Schulte-Bunert · Weinreich
Kommentar des FamFG

Schulte-Bunert · Weinreich

Kommentar des FamFG

Mit FamGKG

Herausgegeben von

Prof. Dr. Kai Schulte-Bunert
Richter am Amtsgericht Köln und Professor an der Fachhochschule
für Rechtspflege Nordrhein-Westfalen, Bad Münstereifel

Gerd Weinreich
Vorsitzender Richter am Oberlandesgericht Oldenburg

5. Auflage

Luchterhand Verlag 2016

Zitiervorschlag: Schulte-Bunert/Weinreich/*Bearbeiter*, § … Rn. …

Bibliografische Information der Deutschen Bibliothek
Die Deutsche Bibliothek verzeichnet diese Publikation in der Deutschen Nationalbibliografie; detaillierte bibliografische Daten sind im Internet über http://dnb.d-nb.de abrufbar.

ISBN 978-3-472-08934-6

www.wolterskluwer.de
www.luchterhand-fachverlag.de

Alle Rechte vorbehalten.
© 2016 Wolters Kluwer Deutschland GmbH, Luxemburger Straße 449, 50939 Köln.
Luchterhand – eine Marke von Wolters Kluwer Deutschland GmbH.

Das Werk einschließlich aller seiner Teile ist urheberrechtlich geschützt. Jede Verwertung außerhalb der engen Grenzen des Urheberrechtsgesetzes ist ohne Zustimmung des Verlages unzulässig und strafbar. Das gilt insbesondere für Vervielfältigungen, Übersetzungen, Mikroverfilmungen und die Einspeicherung und Verarbeitung in elektronischen Systemen.

Verlag und Autor übernehmen keine Haftung für inhaltliche oder drucktechnische Fehler.

Umschlagkonzeption: Martina Busch, Grafikdesign, Homburg Kirrberg
Satz: WMTP Wendt-Media Text-Processing GmbH, Birkenau
Druck und Weiterverarbeitung: Williams Lea & Tag GmbH, München

Gedruckt auf säurefreiem, alterungsbeständigem und chlorfreiem Papier.

Vorwort zur 5. Auflage

Seit dem Erscheinen der vierten Auflage unseres FamFG-Kommentars im Jahre 2013 haben sich verfahrensrechtlich einige Änderungen ergeben. Überdies sind zahlreiche Entscheidungen zu verfahrensrechtlichen Fragen ergangen. All diesen Änderungen musste mit einer Neuauflage begegnet werden.

Was ist neu?

Neben dem reformierten vereinfachten Verfahren über den Unterhalt Minderjähriger ist es insbesondere das europäische und internationale Verfahrensrecht, das Autoren, Verlage und Rechtsprechung in Atem hält. Dabei haben wir versucht, wiederum insbesondere diejenigen Vorschriften abzudrucken und zu kommentieren, die für den Praktiker des Familien- und des Erbrechts von besonderer Relevanz sind. Das hat zu einer erheblichen Ausweitung der Kommentierung geführt, wobei hier nur beispielhaft die EuUnterhVO, die EuErbVO und die dazu ergangenen deutschen Ausführungsgesetze zu nennen sind.

Für die sehr umfangreiche Arbeit an diesem Teil des Buches sei Herrn Prof. Dr. Dieter Martiny, den wir zugleich als neuen Autor im Team begrüßen, herzlich gedankt. Der Dank und Gruß gilt natürlich auch dem weiteren aufsichtsführenden Richter am Amtsgericht Herrn Christian Breuers, der sich bereit erklärt hat, den Teil des aus Altersgründen ausgeschiedenen Vorsitzenden Richters am Oberlandesgericht a.D. Eckhardt Rehme zu übernehmen sowie der Rechtsanwältin und Fachanwältin für Familienrecht Frau Trude-Maria Schick, die unter anderem zusätzlich das Aufgebotsverfahren kommentiert hat.

Insgesamt hoffen wir, dem Leser und Nutzer ein ausgewogenes Buch anbieten zu können, das bei der Bewältigung der verfahrensrechtlichen Probleme der Praxis hoffentlich keine Fragen offen lässt.

Wiederum bedanken wir uns für die eingegangenen Hinweise aus der Praxis und bitten alle Leserinnen und Leser, uns ihre Anregungen, ihre Kritik aber ggf. auch ihre Zustimmung zum Werk zukommen zu lassen.

Bensberg/Oldenburg im März 2016

Kai Schulte-Bunert
Gerd Weinreich

Bearbeiterverzeichnis

Christian Breuers
Richter am Amtsgericht als weiterer Aufsicht führender Richter am Amtsgericht Langenfeld (Rhld.)

Dr. Franz-Josef Brinkmann
Vorsitzender Richter am Oberlandesgericht Oldenburg

Prof. Dr. Wolfgang Burandt, LL.M., M.A., MBA (Wales)
Rechtsanwalt, Fachanwalt für Erbrecht, Fachanwalt für Familienrecht sowie Mediator

Georg Dodegge
Richter am Amtsgericht als weiterer Aufsicht führender Richter am Amtsgericht Essen

Dr. Anke Eilers
Richterin am Oberlandesgericht Köln

Dr. Monika Keske
Direktorin des Amtsgerichts Bad Urach a.D.

Michael Klein
Rechtsanwalt und Fachanwalt für Familienrecht, Regensburg

Prof. Dr. Dieter Martiny
Professor (em.) an der Europa-Universität Viadrina, Frankfurt (O)

Dr. Claudio Nedden-Boeger
Richter am Bundesgerichtshof

Dr. Rainer Oberheim
Vorsitzender Richter am Oberlandesgericht Frankfurt am Main

Dr. Jens Rausch
Vorsitzender Richter am Landgericht Bonn

Eckhard Rehme
Vorsitzender Richter am Oberlandesgericht Oldenburg a.D.

Dr. Franz-Thomas Roßmann
Rechtsanwalt und Fachanwalt für Familienrecht, Volkach

Trude-Maria Schick
Rechtsanwältin und Fachanwältin für Familienrecht, Euskirchen

Prof. Dr. Martin Schöpflin, LL.M. (Northumbria)
Professor und Rektor an der Norddeutschen Hochschule für Rechtspflege, Hildesheim

Dr. Rudolf Schröder
Rechtsanwalt und Fachanwalt für Familienrecht, Euskirchen

Prof. Dr. Kai Schulte-Bunert
Richter am Amtsgericht Köln, Professor an der Fachhochschule für Rechtspflege Nordrhein-Westfalen, Bad Münstereifel

Heinrich Schürmann
Vorsitzender Richter am Oberlandesgericht Oldenburg

Dr. Alexander Schwonberg
Richter am Oberlandesgericht Celle

Prof. Dr. Robert Sieghörtner, LL.M. (Sydney), EMBA (Münster)
Notar, Gräfenberg, Honorarprofessor an der Universität Erlangen-Nürnberg

Bearbeiterverzeichnis

Dr. Joachim Unger
Richter am Oberlandesgericht Düsseldorf

Gerd Weinreich
Vorsitzender Richter am Oberlandesgericht Oldenburg

Theo Ziegler
Oberstaatsanwalt als ständiger Vertreter der leitenden Oberstaatsanwältin in Regensburg

Im Einzelnen haben bearbeitet

Einleitung	FamFG	Schöpflin
§§ 1–13	FamFG	Schöpflin
§§ 14–34	FamFG	Brinkmann
§ 35	FamFG	Schulte-Bunert
§§ 36–37	FamFG	Brinkmann
§§ 38–48	FamFG	Oberheim
§§ 49–57	FamFG	Schwonberg
§§ 58–75	FamFG	Unger/Roßmann
§§ 76–85	FamFG	Keske
§§ 86–96a	FamFG	Schulte-Bunert
§§ 97–110	FamFG	Martiny
§§ 111–116	FamFG	Breuers
§ 117	FamFG	Roßmann
§§ 118–119	FamFG	Schwonberg
§ 120	FamFG	Schulte-Bunert
§§ 121–131	FamFG	Unger/Roßmann
§ 132	FamFG	Keske
§§ 133–148	FamFG	Roßmann
§§ 149–150	FamFG	Keske
§§ 151-167	FamFG	Ziegler
§ 167a	FamFG	Schwonberg
§§ 168	FamFG	Dodegge
§ 168a	FamFG	Ziegler
§§ 169–185	FamFG	Schwonberg
§§ 186–199	FamFG	Sieghörtner
§§ 200–209	FamFG	Weinreich
§§ 210–216a	FamFG	Schulte-Bunert
§§ 217–230	FamFG	Breuers
§§ 231–236	FamFG	Klein
§ 237	FamFG	Schwonberg
§§ 238–245	FamFG	Klein
§§ 246–248	FamFG	Schwonberg
§§ 249–260	FamFG	Klein
§§ 261–265	FamFG	Weinreich
§§ 266–268	FamFG	Breuers
§§ 269–270	FamFG	Schulte-Bunert
§§ 271–276	FamFG	Rausch
§ 277	FamFG	Dodegge
§§ 278–306	FamFG	Rausch
§ 307	FamFG	Dodegge
§§ 308–311	FamFG	Rausch
§§ 312–339	FamFG	Dodegge
§§ 340–341	FamFG	Rausch
§§ 342–373	FamFG	Burandt
§§ 374–392	FamFG	Nedden-Boeger
Anh. zu §§ 388–392	FamFG	Rausch
§§ 393–409	FamFG	Nedden-Boeger
§§ 410–414	FamFG	Schick
§§ 415–432	FamFG	Dodegge
§§ 433–484	FamFG	Schick
§§ 485–486	FamFG	Sieghörtner
§ 487	FamFG	Schick

Im Einzelnen haben bearbeitet

§§ 488–491	FamFG	Sieghörtner
§§ 492–493	FamFG	Burandt
§§ 1–64	FamGKG	Keske
Anh.	FamGKG	Keske
Art. 111	FGG-RG	Schürmann
Anhänge I-X	Rechtsakte der Europäischen Union, vökerrechtliche Vereinbarungen, Ausführungs- und Durchführungsgesetze	Martiny

Inhaltsverzeichnis

Vorwort zur 5. Auflage	V
Bearbeiterverzeichnis	VII
Im Einzelnen haben bearbeitet	IX
Abkürzungsverzeichnis	XXXI
Literaturverzeichnis	XLVII

Gesetz über das Verfahren in Familiensachen und in den Angelegenheiten der freiwilligen Gerichtsbarkeit (FamFG) 1

Einleitung zum FamFG 1

Buch 1 Allgemeiner Teil 11
Abschnitt 1 Allgemeine Vorschriften 11

§ 1	Anwendungsbereich	11
Anhang zu § 1		17
§ 2	Örtliche Zuständigkeit	20
§ 3	Verweisung bei Unzuständigkeit	23
§ 4	Abgabe an ein anderes Gericht	27
§ 5	Gerichtliche Bestimmung der Zuständigkeit	32
§ 6	Ausschließung und Ablehnung der Gerichtspersonen	37
§ 7	Beteiligte	46
§ 8	Beteiligtenfähigkeit	54
§ 9	Verfahrensfähigkeit	55
§ 10	Bevollmächtigte	64
§ 11	Verfahrensvollmacht	69
§ 12	Beistand	73
§ 13	Akteneinsicht	74
§ 14	Elektronische Akte; elektronisches Dokument	80
§ 14a	Formulare; Verordnungsermächtigung	88
Anhang zu §§ 14, 14a		88
§ 15	Bekanntgabe; formlose Mitteilung	93
§ 16	Fristen	102
§ 17	Wiedereinsetzung in den vorigen Stand	105
§ 18	Antrag auf Wiedereinsetzung	123
§ 19	Entscheidung über die Wiedereinsetzung	129
§ 20	Verfahrensverbindung und -trennung	131
§ 21	Aussetzung des Verfahrens	134
§ 22	Antragsrücknahme; Beendigungserklärung	139
§ 22a	Mitteilungen an die Familien- und Betreuungsgerichte	144

Inhaltsverzeichnis

Abschnitt 2 Verfahren im ersten Rechtszug 147
Vorbem. zu §§ 23–37 147
§ 23   Verfahrenseinleitender Antrag 152
§ 24   Anregung des Verfahrens 163
§ 25   Anträge und Erklärungen zur Niederschrift der Geschäftsstelle 165
§ 26   Ermittlung von Amts wegen 169
§ 27   Mitwirkung der Beteiligten 176
§ 28   Verfahrensleitung 179
§ 29   Beweiserhebung 186
§ 30   Förmliche Beweisaufnahme 194
§ 31   Glaubhaftmachung 210
§ 32   Termin 212
§ 33   Persönliches Erscheinen der Beteiligten 215
§ 34   Persönliche Anhörung 220
§ 35   Zwangsmittel 225
§ 36   Vergleich 231
§ 36a   Mediation, außergerichtliche Konfliktbeilegung 242
§ 37   Grundlage der Entscheidung 248

Abschnitt 3 Beschluss 256
Vorbem. zu § 38 256
§ 38   Entscheidung durch Beschluss 256
§ 39   Rechtsbehelfsbelehrung 270
§ 40   Wirksamwerden 278
§ 41   Bekanntgabe des Beschlusses 286
§ 42   Berichtigung des Beschlusses 291
§ 43   Ergänzung des Beschlusses 296
§ 44   Abhilfe bei Verletzung des Anspruchs auf rechtliches Gehör 300
§ 45   Formelle Rechtskraft 309
§ 46   Rechtskraftzeugnis 314
§ 47   Wirksam bleibende Rechtsgeschäfte 318
§ 48   Abänderung und Wiederaufnahme 321

Abschnitt 4 Einstweilige Anordnung 329
Vorbem. zu § 49 329
§ 49   Einstweilige Anordnung 333
§ 50   Zuständigkeit 361
§ 51   Verfahren 367
§ 52   Einleitung des Hauptsacheverfahrens 383
§ 53   Vollstreckung 389
§ 54   Aufhebung oder Änderung der Entscheidung 391
§ 55   Aussetzung der Vollstreckung 399
§ 56   Außerkrafttreten 401
§ 57   *Rechtsmittel* 409

Abschnitt 5 Rechtsmittel ... 422
Vorbem. zu §§ 58–75 ... 422

Unterabschnitt 1 Beschwerde ... 431
§ 58	Statthaftigkeit der Beschwerde	431
§ 59	Beschwerdeberechtigte	452
§ 60	Beschwerderecht Minderjähriger	462
§ 61	Beschwerdewert; Zulassungsbeschwerde	465
§ 62	Statthaftigkeit der Beschwerde nach Erledigung der Hauptsache	471
§ 63	Beschwerdefrist	476
§ 64	Einlegung der Beschwerde	483
§ 65	Beschwerdebegründung	491
§ 66	Anschlussbeschwerde	494
§ 67	Verzicht auf die Beschwerde; Rücknahme der Beschwerde	500
§ 68	Gang des Beschwerdeverfahrens	505
§ 69	Beschwerdeentscheidung	517

Unterabschnitt 2 Rechtsbeschwerde ... 529
§ 70	Statthaftigkeit der Rechtsbeschwerde	529
§ 71	Frist und Form der Rechtsbeschwerde	537
§ 72	Gründe der Rechtsbeschwerde	543
§ 73	Anschlussrechtsbeschwerde	549
§ 74	Entscheidung über die Rechtsbeschwerde	550
§ 74a	Zurückweisungsbeschluss	557
§ 75	Sprungrechtsbeschwerde	559

Abschnitt 6 Verfahrenskostenhilfe ... 564
Vorbem. zu §§ 76–78 ... 564
§ 76	Voraussetzungen	565
§ 77	Bewilligung	612
§ 78	Beiordnung eines Rechtsanwalts	613
§ 79	*(entfallen)*	625

Abschnitt 7 Kosten ... 626
Vorbem. zu §§ 80–85 ... 626
§ 80	Umfang der Kostenpflicht	627
§ 81	Grundsatz der Kostenpflicht	644
§ 82	Zeitpunkt der Kostenentscheidung	657
§ 83	Kostenpflicht bei Vergleich, Erledigung und Rücknahme	660
§ 84	Rechtsmittelkosten	662
§ 85	Kostenfestsetzung	665

Abschnitt 8 Vollstreckung ... 671
Vorbem. zu §§ 86–96a ... 671

Inhaltsverzeichnis

Unterabschnitt 1	**Allgemeine Vorschriften**	671
§ 86	Vollstreckungstitel	671
§ 87	Verfahren; Beschwerde	674

Unterabschnitt 2 Vollstreckung von Entscheidungen über die Herausgabe von Personen und die Regelung des Umgangs 676

§ 88	Grundsätze	676
§ 89	Ordnungsmittel	677
§ 90	Anwendung unmittelbaren Zwanges	682
§ 91	Richterlicher Durchsuchungsbeschluss	683
§ 92	Vollstreckungsverfahren	685
§ 93	Einstellung der Vollstreckung	686
§ 94	Eidesstattliche Versicherung	687

Unterabschnitt 3	**Vollstreckung nach der Zivilprozessordnung**	688
§ 95	Anwendung der Zivilprozessordnung	688
§ 96	Vollstreckung in Verfahren nach dem Gewaltschutzgesetz und in Ehewohnungssachen	693
§ 96a	Vollstreckung in Abstammungssachen	695

Abschnitt 9	**Verfahren mit Auslandsbezug**	697

Unterabschnitt 1 Verhältnis zu völkerrechtlichen Vereinbarungen und Rechtsakten der Europäischen Gemeinschaft 697

§ 97	Vorrang und Unberührtheit	697

Unterabschnitt 2	**Internationale Zuständigkeit**	706
§ 98	Ehesachen; Verbund von Scheidungs- und Folgesachen	706
§ 99	Kindschaftssachen	710
§ 100	Abstammungssachen	713
§ 101	Adoptionssachen	713
§ 102	Versorgungsausgleichssachen	714
§ 103	Lebenspartnerschaftssachen	715
§ 104	Betreuungs- und Unterbringungssachen; Pflegschaft für Erwachsene	716
§ 105	Andere Verfahren	717
§ 106	Keine ausschließliche Zuständigkeit	721

Unterabschnitt 3	**Anerkennung und Vollstreckbarkeit ausländischer Entscheidungen**	721
§ 107	Anerkennung ausländischer Entscheidungen in Ehesachen	721
§ 108	Anerkennung anderer ausländischer Entscheidungen	725
§ 109	Anerkennungshindernisse	732
§ 110	Vollstreckbarkeit ausländischer Entscheidungen	741

Buch 2	**Verfahren in Familiensachen**	745
Abschnitt 1	**Allgemeine Vorschriften**	745
§ 111	Familiensachen	745
§ 112	Familienstreitsachen	746
§ 113	Anwendung von Vorschriften der Zivilprozessordnung	747

§ 114	Vertretung durch einen Rechtsanwalt; Vollmacht	751
§ 115	Zurückweisung von Angriffs- und Verteidigungsmitteln	755
§ 116	Entscheidung durch Beschluss; Wirksamkeit	756
§ 117	Rechtsmittel in Ehe- und Familienstreitsachen	757
§ 118	Wiederaufnahme	768
§ 119	Einstweilige Anordnung und Arrest	770
§ 120	Vollstreckung	777

Abschnitt 2 Verfahren in Ehesachen; Verfahren in Scheidungssachen und Folgesachen 785
Unterabschnitt 1 Verfahren in Ehesachen 785

§ 121	Ehesachen	785
§ 122	Örtliche Zuständigkeit	786
§ 123	Abgabe bei Anhängigkeit mehrerer Ehesachen	789
§ 124	Antrag	790
§ 125	Verfahrensfähigkeit	792
§ 126	Mehrere Ehesachen; Ehesachen und andere Verfahren	794
§ 127	Eingeschränkte Amtsermittlung	795
§ 128	Persönliches Erscheinen der Ehegatten	797
§ 129	Mitwirkung der Verwaltungsbehörde oder dritter Personen	800
§ 130	Säumnis der Beteiligten	802
§ 131	Tod eines Ehegatten	804
§ 132	Kosten bei Aufhebung der Ehe	805

Unterabschnitt 2 Verfahren in Scheidungssachen und Folgesachen 807

§ 133	Inhalt der Antragsschrift	807
§ 134	Zustimmung zur Scheidung und zur Rücknahme; Widerruf	809
§ 135	Außergerichtliche Konfliktbeilegung über Folgesachen	811
§ 136	Aussetzung des Verfahrens	812
§ 137	Verbund von Scheidungs- und Folgesachen	814
§ 138	Beiordnung eines Rechtsanwalts	823
§ 139	Einbeziehung weiterer Beteiligter und dritter Personen	825
§ 140	Abtrennung	826
§ 141	Rücknahme des Scheidungsantrags	832
§ 142	Einheitliche Endentscheidung; Abweisung des Scheidungsantrags	834
§ 143	Einspruch	837
§ 144	Verzicht auf Anschlussrechtsmittel	838
§ 145	Befristung von Rechtsmittelerweiterung und Anschlussrechtsmittel	840
§ 146	Zurückverweisung	843
§ 147	Erweiterte Aufhebung	845
§ 148	Wirksamwerden von Entscheidungen in Folgesachen	847
§ 149	Erstreckung der Bewilligung von Verfahrenskostenhilfe	848
§ 150	Kosten in Scheidungssachen und Folgesachen	851

Inhaltsverzeichnis

Abschnitt 3 Verfahren in Kindschaftssachen 857
§ 151   Kindschaftssachen 857
§ 152   Örtliche Zuständigkeit 859
§ 153   Abgabe an das Gericht der Ehesache 860
§ 154   Verweisung bei einseitiger Änderung des Aufenthalts des Kindes ... 862
§ 155   Vorrang- und Beschleunigungsgebot 862
§ 155a Verfahren zur Übertragung der gemeinsamen elterlichen Sorge ... 865
§ 156   Hinwirken auf Einvernehmen 866
§ 157   Erörterung der Kindeswohlgefährdung; einstweilige Anordnung ... 869
§ 158   Verfahrensbeistand 870
§ 159   Persönliche Anhörung des Kindes 880
§ 160   Anhörung der Eltern 885
§ 161   Mitwirkung der Pflegeperson 888
§ 162   Mitwirkung des Jugendamts 889
§ 163   Fristsetzung bei schriftlicher Begutachtung; Inhalt des Gutachtenauftrags; Vernehmung des Kindes 891
§ 164   Bekanntgabe der Entscheidung an das Kind 893
§ 165   Vermittlungsverfahren 893
§ 166   Abänderung und Überprüfung von Entscheidungen und gerichtlich gebilligten Vergleichen 895
§ 167   Anwendbare Vorschriften bei Unterbringung Minderjähriger 897
§ 167a Besondere Vorschriften für Verfahren nach § 1686a des Bürgerlichen Gesetzbuchs 900
§ 168   Beschluss über Zahlungen des Mündels 904
§ 168a Mitteilungspflichten des Standesamts 916

Abschnitt 4 Verfahren in Abstammungssachen 917
Vorbem. zu §§ 169–185 917
§ 169   Abstammungssachen 918
§ 170   Örtliche Zuständigkeit 926
§ 171   Antrag 928
§ 172   Beteiligte 941
§ 173   Vertretung eines Kindes durch einen Beistand 953
§ 174   Verfahrensbeistand 953
§ 175   Erörterungstermin; persönliche Anhörung 956
§ 176   Anhörung des Jugendamts 958
§ 177   Eingeschränkte Amtsermittlung; förmliche Beweisaufnahme 960
Anhang zu § 177 Auszüge: Richtlinie der Gendiagnostik-Kommission (GEKO) für die Anforderungen an die Durchführung genetischer Analysen zur Klärung der Abstammung und an die Qualifikation von ärztlichen und nichtärztlichen Sachverständigen gemäß § 23 Abs. 2 Nr. 4 und Nr. 2b GenDGin der Fassung vom 17.07.2012 veröffentlicht und in Kraft getreten am 26.07.2012 968
§ 178   Untersuchungen zur Feststellung der Abstammung 975
§ 179   Mehrheit von Verfahren 979
§ 180   Erklärungen zur Niederschrift des Gerichts 981
§ 181   *Tod eines Beteiligten* 982

§ 182	Inhalt des Beschlusses	984
§ 183	Kosten bei Anfechtung der Vaterschaft	986
§ 184	Wirksamkeit des Beschlusses; Ausschluss der Abänderung; ergänzende Vorschriften über die Beschwerde	993
§ 185	Wiederaufnahme des Verfahrens	997

Abschnitt 5   Verfahren in Adoptionssachen ... 1001

Vorbem. zu §§ 186–199 ... 1001

§ 186	Adoptionssachen	1003
§ 187	Örtliche Zuständigkeit	1008
§ 188	Beteiligte	1012
§ 189	Fachliche Äußerung einer Adoptionsvermittlungsstelle	1015
§ 190	Bescheinigung über den Eintritt der Vormundschaft	1017
§ 191	Verfahrensbeistand	1018
§ 192	Anhörung der Beteiligten	1020
§ 193	Anhörung weiterer Personen	1024
§ 194	Anhörung des Jugendamts	1024
§ 195	Anhörung des Landesjugendamts	1026
§ 196	Unzulässigkeit der Verbindung	1027
§ 197	Beschluss über die Annahme als Kind	1027
§ 198	Beschluss in weiteren Verfahren	1032
§ 199	Anwendung des Adoptionswirkungsgesetzes	1035

Abschnitt 6   Verfahren in Ehewohnungs- und Haushaltssachen ... 1036

Vorbem. zu §§ 200–209 ... 1036

§ 200	Ehewohnungssachen; Haushaltssachen	1037
§ 201	Örtliche Zuständigkeit	1040
§ 202	Abgabe an das Gericht der Ehesache	1041
§ 203	Antrag	1042
§ 204	Beteiligte	1044
§ 205	Anhörung des Jugendamts in Ehewohnungssachen	1045
§ 206	Besondere Vorschriften in Haushaltssachen	1046
§ 207	Erörterungstermin	1049
§ 208	Tod eines Ehegatten	1049
§ 209	Durchführung der Entscheidung, Wirksamkeit	1050

Abschnitt 7   Verfahren in Gewaltschutzsachen ... 1052

Vorbem. zu §§ 210–216a ... 1052

§ 210	Gewaltschutzsachen	1052
§ 211	Örtliche Zuständigkeit	1054
§ 212	Beteiligte	1055
§ 213	Anhörung des Jugendamts	1055
§ 214	Einstweilige Anordnung	1056
§ 215	Durchführung der Endentscheidung	1059

Inhaltsverzeichnis

§ 216	Wirksamkeit; Vollstreckung vor Zustellung	1060
§ 216a	Mitteilung von Entscheidungen	1061

Abschnitt 8   Verfahren in Versorgungsausgleichssachen 1063

§ 217	Versorgungsausgleichssachen	1063
§ 218	Örtliche Zuständigkeit	1063
§ 219	Beteiligte	1065
§ 220	Verfahrensrechtliche Auskunftspflicht	1067
§ 221	Erörterung, Aussetzung	1070
§ 222	Durchführung der externen Teilung	1072
§ 223	Antragserfordernis für Ausgleichsansprüche nach der Scheidung	1075
§ 224	Entscheidung über den Versorgungsausgleich	1075
§ 225	Zulässigkeit einer Abänderung des Wertausgleichs bei der Scheidung	1077
§ 226	Durchführung einer Abänderung des Wertausgleichs bei der Scheidung	1079
§ 227	Sonstige Abänderungen	1081
§ 228	Zulässigkeit der Beschwerde	1082
§ 229	Elektronischer Rechtsverkehr zwischen den Familiengerichten und den Versorgungsträgern	1083
§ 230	*(weggefallen)*	1084

Abschnitt 9   Verfahren in Unterhaltssachen 1085
Unterabschnitt 1   Besondere Verfahrensvorschriften 1085
Vorbem. zu §§ 231–245   Verfahren in Unterhaltssachen (§§ 231 ff.) 1085

§ 231	Unterhaltssachen	1085
§ 232	Örtliche Zuständigkeit	1095
§ 233	Abgabe an das Gericht der Ehesache	1099
§ 234	Vertretung eines Kindes durch einen Beistand	1101
§ 235	Verfahrensrechtliche Auskunftspflicht der Beteiligten	1102
§ 236	Verfahrensrechtliche Auskunftspflicht Dritter	1106
§ 237	Unterhalt bei Feststellung der Vaterschaft	1108
§ 238	Abänderung gerichtlicher Entscheidungen	1113
§ 239	Abänderung von Vergleichen und Urkunden	1119
§ 240	Abänderung von Entscheidungen nach den §§ 237 und 253	1132
§ 241	Verschärfte Haftung	1135
§ 242	Einstweilige Einstellung der Vollstreckung	1136
§ 243	Kostenentscheidung	1137
§ 244	Unzulässiger Einwand der Volljährigkeit	1144
§ 245	Bezifferung dynamisierter Unterhaltstitel zur Zwangsvollstreckung im Ausland	1145

Unterabschnitt 2   Einstweilige Anordnung 1146

§ 246	Besondere Vorschriften für die einstweilige Anordnung	1146
§ 247	Einstweilige Anordnung vor Geburt des Kindes	1161
§ 248	Einstweilige Anordnung bei Feststellung der Vaterschaft	1163

Inhaltsverzeichnis

Unterabschnitt 3 Vereinfachtes Verfahren über den Unterhalt Minderjähriger 1167
§ 249   Statthaftigkeit des vereinfachten Verfahrens 1167
§ 250   Antrag 1172
§ 251   Maßnahmen des Gerichts 1175
§ 252   Einwendungen des Antragsgegners 1177
§ 253   Festsetzungsbeschluss 1182
§ 254   Mitteilungen über Einwendungen 1184
§ 255   Streitiges Verfahren 1184
§ 256   Beschwerde 1186
§ 257   Besondere Verfahrensvorschriften 1189
§ 258   Sonderregelungen für maschinelle Bearbeitung 1190
§ 259   Formulare 1190
§ 260   Bestimmung des Amtsgerichts 1190
Anhang zu § 260 1191

Abschnitt 10   Verfahren in Güterrechtssachen 1192
§ 261   Güterrechtssachen 1192
§ 262   Örtliche Zuständigkeit 1194
§ 263   Abgabe an das Gericht der Ehesache 1195
§ 264   Verfahren nach den §§ 1382 und 1383 des Bürgerlichen Gesetzbuchs 1195
§ 265   Einheitliche Entscheidung 1197

Abschnitt 11   Verfahren in sonstigen Familiensachen 1198
§ 266   Sonstige Familiensachen 1198
§ 267   Örtliche Zuständigkeit 1202
§ 268   Abgabe an das Gericht der Ehesache 1202

Abschnitt 12   Verfahren in Lebenspartnerschaftssachen 1204
§ 269   Lebenspartnerschaftssachen 1204
§ 270   Anwendbare Vorschriften 1206

Buch 3   Verfahren in Betreuungs- und Unterbringungssachen 1209
Abschnitt 1   Verfahren in Betreuungssachen 1209
§ 271   Betreuungssachen 1209
§ 272   Örtliche Zuständigkeit 1210
§ 273   Abgabe bei Änderung des gewöhnlichen Aufenthalts 1216
§ 274   Beteiligte 1219
§ 275   Verfahrensfähigkeit 1223
§ 276   Verfahrenspfleger 1224
§ 277   Vergütung und Aufwendungsersatz des Verfahrenspflegers 1230
§ 278   Anhörung des Betroffenen 1234
§ 279   Anhörung der sonstigen Beteiligten, der Betreuungsbehörde und des gesetzlichen Vertreters 1240
§ 280   Einholung eines Gutachtens 1242
§ 281   Ärztliches Zeugnis; Entbehrlichkeit eines Gutachtens 1251

Inhaltsverzeichnis

§ 282	Vorhandene Gutachten des Medizinischen Dienstes der Krankenversicherung	1254
§ 283	Vorführung zur Untersuchung	1256
§ 284	Unterbringung zur Begutachtung	1260
§ 285	Herausgabe einer Betreuungsverfügung oder der Abschrift einer Vorsorgevollmacht	1263
§ 286	Inhalt der Beschlussformel	1264
§ 287	Wirksamwerden von Beschlüssen	1266
§ 288	Bekanntgabe	1269
§ 289	Verpflichtung des Betreuers	1271
§ 290	Bestellungsurkunde	1273
§ 291	Überprüfung der Betreuerauswahl	1274
§ 292	Zahlungen an den Betreuer	1275
§ 293	Erweiterung der Betreuung oder des Einwilligungsvorbehalts	1276
§ 294	Aufhebung und Einschränkung der Betreuung oder des Einwilligungsvorbehalts	1279
§ 295	Verlängerung der Betreuung oder des Einwilligungsvorbehalts	1282
§ 296	Entlassung des Betreuers und Bestellung eines neuen Betreuers	1283
§ 297	Sterilisation	1285
§ 298	Verfahren in Fällen des § 1904 des Bürgerlichen Gesetzbuchs	1288
§ 299	Verfahren in anderen Entscheidungen	1294
§ 300	Einstweilige Anordnung	1296
§ 301	Einstweilige Anordnung bei gesteigerter Dringlichkeit	1299
§ 302	Dauer der einstweiligen Anordnung	1300
§ 303	Ergänzende Vorschriften über die Beschwerde	1301
§ 304	Beschwerde der Staatskasse	1305
§ 305	Beschwerde des Untergebrachten	1306
§ 306	Aufhebung des Einwilligungsvorbehalts	1307
§ 307	Kosten in Betreuungssachen	1308
§ 308	Mitteilung von Entscheidungen	1310
§ 309	Besondere Mitteilungen	1315
§ 310	Mitteilungen während einer Unterbringung	1318
§ 311	Mitteilungen zur Strafverfolgung	1319
Abschnitt 2	**Verfahren in Unterbringungssachen**	**1321**
§ 312	Unterbringungssachen	1321
§ 313	Örtliche Zuständigkeit	1323
§ 314	Abgabe der Unterbringungssache	1325
§ 315	Beteiligte	1326
§ 316	Verfahrensfähigkeit	1329
§ 317	Verfahrenspfleger	1329
§ 318	Vergütung und Aufwendungsersatz des Verfahrenspflegers	1333
§ 319	Anhörung des Betroffenen	1333
§ 320	Anhörung der sonstigen Beteiligten und der zuständigen Behörde	1338
§ 321	Einholung eines Gutachtens	1339
§ 322	Vorführung zur Untersuchung; Unterbringung zur Begutachtung	1343
§ 323	*Inhalt der Beschlussformel*	1344

§ 324	Wirksamwerden von Beschlüssen	1348
§ 325	Bekanntgabe	1350
§ 326	Zuführung zur Unterbringung	1351
§ 327	Vollzugsangelegenheiten	1353
§ 328	Aussetzung des Vollzugs	1355
§ 329	Dauer und Verlängerung der Unterbringung	1356
§ 330	Aufhebung der Unterbringung	1359
§ 331	Einstweilige Anordnung	1360
§ 332	Einstweilige Anordnung bei gesteigerter Dringlichkeit	1366
§ 333	Dauer der einstweiligen Anordnung	1366
§ 334	Einstweilige Maßregeln	1369
§ 335	Ergänzende Vorschriften über die Beschwerde	1372
§ 336	Einlegung der Beschwerde durch den Betroffenen	1375
§ 337	Kosten in Unterbringungssachen	1375
§ 338	Mitteilung von Entscheidungen	1378
§ 339	Benachrichtigung von Angehörigen	1379

Abschnitt 3 Verfahren in betreuungsgerichtlichen Zuweisungssachen ... 1381

| § 340 | Betreuungsgerichtliche Zuweisungssachen | 1381 |
| § 341 | Örtliche Zuständigkeit | 1382 |

Buch 4 Verfahren in Nachlass- und Teilungssachen ... 1383
Abschnitt 1 Begriffsbestimmung; örtliche Zuständigkeit ... 1383

§ 342	Begriffsbestimmung	1383
§ 343	Örtliche Zuständigkeit	1385
§ 344	Besondere örtliche Zuständigkeit	1389

Abschnitt 2 Verfahren in Nachlasssachen ... 1393
Unterabschnitt 1 Allgemeine Bestimmungen ... 1393

| § 345 | Beteiligte | 1393 |

Unterabschnitt 2 Verwahrung von Verfügungen von Todes wegen ... 1396

| § 346 | Verfahren bei besonderer amtlicher Verwahrung | 1396 |
| § 347 | Mitteilung über die Verwahrung | 1397 |

Unterabschnitt 3 Eröffnung von Verfügungen von Todes wegen ... 1400

§ 348	Eröffnung von Verfügungen von Todes wegen durch das Nachlassgericht	1400
§ 349	Besonderheiten bei der Eröffnung von gemeinschaftlichen Testamenten und Erbverträgen	1402
§ 350	Eröffnung der Verfügung von Todes wegen durch ein anderes Gericht	1404
§ 351	Eröffnungsfrist für Verfügungen von Todes wegen	1405

Unterabschnitt 4 Erbscheinsverfahren; Testamentsvollstreckung ... 1406

| § 352 | Entscheidung über Erbscheinsanträge | 1406 |
| § 352a | Gemeinschaftlicher Erbschein | 1410 |

Inhaltsverzeichnis

§ 352b	Inhalt des Erbscheins für den Vorerben; Angabe des Testamentsvollstreckers	1411
§ 352c	Gegenständlich beschränkter Erbschein	1413
§ 352d	Öffentliche Aufforderung	1415
§ 352e	Entscheidung über Erbscheinsanträge	1415
§ 353	Einziehung oder Kraftloserklärung von Erbscheinen	1419
§ 354	Sonstige Zeugnisse	1422
§ 355	Testamentsvollstreckung	1423

Unterabschnitt 5 Sonstige Verfahrensrechtliche Regelungen 1425

§ 356	Mitteilungspflichten	1425
§ 357	Einsicht in eine eröffnete Verfügung von Todes wegen; Ausfertigung eines Erbscheins oder anderen Zeugnisses	1425
§ 358	Zwang zur Ablieferung von Testamenten	1427
§ 359	Nachlassverwaltung	1428
§ 360	Bestimmung einer Inventarfrist	1429
§ 361	Eidesstattliche Versicherung	1430
§ 362	Stundung des Pflichtteilsanspruchs	1432

Abschnitt 3 Verfahren in Teilungssachen 1434

§ 363	Antrag	1434
§ 364	Pflegschaft für abwesende Beteiligte	1437
§ 365	Ladung	1437
§ 366	Außergerichtliche Vereinbarung	1439
§ 367	Wiedereinsetzung	1442
§ 368	Auseinandersetzungsplan; Bestätigung	1443
§ 369	Verteilung durch das Los	1445
§ 370	Aussetzung bei Streit	1446
§ 371	Wirkung der bestätigten Vereinbarung und Auseinandersetzung; Vollstreckung	1448
§ 372	Rechtsmittel	1450
§ 373	Auseinandersetzung einer Gütergemeinschaft	1451

Buch 5 Verfahren in Registersachen, unternehmensrechtliche Verfahren 1455

Vorbem. zu §§ 374–409   Register und unternehmensrechtliche Verfahren 1455

Abschnitt 1 Begriffsbestimmung 1459

§ 374	Registersachen	1459
§ 375	Unternehmensrechtliche Verfahren	1459

Abschnitt 2 Zuständigkeit 1472

§ 376	Besondere Zuständigkeitsregelungen	1472
§ 377	Örtliche Zuständigkeit	1473

Abschnitt 3 Registersachen 1482
Unterabschnitt 1 Verfahren 1482
Vorbem. zu § 378   Registereintragungsverfahren 1482

§ 378	Antragsrecht der Notare	1503
§ 379	Mitteilungspflichten der Behörden	1510
§ 380	Beteiligung der berufsständischen Organe; Beschwerderecht	1512
§ 381	Aussetzung des Verfahrens	1519
§ 382	Entscheidung über Eintragungsanträge	1523
§ 383	Mitteilung; Anfechtbarkeit	1531
§ 384	Von Amts wegen vorzunehmende Eintragungen	1536
§ 385	Einsicht in die Register	1537
§ 386	Bescheinigungen	1542
§ 387	Ermächtigungen	1544
Anhang zu § 387	Registerverordnungen	1547

Unterabschnitt 2 Zwangsgeldverfahren 1555
Vorbem. zu § 388 Zwangs- und Ordnungsgeldverfahren 1555

§ 388	Androhung	1557
§ 389	Festsetzung	1564
§ 390	Verfahren bei Einspruch	1567
§ 391	Beschwerde	1573
§ 392	Verfahren bei unbefugtem Firmengebrauch	1576

Anhang zu §§ 388–392 FamFG (EHUG)   Das Verfahren nach §§ 335 f. HGB 1585

§ 335	HGB Festsetzung von Ordnungsgeld	1585
§ 335a	HGB Beschwerde gegen die Festsetzung von Ordnungsgeld; Rechtsbeschwerde; Verordnungsermächtigung	1586

Unterabschnitt 3 Löschungs- und Auflösungsverfahren 1595
Vorbem. zu § 393 Löschungsverfahren 1595

§ 393	Löschung einer Firma	1595
§ 394	Löschung vermögensloser Gesellschaften und Genossenschaften	1603
§ 395	Löschung unzulässiger Eintragungen	1615
§ 396	(entfallen)	1634
§ 397	Löschung nichtiger Gesellschaften und Genossenschaften	1634
§ 398	Löschung nichtiger Beschlüsse	1634
§ 399	Auflösung wegen Mangels der Satzung	1635

Unterabschnitt 4 Ergänzende Vorschriften für das Vereinsregister 1644

§ 400	Mitteilungspflichten	1644
§ 401	Entziehung der Rechtsfähigkeit	1644

Abschnitt 4 Unternehmensrechtliche Verfahren 1646
Vorbem. zu § 402 Unternehmensrechtliche Verfahren 1646

§ 402	Anfechtbarkeit	1646

Vorbem. zu § 403 Dispacheverfahren 1647

§ 403	Weigerung des Dispacheurs	1647
§ 404	Aushändigung von Schriftstücken; Einsichtsrecht	1649

Inhaltsverzeichnis

§ 405	Termin; Ladung	1650
§ 406	Verfahren im Termin	1652
§ 407	Verfolgung des Widerspruchs	1655
§ 408	Beschwerde	1657
§ 409	Wirksamkeit; Vollstreckung	1657

Buch 6 Verfahren in weiteren Angelegenheiten der freiwilligen Gerichtsbarkeit ... 1659

§ 410	Weitere Angelegenheiten der freiwilligen Gerichtsbarkeit	1659
§ 411	Örtliche Zuständigkeit	1663
§ 412	Beteiligte	1664
§ 413	Eidesstattliche Versicherung	1665
§ 414	Unanfechtbarkeit	1667

Buch 7 Verfahren in Freiheitsentziehungssachen ... 1669

§ 415	Freiheitsentziehungssachen	1669
§ 416	Örtliche Zuständigkeit	1671
§ 417	Antrag	1672
§ 418	Beteiligte	1676
§ 419	Verfahrenspfleger	1678
§ 420	Anhörung; Vorführung	1681
§ 421	Inhalt der Beschlussformel	1686
§ 422	Wirksamwerden von Beschlüssen	1689
§ 423	Absehen von der Bekanntgabe	1692
§ 424	Aussetzung des Vollzugs	1692
§ 425	Dauer und Verlängerung der Freiheitsentziehung	1694
§ 426	Aufhebung	1696
§ 427	Einstweilige Anordnung	1698
§ 428	Verwaltungsmaßnahme; richterliche Prüfung	1703
§ 429	Ergänzende Vorschriften über die Beschwerde	1705
§ 430	Auslagenersatz	1708
§ 431	Mitteilung von Entscheidungen	1710
§ 432	Benachrichtigung von Angehörigen	1711

Buch 8 Verfahren in Aufgebotssachen ... 1713
Abschnitt 1 Allgemeine Verfahrensvorschriften ... 1713

§ 433	Aufgebotssachen	1713
§ 434	Antrag; Inhalt des Aufgebots	1716
§ 435	Öffentliche Bekanntmachung	1718
§ 436	Gültigkeit der öffentlichen Bekanntmachung	1719
§ 437	Aufgebotsfrist	1719
§ 438	Anmeldung nach dem Anmeldezeitpunkt	1720
§ 439	Erlass des Ausschließungsbeschlusses; Beschwerde; Wiedereinsetzung und Wiederaufnahme	1721
§ 440	Wirkung einer Anmeldung	1723
§ 441	Öffentliche Zustellung des Ausschließungsbeschlusses	1725

Abschnitt 2 Aufgebot des Eigentümers von Grundstücken, Schiffen und Schiffsbauwerken 1726

§ 442	Aufgebot des Grundstückseigentümers; örtliche Zuständigkeit	1726
§ 443	Antragsberechtigter	1727
§ 444	Glaubhaftmachung	1728
§ 445	Inhalt des Aufgebots	1728
§ 446	Aufgebot des Schiffseigentümers	1729

Abschnitt 3 Aufgebot des Gläubigers von Grund- und Schiffspfandrechten sowie des Berechtigten sonstiger dinglicher Rechte ... 1731

§ 447	Aufgebot des Grundpfandrechtsgläubigers; örtliche Zuständigkeit	1731
§ 448	Antragsberechtigter	1732
§ 449	Glaubhaftmachung	1733
§ 450	Besondere Glaubhaftmachung	1735
§ 451	Verfahren bei Ausschluss mittels Hinterlegung	1736
§ 452	Aufgebot des Schiffshypothekengläubigers; örtliche Zuständigkeit	1737
§ 453	Aufgebot des Berechtigten bei Vormerkung, Vorkaufsrecht, Reallast	1737

Abschnitt 4 Aufgebot von Nachlassgläubigern ... 1739

§ 454	Aufgebot von Nachlassgläubigern; örtliche Zuständigkeit	1739
§ 455	Antragsberechtigter	1740
§ 456	Verzeichnis der Nachlassgläubiger	1741
§ 457	Nachlassinsolvenzverfahren	1742
§ 458	Inhalt des Aufgebots; Aufgebotsfrist	1742
§ 459	Forderungsanmeldung	1743
§ 460	Mehrheit von Erben	1744
§ 461	Nacherbfolge	1746
§ 462	Gütergemeinschaft	1746
§ 463	Erbschaftskäufer	1747
§ 464	Aufgebot der Gesamtgutsgläubiger	1748

Abschnitt 5 Aufgebot der Schiffsgläubiger ... 1749

§ 465	Aufgebot der Schiffsgläubiger	1749

Abschnitt 6 Aufgebot zur Kraftloserklärung von Urkunden ... 1751

§ 466	Örtliche Zuständigkeit	1751
§ 467	Antragsberechtigter	1752
§ 468	Antragsbegründung	1753
§ 469	Inhalt des Aufgebots	1754
§ 470	Ergänzende Bekanntmachung in besonderen Fällen	1755
§ 471	Wertpapiere mit Zinsscheinen	1756
§ 472	Zinsscheine für mehr als vier Jahre	1757
§ 473	Vorlegung der Zinsscheine	1758
§ 474	Abgelaufene Ausgabe der Zinsscheine	1758
§ 475	Anmeldezeitpunkt bei bestimmter Fälligkeit	1759
§ 476	Aufgebotsfrist	1759

Inhaltsverzeichnis

§ 477	Anmeldung der Rechte	1760
§ 478	Ausschließungsbeschluss	1760
§ 479	Wirkung des Ausschließungsbeschlusses	1761
§ 480	Zahlungssperre	1762
§ 481	Entbehrlichkeit des Zeugnisses nach § 471 Abs. 2	1764
§ 482	Aufhebung der Zahlungssperre	1764
§ 483	Hinkende Inhaberpapiere	1765
§ 484	Vorbehalt für die Landesgesetzgebung	1766

Buch 9 Schlussvorschriften 1767

Vorbem. zu §§ 485–491	Schlussvorschriften	1767
§ 485	Verhältnis zu anderen Gesetzen	1768
§ 486	Landesrechtliche Vorbehalte; Ergänzungs- und Ausführungsbestimmungen	1769
§ 487	Nachlassauseinandersetzung; Auseinandersetzung einer Gütergemeinschaft	1770
§ 488	Verfahren vor landesgesetzlich zugelassenen Behörden	1771
§ 489	Rechtsmittel	1772
§ 490	Landesrechtliche Aufgebotsverfahren	1772
§ 491	Landesrechtliche Vorbehalte bei Verfahren zur Kraftloserklärung von Urkunden	1773
§ 492	Anwendbare Vorschriften bei Zuständigkeit von Notaren	1773
§ 493	Übergangsvorschrift	1775

Gesetz über Gerichtskosten in Familiensachen (FamGKG) 1777

Einleitung zum FamGKG 1777

Abschnitt 1 Allgemeine Vorschriften 1779

§ 1	Geltungsbereich	1779
§ 2	Kostenfreiheit	1780
§ 3	Höhe der Kosten	1781
§ 4	Umgangspflegschaft	1788
§ 5	Lebenspartnerschaftssachen	1789
§ 6	Verweisung, Abgabe, Fortführung einer Folgesache als selbständige Familiensache	1789
§ 7	Verjährung, Verzinsung	1794
§ 8	Elektronische Akte, elektronisches Dokument	1795
§ 8a	Rechtsbehelfsbelehrung	1795

Abschnitt 2 Fälligkeit 1796

§ 9	Fälligkeit der Gebühren in Ehesachen und selbständigen Familienstreitsachen	1796
§ 10	Fälligkeit bei Vormundschaften und Dauerpflegschaften	1796
§ 11	Fälligkeit der Gebühren in sonstigen Fällen, Fälligkeit der Auslagen	1796

Abschnitt 3 Vorschuss und Vorauszahlung 1800
§ 12   Grundsatz 1800
§ 13   Verfahren nach dem Internationalen Familienrechtsverfahrensgesetz 1800
§ 14   Abhängigmachung in bestimmten Verfahren* 1800
§ 15   Ausnahmen von der Abhängigmachung 1800
§ 16   Auslagen 1800
§ 17   Fortdauer der Vorschusspflicht 1800

Abschnitt 4 Kostenansatz 1806
§ 18   Kostenansatz 1806
§ 19   Nachforderung 1806
§ 20   Nichterhebung von Kosten 1806

Abschnitt 5 Kostenhaftung 1809
§ 21   Kostenschuldner in Antragsverfahren, Vergleich 1809
§ 22   Kosten bei Vormundschaft und Dauerpflegschaft 1809
§ 23   Bestimmte sonstige Auslagen 1809
§ 24   Weitere Fälle der Kostenhaftung 1809
§ 25   Erlöschen der Zahlungspflicht 1809
§ 26   Mehrere Kostenschuldner 1810
§ 27   Haftung von Streitgenossen 1810

Abschnitt 6 Gebührenvorschriften 1815
§ 28   Wertgebühren 1815
§ 29   Einmalige Erhebung der Gebühren 1815
§ 30   Teile des Verfahrensgegenstands 1816
§ 31   Zurückverweisung, Abänderung oder Aufhebung einer Entscheidung 1817
§ 32   Verzögerung des Verfahrens 1818

Abschnitt 7 Wertvorschriften 1820
Vorbem. zu §§ 33–52 1820

Unterabschnitt 1 Allgemeine Wertvorschriften 1821
§ 33   Grundsatz 1821
§ 34   Zeitpunkt der Wertberechnung 1822
§ 35   Geldforderung 1823
§ 36   Genehmigung einer Erklärung oder deren Ersetzung 1824
§ 37   Früchte, Nutzungen, Zinsen und Kosten 1828
§ 38   Stufenantrag 1829
§ 39   Antrag und Widerantrag, Hilfsanspruch, wechselseitige Rechtsmittel, Aufrechnung 1831
§ 40   Rechtsmittelverfahren 1833
§ 41   Einstweilige Anordnung 1834
§ 42   Auffangwert 1836

Inhaltsverzeichnis

Unterabschnitt 2 Besondere Wertvorschriften ... 1839
- § 43 Ehesachen ... 1839
- § 44 Verbund ... 1845
- § 45 Bestimmte Kindschaftssachen ... 1848
- § 46 Übrige Kindschaftssachen ... 1852
- § 47 Abstammungssachen ... 1855
- § 48 Ehewohnungs- und Haushaltssachen ... 1856
- § 49 Gewaltschutzsachen ... 1858
- § 50 Versorgungsausgleichssachen ... 1858
- § 51 Unterhaltssachen und sonstige den Unterhalt betreffende Familiensachen ... 1867
- § 52 Güterrechtssachen ... 1876

Unterabschnitt 3 Wertfestsetzung ... 1878
- § 53 Angabe des Werts ... 1878
- § 54 Wertfestsetzung für die Zulässigkeit der Beschwerde ... 1879
- § 55 Wertfestsetzung für die Gerichtsgebühren ... 1880
- § 56 Schätzung des Werts ... 1882

Abschnitt 8 Erinnerung und Beschwerde ... 1883
- § 57 Erinnerung gegen den Kostenansatz, Beschwerde ... 1883
- § 58 Beschwerde gegen die Anordnung einer Vorauszahlung ... 1885
- § 59 Beschwerde gegen die Festsetzung des Verfahrenswerts ... 1886
- § 60 Beschwerde gegen die Auferlegung einer Verzögerungsgebühr ... 1888
- § 61 Abhilfe bei Verletzung des Anspruchs auf rechtliches Gehör ... 1888

Abschnitt 9 Schluss- und Übergangsvorschriften ... 1890
- § 61a Verordnungsermächtigung ... 1890
- § 62 Rechnungsgebühren ... 1890
- § 62a Bekanntmachung von Neufassungen ... 1890
- § 63 Übergangsvorschrift ... 1890
- § 64 Übergangsvorschrift für die Erhebung von Haftkosten ... 1891

Anlagen ... 1892

Anlage 1 (zu § 3 Abs. 2 FamGKG) Kostenverzeichnis ... 1892
Gliederung ... 1892

Teil 1 Gebühren ... 1894
Hauptabschnitt 1 Hauptsacheverfahren in Ehesachen einschließlich aller Folgesachen ... 1894
Nr. 1110–1140 KV ... 1894

Hauptabschnitt 2 Hauptsacheverfahren in selbständigen Familienstreitsachen ... 1900
Abschnitt 1 Vereinfachtes Verfahren über den Unterhalt Minderjähriger ... 1900
Nr. 1210–1216 KV ... 1900

Abschnitt 2 Verfahren im Übrigen	1903
Nr. 1220-1229 KV	1903
Hauptabschnitt 3 Hauptsacheverfahren in selbständigen Familiensachen der freiwilligen Gerichtsbarkeit	1909
Abschnitt 1 Kindschaftssachen	1909
Nr. 1310-1319 KV	1909
Abschnitt 2 Übrige Familiensachen der freiwilligen Gerichtsbarkeit	1916
Nr. 1320-1328 KV	1916
Hauptabschnitt 4 Einstweiliger Rechtsschutz	1922
Vorbemerkung 1.4	1922
Abschnitt 1 Einstweilige Anordnung in Kindschaftssachen	1922
Nr. 1410-1412 KV	1922
Abschnitt 2 Einstweilige Anordnung in den übrigen Familiensachen und Arrest	1924
Nr. 1420-1424 KV	1924
Hauptabschnitt 5 Besondere Gebühren	1926
Nr. 1500-1503 KV	1926
Hauptabschnitt 6 Vollstreckung	1929
Nr. 1600-1603 KV	1929
Hauptabschnitt 7 Verfahren mit Auslandsbezug	1930
Nr. 1710-1723 KV	1930
Hauptabschnitt 8 Rüge wegen Verletzung des Anspruchs auf rechtliches Gehör	1933
Nr. 1800 KV	1933
Hauptabschnitt 9 Rechtsmittel im Übrigen	1934
Nr. 1910-1930 KV	1934
Teil 2 Auslagen	1937
Nr. 2000-2015 KV	1937
Anlage 2 (zu § 28 Abs. 1 FamGKG) (Wertgebührentabelle)	1947

Gesetz zur Reform des Verfahrens in Familiensachen und in den Angelegenheiten der freiwilligen Gerichtsbarkeit (FGG-Reformgesetz – FGG-RG) 1949

Artikel 111 FGG-RG   Übergangsvorschrift 1949

Inhaltsverzeichnis

Anhang 1961

Anhang I	Verordnung (EG) Nr. 2201/2003 des Rates vom 27. November 2003 über die Zuständigkeit und die Anerkennung und Vollstreckung von Entscheidungen in Ehesachen und in Verfahren betreffend die elterliche Verantwortung und zur Aufhebung der Verordnung (EG) Nr. 1347/2000	1962
Anhang II	Übereinkommen über die Zuständigkeit, das anzuwendende Recht, die Anerkennung, Vollstreckung und Zusammenarbeit auf dem Gebiet der elterlichen Verantwortung und der Maßnahmen zum Schutz von Kindern	2013
Anhang III	Übereinkommen über die zivilrechtlichen Aspekte internationaler Kindesentführung	2028
Anhang IV	Gesetz zur Aus- und Durchführung bestimmter Rechtsinstrumente auf dem Gebiet des internationalen Familienrechts (Internationales Familienrechtsverfahrensgesetz – IntFamRVG)	2045
Anhang V	Verordnung (EG) Nr. 4/2009 des Rates vom 18. Dezember 2008 über die Zuständigkeit, das anwendbare Recht, die Anerkennung und Vollstreckung von Entscheidungen und die Zusammenarbeit in Unterhaltssachen	2071
Anhang VI	Gesetz zur Geltendmachung von Unterhaltsansprüchen im Verkehr mit ausländischen Staaten (Auslandsunterhaltsgesetz – AUG)	2125
Anhang VII	Haager Übereinkommen vom 13. Januar 2000 über den internationalen Schutz von Erwachsenen	2164
Anhang VIII	Gesetz zur Ausführung des Haager Übereinkommens vom 13. Januar 2000 über den internationalen Schutz von Erwachsenen (Erwachsenenschutzübereinkommens-Ausführungsgesetz – ErwSÜAG)	2180
Anhang IX	Verordnung (EU) Nr. 650/2012 des Europäischen Parlaments und des Rates über die Zuständigkeit, das anzuwendende Recht, die Anerkennung und Vollstreckung von Entscheidungen und die Annahme und Vollstreckung öffentlicher Urkunden in Erbsachen sowie zur Einführung eines Europäischen Nachlasszeugnisses	2187
Anhang X	Internationales Erbrechtsverfahrensgesetz (IntErbRVG)	2227

Stichwortverzeichnis 2253

Abkürzungsverzeichnis

a.A.	anderer Ansicht
ABGB	Allgemeines Bürgerliches Gesetzbuch für Österreich
Abk.	Abkommen
abl.	ablehnend
ABl.	Amtsblatt
ABM	Arbeitsbeschaffungsmaßnahme
Abs.	Absatz
abw.	abweichend
AcP	Archiv für die zivilistische Praxis
AdAnpG	Gesetz zur Anpassung rechtlicher Vorschriften an das Adoptionsgesetz
AdG	Gesetz über die Annahme als Kind und zur Änderung anderer Vorschriften (Adoptionsgesetz)
AdÜbAG	Haager Adoptionsübereinkommens-Ausführungsgesetz
AdVermiG	Gesetz über die Vermittlung der Annahme als Kind – Adoptionsvermittlungsgesetz
AdWirkG	Gesetz über Wirkungen der Annahme als Kind nach ausländischem Recht – Adoptionswirkungsgesetz
a.E.	am Ende
AEG	Anerbengericht
AEUV	Vertrag über die Arbeitsweise der Europäischen Union
a.F.	alte Fassung
AG	Amtsgericht/Aktiengesellschaft
AGB	Allgemeine Geschäftsbedingungen
AGBG	Gesetz zur Regelung des Rechts der Allgemeinen Geschäftsbedingungen
AGBGB	Ausführungsgesetz zum BGB
AGJ-Mitt	Mitteilungen der Arbeitsgemeinschaft der Jugendämter
AgrarR	Agrarrecht (Jahr, Seite)
AGS	Anwaltsgebühren Spezial
AktG	Aktiengesetz
AktO	Aktenordnung für die Gerichte der ordentlichen Gerichtsbarkeit und die Staatsanwaltschaften
allg.	allgemein/e/r
a.M.	anderer Meinung
AmtlBegr.	amtliche Begründung
AmtsBl.	Amtsblatt
AN	Arbeitnehmer
ÄndG	Änderungsgesetz
Anh.	Anhang
Anl.	Anlage
Anm.	Anmerkung
AnO	Anordnung
AnwBl.	Anwaltsblatt
AO	Abgabenordnung
ArbG	Arbeitsgericht
ArbGG	Arbeitsgerichtsgesetz
ArbN	Arbeitnehmer
ArchBürgR	Archiv für Bürgerliches Recht (Band, Seite)
ArG	Arbeitsgemeinschaft
arg.	argumentum

Abkürzungsverzeichnis

Art.	Artikel
ASt	Antragsteller
AufenthG	Gesetz über den Aufenthalt, die Erwerbstätigkeit und die Integration von Ausländern im Bundesgebiet (Aufenthaltsgesetz)
Aufl.	Auflage
Aufs.	Aufsatz
AUG	Gesetz zur Geltendmachung von Unterhaltsansprüchen im Verkehr mit ausländischen Staaten (Auslandsunterhaltsgesetz)
AUR	Agrar- und Umweltrecht (Jahr, Seite)
ausf.	ausführlich
AusfG	Ausführungsgesetz
ausschl.	ausschließlich
AV	Allgemeine Verfügung
AVAG	Anerkennungs- und Vollstreckungsausführungsgesetz
AVB	Allgemeine Versicherungsbedingungen
AVO	Ausführungsverordnung
Az.	Aktenzeichen
BaFin	Bundesanstalt für Finanzdienstleistungsaufsicht
BAföG	Bundesgesetz über individuelle Förderung der Ausbildung (Ausbildungsförderungsgesetz)
BAG	Bundesarbeitsgericht
BagatellVO	Verordnung (EG) Nr. 861/2007 v. 11.07.2007 zur Einführung eines europäischen Verfahrens für geringfügige Forderungen
BAGE	Bundesarbeitsgerichtsentscheidungen
BAnz.	Bundesanzeiger
BArbBl.	Bundesarbeitsblatt
BarwertVO	Barwertverordnung
BaWü	Baden-Württemberg
Bay	Bayern
BayAGGVG	Bayerisches Ausführungsgesetz zum Gerichtsverfassungsgesetz
BayerGVBl.	Bayerisches Gesetz- und Verordnungsblatt
BayJMBl.	Bayerisches Justizministerialblatt
BayObLG	Bayerisches Oberstes Landesgericht
BayObLGZ	Entscheidungen des Bayerischen Obersten Landesgerichts in Zivilsachen
BayPAG	Bayerisches Polizeiaufgabengesetz
BayUnterbrG	Bayerisches Gesetz über die Unterbringung psychisch Kranker und deren Betreuung
BayVerfGH	Bayerischer Verfassungsgerichtshof
BB	Der Betriebsberater
BBesG	Bundesbesoldungsgesetz
BBG	Bundesbeamtengesetz
BBiG	Berufsbildungsgesetz
Bd.	Band
BDSG	Gesetz zum Schutz vor Missbrauch personenbezogener Daten bei der Datenverarbeitung (Bundesdatenschutzgesetz)
Bearb.	Bearbeiter
Begr.	Begründung
ber.	berichtigt
BerlAnwBl.	Berliner Anwaltsblatt
BerlGVBl.	Berliner Gesetz- und Verordnungsblatt

Abkürzungsverzeichnis

BErzGG	Gesetz über die Gewährung von Erziehungsgeld und Erziehungsurlaub (Bundeserziehungsgeldgesetz)
Beschl.	Beschluss
bestr.	bestritten
betr.	betreffend
BetrVG	Betriebsverfassungsgesetz
BFG	Bundesfinanzgericht
BFH	Bundesfinanzhof
BFH/NV	Beck'sches Nachschlagewerk der Entscheidungen des BFH
BFHE	Sammlung der Entscheidungen und Gutachten des BFH
BG	Bundesgesetz
BGA	Bundesgesundheitsamt
BGB	Bürgerliches Gesetzbuch
BGBl.	Bundesgesetzblatt
BGH	Bundesgerichtshof
BGH EBE	Eildienst der Entscheidungen des BGH
BGHST	Entscheidungen des BGH in Strafsachen
BGHZ	Entscheidungen des BGH in Zivilsachen
BinSchG	Gesetz betreffend die privatrechtlichen Verhältnisse der Binnenschifffahrt (Binnenschifffahrtsgesetz)
BinSchGerG	Gesetz über das gerichtliche Verfahren in Binnenschifffahrtssachen
BKAG	Gesetz über das Bundeskriminalamt und die Zusammenarbeit des Bundes und der Länder in kriminalpolizeilichen Angelegenheiten (Bundeskriminalamtgesetz)
BKGG	Bundeskindergeldgesetz
Bl.	Blatt
BMJ	Bundesminister(ium) der Justiz
BNotO	Bundesnotarordnung
BörsG	Börsengesetz
BPatG	Bundespatentgericht
BPolG	Gesetz über die Bundespolizei (Bundespolizeigesetz)
BR	Bundesrat
BRAK-Mitt	BRAK-Mitteilungen
BRAO	Bundesrechtsanwaltsordnung
BRDrs.	Bundesratsdrucksache
BReg	Bundesregierung
Brüssel Ia-VO	Verordnung (EU) Nr. 1215/2012 v. 12.12.2012 über die gerichtliche Zuständigkeit und die Anerkennung und Vollstreckung von Entscheidungen in Zivil- und Handelssachen
Brüssel IIa-VO	Verordnung (EG) Nr. 2201/2003 v. 27.11.2003 über die Zuständigkeit und die Anerkennung und Vollstreckung von Entscheidungen in Ehesachen und in Verfahren betreffend die elterliche Verantwortung und zur Aufhebung der Verordnung (EG) Nr. 1347/2000
BRVO	Bundesratsverordnung
BSG	Bundessozialgericht
bspw.	beispielsweise
BStBl.	Bundessteuerblatt
BT	Bundestag
BtBG	Betreuungsbehördengesetz
BTÄndG	Gesetz zur Änderung des Betreuungsrechts
BTDrs.	Bundestags-Drucksachen

Abkürzungsverzeichnis

BtE	Betreuungsrechtliche Entscheidungen
BtG	Gesetz zur Reform des Rechts der Vormundschaft und Pflegschaft für Volljährige (Betreuungsgesetz)
BtPrax	Betreuungsrechtliche Praxis
BVBl.	Bundesversorgungsblatt, Entscheidungssammlung
BVerfG	Bundesverfassungsgericht
BVerfGE	Entscheidungen des Bundesverfassungsgerichts (Band, Seite)
BVerfGG	Gesetz über das Bundesverfassungsgericht
BVerwG	Bundesverwaltungsgericht
BWG	Bundeswahlgesetz
BWNotZ	Baden-Württembergische Notarzeitung
BWO	Bundeswahlordnung
BZollBl.	Bundszollblatt (Jahr, Seite)
bzw.	beziehungsweise
Cc	Code civil, Codice civile, Codigo civil
cic	culpa in contrahendo
CR	Computer und Recht
DA	Dienstanweisung für die Standesbeamten und ihre Aufsichtsbehörden
DAV	Deutscher Anwaltverein
DAVorm	Der Amtsvormund
DB	Der Betrieb
DBest	Durchführungsbestimmung
DB-PKH	Durchführungsbestimmungen zur Prozess- und Verfahrenskostenhilfe
Denkschrift	Denkschrift zu dem Entwurf eines Gesetzes über die Angelegenheiten der freiwilligen Gerichtsbarkeit, zitiert nach Hahn/Mugdan, die gesammelten Materialien zu den Reichs-Justizgesetzen, Bd 7, S. 33 ff
ders.	derselbe
DFG	Deutsche Freiwillige Gerichtsbarkeit (Jahr, Seite)
DGB	Deutscher Gewerkschaftsbund
dgl.	dergleichen
DGVZ	Deutsche Gerichtsvollzieherzeitung (Jahr, Seite)
d.h.	das heißt
Diss.	Dissertation
DiszH	Disziplinarhof
DJ	Deutsche Justiz
DJT	Deutscher Juristentag
DJZ	Deutsche Juristenzeitung
DNotZ	Deutsche Notarzeitung
DONot	Dienstordnung für Notarinnen und Notare
DPA	Deutsches Patentamt
DPMA	Deutsches Patent- und Markenamt
DR	Deutsches Recht
DRiG	Deutsches Richtergesetz
DRiZ	Deutsche Richterzeitung
DRpfl.	Deutsche Rechtspflege (Jahr, Seite)
DRspr.	Deutsche Rechtsprechung (Leitzahl, Blatt)
DRWiss	Deutsche Rechtswissenschaft (Jahr, Seite)
DRZ	*Deutsche Rechtszeitschrift*

Abkürzungsverzeichnis

DStR	Deutsche Steuer-Rundschau/Deutsches Steuerrecht
DStRE	Deutsches Steuerrecht – Entscheidungsdienst
DStZ	Deutsche Steuerzeitung
DTV	Deutscher Transportarbeiterverband
DtZ	Deutsch-Deutsche Rechtszeitschrift
DV	Deutsche Verwaltung (Jahr, Seite)
DVBl.	Deutsches Verwaltungsblatt (Jahr, Seite)
DVO	Durchführungsverordnung
e.V.	eingetragener Verein
EA	Einstweilige Anordnung
EBE/BGH	Eildienst Bundesgerichtliche Entscheidungen
EFG	Entscheidungen der Finanzgerichte
EG	Einführungsgesetz; auch: Europäische Gemeinschaft(en)
EGBGB	Einführungsgesetz zum Bürgerlichen Gesetzbuch
EGGVG	Einführungsgesetz zum Gerichtsverfassungsgesetz
EGHGB	Einführungsgesetz zum Handelsgesetzbuch
EGMR	Europäischer Gerichtshof für Menschenrechte
EGStGB	Einführungsgesetz zum Strafgesetzbuch
EGV	EG-Vertrag
EG-VO Zustellung	Verordnung (EG) Nr 1397/2007 über die Zustellung gerichtlicher und außergerichtlicher Schriftstücke in Zivil- und Handelssachen
EheG	Ehegesetz
EhemissbrG	Gesetz gegen Missbräuche bei der Eheschließung und der Annahme an Kindes Statt
EheNÄndG	Gesetz über die Änderung des Ehenamens (Ehenamensänderungsgesetz)
1. EheRG	Erstes Gesetz zur Reform des Ehe- und Familienrechts
EheschlRG	Gesetz zur Neuordnung des Eheschließungsrechts
EHUG	Gesetz über elektronische Handelsregister sowie das Genossenschaftsregister
Einf.	Einführung
EinigVtr.	Einigungsvertrag
Einl.	Einleitung
einschl.	einschließlich
EMRK	(Europäische) Konvention zum Schutz der Menschenrechte und Grundfreiheiten
entspr.	entsprechend
ErbbauRG	Erbbaurechtsgesetz
ErbGleichG	Gesetz zur erbrechtlichen Gleichstellung nichtehelicher Kinder
ErbStG	Erbschaftsteuer- und Schenkungsteuergesetz
erg.	ergänzend
Erg.	Ergebnis
Erw.	Erwägungsgrund
ErSÜ	Haager Übereinkommen über den internationalen Schutz von Erwachsenen
ErwSÜAG	Erwachsenenschutzübereinkommens-Ausführungsgesetz
EStG	Einkommensteuergesetz
ESÜ	Europäisches Übereinkommen über die Anerkennung und Vollstreckung von Entscheidungen über das Sorgerecht für Kinder und die Wiederherstellung der Sorgeverhältnisse
EU	Europäische Union
EuFristVO	VO (EWG, EURATOM) Nr. 1182/71 v. 03.06.1971 zur Festlegung der Regeln für die Fristen

Abkürzungsverzeichnis

EUGewSchVG	Gesetz zum Europäischen Gewaltschutzverfahren (EU-Gewaltschutzverfahrensgesetz)
EUGewSchVO	Verordnung (EU) Nr. 606/2013 v. 12.06.2013 über die gegenseitige Anerkennung von Schutzmaßnahmen in Zivilsachen
EuGH	Gerichtshof der Europäischen Gemeinschaften
EuGRZ	Europäische Grundrechte Zeitschrift
EuGH Slg.	(Entscheidungs-)Sammlung des Gerichtshofes der Europäischen Gemeinschaften
EuGVO	(Europäische) Verordnung über die gerichtliche Zuständigkeit und die Anerkennung und Vollstreckung von Entscheidungen Zivil- und Handelssachen
EuGVÜ	(Europäisches) Übereinkommen über die gerichtliche Zuständigkeit und die Vollstreckung gerichtlicher Entscheidungen in Zivil- und Handelssachen
EuKoPfVO	VO (EU) Nr. 655/2014 v. 15.05.2014 zur Einführung eines Verfahrens für einen Europäischen Beschluss zur vorläufigen Kontenpfändung im Hinblick auf die Erleichterung der grenzüberschreitenden Eintreibung von Forderungen in Zivil- und Handelssachen
EuMahnVO	Verordnung (EG) Nr. 1896/2006 v. 12.12.2006 zur Einführung eines europäischen Mahnverfahrens
EuR	Europarecht (Jahr, Seite)
EuRAG	Gesetz über die Tätigkeit europäischer Rechtsanwälte in Deutschland (EuRAG)
EuUntVO	(Europäische) Verordnung über die Zuständigkeit, das anwendbare Recht, die Anerkennung und Vollstreckung von Entscheidungen und die Zusammenarbeit in Unterhaltssachen
EUVisumVO	Verordnung (EG) Nr. 539/2001 des Rates v. 15.3.2001 zur Aufstellung der Liste der Drittländer, deren Staatsangehörige beim Überschreiten der Außengrenzen im Besitz eines Visums sein müssen, sowie der Liste der Drittländer, deren Staatsangehörige von dieser Visumpflicht befreit sind
EuVTVO	Verordnung (EG) Nr. 805/2004 v. 21.04.2004 zur Einführung eines europäischen Vollstreckungstitels für unbestrittene Forderungen
EV	Eigentumsvorbehalt
e.V.	einstweilige Verfügung
evtl.	eventuell
EWIV	Europäische wirtschaftliche Interessenvereinigung
EWIV-AG	Gesetz zur Ausführung der EWG-Verordnung über die Europäische wirtschaftliche Interessenvereinigung
EWIV-VO	Verordnung (EWG) Nr. 2137/85 des Rates v. 25.07.1985 über die Schaffung einer Europäischen wirtschaftlichen Interessenvereinigung
f.	folgende (r)
FamFG	Gesetz über das Verfahren in Familiensachen und in den Angelegenheiten der freiwilligen Gerichtsbarkeit i.d.F. v. Art 1 des FGG-RG
FamFG-VAE	FamFG i.d.F. v. Art 2 des RegE zum VAStrRefG
FamFR	Zeitschrift für Familienrecht und Familienverfahrensrecht
FamGKG	Gesetz über Gerichtskosten in Familiensachen
FamNeuÄndG	Gesetz über die Änderung von Familiennamen und Vornamen
FamR	Familienrecht
FamS	Familiensenat
FamRÄndG	Gesetz zur Vereinheitlichung und Änderung familienrechtlicher Vorschriften (Familienrechtsänderungsgesetz)
FamRB	Der Familien-Rechts-Berater (Jahr, Seite)
FamRBint	Der Familien-Rechts-Berater international (Beilage zum FamRB)
FamRZ	*Zeitschrift für das gesamte Familienrecht* (Jahr, Seite)

Abkürzungsverzeichnis

FeuerschStG	Feuerschutzsteuergesetz
ff.	fortfolgende
FG	Finanzgericht
FGG	Gesetz über die freiwillige Gerichtsbarkeit
FGG-RG	Gesetz zur Reform des Verfahrens in Familiensachen und in den Angelegenheiten der freiwilligen Gerichtsbarkeit (FGG-Reformgesetz)
FGO	Finanzgerichtsordnung
FGPrax	Praxis der freiwilligen Gerichtsbarkeit
FPR	Familie, Partnerschaft und Recht
FrhEntzG	Gesetz über das gerichtliche Verfahren bei Freiheitsentziehungen
FS	Festschrift für
FuR	Zeitschrift Familie und Recht (Jahr, Seite)
G	Gesetz
GBl.	Gesetzblatt
GBO	Grundbuchordnung
GbR	Gesellschaft bürgerlichen Rechts
Geb.	Gebühr
GebrMG	Gebrauchsmustergesetz
gem.	gemäß
GemS-OGB	Gemeinsamer Senat der obersten Gerichtshöfe des Bundes
GenRegV	Verordnung über das Genossenschaftsregister (Genossenschaftsregisterverordnung)
GeschMG	Geschmacksmustergesetz
GewO	Gewerbeordnung
GewSchG	Gewaltschutzgesetz
GG	Grundgesetz
ggf.	gegebenenfalls
ggü.	gegenüber
GKG	Gerichtskostengesetz
GleichberG	Gesetz über die Gleichberechtigung von Mann und Frau auf dem Gebiet des bürgerlichen Rechts (Gleichberechtigungsgesetz)
GmbH	Gesellschaft mit beschränkter Haftung
GmbHG	Gesetz betreffend die Gesellschaften mit beschränkter Haftung
GmbHR	GmbH-Rundschau (Jahr, Seite)
GMBl.	Gemeinsames Ministerialblatt
GmS-OGB	Gemeinsamer Senat der obersten Gerichtshöfe des Bundes
GNotKG	Gesetz über die Kosten der freiwilligen Gerichtsbarkeit für Gerichte und Notare
GNotKG-E	Entwurf eines Gerichts- und Notarkostengesetzes, BT-Drs. 17/11471, Art. 1
GPR	Zeitschrift für das Privatrecht der Europäischen Union
GRCh	Charta der Grundrechte der Europäischen Union
GrEStG	Grunderwerbsteuergesetz
grds.	grundsätzlich
GrdstVG	Grundstücksverkehrsgesetz
GrS	Großer Senat
GrSZ	Großer Senat in Zivilsachen
GV	Gerichtsvollzieher/Gebührenverzeichnis
GVBl.	Gesetz- und Verordnungsblatt (Jahr, Seite)
GVG	Gerichtsverfassungsgesetz

Abkürzungsverzeichnis

HA	Hauptausschuss des Parlamentarischen Rates
HaagEheschlAbk	Haager Abkommen zur Regelung des Geltungsbereichs der Gesetze auf dem Gebiete der Eheschließung
HaagVormAbk	Haager Abkommen zur Regelung der Vormundschaft über Minderjährige
HAÜ	Haager Übereinkommen über den Schutz von Kindern und die Zusammenarbeit auf dem Gebiet der internationalen Adoption
HausratsV, HV	Verordnung über die Behandlung der Ehewohnung und des Hausrats
HausratsVO	Hausratsverordnung
HE	Hessen
HeimG	Gesetz über Altenheime, Altenwohnheime und Pflegeheime für Volljährige
HeizkostenV	Verordnung über die verbrauchsabhängige Abrechnung der Heiz- und Warmwasserkosten
HessFGG	Hessisches Gesetz über die freiwillige Gerichtsbarkeit
HEZ	Höchstrichterliche Entscheidungen, Sammlung von Entscheidungen der Oberlandesgerichte und der obersten Gerichte in Zivilsachen (Band, Seite)
HFR	Höchstrichterliche Finanzrechtsprechung
HGB	Handelsgesetzbuch
HKÜ	Haager Übereinkommen über die zivilrechtlichen Aspekte internationaler Kindesentführung
h.L.	herrschende Lehre
h.M.	herrschende Meinung
HmbGVBl.	Hamburgisches Gesetz- und Verordnungsblatt (Jahr, Seite)
HöfeO	Höfeordnung
HöfeVfO	Verfahrensordnung für Höfesachen
HRegGebV	Verordnung über Gebühren in Handels-, Partnerschafts- und Genossenschaftsregistersachen (Handelsregistergebührenverordnung)
HRP	Handbuch der Rechtspraxis
HRR	Höchstrichterliche Rechtsprechung
Hrsg.	Herausgeber
HRV	Verordnung über die Einrichtung und Führung des Handelsregisters (Handelsregisterverordnung)
Halbs.	Halbsatz
i.A.	im Allgemeinen
i.d.F.	in der Fassung
i.d.R.	in der Regel
i.d.S.	in diesem Sinn
i.E.	im Einzelnen
IfSG	Infektionsschutzgesetz
iGgs.	im Gegensatz
IHK	Industrie- und Handelskammer
insbes.	insbesondere
InsO	Insolvenzordnung
IntErbRVG	Internationales Erbrechtsverfahrensgesetz
IntFamRVG	Gesetz zur Aus- und Durchführung bestimmter Rechtsinstrumente auf dem Gebiet des internationalen Familienrechts (Internationales Familienrechtsverfahrensgesetz)
InvG	Investmentgesetz
IPR	Internationales Privatrecht
IPPrax	Praxis des Internationalen Privat- und Verfahrensrechts
IPRspr.	Die Deutsche Rechtsprechung auf dem Gebiet des IPR

Abkürzungsverzeichnis

i.S.	im Sinne
i.S.d.	im Sinne des (der)
i.V.m.	im Verbindung mit
IVR	Internationale Vereinigung der Rheinschifffahrtsregister
IVTB	Internationale Verlade- und Transportbedingungen für die Binnenschifffahrt
JA	Juristische Arbeitsblätter
JArbSchG	Gesetz zum Schutz der arbeitenden Jugend (Jugendarbeitsschutzgesetz)
JBeitrO	Justizbeitreibungsordnung
JBl.	Justizblatt
JFG	Jahrbuch für Entscheidungen in Angelegenheiten der Freiwilligen Gerichtsbarkeit und des Grundbuchrechts (Jahrgang, Seite)
JG	Jugendgericht
JGG	Jugendgerichtsgesetz
JKomG	Justizkommunikationsgesetz
JM	Justizministerium
JMBl.	Justizministerialblatt
JMBlNRW	Justizministerialblatt für Nordrhein-Westfalen
JR	Juristische Rundschau
1. JuMoG	Erstes Gesetz zur Modernisierung der Justiz (1. Justizmodernisierungsgesetz)
2. JuMoG	Zweites Gesetz zur Modernisierung der Justiz (2. Justizmodernisierungsgesetz)
JurA	Juristische Analysen (Jahrgang, Seite)
Jura	Juristische Ausbildung (Jahrgang, Seite)
JurBüro	Das Juristische Büro, Fachzeitschrift (Jahrgang, Seite)
JuS	Juristische Schulung (Jahrgang, Seite)
Justiz	Die Justiz, Amtsblatt des Justizministeriums Baden-Württemberg
JustSen	Justizsenator
JuV	Justiz und Verwaltung (Jahrgang, Seite)
JVBl.	Justizverwaltungsblatt
JVEG	Gesetz über die Vergütung von Sachverständigen, Dolmetscherinnen, Dolmetschern, Übersetzerinnen und Übersetzern sowie die Entschädigung von ehrenamtlichen Richterinnen, ehrenamtlichen Richtern, Zeuginnen, Zeugen und Dritten (Justizvergütungs- und -entschädigungsgesetz)
JVKostG	Gesetz über Kosten in Angelegenheiten der Justizverwaltung
JVKostG-E	Entwurf eines Justizverwaltungskostengesetzes, BT-Drs. 17/11471, Art. 2
JVKostO	Gesetz über Kosten im Bereich der Justizverwaltung (Justizverwaltungskostenordnung)
JW	Juristische Wochenschrift
JWG	Gesetz für Jugendwohlfahrt (Jugendwohlfahrtgesetz)
JZ	Juristenzeitung (Jahrgang, Seite)
Kap.	Kapitel
KastrG	Gesetz über die freiwillige Kastration und andere Behandlungsmethoden
KG	Kammergericht/Kommanditgesellschaft
KGJ	Jahrbuch für die Entscheidungen des Kammergerichts (Band, Seite)
KindRG	Gesetz zur Reform des Kindschaftsrechts
KindUG	Gesetz zur Vereinheitlichung des Unterhaltsrechts
KJHG	Kinder- und Jugendhilfegesetz
Komm	Kommentar

Abkürzungsverzeichnis

KostO	Gesetz über die Kosten in Angelegenheiten der freiwilligen Gerichtsbarkeit (Kostenordnung)
KostRÄndG	Kostenrechts-Änderungsgesetz
KostRMoG	Gesetz zur Modernisierung des Kostenrechts (Kostenrechtsmodernisierungsgesetz)
2. KostRMoG	Zweites Gesetz zur Modernisierung des Kostenrechts (2. Kostenrechtsmodernisierungsgesetz)
KostV	Kostenverfügung
KSÜ	Haager Übereinkommen über die Zuständigkeit das anzuwendende Recht, die Anerkennung, Vollstreckung und Zusammenarbeit auf dem Gebiet der elterlichen Verantwortung und der Maßnahmen zum Schutz von Kindern
KV	Kostenverzeichnis
KV GKG	Kostenverzeichnis zum GKG
KV GNotKG	Kostenverzeichnis zum GNotKG
KV FamGKG	Kostenverzeichnis zum FamGKG
LAG	Lastenausgleichsgesetz; auch: Landesarbeitsgericht
LAGE	Entscheidungssammlung Landesarbeitsgerichte
LArbG	Landesarbeitsgericht
LBesG	Landesbesoldungsgesetz
LBG	Landesbeamtengesetz
LG	Landgericht
lit.	litera
Lit.	Literatur
LKV	Landes- und Kommunalverwaltung
LPartG	Gesetz über die Eingetragene Lebenspartnerschaft
LPG	Landwirtschaftliche Produktionsgenossenschaft
LS	Leitsatz
LSG	Landessozialgericht
Ltd.	private company limited by shares
LuftfzgG	Gesetz über Rechte an Luftfahrzeugen
LugÜ	Luganer Übereinkommen über die gerichtliche Zuständigkeit und die Anerkennung und Vollstreckung gerichtlicher Entscheidungen in Zivil- und Handelssachen
LVerwG	Landesverwaltungsgericht
LwAnpG	Gesetz über die strukturelle Anpassung der Landwirtschaft an die soziale und ökologische Marktwirtschaft in der Deutschen Demokratischen Republik (Landwirtschaftsanpassungsgesetz)
LwVG	Landwirtschaftsverfahrensgesetz
m.	mit
MBl.	Ministerialblatt
MDR	Monatsschrift für Deutsches Recht
MEPolG	Musterentwurf Polizeigesetz
MHbeG	Gesetz zur Beschränkung der Haftung Minderjähriger
MinBl.	Ministerialblatt
MittBayNotK	Mitteilungen Bayerische Notar-Kammer
MittBl.	Mitteilungsblatt
MittdtschPatAnw	Mitteilung deutscher Patentanwälte (Jahr, Seite)
MittRhNotK	Mitteilungen Rheinische Notar-Kammer
MiZi.	Anordnungen über Mitteilungen in Zivilsachen; Mitteilungen in Zivilsachen
MJAE	Ministerium für Justiz, Arbeit und Europa

MMR	MultiMedia und Recht (Jahr, Seite)
m.N.	mit Nachweisen
MoMiG	Gesetz zur Modernisierung des GmbH-Rechts und zur Bekämpfung von Missbräuchen
MRK	Menschenrechtskonvention
MSA	Haager Übereinkommen über die Zuständigkeit der Behörden und das anzuwendende Recht auf dem Gebiet des Schutzes von Minderjährigen
m.w.N.	mit weiteren Nachweisen
Nachw.	Nachweise
NamÄndG	Namensänderungsgesetz, Ehenamenänderungsgesetz
NEhelG	Gesetz über die Stellung der nichtehelichen Kinder
n.F.	neue Fassung
NJ	Neue Justiz
NJW	Neue Juristische Wochenschrift (Jahr, Seite)
NJWE-FER	NJW-Entscheidungsdienst Familien- und Erbrecht
NJWE-MietR	NJW Entscheidungsdienst Miet- und Wohnungsrecht (Jahr, Seite)
NJW-RR	Neue Juristische Wochenschrift Rechtsprechungsreport
NotBZ	Zeitschrift für die notarielle Beratungs- und Beurkundungspraxis
NotVO	Notverordnung, auch: Verordnung über die Tätigkeit von Notaren in eigener Praxis (DDR)
Nr.	Nummer(n)
NRW	Nordrhein-Westfalen
NSTE	Neue Entscheidungssammlung für Strafrecht
NStZ	Neue Zeitschrift für Strafrecht (Jahr, Seite)
NStZ-RR	Neue Zeitschrift für Strafrecht Rechtsprechungsreport (Jahr, Seite)
NTS-ZA	Zusatzabkommen zum NATO-Truppenstatut (Zusatzabkommen zu dem Abkommen zwischen den Parteien des Nordatlantikvertrages über die Rechtsstellung ihrer Truppen hinsichtlich der in der Bundesrepublik Deutschland stationierten ausländischen Truppen)
NVwZ	Neue Zeitschrift für Verwaltungsrecht (Jahr, Seite)
NVwZ-RR	Neue Zeitschrift für Verwaltungsrecht Rechtsprechungsreport (Jahr, Seite)
NZFam	Neue Zeitschrift für Familienrecht (Jahr, Seite)
NZM	Neue Zeitschrift für Mietrecht (Jahr, Seite)
OEEC	Organization for European Economic Cooperation
OHG	Offene Handelsgesellschaft
OLG	Oberlandesgericht
OLG-NL	OLG-Rechtsprechung Neue Länder
OLGR	Die Rechtsprechung der Oberlandesgerichte
OLG-Rspr.	OLG-Rechtsprechung
OLGZ	Entscheidungen der Oberlandesgerichte in Zivilsachen einschließlich der freiwilligen Gerichtsbarkeit
OVG	Oberverwaltungsgericht
OVGE	Entscheidungen der Oberverwaltungsgerichte (Band, Seite)
PAngKlauselG	Verordnung zur Regelung der Preisangaben
PartG	Gesetz über die politischen Parteien
PartGG	Gesetz über Partnerschaftsgesellschaften Angehöriger Freier Berufe (Partnerschaftsgesellschaftsgesetz)
PatAnwO	Patentanwaltsordnung

Abkürzungsverzeichnis

PfandBG	Pfandbriefgesetz
Pkh	Prozesskostenhilfe
PKH- und BerHÄndG	Gesetz zur Änderung des Prozesskostenhilfe- und Beratungshilferechts i.d.F. des Beschl. des BT v. 16.05.2013 (BR-Drucks. 382/13)
PKHVV	Prozesskostenhilfevordruckverordnung
PolG NRW	Polizeigesetz NRW
prFGG	Preußisches Gesetz über die freiwillige Gerichtsbarkeit
ProzBev	Prozessbevollmächtigter
PStG	Personenstandsgesetz
PsychKG NRW	Gesetz über Hilfen und Schutzmaßnahmen bei psychischen Krankheiten NRW
PrOVGE	Entscheidungen des Preußischen Oberverwaltungsgerichts (Band, Seite)
PRV	Verordnung über die Einrichtung und Führung des Partnerschaftsregisters (Partnerschaftsregisterverordnung)
PublG	Gesetz über die Rechnungslegung von bestimmten Unternehmen und Konzernen (Publizitätsgesetz)
pVV	positive Vertragsverletzung
RA	Rechtsanwalt, Rechtsanwältin
RabelsZ	Rabels Zeitschrift für ausländisches und internationales Privatrecht (Jahr, Seite)
RADG	Rechtsanwaltsdienstleistungsgesetz
RAK	Rechtsanwaltskammer
RAnB	Rechtsprechung Spezial Neue Bundesländer
RAO	Rechtsanwaltsordnung
RdErl	Runderlass
RDG	Gesetz zur Neuregelung des Rechtsberatungsrechts (Rechtsdienstleistungsgesetz)
RDGEG	Einführungsgesetz zum Rechtsdienstleistungsgesetz
RdL	Recht der Landwirtschaft (Jahr, Seite)
Rechtsbehelfs-belehrungsG	Gesetz zur Einführung einer Rechtsbehelfsbelehrung im Zivilprozess und zur Änderung anderer Vorschriften
Rdn.	Randnummer bei internen Verweisen
RefE	Referentenentwurf
RefE FGG-RG I	Referentenentwurf des Gesetzes zur Reform des Verfahrens in Familiensachen und in Angelegenheiten der freiwilligen Gerichtsbarkeit
RefE FGG-RG II	Ergänzter Referentenentwurf des Gesetzes zur Reform des Verfahrens in Familiensachen und in Angelegenheiten der freiwilligen Gerichtsbarkeit
RegBdVO	Regelbedarf-Verordnung
RegBl.	Regierungsblatt
RegE	Regierungsentwurf
RegE FGG-RG	Regierungsentwurf des Gesetzes zur Reform des Verfahrens in Familiensachen und in Angelegenheiten der freiwilligen Gerichtsbarkeit i.d.F. v. 07.09.2007 (BTDrs 16/6308)
RegUnterhVO	Verordnung zur Berechnung des Regelunterhalts (Regelunterhalt-Verordnung)
REITG	Gesetz über deutsche Immobilien-Aktiengesellschaften mit börsennotierten Anteilen
RelKEG	Gesetz über die religiöse Kindererziehung
RFG	Jahrbuch für Entscheidungen in Angelegenheiten der freiwilligen Gerichtsbarkeit und des Grundbuchrechts (Band, Seite)
RG	Reichsgericht; mit Fundstelle: amtliche Sammlung der RGRechtsprechung in Zivilsachen
RGBl.	Reichsgesetzblatt

Abkürzungsverzeichnis

Richtl.	Richtlinie
RIW	Recht der Internationalen Wirtschaft
RJA	Entscheidungen in Angelegenheiten der freiwilligen Gerichtsbarkeit und des Grundbuchrechts (Band, Seite)
Rn.	Randnummer bei externen Verweisen
RNotZ	Rheinische Notar-Zeitschrift (Jahr, Seite)
Rpfleger	Der Deutsche Rechtspfleger
RpflG/RpflegerG	Rechtspflegergesetz
RRG	Rentenreformgesetz
Rs.	Rechtssache
RSG	Reichssiedlungsgesetz
Rspr.	Rechtsprechung
Rspr. (mit Zahl)	Rechtsprechung der Oberlandesgerichte
RV	Die Rentenversicherung
RVG	Rechtsanwaltsvergütungsgesetz
S.	Seite/Satz
s.	siehe
s.a.	siehe auch
s.o.	siehe oben
s.u.	siehe unten
SARL	Société à Responsabilité Limitée
SCE	Societas Cooperativa Europaea (Europäische Genossenschaft)
SCEAG	Gesetz zur Ausführung der Verordnung (EG) Nr. 1435/2003 des Rates v. 22.07.2003 über das Statut der Europäischen Genossenschaft (SCE)
SCE-VO	Verordnung des Rates über das Statut der Europäischen Genossenschaft
SchiedsG	Schiedsgericht
SchlH	Schleswig-Holstein
SchReg	Schiffsregister
SchRegO	Schiffsregisterordnung
SchuldRÄndG	Gesetz zur Änderung schuldrechtlicher Bestimmungen im Beitrittsgebiet – Schuldrechtsänderungsgesetz
SchVG	Gesetz über Schuldverschreibungen aus Gesamtemissionen (Schuldverschreibungsgesetz)
SE	Societas Europaea (Europäische Aktiengesellschaft)
SEAG	Gesetz zur Ausführung der Verordnung (EG) Nr 2157/2001 des Rates v. 08.10.2001 über das Statut der Europäischen Gesellschaft (SE) (SEAusführungsgesetz – SEAG)
Sen.	Senat
SE-VO	Verordnung des Rates über das Statut der Europäischen Gesellschaft
s.f.	siehe ferner
SG	Sozialgericht
SGb	Die Sozialgerichtsbarkeit (Jahr, Seite)
SGB I–XI	Sozialgesetzbuch – I Allgemeiner Teil, III Arbeitsförderung, IV Gemeinsame Vorschriften für die Sozialversicherung, V Gesetzliche Krankenversicherung, VI Gesetzliche Rentenversicherung, VII Gesetzlicher Unfallversicherung, VIII Kinder- und Jugendhilfe, X Verwaltungsverfahren, XI Soziale Pflegeversicherung
SGG	Sozialgerichtsgesetz
SigG	Gesetz über Rahmenbedingungen für elektronische Signaturen (Signaturgesetz)
Slg	Sammlung
sog.	so genannte/r/s

Abkürzungsverzeichnis

SorgerechtsreformG	Gesetz zur Reform der elterlichen Sorge
SorgeRG	Gesetz zur Neuregelung der elterlichen Sorge
SortenschG	Sortenschutzgesetz
SpruchG	Gesetz über das gesellschaftsrechtliche Spruchverfahren (Spruchverfahrensgesetz)
StAZ	Der Standesbeamte
StB	Der Steuerberater (Jahr, Seite)
StBerG	Steuerberatungsgesetz
StGB	Strafgesetzbuch
StMJ	Staatsministerium der Justiz
StPO	Strafprozessordnung
str.	streitig
st.Rspr.	ständige Rechtsprechung
TH	Thüringen
ThUG	Therapieunterbringungsgesetz
ThürPsychKG	Thüringer Gesetz zur Hilfe und Unterbringung psychisch Kranker
TJM	Thüringer Justizministerium
TKG	Telekommunikationsgesetz
TMG	Telemediengesetz
TranspR	Transportrecht (Jahr, Seite)
TSG	Transsexuellengesetz
TVG	Tarifvertragsgesetz
u.	und
u.a.	unter anderem
UÄndG	Gesetz zur Änderung unterhaltsrechtlicher, verfahrensrechtlicher und anderer Vorschriften
UBGG	Gesetz über Unternehmensbeteiligungsgesellschaften
Übk.	Übereinkommen
UG	Unternehmergesellschaft (haftungsbeschränkt)
UmwG	Umwandlungsgesetz
UN, UNO	United Nations Organisation
unstr.	unstreitig
UNÜ	Übereinkommen über die Geltendmachung von Unterhaltsansprüchen im Ausland
UStG	Umsatzsteuergesetz
u.U.	unter Umständen
ÜVerfBesG	Gesetz über den Rechtsschutz bei überlangen Gerichtsverfahren und strafrechtlichen Ermittlungsverfahren
UVG	Gesetz zur Sicherung des Unterhalts von Kindern allein stehender Mütter und Väter durch Unterhaltsvorschüsse oder -ausfalleistungen (Unterhaltsvorschussgesetz)
v.	von/vom/vor
VA	Versorgungsausgleich
VAG	Gesetz über die Beaufsichtigung der Versicherungsunternehmen (Versicherungsaufsichtsgesetz)
v.A.w.	von Amts wegen
VAStrRefG	Gesetz zur Strukturreform des Versorgungsausgleichs
VersausglG-E	Versorgungsausgleichsgesetz (VersausglG) i.d.F. des Regierungsentwurfs eines Gesetzes zur Strukturreform des Versorgungsausgleichs (VAStrRefG) v. 02.08.2008 (BTDrs 16/10144)

VersausglG	Versorgungsausgleichsgesetz
VerschG	Verschollenheitsgesetz
VersR	Versicherungsrecht (Jahr, Seite)
VG	Verwaltungsgericht
VGH	Verwaltungsgerichtshof
vgl.	vergleiche
Vkh	Verfahrenskostenhilfe
VO	Verordnung
VOen	Verordnungen
Vorb/Vorbem	Vorbemerkung
VormG	Vormundschaftsgericht
VRS	Verkehrsrechts-Sammlung (Band, Seite)
VRV	Vereinsregisterverordnung
vs.	versus
v.T.w.	von Todes wegen
VVaG	Versicherungsverein auf Gegenseitigkeit
VV RVG	Vergütungsverzeichnis zum RVG
VwGO	Verwaltungsgerichtsordnung
VwVfG	Verwaltungsverfahrensgesetz
VZOG	Vermögenszuordnungsgesetz
wistra	Zeitschrift für Wirtschaft, Steuer, Strafrecht (Jahr, Seite)
WKBG	Gesetz zur Förderung von Wagniskapitalbeteiligungen
WoBindG	Gesetz zur Sicherung der Zweckbestimmung von Sozialwohnungen (Wohnungsbindungsgesetz)
WoGeldG (WoGG)	Wohnungsgeldgesetz
WoGV	Wohngeldverordnung
WP	Wirtschaftsprüfer
WPO	Wirtschaftsprüferordnung
WpÜG	Wertpapiererwerbs- und Übernahmegesetz
WuM	Wohnungswirtschaft und Mietrecht (Jahr, Seite)
YAR	York-Antwerp Rules
ZAP	Zeitschrift für die anwaltliche Praxis (Jahr, Seite)
z.B.	zum Beispiel
ZBlFG	Zentralblatt für die freiwillige Gerichtsbarkeit (Jahr, Seite)
ZErB	Zeitschrift für die Steuer- Erbrechtspraxis
ZEuP	Zeitschrift für Europäisches Privatrecht (Jahr, Seite)
ZEV	Zeitschrift für Erbrecht und Vermögensnachfolge
ZfB	Binnenschifffahrt – Zeitschrift für Binnenschifffahrt und Wasserstraßen (Jahr, Heft-Nr, Seite)
ZFdG	Gesetz über das Zollkriminalamt und die Zollfahndungsämter (Zollfahndungsdienstgesetz)
ZHR	Zeitschrift für das gesamte Handels- und Wirtschaftsrecht (Band, Jahr, Seite)
ZKJ	Zeitschrift für Kindschaftsrecht und Jugendhilfe
ZNotP	Zeitschrift für die Notar-Praxis (Jahr, Seite)
ZPO	Zivilprozessordnung
ZPO-RG	Gesetz zur Reform des Zivilprozesses (Zivilprozessreformgesetz)
ZRP	Zeitschrift für Rechtspolitik (Jahr, Seite)

Abkürzungsverzeichnis

ZS	Zivilsenat
z.T.	zum Teil
ZuSEG	Gesetz über die Entschädigung von Zeugen und Sachverständigen
zust.	zustimmend
ZuStRG	Zustellungsreformgesetz
zutr.	zutreffend
ZVG	Gesetz über die Zwangsversteigerung und Zwangsverwaltung
ZZP	Zeitschrift für Zivilprozess (Jahr, Seite)
zzt.	zurzeit

Literaturverzeichnis

Althammer	*Althammer, Christoph*, Brüssel IIa - Rom III, München 2014
Altrogge	*Altrogge, Alexandra*, Umgang unter Zwang: Das Recht des Kindes auf Umgang mit dem umgangsunwilligen Elternteil, Bielefeld 2007
AnwKom	Anwaltskommentar, Kommentar zum BGB, Bd. 4 Familienrecht, 3. Auflage, Bonn 2014
Arnold/Meyer-Stolte	*ArnoldEgon/Meyer-Stolte, Klaus*, Rechtspflegergesetz, 8. Auflage, Bielefeld 2015
Bahrenfuss	*Bahrenfuss, Dirk*, FamFG, Gesetz über das Verfahren in Familiensachen und in den Angelegenheiten der freiwilligen Gerichtsbarkeit, Kommentar, 2. Auflage, Berlin 2013
BaRoth	*Bamberger, Heinz Georg/Roth, Herbert*, BGB Kommentar, 3. Auflage, München 2012
Barth	*Barth, Tobias Dirk*, Gewaltschutz im sozialen Nachbereich, Hamburg 2007
Bassenge/Roth	*Bassenge, Peter/Roth, Herbert*, Gesetz über das Verfahren in Familiensachen und Angelegenheiten der freiwilligen Gerichtsbarkeit, Rechtspflegergesetz, Kommentar, 12. Auflage, Heidelberg 2009
Bassenge/Roth	*Bassenge, Peter/Roth, Herbert*, Gesetz über die Angelegenheiten der freiwilligen Gerichtsbarkeit (FGG), Rechtspflegergesetz, Kommentar, 11. Auflage, Heidelberg 2007
Bauer/Klie/Rink	*Bauer, Axel/Klie, Thomas/Rink, Jürgen*, Heidelberger Kommentar zum Betreuungs- und Unterbringungsrecht, 106. Aktualisierung, Stand Februar 2016
Baumbach/Hopt	*Baumbach, Adolf/Hopt, Klaus J.*, Handelsgesetzbuch, 37. Auflage, München 2016
Baumbach/Hueck	*Baumbach, Adolf/Hueck, Alfred*, GmbH-Gesetz, 20. Auflage, München 2013
Baumbach/Lauterbach/ Albers/Hartmann	*Baumbach, Adolf/Lauterbach, Wolfgang/Albers, Jan/Hartmann, Peter*, Zivilprozessordnung, Kurzkommentar, 71. Auflage, München 2013
Baur/Wolf	*Baur, Fritz/Wolf, Manfred*, Grundbegriffe des Rechts der freiwilligen Gerichtsbarkeit, 2. Auflage, Stuttgart 1980
BeckOK	*FamFG Hahne, Meo-Micaela/Munzig, Jörg*, Beck'scher Online Kommentar FamFG
Beck/Samm/Kokemoor	*Beck, Heinz/Samm, Carl-Theodor/Kokemoor, Axel*, Gesetz über das Kreditwesen, 184. Aktualisierung, Heidelberg 2016
Bergerfurth/Rogner	*Bergerfurth, Bruno/Rogner, Jörg*, Der Ehescheidungsprozess und die anderen Eheverfahren, 15. Auflage, 2006
Bergner	*Bergner, Ludwig*, Kommentar zum reformierten Versorgungsausgleich (KommRefVA), Köln 2009
Beuthien	*Beuthien, Volker*, Genossenschaftsgesetz, 15. Auflage, München 2011
Bienwald/Sonnenfeld/ Hoffmann	*Bienwald, Werner/Sonnenfeld, Susanne/Hoffmann, Birgit*, Betreuungsrecht, Kommentar, 5. Auflage, Bielefeld 2011
Binz/Dörndorfer/Petzhold/ Zimmermann	*Binz, Karl Josef/Dörndorfer, Josef/Petzhold, Rainer/Zimmermann, Walter*, Gerichtskostengesetz, Justizvergütungs- und entschädigungsgesetz GKG JVEG, 3. Auflage München 2016
Boos/Fischer/Schulte-Mattler	*Boos, Karl-Heinz/Fischer, Reinfrid/Schulte-Mattler, Hermann*, Kreditwesengesetz, 5. Auflage, München 2016

Literaturverzeichnis

Bork/Jakoby/Schwab	*Bork, Reinhard/Jakoby, Florian/Schwab, Dieter*, FamFG, Kommentar zum Gesetz über das Verfahren in Familiensachen und in den Angelegenheiten der freiwilligen Gerichtsbarkeit, 2. Auflage, Bielefeld 2013
Borth	*Borth, Helmut*, Versorgungsausgleich, 8. Auflage, Köln 2015
Brehm	*Brehm, Wolfgang*, Freiwillige Gerichtsbarkeit, 4. Auflage, Stuttgart 2009
Brill	*Brill, Karl-Ernst*, Betreuungsrecht in Bedrängnis, Diskussionsbeiträge zum Entwurf eines 2. BtÄndG, Recklinghausen 2004
Brödermann/Rosengarten	*Brödermann, Eckhart/Rosengarten, Joachim*, Internationales Privat- und Zivilverfahrensrecht, 7. Auflage, Köln 2015
Bumiller/Harders/Schwamb	*Bumiller, Ursula/Harders, Dirk/Schwamb, Werner*, FamFG, Freiwillige Gerichtsbarkeit, Gesetz über das Verfahren in Familiensachen und in den Angelegenheiten der freiwilligen Gerichtsbarkeit, 11. Auflage, München 2015
Dallmayer/Eickmann	*Dallmayer, Peter/Eickmann, Dieter*, Rechtspflegergesetz Kommentar, München 1996
Damrau/Zimmermann	*Damrau, Jürgen/Zimmermann, Walter*, Betreuungsrecht, Kommentar zum materiellen und formellen Recht, 4. Auflage, Stuttgart Berlin Köln 2010
Demharter	*Demharter, Johann*, Grundbuchordnung, 30. Auflage, München 2016
Dilger	*Dilger, Jörg*, Die Regelungen zur internationalen Zuständigkeit in Ehesachen der Verordnung (EG) Nr 2201/2003, Tübingen 2004
Dodegge/Firsching	*Dodegge, Georg/Firsching, Karl*, Familierecht 2. Halbband: Das Betreuungsrecht sowie andere Rechtsgebiete der freiwilligen Gerichtsbarkeit, 8. Auflage, München 2014
Dodegge/Roth	*Dodegge, Georg/Roth, Andreas*, Betreuungsrecht, Systematischer Praxiskommentar, 4. Auflage, Köln 2014
Dodegge/Zimmermann	*Dodegge, Georg/Zimmermann, Walter*, PsychKG NRW, 3.Auflage, Stuttgart 2011
Dose	*Dose, Hans-Joachim*, Einstweiliger Rechtsschutz in Familiensachen, 3. Auflage, Berlin 2010
Ebenroth/Boujong/Joost/Strohn	*Ebenroth, Carsten Thomas/Boujong, Karlheinz/Joost, Detlev/Strohn, Lutz*, Handelsgesetzbuch, Bd. 1 3. Auflage, München 2014, Bd. 2, 3.Auflage, München 2015
Ebert	*Ebert, Johannes*, Einstweiliger Rechtsschutz in Familiensachen, 2. Auflage, 2007
Eckebrecht/Große-Boymann/Gutjahr/Paul/Schael/von Swieykowski-Trzaska/Weidemann	*Eckebrecht, Marc/Große-Boymann, Tamara/Gutjahr, Jens/Paul, Viola/Schael, Wolfgang/von Swieykowski-Trzaska, Werra Katharina/Weidemann, Ines*, Verfahrenshandbuch Familiensachen, 2. Auflage, München 2010
Eidenmüller/Wagner	*Eidenmüller, Horst/Wagner, Gerhard*, Mediationsrecht, Köln 2015
Ehlers	*Ehlers, Johannes*, Die Bestätigung der Dispache, Marburg 1928
Eichele/Hirtz/Oberheim	*Eichele, Karl/Hirtz, Bernd/Oberheim, Rainer*, Handbuch Berufung im Zivilprozess, 4. Auflage, Köln 2014
Erman	*Erman, Walter/Westermann, Harm Peter*, BGB Kommentar, 14. Auflage, Köln 2014
Ernst	*Ernst, Johannes*, Gesetz über das gerichtliche Verfahren in Landwirtschaftssachen (LwVG), Kommentar, 8. Auflage, Butjadingen-Stollhamm, 2011
Eschenbruch/Klinkhammer	*Eschenbruch, Klaus/Klinkhammer, Frank*, Der Unterhaltsprozess, 6. Auflage, Köln 2013

Literaturverzeichnis

Eyermann	*Eyermann, Erich*, Verwaltungsgerichtsordnung, 14. Auflage, München 2014
FA-ErbR	*Frieser, Andreas/Sarres, Ernst/Stückemann, Wolfgang/Tschichoflos, Ursula*, Handbuch des Fachanwalts Erbrecht, 6. Auflage, 2015
FA-FamR	*Gernardt, Peter/von Heintschel-Heinegg, Bernd/Klein, Michael*, Handbuch des Fachanwalts Familienrecht, 10. Auflage, Köln 2015
FAKomm-FamR	*Weinreich, Gerd/Klein, Michael*, Fachanwaltskommentar Familienrecht, 5. Auflage, Köln 2013
FamRefK	*Bäumel, Dieter/Bienwald, Werner/Häußermann, Röse*, Familienrechtsreformkommentar, Bielefeld 1998
Fleischhauer/Preuß	*Fleischhauer, Jens/Preuß, Nicola*, Handelsregisterrecht, 3. Auflage, Berlin 2014
FormB FA FamR	*Jüdt, Eberhard/Kleffmann, Norbert/Weinreich, Gerd*, Formularbuch des Fachanwalts Familienrecht, 4. Auflage, Köln 2015
Friederici/Kemper	Familienverfahrensrecht – Handkommentar, Baden-Baden 2009
Firsching/Dodegge	*Firsching, Karl/Dodegge, Georg*, Familienrecht, 2. Halbband, 8. Auflage, München 2015
Firsching/Graf	*Firsching, Karl/Graf, Hans Lothar*, Nachlassrecht, 10. Auflage, 2014
Fröschle	*Fröschle, Tobias*, Praxiskommentar Betreuungs- und Unterbringungsverfahren, 3. Auflage, Köln 2015
Garbe/Ullrich	*Garbe, Roland/Ullrich, Christoph*, Verfahren in Familiensachen. FamFG/ZPO/BGB, Prozesshandbuch, 3. Auflage, Baden-Baden 2012
Geimer/Schütze	*Geimer, Rolf/Schütze, Rolf*, Internationaler Rechtsverkehr in Zivil- und Handelssachen, 50. Auflage, München 2015
Germelmann/Matthes/Müller-Glöge/Prütting/Schlewing	*Germelmann, Claas-Hinrich/Matthes, Hans-Christoph/Müller-Glöge, Rudi/Prütting, Hanns/Schlewing, Anja*, Arbeitsgerichtsgesetz, Kommentar, 8. Auflage, München 2013
Gerold/Schmidt	*Gerold, Wilhelm/Schmidt, Herbert*, Rechtsanwaltsvergütungsgesetz, Kommentar, 22. Auflage, München 2015
Gierl/Köhler/Kroiß/Wilsch	*Gierl, Walter/Köhler, Andreas/Kroiß, Ludwig/Wilsch, Harald*, Das neue Internationale Erbrecht, Baden-Baden 2015
Giers	*Giers, Michael*, Einstweiliger Rechtsschutz in der familienrechtlichen Praxis, 2015
Gießler/Soyka	*Gießler, Hans/Soyka, Jürgen*, Vorläufiger Rechtsschutz in Ehe-, Familien- und Kindschaftssachen, 6. Auflage, 2015
GK-GK	*Schneider, Norbert/Volpert, Joachim/Fölsch, Peter*, Gesamtes Kostenrecht, Kommentar, 1. Auflage, Baden-Baden 2014
Glockner/Hoenes/Weil	*Glockner, Rainer/Hoenes, Ute/Weil, Klaus*, Der Versorgungsausgleich, 2. Auflage, München 2013
Grabitz/Hilf	*Grabitz, Eberhard/Hilf, Meinhard*, Das Recht der Europäischen Union, Kommentar, 58. Aktualisierung, München Stand Januar 2016
Greger/Unberath	*Greger, Reinhard/Unberath, Hannes*, Mediationsgesetz, München 2012
Gregor	*Gregor, Klaus*, Erbscheinsverfahren, 4. Auflage, 2008
Groß	*Groß, Ingrid*, Anwaltsgebühren in Ehe- und Familiensachen, 4. Auflage, 2014
Groß	*Groß, Ingo Michael*, Beratungshilfe/Prozesskostenhilfe/Verfahrenskostenhilfe, 13. Auflage, Heidelberg 2015

Literaturverzeichnis

Grün	*Grün, Klaus-Jürgen*, Vaterschaftsfeststellung und –anfechtung, 2. Auflage, Berlin 2010
Guttenberger	*Guttenberger, Till*, Das Haager Übereinkommen über den internationalen Schutz von Erwachsenen, Bielefeld 2004
Habscheid	*Habscheid, Walther J.*, Freiwillige Gerichtsbarkeit, 7. Auflage, München 1983
Hachenburg	*Hachenburg, Max*, Gesetz betreffend die Gesellschaft mit beschränkter Haftung (GmbHG), 8. Auflage, Berlin 2002
Haft/Schlieffen	*Haft, Fritjof/Schlieffen, Gräfin von, Katharina*, Handbuch der Mediation, 3. Auflage, 2016
Hahn/Mugdan	*Hahn, Carl/Mugdan, Benno*, Die gesamten Materialien zu den Reichs-Justizgesetzen, Bd 7 (hiernach auch zitiert: Denkschrift zu dem Entwurf eines Gesetzes über die Angelegenheiten der freiwilligen Gerichtsbarkeit), 1983
Hartmann	*Hartmann, Peter*, Kostengesetze, 46. Auflage, München 2016
Hausmann	*Hausmann, Rainer*, Internationales und Europäisches Ehescheidungsrecht, München 2013
Hauß/Eulering	*Hauß, Jörn/Eulering, Ruth-Maria*, Versorgungsausgleich und Verfahren in der Praxis, FamRZ-Buch 30, Bielefeld 2009
	Jetzt: *Hauß, Jörn/Bührer, Elke*, Versorgungsausgleich und Verfahren in der Praxis, FamRZ-Buch 30, 2. Auflage, Bielefeld 2014
Haußleiter	*Haußleiter, Martin*, FamFG, München 2011
Heither	*Heither, Friedrich*, ArbGG, 4. Auflage, Berlin 2006
Helms/Kieninger/Rittner	*Helms, Tobias/Kieninger, Jörg/Rittner, Christian*, Abstammungsrecht in der Praxis, Bielefeld 2010
HK-FamGKG	*Schneider, Norbert/Volpert, Joachim/Fölsch, Peter*, Familiengerichtskostengesetz, Handkommentar, Baden-Baden 2009
HK-BUR	*Bauer/Klie/Lütgens*, Heidelberger Kommentar zum Betreuungs- und Unterbringungsrecht, 106. Aktualisierung, 2016
HK-VersAusglR	*Götsche, Frank/Rehbein, Frank/Breuers, Chrstian*, Versorgungsausgleichsrecht, 2.Auflage 2015
Honig/Knörr	*Honig, Gerhart/Knörr, Matthias*, Handwerksordnung, 4. Auflage, München 2008
Hoppenz	*Hoppenz, Rainer*, Familiensachen, 9. Auflage, Heidelberg 2009
Horndasch/Viefhues	*Horndasch, K.-Peter/Viefhues, Wolram*, FamFG – Kommentar zum Familienverfahrensrecht, 3. Auflage, Münster 2014
Hübschmann/Hepp/Spitaler	*Hübschmann, Walter/Hepp, Ernst/Spitaler, Armin*, Abgabenordnung – Finanzgerichtsordnung, 236. Aktualisierung, Köln, Stand 2016
Hüffer	*Hüffer, Uwe*, Aktiengesetz, 11. Auflage, München 2014
Jansen	*Jansen, Paul*, Gesetz über die Angelegenheiten der freiwilligen Gerichtsbarkeit, Großkommentar, 3. Auflage, Erster Band (§§ 1–34 FGG), Berlin 2006, Zweiter Band (§§ 35–70n FGG), Berlin 2005, Dritter Band (§§ 71–200 FGG), Berlin 2006
Jarass/Pieroth	*Jarass, Hans. D./Pieroth, Bodo*, Grundgesetz, Kommentar, 14. Auflage, München 2016
Jauernig	*Jauernig, Othmar*, BGB Kommentar, 16. Auflage, 2015
Johannsen/Henrich	*Johannsen, Kurt H./Henrich, Dieter*, Familienrecht, Kommentar, 6. Auflage, München 2015

Literaturverzeichnis

Jurgeleit	*Jurgeleit, Andreas*, Betreuungsrecht, Handkommentar, 3. Auflage, Baden-Baden 2013
Jurgeleit	*Jurgeleit, Andreas*, Freiwillige Gerichtsbarkeit, Handbuch, Baden-Baden 2010
Jürgens	*Jürgens, Andreas*, Betreuungsrecht, Kommentar zum materiellen Betreuungsrecht, zum Verfahrensrecht und zum Vormünder- und Betreuervergütungsgesetz, 5. Auflage, München 2014
Jürgens/Lesting/Marschner	*Jürgens, Andreas/Lesting, Wolfgang/*Loer, Annette/*Marschner, Rolf*, Betreuungsrecht kompakt, systematische Darstellung des gesamten Betreuungsrechts, 8. Auflage, München 2016
jurisPraxK	juris Praxiskommentar BGB, 7. Auflage, Saarbrücken 2014
Kaiser/Schnitzler/Friederici	*Kaiser, Dagmer/Schnitzler, Klaus/Friederici, Peter*, BGB Familienrecht, Band 4, 3. Auflage, Baden-Baden 2014
Kalthoener/Büttner/Wrobel-Sachs	*Kalthoener, Elmar/Büttner, Helmut/Wrobel-Sachs, Hildegard*, Prozess und Verfahrenskostenhilfe, Beratungshilfe, 7. Auflage, München 2014
Karlsruher Kommentar	*Hannich, Rolf*, Hrsg, Karlsruher Kommentar zur Strafprozessordnung, 7. Auflage, München 2013
Keidel	*Keidel, Theodor*, FamFG, Kommentar zum Gesetz über das Verfahren in Familiensachen und die Angelegenheiten der freiwilligen Gerichtsbarkeit, 18. Auflage, München 2014
Keller	*Keller, Ulrich/Munzig, Jörg*, Grundbuchrecht – Kommentar, 7. Auflage 2015
Kersten/Bühling	*Kersten, Fritz/Bühling, Selmar*, Formularbuch und Praxis der freiwilligen Gerichtsbarkeit, 25. Auflage, 2016
KKW	*Keidel, Theodor/Kuntze, Joachim/Winkler, Karl*, Freiwillige Gerichtsbarkeit, Kommentar zum Gesetz über die Angelegenheiten der freiwilligen Gerichtsbarkeit, 16. Auflage, München 2009
Kindermann	*Kindermann, Edith*, Die Abrechnung in Ehe- und Familiensachen, 2. Auflage 2016
Kissel/Mayer	*Kissel, Otto Rudolf/Mayer, Herbert*, Gerichtsverfassungsgesetz, 8. Auflage, München 2015
Knöringer	*Knöringer, Dieter*, Freiwillige Gerichtsbarkeit, 5. Auflage, München 2010
Koller	*Koller, Ingo/Roth, Wulf-Henning/Morck, Winfried*, HGB Kommentar, 8. Auflage, München 2015
Kollhosser/Bork/Jacoby	*Kollhosser, Helmut/Bork, Reinhard/Jacoby, Florian*, Freiwillige Gerichtsbarkeit, 2. Auflage, München 2002
Kopp/Schenke	*Kopp, Ferdinand/Schenke, Wolf-Rüdiger*, Verwaltungsgerichtsordnung, 22. Auflage, München 2016
Kopp/Ramsauer	*Kopp, Ferdinand/Ramsauer, Ulrich*, Verwaltungsverfahrensgesetz, 16. Auflage, München 2015
Korintenberg/Lappe/Bengel/Reimann	*Korintenberg, Werner/Lappe, Friedrich/Bengel, Manfred/Reimann, Wolfgang*, Kostenordnung, 18. Auflage, München 2010
	Jetzt: *Korintenberg, Werner/Lappe, Friedrich/Bengel, Manfred/Reimann, Wolfgang*, Gerichts- und Notarkostengesetz, 19. Auflage, München 2015
Krafka/Willer/Kühn	*Krafka, Alexander/Willer, Heinz/Kühn, Ulrich*, Registerrecht, 10. Auflage, München 2016
Krieger/Lenz	*Krieger, Karl/Lenz, Otto*, Firma und Handelsregister, Berlin 1938

Literaturverzeichnis

Kropholler/von Hein	*EuZPR Kropholler, Jan/von Hein, Jan*, Europäisches Zivilprozessrecht, Kommentar, 9. Auflage, Frankfurt a.M. 2007
Kropholler IPR	*Kropholler, Jan*, Internationales Privatrecht, 6. Auflage, Tübingen 2006
Kuntze/Ertl/Herrmann/ Eickmann	*Kuntze, Joachim/Ertl, Rudolf/Herrmann, Hans/Eickmann, Dieter*, Grundbuchrecht, 6. Auflage, Berlin 2006
Lange	*Lange, Wolfgang*, Das Patientenverfügungsgesetz – Überblick und kritische Würdigung, ZEV 2009, 537
Lettau	*Lettau, Anita*, Gegenstand und Statthaftigkeit der Beschwerde in Familiensachen und Angelegenheiten der freiwilligen Gerichtsbarkeit, Baden-Baden 2010
Lotz	*Lotz, Markus*, Die Vollstreckung in der freiwilligen Gerichtsbarkeit, Baden-Baden 2006
Lutter	*Lutter, Marcus*, Umwandlungsgesetz, 5. Auflage, Köln 2014
Madert/von Seltmann	*Madert, Wolfgang/von Seltmann, Julia*, Gegenstandswert in bürgerlichen Rechtsangelegenheiten, 5. Auflage, 2008
Mansel	*Mansel, Heinz-Peter*, Personalstatut, Staatsangehörigkeit und Effektivität, München 1996
Marschner/Volckart/Lesting	*Marschner, Rolf/Volckart, Bernd/Lesting, Wolfgang*, Freiheitsentziehung und Unterbringung, 5. Auflage, München 2010
Meier	*Meier, Sybille M.*, Handbuch Betreuungsrecht, 2. Auflage 2014, Heidelberg
Meikel	*Meikel, Georg*, Grundbuchordnung, 11. Auflage, Köln 2014
Melchior/Schulte	*Melchior, Robin/Schulte, Christian*, Handelsregisterverordnung, Kommentar, 2. Auflage, Norderstedt 2009
Meyer	*Meyer, Dieter*, Gerichtskosten der streitigen Gerichtsbarkeiten und des Familienverfahrens, 12. Auflage, Berlin 2010
Meysen	Das Familienverfahrensrecht – FamFG, Köln 2009
Meyer-Ladewig	*Meyer-Ladewig*, Europäische Menschenrechtskonvention, Kommentar, 3. Auflage, Baden-Baden 2011
Milzer	*Milzer, Lutz*, Verbindlichkeiten von Patientenverfügungen und deren unerwünschte Nebenwirkungen, MDR 2005, 1145
Monse	*Monse, Johannes*, Die gerichtliche Verhandlung über die Dispache, Leipzig 1920
MüKo	Münchener Kommentar zum Bürgerlichen Gesetzbuch, Bd 1, 7. Auflage, München 2015; Bd 7, 2. Halbband, 6. Auflage, München 2013; Bd 8, 6. Auflage, München 2012; Bd 9, 6. Auflage, München 2013; Bd 10, 6. Auflage, München 2015
MüKoAktG	Münchener Kommentar zum Aktiengesetz, 3. Auflage, München 2012 ff, 4.Auflage, München 2016 ff
MüKOFamFG	Münchner Kommentar zum FamFG, 2. Auflage, München 2013
MüKoHGB	Münchener Kommentar zum Handelsgesetzbuch, 3. Auflage, München 2012 ff
MüKoZPO	Münchener Kommentar zur Zivilprozessordnung, Bd. 2, 4. Auflage, München 2012, FamFG, 2. Auflage, München 2013
Müller/Sieghörtner/ Emmerling de Oliveira	*Müller, Gabriele/Sieghörtner, Robert/Emmerling de Oliveira, Nicole*, Adoptionsrecht in der Praxis, 3. Auflage, Bielefeld 2016
Musielak	*Musielak, Hans-Joachim/Voit, Wolfgang*, Kommentar zur Zivilprozessordnung, 13. Auflage, München 2016

Literaturverzeichnis

Musielak/Borth	Familiengerichtliches Verfahren (1. Und 2.Buch FamFG), 5. Auflage, München 2015
NKBGB	NomosKommentar – BGB, Bd 1, 2. Auflage, Baden-Baden 2012;
	Bd 2/1 und 2/2, 2, Auflage, Baden-Baden 2012;
	Bd 3, 3. Auflage, Baden-Baden 2013;
	Bd 4, 3. Auflage, Baden-Baden 2014;
	Bd 5, 4. Auflage, Baden-Baden 2014;
	Bd 6, 2. Auflage, Baden-Baden 2015
Palandt	*Palandt, Otto*, Bürgerliches Gesetzbuch mit Nebengesetzen, 75. Auflage, München 2016
Pauling	*Pauling, Dieter*, Rechtsmittel in Familiensachen, Berlin 2002
Pawlowski/Smid	*Pawlowski, Hans-Martin/Smid, Stefan*, Freiwillige Gerichtsbarkeit, Köln 1993
Peters/Sautter/Wolff	*Peters, Horst/Sautter, Theodor/Wolff, Richard*, Kommentar zur Sozialgerichtsbarkeit, 98. Aktualisierung, München, Stand 2015
PG	*Prütting, Hanns/Gehrlein, Markus*, ZPO Kommentar, 7. Auflage, Köln 2015
Prölss	*Prölss, Erich R.*, Versicherungsaufsichtsgesetz, 12. Auflage, München 2005
Prütting/Helms	*Prütting, Hanns/Helms, Tobias*, FamFG Kommentar, 3. Auflage, Köln 2013
PWW	*Prütting, Hanns/Wegen, Gerhard/Weinreich, Gerd*, BGB Kommentar, 10. Auflage, Köln 2015
Rabe	*Rabe, Dieter*, Seehandelsrecht, 4. Auflage, München 2000
Rackl	*Rackl, Rainer*, Das Rechtsmittelrecht nach dem FamFG, Frankfurt/Main 2011
Rahm/Künkel	*Künkel, Bernd/Kemper/Rainer*, Handbuch Familien- und Familienverfahrensrecht, 71. Aktualisierungslieferung, Stand März 2015)
Rauscher	*Rauscher, Thomas*, Europäisches Zivilprozess- und Kollisionsrecht – EuZPR/EuIPR, Bd 1, 4. Auflage, München 2015; Bd 2, 4. Auflage, München 2015; Bd 3, 4. Auflage, München 2015
Redeker/von Oertzen	*Redeker, Konrad/Redeker, Martin/von Oertzen, Hans Joachim*, Verwaltungsgerichtsordnung, 16. Auflage, Stuttgart 2014
Reichert	*Reichert, Bernhard*, Handbuch Vereins- und Verbandsrecht, 13. Auflage, Köln 2016
Röchling	*Röchling, Walter*, Adoption, 3. Auflage, München 2006
Rosenberg/Schwab/Gottwald	*Rosenberg, Leo/Schwab, Karl Heinz/Gottwald, Uwe*, Zivilprozessrecht, 17. Auflage, München 2010
Roth	*Roth, Herbert*, Die FGG-Klausur, 2. Auflage, München 2000
Rowedder/Schmidt-Leithoff	*Rowedder, Heinz/Schmidt-Leithoff, Christian*, Gesetz betreffend die Gesellschaft mit beschränkter Haftung (GmbHG), 5. Auflage, München 2013
Ruland	*Ruland, Franz*, Versorgungsausgleich, 4. Auflage, München 2015
Saenger	*Saenger, Ingo*, Zivilprozessordnung, 6.Auflage, Baden Baden 2015
Sauter/Schweyer/Waldner	*Sauter, Eugen/Schweyer, Gerhard/Waldner, Wolfram*, Der eingetragene Verein, 19. Auflage, München 2010
Schack	*Schack, Haimo*, Internationales Zivilverfahrensrecht, 6. Auflage, München 2014
Schlegelberger	*Schlegelberger, Franz*, Gesetz über die Angelegenheiten der freiwilligen Gerichtsbarkeit, Köln-Berlin 1956

Literaturverzeichnis

Schlünder/Nickel	*Schlünder, Rolf/Nickel, Michael*, Das familiengerichtliche Verfahren, Bielefeld 2009
Schmidt	*Schmidt, Gerd*, Handbuch der freiwilligen Gerichtsbarkeit, 2. Auflage, 1996
Schmidt-Kessel/Leutner/Müther	*Schmidtz-Kessel, Martin/Leutner, Gerd/Müller, Peter-Hendrik*, Handelsregisterrecht, München 2010
Schneider	*Schneider, Norbert*, Gebühren in Familiensachen, 2010
Schneider/Herget	*Schneider, Egon/Herget, Kurt*, Streitwertkommentar für den Zivilprozess, 14. Auflage, Köln 2015
Schoch/Schneider/Bie	*Schoch, Friedrich/Schneider, Jens-Peter/Bier, Wolfgang*, Verwaltungsgerichtsordnung, 29. Aktulisierungslieferung, München 2015
Scholz	*Scholz, Franz*, Kommentar zum GmbH-Gesetz, 12. Auflage, Köln 2012
Schöner/Stöber	*Schöner, Hartmut/Stöber, Kurt*, Grundbuchrecht, 15. Auflage, München 2012
Schreiber	*Schreiber, Wolfgang*, Handbuch des Wahlrechts zum Deutschen Bundestag, 7. Auflage, Köln 2002; Ergänzungsband 2005
Schröder	*Schröder, Rudolf*, Familienmediation, 2004
Schulte-Bunert	*Schulte-Bunert, Kai*, Das neue FamFG, 2. Auflage, Köln 2010
Schulze	*Schulze, Reiner*, Bürgerliches Gesetzbuch, Handkommentar, 8. Auflage, Baden-Baden 2014
Schuschke/Walker	*Schuschke, Winfried/Walker, Wolf-Dietrich*, Vollstreckung und Vorläufiger Rechtsschutz, Kommentar, 6. Auflage, Köln/München 2016
Schütze	*Schütze, Rolf*, Das Internationale Zivilprozessrecht in der ZPO, Kommentar, 2. Auflage, Berlin 2011
Schwab	*Schwab, Dieter*, Familienrecht, 23. Auflage, München 2015
Schweitzer	*Schweitzer, Philipp*, Die Vollstreckung von Umgangsregelungen, Bielefeld 2007
Soergel	*Soergel, Hans Theodor*, Kommentar zum Bürgerlichen Gesetzbuch, Bd 18, 13. Auflage, Stuttgart 2000
Staub	*Staub, Hermann*, Handelsgesetzbuch, 5. Auflage, Berlin 2008 ff
Staudinger	*von Staudinger, Julius*, BGB-Kommentar, jeweils neueste Bearbeitung Berlin
Stein/Jonas	*Stein, Friedrich/Jonas, Martin*, Kommentar zur Zivilprozessordnung, 22. Auflage, Band 3, Tübingen 2005
Stelkens/Bonk/Sachs	*Stelkens, Paul/Bonk, Heinz Joachim/Sachs, Michael*, Verwaltungsverfahrensgesetz, Kommentar, 8. Auflage, München 2013
Sternberg/Siehr	*Sternberg, Leo/Siehr, Kurt*, Das Registerrecht, Berlin 1930
Thalmann	*Thalmann, Wolfgang*, Praktikum des Familienrechts, 5. Auflage, Heidelberg 2006
Thomas/Putzo	*Thomas, Heinz/Putzo, Hans*, Zivilprozessordnung, Kommentar, 36. Auflage, München 2015
Tipke/Kruse	*Tipke, Klaus/Kruse, Heinrich*, Kommentar zur Abgabenordnung und Finanzgerichtsordnung, 143. Aktualisierungslieferung, Köln, Stand Februar 2016
Uhlenbruck/Hirte/Vallender	*Uhlenbruck, Wilhelm/Hirte, Heribert/Vallender, Heinz*, Insolvenzordnung, 14. Auflage, München 2015
von Eicken/Hellstab/Dorndörfer/Asperger	*Von Eicken, Kurt/Hellstab, Heinrich/Lappe, Friedrich/Dorndörfer, Josef/Asperger, Ingeborg*, Die Kostenfestsetzung, 22. Auflage 2015

v. Waldstein/Holland	*v. Waldstein, Thor/Holland, Hubert*, Binnenschifffahrtsrecht, 5. Auflage, Berlin 2007
Wendl/Dose	*Wendl, Philipp/Dose,Hans-Joachim*, Das Unterhaltsrecht in der familienrichterlichen Praxis, 9. Auflage, München 2015
Wever	*Wever, Reinhardt*, Vermögensauseinandersetzung der Ehegatten außerhalb des Güterrechts, 6. Auflage, Bielefeld 2014
Wick	*Wick, Hartmut*, Der Versorgungsausgleich, 3. Auflage, Berlin 2013
Winkler	*Winkler, Karl*, Beurkundungsgesetz, 17. Auflage, München 2013
Wuppermann	*Wuppermann, Michael*, Adoption, Ein Handbuch für die Praxis, Köln 2006
Wütz	*Wütz*, Der Freibeweis in der freiwilligen Gerichtsbarkeit, Tübingen 1970
Zimmermann	*Zimmermann, Walter*, FamFG, 2. Auflage, München 2011
Zimmermann	*Zimmermann, Walter*, Praktikum der Freiwilligen Gerichtsbarkeit, 6. Auflage, Heidelberg 2004
Zimmermann	*Zimmermann, Walter*, Zivilprozessordnung, 9. Auflage, Münster 2011
Zöller	*Zöller, Richard*, Zivilprozessordnung, 31. Auflage, Köln 2016
Zöllner/Noack	*Zöllner, Wolfgang/Noack, Ulrich*, Kölner Kommentar zum Aktiengesetz, 3. Auflage, Köln 2009

Literaturverzeichnis

Weichslein/Helland	Weichslein/Thea/Helland, Eva u.a., Bühnendienstrecht, 2. Auflage, Berlin 2007
Wendt/Dorn	Jenner, Philipp/Augustus Jonathan, Das Unterhaltsrecht in der anhaltenden Zivilehe/Praxis, 9. Auflage, München 2015
Werra	Werra, Raimund, Vernachlässigung der Literatur: von wahr- hat! Heireicht, 6. Auflage, Bielefeld 2016
Wick	Wick, Hartmut, Der Versorgungsausgleich, 4. Auflage, Berlin 2013
Winkler	Winkler, SGB-Betreuungsgesetz, IV. Auflage, München 2013
Wüppesam	Wüppesam, Michael, Accessit, Die Handreich für die Praxis, Köln 2016
Würz	Würz, Der Insolvenz in der Rechtsprechung Gemeinschaft, Tübingen 1970
Zimmermann	Zimmermann, Walter, Familie, 2. Auflage, München 2014
Zimmermann	Zimmermann, Walter, Praktikum der Freiwilligen Gerichtsbarkeit, 6. Auflage, Heidelberg 2004
Zimmermann	Zimmermann, Walter, Zivilprozessordnung, 9. Auflage, Münster 2011
Zoller	Zoller, Richard, Zivilprozessordnung, 30. Auflage, Köln 2016
Zoller/Noack	Zoller, Wolfgang/Noack, Ulrich, Kölner Kommentar zum AktiengesetZ, 3. Auflage, Köln 2009

Gesetz über das Verfahren in Familiensachen und in den Angelegenheiten der freiwilligen Gerichtsbarkeit (FamFG)

Vom 17. Dezember 2008 (BGBl. I S. 2586, 2587)

Zuletzt geändert durch die 10. Zuständigkeitsanpassungsverordnung 31. August 2015 (BGBl. I S. 1474) sowie mit Wirkung zum 01.01.2017 durch das Gesetz zur Änderung des Unterhaltsrechts und des Unterhaltsverfahrens sowie zur Änderung der Zivilprozessordnung und kostenrechtlicher Vorschriften (BGBl. I S. 2018).

Artikel 1 des FGG-Reformgesetzes vom 17. Dezember 2008 (BGBl. I S. 2586), geändert durch Artikel 8 Nummer 1 des Gesetzes vom 30. Juli 2009 (BGBl. I S. 2449)

Einleitung

Übersicht

	Rdn.
A. Geschichte des Gesetzes	1
I. Ausgangspunkt	1
II. Reform	2
B. Wesentliche Ziele und Inhalte des Gesetzes	7
I. Ziele und Stellung des Gesetzes innerhalb der Verfahrensordnungen	7
II. Schwerpunkte und Umsetzung der Reform	8
III. Aufbau des FamFG	9
IV. Würdigung	10
C. Verfahrensgrundsätze	15
I. Verfahrenseinleitung	15
II. Stoffsammlung	17
III. Rechtliches Gehör	19
1. Art. 103 Abs. 1 GG	19
2. Berechtigte	20
3. Inhalt	21
4. Form	23
5. Folgen des Verstoßes	24
IV. Mündlichkeit oder Schriftlichkeit	25
V. Unmittelbarkeit	26
VI. Öffentlichkeit	31
VII. Konzentration	34
VIII. Verfahrenswirtschaftlichkeit	35
D. Organe und Gerichtspersonen im FamFG-Verfahren	37
I. Gerichte	37
II. Gerichtspersonen	38
1. Richter	38
2. Rechtspfleger	39
3. Urkundsbeamter der Geschäftsstelle	40
4. Gerichtsvollzieher	41
III. Behörden	42
IV. Rechtsanwälte	46
V. Notare	47
VI. Einzelheiten zum Rechtspfleger	48
1. Rechtsstellung	48
2. Funktionelle Zuständigkeit	52
a) Vollübertragung	53
b) Vorbehaltsübertragung	54
c) Einzelübertragung	57
3. Besonderheiten bei der Aufgabenerledigung	58
4. Rechtsbehelfe	63

A. Geschichte des Gesetzes. I. Ausgangspunkt. Im Zuge der Entstehung des Bürgerlichen Gesetzbuches wurde auch das bis dahin landesrechtlich geregelte Verfahren der freiwilligen Gerichtsbarkeit kodifiziert. Das Gesetz über die Angelegenheiten der freiwilligen Gerichtsbarkeit (FGG) vom 17.05.1898 trat am 01.01.1900 in Kraft. In der Folgezeit erfuhr das Gesetz zahlreiche Änderungen, insb. auch rechtsstaatliche Korrekturen aufgrund der Rechtsprechung des BVerfG. Das durch das erste Gesetz zur Reform des Ehe- und Familienrechts vom 14.06.1976 (BGBl. I 1421) geschaffene Familienverfahrensrecht mit einem Nebeneinander von ZPO und FGG erwies sich als systematisch und praktisch unbefriedigend. Auch angesichts großer Bedeutung Lücken füllenden Richterrechts erschien das FGG zunehmend schon äußerlich als Sammelsurium von zu einem erheblichen Teil nachträglich eingefügten Einzelregelungen ohne äußere und innere systematische Kraft. Insb. im Familienverfahren führten die Verweisungen zwischen ZPO und FGG zu einer schwer zu vermittelnden Unübersichtlichkeit. 1

Einleitung

2 II. Reform. Eine vom Bundesjustizministerium 1964 eingesetzte Kommission zur Reform des Verfahrensrechts der freiwilligen Gerichtsbarkeit legte 1977 einen Gesetzentwurf vor, der allerdings niemals umgesetzt wurde.

3 Nachdem das Bundesjustizministerium im Jahr 2003 Expertengruppen eingesetzt hatte, legte es am 06.06.2005 den »Referentenentwurf eines Gesetzes über das Verfahren in Familiensachen und in Angelegenheiten der freiwilligen Gerichtsbarkeit« (FamFG) vor. Der ergänzte RefE stammt vom 14.02.2006. Am 09.05.2007 beschloss das Bundeskabinett den Kabinettsentwurf des FamFG sowie des Gesetzes über Gerichtskosten in Familiensachen (FamGKG). In seiner Sitzung vom 06.07.2007 beschloss der Bundesrat eine umfangreiche Stellungnahme (BR-Drucks. 309/07 [B]); diese (Anlage 2) und die Gegenäußerung der Bundesregierung vom 07.09.2007 (Anlage 3) sowie der Gesetzentwurf selbst sind veröffentlicht in der BT-Drucks. 16/6308.

4 Nach der ersten Beratung des von der Bundesregierung eingebrachten Entwurfs im Bundestag am 11.10.2007 erfolgten am 11. und 13.02.2008 vor dem Rechtsausschuss des Bundestages Expertenanhörungen, die grundsätzliche Zustimmung zu dem Gesetzentwurf ergaben. In seiner 173. Sitzung am 27.06.2008 fand die zweite und dritte Beratung des Bundestages statt. Der Gesetzentwurf der Bundesregierung (BT-Drucks. 16/6308) wurde in der Fassung der Beschlussempfehlung des Rechtsausschusses (BT-Drucks. 16/9733) und unter Berücksichtigung eines Änderungsantrages (BT-Drucks. 16/9831) angenommen.

5 Am 19.09.2008 stimmte der Bundesrat in seiner 847. Sitzung nach Feststellung der Zustimmungsbedürftigkeit unter Berücksichtigung der Empfehlungen seiner Ausschüsse (BR-Drucks. 617/1/08) dem vom Bundestag verabschiedeten Gesetz über das Verfahren in Familiensachen und in Angelegenheiten der freiwilligen Gerichtsbarkeit (BR-Drucks. 617/08) zu (BR-Drucks. 617/08 [B]).

6 Am 22.12.2008 wurde das Gesetz über das Verfahren in Familiensachen und in Angelegenheiten der freiwilligen Gerichtsbarkeit (FamFG) im Bundesgesetzblatt verkündet (BGBl. I Nr. 61, S. 2586). Es trat am 01.09.2009 in Kraft. Das Gesetz umfasst 112 Artikel wegen einer Fülle von Folgeänderungen anderer Gesetze. Bereits vor seinem Inkrafttreten wurde das FamFG, vor allem durch folgende Gesetze geändert: Gesetz zur Strukturreform des Versorgungsausgleichs vom 03.04.2009 (BGBl I 700); Gesetz zur Änderung des Zugewinnausgleichs- und Vormundschaftsrechts vom 06.07.2009 (BGBl. I 1696); Gesetz zur Modernisierung von Verfahren im anwaltlichen und notariellen Berufsrecht, zur Errichtung einer Schlichtungsstelle der Rechtsanwaltschaft sowie zur Änderung sonstiger Vorschriften vom 30.07.2009 (BGBl. I 2449). Seit dem Inkrafttreten gab es eine Reihe von Änderungen, die letzte größere durch das Gesetz zum Internationalen Erbrecht und zur Änderung von Vorschriften zum Erbschein sowie zur Änderung sonstiger Vorschriften 29.06.2015 (BGBl. I 1042). Die Änderungen durch das Gesetz zur Änderung des Unterhaltsrechts und des Unterhaltsverfahrensrechts sowie zur Änderung der Zivilprozessordnung und kostenrechtlicher Vorschriften (BGBl I, 2015, 2018) treten erst zum 01.01.2017 in Kraft und betreffen §§ 251 ff. sowie § 493 FamFG.

7 B. Wesentliche Ziele und Inhalte des Gesetzes. I. Ziele und Stellung des Gesetzes innerhalb der Verfahrensordnungen. Der Gesetzgeber wollte eine moderne und allgemein verständliche Verfahrensordnung schaffen, in der das materielle Recht schnell und effektiv durchgesetzt werden kann, die aber zugleich die Rechte des Einzelnen, insb. seinen Anspruch auf rechtliches Gehör, garantiert. Das FamFG trägt den Eigenheiten der Familiensachen Rechnung, die sie von den der ZPO unterliegenden Verfahren unterscheiden. Anders als das FGG schafft das FamFG den Angelegenheiten der freiwilligen Gerichtsbarkeit ein voll ausgebildetes Verfahrensgesetz. Das FamFG gilt wie die ZPO für die ordentlichen Gerichte, regelt aber nicht nur Streitverfahren, sondern auch mehr der Rechtsfürsorge dienende Verfahren der freiwilligen Gerichtsbarkeit (zum Begriff s. § 1 Rdn. 3–7). In Familiensachen ist zu beachten, dass auf Ehesachen und Familienstreitsachen bei den allgemeinen Vorschriften nicht das FamFG, sondern die ZPO Anwendung findet (§ 113, s. dort).

8 II. Schwerpunkte und Umsetzung der Reform. Insoweit wird auf die entsprechenden Randnummern 8-29 der 3. Auflage verwiesen.

9 III. Aufbau des FamFG. Das FamFG gliedert sich in einen Allgemeinen Teil (Buch 1), der die grundsätzlich für alle Verfahren des Besonderen Teils geltenden Vorschriften vor die Klammer zieht und damit ein einheitliches Verfahren gewährleistet, und in einen Besonderen Teil (Buch 2–8), der die unterschiedlichen einzelnen Verfahrensarten behandelt sowie in die Übergangsvorschriften (Buch 9):
– Buch 1 Allgemeiner Teil (§§ 1 bis 110),
– Buch 2 Verfahren in Familiensachen (§§ 111 bis 270),

- Buch 3 Verfahren in Betreuungs- und Unterbringungssachen (§§ 271 bis 341),
- Buch 4 Verfahren in Nachlass- und Teilungssachen (§§ 342 bis 373),
- Buch 5 Verfahren in Registersachen, unternehmensrechtliche Verfahren (§§ 374 bis 409),
- Buch 6 Verfahren in weiteren Angelegenheiten der freiwilligen Gerichtsbarkeit (§§ 410 bis 414),
- Buch 7 Verfahren in Freiheitsentziehungssachen (§§ 415 bis 432),
- Buch 8 Verfahren in Aufgebotssachen (§§ 433 bis 484),
- Buch 9 Schlussvorschriften (§§ 485 bis 493).

IV. Würdigung. Das FamFG ist ein den rechtsstaatlichen Grundsätzen entsprechendes, übersichtliches und systematisch befriedigendes Verfahrensgesetz für das Familienverfahren und die freiwillige Gerichtsbarkeit. 10

Allerdings bleibt die Absicht, ein **dem Bürger verständliches Gesetz** zu schaffen, **Illusion**. Denn das Gesetz ist zu umfangreich geraten und allein schon aufgrund des Zusammenspiels des Allgemeinen Teils mit den besonderen Vorschriften zu den einzelnen Verfahrensarten für den juristischen Laien nicht leicht verständlich. 11

Zu kritisieren ist z.T. die **Regelungswut** des Gesetzgebers. So hätte man es bei den durchaus bewährten Begriffen des formell und materiell Beteiligten belassen können, anstatt eine abstrakte, im Zusammenspiel mit den konkreten Beteiligtenkatalogen im Besonderen Teil komplizierte allgemeine Begriffsbestimmung des Beteiligten (§ 7) zu schaffen (kritisch auch *Brehm* FPR 2006, 401, 402 f.). Die minutiöse Regelung der Teilungssachen (§§ 363 bis 373) steht im umgekehrten Verhältnis zu deren praktischer Bedeutung. 12

Zum Teil wird die Beschneidung der Rechtsmittel sowie die Änderung des Instanzenzuges kritisiert (*Zimmermann* FamFG 1. Aufl. Rn. 1). Weiter bemängelt man die mangelnde Abstimmung zwischen Allgemeinem Teil und dem Registerrecht (*Nedden-Boeger* FGPrax 2010, 1) und die Behandlung des **Registerrechts** insgesamt (*Nedden-Boeger* FGPrax 2009, 144). 13

Die Praxis kommt mit dem FamFG insgesamt gut zurecht. Dass bei einem neuen umfangreichen Gesetz, das verschiedene Verfahren regelt, die teils sehr unterschiedlichen Charakter haben, Zweifelsfragen auftreten, die z.T. schon geklärt sind, z.T. noch der Lösung harren, liegt in der Natur der Sache. 14

C. Verfahrensgrundsätze. I. Verfahrenseinleitung. In **Amtsverfahren** des FamFG herrscht die **Offizialmaxime**, d.h. das Gericht leitet das Verfahren von Amts wegen ein. Dieses trifft z.B. zu in Verfahren, die die elterliche Sorge (§§ 1666, 1667, 1671, 1672 BGB), Vormundschaft und Pflegschaft (§§ 1774, 1909 ff. BGB) oder die Betreuung betreffen (§ 1896 BGB). Freilich können solche Verfahren auf **Anregung** (§ 24) hin eingeleitet werden. In Amtsverfahren bestimmt das Gericht den Verfahrensgegenstand. 15

Dagegen unterliegt der Verfahrensgegenstand in **Antragsverfahren** ebenso wie die Verfahrenseinleitung der Disposition des Antragstellers (**Dispositionsmaxime**). Soweit die Beteiligten über den Verfahrensgegenstand verfügen dürfen, können sie einen Vergleich schließen (§ 36). Antragsverfahren sind z.B. Ehesachen (§ 124), Abstammungssachen (§ 171) sowie das Erbscheinsverfahren (§ 2353 BGB). 16

II. Stoffsammlung. Grundsätzlich gilt gem. §§ 26, 29 der **Untersuchungsgrundsatz** (Inquisitionsmaxime), das Gericht ist somit für die Sachverhaltsfeststellung verantwortlich. Das Gericht führt die entscheidungserheblichen Tatsachen in das Verfahren ein und erhebt die erforderlichen Beweise von Amts wegen, ohne an das Vorbringen der Beteiligten gebunden zu sein. Allerdings sind die Beteiligten zur Mitwirkung bei der Sachverhaltsermittlung verpflichtet (§ 27). 17

Die **Verhandlungsmaxime** (Beibringungsgrundsatz), nach der die Beteiligten die erheblichen Tatsachen darlegen und die Beweise beantragen müssen, gilt in den Verfahren, für die das Gesetz auf die ZPO verweist, also in Ehesachen (§ 121) und Familienstreitsachen (§ 112). Die Verweisung des § 113 enthält allerdings in Abs. 3 und 4 Einschränkungen. Tatsachen, aus denen die Unzulässigkeit des Verfahrens folgt, darf das Gericht aber auch in diesen Verfahren von Amts wegen in das Verfahren einführen. Der Beibringungsgrundsatz gilt auch im Grundbuchverfahren. 18

III. Rechtliches Gehör. 1. Art. 103 Abs. 1 GG. Der Anspruch auf rechtliches Gehör folgt aus der verfassungsrechtlichen Garantie des Art. 103 Abs. 1 GG und gilt in jeder Verfahrensart des FamFG. Die vorgesehenen Anhörungen (z.B. §§ 34, 159, 160, 176, 192–195, 278, 319) dienen teils dem rechtlichen Gehör, teils aber auch der Sachverhaltsermittlung. 19

2. Berechtigte. Der Anspruch steht den Beteiligten (§ 7) des Verfahrens zu. Verfahrensfähige Beteiligte üben ihr Recht selbst oder durch einen Verfahrensvertreter aus. Verfahrensunfähige (§ 9 Abs. 2) bedienen 20

Einleitung

sich ihres gesetzlichen Vertreters, eines Verfahrensbeistands (§§ 158, 174, 191) oder eines Verfahrenspflegers (§ 276, 317, 419).

21 **3. Inhalt.** Das rechtliche Gehör muss grds. vor der Entscheidung hinsichtlich des gesamten Verfahrensstoffes gewährt werden. Das Gericht hat das Vorbringen der Beteiligten zur Kenntnis zu nehmen und die Beteiligten vom Sachverhalt, von den Beweisen und vom Vorbringen anderer Beteiligter in Kenntnis zu setzen. Eine Ausnahme besteht nur bei Gefahr im Verzug, also bei Erlass einer einstweiligen Anordnung (§§ 48 ff.). Dem Beteiligten muss aber nach der Entscheidung rechtliches Gehör eingeräumt werden; dieses gewährleistet die Möglichkeit, ein Hauptsacheverfahren einzuleiten (§ 52). Neben dem Recht auf Information umfasst das rechtliche Gehör auch die Möglichkeit zur Stellungnahme.

22 Das Gericht hat bei der Verfahrensleitung (§ 28) das rechtliche Gehör durch Aufklärung und Hinweise zu wahren.

23 **4. Form.** Das rechtliche Gehör kann auch im schriftlichen Verfahren gewährt werden und erfordert keine mündliche Verhandlung (vgl. § 32), es sei denn der Beteiligte ist nur in der Lage, sich mündlich zu äußern. Das FamFG schreibt teilweise persönliche Anhörung vor (z.B. §§ 34, 159, 160 Abs. 1, 278 Abs. 1).

24 **5. Folgen des Verstoßes.** Der Verstoß gegen Art. 103 Abs. 1 GG begründet einen Verfahrensmangel, der im Beschwerdewege (§§ 58 ff.) geltend gemacht werden kann. Ist die Beschwerde nicht eröffnet und gibt es auch keinen anderen Rechtsbehelf, räumt § 44 die Gehörsrüge ein. Ist der Rechtsweg erschöpft, kann der betroffene Beteiligte Verfassungsbeschwerde erheben. Der Verstoß ist nur erheblich, wenn die Entscheidung auf ihm beruhen kann.

25 **IV. Mündlichkeit oder Schriftlichkeit.** Wo das Gesetz eine persönliche Anhörung vorschreibt (§§ 34, 128, 159, 160, 192, 193, 278, 319, 420), hat diese mündlich zu geschehen. Insoweit gilt der Mündlichkeitsgrundsatz. Allerdings muss die Anhörung nicht in einer mündlichen Verhandlung unter Anwesenheit aller Beteiligten erfolgen (*Brehm* Rn. 263). Ansonsten können sich die Beteiligten auch schriftlich äußern. Schriftliches Vorbringen ist auch dort zu berücksichtigen, wo das Gericht einen Termin (§§ 32, 175, 207, 222, 405) anberaumt. Der Mündlichkeitsgrundsatz des Zivilprozesses, nach dem nur das in der mündlichen Verhandlung Vorgetragene für die Entscheidung berücksichtigt werden darf, gilt daher nicht (*Jansen/von König/von Schuckmann* Vor §§ 8 bis 18 Rn. 28). Anders ist es nur im Anwendungsbereich der ZPO (§ 113).

26 **V. Unmittelbarkeit.** Der Unmittelbarkeitsgrundsatz bedeutet, dass die Verhandlung und Beweiserhebungen unmittelbar vor dem **erkennenden Gericht** selbst ohne Vermittlung eines anderen Richters oder anderer Behörden stattfinden (*Jansen/von König/von Schuckmann* Vor §§ 8 bis 18 Rn. 33). Dadurch soll der unmittelbare Eindruck des Richters von den Tatsachen und Beweisen sichergestellt werden. Die Beteiligten sollen sich zudem an den entscheidenden Richter wenden können (*Brehm* Rn. 264). Auch ein schriftliches Verfahren kann unmittelbar sein, wenn der Richter die Schriftstücke selbst zur Kenntnis nehmen muss.

27 Der Unmittelbarkeitsgrundsatz gilt im Anwendungsbereich des FamFG jedenfalls insoweit, als der Richter die in der Akte enthaltenen Schriftstücke **selbst zur Kenntnis** nehmen muss und mündliche Verhandlungen sowie Anhörungen vor den entscheidenden Richtern stattzufinden haben.

28 Die Unmittelbarkeit der Beweisaufnahme (§ 355 ZPO) ist im **Freibeweisverfahren** nach § 29 nicht gewährleistet. Das Gericht ist in diesem Fall nicht streng an den Unmittelbarkeitsgrundsatz gebunden (*Jansen/von König/von Schuckmann* Vor §§ 8 bis 18 Rn. 33). Daher ist es insoweit unproblematisch, wenn das Gericht die Berichte von Behörden (z.B. des Jugendamts) als Beweise heranzieht. Allerdings ist das Freibeweisverfahren ermessensfehlerhaft, wenn es sich zur Wahrheitsfindung nicht eignet oder die Verfahrensrechte der Beteiligten verkürzt (*Zimmermann* FamFG Rn. 78, vgl. § 30 Abs. 3 und unten § 30 Rdn. 10 ff.).

29 Im **Strengbeweisverfahren** (§ 30) gilt der Unmittelbarkeitsgrundsatz gem. § 355 ZPO, allerdings erlaubt § 375 ZPO die Zeugenvernehmung durch den beauftragten oder ersuchten Richter. In Ehe- und Familienstreitsachen gilt die ZPO (§ 113) und damit auch der Unmittelbarkeitsgrundsatz. Zum Unmittelbarkeitsgrundsatz im Zivilprozess *Kern* ZZP 2012, 53.

30 Grundsätzlich zulässig ist die **mittelbare Beweisführung**, also z.B. die Verwendung einer Vernehmungsniederschrift eines Zeugen aus einem anderen Verfahren anstatt seiner Vernehmung. Kommt es allerdings wesentlich auf den persönlichen Eindruck von der Glaubwürdigkeit des Zeugen an, ist die Vernehmungsniederschrift zur richterlichen Überzeugungsbildung ungeeignet, sodass die förmliche Zeugenvernehmung zu erfolgen hat (§§ 29 Abs. 1, 30 Abs. 1, 3).

VI. Öffentlichkeit. Verhandlungen, Erörterungen und Anhörungen in Familiensachen und in Angelegenheiten der freiwilligen Gerichtsbarkeit sind **nicht öffentlich** (§ 170 Abs. 1 Satz 1 GVG). Das Gericht kann die Öffentlichkeit aber zulassen, jedoch nicht gegen den Willen eines Beteiligten (§ 170 Abs. 1 Satz 2 GVG). Das Gericht hat im Einzelfall zu entscheiden, ob das Interesse der Beteiligten am Schutz ihrer Privatsphäre oder der sich aus dem Rechtsstaatsprinzip ergebende Grundsatz der Öffentlichkeit der Verhandlung im konkreten Verfahren überwiegt. Das Ermessen wird beschränkt, wenn ein Beteiligter widerspricht, weil dann nach der gesetzlichen Wertung der Schutz der Privatsphäre das Interesse an Öffentlichkeit überwiegt. 31

In **Betreuungs- und Unterbringungssachen** ist aus rechtsstaatlichen Gründen auf Verlangen des Betroffenen einer Person seines Vertrauens die Anwesenheit zu gestatten (§ 170 Abs. 1 Satz 3 GVG). 32

Das **Rechtsbeschwerdegericht** kann die Öffentlichkeit zulassen, wenn nicht das Interesse eines Beteiligten an der Nichtöffentlichkeit überwiegt (§ 170 Abs. 2). Diese Regelung soll als Sondervorschrift für den BGH diesem Gericht wegen des großen Interesses der Öffentlichkeit an der Rechtsprechung des BGH die Befugnis verleihen, auch gegen den Willen eines Beteiligten die Öffentlichkeit zuzulassen, soweit nicht sein Interesse an der Nichtöffentlichkeit das Interesse der Allgemeinheit an der Öffentlichkeit überwiegt. 33

VII. Konzentration. Nach dem Konzentrationsgrundsatz ist das Verfahren möglichst **beschleunigt** durchzuführen. Das folgt aus dem Rechtsstaatsprinzip und gilt auch für das FamFG. Auch aus Art. 6 Abs. 1 EMRK ergibt sich die Pflicht des Gerichts, das Verfahren angemessen zügig durchzuführen und abzuschließen (Prütting/Helms/*Prütting* Einl. Rn. 66). Ausdruck des Konzentrationsgrundsatzes ist die Mitwirkungspflicht der Beteiligten (§ 27), die Pflicht zur Verfahrensleitung (Hinweis- und Aufklärungspflicht, § 28), aber auch die Möglichkeit, das zügigere Freibeweisverfahren zu wählen (§ 29) und das persönliche Erscheinen der Beteiligten anzuordnen (§ 33) sowie die Gehörsrüge (§ 44), die langwierige Verfassungsbeschwerdeverfahren erspart. In Ehe- und Familiensachen können die Beteiligten mit Angriffs- und Verteidigungsmitteln präkludiert sein (§ 115). Bei einer Gesamtbetrachtung dieser Normen lässt sich auch für das FamFG von einem Grundsatz der Konzentration sprechen (a.A. Prütting/Helms/*Prütting* Einl. Rn. 62). 34

VIII. Verfahrenswirtschaftlichkeit. Verfahrensökonomie (dazu *Schöpflin* JR 2003, 485) bedeutet das Erreichen des Verfahrenszwecks (Durchsetzung subjektiver Rechte, Bewährung der Rechtsordnung, Wahrung des Rechtsfriedens, Konfliktlösung, Rechtsfürsorge) mit möglichst **geringem Aufwand an Zeit, Kosten und Arbeitskraft**. Die Verfahrenswirtschaftlichkeit schließt als umfassenderer Grundsatz die Konzentration (Beschleunigung) des Verfahrens mit ein. Der Grundsatz der Verfahrenswirtschaftlichkeit lässt sich aus den in Rdn. 34 genannten Normen, aber auch aus den Zulässigkeitsvoraussetzungen sowie dem Verfassungsrecht ableiten (*Schöpflin* JR 2003, 485, 486 f.). Zudem dienen das Verfahren vor dem Güterichter (§ 36) und der Mediation (§ 36a) auch der Verfahrenswirtschaftlichkeit. 35

Die Verfahrenswirtschaftlichkeit ist als **Leitgedanke** des Verfahrens bei der **Auslegung** der Verfahrensnormen zu berücksichtigen. Das Gericht und die Beteiligten haben möglichst kostensparend und im Sinne einer Beschleunigung des Verfahrens zu handeln. Allerdings findet die Verfahrensökonomie ihre Grenze in den anderen Verfahrensmaximen, den rechtsstaatlichen Garantien sowie den Normen des Verfahrensrechts (näher *Schöpflin* JR 2003, 485, 489 f.). 36

D. Organe und Gerichtspersonen im FamFG-Verfahren. I. Gerichte. Die Familiensachen und Angelegenheiten der freiwilligen Gerichtsbarkeit sind den ordentlichen Gerichten zugewiesen (§ 1). Das Nähere regelt das GVG (dazu unten § 1 Rdn. 8 ff. und 12 ff.). 37

II. Gerichtspersonen. 1. Richter. Die rechtsprechende Gewalt ist den Bundes- und Landesrichtern anvertraut (Art. 92 GG). Einzelheiten regeln das DRiG sowie die Landesrichtergesetze. Richter sind sachlich unabhängig und nur dem Gesetz unterworfen (Art. 97 Abs. 1 GG, §§ 1 GVG, 25 DRiG), sie unterliegen damit keinen Weisungen anderer staatlicher Stellen oder Personen, auch nicht Weisungen des Vorsitzenden eines Spruchkörpers. Die persönliche Unabhängigkeit ist durch die Unabsetzbarkeit und Unversetzbarkeit (Art. 97 Abs. 2 GG) der auf Lebenszeit oder auf Zeit angestellten Richter (§ 30 DRiG) sowie die angemessene Richterbesoldung gewährleistet. Der Grundsatz des gesetzlichen Richters, also die durch abstrakte Regeln gewährleistete Bestimmbarkeit des zuständigen Richters, gilt auch in der freiwilligen Gerichtsbarkeit (*Brehm* Rn. 7). Neben den **Berufsrichtern**, die die Befähigung zum Richteramt nach §§ 5 bis 7 DRiG haben müssen, kennt das Gesetz auch **ehrenamtliche Richter**, die im Anwendungsbereich des FamFG aber nur als Beisitzer in den Kammern für Handelssachen (§§ 105 ff., 93 ff. GVG) und in Landwirtschaftssachen (§§ 1, 2 Abs. 2 LwVG) vorkommen. 38

Einleitung

39 **2. Rechtspfleger.** Vielfältige Aufgaben im Bereich der freiwilligen Gerichtsbarkeit sind dem Rechtspfleger übertragen, dessen Rechtsstellung durch das Rechtspflegergesetz (RPflG) geregelt ist. Ein gedrängter Überblick über dieses Gesetz wird unten gegeben, Rdn. 48 ff.

40 **3. Urkundsbeamter der Geschäftsstelle.** Nach § 153 Abs. 1 GVG sind die Geschäftsstellen, die bei jedem Gericht eingerichtet werden, mit der erforderlichen Zahl von Urkundsbeamten besetzt. Das Verhältnis zu den Rechtspflegern regelt § 26 RPflG, wonach die Zuständigkeit der Urkundsbeamten durch das RPflG grds. unberührt bleibt. Im Bereich des FamFG ist der Urkundsbeamte vor allem zuständig für die Durchführung der Bekanntgabe (§ 15 Abs. 2), die Aufnahme von Anträgen und Erklärungen zur Niederschrift der Geschäftsstelle (§ 25), das Erteilen von Rechtskraftzeugnissen (§ 46), die Aufnahme der Beschwerde zur Niederschrift der Geschäftsstelle (§ 64 Abs. 2), Mitwirkung bei der Annahme von Verfügungen von Todes wegen in amtliche Verwahrung und bei deren Herausgabe (§ 346). Weitere Aufgabenfelder ergeben sich etwa aus §§ 8, 17 Abs. 2, 29 HRV sowie §§ 12c, 44 Abs. 1, 56 Abs. 2 GBO (näher Keidel/*Sternal* Einl. Rn. 111–115).

41 **4. Gerichtsvollzieher.** Die Dienst- und Geschäftsverhältnisse der Gerichtsvollzieher werden gem. § 154 GVG beim BGH durch den Bundesminister der Justiz, bei den Landesgerichten durch die Landesjustizverwaltung bestimmt. Dieses ist durch die bundeseinheitlich erlassene Gerichtsvollzieherordnung (GVO) und Geschäftsanweisung der Gerichtsvollzieher (GVGA) erfolgt. Außer bei der Vollstreckung nach Maßgabe der §§ 86 ff., 95 ff. obliegen dem Gerichtvollzieher auch bei Zustellungen nach Maßgabe der §§ 15 Abs. 2 Satz 1 FamFG, 168 Abs. 2, 192 ZPO. Gegen das Verfahren des Gerichtsvollziehers ist auch i.R.d. FamFG die Erinnerung nach § 766 ZPO analog gegeben (*Brehm* Rn. 10).

42 **III. Behörden.** Das Recht der **Jugendämter** ist im SGB VIII geregelt. Die Jugendämter haben im Familienverfahren Anhörungs- und Beteiligungsrechte (§ 162, 176, 188 Abs. 2, 189, 194, 195, 204 Abs. 2, 205, 212, 213) und die Pflicht, das FamG zu unterstützen (§§ 50, 53 SGB VIII, 88 Abs. 2 FamFG). Außerdem obliegen ihnen Beurkundungsaufgaben u.a. in Vaterschafts- und Unterhaltsangelegenheiten (§§ 59, 60 SGB VIII).

43 Die nach dem BetreuungsbehördenG eingerichteten **Betreuungsbehörden** wirken in Betreuungssachen mit (§§ 274 Abs. 3, 279 Abs. 2, 294 Abs. 1, 296 Abs. 2 Satz 3) und können Unterschriften auf Vorsorgevollmachten und Betreuungsverfügungen beglaubigen (§ 6 Abs. 2 BetreuungsbehördenG).

44 Den **Standesämtern** obliegen Beurkundungen und Beglaubigungen in Personenstandssachen (§§ 1, 11 ff. PStG). Gegen deren Entscheidungen ist nach §§ 48 ff., 51 Abs. 1 PStG der ordentliche Rechtsweg nach dem FamFG gegeben.

45 **Sonstige Behörden** sind der Bürgermeister bei der Beurkundung von Nottestamenten (§§ 2249, 2266 BGB) und die Konsularbeamten im Rahmen ihrer Zuständigkeit für Beurkundungsaufgaben (§§ 2, 8, 10, 11, 19, 24 KonsularG).

46 **IV. Rechtsanwälte.** Rechtsanwälte sind als **unabhängige Organe der Rechtspflege** (§ 1 BRAO) sowohl in Familiensachen als auch in Angelegenheiten der freiwilligen Gerichtsbarkeit tätig. Auch soweit eine Vertretung durch Rechtsanwälte nicht geboten ist, können sich die Beteiligten stets durch einen Rechtsanwalt vertreten lassen (§ 10 Abs. 1, 2, s. im Einzelnen die dortige Kommentierung). Aus der restriktiven Regelung des § 9 Abs. 2 ggü. sonstigen Vertretern ergibt sich, dass der Rechtsanwalt auch in Angelegenheiten nach dem FamFG der **zuvörderst berufene Vertreter der Beteiligten** ist. Das Recht des Anwaltsvertrages und das anwaltliche Berufsrecht ist ein eigenes Rechtsgebiet (s. etwa *Offermann-Burckart* Anwaltsrecht in der Praxis, 2010; *Kleine-Cosack*, BRAO, 7. Aufl. 2015; *Henssler/Deckenbrock*, Rechtsdienstleistungsgesetz, 4. Aufl. 2014).

47 **V. Notare.** Der Notar ist neben den Gerichten das wichtigste Organ in den Angelegenheiten der freiwilligen Gerichtsbarkeit. Er ist unabhängiger Träger eines öffentlichen Amtes (§ 2 BNotO) und entweder Nur-Notar oder Anwaltsnotar, in Baden-Württemberg Landesbeamter (im Einzelnen zu den Notariatsformen: *Bischoff*, in: Kersten/Bühling Formularbuch und Praxis der Freiwilligen Gerichtsbarkeit, § 2). Die nähere Ausgestaltung seines Amtes und seiner Tätigkeit folgt der BNotO, dem BeurkundungsG und der Dienstordnung für Notare (DONot), s. näher Keidel/*Sternal* Einl. Rn. 48 ff. Der Notar ist wie der Rechtsanwalt als Bevollmächtigter eines Beteiligten ohne Einschränkung nach § 10 Abs. 2 Satz 2 Nr. 3 vertretungsbefugt. In Register- und Grundbuchsachen gilt er als ermächtigt, die Eintragung zu beantragen, wenn er die zur Eintragung erforderliche Erklärung beglaubigt oder beurkundet hat (§ 378 Abs. 2 FamFG, § 15 Abs. 2 GBO).

Einleitung

VI. Einzelheiten zum Rechtspfleger. 1. Rechtsstellung. Der Rechtspfleger ist ein **selbstständiges Organ** 48
der Rechtspflege i.R.d. Gerichtsverfassung, das die ihm zugewiesenen Aufgaben **sachlich unabhängig** und
nur an Gesetz und Recht gebunden erledigt (§§ 1, 9 RPflG; Bassenge/Roth Einl. RPflG Rn. 7). Der Rechtspfleger genießt eine eigenständige Ausbildung (dreijähriges Fachhochschulstudium, § 2 RPflG), die ihn befähigt, einen auf seine besondere Qualifikation zugeschnittenen originären, also nicht lediglich vom Richter
abgeleiteten Aufgabenbereich zu übernehmen (vgl. Bassenge/Roth Vor § 1 RPflG Rn. 5). Der Rechtspfleger
fällt nicht unter den Begriff des Richters in Art. 92, 97 GG, ist also im verfassungsrechtlichen Sinne **kein
Richter** (BVerfGE 101, 397, 404 f. = NJW 2000, 1709 und öfter; BVerwGE 125, 365 = Rpfleger 2007, 19;
BGH NJW 2007, 224, 226). Ihm fehlt die persönliche Unabhängigkeit (Art. 97 Abs. 2), und er übt keine
rechtsprechende Gewalt (Art. 92 GG) aus, da die übertragenen Aufgaben vor allem in der Rechtsfürsorge
und nicht im traditionellen Kernbereich der Rechtsprechung liegen (Bassenge/Roth Vor § 1 RPflG Rn. 8;
a.A. zu Unrecht Arnold/Meyer-Stolte/*Georg* § 1 Rn. 34 ff.).

Der Rechtspfleger übt **öffentliche Gewalt** i.S.d. Art. 19 Abs. 4 GG aus, sodass gegen seine Entscheidungen 49
der **Rechtsweg** offensteht, also entweder das nach den allgemeinen verfahrensrechtlichen Vorschriften zu-
lässige Rechtsmittel (§ 11 Abs. 1) oder – falls ein solches fehlt – die befristete Erinnerung (§ 11 Abs. 2
RPflG). Mangels Richtereigenschaft ist der Rechtspfleger nicht zur Richtervorlage nach Art. 100 GG befugt.
Hält er ein Gesetz, auf das es für die Entscheidung ankommt, für verfassungswidrig, hat er die Sache dem
Richter vorzulegen, damit dieser nach eigener Prüfung die Entscheidung des BVerfG einholen kann (§ 5
Abs. 1 Nr. 1 RPflG).

Es gibt **keinen gesetzlichen Rechtspfleger**, da Art. 101 Abs. 1 Satz 2 GG nur auf den Richter i.S.d. Verfas- 50
sungsrechts Anwendung findet (Bassenge/Roth Vor §§ 1 ff.; s.a. Arnold/Meyer-Stolte/*Georg* § 2 Rn. 32).
Mangels Richterstellung ist der Rechtspfleger als Beamter des gehobenen Justizdienstes der allgemeinen Ar-
beitszeitregelung unterworfen, die Aufgaben weist nicht das Präsidium des Gerichts, sondern der Dienstvorgesetzte zu; der dienstrechtliche Anspruch auf angemessene Beschäftigung umfasst nicht den Anspruch,
mit Geschäften betraut zu werden, die nach dem RPflG dem Rechtspfleger übertragen sind (BVerwGE 125,
365 = Rpfleger 2007, 19; Bassenge/Roth Vor § 1 RPflG Rn. 15; Arnold/Meyer-Stolte/*Georg* § 2 Rn. 21 ff.).
Bei der Geschäftsverteilung können aufgrund von Dienstvereinbarungen Rechtspflegerpräsidien herangezogen werden (Arnold/Meyer-Stolte/*Georg* § 2 Rn. 29).

Der allgemeine Anspruch auf **rechtliches Gehör** ergibt sich vor dem Rechtspfleger mangels dessen Richter- 51
eigenschaft nicht aus Art. 103 Abs. 1 GG, sondern aus dem rechtsstaatlichen Grundsatz eines fairen Verfahrens (BVerfGE 101, 397 = NJW 2000, 1709). Sachlich folgt daraus hinsichtlich der Reichweite des Anspruchs auf rechtliches Gehör aber kein Unterschied. Deshalb ist die an der Nichtanwendung des Art. 103
vorgebrachte Kritik (vgl. Bassenge/Roth Vor § 1 RPflG Rn. 16 m.w.N.; kritisch Arnold/Meyer-Stolte/*Georg*
§ 1 Rn. 84 ff.) praktisch bedeutungslos.

2. Funktionelle Zuständigkeit. Zu unterscheiden sind die Zuständigkeiten aufgrund Vollübertragung, 52
Vorbehaltsübertragung und Einzelübertragung.

a) Vollübertragung. In Angelegenheiten, die dem Rechtspfleger in vollem Umfange übertragen werden, 53
sind ganze Sachgebiete ohne Vorbehalt übertragen, § 3 Nr. 1 RPflG. In diesen Bereichen besteht eine **Vermutung für die Zuständigkeit** des Rechtspflegers (Arnold/Meyer-Stolte/*Rellermeyer* § 3 Rn. 7). Hervorzuheben sind aus dem Geltungsbereich des FamFG insb. die Vereinssachen (§ 3 Nr. 1a RPflG), das Aufgebotsverfahren (§ 3 Nr. 1c RPflG), die Güterrechtsregistersachen (§ 3 Nr. 1e RPfG) sowie die Grundbuchsachen
(§ 3 Nr. 1h RPflG).

b) Vorbehaltsübertragung. In Angelegenheiten, die dem Rechtspfleger nach § 3 Nr. 2 RPflG vorbehaltlich 54
der in §§ 14 bis 19b RPflG geregelten Ausnahmen übertragen werden, sind ebenfalls ganze Sachgebiete
übertragen, dem Richter bleiben jedoch einzelne Geschäfte vorbehalten. Aufgrund der Grundzuständigkeit
des Rechtspflegers in diesen Bereichen, sind die Richtervorbehalte eng auszulegen. Das ergibt sich weniger
aus dem Ausnahmecharakter der Normen (so Bassenge/Roth § 3 RPflG Rn. 24) als aus der zweckentsprechenden Auslegung vor dem Hintergrund des gesetzgeberischen Willens, dass der Rechtspfleger den Richter
entlasten soll. Es besteht insoweit eine **Vermutung für die Zuständigkeit** des Rechtspflegers (Zweibrücken
Rpfleger 2000, 414; BayObLGZ 1982, 284; Arnold/Meyer-Stolte/*Rellermeyer* § 3 Rn. 8).

Im Bereich des FamFG betreffen die **wichtigsten Vorbehaltsübertragungen** Kindschafts- und Adoptions- 55
sachen (§ 3 Nr. 2a RPflG), Betreuungssachen und betreuungsgerichtliche Zuweisungssachen nach §§ 271
und 340 (§ 3 Nr. 2b RPflG), Nachlass- und Teilungssachen nach § 342 (§ 3 Nr. 2c RPflG) sowie Handels-,

Einleitung

Genossenschafts- und Partnerschaftsregistersachen und unternehmensrechtliche Verfahren nach §§ 374, 375 (§ 3 Nr. 2d RPflG). Im Einzelfall kann die Zuständigkeit jeweils erst nach Durchsicht der einzelnen Vorbehaltsnormen (§§ 14 bis 17 RPflG) beurteilt werden. Dabei ist zu beachten, dass die Landesregierungen durch § 19 RPflG ermächtigt sind, bestimmte Richtervorbehalte ganz oder teilweise aufzuheben und somit die Zuständigkeit des Rechtspflegers auszuweiten.

56 Soweit nach den Vorbehalten der Richter zuständig ist, hat er die Angelegenheit insgesamt zu erledigen, ihm obliegen also auch vorbereitende Tätigkeiten wie Ermittlungen, Anhörungen und Beweiserhebungen (Bassenge/Roth § 3 RPflG Rn. 24 m.w.N.; Arnold/Meyer-Stolte/*Rellermeyer* § 3 Rn. 8).

57 c) **Einzelübertragung.** Der Einzelübertragung unterliegen **einzelne Geschäfte** aus dem Bereich der **Richterzuständigkeit** (§ 3 Nr. 3 RPflG). Diese sind in §§ 20 bis 24a, 25, 25a RPflG näher aufgeführt und umfassen im Bereich des FamFG vor allem Kostenfestsetzung und Festsetzung der Rechtsanwaltsvergütung (§§ 3 Nr. 3b, 21 Nr. 1 und 2 RPflG, §§ 85, 113 Abs. 1 FamFG, §§ 103 ff. ZPO, § 11 RVG), die Aufnahme von Erklärungen (§§ 3 Nr. 3e, 24 Abs. 1 Nr. 1a, Abs. 2 Nr. 1 RPflG) sowie Entscheidungen und Geschäfte auf dem Gebiet der Beratungshilfe und Verfahrenskostenhilfe (§§ 3 Nr. 3f und 3h, 24a, 25a RPflG) und schließlich einzelne Geschäfte in Familiensachen, nämlich in Unterhaltssachen vor allem das vereinfachte Verfahren über den Unterhalt Minderjähriger und in Güterrechtssachen (§§ 3 Nr. 3g, 25 RPflG).

58 **3. Besonderheiten bei der Aufgabenerledigung.** Besonderheiten bei der Durchführung der Geschäfte des Rechtspflegers regeln §§ 4 bis 11 RPflG. Von der **umfassenden sachlichen Kompetenz** des Rechtspflegers zu allen Maßnahmen zur Erledigung der ihm übertragenen Geschäfte (§ 4 Abs. 1 RPflG) sind **Beeidigungen** und die Androhung oder Anordnung von **Freiheitsentziehungsmaßnahmen** mit Ausnahme bestimmter Vollstreckungsmaßnahmen **ausgenommen** (§ 4 Abs. 2 RPflG). Wenn der Rechtspfleger derartige Maßnahmen für geboten hält, muss er die Sache dem Richter vorlegen (§ 4 Abs. 3 RPflG). Zu den Freiheitsentziehungen gehört auch die zwangsweise Vorführung eines Beteiligten oder Zeugen nach §§ 33 Abs. 3 Satz 3, 30 Abs. 1 FamFG, § 380 Abs. 2 ZPO.

59 Zur **Vorlage an den Richter** ist der Rechtspfleger verpflichtet, wenn er der Ansicht ist, dass ein anzuwendendes Gesetz verfassungswidrig ist und die Entscheidung des BVerfG oder eines Landesverfassungsgerichts nach Art. 100 GG einzuholen ist (§ 5 Abs. 1 Nr. 1 RPflG); dann entscheidet der Richter über die Vorlage. Eine Vorlage an den Richter erfolgt ferner bei engem Sachzusammenhang mit einem Geschäft des Richters (§ 5 Abs. 1 Nr. 2 RPflG), der gegeben ist, wenn die getrennte Behandlung unzweckmäßig, verzögernd oder Kosten steigernd, also arbeitstechnisch nicht sinnvoll wäre (Bassenge/Roth § 5 RPflG Rn. 9; Arnold/Meyer-Stolte/*Rellermeyer* § 5 Rn. 10). Kommt die Anwendung ausländischen Rechts in Betracht, kann der Rechtspfleger die Sache dem Richter vorlegen (§ 5 Abs. 2 RPflG). Der Richter bearbeitet die Sache nur, solange er es für erforderlich hält und kann die Sache nach Entscheidung der Frage, die zur Vorlage veranlasst hat, an den Rechtspfleger zurückgeben, dann ist der Rechtspfleger an die Rechtsauffassung des Richters gebunden (§ 5 Abs. 3 RPflG), nicht aber an tatsächliche Würdigungen (Bassenge/Roth § 5 RPflG Rn. 10). Nur im Fall des **engen Zusammenhanges** mit einer vom Richter bearbeiteten Sache (§ 5 Abs. 1 Nr. 2 RPflG) hat der Richter die gesamte Angelegenheit zu bearbeiten (§ 6 RPflG, in diesem Fall besteht eine gesetzliche Bearbeitungspflicht des Richters, Frankfurt am Main FamRZ 2001, 116, 117; Bassenge/Roth § 6 RPflG Rn. 1). Der Rechtspfleger muss die Vorlage an den Richter nicht schriftlich begründen, das ist aber zweckmäßig (Bassenge/Roth § 5 RPflG Rn. 2).

60 **Streitigkeiten** oder Ungewissheiten über die **Zuständigkeit** entscheidet der nach § 28 RPflG zuständige Richter durch unanfechtbaren Beschluss (§ 7 RPflG). Damit obliegt dem Richter die Kompetenz-Kompetenz (Bassenge/Roth § 7 RPflG Rn. 1). Der Beschluss muss zwar nicht begründet werden, dies ist aber zweckmäßig (Bassenge/Roth § 7 RPflG Rn. 3). Zuständigkeitsstreitigkeiten unter mehreren Rechtspflegern entscheidet der Dienstvorgesetzte (Bassenge/Roth § 7 RPflG Rn. 2; Arnold/Meyer-Stolte/*Hintzen* § 7 Rn. 10).

61 Zur **Gültigkeit von Geschäften** nach § 8 RPflG, wenn der Richter ein Geschäft des Rechtspflegers vornimmt oder umgekehrt, s. § 2 Rdn. 15–17.

62 Zur **Ausschließung und Ablehnung** des Rechtspflegers nach § 10 RPflG s. § 6 Rdn. 52.

63 **4. Rechtsbehelfe.** Gegen die Entscheidungen des Rechtspflegers ist das nach den **allgemeinen verfahrensrechtlichen Vorschriften** zulässige Rechtsmittel gegeben (§ 11 Abs. 1 RPflG), also die Beschwerde nach §§ 58 ff. oder die sofortige Beschwerde (z.B. § 7 Abs. 2 Satz 2 FamFG mit §§ 567 bis 572 ZPO).

64 Ist gegen die Entscheidung nach den allgemeinen Vorschriften kein Rechtsmittel gegeben (z.B. § 42 Abs. 3 Satz 1), eröffnet § 11 Abs. 2 RPflG die **befristete Erinnerung**, über die der Richter entscheidet, wenn der

Rechtspfleger ihr nicht abhilft. Im Bereich des FamFG ist die Erinnerung innerhalb der für die Beschwerde geltenden Frist (§§ 58, 63) einzulegen, also mit einer Frist von einem Monat, bei einstweiligen Anordnungen oder Beschlüssen über die Genehmigung eines Rechtsgeschäfts mit einer Frist von 2 Wochen. Die Frist berechnet sich nach §§ 16 Abs. 1, 2 FamFG, § 222 ZPO, §§ 187 ff. BGB.

Bestimmte Entscheidungen, die wirksam geworden sind und nicht mehr geändert werden können, sind **nicht** mit der Erinnerung **anfechtbar** (§ 11 Abs. 3 Satz 1 RPflG). Dabei handelt es sich vor allem um Eintragungen in das Grundbuch, in das Handels-, Genossenschafts-, Vereins- und Güterrechtsregister (§ 383 Abs. 3) sowie den Erteilungsbeschluss nach Erteilung des Erbscheins (§ 352 Abs. 3) oder Testamentsvollstreckerzeugnisses (§ 354), s. näher Bassenge/Roth § 11 RPflG Rn. 18. Eine gleichwohl erhobene Erinnerung kann in die Anregung einer Amtslöschung bzw. den Antrag auf Einziehung des Erbscheins oder Testamentsvollstreckerzeugnisses **umgedeutet** werden (Bassenge/Roth § 11 RPflG Rn. 18). 65

Buch 1. Allgemeiner Teil
Abschnitt 1. Allgemeine Vorschriften

§ 1 Anwendungsbereich. Dieses Gesetz gilt für das Verfahren in Familiensachen sowie in den Angelegenheiten der freiwilligen Gerichtsbarkeit, soweit sie durch Bundesgesetz den Gerichten zugewiesen sind.

Übersicht

	Rdn.
A. Allgemeines	1
B. Familiensachen	2
C. Angelegenheiten der Freiwilligen Gerichtsbarkeit	3
I. Formeller Begriff	3
II. Materieller Begriff	5
D. Zuweisung an die Gerichte	8
I. Keine Geltung bei Zuständigkeit anderer Institutionen	8
II. Rechtsprechende Tätigkeit	9
E. Gerichtsverfassung	12
I. Allgemeines	12
II. Zuständigkeit, Organisation	13
1. AG	13
2. Familiengerichte (Abteilungen für Familiensachen)	14
3. Betreuungsgerichte (Abteilungen für Betreuungssachen)	17
4. Konzentration der amtsgerichtlichen Zuständigkeit	19
5. LG	21
a) 1. Instanz	21
b) 2. Instanz	22
6. OLG	23
7. BGH	24
III. Instanzenzug	25
IV. Zulässigkeit des Rechtsweges	29
1. Allgemeines	29
2. Rechtswegverweisung	31
a) Verweisungsmöglichkeiten	31
b) Verfahren	32
c) Rechtsmittel	35
d) Wirkung	36
3. Spruchkörperverweisung (Abgabe)	38
V. Sonstige Regeln des GVG	40
F. Sachliche Zuständigkeit	41
G. Örtliche Zuständigkeit	45
H. Internationale Zuständigkeit	46
I. Funktionelle Zuständigkeit	47
J. Disponibilität des Anwendungsbereichs; Schiedsgerichtsbarkeit	49

A. Allgemeines. Die Vorschrift regelt den Anwendungsbereich des Gesetzes. Das FamFG findet auf alle Familiensachen Anwendung. Angelegenheiten der freiwilligen Gerichtsbarkeit werden nach dem FamFG erledigt, soweit sie durch Bundesgesetz den Gerichten zugewiesen sind. **1**

B. Familiensachen. Den **Begriff** der Familiensachen definiert § 111. Danach fallen unter die Familiensachen: Ehe- (§ 121), Kindschafts- (§ 151), Abstammungs- (§ 169), Adoptionssachen (§ 186), Ehewohnungs- und Haushaltssachen (§ 200), Gewaltschutz- (§ 210), Versorgungsausgleichs- (§ 217), Unterhalts- (§ 231), Güterrechtssachen (§ 261), sonstige Familiensachen (§ 266) und Lebenspartnerschaftssachen (§ 269). Zu beachten ist, dass das Gesetz für Ehesachen (§ 121) und Familienstreitsachen (§ 112) in § 113 zahlreiche wichtige Vorschriften des ersten Buches (Allgemeiner Teil) für nicht anwendbar erklärt und stattdessen auf die ZPO verweist. **2**

C. Angelegenheiten der Freiwilligen Gerichtsbarkeit. I. Formeller Begriff. Der Begriff der Angelegenheiten der freiwilligen Gerichtsbarkeit wird bestimmt in **§ 23a Abs. 2 GVG**. Danach sind Angelegenheiten der freiwilligen Gerichtsbarkeit die folgenden in Nr. 1–10 der Vorschrift nach dem **Enumerationsprinzip** aufgezählten Angelegenheiten: Betreuungs- (§ 271), Unterbringungs- (§ 312) sowie betreuungsgerichtliche Zuweisungssachen (§ 340); Nachlass- und Teilungssachen (§ 342); Registersachen (§ 374); unternehmensrechtliche Verfahren nach § 375; die Angelegenheiten nach § 410; Verfahren in Freiheitsentziehungssachen nach § 415; Aufgebotsverfahren (§ 433); Grundbuchsachen (§ 1 GBO); Verfahren nach § 1 Nr. 1 und 2 bis 6 des Gesetzes über das gerichtliche Verfahren in Landwirtschaftssachen; Schiffsregistersachen (SchiffsRegO). **3**

Nach § 23a Abs. 2 Nr. 11 GVG unterfallen ferner **sonstige Angelegenheiten** der freiwilligen Gerichtsbarkeit dem FamFG, soweit sie **durch Bundesgesetz den Gerichten zugewiesen** sind. Derartige Zuweisungen fin- **4** den sich z.B. in §§ 15 Abs. 2, 78 f. BNotO; § 54 Abs. 2 BeurkG; § 23 Abs. 1 Satz 1 EGGVG; §§ 1 Abs. 2, 5 Abs. 1, 36 Abs. 1, 81 Abs. 3, 88 Abs. 2, 105 Abs. 2, 110 Abs. 1 GBO; § 81 GenG; § 43 Abs. 2 und 3 KWG; § 9 LwVG; §§ 2 Abs. 1, 7 Abs. 8, 10 Abs. 3, 17 Abs. 1 SpruchG; § 47 Abs. 2 VAG; §§ 84 Abs. 1, 189 VVG (s. den ausführlichen Katalog bei Keidel/*Sternal* Rn. 25 ff.).

5 **II. Materieller Begriff.** Die freiwillige Gerichtsbarkeit umfasst sehr **verschiedenartige Gegenstände**, die z.T. kaum Gemeinsamkeiten haben, man denke etwa an Betreuungs-, Nachlass- und Registersachen, die untereinander kaum Übereinstimmungen aufweisen. Man hat darum gerungen, aus den zahlreichen unterschiedlichen Angelegenheiten, die formal dem Verfahren der freiwilligen Gerichtsbarkeit zugewiesen sind, einen materiellen Begriff der freiwilligen Gerichtsbarkeit zu **abstrahieren**.

6 Die Unterscheidung zwischen **streitiger und freiwilliger Gerichtsbarkeit** geht auf das römische Recht zurück (iurisdictio contentiosa – iurisdictio voluntaria, s. KKW/*Schmidt* § 1 Rn. 1). Die negative Definition in Abgrenzung zur streitigen Gerichtsbarkeit gibt aber nichts her für den charakteristischen Gegenstand des Verfahrens der freiwilligen Gerichtsbarkeit. Die **Interessen der Beteiligten** sind in diesen Verfahren zwar oftmals gleichgerichtet, sodass sie sich einverständlich an ein Organ der freiwilligen Gerichtsbarkeit wenden, z.B. an das Nachlassgericht mit einem übereinstimmenden Erbscheinsantrag, als Anmeldende im Registerverfahren oder als Vertragsparteien bei einer notariellen Beurkundung. Schon im Erbscheinsverfahren können die Interessen aber ebenso gut auseinander gehen, sodass um die Erbscheinserteilung gestritten wird. Auch in einem Verfahren auf Anordnung einer Betreuung kann sich der Betroffene zur Wehr setzen. Im Verfahren nach dem SpruchG oder nach § 23 EGGVG handelt es sich von vornherein um streitige Angelegenheiten.

7 Schon die Fälle des Betreuungs- und Unterbringungsverfahrens belegen, dass »**Freiwilligkeit**« ebenfalls kein übergreifendes Merkmal sein kann. Auch die Kennzeichnung als **Fürsorgeverfahren** (*Habscheid* § 6) erfasst insb. die Streitsachen nicht. Das Gleiche gilt auch für den Begriff der **Verwaltungstätigkeit** i.S.d. Privatrechtsordnung (*Brehm* Rn. 9 ff.), der z.B. weder auf Verfahren nach dem SpruchG noch auf solche gem. § 23 EGGVG passt. Es hat sich insgesamt als **unmöglich** erwiesen, einen **rechtsdogmatisch befriedigenden materiellen Begriff** der freiwilligen Gerichtsbarkeit zu bestimmen. Es bleibt nicht mehr als die einfache Feststellung, dass es einen über den formellen Begriff hinausgehenden materiellen Begriff der freiwilligen Gerichtsbarkeit, der alle Verfahren erfassen würde, nicht gibt (KKW/*Schmidt* § 1 Rn. 2 f.). Die materielle Gemeinsamkeit der Verfahrensgegenstände ist lediglich, dass der Gesetzgeber das elastischere Verfahren der freiwilligen Gerichtsbarkeit jeweils aufgrund seiner spezifischen Regelungen (z.B. Untersuchungsgrundsatz, § 26) und aus verfahrenswirtschaftlichen Gründen für sachgerechter hält als das Verfahren nach der ZPO. Es entscheidet also letztlich die gesetzliche formale Zuordnung und nicht eine übergeordnete Begriffsbestimmung, ob es sich um eine Angelegenheit der freiwilligen Gerichtsbarkeit handelt (vgl. Prütting/Helms/*Prütting* Einl. Rn. 52).

8 **D. Zuweisung an die Gerichte. I. Keine Geltung bei Zuständigkeit anderer Institutionen.** Das FamFG gilt nur für Verfahren in Familiensachen und in Angelegenheiten der freiwilligen Gerichtsbarkeit, die durch **Bundesgesetz** (Gesetz ist jede Rechtsnorm, § 485 FamFG, Art. 2 EGBGB) gerade den Gerichten zugewiesen sind, also nicht für familien-, nachlass-, registerrechtliche oder sonstige Angelegenheiten, soweit sie z.B. den Notaren, den Jugendämtern oder dem Standesamt zugewiesen sind. Insoweit gelten Sondergesetze (z.B. BeurkG, SGB VIII, PStG). Eine durch Bundesgesetz den Gerichten übertragene Angelegenheit liegt auch vor, wenn ein Bundesgesetz (z.B. Art. 147 EGBGB) die Angelegenheit den Gerichten zuweist, die Landesgesetzgeber aber ermächtigt, diese Angelegenheiten auf andere Behörden zu übertragen, sofern der Landesgesetzgeber die Angelegenheit dann den Gerichten überträgt (vgl. § 488 FamFG). Die Unterbringung nach den Landesgesetzen (PsychKGs, UnterbrGs) ist durch Bundesgesetz den Gerichten zugewiesen (§ 312 Nr. 3). Sofern das Landesgesetz Angelegenheiten den Gerichten zuweist, kann es das FamFG für entsprechend anwendbar erklären.

9 **II. Rechtsprechende Tätigkeit.** Auch wenn § 1 Familiensachen und Angelegenheiten der freiwilligen Gerichtsbarkeit den Gerichten zuweist, stellt sich die Frage, ob jeweils rechtsprechende Gewalt ausgeübt wird, die Art. 92 GG den Richtern anvertraut. Rechtsprechung im **formellen Sinn** liegt vor, weil diese Materien durch § 1 den Gerichten zugewiesen sind. Soweit **materiell** Rechtsprechungstätigkeit vorliegt, muss sie aufgrund Art. 92 GG durch Richter ausgeübt werden. Materielle Rechtsprechung sind jedenfalls die Entscheidung von Streitigkeiten, also etwa in den Familienstreitsachen (§ 112), die Anordnung freiheitsentziehen-

Abschnitt 1. Allgemeine Vorschriften § 1

der Maßnahmen (Art. 104 Abs. 2 GG) sowie sonstige Eingriffe in Grundrechte, insb. in das allgemeine Persönlichkeitsrecht sowie in die Rechte von Eltern und Kindern (Art. 6 GG).

Der Gesetzgeber kann den Gerichten aber auch **Aufgaben** zuweisen, die **keine materielle Rechtsprechung** 10 i.S.d. Art. 92 GG sind. Dazu gehören zahlreiche Aufgaben der freiwilligen Gerichtsbarkeit. Grundbuch- oder Registereintragungen, die Erteilung familiengerichtlicher Genehmigungen oder Erbscheinsverfahren sind daher z.B. keine Rechtsprechung i.S.d. Art. 92 GG (sondern nur Rechtsprechung im formellen Sinne), sodass mit diesen Angelegenheiten **Rechtspfleger** betraut werden können, die keine Richter i.S.d. Art. 92 GG sind (BVerfGE 56, 110, 127; 101, 397, 405), näher s. Einl. Rdn. 48. Aufgaben materieller Rechtsprechung dürfen dagegen nicht auf den Rechtspfleger verlagert werden. Soweit keine Rechtsprechung im materiellen Sinne vorliegt, ist grundsätzlich auch eine Übertragung auf sonstige Institutionen verfassungsrechtlich zulässig (z.B. Erteilung von Erbscheinen durch Notare, Führung des Handelsregisters durch Industrie- und Handelskammern).

Auch soweit keine Rechtsprechung vorliegt, gelten aber auch im Anwendungsbereich des FamFG die **rechts-** 11 **staatlichen Garantien** der Art. 97 bis 104 GG. Insbes. der Grundsatz des rechtlichen Gehörs (Art. 103 Abs. 1 GG) ist stets zu wahren (s. Einl. Rdn. 51).

E. Gerichtsverfassung. I. Allgemeines. Nach Art. 2 EGGVG findet das **GVG** auf die gesamte (und nicht 12 nur auf die streitige) ordentliche Gerichtsbarkeit und deren Ausübung **Anwendung**, also **auch auf Familiensachen und Angelegenheiten der freiwilligen Gerichtsbarkeit**. Darauf abgestimmt besagt § 12 GVG, dass die ordentliche Gerichtsbarkeit insgesamt ausgeübt wird durch Amts-, Land-, Oberlandesgerichte und den BGH. § 13 GVG bestimmt, dass vor die ordentlichen Gerichte die bürgerlichen Rechtsstreitigkeiten, die Familiensachen und die Angelegenheiten der freiwilligen Gerichtsbarkeit (Zivilsachen) sowie die Strafsachen gehören soweit nicht die Zuständigkeit von Verwaltungsbehörden oder Verwaltungsgerichten begründet ist oder aufgrund von Vorschriften des Bundesrechts besondere Gerichte bestellt oder zugelassen sind. Das Gesetz sieht die Familiensachen und die Angelegenheiten der freiwilligen Gerichtsbarkeit also nicht als bürgerliche Rechtsstreitigkeiten an.

II. Zuständigkeit, Organisation. 1. AG. Nach § 23a Abs. 1 GVG sind die **AG** zuständig für Familien- 13 sachen und Angelegenheiten der freiwilligen Gerichtsbarkeit, soweit nicht gesetzliche Vorschriften eine anderweitige Zuständigkeit begründen. Welche Angelegenheiten zu den **Familiensachen** gehören, bestimmt § 111 (Ehe-, Kindschafts-, Abstammungs-, Adoptionssachen, Ehewohnungs- und Haushaltssachen, Gewaltschutz-, Versorgungsausgleichs-, Unterhalts-, Güterrechts-, sonstige Familiensachen, Lebenspartnerschaftssachen). Die Angelegenheiten der **freiwilligen Gerichtsbarkeit** zählt § 23a Abs. 2 GVG auf (Betreuungs-, Unterbringungs- sowie betreuungsgerichtliche Zuweisungssachen, Nachlass- und Teilungs-, Registersachen, unternehmensrechtliche Verfahren nach § 375, weitere Angelegenheiten der freiwilligen Gerichtsbarkeit nach § 410, Freiheitsentziehungssachen nach § 415, Aufgebotsverfahren, Grundbuchsachen, Verfahren nach § 1 Nr. 1, 2 bis 6 LwVG, Schiffsregistersachen und sonstige Angelegenheiten der freiwilligen Gerichtsbarkeit, soweit sie durch Bundesgesetz den Gerichten zugewiesen sind).

2. Familiengerichte (Abteilungen für Familiensachen). Bei den AG werden nach § 23b Abs. 1 GVG Ab- 14 teilungen für Familiensachen (§ 111), Familiengerichte, gebildet, die für diese Angelegenheiten **funktionell zuständig** sind. Die Vorschrift schließt anderweitige Regelungen der funktionalen Zuständigkeit nicht aus, wie z.B. im Internationalen Familienrechtsverfahrensgesetz (IntFamRVG). Das GVG beabsichtigt nicht, die funktionelle Zuständigkeit abschließend zu regeln (RegE, BT-Drucks. 16/6308 S. 725).

§ 23b Abs. 2 GVG sichert die **Entscheidungskonzentration**. Soweit an einem AG mehrere Abteilungen für 15 Familiensachen gebildet werden, sollen alle Familiensachen, die denselben Personenkreis betreffen, derselben Abteilung zugewiesen werden. Wird eine Ehesache (§ 121) rechtshängig, während eine andere Familiensache, die denselben Personenkreis betrifft, bei einer anderen Abteilung im ersten Rechtszug anhängig ist, ist diese von Amts wegen an die Abteilung der Ehesache abzugeben. § 23b Abs. 2 Satz 3 und 4 GVG regeln die Konzentration, soweit ein Verfahren nach §§ 10, 12 IntFamRVG anhängig ist.

Die Abteilungen für Familiensachen werden mit **Familienrichtern** besetzt, ein Richter auf Probe darf im 16 ersten Jahr nach seiner Ernennung Geschäfte des Familienrichters nicht wahrnehmen (§ 23b Abs. 3 GVG). Dadurch trägt das Gesetz der Bedeutung und der Schwierigkeit der Familiensachen sowie der Tatsache Rechnung, dass die Familiengerichte lebenserfahrene, menschlich und fachlich qualifizierte Richter benötigen.

17 **3. Betreuungsgerichte (Abteilungen für Betreuungssachen).** § 23c Abs. 1 GVG bestimmt, dass bei den AG Abteilungen für Betreuungssachen, Unterbringungssachen und betreuungsgerichtliche Zuweisungssachen gebildet werden. Auch die Aufgaben der früheren Vormundschaftsgerichte im Betreuungsrecht werden nunmehr von den Betreuungsgerichten wahrgenommen.

18 Nach § 23c Abs. 2 Satz 1 GVG werden die Betreuungsgerichte mit **Betreuungsrichtern** besetzt. Richter auf Probe im ersten Jahr nach ihrer Ernennung dürfen Geschäfte eines Betreuungsrichters nicht wahrnehmen (§ 23c Abs. 2 Satz 2 GVG). Zur Begründung vgl. Rdn. 16.

19 **4. Konzentration der amtsgerichtlichen Zuständigkeit.** § 23d GVG (früher § 23c GVG) enthält eine umfassende **Konzentrationsermächtigung** für Familiensachen (§ 111), Handelssachen (§ 95 GVG) und alle Angelegenheiten der freiwilligen Gerichtsbarkeit (§ 23a Abs. 2 GVG). Die Landesregierungen können die genannten Angelegenheiten durch Rechtsverordnung einem AG für die Bezirke mehrerer AG zuweisen und die Ermächtigung auf die Landesjustizverwaltungen übertragen. Die Konzentration setzt voraus, dass sie der sachlichen Förderung der Verfahren dient oder zur Sicherung einer einheitlichen Rechtsprechung geboten erscheint. Die Konzentration ermöglicht die richterliche Spezialisierung, kann dadurch die Entscheidungsqualität steigern und das Herausbilden einheitlicher Rechtsprechungsgrundsätze fördern.

20 Verordnungen nach § 23d GVG sind nicht im Normenkontrollverfahren nach § 47 VwGO überprüfbar (VGH Hessen NJW 1977, 1895). Die Konzentration gilt nicht für Rechtshilfeersuchen nach §§ 157 ff. GVG.

21 **5. LG. a) 1. Instanz.** § 71 Abs. 2 Nr. 4 GVG begründet die erstinstanzliche Zuständigkeit der LG für Verfahren nach §§ 98, 99, 132, 142, 145, 258, 260, 293c, 315 AktG, § 26 SE-AG, § 10 UmwG, dem SpruchG, §§ 39a, 39b WpÜG. Für diese Angelegenheiten mit Ausnahme der Verfahren nach dem WpÜG begründet § 71 Abs. 4 GVG eine Konzentrationsermächtigung für die Landesregierungen, die die Zuständigkeit bei einem LG für die Bezirke mehrerer LG zusammenfassen und die Ermächtigung auf die Landesjustizverwaltungen übertragen können.

22 **b) 2. Instanz.** Die LG sind die Beschwerdegerichte in **Freiheitsentziehungssachen** und in den von den **Betreuungsgerichten** entschiedenen Sachen (§ 72 Abs. 1 Satz 2 GVG) wegen der geringeren räumlichen Entfernung der LG zum gewöhnlichen Aufenthalt des Betreuten oder Untergebrachten. In den übrigen Angelegenheiten der freiwilligen Gerichtsbarkeit sowie in Familiensachen begründet § 119 Abs. 1 Nr. 1 GVG die zweitinstanzliche Zuständigkeit der OLG.

23 **6. OLG.** Den OLG obliegt die **zweitinstanzliche Zuständigkeit** für Beschwerden in Familiensachen sowie in Angelegenheiten der freiwilligen Gerichtsbarkeit mit Ausnahme von Freiheitsentziehungssachen und von den Betreuungsgerichten entschiedenen Sachen (§ 119 Abs. 1 Nr. 1 GVG). Bei den OLG sind Familiensenate zu bilden (§§ 119 Abs. 2, 23b Abs. 1, 2 GVG). Für Rechtsbeschwerden gegen zweitinstanzliche Entscheidungen des LG ist nicht das OLG, sondern der BGH zuständig (§ 133 GVG).

24 **7. BGH.** Der BGH ist zuständig für die **Rechtsbeschwerde** (§§ 70 ff.) gegen Entscheidungen des Land- oder OLG (§ 133 GVG). Die Rechtsbeschwerde bedarf der Zulassung (§ 70 Abs. 1). Durch diese Erweiterung der Zuständigkeit des BGH wird die Einheitlichkeit der Rechtsprechung gefördert.

25 **III. Instanzenzug.** Die **erste Instanz** ist in Familiensachen stets und für Angelegenheiten der freiwilligen Gerichtsbarkeit in aller Regel das AG (§ 23a GVG). Ausnahmsweise ist nach § 71 Abs. 2 Nr. 4 GVG für einige Verfahrensarten das LG erstinstanzlich zuständig (s.a. Rdn. 41–44).

26 Gegen erstinstanzliche Entscheidungen eröffnet § 58 die (befristete, § 63) Beschwerde. **Beschwerdegericht** ist in Freiheitsentziehungs- und in von den Betreuungsgerichten entschiedenen Sachen das **LG** (§ 72 Abs. 1 Satz 2 GVG), gegen sonstige Entscheidungen in Angelegenheiten der freiwilligen Gerichtsbarkeit sowie in Familiensachen das **OLG** (§ 119 Abs. 1 GVG).

27 Soweit das Land- oder OLG sie zugelassen hat, ist die **Rechtsbeschwerde** zum **BGH** (§ 133 GVG) eröffnet (§ 70 Abs. 1).

28 Gegen Entscheidungen des **Rechtspflegers** (Einl. Rdn. 48 ff.) ist das nach den allgemeinen verfahrensrechtlichen Vorschriften zulässige Rechtsmittel gegeben (§ 11 Abs. 1 RPflG). Gibt es kein Rechtsmittel, eröffnet § 11 Abs. 2 RPflG die Erinnerung, die der Rechtspfleger dem Richter vorlegt, wenn er ihr nicht abhilft. Soweit gerichtliche Maßnahmen nach der GBO, der Schiffsregisterordnung oder dem FamFG wirksam geworden sind und nicht mehr geändert werden können, sind sie mit der Erinnerung nicht anfechtbar (§ 11 Abs. 3 RPflG).

IV. Zulässigkeit des Rechtsweges. 1. Allgemeines. Nach § 2 EGGVG finden die Vorschriften des GVG auf die ordentliche Gerichtsbarkeit Anwendung. Die Familiensachen und die Angelegenheiten der freiwilligen Gerichtsbarkeit gehören vor die ordentlichen Gerichte (§§ 13, 12 GVG). Wird eine Familiensache oder eine Angelegenheit der freiwilligen Gerichtsbarkeit vor dem Arbeits-, Verwaltungs-, Finanz- oder SG geltend gemacht, fehlt es an der Rechtswegzuständigkeit, ebenso wenn umgekehrt arbeitsrechtliche, verwaltungsrechtliche, steuer- oder sozialrechtliche Angelegenheiten vor die ordentliche Gerichtsbarkeit gebracht werden. In diesen Fällen gelten §§ 17 bis 17b GVG. 29

Zuständigkeitsfragen können auch innerhalb eines Gerichts im Verhältnis zwischen den für bürgerliche Rechtsstreitigkeiten, Familiensachen oder Angelegenheiten der freiwilligen Gerichtsbarkeit zuständigen Spruchkörpern entstehen. Für diesen Fall erklärt § 17a Abs. 6 GVG die Regeln zur Entscheidung über die Zulässigkeit des Rechtsweges (§ 17a Abs. 1 bis 5 GVG) für entsprechend anwendbar. 30

2. Rechtswegverweisung. a) Verweisungsmöglichkeiten. Wird eine Familiensache oder eine Angelegenheit der freiwilligen Gerichtsbarkeit bei einem Arbeits-, Verwaltungs-, Sozial- oder FG anhängig, hat das Gericht die Sache gem. § 48 ArbGG, § 173 VwGO, § 202 SGG, § 155 FGO, die auf §§ 17 bis 17b GVG verweisen, durch Beschluss an das zuständige ordentliche Gericht zu verweisen (§ 17a Abs. 2 GVG). Umgekehrt hat das ordentliche Gericht bei fehlender Rechtswegzuständigkeit nach **§ 17a Abs. 2 GVG** an das zuständige Fachgericht zu verweisen. § 17a Abs. 2 GVG setzt voraus, dass der Rechtsweg **beschritten** wird. Daher ist die Norm zwar in Antragsverfahren, nicht aber in **Amtsverfahren** anwendbar. Bei Unzuständigkeit hat das Gericht ein Amtsverfahren einzustellen. Eine Verweisung an eine Behörde sieht das Gesetz nicht vor, sodass sie unzulässig ist und allenfalls eine formlose Information der Behörde in Betracht kommt, die daraufhin tätig werden kann. 31

b) Verfahren. Die Prüfung der Rechtswegzuständigkeit erfolgt **von Amts wegen** durch das Gericht des ersten Rechtszuges. Die Beteiligten sind gem. § 17a Abs. 2 Satz 1 GVG **anzuhören**, d.h. ihnen müssen die Bedenken hinsichtlich des Rechtsweges mitgeteilt und ihnen muss Gelegenheit zur Stellungnahme gegeben werden – das schließt die Information des Antragstellers über seine Wahlmöglichkeit nach § 17a Abs. 2 Satz 2 GVG ein. Die Tatsachen, die die Zulässigkeit des Rechtsweges begründen, müssen vom Antragsteller schlüssig dargelegt sein. Eine mündliche Verhandlung ist nicht erforderlich (§ 17a Abs. 4 Satz 1 GVG). 32

Erweist sich der Rechtsweg als **unzulässig**, spricht das Gericht durch **Beschluss** seine Unzuständigkeit aus und verweist die Angelegenheit an das zuständige Gericht des zulässigen Rechtswegs (§ 17a Abs. 2 Satz 1 GVG). Sind mehrere Gerichte zuständig, verweist das Gericht an das vom Antragsteller ausgewählte, andernfalls an das vom verweisenden Gericht bestimmte Gericht (§ 17a Abs. 2 Satz 2 GVG). Der Beschluss ist für das Gericht, an das verwiesen wird, hinsichtlich des Rechtswegs bindend (§ 17a Abs. 2 Satz 3 GVG). Die Zulässigkeit des beschrittenen Rechtswegs kann, auf Rüge des Rechtswegs muss sie vorab ausgesprochen werden (§ 17a Abs. 3 GVG). Der Beschluss kann stets ohne mündliche Verhandlung ergehen und ist zu begründen (§ 17a Abs. 4 Satz 1 und 2 GVG). 33

Das Gericht, das über ein Rechtsmittel im Verfahren über die Hauptsache entscheidet, prüft die Zulässigkeit des beschrittenen Rechtswegs auch dann nicht mehr, wenn die Zulässigkeitsprüfung in der ersten Instanz unterblieben ist (§ 17a Abs. 5 GVG). Das Rechtsmittelgericht muss also die vom Eingangsgericht bejahte Zuständigkeit hinnehmen. Das gilt nur dann nicht, wenn entgegen § 17a Abs. 3 Satz 2 GVG trotz Rüge der Zuständigkeit nicht über diese entschieden oder kein rechtliches Gehör gewährt wurde (BGH NJW-RR 2005, 142) oder wenn die erste Instanz das Rechtswegproblem übersehen hat (OLG Rostock NJW 2006, 2563). 34

c) Rechtsmittel. Gegen den Beschluss ist das Rechtsmittel der jeweils anzuwendenden Verfahrensordnung gegeben (§ 17a Abs. 4 Satz 3 GVG). Gegen Beschlüsse der ordentlichen Gerichte wird im Geltungsbereich des FamFG damit die **Beschwerde** nach §§ 58 ff. eröffnet, ansonsten die sofortige Beschwerde nach § 567 ZPO. Die Rechtsbeschwerde ist nach § 70, § 17a Abs. 4 Satz 4–6 GVG nur eröffnet, wenn sie im Beschluss des Beschwerdegerichts zugelassen ist. Dieses setzt voraus, dass die Rechtssache grundsätzliche Bedeutung hat oder dass von einer Entscheidung eines obersten Gerichtshofes des Bundes oder des Gemeinsamen Senats dieser Gerichtshöfe abgewichen wird. 35

d) Wirkung. Nach Eintritt der Rechtskraft des Verweisungsbeschlusses und Eingang der Akten wird die Sache bei dem Gericht, an das verwiesen wurde, **anhängig** (§ 17b Abs. 1 Satz 1 GVG). Die Wirkungen der Rechtshängigkeit bleiben bestehen (§ 17b Abs. 1 Satz 2 GVG), insb. bleibt es dabei, wenn Fristen gewahrt 36 wurden. Sonstige Verfahrensergebnisse (wie Beweiserhebungen) bleiben verwertbar, sofern sie nach der nunmehr einschlägigen Verfahrensordnung einwandfrei gewonnen wurden (Jansen/*von Schuckmann* § 1 Rn. 133).

37 Die **Kosten** bilden eine Einheit (§ 17b Abs. 2 Satz 1 GVG). Entstandene Mehrkosten fallen dem Antragsteller nicht zur Last (§ 17b Abs. 3, Abs. 2 Satz 2 GVG).

38 **3. Spruchkörperverweisung (Abgabe).** Nach § 17a Abs. 6 GVG finden § 17a Abs. 1 bis 5 GVG auf die in bürgerlichen Rechtsstreitigkeiten, Familiensachen und Angelegenheiten der freiwilligen Gerichtsbarkeit zuständigen **Spruchkörper in ihrem Verhältnis zueinander** entsprechende Anwendung. Damit sind die Regeln über die Zulässigkeit des Rechtswegs auch anzuwenden, soweit es innerhalb des beschrittenen Zivilrechtswegs um das interne Verhältnis zwischen streitiger Gerichtsbarkeit, Familiengerichten und freiwilliger Gerichtsbarkeit geht. Voraussetzung ist wiederum, dass es um Antragsverfahren, und nicht um von Amts wegen einzuleitende Verfahren geht, da im zweiten Fall der Rechtsweg nicht »beschritten« wird. § 17a Abs. 6 GVG erfasst also Fälle der Verweisung zwischen der Prozessabteilung des AG, dem FamG oder einer Abteilung für Angelegenheiten der freiwilligen Gerichtsbarkeit. Letzteres umfasst auch das Betreuungsgericht (§ 23a Abs. 2 Nr. 1 GVG).

39 Hinsichtlich der Anwendung des § 17a Abs. 1 bis 5 GVG gelten Rdn. 31–37 entsprechend. Wenn über die Zuständigkeit des Spruchkörpers entschieden worden ist, darf das nach § 17a Abs. 1 GVG nicht mehr in Frage gestellt werden, auch ein Bestimmungsverfahren nach § 5 FamFG kommt dann nicht in Betracht (OLG Hamm FamRZ 2011, 658; Keidel/*Sternal* Rn. 54).

40 **V. Sonstige Regeln des GVG.** Angesichts der uneingeschränkten Anwendbarkeit des GVG gem. § 2 EGGVG gelten insb. folgende Vorschriften:
 – §§ 21e ff. GVG, Geschäftsverteilung,
 – § 153 GVG, Geschäftsstelle,
 – §§ 154 bis 155 GVG, Gerichtsvollzieher,
 – §§ 156 bis 168 GVG, Rechtshilfe
 – §§ 169 bis 175 GVG, Öffentlichkeit, insb. § 170 GVG Nichtöffentlichkeit in Familiensachen und in Angelegenheiten der freiwilligen Gerichtsbarkeit (dazu Einl. Rdn. 31),
 – §§ 176 bis 183 GVG, Sitzungspolizei,
 – § 184 GVG, Deutsch als Gerichtssprache,
 – §§ 185 bis 191a GVG, Dolmetscher,
 – §§ 192 bis 197 GVG, Beratung und Abstimmung,
 – §§ 198 bis 201 GVG, Rechtsschutz bei überlangen Gerichtsverfahren.

41 **F. Sachliche Zuständigkeit.** Die sachliche Zuständigkeit bestimmt, welches Gericht die Angelegenheit in **erster Instanz** zu erledigen hat. Das Gericht des ersten Rechtszuges und damit sachlich zuständig ist im Anwendungsbereich des FamFG regelmäßig das **AG** (§ 23a GVG, § 1 GBO s. Rdn. 13–20, 25).

42 In bestimmten wirtschaftsrechtlichen Angelegenheiten ist das **LG** sachlich zuständig (§ 71 Abs. 2 Nr. 4 GVG, s. Rdn. 21 und 25). Weitere Zuständigkeiten ergeben sich aus § 15 Abs. 2 Satz 2 BNotO, § 54 Abs. 2 Satz 2 BeurkG, soweit das LG das nächsthöhere gemeinsame Gericht ist, auch aus § 5 Abs. 1, § 4 Abs. 2 Satz 2 GBO.

43 In seltenen Fällen liegt die erstinstanzliche Zuständigkeit beim **Oberlandesgericht** (s. § 25 Abs. 1 EGGVG, § 7 Abs. 2 LwVG, § 111 Abs. 1 BNotO, soweit das OLG das nächsthöhere gemeinsame Gericht ist, folgt das auch aus § 5 Abs. 1, § 4 Abs. 2 Satz 2 GBO).

44 Die sachliche Zuständigkeit des **BGH** begründen § 7 Abs. 2 LwVG, § 111 Abs. 3 BNotO.

45 **G. Örtliche Zuständigkeit.** Das FamFG normiert in § 2 nur einige Grundsätze über die örtliche Zuständigkeit. Eine allgemeine Norm, die die örtliche Zuständigkeit für alle Fälle bestimmt, fehlt. Vielmehr wird die örtliche Zuständigkeit durch eine Vielzahl von **Sondernormen** festgelegt (s. § 2 Rdn. 1).

46 **H. Internationale Zuständigkeit.** Die internationale Zuständigkeit grenzt die Zuständigkeit der Gerichte **verschiedener Staaten** gegeneinander ab. Es geht um die Frage, ob in Fällen mit Auslandsbezug deutsche Gerichte die deutsche Gerichtsbarkeit ausüben können oder nicht, ob also deutsche oder ausländische Gerichte zuständig sind. Diese Frage regeln die §§ 98 bis 106, auf deren Kommentierung verwiesen wird.

I. Funktionelle Zuständigkeit. Die funktionelle Zuständigkeit bezieht sich zunächst darauf, welches Gericht im **Instanzenzug** zuständig ist (dazu Rdn. 25–28). Darüber hinaus beantwortet die funktionelle Zuständigkeit die Frage, welches **Rechtspflegeorgan** (eines sachlich und örtlich zuständigen Gerichts) zuständig ist. Diese funktionelle Zuständigkeit betrifft vor allem die Abgrenzung der Zuständigkeit zwischen Richter und Rechtspfleger, die das RPflG regelt. Danach sind bestimmte Angelegenheiten dem Rechtspfleger voll (§ 3 Nr. 1 RPflG), andere unter Vorbehalt (§ 3 Nr. 2 RPflG) übertragen. Wieder andere können im Wege der Einzelübertragung auf den Rechtspfleger übertragen werden (§ 3 Nr. 3 und 4 RPflG), näher Einl. Rdn. 52 ff. Das Verhältnis des Rechtspflegers zum Urkundsbeamten der Geschäftsstelle regelt § 26 RPflG. Einzelheiten sind dem RPflG und dessen Kommentierungen zu entnehmen (S. Arnold/Meyer-Stolte/*Rellermeyer* u.a. RPflG, 8. Aufl. 2015). 47

Die funktionelle Zuständigkeit ist als ausschließliche Zuständigkeit in jeder Lage des Verfahrens zu prüfen und unterliegt nicht der Disposition der Beteiligten. Fehlt sie, erfolgt die formlose Abgabe an das zuständige Organ. 48

J. Disponibilität des Anwendungsbereichs; Schiedsgerichtsbarkeit. Der Anwendungsbereich des FamFG kann nicht zulasten anderer Verfahrensordnungen (z.B. der ZPO oder der VwGO) durch Vereinbarung der Beteiligten oder durch Einwilligung eines Beteiligten erweitert oder eingeschränkt werden (Prütting/Helms/*Prütting* Rn. 15). Hinsichtlich privatrechtlicher Streitigkeiten, bei denen die Beteiligten über den Verfahrensgegenstand verfügen können, wird es für zulässig gehalten, bestimmte Verfahrensgegenstände durch Schiedsklausel einem privaten Schiedsgericht zuzuweisen (Prütting/Helms/*Prütting* Rn. 16; Keidel/*Sternal* Rn. 23). Praktisch kommen derartige Schiedsklauseln aber kaum vor. Denkbar sind sie noch am ehesten im Bereich des Vereins- und Gesellschaftsrechts, z.B. könnte die Satzung die Zuständigkeit eines Schiedsgerichts für die Berufung eines Notvorstands nach § 29 BGB oder die Ermächtigung nach § 37 Abs. 2 BGB bestimmen. 49

Anhang zu § 1

A. Auszug aus dem EGGVG

§ 2 EGGVG [Anwendungsbereich]

Die Vorschriften des GVG finden auf die ordentliche Gerichtsbarkeit und deren Ausübung Anwendung.

B. Auszug aus dem GVG

§ 12 GVG [Gerichte der ordentlichen Gerichtsbarkeit]

Die ordentliche Gerichtsbarkeit wird durch Amtsgerichte, Landgerichte, Oberlandesgerichte und durch den Bundesgerichtshof (den obersten Gerichtshof des Bundes für das Gebiet der ordentlichen Gerichtsbarkeit) ausgeübt.

§ 13 GVG [Zuständigkeit der ordentlichen Gerichte]

Vor die ordentlichen Gerichte gehören die bürgerlichen Rechtsstreitigkeiten, die Familiensachen und die Angelegenheiten der freiwilligen Gerichtsbarkeit (Zivilsachen) sowie die Strafsachen, für die nicht entweder die Zuständigkeit von Verwaltungsbehörden oder Verwaltungsgerichten begründet ist oder auf Grund von Vorschriften des Bundesrechts besondere Gerichte bestellt oder zugelassen sind.

§ 13a GVG [Konzentrationsermächtigung durch Landesrecht]

Durch Landesrecht können einem Gericht für die Bezirke mehrerer Gerichte Sachen aller Art ganz oder teilweise zugewiesen sowie auswärtige Spruchkörper von Gerichten eingerichtet werden.

§ 17a GVG [Rechtsweg]

(1) Hat ein Gericht den zu ihm beschrittenen Rechtsweg rechtskräftig für zulässig erklärt, sind andere Gerichte an diese Entscheidung gebunden.
(2) [1]Ist der beschrittene Rechtsweg unzulässig, spricht das Gericht dies nach Anhörung der Parteien von Amts wegen aus und verweist den Rechtsstreit zugleich an das zuständige Gericht des zulässigen Rechtsweges. [2]Sind mehrere Gerichte zuständig, wird an das vom Kläger oder Antragsteller auszuwählende Gericht verwiesen oder, wenn die Wahl unterbleibt an das vom Gericht bestimmte. [3]Der Beschluß ist für das Gericht, an das der Rechtsstreit verwiesen worden ist, hinsichtlich des Rechtsweges bindend.

(3) ¹Ist der beschrittene Rechtsweg zulässig, kann das Gericht dies vorab aussprechen. ²Es hat vorab zu entscheiden, wenn eine Partei die Zulässigkeit des Rechtsweges rügt.
(4) ¹Der Beschluß nach den Absätzen 2 und 3 kann ohne mündliche Verhandlung ergehen. ²Er ist zu begründen. ³Gegen den Beschluß ist die sofortige Beschwerde nach den Vorschriften der jeweils anzuwendenden Verfahrensordnung gegeben. ⁴Den Beteiligten steht die Beschwerde gegen einen Beschluß des oberen Landesgerichts an den obersten Gerichtshof des Bundes nur zu, wenn sie in dem Beschluß zugelassen worden ist. ⁵Die Beschwerde ist zuzulassen, wenn die Rechtsfrage grundsätzliche Bedeutung hat oder wenn das Gericht von der Entscheidung eines obersten Gerichtshofes des Bundes oder des Gemeinsamen Senats der obersten Gerichtshöfe des Bundes abweicht. ⁶Der oberste Gerichtshof des Bundes ist an die Zulassung der Beschwerde gebunden.
(5) Das Gericht, das über ein Rechtsmittel gegen eine Entscheidung in der Hauptsache entscheidet, prüft nicht, ob der beschrittene Rechtsweg zulässig ist.
(6) Die Absätze 1 bis 5 gelten für die in bürgerlichen Rechtsstreitigkeiten, Familiensachen und Angelegenheiten der freiwilligen Gerichtsbarkeit zuständigen Spruchkörper in ihrem Verhältnis zueinander entsprechend.

§ 17b GVG [Anhängigkeit nach Verweisung]

(1) ¹Nach Eintritt der Rechtskraft des Verweisungsbeschlusses wird der Rechtsstreit mit Eingang der Akten bei dem im Beschluß bezeichneten Gericht anhängig. ²Die Wirkungen der Rechtshängigkeit bleiben bestehen.
(2) ¹Wird ein Rechtsstreit an ein anderes Gericht verwiesen, so werden die Kosten im Verfahren vor dem angegangenen Gericht als Teil der Kosten behandelt, die bei dem Gericht erwachsen, an das der Rechtsstreit verwiesen wurde. ²Dem Kläger sind die entstandenen Mehrkosten auch dann aufzuerlegen, wenn er in der Hauptsache obsiegt.
(3) Abs. 2 Satz 2 gilt nicht im Familiensachen und in Angelegenheiten der freiwilligen Gerichtsbarkeit.

§ 23a GVG [Zuständigkeit in Familiensachen und Angelegenheiten der freiwilligen Gerichtsbarkeit]

(1) ¹Die Amtsgerichte sind ferner zuständig für
1. Familiensachen;
2. Angelegenheiten der freiwilligen Gerichtsbarkeit, soweit nicht durch gesetzliche Vorschriften eine anderweitige Zuständigkeit begründet ist. ²Die Zuständigkeit nach Satz 1 Nummer 1 ist eine ausschließliche.
(2) Angelegenheiten der freiwilligen Gerichtsbarkeit sind
1. Betreuungssachen, Unterbringungssachen sowie betreuungsgerichtliche Zuweisungssachen,
2. Nachlass- und Teilungssachen,
3. Registersachen,
4. unternehmensrechtliche Verfahren nach § 375 des Gesetzes über das Verfahren in Familiensachen und in den Angelegenheiten der freiwilligen Gerichtsbarkeit,
5. die weiteren Angelegenheiten der freiwilligen Gerichtsbarkeit nach § 410 des Gesetzes über das Verfahren in Familiensachen und in den Angelegenheiten der freiwilligen Gerichtsbarkeit,
6. Verfahren in Freiheitsentziehungssachen nach § 415 des Gesetzes über das Verfahren in Familiensachen und in den Angelegenheiten der freiwilligen Gerichtsbarkeit,
7. Aufgebotsverfahren,
8. Grundbuchsachen,
9. Verfahren nach § 1 Nr. 1 und 2 bis 6 des Gesetzes über das gerichtliche Verfahren in Landwirtschaftssachen,
10. Schiffsregistersachen sowie
11. sonstige Angelegenheiten der freiwilligen Gerichtsbarkeit, soweit sie durch Bundesgesetz den Gerichten zugewiesen sind.
(3) Abweichend von Absatz 1 Satz 1 Nummer 2 sind für die den Amtsgerichten obliegenden Verrichtungen in Teilungssachen im Sinne von § 342 Absatz 2 Nummer 1 des Gesetzes über das Verfahren in Familiensachen und in den Angelegenheiten der freiwilligen Gerichtsbarkeit anstelle der Amtsgerichte die Notare zuständig.

§ 23b GVG [Familiengerichte]

(1) Bei den Amtsgerichten werden Abteilungen für Familiensachen (Familiengerichte) gebildet.
(2) ¹Werden mehrere Abteilungen für Familiensachen gebildet, so sollen alle Familiensachen, die denselben Personenkreis betreffen, derselben Abteilung zugewiesen werden. ²Wird eine Ehesache rechtshängig, während eine andere Familiensache, die denselben Personenkreis oder ein gemeinschaftliches Kind der Ehegatten betrifft, bei einer anderen Abteilung im ersten Rechtszug anhängig ist, ist diese von Amts wegen an die Abteilung der Ehe-

sache abzugeben. ³Wird bei einer Abteilung ein Antrag in einem Verfahren nach den §§ 10–12 des Internationalen Familienrechtsverfahrensgesetzes vom 26. Januar 2005 (BGBl. I S 162) anhängig, während eine Familiensache, die dasselbe Kind betrifft, bei einer anderen Abteilung im ersten Rechtszug anhängig ist, ist diese von Amts wegen an die erstgenannte Abteilung abzugeben; dies gilt nicht, wenn der Antrag offensichtlich unzulässig ist. ⁴Auf übereinstimmenden Antrag beider Elternteile sind die Regelungen des Satzes 3 auch auf andere Familiensachen anzuwenden, an denen diese beteiligt sind.
(3) Die Abteilungen für Familiensachen werden mit Familienrichtern besetzt. Ein Richter auf Probe darf im ersten Jahr nach seiner Ernennung Geschäfte des Familienrichters nicht wahrnehmen.

§ 23c GVG [Betreuungsgerichte]

(1) Bei den Amtsgerichten werden Abteilungen für Betreuungssachen, Unterbringungssachen und betreuungsgerichtliche Zuweisungssachen (Betreuungsgerichte) gebildet.
(2) ¹Die Betreuungsgerichte werden mit Betreuungsrichtern besetzt. ²Ein Richter auf Probe darf im ersten Jahr nach seiner Ernennung Geschäfte des Betreuungsrichters nicht wahrnehmen.

§ 23d GVG [Konzentration der Zuständigkeit]

¹Die Landesregierungen werden ermächtigt, durch Rechtsverordnung einem Amtsgericht für die Bezirke mehrerer Amtsgerichte die Familiensachen sowie ganz oder teilweise die Handelssachen und die Angelegenheiten der freiwilligen Gerichtsbarkeit zuzuweisen, sofern die Zusammenfassung der sachlichen Förderung der Verfahren dient oder zur Sicherung einer einheitlichen Rechtsprechung geboten erscheint. ²Die Landesregierungen können die Ermächtigungen auf die Landesjustizverwaltungen übertragen.

§ 71 GVG [Zuständigkeit der Zivilkammern]

(1) Vor die Zivilkammern, einschließlich der Kammern für Handelssachen, gehören alle bürgerlichen Rechtsstreitigkeiten, die nicht den Amtsgerichten zugewiesen sind.
(2) Die Landgerichte sind ohne Rücksicht auf den Wert des Streitgegenstandes ausschließlich zuständig
1. für die Ansprüche, die auf Grund der Beamtengesetze gegen den Fiskus erhoben werden;
2. für die Ansprüche gegen Richter und Beamte wegen Überschreitung ihrer amtlichen Befugnisse oder wegen pflichtwidriger Unterlassung von Amtshandlungen;
3. für Ansprüche, die auf eine falsche, irreführende oder unterlassene öffentliche Kapitalmarktinformation, auf die Verwendung einer falschen oder irreführenden öffentlichen Kapitalmarktinformation oder auf die Unterlassung der gebotenen Aufklärung darüber, dass eine öffentliche Kapitalmarktinformation falsch oder irreführend ist, gestützt werden;
4. für Verfahren nach
   a) (weggefallen)
   b) den §§ 98, 99, 132, 142, 145, 258, 260, 293c und 315 des Aktiengesetzes,
   c) § 26 des SE-Ausführungsgesetzes,
   d) § 10 des Umwandlungsgesetzes,
   e) dem Spruchverfahrensgesetz,
   f) den §§ 39a und 39b des Wertpapiererwerbs- und Übernahmegesetzes.
(3) Der Landesgesetzgebung bleibt überlassen, Ansprüche gegen den Staat oder eine Körperschaft des öffentlichen Rechts wegen Verfügungen der Verwaltungsbehörden sowie Ansprüche wegen öffentlicher Abgaben ohne Rücksicht auf den Wert des Streitgegenstandes den Landgerichten ausschließlich zuzuweisen.
(4) ¹Die Landesregierungen werden ermächtigt, durch Rechtsverordnung die Entscheidungen in Verfahren nach Absatz 2 Nr. 4 Buchstabe a bis e einem Landgericht für die Bezirke mehrerer Landgerichte zu übertragen, wenn dies der Sicherung einer einheitlichen Rechtsprechung dient. ²Sie können die Ermächtigung auf die Landesjustizverwaltungen übertragen.

§ 72 GVG [Zuständigkeit der Zivilkammern in 2. Instanz]

(1) ¹Die Zivilkammern, einschließlich der Kammern für Handelssachen, sind die Berufungs- und Beschwerdegerichte in den vor den Amtsgerichten verhandelten bürgerlichen Rechtsstreitigkeiten, soweit nicht die Zuständigkeit der Oberlandesgerichte begründet ist. ²Die Landgerichte sind ferner die Beschwerdegerichte in Freiheitsentziehungssachen und in den von den Betreuungsgerichten entschiedenen Sachen.
(2) ¹In Streitigkeiten nach § 43 Nr. 1 bis 4 und 6 des Wohnungseigentumsgesetzes ist das für den Sitz des Oberlandesgerichts zuständige Landgericht gemeinsames Berufungs- und Beschwerdegericht für den Bezirk des Ober-

landesgerichts, in dem das Amtsgericht seinen Sitz hat. ²*Die Landesregierungen werden ermächtigt, durch Rechtsverordnung anstelle dieses Gerichts ein anderes Landgericht im Bezirk des Oberlandesgerichts zu bestimmen.* ³*Sie können die Ermächtigung auf die Landesjustizverwaltungen übertragen.*

§ 119 GVG [Zuständigkeit der Oberlandesgerichte]
(1) Die Oberlandesgerichte sind in Zivilsachen zuständig für die Verhandlung und Entscheidung über die Rechtsmittel:
1. *der Beschwerde gegen Entscheidungen der Amtsgerichte*
   a) *in den von den Familiengerichten entschiedenen Sachen;*
   b) *in den Angelegenheiten der freiwilligen Gerichtsbarkeit mit Ausnahme der Freiheitsentziehungssachen und der von den Betreuungsgerichten entschiedenen Sachen;*
2. *der Berufung und der Beschwerde gegen Entscheidungen der Landgerichte.*

(2) § 23b Abs. 1 und 2 gilt entsprechend.

§ 133 GVG [Zuständigkeit des Bundesgerichtshofes]
In Zivilsachen ist der Bundesgerichtshof zuständig für die Verhandlung und Entscheidung über die Rechtsmittel der Revision, der Sprungrevision, der Rechtsbeschwerde und der Sprungrechtsbeschwerde.

§ 2 Örtliche Zuständigkeit.
(1) Unter mehreren örtlich zuständigen Gerichten ist das Gericht zuständig, das zuerst mit der Angelegenheit befasst ist.
(2) Die örtliche Zuständigkeit eines Gerichts bleibt bei Veränderung der sie begründenden Umstände erhalten.
(3) Gerichtliche Handlungen sind nicht deswegen unwirksam, weil sie von einem örtlich unzuständigen Gericht vorgenommen worden sind.

Übersicht

	Rdn.		Rdn.
A. Allgemeines	1	II. Voraussetzungen	9
B. Örtliche Zuständigkeit mehrerer Gerichte, Abs. 1	2	1. Gerichtliche Handlungen	9
		2. Örtliche Unzuständigkeit	13
I. Zweck der Norm	2	3. Gericht	14
II. Voraussetzungen	3	E. Funktionelle Unzuständigkeit im Verhältnis zwischen Richter, Rechtspfleger und Urkundsbeamten der Geschäftsstelle	15
1. Konkurrierende örtliche Zuständigkeit	3		
2. Angelegenheit	4	I. Handlungen des Richters	15
3. Befasstsein	5	II. Wirksame Handlungen des Rechtspflegers	16
III. Rechtsfolge	6	III. Unwirksame Handlungen des Rechtspflegers	17
C. Grundsatz der perpetuatio fori, Abs. 2	7		
D. Handlungen eines örtlich unzuständigen Gerichts, Abs. 3	8	IV. Urkundsbeamter der Geschäftsstelle	18
I. Allgemeines	8		

1 **A. Allgemeines.** Die Vorschrift beschränkt sich auf die Regelung einiger allgemeiner Bestimmungen über die örtliche Zuständigkeit. Die gerichtliche Eingangszuständigkeit richtet sich grds. nach den besonderen Bestimmungen, die für die einzelnen Angelegenheiten der Familien- oder freiwilligen Gerichtsbarkeit gelten, also vor allem nach §§ 122, 152, 170, 187, 201, 211, 218, 232, 262, 267, 272, 313, 341, 343, 344, 377, 411, 416, 466. Nach § 113 ist § 2 in Ehesachen und Familienstreitsachen nicht anzuwenden. Stattdessen gilt die ZPO. § 2 Abs. 1 findet nicht im Registerrecht und im Wesentlichen auch nicht in unternehmensrechtlichen Verfahren Anwendung (näher § 377 Rdn. 50–53).

2 **B. Örtliche Zuständigkeit mehrerer Gerichte, Abs. 1. I. Zweck der Norm.** Die Vorschrift regelt die sog. **Vorgriffszuständigkeit** und vermeidet i.S.d. im öffentlichen und im Beteiligteninteresse liegenden Verfahrensökonomie, dass Angelegenheiten durch die Gerichte doppelt behandelt und womöglich widersprechend entschieden werden. Im Sinne eines eindeutigen Prioritätsprinzips knüpft die Norm daran an, welches Gericht zuerst mit der Angelegenheit befasst ist.

II. Voraussetzungen. 1. Konkurrierende örtliche Zuständigkeit. Die Norm setzt in Abs. 1 die örtliche 3
Zuständigkeit mindestens zweier Gerichte voraus. Fehlt es an der örtlichen Zuständigkeit des mit der Sache
befassten Gerichts, hat es diese nach Maßgabe des § 3 an das zuständige Gericht zu verweisen. Die örtliche
Zuständigkeit mehrerer Gerichte kann sich etwa in folgenden Fällen ergeben: Soweit die örtliche Zuständigkeit an den gewöhnlichen Aufenthalt anknüpft (z.B. § 122), kann in besonderen Fällen auch an mehreren Orten gleichzeitig ein gewöhnlicher Aufenthalt bestehen (KG NJW 88, 650; a.A. Palandt/*Thorn* Art. 5
EGBGB Rn. 10); es können mehrere Wohnsitze bestehen, wenn die örtliche Zuständigkeit dem Wohnsitz
folgt (§ 466 Abs. 1 Satz 2 mit § 13 ZPO); Nachlassgegenstände mögen in mehreren Gerichtsbezirken liegen
(§ 343 Abs. 3); bei Anknüpfung an das Fürsorgebedürfnis (§ 272 Abs. 1 Nr. 3) oder das Unterbringungsbedürfnis (§ 313 Abs. 1 Nr. 3) kann dieses an mehreren Orten hervortreten (München FamRZ 2011, 399);
bei der sich nach dem Gesellschaftssitz bestimmenden örtlichen Zuständigkeit des Registergerichts (§ 377
Abs. 1) ist ausnahmsweise ein Doppelsitz möglich; es können in Gewaltschutzsachen mehrere Tatorte bestehen (§ 211 Nr. 1), nämlich Handlungs-, Eingriffs- und Erfolgsort.

2. Angelegenheit. Eine Angelegenheit ist eine Sache, die Gegenstand eines einheitlichen und selbständi- 4
gen Verfahrens sein kann (OLG Frankfurt NJW-RR 1998, 367). Die Einzelfälle sind unter Berücksichtigung
des Zwecks der Norm (Verfahrensökonomie und Vermeidung widersprechender Entscheidungen) zu
beurteilen. **Einheitliche** Angelegenheiten sind etwa Vormundschaft, Betreuung und Erbscheinsverfahren
(einschließlich Einziehung des Erbscheins); die auf Nachlassauseinandersetzung gerichteten Gegenstände
(Nachlasspflegschaft, Nachlassverwaltung, Vermittlung der Nachlassteilung; Jansen/*Müther* § 4 Rn. 6); Entscheidung über die Unterbringung und später über deren Fortdauer (OLG Zweibrücken FGPrax 2001,
212). **Verschiedene** Angelegenheiten sind: Sorgeentscheidung nach § 1671 BGB und Änderungsentscheidung nach § 1696 BGB, ebenso im Überprüfungs- und Abänderungsverfahren bei Pflegschaft (BayObLG
FamRZ 2001, 775); einzelne, voneinander unabhängige Verrichtungen des Nachlassgerichts (wie Testamentseröffnung, Nachlasspflegschaft, Entgegennahme einer Ausschlagungserklärung, Erbscheinsverfahren;
Jansen/*Müther* § 4 Rn. 6) oder des Betreuungs- oder Familiengerichts (z.B. mehrere Genehmigungen nach
§§ 1821 ff. BGB).

3. Befasstsein. Abs. 1 stellt nicht darauf ab, welches Gericht zuerst tätig geworden ist, sondern welches mit 5
der Angelegenheit zuerst befasst war. Das Gericht wird zu dem Zeitpunkt mit der Angelegenheit befasst,
wenn es amtlich von Tatsachen Kenntnis erlangt, die Anlass zu gerichtlichen Maßnahmen geben oder wenn
im Antragsverfahren ein Antrag bei ihm mit dem Ziel dortiger Erledigung eingeht (Hamm FamFR 2011,
209; Hamm FamRZ 2006, 1460). Bei der Unterbringung psychisch Kranker ist das für den Ort der Gefah-
rensituation zuständige Gericht nicht mit der Sache befasst, wenn das Gericht den Betroffenen nicht anhören und deshalb nicht entscheiden kann, weil der Betroffene sich auf dem Transport in eine auswärtige Unterbringungseinrichtung befindet oder dort schon untergebracht ist. In diesem Fall ist das örtlich für die
Unterbringungseinrichtung zuständige Gericht zur Entscheidung berufen, da es um eine dem Beginn der
Unterbringung nachfolgende Entscheidung geht (OLG Schleswig SchlHA 2012, 391).

III. Rechtsfolge. Wenn ein örtlich zuständiges Gericht mit der Angelegenheit befasst wird, schließt es da- 6
mit die örtliche Zuständigkeit anderer Gerichte aus, die ggf. vorhandene Vorgänge an das zuständige Gericht abzugeben haben. Die Vorgriffszuständigkeit lässt die Befugnis zur Abgabe der Sache (§§ 4, 273, 314)
unberührt. Das örtlich zuständige Gericht kann die Entscheidungen des anderen Gerichts nach Maßgabe
des § 48 ändern. Die Handlungen eines örtlich unzuständigen Gerichts bleiben nach Abs. 3 wirksam. Die
Vorgriffszuständigkeit kann nicht durch Vereinbarung der Beteiligten ausgeschlossen werden (Keidel/*Sternal* Rn. 18), da sie auf verfahrensökonomischen Gründen beruht.

C. Grundsatz der perpetuatio fori, Abs. 2. Die einmal begründete örtliche Zuständigkeit wird durch die 7
Änderung der sie begründenden Umstände nicht berührt (z.B. Änderung des Orts des gewöhnlichen Aufenthalts, des Wohnsitzes, des Orts des Fürsorgebedürfnisses). Die Norm entspricht § 261 Abs. 3 Nr. 2 ZPO
und vermeidet den Aufwand, der durch eine Veränderung der Zuständigkeit bei jeder Veränderung eines
die örtliche Zuständigkeit begründenden Umstands entstünde. Die örtliche Zuständigkeit bleibt auch erhalten, wenn sie durch gerichtliche Bestimmung (§ 5) oder Abgabe begründet wurde. Die einmal begründete örtliche Zuständigkeit besteht auch fort, wenn das Verfahren über den Versorgungsausgleich wiederaufgenommen wird (OLG Bremen FamRZ 2011, 1808; OLG Thüringen FamRZ 2011, 1677; Brandenburg
FamFR 2011, 12). Ebenso bleibt es bei der örtlichen Zuständigkeit, wenn das zunächst zur Umgangsrege-

lung angerufene Gericht nun über die Verlängerung einer befristeten Umgangsregelung entscheiden muss (OLG Zweibrücken FamRZ 2015, 520). Die Möglichkeit der Abgabe (§§ 4, 273, 314) bleibt durch Abs. 2 unberührt. Der Grundsatz der perpetuatio fori gilt nicht umgekehrt, sodass ein unzuständiges Gericht zuständig werden kann, z.B. indem der Ort des gewöhnlichen Aufenthalts in seinen Bezirk genommen wird. Setzt sich ein Gericht über den Grundsatz der perpetuatio fori aus Abs. 2 hinweg, ist der Verweisungsbeschluss für das als zuständig bezeichnete Gericht wegen offensichtlicher Gesetzwidrigkeit und Willkür nicht bindend (OLG Hamm NJW-Spezial 2012, 454 = FamRZ 2012, 1317 [nur LS]).

8 **D. Handlungen eines örtlich unzuständigen Gerichts, Abs. 3. I. Allgemeines.** Die Norm bestimmt, dass die Wirksamkeit gerichtlicher Handlungen nicht an der örtlichen Unzuständigkeit scheitert, und sorgt damit für Vertrauensschutz und Rechtssicherheit. Die Vorschrift trifft keine Aussage zu sonstigen Mängeln gerichtlicher Handlungen und zu deren Rechtsfolgen. Diese folgen den allgemeinen Regeln. Die Wirksamkeit der gerichtlichen Handlung hindert nicht die Anfechtung durch Beschwerde nach §§ 58 ff., bei Aufhebung der Entscheidung endet deren Wirksamkeit. Allerdings kann die Beschwerde nicht auf die örtliche Unzuständigkeit gestützt werden, § 65 Abs. 4. Trotz § 2 Abs. 3 soll ein von einem örtlich unzuständigen Nachlassgericht erlassener Erbschein wegen örtlicher Unzuständigkeit einzuziehen sein, auch wenn er inhaltlich richtig ist (OLG Frankfurt FamRZ 2014, 331 = ZEV 2013, 563 Rn. 22 m.w.N.). Zu Recht wird das mittlerweile bezweifelt, da es nicht einsichtig ist, dass die Überprüfung der gerichtlichen Zuständigkeit dem Beschwerdeverfahren einerseits nach §§ 2 Abs. 3, 65 Abs. 4 entzogen ist, andererseits aber die Einziehung des inhaltlich richtigen Erbscheins oder eines inhaltlich zutreffenden Testamentsvollstreckerzeugnisses mit weitreichenden Folgen lediglich aufgrund örtlicher Unzuständigkeit zulässig sein soll (OLG Köln FamRZ 2015, 1651 = FGPrax 2015, 129).

9 **II. Voraussetzungen. 1. Gerichtliche Handlungen.** Eine gerichtliche Handlung ist die Erledigung einer **amtlichen Aufgabe** (Bassenge/Roth/*Gottwald* Rn. 8; Keidel/*Sternal* Rn. 32) im Verfahren in Familiensachen oder in Angelegenheiten der freiwilligen Gerichtsbarkeit (§ 1), also nur **positives Tun**, nicht ein bloßes Unterlassen. Dazu gehören verfahrensrechtliche Willenserklärungen des Gerichts wie Beschlüsse und verfahrensleitende Anordnungen, aber auch die Registereintragung als tatsächliche Handlung (Jansen/*Müther* § 7 Rn. 4; Keidel/*Sternal* Rn. 32).

10 Abs. 3 gilt schon seinem Wortlaut nach nicht für Handlungen, die ggü. einem örtlich unzuständigen Gericht vorgenommen werden. Fraglich ist aber, ob unter gerichtlichen Handlungen auch die bloße **Entgegennahme von Erklärungen**, wie etwa einer Erbausschlagung gem. § 1945 BGB, fällt. Mit der zu § 7 FGG vertretenen herrschenden Meinung ist die Norm in diesen Fällen analog anzuwenden, da das Vertrauen der Beteiligten in die Zuständigkeit des entgegennehmenden Gerichts grundsätzlich Schutz verdient (Jansen/*Müther* § 7 Rn. 6; Keidel/*Sternal* Rn. 33), wobei aber je nach Fallgestaltung differenziert werden muss:

11 Erkennt das Gericht seine Unzuständigkeit und weist es die Erklärung zurück, ist der Rechtsuchende nicht schutzbedürftig und die Erklärung nicht wirksam. Allerdings haben die Gerichte gem. § 25 Anträge und Erklärungen zur Niederschrift der Geschäftsstelle aufzunehmen und die Niederschrift nach § 25 Abs. 3 an das Gericht zu übermitteln, an das sich der Antrag oder die Erklärung richtet. Die Erklärung wird in diesem Fall erst mit Eingang bei dem zuständigen Gericht wirksam, da das Gericht hier nicht den Eindruck erweckt hat, es handle als zuständiges Gericht – Vertrauensschutz scheidet daher aus (*Brehm* Rn. 135; Jansen/*Müther* § 7 Rn. 7; Keidel/*Sternal* Rn. 33). Wird dagegen ein örtlich unzuständiges Gericht zur Entscheidung (z.B. durch Stellen eines Scheidungsantrags) angerufen, gilt § 3; eine Frist wird dann durch Anrufung des unzuständigen Gerichts gewahrt (BGH NJW 1998, 3648).

12 Nimmt das Gericht eine Erklärung entgegen, erkennt es seine Unzuständigkeit und bleibt gleichwohl untätig, dann verdient der Rechtsuchende Vertrauensschutz, sodass die Erklärung wirksam ist (Keidel/*Sternal* Rn. 33; Bassenge/Roth/*Gottwald* Rn. 8). Übersieht das Gericht seine örtliche Unzuständigkeit, ist die entgegengenommene Erklärung wirksam, da das Vertrauen des Beteiligten Schutz verdient (BGH NJW 1962, 491 = BGHZ 36, 197; Keidel/*Sternal* Rn. 33; Bumiller/Harders/Schwamb Rn. 16). Letzteres gilt auch für Gestaltungserklärungen im Erbrecht wie Testamentsanfechtungen oder Ausschlagungen, wenn das entgegennehmende Gericht die Erklärung mitteilt (BGH FamRZ 1977, 786; BayObLG NJW-RR 1994, 924 = FamRZ 1994, 1354; Keidel/*Sternal* Rn. 33). Wird ein an sich örtlich unzuständiges Gericht vom örtlich zuständigen Gericht ersucht, eine Erklärung entgegenzunehmen, ist die entsprechende Erklärung wirksam (Bumiller/Harders/Schwamb Rn. 16; Keidel/*Sternal* Rn. 33).

2. Örtliche Unzuständigkeit. Die Norm setzt ihrem Wortlaut nach örtliche Unzuständigkeit voraus. Sie **13** gilt aber entsprechend auch bei fehlender sachlicher (LG erlässt Erbschein) oder internationaler Zuständigkeit (MünchKommZPO/*Pabst* § 2 Rn. 57–61; Prütting/Helms/*Prütting* Rn. 39) für Verstöße gegen die funktionelle Zuständigkeit (Betreuungsgericht handelt anstatt des Familien- oder Nachlassgerichts) sowie gegen die gesetzliche Geschäftsverteilung (MünchKommZPO/*Pabst* § 2 Rn. 62 ff.) und bei Rechtswegunzulässigkeit, da die §§ 17 ff. GVG dem nicht entgegenstehen, sondern die Wirksamkeit der Entscheidung des an sich unzuständigen Gerichts gerade voraussetzen (a.A. MünchKommZPO/*Pabst* § 2 Rn. 51 ff.; Keidel/*Sternal* Rn. 30d).

3. Gericht. Die Norm erfasst gerichtliche Handlungen des Richterkollegiums, des Richters oder Rechtspfle- **14** gers. Für Urkundsbeamten der Geschäftsstelle gelten eigene Regeln in § 12c Abs. 3 GBO, ansonsten gilt die Regel auch, wenn der örtlich unzuständige Urkundsbeamte der Geschäftsstelle tätig wird.

E. Funktionelle Unzuständigkeit im Verhältnis zwischen Richter, Rechtspfleger und Urkundsbeamten **15**
der Geschäftsstelle. I. Handlungen des Richters. Nimmt der Richter ein dem Rechtspfleger (z.B. nach § 3 Nr. 1 RPflG voll) übertragenes Geschäft vor, so ist das Geschäft **wirksam** (§ 8 Abs. 1 RPflG). Die Handlungen des Rechtspflegers sind nämlich im Grunde nur ein Ausschnitt aus der genuin richterlichen Tätigkeit (vgl. Jansen/Müther § 7 Rn. 21). Zudem ist das Handeln des höher stehenden im Bereich des untergeordneten Rechtspflegerorgans grds. unschädlich.

II. Wirksame Handlungen des Rechtspflegers. Hat der Rechtspfleger ein Geschäft wahrgenommen, das **16** ihm der Richter nach dem RPflG übertragen kann, dann ist das Geschäft nicht deshalb unwirksam, weil die Übertragung unterblieb oder die Voraussetzungen für die Übertragung im Einzelfall nicht gegeben waren (§ 8 Abs. 2 RPflG). In Betracht kommt (soweit der Landesgesetzgeber von § 19 Abs. 1 Nr. 5 RPflG nicht Gebrauch gemacht hat) der Fall, dass der Rechtspfleger einen Erbschein erteilt hat, obwohl eine Verfügung von Todes wegen vorlag (§ 16 Abs. 1 Nr. 6 RPflG). Unterlässt der Rechtspfleger entgegen § 5 Abs. 1 RPflG eine Vorlage an den Richter (wegen der Notwendigkeit einer Vorlage nach Art. 100 GG oder einem engen Zusammenhang mit einem vom Richter wahrzunehmenden Geschäft), ist das Geschäft deshalb nicht unwirksam (§ 8 Abs. 3 RPflG), auch ein Verstoß gegen § 6 RPflG berührt die Wirksamkeit des Geschäfts nicht (KKW/*Zimmermann* § 7 Rn. 15).

III. Unwirksame Handlungen des Rechtspflegers. Nimmt der Rechtspfleger ein Geschäft des Richters **17** wahr, das ihm nach dem RPflG weder übertragen ist noch übertragen werden kann, so ist das Geschäft unwirksam (§ 8 Abs. 4 RPflG), z.B. wenn der Rechtspfleger das Rechtsmittel gegen seine Entscheidung selbst zurückweist (München Rpfleger 2001, 98), über die Erinnerung nach § 89 Abs. 3 InsO, § 20 Nr. 17 RPflG (BGH NJW-RR 2005, 1299), über eine Unterbringung entscheidet (BGH NJW 1992, 1634) oder einen Scheidungsbeschluss erlässt. Ein durch den Rechtspfleger im Bereich der Richterzuständigkeit vorgenommener Registereintrag ist angesichts der Publizitätswirkung des Registers wirksam, ebenso ein durch den Rechtspfleger zuständigkeitswidrig erlassener Erbschein – unbeschadet der Notwendigkeit seiner Einziehung (Jansen/*Müther* § 7 Rn. 22). Hat der Richter die Zuständigkeit des Rechtspflegers durch eine Entscheidung nach § 7 RPflG festgestellt, ist die daraufhin getroffene Rechtspflegerentscheidung wirksam (§ 8 Abs. 4 Satz 2 RPflG).

IV. Urkundsbeamter der Geschäftsstelle. Wenn der Rechtspfleger oder der Richter ein Geschäft des Ur- **18** kundsbeamten der Geschäftsstelle vorgenommen hat, lässt das die Wirksamkeit des Geschäfts unberührt. Dagegen sind die Geschäfte, die der Urkundsbeamte im Zuständigkeitsbereich des Richters oder Rechtspflegers vornimmt, unwirksam.

§ 3 Verweisung bei Unzuständigkeit.
(1) ¹Ist das angerufene Gericht örtlich oder sachlich unzuständig, hat es sich, sofern das zuständige Gericht bestimmt werden kann, durch Beschluss für unzuständig zu erklären und die Sache an das zuständige Gericht zu verweisen. ²Vor der Verweisung sind die Beteiligten anzuhören.
(2) ¹Sind mehrere Gerichte zuständig, ist die Sache an das vom Antragsteller gewählte Gericht zu verweisen. ²Unterbleibt die Wahl oder ist das Verfahren von Amts wegen eingeleitet worden, ist die Sache an das vom angerufenen Gericht bestimmte Gericht zu verweisen.
(3) ¹Der Beschluss ist nicht anfechtbar. ²Er ist für das als zuständig bezeichnete Gericht bindend.

(4) Die im Verfahren vor dem angerufenen Gericht entstehenden Kosten werden als Teil der Kosten behandelt, die bei dem im Beschluss bezeichneten Gericht anfallen.

Übersicht

	Rdn.		Rdn.
A. Allgemeines	1	D. Wirkungen	10
B. Voraussetzungen, Abs. 1 Satz 1	2	I. Bindungswirkung, Abs. 3 Satz 2	10
I. Befasstsein	2	1. Allgemeines	10
II. Unzuständigkeit; Anwendungsbereich	3	2. Umfang	11
III. Keine Antragsgebundenheit, Bestimmtheit	4	3. Ausnahmen	12
C. Verfahren	5	a) Willkür	13
I. Zuständigkeit mehrerer Gerichte, Abs. 2	5	b) Verletzung des rechtlichen Gehörs	14
II. Allgemeines	6	II. Einheit des Verfahrens	15
1. Anhörung, Abs. 1 Satz 2	6	III. Verfahren bei fehlender Bindungswirkung	16
2. Entscheidung durch Beschluss; Unanfechtbarkeit	8	E. Kosten, Abs. 4	17

1 A. Allgemeines. Die Vorschrift regelt das Verfahren für den Fall, dass die örtliche oder die sachliche Zuständigkeit fehlt. Zum Fehlen der Rechtswege- oder funktionellen Zuständigkeit s. § 1 Rdn. 29 ff. Die Norm schafft eine einheitliche Regelung, die sich regelungstechnisch an die Rechtswegverweisung des § 17a GVG anlehnt. Die Vorschrift dient der Verfahrenswirtschaftlichkeit, indem sie unnötige Kosten, überflüssigen Zeit- und Arbeitsaufwand vermeidet, da sie die Beendigung des laufenden und die Einleitung eines neuen Verfahrens erspart. In Ehe- und Familienstreitsachen bestimmt § 113 Abs. 1, dass § 3 nicht gilt, sondern die Vorschriften der ZPO Anwendung finden, sodass für die Verweisung bei Unzuständigkeit § 281 ZPO anzuwenden ist. Zur Anwendbarkeit des § 3 im Registerverfahren s. § 377 Rdn. 21.

2 B. Voraussetzungen, Abs. 1 Satz 1. I. Befasstsein. Die Verweisung setzt voraus, dass das Gericht mit der Sache befasst ist. Es muss also ein **Antrag** vorliegen oder das Gericht muss von Tatsachen Kenntnis erlangt haben, die Anlass zu einem Verfahren **von Amts wegen** geben (vgl. Abs. 2).

3 II. Unzuständigkeit; Anwendungsbereich. Das Gericht muss örtlich oder sachlich unzuständig sein. Internationale oder funktionelle Unzuständigkeit wird also nicht erfasst (s. zum Anwendungsbereich auch Rdn. 1). Bei funktioneller Unzuständigkeit erfolgt eine Abgabe, z.B. zwischen Familien-, Betreuungs- oder Nachlassgericht nach § 17a Abs. 6 GVG (s. § 1 Rdn. 38) oder zwischen Richter und Rechtspfleger. Das Gesetz enthält ferner spezielle Vorschriften über die Abgabe in §§ 4, 123, 153, 154, 202, 233, 263, 268, 273, 314. Bei partieller Unzuständigkeit und Teilbarkeit der Angelegenheit erfolgt eine Teilverweisung.

4 III. Keine Antragsgebundenheit, Bestimmtheit. Anders als § 281 Abs. 1 ZPO setzt die Norm keinen Verweisungsantrag voraus (OLG Frankfurt FamRZ 2014, 1479). Das Gericht nimmt die **Verweisung von Amts wegen** vor. In Antragsverfahren kann der Antragsteller die Verweisung aber durch Antragsrücknahme verhindern, z.B. indem er den Erbscheinsantrag oder den Antrag auf ein Testamentsvollstreckerzeugnis zurücknimmt. Voraussetzung ist weiter, dass ein zuständiges inländisches Gericht notfalls nach Beweiserhebung bestimmt werden kann. Fehlt es daran, ist der Antrag als unzulässig abzuweisen bzw. das Amtsverfahren zu beenden.

5 C. Verfahren. I. Zuständigkeit mehrerer Gerichte, Abs. 2. Mehrere Gerichte können z.B. zuständig sein, wenn die örtliche Zuständigkeit an den gewöhnlichen Aufenthalt anknüpft und ausnahmsweise mehrere Orte des gewöhnlichen Aufenthalts bestehen, aber auch wenn das Fürsorgebedürfnis an verschiedenen Orten hervortritt. In Antragsverfahren ist die Sache an das vom Antragsteller gewählte Gericht zu verweisen. Der Antragsteller ist in seiner Wahl frei und nicht an verfahrensökonomische Gesichtspunkte gebunden (Prütting/Helms/*Prütting* Rn. 17). Unterlässt der Antragsteller die Wahl des zuständigen Gerichts oder handelt es sich um ein Amtsverfahren, bestimmt das angerufene Gericht, an welches der zuständigen Gerichte es die Sache verweist. Die Entscheidung erfolgt nach pflichtgemäßem Ermessen. Dabei ist nach Zweckmäßigkeitsgesichtspunkten zu entscheiden. Ein maßgeblicher Gesichtspunkt ist, ob unter den mehreren zuständigen Gerichten eines eine engere Nähe zu dem Sachverhalt hat als die anderen Gerichte. An dieses wäre dann zu verweisen.

II. Allgemeines. 1. Anhörung, Abs. 1 Satz 2. Den Beteiligten (§ 7) ist vor der Verweisung **rechtliches Gehör** zu gewähren (Abs. 1 Satz 2). Es genügt die Gelegenheit zu schriftlicher Stellungnahme, ein Termin (§ 32) ist nicht erforderlich. Im Fall des Abs. 2 ist der Antragsteller auf sein Wahlrecht hinzuweisen, es sollte ihm eine Frist zu dessen Ausübung gesetzt werden. Soweit einstweilige Anordnungen bei gesteigerter Dringlichkeit vor Anhörung des Betroffenen ergehen können (§§ 301, 322), muss das auch für die Entscheidung nach § 3 Abs. 1 gelten (Brandenburg FamRZ 2011, 56; Bumiller/Harders/Schwamb Rn. 5). 6

Die Anhörungspflicht bedeutet nach Auffassung des RegE im Hinblick auf die Verfahrensökonomie nicht auch eine Verpflichtung des Gerichts, sämtliche Beteiligte zu ermitteln. Vor der Verweisung muss das Gericht nur diejenigen Beteiligten anhören, die ihm z.Zt. der Verweisung **namentlich bekannt** sind. Ob es fehlende Anschriften der z.Zt. der Verweisung bekannten Beteiligten selbst ermittelt, sei eine Frage der Verfahrensgestaltung im Einzelfall. Dem wird man angesichts des Zwecks der Vorschrift, der Verfahrenswirtschaftlichkeit zu dienen, mit der Maßgabe zustimmen können, dass das Gericht bei leicht zu ermittelnden Anschriften die bekannten Beteiligten anhören sollte, wenn das ohne wesentliche Nachteile für das Verfahren möglich ist. 7

2. Entscheidung durch Beschluss; Unanfechtbarkeit. Die **Entscheidung** erfolgt durch **Beschluss**, in dem sich das Gericht für unzuständig zu erklären, das zuständige Gericht genau zu bezeichnen und die Sache an dieses zu verweisen hat. Der Beschluss folgt den allgemeinen Regeln des § 38. Er bedarf daher grds. einer Begründung (§ 38 Abs. 3 Satz 1), die nur in bestimmten Fällen entbehrlich ist (§ 38 Abs. 4). Über die Kosten wird nicht entschieden (Abs. 4). Der Beschluss bedarf mangels Anfechtbarkeit (Rdn. 9) zwar keiner Rechtsbehelfsbelehrung (§ 39), gleichwohl sollte in Anlehnung an § 9 Abs. 5 Satz 2 ArbGG über die Unanfechtbarkeit belehrt werden. Der Beschluss wird mit der nach Maßgabe des § 15 zu bewirkenden Bekanntgabe (§ 41) wirksam (§ 40 Abs. 1) 8

Der Beschluss ist **nicht anfechtbar** (Abs. 3 Satz 1), auch wenn er sachlich zu Unrecht ergangen ist (BGH NJW 2002, 3634, 3635). Das gilt selbst dann, wenn der Beschluss das rechtliche Gehör verletzt oder bei offensichtlicher Willkür (KG FamRZ 2013, 648; Zöller/*Greger* § 281 Rn. 14; a.A. Bumiller/Harders/Schwamb Rn. 10), weil das Gesetz die Anfechtung aus Gründen der Verfahrenswirtschaftlichkeit gerade vermeiden will. Diese Fälle sind über das Fehlen der Bindungswirkung zu lösen, da das aufnehmende Gericht dann über die Zuständigkeit entscheiden kann (s. Rdn. 14) und sich für unzuständig zu erklären und eine Zuständigkeitsentscheidung des zuständigen Obergerichts einzuholen vermag (KG FamRZ 2013, 648). Ansonsten kommt das Abhilfeverfahren nach § 44 in Betracht (Prütting/Helms/*Prütting* Rn. 23) Die Ablehnung einer Verweisung ist unanfechtbar (BGH FamRZ 04, 869), die sachliche und örtliche Zuständigkeit wird im Verfahren über die Beschwerde gegen die Endentscheidung der ersten Instanz überprüft. Bei Entscheidungen des **Rechtspflegers** findet die fristgebundene Erinnerung statt, § 11 Abs. 2 RPflG. 9

D. Wirkungen. I. Bindungswirkung, Abs. 3 Satz 2. 1. Allgemeines. Der Beschluss ist bindend für das als zuständig bezeichnete Gericht, an das verwiesen wird, aber auch unwiderruflich für das verweisende Gericht. Diese Regelung bezweckt eine Entlastung der Beteiligten und der Justiz und verlangt daher grds. ein striktes Verständnis der Bindungswirkung. Problematisch ist allerdings, dass die Norm es dem verweisenden Gericht ermöglicht, die Sache zulasten des aufnehmenden Gerichts »abzuschieben« und die Sache damit u.U. dem gesetzlichen Richter (Art. 101 GG) zu entziehen (Musielak/Voit/*Foerste* § 281 Rn. 14), dieser Versuchung haben die Gerichte zu widerstehen. Die Bindungswirkung setzt voraus, dass das Gericht tatsächlich eine Entscheidung nach § 3 Abs. 1 getroffen, sich also auf diese Norm gestützt hat (OLG Brandenburg FamFR 2011, 12). Die Bindungswirkung **untersagt** eine **Weiter- oder Zurückverweisung**. Das gilt auch bei gesetzwidrigen Verweisungen (BAG NJW 1997, 1091; vgl. BGH NJW 2003, 2990 – zu § 17a GVG, KG MDR 2007, 174; Baumbach/Lauterbach/*Hartmann* § 281 Rn. 30). Ein Rückverweisungsbeschluss ist verfahrensrechtlich unzulässig und daher unbeachtlich (Düsseldorf FGPrax 2010, 213). Die Anhängigkeit bei dem Gericht, an das verwiesen wird, tritt mit dem Eingang der Akten bzw. dem Befasstwerden mit der Sache (Rdn. 2, § 2 Rdn. 5) ein (MünchKommZPO/*Papst* § 3 Rn. 17). 10

2. Umfang. Der Verweisungsbeschluss bindet nur soweit das verweisende Gericht über die Zuständigkeit entschieden hat (OLG Köln FamRZ 2015, 280; Keidel/*Sternal* Rn. 52). Der Verweisungsbeschluss bindet nicht nur hinsichtlich der Zuständigkeitsfrage, wegen der verwiesen worden ist, sondern auch hinsichtlich 11 sonstiger Zuständigkeitsfragen, soweit das verweisende Gericht die Zuständigkeit auch in dieser Hinsicht geprüft und bejaht hat (BGH FamRZ 1999, 501). Denn eine weitere Zuständigkeitsprüfung ist verfahrensökonomisch nicht gerechtfertigt, soweit die Zuständigkeitsfrage schon geprüft und entschieden wurde. Daher erstreckt sich die Bindungswirkung auch auf die funktionelle Zuständigkeit des Familiengerichts beim AG (OLG Köln FamRZ 2008, 283; Bumiller/Harders/Schwamb Rn. 7; a.A. PG/*Geisler* § 281 Rn. 48). Der Bindungsumfang hängt vom **Bindungswillen** des verweisenden Gerichts ab, also davon, inwieweit es über die Zuständigkeit des aufnehmenden Gerichts entscheiden wollte und dessen Zuständigkeit geprüft hat (BAG NJW 1997, 1090 f.). Soweit sich die Entscheidung nicht ausdrücklich mit bestimmten Zuständigkeitsfragen beschäftigt, ist durch Auslegung zu entscheiden, ob z.B. die Rechtswegezuständigkeit unausgesprochen bejaht wurde (vgl. BGH FamRZ 1999, 501). Sind weitere Zuständigkeitsfragen auch nicht implizit entschieden, dann bindet die Verweisung hinsichtlich der örtlichen Zuständigkeit nicht hinsichtlich der sachlichen (und umgekehrt) und auch nicht hinsichtlich der internationalen Zuständigkeit oder des Rechtsweges (sodass das aufnehmende Gericht nach § 17a Abs. 2 GVG weiter verweisen kann).

12 **3. Ausnahmen.** Nur ganz ausnahmsweise besteht aufgrund des Rechtsstaatsprinzips oder wegen Art. 103 Abs. 1 GG keine Bindungswirkung, wenn die Verweisung jeder gesetzlichen Grundlage entbehrt, deshalb als **willkürlich** anzusehen oder unter **Verletzung des rechtlichen Gehörs** ergangen ist, die bloße inhaltliche Unrichtigkeit oder Fehlerhaftigkeit sowie Verfahrensmängel genügen aber nicht (BGH NJW 2006, 847, 848; 2003, 3201; 2002, 3634, 3625; FamRZ 1999, 501; OLG Schleswig FamRZ 2016, 321; OLG Köln FamRZ 2015, 280; KG ZEV 2014, 163; KG FamRZ 2014, 787; OLG Hamm FamRZ 2011, 658; FamRZ 2011, 1414; OLG Düsseldorf FGPrax 2010, 213; OLG Frankfurt FamRZ 2010, 916; Prütting/Helms/*Prütting* Rn. 26 f.; Keidel/*Sternal* Rn. 53 ff.).

13 **a) Willkür.** Die Verweisung ist **willkürlich**, wenn sie bei verständiger Würdigung der das Grundgesetz beherrschenden Gedanken nicht mehr verständlich erscheint und offensichtlich unhaltbar ist (OLG Schlewig FamRZ 2016, 321; OLG Frankfurt FamRZ 2010, 916); dafür genügt noch nicht das bloße Abweichen von der herrschenden Meinung (BGH NJW 2003, 3201, 3202; Düsseldorf FGPrax 2010, 213), wenn es vertretbar ist (OLG Brandenburg NJW 2006, 3444, 3445), dabei muss das Gericht in der Entscheidung auch nicht sämtliche Stimmen aus Rechtsprechung und Literatur zu der jeweiligen Frage erkennen oder erwähnen (Baumbach/Lauterbach/*Hartmann* § 281 Rn. 40). Willkür liegt vor, wenn das Gericht eine bereits vor längerer Zeit vorgenommene Gesetzesänderung, mit der gerade solche Verweisungen unterbunden werden sollen, nicht zur Kenntnis nimmt oder sich darüber hinwegsetzt (BGH NJW 2002, 3634); wenn die Verweisung nur bei Abweichen von der herrschenden Meinung möglich ist, mangels Begründung der Entscheidung aber nicht zu entnehmen ist, dass ein Abwägungsprozess stattgefunden und sich das Gericht bewusst für eine Minderansicht entschieden hat (OLG Schleswig NJW 2006, 3360); wenn der Verweisungsbeschluss jeder gesetzlichen Grundlage entbehrt, weil das Gericht die einschlägige Zuständigkeitsnorm überhaupt nicht würdigt und den Sachverhalt auch nicht weiter aufklärt (BGH NJW 2006, 847); wenn es eine offenkundige, die eigene Zuständigkeit begründende Norm nicht erörtert (OLG Brandenburg FamFR 2011, 12); wenn das Gericht in offensichtlichem, grobem Rechtsirrtum schlechthin abwegig entscheidet (BGH NJW-RR 1992, 383). Ob die fehlerhafte Zuordnung des zuständigkeitsbegründenden Ortes zum Bezirk des aufnehmenden Gerichts die Bindungswirkung entfallen lässt (OLG Hamm FamRZ 2011, 1414; BAG NJW 1997, 1091) oder berichtigt werden kann (so implizit BGH FamRZ 1997, 173), ist zweifelhaft, aber zweckmäßigerweise in letzterem Sinne zu entscheiden, damit das Gericht den Fehler beseitigt, das ihn gemacht hat.

14 **b) Verletzung des rechtlichen Gehörs.** Die Verweisung entfaltet keine Bindungswirkung, wenn das rechtliche Gehör verletzt wurde (OLG Karlsruhe FamRZ 2014, 230; OLG Brandenburg NJW 2006, 3444, 3445; BGH NJW 2002, 3634, 3635), wenn also Abs. 1 Satz 2 missachtet wurde. In Betracht kommt auch, dass den Beteiligten nicht ausreichend Gelegenheit zur Wahl des Gerichts nach Abs. 2 gegeben wird. Die Bindungswirkung entfällt auch, wenn die Verletzung des rechtlichen Gehörs nicht ursächlich für die Verweisung war (BayObLG MDR 1980, 583).

15 **II. Einheit des Verfahrens.** Das Verfahren vor dem verweisenden und dem aufnehmenden Gericht bilden eine Einheit. Anträge und Tatsachenvorbringen der Beteiligten bleiben wirksam und sind von dem aufnehmenden Gericht zu beachten, auch die Entscheidungen des verweisenden Gerichts bleiben wirksam.

III. Verfahren bei fehlender Bindungswirkung. Fehlt die Bindungswirkung, kann das aufnehmende Gericht hinsichtlich der Zuständigkeit entscheiden. Daher bedarf es auch keiner Anfechtungsmöglichkeit (s. Rdn. 9). Ist das aufnehmende Gericht zuständig, behandelt es die Sache. War das verweisende Gericht zuständig, verweist das aufnehmende Gericht die Sache an das Verweisungsgericht zurück, bei Zuständigkeit eines dritten Gerichts verweist das aufnehmende Gericht an dieses. Der Verweisungsbeschluss des aufnehmenden Gerichts ist seinerseits nach Abs. 3 bindend. 16

E. Kosten, Abs. 4. Nach Abs. 4 enthält der Verweisungsbeschluss grds. **keine Kostenentscheidung**. Die vor dem verweisenden Gericht entstandenen Kosten werden als Teil der Kosten behandelt, die vor dem aufnehmenden Gericht anfallen. Die Verfahrensabschnitte vor dem verweisenden und dem aufnehmenden Gericht bilden **kostenrechtlich eine Einheit**. Die Kostenentscheidung ist nach § 81 zu treffen. Danach kann das Gericht die Kosten des Verfahrens nach billigem Ermessen den Beteiligten ganz oder z.T. auferlegen, aber auch von der Kostenerhebung absehen. In Familiensachen ist stets über die Kosten zu entscheiden (§ 81 Abs. 1). In Antragsverfahren sollten die durch die Antragstellung beim unzuständigen Gericht entstandenen Mehrkosten dem Antragsteller auferlegt werden, i.d.R. wird er das Anrufen des unzuständigen Gerichts zu vertreten haben. In Amtsverfahren haben die Beteiligten die Befassung des örtlich unzuständigen Gerichts i.d.R. nicht zu verantworten, sodass ihnen die Mehrkosten regelmäßig nicht aufzuerlegen sind. 17

Nach § 80 sind Kosten **Gerichtskosten** und **notwendige Auslagen** der Beteiligten. Gem. § 6 Abs. 3 FamGKG werden hinsichtlich der Gerichtskosten Mehrkosten, die durch Anrufung eines nicht zuständigen Gerichts entstehen, nur erhoben, wenn die Anrufung auf verschuldeter Unkenntnis der tatsächlichen oder rechtlichen Verhältnisse beruht. Nach allgemeinen Regeln (§ 278 BGB) ist ein Anwaltsverschulden dem Beteiligten zuzurechnen. Zu den notwendigen Auslagen der Beteiligten gehören notwendige Anwalts- und Reisekosten. Mehrkosten sind deshalb vor allem die Kosten eines anderen Anwalts und Kosten der Reisen zum Zweck der Information des Anwalts oder zu etwaigen Gerichtsterminen. Für Einzelheiten kann die Rechtsprechung zu den Mehrkosten im Fall des § 281 Abs. 3 ZPO herangezogen werden. 18

§ 4 Abgabe an ein anderes Gericht.
¹Das Gericht kann die Sache aus wichtigem Grund an ein anderes Gericht abgeben, wenn sich dieses zur Übernahme der Sache bereit erklärt hat. ²Vor der Abgabe sollen die Beteiligten angehört werden.

Übersicht

	Rdn.		Rdn.
A. Allgemeines	1	I. Anhörung der Beteiligten, Satz 2	19
B. Voraussetzungen	2	II. Funktionelle Zuständigkeit	22
I. Anwendungsbereich; Anhängigkeit eines Verfahrens	2	III. Vorbereitende Maßnahmen und Durchführung der Abgabe; Abgabereife	23
II. Wichtiger Grund	3	IV. Rechtsbehelfe, Entscheidung des nächsthöheren Gerichts	27
1. Allgemeines	3	D. Umfang und Wirkung der Abgabe	29
2. Einzelheiten	6	E. Sondervorschriften	30
III. Übernahmebereitschaft	16		
C. Verfahren	19		

A. Allgemeines. Im Unterschied zu § 3 regelt die Norm nicht die **Abgabe durch** ein unzuständiges, sondern durch ein **zuständiges Gericht** aus wichtigem Grund. Die Regelung ist insbesondere erforderlich, weil die einmal gegebene Zuständigkeit nach § 2 Abs. 2 fortwirkt. Die Vorschrift soll die bei Einverständnis der Gerichte bestehende Abgabemöglichkeit verallgemeinern sowie die Abgabe vereinfachen. Laut dem RegE trifft der Gedanke, dass der Personenbezug im Verfahren im Vordergrund stehe und es aus diesem Grund zweckmäßig sein könne, das Verfahren an ein Gericht abzugeben, in dessen Nähe sich die maßgeblich von dem Verfahren betroffene Person zwischenzeitlich befindet, auf alle Verfahren der freiwilligen Gerichtsbarkeit zu und ist daher verallgemeinerungsfähig. Die Vorschrift findet auf **Ehesachen und Familienstreitsachen** keine Anwendung (§ 113). Sonderregeln enthalten § 273 und § 314 für Betreuungs- und Unterbringungssachen, für die Abgabe von Ehe- oder Folgesachen an das Gericht der Ehesache die §§ 123, 153, 202, 233, 263, 268. Zur Anwendbarkeit des § 4 im Registerverfahren s. § 377 Rdn. 21. 1

B. Voraussetzungen. I. Anwendungsbereich; Anhängigkeit eines Verfahrens. Die Norm sieht für alle FamFG-Sachen die Möglichkeit vor, ein Verfahren unter bestimmten Voraussetzungen an ein anderes Gericht abzugeben. Voraussetzung ist ein anhängiges Verfahren, einerlei ob es auf Antrag oder von Amts wegen eingeleitet wurde. Das abgebende Gericht muss für das Verfahren **zuständig** sein oder seine Zuständigkeit annehmen. Dass die Sache in der Vergangenheit an das abgebende Gericht abgegeben wurde (auch nach § 4), hindert die Abgabe durch dieses nicht.

II. Wichtiger Grund. 1. Allgemeines. Die Begründung des RegE hebt hervor, dass die von der Rechtsprechung zu § 46 FGG entwickelten Kriterien zum Vorliegen eines wichtigen Grundes unverändert Anwendung finden können. Hingewiesen wird auf § 273, der in Betreuungssachen als wichtiger Grund nennt, wenn sich der gewöhnliche Aufenthalt des Betroffenen geändert hat und die Aufgaben des Betreuers im Wesentlichen am neuen Aufenthaltsort des Betroffenen zu erfüllen sind. Als wichtiger Grund komme laut RegE außerdem im Bereich der Vormundschaftssachen insb. der dauerhafte **Aufenthaltswechsel** des Mündels, des Vormunds oder der Eltern in Betracht. In Adoptionssachen könne ein wichtiger Grund vorliegen, wenn der Annehmende und das Kind ihren **Wohnsitz** in den Bezirk eines anderen Gerichts verlegt haben.

Abstrakt ausgedrückt liegt ein wichtiger Grund vor, wenn die **Abgabe zweckmäßig** ist, weil das aufnehmende Gericht die Angelegenheit zweckmäßiger und leichter führen kann als das bisher örtlich zuständige Gericht, das wegen § 2 Abs. 2 grundsätzlich zuständig bleibt. Maßgebend sind die **Interessen der Beteiligten**, aber auch das **öffentliche Interesse**, insb. an einer **verfahrenswirtschaftlichen** Behandlung der Angelegenheit. Eine Abgabe aus wichtigem Grund kann unzweckmäßig sein, wenn sich das abgebende Gericht bereits so intensiv mit dem Gegenstand des Verfahrens auseinandergesetzt hat, dass die Abgabe an ein anderes Gericht den Verfahrensfortgang erheblich verzögern würde (Hamm FamRZ 2011, 55). Soweit es um Angelegenheiten der Vormundschaft, der elterlichen Sorge oder der Betreuung geht, ist in erster Linie das Wohl des Mündels, Kindes oder Betreuten entscheidend (OLG Hamm FamRZ 2015, 1924; OLG Brandenburg FamRZ 2000, 1295; OLG Karlsruhe FamRZ 1990, 896). Es kommt auf die **Umstände des einzelnen Falles** an, auch die berechtigten Interessen des Vormunds (Karlsruhe FamRZ 1990, 896), der Eltern oder des Betreuers sind zu berücksichtigen, insb. im Hinblick auf eine möglichst einfache, förderliche und kostensparende Führung der Geschäfte (BayObLG Rpfleger 1991, 110; Keidel/*Sternal* Rn. 13).

Zu berücksichtigen ist auch, ob das Gericht bei seiner Entscheidung zweckmäßigerweise mit den örtlichen Verhältnissen vertraut sein sollte und inwieweit persönliche Verhandlungen (Anhörungen) zwischen dem Gericht und den Beteiligten erforderlich sind. Die Norm soll auch lange Anreisen des Richters zum Aufenthaltsort des Betroffenen zum Zweck von Anhörungen verhindern (OLG Schleswig FGPrax 2006, 23). Ob ein wichtiger Grund vorliegt, beurteilt sich im **Zeitpunkt** der gerichtlichen Entscheidung über die Abgabe, die künftige Entwicklung ist dagegen nicht maßgebend (BayObLG FamRZ 1996, 1156; OLG Karlsruhe FamRZ 1990, 896). Infolge Zeitablaufs kann der wichtige Grund entfallen bzw. es kann sich zeigen, dass ein wichtiger Grund entgegen den Normalfällen fehlt. So ist eine Abgabe des Betreuungsverfahrens an das »neue« Wohnortgericht ohne Hinzutreten aktueller Gründe unzulässig, wenn seit dem Umzug des Betroffenen 9 Jahre vergangen sind, in denen das Betreuungsverfahren beanstandungsfrei am bisherigen Wohnortgericht weiter geführt wurde (LG Lüneburg FamRZ 2008, 443).

2. Einzelheiten. Da die Norm dem **Personenbezug** Rechnung tragen will, indem die Sache an ein Gericht abgegeben werden kann, in dessen Nähe sich die maßgeblich von dem Verfahren betroffene Person befindet, kommt die Abgabe aus wichtigem Grund vor allem in familien- und betreuungs-, aber auch in unterbringungsrechtlichen Verfahren in Betracht.

In **Familiensachen** kommt die Abgabe an das nach § 42 Abs. 1 Nr. 1 JGG ebenfalls örtlich zuständige Gericht, dem die familienrichterlichen Erziehungsaufgaben für den Beschuldigten obliegen, infrage. Eine Gewaltschutzsache kann an das Gericht der Sorgerechtssache abgegeben werden (AG Ludwigslust FamRZ 2010, 1754).

Bei der **Vormundschaft** ist ein wichtiger Grund regelmäßig der dauernde Aufenthaltswechsel des Mündels i.V.m. einem solchen des Vormunds (BayObLG FamRZ 1994, 1187). Dabei ist auch die Person und der Aufenthaltsort des Vormunds von Bedeutung, weil die Führung der Vormundschaft durch das Gericht mehr einen persönlichen Kontakt mit dem Vormund als mit dem Kind erfordert (Zweibrücken FamRZ 2005, 2081). Daher genügt der Aufenthaltswechsel des Mündels allein aber regelmäßig nicht (OLG Hamm FamRZ 2015, 1924). Bei der Amtspflegschaft steht die Unterstützung der Mutter im Vordergrund, sodass *es auf deren Aufenthaltsort, nicht den des Kindes ankommt* (BayObLG FamRZ 1996, 1156).

Abschnitt 1. Allgemeine Vorschriften § 4

Haben im **Adoptionsverfahren** (§ 187) der Annehmende und das Kind ihren Wohnsitz in den Bezirk eines anderen AG verlegt, so können wichtige Gründe (Ermittlungen der Eignung der Familien, Anhörungen des Kindes vor Ort) für die Abgabe des Verfahrens an das Gericht des neuen Wohnorts gegeben sein (Köln FamRZ 2011, 318; BayObLG FamRZ 2001, 1536). 9

In **Kindschaftssachen** (s.a. Rdn. 8) liegt ein wichtiger Grund vor, wenn es nach den Umständen des Einzelfalls unter Berücksichtigung des Kindeswohls zweckmäßig ist, dass das um die Übernahme ersuchte Gericht mit der Sache befasst wird (OLG Hamm FamRZ 2014, 411 [LS] = FamFR 2013, 526; FamRZ 2011, 55). Allerdings kann auch hier u.U. die Verfahrenswirtschaftlichkeit der Abgabe entgegenstehen (Rdn. 4). Das Gericht kann ein Verfahren grds. an das Gericht des früheren gewöhnlichen Aufenthaltsorts verweisen, wenn ein Elternteil den Aufenthalt des Kindes ohne vorherige Zustimmung des anderen geändert hat (§ 154). Im Umgangsverfahren stellt der Wegzug von Mutter und Kind in einen 500 km entfernten Ort einen wichtigen Grund i.S.d. § 4 dar (Hamm FuR 2010, 586). Im Verfahren um die Festsetzung eines Ordnungsgeldes wegen schuldhaften Verstoßes gegen eine gerichtlich gebilligte Umgangsregelung, ist die Abgabe Gericht, in dem sich das Kind bei Einreichung des Antrages aufhält, gerechtfertigt (OLG Hamm FamRZ 2014, 411 [LS] = FamFR 2013, 516). Dass eine einstweilige Verfügung ergangen ist, hindert nicht die Abgabe im Hauptsacheverfahren (München NJW-RR 2011, 661; FamRZ 2011, 1078). Solange die ausschließliche Zuständigkeit wegen Anhängigkeit einer Ehesache gem. § 152 Abs. 1 besteht, ist die Abgabe einer Kindschaftssache nach § 4 ausgeschlossen (Bremen MDR 2013, 794). 10

Im Verfahren in **Betreuungssachen** ist es als wichtiger Grund für eine Abgabe i.d.R. anzusehen, wenn sich der gewöhnliche Aufenthalt des Betroffenen geändert hat und die Aufgaben des Betreuers im Wesentlichen am neuen Aufenthaltsort des Betroffenen zu erfüllen sind (§ 273, s. i.E. dort). Das gilt selbst dann, wenn die Entfernung des neuen Aufenthaltsorts zum Gerichtsgebäude des bisher zuständigen Gerichts geringer ist als zum Gerichtsgebäude des empfangenden Gerichts, da ein praktikabler genereller Entscheidungsmaßstab erforderlich ist und Zuständigkeitsexklaven im jeweiligen Gerichtsbezirk zu vermeiden sind (Hamm FGPrax 2010, 214). Der Änderung des gewöhnlichen Aufenthalts steht ein tatsächlicher Aufenthalt von mehr als einem Jahr an einem anderen Ort gleich (§ 273, s. i.E. dort). Aufgrund seiner Dauer kann sich der gewöhnliche Aufenthalt bei zwangsweiser Unterbringung in die betreffende Klinik verlagern (Oldenburg FGPrax 2014, 212). Verlagert ein Betreuter ohne festen Wohnsitz seinen Lebensmittelpunkt ohne Rückkehrabsicht in eine andere Stadt, kann das Betreuungsverfahren an das dortige Betreuungsgericht abgegeben werden (Köln FGPrax 2006, 162). Eine Abgabe des Betreuungsverfahrens an das »neue« Wohnortgericht ist ohne Hinzutreten aktueller Gründe unzulässig, wenn seit dem Umzug des Betroffenen 9 Jahre vergangen sind, in denen das Betreuungsverfahren beanstandungsfrei am bisherigen Wohnortgericht weiter geführt wurde (LG Lüneburg FamRZ 2008, 443). 11

Für **Unterbringungssachen** enthält das Gesetz in § 314 eine spezielle Regelung. Danach kann das Gericht die Unterbringungsangelegenheit abgeben, wenn der Betroffene sich im Bezirk des anderen Gerichts aufhält und die Unterbringungssache dort vollzogen werden soll, sofern sich das Gericht zur Übernahme des Verfahrens bereit erklärt hat. S. i.E. bei § 314. 12

Für die Abgabe einer **Nachlasspflegschaft** an ein anderes Nachlassgericht besteht ein wichtiger Grund, wenn der Nachlass hauptsächlich aus Grundstücken besteht, die im Bezirk eines anderen Gerichts belegen sind (Brandenburg FamRZ 2006, 1862). Ebenso wenn der Nachlass ganz überwiegend aus Guthaben besteht, die bei einer Sparkasse mit Sitz außerhalb des Bezirks des Nachlassgerichts geführt werden, wenn der Sitz mit dem Wohnsitz des Nachlasspflegers identisch ist (Frankfurt am Main Rpfleger 1993, 448). 13

§ 4 gilt auch für **Nachlasssachen**, bei denen die örtliche Zuständigkeit an den gewöhnlichen Aufenthalt des Erblassers z.Zt. des Erbfalls anknüpft (§ 343). Als wichtiger Grund für eine Abgabe ist denkbar, dass ausnahmsweise die Zuständigkeit des Nachlassgerichts, in dessen Bezirk sich der Nachlass oder wesentliche Teile des Nachlasses (Grundstücke) befinden oder in dessen Bezirk die potenziellen Erben wohnen, wesentlich sachgerechter erscheint (KG FGPrax 2014, 137). 14

In **Registersachen** normiert § 377 Abs. 1 eine ausschließliche örtliche Zuständigkeit. Das schließt eine Abgabe nach § 4 regelmäßig aus, obwohl § 377 Abs. 4 nur die Anwendung des § 2 Abs. 1, nicht aber des § 4 ausschließt. Da bei Doppelsitzen die jeweiligen Registergerichte unabhängig voneinander zuständig sind und selbstständig Registerverfahren durchführen müssen (s. § 377 Rdn. 13–15), kommt in diesen Fällen die Anwendung des § 4 nicht in Betracht. 15

III. Übernahmebereitschaft. Die Abgabe setzt die Übernahmebereitschaft des aufnehmenden Gerichts voraus. Es hat über die Übernahme nach pflichtgemäßem Ermessen zu entscheiden und die Sache zu über- 16

Schöpflin

nehmen, wenn es zu dem Ergebnis kommt, dass ein wichtiger Grund für die Abgabe vorliegt; es besteht dann also eine **Übernahmepflicht** (Bumiller/Harders/Schwamb Rn. 8; MünchKommZPO/*Pabst* § 4 Rn. 26). Die Bereiterklärung zur Übernahme soll bis zum Vollzug der Abgabe widerruflich sein (BayObLG FamRZ 1999, 248), dagegen spricht jedoch neben dem Gebot der Rechtssicherheit (kein widersprüchliches Verhalten der Gerichte) die Verfahrensökonomie, insb. die Entlastung der oberen Gerichte (§ 5 Abs. 1 Nr. 5), und bei Vorliegen eines wichtigen Grundes für die Abgabe kann das aufnehmende Gericht nicht berechtigt sein, seine Zustimmung zu widerrufen.

17 Nach Ansicht des BayObLG (BtPrax 1998, 237) kann sich das um Übernahme gebetene Gericht die Übernahme ausschließlich zur Prüfung der Frage vorbehalten, ob die Abgabe aus Zweckmäßigkeitsgründen gerechtfertigt sei; der Vorbehalt werde gegenstandslos, wenn das Gericht in der Sache selbst tätig werde und dadurch das Verfahren übernehme. Der wichtige Grund ist jedoch Voraussetzung der Übernahme, sodass das Verfahren nicht vorbehaltlich eines wichtigen Grundes übernommen werden kann. Das potenziell übernehmende Gericht kann aber selbstverständlich die Akten zur Prüfung der Übernahme anfordern. Nur liegt darin und in der anschließenden Prüfung noch keine Übernahme.

18 Das aufnehmende Gericht kann die Übernahme der Sache nicht deshalb ablehnen, weil die materiellen Voraussetzungen für die Anordnung der Vormundschaft oder Pflegschaft nicht gegeben seien oder das Verfahren des abgebenden Gerichts mangelhaft sei, weil etwa eine Rechnungslegung fehlt oder mangelhaft ist (Keidel/*Sternal* Rn. 19). Vielmehr geht es allein um die Frage, welches Gericht die Sache zweckmäßigerweise zu bearbeiten hat, und es soll kein Streit der Gerichte um das richtige Verfahren in der Sache eröffnet werden. Für etwaige Fehler des abgebenden Gerichts besteht auch keine Amtshaftung der beim aufnehmenden Gericht tätigen Gerichtsperson (Richter oder Rechtspfleger). Vielmehr ist das aufnehmende Gericht nur für sein künftiges Verfahren verantwortlich und kann in diesem Rahmen Versäumnisse oder Fehler der Vergangenheit korrigieren. Das Interesse des Betroffenen daran, dass ein ortsnahes Gericht die Betreuung führt, geht dem Interesse des übernehmenden Gerichts vor, keine Aufgaben übernehmen zu müssen, die ein anderes Gericht mit weniger Aufwand erledigen könnte (KG Rpfleger 2012, 255; OLG München FGPrax 2008, 67). Dementsprechend muss z.B. das übernehmende Gericht den noch ausstehenden Schlussbericht der Betreuerin entgegennehmen und prüfen, auch wenn sie noch durch das abgebende Gericht entlassen wurde (KG Rpfleger 2012, 255). S. auch unten Rdn. 23.

19 **C. Verfahren. I. Anhörung der Beteiligten, Satz 2.** Vor der Abgabe soll das Gericht die Beteiligten (§ 7) gemäß Satz 2 **anhören**. Grds. hat das Gericht daher eine Anhörung durchzuführen. Das Gericht darf aber von der Anhörung **absehen** in Fällen, die besonders eilig sind oder in denen eine Anhörung nur mit einem zu einer nicht hinnehmbaren Verfahrensverzögerung führenden Zeitaufwand möglich ist. Der RegE hält solche Situationen vor allem in Unterbringungs- und Betreuungssachen für möglich, in denen rasch Entscheidungen getroffen werden müssen oder in denen die Beteiligten nicht in der Lage sind, sich zu äußern. Die Anhörung muss nicht persönlich erfolgen, es genügt ausreichende Gelegenheit zu schriftlicher Stellungnahme. Die Bestellung eines Verfahrenspflegers nach § 276 Abs. 1 Satz 1 oder eines Verfahrensbeistands nach § 158 Abs. 1 ist regelmäßig nicht erforderlich.

20 Die Abgabe **bedarf nicht der Zustimmung des Vormundes oder Betreuers**, es besteht auch kein Widerspruchsrecht des Betroffenen. Vielmehr haben die Beteiligten Gelegenheit, sich i.R.d. Anhörung zu äußern, ob aus ihrer Sicht ein wichtiger Grund für eine Abgabe vorliegt.

21 Anders als zu § 3 führt der RegE nicht aus, dass nur dem Gericht bekannte Beteiligte anzuhören seien. Die Ausführungen zu § 3 Rdn. 7 müssen angesichts gleicher Zweckrichtung des Gesetzes (Verfahrenswirtschaftlichkeit) aber entsprechend gelten.

22 **II. Funktionelle Zuständigkeit.** Für die Abgabe und die Bereiterklärung ist jeweils der Rechtspfleger zuständig, wenn die Angelegenheit in der Hauptsache in seine Zuständigkeit fällt (§ 4 Abs. 1 RPflG, Zweibrücken FGPrax 2005, 216), eine Vorlage an den Richter gem. § 11 Abs. 2 RPflG kommt nicht in Betracht (Bumiller/Harders/Schwamb Rn. 15). Andernfalls obliegen diese Aufgaben dem Richter. Geht es wie in Vormundschaftssachen um eine allein dem Rechtspfleger übertragene Angelegenheit (§ 3 Nr. 2a RPflG), trifft er die Entscheidung und legt die Angelegenheit bei fehlender Einigung der Gerichte nach § 5 Abs. 1 Nr. 5 dem nächsthöheren gemeinsamen Gericht vor (Zweibrücken FamRZ 2005, 2081). Die Entscheidung über eine Abgabe, eine Übernahme des Verfahrens oder eine Vorlage an das obere Gericht ist im Betreuungsverfahren (§ 15 Nr. 1 RPflG) allein dem Richter vorbehalten (Zweibrücken FamRZ 2010, 1371; FGPrax 2008, 210; Frankfurt FGPrax 2007, 119; KG FamRZ 1996, 107), und zwar auch dann, wenn zurzeit eine dem Richter

obliegende Verfahrenshandlung nicht ansteht. Denn der für die grundlegenden Entscheidungen zuständige Richter muss auch die verfahrensrechtlichen Nebenentscheidungen fällen soweit sie auch seine Zuständigkeit betreffen (Zweibrücken FamRZ 2010, 1371; a.A. Keidel/*Sternal* Rn. 35, da § 15 RPflG keinen entsprechenden Richtervorbehalt vorsehe). Das Gleiche gilt auch für das Unterbringungsverfahren (BayObLG NJW 1992, 1634; Rpfleger 1993, 189). Wenn der Rechtspfleger nicht zuständig ist, ist eine Abgabe durch ihn unwirksam (BayObLG NJW 1992, 1634; Rpfleger 1993, 189).

III. **Vorbereitende Maßnahmen und Durchführung der Abgabe; Abgabereife.** Das abgebende Gericht 23 muss den Sachverhalt nach § 26 so weit **aufklären**, dass es und ggf. das nächsthöhere Gericht i.R.d. § 5 Abs. 1 Nr. 5 abschließend entscheiden kann, ob ein wichtiger Grund die Abgabe rechtfertigt (BayObLG Rpfleger 1991, 110). Wenn sich das aufnehmende Gericht nicht zur Aufnahme der Sache bereit erklärt, muss das abgebende Gericht dessen Stellungnahme einholen, bevor es das nächsthöhere Gericht anruft. **Vor der Abgabe** hat das Gericht alle Maßnahmen und **Entscheidungen zu treffen**, die im Zeitpunkt der Abgabe von Amts wegen oder auf Antrag ergehen müssen (OLG Oldenburg FGPrax 2014, 212; OLG Hamburg RPfleger 2013, 333; KG Rpfleger 2012, 255; BayObLG Rpfleger 1991, 110). Welche sonstigen Aufgaben das Gericht vor der Abgabe noch erfüllen muss, um Abgabereife zu schaffen, bestimmt sich i.Ü. nach Zweckmäßigkeitsgesichtspunkten (KG Rpfleger 2012, 255), z.B. ob das abgebende Gericht noch einen neuen, ortsnahen Betreuer zu bestellen hat (BayObLG FamRZ 2000, 1299 LS). Das abgebende Gericht soll noch die beantragte Betreuervergütung feststehen müssen, um Abgabereife zu schaffen (Stuttgart FGPrax 2011, 299). Auch die Prüfung der jährlichen Rechnungslegung kann notwendig sein, allerdings nicht, wenn nach dem Aufenthaltswechsel über weitere betreuungsrechtliche Maßnahmen zu entscheiden ist, die eine persönliche Anhörung des Betroffenen erfordern und keinen Aufschub dulden (OLG Oldenburg FGPrax 2014, 212). Die Übernahme darf nicht von Anforderungen abhängig gemacht werden, die lediglich auf einem Streit der Gerichte über die zweckmäßige und ordnungsgemäße Führung der Betreuung durch das bisherige Gericht beruhen und mit dem Wohl des Betroffenen, soweit es durch diese Frage berührt wird, nichts zu tun haben; ggf. hat das übernehmende Gericht die nach seiner Ansicht bestehenden Versäumnisse zu beseitigen (OLG Hamburg RPfleger 2013, 333). S. auch oben Rdn. 18.

Soweit der Fortbestand des gegenwärtigen Rechtszustands den Betroffenen beeinträchtigt und wenn das ab- 24 gebende Gericht schneller eine Entscheidung herbeiführen kann als das aufnehmende, dann muss **das abgebende Gericht noch eine Entscheidung treffen**, z.B. wenn es um die Aufhebung einer Pflegschaft oder Betreuung geht und über diese nicht besser und schneller durch das aufnehmende Gericht, etwa wegen dessen Ortsnähe, entschieden werden kann (BayObLG FamRZ 2000, 1299).

Die Abgabe ist ein **einseitiger Akt** des abgebenden Gerichts, der jedoch die Bereiterklärung zur Übernahme 25 der Sache durch das aufnehmende Gericht voraussetzt (Keidel/*Sternal* Rn. 32). Das Gericht kann die Sache auch stillschweigend abgeben (Hamm Rpfleger 1967, 147). Da die Abgabe die Bereiterklärung des übernehmenden Gerichts voraussetzt, ist die Abgabe mit Zugang der Abgabeerklärung beim aufnehmenden Gericht **bindend**, wenn dieses die Übernahmebereitschaft erklärt hat. Das abgebende Gericht kann die erfolgte Abgabe daher nicht wieder aufheben. Möglich ist nur eine Rückabgabe des aufnehmenden Gerichts unter den Voraussetzungen des § 4.

Die Abgabe kann in der **Beschwerdeinstanz** an ein dem Beschwerdegericht nachgeordnetes AG erfolgen 26 (BayObLG DAV 1991, 677), nicht aber vom Beschwerdegericht zu Beschwerdegericht z.B. wegen eines Aufenthaltswechsels von Mutter und Kind während eines laufenden Sorgerechtsbeschwerdeverfahrens (OLG Bremen FamRZ 2014, 1394; Keidel/*Sternal* Rn. 10). Die Anhängigkeit einer Beschwerde schließt die Abgabe von AG zu AG nicht aus. Der Zuständigkeitswechsel erfasst vielmehr auch die obere Instanz, sodass nach der Abgabe das dem nunmehr zuständigen Gericht vorgeordnete Beschwerdegericht zuständig wird (KG FGPrax 2014, 137). Ein z.Zt. der Abgabe anhängiges Beschwerdeverfahren ist von dem bisher zuständigen an das neu zuständige Beschwerdegericht abzugeben. Die Beschwerde gegen einen Beschluss des abgebenden Gerichts ist nach dem klaren Wortlaut des § 64 Abs. 1 bei dem abgebenden Gericht einzulegen (Bumiller/Harders/Schwamb Rn. 13), zumal auch die Rechtsbehelfsbelehrung (§ 39) entsprechend erteilt wurde. Der Gesichtspunkt, dass die Erhebung der Beschwerde bei dem übernehmenden Gericht, das nunmehr für die Abhilfeentscheidung (§ 68 Abs. 1) zuständig ist, verfahrensökonomischer wäre Keidel/*Sternal* Rn. 39), muss demgegenüber zurücktreten.

IV. **Rechtsbehelfe, Entscheidung des nächsthöheren Gerichts.** Die Abgabe ist nicht mit der Beschwerde 27 anfechtbar, da diese sich nur gegen Endentscheidungen richtet (§§ 58, 38 Abs. 1 Satz 1), die Abgabe aber lediglich eine verfahrensleitende Entscheidung darstellt (BGH FamRZ 2011, 282; Bumiller/Harders/Schwamb Rn. 14; Keidel/*Sternal* Rn. 40; MünchKommZPO/*Pabst* § 4 Rn. 34; a.A. Bassenge/Roth/*Gottwald* Rn. 6). Die **Unanfechtbarkeit** folgt im Umkehrschluss zudem aus §§ 6 Abs. 2 und 7 Abs. 5 und aus einer entsprechenden Heranziehung des § 3 Abs. 3 Satz 1, weil der Grundgedanke dieser Norm (Verfahrenswirtschaftlichkeit) auch für die Abgabe nach § 4 zutrifft. Damit ist auch eine inzidente Überprüfung i.R.d. Beschwerde gegen die Endentscheidung ausgeschlossen (Keidel/*Sternal* Rn. 40; a.A. Bumiller/Harders/Schwamb Rn. 14; Prütting/Helms/*Prütting* Rn. 30; MünchKommZPO/*Pabst* § 4 Rn. 35; der BGH hat die Frage offen gelassen, FamRZ 2011, 101 Rn. 15), die zu einen derartig späten Zeitpunkt auch keinen Sinn mehr ergibt.

28 Soll eine Abgabe aus wichtigem Grund erfolgen, können sich die Gerichte aber nicht einigen, wird das zuständige Gericht durch das **nächsthöhere gemeinsame Gericht** bestimmt (§ 5 Abs. 1 Nr. 5, s. dort).

29 **D. Umfang und Wirkung der Abgabe.** Mit der Abgabe **geht die gesamte Angelegenheit** auf das aufnehmende Gericht **über**, die bisherigen Verrichtungen und Entscheidungen bleiben wirksam. Eine darauf folgende Änderung der Umstände kann lediglich eine erneute Abgabe nach § 4 veranlassen. Alle gesetzlichen Befugnisse und Verpflichtungen treffen nunmehr das aufnehmende Gericht (LG Koblenz FamRZ 2006, 801). Dieses hat jetzt das Verfahren zu führen. Die Abgabe wirkt nur für die Sache, auf die sich bezieht, nicht aber auf gesonderte Verfahren; die Abgabe des Verfahrens über die Vormundschaft hat also z.B. keinen Einfluss auf ein Pflegschaftsverfahren, dieses kann aber unter den Voraussetzungen des § 4 selbstständig abgegeben werden. Die Bestimmung des zuständigen Gerichts durch das nächsthöhere Gericht nach § 5 Abs. 1 Nr. 5 bewirkt mit den gleichen Folgen den Übergang der Sache auf das aufnehmende Gericht wie die Abgabe.

30 **E. Sondervorschriften.** Sondervorschriften für die Abgabe enthalten §§ 15 bis 15d VerschG und § 12 LwVG. Die Abgabe der gesetzlichen Amtsvormundschaft des Jugendamts an ein anderes Jugendamt regelt § 87c Abs. 2 SGB VIII. Sobald die Mutter danach ihren gewöhnlichen Aufenthalt im Bereich eines anderen Jugendamts nimmt, hat das die Amtsvormundschaft führende Jugendamt bei dem Jugendamt des anderen Bereichs die Weiterführung der Amtsvormundschaft zu beantragen; der Antrag kann auch von dem anderen Jugendamt, von jedem Elternteil und von jedem, der ein berechtigtes Interesse des Kindes oder des Jugendlichen geltend macht, bei dem die Amtsvormundschaft führenden Jugendamt gestellt werden. Die Vormundschaft geht mit der Erklärung des anderen Jugendamts auf dieses über. Das abgebende Jugendamt hat den Übergang dem FamG und jedem Elternteil unverzüglich mitzuteilen. Gegen die Ablehnung des Antrags kann das FamG angerufen werden. Örtlich ist das FamG zuständig, bei dem die Vormundschaft geführt wird (§ 152), es entscheidet der Rechtspfleger (§ 3 Nr. 2a RPflG).

§ 5 Gerichtliche Bestimmung der Zuständigkeit.

(1) Das zuständige Gericht wird durch das nächsthöhere gemeinsame Gericht bestimmt:
1. wenn das an sich zuständige Gericht in einem einzelnen Fall an der Ausübung der Gerichtsbarkeit rechtlich oder tatsächlich verhindert ist;
2. wenn es mit Rücksicht auf die Grenzen verschiedener Gerichtsbezirke oder aus sonstigen tatsächlichen Gründen ungewiss ist, welches Gericht für das Verfahren zuständig ist;
3. wenn verschiedene Gerichte sich rechtskräftig für zuständig erklärt haben;
4. wenn verschiedene Gerichte, von denen eines für das Verfahren zuständig ist, sich rechtskräftig für unzuständig erklärt haben;
5. wenn eine Abgabe aus wichtigem Grund (§ 4) erfolgen soll, die Gerichte sich jedoch nicht einigen können.

(2) Ist das nächsthöhere gemeinsame Gericht der Bundesgerichtshof, wird das zuständige Gericht durch das Oberlandesgericht bestimmt, zu dessen Bezirk das zuerst mit der Sache befasste Gericht gehört.

(3) Der Beschluss, der das zuständige Gericht bestimmt, ist nicht anfechtbar.

Übersicht	Rdn.		Rdn.
A. Allgemeines	1	1. Allgemeines	3
B. Voraussetzungen, Abs. 1	2	2. Rechtliche oder tatsächliche Gründe	4
I. Verhinderung des zuständigen Gerichts, Nr. 1	3	3. Rechtspfleger	6
		II. Ungewissheit der Zuständigkeit, Nr. 2	7

Abschnitt 1. Allgemeine Vorschriften § 5

	Rdn.		Rdn.
1. Grenzen verschiedener Gerichtsbezirke	8	D. Verfahren	17
2. Sonstige tatsächliche Gründe	9	I. Einleitung	17
III. Positiver Kompetenzkonflikt, Nr. 3	10	II. Prüfung	18
IV. Negativer Kompetenzkonflikt, Nr. 4	11	III. Entscheidung und Bekanntgabe	20
V. Fehlende Einigung bei Abgabe aus wichtigem Grund, Nr. 5	12	E. Entscheidungswirkung	21
		F. Unanfechtbarkeit, Abs. 3, Abänderbarkeit	22
C. Nächsthöheres Gericht, Abs. 2	13	G. Kosten	23

A. Allgemeines. Die Vorschrift will die Bestimmung des zuständigen Gerichts detailliert regeln und gleicht 1 die Regelung an die Bestimmung der Zuständigkeit gemäß den Vorschriften der ZPO (§ 36 ZPO) an. Die Norm gilt nicht in Ehesachen und Familienstreitsachen, stattdessen findet die ZPO Anwendung (§ 113 Abs. 1). Sie dient der Verfahrenswirtschaftlichkeit und gewährleistet, dass die Beteiligten Rechtsschutz finden, indem notfalls das zuständige Gericht durch eine höhere Instanz bestimmt wird. Die Vorschrift beschränkt sich nicht mehr wie § 5 FGG auf die Ungewissheit über die örtliche Zuständigkeit und die Verhinderung an der Ausübung des Richteramts (a.A. Bumiller/Harders/Schwamb Rn. 1, 4), sondern erfasst auch die sachliche Zuständigkeit, während hinsichtlich der Rechtswegzuständigkeit und der funktionellen Zuständigkeit §§ 17a GVG, 7 RPflG gelten (Prütting/Helms/*Prütting* Rn. 4 f.; Bork/Jakoby/Schwab/*Jakoby* Rn. 2). Beim Streit über die funktionelle Zuständigkeit verschiedener Spruchkörper schließt § 17a Abs. 6 GVG als spezielle Vorschrift die Anwendung des § 5 aus (OLG Hamm NJW 2010, 2740 unter Aufgabe der gegenteiligen Ansicht in FamRZ 2010, 920: analoge Anwendung). Das zuständige Gericht wird durch das nächsthöhere Gericht in den Fällen bestimmt, die die Norm abschließend aufzählt. § 5 findet nur Anwendung soweit die Zuständigkeitsfrage nicht schon nach §§ 2 bis 4 gelöst ist. Die Vorschrift gilt auch in Verfahren, die dem Rechtspfleger übertragen sind (OLG Oldenburg Rpfleger 2011, 609; OLG Hamburg FGPrax 2010, 238). Zur Anwendbarkeit des § 5 im Registerverfahren s. § 377 Rdn. 21.

B. Voraussetzungen, Abs. 1. Abs. 1 normiert, dass das zuständige Gericht durch das nächsthöhere gemein- 2 same Gericht bestimmt wird und zählt die einzelnen Fälle nach dem **Enumerationsprinzip** auf.

I. Verhinderung des zuständigen Gerichts, Nr. 1. 1. Allgemeines. Die Zuständigkeit wird durch das 3 nächsthöhere Gericht bestimmt, wenn das an sich zuständige Gericht in einem einzelnen Fall an der Ausübung der Gerichtsbarkeit rechtlich oder tatsächlich verhindert ist. Das Gericht muss an sich örtlich und sachlich **zuständig** sein. Das Merkmal »in einem einzelnen Fall« soll nur verhindern, dass das nächsthöhere Gericht allgemein Teile der Gerichtsbarkeit, die einem Gericht zusteht, auf ein anderes überträgt. Daher greift Nr. 1 auch bei einer allgemeinen Verhinderung ein (Keidel/*Sternal* Rn. 11).

2. Rechtliche oder tatsächliche Gründe. Das Gericht ist aus rechtlichen Gründen verhindert, wenn die 4 notwendige Zahl von Richtern und ihren Vertretern ausgeschlossen oder erfolgreich wegen Befangenheit abgelehnt (§ 6) oder gestorben ist. Rechtliche Verhinderung kommt ferner in Betracht, wenn der Richter (z.B. als Vormund) Beteiligter des Verfahrens ist und nicht vertreten werden kann. Auch ist denkbar, dass so viele Richter als Zeugen vernommen werden sollen, dass keine Richter des Gerichts für eine ordnungsgemäße Besetzung mehr zur Verfügung stehen (Keidel/*Sternal* Rn. 13).

Verhinderung aus tatsächlichen Gründen besteht bei längerer Krankheit des Richters und seiner Stellvertre- 5 ter oder bei Vakanz ihrer Stellen. In Betracht kommt ferner der Stillstand der Rechtspflege wegen höherer Gewalt wie Krieg, Terror oder Naturkatastrophen (Keidel/*Sternal* Rn. 14). Auch bei einer Restgesellschaft einer im Deutschen Reich, aber auf dem Gebiet des heutigen Polen gegründeten Gesellschaft ist § 5 Nr. 1 anwendbar, wenn es um die Bestellung eines Notvorstands nach § 85 Abs. 1 AktG geht (OLG Karlsruhe NZG 2014, 667).

3. Rechtspfleger. Da die Nr. 1 vom Gericht spricht, gilt die Norm ohne Weiteres auch bei der Verhin- 6 derung von Rechtspflegern. Da der Richter nach § 8 Abs. 1 RPflG wirksam Geschäfte wahrnehmen kann, die dem Rechtspfleger übertragen sind, liegt eine Verhinderung des Gerichts aber erst vor, wenn auch die Richter das Geschäft aus rechtlichen oder tatsächlichen Gründen nicht wahrnehmen können (vgl. Keidel/*Sternal* Rn. 12).

7 **II. Ungewissheit der Zuständigkeit, Nr. 2.** Diese Alternative benennt konkrete Voraussetzungen für das Bestehen einer Ungewissheit über die Zuständigkeit des Gerichts.

8 **1. Grenzen verschiedener Gerichtsbezirke.** Die Tatbestandsalternative der Unsicherheit hinsichtlich der Zuständigkeit mit Rücksicht auf die Grenzen verschiedener Gerichtsbezirke nimmt die Formulierung des § 36 Abs. 1 Nr. 2 ZPO auf. Ungewissheit bezüglich der Grenzen zweier Gerichtsbezirke liegt vor, wenn unklar ist, zu welchem Gerichtsbezirk der für die Zuständigkeit entscheidende Ort gehört, z.B. weil die Grundstücksgrenzen oder die Lage des Begehungsortes (§ 211 Nr. 1) unklar sind. Die Norm ist auch anzuwenden, wenn die Ungewissheit über die örtliche Zuständigkeit auf einer Lückenhaftigkeit der gesetzlichen Regelung oder der Festlegung der Gerichtsbezirke beruht (Zöller/*Vollkommer* § 36 Rn. 13).

9 **2. Sonstige tatsächliche Gründe.** Diese Alternative erfasst laut RegE Fälle, in denen die rechtliche Beurteilung der Zuständigkeitsfrage aus tatsächlichen Gründen unmöglich ist, weil die Umstände unklar und nicht aufklärbar sind, wie z.B. der gewöhnliche Aufenthalt eines Erblassers. Denkbar ist auch, dass ein Findelkind zu einem nicht mehr feststellbaren Zeitpunkt in einem fahrenden Zug gefunden wird (§ 152 Abs. 3; Bumiller/Harders/Schwamb Rn. 7). Dagegen liegt ein tatsächlicher Grund der Ungewissheit nicht vor, wenn das Nachlassgericht ermitteln könnte, ob sich in seinem Bezirk ein Nachlassgegenstand (etwa ein Bankkonto) befindet. Die tatsächliche Ungewissheit beruht dann auf einem Aufklärungsdefizit und kann dann keinen Anknüpfungspunkt für die Zuständigkeitsentscheidung des höheren Gerichts bilden (Düsseldorf FamRZ 2012, 1516). Ein Fall der Nr. 2 kommt auch nicht in Betracht, soweit es um das Gericht des abgeschlossenen Eilverfahrens und das der Hauptsache geht, da das Eilverfahren nach § 51 Abs. im Verhältnis zur Hauptsache ein selbstständiges Verfahren ist (OLG Frankfurt FGPrax 2013, 214; FamRZ 2012, 1240). Streiten in Betreuungssachen das Eil- und das für den Wohnsitz zuständige Gericht über die Zuständigkeit für die abschließenden Verrichtungen der Vergütung und Entgegennahme des Vermögensverzeichnisses, handelt es sich entgegen OLG Frankfurt (FGPrax 2013, 214) aber nicht um einen Fall desr Nr. 2, da die Ungewissheit nicht auf tatsächlichen Gründen beruht, sondern es um eine Rechtsfrage geht.

10 **III. Positiver Kompetenzkonflikt, Nr. 3.** Wenn sich verschiedene Gerichte rechtskräftig für zuständig erklärt haben, liegt ein positiver Kompetenzkonflikt vor. Es muss sich vor beiden Gerichten um dieselbe Sache handeln, und beide Gerichte müssen ihre Zuständigkeit rechtskräftig bejaht haben. Dieses kann jeweils durch einen Zwischenbeschluss geschehen, der die Zuständigkeit bejaht und nicht angefochten wurde. Liegt allerdings eine rechtskräftige Sachentscheidung eines der beiden Gerichte vor, ist für die Bestimmung des zuständigen Gerichts kein Raum mehr (Zöller/*Vollkommer* § 36 Rn. 21), vielmehr darf das Verfahren bei dem anderen Gericht wegen der Rechtskraft nicht fortgeführt werden.

11 **IV. Negativer Kompetenzkonflikt, Nr. 4.** Das Nächsthöhere bestimmt das zuständige Gericht, wenn sich verschiedene Gerichte, von denen eines für das Verfahren zuständig ist, rechtskräftig für unzuständig erklärt haben. Die Nr. 4 gilt ebenso wie Nr. 3 auch dann, wenn sich Beschwerdegerichte (LG) nicht über die örtliche Zuständigkeit einigen können (OLG Hamm v. 01.06.2010 – 15 Sbd 2/10, I/15 Sbd II/10). Die Gerichte müssen sich auf einen Antrag oder auf die Anregung der Tätigwerdens hin **rechtskräftig durch förmlichen** (OLG Celle NdsRPfl 2012, 14) **Beschluss** (§ 38) für unzuständig erklärt haben. Dafür genügt, dass die Gerichte unanfechtbare (§ 3 Abs. 3) Verweisungsbeschlüsse gefasst haben (§§ 3, 154, 187 Abs. 5 Satz 2, 343 Abs. 3 Satz 2; OLG Düsseldorf FamRZ 2011, 1808 und FGPrax 2010, 213; OLG Brandenburg FamRZ 2010, 2019; Keidel/*Sternal* Rn. 25), aber auch die Ablehnung der Übernahme des Verfahrens ggü. dem verweisenden Gericht (§ 3) durch Verfügung (OLG Brandenburg FamRZ 2010, 2019), unzulässige Rück- oder Weiterverweisung, allgemein: durch Kompetenzleugnung (OLG Düsseldorf FGPrax 2013, 27; OLG Brandenburg FamRZ 2011, 56). Dazu gehört zumindest in analoger Anwendung des § 5 Nr. 4 auch der Fall, dass es zu Zweifeln über die Bindungswirkung von Verweisungsbeschlüssen kommt und keines der beteiligten Gerichte bereit ist, die Sache zu bearbeiten (OLG Karlsruhe FamRZ 2014, 958). Es genügt für die analoge Anwendung auch, dass statt rechtskräftiger Beschlüsse ernsthafte und endgültig gemeinte Unzuständigkeitserklärungen z.B. verschiedener Familiengerichte vorliegen, die den Verfahrensbeteiligten bekannt gemacht worden sind (OLG Hamm, Beschl. v. 13.01.2016, - II – 2 SAF 17/15). Dieses weite Verständnis des Begriffs der Rechtskraft dient der raschen Klärung negativer Kompetenzkonflikte (OLG Düsseldorf FGPrax 2013, 27). Gerichtsinterne Vorgänge wie z.B. Ab- oder Rückgabeverfügungen, die den Beteiligten nicht zur Kenntnis gebracht werden (OLG Hamm FamRZ 2014, 411 [nur LS] Rz. 15. f., die im LS nicht wiedergegeben werden; BGH NJW-RR 1997, 1161; FamRZ 1998, 610), die bloße Rücksendung von Akten

(OLG Bremen v. 31.03.2011 – 4 AR 3/11) oder die Anregung, ergangene Verweisungsbeschlüsse aufzuheben (OLG Köln ZIP 2000, 155), genügen dagegen nicht. Der Verweisungsbeschluss muss wirksam sein, woran es fehlt, wenn er nicht sämtlichen Beteiligten (z.B. nicht den Rentenversicherungsträgern im Versorgungsausgleichsverfahren) gem. §§ 40, 41 bekannt gemacht wurde (OLG Naumburg Beschl. v. 04.02.2011 – 8 AR 2/11) oder wenn die Beteiligten nicht angehört wurden (OLG Karlsruhe FamRZ 2014, 230). Voraussetzung ist weiter, dass eines der Gerichte, die ihre Zuständigkeit verneint haben, für das Verfahren zuständig ist. Fehlt es daran, ist die Bestimmung des zuständigen Gerichts durch das angerufene Obergericht abzulehnen (OLG Düsseldorf FamRZ 2012, 1516). Als Beispiel für Nr. 4 kommt in Betracht, dass zwei Gerichte die Verwahrung eines gemeinschaftlichen Testaments oder eines Erbvertrags ablehnen (BayObLG FamRZ 2000, 638), sich für die Erteilung eines Erbscheins für unzuständig erklären (OLG Düsseldorf FGPrax 2013, 27) oder zwei Familiengerichte sich für die Erteilung einer Genehmigung (OLG Frankfurt FamRZ 1995, 1434) oder für Maßnahmen nach § 1666 BGB (OLG Frankfurt FamRZ 1996, 1351) für örtlich nicht zuständig halten.

V. Fehlende Einigung bei Abgabe aus wichtigem Grund, Nr. 5. Soll eine Abgabe aus wichtigem Grund nach § 4 erfolgen, können sich die Gerichte aber nicht einigen, weil sich das Gericht, dem die Aufnahme angesonnen wird, nicht zur Übernahme bereit erklärt, wird das zuständige Gericht durch das nächsthöhere bestimmt, z.B. wenn das übernehmende Gericht das Verfahren nicht für abgabereif hält (vgl. OLG Stuttgart FGPrax 2011, 299). Das übergeordnete Gericht prüft insbesondere den wichtigen Grund für die Abgabe (OLG Köln FamRZ 2015, 75). Es bedarf keiner förmlichen Beschlüsse der beteiligten Gerichte (OLG Hamm FamRZ 2015, 1924). Vielmehr genügt es, dass zwei Gerichte in entgegengesetztem Sinne dahin Stellung genommen haben, dass das eine die Sache abgeben, das andere sie aber nicht übernehmen will (OLG Hamm FamRZ 2015, 1924; OLG Celle NdsRPfl 2012, 14). Nr. 5 kommt nur zur Anwendung, wenn ein Gericht zunächst seine Zuständigkeit bejaht hat, die Angelegenheit aber wegen Vorliegens eines wichtigen Grundes i.S.d. § 4 abgeben möchte (OLG Celle NdsRPfl 2012, 14). Die Vorschrift erfasst auch den selteneren Fall, dass das eine Gericht die Sache übernehmen, das andere sie aber nicht abgeben will (Prütting/Helms/*Prütting* Rn. 28). Die Übernahmebereitschaft des aufnehmenden Gerichts kann i.F.d. § 4 durch eine Entscheidung des oberen Gerichts ersetzt werden (OLG Karlsruhe NZFam 2014, 965). Die Entscheidung setzt voraus, dass das Gericht, das das Obergericht anruft, das andere Gericht zur Abgabe angehört und dass sich dieses Gericht dazu geäußert hat. Außerdem darf das abgebende Gericht seine Eingangszuständigkeit nicht bestreiten und muss lediglich das weitere Verfahren die Übernahme für zweckmäßig halten (OLG Düsseldorf NZG 2011, 711). Ist die Abgabe bereits erfolgt, ist kein Raum mehr für eine obergerichtliche Entscheidung. Das gilt auch, wenn das Gericht des Eilverfahrens nicht mehr zuständig ist, da § 4 das Fortbestehen der Zuständigkeit voraussetzt (OLG Frankfurt FamRZ 2012, 1240). Nr. 5 erfasst auch die fehlende Einigung über die Abgabe i.R.d. Sondervorschriften zu § 4, also § 273 und § 314 (KG Rpfleger 2012, 255; KG FamRZ 2010, 1844).

C. Nächsthöheres Gericht, Abs. 2. Zuständig für die Entscheidung ist das **nach dem Gerichtsaufbau** nächsthöhere gemeinsame Gericht, da Abs. 1 nicht auf § 119 Abs. 1 GVG verweist, sondern sich generell auf das nächsthöhere gemeinsame Gericht bezieht (OLG Oldenburg MDR 2012, 1419; MünchKommZPO/*Pabst* § 5 Rn. 15; ohne Begründung auch Prütting/Helms/*Prütting* Rn. 33; OLG Stuttgart FGPrax 2011, 299 und 326). Damit ist das **LG** für das AG in seinem Landgerichtsbezirk zuständig. Das **OLG** ist zuständig für die AG in seinem Bezirk, die zu verschiedenen Landgerichtsbezirken gehören. Außerdem ist es zuständig für die LG erster und zweiter Instanz seines Bezirkes. Die Auffassung, das nächsthöhere Gericht sei nach der Rechtsmittelzuständigkeit zu bestimmen (LG Offenburg, FamRZ 2013, 1999; Keidel/*Sternal* Rn. 29; Bassenge/Roth/*Gottwald* Rn. 8), hätte die Zuständigkeit des OLG bis auf in Freiheitsentziehungs- und von den Betreuungsgerichten entschiedenen Sachen zur Folge, in denen das LG zuständig wäre (§§ 72 Abs. 1, 119 Abs. 1 Nr. 1 GVG). Das widerspricht dem Ziel der Entlastung der oberen Gerichte und führt nicht weiter, wenn die fraglichen Gerichte kein gemeinsames Rechtsmittelgericht haben (OLG Oldenburg MDR 2012, 1419; MünchKommZPO/*Pabst* § 5 Rn. 15).

Ist das nächsthöhere Gericht der **BGH**, bestimmt dasjenige OLG die Zuständigkeit, zu dessen Bezirk das zuerst mit der Sache befasste Gericht gehört (Abs. 2). Dieses **Prioritätsprinzip** gilt auch dann, wenn das mit der Sache zuerst befasste Gericht am Zuständigkeitsstreit nicht mehr beteiligt ist (vgl. KG Rpfleger 1972, 173) oder es sich zunächst irrtümlich für zuständig angesehen hat (BayObLG FamRZ 1988, 970). Nicht geregelt ist der unwahrscheinliche Fall, dass das danach zuständige OLG eine Entscheidung ablehnt.

Da das Gesetz eine Entscheidung des BGH vermeiden will, bleibt dann nur die Zuständigkeit des OLG, das dem als zweites mit der Sache befasstem Gericht übergeordnet ist (KG FGPrax 2000, 120).

15 **Befasst** ist das Gericht mit der Sache in Antragsverfahren, wenn der Antrag mit dem Ziel der Erledigung bei ihm eingeht, in Amtsverfahren, wenn es amtlich von Tatsachen Kenntnis erlangt, die Anlass zu gerichtlichen Maßnahmen geben (OLG Hamm FamRZ 2006, 1460). Ein Tätigwerden des Gerichts ist dagegen nicht erforderlich (KG OLGZ 1969, 493 f.).

16 Unter **Sache** versteht das Gesetz eine Angelegenheit, die Gegenstand eines selbstständigen und einheitlichen Verfahrens sein kann (OLG Frankfurt NJW-RR 1998, 367). Durch eine ihm als Verwahrungsgericht obliegende Testamentseröffnung allein wird das Verwahrungsgericht nicht mit einer dem Nachlassgericht obliegenden Sache befasst (OLG Frankfurt NJW-RR 1998, 367). Wenn bei einem Nachlassgericht ein Erbscheinsantrag gestellt wird, ist dieses Gericht erstmals mit der Sache befasst, selbst wenn ein anderes Gericht zuvor eine nachlassgerichtliche Handlung (wie etwa Testamentseröffnung) vorgenommen hat (BayObLGZ 1994, 346, 348).

17 **D. Verfahren. I. Einleitung.** Das Verfahren zur Zuständigkeitsbestimmung beginnt aufgrund der **Vorlage** eines der beteiligten Gerichte (also des z.Zt. befassten als auch des anderen, sich zur Entscheidung für berufen haltenden Gerichts) mit Aktenübersendung, aufgrund der **Anregung** jedes Beteiligten, der ein rechtliches Interesse an dem Verfahren hat (BayObLG FamRZ 1998, 1182), oder **von Amts wegen**, nachdem das höhere Gericht von der Ungewissheit der Beurteilung der Zuständigkeitsfrage Kenntnis erlangt hat (OLG Hamm NJW 2006, 2707, 2708). Eine ordnungsgemäße Vorlage durch eines der beteiligten Gerichte setzt voraus, dass die für die Zuständigkeit maßgebenden tatsächlichen Verhältnisse von dem vorlegenden Gericht geklärt sind (OLG Frankfurt FamRZ 1998, 34). Fehlt es daran, kann das für die Bestimmung zuständige Gericht die Sache an das vorlegende Gericht zwecks Nachholen der erforderlichen Ermittlungen zurückgeben und wird das regelmäßig tun (BayObLGZ 1987, 463, 464), allerdings kann es die Tatsachen auch selbst aufklären (Bassenge/Roth/*Gottwald* Rn. 11). Soweit der Rechtspfleger funktional zuständig ist, obliegt es ihm, eine Entscheidung nach § 5 herbeizuführen, einer vorrangigen Anrufung des Richters bedarf es nicht (OLG Köln FamRZ 2003, 1477). Handelt es sich in der Hauptsache dagegen um eine Richterangelegenheit, ist die Vorlage durch den Rechtspfleger keine genügende Grundlage für ein Verfahren nach § 5 (BayObLG NJW-RR 2002, 1118).

18 **II. Prüfung.** Das zur Entscheidung berufene nächsthöhere Gericht prüft zunächst nach rechtlichen Gesichtspunkten, welches Gericht oder welche Gerichte aufgrund der Vorschriften über die örtliche Zuständigkeit (z.B. §§ 3, 4, 152, 170, 201, 211, 218 etc.) zuständig sind. Dabei wird im Rahmen des § 5 Nr. 5 auch der wichtige Grund für die Abgabe geprüft (OLG Köln, FamRZ 2015, 75). Sind danach mehrere Gerichte zuständig oder kann die Ungewissheit über die Zuständigkeit nicht beseitigt werden, trifft das Obergericht die Bestimmung nach Zweckmäßigkeitsgesichtspunkten (BayObLG Rpfleger 1993, 251; Köln Rpfleger 1993, 353; zu § 36 ZPO BGH NJW 1993, 2752, 2753), insb. nach der Verfahrenswirtschaftlichkeit, also z.B. nach dem räumlichen Schwerpunkt der Sache, danach welches Gericht zuerst mit der Sache befasst war oder wessen Zuständigkeit am wahrscheinlichsten ist (Jansen/*Müther* § 5 Rn. 24). Wenn die Zuständigkeit des Obergerichts auf Abs. 2 beruht, muss das bestimmte Gericht nicht zum Bezirk des Obergerichts gehören, andernfalls ist das aber zwingend. Überlegungen zur Zuständigkeit erübrigen sich, wenn sich diese bereits aus einer bindenden Verweisung nach § 3 Abs. 3 FamFG ergibt (OLG ZweibrückenFamRZ 2015, 520).

19 In Ausnahmefällen kann auch ein bisher **nicht beteiligtes Gericht** bestimmt werden, wenn dieses in den Bezirk des entscheidenden Obergerichts fällt oder Abs. 2 eingreift (BGH FamRZ 1997, 171 zu § 36 ZPO; Keidel/*Sternal* Rn. 46); das dritte Gericht muss vorher gehört werden (Keidel/*Sternal* Rn. 46).

20 **III. Entscheidung und Bekanntgabe.** Aus Abs. 3 ergibt sich, dass die Entscheidung durch Beschluss (§ 38) erfolgt. Die Beschlussformel lautet z.B. »Das zuständige Gericht ist das Amtsgericht X« oder »Das zuständige Gericht wird dahin bestimmt, dass das Amtsgericht X zuständig ist«. Bei einer ablehnenden Entscheidung: »Die Bestimmung der Zuständigkeit wird abgelehnt«. Der Beschluss ist zu begründen (§ 38 Abs. 3), die Rechtsbehelfsbelehrung (§ 39) stellt klar, dass kein Rechtsmittel zulässig ist (§ 39). Der Beschluss ist den Beteiligten bekannt zu geben (§ 41) und wird mit Bekanntgabe wirksam (§ 40). Zu den Beteiligten gehören gem. §§ 7 Abs. 2, 8 Nr. 3 auch die beteiligten Gerichte.

21 **E. Entscheidungswirkung.** Der aufgrund der Bekanntgabe wirksame Beschluss legt die Zuständigkeit **bindend** fest. Die Akten sind dem bestimmten, nunmehr bindend zuständigen Gericht zuzuleiten. Dieses Ge-

richt führt das Verfahren fort, ihm obliegt die Entscheidung. Die Bestimmung bindet alle inländischen Gerichte, also auch dritte Gerichte, die mit der Angelegenheit bislang nicht befasst waren. Die weitere Zuständigkeit im Instanzenzug richtet sich nach dem als zuständig bestimmten Gericht. Soweit ein örtlich unzuständiges Gericht bereits eine Entscheidung getroffen hat, bleibt diese gem. § 2 Abs. 3 wirksam. Bei Verstößen gegen das rechtliche Gehör kommt die Gehörsrüge nach § 44 in Betracht; in diesem Rahmen entfällt die Bindungswirkung (LG Duisburg FamRZ 2015, 1317 (LS); OLG Branddenburg, Beschl. v. 27.05.2013 – 1 (Z) Sa 40/13; Keidel/*Sternal* Rn. 52).

F. Unanfechtbarkeit, Abs. 3, Abänderbarkeit. Der Beschluss, der das zuständige Gericht bestimmt, ist nicht anfechtbar, Abs. 3. Die Unanfechtbarkeit gilt nach dem Zweck der Norm auch für die Entscheidung, die eine Bestimmung ablehnt. Sofern die Bestimmung Dauerwirkung entfaltet, z.B. wenn das Betreuungsgericht für ein langjähriges Betreuungsverfahren bestimmt wurde, kommt gem. § 48 die Abänderung der Entscheidung in Betracht, da das Bestimmungsgericht funktionell als Teil des ersten Rechtszuges angesehen werden kann. Wirksam gewordene Entscheidungen des nicht als zuständig bestimmten Gerichts bleiben durch die Änderung der Zuständigkeit unberührt (Keidel/*Sternal* Rn. 49). 22

G. Kosten. Mangels entsprechenden Kostentatbestands fallen keine gesonderten Gerichtskosten an. Der Rechtsanwalt erhält keine gesonderten Gebühren, da das Verfahren nach § 5 Teil des Hauptsacheverfahrens ist (§ 19 Abs. 1 Satz 2 Nr. 3 RVG). 23

§ 6 Ausschließung und Ablehnung der Gerichtspersonen. (1) ¹Für die Ausschließung und Ablehnung der Gerichtspersonen gelten die §§ 41 bis 49 der Zivilprozessordnung entsprechend. ²Ausgeschlossen ist auch, wer bei einem vorausgegangenen Verwaltungsverfahren mitgewirkt hat.
(2) Der Beschluss, durch den das Ablehnungsgesuch für unbegründet erklärt wird, ist mit der sofortigen Beschwerde in entsprechender Anwendung der §§ 567 bis 572 der Zivilprozessordnung anfechtbar.

Übersicht

	Rdn.		Rdn.
A. Allgemeines	1	I. Befangenheitsbegriff	21
B. Ausschließung von Gerichtspersonen, Abs. 1 Satz 1 und 2, § 41 ZPO	4	II. Fallgruppen	23
I. Allgemeines	4	1. Mittelbare Beteiligung, Eigeninteresse	24
II. Die einzelnen Ausschließungsgründe	5	2. Besondere Beziehungen zu Beteiligten oder Verfahrensbevollmächtigten	25
1. Beteiligung der Gerichtsperson, § 41 Nr. 1 ZPO	5	3. Angreifendes Verhalten des Richters oder eines Beteiligten	26
2. Sachen des Ehegatten oder Lebenspartners, § 41 Nr. 2, 2a ZPO	8	4. Unsachliche und fehlerhafte Verfahrensführung	27
3. Sachen des Verwandten oder Verschwägerten, § 41 Nr. 3 ZPO	9	5. Hinweise und Meinungsäußerungen, politischer Standort	28
4. Vertretung eines Beteiligten, § 41 Nr. 4 ZPO	10	6. Vorbefassung	31
5. Gerichtsperson als Beweisperson, § 41 Nr. 5 ZPO	12	D. Verfahren, Abs. 1 Satz 1, §§ 43 bis 49 ZPO	32
		I. Ablehnungsgesuch, § 44 ZPO	32
		1. Inhalt, Form	32
6. Mitwirkung an der angefochtenen Entscheidung, § 41 Nr. 6 ZPO	13	2. Glaubhaftmachung	33
		3. Dienstliche Äußerung	34
7. Mitwirkung an überlangen Verfahren, wenn Entschädigungsanspruch geltend gemacht wird, § 41 Nr. 7 ZPO	16	II. Verlust des Ablehnungsrechts, § 43 ZPO	35
		III. Zuständigkeit, § 45 ZPO	36
		IV. Entscheidung und Rechtsmittel, Abs. 2, § 46 ZPO	40
8. Vorbefassung im Verfahren der Mediation oder außergerichtlichen Konfliktbeilegung, § 41 Nr. 8 ZPO	17	1. Verfahren	40
		2. Beschluss, § 46 Abs. 1 ZPO	41
9. Vorbefassung im Verwaltungsverfahren, Abs. 1 Satz 2	18	3. Rechtsbehelfe, Abs. 2, § 46 Abs. 2 ZPO	42
III. Ausschließungswirkung, Verstoß	19	V. Amtshandlungen des Abgelehnten, § 47 ZPO	47
C. Ablehnung wegen Befangenheit, Abs. 1 Satz 1, § 42 ZPO	21		

	Rdn.		Rdn.
1. Unaufschiebbare Handlungen bei Ablehnung außerhalb der Verhandlung.	47	VII. Urkundsbeamter, § 49 ZPO	51
		VIII. Rechtspfleger	52
2. Ablehnung während der Verhandlung	48	IX. Ausschluss und Ablehnung sonstiger Personen	53
3. Verstoß, Rechtsmittel	49		
VI. Selbstablehnung, § 48 ZPO	50	E. Kosten	54

1 **A. Allgemeines.** Die Vorschrift soll den Grundsatz wahren, dass die Tätigkeit des Gerichts **Neutralität** und **Distanz** ggü. den Verfahrensbeteiligten erfordert und aus diesem Grund in bestimmten Fällen die Ausschließung sowie die Möglichkeit der Ablehnung wegen der Besorgnis der Befangenheit geboten ist, wenn das Gericht diese Distanz im Einzelfall vermissen lässt (BVerfGE 21, 139 ff.). Daher verweist die Vorschrift auf die die entsprechende Anwendung der §§ 41 ff. ZPO, eine Regelungsstruktur, die anderen Verfahrensordnungen (z.B. § 54 VwGO, § 51 FGO) entspricht und dadurch für den Ausschluss und die Ablehnung der Gerichtspersonen einen Beitrag zur Harmonisierung der Verfahrensordnungen leistet (RegE).

2 Durch die Anknüpfung an den Begriff der **Gerichtsperson** stellt das Gesetz klar, dass die Ausschluss- und Ablehnungsgründe nicht nur auf Richter, sondern auch auf Rechtspfleger (§ 10 RPflG) und Urkundsbeamte der Geschäftsstelle (§ 49 ZPO) Anwendung finden. Die Vorschrift gilt gem. § 113 nicht in Ehesachen und Familienstreitsachen, auf die ohnehin die ZPO-Normen Anwendung finden (§ 113 Abs. 1).

3 Das Gesetz unterscheidet zwischen der **Ausschließung**, die bei der Verwirklichung von Ausschließungsgründen der Gerichtsperson kraft Gesetzes die Fähigkeit aberkennt, ihr Amt in dem betroffenen Verfahren auszuüben, und der **Ablehnung** durch einen Beteiligten durch Geltendmachung von Ablehnungsgründen.

4 **B. Ausschließung von Gerichtspersonen, Abs. 1 Satz 1 und 2, § 41 ZPO. I. Allgemeines.** Die Ausschließung tritt kraft Gesetzes ein und ist von Amts wegen zu berücksichtigen. Der Ausschluss bezieht sich auf das bestimmte Verfahren, in dem der Tatbestand des § 41 ZPO erfüllt ist. Die ausgeschlossene Gerichtsperson hat sich von Amts wegen jeder Tätigkeit in dem Verfahren zu enthalten. Um den Vorgang insb. im Hinblick auf die Garantie des gesetzlichen Richters nachprüfbar zu machen, muss die Gerichtsperson den Sachverhalt in der Verfahrensakte vermerken. Die Beteiligten können den Ausgeschlossenen nach § 42 Abs. 1 ZPO ablehnen. Ein Grund, der nicht zur Ausschließung führt, kann die Ablehnung wegen Befangenheit nach § 42 ZPO rechtfertigen; eine ausdehnende Auslegung des § 41 ZPO ist daher verfassungsrechtlich nicht geboten (vgl. BVerfG NJW 2001, 3533).

5 **II. Die einzelnen Ausschließungsgründe. 1. Beteiligung der Gerichtsperson, § 41 Nr. 1 ZPO.** Dieser Tatbestand ist Ausdruck des Grundsatzes, dass niemand Richter in eigener Sache sein darf. Die Gerichtsperson ist daher ausgeschlossen, wenn sie selbst **Beteiligter** in der Angelegenheit ist, denn der in § 41 Nr. 1 ZPO verwandte Begriff der Partei ist im FamFG-Verfahren durch den des Beteiligten (§ 7) zu ersetzen.

6 Als **Mitberechtigter**, **Mitverpflichteter** oder **Regresspflichtiger** ist ausgeschlossen, wer zwar nicht Beteiligter ist und auch nicht als solcher auftreten kann, wer aber neben einem Beteiligten von dem Verfahren unmittelbar betroffen wird, weil er eine unmittelbare Rechtsbeziehung zum Stoff des Verfahrens hat (Keidel/*Zimmermann* Rn. 10). In Betracht kommt z.B. die Stellung des Richters in seiner Eigenschaft als Gesellschafter einer beteiligten Personengesellschaft oder Mitglied eines nichtrechtsfähigen Vereins, sofern den Richter in seiner Eigenschaft als handelndes Vereinsmitglied eine eigene Haftung (§ 54 Satz 2 BGB) treffen kann. Nicht mitberechtigt oder -verpflichtet ist der Richter aber als Mitglied einer beteiligten juristischen Person des öffentlichen Rechts (z.B. weltliche oder kirchliche Gemeinde) oder des Privatrechts (Aktionär einer AG, Gesellschafter einer GmbH, Mitglied eines eV oder einer eG), es sei denn es sind Sonderrechte als Mitglied betroffen (Keidel/*Zimmermann* Rn. 10). In diesen Fällen kommt aber eine Ablehnung wegen Befangenheit nach § 42 ZPO in Betracht.

7 Der maßgebende **Zeitpunkt** für die Beteiligung der Gerichtsperson ist der Zeitpunkt ihres Tätigwerdens (Jansen/*Müther* § 6 Rn. 10; Keidel/*Zimmermann* Rn. 10).

8 **2. Sachen des Ehegatten oder Lebenspartners, § 41 Nr. 2, 2a ZPO.** Die Gerichtsperson ist ausgeschlossen in Sachen ihres Ehegatten oder ihres Lebenspartners (nach dem LPartG), also wenn dieser Beteiligter des Verfahrens ist oder in einem Verhältnis als Mitberechtigter, Mitverpflichteter oder Regresspflichtiger zu einem Beteiligten steht. Der Ausschluss gilt auch, wenn die Ehe oder Lebenspartnerschaft nicht mehr besteht, *also bei Scheidung, Aufhebung, Wiederheirat nach Todeserklärung* (§ 1319 Abs. 2) und Tod. Die Mitwir-

kung der Ehefrau eines Rechtsmittelrichters an der erstinstanzlichen Entscheidung ist weder ein Ausschlussgrund nach § 41 Nr. 2 noch nach Nr. 3 ZPO (BGH NJW 2008, 1672; 2004, 163). In diesem Fall kommt allenfalls eine Ablehnung wegen Befangenheit in Betracht. Das gilt auch, wenn der Ehegatte Verfahrensvertreter eines Beteiligten ist oder im Fall des Verlöbnisses oder eines eheähnlichen Zusammenlebens der Gerichtsperson mit einem Beteiligten.

3. Sachen des Verwandten oder Verschwägerten, § 41 Nr. 3 ZPO. Die Verwandtschaft oder Schwägerschaft bestimmt sich nach §§ 1589 ff. BGB (die anerkannte oder gerichtlich festgestellte Vaterschaft fällt also darunter, § 1592 Nr. 2 und 3 BGB), und im Fall der Adoption nach §§ 1754 ff. BGB. Zum Ausschluss führt stets die Verwandtschaft oder Schwägerschaft in gerader Linie sowie in der Seitenlinie die Verwandtschaft bis zum dritten Grad (Geschwister – auch halbbürtige, Tanten, Onkel, Nichten, Neffen), die Schwägerschaft bis zum zweiten Grad (Geschwister des Ehegatten, Ehegatten der Geschwister). Ist eine Partei kraft Amtes (Insolvenz-, Nachlass-, Zwangsverwalter, Testamentsvollstrecker) beteiligt, führt ein Verwandtschafts- oder Schwägerschaftsverhältnis sowohl mit dem Beteiligten kraft Amtes als auch mit dem Vermögensträger zum Ausschluss des Richters (Jansen/*Müther* § 6 Rn. 12). Verwandtschaft oder Schwägerschaft der Gerichtsperson mit einem gesetzlichen Vertreter oder einem Verfahrensbevollmächtigten sowie mit einem Richter der unteren oder oberen Instanz führt nicht zum Ausschluss, kann aber nach § 42 ZPO die Befangenheit rechtfertigen. Das Gleiche gilt für die Verwandtschaft oder Schwägerschaft zu Zeugen, Sachverständigen oder Dolmetschern (PG/*Mannebeck* § 41 Rn. 26). 9

4. Vertretung eines Beteiligten, § 41 Nr. 4 ZPO. Die Gerichtsperson ist ausgeschlossen in Sachen, in denen sie als Prozessbevollmächtigter oder Vertreter eines Beteiligten bestellt oder als gesetzlicher Vertreter eines Beteiligten aufzutreten berechtigt ist oder gewesen ist. Im Fall der **gewillkürten Vertretung** muss die Gerichtsperson die Bevollmächtigung angenommen haben (PG/*Mannebeck* § 41 Rn. 28), andernfalls könnte jeder Beteiligte durch einseitige Bevollmächtigung den Ausschluss jeder Gerichtsperson erreichen. Der Ausschluss besteht auch dann, wenn die Gerichtsperson in der Sache nicht als Vertreter tätig geworden ist, weil sie sich regelmäßig auch dann mit der Sache befasst und sich bereits ein ihrer Neutralität entgegenstehendes Urteil gebildet hat (Musielak/Voit/*Heinrich* § 41 Rn. 11). 10
Gesetzlicher Vertreter sind die Eltern (§ 1629 Abs. 1 BGB), der Vormund (§ 1793 Abs. 1 Satz 1 BGB) oder Pfleger (§§ 1915 Abs. 1, 1793 Abs. 1 Satz 1 BGB), und der Betreuer (§ 1902 BGB). Unter der gesetzlichen Vertretung ist auch die organschaftliche Vertretung durch Vorstandsmitglieder der AG, der eG oder des eV, durch Geschäftsführer der GmbH, aber auch durch die persönlich haftenden Gesellschafter der OHG, KG oder KGaA zu verstehen. Die Gerichtsperson muss auch in analoger Anwendung der Vorschrift ausgeschlossen sein, wenn sie eine Vorsorgevollmacht des Betroffenen akzeptiert hat (Keidel/*Zimmermann* Rn. 14). 11

5. Gerichtsperson als Beweisperson, § 41 Nr. 5 ZPO. Die Gerichtsperson ist ausgeschlossen in Sachen, in denen sie als Zeuge oder Sachverständiger vernommen ist. Richteramt und Zeugen- oder Sachverständigenstellung sind unvereinbar, da der Richter seine eigene Bekundung nicht unbefangen würdigen kann. Die Gerichtsperson muss als Zeuge bereits vernommen sein, es genügt nicht, dass sie vernommen werden soll. Die bloße Benennung als Beweismittel reicht nicht aus (OLG Saarbrücken NJW-RR 1994, 763, 765), denn andernfalls könnten Beteiligte dieses Mittel missbrauchen, um den Richter auszuschließen. Eine schriftliche Aussage begründet den Ausschluss, nicht aber eine dienstliche Äußerung (BGH NJW 2002, 2401, 2402 f.). Der Richter kann noch den Beweisbeschluss dahin erlassen, dass er selbst als Zeuge oder Sachverständiger zu vernehmen sei (OLG Saarbrücken NJW-RR 1994, 763, 765), ist im Anschluss daran aber ausgeschlossen. 12

6. Mitwirkung an der angefochtenen Entscheidung, § 41 Nr. 6 ZPO. Eine Gerichtsperson ist nach § 41 Nr. 6 ZPO ausgeschlossen in Sachen, in denen sie in einem früheren Rechtszug oder im schiedsrichterlichen Verfahren bei dem Erlass der angefochtenen Entscheidung mitgewirkt hat, sofern es sich nicht um die Tätigkeit eines beauftragten oder ersuchten Richters handelt. Es geht um den Tatbestand der **Vorbefassung**, der die Funktionstüchtigkeit eines unparteiisch entscheidenden Instanzenweges gewährleisten soll (Musielak/Voit/*Heinrich* § 41 Rn. 13). Die Mitwirkung an der angefochtenen Entscheidung kommt im Wesentlichen nur für Richter, in Ausnahmefällen für Personen (Volljuristen) infrage, die in erster Instanz in Rechtspfleger-, in zweiter in Richterfunktion tätig werden. Die Begriffe des **beauftragten** oder **ersuchten** Richters ergeben sich aus § 30 Abs. 1, §§ 361, 362 ZPO. 13
Schiedsrichterliche Verfahren kommen im Anwendungsbereich des FamFG kaum vor. Nicht schiedsfähig sind Ehe-, Kindschafts- und Lebenspartnerschaftssachen sowie Angelegenheiten der freiwilligen Gerichts- 14

barkeit mit Ausnahme der echten Streitsachen, z.B. Verfahren nach § 132 AktG, § 166 Abs. 3 HGB (Zöller/*Geimer* § 1030 Rn. 6).

15 Die Gerichtsperson ist aufgrund zweckgemäßer Auslegung auch dann ausgeschlossen, wenn sie zwar nicht an der angefochtenen, wohl aber an einer an der angefochtenen Entscheidung **vorausgehenden Entscheidung** mitgewirkt hat (OLG München NJW 1969, 754; a.A. OLG Hamburg NJW-RR 2002, 789); das muss auch gelten, wenn der Richter an der einstweiligen Anordnung der Betreuung mitgewirkt hat und es in der Beschwerde um deren endgültige Anordnung geht (a.A. Keidel/*Zimmermann* Rn. 16). Für die Abänderungsklage ist ein Richter nicht ausgeschlossen, der an einem Unterhaltsurteil mitgewirkt hat (Musielak/Voit/*Heinrich* § 41 Rn. 13). Der Rechtspfleger ist für die Festsetzung des Geschäftswerts ausgeschlossen, wenn er zuvor als Kostenbeamter den für die Kostenrechnung maßgeblichen Kostenansatz erstellt hat (OLG München NJW-RR 2015, 638; RPfleger 2015, 232).

16 **7. Mitwirkung an überlangen Verfahren, wenn Entschädigungsanspruch geltend gemacht wird, § 41 Nr. 7 ZPO.** In Entschädigungsverfahren wegen überlanger Gerichtsdauer kann das Gericht nur unbefangen entscheiden, wenn kein Richter mitwirkt, der selbst an dem Verfahren mitgewirkt hat, dessen Dauer beanstandet wird. Unter Mitwirkung ist aus Gründen der Rechtssicherheit schon zu verstehen, dass die bloße Zugehörigkeit zu dem betroffenen Spruchkörper während einer Zeit genügt, zu der das fragliche Verfahren anhängig war. Es kommt nicht darauf an, ob der Richter tatsächlich mit der Sache befasst war (PG/*Mannebeck* § 41 Rn. 35).

17 **8. Vorbefassung im Verfahren der Mediation oder außergerichtlichen Konfliktbeilegung, § 41 Nr. 8 ZPO.** Es ist ein Wesensmerkmal der Mediation, dass der Mediator nicht befugt ist, in derselben Streitsache zu entscheiden. Um die Funktionsfähigkeit des Mediationsverfahrens zu gewährleisten, sollen die Beteiligten nicht befürchten müssen, dass Richter die ihnen im Mediationsverfahren offenbarten Tatsachen der gerichtlichen Entscheidung zugrunde legen. Mediation und Streitentscheidung sollen getrennt sein, damit die Beteiligten im Mediationsverfahren unbefangen uns vertrauensvoll ihre Interessen darlegen können. Die Vorschrift stellt auch für andere Verfahren der außergerichtlichen Konfliktlösung sicher, dass die Mitwirkung an derartigen Verfahren mit dem Richteramt unvereinbar ist (BT-Drucks. 17/5335 S. 20). Die Alternative des Verfahrens der außergerichtlichen Konfliktbeilegung wird z.T. für zu unbestimmt gehalten (PG/*Mannebeck* § 41 Rn. 36), sollte sich aber konkretisieren lassen, da es sich um ein geregeltes Verfahren und nicht nur um einen individuellen Versuch der Konfliktbeilegung handeln muss. Zudem kommt ggf. die Ablehnung wegen Befangenheit nach § 42 ZPO in Betracht. Zum Mediationsverfahren s. näher die Kommentierung zu § 36a.

18 **9. Vorbefassung im Verwaltungsverfahren, Abs. 1 Satz 2.** Ausgeschlossen ist auch eine Gerichtsperson, die bei einem vorausgegangenen Verwaltungsverfahren mitgewirkt hat. Der Norm liegt der Gedanke zugrunde, dass die Mitwirkung eines Richters an einem Verfahren, das er als Organ der (Justiz-) Verwaltung veranlasst hat und in dem die Rechtmäßigkeit dieses Verwaltungshandelns überprüft werden soll, im Hinblick auf den Gewaltenteilungsgrundsatz ausgeschlossen ist (RegE). Hat etwa der LG-Präsident einen Notar angewiesen, wegen einer Kostenberechnung die gerichtliche Entscheidung herbeizuführen, ist er gehindert, im Notarkostenbeschwerdeverfahren als Richter mitzuwirken (BayObLG NJW 1986, 1622). Die Vorbefassung im Verwaltungsverfahren kommt insb. bei der Überprüfung von Justizverwaltungsakten nach § 23 EGGVG in Betracht.

19 **III. Ausschließungswirkung, Verstoß.** Die von einem Ausschließungsgrund betroffene Gerichtsperson ist **kraft Gesetzes** von der Amtsausübung ausgeschlossen. Die Gerichtsperson wird durch ihren nach der Geschäftsverteilung zuständigen **Vertreter** ersetzt. Fehlt es an einem Vertreter, muss das zuständige Gericht nach § 5 Abs. 1 Nr. 1 bestimmt werden. Bei Zweifeln am Vorliegen eines Ausschließungsgrundes entscheidet nach § 48 ZPO das zuständige Gericht. Ausschließungsgründe rechtfertigen die Ablehnung durch die Beteiligten nach § 42 Abs. 1 ZPO.

20 Ein **Verstoß** gegen § 41 ZPO lässt die Wirksamkeit der Entscheidung unberührt, macht sie aber nach den allgemeinen Regeln anfechtbar (Keidel/*Zimmermann* Rn. 17). Verfahrenshandlungen der ausgeschlossenen Gerichtsperson kann ihr geschäftsplanmäßiger Vertreter wiederholen, wenn sie nicht bindend sind und der Rechtszug noch nicht beendet ist (PG/*Mannebeck* § 41 Rn. 16). Von den Beteiligten vor der ausgeschlossenen Gerichtsperson vorgenommene Verfahrenshandlungen sind wirksam.

§ 6

C. Ablehnung wegen Befangenheit, Abs. 1 Satz 1, § 42 ZPO. I. Befangenheitsbegriff. Nach § 42 Abs. 1 **21** ZPO kann eine Gerichtsperson wegen Besorgnis der Befangenheit abgelehnt werden, und zwar in jedem Fall von allen Beteiligten, § 42 Abs. 3 ZPO. Befangenheit ist eine innere Einstellung des Richters, aufgrund derer er die erforderliche Distanz zu der Rechtssache und die notwendige Unparteilichkeit so vermissen lässt, dass es zu **sachfremden Erwägungen** und damit zu Bevorzugungen oder Benachteiligungen eines Beteiligten kommt (Musielak/Voit/*Heinrich* § 42 Rn. 4). Nach § 42 Abs. 2 ZPO ist Besorgnis der Befangenheit gegeben, wenn ein Grund vorliegt, der geeignet ist, Misstrauen gegen die Unparteilichkeit eines Richters zu rechtfertigen. § 1036 Abs. 2 Satz 1 ZPO konkretisiert weiter, dass Umstände vorliegen, die berechtigte Zweifel an der Unparteilichkeit oder Unabhängigkeit des Richters aufkommen lassen. Es muss ein objektiver Grund vorliegen, der dem Beteiligten bei vernünftiger Würdigung aller Umstände Anlass gibt, an der Unvoreingenommenheit des Richters und dessen objektiver Einstellung zu zweifeln (BGH NJW 2004, 164; 1995, 1677, 1679; BVerfG NJW 2000, 2808).

Darauf, ob der Richter tatsächlich befangen ist oder wie er sich selbst einschätzt, kommt es nicht an. Ent- **22** scheidend ist vielmehr, ob ein Beteiligter bei vernünftiger Würdigung aller Umstände Anlass hat, an der Unvoreingenommenheit eines Richters zu zweifeln (BGH NJW 2002, 2396; BVerfG NJW 1993, 2230), dabei ist auf die **Sicht eines durchschnittlichen**, vernünftigen und besonnen handelnden **Beteiligten** abzustellen (Musielak/Voit/*Heinrich* § 42 Rn. 5). Angesichts dieses begrenzt subjektiven Kriteriums sind unbesonnene, unvernünftige Vorstellungen oder überzogenes Misstrauen eines Beteiligten nicht zu berücksichtigen (BayObLG NJW-RR 1988, 191; OLG München NJW-RR 2002, 862; Musielak/Voit/*Heinrich* § 42 Rn. 6). Die Ablehnungsgründe sind insgesamt zu würdigen, im Zweifel muss Befangenheit angenommen werden (Zöller/*Vollkommer* § 42 Rn. 9 f.). Daher wirkt sich die Befangenheit in einem Verfahren auch auf ein Parallelverfahren mit dem betroffenen Beteiligten aus (OLG München FamRZ 2014, 958 [LS]).

II. Fallgruppen. Die jeweils geforderte Einzelfallentscheidung lässt sich durch Fallgruppenbildung erleich- **23** tern. Im Folgenden sind wichtige Fallgruppen und Einzelfälle ohne Anspruch auf Vollständigkeit aufzuzeigen.

1. Mittelbare Beteiligung, Eigeninteresse. Die **Mitgliedschaft** in einer juristischen Person, z.B. als Aktio- **24** när oder Vereinsmitglied, kann insb. bei Organisationen mit geringer Mitgliederzahl die Besorgnis der Befangenheit begründen. Diese liegt i.d.R. nicht vor bei bloßer Mitgliedschaft in einer Religionsgemeinschaft, politischen Partei, Gewerkschaft (Keidel/*Zimmermann* Rn. 29) oder sonstigen Massenorganisation wie dem ADAC. Allein die Teilnahme an der Hauptversammlung einer AG und die Abstimmung rechtfertigen nicht die Besorgnis der Befangenheit eines Richters im Spruchstellenverfahren (BayObLG NZG 2002, 485). Anderes muss aber dann gelten, wenn nach Art und Umfang der Beteiligung ein nicht unerhebliches wirtschaftliches Interesse des Richters vorliegt (vgl. BGH NJW 1991, 982, 985), so ist der Richter befangen, wenn das Verfahren die wirtschaftlichen Interessen einer AG betrifft, bei der der (ehrenamtliche) Richter Aufsichtsratsmitglied ist (BGH MDR 2015, 608). **Geschäftliche Beziehungen** eines Richters zu einem Beteiligten können ihn je nach den Umständen befangen machen (OLG Zweibrücken NJW-RR 1998, 857).

2. Besondere Beziehungen zu Beteiligten oder Verfahrensbevollmächtigten. Soweit nicht schon § 41 **25** Nr. 2 oder 3 ZPO eingreift, können verwandtschaftliche oder sonstige engere persönliche Beziehungen die Besorgnis der Befangenheit rechtfertigen. In Betracht kommen Verlöbnis mit einem Beteiligten, Ehe mit einer bei einem Beteiligten beschäftigten Führungskraft (BGH NJW 1995, 1677, 1679). Aber auch jahrelange enge Freundschaft (LG Leipzig NJW-RR 2004, 1003) ebenso wie Feindschaft, Kollegialitätsverhältnisse, die nähere private oder berufliche Beziehungen mit sich bringen, sowie nahe persönliche Beziehungen zum Verfahrensvertreter einer Partei (KG NJW-RR 2000, 1164) können die Besorgnis der Befangenheit begründen. Das Gleiche gilt für die Ehe eines Rechtsmittelrichters mit einem Richter, der an der angegriffenen Entscheidung des ersten Rechtszugs mitgewirkt hat (a.A. BGH NJW 2008, 1672). Befangenheit besteht auch, wenn der Ehegatte des Richters in der Kanzlei tätig ist, die den Gegner des Ablehnenden vertritt (BGH NJW 2012, 1890) oder wenn einer der Beteiligten ein Arzt des Richters ist (OLG Bremen NJW-RR 2012, 637). Bloßes Duzen oder die gemeinsame Mitgliedschaft des Richters in einem Verein mit einem Vorstandsmitglied genügen nicht, wenn dennoch keine nahen persönlichen Beziehungen bestehen (OLG Hamm MDR 2012, 933).

3. Angreifendes Verhalten des Richters oder eines Beteiligten. Die Anzeige eines Verfahrensbeteiligten **26** gegen den entscheidenden Richter begründet i.d.R. keine Besorgnis der Befangenheit, da es der Ablehnende sonst in der Hand hätte, sich nach Belieben jedem Richter zu entziehen; allerdings ist auf den Einzelfall abzustellen (BVerfG NJW 1996, 2022). Das Gleiche gilt bei Dienstaufsichtsbeschwerden und Beleidigungen gegen den Richter. Dagegen führen umgekehrt Beleidigungen durch die Gerichtsperson gegen einen Beteiligten zur Besorgnis der Befangenheit, z.B. durch die Bezeichnung des Sachvortrags als Unsinn (LSG NRW NJW 2003, 2933). Unmutsäußerungen über das Nichterscheinen einer Partei, deren persönliches Erscheinen angeordnet war, reichen aber nicht ohne Weiteres aus, um Befangenheit zu begründen (OLG Stuttgart NZG 2012, 512). Nach h.M. stellt das Erstatten einer Strafanzeige gegen eine Partei nur dann keinen Befangenheitsgrund dar, wenn der Richter zuvor die vorhandenen Verdachts- und Entlastungsumstände sorgfältig abgewogen und der Partei Gelegenheit zur Stellungnahme gegeben hat. Entsprechendes gilt für die Ankündigung einer solchen Anzeige (BVerfG NJW 2012, 3228).

27 **4. Unsachliche und fehlerhafte Verfahrensführung.** Eine für eine Partei ungünstige Rechtsauffassung des Rechtspflegers oder Richters oder eine Maßnahme der Verfahrensleitung begründen für sich genommen keinen Ablehnungsgrund wegen Besorgnis der Befangenheit (OLG Thüringen FamFR 2011, 280), ebensowenig fehlende Fortbildung oder fachliche Unkenntnis (OLG CelleFamRZ 2013, 1751). Selbst materiellrechtliche oder verfahrensrechtliche Fehler begründen als solche nicht die Besorgnis der Befangenheit. Hinzukommen muss vielmehr, dass der Rechtsfehler auf einer unsachlichen oder voreingenommenen Einstellung oder auf Willkür beruht (OLG Köln FamRZ 2012, 318; Musielak/Voit/*Heinrich* § 42 Rn. 10) oder dass das Verhalten des Richters sich so sehr von der normalen Verfahrensweise unterscheidet, dass sich der Eindruck einer sachwidrigen auf Voreingenommenheit beruhenden Benachteiligung eines Beteiligten geradezu aufdrängt (OLG Köln ErbR 2015, 38), z.B. wenn schwere Verfahrensverstöße vorliegen und sich der Richter bei der Gestaltung des Verfahrens von anerkannten verfassungsrechtlichen Grundsätzen entfernt (OLG Hamm FamRZ 2014, 324). Die Besorgnis der Befangenheit ist begründet, wenn sich der Richter über die ganz herrschende Meinung in Rechtsprechung und Kommentarliteratur ohne Angabe von Gründen hinwegsetzt, das diesbezügliche Vorbringen der Partei in keiner Weise würdigt und sich aus seiner Entscheidung auch nicht entnehmen lässt, dass tatsächlich ein Abwägungsprozess stattgefunden hat (OLG Dresden NZFam 2014, 741). Die stark zögerliche Behandlung eines Antrags zur Umgangsregelung (OLG Karlsruhe FamRZ 1994, 46) oder eines Eilantrags in einer Sorgerechtssache (OLG Hamm FamRZ 1999, 936) sowie das Unterlassen prozessfördernder Maßnahmen über 2 Jahre (OLG Dresden FamRZ 2014, 957) kann die Besorgnis der Befangenheit rechtfertigen, ebenso die Häufung prozessualer Fehler (OLG Schleswig NJW 1994, 1227). In Betracht kommt vor allem der Verstoß gegen Verfahrensgrundsätze wie das rechtliche Gehör, die Waffengleichheit oder den Grundsatz des fairen Verfahrens. Folgende Handlungen können die Besorgnis der Befangenheit rechtfertigen: Ablehnen eines Terminsverlegungsantrags trotz erheblicher Gründe, wenn die Zurückweisung des Antrags für den Beteiligten unzumutbar wäre und damit das Grundrecht auf rechtliches Gehör verletzte oder sich der Eindruck einer sachwidrigen Benachteiligung aufdrängt (OLG Brandenburg AnwBl 2015, 354); dafür genügt es aber nicht, wenn der Richter nach mehrfacher Verlegung Glaubhaftmachung der Verhinderung verlangt (OLG Bremen FamRZ 2015, 1823); Zurückweisung des von einem mehr als 14 Jahre alten Kind benannten Rechtsanwalts durch Rechtspfleger, wenn dieser seine Entscheidung endgültig getroffen hat und rechtlicher Argumentation nicht mehr zugänglich ist, so dass das Kind im Verfahren alleingelassen wird (OLG Karlsruhe, Beschl. v. 12.11.2015 - 20 WF 162/15); Ausüben unangemessenen Drucks auf die Parteien; vorweggenommene Beweiswürdigung; Übernahme der Sichtweise des Amtsvormunds ohne Anhörung der Pflegeeltern und Erteilung von Hinweisen in drastischer Form (OLG Brandenburg FamRZ 2011, 1527); fehlende Mitteilung des Inhalts eines Telefongesprächs mit dem Jugendamt im Sorgerechtsverfahren (AG Reutlingen NZFam 2015, 569); durchgängige Bezeichnung des nicht ehelichen Vaters als »Erzeuger« im Umgangsverfahren (AG Sömmerda FamRZ 2011, 656); dienstliche Äußerung eines Richters, das verfahrensrechtlich korrekte Verhalten des Verfahrensbevollmächtigten sei unverschämt gewesen und er habe ihn in der Verhandlung zurechtweisen müssen (OLG Karlsruhe FamFR 2011, 307); nicht ohne Weiteres die Beiziehung von Ermittlungsakten im Umgangsrechtsverfahren (OLG Brandenburg FamRZ 2002, 621).

28 **5. Hinweise und Meinungsäußerungen, politischer Standort.** Da das Gericht i.R.d. Verfahrensleitung nach § 28 aufzuklären und Hinweise zu geben hat, macht deren Erteilung nicht befangen. Rechtliche Hinweise und Meinungsäußerungen sind unbedenklich (OLG Saarbrücken ZKJ 2012, 194; OLG München MDR 2004, 52; OLG Stuttgart NJW 2001, 1145) solange sich der Richter nicht einseitig festgelegt und für

weitere Argumente weiterhin offen ist. Der Hinweis auf eine mögliche Übersendung der Akten an die Staatsanwaltschaft wegen Straftaten eines Beteiligten führt nicht zur Befangenheit (KG MDR 2001, 107).

Gibt der Richter seine Rechtsansichten im Rahmen wissenschaftlicher Betätigung, bei Seminaren oder Fortbildungsveranstaltungen kund, macht ihn das nicht befangen, da das Richteramt von ihm verlangt, sich im Einzelfall stets neu eine Rechtsmeinung zu bilden und dabei für die Argumente der Parteien offen zu sein (BGH NJW 2011, 1358; Zöller/*Vollkommer* § 42 Rn. 33). Allerdings liegt die Besorgnis der Befangenheit nahe, wenn ein Richter eines Bankensenats beim BGH erklärt, dem »Spuk« der verbraucherfreundlichen Rechtsprechung eines OLG müsse ein Ende bereitet werden, und wenn der Richter geschäftlich zu eng mit den Bankeninteressen verquickt ist (a.A. BGH NJW 2002, 2396, dazu mit Recht kritisch *Schneider* EWiR 2003, 393). Hat sich der Richter gutachterlich bereits in einer Weise geäußert, die als Unterstützung eines Verfahrensbeteiligten gewertet werden könnte, ist seine Ablehnung gerechtfertigt (BVerfG NJW 2004, 209). 29

Der bloße gesellschaftliche oder politische, z.B. durch Mitgliedschaft in einer politischen Partei, Gewerkschaft oder Kirche dokumentierte Standort des Richters begründet ohne Hinzukommen besonderer Umstände nicht die Besorgnis der Befangenheit, das Gleiche gilt auch für das Geschlecht des Richters (Zöller/*Vollkommer* § 42 Rn. 30). 30

6. Vorbefassung. Die Mitwirkung des Richters in einem früheren Verfahren, auch bezogen auf die gleiche Angelegenheit, begründet grds. keinen Ablehnungsgrund über § 41 Nr. 5 und 6 ZPO hinaus (BGH MDR 2012, 363 »prozessrechtlich typische Vorbefassung«; OLG Köln FamRZ 2012, 318; OLG Karlsruhe FamRZ 2006, 1555, 1557). Zur Befangenheit führen aber Fälle atypischer Vorbefassung, z.B. wenn ein Richter mit dem gleichen Sachverhalt als Staatsanwalt oder Strafrichter befasst war (Zöller/*Vollkommer* § 42 Rn. 17) oder wenn der Nachlassrichter einen Vertrag oder ein Testament auszulegen hat, dessen Beurkundung er früher als Notar vollzogen hat. Der Rechtspfleger ist bei der Festsetzung des Geschäftswerts ausgeschlossen, wenn er zuvor als Kostenbeamter den für die Kostenrechnung maßgeblichen Kostenansatz erstellt hat (OLG München Beschl. v. 12.06.2015 - 34 Wx 172/15). 31

D. Verfahren, Abs. 1 Satz 1, §§ 43 bis 49 ZPO. I. Ablehnungsgesuch, § 44 ZPO. 1. Inhalt, Form. Der Beteiligte kann das Ablehnungsgesuch bei dem Gericht, dem der abgelehnte Richter angehört, anbringen. Es kann nach § 42 Abs. 1 ZPO auf den Ausschluss kraft Gesetzes (§ 41 ZPO) oder auf die Besorgnis der Befangenheit gestützt werden. Das Ablehnungsgesuch ist in der mündlichen Verhandlung zu Protokoll, schriftlich oder zu Protokoll der Geschäftsstelle zu erklären (§ 44 Abs. 1 ZPO) und zu begründen; bei einem Kollegialgericht ist der Name des betroffenen Richters zu nennen. 32

2. Glaubhaftmachung. Der Ablehnungsgrund, also die Tatsachen auf die der Beteiligte die Ablehnung stützt, muss glaubhaft gemacht werden, die Versicherung der Partei an Eides statt ist aber entgegen § 31 nicht zugelassen (§ 44 Abs. 2 Satz 1 ZPO), wohl aber die eidesstattliche Versicherung oder schriftliche Erklärung von Zeugen. Zur Glaubhaftmachung kann auf das Zeugnis der abgelehnten Gerichtsperson, also auf ihre dienstliche Äußerung (§ 44 Abs. 3 ZPO) Bezug genommen werden. Offenkundige Tatsachen müssen nicht glaubhaft gemacht werden (vgl. § 291 ZPO), auch nicht Tatsachen, die in der Akte (z.B. im Protokoll) dokumentiert sind. Die Mittel zur Glaubhaftmachung müssen spätestens bei der Entscheidung über das Ablehnungsgesuch vorliegen, können also nachgereicht werden. Hat sich der Beteiligte bereits in eine Verhandlung eingelassen oder hat er Anträge gestellt und lehnt nunmehr die Gerichtsperson als befangen ab, hat er glaubhaft zu machen, dass der Ablehnungsgrund erst später entstanden oder ihm erst später bekannt geworden ist (§ 44 Abs. 4 ZPO), die Beschränkung des § 44 Abs. 2 Satz 1 gilt insoweit nicht. 33

3. Dienstliche Äußerung. Die Gerichtsperson ist verpflichtet, sich schriftlich zu den Tatsachen zu äußern, § 44 Abs. 3 ZPO. Bei einer mündlichen Verhandlung ist eine mündliche Äußerung möglich. Auf die Zulässigkeit oder Begründetheit des Ablehnungsgesuchs hat sich die Äußerung nicht zu erstrecken (s. BGH NJW 2011, 1358). 34

II. Verlust des Ablehnungsrechts, § 43 ZPO. Die Vorschrift gilt nicht für den Fall des § 41 ZPO. Das Ablehnungsgesuch wird bei Verlust des Ablehnungsrechts unzulässig. Dieser tritt ein, wenn die Partei die Person des Richters und den Ablehnungsgrund kennt und diesen nicht geltend macht, sondern sich trotzdem in eine Verhandlung einlässt oder Anträge stellt. Einlassen ist jede Handlung, die den Rechtsstreit fördert und seine Bearbeitung ermöglicht. Soweit das Verfahren schriftlich geführt wird, ist dem Einlassen in die Verhandlung das Einreichen von Schriftsätzen mit Sachausführungen in analoger Anwendung des § 43 ZPO gleichzustellen (Bork/Jacoby/Schwab/*Jakobi* Rn. 7). Anträge können Sach- oder Verfahrensanträge sein. § 43 35

ZPO greift dann nicht ein, wenn nach dem Ablehnungsgesuch noch entgegen § 47 ZPO gerichtliche Handlungen vorgenommen werden. Der Verlust des Ablehnungsrechts gilt nur für das betroffene Verfahren, nicht für Folgeverfahren (OLG Karlsruhe NJW-RR 1992, 571). Nach Abschluss des Verfahrens ist eine Ablehnung ausgeschlossen (OLG Nürnberg FamRZ 2015, 269).

36 **III. Zuständigkeit, § 45 ZPO.** Bei **Kollegialgerichten** entscheidet gem. § 45 Abs. 1 ZPO der Spruchkörper, dem der Abgelehnte angehört, ohne dessen Mitwirkung, und zwar ergänzt durch den geschäftsverteilungsplanmäßigen Vertreter des Abgelehnten. Bei einem offensichtlich unzulässigen oder missbräuchlichen Ablehnungsgesuch kann der abgelehnte Richter aber mitwirken, in Betracht kommt das etwa bei evidenter Verschleppungsabsicht (BGH NJW 1992, 983, 984; FamRZ 2005, 1226) oder bei fehlender oder offensichtlich untauglicher Begründung des Ablehnungsgesuchs (BGH GRUR 2011, 391). Allerdings hat die Mitwirkung des abgelehnten Richters bei der Entscheidung über das Ablehnungsgesuch Grenzen (Art. 101 Abs. 1 Satz 2 GG), sie kommt nicht in Betracht, wenn die Frage der Unzulässigkeit des Ablehnungsantrags nicht klar und eindeutig zu beantworten ist (BVerfG NJW 2005, 3410).

37 Bei Ablehnung eines Richters am **AG** entscheidet ein anderer Richter des AG, der nach dem Geschäftsverteilungsplan zuständig ist, über das Gesuch (§ 45 Abs. 2 Satz 1 ZPO). Hält der abgelehnte Richter die Ablehnung für begründet, vermerkt er das in den Akten, scheidet aus dem Verfahren aus, und der Vertreter tritt an seine Stelle, einer Entscheidung bedarf es nicht (§ 45 Abs. 2 Satz 2 ZPO). Über offensichtlich unzulässige Gesuche kann der Abgelehnte wie beim Kollegialgericht entscheiden (Rdn. 36). Andernfalls ist die Sache dem zuständigen Richter des AG zur Entscheidung vorzulegen.

38 Bei **Beschlussunfähigkeit** des zur Entscheidung berufenen Gerichts durch das Ausscheiden des abgelehnten Mitglieds entscheidet das im Rechtszug zunächst höhere Gericht (§ 45 Abs. 3 ZPO). Dieser Fall tritt ein, wenn nach dem Geschäftsverteilungsplan eine ordnungsgemäße Ergänzung des Spruchkörpers nicht mehr möglich ist. Das nächsthöhere Gericht bestimmt sich nach dem Instanzenzug.

39 Über die Ablehnung des **Rechtspflegers** entscheidet der Richter am AG (§ 10 Satz 2 RPflG).

40 **IV. Entscheidung und Rechtsmittel, Abs. 2, § 46 ZPO. 1. Verfahren.** Den anderen Beteiligten, die die Gerichtsperson nicht abgelehnt haben, ist rechtliches Gehör zu gewähren. Dem ablehnenden Beteiligten muss zu der dienstlichen Stellungnahme der Gerichtsperson rechtliches Gehör gewährt werden, andernfalls ist sie nicht verwertbar (BVerfG NJW 1993, 2229; 1968, 1621). Eine mündliche Verhandlung ist nicht erforderlich. Wie auch sonst gilt der Untersuchungsgrundsatz (§ 26).

41 **2. Beschluss, § 46 Abs. 1 ZPO.** Das Gericht befindet über das Ablehnungsgesuch durch Zwischenentscheidung in der Form des Beschlusses (§§ 38 ff.). Über das Ablehnungsgesuch muss entschieden werden, wenn es nicht offensichtlich wegen Rechtsmissbrauchs unbeachtlich ist.

42 **3. Rechtsbehelfe, Abs. 2, § 46 Abs. 2 ZPO. Unanfechtbar** ist der dem Gesuch **stattgebende Beschluss** (§ 46 Abs. 2 ZPO). Wenn der Anspruch auf rechtliches Gehör verletzt wurde, ist um eine Verfassungsbeschwerde zu vermeiden nach § 44 die **Gehörsrüge** eröffnet (Musielak/Voit/*Heinrich* § 46 Rn. 3 – § 321a ZPO), diese ist als einfacherer Rechtsbehelf ggü. einer außerordentlichen Beschwerde vorzugswürdig (für sie Zöller/*Vollkommer* § 46 Rn. 13). Hat der Rechtspfleger in Missbrauchsfällen selbst entschieden, ist die Erinnerung nach § 11 RPflG eröffnet (Keidel/*Zimmermann* Rn. 52).

43 Der Beschluss, der das Ablehnungsgesuch **abweist**, ist mit der **sofortigen Beschwerde** in entsprechender Anwendung der §§ 567 bis 572 ZPO anfechtbar. Das bestimmt Abs. 2, sodass die sofortige Beschwerde nach § 567 Abs. 1 Nr. 1 ZPO gegen die Entscheidungen der Amts- und Landgerichte zulässig ist. Beschwerdegericht ist je nach erster Instanz als zweite Instanz das LG oder OLG. Wurde die angegriffene Entscheidung durch einen Einzelrichter oder einen Rechtspfleger erlassen, entscheidet das Beschwerdegericht durch eines seiner Mitglieder als Einzelrichter, nur unter engen Voraussetzungen überträgt er die Sache an das gesamte Kollegium (§ 568 ZPO).

44 **Beschwerdeberechtigt** sind der Antragsteller, aber auch die anderen Beteiligten. **Eingelegt** wird die sofortige Beschwerde beim Ausgangs- (iudex a quo) oder Beschwerdegericht (iudex ad quem) und zwar binnen einer **Notfrist** von 2 Wochen seit Zustellung der Entscheidung (§ 569 Abs. 1 ZPO). Das Rechtsmittel wird durch Beschwerdeschrift eingelegt (§ 569 Abs. 2 ZPO) und soll begründet werden (§ 571 Abs. 1 ZPO). Der Anwaltszwang richtet sich nach §§ 569 Abs. 3, 78 ZPO, § 10. Die Beschwerde gegen die einen Ablehnungsantrag zurückweisende Entscheidung im Ehescheidungsverfahren unterliegt dem Anwaltszwang (OLG Dresden NJW 2013, 1749).

Das **Rechtsschutzbedürfnis** für die sofortige Beschwerde entfällt, wenn der Richter, gegen den um Ableh- 45
nung ersucht war, vor dem Abschluss des Hauptsacheverfahrens aus dem Spruchkörper ausscheidet und an
der Sachentscheidung nicht mitwirkt (Musielak/Voit/*Heinrich* § 46 Rn. 8). Hat der abgelehnte Richter bereits an der instanzbeendigenden Entscheidung mitgewirkt, kommt die sofortige Beschwerde nicht mehr in
Betracht, vielmehr kann die Hauptsacheentscheidung nur mit dem gewöhnlichen Rechtsmittel (Beschwerde,
§§ 58 ff.) angegriffen werden, der Ablehnungsgrund wird dann in diesem Verfahren mitgeprüft (OLG
Schleswig, Beschl. v. 30.09.2015 - 14 WF 87/15; Zöller/*Vollkommer* § 46 Rn. 18a).

Die **Rechtsbeschwerde** ist nach Maßgabe des § 70 statthaft, da Abs. 2 insoweit nicht auf die ZPO verweist 46
und nicht ersichtlich ist, dass er §§ 70 ff. ausschließen will (wie hier Bassenge/Roth/*Gottwald* Rn. 32, 34;
für Anwendung des § 574 ZPO offenbar Bumiller/Harders/Schwamb Rn. 30; Keidel/*Zimmermann* Rn. 53).

V. Amtshandlungen des Abgelehnten, § 47 ZPO. 1. Unaufschiebbare Handlungen bei Ablehnung au- 47
ßerhalb der Verhandlung. Die vor oder nach einer Verhandlung abgelehnte Gerichtsperson darf vor Erledigung des Ablehnungsgesuchs nur unaufschiebbare Handlungen vornehmen (§ 47 Abs. 1 ZPO). Unaufschiebbar sind dringliche Handlungen, die ohne schwerwiegende Nachteile nicht nachgeholt werden können. In
Betracht kommen einstweilige Anordnungen (§§ 49 ff.); Ausübung der Sitzungspolizei (§ 176 GVG); in seltenen Fällen die Endentscheidung (Thomas/Putzo/*Hüßtege* § 47 Rn. 1b); Beweissicherung wie die Vernehmung eines todkranken Zeugen; u.U. Ladungen. Keine unaufschiebbare Handlung ist dagegen z.B. ein Verweisungsbeschluss (OLG Karlsruhe NJW 2003, 2174). Wenn die Handlungen tatsächlich unaufschiebbar
waren, bleiben sie auch nach Erfolg des Ablehnungsgesuchs wirksam.

2. Ablehnung während der Verhandlung. § 47 Abs. 2 ZPO will Verzögerungen durch unzulässige oder 48
unbegründete Ablehnungsgesuche vermeiden. Ein Beteiligter kann also z.B. nicht durch ein Ablehnungsgesuch einen Termin mit zahlreichen Zeugen »platzen lassen« (Keidel/*Zimmermann* Rn. 60). Erfolgt die
Ablehnung während der Verhandlung und würde die Entscheidung über die Ablehnung eine Vertagung
erfordern, kann der Termin unter Mitwirkung des Abgelehnten fortgesetzt werden. Die abgelehnte Person
wirkt also unabhängig davon mit, ob die Handlungen unaufschiebbar sind. Da nach § 47 Abs. 2 Satz 2
ZPO der nach der Anbringung des Ablehnungsgesuchs liegende Verhandlungsteil zu wiederholen ist, wenn
die Ablehnung sich als begründet erweist, darf keine Endentscheidung ergehen.

3. Verstoß, Rechtsmittel. Wirkt die abgelehnte Gerichtsperson entgegen § 47 ZPO an dem Verfahren mit, 49
so liegt ein Verfahrensfehler vor, der die Beschwerde (§§ 58 ff.) begründet. Zudem bildet der Verstoß u.U.
einen selbstständigen Ablehnungsgrund (Zöller/*Vollkommer* § 47 Rn. 4).

VI. Selbstablehnung, § 48 ZPO. Zeigt die Gerichtsperson ein Verhältnis an, das ihre Ablehnung rechtfer- 50
tigen könnte (also Ausschluss oder Besorgnis der Befangenheit, §§ 41, 42 Abs. 1 ZPO), oder bestehen Zweifel über den Ausschluss kraft Gesetzes (§ 41 ZPO) so entscheidet das zuständige Gericht über das Ablehnungsgesuch. Den Beteiligten ist rechtliches Gehör zu gewähren. Für Rechtsmittel gegen den Beschluss
über die Ablehnung gelten die allgemeinen Regeln (Abs. 2, § 46 Abs. 2 ZPO).

VII. Urkundsbeamter, § 49 ZPO. Indem Abs. 1 von Gerichtsperson spricht, erfasst die Norm terminolo- 51
gisch auch den Urkundsbeamten. Die Verweisung auf § 49 ZPO stellt letzteres noch einmal klar. Da der Urkundsbeamte keine umfassende Entscheidungsgewalt hat wie der Richter oder Rechtspfleger, ist er für die
Ablehnung wegen Befangenheit weniger anfällig (Musielak/Voit/*Heinrich* § 49 Rn. 5). Da es keinen gesetzlichen Urkundsbeamten gibt, kann er ohne ein förmliches Verfahren ausgetauscht werden, sodass eine Entscheidung über die Selbstablehnung nach § 48 ZPO entbehrlich ist (Musielak/Voit/*Heinrich* § 49 Rn. 6).

VIII. Rechtspfleger. Auch der Rechtspfleger ist eine Gerichtsperson, für die die Vorschriften über Aus- 52
schließung und Ablehnung gelten (§ 10 RPflG). Über die Ablehnung entscheidet der Richter (§ 10 Satz 2
RPflG). Hinsichtlich der Rechtsmittel gelten die allgemeinen Vorschriften (Rdn. 40 ff.). Auch der Rechtspfleger kann eindeutig offensichtlich unzulässige und rechtsmissbräuchliche Befangenheitsanträge durch eigene Entscheidung selbst zurückweisen (OLG OLG Celle NJW-RR 1989, 569).

IX. Ausschluss und Ablehnung sonstiger Personen. Sachverständige und Dolmetscher können aus den- 53
selben Gründen, die zur Ablehnung eines Richters berechtigten, abgelehnt werden, aber nicht weil sie schon
als Zeuge vernommen wurden (§ 30 Abs. 1 i.V.m. § 406 ZPO, § 191 GVG). Der Ablehnungsantrag ist vor
der Vernehmung bei dem Gericht zu stellen, von dem der Sachverständige bzw. der Dolmetscher ernannt
ist, spätestens 2 Wochen nach Verkündung oder Zustellung des Beschlusses über die Ernennung (§ 406

Abs. 2 ZPO). Mitarbeiter des Jugendamts oder das Jugendamt selbst können weder nach § 6 noch nach § 30 Abs. 1, § 406 ZPO (da sie nicht die Stellung eines Sachverständigen haben) abgelehnt werden (OLG Celle FamRZ 2011, 1532). Das Verbot der Mitwirkung und die Ausschließung des Notars richten sich nach §§ 3, 6, 7 BeurkG. Der Gerichtsvollzieher ist in den Fällen des § 155 GVG ausgeschlossen. Wegen Befangenheit kann der Gerichtsvollzieher aber nicht abgelehnt werden, den Beteiligten bleiben nur die Erinnerung und die Dienstaufsichtsbeschwerde (BGH FamRZ R 2004, 1960). § 6 gilt nicht für Verfahrensbeistände (§§ 158, 174, 191) und Verfahrenspfleger (§§ 276, 317), weil ihnen keine mit der Unparteilichkeit eines Richters oder Sachverständigen vergleichbare Stellung zukommt (OLG Celle FGPrax 2003, 128; Bumiller/Harders/Schwamb Rn. 2), allerdings können grobe Einseitigkeiten die Aufhebung der Bestellung rechtfertigen.

54 **E. Kosten.** Für das Ablehnungsverfahren als Teil des Hauptsacheverfahrens entstehen weder gesonderte Gerichtskosten noch Rechtsanwaltsgebühren. Wird die Beschwerde in Familiensachen verworfen oder zurückgewiesen, entsteht eine Gerichtsgebühr von 50 € (Nr. 1912 KV-FamGKG); in Angelegenheiten der Freiwilligen Gerichtsbarkeit ergibt sich die Gerichtsgebühr aus Teil 1 des Kostenverzeichnisses (Gerichtsgebühr) jeweils bei der Beschwerde in der jeweiligen Verfahrensart. Der Rechtsanwalt erhält je eine halbe Gebühr für das Beschwerdeverfahren und für die Terminswahrnehmung (Nr. 3500, 3513 VV-RVG). Anzusetzen ist nach richtiger aber bestrittener Ansicht der Gegenstandswert der Hauptsache und nicht lediglich eine Quote davon (näher PG/*Mannebeck* § 46 Rn. 14).

§ 7 Beteiligte.
(1) In Antragsverfahren ist der Antragsteller Beteiligter.
(2) Als Beteiligte sind hinzuzuziehen:
1. diejenigen, deren Recht durch das Verfahren unmittelbar betroffen wird,
2. diejenigen, die auf Grund dieses oder eines anderen Gesetzes von Amts wegen oder auf Antrag zu beteiligen sind.
(3) Das Gericht kann von Amts wegen oder auf Antrag weitere Personen als Beteiligte hinzuziehen, soweit dies in diesem oder einem anderen Gesetz vorgesehen ist.
(4) ¹Diejenigen, die auf ihren Antrag als Beteiligte zu dem Verfahren hinzuzuziehen sind oder hinzugezogen werden können, sind von der Einleitung des Verfahrens zu benachrichtigen, soweit sie dem Gericht bekannt sind. ²Sie sind über ihr Antragsrecht zu belehren.
(5) ¹Das Gericht entscheidet durch Beschluss, wenn es einem Antrag auf Hinzuziehung gemäß Absatz 2 oder Absatz 3 nicht entspricht. ²Der Beschluss ist mit der sofortigen Beschwerde in entsprechender Anwendung der §§ 567 bis 572 der Zivilprozessordnung anfechtbar.
(6) Wer anzuhören ist oder eine Auskunft zu erteilen hat, ohne dass die Voraussetzungen des Absatzes 2 oder Absatzes 3 vorliegen, wird dadurch nicht Beteiligter.

Übersicht	Rdn.		Rdn.
A. Allgemeines	1	D. Optionsbeteiligte (Kann-Beteiligte), Abs. 3	23
I. Kernstück des Gesetzes	1	E. Benachrichtigung, Belehrung, Abs. 4	29
II. Anwendungsbereich, Erwägungen des Gesetzgebers	2	I. Informationspflicht	29
III. Beteiligtenkataloge	5	II. Rechtliches Gehör und Ermittlungsmaßnahmen	30
IV. Verwendung des Beteiligtenbegriffs	6	III. Form	32
B. Beteiligung des Antragstellers kraft Gesetzes, Abs. 1	7	F. Beschlussentscheidung, Rechtsmittel, Abs. 5	33
		I. Entscheidung über die Hinzuziehung, Abs. 5 Satz 1	33
C. Zwingend Beteiligte (Muss-Beteiligte), Abs. 2	11		
I. Unmittelbar Betroffene, Abs. 2 Nr. 1	13	II. Sofortige Beschwerde, Abs. 5 Satz 2	35
1. Allgemeines	13	G. Keine Beteiligung durch bloße Anhörung, Abs. 6	36
2. Beispiele	17		
II. Zu Beteiligende kraft Gesetzes, Abs. 2 Nr. 2	19	H. Beteiligung in der Beschwerdeinstanz	37
III. Behörden	21		

Abschnitt 1. Allgemeine Vorschriften § 7

A. Allgemeines. I. Kernstück des Gesetzes. Der Gesetzgeber sieht die Bestimmung des Beteiligtenbegriffs 1 als eines der **Kernstücke des FamFG** an. Die gesetzliche Definition soll die Stellung des Bürgers als **Verfahrenssubjekt** stärken, indem sie das **rechtliche Gehör** sichert und den Betroffenen ermöglicht, ihre Beteiligtenrechte effektiv in einer der Bedeutung der Sache entsprechenden Weise zu wahren; die frühzeitige Einbeziehung mitwirkungspflichtiger Beteiligter fördert zudem die umfassende Tatsachenaufklärung bereits im erstinstanzlichen Verfahren (RegE BT-Drucks. 16/6308 S. 165 f.). Rechtstechnisch erfolgt die gesetzliche Definition durch die **Generalklausel** des § 7, die durch Beteiligtenkataloge in den weiteren Büchern des FamFG ergänzt wird. Dieses Nebeneinander schafft Rechtssicherheit und ermöglicht den Gerichten, dem jeweiligen Einzelfall gerecht zu werden (*Jakoby* FamRZ 2007, 1703, 1705). Denn die Beteiligteneigenschaft begründet die besonderen Rechte des Betroffenen als Verfahrenssubjekt. Der Beteiligtenbegriff ist daher Anknüpfungspunkt zahlreicher Normen (Rdn. 6).

II. Anwendungsbereich, Erwägungen des Gesetzgebers. Die Norm gilt gem. § 113 Abs. 1 nicht in Ehesachen 2 (§ 121) und Familienstreitsachen (§ 112), vielmehr gelten dort die allgemeinen Regeln der ZPO, also die §§ 50 ff. ZPO. Zur Problematik der Anwendbarkeit im Registerverfahren s. § 375 Rdn. 17–20, Vor § 378 Rdn. 58–64 sowie *Nedden-Boeger* FGPrax 2010, 1 ff. In den übrigen Angelegenheiten des FamFG ist der formelle Parteibegriff der ZPO von vornherein nicht sachgerecht. Daher hat man zur Bezeichnung der Verfahrenssubjekte unter dem FGG mit den Begriffen des **formell** und **materiell** Beteiligten gearbeitet (Jansen/*Müther* § 6 Rn. 5 ff.; *Brehm* Rn. 178 ff.), da es eine Legaldefinition des Beteiligten im FGG nicht gab. Formell beteiligt war, wer von einem ihm im Gesetz verliehenen Antrags- oder Beschwerderecht Gebrauch machte sowie jeder, der zur Wahrung seiner Interessen im Verfahren auftrat oder zu ihm hinzugezogen wurde. Materiell beteiligt war die Person, deren Rechte und Pflichten durch die Entscheidung unmittelbar betroffen werden konnten, unabhängig davon, ob sie tatsächlich im Verfahren aufgetreten ist.

Der RegE (BT-Drucks. 16/6308 S. 177 ff.) hält den Begriff der materiellen Beteiligung für problematisch 3 wegen dessen mangelnder gesetzlicher Verankerung und der Akzentuierung der Mitwirkungsrechte der nicht in eigenen Rechten betroffenen Personen. Der Gesetzgeber hat sich aus Gründen der Rechtsklarheit nicht für eine Differenzierung zwischen Haupt- und Nebenbeteiligten, sondern zwischen Verfahrensbeteiligten kraft Gesetzes oder kraft Hinzuziehung entschieden, da die Unterscheidung zwischen im engeren und weiteren Sinn teilhabenden Personen wegen der Vielzahl der im Verfahren agierenden Personen und beteiligten Interessen aufrechterhalten werden müsse (RegE, BT-Drucks. 16/6308 S. 178).

Die **Begrifflichkeit** der Vorschrift soll die **Mitwirkungsfunktionen** der Beteiligten bei größtmöglicher Ein- 4 heitlichkeit des Beteiligtenbegriffs von materiell-rechtlichen Elementen trennen und deutlich an das formelle Recht anlehnen. Die Mitwirkungsfunktionen der Beteiligten sollen an **formelle Akte** anknüpfen, die sie selbst oder das Gericht vorgenommen haben. Dadurch werden die gesteigerten Mitwirkungsrechte der am Verfahren teilnehmenden Personen akzentuiert und verstärkt an das formelle Recht angeknüpft, wodurch allerdings auch die in ihren Rechten materiell Betroffenen erfasst sind und zugleich der Kreis der nur formell durch das Verfahren berührten Personen im Interesse einer effektiven Verfahrensführung maßvoll beschränkt wird. Die Regelung ist u.a. wegen Abgrenzungsschwierigkeiten kritisiert worden (*Brehm* FPR 2006, 401, 402 f.).

III. Beteiligtenkataloge. Für bestimmte Angelegenheiten enthält das Gesetz Beteiligtenkataloge, die die Be- 5 teiligten näher bestimmen. Diese Normen sind:

– § 172 (Abstammungssachen),
– § 188 (Adoptionssachen),
– § 204 (Wohnungszuweisungs- und Hausratssachen),
– § 212 (Gewaltschutzsachen),
– § 219 (Versorgungsausgleichssachen),
– § 274 (Betreuungssachen),
– § 315 (Unterbringungssachen),
– § 345 (Nachlasssachen),
– § 412 (weitere Angelegenheiten der freiwilligen Gerichtsbarkeit),
– § 418 (Freiheitsentziehungssachen).

IV. Verwendung des Beteiligtenbegriffs. Angesichts seiner zentralen Bedeutung, die Mitwirkungsfunktion 6 von Personen in dem Verfahren festzulegen, verwendet das Gesetz den Begriff des Beteiligten in zahlreichen Normen. Zu nennen sind aus dem Buch 1, Allgemeiner Teil: § 3 Abs. 1 Satz 2, § 4 Satz 2, § 8, § 9 Abs. 4,

§ 10 Abs. 1, 2 und 4, § 12, § 13 Abs. 1 und 2, § 14 Abs. 2, § 15, § 22 Abs. 1, 3, § 23, § 25 Abs. 1, § 27, § 28 Abs. 1, § 29 Abs. 1, § 30 Abs. 3 und 4, § 32 Abs. 1 und 3, § 33, § 34, § 36 Abs. 1, § 36a Abs. 1 und 2; § 37 Abs. 2, 38 Abs. 2 Nr. 1, Abs. 4, § 40 Abs. 1, § 41 Abs. 1, § 43 Abs. 1, § 44 Abs. 1 und 3, § 46 Satz 3, § 49 Abs. 2 Satz 2, § 52, § 53 Abs. 1, § 61 Abs. 3, § 63 Abs. 3, § 67 Abs. 3, § 69 Abs. 1 Satz 3, § 71 Abs. 4, § 73, § 74 Abs. 3, § 74a Abs. 2, § 75 Abs. 1 Nr. 1, § 77 Abs. 1, § 78, § 80, § 81 Abs. 1 bis 3, § 83 Abs. 1, § 84, § 107 Abs. 1 Satz 1, § 108 Abs. 2, § 109 Abs. 1. In den besonderen Teilen des Gesetzes wird der Begriff des Beteiligten ebenfalls verwandt, z.B. in Kindschaftssachen in § 156 Abs. 1 Satz 1, § 175 Abs. 1 Satz 2, § 181, § 183.

7 B. Beteiligung des Antragstellers kraft Gesetzes, Abs. 1. Die Beteiligung des **Antragstellers** kraft Gesetzes knüpft an den verfahrenseinleitenden Antrag nach § 23 an. I.d.R. ist der Antragstellende antragsbefugt und durch die erstrebte Entscheidung in seinen materiellen Rechten betroffen. Selbst wenn das nicht der Fall ist, muss der Antrag beschieden werden, sodass der Antragsteller schon wegen seines rechtlichen Gehörs an dem Verfahren zu beteiligen und aufgrund des Antrags durch die Entscheidung in seinen Rechten betroffen ist (RegE BT-Drucks. 16/6308 S. 178). Die Beteiligung des Antragstellers ist letztlich eine rechtsstaatliche Selbstverständlichkeit. Wer also z.B. einen Erbschein oder eine Grundbucheintragung beantragt oder einen Antrag nach dem Gewaltschutzgesetz stellt, ist Beteiligter. Wenn es einen Antragsgegner gibt, ist dieser nach richtiger Auffassung auch als Beteiligter kraft Gesetzes anzusehen, insoweit ist das Gesetz unvollständig (MünchKommZPO/*Pabst* § 7 Rn. 4); zumindest wird der Antragsgegner in seinen Rechten angegriffen und ist daher unmittelbar Betroffener (Bumiller/Harders/Schwamb Rn. 4).

8 Antragsverfahren sieht das Gesetz ganz oder teilweise ausdrücklich vor in:
– Abstammungssachen (§ 171),
– Adoptionssachen (§§ 1748 Abs. 1, 1749 Abs. 1, 1752, 1753 Abs. 2, 1757 Abs. 4, 1765 Abs. 2, 1768, 1771 BGB),
– Aufgebotssachen (§ 434),
– Betreuungssachen (§§ 1896 Abs. 1, 1908d Abs. 2 BGB),
– Ehesachen (§ 124, §§ 1309 Abs. 2, 1313 Satz 1, 1315 Abs. 1 Satz 3, 1564 BGB),
– Erbbaurechtssachen (§ 7 Abs. 3 ErbbauRG),
– Freiheitsentziehungssachen (§ 417),
– Gewaltschutzsachen (vgl. § 210 i.V.m. §§ 1 Abs. 1, 2 Abs. 1 GewSchG),
– Grundbuchsachen (§ 13 GBO),
– Güterrechtssachen (§§ 1365 Abs. 2, 1369 Abs. 2, 1382, 1383, 1426, 1430, 1452, 1487 Abs. 1 BGB),
– Kindschaftssachen (§§ 113 Abs. 3, 1303 Abs. 2, 1631 Abs. 3, 1671, 1672, 1681 Abs. 2, 1682, 1712, 1778 Abs. 2, 1817, 1889, 1895, 1915 i.V.m. 1778 Abs. 2 oder 1817 BGB),
– Landwirtschaftssachen (§ 14 Abs. 1 LwVG),
– Nachlass- und Teilungssachen z.T. (§§ 345 Abs. 1, 352, 363, 373 Abs. 1, §§ 1507, 1961, 1981, 1994, 2003, 2198 Abs. 2, 2202 Abs. 3, 2216 Abs. 2 Satz 2, 2227, 2353, 2368 BGB),
– Registersachen und unternehmensrechtliche Verfahren (§§ 378, 403 Abs. 1; §§ 29, 37 Abs. 2, 48 Abs. 1 Satz 2 i.V.m. 29, 1560 BGB; §§ 146 Abs. 2, 147, 161 Abs. 2, 166 Abs. 3, 233 Abs. 3, 318 Abs. 3, 324 Abs. 1 HGB; § 10 Abs. 1 PartGG i.V.m. §§ 146 Abs. 2, 147 HGB; §§ 85 Abs. 1, 98 Abs. 1, 104 Abs. 1, 132 Abs. 1, 142 Abs. 2, 147 Abs. 2, 258, 260, 265 Abs. 3, 273 Abs. 4, 278 Abs. 3, 304 Abs. 3, 305 Abs. 5, 315, 320b Abs. 2 AktG; §§ 51b, 66 Abs. 2 und 5 GmbHG; §§ 26 Abs. 1, 34, 70, 125, 186, 196, 212 UmwG; außerdem alle registerrechtlichen Anmeldetatbestände wie z.B. §§ 53, 106, 107 HGB, §§ 7, 39, 54, 57, 67 GmbHG, §§ 59, 67, 71 Abs. 1 Satz 2, 77 BGB, unbeschadet der etwaigen Erzwingbarkeit der Anmeldung),
– Wohnungszuweisungs- und Hausratssachen (§ 203),
– Unterhaltssachen (§ 250),
– Verschollenheitssachen (§§ 16, 33a, 39, 40 VerschG),
– Versorgungsausgleichssachen (§§ 3 Abs. 3, 33 Abs. 1, 35 Abs. 1, 37 Abs. 1, 50, 51 VersAusglG),
– VVaG, Abwicklung (§ 47 Abs. 2 VAG).

9 Insbes. in echten Streitsachen hängt die Einleitung des Verfahrens von einem Antrag ab. Privatrechtliche Streitsachen sind vor allem die Familienstreitsachen (§ 112), Gewaltschutzsachen (§ 210, §§ 1 Abs. 1, 2 Abs. 1 GewSchG), Erbbaurechtssachen (§ 7 Abs. 3 ErbbauRG), Wohnungszuweisungs- und Hausratssachen (§ 203), Landwirtschaftssachen (§ 14 Abs. 1 LwVG). Öffentlich-rechtliche Streitsachen sind die Angelegenheiten nach § 23 EGGVG, § 111 BNotO.

Auch wenn das Verfahren nicht als Antragsverfahren, sondern als Amtsverfahren ausgestaltet ist, aber ein 10
»Antrag« gestellt wurde (Anregung des Verfahrens, § 24 Abs. 1), ist der Antragsteller formell Beteiligter. Dafür muss die **tatsächliche Antragstellung** genügen, da der »Antrag« auch in Amtsverfahren beschieden werden muss. Allerdings steht dem »Antragsteller«, da er nicht Beteiligter i.S.d. Abs. 1 ist, keine Verfahrenskostenhilfe zu, wenn er nicht nach Abs. 2 oder 3 Beteiligter ist (vgl. Frankfurt FamRZ 2012, 570).

C. Zwingend Beteiligte (Muss-Beteiligte), Abs. 2. Abs. 2 und 3 gehen von einer Beteiligung kraft **Hin-** 11
zuziehung aus und differenzieren den Begriff der Hinzuziehung. Sie unterteilen die Beteiligten kraft Hinzuziehung je nach ihrer materiellen Beteiligung in zwei Gruppen mit unterschiedlichen Anforderungen an die Tätigkeit des Gerichts. Durch diese Unterscheidung sollen die materiell Betroffenen möglichst umfassend einbezogen und zugleich soll eine übermäßige Belastung der Gerichte vermieden werden. Dadurch wird es entbehrlich, von Amts wegen alle potenziell Entscheidungsbetroffenen zu ermitteln und zum Verfahren hinzuzuziehen, auch wenn diese im Einzelfall an dem Verfahren nicht interessiert und in ihren Rechten jedenfalls nicht mit Sicherheit betroffen sein werden (RegE BT-Drucks. 16/6308 S. 178).

Abs. 2 nennt die Beteiligten, die das Gericht in jedem Fall oder auf ihren Antrag zum Verfahren hinzuzu- 12
ziehen hat (Muss-Beteiligte). In diesen Fällen lässt sich frühzeitig absehen, dass die Person von der Entscheidung unmittelbar in eigenen Rechten betroffen sein wird. Das Gericht ist zur Hinzuziehung der Muss-Beteiligten **verpflichtet**, ohne dass ein Ermessensspielraum besteht. Zur Beteiligung Minderjähriger s. *Schael* FamRZ 2009, 265, 266.

I. Unmittelbar Betroffene, Abs. 2 Nr. 1. 1. Allgemeines. Abs. 2 Nr. 1 ist eine **Generalklausel mit Auf-** 13
fangfunktion ggü. Nr. 2. Muss-Beteiligte sind diejenigen, deren Recht durch das Verfahren unmittelbar **betroffen** wird. Es kommt darauf an, ob der Gegenstand des Verfahrens ein Recht des zu Beteiligenden betrifft. Eine Prognose, ob es zu einem rechtsbeeinträchtigenden Verfahrensausgang kommt, ist nicht erforderlich. Es genügt, wenn das Verfahren darauf gerichtet ist, eine unmittelbare Beeinträchtigung eines Rechts des zu Beteiligenden zu bewirken (RegE BT-Drucks. 16/6308 S. 178). Mit dem Begriff der unmittelbaren Betroffenheit knüpft das Gesetz an den **materiellen Beteiligtenbegriff** an (*Jacoby* FamRZ 2007, 1703, 1704).

Das Merkmal der **Unmittelbarkeit** soll klarstellen, dass eine Beteiligung nur dann zu erfolgen hat, wenn 14
subjektive Rechte des Einzelnen betroffen sind, wenn sich die Entscheidung also direkt auf eigene materielle, nach privatem oder öffentlichem Recht geschützte Rechtspositionen auswirkt. Dass lediglich ideelle, soziale oder wirtschaftliche Interessen durch den Verfahrensausgang berührt werden, genügt dagegen nicht. Erforderlich ist also eine **Rechtsbetroffenheit**. Rein mittelbare Auswirkungen einer Entscheidung oder die lediglich präjudizielle Wirkung auf andere gleich gelagerte Fälle (RegE BT-Drucks. 16/6308 S. 178) genügt ebenso wenig wie jede noch so entfernte kausale Rechtsbeeinträchtigung (*Brehm* Rn. 186).

Besondere Bestimmungen können **Ausnahmen** von der zwingenden Hinzuziehung bei Rechtsbetroffen- 15
heit machen, sodass diese nicht absolut ist. Z.B. bestimmt § 345 Abs. 1, dass im Erbscheinsverfahren die gesetzlichen und Testamentserben trotz ihrer zweifellos vorliegenden unmittelbaren Rechtsbetroffenheit nur auf Antrag hinzuzuziehen sind, i.Ü. eine Hinzuziehung aber im Ermessen des Gerichts stehen soll. Die Beteiligtenstellung der Behörden ist in den besonderen Teilen des Gesetzes speziell geregelt (z.B. §§ 162 Abs. 2, 274 Abs. 3). Weist das Polizeirecht eines Landes Streitigkeiten über polizeiliche Gefahrenabwehr den ordentlichen Gerichten im FamFG-Verfahren zu, kann der durch polizeiliche Maßnahmen (wie verdeckte Datenermittlungen) unmittelbar Betroffene vor der Beendigung derartiger Maßnahmen nicht am Verfahren beteiligt werden, weil andernfalls eine sinnvolle Gesetzesanwendung nicht möglich wäre (BGH wistra 2012, 198 Rn. 11).

Kritisiert wird, die Definition des Abs. 2 sei missraten (*Brehm* FPR 2006, 401, 403). Man wisse erst am En- 16
de des Verfahrens, ob jemand durch dieses unmittelbar betroffen werde, Verfahrensrecht müsse aber ergebnisoffen sein, und ein Richter, der zu Verfahrensbeginn die Beteiligtenstellung einer Person mit Abs. 2 begründe, nehme das Ergebnis des Verfahrens vorweg. Zudem sei die Abgrenzung zwischen Abs. 2 und Abs. 3 schwierig. Dem ist aber mit der Gesetzesbegründung entgegenzuhalten, dass es genügt, wenn das Verfahren darauf gerichtet ist, das fragliche Recht zu beeinträchtigen (BT-Drucks. 16/6308 S. 178; Prütting/Helms/ *Prütting* Rn. 27).

2. Beispiele. Unmittelbar betroffen sind: der Antragsgegner (Rdn. 7); das Kind generell im Kindschafts- 17
verfahren, insb. in Sorgerechtsverfahren, die zur Änderung der zwischen Eltern und Kind bestehenden Sorgerechtsverhältnisse führen können, wie z.B. auf Übertragung des Aufenthaltsbestimmungsrechts (BGHZ 191, 48 Rn. 8) und in jedem Verfahren nach § 1666 BGB (OLG Brandenburg FamRZ 2014, 1649); das Kind

und die Eltern in Sorgerechtssachen (OLG Koblenz NJW 2011, 236; OLG Stuttgart FamRZ 2010, 1166), z.B. wenn es um eine Sorgerechtsentziehung geht; auch der nichtsorgeberechtigte Vater im Verfahren nach § 1666 BGB auf Sorgerechtsentziehung der Mutter, denn jedenfalls ist bei Sorgerechtsentziehung zu prüfen, ob ihm nach § 1680 Abs. 3, 2 BGB der entsprechende Teil der Sorge zu übertragen ist (OLG Frankfurt FamRZ 2013, 46; OLG Schleswig NJW-RR 2011, 1229); das Kind im Verfahren um die Bestellung eines Ergänzungspflegers (OLG Schleswig FamRZ 2013, 571 Rn. 10); in Vormundschaftssachen das Mündel; generell Kinder in familiengerichtlichen Sachen soweit sie in ihren Rechten materiell betroffen sind (OLG Oldenburg NJW 2010, 1888, 1889 und ZKJ 2011, 101); als Konsequenz des Rechts der Großeltern auf Berücksichtigung bei der Auswahl des Vormunds (BVerfG FamRZ 2014, 1841) die Großeltern und nahen Verwandten i.S.d. § 1779 Abs. 2 Satz 2 BGB; die Mutter, der das Sorgerecht zusteht, im Verfahren über das Umgangsrecht des Großvaters, auch wenn das Kind in einer Pflegefamilie lebt (OLG Hamm FamRZ 2011, 1889); der Elternteil, auch wenn ihm nur noch ein Teil der elterlichen Sorge zusteht, im Verfahren auf Anordnung des Verbleibs des Kindes in der Pflegefamilie (BGH FamRZ 2014, 1357); eine als Vormund oder Ergänzungspfleger in Betracht kommende Person, wenn sich aufgrund der Eignungsprüfung der Heranziehungseile des Gerichts auf sie verdichtet hat (OLG Frankfurt, Beschl. v. 27.11.2015 - 4 UF 353/15); der Antragsgegner in Gewaltschutzsachen; der Betreute und die Person, die möglicherweise künftig zum Betreuer bestellt wird, in Betreuungsangelegenheiten; Angehörige, die ein subjektives Recht zur Bestellung als Betreuer haben, wie Eltern eines volljährigen behinderten Kindes (*Fröschle* BtPrax 2009, 155, 157); der Zessionar eines Versorgungsanrechts im Versorgungsausgleichsverfahren (OLG Schleswig FamRZ 2012, 1220); der Versorgungsträger im Versorgungsausgleichsverfahren, selbst wenn bei ihm bestehende Anrechte zu Unrecht nicht in den Versorgungsausgleich eingezogen werden (OLG Brandenburg NZFam 2016, 117); die Kinder des Annehmenden bei Volljährigenadoption (OLG Stuttgart FamRZ 2012, 145; a.A. Prütting/Helms/*Prütting* Rn. 27); das anzunehmende Kind im Adoptionsverfahren (OLG Celle FamRZ 2014, 1131); der gesetzliche Erbe in dem durch Testamentserben veranlassten Erbscheinverfahren (BayObLG NJW 1999, 1119, 1120); der Miterbe in dem durch einen anderen Miterben veranlassten Verfahren auf Erteilung eines gemeinschaftlichen Erbscheins (BayObLGZ 1960, 216); der Miterbe bei dem durch einen Miterben gestellten Antrag auf Entlassung des Testamentsvollstreckers (OLG Hamm FamRZ 1994, 1419); der Erbe bei Antrag eines Nachlassgläubigers auf Fristsetzung zur Errichtung eines Nachlassinventars (BayObLG NJW-RR 1992, 1159); der im Erbschein ausgewiesene Erbe im Einziehungsverfahren.

18 **Unmittelbare Betroffenheit fehlt:** bei Nachbarn im Verfahren nach § 1666 BGB (*Brehm* Rn. 186); Großeltern im Verfahren nach § 1666, selbst wenn sie als Vormund in Betracht kommen (OLG Bremen, Beschl. v. 27.01.2016 - 4 UF 162/15; OLG Hamm FamRZ 2012, 799; OLG Hamm MDR 2011, 1115; vgl. BGH FamRZ 2011, 552); beim Vertragspartner des gesetzlich vertretenen Kindes, Pfleglings oder Betreuten im Verfahren über die gerichtliche Genehmigung, um die der gesetzliche Vertreter, also die Eltern, der Vormund, der Pfleger oder Betreuer nachgesucht hat, der Vertragspartner ist in diesem Fall nur mittelbar betroffen (*Jacoby* FamRZ 2007, 1703, 1704; *Schulte-Bunert* Rn. 84; vgl. OLG Rostock NJW-RR 2006, 1229); bei der Kindesmutter im Verfahren auf Wechsel der Vormunds oder Pflegers nach § 1886 BGB (OLG Frankfurt FamRZ 2012, 570); das gilt auch für die Pflegeperson (OLG Nürnberg FamRZ 2014, 1864 und 1473 [LS]; OLG Karlsruhe FamRZ 2013, 1665); und die Großeltern (OLG Nürnberg NJW 2014, 2883); bei Antragstellung auf Übertragung der Vormundschaft für ein Findelkind (OLG Hamburg FamRB 2015, 379); bei Kindern des Annehmenden im Adoptionsverfahren bei Minderjährigenadoption (Düsseldorf FamRZ 2011, 925); bei Verwandten, die die Vormundschaft oder Pflegschaft begehren, soll auch aus § 1779 Abs. 2 Satz 2 BGB kein subjektives Recht folgen (OLG Frankfurt MDR 2012, 1466), angesichts der Rechtsprechung des BVerfG, wonach Großeltern ein eigenes Recht haben, bei der Auswahl des Vormunds in Betracht gezogen zu werden (BVerfG FamRZ 2014, 1841), ist das nunmehr zu bejahen; beim biologischen Vater im Verfahren auf Feststellung, dass der Ehemann der Mutter nicht der Vater des Kindes ist (OLG München FamRZ 2012, 1825); bei den Eltern des als Vater geltenden Mannes, der während des Abstammungsverfahrens stirbt, solange kein berechtigter übriger Beteiligter nach § 181 die Fortsetzung des Verfahrens verlangt, wozu die Eltern des Verstorbenen nicht berechtigt sind (BGH NJW 2015, 2891 Rz. 12 ff.; 2015, 2888 Rz 16 ff.) – das ist verfassungsgemäß (BVerfG FamRZ 2016, 199); beim Testamentsvollstrecker hinsichtlich der Festsetzung der Betreuervergütung aus dem Vermögen des Betroffenen (BGH NJW 2015, 1965 Rz. 8 ff.); dem Insolvenzverwalter in Versorgungsausgleichssachen (OLG Brandenburg NJW-RR 2015, 386); bei den Aktionären, wenn das Gericht dem Antrag auf gerichtliche Ergänzung des Aufsichtsrats nicht stattgibt (OLG Köln NZG 2011, 508); bei nicht selbst anmeldeberechtigten Personen im Registerverfahren,

auch wenn es um deren Rechtsstellung geht, weil deren Interessen durch die Vorschriften über die Anmeldeverpflichteten und die Prüfung durch das Registergericht gewahrt werden (teleologische Reduktion, Beteiligung wäre dem Registerverfahren systemfremd) – deshalb ist z.B. der Prokurist bei der Anmeldung des Erlöschens der Prokura nicht unmittelbar betroffen (vgl. *Krafka* FG Prax 2007, 51, 52; näher zum Beteiligtenbegriff in register- und unternehmensrechtlichen Verfahren § 375 Rdn. 17–20 und vor § 378 Rdn. 58–64 sowie *Nedden-Boeger* FGPrax 2010, 1 ff.).

II. Zu Beteiligende kraft Gesetzes, Abs. 2 Nr. 2. Muss-Beteiligter ist auch, wer aufgrund des FamFG oder eines anderen Gesetzes **von Amts wegen oder auf Antrag** zu beteiligen ist. In Betracht kommen Vorschriften der Bücher 2 bis 8 des FamFG oder anderer Gesetze, die das Verfahren der freiwilligen Gerichtsbarkeit für anwendbar erklären (wie z.B. § 92 GBO). Nr. 2 geht der Nr. 1 als speziellere Norm vor, weil die unmittelbare Rechtsbetroffenheit nach der Wertung der Nr. 2 i.V.m. der jeweils einschlägigen Vorschrift vorliegt. Fehlt es an einer Vorschrift, die eine obligatorische Hinzuziehung von Amts wegen oder auf Antrag vorsieht, ist auf die Generalklausel der Nr. 1 zurückzugreifen. Der Antrag auf Hinzuziehung als Beteiligter kann auch konkludent im Einlegen einer Beschwerde zum Ausdruck kommen und jedenfalls dann auch noch im Abhilfeverfahren (§ 68 Abs. 1) gestellt werden, wenn die Nichtbeteiligung auf einem Verfahrensfehler wie dem Unterlassen einer Benachrichtigung nach § 7 Abs. 4 beruht (LG Landau FamRZ 2011, 60; LG Saarbrücken FamRZ 2010, 1371). 19

Beispiele für Normen, nach denen bestimmte Personen stets ohne Ermessensspielraum zu beteiligen sind: von Amts wegen: §§ 172 Abs. 1, 188 Abs. 1, 204 Abs. 1, 219, 274 Abs. 1, 315 Abs. 1; 345 Abs. 3 Satz 1, Abs. 4 Satz 1, 412, 418 Abs. 1; auf Antrag: §§ 172 Abs. 2; 188 Abs. 2, 204 Abs. 2, 212, 274 Abs. 3, 315 Abs. 3, 345 Abs. 1 Satz 3, Abs. 3 Satz 3, Abs. 4 Satz 3, 380 Abs. 2 Satz 2. Bei den auf Antrag kraft Gesetzes zu Beteiligenden handelt es sich vor allem um Behörden. Des Weiteren sind auch die aufgrund ihrer Funktion als Beteiligte heranzuziehenden Bevollmächtigten nach § 1896 Abs. 2 Satz 2 BGB sowie die **Verfahrensbeistände** (§§ 158 Abs. 3 Satz 2, 174, 191) und **Verfahrenspfleger** (§§ 274 Abs. 2, 315 Abs. 2, 418 Abs. 2) Beteiligte kraft Gesetzes. 20

III. Behörden. Die Bücher 2 bis 8 des FamFG regeln die Beteiligtenstellung der Behörden (Jugendamt, Betreuungsbehörde) abschließend. Die Behörden sind nicht schon von Amts wegen, sondern nur **auf Antrag** zum Verfahren heranzuziehen. Sie können damit wählen, ob sie nur i.R.d. Anhörung am Verfahren teilnehmen oder als Beteiligte aktiv am Verfahren mitwirken wollen. Beantragen die Behörden ihre Beteiligung, muss das Gericht sie nach Abs. 2 Nr. 2 hinzuziehen, ohne dass insoweit ein Ermessen besteht. Die Behörden haben dann alle Verfahrensrechte, können allerdings auch mit Verfahrenskosten belastet werden. Um vorsorglichen Beteiligungen vorzubeugen, besteht das Beschwerderecht der Behörden (§§ 162 Abs. 3 Satz 2, 176 Abs. 2 Satz 2, 194 Abs. 2 Satz 2, 205 Abs. 2 Satz 2, 213 Abs. 2 Satz 2, 303 Abs. 1) unabhängig von der Beteiligung in erster Instanz (RegE BT-Drucks. 16/6308 S. 179). 21

Fälle der Beteiligung von Behörden: §§ 172 Abs. 2; 188 Abs. 2, 204 Abs. 2, 212, 274 Abs. 2, 315 Abs. 3, 418 Abs. 1. 22

D. Optionsbeteiligte (Kann-Beteiligte), Abs. 3. Das Gericht kann von Amts wegen oder auf Antrag weitere Personen als Beteiligte hinzuziehen, soweit dies im FamFG oder einem anderen Gesetz vorgesehen ist. Diese Beteiligten werden nach dem **Enumerationsprinzip** ausschließlich durch abschließende Aufzählung im FamFG oder in anderen Gesetzen bestimmt. 23

Der RegE (BT-Drucks. 16/6308 S. 179) nennt zum einen Personen, die durch das Verfahren zwar **unmittelbar betroffen** sind, von denen aber **erwartet** werden kann, dass sie durch einen **Antrag** ihren Anspruch auf Verfahrensteilhabe bekunden, nachdem sie von der Verfahrenseinleitung benachrichtigt worden sind. Wenn sie den Antrag stellen, sind sie nach Abs. 2 Nr. 2 als Muss-Beteiligte zu dem Verfahren hinzuzuziehen (obwohl sie nach Abs. 3 als Kann-Beteiligte qualifiziert werden, Prütting/Helms/*Prütting* Rn. 40). Das Gericht hat insoweit **kein Ermessen**, sondern lediglich zu prüfen, ob der Antragsteller zum Kreis der Optionsbeteiligten zählt (MünchKommZPO/*Pabst* § 7 Rn. 11, 12, 15; Prütting/Helms/*Prütting* Rn. 51; a.A. Bumiller/Harders/Schwamb Rn. 26: pflichtgemäßes Ermessen). Der Antrag kann in jeder Instanz gestellt werden (Keidel/*Zimmermann* Rn. 22). Fehlt ein Antrag, kann das Gericht die Person nach verfahrensökonomischen Gesichtspunkten von Amts wegen hinzuziehen. Der RegE hält es nicht für zweckmäßig, diesen Personenkreis stets zum Verfahren hinzuzuziehen, weil oftmals lediglich die Möglichkeit, nicht aber die Gewissheit einer für sie nachteiligen Entscheidung besteht. 24

25 **Beispiele** sind die zuständigen Behörden in Betreuungssachen (§ 274 Abs. 3), die gesetzlichen Erben und die Testamentserben im Erbscheinsverfahren hinsichtlich ihrer Hinzuziehung von Amts wegen (§ 345 Abs. 1 Satz 2, Abs. 3 Satz 2, Abs. 4 Satz 2).

26 Als zweite Kategorie nennt der RegE Beteiligte, die lediglich ein **ideelles oder soziales Interesse** am Verfahrensausgang haben. Soweit es um die Wahrnehmung dieser Interessen geht, ist die Aufzählung in den Büchern 2 bis 8 abschließend. Das Gericht hat in jedem Einzelfall nach **pflichtgemäßem Ermessen** zu entscheiden, ob die Beteiligung sachgerecht und verfahrensfördernd ist; daher ist diese Entscheidung im Rechtsbeschwerdeverfahren nur eingeschränkt daraufhin überprüfbar, ob die Grenzen des Ermessens überschritten sind oder ob es fehlerhaft ausgeübt wurde (BGH FamRZ 2012, 960 Rn. 9). Maßstab ist nach dem RegE das wohlverstandene Interesse des von dem Verfahren betroffenen Beteiligten, in dessen ausschließlichem Interesse die Beteiligung der selbst nicht in ihren Rechten betroffenen Personen erfolgt (BGH FamRZ 2012, 960 Rn. 8). Bei Zweifeln, ob der betroffene Beteiligte mit der Hinzuziehung einverstanden ist, muss er gehört werden. Soweit er mit nachvollziehbaren Gründen widerspricht und nicht schwerwiegende Gründe für eine Hinzuziehung sprechen, hat diese zu unterbleiben.

27 **Beispiele** für die ideell oder sozial am Verfahrensausgang Interessierten sind Pflegepersonen in Kindschaftssachen (§ 161 Abs. 1), wenn ihre Hinzuziehung dem Kindeswohl dienen kann (OLG Saarbrücken NZFam 2014, 74; OLG Bremen FamRZ 2014, 414 – auf eigene Betroffenheit der Pflegeperson durch die zu treffende Entscheidung komme es nicht an), Angehörige in Betreuungs- und Unterbringungsverfahren (§ 274 Abs. 4 Nr. 1, § 315 Abs. 4), außerdem bestimmte Angehörige im Freiheitsentziehungsverfahren (§ 418 Abs. 3). Wenn das Gericht nicht berücksichtigt, dass die Betroffene ihren Vater als Betreuer wünscht und daraus nicht folgert, dass sie auch seine Beteiligung möchte, liegt eine fehlerhafte Ermessensausübung vor, da die persönliche Einschätzung des Betroffenen ein Indiz dafür ist, dass die Beteiligung des Angehörigen dem Wohl des Betroffenen dient (BGH FamRZ 2012, 960 Rn. 11). Zudem sind tragfähige Informationen über Einschränkungen der Lebensbewältigungskompetenz eines Betroffenen und über seinen tatsächlichen Hilfebedarf am ehesten von denjenigen Angehörigen zu erwarten, die mit dem Betroffenen durch ein Näheverhältnis verbunden sind (BGH FamRZ 2012, 960 Rn. 14).

28 Kein Kann-Beteiligter ist der Testamentsvollstrecker bei Festsetzung der Betreuervergütung aus dem Vermögen des Betroffenen (BGH NJW 2015, 1965 Rz. 7).

29 **E. Benachrichtigung, Belehrung, Abs. 4. I. Informationspflicht.** Abs. 4 verwirklicht das rechtliche Gehör, indem er das Gericht verpflichtet, die Muss-Beteiligten nach Abs. 2 Nr. 2 und die Optionsbeteiligten nach Abs. 3 über die **Verfahrenseinleitung** zu benachrichtigen und über ihr **Antragsrecht** zu belehren, die Beteiligung zu beantragen (Informationspflicht). Diese Verpflichtung des Gerichts erstreckt sich nur auf solche Personen, die ihm bekannt sind. Ein verfahrenseinleitender Antrag soll diese Personen benennen, die als Beteiligte in Betracht kommen (§ 23 Abs. 1 Satz 2). Das Gericht muss die Namen und die Anschriften unbekannter Rechtsinhaber nicht ermitteln, ist insoweit also vom Untersuchungsgrundsatz (§ 26) befreit. Abs. 4 findet entsprechende Anwendung auf den leiblichen Vater im Adoptionsverfahren (§ 1747 Abs. 1 Satz 2), dessen rechtlich geschütztes Interesse, die rechtliche Stellung des Vaters einnehmen zu können, durch die Benachrichtigung vom Verfahren zu wahren ist, um ihm die Beteiligung zu ermöglichen (BGH NJW 2015, 1820 Rz. 21).

30 **II. Rechtliches Gehör und Ermittlungsmaßnahmen.** Es wird bezweifelt, ob Letzteres mit dem Grundsatz des rechtlichen Gehörs vereinbar ist (*Zimmermann* FamFG Rn. 121; *Jacoby* FamRZ 2007, 1703, 1706), zumal der Antragsteller Angaben über Beteiligte bewusst zurückhalten kann. Teilweise wird daher nach § 26 eine generelle Pflicht zur Amtsermittlung bejaht (Bumiller/Harders/Schwamb Rn. 7). In der Tat gebietet Art. 103 Abs. 1 GG, den Muss-Beteiligten nach Abs. 2 Nr. 2, 2. Alt. und den Kann-Beteiligten nach Abs. 3 die tatsächliche Möglichkeit der Beteiligung zu verschaffen. Das setzt aber voraus, dass sie von dem Verfahren überhaupt erfahren. Daher muss Abs. 4 im Wege **verfassungskonformer Auslegung** so verstanden werden, dass das Gericht zur Ermittlung der Existenz und zustellungsfähiger Anschriften von den in Rdn. 29 genannten Beteiligten zunächst **übliche und zumutbare Anstrengungen** unternehmen muss, die keinen unverhältnismäßigen Aufwand erfordern, das Verfahren nicht gravierend verzögern und die nicht von vornherein aussichtslos sind. Daher hat das Gericht jedenfalls einfache Maßnahmen zu ergreifen, z.B. eine Anfrage beim Einwohnermeldeamt oder beim Standesamt zu stellen und andere Beteiligte zu befragen. Voraussichtlich monatelange Ermittlungen im Ausland müssen dagegen z.B. nicht erfolgen.

Soweit eine im Antrag bezeichnete Person unter der angegebenen Anschrift nicht erreichbar ist, kann das Gericht die **neue Anschrift** selbst **ermitteln** oder dieses dem aufgrund § 27 zur Verfahrensförderung verpflichteten Antragsteller aufgeben. Eine aufwendige gerichtliche Ermittlungstätigkeit und eine daraus resultierende Verfahrensverzögerung wollte der Gesetzgeber vermeiden (RegE BT-Drucks. 16/6308 S. 179). Allerdings darf das – wie in Rdn. 30 ausgeführt – nicht zur Missachtung des rechtlichen Gehörs (Art. 103 Abs. 1 GG) führen. 31

III. Form. Die Benachrichtigung erfolgt im Wege der **formlosen Mitteilung** (§ 15 Abs. 3). Damit der Betroffene entscheiden kann, ob er sein Recht auf Beteiligung durch einen Antrag wahrnehmen will, muss die Mitteilung die bisherigen Beteiligten nennen und den Verfahrensgegenstand zumindest grob in gedrängter Kürze umreißen. Sowohl die Benachrichtigung als auch die Belehrung müssen gut verständlich sein. 32

F. Beschlussentscheidung, Rechtsmittel, Abs. 5. I. Entscheidung über die Hinzuziehung, Abs. 5 Satz 1. Wenn das Gericht den Beteiligten zum Verfahren hinzuzieht, bedarf es keines Beschlusses und auch keiner sonstigen ausdrücklichen Entscheidung, sondern das Gericht behandelt den Betroffenen als Beteiligten, indem es ihm verfahrensleitende Maßnahmen, Schriftsätze und sonstige Schriftstücke mitteilt und ihn zu den Verhandlungen lädt. Es steht der Hinzuziehung auch nicht entgegen, wenn das Gericht entgegen § 38 Abs. 2 Nr. 1 den Beteiligten nicht im Rubrum des Beschlusses aufgeführt hat (BGH FamRZ 2012, 1049 Rn. 9). Die eine Hinzuziehung nach Abs. 2 und 3 **ablehnende Entscheidung** ergeht nach Abs. 5 Satz 1 in der Form des Beschlusses (§§ 38 ff.). Ein Beschluss ist nicht nur erforderlich, wenn ein Muss- oder Kann-Beteiligter seine Hinzuziehung aufgrund seines Antragsrechts nach Abs. 2 Nr. 2, 2. Alt. oder Abs. 3 beantragt hat, sondern auch wenn ein gem. Abs. 2 Nr. 1 unmittelbar Betroffener oder aufgrund eines Gesetzes nach Abs. 2 Nr. 2, 1. Alt. von Amts wegen Hinzuzuziehender seine Hinzuziehung angeregt hat (vgl. *Schulte-Bunert* Rn. 88). Denn der Grundsatz des rechtlichen Gehörs gebietet in diesen Fällen einen anfechtbaren Beschluss, damit der unmittelbar Betroffene seine Beteiligung erzwingen kann. Unterbleibt eine Entscheidung und zieht das Gericht einen nach § 7 zu Beteiligenden fehlerhaft nicht hinzu, ist ihm gegenüber keine Entscheidung getroffen, sodass das Beschwerdegericht die Sache gem. § 69 Abs. 1 Satz 2 aufhebt und zurückverweist (Brandenburg FamRB 2012, 343; Prütting/Helms/Abramenko § 69 Rn. 9). 33

Der Antrag auf Hinzuziehung muss **beschieden** werden. Geschieht das nicht, obwohl der Betroffene an seinen Antrag erinnert hat, wird man das als konkludente Ablehnung ansehen müssen (*Zimmermann*, FamFG Rn. 124). Obwohl kein förmlicher Beschluss vorliegt, ist in diesem Fall die sofortige Beschwerde nach Abs. 5 Satz 2 analog eröffnet. 34

II. Sofortige Beschwerde, Abs. 5 Satz 2. Der eine Hinzuziehung ablehnende Beschluss ist mit der sofortigen Beschwerde gem. §§ 567 bis 572 ZPO anfechtbar. Sie ist mit einer Notfrist von 2 Wochen bei dem Gericht, dessen Entscheidung angefochten wird, oder bei dem Beschwerdegericht durch Einreichen einer Beschwerdeschrift einzulegen (§ 569 Abs. 1 Satz 1, Abs. 2 Satz 1), es entscheidet der Einzelrichter (§ 568 ZPO). Die Rechtsbeschwerde ist nur zulässig, wenn das Beschwerdegericht sie zugelassen hat (BGH FamRZ 2011, 368). Hinsichtlich der Einzelheiten des Beschwerdeverfahrens wird auf die Kommentierungen der §§ 567 bis 572 ZPO verwiesen. 35

G. Keine Beteiligung durch bloße Anhörung, Abs. 6. Abs. 6 stellt klar, dass wer angehört wird oder eine Auskunft zu erteilen hat, nicht allein dadurch zum Beteiligten wird, wenn er nicht schon nach Abs. 2 oder 3 Muss- oder Kann-Beteiligter ist. Anzuhören ist z.B. das Jugendamt gem. §§ 162 Abs. 1, 176 Abs. 1, 194, 195, 205, 213, zu beteiligen ist es aber erst auf seinen Antrag, §§ 162 Abs. 2, 172 Abs. 2, 188 Abs. 2, 204 Abs. 2, 212. Anzuhören ist die Betreuungsbehörde nach § 279 Abs. 2, zu beteiligen auf ihren Antrag, § 274 Abs. 3. Die zuständige Behörde in Unterbringungssachen soll nach § 320 Satz 2 angehört und nach ihrem Antrag gem. § 315 Abs. 3 beteiligt werden. 36

H. Beteiligung in der Beschwerdeinstanz. Die durch Hinzuziehung in erster Instanz begründete Beteiligtenstellung besteht in der Beschwerdeinstanz fort. Das folgt schon aus § 66, wonach die Beteiligten Anschlussbeschwerde einlegen können, und es wäre widersinnig, wenn Beteiligte, die mit der erstinstanzlichen Entscheidung einverstanden sind und diese verteidigen, in der Beschwerdeinstanz nicht hinzugezogen werden müssten (BGH FamRZ 2012, 1049 Rn. 10). 37

§ 8 Beteiligtenfähigkeit. Beteiligtenfähig sind
1. natürliche und juristische Personen,
2. Vereinigungen, Personengruppen und Einrichtungen, soweit ihnen ein Recht zustehen kann,
3. Behörden.

Übersicht

	Rdn.		Rdn.
A. Allgemeines	1	I. Begriffsbestimmung	6
B. Natürliche und juristische Personen, Nr. 1	2	II. Einzelfälle	7
I. Natürliche Personen	2	D. Behörden, Nr. 3	9
II. Juristische Personen	3		
C. Vereinigungen, Personengruppen, Einrichtungen, soweit ihnen ein Recht zustehen kann, Nr. 2	6		

1 **A. Allgemeines.** Beteiligtenfähigkeit ist die Fähigkeit, als Verfahrenssubjekt am Verfahren teilnehmen zu können. Die Beteiligtenfähigkeit ist eine von Amts wegen zu prüfende Verfahrensvoraussetzung (Sachentscheidungsvoraussetzung) und entspricht im Wesentlichen der **Rechtsfähigkeit** nach materiellem Recht und der Parteifähigkeit im Zivilprozess (§ 50 ZPO). Rechtsfähig ist, wer Träger von Rechten und Pflichten sein kann. Die Norm lehnt sich an § 61 VwGO an. Fehlt es an der Beteiligtenfähigkeit, ist die Beteiligung am Verfahren unzulässig, das Gericht darf den Betreffenden also nicht nach § 7 Abs. 2 oder 3 hinzuziehen. Amtsverfahren sind einzustellen, in Antragsverfahren ist der Antrag durch Beschluss als unzulässig zurückzuweisen (Jansen/*von König* § 13 Rn. 12). Im Streit um die Beteiligtenfähigkeit (Zulassungsstreit) ist der Betroffene als beteiligtenfähig zu behandeln (BGH NJW 1993, 2943, 2944 – zur Parteifähigkeit). Die Vorschrift findet keine Anwendung in Ehesachen und in Familienstreitsachen (§ 113 Abs. 1), dort gilt insoweit die ZPO mit ihrem § 50. Die Nichtexistenz eines Beteiligten ist von der bloßen Beteiligungsunfähigkeit zu unterscheiden und führt zur Wirkungslosigkeit einer gleichwohl ergehenden Sachentscheidung (Prütting/Helms/*Prütting* Rn. 25).

2 **B. Natürliche und juristische Personen, Nr. 1. I. Natürliche Personen.** Natürliche Personen sind beteiligtenfähig. Sie erlangen nach § 1 BGB Rechtsfähigkeit mit dem Zeitpunkt der Vollendung der Geburt. Die Beteiligtenfähigkeit endet mit dem Tod. Der Nasciturus (die Leibesfrucht) hat bereits bestimmte Rechte, sofern er lebend zur Welt kommt (§§ 844 Abs. 2 Satz 2, 1923 Abs. 2, 2043 Abs. 1, 2101 Abs. 1, 2108 Abs. 1, 2162 Abs. 2, 2178 BGB), auch der noch nicht Erzeugte, soweit er bereits Anwartschaften oder Rechte erwerben kann und erworben hat. Soweit erforderlich erhält die Leibesfrucht oder der nicht Erzeugte zur Wahrnehmung ihrer bzw. seiner Rechte einen Pfleger (§§ 1912, 1913 BGB).

3 **II. Juristische Personen.** Beteiligtenfähig sind juristische Personen des **Privatrechts**, also der eingetragene Verein (§ 21 BGB), der konzessionierte Wirtschaftsverein (§ 22 BGB), die Stiftung (§ 80 BGB), die AG (§ 1 Abs. 1 AktG), die KGaA (§§ 278 Abs. 1 AktG), die GmbH (§ 13 Abs. 1 GmbHG) einschließlich der Unternehmergesellschaft (§ 5a GmbHG), die eingetragene Genossenschaft (§ 17 Abs. 1 GenG), der Versicherungsverein auf Gegenseitigkeit (§ 15 VAG), die europäische AG (Art. 1 Abs. 3 SE-VO), die europäische Genossenschaft (Art. 1 Abs. 5 SCE-VO). Die juristische Person in Gründung zwischen Errichtung durch Abschluss des Gesellschaftsvertrages und Registereintragung bzw. Konzessionierung (**Vorgesellschaft**) ist ebenfalls beteiligtenfähig, und zwar auch nach Aufgabe der Eintragungsabsicht (BGH NJW 2008, 2441, 2442). Die juristische Person verliert ihre Beteiligtenfähigkeit noch nicht mit Auflösung, sondern erst mit Vollbeendigung und Löschung im jeweiligen Register.

4 **Ausländische** juristische Personen und Personengesellschaften aus dem Bereich der EU sind aufgrund Art. 49, 54 AEUV ohne Einschränkung beteiligtenfähig, auch wenn sie ihren Verwaltungssitz in das Inland verlegen; entscheidend für die Rechtspersönlichkeit ist also der Gründungsstaat (BGH NJW 2005, 1648, 1649; 2003, 1461 = BGHZ 154, 185). Das gilt auch für Gesellschaften aus EFTA-Staaten (BGH NJW 2005, 3351 = BGHZ 164, 148). Gesellschaften aus Drittstaaten, mit denen keine staatsvertragliche Regelung besteht, sind nach der Sitztheorie zu behandeln. D.h. dass eine im Ausland errichtete Gesellschaft, die ihren tatsächlichen Verwaltungssitz im Inland hat, nicht wirksam errichtet wurde, sie ist daher als Personengesell-

schaft zu behandeln. Das hindert aber nicht die Beteiligtenfähigkeit, da die Außengesellschaft bürgerlichen Rechts aktiv und passiv parteifähig und damit auch beteiligtenfähig ist (OLG Hamburg NZG 2007, 587, 598 f.; zur GbR unten Rdn. 7).

Beteiligtenfähig sind auch juristische Personen des **öffentlichen Rechts**, also Körperschaften (z.B. Gebietskörperschaften wie Bund, Länder und Gemeinden, Universitäten, Fachhochschulen, Sozialversicherungsträger, Industrie- und Handelskammern, Handwerkskammern, öffentlich-rechtliche Religionsgemeinschaften und deren rechtsfähige Untergliederungen wie etwa Kirchengemeinden), Anstalten (z.B. öffentlich-rechtliche Sparkassen, Rundfunkanstalten) und Stiftungen (z.B. Stiftung preußischer Kulturbesitz). Der Staat Preußen wurde 1947 durch Gesetz des Alliierten Kontrollrats in Deutschland aufgelöst und ist daher mangels Existenz nicht beteiligtenfähig (OLG Brandenburg FamRZ 2012, 1329).

C. Vereinigungen, Personengruppen, Einrichtungen, soweit ihnen ein Recht zustehen kann, Nr. 2.
I. Begriffsbestimmung. Nr. 2 erfasst Vereinigungen ohne Rechtspersönlichkeit, die aber voll oder zumindest teilweise rechtsfähig sind, weil ihnen die Rechtsordnung Rechte zuspricht. Erforderlich ist, dass es in dem fraglichen Verfahren gerade um ein solches Recht geht, das der Vereinigung, Personengruppe oder Einrichtung zustehen kann. Eine Vereinigung ist eine Personenmehrheit, daher ist der Begriff mit dem der Personengruppe identisch. Da Behörden speziell von Nr. 3 der Vorschrift erfasst werden, ist fraglich, ob der Beteiligtenfähigkeit von Einrichtungen (Institutionen) darüber hinaus eigenständige Bedeutung zukommt. I.d.R. wird zumindest die hinter einer Einrichtung stehende juristische Person oder Vereinigung beteiligtenfähig sein, und dieser werden auch die verfahrensgegenständlichen Rechte zustehen.

II. Einzelfälle. Als rechtsfähige Vereinigungen sind **beteiligtenfähig**: die Personenhandelsgesellschaften: Offene Handelsgesellschaft, KG (§§ 124, 162 Abs. 2 HGB); die Partnerschaftsgesellschaft (§ 7 Abs. 2 PartGG, § 124 HGB); die EWIV (§ 1 EWIVAG, § 124 HGB); die Außengesellschaft bürgerlichen Rechts (BGHZ 146, 341); der nichtrechtsfähige Verein, der nach § 50 Abs. 2 ZPO nunmehr auch aktiv parteifähig ist – somit sind nicht nur Parteien (nach § 3 PartG beteiligtenfähig) und Gewerkschaften, sondern alle nichtrechtsfähigen Vereine beteiligtenfähig; die Wohnungseigentümergemeinschaft, die rechtsfähig ist, soweit sie bei der Verwaltung des gemeinschaftlichen Eigentums am Rechtsverkehr teilnimmt (BGH NJW 2005, 2061). Wie die GbR, der nichtrechtsfähige Verein und die Wohnungseigentümergemeinschaft in das Grundbuch einzutragen sind (Grundbuchfähigkeit), ist eine von der Beteiligtenfähigkeit unabhängige Frage (zur Grundbuchunfähigkeit des nichtrechtsfähigen Vereins KG NZG 2015, 134 m. Anm. *Schöpflin* npor 2015, 124). Für **ausländische** Gesellschaften gelten die unter Rdn. 4 genannten Grundsätze. Als nichtrechtsfähige, aber beteiligtenfähige Personengruppen kommen insb. nichtrechtsfähige Unterorganisationen, z.B. von politischen Parteien, wie nichtrechtsfähige Orts- oder Kreisverbände in Betracht.

Nicht rechtsfähig und daher **nicht beteiligtenfähig** sind z.B. die Erbengemeinschaft (BGH NJW 2006, 3715; 2002, 3389); die Gütergemeinschaft; der Nachlass als solcher (*Zimmermann* FamFG Rn. 126); die Bruchteilsgemeinschaft; die Innengesellschaft bürgerlichen Rechts (Prütting/Helms/*Prütting* Rn. 18).

D. Behörden, Nr. 3. Nr. 3 erstreckt die Beteiligtenfähigkeit generell auf Behörden. Eine Behörde ist jede Stelle, die **Aufgaben der öffentlichen Verwaltung** wahrnimmt (§ 1 Abs. 4 VwVfG), also vor allem eine staatliche oder kommunale organisatorische Einrichtung zur Erfüllung von Verwaltungsaufgaben ihres öffentlich-rechtlichen Trägers. Behörden sind das Jugendamt (§§ 69 ff. SGB VIII), die Betreuungsbehörde (§§ 1 ff. BtBG), das Standesamt (§§ 1 Abs. 2 und 3, 51 Abs. 2, 53 Abs. 2 PStG), die für den Antrag auf Aufhebung der Ehe nach § 1316 Abs. 1 Nr. 1 BGB zuständige Verwaltungsbehörde (nach §§ 113 Abs. 1, 121 Nr. 2 gilt § 8 aber nicht im Aufhebungsverfahren). Zur Beteiligung von Behörden s. § 7 Rdn. 20 ff.

§ 9 Verfahrensfähigkeit. (1) Verfahrensfähig sind
1. die nach bürgerlichem Recht Geschäftsfähigen,
2. die nach bürgerlichem Recht beschränkt Geschäftsfähigen, soweit sie für den Gegenstand des Verfahrens nach bürgerlichem Recht als geschäftsfähig anerkannt sind,
3. die nach bürgerlichem Recht beschränkt Geschäftsfähigen, soweit sie das 14. Lebensjahr vollendet haben und sie in einem Verfahren, das ihre Person betrifft, ein ihnen nach bürgerlichem Recht zustehendes Recht geltend machen,
4. diejenigen, die auf Grund dieses oder eines anderen Gesetzes dazu bestimmt werden.

§ 9

(2) Soweit ein Geschäftsunfähiger oder in der Geschäftsfähigkeit Beschränkter nicht verfahrensfähig ist, handeln für ihn die nach bürgerlichem Recht dazu befugten Personen.
(3) Für Vereinigungen sowie für Behörden handeln ihre gesetzlichen Vertreter und Vorstände.
(4) Das Verschulden eines gesetzlichen Vertreters steht dem Verschulden eines Beteiligten gleich.
(5) Die §§ 53 bis 58 der Zivilprozessordnung gelten entsprechend.

Übersicht

	Rdn.		Rdn.
A. Allgemeines	1	V. Übrige Sorgerechtssachen	19
B. Verfahrensfähige Beteiligte, Abs. 1	3	VI. Sonstige Verfahren	20
I. Nach bürgerlichem Recht Geschäftsfähige, Nr. 1	3	D. Vertretung der Vereinigungen und Behörden, Abs. 3	21
II. Beschränkt Geschäftsfähige, soweit für Verfahrensgegenstand geschäftsfähig, Nr. 2	4	I. Vereinigungen	22
		1. Privatrechtliche Vereinigungen	23
		2. Öffentlich-rechtliche Vereinigungen	26
III. Beschränkt Geschäftsfähige ab 14 Jahren in personenbezogenen Verfahren, Nr. 3	6	II. Behörden	27
IV. Gesetzlich besonders bestimmte Verfahrensfähigkeit, Nr. 4	10	E. Verschulden eines gesetzlichen Vertreters, Abs. 4	28
C. Vertretung verfahrensunfähiger Personen, Abs. 2	13	F. Entsprechende Anwendung der §§ 53 bis 58 ZPO, Abs. 5	30
I. Allgemeines	13	I. Verfahrensunfähigkeit bei Betreuung oder Pflegschaft, § 53 ZPO	31
II. Vertretungsausschluss, insbesondere in Abstammungssachen	14	II. Vertretung durch Beistand	32
III. Vertretungsausschluss in sonstigen Angelegenheiten der Personensorge	15	III. Besondere Ermächtigung zu Prozesshandlungen, § 54 ZPO	33
IV. Verfahren über familiengerichtliche Genehmigungen	16	IV. Verfahrensfähigkeit von Ausländern, § 55 ZPO	34
1. Problematik und zunächst überwiegende Rechtsprechung	16	V. Prüfung von Amts wegen, § 56 ZPO	35
		VI. Verfahrenspfleger, § 57 ZPO	39
2. Entscheidung des BGH	17	VII. Prozesspfleger bei herrenlosem Grundstück, § 58 ZPO	41

1 **A. Allgemeines.** Die Norm regelt die Verfahrensfähigkeit, also die Fähigkeit des Beteiligten, selbst oder durch einen selbst gewählten Vertreter wirksam Verfahrenshandlungen vorzunehmen, insb. Erklärungen im Verfahren abzugeben. Die Verfahrensfähigkeit entspricht größtenteils der **Geschäftsfähigkeit** im materiellen Recht u der Prozessfähigkeit im Zivilprozess (§§ 51 ff. ZPO). Fehlt es an der Verfahrensfähigkeit, so sind die vorgenommenen Verfahrenshandlungen unwirksam. Die Verfahrensfähigkeit setzt die Beteiligtenfähigkeit voraus. Die Vorschrift findet gem. § 113 Abs. 1 in Ehesachen (§ 121) und in Familienstreitsachen (§ 112) keine Anwendung, für diese gelten §§ 51 ff. ZPO, soweit das FamFG nicht wie in § 125 für Ehesachen Sonderregelungen trifft. Abs. 1 trifft eine abschließende Regelung soweit nicht andere spezielle gesetzliche Regelungen eingreifen (*Heiter* FamRZ 2009, 85, 86).

2 Die Voraussetzung der Verfahrensfähigkeit schützt den verfahrensunfähigen Beteiligten sowie die übrigen Beteiligten, sorgt für Rechtssicherheit und Verfahrenswirtschaftlichkeit, indem sie das Gericht vor unsachgemäßer Verfahrensführung schützt (vgl. Prütting/Helms/*Prütting* Rn. 3). Die Verfahrensfähigkeit ist als Voraussetzung wirksamer Verfahrenshandlungen **von Amts wegen** zu prüfen. Da die Verfahrensfähigkeit Volljähriger die Regel ist, bedarf es besonderer Prüfung insoweit nur, wenn konkrete Anhaltspunkte die Verfahrensfähigkeit eines Beteiligten als zweifelhaft erscheinen lassen. Fehlt die Verfahrensfähigkeit, sind sog. Erwirkungshandlungen (z.B. Anträge) als unzulässig zurückzuweisen, Bewirkungshandlungen (z.B. Antragsrücknahme) sind ebenso wie Verfahrenshandlungen gegenüber dem Verfahrensunfähigen unwirksam (Bork/Jacoby/Schwab/*Jacoby* Rn. 2). Der gesetzliche Vertreter kann die Handlungen nachträglich genehmigen (Bork/Jacoby/Schwab/*Jacoby* Rn. 2).

3 **B. Verfahrensfähige Beteiligte, Abs. 1. I. Nach bürgerlichem Recht Geschäftsfähige, Nr. 1.** Verfahrensfähig sind die nach bürgerlichem Recht voll Geschäftsfähigen. **Geschäftsfähig** sind alle Volljährigen (§ 2 BGB). Geschäftsunfähig sind Kinder bis zum Alter von 7 Jahren (§ 104 Nr. 1 BGB) und Volljährige, wenn sie sich in einem die freie Willensbestimmung ausschließenden, nicht nur vorübergehenden Zustand

krankhafter Störung der Geistestätigkeit befinden (§ 104 Nr. 2 BGB). Im Fall der Pflegschaft nach §§ 1911, 1913 BGB oder § 57 ZPO fehlt es ebenfalls an der Verfahrensfähigkeit des Pfleglings (wie hier Prütting/Helms/*Prütting* Rn. 8; a.A. für §§ 1911, 1913 Keidel/*Zimmermann* Rn. 7). Bei Bewusstlosigkeit oder vorübergehender Störung der Geistestätigkeit (§ 105 Abs. 2 BGB) liegt zwar keine Verfahrensunfähigkeit vor, die vorgenommene Verfahrenshandlung ist aber unwirksam. Soweit Betreute (§§ 1896 ff. BGB) nicht geschäftsunfähig sind, sind sie verfahrensfähig, es sei denn, dass ein Einwilligungsvorbehalt (§ 1903 BGB) angeordnet ist, dessen Umfang auch die Verfahrensführung einschließt. In Betreuungssachen selbst ist der Betroffene allerdings stets ohne Rücksicht auf die Geschäftsfähigkeit verfahrensfähig (§ 275). Möglich ist auch eine **teilweise (partielle) Geschäftsunfähigkeit**, die sich auf einen bestimmten gegenständlich abgegrenzten Kreis von Angelegenheiten bezieht. nach dem Schwierigkeitsgrad der Geschäfte kann aber nicht unterschieden werden (BGH NJW 1970, 1680). Soweit partielle Geschäftsunfähigkeit in einem Bereich besteht, der das Verfahren betrifft (z.B. Querulantenwahn, BVerwGE 30, 25), ist der Betroffene nicht verfahrensfähig.

II. Beschränkt Geschäftsfähige, soweit für Verfahrensgegenstand geschäftsfähig, Nr. 2. Verfahrensfähig sind auch die nach bürgerlichem Recht beschränkt Geschäftsfähigen, soweit sie für den Gegenstand des Verfahrens nach bürgerlichem Recht als geschäftsfähig anerkannt sind. Beschränkt geschäftsfähig sind die Minderjährigen im Alter ab 7 Jahren bis zum Erreichen der Volljährigkeit (§§ 2, 106 ff. BGB). Das bürgerliche Recht billigt den beschränkt Geschäftsfähigen in §§ 112, 113 BGB **partielle Geschäftsfähigkeit** zu. Die zum selbstständigen Betrieb eines Erwerbsgeschäfts ermächtigten Minderjährigen sind geschäftsfähig für alle Geschäfte und damit verfahrensfähig für alle Verfahren, die der Betrieb des Erwerbsgeschäfts mit sich bringt (§ 112 BGB), z.B. Handelsregisteranmeldungen. Entsprechendes gilt für die zur Dienst- oder Arbeitsübernahme nach § 113 BGB ermächtigten Minderjährigen. Dagegen sind die §§ 107 bis 111 BGB nicht anwendbar, da Verfahrenshandlungen mit materiellen Rechtsgeschäften nicht vergleichbar sind; denn jede Verfahrenshandlung ist nur ein Element des Verfahrens als eines komplexen Systems, das sich aus Verfahrenshandlungen der Beteiligten und des Gerichts zusammensetzt (vgl. Jansen/*von König* § 13 Rn. 14). 4

Soweit Minderjährige nach § 2229 Abs. 1 und 2 BGB testierfähig sind, sind sie auch verfahrensfähig, sodass sie das Testament aus der amtlichen Verwahrung zurücknehmen können (§ 2256 Abs. 2 BGB). Verfahrensfähig ist z.B. auch der beschränkt geschäftsfähige Elternteil in Verfahren nach den §§ 1671, 1672, 1684, 1713, 1747, 1748 BGB, da ihm diese Normen selbstständige Rechte verleihen (Jansen/*von König* § 13 Rn. 14, 27). Zu nennen sind außerdem § 1750 BGB und § 5 RelKEG (Keidel/*Zimmermann* Rn. 10). 5

III. Beschränkt Geschäftsfähige ab 14 Jahren in personenbezogenen Verfahren, Nr. 3. Die ggü. dem RegE neu eingefügte Nr. 3 erweitert die Verfahrensfähigkeit des Kindes, das das 14. Lebensjahr vollendet hat. Die Vorschrift erlaubt ihm, materielle Rechte im **kindschaftsrechtlichen Verfahren** (§ 151), das seine Person betrifft, ohne Mitwirkung seiner gesetzlichen Vertreter eigenständig geltend zu machen. Damit soll eine verfahrensrechtliche Entsprechung zu den verschiedentlich eingeräumten Widerspruchs- und Mitwirkungsrechten des über 14 Jahre alten Kindes geschaffen und die notwendige Akzessorietät zwischen Verfahrensrecht und materiellem Recht hergestellt werden (Beschlussempfehlung und Bericht des Rechtsausschusses BT-Drucks. 16/9733 S. 352). Als Ausnahmevorschrift mit punktueller Durchbrechung des Grundsatzes, dass die Verfahrensfähigkeit der unbeschränkten Geschäftsfähigkeit entspricht, soll die Vorschrift eng auszulegen sein (*Heiter* FamRZ 2009, 85, 86). Eine Sonderregelung für das Beschwerderecht enthalten i.Ü. §§ 60, 164, für das Unterbringungsverfahren gilt § 167 Abs. 3. 6

Das Verfahren muss die Person des Kindes betreffen, und das Kind muss ein ihm nach bürgerlichem Recht zustehendes Recht geltend machen, auf die Einsichtsfähigkeit kommt es dabei nicht an (*Heiter* FamRZ 2009, 85, 87). Für das Geltendmachen eines Rechts genügt noch nicht, dass das Kind angehört werden will, es muss deutlich machen, umfassend am Verfahren mitwirken zu wollen (*Heiter* FamRZ 2009, 85, 87). Der Rechtsausschuss nennt an Rechten lediglich § 1671 Abs. 2 Nr. 1 BGB, wonach das Kind im Verfahren über die Übertragung der alleinigen elterlichen Sorge dem Antrag widersprechen kann. Weiter werden §§ 1762 Abs. 1, 1778 Abs. 1 Nr. 5 und 1887 Abs. 2 BGB genannt (*Schael* FamRZ 2009, 265, 267). Da jede Regelung der **Personensorge** die Person des Kindes betrifft und diesem ggü. die Pflicht zur Personensorge besteht (§ 1626 Abs. 1 BGB), muss das 14-jährige Kind in allen Verfahren, die die Personensorge betreffen, verfahrensfähig sein (so anscheinend auch *Zimmermann* FamFG Rn. 128), also etwa auch in Verfahren der Sorgerechtsentziehung nach § 1666 BGB (Stuttgart FamRZ 2010, 1166; a.A. Keidel/*Zimmermann* Rn. 12; Prütting/Helms/*Prütting* Rn. 14) oder über das Ruhen der elterlichen Sorge bei tatsächlichem Hindernis (§ 1674 BGB), in Verfahren über das Umgangsrecht (§ 1684 BGB, wie hier Bork/Jacoby/Schwab/*Jacoby* Rn. 9; 7

§ 1684 Abs. 4 ausnehmend Prütting/Helms/*Prütting* Rn. 14; insgesamt a.A. Keidel/*Zimmermann* Rn. 12; *Schael* FamRZ 2009, 265, 267) oder die Kindesherausgabe (§ 1632 BGB), zu eng *Heiter* (FamRZ 2009, 85, 87).

8 Um die Person des Kindes, nämlich um seinen familienrechtlichen, verwandtschaftlichen Status, geht es aber auch in **Abstammungssachen**. Das Kind hat nach § 1600 Abs. 1 Nr. 4 BGB ein Anfechtungsrecht. Es kann gem. §§ 169 Nr. 1, 171 einen Antrag auf Feststellung des Bestehens oder Nichtbestehens eines Eltern-Kind-Verhältnisses stellen und muss gem. § 172 Abs. 1 Nr. 1 beteiligt werden. In diesen Fällen macht das Kind sein Recht auf Kenntnis der eigenen Abstammung geltend, was nach dem Wortlaut der Norm für Verfahrensfähigkeit spricht. Allerdings spricht der Rechtsausschuss nur von kindschaftsrechtlichen Verfahren (Beschlussempfehlung und Bericht des Rechtsausschusses BT-Drucks. 16/9733 S. 352). Deshalb mag insoweit hinsichtlich der Abstammungs- und Adoptionssachen eine teleologische Reduktion gerechtfertigt sein (näher § 172 Rdn. 10; vgl. auch *Heiter* FamRZ 2009, 85, 87; gegen die Anwendung auf Abstammungssachen OLG Stuttgart FamRZ 2011, 1751).

9 Aufgrund seiner Verfahrensfähigkeit kann das Kind selbstständig ohne seinen gesetzlichen Vertreter an dem Verfahren mitwirken und hat alle verfahrensrechtlichen **Befugnisse, Obliegenheiten und Pflichten** einschließlich des Erteilens einer Verfahrensvollmacht (insoweit ist auch materiell beschränkte Geschäftsfähigkeit zur Mandatserteilung anzunehmen Keidel/*Zimmermann* Rn. 16; *Heiter* FamRZ 2009, 85, 88) und des Vergleichsschlusses; kinderschützende Regelungen (§§ 159 Abs. 3, 4, 164 Satz 2) bleiben anwendbar; dem Kind kann nach Maßgabe des § 158 ein **Verfahrensbeistand** bestellt werden (*Heiter* FamRZ 2009, 85, 88 f.). Insoweit das Kind verfahrensfähig ist, können die Eltern das Kind nicht vertreten, allerdings kann der gesetzliche Vertreter im Fall des § 60 namens des Kindes Beschwerde einlegen (z.T. enger *Heiter* FamRZ 2009, 85, 88). Ob das dem Kind nach bürgerlichem Recht zustehende Recht tatsächlich besteht, ist zumindest auch Gegenstand des Verfahrens. Sofern das Kind ein solches Recht nicht in offensichtlich vollkommen haltloser Weise geltend macht, ist es daher als verfahrensfähig zu behandeln bis feststeht, dass ihm das materielle Recht fehlt (a.A. *Heiter* FamRZ 2009, 85, 87). Da die Verfahrensfähigkeit des Minderjährigen nur soweit besteht wie deren Voraussetzungen vorliegen, kann es innerhalb eines Verfahrens z.T. verfahrensfähig, z.T. verfahrensunfähig sein (Prütting/Helms/*Prütting* Rn. 15).

10 **IV. Gesetzlich besonders bestimmte Verfahrensfähigkeit, Nr. 4.** Verfahrensfähig sind auch diejenigen, deren Verfahrensfähigkeit das FamFG oder ein anderes Gesetz bestimmt. Durch die Bezugnahme auf andere Gesetze, wie z.B. das SGB I, wird die notwendige Akzessorietät zwischen materiellem bürgerlichen oder öffentlichen Recht und Verfahrensrecht hergestellt (Beschlussempfehlung und Bericht des Rechtsausschusses BT-Drucks. 16/9733 S. 353). Ob sich die Verfahrensfähigkeit Minderjähriger für bestimmte Gegenstände auch aus dem öffentlichen Recht ergibt, ist im Zweifel durch Auslegung der fraglichen Vorschrift unter Berücksichtigung des Zwecks der Regelung zu entscheiden.

11 Verfahrensfähig aufgrund des FamFG ist ohne Rücksicht auf seine Geschäftsfähigkeit der Betroffene in Betreuungssachen (§ 275) und in Unterbringungssachen (§ 316). Das gewährleistet den Grundrechtsschutz in solchen tief in die Rechtssphäre des Betroffenen eingreifenden Verfahren. In Ehesachen, für die § 9 nicht gilt (§ 113 Abs. 1), ist der in der Geschäftsfähigkeit beschränkte Ehegatte verfahrensfähig (§ 125 Abs. 1).

12 Nach öffentlichem Recht ist im Sozialrecht der Jugendliche ab 15 Jahren handlungsfähig (§ 36 SGB I), im Asylrecht ab 16 Jahren (§ 12 AsylVfG). Nach § 5 RelKEG kann das Kind ab Vollendung seines 14. Lebensjahres selbst entscheiden, zu welchem religiösen Bekenntnis es sich halten will, ab Vollendung des 12. Lebensjahres kann es nicht gegen seinen Willen in einem anderen Bekenntnis als bisher erzogen werden. Soweit die genannten Gegenstände betroffen sind, ist das Kind kraft öffentlichen Rechts verfahrensfähig.

13 **C. Vertretung verfahrensunfähiger Personen, Abs. 2. I. Allgemeines.** Soweit Geschäftsunfähige und beschränkt Geschäftsfähige nicht nach Abs. 1 verfahrensfähig sind, handeln für sie die nach bürgerlichem Recht dazu befugten Personen, also die jeweiligen **gesetzlichen Vertreter**. Das sind bei Kindern die Eltern nach Maßgabe der gesetzlichen Regelung (§§ 1626 Abs. 1, 1629 Abs. 1 Satz 1 bis 3, 1680 BGB) oder mangels elterlicher Sorge oder jeglicher Vertretungsberechtigung der Vormund (§ 1793 Abs. 1 Satz 1 BGB), bei Pfleglingen der Ergänzungspfleger (§§ 1909, 1915 Abs. 1, 1793 Abs. 1 Satz 1 BGB) und bei Volljährigen im Rahmen seines Aufgabenkreises der Betreuer (§ 1902 BGB). Liegt eine Vorsorgevollmacht (§ 1896 Abs. 2 Satz 2 BGB) vor, hat der Bevollmächtigte in gerichtlichen Verfahren die Stellung eines gesetzlichen Vertreters (Palandt/*Götz* § 1902 Rn. 2, 3).

Abschnitt 1. Allgemeine Vorschriften § 9

II. Vertretungsausschluss, insbesondere in Abstammungssachen. Für einen eventuellen **Vertretungsausschluss** gelten grds. die allgemeinen Regeln (§§ 1629 Abs. 2, 1795, 1779, 1908i Abs. 1 Satz 1, 1915 Abs. 1 BGB). Problematisch im FamFG-Verfahren ist die Anwendbarkeit des § 1795 Abs. 1 Nr. 3, weil diese Norm von einem »Rechtsstreit« spricht. Zumindest greift sie in den **Familienstreitsachen** des § 112 ein (Palandt/ *Götz* § 1795 Rn. 6). Auch wenn die **Abstammungssachen** nicht als kontradiktorisches Verfahren ausgestaltet sind, ging bereits die erste Rspr. der OLGe z.T. im Hinblick auf die Interessenlage, Rechtsklarheit und Verfahrensökonomie (keine gesonderte Entziehung nach § 1796 BGB erforderlich) von einem gesetzlichen Vertretungsausschluss gem. §§ 1629 Abs. 2 Satz 1, 1795 Abs. 1 Nr. 3 BGB aus, da sich angesichts der Besonderheit des Verfahrens nach § 1598a BGB aus § 1629 Abs. 2a BGB kein Gegenschluss ziehen lasse und der Gesetzgeber an der früheren Rechtslage nichts ändern wollte; es bedürfe daher der Bestellung eines Ergänzungspflegers für das Kind (OLG Hamburg FamRZ 2010, 1825; OLG Düsseldorf JAmt 2010, 505; KG RPfleger 2011, 157; OLG Brandenburg FamRZ 2010, 472 – jeweils Vaterschaftsanfechtungsverfahren; so auch eingehend *Dressler* Rpfleger 2010, 297). Dem ist der **BGH** beigetreten (BGHZ 193, 1 = FamRZ 2012, 859; ebenso OLG Koblenz FamRZ 2015, 1122). Der anfechtende (rechtliche) Vater ist danach von der gesetzlichen Vertretung des minderjährigen Kindes sowohl bei eigener Anfechtung als auch bei der Anfechtung durch andere Berechtigte ausgeschlossen, also in allen Fällen der Vaterschaftsanfechtung (BGHZ 193, 1 Rn. 17). Aus dem Entfallen eines kontradiktorischen Verfahrens und der Umgestaltung in ein Verfahren der freiwilligen Gerichtsbarkeit sei angesichts des fortbestehenden abstrakten Interessenkonflikts zwischen dem anfechtenden (rechtlichen) Vater und dem Kind nicht zu schließen, dass der Gesetzgeber durch das FamFG nunmehr die gesetzliche Vertretung des Kindes einräumen wollte (BGHZ 193, 1 Rn. 12–14). Dementsprechend werde ein **Ergänzungspfleger** notwendig. In Abstammungssachen reiche ein Verfahrensbeistand nach § 174 nicht aus, da das Kind zum Stellen eines Antrags nach § 1600 Abs. 1 Nr. 4 BGB gem. § 1600a Abs. 3 eines gesetzlichen Vertreters bedürfe und der Gesetzgeber durch das FamFG in die gesetzliche Vertretung des Kindes nach der früheren Rechtslage nicht eingreifen wollte (BGHZ 193, 1 Rn. 18). Wenn die Mutter mit dem Vater verheiratet ist, schließen §§ 1629 Abs. 2 Satz 1, 1795 Abs. 1 Nr. 3 BGB sie von der Vertretung des Kindes gleichfalls aus (BGHZ 193, 1 Rn. 21). Dieser Rechtsprechung des BGH ist zu folgen, da andernfalls eine sachgerechte Vertretung des Kindes nicht gewährleistet wäre. Methodisch ganz unbedenklich ist das aber nicht, weil der Gesetzgeber das Verfahren bewusst nicht kontradiktorisch ausgestaltet hat. Wenn die Bestellung eines Ergänzungspflegers erfolgt, läuft die Regelung des § 174 weitgehend leer. Das ist aber die Folge davon, dass der Gesetzgeber es versäumt hat, den Verfahrensbeistand mit Vertretungsmacht auszustatten (§§ 174, 158 Abs. 4 Satz 6), sodass es eines Ergänzungspflegers bedarf. S.a., teils abweichend § 41 Rdn. 16 ff. Bei der Vaterschaftsanfechtung durch den nichtehelichen Vater indiziert die Konfliktlage, der Mutter die Vertretungsmacht gem. §§ 1629 Abs. 2 Satz 3, 1796 BGB zu entziehen und einen Ergänzungspfleger zu bestellen (OLG Stuttgart FamRZ 2014, 1868). Auch bei der Vaterschaftsanfechtung durch einen Dritten bei gemeinsamer Sorge unverheirateter Eltern bedarf es eines Ergänzungspflegers (OLG Dresden, Beschl. v. 29.01.2016 - 22 WF 1381/15).

III. Vertretungsausschluss in sonstigen Angelegenheiten der Personensorge. Generell bedarf es nach **Entziehung der Vertretungsmacht** der Eltern aufgrund erheblichen Interessengegensatzes gem. § 1796 BGB der Bestellung eines Ergänzungspflegers, ein Verfahrensbeistand genügt insoweit nicht (OLG Oldenburg NJW 2010, 1888, 1889; s.a. zur Bekanntgabe § 41 Rdn. 12 ff. – teils abweichend). Im **Verfahren zur Bestellung eines Ergänzungspflegers** sind die Eltern allerdings noch nicht von der Vertretung ausgeschlossen (OLG Oldenburg NJW 2010, 1888, 1890). Eine andere Frage ist, ob und wann den Eltern oder einem Elternteil die Vertretungsmacht zu entziehen ist. In **Kindschaftsverfahren, die sich nicht ausschließlich auf Vermögensangelegenheiten beziehen, insb. solchen, die Angelegenheiten der Personensorge betreffen**, bedarf es der Entziehung der Vertretungsmacht auch bei einem erheblichen Interessengegensatz regelmäßig nicht, da das Kindesinteresse hinreichend durch den **Verfahrensbeistand** gewährleistet wird (BGHZ 191, 48 = NJW 2011, 3454; FamRZ 2012, 436). Beide Entscheidungen betrafen Fälle, in denen die Eltern um die Regelung des Sorgerechts stritten (§ 1671 BGB). Der BGH bejahte zwar einen erheblichen Interessengegensatz i.S.d. §§ 1629 Abs. 2 Satz 3, 1796 BGB. Da die Entziehung der Vertretungsmacht aber einen Eingriff in das verfassungsrechtlich garantierte Elternrecht darstelle, sei der Grundsatz der Verhältnismäßigkeit zu wahren (BGHZ 191, 48 = NJW 2011, 3454 Rn. 18). Dementsprechend sei § 1796 BGB dahin zu verstehen, dass eine Entziehung der elterlichen Vertretungsbefugnis nicht angeordnet werden darf, wenn die Bestellung eines Verfahrensbeistands hinreichend für eine Interessenvertretung des Kindes sorgt (BGHZ 191, 48 = NJW 201, 3454 Rn. 29; BGH FamRZ 2012, 436 Rn. 9). Im Verfahren zur Bestellung eines **Ergän-**

14

15

Schöpflin 59

zungspflegers für die Entscheidung über das **Zeugnisverweigerungsrecht** gem. § 52 Abs. 2 StPO bedarf es eines Verfahrensbeistandes (OLG Schleswig FamRZ 2013, 571 a.A. OLG Hamburg FamRZ 2013, 1683). Auch im Verfahren über die Bestellung eines Ergänzungspflegers, der über die Ausübung des Zeugnisverweigerungsrechts des Kindes nach § 52 StPO entscheiden soll, werden die Rechte des Kindes durch einen Verfahrensbeistand nach § 158 Abs. 2 Nr. 1 gewahrt (OLG Schleswig FamRZ 2013, 571).

16 **IV. Verfahren über familiengerichtliche Genehmigungen. 1. Problematik und zunächst überwiegende Rechtsprechung.** Im Verfahren über **familiengerichtliche Genehmigungen**, das vermögensrechtliche Angelegenheiten betrifft, sind Kinder im Alter ab 14 Jahren durch die Sondernormen der §§ 164, 60 verfahrens- und beschwerdefähig, ihnen ist die Genehmigung nach § 41 Abs. 3 bekannt zu geben. Kinder unter 14 Jahren sind nicht verfahrensfähig, können aber auch nicht von ihren Eltern (bzw. einem Vormund oder Pfleger) vertreten werden, weil deren rechtsgeschäftliches Verhalten gerade überprüft werden soll (vgl. BVerfG NJW 2000, 1709, 1710). Die Eltern sind in diesen Fällen i.S.d. § 1909 Abs. 1 Satz 1 BGB an der Wahrnehmung der Angelegenheit des Kindes verhindert. Die überwiegende Rechtsprechung der OLGe, die insb. i.F.d. **Erbausschlagung** ergangen ist, nahm an, dass es für Genehmigungsverfahren, die Kinder unter 14 Jahren betreffen, eines Ergänzungspflegers bedarf (OLG Celle Rpfleger 2013, 89; OLG Zweibrücken FamRZ 2012, 1961; OLG Köln FamRZ 2012, 579; und FamRZ 2012, 12 sowie FamRZ 2011, 231; OLG Brandenburg FamRZ 2012, 1069). Man kann insoweit einen Vertretungsausschluss kraft Gesetzes (§ 41 Abs. 3) annehmen, sodass die Vertretungsmacht nicht erst nach §§ 1629 Abs. 3, 1796 BGB gerichtlich entzogen werden muss (so die genannte Rspr. und OLG Celle Rpfleger 2011, 436; *Zorn* Rpfleger 2010, 425; *Müller* RPflstud 2010, 140; a.A. OLG Brandenburg MittBayNot 2011, 240; a.A. KG FamRZ 2010, 1171). In diesen Fällen kommt das Bestellen eines Verfahrensbeistands nach § 158 nicht in Betracht, da nicht die Person, sondern das Vermögen des Kindes betroffen ist und der Verfahrensbeistand nach § 158 Abs. 4 Satz 6 das Kind nicht bei der Bekanntgabe des Beschlusses vertreten kann (OLG Celle Rpfleger 2013, 88, 89 f.; OLG Köln FamRZ 2012, 579; OLG Celle Rpfleger 2011, 436; KG FamRZ 2010, 1171, 1172; *Zorn* Rpfleger 2010, 425; a.A. § 41 Rdn. 18, 19; *Keuter* NJW 2010, 1851 ff.; *Litzenburger* RNotZ 2010, 32, 33 f.; *Kölmel* NotBZ 2010, 2, 5 f.). Da mit § 1909 BGB eine taugliche Norm vorhanden ist, fehlt es für eine analoge Anwendung des § 158 zudem an einer Regelungslücke. Das Bestellen eines Ergänzungspflegers, insb. für das Entgegennehmen der Bekanntmachung nach § 41 Abs. 3 und das Wahrnehmen des Beschwerderechts (darauf beschränken will das: OLG Brandenburg FamRZ 2012, 1069; dagegen: *Zorn* FamRZ 2012, 1070 f.), erhöht den Verfahrensaufwand und die Verfahrensdauer nicht wesentlich, wenn es frühzeitig geschieht.

17 **2. Entscheidung des BGH.** Der BGH hat nunmehr entschieden, dass anlässlich eines Verfahrens auf Genehmigung einer **Erbausschlagung** für ein minderjähriges Kind zur Entgegennahme des Genehmigungsbeschlusses im Sinne von § 41 Abs. 3 FamFG für das Kind nur dann ein **Ergänzungspfleger** zu bestellen ist, wenn die **Voraussetzungen für eine Entziehung der Vertretungsmacht** nach § 1796 BGB **festgestellt** sind (FamRZ 2014, 640 = Rpfleger 2014, 373). Aus § 41 Abs. 3 FamFG folge nicht, dass das Vertretungsrecht des Vormundes über die in § 1796 BGB bezeichneten Fälle hinaus zu entziehen sei. Da § 1796 Abs. 2 BGB als Grund für die Entziehung einen erheblichen Interessengegensatz zwischen Vormund und Mündel voraussetze, müsse dieser durch das Gericht festgestellt werden. Ein Ausschluss des Vertretungsrechts jenseits der §§ 1795, 1796 BGB aus verfahrensrechtlichen Gründen komme mangels einer gesetzlichen Grundlage nicht in Betracht (BGH FamRZ 2014, 640 Rn. 13 f.). Für die generelle Entziehung des Vertretungsrechts und Bestellung eines Ergänzungspflegers fehlt nach Ansicht des BGH das Bedürfnis, da das Gericht im Rahmen des Genehmigungsverfahrens ohnehin alle Umstände des Einzelfalls zu prüfen hat, vor allem ob die Voraussetzungen für eine Genehmigung zum Wohle des Kindes vorliegen, so dass bereits eine gerichtliche Kontrolle des gesetzlichen Vertreters stattfinde (BGH FamRZ 2014, 613 Rn. 14). Solange kein Interessenwiderstreit festgestellt werde, gebe es daher auch unter Berücksichtigung der Rechtsprechung des Bundesverfassungsgerichts kein Bedürfnis nach einer weiteren Kontrolle des gesetzlichen Vertreter oder des Gerichts durch einen anderen Vertreter des Kindes, wenn eine Erbausschlagung im Namen des Kindes erklärt wird (BGH FamRZ 2014. 613 Rn. 15 ff.). Diese Rechtsprechung des BGH dürfte auf alle Genehmigungsverfahren zu übertragen sein.

18 Der BGH hatte schon früher klargestellt, dass das Verfahren auf familiengerichtliche Genehmigung einer Erbausschlagung ausschließlich eine vermögensrechtliche Angelegenheit betrifft und das Jugendamt daher gegen die Anordnung der Ergänzungspflegschaft kein Beschwerderecht nach § 162 Abs. 2 Satz 2 hat, sondern nur gegen seine Auswahl als Ergänzungspfleger (BGH NJW 2012, 685).

V. Übrige Sorgerechtssachen. In **übrigen Sorgerechtssachen** sind die Eltern grds. gesetzliche Vertreter des Kindes, so auch bei **Entziehung der elterlichen Sorge**, allerdings kommt insoweit die Entziehung der Vertretungsmacht nach § 1796 BGB wegen eines konkret festzustellenden erheblichen Interessengegensatzes in Betracht (OLG Stuttgart FamRZ 2010, 1166). S. auch oben Rdn. 15. 19

VI. Sonstige Verfahren. Auch in **sonstigen Verfahren**, z.B. in Nachlasssachen, bleibt es grds. bei der Vertretung des Kindes durch die Eltern. Im Einzelfall kann bei konkretem erheblichen Interessengegensatz die Vertretungsbefugnis nach §§ 1629 Abs. 2 Satz 3, 1796 BGB zu entziehen und Ergänzungspflegschaft anzuordnen sein, wenn nicht zu erwarten ist, dass der Elternteil trotz des Interessengegensatzes im Kindesinteresse handelt (OLG Brandenburg MittBayNot 2011, 240). Es müssen aber tatsächliche Anhaltspunkte vorhanden sein, bloß abstrakt denkbare Interessenkollisionen genügen nicht. So kann im **Erbscheinsverfahren** die Witwe nach dem Tod ihres Mannes den Erbschein für sich und auch in Vertretung der Kinder beantragen, wenn sie sich in Ihrem Antrag an die Vorgaben der gesetzlichen bzw. testamentarischen Erbfolge hält und ersichtlich nicht zulasten der Kinder hiervon abweicht. Eines Ergänzungspflegers bedarf es dann nicht; für einen Verfahrensbeistand (§ 158) gibt es keine Rechtsgrundlage, da es um keine Kindschaftssache geht und zudem die Angelegenheit das Vermögen des Kindes betrifft. 20

D. Vertretung der Vereinigungen und Behörden, Abs. 3. Vereinigungen und Behörden werden durch ihre gesetzlichen Vorstände, Vertreter oder besonders Beauftragten vertreten. 21

I. Vereinigungen. Der Begriff der Vereinigung ist weit zu verstehen und erfasst neben privatrechtlichen und öffentlich-rechtlichen juristischen Personen auch nichtrechtsfähige Personenvereinigungen. 22

1. Privatrechtliche Vereinigungen. Organschaftliche Vertreter der privatrechtlichen **juristischen Personen** sind: bei der **AG** der Vorstand (§ 78 Abs. 1 AktG), bei der **KGaA** der Komplementär (§ 278 Abs. 2 AktG, §§ 161 Abs. 2, 125 HGB), bei der **GmbH** die Geschäftsführer (§ 35 Abs. 1 Satz 1 GmbHG), bei der **eG** der Vorstand (§ 24 Abs. 1 GenG), beim **eV** und der **Stiftung** und beim **VVaG** der Vorstand (§§ 26 Abs. 2 Satz 1, 86 BGB, § 29 VAG). 23

Bei den **Personengesellschaften** wird die **GbR** je nach Ausgestaltung des Gesellschaftsvertrags durch alle Gesellschafter gemeinschaftlich oder durch die Gesellschafter in vertretungsberechtigter Zahl vertreten (§§ 714, 709, 710 BGB). Bei der **OHG** und der **PartG** sind alle Gesellschafter, bei der **KG** alle Komplementäre einzelvertretungsbefugt, wenn nicht der Gesellschaftsvertrag einzelne von der Vertretung ausschließt oder Gesamtvertretung vorsieht (§§ 125, 161 II HGB, § 7 Abs. 3 PartGG). Die **GmbH & Co KG** wird durch die Komplementär-GmbH vertreten, für die wiederum ihr Geschäftsführer handelt. Den **nichtrechtsfähigen Verein** vertritt sein Vorstand, § 26 Abs. 1 Satz 2 BGB findet Anwendung. 24

Die Vertretung der **Vorgesellschaften** richtet sich nach der beabsichtigten Rechtsform. Die Vor-AG, die Vor-eG u der Vor-Verein werden durch den Vorstand, die Vor-GmbH durch die Geschäftsführer vertreten. Im Abwicklungsstadium wird die juristische Person oder die Gesellschaft durch **Liquidatoren** vertreten (§ 269 Abs. 1 AktG, § 70 GmbHG, § 88 GenG, §§ 48 Abs. 2, 26 Abs. 2 Satz 1 BGB, §§ 149 Satz 2, 161 Abs. 2 HGB, § 10 Abs. 1 PartGG). 25

2. Öffentlich-rechtliche Vereinigungen. Juristische Personen des öffentlichen Rechts fallen unter den weit verstandenen Vereinigungsbegriff. Die Bundesrepublik wird i.d.R. durch den zuständigen Bundesminister, die Länder werden durch die zuständigen Landesminister vertreten, die Gemeinden je nach Kommunalrecht z.B. durch den Bürgermeister, den Stadtdirektor o.ä. Allgemein ergibt sich die Vertretung aus den einschlägigen Organisationsnormen für die jeweilige juristische Person, z.B. aus der Gemeindeordnung des Bundeslandes. 26

II. Behörden. Behörden (§ 8 Rdn. 9) werden durch den Behördenvorstand/Behördenleiter oder deren Vertreter vertreten (§ 12 Abs. 1 Nr. 4 VwVfG), z.B. durch den Leiter der Verwaltung des Jugendamts (§ 70 Abs. 2 SGB VIII). Im Rahmen eines Feststellungsantrags nach § 23 EGVGV wegen Nichtberücksichtigung als Sachverständiger und Insolvenzverwalter ist die betroffene Insolvenzrichterin richtige Antragsgegnerin, da § 9 Abs. 3 durch die Besonderheiten des insolvenzrechtlichen Verfahrens überlagert wird, in dem nach § 56 Abs. 1 Satz 1 InsO die Auswahl des Insolvenzverwalters dem Insolvenzrichter in richterlicher Unabhängigkeit obliegt (OLG Hamm Beschl. v. 07.01.2013 – 27 VA 3/11). 27

E. Verschulden eines gesetzlichen Vertreters, Abs. 4. Dem Verschulden des Beteiligten steht das Verschulden seines gesetzlichen Vertreters gleich, d.h. er muss sich dieses als eigenes Verschulden zurechnen lassen. 28

Der Beteiligte wird damit so behandelt, als habe er das Verfahren selbst geführt. Verschulden liegt vor, wenn die übliche, von einem Verfahrensbeteiligten zu fordernde Sorgfalt außer Acht gelassen wurde. Bei in Gerichtsverfahren wenig erfahrenen Personen darf kein zu strenger Maßstab angelegt werden (Zöller/*Vollkommer* § 51 Rn. 20). Das Verschulden setzt Verschuldensfähigkeit (§§ 276 Abs. 1 Satz 2, 827, 828 BGB) voraus, Geschäftsunfähigkeit schließt das Verschulden aus (BGH NJW 1987, 440). Die Bedeutung des Abs. 4 liegt darin, dass ein Verschulden des gesetzlichen Vertreters der Wiedereinsetzung in den vorigen Stand nach § 17 entgegensteht.

29 Für den rechtsgeschäftlichen Vertreter gilt die Verschuldenshaftung gem. § 11 Satz 5 i.V.m. § 85 Abs. 2 ZPO.

30 **F. Entsprechende Anwendung der §§ 53 bis 58 ZPO, Abs. 5.** Die entsprechende Anwendung der §§ 53 bis 58 ZPO soll den dort geregelten Besonderheiten gerecht werden.

31 **I. Verfahrensunfähigkeit bei Betreuung oder Pflegschaft, § 53 ZPO.** Nach § 53 ZPO steht eine verfahrensfähige Person, die im Verfahren durch einen Betreuer oder Pfleger (in dessen Aufgabenkreis) vertreten wird, in diesem Verfahren einer verfahrensunfähigen Person gleich. Durch die Bestellung eines Betreuers oder Pflegers geht die Geschäftsfähigkeit des Betroffenen und damit an sich auch die Verfahrensfähigkeit nicht verloren. Das könnte aber widersprechende Verfahrenshandlungen des Betreuers/Pflegers und des Betroffenen zur Folge haben. Dieses verhindert § 53 ZPO, indem der Betroffene in dem Verfahren als verfahrensunfähig gilt. § 53 ZPO setzt voraus, dass eine Betreuung (§§ 1896, 1902 BGB) oder Pflegschaft (§§ 1909, 1911–1913) besteht, deren Aufgabenkreis die Verfahrensführung abdeckt. Der Betreuer oder Pfleger muss auch tatsächlich das Verfahren führen, den Betreuten oder Pflegling also tatsächlich vertreten haben, woran es etwa fehlt, wenn der Betreuer nur allgemein Stellung nimmt, aber keinen Antrag stellt (OLG Frankfurt NJW 2014, 1393). Der Verfahrensbeistand nach § 158 fällt nicht unter § 53 ZPO und schränkt die Verfahrensfähigkeit des Kindes daher nicht ein (*Heiter* FamRZ 2009, 85, 86); das Gleiche gilt im Betreuungsrecht für den Verfahrenspfleger (§ 276). Soweit Sondervorschriften die Verfahrensfähigkeit bestimmen (§§ 275, 316) ist für § 53 ZPO kein Raum (Bork/Jacoby/Schwab/*Jacoby* Rn. 15).

32 **II. Vertretung durch Beistand.** § 173 schließt die Vertretung durch den sorgeberechtigten Elternteil aus, wenn das Kind durch das Jugendamt als Beistand vertreten wird. Auf Antrag eines Elternteils wird das Jugendamt Beistand des Kindes für die Feststellung der Vaterschaft und die Geltendmachung von Unterhaltsansprüchen (§ 1712 BGB). Dadurch wird die elterliche Sorge nicht eingeschränkt (§ 1716 Satz 1 BGB). Daher verhindert § 173 widersprüchliche Verfahrenshandlungen des Jugendamts und des sorgeberechtigten Elternteils durch Ausschluss der Vertretung durch den Sorgeberechtigten. Der Elternteil kann durch schriftliches Verlangen die Beistandschaft beenden (§ 1715 Abs. 1 BGB) und dadurch seine Vertretungsbefugnis für das Verfahren zurückerlangen.

33 **III. Besondere Ermächtigung zu Prozesshandlungen, § 54 ZPO.** Da keine Ermächtigungsvorbehalte des bürgerlichen Rechts für Prozesshandlungen bestehen, ist § 54 ZPO gegenstandslos (PG/*Gehrlein* § 54 Rn. 1). Soweit im Verfahren materielle Rechtsgeschäfte vorgenommen werden, gelten die allgemeinen Regeln, d.h. es kommen §§ 1819 ff., 1643, 1908i Abs. 1 Satz 1 BGB zur Anwendung, sodass ggf. eine familien- oder betreuungsgerichtliche Genehmigung erforderlich ist.

34 **IV. Verfahrensfähigkeit von Ausländern, § 55 ZPO.** Ein Ausländer, dem nach dem Recht seines Landes die Verfahrensfähigkeit mangelt, gilt als verfahrensfähig, wenn ihm nach dem Recht des Verfahrensgerichts die Verfahrensfähigkeit zusteht (§ 55 ZPO). Ein Ausländer ist also dann verfahrensfähig, wenn er dies nach seinem Heimatrecht oder nach deutschem Recht ist; wurde für einen Ausländer im Inland eine Betreuung mit Einwilligungsvorbehalt angeordnet (Art. 24 Abs. 1 Satz 2 EGBGB, §§ 1896, 1903 BGB), ist er allerdings verfahrensunfähig, auch wenn er in seinem Heimatstaat noch als verfahrensfähig angesehen wird (PG/*Gehrlein* § 55 Rn. 1). Ein Staatenloser ist verfahrensfähig, wenn er es als Deutscher wäre oder wenn er es nach dem Recht des gewöhnlichen Aufenthalts, in Ermangelung eines solchen nach dem Recht des schlichten Aufenthalts ist (PG/*Gehrlein* § 55 Rn. 2).

35 **V. Prüfung von Amts wegen, § 56 ZPO.** Das Vorliegen der Verfahrensfähigkeit und aller sonstigen Verfahrensvoraussetzungen wie auch die Beteiligtenfähigkeit, die Existenz einer Partei (BGH NJW 2011, 778 Rn. 14) und die Legitimation eines gesetzlichen Vertreters sind von Amts wegen zu prüfen, und zwar **in jeder Lage des Verfahrens** (auch wenn der Mangel erst spät gerügt wird) und in **allen Rechtszügen** (BGH

NJW 2004, 2523). In eine nähere Prüfung muss das Gericht aber nur eintreten, wenn sich hinsichtlich der Verfahrensfähigkeit Bedenken ergeben, weil bestimmte Anhaltspunkte **Zweifel** an der Verfahrensfähigkeit aufwerfen, sodass nicht mehr von dem Grundsatz der Verfahrensfähigkeit Volljähriger auszugehen ist. Das Gericht hat dann die Verfahrensfähigkeit zu klären und ist gehalten, von Amts wegen alle infrage kommenden Beweise zu erheben, insb. auch Sachverständigengutachten einzuholen; dabei ist es nicht an förmliche Beweismittel gebunden, sondern kann auf den Freibeweis (§§ 29 Abs. 1 Satz 1, 30 Abs. 1) zurückgreifen (BGH NJW-RR 2011, 284 Rn. 4). Die Anordnung, die Verfahrensfähigkeit etwa durch ein Gutachten zu überprüfen, ist keine Endentscheidung und daher nicht anfechtbar. Allerdings kann die entsprechende Untersuchung nicht zwangsweise durchgesetzt, sondern die entsprechende Weigerung nach § 37 Abs. 1 frei gewürdigt werden (Bork/Jacoby/Schwab/*Jacoby* Rn. 5). Volljährige gelten bis zur Feststellung des Gegenteils als verfahrensfähig, Minderjährige bis zur Feststellung des Gegenteils als verfahrensunfähig (*Heiter* FamRZ 2009, 85, 86).

Fehlt es an der Verfahrensfähigkeit und an einem gesetzlichen Vertreter, ist das Verfahren auszusetzen **36** (§ 21), bis ein Betreuer, Pfleger oder Vormund bestellt ist. Ansonsten ist ein Verfahrenspfleger zu bestellen (Rdn. 39). Ansonsten sind Anträge Verfahrensunfähiger z.B. auf Erteilung eines Erbscheins) als unzulässig zurückzuweisen und dürfen nicht sachlich entschieden werden, da die Verfahrensfähigkeit eines Sachentscheidungsvoraussetzung ist (OLG Düsseldorf FamRZ 2015, 275). Mängel des Verfahrens, die auf der Verfahrensunfähigkeit beruhen, können geheilt werden, indem der inzwischen verfahrensfähig gewordene Verfahrensunfähige oder sein mittlerweile bestellter Vertreter die bisherige Verfahrensführung genehmigen.

Die **Zwischenentscheidung** über die Verfahrensfähigkeit ist nicht selbstständig anfechtbar (§ 58 Abs. 1), **37** sondern unterliegt der Beurteilung des Beschwerdegerichts, wenn die Endentscheidung (§ 38) angefochten wurde (§ 58 Abs. 2). Wird das Fehlen der Verfahrensfähigkeit nicht erkannt und ergeht eine rechtskräftige Entscheidung, steht dem betroffenen Beteiligten nach §§ 48 Abs. 2, 579 Abs. 1 Nr. 4 ZPO die **Wiederaufnahme** des Verfahrens offen.

Der Beteiligte oder dessen gesetzlicher Vertreter kann nach § 56 Abs. 2 ZPO zur Verfahrensführung mit **38** Vorbehalt der Beseitigung des Mangels der Verfahrensunfähigkeit oder des Fehlens der Vertretungsberechtigung durch Beschluss (nicht gesondert anfechtbare Zwischenentscheidung) **zugelassen** werden, auch wenn lediglich Zweifel an der Verfahrensfähigkeit bzw. der Legitimation bestehen (§ 56 Abs. 2 Satz 1 ZPO). Voraussetzung ist Gefahr im Verzug für den Beteiligten, also eine Gefährdung seiner Rechtsposition ohne die einstweilige Zulassung. Die Endentscheidung (§ 38) darf erst erlassen werden, wenn eine für die Beseitigung des Mangels zu setzende Frist abgelaufen ist (§ 56 Abs. 2 Satz 2 ZPO). Innerhalb der Frist muss der Mangel der Verfahrensfähigkeit oder Vertretungsbefugnis bzw. müssen entsprechende Zweifel beseitigt werden. Wird der Mangel nicht behoben, bleibt die bisherige Verfahrensführung des Beteiligten unwirksam, wird er behoben, sind die vorgenommenen Verfahrenshandlungen des Betroffenen wirksam.

VI. Verfahrenspfleger, § 57 ZPO. Nach § 57 ZPO hat das Gericht insb. dafür Sorge zu tragen, dass ein **39** nicht verfahrensfähiger Antragsgegner in einem Verfahren ordnungsgemäß vertreten ist, um ihn in hinreichendem Umfang rechtliches Gehör zu gewähren, soweit nicht spezielle Vorschriften über den Verfahrensbeistand (§§ 158, 173, 174, 191) oder den Verfahrenspfleger (§§ 276, 317, 419) eingreifen (RegE BT-Drucks. 16/6308 S. 180). Die Vorschrift ist auch in Amtsverfahren anwendbar. Die Bestellung gem. § 57 Abs. 1 ZPO setzt Gefahr im Verzug voraus, also dass die Bestellung eines Vormunds, Pflegers oder Betreuers nicht abgewartet werden kann. Dauert z.B. in einem Erbscheinsverfahren die Bestellung eines Pflegers für ein Kind zu lange, weil die Sache keinen Aufschub duldet, ist nach § 57 Abs. 1 ZPO zu verfahren (BGH NJW 1989, 271). Soweit ein Betreuer durch einstweilige Anordnung (§ 300) bestellt werden kann, erübrigt sich ein Vorgehen nach § 57 ZPO (Keidel/*Zimmermann* Rn. 34). Im Fall der §§ 57 Abs. 2, 20 ZPO hat der Beteiligte zwar einen gesetzlichen Vertreter, dieser befindet sich aber nicht am Aufenthaltsort.

In dem Verfahren, für das er bestellt ist, hat der Verfahrenspfleger die Stellung eines gesetzlichen Vertreters. **40** Auch wenn seine Bestellung zurückgenommen wird, bleiben die von ihm vorgenommenen Verfahrenshandlungen wirksam. Der Beteiligte kann jederzeit seine Verfahrensfähigkeit geltend machen und bei deren Nachweis die Verfahrensführung wieder übernehmen. Im Verfahren über diese Frage ist er verfahrensfähig (BSG NJW 1994, 215).

VII. Prozesspfleger bei herrenlosem Grundstück, § 58 ZPO. Die entsprechende Anwendung des § 58 **41** ZPO ermöglicht es, bei einem herrenlosen Grundstück oder Schiff einen Verfahrenspfleger zu bestellen. Dieses kommt in Grundbuch- oder Schiffsregisterverfahren in Betracht.

§ 10 Bevollmächtigte. (1) Soweit eine Vertretung durch Rechtsanwälte nicht geboten ist, können die Beteiligten das Verfahren selbst betreiben.
(2) ¹Die Beteiligten können sich durch einen Rechtsanwalt als Bevollmächtigten vertreten lassen. ²Darüber hinaus sind als Bevollmächtigte, soweit eine Vertretung durch Rechtsanwälte nicht geboten ist, vertretungsbefugt nur
1. Beschäftigte des Beteiligten oder eines mit ihm verbundenen Unternehmens (§ 15 des Aktiengesetzes); Behörden und juristische Personen des öffentlichen Rechts einschließlich der von ihnen zur Erfüllung ihrer öffentlichen Aufgaben gebildeten Zusammenschlüsse können sich auch durch Beschäftigte anderer Behörden oder juristischer Personen des öffentlichen Rechts einschließlich der von ihnen zur Erfüllung ihrer öffentlichen Aufgaben gebildeten Zusammenschlüsse vertreten lassen;
2. volljährige Familienangehörige (§ 15 der Abgabenordnung, § 11 des Lebenspartnerschaftsgesetzes), Personen mit Befähigung zum Richteramt und die Beteiligten, wenn die Vertretung nicht im Zusammenhang mit einer entgeltlichen Tätigkeit steht;
3. Notare.
(3) ¹Das Gericht weist Bevollmächtigte, die nicht nach Maßgabe des Absatzes 2 vertretungsbefugt sind, durch unanfechtbaren Beschluss zurück. ²Verfahrenshandlungen, die ein nicht vertretungsbefugter Bevollmächtigter bis zu seiner Zurückweisung vorgenommen hat, und Zustellungen oder Mitteilungen an diesen Bevollmächtigten sind wirksam. ³Das Gericht kann den in Absatz 2 Satz 2 Nr. 1 und 2 bezeichneten Bevollmächtigten durch unanfechtbaren Beschluss die weitere Vertretung untersagen, wenn sie nicht in der Lage sind, das Sach- und Streitverhältnis sachgerecht darzustellen.
(4) ¹Vor dem Bundesgerichtshof müssen sich die Beteiligten, außer im Verfahren über die Ausschließung und Ablehnung von Gerichtspersonen und im Verfahren über die Verfahrenskostenhilfe, durch einen beim Bundesgerichtshof zugelassenen Rechtsanwalt vertreten lassen. ²Behörden und juristische Personen des öffentlichen Rechts einschließlich der von ihnen zur Erfüllung ihrer öffentlichen Aufgaben gebildeten Zusammenschlüsse können sich durch eigene Beschäftigte mit Befähigung zum Richteramt oder durch Beschäftigte mit Befähigung zum Richteramt anderer Behörden oder juristischer Personen des öffentlichen Rechts einschließlich der von ihnen zur Erfüllung ihrer öffentlichen Aufgaben gebildeten Zusammenschlüsse vertreten lassen. ³Für die Beiordnung eines Notanwaltes gelten die §§ 78b und 78c der Zivilprozessordnung entsprechend.
(5) Richter dürfen nicht als Bevollmächtigte vor dem Gericht auftreten, dem sie angehören.

Übersicht

	Rdn.		Rdn.
A. Allgemeines	1	a) Volljährige Familienangehörige	12
I. Regelungs- und Anwendungsbereich	1	b) Volljuristen	15
II. Zulässigkeit der Vertretung	2	c) Beteiligte	17
B. (Kein) Anwaltszwang, Abs. 1	4	4. Notare, Nr. 3	18
I. Beteiligtenverfahren	4	D. Fehlende Vertretungsbefugnis, Abs. 3	19
II. Anwaltsverfahren	5	I. Zurückweisung, Abs. 3 Satz 1	19
C. Verfahrensführung durch Bevollmächtigte, Abs. 2	6	II. Rechtsfolge, Abs. 3 Satz 2	20
I. Vertretung durch Rechtsanwalt als Regelfall, Abs. 2 Satz 1	6	III. Untersagung wegen Unfähigkeit, Abs. 3 Satz 3	22
II. Vertretung durch andere Personen, Abs. 2 Satz 2	7	E. Vertretung vor dem BGH, Abs. 4	23
1. Allgemeines	7	I. Anwaltszwang, Abs. 4 Satz 1	23
2. Beschäftigte, Nr. 1	9	II. Sonderregelung für öffentliche Institutionen, Abs. 4 Satz 2	24
3. Unentgeltliche Vertretung, Nr. 2	12	III. Notanwalt, Abs. 4 Satz 3	27
		F. Bevollmächtigte Richter, Abs. 5	29

1 A. Allgemeines. I. Regelungs- und Anwendungsbereich. Die Norm regelt, in welchem Umfang ein Beteiligter sich durch einen Bevollmächtigten vertreten lassen kann sowie vor welchen Gerichten eine Vertretung durch einen Bevollmächtigten erforderlich ist (RegE BT-Drucks. 16/6308 S. 181). Die Vorschrift lehnt sich an § 79 ZPO an (in der Fassung des Entwurfes eines Gesetzes zur Neuregelung des Rechtsberatungsrechts, BT-Drucks. 16/3655). Gem. § 113 Abs. 1 findet die Norm in Ehesachen (§ 121) und Familienstreitsachen (§ 112) keine Anwendung, stattdessen gelten die ZPO (§§ 78 ff.) und § 114 in Ehesachen und Folgesachen (dort Anwaltszwang). Eine weitere Ausnahme von § 10 Abs. 2 macht für das Registerverfahren § 378 Abs. 1 Satz 1. Der Gesetzgeber verfolgt mit § 10 die vernünftigen Gemeinwohlziele, eine sachgerechte Vertretung der Beteiligten sicherzustellen und die Ordnung des gerichtlichen Verfahrens zu gewährleisten, daher ist es verfassungsgemäß, dass § 10 Abs. 2 und 3 gewerbliche Erbenermittler von der Vertretung ausschließen (BVerfG NJW 2010, 3291).

II. Zulässigkeit der Vertretung. Die Beteiligten können sich **in jeder Lage des Verfahrens** vertreten lassen, sowohl im schriftlichen Verfahren als auch in der mündlichen Verhandlung und bei der Registeranmeldung. Systemwidrig schließt § 6 Abs. 3 GenRegV Anmeldungen durch einen Bevollmächtigten bei der eG aus, nicht jedoch die durch einen Notar nach § 378. 2

Unzulässig ist die Vertretung, wenn die Beteiligten persönliche Erklärungen abgeben müssen, wie z.B. der Geschäftsführer nach §§ 8 Abs. 2 und 3, 57 Abs. 2 GmbHG. Ordnet das Gericht das **persönliche Erscheinen** eines Beteiligten an (§ 33), ist dieser selbst zu laden, auch wenn er einen Bevollmächtigten hat (§ 33 Abs. 2 Satz 1), durch den er sich hinsichtlich der Anhörung nicht vertreten lassen kann. Ferner findet keine Vertretung statt bei **persönlich vorzunehmenden Handlungen** wie Verpflichtungserklärungen des Vormunds, Pflegers oder Betreuers (§§ 1789, 1792 Abs. 4, 1915 BGB, § 289) oder eidesstattlichen Versicherungen (§§ 94, 361, 413). 3

B. (Kein) Anwaltszwang, Abs. 1. I. Beteiligtenverfahren. Nach Abs. 1 besteht kein Anwaltszwang, wenn eine Vertretung durch Rechtsanwälte nicht geboten ist. D.h., die Beteiligten oder ihre gesetzlichen Vertreter können das Verfahren selbst betreiben, sie sind also **postulationsfähig**. Das gilt sowohl bei der Vertretung im Termin als auch außerhalb der Verhandlung. Die Verfahrensführung durch den Beteiligten (§ 7) oder seinen gesetzlichen Vertreter setzt dessen Beteiligtenfähigkeit (§ 8) und die Verfahrensfähigkeit (§ 9) des Beteiligten bzw. seines gesetzlichen Vertreters voraus. In Angelegenheiten der freiwilligen Gerichtsbarkeit besteht weder in der ersten Instanz noch in der (Erst-) Beschwerdeinstanz vor dem LG oder OLG (§§ 72, 119 Abs. 1 Nr. 1b GVG) Anwaltszwang (RegE BT-Drucks. 16/6308 S. 181). Nur in bestimmten Familiensachen gilt Anwaltszwang (Rdn. 5). 4

II. Anwaltsverfahren. Anwaltszwang gilt vor dem FamG (AG) und dem OLG für die Ehegatten in Ehe- und Folgesachen sowie für die Beteiligten in selbstständigen Familienstreitsachen (§§ 114, 138, Ausnahmen in § 114 Abs. 4, s. dort). Vor dem BGH besteht nach Maßgabe des Abs. 4 grds. Anwaltszwang. 5

C. Verfahrensführung durch Bevollmächtigte, Abs. 2. I. Vertretung durch Rechtsanwalt als Regelfall, Abs. 2 Satz 1. Kann oder will der Beteiligte das Verfahren nicht selbst führen, obwohl es sich nicht um ein Anwaltsverfahren handelt, so kann er sich von einem Rechtsanwalt vertreten lassen. Abs. 2 Satz 1 stellt klar, dass die Vertretung durch einen Rechtsanwalt der Regelfall ist. Unter den Begriff des Rechtsanwalts fallen gem. §§ 1, 27 Abs. 1 Satz 1 EuRAG auch Rechtsanwälte aus anderen EU-Staaten, aber auch Rechtsanwaltsgesellschaften wie z.B. die Rechtsanwalts-GmbH (PG/*Burgermeister* § 78 Rn. 4 f.). 6

II. Vertretung durch andere Personen, Abs. 2 Satz 2. 1. Allgemeines. Abs. 2 Satz 2 zählt bei fehlendem Anwaltszwang die übrigen Fälle zulässiger Vertretung durch **Bevollmächtigte abschließend** auf. Daher sind z.B. Freunde oder Nachbarn, eine AG (Köln FGPrax 2011, 97) oder ein Inkassounternehmen (AG Meldorf NJW-Spezial 2010, 744) ebenso wenig vertretungsbefugt wie der Vorsorgebevollmächtigte, der nicht unter Nr. 2 fällt, oder der Erbenermittler (das ist verfassungsgemäß, BVerfG NJW 2010, 3291, oben Rdn. 1), der folglich im Erbscheinsverfahren nicht vertreten kann (Keidel/*Zimmermann* Rn. 37). Abs. 2 erfasst dagegen nicht gesetzliche Vertreter (wie die Eltern, Vormund, Pfleger, Betreuer), nicht Parteien kraft Amtes (Nachlassverwalter) oder Personen, die selbst Beteiligte sind, wie z.B. Testamentsvollstrecker (Keidel/*Zimmermann* Rn. 38). Zum Registerverfahren, für das nach § 378 Abs. 1 Satz 1 der § 10 Abs. 2 nicht gilt, s. vor § 378 Rdn. 32–40. Die Norm gilt gem. § 15 Abs. 1 Satz 1 GBO auch nicht im Grundbuchverfahren. 7

Ob ein Verfahrensbevollmächtigter unter eine der aufgezählten Gruppen fällt, hat der Bevollmächtigte bei Zweifeln **darzulegen**, notfalls muss das Gericht dieses im Wege des Freibeweises feststellen. Teilweise wird sich die Berechtigung zur Verfahrensvertretung aus der nach § 11 vorzulegenden Verfahrensvollmacht ergeben, z.B. im Fall der Nr. 2, wenn der Ehegatte bevollmächtigt wurde (RegE RDG BT-Drucks. 16/3655 S. 87, 92). 8

2. Beschäftigte, Nr. 1. Der **Beteiligte** kann unabhängig davon, in welcher Rechtsform er selbst organisiert ist (natürliche Person – auch als Einzelkaufmann, Personengesellschaft, juristische Person des privaten oder 9 öffentlichen Rechts, Verein), einen Beschäftigten mit seiner Vertretung betrauen. Der Begriff des Beschäftigten ist weit auszulegen und umfasst alle privat- und öffentlich-rechtlichen Beschäftigungsverhältnisse einschließlich der Beamten, wobei sich die Vertretung auf den Arbeitgeber beschränkt und nicht etwa seine Mitglieder oder Kunden umfasst (RegE RDG BT-Drucks. 16/3655 S. 87, 92).

10 Mitarbeiter **verbundener Unternehmen** i.S.d. § 15 AktG können die Verfahrensvertretung innerhalb des Unternehmensverbundes übernehmen (Konzernvertretung), da dieser die erforderliche Nähe zum Vertretenen indiziert. Es genügt, wenn sich aus der schriftlich vorzulegenden Vollmacht (§ 11) ergibt, dass der Vertreter für ein verbundenes Unternehmen auftritt (RegE RDG BT-Drucks. 16/3655 S. 87, 92).

11 Parallel zur Konzernvertretung können sich **Behörden** oder juristische Personen des öffentlichen Rechts sowie die von ihnen zur Erfüllung öffentlicher Aufgaben gebildeten Zusammenschlüsse durch Beamte oder Angestellte anderer Behörden oder juristischer Personen des öffentlichen Rechts einschließlich der von ihnen zur Erfüllung ihrer öffentlichen Aufgaben gebildeten Zusammenschlüsse vertreten lassen.

12 **3. Unentgeltliche Vertretung, Nr. 2. a) Volljährige Familienangehörige.** Nr. 2 ermöglicht die unentgeltliche Vertretung, die also nicht im Zusammenhang mit einer entgeltlichen Tätigkeit steht. Der Begriff der entgeltlichen Tätigkeit ist autonom und eng auszulegen; es kommt nicht darauf an, ob gerade für die Verfahrensvertretung oder nur für die damit zusammenhängende Tätigkeit ein Entgelt gezahlt wird (RegE RDG BT-Drucks. 16/3655 S. 87, 92). Daher kann eine Rechtsassessorin, die bei einem Rechtsanwalt angestellt ist, nicht nach Abs. 2 Nr. 2 als Vertreterin zugelassen werden, selbst wenn sie im Einzelfall Familienangehörige des Beteiligten sein sollte (OLG Celle 2015, 270). Im Übrigen ist dem Auftreten eines Rechtsassessors im Termin die konkludente Erklärung zu entnehmen, unentgeltlich zu handeln und für das Verfahren keine Vergütung in Anspruch zu nehmen (OLG Celle NJW-RR 2014, 1530 – selbst wenn er in Untervollmacht für Rechtsanwalt auftritt – zweifelhaft). Als Entgelt kommt nicht nur eine Zahlung, sondern auch ein sonstiger Vermögensvorteil als Gegenleistung in Betracht (Prütting/Helms/*Jennissen* Rn. 13). Vertretungsberechtigt sind volljährige Familienangehörige nach **§ 15 Abs. 1 AO**: der Verlobte, der Ehegatte, Verwandte und Verschwägerte gerader Linie, Geschwister, Kinder der Geschwister, Ehegatten der Geschwister und Geschwister der Ehegatten, Geschwister der Eltern, Pflegeeltern und Pflegekinder. Eine Vorsorge-/Generalvollmacht genügt für die Anmeldung zum Handelsregister, auch wenn letzteres in der Vollmacht nicht ausdrücklich aufgeführt ist (OLG Frankfurt ZIP 2013, 2058).

13 Angehörige sind die Personen nach § 15 Abs. 2 Nr. 1 AO auch dann, wenn bei Ehegatten, Verschwägerten gerader Linie oder Ehegatten der Geschwister und Geschwistern der Ehegatten die die Beziehung begründende **Ehe nicht mehr** besteht. An der Angehörigeneigenschaft ändert sich ferner nichts, wenn die Verwandtschaft oder Schwägerschaft durch Annahme als Kind erloschen ist (betrifft Verwandte und Verschwägerte gerader Linie, Geschwister, Kinder der Geschwister, Ehegatten der Geschwister und Geschwister der Ehegatten, Geschwister der Eltern), § 15 Abs. 2 Nr. 2 AO. Schließlich bleiben Pflegeeltern und Pflegekinder Angehörige, auch wenn die häusliche Gemeinschaft nicht mehr besteht, sofern die Personen weiter wie Eltern und Kind miteinander verbunden sind, § 15 Abs. 2 Nr. 3 AO. Keine Angehörigen und daher nicht vertretungsbefugt sind bloße (nichteheliche) Lebensgefährten so lange diese nicht durch Verlobung verbunden sind (Keidel/*Zimmermann* Rn. 38).

14 Für Lebenspartner gilt § 11 LPartG, d.h. insb., dass ein Lebenspartner als Familienangehöriger des anderen Lebenspartners gilt und dass die Verwandten eines Lebenspartners als mit dem anderen Lebenspartner verschwägert gelten.

15 **b) Volljuristen.** Auch Personen mit **Befähigung zum Richteramt** gem. § 5 DRiG aufgrund des erfolgreichen Abschlusses der beiden juristischen Staatsprüfungen (Volljuristen) können Verfahrensvertreter sein. Familiäre oder freundschaftliche Beziehungen zu dem vertretenen Beteiligten sind nicht erforderlich, es genügt eine ehrenamtliche Tätigkeit. Das Kriterium der Befähigung zum Richteramt soll die sachgerechte Vertretung sichern und dem Gericht ein formal leicht überprüfbares Merkmal liefern. Andere, weniger sachkundige Personen werden damit von der Vertretung ausgeschlossen. Den zum Richteramt Befähigten stehen die Diplom-Juristen aus dem Beitrittsgebiet nach Maßgabe des § 5 Nr. 3 RDGEG gleich.

16 Weder bei den volljährigen Familienangehörigen noch bei den Volljuristen kommt es darauf an, ob die Vertretung einmalig oder wiederholt (also geschäftsmäßig) erfolgt.

17 **c) Beteiligte.** Die Zulassung der Vertretung durch einen **anderen Beteiligten** dient der Verfahrensökonomie, wenn mehrere Beteiligte eng verbunden sind und sie die Verfahrensführung nur einem Beteiligten übertragen wollen (RegE RDG BT-Drucks. 16/3655 S. 88, 92).

4. Notare, Nr. 3. Zur Vertretung berechtigt sind ferner die Notare. Deren Vertretungsbefugnis brauchte in ihrem Umfang durch den Gesetzgeber nicht näher eingegrenzt zu werden, da die Notare die Vertretung im gerichtlichen Verfahren nur im Rahmen ihrer Befugnisse und Zuständigkeiten nach der BNotO ausüben dürfen (RegE RDG BT-Drucks. 16/3655 S. 92), einschlägig sind §§ 20 ff. BNotO. Der Notar darf durch die Vertretung nicht mit seinen Berufspflichten in Konflikt kommen und muss insb. seine Neutralitätspflicht nach § 14 BNotO wahren (Prütting/Helms/*Jennissen* Rn. 16). Notariatsangestellte sind zur verfahrensrechtlichen Vertretung nicht berechtigt, die mögliche materiell-rechtliche Vertretung bleibt unberührt (*Böhringer* BWNotZ 2010, 2 ff. – insb. zum Grundbuchverfahren). Reicht ein Notar in einem Adoptionsverfahren einen Antrag für beide Beteiligten ein, ohne ausdrücklich zum Verfahrensbevollmächtigten bestellt zu sein und ohne dass Anhaltspunkte für eine konkludente Bestellung ersichtlich sind, ist er verfahrensrechtlich nicht als Verfahrensbevollmächtigter der Beteiligten zu behandeln (OLG Bremen FamRZ 2014, 1394 [LS]). 18

D. Fehlende Vertretungsbefugnis, Abs. 3. I. Zurückweisung, Abs. 3 Satz 1. Das Gericht prüft die Vertretungsbefugnis von Amts wegen und hat Zweifel zu klären, was im Wege des Freibeweises zulässig ist (§ 29 Abs. 1). Kommt das Gericht zu dem Ergebnis, dass kein Fall zulässiger Vertretung vorliegt, hat es die Zurückweisung durch **konstitutiven** und **unanfechtbaren Zurückweisungsbeschluss** auszusprechen. Der Beschluss wird mit Bekanntgabe an den Bevollmächtigten und den Beteiligten, um dessen Vertretung es geht, wirksam. Die Unrechtmäßigkeit des Beschlusses kann nur inzident im Beschwerdeverfahren gem. § 58 Abs. 2 geltend gemacht werden (Prütting/Helms/*Jennissen* Rn. 17). 19

II. Rechtsfolge, Abs. 3 Satz 2. Ab dem Zeitpunkt des Wirksamwerdens des Beschlusses ist der Bevollmächtigte zu Verfahrenshandlungen nicht mehr befugt; nunmehr kann nur noch der Beteiligte selbst oder ein neuer Vertreter Verfahrenshandlungen vornehmen. Zustellungen sind ab Erlass des Zurückweisungsbeschlusses nur noch an den Beteiligten oder seinen neuen Bevollmächtigten vorzunehmen. 20

Verfahrenshandlungen des nicht vertretungsberechtigten Bevollmächtigten bis zu seiner Zurückweisung und Zustellungen oder Mitteilungen an diesen Bevollmächtigten sind im Interesse der Rechtssicherheit wirksam. Zudem kann deshalb die Beschwerde nicht darauf gestützt werden, dass in erster Instanz das Fehlen der Vertretungsbefugnis verkannt wurde (RegE RDG BT-Drucks. 16/3655 S. 89, 92). Die Einlegung einer Beschwerde durch eine nicht nach § 10 Abs. 2 FamFG vertretungsbefugte Person ist wirksam, sofern die vertretende Person nicht zuvor zurückgewiesen worden ist (OLG Köln FGPrax 2014, 139). Im Grundverfahren gilt nach Ansicht des OLG München (NotBZ 2012, 472) Abs. 3 Satz 2 nicht, weil die GBO eine eigenständige Verfahrensordnung bilde und es sich nicht um ein gerichtliches Verfahren handle; das Grundbuchamt könne Wirksamkeit und Umfang einer Vollmacht selbstständig prüfen. 21

III. Untersagung wegen Unfähigkeit, Abs. 3 Satz 3. Das Gericht kann den bevollmächtigten Beschäftigten und volljährigen Familienangehörigen (Abs. 2 Nr. 1 und 2), nicht aber den Notaren (Abs. 2 Nr. 3) oder Rechtsanwälten (als besonders qualifizierten Organen der Rechtspflege) die weitere Vertretung untersagen, wenn sie nicht in der Lage sind, das Sach- und Streitverhältnis sachgerecht darzustellen. In Betracht kommt z.B. in großem Umfang unverständlicher, beleidigender oder überhaupt nicht zur Sache gehörender oder in der Form vollkommen unangemessener und unzumutbarer (z.B. bei Cholerikern) Vortrag. Soweit die Unfähigkeit abstellbar ist, bedarf es vor der Zurückweisung einer Abmahnung, also z.B. bei grob unangemessenem Verhalten, nicht aber bei ersichtlicher intellektueller Unfähigkeit zu sachgerechtem Vortrag. Der Beschluss ist unanfechtbar, mit seinem Wirksamwerden endet die Vertretungsbefugnis des Vertreters. Die Entscheidung ist i.R.d. Beschwerde inzident überprüfbar (vgl. RegE RDG BT-Drucks. 16/3655 S. 89, 92). 22

E. Vertretung vor dem BGH, Abs. 4. I. Anwaltszwang, Abs. 4 Satz 1. Die Regelung ist verfassungsgemäß (BGH AnwBl. 2011, 397). Abs. 4 regelt die Vertretung vor dem BGH und begründet in Satz 1 grds. Anwaltszwang. Ausgenommen sind nur die Verfahren über die Ausschließung und Ablehnung von Gerichtspersonen des BGH (§ 6) und über die Verfahrenskostenhilfe vor dem BGH (§§ 76 ff.). Allerdings kann die Rechtsbeschwerde in Verfahrenskostenhilfesachen zum BGH nur durch einen beim BGH zugelassenen Rechtsanwalt eingelegt werden (BGH NJW-RR 2010, 1297). Der Rechtsanwalt muss sein Mandat von dem Betroffenen oder einem zu seiner Vertretung Befugten erhalten haben, so dass der Vorsorgebevollmächtigte, dessen Vollmacht widerrufen wurde, kein Mandat zur Vertretung des Betroffenen in der Rechtsbeschwerdeinstanz mehr erteilen kann (BGH NJW 2015, 1963 Rn. 13 f.). Ebensowenig kann ein nicht zur Vertretung befugter Verfahrenspfleger einem Rechtsanwalt ein Mandat im Namen des Betroffenen erteilen (BGH NJW 2015, 1385). Die Beteiligten müssen sich nach Abs. 4 durch einen beim BGH zugelassenen Rechtsanwalt 23 vertreten lassen. Fehlt es daran, ist die Rechtsbeschwerde als unzulässig zu verwerfen (BGH BtPrax 2010, 234).

24 **II. Sonderregelung für öffentliche Institutionen, Abs. 4 Satz 2.** Behörden und juristische Personen des öffentlichen Rechts einschließlich der von ihnen zur Erfüllung ihrer öffentlichen Aufgaben gebildeten Zusammenschlüsse (z.B. Zweckverbände) können sich durch eigene **Beschäftigte mit Befähigung zum Richteramt** (Volljuristen, Rdn. 15) vertreten lassen, da aufgrund der Behördenstrukturen erwartet werden kann, dass sie keine mutwilligen oder unsachlichen Rechtsmittel ergreifen. Behörden (§ 8 Rdn. 9) sind z.B. die Jugendämter, Betreuungsbehörden, Industrie- und Handelskammern, öffentlich-rechtliche Sparkassen. Die Behörden können sich auch durch dort beschäftigte Volljuristen anderer Behörden oder juristischer Personen des öffentlichen Rechts einschließlich der von ihnen zur Erfüllung ihrer öffentlichen Aufgaben gebildeten Zusammenschlüsse vertreten lassen. Diese haben aber erst dann Vertretungsbefugnis, wenn sie von der vertretenen Behörde zum Tätigwerden angewiesen sind (vgl. Jansen/*Briesemeister* § 29 Rn. 12). Die Notwendigkeit der Vertretung der Behörde durch einen Volljuristen gilt ausnahmslos, auch hinsichtlich des für die Staatskasse tätigen Bezirksrevisors (BGH FamRZ 2010, 1544).

25 Eine Behörde kann auch als gesetzlicher Vertreter einer natürlichen Person vor dem BGH auftreten (z.B. das Jugendamt als Beistand oder Amtsvormund, §§ 1712, 1791c BGB), aber nicht als gewillkürter Vertreter (Jansen/*Briesemeister* § 29 Rn. 12).

26 Zur Vertretung vor dem BGH ist nicht nur der Behördenleiter, sondern auch der zuständige Sachbearbeiter befugt (BGH NJW 1954, 108). Die Rechtsbeschwerdeschrift und die weiteren Schriftsätze müssen nicht eigenhändig von dem zuständigen Sachbearbeiter oder dem Behördenleiter unterzeichnet sein; das Einreichen einer von der Kanzlei der Behörde beglaubigten und mit Dienststempel versehenen Abschrift reicht aus (BGHZ 48, 88).

27 **III. Notanwalt, Abs. 4 Satz 3.** Abs. 4 Satz 3 gestattet auf Antrag eines Beteiligten die **Beiordnung** eines Notanwalts in entsprechender Anwendung der §§ 78b und 78c ZPO. Der Antrag kann ohne Anwaltszwang gem. § 25 Abs. 2 vor der Geschäftsstelle jedes AG gestellt werden (BGH AnwBl. 2011, 397 Rn. 6). Soweit vor dem BGH die Vertretung durch Anwälte geboten ist, hat der BGH gem. § 78b ZPO einem Beteiligten durch Beschluss einen Rechtsanwalt zur Wahrnehmung seiner Rechte beizuordnen, wenn er einen zu seiner Vertretung bereiten Rechtsanwalt nicht findet. Das Nichtfinden eines vertretungsbereiten Rechtsanwalts darf nicht nur auf fehlender Vorschusszahlung, dem Verlangen von Stundenhonorar oder darauf beruhen, dass die Rechtsmittelbegründung allein den Vorstellungen einer Partei entsprechen soll (BGH NJW 1995, 537; PG/*Burgermeister* § 78c Rn. 4). Mehr als vier beim BGH zugelassene Rechtsanwälte müssen vergeblich um Vertretung ersucht worden sein, was substantiiert darzulegen und ggf. nachzuweisen ist (BGH FamRZ 2007, 635). Die Rechtsverfolgung darf nicht mutwillig (unvernünftig oder nicht sachgerecht) oder aussichtslos (offenbar erfolglos) erscheinen, andernfalls ist die Bestellung eines Notanwalts abzulehnen (BGH FamRZ 2012, 1865 Rn. 3; zu den Einzelheiten vgl. die Kommentierungen zu § 114 ZPO). Vor dem BGH ist weder der dem Antrag stattgebende noch der ablehnende Beschluss anfechtbar.

28 Der nach § 78b ZPO beizuordnende Rechtsanwalt wird durch den Vorsitzenden des zuständigen BGH-Senats aus den beim BGH zugelassenen Rechtsanwälten ausgewählt; er kann die Übernahme der Vertretung davon abhängig machen, dass der Beteiligte ihm einen Vorschuss zahlt (§ 78b Abs. 1 und 2 ZPO). Sowohl die Beiordnung als auch deren Ablehnung sind vor dem BGH unanfechtbar, der Rechtsanwalt kann aber beantragen, seine Beiordnung aufzuheben (vgl. § 78c Abs. 3 ZPO).

29 **F. Bevollmächtigte Richter, Abs. 5.** Richter sind gem. Abs. 2 Nr. 2 in ihrer Eigenschaft als Familienangehörige oder als Volljuristen grds. als Bevollmächtigte vertretungsbefugt. Abs. 5 bestimmt, dass Richter (auch ehrenamtliche) aber nicht vor dem Gericht auftreten dürfen, dem sie angehören. Das gilt für das gesamte Gericht, z.B. kann der Richter am LG nicht vor seinem LG, auch nicht vor einer anderen Kammer auftreten. Vor anderen LG darf er dagegen auftreten. Die Regelung verhindert von vornherein Interessenkollisionen und den Anschein von Voreingenommenheit. Daher muss die Norm auch für Richter nach ihrer Pensionierung gelten. Ist z.B. ein Richter am AG an das LG abgeordnet oder umgekehrt, muss er sowohl für das jeweilige AG als auch das jeweilige LG als Verfahrensvertreter ausgeschlossen sein (zur Problematik auch Baumbach/Lauterbach/*Hartmann* § 79 Rn. 34 ff.).

30 Im Fall der Rechtspflegerzuständigkeit muss Abs. 5 nach seinem Sinn und Zweck ebenso gelten, wenn ein **Rechtspfleger** als bevollmächtigter Familienangehöriger gem. Abs. 2 Nr. 2 vor seinem Gericht einen Beteiligten vertreten will.

§ 11 Verfahrensvollmacht.

§ 11 Verfahrensvollmacht. ¹Die Vollmacht ist schriftlich zu den Gerichtsakten einzureichen. ²Sie kann nachgereicht werden; hierfür kann das Gericht eine Frist bestimmen. ³Der Mangel der Vollmacht kann in jeder Lage des Verfahrens geltend gemacht werden. ⁴Das Gericht hat den Mangel der Vollmacht von Amts wegen zu berücksichtigen, wenn nicht als Bevollmächtigter ein Rechtsanwalt oder Notar auftritt. ⁵Im Übrigen gelten die §§ 81 bis 87 und 89 der Zivilprozessordnung entsprechend.

Übersicht

	Rdn.		Rdn.
A. Allgemeines	1	I. Umfang der Verfahrensvollmacht, § 81 ZPO	14
B. Schriftliche Vollmacht, Satz 1	2	II. Geltung für Nebenverfahren, § 82 ZPO	15
I. Vollmachtserteilung	2	III. Beschränkung, § 83 ZPO	16
II. Schriftliche Einreichung	4	IV. Mehrere Verfahrensbevollmächtigte, § 84 ZPO	17
C. Nachreichen der Vollmacht, Satz 2	6	V. Wirkung, § 85 ZPO	20
D. Rüge des Vollmachtsmangels, Satz 3	9	VI. Fortbestand, § 86 ZPO	24
E. Amtswegige Berücksichtigung des Vollmachtsmangels, Satz 4	11	VII. Erlöschen, § 87 ZPO	25
F. Entsprechende Anwendung der ZPO, Satz 5	13	VIII. Vollmachtloser Vertreter, § 89 ZPO	27

A. Allgemeines. Die Vorschrift regelt die Vorlage der Verfahrensvollmacht und das Verfahren bei Vollmachtsmängeln. Satz 5 bestimmt, dass für den Umfang, die Wirkung und den Fortbestand der Vollmacht die Vorschriften der Zivilprozessordnung entsprechend anzuwenden sind. Die Vorschrift ist gem. § 113 Abs. 1, der insoweit direkt auf die §§ 80 ff. ZPO verweist, in Ehesachen (§ 121) und Familienstreitsachen (§ 112) nicht anwendbar. Das Fehlen der Vollmacht ist ein absoluter Rechtsbeschwerdegrund, §§ 72 Abs. 3 FamFG, 547 Nr. 4 ZPO. 1

B. Schriftliche Vollmacht, Satz 1. I. Vollmachtserteilung. Die Erteilung der Verfahrensvollmacht ist eine **Verfahrenshandlung**, die Verfahrensfähigkeit (§ 9) voraussetzt. Daher kann der Betroffene, der im Betreuungsverfahren nach § 275 verfahrensfähig ist, ohne Rücksicht auf seine Geschäftsfähigkeit auch eine wirksame Verfahrensvollmacht erteilen (BGH NJW 2014, 215) Sie wird als einseitige Erklärung ggü. dem Verfahrensbevollmächtigten, dem Gericht oder in Streitsachen ggü. dem gegnerischen Beteiligten (BGH FamRZ 1995, 1484) nach allgemeinen Regeln **formlos** erklärt und wird durch Zugang (§ 130 BGB) wirksam. Die Vollmacht kann daher auch **konkludent** erteilt werden, sodass eine Duldungsvollmacht möglich ist. Die Vollmacht muss die Verfahrensführung in vollem Umfang erfassen. Die Verfahrensvollmacht kann Bestandteil einer umfassenderen Vollmacht sein, z.B. einer Prokura (§ 49 Abs. 1 HGB), einer Generalvollmacht oder der Funktion als organschaftlicher Vertreter. Wer Bevollmächtigter sein kann, richtet sich nach § 10. 2

Von der Vollmachtserteilung ist das **Grundgeschäft** zwischen dem Beteiligten und dem Bevollmächtigten zu unterscheiden (Geschäftsbesorgungsvertrag, Auftrag, Arbeits- oder Dienstverhältnis, §§ 675, 662, 611 BGB). Die Verfahrensvollmacht ist in ihrer Wirksamkeit von der Wirksamkeit des Grundverhältnisses unabhängig (abstrakt). 3

II. Schriftliche Einreichung. Die schriftliche Einreichung der Vollmacht kann entweder einen **konstitutiven** Vollmachtserteilungsakt oder die lediglich **deklaratorische** Mitteilung an das Gericht darstellen, dass Vollmacht erteilt wurde. Die Vollmachtserklärung ist im Original oder öffentlich beglaubigt (BGH NJW 2007, 772, 773) vorzulegen, muss das Verfahren bezeichnen und die Bevollmächtigung zum Ausdruck bringen, wobei sie nach allgemeinen Regeln (§§ 133, 157 BGB) auslegungsfähig ist. Sie muss von dem vollmachtserteilenden Beteiligten eigenhändig unterschrieben sein (§ 126 Abs. 1 BGB). Die Schriftform wird durch die elektronische Form oder die notarielle Beurkundung ersetzt (§§ 126 Abs. 3, 4, 126a BGB). Richtigerweise muss auch ein Telefax genügen sowie eine pdf Datei, die das mit Unterschrift versehene Original wiedergibt (Prütting/Helms/*Jennissen* Rn. 8; für das Fax auch Keidel/*Zimmermann* Rn. 8; a.A. noch BGH NJW 1994, 2298). Die Vollmacht kann auch in der Verhandlung erteilt werden und ist dann in dem Vermerk des Gerichts über den Termin (§ 28 Abs. 4) zu dokumentieren. Zum Registerverfahren s. vor § 378 Rdn. 32. Einer öffentlich beglaubigten Vollmacht bedarf es in den Fällen der §§ 1945 Abs. 2, 1955 BGB. 4

Auch eine **Untervollmacht** ist schriftlich einzureichen, der Unterbevollmächtigte ist Vertreter des Beteiligten. Bei der Untervollmacht ist auch die Hauptvollmacht nachzuweisen, wie überhaupt jedes Glied einer 5

Vollmachtskette des Nachweises bedarf. Bei Prokuristen oder organschaftlichen Vertretern genügt das Einreichen eines aktuellen Handelsregisterauszuges.

6 **C. Nachreichen der Vollmacht, Satz 2.** Das Gericht kann eine **angemessene Frist** bestimmen, in der die Vollmacht nachgewiesen werden kann. Grds. gibt es drei mögliche **Reaktionen des Gerichts:** Liegt ein unbehebbarer Vollmachtsmangel vor, scheidet eine Fristsetzung aus und das Gericht hat die nach der Verfahrenssituation gebotene Entscheidung zu treffen, z.B. die Beschwerde als unzulässig zurückzuweisen. Andernfalls hat das Gericht nach pflichtgemäßem Ermessen zu entscheiden, ob es dem Vertreter eine Frist zur Einreichung der Vollmacht nach Satz 2 setzt oder ihn nach Satz 5 i.V.m. § 89 ZPO zur Verfahrensführung einstweilen zulässt und ihm zugleich eine Frist zum nachträglichen Beibringen der Genehmigung setzt. Zu berücksichtigen ist dabei, dass der Mangel der Vollmacht nach Satz 4 nicht von Amts wegen zu beachten ist, wenn als Vertreter ein Rechtsanwalt oder Notar auftritt. Eine Fristsetzung kommt in diesen Fällen nur in Betracht, wenn ein anderer Beteiligter den Mangel der Vollmacht rügt (RegE RDG BT-Drucks. 16/3655 S. 90, 92).

7 **Adressat** der Fristsetzung ist der vertretene Beteiligte. Ihm ist aufzugeben, eine Vollmachtsurkunde zu den Gerichtsakten nachzureichen. Die Vollmacht kann auch neu erstellt werden. In diesem Fall muss die Partei oder ihr neuer Vertreter die bisherige Verfahrensführung genehmigen, wenn diese wirksam sein soll.

8 Es handelt sich um **keine Ausschlussfrist**. Die Vollmacht kann noch bis zum Ende der mündlichen Verhandlung oder bis zu dem vom Gericht bestimmten Zeitpunkt, bis zu dem noch Schriftsätze eingereicht werden können, beigebracht werden. Stattdessen kann der Beteiligte oder sein neuer Vertreter die bisherige Verfahrensführung auch genehmigen. Eine Genehmigung nach Abschluss der Instanz bleibt aber ausgeschlossen (RegE RDG BT-Drucks. 16/3655 S. 90, 92).

9 **D. Rüge des Vollmachtsmangels, Satz 3.** Der Mangel der Vollmacht kann **in jeder Lage des Verfahrens** geltend gemacht werden. Ein Vollmachtsmangel besteht, wenn die Vollmacht überhaupt nicht, nicht wirksam oder nicht im erforderlichen Umfang erteilt wurde (Rdn. 2), wenn die Verfahrensvollmacht widerrufen oder erloschen ist (Satz 5 i.V.m. § 87 ZPO) oder nicht ordnungsgemäß nachgewiesen wurde.

10 In jeder Lage des Verfahrens bedeutet, dass der Mangel auch in der **Beschwerde- oder Rechtsbeschwerdeeinstanz** geltend gemacht werden kann. Der Mangel kann formlos gerügt werden und bezieht sich auf alle Verfahrenshandlungen, für die die Vollmacht erforderlich war. Die in der ersten Instanz erklärte Geltendmachung des Mangels wirkt in den folgenden Instanzen fort. Die Rüge des Mangels kann zurückgenommen werden (OLG Köln NJW-RR 1992, 1162). Das Recht, den Mangel geltend zu machen, ist unverzichtbar (OLG München OLGZ 1992, 217).

11 **E. Amtswegige Berücksichtigung des Vollmachtsmangels, Satz 4.** Außer bei Rechtsanwälten und Notaren hat das Gericht den Mangel der Vollmacht von Amts wegen zu berücksichtigen. Tritt ein **Anwalt oder Notar** als Vertreter auf, benötigt er zwar eine Bevollmächtigung, die Vollmacht ist aber nur auf Rüge des vertretenen oder eines anderen Beteiligten oder wenn der Vertreter selbst die Bevollmächtigung bezweifelt (BGH NJW 2001, 2095; OLG Schleswig NJW-RR 2012, 199) zu prüfen. D.h., dass das Gericht nicht von sich aus von einem Anwalt oder Notar die Vorlage einer Vollmachtsurkunde verlangt. Notare gelten zudem kraft gesetzlicher Vermutung nach § 378, § 15 GBO als ermächtigt, die Eintragung zu beantragen, wenn sie die zur Eintragung erforderlichen Erklärungen beurkundet oder beglaubigt haben. Im Grundbuchverfahren genügt grundsätzlich die Versicherung des Notars, zur Vertretung eines Beteiligten von diesem bevollmächtigt worden zu sein (KG FGPrax 2014, 149).

12 Wird ein Beteiligter durch eine Person nach **§ 10 Abs. 2 Nr. 1 oder 2** vertreten, hat das Gericht von Amts wegen zu prüfen, ob eine wirksame Vollmacht vorliegt, und einen etwaigen Mangel von Amts wegen zu berücksichtigen.

13 **F. Entsprechende Anwendung der ZPO, Satz 5.** Nach Satz 5 finden die §§ 81 bis 87 und 89 ZPO entsprechende Anwendung. § 88 ZPO entspricht im Wesentlichen Satz 3 und 4. Im Folgenden werden die wesentlichen Konsequenzen der Verweisung auf die ZPO aufgezeigt. Für Einzelheiten wird auf die Kommentierungen der ZPO verwiesen.

14 **I. Umfang der Verfahrensvollmacht, § 81 ZPO.** Die Verfahrensvollmacht hat im **Außenverhältnis** einen gesetzlich bestimmten Umfang und ermächtigt zu allen Verfahrenshandlungen einschließlich derjenigen, die auf eine Wiederaufnahme (§ 48 Abs. 2), wohl auch die auf eine Abänderung der Entscheidung (§ 48 Abs. 1) gerichtet sind. Gleiches gilt für die Fortführung des Verfahrens zur Abhilfe bei Verletzung des An-

spruchs auf rechtliches Gehör (§ 44). Weiter ist der Vertreter ermächtigt zur Antragstellung, zur Erteilung einer Untervollmacht, zur Bestellung eines Vertreters für die höhere Instanz, zur Beendigung des Verfahrens durch Vergleich (§ 36), zum Verzicht (z.B. auf ein Rechtsmittel), zur Rücknahme von Anträgen oder Rechtsmitteln, zur Anerkennung, zur Empfangnahme zu erstattender Kosten, nicht aber zum Empfang der Hauptleistung (z.B. Unterhaltszahlung) – in der Praxis ermächtigen die Formulare i.d.R. aber dazu (Keidel/*Zimmermann* Rn. 20). Soweit Verfahrenshandlungen auch mit materiell-rechtlichen Erklärungen verbunden sind (z.B. Verzicht, Vergleich, Aufrechnung), ermächtigt die Verfahrensvollmacht auch hierzu (PG/*Burgermeister* § 81 Rn. 6).

II. Geltung für Nebenverfahren, § 82 ZPO. Aus der entsprechenden Anwendung des § 82 ZPO folgt, dass die Vollmacht für das Hauptverfahren auch für Nebenverfahren, also insb. im Verfahren auf Erlass einer einstweiligen Anordnung (§§ 49 ff.) gilt. Die Vollmacht kann aber auch auf das Haupt- oder Nebenverfahren beschränkt werden. 15

III. Beschränkung, § 83 ZPO. Die Verfahrensvollmacht kann auch im **Außenverhältnis** von vornherein oder nachträglich beschränkt werden, zudem ist sie bei Interessenkollision und Vollmachtsmissbrauch begrenzt (PG/*Burgermeister* § 83 Rn. 2). Soweit **Anwaltszwang** besteht (§ 10 Rdn. 4 f.), kann die Verfahrensvollmacht nur insoweit beschränkt werden, als diese Beschränkung die Beseitigung des Verfahrens durch Vergleich, Verzichtleistung auf den Verfahrensgegenstand oder die Anerkennung eines vom gegnerischen Beteiligten geltend gemachten Anspruchs betrifft (§ 83 Abs. 1 ZPO). In Verfahren ohne Anwaltszwang (also im überwiegenden Anwendungsbereich des FamFG) kann die Verfahrensvollmacht frei beschränkt und auch nur für einzelne Verfahrenshandlungen erteilt werden (§ 83 Abs. 2 ZPO, OLG Düsseldorf FGPrax 2015, 46). Praktisch ist insoweit die Terminsvollmacht, die zu allen in einem Termin vorkommenden Verfahrenshandlungen ermächtigt, z.B. auch zu einem Vergleichsschluss. Die Beschränkung wird im Außenverhältnis, also gegenüber dem Gericht und anderen Beteiligten, aber nur wirksam, wenn sie unzweideutig zum Ausdruck gebracht wird (OLG Düsseldorf FGPrax 2015, 46). Im **Innenverhältnis** ist die Vollmacht frei beschränkbar. 16

IV. Mehrere Verfahrensbevollmächtigte, § 84 ZPO. Mehrere Bevollmächtigte sind berechtigt, den Beteiligten sowohl **gemeinschaftlich** als auch **einzeln** zu vertreten. Eine abweichende Regelung der Vollmacht (dass nur gemeinschaftlich gehandelt werden soll) hat nach außen keine rechtliche Wirkung. Die Bevollmächtigung mehrerer kann gleichzeitig oder nacheinander erfolgen. Auch wenn nur einem Anwalt das Mandat erteilt wird, ist bei einer Anwaltssozietät (§ 59a BRAO) i.d.R. von einer Mitbevollmächtigung der übrigen Anwälte auszugehen (BGH NJW 1995, 1841). Bei einer Rechtsanwaltsgesellschaft (§§ 59c, 59l BRAO) bezieht sich die Vollmacht auf diese, sie handelt durch ihre Organe und Vertreter. In der Bestellung eines neuen Verfahrensbevollmächtigten kann der Widerruf der Bestellung eines früheren Bevollmächtigten nur dann gesehen werden, wenn darin zum Ausdruck kommt, dass der neue Bevollmächtigte anstelle des früheren bestellt werden soll (BGH NJW 2007, 3640). 17

Verfahrenshandlungen können **gemeinsam oder** von jedem der Verfahrensbevollmächtigten **allein** vorgenommen werden. Bei **widersprechenden** Verfahrenshandlungen gilt hinsichtlich bindender Erklärungen das Prioritätsprinzip, die frühere Erklärung ist also wirksam. Die spätere Erklärung ist dagegen maßgebend, wenn es um Tatsachenbehauptungen oder widerrufliche Erklärungen geht. Widersprechende gleichzeitige Erklärungen sind wegen Perplexität unwirksam. Legen zwei Verfahrensbevollmächtigte unabhängig voneinander Beschwerde ein und nimmt einer von ihnen später »die Beschwerde« ohne einschränkenden Zusatz zurück, so bewirkt dies den Verlust des Rechtsmittels (BGH NJW 2007, 3640). 18

Für die **Zustellung** und den Zugang genügt es, wenn die Erklärung einem Verfahrensbevollmächtigten zugeht. Fristen beginnen mit dem zeitlich frühesten Zugang bei einem der Bevollmächtigten zu laufen (BGH NJW 2003, 2100). 19

V. Wirkung, § 85 ZPO. Die von dem Bevollmächtigten vorgenommenen Verfahrenshandlungen sind für den Beteiligten in gleicher Weise verpflichtend, als wenn sie von dem Beteiligten selbst vorgenommen worden wären; das gilt auch für tatsächliche Erklärungen, soweit sie nicht von dem miterschienenen Beteiligten sofort widerrufen oder berichtigt werden (§ 85 Abs. 1 ZPO). Damit enthält das Gesetz den Grundsatz **unmittelbarer Stellvertretung**; die Handlungen des Bevollmächtigten werden der Partei **zugerechnet** (Musielak/Voit/*Weth* § 85 Rn. 1). Dieser Grundsatz ist auch in Statusverfahren (Abstammungssachen) unbedenklich (BVerfG NJW 1973, 1315). 20

21 Unter den **Begriff der Verfahrenshandlung** fallen auch Unterlassungen und Versäumnisse des Vertreters sowie die Empfangnahme von Erklärungen (Verfahrenshandlungen). Die Handlungen des Bevollmächtigten werden dem Beteiligten unabhängig von der Ausgestaltung des Innenverhältnisses zum Bevollmächtigten zugerechnet. Eine Ausnahme gilt nur bei **Kollusion** zwischen Vertreter und einem anderen Beteiligten oder bei evidentem **Vollmachtsmissbrauch**.

22 **Widerspricht oder berichtigt** der Beteiligte eine(r) tatsächlichen Erklärung des Bevollmächtigten, gilt die Erklärung des Beteiligten, da er die Tatsachen besser kennt als der lediglich von ihm informierte Vertreter. An rechtliche Erklärungen wie einen Vergleichsabschluss ist der Beteiligte aber gebunden. Sofort widerspricht der Beteiligte, wenn er das tut, sowie er zu Wort kommt. Widerspricht die Partei im Verfahren unter Anwaltszwang, hat das Gericht die unterschiedlichen Bekundungen frei zu würdigen.

23 Das **Verschulden** des Bevollmächtigten steht dem Verschulden des Beteiligten gleich (§ 85 Abs. 2 ZPO), wird diesem also zugerechnet (OLG Zweibrücken MDR 2013, 629). Der Bevollmächtigte muss verschuldensfähig sein (§§ 276 Abs. 1 Satz 2, 827, 828 BGB) und ihm muss ein Verschulden i.S.d. § 276 BGB zur Last fallen. Sorgfaltsmaßstab ist bei Rechtsanwälten die übliche, von einem Rechtsanwalt zu fordernde Sorgfalt, bei anderen Gruppen von Bevollmächtigten sind sachgerechte, ggf. geringere Verschuldensmaßstäbe anzulegen (PG/*Burgermeister* § 85 Rn. 16).

24 **VI. Fortbestand, § 86 ZPO.** Die Verfahrensvollmacht endet weder durch den Tod des Vollmachtgebers noch durch eine Veränderung seiner Verfahrensfähigkeit oder seiner gesetzlichen Vertretung (§ 86 Halbs. 1 ZPO). In diesem Fall kann das Verfahren aber nach § 21 ausgesetzt werden. Durch die Aussetzung erlischt die Vollmacht nicht. Tritt der Bevollmächtigte anschließend an die Aussetzung auch für den Rechtsnachfolger (Erben, § 1922 BGB) auf, muss er eine Vollmacht des Rechtsnachfolgers beibringen.

25 **VII. Erlöschen, § 87 ZPO.** Die Verfahrensvollmacht erlischt mit endgültiger **Beendigung des Verfahrens** (s. aber § 81 ZPO), mit **Tod** des Bevollmächtigten, durch **Widerruf** oder Beendigung des der Vollmacht zugrunde liegenden Vertrages (§ 168 Satz 1 BGB). Der Widerruf erfolgt durch einseitige empfangsbedürftige Erklärung ggü. dem Gericht oder ggü. dem Bevollmächtigten. Im **Außenverhältnis** gilt die Vollmacht so lange als fortbestehend, bis das Erlöschen dem Gericht mitgeteilt wurde (§ 87 Abs. 1 ZPO). Bei Anwaltszwang wird das Erlöschen nach außen erst mit der Anzeige wirksam, dass die Vollmacht erloschen ist und ein neuer Anwalt bestellt wurde (BGH FamRZ 2004, 865). Solange die Vollmacht nicht erloschen ist und sich bei Anwaltszwang kein neuer Rechtsanwalt als Verfahrensbevollmächtigter bestellt hat, erfolgen Bekanntgaben und formlose Mitteilungen (§ 15) an den bisherigen Verfahrensbevollmächtigten. Zu den weiteren Erlöschensgründen wie Verfahrensunfähigkeit des Anwalts oder Insolvenz des Auftraggebers s. PG/*Burgermeister* § 86 Rn. 5–6.

26 Hat der Verfahrensbevollmächtigte gekündigt (**Mandatsniederlegung**), bleibt er so lange für den Vollmachtgeber zu handeln berechtigt, bis dieser für die Wahrnehmung seiner Rechte in anderer Weise gesorgt hat, also einen neuen postulationsfähigen Bevollmächtigten bestellt hat oder selbst handeln kann (§ 87 Abs. 2 ZPO). Bis dahin darf der bisherige Bevollmächtigte die Vertretung durch aktives Handeln fortführen. Insbes. muss der Bevollmächtigte den bislang vertretenen Beteiligten über den Inhalt von entgegengenommenen Bekanntgaben und formlosen Mitteilungen (§ 15) unterrichten.

27 **VIII. Vollmachtloser Vertreter, § 89 ZPO.** Liegt ein Vollmachtmangel vor, weil die Vollmacht nicht erteilt, unwirksam, widerrufen, sonst wie erloschen oder nicht nachgewiesen ist, kann das Gericht den vollmachtlosen Vertreter gegen oder ohne Beibringung einer Sicherheitsleistung für Kosten und Schäden zur Verfahrensführung durch unanfechtbaren Beschluss **einstweilen zulassen** (§ 89 Abs. 1 Satz 1 ZPO). Zugleich ist dem Vertreter eine **Frist** für die Beibringung der Vollmacht zu setzen (§ 89 Abs. 1 Satz 2 ZPO). Solange der Vertreter einstweilen zugelassen ist, muss er vom Gericht und den Beteiligten als Verfahrensbevollmächtigter behandelt werden.

28 Die **Endentscheidung** (§ 38) darf erst ergehen, nachdem die für die Beibringung der Vollmacht bestimmte Frist abgelaufen ist (§ 89 Abs. 1 Satz 2 ZPO). Wird die Vollmacht nachgereicht, nimmt das Verfahren seinen gewöhnlichen Lauf. Andernfalls sind dem einstweilen zur Verfahrensführung Zugelassenen die **Kosten** aufzuerlegen, die anderen Beteiligten durch die einstweilige Zulassung entstanden sind. Außerdem hat er die den anderen Beteiligten infolge der Zulassung entstandenen **Schäden** zu ersetzen (§ 89 Abs. 1 Satz 3 ZPO). Es handelt sich um einen bürgerlich-rechtlichen Anspruch, der im Zivilprozess geltend zu machen ist.

Die von oder ggü. dem **vollmachtlosen Vertreter** vorgenommenen Verfahrenshandlungen sind unwirksam. 29
Der Beteiligte muss die Verfahrenshandlungen des ohne Vollmacht aufgetretenen Vertreters aber gegen sich gelten lassen, wenn er mündlich Vollmacht erteilt hatte oder die Verfahrensführung ausdrücklich oder stillschweigend **genehmigt** (§ 89 Abs. 2 ZPO). Es kann nur die Verfahrensführung im Ganzen genehmigt werden (BGHZ 92, 137). Die Genehmigung wirkt auf den Zeitpunkt der Vornahme der Verfahrenshandlungen zurück und heilt den Vollmachtsmangel von Anfang an (BGHZ 92, 137).

§ 12 Beistand.

¹Im Termin können die Beteiligten mit Beiständen erscheinen. ²Beistand kann sein, wer in Verfahren, in denen die Beteiligten das Verfahren selbst betreiben können, als Bevollmächtigter zur Vertretung befugt ist. ³Das Gericht kann andere Personen als Beistand zulassen, wenn dies sachdienlich ist und hierfür nach den Umständen des Einzelfalls ein Bedürfnis besteht. ⁴§ 10 Abs. 3 Satz 1 und 3 und Abs. 5 gilt entsprechend. ⁵Das von dem Beistand Vorgetragene gilt als von dem Beteiligten vorgebracht, soweit es nicht von diesem sofort widerrufen oder berichtigt wird.

Übersicht

	Rdn.		Rdn.
A. Allgemeines	1	D. Zulassung anderer Personen, Satz 3	5
B. Beistand im Termin, Satz 1	2	E. Zurückweisung, Satz 4	8
C. Beistandsfähigkeit, Satz 2	4	F. Wirkung, Satz 5	10

A. Allgemeines. Die Vorschrift gilt gem. § 113 Abs. 1 Satz 1 nicht in Ehesachen (§ 121) und in Familienstreitsachen (§ 112). Dort gelten über § 113 Abs. 1 Satz 2 die §§ 90 und 157 ZPO. Der in einer Scheidungssache beigeordnete Rechtsanwalt hat die Stellung eines Beistands, § 138 Abs. 2. Eine eigene Rechtsfigur ist dagegen der Verfahrensbeistand des Kindes nach §§ 158, 167, 174, 191, 234 (s. die dortigen Kommentierungen). 1

B. Beistand im Termin, Satz 1. Beistand ist eine Person, die in der Verhandlung die Beteiligtenrechte ausführt, die aber nicht anstelle des Beteiligten, sondern **neben** ihm auftritt, ihn also unterstützt. Der Beistand kann daher nie ohne den Beteiligten auftreten und diesen auch nicht vertreten. Ein Antrag des Beistands ist daher rechtlich ein Antrag des Beteiligten. Auch wenn Anwaltszwang besteht, kann der Beistand die Beteiligtenrechte ausführen, aber nur insoweit als es auch der Beteiligte im Verfahren mit Anwaltszwang könnte. Der Beistand hat keine Vertretungsmacht, und ihm stehen außerhalb der mündlichen Verhandlung keine Befugnisse zu. 2

Keine Beistände sind Personen, die der Beteiligte zu seiner eigenen Verfahrensführung als Hilfskräfte hinzuzieht, wie z.B. private Sachverständige. Es bedarf zudem ggf. der Klärung, in welcher Funktion ein Beteiligter eine Begleitperson mitbringt: als Beistand oder als Vertrauensperson (§§ 274 Abs. 4 Nr. 1, 315 Abs. 5 Satz 1 Nr. 2, 418 Abs. 3 Nr. 2), die als Beteiligter hinzugezogen werden kann (vgl. Prütting/Helms/*Jennissen* Rn. 3 f.; Keidel/*Zimmermann* Rn. 4 f.). Die Tatsache, dass ein Verfahrensbeistand oder Verfahrenspfleger bestellt wurde, steht dem Recht nicht entgegen, einen Beistand mitzubringen (Keidel/*Zimmermann* Rn. 5). 3

C. Beistandsfähigkeit, Satz 2. Nur solche Personen sind fähig, Beistand zu sein, die im Verfahren ohne Anwaltszwang **Vertreter sein können**. Nach § 10 Abs. 2 sind dies neben Rechtsanwälten und Notaren (für deren Einsatz als Beistände anstatt als Bevollmächtigte freilich nur selten ein Bedürfnis besteht), Beschäftigte, volljährige Familienangehörige und Volljuristen (s. § 10 Rdn. 6 ff.). Da eine in Untervollmacht für eine Rechtsanwältin auftretende Assessorin wegen des entgeltlichen Tätigwerdens nicht die Voraussetzungen des § 10 Abs. 2 erfüllt, kann sie auch nicht Beistand sein (OLG Celle FamRZ 2015, 270). Durch die Einschränkung der Beistandsfähigkeit wird eine Umgehung des § 10, insb. der Rechtsanwälte vermieden. Der Beistand muss verfahrensfähig (§ 9) sein. Auch wenn er sich nicht hinreichend in deutscher Sprache auszudrücken vermag, muss das Gericht keinen Dolmetscher hinzuziehen (Keidel/*Zimmermann* Rn. 4). 4

D. Zulassung anderer Personen, Satz 3. Das Gericht kann andere Personen als die nach Satz 2 als Beistand zulassen, wenn dies **sachdienlich** ist und hierfür nach den Umständen des Einzelfalls ein **Bedürfnis** besteht. Damit soll die Beschränkung der Vertretungsbefugnis in eng umgrenzten Ausnahmefällen ausgeglichen werden. Dem im Ausnahmefall berechtigten Anliegen eines Beteiligten, vor Gericht mit einer vertrauten oder besonders sachkundigen Person erscheinen zu dürfen und dieser den Vortrag in der Verhandlung 5 zu überlassen, wird dadurch Rechnung getragen. In bestimmten Fällen der freiwilligen Gerichtsbarkeit (z.B. in Betreuungs- und Unterbringungsangelegenheiten) sind eher als im Zivilprozess Konstellationen denkbar, in denen ein Beteiligter darlegen kann, dass ein besonderes Bedürfnis für die Zulassung eines Beistands besteht (RegE RDG BT-Drucks. 16/3655 S. 91, 93).

6 Ein Bedürfnis liegt etwa dann vor, wenn der Beistand, ohne zu den in § 10 Abs. 2 Nr. 2 genannten Familienangehörigen zu gehören, aufgrund eines besonderen **Näheverhältnisses** zu dem Beteiligten dessen Vertrauen genießt, also z.B. nicht eheliche Lebensgefährten, Freunde, Glaubensbrüder, gute Bekannte oder Nachbarn. Bloße juristische Kenntnisse des Beistands sind keine genügende Rechtfertigung, da über diese auch jeder Rechtsanwalt verfügt. Deshalb scheidet die Zulassung einer Assessorin, die in Untervollmacht für eine Rechtsanwältin tätig wird, als Beistand aus (OLG Celle FamRZ 2015, 270).

7 Zur Wahrung des rechtlichen Gehörs sollten die Gerichte bei der Zulassung nicht zu kleinlich sein (*Zimmermann* FamFG Rn. 51).

8 **E. Zurückweisung, Satz 4.** § 10 Abs. 3 Satz 1 gilt entsprechend, sodass das Gericht Beistände, die nach § 10 Abs. 2 nicht beistandsfähig sind, durch unanfechtbaren Beschluss zurückweist (näher § 10 Rdn. 19). Einer Verweisung auf § 10 Abs. 3 Satz 2 bedurfte es nicht, da der Beistand niemals selbst Verfahrenshandlungen vornimmt (RegE RDG BT-Drucks. 16/3655 S. 91, 93). § 10 Abs. 3 Satz 3 gilt dagegen wieder entsprechend, sodass den Beiständen nach § 10 Abs. 2 Nr. 1 und 2 durch unanfechtbaren Beschluss die weitere Beistandschaft untersagt werden kann, wenn sie nicht in der Lage sind, das Sach- und Streitverhältnis sachgerecht darzustellen (s. § 10 Rdn. 22).

9 Aus der entsprechenden Anwendung des § 10 Abs. 5 folgt, dass ein Richter und auch ein Rechtspfleger vor dem Gericht, dem er angehört, nicht als Beistand auftreten darf (§ 10 Rdn. 29 f.).

10 **F. Wirkung, Satz 5.** Alle Prozesshandlungen wirken und jeder Vortrag des Beistands wirkt für den Beteiligten, sofern dieser nicht sofort widerspricht oder berichtigt. Die Widerspruchs- und Berichtigungsmöglichkeit gilt sowohl für tatsächliche Erklärungen als auch für Erklärungen mit rechtlicher Wirkung (z.B. Vergleichsschluss). Da der Beistand nicht Vertreter ist, erfolgen Bekanntgaben und formlose Mitteilungen (§ 15) an den Beteiligten, nicht an den Beistand.

§ 13 Akteneinsicht.

(1) Die Beteiligten können die Gerichtsakten auf der Geschäftsstelle einsehen, soweit nicht schwerwiegende Interessen eines Beteiligten oder eines Dritten entgegenstehen.

(2) ¹Personen, die an dem Verfahren nicht beteiligt sind, kann Einsicht nur gestattet werden, soweit sie ein berechtigtes Interesse glaubhaft machen und schutzwürdige Interessen eines Beteiligten oder eines Dritten nicht entgegenstehen. ²Die Einsicht ist zu versagen, wenn ein Fall des § 1758 des Bürgerlichen Gesetzbuchs vorliegt.

(3) ¹Soweit Akteneinsicht gewährt wird, können die Berechtigten sich auf ihre Kosten durch die Geschäftsstelle Ausfertigungen, Auszüge und Abschriften erteilen lassen. ²Die Abschrift ist auf Verlangen zu beglaubigen.

(4) ¹Einem Rechtsanwalt, einem Notar oder einer beteiligten Behörde kann das Gericht die Akten in die Amts- oder Geschäftsräume überlassen. ²Ein Recht auf Überlassung von Beweisstücken in die Amts- oder Geschäftsräume besteht nicht. ³Die Entscheidung nach Satz 1 ist nicht anfechtbar.

(5) ¹Werden die Gerichtsakten elektronisch geführt, gilt § 299 Abs. 3 der Zivilprozessordnung entsprechend. ²Der elektronische Zugriff nach § 299 Abs. 3 Satz 2 und 3 der Zivilprozessordnung kann auch dem Notar oder der beteiligten Behörde gestattet werden.

(6) Die Entwürfe zu Beschlüssen und Verfügungen, die zu ihrer Vorbereitung gelieferten Arbeiten sowie die Dokumente, die Abstimmungen betreffen, werden weder vorgelegt noch abschriftlich mitgeteilt.

(7) Über die Akteneinsicht entscheidet das Gericht, bei Kollegialgerichten der Vorsitzende.

Übersicht

	Rdn.		Rdn.
A. Allgemeines	1	II. Schwerwiegende entgegenstehende Interessen	5
B. Akteneinsichtsrecht der Beteiligten, Abs. 1	2		
I. Allgemeines	2	1. Zwingender Ausschluss	5

	Rdn.		Rdn.
2. Begriff	6	5. Ermessensentscheidung	14
3. Rechtsfolge	7	II. Sonderfall Kindesannahme, Abs. 2 Satz 2	15
C. Einsichtsrecht Dritter, Abs. 2	8	D. Ausfertigungen, Auszüge, Abschriften, Abs. 3	16
I. Regelfall, Abs. 2 Satz 1	8	E. Überlassung in Amts- oder Geschäftsräume, Abs. 4	17
1. Allgemeines	8	F. Elektronische Aktenführung, Abs. 5	20
2. Berechtigtes Interesse	9	G. Keine Mitteilung von Entwürfen, Abs. 6	21
a) Begriff	9	H. Entscheidungsbefugnis, Abs. 7	22
b) Einzelfälle	10	I. Anfechtbarkeit	23
3. Glaubhaftmachung	12	J. Sondernormen	26
4. Keine entgegenstehenden schutzwürdigen Interessen	13		

A. Allgemeines. Die Vorschrift regelt die Akteneinsicht sehr eingehend. Abs. 1 normiert das Akteneinsichtsrecht der Beteiligten, Abs. 2 das Akteneinsichtsrecht Dritter. Abs. 3 bis Abs. 7 gestalten das Akteneinsichtsrecht durch Regelung von Einzelheiten näher aus. Die Vorschrift gilt nicht in Ehesachen und Familienstreitsachen, für die § 113 Abs. 1 auf § 299 ZPO verweist. Zu den Sondervorschriften s. Rdn. 26. Das Akteneinsichtsrecht folgt aus dem Anspruch auf rechtliches Gehör bzw. auf ein faires Verfahren. Es ist zum Ausgleich zu bringen mit ggf. betroffenen Rechten auf informationelle Selbstbestimmung (näher Prütting/Helms/*Jennissen* Rn. 1, 12 f.). Diesen erreicht die Norm durch die Abstufung der Voraussetzungen und unterschiedlichen Schranken in den Abs. 1 und 2. 1

B. Akteneinsichtsrecht der Beteiligten, Abs. 1. I. Allgemeines. Die Beteiligten (§ 7) können die Gerichtsakten auf der Geschäftsstelle einsehen. Damit räumt das Gesetz ihnen ein grds. uneingeschränktes Akteneinsichtsrecht ein, das Ausdruck des Rechts der Beteiligten auf rechtliches Gehör (Art. 103 Abs. 1 GG) ist und nicht voraussetzt, dass ein rechtliches Interesse dargelegt wird. Abs. 1 gilt auch für eine **Behörde**, die Beteiligte des Verfahrens ist. Zu den Beteiligten nach § 7 gehören diejenigen Personen, deren Recht durch das Verfahren unmittelbar betroffen wird und diejenigen, die von Amts wegen oder auf Antrag zu beteiligen sind, die Muss-Beteiligten, sowie diejenigen, die vom Gericht hinzugezogen werden können und hinzugezogen worden sind. Daher genügt es nicht, dass Großeltern am Adoptionsverfahren betreffend ihren Enkel hätten hinzugezogen werden können, solange sie nicht tatsächlich beteiligt wurden (OLG Düsseldorf FamRZ 2014, 1480). 2

Gerichtsakten, die auch elektronisch geführt werden können (§ 14), sind die dem Gericht im Zusammenhang mit dem Verfahren vorgelegten oder vom Gericht selbst geführten Akten einschließlich aller beigezogenen Unterlagen, sofern diese Akten zur Grundlage der Entscheidung gemacht werden sollen oder gemacht worden sind. Kein Anspruch auf Einsicht besteht hinsichtlich der Entwürfe zu Beschlüssen und Verfügungen sowie hinsichtlich der Notizen des bearbeitenden Richters oder Rechtspflegers zur Sache (Abs. 6). Z.T. wird ein Einsichtsrecht in die lediglich aus einer Schutzschrift bestehenden Akte verneint (AG Bremen FamRZ 2015, 1127 – Schutzschrift gegen Vaterschaftsanfechtungsklage), da kein Verfahren anhängig sein und daher keine Gerichtsakten i.S.d. § 13 existierten und noch keine Belange des Betroffenen berührt würden. Es erscheint aber zweifelhaft, dem Betroffenen aber die Möglichkeit zu verweisen, gleichzeitig mit Antragstellung Akteneinsicht zu beantragen. Zudem dürfte die Möglichkeit vorheriger Einsicht in die Schutzschrift einem sachgerechten Verfahren nur dienlich sein. 3

Das Einsichtsrecht besteht auf der **Geschäftsstelle** zu den üblichen Geschäftszeiten. Nach pflichtgemäßem Ermessen kann das Gericht die Akten aber auch an das Gericht eines anderen Ortes **versenden**, sodass sie auf der dortigen Geschäftsstelle eingesehen werden können (vgl. OLG Hamm FamRZ 2002, 1126, 1127). In die Geschäftsräume oder in die Wohnung z.B. eines Betreuers, Vormunds, Pflegers oder anderer Beteiligter können die Akten aber nicht versandt werden, wie der Umkehrschluss aus Abs. 4 ergibt. Zudem kann sich der Beteiligte nach Abs. 3 Fotokopien erstellen lassen. Akten mit wichtigen Urkunden wie in Nachlass-, Grundbuch- und Registersachen sollten wegen des Verlustrisikos regelmäßig nicht versandt werden (LG Lübeck Rpfleger 1985, 151) oder zumindest nur an die Geschäftsstelle eines anderen Gerichts zu Einsichtszwecken (Keidel/*Sternal* Rn. 59; vgl. OLG Hamm NJW-Spezial 2013, 127; OLG Dresden NJW 1997, 667, 668); soweit Dokumente (auch) in elektronischer Form bestehen, können sie auch in dieser Form versandt werden, sodass sich das Problem ohnehin erübrigt. Zur Einsicht im Registerverfahren s. § 385 Rdn. 31–35. 4

5 **II. Schwerwiegende entgegenstehende Interessen. 1. Zwingender Ausschluss.** Schwerwiegende entgegenstehende Interessen eines Beteiligten oder Dritten schließen die Akteneinsicht des Beteiligten nach dem Gesetzeswortlaut aus, soweit diese Interessen reichen. Die Gesetzesbegründung spricht demgegenüber nur davon, dass das Gericht einem Beteiligten die Einsicht in diesem Fall versagen könne (RegE BT-Drucks. 16/6308 S. 181). Doch ist auch der Dritte grundrechtlich in seiner Persönlichkeits- und Vermögenssphäre geschützt (Art. 1, 2, 14 GG), sodass die Akteneinsicht versagt werden muss, soweit schwerwiegende Interessen entgegenstehen. D.h. aber nur, dass die fraglichen Aktenteile nicht zur Einsicht zur Verfügung stehen, wohl aber die Akte i.Ü. (Rdn. 7). Damit die entgegenstehenden Interessen gewahrt werden können, ist den Beteiligten zu dem Akteneinsichts- oder Auskunftsantrag rechtliches Gehör zu gewähren (OLG Stuttgart FamRZ 2011, 1889).

6 **2. Begriff.** Es genügt nicht schon jedes Interesse aus der Privatsphäre oder dem Vermögensbereich eines Beteiligten oder Dritten. Vielmehr muss das entgegenstehende Interesse so schwerwiegend sein, dass das Recht auf vollumfängliche Akteneinsicht im Einzelfall zurückzustehen hat. Das kann z.B. psychiatrische Gutachten betreffen, wenn mit der Akteneinsicht Gefahren für den betroffenen Beteiligten verbunden sind (RegE BT-Drucks. 16/6308 S. 181). Infrage kommen z.B. Betreuungs- oder Unterbringungsverfahren, aber u.U. auch Sorgerechtsverfahren oder sonstige Verfahren, in denen etwa die Verfahrensfähigkeit begutachtet wurde. In Fällen häuslicher Gewalt kann etwa zur Geheimhaltung des aktuellen Aufenthaltsorts des Gewaltbetroffenen eine Akteneinsicht nicht oder nur eingeschränkt zu gewähren sein (RegE BT-Drucks. 16/6308, S. 181). Die Angaben zu den persönlichen und wirtschaftlichen Verhältnissen eines Beteiligten i.R.d. Verfahrenskostenhilfe unterliegen ebenfalls regelmäßig nicht dem Einsichtnahmerecht anderer Beteiligter (Prütting/Helms/*Jennissen* Rn. 21). Dagegen müssen die Namen von Zeugen und Auskunftspersonen ebenso wie Berichte der Jugendämter (§ 50 SGB VIII) den Beteiligten grds. zugänglich gemacht werden (Jansen/*von König* § 34 Rn. 7). Psychologische Gutachten in Umgangs- oder Sorgerechtsverfahren müssen als Beweismittel den beteiligten Eltern zugänglich gemacht werden.

7 **3. Rechtsfolge.** Soweit wegen schwerwiegender entgegenstehender Interessen eine Akteneinsicht ausgeschlossen ist, haben die Beteiligten aufgrund ihres Anspruchs auf rechtliches Gehör das Recht auf Bekanntgabe des wesentlichen Akteninhalts in geeigneter Form, soweit dies mit dem Zweck der Versagung der Akteneinsicht vereinbar ist. Die Akteneinsicht wird in diesem Fall gewährt, indem das Gericht einen Aktenauszug ohne die fraglichen Dokumente zur Verfügung stellt (also die schützenswerten Teile zeitweilig entfernt) oder den Inhalt schriftlich oder mündlich zusammenfasst. Soweit auf diese Weise das rechtliche Gehör nicht hinreichend gewährt werden kann, dürfen die Erkenntnisse aus den betreffenden Unterlagen grds. nicht zur Grundlage der Entscheidung gemacht werden (RegE BT-Drucks. 16/6308 S. 181).

8 **C. Einsichtsrecht Dritter, Abs. 2. I. Regelfall, Abs. 2 Satz 1. 1. Allgemeines.** Abs. 2 Satz 1 regelt das Akteneinsichtsrecht Dritter, also solcher Personen oder Vereinigungen, die nicht am Verfahren beteiligt (§ 7) sind. Die Norm entspricht im Wesentlichen § 299 Abs. 2 ZPO. Behörden werden von Abs. 2 nicht erfasst (KG MDR 2014, 983; *Schulte-Bunert* BtPrax 2010, 7, 8, näher unten Rdn. 25).

9 **2. Berechtigtes Interesse. a) Begriff.** Der Begriff des berechtigten Interesses ist weiter als der des rechtlichen Interesses, das bereits ein vorhandenes Rechtsverhältnis voraussetzt (OLG Stuttgart FamRZ 2011, 1889; BGH NJW-RR 1994, 381; Prütting/Helms/*Jennissen* Rn. 24; Jansen/*von König* § 34 Rn. 3). Für ein berechtigtes Interesse genügt es, wenn ein vernünftiges, durch die Sachlage gerechtfertigtes Interesse vorliegt, das auch tatsächlicher, etwa wirtschaftlicher oder wissenschaftlicher Art sein kann (KG NZI 2015, 758; OLG Stuttgart FamRZ 2011, 1889; BayObLG NJW-RR 1998, 29, 295). Das Interesse muss sich nicht auf den Verfahrensgegenstand beziehen, für den die Akten gebildet wurden (KG NZI 2015, 758; OLG Stuttgart FamRZ 2011, 1889; BGH NJW-RR 1994, 381), es genügt, wenn ein künftiges Verhalten des Antragstellers durch die Kenntnis des Akteninhalts beeinflusst werden kann (OLG Stuttgart FamRZ 2011, 1889; BGH NJW-RR 1994, 381, 382), z.B. wenn die Entscheidung, ob die Wiederaufnahme eines Strafverfahrens betrieben wird, nach Einsicht in die Nachlassakte erfolgen soll (BayObLG NJW-RR 1998, 294, 295). Nicht erforderlich ist, dass der Dritte die Information nur durch die Akteneinsicht und nicht anderweitig erlangen kann, andere Informationsmöglichkeiten sind aber bei der Interessenabwägung zu berücksichtigen (BGH NJW-RR 1994, 381, 382). Befindet sich der Dritte allerdings bereits im Besitz erbetener Informationen und ist nicht ersichtlich, dass die Akteneinsicht zu weiteren Erkenntnissen führen könnte, so fehlt insoweit das *berechtigte Interesse* (BayObLG NJW-RR 1998, 294, 295). Auch ein öffentliches Interesse, das durch eine

Abschnitt 1. Allgemeine Vorschriften § 13

Behörde wahrgenommen wird, genügt (Jansen/*von König* § 34 Rn. 3). Zudem können Justizbehörden unter Einhaltung des Datenschutzes Einsicht im Wege der Rechtshilfe (§§ 156 ff. GVG) verlangen, auch andere Behörden erhalten i.R.d. Datenschutzes Rechts- und Amtshilfe (Art. 35 GG). Zu den verfahrensübergreifenden Mitteilungen von Amts wegen s. §§ 12 bis 22 EGGVG mit der Anordnung über Mitteilungen in Zivilsachen (MiZi). S. näher Keidel/*Sternal* Rn. 46 f.; Prütting/Helms/*Jennissen* Rn. 15–19.

b) **Einzelfälle.** Ein berechtigtes Interesse **kann z.B. vorliegen** (ausführlich Jansen/*von König* § 34 Rn. 4; 10 Prütting/Helms/*Jennissen* Rn. 32–36): Pflegeeltern im Verfahren auf Entlassung des Vormunds (OLG Hamm FamRZ 2002, 1126) – sind sie aber gem. § 161 als Beteiligte hinzugezogen, gilt Abs. 1; Vorsorgebevollmächtigter im Betreuungsverfahren (KG FamRZ 2007, 1041); Pflichtteilsberechtigter hat Anspruch auf Einsicht in Nachlassakte, insb. in das Nachlassverzeichnis, ebenso wer als gesetzlicher oder testamentarischer Erbe oder Vermächtnisnehmer in Betracht kommt (KG FamRZ 2011, 1415; BayObLG NJWE-FER 2000, 292); gewerblicher Erbenermittler, der vom Nachlasspfleger beauftragt wurde (KG FamRZ 2011, 920, s. aber sogleich Rdn. 11); Nachlassgläubiger bzgl. Einsicht in Nachlassakte (BayObLG FamRZ 1997, 1025); Pflegeeltern im Umgangsverfahren, aber nicht bzgl. Gutachten mit Informationen über Privatleben der Mutter (OLG Celle FamRZ 2011, 1080).

An einem berechtigten Interesse **fehlt** es z.B.: Geltendmachung eines lediglich pauschalen Interesses an der 11 »Aufklärung der erbrechtlichen Hintergründe« (BayObLG FamRZ 2001, 170); Einsicht potenzieller Erben in Betreuungsakten zur Ermittlung der Vermögensverhältnisse, auch nicht bei Verdächtigungen gegen den Betreuer ohne konkrete Anhaltspunkte (OLG München BtPrax 2005, 234); erbvertraglich bestimmter Alleinerbe hat gegen den Willen des Betreuten keinen Anspruch auf Einsichtnahme in Betreuungsakten zwecks Sichtung von Abrechnungen und Vermögensaufstellungen des Betreuers (OLG Köln FamRZ 2004, 1124); gewerbliches Interesse des Erbenermittlers (KG FamRZ 2011, 1415, s. aber auch vorstehend Rdn. 10) zur Erlangung von Anfangsinformationen für eigene Ermittlungen (OLG Hamm FamRZ 2011, 143); allgemeines durch die Presse wahrgenommenes Informationsinteresse der Öffentlichkeit (Jansen/*von König* § 34 Rn. 3); Einsicht der Großeltern in Adoptionsakte, weil sie meinen, es habe Vormundschaft angeordnet werden müssen (OLG Düsseldorf FamRZ 2014, 1480)

3. **Glaubhaftmachung.** Das berechtigte Interesse ist glaubhaft zu machen. Die Mittel der Glaubhaftmachung 12 ergeben sich aus § 31, insb. ist eine eidesstattliche Versicherung zulässig. Der Dritte muss Umstände darlegen, aus denen sich erfahrungsgemäß bei normalem Verlauf der Dinge ein berechtigtes Interesse ergibt; der Amtsermittlungsgrundsatz gilt insoweit nicht (OLG Celle FamRZ 2012, 727; Bumiller/Harders/Schwamb Rn. 11). Vermutete, offenkundige oder gerichtsbekannte Tatsachen bedürfen keiner Glaubhaftmachung; von ihr kann auch abgesehen werden, wenn die Tatsache unter den Beteiligten unstreitig ist und das Gericht keine Zweifel hat (OLG Stuttgart FamRZ 2011, 1889).

4. **Keine entgegenstehenden schutzwürdigen Interessen.** Schutzwürdige Interessen Beteiligter oder ande- 13 rer Dritter dürfen der Akteneinsicht durch den Dritten nicht entgegenstehen. In Betracht kommen vor allem der Schutz des Persönlichkeitsrechts (Recht auf informationelle Selbstbestimmung) sowie der Berufs- und Vermögenssphäre. Die zu schützenden Interessen sind gegen das Einsichtsinteresse abzuwägen. Das ist nur entbehrlich, wenn der in seinen schutzwürdigen Interessen Betroffene sich mit der Akteneinsicht einverstanden erklärt (Prütting/Helms/*Jennissen* Rn. 27). Damit die entgegenstehenden Interessen gewahrt werden können, ist den Beteiligten zu dem Akteneinsichts- oder Auskunftsantrag rechtliches Gehör zu gewähren (OLG Stuttgart FamRZ 2011, 1889).

5. **Ermessensentscheidung.** Liegen die Voraussetzungen vor (Rdn. 8–13), eröffnet das Gesetz dem Gericht 14 ein **pflichtgemäßes Ermessen** (»kann«) bei der Entscheidung über die Akteneinsicht. Das Gericht muss die widerstreitenden Interessen gegeneinander abwägen, also das vom Antragsteller geltend gemachte berechtigte Interesse gegen das Geheimhaltungsinteresse der Öffentlichkeit (gerade auch angesichts der grundsätzlichen Nichtöffentlichkeit des Verfahrens; Keidel/*Sternal* Rn. 35; Prütting/Helms/*Jennissen* Rn. 28), der Beteiligten oder Dritter, wobei bestimmte Tatsachen und nicht bloß allgemeine Vermutungen die Geheimhaltung notwendig erscheinen lassen müssen (BayObLG FamRZ 1995, 682). Unbeschränkter Akteneinsicht kann z.B. das allgemeine Persönlichkeitsrecht einer Pflegemutter entgegenstehen, das auch ihr Interesse umfasst, ihre Lebensumstände und persönlichen Daten nicht offenbaren zu müssen; dann ist ggf. die Akteneinsicht dahin einzuschränken, dass Hinweise auf ihre aktuelle Adresse zu entfernen sind (OLG Köln FamRZ 1998, 307). Ob die Beteiligten einer Akteneinsicht zustimmen oder an Geheimhaltung interessiert sind, ist vor

der Entscheidung zu klären (BayObLG Rpfleger 1985, 28; Keidel/*Sternal* Rn. 34). Beim Kind und seinen Adoptiveltern sind Umstände geheim zu halten, die zur Aufdeckung ihrer Identität führen würden (OLG Stuttgart Rpfleger 1985, 238; Jansen/*von König* § 34 Rn. 7).

15 **II. Sonderfall Kindesannahme, Abs. 2 Satz 2.** Die Einsicht in die Adoptionsakten im Annahme- oder Aufhebungsverfahren ist zu versagen, wenn ein Fall des § 1758 BGB vorliegt. Dadurch wird das Adoptionsgeheimnis geschützt. Tatsachen, die geeignet sind, die Annahme und ihre Umstände aufzudecken, dürfen ohne Zustimmung des Annehmenden und des Kindes nicht ausgeforscht werden, es sei denn besondere Gründe des öffentlichen Interesses erfordern dies (§ 1758 Abs. 1 BGB, z.B. Aufklärung von Straftaten, wenn ein Ermittlungsverfahren läuft, oder Vorbereitung eines nicht offensichtlich aussichtslosen Aufhebungsverfahrens gem. § 1760 BGB, OLG Hamm FamRZ 2012, 51; Palandt/*Götz* § 1758 Rn. 2). Das Ausforschungsverbot beginnt bereits mit der Erteilung der nach § 1747 BGB erforderlichen Einwilligung, auf Anordnung des Familiengerichts schon, wenn ein Antrag auf Ersetzung der Einwilligung eines Elternteils gestellt worden ist (§ 1758 Abs. 2 BGB). Soweit das rechtliche Gehör die Bekanntgabe von Adoptionsumständen gebietet, muss Akteneinsicht in einer Form gewährt werden, die die Geheimhaltung aller Umstände sichert, die eine Aufdeckung der Identität ermöglichen können, z.B. durch Unkenntlichmachung der Namen oder Übergabe einer Aktenkopie, aus der die Namen und Anschriften der Annehmenden nicht hervorgehen (BayObLG FamRZ 1991, 224; Jansen/*von König* § 34 Rn. 8).

16 **D. Ausfertigungen, Auszüge, Abschriften, Abs. 3.** Soweit ein Akteneinsichtsrecht besteht, erstreckt es sich auch auf die Erteilung von Ausfertigungen, Auszügen und Abschriften. Der Anspruch auf Ablichtungen setzt nicht voraus, dass über das Interesse an der Akteneinsicht hinaus ein Interesse gerade an Kopien dargelegt wird (KG NJW-Spezial 2011, 232). Eine Ausfertigung ist eine Abschrift der Urschrift, die mit dem Ausfertigungsvermerk versehen ist und in der Überschrift als Ausfertigung bezeichnet sein soll (§ 49 Abs. 1, 2 BeurkG). Ein Auszug umfasst nur einen Teil einer Akte. Unter den Begriff der Abschrift fällt auch die Fotokopie, der Berechtigte kann aber auch selbst Abschriften oder Aufzeichnungen aus den Akten fertigen. Ausfertigungen, Auszüge und Abschriften durch die Geschäftsstelle erfolgen auf Kosten des Berechtigten, Abschriften sind auf Verlangen zu beglaubigen. Auch wenn ein Erbschein nur zur Verfügung über Grundstücke, über im Grundbuch eingetragene Rechte oder zur Grundbuchberichtigung beantragt worden ist, besteht ein Anspruch des Notars auf Erteilung einer Abschrift (Saarbrücken FamRZ 2012, 1589). Die Höhe der Kosten ergibt sich aus § 26 GNoKG mit KV 17.000 ff., § 23 FamGKG mit KV 2000.

17 **E. Überlassung in Amts- oder Geschäftsräume, Abs. 4.** Sofern ein Akteneinsichtsrecht eines Rechtsanwalts, Notars (namens des Mandanten) oder einer beteiligten Behörde besteht, kann das Gericht die Akten in die Amts- oder Geschäftsräume überlassen (Abs. 4 Satz 1), da bei ihnen grds. von einer besonderen Zuverlässigkeit ausgegangen wird. Besteht die Zuverlässigkeit und können die Akten kurzfristig entbehrt werden, werden die Voraussetzungen für die Überlassung der Akten regelmäßig gegeben sein (RegE BT-Drucks. 16/6308 S. 182). Die Entscheidung liegt im pflichtgemäßen Ermessen des Gerichts (»kann«). Abzuwägen sind die Erfordernisse des gerichtlichen Geschäftsgangs, insb. die Frage der zeitweiligen Entbehrlichkeit, und etwaige sonstige Gründe (Schutz vor Verlust), die gegen die Überlassung sprechen, mit dem Interesse des Rechtsanwalts, Notars oder der Behörde. Daher besteht z.B. kein Anspruch eines Rechtsanwalts darauf, dass Grundakten nicht an das nächstgelegene Amtsgericht, sondern in sein Büro versandt werden, da sie besonders sensibel und kaum oder nur schwer rekonstruierbar sind, sodass sie vor Verlust besonders geschützt werden müssen. Ein derartiger Anspruch folgt auch nicht aus der Berufsfreiheit des Art. 12 Abs. 1 GG (OLG Hamm NJW-Spezial 2013, 127 = MDR 2013, 273). Ebenso spricht es gegen die Übersendung, wenn im Familienverfahren mehrere konfliktbeladene Verfahren in einer Verbundakte anhängig sind und zahlreiche (Zwischen-) Entscheidungen anstehen. In diesem Fall muss man die Akte entweder auf der Geschäftsstelle einsehen oder mit der Übersendung von Kopien der genauer bezeichneten Aktenteile Vorlieb nehmen (OLG Koblenz FamRZ 2015, 1422).

18 Abs. 4 Satz 2 stellt klar, dass auch das Überlassen von Beweismitteln in das Ermessen des Gerichts gestellt wird (Stellungnahme des Bundesrates, BT-Drucks. 16/6308 S. 842). Das Gericht kann Originaldokumente wie etwa Stammbücher, Testamente, notarielle Urkunden von der Versendung ausnehmen und insoweit Ablichtungen auf Kosten des Einsichtnehmenden zur Verfügung stellen.

19 Zur Vermeidung von Zwischenstreitigkeiten schließt Abs. 4 Satz 3 die Anfechtung der gerichtlichen Entscheidung über die Aktenüberlassung aus.

F. Elektronische Aktenführung, Abs. 5. Wenn die Gerichtsakten (Verfahrensakten) elektronisch geführt 20
werden, gilt § 299 Abs. 3 ZPO entsprechend (Abs. 5 Satz 1). Die Geschäftsstelle (Urkundsbeamter) gewährt
nach pflichtgemäßem Ermessen unter Abwägung aller Umstände und möglichster Befolgung der Wünsche
des Antragstellers (Baumbach/Lauterbach/*Hartmann* § 299 Rn. 32) Akteneinsicht durch Erteilung eines
Aktenausdrucks durch Wiedergabe auf einem Bildschirm oder Übermittlung von elektronischen Dokumenten (§ 299 Abs. 1 Satz 1 ZPO). Nach dem Ermessen des Vorsitzenden (Richter/Rechtspfleger je nach funktioneller Zuständigkeit) kann Bevollmächtigten, die Mitglied einer Rechtsanwaltskammer sind, der elektronische Zugriff auf den Akteninhalt gestattet werden (Online-Einsicht), wobei sicherzustellen ist, dass der
Zugriff nur durch den Bevollmächtigten erfolgt (§ 299 Abs. 3 Satz 2 und 3 ZPO); das Gericht kann freilich
nicht verhindern, dass in der Anwaltskanzlei auch andere Personen vom Akteninhalt Kenntnis nehmen; insoweit bleibt kaum mehr als die Aufforderung des Gerichts an den Bevollmächtigten zur Beachtung des Datenschutzes (Baumbach/Lauterbach/*Hartmann* § 299 Rn. 34). Dieses erfolgt durch technisch-organisatorische
Maßnahmen, die sicherstellen, dass bei elektronischer Einsichtnahme die Berechtigung des Abfragenden
zweifelsfrei feststeht (Authentisierung und Autorisierung). Nach Abs. 5 Satz 2 kann dieser elektronische Zugriff auch Notaren und beteiligten Behörden gestattet werden. Bei der Übermittlung ist die Gesamtheit der
Dokumente mit einer qualifizierten elektronischen Signatur zu versehen und gegen unbefugte Kenntnisnahme zu schützen (§ 299 Abs. 3 Satz 4 ZPO), die Verschlüsselung schützt vor einer unbefugten Einsichtnahme durch Dritte während der Übertragung.

G. Keine Mitteilung von Entwürfen, Abs. 6. Abs. 6 entspricht § 299 Abs. 4 ZPO. Entwürfe zu Beschlüssen 21
und Verfügungen, die zu ihrer Vorbereitung gelieferten Arbeiten sowie die Dokumente, die Abstimmungen
betreffen, werden weder vorgelegt noch abschriftlich mitgeteilt. Das gilt entsprechend auch für Ausarbeitungen, die der Vorbereitung der mündlichen Verhandlung dienen (OLG Frankfurt NJW 2007, 928), richtigerweise auch für Sachberichte und Voten. Beigezogene Akten sind nicht vorzulegen, wenn die Akten führende Behörde dem widersprochen hat; angesichts des Anspruchs auf rechtliches Gehör ist dann diese Akte
freilich unverwertbar.

H. Entscheidungsbefugnis, Abs. 7. Über die Akteneinsicht entscheidet das verfahrensführende Gericht, 22
d.h. je nach aufgrund des RPflG gegebener funktioneller Zuständigkeit in der konkreten Angelegenheit der
Richter oder der Rechtspfleger; in Grundbuchsachen entscheidet der Urkundsbeamte der Geschäftsstelle
(§ 12c Abs. 1 Nr. 1 GBO). Bei Kollegialgerichten entscheidet der Vorsitzende über Gesuche auf Akteneinsicht allein, um das Verfahren zu beschleunigen und zu straffen.

I. Anfechtbarkeit. Die ausdrückliche Regelung des Abs. 4 Satz 3 schließt die Entscheidung über die Über- 23
lassung in die Amts- oder Geschäftsräume von der Anfechtung aus, um Zwischenstreitigkeiten zu vermeiden (RegE BT-Drucks. 16/6308 S. 182), dabei geht es also um die Entscheidung um das »Wie« der Akteneinsicht, nicht um das »Ob« (OLG Koblenz FamRZ 2015, 1422). Nach der Gesetzesbegründung ist die nach
Abs. 7 durch das verfahrensführende Gericht getroffene Entscheidung über die Akteneinsicht nach § 23
EGGVG anfechtbar, wenn es sich um einen Justizverwaltungsakt handelt (RegE BT-Drucks. 16/6308 S. 182).
Im **laufenden Verfahren** handelt es sich ggü. **Beteiligten** bei der Entscheidung über das Akteneinsichtsgesuch
angesichts der Zuständigkeit nach Abs. 7 um keine Verwaltungsentscheidung, sondern um eine gerichtliche,
nicht anfechtbare Zwischen- und keine Endentscheidung (§ 58 Abs. 1; vgl. KG MDR 2014, 983). Allerdings
unterliegt auch die Entscheidung über die Akteneinsicht der inzidenten Beurteilung des Beschwerdegerichts, wenn gegen die Endentscheidung Beschwerde eingelegt wurde (§ 58 Abs. 2; wie hier Keidel/*Sternal*
Rn. 69; MünchKommZPO/*Pabst* § 13 Rn. 8; Prütting/Helms/*Jennissen* Rn. 49). Da der ausdrückliche Ausschluss der Anfechtbarkeit der Entscheidung über die Aktenüberlassung in Amts- oder Geschäftsräume nur
einen kleinen speziellen Aspekt der Akteneinsicht betrifft, kann aus ihm nicht der Umkehrschluss auf die
Zulässigkeit der Beschwerde nach § 58 in anderen Fällen des § 13 gezogen werden (Keidel/*Sternal* Rn. 68).
Bei Entscheidungen des Rechtspflegers findet gem. § 11 Abs. 2 Satz 1 die befristete Erinnerung statt. Nach
Abschluss des Verfahrens ist eine inzidente Prüfung nicht mehr möglich, und das Akteneinsichtsgesuch eines Beteiligten eröffnet ein gesondertes Verfahren, das mit einer Endentscheidung über die Akteneinsicht
abgeschlossen wird. Angesichts der Zuständigkeit nach Abs. 7 ist das Gericht in seiner rechtsprechenden
und nicht in seiner verwaltenden Funktion zuständig, sodass die Beschwerde nach § 58 eröffnet ist und
nicht der Rechtsbehelf nach § 23 EGGVG (OLG Saarbrücken FamRZ 2012, 1589; OLG Thüringen NJW-RR
2012, 139). Die gesonderte Anfechtung durch die Beteiligten ist möglich, wenn das Akteneinsichtsgesuch
nicht Ausdruck seines rechtlichen Gehörs ist, weil er sich nicht über das Verfahren des Gerichts informieren

§ 14 Buch 1. Allgemeiner Teil

und darauf Einfluss nehmen will, sondern wie ein Dritter abweichende Interessen verfolgt (OLG Thüringen NJW-Spezial 2011, 583, z.B. ein im Erbscheinsverfahren hinzugezogener Pflichtteilsberechtigter, der sich durch Akteneinsicht einen Überblick über den Nachlassbestand durch das Nachlassverzeichnis verschaffen will).

24 Wegen Abs. 7 liegt auch bei der Entscheidung über das Akteneinsichtsgesuch eines **nicht beteiligten Dritten** nach Abs. 2 kein Justizverwaltungsakt, sondern eine gerichtliche Entscheidung i.R.d. Rechtsprechung vor. Daher ist die Beschwerde nach § 58 und nicht der Rechtsbehelf des § 23 EGGVG gegeben (OLG Hamm ZErb 2013, 101; OLG Celle FamRZ 2012, 727; KG FamRZ 2011, 1415; OLG Thüringen NJW-RR 2012, 139; Keidel/*Sternal* Rn. 72; Prütting/Helms/*Jenissen* Rn. 49 ff.; für Anwendung des § 23 EGGVG noch die 2. Aufl. und OLG Hamm FamRZ 2012, 51). Dem Dritten ggü. ergeht nämlich auch während des laufenden Verfahrens eine Endentscheidung. Und anders als in Familienstreitsachen (§§ 112, 113 Abs. 1, § 299 Abs. 2 ZPO) entscheidet über das Einsichtsgesuch nicht der Vorstand des Gerichts, sondern das mit dem Verfahren befasste Gericht je nach Konstellation durch den Vorsitzenden des Senats, den Einzelrichter oder den Rechtspfleger (OLG Celle FamRZ 2012, 727).

25 Das Akteneinsichts- und Beschwerderecht von **Behörden**, die am Verfahren beteiligt sind, richtet sich nach § 13 Abs. 1 und den Grundsätzen unter Rdn. 23. Andere Gerichte können nach §§ 156 ff. GVG Rechtshilfe verlangen. Nicht am Verfahren beteiligte Behörden genießen das Recht auf Amtshilfe gem. Art. 35 GG. Bei der Entscheidung hierüber handelt es sich um einen nach § 23 EGGVG angreifbaren Justizverwaltungsakt (OLG Köln FamRZ 2014, 788), es sei denn es geht um ein laufendes Verfahren, bei dem der zuständige Richter zu entscheiden hat (KG MDR 2014, 983). Zum Anspruch von Behörden auf Einsicht in Betreuungsakten *Schulte-Bunert* BtPrax 2010, 7 und OLG Köln FamRZ 2014, 488). Ebenso wie nach § 13 Abs. 2 muss auch bei Behörden ein berechtigtes Interesse vorliegen, so dass die Staatsanwaltschaft z.B. ggf. nur die ärztlichen Gutachten aus der Betreuungsakte einsehen darf (OLG Köln FamRZ 2014, 788)

26 **J. Sondernormen.** § 13 lässt speziellere Vorschriften unberührt. Diese sind im Nachlassverfahren: § 357, §§ 1953 Abs. 3 Satz 2, 1957 Abs. 2 Satz 2, 2010, 2081 Abs. 2 Satz 2, 2146 Abs. 2, 2228, 2384 Abs. 2 BGB. In Registersachen verweist § 385 auf die besonderen registerrechtlichen Vorschriften, § 13 ist auf die Einsicht in die Register und die eingereichten Dokumente nicht anzuwenden, sondern gilt nur für die Registerakten (*Nedden-Boeger* FGPrax 2010, 1, 4). Hier regelt § 9 HGB mit §§ 10, 29–31 HRV die Einsichtnahme in das Handels- und Unternehmensregister, §§ 79, 1563 BGB die Einsicht in das Vereins- und Güterrechtsregister, §§ 156 Abs. 1 GenG mit § 9 HGB die Einsicht in das Genossenschaftsregister. Zum Registerrecht näher § 385 Rdn. 3 ff. Im Grundbuchverfahren gelten §§ 12 bis 12c GBO, §§ 43 bis 46 GBVfg, im Personenstandsverfahren §§ 61 bis 68 PStG. Für Notariatsakten gilt § 51 BeurkG.

§ 14 Elektronische Akte; elektronisches Dokument.

(1) ¹Die Gerichtsakten können elektronisch geführt werden. ²§ 298a Abs. 2 und 3 der Zivilprozessordnung gilt entsprechend.

(2) ¹Die Beteiligten können Anträge und Erklärungen als elektronisches Dokument übermitteln. ²Für das elektronische Dokument gelten § 130a Abs. 1 und 3 sowie § 298 der Zivilprozessordnung entsprechend.

(3) Für das gerichtliche elektronische Dokument gelten die §§ 130b und 298 der Zivilprozessordnung entsprechend.

(4) ¹Die Bundesregierung und die Landesregierungen bestimmen für ihren Bereich durch Rechtsverordnung den Zeitpunkt, von dem an elektronische Akten geführt und elektronische Dokumente bei Gericht eingereicht werden können. ²Die Bundesregierung und die Landesregierungen bestimmen für ihren Bereich durch Rechtsverordnung die geltenden organisatorisch-technischen Rahmenbedingungen für die Bildung, Führung und Aufbewahrung der elektronischen Akten und die für die Bearbeitung der Dokumente geeignete Form. ³Die Landesregierungen können die Ermächtigung durch Rechtsverordnung auf die jeweils zuständige oberste Landesbehörde übertragen. ⁴Die Zulassung der elektronischen Akte und der elektronischen Form kann auf einzelne Gerichte oder Verfahren beschränkt werden.

(5) ¹Sind die Gerichtsakten nach ordnungsgemäßen Grundsätzen zur Ersetzung der Urschrift auf einen Bild- oder anderen Datenträger übertragen worden und liegt der schriftliche Nachweis darüber vor, dass die Wiedergabe mit der Urschrift übereinstimmt, so können Ausfertigungen, Auszüge und Ab-

Abschnitt 1. Allgemeine Vorschriften § 14

schriften von dem Bild- oder dem Datenträger erteilt werden. ²Auf der Urschrift anzubringende Vermerke werden in diesem Fall bei dem Nachweis angebracht.

Übersicht

	Rdn.		Rdn.
A. Allgemeines	1	E. Übertragung elektronischer Dokumente in die Papierform, Aufbewahrung der Dokumente (§ 298 ZPO)	35
B. Elektronische Aktenführung (Abs. 1)	6		
C. Anträge und Erklärungen der Beteiligten als elektronisches Dokument (Abs. 2)	14	I. Anwendungsbereich	35
I. Rechtsgrundlagen und formale Anforderungen	14	II. Formerfordernisse für den Papierausdruck	37
		III. Aufbewahrung elektronischer Dokumente	39
II. Eingang bei Gericht	26	F. Verordnungsermächtigung (Abs. 4)	41
D. Elektronische Dokumente des Gerichts (Abs. 3)	30	G. Elektronische Speicherung von Gerichtsakten (Abs. 5)	46

A. Allgemeines. § 14 schafft die rechtlichen Grundlagen für die elektronische Aktenführung, die Einreichung elektronischer Schriftsätze und die Erstellung elektronischer Dokumente des Gerichts. Er führt die Grundlagen des Justizkommunikationsgesetzes in das FamFG ein. § 14 in der jetzigen Fassung gilt bis zum 31.12.2017 (zur Fassung ab 1.1.2018 vgl. den nachfolgenden Anhang). 1

Das gerichtliche elektronische Dokument wird als Äquivalent zu entsprechenden Dokumenten in Papierform anerkannt. Es finden sich Grundregelungen zum Signaturerfordernis und zur Beweiskraft elektronischer Dokumente. In weitem Umfang wird dabei auf entsprechende Regelungen der ZPO (§§ 130a, 130b, 298, 298a ZPO) Bezug genommen, die im Geltungsbereich des FamFG entsprechend anwendbar sind. 2

Die Bundesregierung und die Landesregierungen werden ermächtigt, für ihren Zuständigkeitsbereich durch Rechtsverordnung den Zeitpunkt der Einführung der elektronischen Akte und der zulässigen Einreichung elektronischer Dokumente seitens der Beteiligten und die organisatorisch-technischen Voraussetzungen der Einführung zu regeln. Damit soll Bund und Ländern ein zeitlicher Vorlauf gegeben werden, die für den elektronischen Rechtsverkehr notwendigen technisch-organisatorischen Vorkehrungen zu treffen. Erst bei Vorliegen dieser VOen ist ab dem darin bestimmten Zeitpunkt im Geltungsbereich der jeweiligen VO der elektronische Rechtsverkehr nach § 14 möglich. 3

In Teilbereichen der freiwilligen Gerichtsbarkeit sind bereits **Sondervorschriften** vorhanden (z.B. die durch das EHUG vom 10.11.2006, BGBl. I 2553, eingeführten Regelungen für das elektronische Handels-, Genossenschafts- und Unternehmensregister, §§ 126 ff. GBO für das maschinell geführte Grundbuch), die der allgemeinen Vorschrift des § 14 vorgehen. 4

In Ehesachen und Familienstreitsachen ist **§ 14 nicht anwendbar** (§ 113 Abs. 1). Die in Bezug genommenen Vorschriften der ZPO gelten hier unmittelbar.

In der gerichtlichen Praxis ist bisher ein Durchbruch und eine erhebliche Akzeptanz des elektronischen Rechtsverkehrs noch nicht zu verzeichnen (zu den Chancen und Hindernissen vgl. *Bernhardt* NJW 2015, 2775; *Wanner-Laufer/Köbler* AnwBl 2013, 101; *Hansen* DRiZ 2012, 150; *Bacher* NJW 2009, 1548; *Degen* NJW 2008, 1473). 5

Das Gesetz zur Förderung des elektronischen Rechtsverkehrs mit den Gerichten (GFERG) vom 10.10.2013 (BGBl. I S. 3786) soll dies jedenfalls in Zukunft ändern (vgl. dazu BT-Drucks. 17/12634; BR-Drucks. 500/13). Die teilweise grundlegenden Änderungen zu § 14 und den darin in Bezug genommenen Vorschriften der ZPO, die auf die Einführung eines obligatorischen elektronischen Rechtsverkehrs mit den Gerichten hinauslaufen, treten jedoch erst nach einer Übergangszeit in Kraft, die den Gerichten, der Rechtsanwaltschaft und den sonstigen Betroffenen Gelegenheit geben soll, sich auf die geänderten neuen Regelungen einzustellen. Art. 26 des genannten Gesetzes sieht differenzierende Regelungen für das Inkrafttreten der einzelnen Neuregelungen vor und geht vom Regelfall eines Inkrafttretens zum 01.01.2018 aus. Ein grundsätzlich obligatorischer elektronischer Rechtsverkehr ist ab 01.01.2022 vorgesehen. Der Text der dafür relevanten neuen Regelungen der §§ 14 ff. n.F. und der in Bezug genommenen, hier relevanten (neuen) Vorschriften der ZPO findet sich nachfolgend in der Anlage zu §§ 14, 14a.

B. Elektronische Aktenführung (Abs. 1). Abs. 1 Satz 1 eröffnet auch für den Bereich des FamFG bereits jetzt die **Möglichkeit, elektronische Akten zu führen**, und schafft hierfür die gesetzliche Grundlage. Die elektronische Aktenführung ist allerdings erst ab dem durch Rechtsverordnung bestimmten Zeitpunkt 6

§ 14   Buch 1. Allgemeiner Teil

möglich (vgl. BGH NJW 2008, 2649). Sie ist nicht zwangsläufig bereits mit der Schaffung der Möglichkeit zur Einreichung elektronischer Dokumente (§ 14 Abs. 2) verbunden. Wann die elektronische Akte bei den Gerichten flächendeckend eingeführt wird, ist bisher noch nicht absehbar (zu den Chancen der E–Akte vgl. *Viefhues* DRiZ 2015, 312).

7   Durch das EHUG ist die elektronische Registerführung für Handels-, Genossenschafts- und Partnerschaftsregister eingeführt worden. In diesem Bereich ist für die Führung elektronischer Registerakten des Gerichts § 8 Abs. 3 HRV zu beachten, der als Sonderregelung dem Abs. 1 vorgeht (vgl. dazu Anh. § 387 Rdn. 4 ff.; Nedden-Boeger FGPrax 2010, 1, 4). Dies gilt auch für die übrigen Regelungen des EHUG im Verhältnis zu § 14. Für das maschinell geführte Grundbuch gelten die Sonderregelungen der §§ 126 ff. GBO.

8   Wegen der Einzelheiten der elektronischen Akte wird auf § 298a Abs. 2 und 3 ZPO verwiesen.

9   Der **systematische Zusammenhalt einer elektronischen Akte** dürfte durch ein Dokument-Management System oder vergleichbare Programme zu gewährleisten sein (vgl. hierzu *Viefhues* NJW 2005, 1009, 1013). Bei der Umstellung auf eine elektronische Aktenführung wird es darauf ankommen, die Kompatibilität der vom Gericht und von sonstigen Personen im Verfahren eingesetzten Systeme zu gewährleisten und sicherzustellen, dass nicht nur Entscheidungen und sonstige Dokumente des Gerichts, sondern auch Anträge und Erklärungen der Beteiligten sowie verfahrensrelevante Erklärungen Dritter (z.B. von Zeugen und Sachverständigen) Eingang in die elektronische Akte finden. Die in § 14 Abs. 1 Satz 2 in Bezug genommenen Regelungen des § 298a Abs. 2 ZPO betreffen den dazu erforderlichen **Transfer** von in **Papierform** eingereichten Schriftstücken **in ein elektronisches Dokument** (zum umgekehrten Vorgang, dem Transfer eines elektronischen Dokuments in Papierform, vgl. Abs. 2 und 3, § 298 ZPO).

10   Es ist davon auszugehen, dass bei Einführung der elektronischen Akte zunächst weiterhin noch Schriftsätze und sonstige Unterlagen in Papierform bei Gericht eingereicht werden, etwa in einer Übergangszeit und/oder von Verfahrensbeteiligten, die nicht über die Möglichkeit elektronischer Kommunikation verfügen oder hierzu nicht verpflichtet sind (vgl. dazu den ab 01.01.2022 geltenden § 14b FamFG). Um »Mischakten« zu vermeiden und bei der Aktenbearbeitung den gesamten Akteninhalt in einem einzigen (elektronischen) Medium zur Verfügung zu haben, ist die Übertragung des Inhalts von Schriftsätzen in die elektronische Form erforderlich. Die elektronischen Dokumente sollen dann an die Stelle der in Papierform eingereichten Unterlagen treten; ihnen soll eine entsprechende Funktion, insb. auch eine entsprechende Beweisfunktion, zukommen. Von der Übertragung kann – wie in der Gesetzesbegründung zu § 298a ZPO angesprochen (BT-Drucks. 15/4067, 33) – ausnahmsweise abgesehen werden, wenn es um schriftliche Unterlagen in Papierform geht, die sich nach ihrer Art (z.B. großformatige Pläne) oder wegen ihres Umfangs für eine elektronische Speicherung nicht eignen (vgl. Musielak/*Huber* § 298a ZPO Rn. 6). Auch bei beigezogenen Akten und Akten der Vorinstanz wird eine Übertragung in elektronischer Form nicht erforderlich sein (vgl. BT-Drucks. 15/4067, 33).

11   Die Schriftsätze und sonstigen Unterlagen sind nach der Übertragung, sofern sie in Papierform weiter benötigt werden, aufzubewahren, und zwar mindestens bis zum rechtskräftigen Abschluss des Verfahrens (Abs. 1 Satz 2, § 298a Abs. 2 Satz 2). In der Gesetzesbegründung wird als Beispiel der Fall genannt, dass die von einer eingereichten Urkunde durch Scannen hergestellte Bilddatei nicht denselben Beweiswert hat wie das Original in Papierform (BT-Drucks. 15/4067, 33). Dies kann auch für Vollmachtsurkunden, aber auch für weitere zu evtl. Beweiszwecken benötigte Unterlagen gelten (vgl. dazu Prütting/Helms/*Jennissen* § 14 FamFG Rn. 7). In vielen Fällen wird nicht absehbar sein, ob das Original von Urkunden noch benötigt wird. Wenn eine Urkunde nicht in Kopie, sondern im Original eingereicht wird, wird das Gericht regelmäßig zur Aufbewahrung verpflichtet sein (vgl. Müko/*Prütting* § 298a ZPO Rn. 7). In sicher oftmals auftretenden Zweifelsfällen sollte jedenfalls vorsichtshalber das Original in Papierform aufbewahrt werden (vgl. Musielak/*Huber* § 298a ZPO Rn. 8; *Viefhues* NJW 2005, 1013). Was mit den nicht aufzubewahrenden Schriftstücken zu geschehen hat, ist im Gesetz nicht vorgegeben. In Betracht kommt eine Vernichtung oder eine Rückgabe an den Einreichenden; darüber ist nach pflichtgemäßem Ermessen zu entscheiden (vgl. MüKoZPO/*Pabst* § 14 FamFG Rn. 14). Originalurkunden werden grundsätzlich an den Beteiligten, der sie eingereicht hat, zurückzugeben sein.

12   Zur Frage der Zuständigkeit für Übertragung und evtl. Aufbewahrung des Papieroriginals enthält das Gesetz keine Regelung. Dies wird durch VO zu regeln sein (vgl. § 14 Abs. 4 Satz 2). Ansonsten dürfte von der Zuständigkeit der Geschäftsstelle auszugehen sein; diese wird in Zweifelsfällen (etwa hinsichtlich einer Ausnahme von der Übertragung in elektronischer Form oder hinsichtlich der Aufbewahrung des Papieroriginals) wohl eine Entscheidung des Richters einzuholen haben.

Abs. 1 Satz 2 verweist weiterhin auf § 298a Abs. 3 ZPO. Danach muss das elektronische Dokument einen **13** Vermerk darüber enthalten, wann und durch wen die Unterlagen in die elektronische Form übertragen worden sind (**Transfervermerk**). Eine elektronische Signatur für den Vermerk ist nicht erforderlich; auch einer ausdrücklichen Bestätigung der inhaltlichen Identität des in Papierform vorhandenen Originals und der elektronischen Übertragung bedarf es nicht (vgl. dazu BT-Drucks. 15/4067, 33).

C. Anträge und Erklärungen der Beteiligten als elektronisches Dokument (Abs. 2). I. Rechtsgrund- **14**
lagen und formale Anforderungen. Abs. 2 eröffnet für den Geltungsbereich des FamFG den **Beteiligten** grds. die Möglichkeit, bei **Anträgen und Erklärungen** sich der **elektronischen Form** zu bedienen (dies war im FGG bereits für die Einlegung und Begründung der Beschwerde vorgesehen, vgl. § 21 Abs. 2 Satz 2 FGG). Eine rechtliche Grundlage, die Beteiligten oder ihre Verfahrensbevollmächtigten hierzu zu verpflichten, ergibt sich aus § 14 nicht (zum zukünftigen Recht vgl. den am 01.01.2022 in Kraft tretenden § 14b).

Abs. 2 dürfte auch entsprechend anzuwenden sein, wenn nicht Verfahrensbeteiligte, sondern **sonstige Per-** **15**
sonen in anhängigen Verfahren Dokumente bei Gericht einreichen, z.B. als elektronische Dokumente eingereichte Sachverständigengutachten, Auskünfte von Behörden, Angaben von Zeugen.

Die Einreichung von Anträgen und Erklärungen in elektronischer Form ist allerdings erst **ab dem durch** **16**
den Verordnungsgeber nach Abs. 4 bestimmten Zeitpunkt möglich (BGH NJW 2008, 2649; MDR 2009, 401, 402); vorher kann ein elektronisches Dokument nicht wirksam eingereicht werden (vgl. auch Rdn. 44). Die Schaffung dieser Möglichkeit muss (noch) nicht zwangsläufig mit der Einführung der elektronischen Akte verbunden sein.

In **Handels-, Genossenschafts- und Partnerschaftsregistersachen** ist die Einreichung von Anmeldungen **17**
und Dokumenten in elektronischer Form zwingend vorgeschrieben (vgl. § 12 Abs. 1, 2 HGB); nach der Übergangsregelung des Art. 61 Abs. 1 EGHGB, § 161 GenG konnten bis zum 31.12.2009 durch VOen der Länder Ausnahmen (Anmeldung zum Handelsregister in Papierform) zugelassen werden. Die gesetzliche Regelung über die Einreichung von elektronischen Dokumenten im Anmeldeverfahren nach § 12 HGB erfasst hingegen nicht andere Verfahren (z.B. ein Beschwerdeverfahren); hier bedarf es der gesonderten Zulassung des elektronischen Dokuments (OLG Köln FGPrax 2011, 152, 153).

Weitere Einzelheiten zu Anträgen und Erklärungen in elektronischer Form ergeben sich aus den in Bezug **18**
genommenen Regelungen der §§ 130a Abs. 1 und 3, 298 ZPO. Weiterhin wird die für den jeweiligen Bereich anwendbare VO des Landes oder Bundes nach Abs. 4 zu beachten sein.

Was ein **elektronisches Dokument** ist, wird weder in § 14 noch in den genannten Vorschriften der ZPO **19**
definiert. Nach der Gesetzesbegründung soll dieser Begriff der »nur maschinell lesbaren Aufzeichnung« i.S.d. § 690 Abs. 3 ZPO entsprechen (vgl. BT-Drucks. 14/4987, 24). Da das elektronische Dokument hier den Schriftsatz ersetzt, wird es regelmäßig um Dateien mit Schriftstücken gehen, die mittels Computereinsatz erst lesbar gemacht werden. Nach einem weiter gehenden Begriffsverständnis erfasst dieser Begriff jedoch Dateien mit allen möglichen Inhalten, also neben Texten auch Graphik-, Audio- und Videodateien (vgl. *Berger* NJW 2005, 1017 m.w.N.; BLAH/*Hartmann* § 130a ZPO Rn. 3; enger Musielak/*Huber* § 371 ZPO Rn. 11 unter Hinweis auf §§ 126a, 126b BGB). Nicht dazugehören dagegen per Telefax oder auch Computerfax übermittelte Schriftsätze, die durch das Empfangsgerät bei Gericht ausgedruckt werden (vgl. dazu BGH NJW 2008, 2649, 2650; GmS-OBG NJW 2000, 2340; *Dästner* NJW 2001, 3470; Zöller/*Greger* § 130a ZPO Rn. 2). Beim Computerfax geht es im Gegensatz zum elektronischen Dokument, das aus einer in einer elektronischen Datei enthaltenen Datenfolge besteht und als solche dem Adressaten übermittelt wird, um die Übermittlung eines schriftlichen Dokuments, das – wie ein sonstiges Faxschreiben – beim Empfänger bestimmungsgemäß in schriftlicher Form ankommen soll (zur Abgrenzung vgl. BGH FamRZ 2015, 253).

Die Übermittlung elektronischer Dokumente kann durch unmittelbare Datenübermittlung oder über das **20**
Internet, etwa durch E-Mail (in deren Anhang) oder über ein elektronisches Gerichts- und Verwaltungspostfach (EGVP) mit dafür speziell bereitgestellter Software, erfolgen, möglich ist aber auch eine Übermittlung durch Übergabe oder Übersendung eines Datenträgers (CD, Diskette etc.; vgl. dazu MüKoZPO/*Wagner* § 130a ZPO Rn. 2; a.A. OLG Karlsruhe NJW-RR 2007, 1222, 1223). Zentrale Bedeutung für die Übermittlung elektronischer Dokumente kommt auf Seiten der Rechtsanwälte der Einführung des besonderen elektronischen Anwaltspostfachs (beA) zu, dass die Bundesrechtsanwaltskammer zum 01.01.2016 für jeden Rechtsanwalt einrichten sollte (zu den Einzelheiten vgl. *Brosch/Sandkühler* NJW 2015, 2760). Die Bundesrechtsanwaltskammer hat jedoch wegen technischer Probleme die Bereitstellung eines beA für die Rechtsanwälte zunächst auf unbestimmte, bei Redaktionsschluss noch nicht absehbare Zeit verschoben (In-

§ 14

Buch 1. Allgemeiner Teil

formationen zum jeweiligen Sachstand und zu einem evtl. neuen Einführungstermin finden sich unter der von der Bundesrechtsanwaltskammer eingerichteten Seite http://bea.de).

21 Aus der Bezugnahme auf § 130a Abs. 1 ZPO folgt, dass das elektronische Dokument nur dann als Ersatz eines Schriftsatzes zugelassen ist, wenn es für die Bearbeitung durch das Gericht geeignet ist.

22 Welche **technisch-formalen Anforderungen** (wie z.B. Dateiformate, Verwendung von E-Mail etc.) einzuhalten sind, sind der jeweiligen VO nach Abs. 4 zu entnehmen (vgl. z.B. § 2 der VO über den elektronischen Rechtsverkehr beim BGH und BPatG vom 24.08.2007, BGBl. I, S. 2130; zuletzt geändert am 10.10.2013, BGBl. I 3799). Soweit bisher der elektronische Rechtsverkehr eröffnet worden ist, wird regelmäßig eine Übermittlung über E-Mail – wegen der damit verbundenen Risiken – nicht zugelassen, sondern es ist – neben einzuhaltender Dateiformate – die Nutzung eines elektronischen Gerichts- und Verwaltungspostfachs (EGVP) mit entsprechender dafür bereitgestellter Software vorgesehen, die auch eine entsprechende qualifizierte Signatur des Dokuments zulässt (vgl. *Hadidi/Mödl* NJW 2010, 2097 f.).

23 Der entsprechend anwendbare § 130a Abs. 1 Satz 2 ZPO sieht weiterhin vor, dass die das Dokument verantwortende Person dieses mit einer **qualifizierten Signatur** nach dem SigG versehen **soll** (zu Einzelheiten der Signatur vgl. *Viefhues* NJW 2005, 1011 f.; zur Signaturprüfung *H.Müller* NJW 2015, 822). Die qualifizierte Signatur hat insoweit die gleiche Funktion wie die Unterschrift unter einem Schriftsatz. Nach dem Gesetzeswortlaut und der Gesetzesbegründung zu § 130a ZPO (vgl. BT-Drucks. 14/4987, 24, 36, 43 f.) handelt es sich um eine Ordnungs- und Sollvorschrift. Hierfür spricht auch, dass – selbst bei bestimmenden Schriftsätzen im Zivilprozess – die eigenhändige Unterschrift zur Gewährleistung der Authentizität des Dokuments nicht in allen Fällen mehr für zwingend erforderlich gehalten wird, Ausnahmen vielmehr bei modernen Kommunikationsmitteln, etwa beim Computerfax mit eingescannter Unterschrift, zugelassen worden sind (vgl. GmS-OBG NJW 2000, 2340; anders beim Standardfax mit eingescannter Unterschrift BGH NJW 2006, 3784) und anderenfalls Wertungswidersprüche zu diesen in der Rspr. zugelassenen Ausnahmefällen entstehen würden (vgl. Musielak/*Stadler* § 129 ZPO Rn. 8 f.; § 130a ZPO Rn. 3; Zöller/*Greger* § 130a ZPO Rn. 4). Die Signatur stellt danach kein in jedem Fall zwingendes Erfordernis für ein elektronisches Dokument dar (ebenso BLAH/*Hartmann* § 130a ZPO Rn. 4; Zöller/*Greger* § 130a ZPO Rn. 4; a.A. Thomas/Putzo/*Reichold* § 130a ZPO Rn. 2 für bestimmende Schriftsätze). Auf sie kann nach hier vertretener Auffassung verzichtet werden bei Dokumenten, die keinen bestimmenden, verfahrensgestaltenden Inhalt haben. Ist dies jedoch der Fall, ist eine qualifizierte Signatur erforderlich; eine Ausnahme ist dann allenfalls in Betracht zu ziehen, wenn der Zweck, dem die Signatur dient, nämlich die Sicherung der Authentizität und der Integrität des Dokuments (des Ausschlusses nachträglicher Manipulation), in anderer Weise ausreichend gewährleistet erscheint. Für den Zivilprozess hat der BGH aber entschieden, dass bei bestimmenden Schriftsätzen der Absender das elektronische Dokument grds. mit einer qualifizierten elektronischen Signatur versehen muss; jedenfalls insoweit soll § 130a ZPO nicht als reine Ordnungsvorschrift zu verstehen sein (BGHZ 184, 75; zustimmend *Hadidi/Mödl* NJW 2010, 2097; krit. *Greger* JZ 2010, 681; vgl. weiterhin BGH NJW 2013, 2034 – qualifizierte Container-Signatur im EGVP-Verfahren reicht aus; eine qualifizierte elektronische Signatur für jedes Dokument ist nicht erforderlich). Die elektronische Signatur muss dann auch von dem zur Vertretung berechtigten Rechtsanwalt oder einer sonstigen zur Einreichung des Schriftsatzes berechtigten Person stammen. Es reicht nicht aus, dass die Signatur von einem Dritten (z.B. einer Kanzleimitarbeiterin) unter Verwendung der Signaturkarte des Rechtsanwalts vorgenommen wird, ohne dass dieser den Inhalt des betreffenden Schriftsatzes geprüft und sich zu eigen gemacht hat (BGH NJW 2011, 1294, 1295 m. Anm. *Hamm*). Diese Grundsätze müssen dann auch für den Bereich der freiwilligen Gerichtsbarkeit gelten. Bei fristgebundenen elektronischen Dokumenten dürfte jedenfalls der (vom Anwalt zu wählende) relativ sicherste Weg darin liegen, sich der qualifizierten Signatur nach dem SigG zu bedienen. Auch wenn ein elektronisch übermitteltes Dokument mangels einer qualifizierten Signatur die Voraussetzungen eines elektronischen Dokuments i.S.d. §§ 14 Abs. 1, 130a Abs. 1 ZPO nicht erfüllt, kann es allerdings bei Einhaltung der Schriftformvoraussetzungen als schriftliches Dokument wirksam sein, wie der BGH für eine als elektronische Nachricht übermittelte PDF-Datei angenommen hat, die durch Einscannen eines von dem Beschwerdeführer bzw. seinem Rechtsanwalt unterzeichneten Beschwerdeschriftsatzes hergestellt worden ist (BGH NJW 2015, 1527 m. Anm. *Habermann* = FamRZ 2015, 919). Eine als Anhang einer einfachen E-Mail übermittelte, nicht unterzeichnete Beschwerdeschrift reicht hierfür jedoch (mangels Erfüllung der Schriftformvoraussetzungen) nicht aus (OLG Düsseldorf FGPrax 2014, 92).

24 Das von der Rspr. aus § 14 Abs. 2, § 130a ZPO abgeleitete Erfordernis einer qualifizierten elektronischen *Signatur dürfte noch nicht nach* Einführung des besonderen elektronischen Anwaltspostfachs (beA) zum

01.01.2016 (vgl. 31a BRAO n.F.) bzw. infolge der Verschiebung nunmehr späteren Zeitpunkt und Ausschöpfung der damit verbundenen Übermittlungsmöglichkeiten entfallen; erst mit Inkrafttreten des § 130a ZPO n.F. zum 01.01.2018 werden weitere sichere Übermittlungsmöglichkeiten eröffnet, die nach der Neufassung des § 130a Abs. 4 ZPO als gleichwertige sichere Übermittlungswege zur qualifizierten elektronischen Signatur anerkannt werden (vgl. *Bacher* NJW 2015, 2753).

Bei Verwendung einer qualifizierten elektronischen Signatur stehen **monetäre Beschränkungen**, die im qualifizierten Zertifikat nach § 5 SigG enthalten sind, der Wirksamkeit eines verfahrensgestaltenden Schriftsatzes jedenfalls nicht entgegen (vgl. BFH DStRE 2007, 515); solche Beschränkungen sind nur bei auf unmittelbare finanzielle Transaktionen gerichteten elektronischen Dokumenten relevant (BFH DStRE 2007, 515). Die Wirksamkeit wird auch durch die Verwendung einer sog. »Containersignatur« nicht infrage gestellt (BFH DStRE 2007, 515; dazu und zu weiteren Einzelheiten der elektronischen Signatur *Fischer-Dieskau/Hornung* NJW 2007, 2897; *Viefhues* NJW 2005, 1009, 1011).

25

II. Eingang bei Gericht. Insb. für die Einhaltung von Fristen kommt dem Eingang des elektronischen Dokuments bei Gericht entscheidende Bedeutung zu. Hierzu bestimmt der entsprechend anwendbare § 130a Abs. 3 ZPO, dass ein elektronisches Dokument eingereicht und damit bei Gericht eingegangen ist, **sobald die für den Empfang bestimmte Einrichtung des Gerichts es aufgezeichnet hat**. Es kommt also nicht auf den Zeitpunkt des späteren Ausdrucks des Dokuments oder des Herunterladens der Datei auf dem PC eines Bearbeiters an.

26

Aus dieser Regelung dürfte sich eine Risikoverteilung dahingehend ergeben, dass mit Aufzeichnung (Abspeicherung) des Dokuments auf dem Empfangsgerät des Gerichts (ggf. kann dies auch ein für mehrere Gerichte eingerichteter zentraler Server sein) das Übermittlungsrisiko des Beteiligten endet; nachfolgende technische Störungen mit eventuellen Datenverlusten gehen nicht mehr zulasten des betreffenden Beteiligten. Dagegen fallen technische Störungen auf dem Übertragungsweg und natürlich auch solche der eigenen Datenverarbeitungsanlage in den Risikobereich des Beteiligten. Bei solchen Störungen, die zu einer unverschuldeten Fristversäumung führen, kommt unter den Voraussetzungen des § 17 Wiedereinsetzung in den vorigen Stand in Betracht.

27

Um evtl. Unsicherheiten aufseiten des Beteiligten zu beseitigen, erscheint es sachgerecht, ihm als Absender eine ggf. **automatisch zu erstellende Empfangsbestätigung** zukommen zu lassen (bei elektronischen Postfächern geschieht dies regelmäßig automatisch). Gesetzlich vorgeschrieben ist dies bisher allerdings nicht (anders § 130a Abs. 5 Satz 2 ZPO in der ab 01.01.2018 geltenden Fassung).

28

Der entsprechend anwendbare § 130a Abs. 1 Satz 3 ZPO sieht eine **Benachrichtigung des Adressaten** zwingend vor, wenn das übermittelte elektronische Dokument für das Gericht zur Bearbeitung nicht geeignet ist. In Betracht kommt z.B. die Verwendung eines nicht kompatiblen Programms oder Formats. Der Adressat ist dabei auch auf die technischen Rahmenbedingungen bzw. Anforderungen für ein bearbeitungsfähiges Dokument hinzuweisen. Bei einer evtl. noch laufenden Frist soll ihm damit die Möglichkeit gegeben werden, das Dokument nochmals unter Einhaltung der technischen Anforderungen fristgerecht dem Gericht zu übermitteln (vgl. *Viefhues* NJW 2005, 1011).

29

D. Elektronische Dokumente des Gerichts (Abs. 3). Abs. 3 sieht die Möglichkeit vor, dass sich auch das Gericht des elektronischen Dokuments bedient. Nur dadurch wird die in Abs. 1 vorausgesetzte Möglichkeit einer vollständigen elektronischen Aktenbearbeitung gewährleistet. Die Verwendung elektronischer Dokumente durch das Gericht ist jedoch unabhängig von der Einführung vollständiger elektronischer Akten (nach Abs. 1) und ist – wenn die Voraussetzungen hierfür geschaffen sind – auch schon vor einer nach Abs. 1 erfolgten Einführung der elektronischen Akte möglich.

30

Die Regelung gilt für alle **Entscheidungen, Verfügungen und Vermerke**, die in Papierform der Unterschrift des Richters, Rechtspflegers, Urkundsbeamten oder einer sonstigen Gerichtsperson bedürfen.

31

Die Form des gerichtlichen elektronischen Dokuments richtet sich nach dem entsprechend anwendbaren **§ 130b ZPO**. Danach ist zwingend vorgegeben, dass der Name der das Dokument verantwortenden Person am Ende hinzugefügt und das Dokument mit einer qualifizierten elektronischen Signatur versehen wird. Daraus folgt, dass ein elektronisches Dokument, wenn bei Verwendung der ihm entsprechenden Papierform die Urkunde von mehreren Personen unterschrieben werden müsste (z.B. bei einem Beschluss eines Kollegialgerichts), die Namen sämtlicher hierfür verantwortlichen Gerichtspersonen nennen und wohl auch die jeweils qualifizierten elektronischen Signaturen dieser Personen enthalten muss. Zu beachten ist dabei, dass der Text nach der Signatur einer Person nicht mehr durch Zusätze oder Korrekturen der weiteren Per-

32

sonen (z.B. durch Korrekturen des Vorsitzenden) geändert werden darf, damit die bereits vorliegende Signatur nicht zerstört wird (vgl. dazu *Vießhues* NJW 2005, 1011, 1012).

33 Bereits daraus wird deutlich, dass sich bei elektronischen Dokumenten des Gerichts **spezifische Mängel** ergeben können (z.B. fehlerhafte, unwirksame Signatur, Diskrepanz zwischen den beteiligten Gerichtspersonen und den im Dokument genannten Gerichtspersonen sowie den Signaturinhabern etc.). Eine spezielle gesetzliche Regelung zu den Rechtsfolgen solcher Mängel findet sich nicht. Nach den Vorstellungen in der Gesetzesbegründung zu § 130b ZPO (BT-Drucks. 15/4067, 31) soll hierauf die Rspr. zu den Folgen einer fehlenden richterlichen Unterschrift angewandt werden. Insgesamt soll – wie bei einem bei Gericht eingehenden elektronischen Dokument (§ 130a ZPO) – sich die Wirksamkeit eines formvorschriftswidrigen elektronischen Dokuments des Gerichts nach demselben Maßstab richten, wie er für Mängel bei einzuhaltender Schriftform gilt.

34 Das ordnungsgemäß signierte elektronische Gerichtsdokument kann als solches nach § 15 Abs. 2 i.V.m. § 174 Abs. 3 ZPO an verfahrensbevollmächtigte Rechtsanwälte und die sonstigen in § 174 Abs. 1, 3 ZPO genannten Personen **zugestellt** werden.

35 **E. Übertragung elektronischer Dokumente in die Papierform, Aufbewahrung der Dokumente (§ 298 ZPO). I. Anwendungsbereich.** Es bedarf eines Rechtsrahmens für die Übertragung **elektronischer Dokumente** der **Beteiligten** und des **Gerichts** in Papierform. Ein solcher Transfer ist stets erforderlich, solange die Gerichtsakten in Papierform geführt werden. Die Notwendigkeit einer solchen Übertragung ergibt sich weiterhin daraus, dass nicht alle Beteiligten sich der elektronischen Form bedienen und über die technischen Voraussetzungen für eine entsprechende Teilnahme am elektronischen Rechtsverkehr verfügen. Diesen Beteiligten ist ein Ausdruck des elektronischen Dokuments in der Form eines Schriftstücks zu übersenden (und ggf. zuzustellen).

36 Die Regelungen über den dazu erforderlichen Medientransfer ergeben sich aus dem in Abs. 2 und 3 in Bezug genommenen § 298 ZPO. Nach dem Wortlaut des § 298 Abs. 1 ZPO scheint es bei dieser Regelung nur um einen Ausdruck elektronischer Dokumente **für** die Akten und nicht **aus** den Akten für Verfahrensbeteiligte zu gehen. Es entspricht jedoch – soweit ersichtlich – bisher allseitiger Auffassung, dass über den zu engen Gesetzeswortlaut hinaus § 298 ZPO insb. auch die Erstellung von Ausdrucken in Schriftform für Verfahrensbeteiligte betrifft (vgl. Musielak/*Huber* § 298 ZPO Rn. 2; *Vießhues* NJW 2005, 1012); bereits die Begründung des Gesetzentwurfs befasst sich hiermit (BT-Drucks. 15/4067, 32).

37 **II. Formerfordernisse für den Papierausdruck.** Der Papierausdruck setzt nach § 298 Abs. 2 ZPO zwingend einen Vermerk über das Ergebnis der Integritätsprüfung, der Signaturprüfung und der Prüfung des Zeitpunkts der Anbringung der Signatur voraus. Die für den Vermerk vorausgesetzte Prüfung kann maschinell erfolgen. Jedenfalls wird in der Regierungsbegründung des § 298 Abs. 2 ZPO davon ausgegangen, dass zur wirtschaftlichen Bewältigung des massenhaft erforderlichen Transfers der Aktenausdruck elektronischer Dokumente automatisiert erfolgt und dabei der erforderliche Transfervermerk maschinell erstellt wird (vgl. BT-Drucks. 15/4067, 32). Das Gesetz verzichtet jedenfalls auf das Erfordernis einer handschriftlichen Unterzeichnung des Transfervermerks und damit auf die (manuelle) Erstellung des Ausdrucks durch eine Gerichtsperson.

38 Auch hier findet sich keine gesetzliche Regelung zu den Rechtsfolgen möglicher, spezieller Formmängel. Die nähere Ausgestaltung ist der Rspr. überlassen worden, die – so wird in der Begründung des RegE zu § 298 ZPO ausgeführt – hierfür auf die Grundsätze zu mangelhaften Ausfertigungsvermerken und unrichtigen Ausfertigungen zurückgreifen kann (vgl. BT-Drucks. 15/4067, 32).

39 **III. Aufbewahrung elektronischer Dokumente.** Durch den entsprechend anwendbaren § 298 Abs. 3 ZPO wird eine Mindestdauer für die Speicherung und Aufbewahrung der elektronischen Dokumente der Beteiligten und des Gerichts festgelegt. Danach ist eine Speicherung und Aufbewahrung der Dokumente mindestens bis zum rechtskräftigen Abschluss des Verfahrens erforderlich. Dadurch wird erreicht, dass jedenfalls während des laufenden Verfahrens bei allen Zweifeln hinsichtlich des Dokuments auf das elektronische Original zurückgegriffen werden kann.

40 Für die Aufbewahrung elektronischer Akten sieht Abs. 4 Satz 2 eine Ermächtigung an den Verordnungsgeber vor, eine Regelung zu treffen. Daneben wird § 298 Abs. 3 ZPO insb. Bedeutung haben, solange elektronische Akten nicht geführt werden, aber elektronische Dokumente von den Verfahrensbeteiligten (Abs. 2 i.V.m. § 130a ZPO) und/oder im Einzelfall vom Gericht (Abs. 3 i.V.m. § 130b ZPO) verwendet werden.

Abschnitt 1. Allgemeine Vorschriften § 14

F. Verordnungsermächtigung (Abs. 4). Abs. 4 enthält – ebenso wie bereits §§ 130a Abs. 2, 298a Abs. 1 Satz 2 ZPO – Verordnungsermächtigungen für die Bundesregierung und die Landesregierungen (mit der Befugnis zur Weiterübertragung der Ermächtigung auf die jeweils oberste Landesbehörde), Einzelheiten zu regeln 41
zum Zeitpunkt, von dem an elektronische Akten geführt und elektronische Dokumente bei Gericht eingesetzt werden können,
zu den organisatorisch-technischen Rahmenbedingungen für die Bildung, Führung und Aufbewahrung der elektronischen Akten und die für die Bearbeitung von Dokumenten geeignete Form.
Die Zulassung des elektronischen Rechtsverkehrs kann dabei vom Verordnungsgeber auch auf einzelne Verfahren und einzelne Gerichte beschränkt werden (damit wird Spielraum für gewisse Experimente, für Erprobung und sukzessive Einführung geschaffen). 42
Für den Bereich des Registerrechts bestehen vorrangige VO-Ermächtigungen; vgl. § 8a Abs. 2 HGB, § 387 (dazu § 387 Rdn. 4 ff.). 43
Auf der Grundlage der Verordnungsermächtigung des § 130a Abs. 2 ZPO ist bereits eine Reihe von VOen über die Einführung des elektronischen Rechtsverkehrs erlassen worden (vgl. z.B. VO über den elektronischen Rechtsverkehr beim BGH und BPatG vom 24.08.2007 [BGH/BPatGERVV], BGBl. I 2130, zuletzt geändert am 10.10.2013, BGBl. I 3799, die sich auch auf Verfahren nach dem FGG und FamFG bezieht; zu letzterem vgl. Art. 30 FGG-RG). Ohne die erforderliche Einführung des elektronischen Rechtsverkehrs durch den jeweils zuständigen Verordnungsgeber kann eine Übermittlung elektronischer Dokumente nicht wirksam vorgenommen werden (vgl. BGH NJW 2008, 2649; OLG Düsseldorf AnwBl 2014, 91). 44
Für die Beteiligten und ihre Anwälte ergibt sich aus den hier festzustellenden Rechtsunterschieden in den Ländern und ggf. bei den einzelnen Gerichten eine gewisse Unsicherheit. Zur Vermeidung von Haftungsrisiken wird der Anwalt sich vorher rechtzeitig über die Zulassung elektronischer Dokumente und ggf. die jeweiligen technisch-formalen Anforderungen erkundigen, die einzuhalten sind, um eine Bearbeitung des elektronischen Dokuments durch das betreffende Gericht sicherzustellen. Die notwendigen Informationen finden sich meist auf der Homepage der Gerichte. Informationen über den jeweiligen Stand der Einführung des elektronischen Rechtsverkehrs und den Erlass entsprechender VOen finden sich außerdem im Justizportal des Bundes und der Länder (www.justiz.de/elektronischer_rechtsverkehr/index.php) sowie auf der Internetseite des Deutschen EDV-Gerichtstages (www.edvgt.de/pages/gemeinsame-kommission-elektronischer-rechtsverkehr/materialen.php). Hinweise und Möglichkeiten zur Anlegung eines »elektronischen Gerichts- und Verwaltungspostfachs« finden sich unter www.egvp.de (dazu auch das vorgenannte Justizportal des Bundes und der Länder). Zum Stand der Einführung des elektronischen Rechtsverkehrs im Bund und in den Ländern am 01.07.2015 vgl. *Bey* DRiZ 2015, 292. 45

G. Elektronische Speicherung von Gerichtsakten (Abs. 5). Abs. 5 entspricht § 299a ZPO. Er regelt – unabhängig von der Einführung des elektronischen Rechtsverkehrs – die Übertragung von Prozessakten auf einen Bild- oder anderen Datenträger und die Erstellung von Ausfertigungen, Auszügen oder Abschriften von diesem Datenträger. 46
Die Regelung gibt der Justizverwaltung damit die Möglichkeit, neben der Mikroverfilmung auch elektronische Speichermedien einzusetzen, um den Inhalt von in Papierform geführten Originalakten dauerhaft festzuhalten und dieses Medium statt der Originalakte platzsparend (und damit auch kostensparend) aufzubewahren (vgl. dazu BT-Drucks. 14/4987, 25). 47
Voraussetzung für die Ersetzung der Originalakten durch die genannten Datenträger ist die Übertragung auf den Datenträger nach ordnungsgemäßen Grundsätzen und die Erstellung eines schriftlichen Nachweises, dass die Wiedergabe mit der Urschrift übereinstimmt. 48
Was zu den ordnungsgemäßen Übertragungsgrundsätzen gehört und welche Anforderungen an den genannten schriftlichen Nachweis zu stellen sind, ist bisher wenig geklärt. Es dürfte Sache der Justizverwaltung sein, hierzu Einzelheiten (in Verwaltungsvorschriften) zu regeln. 49
Nach ordnungsgemäßer Übertragung und Erstellung des erforderlichen Nachweises können die Originalakten in Papierform grds. vernichtet werden; allerdings wird das zuständige Gericht als befugt anzusehen sein, in Ausnahmefällen anderweitige Anordnungen zu treffen (vgl. Musielak/*Huber* § 299a ZPO Rn. 1). Originalurkunden oder sonstige von den Beteiligten zur Akte gereichte Gegenstände (Augenscheinsobjekte) werden an den Beteiligten, von dem sie zur Akte gelangt sind, zurückzugeben sein (wenn sie nicht an andere Behörden, z.B. die Staatsanwaltschaft, herauszugeben sind). 50

§ 14a Anhang zu §§ 14, 14a

§ 14a Formulare; Verordnungsermächtigung. Das Bundesministerium der Justiz und für Verbraucherschutz kann durch Rechtsverordnung mit Zustimmung des Bundesrates elektronische Formulare einführen. Die Rechtsverordnung kann bestimmen, dass die in den Formularen enthaltenen Angaben ganz oder teilweise in strukturierter maschinenlesbarer Form zu übermitteln sind. Die Formulare sind auf einer in der Rechtsverordnung zu bestimmenden Kommunikationsplattform im Internet zur Nutzung bereitzustellen. Die Rechtsverordnung kann bestimmen, dass eine Identifikation des Formularverwenders abweichend von § 130a Absatz 3 der Zivilprozessordnung auch durch Nutzung des elektronischen Identitätsnachweises nach § 18 des Personalausweisgesetzes oder § 78 Absatz 5 des Aufenthaltsgesetzes erfolgen kann.

1 § 14a ist durch das Gesetz zur Förderung des elektronischen Rechtsverkehrs vom 10.10.2013 (BGBl. I S. 3786) eingeführt worden und am 01.07.2014 in Kraft getreten. Hinsichtlich des Anwendungsbereichs dieser Verordnungsermächtigung gelten die Ausführungen zu § 14 Rdn. 4 entsprechend, sie gilt insbesondere nicht für Ehesachen und Familienstreitsachen (vgl. § 113). Die Ermächtigung gibt dem Verordnungsgeber die Möglichkeit, für den elektronischen Rechtsverkehrs die Verwendung von elektronischen Formularen vorzusehen.

2 Die Vorschrift ermächtigt den Bundesminister der Justiz und für Verbraucherschutz mit Zustimmung des Bundesrats – ggf. auch bereits im Vorfeld und zur Vorbereitung der Einführung des elektronischen Rechtsverkehrs – bundesweit elektronische Formulare vorzusehen, die auf einer in der Verordnung zu bestimmenden Kommunikationsplattform im Internet zur Nutzung bereitzustellen sind. Dabei kann vorgegeben werden, dass die Angaben in den Formularen ganz oder teilweise in strukturierter maschinenlesbarer Form zu übermitteln sind. Damit wird eine Standardisierung und Vereinfachung gerichtlicher Verfahrensabläufe angestrebt. Eine Bereitstellung entsprechender elektronischer Formulare wird sich insbesondere bei massenhaft auftretenden, einfach strukturierten Verfahren bzw. Verfahrensabläufen anbieten. Statt einer qualifizierten elektronischen Signatur nach § 130a Abs. 1 Satz 3 ZPO bzw. § 130a Abs. 3 ZPO n.F. (ab 01.01.2018) kann auch die Verwendung des elektronischen Identitätsnachweises nach § 18 des Personalausweisgesetzes oder § 78 Abs. 5 des Aufenthaltsgesetzes vorgesehen werden.

Anhang zu §§ 14, 14a

Übersicht

	Rdn.		Rdn.
A. Gesetz zur Förderung des elektronischen Rechtsverkehrs mit den Gerichten (GFERG) – Gesetzestexte	1	2. Obligatorische Teilnahme am elektronischen Rechtsverkehr	3
B. Anmerkungen:	1	3. Barrierefreier elektronischer Zugang zu den Gerichten	5
I. Überblick über die zukünftige gesetzliche Regelung	1	4. Folgeänderungen für den Bereich der Zustellung	6
1. Erweiterung des elektronischen Zugangs zu den Gerichten durch Verzicht auf eine zwingend notwendige qualifizierte elektronische Signatur	2	II. Inkrafttreten	8

A. Gesetz zur Förderung des elektronischen Rechtsverkehrs mit den Gerichten (GFERG) – Gesetzestexte

§ 14 Elektronische Akte; elektronisches Dokument

(1) Die Gerichtsakten können elektronisch geführt werden. § 298a Abs. 2 der Zivilprozessordnung gilt entsprechend.

(2) Anträge und Erklärungen der Beteiligten sowie schriftlich einzureichende Auskünfte, Aussagen, Gutachten, Übersetzungen und Erklärungen Dritter können als elektronisches Dokument übermittelt werden. Für das elektronische Dokument gelten die §§ 130a und 298 der Zivilprozessordnung entsprechend.

(3) Für das gerichtliche elektronische Dokument gelten die §§ 130b und 298 der Zivilprozessordnung entsprechend.
(4) Die Bundesregierung und die Landesregierungen bestimmen für ihren Bereich durch Rechtsverordnung den Zeitpunkt, von dem an elektronische Akten geführt werden können. Die Bundesregierung und die Landesregierungen bestimmen für ihren Bereich durch Rechtsverordnung die geltenden organisatorisch-technischen Rahmenbedingungen für die Bildung, Führung und Aufbewahrung der elektronischen Akten. Die Landesregierungen können die Ermächtigung durch Rechtsverordnung auf die jeweils zuständige oberste Landesbehörde übertragen. Die Zulassung der elektronischen Akte kann auf einzelne Gerichte oder Verfahren beschränkt werden.
(5) Sind die Gerichtsakten nach ordnungsgemäßen Grundsätzen zur Ersetzung der Urschrift auf einen Bild- oder anderen Datenträger übertragen worden und liegt der schriftliche Nachweis darüber vor, dass die Wiedergabe mit der Urschrift übereinstimmt, so können Ausfertigungen, Auszüge und Abschriften von dem Bild- oder dem Datenträger erteilt werden. Auf der Urschrift anzubringende Vermerke werden in diesem Fall bei dem Nachweis angebracht.

Inkrafttreten der Änderungen: 01.01.2018

§ 14a Formulare; Verordnungsermächtigung

Das Bundesministerium der Justiz und für Verbraucherschutz kann durch Rechtsverordnung mit Zustimmung des Bundesrates elektronische Formulare einführen. Die Rechtsverordnung kann bestimmen, dass die in den Formularen enthaltenen Angaben ganz oder teilweise in strukturierter maschinenlesbarer Form zu übermitteln sind. Die Formulare sind auf einer in der Rechtsverordnung zu bestimmenden Kommunikationsplattform im Internet zur Nutzung bereitzustellen. Die Rechtsverordnung kann bestimmen, dass eine Identifikation des Formularverwenders abweichend von § 130a Absatz 3 der Zivilprozessordnung auch durch Nutzung des elektronischen Identitätsnachweises nach § 18 des Personalausweisgesetzes oder § 78 Absatz 5 des Aufenthaltsgesetzes erfolgen kann.

Bereits seit 01.07.2014 in Kraft.

§ 14b Nutzungspflicht für Rechtsanwälte, Notare und Behörden

Werden Anträge und Erklärungen durch einen Rechtsanwalt, einen Notar, durch eine Behörde oder durch eine juristische Person des öffentlichen Rechts einschließlich der von ihr zur Erfüllung ihrer öffentlichen Aufgaben gebildeten Zusammenschlüsse eingereicht, so sind sie als elektronisches Dokument zu übermitteln. Ist eine Übermittlung aus technischen Gründen vorübergehend nicht möglich, bleibt die Übermittlung nach den allgemeinen Vorschriften zulässig. Die vorübergehende Unmöglichkeit ist bei der Ersatzeinreichung oder unverzüglich danach glaubhaft zu machen; auf Anforderung ist ein elektronisches Dokument nachzureichen.

Inkrafttreten: 01.01.2022

§ 130a ZPO Elektronisches Dokument

(1) Vorbereitende Schriftsätze und deren Anlagen, schriftlich einzureichende Anträge und Erklärungen der Parteien sowie schriftlich einzureichende Auskünfte, Aussagen, Gutachten, Übersetzungen und Erklärungen Dritter können nach Maßgabe der folgenden Absätze als elektronisches Dokument bei Gericht eingereicht werden.
(2) Das elektronische Dokument muss für die Bearbeitung durch das Gericht geeignet sein. Die Bundesregierung bestimmt durch Rechtsverordnung mit Zustimmung des Bundesrates die für die Übermittlung und Bearbeitung geeigneten technischen Rahmenbedingungen.
(3) Das elektronische Dokument muss mit einer qualifizierten elektronischen Signatur der verantwortenden Person versehen sein oder von der verantwortenden Person signiert und auf einem sicheren Übermittlungsweg eingereicht werden.
(4) Sichere Übermittlungswege sind
1. *der Postfach- und Versanddienst eines De-Mail-Kontos, wenn der Absender bei Versand der Nachricht sicher im Sinne des § 4 Absatz 1 Satz 2 des De-Mail-Gesetzes angemeldet ist und er sich die sichere Anmeldung gemäß § 5 Absatz 5 des De-Mail-Gesetzes bestätigen lässt,*
2. *der Übermittlungsweg zwischen dem besonderen elektronischen Anwaltspostfach nach § 31a der Bundesrechtsanwaltsordnung oder einem entsprechenden, auf gesetzlicher Grundlage errichteten elektronischen Postfach und der elektronischen Poststelle des Gerichts,*

3. der Übermittlungsweg zwischen einem nach Durchführung eines Identifizierungsverfahrens eingerichteten Postfach einer Behörde oder einer juristischen Person des öffentlichen Rechts und der elektronischen Poststelle des Gerichts; das Nähere regelt die Verordnung nach Absatz 2 Satz 2,
4. sonstige bundeseinheitliche Übermittlungswege, die durch Rechtsverordnung der Bundesregierung mit Zustimmung des Bundesrates festgelegt werden, bei denen die Authentizität und Integrität der Daten sowie die Barrierefreiheit gewährleistet sind.
(5) Ein elektronisches Dokument ist eingegangen, sobald es auf der für den Empfang bestimmten Einrichtung des Gerichts gespeichert ist. Dem Absender ist eine automatisierte Bestätigung über den Zeitpunkt des Eingangs zu erteilen.
(6) Ist ein elektronisches Dokument für das Gericht zur Bearbeitung nicht geeignet, ist dies dem Absender unter Hinweis auf die Unwirksamkeit des Eingangs und auf die geltenden technischen Rahmenbedingungen unverzüglich mitzuteilen. Das Dokument gilt als zum Zeitpunkt der früheren Einreichung eingegangen, sofern der Absender es unverzüglich in einer für das Gericht zur Bearbeitung geeigneten Form nachreicht und glaubhaft macht, dass es mit dem zuerst eingereichten Dokument inhaltlich übereinstimmt.

Inkrafttreten der Neufassung: 01.01.2018

§ 130b ZPO Gerichtliches elektronisches Dokument

Soweit dieses Gesetz dem Richter, dem Rechtspfleger, dem Urkundsbeamten der Geschäftsstelle oder dem Gerichtsvollzieher die handschriftliche Unterzeichnung vorschreibt, genügt dieser Form die Aufzeichnung als elektronisches Dokument, wenn die verantwortenden Personen am Ende des Dokuments ihren Namen hinzufügen und das Dokument mit einer qualifizierten elektronischen Signatur versehen.

Geltendes Recht

§ 130c ZPO Formulare; Verordnungsermächtigung

Das Bundesministerium der Justiz und für Verbraucherschutz kann durch Rechtsverordnung mit Zustimmung des Bundesrates elektronische Formulare einführen. Die Rechtsverordnung kann bestimmen, dass die in den Formularen enthaltenen Angaben ganz oder teilweise in strukturierter maschinenlesbarer Form zu übermitteln sind. Die Formulare sind auf einer in der Rechtsverordnung zu bestimmenden Kommunikationsplattform im Internet zur Nutzung bereitzustellen. Die Rechtsverordnung kann bestimmen, dass eine Identifikation des Formularverwenders abweichend von § 130a Absatz 3 auch durch Nutzung des elektronischen Identitätsnachweises nach § 18 des Personalausweisgesetzes oder § 78 Absatz 5 des Aufenthaltsgesetzes erfolgen kann.

Bereits seit 01.07.2014 in Kraft.

§ 130d ZPO Nutzungspflicht für Rechtsanwälte und Behörden

Vorbereitende Schriftsätze und deren Anlagen sowie schriftlich einzureichende Anträge und Erklärungen, die durch einen Rechtsanwalt, durch eine Behörde oder durch eine juristische Person des öffentlichen Rechts einschließlich der von ihr zur Erfüllung ihrer öffentlichen Aufgaben gebildeten Zusammenschlüsse eingereicht werden, sind als elektronisches Dokument zu übermitteln. Ist dies aus technischen Gründen vorübergehend nicht möglich, bleibt die Übermittlung nach den allgemeinen Vorschriften zulässig. Die vorübergehende Unmöglichkeit ist bei der Ersatzeinreichung oder unverzüglich danach glaubhaft zu machen; auf Anforderung ist ein elektronisches Dokument nachzureichen.

Inkrafttreten: 01.01.2022

§ 298 ZPO Aktenausdruck

(1) Werden die Akten in Papierform geführt, ist von einem elektronischen Dokument ein Ausdruck für die Akten zu fertigen. Kann dies bei Anlagen zu vorbereitenden Schriftsätzen nicht oder nur mit unverhältnismäßigem Aufwand erfolgen, so kann ein Ausdruck unterbleiben. Die Daten sind in diesem Fall dauerhaft zu speichern; der Speicherort ist aktenkundig zu machen.
(2) Wird das elektronische Dokument auf einem sicheren Übermittlungsweg eingereicht, so ist dies aktenkundig zu machen.
(3) Ist das elektronische Dokument mit einer qualifizierten elektronischen Signatur versehen und nicht auf einem sicheren Übermittlungsweg eingereicht, muss der Ausdruck einen Vermerk darüber enthalten,

1. welches Ergebnis die Integritätsprüfung des Dokumentes ausweist,
2. wen die Signaturprüfung als Inhaber der Signatur ausweist,
3. welchen Zeitpunkt die Signaturprüfung für die Anbringung der Signatur ausweist.
(4) Ein eingereichtes elektronisches Dokument kann nach Ablauf von sechs Monaten gelöscht werden.

Inkrafttreten der Neufassung: 01.01.2018

§ 298a ZPO Elektronische Akte

(1) Die Prozessakten können elektronisch geführt werden. Die Bundesregierung und die Landesregierungen bestimmen für ihren Bereich durch Rechtsverordnung den Zeitpunkt, von dem an elektronische Akten geführt werden sowie die hierfür geltenden organisatorisch-technischen Rahmenbedingungen für die Bildung, Führung und Aufbewahrung der elektronischen Akten. Die Landesregierungen können die Ermächtigung durch Rechtsverordnung auf die Landesjustizverwaltungen übertragen. Die Zulassung der elektronischen Akte kann auf einzelne Gerichte oder Verfahren beschränkt werden.
(2) In Papierform eingereichte Schriftstücke und sonstige Unterlagen sollen nach dem Stand der Technik in ein elektronisches Dokument übertragen werden. Es ist sicherzustellen, dass das elektronische Dokument mit den eingereichten Schriftstücken und sonstigen Unterlagen bildlich und inhaltlich übereinstimmt. Die in Papierform eingereichten Schriftstücke und sonstigen Unterlagen können sechs Monate nach der Übertragung vernichtet werden, sofern sie nicht rückgabepflichtig sind.

Inkrafttreten der Neufassung (Abs. 2, Wegfall des bisherigen Abs. 3): 01.01.2018

B. Anmerkungen:. I. Überblick über die zukünftige gesetzliche Regelung. Zur Verbesserung der mangelnden Akzeptanz und Forcierung der bisher enttäuschend verlaufenden Entwicklung des elektronischen Rechtsverkehrs mit den Gerichten sieht das GFERG im Wesentlichen folgende hier relevante Regelungen vor: 1

1. Erweiterung des elektronischen Zugangs zu den Gerichten durch Verzicht auf eine zwingend notwendige qualifizierte elektronische Signatur. Die einzuhaltenden technischen Standards und Formalien, insbesondere die grundsätzliche Notwendigkeit einer qualifizierten elektronischen Signatur, haben sich als Hemmschuh für die Akzeptanz des elektronischen Rechtsverkehrs und die Entwicklung der elektronischen Kommunikation mit den Gerichten erwiesen. Auch die in den Bundesländern teilweise unterschiedlichen Zugangswege und der unterschiedliche Ausbau des elektronischen Rechtsverkehrs haben die Entwicklung nicht gefördert. Die gesetzliche Neuregelung zielt auf eine Erweiterung des elektronischen Zugangs zu den Gerichten ab und eröffnet für die zivilgerichtlichen Verfahren, aber auch in den anderen Verfahrensordnungen weitere Möglichkeiten einer anwenderfreundlichen Kommunikation per De-Mail, über ein elektronisches Gerichts- und Verwaltungspostfach (EGVP) und einen Einsatz eines besonderen elektronischen Anwaltspostfachs sowie über andere genauso sichere elektronische Übermittlungswege, die noch durch VO zuzulassen sind (vgl. dazu Begründung RegE BT-Drucks. 17/12634, S. 20). Die Einreichung eines elektronischen Dokuments mit qualifizierter elektronischer Signatur bleibt allerdings erhalten. Auch bei Übermittlung des elektronischen Dokuments auf einem alternativ zulässigen sicheren Übermittlungsweg ist das Dokument von der verantworteten Person zu signieren (vgl. §§ 14 Abs. 2 Satz 2, 130a Abs. 3 ZPO). Instruktiv zu den vorhandenen und sich abzeichnenden Problemen des elektronischen Rechtsverkehrs Bacher NJW 2015, 2753). 2

2. Obligatorische Teilnahme am elektronischen Rechtsverkehr. Von wesentlicher, einschneidender Bedeutung ist vor allem, dass nach einer Übergangszeit für Rechtsanwälte, Notare, Behörden und juristische Personen des öffentlichen Rechts einschließlich ihrer Zusammenschlüsse (professionelle Rechtsanwender) bei Anträgen und Erklärungen der elektronische Rechtsverkehr obligatorisch sein wird (vgl. § 14b). Anträge und Erklärungen dieses Personenkreises können dann nur noch auf elektronischem Wege dem Gericht übermittelt werden. Eine Ausnahme gilt nur, wenn das Gericht aus technischen Gründen auf elektronischem Wege nicht erreichbar ist oder aus anderen Gründen (etwa aus der Sphäre des Antragstellers bzw. des Erklärenden) eine elektronische Übermittlung vorübergehend nicht möglich ist. Dann kann das Dokument noch auf herkömmlichem Weg eingereicht werden. Die vorübergehende Unmöglichkeit der elektronischen Übermittlung ist dann jedoch bei der Ersatzeinreichung oder unverzüglich danach glaubhaft zu machen; auf Anforderung muss ein entsprechendes elektronisches Dokument nachgereicht werden (vgl. § 14b Satz 2). Ist ein elektronisches Dokument für das Gericht zur Bearbeitung nicht geeignet, ist dies dem 3

Absender unverzüglich mitzuteilen. Unabhängig von den Voraussetzungen einer Wiedereinsetzung hat der Absender dann die Möglichkeit, es unverzüglich in einer für das Gericht zur Bearbeitung geeigneten Form (auf die einzuhaltenden technischen Rahmenbedingungen ist er ebenfalls hinzuweisen) nachzureichen und glaubhaft zu machen, dass es mit dem zuerst eingereichten Dokument inhaltlich übereinstimmt. Das Dokument gilt dann als zum Zeitpunkt der früheren Einreichung eingegangen (vgl. dazu §§ 14 Abs. 2, 130a Abs. 6 ZPO).

4 Der Einsatz des elektronischen Rechtsverkehrs soll bundesweit ab 01.01.2022 zwingend werden (vgl. §§ 14b FamFG, 130d ZPO), nachdem bei bundesweiter Öffnung der Gerichte für elektronische Dokumente jedenfalls ab 01.01.2018 ein vierjähriger Alltagsbetrieb des elektronischen Rechtsverkehrs auf freiwilliger Basis stattgefunden haben wird (vgl. dazu Begründung RegE BT-Drucks. 17/12634, S. 41). Die Bundesländer haben die Möglichkeit, für ihren Bereich einen obligatorischen elektronischen Rechtsverkehr bereits früher ab 01.01.2020 oder ab 01.01.2021 vorzusehen (vgl. Art. 24 Abs. 2 i.V.m. Art. 26 Abs. 7 GFERG).

5 **3. Barrierefreier elektronischer Zugang zu den Gerichten.** Zur Gewährleistung einer gesellschaftlichen Teilhabe von Menschen mit Behinderungen ist diesen auch bei einem elektronischen Rechtsverkehr ein barrierefreier Zugang zu den Gerichten zu ermöglichen. Dem ist durch Änderung des § 191a GVG Rechnung getragen worden (Überblick hierzu und den zukünftig in Kraft tretenden weiteren Änderungen Sorge/Krüger NJW 2015, 2764). Eine blinde oder sehbehinderte Person kann danach Schriftsätze und andere Dokumente in einer für sie wahrnehmbaren Form bei Gericht einreichen. Elektronische Dokumente und elektronische Formulare sind behinderten Menschen barrierefrei zugänglich zu machen. Auch bei Übermittlung eines elektronischen Dokuments auf einem sicheren Übermittlungsweg ist dieser barrierefrei auszugestalten.

6 **4. Folgeänderungen für den Bereich der Zustellung.** Nach den bisherigen technischen und rechtlichen Rahmenbedingungen sind Urteile, Beschlüsse, Ladungen und Schriftsätze von den Gerichten regelmäßig in Papierform übermittelt und zugestellt worden. Das geltende Recht sieht allerdings in § 174 Abs. 3 ZPO (die Regelung gilt über § 15 Abs. 2 auch im Bereich der freiwilligen Gerichtsbarkeit) bereits die Möglichkeit einer Zustellung elektronischer Dokumente an Rechtsanwälte und gleichgestellte Personen vor; auch eine Zurücksendung des Empfangsbekenntnisses als elektronisches Dokument ist in § 174 Abs. 4 ZPO geregelt. Für das zuzustellende elektronische Dokument und das elektronische Empfangsbekenntnis ist jedoch eine elektronische Signatur bzw. eine qualifizierte elektronische Signatur vorgesehen; die Übermittlung des Dokuments kann auch durch De-Mail-Dienste erfolgen. Es geht nunmehr darum, das Zustellungsrecht an die in Zukunft vorgesehenen erweiterten Möglichkeiten des elektronischen Rechtsverkehrs anzupassen, insbesondere an die neuen sicheren Übermittlungswege (§ 130a Abs. 3 und 4 ZPO), etwa über das elektronische Anwaltspostfach nach § 31a BRAO, und die Zustellung sowie den elektronischen Zustellungsnachweis zu vereinfachen. Die Neuregelung sieht vor, dass das elektronische Dokument für die Zustellung auf einem sicheren Übermittlungsweg i.S.d. § 130a Abs. 4 ZPO zu übermitteln und gegen unbefugte Kenntnisnahme Dritter zu schützen ist (§ 174 Abs. 3 Satz 3 ZPO in der ab 01.01.2018 geltenden Fassung). Rechtsanwälte sind für das Gericht über das elektronische Anwaltspostfach zu erreichen; die übrigen von § 174 Abs. 1 ZPO erfassten Zustellungsadressaten haben einen sicheren Übermittlungsweg für die Zustellung elektronischer Dokumente zu eröffnen, d.h. ein elektronisches Gerichts- und Verwaltungspostfach einrichten zu lassen, sich als D-Mail-Nutzer oder als Teilnehmer eines anderen sicheren Übermittlungswegs registrieren zu lassen, und müssen für das Gericht über diesen Weg erreichbar sein. Die Zustellung wird durch ein elektronisches Empfangsbekenntnis nachgewiesen; das elektronische Empfangsbekenntnis ist in strukturierter maschinenlesbarer Form zu übermitteln, dazu ist ein vom Gericht mit der Zustellung zur Verfügung gestellter strukturierter Datensatz zu nutzen (§ 174 Abs. 4 Satz 4 und 5 ZPO n.F.).

7 Ein Schriftstück kann in beglaubigter elektronischer Abschrift zugestellte werden, wobei die Abschrift vom Urkundsbeamten der Geschäftsstelle mit einer qualifizierten elektronischen Signatur zu versehen ist (§ 169 Abs. 4 ZPO). Ein elektronisches Dokument des Gerichts i.S.d. § 130b ZPO kann in Urschrift zugestellt werden, ohne dass es einer Beglaubigung bedarf (§ 169 Abs. 5 ZPO).

8 **II. Inkrafttreten.** Am Tag nach der Verkündung des GFERG ist lediglich die für den elektronischen Rechtsverkehr nicht unmittelbar relevante neue Regelung über die Beweiskraft gescannter öffentlicher Urkunden (§ 371b ZPO) in Kraft getreten.

9 Von den hier relevanten Regelungen über den elektronischen Rechtsverkehr sind am 01.07.2014 die in § 14a (§ 130c ZPO) vorgesehene Verordnungsermächtigung für den Bundesminister der Justiz und für Ver-

braucherschutz zur Regelung der Einführung elektronischer Formulare sowie die nach § 31a BRAO vorgesehene Verordnungsermächtigung zur Regelung von Einzelheiten der Errichtung eines Verzeichnisdienstes besonderer elektronischer Anwaltspostfächer und weiterer damit zusammenhängender Einzelheiten in Kraft getreten.

Zum 01.01.2016 sollte u.a. die Regelung über die Einrichtung eines besonderen elektronischen Anwaltspostfachs für jeden eingetragenen Rechtsanwalt durch die Bundesrechtsanwaltskammer gem. § 31a BRAO in Kraft treten. Die Bundesrechtsanwaltskammer hat jedoch wegen technischer Probleme die Bereitstellung der elektronischen Anwaltspostfächer auf unbestimmte Zeit verschoben. 10

Ab 01.01.2018 soll der elektronische Zugang zu den Gerichten auch ohne qualifizierte elektronische Signatur bei Nutzung eines anderen sicheren Übermittlungsweges eröffnet sein. Die Bundesländer haben jedoch die Möglichkeit, durch Landesverordnung bis zum 31.12.2018 oder 31.12.2019 die Anwendung des neuen Rechts hinauszuschieben; damit wird den Bedürfnissen einzelner Länder Rechnung getragen, die mehr Zeit für die Einrichtung der notwendigen IT-Infrastruktur benötigen. Spätestens ab 01.01.2020 soll dann der elektronische Rechtsverkehr zu den Gerichten bundeseinheitlich eingeführt sein. 11

Bundesweit tritt zum 01.01.2022 die Verpflichtung für Rechtsanwälte, Behörden und juristische Personen des öffentlichen Rechts einschließlich der von ihnen gebildeten Zusammenschlüsse zur Nutzung des elektronischen Rechtsverkehrs ein. 12

§ 15 Bekanntgabe; formlose Mitteilung. (1) Dokumente, deren Inhalt eine Termins- oder Fristbestimmung enthält oder den Lauf einer Frist auslöst, sind den Beteiligten bekannt zu geben.

(2) ¹Die Bekanntgabe kann durch Zustellung nach den §§ 166 bis 195 der Zivilprozessordnung oder dadurch bewirkt werden, dass das Schriftstück unter der Anschrift des Adressaten zur Post gegeben wird. ²Soll die Bekanntgabe im Inland bewirkt werden, gilt das Schriftstück drei Tage nach Aufgabe zur Post als bekannt gegeben, wenn nicht der Beteiligte glaubhaft macht, dass ihm das Schriftstück nicht oder erst zu einem späteren Zeitpunkt zugegangen ist.

(3) Ist eine Bekanntgabe nicht geboten, können Dokumente den Beteiligten formlos mitgeteilt werden.

Übersicht

	Rdn.
A. Allgemeines	1
B. Bekanntgabe	7
I. Erfordernis der förmlichen Bekanntgabe und deren Voraussetzungen	7
II. Zur Bekanntgabe und den dafür zur Verfügung stehenden Formen	15
1. Bekanntgabe durch Zustellung nach §§ 166 ff. ZPO	20
2. Bekanntgabe im Wege der Übermittlung eines Schriftstücks durch die Post	37
a) Anwendungsbereich	37
b) Fiktion oder Vermutung der Bekanntgabe und des Bekanntgabezeitpunkts?	43
c) Ausnahmen von der Bekanntgabevermutung	50
III. Rechtswirkungen der Zustellung und der Postübersendung und deren Mängel	57
C. Formlose Mitteilung	64
I. Anwendungsbereich der formlosen Mitteilung	64
II. Arten der formlosen Mitteilung, Wirksamwerden des Dokumenteninhalts	69
III. Aktenvermerk über die Mitteilung	71
IV. Verzicht auf formlose Mitteilung	72

A. Allgemeines. § 15 enthält eine allgemeine Vorschrift über die förmliche Bekanntgabe und die formlose Mitteilung von Dokumenten. Die **Regelung gilt** im Grundsatz für alle von § 1 erfassten Verfahren. **Ausgenommen** sind Ehesachen und Familienstreitsachen, auf welche die Vorschriften der ZPO anwendbar sind (§ 113 Abs. 1). Abs. 2 gilt auch nicht (wohl aber die Abs. 1 und 3), wenn für die in § 1 genannten Angelegenheiten nach Landesrecht andere als gerichtliche Behörden zuständig sind (§ 488 Abs. 1). Insoweit besteht Raum für landesrechtliche Regelungen, die ggf. auch Abs. 2 für entsprechend anwendbar erklären können. In einzelnen Bereichen vorhandene Spezialregelungen gehen auch hier der allgemeinen Regelung (§ 15) vor. 1

2 **Gegenstand der Bekanntgabe und Mitteilung** können alle Dokumente sein; § 15 geht insoweit über § 16 Abs. 1 und 2 FGG hinaus, der lediglich eine Regelung über die (förmliche) Bekanntmachung gerichtlicher Verfügungen und deren Wirksamwerden enthielt. Die förmliche Bekanntgabe nach Abs. 1 ist abzugrenzen von der formlosen Mitteilung, die nach Abs. 3 in Betracht kommt, wenn die förmliche Bekanntgabe nicht erforderlich ist.

3 Abs. 1 regelt – dies allerdings nicht abschließend –, unter welchen **Voraussetzungen** es der **förmlichen Bekanntgabe** bedarf. Er orientiert sich an den allgemeinen Bestimmungen über die Zustellungsbedürftigkeit in anderen Prozessordnungen (vgl. BT-Drucks. 16/6308, 182).

4 Abs. 2 bestimmt, in welcher **Form** die förmliche Bekanntgabe bewirkt werden kann.

5 Abs. 2 Satz 1 sieht die Möglichkeit vor, ein Dokument durch **Zustellung** nach den Vorschriften der ZPO bekannt zu geben. Alternativ ist vorgesehen, dass eine Bekanntgabe des Dokuments auch im Wege der **Übermittlung durch Erbringer von Postdienstleistungen** erfolgen kann. Wird von dieser Möglichkeit Gebrauch gemacht (die hier zu treffende Auswahl dürfte grundsätzlich im pflichtgemäßen Ermessen des Gerichts liegen, wenn nicht spezielle gesetzliche Vorgaben vorhanden sind), greift nach Abs. 2 Satz 2 die Fiktion ein, dass die Bekanntgabe 3 Tage nach Aufgabe zur Post bewirkt worden ist (wie in § 8 Abs. 1 Satz 3 InsO). Diese Fiktion ist jedoch widerlegbar. Sie gilt nicht, wenn das Dokument tatsächlich zu einem späteren Zeitpunkt oder gar nicht zugegangen ist. Dazu hat in Anlehnung an § 270 Satz 2 ZPO der betreffende Beteiligte glaubhaft zu machen, dass ihm das Dokument nicht oder erst zu einem späteren Zeitpunkt zugegangen ist.

6 Abs. 3 gibt dem Gericht die Möglichkeit, **Dokumente**, die nicht förmlich bekannt gegeben werden müssen, den Beteiligten **formlos mitzuteilen**.

7 **B. Bekanntgabe. I. Erfordernis der förmlichen Bekanntgabe und deren Voraussetzungen.** Der Anwendungsbereich der förmlichen Bekanntgabe wird zunächst durch ihren Gegenstand, ein Dokument, bestimmt.

8 Der **Begriff des Dokuments** ist dabei weit zu fassen. Darunter fallen sicherlich alle Schriftstücke. Der Begriff ist darüber hinaus offen für andere Medien, die zur Übermittlung von Erklärungen und sonstigen Gedankeninhalten eingesetzt werden. Der Begriff erfasst danach insb. auch das elektronische Dokument (vgl. § 14 Rdn. 19, 30).

9 Die förmliche Bekanntgabe ist für Dokumente vorgesehen, die nach ihrem Inhalt eine Frist bestimmen oder die den Lauf einer Frist auslösen. Erfasst werden damit sowohl **richterliche Fristen**, die durch das Gericht gesetzt werden, als auch **gesetzliche Fristen**, die sich nach dem Inhalt des Dokuments kraft Gesetzes ergeben.

10 Als richterliche Fristen, deren Dauer das Gericht bestimmt, kommen insb. vom Gericht gesetzte Fristen für Erklärungen sowie zur Erfüllung von Auflagen seitens der Beteiligten und (Zwischen-) Fristen für die Behebung eines Hindernisses in Betracht.

11 Als gesetzliche Fristen, die sich nach dem Inhalt des betreffenden Dokuments ergeben, kommen verfahrensrechtliche, aber auch materiell-rechtliche Fristen in Betracht. Als verfahrensrechtliche Fristen relevant sind etwa Rechtsmittelfristen.

12 Der förmlichen Bekanntgabe bedarf weiterhin ein Dokument, das eine **Terminsbestimmung** zum Inhalt hat.

13 Ob nach dem Inhalt des Dokuments eine Notwendigkeit der förmlichen Bekanntgabe besteht, ist **bei mehreren Beteiligten** bzw. in Betracht kommenden Bekanntmachungsadressaten für den jeweiligen Adressaten zu bestimmen.

14 Zu beachten sind **ergänzende spezielle Vorschriften** über die förmliche Bekanntgabe oder Zustellung bestimmter Arten von Dokumenten. So ist für die Anordnung des persönlichen Erscheinens eines Beteiligten zu einem Termin und dessen Ladung die spezielle Zustellungsregelung in § 33 Abs. 2 zu beachten (vgl. § 33 Rdn. 9 f.). Für die Bekanntgabe von Beschlüssen enthält § 41 Sonderregelungen (vgl. § 41 Rdn. 7 ff.). Danach sind Beschlüsse den Beteiligten – unabhängig von in Lauf gesetzten Fristen und Terminsbestimmungen – bekannt zu geben. Ein **Verzicht auf die förmliche Bekanntgabe** dürfte im Hinblick auf ihre im öffentlichen Interesse liegende Funktion ausscheiden (im Grundsatz ebenso Keidel/*Sternal* § 15 FamFG Rn. 9, der allerdings einen Verzicht auf die Bekanntgabe einer Terminsbestimmung in echten Streitsachen der freiwilligen Gerichtsbarkeit für zulässig hält; für Verzicht bei Terminsbestimmung Prütting/Helms/*Ahn-Roth* § 15 FamFG Rn. 22).

II. Zur Bekanntgabe und den dafür zur Verfügung stehenden Formen. Abs. 1 bestimmt die **Voraussetzungen**, unter denen eine förmliche Bekanntgabe in jedem Fall erfolgen muss. Diese Regelung ist nicht abschließend. Es ist bereits aufgezeigt worden, dass das Gesetz – unabhängig vom Regelungsgehalt des Abs. 1 – für weitere Fallgestaltungen eine Bekanntgabe zwingend anordnet (z.B. in § 41). Auch außerhalb ausdrücklicher gesetzlicher Vorgaben kann eine förmliche Bekanntgabe von Dokumenten geboten oder zumindest zweckmäßig erscheinen. Wie der Begründung des RegE zu entnehmen ist (vgl. BT-Drucks. 16/6308, 183), ist bereits im Gesetzgebungsverfahren davon ausgegangen worden, dass in sonstigen Fällen die förmliche Bekanntgabe von Dokumenten im Ermessen des Gerichts steht und das Gericht, obwohl die Voraussetzungen des Abs. 1 nicht gegeben sind, statt einer Mitteilung nach Abs. 3 den Weg der förmlichen Bekanntgabe wählen kann. In welcher **Form das Dokument** dem Adressaten bekanntzugeben ist (in Urschrift, Ausfertigung, beglaubigter Abschrift, Abschrift) wird durch die Vorschriften bestimmt, aus denen sich die Notwendigkeit der Zustellung des Dokuments oder jedenfalls der Bekanntgabe ergibt. Mangels anderer Vorgaben wird bei Schriftstücken eine beglaubigte Abschrift erforderlich sein, aber auch ausreichen. 15

Die **Bekanntgabe** erfolgt **ggü. dem/ggf. den Beteiligten**. Dies setzt allerdings voraus, dass diese verfahrensfähig i.S.d. § 9 sind (vgl. dort Rdn. 3 ff.); aufgrund spezieller Vorschriften kann einem Beteiligten (Betroffenen) trotz Geschäftsunfähigkeit Verfahrensfähigkeit zukommen (vgl. z.B. § 275; dazu BGH FamRZ 2011, 1049). Verfahrensfähigkeit kann nach § 9 Nr. 2 und 3 auch beschränkt Geschäftsfähigen zukommen. Wenn und soweit dem genannten Personenkreis Verfahrensfähigkeit zukommt, erfolgt die Bekanntgabe an diese Personen. Ggü. einer nicht verfahrensfähigen Person kommt eine Bekanntgabe an den gesetzlichen Vertreter in Betracht. Scheidet dieser aus, z.B. Ausschluss der Eltern in der Vertretung ihres Kindes nach §§ 1629 Abs. 2, 1795 BGB, ist die Bekanntgabe ggf. ggü. einem Ergänzungspfleger oder einem sonst befugten Vertreter auszuführen (vgl. dazu § 9 Rn. 4 ff.; zur Bekanntgabe von Beschlüssen an den genannten Personenkreis vgl. § 41 Rdn. 15 ff.). Bei Vertretung kommt Bekanntgabe ggü. dem Vertreter in Betracht (vgl. auch Rdn. 25 ff.). Für die Bekanntgabe sieht Abs. 2 zwei Formen vor, nämlich die Bekanntgabe durch formelle Zustellung nach den Zustellungsvorschriften der ZPO und durch Aufgabe zur Post. Der Gesetzgeber wollte dadurch dem Bedürfnis nach einem möglichst zuverlässigen Weg der Übermittlung einerseits sowie einer möglichst effizienten und unbürokratischen Bekanntgabemöglichkeit andererseits Rechnung tragen (vgl. BT-Drucks. 16/6308, 182). Welche Form für die Bekanntgabe gewählt wird, steht grds. im pflichtgemäßen Ermessen des Gerichts; dieses hat unter Berücksichtigung der Umstände des Einzelfalls zu beurteilen, ob die Bekanntgabe bereits durch die Aufgabe zur Post hinreichend zuverlässig bewirkt werden kann oder ob es hierfür der formellen Zustellung bedarf (vgl. dazu BT-Drucks. 16/6308, 182). 16

Teilweise sieht das Gesetz für spezielle Regelungsbereiche eine **bestimmte Form der Bekanntgabe** vor. Diese ist dann maßgebend und schließt ein Ermessen des Gerichts aus. Als hier wohl wichtigste Regelung ist § 41 Abs. 1 Satz 2 zu nennen. Danach ist ein Beschluss demjenigen Beteiligten nach den Vorschriften der ZPO zuzustellen, dessen erklärtem Willen er nicht entspricht. Ist die danach notwendige Zustellung unterblieben und das Schriftstück zur Post aufgegeben worden, so reicht letzteres für eine wirksame Bekanntgabe nicht aus (vgl. BGH NJW 2015, 2576; FamRZ 2013, 1566); es wird dann auf eine Heilung des Zustellungsmangels nach §§ 15 Abs. 2, 189 ZPO ankommen. 17

Eingeschränkt ist das Ermessen des Gerichts auch bei Ladung eines Beteiligten, dessen persönliches Erscheinen in einem Termin zur Aufklärung des Sachverhalts nach § 33 angeordnet worden ist. Hier **soll** das Gericht die Zustellung der Ladung anordnen, wenn das Erscheinen des Beteiligten ungewiss erscheint (vgl. § 33 Abs. 2 Satz 2; § 33 Rdn. 10). 18

Bei Beschlüssen sieht § 41 Abs. 2 eine weitere Form der Bekanntgabe vor, nämlich die Bekanntgabe ggü. Anwesenden durch Verlesen der Beschlussformel (dazu § 41 Rdn. 39). 19

1. Bekanntgabe durch Zustellung nach §§ 166 ff. ZPO. Für die Bekanntgabe durch Zustellung des Dokuments gelten die Regelungen über die Zustellung nach §§ 166 bis 195 ZPO entsprechend. 20

Bei der **Zustellung** geht es darum, ein Dokument in einer bestimmten, gesetzlich vorgeschriebenen Form an eine Person bekannt zu geben (vgl. die Definition in § 166 Abs. 1 ZPO). Dies dient dem Zweck, dieser *Person angemessene Gelegenheit zu geben, Kenntnis vom Inhalt des Dokuments zu nehmen* (vgl. Thomas/Putzo/*Hüßtege* § 166 ZPO Rn. 1a). 21

Die **Ausführung der Zustellung** erfolgt grds. (wenn nicht in speziellen Bereichen Sonderregelungen eingreifen) von Amts wegen und im Regelfall hat hierfür nach § 168 Abs. 1 ZPO die Geschäftsstelle Sorge zu tragen (wenn keine anderweitige Beauftragung durch den Gerichtsvorsitzenden oder ein von ihm bestimmtes Mitglied des Gerichts nach § 168 Abs. 2 ZPO erfolgt). 22

§ 15 Buch 1. Allgemeiner Teil

23 Die ZPO sieht verschiedene **Wege bzw. Arten der Zustellung** vor, die aufgrund der Bezugnahme der Zustellvorschriften der ZPO alle auch im Bereich des FamFG in Betracht kommen. Die Auswahl trifft im Regelfall des § 168 Abs. 1 ZPO die Geschäftsstelle nach pflichtgemäßem Ermessen, die auf Antrag auch den Zeitpunkt der Zustellung zu bescheinigen (§ 169 Abs. 1 ZPO) und erforderliche Beglaubigungen zuzustellender Schriftstücke zu fertigen hat (§ 169 Abs. 2 ZPO). Die **Zustellung** kann erfolgen nach § 173 ZPO **an Amtsstelle** (in den Räumen des Gerichts, an sonstigen Orten, an denen gerichtliche Tätigkeit ausgeübt wird) durch Aushändigung eines zuzustellenden Schriftstücks an den Zustellungsadressaten oder seinen rechtsgeschäftlich bestellten Vertreter, weiterhin nach § 174 Abs. 1 ZPO durch **Übermittlung des zuzustellenden Dokuments gegen Empfangsbekenntnis** an einen Rechtsanwalt, Notar, Gerichtsvollzieher, Steuerberater, eine Behörde oder eine sonstige Person, bei der aufgrund ihres Berufs von einer erhöhten Zuverlässigkeit auszugehen ist (nach Keidel/*Sternal* § 15 FamFG Rn. 30 soll daran zu denken sein, auch an als zuverlässig bekannte Berufsvormünder und Berufsbetreuer gegen Empfangsbekenntnis zuzustellen; abl. Zöller/*Stöber* § 174 ZPO Rn. 4). An die in § 174 Abs. 1 ZPO genannten Behörden und Personen kann das zuzustellende Dokument auch durch Telekopie oder in elektronischer Form, z.B. auch über De-Mail-Dienste, übermittelt werden (vgl. § 174 Abs. 2, 3). Nach § 175 ZPO kann zugestellt werden durch **Einschreiben mit Rückschein**; nach § 176 ZPO kann schließlich die Zustellung veranlasst werden **aufgrund Zustellungsauftrags** an bestimmte Postunternehmen (beliehene Unternehmen nach § 33 PostG; vgl. § 168 Abs. 1 Satz 2 ZPO), einen Justizbediensteten, einen Gerichtsvollzieher oder an eine andere Behörde.

24 **Adressat der Zustellung** sind primär **die Beteiligten selbst**, die durch die in dem Dokument enthaltene Termins- oder Fristbestimmung betroffen sind.

25 Bei nicht prozess- bzw. **nicht verfahrensfähigen Personen** (vgl. § 9) ist nach § 170 ZPO an den gesetzlichen Vertreter (z.B. Eltern, Vormund, ggf. auch Ergänzungspfleger) zuzustellen; eine Zustellung an eine nicht verfahrensfähige Person ist nach § 170 Abs. 1 Satz 2 ZPO unwirksam. Zu beachten ist jedoch, dass in FamFG-Verfahren, etwa in Kindschafts-, Betreuungs- und Unterbringungsverfahren, geschäftsunfähige oder beschränkt geschäftsfähige Personen oftmals selbst Verfahrensrechte haben und dann insoweit verfahrensfähig sind (vgl. z.B. §§ 9 Abs. 1 Nr. 2, 3 und 4, 275, 316). In diesem Bereich sind dann ihnen ggü. auch die notwendigen Zustellungen vorzunehmen (vgl. BGH FamRZ 2011, 1049, 1050; Keidel/*Sternal* § 15 FamFG Rn. 20); eine Zustellung an den gesetzlichen Vertreter bzw. Betreuer ist dann – vorbehaltlich einer Heilung nach § 189 ZPO – nicht wirksam (BGH FamRZ 2011, 1049, 1050). Zur Bekanntgabe von Beschlüssen in solchen Fällen vgl. § 41 Rdn. 15 ff.).

26 Hat ein (verfahrensfähiger) Beteiligter einen **rechtsgeschäftlich bestellten Vertreter,** kann an den Vertreter (der nach § 171 Satz 2 ZPO eine schriftliche Vollmacht vorzulegen hat) mit gleicher Wirkung wie an den Vertretenen zugestellt werden (§ 171 ZPO).

27 Hat sich für den Beteiligten ein **Verfahrensbevollmächtigter** bestellt, ist § 172 ZPO zu beachten. Danach ist vorgesehen, dass die Zustellung an den Bevollmächtigten zu erfolgen hat. Nach altem Recht war allerdings streitig, ob § 172 ZPO stets und in vollem Umfang anwendbar war, insb. in dem Verfahren nur an den bestellten Bevollmächtigten zugestellt werden konnte. Da nach altem Recht nach § 13 FGG erteilte Verfahrensvollmachten ganz unterschiedlichen Inhalt und Umfang haben konnten und nicht stets die Befugnis zur Entgegennahme von Zustellungen einschließen mussten, wurde § 172 ZPO mit Einschränkungen angewandt. So wurde teilweise angenommen, dass die Zustellung noch weiterhin an den Beteiligten selbst vorgenommen werden konnte (bzw. werden musste) und in Anwendung des § 172 ZPO nur dann an den Bevollmächtigten zuzustellen war, wenn der Beteiligte in der erteilten Verfahrensvollmacht zum Ausdruck gebracht hatte, dass Zustellungen lediglich an den Verfahrensbevollmächtigten erfolgen sollten, oder zumindest eine umfassende Verfahrensvollmacht erteilt und dem Gericht bekannt gemacht worden war (vgl. BGH NJW 1975, 1518, 1519; BayObLG Rpfleger 1987, 360; KG Rpfleger 1985, 193). Teilweise wurde § 172 Abs. 1 Satz 1 ZPO nur in echten Streitsachen für anwendbar gehalten (KKW/*Schmidt* § 16 FGG Rn. 36, 37, m.w.N.). Im FamFG ist die Verfahrensvollmacht nach § 11 weitgehend der Prozessvollmacht im Zivilprozess angenähert; insb. werden die Vorschriften der ZPO über den Umfang, die Beschränkung und die Wirkung der Prozessvollmacht (§§ 81 ff. ZPO) in § 11 für entsprechend anwendbar erklärt. Dies dürfte es rechtfertigen, nunmehr auch § 172 Abs. 1 Satz 1 ZPO, auf den in § 15 Abs. 2 Bezug genommen wird, in vollem Umfang anzuwenden (ebenso Bahrenfuss/*Bahrenfuss* § 15 FamFG Rn. 6; einschränkend Keidel/*Sternal* § 15 FamFG Rn. 23 f.).

28 Für die **Durchführung der Zustellung** sind §§ 176 ff. ZPO entsprechend anzuwenden. Ein Schriftstück *kann* dem Zustellungsadressaten an jedem Ort persönlich übergeben werden, an dem der Adressat angetroffen wird (§ 177 ZPO). Wird der Adressat in seiner Wohnung, in seinen Geschäftsräumen oder in einer Gemeinschaftseinrichtung (z.B. Krankenhaus, therapeutische Anstalt, Strafanstalt), in der er wohnt, nicht persönlich angetroffen, ist **Ersatzzustellung** an dortige Personen unter den Voraussetzungen des § 178 ZPO möglich. Anwendbar sind auch die Regelungen über die Ersatzzustellung durch Einlegen in den Briefkasten (§ 180 ZPO) und durch Niederlegung (§ 181 ZPO) sowie die Zustellungsfiktion bei verweigerter Annahme gem. § 179 ZPO.

Wenn eine sonstige Zustellung nicht durchgeführt werden kann, kommt unter den (streng zu prüfenden) Voraussetzungen des § 185 ZPO auch in Verfahren nach dem FamFG eine **öffentliche Zustellung** in Betracht (BGH FamRZ 2013, 1566, 1567). Die öffentliche Zustellung kann in Spezialregelungen ausgeschlossen sein, wie etwa in Teilungssachen nach § 365 Abs. 1 Satz 2 bei einer Ladung der Beteiligten zu einem Verhandlungstermin. Die Entscheidung des Gerichts über die öffentliche Zustellung ist als Zwischenentscheidung unanfechtbar (OLG Frankfurt FamRZ 2015, 1996). 29

Bei notwendig werdenden **Zustellungen im Ausland** sind §§ 183, 184 ZPO zu beachten. Eine Zustellung im Ausland ist vorrangig nach evtl. vorhandenen, für die vorzunehmende Zustellung anwendbaren bilateralen oder multilateralen völkerrechtlichen Verträgen vorzunehmen. Ansonsten kann nach § 183 Abs. 1 ZPO eine Zustellung im Ausland erfolgen durch Einschreiben mit Rückschein, soweit aufgrund völkerrechtlicher Vereinbarungen Schriftstücke unmittelbar durch die Post übersandt werden dürfen; anderenfalls kommt auf Ersuchen des Vorsitzenden des Gerichts eine Zustellung unmittelbar durch die Behörden des fremden Staates in Betracht. Wenn dies nicht möglich ist, scheitert oder hierfür besondere Gründe bestehen, ist durch die zuständige diplomatische oder konsularische Vertretung des Bundes die Zustellung zu bewirken. An einen Deutschen, der Immunitätsrechte genießt und zu einer deutschen Vertretung im Ausland gehört, erfolgt die Zustellung nach § 183 Abs. 3 ZPO auf Ersuchen des Gerichtsvorsitzenden durch die zuständige deutsche Auslandsvertretung. 30

Bei Zustellungen in anderen Mitgliedstaaten der EU ist die **VO (EG) Nr. 1393/2007 über die Zustellung gerichtlicher und außergerichtlicher Schriftstücke in Zivil- oder Handelssachen** zu beachten. Der Anwendungsbereich dieser VO im Zivilrecht (Art. 1 Abs. 1) dürfte auch nach der maßgebenden autonomen Qualifikation des EuGH die Verfahren nach dem FamFG erfassen, wenn sie ihrer wahren Rechtsnatur nach nicht ausnahmsweise als öffentlich-rechtliche Streitigkeiten unter Beteiligung eines Verwaltungsträgers einzuordnen sind (wie z.B. Verfahren nach §§ 23, 29 Abs. 3 EGGVG, § 1 Nr. 2 LwVG, § 22 GrdstVG; zur Anwendbarkeit der VO vgl. auch Keidel/*Sternal* § 15 FamFG Rn. 51 f.). Die genannte Ausnahme dürfte einen nicht zu vernachlässigenden Bereich der FamFG-Verfahren erfassen. Im räumlichen und sachlichen Geltungsbereich der genannten VO hat diese Vorrang vor den sonstigen Regelungen des § 183 ZPO und vorhandenen völkerrechtlichen Verträgen (vgl. Art. 20 der VO). Bei Zustellungen nach der VO (EG) Nr. 1393/2007 sind die deutschen Durchführungsvorschriften in §§ 1067 bis 1069 ZPO zu beachten. Im Geltungsbereich der VO kommt nach Art. 14 in allen Mitgliedstaaten (nunmehr auch in Dänemark) eine Direktzustellung durch die Post in Betracht (vgl. Zöller/*Geimer* § 183 ZPO Rn. 5). Danach kann gem. § 1068 Abs. 1 ZPO die Zustellung durch Einschreiben mit Rückschein erfolgen. 31

Weitere Auslandszustellungen können in einem laufenden Verfahren vermieden werden, wenn das Gericht im Zusammenhang mit einer Auslandszustellung nach § 183 ZPO eine **Anordnung über die Benennung eines Zustellungsbevollmächtigten** im Inland nach § 184 ZPO trifft. Weitere Zustellungen können dann an den Bevollmächtigten oder – falls ein solcher nicht benannt worden ist – durch Aufgabe zur Post nach §§ 184 Abs. 1 Satz 2, Abs. 2 ZPO erfolgen. 32

Die in Abs. 2 enthaltene Verweisung erfasst auch die Vorschriften über die **Zustellung auf Betreiben der Parteien** nach §§ 191 bis 195 ZPO. Eine Zustellung auf Betreiben eines Beteiligten kommt nur in Betracht, wenn eine solche Zustellung durch Gesetz vorgeschrieben oder zumindest zugelassen ist (vgl. § 191 ZPO). In speziellen Bereichen des FamFG, in denen etwa eine Fristsetzung oder Vollstreckungsmaßnahmen in die Hände von Beteiligten gelegt werden, könnte sich die Möglichkeit für eine solche Zustellung im Parteibetrieb ergeben. 33

Schließlich erfasst die Bezugnahme in Abs. 2 auch § 167 ZPO, der bei Zustellung von Amts wegen, aber über die Verweisung in § 191 ZPO auch für eine Zustellung auf Betreiben der Parteien gilt. Diese Vorschrift ordnet eine **Rückwirkung der Zustellung** auf den Zeitpunkt des Eingangs eines Antrags oder einer Erklärung an, wenn durch die Zustellung bzw. das zuzustellende Dokument eine Frist gewahrt, eine Verjährung neu in Lauf gesetzt oder gehemmt werden sollte und die Zustellung »demnächst« erfolgt ist, d.h. die Zustellung muss innerhalb eines nicht allzu erheblichen zeitlichen Abstandes zum Fristablauf vorgenommen wor- 34 den sein und es darf keine ins Gewicht fallende Verzögerung der Zustellung vorgelegen haben, die vom Veranlasser der Zustellung in zurechenbarer Weise verursacht worden ist (zur letztgenannten Voraussetzung vgl. BGH NJW 2005, 1194, 1195; 1999, 3125; Zöller/*Greger* § 167 ZPO Rn. 10 ff.).

35 Für die Anwendung dieser Vorschrift besteht auch im Bereich des FamFG ein Bedürfnis, wenn es um die Wahrung von Fristen, verjährungshemmende Maßnahmen oder den Neubeginn einer Verjährungsfrist geht.

36 Bei **Zustellungsmängeln** (Verstößen gegen zwingende Zustellungsvorschriften), die grds. zur Unwirksamkeit der Zustellung führen, ist eine **Heilung** nach dem ebenfalls anwendbaren § 189 ZPO möglich (vgl. BGH NJW 2015, 2576).

Wegen weiterer Detailfragen zu den für anwendbar erklärten, in Bezug genommenen zahlreichen Vorschriften der ZPO über die Zustellung muss hier auf die entsprechenden Kommentierungen zur ZPO verwiesen werden.

37 **2. Bekanntgabe im Wege der Übermittlung eines Schriftstücks durch die Post. a) Anwendungsbereich.** Wenn die Bekanntgabe im Wege der Zustellung des Dokuments nicht zwingend vorgesehen ist (die Beschlussbekanntgabe im Fall des § 41 Abs. 1 Satz 2 scheidet hier also aus), kommt bei **Schriftstücken** als Alternative eine Bekanntgabe durch Aufgabe des Dokuments zur Post nach Abs. 2, 2. Alt in Betracht. Vorbild für diese nunmehrige Regelung ist § 8 Abs. 1 Satz 2, 3 InsO über die dortigen Zustellungen von Amts wegen (vgl. BT-Drucks. 16/6308, 182). Vergleichbare Regelungen finden sich auch in anderen Verfahrensordnungen, vgl. etwa § 41 Abs. 2 VwVfG, § 122 Abs. 2 AO. Zur Frage, an wen das Schriftstück zu richten ist, vgl. Rdn. 16, 24 ff.

38 Die Regelung des Abs. 2 Satz 1, 2. Alt gilt für die Übermittlung von Schriftstücken durch die **Post**. Welche Zusteller darunter zu verstehen sind, wird durch die genannte Gesetzesregelung selbst nicht eindeutig festgelegt. Auch die Gesetzesbegründung gibt hierzu keine Hinweise. Unzweifelhaft fällt darunter die Deutsche Post AG als Rechtsnachfolgerin des Postdienstes der Deutschen Bundespost. Auf sie mag auch die Formulierung in Abs. 2 Satz 1, 2. Alt und Satz 2 (»zur Post«) deuten. Nachdem die Deutsche Post AG jedoch ihre generelle Monopolstellung verloren hat und nunmehr weitere Anbieter von Postdienstleistungen vorhanden sind, kommen jedoch auch solche anderen Anbieter für eine Übermittlung nach Abs. 2 Satz 1, 2. Alt in Betracht. Dies liegt jedenfalls in der Konsequenz der mit der Postreform angestrebten Wettbewerbsöffnung. Der Begriff »Post« ist danach funktional zu verstehen und erfasst danach auch andere Unternehmen, die aufgrund vorhandener Lizenz (legal) Postdienstleistungen (Briefzustelldienstleistungen) erbringen. Allerdings muss eine hinreichende Leistungsfähigkeit und Zuverlässigkeit gewährleistet sein, aufgrund der gesichert erscheint, dass anvertraute Sendungen innerhalb der Dreitagesfrist übermittelt werden. Dies spricht dafür, nicht lizenzpflichtige Paket- und Kurierdienste nach § 5 Abs. 2 PostG herauszunehmen und den Anwendungsbereich des Abs. 2 auf Lizenznehmer nach §§ 4 Nr. 1, 5 Abs. 1 PostG zu beschränken, die Briefzustelldienstleistungen übernehmen (ebenso zu § 41 VwVfG *Stelkens*/Bonk/Sachs § 41 VwVfG Rn. 112). Hierfür spricht auch die Regelung in § 168 Abs. 1 Satz 2 ZPO, nach der »Post« unter Bezugnahme auf § 33 Abs. 1 PostG gleichgesetzt wird mit einem Lizenznehmer, der Briefzustelldienstleistungen erbringt und nach § 33 Abs. 1 PostG bei Zustellungen als beliehener Unternehmer gilt.

39 Die Regelung des Abs. 2 ist beschränkt auf die **Übermittlung durch Postdienstleister** (§ 4 Nr. 1 PostG) und erfasst nicht eine Übermittlung im Wege der Telekommunikation. Die Übermittlung eines Dokuments per Telefax fällt danach nicht in den Anwendungsbereich des Abs. 2 (vgl. BFH NJW 1998, 2383 zu § 122 Abs. 2 AO; *Stelkens*/Bonk/Sachs § 41 VwVfG Rn. 113).

40 Auch die Übermittlung **elektronischer Dokumente** wird nicht von Abs. 2 erfasst; eine analoge Anwendung kommt hier ebenfalls nicht in Betracht.

41 Es bleibt bei elektronischen Dokumenten die Möglichkeit der Bekanntgabe durch Zustellung nach Abs. 2 Satz 1, 1. Alt. i.V.m. § 174 Abs. 3 ZPO; **Telekopie/Telefax** können zur Bekanntgabe durch Zustellung nach Abs. 2 Satz 1 1. Alt, i.V.m. § 174 Abs. 2 ZPO eingesetzt werden.

42 Nicht erfasst werden – wie bei § 8 Abs. 1 Satz 3 InsO – auch **Postsendungen ins Ausland und Postsendungen vom Ausland**. Die Bekanntgabefiktion tritt danach auch nicht ein, falls aus Gründen der Kostenersparnis ein Remailing über ein zu günstigeren Tarifen arbeitendes ausländisches Postunternehmen erfolgen würde.

43 **b) Fiktion oder Vermutung der Bekanntgabe und des Bekanntgabezeitpunkts?** Bei Übermittlung durch *Erbringer von Postdienstleistungen* gilt die **Bekanntgabe** grds. **mit dem dritten Tag nach der Aufgabe zur**

Post als **bewirkt**. Dem liegt die Annahme zugrunde, dass unter den heutigen Postlaufzeiten regelmäßig davon auszugehen ist, dass bei einer Übermittlung im Inland ein Schriftstück zumindest innerhalb des genannten Zeitraums von 3 Tagen dem Adressaten zugestellt wird und ihm damit zugegangen ist. Diese Annahme kann von dem betroffenen Beteiligten aber widerlegt werden, indem er glaubhaft macht, dass ihm das Schriftstück nicht oder erst zu einem späteren Zeitpunkt zugegangen ist. Ob ein festzustellender **früherer Zugang** des Dokuments bereits die Bekanntgabewirkung herbeiführt, ist zweifelhaft. Der BGH hat dies bejaht (vgl. BGH FamRZ 2012, 1867, 1868). Diese Entscheidung vermag im Ergebnis, nicht aber in der generellen Aussage und der Begründung zu überzeugen. Gute Gründe lassen sich dafür anführen, dass ein früherer Zugang unbeachtlich ist, jedenfalls soweit sich der frühere Zugang zulasten des betroffenen Beteiligten auswirken würde. Insoweit sollte die für die Inlandsübermittlung geltende Bekanntgabevermutung unwiderleglich sein. Hierfür spricht, dass die Regelung des Abs. 2 Satz 2 – zumindest auch – der Rechtssicherheit und -klarheit dienen, Streit über den genauen Zugangszeitpunkt vermeiden und dessen Feststellung entbehrlich machen soll. Ein tatsächlich früherer Zugang des Schriftstücks vor Ablauf der Dreitagesfrist führt danach nicht zu einer früheren, mit dem tatsächlichen Zugang eingetretenen Bekanntgabe und zur Vorverlagerung der Rechtswirkung der Bekanntgabe (etwa zur Wirksamkeit eines Beschlusses nach § 40 Abs. 1, der nicht nach § 41 Abs. 1 Satz 2 zugestellt werden musste; ebenso für die vergleichbare Regelung des § 41 Abs. 2 VwVfG BVerwG NVwZ 1988, 63, 64; Kopp/*Ramsauer*, § 41 VwVfG Rn. 42; *Stelkens*/Bonk/Sachs § 41 VwVfG Rn. 121, 125, allerdings mit beachtlichen Erwägungen zur Maßgeblichkeit eines früheren Zugangszeitpunkts, wenn dies zugunsten des Adressaten geboten erscheint). Auch für den Bereich der Bekanntgabe nach § 15 Abs. 2 sollte aber der frühere Zeitpunkt des tatsächlichen Zugangs maßgebend sein, wenn sich dies zugunsten des davon betroffenen Adressaten auswirkt; darauf hätte der BGH auch in seiner oben zitierten Entscheidung abstellen sollen.

Ausgangspunkt für die Berechnung des fingierten Bekanntgabezeitpunkts ist die **Aufgabe zur Post**. Gemeint ist damit die Übergabe des Dokuments an den Erbringer der Postdienstleistung. 44

Über die Aufgabe zur Post ist vom Urkundsbeamten ein **Vermerk** in den Akten zu fertigen, der zumindest Angaben zum Tag der Postaufgabe und die Anschrift, unter der das Dokument zur Post gegeben worden ist, enthalten muss (wie in § 184 Abs. 2 Satz 4 ZPO; vgl. BGH NJW 2016, 565, 566; NJW-RR 2012, 1459; OLG Köln FGPrax 2010, 203, 205; OLG München FamRZ 2012, 1405, 1406). Wird das Schriftstück von einem Justizwachtmeister oder einem anderen Bediensteten bei der Post aufgegeben, muss sich der Urkundsbeamte von diesem die Aufgabe zur Post bestätigen lassen (vgl. zum Vermerk nach § 184 Abs. 2 Satz 4 ZPO BGH RPfleger 1966, 143; Zöller/*Stöber*, § 184 ZPO Rn. 9 f.). Zur Vermeidung von Nachfragen könnte sich ferner ein Vermerk des Datums auf dem fraglichen Schriftstück empfehlen (vgl. *Götz* NJW 2010, 897, 898). Der Aktenvermerk, der die Beweiskraft einer öffentlichen Urkunde nach § 418 ZPO hat, dient dem Beweis der Aufgabe zur Post und damit der Absicherung der darin liegenden Vermutungsgrundlage. Fehlt der Aktenvermerk und damit dieser Beweis kann eine wirksame Bekanntgabe allenfalls entsprechend § 189 ZPO angenommen werden, wenn der Beteiligte das Schriftstück tatsächlich erhalten hat (BGH NJW 2016, 565, 566). 45

Da die Aufgabe zur Post, die für den **Beginn der Frist** maßgebend ist, ein in den Lauf eines Tages fallendes Ereignis darstellt, wird nach §§ 16 Abs. 2, 222 ZPO, 187 Abs. 1 BGB dieser Tag bei der Frist nicht mitzurechnen sein. Da die Bekanntgabe mit dem dritten Tag nach der Aufgabe zur Post bewirkt ist, kommt es unter Heranziehung des § 188 Abs. 1 BGB auf den Ablauf des dritten Tags (24.00 Uhr) an. Wird bspw. ein Dokument am 01.06. zur Post gegeben, ist der dritte Tag nach Aufgabe zur Post der 04.06.; die Bekanntgabe wird an diesem Tag bewirkt und die Bekanntgabefiktion ist dann am 05.06., 0.00 Uhr eingetreten (zur Berechnung vgl. *Stelkens*/Bonk/Sachs § 41 VwVfG Rn. 132). 46

Für die **Berechnung der Frist**, die im Dokument bestimmt ist oder die durch das Dokument ausgelöst wird, kommt es auf die hierfür jeweils geltende Fristenregelung an. Die Bekanntgabe wird als ein in den Lauf des Tages fallendes Ereignis i.S.d. § 187 Abs. 1 BGB anzusehen sein; für eine daran anzuknüpfende Fristbestimmung, etwa für die Berechnung einer Rechtsmittelfrist eines bekannt gegebenen Beschlusses, werden danach §§ 187 Abs. 1, 188 Abs. 2, 1. Alt BGB heranzuziehen sein. Bei Bekanntgabe eines Beschlusses mit der im obigen Beispielsfall eintretenden Bekanntgabefiktion am 04.06. wird die (regelmäßig geltende) Beschwerdefrist von einem Monat (§ 63 Abs. 1) am 04.07. um 24.00 Uhr ablaufen. 47

Problematisch ist, ob die Dreitagesfrist, wenn der **letzte Tag der Frist** auf einen **Sonntag, gesetzlichen Feiertag oder Samstag (Sonnabend)** fällt, mit diesem Tag endet (so für die vergleichbaren Regelungen in § 122 Abs. 2 AO, § 41 Abs. 2 VwVfG bzw. § 4 VwZG BFH NJW 2000, 1742; VGH Bayern NJW 1991, 1250; 48

Kopp/*Ramsauer* § 41 VwVfG Rn. 42) oder ob entsprechend § 193 BGB das Ende der Frist auf den nächsten Werktag fällt (so für § 122 Abs. 2 Nr. 1 AO BFH NJW 2004, 94; Tipke/Kruse/*Seer* § 122 AO Rn. 56; für § 41 Abs. 2 VwVfG *Stelkens*/Bonk/Sachs § 41 VwVfG Rn. 133; offen gelassen BVerwG NJW 1983, 2345).

49 Da die Dreitagesregelung an die üblichen Postlaufzeiten (mit einem Sicherheitszuschlag von einem Tag) anknüpft, die tatsächliche Beförderungszeit aber durch ein Wochenende oder Feiertage typischerweise verlängert und jedenfalls an einem Sonntag oder Feiertag keine Post zugestellt wird, erscheint eine Anwendung der Fristenregelung des § 193 BGB geboten.

50 **c) Ausnahmen von der Bekanntgabevermutung.** Die Vermutung der Bekanntgabe 3 Tage nach Aufgabe zur Post gilt nach Abs. 2 Satz 2 nicht, wenn der Beteiligte, an den die Bekanntgabe erfolgen sollte, glaubhaft macht, dass ihm **das Schriftstück nicht oder erst zu einem späteren Zeitpunkt zugegangen ist**. Welche Grundsätze hierbei anzuwenden und welche Anforderungen hierfür zu stellen sind, ist offen und auch in der Begründung des RegE findet sich hierzu nichts.

51 Es dürfte zunächst erforderlich sein, dass der betreffende Beteiligte im Rahmen seiner Möglichkeiten **zum fehlenden oder späteren Zugang des Schriftstücks vorträgt**. Es werden von ihm grds. konkrete Umstände aufzuzeigen sein, die dafür sprechen, dass im vorliegenden Fall die auf der tatsächlichen Lebenserfahrung gestützte Annahme der regelmäßigen Übermittlung von inländischen Postsendungen binnen 3 Tage nicht gerechtfertigt ist. Danach reicht es grds. nicht aus, dass der Adressat den (rechtzeitigen) Zugang des Dokuments einfach schlicht bestreitet. Vielmehr muss er, jedenfalls wenn die Übergabe des Dokuments an den Postdienstleister feststeht (was regelmäßig durch entsprechenden Aktenvermerk bzw. Abverfügung nachzuweisen ist), die Möglichkeit eines atypischen Geschehensablaufs ernstlich und substantiiert dartun oder ein solcher muss aus für das Gericht anderweitig ersichtlichen Umständen nahe liegen (für die vergleichbare Regelung des § 122 Abs. 2 AO vgl. BFH NJW 2000, 1742; für § 41 Abs. 2 VwVfG vgl. VGH Baden-Württemberg NJW 1986, 210; OVG Nordrhein-Westfalen NJW 1981, 1056, 1057; NVwZ 2001, 1171, 1172; Kopp/*Ramsauer* § 41 VwVfG Rn. 43; *Stelkens*/Bonk/Sachs § 41 VwVfG Rn. 128). Dabei wird es dem Beteiligten helfen, wenn etwa Unregelmäßigkeiten bei dem eingeschalteten Erbringer von Postdienstleistungen oder solche jedenfalls für den betreffenden Bezirk des jeweiligen Erbringers bekannt geworden sind.

52 Welche **Anforderungen an die Darlegung bzw. Annahme eines atypischen Geschehensablaufs** zu stellen sind, lässt sich abstrakt kaum näher festlegen, sondern hängt stets von den konkreten Umständen des Einzelfalls ab. Unter Umständen kann es im Einzelfall ausreichen, wenn der Adressat in durchweg glaubhafter Weise darlegt, dass er das mit einfacher Post übermittelte Dokument nicht erhalten hat, und nichts gegen diese Möglichkeit spricht (vgl. OVG Nordrhein-Westfalen NVwZ 2004, 120 für § 122 Abs. 2 Nr. 1 AO). Angaben des Beteiligten über ein nicht oder verspätet angekommenes Schriftstück werden allerdings regelmäßig nicht als glaubhaft einzuordnen sein, wenn vorher bei dem Beteiligten bereits mehrfach gerichtliche oder behördliche Briefsendungen nicht angekommen sind. Dies erscheint nämlich nach der Lebenserfahrung unwahrscheinlich.

53 Soweit es i.R.d. Abs. 2 Satz 2 auf den Zugang des Schriftstücks ankommt, sind die im Zivilrecht geltenden Grundsätze über den Zugang von Willenserklärungen entsprechend anzuwenden. Insoweit ist auf die Kommentierungen zu § 130 Abs. 1 BGB zu verweisen (vgl. z.B. PWW/*Ahrens* § 130 BGB Rn. 8 ff.).

54 Der Beteiligte muss zur Widerlegung der Bekanntgabevermutung seine (konkreten) Angaben zum fehlenden oder späteren Zugang glaubhaft machen. Für die Glaubhaftmachung gilt § 31. Nach § 31 Abs. 1 kann der Beteiligte sich zur Glaubhaftmachung seiner Angaben auch der eidesstattlichen Versicherung bedienen.

55 Wenn der Beteiligte durch entsprechende Angaben und Beweismittel (zunächst) glaubhaft gemacht hat, dass ihm das zur Post gegebene Schriftstück nicht oder nur verspätet zugegangen ist, hat das Gericht, wenn irgendwelche Ansätze für weitere Ermittlungen bestehen, von Amts wegen (§ 26) den Sachverhalt weiter aufzuklären. Dabei können alle denkbaren zulässigen Beweismittel herangezogen werden; insb. könnten hier die Grundsätze des Indizienbeweises von praktischer Bedeutung sein. Wenn die Amtsaufklärung des Gerichts ohne Ergebnis bleibt und weiterhin von der Widerlegung der Vermutung nach Abs. 2 Satz 2 auszugehen ist, kann eine Bekanntgabe des Schriftstücks nicht zugrunde gelegt werden.

56 Hat der Beteiligte einen späteren, über den 3-Tages-Zeitraum hinausreichenden Zugangszeitpunkt glaubhaft gemacht, ist von der Bekanntgabe des Schriftstücks erst zu diesem späteren Zeitpunkt auszugehen.

57 **III. Rechtswirkungen der Zustellung und der Postübersendung und deren Mängel.** Die ordnungsgemäße Zustellung des Dokuments nach den Vorschriften der ZPO und eine ordnungsgemäße Übersendung des

Dokuments durch die Post mit vermutetem Zugang beim Adressaten gem. Abs. 2 führen jeweils zur **Bekanntgabe des Inhalts des Dokuments**.

Welche **Rechtswirkungen** die Bekanntgabe des Dokumenteninhalts hat, hängt vom jeweiligen Dokumenteninhalt und den für diesen Inhalt geltenden Rechtsregeln ab. Bezieht sich die Bekanntgabe auf einen Beschluss nach § 38 und ist dieser dem Beteiligten, für den er seinem wesentlichen Inhalt nach bestimmt ist, wirksam bekannt gegeben worden, wird der Beschluss grds. nach § 40 Abs. 1 wirksam (vgl. § 40 Rdn. 15 ff.). Ausnahmen (Wirksamkeit erst mit Rechtskraft) ergeben sich etwa für Beschlüsse mit den in § 40 Abs. 2 und 3 genannten Beschlussgegenständen. 58

Bei den in Abs. 1 genannten Dokumenten, die eine Fristsetzung enthalten oder nach ihrem Inhalt den Lauf einer Frist auslösen, führt die Bekanntgabe dazu, dass die Fristsetzung ggü. dem Adressaten wirksam wird bzw. ihm ggü. der Lauf der Frist ausgelöst wird. Die Bekanntgabe eines Dokuments mit einer Terminsbestimmung lässt diese ggü. dem Adressaten wirksam werden. Es wird insgesamt davon auszugehen sein, dass grds. – vorbehaltlich spezieller gesetzlicher Regelungen für einzelne Bereiche des FamFG – mit der ordnungsgemäßen Bekanntgabe des Dokuments dessen Inhalt ggü. dem Adressaten wirksam wird. 59

Klärungsbedürftig wird sein, welche Rechtsfolgen **Mängel der Zustellung und der Postübersendung** für die Bekanntgabe und deren Rechtswirkungen haben. 60

Bei **Mängeln einer Zustellung** nach den Vorschriften der ZPO (Abs. 2 Satz 1 1. Alt) wird es auf eine Heilung des Mangels nach § 189 ZPO ankommen (vgl. BGH NJW 2015, 2576). Danach stehen Mängel der Zustellung, auch eine Verletzung zwingender Zustellungsvoraussetzungen, und ein fehlender Nachweis einer ordnungsgemäßen Zustellung der Annahme einer Zustellung nicht entgegen, wenn feststeht, dass das Dokument der Person, an die die Zustellung dem Gesetz gemäß gerichtet war oder hätte gerichtet werden können, tatsächlich zugegangen ist. Ein tatsächlicher Zugang ist dabei anzunehmen, wenn das Dokument so in den Machtbereich des maßgebenden Adressaten gelangt ist, dass er es behalten konnte und Gelegenheit zur Kenntnisnahme vom Inhalt hatte (BGH NJW 2001, 1946, 1947; 1978, 426; Musielak/*Wittschier* § 189 ZPO Rn. 3). Tritt nach diesen Grundsätzen eine Heilung des Zustellungsmangels ein, muss auch von der Wirksamkeit der Bekanntgabe ausgegangen werden. Fehlt dagegen eine entsprechende Heilung durch Zugang des Dokuments beim maßgebenden Adressaten, scheiden eine wirksame Zustellung und damit auch eine wirksame Bekanntgabe des Dokuments an den Adressaten aus. Die mit der Bekanntgabe verbundenen Rechtswirkungen können ggü. dem Adressaten dann ebenfalls nicht eintreten. Dies erscheint auch sachgerecht im Hinblick darauf, dass bei dieser Fallgestaltung dem maßgebenden Adressaten typischerweise noch nicht einmal die Möglichkeit einer Kenntnisnahme vom Dokumenteninhalt verschafft wurde. 61

Entsprechendes muss auch bei einer **Postübermittlung mit der Zugangsvermutung** nach Abs. 2 Satz 2 gelten. Wenn die Postübermittlung nicht wirksam erfolgt ist (z.B. das Schriftstück nicht unter der richtigen Anschrift des Adressaten zur Post gegeben worden ist) und deshalb die Zugangsvermutung nicht eingreift, muss zumindest der tatsächliche Zugang feststehen. Nur dann ist es gerechtfertigt, dass der maßgebende Adressat die intendierte Bekanntgabe des Schriftstücks gegen sich gelten lassen muss (für entspr. Anwendung des § 189 ZPO OLG München FamRZ 2012, 1405, 1406). 62

Zum ähnlich gelagerten Fall einer vom Adressaten durch Vortrag von Indizien zunächst widerlegten Bekanntgabevermutung vgl. oben Rdn. 55. 63

C. Formlose Mitteilung. I. Anwendungsbereich der formlosen Mitteilung. § 15 Abs. 3 entspricht weitgehend § 329 Abs. 2 Satz 1 ZPO und § 16 Abs. 2 Satz 2 FGG, der sich allerdings nur auf Verfügungen bezog, mit deren Bekanntmachung nicht eine Frist in Lauf gesetzt wurde. Die neue Regelung in § 15 Abs. 3 bezieht sich nunmehr auf **Dokumente jeglicher Art**. 64

Inhalt des Dokuments können Verfügungen jeglicher Art sein (insb. Zwischenverfügungen, mit denen einem Beteiligten die Beseitigung eines seinem Antrag/Begehren entgegenstehenden Hindernisses aufgegeben wird), aber auch rechtliche Hinweise jeder Art, verfahrensleitende Anordnungen (z.B. Anordnung einer Beweiserhebung, Ersuchen ggü. Behörden) oder Mitteilungen an Beteiligte, Behörden oder sonstige Dritte sein. 65

Der **Begriff des Dokuments** ist hier ebenfalls weit zu fassen; vgl. oben Rdn. 8. 66

Der Anwendungsbereich des § 15 Abs. 3 wird i.Ü. negativ bestimmt. § 15 Abs. 3 gilt, **soweit eine förmliche Bekanntgabe nicht geboten ist**, d.h. soweit durch den Inhalt des Dokuments weder eine Frist bestimmt noch eine Frist (z.B. eine Rechtsmittelfrist) in Lauf gesetzt wird, das Dokument weder eine Terminsbestimmung enthält noch eine förmliche Bekanntgabe durch eine andere, spezielle gesetzliche Regelung zwingend vorgesehen ist (wie etwa für Endentscheidungen enthaltene gerichtliche Beschlüsse nach § 41 Abs. 1). 67

68 Auch wenn eine förmliche Bekanntgabe des Dokuments nicht geboten und eine formlose Mitteilung zulässig ist, steht es im Ermessen des Gerichts, ob es von der Möglichkeit der formlosen Mitteilung Gebrauch macht. Es steht ihm frei, gleichwohl den Weg der förmlichen Bekanntgabe nach Abs. 2 zu wählen. Letzteres kann im Einzelfall sinnvoll oder geboten erscheinen, wenn es etwa um die Übermittlung sensibler Daten geht oder dem Inhalt des Dokuments besondere Bedeutung zukommt (dazu Begr. des RegE BT-Drucks. 16/6308, 183).

69 II. Arten der formlosen Mitteilung, Wirksamwerden des Dokumenteninhalts. Dokumente mit Inhalten, die nicht der förmlichen Bekanntgabe bedürfen, können den Beteiligten formlos, d.h. in jeder denkbaren Form, mitgeteilt werden. Die Art der Mitteilung liegt dabei grds. im Ermessen des Gerichts. In Betracht kommt bspw. eine Mitteilung durch einfachen Brief, Fernschreiben, Telefax oder anderweitige Fernübertragung, aber auch durch E-Mail (ohne dass es einer elektronischen Signatur bedarf) oder zu Protokoll einer Sitzung. Nach § 16 Abs. 2 Satz 2 FGG ist auch eine mündliche oder fernmündliche Mitteilung (vgl. OLG Hamm Rpfleger 1987, 251) sowie eine Mitteilung durch Vermittlung Dritter (vgl. BayObLG NJW 1960, 2188) für zulässig erachtet worden. Diese Grundsätze dürften auch nach § 15 Abs. 3 weiterhin gelten (ebenso MüKoZPO/*Pabst* § 15 FamFG Rn. 5).

70 Die in dem Dokument enthaltene Erklärung oder der darin enthaltene sonstige gerichtliche Akt wird mit der formlosen Mitteilung an den Beteiligten diesem ggü. wirksam; hierfür reicht nicht die Absendung der Mitteilung aus, erforderlich ist vielmehr deren Zugang (nach allgemeinen zivilrechtlichen Grundsätzen; ebenso Prütting/Helms/*Ahn-Roth* § 15 FamFG Rn. 70).

71 III. Aktenvermerk über die Mitteilung. § 16 Abs. 2 Satz 2 FGG sah als Sollvorschrift vor, dass in den Akten vermerkt werden sollte, in welcher Weise, an welchem Ort und an welchem Tage eine Bekanntmachung, die eine Zustellung nicht erforderte, ausgeführt worden ist. Eine entsprechende Regelung sieht § 15 Abs. 3 nicht mehr vor. Dieser Vermerk diente dem Nachweis der Ausführung der Mitteilung (vgl. BayObLG FamRZ 1975, 647, 649; OLG Hamm RPfleger 1987, 251, 253; KKW/*Schmidt* § 16 FGG Rn. 69). Auch nach FamFG dürfte ein Bedürfnis bestehen, den Nachweis der erfolgten formlosen Mitteilung durch einen entsprechenden Aktenvermerk zu sichern (so auch Prütting/Helms/*Ahn-Roth* § 15 FamFG Rn. 69). Für die Wirksamkeit und den Eintritt der Wirkungen der (formlosen) Mitteilung hat jedoch ein entsprechender Aktenvermerk oder sein Fehlen keine Auswirkungen, wovon auch bereits nach der alten Rechtslage ausgegangen worden war (vgl. Prütting/Helms/*Ahn-Roth* § 15 FamFG Rn. 69).

72 IV. Verzicht auf formlose Mitteilung. Wenn es einer förmlichen Bekanntgabe nicht bedarf, sondern eine formlose Mitteilung erfolgen kann, kommt grds. ein Verzicht des Beteiligten auf eine solche Mitteilung in Betracht. Es bedarf dazu allerdings einer hinreichend eindeutigen Verzichtserklärung.

§ 16 Fristen.

(1) Der Lauf einer Frist beginnt, soweit nichts anderes bestimmt ist, mit der Bekanntgabe.
(2) Für die Fristen gelten die §§ 222 und 224 Abs. 2 und 3 sowie § 225 der Zivilprozessordnung entsprechend.

Übersicht

	Rdn.		Rdn.
A. Allgemeines	1	II. Fristende	19
B. Beginn des Fristlaufs	7	III. Wochenend- und Feiertage bei der	
C. Fristberechnung	14	Fristberechnung	25
I. Fristbeginn	15	D. Änderung von Fristen	29

1 A. Allgemeines. § 16 enthält grundlegende Regelungen zu Fristen, deren Beginn und Berechnung; er umfasst den früheren Regelungsbereich der §§ 16 Abs. 2 Satz 1, 17 FGG.

2 Abs. 1 enthält eine sich an §§ 221 ZPO, 57 Abs. 1 VwGO anlehnende Regelung zum grundsätzlichen Beginn einer in Lauf gesetzten Frist.

3 Abs. 2 verweist wegen der Berechnung und Änderung von Fristen nunmehr in vollem Umfang auf Vorschriften der ZPO. Auf eine eigenständige Regelung zur Fristberechnung, wie sie in § 17 FGG (in allerdings lückenhafter Weise) enthalten war, wird verzichtet.

§ 16 enthält eine Grundsatzregelung für **Fristen**. Im Gegensatz zu einem **Termin**, der den Zeitpunkt festsetzt, zu dem ein Vorgang von rechtlicher Bedeutung stattfinden soll, bestimmt die Frist einen Zeitraum, in dem ein Beteiligter eine Handlung von rechtlicher Bedeutung vorzunehmen hat (Handlungsfristen) oder der der Vorbereitung auf einen Termin dienen soll (Zwischenfristen; zu den Begriffen vgl. auch Keidel/*Sternal* § 16 FamFG Rn. 3 ff.). 4

§ 16 gilt für sämtliche Bereiche der freiwilligen Gerichtsbarkeit, soweit nicht gesetzlich geregelte Bereichsausnahmen (z.B. § 113 Abs. 1) eingreifen. § 16 ist sowohl auf **gesetzliche Fristen**, für die kennzeichnend ist, dass das Gesetz die Frist und deren Dauer vorgibt (z.B. Rechtsmittelfristen), als auch auf **gerichtliche Fristen** anwendbar, deren Dauer durch das Gericht festgelegt wird (die Fristsetzung mag dabei im Gesetz vorgesehen sein). 5

Daneben sind schließlich noch **vereinbarte Fristen** denkbar, die sich aus (soweit zulässig) Vereinbarungen von Beteiligten ergeben (z.B. Frist für einen Vergleichswiderruf). Auch darauf dürfte § 16 (jedenfalls Abs. 2) anwendbar sein, wenn sich aus der Vereinbarung nichts anderes ergibt. 6

B. Beginn des Fristlaufs. Abs. 1 stellt den Grundsatz auf, dass der Lauf einer Frist mit der Bekanntgabe des gerichtlichen Akts oder eines sonstigen Dokuments beginnt. 7

Für den **Fristbeginn** wird damit an die **Bekanntgabe** i.S.d. § 15 Abs. 1 angeknüpft. Wegen der Voraussetzungen der Bekanntgabe und deren Zeitpunkt wird auf die Kommentierung dort (§ 15 Rdn. 7 ff.) verwiesen. 8

Die Regelung aus Abs. 1 über den Fristbeginn gilt dann nicht, wenn etwas anderes bestimmt ist. Die **anderweitige Bestimmung** kann sich aus einer speziellen gesetzlichen Regelung (z.B. in § 18 Abs. 1 – Wegfall des Hindernisses; § 63 Abs. 3 Satz 2 – 5 Monate nach Erlass des Beschlusses) oder – bei gerichtlichen Fristen – aus einer anderweitigen gerichtlichen Anordnung ergeben. 9

Das Fehlen der bei Beschlüssen allgemein vorgesehenen **Rechtsbehelfsbelehrung** (vgl. § 39) oder Fehler der Rechtsbehelfsbelehrung schließen grds. den Beginn einer mit Bekanntgabe in Lauf gesetzten Rechtsbehelfsfrist nicht aus, wie aus § 17 Abs. 2 herzuleiten ist, der in diesen Fällen eine Vermutung fehlenden Verschuldens vorsieht und damit die Möglichkeit der Wiedereinsetzung in den vorigen Stand eröffnet. 10

Bei mehreren Beteiligten ist grds. der Beginn der Frist nach Abs. 1 durch Bekanntmachung und der Fristablauf für jeden einzelnen Beteiligten gesondert festzustellen. Danach kommt bei mehreren Beteiligten ein unterschiedlicher Fristablauf in Betracht. 11

Zu beachten ist allerdings, dass das Gesetz in einigen Bereichen Sonderregelungen vorsieht, die eine Vereinheitlichung des Fristenlaufs anordnen und Vorrang haben (vgl. z.B. § 360 Abs. 1). 12

Der grds. jeweils gesondert festzustellende Fristbeginn durch Bekanntgabe an den jeweiligen Beteiligten ist zu unterscheiden vom Wirksamwerden des gerichtlichen Aktes. Zum Wirksamwerden von gerichtlichen Beschlüssen, die eine Endentscheidung enthalten (§ 38), vgl. § 40 Rdn. 13 ff. 13

C. Fristberechnung. Für die Berechnung verfahrensrechtlicher Fristen verweist § 16 Abs. 2 auf die Vorschrift des § 222 ZPO, die ihrerseits die für die Berechnung von Fristen geltenden Vorschriften des BGB (§§ 187 ff.) in Bezug nimmt. Diese Vorschriften sind insgesamt anwendbar, soweit sich aus dem FamFG oder dem in Bezug genommenen § 222 ZPO nichts Abweichendes ergibt. 14

I. Fristbeginn. Wenn – wie hier meist relevant – für den Anfang einer Frist ein **Ereignis** (Bekanntgabe eines Dokuments) oder **ein in den Lauf eines Tages fallender Zeitpunkt** maßgebend ist, wird bei der Berechnung der Frist der Tag nicht mitgerechnet, in welchen das Ereignis oder der Zeitpunkt fällt (§ 187 Abs. 1 BGB). Der nachfolgende Tag ist danach der erste Tag der Frist. Dies gilt auch, wenn der nachfolgende Tag (erster Tag der Frist) ein Samstag, Sonntag oder Feiertag ist. 15

Wird für die Bekanntgabe nach § 15 Abs. 2 Satz 1, 2. Alt von der Übermittlung durch Erbringer von Postdienstleistungen Gebrauch gemacht und gilt danach die Bekanntgabe am dritten Tag nach Aufgabe zur Post als bewirkt, so ist § 187 Abs. 1 BGB anwendbar (der Tag der vermuteten Bekanntgabe wird also nicht mitgezählt; vgl. dazu auch § 15 Rdn. 46 ff.). 16

Wenn der **Beginn eines Tages** für den Anfang einer Frist maßgebend ist (in Betracht kommt dies etwa bei – eher seltenen – gerichtlichen Fristen, deren Beginn auf einen bestimmten Kalendertag, z.B. »ab 1.6.2007«, festgesetzt worden ist), so wird dieser Tag in die Frist eingerechnet (§ 187 Abs. 2 BGB). 17

Die dargestellten Grundsätze gelten entsprechend bei **nach Stunden bemessenen Fristen**. Die Berechnung erfolgt nach vollen Stunden. Eine angebrochene Stunde, in die ein fristauslösendes Ereignis fällt, wird entsprechend § 187 Abs. 1 BGB nicht mitgerechnet (vgl. Musielak/*Stadler* § 222 ZPO Rn. 6). 18

19 **II. Fristende.** Eine **nach Tagen bemessene Frist** (z.B. eine entsprechende gerichtliche Frist) endet nach § 188 Abs. 1 BGB mit dem Ablauf des letzten Tages der Frist (24.00 Uhr). Entsprechendes gilt für **Stundenfristen.**

20 Eine **Frist, die nach Wochen oder nach Monaten bemessen ist**, endet **im Fall des § 187 Abs. 1 BGB** (Fristanfang durch ein Ereignis oder einen in den Lauf des Tages fallenden Zeitpunkt) mit dem Ablauf desjenigen Tages der letzten Woche oder des letzten Monats, welcher durch seine Benennung oder seine Zahl dem Tage entspricht, in den das Ereignis oder der Zeitpunkt fällt (§ 188 Abs. 2, 1. Alt). Entsprechendes gilt für einen mehrere Monate umfassenden Zeitraum (2 Monate, Vierteljahr, halbes Jahr, Jahr). Bei Zustellung am Donnerstag, 03.05., endet z.B. eine dadurch in Lauf gesetzte Wochenfrist am Donnerstag der nächsten, übernächsten oder sonst maßgebenden letzten Woche, eine in Lauf gesetzte Monatsfrist am 3. des nächsten, übernächsten oder sonst maßgebenden letzten Monats.

21 In den **Fällen des § 187 Abs. 2 BGB** (Fristbeginn zu Beginn des Tages; z.B. Beginn Donnerstag 03.05.) endet die Frist nach § 188 Abs. 2, 2. Alt BGB bereits mit Ablauf desjenigen Tages der letzten Woche oder des letzten Monats, der dem Tag vorhergeht, der durch Benennung oder Zahl dem Anfangstag der Frist entspricht (im Beispielsfall eines Fristbeginns am Donnerstag, 03.05., am Mittwoch der letzten Woche um 24.00 Uhr bei einer Wochenfrist bzw. am 2. des letzten Monats um 24.00 Uhr bei einer Monatsfrist).

22 Fehlt bei einer Monatsfrist im letzten Monat der für ihren Ablauf maßgebende Tag, endet nach § 188 Abs. 3 BGB die Frist mit dem letzten Tag des Monats. So endet etwa bei einer für den Fristbeginn maßgebenden Zustellung am 31.08. eine Monatsfrist am 30.09., 24.00 Uhr, bei einer Zustellung am 31.01. liegt das Fristende am 28.02., 24.00 Uhr (bzw. in einem Schaltjahr am 29.02., 24.00 Uhr).

23 Für die Berechnung einer Frist von einem halben Jahr, einem Vierteljahr und einem halben Monat sind die näheren Bestimmungen zur Fristlänge in § 189 BGB zu beachten.

24 Die Beteiligten sind befugt, Handlungsfristen (zum Begriff Rdn. 4) in vollem Umfang auszuschöpfen (BVerfG NJW 1986, 244; NJW 1975, 1405; BGH NJW 1995, 521, 522). So kann ein fristgebundener Schriftsatz bis zum Fristende um 24.00 Uhr dem Gericht übermittelt werden, z.B. in den Gerichtsbriefkasten eingeworfen werden, auch wenn kein Nachtbriefkasten vorhanden ist und mit einer Leerung des Gerichtsbriefkastens am selben Tag nicht mehr zu rechnen ist (vgl. BVerfG NJW 1991, 2076; BGH NJW 1984, 1237; NJW-RR 2001, 280). Bei Fallgestaltungen der letztgenannten Art können sich jedoch Beweisschwierigkeiten ergeben, die sich ggf. zulasten des betreffenden Beteiligten auswirken (Zöller/*Stöber* § 222 ZPO Rn. 8); die Frage des rechtzeitigen Eingangs des Schriftsatzes ist ggf. im Wege des Freibeweises zu klären. Auch sind bei vollständiger Ausschöpfung der Frist spezielle Sorgfaltsanforderungen zu beachten; der Beteiligte muss dann mit der gebotenen Sorgfalt jedenfalls alle möglichen und zumutbaren Maßnahmen ergreifen, um den Zugang des Schriftsatzes oder des sonstigen Dokuments bei Gericht auf dem gewählten Übermittlungsweg innerhalb des noch zur Verfügung stehenden Zeitraums sicherzustellen (z.B. muss bei der Telefax-Übermittlung ein für die Länge des Schriftsatzes angemessener Zeitraum berücksichtigt werden, in dem der Schriftsatz dem Gericht vollständig und sicher übermittelt werden kann).

25 **III. Wochenend- und Feiertage bei der Fristberechnung.** Wenn das Ende einer Frist auf einen Sonntag, einen allgemeinen Feiertag oder einen Sonnabend fällt, endet nach § 222 Abs. 2 ZPO die Frist mit Ablauf des nächsten Werktages, bei Fristende an einem Sonnabend oder Sonntag also am Montag, 24.00 Uhr.

26 Mit den allgemeinen Feiertagen i.S.d. § 222 Abs. 2 ZPO sind nur die gesetzlichen (durch Bundes- oder Landesrecht bestimmten) Feiertage gemeint (allg. Meinung, vgl. z.B. Musielak/*Stadler* § 222 ZPO Rn. 8). Nicht relevant sind danach Tage, die Werktage sind, an denen aber in bestimmten Bereichen, Orten oder Gegenden üblicherweise nicht gearbeitet wird (z.B. Heiligabend, Silvestertag, Karnevalstage oder Kirmes-/Schützenfesttage); entsprechende Fristen laufen hier ab.

27 Im Hinblick auf die Unterschiede in den Feiertagsregelungen der Bundesländer (die teilweise für einzelne Regionen noch unterschiedliche Regelungen enthalten) ist zu beachten, dass jeweils das Recht des Gerichtsortes oder ggf. des sonstigen Ortes maßgebend ist, an dem die fristgebundene Handlung vorzunehmen ist. Nicht entscheidend ist danach das Feiertagsrecht des Kanzleiorts des jeweiligen Verfahrensbevollmächtigten der Beteiligten (vgl. Musielak/*Stadler* § 222 ZPO Rn. 8).

28 Wenn – was selten vorkommen dürfte – eine Frist nach Stunden bestimmt ist, werden Sonntage, allgemeine Feiertage und Sonnabende nicht mitgerechnet (Abs. 2, § 222 Abs. 3 ZPO). Der Ablauf der Stundenfrist ist an den genannten Tagen in vollem Umfang (von 0.00 Uhr bis 24.00 Uhr) gehemmt.

D. Änderung von Fristen. Aus Abs. 2 i.V.m. § 224 Abs. 2 ZPO folgt, dass **richterliche Fristen** auf Antrag 29
vom Gericht abgekürzt oder verlängert werden können, wenn erhebliche Gründe vorhanden sind und
glaubhaft gemacht werden. **Gesetzliche Fristen** können unter den gleichen Voraussetzungen vom Gericht
abgekürzt oder verlängert werden, dies allerdings nur, wenn dies für die jeweilige gesetzliche Frist vorgesehen ist (vgl. Musielak/*Stadler* § 224 ZPO Rn. 3; Zöller/*Stöber* § 224 ZPO Rn. 6). Gesetzlich vorgesehen ist
etwa eine Verlängerung der Rechtsbeschwerdebegründungsfrist (§ 71 Abs. 2 Satz 3 i.V.m. § 551 Abs. 2
Satz 5 und 6 ZPO); bei den Rechtsmitteleinlegungsfristen ergibt sich aus dem Gesetz eine solche Möglichkeit nicht.

Für die Friständerung müssen stets **erhebliche Gründe** vorliegen, d.h. Umstände von einigem Gewicht, die 30
die Beibehaltung der Frist für den betreffenden Beteiligten, der Friständerung beantragt, nicht zumutbar
oder zumindest unangemessen erscheinen lassen. Die erheblichen Gründe sind glaubhaft zu machen; entsprechend bisheriger Praxis dürften dabei grds. plausible Erklärungen des Verfahrensbevollmächtigten (ggf.
auch eines Beteiligten) genügen.

Die Bewilligung der Abkürzung oder Verlängerung steht im Ermessen des Gerichts. Bei dieser Ermessens- 31
entscheidung ist eine umfassende Berücksichtigung und Abwägung der Interessen der Beteiligten erforderlich; dabei ist auch das Gebot der Verfahrensbeschleunigung zu berücksichtigen.

Bei **Berechnung der verlängerten Frist** ist zunächst der reguläre Ablauf der bisher geltenden Frist fest- 32
zustellen und von diesem Zeitpunkt ab die Verlängerung zu berechnen (Abs. 2 i.V.m. § 224 Abs. 3 ZPO), es
sei denn, das Gericht hat bei Entscheidung über die Fristverlängerung etwas anderes bestimmt. Bei einer
Fristverlängerung des Gerichts ist es vielfach üblich und aus Gründen der Klarheit und Sicherheit auch
empfehlenswert, das Ende der verlängerten Frist taggenau festzulegen.

Die **Entscheidung des Gerichts über die Abkürzung oder Verlängerung einer Frist** kann ohne mündliche 33
Verhandlung ergehen (Abs. 2 i.V.m. § 225 Abs. 1 ZPO). Stets bedarf es des Antrags eines Beteiligten. Der
Antrag muss noch während der laufenden Frist bei Gericht eingehen; wenn die Frist abgelaufen ist, kommt
ein Fristverlängerungsverfahren nicht mehr in Betracht.

Bei fristgerechtem Eingang des Verlängerungsantrags ist nach gesicherter Rspr. eine Fristverlängerung auch 34
noch nach regulärem Ablauf der Frist (rückwirkend) möglich (vgl. BGHZ [GrS] 83, 217, 221; BGH NJW
1992, 842; Musielak/*Stadler* § 224 ZPO Rn. 4).

Eine Abkürzung einer Frist oder eine wiederholte Verlängerung einer Frist darf nur nach Anhörung des 35
Gegners bewilligt werden (Abs. 2 i.V.m. § 225 Abs. 2 ZPO).

Die Entscheidung des Gerichts, mit der ein Gesuch um Verlängerung einer Frist zurückgewiesen wird, ist 36
nach dem Gesetz nicht mit einem **Rechtsmittel** anfechtbar (Abs. 2 i.V.m. § 225 Abs. 3 ZPO). Rechts- und
Ermessensfehler können jedoch ggf. im Rahmen eines Rechtsmittels, etwa unter dem Gesichtspunkt der
Verletzung rechtlichen Gehörs, geltend gemacht werden (vgl. § 58 Abs. 2 FamFG).

Ob die Ablehnung einer beantragten Fristverkürzung anfechtbar ist (mit der sofortigen Beschwerde), ist
streitig (bejahend Keidel/*Sternal* § 16 FamFG Rn. 39; Zöller/*Stöber* § 225 ZPO Rn. 8; a.A. Musielak/*Stadler*
§ 225 ZPO Rn. 4); die Frage dürfte nach dem Rechtsmittelsystem des FamFG eher zu verneinen sein.

Auch bei einer Bewilligung einer Abkürzung oder Verlängerung scheidet ein Rechtsmittel gegen die Bewil- 37
ligungsentscheidung aus (vgl. BGH NJW 1988, 268 – für Verlängerung; Zöller/*Stöber* § 225 ZPO Rn. 8).

Eine **Verkürzung gesetzlicher oder richterlicher Fristen** durch **Vereinbarung der Beteiligten** dürfte im 38
Bereich des FamFG nicht in Betracht kommen. Dies ist zwar in § 224 Abs. 1 ZPO (mit Ausnahme von Notfristen) vorgesehen. Diese Regelung wird jedoch durch die Bezugnahme in Abs. 2 gerade ausgespart.

§ 17 Wiedereinsetzung in den vorigen Stand.
(1) War jemand ohne sein Verschulden verhindert, eine gesetzliche Frist einzuhalten, ist ihm auf Antrag Wiedereinsetzung in den vorigen Stand zu gewähren.
(2) Ein Fehlen des Verschuldens wird vermutet, wenn eine Rechtsbehelfsbelehrung unterblieben oder fehlerhaft ist.

Übersicht

	Rdn.		Rdn.
A. Allgemeines	1	I. Fristversäumung	17
B. Anwendungsbereich	7	II. Für die Fristversäumung kausal gewordenes Hindernis	19
C. Voraussetzungen für die Gewährung der Wiedereinsetzung	17	III. Fehlendes Verschulden	27

§ 17 Buch 1. Allgemeiner Teil

	Rdn.		Rdn.
1. Maßstäbe und Grundsätze fehlenden Verschuldens	27	IV. Fallgruppen (Einzelfälle)	57
2. Vermutung fehlenden Verschuldens nach Abs. 2	32	1. Hinderungsgründe in der Person oder der Sphäre des Beteiligten	58
3. Fehlendes Verschulden bei Vertretung	40	2. Hindernisse außerhalb der Sphäre des Beteiligten und bei der Übermittlung des fristgebundenen Dokuments	72
4. Ausnahmsweise Wiedereinsetzung trotz vorhandenen Verschuldens? (Kontrolle der Kausalität und Überlegungen wertender Zurechnung)	50	3. Spezielle Hinderungsgründe im Bereich des (anwaltlichen) Vertreters	80

1 **A. Allgemeines.** Bei der Wiedereinsetzung geht es um eine gerichtliche Entscheidung über die Aufhebung der Säumnisfolgen und die Zulassung der rechtswirksamen Nachholung einer von einem Beteiligten versäumten Verfahrenshandlung.

2 Die Rechtssicherheit würde an sich gebieten, bei der Versäumung von prozessualen Fristen stets von einer Ausschlusswirkung der Fristversäumung auszugehen. Dies würde jedoch in Ausnahmefällen, in denen ein solcher Rechtsverlust für den Betroffenen unzumutbar wäre, weil er die Frist trotz Einhaltung der gebotenen Sorgfalt versäumt hat, in Konflikt mit anderen wesentlichen Grundsätzen der Rechtsstaatlichkeit geraten, insb. der Garantie effektiven Rechtsschutzes, des Rechts auf Gehör und der anzustrebenden materiellen Gerechtigkeit im Einzelfall. Für solche Ausnahmefälle, in denen bei typisierender Abwägung der kollidierenden Interessen der individuellen Rechtsgewähr des schuldlos säumigen Betroffenen Vorrang vor dem Grundsatz der Rechtssicherheit zukommen muss, sieht § 17 die Wiedereinsetzung in den vorigen Stand vor (vgl. zu einer solchen typisierenden Abwägung bei der Wiedereinsetzung BVerfGE 60, 253, 269; 85, 337, 345; 88, 118, 123).

3 Diese Abwägung muss auch Auslegung und Anwendung der Vorschriften über die Wiedereinsetzung prägen. Der hohe Wert der Rechtssicherheit gebietet es, regelmäßig strenge Anforderungen an die subjektiven Voraussetzungen eines fehlenden Verschuldens des Beteiligten zu stellen. Andererseits können die Garantie effektiven Rechtsschutzes und die Gewährleistung rechtlichen Gehörs dafür sprechen, den objektiven Anwendungsbereich des § 17 nicht zu eng abzustecken, und evtl. sogar eine analoge Anwendung der Vorschrift gebieten.

4 Das FGG enthielt eine Regelung über die Wiedereinsetzung bei Versäumung der Frist für die sofortige Beschwerde (§ 22 Abs. 2 FGG), die aufgrund gesetzlicher Bezugnahme und aufgrund Analogie auf die Versäumung anderer, weiterer Fristen ausgedehnt wurde (vgl. Jansen/*Briesemeister* § 22 FGG Rn. 44). Eine umfassende allgemeine Regelung fehlte jedoch. Der Anwendungsbereich der Wiedereinsetzung ist im FamFG – wie dies auch in anderen Verfahrensordnungen vorgesehen ist (vgl. § 60 VwGO, § 56 FGO) – deutlich weiter gefasst und lässt die Wiedereinsetzung allgemein bei der Versäumung gesetzlicher Fristen zu. Damit sollen – wie es in der Begründung des RegE heißt – bisher bestehende Gesetzeslücken hinsichtlich der Wiedereinsetzung geschlossen werden (vgl. BT-Drucks. 16/6308, 183).

5 Abs. 1 regelt die allgemeinen Voraussetzungen, bei deren Vorliegen Wiedereinsetzung zu gewähren ist.

6 Abs. 2 knüpft an die nach § 39 vorgesehene Rechtsbehelfsbelehrung an und begründet im Fall fehlender oder fehlerhafter Belehrung eine Vermutung für ein fehlendes Verschulden an der Versäumung der gesetzlichen Frist. Die Regelung ähnelt § 44 Satz 2 StPO und folgt den Grundsätzen, die der BGH für unterlassene Rechtsmittelbelehrungen in WEG-Sachen entwickelt hat (vgl. BGHZ 150, 390).

7 **B. Anwendungsbereich.** Die §§ 17 bis 19 über die Wiedereinsetzung **sind grds. auf alle Verfahren nach § 1 FamFG anwendbar**. Eine **Ausnahme** gilt für Ehesachen und Familienstreitsachen nach § 113 Abs. 1. Hier gilt die ZPO; in diesen Verfahren wird vom BGH allerdings §°17 Abs. 2 analog herangezogen (BGH FamRZ 2012, 1287, 1288 m. Anm. *Löhnig*), was sich nach entsprechender Angleichung des § 233 ZPO zum 01.01.2014 erübrigt haben dürfte.

Die Regelung über die Wiedereinsetzung ist anwendbar bei allen **gesetzlichen Fristen**. In der gewählten Gesetzesformulierung kommt eindeutig zum Ausdruck, dass die Regelung nicht nur für die Einlegungsfrist von förmlichen Rechtsmitteln des 5. Abschnitts (Beschwerde, Rechtsbeschwerde) gilt. Ihr Anwendungsbereich geht weiter und erfasst die Versäumung aller Fristen, die durch Gesetz für Verfahrenshandlungen von Beteiligten vorgegeben werden. Für einen solchen weiten Anwendungsbereich spricht insb. auch die soeben erwähnte Erweiterung des Anwendungsbereichs im Gesetzgebungsverfahren und die Begründung des RegE, in der ausgeführt wird, dass es bei der Neuregelung um eine Erweiterung des bisherigen, auf die sofortige Beschwerde beschränkten Anwendungsbereichs gehe und bei dieser Ausweitung an Regelungen anderer Verfahrensordnungen, nämlich § 60 VwGO und § 56 FGO, angeknüpft werden soll (BT-Drucks. 16/6308, 183). In den genannten Vorschriften der anderen beiden Verfahrensordnungen ist jedoch allgemein bei Versäumung gesetzlicher Fristen die Möglichkeit der Wiedereinsetzung vorgesehen.

Die Anwendbarkeit der Regelungen über die Wiedereinsetzung kann sich auch aus einer **spezialgesetzlichen Bezugnahme auf § 17** ergeben (wie z.B. in §§ 367, 368 Abs. 2; §§ 22 Abs. 2 Satz 2, 33 Abs. 3 Satz 4 GrdstVG, 35 Abs. 3 Satz 3 VerschG). Andererseits kommt auch ein **Ausschluss der Wiedereinsetzung für spezielle Regelungsbereiche** in Betracht, vgl. etwa § 48 Abs. 3. **8**

Für den Anwendungsbereich der Wiedereinsetzung kommt es nicht darauf an, ob die innerhalb der versäumten gesetzlichen Frist vorzunehmende Prozesshandlung ggü. dem Richter oder einer anderen Person (z.B. Rechtspfleger) hätte vorgenommen werden müssen. Auch bei Versäumung der Erinnerungsfrist nach § 11 Abs. 2 RPflG kommt eine Wiedereinsetzung in den vorigen Stand in Betracht (ebenso Prütting/Helms/*Ahn-Roth* § 17 FamFG Rn. 9). **9**

Schließlich ist davon auszugehen, dass auch wegen der **Versäumung der Wiedereinsetzungsfrist** des § 18 Abs. 1 Wiedereinsetzung gewährt werden kann (entspr. § 233 Abs. 1 ZPO; ebenso Bahrenfuss/*Bahrenfuss* § 17 FamFG Rn. 2). Insb. die Versäumung der Wiedereinsetzungsfrist sollte durch die erst im laufenden Gesetzgebungsverfahren eingeführte Erweiterung des Anwendungsbereichs der Wiedereinsetzung auf alle Fälle der Versäumung gesetzlicher Fristen erfasst werden (vgl. Gegenäußerung der BReg BT-Drucks. 16/6308, 405). Zur Ausschlussfrist des § 18 Abs. 4 vgl. Rdn. 15. **10**

Die Wiedereinsetzung in den vorigen Stand wird nicht dadurch ausgeschlossen, dass ein verspäteter Rechtsbehelf (z.B. eine verspätete Beschwerde) vom Gericht bereits (rechtskräftig) als unzulässig verworfen worden ist. Wird in solchen Fällen Wiedereinsetzung gewährt, wird die vorausgegangene Entscheidung über die Verwerfung des Rechtsbehelfs gegenstandslos (vgl. BayObLGZ 1963, 278, 281). Entsprechendes gilt auch bei Beantragung einer Wiedereinsetzung wegen Versäumung der Wiedereinsetzungsfrist bei bereits erfolgter Zurückweisung des ersten Wiedereinsetzungsantrags; die in Betracht kommende Gewährung der Wiedereinsetzung entzieht der vorausgegangenen ablehnenden Entscheidung die Grundlage (vgl. BGH NJW 2013, 697, 698). **11**

Auch nach dem hier vertretenen weiten Anwendungsbereich des § 17 Abs. 1 werden **nicht erfasst die vom Richter gesetzten Fristen** (vgl. OLG Hamm FGPrax 2003, 264). Insoweit geht es nicht um gesetzliche Fristen. Richterliche Fristen können bei Vorhandensein erheblicher Gründe vom Richter nach billigem Ermessen verlängert werden. Bei Ablauf der richterlichen Frist ist zwar eine Verlängerung der gesetzten Frist nicht mehr möglich. Bei unverschuldeter Fristversäumung kann jedoch zur Gewährleistung effektiven Rechtsschutzes und/oder ausreichenden rechtlichen Gehörs die Gewährung einer Nachfrist für den betroffenen Beteiligten in Betracht kommen. **12**

Auch bei **materiell-rechtlichen Fristen**, insb. bei **materiellen Ausschlussfristen**, d.h. aus dem materiellen Recht sich ergebenden Fristen, bei deren Nichteinhaltung der Verlust einer materiell-rechtlichen Position eintritt, kommt eine Wiedereinsetzung in den vorigen Stand nach § 17 grds. nicht in Betracht (vgl. OLG Düsseldorf FGPrax 2004, 27; BayObLG FGPrax 2004, 77; Bahrenfuss/*Bahrenfuss* § 17 FamFG Rn. 3a). Die Wiedereinsetzung ist als Einrichtung des Verfahrensrechts auf die Versäumung verfahrensrechtlicher Fristen bezogen und auf die Wiedereinräumung einer vor Fristversäumung vorhandenen Verfahrensrechtsposition ausgerichtet; sie ist kein Instrument des materiellen Rechts. Der RegE (BT-Drucks. 16/6308, 183) und auch die Erörterungen im Gesetzgebungsverfahren zur Erweiterung des Anwendungsbereichs des § 17 Abs. 1 (BT-Drucks. 16/6308, 364, 405; BT-Drucks. 16/9733, 353) befassen sich mit verfahrensrechtlichen Fristen und lassen nicht erkennen, dass eine Ausweitung des Anwendungsbereichs auf die Versäumung materiell-rechtlicher Fristen gewollt war. Auch die nach Formulierung und Systematik vergleichbaren Regelungen über die Wiedereinsetzung in anderen Verfahrensordnungen werden auf verfahrensrechtliche und grds. nicht auf materiell-rechtliche Fristen bezogen (vgl. Schoch/Schneider/*Bier* § 60 VwGO Rn. 7; Hübschmann/Hepp/Spitaler/*Söhn* § 56 FGO Rn. 35; anders für die im Wortlaut ähnliche Regelung des § 110 AO Tipke/Kruse/*Brandis* § 110 AO Rn. 4 i.V.m. § 108 AO Rn. 4, 9). **13**

Eine Anwendung auf materiell-rechtliche Fristen kann nur in Betracht kommen, wenn materielles Recht, etwa durch Bezugnahme, die §§ 17 ff. für anwendbar erklärt. **14**

15 Bei Versäumung der **in § 18 Abs. 4 vorgesehenen Ausschlussfrist** für die Wiedereinsetzung von einem Jahr ist entsprechend dem Zweck dieser Frist die Gewährung einer Wiedereinsetzung ausgeschlossen (ebenso Keidel/*Sternal* § 17 FamFG Rn. 7). Vgl. aber auch § 18 Rdn. 44 ff. Gleiches wäre auch bei anderen Fristen denkbar, wenn sie nach Systematik und Gesetzeszweck als definitive Ausschlussfristen verstanden werden müssen.

16 Bei **zwischen Beteiligten vereinbarten Fristen** kommt eine Wiedereinsetzung, die nach Abs. 1 nur bei gesetzlichen Fristen möglich ist, ebenfalls nicht in Betracht. Auch eine analoge Anwendung ist hier abzulehnen. Insb. ist eine Wiedereinsetzung bei verspätetem Widerruf eines (vor Gericht) unter Widerrufsvorbehalt geschlossenen Vergleichs ausgeschlossen (vgl. BGHZ 61, 394, 395; BGH NJW 1995, 521, 522; Prütting/Helms/*Ahn-Roth* § 17 FamFG Rn. 9a; a.A. *Säcker* NJW 1968, 708). Zu diskutieren ist, ob die Beteiligten im Rahmen vorhandener Dispositionsbefugnis über den Vergleichsgegenstand und die Widerrufsmodalitäten etwas anderes vereinbaren können (vgl. Zöller/*Greger* § 233 ZPO Rn. 7).

17 **C. Voraussetzungen für die Gewährung der Wiedereinsetzung. I. Fristversäumung.** Eine Wiedereinsetzung setzt **eine versäumte gesetzliche Frist** voraus. Gesetzliche Fristen können nicht nur dadurch versäumt werden, dass innerhalb des Fristlaufs die Prozesshandlung insgesamt unterbleibt, sondern auch dadurch, dass die Prozesshandlung nicht formgerecht erfolgt oder wesentlichen inhaltlichen Anforderungen nicht genügt und eine ordnungsgemäße Prozesshandlung erst nach Ablauf der Frist nachgeholt wird.

18 Bestehen Zweifel an der Einhaltung der betreffenden gesetzlichen Frist, kann es für den Beteiligten (bzw. seinen Verfahrensbevollmächtigten) geboten sein, hilfsweise Wiedereinsetzung zu beantragen. Bei solchen Zweifeln hat das Gericht grds. von Amts wegen (vorrangig) die Frage der Fristversäumung zu klären. Nach herrschender Meinung darf diese Frage nicht offen gelassen und jedenfalls Wiedereinsetzung gewährt werden (vgl. OLG Frankfurt AgrarR 1993, 395; Keidel/*Sternal* § 17 FamFG Rn. 10). Die besseren Gründe sprechen wohl dafür, dem Gericht auch hier die Befugnis einzuräumen, bei seiner Entscheidung logisch vorrangige Fragen ggf. offen zu lassen und von einer notwendigen Beweisaufnahme über die Fristversäumung abzusehen, wenn aus anderen Gründen eine eindeutige Entscheidung (im Sinne einer Wiedereinsetzung) möglich ist (i Erg ebenso BGH NJW-RR 2002, 1070, 1071; PG/*Milger* § 233 ZPO Rn. 11). Im umgekehrten Fall, in dem der Wiedereinsetzungsantrag zurückzuweisen wäre, kann das nicht gelten.

19 **II. Für die Fristversäumung kausal gewordenes Hindernis.** Der betreffende Beteiligte muss daran gehindert gewesen sein, die Verfahrenshandlung rechtzeitig innerhalb der laufenden Frist vorzunehmen.

20 Hinsichtlich der **Art des Hindernisses** enthält das Gesetz keine Vorgaben oder Beschränkungen. Die Verhinderung der Fristwahrung kann sich nicht nur durch nicht zu beherrschende Naturereignisse oder andere unabwendbare Zufälle, sondern auch durch andere Ereignisse ergeben haben, die ihrer Art nach durchaus beherrschbar und zu steuern sind. Bei diesen ist dann die Prüfung der weiteren, sogleich zu behandelnden Voraussetzung des fehlenden Verschuldens von entscheidender Bedeutung.

21 Das Hindernis kann sich aus Umständen außerhalb der Sphäre des betreffenden Beteiligten ergeben (Verhinderung aufgrund Naturkatastrophe, verspätete Postzustellung), dort evtl. von vornherein seiner Beeinflussung entzogen sein, aber auch aus dem Bereich des Beteiligten stammen, dort evtl. ebenfalls von vornherein seiner Beeinflussung entzogen sein (Erkrankung, Verhinderung wegen eines von anderen verursachten unverschuldeten Unfalls) oder aber evtl. beeinflussbar gewesen sein (Fristversäumung aufgrund Rechtsirrtums oder eines Fehlers von Büroangestellten des Beteiligten). Bei letzterem kommt es dann wiederum entscheidend auf das fehlende Verschulden an.

22 Ein für die Wiedereinsetzung zu berücksichtigendes Hindernis kann unter Umständen auch die wirtschaftliche Bedürftigkeit sein, die einen Beteiligten veranlasst, die Rechtsverfolgung von der Bewilligung von Verfahrenskostenhilfe abhängig zu machen (vgl. dazu unten Rdn. 69).

23 Schließlich kann ein relevantes Hindernis auch in der Verhinderung einer anderen Person bestehen, die als Vertreter des Beteiligten tätig werden sollte. Auch in solchen Fällen wird regelmäßig die Verschuldensfrage und Verschuldenszurechnung von wesentlicher Bedeutung sein (vgl. unten Rdn. 40 ff.).

24 Das eingetretene **Hindernis** muss **ursächlich für die Versäumung der Frist** gewesen sein. Die Ursächlichkeit ist danach zu bejahen, wenn ohne das entsprechende Hindernis die Frist nach dem gewöhnlichen Verlauf nicht versäumt worden wäre. Bei dieser Prüfung darf kein weiteres, nicht aufgetretenes Fehlverhalten hinzugedacht werden, sondern es ist von einem ansonsten pflichtgemäßen Verhalten auszugehen (vgl. BGH NJW-RR 2012, 747, 748).

Abschnitt 1. Allgemeine Vorschriften § 17

Es ist dabei irrelevant, ob das betreffende Hindernis den Beteiligten insgesamt von der fristgerechten Vornahme der Verfahrenshandlung abgehalten hat oder ihn innerhalb der Frist nur zu einer (formell oder materiell) nicht wirksamen Verfahrenshandlung veranlasst hat. 25

Es reicht nicht aus, dass das betreffende Ereignis (z.B. eine Erkrankung) den Beteiligten nur zeitweilig behindert hat und damit lediglich zu einer faktischen Verkürzung der laufenden Frist geführt hat, die Vornahme der Prozesshandlung aber vor Fristablauf noch in zumutbarer Weise möglich gewesen wäre (vgl. BGH NJW 1976, 626; MüKoZPO/*Gehrlein* § 233 ZPO Rn. 18). Entsprechendes gilt allgemein bei Umständen, welche die Einhaltung der laufenden Frist nur erschwert, nicht aber unmöglich gemacht haben. In solchen Fällen würde – selbst wenn Kausalität bejaht würde – jedenfalls das erforderliche fehlende Verschulden an der Säumnis nicht anzunehmen sein. 26

III. Fehlendes Verschulden. 1. Maßstäbe und Grundsätze fehlenden Verschuldens. Eine Wiedereinsetzung in den vorigen Stand kommt nur in Betracht, wenn der Antragsteller »**ohne Verschulden**« **gehindert war, die Frist einzuhalten**. Verschulden bedeutet hier ein Verschulden gegen sich selbst im Sinne einer Obliegenheit. 27

Neben Vorsatz, der praktisch wenig relevant sein dürfte, schadet **jeder Grad von Fahrlässigkeit**, also auch bereits leichte Fahrlässigkeit. 28

Bei der Frage, welcher Maßstab für die Fahrlässigkeit anzulegen ist, finden sich unterschiedliche Ansätze. Teilweise wird in Anlehnung an § 276 BGB ein objektiv-abstrakter Maßstab angewandt und auf die im Verkehr allgemein erforderliche Sorgfalt abgestellt (vgl. MüKoZPO/*Gehrlein* § 233 ZPO Rn. 21; Zöller/*Greger* § 233 ZPO Rn. 12). Nach anderer Auffassung ist jedoch ein subjektiv-individueller Maßstab anzulegen. Es kommt danach darauf an, dass dem Antragsteller nach der konkreten Sachlage und seinen persönlichen Verhältnissen kein Vorwurf wegen der eingetretenen Versäumung der Frist gemacht werden kann. Der Antragsteller muss die Sorgfalt angewandt haben, die unter Berücksichtigung der konkreten Umstände im Verkehr erforderlich war und ihm persönlich vernünftigerweise zugemutet werden konnte (vgl. BGH JR 1955, 101; BayObLG NJW-RR 2001, 1592, 1594; KG OLGZ 1966, 117, 119; Keidel/*Sternal* § 17 FamFG Rn. 12). 29

Der subjektiv-individuellen Beurteilung dürfte zu folgen sein. Sie wird den oben genannten, hier zu berücksichtigenden verfassungsrechtlichen Garantien am besten gerecht, erscheint im Hinblick auf die Ausschöpfung der konkreten, individuellen Umstände sachgerecht und gewährleistet fallbezogene, billige Ergebnisse. 30

Nach dem hier vertretenen subjektiv-individuellen Maßstab sind die persönlichen Verhältnisse des Beteiligten zu berücksichtigen, danach können insb. vorhandene oder fehlende Prozesserfahrung, Rechtskenntnisse, Sprachkenntnis, Geschäftsgewandtheit oder sonstige einschlägige Erfahrungen von Bedeutung sein (ebenso Keidel/*Sternal* § 17 FamFG Rn. 12; vgl. auch Musielak/*Grandel* § 233 ZPO Rn. 4). Die Berücksichtigung individuell-subjektiver Momente ändert allerdings nichts daran, dass es insoweit um einen normativen Maßstab geht und nicht das übliche tatsächliche (evtl. nachlässige) Verhalten des Beteiligten zum Maßstab erhoben wird. 31

2. Vermutung fehlenden Verschuldens nach Abs. 2. Die Vermutung fehlenden Verschuldens an der Fristversäumung nach Abs. 2 knüpft an die in § 39 enthaltene Regelung über die Rechtsbehelfsbelehrung an. Eine unterbliebene oder unrichtige Belehrung hindert nicht das Wirksamwerden und den Eintritt der Rechtskraft der Entscheidung. Dies dient dem Interesse der Beteiligten an einem möglichst raschen, rechtskräftigen Abschluss der Verfahren. Die betroffenen Beteiligten sollen jedoch andererseits möglichst vor Rechtsnachteilen aus einer solchen unterbliebenen oder unrichtigen Rechtsbehelfsbelehrung geschützt werden, und ihnen soll die Einlegung eines Rechtsmittels oder Rechtsbehelfs nicht unzumutbar erschwert werden (vgl. Begr. des RegE BT-Drucks. 16/6308, 183). Deshalb sieht Abs. 2 für eine Wiedereinsetzung in den vorigen Stand die Vermutung vor, dass ein Beteiligter, der keine oder keine fehlerfreie Rechtsbehelfsbelehrung erhalten hat, ohne Verschulden daran gehindert war, die gesetzliche Frist für den Rechtsbehelf einzuhalten. 32

Die Vermutung nach Abs. 2 setzt voraus, dass eine **Rechtsbehelfsbelehrung erforderlich** war, wie dies für Beschlüsse nach § 39 vorgesehen ist.

Die **Vermutung fehlenden Verschuldens** greift ein, wenn die **Rechtsbehelfsbelehrung** insgesamt **fehlt**. 33

Weiterhin greift sie ein, wenn die **Belehrung fehlerhaft oder unvollständig** ist. Nicht jeder denkbare, evtl. nur marginale Fehler oder jede Unvollständigkeit dürfte hier ausreichen. Vielmehr muss die fehlerhafte Belehrung in vergleichbarer Weise wie bei einer fehlenden Belehrung geeignet gewesen sein, bei dem Adressaten relevante Fehlvorstellungen hinsichtlich des Rechtsbehelfs und der dafür einzuhaltenden Frist hervor- 34 zurufen. Dies ist nur anzunehmen, wenn sie in einem wesentlichen Punkt unrichtig, unvollständig oder unklar gewesen ist (ebenso für die vergleichbare Regelung in § 44 StPO KK/*Maul* § 44 StPO Rn. 38). Ein danach beachtlicher, wesentlicher Fehler der Belehrung ist sicherlich bei Angabe eines falschen Rechtsbehelfs oder einer unrichtigen Frist anzunehmen, aber auch bei Unrichtigkeiten zum Fristlauf, einer fehlenden oder unrichtigen Bezeichnung des für die Entgegennahme des Rechtsmittels zuständigen Gerichts oder bei unrichtigen Angaben zur einzuhaltenden Form. Eine relevante Unvollständigkeit kann darin liegen, dass die Rechtsbehelfsbelehrung keine Information zu einem bestehenden Anwaltszwang (z.B. beim BGH) enthält (vgl. BGH FamRZ 2012, 1796, 1797; 1287, 1288; 2010, 1425).

35 Der Fehler muss nicht nur seiner Art nach (abstrakt) nicht unbedeutend gewesen sein, sondern auch im konkreten Fall relevant geworden sein. Es ist jedenfalls erforderlich, dass das Fehlen oder der Fehler der Rechtsbehelfsbelehrung und die deshalb fehlenden oder unrichtigen Vorstellungen den säumigen Beteiligten an der Wahrung der Frist gehindert haben. Die Vermutung der unverschuldeten Säumnis bei unterlassener Rechtsbehelfsbelehrung ändert nichts an dem oben dargestellten (Rdn. 24) weiteren Erfordernis eines (glaubhaft zu machenden) **Kausalzusammenhangs zwischen dem Hindernis und der Fristversäumung** (vgl. zur vergleichbaren Problematik bei § 44 Satz 2 StPO BGH NStZ 2001, 45; OLG Frankfurt am Main NStZ-RR 2007, 206; KK/*Maul* § 44 StPO Rn. 36). Der notwendige Kausalzusammenhang fehlt unzweifelhaft, wenn der Beteiligte auch die in der Rechtsbehelfsbelehrung unrichtig angegebene, zu lange Frist versäumt hat (OLG Karlsruhe MDR 2014, 860). An dem erforderlichen Kausalzusammenhang fehlt es ebenfalls, wenn der Beteiligte unabhängig von der fehlenden oder fehlerhaften Rechtsbehelfsbelehrung tatsächliche Kenntnis von dem gegebenen Rechtsbehelf hatte, die Rechtsbehelfsfrist aber aus anderen Gründen versäumt worden ist. Die notwendige Kausalität kann jedoch nicht verneint werden, wenn der Beteiligte glaubhaft macht (z.B. anhand der Umstände, aufgrund eidesstattlicher Versicherung), dass infolge eigener (und beim Verfahrensbevollmächtigten vorhandener) Unkenntnis die Frist versäumt worden ist. Die Frage der (faktischen) Kausalität und die Frage des (fehlenden) Verschuldens, die nach normativen, wertenden Maßstäben zu beantworten ist, dürfen nicht vermischt werden (was jedoch vielfach geschieht, auch in der Rspr. des BGH; vgl. etwa BGH FamRZ 2012, 1287, 1288; BGH NJW 2013, 1308; NJW 2012, 453, 454; OLG Frankfurt NJW 2012, 3250, 3251; OLG Karlsruhe FamRZ 2010, 2011, 2012; zu Recht krit. *Ulrici* ZZP 2011, 219, 227 ff., der mit guten Gründen davon ausgeht, dass die Vermutung des Abs. 2 sich auch auf die erforderliche Kausalität erstreckt).

36 Bei fehlender oder fehlerhafter Rechtsbehelfsbelehrung wird das Fehlen eines Verschuldens an dem zur Fristversäumung führenden Hindernis **vermutet**. Das Fehlen eines Verschuldens muss dann nicht – wie bei anderen Fallgestaltungen – vom Antragsteller dargelegt und nach § 18 Abs. 3 glaubhaft gemacht werden.

37 Mangels anderer Anhaltspunkte im Wortlaut, in der Gesetzessystematik und der Entstehungsgeschichte der Norm (vgl. BT-Drucks. 16/6308, 183) ist davon auszugehen, dass es sich um eine **widerlegbare Vermutung** handelt (ebenso BLAH/*Hartmann* ZPO § 17 FamFG Rn. 5 – § 292 ZPO soll heranzuziehen sein; a.A. Keidel/*Sternal* § 17 FamFG Rn. 36). Insoweit ist § 17 Abs. 2 entsprechend seinem abweichenden Wortlaut anders zu verstehen als § 44 Satz 2 StPO. Danach kann die Vermutung eines fehlenden Verschuldens an der Säumnis im konkreten Fall aufgrund der hier vorhandenen tatsächlichen Umstände widerlegt werden. Davon ist etwa auszugehen, wenn eine **tatsächlich vorhandene Kenntnis** des Beteiligten hinsichtlich des Rechtsbehelfs und der hierfür geltenden Frist anzunehmen ist (vgl. BGH FamRZ 2010, 1425, 1426 m. Anm. *Rüntz*; OLG Karlsruhe NJW-RR 2010, 1223). In solchen Fällen dürfte aber auch bereits der erforderliche Kausalzusammenhang zwischen einem aus der fehlenden oder fehlerhaften Rechtsbehelfsbelehrung sich ergebenden Hindernis und der Fristversäumung fehlen. Denn mehr als die tatsächlich vorhandene Kenntnis, die den Beteiligten oder seinen Vertreter nicht zur fristgerechten ordnungsgemäßen Einlegung des Rechtsbehelfs veranlasst hat, hätte auch die Rechtsbehelfsbelehrung nicht vermitteln können.

38 Zweifelhaft sind die Fälle, in denen glaubhaft erscheint, dass die **Kenntnis**, die die Rechtsmittelbelehrung vermitteln soll, tatsächlich **nicht vorhanden** war und infolgedessen die Frist versäumt worden ist, eine solche Kenntnis aber vom Beteiligten oder seinem (anwaltlichen) Vertreter zu erwarten gewesen wäre. Solche Fälle ergeben sich insb. bei Beteiligung rechtskundiger Personen (Beteiligter ist z.B. Volljurist), einer mit juristisch geschultem Personal besetzten Behörde oder einer Vertretung des Beteiligten durch einen Rechtsanwalt oder Notar. Hier dürfte meist von einer Widerlegung der Vermutung fehlenden Verschuldens auszugehen sein (vgl. BGH NJW 2012, 453, 454; FamRZ 2010, 1425, 1426; OLG Koblenz NJW 2010, 2594, 2595; anders im Fall einer inhaltlich unrichtigen, nicht offensichtlich falschen Rechtsbehelfsbelehrung BGH NJW 2012, 2443, 2444; OLG Rostock FamRZ 2011, 986, 987). Entscheidend ist jedoch die Würdigung der

konkreten Umstände des Einzelfalls, die u.U. für die Widerlegung der Vermutung nicht ausreichen (dazu *Diehl* FuR 2010, 545). Dass hier eine entsprechende Kenntnis hinsichtlich des Rechtsbehelfs zu erwarten gewesen wäre, kann nicht einer tatsächlich vorhandenen Kenntnis gleichgestellt werden mit der Folge, dass bereits die erforderliche Kausalität zu verneinen ist (vgl. oben Rdn. 35 mit Nachw. zur teilw. abw. Rspr.; *Ulrici* ZZP 2011, 219, 226 ff.; abweichend Keidel/*Sternal* § 17 FamFG Rn. 37). Es kommt bei der angesprochenen Fallgestaltung auf die Verschuldensvermutung und darauf an, ob diese widerlegt worden ist. Dies ist jeweils unter umfassender Würdigung der konkreten Umstände des Einzelfalles zu entscheiden; dabei wird die gesetzliche Wertung zu beachten sein, dass die Vermutung des Abs. 2 eben auch für anwaltlich vertretene und rechtskundige Beteiligte gilt. Bei der Beurteilung sind die nachfolgenden zwei Falltypen zu unterscheiden.

Fehlt die Rechtsbehelfsbelehrung insgesamt oder **fehlen in der Rechtsbehelfsbelehrung einzelne relevante Informationen**, wird bei rechtskundigen oder durch einen Rechtsanwalt oder Notar vertretenen Beteiligten grds. von einer Widerlegung der Vermutung fehlenden Verschuldens auszugehen sein, weil eine entsprechende Kenntnis beim Beteiligten bzw. seinem rechtskundigen Vertreter (zur Zurechnung vgl. Rdn. 40 ff.) jedenfalls nach zumutbarer Überprüfung zu erwarten ist (vgl. BGH NJW 2012, 453, 454; 2013, 1308 für sach- und rechtskundige Behörden; BGH FamRZ 2010, 1425 m. Anm. *Rüntz*, 1426; OLG Köln FGPrax 2013, 90; OLG Naumburg MDR 2011, 387). Dies gilt jedenfalls, wenn es um gängige Rechtsbehelfe und Rechtsbehelfsfristen geht, etwa um die Beschwerde nach § 58 und die hier grds. geltende Monatsfrist. Bei nicht sicher zu beantwortenden Zweifelsfragen und Unklarheiten hinsichtlich des Rechtsbehelfs und der dabei zu wahrenden Frist wird dies jedoch nicht ohne Weiteres anzunehmen sein; ein dem Beteiligten zurechenbares Verschulden könnte dann noch darin liegen, dass sein anwaltlicher Vertreter nicht den zumutbaren sicheren Weg zur Wahrung der Interessen des Beteiligten gewählt hat. 38a

Wenn die **gerichtliche Rechtsbehelfsbelehrung falsche Angaben enthält** (z.B. Informationen in der Rechtsbehelfsbelehrung über eine Beschwerdefrist von einem Monat, während tatsächlich nach § 63 Abs. 2 eine Frist von 2 Wochen gilt) und der rechtskundige Beteiligte oder sein rechtskundiger Vertreter sich daran hält, wird eine Widerlegung der Vermutung meist ausscheiden (vgl. BGH NJW 2012, 2443, 2444 zu § 233 ZPO; OLG Celle MDR 2014, 1226; OLG Oldenburg AUR 2012, 97; OLG Rostock FamRZ 2011, 986; abw. OLG Karlsruhe FamRZ 2010, 2011, 2012; OLG Koblenz NJW 2010, 2594, 2595). In solchen Fällen wird nämlich regelmäßig durch die falsche gerichtliche Rechtsbehelfsbelehrung ein erheblicher, beachtlicher Vertrauenstatbestand seitens des Gerichts geschaffen, und das Gericht dürfte hier einen nicht unerheblichen Beitrag zur Versäumung der Rechtsbehelfsfrist geleistet haben (insoweit ergeben sich Wertungsparallelen zu den unter Rdn. 53 ff. behandelten Fällen; vgl. dazu *Diehl* FuR 2010, 545). Verfassungsrechtliche Gründe sprechen hier gegen die grundsätzliche Annahme einer Widerlegung der Verschuldensvermutung. Der Anspruch der Beteiligten auf ein faires Verfahren aus Art. 2 Abs. 1 GG i.V.m. dem Rechtsstaatsprinzip untersagt dem Gericht nämlich, aus eigenen oder ihm zuzurechnenden Fehlern oder Versäumnissen Verfahrensnachteile für Beteiligte abzuleiten (BVerfGE 51, 188, 192; BVerfG NJW 2006, 1579). Auch sollte von einem anwaltlichen Vertreter nicht verlangt werden, stets klüger zu sein als das Gericht. So ist in der Rspr. des BGH zu § 233 ZPO und in der Arbeitsgerichtsbarkeit – ohne dass es im ArbGG eine dem § 17 Abs. 2 vergleichbare Vermutungsregelung gibt – seit Langem anerkannt, dass bei einer unrichtigen Rechtsmittelbelehrung und dadurch veranlasster Fristversäumung Wiedereinsetzung zu gewähren ist, wenn der vom Gericht (mit-)verursachte Irrtum des Rechtsanwalts (Rechtskundigen) nachvollziehbar und irgendwie verständlich erscheint; etwas anderes soll nur gelten, wenn die Rechtsmittelbelehrung offensichtlich nicht geeignet ist, den Anschein der Richtigkeit zu erwecken (vgl. dazu BGH NJW-RR 2004, 408; NJW 1993, 3206; BAG NJW 2010, 3387; 2007, 1485; 2005, 3515, st. Rspr. des BAG). In weitergehendem Umfang sollte jedenfalls auch eine Widerlegung der Verschuldensvermutung aus Abs. 2 nicht in Betracht kommen (vgl. dazu auch *Ulrici* ZZP 2011, 219, 224 ff.). In der zu § 17 Abs. 2 ergangenen Rspr. des BGH wird allerdings teilweise davon ausgegangen, dass bei anwaltlicher Vertretung das Vertrauen in die Richtigkeit einer Rechtsbehelfsbelehrung nicht uneingeschränkt in Anspruch genommen werden kann, sondern nur in solchen Fällen, in denen die inhaltlich fehlerhafte Rechtsbehelfsbelehrung zu einem unvermeidbaren, zumindest aber zu einem nachvollziehbaren und verständlichen Rechtsirrtum des Rechtsanwalts geführt hat (vgl. BGH FamRZ 2012, 1287, 1288; 2014, 643, 644). Zumindest tendenziell scheint dies auf eine leichtere Widerlegung der Vermutung hinauszulaufen, was kritisch zu sehen ist. 38b

Ist einem Beteiligte eine **inhaltlich fehlerhafte Rechtsbehelfsbelehrung** erteilt worden, die eine **kürzere als die geltende gesetzliche Frist ausweist**, kann ebenfalls Wiedereinsetzung in Betracht kommen, wenn es 38c dem Beteiligten innerhalb der kürzeren Frist nicht gelingt, sich über die Einlegung des Rechtsbehelfs schlüssig zu werden und die hierfür erforderlichen Schritte einzuleiten, und er anschließend – in der Annahme, die Frist zur Einlegung des Rechtsbehelfs sei bereits abgelaufen – keine weiteren Bemühungen in diese Richtung unternimmt (dazu BGH NJW 2012, 2445).

39 Die **Grundsätze des Abs. 2** dürften entsprechend anzuwenden sein, wenn ein Gericht außerhalb einer Rechtsbehelfsbelehrung gegenüber Beteiligten in gerichtlichen Entscheidungen oder Anordnungen unzutreffende oder unvollständige Angaben über fristgebundene Verfahrenshandlungen und dabei einzuhaltende Fristen macht und dies zu einer Fristversäumung führt, wie etwa bei Versäumung einer Frist zur Anmeldung im Aufgebotsverfahren gem. §§ 437, 438 nach öffentlicher Bekanntmachung eines unvollständigen Textes des Aufgebots seitens des Gerichts (vgl. OLG Hamm FGPrax 2014, 136).

40 **3. Fehlendes Verschulden bei Vertretung.** Ein Verschulden seines Vertreters muss der Beteiligte sich zurechnen lassen und ist für die Frage der Wiedereinsetzung eigenem Verschulden des Beteiligten gleichzustellen. Wenn ein Beteiligter seine Angelegenheiten durch einen Vertreter wahrnehmen lässt, muss er sich so behandeln lassen, als hätte er sie selbst wahrgenommen, und er kann Risiken und Folgen eines fehlerhaften Vertreterhandelns nicht auf andere abwälzen.

41 § 22 Abs. 2 Satz 2 FGG enthielt die ausdrückliche Regelung, dass die Versäumung der Frist, die in dem Verschulden eines Vertreters ihren Grund hat, nicht als unverschuldet anzusehen ist. Diese Regelung ist zwar nicht in das FamFG übernommen worden. Im RegE und in den sonstigen Gesetzesmaterialien finden sich jedoch keine Anhaltspunkte dafür, dass insoweit eine Änderung im Vergleich zur früheren Rechtslage gewollt war und nunmehr Vertreterverschulden nicht mehr relevant sein soll. Die Zurechnung des Verschuldens des Vertreters folgt vielmehr aus allgemeinen Grundsätzen der gesetzlichen Vertretung (vgl. hier § 9 Abs. 4) und für einen vom Beteiligten bestellten Verfahrensbevollmächtigten aus § 11 Satz 5, § 85 Abs. 2 ZPO. Es kann für den Bereich des FamFG insoweit nichts anderes gelten als in anderen Prozessordnungen, in denen beim für die Wiedereinsetzung relevanten Verschulden auch das Verschulden des Vertreters berücksichtigt und der betreffenden Partei zugerechnet wird (vgl. z.B. Zöller/*Greger* § 233 ZPO Rn. 16; Schoch/Schneider/*Bier* § 60 VwGO Rn. 22 ff.).

42 Als mögliche **Vertreter, deren Verschulden einem Beteiligten zuzurechnen ist**, kommen in Betracht: **gesetzliche Vertreter, organschaftliche Vertreter** einer beteiligten juristischen Person und **für das Verfahren bestellte Bevollmächtigte** der Beteiligten.

43 Der Vertreter muss als solcher **in das Verfahren eingebunden sein**, d.h. er muss in dem Verfahren für den Beteiligten auftreten oder es übernommen haben, für den Beteiligten das Verfahren wenigstens teilweise zu führen (vgl. BGH NJW 1967, 1567, 1568; Keidel/*Sternal* § 17 FamFG Rn. 30).

44 Das Verschulden des für das Verfahren bestellten Bevollmächtigten muss sich der Beteiligte **von der Erteilung der Vollmacht und der Annahme des Auftrags bis zur Beendigung des Mandats** durch Kündigung oder anderweitige Erledigung zurechnen lassen; es gelten insoweit über § 11 Satz 5 die zu § 85 Abs. 2 ZPO entwickelten Grundsätze (vgl. dazu Musielak/*Weth* § 85 ZPO Rn. 17 f.). Als Verfahrensbevollmächtigter kommt danach vor allem der beauftragte Rechtsanwalt bzw. ein Rechtsanwalt der beauftragten Sozietät in Betracht, aber auch Unterbevollmächtigte, ein Urlaubsvertreter (BGH NJW 2001, 1575) bzw. der allgemeine Vertreter des Rechtsanwalts nach § 53 BRAO, ein Verkehrsanwalt, ein Zustellungsbevollmächtigter, der im PKH- bzw. VKH-Verfahren beigeordnete Rechtsanwalt, sobald der Beteiligte ihm Vollmacht erteilt hat (BGH NJW 1987, 440) und er das Mandat übernommen hat (MüKoZPO/*Toussaint* § 85 ZPO Rn. 12), und evtl. auch ein angestellter Rechtsanwalt, soweit dieser Sachen selbstständig bearbeitet und ihm insoweit eine zumindest abgeleitete Vollmacht zukommt (vgl. BGH NJW-RR 1992, 1019, auch zur Abgrenzung zum unselbstständigen Hilfsarbeiter).

45 Auch das **Verschulden sonstiger Personen, die nicht Rechtsanwälte sind**, aber aufgrund entsprechender Vollmacht nach § 10 Abs. 2 Satz 2 zur Vertretung eines Beteiligten befugt sind und dessen Vertretung übernommen haben, muss der betreffende Beteiligte sich zurechnen lassen. Auch ein Notar kann befugter Vertreter eines Beteiligten sein, wenn ihm etwa Vollmacht nach §§ 10 Abs. 2 Satz 2 Nr. 3, 11 erteilt worden ist oder er nach anderen Vorschriften als Vertreter eines Beteiligten handelt. Bei der Ausübung seiner Amtsgeschäfte handelt der Notar jedoch regelmäßig nicht als Vertreter eines Beteiligten, sondern aufgrund eigener Amtsstellung; ein fehlerhaftes Handeln bei der Amtsausübung ist dann nicht einem einzelnen Beteiligten zuzurechnen (vgl. Jansen/*Briesemeister* § 22 FGG Rn. 34; Keidel/*Sternal* § 17 FamFG Rn. 30).

46 Eine Verschuldenszurechnung scheidet mangels Vertreterstellung aus bei einem **Mitarbeiter, der dem bevollmächtigten Rechtsanwalt nur zuarbeitet**, auch wenn der Mitarbeiter Rechtsreferendar oder Volljurist

ist, und beim Büropersonal des beauftragten Rechtsanwalts sowie sonstigen von ihm eingeschalteten Hilfspersonen (z.B. Boten); auch eine **Zurechnung des Fehlverhaltens dieser Hilfspersonen über § 278 BGB** kommt nicht in Betracht, da die genannte Vorschrift nur im materiellen Recht gilt, nicht aber verfahrensrechtliche Wirkungen hat. Es kann hier allenfalls ein nach § 85 Abs. 2 ZPO zuzurechnendes Verschulden des Rechtsanwalts, z.B. ein Organisationsverschulden, in Betracht kommen.

Auch das **Verschulden sonstiger Dritter,** etwa von Gerichts- oder Behördenpersonal, Postbediensteten oder sonstigen Hilfspersonen, ist einem Beteiligten unter keinem Gesichtspunkt zuzurechnen. 47

Bei Beteiligung eines Vertreters scheidet aufgrund zurechenbaren Verschuldens eine Wiedereinsetzung aus, wenn den **Vertreter ein Verschulden an dem zur Fristversäumung führenden Hindernis trifft**. Es kommt dann nicht mehr darauf an, ob der Beteiligte selbst schuldhaft gehandelt hat. Auch wenn ihn kein Verschulden an der Auswahl des Vertreters trifft und er auch bei Ausschöpfung der Möglichkeiten zur Überwachung des Vertreters die Fristversäumung nicht hätte vermeiden können, ist dann eine Wiedereinsetzung ausgeschlossen. 48

Wenn umgekehrt der **Vertreter schuldlos** gehandelt hat, der **Beteiligte jedoch selbst schuldhaft** eine Ursache für die Fristversäumung geschaffen hat, scheidet eine Wiedereinsetzung ebenfalls aus. So ist eine Wiedereinsetzung wegen eigenen Verschuldens des Beteiligten ausgeschlossen, wenn der Bevollmächtigte das Mandat rechtzeitig niedergelegt hat, der Beteiligte jedoch versäumt, rechtzeitig einen anderen Rechtsanwalt zu beauftragen oder – falls zulässig – den Rechtsbehelf selbst rechtzeitig einzulegen. Gleiches gilt, wenn der Beteiligte nach anwaltlichem Hinweis auf eine laufende Rechtsmittelfrist schuldhaft versäumt hat, rechtzeitig Auftrag zur Einlegung des Rechtsmittels zu erteilen, auch wenn gleichzeitig ein Verschulden des Büropersonals vorliegt, das kein Verschulden des Anwalts begründet und auch dem Beteiligten nicht zuzurechnen ist; allein das eigene Verschulden schließt hier die Wiedereinsetzung aus (vgl. OLG Köln OLGR 1995, 214). Bei einer Mandatsniederlegung des Bevollmächtigten zur Unzeit kann die dann erfolgte Versäumung der Rechtsbehelfsfrist für den Beteiligten selbst unverschuldet sein; in solchen Fällen kann jedoch an ein Verschulden des Vertreters anzuknüpfen sein, das in der Niederlegung des Auftrags zur Unzeit liegt. 49

4. Ausnahmsweise Wiedereinsetzung trotz vorhandenen Verschuldens? (Kontrolle der Kausalität und Überlegungen wertender Zurechnung). Auch bei schuldhafter Verletzung einer für die Einhaltung der Frist gebotenen Sorgfalt kann im Ausnahmefall eine Wiedereinsetzung in Betracht kommen. Auch im Hinblick auf ein vorliegendes Verschulden bedarf es nämlich der Kontrolle der Kausalität und wertender Zurechnung im Hinblick auf die Fristversäumung. 50

So ist in der Rspr. anerkannt, dass auch bei einem vorliegenden Verschulden hinsichtlich der Einhaltung der Frist Wiedereinsetzung zu gewähren ist, wenn eine entsprechende Fristversäumung auch bei Anwendung der gebotenen Sorgfalt des Beteiligten eingetreten wäre (vgl. BGH NJW 1963, 253). 51

Neben reinen Kausalitätsüberlegungen i.S.d. Äquivalenztheorie können auch wertende Gesichtspunkte der Zurechnung zu berücksichtigen sein, wenn – was durchaus vorkommen kann – mehrere Umstände für die Fristversäumung kausal geworden sind und nur für einen Teil der Umstände das Verschulden des Beteiligten fehlt, etwa wenn die Fristversäumung auch durch gerichtliches Verhalten mit verursacht worden ist. Grds. muss sich der Beteiligte jeden von ihm verschuldeten kausalen Umstand für die Fristversäumung zurechnen lassen. Bereits **eine einzige** dem Beteiligte **zuzurechnende Ursache mit entsprechendem Verschulden** schließt grds. eine Wiedereinsetzung aus; auf ebenfalls ursächliches Verhalten anderer kommt es dann nicht an. 52

Es fragt sich aber, ob es den säumigen Beteiligten entlasten kann, dass durch Maßnahmen des Gerichts, etwa durch gerichtliche Hinweise oder Weiterleitung von Schriftsätzen an das zuständige Gericht, die Fristversäumung hätte verhindert werden können. Die Rspr. geht davon aus, dass ein Gericht, das weder vorher mit der Sache befasst war noch für die Einlegung des betreffenden Rechtsmittels (bzw. des Rechtsbehelfs) zuständig ist, keine generelle Fürsorgepflicht hat, durch Hinweise oder sonstige geeignete Maßnahmen eine Fristversäumung des Beteiligten zu verhindern (vgl. BGH NJW-RR 2004, 1655, 1656; OLG Zweibrücken NJW 2005, 3358; BayObLG WuM 1995, 505; verfassungsrechtlich gebilligt von BVerfG NJW 2001, 1343). Aus einer speziellen Fürsorgepflicht des vorher mit der Sache nicht befasst gewesenen Gerichts kann danach der säumige Beteiligte nichts für sich herleiten. 53

Anders wird die Rechtslage gesehen bei einem Gericht, das vorher mit der Sache (etwa in erster Instanz) befasst gewesen ist. Hier wird angenommen, dass das Gericht aufgrund nachwirkender Fürsorgepflicht ggü. den Beteiligten gehalten ist, Maßnahmen zur Vermeidung einer drohenden Fristversäumung zu ergreifen, insb. fristgebundene Schriftsätze, die bei ihm rechtzeitig innerhalb einer laufenden Frist eingehen, an das 54 zuständige (Rechtsmittel-) Gericht weiterzuleiten. Geschieht dies nicht oder nur verspätet und wäre durch entsprechende Maßnahmen des Gerichts die Fristversäumung vermeidbar gewesen, soll sich das Verschulden des Beteiligten oder seines Bevollmächtigten nicht mehr auswirken. Die Fristversäumung wird dann dem Verantwortungsbereich des betreffenden Gerichts zugeordnet; es ist dann trotz vorhandenen Verschuldens Wiedereinsetzung zu gewähren (vgl. BVerfG NJW 1995, 3173, 3175; 2001, 1343; 2005, 2137, 2138; BGH FamRZ 2009, 320; NJW 2008, 854; NJW-RR 2004, 1655, 1656).

Eine entsprechende Fürsorgepflicht trifft auch das Rechtsmittelgericht selbst; Wiedereinsetzung kommt danach in Betracht, wenn das Gericht gebotene Maßnahmen (z.B. Hinweis auf fehlende Unterschrift) unterlassen und dadurch zu einer Fristversäumung beigetragen hat (vgl. BGH NJW-RR 2009, 564).

55 Auch bei fehlender Vorbefassung und fehlender besonderer Fürsorgepflicht des Gerichts wird eine überwiegende Verantwortung der Justiz für die Fristversäumung angenommen, wenn entgegen dem üblichen, ordentlichen Geschäftsgang die Weiterleitung des Schriftstücks an das zuständige Gericht eindeutig verzögert wird, bei üblicher Weiterleitung die Frist aber hätte gewahrt werden können (vgl. Zöller/*Greger* § 233 ZPO Rn. 22b). In solchen Fällen, in denen eine Unzuständigkeit des angerufenen Gerichts »ohne weiteres« bzw. »leicht und einwandfrei« zu erkennen war und die nicht rechtzeitige Aufdeckung der nicht gegebenen Zuständigkeit und eine dann mögliche Verhinderung der Fristversäumung auf einem offenkundig nachlässigen Fehlverhalten des angerufenen Gerichts beruht, soll die Fristversäumung nicht zulasten des Rechtssuchenden gehen (so BGH NJW 2012, 78; BGH ZMR 2010, 774 unter Hinweis auf BVerfG NJW 2006, 1579).

56 Auch in sonstigen Fällen, in denen zwar ein Verschulden des Beteiligten an der Fristversäumung nicht ganz zu verneinen ist, bei wertender Betrachtung aber die letzte, wesentliche Ursache für die Fristversäumung vom Gericht gesetzt worden ist, ist Wiedereinsetzung zu gewähren (vgl. OLG Stuttgart ZIP 2011, 1959 für unzulässige Verlängerung der Beschwerdefrist; BayObLG RPfleger 1995, 342; KG NJW-RR 1996, 526 für eine vom Rechtspfleger formunwirksam zu Protokoll genommene weitere Beschwerde). Keine überwiegende Verantwortung des Gerichts an der Fristversäumung ist hingegen anzunehmen bei einer fehlerhaften Auskunft der Geschäftsstelle zu den Formalien eines Rechtsmittels, hinsichtlich der eine bessere Kenntnis (zumindest nach entsprechender Überprüfung) vom Verfahrensbevollmächtigten des Beteiligten hätte erwartet werden müssen (vgl. BGH FamRZ 2011, 1389, 1390).

57 **IV. Fallgruppen (Einzelfälle).** Zu den Wiedereinsetzungsgründen gibt es eine reichhaltige, nur noch schwer zu überblickende Kasuistik. Auch die zu anderen Prozessordnungen ergangene Rechtsprechung zu Fällen der schuldlosen Fristversäumung für eine Wiedereinsetzung, insb. die Rspr. zur ZPO (vgl. dazu z.B. BLAH/*Hartmann* § 233 ZPO Rn. 18 ff.; Musielak/*Grandel* § 233 ZPO Rn. 6 ff.; PG/*Milger* § 233 ZPO Rn. 19 ff.; Zöller/*Greger* § 233 ZPO Rn. 23+; Bernau NJW 2015, 2004), kann hier herangezogen werden. Die folgende Darstellung beschränkt sich auf die wesentlichen Fallgruppen.

58 **1. Hinderungsgründe in der Person oder der Sphäre des Beteiligten. Abwesenheit:** Eine Abwesenheit des Beteiligten von seiner Wohnung kann im Einzelfall zu einer unverschuldeten Säumnis führen, jedenfalls wenn der Beteiligte keine konkreten Anhaltspunkte für ein gegen ihn zu führendes bzw. bereits eingeleitetes Verfahren hatte oder es sich um eine unvorhersehbare oder nur kurzzeitige Abwesenheit handelte (vgl. BVerfG NJW 1993, 847; im letztgenannten Fall wird eine Fristversäumung aber wohl kaum in Betracht kommen). Musste der Beteiligte hingegen konkret damit rechnen, dass in seiner Abwesenheit Zustellungen, die gesetzliche Fristen auslösen, erfolgen könnten und die Frist bei der Rückkehr evtl. nicht mehr zu wahren ist, ist er gehalten, bei voraussehbarer Abwesenheit zumutbare Vorkehrungen zu treffen (vgl. BGH NJW 2000, 3143; 1988, 2672; BGH VersR 1995, 810, 811; anders BVerfG NJW 2013, 592 jedenfalls bei Zustellungen in Straf- und Bußgeldverfahren bei kurzzeitiger Abwesenheit bis ca. 6 Wochen), z.B. durch Beauftragung eines (anwaltlichen) Vertreters, Beauftragung eines zumindest zur Abholung von Postsendungen bevollmächtigten Vertreters oder einer sonstigen Person, die seine Empfangseinrichtungen kontrolliert und ihn ggf. rechtzeitig benachrichtigt.

59 Eine unverschuldete Abwesenheit kann sich auch bei Unglücksfällen, einem Krankenhausaufenthalt, einer Anstaltsunterbringung oder bei Haft ergeben (vgl. BGH NJW 1975, 593; OLG Stuttgart NJW 1974, 2052).

60 **Erkrankung, Tod von nahen Angehörigen:** Eine Erkrankung des Beteiligten, Tod oder Erkrankung von nahen Angehörigen können eine Wiedereinsetzung rechtfertigen, wenn sie aufgrund besonderer Umstände des konkreten Einzelfalles dazu geführt haben, dass die Wahrung der Frist unmöglich oder zumindest nicht *zumutbar war und dies vom Beteiligten* auch durch zumutbare Vorkehrungen nicht verhindert werden

konnte (vgl. BGH VersR 1989, 931; BGH NJW-RR 1994, 957; KG NJW-RR 1994, 162, 163). In den genannten Fällen wird jedoch vielfach zumindest die rechtzeitige Beauftragung eines Vertreters (Rechtsanwalts) zur Wahrnehmung der eigenen Rechte möglich und auch zumutbar sein. Eine unverschuldete Säumnis ist jedoch anzunehmen, wenn eine Geisteskrankheit des Beteiligten eintritt, die zur Geschäftsunfähigkeit führt (BGH NJW 1984, 440), oder eine andere Erkrankung auftritt, die so schwer ist, dass die oben genannten Vorkehrungen nicht mehr möglich oder zumutbar sind (BGH VersR 1989, 931). Von Letzterem kann jedenfalls noch nicht bei einer bescheinigten Arbeitsunfähigkeit ausgegangen werden (vgl. BVerfG NJW-RR 2007, 1717).

Rechtsunkenntnis: Bei für die Fristversäumung ursächlicher Rechtsunkenntnis kann, wenn der Beteiligte juristischer Laie und anwaltlich nicht vertreten ist, ggf. eine schuldlose Fristversäumung anzunehmen sein. Zu beachten ist jedoch, dass sich eine Erkundigungspflicht des Beteiligten ergeben kann und ein Verschulden an eine Verletzung dieser Erkundigungspflicht anknüpfen kann. Dazu muss allerdings aus Sicht des Beteiligten (ggf. aus seiner Sicht als Laie) Anlass bestehen, Rechtsrat einzuholen. Bei Zustellung von rechtsrelevanten Schriftstücken, insb. solchen, die Fristen in Lauf setzen, muss regelmäßig auch von einem Laien ein Problembewusstsein zumindest dahin gehend erwartet werden, dass die Notwendigkeit erkannt wird, juristischen Rat bei einem Rechtsanwalt oder einer anderen kompetenten Stelle einzuholen (vgl. BGH NJW 1997, 1989; OLG Nürnberg FamRZ 2012, 804, 805; Musielak/*Grandel* § 233 ZPO Rn. 43). Wird dies versäumt, ist darin grds. ein Verschulden zu sehen, das eine Wiedereinsetzung ausschließt. 61

Bei Rechtsunkenntnis hinsichtlich einer zu wahrenden Frist infolge **fehlender, unzureichender oder fehlerhafter Rechtsbehelfsbelehrung** gilt nunmehr Abs. 2; vgl. dazu oben Rdn. 32. 62

Sprachunkenntnis: Fehlende Sprachkenntnisse eines Ausländers können im Einzelfall zu einer unverschuldeten Säumnis führen (vgl. BVerfG NJW 1991, 2208). Der betroffene Ausländer muss aber das seinerseits Zumutbare tun, um Missverständnisse und daraus resultierende Folgen zu vermeiden. Er muss sich unverzüglich eine Übersetzung des Schriftstücks besorgen, das er wegen mangelnder Sprachkenntnisse nicht ausreichend versteht (vgl. BGH FamRZ 1990, 145, 146). Dies setzt allerdings voraus, dass er zumindest in der Lage ist, die mögliche rechtliche Relevanz des betreffenden Schreibens zu erfassen (BVerfG NJW 1991, 2208). Ggf. sind auch Rückfragen erforderlich, wenn etwas nicht verstanden worden ist (BGH VersR 1984, 874, 875). 63

Unkenntnis eines bekannt gegebenen, eine Frist auslösenden Dokuments: Bei einer Unkenntnis von einem zugestellten oder nach § 15 Abs. 2 Satz 1, 2. Alt bekannt gegebenen Dokument, das den Lauf einer gesetzlichen Frist ausgelöst hat, und einer darauf beruhenden Fristversäumung kommt es darauf an, ob die Unkenntnis unverschuldet war. 64

Außerhalb eines laufenden Verfahrens muss der Beteiligte keine besonderen Vorkehrungen für Zustellungen oder eine sonstige Bekanntgabe treffen, wenn er mit solchen Maßnahmen nicht rechnen musste und er sich in einen mehrwöchigen Urlaub begibt oder aus anderen Gründen abwesend ist (BVerfG VRS 51, 163, 164). Wenn er unter diesen Voraussetzungen keine rechtzeitige Kenntnis von einer erfolgten Bekanntgabe des Frist auslösenden Dokuments erlangt und infolgedessen eine Frist versäumt, dürfte eine unverschuldete Säumnis vorliegen. Anders ist dies jedoch zu beurteilen, wenn der Beteiligte – etwa aufgrund vorprozessualen Schriftwechsels – mit eventuellen Zustellungen rechnen musste; dann müssen Vorkehrungen getroffen werden (BGH NJW 2000, 3143; BGH VersR 1995, 810, 811; 1992, 119). Entsprechende Vorkehrungen müssen dann auch eine mögliche Bekanntgabe in der Form eines zur Post gegebenen Schreibens erfassen. 65

Solche Vorkehrungen müssen von einem Beteiligten (und seinem Anwalt) auch **während eines laufenden Verfahrens** getroffen werden. Gleichwohl kann in Ausnahmefällen eine unverschuldete Säumnis anzunehmen sein, etwa bei einer öffentlichen Zustellung, mit der nicht gerechnet werden musste (vgl. BGHZ 25, 11, 12; BGH VersR 1977, 932), bei einer Zustellung durch Niederlegung mit tatsächlich nicht erfolgter Benachrichtigung (BGH VersR 1977, 836) oder bei Verlust des Benachrichtigungszettels durch Versehen eines vom Beteiligten eingeschalteten, an sich zuverlässigen Dritten (BGH NJW 2001, 571), bei Ersatzzustellung und Vorenthaltung des zugestellten Schriftstücks durch Angehörige des Beteiligten, der keinen Verdacht schöpfen musste (BGH FamRZ 1957, 173). Bei einer Bekanntgabe im Wege der Übersendung durch die Post kommt eine unverschuldete Säumnis in Betracht, wenn das zugegangene Schriftstück nicht zur Kenntnis des Adressaten gelangt ist, weil es versehentlich durch Dritte verlegt oder vernichtet worden ist. 66

Umzug: Hier wird nur in Ausnahmefällen eine unverschuldete Säumnis in Betracht kommen. Es obliegt dem Beteiligten, die neue Anschrift mitzuteilen, jedenfalls wenn er mit Zustellungen rechnen muss. In einem laufenden Verfahren hat er hierdurch oder durch andere Maßnahmen (ggf. durch Mitteilung seiner 67

Telefon- oder Mobilfunknummer) seine Erreichbarkeit für seinen bestellten Verfahrensbevollmächtigen sicherzustellen (vgl. BGH NJW 2003, 903).

68 **Vergesslichkeit, (berufliche) Überlastung oder sonstige persönliche Unzulänglichkeit:** Bei ihnen wird regelmäßig – wenn insoweit nicht eine Erkrankung anzunehmen ist – ein fehlendes Verschulden ausscheiden (vgl. BGH NJW 1964, 2302; BayObLG NJW-RR 2003, 1665, 1666 für berufliche Überlastung).

69 **Wirtschaftliche Bedürftigkeit und Verfahrenskostenhilfe:** Die wirtschaftliche Bedürftigkeit eines Beteiligten und ein deshalb vor Einlegung eines Rechtsbehelfs (ggf. auch vor Vornahme einer sonstigen Verfahrenshandlung) gestellter Antrag auf Verfahrenskostenhilfe (VKH) kann eine Wiedereinsetzung rechtfertigen (st. Rspr., vgl. BGH NJW 1964, 868; FamRZ 2005, 2062; MDR 2006, 166; zusammenfassend Zöller/*Greger* § 233 ZPO Rn. 23 »Prozesskostenhilfe«). Die wirtschaftliche Bedürftigkeit kommt auch dann als unverschuldetes Hindernis für die Fristwahrung (Einhaltung der Rechtsmittelfrist) in Betracht, wenn die entsprechende Prozesshandlung mangels Anwaltszwangs auch vom Beteiligten selbst vorgenommen werden könnte, dadurch aber jedenfalls entsprechende Gerichtskosten anfallen würden (vgl. BayObLGZ 1979, 251, 254). Die wirtschaftliche Bedürftigkeit muss ursächlich für die Fristversäumung sein; daran kann es fehlen, wenn innerhalb der zu wahrenden Frist die zur Fristwahrung erforderliche anwaltliche Dienstleistung bereits erbracht worden war, etwa die Rechtsmittelbegründung bereits gefertigt worden war (vgl. BGH NJW 2011, 230, 231; 2008, 2855, 2856). Holt der Beteiligte die zunächst unterlassene Verfahrenshandlung erst nach Ablauf der hierfür geltenden Frist, aber vor Entscheidung über das VKH-Gesuch nach, so soll, solange sich nichts Gegenteiliges ergibt, davon auszugehen sein, dass die Mittellosigkeit für die Versäumung der Frist ursächlich geworden ist (BGH FamRZ 2012, 705, 706). Auch bei einem bereits bei Beantragung der VKH vorliegenden »Entwurf« des fristgebundenen Schriftsatzes besteht für die bedürftige Person die Möglichkeit, glaubhaft zu machen, dass der Anwalt nicht bereit war, ohne Bewilligung von VKH den Schriftsatz ordnungsgemäß und fristgerecht zu erstellen und die fristgebundene Verfahrenshandlung vorzunehmen (BGH NJW 2012, 2041, 2042).

70 Erforderlich ist, dass der Beteiligte innerhalb der betreffenden gesetzlichen Frist jedenfalls das seinerseits Mögliche und Zumutbare getan hat; dazu muss er innerhalb der Frist, und sei es am letzten Tag, den VKH-Antrag mit allen notwendigen Unterlagen beim zuständigen Gericht einreichen (vgl. BGH NJW 2009, 854; NJW 1987, 440, 441; BayObLGZ 1979, 251, 255). Ist ein vollständiger Antrag nicht innerhalb der zu wahrenden Frist vorgelegt worden, kann ausnahmsweise Wiedereinsetzung zu gewähren sein, wenn auch insoweit fehlendes Verschulden glaubhaft gemacht wird. Von einem fehlenden Verschulden und einem relevanten Hinderungsgrund kann nicht ausgegangen werden, wenn ein Beteiligter kein Rechtsmittel eingelegt hat, weil seine Rechtsschutzversicherung die Erteilung einer Deckungszusage abgelehnt hat und er das Kostenrisiko nicht tragen wollte (vgl. BGH MDR 2016, 175); er hätte dann ggf. fristgerecht einen VKH-Antrag stellen müssen.

71 Für eine unverschuldete Säumnis ist weiterhin grds. erforderlich, dass der Beteiligte selbst vernünftigerweise annehmen konnte, nach den für die VKH geltenden Grundsätzen bedürftig zu sein (BGH MDR 2008, 946 = NJW 1993, 732, 733; Musielak/*Grandel* § 233 ZPO Rn. 30). Bei unveränderten wirtschaftlichen Verhältnissen darf ein Beteiligter, dem in erster Instanz VKH bewilligt worden ist, davon ausgehen, dass auch in zweiter Instanz die Bedürftigkeit bejaht wird, es sei denn, das Rechtsmittelgericht hat bereits darauf hingewiesen, dass es die persönlichen und wirtschaftlichen Voraussetzungen für die Bewilligung von VKH nicht für gegeben erachtet (vgl. BGH NJW-RR 2015, 703). An dem Vertrauen auf die eigene Bedürftigkeit des Antragstellers fehlt es, wenn dieser – wie für ihn selbst offensichtlich ist – wahrheitswidrige Angaben gemacht hat, z.B. wahrheitswidrig angegeben hat, über keine Bankkonten zu verfügen (vgl. BGH NJW 2015, 1312). Ob der Antragsteller Erfolgsaussicht der Rechtsverfolgung (ggf. der Rechtsverteidigung) annehmen durfte, ist dagegen nicht entscheidend (BGH FamRZ 1988, 1152, 1153; Musielak/*Grandel* § 233 ZPO Rn. 30). Wenn der Antragsteller alles seinerseits Erforderliche getan hat und die zuvor genannten Voraussetzungen vorliegen, besteht das aus der wirtschaftlichen Bedürftigkeit sich ergebende unverschuldete Hindernis fort. Zum Fortfall des Hindernisses und zum Beginn der Wiedereinsetzungsfrist vgl. § 18 Rdn. 22 ff.

72 **2. Hindernisse außerhalb der Sphäre des Beteiligten und bei der Übermittlung des fristgebundenen Dokuments. Gerichtseinlauf:** Es ist Sache des Beteiligten, dafür zu sorgen, dass das fristgebundene Schriftstück innerhalb der Frist bei dem zuständigen Gericht am rechten Ort eingeht. Eine Abgabe des fristgebundenen Schriftstücks bei einem anderen Gericht (z.B. auf der Poststelle eines anderen Gerichts im selben Gebäude) oder die Übergabe an nicht befugte Personen (Hausmeister, Putzfrau) reicht nicht. Da dies auch für den Beteiligten erkennbar sein wird, kommt in solchen Fällen eine Wiedereinsetzung regelmäßig nicht

Abschnitt 1. Allgemeine Vorschriften § 17

in Betracht (vgl. Zöller/Greger § 233 ZPO Rn. 23 »Gerichtseinlauf«). Etwas anderes kann sich ergeben, wenn der Beteiligte nach den Umständen und nach Äußerungen eines Justizbediensteten davon ausgehen durfte, dass das Schriftstück innerhalb der zu wahrenden Frist an die zuständige Stelle (ein anderes Gericht in demselben Gebäude) weitergeleitet werden würde (BGH AnwBl. 2006, 491).

Bei Einreichung des Schriftsatzes bei einem unzuständigen Gericht und Verzögerung der Weiterleitung an das zuständige Gericht kann allerdings Wiedereinsetzung nach den unter Rdn. 52 ff. dargestellten Grundsätzen in Betracht kommen. 73

Postbeförderung: Bei Verlust von Dokumenten oder Verspätungen i.R.d. Postbeförderung kommt unverschuldete Fristversäumung in Betracht. Der Beteiligte darf sich grds. – bei Fehlen konkreter anderer Anhaltspunkte – auf die Zuverlässigkeit der Postdienste und die jeweils übliche Postlaufzeit verlassen (BVerfG NJW 1995, 1210, 1211; 1979, 641; BGH NJW 2009, 2379, 2380; 2008, 1164, 1165); dies soll selbst bei privaten Kurierdiensten gelten (BVerfG FamRZ 2000, 473; BGH NJW-RR 2008, 930; 2008, 141). Auch bei einer stärkeren Beanspruchung des Postdienstleisters vor Feiertagen darf der Beteiligte hiervon ausgehen (BVerfG NJW 2001, 1566; BGH NJW 2008, 587). Ein Verlust des an das Gericht gerichteten Dokuments auf dem Postweg sowie eine nicht voraussehbare Verzögerung durch den Postdienstleister sind danach als unverschuldet anzusehen, wenn der Beteiligte seinerseits das zur fristgerechten Übermittlung Erforderliche getan hat (vgl. BVerfG NJW 1994, 1854; 1992, 38; BGH NJW-RR 2008, 930; NJW 1993, 1333). Voraussetzung für eine unverschuldete Verzögerung ist dabei allerdings, dass das Dokument so rechtzeitig zur Post gegeben wurde, dass es bei normaler Bearbeitung und üblicher Postlaufzeit (bis ca. 2 Werktage; hierzu ist ggf. eine Auskunft einzuholen) fristgerecht bei Gericht eingegangen wäre (BGH NJW 2008, 587; FamRZ 2007, 1722; VersR 1994, 496, 497); bei Inlandspost und Aufgabe an einem Werktag soll Übermittlung am nächsten Werktag zu erwarten sein (BGH NJW 2011, 458, 459; 2009, 2379, 2380). Eine Verzögerung der Postzustellung, die durch eine dem Beteiligten zuzurechnende falsche Adressierung oder unzureichende Frankierung verursacht worden ist, kann der Annahme fehlenden Verschuldens entgegenstehen (BGH NJW 2007, 1751; NJW 2002, 2180; BVerwG NJW 1990, 1747). Gleiches gilt bei einem dadurch verursachten Verlust der Sendung. Eine dem Beteiligten zuzurechnende fehlerhafte Anschrift schließt allerdings eine Wiedereinsetzung nicht aus, wenn der Brief so frühzeitig aufgegeben worden ist, dass er trotz der notwendigen Sonderbehandlung bei der Post bei Gericht noch hätte rechtzeitig eingehen müssen (BVerfG NJW 2001, 1566, 1567; BVerwG NJW 1990, 2639). Der Beteiligte (ggf. sein Vertreter) muss sich auf vorhandene und für ihn erkennbare Hindernisse einstellen, die erfahrungsgemäß zu einer Verzögerung der Postzustellung führen, etwa auf einen unmittelbar bevorstehenden oder stattfindenden Poststreik (BVerfG NJW 1995, 1210, 1211; BGH NJW 1993, 1332). Bei solchen Umständen kann auch eine Rückfrage bei Gericht geboten sein, um ggf. die Frist auf einem anderen Weg noch zu wahren. Ansonsten wird eine Nachfragepflicht grds. verneint (BVerfG NJW 1995, 1210, 1211; BGH NJW 2012, 2522; 1993, 1332; 1990, 188, 189). 74

Auf Angaben über die voraussichtliche Beförderungsdauer in einem Aushang (BVerfG NJW 1983, 1479) und auf entsprechende Auskünfte von Postbediensteten hierzu (BGH NJW-RR 1990, 508) darf der Beteiligte sich verlassen. 75

Telefax: Nach nunmehriger Rspr. des BGH ist für den Zugang eines per Telefax übersandten Schriftsatzes bei Gericht der Zeitpunkt maßgebend, an dem die gesendeten Signale vom Empfangsgerät des Gerichts vollständig empfangen wurden, was durch Einzelverbindungsnachweis des Telefondienstleisters zuverlässig ermittelt werden kann (vgl. BGH NJW 2006, 2263, 2265; 2007, 2045, 2046). Der Zeitpunkt des Ausdrucks des Schriftsatzes ist danach nicht entscheidend. Die Frage einer möglichen Wiedereinsetzung kann danach nur relevant werden, wenn es bis zum Fristablauf nicht zum vollständigen Empfang der Signale im Empfangsgerät des Gerichts gekommen ist. Ist Letzteres der Fall, kann eine Wiedereinsetzung wegen unverschuldeter Säumnis in Betracht kommen, wenn der Beteiligte (ggf. sein Vertreter) alles Erforderliche und Zumutbare getan hat, um den fristgebundenen Schriftsatz rechtzeitig dem Gericht zu übermitteln. Insb. muss die zutreffende Telefax-Nummer des zuständigen Gerichts, wie sie für den Beteiligten erkennbar war, verwendet werden, was sorgfältig zu überprüfen und anhand des Sendeprotokolls zu kontrollieren ist (vgl. BGH NJW 2011, 312, 313; 2010, 2811). Das Sendeprotokoll ist dabei mit einem aktuellen Verzeichnis oder einer anderen Quelle abzugleichen, um sicherzustellen, dass die angewählte Telefaxnummer derjenigen des angeschriebenen Gerichts entspricht (BGH NJW-RR 2012, 744, 745). Die Überprüfung des Sendeprotokolls soll dabei auch der Kontrolle der tatsächlichen Übermittlung des Schriftstücks dienen (BGH NJW-RR 2012, 1267, 1268). Mit der Übermittlung des Schriftsatzes per Telefax muss zudem so rechtzeitig begonnen werden, dass unter Berücksichtigung der Länge des Schriftsatzes eine vollständige Übermittlung vor Frist- 76 ablauf gesichert erscheint (BGH NJW 1994, 2097, 2098). Dabei ist eine gewisse Zeitreserve einzukalkulieren im Hinblick auf gewöhnliche kleinere Störungen, insb. im Hinblick auf eine evtl. Belegung des Fax-Geräts des Gerichts durch eine andere eingehende Sendung, womit insb. kurz vor Mitternacht gerechnet werden muss (BGH NJW 2011, 1972, 1973). Im Hinblick darauf, dass eine Belegung des gerichtlichen Empfangsgeräts durch andere Teilnehmer in Betracht kommt, muss der Beteiligte regelmäßig mehrere Übermittlungsversuche unternehmen und darf seine Übermittlungsbemühungen nicht vorschnell aufgeben (vgl. BGH NJW 2015, 1027, 1028). Nach der Übermittlung muss der Sendebericht darauf hin überprüft werden, ob die Übermittlung ordnungsgemäß und insb. vollständig (mit allen Seiten des Schriftsatzes) durchgeführt worden ist (BGH NJW 2010, 3101, 3102; 1993, 3140; 1993, 1655, 1656). Wenn der Beteiligte danach das Erforderliche getan hat, kann er sich grds. auf eine ordnungsgemäße und fristgerechte Übermittlung verlassen; ein Defekt oder eine Störung des Empfangsgerätes oder irgendwelche Störungen auf dem Übermittlungsweg, die zur Versäumung der Frist führen, sind für ihn unverschuldet (BVerfG NJW 2001, 3473; BGH NJW 1995, 1431, 1432). Die Belegung des Faxgeräts des Gerichts durch eine andere eingehende Sendung soll solchen Störungen nicht gleichzustellen und nicht zu den unverschuldeten Umständen zu zählen sein (BVerfG NJW 2007, 2838; ablehnend *Roth* NJW 2008, 785; Zöller/*Greger* § 233 ZPO Rn. 23 »Telefax«). Zu den Organisationsanforderungen, die an den anwaltlichen Vertreter bei Verwendung von Telefax zu stellen sind, vgl. Rdn. 88 ff.

77 Wenn die Übermittlung des Schriftsatzes per Telefax scheitert, dies rechtzeitig zu erkennen ist und noch andere zumutbare Möglichkeiten vorhanden sind, den Schriftsatz fristgerecht bei Gericht anzubringen, muss der Beteiligte (oder sein Vertreter) grds. von einem solchen alternativen Weg Gebrauch machen (vgl. BVerfG NJW 2006, 829; BGH NJW 1995, 1431, 1432; BAG 1995, 743). So kann i.R.d. Zumutbaren erwartet werden, dass über den Internetauftritt des Gerichts eine vorhandene weitere Telefaxnummer in Erfahrung gebracht wird und die Übermittlung über das weitere Faxgerät erfolgt (BGH NJW 2012, 3516, 3517, m. Anm. *Jungk*). Weitere Bemühungen sind dem Beteiligten (bzw. seinem Rechtsanwalt) jedenfalls abzufordern, wenn die Störungsursache (möglicherweise) in seinem Einflussbereich liegt. Der Zumutbarkeit sind hier jedoch Grenzen gesetzt. Bei in den Verantwortungsbereich der Justiz fallenden Störungen (z.B. bei Defekt oder mangelnder Empfangsbereitschaft des Empfangsgeräts des Gerichts) sind dem Beteiligten (bzw. seinem Anwalt) erhebliche Anstrengungen zum Auffinden einer anderen Zugangsart nicht abzuverlangen (BVerfG NJW 1996, 2857, 2858; BGH NJW-RR 2003, 861).

78 Auch bei einem plötzlichen, unerwarteten Defekt des eigenen Faxgeräts kann ein für den Beteiligten unverschuldetes Hindernis anzunehmen sein (wenn andere zumutbare Übermittlungsmöglichkeiten nicht mehr bestehen).

79 **Verkehrsbehinderung:** Wenn unter Benutzung eines öffentlichen Verkehrsmittels oder eines Kfz ein Dokument übermittelt werden sollte und infolge einer unvorhersehbaren Verkehrsbehinderung die Frist versäumt wurde, wird ein unverschuldetes Hindernis anzunehmen sein (BGH NJW 1998, 2677, 2678; 1989, 2393).

80 **3. Spezielle Hinderungsgründe im Bereich des (anwaltlichen) Vertreters.** Wie ausgeführt (Rdn. 40 ff.), muss der Beteiligte sich ein evtl. Verschulden seines Vertreters hinsichtlich der Säumnis zurechnen lassen. Dies gilt insb. auch für seinen anwaltlichen Verfahrensbevollmächtigten. Zur Frage, welche Personen als Vertreter in Betracht kommen, vgl. oben Rdn. 42 ff.

81 Soweit nach den vorstehend abgehandelten Fallgruppen ein Verschulden nicht ausgeschlossen ist, gilt dies auch bei entsprechenden Maßnahmen des (anwaltlichen) Vertreters mit der Folge, dass wegen des dem Beteiligten zuzurechnenden Verschuldens eine Wiedereinsetzung ausgeschlossen ist.

82 Bei Vertretung durch einen Rechtsanwalt dürften weiterhin folgende Problembereiche von Bedeutung sein (vgl. auch PG/*Milger* § 233 ZPO Rn. 30 ff.).

83 **Abwesenheit:** Abwesenheit dürfte als Grund für eine unverschuldete Säumnis regelmäßig ausscheiden. Der Rechtsanwalt ist nach § 53 BRAO verpflichtet, im Fall einer Abwesenheit für Vertretung zu sorgen. Für den Fall plötzlicher Abwesenheit sind organisatorische Vorkehrungen zu treffen, dass eine Vertreterbestellung veranlasst wird (BGH NJW 1961, 606). Dies dürfte nicht zu verlangen sein, wenn es lediglich um eine unvorhersehbare kurzfristige Verhinderung geht (BayObLG NJW-RR 2001, 1648). Ist diese, weil sie etwa am letzten Tag wenige Stunde vor Fristablauf auftritt, für die Fristversäumung ursächlich geworden, kommt Wiedereinsetzung in Betracht.

84 **Krankheit des Rechtsanwalts:** Nach der Rspr. hat ein Verfahrensbevollmächtigter Vorkehrungen dafür zu treffen, dass im Fall seiner Erkrankung ein Vertreter die notwendigen (fristgebundenen) Verfahrenshand-

Abschnitt 1. Allgemeine Vorschriften § 17

lungen vornimmt (zusammenfassend dazu *Toussaint* NJW 2014, 200). Es besteht danach eine Verpflichtung, durch allgemeine organisatorische Vorsorgemaßnahmen für eine im Krankheitsfall kurzfristig zur Verfügung stehende Vertretung zu sorgen, sei es im Rahmen anwaltlicher Zusammenarbeit in einer Sozietät oder Bürogemeinschaft oder bei einem Einzelanwalt durch entsprechende Absprache mit einem vertretungsbereiten Kollegen (vgl. BGH VersR 1990, 1026; NJW 2014, 228). Im Rahmen der Büroorganisation müssen Anweisungen für das Büropersonal vorhanden sein, wie im Fall eines krankheitsbedingten Ausfalls des Anwalts zu verfahren ist. Kommt es trotz gebotener allgemeiner Vorsorgemaßnahmen gleichwohl zu einer Fristversäumung aufgrund einer plötzlich auftretenden, nicht vorhersehbaren Erkrankung des Anwalts, kann ein Verschulden ausgeschlossen sein (vgl. BGH VersR 1991, 1270, 1271; NJW 1996, 1540, 1541; 2006, 2412). Einer vorsorglichen Vertreterbestellung auch für den Fall einer unvorhergesehenen Erkrankung bedarf es nicht (vgl. BGH NJW 2015, 171, 172). Eine Krankheit des Verfahrensbevollmächtigten schließt danach ein Verschulden an der Versäumung einer Frist nur aus, wenn eine plötzliche Erkrankung für den Verfahrensbevollmächtigten nicht vorhersehbar gewesen ist und deshalb organisatorische Vorkehrungen im Zeitpunkt der Erkrankung nicht mehr in Betracht kommen (vgl. BGH NJW 2009, 3037, 3038).

Büro- und sonstiges Hilfspersonal: Ein Verschulden des Büropersonals und der sonstigen Hilfspersonen, die durch den von ihm bevollmächtigten Rechtsanwalt eingesetzt werden, muss sich der betreffende Beteiligte nicht zurechnen lassen (vgl. oben Rdn. 46). Es kommt jedoch ein dem Beteiligten zuzurechnendes Verschulden des Verfahrensbevollmächtigten in Betracht, wenn diesem Fehler bei der Auswahl, der Einweisung und Belehrung, der Überwachung, dem Personaleinsatz oder der Organisation des Personaleinsatzes unterlaufen. Entsprechende Auswahl-, Einweisungs-, Belehrungs- und Überwachungspflichten bestehen erst recht, wenn der Verfahrensbevollmächtigte seinen Ehegatten, ein sonstiges Familienmitglied oder sonstige ihm bekannte, nicht bei ihm angestellte Personen bei Übermittlung fristgebundener Dokumente einschaltet (vgl. BGH NJW-RR 2012, 124). 85

Der Rechtsanwalt muss seine Bürokräfte sorgfältig auswählen und belehren (BGH NJW 2000, 3649, 3650; VersR 1986, 1083; 1973, 420, 421, 422); er muss ihre Tätigkeit angemessen überwachen (zumindest stichprobenweise) und damit ihre Eignung und Zuverlässigkeit laufend überprüfen (BGH NJW 1994, 2552, 2553), wobei die Überwachung und ihre Intensität von der übertragenen Aufgabe, der Berufserfahrung und der bisherigen Bewährung abhängen. Eine solche Überwachung ist selbst noch bei langjährigen Angestellten erforderlich, hier allerdings dann nur in größeren Zeitabständen (BGH NJW 2002, 443, 444). Bei Auszubildenden hängen die Kontroll- und Überwachungspflichten vom jeweiligen Ausbildungsstand ab (BGH NJW 2002, 2180). Einfache Aufgaben darf der Rechtsanwalt einer zuverlässigen Angestellten übertragen, ohne dass er die ordnungsgemäße Erledigung überwachen muss (BGH NJW 2009, 296; NJW-RR 2003, 935, 936). Die Übertragung des Aufgabenbereichs und ihr Arbeitseinsatz müssen den Fähigkeiten und der Erfahrung der jeweiligen Bürokraft angepasst sein (BGH NJW 2006, 1520, 1521; 1976, 628). Dem Büropersonal können unterstützende Verrichtungen mit entlastender Wirkung übertragen werden, nicht aber wesentliche Aufgaben der eigenen anwaltlichen Tätigkeit, wie z.B. die Klärung der Frage einer Rechtsmitteleinlegung i.R.e. Telefonats mit dem Beteiligten (BGH MDR 2013, 53). Geschieht dies dennoch, liegt ein die Wiedereinsetzung ausschließendes Organisationsverschulden vor. 86

Bei Referendaren und anderen juristischen Hilfskräften (z.B. angestellten Assessoren oder Rechtsanwälten), die Fälle nicht selbstständig bearbeiten, sondern dem Rechtsanwalt zuarbeiten, bestehen Weisungs- und Überwachungspflichten, insb. auch, wenn Aufgaben im Zusammenhang mit der Wahrung von Fristen wahrzunehmen sind. Bei diesen Personen sind jedoch geringere Anforderungen an die Überwachung zu stellen als bei mit Fristaufgaben betrauten sonstigen Büroangestellten (vgl. BGH AnwBl. 2006, 417, 418; FamRZ 1996, 1403). 87

Büroorganisation und Fristbehandlung: Der Rechtsanwalt hat seinen Bürobetrieb so zu organisieren, dass Fehlerquellen ausgeschlossen und Fehler, insb. auch die Versäumung von Fristen, möglichst vermieden werden. Er ist darauf angewiesen, anfallende Büroarbeiten in erheblichem Umfang zu delegieren. Der Rechtsanwalt hat durch allgemeine Anweisungen, die nicht notwendigerweise schriftlich, aber unmissverständlich sein müssen, und spezielle (evtl. mündliche) Weisungen im Einzelfall für eine einwandfreie Büroorganisation zu sorgen. Auftretende Fehler muss er zum Anlass nehmen, die Organisation zu optimieren (vgl. BGH VersR 1996, 388; MüKoZPO/*Gehrlein* § 233 ZPO Rn. 73). Die Organisation des Anwaltsbüros ist dabei insb. darauf auszurichten, die Versäumung von Fristen zu vermeiden. Sämtliche organisatorischen Maßnahmen müssen so beschaffen sein, dass auch bei unerwarteten Störungen des Geschäftsablaufs, etwa durch Überlastung oder Erkrankung der zuständigen Angestellten, Verzögerung der anwaltlichen Bearbeitung oder ähnliche Umstän- 88 de, bei Anlegung eines äußersten Sorgfaltsmaßstabs die Einhaltung der anstehenden Frist gewährleistet ist (so BGH NJW 2015, 2038, 2039). Die Übermittlung fristgebundener Schriftsätze an das Gericht per Fax kann zwar geschultem Kanzleipersonal eigenverantwortlich überlassen werden. Es müssen jedoch vom Anwalt organisatorische Vorkehrungen getroffen und Weisungen erteilt werden, die eine Verwechselung der Faxnummer möglichst ausschließen, eine Kontrolle hierzu sowie der Vollständigkeit der Übermittlung und eine erst dann vorgenommene Streichung der Frist in der Fristenkontrolle gewährleisten (vgl. hierzu BGH NJW 2011, 2367; NJW-RR 2013, 305, 306; 2012, 1084, 1085; FamRZ 2010, 879, 880). Anweisungen an das Kanzleipersonal, die unnötigerweise zusätzliche Fehlerquellen für die Verwechselung von Telefaxnummern schaffen, begründen ein dem Beteiligten zuzurechnendes Anwaltsverschulden (BGH NJW-RR 2011, 1557, 1558). Auf welche Weise der Anwalt sicherstellt, dass die Eintragung im Fristenkalender und die Wiedervorlage der Handakten rechtzeitig erfolgen, steht ihm grds. frei; sämtliche Maßnahmen müssen aber so beschaffen sein, dass auch bei unerwarteten Störungen des Geschäftsablaufs bei Anlegung eines äußersten Sorgfaltsmaßstabs die Einhaltung der anstehenden Frist gewährleistet ist (BGH MDR 2010, 1142, 1143). Auf die Ausführung der in den Organisationsanordnungen liegenden allgemeinen Weisungen und die Befolgung evtl. zusätzlich erteilter mündlicher Weisungen darf der Rechtsanwalt sich grds. verlassen (BGH NJW 2008, 526; NJW-RR 2007, 127, 128; BGH FamRZ 1997, 997). Grds. darf ein Rechtsanwalt auch darauf vertrauen, dass eine bisher zuverlässige Büroangestellte eine konkrete Einzelanweisung befolgt, und muss sich dessen nicht vergewissern (BGH NJW 2012, 1737, 1738). Dies gilt jedenfalls für schriftliche Anweisungen; bei nur mündlichen Anweisungen zu wichtigen Vorgängen, z.B. bei Eintragung einer Rechtsmittelfrist, müssen jedoch ausreichende Vorkehrungen dagegen getroffen werden, dass diese vergessen und deshalb nicht ausgeführt werden (BGH FamRZ 2012, 863; NJW 2010, 2286, 2287). Die Einzelanweisung muss stets klar und eindeutig sein (BGH NJW 2009, 3036); sie muss korrekt und vollständig sein, um einer Fristversäumung entgegenzuwirken (BGH NJW 2013, 236, 237; 2012, 3309, 3310). Durfte der Rechtsanwalt nach diesen Grundsätzen auf eine Ausführung der Einzelanweisung vertrauen, die bei Befolgung die Fristwahrung gesichert hätte, kommt es auf allgemeine organisatorische Vorkehrungen nicht mehr an (BGH NJW-RR 2012, 428, 429). Ein eigenes Fehlverhalten des Anwalts, das für die Frage einer Wiedereinsetzung dem vertretenen Beteiligten zuzurechnen ist, ist bei vermeidbaren Organisationsmängeln regelmäßig anzunehmen; ist es jedoch für die Fristversäumung nicht kausal geworden, ist eine Wiedereinsetzung nicht ausgeschlossen (vgl. BGH NJW 2010, 1378, 1379).

89 Zu der vom Rechtsanwalt zu gewährleistenden funktionsfähigen Büroorganisation gehört auch die Anschaffung und Unterhaltung der notwendigen technischen Büroausstattung. Wenn hierfür hinreichend Sorge getragen wurde, kann eine Fristversäumung, die auf den Ausfall von Geräten zurückzuführen ist (z.B. eines Faxgeräts, der Computeranlage) und durch die Wahl eines anderen Übermittlungsweges nicht vermeidbar gewesen ist, als unverschuldet anzusehen sein (vgl. OLG Celle NJW-RR 2003, 1439, 1440). Die dazu erforderliche konkrete Darlegung und die Glaubhaftmachung dürften in solchen Fällen jedoch vielfach Schwierigkeiten bereiten (vgl. BGH MDR 2007, 248 = NJW 2004, 2525). I.R.d. ihm obliegenden Büroorganisation hat der Rechtsanwalt auch Vorkehrungen für den nach der Lebenserfahrung nicht fernliegenden Fall zu treffen, dass ein Büromitarbeiter ausfällt und dann auf den von ihm erstellten, abgespeicherten und durch Kennwort geschützten Text eines fristgebundenen Schriftsatzes zugegriffen werden muss (vgl. OLG Oldenburg NJW 2011, 2305).

90 Bei den Organisationsanforderungen und der Delegationsbefugnis von Aufgaben an Büropersonal dürfte nach den Grundsätzen der Rspr. eine Differenzierung nach drei unterschiedlichen Ebenen vorzunehmen sein (vgl. dazu etwa BGH NJW 1988, 2045; Stein/Jonas/*Roth* § 233 ZPO Rn. 34 [S. 762]). Die strengsten Anforderungen sind bei der Berechnung von Fristen zu stellen. Die Fristberechnung muss der Rechtsanwalt grds. selbst vornehmen, er darf die Fristberechnung und -notierung lediglich bei einfacheren, in seinem Büro geläufigen Fristen einer gut ausgebildeten, als zuverlässig erprobten und sorgfältig überwachten Bürokraft übertragen (BGHZ 43, 148; BGH NJW 2003, 1815, 1816; 2011, 1080). Soweit eine Bürokraft tätig werden kann, darf auch eine Delegation an einen qualifizierten, eingewiesenen Rechtsreferendar erfolgen (BGH NJW 2006, 1070).

91 Geringere Anforderungen sind für die Eintragung und ihre Kontrolle, Überwachung und Löschung von Fristen in bürointernen Kontrollsystemen zu stellen. Diese Arbeiten können einer zuverlässigen, erfahrenen und bewährten Rechtsanwaltsgehilfin übertragen werden (BGH NJW 2009, 854, 856; NJW-RR 1995, 58, 59; NJW 1992, 2488).

92 Mit anderen Hilfeleistungen im Rahmen routinemäßiger Büroarbeiten, wie etwa Kopierarbeiten, Botendienste, *Schreibarbeiten*, können auch weniger qualifizierte Kräfte betraut werden. Steht ihre Tätigkeit im

Zusammenhang mit der Wahrung von Fristen, müssen sie über die Fristwahrung unterrichtet werden und von ihnen muss eine gewissenhafte Ausführung zu erwarten sein (BGH VersR 1994, 369, 370).

Bei der **Fristenbehandlung** ist zunächst wesentlich, dass der Fristbeginn (Zustellung bzw. sonstige Bekanntgabe) festgestellt wird. Dies muss vom Rechtsanwalt i.R.d. ihm obliegenden Büroorganisation sichergestellt werden (BGH MDR 88, 1048; BGH NJW 2010, 3305; NJW 2011, 1597, 1598; 1598, 1599). Zweifel hinsichtlich des maßgebenden Bekanntgabezeitpunkts müssen vom Rechtsanwalt geklärt werden, ggf. auch durch Rückfrage beim Gericht (BGH FamRZ 1997, 415). Auf eine Auskunft des Gerichts darf er sich dabei grds. verlassen (BGH NJW 2011, 522, 524). Das kann allerdings nicht gelten, wenn auf Weisung des Rechtsanwalts eine Büroangestellte bei Gericht wegen einer gewährten Fristverlängerung nachfragt und Unklarheit oder zumindest die erkennbare konkrete Möglichkeit eines Missverständnisses hinsichtlich der gewährten Dauer der Fristverlängerung besteht; dies kann dann nicht Grundlage für die endgültige Notierung des neuen Fristablaufs im Fristenkalender sein (BGH NJW 2011, 1971, 1972). Ist an ihn zugestellt worden, darf er das Empfangsbekenntnis grds. erst unterzeichnen und zurückgeben, wenn bei den Handakten die Frist zutreffend festgehalten und vermerkt ist, dass die First im Fristenkalender notiert worden ist (BGH NJW 2010, 1080; BGH NJW 1996, 1900, 1901); jedenfalls muss die Fristnotierung gesichert sein (vgl. BGH NJW 2003, 1528). Der erstinstanzliche Verfahrensbevollmächtigte muss einem in zweiter Instanz tätigen Bevollmächtigten die für die fristgerechte Einlegung (und ggf. Begründung) des Rechtsmittels erforderlichen Daten in einer jeden Zweifel ausschließenden Weise mitteilen (vgl. Zöller/Greger § 223 ZPO Rn. 23 – Stichwort; »Mehrere Rechtsanwälte«). Darum hat sich jedoch auch der zweitinstanzliche Verfahrensbevollmächtigte zu kümmern; er muss eigenverantwortlich das für das Rechtsmittel maßgebende Zustellungsdatum feststellen und bei sich ergebenden Zweifeln insoweit notwendige Ermittlungen anstellen (so OLG Bremen NJW 2015, 3797; Zöller/Greger § 223 ZPO Rn. 23 – Stichwort; »Mehrere Anwälte«). Bei dem Beteiligten zuzurechnendem Verschulden nur eines Rechtsanwalts der tätig gewordenen Anwälte ist Wiedereinsetzung ausgeschlossen.

Wegen der **Fristberechnung** ist auf die vorausgegangenen Ausführungen (Rdn. 90) zu verweisen.

Für die ordnungsgemäße Organisation eines Anwaltsbüros, für die der Rechtsanwalt selbst einzustehen hat, gehört zwingend die Führung eines **Fristenkalenders** (BGH VersR 1977, 670); einzelne Blätter reichen nicht (BGH VersR 1985, 1184, 1185). Wenn ein **EDV-gestützter Fristenkalender** geführt wird, muss der Rechtsanwalt durch Organisationsanweisung sicherstellen, dass ein Kontrollausdruck gefertigt wird, um Eingabe- und Datenverarbeitungsfehler zu erkennen (BGH FamRZ 2012, 1133, 1134; NJW 2010, 1363). Jedenfalls darf ein allein elektronisch geführter Kalender keine hinter der manuellen Führung zurückbleibende Überprüfungssicherheit bieten. Gleiches gilt für eine elektronisch geführte Handakte; sie muss ihrem Inhalt nach der herkömmlich geführten entsprechen und insbesondere zu Rechtsmittelfristen und deren Notierung ebenso wie diese verlässliche Auskunft geben können (so BGH NJW 2015, 2038, 2039); bei technischen Störungen des Systems, kann eine (zeitweilige) Rückkehr zur manuellen Fristenkontrolle geboten sein (BGH NJW 2015, 2038, 2039). Bei Ausfall des elektronisch geführten Kalenders kann sich ggf. auch eine Pflicht des Rechtsanwalts ergeben, die ihm vorgelegten Handakten auf etwaige drohende Fristabläufe zu kontrollieren, was sich im Hinblick auf die Aktenvorlage im Rahmen von Vorfristen aufdrängt (BGH NJW 2015, 2040). Durch entsprechende Anweisung (Organisation) muss sichergestellt werden, dass im Kalender notierte Fristen nicht eigenmächtig vom Büropersonal geändert oder gestrichen werden (BGH FamRZ 1991, 1173, 1174). Die Führung des Fristenkalenders kann – wie ausgeführt (Rdn. 91) – einer qualifizierten Bürokraft überlassen werden. Bei wichtigen Fristen (die etwa für die Fertigung einer Begründung bzw. eines sonstigen wichtigen Schriftsatzes bestehen) dürfte die Eintragung einer Vorfrist, z.B. von einer Woche, im Kalender zu veranlassen sein (so für Berufungsbegründungsfrist BGH FamRZ 2004, 100; VersR 1995, 72).

Der Rechtsanwalt darf grds. darauf vertrauen, dass ihm die Akten bei im Kalender notierter Frist zum Fristablauf vom Büropersonal vorgelegt werden (BGH NJW 1997, 3243), auch wenn er die Akten für zur Vorbereitung des fristgebundenen Schriftsatzes erforderliche Maßnahmen nochmals in den Kanzleibetrieb gegeben hat (vgl. BGH NJW 2012, 614, 615). Bei Aktenvorlage hat der Rechtsanwalt (nochmals) eigenverantwortlich die Frist zu prüfen (BGH NJW 1992, 841), auch wenn er vorher im Rahmen einer Einzelanweisung die Korrektur einer fehlerhaft eingetragenen Rechtsmittelfrist verfügt hatte (BGH NJW 2014, 3452, 3453) oder wenn ihm die Sache als angeblich nicht fristgebunden vorgelegt wird (BGH NJW 2011, 1600; FamRZ 2012, 108); im letztgenannten Fall muss diese Prüfung nicht sofort bei Vorlage der Akten, sondern kann auch erst am nächsten Tag erfolgen (BGH NJW-RR 2012, 1204, 1205). Wenn die Akte rechtzeitig vor Ablauf der Frist vorgelegt worden ist und die Frist sodann versäumt wird, muss ein dem Beteiligten zuzurechnendes Verschulden des Rechtsanwalts angenommen werden, auch wenn die Anweisung des Anwalts, ihn vor Fristablauf nochmals zu erinnern, nicht ausgeführt worden ist (BGH NJW 1992, 841). Unterzeichnet der Verfahrensbevollmächtigte das falsche Schriftstück (eine Anlage statt des Schriftsatzes), liegt eigenes Verschulden vor; allein eine Kanzleianordnung, vor Absendung das Vorhandensein einer Unterschrift zu prüfen, ist ungeeignet, den hier relevanten Fehler (Unterzeichnung des falschen Schriftstücks) zu vermeiden und kann danach ein für die Säumnis ursächliches eigenes Verschulden des Anwalts nicht ausschließen (vgl. BGH NJW 2012, 856, 857). Anderes soll hingegen gelten bei insgesamt fehlender Unterschrift und einer Unterschriftskontrolle, die der Rechtsanwalt zuverlässigen Bürokräften übertragen hat; hier soll auf das in der versehentlich unterbliebenen Unterzeichnung der Rechtsmittelschrift liegende Anwaltsversehen, das vor der unterbliebenen, gerade der Vermeidung solcher nicht gänzlich auszuschließender Anwaltsfehler dienenden Unterschriftskontrolle liegt, nicht zurückgegriffen werden (BGH NJW 2014, 2961 – die Differenzierung in den beiden zitierten Entscheidungen erscheint nicht überzeugend). Regelmäßig und grundsätzlich ist jedenfalls von einem relevanten Verschulden des Rechtsanwalts auszugehen, wenn eine Frist versäumt wird, weil der ihm zur Fristwahrung rechtzeitig vorgelegte Schriftsatz von ihm versehentlich nicht unterschrieben worden ist (vgl. BGH NJW 2016, 718).

97 Schließlich muss i.R.d. Büroorganisation für eine **wirksame Ausgangskontrolle** gesorgt werden, durch die sichergestellt wird, dass fristgebundene Dokumente rechtzeitig übersandt werden. Die Ausgangskontrolle, die der Rechtsanwalt an qualifiziertes Personal delegieren kann (BGH VersR 1983, 269, 270), kann anhand eines Postausgangsbuchs oder durch Anbringung von Absendevermerken auf den zur Handakte genommenen Durchschriften erfolgen (BGH FamRZ 1992, 297). Es muss durch entsprechende Organisationsmaßnahmen auch sichergestellt sein, dass Fristen im Fristenkalender nicht schon mit Vorlage der Handakten gelöscht werden, sondern erst mit Erledigung durch Vornahme der fristwahrenden Maßnahme, d.h. der Einleitung der Übersendung des gefertigten Schriftsatzes. Zumindest muss dieser postfertig sein (BGH NJW 2011, 2051, 2052; 2006, 2638, 2639), wovon sich die Person, die mit der Kontrolle des Fristenkalenders betraut ist, zu vergewissern hat (BGH NJW-RR 2012, 745, 746). Ein Organisationsverschulden kann darin liegen, dass die Zuständigkeit für die Ausgangskontrolle nicht eindeutig geregelt ist und nicht festgestellt werden kann, wer die Frist zu Unrecht gestrichen hat (BGH NJW 2011, 385, 386). Ein Mangel der Ausgangskontrolle kann schließlich auch darin bestehen, dass Fristen nicht sogleich nach Durchführung der Maßnahme, sondern an einem der folgenden Tage gestrichen werden, dadurch Zweifel entstehen und die Verlässlichkeit der Kontrolle infrage gestellt wird (BGH MDR 2009, 883, 884). Zu einer wirksamen Ausgangskontrolle ist zudem eine Anordnung des Rechtsanwalts erforderlich, durch die gewährleistet wird, dass die Erledigung der fristgebundenen Sachen am Abend eines jeden Arbeitstages anhand des Fristenkalenders von einer dazu beauftragten Bürokraft überprüft wird (vgl. BGH NJW-RR 2012, 427, 428).

98 Ein Verfahrensbevollmächtigter ist grundsätzlich nicht verpflichtet, innerhalb des Laufs der Frist sich bei Gericht zu erkundigen, ob sein Antrag auf Verlängerung der Frist oder das sonstige fristgebundene Dokument bei Gericht eingegangen ist; eine Ausnahme besteht dann, wenn ein konkreter Anlass hierfür besteht, etwa aufgrund eines vom Gericht übermittelten Schriftstücks, aus dem sich ergibt, dass etwas fehlgelaufen ist (vgl. BGH NJW 2012, 2522 m.w.N.). Ordnet ein Rechtsanwalt die Einholung einer Eingangsbestätigung an, obwohl er hierzu nicht verpflichtet gewesen wäre, können Fehler, die ihm hierbei unterlaufen, die Versagung der Wiedereinsetzung nicht rechtfertigen (so BGH NJW 2015, 2266).

99 **Rechtsirrtum oder Rechtsunkenntnis:** Diese sind bei einem anwaltlichen Vertreter in aller Regel verschuldet. Ausnahmen sind kaum denkbar (vgl. BGH NJW 2001, 1575, 1576; 2011, 386, 387 – fehlerhafte Auslegung der Übergangsregelung in Art. 111 FGG-RG). In seltenen, eng begrenzten Ausnahmefällen kann allerdings ein fehlendes Verschulden anzunehmen sein, wenn es nämlich um eine besonders zweifelhafte Rechtslage geht, die relevanten Rechtsfragen umstritten und durch Entscheidung des BGH noch nicht geklärt sind und der anwaltliche Vertreter einen im Zeitpunkt seines Handelns vertretbar erscheinenden Weg wählt (vgl. BGH NJW 1979, 877; FamRZ 1978, 231; BayObLG FGPrax 2004, 43, 45). Auch soweit es um Fristen geht, muss der Rechtsanwalt allerdings bei in Betracht kommenden Alternativen den sicheren bzw. sichersten Weg gehen (BGH FamRZ 2006, 1191; NJW 2015, 1529, 1531). Bei zweifelhafter Rechtslage hat der Rechtsanwalt die Interessen des von ihm vertretenen Beteiligten – soweit dies möglich ist – durch vorsorgliches Handeln hinsichtlich der in Betracht kommenden Alternativen zu wahren, ggf. auch durch vorsorglichen Rechtsbehelf (vgl. BVerfG NJW 2008, 2167, 2168; BGH NJW 2012, 2523, 2524). Der Rechtsanwalt darf sich allerdings auf eine Rspr. des BGH verlassen, auch wenn von einem anderen Senat des BGH *in einem »obiter dictum«* eine abweichende Auffassung geäußert worden ist (vgl. BGH NJW 2013, 471).

Unkenntnis eines bekannt gegebenen, eine Frist auslösenden Dokuments: Eine unverschuldete Unkenntnis von einer Zustellung oder sonstigen Bekanntmachung kann eine Wiedereinsetzung rechtfertigen, was allerdings nur selten in Betracht kommen dürfte. Ein Rechtsanwalt muss organisatorische Vorkehrungen treffen, dass er Kenntnis vom Zeitpunkt (und Inhalt) ihm zugestellter Dokumente oder durch Brief bekannt gemachter Schriftstücke erhält, und dafür sorgen, dass der maßgebende Zeitpunkt der Zustellung (Bekanntgabe) für eine zu wahrende Frist festgehalten wird (zu Letzterem vgl. BGH NJW 2003, 435, 436). 100

Ist eine Zustellung oder sonstige Bekanntmachung (noch) an den Mandanten erfolgt, hat der Rechtsanwalt den Zeitpunkt der Bekanntmachung festzustellen; dazu sind vorhandene Zustellnachweise oder Unterlagen über die Bekanntgabe durch Aufgabe zur Post zu prüfen. Auf ungeprüfte Angaben seines Mandanten darf er sich nicht ohne Weiteres verlassen (BGH MDR 1994, 837). 101

§ 18 Antrag auf Wiedereinsetzung.

(1) ¹Der Antrag auf Wiedereinsetzung ist binnen zwei Wochen nach Wegfall des Hindernisses zu stellen. ²Ist der Beteiligte verhindert, die Frist zur Begründung der Rechtsbeschwerde einzuhalten, beträgt die Frist einen Monat.
(2) Die Form des Antrags auf Wiedereinsetzung richtet sich nach den Vorschriften, die für die versäumte Verfahrenshandlung gelten.
(3) ¹Die Tatsachen zur Begründung des Antrags sind bei der Antragstellung oder im Verfahren über den Antrag glaubhaft zu machen. ²Innerhalb der Antragsfrist ist die versäumte Rechtshandlung nachzuholen. ³Ist dies geschehen, kann die Wiedereinsetzung auch ohne Antrag gewährt werden.
(4) Nach Ablauf eines Jahres, von dem Ende der versäumten Frist an gerechnet, kann Wiedereinsetzung nicht mehr beantragt oder ohne Antrag bewilligt werden.

Übersicht

	Rdn.		Rdn.
A. Allgemeines	1	D. Vortrag und Glaubhaftmachung der Tatsachen zur Begründung des Antrags (Abs. 3 Satz 1)	35
B. Antrag auf Wiedereinsetzung (Abs. 1 und 2)	7		
I. Antrag	7		
II. Form des Antrags	13	E. Wiedereinsetzung ohne Antrag (Abs. 3 Satz 3)	39
III. Antragsfrist	15		
C. Nachholung der versäumten Rechtshandlung (Abs. 3 Satz 2)	31	F. Ausschlussfrist für die Wiedereinsetzung (Abs. 4)	41

A. Allgemeines. § 18 regelt die formellen Voraussetzungen des Wiedereinsetzungsgesuchs. Zum **Anwendungsbereich** der Regelung vgl. § 17 Rdn. 7 ff. 1

Abs. 1 Satz 1 enthält – wie bereits § 22 Abs. 2 Satz 1 FGG – eine Frist für die Anbringung des Wiedereinsetzungsgesuchs. Dies entspricht § 234 Abs. 1 Satz 1 ZPO. Mit Wirkung ab 01.01.2013 ist Satz 2 eingefügt worden, der bei Versäumung der Frist für die Begründung der Rechtsbeschwerde eine Wiedereinsetzungsfrist von einem Monat vorsieht. 2

Abs. 2 legt die Form des Wiedereinsetzungsantrags fest. Diese Regelung ist auf Vorschlag des Rechtsausschusses des BT eingefügt worden, um die Regelung in § 18 mit der entsprechenden zivilprozessualen Vorschrift des § 236 Abs. 1 ZPO zu harmonisieren (vgl. BT-Drucks. 16/9733, 353). 3

Abs. 3 benennt für das Wiedereinsetzungsgesuch erforderliche Verfahrenshandlungen. Abs. 3 Satz 2 gibt nunmehr ausdrücklich vor, dass auch die versäumte Rechtshandlung innerhalb der Wiedereinsetzungsfrist nachgeholt werden muss. Dies entsprach zwar bereits nach altem Recht der ganz herrschenden Meinung (vgl. KKW/*Sternal* § 22 FGG Rn. 49) und ist auch in anderen Verfahrensordnungen vorgesehen (vgl. §§ 236 Abs. 2 Satz 2 ZPO, 60 Abs. 2 Satz 3 VwGO), war vorher jedoch für die freiwillige Gerichtsbarkeit nicht ausdrücklich geregelt. 4

Auch Abs. 3 Satz 3 hat klarstellende Bedeutung. Bereits nach zuvor geltender Rechtslage entsprach es einhelliger Auffassung, dass es – wie auch in anderen Verfahrensordnungen (vgl. §§ 236 Abs. 2 Satz 2, 60 Abs. 2 Satz 4 VwGO) – für die Wiedereinsetzung keines ausdrücklichen Antrags bedarf, wenn die für die Wiedereinsetzung erforderlichen Tatsachen den Akten zu entnehmen sind (vgl. BGH NJW 1975, 925). 5

Abs. 4 enthält eine Ausschlussfrist für die Wiedereinsetzung. Er entspricht inhaltlich und in der Formulierung weitgehend § 234 Abs. 3 ZPO. 6

§ 18

7 **B. Antrag auf Wiedereinsetzung (Abs. 1 und 2). I. Antrag.** Für die Wiedereinsetzung ist grds. – wenn nicht die Regelung in Abs. 3 Satz 3 eingreift – ein Antrag des säumigen Beteiligten erforderlich. Der Antrag ist eine an Frist (Abs. 1) und Form (Abs. 2) gebundene Verfahrenshandlung.

8 Der Antrag muss nicht ausdrücklich gestellt werden, sondern kann sich auch konkludent aus auszulegenden Erklärungen und Verhalten des säumigen Beteiligten ergeben; hohe Anforderungen sind hier nicht zu stellen. Für eine konkludente Antragstellung dürften bereits Ausführungen des Beteiligten zu Wiedereinsetzungsgründen bei erkennbar werdendem Bewusstsein einer möglichen Fristversäumnis und erkennbarem Willen zur Fortsetzung des Verfahrens genügen (vgl. OLG Hamm FGPrax 1998, 215). Ein konkludenter Antrag kann jedoch nicht angenommen werden, wenn die fristgebundene Verfahrenshandlung in der irrigen Annahme vorgenommen wird, die Frist sei noch nicht abgelaufen (vgl. BGH NJW-RR 2012, 1206, 1207). Auch für den konkludenten Antrag muss die Form des Abs. 2 eingehalten werden.

9 Der Wiedereinsetzungsantrag ist auch noch nach Verwerfung eines Rechtsbehelfs (bzw. eines Rechtsmittels) zulässig. Selbst eine vorausgegangene rechtskräftige Zurückweisung eines Wiedereinsetzungsantrags schließt einen neuen Wiedereinsetzungsantrag nicht aus, der auf einen anderen Wiedereinsetzungsgrund gestützt wird, über den noch nicht entschieden worden ist (vgl. BGH, Beschl. v. 08.01.2016 – I ZB 41/15).

10 Da nach § 19 Abs. 1 über den Wiedereinsetzungsantrag das Gericht zu entscheiden hat, das auch über die versäumte Rechtshandlung zu befinden hat, ist der Antrag grds. bei diesem Gericht zu stellen. Etwas anderes kann sich ergeben, wenn die versäumte Rechtshandlung bei einem anderen Gericht (einer anderen Stelle) hätte vorgenommen werden müssen oder zumindest hätte vorgenommen werden können.

11 Bei **Versäumung der Beschwerdefrist** nach § 63 ist etwa zu beachten, dass die Beschwerde nicht beim Beschwerdegericht, sondern nach § 64 Abs. 1 bei dem Gericht einzulegen ist, dessen Beschluss angefochten wird, und dieses auch – wenn es nicht um eine Beschwerde gegen eine Endentscheidung in einer Familiensache geht – nach § 68 Abs. 1 über eine Abhilfe der Beschwerde zu entscheiden hat. Soweit eine Abhilfekompetenz besteht, hat das Ausgangsgericht zunächst auch über die versäumte Rechtshandlung zu befinden. Es kann im Rahmen einer Abhilfe auch Wiedereinsetzung gewähren und ist insoweit zuständiges Gericht nach § 19 Abs. 1; bei Nichtabhilfe ist es aber nicht befugt, den Wiedereinsetzungsantrag zurückzuweisen (zur entsprechenden Rechtslage bei der sofortigen Beschwerde im Zivilprozess vgl. OLG Brandenburg OLG-NL 2005, 208; PG/*Milger* § 236 ZPO Rn. 2; Zöller/*Greger* § 237 ZPO Rn. 1; abw. Keidel/*Sternal* § 19 FamFG Rn. 3, keine Abhilfebefugnis des Ausgangsgerichts; MüKoZPO/*Gehrlein* § 237 ZPO Rn. 2, lediglich Empfangszuständigkeit des Ausgangsgerichts). Der Wiedereinsetzungsantrag ist danach wie die Beschwerde beim Ausgangsgericht anzubringen (so i. Erg. OLG Köln FamRZ 2013, 1604). Aber auch in den Fällen, in denen eine Abhilfekompetenz nach § 68 Abs. 1 Satz 2 fehlt, dürfte das Ausgangsgericht zur Entgegennahme des Wiedereinsetzungsantrags zuständig sein. Die Zuständigkeit für den Wiedereinsetzungsantrag sollte der Zuständigkeit für die nachzuholende versäumte Rechtshandlung (hier der Beschwerde) folgen, wofür Gesichtspunkte der Praktikabilität, der sachliche Zusammenhang mit der versäumten Rechtshandlung (vgl. hierzu auch Abs. 3 Satz 3) und die Verknüpfung über die gemeinsame Frist gem. Abs. 1, 3 Satz 2 sprechen (im Erg ebenso Prütting/Helms/*Ahn-Roth* § 18 FamFG Rn. 9). Zumindest sollte insoweit eine Zuständigkeit des Ausgangsgerichts zur Entgegennahme des Antrags neben dem Beschwerdegericht bestehen, das zusammen mit der Beschwerde über die Wiedereinsetzung zu entscheiden hat (abw. Keidel/*Sternal* § 18 FamFG Rn. 8 – Zuständigkeit des Ausgangsgerichts nur bis zur Weiterleitung der Akten an das Beschwerdegericht, danach Anbringung des Wiedereinsetzungsgesuchs nur beim Beschwerdegericht).
Anders stellt sich die Lage bei der **Rechtsbeschwerde** dar, die beim Rechtsbeschwerdegericht einzulegen ist (§ 71 Abs. 1). Bei Versäumung der Rechtsbeschwerde- und Rechtsbeschwerdebegründungsfrist ist das Wiedereinsetzungsgesuch nur beim Rechtsbeschwerdegericht (BGH) anzubringen.
Ist bei Zwischen- oder Nebenentscheidungen die **sofortige Beschwerde** nach §§ 567 ff. ZPO gegeben und wird die Beschwerdefrist versäumt, kann der Wiedereinsetzungsantrag (wie die Beschwerde) beim Beschwerdegericht, aber auch beim Ausgangsgericht angebracht werden; zur weiteren Behandlung vgl. die obigen Nachw.

12 Ein **Antragsrecht** hat nur der Beteiligte, der die gesetzliche Frist versäumt hat. Ggf. kann bei zulässiger Nebenintervention (wenn man diese mit der h.M. in Streitsachen der freiwilligen Gerichtsbarkeit für anwendbar hält; vgl. dazu BGHZ 38, 110, 111) ein Antragsrecht auch dem Nebenintervenienten zukommen.

13 **II. Form des Antrags.** Wie im Zivilprozess (§ 236 Abs. 1 ZPO) richtet sich die Form des Wiedereinsetzungsantrags nach den Vorschriften, die für die versäumte Rechtshandlung gelten. Dies bedeutet, dass für versäumte gesetzliche Fristen erster Instanz und bei Versäumung der Beschwerdefrist regelmäßig die

Schriftform oder eine Erklärung zur Niederschrift der Geschäftsstelle in Betracht kommen dürfte (vgl. §§ 25, 64 Abs. 2, 71 Abs. 1).
Wenn in dem betreffenden Verfahren anwaltliche Vertretung vorgeschrieben ist, wie etwa nach § 10 Abs. 4 bei Verfahren vor dem BGH, muss auch der Wiedereinsetzungsantrag von einem Rechtsanwalt gestellt werden (zur teilweise abweichenden Rechtslage nach altem Recht vgl. KKW/*Sternal* § 22 FGG Rn. 40). 14

III. Antragsfrist. Der Wiedereinsetzungsantrag ist **binnen einer Frist von 2 Wochen nach Wegfall des** **Hindernisses** zu stellen, das zur Versäumung der Frist geführt hat. Die Einhaltung der Frist ist Zulässigkeitsvoraussetzung für den Wiedereinsetzungsantrag. Sie dient der Rechtssicherheit und soll Verfahrensverzögerungen verhindern. Die genannte Antragsfrist steht nicht zur Disposition der Beteiligten oder des Gerichts und gilt grundsätzlich auch, wenn die versäumte Frist für die Rechtshandlung länger war. 15
Bei **Versäumung der Rechtsbeschwerdebegründungsfrist** von einem Monat würde eine Wiedereinsetzungsfrist von 2 Wochen dazu führen, dass einem schuldlos säumigen Beteiligten, der etwa aufgrund seiner finanziellen Bedürftigkeit die Frist versäumt hat und nach Gewährung von VKH Wiedereinsetzung begehrt, die reguläre Begründungsfrist nicht zur Verfügung stünde. Um Letzteres zu vermeiden, war zunächst von der Rspr. in solchen Fällen in entsprechender Anwendung des § 234 Abs. 1 Satz 2 ZPO die einmonatige Begründungsfrist (§ 71 Abs. 2) auch für einen Wiedereinsetzungsantrag und die Nachholung der versäumten Rechtshandlung zugrunde gelegt worden (vgl. BGHZ 184, 323, 327 f.; BGH FamRZ 2012, 99, 100). Durch den mit Wirkung ab 01.01.2013 eingefügten Satz 2 ist jetzt eine eindeutige gesetzliche Grundlage für die Gewährung einer längeren Wiedereinsetzungsfrist in diesen Fällen vorhanden.
Die Frist beginnt zu dem Zeitpunkt, zu dem das Hindernis tatsächlich zu bestehen aufgehört hat oder der Fortbestand des Hindernisses nicht mehr als unverschuldet anzusehen ist (BGHZ 4, 389, 396; BGH VersR 1977, 258; NJW-RR 2015, 441; KG ZMR 1994, 35, 36; Keidel/*Sternal* § 18 FamFG Rn. 10). Für den Wegfall des Hindernisses ist jedes Verschulden des Beteiligten oder seines Verfahrensbevollmächtigten heranzuziehen. Der Beteiligte hat sich auch hier die Kenntnis und eine evtl. vorwerfbare, verschuldete Unkenntnis seines Vertreters zurechnen zu lassen (vgl. dazu § 17 Rdn. 40 ff.). Hat das Hindernis allein oder auch darin bestanden, dass der Beteiligte die laufende Frist und ihre Versäumung nicht erkannt hat, setzt der Fristbeginn voraus, dass der Beteiligte (oder sein Vertreter) die Versäumung der Frist tatsächlich erkennt oder nunmehr bei gebotener Sorgfalt hätte erkennen müssen (BGH NJW 2012, 2445; FamRZ 1998, 359, 360; OLG München NJW-RR 2006, 1144, 1145). Auch für die Beseitigung des Hindernisses ist dem Beteiligten die Kenntnis oder das Kennenmüssen anderer dritter Personen (z.B. von Angestellten), die nicht die Stellung eines Vertreters haben, nicht zuzurechnen (vgl. § 17 Rdn. 45). 16
Bei **mehreren Hinderungsgründen** beginnt die Antragsfrist beim Wegfall des letzten Hinderungsgrundes. Anderes gilt jedoch, wenn mehrere Gründe nur in ihrem Zusammenwirken zur Versäumung der Frist und/oder zur Unkenntnis der Fristversäumung geführt haben; hier kann der Wegfall eines Grundes das Hindernis beseitigen und die Antragsfrist in Gang setzen (vgl. Musielak/*Grandel* § 234 ZPO Rn. 3). Ist das Hindernis bereits vor Ablauf der Hauptfrist weggefallen, beginnt die Wiedereinsetzungsfrist ebenfalls mit Wegfall des Hindernisses und vor Ablauf der Hauptfrist (vgl. BGH NJW-RR 1990, 830; offen gelassen in BGH NJW 1994, 2831, 2832 m.w.N.). Eine Wiedereinsetzung kommt in solchen Fällen allerdings von vornherein nur in Betracht, wenn ausnahmsweise dem Beteiligten die Wahrung der Hauptfrist objektiv nicht mehr möglich oder jedenfalls nicht mehr zumutbar war (dazu auch § 17 Rdn. 25 f.). 17
Nach den dargestellten Grundsätzen ist etwa bei folgenden **Fallgestaltungen** ein Wegfall des Hindernisses anzunehmen (für den Bereich des Zivilprozesses vgl. etwa Musielak/*Grandel* § 234 Rn. 4 f.; PG/*Milger* § 234 ZPO Rn. 4 ff.; Zöller/*Greger* § 234 ZPO Rn. 5b ff): 18
Bei in **Abwesenheit** erfolgter, zunächst unbekannt gebliebener Bekanntmachung und einer dadurch verursachten Fristversäumung ist von einem Wegfall des Hindernisses auszugehen, wenn Kenntnis von der Bekanntmachung erlangt worden ist oder sich zumindest konkrete Anhaltspunkte für eine erfolgte Zustellung oder anderweitige Bekanntgabe ergeben, die entsprechende Nachforschungen erforderlich erscheinen ließen, und die für entsprechende Nachforschungen erforderliche Zeit verstrichen ist. Entsprechendes gilt für andere Fälle einer zunächst **unbekannt gebliebenen Zustellung oder sonstigen fristauslösenden Bekanntmachung.** 19
Bei **Erkrankung** eines Beteiligten ist das Hindernis beseitigt, wenn der Beteiligte wieder in der Lage und ihm zumutbar ist, einen Rechtsanwalt zu beauftragen oder die versäumte Rechtshandlung selbst nachzuholen (vgl. Zöller/*Greger* § 234 ZPO Rn. 5b). War der Verfahrensbevollmächtigte (Rechtsanwalt) erkrankungs- 20

bedingt an der Einhaltung der Frist gehindert, kommt es darauf an, wann bei ihm der krankheitsbedingte Ausfall endete (vgl. BGH NJW 2011, 1601).

21 Wenn ein **zur Wahrung einer Frist dienender Schriftsatz verloren gegangen ist**, ist das Hindernis weggefallen, wenn der Beteiligte Kenntnis vom Verlust oder verspäteten Zugang des Schriftsatzes erhält oder sich hierfür jedenfalls Anhaltspunkte ergeben, die bei gebotener Sorgfalt Nachforschungen geboten hätten, und die hierfür erforderliche Zeit verstrichen ist.

22 Wenn das Hindernis in der wirtschaftlichen Bedürftigkeit des Beteiligten und einem noch nicht beschiedenen Antrag auf **Verfahrenskostenhilfe** gelegen hat, wird dieses Hindernis beseitigt, wenn **Verfahrenskostenhilfe (VKH) bewilligt** und der Bewilligungsbeschluss dem Beteiligten oder seinem Verfahrensbevollmächtigten bekannt gegeben bzw. formlos mitgeteilt worden ist (vgl. BGH NJW 2007, 3354, 3355; NJW-RR 2009, 1429; Thomas/Putzo/*Hüßtege* § 234 ZPO Rn. 9). Wenn eine entsprechende Bekanntgabe oder formlose Mitteilung des Bewilligungsbeschlusses nicht festzustellen ist, ist das Hindernis jedenfalls mit tatsächlicher Kenntnisnahme oder bei mit gebotener Sorgfalt möglicher Kenntnisnahme beseitigt (Zöller/*Greger* § 234 ZPO Rn. 7). Unterliegt das Verfahren dem Anwaltszwang, bedarf es für die Beseitigung des Hindernisses auch der Beiordnung eines Rechtsanwalts (BGH FamRZ 2014, 550; NJW 2004, 2902, 2903; Musielak/*Grandel* § 233 ZPO Rn. 32).

23 Bei **(vollständiger) Verweigerung der beantragten VKH** billigt die Rspr. dem Antragsteller nach Bekanntgabe bzw. Übermittlung des ablehnenden Beschlusses noch eine kurze Überlegungszeit zu (von ca. 3 Tagen) für die Entscheidung über die Durchführung des Verfahrens auf eigene Kosten (BGH NJW 2001, 2262; BGH NJW-RR 2009, 789). Nach Ablauf dieses Überlegungszeitraums beginnt die Wiedereinsetzungsfrist zu laufen. Die Wiedereinsetzungsfrist kann auch schon früher beginnen, wenn der Beteiligte, etwa nach einem gerichtlichen Hinweis, nicht mehr mit der Bewilligung der beantragten VKH rechnen konnte (BGH NJW-RR 2015, 753, 754; NJW 2009, 854, 855; FamRZ 2010, 448, 449). Bei einer Wiedereinsetzung wegen Versäumung der Rechtsmittelbegründungsfrist soll hingegen für eine entsprechende Überlegungsfrist weder Raum noch Bedarf bestehen (vgl. BGH NJW 2014, 2442, 2443).

24 Bei **teilweiser Bewilligung von VKH** wird für das Berufungsrecht des Zivilprozesses überwiegend davon ausgegangen, dass mit der Bekanntgabe des PKH-Beschlusses die Wiedereinsetzungsfrist läuft und keine Überlegungsfrist zuzubilligen ist. Maßgebend ist dabei die Überlegung, dass bei der nachzuholenden Rechtsmitteleinlegung der Umfang des Rechtsmittels zunächst noch offen bleiben kann (vgl. BGH NJW 1963, 1780). Die Grundsätze werden bei Fristversäumung im Bereich des FamFG bei vergleichbarer Interessenlage ebenfalls anzuwenden sein; falls jedoch die Einräumung einer kurzen Überlegungsfrist geboten erscheint, sollten die Grundsätze anwendbar sein, die bei vollständiger Verweigerung der VKH gelten.

25 Bei **Versäumung einer Frist durch einen Rechtsanwalt** als Verfahrensbevollmächtigten ist von einer Beseitigung des Hindernisses bereits auszugehen, wenn für den Anwalt die Fristversäumung erkennbar ist, er dies etwa aufgrund von Mitteilungen des Gerichts erkennen kann (vgl. BGH NJW 1992, 2098, 2099) oder er von einem anderen Beteiligten Hinweise erhalten hat, die auf eine Fristversäumung schließen lassen (vgl. Musielak/*Grandel* § 234 ZPO Rn. 4). Für eine dem Anwalt erkennbare (fahrlässig unbekannt gebliebene) Fristversäumung kann auch an eine zu erwartende Reaktion des Gerichts anzuknüpfen sein, etwa an eine ausgebliebene Reaktion des Gerichts auf einen Fristverlängerungsantrag des Rechtsanwalts; bei in solchen Fällen in Betracht kommender Wiedereinsetzung wird die Wiedereinsetzungsfrist spätestens in dem Zeitpunkt in Gang gesetzt, zu dem eine Nachfrage des Anwalts beim Gericht wegen der ausgebliebenen Mitteilung einer Fristverlängerung und eine klärende Antwort des Gerichts zu erwarten gewesen wäre (vgl. BGH FamRZ 2016, 366).

26 Bei **fehlerhafter Notierung einer Frist** und deshalb erfolgter Fristversäumung ist das Hindernis beseitigt, wenn bei (erneuter) Vorlage der Handakte der Fristablauf und die Versäumung ohne Weiteres zu erkennen gewesen sind (vgl. BGH NJW 1997, 1079). Ist die Fristversäumung nur bei näherer Prüfung erkennbar, kann i.d.R. eine solche (erneute) Prüfung nur erwartet werden, wenn hierfür Anlass bestanden hat bzw. Anhaltspunkte für einen möglichen Fehler und eine entsprechende Fristversäumung vorhanden sind (Musielak/*Grandel* § 234 ZPO Rn. 4).

27 Wird die Beschwerdefrist versäumt, nachdem dem Betroffenen persönlich eine **inhaltlich fehlerhafte Rechtsbehelfsbelehrung** erteilt worden ist, die eine kürzere als die gesetzliche Beschwerdefrist ausweist (vgl. dazu § 17 Rdn. 38 aE), beginnt die Frist für den Wiedereinsetzungsantrag und die Nachholung der versäumten Rechtshandlung, sobald der Betroffene oder ein von ihm später beauftragter Rechtsanwalt die

Unrichtigkeit der Rechtsmittelbelehrung erkennt oder diese hätte erkennen müssen (vgl. BGH NJW 2012, 2445, 2446).

Die **Wiedereinsetzungsfrist** ist nach **§ 16 Abs. 2, 222 ZPO, 187 f. BGB zu berechnen.** Der Tag, an dem 28
das Hindernis wegfällt, ist bei der Fristberechnung nicht mitzuzählen (vgl. §§ 187 Abs. 1, 188 Abs. 2, 1 Alt. BGB).

Gegen die **Versäumung der Antragsfrist** gibt es – unter der Voraussetzung fehlenden Verschuldens – eben- 29
falls die Möglichkeit einer Wiedereinsetzung in den vorigen Stand (vgl. § 17 Rdn. 10). Wiedereinsetzung ist dann sowohl hinsichtlich der Versäumung der Wiedereinsetzungsfrist als auch hinsichtlich der versäumten gesetzlichen Frist zu beantragen; auch fehlendes Verschulden ist dann hinsichtlich der beiden versäumten Fristen glaubhaft zu machen.

Eine Rechtspflicht des Gerichts, den säumigen Beteiligten oder seinen Verfahrensbevollmächtigten auf die 30
Möglichkeit oder Notwendigkeit eines Wiedereinsetzungsgesuchs hinzuweisen, dürfte nicht bestehen (vgl. BGH VersR 1965, 981).

C. Nachholung der versäumten Rechtshandlung (Abs. 3 Satz 2). Die begehrte Wiedereinsetzung kann – 31
wie aus Abs. 3 Satz 2 folgt – nur Erfolg haben, wenn innerhalb der Wiedereinsetzungsfrist auch die versäumte Verfahrenshandlung (etwa die Einlegung des Rechtsmittels) nachgeholt worden ist. Ist eine Beschwerde nicht rechtzeitig oder innerhalb der Beschwerdefrist nicht wirksam eingelegt worden, ist die wirksame Einlegung der Beschwerde wegen § 64 Abs. 1 Satz 1 grundsätzlich beim erstinstanzlichen Gericht nachzuholen (vgl. OLG Düsseldorf FamRZ 2013. 1598; OLG Celle MDR 2014, 1226, m.N. auch zur a.A.). Zur Frage der für die Nachholung einer Rechtsbeschwerdebegründung geltenden Frist vgl. oben Rdn. 15.

Auch bei bereits erfolgter Verwerfung eines Rechtsmittels ist eine Nachholung innerhalb der Wiederein- 32
setzungsfrist nicht entbehrlich.

Die versäumte Verfahrenshandlung muss nicht gleichzeitig mit der Einreichung eines Wiedereinsetzungs- 33
antrags vorgenommen werden. Beides ist voneinander unabhängig; die versäumte Verfahrenshandlung kann bereits vorher oder auch nachher nachgeholt werden, entscheidend ist nur, dass dies noch innerhalb der Wiedereinsetzungsfrist geschieht.

Eine für die Verfahrenshandlung geltende Form muss bei ihrer Nachholung gewahrt werden. Die nach- 34
zuholende Verfahrenshandlung muss nicht als solche ausdrücklich bezeichnet werden; es ist ausreichend, aber auch erforderlich, dass sich ihre Nachholung jedenfalls i.R.d. Auslegung der Erklärungen und des Verhaltens des säumigen Beteiligten ergibt.

D. Vortrag und Glaubhaftmachung der Tatsachen zur Begründung des Antrags (Abs. 3 Satz 1). Der 35
säumige Beteiligte muss die Tatsachen zur Begründung des Wiedereinsetzungsbegehrens glaubhaft machen. Dazu gehören die Tatsachen, welche die Versäumung der Frist und das zur Fristversäumung führende Hindernis, das fehlende Verschulden an der Säumnis sowie Umstände und Zeitpunkt des Wegfalls des Hinderungsgrundes betreffen (zu letzterem OLG Koblenz NJW-RR 2010, 576).

Dies schließt ein und setzt voraus, dass zunächst die entsprechenden Tatsachen – soweit sie dem Gericht 36
nicht bereits bekannt sind – im Einzelnen dargelegt werden. Insoweit gilt nicht der Amtsermittlungsgrundsatz; vielmehr ist es insoweit Sache des Beteiligten, den Sachverhalt aufzuklären (vgl. auch Keidel/*Sternal* § 18 FamFG Rn. 14). Dazu hat der Beteiligte grds. eine aus sich heraus verständliche, geschlossene **Schilderung der tatsächlichen Abläufe** zu geben, aus denen sich ergibt, auf welchen konkreten Umständen die Fristversäumung beruht (vgl. BGH MDR 2016, 110; FamRZ 2010, 636). Zweifelhaft und nach dem Gesetzeswortlaut nicht eindeutig ist, ob die Tatsachen innerhalb der Antragsfrist vorgetragen werden müssen, wofür die Parallele zu § 236 Abs. 2 ZPO und § 60 Abs. 2 VwGO sowie die vom Gesetzgeber angestrebte Vereinheitlichung der Verfahrensordnungen sprechen, oder ob der Tatsachenvortrag wie die Glaubhaftmachung noch während des Wiedereinsetzungsverfahrens nachgeholt werden kann, wofür die frühere Rechtslage (§ 22 Abs. 2 FGG) und die dazu ergangene Rspr. (vgl. BGH NJW 1962, 202, 203; OLG Hamm FGPrax 1998, 215, 215) angeführt werden können. Dass der Gesetzgeber in der hier relevanten Frage konkret eine Änderung der bisherigen Rechtslage gewollt hat, dafür ergeben sich auch unter Berücksichtigung der Gesetzesmaterialien keine hinreichenden Anhaltspunkte (für Beibehaltung der bisherigen Grundsätze Keidel/*Sternal* § 18 FamFG Rn. 14 a.E.; Prütting/Helms/*Ahn-Roth* § 18 FamFG Rn. 17). Auch bei Anwendung der nach § 236 Abs. 2 ZPO geltenden Grundsätze können jedenfalls unklare oder ergänzungsbedürftige Angaben, deren Aufklärung geboten ist, nach entsprechendem richterlichen Hinweis auch noch nach Ablauf der Antragsfrist ergänzt werden (vgl. BGH NJW-RR 2013, 1393, 1394; NJW 2011, 458, 460).

37 Für die **Glaubhaftmachung** der relevanten Tatsachen kann der Beteiligte sich nach § 31 aller Beweismittel bedienen, soweit es sich um präsente Beweismittel handelt (vgl. § 31 Abs. 2), insb. auch der Versicherung an Eides statt. Offenkundige Tatsachen hat das Gericht von sich aus zu berücksichtigen (vgl. BGH FamRZ 1979, 909, 910). Den Verlust eines Schriftstücks auf dem Postweg kann der Beteiligte regelmäßig nicht anders glaubhaft machen als durch die Glaubhaftmachung der rechtzeitigen Aufgabe zur Post (BGH NJW 2015, 3517, 3518). Will das Gericht einer vorgelegten eidesstattlichen Versicherung keinen Glauben schenken, ist der Antragsteller darauf hinzuweisen (§ 28 Abs. 1) und ihm ist Gelegenheit zu geben, die entsprechenden Tatsachen in anderer Weise glaubhaft zu machen; das Gericht hat ggf. über den Antrag nach einem Erörterungstermin zu entscheiden, in dem der Antragsteller die Gelegenheit hat, durch Zeugenbeweis (z.B. Vernehmung der Person, von der die eidesstattliche Versicherung stammt) die relevanten Tatsachen glaubhaft zu machen (vgl. dazu BGH FamRZ 2010, 726; WuM 2011, 176).

38 Es ist nicht erforderlich, dass die Glaubhaftmachung der relevanten Tatsachen bereits innerhalb der Antragsfrist erfolgt; § 18 Abs. 3 Satz 1 bestimmt – ebenso wie § 236 Abs. 2 Satz 1 ZPO –, dass die Glaubhaftmachung auch noch im nachfolgenden Verfahren über die Wiedereinsetzung erfolgen kann (vgl. BGH NJW-RR 1992, 1278, 1279; NJW 1962, 202, 203).

39 **E. Wiedereinsetzung ohne Antrag (Abs. 3 Satz 3).** Wenn ein Wiedereinsetzungsantrag nicht, auch nicht in konkludenter Weise festzustellen ist, kann eine Wiedereinsetzung auch ohne Antrag in Betracht kommen, wenn jedenfalls Wiedereinsetzungsgründe vorliegen und die versäumte Verfahrenshandlung innerhalb der Wiedereinsetzungsfrist nachgeholt worden ist. Die die Wiedereinsetzung rechtfertigenden Tatsachen müssen sich dann aus den Akten ergeben, offenkundig sein oder dem Gericht anderweitig bekannt geworden sein, z.B. im Rahmen einer Anhörung. Bei entsprechenden Anhaltspunkten für eine unverschuldete Fristversäumung kann das Gericht auch dem Beteiligten ergänzenden Tatsachenvortrag aufgeben und zu einer Glaubhaftmachung von für die Wiedereinsetzung relevanten Tatsachen auffordern. Hierzu dürfte das Gericht i.R.d. ihm obliegenden Verfahrensleitung gem. § 28 verpflichtet sein.

40 Liegen danach alle Voraussetzungen für eine Wiedereinsetzung vor, wird das Gericht von Amts wegen Wiedereinsetzung zu gewähren haben, es sei denn, es wird erkennbar, dass der säumige Beteiligte dies gar nicht will (zur letzteren Fallgestaltung i.R.d. § 236 Abs. 2 ZPO BAG NJW 1989, 2708). Von dieser Ausnahme abgesehen, dürfte bei Vorliegen der Wiedereinsetzungsvoraussetzungen – trotz des Gesetzeswortlauts – ein Ermessen des Gerichts nicht bestehen oder zumindest der Ermessensspielraum auf Null reduziert sein (vgl. BGH NJW 2011, 153, 154; Musielak/*Grandel* § 236 ZPO Rn. 8 m.w.N., str.).

41 **F. Ausschlussfrist für die Wiedereinsetzung (Abs. 4).** Abs. 4 sieht für die Wiedereinsetzung eine Ausschlussfrist von einem Jahr vor. Diese äußerste zeitliche Grenze soll der Rechtssicherheit dienen und Bestandsschutz zugunsten anderer Beteiligter gewähren. Die Ausschlussfrist ist sowohl für den Antrag auf Wiedereinsetzung als auch für eine Wiedereinsetzung ohne Antrag zu beachten.

42 Die Jahresfrist beginnt bereits mit dem Zeitpunkt des Ablaufs der versäumten gesetzlichen Frist. Sie ist nach §§ 16 Abs. 2, 222 ZPO, 187 Abs. 2, 188 Abs. 2, 2. Alt BGB zu berechnen. Wenn z.B. die versäumte Frist am 02.04. um 24.00 Uhr endet, läuft die Ausschlussfrist am 02.04. um 24.00 Uhr des Folgejahres ab.

43 Beginn und Ende der Ausschlussfrist sind danach unabhängig vom Zeitpunkt des Wegfalls und vom Fortbestand des Hindernisses, das zur Fristversäumung geführt hat. Danach kann im Einzelfall die Jahresfrist ablaufen, obwohl das Hindernis noch fortbesteht; auch ist denkbar, dass die Jahresfrist des Abs. 4 vor der Wiedereinsetzungsfrist des Abs. 1 abläuft und die Jahresfrist vom Beteiligten unverschuldet versäumt wird. Dies ist aus den genannten, vom Gesetzgeber als höherrangig bewerteten Gründen der Rechtssicherheit grds. hinzunehmen. Wird allerdings der Wiedereinsetzungsantrag rechtzeitig vor Ablauf der Jahresfrist gestellt, kann auch nach Ablauf dieser Frist noch Wiedereinsetzung gewährt werden; auch die versäumte Rechtshandlung kann nach Ablauf der Jahresfrist, aber innerhalb der noch laufenden Wiedereinsetzungsfrist noch nachgeholt werden (vgl. Bahrenfuss/*Bahrenfuss* § 18 FamFG Rn. 7).

44 Die Jahresfrist kann nicht verlängert werden. Auch eine Wiedereinsetzung wegen Versäumung der Ausschlussfrist kommt nicht in Betracht. Nach Ablauf der Frist können auch keine weiteren, neuen Wiedereinsetzungsgründe nachgeschoben werden.

45 Zweifelhaft ist, ob im Rahmen verfassungsrechtlich gebotener Restriktion die Ausschlussfrist in Ausnahmefällen nicht anzuwenden ist. Billigkeitserwägungen allein dürften nicht ausreichen, um die vom Gesetz vorgesehene Ausschlussfrist beiseite zu schieben. Den Gesichtspunkten der Rechtssicherheit und des Bestandsschutzes, denen die Ausschlussfrist dienen soll, ist ausnahmsweise kein Vorrang zuzubilligen ggü. der

verfassungsrechtlich gebotenen Gewährleistung eines effektiven Rechtsschutzes, des rechtlichen Gehörs und der anzustrebenden materiellen Gerechtigkeit, wenn der säumige Beteiligte nicht nur die gesetzliche Frist, sondern auch die für die Wiedereinsetzung geltende Jahresfrist ohne ein ihm zuzurechnendes Verschulden versäumt hat, die Verantwortung für die Nichteinhaltung der Frist in der staatlichen Sphäre liegt und die anderen Verfahrensbeteiligten nicht des Schutzes bedürfen, weil sie auf den nach Fristversäumung sich ergebenden Rechtszustand nicht vertrauen durften. In solchen Ausnahmefällen ist bei ihrem hier zurücktretenden Zweck die Ausschlussfrist unanwendbar (vgl. *Bassenge*/Roth § 22 FGG Rn. 9; so für die entsprechende Regelung des § 234 Abs. 3 ZPO BGH, Beschl. v. 21.01.2016 – IX ZA 24/15, Rn 7 ff.; BGH FamRZ 2008, 978, 979 = NJW 1973, 1373; OLG Düsseldorf NJW-RR 2003, 136, 138; Musielak/*Grandel* § 234 ZPO Rn. 6). Eine solche Ausnahme ist z.B. in Fällen angenommen worden, in denen vor Ablauf der Jahresfrist ein Prozesskostenhilfeantrag gestellt worden war und den anderen Beteiligten bekannt war, das Gericht hierüber jedoch erst nach Ablauf der Jahresfrist entschieden hat und erst danach Wiedereinsetzung in Betracht kam (vgl. BGH NJW 1973, 1373). Eine Verwerfung des Wiedereinsetzungsantrags wegen Versäumung der Jahresfrist kann nach Entscheidung des BVerfG gegen das Rechtsstaatsprinzip verstoßen, wenn das Gericht nach Eingang des Antrags längere Zeit (im entschiedenen Fall über 2 Jahre!) in der Sache verhandelt hat (BVerfG NJW 2004, 2149).

Wenn die genannten beiden anderen Voraussetzungen vorliegen, dürfte es für die Unanwendbarkeit der Jahresfrist auch nicht entscheidend darauf ankommen, dass die Verantwortung für die Fristversäumung in der gerichtlichen bzw. staatlichen Sphäre liegt (vgl. Stein/Jonas/*Roth* § 234 ZPO Rn. 19; a.A. die bisher h.M., vgl. z.B. BLAH/*Hartmann* § 234 ZPO Rn. 6). 46

§ 19 Entscheidung über die Wiedereinsetzung.
(1) Über die Wiedereinsetzung entscheidet das Gericht, das über die versäumte Rechtshandlung zu befinden hat.
(2) Die Wiedereinsetzung ist nicht anfechtbar.
(3) Die Versagung der Wiedereinsetzung ist nach den Vorschriften anfechtbar, die für die versäumte Rechtshandlung gelten.

Übersicht

	Rdn.		Rdn.
A. Allgemeines	1	III. Verfahren der Wiedereinsetzung und Entscheidungsform	9
B. Zuständigkeit für das Wiedereinsetzungsgesuch (Abs. 1)	3	IV. Rechtsfolgen einer gewährten Wiedereinsetzung	13
C. Entscheidung über die Wiedereinsetzung	6	D. Anfechtung der Entscheidung über die Wiedereinsetzung	16
I. Zulässigkeit des Wiedereinsetzungsgesuchs	7		
II. Begründetheit des Wiedereinsetzungsgesuchs	8		

A. Allgemeines. Zum **Anwendungsbereich des § 19** vgl. § 17 Rdn. 7 ff. Abs. 1 enthält eine Zuständigkeitsregelung, die der vorher geltenden Rechtslage entspricht. 1

Anders ausgestaltet ist nunmehr die Anfechtbarkeit der Entscheidung über die Wiedereinsetzung. Während § 22 Abs. 2 Satz 3 FGG eine Anfechtung sowohl der stattgebenden als auch der ablehnenden Entscheidung über die Wiedereinsetzung vorsah, wird nunmehr – wie in § 238 Abs. 3 ZPO und anderen Prozessordnungen – angeordnet, dass die Wiedereinsetzung unanfechtbar ist. Bei Versagung der Wiedereinsetzung bleibt es bei der grundsätzlichen Anfechtbarkeit, die sich nach den für die versäumte Rechtshandlung geltenden Vorschriften richtet. 2

B. Zuständigkeit für das Wiedereinsetzungsgesuch (Abs. 1). Abs. 1 trifft nunmehr eine allgemeine Zuständigkeitsregelung für die Entscheidung über eine Wiedereinsetzung. Es wird ausdrücklich festgehalten, dass für die Entscheidung über die Wiedereinsetzung das Gericht zuständig ist, das über die versäumte Rechtshandlung zu befinden hat. Die Wiedereinsetzungsentscheidung wird als Annex zur Entscheidung über die versäumte Rechtshandlung verstanden, was unmittelbar einleuchtend und sachgerecht erscheint. Bei Versäumung von Rechtsmittelfristen hat danach das jeweilige Rechtsmittelgericht auch über die Wiedereinsetzung zu entscheiden. Bei Versäumung der Beschwerdefrist ist dies das jeweilige Beschwerdegericht 3

§ 19　Buch 1. Allgemeiner Teil

(vgl. aber zur möglichen Entscheidung über die Wiedereinsetzung im Abhilfeverfahren § 18 Rdn. 11), bei Versäumung der Rechtsbeschwerdefrist das Rechtsbeschwerdegericht (BGH).

4　Bei Versäumung einer anderen gesetzlichen Frist kommt es darauf an, in welchem Verfahren die Frist versäumt worden ist und welches Gericht hier zuständig ist.

5　Wenn die untere Instanz ein dort vorliegendes Wiedereinsetzungsgesuch übergangen oder es zurückgewiesen hat, hat ggf. das Rechtsmittelgericht zusammen mit einem Rechtsmittel über die Wiedereinsetzung zu entscheiden (vgl. BGH NJW-RR 2014, 1532, 1533; NJW 1964, 2304, 2305; BayObLG NJW 1988, 714; BayObLGZ 1967, 443, 448).

6　**C. Entscheidung über die Wiedereinsetzung.** Das Gericht hat bei der Entscheidung über die Wiedereinsetzung die Zulässigkeit der Wiedereinsetzung mit den formellen Voraussetzungen des § 18 sowie die materiellen Voraussetzungen der Wiedereinsetzung (Begründetheit des Gesuchs) zu prüfen. Liegen die Voraussetzungen vor, ist Wiedereinsetzung zu gewähren; dem Gericht steht insoweit kein Ermessen zu (vgl. dazu auch § 18 Rdn. 40).

7　**I. Zulässigkeit des Wiedereinsetzungsgesuchs.** Die Prüfung der Zulässigkeit der Wiedereinsetzung erfasst:

1. Statthaftigkeit der Wiedereinsetzung (Versäumung einer gesetzlichen Frist, bei der Wiedereinsetzung gegeben ist, vgl. § 17 Rdn. 7 ff.).
   Das Wiedereinsetzungsgesuch ist gegenstandslos und bedarf keiner Entscheidung, wenn die betreffende Frist tatsächlich nicht versäumt worden ist (vgl. dazu oben § 17 Rdn. 17).
2. Wirksame Antragstellung des säumigen Beteiligten oder ggf. Gewährung der Wiedereinsetzung von Amts wegen (vgl. § 18 Rdn. 7 ff., 39).
3. Wahrung der Antragsfrist für das Wiedereinsetzungsgesuch und die Nachholung der versäumten Rechtshandlung (vgl. § 18 Rdn. 15 ff., 39).
4. Wahrung der Ausschlussfrist nach § 18 Abs. 4 (vgl. § 18 Rdn. 41 ff.).
5. Ggf. Glaubhaftmachung der Tatsachen für die Zulässigkeit des Wiedereinsetzungsgesuchs (vgl. § 18 Rdn. 35 ff.).

8　**II. Begründetheit des Wiedereinsetzungsgesuchs.** Hier sind die materiellen Voraussetzungen der Wiedereinsetzung gem. § 17 zu prüfen, nämlich

1. Versäumung der betreffenden Frist aufgrund vorhandenen Hindernisses (vgl. § 17 Rdn. 17 ff.).
2. Fehlendes Verschulden des Beteiligten (und ggf. seines Vertreters) an der Fristversäumung (vgl. § 17 Rdn. 27 ff.).
3. Glaubhaftmachung der für die Begründetheit der Wiedereinsetzung erforderlichen Tatsachen (vgl. § 18 Rdn. 35 ff.).

9　**III. Verfahren der Wiedereinsetzung und Entscheidungsform.** Besondere Regelungen und Vorgaben hinsichtlich des Verfahrens und der Entscheidung über die Wiedereinsetzung enthält das FamFG nicht. Das Wiedereinsetzungsverfahren ist Teil des Verfahrens, in dem die Frist versäumt worden ist. Die hierfür anwendbaren Verfahrensregelungen gelten auch für die Entscheidung über die Wiedereinsetzung.

10　Dem oder den anderen Beteiligten ist – wie dies allgemeinen Grundsätzen entspricht – rechtliches Gehör zu gewähren (vgl. BVerfG RPfleger 1983, 76; Keidel/*Sternal* § 19 FamFG Rn. 4).

11　Über die Wiedereinsetzung kann zusammen mit der Hauptsache in der dafür geltenden Entscheidungsform (dies wird nach § 38 regelmäßig ein Beschluss sein) entschieden werden. Dann ist in den Gründen dieser Entscheidung auch auf die Wiedereinsetzung einzugehen; für die Zurückweisung des Wiedereinsetzungsantrags sind die entsprechenden Gründe darzustellen.

12　Möglich ist aber auch eine vorausgehende gesonderte Entscheidung über die Wiedereinsetzung (durch Beschluss). Diese ist sodann im weiteren Verfahren bindend (vgl. BGHZ 47, 289, 291; zur Anfechtbarkeit vgl. Rdn. 19). Über den Antrag auf Wiedereinsetzung darf das Gericht nicht vor Ablauf der Wiedereinsetzungsfrist (ablehnend) entscheiden; bei vorzeitiger Entscheidung kommt eine Verletzung des Anspruchs des Antragstellers auf Gewährung rechtlichen Gehörs in Betracht (vgl. BGH NJW 2011, 1363). Dies kann allerdings nur mit Erfolg geltend gemacht werden, wenn der Beteiligte substanziiert darlegt, dass er vor Ablauf der Wiedereinsetzungsfrist noch weiter vorgetragen hätte, sodass das Gericht den ergänzenden Vortrag bei seiner Entscheidung noch hätte berücksichtigen können (BGH NJW 2012, 2201, 2202). Ebenfalls unzulässig ist es, ein Rechtsmittel wegen Versäumung der Rechtsmittelfrist zu verwerfen, wenn über einen bereits gestellten Wiedereinsetzungsantrag noch nicht entschieden worden ist und auch nicht gleichzeitig entschieden wird (BGH NJW-RR 2014, 758).

IV. Rechtsfolgen einer gewährten Wiedereinsetzung. Wird Wiedereinsetzung in den vorigen Stand gewährt, so wird in dem betreffenden Verfahren die Rechtzeitigkeit der nach Versäumung der Frist nachgeholten Rechtshandlung fingiert. Damit werden die nachteiligen **Folgen der Fristversäumung rückwirkend beseitigt** (vgl. dazu Zöller/*Greger* § 238 ZPO Rn. 3). 13

Eine vorausgegangene Verwerfung eines Rechtsmittels als unzulässig wird durch Gewährung der Wiedereinsetzung automatisch hinfällig (BGHZ 98, 325, 328). Einer **förmlichen Aufhebung der früheren Entscheidung** bedarf es nicht (vgl. BayObLGZ 1963, 278, 281; Zöller/*Greger* § 238 ZPO Rn. 3). 14

Gesonderte **gerichtliche Kosten** werden durch das Wiedereinsetzungsverfahren nicht ausgelöst. **Weitere Rechtsanwaltskosten** entstehen im Regelfall ebenfalls nicht, da das Wiedereinsetzungsverfahren zum jeweiligen Verfahren gehört und von den im Verfahren entstehenden Gebühren abgedeckt wird. Wenn ein Rechtsanwalt jedoch einen Einzelauftrag für das Verfahren über die Wiedereinsetzung erhält, fällt eine Verfahrensgebühr (0,8 Gebühr) gemäß Nr. 3403 VV RVG oder im Fall vorzeitiger Beendigung des Auftrags eine reduzierte Gebühr nach Maßgabe der Nr. 3405 VV RVG an. Im Einzelfall entstandene besondere Kosten des Wiedereinsetzungsverfahrens werden dem Antragsteller aufzuerlegen sein. 15

D. Anfechtung der Entscheidung über die Wiedereinsetzung. Die **Gewährung der Wiedereinsetzung in den vorigen Stand** ist – entgegen der bisherigen Regelung in § 22 Abs. 2 Satz 3 FGG – nach § 19 Abs. 2 nunmehr **unanfechtbar**. Damit sollen Zwischenstreitigkeiten vermieden und eine Harmonisierung mit den Wiedereinsetzungsvorschriften anderer Prozessordnungen, etwa mit §§ 238 Abs. 3 ZPO, 60 Abs. 5 VwGO, erreicht werden (vgl. Begr. RegE BT-Drucks. 16/6308, 184); das Interesse des säumig gewesenen Beteiligten an der Erhaltung des ihm durch Wiedereinsetzung eingeräumten Verfahrensstandes wird damit geschützt. Eine Ausnahme gilt für die Wiedereinsetzung in Teilungsverfahren (§§ 367, 372). 16

Eine Anfechtbarkeit der gewährten Wiedereinsetzung kann dann selbst bei (rechtsfehlerhafter) Zulassung der Rechtsbeschwerde nicht eröffnet werden (vgl. BGH NJW 2003, 211). Allerdings dürfte den übrigen Beteiligten die Gehörsrüge (§ 44) zustehen (vgl. BGH FamRZ 2009, 685). 17

Die Entscheidung über die **Versagung der Wiedereinsetzung** ist in gleicher Weise anfechtbar wie die Hauptsacheentscheidung des Verfahrens, in dem die gesetzliche Frist versäumt worden ist. Dies gilt zunächst für eine Wiedereinsetzungsentscheidung, die zusammen mit der Hauptsacheentscheidung ergeht. Hier ist bei entsprechendem Rechtsmittel mit der Hauptsacheentscheidung auch die Versagung der Wiedereinsetzung in den vorigen Stand zu überprüfen. 18

Aber auch bei einer gesonderten Entscheidung über die Wiedereinsetzung ist ein Rechtsmittel gegeben, soweit die Hauptsacheentscheidung in dem betreffenden Verfahren anfechtbar wäre. Dieses Rechtsmittel mit den dafür geltenden Voraussetzungen ist dann auch für die Anfechtung der Versagung der Wiedereinsetzung eröffnet. Dies wird regelmäßig die Beschwerde nach §§ 58 ff. sein; ggf. kann dies auch die Rechtsbeschwerde sein, wenn diese zugelassen worden ist (§ 70 Abs. 1) oder auch ohne Zulassung statthaft ist (§ 70 Abs. 3). Ist ein Rechtsmittel in der Hauptsache nicht gegeben, weil es an der Zulassung des Rechtsmittels (der Rechtsbeschwerde) fehlt und es auch nicht kraft Gesetzes statthaft ist, ist auch die Versagung der Wiedereinsetzung nicht anfechtbar (vgl. zum alten Recht BayObLG NVwZ 1990, 597). Dies folgt aus der eindeutigen Bezugnahme in Abs. 3 auf die für die Hauptsache geltenden Vorschriften. Eine Gehörsrüge (§ 44) dürfte allerdings in Betracht kommen (vgl. BGH NJW-RR 2009, 642 – betr. § 238 Abs. 3 ZPO). 19

§ 20 Verfahrensverbindung und -trennung.
Das Gericht kann Verfahren verbinden oder trennen, soweit es dies für sachdienlich hält.

Übersicht

	Rdn.		Rdn.
A. Allgemeines	1	D. Anfechtbarkeit der Anordnung oder Ablehnung der Verfahrensverbindung oder -trennung	10
B. Verfahrensverbindung	2		
C. Verfahrenstrennung	7	E. Kostenrechtliche Folgen	11

§ 20

1 **A. Allgemeines.** § 20 enthält eine ausdrückliche Regelung zur Verfahrensverbindung und -trennung. Er stellt damit klar, dass Verbindung und Trennung von Verfahren grds. zulässig sind, was auch nach altem Recht in entsprechender Anwendung der §§ 145, 147 ZPO angenommen worden ist (vgl. *Bassenge*/Roth Einl. FGG Rn. 70; zur Verfahrensverbindung Jansen/*von König*/*von Schuckmann* Vor §§ 8 bis 18 FGG Rn. 88). Die Regelung hat mithin im Wesentlichen klarstellende Funktion. Die zum alten Recht ergangene Rechtsprechung wird danach weiterhin heranzuziehen sein.
§ 20 gilt grds. für **alle Verfahren nach § 1, nicht jedoch für Ehesachen und Familienstreitsachen** (vgl. § 113 Abs. 1); für den Verbund von Scheidungs- und Folgesachen sowie für die Abtrennung gelten §§ 137, 140, eine Verbindung von Ehesachen mit anderen Verfahren ist ansonsten nach § 126 Abs. 2 unzulässig.
Für einige Verfahrensarten bestehen **vorrangige Sonderregelungen**, etwa für Abstammungssachen § 179, für Adoptionssachen § 196.

2 **B. Verfahrensverbindung.** Eine Verfahrensverbindung ist einmal bei Verfahren **mit gleichen Beteiligten** zulässig, wenn hinsichtlich aller Beteiligten die sachliche und örtliche Zuständigkeit des angerufenen Gerichts gegeben ist.

3 Bei **vorhandenem Sachzusammenhang** dürfte auch eine Verbindung verschiedener Verfahren mit unterschiedlichen Beteiligten unter der Voraussetzung der Sachdienlichkeit in Betracht kommen.

4 Bei den zu verbindenden Verfahren muss es sich allerdings um **Verfahren derselben Verfahrensart** handeln, die denselben Verfahrensgrundsätzen unterliegen. Eine Verbindung eines Verfahrens nach dem FamFG mit einem Zivilprozess scheidet danach grds. aus (vgl. Keidel/*Sternal* § 20 FamFG Rn. 4). Die Verbindung von Verfahren, für die unterschiedliche Verfahrensgrundsätze gelten, ist grundsätzlich unzulässig (vgl. OLG Frankfurt NJW 2015, 2672, 2675). Etwas anderes gilt, wenn eine entsprechende Rechtsgrundlage für eine Verbindung von Verfahren vorhanden ist, für die an sich unterschiedliche Verfahrensgrundsätze gelten (wie etwa beim Verbund von Scheidungs- und Folgesachen nach § 137). Einschränkungen und Verbote der Verfahrensverbindung finden sich für spezielle Verfahren des FamFG, vgl. etwa §§ 179 Abs. 2, 196.

5 In der bisherigen Praxis sind teilweise auch Verfahren lediglich **für bestimmte Verfahrensabschnitte**, etwa für eine gemeinsame Erörterung und/oder Beweisaufnahme, verbunden worden. Eine echte Verbindung mit verfahrensrechtlichen Folgen auch für die Zukunft wird damit meist nicht gewollt sein. Regelmäßig geht es hier um eine gemeinsame Behandlung verschiedener Verfahren (bei der Durchführung der mündlichen Verhandlung, der Beweisaufnahme) ohne eine entsprechende (fortwirkende) Verfahrensverbindung (vgl. dazu BGH NJW 1957, 183, 184; BayObLGZ 1967, 25, 29; Zöller/*Greger* § 147 ZPO Rn. 5). Eine solche Vorgehensweise wird grds. für zulässig gehalten und dürfte auch mit der Regelung des § 20 vereinbar sein.

6 Eine Verfahrensverbindung kann auf Antrag bzw. Anregung eines Beteiligten, aber auch auf Initiative des Gerichts von Amts wegen angeordnet werden. Die Frage, ob eine **Verfahrensverbindung sachdienlich** ist, hat das Gericht unter Berücksichtigung aller Umstände zu beurteilen und zu entscheiden. Der sachliche Zusammenhang der Verfahren, die Einheitlichkeit oder zumindest Zusammengehörigkeit des Streitstoffs, eine gebotene einheitliche Beweisaufnahme und Verhandlung sind die wesentlichen Gesichtspunkte, die eine Verfahrensverbindung sachdienlich erscheinen lassen. Bei vorhandener, vom Gericht bejahter Sachdienlichkeit steht die Verfahrensverbindung im pflichtgemäß auszuübenden **Ermessen des Gerichts**. Bei Sachdienlichkeit wird diese Ermessensausübung regelmäßig zu einer entsprechenden Anordnung der Verfahrensverbindung führen. Vor der Entscheidung über die Verfahrensverbindung ist den Beteiligten **rechtliches Gehör** zu gewähren.
Die Verfahrensverbindung schafft ein **einheitliches Verfahren**; frühere Verfahrenshandlungen der Beteiligten sowie gerichtliche Anordnungen und Maßnahmen behalten ihre **bisherige** Wirkung. Einzelne gerichtliche Anordnungen können jedoch zu wiederholen sein (z.B. eine Beweisaufnahme), wenn dies zur Wahrung der Verfahrensrechte eines Beteiligten geboten ist (etwa zur Gewährleistung des rechtlichen Gehörs, der Teilnahme an einer förmlichen Beweisaufnahme).

7 **C. Verfahrenstrennung.** Auch die Verfahrenstrennung, die bei in einem Verfahren vorhandenen mehreren (selbstständigen) Verfahrensgegenständen in Betracht kommt, ist nach der Neuregelung (weiterhin) grds. zulässig, wenn die Trennung nach Beurteilung des Gerichts sachdienlich erscheint. Eine Verfahrenstrennung kann insb. bei sich abzeichnenden erheblichen Unterschieden in der Sachaufklärung bei den einzelnen Verfahrensgegenständen und in der voraussichtlichen Entscheidungsreife geboten oder zweckmäßig sein.

Die Verfahrenstrennung schafft mehrere selbstständige, voneinander unabhängige Verfahren, die einen unterschiedlichen Fortgang nehmen können; die bis zur Trennung vorgenommenen Verfahrenshandlungen der Beteiligten, Anordnungen und Maßnahmen des Gerichts wirken fort, sie behalten ihre Wirkung in jedem der getrennten Verfahren.

Auch eine Verfahrenstrennung kann auf Antrag bzw. Anregung eines Beteiligten, aber auch auf Initiative des Gerichts von Amts wegen angeordnet werden. Die vorstehenden, auf die Verfahrensverbindung bezogenen Ausführungen zur Beurteilung der Sachdienlichkeit, zur Ermessensausübung und zur Gewähr rechtlichen Gehörs gelten hier entsprechend. 8

Hinzuweisen ist nochmals auf die Grenzen des Anwendungsbereichs der allgemeinen Regelung über die Verfahrenstrennung. § 20 ist nicht anwendbar, wenn die allgemeinen Vorschriften der §§ 2 bis 37 ausgeschlossen sind (etwa in Ehesachen und Familienstreitsachen gem. § 113 Abs. 1) und/oder Sondervorschriften für die Abtrennung von Verfahren bestehen (wie z.B. in § 140). 9

D. Anfechtbarkeit der Anordnung oder Ablehnung der Verfahrensverbindung oder -trennung. Die Anordnung der Verfahrensverbindung oder -trennung und die Aufhebung dieser Maßnahmen sind ebenso wie die Ablehnung solcher Anordnungen – entsprechend der früheren Rechtslage nach dem FGG (vgl. *Bassenge*/Roth Einl. FGG Rn. 70) – als Zwischenentscheidung nicht selbstständig und gesondert anfechtbar (ebenso MüKoZPO/*Pabst* § 20 FamFG Rn. 13, 25). Eine Überprüfung kommt allerdings, etwa bei einer vorgenommenen Verfahrensverbindung, ggf. im Rahmen eines gegen die Endentscheidung gerichteten Rechtsmittels in Betracht (vgl. § 58 Abs. 2; BGH NJW 2003, 2386 zur Trennung im Zivilprozess; Keidel/*Sternal* § 20 FamFG Rn. 12; Prütting/Helms/*Ahn-Roth* § 20 FamFG Rn. 15). Die Überprüfung ist dabei allerdings eingeschränkt und bezieht sich lediglich auf die Überprüfung der grundsätzlichen Voraussetzungen einer Verfahrensverbindung oder -trennung sowie auf evtl. Ermessensfehler. 10

E. Kostenrechtliche Folgen. Der Beschluss über die Verfahrenstrennung oder -verbindung selbst lässt keine gesonderten Kosten anfallen. 11

Bei der **Verfahrensverbindung** – eine nur vorübergehende Zusammenfassung mehrerer Verfahren zwecks Verhandlung und Beweisaufnahme (Rdn. 5) hat diese Wirkung auch in kostenrechtlicher Hinsicht nicht (OLG Köln FamRZ 2012, 1968) – bleiben die bereits in den getrennten Verfahren entstandenen Gerichts- und Rechtsanwaltskosten bestehen; dem Verbindungsbeschluss kommt nämlich keine Rückwirkung zu. Für die **Gerichtsgebühren** bedeutet dies regelmäßig, dass es bei den in den getrennten Verfahren jeweils angefallenen Gebühren bleibt. Die nach der Verbindung aufgrund des nunmehr einheitlichen Verfahrens nach dem höheren Streit- bzw. Geschäftswert gerechtfertigten Gebühren werden regelmäßig nicht über die in den zunächst getrennten Verfahren entstandenen Gebühren hinausgehen. Gebührenrechtlich bilden die Verfahrensabschnitte vor und nach der Verbindung dieselbe gebührenrechtliche Instanz (vgl. dazu auch MüKoZPO/*Pabst* § 20 FamFG Rn. 14; für den Zivilprozess vgl. Zöller/*Greger* § 147 ZPO Rn. 10), sodass eine Anrechnung vorzunehmen ist und es dann regelmäßig bei den bis zum Verbindungsbeschluss bereits angefallenen (höheren) Gebühren bleibt. 12

Auch dem Rechtsanwalt bleiben die in den getrennten Verfahren bereits erworbenen **Rechtsanwaltsgebühren** erhalten. Dem Rechtsanwalt wird nach h.M. ein Wahlrecht eingeräumt, wonach er beim jeweiligen Gebührentatbestand entweder seine Gebühren aus den getrennten Verfahren oder die auf der Grundlage des verbundenen Verfahrens berechnete Gebühr (mit der dann höheren Gegenstandswert) verlangen kann (vgl. dazu BGH NJW 2010, 3377; Gerold/Schmidt/*Müller-Rabe* VV 3100 RVG Rn. 41 f.). Ist in einem oder einem Teil der Verfahren vor dem Verbindungsbeschluss bereits eine Terminsgebühr entstanden, in (den) anderen Verfahren jedoch nicht und wird nach der Verbindung der Tatbestand der Terminsgebühr erneut verwirklicht, ist die vorher erwachsene Terminsgebühr auf die später entstandene höhere Terminsgebühr voll anzurechnen (vgl. BGH NJW 2010, 3377; Gerold/Schmidt/*Müller-Rabe* VV 3100 RVG Rn. 46 mit Berechnungsbeispiel). 13

Bei der **Verfahrenstrennung** fallen für jedes durch die Trennung entstandene Verfahren Gerichts- und Rechtsanwaltsgebühren gesondert an, so dass sich regelmäßig höhere Gesamtkosten ergeben werden. Die **Gerichtsgebühren** (und Auslagen) entstehen nunmehr für beide getrennte Verfahren. Bereits vor dem Trennungsbeschluss angefallene Gebühren werden jedoch angerechnet, wobei eine Aufteilung auf die getrennten Verfahren nach dem Verhältnis ihrer Streit- bzw. Geschäftswerte vorzunehmen ist (vgl. dazu auch MüKoZPO/*Pabst* § 20 FamFG Rn. 26). Insgesamt dürften bei der Trennung und Schaffung mehrerer Ver- 14 fahren regelmäßig höhere Kosten entstehen (Gleiches dürfte für die Rechtsanwaltsgebühren gelten, vgl. Rdn. 15).

15 Die vor der Trennung entstandenen **Rechtsanwaltsgebühren** in dem ursprünglichen einheitlichen Verfahren (mit dem höheren Gegenstandswert) können dem Rechtsanwalt nicht mehr genommen werden. Nach der Trennung entstehen bei Fortführung der getrennten Verfahren erneut Rechtsanwaltsgebühren (jetzt in mehreren Verfahren). Der Rechtsanwalt kann jedoch die Gebühren, die sich entsprechen (z.B. die Verfahrensgebühren), nicht nebeneinander verlangen und hat auch hier nach h.M. die Wahl, ob er die entsprechende Gebühr vor der Verfahrenstrennung oder die nach der Verfahrenstrennung in den mehreren Verfahren angefallenen Gebühren geltend macht (vgl. Gerold/Schmidt/*Müller-Rabe* VV 3100 RVG Rn. 61). Bei ungleichen Gebühren nach der Trennung – nur in einem der getrennten Verfahren ist erneut eine Terminsgebühr entstanden, in dem anderen jedoch nicht – ist die Terminsgebühr aus dem früheren ungetrennten Verfahren in anteiliger Höhe bei dem getrennten Verfahren zu berücksichtigen, in dem keine neue Terminsgebühr entstanden ist (vgl. Gerold/Schmidt/*Müller-Rabe* VV 3100 RVG Rn. 64 mit Berechnungsbeispiel).

§ 21 Aussetzung des Verfahrens.

(1) ¹Das Gericht kann das Verfahren aus wichtigem Grund aussetzen, insbesondere wenn die Entscheidung ganz oder zum Teil von dem Bestehen oder Nichtbestehen eines Rechtsverhältnisses abhängt, das den Gegenstand eines anderen anhängigen Verfahrens bildet oder von einer Verwaltungsbehörde festzustellen ist. ²§ 249 der Zivilprozessordnung ist entsprechend anzuwenden.
(2) Der Beschluss ist mit der sofortigen Beschwerde in entsprechender Anwendung der §§ 567 bis 572 der Zivilprozessordnung anfechtbar.

Übersicht

	Rdn.		Rdn.
A. Allgemeines	1	C. Ermessensentscheidung des Gerichts	24
B. Voraussetzung für eine Aussetzung	5	D. Wirkung der Aussetzung	27
I. Wichtiger Grund, Vorgreiflichkeit eines anderweitig festzustellenden Rechtsverhältnisses	5	E. Beendigung der Aussetzung	30
		F. Anfechtung der Aussetzungsentscheidung	31
II. Weitere Fallgruppen	13		

1 **A. Allgemeines.** Das FGG kannte lediglich spezielle Aussetzungsregelungen für bestimmte Rechtsbereiche. Soweit solche Sondervorschriften fehlten, ist eine Aussetzung bei streitigen vorgreiflichen Rechtsverhältnissen, deren Klärung in einem anhängigen Gerichts- oder Verwaltungsverfahren zu erwarten war, in entsprechender Anwendung des § 148 ZPO für zulässig gehalten worden (vgl. KKW/*Schmidt* § 12 FGG Rn. 98). Abs. 1 stellt nunmehr klar, dass in Verfahren nach dem FamFG eine Aussetzung des Verfahrens grds. in Betracht kommen kann, und bestimmt die Voraussetzung einer zulässigen Verfahrensaussetzung. Danach setzt die Aussetzung stets einen wichtigen Grund voraus. Die Vorgreiflichkeit eines anderen (Gerichts- oder Verwaltungs-) Verfahrens wird ausdrücklich als wichtiger Grund aufgeführt.

2 Nach Abs. 2 kann die Entscheidung über die Aussetzung – wie auch nach dem FGG von der h.M. angenommen (vgl. *Bassenge*/Roth § 12 FGG Rn. 22 – einfache Beschwerde) – mit einem Rechtsmittel angefochten werden. Gegen die Aussetzungsentscheidung ist nunmehr die sofortige Beschwerde nach den §§ 567 bis 572 ZPO gegeben.

3 § 21 gilt grds. **für alle Verfahren nach § 1, nicht jedoch für Ehesachen und Familienstreitsachen** (vgl. § 113 Abs. 1). § 21 kann als allgemeine Regelung durch für spezielle Verfahren geltende Sonderregelungen modifiziert werden (z.B. in Versorgungsausgleichssachen nach § 221 Abs. 2, Verfahren in Teilungssachen nach § 370, in Registersachen durch § 381).

4 Nach altem Recht sind in echten Streitsachen der freiwilligen Gerichtsbarkeit neben der Aussetzung die Vorschriften der ZPO über die **Unterbrechung** (§§ 239 ff. ZPO) und das **Ruhen des Verfahrens** (§ 251 ZPO) im Wege der Analogie herangezogen worden (vgl. Keidel/Kuntze/Winkler/*Schmidt* § 12 FGG Rn. 117). Das FamFG trifft im Allgemeinen Teil hierzu keine Regelungen. Soweit sich ein sachliches Bedürfnis hierfür ergibt, werden die genannten Regelungen weiterhin unter Berücksichtigung der Besonderheiten des jeweiligen Verfahrens der freiwilligen Gerichtsbarkeit heranzuziehen sein (dafür Keidel/*Sternal* § 21 FamFG Rn. 37 ff., 41 ff.; Prütting/Helms/Ahn-Roth § 21 FamFG Rn. 5 ff.). Für eine Unterbrechung des Verfahrens wird sich

unter Berücksichtigung der dem Gericht obliegenden Verfahrensbeschleunigung jedoch kaum ein Anwendungsbereich ergeben. Beim Tod eines Beteiligten kann sich eine Erledigung der Hauptsache ergeben; i.Ü. wird das Gericht im Rahmen der Amtsermittlung einen vorhandenen Rechtsnachfolger zu ermitteln und diesen ggf. am Verfahren zu beteiligen haben. Eine Verfahrensunterbrechung ist hier nicht anzunehmen (vgl. BGH FamRZ 2009, 872). Auch bei Eröffnung eines Insolvenzverfahrens über das Vermögen eines Beteiligten hat die Rspr. in der Vergangenheit eine Unterbrechung abgelehnt (vgl. OLG Naumburg NJW-RR 2004, 1349, 1350; OLG Köln NJW-RR 2001, 1417, 1418). Ein Ruhen des Verfahrens wird allenfalls bei dem streitigen Zivilprozess angenäherten Verfahren, d.h. nur in den echten Streitsachen, in Betracht kommen, wenn die Beteiligten dies entsprechend § 251 ZPO beantragen und eine solche Anordnung wegen Schwebens von Vergleichsverhandlungen oder aus sonstigen wichtigen Gründen zweckmäßig ist. Bei Streit der Beteiligten um eine Verfahrensunterbrechung oder eine Verfahrensaussetzung ist entsprechend § 21 Abs. 2 die sofortige Beschwerde nach Maßgabe der §§ 567 ff. ZPO gegeben (vgl. OLG Zweibrücken FGPrax 2012, 230).

B. Voraussetzung für eine Aussetzung. I. Wichtiger Grund, Vorgreiflichkeit eines anderweitig festzustellenden Rechtsverhältnisses. Eine Aussetzung des Verfahrens ist in jedem Stadium des Verfahrens möglich, ggf. auch noch im Rechtsmittelverfahren (vgl. BayObLG RPfleger 1969, 391). Sie scheidet aus, wenn bereits absehbar ist, dass eine Verfahrensfortführung nicht (mehr) in Betracht kommt, etwa weil Erledigung des Verfahrens eingetreten ist, die Antragsbefugnis bzw. Beteiligtenfähigkeit des Antragstellers weggefallen ist (vgl. BGH NJW-RR 2011, 1185, 1186). 5

Sie setzt einen hierfür vorhandenen **wichtigen Grund** voraus. Eine weitere, nähere Konkretisierung dieser Voraussetzung enthält das Gesetz nicht. 6

Als Beispiel eines wichtigen Grundes für eine Aussetzung wird der Streit um ein für die Entscheidung relevantes Rechtsverhältnis genannt, das Gegenstand eines anderen anhängigen Verfahrens ist (**Aussetzung bei Vorgreiflichkeit eines anderweitig festzustellenden Rechtsverhältnisses**). Das kann ein anderweitig anhängiges gerichtliches Verfahren, aber auch ein Verwaltungsverfahren sein. Mit dieser Fallgruppe wird an die bisherige Rspr. angeknüpft, die in entsprechender Anwendung des § 148 ZPO eine Aussetzung für die Klärung eines vorgreiflichen Rechtsverhältnisses zugelassen hat. Die hierzu vorhandene Rspr. ist auch nach dem FamFG weiterhin von Bedeutung. 7

Für diese Fallgruppe ist erforderlich, dass die Entscheidung in dem auszusetzenden Verfahren vom **Bestehen oder Nichtbestehen eines Rechtsverhältnisses abhängt**, das bereits **Gegenstand eines anderen Gerichtsverfahrens** ist oder **von einer Verwaltungsbehörde festzustellen ist**, und die Entscheidung in diesem Gerichts- oder Verwaltungsverfahren muss **vorgreiflich für das auszusetzende Verfahren** sein (vgl. dazu BGH NJW 2005, 1947; OLG Düsseldorf WM 1995, 295, 296; Keidel/*Sternal* § 21 FamFG Rn. 9; Musielak/*Stadler* § 148 ZPO Rn. 5). Die notwendige Vorgreiflichkeit ist anzunehmen, wenn das Rechtsverhältnis unmittelbarer Verfahrensgegenstand des anderen Verfahrens ist, dort eine Entscheidung darüber zu erwarten ist und das anderweitig festzustellende Rechtsverhältnis Vorfrage in dem auszusetzenden FamFG-Verfahren ist. Es dürfte nicht ausreichen, wenn das festzustellende Rechtsverhältnis in dem anderen Gerichts- oder Verwaltungsverfahren ebenfalls nur eine Vorfrage ist (vgl. Zöller/*Greger* § 148 ZPO Rn. 5a). Auch reicht ein rein tatsächlicher Einfluss der Entscheidung in dem anderen Verfahren auf das auszusetzende Verfahren, etwa im Hinblick auf eine Beweisaufnahme und eine damit zu erwartende Tatsachenfeststellung, noch nicht aus (vgl. BGH NJW 2005, 1947; OLG Hamm FamRZ 2004, 888; OLG Jena MDR 2000, 1452). Die Aussetzungsvoraussetzung liegt auch nicht vor, wenn ein **Parallelverfahren** bereits anhängig ist, in dem die gleiche grundsätzliche Rechtsfrage und/oder gleichgelagerte tatsächliche Fragen zu klären sind. Andererseits dürfte eine zwingende rechtliche Bindung der in dem anderweitigen Verfahren zu erwartenden Entscheidung (etwa aufgrund der Rechtskraft) nicht erforderlich sein. Es ist auch nicht stets erforderlich, dass das andere und das auszusetzende Verfahren zwischen denselben Beteiligten geführt wird (vgl. Zöller/*Greger* § 148 ZPO Rn. 5, 5a). 8

Das **andere gerichtliche Verfahren** über die präjudizielle Rechtsfrage muss **bereits anhängig** sein; die Aussetzung ist unzulässig, wenn sie dazu dienen soll, den Beteiligten die Klärung des präjudiziellen Rechtsverhältnisses in einem erst anhängig zu machenden Gerichtsverfahren zu ermöglichen (BayObLGZ 2000, 279, 284; OLG Karlsruhe NJW 1995, 1296, 1297; Keidel/*Sternal* § 21 FamFG Rn. 10). Ausnahmen können sich aus für einzelne Verfahren geltenden speziellen Regelungen ergeben. So erweitert § 381 die Möglichkeit der Aussetzung auf noch anhängig zu machende Verfahren (vgl. § 381 Rdn. 2, 9). 9

10 Nach dem Gesetzeswortlaut, der insoweit dem § 148 ZPO entspricht, muss ein anderweitiges Verwaltungsverfahren, das vorgreiflich ist, noch nicht anhängig sein; eine Aussetzung ist auch zulässig, wenn die Entscheidung der Verwaltungsbehörde erst noch zu veranlassen ist (Zöller/*Greger* § 148 ZPO Rn. 6a).

11 Ein wichtiger Grund für eine **Aussetzung eines Eintragungsverfahrens** kann darin bestehen, dass über die in das Register einzutragenden Tatsachen oder Rechtsverhältnisse Streit besteht und eine Klärung durch einen von Beteiligten vor dem Prozessgericht geführten Rechtsstreit zu erwarten ist (vgl. OLG München ZIP 2011, 2057, 2058; OLG Zweibrücken NZG 2013, 107; dazu auch § 381 Rdn. 6 ff.). Entsprechendes gilt bei einem Registerverfahren, das eine **(Amts-) Löschung** zum Gegenstand hat (vgl. KG FGPrax 2013, 32, 33). Für die Aussetzungseintscheidung kann auch die Prüfungskompetenz des Gerichts von Bedeutung sein. So darf das Registergericht das Verfahren über die Einstellung einer geänderten Gesellschafterliste im Hinblick auf eine ihm dabei zukommende formelle, jedenfalls aber eingeschränkte Prüfungskompetenz grundsätzlich nicht bis zur gerichtlichen Entscheidung über die Wirksamkeit der Änderung aussetzen (OLG Hamburg NJW-RR 2015, 234). In einem **Erbscheinsverfahren** kann ein wichtiger Grund für eine Aussetzung dieses Verfahrens darin liegen, dass die Erbunwürdigkeit des angeblichen Erben mit einer Anfechtungsklage (§§ 2340 ff. BGB) geltend gemacht wird (werden soll) und der Klage gewisse Erfolgsaussichten zuzubilligen sind (vgl. OLG Rostock FGPrax 2012, 74).

12 Auch bei Vorliegen der vorstehend genannten Aussetzungsvoraussetzungen kommt allerdings eine Aussetzung nur in Betracht, wenn diese auch unter Berücksichtigung des Gesichtspunkts der Verfahrensbeschleunigung vertretbar und den Beteiligten zumutbar ist, was das Gericht im Rahmen seiner vorzunehmenden Ermessensentscheidung unter umfassender Berücksichtigung der Interessen der Beteiligten zu prüfen und zu berücksichtigen hat (vgl. auch Rdn. 24 ff.).

13 **II. Weitere Fallgruppen.** Neben der Vorgreiflichkeit eines anderweitig festzustellenden Rechtsverhältnisses kommen weitere Aussetzungsgründe in Betracht. Sie müssen nur ein erhebliches Gewicht haben, um die Voraussetzung eines **wichtigen** Grundes zu erfüllen. Ein solcher Grund ist jedenfalls nicht nur dann anzunehmen, wenn eine anderweitige Erledigung des Verfahrens gar nicht möglich ist (so aber OLG München FamRZ 2011, 222). Auch bei fehlender Vorgreiflichkeit im oben dargestellten engen Sinne kann im Einzelfall ein wichtiger Grund für eine in Betracht zu ziehende Aussetzung anzunehmen sein, wenn in dem **anderen Verfahren eine wesentliche Sachverhaltsaufklärung** zu erwarten ist, auf die es auch für die Entscheidung in dem hier relevanten Verfahren der freiwilligen Gerichtsbarkeit ankommt. Im Hinblick auf die eigene Verpflichtung des Gericht zur Sachverhaltsaufklärung wird dies allerdings nur im Ausnahmefall in Betracht zu ziehen sein (eher restriktiv auch Keidel/*Sternal* § 21 FamFG Rn. 13 f.); entsprechend der im Zivilprozess geltenden Regelung des § 149 ZPO kann ein Aussetzungsgrund etwa in einer für das Verfahren relevanten eventuellen Straftat und einem darauf bezogenen **strafrechtlichen Ermittlungsverfahren** liegen, das wesentliche Erkenntnisse für das auszusetzende Verfahren erwarten lässt (vgl. OLG Hamburg FamRZ 2013, 238 [LS]). Auch ein **ausstehendes verwaltungsgerichtliches Eilverfahren** kann einen wichtigen Grund für eine Aussetzung darstellen (OLG Schleswig FamRZ 2015, 1040, 1041 – Aussetzung im Umgangsverfahren bei ausstehendem verwaltungsgerichtlichen Eilverfahren zur Verpflichtung des Jugendamts zur Unterstützung von Umgangskontakten). Ein wichtiger Grund für eine Aussetzung kann sich auch daraus ergeben, dass in einem überschaubaren Zeitraum ein **Abwarten einer weiteren Entwicklung des Sachverhalts** für eine sachgerechte Entscheidung notwendig erscheint, wenn etwa in einem Sorgerechtsverfahren die hierfür entscheidenden Familienverhältnisse sich in der Entwicklung befinden und eine in absehbarer Zeit eintretende Konsolidierung der Entwicklung abgewartet werden soll, um fundierte Grundlagen für eine Begutachtung eines Sachverständigen und die gerichtliche Entscheidung zu haben (vgl. KG NJW-RR 2011, 220; Prütting/Helms/*Ahn-Roth* § 21 FamFG Rn. 10). Allgemein wird eine Verfahrensaussetzung aus **prozessökonomischen Gründen** in Betracht kommen, wenn aus Gründen, die außerhalb des Verfahrens liegen, eine sachgerechte Entscheidung noch nicht möglich ist (OLG Karlsruhe FamRZ 2014, 1561); in solchen Fällen bedarf es allerdings einer besonders sorgfältigen Abwägung im Rahmen der Ermessensentscheidung (dazu Rdn. 25).

14 Ein wichtiger Grund für eine Aussetzung kann in Antragsverfahren auch im **übereinstimmenden Antrag der Beteiligten auf Aussetzung** zu sehen sein. Dies wird insb. relevant sein, wenn die Beteiligten die Absicht haben, Vergleichsgespräche zu führen und eine Erledigung des Verfahrens durch zulässigen Vergleich (vgl. dazu § 36) in Betracht kommt.

15 Auch die Absicht der Beteiligten, ein **Mediationsverfahren** oder ein anderes Verfahren der außergerichtlichen Konfliktbeilegung durchzuführen, führt dazu, dass das Gericht das Verfahren auszusetzen hat (vgl.

Abschnitt 1. Allgemeine Vorschriften § 21

§ 36a Abs. 2); ein Ermessen steht dem Gericht hier nicht zu (vgl. § 36a Rdn. 15 ff.). Bei einer Verweisung der Beteiligten an einen Güterichter (§ 36 Abs. 5) kann im Einzelfall bei entsprechendem Bedürfnis eine Aussetzung des Verfahrens aus wichtigem Grund nach Abs. 1 in Betracht kommen; eine Verfahrensaussetzung ist damit jedoch regelmäßig nicht verbunden und nicht notwendig (vgl. auch § 36 Rdn. 42).

In **Abstammungssachen** ist an eine Aussetzung zu denken, wenn der Einholung eines Gutachtens ein vorübergehendes Hindernis entgegensteht (entsprechend § 640 f. ZPO a.F.; vgl. dazu Begr. RegE BT-Drucks. 16/6308, 184); eine Aussetzung scheidet jedoch aus, wenn die Einholung eines Abstammungsgutachtens auf ungewisse Dauer nicht möglich ist (OLG Karlsruhe FamRZ 2012, 59, 60). In **Verfahren über den Versorgungsausgleich** kommt eine Aussetzung des Verfahrens nach der speziellen Regelung des § 221 Abs. 2 und 3 in Betracht, wenn über ein in den Versorgungsausgleich einzubeziehendes Anrecht Streit besteht und hierüber ein Verfahren anhängig ist oder von einem Beteiligten (innerhalb einer zu setzenden Frist) anhängig gemacht werden soll (vgl. § 221 Rdn. 5 f.). Daneben ist eine Verfahrensaussetzung nach der allgemeinen Regelung des § 21 bei Vorhandensein eines wichtigen Grundes nicht ausgeschlossen (vgl. OLG Karlsruhe FamRZ 2011, 1233; Müko/ZPO/*Stein* § 221 FamFG Rn. 21 ff.). 16

Eine Aussetzung des Verfahrens kommt auch im Zusammenhang mit einer **Vorlage an das BVerfG oder an den EuGH** in Betracht. Auch das Gericht im FamFG-Verfahren hat, wenn es nachkonstitutionelles Bundes- oder Landesrecht nicht für vereinbar hält mit dem Grundgesetz oder Landesrecht mit vorrangigem Bundesrecht für unvereinbar hält und es für die Entscheidung des Verfahrens auf die Anwendung der in ihrer Wirksamkeit zweifelhaften Norm ankommt (das Verfahren bei Unwirksamkeit der Norm anders zu entscheiden ist als bei Wirksamkeit der Norm), das Verfahren auszusetzen und die Frage der Verfassungswidrigkeit dieser Norm dem BVerfG nach Art. 100 Abs. 1 GG vorzulegen. Gleiches gilt für Verfahren nach Art. 100 Abs. 2 GG. 17

Das Verfahren ist dann bis zur Entscheidung des BVerfG auszusetzen. Zur Vorlage berechtigt und verpflichtet ist der jeweilige Spruchkörper (ein zuständiges Kollegialgericht in der vollen Besetzung). Nicht vorlageberechtigt ist der Rechtspfleger, vgl. § 5 Abs. 1 Nr. 1 RPflG. 18

Eine Aussetzung des Verfahrens ist auch in Betracht zu ziehen, wenn das Gericht die Norm zwar für verfassungsgemäß hält oder sich eine abschließende Überzeugung von der Verfassungswidrigkeit des entscheidungserheblichen Gesetzes noch nicht gebildet hat (eine eigene Vorlage nach Art. 100 GG scheidet dann aus), aber auf Vorlage eines anderen Gerichts ein Verfahren nach Art. 100 GG oder eine einschlägige Verfassungsbeschwerde beim BVerfG anhängig ist. Auch ohne eine eigene Vorlage kann dann das Verfahren bis zur Entscheidung des BVerfG ausgesetzt werden (vgl. BGH NJW 2012, 3784; 3786; BGH MDR 1998, 732). 19

Wenn das BVerfG eine für die Entscheidung erhebliche Norm für nichtig erklärt hat, kann eine Aussetzung in Betracht kommen, um die zu erwartende, entscheidungsrelevante Neuregelung durch den Gesetzgeber abzuwarten (so OLG Brandenburg FamRZ 2000, 1423; BayObLGZ 1974, 355, 358). Gleiches kann in Betracht kommen, wenn das BVerfG eine Norm nicht für nichtig, sondern für mit dem Grundgesetz nicht vereinbar erklärt hat, um dem Gesetzgeber die Möglichkeit einer Neuregelung zu geben. Hier ist jedoch stets zu prüfen, ob eine Verfahrensaussetzung mit der vom BVerfG angestrebten Zielsetzung der Übergangsregelung vereinbar ist; eine Aussetzung muss ausscheiden, wenn sie zu einer Vertiefung des Grundgesetzverstoßes führen würde (vgl. dazu OLG Karlsruhe MDR 2011, 1422 – betr. § 8 Abs. 1 Nr. 3 u 4 TSG). 20

In entsprechender Weise ist das Verfahren auszusetzen, wenn es in einem Verfahren auf die zweifelhaft erscheinende **Anwendung und/oder Auslegung europäischen Rechts** ankommt. In diesem Fall sind nach Art. 267 AEUV die nationalen Gerichte zur **Vorlage an den EuGH** berechtigt und das letztinstanzlich zuständige Gericht hierzu verpflichtet. Zu beachten ist in dem hier vorliegenden Zusammenhang allerdings, dass nach Rspr. des EuGH (vgl. EuGH EuZW 1996, 47) ein Vorlageverfahren nur statthaft ist, wenn die Vorlage des Gerichts sich auf einen Rechtsstreit bezieht, in dem eine Entscheidung mit Rechtsprechungscharakter getroffen wird (es um Rechtsprechung im materiellen Sinne geht), und nicht auf Tätigkeiten rechtsfürsorgender oder verwaltender Art, die in anderen Mitgliedstaaten von Verwaltungsbehörden wahrgenommen werden. In der zitierten Entscheidung des EuGH ging es um eine Vorlage eines italienischen Gerichts erster Instanz, das sich – in entsprechender Funktion wie ein deutsches Registergericht – mit einem Antrag auf Genehmigung der Satzung einer Gesellschaft im Zusammenhang mit einer erstrebten Registereintragung zu befassen hatte. Rechtsprechungstätigkeit liegt nach Auffassung des EuGH in solchen Fällen erst vor, wenn gegen die erstinstanzliche Entscheidung ein Rechtsmittel eingelegt wird (vgl. EuGH Slg 1974, 1201). Dies bedeutet, dass in den Bereichen des FamFG, in denen deutsche Gerichte in erster Instanz funktionell und materiell Verwaltungstätigkeiten ausüben (etwa im Registerrecht oder in anderen 21 rechtsfürsorgenden Bereichen der freiwilligen Gerichtsbarkeit), eine Vorlageberechtigung fehlt und erst das Rechtsmittelgericht zur Vorlage an den EuGH berechtigt und ggf. (sofern es letztinstanzlich entscheidet) auch verpflichtet ist (Keidel/*Sternal* § 21 FamFG Rn. 62). Dementsprechend kommt auch erst dann eine Aussetzung des Verfahrens in Betracht.

22 Das allgemeine Interesse, die zukünftige Entwicklung von für die Entscheidung relevanten Verhältnissen noch abzuwarten, reicht grds. als wichtiger Grund für eine Aussetzung nicht aus. Eine Ausnahme ist nach altem Recht in Betracht gezogen worden, wenn nach dem Abschluss der derzeit möglichen Sachaufklärung die Verhältnisse noch nicht überblickt werden können, aber in naher Zukunft bessere Erkenntnismöglichkeiten zu erwarten sind (vgl. OLG Frankfurt am Main FamRZ 1986, 1140).

23 Unter den dargestellten Voraussetzungen ist eine Aussetzung zulässig, ohne dass dies von einer Zustimmung oder einem Antrag der Beteiligten abhängt. Das gilt auch in Antragsverfahren (vgl. OLG Frankfurt am Main FamRZ 1986, 1140; BayObLGZ 1964, 231, 233).

24 **C. Ermessensentscheidung des Gerichts.** Eine Aussetzung kommt nach Antrag bzw. Anregung eines Beteiligten, aber auch auf Initiative des Gerichts in Betracht. Soweit ein wichtiger Grund für die Aussetzung vorhanden ist, **kann** das Gericht die Aussetzung des Verfahrens anordnen. Es besteht danach eine Befugnis des Gerichts zur Aussetzung, jedoch grds. keine entsprechende Pflicht hierzu (vgl. OLG Rostock FGPrax 2012, 74; BayObLG NJWE-MietR 1996, 256, 257). Die Aussetzung steht im **pflichtgemäßen Ermessen des Gerichts**; es ist insoweit an Anträge/Anregungen der Beteiligten nicht gebunden. Ausnahmsweise kann sich eine Aussetzungspflicht ergeben, wie etwa in den unter Rdn. 17 und 21 behandelten Fallgruppen. Zur str. Frage einer notwendigen Verfahrensaussetzung im Versorgungsausgleichsverfahren vgl. OLG Karlsruhe FamRZ 2011, 727; 2011, 1233, 1234; OLG Köln FamRZ 2011, 721.

25 Bei der zu treffenden Ermessensentscheidung sind vom Gericht die Eigenart des jeweiligen Verfahrens und die Interessen der Beteiligten zu berücksichtigen. Die voraussichtlichen Vorteile einer Aussetzung sind mit den Nachteilen einer damit verbundenen Verfahrensverzögerung abzuwägen. Bei eilbedürftigen Verfahren wie dem Freiheitsentziehungsverfahren oder Sorgerechtsverfahren, in denen gerichtliche Maßnahmen bei Gefährdung des Kindeswohls nach § 1666 BGB zu treffen sind, dürfte bereits die Eigenart des Verfahrens eine Aussetzung im Regelfall ausschließen (vgl. RegE BT-Drucks. 16/6308, 184). Gleiches gilt natürlich auch für Verfahren der einstweiligen Anordnung. Auch in anderen Bereichen kann die Eigenart des Verfahrens einer Aussetzung entgegenstehen (vgl. OLG Schleswig FGPrax 2010, 301, keine Aussetzung eines Verfahrens über die Entpflichtung eines Testamentsvollstreckers im Hinblick auf einen wegen einer Tätigkeit des Testamentsvollstreckers geführten Zivilprozess).

26 Vor Anordnung der Aussetzung hat das Gericht den Beteiligten **rechtliches Gehör** zu gewähren. Dazu muss die mögliche Aussetzung erkennbar geworden sein und den Beteiligten muss Gelegenheit gegeben worden sein, hierzu Stellung zu nehmen.

27 **D. Wirkung der Aussetzung.** Wegen der Wirkung der Aussetzung wird in Abs. 1 Satz 2 auf die **im Zivilprozess geltende Regelung des § 249 ZPO** verwiesen. Danach führt die Aussetzung auch im Bereich des FamFG dazu, dass der Lauf einer jeden Frist aufhört und nach Beendigung der Aussetzung wieder von Neuem zu laufen beginnt (§ 249 Abs. 1 ZPO). Dies bezieht sich auf verfahrensrechtliche Fristen, nicht jedoch auf materiellrechtliche Fristen (h.M.; vgl. zu letzterem Musielak/*Stadler* § 249 ZPO Rn. 2). Auch vom Gericht gesetzte Fristen (z.B. eine in einer Hausratssache nach § 206 Abs. 1 gesetzte Frist) enden mit der Aussetzung.

28 Entsprechend § 249 Abs. 2 ZPO sind während der Aussetzung von einem Beteiligten vorgenommene Verfahrenshandlungen, die sich auf die Hauptsache (den Verfahrensgegenstand) beziehen, ggü. allen anderen Beteiligten relativ unwirksam; eine Wirkung kann nur ggü. dem Gericht eintreten (vgl. Zöller/*Greger* § 249 ZPO Rn. 4). In vollem Umfang wirksam sind hingegen Verfahrenshandlungen, die sich auf die Aussetzung und die Aussetzungsfolgen beziehen (vgl. BGH NJW 1997, 1445; Zöller/*Greger* § 249 ZPO Rn. 3). Auch in Nebenverfahren (Kosten, Verfahrenskostenhilfe, einstweilige Anordnung) können ggf. Verfahrenshandlungen wirksam vorgenommen werden.

29 Auch auf die Hauptsache bezogene Verfahrenshandlungen des Gerichts sind ggü. den Beteiligten während der Aussetzung wirkungslos; Entscheidungen des Gerichts zur Hauptsache scheiden aus (arg § 249 Abs. 3 ZPO, der nur bei Unterbrechung des Verfahrens gilt). Eine dennoch ergangene Entscheidung ist nicht nichtig, sondern muss mit dem jeweils gegebenen Rechtsbehelf angefochten werden (sie ist dann aufzuheben; *vgl.* BGHZ 66, 59, 61; BGH NJW 1995, 2563).

E. Beendigung der Aussetzung. Das Gericht kann die Aussetzung wieder aufheben. Sie endet mit einem 30 entsprechenden Aufhebungsbeschluss; das Verfahren wird dann von Amts wegen fortgesetzt. Auf Antrag eines Beteiligten hat das Gericht über eine Aufhebung der Aussetzung zu entscheiden. Es hat dann den Fortbestand der Voraussetzungen für die Aussetzung zu überprüfen und ggf. nach pflichtgemäßem Ermessen zu entscheiden, ob die Aussetzung weiterhin sachgerecht ist. Zur Anfechtbarkeit der Entscheidung vgl. Rdn. 31.
Wenn in dem Aussetzungsbeschluss die Beendigungsvoraussetzung bereits festgelegt ist (z.B. rechtskräftige Entscheidung über das vorgreifliche Rechtsverhältnis in einem anderen Verfahren), endet die Aussetzung mit Eintritt der Voraussetzung automatisch. Eines Aufhebungsbeschlusses bedarf es dann nicht.

F. Anfechtung der Aussetzungsentscheidung. Gegen eine Aussetzungsentscheidung, d.h. sowohl gegen eine Anordnung der Aussetzung als auch gegen eine Ablehnung einer Aussetzung (zu Letzterem vgl. BGH 31 NJW 2012, 3784, 3785), ist nach Abs. 2 – wie auch in anderen Zwischen- und Nebenverfahren des FamFG – die sofortige Beschwerde nach den Grundsätzen der §§ 567 ff. ZPO gegeben. Es gelten danach insb. die Regelungen über die Einlegung (§ 569 Abs. 1), die Frist (von 2 Wochen, § 569 Abs. 1 ZPO) und Form (§ 569 Abs. 2, 3 ZPO) sowie über die Abhilfe (§ 572 Abs. 1 ZPO). Auch die Regelung in § 568 ZPO über die Entscheidung durch den Einzelrichter ist von der Bezugnahme erfasst (vgl. OLG Köln FGPrax 2010, 215; OLG Zweibrücken NZG 2013, 107).
Das Beschwerdegericht hat zu prüfen, ob § 21 anwendbar ist und ein wichtiger Grund für die Aussetzung vorhanden ist. Beides unterliegt der vollen Nachprüfung durch das Beschwerdegericht (vgl. BGH NJW 2012, 3784, 3785; KG NJW-RR 2014, 1185, 1186). Weiterhin ist vom Beschwerdegericht zu prüfen, ob die Aussetzungsentscheidung auf Verfahrens- oder Ermessensfehlern beruht (vgl. KG NJW-RR 2014, 1185, 1186; Bork/Jacoby/Schwab/*Elzer* § 21 FamFG Rn. 19; Horndasch/Viefhues/*Reinken* § 21 FamFG Rn. 10). Es hat dabei keine eigene Ermessensentscheidung zu treffen (vgl. KG NJW-RR 2014, 1185, 1186; OLG Nürnberg MDR 2011, 1044, 1045).
Auch eine Zurückweisung eines Antrags auf Aufhebung des Aussetzungsbeschlusses unterliegt der sofortigen Beschwerde (vgl. OLG Nürnberg NJW 2010, 2145); dies dürfte auch für den Aufhebungsbeschluss gelten.

§ 22 Antragsrücknahme; Beendigungserklärung.

(1) ¹Ein Antrag kann bis zur Rechtskraft der Endentscheidung zurückgenommen werden. ²Die Rücknahme bedarf nach Erlass der Endentscheidung der Zustimmung der übrigen Beteiligten.
(2) ¹Eine bereits ergangene, noch nicht rechtskräftige Endentscheidung wird durch die Antragsrücknahme wirkungslos, ohne dass es einer ausdrücklichen Aufhebung bedarf. ²Das Gericht stellt auf Antrag die nach Satz 1 eintretende Wirkung durch Beschluss fest. ³Der Beschluss ist nicht anfechtbar.
(3) Eine Entscheidung über einen Antrag ergeht nicht, soweit sämtliche Beteiligte erklären, dass sie das Verfahren beenden wollen.
(4) Die Absätze 2 und 3 gelten nicht in Verfahren, die von Amts wegen eingeleitet werden können.

Übersicht

	Rdn.		Rdn.
A. Allgemeines	1	D. Exkurs: Erledigung der Hauptsache	17
B. Rücknahme des (Verfahrens-) Antrags	3	I. Allgemeine Grundsätze	17
I. Zulässigkeit der Rücknahme nach Abs. 1	3	II. Erledigung in Amtsverfahren	20
II. Voraussetzungen	6	III. Erledigung in Antragsverfahren	21
III. Rechtsfolgen	10	IV. Erledigung zwischen den Instanzen	29
C. Beendigungserklärung	14	V. Erledigung in der Rechtsmittelinstanz	30

A. Allgemeines. § 22 gilt grds. für alle Verfahren nach § 1, nicht jedoch für Ehesachen und Familienstreitsachen (vgl. § 113 Abs. 1). 1
§ 22 enthält in Abweichung zum früheren Recht des FGG nunmehr eine ausdrückliche Regelung über Zulässigkeit und Rechtsfolgen der Rücknahme eines Antrags und über die Verfahrensbeendigung durch Beendigungserklärung aller Beteiligten (vgl. RegE BT-Drucks. 16/6308, 184).
Auch nach früherem Recht entsprach es allseitiger Auffassung, dass der Antragsteller in Antragsverfahren 2 grds. befugt ist, seinen (verfahrenseinleitenden) Antrag zurückzunehmen und dadurch eine Beendigung

des Verfahrens herbeizuführen (vgl. Jansen/*von König*/*von Schuckmann* Vor §§ 8 bis 18 FGG Rn. 18 ff.). Fraglich und teilweise streitig war jedoch, ob zumindest in den echten Streitsachen die Antragsrücknahme in entsprechender Anwendung des § 269 Abs. 1 ZPO der Einwilligung des Antragsgegners bedurfte, bis wann ein Antrag zurückgenommen werden konnte und welche Auswirkungen die Antragsrücknahme auf eine evtl. bereits ergangene Entscheidung hatte (zum Streitstand vgl. obige Nachw.). Diese Streitfragen werden durch die nunmehrige Regelung des Gesetzes geklärt. Trotz der nunmehr vorliegenden gesetzlichen Regelung werden – für weiterhin offene Fragen – die bisherige Rspr. und Lehre zur Antragsrücknahme von Bedeutung sein.

Abs. 3 enthält eine Regelung zur Verfahrensbeendigung allein aufgrund einer Beendigungserklärung aller Beteiligten.

Antragsrücknahme und Beendigungserklärung der Beteiligten sind auf Antragsverfahren ausgerichtet. In Konsequenz dazu ordnet Abs. 4 die Unanwendbarkeit der Regelungen der Abs. 2 und 3 auf Amtsverfahren an.

3 **B. Rücknahme des (Verfahrens-) Antrags. I. Zulässigkeit der Rücknahme nach Abs. 1.** Der Antrag als Verfahrensvoraussetzung kann vom Antragsteller aufgrund seiner Dispositionsbefugnis, die ihm im Antragsverfahren zukommt, zurückgenommen werden (vgl. bereits BGH NJW 1959, 1323). Diese Berechtigung des Antragstellers wird nunmehr in Abs. 1 Satz 1 klargestellt. Die Zulässigkeit der Antragsrücknahme hängt grds. nicht von der Zustimmung des Antragsgegners oder eines anderen Beteiligten ab. Erst nach Erlass der Endentscheidung bedarf die Rücknahme der Zustimmung der übrigen Beteiligten. Dies gilt auch in echten Streitverfahren, bei denen sich eine Parallele zum Zivilprozess nach der ZPO aufdrängt. Die im Vergleich zu § 269 Abs. 1 ZPO weitgehende Befugnis des Antragstellers, den Antrag noch im laufenden Verfahren ohne Zustimmung der anderen Beteiligten zurückzunehmen, erscheint unter Berücksichtigung des Interesses des Antragsgegners an einer rechtskräftigen Zurückweisung des Antrags nicht ganz unproblematisch. Eine Einschränkung der Rücknahmebefugnis des Antragstellers durch eine entsprechende Anwendung der Grundsätze des § 269 ZPO wird jedoch durch die vorliegende Gesetzesregelung ausgeschlossen.

4 Die Zurücknahme des Antrags ist grds. in jedem Stadium des Verfahrens zulässig. Dass bereits eine Sachentscheidung über den Antrag ergangen ist, steht der Rücknahme ebenfalls nicht entgegen (zum alten Recht vgl. BayObLG FamRZ 2000, 991, 992; 1999, 62, 64). Nach Erlass einer die Instanz abschließenden Endentscheidung bedarf es für die Wirksamkeit der Rücknahme allerdings der Zustimmung der übrigen Beteiligten. Eine solche Zustimmung soll jedoch in Verfahren der einstweiligen Anordnung bei Erlass der beantragten einstweiligen Anordnung durch Beschluss nicht erforderlich sein, was aus § 51 Abs. 2 Satz 1 und aus der Vorläufigkeit der durch die Anordnung geschaffenen Rechtslage hergeleitet wird (OLG Hamburg FamRZ 2015, 2185).

5 Eine zwingende Grenze für eine Rücknahme wird nur durch den Eintritt der formellen Rechtskraft gesetzt. Dies ergibt sich nunmehr unmittelbar aus Abs. 1 Satz 1. Ist die erlassene Endentscheidung unanfechtbar geworden, kann die nunmehr rechtskräftige Entscheidung nicht mehr durch eine Rücknahme des Antrags des Antragstellers beseitigt werden. Die äußerste zeitliche Grenze für eine zulässige Rücknahme wird damit in vergleichbarer Weise bestimmt wie im Verwaltungs- und Zivilprozess durch § 92 Abs. 1 Satz 1 VwGO bzw. § 269 ZPO (vgl. Begr. RegE BT-Drucks. 16/6308, 185). Weitere Beschränkungen bestehen für die Rücknahme in Antragsverfahren nicht.

6 **II. Voraussetzungen.** Es muss sich um ein **Antragsverfahren** handeln. In Verfahren, die von Amts wegen eingeleitet werden, fehlt den Beteiligten die Dispositionsbefugnis. In **Amtsverfahren** kommt daher eine Verfahrensbeendigung durch Antragsrücknahme nicht in Betracht. Zumindest können hier die in Abs. 2 geregelten Wirkungen einer Antragsrücknahme nicht herbeigeführt werden, wie Abs. 4 ausdrücklich klarstellt. Auch in Verfahren, die sowohl auf Antrag eines Beteiligten als auch von Amts wegen eingeleitet werden können, hat eine Antragsrücknahme keine beendigende Wirkung. Auch hier fehlt dem Antragsteller die Dispositionsbefugnis über den Verfahrensgegenstand; das Verfahren kann bei einer Rücknahmeerklärung von Amts wegen weitergeführt werden.

7 Die **Rücknahme des Antrags** ist **Verfahrenshandlung** und ggü. dem Gericht zu erklären, bei dem das Verfahren anhängig ist, im Rechtsmittelverfahren also ggü. dem Rechtsmittelgericht. Formvorschriften für die Erklärung der Rücknahme bestehen nicht (vgl. Begr. RegE BT-Drucks. 16/6308, 184). Als verfahrensgestaltende Verfahrenshandlung ist die Erklärung der Antragsrücknahme bedingungsfeindlich, nicht anfechtbar *und unwiderruflich* (Bork/Jacoby/Schwab/*Elzer* § 22 FamFG Rn. 9 f.; Keidel/*Sternal* § 22 FamFG Rn. 12).

Für die Antragsrücknahme als Verfahrenshandlung gilt § 25; sie bedarf keiner besonderen Form, selbst wenn der Antrag formbedürftig war. Sie kann auch konkludent erklärt werden (ebenso Haußleiter/*Gomille* § 22 FamFG Rn. 4).

Befugt zur Antragsrücknahme ist der Antragsteller, ggf. auch sein Rechtsnachfolger. Steht mehreren ein Antragsrecht zu, ist zu unterscheiden: Hat jeder ein selbstständiges Antragsrecht, kann jeder Antragsberechtigte den Antrag zurücknehmen, allerdings nur mit Wirkung für seine Rechtsposition; ggf. ist das Verfahren auf den Antrag eines anderen Beteiligten weiterzuführen. Steht ein Antragsrecht mehreren Beteiligten gemeinsam zu, wird angenommen, dass die Rücknahme des Antrags durch einen von ihnen den Antrag der übrigen unzulässig werden lässt, da den übrigen Antragstellern allein die Antragsbefugnis nicht zukomme (Jansen/*von König/Schuckmann* Vor §§ 8 bis 18 FGG Rn. 19; i.E. ebenso Keidel/*Sternal* § 22 FamFG Rn. 18). Nach a.A. soll die Erklärung eines Beteiligten ins Leere gehe; nur eine gemeinsame Antragsrücknahme soll möglich sein (Bork/Jacoby/Schwab/*Elzer* § 22 FamFG Rn. 8; MüKoZPO/*Pabst* § 22 FamFG Rn. 3). 8

Bei einem **teilbaren Verfahrensgegenstand** oder **mehreren Verfahrensgegenständen** kann die Antragsrücknahme sich auch auf einen abgrenzbaren Teil eines Verfahrensgegenstandes oder auf einzelne Verfahrensgegenstände beschränken (Keidel/*Sternal* § 22 FamFG Rn. 4). 9

III. Rechtsfolgen. Eine wirksame Rücknahme des Antrags vor Erlass der erstinstanzlichen Entscheidung **beendet das Verfahren ohne Entscheidung** über den Verfahrensgegenstand. Es kommt dann allein noch eine Entscheidung über die Kosten in Betracht. Über die Kosten hat das Gericht gem. §§ 83 Abs. 2, 81 nach billigem Ermessen zu entscheiden (vgl. dazu § 83 Rdn. 5). 10

Ist vorher bereits eine (noch nicht rechtskräftige) **Entscheidung** ergangen, wird diese **wirkungslos**; eine ausdrückliche Aufhebung der Entscheidung bedarf es nicht (Abs. 2 Satz 1). Lediglich aus Gründen der Rechtssicherheit sieht Abs. 2 Satz 2 vor, dass diese Wirkungen der Rücknahme auf Antrag eines Beteiligten in einem Beschluss festzustellen sind. Dieser Beschluss, der rein deklaratorischen Charakter hat (vgl. Begr. RegE BT-Drucks. 16/6308, 185), ist nicht anfechtbar (Abs. 2 Satz 3). Zur Kostenentscheidung gelten die obigen Ausführungen. Ist gegen die Entscheidung bereits eine Beschwerde eingelegt worden, endet mit der wirksamen Antragsrücknahme das Beschwerdeverfahren (vgl. OLG München, Beschl. v. 13.01.2010 – 34 Wx 119/09, Rn. 6). 11

Eine erneute Antragstellung ist durch die Rücknahme nicht ausgeschlossen; sie bleibt uneingeschränkt möglich. Allerdings kann bei zu wahrenden Fristen das Antragsrecht durch Zeitablauf erloschen sein; auch ein Verlust des Antragsrechts aufgrund Verzichts (vgl. § 23 Rdn. 57) kommt in Betracht. 12

Ist die Beendigung durch wirksame Antragsrücknahme streitig, ist dies im bisherigen Verfahren zu klären; zu diesem Zweck ist das bisherige Verfahren fortzuführen. 13

C. Beendigungserklärung. Bei der Regelung in Abs. 3 geht es darum, den Beteiligten in Antragsverfahren die Möglichkeit zu geben, das Verfahren zu beenden, wenn sie es übereinstimmend nicht mehr betreiben wollen. Die Rechtsfigur der übereinstimmenden Erledigungserklärung erschien dem Gesetzgeber dafür nicht hinreichend geeignet, weil nach der bisherigen Rspr. auch bei übereinstimmenden Erledigungserklärungen der Beteiligten in Antragsverfahren, die nicht zu den echten Streitsachen gehören, nicht auf eine von Amts wegen vorzunehmende Feststellung der tatsächlichen Erledigung verzichtet wird (vgl. dazu BT-Drucks. 16/6308, 185, 364, 405). Solche Ermittlungen von Amts wegen sollen mit der Regelung in Abs. 3 vermieden werden. 14

Wenn in **Antragsverfahren** sämtliche Beteiligten sich darüber einig sind, dass sie das Verfahren nicht fortführen wollen und dies auch ggü. dem Gericht erklären, hat das Gericht nach Abs. 3 von einer Entscheidung in der Hauptsache abzusehen. Mit diesen **übereinstimmenden Beendigungserklärungen** können die Beteiligten eine Beendigung des Verfahrens ohne eine gerichtliche Hauptsacheentscheidung herbeiführen. Es kommt dann lediglich noch eine Entscheidung über die Kosten in Betracht; diese Entscheidung dürfte – wie bei der Rücknahme des Antrags – nach §§ 83 Abs. 2, 81 zu treffen sein (vgl. dazu § 83 Rdn. 5, 7). Eine evtl. bereits ergangene (nicht rechtskräftige) Entscheidung wird mit der übereinstimmenden Beendigungserklärung wirkungslos; die für die Antragsrücknahme geltende Regelung in Abs. 2 dürfte analog anzuwenden sein. Eine **einseitige Beendigungserklärung**, der sich der andere Beteiligte oder die anderen Beteiligten nicht angeschlossen haben, hat hingegen keine Beendigungswirkung nach Abs. 3. Es wird in solchen Fällen aber zu prüfen sein, ob eine Antragsrücknahme oder eine einseitige Erledigungserklärung anzunehmen ist. 15

Ebenso wie eine Antragsrücknahme können auch übereinstimmende Beendigungserklärungen der Beteiligten in **Amtsverfahren** nicht in Betracht kommen, was in Abs. 4 ausdrücklich ausgesprochen wird. 16

17 **D. Exkurs: Erledigung der Hauptsache. I. Allgemeine Grundsätze.** Neben der Rücknahme und der übereinstimmenden Beendigungserklärung kann auch eine Erledigung der Hauptsache eine Sachentscheidung entbehrlich machen und zu einer Verfahrensbeendigung führen. Eine allgemeine Regelung über die Erledigung der Hauptsache findet sich – ebenso wie vorher im FGG – auch im FamFG nicht. Es wird danach weiterhin auf die Grundsätze zurückzugreifen sein, die in Rspr. und Lit. zur Erledigung der Hauptsache entwickelt worden sind und die sich teilweise von den im Zivilprozess geltenden Grundsätzen unterscheiden (vgl. z.B. BGH NJW 1982, 2505, 2506; BayObLGZ 1990, 130, 131; *Bassenge*/Roth Einl. FGG Rn. 120 ff.; KKW/*Kahl* § 19 FGG Rn. 85 ff.). Das Bedürfnis für die Heranziehung der Grundsätze über die Erledigung hat sich allerdings in Antragsverfahren weitgehend reduziert, nachdem nunmehr das FamFG für die Verfahrensbeendigung eine weitreichende Möglichkeit der Antragsrücknahme und die übereinstimmende Beendigungserklärung zur Verfügung stellt und in beiden Fällen eine Kostenentscheidung nach Billigkeitsgründen (§§ 83 Abs. 2, 81) getroffen werden kann. Die Grundsätze der Erledigung dürften danach für die Beteiligten kaum mit günstigeren Rechtsfolgen verbunden sein.

18 Ein **Verfahren erledigt sich in der Hauptsache**, wenn nach der Verfahrenseinleitung durch ein Ereignis, welches eine Veränderung der Sach- oder Rechtslage herbeigeführt hat, der Verfahrensgegenstand weggefallen ist, sodass die Weiterführung des Verfahrens keinen Sinn mehr hätte, weil eine Sachentscheidung nicht mehr in Betracht kommt (vgl. BGH FGPrax 2011, 163; NJW 1982, 2505, 2506; OLG München FGPrax 2006, 228; BayObLGZ 1990, 130, 131; Keidel/*Sternal* § 22 FamFG Rn. 24). Eine Erledigung kann sich dabei auch hinsichtlich eines Teils eines Verfahrensgegenstandes oder hinsichtlich eines einzelnen von mehreren Verfahrensgegenständen ergeben.

19 Eine solche Erledigung, welche die Hauptsache hinfällig werden lässt, kann etwa infolge Zeitablaufs eintreten bei zeit- oder fristgebundenen Entscheidungen (vgl. BayObLGZ 1971, 84; 1993, 82), durch den Wegfall eines für das Verfahren geeigneten bzw. notwendigen Subjekts oder Objekts (z.B. Tod eines Ehegatten, Volljährigkeit eines Kindes; vgl. BGH NJW 1993, 126, 127; OLG Hamm FamRZ 1965, 220), durch Erlöschen einer Forderung, etwa infolge Zahlung oder Aufrechnung nach Verfahrenseinleitung (vgl. OLG Hamburg ZMR 2003, 700), prozessuale Überholung (vgl. BGH ArgrarR 1983, 245; OLG Celle RPfleger 2006, 556) oder ein außergerichtliches Eintreten des mit dem Verfahren angestrebten Zustandes (OLG Hamm FGPrax 1998, 213). Bei Erledigung der Hauptsache (insb. bei übereinstimmenden Erledigungserklärungen in Antragsverfahren) kommt eine isolierte Kostenentscheidung in Betracht, die – anders als in Ehe- und Familienstreitsachen, wo die sofortige Beschwerde nach § 567 ZPO gegeben ist (vgl. BGH NJW 2011, 3654, 3655) – grds. mit der Beschwerde nach § 58 Abs. 1 anfechtbar ist (vgl. OLG Düsseldorf FamRZ 2010, 1835).

20 **II. Erledigung in Amtsverfahren.** In **Amtsverfahren** hat das Gericht bei Erledigung in der Hauptsache, die es durch Ermittlung von Amts wegen festzustellen hat, nach wohl allseitiger Auffassung das Verfahren einzustellen (vgl. OLG Stuttgart OLGZ 1976, 401, 402; Jansen/*Briesemeister* § 19 FGG Rn. 32; Prütting/Helms/*Feskorn* § 83 FamFG Rn. 7, 10). Auf Anträge bzw. Anregungen der Beteiligten kommt es dabei nicht an (BayObLGZ 1990, 130, 131). Die Beteiligten haben bei Erledigung der Hauptsache grds. auch keine Möglichkeit, die Erledigung oder die Rechtswidrigkeit einer erledigten Anordnung oder Maßnahme feststellen zu lassen; soweit mit dieser jedoch erhebliche Grundrechtseingriffe verbunden gewesen sind, wird für den davon betroffenen Beteiligten eine Ausnahme zu machen sein (vgl. dazu unten Rdn. 29).

21 **III. Erledigung in Antragsverfahren.** In **echten Streitsachen** geht die Tendenz dahin, die im Zivilprozess geltenden Grundsätze entsprechend mit für das Verfahren der freiwilligen Gerichtsbarkeit gebotenen Modifikationen heranzuziehen, was interessen- und sachgerecht erscheint.

22 Bei **übereinstimmenden Erledigungserklärungen** der Beteiligten soll das Gericht an die Erledigungserklärungen ohne Rücksicht auf eine wirklich eingetretene Erledigung gebunden sein (*Bassenge*/Roth Einl. FGG Rn. 126; *Bumiller*/Harders/Schwamb § 22 FamFG Rn. 10). Das Verfahren wird durch die übereinstimmenden Erledigungserklärungen beendet, die als Verfahrenshandlungen nicht widerruflich sind (vgl. BayObLG NZM 1999, 853, 854). Es kommt dann nur noch eine Kostenentscheidung in Betracht. Eine tatsächlich eingetretene Erledigung soll aber auch von Amts wegen zu beachten sein (vgl. OLG Hamburg ZMR 2003, 760, 761; Jansen/*Briesemeister* § 19 FGG Rn. 33; a.A. Keidel/*Sternal* § 22 FamFG Rn. 31). Dem ist jedenfalls in echten Streitsachen im Hinblick auf die den Parteien hier zukommende Dispositionsbefugnis nicht zu folgen (ggf. ist in solchen Fällen nach richterlichem Hinweis der Antrag zurückzuweisen).

Gleichartige Rechtsfolgen sind nunmehr mit der übereinstimmenden Beendigungserklärung nach Abs. 3 zu erzielen. Dann bedarf es nicht des Rückgriffs auf die Grundsätze der Erledigung und der übereinstimmenden Erledigungserklärung. 23

Bei einer **einseitigen Erledigungserklärung** des Antragstellers ist streitig, ob diese (wie im Zivilprozess) als eine im Wege der Antragsänderung zulässige Umstellung auf einen Feststellungsantrag aufzufassen ist (so *Bassenge*/Roth Einl. FGG Rn. 126) oder als eine Antragsrücknahme zu interpretieren ist (dafür wohl BayObLG NJW-RR 1993, 205). Bei Annahme eines Feststellungsantrags ist diesem stattzugeben, wenn Erledigung tatsächlich eingetreten ist (Keidel/*Sternal* § 22 FamFG Rn. 30; Haußleiter/*Gomille* § 22 FamFG Rn. 24); sonst ist der Feststellungsantrag zurückzuweisen (vgl. OLG Hamm FGPrax 1999, 48). 24

Eine einseitige Erledigungserklärung des Antragsgegners ist – wie im Zivilprozess – bedeutungslos (OLG Hamm FGPrax 1998, 213). Es ist weiterhin über den Antrag des Antragstellers zu entscheiden; der Antrag ist abzuweisen, wenn die Erledigung tatsächlich eingetreten ist. 25

In **sonstigen Antragsverfahren** soll das Verfahren i.d.R. enden, wenn der Antragsteller, der insoweit über den Verfahrensgegenstand verfügen kann, die Erledigung erklärt hat. Allerdings soll es auch hier – ähnlich wie in Amtsverfahren – Sache des Gerichts sein, i.R.d. Amtsermittlung die Erledigung festzustellen (vgl. BayObLGZ 1978, 243, 246). Teilweise wird davon ausgegangen, dass eine Erledigungserklärung des Antragstellers jedenfalls bei nicht feststehender und vom Gericht nicht festzustellender tatsächlicher Erledigung als Antragsrücknahme auszulegen und zu behandeln sei (Keidel/*Sternal* § 22 FamFG Rn. 30). 26

Wenn der Antragsteller trotz Hinweises auf eine eingetretene Erledigung seinen Sachantrag weiterverfolgt oder keinen Sachantrag mehr stellt, ist streitig, ob das Gericht von Amts wegen die Erledigung der Hauptsache formlos festzustellen hat oder ob der ursprüngliche Antrag abzuweisen ist (für ersteres: OLG Braunschweig OLGZ 1975, 434; für letzteres: BayObLG NJW-RR 1994, 832; KG OLGZ 1973, 143, 148; Keidel/ *Sternal* § 22 FamFG Rn. 31). Der letztgenannten Auffassung ist zu folgen, wenn der ursprüngliche Antrag mit dem darin zum Ausdruck kommenden Begehren tatsächlich aufrechterhalten wird, was durch Befragen des Antragstellers und ggf. durch Auslegung festzustellen ist. 27

Die hier vorhandenen Probleme dürften durch die nunmehrigen Möglichkeiten der Antragsrücknahme und der übereinstimmenden Beendigungserklärung ebenfalls erheblich an praktischer Relevanz verloren haben. 28

IV. Erledigung zwischen den Instanzen. Bei Eintritt einer **Erledigung nach Abschluss der ersten Instanz** (**Erledigung zwischen den Instanzen**) geht die herrschende Meinung davon aus, dass die Hauptsacheentscheidung und die Kostenentscheidung grds. nicht mehr angefochten werden können. Ein gleichwohl eingelegtes Rechtsmittel soll bereits (wegen fehlenden Rechtsschutzinteresses) unzulässig, jedenfalls aber unbegründet sein (BGHZ 109, 108; KG OLGZ 1982, 182; *Bassenge*/Roth Einl. FGG Rn. 130). Nur in Ausnahmefällen eines tief greifenden Grundrechtseingriffes ist ein Rechtsmittel zulässig und die Feststellung der Rechtswidrigkeit einer Verfügung oder Maßnahme möglich (vgl. BVerfG NJW 2002, 2456; 1998, 2432). Dies gilt insb. bei Verfahren, die Freiheitsentziehung betreffen; hier ist wegen des Gewichts des Eingriffs in die Freiheit, der darin liegenden diskriminierenden Wirkung und des Rehabilitationsinteresses eine Feststellung der Rechtswidrigkeit trotz zwischenzeitlich eingetretener Erledigung zuzulassen (vgl. BVerfG NJW 2002, 2456; 1998, 2432). Auch bei einer erstinstanzlichen Entscheidung, die gegen einen Beteiligten vollstreckt oder anderweitig vollzogen werden kann, ist ein Rechtsmittel mit dem Ziel einer Aufhebung der betreffenden Entscheidung zuzulassen (vgl. *Gottwald* NJW 1976, 2150; Keidel/*Sternal* § 22 FamFG Rn. 33). 29

V. Erledigung in der Rechtsmittelinstanz. Auch in der **Rechtsmittelinstanz** bleibt Raum für die Anwendung der Grundsätze über die Erledigung der Hauptsache, die von einer Erledigung des Rechtsmittels zu unterscheiden ist (vgl. OLG Zweibrücken, OLGZ 1976, 399; Keidel/*Sternal* § 22 FamFG Rn. 34). Nach Erledigung der Hauptsache kann eine Sachentscheidung nicht mehr ergehen. Für den Beschwerdeführer kommt dann eine Beschränkung seines Beschwerdeantrags auf die Kosten in Betracht, um eine Verwerfung oder Zurückweisung des Rechtsmittels zu vermeiden (vgl. BayObLG FamRZ 2002, 79; KG FamRZ 1997, 442, 443). Eine Weiterführung eines in der Hauptsache erledigten Verfahrens allein zu dem Zweck der Feststellung der Erledigung oder der Rechtswidrigkeit einer zugrunde liegenden Maßnahme ist regelmäßig nicht mehr zulässig (vgl. BayObLG FamRZ 1996, 558, 559; KG FamRZ 1993, 84, 85). Nach § 62 Abs. 1 kann auf Antrag ausgesprochen werden, dass die angefochtene Entscheidung den Beschwerdeführer in seinen Rechten verletzt hat, wenn der Beschwerdeführer daran ein berechtigtes Interesse hat. Davon ist i.d.R. auszugehen, wenn das erledigte Verfahren Maßnahmen mit tief greifenden Grundrechtseingriffen betraf (z.B. bei Verletzung von 30

Art. 10 und 2 Abs. 1 GG; vgl. OLG Köln FGPrax 2011, 44, 45) oder eine Wiederholung konkret zu erwarten ist (§ 62 Abs. 2).

§ 22a Mitteilungen an die Familien- und Betreuungsgerichte.

(1) Wird infolge eines gerichtlichen Verfahrens eine Tätigkeit des Familien- oder Betreuungsgerichts erforderlich, hat das Gericht dem Familien- oder Betreuungsgericht Mitteilung zu machen.
(2) ¹Im Übrigen dürfen Gerichte und Behörden dem Familien- oder Betreuungsgericht personenbezogene Daten übermitteln, wenn deren Kenntnis aus ihrer Sicht für familien- oder betreuungsgerichtliche Maßnahmen erforderlich ist, soweit nicht für die übermittelnde Stelle erkennbar ist, dass schutzwürdige Interessen des Betroffenen an dem Ausschluss der Übermittlung das Schutzbedürfnis eines Minderjährigen oder Betreuten oder das öffentliche Interesse an der Übermittlung überwiegen. ²Die Übermittlung unterbleibt, wenn ihr eine besondere bundes- oder entsprechende landesgesetzliche Verwendungsregelung entgegensteht.

Übersicht

	Rdn.		Rdn.
A. Allgemeines	1	D. Gerichtliche Überprüfung der Datenübermittlung	17
B. Mitteilungspflicht (Abs. 1)	4		
C. Befugnis zur Übermittlung personenbezogener Daten (Abs. 2)	13		

1 **A. Allgemeines.** Bei § 22a handelt es sich um eine im Gesetzgebungsverfahren (auf Vorschlag des Rechtsausschusses, vgl. dazu BT-Drucks. 16/9733 S. 30, 288) eingefügte Regelung, die inhaltlich dem bisherigen § 35a FGG entspricht.

§ 22a dürfte generell gelten (vgl. dazu auch Rdn. 4). Soweit § 22a ursprünglich von der Aufzählung der Vorschriften des allgemeinen Teils mit erfasst worden ist, die nach § 113 Abs. 1 in Ehesachen und Familienstreitsachen unanwendbar sein sollten, so ist dieses offensichtliche Redaktionsversehen durch Gesetz zur Einführung einer Rechtsbehelfsbelehrung im Zivilprozess und zur Änderung anderer Vorschriften vom 05.12.2012 (BGBl. I S. 2418) beseitigt worden. Die Vorschrift betrifft zwar den Tätigkeitsbereich der Familien- und Betreuungsgerichte, sie richtet sich jedoch nicht an diese, sondern normiert mittelbare Mitteilungspflichten und -befugnisse aller Gerichte gegenüber den zuständigen Familien- und Betreuungsgerichten. Diese sollen aufgrund der durch § 22a begründeten Mitteilungspflichten und -befugnisse anderer Gerichte die für die Wahrnehmung ihrer Aufgaben erforderlichen Informationen erhalten. Die normierten Mitteilungspflichten und -befugnisse dienen dem Kinderschutz (vgl. BT-Drucks. 16/9733, S. 288) sowie dem Schutz Betreuter und betreuungsbedürftiger Personen (vgl. dazu BT-Drucks. 17/10490, S. 27 zum oben genannten Änderungsgesetz). Nach dem Gesetzeswortlaut, der Gesetzessystematik und dem genannten Gesetzeszweck ist die Regelung nicht auf den von § 1 erfassten Anwendungsbereich der FamFG-Verfahren zu beschränken; sie richtet sich vielmehr an alle Gerichte (auch anderer Gerichtsbarkeiten), gleich in welchem Verfahren und in welcher Instanz, und – soweit es um Mitteilungsbefugnisse nach Abs. 2 geht – zudem auch an Behörden.

2 Es ist zu unterscheiden zwischen der in Abs. 1 geregelten Mitteilungs**pflicht** anderer Gerichte ggü. den Familien- und Betreuungsgerichten (früherer § 35a Satz 1 FGG) und der in Abs. 2 geregelten **Befugnis** von Gerichten und Behörden zur Übermittlung personenbezogener Daten an Familien- und Betreuungsgerichte, was zuvor in § 35a Satz 2 FGG geregelt und durch Art. 13 JuMiG vom 18.06.1997 (BGBl. I 1430) eingeführt worden war. Die Übermittlungsbefugnis entfällt, wenn für die übermittelnde Stelle erkennbar ist, dass bei vorzunehmender Abwägung das schutzwürdige Interesse des Betroffenen an der Unterlassung der Übermittlung überwiegt.

3 Die zu § 35a FGG ergangene Rspr. und vorhandene Lit. wird auch für die in § 22a übernommene Regelung weiterhin von Bedeutung sein.

4 **B. Mitteilungspflicht (Abs. 1).** Als **Adressat der Mitteilungspflicht** nach Abs. 1 kommen **alle Gerichte** unabhängig von der von ihnen jeweils wahrgenommenen Funktion in Betracht. Es geht um **Mitteilungen an Familien- und Betreuungsgerichte**. Eine entsprechende Mitteilungspflicht wird sich vor allem bei Gerichten der ordentlichen Gerichtsbarkeit ergeben, die Notwendigkeit entsprechender Mitteilungen für ein

Einschreiten eines Familien- oder Betreuungsgerichts kann sich im Einzelfall aber auch bei Gerichten der anderen Gerichtsbarkeiten einstellen. Entsprechend dem Wortlaut der Regelung und dem dargestellten Zweck der Mitteilungspflicht ist davon auszugehen, dass die Mitteilungspflicht alle Gerichte, also auch Gerichte der Fachgerichtsbarkeiten, erfasst (ebenso MüKo/ZPO/*Pabst* § 22a FamFG Rn. 4 f.; Prütting/Helms/*Ahn-Roth* § 22a FamFG Rn. 1a, 2; dies wird auch in der Gesetzesbegründung des oben genannten Änderungsgesetzes vom 05.12.2012 zugrunde gelegt, vgl. BT-Drucks. 17/10490, S. 27). Nicht erfasst werden hingegen Verwaltungsbehörden. Mitteilungspflichten können sich für diese jedoch aus anderen Normen ergeben (z.B. nach § 168a für das Standesamt). Für Behörden kommt überdies eine Mitteilungsbefugnis nach Abs. 2 in Betracht.

Abs. 1 normiert – im Gegensatz zur Übermittlungsbefugnis nach Abs. 2 – eine **echte Rechts- und Amtspflicht**, deren Verletzung ggf. Amtshaftungsansprüche nach sich ziehen kann (vgl. BGH NJW 1992, 1884, 1886; Jansen/*Müller-Lukoschek* § 35a FGG Rn. 2). 5

Die Mitteilungspflicht soll gewährleisten, dass in allen Fällen, in denen in einem gerichtlichen Verfahren sich die Notwendigkeit einer familiengerichtlichen oder betreuungsgerichtlichen Tätigkeit ergibt, das Familien- oder Betreuungsgericht hiervon Kenntnis erlangt. Die Notwendigkeit der Tätigkeit des Familien- oder Betreuungsgerichts muss sich als Folge des anderen gerichtlichen Verfahrens ergeben und solche Maßnahmen unmittelbar nach sich ziehen; nicht ausreichend ist, dass in einem anderen gerichtlichen Verfahren beiläufig Umstände erkennbar werden, die ein Einschreiten eines Familien- oder Betreuungsgerichts geboten erscheinen lassen (vgl. BGH NJW 1992, 1884, 1886). In solchen Fällen wird sich aber regelmäßig eine Mitteilungsbefugnis nach Abs. 2 ergeben. 6

Eine Benachrichtigungspflicht ist danach anzunehmen, wenn in einem gerichtlichen Verfahren die Anordnung einer Pflegschaft oder einer Betreuung erforderlich wird, sei es, dass eine solche Anordnung zur ordnungsgemäßen Durchführung des anderen Verfahrens erforderlich ist (z.B. Pflegerbestellung für einen geschäftsunfähigen Kläger oder Beteiligten, vgl. BGH WuM 2011, 530, 531; OLG Karlsruhe FamRZ 2010, 1762, 1763), oder sei es, dass die Anordnung sich als notwendige Folge des gerichtlichen Verfahrens ergibt. 7

Mit der Mitteilung hat das Gericht seine aus Abs. 1 folgende Pflicht erfüllt; die Verantwortung für die Durchführung der notwendigen Maßnahmen liegt dann beim Familien- oder Betreuungsgericht. 8

Im Bereich der freiwilligen Gerichtsbarkeit kommen Mitteilungspflichten insbesondere in folgenden Fällen in Betracht: 9

bei Todeserklärung eines Elternteils, wenn durch Tod eine Sorgerechtsregelung erforderlich wird; Todeserklärung eines Vormundes, Gegenvormundes, Betreuers, Beistandes oder Pflegers mit der Notwendigkeit der Neubestellung und ggf. von vorläufigen Maßnahmen; bei Geschäftsunfähigkeit oder Insolvenz des vorstehend genannten Personenkreises; bei Todeserklärung eines Mündels im Hinblick auf Maßnahmen nach § 1884 BGB; bei Bestellung eines Betreuers für einen Vormund oder Pfleger wegen einer dann evtl. vorzunehmenden Entlassung nach §§ 1886, 1781 Nr. 2, 1908b Abs. 1 BGB. 10

Entsprechende Mitteilungspflichten ergeben sich weiterhin in einzelnen Bereichen aus Sondervorschriften außerhalb des FamFG, z.B. aus §§ 292 Abs. 2, 443 Abs. 3 StPO (Einleitung einer Pflegschaft bei Vermögensbeschlagnahme), §§ 53, 70 JGG (Benachrichtigungspflichten und wechselseitige Mitteilungen in Jugendgerichtsverfahren). 11

Von Bedeutung für mögliche Mitteilungspflichten sind auch die **§§ 12 ff. EGGVG**, welche die gesetzlichen Voraussetzungen und Grundlagen für die Übermittlung von personenbezogenen Daten durch Gerichte der ordentlichen Gerichtsbarkeit und der Staatsanwaltschaft an öffentliche Stellen des Bundes und der Länder enthalten, und die dazu ergangenen Verwaltungsanweisungen in der **Anordnung über Mitteilungen in Zivilsachen** (MiZi). Hierbei handelt es sich um von allen Bundesländern vereinbarte, bundesweite Verwaltungsvorschriften über Mitteilungen für den Bereich der Zivilgerichtsbarkeit einschließlich der freiwilligen Gerichtsbarkeit (in der Fassung v. 01.06.1998 – Sonderbeilage BAnz Nr. 138a/98 – mit Änderungen in der Folgezeit). Im 4. Abschnitt sind Mitteilungen in Verfahren der freiwilligen Gerichtsbarkeit geregelt, die über den Regelungsbereich des Abs. 1 hinausgehen. 12

I.Ü. enthält das FamFG eine Reihe spezieller Regelungen über andere, weitere besondere Mitteilungspflichten, die außerhalb des Anwendungsbereichs des Abs. 1 liegen und – jedenfalls bei Überschneidungen – als Spezialregelungen vorgehen (z.B. Mitteilungspflichten des Standesamtes nach § 168a, des Gerichts in Gewaltschutzsachen nach § 216a, des Betreuungsgerichts nach §§ 308 ff., §§ 338, 308, 311, Mitteilungen in Freiheitsentziehungssachen nach § 431, Mitteilungspflichten des Nachlassgerichtes nach §§ 347, 356, Mitteilungspflichten der Gerichte, Staatsanwaltschaften, Behörden und Notare an das Registergericht nach

§ 379, Mitteilungspflicht des Registergerichts nach § 400). Auf diese speziellen Mitteilungspflichten ist hier nicht näher einzugehen; auf die dortige Kommentierung wird verwiesen.

13 **C. Befugnis zur Übermittlung personenbezogener Daten (Abs. 2).** Abs. 2 schafft eine Rechtsgrundlage für Gerichte und Verwaltungsbehörden, dem Familien- oder Betreuungsgericht personenbezogene Daten zu übermitteln, und enthält die gesetzliche Ermächtigung für den darin liegenden Eingriff in Grundrechte (Persönlichkeitsrecht, informationelles Selbstbestimmungsrecht) der betroffenen Person.
Neben Abs. 2 gibt es weitere spezielle Regelungen, die Mitteilungsbefugnisse von Gerichten und Behörden begründen; zu nennen ist hier etwa die Mitteilungsbefugnis der Betreuungsbehörde nach § 7 Betreuungs-behördenG (Mitteilung von Umständen an die Betreuungsgerichte, die die Bestellung eines Betreuers oder eine andere Maßnahme in Betreuungssachen erforderlich machen, soweit dies nach den Erkenntnissen der Behörde erforderlich ist, um eine erhebliche Gefahr für das Wohl des Betroffenen abzuwenden).

14 Die entsprechende Mitteilung personenbezogener Daten nach Abs. 2 setzt voraus, dass dies für familiengerichtliche oder betreuungsgerichtliche Maßnahmen **erforderlich** ist.

15 Weiterhin muss die Datenübermittlung nach allgemeinen Grundsätzen **verhältnismäßig** sein. Es ist dabei eine Abwägung vorzunehmen zwischen den Schutzbedürfnissen des Minderjährigen, der betreuten oder sonstigen Person, zu deren Schutz ein Einschreiten des Familien- oder Betreuungsgerichts erforderlich erscheint, sowie einem öffentlichen Interesse an solchen Maßnahmen einerseits und dem schutzwürdigen Interesse des Betroffenen an einem Ausschluss der Weitergabe seiner personenbezogenen Daten andererseits. Die Datenübermittlung hat zu unterbleiben, wenn nach Einschätzung der übermittelnden Stelle das letztgenannte Interesse überwiegt. Gleiches gilt, wenn bundes- oder landesrechtliche Verwendungsregelungen der Übermittlung entgegenstehen.

16 Die Erforderlichkeit, die Verhältnismäßigkeit und einen möglichen Ausschluss der Datenübermittlung durch abweichende Verwendungsregeln hat die übermittelnde Stelle stets vorher zu prüfen.

17 **D. Gerichtliche Überprüfung der Datenübermittlung.** Die Datenübermittlung unterliegt grds. der gerichtlichen Überprüfung. Für den Rechtsschutz gegen entsprechende Übermittlungsmaßnahmen gilt § 22 EGGVG mit den darin in Bezug genommenen Vorschriften.

18 Wenn die Übermittlung personenbezogener Daten in speziellen Verfahrensvorschriften der übermittelnden Stelle geregelt ist, richtet sich der Rechtsschutz primär nach den Vorschriften, die das Verfahren der übermittelnden Stelle regeln. Bei Gerichten, die den Verfahrensvorschriften des FamFG unterliegen und im Rahmen eines solchen Verfahrens personenbezogene Daten übermitteln, dürfte danach der Rechtsschutz nach dem FamFG gelten.

19 Wenn für (andere) Gerichte oder Behörden eine die Übermittlung betreffende bereichsspezifische Verfahrensregelung fehlt, was vielfach der Fall sein wird, so richtet sich der Rechtsschutz – wie aus § 22 Abs. 1 Satz 1 EGGVG folgt – nach §§ 22 Abs. 2 und 3, 23 bis 30 EGGVG. Dies gilt unabhängig davon, ob die Datenübermittlung zwingend vorgesehen oder nur fakultativ ist und dass sie mangels Regelungscharakters kein Justizverwaltungsakt ist (vgl. Kissel/*Mayer* GVG § 22 EGGVG Rn. 1; KK/*Mayer* StPO § 22 EGGVG Rn. 1).

20 Der durch die Übermittlung seiner Daten Betroffene wird – jedenfalls in den meisten Fällen – erst Kenntnis von der Übermittlung seiner Daten erhalten, wenn tatsächlich Maßnahmen des Familiengerichts oder Betreuungsgerichts gegen ihn eingeleitet worden sind. Es greift dann eine Zuständigkeitskonzentration unter der Voraussetzung ein, dass der Datenempfänger aufgrund der übermittelten Daten eine Entscheidung oder andere Maßnahme getroffen und dies dem durch die Datenübermittlung Betroffenen bekannt gegeben hat, bevor dieser einen Antrag auf gerichtliche Entscheidung gestellt hat. Die gerichtliche Überprüfung der Rechtmäßigkeit der Datenübermittlung steht dann nach § 22 Abs. 1 Satz 2 EGGVG ausschließlich dem Gericht zu, das gegen die betreffende Entscheidung oder Maßnahme des Familiengerichts oder Betreuungsgerichts angerufen werden kann (d.h. das OLG oder LG als Beschwerdegericht), und zwar in der dafür jeweils vorgesehenen Verfahrensart. Ein Antrag nach §§ 22 Abs. 2 und 3, 23 bis 30 EGGVG ist dann unzulässig.

Abschnitt 2. Verfahren im ersten Rechtszug

Vorbem. zu §§ 23–37

Übersicht

	Rdn.		Rdn.
A. Vorbemerkung........................	1	D. Verfahrensgegenstand	28
B. Verfahrensarten (Grundlagen)	3	I. Bedeutung.......................	28
C. Verfahrensvoraussetzungen (Sachentscheidungsvoraussetzungen).................	10	II. Bestimmung des Verfahrensgegenstandes.	35

A. Vorbemerkung. Das FamFG betrifft eine Vielzahl ganz unterschiedlicher Verfahren in den verschiedenen Regelungsbereichen mit ganz verschiedenartigen Materien. Genannt seien hier nur beispielhaft Verfahren in Familiensachen, in Registersachen, in Landwirtschaftssachen und Verfahren in Freiheitsentziehungssachen, was die Verschiedenartigkeit der Regelungsmaterien aufscheinen lässt. Für alle Verfahren der freiwilligen Gerichtsbarkeit lassen sich allgemeine Grundsätze festhalten, wie sie oben (Einleitung FamFG Rdn. 15 ff.) dargestellt worden sind. 1

Das **Verfahrensrecht erster Instanz** (§§ 23 bis 37) beschränkt sich – diese Beschränkung folgt zwangsläufig aus der großen Verschiedenartigkeit seines Anwendungsbereichs – auf allgemein gehaltene Verfahrensregelungen, die ergänzt werden durch spezielle verfahrensrechtliche Ausgestaltungen in den jeweiligen speziellen Regelungsbereichen. Das allgemeine Verfahrensrecht erster Instanz lässt dem Rechtsanwender (Richter/Rechtspfleger, Rechtsanwalt, Notar) erhebliche Spielräume der Verfahrensgestaltung und lässt ein flexibles Vorgehen nach den jeweiligen fallspezifischen Erfordernissen zu.

Für den Rechtsanwender bedeutet dies, dass im Verfahrensrecht stets zunächst von den **besonderen Verfahrensvorschriften in den einzelnen speziellen Regelungsbereichen** auszugehen ist, die **Vorrang** vor den Regelungen des Allgemeinen Teils haben. Die Vorschriften der einzelnen Regelungsbereiche bestimmen auch die Art der Verfahrenseinleitung, beeinflussen die Anwendung der allgemeinen Vorschriften über das Verfahren erster Instanz und enthalten Vorgaben für die Anwendung des allgemeinen Rechts, etwa hinsichtlich der Beweisaufnahme (z.B. für die förmliche Beweisaufnahme in § 30 Abs. 2) und hinsichtlich der persönlichen Anhörung (§ 34 Abs. 1 Nr. 2). 2

Zu beachten ist auch, dass nicht in allen Bereichen des FamFG die Regelungen des Allgemeinen Teils und über das Verfahren im ersten Rechtszug anwendbar sind und teilweise durch Sondervorschriften oder Regelungen der ZPO verdrängt werden. Zu nennen ist hier insb. der bedeutende Bereich der Ehesachen und Familienstreitsachen (vgl. § 113 Abs. 1).

B. Verfahrensarten (Grundlagen). Das **Recht und die Pflicht zur Einleitung eines Verfahrens** wird nicht durch das allgemeine Verfahrensrecht vorgegeben, sondern folgt aus den Vorschriften in den einzelnen speziellen Regelungsbereichen (ob es dabei stets um materielles Recht geht, wie in der Begr. RegE – BT-Drucks. 16/6308, 185 – angenommen wird, mag dahinstehen). Entsprechend den Grundsätzen, von denen im RegE ausgegangen worden ist (BT-Drucks. 16/6308, 185), sind im Wesentlichen vier Möglichkeiten der Verfahrenseinleitung zu unterscheiden: 3

1. Eine Art der Verfahren ist dadurch geprägt, dass das Verfahren vom Gericht **von Amts wegen eingeleitet** wird und die Tatsachengrundlage für die Verfahrenseinleitung und Entscheidung vom Gericht **von Amts wegen ermittelt** wird. Als Beispiel hierfür wird in der Begr. des RegE (BT-Drucks. 16/6308, 185) das Verfahren der Löschung im Register nach § 421 Abs. 1 des seinerzeitigen Entwurfs (nunmehr § 395 Abs. 1) genannt. 4

    Das Gericht hat hier von Amts wegen tätig zu werden, sobald es von irgendwelchen Tatsachen erfährt, die ein Einschreiten rechtfertigen oder gebieten (**Amtsverfahren, Offizialmaxime**). Es hat auch das Verfahren von Amts wegen weiter in Gang zu halten und fortzuführen (**Amtsbetrieb**).

    Die Tatsachen, die dem Einschreiten, aber auch einer evtl. späteren Entscheidung zugrunde liegen, werden von Amts wegen ermittelt (**Grundsatz der Amtsermittlung** gem. § 26).

2. Eine andere Verfahrensart ist dadurch geprägt, dass das Verfahren durch Antrag eines Beteiligten eingeleitet wird (**Antragsverfahren**), die Sachverhaltsgrundlagen des Verfahrens und einer eventuellen Entscheidung jedoch vom Gericht von Amts wegen ermittelt werden (**Amtsermittlung**). Den Beteiligten 5

kommt dabei lediglich die Möglichkeit und ggf. auch die Verpflichtung zu (vgl. § 27 Abs. 1), an der Sachverhaltsermittlung, die in den Händen des Gerichts liegt, mitzuwirken. Als Beispiele hierfür werden in der Begr. des RegE (BT-Drucks. 16/6308, 185) das Erbscheinsverfahren und das Verfahren der Registereintragung genannt.

Innerhalb der Antragsverfahren bilden die sog. **echten Streitsachen** eine Sonderkategorie. Darunter fallen die Antragsverfahren, in denen sich Beteiligte mit unterschiedlichen Interessen wie in einem Zivil- oder Verwaltungsprozess gegenüberstehen (zum Begriff vgl. BGH NJW 2001, 2181; MüKoZPO/*Ulrici* Vor §§ 23 ff. FamFG Rn. 3 f.). In **echten Streitsachen des Privatrechts** geht es um subjektive private Rechte zwischen Verfahrensbeteiligten, diese können über den Verfahrensgegenstand regelmäßig verfügen und die Entscheidungen des Gerichts erwachsen wie in einem Zivilprozess in materieller Rechtskraft. In solchen Verfahren werden – soweit das FamFG Fragen des Verfahrens nicht regelt – wegen der strukturellen Gemeinsamkeiten mit dem Zivilprozess vielfach die Vorschriften der ZPO analog anzuwenden sein.

In **öffentlich-rechtlichen Streitverfahren** betrifft der Verfahrensgegenstand ein öffentlich-rechtliches Rechtsverhältnis zwischen einem Beteiligten und einem Verwaltungsträger, über das das Gericht rechtskräftig entscheidet. Das Verfahren entspricht in wesentlichen Elementen einem Verwaltungsprozess. Hierzu gehören etwa Streitigkeiten über Justizverwaltungsakte gem. §§ 23 ff. EGGVG, Verfahren nach §§ 22 GrdstVG, 10 RSG.

6 3. Eine weitere Verfahrensart ist dadurch gekennzeichnet, dass das Gesetz eine **Verfahrenseinleitung sowohl von Amts wegen als auch auf Antrag eines Beteiligten** vorsieht, wie bspw. in § 1896 Abs. 1 BGB (Bestellung eines Betreuers). Die tatsächlichen Grundlagen für dieses Verfahren und die zu treffende Entscheidung werden auch hier vom Gericht durch Ermittlung von Amts wegen (§ 26) beschafft. Diese Verfahren sind, soweit es um die Einschränkung der Dispositionsbefugnis des Antragstellers geht, den Amtsverfahren zuzuordnen. Bei einer Einleitung eines solchen Verfahrens aufgrund Antrags kann das Gericht ggf. das Verfahren weiterführen, auch wenn der Antragsteller daran nicht (mehr) interessiert ist oder gar erklärt hat, den Antrag zurücknehmen zu wollen (vgl. z.B. BayObLGZ 1961, 317, 319).

7 4. Schließlich sind Verfahren zu nennen, die auf Antrag eines Beteiligten eingeleitet werden, also **Antragsverfahren** sind, bei denen es aber auch einem oder mehreren Beteiligten obliegt, die tatsächlichen Grundlagen des Verfahrens und einer möglichen Entscheidung ganz oder teilweise beizubringen (**Beibringungsgrundsatz**), ggf. in bestimmter Form. Die Begr. des RegE nennt als Beispiel das Verfahren der Grundbucheintragung nach §§ 13, 19 GBO. Hier wird zumindest in weiten Teilbereichen Amtsermittlung des Gerichts durch die Verpflichtung der Beteiligten zur Vorlage entsprechender Unterlagen (in notarieller Beurkundung oder Beglaubigung) ersetzt.

8 Das erstinstanzliche Verfahren der freiwilligen Gerichtsbarkeit wird durch die Unterschiede in den dargestellten Verfahrensarten maßgebend bestimmt.

9 Von wesentlicher Bedeutung für die Verfahrenseinleitung ist die Unterscheidung zwischen Antrags- und Amtsverfahren. Für Antragsverfahren sind insb. § 23 über den verfahrenseinleitenden Antrag und § 25 hinsichtlich einer Antragstellung zur Niederschrift der Geschäftsstelle von Bedeutung. § 24 betrifft das Verfahren von Amts wegen.

10 **C. Verfahrensvoraussetzungen (Sachentscheidungsvoraussetzungen).** Wegen der Vielgestaltigkeit der Verfahren nach dem FamFG ist es nicht möglich, die Verfahrensvoraussetzungen, die für die einzelnen Verfahren und eine dort zu treffende Sachentscheidung gelten, generell mit dem Anspruch auf Vollständigkeit zu benennen. Es wird zwischen besonderen Verfahrensvoraussetzungen, die speziell für einzelne Verfahren zu beachten sind, und allgemeinen Verfahrensvoraussetzungen zu unterscheiden sein.

Besonderen Verfahrensvoraussetzungen können sich aus speziellen Regelungen für einzelne Verfahren ergeben (etwa Voraussetzungen für die Statthaftigkeit eines Verfahrensantrags, Bestimmungen zur Antragsbefugnis); sie enthalten weitere, zusätzliche Voraussetzungen für das Verfahren und die hier zu treffende Sachentscheidung, sie ergänzen die allgemeinen Verfahrensvoraussetzungen und gehen diesen ggf. vor.

11 Als **allgemeine Verfahrensvoraussetzungen**, die regelmäßig in Verfahren der freiwilligen Gerichtsbarkeit erfüllt sein müssen, sind anzuführen:

12 (1) **Internationale Zuständigkeit** der deutschen Gerichtsbarkeit
Vgl. dazu §§ 98 ff. und die dortige Kommentierung.

(2) Rechtswegzuständigkeit 13
Es muss der Rechtsweg zu den ordentlichen Gerichten gegeben sein, d.h. hier, es muss sich um eine Familiensache oder eine andere Sache der freiwilligen Gerichtsbarkeit handeln (§ 13 GVG). Fehlt die Rechtswegzuständigkeit, ist von Amts wegen eine Verweisung nach § 17a Abs. 2 GVG vorzunehmen. Vgl. i.Ü. § 1 Rdn. 29 ff.

(3) Örtliche Zuständigkeit (§ 2) 14
Nur das auch örtlich zuständige Gericht ist zur Entscheidung berufen. Allein der Mangel fehlender örtlicher Zuständigkeit führt allerdings nicht zur Unwirksamkeit der gerichtlichen Handlung (§ 2 Abs. 3; vgl. dort Rdn. 8 ff.). § 2 trifft allgemeine Regelungen zur örtlichen Zuständigkeit, legt selbst jedoch nicht fest, welches Gericht örtlich zuständig ist. Dies ergibt sich aus den jeweiligen speziellen Regelungen zu den einzelnen Verfahren (vgl. auch § 2 Rdn. 1 ff.).

(4) Sachliche und funktionelle Zuständigkeit 15
Vgl. dazu § 1 Rdn. 41 und 47.

(5) Beteiligtenfähigkeit (§ 8) 16
Vgl. dazu § 8 Rdn. 1 ff.

(6) Verfahrensfähigkeit (§ 9) 17
Vgl. dazu § 9 Rdn. 1 ff., 39 f.

(7) Statthaftigkeit des Antrags (in Antragsverfahren), Verfahrenseinleitung in Amtsverfahren 18
Ob und ggf. unter welchen Voraussetzungen ein Antragsverfahren gegeben und ein Antrag statthaft ist, ergibt sich aus den für die einzelnen Verfahren geltenden Vorschriften im FamFG oder in anderen Gesetzes (vgl. dazu die Übersicht in § 23 Rdn. 7 f.).
Die Voraussetzungen für die Verfahrenseinleitung eines Amtsverfahrens werden durch das jeweils anwendbare spezielle (materielle) Recht bestimmt. Das zuständige Gericht hat von Amts wegen ein Verfahren einzuleiten und Ermittlungen aufzunehmen, wenn es von Tatsachen Kenntnis erlangt, die ein Einschreiten erfordern oder erfordern können (vgl. § 24 Rdn. 2 f.).

(8) Ordnungsgemäße Antragstellung (§§ 23, 25) und **Antragsberechtigung** (in Antragsverfahren) 19
Diese Erfordernisse gelten nur für Antragsverfahren. Wegen der formellen Voraussetzungen eines verfahrenseinleitenden Antrags und der Rechtsfolgen bei Antragsmängeln vgl. § 23 Rdn. 14 ff., 35 ff. sowie § 25 Rdn. 10 ff. Zur Antragsberechtigung und den ggf. erforderlichen Voraussetzungen einer Verfahrensstandschaft vgl. § 23 Rdn. 41 ff.

(9) Evtl. Antragsfrist (in Antragsverfahren) 20
Vgl. dazu § 23 Rdn. 50 ff.

(10) Evtl. Vollmacht oder gesetzliche Vertretung (des Antragstellers) 21
In Fällen der Vertretung zu beachten (vgl. dazu §§ 10 Abs. 2 bis 5, 11 sowie § 9 Abs. 2 und 3).

(11) Rechtsschutzbedürfnis 22
In jedem Verfahrensstadium eines Antragsverfahrens ist auch von Amts wegen zu prüfen, ob ein gerechtfertigtes Interesse des Antragstellers an der beantragten Entscheidung besteht. Wenn ein Antragsverfahren gegeben und der Antrag statthaft ist, wird regelmäßig auch das Rechtsschutzbedürfnis vorhanden sein. Es kann jedoch fehlen, wenn ein billigerer und/oder einfacherer Weg zur Erreichung des Rechtsschutzziels besteht, das Verfahren zweckwidrig eingesetzt wird oder sonst missbräuchlich erscheint.
Bei Feststellungsanträgen, die auch in Verfahren der freiwilligen Gerichtsbarkeit grds. in Betracht kommen können, ist als besondere Ausprägung des Rechtsschutzbedürfnisses ein entsprechendes **Feststellungsinteresse** erforderlich (vgl. § 23 Rdn. 67).

(12) Fehlen anderweitiger Anhängigkeit des Verfahrens 23
Auch im Bereich der freiwilligen Gerichtsbarkeit gilt der Grundsatz, dass ein Verfahren unzulässig ist, wenn und solange ein anderes Gericht bereits mit demselben Verfahrensgegenstand befasst ist (vgl. MüKoZPO/ *Ulrici* Vor §§ 23 ff. FamFG Rn. 37). In echten Streitsachen ist dies aus einer entsprechenden Anwendung der zivilprozessrechtlichen Grundsätze der Rechtshängigkeit abzuleiten. I.Ü. folgt dies jedenfalls aus dem Gesichtspunkt der Prozessökonomie und vor allem aus der Zuständigkeitsregelung in § 2 Abs. 1, wonach unter mehreren örtlich zuständigen Gerichten das Gericht zuständig sein soll, das zuerst mit der Angelegenheit befasst ist.

(13) Fehlen entgegenstehender Rechtskraft einer anderweitigen Entscheidung 24
Die materielle Rechtskraft einer anderweitigen Entscheidung, soweit eine solche besteht (vgl. zur insoweit bestr. Problematik § 45 Rdn. 2), steht einem neuen Verfahren mit demselben Verfahrensgegenstand grds.

entgegen und schließt eine abweichende Entscheidung aus (dies gilt selbstverständlich nicht, wenn die rechtskräftige Entscheidung nur Vorfragen des neuen Verfahrens betrifft und nur insoweit bindet.)

25 **(14) Entgegenstehende Einrede der Schiedsgerichtsbarkeit**
Die Einrede der Schiedsgerichtsbarkeit wird in Verfahren der freiwilligen Gerichtsbarkeit nur ausnahmsweise relevant. Schiedsfähigkeit i.S.d. § 1030 Abs. 1 ZPO kann bei echten Streitigkeiten der freiwilligen Gerichtsbarkeit sowie allgemein in solchen Verfahren in Betracht kommen, in denen die Beteiligten über den Verfahrensgegenstand verfügen können (vgl. BGHZ 6, 248, 253; *Prütting*/Helms § 1 FamFG Rn. 16).

26 Auch im Bereich der freiwilligen Gerichtsbarkeit sind die Verfahrensvoraussetzungen (Sachentscheidungsvoraussetzungen) grds. vor der Begründetheit eines Antrags oder einer von Amts wegen vorzunehmenden Maßnahme zu prüfen. Die Verfahrensvoraussetzungen müssen grds. in jeder Lage des Verfahrens (auch in der Rechtsmittelinstanz) vorliegen; sie sind von Amts wegen zu prüfen.
Wie im Zivilprozess werden jedoch Rechtsschutzbedürfnis und Feststellungsinteresse offenbleiben können, wenn der Antrag als unbegründet abzuweisen ist (vgl. dazu BGH NJW 1978, 2031, 2032; 1987, 2808, 2809; *Musielak*/*Foerste* vor § 253 ZPO Rn. 12).

27 Bei (5), (6) und (10) handelt es sich um Voraussetzungen, die vorliegen müssen, damit eine zulässige und wirksame Verfahrenshandlung, etwa eine wirksame Antragstellung, anzunehmen ist (**Verfahrenshandlungsvoraussetzungen**).

28 **D. Verfahrensgegenstand. I. Bedeutung.** Im Bereich der freiwilligen Gerichtsbarkeit sind – ebenso wie im Zivilprozess – die Bestimmung des Streitgegenstandes bzw. des Verfahrensgegenstandes und die Abgrenzung zu anderen, weiteren oder neuen Verfahrensgegenständen von Bedeutung. Im FamFG finden sich die Begriffe »Verfahrensgegenstand« und »Gegenstand des Verfahrens« mehrfach (vgl. §§ 9 Abs. 1 Nr. 2, 36 Abs. 1, 38 Abs. 1, 86 Abs. 1 Nr. 3, 96 Abs. 2, 158 Abs. 4, 276 Abs. 1 Nr. 2, 298 Abs. 2). Die Begriffe werden in den genannten Vorschriften als bekannt vorausgesetzt, teilweise werden darin Regelungen für bestimmte Verfahrensgegenstände getroffen (vgl. §§ 276 Abs. 1 Nr. 2, 298 Abs. 2). In § 38 Abs. 1 wird der Begriff der »Endentscheidung« definiert als eine gerichtliche Entscheidung, die den Verfahrensgegenstand ganz oder teilweise erledigt. Über den Begriff der »Endentscheidung« ist der Verfahrensgegenstand mittelbar auch für die Entscheidungsform des Beschlusses (§ 38 Abs. 1) und die bei Endentscheidungen gegebene Beschwerde (§ 58 Abs. 1) von Bedeutung. Eine Definition des Verfahrensgegenstandes selbst oder Kriterien für die Bestimmung des Verfahrensgegenstandes gibt das Gesetz nicht vor, ebenso wie auch die ZPO keine konkreten Vorgaben zum Streitgegenstand enthält. Der Verfahrensgegenstand ist nicht nur für die oben genannten Regelungen relevant, sondern auch für eine Reihe weiterer Rechtsfragen.

29 So ist auf den Verfahrensgegenstand zurückzugreifen für die **Bestimmung des Beteiligten** nach § 7 Abs. 2 Nr. 1. Nach dieser Vorschrift sind als Beteiligte hinzuziehen diejenigen, deren Recht durch das Verfahren unmittelbar betroffen wird. Die Feststellung der Betroffenheit hängt vom jeweiligen Verfahrensgegenstand ab.

30 Wie zuvor dargestellt (Rdn. 23), ist ein Verfahren unzulässig, soweit und solange ein entsprechendes Verfahren bereits anderweitig anhängig ist. Die **anderweitige Anhängigkeit** setzt voraus, dass das andere, bereits anhängige Verfahren denselben Verfahrensgegenstand betrifft. In diesem Zusammenhang steht auch die Regelung des § 2 Abs. 1, wonach unter **mehreren örtlich zuständigen Gerichten** das Gericht zuständig ist, das zuerst mit der Angelegenheit befasst ist. Als »Angelegenheit« ist hier letztlich der Verfahrensgegenstand zu verstehen.

31 Die Reichweite der **materiellen Rechtskraft** (soweit eine solche im Bereich der freiwilligen Gerichtsbarkeit in Betracht kommt, vgl. § 45 Rdn. 2) wird entscheidend durch den Verfahrensgegenstand der rechtskräftigen Entscheidung bestimmt. Ein neues Verfahren mit demselben Verfahrensgegenstand, über den bereits rechtskräftig entschieden worden ist, ist grds. ausgeschlossen. Jedenfalls ist eine davon abweichende neue Entscheidung unzulässig. Der Verfahrensgegenstand steckt auch i.Ü. die Bindungswirkung der materiellen Rechtskraft (in ihrer objektiven Wirkung und Begrenzung) ab. Dies ist etwa relevant, soweit der Verfahrensgegenstand, über den rechtskräftig entschieden worden ist, in einem anderen von denselben Beteiligten geführten Verfahren präjudizielle Bedeutung hat.

32 Weiterhin kann der Verfahrensgegenstand – wie der Streitgegenstand im Zivilprozess für die Klageänderung und Klagehäufung – relevant sein für eine **Antragsänderung**, **Antragserweiterung** und eine (objektive) **Antragshäufung** (vgl. dazu auch § 23 Rdn. 73 ff.). Es stellt sich in Antragsverfahren die Frage, inwieweit bei Änderungen und Erweiterungen des vom Antragsteller herangezogenen Sachverhalts Regelungen und Beschränkungen, die für die Antragsänderung und Antragshäufung gelten, heranzuziehen sind. Die ent-

sprechende Frage kann sich evtl. auch bei einer anderen, nicht mit einer Antragsänderung einhergehenden Änderung des Rechtsschutzziels des Antragstellers stellen. Die hier vorhandenen Sachfragen werden angemessen und sachgerecht nicht allein durch eine bestimmte Definition des Verfahrensgegenstandes und mit darin liegenden rein begriffskonstruktiven Erwägungen zu lösen sein. Andererseits liegt es nahe (zumindest in Antragsverfahren), auf Konstruktionen und dogmatische Figuren des Zivilprozessrechts zurückzugreifen – die (objektive) Klageänderung wird dort als Änderung des Streitgegenstandes und die objektive Klagehäufung als Kumulierung mehrerer Streitgegenstände verstanden (vgl. Zöller/*Greger* § 263 ZPO Rn. 2, 7; § 260 ZPO Rn. 1) – und die dort geltenden Regelungen analog anzuwenden. Dies gilt insb. vor dem Hintergrund, dass das FamFG zu den hier angesprochenen Fragen keine oder zumindest kaum normative Vorgaben enthält. In Amtsverfahren haben die angesprochenen Fragen wegen der hier vorhandenen Dispositionsbefugnis des Gerichts (vgl. dazu § 24 Rdn. 7 f.) wohl keine oder nur geringe Bedeutung.

Weiterhin ist eine **Verfahrenstrennung** nur möglich, wenn der abgetrennte und der verbliebene Teil jeweils selbstständige Verfahrensgegenstände bilden können (vgl. § 20 Rdn. 7). Dagegen ist die Verfahrensverbindung insoweit unproblematisch; der Umstand der zunächst vorhanden gewesenen mehreren selbstständigen Verfahren spricht für eine Mehrheit von Verfahrensgegenständen. **33**

Schießlich ist die Bestimmung des Verfahrensgegenstandes auch für das **Beschwerdeverfahren** von erheblicher Bedeutung. So wird der Gegenstand des Beschwerdeverfahrens bestimmt durch den Verfahrensgegenstand erster Instanz und die Anträge der Parteien. Eine Änderung des Verfahrensgegenstandes im Beschwerdeverfahren ist nur noch eingeschränkt möglich und in der Rechtsbeschwerdeinstanz grds. unzulässig. Wegen der Einzelheiten vgl. § 69 Rdn. 2 ff., § 74 Rdn. 6. **34**

II. Bestimmung des Verfahrensgegenstandes. Die Strukturunterschiede zwischen Amts- und Antragsverfahren legen es nahe, auch bei Bestimmung des Verfahrensgegenstandes zwischen Amts- und Antragsverfahren zu unterscheiden. Die Sachnähe des Antragsverfahrens zu den zivilprozessualen Streitigkeiten und die Gemeinsamkeiten mit diesen sprechen dafür, zivilprozessrechtliche Grundsätze des Streitgegenstandes auch für die Antragsverfahren der freiwilligen Gerichtsbarkeit fruchtbar zu machen, während sich dies für die Amtsverfahren nicht ohne Weiteres aufdrängt. **35**

Unterschiede zwischen Amts- und Antragsverfahren ergeben sich jedenfalls in der **Zuständigkeit für die Bestimmung des Verfahrensgegenstandes.** In den Antragsverfahren bestimmt den Verfahrensgegenstand der Antragsteller mit seinem verfahrenseinleitenden Antrag und ggf. seinem Sachantrag. Bei dem Amtsverfahren liegt hingegen die Initiative und Befugnis zur Bestimmung des Verfahrensgegenstandes beim Gericht (vgl. MüKoZPO/*Ulrici* Vor §§ 23 ff. FamFG Rn. 33 f., der allerdings Unterschiede zwischen Amts- und Antragsverfahren nur bei der Zuständigkeit für die Bestimmung des Verfahrensgegenstandes, nicht aber hinsichtlich der ihn kennzeichnenden Merkmale annimmt).

Für **Antragsverfahren** ist in der Rspr. angenommen worden, dass der Verfahrensgegenstand, über den das Gericht zu entscheiden hat, (allein) durch den Antrag und die darin zum Ausdruck kommende Festlegung des Rechtsschutzzieles bestimmt wird (vgl. BayObLG FamRZ 1984, 201, 201; NJW-RR 1998, 798, 799; BayObLGZ 1994, 378, 380; ebenso Bork/*Jacoby*/Schwab § 23 FamFG Rn. 8; Prütting/Helms/*Ahn-Roth* § 23 FamFG Rn. 2 f.). Nach anderer Auffassung soll in Antragsverfahren, aber ebenso in Amtsverfahren, auch der herangezogene Sachverhalt zur Bestimmung des Verfahrensgegenstandes dienen. Insoweit sollen die gleichen Grundsätze gelten wie im Zivilprozess nach dem zweigliedrigen Streitgegenstandsbegriff (vgl. MüKoZPO/*Ulrici* Vor §§ 23 ff. FamFG Rn. 33 f.). **36**

Nach hier vertretene Auffassung wird zu differenzieren sein. **37**

Im Zivilprozess bedarf es für die Bestimmung des Streitgegenstandes neben dem Antrag der Heranziehung des Sachverhalts (Klagegrundes) vor allem dann bzw. nur dann, wenn allein die Heranziehung des Klageantrags und des darin zum Ausdruck kommenden Begehrens Unklarheiten, eine Unbestimmtheit oder Verwechselungsmöglichkeiten schaffen würde. Bei einer Klage mit dem Antrag, den Beklagten zur Zahlung von 10.000 € zu verurteilen, muss geklärt sein, ob die 10.000 € aus einem Kaufvertrag vom 02.05., einer Rückzahlung eines am 01.10. gewährten Darlehens oder aufgrund eines anderen Sachverhalts begehrt werden. Wenn der Klageantrag das Objekt des Rechtsschutzbegehrens (nach Einschätzung des Rechtsverkehrs) nicht hinreichend eindeutig erfasst, bedarf es neben dem Klageantrag weiterer Kriterien zur Festlegung des Streitgegenstandes. Nach dem in der ZPO herrschenden zweigliedrigen Streitgegenstandsbegriff soll dies der Sachverhalt (Klagegrund) sein, auf den das im Antrag zum Ausdruck kommende Begehren gestützt wird. Nicht in allen Verfahren der freiwilligen Gerichtsbarkeit besteht ein gleichartiges Bedürfnis für eine weitere Eingrenzung des Verfahrensgegenstandes mit einer über den Antrag hinausgehenden Festlegung. So

§ 23 Buch 1. Allgemeiner Teil

wird etwa bei einer Notbestellung eines Vereinsvorstandes (§ 29 BGB) der Verfahrensgegenstand durch den Antrag hinreichend und zweifelsfrei bestimmt. Gleiches dürfte auch bei vielen Maßnahmen gelten, die das FamG oder Nachlassgericht auf entsprechenden Antrag eines Beteiligten treffen soll (z.B. nach §§ 113 Abs. 3, 1308 Abs. 2, 2216 Abs. 2 BGB).

38 Wenn es jedoch in Verfahren der freiwilligen Gerichtsbarkeit über den Antrag hinaus zur Vermeidung von Unklarheiten hinsichtlich des Gegenstandes des Rechtsschutzbegehrens einer weiteren Festlegung bedarf, ist es erforderlich und sachgerecht, wie im Zivilprozess auf den Sachverhalt zurückzugreifen, auf den das Begehren gestützt wird. Wenn etwa ein Antragsteller vor dem Landwirtschaftsgericht im Verfahren der freiwilligen Gerichtsbarkeit (§ 9 LwVG) Nachabfindungsansprüche nach § 13 HöfeO i.H.v. 20.000 € geltend macht, muss – ebenso wie bei einer Zahlungsklage im Zivilprozess – bestimmt sein, aus welchem Sachverhalt die Zahlung begehrt wird, etwa aus einem Grundstücksverkauf des Hoferben am 01.07., einer Veräußerung der Milchquote am 01.05. oder einem andern Vorgang. Gleiches wird auch in anderen Antragsverfahren der freiwilligen Gerichtsbarkeit zu gelten haben, in denen es um Zahlungsansprüche geht.

Danach ist festzuhalten, dass der Verfahrensgegenstand in Antragsverfahren der freiwilligen Gerichtsbarkeit durch den Antragsteller bestimmt wird, und zwar grds. allein durch seinen Antrag, und dass nur bei sonst verbleibenden Unklarheiten ergänzend der Lebenssachverhalt heranzuziehen ist, auf den das Begehren des Antragstellers gestützt wird.

39 In **Amtsverfahren** wird die Festlegung des Verfahrensgegenstandes von geringerer Bedeutung als in Antragsverfahren, aber nicht bedeutungslos sein. Dem Gericht kommt in solchen Verfahren eine weitgehende Dispositionsfreiheit zu mit der Möglichkeit, den Gegenstand des Verfahrens und seiner Ermittlungen zu bestimmen und ggf. auch zu ändern. Den Verfahrensgegenstand bestimmt in Amtsverfahren das Gericht durch seine Initiative (vgl. Bork/*Jacoby*/Schwab § 24 FamFG Rn. 4; Keidel/*Sternal* § 24 FamFG Rn. 3). Vom Gericht wird das **Verfahrensziel und damit der Verfahrensgegenstand** ausdrücklich oder konkludent **durch eine nach außen erkennbar gemachte Maßnahme oder Prüfung** bestimmt. Dies kann z.B. geschehen durch Anhörung von Beteiligten und Beschreibung des Gegenstandes der Anhörung, durch Ermittlungsmaßnahmen des Gerichts bzw. Maßnahmen der Beweiserhebung, die das Verfahrensziel erkennen lassen, durch Erlass einer einstweiligen Anordnung und schließlich auch durch einen Aktenvermerk, in dem Gründe und Verfahrensziel eines einzuleitenden Verfahrens festgehalten werden. Zur Auslegung des so vom Gericht bestimmten Verfahrensgegenstandes und -zieles wird ergänzend auf das materielle Recht zurückzugreifen sein, das die Grundlage des jeweiligen gerichtlichen Amtsverfahrens darstellt, die Notwendigkeit und Befugnis der Verfahrenseinleitung bestimmt und auch Zweck sowie Verfahrensziel des jeweiligen Amtsverfahrens vorgibt (ebenfalls für Berücksichtigung der Vorgaben des materiellen Rechts MüKoZPO/*Ulrici* Vor §§ 23 ff. FamFG Rn. 34 a.E.). So wird etwa bei Einleitung einer Prüfung sorgerechtlicher Maßnahmen hinsichtlich des Kindes X der Gegenstand des Verfahrens mit seinem Umfang und seinen Grenzen gerichtlicher Prüfung und Maßnahmen maßgebend durch § 1666 BGB vorgegeben. Das jeweils anwendbare materielle Recht gibt dem Gericht regelmäßig auch die Befugnis, im eingeleiteten Verfahren den Umfang der Prüfung und ggf. den nach obigen Grundsätzen selbst bestimmten Verfahrensgegenstand zu ändern, ihn zu beschränken oder ggf. zu erweitern. Dies gilt jedenfalls für das Verfahren erster Instanz (zu den Besonderheiten des Beschwerdeverfahrens vgl. § 69 Rdn. 3 ff.).

40 Demgegenüber dürfte in Amtsverfahren der zugrunde liegende Sachverhalt für die Bestimmung des Verfahrensgegenstandes keine maßgebende Bedeutung haben (a.A. MüKoZPO/*Ulrici* Vor §§ 23 ff. FamFG Rn. 34 f.). Der Umfang gerichtlicher Prüfung wird in Amtsverfahren regelmäßig nicht auf einen begrenzten Sachverhalt festzulegen sein; vielmehr wird der Umfang der gerichtlichen Sachprüfung und Ermittlung durch das Verfahrensziel bestimmt, das letztlich durch die materielle Rechtsgrundlage vorgegeben wird.

§ 23 Verfahrenseinleitender Antrag. (1) ¹Ein verfahrenseinleitender Antrag soll begründet werden. ²In dem Antrag sollen die zur Begründung dienenden Tatsachen und Beweismittel angegeben sowie die Personen benannt werden, die als Beteiligte in Betracht kommen. ³Der Antrag soll in geeigneten Fällen die Angabe enthalten, ob der Antragstellung der Versuch einer Mediation oder eines anderen Verfahrens der außergerichtlichen Konfliktbeilegung vorausgegangen ist, sowie eine Äußerung dazu, ob einem solchen Verfahren Gründe entgegenstehen. ⁴Urkunden, auf die Bezug genommen wird, sollen in Urschrift oder Abschrift beigefügt werden. ⁵Der Antrag soll von dem Antragsteller oder seinem Bevollmächtigten unterschrieben werden.

(2) Das Gericht soll den Antrag an die übrigen Beteiligten übermitteln.

Übersicht

	Rdn.		Rdn.
A. Allgemeines	1	III. Antragsberechtigung	41
B. Verfahrenseinleitung durch Antrag eines Beteiligten	4	IV. Antragsfrist	50
I. Antragsverfahren	4	V. Verzicht und Verwirkung des Antragsrechts, Rechtsschutzbedürfnis	57
1. Erfordernis eines Antrags	4	C. Übermittlung des verfahrenseinleitenden Antrags an die übrigen Beteiligten	59
2. Antrag als notwendige Verfahrensvoraussetzung	10	D. Sachantrag	61
II. Formelle Vorgaben für den verfahrenseinleitenden Antrag (Abs. 1)	14	I. Funktion und Erforderlichkeit des Sachantrags	61
1. Notwendiger Inhalt eines verfahrenseinleitenden Antrags	14	II. Antragsarten	67
2. Antragsbegründung (Abs. 1 Satz 1)	16	III. Antragshäufung, -erweiterung und -änderung	73
3. Sollangaben nach Abs. 1 Satz 2 bis 4	22	E. Zu den Kosten erstinstanzlicher Antragsverfahren	78
4. Unterzeichnung des Antrags (Abs. 1 Satz 5)	28	I. Gerichtskosten	78
5. Zusätzliche und abweichende Anforderungen nach der einschlägigen Antragsnorm	32	II. Rechtsanwaltsgebühren	81
		III. Kostenentscheidung	84
6. Rechtsfolgen bei Antragsmängeln, bei Verstößen gegen »Sollanforderungen« des Abs. 1	35		

A. Allgemeines. Eine dem § 23 entsprechende Regelung über den verfahrenseinleitenden Antrag war im FGG nicht enthalten. 1

§ 23 **gilt grds. für alle Verfahren nach § 1, nicht jedoch für Ehesachen und Familienstreitsachen**, auf welche die ZPO anwendbar ist (vgl. § 113 Abs. 1).

Abs. 1 regelt die grundsätzlichen Anforderungen, die ein verfahrenseinleitender Antrag in einem Antragsverfahren erfüllen soll, ohne die Formanforderungen eindeutig zu Wirksamkeitsvoraussetzungen zu erheben. Abs. 1 Satz 3 ist durch das Gesetz zur Förderung der Mediation und anderer Verfahren der Konfliktbeilegung vom 21.07.2012 (BGBl. I, 1577) eingefügt worden. Abs. 1 bleibt mit seinen »Sollregelungen« hinter den Anforderungen einer Klageschrift im Zivilprozess zurück. 2

Abs. 2 stellt klar, dass der Antrag den anderen Beteiligten zu übersenden ist. Dies soll der Gewährung rechtlichen Gehörs dienen. 3

B. Verfahrenseinleitung durch Antrag eines Beteiligten. I. Antragsverfahren. 1. Erfordernis eines Antrags. Ein Antrag ist in **Antragsverfahren** erforderlich und hierfür gelten die formellen Vorgaben des Abs. 1. 4

Antragsverfahren sind nur solche Verfahren, bei denen das Gesetz bestimmt, dass zur Einleitung des Verfahrens ein Antrag eines Beteiligter erforderlich ist. 5

Ob es dazu einer ausdrücklichen gesetzlichen Regelung bedarf (so zum alten Recht OLG Hamm FamRZ 1982, 94; *Bassenge*/Roth Einl. FGG Rn. 4; KKW/*Schmidt* § 12 FGG Rn. 10) oder das Antragserfordernis auch im Wege der Auslegung herzuleiten ist (*Lindacher* JuS 1978, 577, 578), ist nach altem Recht streitig gewesen. Es muss zumindest eine hinreichend eindeutige gesetzliche Regelung vorhanden sein, aus der – ggf. unter Anwendung der allgemeinen Grundsätze der Gesetzesauslegung – das Erfordernis eines Antrags herzuleiten ist. Die Konstruktion eines (zusätzlichen) Antragserfordernisses im Wege einer Analogie dürfte ausscheiden. Es ist jedenfalls kein Bedürfnis ersichtlich, ein gerichtliches Verfahren, das zumindest von Amts wegen eingeleitet werden könnte, von einem im Gesetz nicht geregelten Antragserfordernis abhängig zu machen. 6

Das **Erfordernis eines Antrags zur Verfahrenseinleitung** kann sich aus dem FamFG (vgl. z.B. §§ 171, 203, 223, 352 ff., 363, 403 Abs. 1, 405 Abs. 1, 417, 434), aber auch aus den das jeweilige Verfahren betreffenden Sonderregelungen in anderen Gesetzen ergeben, die in der Gesamtheit nur schwer zu überblicken sind (vgl. z.B. aus dem **BGB**: §§ 29, 113 Abs. 3, 1303 Abs. 2, 1308 Abs. 2, 1309 Abs. 2, 1315 Abs. 1 Satz 3, 1357 Abs. 2, 1365 Abs. 2, 1369 Abs. 2, 1382 f., 1426, 1430, 1452 Abs. 1, 1507, 1560 f., 1626a Abs. 2, 1630 Abs. 2, 1631 Abs. 3, 1632 Abs. 3, 1671, 1681 Abs. 2, 1682, 1712, 1748 f., 1752 f., 1757 Abs. 4, 1760, 1765 Abs. 2, 1768, 7

1778 Abs. 2, 1961, 1981, 1994, 2003 Abs. 1, 2198 Abs. 2, 2202 Abs. 3, 2216 Abs. 2, 2227, 2331a Abs. 2, 2353, 2368; aus dem **EGGVG**: § 23; aus dem **AktG**: §§ 85 Abs. 1, 98 Abs. 1, 104 Abs. 1, 122 Abs. 3, 132 Abs. 1, 142 Abs. 2, 147 Abs. 2, 258 Abs. 1, 260 Abs. 1, 265 Abs. 3 u. 4; 304 Abs. 3, 305 Abs. 5, 315 Abs. 1, 320b Abs. 2; § 7 Abs. 3 **ErbbauRG**; aus dem **GewSchG**: §§ 1 Abs. 1, 2 Abs. 1; aus dem **GmbHG**: §§ 51b, 66 Abs. 2, 5; aus dem **HGB**: §§ 146 Abs. 2, 147, 166 Abs. 3, 233 Abs. 3, 318 Abs. 3; § 14 Abs. 1 **LwVG**; aus dem **ThUG**: § 5; aus dem **UmwG**: §§ 26 Abs. 1, 34, 70 i.V.m. 26 Abs. 1; 181 Abs. 4, 196 Satz 2, 212). Vgl. auch § 7 Rdn. 8.

8 Das Antragserfordernis gilt durchgängig in den **echten Streitsachen** der freiwilligen Gerichtsbarkeit. Dazu gehören die privatrechtlichen Streitsachen, bei denen es um die Durchsetzung subjektiver Rechte des Privatrechts geht, sich die Beteiligten als Parteien mit gegensätzlichen rechtlichen Interessen – ähnlich wie im Zivilprozess – gegenüberstehen und in denen das Gericht rechtskräftig über subjektive Rechte zwischen den Beteiligten entscheidet (zum Begriff vgl. auch Vorbem. zu §§ 23 bis 37 Rdn. 5). Bei den **öffentlich-rechtlichen Streitsachen der freiwilligen Gerichtsbarkeit** wird über öffentliche Rechte der Verfahrensbeteiligten oder ein öffentlich-rechtliches Rechtsverhältnis gestritten, wobei eine Parallele zum Verwaltungsprozess besteht (z.B. Verfahren nach § 22 GrdstVG, in denen vor dem Landwirtschaftsgericht die Versagung der Grundstücksverkehrsgenehmigung angefochten wird).

9 Auch außerhalb der echten Streitsachen finden sich Verfahren der freiwilligen Gerichtsbarkeit, die durch Antrag eines Beteiligten einzuleiten sind.

10 **2. Antrag als notwendige Verfahrensvoraussetzung.** In den Antragsverfahren ist der Antrag **notwendige Verfahrensvoraussetzung**. Durch den entsprechenden Verfahrensantrag (Eingang bei Gericht) wird das Verfahren eingeleitet und die Sache anhängig (vgl. MüKoZPO/*Ulrici* § 23 FamFG Rn. 43). Mit der Anhängigkeit treten auch evtl. materiellrechtliche Wirkungen ein, die in einem Zivilprozess an die Rechtshängigkeit geknüpft sind.

11 Als Verfahrensvoraussetzung ist ein formell wirksamer Antrag in jeder Lage des Verfahrens von Amts wegen zu prüfen (vgl. BGH FGPrax 2011, 41, 42; BayObLGZ 1997, 77, 78). Ein fehlender Antrag kann im Laufe des Verfahrens, auch noch in der Rechtsbeschwerdeinstanz, nachgeholt werden (vgl. BayObLG NJW-RR 1998, 727, 728; BayObLGZ 1995, 383, 386). Dementsprechend ist auch bei einem fehlerhaften, unzulässigen Antrag, worauf das Gericht hinzuweisen hat (vgl. Keidel/*Sternal* § 23 FamFG Rn. 12), eine Heilung (mit ex-nunc-Wirkung) durch Nachholung eines wirksamen Antrags möglich.

12 Das Erfordernis eines Antrags beurteilt sich, da es insoweit um eine Voraussetzung für die Einleitung des Verfahrens geht und insoweit Verfahrensrecht betroffen ist, in Fällen der Auslandberührung unabhängig vom anzuwendenden Sachrecht nach deutschem (Verfahrens-) Recht (vgl. BayObLG NJW-RR 1997, 644, 645).

13 Zur **Rücknahme des Verfahrensantrags** vgl. § 22 Rdn. 3 ff.

Wird ein Antrag gestellt, obwohl kein Antragsverfahren, sondern ein Amtsverfahren vorliegt, kann in dem Antrag lediglich eine Anregung zur Einleitung eines entsprechenden Amtsverfahrens gesehen werden; mangels eines relevanten Antrags kommt hier auch eine Zurückweisung eines Antrags nicht in Betracht (vgl. OLG Frankfurt MDR 2012, 1466, 1467).

14 **II. Formelle Vorgaben für den verfahrenseinleitenden Antrag (Abs. 1). 1. Notwendiger Inhalt eines verfahrenseinleitenden Antrags.** Soweit ein Antrag lediglich zur Verfahrenseinleitung dienen soll und hierfür erforderlich ist, geht es allein um die Funktion des Antrags als Verfahrensinitiative des Beteiligten. In dieser Funktion reicht es aus – so ist es jedenfalls nach altem Recht gesehen worden –, dass der Antrag das Rechtsschutzziel und den Antragsteller erkennen lässt (vgl. BGH FamRZ 2003, 1738, 1739; *Bassenge*/Roth Einl. FGG Rn. 5). Diese Minimalanforderung wird jedenfalls auch nach neuem Recht zu verlangen sein (zu diesen Anforderungen vgl. auch Prütting/Helms/*Ahn-Roth* § 23 FamFG Rn. 2). Der Verfahrensantrag ist als Verfahrensinitiative und Verfahrenshandlung bedingungsfeindlich (vgl. MüKoZPO/*Ulrici* § 23 FamFG Rn. 7). Zu den formellen Anforderungen nach § 25 vgl. dort Rdn. 9 ff.

15 Zum evtl. erforderlichen Sachantrag vgl. unten Rdn. 61.

16 **2. Antragsbegründung (Abs. 1 Satz 1).** Abs. 1 Satz 1 legt nunmehr – in Abweichung zum bisherigen Recht – als »Sollregelung« weitere formelle Anforderungen an den verfahrenseinleitenden Antrag fest.

17 So verlangt Abs. 1 Satz 1, dass der Antrag begründet werden soll, was nach dem FGG nicht notwendig war.

18 Dieses Formerfordernis wird – wie in der Begründung des RegE ausgeführt worden ist (BT-Drucks. 16/6308, 185) – für erforderlich gehalten, um eine möglichst frühzeitige Strukturierung und sachgerechte

Förderung des Verfahrens zu gewährleisten. Dem Gericht soll dadurch ermöglicht werden, den Antrag gezielt zu prüfen, und auf diese Weise soll das Verfahren beschleunigt werden.

Was im Einzelnen zur Begründung des Antrags vorzutragen ist, ist den einschlägigen Normen der jeweiligen Verfahrensart und den jeweils anwendbaren materiellrechtlichen Normen zu entnehmen. 19

Abs. 1 Satz 1 enthält keine konkreten Vorgaben dazu, welche Anforderungen an die Begründung zu stellen sind. Nach den in der Begr. des RegE zum Ausdruck gekommenen Vorstellungen sollen jedenfalls keine überspannten Anforderungen an die Antragsbegründung gestellt werden. Dem Antragsteller soll es i.R.d. ihm obliegenden Mitwirkungspflicht (§ 27) zuzumuten sein, sein Rechtsschutzziel in wenigen Sätzen darzulegen (BT-Drucks. 16/6308, 185). 20

Es dürften danach zumindest keine weitergehenden Anforderungen zu stellen sein, als für die Klageschrift im Zivilprozess gelten. Entsprechend der Funktion des Antrags, ein gerichtliches Verfahren einzuleiten, muss die Begründung aber zumindest den Gegenstand des Verfahrens, d.h. das Begehren des Antragstellers bzw. sein Antragsziel sowie den zur Begründung herangezogenen Sachverhalt, hinreichend eindeutig und unverwechselbar erkennen lassen. 21

3. Sollangaben nach Abs. 1 Satz 2 bis 4. Abs. 1 Sätze 2 und 4 geben folgende weitere Sollangaben für den Antrag vor: 22

– Die zur Begründung dienenden Tatsachen und Beweismittel sollen angegeben werden.
– Die Personen sollen benannt werden, die als Beteiligte in Betracht kommen können (vgl. zu den hinzuzuziehenden Beteiligten § 7 Rdn. 11 ff.).
– Urkunden, auf die Bezug genommen wird, sollen in Urschrift oder Abschrift beigefügt werden.

I.R.d. gebotenen Mitwirkungspflicht nach § 27 ist zumindest eine Obliegenheit des Antragstellers anzunehmen, diese Angaben zu machen und die aufgeführten Unterlagen vorzulegen. Durch die Darlegung der zur Begründung dienenden Tatsachen und der Beweismittel sowie die Vorlage der genannten Urkunden soll das Gericht bei der Ermittlung des entscheidungsrelevanten Sachverhalts unterstützt werden. Auch dürfte es darum gehen, zum Zweck der Verfahrensbeschleunigung den Antragsteller dazu zu bringen, entsprechenden Vortrag bereits in der Antragsschrift zu konzentrieren und dies nicht erst in späteren, im Verlauf des Verfahrens noch eingereichten Schriftsätzen nachzuliefern. 23

Entsprechend der Regelung in § 131 Abs. 2 ZPO dürfte es auch hier, wenn nur einzelne Teile einer Urkunde relevant sind, genügen, einen Auszug der Urkunde beizufügen. 24

Die Beifügung von Abschriften in der für die Übermittlung an die anderen Beteiligten erforderlichen Zahl (entsprechend § 253 Abs. 5 ZPO) ist nicht vorgesehen. Hiervon ist abgesehen worden, weil häufig die Zahl der Beteiligten noch nicht feststeht (vgl. zu allem Begr. zum RegE BT-Drucks. 16/6308, 185). 25

Nach Schaffung gesetzlicher Regelungen für die Mediation und andere Verfahren außergerichtlicher Konfliktbeilegung durch Gesetz vom 21.07.2012 (BGBl. I, 1577) sollen – ebenso wie bei einer Klageschrift im Zivilprozess (§ 253 Abs. 3 Nr. 1 ZPO) – bei einem Antrag im Bereich der freiwilligen Gerichtsbarkeit Angaben dazu gemacht werden, ob dem Antrag der Versuch einer Mediation oder eines anderen Verfahrens der außergerichtlichen Konfliktbeilegung vorausgegangen ist und inwieweit ggf. einem solchen Verfahren Gründe entgegenstehen. Der Antragsteller soll damit spätestens bei Einreichung der Antragsschrift dazu veranlasst werden, sich damit auseinanderzusetzen, ob bei dem der beabsichtigten Antragstellung zugrunde liegenden Konflikt auch eine außergerichtliche Streitbeilegung in Betracht zu ziehen ist und inwieweit dem Gründe entgegenstehen (vgl. dazu RegE BT-Drucks. 17/5335, 22). Über Letzteres sowie über vorausgegangene Versuche außergerichtlicher Streitbeilegung soll das Gericht informiert werden. Diese Informationen sind für evtl. Vorschläge des Gerichts zur außergerichtlichen Konfliktbeilegung nach § 36a Abs. 1 sowie ein in Betracht zu ziehendes Güteverfahren nach § 36 Abs. 5 von Bedeutung. 26

Entsprechende Angaben des Antragstellers machen allerdings nur in für die außergerichtliche Konfliktbeilegung geeigneten Fällen Sinn und sind dementsprechend auch nur in »geeigneten Fällen« vorgesehen, d.h. in solchen Fällen, in denen eine Mediation oder ein anderes Verfahren der außergerichtlichen Konfliktbeilegung grundsätzlich in Betracht kommt (vgl. dazu § 36a Rdn. 6 ff.; § 36 Rdn. 37 f.). Dies sind solche Verfahren, die einer Einigung der Beteiligten zugänglich sind. Bei Verfahren, die nicht der Dispositionsbefugnis der Beteiligten unterliegen, kommt regelmäßig auch keine außergerichtliche Streitbeilegung in Betracht; dann entfällt aber auch die hier behandelte Mitteilung bei Antragstellung. 27

4. Unterzeichnung des Antrags (Abs. 1 Satz 5). Nach Abs. 1 Satz 5 ist schließlich vorgesehen, dass der Antrag vom Antragsteller oder seinem Bevollmächtigten unterschrieben wird. Auch dies war nach früherem 28

Recht wohl nicht zwingend (vgl. Jansen/*von König*/*von Schuckmann* Vor §§ 8 bis 18 FGG Rn. 9), soll aber nach der Begründung des RegE aus Gründen der Rechtsklarheit gefordert werden. Auch eine Angleichung an den Standard anderer Verfahrensordnungen wird hierfür angeführt.

29 Das Erfordernis der Unterschrift setzt gedanklich voraus, dass der Antrag schriftlich abgefasst ist und in Schriftform eingereicht wird. Da in allen übrigen Verfahrensordnungen anerkannt ist, dass bestimmende Schriftsätze, auch eine Rechtsmittelschrift, mit modernen Telekommunikationsmitteln dem Gericht übermittelt werden können (Telefax, Computerfax, früher Telegramm, Fernschreiben), ohne dass das Original der Unterschrift bei Gericht eingehen muss (vgl. GmS-OGB NJW 2000, 2340; Zöller/*Greger* § 130 ZPO Rn. 18 ff. m.w.N.), kann auch für Verfahrensanträge in der freiwilligen Gerichtsbarkeit nichts anderes gelten. Es wäre sachlich nicht zu rechtfertigen, hier strengere Formanforderungen aufzustellen als bei entsprechenden bestimmenden Schriftsätzen im Zivilprozess (vgl. hier § 253 Abs. 4 ZPO i.V.m. § 130 Nr. 6 ZPO).

30 Unter den Voraussetzungen des § 25 (vgl. § 25 Rdn. 17 ff.) ist auch eine Antragstellung zu Protokoll der Geschäftsstelle zulässig.

31 Wenn der elektronische Rechtsverkehr durch VO eingeführt ist, kann der Antrag auch als elektronisches Dokument dem Gericht übermittelt werden (vgl. § 14 Abs. 2, 4). Unabhängig davon soll nach Entscheidung des OLG Karlsruhe (NJW 2012, 1822, 1823) ein durch einfache E-Mail übersandter Antrag nach entsprechendem Ausdruck seitens des Gerichts als schriftlicher Antrag nach § 23 wirksam sein (bedenklich).

32 **5. Zusätzliche und abweichende Anforderungen nach der einschlägigen Antragsnorm.** Teilweise werden die für den Antrag erforderlichen Angaben – wie schon nach früherem Recht – dezidiert durch das jeweils anwendbare Gesetz vorgegeben und dabei erheblich **höhere Anforderungen an den Antrag bzw. seine Begründung** gestellt, wie z.B. in Erbscheinsverfahren durch § 2354 BGB a.F. bzw. nunmehr § 352 FamFG (in der seit dem 17.08.2015 geltenden Fassung) oder für den Eintragungsantrag nach § 8 GmbHG. Auch das FamFG enthält Gesetzesvorschriften, die detaillierte Vorgaben für die Begründung des Antrags enthalten oder andere, weitere Anforderungen an den Antrag stellen (vgl. z.B. § 417 Abs. 2 für das Verfahren in Freiheitsentziehungssachen). Diese Vorschriften mit weitergehenden Inhaltsanforderungen an den Antrag sollen als jeweilige »lex specialis« der allgemeinen Regelung in Abs. 1 vorgehen (so Begr des RegE, vgl. BT-Drucks. 16/6308, 185).

33 Auch können sich für spezielle Verfahrensarten **andere**, von Abs. 1 abweichende inhaltliche Anforderungen für den verfahrenseinleitenden Antrag ergeben. Zu nennen ist hier etwa § 171 Abs. 2 für den Antrag in Abstammungssachen (vgl. dazu Begr des RegE BT-Drucks. 16/6308, 244 sowie § 171 Rdn. 5 ff.). Solche Vorschriften gehen ebenfalls als Spezialregelung dem Abs. 1 vor.

34 Teilweise werden – auch über zusätzliche spezielle Begründungsanforderungen hinaus – weitere bzw. besondere formale Anforderungen an den Antrag gestellt. So ist im Adoptionsverfahren (§ 1752 Abs. 2 Satz 2 BGB) und im Verfahren auf Aufhebung der Adoption (§ 1762 Abs. 3 BGB) für den verfahrenseinleitenden Antrag notarielle Beurkundung vorgesehen. Für Anträge auf Eintragung ins Handelsregister ist § 12 HGB zu beachten (zu Einzelheiten vgl. vor § 378 Rdn. 3 ff.). Auch insoweit hat die Spezialregelung Vorrang. Die anderen bzw. weiter gehenden formalen Anforderungen, wie sie sich aus der speziellen Norm ergeben, sind einzuhalten.

35 **6. Rechtsfolgen bei Antragsmängeln, bei Verstößen gegen »Sollanforderungen« des Abs. 1.** Für die Frage, welche Rechtsfolgen es hat, wenn die in **speziellen Vorschriften vorgesehenen Anforderungen** an den verfahrenseinleitenden Antrag nicht erfüllt werden, ist maßgebend auf die jeweils anwendbare spezielle Vorschrift und hier insb. auf deren Normzweck abzustellen. Im Regelfall wird von einer Unwirksamkeit des Antrags auszugehen sein, wenn nicht i.R.d. Auslegung eindeutig festzustellen ist, dass die Regelung nicht zwingend, sondern lediglich Ordnungs- oder Sollvorschrift sein soll.

36 Fehlt der **Mindestinhalt, der für die Erkennbarkeit des Rechtsschutzziels und des Antragstellers erforderlich ist** (vgl. oben unter a) – Rdn. 14), kann eine entsprechende Verfahrensinitiative und damit ein verfahrenseinleitender Antrag nicht angenommen werden.

37 Nicht zweifelsfrei ist, welche Rechtsfolgen es hat, wenn die **in Abs. 1 aufgeführten Sollanforderungen** an einen Antrag ganz oder teilweise fehlen.

38 Der Wortlaut des Abs. 1 (»sollen« statt »müssen«) und die sich aufdrängende Parallele zu den Sollangaben in der Klageschrift nach § 253 Abs. 3 ZPO sprechen dafür, dass fehlende Sollangaben nicht zur Unwirksamkeit der Antragstellung führen. Hiervon wird wohl auch in der Begr des RegE (BT-Drucks. 16/6308, 185) *ausgegangen*. Dort wird jedenfalls ausgeführt, dass die Ausgestaltung als Soll-Vorschrift sicherstelle, dass ei-

ne Nichterfüllung der Begründungspflicht nicht zur Zurückweisung des Antrags als unzulässig führen könne. Dem wird zu folgen sein (so auch Prütting/Helms/*Ahn-Roth* § 23 FamFG Rn. 18).
Gleiches dürfte dann aber auch für die übrigen Sollangaben und die Beifügung von Urkunden gelten.
Danach dürften bei fehlenden Angaben und Unterlagen lediglich entsprechende Auflagen des Gerichts in 39
Betracht kommen, die der Beteiligte jedenfalls im Rahmen seiner Mitwirkungspflicht nach § 27 zu erfüllen hat.

Bei **Fehlen der Unterschrift** dürfte sich eine entsprechende Heranziehung der Grundsätze im Zivilprozess 40
bei Schriftsätzen (§ 130 Nr. 6 ZPO) und bei der Klageschrift (§§ 253 Abs. 4, 130 Nr. 6 ZPO) aufdrängen. Hier hält die Rspr. – mit gewissen Einschränkungen (vgl. oben Rdn. 29) – am zwingenden Erfordernis der Unterschrift bei bestimmenden Schriftsätzen fest, trotz der Formulierung in § 130 Nr. 6 ZPO als Sollvorschrift (vgl. BGH NJW 2005, 2086, 2087; zustimmend die h.M.; abl. dazu Musielak/*Stadler* § 129 ZPO Rn. 8 f.; Zöller/*Greger* § 130 ZPO Rn. 21). Da der verfahrenseinleitende Antrag eine Verfahrenshandlung darstellt, könnte eine Gleichstellung mit einem bestimmenden Schriftsatz im Zivilprozess gerechtfertigt sein. Dennoch dürften die besseren Argumente für eine dem Wortlaut (»soll«) entsprechende Gesetzesanwendung und die Annahme einer Sollvorschrift sprechen, zumal sich in der Begr des RegE und der sonstigen Entstehungsgeschichte der Neuregelung keine Hinweise dafür finden, dass entgegen der bisherigen Rechtslage eine deutlich stärkere Formalisierung gewollt gewesen ist (i.E. ebenso MüKoZPO/*Ulrici* § 23 FamFG Rn. 39). Danach sollte das Fehlen der Unterschrift nicht zur Unwirksamkeit des Antrags führen, wenn die wesentliche Funktion der Unterschrift, die Authentizität und die Ernstlichkeit der Antragstellung zu gewährleisten, nach den konkreten Umständen anderweitig gesichert erscheint. Nach Entscheidung des BGH (FGPrax 2011, 41, 42) ist die Sollregelung dahin zu verstehen, dass die Unterschrift im Regelfall erforderlich, andererseits nicht in jedem Fall unverzichtbar ist. Eine eigenhändige Unterschrift hält der BGH – entsprechend den im Zivilprozess geltenden Grundsätzen – ausnahmsweise für entbehrlich, wenn sich aus anderen Anhaltspunkten eine der Unterschrift vergleichbare Gewähr für die Urheberschaft und den Willen ergibt, das Schreiben in den Rechtsverkehr zu bringen. Nach den dazu vom BGH aufgestellten Grundsätzen ist erforderlich, dass der Inhalt der Erklärung, die abgegeben werden soll, und die Person, von der sie ausgeht, hinreichend zuverlässig entnommen werden kann und außerdem feststeht, dass es sich bei dem Schriftstück nicht nur um einen Entwurf handelt, sondern dass es mit Wissen und Willen des Antragstellers bzw. seines (anwaltlichen) Vertreters dem Gericht zugeleitet worden ist (ähnlich KG FamRZ 2011, 920).

III. Antragsberechtigung. In Antragsverfahren ist die Antragsberechtigung **Verfahrensvoraussetzung** (vgl. 41
BGHZ 106, 222, 224; Keidel/*Sternal* § 23 FamFG Rn. 23 ff.; MüKoZPO/*Ulrici* § 23 FamFG Rn. 16 ff.). In vielen Bereichen des FamFG wird **durch die einschlägige Gesetzesregelung ausdrücklich festgelegt, wer antragsberechtigt ist**. Als Beispiele seien etwa genannt: §§ 1713 Abs. 1, 1748 Abs. 1, 1749 Abs. 1, 1752 Abs. 1, 1768 Abs. 1, 1889 Abs. 1, 1896 Abs. 1, 1908d Abs. 2, 1981 Abs. 1, 1994 Abs. 1, 2003 Abs. 1 BGB; §§ 166 Abs. 3, 233 Abs. 3, 318 Abs. 3 HGB; 98 Abs. 1 u 2, 104 Abs. 1, 132 Abs. 2 AktG; §§ 51b, 66 Abs. 2 GmbHG. Die Antragsberechtigung beschränkt sich hier auf die im Gesetz genannte Person bzw. den genannten Personenkreis.
Teilweise gewährt das Gesetz das **Antragsrecht** ausdrücklich **den Beteiligten**, ohne diese jedoch näher oder 42
gar eindeutig festzulegen; vgl. etwa § 29 BGB, 2198 Abs. 2, 2216 Abs. 2 BGB; §§ 146 Abs. 2, 147 HGB; §§ 85 Abs. 1, 273 Abs. 4 AktG; § 22 GrdstVG. Das Antragsrecht steht hier jeder natürlichen und juristischen Person zu, deren in Anspruch genommene materielle Rechtsstellung durch die zu erwartende Entscheidung unmittelbar betroffen würde, d.h. die eine entsprechende materielle Betroffenheit geltend macht.
Das Gesetz kann jedoch auch – was als Ausnahmefall anzusehen ist – juristischen Personen des öffentlichen 43
Rechts bzw. Behörden ein Antragsrecht zuweisen oder das Antragsrecht allein an das Vorhandensein eines rechtlichen Interesses einer Person knüpfen (vgl. § 16 Abs. 2 Buchst. a) VerschG).
Wenn die betreffende gesetzliche Regelung **keinerlei Bestimmung zum Antragsrecht** trifft, steht das An- 44
tragsrecht wiederum jedem zu, der eine entsprechende eigene materielle Berechtigung geltend macht.
In **echten Streitsachen**, d.h. Verfahren, in denen subjektive private Rechte verfolgt werden und die Beteilig- 45
ten sich wie im Zivilprozess gegenüberstehen oder über ein öffentlich-rechtliches Rechtsverhältnis wie im Verwaltungsprozess gestritten wird, ist nach altem Recht das Antragsrecht jedem zugebilligt worden, der für sich das geltend gemachte Recht bzw. die entsprechende Rechtsposition in Anspruch genommen hat (vgl. KKW/*Schmidt* § 12 FGG Rn. 32); wie für die Klagebefugnis im Zivilprozess sollte es auch für die Antragsberechtigung nicht auf das Bestehen der geltend gemachten materiellrechtlichen Position ankommen. Ob diese besteht, ist eine Frage der Begründetheit des Antrags. An diesen Grundsätzen ist auch nach dem

FamFG festzuhalten, und hiervon ist auch in den sonstigen Antragsverfahren auszugehen (ebenso Keidel/ *Sternal* § 23 FamFG Rn. 27).

46 Wird der Antrag von einer danach **nicht antragsberechtigten Person** gestellt, muss er gleichwohl beschieden werden. Er ist wegen fehlender Antragsberechtigung als unzulässig zurückzuweisen.
Stellt eine nicht antragsberechtigte Person in eigenem Namen einen Antrag, um eine fremde Rechtsposition (die des Antragsberechtigten) wahrzunehmen, kann – entsprechend der Prozessstandschaft im Zivilprozess – eine **Verfahrensstandschaft** in Betracht kommen. Ist der Antragsteller kraft Gesetzes (etwa kraft Amtes) zur Wahrnehmung der für ihn fremden Rechte des Antragsberechtigten befugt, ist von einer **gesetzlichen Verfahrensstandschaft** auszugehen. Die notwendige Antragsberechtigung ist dann gegeben. Dies kommt etwa bei einem Insolvenzverwalter, Zwangsverwalter, Nachlassverwalter oder Testamentsvollstrecker in Betracht. Nach h.A. werden in echten Streitsachen der freiwilligen Gerichtsbarkeit die §§ 265, 266 ZPO entsprechend angewandt (vgl. BGH FGPrax 2001, 231, 232; OLG Hamm NJW-RR 1991, 20, 21; Keidel/*Sternal* § 23 FamFG Rn. 51). Danach kann und muss grds. der Rechtsvorgänger bei einer Veräußerung des streitbefangenen Gegenstandes das Verfahren trotz entfallener eigener Rechtsstellung weiterführen.
Schließlich kommt auch eine **gewillkürte** Verfahrensstandschaft in entsprechender Anwendung der im Zivilprozess für die gewillkürte Prozessstandschaft entwickelten Grundsätze in Betracht (vgl. BGHZ 73, 302, 306; BayObLGZ 1969, 209, 211; MüKoZPO/*Ulrici* § 23 FamFG Rn. 27). Diese ist danach zulässig, wenn der Antragsteller vom Antragsberechtigten zur Geltendmachung der Rechtsposition des Berechtigten wirksam ermächtigt ist, der Antragsteller sowie der Ermächtigende ein schutzwürdiges rechtliches Interesse an der Führung des Verfahrens durch den Antragsteller haben und ungerechtfertigte Nachteile bei einem vorhandenen Antragsgegner nicht bestehen (vgl. dazu Zöller/*Vollkommer*, Vor § 50 ZPO Rn. 44).

47 Bei einer **Mehrheit von Antragsberechtigten** kann grds. jeder von ihnen sein Antragsrecht selbstständig ohne Rücksicht auf die anderen Berechtigten ausüben (Beispiele: Antrag eines Miterben auf Erteilung eines Erbscheins nach § 2357 Abs. 1 BGB a.F. bzw. § 352a [in der ab 17.08.2015 geltenden Fasssung] oder auf Vermittlung der Auseinandersetzung des Nachlasses nach § 363 Abs. 2). Ein koordiniertes Vorgehen und/ oder ein einheitliches Verfahren (durch ggf. Zusammenfassung der durch mehrere Anträge eingeleiteten Verfahren) sind natürlich möglich.

48 Das Gesetz kann jedoch auch vorsehen, dass eine Mehrheit von Personen das Antragsrecht nur gemeinschaftlich ausüben kann. So können Miterben nach § 2062 BGB Nachlassverwaltung nur gemeinschaftlich beantragen; ein Antrag im Verfahren nach § 37 Abs. 2 BGB erfordert die Mitwirkung einer qualifizierten Mehrheit von Vereinsmitgliedern; Anträge nach §§ 122 Abs. 1 u 3, 142 Abs. 2 u 4, 147 Abs. 2 AktG können nur von einer bestimmten Zahl bzw. bestimmten Minderheit von Aktionären gestellt werden. Kommt ein gemeinsamer Antrag der erforderlichen Gesamtheit oder einer notwendigen qualifizierten Mehrheit der Beteiligten nicht zustande, ist ein vorliegender Antrag einzelner Personen als unzulässig zurückzuweisen (vgl. MüKoZPO/*Ulrici* § 23 FamFG Rn. 22).

49 Zur Antragsrücknahme bei mehreren Antragstellern vgl. § 22 Rdn. 8.

50 **IV. Antragsfrist.** Für den Antrag sind meist keine **verfahrensrechtlichen Fristen** zu beachten. In wenigen Bereichen sieht das Gesetz jedoch zur Gewährleistung alsbaldiger Rechtssicherheit Fristen vor. Bei Versäumung der vorgesehenen Antragsfrist ist der Antrag dann wegen Fehlens einer erforderlichen Verfahrensvoraussetzung als unzulässig zurückzuweisen.

51 So ist etwa nach § 22 Abs. 1 GrdstVG der Antrag auf gerichtliche Entscheidung gegen einen ablehnenden Bescheid nach dem GrdstVG binnen einer Frist von 2 Wochen beim Landwirtschaftsgericht zu stellen. Für den Antrag auf gerichtliche Entscheidung nach §§ 23 ff. EGGVG sieht § 26 EGGVG eine Antragsfrist von einem Monat vor. Vgl. weiter § 4 Abs. 1 SpruchG.

52 Bei der Antragstellung können auch **materiellrechtliche Ausschlussfristen** von Bedeutung sein. Für die Aufhebung des Annahmeverhältnisses bei einer Adoption ist die Frist des § 1762 Abs. 2 BGB zu beachten. Weitere Beispiele für materiellrechtliche Ausschlussfristen: § 1600b, § 1981 Abs. 2 BGB; 318 Abs. 3 HGB; 132 Abs. 2, 142 Abs. 4, 258 Abs. 2, 260 Abs. 1 AktG.

53 Ist eine verfahrensrechtliche oder materiellrechtliche Antragsfrist zu wahren, muss grds. der verfahrenseinleitende Antrag fristgerecht beim örtlich und sachlich zuständigen Gericht eingehen. Dies ist insb. auch bei Anträgen zu beachten, die zu Protokoll der Geschäftsstelle eines anderen (unzuständigen) AG erklärt worden sind. Vgl. dazu § 25 Abs. 3 (§ 25 Rdn. 23 ff.). Für Anträge nach §§ 23 ff. EGGVG gilt die Sonderregelung in § 26 Abs. 1 EGGVG.

Nach dem dargestellten Grundsatz ist die Antragsfrist versäumt, wenn der vom Antragsteller an das Gericht X gerichtete Antrag (versehentlich) beim Gericht Y eingereicht und auch nicht innerhalb der Frist an das Gericht X weitergeleitet wird. 54

Zur Frage einer evtl. Wiedereinsetzung in den vorigen Stand bei der Versäumung verfahrensrechtlicher Fristen vgl. § 17 Rdn. 7 ff. 55

Fraglich ist die Fristversäumung, wenn der Antragsteller den Antrag bei dem von ihm gewählten (für zuständig gehaltenen) Gericht fristgerecht einreicht, es aber nach Ablauf der Frist wegen Unzuständigkeit zu einer Verweisung nach § 3 kommt. Nach altem Recht war dies streitig; jedenfalls in (echten) Streitverfahren wurde davon ausgegangen, dass die rechtzeitige Antragstellung beim letztlich unzuständigen Gericht für die Fristwahrung ausreicht (vgl. BGH NJW-RR 2006, 1113; KKW/*Schmidt* § 12 Rn. 19 m.w.N.; anders jetzt Keidel/*Sternal* § 23 FamFG Rn. 22; Prütting/Helms/*Ahn-Roth* § 23 FamFG Rn. 17b). Die Frage kann hier nicht anders beantwortet werden als im Zivilprozess. Hier wird nach nunmehr gesicherter Rspr. davon ausgegangen, dass die vor dem unzuständigen Gericht erhobene Klage die Frist wahrt (vgl. BGH NJW 1986, 2255; Musielak/*Foerste* § 281 ZPO Rn. 13). Auch für den Bereich des FamFG ist von der Einheitlichkeit des Verfahrens auszugehen und anzunehmen, dass es vor dem aufnehmenden Gericht in dem Stadium fortgesetzt wird, in dem es sich bei Verweisung befand (vgl. § 3 Rdn. 15). Vor allem wäre es nicht sachgerecht, bei unklarer Zuständigkeit das Risiko der Auswahl des zuständigen Gerichts mit der Einhaltung einer evtl. zu wahrenden Antragsfrist zu verbinden und die dadurch kumulierten Risiken den Antragsteller tragen zu lassen. 56

V. Verzicht und Verwirkung des Antragsrechts, Rechtsschutzbedürfnis. Im Hinblick auf die ihm zukommende Dispositionsbefugnis kann der Antragsteller grds. auf sein **Antragsrecht verzichten**. Grenzen des Verzichts ergeben sich hier u.U. durch Gesetz und vor allem durch Treu und Glauben sowie das Verbot sittenwidrigen Verhaltens (vgl. Keidel/*Sternal* § 23 FamFG Rn. 55). Der Verzicht kann wirksam einseitig ggü. dem Antragsgegner erklärt oder zum Gegenstand einer Vereinbarung der Beteiligten gemacht werden. Ein gleichwohl gestellter Antrag ist bei Geltendmachung des Verzichts durch den Antragsgegner als unzulässig zurückzuweisen (vgl. Jansen/*von König/von Schuckmann* Vor §§ 8 bis 18 FGG Rn. 15). 57

Die Möglichkeit einer **Verwirkung** des verfahrensrechtlichen Antragsrechts wird – wie nach altem Recht (h.M.; vgl. dazu KG OLGZ 1966, 90; 1977, 427, 428; Jansen/*von König/von Schuckmann* Vor §§ 8 bis 18 FGG Rn. 15) – zu verneinen sein (Keidel/*Sternal* § 23 FamFG Rn. 56). Nicht die Inanspruchnahme des gerichtlichen Rechtsschutzes an sich, sondern das jeweilige materielle Recht kann Gegenstand einer Verwirkung sein. 58

Ein Antrag kann unzulässig sein, wenn im konkreten Fall das **Rechtsschutzbedürfnis** fehlt (vgl. dazu Vorbem. zu §§ 23 bis 37 Rdn. 22). Eine einstweilige Anordnung gem. § 49 lässt jedenfalls das Rechtsschutzbedürfnis für einen der Anordnung inhaltlich entsprechenden Hauptsacheantrag nicht entfallen (OLG Nürnberg NJW 2011, 319).

C. Übermittlung des verfahrenseinleitenden Antrags an die übrigen Beteiligten. Die Regelung, dass der Antrag den anderen Beteiligten (zu einer evtl. Stellungnahme) zu übersenden ist, hat klarstellende Bedeutung (vgl. BegrRegE BT-Drucks. 16/6308, 186). Die Notwendigkeit der Übersendung des Antrags an die anderen Beteiligten dürfte sich regelmäßig bereits aus dem verfassungsrechtlich verbürgten Grundsatz der Gewährung rechtlichen Gehörs ergeben. Der Antrag ist dabei jedenfalls so rechtzeitig zu übermitteln bzw. auszuhändigen, dass die anderen in ihren Rechten betroffenen Beteiligten in die Lage versetzt werden, ihr Recht auf Gehör effektiv wahrzunehmen und zur Sachaufklärung hinreichend beizutragen (vgl. BGH FGPrax 2011, 257, 258; BGHZ 184, 323, 330 – betr. Aushändigung des Antrags der Verwaltungsbehörde auf Freiheitsentziehung an den Betroffenen; ein entsprechender Verfahrensfehler rechtfertigt im Rechtsbeschwerdeverfahren eine Aufhebung der Haftanordnung allerdings nur dann, wenn das Verfahren ohne diesen Fehler zu einem anderen Ergebnis hätte führen können, BGH, Beschl. v. 16.07.2014 – V ZB 80/13). 59

Die Mitteilung des Antrags hat auch nicht eine vergleichbare Funktion wie die Zustellung der Klageschrift im Zivilprozess, die zur Klageerhebung und zur Rechtshängigkeit führt (anderes gilt nur, wenn die zivilprozessualen Vorschriften über die Klageschrift für entsprechend anwendbar erklärt werden). Es ist vielmehr davon auszugehen, dass im Bereich der freiwilligen Gerichtsbarkeit es grds. bei der bisherigen Rechtslage bleibt, dass für die Anhängigkeit und die Verfahrenseinleitung im Antragsverfahren der Eingang des Verfahrensantrags bei Gericht genügt (vgl. KG WuM 1991, 369; *Karldieter Schmidt* FGPrax 1999, 144). 60

§ 23 Buch 1. Allgemeiner Teil

61 **D. Sachantrag. I. Funktion und Erforderlichkeit des Sachantrags.** Vom Verfahrensantrag, der in Antragsverfahren zur Verfahrenseinleitung notwendig ist und sich darin erschöpft, ist der – evtl. erforderliche – Sachantrag zu unterscheiden. Der Sachantrag richtet sich auf eine bestimmte Sachentscheidung des Gerichts. Es ist für das einzelne unter das FamFG fallende Verfahren jeweils festzustellen, ob ein bestimmter Sachantrag des Antragstellers erforderlich ist. Dabei ist an die bereits zum FGG entwickelten Grundsätze anzuknüpfen (vgl. dazu Jansen/*von König*/*von Schuckmann* Vor §§ 8 bis 18 FGG Rn. 13).

62 Die **Notwendigkeit eines bestimmten Sachantrags** kann unmittelbar durch das Gesetz vorgegeben oder im Wege der Auslegung hieraus abzuleiten sein. So ist etwa die Notwendigkeit eines entsprechenden Sachantrags im Erbscheinsverfahren aus § 2353 BGB und im Adoptionsverfahren aus § 1752 BGB abzuleiten.

63 Bei den echten Streitverfahren (vgl. Rdn. 8), in denen es um zur Disposition der Beteiligten stehende Vermögensinteressen geht und sich die Parallele zum Zivil- oder Verwaltungsprozess aufdrängt, ist ein Sachantrag ebenfalls erforderlich (vgl. BGH NJW 1984, 2831, 2832; Keidel/*Sternal* § 23 FamFG Rn. 13).

64 Demgegenüber ist in Verfahren, in denen das Gesetz dem Gericht relevanten Gestaltungsspielraum in den anzuordnenden Maßnahmen einräumt, für die Notwendigkeit eines Sachantrags kein Raum.

65 Wenn in echten Streitverfahren oder aufgrund der einschlägigen gesetzlichen Regelung ein Sachantrag erforderlich ist, hat das Gericht auf einen solchen Antrag des Antragstellers hinzuwirken. Es ist an den gestellten Sachantrag gebunden und kann – wie im Zivilprozess nach § 308 Abs. 1 ZPO – dem Antrag nur ganz oder teilweise stattgeben und ggf. abweisen; es darf dem Antragsteller nicht mehr oder etwas anderes zusprechen, als dieser beantragt hat (vgl. BGH NJW 1984, 2831, 2832; MüKoZPO/*Ulrici* § 23 FamFG Rn. 14).

66 Im Erbscheinsverfahren besteht eine Antragsbindung sogar dahin gehend, dass das Nachlassgericht dem Antrag auf Erteilung eines Erbscheins entweder entsprechen kann oder ihn insgesamt ablehnen muss, die Erteilung eines anderweitigen, vom Antrag abweichenden Erbscheins scheidet aus (vgl. OLG Hamm NJW 1968, 1682; Keidel/*Sternal* § 23 FamFG Rn. 14; Palandt/*Weidlich* § 2353 BGB Rn. 48).

67 **II. Antragsarten.** In Verfahren nach dem FamFG kommen grds. die gleichen Arten von Anträgen in Betracht wie im Zivilprozess. Neben dem **Leistungsantrag** und einem grds. anzuerkennenden **Gestaltungsantrag** besteht die Möglichkeit des **Feststellungsantrags**, der ein entsprechendes Feststellungsinteresse des Antragstellers voraussetzt (vgl. BGH FamRZ 1998, 226); auch eine Zwischenfeststellungsklage analog § 256 Abs. 2 ZPO kommt zumindest in echten Streitsachen der freiwillige Gerichtsbarkeit in Betracht (BGH FamRZ 1993, 292, 293). Für zulässig gehalten wird z.B. ein Feststellungsantrag (auf Feststellung der Rechtswidrigkeit der Maßnahme) bei schwerwiegenden Grundrechtseingriffen, insb. Freiheitsentziehung, und eingetretener prozessualer Überholung infolge Beendigung der Maßnahme (vgl. dazu BVerfG NJW 1998, 2432; *Bumiller*/*Harders*/*Schwamb* § 23 FamFG Rn. 12; *Haußleiter*/*Gomille* § 23 FamFG Rn. 11).

68 Auch ein **Antrag auf künftige Leistung** in entsprechender Anwendung der §§ 257 ff. ZPO ist anzuerkennen (vgl. *Bassenge*/Roth Einl. FGG Rn. 6).

69 Auch ein **Stufenantrag** in entsprechender Anwendung der für die Stufenklage nach § 254 ZPO geltenden Grundsätze ist zuzulassen (vgl. OLG Hamm FamRZ 1980, 64, 65; OLG Düsseldorf NJW-RR 1987, 1163, 1164).

70 Auch eine Verbindung von **Haupt- und Hilfsanträgen** wird – entsprechend einem auch im Bereich der freiwilligen Gerichtsbarkeit bestehenden Bedürfnis hierfür – allgemein für zulässig gehalten (so auch Keidel/*Sternal* § 23 FamFG Rn. 45a).

71 Nicht einheitlich beantwortet wird die Frage, ob und unter welchen Voraussetzungen **Gegenanträge des Antragsgegners** zulässig sind. Solche Gegenanträge sind teilweise nur unter der Voraussetzung eines rechtlichen Zusammenhangs mit dem Antrag für zulässig gehalten worden (KG OLGZ 1976, 266, 271; BayObLGZ 1971, 313, 324). Nach neuerer, zutreffender Auffassung sind Gegenanträge grds. zulässig, wenn das angerufene Gericht auch für den Gegenantrag zuständig ist (*Bassenge*/Roth Einl. FGG Rn. 8 m.w.N.).

72 Zur Zulässigkeit von Gegenanträgen im Rechtsmittelverfahren vgl. § 69 Rdn. 6 f.

73 **III. Antragshäufung, -erweiterung und -änderung.** Das FamFG enthält für Antragsverfahren der freiwilligen Gerichtsbarkeit keine besonderen Regelungen über die Antragshäufung, Antragserweiterung und Antragsänderung. Eine insoweit bestehende Regelungslücke wird auch nach neuem Recht grds. durch eine entsprechende Anwendung der im Zivilprozessrecht geltenden Regelungen zu schließen sein; allerdings dürfen dem nicht Besonderheiten des jeweiligen Antragsverfahrens entgegenstehen.

74 Danach kommen eine **objektive Antragshäufung** entsprechend § 260 ZPO (vgl. *Bassenge*/Roth Einl. FGG Rn. 16) und eine **subjektive Antragshäufung** entsprechend der zivilprozessrechtlichen Streitgenossenschaft

gem. §§ 59 ff. ZPO in Betracht (vgl. Keidel/*Sternal* § 23 FamFG Rn. 30 ff.). Die Regelungen über die notwendige Streitgenossenschaft gem. § 62 ZPO passen allerdings nicht (h.M.; vgl. BGHZ 3, 214; BGH FamRZ 1982, 36; BayObLG WM 1991, 1631, 1633; Keidel/*Sternal* § 23 FamFG Rn. 32, der zwar eine »notwendige Verfahrensgenossenschaft« anerkennt, eine Analogie zu § 62 ZPO aber ausschließt). Im Bereich der freiwilligen Gerichtsbarkeit kommt jedoch ebenfalls die Notwendigkeit einer einheitlichen Antragstellung mehrerer Beteiligter in Betracht (vgl. oben Rdn. 47 f.; *Bassenge*/Roth Einl. FGG Rn. 28).

Auf eine **Antragsänderung** im Verlauf des Verfahrens sind §§ 263 ff. ZPO analog anzuwenden. Eine reine Erweiterung oder Beschränkung des ursprünglichen Antrags ist in entsprechender Anwendung des § 264 Nr. 2 ZPO stets zulässig (vgl. Jansen/*von König/von Schuckmann* Vor §§ 8 bis 18 FGG Rn. 13). 75

Zur Frage der Zulässigkeit der Antragsänderung in der Rechtsmittelinstanz vgl. § 69 Rdn. 6 f. 76

Die **Einführung eines weiteren, neuen Antrags** stellt sich als nachträgliche Antragshäufung dar. Hierfür wird auch im Bereich der freiwilligen Gerichtsbarkeit eine entsprechende Anwendung der Grundsätze der Klageänderung (§ 263 analog) in Erwägung gezogen (vgl. BayObLG ZMR 2003, 437, 438; *Bassenge*/Roth Einl. FGG Rn. 16). 77

E. Zu den Kosten erstinstanzlicher Antragsverfahren. I. Gerichtskosten. Bei den in den Anwendungsbereich des § 23 fallenden **Familiensachen** der freiwilligen Gerichtsbarkeit richten sich die Gerichtskosten nach dem FamGKG. Es kommt hier insbesondere eine Verfahrensgebühr nach Nr. 1310 (0,5 Gebühren), 1320 (zwei Gebühren) oder 1710 ff. KV FamGKG in Betracht. Zur Fälligkeit der Gebühren und Auslagen vgl. §§ 10, 11 FamGKG. In Familiensachen der freiwilligen Gerichtsbarkeit, die auf Antrag eingeleitet werden und in denen der Antragsteller Kostenschuldner nach § 21 Abs. 1 FamGKG ist, kann die Vornahme gerichtlicher Handlungen, wie etwa die Übermittlung des Antrags, grundsätzlich von der Zahlung der Gebühr für das Verfahren im Allgemeinen abhängig gemacht werden (vgl. § 14 Abs. 1 und 3 FamGKG; zu den Einzelheiten und Ausnahmen vgl. dort Rdn. 7 ff.). Zur Anwendbarkeit des elektronischen Rechtsverkehrs in Gerichtskostenverfahren vgl. § 8 FamGKG. 78

In **sonstigen gerichtlichen Verfahren der freiwilligen Gerichtsbarkeit** richteten sich die Gerichtskosten vor dem 01.08.2013 grundsätzlich nach der KostO und den darin geregelten Gebühren- und Auslagentatbeständen. Durch das am 01.08.2013 in Kraft getretene **Zweite Gesetz zur Modernisierung des Kostenrechts** (BGBl. I S. 2586) ist die KostO durch das Gesetz über Kosten der freiwilligen Gerichtsbarkeit für Gerichte und Notare (Gerichts- und Notarkostengesetz – GNotKG) abgelöst worden. Nach der maßgebenden **Übergangsvorschrift** des § 136 Abs. 1 GNotKG sind die KostO und Verweisungen hierauf jedoch in Altverfahren weiter anzuwenden, nämlich 79

– in gerichtlichen Verfahren, die vor Inkrafttreten des 2. Kostenrechtsmodernisierungsgesetzes (d.h. vor dem 01.08.2013) anhängig geworden oder eingeleitet worden sind,
– in Rechtsmittelverfahren, wenn das Rechtsmittel vor dem 01.08.2013 eingelegt worden ist,
– hinsichtlich der Jahresgebühren in Verfahren vor dem Betreuungsgericht, wenn sie vor dem 01.08.2013 fällig geworden sind,
– in notariellen Verfahren oder bei notariellen Geschäften, für die ein Auftrag vor dem 01.08.2013 erteilt worden ist
– und in allen übrigen Fällen, wenn die Kosten vor dem 01.08.2013 fällig geworden sind.

Zu weiteren Einzelh. des Übergangsrechts vgl. § 136 GNotKG. Zu den Grundzügen der KostO vgl. die Voraufl. sowie zu Einzelheiten die Kommentierungen zur KostO.

Wenn nach dem ab 01.08.2013 geltenden GNotGK **Gebühren anzurechnen** sind, sind auch nach der KostO für entsprechende Tätigkeiten entstandene Gebühren anzurechnen (§ 136 Abs. 2 GNotKG).

Das nunmehr geltende GNotGK ist in Systematik und Aufbau dem GKG/FamGKG angeglichen; zu seinem Anwendungsbereich vgl. § 1 GNotKG. Die in den **einzelnen Bereichen und Verfahren** der freiwilligen Gerichtsbarkeit **anfallenden Gerichtsgebühren** (soweit sie nicht dem FamGKG unterfallen; vgl. § 1 Abs. 3 GNotKG) finden sich in Anlage 1 des Gesetzes in einem Kostenverzeichnis (KV), Teil 1; die Gebühren der Notare sind in Teil 2 geregelt. Auslagen der Gerichte sind unter den Voraussetzungen und Maßgaben in Teil 3, Hauptabschnitt 1 des Kostenverzeichnisses zum GNotKG zu erstatten. Diese Systematik ist dem Rechtsanwender bereits aus der Heranziehung entsprechender KV des GKG und FamGKG geläufig. Die in den einzelnen Anwendungsbereichen und Verfahrensarten des FamFG anfallenden Gebühren ergeben sich aus den Gebührentatbeständen des KV zum GNotKG. Die Höhe der Wertgebühren bestimmt sich nach § 34 GNotKG sowie den Gebührentabellen A und B in Anlage 2 des Gesetzes. In gerichtlichen Verfahren 80 setzt das Gericht nach § 79 GNotKG den Geschäftswert im Regelfall fest, sobald eine Entscheidung über den gesamten Verfahrensgegenstand ergeht oder sich das Verfahren anderweitig erledigt (zu Ausnahmen hiervon vgl. § 79 Abs. 1 Satz 2 und 3 GNotKG). Von einer Vorstellung der einzelnen Gebührentatbestände sowie der für einzelne Verfahrensarten vorgesehenen Geschäftswertvorschriften (vgl. §§ 40 ff., 59 ff. GNotKG) ist hier schon wegen des dafür notwendigen Umfangs der Darstellung abzusehen.

Die gerichtlichen Gebühren und Auslagen werden grundsätzlich **bei Verfahrensbeendigung fällig** (Einzelh. § 9 GNotKG); **Jahresgebühren** in Betreuungssachen und betreuungsgerichtlichen Zuweisungssachen sowie in Nachlasssachen werden erstmals bei Anordnung und später jeweils zu Beginn eines Kalenderjahres fällig (vgl. § 8 GNotKG). In Antragsverfahren, in denen der Antragsteller nach § 22 Abs. 1 GNotKG Kostenschuldner ist, kann nach § 13 GNotKG grundsätzlich die beantragte Handlung oder eine sonstige gerichtliche Handlung von der **Zahlung eines Vorschusses** in Höhe der für die Handlung oder der für das Verfahren im Allgemeinen bestimmten Gebühr abhängig gemacht werden. Nach § 14 Abs. 1 GNotKG ist ein **Auslagenvorschuss** von demjenigen zu leisten, der eine gerichtliche Handlung beantragt, mit der Auslagen verbunden sind; das Gericht soll dabei eine Handlung, die nur auf Antrag vorzunehmen ist, grundsätzlich von der vorherigen Zahlung des Auslagenvorschusses abhängig machen (§ 14 Abs. 1 Satz 2 GNotKG). Zu Ausnahmen, bei denen die Vornahme der gerichtlichen Handlung nicht von der Zahlung oder Sicherstellung der Kosten abhängig gemacht werden darf, vgl. §§ 13 Satz 2, 16 GNotKG. Die Verpflichtung zur Zahlung eines Vorschusses auf die Gerichtskosten bleibt bestehen, auch wenn später die Verfahrenskosten einem anderen Beteiligten auferlegt oder von ihm übernommen worden sind (17 GNotKG). **Kostenschuldner** ist in Antragsverfahren jedenfalls der Antragsteller (§ 22 Abs. 1 GNotKG. Überdies bestimmt § 23 GNotKG, wer in bestimmten aufgeführten Verfahrensarten Kostenschuldner ist. Primärer Kostenschuldner, der zunächst heranzuziehen ist (§ 33 Abs. 1 GNotKG), ist derjenige, dem durch gerichtliche Entscheidung die Verfahrenskosten auferlegt worden sind oder der die Kosten durch eine dem Gericht abgegebene oder dem Gericht mitgeteilte Erklärung oder in einem dem Gericht mitgeteilten Vergleich übernommen hat (§ 27 Nr. 1 und 2 GNotKG). Zur Anwendbarkeit des elektronischen Rechtsverkehrs vgl. § 7 GNotKG.

81 **II. Rechtsanwaltsgebühren.** Für den Rechtsanwalt entsteht regelmäßig eine **Verfahrensgebühr** nach Nr. 3100 VV RVG (1,3 Gebühren), die für das Betreiben des Geschäfts einschließlich der Information anfällt (vgl. Vorbem. 3 Nr. 2) und die den gesamten Tätigkeitsbereich des Rechtsanwalts gem. §§ 15 Abs. 1 und 2, 16, 19 RVG abdeckt. Die Verfahrensgebühr kann sich nach den in Nr. 3101 VV RVG geregelten Tatbeständen auf 0,8 Gebühren reduzieren, wenn nämlich der Auftrag vorzeitig endet, soweit lediglich Verhandlungen vor Gericht zur Einigung der Beteiligten oder mit Dritten über in dem Verfahren nicht rechtshängige Ansprüche geführt werden, es lediglich um die Protokollierung einer Einigung oder die Feststellung einer Einigung nach § 278 Abs. 6 ZPO oder um die in Nr. 3 des Gebührentatbestandes genannten beschränkten Tätigkeiten in einer Familiensache oder einem Verfahren der freiwilligen Gerichtsbarkeit geht. Bei Vertretung mehrerer Auftraggeber in derselben Angelegenheit erhöht sich nach Nr. 1008 VV RVG die Verfahrens- oder Geschäftsgebühr um jeweils 0,3 Gebühr, eine Festgebühr um 30 % und im Fall einer Betragsrahmengebühren der jeweilige Mindest- und Höchstbetrag um 30 % für jede weitere Person bis zu einer maximalen Erhöhung von 2,0 Gebühren bzw. bis zum Doppelten der Festgebühr und des Mindest- und Höchstbetrages. Eine anfallende Geschäftsgebühr (Nr. 2300 VV RVG) wird zur Hälfte, bei Wertgebühren jedoch höchstens mit 0,75 auf die Verfahrensgebühr angerechnet (Vorbem. 3 Abs. 4 VV RVG), und zwar unter Berücksichtigung und Maßgabe der Regelung des § 15a RVG. Bei Betragsrahmengebühren beträgt der Anrechnungsbetrag höchstens 175,00 €.

82 Im weiteren Verlauf des Verfahrens kommt ggf. zusätzlich eine **Terminsgebühr** (1,2 Gebühren) nach 3104 VV RVG i.V.m. Abs. 3 der Vorbem. 3 VV RVG in Betracht. Zu zusätzlich anfallenden möglichen Einigungsgebühren vgl. § 36 Rdn. 55 und § 36a Rdn. 27.

83 In gerichtlichen Verfahren bei **Freiheitsentziehung und in Unterbringungssachen** kommen die Sonderregelungen in Nr. 6300 bis 6303 VV RVG (mit den dort genannten Rahmengebühren) zur Anwendung. Zur Anwendbarkeit des elektronischen Rechtsverkehrs vgl. § 12b RVG.

84 **III. Kostenentscheidung.** Über die Kosten des Verfahrens hat das Gericht nach §§ 80 ff. FamFG zu entscheiden, und zwar nach § 82 FamFG grundsätzlich in der Endentscheidung. Es gilt dabei der Grundsatz des § 81 Abs. 1, wonach das Gericht die Kosten des Verfahrens nach billigem Ermessen den Beteiligten ganz oder zum Teil auferlegen kann. Es kann auch anordnen, dass von der Erhebung von Kosten abzusehen ist. *Lediglich in den in* § 81 Abs. 2 genannten Fallgruppen ist das Ermessen des Gerichts dahingehend einge-

grenzt, dass in diesen Fällen die Kosten des Verfahrens ganz oder teilweise einem Beteiligten auferlegt werden sollen (vgl. dazu § 81 Rdn. 13 ff., 31 ff.).

§ 24 Anregung des Verfahrens.
(1) Soweit Verfahren von Amts wegen eingeleitet werden können, kann die Einleitung eines Verfahrens angeregt werden.
(2) Folgt das Gericht der Anregung nach Absatz 1 nicht, hat es denjenigen, der die Einleitung angeregt hat, darüber zu unterrichten, soweit ein berechtigtes Interesse an der Unterrichtung ersichtlich ist.

Übersicht

	Rdn.		Rdn.
A. Einleitung eines Verfahrens von Amts wegen .	1	C. Durchführung des Amtsverfahrens	7
B. Unterrichtungspflicht des Gerichts	4	D. Kosten und Kostenentscheidung	10

A. Einleitung eines Verfahrens von Amts wegen. § 24 gilt grds. für alle Verfahren nach § 1, nicht jedoch 1 für Ehesachen und Familienstreitsachen (vgl. dazu § 113 Abs. 1).

§ 24 Abs. 1 hat nach der Begründung des RegE allein klarstellende Funktion (vgl. BT-Drucks. 6308, 186). Es ist bereits nach bisherigem Recht unzweifelhaft und unstreitig gewesen, dass das zuständige Gericht zur Einleitung eines Verfahrens von Amts wegen durch Anregungen (oftmals als Antrag bezeichnet) veranlasst werden kann, die von in ihren Rechten betroffenen Personen, aber auch ggf. unbeteiligten Dritten ausgehen können (vgl. z.B. KKW/*Schmidt* § 12 FGG Rn. 8). Dies wird durch Abs. 1 klargestellt bzw. besser – da insoweit eigentlich keine Unklarheiten bestanden haben – bestätigt.

Von der Geltung der Offizialmaxime, einer **Befugnis und Verpflichtung des Gerichts, ein Verfahren von** 2 **Amts wegen einzuleiten**, ist im Geltungsbereich des FamFG auszugehen, wenn aus den jeweiligen gesetzlichen Regelungen, die sich mit der entsprechenden gerichtlichen Tätigkeit befassen, nicht ersichtlich und auch im Wege der Auslegung nicht abzuleiten ist, dass ein Antrag für das gerichtliche Verfahren stets erforderlich ist (vgl. Jansen/*von König/von Schuckmann* Vor §§ 8 bis 18 FGG Rn. 4; Keidel/*Sternal* § 24 FamFG Rn. 3; § 23 Rdn. 5 ff.). Aus der gesetzlichen Regelung kann sich auch ergeben, dass neben der Verfahrenseinleitung durch Antrag die Aufnahme eines Verfahrens von Amts wegen in Betracht kommt (vgl. z.B. § 1896 Abs. 1 BGB).

Gilt der Grundsatz der Verfahrenseinleitung vom Amts wegen, dann hat das zuständige Gericht von Amts wegen ein Verfahren einzuleiten und Ermittlungen aufzunehmen, wenn es von Tatsachen Kenntnis erlangt, die ein Einschreiten erfordern oder zumindest erfordern können. Dabei kommt es nicht darauf an, von wem und in welcher Weise die entsprechenden tatsächlichen Umstände an das zuständige Gericht herangetragen worden sind. Dies wird meist durch Mitteilungen von Behörden, berufsständischen Organisationen oder im Rahmen gerichtlicher Benachrichtigungspflichten oder anderweitig erlangter Aktenkenntnis geschehen. Anlass für die Einleitung eines Verfahrens von Amts wegen können jedoch auch Anregungen (»Anträge«, »Beschwerden«) und damit verbundene Informationen beliebiger Privatpersonen sein. Die Pflicht und die Befugnis des Gerichts zur Einleitung eines Amtsverfahrens ergeben sich jeweils aus dem einschlägigen materiellen Recht (vgl. z.B. §§ 1666, 1960 BGB).

Die Einleitung eines Verfahrens von Amts wegen kann dann vom Gericht in formloser Weise geschehen, in- 3 dem es nach außen erkennbar Ermittlungen in der Sache aufnimmt oder sonst tätig wird, z.B. einem Betroffenen rechtliches Gehör gewährt (vgl. Keidel/*Sternal* § 24 FamFG Rn. 4). Bestimmte weitergehende oder qualifizierte Maßnahmen sind für die Verfahrenseinleitung eines Amtsverfahrens nicht erforderlich. Auch die Gewährung rechtlichen Gehörs ist für die Verfahrenseinleitung zwar hinreichende, aber hierfür nicht notwendige Voraussetzung.

B. Unterrichtungspflicht des Gerichts. § 24 Abs. 2 sieht nunmehr eine Verpflichtung vor, jede Person, die 4 ein Verfahren von Amts wegen angeregt hat, über eine unterbliebene Einleitung eines solchen Verfahrens zu informieren, soweit ein Interesse an der Unterrichtung ersichtlich ist.

Die Informationspflicht besteht – wie in der Begründung des RegE hervorgehoben wird (vgl. BT-Drucks. 5 6308, 186) – nicht nur demjenigen ggü., der an einem späteren Verfahren als Beteiligter hinzuzuziehen gewesen wäre, sondern auch jeder anderen Personen ggü., die eine entsprechende Anregung gegeben hat. Unter der Geltung des FGG wurde überwiegend davon ausgegangen, dass ein nicht in irgendwelchen Rechten betroffener, beliebiger Dritter nicht über eine unterbliebene Verfahrenseinleitung oder eine Verfahrenseinstellung zu informieren ist. Das Gericht sollte nur einem Betroffenen oder einer Person oder Behörde, die zur Wahrnehmung von durch den Verfahrensgegenstand betroffenen Aufgaben berechtigt oder verpflichtet ist und der ggf. ein Beschwerderecht zukommt, seine der Anregung nicht entsprechende Entscheidung mitteilen (vgl. KKW/*Schmidt* § 12 FGG Rn. 8). Über diese Rechtslage geht die nunmehrige Mitteilungspflicht hinaus, weil – so wird in der Begründung des RegE ausgeführt (vgl. BT-Drucks. 6308, 186) – das alte Recht der praktischen Bedeutung von verfahrenseinleitenden Anregungen, die von unbeteiligten Bürgern gegeben werden und in vielen Fällen Grundlage für eine Verfahrenseinleitung sind, nicht hinreichend gerecht werde. Derjenige, der eine verfahrenseinleitende Anregung gegeben hat, soll jedenfalls eine Mitteilung über die Ablehnung der Verfahrenseinleitung erhalten, wenn seiner Anregung nicht entsprochen worden ist und er daran ein berechtigt erscheinendes Interesse hat. Entsprechend dem Gesetzeswortlaut dürfte eine schlichte Mitteilung der Entscheidung ausreichen. Eine Begründung, insb. eine detaillierte, wird durch die gesetzliche Regelung nicht gefordert (wie hier Zöller/*Feskorn*, ZPO, § 24 FamFG Rn. 4; für Begründung Keidel/*Sternal* § 24 FamFG Rn. 7). Eine ins Detail gehende Begründung dürfte insb. dann nicht in Betracht kommen, wenn dabei auf im persönlichen Bereich eines Betroffenen liegende Umstände eingegangen werden müsste. Wie in der Begründung des RegE bereits hervorgehoben wird (BT-Drucks. 6308, 186), muss bei der Mitteilung das Recht der von der Verfahrensanregung betroffenen Personen auf informationelle Selbstbestimmung berücksichtigt werden. Wenn solche Rechte Dritter nicht entgegenstehen, ist das Gericht allerdings befugt, in der Mitteilung auch (kurze) Ausführungen zu den Gründen der nicht vorgenommenen Einleitung des Verfahrens zu machen, auch wenn die Unterrichtungspflicht nach Abs. 2 dies nicht erfordert.

6 Ein berechtigtes Interesse an der Unterrichtung ist jedenfalls bei einer Personen anzunehmen, die an einem entsprechenden Verfahren, wäre es eingeleitet worden, als Beteiligter hinzuzuziehen gewesen wäre (so Begr. RegE, vgl. BT-Drucks. 6308, 186). Eine rechtliche Betroffenheit der Person dürfte jedoch nicht stets erforderlich sein. In Abs. 2 wird nicht ein rechtliches Interesse vorausgesetzt, vielmehr reicht bereits ein **berechtigtes** Interesse, sodass auch außerrechtliche Belange und Interessen an einer Benachrichtigung zu berücksichtigen sein dürften.

Die Mitteilung, die keinen Regelungsgehalt hat und keine Endentscheidung i.S.d. § 58 darstellt, ist **nicht anfechtbar** (vgl. BGH ZIP 2012, 1097, 1098; OLG Frankfurt ZKJ 2015, 275).

Wird jedoch durch die anfängliche Verweigerung der Aufnahme eines Amtsverfahrens in subjektive Rechte des Anregenden eingegriffen, kommt eine Beschwerde gegen die ablehnende Entscheidung in Betracht (vgl. OLG Brandenburg FamRZ 2015, 1993; OLG Frankfurt ZKJ 2015, 275; KG FGPrax 2014, 171; OLG Hamm FGPrax 2010, 143).

7 **C. Durchführung des Amtsverfahrens.** Es ist auch Aufgabe des Gerichts, das von Amts wegen eingeleitete Verfahren in Gang zu halten und von Amts wegen alle Maßnahmen zur Fortführung und Beendigung des Verfahrens zu treffen. Das Gericht hat unabhängig von Anträgen bzw. Anregungen anderer Personen die notwendig erscheinenden Ermittlungen durchzuführen, Beteiligte anzuhören, Zeugen zu vernehmen, sonstige Beweise zu erheben, dazu ggf. Termine durchzuführen und alle sonst notwendig erscheinenden Maßnahmen zu veranlassen, um das Verfahren abzuschließen.

8 Das Verfahren ist vom Gericht einzustellen, wenn die von Amts wegen vorzunehmende Prüfung (§ 26) ergibt, dass (weitere) gerichtliche Maßnahmen nicht (mehr) erforderlich sind, sich etwa herausgestellt hat, dass Anlass und Grund des Verfahrens entfallen sind. Mangels entgegenstehender Regelungen steht dem Gericht in vollem Umfang die Dispositionsbefugnis hinsichtlich des Verfahrens zu; ein ihm insoweit zukommendes Ermessen hat es pflichtgemäß auszuüben. Eine Zurückweisung eines Antrags kommt im Amtsverfahren – auch wenn die Verfahrenseinleitung nach einer als »Antrag« formulierten Anregung erfolgt ist, nicht in Betracht. Das Gericht hat in Amtsverfahren eine Sachentscheidung zu treffen (vgl. OLG Frankfurt FamRZ 2013, 1994), die auch in der Verneinung zu treffender Maßnahmen bestehen kann. Bei Verweigerung gerichtlicher Anordnungen oder Maßnahmen (ablehnende Sachentscheidung des Gerichts) können derjenige, der solche angeregt hatte, aber auch andere Beteiligte hiergegen Beschwerde einlegen, wenn sie geltend machen können, durch die ablehnende (End)Entscheidung des Gerichts in ihren subjektiven Rechten unmittelbar betroffen zu sein; § 24 Abs. 2 steht dem nicht entgegen (vgl. BGH ZIP 2012, 1097, 1098; OLG Düsseldorf, Beschl. v. 26.11.2015 - 3 Wx 134/14, Rn. 18). So dürfte etwa, wenn das Registergericht die Berichtigung einer fehlerhaften Eintragung verweigert hat, den davon Betroffenen die Beschwerde zustehen. Gleiches dürfte bei Ablehnung der Einziehung eines unrichtigen Erbscheins gelten für diejenigen,

deren Rechte durch die Unrichtigkeit des Erbscheins und die von diesem ausgehende Vermutungswirkung beeinträchtigt werden können.

Eine Dispositionsbefugnis hinsichtlich des Verfahrensgegenstandes (etwa durch »Rücknahme« der verfahrenseinleitenden Anregung oder Erledigungserklärung) kommt den Beteiligten nicht zu. Zur Frage einer möglichen Verfahrensbeendigung durch Vergleich vgl. § 36 Rdn. 7 ff. 9

D. Kosten und Kostenentscheidung. Bei Amtsverfahren in Familiensachen richten sich die Gerichtskosten nach dem FamGKG; es kommen hier die bei § 23 Rdn. 78 genannten Gebührentatbestände in Betracht. Die an die Antragstellung anknüpfende Vorschuss- bzw. Vorauszahlungspflicht nach §§ 14 Abs. 3, 21 FamGKG entfällt allerdings bei von Amts wegen eingeleiteten Verfahren. 10

In den übrigen Amtsverfahren der freiwilligen Gerichtsbarkeit waren vor dem 01.08.2013 die einschlägigen Gebührentatbestände der KostO anwendbar, die nach der Übergangsregelung in § 136 GNotKG (vgl. dazu § 23 Rdn. 79) noch für Altverfahren anwendbar sein können. Auch nach der KostO entfiel in Amtsverfahren eine Vorschussverpflichtung hinsichtlich der Gebühren (was aus § 8 KostO folgte, der für die Vorschusspflicht an eine Antragstellung anknüpfte); ein Vorschuss konnte allenfalls hinsichtlich der Deckung von Auslagen erhoben werden (§ 3 Abs. 1 Satz 2 KostO). Das nunmehr geltende Gesetz über Kosten der freiwilligen Gerichtsbarkeit für Gerichte und Notare (Gerichts- und Notarkostengesetz – GNotKG) kennt eine Vorschusspflicht hinsichtlich der Gerichtsgebühren in von Amts wegen eingeleiteten Verfahren ebenfalls nicht; in solchen Verfahren kommt nach § 14 Abs. 3 GNotKG allenfalls eine Vorschusspflicht hinsichtlich anfallender gerichtlicher Auslagen in Betracht. 11

Hinsichtlich der Rechtsanwaltskosten ist ebenfalls im Wesentlichen auf die Ausführungen zu § 23 (dort Rdn. 81 ff.) zu verweisen. Der volle Umfang der Verfahrensgebühr nach Nr. 3100 VV RVG wird in Abgrenzung zur reduzierten Verfahrensgebühr nach Nr. 3101 VV RVG mit Einreichung eines Schriftsatzes mit Sachvortrag bei Gericht oder Wahrnehmung eines gerichtlichen Termins geschuldet; eine »Antragstellung« ist hier ohne Bedeutung (vgl. Gerold/Schmidt/*Müller-Raabe* VV 3101 RVG Rn. 21, 34, 37 ff.). 12

Wegen der Kostenentscheidung wird auf § 23 Rdn. 84 Bezug genommen. 13

§ 25 Anträge und Erklärungen zur Niederschrift der Geschäftsstelle.

(1) Die Beteiligten können Anträge und Erklärungen gegenüber dem zuständigen Gericht schriftlich oder zur Niederschrift der Geschäftsstelle abgeben, soweit eine Vertretung durch einen Rechtsanwalt nicht notwendig ist.
(2) Anträge und Erklärungen, deren Abgabe vor dem Urkundsbeamten der Geschäftsstelle zulässig ist, können vor der Geschäftsstelle eines jeden Amtsgerichts zur Niederschrift abgegeben werden.
(3) ¹Die Geschäftsstelle hat die Niederschrift unverzüglich an das Gericht zu übermitteln, an das der Antrag oder die Erklärung gerichtet ist. ²Die Wirkung einer Verfahrenshandlung tritt nicht ein, bevor die Niederschrift dort eingeht.

Übersicht

	Rdn.		Rdn.
A. Allgemeines	1	III. Anträge und Erklärungen zu Protokoll der Geschäftsstelle	17
B. Zulässigkeit schriftlicher oder zu Protokoll gegebener Anträge und Erklärungen der Beteiligten (Anwendungsbereich)	4	1. Zuständigkeit	17
		2. Form und Inhalt	20
C. Abgabe des Antrags oder einer Erklärung nach Abs. 1 u 2	9	D. Übermittlung der Niederschrift an das zuständige Gericht	23
I. Begriff des Antrags und der Erklärung	9	E. Zur Frage der Zulässigkeit von Anträgen und Erklärungen in mündlicher, fernmündlicher oder sonstiger Form	29
II. Schriftliche Anträge und Erklärungen	10		

A. Allgemeines. § 25 knüpft an die frühere Regelung des § 11 FGG an. Er schafft für die Beteiligten eine erleichterte Möglichkeit, Anträge und Erklärungen ggü. dem Gericht abzugeben. Soweit eine Vertretung durch einen Rechtsanwalt nicht notwendig ist, können Anträge und Erklärungen ggü. dem zuständigen Gericht schriftlich oder zur Niederschrift der Geschäftsstelle abgegeben werden. Eine Abgabe von Anträgen und Erklärungen vor dem Urkundsbeamten der Geschäftsstelle ist bei jedem AG möglich (dies entspricht der Regelung in § 129a Abs. 1 ZPO). 1

§ 25

2 Die Geschäftsstelle des AG hat dann, falls erforderlich, die Niederschrift an das zuständige Gericht zu übermitteln. Erst bei Eingang der Niederschrift beim zuständigen Gericht treten die Wirkungen des Antrags oder der Erklärung ein (vgl. die entspr. Regelung in § 129a Abs. 2 ZPO).

3 Soweit die Erklärung zu Protokoll der Geschäftsstelle zulässig ist, steht sie dem Beteiligten neben den Möglichkeiten der schriftlichen Erklärung bzw. Antragstellung und des elektronischen Dokuments (vgl. § 14 Abs. 2) zur Verfügung.

4 **B. Zulässigkeit schriftlicher oder zu Protokoll gegebener Anträge und Erklärungen der Beteiligten (Anwendungsbereich).** Abs. 1 gibt den Beteiligten im Anwendungsbereich des FamFG grds. die Möglichkeit, Anträge oder Erklärungen schriftlich oder zu Protokoll der Geschäftsstelle abzugeben, **soweit eine Vertretung durch einen Rechtsanwalt nicht notwendig ist.**

5 Für die Notwendigkeit anwaltlicher Vertretung und einen daraus folgenden Ausschluss der Möglichkeit des § 25 sind etwa die §§ 10 Abs. 4, 114 (vgl. die Kommentierung dort) heranzuziehen.

6 Die Regelung des Abs. 1 wird in **einzelnen Bereichen** durch **spezielle Regelungen** verdrängt, die für Anträge oder Erklärungen besondere Formen vorgeben, etwa notarielle Beurkundung, öffentliche Beglaubigung, gerichtliche Protokollierung oder gerichtliche Beurkundung, elektronische Einreichung von Dokumenten in öffentlich beglaubigter Form (vgl. z.B. notarielle Beurkundung für Anträge nach §§ 1752 Abs. 2 Satz 2, 1762 Abs. 3 BGB; Ausschlagungserklärung zur Niederschrift des Nachlassgerichts oder in öffentlich beglaubigter Form gem. § 1945 Abs. 1 BGB; Anmeldungen bzw. Anträge zu Registereintragungen in öffentlich beglaubigter Form nach §§ 77, 1560 BGB, § 4 Abs. 2 HöfeVO; elektronische Einreichung von Anmeldungen zur Eintragung ins Handelsregister in öffentlich beglaubigter Form nach § 12 Abs. 1, 2 HGB; Beurkundung von Erklärungen über die Anerkennung der Vaterschaft oder von Unterhaltsverpflichtungen nach § 62 BeurkG). Weiterhin enthält das FamFG in speziellen Bereichen ergänzende Regelungen, vgl. z.B. §§ 64 Abs. 2, 305, 336.

7 § 25 ist weiterhin von vornherein **nicht anwendbar** in den Bereichen, in denen statt Verfahrensvorschriften des Allgemeinen Teils des FamFG die Vorschriften der ZPO für anwendbar erklärt werden (wie etwa in Ehesachen und Familienstreitsachen, vgl. § 113 Abs. 1).

8 I.Ü. gilt § 25 in dem durch § 1 abgesteckten Rahmen des FamFG, d.h. in den durch Bundesgesetz den Gerichten zugewiesenen Verfahren in Familiensachen sowie in den Angelegenheiten der freiwilligen Gerichtsbarkeit. In den dem Landesgesetzgeber vorbehaltenen Regelungsbereichen (vgl. dazu §§ 486 ff.) kann dieser anderes regeln, aber auch § 25 für anwendbar erklären. Sind nach Landesrecht in den in § 1 genannten Verfahren andere als gerichtliche Behörden zuständig, gilt § 25 nicht, wie in § 488 Abs. 1 bestimmt ist.

9 **C. Abgabe des Antrags oder einer Erklärung nach Abs. 1 u 2. I. Begriff des Antrags und der Erklärung.** § 25 Abs. 1 und 2 gilt für Anträge und Erklärungen. Der Begriff des **Antrags** ist weit zu verstehen, er erfasst Verfahrensanträge (insb. verfahrenseinleitende Anträge), Sachanträge und alle sonstigen an das Gericht gerichteten Erklärungen, die das Gericht zu bestimmten Tätigkeiten veranlassen sollen. Zu letzteren gehören auch Anregungen an das Gericht in Antrags-, aber auch Amtsverfahren. Einen weiten Bedeutungsinhalt hat auch der Begriff der **Erklärung.** Darunter fallen alle für das Gericht bestimmten Äußerungen tatsächlicher Art (z.B. Tatsachenvortrag, Bestreiten) sowie verfahrensrechtlicher Art (z.B. Rüge der Unzuständigkeit), aber auch Erklärungen rechtsgeschäftlicher Art an das Gericht oder ggf. auch an andere Beteiligte (z.B. eine im Verfahren abgegebene Aufrechnungserklärung).

10 **II. Schriftliche Anträge und Erklärungen.** Anträge und Erklärungen können von den Beteiligten selbst unter der Voraussetzung des Abs. 1 (vgl. dazu Rdn. 4) **schriftlich** abgegeben werden. Einzuhalten sind dabei selbstverständlich die übrigen für Verfahrenshandlungen geltenden Voraussetzungen, insbesondere muss der Erklärende beteiligtenfähig (§ 8) sowie rechts- und verfahrensfähig sein oder als verfahrensfähig gelten (vgl. dazu § 9 Rdn. 3 ff.).

11 Was »schriftlich« bedeutet, ist klärungsbedürftig. Jedenfalls erfordert das Merkmal der Schriftlichkeit nach allgemeinem Sprachverständnis, dass ein in Schrift abgefasster Text bei Gericht eingereicht werden muss. Zu denken ist jedoch daran, dass eine bestimmte Schriftform eingehalten werden muss, insb. an die Einhaltung der im Zivilrecht geltenden allgemeinen gesetzlichen Schriftform des § 126 BGB. Die Schriftform nach § 126 Abs. 1 BGB erfordert grds. auch die eigenhändige Namensunterschrift oder ein notariell beglaubigtes Handzeichen. Der originäre Anwendungsbereich des § 126 BGB beschränkt sich aber auf das materielle Recht und hier insb. auf die schriftliche Form von Rechtsgeschäften. Auf die Schriftform von Verfahrenshandlungen ist *§ 126 BGB* nicht anwendbar. Diese richtet sich ausschließlich nach den jeweiligen Vorschrif-

ten des Verfahrensrechts, die sich von materiellrechtlichen Formerfordernissen abgekoppelt haben (vgl. BGHZ 24, 297, 299; GmS-OGB NJW 1980, 172, 174; MüKoBGB/*Einsele* § 126 BGB Rn. 5). Aus § 126 BGB ist danach nichts für die in Abs. 1 vorausgesetzte Schriftlichkeit von Anträgen und Erklärungen herzuleiten. Würde entsprechend der privatrechtlichen Schriftform stets eigenhändige Unterschrift verlangt, ergäben sich nicht unerhebliche Wertungswidersprüche zu § 23 Abs. 1, der selbst bei verfahrenseinleitenden Anträgen, die in bestimmten Schriftsätzen enthalten sind, die Unterschrift des Antragstellers lediglich als Sollvorschrift vorgibt (vgl. dazu § 23 Rdn. 40). Mit dieser Regelung wäre es schwerlich vereinbar, wenn Abs. 1 generell für Anträge, aber auch für sonstige Erklärungen eine strengere Form vorsehen würde. 12

Von wesentlicher Bedeutung ist schließlich, dass nach dem früheren Recht des FGG die Einhaltung einer bestimmten Schriftform und insb. eine Unterschrift des Erklärenden grds. nicht für erforderlich gehalten worden ist. Es wurde vielmehr für ausreichend erachtet, dass ein Schriftstück vorhanden ist, aus dem der Inhalt der abzugebenden Erklärung und die Person, welche die Erklärung bei Gericht einreicht, im Zeitpunkt des Eingangs der Erklärung hinreichend zuverlässig erkennbar ist; eine Unterschrift sollte nicht erforderlich sein (vgl. GmS-OGB NJW 1980, 172, 174; BGH NJW 1984, 1974; OLG Frankfurt am Main FamRZ 2003, 321; KKW/*Zimmermann* § 11 FGG Rn. 28). 13

An diesen Grundsätzen ist auch für die Einreichung schriftlicher Anträge und Erklärungen nach Abs. 1 festzuhalten. Weder der Gesetzestext noch die Materialien des Gesetzgebungsverfahrens bieten hier Anhaltspunkte für die Annahme, dass der Gesetzgeber von diesen Grundsätzen abweichen und insb. erhöhte Formanforderungen einführen wollte. Eine handschriftliche Unterzeichnung des Antrags oder der Erklärung ist danach – vorbehaltlich eingreifender Sonderregelungen – weiterhin nicht zwingend erforderlich (ebenso Keidel/*Sternal* § 25 FamFG Rn. 12; Prütting/Helms/*Ahn-Roth* § 25 FamFG Rn. 7; teilweise abw. *Bumiller*/Harders/Schwamb § 25 FamFG Rn. 5). Bei verfahrenseinleitenden Anträgen sind jedoch die Anforderungen des § 23 zu beachten (vgl. § 23 Rdn. 14 ff., 37 ff.). 14

Nach den oben dargestellten, weiter geltenden Grundsätzen genügen der schriftlichen Form auch Anträge und Erklärungen, die über Telegramm, Fernschreiben, Telefax, Computerfax (mit und wohl auch ohne eingescannte Unterschrift) bei Gericht eingehen (ebenso Keidel/*Sternal* § 25 FamFG Rn. 14). Eine E-Mail könnte für die Schriftlichkeit ebenfalls ausreichen, zumindest für schriftliche Erklärungen, wenn die Identität des Erklärenden, die Authentizität und Integrität des Inhalts nach den Umständen hinreichend gesichert erscheint (vgl. KKW/*Zimmermann* § 11 FGG Rn. 31a). Ob dies jedoch bei einfachen E-Mails angenommen werden kann, ist im Hinblick auf die hier vorhandenen Einwirkungs- und Manipulationsmöglichkeiten problematisch. E-Mails dürften überdies unter § 14 fallen und den danach geltenden Voraussetzungen unterliegen (vgl. § 14 Rdn. 14 ff.; ebenso MüKoZPO/*Ulrici* § 25 FamFG Rn. 7). 15

Weiter gehende Formanforderungen können sich allerdings aus speziellen gesetzlichen Regelungen (z.B. Unterschriftserfordernis bei der Beschwerdeschrift, § 64 Abs. 2; vgl. dort Rdn. 7 ff., 18), insb. aus für bestimmte Bereiche geltenden Sonderregelungen ergeben. Die Formvorschrift des § 126 BGB mit dem Erfordernis eigener Unterschrift ist einzuhalten, wenn das bei Gericht eingereichte Schriftstück eine der Schriftform bedürftige rechtsgeschäftliche Willenserklärung enthält. 16

III. Anträge und Erklärungen zu Protokoll der Geschäftsstelle. 1. Zuständigkeit. Für die Beteiligten besteht weiterhin unter den Voraussetzungen des Abs. 1 (vgl. dazu Rdn. 4) die Möglichkeit, Anträge und Erklärungen zu Protokoll der Geschäftsstelle des zuständigen Gerichts, aber auch zu Protokoll der Geschäftsstelle eines jeden AG abzugeben (letzteres mit der Folge der noch notwendigen Übermittlung nach Abs. 3). 17

Zuständiges Gericht ist dabei das Gericht, bei dem die betreffende Sache bereits anhängig ist, oder bei noch fehlender Anhängigkeit jedes Gericht, bei dem eine Zuständigkeit nach den Gesetzesregelungen über die örtliche und sachliche Zuständigkeit gegeben ist. Ist das Gericht der vom Beteiligten aufgesuchten Geschäftsstelle nicht zuständig, kann es – falls der Beteiligte sich zum AG begeben hat – den Antrag oder die Erklärung gleichwohl zu Protokoll nehmen. In diesem Fall ist jedoch noch die Übermittlung zum zuständigen Gericht nach Abs. 3 erforderlich. 18

Zuständig für die Entgegennahme entsprechender Anträge und Erklärungen und Erstellung des Protokolls ist der Urkundsbeamte der Geschäftsstelle, die bei jedem Gericht einzurichten ist (§ 153 Abs. 1 GVG). Die Aufgabe der Geschäftsstelle kann ggf. nach § 24 RPflG vom Rechtspfleger wahrzunehmen sein. Der Richter ist (jedenfalls außerhalb eines Verhandlungstermins) nicht zur Aufnahme entsprechender Anträge und Erklärungen nach Abs. 2 verpflichtet. Wenn jedoch anstelle des zuständigen Urkundsbeamten der Rechtspfleger oder der Richter Anträge oder Erklärungen zu Protokoll genommen hat, beeinflusst dies die Wirksamkeit der aufgenommenen Niederschrift nicht (vgl. § 8 Abs. 1 und 5 RpflG; Prütting/Helms/*Ahn-Roth* § 25 19

FamFG Rn. 10); dies gilt allerdings nur, wenn die vom Rechtspfleger oder Richter aufgenommene Niederschrift die nachfolgend zu behandelnden Mindestanforderungen erfüllt (LG Meiningen FamRZ 2014, 1315). Ansonsten dürfte eine von einer unzuständigen Person aufgenommene Niederschrift grds. unwirksam sein (vgl. Keidel/*Sternal* § 25 FamFG Rn. 24).

20 **2. Form und Inhalt.** Zu Form und Inhalt des Protokolls enthält § 25 keine Vorgaben. Es dürften danach die Grundsätze weiterhin anzuwenden sein, die Rspr. und Lit. zur früheren Regelung des § 11 FGG entwickelt hatten. Danach ist für erforderlich gehalten worden, dass die vom Urkundsbeamten zu fertigende Niederschrift zumindest folgende Angaben enthält: hinreichende Bezeichnung der aufnehmenden Stelle (Bezeichnung des Gerichts, der Geschäftsstelle und Name des Urkundsbeamten), Ort und Tag der Errichtung der Niederschrift, genaue Bezeichnung der bei Gericht erschienenen Person des Beteiligten, Bezeichnung der Angelegenheit (wohl nur zwingend erforderlich, wenn sich dies nicht aus dem weiteren Protokollinhalt ergibt), Wiedergabe des anzubringenden Antrags oder der Erklärung und die den Text abschließende Unterschrift des Urkundsbeamten (vgl. zu letzterem BayObLG RPfleger 1991, 450; zu den übrigen Voraussetzungen vgl. KKW/*Zimmermann* § 11 FGG Rn. 19 ff.). Die Niederschrift ist in deutscher Sprache abzufassen (§ 184 GVG).

21 Der sachliche Inhalt der Niederschrift, der weitgehend durch die einschlägige Antragsnorm oder andere für die jeweilige Verfahrenshandlung einschlägige Normen bestimmt wird, muss vom Urkundsbeamten abgefasst sein. Eine wirksame Erklärung zu Protokoll der Geschäftsstelle wird danach verneint, wenn der Urkundsbeamte lediglich ein vom Beteiligten gefertigtes Schriftstück mit Eingangs- und Schlussbemerkungen versieht, wenn ein solches Schriftstück wörtlich abgeschrieben wird oder nur auf privatschriftliche Anlagen des Beteiligten oder einer anderen Person Bezug genommen wird (vgl. dazu OLG Köln RPfleger 1994, 495; Prütting/Helms/*Ahn-Roth* § 25 FamFG Rn. 12). In solchen Fällen wird aber zu prüfen sein, ob hier jedenfalls Schriftform gewahrt ist. Eine Unterschrift des Protokolls nach Vorlesung und Genehmigung der Niederschrift seitens des Erklärenden wird für zweckmäßig gehalten, ist jedoch für die Wirksamkeit der zu Protokoll genommenen Verfahrenshandlung nicht erforderlich (vgl. BayObLGZ 1964, 330, 333; BayObLG FamRZ 2005, 834; Keidel/*Sternal* § 25 FamFG Rn. 20). Wenn allerdings der erklärende Beteiligte seine Unterschrift ausdrücklich verweigert und damit hinreichend zum Ausdruck bringt, dass er den protokollierten Inhalt des Antrags bzw. der Erklärung nicht (mehr) billigt, kann von einer wirksam protokollierten Verfahrenshandlung nicht ausgegangen werden.

22 Die zu fertigende Niederschrift soll das Begehren bzw. die Erklärungen des Beteiligten zutreffend und vollständig wiedergeben. Zu einer sachlichen Prüfung des Antrags oder der Erklärung ist der Urkundsbeamte nicht verpflichtet und hierzu grds. auch nicht befugt. Auf evtl. von ihm erkannte Bedenken wird er den Beteiligten jedoch hinzuweisen haben.

Nach Abschluss der Protokollierung in Gegenwart des Erklärenden ist der Urkundsbeamte nicht befugt, noch sachliche Änderungen der Niederschrift vorzunehmen. Dies schließt allerdings Korrekturen von Schreibfehlern und anderen offensichtlichen Unrichtigkeiten nicht aus.

23 **D. Übermittlung der Niederschrift an das zuständige Gericht.** Ist ein Antrag oder eine Erklärung zu Protokoll der Geschäftsstelle eines unzuständigen Gerichts, d.h. bei einem Gericht, das nicht Adressat ist, abgegeben worden, ist die Geschäftsstelle nach Abs. 3 verpflichtet, das Protokoll unverzüglich dem Gericht, an das der Antrag oder die Erklärung gerichtet ist, zu übersenden.

24 Welches Gericht Adressat des Antrags oder der Erklärung ist, wird allein vom Beteiligten – ggf. nach Hinweis des Urkundsbeamten der Geschäftsstelle auf das örtlich, sachlich und funktionell zuständige Gericht – bestimmt.

25 Erst bei Eingang der Niederschrift beim Adressatgericht tritt die Wirkung der betreffenden Verfahrenshandlung (Antrag, Erklärung) ein, wie Abs. 3 ausdrücklich bestimmt. Durch Erklärung zu Protokoll der Geschäftsstelle eines anderen Gerichts kann danach eine evtl. laufende Frist nicht gewahrt werden (vgl. dazu auch Prütting/Helms/*Ahn-Roth* § 25 FamFG Rn. 14). Davon zu unterscheiden ist jedoch die Problematik, ob eine Frist bei rechtzeitiger Einreichung bzw. rechtzeitigem Eingang beim Adressatgericht gewahrt werden kann, das unzuständig ist und später das Verfahren an das zuständige Gericht verweist (vgl. dazu § 23 Rdn. 56). Auf eine erkennbare Gefahr der Fristversäumung und sich anbietende Alternativen der Anbringung der Verfahrenshandlung sollte der Urkundsbeamte der Geschäftsstelle hinweisen.

26 Wenn die Geschäftsstelle die Niederschrift nicht mit der gebotenen Zügigkeit an das zuständige Gericht *weiterleitet, kommt evtl. eine Wiedereinsetzung in den vorigen Stand nach §§ 17 ff.* in Betracht, soweit eine

der Wiedereinsetzung unterliegende Frist vom Beteiligten versäumt worden ist (vgl. hierzu § 17 Rdn. 27, 52 ff.).

Stellt sich heraus, dass das Gericht, an das die vom Urkundsbeamten aufgenommene Niederschrift über den Antrag oder die Erklärung gerichtet ist, unzuständig ist, kommt nur eine Verweisung nach den dafür geltenden Vorschriften in Betracht (vgl. dazu auch § 23 Rdn. 56). 27

Zur Einreichung von **schriftlichen Anträgen und Erklärungen bei einem nach dem Inhalt des Schriftstücks bereits unzuständigen Gericht** findet sich in § 25 (anders als für den Fall der Erklärung zu Protokoll der Geschäftsstelle) keine Regelung. Auch bei dieser Fallgestaltung werden jedoch Anträge oder Erklärungen unverzüglich an das Gericht weiterzuleiten sein, an das sie sich richten (analog Abs. 3). 28

E. Zur Frage der Zulässigkeit von Anträgen und Erklärungen in mündlicher, fernmündlicher oder sonstiger Form. Neben den in § 25 vorgesehenen Formen sieht das FamFG für Anträge und Erklärungen auch das **elektronische Dokument** nach § 14 vor. 29

Fraglich ist, ob daneben auch noch **mündliche oder telefonische Anträge oder Erklärungen** in Betracht kommen. Nach altem Recht sind auch mündliche und telefonische Anträge und Erklärungen grds. für zulässig gehalten worden, soweit dem nicht spezielle gesetzliche Formvorschriften entgegenstehen (vgl. BayObLGZ 1976, 38, 42; 1967, 286, 288; KKW/*Zimmermann* § 11 FGG Rn. 31). Solche Erklärungen sollten in einem Vermerk, einem Protokoll oder in den Entscheidungsgründen festgehalten werden. In dem letztgenannten Fall sollte dann erforderlich sein, dass bei Entgegennahme der Erklärung und bei der Entscheidung dieselben Richter mitwirken, da nur für diese die mündliche/telefonische Erklärung verwertbar sei (vgl. BayObLGZ 1964, 433, 440; *Bassenge*/Roth § 11 FGG Rn. 8). 30

Wenn das Gericht von der Möglichkeit der **mündlichen Erörterung nach § 32** Gebrauch macht, können in der mündlichen Verhandlung entsprechende Verfahrenshandlungen vorgenommen werden. Außerhalb einer mündlichen Verhandlung erscheint die mündliche oder fernmündliche Übermittlung von Anträgen und Erklärungen problematisch, der Rechtssicherheit abträglich und mit der nunmehrigen Gesetzeslage nur schwer vereinbar, die bestimmte Formen der Übermittlung von Anträgen und Erklärungen ausdrücklich regelt, und zwar solche, die in der Rechtspraxis durchaus gängig sind und die insgesamt ausreichend erscheinen. Sie sind danach nicht zuzulassen und der Entscheidung nicht zugrunde zu legen (ebenso OLG Nürnberg FamRZ 2014, 63; Bahrenfuss/*Rüntz* § 25 FamFG Rn. 9; a.A. Keidel/*Sternal* § 25 FamFG Rn. 13; Prütting/Helms/*Ahn-Roth* § 25 FamFG Rn. 13). Mündliche oder telefonische Erklärungen mögen dem Gericht im Rahmen eines anhängigen Verfahrens Veranlassung geben, von Amts wegen (§ 26) Ermittlungen anzustellen und ggf. Beteiligte zu verwertbaren Erklärungen zu veranlassen (für Amtsermittlung Bahrenfuss/*Rüntz* § 25 FamFG Rn. 9). 31

§ 26 Ermittlung von Amts wegen. Das Gericht hat von Amts wegen die zur Feststellung der entscheidungserheblichen Tatsachen erforderlichen Ermittlungen durchzuführen.

Übersicht

	Rdn.		Rdn.
A. Allgemeines	1	D. Umfang der Ermittlungen	25
B. Anwendungsbereich	5	E. Einschränkung der Amtsermittlung bei ausschließlicher anderweitiger Vorfragenkompetenz und Entscheidungs- und Tatsachenbindung	40
I. Geltung der Amtsermittlung in grds. allen Bereichen der Freiwilligen Gerichtsbarkeit	5		
II. Ausnahmen	9	F. Feststellung entscheidungsrelevanter Tatsachen	45
C. Gegenstand und Art der Ermittlungen	13	G. Nichtaufklärbarkeit und Feststellungslast	48
I. Gegenstand	13	H. Rechtsfolgen unzureichender Aufklärung	54
II. Art der Ermittlung	17		

A. Allgemeines. § 26 übernimmt aus § 12 FGG den **Grundsatz der Amtsermittlung**. Die zum alten Recht ergangene Rechtsprechung und vorhandene Literatur wird hier grds. weiterhin heranzuziehen sein. Dabei wird aber jeweils zu prüfen sein, ob sich Abweichungen aus neu gefassten, speziellen Vorschriften des FamFG ergeben. So werden etwa die neu gefassten Regelungen über die Beweisaufnahme (§§ 29 ff.) und über die persönliche Anhörung der Beteiligten zu berücksichtigen sein. 1

2 Der im gesamten Bereich der freiwilligen Gerichtsbarkeit geltende Grundsatz der Amtsermittlung (auch die Begriffe **Untersuchungsgrundsatz** und **Inquisitionsmaxime** finden sich) verpflichtet den Richter (ggf. den Rechtspfleger), den Sachverhalt, von dem er bei seiner Entscheidung ausgeht, von Amts wegen aufzuklären und nach pflichtgemäßem Ermessen die gebotenen Ermittlungen anzustellen und insb. auch die erforderlich erscheinenden Beweise zu erheben (zu den Ausnahmen vgl. Rdn. 5, 9 ff.). Er ist dabei an Vorbringen und Beweisanträge der Parteien nicht gebunden und für die Vollständigkeit der Sachverhaltsermittlung letztlich verantwortlich. Die gerichtliche Aufklärung zielt – anders als der Zivilprozess – auf Feststellung objektiver Wahrheit (Prinzip der materiellen Wahrheit im Gegensatz zum im Zivilprozess geltenden Prinzip formeller Wahrheit). Die gebotene Amtsermittlung des Gerichts kann es – dies sogar in echten Streitverfahren – gebieten, eine nach dem Vorbringen der Beteiligten unstreitige Tatsache auf ihre Richtigkeit zu überprüfen.

3 Die Amtsermittlung unterscheidet sich insoweit im Grundansatz von dem im Zivilprozess geltenden Beibringungsgrundsatz, nach dem die Parteien den der richterlichen Entscheidung zugrunde zu legenden Sachverhalt vorzutragen haben und der Richter – grds. ohne weitere Überprüfung – von diesem (übereinstimmenden) Vortrag der Parteien auszugehen hat.

4 Auch im Geltungsbereich des Amtsermittlungsgrundsatzes sind die Verfahrensbeteiligten jedoch in die Beschaffung des Tatsachenstoffs, der Grundlage der richterlichen Entscheidung ist, eingebunden. Zum einen geben ihnen ihre Verfahrensrechte, insb. ihr Anspruch auf rechtliches Gehör, Mitwirkungsmöglichkeiten bei der Erarbeitung der Tatsachengrundlagen. Zum anderen sind sie aufgrund vorhandener Mitwirkungs- und Verfahrensförderungspflichten und im Hinblick auf drohende Nachteile einer sie evtl. treffenden Feststellungslast gehalten, an der Beschaffung des Tatsachenstoffs mitzuwirken und dem Gericht Anhaltspunkte für weitere Ermittlungen zu geben.

5 B. Anwendungsbereich. I. Geltung der Amtsermittlung in grds. allen Bereichen der Freiwilligen Gerichtsbarkeit. Das Prinzip der Amtsermittlung nach § 26 gilt im Grundsatz **in sämtlichen von § 1 erfassten Bereichen des FamFG**. Es ist von vornherein **nicht anwendbar**, soweit das FamFG in bestimmten Bereichen Ausnahmen anordnet, insb. für bestimmte Verfahren die Vorschriften der ZPO statt der allgemeinen Vorschriften des FamFG für anwendbar erklärt (vgl. sogleich Rdn. 9 ff.).

6 Die Anwendung des Amtsermittlungsgrundsatzes erscheint folgerichtig und ist unmittelbar einsichtig für die im Bereich der freiwilligen Gerichtsbarkeit häufigen **Amtsverfahren**, die durch das Gericht von Amts wegen einzuleiten und in Gang zu halten sind und bei denen der Verfahrensgegenstand vom Gericht bestimmt wird. Wenn hier nach den Wertungen des Gesetzgebers ein öffentliches, allgemeines Interesse an der Verfahrensdurchführung besteht, ist auch die Erarbeitung der Tatsachengrundlage nicht (allein) in die Hände und damit in das Belieben der Beteiligten zu legen, sondern Aufgabe des Richters, der die entsprechenden öffentlichen Interessen wahrzunehmen hat.

7 Grundsätzlich gilt die Ermittlung von Amts wegen aber auch für die **Antragsverfahren**, selbst in echten Streitsachen (vgl. BayObLG NJW-RR 1997, 971, 972; DNotZ 1994, 178). Hier wird allerdings eher von den Beteiligten erwartet werden müssen, dass sie ihnen bekannten Sachverhalt vortragen und ihnen bekannte Beweismittel benennen, um damit dem Gericht Ansatzpunkte für entsprechende (ggf. weitere) Ermittlungen und Sachverhaltsfeststellungen zu bieten.

8 Der Amtsermittlungsgrundsatz gilt auch in der **Beschwerdeinstanz**, soweit es dort noch um Tatsachenfeststellung geht. Bei der **Rechtsbeschwerde** kommt es allein auf die in § 72 genannten Beschwerdegründe an und ist grds. von den Tatsachenfeststellungen der vorausgegangenen Instanzen auszugehen.

9 II. Ausnahmen. Ausnahmen vom Amtsermittlungsgrundsatz ergeben sich aus speziellen gesetzlichen Vorschriften.

10 So sind etwa in Ehesachen (§ 121) und Familienstreitsachen (§ 112) die allgemeinen Vorschriften für das erstinstanzliche Verfahren, mithin auch § 26, unanwendbar (§ 113 Abs. 1); statt dessen wird die Anwendung der Vorschriften der ZPO angeordnet. Für Ehesachen gilt dabei eine modifizierte, eingeschränkte Amtsermittlung nach § 127 (näheres dort).

11 Auch in Abstammungssachen ist nach § 177 Abs. 1 eine eingeschränkte Amtsermittlung vorgesehen. Auch diese Regelung hat Vorrang vor der allgemeinen Aufklärungspflicht nach § 26. Nach § 177 Abs. 1 dürfen in Verfahren auf Anfechtung der Vaterschaft von den Beteiligten nicht vorgebrachte Tatsachen nur berücksichtigt werden, wenn sie geeignet sind, dem Fortbestand der Vaterschaft zu dienen, oder wenn der die Vaterschaft Anfechtende einer Berücksichtigung nicht widerspricht.

In einzelnen speziellen Fällen verlangt das Gesetz vom Antragsteller die Vorlage bestimmter Unterlagen, gibt bestimmten Beteiligten die Beibringung von Entscheidungsgrundlagen auf oder es finden sich gesetzliche Regelungen für entsprechende Anordnungen des Gerichts. Als Beispiele seien hier nur genannt die Angaben und Nachweise bei Stellung eines Erbscheins gem. §§ 2354 ff. BGB a.F. bzw. §§ 352 ff. (in der seit 17.08.2015 geltenden) n.F. und bei beantragten Handelsregistereintragungen sowie im FamFG selbst geregelte Beibringungs- und Nachweispflichten (etwa in §§ 11 Abs. 1 Satz 1, 18 Abs. 3, 206 Abs. 1), die als Konkretisierung der Mitwirkungspflicht oder -obliegenheit der Beteiligten zu verstehen sind. 12

C. Gegenstand und Art der Ermittlungen. I. Gegenstand. Gegenstand der Ermittlung von Amts wegen sind alle entscheidungserheblichen oder zumindest aus Sicht des Gerichts als entscheidungserheblich in Betracht kommenden Tatsachen (vgl. BGH FamRZ 2012, 1210). Die Befugnis und Pflicht des Gerichts zur Ermittlung setzt ein, wenn es für ein auf Antrag oder von Amts wegen eingeleitetes Verfahren oder für die Entscheidung, ob ein Verfahren von Amts wegen einzuleiten ist, auf die zu ermittelnden Tatsachen ankommt. 13

Dies gilt unzweifelhaft für die **materiellrechtlich relevanten Tatsachen**. Bei einer Einrede, die nur bei ihrer Geltendmachung durch einen Beteiligten zu berücksichtigen ist (z.B. der Einrede der Verjährung), setzt die Amtsermittlung hinsichtlich der die Einrede begründenden Tatsachen erst bei deren Geltendmachung ein. Die Amtsermittlungspflicht erstreckt sich dabei auch auf für eine Ermessensausübung sowie für Fragen der Verhältnismäßigkeit relevante Tatsachen (vgl. BGH FGPrax 2012, 84, 85). 14

Gegenstand der Amtsermittlung sind auch **Tatsachen, die verfahrensrechtlich relevant** sind, die also die Voraussetzungen der Verfahrenseinleitung, die Zulässigkeit eines Antrags oder eines Rechtsmittels betreffen (vgl. BayObLGZ 2004, 37, 40; Keidel/*Sternal* § 26 FamFG Rn. 45). Nach anderer Auffassung soll – wie im Zivilprozess – für solche Zulässigkeitsvoraussetzungen eine Prüfung von Amts wegen erfolgen, aber das Gericht keine Amtsermittlungspflicht haben, sondern insoweit soll der Beibringungsgrundsatz gelten, es also dem Antragsteller bzw. Rechtsmittelführer obliegen, die für die Zulässigkeit relevanten Tatsachen darzulegen (vgl. KG FGPrax 1995, 120, 122; KG NJW 1961, 1028, 1029). Die Amtsermittlung erfasst auch ansonsten die für das Verfahren und die Verfahrensgestaltung relevanten Umstände. Dazu kann etwa auch die Ermittlung von Name und Anschrift eines Beteiligten des Verfahrens gehören (BGH NJW 2015, 1820, 1822). 15

Die Amtsermittlung hat sich – über die Tatsachenfeststellung hinausgehend – auch auf die Ermittlung entscheidungserheblichen **ausländischen Rechts, Gewohnheitsrechts und Statuten** zu beziehen (vgl. BayObLG FGPrax 1998, 240; *Prütting*/Helms § 26 FamFG Rn. 18; für den Bereich des Zivilprozesses vgl. § 293 ZPO). Es obliegt danach nicht den Beteiligten, das ausländische Recht nachzuweisen (vgl. OLG Köln GmbHR 1989, 125). 16

II. Art der Ermittlung. Die Art der anzustellenden Ermittlungen steht im **pflichtgemäßen Ermessen** des Gerichts. Die dem Gericht dabei zukommenden Befugnisse werden durch das Gesetz begrenzt. Es ist insb. nicht befugt, ohne entsprechende gesetzliche Grundlage in Freiheitsrechte der Beteiligten und anderer Personen einzugreifen. Aus § 26 selbst ergibt sich **keine Eingriffsermächtigung**, auch nicht unter Heranziehung der allgemein Mitwirkungspflicht der Beteiligten aus § 27 (vgl. BVerfG FamRZ 2004, 523, 524; BGH FamRZ 2010, 720; OLG Frankfurt FamRZ 2015, 1521; MüKoZPO/*Ulrici* § 26 FamFG Rn. 21; vgl. dazu auch § 27 Rdn. 7). Nach dem Grundsatz des Gesetzesvorbehalts bedarf es für einen der Sachverhaltsaufklärung dienenden Eingriff in Grundrechte der Beteiligten einer eindeutigen, speziell auf den Eingriff ausgerichteten gesetzlichen Grundlage. 17

Dem Gericht obliegt es grds. auch, darüber zu entscheiden, ob es den entscheidungsrelevanten Sachverhalt im Wege formloser Ermittlungen (Freibeweis; vgl. § 29) oder durch förmliche Beweisaufnahme entspr. der ZPO (Strengbeweis, vgl. § 30) aufklärt. Das FamFG setzt dem allerdings nunmehr erhebliche Grenzen. Nach § 30 Abs. 2 und 3 ist der Strengbeweis für bestimmte Fälle zur Wahrung der Verfahrensrechte der Beteiligten und zur Sicherstellung einer materiell richtigen Entscheidung obligatorisch (vgl. dazu § 30 Rdn. 9 ff.). 18

I.R.d. **Freibeweises** können schriftliche, mündliche oder telefonische Auskünfte eingeholt werden, das Gericht kann sich der Mithilfe von Behörden bedienen (etwa deren Berichte auswerten); der Grundsatz der Unmittelbarkeit der Beweisaufnahme und der Grundsatz der Partei- bzw. Beteiligtenöffentlichkeit gelten hier nicht (vgl. § 29 Rdn. 11 f.). 19

Auch beim Freibeweis geht es um Ermittlungen, die der Richter (Rechtspfleger) in nach außen erkennbarer amtlicher Funktion vornimmt. 20

§ 26 Buch 1. Allgemeiner Teil

21 Wenn hingegen der Richter (Rechtspfleger) Kenntnisse privat erlangt hat, können diese auf zwei Wegen wirksam in das Verfahren eingeführt und verwertet werden: Der Richter (Rechtspfleger) kann seine Kenntnis den Beteiligten mitteilen, die entsprechenden Tatsachen können dann von den Beteiligten hingenommen und mithin unstreitig werden. Sonst ist eine Vernehmung des Richters als Zeuge in Betracht zu ziehen mit der Folge eines Ausschlusses von der Amtsausübung nach § 6 Abs. 1 i.V.m. § 41 Nr. 5 ZPO (dazu auch Keidel/*Sternal* § 29 FamFG Rn. 15).

22 Wegen weiterer Einzelheiten des Freibeweises vgl. § 29 Rdn. 6 ff.

23 Für die **förmliche Beweisaufnahme** (den Strengbeweis) gelten nach § 30 Abs. 1 die Vorschriften der ZPO, insb. ist das Gericht dann auch auf die Beweismittel der ZPO beschränkt (weitere Einzelheiten § 30 Rdn. 20 ff.). Für die Überzeugungsbildung (vgl. Rdn. 45 ff.) stellen Frei- und Strengbeweis die gleichen Anforderungen (vgl. BGH NJW 1997, 3319).

24 Als wichtiges Mittel der Sachverhaltsaufklärung muss auch die **Anhörung der Beteiligten** genannt werden. Ihr kommt eine Doppelfunktion zu: Sie dient zur Gewährleistung des rechtlichen Gehörs und gibt den Beteiligten als Subjekt des Verfahrens die Möglichkeit, auf dieses Einfluss zu nehmen. Gleichzeitig kommt ihr eine wesentliche Bedeutung bei der dem Gericht obliegenden Sachverhaltsaufklärung zu. Eine persönliche Anhörung eines Beteiligten kann durch das Gesetz vorgegeben, aber auch aufgrund der Aufklärungsverpflichtung aus § 26 geboten sein (vgl. z.B. BGH FGPrax 2014, 116; 2010, 261; FamRZ 2014, 293). Einzelheiten zur Anhörung der Verfahrensbeteiligten bei § 33 Rdn. 7, 25 ff.

25 **D. Umfang der Ermittlungen.** Für den Umfang der Ermittlungen von Amts wegen gilt die gesetzliche Vorgabe in § 26, dass alle zur Feststellung der entscheidungserheblichen Tatsachen erforderlichen Ermittlungen durchzuführen sind. Umfang und Grenzen der Ermittlungen werden danach durch die **Entscheidungserheblichkeit der festzustellenden Tatsachen** (vgl. Rdn. 13) und das Merkmal der **Erforderlichkeit der Ermittlungen** bestimmt. Was im Einzelfall unter Berücksichtigung der konkreten Umstände als Ermittlungsmaßnahmen erforderlich ist, unterliegt der Beurteilung des Gerichts, dem hier ein gewisser Beurteilungs- und Ermessensspielraum zukommt. Der Umfang der Ermittlungen liegt danach im pflichtgemäßen, aber gebundenen Ermessen des Gerichts, das die Verantwortung für die Vollständigkeit der Ermittlungen trägt (vgl. BGH NJW 2011, 925). Darlegungsdefizite der Beteiligten dürfen das Gericht nicht von der gebotenen weiteren Sachaufklärung abhalten (vgl. OLG Düsseldorf GmbHR 2011, 311, 312). Das Gericht hat allen nach dem erkennbaren Sachverhalt naheliegenden Ermittlungsansätzen nachzugehen und alle erkennbaren, zulässigen Beweismittel auszuschöpfen (vgl. OLG Karlsruhe MDR 2015, 840).

26 Dies gilt für Amtsverfahren und im Grundsatz auch für Antragsverfahren.

27 Das Gericht wird auch bei Geltung des Amtsermittlungsgrundsatzes Ermittlungsmaßnahmen nur ergreifen, wenn der erkennbare Sachverhalt hierfür Anhaltspunkte bietet. Solche Anhaltspunkte sind vor allem von den Beteiligten zu liefern, was insb. in den Antragsverfahren anzunehmen ist. Das Gericht hat bei seinen Ermittlungen sämtliches, auch verspätet erscheinendes Vorbringen der Parteien zu berücksichtigen; das FamFG enthält – ebenso wie vorher das FGG – keine Sanktionen für verspäteten Vortrag (vgl. BVerfG NJW 1988, 1963). Es wird sämtliche Ermittlungsmöglichkeiten zu ergreifen haben, zu denen das Parteivorbringen oder sonstige Umstände Veranlassung geben. Die Ermittlungen sind erst abzuschließen, wenn von weiteren Maßnahmen ein sachdienliches, die Entscheidung beeinflussendes Ergebnis nicht mehr zu erwarten ist (BGHZ 40, 54, 57; BGH FGPrax 2010, 128, 130; OLG Düsseldorf FamRZ 2015, 2088, 2089; OLG Karlsruhe MDR 2015, 840).

Erforderlichkeit und Intensität der Aufklärung werden auch von den im Verfahren relevanten Rechtsgütern und Belangen der Beteiligten bestimmt. So kann etwa das Gebot effektiven Grundrechtsschutzes die Aufklärungspflicht des Gerichts verstärken und eine besonders sorgfältige Ausschöpfung aller Aufklärungs- und Prüfungsmöglichkeiten gebieten (BVerfG FamRZ 2009, 399, 400), so etwa in Freiheitsentziehungssachen (vgl. z.B. BGH NVwZ 2010, 1172, 1173), in Kindschaftsverfahren und insb. Sorgerechtssachen im Hinblick auf das Kindeswohl (vgl. z.B. BGH NJW 2010, 2805, 2807; 2010, 1351, 1353; 2011, 2360, 2362).

28 Bei seinen Ermittlungen ist das Gericht grds. nicht an das Vorbringen und die **Beweisanträge der Beteiligten** gebunden (vgl. § 29 Abs. 1; zum alten Recht vgl. BayObLG FGPrax 1998, 182; BayObLGZ 1979, 232, 237). Es hat allerdings die darin liegenden Anregungen und damit zusammenhängenden Tatsachenbehauptungen der Beteiligten i.R.d. Ermittlungen von Amts wegen zu berücksichtigen.

29 Eine Behauptungs- oder Beweisführungslast wie im Zivilprozess gibt es nicht (BayObLG NZM 2002, 449, 440).

Dies bedeutet einerseits, dass das Gericht über das Vorbringen der Beteiligten hinausgehen und weitere Tatsachen aufklären sowie weitere Beweismittel heranziehen kann, auf die sich keiner der Beteiligten berufen hat. Es ist befugt, einen Beteiligten auch gegen den Widerstand seines Verfahrensvertreters anzuhören oder zu vernehmen (BayObLG RPfleger 1975, 435, 436). Ansonsten vgl. zur Beweisaufnahme §§ 29, 30 und die dortige Kommentierung. 30

An **übereinstimmenden Vortrag der Beteiligten** und auch an ein **Geständnis** oder ein **Nichtbestreiten eines Beteiligten** ist das Gericht nicht gebunden (vgl. BayObLG FamRZ 1992, 1353; Keidel/*Sternal* § 26 FamFG Rn. 14; vgl. auch § 29 Abs. 1 Satz 2). Die Richtigkeit der entsprechenden Tatsachen ist auch hier, wenn sich nach den konkreten Umständen Zweifel ergeben, nach dem Prinzip der materiellen Wahrheit (oben Rdn. 2) vom Gericht zu prüfen. Bei einer beantragten Handelsregistereintragung wird das Gericht i.R.d. Amtsermittlung nur dann weitere Maßnahmen ergreifen, wenn entweder die formalen Mindestanforderungen für eine Eintragung nicht erfüllt sind oder wenn begründete Zweifel an der Wirksamkeit der zur Eintragung angemeldeten Erklärungen oder an der Richtigkeit der mitgeteilten Tatsachen bestehen (BGH NJW-RR 2011, 1122, 1123; zur gerichtlichen Prüfung vgl. Vorbem. zu § 378 Rdn. 68 ff.). 31

Bei übereinstimmendem Vortrag der Beteiligten wird jedoch vielfach keine Veranlassung bestehen, zu den vorgetragenen Tatsachen weitere Ermittlungen anzustellen und Beweise zu erheben. Das Gericht kann davon ausgehen, dass die Beteiligten zumindest die für sie günstigen Tatsachen von sich aus vortragen, jedenfalls wenn anzunehmen ist, dass die Beteiligten die Bedeutung dieser Umstände erkennen (vgl. BayObLG NJW-RR 1988, 1170, 1171) und sie es in der Hand haben, die entsprechenden Tatsachen vorzutragen. Dies gilt vor allem auch für Umstände, die im persönlichen Lebensbereich des Beteiligten liegen und einer Sachaufklärung durch andere Personen nicht bzw. kaum zugänglich sind. 32

Das Gericht ist auch nicht verpflichtet, allen (evtl. nur theoretisch) **denkbaren Möglichkeiten** nachzugehen und hierzu Ermittlungen anzustellen (BGHZ 16, 383). Eine Ermittlungspflicht des Gerichts »ins Blaue« hinein, besteht nicht (vgl. BGH NJW 2011, 2137, 2138; OLG Hamm DB 2010, 2551; OLG Brandenburg OLG-NL 2000, 256, 258). 33

Ermittlungen sind nur erforderlich in dem hier erörterten Sinn, soweit die erkennbaren Umstände und insb. das Vorbringen der Beteiligten hierfür Veranlassung geben (vgl. BGH NJW 2011, 1289, 1290, betr. Einholung eines Sachverständigengutachtens; OLG Schleswig FamRZ 2013, 2000, betr. Anhörung von Beteiligten; OLG Hamm ZIP 2010, 2144, 2145). Eine entsprechende Mitwirkung (vgl. dazu § 27 Abs. 1) darf und muss von den Beteiligten, die eine für sie günstige Entscheidung anstreben, erwartet werden. Dies gilt jedenfalls für Umstände und Beweismittel, bei denen es vornehmlich die Beteiligten in der Hand haben, diese in das Verfahren einzuführen, wie es etwa der Fall ist bei Tatsachen aus dem persönlichen oder intimen Lebensbereich, die einer Sachaufklärung von außen nur schwer zugänglich sind (vgl. OLG Celle FamRZ 2011, 1525; OLG Köln FamRZ 1991, 117, 118). Der Umfang der gerichtlichen Aufklärung wird weiterhin begrenzt durch die einem Beteiligten zustehende, von ihm geltend gemachte Rechtsposition. So hat das Nachlassgericht im Falle einer Anfechtung der Annahme einer Erbschaft im Rahmen der Amtsermittlungspflicht nicht von sich aus zu erforschen, ob (weitere) zur Anfechtung berechtigende Tatsachen vorliegen, die der Anfechtende selbst nicht geltend macht und die einen anderen, weiteren Anfechtungsgrund darstellen würden (vgl. BGH NJW-RR 2016, 198, 199). 34

Andererseits kann das Gericht im Umfang seiner Aufklärung auch hinter dem Vortrag (etwa bei unerheblichem Vorbringen) und im Einzelfall auch hinter den Beweisangeboten der Beteiligten zurückbleiben. So kann es nach seinem pflichtgemäßen Ermessen von weiteren Ermittlungen und der Erhebung angebotener Beweise absehen, wenn das bisherige **Beweisergebnis bereits ausreicht** und durch den angebotenen weiteren Beweis nichts Sachdienliches mehr zu erwarten ist (vgl. OLG München FamRZ 2015, 689, 691; OLG Frankfurt FGPrax 1998, 24, 25; KG OLGZ 67, 87). Vgl. aber auch § 30 Abs. 3. 35

Bei **offenkundigen Tatsachen** sind weitere Ermittlungen entbehrlich. Diese sind entsprechend § 291 ZPO ohne weitere Beweisaufnahme – nachdem den Beteiligten hierzu rechtliches Gehör gewährt worden ist – zugrunde zu legen. Dazu zählen die allgemeinkundigen Tatsachen, für die kennzeichnend ist, dass sie einem größeren Personenkreis bekannt sind und man sich über sie aus zuverlässigen Quellen ohne größere Sachkunde sicher unterrichten kann (vgl. Musielak/*Huber* § 291 ZPO Rn. 1), und die gerichtskundigen Tatsachen, die dem Gericht selbst (dem Einzelrichter oder zumindest der Mehrheit des Spruchkörpers) aufgrund amtlicher Tätigkeit in anderen früheren oder laufenden Verfahren bekannt geworden sind (vgl. Musielak/*Huber* § 291 ZPO Rn. 2). 36

37 Etwaige **Vorfragen** aus anderen Rechtsgebieten, etwa anderen Bereichen des Zivilrechts, die in die Zuständigkeit des Prozessgerichts fallen, oder aus Bereichen des öffentlichen Rechts, haben die Gerichte der freiwilligen Gerichtsbarkeit grds. selbstständig zu prüfen und darüber autonom zu entscheiden. Auch insoweit sind dann Ermittlungen von Amts wegen geboten.

38 Hiervon gibt es jedoch einige Ausnahmen in den nachfolgend unter E. behandelten Fällen eingeschränkter Entscheidungskompetenz und der Bindung an anderweitige Entscheidungen und Feststellungen (Rdn. 40 ff.).

39 Auch wenn eine Prüfungs- und Entscheidungskompetenz des Gerichts der freiwilligen Gerichtsbarkeit besteht, kann bei solchen Vorfragen eine Aussetzung des Verfahrens in Erwägung zu ziehen sein, vgl. dazu § 21 Rdn. 7 ff.

40 **E. Einschränkung der Amtsermittlung bei ausschließlicher anderweitiger Vorfragenkompetenz und Entscheidungs- und Tatsachenbindung.** Die Entscheidungskompetenz des Gerichts der freiwilligen Gerichtsbarkeit kann eingeschränkt sein aufgrund bereits vorliegender Entscheidungen und Tatsachenfeststellungen. Dies gilt insb. auch bei den oben genannten Vorfragen aus anderen Rechtsgebieten des Zivilrechts und öffentlich-rechtlichen Vorfragen. Bei solchen Vorfragen kommt ausnahmsweise auch eine anderweitige Entscheidungskompetenz in Betracht.

41 So sind rechtsgestaltende **Verwaltungsakte** grds. bindend, auch im Bereich der freiwilligen Gerichtsbarkeit (vgl. BGH NJW 1981, 527; Keidel/*Sternal* § 26 FamFG Rn. 57). Mängel des Verwaltungsaktes ändern daran grds. nichts, es sei denn, es handelt sich um so schwerwiegende Mängel, dass nach den einschlägigen verwaltungsrechtlichen Regelungen von der Nichtigkeit des Verwaltungsakts auszugehen ist. Andere Verwaltungsakte können Tatbestandswirkung haben, d.h. allein ihr Vorliegen ist nach der anzuwendenden Norm (dem Tatbestand) maßgebend.

42 An **Leistungs- und Feststellungsurteile des Prozessgerichts** sowie an **Entscheidungen des Verwaltungsgerichts** sind die Gerichte der freiwilligen Gerichtsbarkeit gebunden, allerdings nur i.R.d. jeweiligen subjektiven und objektiven Grenzen der Rechtskraft des Urteils. Eine Bindung besteht auch bei **Gestaltungsurteilen** des Prozessgerichts, eines Verwaltungsgerichts oder eines anderen Gerichts der freiwilligen Gerichtsbarkeit (vgl. OLG Frankfurt am Main NJW-RR 1997, 580, 581).

43 Aufgrund der aus §§ 68, 74 Abs. 3 ZPO folgenden **Nebeninterventionswirkung** kann sich eine Bindung an die Tatsachenfeststellungen eines vorausgegangenen Verfahrens (etwa eines Zivilprozesses) ergeben.

44 Bei einer **Aufrechnung mit rechtswegfremden Forderungen** (z.B. verwaltungsrechtlicher Art) hat nach herrschender, zutreffender Auffassung nicht das Gericht der freiwilligen Gerichtsbarkeit über die Aufrechnungsforderung mit zu entscheiden; vielmehr ist das Verfahren auszusetzen, um es dem betreffenden Beteiligten (regelmäßig in einer ihm zu setzenden Frist) zu ermöglichen, eine Entscheidung über die Gegenforderung beim Verwaltungsgericht oder sonst für die Forderung zuständigen Gericht herbeizuführen (vgl. BGHZ 16, 124, 132; Keidel/*Sternal* § 26 FamFG Rn. 60); kommt der Beteiligte dem nicht nach, ist seine Aufrechnung nicht zu berücksichtigen. Dagegen wird die Prüfungs- und Entscheidungskompetenz der freiwilligen Gerichtsbarkeit regelmäßig bejaht, wenn es sich um eine zivilrechtliche Gegenforderung handelt, für die jedenfalls die Zuständigkeit der ordentlichen Gerichtsbarkeit gegeben ist (vgl. BGH NJW 1964, 863; NJW 1980, 2466, 2467; Keidel/*Sternal* § 26 FamFG Rn. 59). Das Gericht der freiwilligen Gerichtsbarkeit entscheidet dann mit der Rechtskraftwirkung entsprechend § 322 Abs. 2 ZPO auch über die Aufrechnungsforderung.

45 **F. Feststellung entscheidungsrelevanter Tatsachen.** Für die Feststellung der entscheidungsrelevanten Tatsachen gilt – wie im Zivilprozess (vgl. § 286 Abs. 1 ZPO) – der Grundsatz der freien Beweiswürdigung. Dies folgt nunmehr aus § 37 Abs. 1. Das Gericht hat bei seiner Überzeugungsbildung den gesamten Verfahrensstoff zu berücksichtigen und auszuwerten (dazu gehören nicht nur eine evtl. mündliche Verhandlung und Beweisaufnahme, sondern auch alle sonstigen Erklärungen und Stellungnahmen der Beteiligten; vgl. dazu § 37 Rdn. 4 ff.).

46 Für die Tatsachenfeststellung ist erforderlich, aber auch ausreichend, dass das Gericht von der Wahrheit der relevanten Tatsache überzeugt ist. Dazu bedarf es keines Beweises, der den Grundsätzen der Naturwissenschaften standhält; es reicht vielmehr – wie auch im Zivilprozess und in anderen Verfahrensordnungen – ein für das praktische Leben brauchbarer Grad an Gewissheit, der den Zweifeln Schweigen gebietet, ohne sie völlig auszuschließen (vgl. z.B. BGHZ 53, 245, 256; BGH NJW 1998, 2969, 2971; KG FamRZ 1999, 1129; vgl. auch § 37 Rdn. 9 ff.).

Die an die Überzeugungsbildung zu stellenden Anforderungen unterscheiden sich bei der förmlichen Beweisaufnahme (§ 30) und beim Freibeweis nicht; insb. sind beim Freibeweis die Anforderungen an die richterliche Überzeugungsbildung nicht gemindert (vgl. BGH NJW 1997, 3319, 3320; NJW 1987, 2875, 2876). Zu Vermutung, Anscheinsbeweis und Beweisvereitelung vgl. § 37 Rdn. 12 ff. 47

G. Nichtaufklärbarkeit und Feststellungslast. Da der Sachverhalt von Amts wegen aufzuklären ist, kommt es auf eine subjektive Beweislast der Beteiligten im Sinne einer **Beweisführungslast** nicht an. Wenn ein Sachverhalt bzw. ein Teil eines Sachverhalts von Amts wegen nicht aufgeklärt werden kann, stellt sich die Frage nach der **Feststellungslast**; es fragt sich dann nämlich, welche Regeln für die Tatsachengrundlagen der zu treffenden gerichtlichen Entscheidung gelten. 48

Bei der Feststellungslast geht es darum, ob ein Verfahrensbeteiligter und ggf. welcher die Nachteile der Nichtaufklärbarkeit einer entscheidungserheblichen Tatsache zu tragen hat. Die Feststellungslast ist vergleichbar mit der materiellen Beweislast im Zivilprozess. 49

Für die Verteilung der Feststellungslast, die sich nach dem materiellen Recht richtet (vgl. BayObLG NZM 2002, 449, 450), ist im Wesentlichen von folgenden Grundsätzen auszugehen (vgl. Jansen/*Briesemeister* § 12 FGG Rn. 13; Keidel/*Sternal* § 29 FamFG Rn. 43 ff.): 50

Da in **Amtsverfahren** Maßnahmen nur angeordnet werden dürfen, wenn hierfür die tatsächlichen Voraussetzungen bestehen, wird hier die Unaufklärbarkeit entscheidungsrelevanter Umstände regelmäßig dazu führen, dass die angeregte oder von Amts wegen in Erwägung gezogene Maßnahme zu unterbleiben hat. 51

In **Antragsverfahren** trägt der Beteiligte nach den Grundsätzen des materiellen Rechts die Feststellungslast für die Tatsachen, die für die Begründung des von ihm in Anspruch genommenen Rechts erforderlich sind, während der Gegner die Nachteile der Unaufklärbarkeit von Tatsachen tragen muss, die die Entstehung des Rechts hindern, das Recht vernichten oder seine Durchsetzung hindern (vgl. KG OLGZ 1991, 144, 147); für die Erhaltung des Rechts trägt dann wiederum derjenige, der das Recht für sich in Anspruch nimmt, die Feststellungslast. Gesetzliche Tatsachenvermutungen können dabei die Verteilung der Feststellungslast abweichend regeln (BayObLG NZM 2002, 449, 450). Die Feststellungslast, wie sie sich nach den zuvor dargestellten Grundsätzen ergibt, ist dabei unabhängig von der Verfahrensstellung des Beteiligten (KG OLGZ 1991, 144, 147). 52

Geht es um **Verfahrensvoraussetzungen**, so trägt die Feststellungslast derjenige, der aus diesen Voraussetzungen etwas für seine Verfahrensstellung, die Durchführung des von ihm beantragten Verfahrens oder für eine sonst für seinen Bereich günstige Verfahrensrechtsposition herleitet. 53

H. Rechtsfolgen unzureichender Aufklärung. Unzureichende Ermittlungen zur Sachverhaltsaufklärung, die nicht selten mit einer Verletzung rechtlichen Gehörs zusammentreffen werden (vgl. dazu § 37 Rdn. 17 ff.), stellen eine Rechtsverletzung dar, die im **Verfahren der Beschwerde** zu berücksichtigen ist. Die entsprechenden Ermittlungen werden im Beschwerdeverfahren vom Beschwerdegericht meist nachzuholen sein. 54

Die unterlassenen Ermittlungen können jedoch unter Umständen einen wesentlichen Mangel darstellen, unter dem das erstinstanzliche Verfahren leidet. Wenn dann weiterhin zur Herbeiführung der Entscheidungsreife eine umfangreiche oder aufwändige Beweiserhebung notwendig wäre und ein Beteiligter die Zurückverweisung der Sache beantragt, kann nach § 69 Abs. 1 Satz 3 eine Aufhebung der angefochtenen Entscheidung und eine Zurückverweisung der Sache an das erstinstanzliche Gericht in Betracht kommen. 55

Eine unzureichende Sachaufklärung kann ggf. auch mit der **Rechtsbeschwerde** geltend gemacht werden, wenn diese zulässig ist (§ 70 Abs. 1 und 3). In der unzureichenden Sachaufklärung liegt ein Verstoß gegen Verfahrensrecht, auf den die Rechtsbeschwerde nach § 72 Abs. 1 gestützt werden kann (vgl. z.B. BGH FGPrax 2010, 261, 262). Über Art und Umfang der nach § 26 vorzunehmenden Ermittlungen entscheidet allerdings der Tatrichter nach pflichtgemäßem Ermessen; ihm ist auch die Entscheidung darüber vorbehalten, welchen Weg er innerhalb der ihm vorgegebenen Verfahrensordnung für geeignet hält, um zu den für die Entscheidung notwendigen Erkenntnissen zu gelangen. Dem Rechtsbeschwerdegericht obliegt lediglich die Kontrolle auf Rechtsfehler, insbesondere die Prüfung, ob der Tatrichter alle maßgebenden Gesichtspunkte in die Betrachtung einbezogen hat und die Würdigung auf einer ausreichenden Sachaufklärung beruht (BGH NJW 2015, 1752, 1753); es hat auch nachzuprüfen, ob der Tatrichter das ihm bei der Ermittlung eingeräumte Ermessen rechtsfehlerfrei ausgeübt, insb. die Grenzen seines Ermessens eingehalten oder diese überschritten hat (vgl. BGH FamRZ 2013, 287, 288; NJW 2011, 925, 926). Die weitere Voraussetzung, dass die Entscheidung auf einer solchen Rechtsverletzung beruht, wird nach bisherigen Rechtsgrundsätzen bereits anzunehmen sein, wenn bei Vornahme entsprechender Sachaufklärung (also bei einer Vermeidung 56 des Verfahrensmangels) die Möglichkeit einer abweichenden Entscheidung nicht auszuschließen ist (vgl. § 72 Rdn. 17 ff.).

57 Schließlich kann in einer unzureichenden Sachverhaltsaufklärung evtl. auch ein Verfassungsverstoß liegen (Verstoß gegen den aus Art. 2 Abs. 1 GG i.V.m. Art. 20 Abs. 3 GG abzuleitenden Anspruch auf eine tatsächlich wirksame gerichtliche Kontrolle), der mit der **Verfassungsbeschwerde vor dem BVerfG** geltend gemacht werden kann (vgl. BVerfG NJW 2016, 626). Allerdings begründet der Verstoß gegen die einfachgesetzlich vorgesehene Verpflichtung zur Sachverhaltsaufklärung für sich genommen grundsätzlich noch keinen Verfassungsverstoß. Verfassungswidrigkeit des gerichtlichen Vorgehens wird jedoch angenommen bei einem schweren Rechtsanwendungsfehler wie der Nichtberücksichtigung einer offensichtlich einschlägigen Norm und vor allem auch bei Unterlassen einer ersichtlich aussichtsreichen Aufklärungsmöglichkeit; letzteres soll nach Entscheidung des BVerfG insbesondere auch anzunehmen sein, wenn die spezifisch institutionalisierten Erleichterungen und Unterstützungsmaßnahmen, die den Gerichten gerade für die Aufklärung grenzüberschreitender Sachverhalte aufgrund unionsrechtlicher Vorgaben bereitgestellt worden sind, außer Acht gelassen wurden (BVerfG NJW 2016, 626, 628 – im konkreten Fall Nichtausschöpfung der Möglichkeiten einer grenzüberschreitenden Beweisaufnahme nach der VO (EG) Nr. 1206/2001 über die Zusammenarbeit der Gerichte der Mitgliedsstaaten auf dem Gebiet der Beweisaufnahme in Zivil- und Handelssachen sowie anderer Maßnahmen im Rahmen des Europäischen Justiziellen Netzes für Zivil- und Handelssachen).

§ 27 Mitwirkung der Beteiligten.

(1) Die Beteiligten sollen bei der Ermittlung des Sachverhalts mitwirken.
(2) Die Beteiligten haben ihre Erklärungen über tatsächliche Umstände vollständig und der Wahrheit gemäß abzugeben.

Übersicht

	Rdn.		Rdn.
A. Allgemeines	1	C. Wahrheitspflicht und Verpflichtung zur vollständigen Erklärung	14
B. Mitwirkungspflicht der Beteiligten	5	D. Rechtsfolgen unterlassener oder unzureichender Mitwirkung und der Verletzung der Wahrheitspflicht	17
I. Anwendungsbereich	5		
II. Inhalt und Art der Mitwirkung	9		

1 **A. Allgemeines.** § 27 enthält eine **Grundsatzregelung über die Mitwirkung der Beteiligten**. Es wird dabei an Grundsätze angeknüpft, die in Rspr. und Lit. bereits zum FGG entwickelt worden waren (vgl. BGHZ 16, 378, 383; BayObLG NJW-RR 1993, 459; OLG Köln FGPrax 2002, 52, 53; KKW/*Schmidt* § 12 FGG Rn. 121). Die Beteiligten sind danach – unabhängig von der Art des Verfahrens und der Geltung des Untersuchungsgrundsatzes (Amtsermittlung) – verpflichtet, bei der Aufklärung des Sachverhalts mitzuwirken (Abs. 1). Es wird ihnen dabei eine Verpflichtung zur vollständigen und wahrheitsgemäßen Erklärung auferlegt (Abs. 2), die der im Zivilprozess geltenden Wahrheitspflicht der Partei nach § 138 Abs. 1 ZPO entspricht.

2 Ob es sich dabei um eine echte, ggf. auch durchzusetzende **Rechtspflicht** oder lediglich um eine zur Disposition der Beteiligten stehende **Obliegenheit** handelt, deren Nichterfüllung evtl. nur verfahrensrechtliche Nachteile zur Folge hat, ist zweifelhaft. In der Gesetzesbegründung (BT-Drucks. 16/6308, 186) ist von einer »Mitwirkungspflicht«, aber auch von einer »Mitwirkungslast« die Rede. Der Wortlaut des Abs. 1 (»... sollen ...«) legt die Annahme einer Obliegenheit nahe; in den Bereichen, in denen dem betreffenden Beteiligten Dispositionsfreiheit zukommt, etwa in den Antrags- und echten Streitverfahren, könnte dies auch sachgerecht erscheinen. Andererseits spricht der Wortlaut des Abs. 2 jedenfalls für eine echte Verpflichtung der Beteiligten zur wahrheitsgemäßen und vollständigen Erklärung über alle relevanten tatsächlichen Umstände. Im Gesetzgebungsverfahren hat die Bundesregierung in einer Gegenäußerung zu einem Vorschlag des Bundesrates, die Mitwirkung der Beteiligten nach Abs. 1 eindeutig als Pflicht auszugestalten, klargestellt, dass auch nach ihrem Verständnis Abs. 1 eine regelmäßige Verpflichtung der Beteiligten zur Mitwirkung begründe und mit der Formulierung »sollen« in ihrem Gesetzentwurf nur zum Ausdruck gebracht werde, dass die Verweigerung der Mitwirkung eines Beteiligten keine unmittelbaren prozessualen Sanktionen nach sich ziehe, und in einigen Verfahren der freiwilligen Gerichtsbarkeit (z.B. in Betreuungs- und Unterbringungssachen) von Beteiligten eine Mitwirkung nicht erwartet (bzw. ihnen nicht zugemutet) werden könne

(vgl. BT-Drucks. 16/6308, 365, 406). Dies und die Parallele zur zivilprozessualen Erklärungs- und Wahrheitspflicht des § 138 Abs. 1 ZPO, die nach h.M. nicht nur als Obliegenheit, sondern als echte prozessuale Verpflichtung aufgefasst wird (vgl. Musielak/*Stadler* § 138 ZPO Rn. 1), sprechen dafür, auch hier anzunehmen, dass Abs. 1 und 2 **echte verfahrensrechtliche Verpflichtungen** der Beteiligten begründen (ebenso Haußleiter/*Gomille* § 27 FamFG Rn. 2; a.A. MüKoZPO/*Ulrici* § 27 FamFG Rn. 7 für die Mitwirkung nach Abs. 1).

Das Gericht hat allerdings nur recht eingeschränkte Möglichkeiten, die gebotene Mitwirkung der Beteiligten zu erzwingen. In Betracht kommen kann die Anordnung des persönlichen Erscheinens und Ordnungs- sowie Zwangsmaßnahmen nach § 33 Abs. 3, im Einzelfall ggf. auch Zwangsmaßnahmen nach § 35 (so Begr. RegE BT-Drucks. 16/6308, 186). 3

Eine unterlassene oder mangelhafte Mitwirkung kann für die Beteiligten aber Verfahrensnachteile zur Folge haben. So kann eine unzureichende Mitwirkung eines Beteiligten an der Sachverhaltsermittlung dazu führen, dass wegen mangelnder tatsächlicher Anhaltspunkte das Gericht – zulässigerweise – von einer weiteren Sachverhaltsaufklärung absehen darf. 4

B. Mitwirkungspflicht der Beteiligten. I. Anwendungsbereich. Die Regelung des § 27 über die Mitwirkungspflicht gilt – vorbehaltlich vorhandener Bereichsausnahmen (vgl. etwa § 113 Abs. 1 Satz 1) und vorrangiger Spezialregelungen, die Mitwirkungspflichten begründen – für **sämtliche Bereiche des FamFG** in erster Instanz und – über §§ 68 Abs. 3 Satz 1, 74 Abs. 4 – auch in der Beschwerdeinstanz. 5

Die Mitwirkungspflicht besteht nicht nur in den **echten Streitsachen** der freiwilligen Gerichtsbarkeit und in den **Antragsverfahren**. Hier muss bereits nach der Interessenlage erwartet werden, dass die Beteiligten zur effektiven Wahrnehmung ihrer eigenen Rechte an der Ermittlung des Sachverhalts mitwirken und das ihnen Mögliche zur Sachverhaltsaufklärung beitragen. Das eigene Interesse des Beteiligten ist hier ein starker Antrieb zu einer entsprechenden Mitwirkung. Soweit es um tatsächliche Umstände der Privat- oder gar höchstpersönlichen Lebenssphäre geht, ist eine Sachverhaltsaufklärung ohne Mitwirkung des betreffenden Beteiligten vielfach gar nicht möglich. 6

Die Mitwirkungsverpflichtung des Beteiligten besteht aber grds. auch – die gesetzliche Regelung lässt insoweit Ausnahmen und Einschränkungen nicht erkennen – in den **Verfahren von Amts** wegen. Dies erscheint nicht unproblematisch. Von einem Unbeteiligten, der entscheidungsrelevante Wahrnehmungen gemacht hat, ist zu erwarten und im Rahmen staatsbürgerlicher Pflichten zu verlangen, dass er als Zeuge zur Sachverhaltsaufklärung beiträgt. Einem Beteiligten, der in seiner eigenen Rechtsposition betroffen ist und dem durch ein von Amts wegen eingeleitetes Verfahren Rechtsnachteile drohen, kann eine Mitwirkung an der Sachverhaltsaufklärung als Rechtspflicht nur in den Grenzen des Zumutbaren auferlegt werden (vgl. dazu auch Gegenäußerung der BReg BT-Drucks. 16/6308, 406). Eine Verpflichtung, sich selbst zu belasten bzw. durch Sachverhaltsangaben gerichtliche (Zwangs-) Maßnahmen (z.B. eine Unterbringung) gegen sich selbst herbeizuführen, kann nicht angenommen werden. Der Beteiligte ist hier nicht gehalten, für ihn ungünstige Tatsachen selbst vorzutragen. Die allgemeine Mitwirkungspflicht der Beteiligten kann auch nicht die Duldung bzw. Hinnahme körperlicher Eingriffe zum Zweck der Sachaufklärung rechtfertigen; hierfür bedarf es unter dem Gesichtspunkt des Gesetzesvorbehalts einer speziellen Rechtsgrundlage (so zutreffend OLG Frankfurt FamRZ 2015, 1521 m.w.N.; OLG Nürnberg MDR 2014, 36, 37; vgl. auch § 26 Rdnr. 17). 7

Der nach der hier vertretenen Auffassung zu beachtende Vorbehalt der Zumutbarkeit wird von der Rechtsprechung fallbezogen zu konkretisieren sein. 8

II. Inhalt und Art der Mitwirkung. Die Pflicht zur Mitwirkung an der Ermittlung des Sachverhalts umfasst den **Vortrag** des aus Sicht des Beteiligten **entscheidungsrelevanten Sachverhalts** und die Angabe der dazu vorhandenen, bekannten und ggf. auch zu beschaffenden **Beweismittel**. Weiterhin können Beteiligte durch Beweisanträge Einfluss auf die gerichtliche Ermittlung des Sachverhalts nehmen. Das Gericht ist an solche Anträge zwar nicht gebunden, hat diese jedoch im Rahmen seiner Ermittlungspflicht nach § 26 zu berücksichtigen (vgl. dazu § 26 Rdn. 28 ff.). Die Beteiligten haben durch ihren Sachverhaltsvortrag dem Gericht zumindest **Anhaltspunkte für die (weiteren) Ermittlungen von Amts** wegen zu liefern. Das Vorbringen der Beteiligten ist häufig Anlass für das Gericht, weitere Sachverhaltsermittlungen vorzunehmen. Sie unterstützen damit die Amtsermittlung des Gerichts. 9

I.R.d. Mitwirkung des Beteiligten ist von ihm auch zu erwarten, dass er sich **zu Vorbringen von anderen Beteiligten erklärt** und ggf. eine abweichende Darstellung gibt. Dies gilt insb. in den echten Streitverfahren, in denen sich Beteiligte mit entgegengesetzten Verfahrenszielen wie in einem Zivilprozess ggü. stehen. 10

Die Regelungen des § 138 Abs. 2 bis 4 ZPO mit einer daran anknüpfenden Geständnisfiktion sind allerdings in Verfahren der freiwilligen Gerichtsbarkeit nicht anwendbar (vgl. Keidel/*Sternal* § 27 FamFG Rn. 14; Prütting/Helms/*Prütting* § 27 FamFG Rn. 5 a.E.). Ein entsprechendes Schweigen des anderen Beteiligten hat das Gericht frei zu würdigen; dies kann (muss aber nicht) zulasten des Schweigenden ausfallen. Ein Schweigen eines Beteiligten auf Tatsachenbehauptungen der Gegenseite wird nicht stets und ohne Weiteres als Zugeständnis der entsprechenden Tatsachen aufzufassen sein (vgl. BayObLGZ 60, 514). Das Gericht kann allerdings auch in Verfahren des FamFG davon ausgehen, dass die Beteiligten ihnen vorteilhafte Umstände, jedenfalls wenn sie solche erkennen, von sich aus vortragen (BGH NJW 1988, 1839, 1840; OLG Karlsruhe FamRZ 1992, 689). Ein Schweigen eines Beteiligten kann dem Gericht i.R.d. Amtsermittlung ggf. auch Veranlassung geben, den Beteiligten zu befragen.

11 Wenn der bereits erkennbare Sachverhalt Anlass dazu gibt, hat das Gericht ggf. durch eine entsprechende Auflage und eine damit verbundene Fristsetzung **auf ergänzenden Vortrag der Beteiligten hinzuwirken** (vgl. BayObLG NJW-RR 2002, 726, 727).

12 Die Mitwirkungspflicht des Beteiligten wird auch durch eine gerichtliche **Anhörung des Beteiligten** realisiert (vgl. dazu § 33 Rdn. 7 ff.); dieser kann auch gegen den Widerspruch seines Verfahrensbevollmächtigten befragt werden (BayObLG RPfleger 1975, 435, 436).

13 Die **Intensität der Mitwirkungspflicht** der Beteiligten erhöht sich im gleichen Maße wie das Gericht auf deren Mitwirkung bei der Sachverhaltsaufklärung angewiesen ist (vgl. OLG Düsseldorf FamRZ 2013, 1765, 1766; Keidel/*Sternal* § 27 FamFG Rn. 3). Kommt es auf Vorgänge aus dem höchstpersönlichen Lebensbereich der Beteiligten an, wird das Gericht ohne entsprechende Mitwirkung der Beteiligten nicht weiter kommen.

14 **C. Wahrheitspflicht und Verpflichtung zur vollständigen Erklärung.** Abs. 2 legt den Beteiligten – wie den Parteien im Zivilprozess nach § 138 Abs. 1 ZPO – die Pflicht zur wahrheitsgemäßen und vollständigen Erklärung über verfahrensrelevante tatsächliche Umstände auf. Davon ist bereits nach altem Recht ausgegangen worden (vgl. Jansen/*Briesemeister* § 12 FGG Rn. 7). Die genannte Verpflichtung besteht ggü. dem Gericht und den übrigen Beteiligten; sie dient der Gewährleistung einer fairen Verfahrensführung.

15 Die **Wahrheitspflicht** ist als Pflicht zur subjektiven Wahrhaftigkeit zu verstehen. Sie verbietet den Beteiligten, Tatsachen vorzutragen oder zu tatsächlichen Umständen Erklärungen abzugeben, deren Unwahrheit die Beteiligten kennen. Aus der Wahrheitspflicht ergibt sich hingegen nicht, dass Beteiligte nur tatsächliche Erklärungen abgeben dürfen, deren Richtigkeit sie positiv kennen. Vielmehr dürfen Beteiligte – wie Parteien im Zivilprozess – Behauptungen aufstellen und tatsächliche Umstände bestreiten, wenn deren Wahrheit den Beteiligten unbekannt ist oder insoweit sogar Zweifel bestehen; sie dürfen deren Klärung einer evtl. gerichtlichen Beweisaufnahme überlassen (vgl. MüKoZPO/*Ulrici* § 27 FamFG Rn. 19; zur entspr. Regelung im Zivilprozess Musielak/*Stadler* § 138 ZPO Rn. 2).

16 Die **Verpflichtung zur vollständigen Erklärung** hat – wie im Zivilprozess – keine selbstständige Bedeutung, sondern ist als Unterfall der Wahrheitspflicht zu verstehen. Sie verbietet den Beteiligten, bei Behauptungen oder Gegenerklärungen zu tatsächlichen Umständen ungünstige Einzelheiten zu verschweigen und dadurch einen bewusst unrichtigen Gesamteindruck vom relevanten Sachverhalt zu vermitteln (vgl. Musielak/*Stadler* § 138 ZPO Rn. 5).

17 **D. Rechtsfolgen unterlassener oder unzureichender Mitwirkung und der Verletzung der Wahrheitspflicht.** Die **Mitwirkung der Beteiligten** an der Aufklärung und Feststellung des Sachverhalts ist vom Gericht nicht oder nur **eingeschränkt erzwingbar**.

18 Die Beteiligten können vom Gericht zu einem **Termin zur Aufklärung des Sachverhalts** durch persönliche Anhörung geladen werden (§ 33 Abs. 1); gegen einen unentschuldigt ausbleibenden Beteiligten können dann nach § 33 Abs. 3 Ordnungs- und Zwangsmittel verhängt werden.

19 Ob und inwieweit eine **Erzwingung** der hier behandelten Mitwirkungspflicht **nach § 35** zulässig und praktisch relevant ist, ist zweifelhaft. Nach altem Recht des FGG wurde die Zulässigkeit des Einsatzes von Zwangsmitteln zur Erzwingung der Mitwirkung der Beteiligten wegen fehlender Rechtsgrundlage allgemein verneint (vgl. OLG Frankfurt NJOZ 2006, 2651; Jansen/*Briesemeister* § 12 FGG Rn. 89). Eine rechtliche Grundlage für eine zu vollstreckende Mitwirkungspflicht, die nach altem Recht fehlte, könnte nunmehr evtl. in Abs. 1 i.V.m. § 35 gesehen werden; in der Begr. des RegE zu § 27 wird auf eine solche Vollstreckungsmöglichkeit hingewiesen und dies ersichtlich für zulässig erachtet (vgl. BT-Drucks. 16/6308, 185). Eine solche Vollstreckung wird jedoch bisher überwiegend skeptisch gesehen oder insgesamt abgelehnt

(grds. für eine solche, aus praktischen Gründen aber nicht relevante Möglichkeit Prütting/Helms/*Prütting* § 27 FamFG Rn. 7 a.E.; ablehnend Bork/*Jacoby*/Schwab § 27 FamFG Rn. 11; Keidel/*Sternal* § 27 FamFG Rn. 5).

Bei **Antragsverfahren und insb. bei echten Streitsachen**, in denen die Mitwirkung an der Sachverhaltsfeststellung im Interesse der Beteiligten liegt, drängt sich jedoch ein Vergleich zum Zivilprozess auf, der eine Erzwingung von Sachverhaltsvortrag der Partei nicht kennt. Zwangsmittel erscheinen auch in solchen Verfahren der freiwilligen Gerichtsbarkeit nicht angebracht, soweit es um fehlenden oder unzureichenden Sachverhaltsvortrag der Beteiligten geht. In diesen Verfahren ist es ersichtlich Sache der Beteiligten, in ihrem eigenen Interesse durch entsprechenden Tatsachenvortrag an der Aufklärung des Sachverhalts mitzuwirken und dem Gericht Anknüpfungspunkte für die weitere Sachverhaltsermittlung von Amts wegen zu bieten. Wenn die Beteiligten dem nicht entsprechen und ihre Mitwirkungspflicht vernachlässigen, können sie weitere Ermittlungen des Gerichts nicht erwarten (vgl. OLG Düsseldorf NJW-RR 2013, 842, 844; OLG Frankfurt NJW-RR 2011, 1516). Eine weitere Ermittlungs- oder Aufklärungspflicht trifft das Gericht grds. nämlich nur, wenn der bereits vorhandene Sachverhalt und das Vorbringen der Beteiligten unter Berücksichtigung der Tatbestandsmerkmale des anzuwendenden Gesetzes dazu Veranlassung geben. Fehlen solche Anhaltspunkte, kann eine ungenügende Sachverhaltsaufklärung nicht angenommen und in der Rechtsmittelinstanz nicht mit Erfolg geltend gemacht werden (vgl. Jansen/*Briesemeister* § 12 FGG Rn. 9; MüKoZPO/*Ulrici* § 27 FamFG Rn. 9). Eine Verletzung der Mitwirkungspflicht des Beteiligten wird danach durch Nachteile in der in seinem Interesse liegenden Sachverhaltsaufklärung und ggf. Beweiswürdigung (regelmäßig hinreichend) sanktioniert (für diesen Weg OLG OLG Düsseldorf NJW-RR 2013, 842, 844; FamRZ 2012, 1233; OLG Frankfurt NJW-RR 2011, 1516, 1517; Keidel/*Sternal* § 27 FamFG Rn. 6 ff.; so wohl auch Prütting/Helms/*Prütting* § 27 FamFG Rn. 9 f.). Auch eine kostenrechtliche Sanktion kommt nach § 81 Abs. 2 Nr. 4 in Betracht, wenn ein Beteiligter durch schuldhafte Verletzung seiner Mitwirkungspflicht das Verfahren erheblich verzögert hat (dazu OLG Celle NZFam 2014, 916, 918). Für eine Vollstreckung von Mitwirkungspflichten wird danach regelmäßig kein Bedürfnis bestehen, soweit es um von einem Beteiligten zu erwartenden Sachvortrag geht, weil hier die fehlende Mitwirkung eines Beteiligten regelmäßig mit Verfahrensnachteilen ausreichend sanktioniert werden kann.

Zwangsmittel nach § 35 mögen nunmehr allerdings in Betracht kommen, wenn es nicht um verweigerten Sachverhaltsvortrag, sondern um die Verweigerung anderer konkreter Mitwirkungshandlungen eines Beteiligten geht, etwa um die Herausgabe bestimmter Urkunden oder anderer benötigter Beweismittel (vgl. dazu auch § 35 Rdn. 6). Hier wird vor Verhängung von Zwangsmitteln die Zumutbarkeit der Mitwirkung für den Beteiligten und die Verhältnismäßigkeit des Zwangsmitteleinsatzes kritisch zu prüfen sein.

Bei **Verfahren von Amts wegen**, in denen typischerweise ein eigenes Aufklärungsinteresse der Beteiligten nicht bestehen muss, an der Sachverhaltsaufklärung jedoch vielfach ein übergreifendes, allgemeines Interesse besteht, dürfte eher eine Erzwingung der Mitwirkungspflicht von Bedeutung sein. Hier wird sich aber häufig die oben (Rdn. 7) angesprochene Frage der Zumutbarkeit der Mitwirkung des Beteiligten stellen. Bei Unzumutbarkeit der Mitwirkung des Beteiligten ist jedenfalls eine Mitwirkungspflicht zu verneinen, die Grundlage einer Vollstreckung sein könnte. Bei fehlender Mitwirkung an der Sachverhaltsaufklärung trotz Zumutbarkeit wird die Verweigerung der Mitwirkung seitens des Beteiligten zu würdigen und daraus evtl. Schlüsse für die Sachverhaltsfeststellung zu ziehen sein.

Steht eine **Verletzung der Wahrheitspflicht** fest, ist der unrichtige Tatsachenvortrag des Beteiligten unbeachtlich. Auch der Beteiligte ist nicht an sein wahrheitswidriges Vorbringen festzuhalten. Die Vorschriften der ZPO über das Geständnis in §§ 288 ff. ZPO sind nicht entsprechend anwendbar. Weiter gehende unmittelbare Folgen sieht das FamFG nicht vor. Die nachgewiesene Verletzung der Wahrheitspflicht kann u.U. für die Beweiswürdigung hinsichtlich einer anderen entscheidungsrelevanten Tatsache von Bedeutung sein. Ggf. können sich auch strafrechtliche Konsequenzen für den betreffenden Beteiligten ergeben, etwa nach § 263 StGB (zu einer evtl. Abänderung oder Wiederaufnahme des Verfahrens bei rechtskräftig gewordenen Entscheidungen vgl. § 48 Rdn. 13 ff.; 29 ff.); auch zivilrechtliche Schadensersatzansprüche, etwa nach § 826 BGB oder § 823 Abs. 2 BGB i.V.m. § 263 StGB, sind denkbar.

§ 28 Verfahrensleitung.

(1) ¹Das Gericht hat darauf hinzuwirken, dass die Beteiligten sich rechtzeitig über alle erheblichen Tatsachen erklären und ungenügende tatsächliche Angaben ergänzen. ²Es hat die Beteiligten auf einen rechtlichen Gesichtspunkt hinzuweisen, wenn es ihn anders beurteilt als die Beteiligten und seine Entscheidung darauf stützen will.

§ 28   Buch 1. Allgemeiner Teil

(2) In Antragsverfahren hat das Gericht auch darauf hinzuwirken, dass Formfehler beseitigt und sachdienliche Anträge gestellt werden.
(3) Hinweise nach dieser Vorschrift hat das Gericht so früh wie möglich zu erteilen und aktenkundig zu machen.
(4) ¹Über Termine und persönliche Anhörungen hat das Gericht einen Vermerk zu fertigen; für die Niederschrift des Vermerks kann ein Urkundsbeamter der Geschäftsstelle hinzugezogen werden, wenn dies auf Grund des zu erwartenden Umfangs des Vermerks, in Anbetracht der Schwierigkeit der Sache oder aus einem sonstigen wichtigen Grund erforderlich ist. ²In den Vermerk sind die wesentlichen Vorgänge des Termins und der persönlichen Anhörung aufzunehmen. ³Über den Versuch einer gütlichen Einigung vor einem Güterichter nach § 36 Absatz 5 wird ein Vermerk nur angefertigt, wenn alle Beteiligten sich einverstanden erklären. ⁴Die Herstellung durch Aufzeichnung auf Datenträger in der Form des § 14 Abs. 3 ist möglich.

Übersicht

	Rdn.		Rdn.
A. Allgemeines	1	D. Besondere Hinwirkungspflichten in Antragsverfahren (Abs. 2)	16
B. Hinwirkung des Gerichts auf vollständigen, rechtzeitigen Tatsachenvortrag der Beteiligten (Abs. 1 Satz 1)	5	E. Zeitpunkt der Hinweise des Gerichts (Abs. 3)	21
C. Pflicht des Gerichts zu Hinweisen auf rechtliche Gesichtspunkte	12	F. Dokumentationspflicht hinsichtlich erteilter Hinweise (Abs. 3)	22
I. Hinweispflicht bei anders beurteilten rechtlichen Gesichtspunkten (Abs. 1 Satz 2)	12	G. Rechtsfolgen der Verletzung der Hinwirkungs-, Hinweis- und Dokumentationspflicht	26
II. Hinweispflicht bei von den Beteiligten übersehenen rechtlichen Gesichtspunkten	14	H. Vermerk über Termine und persönliche Anhörungen von Beteiligten (Abs. 4)	28
		I. Zweck	28
		II. Voraussetzungen der Anfertigung	30
III. Erörterung der Sach- und Rechtslage mit den Beteiligten	15	III. Inhalt und Form des Vermerks	34

1   **A. Allgemeines.** § 28 normiert einige wesentliche Grundlagen der Verfahrensleitung des Gerichts und der Protokollierung bei Hinweisen, Terminen und Anhörungen der Beteiligten. Von konkreteren Vorgaben hat der Gesetzgeber abgesehen, um die für das Verfahren der freiwilligen Gerichtsbarkeit kennzeichnende Flexibilität zu bewahren (Begr. RegE BT-Drucks. 16/6308, 187).
Die Vorschrift **gilt für alle von § 1 erfassten Verfahren, nicht jedoch für Ehesachen und Familienstreitsachen** (vgl. dazu § 113 Abs. 1).

2   Abs. 1 bis 3 entsprechen in wesentlichen Grundstrukturen der materiellen Prozessleitung im Zivilprozess gem. § 139 ZPO. Hierzu vorliegende Rspr. könnte – unter Beachtung der Besonderheiten und Strukturunterschiede der beiden Verfahrensarten (Beibringungsgrundsatz in der ZPO, Amtsermittlungsgrundsatz in der freiwilligen Gerichtsbarkeit) – auch für die Regelungen im FamFG von Bedeutung sein. Abs. 1 Satz 1 begründet – als Ausfluss des Amtsermittlungsgrundsatzes – eine Pflicht des Gerichts auf rechtzeitiges und vollständiges Tatsachenvorbringen der Beteiligten hinzuwirken. Die in Abs. 1 Satz 2 geregelte Hinweispflicht auf eine abweichende rechtliche Beurteilung entscheidungsrelevanter Fragen dient der Gewährleistung rechtlichen Gehörs und soll die Beteiligten vor Überraschungsentscheidungen schützen. Abs. 2 begründet eine spezielle Hinwirkungspflicht in Antragsverfahren, die insb. auch die aus § 139 Abs. 1 Satz 2 ZPO bekannte Verpflichtung des Gerichts, auf sachdienliche Anträge hinzuwirken, umfasst.

3   Die Regelung in Abs. 3 über die frühestmögliche Erteilung notwendiger Hinweise und ihre Fixierung in den Akten soll der Verfahrensbeschleunigung und dem Beweis entsprechender Hinweise dienen.

4   Abs. 4 verpflichtet das Gericht, über die wesentlichen Vorgänge eines Termins (§ 32) oder einer persönlichen Anhörung von Beteiligten (§§ 33, 34) einen Vermerk anzufertigen. Dies entspricht der für den Freibeweis vorgesehenen Pflicht nach § 29 Abs. 3 (§ 29 Rdn. 48). Abs. 4 regelt nur die Mindestanforderungen, die an den Vermerk zu stellen sind und billigt dem Gericht insoweit erheblichen Freiraum zu. Die Bestimmungen über das Protokoll gem. §§ 159 ff. ZPO hat der Gesetzgeber bewusst nicht übernommen, um auch hier die Flexibilität des freiwilligen Gerichtsbarkeitsverfahrens zu erhalten (Begr. RegE BT-Drucks. 16/6308, 187). Für Verfahren vor dem Güterichter enthält Abs. 4 Satz 3 die Sonderregelung, dass ein entsprechender

Vermerk nur zu fertigen ist, wenn alle Beteiligten sich damit einverstanden erklären. Damit soll den Beteiligten die Möglichkeit gegeben werden, die Vertraulichkeit offen geführter Gütegespräche weiter abzusichern.

B. Hinwirkung des Gerichts auf vollständigen, rechtzeitigen Tatsachenvortrag der Beteiligten (Abs. 1 Satz 1). Das Gericht hat nach Abs. 1 darauf hinzuwirken, dass die Beteiligten sich rechtzeitig über alle relevanten Tatsachen erklären; bei ungenügenden tatsächlichen Angaben hat es auf eine Ergänzung hinzuwirken und hierfür ggf. den Beteiligten eine Frist zu setzen (zu letzterem BGH NJW 2013, 1240, 1242). 5

Eine solche Verpflichtung des Gerichts wurde nach altem Recht bereits als Ausprägung und Konkretisierung aus der umfassenden Verpflichtung zur Aufklärung des Sachverhalts von Amts wegen hergeleitet (vgl. KKW/*Schmidt* § 12 FGG Rn. 120). Von einem solchen Zusammenhang ist auch weiterhin auszugehen (Keidel/*Sternal* § 28 FamFG Rn. 4). Im Vergleich zum Zivilprozess ist die Verantwortung des Gerichts in der freiwilligen Gerichtsbarkeit für die Feststellung des entscheidungsrelevanten Sachverhalts deutlich höher. Das Gericht ist nach dem Amtsermittlungsgrundsatz für die Ermittlung und Feststellung des entscheidungserheblichen Sachverhalts verantwortlich. Dabei ist es allerdings auf die Mitwirkung der Beteiligten, insb. auch auf deren Tatsachenvortrag angewiesen, der Anknüpfungspunkt für weitere Ermittlungen ist oder sein kann und regelmäßig eine Grundlage der Tatsachenfeststellung ist. Die Hinwirkungspflicht dürfte jedoch auch Gebot einer fairen Verfahrensgestaltung und zur Gewährleistung effektiven rechtlichen Gehörs der Beteiligten erforderlich sein. Sie korrespondiert mit der in § 27 geregelten Pflicht der Beteiligten, bei der Ermittlung des Sachverhalts mitzuwirken. 6

Eine **Hinwirkungspflicht** des Gerichts kann sich ergeben **hinsichtlich sämtlicher erheblicher Tatsachen**. Es muss sich also um tatsächliche Umstände handeln, auf die es nach den für die konkrete Entscheidung anwendbaren Vorschriften ankommt oder zumindest ankommen kann. 7

Die Hinwirkungspflicht greift ein **bei gänzlich fehlendem, aber auch bei unvollständigem, unverständlichem oder widersprüchlichem Tatsachenvortrag** eines Beteiligten zu entscheidungserheblichen tatsächlichen Umständen. 8

Das Gericht wird seine Hinwirkungspflicht durch **Hinweise und Auflagen an die betreffenden Beteiligten** erfüllen, zu den bestimmten relevanten Punkten Tatsachen vorzutragen, Tatsachenvortrag klarzustellen oder zu ergänzen. Auch durch Auflagen, ggf. Beweismittel zu benennen, kann das Gericht auf eine Mitwirkung der Beteiligten an der Sachverhaltsfeststellung hinwirken. Nach entsprechendem Hinweis muss den Beteiligten stets ein hinreichender Zeitraum eingeräumt werden, um auf den Hinweis reagieren und ergänzend vortragen zu können. 9

Die Hinwirkungspflicht des Gerichts bezieht sich auch auf die **Rechtzeitigkeit des Tatsachenvortrags** der Beteiligten. Damit soll der Verfahrensbeschleunigung gedient werden. Das Gericht wird dem dadurch nachzukommen haben, dass es den Beteiligten für entsprechenden Tatsachenvortrag Fristen setzt, die dem Beschleunigungsbedürfnis Rechnung tragen, aber den Beteiligten die nach den Umständen des konkreten Falls ausreichende, angemessene Zeit für entsprechenden Tatsachenvortrag lassen. Nach Fristablauf wird das Verfahren weiter zu fördern und ggf. eine Entscheidung zu erlassen sein. Eine Zurückweisung von nicht fristgerechtem Vortrag eines Beteiligten kommt nicht in Betracht (vgl. zum alten Recht BVerfG NJW 1988, 1963; KKW/*Schmidt* § 12 FGG Rn. 159). Auch das FamFG sieht – wie bereits das FGG – eine den Vorschriften der ZPO (§§ 296, 296a ZPO) entsprechende Regelung über die Sanktionierung **verspäteten Vorbringens der Beteiligten** nicht vor. 10

Hinwirkungs- und Hinweispflichten obliegen dem **Gericht**, bei einem Kollegialgericht also dem gesamten Spruchkörper. Die Erfüllung der Hinwirkungs- und Hinweispflichten kann nicht mit Erfolg für eine **Befangenheit des Gerichts bzw. der beteiligten Richter** herangezogen werden, jedenfalls soweit diese den durch das Gesetz vorgegebenen Rahmen nicht überschreiten. Etwas anderes gilt, wenn darüber hinausgegangen wird und bei objektiver Betrachtung aus Sicht der übrigen Beteiligten sich der Eindruck einseitiger Hilfestellung zugunsten eines Beteiligten ergibt bzw. ergeben kann. 11

C. Pflicht des Gerichts zu Hinweisen auf rechtliche Gesichtspunkte. I. Hinweispflicht bei anders beurteilten rechtlichen Gesichtspunkten (Abs. 1 Satz 2). Nach Abs. 1 Satz 2 ist das Gericht verpflichtet, die Beteiligten auf einen **entscheidungserheblichen rechtlichen Gesichtspunkt hinzuweisen, den es anders beurteilt** als die Beteiligten. Die Hinweise des Gerichts müssen dabei konkret und unmissverständlich sein, pauschale Hinweise reichen nicht aus (vgl. BGH NJW 2005, 2624; Horndasch/Viefhues/*Reinken* § 28 FamFG Rn. 9). Nach einem Hinweis muss den Beteiligten sodann hinreichend Gelegenheit zur Reaktion hierauf und 12 zu ggf. ergänzendem Vortrag gegeben werden. Diese Regelung dient der Gewährleistung des rechtlichen Gehörs der Beteiligten und soll diese vor Überraschungsentscheidungen des Gerichts schützen.

13 Diese Hinweispflicht auf rechtliche Gesichtspunkte hat nach dem Wortlaut der Regelung einen nur begrenzten Anwendungsbereich. Sie greift nur ein bei einer Divergenz zwischen der Rechtsauffassung des Gerichts, die der anstehenden Entscheidung zugrunde gelegt werden soll, und der erkennbar gewordenen Auffassung der Beteiligten. Dazu ist erforderlich, dass eine abweichende Rechtsauffassung von den Beteiligten zu einer entscheidungserheblichen Frage im Verfahren geltend gemacht worden und erkennbar geworden ist. Die Hinweispflicht greift danach nicht ein, wenn zu der betreffenden entscheidungserheblichen Frage in dem Verfahren kein Beteiligter eine bestimmte Rechtsauffassung vertreten hat oder wenn die Beteiligten zu der Frage bereits kontroverse Rechtsauffassungen vertreten haben und das Gericht sich in der Entscheidung einer dieser Auffassungen anschließt (vgl. dazu RegE BT-Drucks. 16/6308, 187). Jedenfalls im letztgenannten Fall kann die Entscheidung des Gerichts für die Beteiligten keine Überraschung sein; eines Hinweises bedarf es hier nicht (vgl. OLG München FGPrax 2010, 46, 49). Wenn die erforderliche Divergenz vorliegt, kommt es nicht darauf an, worauf diese beruht, ob das Gericht z.B. eine von den Beteiligten nicht in Betracht gezogene Rechtsnorm anwenden, es den Sachverhalt anders auslegen oder werten oder etwa von einer bisherigen (gefestigten) Rspr. abweichen will.

14 **II. Hinweispflicht bei von den Beteiligten übersehenen rechtlichen Gesichtspunkten.** Es fragt sich, ob über den vom Wortlaut des Abs. 1 Satz 2 erfassten Anwendungsbereich hinaus rechtliche Hinweispflichten des Gerichts bestehen, auch wenn eine Divergenz in dem oben dargestellten Sinn nicht konkret festzustellen ist. Es fällt auf, dass die hier behandelte Regelung jedenfalls mit ihrem Wortlaut hinter der im Zivilprozess geltenden Regelung des § 139 Abs. 2 ZPO zurückbleibt, die das Gericht verpflichtet, auf jeden entscheidungserheblichen rechtlichen Gesichtspunkt hinzuweisen, den eine Partei übersehen oder für unerheblich gehalten hat, soweit nicht nur eine Nebenforderung betroffen ist. Denkbar ist, dass eine Divergenz zwischen der vom Gericht zugrunde gelegten Rechtsauffassung und der Auffassung der Beteiligten nicht (positiv) feststellbar ist, weil die Beteiligten bereits den für das Gericht entscheidungserheblichen rechtlichen Gesichtspunkt nicht erkannt und sich deshalb hierzu nicht geäußert haben. Auch bei einer solchen Fallgestaltung muss eine Hinweispflicht des Gerichts angenommen werden (ebenso im Erg Keidel/*Sternal* § 28 FamFG Rn. 8, 11; *Prütting*/Helms § 28 FamFG Rn. 9). Dies ist notwendig, um das vom Gesetzgeber auch i.R.d. FamFG angestrebte Ziel zu erreichen, Überraschungsentscheidungen des Gerichts zu vermeiden und in effektiver Weise den Beteiligten rechtliches Gehör zu gewähren. Letzteres erfordert auch, dass den **Beteiligten Gelegenheit gegeben worden ist, zu entscheidungserheblichen rechtlichen Gesichtspunkten Stellung zu nehmen**, die sie zunächst **erkennbar übersehen** haben. Auch die Verpflichtung des Gerichts aus Abs. 1 Satz 1, auf eine vollständige Erklärung zu entscheidungsrelevanten Tatsachen hinzuwirken, dürfte es regelmäßig erfordern, die Beteiligten auf nicht erkannte rechtliche Gesichtspunkte hinzuweisen, weil diese evtl. für ergänzenden Tatsachenvortrag relevant sein könnten. Danach spricht einiges dafür, über die – gemessen am Regelungsziel – lückenhaft erscheinende Vorschrift des Abs. 1 Satz 2 hinaus weitergehende Pflichten des Gerichts zu rechtlichen Hinweisen anzunehmen. Dazu könnte – wie nach altem Recht (vgl. Jansen/*Briesemeister* § 12 FGG Rn. 10 f.) – weiterhin § 139 Abs. 2 ZPO analog anzuwenden sein; alternativ käme eine extensive Auslegung des Abs. 1 in Betracht.

15 **III. Erörterung der Sach- und Rechtslage mit den Beteiligten.** Weiterhin dürfte auch eine analoge Anwendung der Regelung des § 139 Abs. 1 Satz 1 ZPO in Erwägung zu ziehen sein, die eine **Erörterung des Sach- und Streitverhältnisses nach der tatsächlichen und rechtlichen Seite** mit den Parteien vorsieht, soweit dies erforderlich erscheint. Jedenfalls dann, wenn das Gericht einen Verhandlungstermin nach § 32 für geboten oder zweckmäßig hält, wird die Sach- und Rechtslage auch in Verfahren der freiwilligen Gerichtsbarkeit – soweit es erforderlich ist – umfassend mit den Beteiligten zu erörtern sein. Dafür besteht hier ein entsprechendes Bedürfnis wie im Streitverfahren des Zivilprozesses.

16 **D. Besondere Hinwirkungspflichten in Antragsverfahren (Abs. 2).** In Antragsverfahren hat das Gericht weiterhin darauf hinzuwirken, dass die Beteiligten sachdienliche Anträge stellen und – evtl. vom Gericht erkannte – Formfehler beseitigt werden. Diese Regelung entspricht im ersten Teil dem § 139 Abs. 1 Satz 2 ZPO, der nach altem Recht analog angewandt worden ist (vgl. KKW/*Schmidt* § 12 FGG Rn. 57).

17 Die Verpflichtung zur **Hinwirkung auf sachdienliche Anträge** wird das Gericht zu erfüllen haben durch entsprechende Hinweise an die Beteiligten auf unzulässige, fehlerhafte oder unklare Anträge. Solche Hinweise sind den *Beteiligten* jedenfalls vor Zurückweisung bzw. vor einer Verwerfung eines Antrags als unzu-

lässig zu erteilen. Auch auf unzweckmäßige Anträge, die das erkennbare Verfahrensziel des betreffenden Beteiligten verfehlen, ist hinzuweisen. I.V.m. dem Hinweis ist dem Beteiligten Gelegenheit zu geben, notwendige Klarstellungen vorzunehmen und/oder seinen Antrag fehler- und bedenkenfrei zu formulieren. Auch bei der Umformulierung des Antrags hat das Gericht ggf. durch entsprechende Hinweise behilflich zu sein; es hat bei erfolglosem Hinweis jedoch nicht selbst die Umformulierung des Antrags vorzunehmen (vgl. für den Zivilprozess Musielak/*Stadler* § 139 ZPO Rn. 10). Von der Hinwirkungspflicht des Gerichts nicht erfasst und nicht gedeckt wird die Anregung ganz neuer Anträge, die über das bisherige Vorbringen und Begehren des Beteiligten hinausgehen und anderen, zuvor nicht verfolgten Verfahrenszielen dienen (vgl. Thomas/Putzo/*Reichold* § 139 ZPO Rn. 10).

Das Gericht hat weiterhin – was als spezielle Konkretisierung einer Hinweis- und Fürsorgepflicht des Gerichts zu verstehen ist – auf die **Beseitigung von Formfehlern** hinzuwirken. Dies setzt voraus, dass der Formfehler noch beseitigt werden kann; ansonsten kommt allein ein Hinweis auf den Mangel und dessen Rechtsfolgen in Betracht. 18

Welche Arten von Mängeln der Gesetzgeber mit dem Begriff des »Formfehlers« erfassen wollte, lassen die Gesetzesmaterialien nicht erkennen. Der Begriff des Formfehlers dürfte nicht im engeren Sinne zu verstehen und nur auf die Antragstellung zu beziehen sein, sondern – entsprechend dem Bedürfnis nach richterlichen Hinweisen – weit zu verstehen sein und alle formellen Mängel erfassen, bei denen eine Beseitigung noch möglich ist. Zu denken ist etwa an Anträge und Erklärungen, die der Form des § 25 nicht entsprechen, an Mängel bei elektronischen Dokumenten gem. §§ 14 Abs. 2, 130a Abs. 1 ZPO oder formellen Mängeln einer vorgelegten Verfahrensvollmacht. 19

Das Gericht hat das ihm nach konkreten Umständen Mögliche und Zumutbare zu tun, um auf eine (noch rechtzeitige) Beseitigung des Formfehlers hinzuwirken; dies kann im Einzelfall – etwa bei drohendem Fristablauf – sofortiges Handeln des Gerichts unter Einsatz schneller Kommunikationsmittel (Telefon, Fax, evtl. elektronischer Kommunikation) erfordern. 20

E. Zeitpunkt der Hinweise des Gerichts (Abs. 3). Gerichtliche Hinweise, wie sie nach Abs. 1 und 2 erforderlich sind, sollen vom Gericht **so früh wie möglich** gegeben werden. Dies entspricht der für den Zivilprozess geltenden Regelung in § 139 Abs. 4 Satz 1 ZPO und soll der Verfahrensbeschleunigung dienen (vgl. RegE BT-Drucks. 16/6308, 187). Durch diese Gesetzesregelung wird das Gericht zumindest angehalten, entsprechende Hinweise möglichst früh zu erteilen, auch wenn der objektiv frühestmögliche Zeitpunkt (nach Eingang des Antrags/Schriftsatzes) vielfach nicht eingehalten wird. Das Gericht sollte es danach jedenfalls vermeiden, notwendige Hinweise erst in einem anberaumten Verhandlungstermin (§ 32) oder anderweitig erst unmittelbar vor der anstehenden Entscheidung zu erteilen. Bei solch verspäteten Hinweisen muss den Beteiligten jedenfalls noch die Möglichkeit erhalten bleiben bzw. eingeräumt werden, innerhalb angemessener, noch ausreichender Zeit auf den gerichtlichen Hinweis zu reagieren. 21

F. Dokumentationspflicht hinsichtlich erteilter Hinweise (Abs. 3). Nach Abs. 3 sind **Hinweise des Gerichts aktenkundig** zu machen. Diese Regelung entspricht dem § 139 Abs. 4 Satz 1 ZPO (die Beweisregelung der nachfolgenden Sätze 2 und 3 dieser Vorschrift sind nicht in Abs. 3 übernommen worden). Sie bezweckt – wie § 139 Abs. 4 ZPO – den Nachweis für die Erteilung entsprechender Hinweise zu sichern und ist insb. für eine Überprüfung in der Rechtsmittelinstanz von Bedeutung. 22

Die in Abs. 3 angeordnete Dokumentationspflicht erfasst in ihrer **Reichweite** sowohl Maßnahmen des Gerichts, mit denen Hinwirkungspflichten nach Abs. 1 Satz 1 und Abs. 2 erfüllt werden sollen, als auch Hinweise nach Abs. 1 Satz 2 (vgl. RegE BT-Drucks. 16/6308, 187). Auch bei Annahme einer weitergehenden Hinweispflicht des Gerichts (oben Rdn. 14) ist eine entsprechende Dokumentationspflicht anzunehmen. 23

Gesetzliche Regelungen zu **Art und Weise der Dokumentation** finden sich nicht. Die Art der Dokumentation dürfte davon abhängen, in welcher Weise der Hinweis bzw. die Hinwirkungsmaßnahme erfolgt. Geschieht dies durch Verfügung oder Beschluss des Gerichts, genügt es, dass diese zu den Akten gelangen. Bei fernmündlich (oder evtl. mündlich) erteilten Hinweisen wird ein Aktenvermerk zu fertigen sein. Dieser ist den übrigen Beteiligten, die nicht Adressat des Hinweises gewesen sind, zur Kenntnis zu bringen. Wird der Hinweis erst in einem Termin nach § 32 oder im Rahmen einer persönlichen Anhörung eines Beteiligten nach § 34 gegeben, ist er in dem nach Abs. 4 anzufertigenden Vermerk zu dokumentieren und den Beteiligten zur Kenntnis zu übersenden. Ist eine Dokumentation des Hinweises zunächst versehentlich unterblieben, so kann sie nach h.M. im Zivilprozess ausnahmsweise noch im Tatbestand des Urteils oder im Rahmen tatsächlicher Feststellungen in den Entscheidungsgründen nachgeholt werden (vgl. BGH NJW 2006, 24

60, 62; Musielak/*Stadler* § 139 ZPO Rn. 27). Gleiches sollte auch im Bereich der freiwilligen Gerichtsbarkeit gelten, wenn die Dokumentation versehentlich unterblieben ist und dieses sowie die Erteilung des Hinweises in der abschließenden Entscheidung festgehalten wird (ebenso Keidel/*Sternal* § 28 FamFG Rn. 20).

25 Wenn der Hinweis nicht in einer Verfügung oder einem Beschluss zu den Akten gelangt, sondern anderweitig aktenkundig gemacht wird, wird regelmäßig nicht der genaue Wortlaut des Hinweises aufgenommen, sondern nur die Tatsache der Erteilung eines bestimmten Hinweises. Der Inhalt des Hinweises muss dabei allerdings so konkretisiert werden, dass sein Gegenstand, der rechtliche oder tatsächliche Gesichtspunkt, um den es ging, hinreichend erkennbar wird (vgl. Thomas/Putzo/*Reichold* § 139 ZPO Rn. 30).

26 **G. Rechtsfolgen der Verletzung der Hinwirkungs-, Hinweis- und Dokumentationspflicht.** Zu den **Rechtsfolgen der Verletzung der Dokumentationspflicht** findet sich – anders als in § 139 Abs. 4 ZPO – im Gesetz keine Regelung. § 139 Abs. 4 Satz 2 und 3 sehen vor, dass die Erteilung von Hinweisen nur durch den Inhalt der Akten bewiesen werden kann und gegen den Inhalt der Akte nur der Nachweis der Fälschung zulässig ist. Der Gesetzgeber hat zwar die Dokumentationspflicht aus § 139 Abs. 4 ZPO, nicht aber die genannte, in dieser Vorschrift enthaltene Beweisregel ins FamFG übernommen. Dies spricht dafür, dass die Beweisregel hier nicht anwendbar sein sollte. Das Fehlen eines entsprechenden Vermerks über erteilte Hinweise wird danach frei zu würdigen sein; auch im Rahmen freier Beweiswürdigung wird jedoch im Regelfall das Fehlen einer entsprechenden Dokumentation dafür sprechen, dass ein Hinweis tatsächlich nicht erteilt worden ist bzw. Hinwirkungsmaßnahmen unterblieben sind.

27 Die **Verletzung einer Hinwirkungs- oder Hinweispflicht** stellt einen Verfahrensverstoß und mithin eine **Rechtsverletzung des Gerichts** dar. Wenn – wie nach altem Recht (vgl. KKW/*Schmidt* § 12 FGG Rn. 120) – Hinwirkungs- und Hinweispflichten aus dem Grundsatz der Amtsermittlung abgeleitet werden, muss auch eine Verletzung der Amtsermittlungspflicht des Gerichts angenommen werden. Die darin liegende Rechtsverletzung kann ggf. im Rahmen eines Rechtsmittels mit Erfolg geltend gemacht werden. In der Beschwerdeinstanz wird allerdings regelmäßig die erforderliche, aber in erster Instanz unterbliebene Sachaufklärung noch nachgeholt werden können. Eine Verletzung der Hinwirkungs- oder Hinweispflicht kann aber zu einem Erfolg der Rechtsbeschwerde führen, wenn die angefochtene Entscheidung auf der insoweit gerügten Verfahrensrechtsverletzung beruht oder zumindest beruhen kann (vgl. § 72 Rdn. 20). Für eine insoweit erfolgreiche Verfahrensrüge wird der Beschwerdeführer darzulegen haben, was bei Erteilung eines entsprechenden Hinweises (oder bei einer entsprechenden Hinwirkungshandlung) noch an relevanten Tatsachen vorgetragen worden wäre.

28 **H. Vermerk über Termine und persönliche Anhörungen von Beteiligten (Abs. 4). I. Zweck.** Nach Abs. 4 ist das Gericht grundsätzlich verpflichtet, über einen Termin (§ 32) oder eine persönliche Anhörung eines Beteiligten einen Vermerk zu fertigen, der die wesentlichen Vorgänge des Termins oder der persönlichen Anhörung wiedergibt (zur Ausnahme in Güteverfahren vgl. unten Rdn. 32). Dieser Vermerk soll dazu dienen, die Beteiligten (insb. auch die bei dem Termin oder der Beteiligtenanhörung nicht anwesenden) über die Ergebnisse eines Termins oder einer Anhörung zu informieren, damit sie sich in ihrem weiteren Verfahrensverhalten hierauf einstellen können und es ihnen erleichtert wird, zu den Ergebnissen des Termins sowie der Anhörung – i.R.d. Gewährung rechtlichen Gehörs – Stellung zu nehmen. Ein weiterer Zweck des Vermerks besteht darin, dem Beschwerdegericht die Entscheidung nach § 68 Abs. 3 Satz 2 zu erleichtern, ob und inwieweit eine Wiederholung des dokumentierten Verfahrensschritts angezeigt ist oder hiervon abgesehen werden kann (zur Funktion des Vermerks vgl. RegE BT-Drucks. 16/6308, 187).

29 Dem Vermerk kommt danach die **Funktion eines Protokolls** gem. §§ 159 ff. ZPO zu. Die entsprechenden formalen Regelungen des Protokolls hat der Gesetzgeber jedoch nicht übernommen, um auch in diesem Punkt die Flexibilität des fG-Verfahrens zu erhalten (vgl. RegE BT-Drucks. 16/6308, 187).

30 **II. Voraussetzungen der Anfertigung.** Ein Vermerk nach Abs. 4 ist anzufertigen für einen **Erörterungstermin nach § 32**, in dem das Gericht die Sache in Anwesenheit der Beteiligten erörtert. Auch bei einer **förmlichen Beweisaufnahme** (§ 30), für die der Grundsatz der Partei- bzw. Beteiligtenöffentlichkeit gilt (vgl. § 30 Rdn. 27) und die grds. in Anwesenheit der Beteiligten stattfindet, besteht – auch wenn sie nicht im Zusammenhang mit einem Erörterungstermin stattfindet – die für den Termin geltende Protokollierungspflicht nach Abs. 4 (vgl. RegE BT-Drucks. 16/6308, 187). Bei einer **Beweisaufnahme im Wege des Freibeweises** gilt dies nicht; deren Ergebnisse sind aber nach § 29 Abs. 3 aktenkundig zu machen. Die **Anhörung der Beteiligten** erfolgt meist im Rahmen eines Erörterungstermins nach § 32. Aber auch bei einer isolierten Anhörung von Beteiligten sind die Ergebnisse nach Abs. 4 in einem Vermerk festzuhalten.

Die Herstellung des Vermerks haben die für das Verfahren funktionell zuständigen Gerichtspersonen zu veranlassen; dies kann ggf. der Rechtspfleger sein.

Eine Sonderregelung ist für einen Vermerk in **Verfahren vor dem Güterichter** (§ 36 Abs. 5) vorgesehen. In Güteterminen ist ein Vermerk nur zu fertigen, wenn sich alle Beteiligten damit einverstanden erklären. Die Beteiligten sollen in Güterichterverfahren die Möglichkeit haben, eine von ihnen gewollte Vertraulichkeit der Erörterungen dadurch abzusichern, dass auch die Anfertigung eines Vermerks über durchgeführte Termine unterbleibt (vgl. dazu BT-Drucks. 17/8058, 22). Abs. 4 Satz 3 legt dabei als Regelfall zugrunde, dass in Güteverfahren ein Interesse der Beteiligten besteht, offene Gütegespräche vertraulich zu führen, und diese Vertraulichkeit auch dadurch abgesichert werden soll, dass ein Vermerk über Gütetermine nicht erstellt wird. Wenn die Beteiligten etwas anderes wollen und ein Vermerk erstellt werden soll, bedarf es dazu eines entsprechenden Einverständnisses aller Beteiligten.

Vom Vermerk über Termine vor dem Güterrichter zu unterscheiden ist die **Dokumentation einer vor dem Güterichter getroffenen Einigung** der Beteiligten nach § 36 Abs. 5 Satz 3 i.V.m. Abs. 2. Die letztgenannte Regelung bleibt unberührt. Wenn eine Einigung im Termin vor dem Güterichter erzielt worden ist, ist darüber die in der genannten Vorschrift vorgesehene Niederschrift zu fertigen, ohne dass es auf ein darauf bezogenes Einverständnis ankäme (vgl. BT-Drucks. 17/8058, 22).

III. Inhalt und Form des Vermerks. Hinsichtlich des **Inhalts** des Vermerks gibt Abs. 4 lediglich vor, dass er die wesentlichen Vorgänge des Termins und der persönlichen Anhörung enthalten muss. Weitere konkretisierende Vorgaben finden sich im Gesetz nicht. Es ist Aufgabe der Rspr., Grundsätze zur entsprechenden Konkretisierung zu entwickeln. Entsprechend der Protokollierungsfunktion des Vermerks werden jedenfalls Angaben erforderlich sein zu den anwesenden Personen, Zeit und Ort der Anhörung oder des Termins sowie zu den wesentlichen, für die Entscheidung relevanten Verfahrenshandlungen. Entsprechend dem oben dargestellten Zweck des Vermerks werden auch Tatsachenfeststellungen, etwa die Aussagen vernommener Zeugen oder Sachverständigen oder Wahrnehmungen des Gerichts sowie der anwesenden Beteiligten (z.B. von Augenscheinsobjekten), in ihrem wesentlichen, entscheidungsrelevanten Inhalt festzuhalten sein. Nur so dürfte die oben angesprochene Information der Verfahrensbeteiligten mit dem Ziel, ihnen die Stellungnahme zu allen die Entscheidung tragenden Tatsachen und Beweisergebnissen zu ermöglichen oder jedenfalls zu erleichtern (vgl. dazu § 37 Abs. 2), sowie die Überprüfungsmöglichkeit des Beschwerdegerichts hinreichend gewährleistet sein. Zur Dokumentation von im Termin bzw. der Anhörung gegebenen gerichtlichen Hinweisen vgl. Rdn. 22 ff.

Hinsichtlich der **Form des Vermerks** ist dem Gericht weitgehender Freiraum gelassen. Es kann sich auf eine Stichwortzusammenfassung des Verlaufs des Termins beschränken, aber auch einen Vermerk in der Form eines ausführlichen Protokolls in Anlehnung an §§ 159 ff. ZPO erstellen. Die Formalien eines Protokolls müssen jedenfalls nicht eingehalten werden, auch nicht die Mindestanforderungen einer Niederschrift, die bei Abgabe von Anträgen und Erklärungen zu Protokoll der Geschäftsstelle (§ 25 Abs. 1) erfüllt sein müssen (dazu LG Meiningen FamRZ 2014, 1315). Es ist nicht erforderlich, dass der Vermerk – wie ein Protokoll – im Termin oder bei der Anhörung in Gegenwart der Beteiligten angefertigt (diktiert) wird. Da die Formalien eines Protokolls nicht einzuhalten sind, kann der Vermerk vom Gericht auch erst nach dem Termin oder der Anhörung angefertigt werden. Dies kann hilfreich sein, da das Gericht sich dann mehr auf die Verhandlungsleitung im Termin mit evtl. Beweisaufnahme oder die Beteiligtenanhörung konzentrieren kann (zu solchen Erwägungen vgl. BT-Drucks. 16/6308, 406). In Abweichung vom RegE (BT-Drucks. 16/6308, 406) eröffnet Abs. 4 auch die Möglichkeit, dass das Gericht in Einzelfällen für die Niederschrift des Vermerks einen Urkundsbeamten der Geschäftsstelle hinzuzieht. Hierfür müssen allerdings – dies entspricht inhaltlich der Regelung über die Protokollaufnahme in § 159 Abs. 1 ZPO – vom Regelfall abweichende besondere Umstände vorliegen. Die Hinzuziehung des Urkundsbeamten kann danach gerechtfertigt sein aufgrund des zu erwartenden Umfangs des Vermerks, in Anbetracht der Schwierigkeit der Sache oder aus einem sonstigen wichtigen Grund. Diese Voraussetzungen eines Ausnahmefalles hat das Gericht (der Richter/Rechtspfleger) pflichtgemäß zu prüfen; es entscheidet hierüber verbindlich (nicht die Justizverwaltung; vgl. Musielak/*Stadler* § 159 ZPO Rn. 7).

Der Vermerk kann schließlich auch als **elektronisches Dokument** nach §§ 14 Abs. 3, 130b, 298 ZPO erstellt werden, soweit die Voraussetzungen für den elektronischen Rechtsverkehr erfüllt sind.

Eine **Berichtigung des Vermerks** dürfte jederzeit von Amts wegen oder auf Antrag/Anregung eines Beteiligten möglich sein (vgl. Keidel/*Sternal* § 28 FamFG Rn. 31). Da die Förmlichkeiten eines Protokolls gem. §§ 159 ff. ZPO nicht einzuhalten sind, sind auch die für die Protokollberichtigung geltenden Regelungen des § 164 ZPO nicht anwendbar. Bei **Fehlen des erforderlichen Vermerks** kann ein Verfahrensfehler anzunehmen sein, der u.U. – wenn auch im nachfolgenden Beschluss das Ergebnis der Anhörung oder des Termins nicht ausreichend dokumentiert ist – eine Aufhebung des Beschlusses im Beschwerdeverfahren und eine Zurückverweisung der Sache rechtfertigen kann (so jedenfalls OLG Brandenburg FamFR 2011, 328).

§ 29 Beweiserhebung.

(1) ¹Das Gericht erhebt die erforderlichen Beweise in geeigneter Form. ²Es ist hierbei an das Vorbringen der Beteiligten nicht gebunden.
(2) Die Vorschriften der Zivilprozessordnung über die Vernehmung bei Amtsverschwiegenheit und das Recht zur Zeugnisverweigerung gelten für die Befragung von Auskunftspersonen entsprechend.
(3) Das Gericht hat die Ergebnisse der Beweiserhebung aktenkundig zu machen.

Übersicht

	Rdn.		Rdn.
A. Überblick	1	3. Rechtsfolgen fehlerhaft unberücksichtigter Beweisanträge	25
B. Grundsätze des Freibeweises (Abs. 1)	6	E. Amtsverschwiegenheit und Zeugnisverweigerungsrechte als allgemeine Schranken jeder zulässigen Beweisaufnahme (Abs. 2)	27
I. Zulässigkeit des Freibeweises	6		
II. Mittel und Grundsätze des Freibeweises	8		
1. Mittel des Freibeweises	8	I. Amtsverschwiegenheit	28
2. Grundsätze des Verfahrens	10	1. Anwendungsbereich	28
C. Anwendungs- und Befugnisgrenzen des Freibeweises	14	2. Persönlicher Geltungsbereich	29
D. Umfang der Beweisaufnahme	16	3. Inhalt und Umfang der Verschwiegenheitspflicht	30
I. Bestimmung des Umfangs der Beweisaufnahme nach pflichtgemäßem Ermessen des Gerichts	16	4. Rechtsfolgen der Amtsverschwiegenheit und einer Verletzung	31
II. Behandlung von Beweisanträgen der Beteiligten	17	II. Zeugnisverweigerungsrechte	36
		1. Bedeutung	36
1. Berücksichtigung und Nichtberücksichtigung von Beweisanträgen (Beweisanregungen) der Beteiligten	17	2. (Persönlicher) Anwendungsbereich	37
		3. Verfahren bei Zeugnisverweigerungsrechten	43
2. Begründung für die Nichtberücksichtigung von Beweisanträgen	22	F. Dokumentationspflicht des Gerichts (Abs. 3)	48
		G. Analoge Anwendung weiterer Vorschriften der ZPO?	54

1 **A. Überblick.** Das FamFG hält bei der Aufklärung des Sachverhalts an dem nach bisherigem Recht geltenden **Grundsatz des Freibeweises** fest (Abs. 1) und lässt dem Gericht einen gewissen Ermessensspielraum bei der Durchführung der Beweisaufnahme und der dabei einzusetzenden Mittel, um das Verfahren so flexibel wie möglich zu gestalten. Die §§ 29 ff. geben nunmehr jedoch durch Reglementierung und Konkretisierung einen normativen Rahmen für die Beweiserhebung vor und setzen entsprechende Ermessensgrenzen für das Gericht.
Die **§§ 29, 30 sind anwendbar** auf **alle von § 1 erfassten Verfahren**, zu beachten sind jedoch vorhandene **Bereichsausnahmen** (für Ehesachen und Familienstreitsachen nach § 113 Abs. 1) und **vorrangige Spezialregelungen** (etwa für Landwirtschaftssachen in § 15 LwVG).

2 Wenn eine besondere Richtigkeitsgewähr der Tatsachenfeststellung erforderlich erscheint, verlangt das Gesetz, etwa in Betreuungs- und Abstammungsverfahren, eine förmliche Beweisaufnahme. Diese wird auch verlangt, wenn eine Tatsache für die zu treffende Entscheidung von maßgebender Bedeutung ist und sie im Freibeweisverfahren streitig geblieben ist (§ 30 Abs. 3).

3 Die im RegE zunächst vorgesehene Regelung über ein Beweisantragsrecht der Beteiligten und die Verpflichtung des Gerichts, diese Beweisanträge der Beteiligten zu bescheiden und dies spätestens in der instanzbeendenden Entscheidung zu begründen, ist nach Sachverständigenanhörung auf Vorschlag des Rechtsausschusses gestrichen worden; das Verfahren nach dem FamFG sollte mit einem förmlichen Beweisantragsrecht nicht stärker formalisiert werden (mit dem Risiko von evtl. Verfahrensverzögerungen) als der Zivilprozess, der eine entsprechende Regelung nicht kennt (vgl. BT-Drucks. 16/9733, 354).

4 Auch bei formloser Beweiserhebung i.R.d. Freibeweises hat das Gericht gewisse Grundregeln der Beweisaufnahme zu beachten. So ordnet Abs. 2 an, dass die **Amtsverschwiegenheit** in entsprechender Anwendung

des § 376 ZPO zu respektieren und das **Recht zur Zeugnis- und Auskunftsverweigerung** gem. §§ 383 bis 390 ZPO anwendbar ist.

Abs. 3 sieht – auch für eine formlose Beweisaufnahme i.R.d. Freibeweises – vor, dass das Gericht die **Ergebnisse in den Akten zu dokumentieren** hat.

B. Grundsätze des Freibeweises (Abs. 1). I. Zulässigkeit des Freibeweises. Soweit die allgemeinen Vorschriften zur Anwendung kommen und nicht durch Sonderregelungen verdrängt werden (z.B. § 113 Abs. 1) und weiterhin auch keine Ausnahme nach § 30 Abs. 2, 3 eingreift, gilt der Grundsatz des Freibeweises (vgl. dazu *Wütz* Freibeweis, 14 ff.). Das Gericht ist danach befugt, die für erforderlich gehaltenen Beweise in der ihm geeignet erscheinenden Form zu erheben, ohne dabei an förmliche Regeln oder bestimmte Beweismittel gebunden zu sein.

Das Gericht kann grundsätzliche weiterhin – wie nach bisherigem Recht (s z.B. BGHZ 39, 110, 114) – nach pflichtgemäßem Ermessen zwischen Frei- und Strengbeweis wählen (vgl. dazu auch § 30 Rdn. 2 ff.). Zu den bei beiden Beweisarten gleichen Anforderungen an die Überzeugungsbildung vgl. § 37 Rdn. 9 ff.

II. Mittel und Grundsätze des Freibeweises. 1. Mittel des Freibeweises. Das Gericht kann sich dann nicht nur der **klassischen Beweismittel** bedienen, wie sie in §§ 371 ff. ZPO vorgesehen sind (Augenschein, Zeugen- und Sachverständigenbeweis, Urkunden, Parteivernehmung), sondern **auch alle sonstigen in Betracht kommenden legalen Mittel** einsetzen, wie etwa die telefonische Befragung von Auskunftspersonen, die persönliche Anhörung von Beteiligten oder dritten Personen, die Beiziehung von Akten anderer Gerichte und Behörden sowie die Verwertung der darin enthaltenen Beweismittel, z.B. von in anderen Verfahren eingeholten Gutachten, die informelle Einholung schriftlicher Auskünfte, die Beiziehung von (unbeglaubigten) Fotokopien, die Berücksichtigung von Privatgutachten, E-Mails, Lichtbildern, schriftlichen Bestätigungen dritter Personen und von Beteiligten beigebrachte Erklärungen und Stellungnahmen von Behörden.

Eine vollständige Aufzählung oder gar abschließende Benennung der im Freibeweis zulässigen Beweismittel ist kaum möglich. Eine solche abschließende Festlegung enthält das Gesetz nicht. Hiervon hat der Gesetzgeber bewusst abgesehen, um den Charakter des Freibeweises als flexibles Erkenntnisinstrument zu wahren; die Flexibilität der Beweiserhebung soll ungeschmälert erhalten bleiben, um dem Gericht im Verfahren der freiwilligen Gerichtsbarkeit ein zügiges, unkompliziertes und effizientes Arbeiten zu ermöglichen (s RegE BT-Drucks. 16/6308, 188).

2. Grundsätze des Verfahrens. Auch in der Gestaltung des Verfahrens ist dem Gericht **erhebliches Ermessen** eingeräumt.

Im Bereich des Freibeweises gilt der in § 355 Abs. 1 ZPO enthaltene **Grundsatz der Unmittelbarkeit der Beweisaufnahme** nicht (OLG München FamRZ 2008, 2047, 2048; abl. *Wütz* Freibeweis, 90 f.). Danach können formlose Ermittlungen auch vom Berichterstatter oder einem anderen beauftragten Richter angeordnet und durchgeführt werden (vgl. BayObLG FamRZ 1965, 152, 153; MüKoZPO/*Ulrici* § 29 FamFG Rn. 14).

Der **Grundsatz der Parteiöffentlichkeit** bei der Beweisaufnahme, der stets die Möglichkeit der unmittelbaren Einflussnahme der Parteien bzw. der Beteiligten auf die Beweisaufnahme gewährleistet (z.B. durch Ausübung des Fragerechts), gilt im Bereich des Freibeweises ebenfalls nicht (vgl. BayObLGZ 1963, 235, 240; KG NJW 1960, 486, 487; Keidel/*Sternal* § 29 FamFG Rn. 23; krit. *Wütz* Freibeweis, 76 ff.); bei einem Teil der zuvor dargestellten Maßnahmen des Freibeweises ist die Herstellung der Parteiöffentlichkeit auch bereits aus tatsächlichen oder praktischen Gründen nicht möglich. I.R.d. eingeräumten Ermessens kann das Gericht den Beteiligten jedoch in der jeweils gebotenen Weise Möglichkeiten der Einflussnahme auf die Tatsachenfeststellung einräumen.

Rechtliches Gehör für die Beteiligten muss jedenfalls auch i.R.d. Freibeweises gewährleistet sein. Das Gericht wird den Beteiligten nach Beweiserhebung – unter Mitteilung einer vorläufigen Einschätzung des Ergebnisses der Würdigung der erhobenen Beweise – Gelegenheit geben, zum Ergebnis der im Freibeweis durchgeführten Beweisaufnahme Stellung zu nehmen. Nach § 37 Abs. 2 darf das Gericht eine Entscheidung nur auf Tatsachen und Beweisergebnisse stützen, zu denen die Beteiligten sich vorher äußern konnten (vgl. § 37 Rdn. 17 ff.).

C. Anwendungs- und Befugnisgrenzen des Freibeweises. Die Befugnis des Gerichts, im Wege des Freibeweises vorzugehen, wird vor allem durch die Regelungen in § 30 Abs. 2 und 3 eingeschränkt (vgl. § 30 Rdn. 9 ff.).

15 I.R.d. zulässigen Freibeweises stehen dem Gericht im Rahmen flexiblen Vorgehens weitgehende Möglichkeiten der Beweiserhebung offen. Es hat jedoch die **Schranken** zu beachten, die für jede Beweisaufnahme nach dem FamFG gelten. Zu nennen sind hier insb. – worauf unten einzugehen ist – die **Amtsverschwiegenheit** und die **Zeugnis- und Auskunftsverweigerungsrechte** von Auskunftspersonen. Die Beweiserhebung darf nicht **unzulässig in Rechte der Beteiligten oder Dritter**, insb. Persönlichkeitsrechte, eingreifen, was etwa bei der Beschaffung von personenbezogenen Daten zu beachten ist. Allein die Grundsätze des Freibeweises können – auch in Verbindung mit dem Amtsermittlungsgrundsatz – Eingriffe in Grundrechte von Beteiligten zur Sachverhaltsaufklärung nicht rechtfertigen; dazu bedarf es einer eindeutigen, speziellen Rechtsgrundlage. So findet etwa die Anordnung des Gerichts gegenüber einem Beteiligten, eine körperliche Untersuchung zu dulden und hieran mitzuwirken, ihre Grenze im verfassungsrechtlich verbürgten Gesetzesvorbehalt. In Abstammungssachen ist eine solche gesetzliche Grundlage in § 178 vorhanden; in Kindschaftssachen fehlt eine solche, so das hier entsprechende Anordnungen zur Duldung und Mitwirkung an einer körperlichen Untersuchung (etwa der Duldung der Entnahme einer Haarprobe) unzulässig sind (hierzu OLG Frankfurt FamRZ 2015, 1521; vgl. auch OLG Nürnberg MDR 2014, 36). Weitergehende Eingriffsbefugnisse, die über das hinausgehen, was die gesetzlich geregelte (förmliche) Beweisaufnahme vorsieht, werden auch durch den Freibeweis nicht eröffnet. Teilweise bleiben die gerichtlichen Befugnisse i.R.d. Freibeweises sogar hinter denen bei der förmlichen Beweisaufnahme zurück. So hat der Gesetzgeber es bei der bisherigen Rechtslage belassen, dass beim Freibeweis die **Verhängung von Ordnungs- und Zwangsmitteln** zur Erzwingung des Erscheinens vor Gericht und zur Herbeiführung einer Aussage nicht zulässig ist (vgl. zur bisherigen Rechtslage Jansen/*Briesemeister* § 12 FGG Rn. 89 ff.). Auch schriftliche Auskünfte, die Anfertigung oder Vorlage von Gutachten können hier nicht erzwungen werden. Die notwendige gesetzliche Grundlage für entsprechende Zwangsmaßnahmen im Freibeweisverfahren fehlt; sie kann insb. auch nicht in § 26 gesehen werden. Wenn die entsprechende Mitwirkung abgelehnt wird, etwa die Auskunftsperson sich weigert, die erbetene Auskunft zu erteilen, scheiden Ordnungs- und Zwangsmaßnahmen aus. Für das Gericht bleibt dann nur die Möglichkeit, in das Verfahren des (zwangsmittelbewehrten) Strengbeweises überzugehen und etwa die Auskunftsperson als (sachverständigen) Zeugen zu laden oder einen Gutachter zur Erstattung des erforderlich erscheinenden Gutachtens zu bestellen (vgl. RegE BT-Drucks. 16/6308, 189).

16 **D. Umfang der Beweisaufnahme. I. Bestimmung des Umfangs der Beweisaufnahme nach pflichtgemäßem Ermessen des Gerichts.** Es liegt in der Konsequenz des Grundsatzes der Amtsermittlung (§ 26), dass das Gericht auch den **Umfang der Beweiserhebung nach pflichtgemäßem Ermessen** bestimmt. Dementsprechend sieht Abs. 1 Satz 1 vor, dass das Gericht unabhängig vom Vorbringen der Beteiligten die Wahrheit hinsichtlich der entscheidungserheblichen Tatsachen zu ermitteln und zu diesem Zweck Beweis zu erheben hat. Es hat dabei alle für die vollständige Aufklärung des entscheidungsrelevanten Sachverhalts in Betracht kommenden und erforderlichen Beweise zu erheben (vgl. BayObLGZ 1979, 232, 237). Es ist dabei nicht an ein Geständnis oder an Nichtbestreiten von Tatsachenbehauptungen eines Beteiligten gebunden. Der Umstand fehlenden Bestreitens wird jedoch vielfach ein gewichtiges Indiz für die Wahrheit der Tatsachenbehauptung sein und eine Beweisaufnahme entbehrlich erscheinen lassen. Aus Abs. 1 Satz 2 folgt andererseits auch, dass das Gericht nicht zwingend einem Bestreiten oder einem Beweisantritt eines Beteiligten nachgehen muss, wenn es von der betreffenden Tatsache überzeugt ist und aufgrund der vorhandenen sonstigen Umstände diese für hinreichend bewiesen erachtet (vgl. OLG München FamRZ 2015, 689, 891; zum früheren Recht OLG Frankfurt OLGZ 1981, 391, 394). Vgl. hierzu aber auch die Ausnahmen in § 30 Abs. 2, 3.
Bei einem Vorgehen nach den Grundsätzen des Freibeweises ergeben sich keine geringeren Anforderungen an die Überzeugungsbildung des Gerichts (vgl. dazu § 37 Rdn. 7 ff.).

17 **II. Behandlung von Beweisanträgen der Beteiligten. 1. Berücksichtigung und Nichtberücksichtigung von Beweisanträgen (Beweisanregungen) der Beteiligten.** Schon im Hinblick auf die Gewährleistung rechtlichen Gehörs und die Behandlung der Beteiligten als Verfahrenssubjekt kommt den Beteiligten das Recht zu, durch **Beweisantritte** auf die Amtsermittlung des Gerichts Einfluss zu nehmen. Dies gilt für den gesamten Bereich der Amtsermittlung und insb. auch, soweit die Grundsätze des Freibeweises zur Anwendung kommen. Das Gericht hat, auch wenn – wie zuvor dargestellt – eine strenge Bindung an das Parteivorbringen nicht besteht, die Beweisantritte der Beteiligten i.R.d. ihm eingeräumten pflichtgemäßen Er*messens bei der Verfahrensgestaltung und Beweiserhebung zu berücksichtigen*. Einem Beweisantritt von

Beteiligten, der sich auf eine entscheidungserhebliche Tatsache bezieht, wird grds. nachzugehen sein. Dies wird nämlich regelmäßig die aus § 26 folgende Pflicht des Gerichts erfordern, den entscheidungsrelevanten Sachverhalt vollständig aufzuklären.

Der Gesetzgeber hat bewusst darauf verzichtet, wie etwa im Strafprozess die Gründe, die eine Ablehnung eines Beweisantritts rechtfertigen können, im Gesetz im Einzelnen aufzuführen und bindend festzulegen, um das Verfahren der freiwilligen Gerichtsbarkeit weiterhin flexibel zu halten (vgl. BT-Drucks. 16/6308, 188). Auch von einer zunächst im RegE vorgesehenen **förmlichen Bescheidung von Beweisanträgen** der Beteiligten ist abgesehen worden (vgl. BT-Drucks. 16/9733, 354). Es ist danach davon auszugehen, dass die zum bisherigen Recht im Geltungsbereich der Amtsermittlung entwickelten und anerkannten Grundsätze weiterhin heranzuziehen sind, nach denen den Beweisanträgen bzw. -anregungen der Beteiligten nicht stets nachzugehen ist. 18

So wird das Gericht – was sich von selbst versteht – solche von den Beteiligten angebotenen Beweise nicht erheben, die sich auf für die Entscheidung **unerhebliche Tatsachen** oder auf offenkundige und damit **nicht beweisbedürftige Tatsachen** beziehen. Nicht nachzugehen ist auch Beweisanträgen, die sich auf **unerreichbare oder völlig ungeeignete Beweismittel** beziehen (Jansen/*Briesemeister* § 12 FGG Rn. 105). Gleiches gilt für **unzulässige Beweismittel**, die etwa durch unzulässige, rechtswidrige Maßnahmen gewonnen worden sind (z.B. durch gegen Persönlichkeitsrechte verstoßendes Abhören oder vom Gesprächspartner nicht genehmigtes Mithören eines Telefongesprächs seitens eines potenziellen Zeugen, vgl. zu letzterem BVerfG NJW 2002, 3619; BGH NJW 2003, 1727). Unberücksichtigt bleiben kann auch ein Beweisantrag hinsichtlich einer **Tatsache, die das Gericht als wahr unterstellen kann**; es muss sich dabei um eine Tatsache handeln, die zwar für sich erheblich sein könnte, in der Gesamtbetrachtung aber nicht entscheidungserheblich ist. Die Wahrunterstellung muss sich dabei auf die betreffende Tatsache beziehen, nicht dagegen auf das Beweisergebnis der beantragten Beweisaufnahme, etwa auf den Inhalt einer Aussage eines zu vernehmenden Zeugen. So dürfte es regelmäßig auf eine unzulässige Vorwegnahme der Beweiswürdigung hinauslaufen, wenn bei einem angebotenen oder angeregten Zeugenbeweis eine bestimmte Aussage des benannten Zeugen unterstellt wird und sodann die so unterstellte Aussage in die Beweiswürdigung einbezogen wird. 19

Das Gericht kann einen Beweisantritt eines Beteiligten ausnahmsweise auch unberücksichtigt lassen, wenn der Sachverhalt nach Beurteilung des Gerichts bereits **vollständig aufgeklärt** worden ist und von der beantragten Beweiserhebung ein sachdienliches, die Entscheidung beeinflussendes Ergebnis nicht mehr zu erwarten ist (vgl. BayObLG NJW-RR 1991, 777, 778; Begründung RegE BT-Drucks. 16/6308, 188). Dies muss aufgrund einer abschließenden Überzeugungsbildung des Gerichts feststehen, die alle beweiserheblichen Umstände einbezieht. Es besteht auch hier die Gefahr einer unzulässigen vorweggenommenen Beweiswürdigung auf der Grundlage einer unvollständigen Beweislage (vgl. hierzu BayObLGZ 1997, 197, 205). Dies muss in jedem Fall vermieden werden. 20

Unproblematisch ist insoweit die Zurückweisung eines Beweismittels, das für den Beweis der Tatsache angeboten wird, von der das Gericht bereits nach den bisher vorliegenden Umständen überzeugt ist und unter Berücksichtigung der Amtsermittlungspflicht aus § 26 in vertretbarer Weise überzeugt sein darf. Auch die Zurückweisung eines Beweisantritts für eine **Indiztatsache**, die für eine zu beweisende Haupttatsache nicht entscheidend ist oder aufgrund der sonstigen feststehenden Umständen nach Überzeugung des Gerichts bewiesen ist und durch den angebotenen Beweis nicht mehr infrage gestellt wird, dürfte zulässig sein. Problematisch und regelmäßig unzulässig dürfte hingegen die Zurückweisung eines Beweisantrags sein, der ein bisher vorliegendes Beweisergebnis entkräften und zur Widerlegung der zu beweisenden und nach dem bisher vorliegenden Beweismaterial als bewiesen erscheinenden (Haupt-) Tatsache beitragen soll. Solches wird regelmäßig wiederum auf eine **unzulässige Vorwegnahme der Beweiswürdigung** hinauslaufen. Etwas anderes kann sich in seltenen Ausnahmefällen ergeben, wenn etwa ersichtlich ein **Beweisantritt ins Blaue hinein** vorliegt (vgl. hierzu OLG Hamm FGPrax 2004, 49, 50) oder ein sonstiges missbräuchliches Vorgehen des betreffenden Beteiligten festzustellen ist. 21

2. Begründung für die Nichtberücksichtigung von Beweisanträgen. Wenn das Gericht die Erhebung eines von einem Beteiligten angebotenen oder angeregten Beweises ablehnt, ist zwar nach Streichung der im RegE zunächst vorgesehenen Regelung über ein förmliches Beweisantragsrecht der Beteiligten eine **formalisierte (Zwischen-) Entscheidung** hierzu **nicht** erforderlich. Das Gericht wird sich jedoch mit den (ausdrücklichen) Beweisangeboten und -anregungen der Beteiligten in der **abschließenden Entscheidung** und der hierfür nach § 38 Abs. 3 vorgesehenen Begründung auseinanderzusetzen haben. Aus der Begründung der Endentscheidung muss hinreichend erkennbar und nachzuvollziehen sein, warum dem betreffenden 22

Beweisantritt des Beteiligten nicht nachgegangen worden ist. Hohe Anforderungen werden an diese Begründung nicht zu stellen sein. Es ist jedenfalls nicht erforderlich, dass jeder Beweisantritt gesondert abgehandelt wird. Soweit etwa der Beweisantritt sich auf unerhebliche Tatsachen bezieht, dürfte es ausreichen, dass aus der Begründung der betreffenden Entscheidung jedenfalls die Unerheblichkeit der betreffenden Tatsache ersichtlich wird. Wenn es auf den Beweisantrag nicht mehr ankommt, weil das Gericht die Tatsache, auf die der Antrag sich bezieht, bereits aufgrund der sonstigen Umstände und anderweitigen Beweisergebnisse für bewiesen erachtet, erübrigt sich ebenfalls eine gesonderte Begründung für das Unterbleiben der beantragten Beweiserhebung.

23 Die Beteiligten müssen aber, wenn auf den betreffenden Beweisantrag nicht gesondert eingegangen wird, auf der Grundlage eines allgemeinen, von ihnen zu erwartenden Verständnisses aus einer Zwischenentscheidung oder jedenfalls aus der instanzabschließenden Entscheidung erkennen können, aus welchen Gründen das Gericht ihren Beweisanträgen nicht nachgegangen ist; zumindest muss sich ihnen dies mit hinreichender Klarheit aus dem Sinnzusammenhang der Entscheidungsbegründung erschließen.

24 Fehlt es insoweit an der erforderlichen Begründung, liegt darin ein Verfahrensfehler (vgl. dazu BT-Drucks. 16/9733, 354).

25 **3. Rechtsfolgen fehlerhaft unberücksichtigter Beweisanträge.** Wenn entscheidungserhebliche Beweisangebote eines Beteiligten unberücksichtigt geblieben sind, wird regelmäßig auch eine **Verletzung der Amtsermittlungspflicht** des Gerichts nach § 26 und eine **Verletzung des rechtlichen Gehörs** des betreffenden Beteiligten in Betracht kommen, was ebenfalls mit einem Rechtsmittel geltend gemacht werden und zum Erfolg des Rechtsmittels führen kann. In der **Beschwerdeinstanz** wird das Beschwerdegericht bei einem zu Unrecht zurückgewiesenen Beweisantrag dem angetragenen Beweis nachzugehen haben; bei einer nicht begründeten Zurückweisung wird es selbst über die Erhebung des Beweises zu entscheiden und ggf. eine Zurückweisung zu begründen haben. Nur in den in § 69 Abs. 1 Satz 2, 3 geregelten Ausnahmefällen kommt eine Aufhebung der angefochtenen Entscheidung und eine Zurückverweisung der Sache an das erstinstanzliche Gericht in Betracht.

26 Bei einer zulässigen **Rechtsbeschwerde** können Rechtsverletzungen bei der Zurückweisung von Beweisangeboten zur Aufhebung der angefochtenen Entscheidung führen, wenn die Entscheidung auf diesen Rechtsverletzungen beruht und die angefochtene Entscheidung sich auch nicht aus anderen Gründen als richtig darstellt (§§ 72 Abs. 1, 74 Abs. 2).

27 **E. Amtsverschwiegenheit und Zeugnisverweigerungsrechte als allgemeine Schranken jeder zulässigen Beweisaufnahme (Abs. 2).** Bei jeder Beweisaufnahme, auch wenn diese formlos nach den Grundsätzen des Freibeweises erfolgt, ist das Gericht an Schranken gebunden, die sich aus der Amtsverschwiegenheit und dem Recht zur Zeugnis- und Auskunftsverweigerung ergeben.

28 **I. Amtsverschwiegenheit. 1. Anwendungsbereich.** Bei **jeder Beweisaufnahme** sind aufgrund der in Abs. 2 angeordneten Verweisung die in § 376 ZPO geregelten Grundsätze der Amtsverschwiegenheit anzuwenden. Danach ist auch im Rahmen einer formlosen Beweisaufnahme bei Einholung einer mündlichen oder schriftlichen Auskunft bei einer zur Amtsverschwiegenheit verpflichteten Person eine Aussagegenehmigung nach § 376 ZPO erforderlich. Es soll keinen Unterschied machen, ob die Auskunftsperson die der Amtsverschwiegenheit unterliegende Tatsache als Auskunftsperson im Freibeweis oder als (sachverständiger) Zeuge im Strengbeweis bekundet, für den bereits nach früherem Recht die Beachtung der Grundsätze der Amtsverschwiegenheit angenommen wurde (vgl. RegE BT-Drucks. 16/6308, 188; Jansen/*von König* § 15 FGG Rn. 37 ff.). Auch wenn dies zulasten der Flexibilität und der unkomplizierten, schnellen Durchführbarkeit der Beweiserhebung geht, erscheint die Anwendung der Grundsätze der Amtsverschwiegenheit auch im Bereich der formlosen Beweisaufnahme konsequent und sachgerecht.

29 **2. Persönlicher Geltungsbereich.** Vom persönlichen Geltungsbereich der Amtsverschwiegenheit nach § 376 Abs. 1 ZPO werden erfasst die nach deutschem Recht **in einem Amtsverhältnis stehenden Beamten und Richter** des Bundes und der Länder, die Beamten der Gemeinden und Gemeindeverbände sowie die in sonstigen öffentlich-rechtlichen Körperschaften, Anstalten und Stiftungen des öffentlichen Rechts tätigen Beamten. Auch **ehrenamtliche Richter** werden erfasst. Unter die ebenfalls der Amtsverschwiegenheit unterliegenden »**anderen Personen des öffentlichen Dienstes**« (§ 376 Abs. 1 ZPO) fallen Arbeiter und Angestellte der öffentlich-rechtlichen Körperschaften, Anstalten und Stiftungen sowie andere Personen, die ebenfalls nach dem Verpflichtungsgesetz zur besonderen Verschwiegenheit verpflichtet sind. Für das **Staatsober-**

haupt, für **Regierungsmitglieder** sowie **Abgeordnete** des Bundes und der Länder und **Fraktionsangestell-**
te sind nach § 376 Abs. 2, 4 ZPO Sonderregelungen (z.B. § 49 AbgG) zu beachten, aus denen sich eine zu
beachtende Amtsverschwiegenheit ergeben kann. Sonderregelungen finden sich weiterhin für **Soldaten der**
Bundeswehr in § 14 Abs. 2 SoldG, für **Angehörige der Nato-Truppen** in Art. 38 NTS-ZA und **Bedienstete**
der Europäischen Gemeinschaft in Art. 19 VO Nr. 31 (EWG), Nr. 11 (EAG) vom 14.06.1962 (entspricht
inhaltlich weitgehend § 67 BBG). Auch bei Ausscheiden aus dem Amt bleibt bei Beamten, Richtern, anderen Personen des deutschen öffentlichen Dienstes einschließlich der in § 376 Abs. 2 u 4 ZPO genannten
Personen die Verpflichtung zur Amtsverschwiegenheit erhalten. Schweigepflichten, die sich nach dem Recht
der ehemaligen DDR für deren Bedienstete ergaben, gelten allerdings nicht fort (Einzelh. bei *Rein/Hilger*
DtZ 1993, 261).

3. Inhalt und Umfang der Verschwiegenheitspflicht. Die Verschwiegenheitspflicht bezieht sich auf alle 30
von den vorstehend genannten Personen **bei Ausübung ihrer amtlichen Tätigkeit bekannt gewordenen**
Angelegenheiten. Für Einzelheiten zum Inhalt und Umfang der Verschwiegenheitspflicht sowie zu den
Möglichkeiten einer Entbindung sind die für die betreffende Person jeweils geltenden Vorschriften heranzuziehen. Von Bedeutung sind hier insb. die für Bundesbeamte und -richter geltenden Vorschriften der
§§ 67, 68 BBG, §§ 43, 45 Abs. 1, 46 DRiG; die Beamten- und Richtergesetze der Länder enthalten weitgehend gleichlautende Regelungen. Die besondere, nicht zur Disposition stehende Verschwiegenheitspflicht
der Richter (auch der ehrenamtlichen Richter) bezieht sich dabei auf Beratung und Abstimmung; für Be-
rufsrichter gilt daneben hinsichtlich der sonstigen dienstlichen Tätigkeiten die allgemeine Verschwiegenheitspflicht nach beamtenrechtlichen Grundsätzen (nur von dieser kann Entbindung erteilt werden).

4. Rechtsfolgen der Amtsverschwiegenheit und einer Verletzung. Soweit die Amtsverschwiegenheit 31
reicht, ist für eine Zeugenvernehmung, Einholung einer Auskunft, Sachverständigenbegutachtung oder eine
sonstige Informationserhebung entsprechend § 376 Abs. 3 ZPO die **Genehmigung des Dienstherrn bzw.**
der zuständigen Stelle erforderlich. Die Genehmigung hat das Gericht vor der Zeugenvernehmung oder
sonstigen Informationserhebung einzuholen. Vor Eingang der erforderlichen Genehmigung, die das Beweisthema insgesamt erfassen muss, besteht ein **striktes Beweiserhebungsverbot**.
Die Erteilung der Aussagegenehmigung und deren Verweigerung gelten grds., wenn darin nichts anderes 32
bestimmt ist, in allen Instanzen (für Verweigerung vgl. BGH DB 1969, 703).
Gegen die **Versagung der Genehmigung** steht den Beteiligten (nicht dem Gericht) der Verwaltungsrechts- 33
weg offen (vgl. BVerwG NJW 1971, 160). Bis zur Entscheidung einer solchen Klage des Beteiligten ist ggf.
das Verfahren nach § 21 Abs. 1 auszusetzen.
Aus einer Versagung der Genehmigung können – wie dies teilweise auch für den Zivilprozess angenommen 34
wird (vgl. Zöller/*Greger* § 376 ZPO Rn. 9) – u.U. in der Sache Schlüsse i.R.d. Beweiswürdigung gezogen
werden.
Beweisergebnisse, die durch eine Beweisaufnahme unter Verstoß gegen die Regelung der Amtsverschwie- 35
genheit gewonnen worden sind, sollen nach einer (vereinzelt gebliebenen) Entscheidung des BGH trotzdem
verwertbar sein (BGH NJW 1952, 151; zust. Keidel/*Sternal* § 30 FamFG Rn. 60; Zöller/*Greger* § 376 ZPO
Rn. 9; a.A. Jansen/*von König* § 15 FGG Rn. 39).

II. Zeugnisverweigerungsrechte. 1. Bedeutung. Auch bestehende Zeugnisverweigerungsrechte sind **bei** 36
allen Beweisaufnahmen, also nicht nur bei der Zeugenvernehmung im Rahmen förmlicher Beweisaufnahme, sondern auch bei der formlosen Einholung von Auskünften oder einer sonstigen der **Zeugenverneh-**
mung gleichstehenden Informationsgewinnung i.R.d. Freibeweises zu beachten (vgl. OLG Stuttgart NJW-
RR 2015, 773, 774). Es handelt sich dabei allerdings nicht um ein von Amts wegen zu beachtendes Verbot
der Vernehmung, sondern um ein **verzichtbares Recht** des Zeugen bzw. der Auskunftsperson.

2. (Persönlicher) Anwendungsbereich. Abs. 2 verweist wegen des Rechts zur Zeugnisverweigerung auf die 37
entsprechenden Vorschriften der ZPO (§§ 383 ff. ZPO). Auch die hierzu vorliegende Rspr. und Kommentierungen dürften für den Bereich des FamFG heranzuziehen sein, allerdings vorbehaltlich der Beachtung
von im FamFG geltenden Besonderheiten. Danach sind bei allen Beweisaufnahmen die **Zeugnisverweige-**
rungsrechte der in § 383 Abs. 1 Nr. 1 bis 3 ZPO genannten nahe stehenden Personen zu beachten. Es
kommt insoweit auf die unter den Tatbestand des § 383 ZPO fallende nahe Beziehung des Zeugen bzw.
der Auskunftsperson zu einem Beteiligten an. Es geht dabei darum, die Auskunftsperson vor einem möglichen
Gewissenskonflikt zwischen der Wahrheitspflicht einerseits und dem vielfach vorhandenen Bestreben zur

Begünstigung des nahestehenden Beteiligten andererseits zu bewahren. Zur Verweigerung des Zeugnisses bzw. der Erteilung einer Auskunft sind entsprechend § 383 Abs. 1 Nr. 1 bis 3 ZPO berechtigt: der Verlobte oder derjenige, mit dem ein Beteiligter ein Versprechen der Lebenspartnerschaft eingegangen ist; der Ehegatte oder der Lebenspartner eines Beteiligten, auch wenn die Ehe bzw. die Lebenspartnerschaft nicht mehr besteht; diejenigen, die mit einem Beteiligten in gerader Linie verwandt oder verschwägert, in der Seitenlinie bis zum dritten Grad verwandt oder bis zum zweiten Grad verschwägert sind oder waren. Dabei ist zu beachten, dass nunmehr nach § 11 Abs. 2 LPartG die Verwandten des einen Lebenspartners mit dem anderen Lebenspartner verschwägert sind.

38 Das **Zeugnisverweigerungsrecht** der **nahestehenden Personen** ist entsprechend § 385 Abs. 1 Nr. 1 bis 4 ZPO **ausgeschlossen**, wenn die Auskunftsperson Angaben machen soll
- über den Abschluss von Rechtsgeschäften, zu denen sie als Zeuge hinzugezogen worden war (die Funktion als Zeuge muss der Auskunftsperson dabei von vornherein bewusst oder zumindest erkennbar gewesen sein; vgl. BayObLG MDR 1984, 1025; Musielak/*Huber* § 385 ZPO Rn. 2),
- über Geburten, Verheiratungen oder Sterbefällen von Familienmitgliedern,
- über Tatsachen, welche die durch das Familienverhältnis bedingten Vermögensangelegenheiten betreffen
- oder über Handlungen, die von ihm selbst als Rechtsvorgänger oder Vertreter eines Beteiligten vorgenommen worden sein sollen.

39 Weiterhin sind nach § 383 Abs. 1 Nr. 4 bis 6 ZPO **Personen zur Verweigerung der Aussage berechtigt, denen aufgrund ihres Berufes Informationen anvertraut worden sind und die aufgrund ihres Berufes einer Schweigepflicht unterliegen**. Sie sollen nicht gezwungen werden, das zu offenbaren, was ihnen anvertraut worden ist. Danach sind zur Verweigerung der Aussage berechtigt:
- **Geistliche** in Ansehung desjenigen, was ihnen in Ausübung der Seelsorge anvertraut worden ist (§ 383 Abs. 1 Nr. 4 ZPO),
- **Personen, die bei Presse, Rundfunk oder Fernsehen tätig sind oder waren**, über die Person des Verfassers, Einsenders oder Gewährsmanns von Beiträgen oder Unterlagen sowie über die im Hinblick auf ihre Tätigkeit gemachten Mitteilungen, soweit es sich um Beiträge, Unterlagen und Mitteilungen für den redaktionellen Teil handelt (§ 383 Abs. 1 Nr. 5 ZPO),
- **Personen, denen eine besondere berufliche Vertrauensstellung zukommt**, hinsichtlich geheimzuhaltender Tatsachen (§ 383 Abs. 1 Nr. 6 ZPO).

40 Nach § 385 Abs. 2 ZPO dürfen die in § 383 Abs. 1 Nr. 4 und 6 ZPO genannten Personen ihre Aussage allerdings nicht verweigern, wenn sie von der Verpflichtung zur Verschwiegenheit entbunden worden sind (Ausnahme für katholische Geistliche nach Art. 9 Reichskonkordat und in Bayern nach Art. 144 Abs. 3 BayVerf auch für sonstige Seelsorger, die trotz Entbindungserklärung gleichwohl zur Aussageverweigerung berechtigt sind).

41 Es ist weiterhin davon auszugehen, dass in allen Beweisverfahren, auch im Bereich des Freibeweises, die Regelungen über die **Auskunftsverweigerung bei Gefahr der Selbst- oder Angehörigenbelastung** entsprechend § 384 Nr. 1, 2 ZPO anwendbar sind. Dies wird von der generellen Bezugnahme auf die Vorschriften der ZPO erfasst (dies entspricht jedenfalls auch den in der Begründung des RegE zum Ausdruck gebrachten Vorstellungen, vgl. BT-Drucks. 16/6308, 188/189).

42 Auf eine systematische Kommentierung der einzelnen Zeugnisverweigerungstatbestände der §§ 383 ff. ZPO wird hier verzichtet; insoweit darf auf die Kommentare zur ZPO verwiesen werden.

43 **3. Verfahren bei Zeugnisverweigerungsrechten.** Für das Verfahren bei in Betracht kommenden Zeugnisverweigerungsrechten sind ebenfalls die einschlägigen Regelungen der ZPO entsprechend anzuwenden. Über das Recht zur Zeugnisverweigerung sind Auskunftspersonen (nahe Angehörige), denen ein **Zeugnisverweigerungsrecht** nach § 383 Abs. 1 Nr. 1 bis 3 ZPO zusteht, **durch das Gericht** vor der Beweiserhebung zu **belehren** (entspr. § 383 Abs. 2 ZPO). Ohne Belehrung gemachte Aussagen oder eingeholte Auskünfte sind **nicht** verwertbar (vgl. auch Keidel/*Sternal* § 30 FamFG Rn. 61). Ein darin liegender Verfahrensmangel kann im Rahmen eines Rechtsmittels geltend gemacht werden. Allerdings ist davon auszugehen, dass ein entsprechender Verfahrensmangel – wie im Zivilprozess – durch Nachholung der Belehrung und Wiederholung der Vernehmung bzw. Einholung der Auskunft oder wohl auch durch Genehmigung der Aussage seitens der Auskunftsperson nach Belehrung und Kenntnisnahme vom Aussageverweigerungsrecht geheilt werden kann (vgl. dazu Musielak/*Huber* § 383 ZPO Rn. 8).

Bei **Zeugnisverweigerungsrechten nach § 383 Abs. 1 Nr. 4 bis 6 ZPO** und nach **§ 384 ZPO** ist eine entsprechende Belehrung durch das Gericht nicht vorgesehen. Allerdings dürfte das Gericht Rücksicht auf entsprechende berufliche Schweigepflichten der Auskunftsperson zu nehmen haben und im Rahmen fairer Verfahrensführung und -leitung ggf. hierauf hinzuweisen haben, z.B. wenn eine – an sich mögliche – Entbindung von der Schweigepflicht nicht vorliegt. Das Gericht darf sich jedenfalls nicht zum »Anstifter oder Gehilfen« einer Schweigepflichtverletzung der Auskunftsperson machen und hat entsprechend § 383 Abs. 3 ZPO auch bei unterbliebener Verwendung der Angaben seitens des Zeugen bzw. der Auskunftsperson die Vernehmung (die erbetene Auskunft) nicht auf Tatsachen zu richten, auf die sich die Schweigepflicht ersichtlich bezieht (vgl. dazu Zöller/*Greger* § 383 ZPO Rn. 22). Kommt es dennoch zu einer Aussage unter Verletzung der Schweigepflicht oder wird eine insoweit unzulässige Frage des Gerichts von der Auskunftsperson beantwortet, so sind die Angaben gleichwohl (auch wenn dies gerügt wird) grds. verwertbar (vgl. BGH NJW 1990, 1734, 1735; 1994, 2220, 2225; FamRZ 2010, 1726, 1727; zust. Zöller/*Greger* § 383 ZPO Rn. 22; dazu krit. Musielak/*Huber* § 383 ZPO Rn. 9 für den Fall einer durch Verfahrensverstoß des Gerichts veranlassten Schweigepflichtverletzung). Eine vergleichbare Problematik kann sich bei **Befragung von Sachverständigen** ergeben, auf die die Vorschriften über das Zeugnisverweigerungsrecht entsprechend anzuwenden sind (§ 408 ZPO). Die fehlende Entbindung von der Schweigepflicht (im konkreten Fall von der ärztlichen Schweigepflicht) soll nach Rspr. des BGH der Verwertung der gutachterlichen Äußerung nicht entgegenstehen (BGH NJW 2011, 520, 521 m. krit. Anm. Lesting RuP 2013, 59). 44

Auch bei einem **Recht zur Aussageverweigerung** wegen drohender Selbstbelastung oder Belastung nahestehender Personen entspr. § 384 ZPO sind trotz fehlender Belehrungspflicht des Gerichts entsprechende Hinweise jedenfalls i.d.R. zweckmäßig und hilfreich (vgl. Musielak/*Huber* § 384 ZPO Rn. 1; Zöller/*Greger* § 384 ZPO Rn. 1a). Angaben, die die Auskunftsperson in Unkenntnis des Auskunftsverweigerungsrechts macht, sind verwertbar. 45

Die Auskunftsperson hat die **Gründe**, aus denen sich das Recht zur Zeugnis- oder Aussageverweigerung ergeben soll, selbst darzulegen und glaubhaft zu machen. Die Amtsermittlungspflicht des Gerichts erstreckt sich hierauf nicht. 46

Zu den geltend gemachten Gründen für eine Zeugnis- oder Aussageverweigerung sind vor der Entscheidung die **Beteiligten anzuhören** bzw. ihnen ist Gelegenheit zur Stellungnahme zu geben (entspr. § 387 Abs. 1 ZPO). Über das Bestehen des geltend gemachten Verweigerungsrechts hat sodann das Gericht zu entscheiden; diese Zwischenentscheidung ergeht – abweichend von den Regelungen der ZPO – in Verfahren des FamFG durch Beschluss (vgl. Begr. d. RegE BT-Drucks. 16/6308, 189). Dieser ist entsprechend § 387 Abs. 3 ZPO mit der sofortigen Beschwerde binnen einer Frist von 2 Wochen angreifbar. 47

F. Dokumentationspflicht des Gerichts (Abs. 3). Nach Abs. 3 hat das Gericht in allen Fällen der Beweisaufnahme – also auch bei der formlosen Beweisaufnahme i.R.d. Freibeweises – die **Ergebnisse einer Beweisaufnahme in den Akten zu dokumentieren**. 48

Wie die Ergebnisse einer Beweisaufnahme aktenkundig zu machen sind, hängt von der Art der Beweisaufnahme ab. In jedem Fall muss die Beweisaufnahme in ihrem wesentlichen Inhalt und so vollständig dokumentiert werden, dass eine Überprüfung der Beweisaufnahme und ihrer Würdigung in erster Instanz dem Rechtsmittelgericht ermöglicht wird. Unvollständigkeiten des Vermerks können ggf. dadurch kompensiert werden, dass die Beweisaufnahme bzw. das Anhörungsergebnis im tatbestandlichen Teil des Beschlusses vollständig, im Zusammenhang und frei von Wertungen des Gerichts dargestellt wird (so OLG Saarbrücken FamFR 2012, 500). 49

I.R.d. **Freibeweises** dürfte bei Einholung schriftlicher Auskünfte sich die Beweiserhebung bereits hinreichend aus dem (in den Akten befindlichen) Anschreiben des Gerichts und der eingegangenen schriftlichen Auskunft ergeben. Gleiches dürfte auch bei Beiziehung von Urkunden gelten. Dagegen wird eine gesonderte Dokumentation der Beweisergebnisse bei der mündlichen oder telefonischen Einholung von Auskünften, der persönlichen Anhörung einer Auskunftsperson oder bei Durchführung einer Augenscheinseinnahme erforderlich sein. Die Beweiserhebung und die (wesentlichen) Beweisergebnisse sind dann in einem vom *Richter zu fertigenden* (und zu unterzeichnenden) Aktenvermerk festzuhalten. In allen Fällen, in denen die Beweismittel und damit die Beweisergebnisse nicht unmittelbar zu den Akten gelangen, wird so zu verfahren sein. 50

Im Bereich des Freibeweises können die Feststellungen vom Gericht in Abwesenheit der Beteiligten getroffen werden. Die Dokumentation der Beweisergebnisse in den Akten dient hier vor allem auch zur Gewährleistung der notwendigen Verfahrenstransparenz (vgl. RegE BT-Drucks. 16/6308, 189) und der Information 51 der Verfahrensbeteiligten vom Ergebnis der durchgeführten Beweisaufnahme. Auch für die Überprüfung einer sich auf die Beweisergebnisse stützenden Entscheidung im Rechtsmittelverfahren dürfte die Dokumentation der Beweisergebnisse von wesentlicher Bedeutung sein. Diesen Funktionen entsprechend muss die Dokumentation (der Aktenvermerk) zumindest die wesentlichen Beweisergebnisse erfassen, die für die zu treffende Entscheidung relevant sein könnten.

52 Bei einer **förmlichen Beweisaufnahme** ist § 28 Abs. 4 zu beachten, wonach das Gericht über Termine oder persönliche Anhörungen einen Vermerk zu fertigen hat, in den die wesentlichen Vorgänge des Termins oder der persönlichen Anhörung aufzunehmen sind.

53 In allen Fällen muss vor einer Entscheidung, bei der die durchgeführte Beweisaufnahme verwertet werden soll, der Vermerk oder die sonstige Dokumentation des Beweisergebnisses **den Beteiligten zur Kenntnis gegeben** und ihnen **Gelegenheit zur Stellungnahme** eingeräumt worden sein, wie aus § 37 Abs. 2 sowie aus der verfassungsrechtlich verbürgten Gewährleistung rechtlichen Gehörs folgt.

54 **G. Analoge Anwendung weiterer Vorschriften der ZPO?** Es fragt sich, ob über die Bezugnahme in Abs. 2 und die Bezugnahme in § 30 Abs. 1 auf die Vorschriften der förmlichen Beweisaufnahme hinaus eine weitergehende Analogie zu Vorschriften der ZPO in Betracht zu ziehen ist. Dies dürfte bei **entsprechenden Regelungslücken** zu bejahen sein.

55 Zu denken ist etwa an eine analoge **Anwendung der Vorschriften über das selbständige Beweisverfahren** (§§ 485 bis 494a ZPO). Zwar wird im Bereich des FamFG ein dringendes Bedürfnis nach einer Beweissicherung nicht in gleicher Häufigkeit vorhanden sein wie bei allgemeinen Zivilrechtsstreitigkeiten. Dennoch sind auch hier Fallgestaltungen denkbar, in denen eine entsprechende Beweissicherung dringend notwendig oder zumindest sachgerecht ist und die vorhandenen Regelungen des vorläufigen Rechtsschutzes nicht weiterhelfen.

56 Nach dem bisherigen Recht des FGG hat die Rspr. selbständige Beweisverfahren analog §§ 485 ff. ZPO zugelassen in echten Streitsachen und auch in sonstigen Antragsverfahren (vgl. BGH ZMR 2005, 58; BayObLG NJW-RR 1996, 528; OLG Celle FamRZ 2000, 1510). Daran ist nach neuem Recht festzuhalten (ebenso Keidel/*Sternal* § 30 FamFG Rn. 121).

57 Teilweise ist auch im Landesrecht die Möglichkeit vorgesehen (gewesen), im Bereich der freiwilligen Gerichtsbarkeit vor Anhängigkeit eines Hauptsacheverfahrens bei Bestehen eines berechtigten Interesses bereits Zeugen- oder Sachverständigenbeweis zu erheben (vgl. z.B. Art. 23 NdsFGG a.F.; Art. 41 HessFGG, dazu OLG Frankfurt am Main FamRZ 1997, 1021).

§ 30 Förmliche Beweisaufnahme.

(1) Das Gericht entscheidet nach pflichtgemäßem Ermessen, ob es die entscheidungserheblichen Tatsachen durch eine förmliche Beweisaufnahme entsprechend der Zivilprozessordnung feststellt.
(2) Eine förmliche Beweisaufnahme hat stattzufinden, wenn es in diesem Gesetz vorgesehen ist.
(3) Eine förmliche Beweisaufnahme über die Richtigkeit einer Tatsachenbehauptung soll stattfinden, wenn das Gericht seine Entscheidung maßgeblich auf die Feststellung dieser Tatsache stützen will und die Richtigkeit von einem Beteiligten ausdrücklich bestritten wird.
(4) Den Beteiligten ist Gelegenheit zu geben, zum Ergebnis einer förmlichen Beweisaufnahme Stellung zu nehmen, soweit dies zur Aufklärung des Sachverhalts oder zur Gewährung rechtlichen Gehörs erforderlich ist.

Übersicht	Rdn.
A. Allgemeines	1
B. Entscheidung für eine förmliche Beweisaufnahme im Rahmen pflichtgemäßen Ermessens (Abs. 1)	2
I. Grundsatz	2
II. Ermessenskriterien	5
C. Obligatorischer Strengbeweis	9
I. Strengbeweis aufgrund gesetzlicher Anordnung (Abs. 2)	9

	Rdn.
II. Strengbeweis bei streitig gebliebenen entscheidungserheblichen Tatsachen (Abs. 3)	10
1. Regelfall des Strengbeweises	10
2. Entscheidungserheblichkeit der bestrittenen Tatsachen	12
3. (Fortbestehende) Beweisbedürftigkeit der bestrittenen Tatsache	14
4. Ausdrückliches Bestreiten der Tatsache	16
5. Ausnahmen	18

Abschnitt 2. Verfahren im ersten Rechtszug § 30

	Rdn.		Rdn.
D. Förmliche Beweisaufnahme in entsprechender Anwendung der Vorschriften der ZPO	20	4. Beweis durch Urkunden (entsprechende Anwendung der §§ 415 bis 444 ZPO)	80
I. Allgemeine Grundsätze der förmlichen Beweisaufnahme	21	5. Beweis durch Beteiligtenvernehmung (entsprechende Anwendung der §§ 445 bis 455 ZPO)	87
II. Beweismittel der förmlichen Beweisaufnahme	33	6. Amtliche Auskunft (entspr. §§ 273 Abs. 2 Nr. 2, 358a Nr. 2 ZPO)	94
1. Beweis durch Augenschein (entsprechende Anwendung der §§ 371 bis 372a ZPO)	34	E. Möglichkeit der Stellungnahme der Beteiligten zum Ergebnis einer förmlichen Beweisaufnahme (Abs. 4)	95
2. Zeugenbeweis (entsprechende Anwendung der §§ 373 bis 401 ZPO)	41		
3. Beweis durch Sachverständige (entsprechende Anwendung der §§ 402 bis 414 ZPO)	59		

A. Allgemeines. § 30 regelt die **Voraussetzungen und die Grundlagen der förmlichen Beweisaufnahme** 1 in Verfahren der freiwilligen Gerichtsbarkeit. § 30 hält an dem Grundsatz des früheren Rechts fest, dass bei Amtsermittlung im Bereich der freiwilligen Gerichtsbarkeit das Gericht bei der Beweiserhebung **zwischen dem Freibeweis und einer förmlichen Beweisaufnahme** nach den Vorschriften der ZPO **wählen** kann (vgl. zum alten Recht BayObLG NJW-RR 1996, 583, 584; KKW/*Schmidt* § 12 FGG Rn. 195, § 15 Rn. 3). § 30 Abs. 2 und 3 zeigt allerdings **Grenzen** auf **für den Freibeweis** und die dabei zu treffende Ermessensentscheidung. Diese Regelung beschränkt sich auf die Grundstrukturen der Ermessensgrenzen, auf weiter gehende ermessensleitende Kriterien hat der Gesetzgeber verzichtet, um dem Gericht bei der Beweiserhebung die für sachgerecht erachtete Flexibilität zu erhalten (vgl. Begr. des RegE BT-Drucks. 16/6308, 189). Für den Strengbeweis (eine förmliche Beweisaufnahme) werden die Vorschriften der ZPO für anwendbar erklärt (im Ergebnis entspricht auch dies dem bisherigen Recht). Wie beim Freibeweis (vgl. § 29 Rdn. 13) ist es auch bei einer förmlichen Beweisaufnahme grds. erforderlich, den Beteiligten Gelegenheit zur Stellungnahme zum Beweisergebnis zu geben, was regelmäßig bereits zur Gewährung rechtlichen Gehörs erforderlich ist und in § 30 Abs. 4 nunmehr ausdrücklich vorgesehen ist.
Zu den an den Beweis zu stellenden Anforderungen der Überzeugungsbildung vgl. § 37 Rdn. 9 ff.
Zum **Anwendungsbereich** vgl. § 29 Rdn. 1 ff.

B. Entscheidung für eine förmliche Beweisaufnahme im Rahmen pflichtgemäßen Ermessens (Abs. 1). 2
I. Grundsatz. Nach Abs. 1 steht es **grds. im Ermessen des Gerichts**, ob eine für die Entscheidung erhebliche Tatsache im Wege des Freibeweises oder durch förmliche Beweisaufnahme (Strengbeweis) entsprechend den Vorschriften der ZPO festgestellt wird. Ein Recht der Beteiligten, eine förmliche Beweisaufnahme zu beantragen, sieht das Gesetz nicht vor. Den Beteiligten bleibt es natürlich unbenommen, eine förmliche Beweisaufnahme anzuregen. Eine solche Anregung ist für das Gericht unverbindlich, sie wird jedoch i.R.d. zu treffenden Ermessensentscheidung zu berücksichtigen sein.
Teilweise sieht das Gesetz für bestimmte Verfahren spezielle Regelungen für die Tatsachenfeststellung vor, 3 die den allgemeinen Regeln der §§ 29 ff. vorgehen und diese ggf. verdrängen. So ist etwa im Grundbuchrecht für den Nachweis der Eintragungsunterlagen § 29 GBO zu beachten, der für die erforderlichen Nachweise öffentliche oder öffentlich beglaubigte Urkunden verlangt. Weitere gesetzliche Grenzen für die Ermessensausübung ergeben sich vor allem aus Abs. 2 und 3. Die Grundsätze des Freibeweises kommen dann nicht zur Anwendung.
Überdies sind in der Rspr. Kriterien für die Ermessensausübung des Gerichts entwickelt worden; auch die 4 noch zum FGG ergangene Rspr. dürfte hier weiterhin von Bedeutung sein.

II. Ermessenskriterien. So sind bei **Tatsachen, die für die Zulässigkeit eines Verfahrens oder eines** 5 **Rechtsmittels** relevant sind, die notwendigen Feststellungen regelmäßig im Wege des Freibeweises zu treffen (ebenso Horndasch/Viefhues/*Reinken* § 30 FamFG Rn. 15; MüKoZPO/*Ulrici* § 30 FamFG Rn. 3); in diesem Bereich geht auch die bisher h.M. im Zivilprozess nach wie vor von der Geltung des Freibeweises aus (vgl. BGHZ 143, 122, 124; BGH NJW 1987, 2875, 2876; Zöller/*Vollkommer* § 56 ZPO Rn. 8 m.w.N.).

§ 30 Buch 1. Allgemeiner Teil

Wenn eine hinreichend sichere Klärung im Freibeweis allerdings nicht erreichbar ist, dürfte jedoch auch hier eine förmliche Beweisaufnahme angezeigt sein.

6 Insgesamt wird bei allen entscheidungserheblichen Tatsachen, bei denen eine **abschließende, ausreichende Sachaufklärung im Freibeweis nicht erreichbar** ist, das Gericht gehalten sein, eine geeignet erscheinende förmliche Beweisaufnahme durchzuführen (vgl. OLG München FamRZ 2007, 2009; OLG Zweibrücken NJW-RR 1988, 1211; Keidel/*Sternal* § 30 FamFG Rn. 13; MüKoZPO/*Ulrici* § 30 FamFG Rn. 5 f.). Dies folgt bereits aus dem Amtsermittlungsgrundsatz, der das Gericht zwingt, im Rahmen vollständiger Sachverhaltsaufklärung alle erforderlichen Ermittlungen vorzunehmen. Eine hierzu gehörende spezielle Fallgestaltung, bei der kraft Gesetzes eine förmliche Beweisaufnahme erforderlich ist, ist nunmehr in Abs. 3 geregelt (vgl. unten Rdn. 10 ff.).

7 Eine förmliche Beweisaufnahme wird weiterhin erforderlich sein, wenn nur dadurch eine im konkreten Fall erforderliche **Einflussnahme der Beteiligten auf die Sachverhaltsfeststellung** hinreichend gewährleistet werden kann, etwa eine förmliche Vernehmung eines Zeugen in Anwesenheit der Beteiligten (und ihrer anwaltlichen Vertreter) mit der Möglichkeit der unmittelbaren Befragung geboten erscheint (vgl. BayObLG NJW-RR 1996, 583, 584; NJW-RR 1992, 653, 654). Bei Einholung einer schriftlichen Auskunft oder einer telefonischen Befragung i.R.d. Freibeweises wäre dies naturgemäß nicht gewährleistet; ein Anwesenheitsrecht der Beteiligten besteht im Bereich des Freibeweises nicht, auch der Grundsatz der Unmittelbarkeit der Beweisaufnahme ist hier nicht anwendbar (vgl. § 29 Rdn. 11). Insb. in den echten Streitverfahren, in denen sich die Beteiligten wie Parteien im Zivilprozess gegenüberstehen, kann zur Gewährleistung einer ausreichenden Einflussnahme der Beteiligten auf die Tatsachenfeststellung eine förmliche Beweisaufnahme geboten sein (vgl. Keidel/*Sternal* § 30 FamFG Rn. 14). Andererseits ist in solchen Verfahren, in denen es um sich gegenüberstehende Interessen der Beteiligten geht, zu beachten, dass nunmehr selbst im Zivilprozess nach der seit 01.09.2004 geltenden Fassung des § 284 ZPO mit Einverständnis der Parteien einzelne Beweiserhebungen im Freibeweis erfolgen können. Dies spricht dafür, dass das Gericht – solange dies die Zustimmung der Beteiligten findet – auch in den echten Streitverfahren die notwendige Tatsachenfeststellung im Freibeweis vornehmen kann.

8 Schließlich kann die **Bedeutung der Angelegenheit**, insb. auf dem Spiel stehende erhebliche Eingriffe in Grundrechte eines Beteiligten, das Ermessen des Gerichts beschränken und eine Tatsachenfeststellung im Rahmen förmlicher Beweisaufnahme gebieten (vgl. MüKoZPO/*Ulrici* § 30 FamFG Rn. 7). In Betracht kommt dies vor allem bei Betreuungs- und Unterbringungssachen sowie sonstigen Familiensachen. Auf diesen Gebieten finden sich teilweise bereits Spezialregelungen, die eine förmliche Beweisaufnahme zwingend vorsehen (dazu sogleich unter Rdn. 9). Der Gesetzgeber hat ansonsten auf die generelle Anordnung einer förmlichen Beweisaufnahme für alle Tatsachen, die einen Eingriff in Grundrechte eines Betroffenen rechtfertigen sollen, bewusst verzichtet, weil eine schematische Regelung ineffektiv erschien. Eine ausreichende Richtigkeitsgewähr für solche Feststellungen soll, wenn nicht ohnehin die in Abs. 2 genannten Spezialregelungen eingreifen, durch sachgerechte Ermessensausübung nach Abs. 1 gesichert werden (vgl. Begr. des RegE BT-Drucks. 16/6308, 189). Wenn entsprechende Tatsachen – etwa auch nach Beweiserhebung i.R.d. Freibeweises – streitig bleiben, werden jedenfalls Abs. 3 und die darin enthaltene Anordnung der förmlichen Beweisaufnahme zu beachten sein.

9 **C. Obligatorischer Strengbeweis. I. Strengbeweis aufgrund gesetzlicher Anordnung (Abs. 2).** Eine förmliche Beweisaufnahme nach den Vorschriften der ZPO ist nach Abs. 2 obligatorisch und ein Ermessen des Gerichts nicht gegeben, wenn eine solche **Beweisaufnahme durch das FamFG angeordnet** wird. Dies ist – im Hinblick auf die besondere Bedeutung für den Betroffenen und das Gewicht des Grundrechtseingriffs – etwa vorgesehen nach § 280 für die Notwendigkeit von Maßnahmen der Betreuung und nach § 321 für die Notwendigkeit einer Unterbringung. Hinsichtlich der dafür relevanten Tatsachen ist nach den genannten Vorschriften im Wege förmlicher Beweisaufnahme grds. ein Sachverständigengutachten einzuholen (Ausnahmen in §§ 281 ff.). Zu nennen ist weiterhin die in § 297 Abs. 6 vorgesehene förmliche Beweisaufnahme in Verfahren zur Genehmigung der Sterilisation und die in § 298 Abs. 3 vorgesehene Sachverständigenbegutachtung bei Genehmigung von Heilbehandlungsmaßnahmen.

10 **II. Strengbeweis bei streitig gebliebenen entscheidungserheblichen Tatsachen (Abs. 3). 1. Regelfall des Strengbeweises.** Abs. 3 verpflichtet das Gericht im Regelfall zur Durchführung einer förmlichen Beweisaufnahme, wenn eine **Tatsache**, die für die zu treffende Entscheidung **von maßgebender Bedeutung** ist, *von einem Beteiligten* **ausdrücklich bestritten wird und bestritten bleibt**. Dem liegt die Erwägung zu-

grunde, dass bei einer solchen Konstellation das Strengbeweisverfahren zur Aufklärung des streitigen Sachverhalts geeigneter ist und die Mitwirkung der Beteiligten an der Tatsachenfeststellung besser gewährleistet als der Freibeweis.

Abs. 3 ist im Gegensatz zu Abs. 2 als »Sollvorschrift« formuliert. Dies dürfte Raum lassen, von der unter den Voraussetzungen des Abs. 3 regelmäßig notwendigen förmlichen Beweisaufnahme abzusehen, wenn für eine solche Ausnahme zwingende Gründe bestehen. 11

2. Entscheidungserheblichkeit der bestrittenen Tatsachen. Von **maßgebender Bedeutung für die Entscheidung** des Gerichts sind vor allem **Haupttatsachen**, die den Tatbestand einer entscheidungsrelevanten Norm unmittelbar ausfüllen (vgl. Begr. des RegE BT-Drucks. 16/6308, 190). Dabei wird zu fordern sein, dass Entscheidungserheblichkeit insgesamt gegeben sein muss, die Feststellung der Tatsache und die Anwendung der betreffenden Norm also nicht offenbleiben können, weil sich eine entsprechende Entscheidung auch bzw. bereits aus anderen rechtlichen oder tatsächlichen Gründen ergibt. Geht es um eine Tatsache, die neben anderen Tatsachen für die Ausfüllung eines unbestimmten Rechtsbegriffs oder für eine vorzunehmende (sonstige) Bewertung relevant ist, ist eine maßgebende Bedeutung für die Entscheidung zu bejahen, wenn die betreffende Tatsache für das Gericht den Ausschlag gibt (vgl. RegE BT-Drucks. 16/6308, 190). Danach reicht allein die Bedeutung der betreffenden Tatsache als nur zusätzliches oder verstärkendes Begründungselement nicht aus; auch hier muss das Gericht ohne die betreffende Tatsache zu einem anderen Gesamtergebnis kommen. 12

Hat die streitige Tatsache lediglich die Funktion einer **Indiztatsache**, die – ggf. mit anderen Indizien – für eine die entscheidungsrelevante Norm ausfüllende Haupttatsache herangezogen wird, so kommt ihr für die Entscheidung maßgebende Bedeutung nur zu, wenn ihr Vorliegen (ggf. neben anderen Umständen) ausreicht, andererseits aber auch erforderlich ist, um einen zwingenden Schluss auf die Haupttatsache ziehen zu können (die übrigen Indizien müssen hierfür nicht bereits ausreichen), und weiterhin die betreffende Haupttatsache nach den zuvor dargestellten Grundsätzen notwendiges Tatbestandsmerkmal der insgesamt entscheidungserheblichen Norm ist (vgl. RegE BT-Drucks. 16/6308, 190). 13

3. (Fortbestehende) Beweisbedürftigkeit der bestrittenen Tatsache. Die Durchführung einer förmlichen Beweisaufnahme ist nach Abs. 3 nur geboten, wenn das Gericht seine **Entscheidung auf die betreffende Tatsache zu stützen beabsichtigt.** Dies kommt in Betracht, wenn das Gericht nach Durchführung einer Beweiserhebung im Wege des Freibeweises die entsprechende Tatsache für wahr oder jedenfalls für möglicherweise wahr hält. Insoweit zwingt Abs. 3 das Gericht, das Vorliegen der entsprechenden Tatsache strengbeweislich zu überprüfen (vgl. Begr. des RegE BT-Drucks. 16/6308, 190). Hält hingegen das Gericht nach Ausschöpfung der Möglichkeiten des Freibeweises die relevante Tatsache nicht für bewiesen, ist es nicht nach Abs. 3 verpflichtet, hinsichtlich dieser Tatsache eine förmliche Beweisaufnahme durchzuführen; es fehlt hier jedenfalls die weitere Voraussetzung des Abs. 3, dass das Gericht die Entscheidung maßgeblich auf die Feststellung der relevanten Tatsache stützen will. Eine solche Verpflichtung kann sich jedoch bei entsprechender Ermessensreduzierung nach Abs. 1 ergeben, wenn weitergehende Erkenntnisse aufgrund förmlicher Beweisaufnahme möglich erscheinen; die Amtsermittlungspflicht (§ 26) gebietet es, solche weiteren Erkenntnismöglichkeiten auszuschöpfen. 14

Die Verpflichtung zur förmlichen Beweisaufnahme nach Abs. 3 ist – wie aus den vorausgegangen Ausführungen folgt – nicht davon abhängig, dass das Gericht selbst noch Zweifel an der zu beweisenden Tatsache hat. Das Gericht soll die förmliche Beweisaufnahme auch und gerade dann durchführen, wenn es aufgrund des Ergebnisses des Freibeweises von der Wahrheit der relevanten Tatsache bereits überzeugt ist und hierauf seine Entscheidung stützen will (vgl. Begr. des RegE BT-Drucks. 16/6308, 190; abl. wegen fehlender Grundlage im Gesetzeswortlaut und fehlender Notwendigkeit Keidel/*Sternal* § 30 FamFG Rn. 10). 15

4. Ausdrückliches Bestreiten der Tatsache. Die **relevante Tatsache** muss schließlich von einem Beteiligten **ausdrücklich bestritten** worden sein. Ein nur aus dem Zusammenhang abgeleitetes, konkludentes Bestreiten reicht danach nicht aus, um eine förmliche Beweisaufnahme zu erzwingen. Hierfür ist vielmehr erforderlich, dass das Bestreiten in den Erklärungen des Beteiligten eindeutig zum Ausdruck kommt. Das Bestreiten muss sich nach dem Inhalt der Erklärung auch eindeutig auf die relevante Tatsache beziehen. Ein pauschales Bestreiten, das den gesamten oder einen allgemein umschriebenen Teil des Vorbringens eines anderen Beteiligten erfasst, reicht ebenfalls nicht aus. Darüber hinaus soll nach der Begr. des RegE (vgl. BT-Drucks. 16/6308, 190) i.d.R. ein substanziiertes Bestreiten eines Beteiligten erforderlich sein; der Beteiligte soll dazu eine in sich nachvollziehbare Gegendarstellung geben und dabei auch darlegen, warum er das Er- 16 gebnis des Freibeweises für falsch hält. Ein einfaches Bestreiten ohne Angabe der Gründe für eine vom Beteiligten angenommene Unwahrheit der festzustellenden Tatsache und für die Annahme eines im Freibeweisverfahren nicht geführten Beweises soll nur im Ausnahmefall beachtlich sein, nämlich dann, wenn dem Beteiligten ein höherer Grad an Substanziierung nicht zuzumuten ist. Jedenfalls soll ein Mindestmaß an objektiv nachvollziehbarer Begründung, das unter Berücksichtigung der Fähigkeit des Bestreitenden definiert werden soll, sich im Verfahren zu artikulieren, für die Ablehnung des Freibeweisergebnisses erforderlich sein (vgl. RegE BT-Drucks. 16/6308, 190).

Letztlich hat die Rspr. darüber zu entscheiden, ob und inwieweit diesen qualifizierten Anforderungen, die der Gesetzestext nicht unmittelbar vorgibt, allgemein zu folgen ist. In der Sache erscheinen die dargestellten Anforderungen aber berechtigt im Hinblick auf die die Beteiligten treffende Mitwirkungs- und Erklärungspflicht nach § 27. Danach kann und muss von einem Beteiligten erwartet werden, dass dann, wenn er sich mit den Ergebnissen einer im Freibeweis bereits durchgeführten Beweisaufnahme nicht zufriedengeben will, und dies eventuell entgegen der Auffassung des Gerichts, er dies hinreichend klar zum Ausdruck bringt und hierfür auch nachvollziehbare Gründe vorträgt.

17 Wenn hinsichtlich der Aufrechterhaltung eines Bestreitens Unklarheiten bestehen oder das Gericht das Bestreiten eines Beteiligten nicht für ausreichend hält, wird das Gericht im Rahmen seiner Verfahrensleitung nach § 28 Abs. 1 entsprechende Hinweise und Gelegenheit zu geben haben, notwendigen Vortrag nachzuholen.

18 **5. Ausnahmen.** Die Pflicht zur Durchführung einer förmlichen Beweisaufnahme soll auch i.R.d. Abs. 3 **nicht weiter** gehen **als im Zivilprozess.** Daraus wird in der Begr. des RegE (BT-Drucks. 16/6308, 189) gefolgert, dass bei der **Prüfung von Verfahrensvoraussetzungen** stets der Freibeweis zur Anwendung kommt und eine förmliche Beweisaufnahme – auch über Abs. 3 – nicht erforderlich ist.

19 Da nach der zum 01.09.2004 in Kraft getretenen Neufassung des § 284 ZPO das Gericht im Zivilprozess bei Einverständnis der Parteien zum Freibeweis übergehen kann, sollte es bei erklärtem **Einverständnis der Beteiligten** auch in Verfahren nach dem FamFG möglich sein, von einer förmlichen Beweisaufnahme nach Abs. 3 abzusehen. Hierfür spricht, dass die Beteiligten es ohnehin in der Hand haben, bereits durch Nichtbestreiten von Tatsachen die Anwendung des Abs. 3 auszuschließen. Ein Verzicht auf die Anwendung des Abs. 3 seitens der Beteiligten ändert allerdings nichts daran, dass das Gericht – unabhängig von Erklärungen und Anträgen der Parteien – gem. §§ 29 Abs. 1, 30 Abs. 1 Art und Umfang der Beweisaufnahme nach pflichtgemäßem Ermessen zu bestimmen und seiner Amtsermittlungspflicht nach § 26 nachzukommen hat.

20 **D. Förmliche Beweisaufnahme in entsprechender Anwendung der Vorschriften der ZPO.** Wenn das Gericht sich für eine förmliche Beweisaufnahme entscheidet oder eine solche zwingend durchzuführen ist (etwa nach Abs. 3), so sind dabei die **Vorschriften der ZPO entsprechend anzuwenden.** Entsprechende Anwendung bedeutet hier, dass die Vorschriften der ZPO so anzuwenden sind, als seien sie Bestandteil des FamFG, d.h. sie sind den Besonderheiten des Verfahrens nach dem FamFG anzupassen und nur insoweit anzuwenden, als wesentliche Prinzipien der freiwilligen Gerichtsbarkeit (etwa der hier geltende Amtsermittlungsgrundsatz) und spezielle Regelungen des FamFG dem nicht entgegenstehen. Dass nach altem Recht in § 15 Abs. 1 FGG nur auf die für bestimmte Beweismittel geltenden Vorschriften der ZPO Bezug genommen wurde, nunmehr in § 30 Abs. 1 jedoch für die förmliche Beweisaufnahme generell auf eine entsprechende Anwendung der ZPO verwiesen wird, dürfte nicht zu wesentlichen Änderungen geführt haben. Bereits nach altem Recht wurde von einer weitergehenden, auch die allgemeinen Vorschriften über die Beweisaufnahme umfassenden entsprechenden Anwendung der ZPO ausgegangen (vgl. KKW/*Schmidt* § 15 FGG Rn. 8).

21 **I. Allgemeine Grundsätze der förmlichen Beweisaufnahme.** Entsprechend anwendbar sind grds. – unter Beachtung des vorstehend dargestellten Vorbehalts – die allgemeinen Vorschriften über die Beweisaufnahme in §§ 355 ff. ZPO.

22 Es gilt der **Grundsatz der Unmittelbarkeit der Beweisaufnahme** entsprechend § 355 ZPO, d.h. das erkennende Gericht muss die förmliche Beweisaufnahme grds. selbst durchführen und darf diese nicht auf den Vorsitzenden, den Berichterstatter, einen beauftragten oder ersuchten Richter übertragen (vgl. OLG Karlsruhe FGPrax 1998, 77, 78; BayObLG NJW-RR 1996, 583, 584; Keidel/*Sternal* § 30 FamFG Rn. 19 ff.). Eine Übertragung der Beweisaufnahme auf einen beauftragten Richter wird in Verfahren der freiwilligen Gerichtsbarkeit allerdings eher selten relevant sein, nämlich bei erstinstanzlicher Zuständigkeit eines Kollegial-

gerichts (z.B. einer Kammer des LG in den Fällen der §§ 51b GmbHG, 98, 99, 132 AktG) und im Beschwerdeverfahren.

Ausnahmen vom Unmittelbarkeitsgrundsatz kommen bei förmlicher Beweisaufnahme lediglich in den von der ZPO zugelassenen Tatbeständen der Einschaltung eines beauftragten oder ersuchten Richters in Betracht, insb. entsprechend § 372 Abs. 2 ZPO (bei Augenscheinnahme), §§ 375, 402, 451 ZPO (unter bestimmten Voraussetzungen in Fällen der Zeugen-, Sachverständigen- und Beteiligtenvernehmung) und § 479 (bei Abnahme der Eidesleistung). In Landwirtschaftssachen der freiwilligen Gerichtsbarkeit sieht § 16 LwVG die scheinbare Möglichkeit der unbeschränkten Übertragung der Beweisaufnahme auf einen beauftragten Richter vor; bei förmlicher Beweisaufnahme ist dies allerdings nach herrschender Meinung ebenfalls nur unter den Ausnahmeregelungen der §§ 375, 402, 451 ZPO zulässig (vgl. *Ernst* § 16 LwVG Rn. 6). 23

Kommt es bei der Würdigung des Beweises auf den persönlichen Eindruck des entscheidenden Gerichts an, etwa wenn der Eindruck von einem Zeugen und dessen persönliche Glaubwürdigkeit entscheidungsrelevant ist, muss grds. das erkennende Gericht in seiner Spruchbesetzung diesen Eindruck gewonnen haben oder zumindest auf eine aktenkundige und der Stellungnahme der Beteiligten zugängliche Beurteilung zurückgreifen können (vgl. BayObLG NJW-RR 1995, 653, 654; OLG Karlsruhe FGPrax 1998, 77, 78; BGH NJW 1997, 1586, 1587 für den Zivilprozess). Wenn die letztgenannten Voraussetzungen nicht erfüllt sind, wird ggf. die Beweisaufnahme vor dem beauftragten oder ersuchten Richter vor dem gesamten Kollegium des erkennenden Gerichts zu wiederholen sein. Entsprechendes gilt auch bei einem Richterwechsel. Ein solcher wird zwar meist keinen Einfluss auf das weitere Verfahren haben, da im FamFG Gegenstand der Entscheidung der gesamte Akteninhalt des Verfahrens ist und mithin auch die urkundlich niedergelegte Beweiserhebung verwertet werden kann (vgl. OLG München FamRZ 2008, 2047, 2048; Keidel/*Sternal* § 30 FamFG Rn. 20). Wenn aber für die Würdigung nicht allein auf protokollierte Aussagen und die Glaubhaftigkeit der Sachdarstellung abgestellt werden kann, sondern der persönliche Eindruck von Zeugen und ihre persönliche Glaubwürdigkeit entscheidungsrelevant sind und hierzu in den Akten festgehaltene Feststellungen fehlen, ist auch hier eine Wiederholung der Beweisaufnahme durch das zur Entscheidung berufene Gericht in der aktuellen Besetzung erforderlich (vgl. BayObLG NJW-RR 1995, 653, 654, OLG Karlsruhe FGPrax 1998, 77, 78). 24

Die Unmittelbarkeit der Beweisaufnahme ist allerdings verzichtbar; ein Verstoß gegen diesen Grundsatz kann im Zivilprozess durch ausdrücklichen oder stillschweigenden Rügeverzicht gem. § 295 ZPO geheilt werden (vgl. BGH NJW 1979, 2518). Ein solcher, ggf. auch konkludenter Verzicht der Beteiligten kommt jedenfalls im Bereich der echten Streitsachen und wohl auch in den sonstigen Antragsverfahren in Betracht (vgl. Keidel/*Sternal* § 30 FamFG Rn. 26; a.A. OLG Köln OLGZ 1982, 1, 2); dagegen dürfte solches in den nicht zur Disposition der Beteiligten stehenden Amtsverfahren ausscheiden (vgl. Jansen/*von König* § 15 FGG Rn. 6). 25

Bei einer **im Ausland durchzuführenden Beweisaufnahme** ist § 363 ZPO entsprechend anzuwenden. Bei Beweiserhebungen innerhalb der EU sind die Verordnung (EG) Nr. 1206/2001 des Rates vom 28.05.2001 sowie die darauf bezogenen Regelungen der §§ 1072 ff. ZPO zu beachten. 26

Bei der förmlichen Beweisaufnahme gilt entsprechend § 357 ZPO der **Grundsatz der Partei- bzw. Beteiligtenöffentlichkeit**. Die Beteiligten haben – was sich bereits unter der Geltung des FGG im Hinblick auf ihre Stellung als Verfahrenssubjekt mit entsprechenden Mitwirkungsrechten durchgesetzt hatte – das Recht, an der förmlichen Beweisaufnahme teilzunehmen und, etwa durch Fragen an Zeugen oder Sachverständige, auf die Beweiserhebung Einfluss zu nehmen (vgl. Jansen/*von König* § 15 FGG Rn. 8; anders bei formlosen Ermittlungen im Freibeweisverfahren, vgl. § 29 Rdn. 12). Zu anberaumten Beweisterminen sind die Beteiligten deshalb zu laden. Das Teilnahmerecht gilt auch für ihre Verfahrensbevollmächtigten und für Verfahrensbeistände und -pfleger (letztere sind ggf. gesondert zu laden). Die Beteiligtenöffentlichkeit ist nicht nur bei Zeugenvernehmung zu wahren, sondern auch in anderen Fällen förmlicher Beweisaufnahme, etwa des Urkundenbeweises, der Augenscheineinnahme oder des Sachverständigenbeweises. Analog § 247 StPO kann es gerechtfertigt sein, einen Beteiligten zeitweilig von Maßnahmen der Beweisaufnahme auszuschließen (z.B. in Sorgerechtssachen), wenn dies zur Herbeiführung einer wahrheitsgemäßen Aussage oder zur Vermeidung schwerwiegender Nachteile für einen Beteiligten oder die Aussageperson notwendig erscheint (für den Zivilprozess vgl. Zöller/*Greger* § 357 ZPO Rn. 3a); ein Ausschluss kommt auch aus sitzungspolizeilichen Gründen nach §§ 177 ff. GVG in Betracht. Das Ergebnis der durchgeführten Beweisaufnahme ist jedenfalls dem ausgeschlossenen Beteiligten mitzuteilen und ihm ist hierzu rechtliches Gehör zu gewähren. 27

28 Wird das Recht auf Beteiligtenöffentlichkeit verletzt, sind die dabei erhobenen Beweise nicht zu verwerten; die förmliche Beweisaufnahme muss ggf. wiederholt werden. In der Verletzung liegt ein Verfahrensverstoß, der ggf. mit der Rechtsbeschwerde gerügt werden und – falls die Entscheidung darauf beruht – zur Begründetheit des Rechtsmittels führen kann (vgl. KG FamRZ 1968, 605, 606; Keidel/*Sternal* § 30 FamFG Rn. 28). Das Recht auf Teilnahme an einer förmlichen Beweisaufnahme steht in echten Streitsachen und sonstigen Antragsverfahren jedoch zur Disposition der Beteiligten; darauf kann verzichtet werden (OLG Hamm OLGZ 1968, 334; *Bumiller*/Harders/Schwamb § 30 FamFG Rn. 21) und ein in der Verletzung dieses Rechts liegender Verfahrensmangel kann durch ausdrücklichen oder konkludenten Rügeverzicht analog § 295 ZPO geheilt werden (vgl. auch Keidel/*Sternal* § 30 FamFG Rn. 28, die eine Ausnahme machen wollen, wenn die Amtsaufklärungspflicht entgegensteht).

29 Hinsichtlich eines **Beweisantragsrechts** bzw. der Notwendigkeit eines Beweisantrags sind die ZPO-Vorschriften nicht anwendbar (vgl. § 29 Abs. 1 Satz 2).

30 Ein **förmlicher Beweisbeschluss** (§§ 358 ff. ZPO) ist nicht erforderlich, auch in echten Streitsachen nicht. Es genügt, dass Gegenstand und Art der Beweisaufnahme für die Beteiligten hinreichend deutlich wird. Hierzu mag es sachgerecht und zweckmäßig sein, die Beweisfragen in einem Gerichtsbeschluss festzuhalten. Die Ernennung eines Sachverständigen ist den Beteiligten zumindest formlos mitzuteilen, damit sie ggf. von ihrem Ablehnungsrecht (§§ 30 Abs. 1 i.V.m. § 406 ZPO) Gebrauch machen können (vgl. BGH FamRZ 2013, 211, 212; 2010, 1726, 1727). Entsprechende Beweisanordnungen sind grds. **nicht selbstständig mit der Beschwerde anfechtbar**; es bleibt lediglich eine Überprüfung im Zusammenhang mit der Anfechtung einer ergangenen Endentscheidung (vgl. § 58 Abs. 1 und 2). Soweit durch Beweisanordnungen und deren Ausführung jedoch unmittelbar in Rechte eingegriffen wird, etwa auch in Rechte Dritter (z.B. von Zeugen), muss gesonderter Rechtsschutz gegen solche belastenden Maßnahmen gewährt werden. Die hier anzuwendenden speziellen Regelungen ergeben sich teilweise aus dem FamFG und darin z.T. in Bezug genommene Vorschriften der ZPO (z.B. aus § 35 Abs. 5, § 178 Abs. 2 i.V.m. §§ 386 bis 390 ZPO); jedenfalls sind bei förmlicher Beweisaufnahme über die generelle Bezugnahme in § 30 Abs. 1 die hierfür vorhandenen Vorschriften der ZPO und das danach zulässige Rechtsmittel der sofortigen Beschwerde anwendbar (etwa §§ 372a Abs. 2, 387 Abs. 1 und 3, 390 Abs. 3 ZPO; dazu BGH FGPrax 2015, 288).

31 Bei förmlicher Beweisaufnahme nach den Vorschriften der ZPO stehen dem Gericht auch die nach der ZPO vorgesehenen **Ordnungs- und Zwangsmittel** zur Verfügung (z.B. Verhängung von Ordnungsgeld nach §§ 380, 390, 409, 411 Abs. 2 ZPO, zwangsweise Vorführung nach §§ 372a Abs. 2, 380 Abs. 2 ZPO, Erzwingungshaft nach § 390 Abs. 2 ZPO). Gegen Ordnungsmittel- und Zwangsmittelanordnungen sind Rechtsmittel in entsprechender Anwendung der ZPO-Vorschriften gegeben (z.B. entsprechend §§ 380 Abs. 3, 390 Abs. 3 ZPO).

32 Ein **Sitzungsprotokoll** nach den Vorschriften der ZPO ist auch bei förmlicher Beweisaufnahme **nicht** zu erstellen (ebenso Keidel/*Sternal* § 30 FamFG Rn. 30; a.A. *Bumiller*/Harders/Schwamb § 30 FamFG Rn. 23 f.). Etwas anderes kann sich jedoch aus in einzelnen Bereichen geltenden speziellen Regelungen ergeben. So finden etwa in Landwirtschaftssachen der freiwilligen Gerichtsbarkeit nach § 15 Abs. 5 LwVG die Vorschriften der §§ 159 bis 164 ZPO über die Erstellung des Sitzungsprotokolls entsprechende Anwendung. Fehlen spezielle Regelungen, ist über einen Termin mit einer förmlichen Beweisaufnahme nach § 28 Abs. 4 ein **Vermerk** zu fertigen, der die wesentlichen Vorgänge des Termins und der Beweisaufnahme enthält (vgl. dazu § 28 Rdn. 30 ff.). Diese allgemeine Regelung des FamFG schließt einen generellen Rückgriff auf die Protokollvorschriften der ZPO aus.

33 **II. Beweismittel der förmlichen Beweisaufnahme.** Abweichend von § 15 FGG werden nunmehr die zur Anwendung kommenden Beweismittel einer förmlichen Beweisaufnahme nicht mehr enumerativ aufgeführt. Aus der generellen Bezugnahme auf die Vorschriften der ZPO ist zu entnehmen, dass bei der förmlichen Beweisaufnahme alle in der ZPO zugelassenen und geregelten Beweismittel, aber auch nur diese, in Betracht kommen. Die nachfolgende Kommentierung beschränkt sich auf evtl. Besonderheiten dieser Beweismittel in Verfahren nach dem FamFG; wegen der systematischen, vollständigen Kommentierung der hier zur Anwendung kommenden ZPO-Vorschriften ist auf die vorhandenen Kommentare zur ZPO zu verweisen.

34 **1. Beweis durch Augenschein (entsprechende Anwendung der §§ 371 bis 372a ZPO).** Beim Augenscheinsbeweis geht es um eine Tatsachenfeststellung durch eine eigene sinnliche Wahrnehmung des Gerichts hinsichtlich der körperlichen Eigenschaften und Zustände von Personen und Gegenständen. Die sinnliche Wahrnehmung muss sich dabei nicht auf das Sehen beschränken, was der Begriff Augenschein nahe legt, sondern kann nach heute allg. Meinung auch – alternativ oder kumulativ – den Einsatz der anderen menschlichen Sinne (Gehör-, Tast-, Geschmacks- und Geruchssinn) erfassen (insoweit besser »Wahrnehmungsbeweis«, vgl. Musielak/*Huber* § 371 ZPO Rn. 3). **Augenscheinsobjekt** können danach alle Gegenstände sein, die sinnlich wahrnehmbar sind. Dazu gehören alle sichtbaren Gegenstände, auch Fotografien, aber auch technische Aufzeichnungen wie Ton-, Videoaufnahmen, Computerdaten und Computerprogramme auf allen heute in Betracht kommenden Speichermedien. Auch **elektronische Dokumente** hat der Gesetzgeber in § 371a ZPO dem Augenscheinsbeweis zugeordnet, was jedenfalls die systematische Einordnung und das Beweisverfahren betrifft, während für die Beweiskraft elektronischer Dokumente die Vorschriften über den Urkundenbeweis entsprechend anwendbar sind (zur Beweisführung vgl. *Berger* NJW 2005, 1016; zur Beweisführung mit elektronischen Dokumenten nach der ab 01.07.2016 anwendbaren VO [EU] Nr. 910/2014 über elektronische Identifizierung und Vertrauensdienste für elektronische Transaktionen im Binnenmarkt *Jandt* NJW 2015, 1205; *Roßnagel* NJW 2014, 3686). In Abgrenzung zum Augenscheinsobjekt zeichnet sich die Urkunde durch eine schriftliche Verkörperung eines Gedankeninhalts aus (vgl. Zöller/*Geimer* Vor § 415 ZPO Rn. 2). Nach § 371b ZPO findet bei Übertragung einer öffentlichen Urkunde in ein elektronisches Dokument (Scannen öffentlicher Urkunden) auf dieses die Vorschriften über die Beweiskraft öffentlicher Urkunden entsprechende Anwendung (soweit bei der Übertragung die in § 371b ZPO genannten Anforderungen eingehalten worden sind).

35 Ebenfalls dem Verfahren des Augenscheinsbeweises zugeordnet ist die **Untersuchung zur Feststellung der Abstammung** nach § 372a ZPO. Diese Regelung ist für die Feststellung der Abstammung außerhalb des Abstammungsverfahrens (§§ 169 ff.) und der hier geltenden entsprechenden Regelung des § 178 von Bedeutung.

36 In Verfahren der freiwilligen Gerichtsbarkeit sind die **Regelungen über den Beweisantritt** des Augenscheinsbeweises in § 371 Abs. 1 und 2 ZPO nicht anwendbar, da diese mit den Verfahrensgrundsätzen der freiwilligen Gerichtsbarkeit unvereinbar sind. Der Augenscheinsbeweis wird nach dem geltenden Amtsermittlungsgrundsatz stets von Amts wegen angeordnet; auf einen Beweisantritt eines Beteiligten kommt es nicht an (Keidel/*Sternal* § 30 FamFG Rn. 37).

37 Anwendbar ist hingegen § 372 Abs. 1 ZPO, wonach das Gericht bei der Einnahme des Augenscheins die **Hinzuziehung von Sachverständigen** anordnen kann, und § 372 Abs. 2 ZPO, der die Übertragung der Einnahme des Augenscheins mit evtl. Hinzuziehung eines Sachverständigen auf einen **beauftragten Richter** generell zulässt. Eine solche Übertragung auf einen beauftragten Richter steht im Ermessen des Gerichts; hiervon dürfte abzusehen sein, wenn nach den Umständen eine persönliche Wahrnehmung und Würdigung aller Mitglieder des Gerichts geboten erscheint (vgl. Keidel/*Sternal* § 30 FamFG Rn. 35).

38 Entsprechend anwendbar ist auch § 371 Abs. 3 ZPO, der bei **Vereitelung einer zumutbaren Einnahme des Augenscheins** die Möglichkeit einer Beweislastumkehr vorsieht mit der Folge, dass die Behauptungen des Gegners über die Beschaffenheit des Gegenstandes als bewiesen angesehen werden können. Auch wenn diese Regelung auf das Prozessverhältnis der beiden Parteien im Zivilprozess und die ihnen zukommenden Dispositionsbefugnisse zugeschnitten ist, so passt jedenfalls der zugrunde liegende Gedanke, dass die Folgen einer arglistigen oder zumindest treuwidrigen Verhinderung einer Beweiserhebung zulasten des treuwidrig Handelnden gehen müssen und dieses Verhalten indizielle Bedeutung haben kann, auch für den Bereich des FamFG. Dies rechtfertigt es, auch bei Geltung des Amtsermittlungsgrundsatzes die treuwidrige Vereitelung des Beteiligten zumindest i.R.d. Beweiswürdigung zu berücksichtigen, ohne dabei eine mit dem Amtsermittlungsgrundsatz wohl nicht zu vereinbarende zwingende Beweisregel anzunehmen (vgl. auch Keidel/*Sternal* § 30 FamFG Rn. 38). Entsprechendes dürfte auch gelten, wenn ein Beteiligter die Augenscheinseinnahme eines ihm zur Verfügung stehenden Gegenstandes **ohne triftigen Grund verweigert** (etwa nach einer Anordnung des Gerichts analog § 144 Abs. 1 ZPO). Der Beteiligte, der die Feststellungslast trägt (vgl. § 26 Rdn. 48 ff.), wird schon im eigenen Interesse seiner Mitwirkungspflicht (§ 27) nachkommen und den betreffenden Gegenstand zur Augenscheinseinnahme zur Verfügung stellen. Zwangsmittel gegen Beteiligte zur Ermöglichung einer Augenscheinseinnahme bedürfen einer besonderen Rechtsgrundlage (§ 26 reicht insoweit nicht; vgl. dazu § 26 Rdn. 17 und § 27 Rdn. 7). Zwangsmittel sieht das Gesetz etwa vor zur Durchsetzung der Abstammungsuntersuchung gem. § 178 und § 372a ZPO. Ansonsten ist eine Augenscheinseinnahme hinsichtlich der Person, insb. auch in der Form einer körperlichen Untersuchung, nicht erzwingbar (vgl. OLG Hamm FamRZ 1981, 706, 707; OLG Stuttgart OLGZ 1975, 132, 133; Keidel/*Sternal*

§ 30 FamFG Rn. 36). Geht es um die **Herausgabe von Augenscheinsobjekten seitens Dritter**, die nicht Beteiligte sind, kommt eine Herausgabeanordnung des Gerichts und deren Durchsetzung entsprechend §§ 144 Abs. 2, 390 ZPO in Betracht. Die entsprechende Anwendung des § 144 ZPO dürfte durch die Verweisung in Abs. 1 auf die Vorschriften der ZPO gedeckt sein (a.A. *Prütting*/Helms § 30 FamFG Rn. 19); bei einer förmlichen Beweisaufnahme werden dem Gericht der freiwilligen Gerichtsbarkeit die Befugnisse zuzugestehen sein, die dem Gericht im Zivilprozess zukommen.

39 Eine Beweisaufnahme scheidet aus, wenn das Augenscheinsobjekt **durch rechtwidrigen Eingriff erlangt** worden ist; grds. unverwertbar sind z.B. Ton- oder Filmaufnahmen, die ohne Zustimmung der aufgenommenen Personen und damit durch rechtswidrigen Eingriff in deren geschütztes Persönlichkeitsrecht erstellt worden sind (vgl. BVerfGE 34, 238, 246; BGH NJW 1988, 1016, 1017; Zöller/*Greger* § 286 ZPO Rn. 15b f.).

40 Eine entsprechende Anwendung des § 372a ZPO kommt in Betracht, wenn es außerhalb eines Abstammungsverfahrens nach §§ 169 ff. auf **Untersuchungen zur Feststellung der Vaterschaft** ankommt. Denkbar ist dies etwa im Zusammenhang mit erbrechtlichen Fragen oder Streitigkeiten um das Recht der Namensführung. Da der im Abstammungsverfahren anwendbare § 178 inhaltlich und auch in den Formulierungen weitgehend dem § 372a ZPO entspricht, kann hier auf die Kommentierung des § 178 verwiesen werden.

41 **2. Zeugenbeweis (entsprechende Anwendung der §§ 373 bis 401 ZPO).** Für den Zeugenbeweis ist kennzeichnend, dass eine Auskunftsperson über ihre in der Vergangenheit gemachten Wahrnehmungen von Tatsachen (tatsächlichen Vorgängen und Zuständen) aussagt.

42 **Zeugnisfähigkeit** kommt nur Personen zu, die nicht als Beteiligte anzusehen sind und nicht als Beteiligte in entsprechender Anwendung der Vorschriften über die Parteivernehmung zu vernehmen sind. Dies bedeutet, dass der Antragsteller im Antragsverfahren (§ 7 Abs. 1), die im Hinblick auf ihre Rechtsbetroffenheit sowie aufgrund Gesetzes hinzuziehenden Personen (§ 7 Abs. 2) und die von Amts wegen oder aufgrund Antrags hinzugezogenen Beteiligten (§ 7 Abs. 3) regelmäßig nicht als Zeugen vernommen werden können.

43 Auch eine Vernehmung des **gesetzlichen Vertreters** einer beteiligten nicht verfahrensfähigen Person ist grds. ausgeschlossen, wenn der gesetzliche Vertreter den Geschäftsunfähigen oder in der Geschäftsfähigkeit Beschränkten im konkreten Verfahren vertritt oder zu vertreten hat (§ 9 Abs. 2; vgl. Keidel/*Sternal* § 30 FamFG Rn. 47). Dies gilt etwa für Eltern minderjähriger Kinder, den Vormund oder den Betreuer im Rahmen seines Aufgabenkreises. § 455 ZPO wird hier – nach der vorliegenden Verweisung in Abs. 1 – entsprechend anzuwenden und die hierzu vorliegende Rspr. heranzuziehen sein. Dies bedeutet, dass entsprechend § 455 Abs. 1 ZPO der gesetzliche Vertreter nur als Beteiligter, nicht aber als Zeuge vernommen werden kann. Der minderjährige oder sonst nicht geschäftsfähige Beteiligte kann dann – wenn er jedenfalls tatsächlich aussagetüchtig ist – als Zeuge vernommen werden (vgl. für den Zivilprozess BGH NJW 1965, 2253, 2254; NJW 2000, 289, 291; Zöller/*Greger* § 455 ZPO Rn. 1). Bei minderjährigen Beteiligten, die das 16. Lebensjahr vollendet haben, kann eine Ausnahme in entsprechender Anwendung des § 455 Abs. 2 ZPO unter den dort genannten Voraussetzungen in Betracht kommen. Wenn der Minderjährige danach als Beteiligter vernommen werden kann, scheidet er als Zeuge aus. Sein gesetzlicher Vertreter kommt dann als Zeuge in Betracht (vgl. Zöller/*Greger* § 455 ZPO Rn. 3). Ein früherer Vertreter eines Beteiligten kann stets Zeuge sein. Für die Zeugnisfähigkeit der Aussageperson kommt es allein auf den Zeitpunkt der Vernehmung an.

44 Wenn **geschäftsunfähigen oder in der Geschäftsfähigkeit beschränkten Personen** ausnahmsweise eine selbstständige Handlungsfähigkeit und eine entsprechende (partielle) Verfahrensfähigkeit zuerkannt wird (§ 9 Abs. 1 Nr. 3), scheiden sie ebenfalls als Zeugen aus. Dies gilt etwa unabhängig von ihrer Geschäftsfähigkeit für Betroffene in Betreuungssachen (§ 275), in Unterbringungssachen (§ 316) und in Verfahren über die Genehmigung freiheitsentziehender Maßnahmen für Minderjährige, die das 14. Lebensjahr vollendet haben (§§ 151 Nr. 6, 167 Abs. 3). In Kindschaftssachen scheidet eine förmliche Vernehmung des Kindes als Zeuge aus; es kommt lediglich eine Anhörung des Kindes nach § 159 unter den dort normierten Voraussetzungen in Betracht.

45 Ist Beteiligte eine **juristische Person**, scheiden Vorstand und Geschäftsführer als deren gesetzliche (organschaftliche) Vertreter als Zeugen aus; Entsprechendes gilt für persönliche haftende Gesellschafter einer beteiligten OHG oder KG (vgl. BGHZ 42. 230, 231), wohl auch für den Kommanditisten in Angelegenheiten der KG im Hinblick auf seine materielle Beteiligung (vgl. Keidel/*Sternal* § 30 FamFG Rn. 47; Jansen/*von König* § 15 FGG Rn. 20; str.).

Abschnitt 2. Verfahren im ersten Rechtszug § 30

Wenn eine Person, die **als Zeuge ausgeschlossen** ist, gleichwohl **als Zeuge vernommen** und die **Aussage** 46
als Zeugenaussage verwertet wird, liegt ein Verfahrensfehler vor, der etwa im Rahmen einer Rechtsbeschwerde gerügt werden und zur Begründetheit dieses Rechtsmittels führen kann. Ein solcher Verfahrensmangel kann nachträglich dadurch unschädlich gemacht werden, dass das Gericht die Aussage nicht als Zeugenaussage, sondern ggf. als Bekundung eines Beteiligten berücksichtigt (vgl. OLG Hamm OLGZ 1967, 390, 391). In echten Streitsachen ist auch ein Rügeverzicht in entsprechender Anwendung des § 295 ZPO in Erwägung zu ziehen (vgl. BGH NJW-RR 2000, 1664; OLG Karlsruhe FamRZ 2011, 500).

Ein Zeuge, der der deutschen Gerichtsbarkeit unterliegt, ist – wenn kein Ausnahmetatbestand eingreift – 47
entsprechend den Vorschriften der ZPO verpflichtet, zum für die Vernehmung anberaumten Termin zu erscheinen (**Erscheinenspflicht**), vor Gericht auszusagen (**Zeugnispflicht**) und ggf. die Richtigkeit seiner Aussage zu beeiden (**Eidespflicht**).

Der Zeuge ist **zum Termin** der Vernehmung zu **laden**, was von Amts wegen durch die Geschäftsstelle ver- 48
anlasst wird und formlos geschehen kann (§ 377 Abs. 1 ZPO). Für den notwendigen **Inhalt der Ladung** gilt § 377 Abs. 2 ZPO; statt der Bezeichnung der Parteien sind in echten Streitsachen die Beteiligten, in sonstigen Antragssachen der Antragsteller und ggf. die Angelegenheit und in sonstigen Sachen die Angelegenheit zu benennen. Auch wenn ein (förmlicher) Beweisbeschluss nicht ergangen ist, ist für den Zeugen der Gegenstand der Vernehmung erkennbar zu machen; eine knappe, auch summarische Kennzeichnung genügt hierfür (OLG Hamm OLGZ 1968, 344; Keidel/*Sternal* § 30 FamFG Rn. 51). Zur Vorbereitung des Zeugen anhand von Unterlagen und zur Verpflichtung, diese zum Termin mitzubringen, vgl. § 378 ZPO. Wenn das Gericht im Hinblick auf den Inhalt der Beweisfrage und die Person des Zeugen eine **schriftliche Beantwortung der Beweisfrage** für ausreichend erachtet, kann es dies unter Vorbehalt einer evtl. noch erforderlichen Vernehmung des Zeugen anordnen (§ 377 Abs. 3; auf den Vorbehalt ist hinzuweisen). Das Gericht kann dann auch den Zeugen laden und gleichzeitig eine Befreiung vom Erscheinen anordnen, wenn der Zeuge zuvor innerhalb einer bestimmten Frist die Beweisfrage(n) schriftlich beantwortet und diese Antwort bei Gericht einreicht. Zur schriftlichen Beantwortung der Beweisfrage ist der Zeuge in allen Fällen nicht verpflichtet; bei verweigerter schriftlicher Beantwortung der Beweisfrage muss er mit einer Ladung zur Vernehmung rechnen. Wenn dem Zeugen ein **Zeugnisverweigerungsrecht** zusteht (vgl. § 29 Rdn. 36 ff.) und seine Weigerung zur Aussage dem Gericht schriftlich oder zu Protokoll der Geschäftsstelle des Gerichts oder eines anderen AG (§ 25 Abs. 2) erklärt, ist er nicht verpflichtet, zum Vernehmungstermin zu erscheinen (§ 386 Abs. 3 ZPO).

Bei förmlicher Beweisaufnahme hat das Gericht auch die Befugnis, die nach der ZPO zulässigen **Ordnungs-** 49
und Zwangsmittel einzusetzen. Bei Verstoß gegen die Verpflichtung des Zeugen zum Erscheinen sind entsprechend § 380 ZPO dem ohne oder ohne hinreichende Entschuldigung nicht erschienenen Zeugen die durch sein Ausbleiben verursachten Kosten aufzuerlegen und gegen ihn ein Ordnungsgeld, ersatzweise Ordnungshaft festzusetzen (zur nachträglichen Entschuldigung und zu deren Rechtzeitigkeit vgl. § 381 ZPO; zur zulässigen Höhe und Beitreibung der Ordnungsmittel vgl. Art. 6 bis 9 EGStGB). Bei wiederholtem Ausbleiben kommt nicht nur die erneute Festsetzung eines Ordnungsgeldes in Betracht, sondern auch die Anordnung der zwangsweisen Vorführung des Zeugen (§ 380 Abs. 2 ZPO).

Gegen die Beschlüsse über die Verhängung von Ordnungsgeld und die Anordnung von Zwangsmaßnah- 50
men ist entsprechend § 380 Abs. 3 ZPO das **Rechtsmittel der sofortigen Beschwerde** gegeben. Dabei ist – wie nach früherem Recht – davon auszugehen, dass sich nur die Statthaftigkeit der sofortigen Beschwerde nach den in Bezug genommenen Vorschriften der ZPO (§§ 380 Abs. 3, 567 ZPO) beurteilt, es sich i.Ü. jedoch um ein Verfahren der freiwilligen Gerichtsbarkeit handelt (vgl. BGH NJW 1984, 2893, 2894; BayObLGZ 1994, 183, 185). Eine sofortige Beschwerde steht bei Verhängung von Ordnungsmitteln und Auferlegung der durch das Ausbleiben verursachten Kosten dem insoweit beschwerten Zeugen, bei einer Ablehnung und Aufhebung der Auferlegung von Kosten den Beteiligten zu.

Der geladene und erschienene Zeuge ist auch zur **Aussage verpflichtet**, wenn insoweit nicht Ausnahmen 51
eingreifen, wie etwa Aussageverweigerungsrechte oder eine den Zeugen treffende Verschwiegenheitspflicht. Zu in Betracht kommenden **Aussageverweigerungsrechten** des Zeugen und zur Beachtung der **Amtsverschwiegenheit** vgl. § 29 Rdn. 28 ff.

Wenn der Zeuge seine Aussage ohne nachvollziehbare und ernst gemeinte Begründung oder nach ei- 52
ner rechtskräftigen Entscheidung über die Unerheblichkeit der dafür vorgebrachten Gründe (vgl. § 29 Rdn. 43 ff.) verweigert, sind in entsprechender Anwendung des § 390 ZPO **Ordnungs**mittel **und ggf. Zwangshaft als Beugemittel** zu verhängen und dem Zeugen die durch seine Weigerung verursachten Kos-

ten aufzuerlegen. Entsprechende Maßnahmen können auch bei einer Weigerung, zulässigen Anordnungen des Gerichts über die Berücksichtigung und Vorlage aussageerleichternder Unterlagen nachzukommen, verhängt werden (§§ 378 Abs. 2, 390 ZPO). Zur gegen einen solchen Beschluss gegebenen sofortigen Beschwerde vgl. oben Rdn. 50.

53 Im Rahmen einer förmlichen Beweisaufnahme kommt auch eine **Beeidigung der Zeugenaussage** in entsprechender Anwendung der §§ 391 ff. ZPO in Betracht (zu den Eidesverboten vgl. § 393 ZPO). Auch dies ist von der generellen Bezugnahme auf die Vorschriften der ZPO bei der förmlichen Beweisaufnahme erfasst. Auch nach früherem Recht war – wie sich aus der Regelung des § 15 Abs. 1 Satz 2 FGG über die in das Ermessen des Gerichts gestellte Beeidigung eindeutig ergab – eine Beeidigung von Zeugen und Sachverständigen zulässig (vgl. Jansen/*von König* § 15 FGG Rn. 51). Es ist nicht ersichtlich, auch aus den Gesetzesmaterialien nicht, dass der Gesetzgeber dies ändern wollte.

54 Ein Zeuge ist nach § 391 ZPO zu beeidigen, wenn das Gericht dies mit Rücksicht auf die Bedeutung der Aussage oder zur Herbeiführung einer wahrheitsgemäßen Aussage für geboten hält. Dabei ist davon auszugehen, dass dem Gericht insoweit ein Ermessen eingeräumt ist (so für den Zivilprozess Zöller/*Greger* § 391 ZPO Rn. 2 f.). Dass die Regelung des § 15 Abs. 1 Satz 2 FGG über die ausdrückliche Hervorhebung des Ermessens des Gerichts nicht in § 30 übernommen worden ist, lässt nicht die Schlussfolgerung zu, dass dem Gericht insoweit in der Praxis bewährte Handlungsspielräume genommen werden sollen oder gar die Beeidigung, von der in der Gerichtspraxis immer weniger Gebrauch gemacht wird, forciert werden soll.

55 Die Regelung in § 391 über den Ausschluss der Beeidigung bei Verzicht der Parteien dürfte im Hinblick auf den im Verfahren der freiwilligen Gerichtsbarkeit geltenden Amtsermittlungsgrundsatz nicht entsprechend anzuwenden sein (ebenso Keidel/*Sternal* § 30 FamFG Rn. 77).

56 Der Zeuge ist grds. **zur Eidesleistung verpflichtet**. Eine Ausnahme ergibt sich bei einem Eidesverbot gem. § 393 ZPO. Ein Zeuge, der zur Verweigerung der Aussage berechtigt ist, darf auch die Eidesleistung verweigern, auch wenn er bereits zur Sache ausgesagt hat (vgl. Zöller/*Greger* § 391 ZPO Rn. 1); die Verweigerung des Eides ist dann aber bei der Würdigung der Aussage zu berücksichtigen und mindert regelmäßig deren Beweiswert. Bei Beeidigung trotz Eidesverbots ist die Aussage als uneidliche zu würdigen; sonst ist von einem evtl. entscheidungserheblichen Verfahrensfehler auszugehen. Bei unberechtigter Eidesverweigerung sind die Sanktionen des § 390 Abs. 1 ZPO anzuwenden (vgl. dazu und zum Rechtsmittel der sofortigen Beschwerde oben Rdn. 49 f.).

57 Auch der **Rechtspfleger** ist in dem ihm übertragenen Wirkungskreis befugt, erforderlichen Zeugenbeweis zu erheben und die dazu notwendigen Anordnungen und Maßnahmen zu treffen (§ 4 Abs. 1 RpflG), etwa auch Ordnungsgeld zu verhängen (Rechtsmittel dagegen: §§ 11 Abs. 1 RpflG, 380 Abs. 3, 390 Abs. 3 ZPO). Er hat jedoch nicht die Befugnis, eine Beeidigung anzuordnen oder einen Eid abzunehmen oder hier relevante Freiheitsentziehungen anzudrohen oder anzuordnen (§ 4 Abs. 2 RpflG). (Ersatz-) Ordnungshaft darf er danach weder androhen noch verhängen; auch zur Anordnung der zwangsweisen Vorführung des Zeugen ist er nicht befugt. Wenn der Rechtspfleger solche Maßnahmen für erforderlich hält, hat er die Sache nach §§ 4 Abs. 3, 28 RPflG dem Richter vorzulegen.

58 Die Entschädigung des Zeugen richtet sich nach §§ 19 ff. JVEG.

59 **3. Beweis durch Sachverständige (entsprechende Anwendung der §§ 402 bis 414 ZPO).** Das **wesentliche Merkmal** des Sachverständigenbeweises besteht darin, dass der Sachverständige dem Gericht die fehlende Sachkunde vermittelt oder zumindest vermitteln soll, um feststehende oder festzustellende Tatsachen bewerten zu können und daraus Schlussfolgerungen zu ziehen.

60 Wer über vergangene Tatsachen oder Zustände berichten soll, für deren Wahrnehmung eine besondere Sachkunde erforderlich war, ist sachverständiger Zeuge; seine Vernehmung unterliegt den Regeln des Zeugenbeweises (§ 414 ZPO), und er hat in vollem Umfang die Stellung eines Zeugen (auch hinsichtlich der Entschädigung nach §§ 19 ff. JVEG). Im Unterschied zum Sachverständigen, der durch eine andere Person mit entsprechender Sachkunde austauschbar ist, ist der sachverständige Zeuge nicht austauschbar (vgl. Musielak/*Huber* § 414 ZPO Rn. 1). Soll der sachverständige Zeuge über seine (aufgrund Sachkunde gemachten) Wahrnehmungen hinaus außerdem gutachterliche Schlüsse ziehen, ist er Zeuge und Sachverständiger zugleich.

61 Zur **Auswahl und Bestellung des Sachverständigen**: Sachverständiger kann jede natürliche Person sein, die nicht Beteiligte des Verfahrens ist. Wer Beteiligter ist und als Zeuge ausscheidet, scheidet auch als Sachverständiger aus. Insoweit gelten entsprechende Grundsätze wie für die Zeugnisfähigkeit. Sachverständiger kann auch eine juristische Person des öffentlichen Rechts oder ein ihr eingegliederter Verwaltungsträger

sein (vgl. § 1 Abs. 2 JVEG), wenn die Erstattung des Gutachtens zum gesetzlichen Aufgabenbereich gehört (BGH NJW 1998, 3355, 3356), z.B. bei Handwerks- und Handelskammern, Gutachterausschüssen nach § 192 BBauG. Von einem zu speziellen Sachverständigenfragen in Auftrag gegebenen Behördengutachten abzugrenzen sind amtliche Auskünfte (entspr. §§ 273 Abs. 2 Nr. 2, 358a Nr. 2 ZPO), die sich auf behördliche Vorgänge beziehen und die Vernehmung von Beamten ersetzen sollen, und die (schlichten) Stellungnahmen von Verwaltungsträgern, die i.R.d. in verschiedenen Bereichen der freiwilligen Gerichtsbarkeit gesetzlich vorgesehenen Anhörungen außerhalb einer förmlichen Beweisaufnahme abgegeben werden (z.B. Stellungnahmen des Jugendamts nach §§ 162, 176, 194 f., der IHK und Handwerkskammern nach § 380, der Landwirtschaftskammer als Berufsvertretung nach § 32 Abs. 2 LwVG). Zur hier dem Jugendamt und den Jugendamtsmitarbeitern zukommenden Stellung vgl. OLG Celle FamRZ 2011, 1532.

Juristische Personen des Privatrechts kommen dagegen nicht als Gutachter in Betracht, wohl aber ein einzelnes Organmitglied oder ein Angestellter, der die Verantwortung für das Gutachten zu übernehmen hat und vom Gericht namentlich mit der Erstellung des Gutachtens zu betrauen ist (vgl. Keidel/*Sternal* § 30 FamFG Rn. 84; Zöller/*Greger* § 402 ZPO Rn. 6). Die konkrete Person, die das Gutachten tatsächlich erstellt hat, kann auch nachträglich noch zum Gutachter bestellt werden (vgl. BayObLG NJW 2003, 216, 219). 62

Für die **Auswahl des Sachverständigen** gilt § 404 ZPO entsprechend; diese steht i.Ü. im pflichtgemäßen Ermessen des Gerichts. Dieses hat i.R.d. § 26 vor der Beauftragung zu ermitteln, ob die in Aussicht genommene Person die notwendige Sachkunde besitzt, was bei öffentlich bestellten Sachverständigen, auf die grds. zurückzugreifen ist (§ 404 Abs. 2 ZPO), bei einer in das Gebiet der Bestellung fallenden Beweisfrage anzunehmen ist (zu den Qualifikationsanforderungen des familienpsychologischen Sachverständigen vgl. *Salzgeber* FPR 2008, 278). Ergibt sich die erforderliche Qualifikation nicht bereits aus dem Gebiet der Bestellung bzw. der geführten Fachbezeichnung, hat das Gericht von Amts wegen zur Sachkunde des in Aussicht genommenen Gutachters weitere Ermittlungen anzustellen (vgl. BGH FamRZ 2011, 637, 638). Gesetzliche Vorgaben hinsichtlich der notwendigen Qualifikation des Sachverständigen, die für einzelne Verfahren gelten, etwa in Betreuungs- (§ 280 Abs. 1 Satz 2) und Unterbringungssachen (§ 321 Abs. 1 Satz 4), sind zu beachten. Zu berücksichtigen sind auch gesetzliche Bestimmungen, die bestimmte Personen als Sachverständige generell oder zumindest im Regelfall ausschließen. So soll etwa bei Unterbringungen mit einer Gesamtdauer von mehr als 4 Jahren vom Gericht kein Sachverständiger bestellt werden, der den Betroffenen bisher behandelt oder begutachtet hat oder in der Einrichtung einer bisherigen Unterbringung tätig ist (§ 329 Abs. 2); bei einer darunter liegenden Dauer der Unterbringung soll dies jedoch unbedenklich sein (so BGH NJW 2011, 520 m. krit. Anm. Lesting RuP 2013, 59). Bei der nach § 9 des ThUG vorgesehenen Begutachtung darf der Arzt, der den Betroffenen bisher behandelt hat, nicht zum Gutachter bestellt werden. Greifen solche gesetzlichen Einschränkungen nicht ein, können auch Personen, die einen Beteiligten bzw. den Betroffenen behandelt oder untersucht haben, durchaus zum Gutachter bestellt werden. Ob dies sachgerecht ist, hat das Gericht i.R.d. ihm zukommenden Ermessens zu entscheiden (vgl. dazu Lesting RuP 2013, 59). 63

Zur Erstattung des Gutachtens sind nur die von § 407 ZPO erfassten Personen verpflichtet (öffentlich bestellte Sachverständige; Personen, die die für die Begutachtung relevante Wissenschaft, Kunst oder das relevante Gewerbe zum Erwerb öffentlich ausüben oder hierzu öffentlich bestellt oder ermächtigt sind; Personen, die sich zur Begutachtung bereit erklärt haben). Diese Personen können die Begutachtung ablehnen, wenn sie als Zeugen ein Zeugnisverweigerungsrecht hätten (§ 408 Abs. 1 ZPO) oder als (ehemalige) öffentliche Bedienstete bei einer Vernehmung als Sachverständige den Grundsätzen der Amtsverschwiegenheit oder ähnlichen Bindungen unterliegen würden (§ 408 Abs. 2, 3 ZPO). Sonstige Personen können einen Gutachtenauftrag auch ohne besonderen Grund ablehnen. 64

Für die Bestellung des Sachverständigen bedarf es nicht zwingend eines förmlichen Beschlusses des Gerichts; die Ernennung des Sachverständigen ist den Beteiligten, wenn ihnen dazu ein entsprechender Beschluss nicht (förmlich) zugestellt wird, zumindest formlos mitzuteilen, damit sie ggf. von ihrem Ablehnungsrecht (§§ 30 Abs. 1 i.V.m. § 406 ZPO) Gebrauch machen können (vgl. BGH FamRZ 2013, 211, 212; 2010, 1726, 1727). 65

Ein **Sachverständiger** kann aus denselben Gründen **abgelehnt** werden, die zur Ablehnung eines Richters berechtigen würden (§ 406 Abs. 1 ZPO), d.h. in den Fällen des § 41 ZPO, in denen der Richter kraft Gesetzes ausgeschlossen ist, und in den Fällen der Besorgnis der Befangenheit (§ 42 ZPO). Inhaltliche Mängel einer gutachterlichen Stellungnahme oder mangelnde Sachkunde des Sachverständigen stellen noch keinen Befangenheitsgrund dar; Mängel des Gutachtens können allenfalls dann Zweifel an der Neutralität des 66

§ 30   Buch 1. Allgemeiner Teil

Sachverständigen rechtfertigen, wenn sie nach Art oder Häufigkeit den Eindruck einer sachwidrigen Voreingenommenheit erwecken (vgl. OLG Brandenburg FamRZ 2015, 68). Hinsichtlich der in Betracht kommenden Ablehnungsgründe kann hier auch die zur ZPO ergangene umfangreiche Rspr. herangezogen werden (vgl. z.B. Musielak/*Huber* § 406 ZPO Rn. 6 ff.; Zöller/*Greger* § 406 ZPO Rn. 8 f.; zum FamFG-Verfahren vgl. *Völker* FPR 2008, 287).

67 Zur Ablehnung befugt ist jeder Verfahrensbeteiligte, ggf. auch ein Geschäftsunfähiger, sofern er in dem betreffenden Verfahren selbst verfahrensfähig ist. Für Form und Anbringung des Antrags gilt § 25; er ist bei dem Gericht anzubringen, das den Sachverständigen ernannt hat. Für Rechtzeitigkeit und Verlust des Ablehnungsrechts gilt § 406 Abs. 2 ZPO entsprechend. Das Gesuch ist danach vor der Vernehmung des Sachverständigen zu stellen, spätestens jedoch binnen 2 Wochen nach Verkündung oder Bekanntgabe des Ernennungsbeschlusses (§ 15 Abs. 1 und 2; ist lediglich eine formlose Mitteilung nach § 15 Abs. 3 erfolgt, kommt es auf den Zeitpunkt des tatsächlichen Zugangs des Beschlusses an).

68 Zu einem späteren Zeitpunkt kommt es für die Zulässigkeit des Gesuchs darauf an, dass der Beteiligte glaubhaft macht, ohne Verschulden an einer früheren Geltendmachung des Ablehnungsgrundes gehindert gewesen zu sein; das Gesuch ist dann unverzüglich nach Kenntnis des Ablehnungsgrundes bei Gericht anzubringen (eine kurze, nach den Umständen des Einzelfalls zu bemessende Überlegungszeit ist dem Beteiligten allerdings zuzubilligen; vgl. dazu BayObLG FamRZ 1995, 425, 426; OLG Celle NJW-RR 1995, 128).

69 Über den Befangenheitsantrag entscheidet das Gericht, das den Sachverständigen bestellt hat, ggf. der entsprechend § 405 ZPO mit der Beweisaufnahme betraute Richter oder auch – in Verfahren, die in die Zuständigkeit des Rechtspflegers fallen – der Rechtspfleger, der den Sachverständigen beauftragt hat. Die Entscheidung erfordert einen gesonderten Beschluss und ist nicht erst in den Gründen der Hauptsacheentscheidung zu treffen (BayObLG RPfleger 1982, 433). Der der Ablehnung stattgebende Beschluss ist entspr. § 406 Abs. 5 ZPO unanfechtbar. Ein evtl. vom abgelehnten Sachverständigen erstelltes Gutachten ist dann unverwertbar; es ist ggf. entspr. § 412 Abs. 2 ZPO die Begutachtung durch einen anderen Sachverständigen anzuordnen. Der abgelehnte Gutachter kann allerdings noch als sachverständiger Zeuge über sachkundig festgestellte Tatsachen vernommen werden (vgl. Musielak/*Huber* § 406 ZPO Rn. 18).

70 Wird der **Ablehnungsantrag zurückgewiesen**, ist gegen den Beschluss des Gerichts entspr. § 406 Abs. 5 ZPO **sofortige Beschwerde** gegeben; im umgekehrten Fall der Stattgabe des Befangenheitsgesuchs ist hingegen kein Rechtsmittel gegeben (vgl. BGH FGPrax 2015, 288). Auch hier richtet sich lediglich die Zulässigkeit des Rechtsmittels nach den in Bezug genommenen Vorschriften der ZPO (für Anwendung der nach § 568 ZPO sich ergebenden Einzelrichterzuständigkeit OLG München FGPrax 2012, 92), ansonsten gelten für das Beschwerdeverfahren die Grundsätze der freiwilligen Gerichtsbarkeit (vgl. bereits oben Rdn. 50). Bei ablehnender Entscheidung des nach § 405 ZPO beauftragten Richters ist befristete Erinnerung entsprechend § 573 ZPO gegeben.

71 Bei **Entscheidungen des Rechtspflegers** gilt § 11 Abs. 1 RPflG bei Zurückweisung des Befangenheitsgesuchs; bei stattgebender Entscheidung dürfte die befristete Erinnerung nach § 11 Abs. 2 Satz 1 RpflG gegeben sein (vgl. Jansen/*von König* § 15 FGG Rn. 69; *Völker* FPR 2008, 287, 293).

72 Auf die **Erhebung des Sachverständigenbeweises und das weitere Verfahren** finden ebenfalls die Vorschriften der ZPO entsprechende Anwendung. Nicht anwendbar sind allerdings – wegen Unvereinbarkeit mit dem nach § 26 geltenden Grundsatz der Amtsermittlung – § 403 ZPO über den Beweisantritt und § 404 Abs. 4 ZPO über die Bindung des Gerichts an Vereinbarungen der Parteien über den zu bestellenden Sachverständigen. Allerdings wird ein solches Einvernehmen der Beteiligten als Anregung für das Gericht von Bedeutung sein.

73 Für die **Beeidigung des Sachverständigen** sind §§ 410, 478 ff. ZPO entsprechend anwendbar.

74 Die **Tätigkeit des Sachverständigen** hat **das Gericht entspr. § 404a ZPO zu leiten**, was im Hinblick auf die beim Sachverständigen vorhandene, beim Gericht typischerweise fehlende Fachkompetenz Grenzen hat. Im Wesentlichen geht es um Vorgaben für Art, Gegenstand und Umfang der Begutachtung und hierzu zu erteilende Weisungen. Das Gericht hat die Anknüpfungstatsachen für das Sachverständigengutachten grds. selbst festzustellen und sie dem Sachverständigen vorzugeben (§ 404a Abs. 3 ZPO). Etwas anderes gilt, wenn bereits für die Feststellung entspr. Anknüpfungstatsachen der beim Sachverständigen vorhandene Sachverstand benötigt wird. Dann kann dies dem Sachverständigen überlassen werden. Eine für die Feststellung der Anknüpfungstatsachen erforderliche Zeugenvernehmung ist nicht dem Sachverständigen zu übertragen, sondern ist vom Gericht – falls dies notwendig oder zumindest hilfreich erscheint, ggf. in Gegenwart *des Sachverständigen* – selbst vorzunehmen. Bei einer Untersuchung bzw. einem Explorations-

gespräch für die Erstellung eines medizinischen oder psychologischen Gutachtens kann auf Verlangen des zu untersuchenden Beteiligten die Anwesenheit einer von diesem mitgebrachten Begleitperson (ohne Äußerungs- und Beteiligungsrecht) zu gestatten sein, die ggf. als Zeuge für Inhalt und Verlauf der Untersuchung in Betracht kommt (vgl. OLG Hamm NJW 2015, 1461, m.w.N.).

Das Gutachten kann – je nach im Ermessen des Gerichts stehender Anordnung – **mündlich zu erstatten oder schriftlich abzufassen** sein (letzteres dürfte zumindest bei schwierigen, komplexen Fragen die Regel sein). Bei schriftlicher Begutachtung kann das Gericht entspr. § 411 Abs. 3 ZPO den Sachverständigen zur **Erläuterung seines Gutachtens** zu einem Termin laden. Einem Begehren eines Beteiligten, den Sachverständigen zum Termin zu laden, um den Sachverständen zu Einwendungen und Fragen des Beteiligten hinsichtlich des schriftlichen Gutachtens anzuhören, wird entspr. §§ 402, 397 ZPO und auch zur Wahrung rechtlichen Gehörs – von erkennbaren, nachweisbaren Fällen des Missbrauchs abgesehen – grundsätzlich nachzukommen sein, auch wenn das Gericht das Gutachten für nicht erläuterungsbedürftig und insgesamt für überzeugend hält (vgl. BVerfG NJW 1998, 2273; BGH NJW 1997, 802; OLG Köln OLGR 2007, 124). Letztlich bestimmt aber das Gericht aufgrund des Amtsermittlungsgrundsatzes (§ 26) nach pflichtgemäßem Ermessen den Umfang der notwendigen Beweisaufnahme; dies gilt auch für den Beweis durch Sachverständigengutachten (vgl. OLG München FamRZ 2015, 689, 691). Unabhängig von solchen Anträgen der Beteiligten hat das Gericht die Erläuterung des Gutachtens von Amts wegen anzuordnen, wenn das Gutachten unvollständig, unklar, interpretationsbedürftig oder nicht überzeugend erscheint, es Widersprüche enthält oder sonstige Gründe vorhanden sind, die eine Befragung und Erläuterung des Sachverständigen gebieten (vgl. Keidel/*Sternal* § 30 FamFG Rn. 95). 75

Die **Einholung eines neuen, weiteren Gutachtens** durch denselben oder einen anderen Sachverständigen steht nach § 412 Abs. 1 ZPO im pflichtgemäßen Ermessen des Gerichts. Die Anordnung einer neuen Begutachtung ist zwingend geboten (insoweit dann Ermessensreduzierung), wenn das vorliegende Gutachten völlig unbrauchbar oder es nicht verwertbar ist (etwa nach erfolgreicher Ablehnung des Sachverständigen, bei unzutreffenden oder nicht zu verwertenden Feststellungen entscheidungsrelevanter Anknüpfungstatsachen). Ansonsten wird die Einholung eines weiteren, neuen Gutachtens regelmäßig erst in Betracht kommen, wenn auch die mündliche Erläuterung oder eine Ergänzung des vorhandenen Gutachtens keine ausreichende Klärung erbracht hat. So ist etwa bei Widersprüchen mehrerer vorliegender Gutachten, insb. auch bei Widersprüchen zwischen einem Gerichtsgutachten und von den Beteiligten vorgelegten Privatgutachten, primär eine Klärung durch mündliche Erläuterung oder schriftliche Ergänzung des gerichtlichen Gutachtens in Betracht zu ziehen (vgl. BGH NJW 1997, 794, 795). Eine Überzeugungsbildung wird hier dem Gericht ohne weitere Klärung regelmäßig nicht möglich sein. Etwas anderes gilt ausnahmsweise, wenn das Gericht selbst die notwendige Sachkunde hat; diese muss dann aber in der Entscheidung dargestellt und in der Auseinandersetzung mit den Widersprüchen der Gutachten erkennbar werden. 76

Bleibt es – trotz Erläuterung und evtl. Gutachtenergänzung – bei Widersprüchen und/oder Zweifeln, ist ein weiteres Gutachten (oder Obergutachten) nicht zwingend, jedenfalls dann nicht, wenn das vorliegende Gerichtsgutachten keine erkennbaren Mängel aufweist und für seine Richtigkeit Gründe vorhanden sind (vgl. KG FGPrax 2008, 200; Keidel/*Sternal* § 30 FamFG Rn. 100). 77

Die Aufklärungspflicht des Gerichts (§ 26) gebietet allerdings ein weiteres Gutachten dann, wenn sich Zweifel an der Sachkunde des Gerichtsgutachters ergeben haben, nicht aufzulösende interne Widersprüche des Gutachtens zu entscheidungsrelevanten Punkten vorliegen oder ein neuer Sachverständiger über neue Erkenntnisse oder Forschungsmittel verfügt, die denen des bisherigen Gerichtsgutachters überlegen erscheinen (vgl. BGH NJW 1999, 1778, 1779). 78

Nach § 411a ZPO, der über die Verweisung des § 30 Abs. 1 auch im FamFG entspr. gilt, kann die Einholung eines Sachverständigengutachtens von vornherein entfallen bei einer **Verwertung eines gerichtlich oder staatsanwaltschaftlich eingeholten Gutachtens aus einem anderen Verfahren**. Dieses Gutachten wird nicht – was auch vor Einführung des § 411a ZPO möglich war – urkundenbeweislich, sondern als Sachverständigengutachten verwertet. Über diese Verwertung hat das Gericht ebenfalls nach pflichtgemäßem Ermessen nach Gewährung rechtlichen Gehörs für die Beteiligten zu entscheiden (vgl. dazu BGH FamRZ 2012, 293, 295). Eine Verwertung kann nur in Betracht kommen und eine neue Begutachtung entbehrlich machen, wenn das Beweisthema des bereits vorliegenden Gutachtens die Beweisfragen im aktuellen Verfahren abdeckt; allerdings kommen auch eine (nur teilweise) Verwertung des vorhandenen Gutachtens und eine ergänzende neue Begutachtung in Betracht (vgl. Musielak/*Huber* § 411a ZPO Rn. 9). Das verwertete Sachverständigengutachten ist wie ein im Verfahren eingeholtes zu behandeln, d.h. die dargestellten Rege- 79 lungen über die Anhörung des Sachverständigen und die diesbezüglichen Rechte der Beteiligten sind anwendbar, auch die Regelungen über die Ablehnung des Gutachters wegen Befangenheit (Zöller/*Greger* § 411a ZPO Rn. 4)

80 **4. Beweis durch Urkunden (entsprechende Anwendung der §§ 415 bis 444 ZPO).** Urkunden (für die die **Verkörperung einer Gedankenerklärung durch Schriftzeichen** kennzeichnend ist; vgl. zum Urkundenbegriff BGHZ 65, 300, 301) sind nicht nur im Bereich des Freibeweises eine wichtige Erkenntnisquelle; Beweis durch Urkunden kommt auch im Rahmen förmlicher Beweisaufnahme in Betracht. Die Vorschriften über Urkunden in §§ 415 ff. ZPO sind – unter Berücksichtigung der Besonderheiten des Verfahrens der freiwilligen Gerichtsbarkeit, insb. des Amtsermittlungsgrundsatzes – entspr. anzuwenden.

81 Die **Beweiskraft öffentlicher Urkunden** richtet sich nach §§ 415, 417–419 ZPO, die **Echtheit** nach §§ 437, 438 ZPO. Bei Zweifeln an der Echtheit oder der inhaltlichen Richtigkeit der Urkunde ist nach § 26 Aufklärung von Amts wegen geboten (BayObLG NJW-RR 2000, 456, 457). Von einer inhaltlichen Unrichtigkeit der öffentlichen Urkunde kann nur bei einem entsprechenden vollen Beweis ausgegangen werden; verbleibende Zweifel reichen nicht aus (BayObLG NJW-RR 2000, 456, 457). Der öffentlichen Urkunde gleichgestellt wird der mit einem Beglaubigungsvermerk versehene Ausdruck eines öffentlichen **elektronischen Dokuments** nach §§ 416a, 371a Abs. 3 ZPO.

82 Für die **Beweiskraft von Privaturkunden** sind §§ 416, 419 ZPO entspr. anzuwenden. Die in § 440 Abs. 2 enthaltene Vermutung der Echtheit von Privaturkunden findet als mit der Amtsermittlung unvereinbare Vorschrift keine Anwendung; es gilt insoweit freie Beweiswürdigung (BayObLG FGPrax 2002, 111).

83 Die Vorschriften der ZPO über das **Beweisverfahren**, die durch den im Zivilprozess geltenden Beibringungsgrundsatz geprägt sind und dem Amtsermittlungsgrundsatz des § 26 nicht hinreichend Rechnung tragen, sind in Verfahren der freiwilligen Gerichtsbarkeit nicht oder nur eingeschränkt anwendbar. Dies gilt insb. für die §§ 420 ff. ZPO über den Beweisantritt und die Folgen einer Verletzung einer Vorlagepflicht.

84 Unabhängig von Beweisanträgen der Beteiligten wird **Urkundenbeweis** vom Gericht **von Amts wegen** i.R.d. Ermittlungspflicht aus § 26 erhoben.

85 Die **Anordnung der Vorlage einer Urkunde** kommt zwar auch im förmlichen Beweisverfahren der freiwilligen Gerichtsbarkeit in Betracht. § 427 ZPO ist jedoch unanwendbar; die Nichterfüllung der Vorlageanordnung ist frei zu würdigen (vgl. Keidel/*Sternal* § 30 FamFG Rn. 109). Fraglich ist, ob eine Vorlageanordnung des Gerichts ggf. im Wege der Vollstreckung nach § 35 erzwungen werden kann. Nach früherem Recht ist – entsprechend der Rechtslage im Zivilprozess – eine Vollstreckbarkeit der Anordnung sowohl ggü. den Beteiligten als auch ggü. Dritten grds. verneint worden (vgl. Jansen/*von König* § 15 FGG Rn. 78); eine Ausnahme kam in Betracht, wenn für Teilbereiche – wie etwa für die Ablieferung von Testamenten (vgl. §§ 83 Abs. 1, 33 FGG) – das Gesetz eine spezielle Regelung über die Herausgabepflicht und deren Vollstreckung enthielt (vgl. BayObLG FamRZ 1988, 658). Die Vorschriften der ZPO, die nach Abs. 1 entsprechend anzuwenden sind, sehen eine Erzwingung der Vorlage ggü. einer Partei nicht vor; ggü. einem Dritten ist die Herausgabeanordnung durch Ordnungsgeld oder Ordnungshaft dagegen erzwingbar, wenn das Gericht die Vorlage nach § 142 Abs. 1 ZPO angeordnet hat (vgl. Thomas/Putzo/*Reichold* § 142 ZPO Rn. 4, 5; § 427 ZPO Rn. 2). Da § 35 allgemein eine Vollstreckung gerichtlicher Zwischenentscheidungen zulässt, dürfte einiges dafür sprechen, eine Vollstreckung nunmehr auch hinsichtlich einer Vorlageanordnung zuzulassen.

86 §§ 439, 440 ZPO sind mit dem Amtsermittlungsgrundsatz unvereinbar; an ihrer Stelle gilt freie Beweiswürdigung (BayObLG FGPrax 2002, 111; *Bumiller*/Harders/Schwamb § 30 FamFG Rn. 27; Keidel/*Sternal* § 30 FamFG Rn. 109).

87 **5. Beweis durch Beteiligtenvernehmung (entsprechende Anwendung der §§ 445 bis 455 ZPO).** Personen, die Beteiligte des Verfahrens sind, können nicht als Zeuge, sondern nur in entsprechender Anwendung der Vorschriften über die Parteivernehmung vernommen werden. Bereits nach altem Recht ging die h.M. von der Zulässigkeit einer solchen **förmlichen Beteiligtenvernehmung** aus (vgl. BayObLGZ 1961, 132, 139; OLG Schleswig FamRZ 2001, 938, 939; KKW/*Schmidt* § 15 FGG Rn. 56). Die frühere Gegenmeinung (BGHSt 5, 111, 114; 10, 272 betr. Zulässigkeit der Beeidigung Beteiligter; Jansen/*von König* § 15 FGG Rn. 80), die maßgebend auf das Fehlen der Parteivernehmung in der Aufzählung des § 15 Abs. 1 FGG abstellte, kann jedenfalls nach Abkehr von der enumerativen Aufzählung der förmlichen Beweismittel und der nunmehr in § 30 Abs. 1 enthaltenen generellen, uneingeschränkten Bezugnahme auf die entsprechend anzuwendenden Vorschriften der ZPO nicht mehr überzeugen und ist überholt.

Die förmliche Vernehmung eines Beteiligten, die von der **schlichten Anhörung des Beteiligten** zu unterscheiden ist, wird von Amts wegen in entsprechender Anwendung des § 448 ZPO angeordnet. Die Regelungen über die Parteivernehmung auf Antrag, die auf den im Zivilprozess geltenden Grundsatz der formellen Beweisführungslast ausgerichtet sind, sind nicht anwendbar (Keidel/*Sternal* § 30 FamFG Rn. 115). 88

Auf Beteiligtenvernehmung ist – wie bei der Parteivernehmung im Zivilprozess – nur **subsidiär zurückzugreifen**, wenn andere Beweismittel nicht mehr zur Verfügung stehen (a.A. Haußleiter/*Gomille* § 30 FamFG Rn. 67 – keine Subsidiarität). Über eine Beteiligtenvernehmung entscheidet das Gericht i.R.d. Amtsaufklärung nach pflichtgemäßem Ermessen; einer Anfangswahrscheinlichkeit für die zu beweisende Tatsache – die im Zivilprozess erforderlich ist – bedarf es nicht (Haußleiter/*Gomille* § 30 FamFG Rn. 67; a.A. Keidel/*Sternal* § 30 FamFG Rn. 115). 89

Die förmliche Beteiligtenvernehmung kommt auch **hinsichtlich mehrerer Beteiligter** in Betracht; so können in echten Streitverfahren auch beide Beteiligten vernommen werden (entspr. § 448 ZPO). 90

Nach § 455 Abs. 1 ZPO ist bei **juristischen Personen**, bei **geschäftsunfähigen oder beschränkt geschäftsfähigen Personen** der **gesetzliche Vertreter** zu vernehmen; auch § 455 Abs. 2 ZPO ist anwendbar. 91

Die förmliche Beweisaufnahme entsprechend den Vorschriften der ZPO schließt auch die **Beeidigung des vernommenen Beteiligten** entspr. §§ 452, 478 ff. ZPO ein, was nach altem Recht, das in § 15 FGG die Parteivernehmung nicht erwähnte, streitig war (für Zulässigkeit BayObLGZ 1991, 10, 14; KKW/*Schmidt* § 15 FGG Rn. 58; dagegen BGHSt 10, 272; BayObLGZ 1979, 326, 332). Eine Beeidigung kommt aber entspr. § 452 Abs. 1 Satz 1 ZPO nur in Betracht, wenn das Ergebnis der unbeeidigten Aussage eines Beteiligten nicht ausreicht, um das Gericht von der Wahrheit oder Unwahrheit der zu beweisenden Tatsache zu überzeugen. 92

Die förmliche Beteiligtenvernehmung kann auch der (in der Sache funktionell zuständige) Rechtspfleger anordnen und vornehmen; zur Abnahme eines Eides ist er jedoch nicht befugt, ggf. muss er die Sache dem Richter vorlegen (vgl. §§ 4 Abs. 2 Nr. 1, Abs. 3, 28 RPflG). 93

6. Amtliche Auskunft (entspr. §§ 273 Abs. 2 Nr. 2, 358a Nr. 2 ZPO). Die amtliche Auskunft (§§ 273 Abs. 2 Nr. 2, 358a Nr. 2 ZPO) stellt im Zivilprozess ein zulässiges, eigenständiges Beweismittel dar (vgl. BGH NJW 1964, 107), das auch im förmlichen Beweisverfahren anwendbar und den dafür geltenden Regelungen unterworfen ist (vgl. BLAH/*Hartmann* Übers § 373 ZPO Rn. 32; Musielak/*Stadler* § 358a ZPO Rn. 9). Sie kommt dann auch bei einer förmlichen Beweisaufnahme nach § 30 Abs. 1 in Betracht (vgl. Keidel/*Sternal* § 30 FamFG Rn. 120). Sie kann insb. anstelle einer Zeugenvernehmung in Betracht kommen und sich auch auf Sachverständigenfragen beziehen (insoweit also die Einholung eines Sachverständigengutachtens ersetzen; vgl. BGHZ 89, 114, 119). Von der Zeugenvernehmungen unterscheidet sich die amtliche Auskunft dadurch, dass bei dieser die behördliche Auskunftsperson austauschbar ist (vgl. Musielak/*Stadler* § 358a ZPO Rn. 9). 94

E. Möglichkeit der Stellungnahme der Beteiligten zum Ergebnis einer förmlichen Beweisaufnahme (Abs. 4). Nach Abs. 4 ist das Gericht verpflichtet, den Beteiligten **Gelegenheit zur Stellungnahme** zum Ergebnis einer förmlichen Beweisaufnahme zu geben. Der Zweck dieser Regelung entspricht in den wesentlichen Grundlagen dem der im Zivilprozess geltenden Vorschrift des § 279 Abs. 3 ZPO, wonach das Gericht nach der Beweisaufnahme erneut den Sach- und Streitstand und, soweit bereits möglich, das Ergebnis der Beweisaufnahme mit den Parteien zu erörtern hat. Abs. 4 tritt hier an die Stelle dieser Vorschrift. Die Erörterung des Beweisergebnisses erfolgt im Zivilprozess im Beweisaufnahme- und Verhandlungstermin. Abs. 4 lässt demgegenüber dem Gericht einen weitergehenden Spielraum in der Verfahrensgestaltung. Es ist hier nicht unbedingt erforderlich, den Beteiligten die Möglichkeit zur Stellungnahme im Rahmen eines (gesondert angesetzten) Termins zur mündlichen Verhandlung zu geben. Es reicht vielmehr aus, wenn den Beteiligten binnen einer angemessenen Frist **Gelegenheit zu einer schriftlichen Stellungnahme zum Beweisergebnis** gegeben wird. Dabei wird das Gericht – wie bei § 279 Abs. 3 ZPO – auch erkennbar zu machen haben, zu welchem Ergebnis der Beweiswürdigung es tendiert. 95

Die Einräumung einer Möglichkeit zur Stellungnahme zum Beweisergebnis wird regelmäßig bereits zur Gewährleistung des rechtlichen Gehörs der Beteiligten erforderlich sein. Auch für die Mitwirkung der Beteiligten (§ 27) an einer evtl. notwendigen weiteren Ermittlung des Sachverhalts ist die Einräumung einer Möglichkeit zur Stellungnahme zum bisherigen Beweisergebnis sachgerecht und geboten. 96

Nach § 37 Abs. 2 darf das Gericht seine Entscheidung nur auf Tatsachen und Beweisergebnisse stützen, zu denen sich die Beteiligten vorher äußern konnten. 97

§ 31 Glaubhaftmachung.

(1) Wer eine tatsächliche Behauptung glaubhaft zu machen hat, kann sich aller Beweismittel bedienen, auch zur Versicherung an Eides statt zugelassen werden.
(2) Eine Beweisaufnahme, die nicht sofort erfolgen kann, ist unstatthaft.

Übersicht

	Rdn.		Rdn.
A. Allgemeines	1	D. Mittel der Glaubhaftmachung	13
B. Anwendungsbereich	3	E. Ausschluss nicht präsenter Beweismittel	16
C. Beweismaß für die Glaubhaftmachung	9		

1 **A. Allgemeines.** § 31 geht über die engere Fassung des § 15 Abs. 2 FGG hinaus und übernimmt **inhalts- und wortgleich die Regelung aus § 294 ZPO**, was zur **Harmonisierung der Verfahrensordnungen** beiträgt. Bei der Glaubhaftmachung ist die Beweisführung erleichtert; statt des vollen Beweises zur Überzeugung des Gerichts reicht ein **bestimmtes Maß an Wahrscheinlichkeit** aus. Für die Glaubhaftmachung ist weiterhin kennzeichnend, dass sie einem Beteiligten obliegt und es dessen Sache ist, die Beweismittel beizubringen (keine Beweiserhebung von Amts wegen).

2 Der Beteiligte kann sich nach § 31 Abs. 1 für die Glaubhaftmachung grds. aller Mittel des Beweises bedienen. Allerdings ist er dabei – in Abweichung von der früher geltenden Rechtslage – auf **präsente Beweismittel** beschränkt, wie sich aus Abs. 2 ergibt. Der Gesetzgeber ist dabei davon ausgegangen, dass die Beschränkung auf präsente Beweismittel dem beweispflichtigen Beteiligten keine unzumutbaren Lasten auferlegt. Die damit verbundene Obliegenheit des Beteiligten zur Herbeischaffung von Beweismitteln wird als Ausdruck der Mitwirkungspflicht gesehen, die dem Beteiligten in Verfahren der freiwilligen Gerichtsbarkeit auferlegt ist (vgl. § 27 Abs. 1). Weiterhin wird in der Gesetzesbegründung darauf verwiesen, dass die Beschränkung auf präsente Beweismittel der Verfahrensbeschleunigung in Eil- und Zwischenverfahren diene, was auch dem beweispflichtigen Beteiligten zugutekomme (vgl. BT-Drucks. 16/6308, 190).

3 **B. Anwendungsbereich.** § 31 ist anwendbar, wenn das Gesetz in Verfahren des FamFG eine Beweisführung durch Glaubhaftmachung verlangt oder genügen lässt. § 31 **gilt allerdings nicht in Ehesachen und Familienstreitsachen** nach § 113 Abs. 1; hier ist die ZPO und damit § 294 ZPO anwendbar.
Nur in den **gesetzlich vorgesehenen Fällen der Beweisführung durch Glaubhaftmachung** reicht diese zum Nachweis von Tatsachen aus.
Glaubhaftmachung sieht das Gesetz in bestimmten Zwischenverfahren vor, wie etwa im Verfahren über die Richterablehnung (§ 6 Abs. 1 i.V.m. § 44 Abs. 2 ZPO) und im Wiedereinsetzungsverfahren (vgl. § 18 Abs. 3 Satz 1).

4 Ein weiterer Anwendungsbereich liegt bei Eilverfahren, wie der einstweiligen Anordnung nach §§ 49, 51 Abs. 1 Satz 2. Auch im materiellen Recht finden sich Regelungen, die die Glaubhaftmachung vorsehen, z.B. §§ 1953 Abs. 3, 2010, 2228, 2384 Abs. 2 BGB, § 13 Abs. 3 Satz 1 HöfeO.

5 **Gegenstand der Glaubhaftmachung** sind zu beweisende **Tatsachen**. Auf eine Glaubhaftmachung kann es nach allgemeinen Grundsätzen nur bei entscheidungserheblichen Tatsachen ankommen. Für Glaubhaftmachung ist auch nur Raum, wenn die betreffenden Tatsachen nicht bereits anderweitig feststehen.

6 Wenn Glaubhaftmachung zugelassen ist, sind die hierfür geltenden Grundsätze auch auf eine **Gegenbeweisführung bzw. Widerlegung** der glaubhaft zu machenden Tatsachen und auf Tatsachen anzuwenden, die eine **entgegenstehende Rechtsposition** ausfüllen.

7 Nach altem Recht war streitig, ob **über die im Gesetz selbst vorgesehenen Anwendungsbereiche hinaus** Raum vorhanden gewesen ist, die Regelung über die Glaubhaftmachung heranzuziehen (für Heranziehung dieser Regeln nach pflichtgemäßem Ermessen des Gerichts z.B. KKW/*Schmidt* § 15 FGG Rn. 68).

8 Jedenfalls nach der Neufassung und der damit verbundenen grundlegenden Überprüfung dieses Regelungsbereichs durch den Gesetzgeber ist davon auszugehen, dass das Gericht sich nur noch in den gesetzlichen zugelassenen Fällen mit der Glaubhaftmachung begnügen darf (ansonsten ist voller Beweis erforderlich; ebenso die ganz h.M. für den wortgleichen § 294 ZPO, vgl. Musielak/*Huber* § 294 ZPO Rn. 2; gegen Analogie im entschiedenen Fall BGH VersR 1973, 186, 187; *van Els* FamRZ 2012, 496, 497; a.A. Keidel/*Sternal* § 31 FamFG Rn. 6).

C. Beweismaß für die Glaubhaftmachung. Die Glaubhaftmachung ist gesetzlich nicht definiert, auch ihr Beweismaß ist gesetzlich nicht festgelegt. Ist Glaubhaftmachung zugelassen, ergibt sich daraus nicht nur eine **Freiheit hinsichtlich der Beweismittel**, sondern es ist auch ein **geringeres Beweismaß** ausreichend, das hinter dem Vollbeweis zurückbleibt. Der Begriff der Glaubhaftmachung hat in den Prozessordnungen, insb. im Zivilprozessrecht und in der freiwilligen Gerichtsbarkeit, einen hinreichend geklärten, bestimmten Bedeutungsinhalt. Danach ist für die Glaubhaftmachung – in Abweichung vom Regelbeweismaß der vollen Überzeugung – eine **erhebliche, überwiegende Wahrscheinlichkeit** für die glaubhaft zu machende Tatsache ausreichend, aber auch erforderlich (BGH NJW-RR 2007, 776, 777; NJW 1998, 1870; KG Rpfleger 2013, 619; *Prütting*/Helms § 31 FamFG Rn. 12; Musielak/*Huber* § 294 ZPO Rn. 3; vgl. auch Zöller/*Greger* § 294 ZPO Rn. 6, der nicht stets eine überwiegende Wahrscheinlichkeit genügen lässt, sondern vom Richter verlangt, dass dieser ein den konkreten Umständen und der Bedeutung der Entscheidung angepasstes Beweismaß anwendet). 9

Verminderte Anforderungen gelten auch für die **Beweisführung durch Indizien**. Es genügt für die Glaubhaftmachung, wenn die Indiztatsachen eine Schlussfolgerung auf die Haupttatsache zulassen und diese überwiegend wahrscheinlich ist, ohne dass dadurch bereits alle anderen Möglichkeiten praktisch ausgeschlossen sein müssen (BGH NJW 1998, 1870). 10

Das Gericht hat in **freier Beweiswürdigung** zu beurteilen, ob das danach erforderliche Beweismaß erreicht wird. Es hat dabei alle Umstände, insb. auch die von anderen Beteiligten beigebrachten Beweismittel, zu berücksichtigen und in die Würdigung einzubeziehen. 11

Das Ergebnis der Würdigung unterliegt der Begründungspflicht des Gerichts. 12

D. Mittel der Glaubhaftmachung. Für die Glaubhaftmachung (wie auch zu ihrer Entkräftung) können die Beteiligten grds. alle **möglichen, denkbaren Mittel** einsetzen, soweit die Art und Weise der Beweisgewinnung und -führung nicht gegen verfassungsrechtliche Vorgaben (z.B. das zu beachtende Persönlichkeitsrecht von Beteiligten und anderer Personen) oder sonstige gesetzliche Regelungen verstößt. Eine weitere Schranke ergibt sich aus Abs. 2, wonach nur **präsente Beweismittel** zugelassen sind. 13

Als Mittel der Glaubhaftmachung kommen alle üblichen Beweismittel, insb. präsente förmliche Beweismittel nach §§ 30 Abs. 1, 371 ff. ZPO, auch die der Parteivernehmung gleichstehende Vernehmung eines anwesenden anderen Beteiligten, die eidesstattliche Versicherung des Beteiligten sowie die eidesstattliche Versicherung dritter Personen und die Bezugnahme auf andere, dem Gericht vorliegende Akten in Betracht. Weiterhin können hierfür z.B. andere schriftliche Erklärungen von Personen, Privatgutachten, Lichtbilder, unbeglaubigte Kopien von Urkunden, eine anwaltliche Versicherung sowie von Beteiligten beigebrachte Erklärungen und Stellungnahmen von Behörden herangezogen werden. 14

Für die **Beweiskraft einer eidesstattlichen Versicherung** ist von Bedeutung, dass diese sich nicht lediglich auf eine Bezugnahme auf einen anwaltlichen Schriftsatz beschränkt (was regelmäßig nicht ausreicht), sondern eine selbständige Sachdarstellung zu den relevanten Tatsachen enthält (vgl. dazu BGH NJW 1988, 2045/2046; NJW 1996, 1682). Auch dürfte einer eidesstattlichen Versicherung eine ins Gewicht fallende Beweiskraft regelmäßig nur zukommen, wenn sie sich auf eigene Wahrnehmungen desjenigen bezieht, der sie abgegeben hat. 15

E. Ausschluss nicht präsenter Beweismittel. Aus Abs. 2, der eine Beweisaufnahme für unstatthaft erklärt, die nicht sofort erfolgen kann, ergibt sich eine **Beschränkung auf präsente Beweismittel**. 16

Die zur Glaubhaftmachung eingesetzten Beweismittel müssen bei einem **gerichtlichen Termin** von den Beteiligten herbeigeschafft werden; d.h. eidesstattliche Versicherungen, Behördenauskünfte und sonstige Urkunden sind mitzubringen und vorzulegen (oder bereits vorher zur Akte zu reichen). Zeugen und Sachverständige müssen von den Beteiligten grds. zum Termin sistiert werden; auch der Amtsermittlungsgrundsatz ändert daran nichts (vgl. OLG Bremen NJW-RR 2011, 1511, 1512; *Bruns* FamRZ 2012, 1024, 1025). Eine Vertagung eines Termins zur Ermöglichung der Glaubhaftmachung ist grundsätzlich unzulässig. Eine Ausnahme (kurzfristige Vertagung) kommt in Betracht, wenn das Gericht die Notwendigkeit hierfür selbst geschaffen hat, z.B. angekündigte sistierte Zeugen aufgrund fehlender Vorausschau des Gerichts nicht mehr vernommen werden können (vgl. *van Els* FamRZ 2012, 496, 497, der sich jedenfalls in Familiensachen für eine insgesamt behutsame, eher restriktive Anwendung des § 31 Abs. 2 ausspricht). 17

Bei der **Glaubhaftmachung im Rahmen eines schriftlichen Verfahrens** müssen die entsprechenden Beweismittel im Zeitpunkt der gerichtlichen Entscheidung dem Gericht zur Verfügung stehen, d.h. regelmäßig zu den Akten gereicht sein. 18

19 Nicht geregelt ist, welche **Rechtsfolgen** ein **Verstoß gegen die aus Abs. 2 folgende Beschränkung** hat. Wenn ein Beweismittel entgegen der Regelung des Abs. 2 in das Verfahren eingeführt worden ist, kann das Beweismittel nicht einfach übergangen werden. Vielmehr ist – wie dies etwa für den Zivilprozess in der Rspr. entschieden worden ist (BGH FamRZ 1989, 373) – das Beweismittel gleichwohl zu berücksichtigen. Wenn der Zweck des Abs. 2, Verfahrensverzögerungen zu vermeiden, bereits verfehlt worden ist, ist es nicht geboten, die gewonnenen Beweismittel bei der Wahrheitsfindung unverwertet zu lassen (BGH FamRZ 1989, 373; *van Els* FamRZ 2012, 496, 498). Ein aus Abs. 2 folgender Verfahrensverstoß bleibt danach meist sanktionslos. Bei einem »sehenden Auges« zugelassenen Verstoß seitens des Gerichts wird sich allerdings die Frage einer Befangenheit des Richters stellen.

§ 32 Termin.

(1) ¹Das Gericht kann die Sache mit den Beteiligten in einem Termin erörtern. ²Die §§ 219, 227 Abs. 1, 2 und 4 der Zivilprozessordnung gelten entsprechend.
(2) Zwischen der Ladung und dem Termin soll eine angemessene Frist liegen.
(3) In geeigneten Fällen soll das Gericht die Sache mit den Beteiligten im Wege der Bild- und Tonübertragung in entsprechender Anwendung des § 128a der Zivilprozessordnung erörtern.

Übersicht

	Rdn.		Rdn.
A. Allgemeines	1	III. Gestaltung und Ablauf des Erörterungstermins	13
B. Entscheidung des Gerichts für einen Erörterungstermin	5	IV. Funktion des Erörterungstermins im Entscheidungsprozess des Gerichts	17
C. Anberaumung und Durchführung des Erörterungstermins	8	D. Erörterungstermin unter Einsatz von Bild- und Tonübertragung	18
I. Terminsanberaumung und Ladung	8		
II. Terminsort und Terminsänderung	10		

1 A. Allgemeines. Das FamFG regelt – wie das FGG – das allgemeine Verfahren in Sachen der freiwilligen Gerichtsbarkeit nur in den wesentlichen Grundzügen und lässt dem Gericht einen relativ weiten Gestaltungsspielraum. Der für den Zivilprozess geltende Mündlichkeitsgrundsatz, wonach i.d.R. auf der Grundlage einer mündlichen Verhandlung mit den Parteien zu entscheiden ist, findet in Verfahren der freiwilligen Gerichtsbarkeit keine Anwendung. Einer mündlichen Verhandlung bedarf es hier grds. nicht; die Entscheidung beruht hier nicht, zumindest nicht allein auf dem Streitstoff, der Gegenstand einer mündlichen Verhandlung gewesen ist. In den einzelnen Sachbereichen der freiwilligen Gerichtsbarkeit finden sich aber vielfach weitere **spezielle Regelungen mit bindenden Vorgaben zur Verfahrensgestaltung**, insb. auch zur Notwendigkeit einer mündlichen Verhandlung. Danach ist teilweise eine mündliche Verhandlung zwingend vorgeschrieben (z.B. in § 155 Abs. 2, 365 Abs. 1, § 15 Abs. 1 und 4 LwVG) oder als Sollregelung vorgesehen (z.B. in §§ 175 Abs. 1, 207, 221 Abs. 1, 390 Abs. 1), teilweise hängt sie von dem Antrag eines Beteiligten ab (vgl. z.B. § 405, § 15 Abs. 1 LwVG). Diese **speziellen Regelungen** haben **Vorrang** vor den allgemeinen Verfahrensregelungen und den für die erste Instanz geltenden Vorschriften.
§ 32 ist insgesamt **nicht anwendbar in Ehesachen und Familienstreitsachen** nach § 113 Abs. 1; für diese Verfahren gilt die ZPO.
Greifen für die betreffende Art von Verfahren keine speziellen Regelungen ein, liegt die Anberaumung und Durchführung einer mündlichen Verhandlung bzw. Erörterung mit den Beteiligten im Ermessen des Gerichts (**Grundsatz der fakultativen mündlichen Verhandlung**). Dies ist in § 32 Abs. 1 Satz 1 geregelt.

2 Wenn sich das Gericht für eine mündliche Erörterung entschließt, sind die zivilprozessualen Regelungen über den **Terminsort** (§ 219 ZPO) und **Terminsänderungen** (§ 227 Abs. 1, 2 und 4 ZPO) entsprechend anwendbar (Abs. 1 Satz 2). Eine **bestimmte Ladungsfrist** ist nicht vorgesehen; der Gesetzgeber belässt es bei der allgemeinen Bestimmung, dass zwischen Ladung und Termin eine angemessene Frist liegen soll (Abs. 2).

3 Die durch das Zivilprozessreformgesetz eingeführte Möglichkeit, im Einverständnis der Parteien mündliche Verhandlungen und Beweisaufnahmen im Wege der **Videokonferenz** durchzuführen, wird auch für Verfahren der freiwilligen Gerichtsbarkeit eröffnet (Abs. 3).

4 Weitere Vorgaben für den Erörterungstermin enthält § 32 nicht. Dem Gericht wird auch hinsichtlich der *Gestaltung des Termins* ein erheblicher Spielraum eingeräumt.

B. Entscheidung des Gerichts für einen Erörterungstermin. Die Verfahren der freiwilligen Gerichtsbarkeit sind grds. – wenn abweichende spezielle Regelungen nicht bestehen (vielfach gibt es solche) – **schriftliche Verfahren** und erfordern keine mündliche Verhandlung. Aus Abs. 1 Satz 1 folgt, dass das Gericht jedoch – vorbehaltlich der unter A. (Rdn. 1) bereits angesprochenen Sonderregelungen – in jedem Verfahren und auch in jedem Verfahrensstadium einer – unter (noch) anhängigen Sache einen Erörterungstermin anberaumen und durchführen kann. Die Entscheidung über die Durchführung einer Verhandlung steht **im pflichtgemäßen Ermessen des Gerichts**. Dies gilt auch für einen weiteren, wiederholten Erörterungstermin.

Eine mündliche Erörterung muss nach Einschätzung des Gerichts **geboten**, zumindest aber **sachdienlich** erscheinen. Das Ermessen des Gerichts ist eingeschränkt, wenn vor ihm eine **förmliche Beweisaufnahme** entsprechend den Vorschriften der ZPO durchgeführt wird (§ 30); diese hat entsprechend § 370 Abs. 1 ZPO in einem Termin stattzufinden, der zugleich der Erörterung der Sache mit den Beteiligten dient. In solchen Fällen ist danach ein Erörterungstermin zwingend erforderlich (vgl. RegE BT-Drucks. 16/6308, 191). Wenn für bestimmte Verfahrensarten vorgesehen ist, dass ein Erörterungstermin stattfinden soll, wird sich das Gericht ebenfalls daran zu halten haben; eine Abweichung wird nur bei schwerwiegenden Gründen zu rechtfertigen sein.

Zwischen dem Verhandlungstermin im Zivilprozess und dem Erörterungstermin in Verfahren des FamFG bestehen **strukturelle Unterschiede** (zum alten Recht vgl. Jansen/*Briesemeister* § 12 FGG Rn. 85). Es geht nicht – wie im Verhandlungstermin des Zivilprozesses – erst um die Schaffung der Entscheidungsgrundlagen (diese können bereits aufgrund des schriftlichen Verfahrens ganz oder teilweise vorhanden sein), sondern um eine zielgerichtete Erörterung der Sache, die das Gericht mit den Parteien unternimmt und die der Herausarbeitung der Streitpunkte, der weiteren Aufklärung des Sachverhalts, der Beseitigung von Unklarheiten im Vorbringen der Beteiligten dient und die schließlich auch – etwa in Antragsverfahren – auf die Herbeiführung einer einvernehmlichen, gütlichen Regelung der Sache gerichtet sein kann (zum Zweck des Termins vgl. auch Prütting/Helms/*Abramenko* § 32 FamFG Rn. 9).

C. Anberaumung und Durchführung des Erörterungstermins. I. Terminsanberaumung und Ladung. Zu einem anberaumten Erörterungstermin sind die Beteiligten (dazu § 7) zu laden. Die **Ladungen** sind von Amts wegen den Beteiligten nach § 15 Abs. 1, 2 bekannt zu geben. Bei Vertretung durch einen Bevollmächtigten ist die Ladung diesem ggü. bekannt zu geben, etwa durch Zustellung nach § 172 Abs. 1 ZPO. Eine Ladung des Beteiligten persönlich ist dann nur bei Anordnung des persönlichen Erscheinens nach §§ 33, 34 erforderlich. Ohne eine solche Anordnung des persönlichen Erscheinens sind Beteiligte nicht zum Erscheinen im Termin verpflichtet. Das Nichterscheinen eines (ordnungsgemäß) geladenen, nicht oder nicht hinreichend entschuldigten Beteiligten hindert die Durchführung des Termins nicht (vgl. OLG Frankfurt NJW 2014, 1393, 1994; FamRZ 2013, 316)

Bestimmte **Einlassungs- oder Ladungsfristen** sind nicht einzuhalten. Nach Abs. 2 muss aber eine **angemessene Frist zwischen Ladung und Termin** liegen. Die Angemessenheit der Frist wird unter Berücksichtigung der konkreten Umstände des jeweiligen Falles zu beurteilen sein. Dabei wird insb. auch die Eilbedürftigkeit des durchzuführenden Termins zu berücksichtigen sein (zur Bemessung der Ladungsfrist in Gewaltschutzsachen vgl. OLG Frankfurt FamRZ 2013, 316, 317). Die in § 217 ZPO genannte, im Zivilprozess geltende Ladungsfrist (mindestens eine Woche in Anwaltsprozessen, in sonstigen Prozessen mindestens 3 Tage) könnte als Orientierungsmaßstab für den jedenfalls zu wahrenden Mindestzeitraum einer angemessenen Frist dienen. Eine Unterschreitung dieser Fristen dürfte wohl nur in Verfahren mit besonderer Eilbedürftigkeit in Betracht kommen. Wird ein Beteiligter ersichtlich nicht rechtzeitig oder sonst nicht ordnungsgemäß zum Termin geladen oder hat er etwa infolge Krankheit keine ausreichende Möglichkeit der Wahrnehmung des Termins und deswegen Terminsverlegung beantragt, begründet ein gleichwohl durchgeführter Termin eine Verletzung rechtlichen Gehörs des Beteiligten und damit einen wesentlichen Verfahrensmangel (vgl. OLG Frankfurt FamRZ 2013, 1831).

II. Terminsort und Terminsänderung. Hinsichtlich des **Terminsorts** ist nach Abs. 1 Satz 2 § 219 ZPO entsprechend anzuwenden. Danach hat der Erörterungstermin grds. an der Gerichtsstelle stattzufinden. Ausnahmen kommen nach § 219 ZPO bei einer mit dem Erörterungstermin verbundenen Augenscheinseinnahme an Ort und Stelle, bei Verhandlung mit einer am Erscheinen vor Gericht verhinderten Person oder ansonsten bei einer erforderlichen Handlung in Betracht, die an der Gerichtsstelle nicht vorgenommen werden kann. Eine solche Ausnahme kann sich insb. in Betreuungs- und Unterbringungssachen ergeben, wenn etwa ein Beteiligter aufgrund seiner körperlichen oder geistigen Verfassung nicht am Gerichtsort erscheinen kann oder wenn es geboten erscheint, einen Erörterungstermin in der üblichen (häuslichen) Umgebung eines Betroffenen durchzuführen.

11 Wegen evtl. **Terminsänderungen** wird § 227 Abs. 1, 2 und 4 ZPO für entsprechend anwendbar erklärt. Eine Terminsänderung kommt danach nur **bei erheblichen Gründen** in Betracht (§ 227 Abs. 1 ZPO), die auf Verlangen des Gerichts bzw. des Vorsitzenden glaubhaft zu machen sind (§ 227 Abs. 2 ZPO). Über eine Aufhebung oder Verlegung des Termins entscheidet der Vorsitzende ohne mündliche Verhandlung und über eine Vertagung eines Termins das Gericht. Die Entscheidung ist kurz zu begründen, sie ist in beiden Fällen unanfechtbar (§ 227 Abs. 4 ZPO).

12 Nicht für entsprechend anwendbar erklärt wird **§ 227 Abs. 3 ZPO**, der – als Ausgleich für die Abschaffung der früheren Gerichtsferien – eine erleichterte Verlegung von Terminen im Zeitraum vom 1. Juli bis 31. August vorsieht. Diese Regelung soll – in Fortführung der bisherigen Rechtslage – im Bereich der freiwilligen Gerichtsbarkeit keine Anwendung finden (vgl. BT-Drucks. 16/6308, 191).

13 **III. Gestaltung und Ablauf des Erörterungstermins.** Für die **inhaltliche Gestaltung und den Ablauf des Erörterungstermins** enthält das Gesetz keine Vorgaben; insoweit ist dem Gericht ein weitgehender Gestaltungsspielraum eingeräumt. Der Erörterungstermin wird vielfach (aber nicht notwendigerweise) mit einer Beweisaufnahme (ggf. nach § 30) und/oder einer persönlichen Anhörung von Beteiligten nach §§ 33, 34 verbunden sein. Der Termin zur (umfassenden) Erörterung der Sache unter Einbeziehung aller Beteiligten ist jedoch von der persönlichen Anhörung eines Beteiligten zu unterscheiden (dazu OLG Frankfurt FamRZ 2012, 571). Der Termin findet vor dem Gericht in voller Besetzung statt (BayObLG NJW-RR 1988, 1151, 1152).

Zum **Vermerk über den Erörterungstermin** vgl. § 28 Abs. 4 (dort Rdn. 28 ff.).

Die Vorschriften des GVG gelten hinsichtlich der **Nichtöffentlichkeit** bzw. **Öffentlichkeit** der Verhandlung (§ 170 GVG), hinsichtlich der **Sitzungspolizei** (§§ 176 ff. GVG), der **Gerichtssprache** und der **Hinzuziehung eines Dolmetschers** (§§ 184 ff. GVG).

14 Das Gericht wird über eine mögliche **Herstellung der Öffentlichkeit** zu entscheiden haben. § 170 Abs. 1 Satz 1 GVG ordnet nunmehr (in teilweiser Erweiterung der bisher geltenden Nichtöffentlichkeit) generell an, dass Verhandlungen, Erörterungen und Anhörungen in Familiensachen sowie in Angelegenheiten der freiwilligen Gerichtsbarkeit **nicht öffentlich** sind. In Betreuungs- und Unterbringungssachen soll lediglich auf Verlangen des Betroffenen einer Vertrauensperson die Anwesenheit gestattet sein. Der Grundsatz der Nichtöffentlichkeit ist einsichtig und sachgerecht, soweit dies dem Schutz von Beteiligten in Familien-, Betreuungs- und Unterbringungssachen dient. Die Regelung gilt jedoch auch in allen anderen Sachen der freiwilligen Gerichtsbarkeit, auch in den echten Streitsachen, in denen es um zivilrechtliche Ansprüche geht, sich die Beteiligten wie in einem Zivilprozess gegenüberstehen und in denen nach bisheriger Rspr. öffentlich zu verhandeln war (vgl. etwa BGHZ 124, 204). Die gesetzliche Neuregelung überzeugt insoweit nicht.

15 Das Gericht kann aber nach § 170 Abs. 1 Satz 2 GVG die **Öffentlichkeit zulassen**, allerdings nicht gegen den Willen eines Beteiligten. Das Rechtsbeschwerdegericht kann die Öffentlichkeit zulassen, wenn nicht das Interesse eines Beteiligten an der nicht öffentlichen Erörterung überwiegt (§ 170 Abs. 2 GVG). Nach den dem Gesetzentwurf der Bundesregierung zugrunde liegenden Vorstellungen soll das Gericht im Einzelfall entscheiden, ob das Interesse der Beteiligten am Schutz ihrer Privatsphäre, dem der grundsätzliche Ausschluss der Öffentlichkeit in der Verhandlung dient, oder der sich aus dem Rechtsstaatsprinzip ergebende Grundsatz der Öffentlichkeit der Verhandlung in dem konkreten Verfahren überwiegt (vgl. BT-Drucks. 16/6308, 320). Diese Entscheidung hat das Gericht nach pflichtgemäßem Ermessen zu treffen; dieses ist jedoch bei den Instanzgerichten insoweit beschränkt, als die Herstellung der Öffentlichkeit stets zu unterbleiben hat, wenn ein Beteiligter der Zulassung der Öffentlichkeit widerspricht. Diese Regelung in § 170 Abs. 1 GVG soll – nach den in der Gesetzesbegründung geäußerten Vorstellungen – auch mit Art. 6 Abs. 1 EMRK vereinbar sein (dies erscheint zweifelhaft; kritisch auch MüKoZPO/*Ulrici* Vor §§ 23 ff. FamFG Rn. 29). Die Gerichte werden § 170 GVG, soweit diese Regelung dazu Raum lässt, konventionsgemäß auszulegen haben.

16 Ein **Verstoß** gegen den Grundsatz der Öffentlichkeit, aber auch eine fehlerhafte Herstellung der Öffentlichkeit kann mit der (zugelassenen) Rechtsbeschwerde gerügt werden. Die Verletzung der Vorschriften über die Öffentlichkeit des Verfahrens stellt nach § 547 Nr. 5 ZPO einen absoluten Revisionsgrund dar (gilt auch bei fehlerhafter Zulassung der Öffentlichkeit, vgl. Musielak/*Ball* 547 ZPO Rn. 12; anders für § 32 FamFG Prütting/Helms/*Abramenko* § 32 FamFG Rn. 36); bei der Rechtsbeschwerde ist nach § 72 Abs. 3 die genannte Regelung des § 547 ZPO entsprechend anwendbar (vgl. § 72 Rdn. 30). Die Rüge der Verletzung des § 170 GVG wird danach jedenfalls dann durchgreifen, wenn die angefochtene Entscheidung ihre Grundlage

nicht allein im (schriftlichen) Akteninhalt, sondern auch in den Ergebnissen der unter Verstoß gegen § 170 GVG durchgeführten Verhandlung findet.

IV. Funktion des Erörterungstermins im Entscheidungsprozess des Gerichts. Der Termin dient der Erörterung der Sache mit den Beteiligten zu den unter Rdn. 7 dargestellten Zwecken. Er trägt damit zur **Sachverhaltsfeststellung** und **Schaffung der Entscheidungsgrundlage** bei, die Verhandlung bzw. Erörterung ist jedoch – anders als im Zivilprozess mit dem dort geltenden Mündlichkeitsprinzip – **nicht alleinige Entscheidungsgrundlage**. Dies gilt auch für die Verfahren, in denen ein obligatorischer Erörterungstermin oder ein Erörterungstermin als Regelfall vorgesehen ist. Vielmehr ist neben dem Vorbringen der Beteiligten im Erörterungstermin und dessen sonstigen Ergebnissen Entscheidungsgrundlage der gesamte Akteninhalt, also der gesamte Stoff des durchgeführten Verfahrens (vgl. BayObLG NJW-RR 1990, 1420, 1421; Keidel/*Meyer-Holz* § 32 FamFG Rn. 7 f.). Entscheidungsgrundlage kann mithin auch etwas sein, was (noch) nicht Gegenstand des Erörterungstermins gewesen ist, was aber zu den Akten gelangt ist, z.B. später noch eingereichte Schriftsätze (dazu muss dann allerdings rechtliches Gehör gewährt werden). Daraus ergibt sich weiterhin, dass an der Entscheidung andere Richter mitwirken können als die am Erörterungstermin beteiligten; § 309 ZPO ist nicht entsprechend anzuwenden (BayObLG FGPrax 2003, 25). Vgl. hierzu auch § 37 Rdn. 4 ff. 17

D. Erörterungstermin unter Einsatz von Bild- und Tonübertragung. Für den Erörterungstermin sind nach Abs. 3 die Vorschriften über die Bild- und Tonübertragung aus § 128a ZPO entsprechend anwendbar. Die Durchführung eines entsprechenden **Erörterungstermins unter Einsatz von Videotechnik** setzt voraus, dass entsprechende technische Einrichtungen bei Gericht und dem Ort, von wo aus andere Teilnehmer des Erörterungstermins zugeschaltet werden sollen, zur Verfügung stehen. Die zugeschaltete Person muss die Möglichkeit haben, die gesamte Verhandlung wahrzunehmen (die anderen Beteiligten sehen und hören können) und selbst in unmittelbare Kommunikation mit den anderen Teilnehmern des Termins zu treten. Zu den sonstigen Voraussetzungen einer unter Kontrolle des Gerichts stehenden Bild- und Tonübertragung vgl. Zöller/*Greger* § 128a ZPO Rn. 4. 18

Einen Anspruch darauf, dass seitens des Gerichts solche Einrichtungen, die dies ermöglichen, zur Verfügung gestellt werden, haben die Beteiligten nicht. 19

Entsprechend § 128a Abs. 1 ZPO bedarf es für den Einsatz der Videotechnik eines **Antrags** eines Beteiligten oder – was nunmehr auch möglich ist – einer **Gestattung des Einsatzes von Amts wegen** durch das Gericht. Ein Einverständnis aller Parteien bzw. aller Beteiligten ist nach der ab 01.11.2013 geltenden Neufassung des § 128a Abs. 1 ZPO nicht mehr erforderlich. 20

Ob der Einsatz der Bild- und Tonübertragung und die Teilnahme von Beteiligten, Verfahrensbevollmächtigten oder Beiständen am Erörterungstermin von einem anderen Ort aus zugelassen werden, steht **im pflichtgemäß auszuübenden Ermessen des Gerichts**. Die Zulassung der Videoübertragung könnte in Einzelfällen sachgerecht sein, wenn die Anreise zum Gerichtsort wegen einer großen Entfernung für Beteiligte und ihre Vertreter unzumutbar bzw. unverhältnismäßig erscheint oder wenn – etwa in Familiensachen – das unmittelbare Aufeinandertreffen von Beteiligten im Gerichtssaal oder die Konfrontation des Beteiligten mit einem Zeugen verhindert werden soll. Vor der insoweit vom Gericht zu treffenden Entscheidung über den Einsatz der Technik ist den Beteiligten nach allgemeinen Grundsätzen rechtliches Gehör zu gewähren. 21

Die **Entscheidung des Gerichts** über die Zulassung der Bild- und Tonübertragung ist sowohl bei Zulassung der Videotechnik als auch bei Ablehnung **nicht anfechtbar** (§ 128a Abs. 3 Satz 2 ZPO). 22

Die Regelung in Abs. 3 betrifft nur den Videoeinsatz bei einem Erörterungstermin. Soweit es um eine Beweisaufnahme geht, die teilweise unter Einsatz von Bild- und Tonübertragung an einem anderen Ort vorgenommen werden soll, kommt eine **entsprechende Anwendung des § 128a Abs. 2 ZPO** in Betracht; bei der förmlichen Beweisaufnahme nach § 30 Abs. 1 dürfte die in dieser Vorschrift enthaltene Bezugnahme auf die ZPO auch § 128a Abs. 2 ZPO erfassen (vgl. Erwägungen des Rechtsausschusses BT-Drucks. 16/9733, 354). Für den Einsatz der Bild- und Tonübertragung bei der Beweisaufnahme bedarf es des **Antrags eines Beteiligten**. 23

§ 33 Persönliches Erscheinen der Beteiligten.
(1) ¹Das Gericht kann das persönliche Erscheinen eines Beteiligten zu einem Termin anordnen und ihn anhören, wenn dies zur Aufklärung des Sachverhalts sachdienlich erscheint. ²Sind in einem Verfahren mehrere Beteiligte persönlich anzuhören, hat die Anhörung eines Beteiligten in Abwesenheit der anderen Beteiligten statt-

zufinden, falls dies zum Schutz des anzuhörenden Beteiligten oder aus anderen Gründen erforderlich ist.
(2) ¹Der verfahrensfähige Beteiligte ist selbst zu laden, auch wenn er einen Bevollmächtigten hat; dieser ist von der Ladung zu benachrichtigen. ²Das Gericht soll die Zustellung der Ladung anordnen, wenn das Erscheinen eines Beteiligten ungewiss ist.
(3) ¹Bleibt der ordnungsgemäß geladene Beteiligte unentschuldigt im Termin aus, kann gegen ihn durch Beschluss ein Ordnungsgeld verhängt werden. ²Die Festsetzung des Ordnungsgeldes kann wiederholt werden. ³Im Fall des wiederholten, unentschuldigten Ausbleibens kann die Vorführung des Beteiligten angeordnet werden. ⁴Erfolgt eine genügende Entschuldigung nachträglich und macht der Beteiligte glaubhaft, dass ihn an der Verspätung der Entschuldigung kein Verschulden trifft, werden die nach den Sätzen 1 bis 3 getroffenen Anordnungen aufgehoben. ⁵Der Beschluss, durch den ein Ordnungsmittel verhängt wird, ist mit der sofortigen Beschwerde in entsprechender Anwendung der §§ 567 bis 572 der Zivilprozessordnung anfechtbar.
(4) Der Beteiligte ist auf die Folgen seines Ausbleibens in der Ladung hinzuweisen.

Übersicht	Rdn.		Rdn.
A. Allgemeines	1	II. Ladung der Beteiligten zum Anhörungstermin (Abs. 2 und 4)	9
B. Anordnung des persönlichen Erscheinens eines Beteiligten zur Aufklärung des Sachverhalts	7	III. Verhängung von Ordnungsgeld und Vorführung bei unentschuldigtem Nichterscheinen	15
I. Voraussetzungen der Anordnung (Abs. 1 Satz 1)	7	C. Durchführung der Anhörung	25

1 **A. Allgemeines.** Die Anhörung von Beteiligten hat zwei Funktionen, die zu trennen sind und gesonderter Betrachtung bedürfen: Die Anhörung kann zur **Aufklärung des Sachverhalts** dienen und i.R.d. Ermittlungen des Gerichts von Amts wegen nach § 26 geboten sein. Sie kann jedoch auch dazu dienen, im Interesse des Beteiligten diesem **rechtliches Gehör zu gewähren**. Es gab auch bereits im alten Recht viele Einzelregelungen, die – aus unterschiedlichen Erwägungen und wenig systematisch – für einzelne Sachbereiche die Anhörung von Beteiligten vorsahen (vgl. z.B. §§ 159 Abs. 1, 278 Abs. 1, 319 Abs. 1 sowie §§ 50b, 68 Abs. 1 FGG). Eine allgemeine gesetzliche Regelung zur Anhörung der Beteiligten, auf die bei fehlenden speziellen Regelungen zurückzugreifen ist, fehlte jedoch im FGG. § 33 und § 34 enthalten nunmehr eine solche allgemeine gesetzliche Regelung. Nach der Konzeption des Gesetzes (vgl. dazu BT-Drucks. 16/6308, 191 f., 407) betrifft § 33 die persönliche Anhörung eines Beteiligten zur Aufklärung des Sachverhalts; für diesen Zweck kann das Erscheinen angeordnet und mit Ordnungsmitteln erzwungen werden. Demgegenüber regelt § 34 die Anhörung eines Beteiligten zur Gewährung rechtlichen Gehörs; bei einem unentschuldigten Ausbleiben des Beteiligten im anberaumten Anhörungstermin kann das Verfahren ohne seine Anhörung, d.h. auch ohne Berücksichtigung von Erklärungen des Beteiligten zur Sache, beendet werden.
§ 33 **gilt grds. für alle Verfahren nach § 1, nicht jedoch für Ehesachen und Familienstreitsachen**, auf welche die ZPO anwendbar ist (vgl. § 113 Abs. 1).

2 § 33 Abs. 1 Satz 1 stellt klar, dass zur Aufklärung des Sachverhalts das persönliche Erscheinen eines Beteiligten zu einem Termin angeordnet und der Beteiligte angehört werden kann.

3 Abs. 1 Satz 2 sieht vor, dass bei mehreren anzuhörenden Beteiligten die Anhörung in Abwesenheit des anderen Beteiligten durchgeführt werden kann, wenn dies dem Gericht aus konkreten Gründen erforderlich erscheint.

4 Abs. 2 regelt die Ladung des Beteiligten zum Anhörungstermin.

5 Abs. 3 sieht die Möglichkeit der Verhängung von Ordnungsgeld gegen einen ordnungsgemäß geladenen, aber nicht erschienenen Beteiligten vor und trifft die damit zusammenhängenden Regelungen.

6 Abs. 4 regelt die Belehrung des Beteiligten hinsichtlich der Rechtsfolgen seines unentschuldigten Ausbleibens.

7 **B. Anordnung des persönlichen Erscheinens eines Beteiligten zur Aufklärung des Sachverhalts. I. Voraussetzungen der Anordnung (Abs. 1 Satz 1).** Abs. 1 gibt dem Gericht die Befugnis, das persönliche Erscheinen eines Beteiligten anzuordnen und ihn zur Sache anzuhören, wenn dies zur **Aufklärung des Sachverhalts** sachdienlich ist bzw. aus Sicht des Gerichts sachdienlich erscheint. Diese Regelung ist im

Zusammenhang zu sehen mit der nach § 27 bestehenden Verpflichtung der Beteiligten, bei der Ermittlung des Sachverhalts mitzuwirken (vgl. dazu § 27 Rdn. 5 ff.). Sie greift als Auffangtatbestand ein, wenn die Anhörung des Beteiligten und dessen Ladung für den betreffenden Sachbereich der freiwilligen Gerichtsbarkeit nicht spezialgesetzlich geregelt sind, und tritt zurück, soweit letzteres der Fall ist (vgl. BT-Drucks. 16/6308, 191).

Bei der Prüfung der Voraussetzungen der Anordnung, nämlich der Frage, ob die persönliche Anhörung von Beteiligten zur Aufklärung des Sachverhalts sachdienlich ist, wird dem Gericht ein erheblicher (in der Rechtsmittelinstanz grds. überprüfbarer) weiter **Beurteilungs- und Ermessensspielraum** einzuräumen sein. Die Amtsermittlungspflicht (§ 26) kann jedoch eine entsprechende Anordnung des persönlichen Erscheinens des Beteiligten erfordern. Eine **Aufklärung tatsächlicher Umstände**, auf die sich die persönliche Anhörung beziehen soll, ist allerdings nur geboten, wenn diese Umstände nach vorzunehmender Rechtsprüfung des Gerichts **entscheidungserheblich** sind. Die persönliche Anhörung kann dann – statt einer möglichen Einholung einer schriftlichen Äußerung des Beteiligten – etwa notwendig sein, wenn eine schriftliche Äußerung bereits eingeholt worden ist und keine oder keine hinreichende Klärung gebracht hat oder wenn ein solches Vorgehen nach den Umständen von vornherein nicht geeignet erscheint. Für die persönliche Anhörung zur Sachverhaltsaufklärung ist allerdings keine zwingende, alternativlose Notwendigkeit erforderlich. Sie muss lediglich sachdienlich sein, d.h. sich zumindest als eine geeignete und zweckentsprechende Maßnahme zur Sachverhaltsaufklärung darstellen. Dies wird bei einer persönlichen Anhörung im Regelfall anzunehmen sein, da die persönliche unmittelbare Kommunikation mit der Möglichkeit der Nachfrage und des Vorhalts erfahrungsgemäß am ehesten und schnellsten zur Klärung eines Sachverhalts geeignet ist und nicht selten eine Beweisaufnahme überflüssig macht. Die Anordnung des persönlichen Erscheinens unter Androhung von Ordnungsmitteln (Abs. 4) muss unter Berücksichtigung ihres Zwecks **verhältnismäßig** sein.

Die Anordnung des persönlichen Erscheinens kann notwendig sein und dazu dienen, um durch Anhörung oder jedenfalls Anwesenheit Grundlagen für eine Begutachtung des Beteiligten zu schaffen (um z.B. eine psychologische oder psychiatrische Begutachtung in einem Sorgerechtsverfahren zu ermöglichen, vgl. BGH NJW 2010, 1351, 1353 ff.). Die erzwingbare und in solchen Fällen meist auch verhältnismäßige Anordnung beschränkt sich dabei auf das Erscheinen des Beteiligten; zu Angaben kann der Beteiligte nicht gezwungen werden (BGH NJW 2010, 1351, 1354; vgl. auch Rdn. 26).

II. Ladung der Beteiligten zum Anhörungstermin (Abs. 2 und 4). Die Regelung über die Ladung zum Anhörungstermin in Abs. 2 Satz 1 entspricht im Wesentlichen der in der ZPO geltenden Regelung des § 141 Abs. 2 ZPO. Danach ist der **verfahrensfähige (§ 9) Beteiligte** – auch wenn er einen Verfahrensbevollmächtigten hat – selbst (persönlich) zum Termin der Anhörung von Amts wegen zu laden. Der Verfahrensbevollmächtigte ist hiervon lediglich zu benachrichtigen, was formlos geschehen kann. Dies ist allerdings zur Gewährung effektiven Rechtsschutzes des Beteiligten auch notwendig, ansonsten ist die Anhörung verfahrensfehlerhaft, was eine erneute bzw. wiederholte Anhörung – ggf. durch das Beschwerdegericht – erforderlich macht (vgl. BGH NJW 2012, 317, 318 f.). Die Ladung des Beteiligten im Hinblick auf das angeordnete persönliche Erscheinen ist abzugrenzen von der Ladung zu einem anberaumten (Erörterungs-) Termin, die dem bestellten Verfahrensbevollmächtigten nach § 15 Abs. 1, 2 bekannt zu geben ist.

Die **Ladung** an den Beteiligten selbst ist diesem **nach § 15 bekannt zu geben**. Bei der Wahl der Bekanntgabeform wird hier dem Gericht vom Gesetzgeber vorgegeben (Abs. 2 Satz 2), dass die förmliche Zustellung der Ladung anzuordnen ist, wenn das Erscheinen des betreffenden Beteiligten nach den konkreten Umständen ungewiss erscheint.

Auch bei **nicht verfahrensfähigen Beteiligten**, etwa einem nach § 9 nicht verfahrensfähigen minderjährigen Kind, kann im Einzelfall eine Anhörung in Betracht kommen. Für ein geschäftsunfähiges oder minderjähriges Kind hat nach § 9 Abs. 2 der gesetzliche Vertreter zu handeln. Dieser wird anzuhören und zur Anhörung zu laden sein. Im Einzelfall könnte allerdings auch eine Anhörung des nicht verfahrensfähigen Beteiligten persönlich erwägenswert sein, etwa des nicht verfahrensfähigen Kindes, wenn der Beteiligte sich zu äußern in der Lage ist, eine Anhörung zumutbar erscheint und von ihm verwertbare Angaben zur Aufklärung des entscheidungsrelevanten Sachverhalts erwartet werden können (die schlichte Anhörung ist abzugrenzen von der bei förmlicher Beweisaufnahme vorhandenen Problematik einer Zeugen- oder Parteivernehmung; vgl. dazu § 30 Rdn. 43 ff., 87 ff.). Auch in diesem Fall dürfte die Ladung zu einem Termin an den gesetzlichen Vertreter zu richten sein (allerdings mit der Angabe, dass ausnahmsweise der Vertretene erscheinen soll).

12 Bei **juristischen Personen** kommt nur eine Anhörung ihrer Organe als gesetzliche Vertreter in Betracht. Diese sind dann auch zum Anhörungstermin persönlich zu laden.

13 In der Ladung ist der Beteiligte auf die **Folgen eines unentschuldigten Ausbleibens hinzuweisen** (Abs. 4). Der Beteiligte ist danach über die Möglichkeit der (auch wiederholbaren) Verhängung eines Ordnungsgeldes und der Vorführung im Fall eines unentschuldigten Fernbleibens zu belehren. Auch dürfte es bei komplexen Sachverhalten geboten, zumindest aber zweckmäßig sein, für den Beteiligten den Gegenstand der geplanten Anhörung näher einzugrenzen.

14 Abweichend von § 141 Abs. 3 ZPO ist in § 33 nicht vorgesehen, dass der Beteiligte, dessen Erscheinen angeordnet worden ist, sich durch einen **informierten Vertreter** vertreten lassen kann. Dass der Gesetzgeber hierauf bewusst verzichtet hat, liegt nahe, findet allerdings in den Gesetzesmaterialien keine weitere Stütze. Für eine analoge Anwendung des § 141 Abs. 3 ZPO dürften keine ausreichenden Grundlagen vorhanden sein. Zumindest bei den familien-, betreuungsgerichtlichen und sonstigen den persönlichen Bereich des Beteiligten betreffenden Materien der fG-Verfahren dürfte eine Vertretung des Beteiligten bei der persönlichen Anhörung nicht sachgerecht und abzulehnen sein.

Die Anordnung des persönlichen Erscheinens eines Beteiligten ist **mit Rechtsbehelfen nicht anfechtbar**; erst bei zwangsweiser Durchsetzung mit Ordnungsmitteln ist die sofortige Beschwerde gegeben (vgl. unten Rdn. 24).

15 **III. Verhängung von Ordnungsgeld und Vorführung bei unentschuldigtem Nichterscheinen.** Nach Abs. 3 Sätze 1 bis 3 hat das Gericht die Befugnis, gegen einen ausgebliebenen Beteiligten Ordnungsgeld zu verhängen und im Fall des wiederholten Ausbleibens die Vorführung anzuordnen.

16 Eine **Ordnungsgeldfestsetzung** setzt voraus, dass ein Fall der Anordnung des persönlichen Erscheinens nach § 33 Abs. 1 vorgelegen hat, d.h. dass der angesetzte Termin für eine Anhörung des Beteiligten zur Aufklärung des Sachverhalts vorgesehen war. Zumindest muss die Sachverhaltsaufklärung ein wesentliches Ziel der geplanten Anhörung gewesen sein. Dass sie daneben **auch** der Gewährung rechtlichen Gehörs hätte dienen können, dürfte die Verhängung eines Ordnungsgeldes nicht infrage stellen. Sollte hingegen die persönliche Anhörung allein der Gewährung rechtlichen Gehörs dienen oder lag allein ein Fall des § 34 Abs. 1 Nr. 2 vor, dann kann das Nichterscheinen des Beteiligten nicht durch Ordnungsgeld sanktioniert werden. Es greift dann vielmehr die für ein unentschuldigtes Nichterscheinen in § 34 Abs. 3 vorgesehene Rechtsfolge ein.

17 Weiterhin ist erforderlich, dass der Beteiligte persönlich **zum Termin ordnungsgemäß geladen** worden ist, was anhand der Akten zu überprüfen ist (auf einen Zustellungsnachweis kommt es nur bei nach Abs. 2 Satz 2 angeordneter Zustellung an). Das Erscheinen zum Termin muss dem Beteiligten unter Berücksichtigung des Zeitpunkts seiner Ladung möglich und auch zumutbar gewesen sein.

18 Der Beteiligte muss **zum Termin nicht erschienen** sein, d.h. er muss für eine Anhörung im Termin nicht zur Verfügung gestanden haben. Ein Nichterscheinen ist danach auch anzunehmen, wenn der Beteiligte zwar zunächst gekommen ist, sich dann jedoch vor seiner Anhörung entfernt hat oder eine Anhörung wegen seines (z.B. betrunkenen) Zustandes nicht möglich war.

19 Weiterhin muss das Nichterscheinen des Beteiligten zum angesetzten Termin **unentschuldigt** sein. Letzteres ist der Fall, wenn für das Ausbleiben des Beteiligten im Termin keine Entschuldigung vorliegt, eine vorgebrachte Entschuldigung nicht ausreichend ist oder eine noch eingegangene Entschuldigung nicht rechtzeitig erfolgt ist. Es kommt allein auf das persönliche Verschulden des Beteiligten an; ein evtl. Verschulden seines Verfahrensbevollmächtigten ist hier irrelevant.

20 Bei Vorliegen der genannten Voraussetzungen steht es im **Ermessen des Gerichts**, ob es von der **Möglichkeit der Verhängung eines Ordnungsgeldes Gebrauch macht** (Ordnungsgeldrahmen: 5 bis 1.000 €, vgl. Art. 6 Abs. 1 Satz 1 EGStGB). Da es – ähnlich wie bei der Anordnung des persönlichen Erscheinens im Zivilprozess – bei der Ordnungsgeldverhängung nicht darum geht, eine vermeintliche Missachtung des Gerichts zu ahnden, sondern eine Behinderung der Sachverhaltsaufklärung zu sanktionieren und diese letztlich zu fördern, wird eine Ordnungsgeldverhängung nicht in Betracht kommen, wenn in dem Termin Sachverhaltsfragen nicht offengeblieben sind und das Gericht zu einer die Instanz beendenden Entscheidung gekommen ist (vgl. BGH NJW-RR 2007, 1364, 1365; OLG Hamm FamRZ 2012, 150, 151).

21 Eine Verhängung von **Ordnungshaft** ist nicht vorgesehen, auch nicht ersatzweise bei nicht zu realisierender Zahlung des Ordnungsgeldes.

Bei **erneutem unentschuldigtem Nichterscheinen** des Beteiligten kann Ordnungsgeld wiederholt verhängt 22
werden. Bei wiederholtem Nichterscheinen kann vom Gericht auch die zwangsweise Vorführung des Beteiligten angeordnet werden.

Abs. 3 Satz 4 gibt dem Beteiligten die Möglichkeit, auch noch nach Erlass eines Ordnungsgeldbeschlusses 23
eine genügende **Entschuldigung** für sein Nichterscheinen **nachzuliefern.** Er muss dann jedoch glaubhaft machen, dass ihn an der Verspätung der Entschuldigung kein Verschulden trifft. Wird dies glaubhaft gemacht und auch eine ausreichende Entschuldigung nachgeholt, sind die gegen den Beteiligten verhängten Maßnahmen aufzuheben.

Entscheidungen über die Verhängung von Ordnungsmitteln, die in der Form des Beschlusses ergehen, sind 24
– wie dies auch bei anderen Zwischen- und Nebenentscheidungen des FamFG vorgesehen ist – mit der **sofortigen Beschwerde** in entsprechender Anwendung der §§ 567 bis 572 der ZPO anfechtbar (zu den hierfür maßgebenden Erwägungen vgl. RegE BT-Drucks. 16/6308, 192, 177 – Begr. zu § 6 Abs. 2). Dies bedeutet, dass für dieses Rechtsmittel die Frist aus § 569 Abs. 1 ZPO von lediglich 2 Wochen für die Einlegung und auch die Regelung über die Zuständigkeit des originären Einzelrichters gelten. Die entsprechende Anwendung der §§ 567 ff. ZPO ändert allerdings nichts daran, dass es sich i.Ü. um ein Rechtsmittelverfahren des FamFG handelt (vgl. auch § 30 Rdn. 50).

Nach dem Gesetzeswortlaut in Abs. 3 Satz 5 ist nicht ersichtlich, dass auch die Anordnung der Vorführung anfechtbar ist. Jedoch wird auch hier schon wegen des darin liegenden schwerwiegenden Grundrechtseingriffs das Rechtsmittel der Beschwerde zuzulassen sein, und zwar auch noch nach Durchführung der Vorführung mit dem Antrag auf Feststellung der Rechtswidrigkeit der Anordnung (so zutreffend Prütting/Helms/*Abramenko* § 33 FamFG Rn. 42).

C. Durchführung der Anhörung. Das vom Gericht angeordnete persönliche Erscheinen dient der Anhö- 25
rung des Beteiligten zur Aufklärung des Sachverhalts. Es handelt sich dabei nicht um eine Beweisaufnahme. Wie im Zivilprozess ist auch die Anhörung einer Partei bzw. eines Beteiligten zur Aufklärung des Sachverhalts in Verfahren des FamFG von der förmlichen Beweisaufnahme durch Partei-/Beteiligtenvernehmung zu unterscheiden.

Mit Detailvorgaben zur Durchführung einer solchen Parteianhörung hat der Gesetzgeber sich zurückge- 26
halten. Das Gericht hat deshalb einen **erheblichen Gestaltungsspielraum**. Die Anhörung wird regelmäßig in der **umfassenden Befragung des Beteiligten zum entscheidungsrelevanten Sachverhalt** bestehen. Sie wird maßgebend durch die aus § 26 folgende Amtsermittlungspflicht des Gerichts bestimmt (vgl. BGH FGPrax 2010, 261, 262; BGH NJW 2012, 317, 319).

Fraglich ist, inwieweit der Beteiligte dabei zu Angaben verpflichtet ist und hierzu ggf. gezwungen werden kann. Im Zivilprozess kann das Gericht nach § 141 ZPO nur das persönliche Erscheinen anordnen und erzwingen, die Partei ist dagegen nicht verpflichtet, sich zu erklären (vgl. Musielak/*Stadler* § 141 ZPO Rn. 10). Im Gegensatz dazu besteht zwar nach § 27 Abs. 1 eine grundsätzliche Rechtspflicht der Beteiligten, an der Ermittlung des Sachverhalts mitzuwirken. Wie oben zu § 27 dargestellt (§ 27 Rdn. 6 ff., 19), besteht die Mitwirkungspflicht des Beteiligten jedoch nur in den Grenzen des Zumutbaren. Eine **Erzwingung von Angaben des Beteiligten** durch Zwangsmittel nach § 35 erscheint problematisch und scheidet danach aus (i.E. ebenso BGH NJW 2010, 1351, 1354).

Die Anhörung kann und wird regelmäßig im Rahmen eines **Erörterungstermins** nach § 32 erfolgen. Zwin- 27
gend ist dies jedoch nicht; auch ein gesonderter Termin zur Anhörung des betreffenden Beteiligten ist möglich.

Die Anhörung erfolgt **vor dem Gericht**, beim Kollegialgericht vor dem gesamten Spruchkörper, bei funk- 28
tioneller Zuständigkeit des Rechtspflegers vor diesem. Ob eine Übertragung der Anhörung auf einen beauftragten oder ersuchten Richter zulässig ist, ist für den Zivilprozess streitig (verneinend Zöller/*Greger* § 141 ZPO Rn. 6 m.w.N.). In Verfahren der freiwilligen Gerichtsbarkeit ist eine Übertragung einer Anhörung auf den beauftragten oder ersuchten Richter zulässig, wenn es für die Sachaufklärung nicht auf den persönlichen Eindruck von dem Beteiligten ankommt und gesetzliche Regelungen dem nicht entgegenstehen (vgl. BGH NJW 2012, 317, 319; Keidel/*Meyer-Holz* § 33 FamFG Rn. 12). Anderenfalls muss die Anhörung vor dem zur Entscheidung berufenen Gericht in voller Besetzung stattfinden oder ggf. (bei zunächst anderer Verfahrensweise) wiederholt werden (vgl. BGH NJW 2010, 2805, 2808; 1985, 1702, 1705; BayObLG FamRZ 1993, 450).

29 Da der persönliche Eindruck bei der Anhörung zur Aufklärung des Sachverhalts vielfach entscheidungsrelevant ist, dürfte eine Übertragung der Anhörung auf den **beauftragten Richter** in den meisten Fällen nicht in Betracht kommen.

30 Bei **mehreren Beteiligten**, die anzuhören sind, eröffnet Abs. 1 Satz 2 die Möglichkeit, wie bei der Vernehmung mehrerer Zeugen nach § 394 Abs. 1 ZPO, die Anhörung eines Beteiligten in Abwesenheit der anderen Beteiligten vorzunehmen, wenn hierfür relevante Gründe vorliegen, etwa der Schutz eines Beteiligten dies erfordert oder der später anzuhörende Beteiligte nicht wissen soll, was der zunächst angehörte Beteiligte zur Sache bekundet hat. Bei mehreren Beteiligten kann aber auch eine (anschließende) Gegenüberstellung erwägenswert sein; dies steht im Ermessen des Gerichts.

31 Die **wesentlichen Ergebnisse der persönlichen Anhörung** sind vom Gericht nach § 28 Abs. 4 in einem **Vermerk** festzuhalten.

§ 34 Persönliche Anhörung.

(1) Das Gericht hat einen Beteiligten persönlich anzuhören,
1. wenn dies zur Gewährleistung des rechtlichen Gehörs des Beteiligten erforderlich ist oder
2. wenn dies in diesem oder in einem anderen Gesetz vorgeschrieben ist.

(2) Die persönliche Anhörung eines Beteiligten kann unterbleiben, wenn hiervon erhebliche Nachteile für seine Gesundheit zu besorgen sind oder der Beteiligte offensichtlich nicht in der Lage ist, seinen Willen kundzutun.

(3) ¹Bleibt der Beteiligte im anberaumten Anhörungstermin unentschuldigt aus, kann das Verfahren ohne seine persönliche Anhörung beendet werden. ²Der Beteiligte ist auf die Folgen seines Ausbleibens hinzuweisen.

Übersicht

	Rdn.		Rdn.
A. Allgemeines	1	D. Ausnahmen von der Anhörungsverpflichtung	13
B. Persönliche Anhörung zur Gewährleistung des rechtlichen Gehörs (Abs. 1 Nr. 1)	5	E. Ladung des Beteiligten, Durchführung des Anhörungstermins	19
I. Grundlagen	5	I. Ladung mit Belehrung über die Rechtsfolgen des unentschuldigten Nichterscheinens	19
II. Konkretisierung des Ausnahmetatbestandes einer obligatorischen mündlichen Anhörung aus der Grundrechtsgewährleistung	9	II. Durchführung der Anhörung	21
C. Gesetzlich angeordnete persönliche Anhörung im Individualinteresse des Beteiligten (Abs. 1 Nr. 2)	11	F. Rechtsfolgen des Nichterscheinens zum Anhörungstermin	26

1 **A. Allgemeines.** § 34 regelt die persönliche Anhörung, die aufgrund anderer Gesetze vorgeschrieben ist und den Interessen des anzuhörenden Beteiligten dient, insb. seinem Interesse an der Gewährleistung rechtlichen Gehörs, oder für die eine spezielle gesetzliche Grundlage nicht vorhanden ist, die aber zur Gewährleistung rechtlichen Gehörs erforderlich ist. Geht es hingegen um eine persönliche Anhörung eines Beteiligten zur Aufklärung des Sachverhalts, dann ist der Anwendungsbereich des § 33 betroffen und die Anordnung des persönlichen Erscheinens sowie die Anhörung des Beteiligten nach den dortigen Regeln zu beurteilen.

§ 34 gilt grds. in allen von § 1 erfassten Verfahren, nicht jedoch in Ehesachen und Familienstreitsachen, auf welche die ZPO anwendbar ist (vgl. § 113 Abs. 1).

2 Abs. 1 regelt, wann das Gericht zur persönlichen Anhörung eines Beteiligten verpflichtet ist.

3 Abs. 2 behandelt Ausnahmen, bei deren Vorliegen die im Interesse des Beteiligten liegende Anhörung unterbleiben kann.

4 Abs. 3 normiert einen Teil der Rechtsfolgen, die sich bei einem Nichterscheinen des Beteiligten zum Anhörungstermin ergeben. Bei einem unentschuldigten Ausbleiben des Beteiligten kann eine abschließende Entscheidung ohne Anhörung des betreffenden Beteiligten ergehen. Damit dürfte durch einen sich aufdrängenden Umkehrschluss auch die Verfahrensweise bei einem nicht verschuldeten Ausbleiben des Beteiligten vorgegeben sein.

B. Persönliche Anhörung zur Gewährleistung des rechtlichen Gehörs (Abs. 1 Nr. 1). I. Grundlagen. 5
Nach Abs. 1 hat das Gericht auch ohne eine spezielle gesetzlich geregelte Anhörungsverpflichtung einen Beteiligten anzuhören, wenn dies zur **Gewährleistung des rechtlichen Gehörs** erforderlich ist. Unter welchen Voraussetzungen eine solche Anhörung notwendig ist, wird in § 34 weder tatbestandlich definiert noch sonst näher konkretisiert. Als allgemeine Regelung dürfte dies wohl auch wegen der Vielfalt relevanter Fallgestaltungen in befriedigender, vollständiger Weise nicht oder nur sehr schwer möglich sein.

Die **Einhaltung des rechtlichen Gehörs**, dem die Anhörung dienen soll, wird durch Art. 103 Abs. 1 GG 6 auch **für den gesamten Bereich des FamFG verfassungsrechtlich gewährleistet** und ist hier unmittelbar geltendes, anwendbares Recht (vgl. BVerfG NJW 1994, 1053; BVerfGE 19, 49, 51). Nach (zweifelhafter) Auffassung des BVerfG (NJW 2000, 1709; abl. *Heß/Vollkommer* JZ 2000, 785, 786) gilt dies zwar nur für von einem Richter geführte Verfahren, nicht aber in Verfahren vor dem Rechtspfleger. Hier soll sich aber ein entsprechender Standard der Gehörsgewährung aus dem aus Art. 2 Abs. 1 GG i.V.m. dem Rechtsstaatsprinzip (Art. 20 Abs. 3 GG) abzuleitenden Recht auf ein rechtsstaatliches, faires Verfahren ergeben (BVerfG NJW 2000, 1709). Danach muss auch in von Rechtspflegern geführten Verfahren der freiwilligen Gerichtsbarkeit den Beteiligten Gelegenheit zur Äußerung gegeben werden, wie dies bei Anwendbarkeit des Anspruchs auf rechtliches Gehör geboten wäre.

Der Anspruch auf rechtliches Gehör nach Art. 103 Abs. 1 GG hat nach Rspr. des BVerfG zum **Inhalt**, dass 7 den Verfahrensbeteiligten die Möglichkeit gegeben werden muss, im Verfahren zu Wort zu kommen, namentlich sich zu dem einer gerichtlichen Entscheidung zugrunde zu legenden Sachverhalt und zur Rechtslage zu äußern, Anträge zu stellen und Ausführungen zu machen. Dies setzt zunächst voraus, dass den Beteiligten Kenntnis vom gesamten relevanten Verfahrensstoff verschafft wird, was auf eine Pflicht des Gerichts zur entsprechender Information der Beteiligten über das Vorbringen anderer Beteiligter, Ermittlungen des Gerichts, Beweisergebnisse etc. hinausläuft. Sodann muss den Beteiligten eine nach den Umständen und den ihnen gesetzten zeitlichen Vorgaben ausreichende Möglichkeit gewährt werden, sich grds. vor Erlass einer Entscheidung zur Sache zu äußern, d.h. umfassend zum gesamten Verfahrensstoff in tatsächlicher und rechtlicher Hinsicht Stellung zu nehmen. Schließlich haben die Verfahrensbeteiligten einen Anspruch darauf (was aufseiten des Gerichts wiederum mit einer entsprechenden Pflicht korrespondiert), dass das Gericht das Vorbringen der Beteiligten berücksichtigt, d.h. vollständig zur Kenntnis nimmt und bei seiner Entscheidung in Erwägung zieht; letzteres umfasst dabei die gerichtliche Überprüfung des gesamten Vorbringens auf seine rechtliche Erheblichkeit und seine Richtigkeit in tatsächlicher Hinsicht (vgl. BVerfGE 6, 12, 14; 49, 325, 328; 55, 95, 99; 64, 135, 143; 83, 24, 35; 86, 133, 144; Jarass/*Pieroth*, Art. 103 GG Rn. 9 ff., 25 ff., 28 ff.).

Durch den vorstehend skizzierten Inhalt des Anspruchs auf rechtliches Gehör wird jedoch noch nicht die 8 **Form der Gehörgewährung** zwingend vorgegeben. Grds. reicht jede den Beteiligten gewährte Möglichkeit aus, sich zu äußern und damit auf die Entscheidung des Gerichts Einfluss zu nehmen. Mit der Einräumung einer Möglichkeit zur schriftlichen Stellungnahme (ggf. durch den bestellten Verfahrensbevollmächtigten) kann regelmäßig in hinreichender Weise rechtliches Gehör gewährt werden und damit ist typischerweise gesichert, dass die Beteiligten sich in vollem Umfang und in hinreichender Weise zum gesamten Prozessstoff äußern können. Nach bisher h.M. und Rspr. folgt deshalb aus der Gewährleistung rechtlichen Gehörs grds. noch kein **Anspruch auf eine mündliche Verhandlung** bzw. eine **persönliche (mündliche) Anhörung** (vgl. BVerfGE 36, 85, 87; 60, 175, 210; 89, 381, 391; BayObLG FamRZ 2001, 1247, 1248). Es mag zwar oft zweckmäßig sein, Beteiligten durch mündliche Anhörung rechtliches Gehör zu gewähren und damit den Weg einer unmittelbaren Kommunikation zwischen dem Gericht und den Beteiligten zu wählen. Eine rechtliche Verpflichtung hierzu ergibt sich aber aus Art. 103 Abs. 1 GG grds. nicht. Es müssen vielmehr weitere, besondere Umstände hinzukommen, die dazu führen, dass ausnahmsweise eine persönliche (mündliche) Anhörung eines Beteiligten erforderlich wird und damit das grds. bestehende Ermessen des Gerichts hinsichtlich der Form der Gehörsgewährung sich hierauf beschränkt.

II. Konkretisierung des Ausnahmetatbestandes einer obligatorischen mündlichen Anhörung aus der 9 **Grundrechtsgewährleistung.** Ein Ausnahmefall, in dem rechtliches Gehör nur durch eine persönliche (mündliche) Anhörung gewährt werden kann, setzt voraus, dass die denkbaren anderen Formen der Anhörung des Beteiligten, insb. die Einräumung einer Möglichkeit zur schriftlichen Stellungnahme, aus rechtlichen oder tatsächlichen Gründen ausscheiden, dem Beteiligten nicht zumutbar sind oder unter Berücksichtigung der Bedeutung der grundrechtlichen Gewährleistung nicht ausreichend erscheinen. Welche Fälle darunter fallen könnten, wird in der Begr. des RegE kurz angedeutet (vgl. BT-Drucks. 16/6308, 192). Danach soll zur Gewährleistung rechtlichen Gehörs eine persönliche Anhörung geboten sein, wenn Gegenstand des Verfahrens ein **erheblicher Eingriff in die Persönlichkeitsrechte** eines Beteiligten ist. Bei allen ins Gewicht fallenden **Eingriffen in Lebensrechte oder in die Person betreffende elementare Grundrechte** eines Beteiligten mag dies im Ergebnis überzeugend erscheinen. In den wesentlichen Fällen des Familien-, Betreuungs- und Unterbringungsrechts ist dies jedoch bereits aufgrund gesetzlicher Spezialregelungen vorgesehen (vgl. z.B. §§ 159 Abs. 1, 278 Abs. 1, 319 Abs. 1). Der Anwendungsbereich dieser Fallgruppe, bei der mangels einer gesetzlichen Regelung unmittelbar auf die verfassungsrechtliche Gewährleistung rechtlichen Gehörs zurückgegriffen werden muss, dürfte danach begrenzt sein. In der gesetzestechnischen Umsetzung erscheint wenig überzeugend, dass für Ausnahmefälle dieser Fallgruppe die obligatorische Anhörung nicht unmittelbar an den Verfahrensgegenstand mit den auf dem Spiel stehenden erheblichen Eingriffen in elementare Grundrechte der Person als tatbestandliche Voraussetzung anknüpft, sondern an die Gewährleistung rechtlichen Gehörs. Diese kann jedoch – wie bereits erwähnt – im Allgemeinen auch schriftlich erfolgen.

10 Eine weitere Ausnahme einer obligatorischen persönlichen Anhörung zur Gewährleistung rechtlichen Gehörs wird weiterhin dann angenommen, wenn **nicht zu erwarten ist, dass ein Beteiligter durch die Gelegenheit zur schriftlichen Äußerung seinen Standpunkt im Verfahren wirksam zur Geltung bringen kann** (vgl. RegE BT-Drucks. 16/6308, 192). Davon ist auszugehen, wenn ein Beteiligter sich nach seinen (dem Gericht bekannten) eingeschränkten Fähigkeiten, etwa aufgrund vorhandener geistiger Gebrechlichkeit oder schriftsprachlicher Defizite, nicht ausreichend schriftlich erklären kann, sondern sich nur mündlich – mit evtl. unterstützender Befragung des Gerichts – hinreichend zum entscheidungsrelevanten Sachverhalt äußern kann (so bereits zum alten Recht Jansen/*Briesemeister* § 12 FGG Rn. 136). Die Unfähigkeit eines Beteiligten, sich hinreichend schriftlich zu erklären, kann sich auch aus einer dem Gericht bereits vorliegenden, ersichtlich nicht ausreichenden schriftlichen Stellungnahme ergeben. In einem solchen Fall ist ebenfalls eine persönliche Anhörung zur effektiven Gewährleistung rechtlichen Gehörs erforderlich.

11 **C. Gesetzlich angeordnete persönliche Anhörung im Individualinteresse des Beteiligten (Abs. 1 Nr. 2).** Gesetzlich angeordnet ist eine **persönliche Anhörung** vor allem in **betreuungs- und familiengerichtlichen Verfahren** (z.B. §§ 159 Abs. 1, 160 Abs. 1, 167 Abs. 4, 175 Abs. 2, 192 Abs. 1, 278 Abs. 1, 283 Abs. 1, 284 Abs. 1, 296 Abs. 1, 297 Abs. 1, 298 Abs. 1, 319 Abs. 1, 6 KastrG), in **Freiheitsentziehungssachen** (§ 420 Abs. 1), in Verfahren nach dem TSG (§§ 4 Abs. 2, 9 Abs. 3) sowie nach dem ThUG (§ 8 Abs. 2). Die hier vorhandenen gesetzlichen Regelungen haben überwiegend eine Doppelfunktion. Die darin angeordnete persönliche Anhörung besteht einerseits im Interesse des Beteiligten und soll die Gewährleistung rechtlichen Gehörs sicherstellen; andererseits soll diese auch der Aufklärung des Sachverhalts dienen. Soweit die erstgenannte Funktion betroffen ist, wird die persönliche Anhörung von Abs. 1 Nr. 2 erfasst und unterliegt den übrigen Regelungen des § 34 (vgl. Begr. RegE BT-Drucks. 16/6308, 192).

12 In einigen Vorschriften findet sich die Regelung, dass eine persönliche Anhörung der Beteiligten (eines bestimmten Beteiligten) angeordnet werden **soll** (vgl. z.B. §§ 160 Abs. 1, 175 Abs. 2, 283 Abs. 1 Satz 2). Diese Regelungen dienen meist – was durch Auslegung zu klären ist – auch der Gewährleistung rechtlichen Gehörs. In dieser Funktion unterfallen sie Abs. 1 Nr. 2 und damit dem § 34 und sind insoweit im Lichte der grundrechtlichen Gewährleistung des Art. 103 Abs. 1 GG als das Gericht (grds.) verpflichtende Regelung aufzufassen (vgl. Begr. RegE BT-Drucks. 16/6308, 192; BVerfG NJW 2011, 1275 betr. Betreuungsverfahren). Auch wenn hier die persönliche Anhörung zur Aufklärung des Sachverhalts nicht geboten erscheint, bleibt davon die Verpflichtung zur persönlichen Anhörung zur Gewährleistung rechtlichen Gehörs unberührt.

13 **D. Ausnahmen von der Anhörungsverpflichtung.** Die nach Abs. 1 Nr. 1 oder 2 erforderliche persönliche Anhörung kann in Ausnahmefällen unterbleiben. Abs. 2 enthält hierzu – in Nachbildung der früheren speziellen Regelung für das betreuungsgerichtliche Genehmigungsverfahren in § 69d Abs. 1 Satz 3 FGG – eine **allgemeine Regelung**. Danach kann die persönliche Anhörung eines Beteiligten unterbleiben, wenn hiervon **erhebliche Nachteile für seine Gesundheit** zu besorgen sind oder der Beteiligte offensichtlich **nicht in der Lage ist, seinen Willen kundzutun**.

14 **Erhebliche Nachteile für die Gesundheit** sind zu besorgen, wenn dem Beteiligten dauerhafte gesundheitliche Beeinträchtigungen oder Schäden drohen. Nicht ausreichend sind hingegen mit der Anhörung verbundene momentane Erregungszustände oder vorübergehende gesundheitliche Beeinträchtigungen, etwa solche, die mit Medikamenten oder ärztlicher Hilfe ohne Weiteres zu beseitigen sind (vgl. OLG Karlsruhe FamRZ 1999, 670, 671). Es ist grds. nicht erforderlich, dass die drohenden gesundheitlichen Nachteile *durch ein ärztliches Gutachten bewiesen werden*. Die Überzeugung von einer entsprechenden erheblichen

Gesundheitsgefahr kann das Gericht sich i.R.d. Amtsaufklärung (§ 26) mit allen hierbei in Betracht kommenden Mitteln verschaffen.

Für eine offensichtliche **Unfähigkeit des Beteiligten, seinen Willen kundzutun**, ist i.R.d. § 34 erforderlich, dass der körperliche oder geistige Zustand des Beteiligten eine Anhörung zur Gewährleistung rechtlichen Gehörs ersichtlich ausschließt oder dies offensichtlich sinnlos erscheint. Für entsprechende Feststellungen kann das Gericht sich aller denkbaren, zulässigen Erkenntnismittel bedienen. Einen unmittelbaren persönlichen Eindruck vom betreffenden Beteiligten muss sich das Gericht i.R.d. allgemeinen Ausnahmeregelung nicht verschaffen (ebenso Prütting/Helms/*Abramenko* § 34 Rn. 25). 15

Vorrang vor der allgemeinen Regelung in Abs. 2 haben bestehende **spezielle Ausnahmeregelungen**, die in einzelnen Bereichen des FamFG bestehen und im Rahmen ihres Anwendungsbereichs maßgebend sind. Diese sehen für eine Ausnahme von der Verpflichtung zur persönlichen Anhörung teilweise strengere Anforderungen vor. So darf etwa im Betreuungsrecht bei Bestellung eines Betreuers oder in Unterbringungssachen von der hier vorgeschriebenen persönlichen Anhörung des Betroffenen wegen zu befürchtender gesundheitlicher Nachteile nur auf der Grundlage eines ärztlichen Gutachtens abgesehen werden (vgl. §§ 278 Abs. 4, 319 Abs. 3; dort § 278 Rdn. 10; § 319 Rdn. 14 ff.). Eine offensichtliche Unfähigkeit des Betroffenen, seinen Willen kundzutun, kann hier auch nur aufgrund eines vom Gericht gewonnenen persönlichen Eindrucks angenommen werden (vgl. RegE BT-Drucks. 16/6308, 192). 16

Wenn die nach Abs. 1 vorgesehene persönliche Anhörung des Beteiligten ausnahmsweise ausgeschlossen ist, bedeutet dies nicht, dass dem Beteiligten insgesamt kein rechtliches Gehör zu gewähren ist. Die verfassungsrechtliche Gewährleistung des rechtlichen Gehörs erfordert es vielmehr, **verbleibende andere Möglichkeiten der Gehörsgewährung** auszuschöpfen, z.B. kann bei einem Ausschluss der persönlichen Anhörung wegen drohender gesundheitlicher Beeinträchtigungen eine evtl. schriftliche Anhörung des Beteiligten in Betracht kommen. 17

Die **Erklärung eines Verzichts** des Beteiligten hinsichtlich einer gesetzlich vorgesehenen Anhörung macht diese nicht entbehrlich und ist dem Tatbestand des Abs. 2 nicht ohne Weiteres gleichzustellen; dem Gericht bleibt hier die Möglichkeit nach Abs. 3 vorzugehen (unten Rdn. 26) und auf diese Weise das Verfahren ohne Anhörung zu beenden (vgl. BGH FamRZ 2010, 1650, 1651 für die nach §§ 295, 278 Abs. 1 Satz 1 vorgesehene Anhörung des Betroffenen bei Verlängerung der Betreuerbestellung). Auch eine erkennbar gewordene **Unwilligkeit eines Beteiligten**, an Verfahrensmaßnahmen mitzuwirken (z.B. fehlende Bereitschaft eines Betroffenen, sich im Betreuungsverfahren begutachten zu lassen), stellt noch keinen ausreichenden Grund dar, von einer gebotenen Anhörung abzusehen (vgl. BVerfG NJW 2011, 1275, 1276). 18

E. Ladung des Beteiligten, Durchführung des Anhörungstermins. I. Ladung mit Belehrung über die Rechtsfolgen des unentschuldigten Nichterscheinens. Für die **Ladung** von Beteiligten zu einer Anhörung nach Abs. 1 gelten entsprechende Grundsätze wie bei einem zur Aufklärung des Sachverhalts angeordneten persönlichen Erscheinen nach § 33. Die Beteiligten sind zu dem für ihre Anhörung bestimmten Termin persönlich zu laden; ihr eventuell vorhandener Verfahrensbevollmächtigter ist von der Ladung (formlos) zu benachrichtigen (vgl. § 33 Rdn. 9 ff.). 19

Es ergeben sich allerdings bei den beiden Arten der in §§ 33, 34 vorgesehenen Anhörungen Unterschiede in der **Belehrung über die Rechtsfolgen eines unentschuldigten Fernbleibens**. Soweit die Anhörung Individualinteressen eines Beteiligten, insb. der Gewährleistung rechtlichen Gehörs, dient, ist der Beteiligte (bei der Ladung) darüber zu belehren, dass im Fall eines unentschuldigten Ausbleibens das Verfahren auch ohne die persönliche Anhörung durch abschließende Entscheidung des Gerichts beendet werden kann (Abs. 3). Wenn die Anhörung hingegen eine Doppelfunktion hat und es dem Gericht neben einer Gewährung rechtlichen Gehörs auch um eine weitere Aufklärung des Sachverhalts durch Anhörung von Beteiligten geht, kann auch eine (weitere) Belehrung nach § 33 Abs. 3, 4 in Betracht kommen. Diese ist notwendig, wenn sich das Gericht wegen der Sachverhaltsaufklärung und des deshalb für erforderlich gehaltenen persönlichen Erscheinens von Beteiligten (auch) Ordnungs- und Zwangsmittel nach § 33 Abs. 3 vorbehalten will. 20

II. Durchführung der Anhörung. Auch für die **Gestaltung der Anhörung** zur Gewährleistung rechtlichen Gehörs enthält das Gesetz keine weiteren Detailvorgaben. Dem Gericht ist hier ebenfalls ein erheblicher Gestaltungsspielraum eingeräumt. In dem hierfür anberaumten Termin werden zwar meist alle Beteiligten geladen (häufig dient der Termin auch der Anhörung weiterer Beteiligter und/oder der Erörterung nach § 32 Abs. 1), rechtlich erforderlich ist aber lediglich die Anwesenheit des Beteiligten, dem rechtliches Gehör gewährt werden soll. Es reicht ansonsten aus, dass die übrigen Beteiligten von den Ergebnissen der Anhörung 21 in Kenntnis gesetzt werden (etwa durch Übersendung eines über die Anhörung gefertigten Vermerks), um die entsprechenden Äußerungen der angehörten Beteiligten bei der anstehenden Entscheidung verwerten zu können (vgl. § 37 Abs. 2).

22 Auch die **Bestimmung des Orts** der persönlichen Anhörung steht grds. im Ermessen des Gerichts (vgl. hierzu RegE BT-Drucks. 16/6308, 192). Verschiedene sachliche Gesichtspunkte oder schlichte Zweckmäßigkeitserwägungen, etwa die Zumutbarkeit des Erscheinens bei Gericht für den betreffenden Beteiligten unter Berücksichtigung seines Alters und seines gesundheitlichen Zustandes oder zu erwartende Erkenntnisse bei Erleben eines Beteiligten in seiner üblichen Umgebung, können dabei von Bedeutung sein. Zum Schutz von Beteiligten und/oder Ausschluss der Einflussnahme seitens anderer Beteiligter kann eine – auch örtlich – getrennte Anhörung einzelner Beteiligter geboten sein, z.B. in Gewaltschutzsachen. In einigen Bereichen der freiwilligen Gerichtsbarkeit finden sich gesetzliche Vorgaben, die das dargestellte Ermessen des Gerichts einschränken. So ist etwa im Betreuungsverfahren nach § 278 Abs. 1 Satz 3 vorgesehen, dass die Anhörung des Betroffenen zur Verschaffung eines persönlichen Eindrucks des Gerichts in dessen üblicher Umgebung erfolgen soll, wenn es der Betroffene verlangt oder es der Sachaufklärung dient und der Betroffene nicht widerspricht (vgl. § 278 Rdn. 5). Eine vergleichbare Regelung findet sich für die Anhörung in Unterbringungssachen (vgl. § 319 Abs. 1, dort Rdn. 8 f.).

23 Entsprechend dem Zweck der Anhörung, Beteiligten rechtliches Gehör zu gewähren, wird die **persönliche Stellungnahme** der Beteiligten zur Sache im Vordergrund stehen (vgl. zur davon abweichenden Anhörung zur Sachverhaltsaufklärung § 33 Rdn. 25 ff.). Gleichwohl werden auch hier Fragen des Gerichts in Betracht kommen, etwa solche, die zur weiteren Förderung, zur Beseitigung von Unklarheiten oder Widersprüchen der Stellungnahme des Beteiligten dienen.

24 Bei der Anhörung zur Gewährleistung rechtlichen Gehörs ist es den Beteiligten zweifellos **freigestellt, ob und inwieweit sie sich zum Verfahrensgegenstand äußern**. Die Frage nach evtl. Ordnungs- oder Zwangsmitteln stellt sich hier von vornherein nicht (zweifelhaft im Fall des § 33; § 33 Rdn. 26). Einer Übertragung der Anhörung zur Gewährung rechtlichen Gehörs auf einen beauftragten oder ersuchten Richter dürften hier grds. keine Bedenken entgegenstehen (evtl. anders bei § 33; § 33 Rdn. 28).

25 Auch bei einer persönlichen Anhörung zur Gewährleistung rechtlichen Gehörs wird ein **Vermerk** über die wesentlichen Ergebnisse der Anhörung nach § 28 Abs. 4 zu fertigen sein.

26 **F. Rechtsfolgen des Nichterscheinens zum Anhörungstermin.** Auch bei den Rechtsfolgen des unentschuldigten Nichterscheinens eines Beteiligten ergeben sich grundlegende Unterschiede zwischen einer persönlichen Anhörung zur Aufklärung des Sachverhalts (§ 33) und einer solchen nach § 34 Abs. 1. Bei der hier behandelten persönlichen Anhörung hat das **unentschuldigte Fernbleiben** im anberaumten Anhörungstermin die **Folge, dass das Verfahren ohne die persönliche Anhörung beendet werden kann**, d.h. eine abschließende gerichtliche Entscheidung ergehen kann. Wenn die Anhörung allein dem Individualinteresse des anzuhörenden Beteiligten dient, nämlich seine Verfahrensrechte sichern soll, erscheint es konsequent, allein schon die angebotene, aber nicht wahrgenommene Möglichkeit einer persönlichen Anhörung der durchgeführten Anhörung gleichzustellen. Dies setzt allerdings eine ordnungsgemäße Belehrung nach Abs. 3 Satz 2 voraus (vgl. oben Rdn. 20).
Ordnungs- und Zwangsmittel kommen hier nicht in Betracht.
Hat der Beteiligte sein **Nichterscheinen** (ggf. nachträglich) **ausreichend entschuldigt** und besteht eine Anhörungsverpflichtung nach Abs. 1 fort, wird die Anhörung nachzuholen und der Beteiligte zu einem neuen Anhörungstermin zu laden sein.

27 Bei einer Anhörung, die eine **Doppelfunktion** hat und auch der Aufklärung des Sachverhalts dienen soll, dürfte es darauf ankommen, ob die Anhörung des Beteiligten zur Sachverhaltsaufklärung unabdingbar ist und das Gericht deshalb unter Berücksichtigung der Verpflichtung zur Amtsermittlung (§ 26) gehalten ist, zur weiteren Sachverhaltsermittlung die ausgefallene Anhörung nachzuholen. Wird dies bejaht, ist das Gericht im Hinblick auf die notwendige Sachverhaltsaufklärung gehalten, nach § 33 Abs. 3 vorzugehen und das Erscheinen des Beteiligten in einem neuen Anhörungstermin zu erzwingen (vgl. § 33 Rdn. 15 ff.). Das Gericht kann dann nicht in dem Verfahren ohne Anhörung des Beteiligten entscheiden (§ 34 Abs. 3), ohne zuvor sämtliche zu Gebote stehenden, zumutbaren und verhältnismäßigen Möglichkeiten ausgeschöpft zu haben, den Betroffenen anzuhören bzw. sich von ihm einen persönlichen Eindruck zu verschaffen (vgl. BGH NJW 2015, 693; NJW 2014, 2788); sind diese Möglichkeiten aber ausgeschöpft worden, kann nach § 34 Abs. 3 vorgegangen und ohne eine Anhörung entschieden werden (vgl. BGH NJW 2014, 2788 – betr. eine Anhörung nach § 278 Abs. 1 bei erstmaliger Bestellung eines Betreuers). Auch wenn lediglich ein Hin-

weis nach § 34 Abs. 3 erteilt worden ist, eine Anhörung des nicht erschienenen Beteiligten aber zur Sachverhaltsaufklärung erforderlich ist, kann von der notwendigen Anhörung des Beteiligten nicht abgesehen werden (vgl. OLG Bremen FamRZ 2015, 1219).

§ 35 Zwangsmittel. (1) ¹Ist auf Grund einer gerichtlichen Anordnung die Verpflichtung zur Vornahme oder Unterlassung einer Handlung durchzusetzen, kann das Gericht, sofern ein Gesetz nicht etwas anderes bestimmt, gegen den Verpflichteten durch Beschluss Zwangsgeld festsetzen. ²Das Gericht kann für den Fall, dass dieses nicht beigetrieben werden kann, Zwangshaft anordnen. ³Verspricht die Anordnung eines Zwangsgeldes keinen Erfolg, soll das Gericht Zwangshaft anordnen.
(2) Die gerichtliche Entscheidung, die die Verpflichtung zur Vornahme oder Unterlassung einer Handlung anordnet, hat auf die Folgen einer Zuwiderhandlung gegen die Entscheidung hinzuweisen.
(3) ¹Das einzelne Zwangsgeld darf den Betrag von 25.000 Euro nicht übersteigen. ²Mit der Festsetzung des Zwangsmittels sind dem Verpflichteten zugleich die Kosten dieses Verfahrens aufzuerlegen. ³Für den Vollzug der Haft gelten § 802g Abs. 1 Satz 2 und Abs. 2, die §§ 802h und 802j Abs. 1 der Zivilprozessordnung entsprechend.
(4) ¹Ist die Verpflichtung zur Herausgabe oder Vorlage einer Sache oder zur Vornahme einer vertretbaren Handlung zu vollstrecken, so kann das Gericht, soweit ein Gesetz nicht etwas anderes bestimmt, durch Beschluss neben oder anstelle einer Maßnahme nach den Absätzen 1, 2 die in §§ 883, 886, 887 der Zivilprozessordnung vorgesehenen Maßnahmen anordnen. ²Die §§ 891 und 892 der Zivilprozessordnung gelten entsprechend.
(5) Der Beschluss, durch den Zwangsmaßnahmen angeordnet werden, ist mit der sofortigen Beschwerde in entsprechender Anwendung der §§ 567 bis 572 der Zivilprozessordnung anfechtbar.

Übersicht	Rdn.		Rdn.
A. Allgemeines	1	II. Zwangshaft	15
B. Zwangsmittel	4	1. Voraussetzungen	15
I. Zwangsgeld	4	2. Anordnung	16
1. Voraussetzungen	4	3. Vollzug	17
a) Gerichtliche Anordnung	5	III. Maßnahmen nach §§ 883, 886, 887 ZPO	18
b) Verpflichtung zur Vornahme oder Unterlassung einer Handlung	6	1. Voraussetzungen	18
		2. Anordnung	19
c) Schuldhafter Verstoß	8	3. Vollstreckung	20
d) Hinweis	9	IV. Verfahren	21
2. Festsetzung	10	V. Rechtsbehelfe	22
3. Vollstreckung	14		

A. Allgemeines. Die Vorgängervorschrift zu § 35 ist § 33 FGG (vgl. dazu hinsichtlich der Vollstreckung in Familiensachen: *Schulte-Bunert* FuR 2005, 200 f.; FPR 2008, 397 f. m.w.N. und ausführlich: *Lotz* Die Vollstreckung in der freiwilligen Gerichtsbarkeit). In § 35 sind als Zwangsmittel das Zwangsgeld, die Zwangshaft und Maßnahmen nach §§ 883, 886, 887 ZPO vorgesehen. Dabei handelt es sich nicht um strafrechtliche Sanktionen. Vielmehr sind es grds. **Beugemittel** zur Erzwingung einer gerichtlichen Anordnung. Dadurch soll ein entgegenstehender Wille des Verpflichteten gebeugt werden. Nach § 488 Abs. 1 gilt u.a. auch § 35, sofern nach Landesgesetz andere als gerichtliche Behörden zuständig sind wie z.B. die Notariate in BaWü nach § 5 Abs. 1 LFGG BaWü (vgl. zu einer Übersicht über die verschiedenen Landesgesetze: Vorbem. zu §§ 485 bis 491 Rdn. 1 ff.). 1

§ 35 regelt die zwangsweise Durchsetzung von **verfahrensleitenden** gerichtlichen Anordnungen in Familiensachen (z.B. hinsichtlich der Auskunftspflicht i.R.d. Versorgungsausgleichs nach § 220) und in Angelegenheiten der freiwilligen Gerichtsbarkeit (z.B. bezüglich der Anordnung zur Ablieferung von Testamenten nach § 358). Verfolgt wird mit den verfahrensleitenden Anordnungen die Sachaufklärung (z.B. bei §§ 404, 405), die Abgabe verfahrenserheblicher Erklärungen (z.B. bei § 82 GBO) oder die Überwachung des Verfahrens (z.B. bei § 1837 Abs. 2, 3 BGB). Die Vollstreckung verfahrensabschließender Entscheidungen erfolgt bei Personenherausgabeentscheidungen und Umgangsregelungen nach §§ 88 bis 94 und von Entscheidungen gem. §§ 95 bis 96a nach der ZPO. Verfahrensabschließende Entscheidungen sind z.B. ein Beschluss 2 über die Herausgabe eines Kindes nach § 1632 BGB oder die Regelung des Umgangs nach § 1684 BGB, Gewaltschutzanordnungen (vgl. OLG Celle NJW 2010, 2223), ein Kostenfestsetzungsbeschluss nach § 85 i.V.m. §§ 104, 105 ZPO, ein Beschluss über die Einziehung eines Erbscheins nach § 2361 Satz 1 BGB, ein gerichtlich gebilligter Vergleich nach § 156 Abs. 2 oder ein gerichtlicher Vergleich nach § 794 Abs. 1 Nr. 1 ZPO. Deren Vollstreckung ist in §§ 86 ff. normiert. Die Vollstreckung von Ehesachen und Familienstreitsachen richtet sich gem. § 120 Abs. 1 nach den Vorschriften der ZPO über die Zwangsvollstreckung und somit nach den §§ 704 bis 898 ZPO (vgl. dazu *Schulte-Bunert* FuR 2013, 146 f.). Dies trifft insb. auf die Beschlüsse in Unterhaltssachen (§ 230) wie z.B. im vereinfachten Unterhaltsfestsetzungsverfahren nach § 253 zu sowie in Güterrechtssachen (§ 261) wie insb. im Zugewinnausgleichsverfahren.

3 Vorrangig sind etwaige **Spezialbestimmungen** zum Einsatz von Zwangsmitteln zu beachten wie z.B. in §§ 388 bis 392 (Zwangsgeldverfahren in Registersachen), § 1788 BGB (Zwangsgeld zur Übernahme der Vormundschaft) sowie § 1837 Abs. 3 BGB (Zwangsgeld ggü. Vormund zur Befolgung gerichtlicher Anordnungen; nicht aber ggü. Jugendamt oder Verein). Die letztgenannte Vorschrift findet ebenfalls auf die Ergänzungspflegschaft Anwendung nach § 1915 Abs. 1 Satz 1 BGB, die Nachlasspflegschaft nach § 1962 BGB, die Nachlassverwaltung gem. § 1975 BGB und die Betreuung nach § 1908i Abs. 1 Satz 1 BGB, nicht allerdings auf die Testamentsvollstreckung, da der Testamentsvollstrecker nicht der Aufsicht des Nachlassgerichts untersteht. § 1837 Abs. 3 BGB ist z.B. anwendbar hinsichtlich der Pflicht zum jährlichen Bericht und der jährlichen Rechnungslegung nach § 1840 Abs. 1 bis 3 BGB sowie bezüglich der Einreichung der Schlussrechnung bei Beendigung der Vormundschaft nach § 1892 Abs. 1 BGB – und analog bei Beendigung des Amts des Vormunds – sowie der Rückgabe der Bestallung nach § 1893 Abs. 2 Satz 1 BGB (a.A. Keidel/*Zimmermann* § 35 Rn. 8). In diesen Fällen ist § 35 nicht anzuwenden, da ein Gesetz i.S.v. § 35 Abs. 1 Satz 1 etwas anderes bestimmt, und es kommen keine Anordnungen von Zwangshaft oder Maßnahmen nach §§ 883, 886, 887 ZPO in Betracht. Eine anderweitige gesetzliche Bestimmung ergibt sich auch bei der möglichen Sanktionierung durch Ordnungsmittel. So kann die Verpflichtung zum persönlichen Erscheinen nach § 33 Abs. 3 Satz 1 bei Nichterfüllung mit Ordnungsgeld geahndet werden und bei wiederholtem, unentschuldigtem Ausbleiben die Vorführung gem. § 33 Abs. 3 Satz 3 angeordnet werden. Die Vorführung ist desgleichen möglich bei Weigerung des Betroffenen hinsichtlich seiner persönlichen Anhörung nach § 278 Abs. 5. Sofern Dritte – mit Ausnahme von Behörden – im Unterhaltsverfahren ihrer verfahrensrechtlichen Auskunftspflicht nicht nachkommen, können sie hierzu mit Ordnungsgeld oder ersatzweise Ordnungshaft nach § 236 Abs. 4 Satz 2 i.V.m. § 390 Abs. 1 Satz 2 ZPO angehalten werden. Hingegen ist die Auskunftspflicht der Beteiligten nach § 235 Abs. 4 nicht mit Zwangsmitteln durchsetzbar. Dies gilt auch für die Betreuerauswahl durch den Betreuungsverein oder die Betreuungsbehörde nach § 291 Satz 3 (vgl. auch § 291 Rdn. 4). Die Möglichkeit von Ordnungsmitteln nach § 390 ZPO besteht allerdings i.R.d. förmlichen Beweisverfahrens nach § 30 Abs. 1 und somit z.B. hinsichtlich der Anordnung der Urkundenvorlegung nach § 142 ZPO und einem ausgebliebenen Zeugen nach § 380 ZPO.

4 **B. Zwangsmittel. I. Zwangsgeld. 1. Voraussetzungen.** Voraussetzungen für die Festsetzung von Zwangsgeld sind:
– gerichtliche Anordnung
– Verpflichtung zur Vornahme oder Unterlassung einer Handlung
– schuldhafter Verstoß
– Hinweis

5 **a) Gerichtliche Anordnung.** Zunächst bedarf es einer gerichtlichen Anordnung. Somit reicht eine sich **allein aus dem Gesetz ergebende Regelung** wie z.B. die Verpflichtung, ein Testament nach § 2259 Abs. 1 BGB abzuliefern, nicht für die Festsetzung eines Zwangsgeldes. Erforderlich ist vielmehr die entsprechende gerichtliche Anordnung nach § 358. Die Vollstreckung richtet sich auch nach § 35, wenn die verfahrensleitende Entscheidung in der Form eines Beschlusses ergangen ist. Dann handelt es sich um einen Beschluss i.S.d. § 86 Abs. 1 Nr. 1. Desgleichen sind notwendige Eintragungen in ein **öffentliches Register** – z.B. Personenstands- oder Handelsregister – einer Vollstreckung nach § 35 nicht zugänglich, da die Eintragung durch das Gericht selbst erfolgt und die Aufforderung zur Eintragung sich an das Gericht richtet, nicht jedoch an eine konkrete Person. Zudem muss die gerichtliche Anordnung **vollzugsfähig**, d.h. hinreichend bestimmt und wirksam sein. Die Anordnung muss zu ihrer Bestimmtheit aus sich heraus eindeutig gefasst sein, sodass der Verpflichtete genau erkennen kann, welches Verhalten von ihm verlangt wird. Dementsprechend muss z.B. dem *Verpflichteten* im Versorgungsausgleichsverfahren genau mitgeteilt werden,

welche Auskünfte von ihm im Rahmen von § 220 verlangt werden. Das soll nicht der Fall sein, wenn in der gerichtlichen Anordnung auf die anliegende Bescheinigung des Versorgungsträgers mit ungeklärten Zeiträumen oder erforderlichen Urkunden Bezug genommen wird (vgl. OLG Frankfurt am Main FamRZ 2009, 1080). Nicht ausreichend ist auch die Auflage, vom Versorgungsträger bereits mitgeteilte Fehlzeiten aufzuklären (OLG Schleswig FamRZ 2015, 1221). Sofern die gerichtliche Anordnung in der Form eines Beschlusses ergangen ist, wird dieser mit der Bekanntgabe an den Beteiligten, für den er seinem wesentlichen Inhalt nach bestimmt ist, wirksam gem. § 40 Abs. 1, wobei sich die Bekanntgabe nach § 41 richtet. Da es sich hierbei aber nicht um eine Endentscheidung i.S.v. § 38 Abs. 1 Satz 1 handelt, ist als Entscheidungsform grds. die gerichtliche Verfügung gegeben – die Beschlussform ist lediglich für die Festsetzung/Anordnung von Zwangsmitteln vorgeschrieben. Die Bekanntgabe richtet sich nach § 15. Die Bekanntgabe durch Zustellung oder Aufgabe zur Post ist grds. erforderlich, wenn in der Anordnung eine Termins- oder Fristbestimmung enthalten ist. Es steht zwar im Ermessen des Gerichts, die formlose Mitteilung – z.B. telefonisch oder per E-Mail – zu wählen. Dies bietet sich jedoch bei der Vorbereitung der zwangsweisen Durchsetzung von Verpflichtungen nicht an.

b) Verpflichtung zur Vornahme oder Unterlassung einer Handlung. Nach § 35 Abs. 1 kann ein Zwangsgeld gegen jemanden durch Beschluss festgesetzt werden, wenn dieser trotz einer gerichtlichen Anordnung seiner Verpflichtung zur Vornahme oder Unterlassung einer **Handlung** nicht nachgekommen ist. Die entsprechende Verpflichtung resultiert nicht aus § 35 selbst, sondern muss sich aus anderen materiell- oder verfahrensrechtlichen Regelungen ergeben. Erfasst werden vertretbare (i.S.d. § 887 Abs. 1 ZPO = Handlung, die durch einen Dritten vorgenommen werden kann) und unvertretbare Handlungen (i.S.d. § 888 Abs. 1 Satz 1 ZPO = Handlung, die nicht durch einen Dritten vorgenommen werden kann und ausschließlich vom Willen des Verpflichteten abhängt) inklusive der Herausgabe oder Vorlage von Sachen (vgl. BT-Drucks. 16/6308 S. 193). Eine gerichtlich angeordnete Verpflichtung zur Vornahme einer Handlung kann z.B. bestehen hinsichtlich der Vorlage eines Vermögensverzeichnisses nach § 1640 Abs. 1 BGB oder § 1667 Abs. 1 BGB. Ferner wird die Verpflichtung zur Auskunftserteilung nach § 220 im Versorgungsausgleichsverfahren der Ehegatten und Versorgungsträger etc. ggü. dem Gericht nach § 35 vollstreckt (vgl. hinsichtlich eines ausländischen Versorgungsanrechts: OLG Brandenburg FamRZ 2008, 1758). Des Weiteren fällt hierunter z.B. die Verpflichtung zur Herausgabe einer Betreuungsverfügung oder der Abschrift einer Vorsorgevollmacht nach § 285, zur Ablieferung von Testamenten nach § 358, zur Aushändigung von Schriftstücken bzw. Unterlagen bei der Dispache nach §§ 404, 405 Abs. 2 und zur Antragstellung sowie Verschaffung der notwendigen Unterlagen bei der Zwangsberichtigung des Grundbuchs nach § 82 GBO. Die allgemeine Mitwirkungspflicht der Beteiligten nach § 27 Abs. 1 ist allerdings nur eingeschränkt erzwingbar (BT-Drucks. 16/6308, 186; vgl. dazu § 27 Rdn. 19). Mangels gesetzlicher Regelung besteht keine Verpflichtung für einen Elternteil, sich in einem Sorgerechtsverfahren nach § 1666 BGB körperlich oder psychiatrisch/psychologisch untersuchen zu lassen, sondern es besteht nur die Möglichkeit, den die Begutachtung verweigernden Elternteil in Anwesenheit eines Sachverständigen anzuhören und insofern das persönliche Erscheinen des Elternteils anzuordnen (BGH FuR 2010, 406 f.).

Eine Verpflichtung zur **Unterlassung** könnte für den Umgangsberechtigten bezüglich der Fortsetzung einer kinderpsychologischen Untersuchung gerichtlich angeordnet werden (vgl. OLG Frankfurt am Main FamRZ 2000, 52). Sofern es um eine negative Umgangsregelung geht, dürfte es sich i.d.R. um eine verfahrensabschließende Entscheidung handeln, deren Vollstreckung sich dann nicht aus § 35 ergibt, sondern aus § 89 (vgl. auch § 89 Rdn. 8; § 95 Rdn. 6).

c) Schuldhafter Verstoß. Um Zwangsmittel festsetzen bzw. anordnen zu können, bedarf es eines schuldhaften Verstoßes gegen die gerichtliche Anordnung. Zwar ergibt sich das Erfordernis des Verschuldens nicht aus dem Wortlaut der Vorschrift – anders als bei § 89 Abs. 4. Die Zwangsmittel stellen auch keine Sühne oder Buße für begangenes Unrecht dar, sondern ein Beugemittel, um die Befolgung gerichtlicher Anordnungen zu erzwingen (OLG Brandenburg FamRZ 2008, 1550). Dennoch ist es erforderlich, da anderenfalls kein Anlass für den Einsatz von Zwangsmitteln bestünde (so zu § 33 FGG: BayObLG FamRZ 1984, 197 f.). Eine Klarstellung im Wortlaut wäre wünschenswert. Der Verstoß gegen die gerichtliche Anordnung muss somit vorsätzlich oder fahrlässig erfolgen.

d) Hinweis. § 35 Abs. 2 sieht nunmehr vor, dass in der gerichtlichen Anordnung auf die Folgen der Zuwiderhandlung gegen die Entscheidung, die die Verpflichtung zur Vornahme oder Unterlassung einer Handlung anordnet, hinzuweisen ist. Diese Hinweispflicht tritt zwecks Beschleunigung des Verfahrens an die

Stelle der früher notwendigen vorherigen Androhung (§ 33 Abs. 3 Satz 1, 3 FGG), welche nicht mehr erforderlich ist. Erfolgt dennoch unzulässigerweise eine Androhung, ist der Beschluss auf Beschwerde aufzuheben (OLG München FGPrax 2010, 168, 169). Enthält der Hinweis fälschlich die Bezugnahme auf Ordnungsgeld, ist keine Festsetzung möglich (vgl. OLG Brandenburg FamRZ 2009, 1084, 1085; a.A. Keidel/*Zimmermann* § 35 Rn. 15). In der gerichtlichen Anordnung ist auf die möglichen Zwangsmittel hinzuweisen. Ohne einen entsprechenden Hinweis ist die Festsetzung des Zwangsgeldes unzulässig. Der Hinweis ist auch nicht entbehrlich, wenn dem Verpflichteten die Konsequenzen aus früheren Verstößen bekannt sind (a.A. Keidel/*Zimmermann* § 35 Rn. 14). Anders als bisher kommt ein nachträglicher Hinweis nicht mehr in Betracht (so auch: Friederici/Kemper/*Friederici* § 35 Rn. 9; Bassenge/Roth/*Gottwald* § 35 Rn. 14; Hoppenz/*Gottwald* § 35 Rn. 14; a.A. OLG Naumburg FamRZ 2015, 1222; Keidel/*Zimmermann* § 35 Rn. 15; Jurgeleit/*Bucic* § 285 Rn. 10). Vielmehr ist der Hinweis in die gerichtliche Anordnung aufzunehmen (vgl. auch OLG München FGPrax 2010, 168, 169). Sollte der Hinweis in der gerichtlichen Anordnung fehlen, kann er nicht isoliert nachgeholt werden, sondern es ist eine erneute gerichtliche Anordnung mit Hinweis notwendig. Der Hinweis muss die Höhe des beabsichtigten Zwangsgeldes bzw. die Dauer der möglichen Zwangshaft enthalten. Es ist jedoch ausreichend, wenn der Hinweis die Höchstsumme des Zwangsgeldes (25.000 €) und der Zwangshaft (6 Monate) enthält (vgl. BayObLG FamRZ 1996, 878, 879). Ferner muss auf die möglichen Maßnahmen nach §§ 883 (Wegnahme durch den Gerichtsvollzieher), 886 (Überweisung des Herausgabeanspruchs bei Gewahrsam eines Dritten), 887 ZPO (Ersatzvornahme) hingewiesen werden, sofern es sich um die Verpflichtung zur Herausgabe oder Vorlage einer Sache oder zur Vornahme einer vertretbaren Handlung gem. § 35 Abs. 4 Satz 1 handelt. Zwar ist die Hinweispflicht in § 35 Abs. 2 enthalten, sodass sie sich systematisch gesehen auf die Verpflichtungen des § 35 Abs. 1 bezieht, was sich auch aus dem Wortlaut ergibt. Dennoch erstreckt sich die Hinweispflicht auch auf die Verpflichtungen des § 35 Abs. 4, da die dort aufgeführten Handlungen ebenfalls unter § 35 Abs. 1 fallen. Eine Ausnahme gilt jedoch, sofern das Gericht die Maßnahmen nach §§ 883, 886, 887 ZPO nicht neben, sondern anstelle einer Maßnahme nach § 35 Abs. 1 anordnen möchte. Dann bedarf es keines Hinweises nach § 35 Abs. 2, wofür der Wortlaut des § 35 Abs. 4 spricht (»anstelle einer Maßnahme nach den Absätzen 1, 2«). Zwischen der mit einem Hinweis versehenen wirksamen gerichtlichen Anordnung und der Festsetzung muss i.d.R. eine angemessene Frist liegen, um dem Adressaten zu ermöglichen, seiner Verpflichtung nachzukommen.

10 **2. Festsetzung.** Die Festsetzung erfolgt durch **Beschluss**, § 35 Abs. 1 Satz 1. Nach § 35 Abs. 3 Satz 1 darf das einzelne Zwangsgeld den Betrag von 25.000 € nicht übersteigen. Die Untergrenze liegt bei 5 €, Art. 6 Abs. 1 Satz 1 EGStGB. Hinsichtlich der **Höhe** sind die jeweiligen Umstände des Einzelfalls wie z.B. die Intensität des zu beugenden Willens, der Grad des Verschuldens sowie die wirtschaftlichen Verhältnisse des Verpflichteten zu berücksichtigen (BayObLG FamRZ 1993, 823, 825).

11 Nach § 35 Abs. 3 Satz 2 hat das Gericht dem Verpflichteten mit der Festsetzung des Zwangsmittels zugleich die **Kosten** des Verfahrens aufzuerlegen.

12 Die **wiederholte Festsetzung** des Zwangsgeldes wegen derselben Verpflichtung ist möglich. Das setzt allerdings voraus, dass durch die Vollstreckung des ersten Zwangsgeldes versucht wurde, die Befolgung der gerichtlichen Anordnung durchzusetzen.

13 Jedoch kommt eine Festsetzung nicht mehr in Betracht, wenn **Erledigung** eingetreten ist, also z.B. die Handlung vorgenommen wurde (OLG Brandenburg FamRZ 2008, 1550) – es sei denn, es ist auch in Zukunft mit Zuwiderhandlungen zu rechnen –, die gerichtliche Anordnung aufgehoben wurde (OLG Köln FamRZ 2002, 111) oder die Zeit zur Erfüllung der Verpflichtung abgelaufen ist (vgl. OLG Karlsruhe FamRZ 2007, 2097).

14 **3. Vollstreckung.** Die Vollstreckung des Zwangsgeldes richtet sich nach §§ 1 Abs. 1 Nr. 3, Abs. 2, 2 f. der Justizbeitreibungsordnung i.V.m. §§ 1 Abs. 1 Nr. 3, Abs. 4, 2 Buchst. B), 3 f. der Einforderungs- und Beitreibungsordnung und erfolgt von Amts wegen. Die Gebühr für die Anordnung von Zwangsmaßnahmen nach § 35 beträgt gem. Nr. 1502 des Kostenverzeichnisses des FamGKG bzw. nach Nr. 17006 der Anlage 1 des GNotKG 20 €. Für Verfahren nach §§ 389 bis 392 in Registersachen beträgt die Gebühr 100 € nach Nr. 13310 der Anlage 1 des GNotKG. Die Beitreibung erfolgt durch die Gerichtskasse als Einziehungsbehörde zugunsten der Staatskasse. Funktionell zuständig ist der Rechtspfleger gem. § 31 Abs. 3 RPflG. Beim Zwangsgeld handelt es sich nicht um eine Strafe, sondern um ein Beugemittel. Deshalb kann das Gericht, welches das Zwangsgeld festgesetzt hat, als Vollstreckungsbehörde weder Ratenzahlungen noch Stundungen *gewähren. Dies ist nur im Gnadenwege möglich und richtet sich nach den jeweiligen landesrechtlichen*

Gnadenordnungen. Sofern das Zwangsgeld nicht beigetrieben werden kann, ist die Anordnung von Ersatzzwangshaft unzulässig (BayObLG, NJW-RR 1995, 138, 139). Einer Vollstreckungsklausel bedarf es nicht. Dies ist nur in den in §§ 53 Abs. 1, 86 Abs. 3 aufgeführten Fällen erforderlich. Falls der Verpflichtete der gerichtlichen Anordnung vor der Vollstreckung nachkommt, ist der Beschluss über die Festsetzung des Zwangsgeldes aufzuheben (vgl. OLG Schleswig FamRZ 2012, 729, 730). Ist dieser bereits rechtskräftig, kommt eine Aufhebung oder Abänderung gem. § 48 Abs. 1 nicht in Betracht (a.A. *Cirullies* Rpfleger 2011, 573, 576), da es sich schon nicht um eine Endentscheidung gem. § 38 Abs. 1 Satz 1 sondern um eine Nebenentscheidung handelt. Möglich ist dann ggf. ein Wiederaufnahmeverfahren nach § 48 Abs. 2 oder das Gericht kann von der Vollstreckung absehen (vgl. Keidel/*Zimmermann* § 35 Rn. 49).

II. Zwangshaft. 1. Voraussetzungen. Für die Anordnung von Zwangshaft bedarf es ebenfalls der Erfüllung der zur Festsetzung des Zwangsgeldes erforderlichen Voraussetzungen (gerichtliche Anordnung, Verpflichtung zur Vornahme oder Unterlassung einer Handlung, schuldhafter Verstoß, Hinweis). Falls die Beitreibung des Zwangsgeldes nicht möglich ist, kann nach § 35 Abs. 1 Satz 2 ersatzweise Zwangshaft angeordnet werden und, sofern ein Zwangsgeld von vornherein keinen Erfolg verspricht z.B. bei vermögenslosen Personen, soll nach § 35 Abs. 1 Satz 3 originär Zwangshaft angeordnet werden. Früher kam die Anordnung von Zwangshaft nach § 33 Abs. 1 Satz 2 FGG nur bei der Herausgabe von Personen in Betracht. Nunmehr besteht diese Möglichkeit für alle in § 35 Abs. 1 aufgeführten Verpflichtungen. **15**

2. Anordnung. Die Anordnung der Zwangshaft hat durch **Beschluss** zu erfolgen. Zwar folgt das nicht aus § 35 Abs. 1 Satz 2. Jedoch ergibt sich dies aufgrund des dortigen Bezugs zu § 35 Abs. 1 Satz 1 sowie wegen der besonderen Intensität des entsprechenden Grundrechtseingriffs. Ein Nebeneinander von Zwangsgeld und Zwangshaft kommt nicht in Betracht. Stets muss der aus dem Rechtsstaatsprinzip gem. Art. 20 Abs. 2 Satz 2, Abs. 3 GG abzuleitende **Verhältnismäßigkeitsgrundsatz** gewahrt werden, was nun auch im Wortlaut der Vorschrift ansatzweise zum Ausdruck kommt. Danach muss eine hoheitliche Maßnahme geeignet, erforderlich und angemessen zur Erreichung des angestrebten legitimen Ziels sein. Demnach ist immer das mildest mögliche Mittel zu wählen. Das mildeste Mittel ist das Zwangsgeld, ein schärferes die Zwangshaft und am schärfsten greift die Gewaltanwendung in die Rechte des Verpflichteten ein, so wenn der Gerichtsvollzieher i.R.d. Wegnahme einer beweglichen Sache nach § 883 Abs. 1 ZPO bei Widerstand des Verpflichteten nach § 892 ZPO Gewalt anwenden muss, dies notfalls auch mit Unterstützung der polizeilichen Vollzugsorgane, § 758 Abs. 3 ZPO. I.Ü. dürfte es hingegen so sein, dass die Maßnahmen nach §§ 883, 886, 887 ZPO ein milderes Mittel als die Zwangshaft sind. Für die Haftanordnung ist der **Richter** funktionell zuständig nach Art. 104 Abs. 2 Satz 1 GG. Eine Ausnahme nach § 4 Abs. 2 Nr. 2 RPflG liegt nicht vor. **16**

3. Vollzug. In § 35 Abs. 3 Satz 3 wird für den Haftvollzug nicht mehr auf die §§ 901 Satz 2, 904 bis 906, 909, 910, 913 ZPO a.F. verwiesen sondern seit dem 01.01.2013 aufgrund des Gesetzes zur Reform der Sachaufklärung in der Zwangsvollstreckung auf die Normen der §§ 802g Abs. 1 Satz 2, Abs. 2, 802h, 802j Abs. 1 ZPO. Voraussetzung ist somit der Erlass eines Haftbefehls gem. § 802g Abs. 1 Satz 2 ZPO durch den Richter. Damit ist der Beschluss über die Festsetzung der Zwangshaft gemeint, sodass es nicht eines gesonderten und explizit als Haftbefehl bezeichneten Beschlusses bedarf (vgl. *Cirullies* Rpfleger 2011, 573, 576, 577). Da nicht auf die Vorschrift des § 802g Abs. 1 Satz 3 ZPO verwiesen wurde, ist eine Zustellung des Haftbefehls vor oder bei der Vollziehung notwendig (vgl. *Cirullies* NJW 2013, 203, 205). Die Verhaftung erfolgt durch den Gerichtsvollzieher nach § 802g Abs. 2 Satz 1 ZPO. Dem Schuldner ist nach § 802g Abs. 2 Satz 2 ZPO eine beglaubigte Abschrift des Haftbefehls bei der Verhaftung zu übergeben. Der Gerichtsvollzieher erhält seinen Verhaftungsauftrag vom Gericht und zwar vom Rechtspfleger (bei § 888 ZPO hingegen vom Gläubiger; vgl. *Cirullies* Rpfleger 2011, 573, 577). Zwar ist die Zwangshaft nach § 35 nicht in § 4 Abs. 2 Nr. 2 RPflG aufgeführt – anders als z.B. die Ordnungshaft nach § 890 ZPO – und der Rechtspfleger ist nicht befugt, Freiheitsentziehungen anzuordnen, was sich schon aus Art. 104 Abs. 2 Satz 1 GG ergibt, sodass daran zu denken wäre, die Sache dem Richter nach § 4 Abs. 3 RPflG vorzulegen. Aber bei der Erteilung des Verhaftungsauftrags handelt es sich nicht um die Anordnung einer freiheitsentziehenden Maßnahme. Diese ergibt sich aus *dem richterlichen Haftbefehl*. Insofern bestehen auch keine verfassungsrechtlichen Bedenken bezüglich der Umsetzung der bereits vom Richter getroffenen freiheitsentziehenden Entscheidung durch den Rechtspfleger. Damit stimmt überein, dass die Vollstreckung von Ordnungs- und Zwangsmitteln dem Rechtspfleger nach § 31 Abs. 3 RPflG übertragen ist. Der Gerichtsvollzieher ist gem. § 758 Abs. 3 ZPO befugt, sich der Hilfe der Polizei zu bedienen, wenn der zu Verhaftende Widerstand leistet. Die Haftdauer beträgt mindestens einen Tag (Art. 6 Abs. 2 Satz 1 EGStGB) und max. 6 Monate nach § 802j Abs. 1 Satz 1 ZPO. Wenn die **17**

6 Monate insgesamt nicht überschritten werden, ist eine erneute Haftanordnung wegen derselben Verpflichtung zulässig. Die Gebühr für die Anordnung von Zwangshaft beträgt nach Nr. 1502 des Kostenverzeichnisses des FamGKG bzw. nach Nr. 17006 der Anlage 1 des GNotKG 20 €. Sofern der Verpflichtete der gerichtlichen Anordnung vor der Vollstreckung nachkommt, ist der Beschluss über die Anordnung der Zwangshaft aufzuheben.

18 **III. Maßnahmen nach §§ 883, 886, 887 ZPO. 1. Voraussetzungen.** Nach § 35 Abs. 4 besteht neben oder anstelle von Zwangsgeld/Zwangshaft die Möglichkeit der Vollstreckung zur Herausgabe beweglicher Sachen nach § 883 ZPO, der Herausgabe bei Gewahrsam eines Dritten nach § 886 ZPO oder der Ersatzvornahme bei vertretbaren Handlungen i.S.v. § 887 ZPO. Eine Maßnahme nach § 886 ZPO dürfte im Verfahren der freiwilligen Gerichtsbarkeit kaum in Betracht kommen, da dann gegen den Dritten eine gerichtliche Herausgabeanordnung ergehen würde und die Vollstreckung von Amts wegen und nicht auf Antrag des Gläubigers betrieben wird (vgl. Keidel/*Zimmermann* § 35 Rn. 57). Voraussetzung ist das Bestehen einer Verpflichtung zur Herausgabe oder Vorlage einer Sache oder zur Vornahme einer vertretbaren Handlung wie z.B. der Erstellung eines Vermögensverzeichnisses nach § 1640 BGB oder nach § 1802 BGB. Die weiteren Voraussetzungen zur Festsetzung des Zwangsgeldes (gerichtliche Anordnung, schuldhafter Verstoß, Hinweis) müssen erfüllt sein, wenn die Maßnahmen nach § 35 Abs. 4 neben Maßnahmen nach § 35 Abs. 1 angeordnet werden sollen. Sie sind jedoch entbehrlich, falls ausschließlich Maßnahmen nach § 35 Abs. 4 angeordnet werden sollen. Vor einer Entscheidung ist der Verpflichtete zu hören, § 35 Abs. 4 Satz 2 i.V.m. § 891 Satz 2 ZPO. Unterlassungsverpflichtungen oder Verpflichtungen zur Vornahme von unvertretbaren Handlungen können nicht nach § 35 Abs. 4 vollstreckt werden. Für diese kommen als Zwangsmittel nur Zwangsgeld und Zwangshaft nach § 35 Abs. 1 in Betracht.

19 **2. Anordnung.** Die Anordnung der Maßnahmen erfolgt durch **Beschluss**. Mit § 35 Abs. 4 wird dem Gericht eine flexible Möglichkeit zur effektiven Vollstreckung zur Verfügung gestellt. Es steht im pflichtgemäßen **Ermessen** des Gerichts, ob es die Maßnahmen nach §§ 883, 886, 887 ZPO neben oder anstelle der Maßnahmen nach § 35 Abs. 1 anordnet.

20 **3. Vollstreckung.** Die Vollstreckung einer Verpflichtung zur Herausgabe beweglicher Sachen erfolgt nach § 883 Abs. 1 ZPO durch den Gerichtsvollzieher, welcher dem Verpflichteten die herauszugebende Sache wegnimmt. Wird der Zutritt zur Wohnung verwehrt, bedarf es eines richterlichen Durchsuchungsbeschlusses (Schuschke/Walker/*Walker* § 883 Rn. 8). Wenn die Sache nicht vorgefunden wird, muss der Verpflichtete eine entsprechende eidesstattliche Versicherung nach § 883 Abs. 2 ZPO abgeben, für deren Abnahme der Gerichtsvollzieher zuständig ist. Für die Anordnungen nach §§ 886, 887 ZPO ist das mit der Sache befasste Gericht zuständig. Die Gebühr für die Anordnung zur Vornahme einer vertretbaren Handlung beträgt nach Nr. 1602 des Kostenverzeichnisses des FamGKG 20 € und für das Verfahren zur Abnahme der eidesstattlichen Versicherung nach Nr. 1603 des Kostenverzeichnisses des FamGKG 35 €.

21 **IV. Verfahren.** Bei der Vollstreckung von Verpflichtungen nach § 35 handelt es sich um ein **Amtsverfahren**, welches keiner Einleitung durch einen Antrag bedarf. Die Vorschrift ist sowohl in Antrags- als auch in Amtsverfahren anwendbar. Es gilt der Amtsermittlungsgrundsatz des § 26. Die Entscheidung über das »Ob« und »Wie« der erforderlichen Maßnahmen liegt im pflichtgemäßen **Ermessen** des Gerichts. Die Entscheidungen sind zu begründen. Hinsichtlich der gerichtlichen Anordnung und der Festsetzung/Anordnung von Zwangsmitteln bzw. Maßnahmen nach §§ 883, 886, 887 ZPO kann **Verfahrenskostenhilfe** nach § 76 Abs. 1 bewilligt werden. Mangels Anwaltszwangs wird einem Beteiligten auf seinen Antrag ein **Rechtsanwalt** nur **beigeordnet**, wenn dies wegen der Schwierigkeit der Sach- und Rechtslage erforderlich erscheint nach § 78 Abs. 2. Dementsprechend gilt nicht der in § 121 Abs. 2 letzter Halbs. ZPO angeordnete Grundsatz der Waffengleichheit, wonach jemandem ein Rechtsanwalt beizuordnen ist, wenn der Gegner anwaltlich vertreten ist. Dies wird damit begründet, dass die Grundsätze des kontradiktorischen ZPO-Verfahrens auf die Verfahren der freiwilligen Gerichtsbarkeit nicht übertragbar sind. Die Erforderlichkeit der Rechtsanwaltsbeiordnung ist nur gegeben, wenn ein bemittelter Rechtssuchender in der Lage des unbemittelten vernünftigerweise einen Rechtsanwalt mit der Wahrnehmung seiner Interessen beauftragt hätte, wobei eine einzelfallbezogene Prüfung vorzunehmen ist. Allein die Schwierigkeit der Sach- oder Rechtslage kann ausreichen; es sind die subjektiven Fähigkeiten des betroffenen Beteiligten zu berücksichtigen (insb. die Fähigkeiten, sich schriftlich und mündlich auszudrücken) und auch der Umstand der anwaltlichen Vertretung anderer Beteiligter kann ein Kriterium sein (BGH FuR 2010, 568 f.). Die Rechtsanwaltsbeiordnung

Abschnitt 2. Verfahren im ersten Rechtszug § 36

ist jedenfalls dann angezeigt, wenn im Laufe des Zwangsgeldverfahrens rechtliche Schwierigkeiten eintreten aufgrund mehrfacher gerichtlicher Auflagen zur Auskunftserteilung und eine Überprüfung der Auflagenerfüllung durch den auf die vollständige Auskunft angewiesenen Beteiligten erforderlich ist (OLG Hamm FamRZ 2012, 1659, 1660 zu § 220). Sachlich **zuständig** für das Vollstreckungsverfahren ist das jeweils mit der Sache befasste Gericht, also z.B. das AG als Familiengericht für die Vollstreckung von Entscheidungen in Familiensachen nach § 23a Abs. 1 Satz 1 Nr. 1 GVG i.V.m. § 111 oder das AG als Nachlassgericht für die Vollstreckung von Entscheidungen in Nachlasssachen gem. § 23a Abs. 1 Satz 1 Nr. 2, Abs. 2 Nr. 2 GVG i.V.m. § 342 Abs. 1 usw. Die örtliche Zuständigkeit ergibt sich aus den jeweiligen besonderen Bestimmungen wie z.B. in Kindschaftssachen nach § 152, in Betreuungssachen nach § 272 und in Nachlasssachen nach § 343. Die funktionelle Zuständigkeit richtet sich nach dem zugrunde liegenden Verfahren. Falls in dem jeweiligen Verfahren die funktionelle Zuständigkeit des Rechtspflegers gegeben ist, kann dieser auch das Zwangsgeld festsetzen. Das ist bspw. im Rahmen von § 1788 BGB der Fall. Zwangshaft kann allerdings nur durch den Richter angeordnet werden gem. Art. 104 Abs. 2 Satz 1 GG, § 4 Abs. 2 Nr. 2 RPflG.

V. Rechtsbehelfe. Gem § 35 Abs. 5 ist der Zwangsmaßnahmenbeschluss mit der **sofortigen Beschwerde** 22
nach §§ 567 bis 572 ZPO – und somit binnen einer Notfrist von 2 Wochen – anfechtbar. Dies gilt gem. § 11 Abs. 1 RPflG auch, sofern der Rechtspfleger entschieden hat. Die Beschwerde hat gem. § 570 Abs. 1 ZPO aufschiebende Wirkung. Über die sofortige Beschwerde entscheidet grds. das OLG nach § 119 Abs. 1 Nr. 1 GVG. Nur gegen Entscheidungen in Freiheitsentziehungssachen und der von den Betreuungsgerichten entschiedenen Sachen entscheidet das LG nach § 72 Abs. 1 Satz 2 GVG. § 35 Abs. 5 eröffnet die Möglichkeit der sofortigen Beschwerde allerdings nur gegen die Anordnung von Zwangsmaßnahmen. Der Hinweis als solcher ist nicht selbstständig anfechtbar (so zur Mitwirkungspflicht im Versorgungsausgleichsverfahren nach § 220: OLG Zweibrücken FamRZ 2011, 1089; nunmehr auch: BGH FamRZ 2012, 1204, 1205 hinsichtlich der Verpflichtung des Betreuers, eine Schlussrechnung einzureichen). Sofern sich jemand hingegen gegen eine – unzulässiger Weise erfolgte – Androhung wendet, verbleibt es bei den allgemeinen Bestimmungen wie z.B. der einfachen unbefristeten Grundbuchbeschwerde nach § 71 Abs. 1 GBO, über die dann nicht der Einzelrichter (vgl. § 568 Abs. 1 Satz 1 ZPO) entscheidet sondern der Senat des OLG (OLG München FGPrax 2010, 168, 169). Die Grundbuchbeschwerde ist jedoch nicht eröffnet, wenn das Grundbuchamt nicht nur die »Androhung« eines bestimmten Zwangsgeldes vornimmt, sondern zugleich die Anordnung trifft, eine bestimmte Maßnahme wie einen Grundbuchberichtigungsantrag zu stellen (OLG München FamRZ 2013, 1920, 1921). Im Übrigen ist auch gegen eine – gesetzlich nicht mehr vorgesehene – Androhung ein Rechtsmittel nicht statthaft (BGH FamRZ 2012, 1204, 1205).

§ 36 Vergleich.
(1) ¹Die Beteiligten können einen Vergleich schließen, soweit sie über den Gegenstand des Verfahrens verfügen können. ²Das Gericht soll außer in Gewaltschutzsachen auf eine gütliche Einigung der Beteiligten hinwirken.
(2) ¹Kommt eine Einigung im Termin zustande, ist hierüber eine Niederschrift anzufertigen. ²Die Vorschriften der Zivilprozessordnung über die Niederschrift des Vergleichs sind entsprechend anzuwenden.
(3) Ein nach Absatz 1 Satz 1 zulässiger Vergleich kann auch schriftlich entsprechend § 278 Abs. 6 der Zivilprozessordnung geschlossen werden.
(4) Unrichtigkeiten in der Niederschrift oder in dem Beschluss über den Vergleich können entsprechend § 164 der Zivilprozessordnung berichtigt werden.
(5) ¹Das Gericht kann die Beteiligten für den Versuch einer gütlichen Einigung vor einen hierfür bestimmten und nicht entscheidungsbefugten Richter (Güterichter) verweisen. ²Der Güterichter kann alle Methoden der Konfliktbeilegung einschließlich der Mediation einsetzen. ³Für das Verfahren vor dem Güterichter gelten die Absätze 1 bis 4 entsprechend.

Übersicht

	Rdn.		Rdn.
A. Allgemeines	1	C. Vergleichsförderungspflicht des Gerichts (Abs. 1 Satz 2)	11
B. Anwendungsbereich, Zulässigkeit und Voraussetzungen des Vergleichs	7	D. Niederschrift des im Gerichtstermin geschlossenen Vergleichs	12
I. Anwendungsbereich	7		
II. Zulässigkeit und Voraussetzungen	9	E. Schriftlicher Vergleich	16

		Rdn.			Rdn.
I.	Schriftlicher Vergleichsschluss	16	III.	Befugnisse des Güterichters, Gestaltung des Güteverfahrens	43
II.	Gerichtliche Feststellung des Vergleichs	21	IV.	Abschluss des Verfahrens vor dem Güterichter	47
F.	Rechtsfolgen des Vergleichsschlusses	25		1. Erfolglosigkeit des Güteverfahrens	47
G.	Korrektur von Unrichtigkeiten in der Niederschrift und im Feststellungsbeschluss	27		2. Erfolg der Einigungsbemühungen	48
H.	Unwirksamkeit des Vergleichs und ihre Geltendmachung	29	J.	Kosten und Kostenerstattung	52
I.	Verfahren vor dem Güterichter	34		I. Gerichtskosten	52
	1. Grundlagen, Stellung des Güterichters	34		II. Rechtsanwaltsgebühren	55
	2. Verweisung der Beteiligten vor einen Güterichter (Abs. 5 Satz 1)	37		III. Kostenentscheidung	56

1 **A. Allgemeines.** Das FGG enthielt keine allgemeine Regelung über den Vergleich; allerdings war der Vergleich in Einzelvorschriften ausdrücklich zugelassen. Überdies hatte die Rspr. in Antragsverfahren im Rahmen einer den Parteien hier eingeräumten Dispositionsbefugnis die Zulässigkeit eines Vergleichs anerkannt. § 36 enthält nunmehr eine allgemeine Regelung über die Voraussetzungen, den Gegenstand und die Förmlichkeiten des Vergleichsschlusses und die Beteiligung des Gerichts hieran.

2 Abs. 1 bestimmt den Bereich, in dem die Beteiligten einen Vergleich schließen und damit das gerichtliche Verfahren beenden können. Es wird die grundsätzliche Verpflichtung des Gerichts normiert, auf eine gütliche Einigung hinzuwirken.

3 Abs. 2 regelt die Förmlichkeiten des Vergleichsschlusses unter weitgehender Heranziehung der Vorschriften der ZPO.

4 Abs. 3 lässt – wie im Zivilprozess – auch den Abschluss eines schriftlichen Vergleichs zu.

5 Abs. 4 betrifft die Korrektur von Unrichtigkeiten in der Vergleichsniederschrift und in dem den Vergleich feststellenden Beschluss.

6 Abs. 5 ist durch das Gesetz zur Förderung der Mediation und anderer Verfahren der außergerichtlichen Konfliktbeilegung vom 21.07.2012 eingefügt worden. Damit ist die Grundlage für eine gerichtsinterne Konfliktbeilegung durch Einschaltung eines nicht entscheidungsbefugten Güterichters geschaffen worden, der auch Methoden der Mediation einzusetzen befugt ist.

7 **B. Anwendungsbereich, Zulässigkeit und Voraussetzungen des Vergleichs. I. Anwendungsbereich.** Die Regelung über den Vergleichsschluss in § 36 gilt für die Verfahren des FamFG, soweit die Anwendbarkeit der allgemeinen Vorschriften der freiwilligen Gerichtsbarkeit nicht ausgeschlossen ist (wie z.B. nach § 113 Abs. 1) und in dem jeweiligen Verfahren der freiwilligen Gerichtsbarkeit keine Sonderregelungen eingreifen, die Vorrang haben, wie etwa § 156 Abs. 2, der in Verfahren über das Umgangsrecht und die Kindesherausgabe anzuwenden ist (vgl. dort Rdn. 2 ff.), §§ 6 ff. VersAusglG für Vereinbarungen über den VA, §§ 16 Satz 3, 19, 20 Abs. 2 LwVG für das landwirtschaftsgerichtliche Verfahren und § 366 für die durch Gericht bestätigte außergerichtliche Vereinbarung der Parteien über eine Nachlassauseinandersetzung.

8 § 36 gilt zwar – wie aus seiner Stellung in Abschnitt 2 folgt – unmittelbar nur für Verfahren im ersten Rechtszug. Die Regelungen über den Vergleichsschluss sind aber auch für den Rechtsmittelzug relevant und dürften hier über die Bezugnahme auf die subsidiär anzuwendenden Vorschriften erster Instanz gelten (vgl. §§ 68 Abs. 3, 74 Abs. 4).

9 **II. Zulässigkeit und Voraussetzungen.** Nach Abs. 1 ist im Verfahren der freiwilligen Gerichtsbarkeit ein Vergleich zulässig, soweit die Beteiligten **über den Gegenstand des Verfahrens verfügen** können. Ob und inwieweit den Beteiligten Dispositionsbefugnis eingeräumt ist, bestimmt sich dabei nach dem jeweils anwendbaren materiellen Recht (RegE BT-Drucks. 16/6308, 193). Danach kommt es nach nunmehrigem Recht für die Zulässigkeit des Vergleichs nicht darauf an, ob es sich um ein Antragsverfahren oder ein Amtsverfahren handelt. Allerdings wird die notwendige Dispositionsfreiheit der Beteiligten regelmäßig bei den Gegenständen des **Antragsverfahrens** gegeben sein und regelmäßig bei Amtsverfahren fehlen. Das **Amtsverfahren** steht nicht zur Disposition der Beteiligten, weil es um Maßnahmen staatlicher Rechtsvorsorge und/oder von öffentlichem Interesse geht. Es wird dann aber kaum anzunehmen sein, dass die Beteiligten zwar nicht über das Verfahren, wohl aber über den Verfahrensgegenstand verfügen können. Ob und inwieweit den Beteiligten eine Dispositionsbefugnis hinsichtlich des Verfahrensgegenstandes zukommt, ist durch Auslegung des jeweils anzuwendenden materiellen Rechts festzustellen. Geht es in dem Verfahren, etwa einer echten Streitsache, um private Rechte und Interessen der Beteiligten, ist regelmäßig die Dispositionsbefugnis zu bejahen. Bei einem Antragsverfahren, in dem die Beteiligten über das Verfahren durch Antragsrücknahme (§ 22 Abs. 1) und Beendigungserklärung (§ 22 Abs. 3) disponieren können, besteht jedenfalls eine Verfügungsbefugnis über das Verfahren; es wird dann grds. zu vermuten sein, dass den Beteiligten – vorbehaltlich eines abweichenden Ergebnisses der Auslegung des anwendbaren materiellen Rechts – eine entsprechende Verfügungsbefugnis auch über den Gegenstand des Verfahrens zukommt. Die erforderliche Dispositionsbefugnis und die Möglichkeit eines Vergleichsschlusses sind – trotz der Regelung in Abs. 1 Satz 2 – grundsätzlich auch in Gewaltschutzsachen zu bejahen (vgl. OLG Brandenburg NZFam 2014, 656).

Es dürfte auch in der Befugnis der Beteiligten liegen – wie bei Prozessvergleichen im Zivilprozess –, **andere Ansprüche, über die sie verfügen können und die nicht Gegenstand des Verfahrens sind**, in den Prozessvergleich einzubeziehen. Der Vergleich kann sich ggf. auch auf andere Verfahren (auch ZPO-Verfahren) erstrecken, in denen ebenfalls eine Verfügungsbefugnis der Beteiligten hinsichtlich des Verfahrens- oder Streitgegenstandes gegeben ist (vgl. Keidel/*Meyer-Holz* § 36 FamFG Rn. 6). Soweit Verfügungsbefugnis über den Verfahrensgegenstand und die Gegenstände des Vergleichs gegeben ist, bestehen auch keine durchgreifenden Bedenken dagegen, dass ein **Dritter, der nicht Beteiligter** des Verfahrens ist, dem Vergleich beitritt und an den Vergleichsregelungen beteiligt wird.

Einschränkungen der Verfügungsbefugnis der Beteiligten hinsichtlich des Verfahrensgegenstandes und Schranken für eine Vergleichsregelung können sich aus zwingenden rechtlichen oder logischen Gründen ergeben. So können im Erbscheinsverfahren die Beteiligten nicht mehr durch Vergleich die mit dem Erbfall eingetretene Erbenstellung regeln. Sie können sich aber durch Vergleich darauf einigen, dass durch die Ausübung von Gestaltungsrechten Einfluss auf die Erbfolge genommen wird (z.B. durch Ausschlagung, Anfechtung einer Verfügung von Todes wegen) oder dies durch Nichtausübung von Gestaltungsrechten unterlassen wird (vgl. BayObLG FGPrax 1997, 229). Den Beteiligten bleibt hier auch die Möglichkeit, im Vergleichswege durch Vereinbarung und Vornahme der dazu notwendigen rechtsgeschäftlichen Verfügungen (Übereignungen, ggf. Abtretungen) eine dingliche Rechtslage zu schaffen, die sich bei einer von ihnen gewollten abweichenden Erbrechtsfolge ergeben hätte (vgl. KG FamRZ 2004, 836; OLG Oldenburg RdL 2008, 301, 302; Palandt/*Sprau* § 779 BGB Rn. 6; MüKo/*Musielak* § 2385 BGB Rn. 2).

Hinsichtlich der **übrigen Voraussetzungen eines wirksamen Vergleichs** ist zu berücksichtigen, dass dem gerichtlichen Vergleich im Bereich der freiwilligen Gerichtsbarkeit – wie dem Prozessvergleich im Zivilprozess – eine Doppelnatur zukommt (vgl. BayObLG NJW-RR 1990, 594, 596; MüKoZPO/*Ulrici* § 36 FamFG Rn. 13 ff.). Der Abschluss des Vergleichs erfordert Verfahrenshandlungen, die in verfahrensrechtlicher Hinsicht wirksam sein müssen (so müssen z.B. die Verfahrenshandlungsvoraussetzungen gegeben sein), gleichzeitig ist der gerichtliche Vergleich Vergleichsvertrag und muss die materiellrechtlichen Voraussetzungen eines entsprechenden wirksamen Vertrages erfüllen. Insoweit gelten die gleichen Grundsätze und entsprechende Wirksamkeitsvoraussetzungen wie für einen Prozessvergleich im Zivilprozess (vgl. hierzu Zöller/*Stöber* § 794 ZPO Rn. 3 ff.). Eine eventuell erforderliche Zustimmung zu der getroffenen vergleichsweisen Vereinbarung ist einzuholen. Enthält der gerichtliche Vergleich Bestimmungen über die Veräußerung, Belastung oder Verpachtung von landwirtschaftlichen bzw. forstwirtschaftlichen Grundstücken, so kann das Landwirtschaftsgericht auf Antrag anstelle der sonst zuständigen Behörde darüber entscheiden, ob die vereinbarten Bestimmungen nach den Vorschriften über den Verkehr mit land- oder forstwirtschaftlichen Grundstücken genehmigt oder nach den Vorschriften des Landpachtverkehrsgesetzes beanstandet werden (vgl. § 19 LwVG).

C. Vergleichsförderungspflicht des Gerichts (Abs. 1 Satz 2). Dort, wo den Beteiligten Dispositionsfreiheit über den Verfahrensgegenstand zukommt und ein Vergleich zulässig ist, begründet Abs. 1 Satz 2 – ähnlich wie im Zivilprozess § 278 Abs. 1 ZPO – die grundsätzliche **Verpflichtung des Gerichts, auf eine gütliche Einigung hinzuwirken**. Für bestimmte Verfahren wird diese Verpflichtung des Gerichts in verfahrensspezifischer Konkretisierung wiederholt (vgl. §§ 156 Abs. 1 Satz 1, 165 Abs. 4 Satz 1). Nach Vorstellung des Gesetzgebers soll das Gericht den Beteiligten in einem möglichst frühen Verfahrensstadium die Möglichkeiten und Vorteile einer einvernehmlichen Regelung nahe bringen und dazu ggf. bereits einen Vergleichsvorschlag unterbreiten (vgl. RegE BT-Drucks. 16/6308, 193). Eine Ausnahme ist für Gewaltschutzsachen vorgesehen. Dem liegt die Überlegung zugrunde, dass in diesen Verfahren regelmäßig gerichtliche Anordnungen und deren effektive Durchsetzung auch durch Strafandrohung nach § 4 GewSchG geboten erscheinen.

Dies wäre bei einer in einem Vergleich übernommenen Verpflichtung evtl. nicht gewährleistet, da diese nicht nach § 4 Satz 1 GewSchG strafbewehrt wäre (vgl. RegE BT-Drucks. 16/6308, 193). Dass diese Überlegungen überzeugend oder gar zwingend sind, dürfte zu bezweifeln sein (vgl. Prütting/Helms/*Abramenko* § 36 FamFG Rn. 5 f.); die Ausnahmevorschrift steht auch in einem Spannungsverhältnis zur nunmehr eingeführten Regelung des § 36a Abs. 1 Satz 2. Dies ändert jedoch nichts an der Verbindlichkeit der gesetzlichen Ausnahme.

12 **D. Niederschrift des im Gerichtstermin geschlossenen Vergleichs.** Über den Vergleich ist – abweichend von dem für den Termin nur vorgesehenen Vermerk nach § 28 Abs. 4 – eine **formalisierte Niederschrift** anzufertigen. Hierfür sind nach Abs. 2 die Vorschriften der ZPO entsprechend anzuwenden; heranzuziehen sind danach §§ 160 Abs. 1, Abs. 3 Nr. 1, 160a, 162 Abs. 1, 163 ZPO.

13 In der Vergleichsniederschrift sind die Beteiligten aufzuführen und auch die übrigen Angaben des § 160 Abs. 1 ZPO dürften erforderlich sein. Der Vergleichstext muss in vollem Wortlaut wiedergegeben werden (§ 160 Abs. 3 Nr. 1 ZPO). Der Vergleichstext ist den Beteiligten vorzulesen oder zur Durchsicht vorzulegen (§ 162 Abs. 1 Satz 1 ZPO). Hierüber und über die weiterhin erforderliche Genehmigung des Vergleichs durch die Beteiligten ist ein Vermerk in der Niederschrift aufzunehmen (§ 162 Abs. 1 Satz 3 ZPO). Vorlesen (Vorlage zur Durchsicht) und Genehmigung des Vergleichs sind für die Wirksamkeit des gerichtlichen Vergleichs unabdingbare Voraussetzungen (vgl. BGHZ 142, 84, 87; BGH NJW 1984, 1465, 1466; OLG Hamm FGPrax 2011, 209 für Vergleich nach § 36), der entsprechende Protokollvermerk wohl nicht, ihm dürfte aber entscheidende Beweisfunktion zukommen (vgl. BGHZ 142, 84, 88; Stein/Jonas/*Roth* § 162 ZPO Rn. 8, § 160 ZPO Rn. 14). Bei vorläufiger Aufzeichnung der Vergleichsniederschrift genügt das Vorlesen und Abspielen der Aufzeichnung (§ 162 Abs. 1 Satz 2 ZPO); auch hier ist die Genehmigung und die Aufzeichnung des darauf bezogenen Vermerks erforderlich.

14 Weiterhin ist erforderlich, dass die Vergleichsniederschrift vom Richter, beim Kollegialgericht durch den Vorsitzenden, sowie vom Urkundsbeamten, soweit ein solcher nach § 28 Abs. 4 hinzugezogen worden ist, unterschrieben wird (§ 163 Abs. 1 ZPO).

15 Die endgültige Niederschrift über den Vergleich kann auch als gerichtliches elektronisches Dokument nach § 130b ZPO erstellt werden, wie aus Abs. 2 i.V.m. §§ 160a Abs. 4 folgt.

16 **E. Schriftlicher Vergleich. I. Schriftlicher Vergleichsschluss.** Abs. 3 lässt auch einen Vergleichsschluss außerhalb eines Termins im schriftlichen Verfahren zu und erklärt für den schriftlichen Vergleichsschluss die Regelung in § 278 Abs. 6 ZPO für entsprechend anwendbar. Auch wenn in Verfahren eine mündliche Verhandlung vorgesehen ist, schließt dies einen Vergleich nach Abs. 3 nicht aus (vgl. *Götz* NJW 2010, 899). Abs. 3 behandelt – wie auch § 278 Abs. 6 ZPO – den schriftlichen Vergleich als vollwertigen gerichtlichen Vergleich. Allerdings kann der schriftliche gerichtliche Vergleich aus Gründen des materiellen Rechts bei bestimmten Regelungsgegenständen ausscheiden und nur ein im Termin protokollierter Vergleich in Betracht kommen. So ist zweifelhaft, ob der schriftliche Vergleich nach § 127a BGB eine nach dem Regelungsgegenstand erforderliche Form der notariellen Beurkundung wahrt (vgl. dazu Rdn. 25). Ist die gleichzeitige persönliche Anwesenheit der Vergleichsschließenden beim Vertragsschluss, hier also beim Abschluss des Vergleichs, erforderlich, z.B. bei einer im Vergleich vorgesehenen Grundstücksauflassung (§ 925 Abs. 1 Satz 1 BGB), Aufhebung oder Änderung des Güterstandes durch Ehevertrag (1410 BGB) oder erbvertraglichen Regelungen (§ 2276 Abs. 1 BGB), muss ein schriftlicher Vergleich ausscheiden, weil damit diese Voraussetzung nicht erfüllt werden kann (vgl. OLG Düsseldorf NJW-RR 2006, 1609, 1610; a.A. für die Auflassung *Bergschneider* FamRZ 2013, 260, 263).

17 Ein schriftlicher Vergleich kommt nach der in Abs. 3 in Bezug genommenen Regelung des § 278 Abs. 6 ZPO zustande, indem das **Gericht einen schriftlichen Vergleichsvorschlag** macht und die Beteiligten diesen Vorschlag durch Schriftsatz ggü. dem Gericht annehmen. Das Gericht kann dabei den Beteiligten eine bestimmte Frist für die Annahme seines Vergleichsvorschlags setzen. Wird die Annahme von einem betroffenen Beteiligten nicht rechtzeitig erklärt, ist der schriftliche Vergleich gescheitert. Nach Fristablauf dürfte ein Beteiligter, der seine Zustimmung innerhalb der Frist erklärt hatte, an die vorgeschlagene Vergleichsregelung nicht mehr gebunden sein (vgl. Musielak/*Foerste* § 278 ZPO Rn. 17).

18 Alternativ besteht die **Möglichkeit, dass die Beteiligten ggü. dem Gericht einen schriftlichen Vergleichsvorschlag unterbreiten**, d.h. durch Schriftsatz dem Gericht eine (evtl. vorher erzielte bzw. abgestimmte) vergleichsweise Regelung übereinstimmend mitteilen oder ein Beteiligter durch einen bei Gericht eingereichten Schriftsatz einen Vergleichsvorschlag macht und der andere Beteiligte bzw. die anderen Beteiligten

durch entsprechenden Schriftsatz diesem Vorschlag zustimmen. In der letztgenannten Variante ist neben den übereinstimmenden (verfahrensrechtlichen) Vergleichserklärungen gegenüber dem Gericht auch noch eine vertragliche Einigung zwischen den Beteiligten über den Inhalt der Vergleichsregelung entsprechend den §§ 145 ff. BGB erforderlich. Auch bei der ersten Variante ist erforderlich, dass beide bzw. alle Beteiligten inhaltlich übereinstimmende Erklärungen ggü. dem Gericht abgeben; eine entsprechende Erklärung nur eines Beteiligten ggü. dem Gericht und eine nur interne Zustimmungserklärung des anderen Beteiligten reichen für einen **gerichtlichen** Vergleich nicht aus (vgl. OLG Karlsruhe FamRZ 2011, 314, 316). Eine Annahme des Vergleichsvorschlags eines Beteiligten unter Erweiterungen, Ergänzungen oder sonstigen Änderungen seitens eines anderen Beteiligten dürfte nach § 150 Abs. 2 BGB als neues Vergleichsangebot zu werten sein (vgl. Musielak/*Foerste* § 278 ZPO Rn. 17a). Wird ein gerichtlicher Vergleichsvorschlag von einem Beteiligten nur mit Modifikationen angenommen, muss darin eine Ablehnung des gerichtlichen Vorschlags gesehen werden. Darin dürfte jedoch ein modifizierter, neuer Vergleichsvorschlag des Beteiligten liegen, der von den anderen Beteiligten angenommen werden und dadurch zum Vergleichsschluss führen kann (Musielak/*Foerste* § 278 ZPO Rn. 17a; anders Zöller/*Greger* § 278 ZPO Rn. 34b – das Gericht soll nach Prüfung evtl. einen neuen Vergleichsvorschlag unterbreiten).

Auch bei einem schriftlichen Vergleich sollte ein **einvernehmlicher Widerrufsvorbehalt** für einzelne Beteiligte oder alle Beteiligten möglich sein (vgl. PG/*Geisler* § 278 ZPO Rn. 21; a.A. BLAH/*Hartmann* § 278 ZPO Rn. 62). Ein Vergleichsschluss ist dann, wenn ein Widerruf nicht eingeht, nach Ablauf der Widerrufsfrist festzustellen (ohne den Widerrufsvorbehalt). 19

Die schriftlichen Erklärungen der Beteiligten müssen ggü. dem Gericht abgegeben werden. Durch **Erklärungen zwischen den Beteiligten** kann kein gerichtlicher, sondern allenfalls ein außergerichtlicher Vergleich zustande kommen (vgl. OLG Jena FamRZ 2006, 1277). 20

II. Gerichtliche Feststellung des Vergleichs. Nach der für entsprechend anwendbar erklärten Regelung des § 278 Abs. 6 ZPO sind das **Zustandekommen** eines schriftlichen Vergleichs und dessen Inhalt **durch gerichtlichen Beschluss festzustellen**. Der Beschluss hat lediglich feststellende, deklaratorische Funktion, die zum Vergleich führende Einigung ist bereits durch die entsprechenden Erklärungen der Beteiligten ggü. dem Gericht zustande gekommen (vgl. OLG Hamm NJW 2011, 1373). 21

Das Gericht hat dabei das Zustandekommen einer vergleichsweisen Einigung der Beteiligten zu prüfen. Bei einem **Vergleich unter Widerrufsvorbehalt** ist der Feststellungsbeschluss erst nach Ablauf der Widerrufsfrist, Prüfung und Verneinung eines Widerrufs zu erlassen. 22

Fraglich ist, inwieweit dem Gericht eine **inhaltliche Prüfungskompetenz** zukommt. Bei einem Vergleichsvorschlag des Gerichts wird bereits im Stadium des Vorschlags die inhaltliche Zulässigkeit und Angemessenheit des Vorschlags geprüft worden sein. Bei einem von Beteiligten ausgehenden Vergleichsvorschlag liegt zwar die Verantwortung auch für den Inhalt des Vergleichs vollständig bei den Beteiligten. Das Gericht wird jedoch in jedem Fall die Zulässigkeit des Vergleichs nach Abs. 1 (Dispositionsbefugnis der Beteiligten über den Verfahrensgegenstand) zu prüfen haben. Bei einem ersichtlichen Verstoß gegen Gesetze (§ 134 BGB) oder die guten Sitten (§ 138 BGB) und einer daraus folgenden Nichtigkeit des Vergleichs darf das Gericht den Vergleichsschluss nicht feststellen (zur entsprechenden Problematik i.R.d. § 278 Abs. 6 ZPO vgl. BLAH/*Hartmann* § 278 ZPO Rn. 65; Musielak/*Foerste* § 278 ZPO Rn. 18). Gleiches gilt bei anderen Nichtigkeitsgründen (z.B. einer erfolgreichen Anfechtung wegen arglistiger Täuschung). 23

In FamFG-Verfahren ist der **Beschluss** über die gerichtliche Feststellung des Vergleichs – wie die Feststellung nach § 278 Abs. 6 Satz 2 ZPO (vgl. dazu BT-Drucks. 14/4722, 82; Musielak/*Foerste* § 278 BGB Rn. 18) – **unanfechtbar**. In Betracht kommt lediglich eine Berichtigung nach Abs. 4, § 164 ZPO oder im Fall einer Nichtigkeit des Vergleichs die Fortsetzung des Verfahrens (vgl. unten Rdn. 29 ff.). 24

F. Rechtsfolgen des Vergleichsschlusses. Dem gerichtlichen Vergleich (dies gilt für beide in Abs. 2 und 3 vorgesehenen Formen) kommt auch im FamFG eine Doppelnatur zu. Er ist **materiellrechtlicher Vertrag** gem. § 779 BGB und gleichzeitig **Verfahrenshandlung** der Beteiligten (vgl. Zöller/*Stöber* § 794 ZPO Rn. 3; Prütting/Helms/*Abramenko* § 36 FamFG Rn. 7). 25

Der protokollierte gerichtliche Vergleich ersetzt nach § 127a BGB eine evtl. erforderliche **notarielle Beurkundung** und damit auch die öffentliche Beglaubigung und die Schriftform (vgl. §§ 129 Abs. 2, 126 Abs. 4 BGB). Ob der schriftliche Vergleich nach Abs. 3 ebenfalls eine notarielle Beurkundung ersetzt, ist zweifelhaft und streitig. Teilweise wird dies abgelehnt, weil der Wortlaut des § 127a BGB dem entgegenstehe und vor allem eine vergleichbare Betreuung und Beratung der Beteiligten, wie sie bei der notariellen Beurkundung zu leisten sei, bei fehlender mündlicher Verhandlung nicht gewährleistet sei (vgl. OLG Brandenburg, 2. Familiensenat, FamRZ 2008, 1192; Bork/Jacoby/Schwab/*Elzer* § 36 FamFG Rn. 30; PG/*Geisler* § 278 ZPO Rn. 22). Teilweise wird angenommen, dass § 127a BGB für den schriftlichen Vergleich jedenfalls entsprechend gelte (vgl. BAG NJW 2007, 1831, 1832; OLG Brandenburg, 3. Familiensenat, FamRZ 2014, 1202; OLG Naumburg FamRZ 2009, 617; *Bergschneider* FamRZ 2013, 260, 263; Palandt/*Ellenberger* § 127a BGB Rn. 2). Nach einer weiteren Auffassung soll differenziert werden: Bei einem schriftlichen Vergleichsschluss auf Vorschlag des Gerichts soll § 127a BGB entsprechend gelten, in den anderen Fällen eines schriftlichen Vergleichsschlusses auf Vorschlag einer Partei bzw. eines Beteiligten soll hingegen der Vergleich lediglich die Schriftform wahren (vgl. Keidel/*Meyer-Holz* § 36 FamFG Rn. 13; Thomas/Putzo/*Reichold* § 278 ZPO Rn. 17). Der letztgenannten Auffassung dürfte zu folgen sein. In den Fällen, in denen der Vergleichsvorschlag vom Gericht gemacht wird, ist dieses typischerweise in die Erarbeitung der Vergleichsregelung und die Vergleichsformulierung eingebunden, sodass eine hinreichende Prüfung und eine Beratung der Beteiligten durch das Gericht gewährleistet ist wie bei einem Vergleichsschluss in einem Verhandlungstermin (so auch OLG München FamRZ 2011, 812).

Als **materiellrechtlicher Vertrag** begründet der Vergleich (wenn er wirksam ist) entsprechend seinem jeweiligen Inhalt Rechte und Verpflichtungen der Beteiligten, enthält ggf. Verfügungen oder gestaltet die Rechtslage in sonstiger Weise.

Die im (wirksamen) **Vergleich liegenden Verfahrenshandlungen beenden das jeweilige Verfahren** ganz oder teilweise. Letzteres gilt, wenn der Vergleich sich nur auf einen Teil des Verfahrensgegenstandes bzw. der Verfahrensgegenstände bezieht (zum davon abzugrenzenden sog. Zwischenvergleich, der den Streit lediglich hinsichtlich einzelner Elemente des Anspruchs beilegt und keinen den Verfahrensgegenstand auch nur teilweise erledigenden Vergleich darstellt, vgl. Zöller/*Stöber* § 794 ZPO Rn. 3 a.E.). Entsprechende Verfahrenshandlungen müssen dabei allerdings von allen am Vergleichsgegenstand Beteiligten vorliegen.

26 Eine bereits ergangene, noch nicht rechtskräftige Entscheidung wird wirkungslos, wenn sie durch eine im Vergleich enthaltene Regelung nicht aufrechterhalten wird. Der gerichtliche Vergleich kommt als **Vollstreckungstitel** in Betracht, sofern er einen vollstreckbaren Inhalt hat. In Kindschaftssachen setzt die Vollstreckbarkeit des Vergleichs die nach § 156 Abs. 2 erforderliche gerichtliche Billigung voraus (vgl. § 86 Abs. 1 Nr. 2; § 86 Rdn. 2, 4). Die übrigen gerichtlichen Vergleiche kommen als Vollstreckungstitel nach § 86 Abs. 1 Nr. 3 (i.V.m. § 794 Abs. 1 Nr. 1 ZPO) in Betracht. Für die Vollstreckung ist wiederum Voraussetzung, dass die Beteiligten über den Gegenstand des Verfahrens, auf den sich der Vergleich bezieht, verfügen können (§ 86 Abs. 1 Nr. 3). Dies ist bereits nach Abs. 1 Voraussetzung für einen zulässigen gerichtlichen Vergleich, diese Voraussetzung eines wirksamen Vollstreckungstitels wird jedoch auch nochmals im Vollstreckungsverfahren zu prüfen sein.

27 **G. Korrektur von Unrichtigkeiten in der Niederschrift und im Feststellungsbeschluss.** Abs. 4 eröffnet die Möglichkeit zur **Berichtigung von Unrichtigkeiten** in der Vergleichsniederschrift oder in einem Feststellungsbeschluss nach Abs. 3 in entsprechender Anwendung des § 164 ZPO. Diese Regelung bezieht sich sowohl auf den im Termin protokollierten Vergleich als auch auf den schriftlichen Vergleichsschluss nach Abs. 3. Beim schriftlichen Vergleich folgt das bereits aus dem in Abs. 3 in Bezug genommenen § 278 Abs. 6 Satz 3 ZPO. Für den im Termin geschlossenen Vergleich bedurfte es der Regelung in Abs. 4. Denn für den Terminsvermerk nach § 28 Abs. 4 ist generell kein formalisiertes Berichtigungsverfahren vorgesehen. Für die Vergleichsniederschrift eines im Termin geschlossenen Vergleichs nach Abs. 2 erschien dies aber wegen der Bedeutung und Tragweite des Vergleichs für die Beteiligten und im Hinblick auf eine evtl. Vollstreckbarkeit des Vergleichs nicht sachgerecht (vgl. Begr. RegE BT-Drucks. 16/6308, 194).

28 Entsprechend § 164 Abs. 1 ZPO können **Unrichtigkeiten** in der Niederschrift oder im Feststellungsbeschluss **jederzeit berichtigt** werden, auch von Amts wegen. Es kommen Unrichtigkeiten aller Art in Betracht, die sich bei der Niederschrift oder der Feststellung des Vergleichs ergeben haben. Die Möglichkeit einer Berichtigung beschränkt sich danach nicht auf »offenbare Unrichtigkeiten« i.S.d. § 319 ZPO (vgl. OLG München OLGZ 1980, 465, 466; Zöller/*Stöber* § 164 ZPO Rn. 2). Die Berichtigung erfolgt in der in § 164 Abs. 3 ZPO vorgesehenen Form und ist von dem tätig gewesenen Richter bzw. dem Vorsitzenden des Kollegialgerichts und – falls ein Urkundsbeamter hinzugezogen worden war – auch von diesem zu unterschreiben (für das gerichtliche elektronische Dokument vgl. §§ 164 Abs. 4, 130b ZPO). Daraus folgt, dass eine Berichtigung nur möglich ist, wenn die für die Berichtigung nach § 164 Abs. 3 zuständigen Personen aufgrund ihrer Erinnerung, des Akteninhalts oder sonstiger Umstände die Unrichtigkeit feststellen können. Ist dies nicht möglich oder stimmen die nach § 164 Abs. 3 zuständigen Personen nicht überein, ist eine Be-

richtigung ausgeschlossen (vgl. Zöller/*Stöber* § 164 ZPO Rn. 2). Die Beteiligten sind vor einer Berichtigung der Niederschrift anzuhören (§ 164 Abs. 2 ZPO).

H. Unwirksamkeit des Vergleichs und ihre Geltendmachung. Ein gerichtlicher Vergleich kann aus verfahrensrechtlichen oder formellen Gründen, aber auch aus materiellrechtlichen Gründen **unwirksam** sein. Eine Unwirksamkeit aus formellen Gründen kann sich etwa ergeben, wenn die Niederschrift des in einem Termin geschlossenen Vergleichs wesentliche Mängel aufweist, etwa das Vorlesen bzw. Abspielen des protokollierten Vergleichs sowie die Genehmigung der Beteiligten fehlen (vgl. BGH NJW 1984, 1465, 1466). 29

Die **Unwirksamkeit aufgrund formeller Mängel** schließt die verfahrensbeendende Wirkung des Vergleichs aus. Der Vergleich kann jedoch materiellrechtlich als Vertrag gem. § 779 BGB (als außergerichtlicher Vergleich) wirksam und für die Beteiligten bindend sein, wenn dies dem durch Auslegung zu ermittelnden (hypothetischen) Parteiwillen entspricht (vgl. BGH NJW 1985, 1962). 30

Eine **Unwirksamkeit bzw. Nichtigkeit des Vergleichs aus materiellrechtlichen Gründen** kann sich etwa bei einer Sittenwidrigkeit nach § 138 BGB, einem Gesetzesverstoß gem. § 134 BGB, aufgrund einer wirksamen Anfechtung (z.B. wegen arglistiger Täuschung) oder auch bei fehlender Dispositionsbefugnis der Beteiligten über den Gegenstand des Verfahrens und des Vergleichs ergeben. Eine solche materiellrechtliche Nichtigkeit des gerichtlichen Vergleichs lässt auch seine verfahrensbeendende Wirkung entfallen. Dies gilt allerdings nicht, wenn der Vergleich erst später (ex nunc) seine materiellrechtliche Wirkung verliert (etwa durch einvernehmliche Aufhebung, Wegfall der Geschäftsgrundlage); die verfahrensbeendigende Wirkung wird davon nicht berührt (vgl. BGHZ 41, 310, 311; BGH NJW 1986, 1348, 1349; a.A. BAG NJW 1983, 2212). 31

Bei **späterem Wegfall der materiellrechtlichen Wirkungen** des Vergleichs kann ggf. ein neues Verfahren in Betracht kommen. 32

Die **Unwirksamkeit bzw. Nichtigkeit des Vergleichs** kann und muss hingegen von den Beteiligten **im alten Verfahren** geltend gemacht werden. Dieses ist dann vor dem Gericht, vor dem der Vergleich geschlossen worden ist (ggf. auch in der Rechtsmittelinstanz), fortzusetzen (vgl. BGH NJW 1999, 2903; BayObLG FGPrax 1999, 98, 99). Das Gericht hat dann zu prüfen, ob der Vergleich wirksam und die verfahrensbeendende Wirkung des Vergleichs eingetreten ist. Wird die Wirksamkeit des Vergleichs bejaht, hat das Gericht in einer (End-) Entscheidung auszusprechen, dass das Verfahren durch den betreffenden Vergleich erledigt worden ist (BGHZ 46, 277, 278; Keidel/*Meyer-Holz* § 36 FamFG Rn. 46). Gegen diese Entscheidung ist dann das Rechtsmittel gegeben, das auch bei einer ohne den Vergleich ergangenen Endentscheidung eröffnet gewesen wäre (BGH NJW 1996, 3345, 3346).

Wenn das Gericht die Wirksamkeit des Vergleichs verneint, ist das Verfahren fortzusetzen und in der Sache zu entscheiden. Die Unwirksamkeit des Vergleichs ist dann ggf. in einer Zwischenentscheidung (vgl. BGHZ 47, 132, 134; Zöller/*Stöber* § 794 ZPO Rn. 15a) oder in den Gründen der späteren Endentscheidung festzustellen. Nur die Endentscheidung kann angefochten werden. 33

I. Verfahren vor dem Güterichter. I. Grundlagen, Stellung des Güterichters. Durch das Gesetz zur Förderung der Mediation und anderer Verfahren der außergerichtlichen Konfliktbeilegung vom 21.07.2012 ist auch für den Bereich der freiwilligen Gerichtsbarkeit ein Verfahren vor dem Güterichter eingeführt worden. Diesem Gesetz ging die Erprobung verschiedener Modelle gerichtsinterner konsensualer Streitbeilegung voraus. Neben einem Ausbau des bereits in § 278 Abs. 2 ZPO vorhandenen Güteverfahrens wurden Modelle einer gerichtsinternen Mediation durch Richtermediatoren erprobt. Die jetzt Gesetz gewordenen Regelungen stellen sich als Kompromiss nach einem kontrovers verlaufenden Gesetzgebungsverfahren dar (zusammenfassend dazu *Ahrens* NJW 2012, 2465, 2469). Es ist ein spezieller Güterichter eingeführt worden, der nicht entscheidungsbefugt ist, der alle (zulässigen) Methoden der konsensualen Konfliktbeilegung einzusetzen befugt ist und sich dabei auch der Methoden der Mediation bedienen darf. Der Güterichter soll danach auch die Funktion wahrnehmen können, die in den genannten Modellversuchen richterliche Mediatoren ausgeübt haben. Für eine gerichtsinterne Mediation durch einen Richter, der nicht die Stellung eines Richters, sondern die des Mediators einnehmen will, ist aber nach der nunmehrigen Regelung und nach Auslaufen einer in § 9 MediationsG enthaltenen Übergangsregelung kein Raum mehr. 34

Der Güterichter hat bzw. behält den **Status des Richters**. Durch die gesetzliche Bezeichnung als »(Güte) Richter« und den systematischen Zusammenhang zu Abs. 1 Satz 2 wird hinreichend klargestellt, dass er (anders als ein Mediator) als Rechtsprechungsorgan tätig wird und den richterlichen Auftrag zur Förderung der einvernehmlichen Streitbeilegung erfüllt (vgl. *Greger*/Unberath, MediationG, Teil 4 Rn. 78). Er ist – 35 auch wenn er Methoden der Mediation einsetzt – nicht Mediator; die Regelungen des MediationsG, insbesondere auch die darin geregelten Pflichten des Mediators, gelten für ihn nicht (vgl. *Ahrens* NJW 2012, 2465, 2469/2470; *Hartmann* MDR 2012, 941, 942).

36 Der Güterichter ist ein **nicht entscheidungsbefugter Richter**, sodass er nicht dem Spruchkörper angehören darf, der ggf. später das anhängige Verfahren zu entscheiden haben wird (vgl. *Ahrens* NJW 2012, 2465, 2469; *Greger/Weber* Beilage MDR 2012, Heft 18, 5). Da er im Güteverfahren richterliche Tätigkeit und mithin ein richterliches Geschäft ausübt, ist die **Zuständigkeit des Güterichters** nach § 21e GVG vom Präsidium zu bestimmen (vgl. *Hartmann* MDR 2012, 941, 942; BT-Drucks. 17/8058, 21); auch die Tätigkeit als Güterichter nimmt er in richterlicher Unabhängigkeit wahr. Ob die Verteilung der Geschäfte bei mehreren in der Geschäftsverteilung vorgesehenen Güterichtern so genau erfolgen muss, wie dies bei Aufgaben der Rechtsprechung zur Gewährleistung des gesetzlichen Richters erforderlich ist, oder ob im Hinblick auf die fehlende Entscheidungskompetenz und Rechtsprechungsfunktion eine flexible Aufgabenverteilung unter den Güterichtern vorgenommen werden kann, ist bisher ungeklärt (für ersteres wohl *Hartmann* MDR 2012, 941, 942; für letzteres *Greger/Weber* Beilage MDR 2012, 7). Dies gilt auch für die Frage, ob der Güterichter dem Gericht angehören muss, das für das gerichtliche Verfahren zuständig ist (vgl. *Hartmann* MDR 2012, 941, 942), oder ob ein Güterichter wie ein ersuchter Richter gerichts- oder gar rechtswegübergreifend eingesetzt und tätig werden kann (für letzteres *Greger/Weber* Beilage MDR 2012, 6; zu diesbezüglichen Hinweisen im Gesetzgebungsverfahren vgl. BT-Drucks. 17/8058, 21).

37 **II. Verweisung der Beteiligten vor einen Güterichter (Abs. 5 Satz 1).** Nach Abs. 5 Satz 1 steht es im **pflichtgemäß auszuübenden Ermessen des Gerichts**, die Beteiligten an einen Güterichter zu verweisen. Eine solche Verweisung kommt nur in Betracht, wenn das Ziel eines Güteverfahrens, nämlich eine wirksame einvernehmliche, vergleichsweise Regelung, erreicht werden kann. Dies setzt zunächst voraus, dass der **Verfahrensgegenstand** einer **vergleichsweisen Regelung der Beteiligten zugänglich** ist. Dazu müssen die Beteiligten – wie oben ausgeführt (Rdn. 9 f.) – über den Gegenstand des Verfahrens und einer möglichen Einigung verfügen können.

38 Eine Verweisung der Beteiligten vor einen Güterichter hängt zwar nicht von der Zustimmung der Beteiligten ab (anders als bei einer außergerichtlichen Konfliktbeilegung nach § 36a). Da aber niemand zu einer Mitwirkung an einer gütlichen Beilegung des dem Verfahren zugrunde liegenden Konflikts gezwungen werden kann, wird die Einleitung eines Güteverfahrens nur bei **grundsätzlicher Bereitschaft der Beteiligten** in Betracht zu ziehen sein, **sich auf einen Versuch einer einvernehmlichen Konfliktlösung einzulassen**. Nur wenn unter Berücksichtigung aller Umstände aus Sicht des Gerichts ein Güteverfahren aussichtsreich erscheint, dürfte es sachgemäßer Ermessensausübung entsprechen, ein solches Verfahren einzuleiten. Bei der Ausübung des verfahrenseinleitenden Ermessens des Ausgangsgerichts wird auch zu berücksichtigen sein, ob und inwieweit das Güteverfahren eine bessere Chance für eine die Beteiligten befriedende und umfassende Konfliktlösung bietet als das eingeleitete gerichtliche Verfahren. Letzteres wird insb. zu bejahen sein, wenn das anhängige gerichtliche Verfahren nur einen Teil des erkennbaren Streits der Beteiligten und des Konfliktpotenzials erfasst und/oder ersichtliche Störungen in den persönlichen Beziehungen der Beteiligten als wesentliche Ursache ihres Streits aufzuarbeiten sind. Andererseits muss i.R.d. Ermessensentscheidung auch der Aufwand des Güteverfahrens und eine im Fall einer Erfolglosigkeit damit verbundene Verzögerung des gerichtlichen Verfahrens berücksichtigt werden. Beides wird nur bei einer hinreichend erscheinenden Erfolgsaussicht des Güteverfahrens zu rechtfertigen sein. Die Beteiligten haben keinen Anspruch auf Durchführung eines Güteverfahrens, sie können ein solches jedoch anregen; eine solche Anregung und die daraus ersichtliche Bereitschaft, eine einvernehmliche Lösung zu suchen, werden aber erhebliches Gewicht bei der Ermessensentscheidung des Gerichts haben.

39 Den Beteiligten wird vor der Verweisungsentscheidung – auch zur Gewährleistung rechtlichen Gehörs – **Gelegenheit zur Stellungnahme** zu geben sein. Soweit von Beteiligten ein vom Gericht im konkreten Fall für sachgerecht gehaltenes Güteverfahren aus nicht überzeugenden oder gar nicht verständlichen Gründen abgelehnt wird, kann sich ggf. eine formlose, eventuell telefonische Rücksprache des Gerichts mit dem/den betreffenden Beteiligten anbieten (vgl. *Greger*/Unberath, MediationG, Teil 4 Rn. 122).

40 Die Beteiligten haben nicht das Recht, sich den in ihrer Sache tätigen Güterichter selbst auszuwählen; ein **Auswahlrecht**, wie es in § 2 Abs. 1 MediationsG für die Auswahl des Mediators vorgesehen ist, gilt hier nicht.

Die Entscheidung über die Verweisung der Beteiligten vor einen Güterichter ist vom **im Ausgangsverfahren zuständigen Gericht**, bei einem Kollegialgericht nicht nur vom Vorsitzenden, sondern vom gesamten Kollegium zu treffen (vgl. *Ahrens* NJW 2012, 2465, 2469). 41

Mit der Anordnung eines Güteverfahrens ist nicht zwangsläufig eine **Aussetzung des beim Ausgangsgericht anhängigen Verfahrens** zu verbinden. Eine dem § 36a Abs. 2 entsprechende Aussetzungsregelung hat der Gesetzgeber für die gerichtsinterne Konfliktbeilegung nicht vorgesehen. Das Güteverfahren ist als Fortsetzung und gesonderter Verfahrensabschnitt des eingeleiteten Gerichtsverfahrens zu verstehen. Bei einem entsprechenden Bedürfnis mag eine Verfahrensaussetzung nach der allgemeinen Regelung des § 21 in Betracht zu ziehen sein. 42

III. Befugnisse des Güterichters, Gestaltung des Güteverfahrens. Für das Verfahren vor dem Güterichter werden die Abs. 1 bis 4 für entsprechend anwendbar erklärt. Ansonsten wird dem Güterichter in der Verfahrensgestaltung weitgehend freie Hand gelassen. Für die ihm übertragene Aufgabe, zu versuchen, eine einvernehmliche Konfliktbeilegung zwischen den Beteiligten herbeizuführen, kann er sich nach Abs. 5 Satz 2 **aller Methoden unter Einschluss der Mediation** bedienen. Auch wenn dem Güterichter danach der Weg eines Einigungsversuchs im schriftlichen Verfahren zur Verfügung steht, wird er im Regelfall einen Termin mit den Beteiligten durchführen, um eine Einigung zwischen den Beteiligten zu vermitteln oder Hilfestellung für die Erarbeitung einer Lösung des Konflikts durch die Beteiligten zu leisten. Er hat dabei alle Freiheiten der Verhandlungsgestaltung. Er kann auf der Grundlage seiner Einschätzung der Sach- und Rechtslage klassische Vergleichsgespräche mit den Beteiligten und ihren Verfahrensbevollmächtigten führen (dabei ggf. auch eigene Vorschläge einer ihm sachgerecht erscheinenden Konfliktlösung vorstellen), was mit einer Mediation nicht vereinbar wäre. Es steht ihm aber auch offen, die Methoden der Mediation oder einzelne Elemente hiervon einzusetzen. Er kann Lösungsmöglichkeiten in Einzelgesprächen mit den Beteiligten erörtern oder sonstige Methoden moderner konsensualer Konfliktlösung einsetzen (vgl. die Zusammenstellung der gebräuchlichen Möglichkeiten bei *Greger/Weber* Beilage MDR 2012 Heft 18, 13 ff.). Auch ein **Wechsel der eingesetzten Methode** kommt in Betracht. Im Hinblick darauf, dass der Güterichter bei den Versuchen der Konfliktbeilegung auf die Mitwirkung der Beteiligten angewiesen ist, werden mit diesen die Methoden und Verfahrensweisen der Einigungsbemühungen abzustimmen sein. Auch zur Frage der **Vertraulichkeit der geführten Gespräche** sollten Vereinbarungen getroffen werden. Termine für die Güteverhandlung sind jedenfalls nicht öffentlich. Nach § 28 Abs. 4 Satz 3 wird über den Versuch einer gütlichen Einigung vor einem Güterichter ein Terminsvermerk nur angefertigt, wenn alle Beteiligten sich damit einverstanden erklären (dazu § 28 Rdn. 32). 43

Grenzen für die dem Güterichter eingeräumte Gestaltungsfreiheit werden jedenfalls durch allgemeine rechtsstaatliche Verfahrensgrundsätze gesetzt, wie sie für jedes gerichtliche Verfahren und damit auch für das Güteverfahren gelten müssen (vgl. *Greger/*Unberath, MediationG, Teil 4 Rn. 111). Ein für alle Beteiligten faires Verfahren, Waffengleichheit der Beteiligten und die Unparteilichkeit des Güterichters müssen gewährleistet sein; dies gilt grundsätzlich auch für die Einräumung rechtlichen Gehörs, es sei denn, es geht um den Inhalt von mit den Beteiligten vereinbarten vertraulichen Einzelgesprächen oder dem Güterichter von Beteiligten anvertraute Informationen, hinsichtlich der Verschwiegenheit vereinbart ist. 44

Auch hinsichtlich der **Art und des Umfangs der Vorbereitung des Güteverfahrens** wird dem Güterichter eine weitgehende Gestaltungsfreiheit gelassen. Die Akten des bei Gericht anhängigen Verfahrens sind ihm für die Vorbereitung und Durchführung des Güteverfahrens zur Verfügung zu stellen. Eine vereinbarungsgemäß dokumentierte Einigung und ein vom Güterichter aufgenommener gerichtlicher Vergleich sind zu den Gerichtsakten zu nehmen. Sonstige schriftliche Unterlagen, die der Güterichter als Hilfsmittel für die Güteverhandlung gefertigt hat oder die zur Vorbereitung der Erörterungen von den Beteiligten vorgelegt worden sind, sind zurückzugeben oder einvernehmlich zu vernichten (vgl. *Greger/*Unberath, MediationG, Teil 4 Rn. 120); sie sind keinesfalls zu den Verfahrensakten zu nehmen, insb. nicht bei mit den Beteiligten vereinbarter Vertraulichkeit. 45

Zum **Erlass einer Entscheidung** ist der Güterichter entsprechend dem Wortlaut des Abs. 5 Satz 1 **nicht befugt**. Dies gilt dann auch für evtl. Kostenentscheidungen und die Festsetzung des Geschäftswerts (*Ahrens* NJW 2012, 2465, 2470; a.A. für die Streitwertfestsetzung *Greger/*Unberath, MediationG, Teil 4 Rn. 102). 46

IV. Abschluss des Verfahrens vor dem Güterichter. 1. Erfolglosigkeit des Güteverfahrens. Bleibt das Güteverfahren erfolglos und kommt der Güterichter zu der Einschätzung, dass keine weiteren Ansätze für eine einvernehmliche Konfliktbeilegung bestehen, ist das Güteverfahren zu beenden und die Beteiligten 47 sind wieder an das zur Entscheidung berufene Gericht zu verweisen. Der Güterichter kann jederzeit das Güteverfahren ohne Angabe von Gründen, insb. ohne schriftliche Niederlegung seiner Gründe in einem Beschluss, beenden. Das Güteverfahren ist ebenfalls unter Rückverweisung zu beenden, wenn Beteiligte nicht mehr bereit sind, an der Erarbeitung einer gütlichen Einigung mitzuwirken, und ohne diese Beteiligten eine einvernehmliche Lösung oder auch nur Teillösung des dem Verfahren zugrunde liegenden Konflikts nicht möglich ist.

48 **2. Erfolg der Einigungsbemühungen.** Kommt es zu einer Einigung oder einer Teileinigung (die sich auf einen Teil des Verfahrensgegenstandes, aber auch auf präjudizielle Rechtsfragen oder Verfahrensfragen beziehen kann), ist es Sache des Güterichters, darauf hinzuwirken, dass die **Einigung festgehalten** (dokumentiert) wird. Soweit zur Sicherung oder Umsetzung der Vereinbarung weitere Maßnahmen erforderlich sind, wird er das Notwendige veranlassen.

49 Eine naheliegende **Umsetzung einer den Streitgegenstand umfassenden Einigung** besteht im Abschluss eines gerichtlichen Vergleichs, der vor dem Güterichter in seiner gerichtlichen Funktion aufgenommen werden kann. Es müssen dabei allerdings sämtliche oben dargestellten Voraussetzungen des gerichtlichen Vergleichs (vgl. Rdn. 7 ff.) erfüllt sein, insb. die Verfügungsbefugnis der Beteiligten über den Verfahrens- und Vergleichsgegenstand muss gegeben sein; auch die nach Abs. 2 und 3 vorgesehene Form muss eingehalten werden (vgl. Rdn. 12 ff.). Der gerichtliche Vergleich hat dann die oben dargestellte Wirkung als materiellrechtliche Vereinbarung, eine verfahrensbeendigende Wirkung und ist Vollstreckungstitel (vgl. Rdn. 25 f.). Bedarf die erzielte Einigung für ihre Wirksamkeit eines vom zuständigen Gericht gebilligten Vergleichs, wie dies bei Umgangsregelungen und einer Kindesherausgabe nach § 156 Abs. 2 erforderlich ist, genügt ein vor dem Güterichter protokollierter Vergleich nicht. Die Beteiligten sind hier vielmehr an das zuständige Gericht zu verweisen, bei dem dann, wenn das Gericht die Einigung billigt, ein gerichtlich gebilligter Vergleich aufgenommen werden kann.

Da das Verfahren bei dem zuständigen Gericht anhängig bleibt und die Beendigung des Verfahrens nicht zu den durch Gesetz vorgegebenen Aufgaben des Güterichters gehört, wird angenommen, dass der Güterichter lediglich berechtigt ist, einen gerichtlichen Vergleich zu beurkunden bzw. festzustellen, er dazu aber nicht verpflichtet ist (vgl. dazu *Greger/Weber* Beilage MDR 2012, 23/24).

50 Die erzielte Einigung bedarf auch nicht stets der Umsetzung durch einen gerichtlichen Vergleich. Dies gilt etwa bei einer Einigung über abgeschichtete Streitfragen bei einer noch ausstehenden abschließenden Vereinbarung oder bei Verfahrensabsprachen, die z.B. auf die Rücknahme eines Antrags oder eines Rechtsmittels gehen können. Die Umsetzung erfolgt bei der letztgenannten Fallgestaltung durch Vornahme der notwendigen Verfahrenshandlung.

51 Nach erfolgreicher Beendigung des Güteverfahrens sind die **Akten** an das für das Verfahren zuständige Gericht zurückzugeben, das ggf. noch ausstehende Entscheidungen, etwa zu den Kosten oder zum Geschäftswert, zu treffen hat.

52 **J. Kosten und Kostenerstattung. I. Gerichtskosten.** Bei den in den Anwendungsbereich des § 36 fallenden **Familiensachen** führt ein gerichtlicher Vergleich oder eine sonstige einvernehmliche Regelung, die das Verfahren insgesamt beendet, regelmäßig zu einer Ermäßigung der nach dem FamGKG vorgesehenen Verfahrensgebühr(en) (vgl. dazu z.B. Nr. 1321, 1324, 1421, 1424, 1722, 1911 KV FamGKG; bei Beendigung im Rechtsmittelverfahren durch Rechtsmittel- oder Antragsrücknahme kommen zudem in Betracht Nr. 1323, 1326, 1327, 1423, 1715, 1721, 1921 KV FamGKG; soweit in Kindschaftssachen eine einvernehmliche Verfahrensbeendigung in Betracht kommt, vgl. Nr. 1315, 1317, 1412 KV FamGKG; bei Folgesachen der freiwilligen Gerichtsbarkeit vgl. Nr. 1111 und 1122 KV FamGKG). Ein gerichtlicher Vergleich lässt grundsätzlich keine über die Verfahrensgebühr hinausgehende gesonderte Gebühr anfallen. Eine Ausnahme ergibt sich bei Einbeziehung weiterer Regelungsgegenstände in den Vergleich, auf die sich das gerichtliche Verfahren bisher nicht bezogen hat und die zu einem höheren Wert des Vergleichsgegenstandes führen; dann entsteht eine zusätzliche Gebühr nach Nr. 1500 KV FamGKG, für die alle am Vergleich Beteiligten als Gesamtschuldner haften (vgl. dazu §§ 21 Abs. 2, 26 FamGKG). Die Übernahme von Kosten in einem Vergleich führt nach § 24 Abs. 1 Nr. 2 FamGKG zur Kostenhaftung; allgemein zur Kostenhaftung und Inanspruchnahme von Kostenschuldnern als Erstschuldner vgl. §§ 21 ff., 24, 26 Abs. 1 FamGKG und § 26 Abs. 2 FamGKG.

Für das gerichtliche Güteverfahren fallen keine gesonderten Gebühren an.

In **sonstigen gerichtlichen Verfahren der freiwilligen Gerichtsbarkeit** richteten sich die Gerichtskosten bei vor dem 01.08.2013 eingeleiteten Verfahren grundsätzlich nach der KostO, wenn nicht Sonderregelungen in den für das betreffende Verfahren geltenden Spezialgesetzen eingriffen (z.B. §§ 35 ff. LwVG a.F., 19 ff. HöfeVfO a.F.). Vgl. zum alten, vor dem 01.08.2013 geltenden Recht die Hinweise in der Voraufl. Rn. 53. Zum Übergangsrecht vgl. § 23 Rdn. 79. 53

Das statt der KostO nunmehr geltende GNotKG sieht bei Beendigung der erfassten erstinstanzlichen Verfahren und der Beschwerdeverfahren ohne gerichtliche Entscheidung ebenfalls regelmäßig eine Reduzierung der Gebühren vor (vgl. dazu Anlage 1 KV Teil 1 zum GNotKG). Die entsprechenden Tatbestände der Gebührenreduzierung werden auch bei einer Verfahrensbeendigung durch gerichtlichen Vergleich oder eine sonstige einvernehmliche Beendigung des Verfahrens erfüllt. Auch bei Antrags- und Rechtsmittelrücknahme ist für die einzelnen vom KV erfassten Verfahrensarten regelmäßig eine Herabsetzung der anfallenden Gebühren vorgesehen. Diese Gebührentatbestände können danach bei einem Vergleich auch relevant werden, in dem ein Beteiligter die Rücknahme seines Antrags oder Rechtsmittels übernommen hat. Der Abschluss eines Vergleichs lässt grundsätzlich keine zusätzlichen Gerichtsgebühren anfallen. Erfasst jedoch der gerichtliche Vergleich weitere, bisher nicht gerichtlich anhängige Gegenstände ist – in Anlehnung zur oben erwähnten Regelung des FamGKG (vgl. Rdn. 52) – im KV Nr. 17005 Anlage 1 GNotKG eine Gerichtsgebühr (0,25 Gebühr Tabelle A) vorgesehen, für die nach §§ 22 Abs. 2, 32 Abs. 1 GNotGK jeder (als Gesamtschuldner) haftet, der sich am Abschluss des Vergleichs beteiligt hat. Bei Verfahrensbeendigung durch Vergleich oder Antragsrücknahme tritt nach § 9 Abs. 1 Nr. 2 GNotKG Fälligkeit hinsichtlich der Gerichtsgebühren und Auslagen ein. Die Übernahme von Kosten in einem Vergleich führt auch im Geltungsbereich des GNotKG zur Kostenhaftung (§ 27 Nr. 2 GNotGK); allgemein zur Kostenhaftung und Inanspruchnahme von Kostenschuldnern als Erstschuldner vgl. §§ 22 Abs. 1, 23 ff., 27, 32 Abs. 1 GNotKG und § 33 GNotKG. Auch im Anwendungsbereich des GNotKG fallen für das gerichtliche Güteverfahren keine gesonderten Gerichtsgebühren an. 54

II. Rechtsanwaltsgebühren. Für den Rechtsanwalt entsteht im Fall eines Vergleichs oder einer sonstigen Einigung eine (zusätzliche) **Einigungsgebühr** nach Nr. 1003 VV RVG (bei Einigung in erster Instanz) oder nach Nr. 1004 VV RVG (bei Einigung in Beschwerde und Rechtsbeschwerdeverfahren gem. der in Bezug genommenen Vorbem. 3.2.1 und 3.2.2 VV). In Kindschaftssachen entsteht nach Nr. 1003 Abs. 2 und 1004 Abs. 2 VV RVG eine Einigungsgebühr auch bei Mitwirkung des Rechtsanwalts an einem gerichtlich gebilligten Vergleich nach § 156 Abs. 2 oder an einer Vereinbarung, über deren Gegenstand nicht vertraglich verfügt werden kann, sofern hierdurch eine gerichtliche Entscheidung entbehrlich wird oder wenn die gerichtliche Entscheidung der getroffenen Vereinbarung folgt. In sonstigen von Amts wegen betriebenen Verfahren, z.B. einem Verfahren nach § 1666 BGB, kommt hingegen eine Einigungsgebühr grundsätzlich nicht in Betracht (für einen Vergleich dürfte hier auch bereits die notwendige Dispositionsbefugnis fehlen; vgl. dazu oben Rdn. 9 f.). Etwas anderes kann sich in solchen Fällen allenfalls ergeben, wenn die von den Beteiligten erzielte Einigung sich auf eine Rücknahme eines Rechtsmittels bezogen hat. Wird im Vergleich ein Gegenstand geregelt, auf den sich das gerichtliche Verfahren nicht bezog, kommt hinsichtlich des Wertes dieses weiteren Gegenstandes die erhöhte Einigungsgebühr nach Nr. 1000 VV RVG in Betracht, wobei die Begrenzung nach § 15 Abs. 3 RVG zu beachten ist. Zur weiterhin in Betracht kommenden **Verfahrens- und Termingebühr** vgl. Nr. 3100 und 3104 VV RVG mit Vorbemerkung 3 (bzw. in der Rechtsmittelinstanz Nr. 3200, 3202, 3206, 3210 VV RVG). Für das Entstehen der Termingebühr ist – wie aus Vorbem. 3 Abs. 3 Nr. 2 VV RVG folgt – nicht stets erforderlich, dass ein gerichtlicher Anhörungs- oder Erörterungstermin stattgefunden hat; die Gebühr kann auch bei Mitwirkung an zwischen den Beteiligten geführten Besprechungen anfallen, die auf die Erledigung des Verfahrens gerichtet sind. 55

Das **gerichtliche Güteverfahren** nach Abs. 5 gehört zum Verfahren, so dass gem. § 15 RVG grundsätzlich dafür keine gesonderten Gebühren anfallen (die vorstehend behandelten Gebühren können in demselben Verfahren insgesamt nur einmal verdient werden). Etwas anderes ergibt sich in dem eher seltenen, hier zu vernachlässigenden Fall, dass ein (anderer) Rechtsanwalt ausschließlich für das Güteverfahren beauftragt und tätig wird.

III. Kostenentscheidung. Ein das Verfahren beendigender Vergleich kann und sollte eine Regelung über die Kostenverteilung enthalten, die dann für die Beteiligten maßgebend ist. Enthält ein das Verfahren beendigender Vergleich keine Kostenentscheidung, gilt § 83 Abs. 1, wonach die Gerichtskosten jedem Teil zu 56 gleichen Teilen zur Last fallen und seine außergerichtlichen Kosten jeder Beteiligte selbst trägt (dazu § 83 Rdn. 2).

57 Fehlt eine Kostenregelung in der Einigung und liegt kein das Verfahren beendigender gerichtlicher Vergleich vor, kann bei einer anderweitigen Beendigung des gerichtlichen Verfahrens, z.B. durch Antragsrücknahme, Beendigungs- oder übereinstimmende Erledigungserklärung, eine gerichtliche Entscheidung über die Kosten nach §§ 83 Abs. 2, 81 in Betracht kommen (vgl. dazu § 83 Rdn. 5 ff.).

§ 36a Mediation, außergerichtliche Konfliktbeilegung.

(1) ¹Das Gericht kann einzelnen oder allen Beteiligten eine Mediation oder ein anderes Verfahren der außergerichtlichen Konfliktbeilegung vorschlagen. ²In Gewaltschutzsachen sind die schutzwürdigen Belange der von Gewalt betroffenen Person zu wahren.
(2) Entscheiden sich die Beteiligten zur Durchführung einer Mediation oder eines anderen Verfahrens der außergerichtlichen Konfliktbeilegung, setzt das Gericht das Verfahren aus.
(3) Gerichtliche Anordnungs- und Genehmigungsvorbehalte bleiben von der Durchführung einer Mediation oder eines anderen Verfahrens der außergerichtlichen Konfliktbeilegung unberührt.

Übersicht

	Rdn.		Rdn.
A. Allgemeines	1	C. Aussetzung des gerichtlichen Verfahrens (Abs. 2)	15
B. Vorschlag einer Mediation oder einer anderen außergerichtlichen Konfliktbeilegung (Abs. 1)	5	D. Gerichtliche Anordnungs- und Genehmigungsvorbehalte (Abs. 3)	20
I. Im Ermessen des Gerichts stehender Vorschlag	5	E. Fortsetzung des Verfahrens bei erfolgloser Konfliktbeilegung	21
II. Mediation oder andere außergerichtliche Konfliktbeilegung	10	F. Umsetzung und ggf. Titulierung einer außergerichtlichen Einigung	23
III. Schranken des gerichtlichen Ermessens	12	G. Kosten und Kostenerstattung	26

1 **A. Allgemeines.** § 36a ist **grundsätzlich anwendbar** in **allen Verfahren des FamFG**, jedoch **nicht** in Familienstreitsachen (§ 112) und Ehesachen (§ 121), für die nach Maßgabe des § 113 die Vorschriften der ZPO und mithin auch § 278a ZPO gelten.

2 § 36a ist durch das **Gesetz zur Förderung der Mediation und anderer Verfahren der außergerichtlichen Konfliktbeilegung** vom 21.07.2012 in das FamFG eingefügt worden (vgl. zu den Grundlagen dieses Gesetzes *Ahrens* NJW 2012, 2465; *Hohmann* FamRB 2012, 285). Durch das genannte Gesetz soll die außergerichtliche Konfliktbeilegung gefördert, eine Rechtsgrundlage für die Mediation geschaffen und auch die auf grenzüberschreitende Streitigkeit des Zivil- und Handelsrechts bezogene Europäische Mediationsrichtlinie vom 21.05.2008 (Richtl. 2008/52/EG, Abl. L 136, 3) umgesetzt werden, wobei die gesetzlichen Regelungen nicht zwischen rein inlandsbezogenen und grenzüberschreitenden Verfahrensgegenständen differenzieren. Wie im Zivilprozess (vgl. § 278a ZPO) wird auch und gerade in Verfahren der freiwilligen Gerichtsbarkeit vielfach – auch noch nach Einleitung eines Gerichtsverfahrens – ein Bedürfnis bestehen oder es zumindest zweckmäßig erscheinen, den Beteiligten Alternativen zur gerichtlichen Entscheidung und zum darin liegenden »staatlichen Machtwort« aufzuzeigen. Eine solche außergerichtliche Konfliktlösung, bei der sich die Beteiligten mit ihren Vorstellungen einbringen können, die sie ggf. selbst erarbeiten und auf ihre individuellen Bedürfnisse zuschneiden können, liegt im Interesse der Beteiligten, dient aber auch der Entlastung der Justiz.

3 Neben der außergerichtlichen Konfliktbeilegung bestehen die Möglichkeiten der gerichtsinternen einvernehmlichen Konfliktlösung durch Vergleichsschluss (unter den Voraussetzungen und Grenzen des § 36) vor dem zur Entscheidung berufenen Gericht, das grundsätzlich auf eine mögliche und sachgerechte Einigung hinwirken soll (§ 36 Abs. 1 Satz 2), und durch Einigung im Rahmen eines Güterichterverfahrens nach § 36 Abs. 5 vor dem hierfür bestimmten, nicht entscheidungsbefugten Güterichter, der alle Methoden der Konfliktbeilegung einschließlich der Mediation einsetzen kann (zu den genannten Möglichkeiten *Greger* MDR 2014, 993). Die Mediation ist nach der nunmehrigen gesetzlichen Konzeption eine Form außergerichtlicher Konfliktbeilegung. Die in der Vergangenheit an einzelnen Gerichten erprobten Modelle einer gerichtsinternen Mediation (durch den Einsatz von Richtern als Mediatoren) werden vom Gesetz nicht ge-

deckt und konnten nach § 9 MediationsG nur noch in einer Übergangszeit (bis zum 01.08.2013) fortgeführt werden (vgl. dazu *Ahrens* NJW 2012, 2465, 2467).

Abs. 1 ermächtigt das Gericht in allen Verfahren (grundsätzlich auch in Gewaltschutzsachen), insoweit Initiativen zu ergreifen und allen oder jedenfalls einzelnen Beteiligten Maßnahmen außergerichtlicher Konfliktbeilegung vorzuschlagen. Auch unabhängig vom Vorschlag des Gerichts können die Beteiligten nach Einleitung des gerichtlichen Verfahrens noch den Weg einer außergerichtlichen Konfliktbeilegung gehen, was selbstverständlich erscheint; auch dann dürften die nachfolgenden Regelungen des § 36a gelten. 4

Nach **Abs. 2** ist das gerichtliche Verfahren für die Dauer der auf eine Entscheidung der Beteiligten zurückgehenden außergerichtlichen Konfliktbeilegung auszusetzen.

Abs. 3 stellt klar, dass von der Aussetzung und dem Verfahren der außergerichtlichen Konfliktbeilegung gerichtliche Anordnungs- und Genehmigungsvorbehalte unberührt bleiben; diese stehen danach auch nicht zur Disposition der Beteiligten.

B. Vorschlag einer Mediation oder einer anderen außergerichtlichen Konfliktbeilegung (Abs. 1). I. Im Ermessen des Gerichts stehender Vorschlag. Abs. 1 stellt es grundsätzlich ins **Ermessen des Gerichts**, Beteiligten **in einem anhängigen Verfahren** den **Vorschlag einer Mediation oder eines anderen Verfahrens der außergerichtlichen Streitbeilegung** zu machen. Aus § 36 Abs. 1 Satz 2 folgt, dass das Gericht regelmäßig verpflichtet ist, auf eine gütliche Einigung der Beteiligten hinzuwirken. Dem Gericht stehen hierfür mehrere Wege zur Verfügung. Neben eigenen Bemühungen, einen Vergleich zwischen den Beteiligten zu vermitteln, und einer Verweisung der Beteiligten an einen Güterichter (§ 36 Abs. 5) kommt der Vorschlag einer außergerichtlichen Konfliktbeilegung durch eine nicht dem Gericht zuzuordnende Person oder Stelle in Betracht. 5

Das Gericht wird zunächst zu prüfen haben, ob der Verfahrensgegenstand des anhängigen Verfahrens einer gütlichen Einigung der Beteiligten zugänglich ist, im konkreten Fall eine solche Einigung rechtlich zulässig ist und auch in tatsächlicher Hinsicht möglich erscheint. Sind diese Fragen zu bejahen, wird das Gericht zu entscheiden haben, welcher der in Betracht kommenden Wege hierfür gewählt wird. Da nicht nur für das Ergebnis einer Einigung, sondern auch für den Weg dahin die Akzeptanz der Beteiligten erforderlich ist, werden die Vorstellungen der Beteiligten und die erklärte bzw. zu erwartende Zustimmung der Beteiligten zu dem einzuschlagenden Wege einer gütlichen Einigung zu berücksichtigen sein.

Der Vorschlag einer außergerichtlichen Streitbeilegung nach § 36a Abs. 1 kommt grundsätzlich **in allen Verfahren der freiwilligen Gerichtsbarkeit** in Betracht, in denen die Anwendbarkeit des allgemeinen Teils des FamFG nicht ausgeschlossen ist (vgl. Rdn. 1). In den Familiensachen der freiwilligen Gerichtsbarkeit dürfte eine außergerichtliche Streitbeilegung insbesondere in Ehewohnungs- und Haushaltssachen und in Kindschaftssachen, die die elterliche Sorge oder das Umgangsrecht zum Gegenstand haben, in Betracht kommen (vgl. RegE BT-Drucks. 17/5335, 22; *Eidenmüller/Wagner* Mediationsrecht Kap. 1 Rn. 90 ff.). Abweichend von der Soll-Regelung des § 36 Abs. 1 Satz 2 sind Gewaltschutzsachen davon nicht ausgenommen; die Belange der von Gewalt betroffenen Personen sind allerdings zu wahren (Abs. 1 Satz 2). 6

Der Vorschlag einer außergerichtlichen Streitbeilegung wird sich meist an **alle Beteiligten** richten, kann sich aber auch auf nur **einzelne Beteiligte** beziehen. Die letztgenannte Möglichkeit wurde im Hinblick darauf geschaffen, dass es unter Berücksichtigung des weit gefassten Beteiligtenbegriffs in § 7 nicht in allen Fällen notwendig und sinnvoll ist, alle am Verfahren Beteiligten auch zur außergerichtlichen Konfliktbeilegung hinzuzuziehen; dies gilt etwa in Kindschaftssachen für das Jugendamt, das nach § 162 Abs. 2 die Stellung eines Beteiligten erlangt hat (Begr. des RegE BT-Drucks. 17/5335, 23; *Zorn* FamRZ 2012, 1265, 1269). 7

Eine bestimmte **Form** und auch eine **Begründung** sind für den Vorschlag des Gerichts nicht vorgesehen (für § 278a ZPO ebenso BLAH/*Hartmann* § 278a ZPO Rn. 9). Eine kurze Begründung oder Erläuterung könnte allerdings im Einzelfall zweckmäßig sein, um den Beteiligten die im konkreten Fall vorhandenen Vorteile einer außergerichtlichen Konfliktbeilegung nahe zu bringen und sie davon zu überzeugen. Zuständig für den Vorschlag ist das Gericht (ggf. das gesamte Kollegium), nicht allein der Vorsitzende (vgl. BLAH/*Hartmann* § 278a ZPO Rn. 12, Stichwort: Vorsitzender). 8

Vielfach dürfte es sachgerecht sein, dass das Gericht vor einem entsprechenden Vorschlag die grundsätzliche Bereitschaft der Beteiligten zu einer außergerichtlichen Streitbeilegung sondiert und in diesem Zusammenhang die Beteiligten zunächst über die in Betracht kommenden Möglichkeiten der konsensualen Streitbeilegung informiert. Dies dürfte jedenfalls aus der allgemeinen Verpflichtung des Gerichts abzuleiten sein, auf eine gütliche Einigung der Beteiligten hinzuwirken (vgl. § 36 Abs. 1 Satz 2; in Kindschaftssachen vgl. die spezielle Regelung in § 156 Abs. 1 Satz 1 und 2 und dort Rdn. 2 ff.). In den Kindschaftssachen des § 156 9 kann das Gericht anordnen, dass die Eltern einzeln oder gemeinsam an einem kostenfreien Informationsgespräch über Mediation oder über eine andere Möglichkeit der außergerichtlichen Konfliktbeilegung bei einer vom Gericht benannten Person oder Stelle teilnehmen (vgl. § 156 Abs. 1 Satz 3; dazu *Paul/Pape* ZKJ 2012, 464, 467).

10 **II. Mediation oder andere außergerichtliche Konfliktbeilegung.** Der Vorschlag kann sich auf eine **Mediation** beziehen, die nunmehr eine rechtliche Grundlage im MediationsG gefunden hat. § 1 Abs. 1 MediationsG definiert die Mediation als ein vertrauliches und strukturiertes Verfahren, bei dem Parteien bzw. Beteiligte mithilfe eines oder mehrerer Mediatoren freiwillig und eigenverantwortlich eine einvernehmliche Beilegung ihres Konflikts anstreben (zu diesen Grundprinzipien der Mediation vgl. *Ahrens* NJW 2012, 2465, 2466). Der danach erforderliche Mediator wird in § 1 Abs. 2 MediationsG funktionsbezogen als unabhängige und neutrale Person ohne Entscheidungsbefugnis umschrieben, die die Parteien durch die Mediation führt (zur Rechtsstellung des Mediators *Eidenmüller*/Wagner Mediationsrecht Kap. 4 Rn. 1 ff.). Das MediationsG enthält Vorgaben zu der vom Mediator in eigener Verantwortung durchzuführenden Aus- und Fortbildung (§ 5 MediationsG), aber keine berufsrechtliche Regelung und setzt keine bestimmte Berufsqualifikation des Mediators voraus (vgl. dazu Eidenmüller/Wagner/*Thomas* Mediationsrecht Kap. 9 Rn. 8 ff.; *Greger*/Unberath § 1 MediationsG Rn. 70). Das Gericht kann bei seinem Vorschlag eine oder mehrere Personen benennen, die als Mediator geeignet erscheinen und ein den fachlichen Standards entsprechendes Mediationsverfahren gewährleisten (dies muss nicht stets ein zertifizierter Mediator i.S.d. § 5 Abs. 2 MediationsG sein), und wird dies auch regelmäßig tun. Die Befugnis zur Auswahl des Mediators liegt jedoch nach § 2 Abs. 1 MediationsG allein bei den Beteiligten; diese haben auch den Mediator zu beauftragen, das Gericht ist dazu nicht befugt (vgl. OLG Koblenz FamRZ 2015, 437, das allerdings bei rechtswidriger Bestellung durch das Gericht einen Vergütungsanspruch gegen die Staatskasse in analoger Anwendung des JVEG annimmt). Mediation ist nach der Konzeption des Gesetzes ein Weg der außergerichtlichen Konfliktbeilegung. Eine gerichtsinterne Mediation durch einen Richtermediator ist mit dem MediationsG unvereinbar (Rdn. 3); für die gerichtsinterne Streitbeilegung ist der Güterichter vorgesehen, der auch Methoden der Mediation einzusetzen befugt ist (vgl. § 36 Rdn. 34 ff.).

11 Der Vorschlag des Gerichts kann sich auch auf eine **andere außergerichtliche Konfliktbeilegung** beziehen. Darunter sind von nicht gerichtsinternen Einrichtungen angebotene Verfahren zu verstehen, die nicht Mediation darstellen, aber ebenfalls auf eine Förderung einer Einigung der Beteiligten gerichtet und auf eine Lösung der vorhandenen Konflikte angelegt sind. Darunter fallen etwa Schlichtungs-, Schieds- und Gütestellen oder Ombudsleute (vgl. RegE BT-Drucks. 17/5335, 11); in Kindschaftssachen kann z.B. das Jugendamt den Versuch einer außergerichtlichen Konfliktlösung unternehmen. Aber auch andere Personen und Einrichtungen, etwa Beratungsstellen, die jedenfalls in dem konkreten Einzelfall schlichtende Funktionen zu übernehmen bereit sind und dazu geeignet erscheinen, kommen in Betracht.

12 **III. Schranken des gerichtlichen Ermessens.** Eine Mediation und andere Verfahren der außergerichtlichen Konfliktbeilegung zielen auf eine gütliche Einigung der Beteiligten. Sie machen danach nur Sinn, wenn eine wirksame, die Beteiligten bindende Einigung über den Verfahrensgegenstand getroffen werden kann. Dies ist nur bei Verfahrensgegenständen der Fall, hinsichtlich der den Beteiligten eine **Verfügungsbefugnis** zukommt. Insoweit ist diese auch für den Vergleich geltende Zulässigkeitsvoraussetzung zu beachten (vgl. § 36 Rdn. 9 f.). Fehlt die Dispositionsbefugnis der Beteiligten, kommt grundsätzlich auch ein gerichtlicher Vorschlag zur außergerichtlichen Konfliktbeilegung nicht in Betracht. Eine Ausnahme hiervon ist dann berechtigt, wenn jedenfalls durch gerichtliche Maßnahmen einer evtl. erzielten Einigung zur Wirksamkeit verholfen werden kann. So hindern gerichtliche Zustimmungsvorbehalte (z.B. nach § 156 Abs. 2) ein Verfahren der außergerichtlichen Konfliktbeilegung nicht, sie sind aber für die Wirksamkeit einer später erzielten Einigung zu beachten. In Adoptions- und Abstammungssachen dürfte mangels vorhandener Dispositionsbefugnis der Beteiligten eine Mediation oder andere Verfahren der außergerichtlichen Konfliktbeilegung nicht in Betracht kommen (vgl. RegE BT-Drucks. 17/5335, 22).

13 Wenn in **Gewaltschutzsachen** eine außergerichtliche Konfliktbeilegung, etwa eine Mediation, vorgeschlagen wird, sind die Belange der von Gewalt betroffenen Person zu wahren. Sprechen schutzwürdige Belange des Opfers gegen eine außergerichtliche Streitbeilegung und kann dem nicht anderweitig ausreichend Rechnung getragen werden, ist davon abzusehen. Wenn eine außergerichtliche Konfliktbeilegung möglich und dem Opfer zumutbar erscheint, sind ggf. notwendige Vorkehrungen zu treffen (räumliche oder per*sonelle Rahmenbedingungen* zu schaffen), um eine Gefährdung, eine Retraumatisierung oder sonstige psy-

chische Beeinträchtigungen des Opfers zu verhindern (vgl. dazu Begr. des RegE BT-Drucks. 17/5335, S. 23; *Paul/Pape* ZKJ 2012, 464, 466).

Der Vorschlag einer außergerichtlichen Streitbeilegung wird sich nur im Rahmen **sachgerechter Ermessensausübung des Gerichts** halten, wenn das damit angestrebte Ziel einer gütlichen Einigung der Beteiligten erreichbar ist, d.h. in Ansehung des Gegenstandes des Konflikts und nach den Gesamtumständen des jeweiligen Falles, wie sie sich dem Gericht darstellen, eine gewisse, hinreichende (wenn auch nicht unbedingt überwiegende) Wahrscheinlichkeit dafür besteht, dass in dem außergerichtlichen Verfahren eine von den Beteiligten akzeptierte Konfliktlösung gefunden werden kann (vgl. MüKoZPO/*Ulrici* § 278a ZPO Rn. 8 für die vergleichbare Regelung des § 278a Abs. 1 ZPO). 14

C. Aussetzung des gerichtlichen Verfahrens (Abs. 2). Wenn sich die Beteiligten für den Versuch einer außergerichtlichen Konfliktbeilegung entscheiden, setzt das Gericht das Verfahren von Amts wegen aus; eines Antrags eines Beteiligten bedarf es dafür nicht. Erforderlich ist allein die **Zustimmung der Beteiligten** zum Vorschlag des Gerichts, die keiner besonderen Form bedarf und dem Gericht mitzuteilen ist. Nach Abs. 2 ist dann die **Aussetzung zwingend vorgesehen**; das sonst bei einer Aussetzungsentscheidung nach § 21 vorgesehene Ermessen besteht hier nicht. Abs. 2 geht insoweit als spezielle Regelung der allgemeinen des § 21 vor. Der sachliche Grund für die Aussetzung liegt dabei nicht allein in verfahrensökonomischen Erwägungen, sondern vor allem darin, die Bemühungen um eine außergerichtliche Streitbeilegung von Belastungen eines parallel geführten Gerichtsverfahrens freizuhalten. 15

Im Hinblick auf die dem Gericht obliegende Verfahrensförderung dürfte es zulässig und sachgerecht sein, bereits mit dem Aussetzungsbeschluss den Beteiligten für die außergerichtliche Streitbeilegung eine nach den Umständen des konkreten Einzelfalls **angemessene Frist für den Versuch der Streitbeilegung** zu setzen mit der Ankündigung, nach Fristablauf ohne Einigungserfolg das Verfahren fortzusetzen. Als grober Orientierungsmaßstab für eine angemessene Frist könnte dabei der in § 155 Abs. 4 genannte Zeitraum von 3 Monaten dienen, der i.d.R. den Beteiligten in vorrangig und beschleunigt zu bearbeitenden Kindschaftssachen für die Erzielung einer Einigung zu belassen ist. Dieser Zeitraum sollte dann im Regelfall auch bei einer Fristsetzung in anderen Verfahren nicht unterschritten werden. 16

Die Gesetzessystematik des § 36a spricht dafür, dass die Aussetzungsverpflichtung nach Abs. 2 (nur) an eine Entscheidung der Beteiligten zur außergerichtlichen Streitbeilegung auf Vorschlag des Gerichts anknüpft. Aber auch bei einer nicht durch gerichtlichen Vorschlag veranlassten Entscheidung der Beteiligten zur außergerichtlichen Streitbeilegung dürfte die Aussetzung des gerichtlichen Verfahrens zumindest nach der allgemeinen Regelung des § 21 Abs. 1 geboten sein. Dies gilt jedenfalls in Antragsverfahren und insbesondere in den Streitsachen der freiwilligen Gerichtsbarkeit (vgl. Vorbem. zu §§ 23 bis 37 Rdn. 4 ff.). In Verfahren, die auch von Amts wegen weiter betrieben werden können, liegt hingegen bei fehlendem Gerichtsvorschlag die Aussetzung im Ermessen des Gerichts, was auch aus Abs. 3 abzuleiten ist. 17

Die **Rechtswirkungen der Aussetzung** richten sich nach § 21 Abs. 1 Satz 2 i.V.m. § 249 ZPO (vgl. §°21 Rdn. 27 ff.). 18

Auch nach Aussetzung des Verfahrens verbleiben die Gerichtsakten grundsätzlich bei Gericht. Das Gericht dürfte jedoch auch unter Berücksichtigung der Wertungen des § 13 FamFG befugt sein, dem Mediator auf Verlangen die Gerichtsakten für die Durchführung der Mediation zu überlassen (vgl. dazu BLAH/*Hartmann* § 278a ZPO Rn. 22, Stichwort: Prozessakten).

Auch eine **Anfechtung der Aussetzungsentscheidung** richtet sich nach der allgemeinen Regelung des § 21 Abs. 2 i.V.m. § 567 bis 572 ZPO. Ein solches Rechtsmittel ist etwa von praktischer Relevanz für Beteiligte, die nicht in die außergerichtliche Konfliktbeilegung einbezogen werden sollen, durch die Aussetzung und eine damit verbundene Verfahrensverzögerung aber in ihren Rechten beeinträchtigt sein können. Entsprechendes kommt bei einem Streit über eine (noch) vorliegende Zustimmung eines Beteiligten zur Mediation in Betracht. 19

D. Gerichtliche Anordnungs- und Genehmigungsvorbehalte (Abs. 3). Abs. 3 trägt dem Umstand Rechnung und stellt klar, dass eine eingeschränkte Dispositionsbefugnis der Beteiligten hinsichtlich des Verfahrens und des Verfahrensgegenstandes bei der Verfahrensaussetzung und ihrer Wirkung, aber auch bei der Verbindlichkeit der bei der außergerichtlichen Streitbeilegung erzielten Ergebnisse zu berücksichtigen ist (vgl. RegE BT-Drucks. 17/5335, 23). Entscheidungsbefugnisse des Gerichts (Anordnungs- und Genehmigungsvorbehalte) gehen hier den von den Beteiligten getroffenen Vereinbarungen vor und deren Wirkungen können durch entsprechende Gerichtsentscheidungen eingeschränkt oder ausgeschlossen werden. So 20 sind etwa trotz Vereinbarung einer außergerichtlichen Konfliktbeilegung und Verfahrensaussetzung in Kindschaftssachen bei Gefährdung des Kindeswohls (ggf. auch vorläufige) gerichtliche Anordnungen nach § 1666 BGB oder nach § 1671 BGB möglich und wirksam. Bei den durch § 156 erfassten Kindschaftssachen bedarf etwa eine bei der außergerichtlichen Streitbeilegung erzielte Einigung der Billigung des Gerichts, damit diese für die Beteiligten wirksam werden kann (§ 156 Abs. 2); auch nach gebilligter Einigung bleiben die Befugnisse des Gerichts zu ggf. abweichenden Anordnungen (aus Gründen des Kindeswohls) erhalten. Ähnliche Einschränkungen können sich auch in anderen Verfahren der freiwilligen Gerichtsbarkeit ergeben, wenn dem Gericht Befugnisse eingeräumt sind, die – was durch Auslegung der jeweils einschlägigen Gesetzesvorschrift festzustellen ist – der Disposition der Beteiligten entzogen sind.

21 **E. Fortsetzung des Verfahrens bei erfolgloser Konfliktbeilegung.** Wenn der Versuch der außergerichtlichen Streitbeilegung nicht zu einer wirksamen Einigung der Beteiligten führt und als gescheitert anzusehen ist, entfällt der Grund für die Verfahrensaussetzung. Nach § 2 Abs. 5 Satz 1 MediationsG können die Beteiligten eine Mediation jederzeit (ohne dass sie zur Angabe von Gründen verpflichtet wären) beenden; dieses Recht zur Beendigung der Mediation steht aber auch dem Mediator zu (§ 2 Abs. 5 Satz 2 MediationsG). Das **gerichtliche Verfahren** wird dann **von Amts wegen** nach Erlass eines entsprechenden Aufhebungsbeschlusses oder konkludent durch eine verfahrensfördernde Verfügung des Gerichts **fortgeführt**; eines Antrags eines Beteiligten bedarf es dazu grundsätzlich nicht. Entsprechendes gilt auch bei einer Teileinigung, die den Verfahrensgegenstand nicht vollständig erfasst; das Verfahren ist dann jedenfalls wegen des offenen, nicht erledigten Teils weiterzuführen.

Vielfach wird allerdings das Gericht erst nach **Anzeige des Scheiterns des Versuchs der außergerichtlichen Streitbeilegung** durch die Beteiligten oder eines Beteiligten Veranlassung haben, das Verfahren fortzuführen.

22 Soweit eine **angemessene Frist für die außergerichtliche Streitbeilegung** gesetzt worden ist, wird vom Gericht nach Fristablauf und nicht erzielter Einigung das Verfahren fortzuführen sein. Gleiches gilt, wenn bereits vor Ablauf der gesetzten Frist dem Gericht von Beteiligten das Scheitern der Bemühungen um eine außergerichtliche Einigung mitgeteilt wird.

Nach der Wertung des Abs. 2 wird das Gericht ggf. die **Frist zu verlängern** haben und es dann bei der Verfahrensaussetzung belassen, wenn die Beteiligten übereinstimmend die Bemühungen um eine außergerichtliche Streitbeilegung fortführen wollen und der Verfahrensgegenstand uneingeschränkt zur Disposition der Beteiligten steht. Etwas anderes muss jedoch gelten, wenn die Verfügungsbefugnis der Beteiligten über den betreffenden Verfahrensgegenstand und das Verfahren beschränkt ist, insb. wenn ein nicht zu ihrer Disposition stehendes Beschleunigungsgebot gilt. So sind nach § 155 Abs. 1 Verfahren über den Aufenthalt eines Kindes, das Umgangsrecht oder die Herausgabe des Kindes sowie Verfahren wegen Gefährdung des Kindeswohls vorrangig und beschleunigt durchzuführen; bei Aussetzung solcher Verfahren für eine außergerichtliche Konfliktbereinigung hat das Gericht das Verfahren i.d.R. nach 3 Monaten wieder aufzunehmen, wenn die Beteiligten keine einvernehmliche Regelung erzielt haben (§ 155 Abs. 4). Es handelt sich dabei allerdings um eine Regel, von der das Gericht im Einzelfall bei Vorliegen besonderer Umstände abweichen kann (vgl. RegE BT-Drucks. 17/5335, 23; *Zorn* FamRZ 2012, 1265, 1269). Auch in anderen Verfahren, deren Abschluss nicht zur Disposition der Beteiligten steht, wird das Verfahren nach angemessener Zeit, in der die Beteiligten eine außergerichtliche Einigung herbeiführen konnten, aber keinen Erfolg hatten, vom Gericht fortzuführen sein.

23 **F. Umsetzung und ggf. Titulierung einer außergerichtlichen Einigung.** Wenn die Beteiligten bei einer Mediation eine Einigung erzielen, kann diese nach § 2 Abs. 6 Satz 3 MediationsG mit Zustimmung der Beteiligten in einer **Abschlussvereinbarung** dokumentiert werden. Regelmäßig wird die erzielte Vereinbarung materiellrechtlich als **Vergleich** gem. § 779 BGB einzuordnen sein. Die materiellrechtliche Wirksamkeit richtet sich nach den allgemeinen rechtsgeschäftlichen Grundsätzen. Eine ggf. erforderliche gerichtliche Billigung, wie etwa nach § 156 Abs. 2, ist von den Beteiligten einzuholen. Im Fall des § 156 Abs. 2 ist die erzielte Einigung in einen gerichtlich gebilligten Vergleich aufzunehmen.

24 Eine in einem Mediationsverfahren oder in einem anderen Verfahren der außergerichtlichen Konfliktbeilegung erzielte Einigung führt nicht automatisch **zur Beendigung des (ausgesetzten) gerichtlichen Verfahrens.** Die Abschlussvereinbarung bedarf regelmäßig der Umsetzung bzw. Durchsetzung (umfassend dazu Eidenmüller/Wagner/*Hacke* Mediationsrecht Kap. 6 Rn. 135 ff.) Die von den Beteiligten erzielte Vereinbarung kann (*und sollte*) Regelungen zur herbeizuführenden Verfahrensbeendigung enthalten (z.B. eine

Verpflichtung zur Antragsrücknahme, zur beiderseitigen Erledigungserklärung oder zur Mitwirkung an der Protokollierung eines gerichtlichen Vergleichs). Zur Umsetzung der vereinbarten Verfahrensbeendigung bedarf es dann der Vornahme der dazu jeweils erforderlichen Verfahrenshandlung(en) der Beteiligten gegenüber dem Gericht.

Zur **Vollstreckbarkeit** des Inhalts der außergerichtlich erzielten Vereinbarung bedarf es der Schaffung eines entsprechenden Vollstreckungstitels. Die im Entwurf des oben genannten Gesetzes (Rdn. 2) zunächst vorgesehene Vollstreckbarerklärung von Mediationsvereinbarungen (vgl. BT-Drucks. 17/5335, Art. 3 Nr. 6 und 7) ist nicht Gesetz geworden, weil die Herstellung der Vollstreckungsfähigkeit der Vereinbarung nach den in §§ 794 ff. ZPO vorgesehenen Regelungen ausreichend erschien (vgl. BT-Drucks. 17/8058, 21). Es kommen danach mehrere Wege zur Schaffung eines vollstreckbaren Titels nach § 86 Abs. 1 Nr. 2 und 3 i.V.m. § 794 ZPO in Betracht. Zunächst kann das ausgesetzte Gerichtsverfahren durch **gerichtlichen Vergleich** mit dem Inhalt der erzielten Einigung (vollstreckbar nach §§ 86 Abs. 1 Nr. 3, 794 Abs. 1 Nr. 1 ZPO) oder in den oben erwähnten Kindschaftssachen des § 156 durch **gerichtlich gebilligten Vergleich** (vollstreckbar nach § 86 Abs. 1 Nr. 2) beendet werden. Ein gerichtlicher Vergleich nach § 794 Abs. 1 Nr. 1 ZPO könnte nach Mitteilung der (protokollierten) Einigung seitens der Beteiligten gegenüber dem Gericht auch schriftlich nach § 36 Abs. 3 i.V.m. § 278 Abs. 6 ZPO zustande kommen und vom Gericht festgestellt werden. Denkbar ist auch die Schaffung eines Vollstreckungstitels durch einen **für vollstreckbar erklärten Anwaltsvergleich** mit dem Inhalt der erzielten Vereinbarung (nach § 86 Abs. 1 Nr. 3 i.V.m. §§ 794 Abs. 1 Nr. 4b, 796b ZPO) und durch **Errichtung einer notariellen oder gerichtlichen Urkunde** (nach §§ 86 Abs. 1 Nr. 3, 794 Abs. 1 Nr. 5 ZPO; zu diesen Möglichkeiten vgl. *Jordans* MDR 2013, 65, 69; *Zorn* FamRZ 2012, 1265, 1268). Alle nach §§ 86 Abs. 1 Nr. 3, 794 ZPO geschaffenen Vollstreckungstitel setzen voraus, dass die Beteiligten über den Gegenstand des zugrunde liegenden Verfahrens (und damit auch der Einigung) verfügen können.

G. Kosten und Kostenerstattung. Die **Vergütung des Mediators** sowie sonstige von den Beteiligten zu übernehmende Aufwendungen des Mediators oder einer ggf. eingeschalteten Mediationsorganisation sind in der Vereinbarung zwischen ihm (ihr) und den Beteiligten zu regeln (vgl. *Jordans* MDR 2013, 65, 68; *Greger/Unberath* § 2 MediationsG Rn. 210, 221). Der anwaltliche Mediator hat nach § 34 Abs. 1 Satz 1 RVG auf eine Gebührenvereinbarung hinzuwirken. Bei fehlender Vergütungsvereinbarung sind §§ 34 Abs. 1 Satz 2 RVG, 612 BGB bzw. beim nichtanwaltlichen Mediator § 612 BGB unmittelbar anzuwenden; üblich dürfte ein Zeit- (Stunden-) Honorar sein (vgl. *Greger/Unberath* § 2 MediationsG Rn. 222 ff. m.w.N. auch zu anderen Vergütungsmodellen). Bei Inanspruchnahme **anderer Einrichtungen zur außergerichtlichen Konfliktbeilegung** können Vergütung und Auslagenersatz, je nach Vereinbarung und Umständen, ebenfalls in Betracht kommen.

Ein von einem Beteiligten **bevollmächtigter Rechtsanwalt**, der den Beteiligten in der Mediation oder einem anderen Verfahren der außergerichtlichen Konfliktbeilegung begleitet, erhält eine Terminsgebühr gem. Vorbem. 3 Nr. 3 VV RVG (in einem späteren gerichtlichen Termin entsteht dann keine weitere) und im Fall einer Einigung eine Einigungsgebühr nach Nr. 1003 VV RVG oder Nr. 1004 VV RVG (in den dort aufgeführten Beschwerde- und Rechtsbeschwerdeverfahren). Eine weitere Verfahrens- oder Geschäftsgebühr fällt für den anwaltlichen Verfahrensbevollmächtigen, der bereits für das Gerichtsverfahren beauftragt war, nicht an. Bei allein auf das Mediationsverfahren (oder ein sonstiges Verfahren der außergerichtlichen Konfliktbeilegung) beschränkter anwaltlicher Vertretung kommt eine Geschäftsgebühr nach Nr. 2300 VV RVG in Betracht.

Bei den **Gerichtsgebühren** ändert sich bei Durchführung eines Verfahrens der außergerichtlichen Streitbeilegung zunächst nichts. Im Fall einer Einigung im Mediationsverfahren, kommt es darauf an, inwieweit durch Umsetzung der Einigung auch das gerichtliche Verfahren beendet wird. So ermäßigt sich in Familiensachen der freiwilligen Gerichtsbarkeit etwa die Gebühr nach Nr. 1320, 1321 KV FamGKG, wenn das gesamte Verfahren ohne Endentscheidung des Gerichts beendet wird. Vgl. dazu auch § 36 Rdn. 52 ff. § 61a FamGKG ermächtigt die Länder, durch Rechtsverordnung eine weitere Ermäßigung oder einen Wegfall der von den Gerichten der Länder zu erhebenden Verfahrensgebühren vorzusehen, wenn in Antragsverfahren nach Durchführung einer bereits im Antrag angekündigten oder auf Vorschlag des Gerichts durchgeführten Mediation oder eines angekündigten oder gerichtlich vorgeschlagenen Verfahrens der außergerichtlichen Konfliktbeilegung der Antrag oder eine Beschwerde zurückgenommen wird (vgl. § 61a FamGKG Rdn. 1 ff.).

Für die **Erstattung von Kosten** kommt es primär auf die von den Beteiligten getroffene Vereinbarung an, etwa auf die Regelungen einer i.R.d. Mediation oder außergerichtlichen Konfliktbeilegung erzielten Einigung oder eines in Umsetzung der Einigung gerichtlich protokollierten Vergleichs. Haben die Beteiligten bei einer Erledigung des Verfahrens durch Vergleich keine Bestimmung über die Kosten getroffen, gilt § 83 Abs. 1 (mit der dort vorgesehenen Kostenaufhebung). Bei sonstiger Verfahrensbeendigung, z.B. durch Antrags- oder Rechtsmittelrücknahme, Beendigungs- oder Erledigungserklärung, entscheidet das Gericht nach §§ 83 Abs. 2, 81 Abs. 1 über die Verteilung der Verfahrenskosten. Die im Verfahren der Mediation oder außergerichtlichen Streitbeilegung ggf. entstandenen Kosten (z.B. Kosten des Mediators) dürften nicht zu den Verfahrenskosten gehören.

§ 37 Grundlage der Entscheidung.

(1) Das Gericht entscheidet nach seiner freien, aus dem gesamten Inhalt des Verfahrens gewonnenen Überzeugung.
(2) Das Gericht darf eine Entscheidung, die die Rechte eines Beteiligten beeinträchtigt, nur auf Tatsachen und Beweisergebnisse stützen, zu denen dieser Beteiligte sich äußern konnte.

Übersicht

	Rdn.
A. Allgemeines	1
B. Für die Entscheidung zu berücksichtigender Tatsachenstoff (Abs. 1)	4
C. Grundsatz der freien Beweiswürdigung (Abs. 1) und Sachverhaltsfeststellung	7
I. Freie Beweiswürdigung	7
II. Anforderungen an die Tatsachenfeststellung	9
III. Tatsachenfeststellung bei gesetzlicher Vermutung und Anscheinsbeweis, Behandlung der Beweisvereitelung	12
1. Vermutungen	12
2. Anscheinsbeweis	14
3. Beweisvereitelung	16
D. Rechtliches Gehör zu den entscheidungserheblichen Tatsachen (Abs. 2)	17
I. Grundlagen	17
II. Berechtigte und Gegenstand der gerichtlichen Informations- und Anhörungspflicht	19
1. Anzuhörende Beteiligte	19
2. Gegenstand der Anhörung	25
III. Art und Weise der Information und Anhörung	29
IV. Berücksichtigung eingehender Stellungnahmen	37
V. Ausnahme von der Informations- und Anhörungspflicht	39
VI. Rechtsfolgen der Verletzung der gerichtlichen Informations- und Anhörungspflicht	45

1 **A. Allgemeines.** § 37 enthält eine allgemeine Regelung über die formellen Grundlagen der in Verfahren nach dem FamFG ergehenden Entscheidungen. § 37 ist § 108 VwGO nachgebildet und stimmt mit wesentlichen Elementen des § 286 ZPO überein. Rspr. und Lit. zu diesen Vorschriften dürften auch für die Auslegung und Anwendung des § 37 fruchtbar sein.

§ 37 **gilt** grds. für **alle Verfahren nach § 1, nicht jedoch für Ehesachen und Familienstreitsachen**, auf welche die ZPO anwendbar ist (vgl. § 113 Abs. 1).

2 Abs. 1 bestimmt den der Entscheidung zugrunde zu legenden Streitstoff und erklärt für die Überzeugungsbildung des Gerichts auch im Bereich der freiwilligen Gerichtsbarkeit den Grundsatz der freien Beweiswürdigung für anwendbar.

3 Abs. 2 normiert auf der Ebene des einfachen Rechts Mindestanforderungen, die bei Erlass einer Entscheidung zur Gewährleistung des rechtlichen Gehörs der Beteiligten eingehalten werden müssen.

4 **B. Für die Entscheidung zu berücksichtigender Tatsachenstoff (Abs. 1).** In Abweichung vom Zivilprozess gilt im Bereich der freiwilligen Gerichtsbarkeit nicht der Grundsatz der Mündlichkeit, nach dem – zumindest i.d.R. – nur Tatsachenstoff, der Gegenstand der mündlichen Verhandlung gewesen ist, auch der gerichtlichen Entscheidung zugrunde gelegt werden darf. Es gilt aber auch nicht das strikte Schriftlichkeitsprinzip. Das Gericht kann mündlich verhandeln (§ 32), eine mündliche Verhandlung ist jedoch nicht stets obligatorisch. Auch außerhalb einer evtl. durchgeführten mündlichen Verhandlung können die Beteiligten durch entsprechendes Vorbringen (§ 27 Abs. 1) sowie das Gericht durch die ihm von Amts wegen obliegenden Ermittlungen (§ 26) zur Aufklärung des Sachverhalts beitragen und entsprechende Entscheidungsgrundlagen schaffen. Dementsprechend ist nach Abs. 1 der **gesamte Inhalt des Verfahrens** der vom Gericht zu treffenden Entscheidung zugrunde zu legen. Danach ist neben den **Ergebnissen einer mündlichen Verhandlung** mit einer evtl. im Termin erfolgten Beweisaufnahme (und dem dabei gewonnenen persönlichen

Eindruck des Gerichts) auch der **gesamte übrige Akteninhalt** Grundlage der gerichtlichen Entscheidung. Dies war bereits nach altem Recht allseits anerkannt (vgl. z.B. BayObLG FamRZ 1990, 1156, 1157; Jansen/ *von König/von Schuckmann* Vor §§ 8 bis 18 FGG Rn. 28) und gilt nunmehr auch nach § 37 Abs. 1 (vgl. Keidel/*Meyer-Holz* § 37 FamFG Rn. 3 ff.).

Bei der Entscheidung heranzuziehen sind danach insb. auch Schriftsätze, die erst nach einer mündlichen Verhandlung eingereicht werden; dies gilt auch, wenn sie nach Ablauf einer hierfür gesetzten Äußerungsfrist eingehen (vgl. BayObLG NJW-RR 1999, 1685, 1686). Auch Schriftsätze, die bis zum Zeitpunkt der Hinausgabe der fertiggestellten Entscheidung durch die Geschäftsstelle noch bei Gericht eingehen, selbst bei bereits erfolgter Beschlussfassung eines Kollegialgerichts, sollten nach der zum FGG ergangenen Rspr. vom Gericht noch berücksichtigt werden (vgl. BVerfG NJW 1988, 1963; OLG Zweibrücken FGPrax 2002, 116). Aus § 38 Abs. 3 Satz 3 FamFG wird nunmehr teilweise hergeleitet, das Schriftsätze nur bis zum Erlass des Beschlusses, wozu auch die Übergabe des Schriftsatzes an die Geschäftsstelle erforderlich ist, zu berücksichtigen sind (vgl. OLG Düsseldorf MDR 2013, 1186; OLG München FGPrax 2013, 138; MüKoZPO/*Ulrici* § 37 FamFG Rn. 4 i.V.m. § 38 Rn. 29; Zöller/*Feskorn* ZPO, § 37 FamFG Rn. 5).

Eine rechtliche Grundlage, um Vorbringen der Parteien als verspätet zurückzuweisen, ist in den von § 37 FamFG erfassten Verfahren der freiwilligen Gerichtsbarkeit nicht vorhanden (zur entsprechenden Rechtslage nach dem FGG vgl. BVerfG NJW 1988, 1963). Solches wäre auch schwerlich mit dem Amtsermittlungsgrundsatz des § 26 vereinbar.

Bei Verwertung des gesamten, den Beteiligten nicht unmittelbar zugänglichen Akteninhalts für die Entscheidung muss Vorkehrung getroffen werden, dass zur Gewährleistung rechtlichen Gehörs die Beteiligten vom entscheidungserheblichen Streitstoff Kenntnis erlangen und sich hierzu äußern können. Dem dient der nachfolgend zu behandelnde Abs. 2.

C. Grundsatz der freien Beweiswürdigung (Abs. 1) und Sachverhaltsfeststellung. I. Freie Beweiswürdigung. Aus Abs. 1 folgt weiterhin die Anwendbarkeit des Grundsatzes der freien Beweiswürdigung für die entscheidungsrelevante Tatsachenfeststellung. Es gelten insoweit die gleichen Grundsätze wie im Zivil- und Strafprozess (§§ 286 ZPO, 261 StPO). Das Gericht ist danach bei der Feststellung der der Entscheidung zugrunde zu legenden Tatsachen grds. nicht an bestimmte formelle Beweisregeln gebunden, sondern **entscheidet insoweit frei nach der von ihm aus dem gesamten Inhalt des Verfahrens gewonnenen Überzeugung**. So kann es etwa einem Beteiligten mehr glauben als einem vereidigten Zeugen (vgl. BayObLG FamRZ 1991, 1114, 1115). Ausnahmen vom Grundsatz der freien Beweiswürdigung können sich aus für spezielle Anwendungsbereiche vorgesehenen **gesetzlichen Beweisregeln** ergeben (entspr. § 286 Abs. 2 ZPO). Solche Regelungen finden sich etwa in §§ 54, 55 PStG, 32 bis 37 GBO und – was für die förmliche Beweisaufnahme nach § 30 relevant ist – in den entsprechend anzuwendenden Regelungen der §§ 415 bis 419, 437, 438 ZPO über den Urkundenbeweis (vgl. hierzu und den Besonderheiten aufgrund des Amtsermittlungsgrundsatzes § 30 Rdn. 80 ff.). Zu den strengen Anforderungen, die an den Nachweis einer formgerechten Errichtung und des Inhalts eines nicht (mehr) auffindbaren Testaments zu stellen sind, vgl. OLG München MDR 2010, 1123).

Eine die freie Beweiswürdigung des Gerichts einschränkende **Bindung durch Beweisvertrag** der Beteiligten (Beweismittel- oder Feststellungslastvertrag), durch den dem Gericht vorgeschrieben werden soll, Tatsachen als festgestellt oder nicht festgestellt zu behandeln, oder in anderer Weise die bei der Tatsachenfeststellung vorzunehmende Beweiswürdigung des Gerichts eingeschränkt werden soll, ist unzulässig. Dem soll der Amtsermittlungsgrundsatz entgegenstehen (Keidel/*Sternal* § 29 FamFG Rn. 33). Vereinbarungen, die Regelungen über die Beweiswürdigung des Gerichts enthalten, sind jedenfalls unwirksam, weil die Beteiligten nicht über die Überzeugungsbildung des Gerichts disponieren können.

II. Anforderungen an die Tatsachenfeststellung. Die **Feststellung einer Tatsache** setzt voraus, dass das Gericht **von der Wahrheit der festzustellenden Tatsache in vollem Umfang überzeugt** ist. Für das dazu erforderliche Beweismaß ist hier von den Grundsätzen auszugehen, wie sie im FGG angewandt worden sind, aber auch in der ZPO und anderen Verfahrensordnungen gelten (vgl. MüKoZPO/*Ulrici* § 37 FamFG Rn. 14; Musielak/*Foerste* § 286 ZPO Rn. 17 ff.). Eine absolute, unumstößliche Sicherheit, bei der ein abweichender Sachverhalt nach mathematisch-naturwissenschaftlichen Gesetzen auszuschließen ist, ist danach nicht erforderlich. Ausreichend, aber auch erforderlich ist, dass der Richter einen für das praktische Leben brauchbaren Grad an Gewissheit erlangt; für einen vernünftigen, die Lebensverhältnisse überschauenden Menschen muss ein so hoher Grad an Wahrscheinlichkeit bestehen, dass er Zweifeln Schweigen gebietet, ohne sie völlig auszuschließen (BGHZ 53, 245, 256; BGH NJW 1998, 2969, 2971; OLG Düsseldorf FamRZ 2015, 874, 875; OLG Frankfurt MDR 2015, 524).

10 Das nach diesen Grundsätzen erforderliche Beweismaß gilt nicht nur für die förmliche Beweisaufnahme nach § 30, sondern auch für die Tatsachenfeststellung mit den Mitteln des Freibeweises nach § 29.

11 In der abschließenden Entscheidung muss das Gericht nicht nur das Ergebnis der Tatsachenfeststellung mitteilen, sondern auch die Gründe nachvollziehbar darstellen, die für die vom Gericht gewonnene Überzeugung maßgebend waren.

12 **III. Tatsachenfeststellung bei gesetzlicher Vermutung und Anscheinsbeweis, Behandlung der Beweisvereitelung. 1. Vermutungen.** Bei der Tatsachenfeststellung sind – wie im Zivilprozess – eventuell vorhandene gesetzliche Vermutungen zu beachten. Bei der gesetzlichen **Vermutung von Tatsachen** wird kraft gesetzlicher Regelung aus dem Vorhandensein bestimmter Umstände auf das Vorliegen einer Tatsache geschlossen. Die vermutete Tatsache bedarf dann keines Beweises, wenn der Tatbestand vorliegt, an den die gesetzliche Vermutungsregelung anknüpft (vgl. Musielak/*Huber* § 292 ZPO Rn. 2). Entsprechende Tatsachenvermutungen können in verschiedenen Bereichen der freiwilligen Gerichtsbarkeit relevant werden; genannt seien hier etwa die Tatsachenvermutungen in §§ 1600c Abs. 1, 1600d Abs. 2 BGB, §§ 9 Abs. 1, 10, 11 VerschG. Tatsachenvermutungen können, wenn sie nicht nach der gesetzlichen Ausgestaltung unwiderleglich sind, entkräftet werden durch den Beweis des Gegenteils. Dieser obliegt nicht einem Beteiligten, sondern ist ebenfalls grds. Gegenstand der Amtsermittlung (vgl. BayObLGZ 1999, 1, 4; Keidel/*Sternal* § 29 FamFG Rn. 44).

13 Abzugrenzen von der gesetzlichen Tatsachenvermutung ist die gesetzliche **Vermutung eines Rechts**, bei der aus den in der Vermutungsregelung genannten Tatsachen unmittelbar auf das Bestehen oder das Nichtbestehen eines Rechts oder Rechtsverhältnisses geschlossen wird (vgl. Musielak/*Huber* § 292 ZPO Rn. 3), wie etwa in § 5 HöfeVfO, § 1568b Abs. 2 BGB, § 2365 BGB (letztgenannte Vermutung ist z.B. relevant für den Bereich des Grundbuchrechts; im Erbscheins- bzw. -einziehungsverfahren dürfte sie hingegen nicht gelten, vgl. PWW/*Deppenkemper* § 2361 BGB Rn. 2). Auch die Rechtsvermutung kann durch Beweis der Unrichtigkeit bzw. des Gegenteils widerlegt werden; für die insoweit relevanten Tatsachen gilt auch hier grds. der Amtsermittlungsgrundsatz (vgl. Keidel/*Sternal* § 29 FamFG Rn. 44).

14 **2. Anscheinsbeweis.** Im Bereich der freiwilligen Gerichtsbarkeit sind schließlich auch die Grundsätze des Anscheinsbeweises anwendbar (vgl. BGHZ 53, 369, 379; BayObLGZ 1979, 256, 266). Ein Anscheinsbeweis kommt nach in der Rspr. allgemein anerkannten Grundsätzen in Betracht, wenn ein typischer Geschehensablauf vorliegt, bei dem nach der Lebenserfahrung aus einem bestimmten unstreitigen oder bewiesenen Sachverhalt auf eine bestimmte Folge oder umgekehrt aus einem feststehenden Erfolg auf eine bestimmte Ursache oder einen Geschehensablauf zu schließen ist (vgl. BGH NJW 2001, 1140, 1141).

15 Der Anscheinsbeweis ist erschüttert, wenn sich hinsichtlich der Tatsachengrundlage des typischen Geschehensablaufs Zweifel ergeben oder die ernsthafte Möglichkeit eines abweichenden, atypischen Geschehensablaufs besteht (vgl. Keidel/*Sternal* § 29 FamFG Rn. 29; Zöller/*Greger* Vor § 284 ZPO Rn. 29). Solchen Möglichkeiten, die zur Entkräftung des Anscheinsbeweises führen können, hat das Gericht i.R.d. Amtsermittlung nachzugehen (vgl. MüKoZPO/*Ulrici* § 37 FamFG Rn. 11). Bei konkreter Möglichkeit eines atypischen Geschehensablaufs (Entkräftung des Anscheinsbeweises) kann die im Anscheinsbeweis liegende Beweiserleichterung nicht eingreifen; es kommt dann auf die Feststellung der zu beweisenden Tatsachen nach allgemeinen Grundsätzen an.

16 **3. Beweisvereitelung.** Bei einer Beweisvereitelung, die auch im Bereich des FamFG durch Verhinderung oder Erschwerung der Beweisaufnahme oder Erhebung einzelner Beweise seitens eines Beteiligten vorkommen kann, wird an die hierfür im Zivilprozess entwickelten Grundsätze (vgl. Musielak/*Foerste* § 286 ZPO Rn. 62 ff.) anzuknüpfen sein. Der Amtsermittlungsgrundsatz steht dem nicht entgegen (vgl. BGH NJW 2010, 1351; FamRZ 2009, 1130, 1132). Voraussetzung für entsprechende Sanktionen ist dabei, dass **die zur Beweisvereitelung führenden Maßnahmen des Beteiligten diesem zuzurechnen und vorzuwerfen sind.** Erschöpft sich die Vereitelung des Beteiligten allein in der Versagung einer ihm obliegenden Mitwirkung an der Sachverhaltsermittlung nach § 27 Abs. 1, kann und wird es vielfach ausreichen, dass das Gericht von weiteren Ermittlungsmaßnahmen absieht; dies gilt insb. dann, wenn die weitere Aufklärung auch im Interesse des Beteiligten lag. Eine Beweisvereitelung oder -erschwerung ist ansonsten (als ein Gesichtspunkt neben anderen) i.R.d. Beweiswürdigung zu berücksichtigen (auch in Amtsverfahren) und kann heranzuziehen sein, um ein für den vereitelnden Beteiligten nachteiliges Beweisergebnis zu begründen (vgl. OLG Hamm

FGPrax 1996, 28, 30). Entsprechend den im Zivilprozess entwickelten Grundsätzen kommt schließlich in echten Streitsachen in Betracht, wegen einer ins Gewicht fallenden Beweisvereitelung eines Beteiligten zugunsten eines anderen Beteiligten, bei dem die materielle Feststellungslast liegt, Beweiserleichterungen zu gewähren oder sogar von einer Umkehr der Feststellungslast auszugehen. Die Grundsätze der Beweisvereitelung können auch in Amtsverfahren, etwa bei Sorgerechtsentscheidungen, anzuwenden sein (vgl. BGH NJW 2010, 1351), jedenfalls i.R.d. hier vorzunehmenden Beweiswürdigung.

D. Rechtliches Gehör zu den entscheidungserheblichen Tatsachen (Abs. 2). I. Grundlagen. Die Regelung in Abs. 2 ist bereits aus verfassungsrechtlichen Gründen (Art. 103 Abs. 1 GG) vorgegeben. Sie konkretisiert in einem wichtigen Teilbereich die verfassungsrechtliche Gewährleistung rechtlichen Gehörs, enthält aber eine **eigenständige einfachgesetzliche Grundlage** für verfahrensrechtliche Rechte und Pflichten. Abs. 2 besteht und gilt **neben der übergeordneten verfassungsrechtlichen Gewährleistung**. Der aus **Art. 103 Abs. 1 GG** folgende Grundsatz des rechtlichen Gehörs ist als unmittelbar geltendes Verfassungsrecht in allen gerichtlichen Verfahren, so auch **in Verfahren der freiwilligen Gerichtsbarkeit anwendbar** (vgl. BVerfG NJW 1994, 1053; *Prütting*/Helms § 37 FamFG Rn. 27). Die Gewährung rechtlichen Gehörs erfordert es, dass das Gericht eine Entscheidung nur auf solche Tatsachen und Beweisergebnisse stützt, zu denen sich die Beteiligten, deren Rechte durch die Entscheidung beeinträchtigt werden, zuvor äußern konnten. Zu Ausnahmen im Bereich des einstweiligen Rechtsschutzes vgl. Rdn. 44 und § 51 Rdn. 26 f.

Wenn für die gerichtliche Entscheidung der gesamte Inhalt des Verfahrens, insb. der gesamte Akteninhalt, heranzuziehen ist, müssen Vorkehrungen getroffen werden, dass in ihren Rechten betroffene Beteiligte vorher Gelegenheit erhalten, sich zu den die Entscheidung tragenden tatsächlichen Grundlagen zu äußern. In diesem Zusammenhang ist auch zu bedenken, dass es im FamFG-Verfahren ansonsten keine generelle Regelung über die Übersendung schriftlicher Erklärungen und Beweisergebnisse an die Beteiligten gibt. Lediglich für den verfahrenseinleitenden Antrag ist in § 23 Abs. 2 vorgesehen, dass er den anderen Beteiligten zu übermitteln ist. Bei den weiteren Schriftsätzen, Schriftstücken und dem sonstigen Verfahrensstoff ist solches nicht generell vorgesehen. Der Verzicht auf eine schematische Versendung von Verfahrensunterlagen an alle Beteiligten soll nach den dem Gesetzentwurf zugrunde liegenden Vorstellungen die Flexibilität des FamFG-Verfahrens gewährleisten und den in organisatorischer und finanzieller Hinsicht zu leistenden Aufwand auf das Unvermeidliche beschränken (vgl. Begr. RegE BT-Drucks. 16/6308, 194). Durch Abs. 2 soll gewährleistet werden, dass jedenfalls den Beteiligten, die durch die zu erlassende Entscheidung in ihren Rechten beeinträchtigt werden, der die Entscheidung tragende Tatsachenstoff zugänglich gemacht und ihnen vor Erlass der Entscheidung Gelegenheit zur Äußerung eingeräumt wird (Begr. RegE BT-Drucks. 16/6308, 194). Ob der jeweilige Beteiligte von dieser Gelegenheit zur Äußerung Gebrauch macht, steht in seinem Belieben. Die **Anhörungspflicht** gilt bei **allen Entscheidungen** des Gerichts, **die in die Rechte eines Beteiligten eingreifen** (können). Dies werden meist Endentscheidungen sein, können aber auch Zwischenentscheidungen sein, die (bereits) Rechte der Beteiligten berühren. Eine Entscheidung in diesem Sinn kann auch eine Registereintragung sein, wenn und soweit dadurch Rechte von Beteiligten betroffen werden (z.B. Löschung einer Gesellschaft im Handelsregister; vgl. OLG Köln GmbHR 2011, 596, 597).

II. Berechtigte und Gegenstand der gerichtlichen Informations- und Anhörungspflicht. 1. Anzuhörende Beteiligte. Zu den entscheidungserheblichen tatsächlichen Grundlagen anzuhören sind die **Beteiligten, die durch die Entscheidung in ihren Rechten beeinträchtigt werden**. Es wird dabei an den Begriff der Rechtsbeeinträchtigung angeknüpft, der in § 20 Abs. 1 FGG zur Bestimmung der Beschwerdeberechtigung herangezogen worden ist (vgl. Begr. RegE BT-Drucks. 16/6308, 194). Eine solche Rechtsbeeinträchtigung ist anzunehmen, wenn der Beteiligte durch die anstehende Entscheidung in seiner eigenen Rechtsstellung negativ betroffen sein würde, d.h. ein unmittelbarer, nachteiliger Eingriff in ein dem Beteiligten zustehendes (subjektives) Recht zu besorgen ist, indem seine Rechtsstellung aufgehoben, beschränkt oder gemindert, die Ausübung des Rechts gestört oder erschwert wird (zum Begriff der Rechtsbeeinträchtigung vgl. § 7 Rdn. 13 ff.; MüKoZPO/*Ulrici* § 37 FamFG Rn. 21). Auf die Art des evtl. beeinträchtigten Rechts kommt es nicht an; eine evtl. Beeinträchtigung einer verfahrensrechtlichen Position (etwa einer solchen nach § 7 Abs. 2 Nr. 2) dürfte genügen. Auch die evtl. Vorenthaltung einer Verbesserung einer Rechtsstellung des Beteiligten reicht aus. Letzteres ist jedenfalls in Antragsverfahren auch für den Antragsteller gegeben, wenn das Gericht eine Zurückweisung seines Antrags in Erwägung zieht. Die Beeinträchtigung einer rechtlich gesicherten Position im Sinne einer Anwartschaft dürfte ebenfalls ausreichen.

20 Die Rechtsbeeinträchtigung muss sich aus dem Inhalt der zu treffenden Entscheidung (dem Entscheidungssatz), nicht lediglich aus ihren Gründen ergeben.

21 Für einen Anspruch auf Anhörung dürften dagegen bloße **wirtschaftliche oder ideelle Interessen oder Beeinträchtigungen** nicht genügen.

22 Auch **Behörden** kommen – obwohl sie keine eigene Rechtspersönlichkeit besitzen, sondern als Organisationseinheit einer juristischen Person des öffentlichen Rechts handeln – als anzuhörende Beteiligte in Betracht, wenn ihnen in dem betreffenden Verfahren eigene Rechte zukommen und sie in der ihnen eingeräumten Rechtsstellung betroffen sind (es etwa um die Anfechtung von Justizverwaltungsakten gem. §§ 23 ff. EGGVG geht). Davon abzugrenzen ist die Hinzuziehung von Behörden zum Zweck allgemeiner Wahrnehmung öffentlicher Interessen oder zur Unterstützung des Gerichts bei dessen Ermittlungen (z.B. Hinzuziehung des Jugendamts in familiengerichtlichen Verfahren, Beteiligung berufsständischer Organe, der Landwirtschaftskammer in Verfahren nach dem LwVG. Es ist jeweils durch Auslegung der die Beteiligung der Behörde regelnden Vorschriften festzustellen, ob der Behörde eigene Rechte eingeräumt worden sind und sie danach in eigenen Rechten betroffen sein kann. Ist der Behörde durch Gesetz in einem bestimmten Bereich ein Antragsrecht oder ein Recht zur Beschwerde eingeräumt, spricht dies für letzteres (vgl. etwa für Beteiligung der IHK nach § 126 FGG OLG Saarbrücken OLGZ 1985, 388; Zöller/*Feskorn* ZPO, § 37 FamFG Rn. 12).

23 Der betroffene **verfahrensfähige (§ 9) Beteiligte** kann sein Recht auf Information und Anhörung selbst oder durch Bevollmächtigte (§ 10) wahrnehmen. Selbst anzuhören sind auch **geschäftsunfähige oder beschränkt geschäftsfähige Personen**, denen zur Wahrnehmung ihrer Rechte im betreffenden Verfahren Verfahrensfähigkeit zukommt (vgl. § 9 Abs. 1 Nr. 2 sowie z.B. §§ 275, 316). Möglicherweise geschäftsunfähigen oder beschränkt geschäftsfähigen Beteiligten kommt ein eigenes Anhörungsrecht auch zu, wenn über deren Geschäftsfähigkeit gestritten wird. Zu hier aus Gründen des Gesundheitsschutzes oder aus anderen zwingenden Gründen in Betracht kommenden Ausnahmen vgl. Rdn. 39 f.

24 Bei **juristischen Personen** als Beteiligte und bei geschäftsunfähigen sowie beschränkt geschäftsfähigen Beteiligten, die nach § 9 Abs. 1 Nr. 2 bis 4 nicht verfahrensfähig sind, übt der gesetzliche Vertreter, bei Behörden deren Leiter oder dessen Beauftragter das Anhörungsrecht aus. Bei Interessenkollisionen zwischen einem solchen nicht verfahrensfähigen Beteiligten und seinem gesetzlichen Vertreter oder in sonstigen Fällen der Verhinderung des gesetzlichen Vertreters wird das Anhörungsrecht durch einen – ggf. zu bestellenden – (Ergänzungs-) Pfleger auszuüben sein. Das Anhörungsrecht ist evtl. von einem Verfahrenspfleger wahrzunehmen, wenn der Beteiligte hierzu aus tatsächlichen Gründen, z.B. wegen seines Geisteszustandes, nicht in der Lage ist (vgl. dazu etwa §§ 276, 317).

25 **2. Gegenstand der Anhörung.** Den Beteiligten, die nach den vorstehend dargestellten Grundsätzen in ihren Rechten beeinträchtigt werden, müssen die **Tatsachen und Beweisergebnisse**, die der Entscheidung zugrunde gelegt werden sollen, zur Kenntnis gegeben und ihnen muss hierzu Gelegenheit zur Äußerung eingeräumt werden. Dies erfordert, dass dem betroffen Beteiligten **sämtliches entscheidungsrelevantes Tatsachenvorbringen** der anderen Beteiligten, aber auch vom Gericht selbst ermittelter Tatsachstoff einschließlich der Beweisergebnisse von in seiner Abwesenheit erhobenen Beweisen (insb. auch die des Freibeweises) zur Kenntnis gegeben wird. Hierzu ist dem Beteiligten sodann die Möglichkeit der Stellungnahme einzuräumen. Das gilt etwa auch für eine Augenscheinseinnahme, zu den Akten gelangte Urkunden, Behördenstellungnahmen, amtliche Auskünfte, entscheidungsrelevanten Tatsachstoff aus beigezogenen Akten und eingegangene Sachverständigengutachten (BGH NJW 2012, 2584, 2585); grds. gilt dies auch für ärztliche Gutachten, die sich z.B. auf den Geisteszustand eines Beteiligten beziehen (BGH NZFam 2015, 26 m. Anm. *Leeb*; NJW 2013, 3309; MDR 2011, 1040; OLG Frankfurt OLGZ 1981, 135, 137; BayObLG 1973, 162, 164; zu Ausnahmen vgl. Rdn. 39).

26 Gegenstand der Informations- und Anhörungspflicht sind Tatsachen und Beweisergebnisse, die für die anstehende Entscheidung relevant sind und diese tragen. Auch zu aus Sicht des Gerichts **offenkundigen Tatsachen**, die der Entscheidung zugrunde gelegt werden sollen, sind die betroffenen Beteiligten anzuhören (dabei wird eine vorausgehende Information hinsichtlich allgemeinkundiger Tatsachen, deren Entscheidungserheblichkeit ohne Weiteres erkennbar ist, wohl grds. nicht erforderlich sein; vgl. Keidel/*Sternal* § 29 FamFG Rn. 13).

27 Das Gericht muss danach i.R.d. Vorbereitung einer Entscheidung **fortlaufend überprüfen**, ob die **Informations- und Anhörungsverpflichtung** ggü. allen Beteiligten, die durch die Entscheidung in ihren Rechten (evtl.) betroffen werden, hinsichtlich aller tatsächlichen Grundlagen der Entscheidung **erfüllt worden ist**.

Wenn dies (teilweise) nicht der Fall ist, hat das Gericht das Versäumte vor Erlass der Entscheidung nachzuholen.

Eine **Information der Beteiligten über die rechtlichen Bewertungen des Gerichts** und die Einräumung 28 einer Möglichkeit der Stellungnahme hierzu sieht Abs. 2 nicht vor. Das Gericht hat allerdings i.R.d. Verfahrensleitung nach § 28 Abs. 1 Satz 2 die Beteiligten auf rechtliche Gesichtspunkte hinzuweisen, die das Gericht anders beurteilt als die Beteiligten oder die von den Beteiligten nicht erkannt werden (vgl. § 28 Rdn. 12 ff.). Auch geht hier die unmittelbar anwendbare verfassungsrechtliche Gewährleistung aus Art. 103 Abs. 1 GG über die Regelung des Abs. 2 hinaus. Die Gewährleistung rechtlichen Gehörs schließt ein, dass die Beteiligten sich auch zu der für die Entscheidung relevanten Rechtslage sowie zu den dazu vom Gegner vertretenen Rechtsansichten äußern können und dadurch die Möglichkeit erhalten, ggf. auf die rechtliche Beurteilung des Gerichts Einfluss zu nehmen (vgl. BVerfGE 64, 135, 143; 86, 133, 144; BVerfG NJW 2002, 1334). Zur effektiven Gewährleistung dieses Äußerungsrechts ist es geboten, die Beteiligten auch auf die (von ihnen ersichtlich nicht erkannten) rechtlichen Gesichtspunkte hinzuweisen, die das Gericht seiner Entscheidung zugrunde legen will (vgl. BVerfG NJW 2002, 1334).

III. Art und Weise der Information und Anhörung. § 37 Abs. 2 lässt offen, auf welche Weise sicherzustel- 29 len ist, dass die durch die Entscheidung in ihren Rechten betroffenen Beteiligten über den entscheidungserheblichen Tatsachenstoff informiert und angehört werden. Das Gericht hat in jedem Fall eine für den betreffenden Beteiligten nach den konkreten Umständen zumutbare Form zu wählen.

Zur **Information über den der Entscheidung zugrunde zu legenden Tatsachenstoff** werden den Beteilig- 30 ten regelmäßig die für die Entscheidung relevanten Erklärungen, die beigezogenen Beweismittel und deren Inhalt sowie die Ergebnisse einer durchgeführten (förmlichen) Beweisaufnahme mitzuteilen sein (vgl. Begr. RegE BT-Drucks. 16/6308, 194). Dies wird in der gerichtlichen Praxis durch Übersendung von Schriftsätzen und sonstigen Schriftstücken der anderen Beteiligten, Informationsschreiben des Gerichts oder durch Übersendung von Vermerken über einen Termin, über eine Anhörung von Beteiligten außerhalb eines Termins oder über Ergebnisse einer durchgeführten Beweisaufnahme (vgl. § 29 Abs. 3), von Ablichtungen von Urkunden oder eines eingeholten schriftlichen Sachverständigengutachtens geschehen. Neben dieser schriftlichen Information kommt auch eine mündliche Information, etwa eine Information der anwesenden Beteiligten in einem Termin (§ 32) oder im Rahmen einer persönlichen Anhörung (§ 33), in Betracht. Die notwendige Information über den Tatsachenstoff wird hier durch die Anwesenheit der Beteiligten gewährleistet.

Die notwendige Information kann weiterhin durch **Akteneinsicht** gewährt werden (*Bumiller*/Harders/ 31 Schwamb § 37 FamFG Rn. 3).

Auch eine **telefonische Information** ist denkbar, wird aber meist wegen damit verbundener Unsicherhei- 32 ten, wegen des schwierigen Nachweises von Inhalt und Umfang der Information und der naheliegenden Gefahr von Missverständnissen praktisch ausscheiden.

Es reicht grds. aus, dass den in ihren Rechten betroffenen Beteiligten die Möglichkeit eingeräumt wird, sich 33 **schriftlich zu den entscheidungsrelevanten Umständen zu äußern**. Es ist dabei den Beteiligten ein hinreichender Zeitraum einzuräumen, in dem sie in zumutbarer Weise erforderliche Informationen einholen und Stellung nehmen können. Welcher Zeitraum erforderlich und angemessen ist, hängt von den jeweils konkreten Umständen ab, insb. von der Komplexität des jeweiligen Verfahrens und dem zu erwartenden Aufwand der Stellungnahme. Auch ein evtl. bestehendes Eilbedürfnis (etwa im Bereich des einstweiligen Rechtsschutzes) wird zu berücksichtigen sein. Aus Gründen der Rechtsklarheit und -sicherheit wird es geboten, zumindest aber zweckmäßig sein, den Beteiligten eine bestimmte Frist für eine evtl. Äußerung zu setzen.

Auf Antrag mit hierfür dargelegten plausiblen Gründen, die ggf. auf Verlangen glaubhaft zu machen sind, 34 ist die **Stellungnahmefrist zu verlängern** (vgl. § 16 Abs. 2 i.V.m. § 224 Abs. 2 ZPO). Gesetzte Fristen muss das Gericht jedenfalls abwarten (BVerfG NJW 1988, 1773, 1774).

Das Gericht ist nach der Rspr. allerdings nicht gezwungen, stets eine Äußerungsfrist zu setzen; es muss nur 35 (nach Übermittlung eines Schriftsatzes oder einer sonstigen Information) **eine angemessen lange Zeit abwarten**, in der eine Stellungnahme der Beteiligten zu erwarten ist (i.d.R. zwischen 2–3 Wochen; vgl. BVerfG 8, 89, 91; 17, 191, 193; 60, 313, 317; OLG Köln ZIP 1984, 1284, 1285). Das gilt auch, wenn ein Beteiligter eine Stellungnahme (oder eine Antrags- oder Beschwerdebegründung) angekündigt hat (vgl. OLG Köln RPfleger 1990, 434; ZIP 1984, 1284, 1285; OLG Oldenburg NJW-RR 1991, 23). Kündigt ein Beteiligter eine Stellungnahme innerhalb einer von ihm genannten bestimmten Frist an, ist diese Frist entweder zu beachten oder durch richterliche Anordnung (auf einen angemessenen, ausreichenden Zeitraum) zu verkürzen (vgl. OLG Köln ZIP 1984, 1284, 1185).

36 Gelegenheit zur Stellungnahme kann den Beteiligten auch **im Rahmen eines Verhandlungstermins** oder einer (gesonderten) **mündlichen Anhörung** (§§ 32, 33) gegeben werden. Erforderlich ist dies jedoch nur in den vom Gesetz vorgesehenen Fällen. Zur Notwendigkeit einer persönlichen Anhörung vgl. § 34 Rdn. 9 f. Ansonsten besteht kein Anspruch der Beteiligten auf eine mündliche Anhörung (BVerfG NJW 1994, 1053; BayObLG FamRZ 2001, 1247, 1248, jeweils zu Art. 103 Abs. 1 GG).

37 **IV. Berücksichtigung eingehender Stellungnahmen.** Die Gewährung rechtlichen Gehörs und auch die einfachgesetzlich angeordnete Anhörung nach Abs. 2 schließen aufseiten des Gerichts die Verpflichtung ein, dass es das eingehende Vorbringen des Beteiligten bei der Entscheidung berücksichtigt. Es muss dazu das **Vorbringen des Beteiligten zur Kenntnis nehmen und bei seiner Entscheidung in Erwägung ziehen** (vgl. BVerfGE 60, 1, 5; BVerfG NJW 1995, 2095, 2096). Nach Prüfung als unerheblich erkanntes Vorbringen muss das Gericht bei der Entscheidung nicht berücksichtigen.

38 Vorgaben für **Inhalt und Umfang der gerichtlichen Begründung** ergeben sich aus Abs. 2 nicht. Auch die verfassungsrechtliche Gewährleistung rechtlichen Gehörs erfordert nicht, dass sich das Gericht mit jedem Vorbringen der Beteiligten in den Entscheidungsgründen ausdrücklich befasst (vgl. BVerfGE 54, 86, 91). Fehlende Ausführungen in den Entscheidungsgründen lassen nur unter bestimmten Umständen auf eine Verletzung rechtlichen Gehörs schließen, wenn sich nämlich dies aufdrängen muss, etwa wenn das Gericht auf den wesentlichen Kern eines Tatsachenvortrags, der für das Verfahren ersichtlich von zentraler Bedeutung erscheint, gar nicht eingeht (BVerfGE 86, 133, 145/146; 47, 182, 188).

39 **V. Ausnahme von der Informations- und Anhörungspflicht.** Der Wortlaut des Abs. 2 legt die Annahme einer generellen Regelung nahe, die Ausnahmen nicht zulässt. Nach bisherigem Recht ist jedoch in engen Ausnahmefällen zugelassen worden, dass einem betroffenen Beteiligten entscheidungserheblicher Tatsachenstoff und Beweismittel bzw. -ergebnisse vorenthalten werden oder von einer persönlichen Anhörung insgesamt abgesehen wird. Dies ist insb. in Betreuungs- und Unterbringungsverfahren bei Sachverständigengutachten zugelassen worden, wenn dies zum **Schutz der Gesundheit des Beteiligten** oder **aus zwingenden anderen Gründen** erforderlich erschien (vgl. KKW/*Schmidt* § 12 FGG Rn. 154). Einschränkungen kamen auch bei Vermerken über Anhörungen eines Kindes oder der Eltern in Sorgerechts- und Umgangsverfahren in Betracht. Entsprechende Ausnahmen sollten auch im Hinblick auf die verfassungsrechtliche Gewährleistung rechtlichen Gehörs nicht ausgeschlossen sein.

40 Nach der Begründung des RegE (BT-Drucks. 16/6308, 194) sollen solche Ausnahmen auch nach dem FamFG weiterhin zulässig und geboten sein, wenn einer Übersendung von Beweisdokumenten oder sonstigen Unterlagen **schwerwiegende Interessen eines Beteiligten oder eines Dritten** entgegenstehen. Die Informationsgewährung soll hier entsprechend der Regelung über die Akteneinsicht eingeschränkt werden können, die nach § 13 Abs. 1 versagt werden kann, soweit schwerwiegende Interessen eines Beteiligten oder eines Dritten entgegenstehen. Gleiches dürfte für die (persönliche) Anhörung gelten, wenn ein Ausschluss aus zwingenden Gründen des Gesundheitsschutzes oder aus zwingenden anderen Gründen geboten ist. Einige Ausnahmen von einer sonst erforderlichen persönlichen Anhörung von Beteiligten sind bereits im Gesetz vorgesehen (vgl. §§ 34 Abs. 2, 278 Abs. 4, 319 Abs. 3).

41 Auch wenn solche Einschränkungen im konkreten Fall erforderlich werden, muss das Gericht dem Anspruch des in seinen Rechten betroffenen Beteiligten auf Gewährung rechtlichen Gehörs im noch möglichen Umfang Rechnung tragen und **in möglichst grundrechtsschonender Weise einen Ausgleich der widerstreitenden Interessen herbeiführen**. In Betracht zu ziehen ist die Möglichkeit, dass das Gericht dem in seinen Rechten betroffenen Beteiligten nur den wesentlichen Inhalt der relevanten Unterlagen oder des Beweisergebnisses schriftlich mitteilt oder mündlich bekannt gibt (vgl. RegE BT-Drucks. 16/6308, 195). Wenn die persönliche Anhörung (etwa aus gesundheitlichen Gründen) ausgeschlossen ist, kann evtl. noch eine schriftliche Anhörung in Betracht kommen.

42 Das Gericht hat die **Gründe für den Ausschluss oder die Beschränkung der Anhörung** in den vorstehend dargestellten Ausnahmefällen in der Entscheidung nachprüfbar darzustellen (vgl. BayObLG NJW-RR 1987, 781).

43 Bei **ersichtlich unzulässigen oder unbegründeten Anträgen** (oder Rechtsmitteln) müssen die anderen Beteiligten nicht angehört werden. Da diese durch die Verwerfung bzw. Zurückweisung des Antrags nicht in *ihren Rechten betroffen* werden, ist dies bereits aus Abs. 2 herzuleiten.

Im Rahmen **vorläufigen Rechtsschutzes,** etwa bei Erlass einer einstweiligen Anordnung, kann von der Gewährung rechtlichen Gehörs im Ausnahmefall vorerst abgesehen werden, wenn dies wegen der besonderen Eilbedürftigkeit oder der Gefahr vereitelnder Maßnahmen eines Beteiligten erforderlich erscheint (vgl. dazu BayObLG 71, 217, 220; *Bumiller*/Harders/Schwamb § 37 FamFG Rn. 13). Die Gewährung rechtlichen Gehörs ist nachzuholen (vgl. § 51 Rdn. 26). 44

VI. Rechtsfolgen der Verletzung der gerichtlichen Informations- und Anhörungspflicht. Die Verletzung der gesetzlichen Informations- und Anhörungspflicht begründet einen **Verfahrensmangel**, auf ein Verschulden des mit der Sache befassten Gerichts kommt es dabei nicht an. Ein solcher Verfahrensmangel ist danach etwa auch gegeben, wenn ein vor Herausgehen der Entscheidung eingegangener Schriftsatz des in seinen Rechten betroffenen Beteiligten dem Richter durch die Geschäftsstelle nicht mehr vorgelegt worden ist. 45

Eine **Heilung des Verfahrensmangels** ist durch Nachholung der versäumten Information und Anhörung möglich. Dies kann auch noch in der Rechtsmittelinstanz geschehen (vgl. KG DB 1999, 2356, 2357; BayObLG NJW-RR 1999, 452; OLG Dresden NJW-RR 1998, 830, 831). Der Verfahrensmangel kann auch durch einen Verzicht des betroffenen Beteiligten auf eine entsprechende (Information und) Anhörung beseitigt werden. Dazu muss aber ein entsprechender Verzicht eindeutig und klar erklärt werden. 46

Der aus der **Verletzung der Informations- und Anhörungspflicht resultierende Verfahrensmangel** kann von dem Beteiligten, dessen Anhörungsrecht verletzt worden ist, im **Rahmen eines Rechtsmittels gerügt** werden. Da die entsprechende Information und Anhörung in der Beschwerdeinstanz nachgeholt werden können, ist wegen dieser Rechtsverletzung eine Aufhebung der erstinstanzlichen Entscheidung und Zurückverweisung der Sache regelmäßig nicht erforderlich. Etwas anderes kann in Betracht zu ziehen sein, wenn sich im konkreten Fall ergibt, dass bei Nachholung der Information und Anhörung umfangreiche neue Ermittlungen und evtl. eine umfangreiche und aufwändige Beweisaufnahme erforderlich werden. Für eine Zurückverweisung der Sache in solchen Fällen bedarf es allerdings des Antrags eines Beteiligten. Bei der Beschwerde hat das Beschwerdegericht nur unter den Voraussetzungen des § 69 Abs. 1 Satz 2 und 3 die Möglichkeit der Aufhebung und Zurückverweisung (vgl. § 69 Rdn. 15 ff.). 47

In der **Rechtsbeschwerdeinstanz**, die nicht bereits bei einer Verletzung der Anhörungspflicht, sondern nur unter den Voraussetzungen des § 70 eröffnet ist, kommt eine Nachholung und Heilung des hier behandelten Verfahrensmangels nur in sehr begrenztem Umfang in Betracht. Möglich ist dies, soweit es um die Nachholung rechtlichen Gehörs zu Rechtsfragen geht oder verfahrensrechtliche Fragen betroffen sind, bei denen eine Überprüfung auch in tatsächlicher Hinsicht noch im Rechtsbeschwerdeverfahren möglich ist. Durch eine Nachholung einer versäumten Anhörung zu Tatsachenvortrag oder Beweisergebnissen kann in der Sache kein neuer Tatsachenstoff mehr eingeführt werden. Der in der Verletzung der Anhörungspflicht liegende Verfahrensmangel führt hier, wenn darauf die Entscheidung beruht, d.h. zumindest die Möglichkeit besteht, dass die Entscheidung bei Anhörung des Rechtsbeschwerdeführers anders ausgefallen wäre, zur Aufhebung der angefochtenen Entscheidung und Zurückverweisung der Sache (vgl. Jansen/*Briesemeister* § 12 FGG Rn. 143 f.; § 72 Rdn. 20). 48

Ist ein Rechtsmittel oder ein Rechtsbehelf gegen die Entscheidung oder eine andere Abänderungsmöglichkeit nicht gegeben, bleibt die Möglichkeit einer **Abhilfe aufgrund Anhörungsrüge** nach § 44. Schließlich kommt auch eine **Verfassungsbeschwerde** in Betracht, wenn ein Rechtsmittel oder Rechtsbehelf nach dem FamFG nicht (mehr) gegeben ist und der in der Verletzung des § 37 Abs. 2 liegende Verfahrensmangel gleichzeitig einen Verstoß gegen Art. 103 Abs. 1 GG enthält. Letzteres wird regelmäßig anzunehmen sein. Die Verfassungsbeschwerde hat Erfolg, wenn ersichtlich ist, dass das Gericht entscheidungsrelevanten Tatsachenvortrag entweder überhaupt gar nicht zur Kenntnis genommen oder bei der Entscheidungsfindung nicht erwogen hat (BVerfGE 47, 182, 187; BVerfG NJW 1992, 2217). 49

Abschnitt 3. Beschluss

Vorbem. zu § 38

1 Beendet werden kann das Verfahren durch Rücknahme des Antrags (§ 22), Abschluss eines Vergleichs (§ 36) oder durch gerichtliche Entscheidung. Entscheidungen nach dem FamFG ergehen – auch in Ehe- und Familienstreitsachen (§§ 113 Abs. 1, 116 Abs. 1) – grds. in Form eines Beschlusses. Lediglich Entscheidungen in Registersachen (§ 382) sowie Zwischen- und Nebenentscheidungen können in Form einer Verfügung oder Anordnung ergehen.

2 Den Inhalt solcher Beschlüsse, insb. die Notwendigkeit einer Begründung, regelt § 38. Zum notwendigen Inhalt von Beschlüssen gehört auch die Rechtsmittelbelehrung (§ 39).

3 Beschlüsse werden durch Übergabe an die Geschäftsstelle erlassen (§ 38 Abs. 3) und den Beteiligten durch Zustellung bekannt gegeben (§ 41). Erlass und Bekanntgabe können Anwesenden ggü. auch durch Verlesen der Beschlussformel geschehen. Mit der Bekanntgabe werden die Beschlüsse wirksam, soweit dies nicht ausnahmsweise schon mit dem Erlass oder erst mit der Rechtskraft geschieht (§ 40).

4 Ist ein Beschluss fehlerhaft, so kann er berichtigt werden (§ 42), ist er unvollständig geblieben, kann er ergänzt werden (§ 43). Beruht die Entscheidung auf einer Verletzung des Anspruchs der Beteiligten auf rechtliches Gehör, wird das Verfahren auf die Rüge eines Beteiligten hin fortgesetzt (§ 44).

5 Beschlüsse erwachsen in formeller Rechtskraft (§ 45); dies wird den Beteiligten bescheinigt (§ 46). Hat ein Beschluss jemandem eine Vertretungsbefugnis verschafft, so bleiben unter Ausnutzung dieser Befugnis abgeschlossene Rechtsgeschäfte unabhängig vom Fortbestand des Beschlusses wirksam (§ 47).

6 Auch nach rechtskräftigem Abschluss des Verfahrens kann der Beschluss ggf. abgeändert oder das Verfahren wieder aufgenommen werden (§ 48).

7 Besondere Regelungen enthalten die §§ 40 Abs. 2, 41 Abs. 3, 48 Abs. 3 (und außerhalb dieses Abschnitts § 63 Abs. 2) für Beschlüsse, die die Genehmigung eines Rechtsgeschäfts zum Gegenstand haben.

§ 38 Entscheidung durch Beschluss.

(1) Das Gericht entscheidet durch Beschluss, soweit durch die Entscheidung der Verfahrensgegenstand ganz oder teilweise erledigt wird (Endentscheidung). Für Registersachen kann durch Gesetz Abweichendes bestimmt werden.

(2) Der Beschluss enthält
1. die Bezeichnung der Beteiligten, ihrer gesetzlichen Vertreter und der Bevollmächtigten;
2. die Bezeichnung des Gerichts und die Namen der Gerichtspersonen, die bei der Entscheidung mitgewirkt haben;
3. die Beschlussformel.

(3) ¹Der Beschluss ist zu begründen. ²Er ist zu unterschreiben. ³Das Datum der Übergabe des Beschlusses an die Geschäftsstelle oder der Bekanntgabe durch Verlesen der Beschlussformel (Erlass) ist auf dem Beschluss zu vermerken.

(4) Einer Begründung bedarf es nicht, soweit
1. die Entscheidung auf Grund eines Anerkenntnisses oder Verzichts oder als Versäumnisentscheidung ergeht und entsprechend bezeichnet ist,
2. gleichgerichteten Anträgen der Beteiligten stattgegeben wird oder der Beschluss nicht dem erklärten Willen eines Beteiligten widerspricht oder
3. der Beschluss in Gegenwart aller Beteiligten mündlich bekannt gegeben wurde und alle Beteiligten auf Rechtsmittel verzichtet haben.

(5) Absatz 4 ist nicht anzuwenden:
1. in Ehesachen, mit Ausnahme der eine Scheidung aussprechenden Entscheidung;
2. in Abstammungssachen;
3. in Betreuungssachen;
4. wenn zu erwarten ist, dass der Beschluss im Ausland geltend gemacht werden wird.

(6) Soll ein ohne Begründung hergestellter Beschluss im Ausland geltend gemacht werden, gelten die Vorschriften über die Vervollständigung von Versäumnis- und Anerkenntnisentscheidungen entsprechend.

§ 38 Abschnitt 3. Beschluss

Übersicht

	Rdn.		Rdn.
A. Allgemeines	1	II. Beschlussformel (Abs. 2 Nr. 3)	65
B. Anwendungsbereich	4	III. Begründung (Abs. 3 Satz 1)	72
C. Entscheidungsform (Abs. 1)	5	1. Tatsächliche Begründung	74
I. Entscheidungen in Form eines Beschlusses	5	2. Rechtliche Begründung	77
1. Endentscheidungen	6	IV. Wegfall Begründung (Abs. 4)	82
2. Entscheidungen in Zwangsvollstreckungssachen	12	1. Wegfall bei Anerkenntnis-, Verzichts- und Säumnisentscheidung (Abs. 4 Nr. 1)	88
3. Entscheidungen in Familiensachen	13	2. Wegfall bei unstreitiger Entscheidung (Abs. 4 Nr. 2)	92
4. Sonstige Entscheidungen	14	3. Wegfall bei Rechtsmittelverzicht (Abs. 4 Nr. 3)	98
a) FamFG-Beschlüsse	15	V. Kein Wegfall Begründung (Abs. 5)	103
b) ZPO-Beschlüsse	17	1. Begründung in Ehesachen (Abs. 5 Nr. 1)	104
c) Weitere	18	2. Begründung in Abstammungssachen (Abs. 5 Nr. 2)	108
II. Andere Entscheidungsformen	21	3. Begründung in Betreuungssachen (Abs. 5 Nr. 3)	109
1. Registereintragungen	21	4. Begründung bei Auslandsgeltendmachung (Abs. 5 Nr. 4)	111
2. Weitere Entscheidungen	22	VI. Vervollständigung unbegründeter Beschlüsse (Abs. 6)	114
D. Inhalt von Beschlüssen (Abs. 2 bis 6)	24	VII. Fehlen notwendiger Entscheidungsinhalte	117
I. Formelle Angaben (Abs. 2 Nr. 1, 2; Abs. 3 Satz 1)	28	E. Inhalt sonstiger Entscheidungsformen	121
1. Beteiligte und Vertreter (Abs. 2 Nr. 1)	31		
a) Beteiligte	32		
b) Gesetzliche Vertreter	37		
c) Verfahrensbevollmächtigte	41		
2. Gericht (Abs. 2 Nr. 2)	45		
3. Unterschrift (Abs. 3 Satz 2)	47		
4. Bekanntmachungsvermerk (Abs. 3 Satz 3)	56		
5. Rechtsbehelfsbelehrung (§ 39)	60		
6. Sonstige	61		

A. Allgemeines. § 38 enthält zunächst zwei **Legaldefinitionen.** »Endentscheidungen« sind Entscheidungen, durch die der Verfahrensgegenstand ganz oder teilweise erledigt wird (§ 38 Abs. 1 Satz 1; unten Rdn. 6). Der »Erlass« eines Beschlusses erfolgt mit Übergabe an die Geschäftsstelle oder mit Bekanntgabe durch Verlesen der Beschlussformel (§ 38 Abs. 3 Satz 2; dazu § 40 Rdn. 2, 13). 1

§ 38 macht darüber hinaus den Beschluss zur **Regelentscheidungsform** im FamFG. Zumindest für Endentscheidungen wird damit die Vielfalt von Entscheidungsformen des alten FGG (Verfügungen, Entscheidungen, Anordnungen oder Beschlüsse) aufgegeben. 2

Zentraler Bestandteil des § 38 sind schließlich die Mindestvoraussetzungen für den **Inhalt** des Beschlusses, die über diejenigen eines Beschlusses nach der ZPO (§ 329 ZPO) deutlich hinausgehen, ohne indes die strengen Formerfordernisse des ZPO-Urteils (§§ 313 ff. ZPO) in allen Punkten zu erreichen. § 38 Abs. 2 lehnt sich dabei an § 313 Abs. 1 Nr. 1, 2 und 4 ZPO, § 38 Abs. 3 Satz 1 an § 313 Abs. 1 Nr. 5 und 6, Abs. 2 und 3 ZPO. § 38 Abs. 3 Satz 2 entspricht dem § 315 Abs. 1 Satz 1 ZPO, § 38 Abs. 3 Satz 2 dem § 315 Abs. 3 ZPO. § 38 Abs. 4 und 5 übernimmt die Gedanken der §§ 313a und 313b ZPO. Die Nichteinhaltung dieser Formerfordernisse stellt die Wirksamkeit des Beschlusses indes grds. nicht infrage (unten Rdn. 27). 3

B. Anwendungsbereich. § 38 gilt für alle Verfahren nach dem FamFG, ist insb. auch für **Ehe- und Familienstreitsachen** durch § 113 Abs. 1 nicht ausgenommen (unten Rdn. 13). Damit ist der Beschluss die einheitliche Entscheidungsform des FamFG. 4

C. Entscheidungsform (Abs. 1). I. Entscheidungen in Form eines Beschlusses. § 38 Abs. 1 Satz 1 schreibt die Beschlussform für Endentscheidungen vor. Satz 2 beschränkt die Ausnahmen von der Entscheidungspflicht durch Beschluss im Interesse der Rechtsklarheit auf Registersachen. Als Beschluss ergehen darüber hinaus aufgrund weiterer gesetzlicher Anordnungen auch andere Entscheidungen. 5

1. Endentscheidungen. Endentscheidungen werden von § 38 Abs. 1 Satz 1 definiert als Entscheidungen, mit denen der Verfahrensgegenstand ganz oder teilweise erledigt wird. **Entscheidungen** in diesem Sinne 6

§ 38 Buch 1. Allgemeiner Teil

sind gerichtliche Verdikte, die geeignet sind, rechtliche Wirkungen für die Beteiligten durch die Begründung, Aufhebung, Änderung oder Feststellung von Rechten herbeizuführen und sonstige Einwirkungen auf rechtlich geschützte Interessen zu äußern, gleichgültig, ob sie innerhalb eines anhängigen Verfahrens oder zur Beendigung des Verfahrens erlassen werden (KKW/*Schmidt* § 16 FGG Rn. 1; *Bumiller/Winkler* § 16 FGG Rn. 1). Keine Entscheidung sind bloße Ankündigungen, in einem bestimmten Sinne entscheiden zu wollen (LG Essen Beschl. v. 12.02.2010 – 7 T 730/09; a.A. für angekündigte Rechtsverstöße OLG Zweibrücken ZEV 2010, 476). Entscheidungen können eine Leistung anordnen, das (Nicht-) Bestehen eines Rechtsverhältnisses feststellen oder die materielle Rechtslage gestalten. Um eine **Endentscheidung** handelt es sich, wenn sie die Instanz abschließt. Fortgesetzt werden kann das Verfahren dann nur noch aufgrund eines wirksamen Rechtsmittels (vgl. § 58). Endentscheidung wird zumeist die Entscheidung in der Hauptsache sein, kann aber, wenn die Hauptsache weggefallen ist, auch in der Entscheidung nur noch über die Kosten des Verfahrens bestehen (OLG Düsseldorf FuR 2010, 524; OLG Oldenburg NJW 2010, 2815). Eine Endentscheidungen liegt nicht nur dann vor, wenn ein Hauptsacheverfahren beendet wird, auch Beschlüsse, die über Anträge in Verfahren der einstweiligen Anordnung ergehen, fallen unter § 38 Abs. 1 Satz 1 (OLG Stuttgart NJW 2009, 3733).

7 § 38 geht vom Regelfall der Vollentscheidung aus, bei der eine umfassende verfahrensbeendende Entscheidung ergeht. Die Norm steht indes einer bloßen **Teilentscheidung** nicht entgegen, soweit der Verfahrensgegenstand quantitativ, gegenständlich und/oder zeitlich teilbar ist. Dass solche Teilentscheidungen wirksam sind, ergibt sich aus § 38 Abs. 1 Satz 1 genauso wie aus § 42 Abs. 1. Eine Teilentscheidung setzt voraus, dass die Entscheidung über den Teil unabhängig von der Entscheidung über den restlichen Verfahrensgegenstand getroffen werden und nicht die Gefahr besteht, das über den offen bleibenden Teil (und sei es auch nur nach einem Zuständigkeitswechsel oder durch ein Rechtsmittelgericht) eine abweichende, widersprechende Entscheidung ergeht (BGH NJW 1984, 120; BGH FamRZ 1989, 854; BGH NJW 1999, 1718; OLG Naumburg FGPrax 2006, 166; OLG Nürnberg FamRZ 1994, 1594). Unzulässig ist eine Teilentscheidung über eine Vorfrage des unentschieden bleibenden Teils. Über einen Teil eines einheitlichen Streitgegenstands, der nach Grund und Höhe streitig ist, kann teilweise nur entschieden werden, wenn zugleich eine Entscheidung über den Grund des restlichen Teils ergeht (§ 301 Abs. 1 Satz 2 ZPO). Dies gilt insb. für verbundene Scheidungs- und Folgesachen. Außerhalb des Verbunds kann isoliert über den Versorgungsausgleich entschieden werden (BGH NJW 1984, 1543, 1544), eine isolierte Zurückweisung des Ausgleichsbegehrens indes kommt nicht in Betracht (OLG Oldenburg NJW-RR 1992, 712).

8 Endentscheidungen können auch solche einer Rechtsmittelinstanz sein. Auf Beschwerdeentscheidungen findet § 38 entsprechende Anwendung (§ 69 Abs. 4).

9 Keine Endentscheidung sind **verfahrenstechnische Anordnungen** (z.B. Handlungsanweisungen einzelner Gerichtspersonen untereinander). Keine Entscheidung sind auch tatsächliche Handlungen des Gerichts, z.B. die Verpflichtung eines Vormunds und Pflegers oder die Eintragung in ein öffentliches Register (*Klose-Mockroß* S. 971; zur Abgrenzung zwischen Eintragungen und Entscheidungen im Grundbuchverfahren *Böttcher* Rpfleger 2011, 53). Für solche Anordnungen und Handlungen gilt die Beschlussform nicht (Rdn. 21). Innengenehmigungen fallen nicht hierunter, sie stellen Endentscheidungen dar, auch wenn sie lediglich i.R.d. gerichtlichen Aufsicht über den Handelnden ergehen (§ 40 Rdn. 25). Keine Endentscheidung stellt die gerichtliche Genehmigung eines Vergleichs dar (z.B. die Billigung einer Umgangsvereinbarung nach § 156: OLG Nürnberg NJW 2011, 2816).

10 Keine Endentscheidungen sind **Zwischen- und Nebenentscheidungen** (so für Entscheidungen im Befangenheitsverfahren OLG Stuttgart FamRZ 2009, 292; für die Vorlageanordnung des Grundbuchamts OLG München FGPrax 2010, 122, für die Beauftragung eines Gutachters BGH FamRZ 2008, 774, offen gelassen von BVerfG, Urt. v. 12.01.2011 – 1 BvR 2538/10). Vereinzelt ordnet das Gesetz an, dass auch diese Entscheidungen in Form eines Beschlusses zu ergehen haben (Rdn. 14, 18). Soweit dies nicht der Fall ist, steht die Entscheidungsform im Ermessen des Gerichts. Zwischenentscheidungen sind auch dann keine Endentscheidung, wenn mit ihnen streitige Fragen abgeschichtet werden, etwa durch die Vorabentscheidung über die Zulässigkeit eines Antrags oder die Beiziehung eines Beteiligten.

11 **Vorbehaltsentscheidungen** und **Grundentscheidungen** sind nur ausnahmsweise denkbar, etwa in Ehe- und Familienstreitverfahren nach § 113 i.V.m. §§ 302, 304 ZPO. Dies gilt – in den Grenzen der §§ 113 Abs. 4 Nr. 6, 130 Abs. 2 – auch für **Verzichts-, Anerkenntnis und Versäumnisbeschlüsse** (Bahrenfuss/Rüntz § 38 Rn. 4).

Abschnitt 3. Beschluss § 38

2. Entscheidungen in Zwangsvollstreckungssachen. In Form eines Beschlusses ergehen auch die Entscheidungen in Zwangsvollstreckungssachen. Soweit § 95 Abs. 1 hier grds. die Vorschriften der Zivilprozessordnung für anwendbar erklärt, stellt Abs. 2 klar, dass dies nicht für die Entscheidungsform gilt. Vollstreckungsentscheidungen, die nach der ZPO in Form eines Urteils zu ergehen hätten (etwa Entscheidungen auf eine Vollstreckungsabwehrantrag [§ 767 ZPO] oder Drittwiderspruchsantrag [§ 771 ZPO] hin), ergehen in FamFG-Angelegenheiten durch Beschluss. Für den notwendigen Inhalt, die Bekanntgabe, die Berichtigung, die Ergänzung und die Rechtskraft des Beschlusses sowie für die Anhörungsrüge gelten die §§ 38 ff. Diese Vorschriften verdrängen die entsprechenden Regelungen der Zivilprozessordnung. 12

3. Entscheidungen in Familiensachen. In Familiensachen entscheidet das Gericht durch Beschluss (§ 116 Abs. 1 ZPO). Dies gilt für alle Familiensachen und stellt klar, dass es Urteile auch in Ehe- oder Familienstreitverfahren nicht mehr gibt. Hierzu sind die §§ 38, 39 aus der Anwendbarkeit der allgemeinen Vorschriften nicht ausgenommen (§ 113 Abs. 1). 13

4. Sonstige Entscheidungen. In Form eines Beschlusses ergehen nicht nur Endentscheidungen i.S.d. § 38. Zwingend vorgeschrieben ist die Beschlussform auch für einige Zwischen- und Nebenentscheidungen. Zu den formellen Anforderungen insoweit Rdn. 121 f. 14

a) FamFG-Beschlüsse. Einige Entscheidungen nach dem FamFG erledigen den Verfahrensgegenstand nicht, stellen deswegen keine Endentscheidung i.S.d. § 38 Abs. 1 dar, ergehen aber kraft gesetzlicher Anordnung dennoch in Form eines Beschlusses. Hierzu zählen etwa die Entscheidung über einen Antrag auf Berichtigung einer Entscheidung (§ 42 Rdn. 34), über die Hinzuziehung von Beteiligten (§ 7 Abs. 3) und über die Verhängung eines Ordnungsgelds (§ 33 Abs. 3, § 89 Abs. 1). 15

In Form eines Beschlusses ergeht auch im Erbscheinsverfahren die Feststellung, dass die zur Erteilung des Erbscheins erforderlichen Tatsachen vorliegen (§ 352) sowie die Ablehnung eines Antrags auf Eröffnung einer letztwilligen Verfügung (OLG Köln FGPrax 2011, 49). 16

b) ZPO-Beschlüsse. Einige Entscheidungen regelt das FamFG nicht selbst, sondern verweist hierfür auf die ZPO. Aus dieser ergibt sich dann auch die Entscheidungsform des Beschlusses. Dies gilt für die Entscheidungen im Verfahrenskostenhilfeverfahren (§ 79 i.V.m. § 127 ZPO) und im Verfahren über ein Ablehnungsgesuch (§ 6 Abs. 1 i.V.m. § 45 ZPO). 17

c) Weitere. Zwischenverfügungen ergehen als Beschlusses und damit in der Form des § 38 Abs. 2, wenn sie Rang wahrend wirken. Dies ist der Fall bei Zwischenverfügungen im Grundbuchverfahren nach § 18 GBO (OLG Düsseldorf MDR 2012, 274), ggf. auch im Vereinsregisterverfahren OLG Düsseldorf FGPrax 2010, 247) und für das Registerverfahren i.Ü. (OLG Schleswig ZIP 2011, 662). 18

Für sonstige Zwischen- und Nebenentscheidungen, etwa verfahrensleitende Anordnungen oder andere verfahrensbegleitende Verfügungen oder Eintragungsverfügungen, ist die Beschlussform nicht zwingend vorgeschrieben, deswegen jedoch nicht ausgeschlossen. Meist ist sie zur Vermeidung von Unklarheiten über die Anfechtungsmöglichkeiten aber untunlich. 19

Vorbereitende Zwischenverfügungen des Gerichts sind grds. nicht anfechtbar (vgl. etwa OLG Zweibrücken FGPrax 2000, 109, nicht jedoch die Ankündigung des Rechtspflegers, ein Testament oder einen Erbvertrag zu eröffnen [OLG Düsseldorf NJW-RR 2011, 229, OLG Köln FGPrax 2011, 49], m.w.N.). Die Beschwerde gegen eine solche Verfügung ist aber ausnahmsweise dann statthaft, wenn sie in Rechte des davon Betroffenen in einem so erheblichen Maße eingreift, dass ihre selbstständige Anfechtbarkeit unbedingt geboten ist: Bejaht wird dies für die Ankündigung des Nachlassgerichts, den Inhalt eines Erbvertrages den eingesetzten Schlusserben bekannt zu machen (OLG Zweibrücken FGPrax 2010, 245) oder für die Ankündigung, ein gemeinschaftliches Testament (und damit auch die Verfügung des noch lebenden Verfügenden) zu eröffnen (OLG Schleswig Beschl. v. 23.01.2012 – 3 Wx 74/12; ähnlich OLG Köln FGPrax 2011, 49). 20

II. Andere Entscheidungsformen. 1. Registereintragungen. Registereintragungen ergehen auch dann nicht in Form eines Beschlusses, wenn sie den Begriff der Endentscheidung erfüllen. § 382 sieht hierfür abweichend vom Grundsatz des § 38 die Form der Verfügung vor. Das Gericht nimmt die Eintragung selbst vor, durch die Entscheidung wird der Eintragungsantrag ohne Beschlussfassung und ohne Begründung unmittelbar vollzogen (§ 408 Abs. 1 Satz 1). Für die den Eintragungsantrag ablehnende Entscheidung indes bleibt es bei der Form des Beschlusses (§ 382 Abs. 3), der eine Endentscheidung darstellen kann (OLG Hamm FGPrax 2010, 143). 21

22 **2. Weitere Entscheidungen.** Soweit für sonstige Zwischen- und Nebenentscheidungen nicht ausnahmsweise die Beschlussform vorgeschrieben ist, können diese in Form einer Verfügung oder Anordnung ergehen. Dies gilt etwa für verfahrensleitende oder verfahrensbegleitende Entscheidungen (z.B. Maßnahmen nach §§ 28, 29, 32).

23 Entscheidungen in Form eines Urteils können nach dem FamFG nicht ergehen (oben Rdn. 4, 13).

24 **D. Inhalt von Beschlüssen (Abs. 2 bis 6).** Der Beschluss bedarf der Schriftform (Abs. 3 Satz 2) und muss zudem die formellen Anforderungen der Abs. 2 bis 6 erfüllen. Er enthält die **gerichtliche Entscheidung**, muss diese klar und eindeutig zum Ausdruck bringen und macht sie beweisbar und vollziehbar. Insbes. die nach Abs. 3 Satz 1 erforderliche Begründung dient der Darstellung des vorangegangenen Verfahrens, und soll die Gründe für die Entscheidung einsichtig und nachvollziehbar machen (MüKo/*Musielak* § 331 ZPO Rn. 4). Dies ist verfassungsrechtlich geboten und dient der Akzeptanz der Entscheidung durch die Beteiligten. Nur von untergeordneter, aber nicht ohne Bedeutung ist darüber hinaus die Möglichkeit der Überprüfung der Entscheidung durch das Rechtsmittelgericht.

25 Die **Gerichtssprache** ist deutsch (§ 184 Satz 1 GVG). Der Beschluss ist deswegen ausschließlich auf Deutsch abzufassen. Dies gilt auch dann, wenn einzelne Beteiligte dieser Sprache erkennbar nicht mächtig sind. Die durch das FamFG eingetretenen Änderungen bei der Hinzuziehung von Dolmetschern berühren den schriftlichen Beschluss nicht.

26 Die **Abfassung** einer schriftlichen Entscheidung ist Amtspflicht des Gerichts. Bei Spruchkörpern beruht ihr Inhalt auf der nach Beratung und Abstimmung ergangenen Kollegialentscheidung. Wer diese vorbereitet, bestimmt der Vorsitzende.

27 Die notwendigen **Bestandteile** eines Beschlusses enthält § 38 Abs. 2 bis 6. Die Einhaltung dieser Förmlichkeiten ist Bedingung für die Wirksamkeit der Entscheidung dort, wo diese den Beteiligten schriftlich bekannt gegeben wird (§ 41 Abs. 1). Unabhängig vom Vorliegen der formellen Voraussetzungen des § 38 kann ein Beschluss wirksam werden, wenn er den Beteiligten durch Verlesen der Beschlussformel bekannt gegeben wird (§§ 40, 41 Abs. 2), da es hierzu einer vollständigen schriftlichen Ausfertigung nicht bedarf.

28 **I. Formelle Angaben (Abs. 2 Nr. 1, 2; Abs. 3 Satz 1).** Einer Bezeichnung als »Beschluss« bedarf der Beschluss nicht (OLG Frankfurt am Main AgrarR 1996, 379; a.A. Prütting/Helms/*Abramenko* § 38 Rn. 4). Allerdings kann eine entsprechende Überschrift Zweifel über die Anfechtbarkeit der Entscheidung vermeiden (Stein/Jonas/*Leipold* § 313 Rn. 8; Rdn. 63).

29 Der Beschlusseingang kann sprachlich als vollständiger Satz ausformuliert werden (»In der ...-Sache, an der beteiligt waren ..., hat das ...-Gericht durch ... am ... beschlossen: ...«). Möglich ist es auch, die einzelnen Angaben sprachlich unverbunden an den Beginn des Beschlusses zu stellen. In jedem Fall beginnt der Beschlusseingang mit einer Bezeichnung der Art der Streitigkeit (»In der Familien Nachlass-/Betreuungs-/Unterbringungssache ...«).

30 Der Beschluss muss nach Abs. 2 die Beteiligten und das Gericht bezeichnen. Insoweit genügt eine Verweisung auf den Akteninhalt (»In pp«) nicht (OLG Jena OLGR 2003, 122; OLG Köln BB 2001, 1499). Ein Kurzrubrum (»In der Sache A«) genügt ausnahmsweise, wenn der Beschluss weder anfechtbar noch vollstreckbar ist (BGH NJW-RR 2008, 367, 368; Rdn. 121 f.).

31 **1. Beteiligte und Vertreter (Abs. 2 Nr. 1).** Zu bezeichnen sind die Beteiligten, ihre gesetzlichen Vertreter und Bevollmächtigten. Diesen Angaben kommt besondere Bedeutung zu. Lässt sich dem Beschluss nicht zweifelsfrei entnehmen, wer Beteiligter geworden ist und wird der Beschluss deswegen einem Beteiligten nicht schriftlich bekannt gemacht, so beginnt die Rechtsmittelfrist ihm ggü. nicht zu laufen, sodass die Rechtskraft (und damit bei den Beschlüssen nach § 40 Abs. 2 und 3 auch deren Wirksamkeit) erst mit Ablauf von 5 Monaten nach Erlass des Beschlusses eintritt. Fehler bei der Bezeichnung der Beteiligten, die sich aus dem übrigen Inhalt der Entscheidung oder sonst zweifelsfrei aufklären lassen, können im Beschlusseingang nach § 42 berichtigt werden.

32 **a) Beteiligte.** Wer Beteiligter ist, richtet sich nach § 7. Mit der Neuregelung hat der Beteiligtenbegriff eine Verfestigung erfahren, die es erlaubt, die Beteiligten als Verfahrenssubjekte zu behandeln, mit der Beteiligtenstellung Rechte und Lasten zu verbinden. Die Angabe der Beteiligten im Beschlusseingang dient dazu, diese eindeutig bestimmen zu können. Sie hat indes keine Bedeutung für die Frage, ob jemand Beteiligter ist oder nicht. Dies bestimmt sich ausschließlich materiell (§ 7), einen »formellen Beteiligtenbegriff« kennt *das FamFG nicht*.

Anzugeben sind die am Schluss des Verfahrens beteiligten Personen, unabhängig davon, ob sie von Anfang an beteiligt waren oder nachträglich beteiligt wurden. Sind Beteiligte im Laufe des Verfahrens ausgeschieden, bleiben sie unberücksichtigt, es sei denn, die Entscheidung erstreckt sich (teilweise) auch noch auf sie. 33

Über den Umfang der zur Bezeichnung der Beteiligten erforderlichen Angaben enthält das Gesetz keine Angaben. Erforderlich ist eine Bezeichnung, die so konkret ist, dass die beteiligte Person zweifelsfrei bestimmt, von allen anderen denkbaren Personen abgegrenzt werden kann (BGH NJW 2001, 1056; OLG Hamburg GRUR 1981, 90, 91). Zudem müssen die Angaben eine (weitere) Verfahrensbeteiligung (Rechtsbehelfe, Vollstreckung, Rechtskraft) des Beteiligten, insb. eine Zustellung an ihn ermöglichen (Zöller/*Vollkommer* § 313 ZPO Rn. 4). Hierzu sind bei natürlichen Personen regelmäßig der (Vor- und Zu-) Name und die ladungsfähige Anschrift (Straße, Hausnummer, Postleitzahl, Ort) erforderlich. Weiterer individualisierender Angaben (Beruf, »junior/senior«) bedarf es nur, soweit diese im Einzelfall – etwa wegen Verwechslungsgefahr aufgrund Namens- und Anschriftengleichheit – erkennbar erforderlich sind. Insoweit kommt auch eine Angabe des Geburtsdatums in Betracht. Entsprechendes gilt bei juristischen Personen (Name bzw. Firma, Anschrift). Eine Angabe der Rechtsform kann bei juristischen Personen des Privatrechts erforderlich sein (Musielak/*Musielak* § 313 ZPO Rn. 4). Zum Erfordernis der Angabe des gesetzlichen Vertreters unten Rdn. 37. 34

Auch wenn § 38 dies nicht ausdrücklich verlangt, ist die Beteiligtenstellung anzugeben (Bork/Jacoby/Schwab/ *Elzer* § 38 Rn. 11). Bezeichnet werden die Beteiligten als »Beteiligte«. Auch in Ehesachen und Familienstreitsachen, auf die die ZPO Anwendung findet, werden die Beteiligten als solche und nicht als »Parteien« bezeichnet (§ 113 Abs. 5). Eine Angabe der Beteiligtenform (Antragsteller, Muss-Beteiligte, Kann-Beteiligte) ist nicht erforderlich, aber auch nicht ausgeschlossen. Hat ein Beteiligter einen Antrag gestellt, kann er auch als »Antragsteller«, der Gegner als »Antragsgegner« bezeichnet werden. 35

Sind mehrere Beteiligte auf einer Seite beteiligt, sind alle anzugeben. Im Rubrum sollten sie durchnummeriert werden (»Beteiligter zu 1)«). Dies erlaubt es, sie in den Gründen der Entscheidung zweifelsfrei und ohne Wiederholung des Namens benennen zu können. 36

b) Gesetzliche Vertreter. Der zusätzlichen Angabe des gesetzlichen Vertreters bedarf es stets, wenn ein solcher existiert. Der gesetzliche Vertreter ist ein Stellvertreter, dessen Vertretungsmacht nicht auf einer Vollmacht, d.h. einer durch Rechtsgeschäft erteilten Vertretungsbefugnis beruht, sondern sich unmittelbar aus gesetzlichen Bestimmungen ergibt. Eine solche Vertretungsmacht sieht das Gesetz als Kompensation für eine Einschränkung der Handlungsfähigkeit vor. So werden minderjährige Kinder gesetzlich durch die Eltern (§ 1629 BGB), ersatzweise den Vormund (§ 1773 BGB) vertreten, unter Betreuung stehende Personen durch den Betreuer (§ 1902 BGB). I.R.d. gerichtlich festgelegten Wirkungskreises ist der Pfleger gesetzlicher Vertreter (§§ 1909 ff. BGB, §§ 1960 ff. BGB). Juristische Personen werden durch ein Organ (§ 26 Abs. 2 BGB: Vorstand für den Verein; § 35 GmbHG: Geschäftsführer für die GmbH; § 78 AktG: Vorstand für die AG) vertreten. Im Fall einer Gesamtvertretung genügt häufig die Angabe nur eines Vertreter (Vorstandvorsitzender, § 170 Abs. 3 ZPO). Für juristische Personen des öffentlichen Rechts ergibt sich die Vertretungsbefugnis aus Gesetz oder Satzung. Der namentlichen Benennung des Vertreters bedarf es dabei regelmäßig nicht, es genügt die Angabe der Funktion. Hilfsweise genügt auch die »Vertretung durch den Leiter« (vgl. § 170 Abs. 2 ZPO), wobei indes der Leiter einer unselbstständigen Untergliederung nicht genügt (PG/*Kessen* § 170 Rn. 4). 37

Anzugeben sind die bei Schluss des Verfahrens existierenden gesetzlichen Vertreter. Ist eine gesetzliche Vertretung während des laufenden Verfahrens beendet worden, bedarf es einer Angabe des Vertreters nicht mehr. 38

Für die Bezeichnung der gesetzlichen Vertreter gilt das zur Bezeichnung der Beteiligten selbst Gesagte entsprechend. Der gesetzliche Vertreter ist bei dem Beteiligten aufzuführen und als solcher zu bezeichnen (»Beteiligt der minderjährige ..., gesetzlich vertreten durch seine Eltern ...«). Anzugeben sind grds. der volle Name des gesetzlichen Vertreters und seine ladungsfähige Anschrift. Die bloße Bezeichnung der abstrakten Funktion (»vertreten durch den Vorstand«) genügt grds. nicht (Baumbach/*Hartmann* § 313 Rn. 5; *Zimmermann* § 313 Rn. 2). Auch wenn die Ermittlung des Namens mit erheblichen Schwierigkeiten verbunden sein kann, gilt auch für juristische Personen des öffentlichen Rechts nichts anders (a.A. Hk-ZPO/*Saenger* § 313 Rn. 6). 39

Im Fall der gesetzlichen Vertretung können die Anforderungen an die Bezeichnung des Beteiligten selbst herabgesetzt sein. So ist etwa die Angabe einer ladungsfähigen Anschrift des Beteiligten entbehrlich, wenn eine solche für den gesetzlichen Vertreter vorliegt. 40

§ 38

41 **c) Verfahrensbevollmächtigte.** Sind die Beteiligten im Verfahren von einem Rechtsanwalt oder einer anderen vertretungsbefugten Person rechtsgeschäftlich (§ 10 Abs. 2) vertreten worden, so sind auch diese Verfahrensbevollmächtigten im Beschlusseingang zu benennen. Angegeben wird, wer als Verfahrensbevollmächtigter aufgetreten ist, unabhängig davon, ob er eine entsprechende Vertretungsmacht hatte oder ob er diese nachgewiesen hat. Fehlt eine rechtsgeschäftliche Vertretungsmacht oder ist eine solche entgegen §§ 11, 89 BGB nicht nachgewiesen, ist der Handelnde in dem Beschluss nicht als »Verfahrensbevollmächtigter«, sondern als »Vertreter« zu bezeichnen (OLG Köln MDR 1971, 54). Die Bezeichnung als »Verfahrensbevollmächtigter« im Rubrum begründet weder eine Vertretungsmacht noch ersetzt sie deren Nachweis.

42 Erforderlich ist lediglich die Angabe des Namens des Verfahrensbevollmächtigten, eine ladungsfähige Anschrift (Gerichtspostfach, postalische Anschrift) mag für die spätere Zustellung sinnvoll sein, zwingend ist sie nicht. Bei Anwaltssozietäten bedarf es an sich der Angabe aller Sozien (§ 59a Abs. 1 BRAO), bei Großkanzleien genügt der Name, unter dem diese am Rechtsverkehr teilnimmt, ggf. mit dem Zusatz »u.a.« oder »und Sozien«. Die Angabe eines beim Verfahrensbevollmächtigten geführten Aktenzeichens des Verfahrens ist nicht vorgeschrieben, als »Serviceleistung der Justiz« aber sinnvoll (Hk-ZPO/*Saenger* § 313 Rn. 7).

43 Ein zurückgewiesener Verfahrensbevollmächtigter (§ 10 Abs. 3) braucht grds. nicht angegeben zu werden. Etwas anderes kann gelten, wenn eine Entscheidung darüber erforderlich ist, ob vor Zurückweisung vorgenommene Verfahrenshandlungen des Bevollmächtigten wirksam sind.

44 Keiner Aufnahme in den Beschlusseingang bedürfen die lediglich im Termin aufgetretenen Beistände (§ 12).

45 **2. Gericht (Abs. 2 Nr. 2).** Das tätig gewordene **Gericht** ist sachlich und örtlich zu bezeichnen (»Amtsgericht Frankfurt am Main«). Der ergänzenden Angabe des Spruchkörpers (»1. Zivilkammer«) oder der Organisationseinheit (»Abteilung 32«) bedarf es nicht, allerdings ist diese praktisch verbreitet, geläufig und unschädlich. Führt das Gericht kraft Gesetzes eine besondere Bezeichnung (§ 23b GVG: FamG; § 23c GVG: Betreuungsgericht; § 2 LwVG: Landwirtschaftsgericht), so ist diese ergänzend anzugeben (»Amtsgericht Köln als Betreuungsgericht«). Dies gilt auch, wenn das Gesetz nur das für die Sache örtlich zuständige Gericht besonders bezeichnet (§§ 342 Abs. 1 Nr. 9, 348, 355, 454, §§ 1944, 1960, 1961, 2353 BGB: Nachlassgericht; §§ 379 ff.: Registergericht). Das frühere Vormundschaftsgericht ist durch das FamFG abgeschafft worden.

46 Die **Gerichtspersonen**, die bei der Entscheidung mitgewirkt haben, sind so genau zu bezeichnen, dass kein Zweifel an ihrer Identität aufkommen kann. Hierzu sind sie grds. namentlich zu bezeichnen. Dabei genügt der Nachname, die Angabe des Vornamens ist nicht erforderlich. Hinzuzufügen ist die Amtsbezeichnung (»Richter am Amtsgericht«, und – soweit aus dieser nicht bereits ersichtlich – die Funktion (»Richter«, »Rechtspfleger«, »Urkundsbeamter der Geschäftsstelle«). Spruchkörperinterne Funktionen (»als Vorsitzender«, »als Beisitzer«) sind überflüssig, dies gilt auch für das Tätigwerden »als Einzelrichter« (soweit es diesen in FamFG-Verfahren überhaupt geben kann). Die hier angegebenen Namen müssen identisch sein mit denjenigen, die als Unterschrift (unten Rdn. 47) unter der Entscheidung erscheinen. Fehlen die Namen hier, kann dieser Mangel durch die Unterschriften geheilt werden, wenn kein Zweifel besteht, dass es sich um dieselben Personen handelt (BGH FamRZ 1977, 124; Musielak/*Musielak* § 313 Rn. 5).

47 **3. Unterschrift (Abs. 3 Satz 2).** § 38 Abs. 2 Satz 2 bestimmt, dass der Beschluss zu unterschreiben ist. Die Unterschrift ermöglicht eine Abgrenzung des Beschlusses von einem bloßen Entwurf. Mit der Unterschrift wird bezeugt, dass die schriftliche Fassung der Entscheidung mit der bekannt gemachten übereinstimmt (Hk-ZPO/*Saenger* § 315 Rn. 1). Insoweit erfolgen eine Kontrolle der Entscheidung und die Übernahme der Verantwortung hierfür durch den Entscheidungsträger (BGH FGPrax 2011, 41).

48 Der Beschluss ist von dem Richter oder Rechtspfleger zu unterschreiben, der die Entscheidung getroffen hat. Insoweit muss Kongruenz zwischen den bezeichneten Gerichtspersonen (Abs. 2 Nr. 2) und den Unterschriften bestehen. Eine Kollegialentscheidung haben alle Richter zu unterschreiben, die daran mitgewirkt haben (Bork/Jacoby/Schwab/*Elzer* § 38 Rn. 47; Hoppenz/*Gottwald* § 38 Rn. 8; a.A. Friederici/Kemper/*Simon* § 38 Rn. 12). Entscheidungen des Landwirtschaftsgerichts müssen von den ehrenamtlichen Richtern nicht unterschrieben werden; § 48 Abs. 1 Satz 2 LwVfG, der dies für streitige Landwirtschaftssachen anordnet, gilt auch für die Landwirtschaftssachen des FamFG (OLG Brandenburg FGPrax 2012, 281).

49 Die Unterschrift ist handschriftlich zumindest mit dem Nachnamen des Entscheidungsträgers zu leisten. Es muss sich um einen die Identität des Unterschreibenden ausreichend kennzeichnenden, individuellen Schriftzug mit charakteristischen, die Nachahmung durch einen Dritten zumindest erschwerenden Merkmalen handeln. Sie muss nicht lesbar sein, nicht einmal erkennbar aus Buchstaben bestehen, aber mehr sein als eine bloß »gekrümmte Linie« (BGH VersR 1997, 988, 989; BGH NJW 1988, 731; *Fischer* DRiZ 1994, 95). Eine bloße Paraphe (Namenskürzel) genügt nicht.

Die Unterschrift muss sich auf alle Bestandteile des Beschlusses – insb. auch auf die Gründe und die Rechtsbehelfsbelehrung – erstrecken, räumlich unter diesen stehen. Die bloße Inbezugnahme einer Anlage genügt nicht (§ 39 Rdn. 32; OLG Oldenburg FamRZ 2012, 1080). 50

Eine Regelung über die Unterschrift bei **Verhinderung** enthält § 38 nicht. 51

§ 315 Abs. 1 Satz 2 ZPO kann entsprechende Anwendung nur bei einer Kollegialentscheidung finden. In diesem Fall hat der Vorsitzende, hilfsweise der dienstälteste Richter, die Verhinderung durch einen Vermerk kenntlich zu machen. Der Vermerk muss den Grund der Verhinderung erkennen lassen, wobei eine allgemeine Beschreibung (»Urlaub«, »Krankheit«) genügt (BGH NJW-RR 1994, 1406, 1407). In der Rechtsmittelinstanz wird nicht nachgeprüft, ob der genannte Grund tatsächlich vorlag, sondern nur, ob der angegebene Grund einen Verhinderungsfall darstellt (BGH NJW 1980, 1849, 1850). Keine Verhinderung liegt vor, wenn diese nur kurzfristig andauert; dann ist die Unterschrift nachzuholen, nicht zu ersetzen (BGH NJW 1977, 765). Dies gilt auch im Fall einer Versetzung, nicht jedoch beim endgültigen Ausscheiden aus dem Justizdienst (BGH MDR 1994, 1072; *Fischer* DRiZ 1994, 95). 52

Erging die Entscheidung durch eine Einzelperson, ist eine Ersetzung der Unterschrift nicht möglich. Kann die Unterschrift auch nicht nachgeholt werden, muss der Beschluss ohne Unterschrift zugestellt werden und ist dann wegen der fehlenden Unterschrift anfechtbar. 53

Eine fehlende Unterschrift (oder ein fehlender Verhinderungsvermerk, oben Rdn. 52) kann (mit Wirkung für die Zukunft) nachgeholt (BGHZ 137, 49, 53), eine falsche Unterschrift berichtigt werden (BGH NJW-RR 1998, 1065, 1066). Voraussetzung ist, dass Unterzeichnende (wenn auch nicht notwendig bei dem zuständigen Gericht) noch im Dienst ist (BGH MJW 1998, 609, 610). 54

Das endgültige Fehlen der Unterschrift hindert das Wirksamwerden der Entscheidung nicht (BGH NJW 1998, 609, 610; oben Rdn. 27, vgl. aber auch unten Rdn. 59). 55

4. Bekanntmachungsvermerk (Abs. 3 Satz 3). § 38 Abs. 3 Satz 3 enthält eine Legaldefinition des »**Erlasses**«. Erfolgt die Bekanntgabe des Beschlusses durch Verlesen der Entscheidungsformel nach § 41 Abs. 2, ist die Entscheidung damit erlassen. Soll der Beschluss den Beteiligten nur schriftlich nach § 41 Abs. 1 bekannt gegeben werden, ist die Übergabe des fertig abgefassten und unterschriebenen Beschlusses an die Geschäftsstelle zur Veranlassung der Bekanntgabe der für den Erlass maßgebliche Zeitpunkt. Die bloße Ankündigung einer Entscheidung genügt als Erlass nicht (LG Essen Beschl. v. 12.01.2010 – 7 T 730/09). 56

Das Datum dieses Erlasses, d.h. entweder das der Verlesung oder der Übergabe an die Geschäftsstelle, ist auf dem Beschluss zu vermerken (zur Angabe des Datums, an dem die Tatsachenverhandlung i.S.d. § 238 Abs. 2 geschlossen wurde unten Rdn. 64). Ein solcher **Vermerk** ist im Hinblick auf den Beginn der Beschwerdefrist nach § 63 Abs. 3 von besonderer Bedeutung. Das Gesetz regelt nicht, wer den Vermerk zu fertigen hat und in welcher Form dies geschehen soll. Aus der Natur der Sache folgt, dass die Übergabe des Beschlusses an die Geschäftsstelle nur vom dortigen Urkundsbeamten bestätigt werden kann. Auch wenn eine Unterschrift des Urkundsbeamten anders als in § 315 Abs. 3 ZPO nicht ausdrücklich erfordert wird, wird zu verlangen sein, dass der Aussteller des Vermerks erkennbar ist. 57

Der Erlass der Entscheidung kann durch den Vermerk nach § 38 Abs. 3 Satz 3 nicht bewiesen werden. Dies ist allein durch den Vermerk über die Verlesung nach §§ 28 Abs. 4, 41 Abs. 2 Satz 2 oder durch den Zustellungsnachweis möglich (OLG Frankfurt am Main NJW-RR 1995, 511). 58

Grds soll der schriftliche Beschluss dem Erlass der Entscheidung möglichst rasch folgen, um es den Beteiligten zu ermöglichen, die Gründe der Entscheidung kennenzulernen und über eine mögliche Anfechtung zu befinden. Eine besondere Frist zur Abfassung des schriftlichen Beschlusses nach dessen Erlass durch Verlesung enthält § 38 nicht. § 41 Abs. 2 Satz 3 schreibt vor, dass der Bekanntgabe des Beschlusses durch Verlesen der Beschlussformel die schriftliche Begründung des Beschlusses unverzüglich folgen soll (§ 41 Rdn. 43). Zwingend ist die absolute Höchstfrist zur Einlegung der Beschwerde aus § 63 Abs. 3 (5 Monate nach Erlass des Beschlusses). Liegt der schriftliche Beschluss bis zu diesem Zeitpunkt nicht mit einer Unterschrift versehen vor, ist er als Entscheidung ohne Begründung anzusehen und wird im Beschwerdeverfahren aufgehoben (GmS-OGB NJW 1993, 2603; teilw. a.A. BayObLG ZMR 2004, 764 f.). 59

5. Rechtsbehelfsbelehrung (§ 39). Grds hat der Beschluss auch eine Rechtsbehelfsbelehrung zu enthalten. Da deren Fehlen auf die Wirksamkeit der Entscheidung keinen Einfluss hat, ist sie – anders als in anderen 60

§ 38 Buch 1. Allgemeiner Teil

Verfahrensordnungen – nicht als notwendiger Bestandteil der Entscheidung ausgestaltet, sondern in § 39 separat geregelt.

61 **6. Sonstige.** Auch für den Beschluss nach dem FamFG gilt § 4 AktO, der eine Angabe des Gerichts und der Geschäftsnummer vorsieht.

62 Der Beschluss ergeht nicht »Im Namen des Volkes«. Diese Floskel ist ausschließlich Urteilen vorbehalten (§ 311 Abs. 1 ZPO, § 268 Abs. 1 StPO, § 117 Abs. 1 VwGO). Etwas anderes gilt auch nicht für Beschlüsse in Familiensachen (§ 116), für die anstelle der §§ 40, 41 die Vorschriften der ZPO gelten und die deswegen nach § 311 Abs. 2 ZPO zu verkünden sind. Die Gegenauffassung (OLG Zweibrücken FamRZ 2012, 471; Musielak/*Borth* § 116 Rn. 3; MüKo/*Fischer* § 116 Rn. 4) verkennt, dass die Verweisung auf die Verkündungsvorschriften der ZPO § 311 Abs. 1 ZPO nicht umfasst (so auch BGH FamRZ 2012, 1287; BGH FamRZ 2012, 106 m. Anm. *Heiter* FamRZ 2012, 206; *Roßmann* FuR 2012, 286).

63 Einer Bezeichnung als »Beschluss« bedarf die Entscheidung nicht. Dass die Entscheidung in dieser Form ergeht, ergibt sich auch ohne diesbezügliche Überschrift gem. § 38 aus ihrem Inhalt. Dies steht einer deklaratorischen Bezeichnung indes nicht entgegen (oben Rdn. 30).

64 Die Angabe Datums, an dem die Tatsachenverhandlung geschlossen wurde (vgl. § 238 Abs. 2) ist zwar nicht zwingend, aber sinnvoll, da sich die erforderlichen Feststellungen nicht immer anderweitig treffen lassen (Bahrenfuss/*Rüntz* § 38 Rn. 6; a.A. Prütting/Helms/*Abramenko* § 38 Rn. 12).

65 **II. Beschlussformel (Abs. 2 Nr. 3).** § 38 Abs. 2 Nr. 3 führt den Begriff der Beschlussformel als Entsprechung zur Urteilsformel ein und zwingt damit dazu, dem Beschluss das knapp und präzise formulierte Verfahrensergebnis voranzustellen. Eine optische Hervorhebung (durch Einrücken) ist nicht erforderlich, aber sinnvoll.

66 **Präzise** ist die Beschlussformel, wenn sie die Rechtsfolge klar und unmissverständlich formuliert und die Vollstreckung zulässt. Sie muss aus sich selbst heraus verständlich sein, d.h. ohne Bezugnahme auf die Gründe der Entscheidung, auf die Verfahrensakte und auf andere Unterlagen auskommen. Dies gilt insb. für Unterlassungsanordnungen, aus denen der Antragsgegner zweifelsfrei erkennen können muss, welches Verhalten ihm untersagt werden soll. Statthaft ist ein Verweis auf amtliche Zinssätze (OLG Frankfurt am Main NJW-RR 1992, 684, 685). Unterhaltsansprüche können dynamisch tituliert werden (§ 1612a BGB). Ist der Umfang der Entscheidung nicht verbalisierbar, kommt eine Bezugnahme auf andere Unterlagen (Pläne, Lichtbilder o.Ä.) in Betracht (BGH Z 94, 276, 291; BGHZ 142, 388, 391); diese werden dann Bestandteil der Entscheidung, auch wenn sie nicht fest mit dieser verbunden sind (BGHZ 84, 276, 291 f.; BGHZ 142, 388, 392 f.). Keine Bezugnahme ist möglich auf Regelungen, die sich während der Dauer der Vollstreckung ändern können (Satzung eines Versorgungswerks: OLG Karlsruhe FamRZ 2011, 381).

67 **Knapp** ist sie, wenn sie auf überflüssige (insb. begründende) Elemente verzichtet. Dies gilt auch für den Grund der Zurückweisung eines Antrags (»als unzulässig«, »derzeit unbegründet« o.ä.) (Stein/Jonas/*Leipold* § 313 Rn. 23). Diese haben ihren Platz in den Gründen des Beschlusses. Etwas anderes kann für zwangsvollstreckungsrechtlich relevante Begründungselemente gelten, so etwa, dass es sich bei ausgeurteilten Zahlungen um Unterhaltsansprüche handelt (§ 850d ZPO).

68 Die Beschlussformel muss sich auf alle zu entscheidenden **Haupt- und Nebenfragen** erstrecken, also neben der Hauptsacheentscheidung – soweit erforderlich – z.B. auch aussprechen, dass der Beschluss erst mit Rechtskraft wirksam wird (so nach § 40 Abs. 2 Satz 2 bei Beschlüssen, die die Genehmigung eines Rechtsgeschäfts zum Gegenstand haben) oder eine Entscheidung über die Kosten (§ 81) und über die Zulassung eines Rechtsmittels (§§ 61 Abs. 3, 70 Abs. 2) enthalten. Zwar gibt es für Letztere keinen gesetzlich vorgeschriebenen Platz im Beschluss, die Formel bietet sich zur Klarheit indes an. Einer Entscheidung über die vorläufige Vollstreckbarkeit bedarf es nicht, das diese kraft Gesetzes eintritt (§ 86 Abs. 2). Die Formel muss gestellte Anträge erschöpfen, diese – soweit ihnen nicht stattgegeben wird – »im Übrigen« zurückweisen.

69 Die konkrete **Formulierung** der Hauptsacheentscheidung kann häufig der Fassung des materiellen Rechts entnommen werden. Ein unzulässiger Antrag wird verworfen, ein unbegründeter Antrag zurückgewiesen. Wird eine Leistung angeordnet, so ist diese dem Beteiligten »aufzugeben« oder er ist hierzu zu verpflichten, »verpflichtet« werden kann er durch Beschluss nicht. Vielfach existieren gesetzliche Vorgaben zur Fassung der Beschlussformel, so etwa in §§ 68 Abs. 2, 74 Abs. 1 für Beschwerdeverwerfungen, in § 182 Abs. 1 Satz 2 und Abs. 2 für die Vaterschaftsfeststellung, in § 253 Abs. 1 für die Unterhaltsfestsetzung, in § 286 Abs. 1 bis 3 für die Betreuerbestellung, in § 323 für die Unterbringungsanordnung oder in § 421 für Freiheitsentziehungsanordnungen.

Rechtsbehelfsentscheidungen müssen erkennen lassen, ob der angefochtene Beschluss aufrechterhalten, aufgehoben oder abgeändert wird. 70

Eine unklare Formel kann ausgelegt werden, ggf. unter Zuhilfenahme der Gründe (BGHZ 142, 388; BGHZ 5, 240, 244). Besteht ein unauflösbarer Widerspruch zwischen der Formel und den Gründen des Beschlusses, geht im Zweifel die Formel vor (BGH NJW 1997, 3447, 3448). Ist die Formel unvollständig, weil eine Frage ganz oder teilweise übergangen wurde, ist eine Ergänzung nach § 43 möglich. Offenbare Unrichtigkeiten können nach § 42 berichtigt werden. 71

III. Begründung (Abs. 3 Satz 1). Abs. 3 Satz 1 regelt, dass der Beschluss in FamFG-Sachen zu begründen ist. Die Begründung soll es ermöglichen, die Entscheidung nachzuvollziehen. Insbes. sollen die Beteiligten überzeugt und von der Einlegung von Rechtsbehelfen abgehalten, ggf. aber auch zur Anfechtung der Entscheidung befähigt werden. Für das Gericht selbst dient der Begründungszwang der Selbstkontrolle. Der Anspruch der Beteiligten auf eine Begründung gerichtlicher Entscheidungen hat Verfassungsrang (EGMR NJW 1999, 2429; BayVerfGH Beschl. v. 17.12.2012 – Vf 54-VI-12; OLG Saarbrücken Beschl. v. 20.04.2015 – 6 UF 42/15; OLG Köln FamRZ 2005, 1921) und gilt deswegen auch für Entscheidungen, die nicht anfechtbar und nicht vollstreckbar sind. Dem Begründungserfordernis genügt es nicht, wenn der Richter des Nachlassgerichts den Rechtspfleger durch eine nicht mit einer Begründung versehene Verfügung anweist, die Nachlasspflegschaft anzuordnen und der Rechtspfleger diese Anordnung dann nur damit begründet, dass er auf Anweisung des Richters handele (OLG Köln FamRZ 2011, 1080). Entbehrlich ist eine Begründung nur in den Fällen des Abs. 4 (Rdn. 82 ff.). 72

Inhaltliche Anforderungen an die Begründung werden vom Gesetz nicht aufgestellt; insb. werden die strikten Erfordernisse an den Inhalt des Urteils nach §§ 313 ff. ZPO nicht übernommen. Dies trägt der Vielzahl unterschiedlicher Verfahrensinhalte und Verfahrenszwecke im FamFG Rechnung und lässt eine dem konkreten Verfahren angepasste flexible Entscheidungsform zu. Insbesondere bei unanfechtbaren Beschlüssen kann die Begründung deswegen auch sehr kurz ausfallen (BayVerfGH Beschl. v. 17.12.2012 – Vf 54-VI-12).

Auch ohne konkrete gesetzliche Vorgabe hat die Begründung der gerichtlichen Entscheidung grds. in tatsächlicher und rechtlicher Hinsicht zu erfolgen. Deren klare (ggf. auch gliederungstechnische: I., II.) Trennung ist zwar nicht zwingend, empfiehlt sich aber grundsätzlich. 73

1. Tatsächliche Begründung. In tatsächlicher Hinsicht hat die Begründung diejenigen Tatsachen wiederzugeben, auf denen die Entscheidung beruht. Dies gilt für die vom Gericht ermittelten und von Amts wegen festgestellten entscheidungserheblichen **Tatsachen** (§ 26) genauso, wie für die von den Beteiligten im Rahmen ihrer Mitwirkungspflicht beigebrachten Tatsachen (§ 27). Wegen des Erfordernisses einer förmlichen Beweisaufnahme (§ 30 Abs. 3) ist es dabei geboten, unbestrittene und bestrittene Tatsachen zu trennen. Haben die Beteiligten **Anträge** gestellt oder von Amts wegen vorzunehmende Akte angeregt, ist dies aufzunehmen. 74

Auch ohne ausdrückliche gesetzliche Aufforderung kann dieser Teil **knapp** und auf das Wesentliche beschränkt bleiben, darf dabei aber nicht unverständlich werden, sondern muss den wesentlichen tatsächlichen Kern des Geschehens wiedergeben. Mangels Beweiskraft der Entscheidung für das Beteiligtenvorbringen muss dieses nicht umfassend und vollständig wiedergegeben werden. Aus der Sicht des Gerichts unerhebliches oder nebensächliches Vorbringen kann unberücksichtigt bleiben (BVerfG NJW 2001, 2009). Eine **Verweisung** auf den Inhalt der Akten – sei es auf das Vorbringen von Beteiligten, sei es auf Behörden- oder Gerichtsentscheidungen – ist möglich, auch wenn die in Bezug genommenen Unterlagen nicht von den Beteiligten herrühren. Es genügt, dass sie die Verweisung durch Akteneinsicht nachvollziehen können. Verweisungen dürfen dabei nicht pauschal sein, sie müssen vielmehr konkret und eindeutig sowohl ergeben, wegen was, als auch, worauf verwiesen wird. Unzulässig sind Verweisungen im Kernbereich des entscheidungserheblichen Geschehens (»ersetzende Verweisungen«), möglich sind sie allein zur Ergänzung der auf seinen wesentlichen Kern beschränkten Darstellung (»ergänzende Verweisung«). 75

Die Aufnahme von den Beteiligten geäußerten **Rechtsansichten** kommt in Betracht, wenn deren Kenntnis zum Verständnis des Falles erforderlich ist oder sie den Beteiligten erkennbar so wichtig sind, dass sie eine Auseinandersetzung des Gerichts mit ihnen erwarten dürfen. Als **Verfahrensgeschichte** wiedergegeben werden müssen diejenigen Förmlichkeiten, über deren Einhaltung mit der Entscheidung zu befinden ist (Stein/Jonas/*Leipold* § 313 Rn. 43). Dazu gehört das Ergebnis einer Beweisaufnahme. Überholte Prozessgeschichte, die für die Entscheidung keine Rolle mehr spielt, ist wegzulassen. 76

77 **2. Rechtliche Begründung.** Die Parteien haben einen verfassungsrechtlich gesicherten Anspruch darauf, über die die Entscheidung tragenden Gründe und die dafür maßgeblichen Erwägungen in ausreichender Weise unterrichtet zu werden (EGMR NJW 1999, 2429; OLG Köln FamRZ 2005, 1921; *Lüke* S. 111). In rechtlicher Hinsicht muss die Begründung die angewendeten oder verworfenen Rechtsnormen erkennen lassen und nachvollziehbar darlegen, in welchen Tatsachen das Gericht deren Voraussetzungen als erfüllt bzw. nicht erfüllt ansieht. Werden Tatsachen der Entscheidung zugrunde gelegt, die von einem Beteiligten bestritten wurden, muss die Begründung ergeben, aufgrund welcher Beweise und welcher Erwägungen das Gericht diese als wahr ansieht. Hierzu ist eine sorgfältige, umfassende und kritische Würdigung der Beweise erforderlich (BVerfG NJW-RR 1995, 700, 701 und 1033). Die Anforderungen an Umfang und Detailreichtum der Begründung steigen mit der Tragweite der Entscheidung für die Beteiligten (OLG Frankfurt am Main JAmt 2010, 567).

78 An der Nachvollziehbarkeit kann es fehlen, wenn unverständliche Abkürzungen, Formeln oder Computerberechnungen zugrunde gelegt werden (OLG Frankfurt am Main FamRZ 2006, 274; OLG Zweibrücken FamRZ 2004, 1735). Stärker als im Zivilprozess, wo grds. erwartet werden kann, dass ein nicht entsprechend vorgebildeter Verfahrensbeteiligter sich fachkundiger Hilfe zum Verständnis juristischer Fachterminologie bedient (*Kischel* S. 347 ff.), verlangt der Fürsorgecharakter des FamFG eine auch für Laien verständliche Begründung.

79 Es muss deutlich werden, dass das Gericht das tatsächliche Vorbringen der Beteiligten zur Kenntnis genommen und erwogen hat (BVerfG NJW 1992, 1031). Dabei muss indes nicht jedes von den Beteiligten vorgebrachte Argument ausdrücklich aufgegriffen werden, wenn es aus der Sicht des Gerichts unerheblich ist (BVerfG NJW-RR 1995, 1033, 1034; BVerfG NJW 1994, 2279). Textbausteine können verwendet werden, müssen aber eine schlüssige und vollständige Lösung des konkreten Falles ergeben (OLG Celle FamRZ 1990, 419). Auf andere Entscheidungen darf verwiesen werden, wenn diese mit allen Beteiligten ergangen sind oder Gegenstand der mündlichen Verhandlung waren (BGH VersR 1978, 961).

80 In welchem Umfang das Gericht Rechtsprechung und Literatur zur Begründung heranzieht, steht in seinem Ermessen (BVerfG NJW 1987, 2499).

81 Die Begründung muss sich auf die **Nebenentscheidungen** erstrecken, insb. auch eine ergangene Entscheidung über die Kosten (§ 81) und über die Zulassung eines Rechtsmittels (§§ 61 Abs. 3, 70 Abs. 2) abdecken, muss dabei aber nicht die Argumentationstiefe der Hauptsacheentscheidung erreichen.

82 **IV. Wegfall Begründung (Abs. 4).** Nicht in allen Fällen bedarf eine gerichtliche Entscheidung der Begründung. Unterliegt die Entscheidung keiner Überprüfung durch einen Rechtsbehelf und haben auch die Beteiligten erkennbar kein Interesse daran, die Gründe nachvollziehen zu können, ist eine Begründung **entbehrlich**. § 38 Abs. 4 eröffnet dem Gericht deswegen die Möglichkeit, auf eine Begründung zu verzichten, wenn eine Beschwer eines Beteiligten erkennbar nicht gegeben ist und die Voraussetzungen, unter denen ein Rechtsbehelf gegen die Entscheidung stattfindet, damit unzweifelhaft nicht vorliegen.

83 **Unanwendbar** ist § 38 Abs. 4 auf Entscheidungen des Beschwerdegerichts, die ausnahmslos zu begründen sind (§ 69 Abs. 2). Das Rechtsbeschwerdegericht kann nach § 74 Abs. 7 von einer Begründung seiner Entscheidung absehen.

84 Über die in Abs. 4 genannten Fälle hinaus kommt – soweit nicht ein öffentliches Interesse an der Entscheidung besteht, § 38 Abs. 5 – auch ein **Verzicht** der Beteiligten auf eine Begründung in Betracht. Verzichtet wird dabei nur auf die Begründung, nicht auf die Einlegung eines Rechtsbehelfs (Rdn. 101; BGH NJW 2006, 3498). Anders als beim Rechtsmittelverzicht tritt hier eine Kostenermäßigung nicht ein (Nr. 1111 Nr. 2 KV FamFG).

85 Dass die in Abs. 4 genannten Entscheidungsformen keiner Begründung »bedürfen« macht klar, dass eine solche **nicht ausgeschlossen** ist. Hält das Gericht eine Begründung für geboten oder sinnvoll, steht eine solche in seinem Ermessen (*Keller* MDR 1992, 435, 436). In Betracht kommt dies, wenn mit der Entscheidung von einem Antrag teilweise abgewichen wird oder eine Kostenentscheidung nach § 81 oder § 243 Nr. 4 ergeht.

86 Mit dem Verzicht auf eine Begründung wird dem Gericht (auch im Interesse der Beteiligten) eine rasche und unkomplizierte Entscheidung ermöglicht.

87 Vorteil einer solchermaßen begründungslosen Entscheidung für die Beteiligten ist eine Ermäßigung der gerichtlichen **Verfahrensgebühr** von 2,0 auf 0,5 (Nr. 1110, 1111 Nr. 2 KV FamGKG). Diese Ermäßigung gilt auch dann, wenn die Entscheidung im Einzelfall (nach dem Ermessen des Gerichts oder wegen § 38 Abs. 6)

doch eine Begründung enthält, nicht jedoch für Säumnisentscheidungen und für den Verzicht der Beteiligten auf eine Begründung.

1. Wegfall bei Anerkenntnis-, Verzichts- und Säumnisentscheidung (Abs. 4 Nr. 1). Anerkenntnis- und 88
Verzichts- und Säumnisentscheidungen sind nach dem FamFG grds. nicht möglich. Eine Ausnahme gilt nur für die gesetzlich besonders geregelten Fälle. Nach § 113 Abs. 1 Satz 1 können diese Entscheidungsformen in Familienstreitsachen ergehen, in Ehesachen sind Verzichtsentscheidungen möglich (§ 113 Abs. 1 Satz 1), Säumnisentscheidungen nur in den Grenzen des § 130 Abs. 2, Anerkenntnisentscheidungen sind ausgeschlossen (§ 113 Abs. 4 Nr. 6). In allen anderen Anwendungsbereichen des FamFG sind diese Entscheidungsformen ausgeschlossen, sei es aufgrund besonderer Anordnungen (§§ 151, 169, 180, 200, 210), sei es aufgrund der hier geltenden Verfahrensmaximen (§§ 24, 26, 28, 29). Hieran ändert § 38 Abs. 4 Nr. 1 nichts. Diese Vorschrift enthält lediglich eine Möglichkeit zur Vereinfachung der Begründung einer Entscheidung, ohne an der Geltung von Offizialmaxime, Amtsbetrieb und Amtsermittlung etwas zu ändern (*Borth/Grandel/Musielak* § 38 Rn. 7).

§ 38 Abs. 4 Nr. 1 entspricht inhaltlich § 313b ZPO. Wird aufgrund eines Anerkenntnisses, eines Verzichts 89
oder einer Säumnis entschieden, so bedarf es einer Begründung nicht. An ihre Stelle tritt die entsprechende Bezeichnung der Entscheidung, aus der allein erkennbar ist, warum die Entscheidung ergangen ist. Der Wegfall der Begründungspflicht umfasst auch zweite Versäumnisentscheidungen (BGH NJW-RR 2008, 876, 877; a.A. *Zöller/Vollkommer* § 313b Rn. 1), nicht dagegen unechte Versäumnisentscheidungen und Entscheidungen nach Lage der Akten (BGH NJW-RR 1991, 255) oder den Kostenbeschluss nach einem Anerkenntnis (OLG Brandenburg NJW-RR 2000, 517).

Wie die »**Bezeichnung**« solcher Entscheidungen zu erfolgen hat, regelt das Gesetz nicht. Möglich ist eine 90
entsprechende Überschrift (»Anerkenntnisentscheidung«, »Verzichtsentscheidung«, »Versäumnisentscheidung«), möglich ist aber auch eine Aufnahme in den Entscheidungseingang (»In der ...-Sache, an der beteiligt waren ..., hat das ...-Gericht durch ... am ... aufgrund eines Anerkenntnisses des ... beschlossen: ...«).

Erstrecken sich Anerkenntnis, Verzicht oder Säumnis nur auf einen (abgrenzbaren, Rdn. 7) Teil des Verfah- 91
rensgegenstands, kommt eine entsprechende Teilentscheidung in Betracht. Ergeht die Entscheidung zugleich auch über den Rest liegt eine »Teilanerkenntnis-/Verzichts-/Säumnis- und Schlussentscheidung« vor.

2. Wegfall bei unstreitiger Entscheidung (Abs. 4 Nr. 2). Nach § 38 Abs. 4 Nr. 2 kann von einer Begrün- 92
dung abgesehen werden, wenn gleichgerichteten Anträgen der Beteiligten stattgegeben wird oder der Beschluss nicht dem erklärten Willen eines Beteiligten widerspricht, die Sache zwischen den Beteiligten also nicht streitig ist. In all diesen Fällen bedarf die Entscheidung einer Begründung nicht, weil diese dem Willen der Beteiligten entspricht, sie nicht beschwert und eine Anfechtung der Entscheidung mangels Beschwerdeberechtigung (§ 59) nicht möglich ist. Praktisch trifft der Ausnahmetatbestand der Nr. 2 auf eine große Vielzahl der FG-Verfahren zu und ermöglicht mit dem Verzicht auf eine Begründung eine rasche und unkomplizierte Entscheidung.

Ob die Entscheidung unstreitig ist, ist durch eine rein formale Betrachtung festzustellen. Unerheblich ist, 93
ob die Entscheidung materiell in die Rechte eines Beteiligten eingreift oder nicht, ob es diesen beschwert oder nicht.

Gleichgerichtete Anträge liegen auch dann vor, wenn nur der Antragsteller Beteiligter ist und seinem An- 94
trag entsprochen wird. In Betracht kommt dies dort, wo es trotz Einigsein der Beteiligten mangels Dispositionsbefugnis über den Verfahrensgegenstand einer gerichtlichen Entscheidung bedarf (z.B. Erbscheinserteilung).

Dem **erklärten Willen** eines Beteiligten widerspricht die Entscheidung, wenn dieser schriftlich, mündlich 95
oder in sonstiger Weise zu erkennen gegeben hat, dass sein Wille von der tenorierten Rechtsfolge abweicht. Die Willenserklärung muss nicht ausdrücklich in Form eines Antrags erfolgt sein, es genügt, dass in Form von Tatsachenvortrag oder Rechtsansichten deutlich geworden ist. Auch wenn der Beteiligte mangels Verfahrensfähigkeit vertreten wird (§ 9 Abs. 2), genügt der erkennbar gewordene Wille des Beteiligten selbst, um einen die Begründung erfordernden Widerspruch zur gerichtlichen Entscheidung deutlich zu machen. Dabei kommt es nicht darauf an, ob der Widerspruch begründet, schlüssig oder auch nur sachbezogen ist. Selbst ein querulatorischer Widerspruch lässt die Begründungspflicht nicht entfallen (Bahrenfuss/*Rüntz* § 38 Rn. 31). Der Widerspruch zum erklärten Willen muss zum Zeitpunkt der Entscheidung noch bestehen, sodass ein zwar anfänglicher, später aber aufgegebener abweichender Wille des Beteiligten dem Wegfall

§ 38

der Begründungspflicht nicht entgegensteht. Nicht erklärt ist ein Wille, wenn der Beteiligte sich überhaupt nicht eingelassen hat. Im Einzelfall kann der Widerspruch eines Beteiligten über die Notwendigkeit einer Begründung hinaus weitergehende Rechtsfolgen haben (so etwa der Widerspruch des mindestens 14 Jahre alten Kindes gegen den gemeinsamen Antrag der Eltern auf Regelung der elterlichen Sorge bei Getrenntleben, § 1671 Abs. 2 Nr. 1 BGB).

96 Widerspricht die Entscheidung nur einem abgrenzbaren (Rdn. 7) **Teil** der Entscheidung, so kann die Notwendigkeit einer Begründung der Entscheidung zumindest hinsichtlich dieses Teils nach Nr. 2 entfallen.
Wird die im Verfahren unstreitige Entscheidung dennoch angefochten (weil einer der Beteiligten seine Auffassung geändert hat), kann das Gericht die im Beschluss nach Abs. 4 Satz 2 unterlassene Begründung im Abhilfeverfahren nachholen (Prütting/Helms/*Abramenko* § 38 Rn. 29).

97 Nicht anwendbar ist § 38 Abs. 4 Nr. 2 auf Entscheidungen in Kindschaftssachen nach § 164 (Satz 3).

98 **3. Wegfall bei Rechtsmittelverzicht (Abs. 4 Nr. 3).** Einer Begründung der Entscheidung bedarf es auch dann nicht, wenn die Beteiligten sie kennen und bereit sind, sie (ohne Begründung) zu akzeptieren. § 38 Abs. 4 Nr. 3 greift damit den Regelungsinhalt des § 313a Abs. 2 ZPO auf.

99 Der Verzicht auf die Beschwerde ist durch Erklärung ggü. dem Gericht (§ 67 Abs. 1) oder ggü. einem anderen Beteiligten (§ 67 Abs. 3) möglich. In beiden Fällen ist der Verzicht (anders als nach § 313a Abs. 3 ZPO) erst nach Bekanntgabe des Beschlusses möglich. Erfolgt die Bekanntgabe durch Zustellung (§ 41 Abs. 1), kommt ein vorheriger Verzicht nicht in Betracht. § 38 Abs. 4 Nr. 2 unterfallen deswegen allein solche Beschlüsse, die nach § 41 Abs. 2 in Gegenwart aller Beteiligten **mündlich bekannt gegeben** wurden und bei denen vor der nach § 41 Abs. 2 Satz 3 unverzüglich nachzuholenden Begründung auf Rechtsmittel verzichtet wurde.

100 Trotz Fehlens einer dem § 313a Abs. 2 Satz 2 ZPO entsprechenden Regelung reicht es aus, wenn der Verzicht nur von denjenigen Beteiligten erklärt wird, die zur Anfechtung berechtigt wären (z.B. § 59). Das Erfordernis eines Verzichts »aller« Beteiligten soll nur deutlich machen, dass in Antragssachen der Verzicht von Antragsteller und Antragsgegner alleine nicht genügt, wenn es weitere (beschwerdeberechtigte) Beteiligte gibt.

101 Der **Verzicht** muss sich **auf** das **Rechtsmittel** beziehen, der bloße Verzicht auf eine (schriftliche) Begründung ist zwar auch möglich (Rdn. 84), führt aber anders als der Verzicht auf einen Rechtsmittel nicht zu einer Kostenprivilegierung. Nur ausnahmsweise kann ein Verzicht auf die Begründung als Verzicht auf das Rechtsmittel ausgelegt werden (BGH NJW 2006, 3498; BAG NZA 2006, 876, 877; OLG Hamm MDR 2000, 721). Einer besonderen Form bedarf es nicht, er kann deswegen mündlich erklärt werden, sollte aber in dem Vermerk über den Termin (§ 28 Abs. 3) aufgenommen werden. Eine Frist für den Verzicht sieht das Gesetz (in Abweichung von § 313a Abs. 3 ZPO) nicht vor. Da die schriftliche Begründung des Beschlusses jedoch »unverzüglich« nachzuholen ist, kommt ein Verzicht nur im Termin der Bekanntgabe selbst, allenfalls binnen weniger Tage danach in Betracht. Der Verzicht ist unwiderruflich (OLG Frankfurt am Main NJW 1989, 841).

102 Der Umstand, dass ein Rechtsmittel unzweifelhaft nicht zulässig wäre, steht dem Verzicht nicht gleich. So kann z.B. auch der Beschluss in Verfahren des einstweiligen Rechtsschutzes trotz des Ausschlusses der Anfechtbarkeit (§ 57 Satz 1) nicht nach Abs. 4 Nr. 3 ohne Begründung bleiben.

103 **V. Kein Wegfall Begründung (Abs. 5).** Auch in den Fällen, in denen eine Begründung weder für die Beteiligten noch für das Rechtsmittelgericht erforderlich ist, können andere Interessen (Bedeutung der Entscheidung für eventuelle Folgeentscheidungen, Fürsorge für die Beteiligten) eine Begründung erforderlich machen. § 38 Abs. 5 enthält deswegen eine Ausnahme von der Absehensmöglichkeit des Abs. 4, regelt also im Wege der Rückausnahme, welche Entscheidungen in jedem Fall einer Begründung bedürfen.

104 **1. Begründung in Ehesachen (Abs. 5 Nr. 1).** In **Ehesachen** (§ 121) ist eine Begründung durch öffentliche Interessen geboten (BT-Drucks. 7/2729, S. 78).

105 Ausgenommen sind die eine **Scheidung** aussprechenden Entscheidungen. Insbes. einvernehmliche Scheidungen bedürfen damit keiner Begründung, weil ohnehin nur mit einer formelhaften Begründung zu rechnen wäre.

106 Nach herrschender Meinung erfasst die Befreiung vom Begründungszwang die mit der Scheidung verbundenen **Folgesachen** nicht (BGH NJW 1981, 2816; OLG Hamm NJW 1979, 434; Baumbach/*Hartmann*, § 313a ZPO Rn. 18; a.A. Hk-ZPO/*Saenger* § 313a ZPO Rn. 10; Stein/Jonas/*Leipold* § 313a ZPO Rn. 4). Dies ist jedenfalls dort zutreffend, wo an der Folgesache ein öffentliches Interesse besteht und/oder Dritte betei-

ligt sind. Die Berechnung des Versorgungsausgleichs muss auch im Fall einvernehmlicher Scheidung nachvollziehbar dargelegt werden (§ 227 Satz 2), weil insoweit auch der Versicherungsträger Beteiligter ist (OLG Hamm NJW 1979, 434), eine Sorgerechtsentscheidung muss auch für das Jugendamt nachvollziehbar sein (BGH NJW 1981, 2816).

Ist an der Scheidung ein Ausländer beteiligt, wird sich die Notwendigkeit einer Begründung unabhängig von Abs. 5 Nr. 1 regelmäßig aus Abs. 5 Nr. 4 ergeben (dazu unten Rdn. 111). 107

2. Begründung in Abstammungssachen (Abs. 5 Nr. 2). Auch in Abstammungssachen (§ 169) erfordern die diesbezüglich bestehenden öffentlichen Interessen stets eine Begründung. 108

3. Begründung in Betreuungssachen (Abs. 5 Nr. 3). Der Begründungszwang in Betreuungssachen beruht überwiegend auf Gründen der Rechtsfürsorglichkeit. Hier müssen dem Betroffenen die Gründe für eine Anordnung der Betreuung, deren Ablehnung oder sonstigen Endentscheidung des Gerichts auch nachträglich zur Verfügung stehen, damit nachvollzogen werden kann, ob diese fortbestehen oder sich die tatsächlichen Voraussetzungen entscheidungserheblich geändert haben. 109

Trotz vergleichbarer Interessenlage kommt eine analoge Anwendung der Nr. 3 auf andere fürsorgerische Angelegenheiten, insb. auf Unterbringungssachen wegen der mit der Abschaffung etwa des § 70 f. FGG zum Ausdruck gebrachten eindeutigen gesetzgeberischen Entscheidung nicht in Betracht. 110

4. Begründung bei Auslandsgeltendmachung (Abs. 5 Nr. 4). Organe eines ausländischen Staates werden eine Entscheidung zum Zwecke der Zwangsvollstreckung nur anerkennen, wenn sie deren Begründung nachvollziehen können. Praktisch gilt dies gilt auch dann, wenn eine Begründung für die Anerkennung nicht zwingende Voraussetzung ist, weil nur eine begründete Entscheidung auf ihre Vereinbarkeit mit dem ordre public hin überprüft werden kann Bahrenfuss/*Rüntz* § 38 Rn. 37). Ist die Geltendmachung einer Entscheidung im Ausland zu erwarten, muss diese deswegen begründet werden (BT-Drucks. 7/2729, S. 78). 111

Ob mit einer Geltendmachung im Ausland zu rechnen ist, wird sich regelmäßig aus dem Vorbringen der Beteiligten ergeben. Zu vermuten ist es, wenn einer der Beteiligten (nur oder auch) eine ausländische Staatsangehörigkeit besitzt oder der Verfahrensgegenstand einen sonstigen Auslandsbezug erkennbar macht. In Zweifelsfällen ist eine Rückfrage bei den Beteiligten geboten (Zöller/*Vollkommer* § 313b Rn. 5). 112

Die für eine Auslandsanerkennung zu fertigende Begründung sollte die hierfür relevanten Fragen besonders herausstellen (internationale Zuständigkeit, anwendbare Rechtsordnung, odre-public-Gesichtspunkte; BGH NJW 1988, 3097). 113

VI. Vervollständigung unbegründeter Beschlüsse (Abs. 6). Stellt sich erst nachträglich heraus, dass die Entscheidung im Ausland geltend gemacht wird (dass also die nach Abs. 5 Nr. 4 gestellte Prognose unzutreffend war), muss die Begründung nachgeholt werden. Hierzu ist der Beschluss zu ergänzen. § 38 Abs. 6 verweist dazu auf die Vorschriften über die Vervollständigung von Versäumnis- und Anerkenntnisentscheidungen (§§ 313a Abs. 5, 313b ZPO). Diese finden sich in den Ausführungsgesetzen zu internationalen Verträgen (vgl. Thomas/Putzo/*Reichold* § 313a ZPO Rn. 8). Die insoweit wichtigste Regelung enthält § 30 AVAG. 114

Gesetz zur Ausführung zwischenstaatlicher Verträge und zur Durchführung von Verordnungen und Abkommen der Europäischen Gemeinschaft auf dem Gebiet der Anerkennung und Vollstreckung in Zivil- und Handelssachen (Anerkennungs- und Vollstreckungsausführungsgesetz – AVAG) 115

§ 30 AVAG *Vervollständigung inländischer Entscheidungen zur Verwendung im Ausland*

(1) Will eine Partei ein Versäumnis- oder Anerkenntnisurteil, das nach § 313b der Zivilprozessordnung in verkürzter Form abgefasst worden ist, in einem anderen Vertrags- oder Mitgliedstaat geltend machen, so ist das Urteil auf ihren Antrag zu vervollständigen. Der Antrag kann bei dem Gericht schriftlich oder durch Erklärung zu Protokoll der Geschäftsstelle gestellt werden. Über den Antrag wird ohne mündliche Verhandlung entschieden.

(2) Zur Vervollständigung des Urteils sind der Tatbestand und die Entscheidungsgründe nachträglich abzufassen, von den Richtern besonders zu unterschreiben und der Geschäftsstelle zu übergeben; der Tatbestand und die Entscheidungsgründe können auch von Richtern unterschrieben werden, die bei dem Urteil nicht mitgewirkt haben.

(3) Für die Berichtigung des nachträglich abgefassten Tatbestands gilt § 320 der Zivilprozessordnung entsprechend. Jedoch können bei der Entscheidung über einen Antrag auf Berichtigung auch solche Richter mitwirken, die bei dem Urteil oder der nachträglichen Anfertigung des Tatbestands nicht mitgewirkt haben.

(4) Die vorstehenden Absätze gelten entsprechend für die Vervollständigung von Arrestbefehlen, einstweiligen Anordnungen und einstweiligen Verfügungen, die in einem anderen Vertrags- oder Mitgliedstaat geltend gemacht werden sollen und nicht mit einer Begründung versehen sind.

116 Praktisch kann die Rekonstruktion der Entscheidungsgründe große Probleme insb. dann bereiten, wenn die Entscheidung lange zurückliegt und die Besetzung des Gerichts zwischenzeitlich gewechselt hat. Dennoch kann mit dieser Begründung die Ergänzung nicht abgelehnt werden (Stein/Jonas/*Leipold* § 313a Rn. 23).

117 **VII. Fehlen notwendiger Entscheidungsinhalte.** Das Fehlen inhaltlicher Bestandteile des Beschlusses hindert dessen Wirksamkeit nicht. Auch ein unvollständiger Beschluss kann die Rechtsmittelfrist in Gang setzen (§ 63 Rdn. 19 ff.).

118 Fehlende formelle Entscheidungsinhalte können – soweit sie sich nicht schon aus der Auslegung anderer Inhalte ergeben (für die Beteiligtenbezeichnung BGH Rpfleger 2004, 362 f. und BGH MDR 2005, 530; für die Beschlussformel BGHZ 5, 240, 244) – regelmäßig nachgeholt werden (OLG Karlsruhe FamRZ 1996, 1335), auch noch nach Rechtsmitteleinlegung (BGHZ 18, 350, 354). Dies ist entweder formlos oder i.R.d. Berichtigung nach § 42 möglich. So kann der Beschluss durch die Aufnahme vergessener Beteiligter berichtigt werden (OLG Stuttgart NJW-RR 1999, 216; OLG Zweibrücken NJW-RR 1998, 666), soweit diese verfahrensbeteiligt waren; waren sie nicht beteiligt, kommt eine nachträgliche Aufnahme in den Beschlusseingang nicht in Betracht, die Entscheidung muss dann mit Rechtsmitteln angefochten und abgeändert werden. Eine fehlende Unterschrift kann nachgeholt werden (BGHZ 137, 49, 53; Rdn. 54). Eine fehlende Begründung kann im Abhilfeverfahren nachgeholt werden, soweit ein solches stattfindet (§ 68 Abs. 1). Nachgeholt werden kann auch eine die Begründung entbehrlich machende Bezeichnung des Beschlusses i.S.d. Abs. 4 Nr. 1.

119 Fehlende materielle Entscheidungsinhalte, insb. das Übergehen eines Antrags, müssen durch Ergänzung des Beschlusses gem. § 43 nachgeholt werden.

120 Das Fehlen von Bestandteilen i.S.d. § 38 macht den Beschluss fehlerhaft und damit durch Rechtsmittel anfechtbar. Dies gilt insb. für das Fehlen jeglicher oder einer ausreichenden (BGH NJW 1988, 3097; BayObLG NJW-RR 2000, 1435; OLG Köln FamRZ 1999, 314) Begründung. Liegt eine formgültiger, insb. mit einer Begründung und einer Unterschrift versehener Beschluss vor Ablauf der absoluten Beschwerdefrist (§ 63 Abs. 3) nicht vor, so ist er im Beschwerdeverfahren aufzuheben (GmS-OGB NJW 1993, 2603).

121 **E. Inhalt sonstiger Entscheidungsformen.** Die formellen Anforderungen aus § 38 Abs. 2 bis 6 gelten unmittelbar nur für Endentscheidungen, die in Form von Beschlüssen ergehen. Inwieweit sie auch für andere Entscheidungsformen (Rdn. 5 ff.) einzuhalten sind, ist Frage des Einzelfalles.

122 Soweit für Entscheidungen, insb. Zwischen- und Nebenentscheidungen (z.B. verfahrensleitende Anordnungen) die Beschlussform nicht zwingend vorgeschrieben ist (Rdn. 18), bedarf es der Formalia des § 38 auch dann nicht, wenn das Gericht sie in Beschlussform erlässt. Anstelle einer vollständigen Bezeichnung der Beteiligten, ihrer Vertreter und des Gerichts genügt ein bloßes Kurzrubrum (»In Sachen X«). Einer Begründung bedarf es, soweit dies gesetzlich angeordnet ist (z.B. §§ 69 Abs. 2, 110 Abs. 2 Satz 2, 276 Abs. 2 Satz 2, 317 Abs. 2). Einer Begründung bedarf es auch, wenn der Beschluss anfechtbar ist oder wenn in die Rechte eines Beteiligten eingegriffen wird. Dies ist z.B. nicht der Fall bei der Stattgabe eines Verfahrenskostenhilfeantrags oder eines Ablehnungsgesuchs. Eine Begründung kann auch dann unterbleiben, wenn die Entscheidung sich ohne Weiteres aus dem eindeutigen Wortlaut des Gesetzes ergibt (BVerfG NJW 1987, 1620). Geschäftsnummer, Gericht, Beschlussdatum und Unterschrift sind aber auch hier erforderlich.

§ 39 Rechtsbehelfsbelehrung.

¹Jeder Beschluss hat eine Belehrung über das statthafte Rechtsmittel, den Einspruch, den Widerspruch oder die Erinnerung sowie das Gericht, bei dem diese Rechtsbehelfe einzulegen sind, dessen Sitz und die einzuhaltende Form und Frist zu enthalten. ²Über die Sprungrechtsbeschwerde muss nicht belehrt werden.

Übersicht

	Rdn.		Rdn.
A. Allgemeines	1	I. Rechtsmittel	12
B. Erforderlichkeit der Rechtsbehelfsbelehrung	8	II. Ordentliche Rechtsbehelfe	16

Abschnitt 3. Beschluss § 39

	Rdn.		Rdn.
1. Einspruch	17	1. Art des Rechtsbehelfs	39
2. Widerspruch	19	2. Für Einlegung zuständiges Gericht	43
3. Erinnerung	21	3. Form	47
4. Weitere Rechtsbehelfe gegen einstweilige Anordnungen	22	4. Frist	52
		5. Sonstige Angaben	58
III. Außerordentliche Rechtsbehelfe	23	D. Folgen unzureichender Rechtsbehelfsbelehrung	61
IV. Kein Rechtsbehelf	26		
C. Form und Inhalt der Rechtsbehelfsbelehrung	27	I. Allgemeines	61
I. Form der Belehrung	32	II. Wiedereinsetzung in den vorigen Stand	67
II. Inhalt der Belehrung	37		

A. Allgemeines. § 39 führt für alle FamFG-Verfahren die grds. Notwendigkeit einer Rechtsbehelfsbelehrung ein. Er macht damit vereinzelte Sonderregelungen des früheren Rechts der freiwilligen Gerichtsbarkeit (z.B. §§ 69 Abs. 1 Nr. 6, 70f Abs. 1 Nr. 4 FGG) obsolet. **1**

Die Pflicht zur Rechtsmittelbelehrung dient dem verfassungsrechtlich gebotenen effektiven Rechtsschutz der Beteiligten. Zwar verneint die herrschende Meinung bis heute eine aus dem allgemeinen Rechtsstaatsprinzip herzuleitende allgemeine Belehrungspflicht (BVerfG NJW 1995, 3173; BGHZ 10, 303; BVerwGE 46, 252; BAGE 5, 178, 179 f.; BFHE 69, 247; *Kopp/Schenke* § 59 VwGO Rn. 2), erkennt aber an, dass der nach Art. 19 Abs. 4 GG gebotene umfassende Rechtsschutz es erforderlich macht, jeden, der sich durch einen Akt staatlicher Gewalt in seinen Rechten verletzt glaubt, über die Möglichkeiten einer Abhilfe zu informieren. Bei gerichtlichen Entscheidungen dient hierzu die Rechtsbehelfsbelehrung. Das Recht auf Überprüfung einer solchen Entscheidung kann nicht deswegen entfallen, weil der Beteiligte den statthaften Rechtsbehelf und seine Zulässigkeitsvoraussetzungen nicht kannte. **2**

Ob und inwieweit es dem Beteiligten zugemutet werden kann, sich die erforderlichen Kenntnisse auch ohne Belehrung durch das Gericht selbst zu verschaffen, hat das BVerfG bislang ausdrücklich offen gelassen (BVerfGE 93, 99 ff. abweichend *Kühling* 117 ff.). In einigen Verfahrensordnungen hat der Gesetzgeber eine gerichtliche Belehrungspflicht vorgesehen (z.B. §§ 117 VwGO, 35a, 171, 172, 409 Abs. 1 Nr. 7 StPO, § 9 Abs. 5 Satz 1 ArbGG), in anderen, insb. in der ZPO, bis heute abgelehnt. Im Bereich der freiwilligen Gerichtsbarkeit existierte eine Belehrungspflicht bislang nur bezüglich einzelner Angelegenheiten (Betreuungssachen, § 69 Abs. 1 Nr. 6 FGG; Unterbringungssachen, § 70f Abs. 1 Nr. 4 FGG), darüber hinaus hatte der BGH eine Rechtsmittelbelehrung über die befristeten Rechtsmittel in Wohnungseigentumssachen für grundrechtlich geboten gehalten (BGH NJW 2002, 2171). **3**

Bei der Übernahme der allgemeinen Rechtsbehelfsbelehrungspflicht ins FamFG ist der Gesetzgeber den Vorschlägen der Bund-Länder-Arbeitsgruppe zur Einführung einer Rechtsmittelbelehrung in ZPO- und FGG-Verfahren gefolgt, die eine entsprechende Notwendigkeit aus dem besonderen fürsorgischen Charakter dieser Verfahren herleitete (BT-Drucks. 16/6308 S. 196). Für nicht erforderlich gehalten wurde aber, den Eintritt der formellen Rechtskraft bei Nichterfüllung der Belehrungspflicht hinauszuschieben (so § 58 VwGO; § 9 Abs. 5 Satz 3 ArbGG; 55 Abs. 1 FGO; 66 Abs. 1 SGG, § 172 Abs. 1 Satz 3, Abs. 2 Satz 2 StPO). Stattdessen wurde (ähnlich wie in § 44 StPO) die Wiedereinsetzungslösung gewählt (unten Rdn. 67). **4**

Bei der Auslegung der schon länger existierenden Belehrungspflichten aus §§ 117 VwGO, 35a, 171, 172, 409 Abs. Nr. 7 StPO, § 9 Abs. 5 Satz 1 ArbGG haben sich zahlreiche, bis heute nicht abschließend geklärte Streitfragen ergeben. Streitig ist so etwa, ob nur über die Dauer der Rechtsbehelfsfrist zu belehren ist oder auch über deren Beginn, ob die Belehrung sich nur auf die Voraussetzungen der Einlegung des Rechtsbehelfs oder auch auf seine Begründung erstrecken muss oder wann es einer Angabe nicht nur des Orts, sondern auch der postalischen Anschrift des Gerichts bedarf. Zu erwarten steht, dass sich ähnliche Streitigkeiten auch für § 39 entwickeln werden. Für dessen Auslegung ist jedoch – in sehr viel stärkerem Maß als für ArbGG, VwGO, SGG, FGO – der Fürsorgegedanke für die Beteiligten zu berücksichtigen. Dieser gebietet es, die Belehrung im Zweifel weiter zu fassen und auf alle Umstände zu erstrecken, die den Beteiligte in die Lage versetzen, ohne weitere Informationen einen Rechtsbehelf zulässig zu gestalten. **5**

Die zunächst umfassende Belehrungspflicht ist zum 01.01.2013 durch den mit dem Gesetz zur Einführung einer Rechtsbehelfsbelehrung im Zivilprozess vom 05.12.2012 (BGBl. I, 2418) neu eingeführten Satz 2 beschränkt worden und umfasst nunmehr – wie in der ZPO, aber in Abweichung von den Belehrungspflichten in der StPO und im ArbGG – die Pflicht zur Belehrung über ein Sprungrechtsmittel nicht mehr. **6**

7 Die praktische Bedeutung der Rechtsbehelfsbelehrung sollte nicht unterschätzt werden. Probleme bei der Frage nach der Erforderlichkeit einer Belehrung, dem einschlägigen Rechtsbehelf und der konkreten Formulierung der Belehrung führen nicht selten dazu, dass unzutreffende Rechtsbehelfsbelehrungen erteilt werden (*Heiter* FamRB 2012, 21; *Götz* NJW 2010, 897, 899; *dieselbe* FPR 2011, 1; *Roßmann* ZFE 11, 250). Belehrungsfehler sind deswegen von Anfang an auch Gegenstand obergerichtlicher Rechtsprechung (BGH MDR 2011, 933; BGH FamRZ 2010, 1425; OLG Nürnberg FamRZ 2010, 1575).

8 **B. Erforderlichkeit der Rechtsbehelfsbelehrung.** § 39 bestimmt zunächst den Anwendungsbereich der Rechtsbehelfsbelehrung. Erforderlich ist eine solche bei »**jedem Beschluss**« nach dem FamFG (nicht für solche nach dem FamGKG; *Vogel* FÜR 2012, 294), unabhängig vom Verfahrensgegenstand (für den Beschluss über Beratungskostenhilfe AG Esslingen Rpfleger 2012, 3939. Auch Ehe- und Familienstreitsachen sind hierbei durch § 113 nicht ausgenommen, für sie gilt § 39, nicht § 232 ZPO. Der Belehrung bedürfen nicht bloß Endentscheidungen i.S.d. § 38, sondern alle Beschlüsse, so z.B. auch solche im Verfahren der einstweiligen Anordnung.

9 Belehrt werden kann über die **Anfechtbarkeit** indes nur dort, wo eine solche mit Rechtsmitteln oder ordentlichen Rechtsbehelfen des FamFG auch gegeben ist. Unanfechtbare Beschlüsse bedürfen keiner Belehrung, auch keines Hinweises auf ihre Unanfechtbarkeit (unten Rdn. 11). Keiner Belehrung bedürfen deswegen letztinstanzliche Beschlüsse (§ 45 Rdn. 6), kraft Gesetzes unanfechtbare Beschlüsse (§ 45 Rdn. 7) und nicht selbstständig anfechtbare Beschlüsse (§ 45 Rdn. 8).

10 Die Belehrungspflicht gilt unabhängig davon, ob ein gegebener Rechtsbehelf im konkreten Fall **zulässig** oder gar **begründet** wäre. Hierüber wird erst im Rechtsbehelfsverfahren entschieden. Eine Belehrung ist immer schon dann geboten, wenn ein Rechtsbehelf aus der Sicht des Gerichts grds. statthaft ist (BGH NJW-RR 2014, 1025).

11 Über die gesetzlich geregelten Fälle hinaus ist eine Rechtsbehelfsbelehrung nicht erforderlich. Keiner Rechtsbehelfsbelehrung bedürfen damit die Entscheidungen, die nicht in Form eines Beschlusses ergehen (§ 38 Rdn. 5 ff.). Eine entsprechende Pflicht ergibt sich weder aus allgemeinen Überlegung noch aus verfassungsrechtlichen Gründen (BVerfGE 93, 99 ff., abweichend *Kühling* 117 ff.). Dies gilt sowohl für die Anfechtbarkeit mit Rechtsbehelfen, die in § 39 nicht genannt sind (unten Rdn. 23) als auch für den Fall, dass kein Rechtsbehelf gegeben ist. In beiden Fällen genügt es – anders als etwa in § 9 Abs. 5 Satz 2 ArbGG – eine Rechtsbehelfsbelehrung schlicht zu unterlassen.

12 **I. Rechtsmittel.** Erforderlich ist eine Rechtsbehelfsbelehrung bei Beschlüssen, die der **Beschwerde** (§§ 58 ff.) unterliegen (OLG Nürnberg FamRZ 2010, 1575; OLG Naumburg Beschl. v. 10.08.2010 – 8 UF 121/10). Hierunter fallen alle im ersten Rechtszug ergehenden Endentscheidungen der Amts- und LG, wenn der Wert des Beschwerdegegenstandes 600 € übersteigt oder das Gericht des ersten Rechtszuges die Beschwerde zugelassen hat (§ 61 Abs. 2, 3), sofern gesetzlich nichts anderes bestimmt, insb. die Anfechtbarkeit ausgeschlossen ist (dazu § 45 Rdn. 6 ff.). § 382 Abs. 4 erstreckt die Statthaftigkeit der Beschwerde auf Zwischenverfügungen in Registersachen, sodass auch diese einer Rechtsbehelfsbelehrung bedürfen.

13 Einer Belehrung bedürfen auch diejenigen Entscheidungen, die mit der **sofortigen Beschwerde** in entsprechender Anwendung der §§ 567 bis 572 ZPO anfechtbar sind (dazu § 45 Rdn. 15; OLG Schleswig, Beschl. v. 28.06.2010 – 15 WF 198/10).

14 Zweitinstanzliche Entscheidungen und erstinstanzliche Entscheidungen der OLG und Beschwerdeentscheidungen bedürfen einer Rechtsbehelfsbelehrung, soweit gegen sie die **Rechtsbeschwerde** (§ 70) gegeben ist. Dies ist nur dann der Fall, wenn sie vom Beschwerdegericht oder vom OLG im ersten Rechtszug zugelassen wurde.

15 Über die **Sprungrechtsbeschwerde** (§ 75) muss nicht belehrt werden (Satz 2). Begründet wird dies mit den engen Voraussetzungen dieses Rechtsmittels und dem Ziel, die Belehrung nicht mit umfangreichen Ausführungen zu einer fernliegenden Anfechtungsmöglichkeit zu überfrachten und schwer lesbar zu machen (BT-Drucks. 17/10490). Möglich ist die Sprungrechtsbeschwerde nur gegen Entscheidungen, die ohne Zulassung der Beschwerde unterliegen, sodass es bei den der Sprungrechtsbeschwerde unterfallenden Entscheidungen stets einer Belehrung über die Beschwerde bedarf. Die Belehrung über die Sprungrevision unterbleibt unabhängig davon, ob deren besondere Voraussetzungen (im ersten Rechtszug erlassene Beschlüsse, bei denen der Wert des Beschwerdegegenstands in vermögensrechtlichen Angelegenheiten 600,– € übersteigt; § 75 Abs. 1) vorliegen oder nicht und ob die Rechtsbeschwerde kraft Gesetzes ausgeschlossen ist (so nach § 229

für Entscheidungen in Versorgungsausgleichssachen nach §§ 1587d, 1587g Abs. 3, 1587i Abs. 3 und 1587l Abs. 3 BGB und nach § 224).

II. Ordentliche Rechtsbehelfe. Einer Rechtsbehelfsbelehrung bedürfen darüber hinaus diejenigen Entscheidungen, die mit einem der in § 39 ausdrücklich genannten ordentlichen Rechtsbehelfe anfechtbar sind, also mit Einspruch, Widerspruch oder Erinnerung. 16

1. Einspruch. Über die Möglichkeit eines Einspruchs sind die Beteiligten zu belehren bei der Festsetzung von Zwangsgeld nach §§ 388 bis 390, 392. 17
Der Einspruch nach §§ 338 ff. ZPO ist zudem gegeben gegen in Familiensachen ergangene Versäumnisentscheidungen (§§ 130, 142 Abs. 1 Satz 2, 143). 18

2. Widerspruch. Ein Widerspruch ist möglich im Amtslöschungsverfahren nach den §§ 393 bis 395, 397 bis 399 und im Dispacheverfahren nach den §§ 406, 407 (zur Rechtsnatur des Widerspruchs nach § 155 Abs. 2, 3 FGG vgl. KKW/*Kayser* § 155 FGG Rn. 2). 19
Ein Widerspruch ist darüber hinaus möglich gegen die Aussetzung des Scheidungsverfahrens gem. § 136 Abs. 1 Satz 2. Ein solcher Widerspruch ist beachtlich, wenn er von beiden Ehegatten gemeinsam erklärt wird, einseitig steht er zumindest dem beschwerten Beteiligten zu, d.h. demjenigen, der einen Scheidungsantrag gestellt hat. 20

3. Erinnerung. Entscheidungen des Rechtspflegers bedürfen einer Belehrung über die nach § 11 Abs. 2 RPflG statthafte Erinnerung, wenn gegen die Entscheidung nach den allgemeinen verfahrensrechtlichen Vorschriften ein Rechtsmittel nicht gegeben ist. Ausgenommen sind gerichtliche Verfügungen, Beschlüsse oder Zeugnisse, die nach den Vorschriften der Grundbuchordnung, der Schiffsregisterordnung oder des FamFG wirksam geworden sind und nicht mehr geändert werden können (§ 11 Abs. 3 RPflG). 21

4. Weitere Rechtsbehelfe gegen einstweilige Anordnungen. Nach der amtlichen Gesetzesbegründung (BT-Drucks. 16/6308 S. 201; § 52 Rdn. 3) soll darüber hinaus auch der mit dem **Antrag auf Einleitung des Hauptsacheverfahrens** (§ 52) anfechtbare Beschluss in Verfahren der einstweiligen Anordnung (§§ 49 ff.) eine Rechtsbehelfsbelehrung enthalten. Konsequenterweise wird sich die Belehrung in Familiensachen dann auch auf die Möglichkeit erstrecken müssen, einen **Antrag auf erneute Entscheidung aufgrund mündlicher Verhandlung** (§ 54 Abs. 2) zu stellen. 22

III. Außerordentliche Rechtsbehelfe. Belehrt werden muss nur über diejenigen (ordentlichen) Rechtsbehelfe, deren Einlegung allein von der Willensentscheidung des Beschwerten abhängt und bei denen der Fristlauf unmittelbar mit dem Wirksamwerden der anzufechtenden Entscheidung beginnt (Hübschmann/Hepp/Spitaler/*Spindler* § 55 FGO Rn. 7). Nicht erforderlich ist eine Rechtsbehelfsbelehrung, wenn gegen die Entscheidung nur noch außerordentliche Rechtsbehelfe statthaft sind. Dies gilt unabhängig davon, ob diese außerordentlichen Rechtsbehelfe im FamFG geregelt sind oder nicht. Eine Belehrung etwa über die Wiedereinsetzung (§ 17), die Berichtigung (§ 42) und Ergänzung (§ 43), die Möglichkeit der Rüge aufgrund der Verletzung rechtlichen Gehörs (§ 44), die Abänderung oder die Wiederaufnahme (§ 48) ist daher regelmäßig genauso wenig geboten, wie eine Belehrung über die Dienstaufsichtsbeschwerde oder die Verfassungsbeschwerde (a.A. bis hin zur Beschwerde an den EuGHMR *Bytomski* ZRP 2011, 88). 23
Nicht belehrt werden muss auch über die Möglichkeit einer Anschlussbeschwerde. Diese stellt kein eigenständiges Rechtsmittel dar, sondern eröffnet lediglich die Möglichkeit, i.R.d. Beschwerde eines anderen Beteiligten einen eigenen Antrag zu stellen und so die Abänderung der angefochtenen Entscheidung auch zu seinen Gunsten abzuändern (BGHZ 80, 146, 148; BGHZ 83, 371, 376 f.; BGH NJW-RR 1989, 441; Eichele/Hirtz/Oberheim/*Ahrens* XIII Rn. 11). 24
Erst recht nicht belehrt werden muss über die Möglichkeiten, das Rechtsschutzziel durch Einleitung eines neuen Verfahrens zu erreichen. Hierunter fallen auch die Abänderungsantrag (§§ 238 ff.) und die Vollstreckungsgegenantrag (§ 95 i.V.m. § 767 ZPO). 25

IV. Kein Rechtsbehelf. Nicht belehrt werden muss auch darüber, dass eine Entscheidung unanfechtbar ist, gegen sie kein Rechtsbehelf gegeben ist (OLG Stuttgart NJW 2009, 3733). Hierauf hat der Gesetzgeber im Unterschied zu anderen Rechtsbehelfsbelehrungen (z.B. § 9 Abs. 5 Satz 2 ArbGG: »Soweit ein Rechtsmittel nicht gegeben ist, ist eine entsprechende Belehrung zu erteilen.«) durch die insoweit eindeutige Formulierung des § 39 verzichtet (Bahrenfuss/*Rüntz* § 39 Fn. 8; vgl. BGH ZMR 2002, 679, 681). 26

27 **C. Form und Inhalt der Rechtsbehelfsbelehrung.** § 39 regelt auch den notwendigen Inhalt der Rechtsbehelfsbelehrung. Sie hat mit der Bezeichnung des Gerichts, bei dem der Rechtsbehelf einzulegen ist, dessen Sitz sowie der einzuhaltenden Form und Frist alle wesentlichen Informationen zu enthalten, die den Beteiligten in die Lage versetzen, ohne die Hinzuziehung eines Rechtsanwaltes den zulässigen Rechtsbehelf gegen die ergangene Entscheidung einzulegen.

28 Die Belehrung soll den Beteiligten über die Möglichkeiten einer Anfechtung der Entscheidung und die dabei einzuhaltenden Voraussetzungen informieren. Sie soll verhindern, dass jemand aus der Unkenntnis prozessualer Fragen Rechtsnachteile als endgültig hinnehmen muss, indem er von der Einlegung eines Rechtsbehelfs absieht oder hierbei zu beachtende Voraussetzungen nicht erfüllt. Dazu muss die Erklärung nicht nur vollständig und zutreffend, sondern auch so konkret, verständlich und eindeutig formuliert sein, dass ein rechtsunkundiger Beteiligter aus ihr die zur Wahrung seiner Rechte erforderlichen Informationen ohne Weiteres entnehmen kann (BGH MDR 2011, 933; BGH FamRZ 2010, 1425; Hübschmann/Hepp/Spitaler/ *Spindler* § 55 FGO Rn. 14), ohne dass der Rechtsbehelf durch Überbewertung der Erfordernisse schwieriger dargestellt wird, als er tatsächlich ist.

29 Die Belehrung muss konkret auf den Einzelfall zugeschnitten sein. Sie darf nicht in einer Floskel bestehen, die alle denkbaren prozessualen Situationen und alle möglichen Rechtsbehelfe umfasst, sodass der Beteiligte sich die für seine Anfechtung geltenden Voraussetzungen selbst heraussuchen muss. So ist aus der Formulierung »Alle Beteiligten müssen sich in selbstständigen Familienstreitsachen durch einen Rechtsanwalt vertreten lassen, der die Beschwerdeschrift zu unterzeichnen hat« im konkreten Einzelfall für den Rechtsunkundigen nicht klar, ob er nun eines Rechtsanwalts bedarf, weil er nicht wissen kann, ob es sich vorliegend um eine Familienstreitsache handelt (OLG Karlsruhe MDR 2011, 919). Eine Ausnahme gilt allenfalls für den Wert des Beschwerdegegenstands. Hängt die Zulässigkeit eines Rechtsmittels davon ab (z.B. § 61 Abs. 1), muss das Gericht nicht für jeden Beteiligten gesondert ermitteln, ob der Wert erreicht werden kann und seine Belehrung daran ausrichten, sondern darf sich darauf beschränken, darauf hinzuweisen, dass das Rechtsmittel zulässig ist, sofern der Wert des Beschwerdegegenstands den Grenzbetrag übersteigt (Bahrenfuss/*Rüntz* § 39 Rn. 4; für arbeitsrechtliche Entscheidungen BAG NZW 1997, 901; a.A. Germelmann/*Prütting* § 9 Rn. 38 ff.).

30 Bei Mischentscheidungen, d.h. Entscheidungen, die in sich mehrere Entscheidungsformen vereinigen (»Teilversäumnis- und Schlussentscheidung«), ist eine Belehrung über die Anfechtung jedes einzelnen Teils erforderlich.

31 Andererseits kann und braucht die Belehrung nicht alle tatsächlichen und rechtlichen Anforderungen bei der Rechtswahrung zu umfassen. Sie hat dem Beteiligten nicht alle Einzelheiten seines Verhaltens vorzuschreiben und ihm jede eigene Verantwortung abnehmen (BVerwG DVBl 1962, 793; BVerwG JR 1969, 156).

32 **I. Form der Belehrung.** Die Rechtsbehelfsbelehrung ist Bestandteil des Beschlusses und körperlich mit diesem verbunden. Sie muss von der Unterschrift umfasst sein und deswegen räumlich über dieser stehen (OLG Oldenburg FamRZ 2012, 1080; BAGE 33, 63; § 9 ArbGG Rn. 5; *Kopp/Schenke* § 117 VwGO Rn. 4, 18). Befindet sich die Rechtsbehelfsbelehrung auf einem gesonderten Blatt, ist dieses mit dem Beschluss zu verbinden, ein gesondertes Schreiben genügt grds. nicht (BVerwG NVwZ 2000, 191; a.A. VGH Baden-Württemberg VwBlBW 1999, 62). Ausfertigungen müssen auch die Belehrung umfassen.

33 Die Belehrung muss in der gleichen Form ergehen wie der Beschluss, regelmäßig also schriftlich, unter den Voraussetzungen des § 14 auch in elektronischer Form. Wird der Beschluss durch Verlesen bekannt gegeben (§ 41 Abs. 2), muss die Belehrung Teil des später schriftlich abgefassten Beschlusses sein (§ 41 Rdn. 43 f.).

34 Die Belehrung als eigenständigen, mit einer entsprechenden Überschrift versehenen Abschnitt besonders deutlich hervorzuheben, empfiehlt sich, ist aber nicht Wirksamkeitsvoraussetzung. Insbes. bei Einspruch und bei Widerspruch kann die (hier kurz ausfallende) Belehrung in den Text der Entscheidung integriert werden.

35 Deutsch als Gerichtssprache gilt für die Rechtsbehelfsbelehrung auch in den Fällen, in denen Beteiligte der deutschen Sprache nicht mächtig sind. Eine Belehrung in einer ausländischen Sprache ist nicht erforderlich (BVerfG NJW 1976, 1021; BVerwG NJW 1978, 1988). Das Versäumen einer Rechtsbehelfsfrist kann für einen Beteiligten aber auch bei ordnungsgemäßer Belehrung unverschuldet sein und eine Wiedereinsetzung rechtfertigen, wenn die Belehrung vom Beteiligten mangels Sprachkenntnissen nicht verstanden wurde (BVerfG NJW 1975, 1597; BSG DVBl 1987, 849). Zudem kann es erforderlich sein, den Beteiligten auf die Notwendigkeit der Rechtsmitteleinlegung in deutscher Sprache hinzuweisen (Rdn. 49).

Die Nichteinhaltung dieser Formanforderungen hat grds. keine Konsequenzen. Sie kann allenfalls dazu führen, dass die Belehrung insgesamt als unzureichend anzusehen ist und deswegen gegen die Versäumung der Rechtsbehelfsfrist Wiedereinsetzung beantragt werden kann (unten Rdn. 67). 36

II. Inhalt der Belehrung. Die Belehrung erstreckt sich ausschließlich auf die gesetzlichen Zulässigkeitserfordernisse der Einlegung eines Rechtsbehelfs im Allgemeinen. Das entscheidende Gericht ist zur Prüfung dieser Erfordernisse im Einzelfall weder verpflichtet noch berechtigt, kann und darf deswegen darüber keine Aussagen machen (*Redecker/von Oertzen* § 58 VwGO Rn. 6). 37

Die Belehrung muss den Beteiligten im Zweifel auch ohne anwaltliche Beratung in die Lage versetzen, die Voraussetzungen eines Rechtsbehelfs ohne Zuhilfenahme des Gesetzestextes zu erkennen. Deswegen genügt die bloße Verweisung auf Gesetzesnormen nicht. Andererseits ist es nicht erforderlich, diejenigen Normen anzugeben, auf denen die Belehrung beruht bzw. aus denen sich die Rechtsbehelfserfordernisse ergeben. 38

1. Art des Rechtsbehelfs. Die Belehrung muss erkennen lassen, dass ein Rechtsbehelf gegeben ist und um welchen es sich handelt. Es genügt nicht, die Entscheidung generell als »abänderbar« oder »anfechtbar« darzustellen, vielmehr ist der konkrete Rechtsbehelf namentlich genau zu bezeichnen (BGH MDR 2011, 933; BGH FamRZ 2010, 1425; *Peters/Sautter/Wolff* § 66 SGG S. 197; BSG 11, 213). Dabei ist es unerheblich, ob dieser Rechtsbehelf sich aus dem FamFG oder aus anderen Gesetzen ergibt. Möglich sind dabei: 39

– die (FamFG-) Beschwerde,
– die sofortige (ZPO-) Beschwerde,
– die (FamFG-) Rechtsbeschwerde,
– der Einspruch,
– der Widerspruch,
– die (RPflG-) Erinnerung
– der Antrag auf Antrag auf Einleitung des Hauptsacheverfahrens (§ 52) und der Antrag auf erneute Entscheidung aufgrund mündlicher Verhandlung (§ 54 Abs. 2).

Sind mehrere Rechtsbehelfe möglich, muss die Belehrung sich auf alle erstrecken (BSG MDR 1996, 309). Dies gilt auch, wenn diese zueinander in einem Alternativitätsverhältnis stehen. Dagegen müssen weitere im Instanzenzug gegebene Rechtsbehelfe (Beschwerde – Rechtsbeschwerde) nicht angegeben werden. 40

Ist die Statthaftigkeit des Rechtsbehelfs an weitere Voraussetzungen gebunden, sind auch diese anzugeben. Wird über die Möglichkeit der Beschwerde belehrt, muss darauf hingewiesen werden, dass diese in vermögensrechtlichen Streitigkeiten nur zulässig ist, wenn der Wert des Beschwerdegegenstands 600,– € übersteigt oder wenn das Gericht des ersten Rechtszugs die Beschwerde zugelassen hat (§ 61; OVG München BayVBl 1972, 616; VGH Hessen DÖV 1970, 650). 41

Ob der Rechtsbehelf im konkreten Fall tatsächlich zulässig oder gar begründet ist, spielt für den Umfang und den Inhalt der Belehrung keine Rolle, umgekehrt kann aus einer Belehrung auf die Erfolgsaussichten eines Rechtsbehelfs nicht geschlossen werden. 42

2. Für Einlegung zuständiges Gericht. In der Belehrung ist nicht das Gericht anzugeben, das für die Verhandlung und Entscheidung über das Rechtsmittel bzw. den Rechtsbehelf zuständig ist (»Beschwerdegericht«), sondern das Gericht, bei dem das Rechtsmittel oder der Rechtsbehelf einzulegen ist (BGH MDR 2011, 933; BGH FamRZ 2010, 1425; zur Pflicht des Beschwerdegerichts, eine dort eingelegte Beschwerde an das Erstgericht weiterzuleiten BGH Urt. v. 17.08.2011 – XII ZB 50/11). 43

Für die Beschwerde ist dies das Gericht, dessen Beschluss angefochten wird (§ 64). Das zur Belehrung verpflichtete Gericht muss deswegen sachlich und örtlich nur sich selbst bezeichnen. Dies gilt auch für die sofortige Beschwerde nach der ZPO (§ 569 Abs. 1 Satz 1 ZPO), den Einspruch, den Widerspruch und die Erinnerung. Lediglich die Rechtsbeschwerde ist beim Rechtsbeschwerdegericht (d.h. grds. beim BGH, § 133 GVG) einzulegen. 44

Das für die Einlegung zuständige Gericht ist nach dem Wortlaut des § 39 nicht nur sachlich und örtlich zu bezeichnen (»Oberlandesgericht Frankfurt am Main«). Erforderlich ist auch die Angabe einer Anschrift, unter der der Rechtsbehelf eingereicht werden kann, i.d.R. also Straße, Hausnummer und Postleitzahl (BGH MDR 2011, 933; BGH FamRZ 2010, 1425). Die (für andere Verfahrensordnungen umstrittene) Notwendigkeit dieser Angabe (*Ruff* KStZ 2012, 112; Hübschmann/Hepp/Spitaler/*Spindler* § 55 FGO Rn. 26; BVerwG 25, 261; a.A. BVerwG 85, 298, 300; *Redecker/von Oertzen* § 58 VwGO Rn. 7; § 9 ArbGG Rn. 6), ist im Anwendungsbereich des FamFG nicht bloß »nobile officium«, sondern folgt aus dem Fürsorgegedanken. 45

46 Dabei genügt die Benennung einer Zugangsmöglichkeit. Die Anschrift auswärtiger Senate des zuständigen OLG muss nicht angegeben werden (VGH Bayern BayVwBl 1996, 734), da fristwahrend die Einreichung auch bei einem unzuständigen auswärtigen Spruchkörper des Gerichts wirkt (BGH NJW 1967, 107). Nicht angegeben werden müssen auch eine Telefaxnummer (a.A. *Rößler* DStZ 1995, 563) oder eine E-Mail-Anschrift, selbst wenn diese Zugangsmöglichkeiten eröffnet sind (z.T. a.A. *Kintz* NVwZ 2004, 1431).

47 **3. Form.** Über Formanforderungen müssen die Beteiligten belehrt werden, soweit deren Einhaltung Voraussetzung für die Zulässigkeit des Rechtsbehelfs ist.

48 Rechtsbehelfe, insb. Beschwerden, sind grds. **schriftlich** oder zur Niederschrift der Geschäftsstelle einzulegen (§ 64). Für die daraus resultierende Notwendigkeit eines Hinweises auch auf eine Unterschrift OLG Dresden MDR 2011, 566. Soweit die elektronische Form eröffnet ist, muss hierauf hingewiesen werden (*Kintz* NVwZ 2004, 1431).

49 Zu einer ordnungsgemäßen Rechtsmittelbelehrung gehört auch der Hinweis, dass die schriftliche Rechtsmitteleinlegung **in deutscher Sprache** erfolgen muss (BGHSt 30, 182). Dies wird jedenfalls dort zu gelten haben, wo ein Beteiligter die deutsche Sprache erkennbar nicht hinreichend beherrscht. Auch dann aber erfolgt die Belehrung ausschließlich in deutscher Sprache (Rdn. 29).

50 Ist ein Rechtsbehelf zwingend zu **begründen** (so in Ehe- und Familiensachen, § 117 Abs. 1 Satz 1, sowie für die Rechtsbeschwerde, § 71 Abs. 2), bedarf es eines Hinweises hierauf sowie auf die dabei einzuhaltenden Formanforderungen nicht (BGH NJW 2011, 2887). Begründet wird dies mit dem Zweck des § 39, auch der nicht anwaltlich vertretenen Partei die Einlegung eines Rechtsbehelfs zu ermöglichen und dem dann in den Rechtsbehelfsverfahren bestehenden Zwang zur Vertretung durch einen Anwalt (§§ 10 Abs. 4; 114 Abs. 1, 2), der die Begründungserfordernisse kennen muss (Bahrenfuss/*Rüntz* § 39 Rn. 6; Keidel/*Meyer-Holz* § 39 Rn. 12; Prütting/Helms/*Abramenko* § 39 Rn. 11).

51 Besteht im Rechtsbehelfsverfahren ein **Vertretungszwang** (§§ 10 Abs. 4; 114 Abs. 1, 2), muss darüber belehrt werden (BGH FamRZ 2012, 1796; BGH MDR 2011, 933; BGH FamRZ 2010, 1425; OLG Karlsruhe MDR 2011, 919; BSGE 1, 194; BVerwG DVBl 2002, 1553; BVerwG NJW 1967, 1493; *Kopp/Schenke* § 58 VwGO Rn. 10; a.A. BVerwG NJW 1978, 1278 m.w.N.). Bei der Belehrung über eine Rechtsbeschwerde ist darauf hinzuweisen, dass ein beim BGH zugelassener Rechtsanwalt tätig werden muss (§ 10 Abs. 4). Dagegen bedarf es (trotz eines entsprechenden Interesses des Beteiligten) keines Hinweises darauf, dass ein Anwaltszwang ggf. nicht besteht (Prütting/Helms/*Abramenko* § 390 Rn. 9).

52 **4. Frist.** Für die Zulässigkeit zu beachtende Fristen können sich aus dem Gesetz ergeben. Die FamFG-Beschwerde ist grds. binnen einer Frist von einem Monat einzulegen, ausnahmsweise beträgt die Frist 2 Wochen, wenn sie sich gegen eine einstweilige Anordnung oder einen Beschluss richtet, der die (Außen-) Genehmigung eines Rechtsgeschäfts zum Gegenstand hat (§ 63 Abs. 1, 2). Diese Fristen gelten auch für die Erinnerung (§ 11 Abs. 2 Satz 1 RPflG). Für die sofortige Beschwerde nach der ZPO beträgt die Frist 2 Wochen (§ 569 Abs. 1 Satz 1 ZPO). Die Rechtsbeschwerde ist binnen einen Monats einzureichen (§ 71 Abs. 1 Satz 1). Die Fristen für einen Einspruch und einen Widerspruch ergeben sich allein aus der gerichtlichen Bestimmung.

53 Ergehen in einem Beschluss mehrere Entscheidungen, die zwar mit demselben Rechtsbehelf angreifbar sind, für den aber unterschiedliche Fristen laufen (z.B. die gleichzeitige Erteilung einer Innengenehmigung, die mit der Beschwerde innerhalb von einem Monat anzufechten ist, und die Erteilung einer Außengenehmigung, die mit der Beschwerde binnen 2 Wochen anzufechten ist), so muss die Rechtsmittelbelehrung dies zweifelfrei erkennen lassen (vgl. Rdn. 40; § 40 Rdn. 24 ff.; *Wesche* RPfleger 2010, 403, 405 f.).

54 Läuft eine Frist nicht nur für die Einlegung, sondern auch für die Begründung des Rechtsbehelfs (z.B. § 117 für Ehe- und Familienstreitsachen), muss diese in die Belehrung einbezogen werden.

55 In allen Fällen muss zur Dauer der Frist auch deren **Beginn** dargelegt werden (BFHE 107, 411; *Redecker/von Oertzen* § 58 VwGO Rn. 8; a.A. BVerwG NJW 1991, 508; BSG 1970, 583; *Kopp/Schenke* VwGO § 58 Rn. 11). Entscheidender Zeitpunkt hierfür ist grds. die schriftliche Bekanntgabe des Beschlusses.

56 Belehrt werden muss nur über die Frist selbst, nicht über die **Berechnung** der Frist (BVerfG NJW 1971, 2217; BVerwG NVwZ 1985, 900), über Besonderheiten des Fristenlaufs (BVerwG NJW 1976, 865) oder die Möglichkeiten und Voraussetzungen der Fristverlängerung (Hübschmann/Hepp/Spitaler/*Spindler* § 55 FGO Rn. 22). Auch eines Hinweises darauf, dass die Absendung des Rechtsbehelfs innerhalb der Frist nicht ausreicht, es vielmehr auf dessen Eingang ankommt, bedarf es nicht (BVerwG NJW 1972, 1435). Sind mehrere

Abschnitt 3. Beschluss § 39

Beteiligte einlegungsberechtigt, muss nicht darüber belehrt werden, dass die Frist für jeden gesondert läuft (BSG MDR 1966, 961).

Die Belehrungspflicht erstreckt sich auf die zur Einlegung des Rechtsbehelfs erforderlichen Voraussetzungen. Sieht das Gesetz weitere Voraussetzungen für dessen Begründung vor, bedürfen diese keiner Darlegung (oben Rdn. 50). Etwas anderes gilt, wenn der Rechtsbehelf zusammen mit der Einlegung begründet werden muss. 57

5. Sonstige Angaben. Enthält die Belehrung weitere, gesetzlich nicht erforderte Angaben, so steht dies der Wirksamkeit der Belehrung jedenfalls dann nicht entgegen, wenn diese Angaben zutreffen, klar und verständlich sind und nicht dazu führen, dass bei den Beteiligten Zweifel über die Anfechtungsmöglichkeiten entstehen (BGH MDR 2011, 933; BGH FamRZ 2010, 1425; BVerwG NJW 1991, 508 m.w.N.; BFH NVwZ-RR 1999, 350). 58

Als die Belehrung unrichtig oder unverständlich machend hat die Rechtsprechung den Zusatz angesehen, in dem Rechtsbehelf seien die erforderlichen Beweismittel anzugeben (BFH MDR 1973, 757), die Beschwerde habe einen bestimmten Antrag zu enthalten (BVerwG v. 13.01.1971 – V C 53/70) und »müsse« (nicht: »solle«) begründet werden (BVerwG HFR 1968, 381). 59

Eine übergroße Vielzahl gesetzlich nicht erforderter Angaben kann dazu führen, dass die tatsächlich notwendigen Voraussetzungen in den Hintergrund treten, der Rechtsbehelf insgesamt schwieriger dargestellt wird, als er ist und die Belehrung als Ganzes damit unrichtig werden kann (BVerwGE 1, 192; BSGE 11, 215). 60

D. Folgen unzureichender Rechtsbehelfsbelehrung. I. Allgemeines. Eine Rechtsbehelfsbelehrung ist unzureichend, wenn sie entweder völlig fehlt oder erforderliche Einzelumstände nicht enthält. Unzureichend ist sie auch, wenn sie inhaltlich falsch oder so unklar ist, dass sie den Adressaten nicht zweifelsfrei über die prozessualen Erfordernisse eines Rechtsbehelfs in Kenntnis setzt. Letzteres kann sich auch aus verwirrenden, unzutreffenden oder irreführenden Zusätzen in der Belehrung ergeben oder daraus, dass nebensächliche Förmlichkeiten als zwingend dargestellt werden. 61

Eine fehlende oder unrichtige Rechtsmittelbelehrung stellt regelmäßig eine offenbare Unrichtigkeit des Beschlusses dar, die jederzeit auf Antrag oder von Amts wegen berichtigt werden kann (§ 42 Abs. 1). Einer erneuten Zustellung des Beschlusses bedarf es dazu nicht. Mit der Belehrung wird die Wiedereinsetzungsfrist (unten Rdn. 69) in Gang gesetzt. 62

Der Wirksamkeit des Beschlusses steht eine unzureichende Belehrung nicht entgegen (OLG Stuttgart NJW 2009, 3733). Er wird weder rechtswidrig (*Kopp/Schenke* § 58 VwGO Rn. 3) noch eröffnet der Belehrungsfehler Anfechtungsmöglichkeiten, die ohne ihn nicht bestünden (BGH NJW 2014, 2879; BGH FamRZ 2014, 1100; BVerwGE 63, 200; BVerwG 66, 312; BFH/NV 1998, 735). Eine Zustellung kann wirksam erfolgen, eventuelle Rechtsbehelfsfristen beginnen zu laufen, mit deren Ablauf tritt formelle Rechtskraft ein (§ 45). 63

Soweit dem Beteiligten infolge der nicht ordnungsgemäßen Erfüllung der Belehrungspflicht ein Schaden entstanden ist, kann ein Amtshaftungsanspruch in Betracht kommen (*Kopp/Schenke* § 58 VwGO Rn. 3; *Redecker/von Oertzen* § 58 VwGO Rn. 20). 64

Wird ein falscher Rechtsbehelf angegeben, ist dieser über den Grundsatz der Meistbegünstigung genauso statthaft, wie der richtige Rechtsbehelf (offen gelassen von BGH FamRZ 2012, 623 m. Anm. *Heiter* FamRZ 2012, 626). Dem Beteiligten steht dann ein Wahlrecht zu. Dasselbe gilt, wenn das Gericht in der falschen Form entscheidet und über die gewählte Entscheidungsform richtig belehrt. Allerdings stellt eine Rechtsmittelbelehrung, die fälschlicherweise darauf hinweist, dass gegen den Beschluss das Rechtsmittel der Rechtsbeschwerde stattfinde, nicht die Zulassung der Rechtsbeschwerde dar. Eine fehlerhafte Rechtsmittelbelehrung kann nicht zur Anfechtbarkeit einer Entscheidung führen, die kraft Gesetzes unanfechtbar ist (BGH FGPrax 2012, 169). Die Rechtsmittelbelehrung dient allein der Information der Beteiligten über gegebene Rechtsmittel und stellt keine Willensentschließung im Sinne einer Zulassungsentscheidung dar (BGH FamRZ 2011, 1728). 65

Ob ein Rechtsbehelf, der infolge fehlender Rechtsbehelfsbelehrung beim falschen Gericht eingelegt wurde, ohne Wiedereinsetzungsverfahren unmittelbar as dort fristwahrend eingegangen angesehen werden kann (so OLG Nürnberg FamRZ 2010, 1575), erscheint zweifelhaft. 66

II. Wiedereinsetzung in den vorigen Stand. Die unterbliebene oder unrichtige Rechtsbehelfsbelehrung hindert weder das In-Gang-Setzen einer Rechtsbehelfsfrist noch den Eintritt der Rechtskraft. Insoweit folgt 67 das FamFG nicht der Regelung in anderen Verfahrensordnungen (§ 58 VwGO; § 9 Abs. 5 Satz 3 ArbGG; 55 Abs. 1 FGO; 66 Abs. 1 SGG), sondern den Vorschlägen einer Bund-Länder-Arbeitsgruppe zur Einführung einer Rechtsmittelbelehrung in ZPO- und FGG-Verfahren, die sich für eine sog. »Wiedereinsetzungslösung« ausgesprochen hatte.

68 Damit kann dem Interesse der Beteiligten an einem möglichst raschen, rechtskräftigen Abschluss des Verfahrens Rechnung getragen werden, ohne dass dem Beteiligten, der eine Belehrung nicht erhalten hat, die Einlegung des Rechtsmittels oder des Rechtsbehelfs unzumutbar erschwert wird (BT-Drucks. 16/6308 S. 183). Eine entsprechende Lösung hatte der BGH zur (ungeschriebenen) Rechtsmittelbelehrung in Wohnungseigentumssachen entwickelt (BGHZ 150, 390, 403).

69 Unterbleibt die Einlegung eines Rechtsbehelfs, weil der Beteiligte mangels ordnungsgemäßer Belehrung keine Kenntnis von der Möglichkeit oder den Erfordernissen der Einlegung hatte, kann er Wiedereinsetzung in den vorigen Stand gegen die Versäumung der Rechtsbehelfsfrist verlangen (§ 17). Dass ihn in diesem Fall an der Versäumung der Frist kein Verschulden trifft, wird nach § 17 Abs. 2 vermutet (OLG Schleswig Beschl. v. 28.06.2010 – 15 WF 198/10).

70 Die gesetzliche Vermutung bei unterbliebener oder fehlerhafter Rechtsmittelbelehrung ersetzt jedoch lediglich das Erfordernis des fehlenden Verschuldens des Antragstellers. Der erforderlich ursächliche Zusammenhang zwischen Belehrungsmangel und Fristversäumung muss auch in diesen Fällen vom Antragsteller vorgetragen und vom Gericht positiv festgestellt werden (BayObLG 67, 66; OLG Düsseldorf NStZ 1986, 233, beide zu § 44 StPO). Eine Wiedereinsetzung kommt nur in Betracht, wenn der Belehrungsmangel für die Fristversäumung kausal war (BGH FamRZ 2012, 1287; BGH MDR 2011, 933; BGH FamRZ 2010, 1425; OLG Naumburg, Beschl. v. 10.08.2010 – 8 UF 121/10; BGHZ 150, 390, 403 unter Hinweis auf § 44 Abs. 2 StPO). Ausgeschlossen ist eine Wiedereinsetzung deswegen, wenn der Beteiligte wegen vorhandener Kenntnis über seine Rechtsmittel keiner Unterstützung durch eine Rechtsmittelbelehrung bedarf. Dies ist regelmäßig der Fall bei anwaltlich vertretenen Beteiligten (BGH FamRZ 2012, 1287; FamRZ 2012, 367; OLG Naumburg MDR 2011, 387; OLG Zweibrücken NJW-RR 2011, 1016; OLG Hamm FamRB 2011, 218; BT-Drucks. 16/6308 S. 183; a.A. Ulrici ZZP 124 [2011], 219). Auf diese Weise wird zwar der erhöhten Schutzbedürftigkeit nicht anwaltlich vertretener Beteiligter Rechnung getragen, praktisch aber führt dies dazu, dass ein anwaltlich vertretener Beteiligter nicht über die Rechtsbehelfsmöglichkeiten belehrt werden muss. Anders als bei der fehlenden oder unvollständigen Rechtsbehelfsbelehrung darf der Anwalt indes auf die Richtigkeit einer vorhandenen Belehrung vertrauen, sodass es hier an der Ursächlichkeit zwischen Belehrungsmangel und Fristversäumung nur fehlt, wenn die erteilte Rechtsbehelfsbelehrung offenkundig falsch war und beim Anwalt nicht einmal den Anschein der Richtigkeit zu erwecken vermochte (BGH FamRZ 2012, 1287). Unterlag der Anwalt einem nachvollziehbaren oder unvermeidbaren Rechtsirrtum, bleibt die Wiedereinsetzung möglich (OLG Brandenburg FamRZ 2012, 1829).

§ 40 Wirksamwerden.
(1) Der Beschluss wird wirksam mit Bekanntgabe an den Beteiligten, für den er seinem wesentlichen Inhalt nach bestimmt ist.
(2) ¹Ein Beschluss, der die Genehmigung eines Rechtsgeschäfts zum Gegenstand hat, wird erst mit Rechtskraft wirksam. ²Dies ist mit der Entscheidung auszusprechen.
(3) ¹Ein Beschluss, durch den auf Antrag die Ermächtigung oder die Zustimmung eines anderen zu einem Rechtsgeschäft ersetzt oder die Beschränkung oder Ausschließung der Berechtigung des Ehegatten oder Lebenspartners, Geschäfte mit Wirkung für den anderen Ehegatten oder Lebenspartner zu besorgen (§ 1357 Abs. 2 Satz 1 des Bürgerlichen Gesetzbuchs, auch in Verbindung mit § 8 Abs. 2 des Lebenspartnerschaftsgesetzes), aufgehoben wird, wird erst mit Rechtskraft wirksam. ²Bei Gefahr im Verzug kann das Gericht die sofortige Wirksamkeit des Beschlusses anordnen. ³Der Beschluss wird mit Bekanntgabe an den Antragsteller wirksam.

Übersicht	Rdn.		Rdn.
A. Allgemeines	1	III. Wirksamwerden mit Rechtskraft	21
B. Anwendungsbereich	8	1. Genehmigung Rechtsgeschäft (Abs. 2)	24
C. Unwirksame Beschlüsse	10	a) Genehmigungen	24
D. Zeitpunkt des Wirksamwerdens	13	b) Wirksamwerden von Genehmigungen	29
I. Wirksamwerden mit Erlass	13		
II. Wirksamwerden mit Bekanntgabe (Abs. 1)	15		

	Rdn.		Rdn.
2. Ermächtigung/Zustimmung Rechtsgeschäft und Beschränkung/Ausschluss Schlüsselgewalt (Abs. 3 Satz 1)	35	1. Anordnung der sofortigen Wirksamkeit (Abs. 3 Satz 2)	42
3. Weitere Fälle	37	2. Aussetzung der sofortigen Wirksamkeit	49
IV. Wirksamwerden ggü. Dritten	38	3. Anfechtung	50
V. Gerichtliche Entscheidungen zur Wirksamkeit	41	E. Rechtsfolgen des Wirksamwerdens	51

A. Allgemeines. Die Vorschrift regelt das Wirksamwerden gerichtlicher Beschlüsse im FamFG-Verfahren. **1**
Dabei sind drei verschiedene Zeitpunkte zu unterscheiden:
Erlassen ist der Beschluss, wenn er als solcher nach außen erkennbar existent wird. Dies geschieht mit der **2**
Übergabe an die Geschäftsstelle oder der Bekanntgabe durch Verlesen der Beschlussformel (§ 38 Abs. 3
Satz 3). Mit dem Erlass der Entscheidung hat das Gericht seine Aufgabe erfüllt. Das Verfahren kann vom
Antragsteller durch Rücknahme nur noch mit Zustimmung des Gegners beendet werden (§§ 22 Abs. 1
Satz 2, 67 Abs. 4). Frühestens jetzt können gegen die Entscheidung Rechtsmittel eingelegt werden, jetzt beginnt die Höchstfrist zur Einlegung der Beschwerde (§§ 63 Abs. 3 Satz 2, 117 Abs. 1 Satz 2). Die erlassene
Entscheidung kann nur noch durch eine andere Entscheidung beseitigt werden. Ausnahmsweise kann die
Entscheidung bereits zu diesem Zeitpunkt wirksam werden (so bei vorläufiger Vollstreckbarkeit einstweiliger Anordnungen, § 53 Abs. 2 Satz 2, oder beim Vorbescheid im Erbscheinsverfahren, § 352 Abs. 1 Satz 2,
unten Rdn. 13).
Bekannt gegeben ist der Beschluss, wenn die Beteiligten von ihm Kenntnis erlangen. Dies geschieht bei Anwesenden durch Verlesen der Beschlussformel (dabei fallen Erlass und Bekanntgabe zeitlich zusammen), **3**
andernfalls durch Zustellung (§ 41). Mit der Bekanntgabe wird der Beschluss grds. wirksam (§ 40 Abs. 1),
soweit die Wirksamkeit nicht ausnahmsweise schon mit Erlass eingetreten ist oder erst mit Rechtskraft eintreten wird.
Rechtskräftig wird der Beschluss, wenn er mit ordentlichen Rechtsbehelfen nicht mehr angegriffen werden **4**
kann (§ 45). Dieser Zeitpunkt fällt bei unanfechtbaren Beschlüssen mit der Bekanntgabe zusammen, andernfalls muss der Ablauf der Rechtsmittelfristen abgewartet werden. Mit der Rechtskraft wird das Verfahren abgeschlossen, spätestens jetzt wird die Entscheidung wirksam. Die Beteiligten verlieren endgültig die
Möglichkeit, einen Antrag zurückzunehmen (§ 22 Abs. 1 Satz 1) oder die Entscheidung in diesem Verfahren anzufechten.
Durch die grds. auf die Bekanntgabe abstellende Wirksamkeit des Beschlusses knüpft § 40 **Abs. 1** an § 16 **5**
Abs. 1 FGG an und trägt so dem Bedürfnis nach einem schnellen Wirksamwerden der FamFG-Entscheidungen Rechnung.
Erst mit dem Eintritt der Rechtskraft kann ein Beschluss dort wirksam werden, wo seine Rechtswirkungen **6**
eine vorherige richterliche Überprüfung durch Rechtsmittel gebieten. Die Verallgemeinerung dieses Gedankens in **Abs. 2** macht die früher herrschende Praxis des anfechtbaren »Vorbescheids« weitgehend obsolet.
Abs. 3 betrifft Entscheidungen, die Grundlage für Rechtshandlungen ggü. Dritten bilden können. Zur Vermeidung von Rechtsunsicherheiten werden diese grds. erst mit Rechtskraft wirksam. Abs. 3 entspricht inhaltlich dem bisherigen § 53 FGG. Die im Gesetzentwurf zunächst vorgesehene, letztlich nicht übernommene Regelung für Adoptionssachen ist systematisch zutreffend in § 198 verlagert worden. **7**

B. Anwendungsbereich. Die Vorschrift ist grds. auf alle Beschlüsse im FamFG-Verfahren anwendbar. Ausgenommen sind Beschlüsse in Ehe- und Familienstreitverfahren. Für diese gilt nach § 113 Abs. 1 der **8**
Grundsatz der Zivilprozessordnung, nach dem die Wirksamkeit einer Entscheidung erst mit deren formeller Rechtskraft (§ 322 ZPO) eintritt, soweit nicht für einzelne Wirkungen ein früherer Eintritt gesetzlich angeordnet ist.
Handlungen des FamFG-Gerichts, die keine Entscheidung darstellen (dazu § 38 Rdn. 6) unterfallen § 40 **9**
nicht. So ist z.B. die Vorschrift über das Wirksamwerden von Registereintragungen (§ 382 Abs. 1 Satz 2)
§ 40 ggü. lex specialis, sodass es insoweit auf die Bekanntgabe nicht ankommt (OLG Stuttgart OLGZ 1974,
113).

C. Unwirksame Beschlüsse. Unwirksam bleibt ein Beschluss nur ausnahmsweise. **10**

11 Ist einer äußerlich als Beschluss erscheinenden Urkunde ohne Weiteres anzusehen, dass es sich dabei nicht um die Entscheidung eines staatlichen Gerichts handelt, so liegt lediglich ein **Scheinbeschluss** (auch »Nichtbeschluss« genannt) vor. Dieser kann keinerlei Wirkungen entfalten. Anzunehmen ist dies für Entscheidungen durch eine Institution ohne Entscheidungsbefugnis, bei erkennbaren Entscheidungsentwürfen, Entscheidungen über Verfahrensgegenstände, auf die sich die deutsche Gerichtsbarkeit nicht erstreckt oder bei Entscheidungen unter Beteiligung nicht existierender Personen (§ 7 Abs. 1, 2). Frage des Einzelfalles ist, ob hierunter auch schon Entscheidungen fallen, die eine gesetzeswidrige, sittenwidrige oder tatsächlich unmögliche Rechtsfolge anordnen (BGHZ 47, 324; OLG Düsseldorf NJW-RR 95, 895) oder auf einem nichtigen Gesetz beruhen. Dass der Rechtspfleger anstelle des Richters entschieden hat, dürfte nur ausnahmsweise als offenkundig anzusehen sein.

12 Wiegt der Mangel besonders schwer, ist aber nicht offensichtlich, kann dies zur **Nichtigkeit** des Beschlusses führen. Nichtige Entscheidungen können formell, nicht aber materiell rechtskräftig werden. Sie können (und müssen ggf. sogar) durch Rechtsbehelfe angegriffen werden (§ 47 Rdn. 15). Nichtige Beschlüsse sind nicht vollständig wirkungslos. Welche Wirkungen ihnen zukommt und welche nicht, ist stets Frage des Einzelfalls. So kann ein nichtiger Beschluss zwar Grundlage für eine wirksame Kostenfestsetzung (§ 85) sein, mangels materieller Rechtskraft jedoch eine Zwangsvollstreckung (§§ 95 ff.) nicht legitimieren (BGH NJW 94, 460).

13 **D. Zeitpunkt des Wirksamwerdens. I. Wirksamwerden mit Erlass.** Bereits mit Erlass wird ein Beschluss nur ganz ausnahmsweise wirksam. Gesetzlich angeordnet ist dies im Interesse einer zügigen Abwicklung unstreitiger Erbscheinsverfahren für den der Erteilung eines Erbscheins vorangehenden Beschluss, mit dem das Gericht die zur Erteilung eines Erbscheins erforderlichen Tatsachen für festgestellt erachtet (§ 352). Da das Gesetz hier auf eine Bekanntgabe verzichtet, kann der Erbschein zusammen mit dem Beschluss erteilt werden. Zur Möglichkeit der gerichtlichen Aussetzung der sofortigen Wirksamkeit in streitigen Erbscheinsfällen unten Rdn. 49.

14 Mit Erlass wirksam werden auch diejenigen Beschlüsse, bei denen das Gericht dies anordnet (Abs. 3 Satz 2); dazu unten Rdn. 42 ff. Dies kommt insb. bei einstweiligen Anordnungen in Betracht (§ 43 Abs. 1 Satz 1).

15 **II. Wirksamwerden mit Bekanntgabe (Abs. 1).** Regelmäßig wird der Beschluss mit seiner Bekanntgabe an die Beteiligten wirksam. Damit wird dem im Regelfall gegebenen Bedürfnis nach einem schnellen Wirksamwerden der FamFG-Entscheidungen Rechnung getragen, das vor allem im rechtsfürsorgerischen Bereich – etwa der Ernennung eines Vormundes oder Betreuers – besteht.

16 Die **Bekanntgabe** kann durch Aufgabe zur Post, Zustellung oder Verlesung der Beschlussformel in Anwesenheit des Adressaten erfolgen (§ 15 Abs. 2; § 41 Rdn. 7 ff.).

17 Da der Beschluss der sofortigen Beschwerde unterliegt und er die Einlegungsfrist auslöst, ist jeder Beschluss grds. allen Beteiligten bekannt zu geben (§ 15 Abs. 1). Für die Wirksamkeit des Beschlusses ist indes allein die Bekanntgabe an denjenigen Beteiligten erheblich, für den der Beschluss seinem wesentlichen Inhalt nach bestimmt ist. Dass anderen Beteiligten ggü. eine Bekanntgabe nicht erfolgte, hat auf die Wirksamkeit keinen Einfluss (BayObLG Rpfleger 1973, 16). Ist die erste Zustellung wirksam, ändert sich hieran durch eine irrtümliche erneute Zustellung nichts (BGH NJW 2011, 522).

18 **Bestimmt** ist der Beschluss grds. für denjenigen, auf dessen rechtliche Beziehungen er unmittelbar einzuwirken geeignet ist. Dies ist regelmäßig der Antragsteller oder der Betroffene, doch kommen auch andere Personen, insb. der Pfleger und der Vormund in Betracht. So ist die Anordnung der Pflegschaft und die Bestellung des Pflegers für den Pfleger bestimmt (BayObLG 1966, 82, 83), die Bestellung eines Liquidators für diesen (OLG Hamm Rpfleger 1987, 251), die Anordnung der Nachlassverwaltung bei Nachlasspflegschaft für den Nachlasspfleger (BayObLG 1976, 171; BayObLG Rpfleger 1979, 382), die Entlastung des Vormunds für diesen, und nicht für das Mündel oder den Gegenvormund (KG FamRZ 1970, 672; KG OLGZ 1971, 201, 202).

19 Ist die Entscheidung für **mehrere Personen** bestimmt, ordnet das Gesetz vereinzelt an, dass die Bekanntgabe Einzelnen ggü. genügt. So genügt im Fall der Anordnung sofortiger Wirksamkeit (dazu unten Rdn. 42) nach § 287 Abs. 2 Nr. 1 die Bekanntgabe eines Beschlusses in Betreuungssachen an den Betroffenen oder an den Verfahrenspfleger, nach § 324 Abs. 2 Nr. 1, 2 die Bekanntgabe eines Beschlusses in Unterbringungssachen an den Verfahrenspfleger, den Betreuer, den Bevollmächtigten (§ 1896 Abs. 2 Satz 2 BGB) oder die Mitteilung an einen Dritten zum Zweck des Vollzugs des Beschlusses und nach § 422 Abs. 2 die Bekanntgabe an den Betroffenen, *die zuständige Verwaltungsbehörde* oder den Verfahrenspfleger. Eine trennbare Entscheidung kann

auch ohne gesetzliche Regelung den einzelnen Beteiligten ggü. mit Bekanntgabe jeweils an sie wirksam werden. Untrennbare Entscheidungen werden erst wirksam, wenn sie dem letzten der Beteiligten, für den sie bestimmt ist, bekannt gegeben wurde. Die Anordnung einer Ergänzungspflegschaft nach den §§ 1697, 1909 BGB bedarf gem. § 40 Abs. 1 für ihre Wirksamkeit der Bekanntgabe an die gemeinsam sorgeberechtigten Eltern, weil die Übertragung der personenrechtlichen Befugnisse auf das Jugendamt trotz der formal unterschiedlichen Verfahren (§ 151 Nr. 1, 5) nicht getrennt von der Wirksamkeit des Entzugs dieser bis dahin den Eltern zustehenden Befugnisse eintreten kann (OVG Niedersachsen, Urt. v. 24.06.2011 – 4 OB 132/11). Unterbleibt die Zustellung an eine Person, die am Verfahren fehlerhaft nicht beteiligt war, wird der Beschluss mit Ablauf der Rechtsmittelfrist für den letzten hinzugezogenen Beteiligten formell rechtskräftig (OLG Hamm ZNotP 2011, 70 m. Anm. *Kölmel* ZNotP 2011, 59 und *Leipold* ZEV 2011, 192).

Zur Möglichkeit des Gerichts, in Einzelfällen den sofortigen Eintritt der Wirksamkeit anzuordnen (Abs. 3 Satz 2 u.a.) unten Rdn. 42. Zum Wirksamwerden mit der Bekanntgabe an besondere Adressaten § 41 Rdn. 20 ff. 20

III. Wirksamwerden mit Rechtskraft. Von dem Grundsatz des Wirksamwerdens mit Bekanntgabe macht das Gesetz in einer Reihe von Fällen eine Ausnahme und stellt insoweit auf den Eintritt der formellen Rechtskraft der Entscheidung (§ 45) ab. Geboten ist dies, wo sichergestellt werden muss, dass die Entscheidung vollumfänglich der richterlichen Überprüfung im Rechtsmittel unterlag, bevor sie ihre Wirkungen entfaltet. Dies ist insbes der Fall, wo die Entscheidung Grundlage für die Rechtshandlung ggü. nicht verfahrensbeteiligten dritten Personen sein kann und damit gem. § 48 Abs. 3 nach Eintritt der Rechtskraft unabänderlich ist. 21

Damit entfällt insb. für Rechtspflegerentscheidungen die Notwendigkeit eines »**Vorbescheids**«, wie er nach dem FGG noch verbreitet erforderlich war (BVerfG NJW 2000, 1709; BGH FGPrax 2003, 169; BayObLG Rpfleger 2002, 622; OLG Dresden Rpfleger 2001, 232; KKW/*Engelhardt*, § 55 FGG Rn. 12). Darin kündigte das Gericht seine Entscheidung an und erließ sie erst, wenn eine Überprüfung des Vorbescheids durch Rechtsmittel keine Änderungen erforderlich machte. Mit dem Hinausschieben der Wirksamkeit der Entscheidung bis zur Rechtskraft kann nun der Beschluss selbst zum Gegenstand der Rechtsmittel werden, ohne dass dieser vorher schon fehlerhaft Wirkungen entfaltet. 22

Ist den Beteiligten auch in diesen Fällen an einer raschen Verfahrensbeendigung gelegen, können sie durch einen allseitigen Rechtsmittelverzicht die umgehende Wirksamkeit der Entscheidung herbeiführen. 23

1. Genehmigung Rechtsgeschäft (Abs. 2). a) Genehmigungen. Das **Erfordernis** einer (betreuungs-, familien-, nachlass-)gerichtlichen Genehmigung besteht in vielen Anwendungsbereichen des FamFG, so z.B. im Eherecht (§§ 1411, 1484 Abs. 2, 1491 Abs. 3, 1492 Abs. 3 BGB, 1493 Abs. 2, 125 Abs. 2 FamFG), im Kindschaftsrecht (§§ 1596, 1597, 1599, BGB), im Namensrecht (§ 2 NamensändG), in der Gesundheitssorge (§§ 1904, 1905 BGB, § 6 Kastrationsgesetz), bei der elterlichen Sorge (§§ 1639 Abs. 2, 1643 bis 1645 BGB), bei der Aufenthaltsbestimmung (§ 1906 Abs. 1 und 4 BGB), bei Wohnungs- und Pachtangelegenheiten (§§ 1907 Abs. 1 und 3, 1822 Nr. 4 BGB), bei Geldanlagen (§§ 1803 Abs. 2, 1809, 1810, 1811, 1812, 1814, 1815/1820, 1818/1819 BGB), bei Grundstücksangelegenheiten und eingetragenen Schiffen (§ 1821 BGB), bei Verfügungen über das gesamte Vermögen (§ 1822 Nr. 1 BGB), bei Erbschaftsangelegenheiten (§ 1822 Nr. 1 und 2 BGB sowie §§ 2275, 2282, 2290, 2347, 2351 BGB und § 10a Nichtehelichengesetz), bei Erwerbsgeschäften (§§ 112, 1822 Nr. 3, 1823 BGB), bei der Berufsausübung (§§ 1822 Nr. 6 und 7 BGB), bei Schuldverpflichtungen (§ 1822 Nr. 8 bis 10 BGB), bei Vollmachtserteilung (§ 1822 Nr. 11 BGB), bei Vergleichen und Schiedsverträgen (§ 1822 Nr. 12 BGB), bei Rechtsgeschäften, die Sicherheiten aufheben (§ 1822 Nr. 13 BGB), bei der Überlassung von Gegenständen an den Betreuten (§ 1824, 1908 BGB, § 16 Abs. 3 Verschollenheitsgesetz; § 181 Abs. 2 ZVG; § 1 Abs. 6 Höfeordnung). 24

Für die Anwendbarkeit dieser verfahrensrechtlichen Besonderheiten sind verschiedene **Arten von Genehmigungen** auseinanderzuhalten (*Wesche* Rpfleger 2010, 403; *ders.* BtPrax 2004, 49, 50). Dabei geht der Begriff der Genehmigung i.S.d. FamFG über die Legaldefinition des § 184 BGB hinaus (OLG Düsseldorf FamRZ 2011, 921). Zu unterscheiden ist dabei zunächst danach, ob die Genehmigung vor Vornahme des Rechtsgeschäfts erforderlich ist (»Vorgenehmigung«, z.B. § 1831, 1907 Abs. 1 BGB), oder ob eine nachträgliche Genehmigung genügt (»Nachgenehmigung«, z.B. §§ 1821, 1829 BGB). Bei der Vorgenehmigung darf der Handelnde erst tätig werden, wenn die Genehmigung erteilt ist, ist dies der Fall, wird das Rechtsgeschäft mit seiner Vornahme sofort wirksam. Ein ohne erforderliche Vorgenehmigung vorgenommenes Rechtsgeschäft ist nichtig und wird auch durch eine nachträglich erteilte Genehmigung nicht geheilt. Mit 25

§ 40

der Nachgenehmigung billigt das Gericht eine bereits vorgenommene Maßnahme. Unabhängig davon sind weiter zu unterscheiden Genehmigungen, die ausschließlich das Verhältnis des Handelnden zum Gericht betreffen (»Innengenehmigung«, z.B. §§ 1810, 1811 BGB) und Genehmigungen, die die Wirksamkeit des Rechtsgeschäfts Dritten ggü. berühren (»Außengenehmigung«, z.B. §§ 1810, 1811, 1821, 1823, 1904 BGB). Außengenehmigungen haben Einfluss auf die Wirksamkeit der Handlung, Innengenehmigungen sind Teil der gerichtlichen Aufsicht über den Handelnden und entlasten diesen, berühren die Wirksamkeit seiner Handlung im Verhältnis zu Dritten aber nicht. Keine Genehmigung stellt die Entscheidung des Gerichts dar, dass ein Rechtsgeschäft einer Genehmigung nicht bedarf (BGHZ 44, 325; *Meyer-Stolte* Rpfleger 1967, 294, 296).

26 Gegenseitige **Rechtsgeschäfte** bedürfen zu ihrer Wirksamkeit einer Außengenehmigung, die nachträglich erteilt werden kann; bis zum Wirksamwerden der erforderlichen Genehmigung sind sie schwebend unwirksam (§ 1829 Abs. 1 BGB), die nachträglich erteilte Genehmigung wirkt auf den Zeitpunkt der Vornahme des Rechtsgeschäfts zurück (§ 184 Abs. 1 BGB). Einseitige Rechtsgeschäfte, die ohne die erforderliche Außengenehmigung vorgenommen werden, sind grds. unwirksam (§ 1831 Satz 1 BGB). Allerdings gilt dies nur für Erklärungen, die ggü. Privatpersonen abzugeben sind, weil diese nur so vor den Folgen der Ungewissheit über die Wirksamkeit der ihnen ggü. abzugebenden Willenserklärungen (z.B. Kündigungen) geschützt werden können. Amtsempfangsbedürftige Willenserklärungen, die ggü. einer Behörde abzugeben sind verursachen eine solche Ungewissheit nicht, da die Behörde dem Antragsteller für die Beibringung der Genehmigung eine Frist setzen und nach deren fruchtlosem Ablauf das Begehren zurückweisen kann. Auf amtsempfangsbedürftige einseitige Erklärungen soll § 1831 BGB deswegen keine Anwendung finden (BayObLG Rpfleger 1996, 450; PWW/*Bauer* § 1831 Rn. 5).

27 Für Genehmigungsbeschlüsse (und ggf. auch die eine Genehmigung versagenden Beschlüsse) gelten zahlreiche **verfahrensrechtliche Besonderheiten**, sie werden in mehrfacher Hinsicht abweichend von anderen Beschlüssen behandelt. Genehmigungen werden nicht bereits mit ihrer Bekanntgabe, sondern erst mit Rechtskraft wirksam, um eine vorherige richterliche Überprüfung zu ermöglichen (§ 40 Abs. 2). Um ihm Gelegenheit zur Anfechtung zu geben, wird die Genehmigung auch demjenigen ggü. bekannt gegeben, für den das Rechtsgeschäft genehmigt wird (§ 41 Abs. 3). Die Frist zur Anfechtung ist im Interesse einer schnellen Klärung der Wirksamkeit des Rechtsgeschäfts auf 2 Wochen verkürzt (§ 63 Abs. 2 Nr. 2). Ist eine Genehmigung für ein Rechtsgeschäft einem Dritten ggü. wirksam geworden, so kann sie nicht mehr abgeändert werden, Rechtskraft durchbrechende Rechtsbehelfe (Wiedereinsetzung in den vorigen Stand, Anhörungsrüge, Abänderung oder Wiederaufnahme) sind ausgeschlossen (§ 48 Abs. 3).

28 Obwohl alle Arten von Genehmigungen (Vor-/Nachgenehmigung, Innen-/Außengenehmigung) ebenso wie deren Versagungen Endentscheidungen i.S.d. § 38 darstellen, für die systematisch die §§ 40 Abs. 2, 41 Abs. 3, 48 Abs. 3 und 63 Abs. 2 gelten, sind diese Vorschriften nur auf **Außengenehmigungen** anwendbar. Nur bei diesen ist eine Überprüfung durch Rechtsmittel vor ihrem Wirksamwerden erforderlich und eine Abänderung nach ihrem Wirksamwerden nicht mehr möglich (Bumiller/*Harders* § 40 Rn. 12; *Kierig* NJW 2010, 1436, 1437; Meyer-Holz/*Keidel* § 40 Rn. 43; *Wesche* RPfleger 2010, 403, 405; a.A. *Sorg* BWNotZ 2009, 90, 101).

29 **b) Wirksamwerden von Genehmigungen.** Abs. 2 Satz 1 bestimmt, dass ein Beschluss, durch den ein Rechtsgeschäft genehmigt wird, abweichend vom Grundsatz des Abs. 1 erst mit Rechtskraft wirksam wird (zur ausnahmsweisen Anordnung sofortiger Wirksamkeit durch das Gericht in den Fällen der Gefahr in Verzug unten Rdn. 44). Damit entfaltet der Beschluss erst dann Wirkungen, wenn alle Beteiligten – und damit auch der in seinen Rechten unmittelbar Betroffene selbst – die Möglichkeit hatte, ihn durch Rechtsmittel (und damit durch den Richter) überprüfen zu lassen. Der unmittelbar Betroffene muss zu Wort kommen, um Einfluss auf das Verfahren und dessen Ergebnis nehmen zu können (BVerfGE 101, 397, 405; § 41 Rdn. 8). Ihm ist deswegen der Genehmigungsbeschluss bekannt zu geben (§ 41 Abs. 3).

30 Abs. 2 Satz 1 findet lediglich auf **Außengenehmigungen** Anwendung, d.h. auf solche Genehmigungen des Betreuungs-, Familien- oder Nachlassgerichts, die materielle Voraussetzung für die Wirksamkeit privatrechtlicher Rechtsgeschäfte sind (oben Rdn. 25). Hierher gehören bspw. Genehmigungen nach §§ 112, 1411, 1484 Abs. 2, 1491 Abs. 3, 1492 Abs. 3, 1643, 1644, 1812 Abs. 1 und 3, 1814, 1819, 1820, 1821, 1822, 1824, 2275, 2282 Abs. 2, 2290 Abs. 3, 2347, 2351 BGB. Zu den Außengenehmigungen gehören auch solche, mit denen die Einwilligung des Betreuers in ein Rechtsgeschäft des Betreuten genehmigt wird (§ 1903 BGB). Soweit der Betreuer selbst für eine Willenserklärung in Vertretung des Betreuten der Genehmigung des Betreuungsgerichts bedarf, gilt dies auch für seine Einwilligung zu einer entsprechenden Willenserklä-

rung des Betreuten (§§ 1908i BGB i.V.m. §§ 1812, 1821, 1822 BGB; *Bumiller/Winkler* § 55 FGG Rn. 1). Abs. 2 Satz 1 ist anwendbar auch auf den Beschluss des Nachlassgerichts, der den Nachlasspfleger ermächtigt, die Kündigung eines zum Nachlass gehörenden Sparkontos zu erklären und den Kündigungserlös auf ein ebenfalls zum Nachlass gehörendes Girokonto zu übertragen (OLG Düsseldorf FamRZ 2011, 921).

Nicht unter Abs. 2 Satz 1 fallen bloße »**Innengenehmigungen**«, die sich nicht auf ein konkretes Rechtsgeschäft mit Dritten beziehen. Hierzu gehören die Genehmigung zur Aufnahme eines neuen Erwerbsgeschäfts im Namen des Kindes (§ 1645 BGB), zur Abweichung von Anordnungen des Erblassers oder eines Dritten (§§ 1803 Abs. 2 und 3, 1639 Abs. 2, 1917 Abs. 3 BGB), zur Anlegung von Mündelgeld (§§ 1810, 1811, 1817, 1818 BGB), zur Gestattung des Aufschubs der Auseinandersetzung bei Wiederverheiratung (§§ 1493 Abs. 2, 1683 Abs. 2 und 3, 1845 BGB). Bloße Innengenehmigungen sind auch die Genehmigung der Unterbringung eines Betroffenen in eine geschlossene Anstalt (§ 312; §§ 1800, 1613b BGB), und die Entscheidungen des Gerichts, durch die die Ermächtigung bzw. Zustimmung eines Anderen zu einem Rechtsgeschäft ersetzt wird (§ 40 Abs. 3). 31

Bei der Genehmigung eines Rechtsgeschäfts kann die gebotene Verfahrensbeteiligung des Rechtsinhabers nicht über einen Vertreter erfolgen, weil es hier um das Handeln des Vertreters dem Betroffenen ggü. geht. Das rechtliche Gehör kann nicht durch denjenigen vermittelt werden, dessen Handeln im Genehmigungsverfahren überprüft werden soll (BVerfGE 101, 397, 406; BVerfGE 83, 24, 36). Erforderlich ist es deswegen, den Genehmigungsbeschluss dem Rechtsinhaber persönlich bekannt zu geben und ihm damit selbst die Möglichkeit zu geben, die Entscheidung einer Überprüfung durch Rechtsmittel zu unterziehen. 32

Dass die Genehmigung erst mit Rechtskraft wirksam wird, hat das Gericht gem. Satz 2 mit der Entscheidung **auszusprechen**. Dies dient der Rechtsklarheit insb. im Verhältnis zu nicht verfahrensbeteiligten Dritten. Dies dürfte im Tenor auszusprechen sein. Da das Gesetz insoweit keine eindeutige Vorgabe enthält, dürfte indes auch eine Angabe in den Gründen genügen (Prütting/Weth/*Abramenko* § 40 Rn. 12). Einer Aufnahme in die Rechtsbehelfsbelehrung steht das Verbot überflüssiger Angaben entgegen (§ 39 Rdn. 58 ff.). Wegen des bloß deklaratorischen Charakters der Angabe hat deren Fehlen keine Folgen für die Wirksamkeit des Beschlusses. 33

Dem regelmäßigen Interesse der Beteiligten an einer zügigen Abwicklung der entsprechenden Rechtsgeschäfte trägt § 63 Abs. 2 Nr. 2 Rechnung, indem er für Beschlüsse, die eine Genehmigung eines Rechtsgeschäfts zum Gegenstand haben (Außengenehmigungen), eine verkürzte Beschwerdefrist von 2 Wochen vorsieht. Eine weitere Beschleunigung kann durch einen Rechtsmittelverzicht der Beteiligten erreicht werden (oben Rdn. 23). 34

2. Ermächtigung/Zustimmung Rechtsgeschäft und Beschränkung/Ausschluss Schlüsselgewalt (Abs. 3 Satz 1). Zu den Entscheidungen, die Grundlage für Rechtshandlungen Dritter ggü. und damit unabänderlich sein können (§ 48 Abs. 3), gehören auch Beschlüsse, durch die auf Antrag die Ermächtigung oder die Zustimmung eines anderen zu einem Rechtsgeschäft ersetzt (§§ 113 Abs. 3, 1303 Abs. 3, 1315 Abs. 1 Satz 3, 1365 Abs. 2, 1369 Abs. 2, 1426, 1430, 1452 Abs. 2, 1487, 1618 Satz 4, 1630 Abs. 2, 1639 Abs. 2, 1797 Abs. 1, 1798, 1803 Abs. 3, 1917 Abs. 3, 2224 Abs. 1 BGB; § 8 Abs. 2 LPartG) oder die Beschränkung oder Ausschließung der Berechtigung des Ehegatten oder Lebenspartners, Geschäfte mit Wirkung für den anderen Ehegatten oder Lebenspartner zu besorgen (§ 1357 Abs. 2 Satz 1 BGB, § 8 Abs. 2 LPartG) aufgehoben wird. Diese werden ebenfalls erst mit Eintritt der Rechtskraft wirksam (Abs. 3). 35

Nicht anwendbar ist Abs. 3 auf die Ablehnung eines entsprechenden Antrags. Ebenfalls nicht anwendbar ist er auf gerichtliche Genehmigungen (oben Rdn. 24 ff.) und auf die gerichtliche Übertragung der Entscheidungsbefugnis auf einen Beteiligten (z.B. §§ 1617 Abs. 2 Satz 1, 1628 BGB). Eines Ausspruchs des Wirksamwerdens erst mit Rechtskraft in den Fällen des Abs. 3 bedarf es nach dem Wortlaut des Gesetzes (anders als § 40 Abs. 2 Satz 2; oben Rdn. 33) nicht; zur Klarstellung kann sich eine solche (rein deklaratorische) Feststellung indes empfehlen und schadet in keinem Fall. 36

3. Weitere Fälle. Dass die Wirksamkeit eines Beschlusses erst mit der Rechtskraft der Entscheidung eintritt, ordnet das Gesetz an zahlreichen weiteren Stellen an. Dies gilt insb. für 37
– Endentscheidungen in Familienstreitsachen (§ 116 Abs. 3 Satz 1);
– Endentscheidungen in Abstammungssachen (§ 184);
– Beschlüsse über die Ersetzung einer Einwilligung oder Zustimmung zur Annahme als Kind sowie Beschlüsse, durch die das Gericht das Annahmeverhältnis aufhebt (§ 198 Abs. 1, 2);
– Endentscheidungen in Wohnungszuweisungs- und Hausratssachen (§ 209 Abs. 2);

- Endentscheidungen in Gewaltschutzsachen (§ 216 Abs. 1);
- Endentscheidungen, die den Versorgungsausgleich betreffen (§ 227);
- Endentscheidungen über die Unterhaltspflicht nach Feststellung der Vaterschaft (§ 237 Abs. 4);
- Entscheidungen in den Verfahren nach den §§ 1382 und 1383 BGB (§ 264 Abs. 1); Beschlüsse über die Genehmigung oder die Anordnung einer Unterbringungsmaßnahme (§ 324 Abs. 1);
- außergerichtliche Vereinbarungen in Teilungssachen und gerichtliche Auseinandersetzungspläne (§§ 366 Abs. 1, 368, 371);
- Beschlüsse, durch die einem Verein die Rechtsfähigkeit entzogen wird (§ 73 BGB; § 401);
- Bestätigungen einer Dispache bei der großen Haverei (§ 409);
- Beschlüsse, durch die eine Freiheitsentziehung angeordnet wird (§ 422 Abs. 1);
- Endentscheidungen in Aufgebotssachen (§ 439 Abs. 2);
- Entscheidungen nach § 53 Abs. 1 PersonenstandsG.

38 **IV. Wirksamwerden ggü. Dritten.** § 40 regelt das Wirksamwerden eines Beschlusses den Beteiligten ggü. Insbes. Genehmigungsbeschlüsse des Familien- und des Betreuungsgerichts können auch Dritten ggü. wirksam werden (oben Rdn. 24 ff.). Die **vorherige Genehmigung** wird dem Dritten ggü. mit dem Rechtsgeschäft wirksam, d.h. die Genehmigung eines einseitigen Rechtsgeschäfts, wird mit dessen Vornahme, die vorherige Genehmigung eines Vertrages mit dessen Abschluss wirksam. Die **nachträgliche Genehmigung** eines Rechtsgeschäfts oder deren Verweigerung wird einem Dritten ggü. erst wirksam, wenn sie ihm durch den Vormund mitgeteilt wird (§ 1829 Abs. 1 Satz 2 BGB). Die **Verweigerung der Genehmigung** wird vor Abschluss eines Rechtsgeschäfts nicht wirksam.

39 Andere Beschlüsse können Dritten ggü. kraft besonderer gesetzlicher Anordnung wirksam werden. So bestimmt § 324 Abs. 2 Nr. 2, dass ein Beschluss in Unterbringungssachen wirksam wird mit der Mitteilung an ihn zum Zweck des Vollzugs des Beschlusses.

40 Näher zum Ganzen § 47 Rdn. 18 ff.

41 **V. Gerichtliche Entscheidungen zur Wirksamkeit.** Abweichend von der gesetzlichen Regelung des Wirksamwerdens von Beschlüssen kann das Gericht im Einzelfall spezielle Anordnungen hierzu treffen. Die Beteiligten haben hierauf keinen Anspruch, können eine entsprechende Entscheidung aber anregen (BayObLG 1987, 171).

42 **1. Anordnung der sofortigen Wirksamkeit (Abs. 3 Satz 2).** Wichtigster Fall ist dabei die Anordnung der sofortigen Wirksamkeit des Beschlusses. Geboten sein kann diese in den Fällen, in denen grds. der Eintritt der Rechtskraft abgewartet werden muss, besondere Umstände aber die sofortige Wirksamkeit im Einzelfall gebieten.

43 **Ohne weitere Voraussetzung** kann das Gericht die sofortige Wirksamkeit anordnen für Endentscheidungen in Familienstreitsachen (§ 116 Abs. 3), für Beschlüsse in Unterbringungssachen (§ 324 Abs. 2) und für Beschlüsse in Freiheitsentziehungssachen (§ 422 Abs. 2). Hierher gehören auch Beschlüsse in Betreuungssachen, wenn eine Bekanntgabe an den Betreuer nicht möglich ist (§ 287 Abs. 2).

44 Bei »**Gefahr im Verzug**« kann das Gericht die sofortige Wirksamkeit anordnen für Beschlüsse, durch die auf Antrag die Ermächtigung oder die Zustimmung eines anderen zu einem Rechtsgeschäft ersetzt oder die Beschränkung oder Ausschließung der Berechtigung des Ehegatten oder Lebenspartners, Geschäfte mit Wirkung für den anderen Ehegatten oder Lebenspartner zu besorgen (§ 1357 Abs. 2 Satz 1 BGB, auch i.V.m. § 8 Abs. 2 LPartG), aufgehoben wird (§ 40 Abs. 3). Das Gleiche gilt für Beschlüsse in Adoptions- (§ 198 Abs. 1) und Betreuungssachen (§ 287 Abs. 2). Entsprechende Anwendung findet Abs. 3 Satz 2 auch auf die Fälle des § 40 Abs. 2, d.h. auch Außengenehmigungen können bei Gefahr im Verzug für sofort wirksam erklärt werden (Prütting/Helms/*Abramenko* § 40 Rn. 14).

45 Der Begriff der Gefahr im Verzug war schon dem FGG bekannt (§§ 49, 50a, 50b, 53, 69a, 69f, 70h FGG). Er bezeichnet eine Sachlage, bei der eine hinreichende Wahrscheinlichkeit für den Eintritt eines Rechtsnachteils besteht, der bei Einhaltung des grds. vorgesehenen gesetzlichen Verfahrens nicht abgewendet werden kann und deswegen eine sofortige, außerordentliche Handlung erforderlich macht, weil ansonsten der mit dem Rechtsgeschäft bezweckte, rechtlich geschützte Erfolg nicht erreichbar wäre.

46 Das **Verfahren** der Anordnung der sofortigen Wirksamkeit setzt, wie der vom Antragsteller sprechende Abs. 3 Satz 3 zeigt, regelmäßig einen Antrag voraus, dürfte aber auch ohne einen solchen möglich sein (so zu § 53 Abs. 2 FGG BayOLG NJW-RR 1987, 1226, 1227). Den Beteiligten ist in jedem Fall rechtliches Ge-

hör zu gewähren. Sie kann auch in einem separaten Beschluss nachträglich erfolgen. Nach Einlegung eines Rechtsmittels wird das Beschwerdegericht für die Entscheidung zuständig (§ 64 Abs. 3).

Ob eine sofortige Wirksamkeit angeordnet wird, steht grds. im freien Ermessen des Gerichts (RGZ 103, 126). Abweichend davon **soll** das Gericht eine sofortige Wirksamkeit anordnen für Endentscheidungen in Familienstreitsachen, die eine Verpflichtung zur Leistung von Unterhalt enthält (§ 116 Abs. 3), für Endentscheidungen in Wohnungszuweisungssachen nach § 200 Abs. 1 Nr. 1 (§ 209 Abs. 2) und für Endentscheidung in Gewaltschutzsachen (§ 216 Abs. 1). 47

Wirksam wird die Anordnung der sofortigen Wirksamkeit mit der Bekanntgabe an den Antragsteller (§ 40 Abs. 3 Satz 3). Dies gilt auch dann, wenn die Anordnung auch für andere Beteiligte bestimmt ist (§ 40 Abs. 1; KKW/*Wick*, § 53a FGG Rn. 24). Hat das Gericht die sofortige Wirksamkeit angeordnet, richtet sich der Eintritt der Wirksamkeit nach § 40 Abs. 1, tritt also mit Bekanntgabe ein. Auch dies wird aber vom Gesetz vereinzelt modifiziert. So knüpfen die §§ 287 Abs. 2, 324 Abs. 2 und 422 Abs. 2 an die Bekanntgabe an den Betroffenen, seinen Vertreter oder die Verwaltungsbehörde an, lassen aber bereits die Übergabe an die Geschäftsstelle des Gerichts zum Zweck der Bekanntgabe genügen. Aus Gründen der Rechtsklarheit wird der Zeitpunkt der sofortigen Wirksamkeit hier auf dem Beschluss vermerkt. 48

2. Aussetzung der sofortigen Wirksamkeit. Umgekehrt kann das Gericht auch die kraft Gesetzes sofort eintretende Wirksamkeit aussetzen. Ein Bedürfnis dafür kann bei dem der Erteilung eines Erbscheins vorangehenden Beschluss bestehen, mit dem das Gericht die zur Erteilung eines Erbscheins erforderlichen Tatsachen für festgestellt erachtet (§ 352). Dieser Beschluss wird auch ohne Bekanntgabe bereits mit seinem Erlass wirksam. Widerspricht dieser Beschluss dem erklärten Willen eines Beteiligten, ist seine sofortige Wirksamkeit auszusetzen und die Erteilung des Erbscheins bis zur Rechtskraft des Beschlusses zurückzustellen. Die Aussetzung erfolgt in diesem Fall stets durch eine separate Entscheidung. 49

3. Anfechtung. Weder die Anordnung noch die Aussetzung der sofortigen Vollziehbarkeit können isoliert angefochten werden. Erforderlich ist die Beschwerde gegen die Hauptsacheentscheidung, auf die hin das Rechtsmittelgericht die Vollziehung einstweilen aussetzen oder anordnen kann (BayObLG NJW-RR 1987, 1226, 1227; § 64 Abs. 3). 50

E. Rechtsfolgen des Wirksamwerdens. Mit dem Wirksamwerden entfaltet der Beschluss diejenigen Wirkungen, die ihm nach materiellem Recht oder Verfahrensrecht zu kommen, die herbeizuführen er geeignet und bestimmt ist (BGH NJW 1955, 503, 504). 51

Soweit die Entscheidungen gestaltenden Charakter haben, wirkt diese Wirkung nicht nur für und gegen die Verfahrensbeteiligten, sondern für und gegen alle. Damit verbunden ist eine **Bindungswirkung**, die sich auf Privatpersonen genauso erstreckt, wie auf das erkennende Gericht (KG MDR 2011, 368) sowie auf andere Gerichte und Behörden. Die durch die FamFG-Entscheidung gestaltete Rechtslage muss für deren Entscheidung beachtet werden. Eine eigene, abweichende Entscheidung über den Gegenstand des FamFG-Verfahrens ist den anderen Gerichten und Behörden verwehrt. Etwas anderes kann nur gelten, wenn die FamFG-Entscheidung sich als nichtig darstellt (Jansen/*Briesemeister* § 7 FGG Rn. 15 ff.; § 47 Rdn. 15 f.). 52

Feststellungs- und Leistungsentscheidungen entfalten ihre Wirkungen regelmäßig nur zwischen den Beteiligten. Spezielle gesetzliche Regelungen, die eine ausdrückliche Erstreckung dieser Wirkung auf andere Gerichte und Behörden vorsehen, wie sie das alte Recht kannte (z.B. § 16 Abs. 2 HausratsVO a.F.) sind vom FamFG nicht übernommen worden (vgl. § 209 Abs. 1). Damit entsteht eine Bindungswirkung nur i.R.d. materiellen Rechtskraft (§ 46 Rdn. 2) oder aus der Natur der Sache. 53

Mit dem Wirksamwerden eines Beschlusses, durch den ein Rechtsgeschäft genehmigt wird, endet die Möglichkeit, diesen Beschluss abzuändern (§ 48 Abs. 3). Da die Wirksamkeit erst nach Eintritt der Rechtskraft eintritt (§ 40 Abs. 3), die Entscheidung also vollumfänglich der richterlichen Überprüfung im Rechtsmittel unterlag, kann das schutzwürdige Interesse des am Rechtsgeschäft beteiligten Dritten an dem dauerhaften Bestand der Entscheidung auch vor Durchbrechungen der Rechtskraft durch Abänderung und Wiederaufnahme des Verfahrens geschützt werden. 54

Nicht zu den Wirkungen i.S.d. § 40 gehört die Vollstreckbarkeit des Beschlusses, also die Möglichkeit, sie zwangsweise durchzusetzen. Sie ist eigenständig geregelt in den §§ 86 ff. Zeitlich fällt sie mit der Wirksamkeit zusammen und setzt diese voraus (*Bumiller*/*Winkler* § 16 FGG Rn. 2; a.A. *Prütting*/*Weth*/*Abramenko* § 40 Rn. 2). 55

Wirksam bleibt der Beschluss, bis er aufgehoben oder abgeändert wird (§§ 48 Abs. 1 und 2, 69). Die Einlegung einer Beschwerde hat keinen Suspensiveffekt, doch kann das Beschwerdegericht die Vollziehung aus- 56 setzen (§ 64 Abs. 3). Die bloß faktische Erledigung des Regelungsgegenstands (z.B. Volljährigkeit des Mündels in Vormundschaftssachen) beendet die Wirksamkeit nur, soweit besondere Regelungen eingreifen (z.B. § 1882 BGB).

§ 41 Bekanntgabe des Beschlusses.

(1) ¹Der Beschluss ist den Beteiligten bekannt zu geben. ²Ein anfechtbarer Beschluss ist demjenigen zuzustellen, dessen erklärtem Willen er nicht entspricht.

(2) ¹Anwesenden kann der Beschluss auch durch Verlesen der Beschlussformel bekannt gegeben werden. ²Dies ist in den Akten zu vermerken. ³In diesem Fall ist die Begründung des Beschlusses unverzüglich nachzuholen. ⁴Der Beschluss ist im Fall des Satzes 1 auch schriftlich bekannt zu geben.

(3) Ein Beschluss, der die Genehmigung eines Rechtsgeschäfts zum Gegenstand hat, ist auch demjenigen, für den das Rechtsgeschäft genehmigt wird, bekannt zu geben.

Übersicht	Rdn.		Rdn.
A. Allgemeines	1	4. Sonderfälle	20
B. Anwendungsbereich	5	II. Formen der Bekanntgabe	29
C. Bekanntgabe	7	1. Aufgabe zur Post	31
I. Adressaten der Bekanntgabe	7	2. Förmliche Zustellung (Abs. 1 Satz 2)	34
1. Beteiligte (Abs. 1 Satz 1)	7	3. Verlesen der Beschlussformel (Abs. 2)	39
2. Rechtsinhaber (Abs. 3)	8	4. Formlos	45
3. Minderjährige	15		

1 **A. Allgemeines.** § 41 regelt sowohl, dass ein Beschluss bekannt zu geben ist, als auch, wie dies zu geschehen hat.

2 Dazu knüpft **Abs. 1** der Vorschrift an die allgemeine Regelung der Bekanntgabe in § 15 an, schreibt aber eine Zustellung dort vor, wo der Beschluss der Anfechtung unterliegt. Die Vorgängernorm § 16 FGG wird damit einerseits insoweit eingeschränkt, als eine formlose Mitteilung nicht mehr möglich ist, andererseits erweitert, soweit eine Zustellung nicht in allen Fällen des Ingangsetzens einer Frist erforderlich ist.

3 **Abs. 2** lässt die mündliche Bekanntgabe an Anwesende zu. Diese muss nicht mehr »zu Protokoll« geschehen (§ 16 Abs. 3 FGG), es genügt die bloße Verlesung der Beschlussformel, dieser muss allerdings die schriftliche Bekanntmachung des vollständigen Beschlusses folgen.

4 Neu ist die Regelung des **Abs. 3** nach dem Beschlüsse, die die Genehmigung eines Rechtsgeschäfts zum Gegenstand haben, auch demjenigen selbst bekannt zu geben sind, für den das Rechtsgeschäft genehmigt werden soll. Damit wird der Entscheidung des BVerfG vom 18.01.2000 (BVerfGE 101, 397, 407) Rechnung getragen.

5 **B. Anwendungsbereich.** Die Vorschrift ist grds. auf alle Beschlüsse im FamFG-Verfahren anwendbar. Ausgenommen sind Beschlüsse in Ehe- und Familienstreitverfahren, diese sind gem. § 113 Abs. 1 nach den Vorschriften der ZPO zu verkünden und zuzustellen (zur Frage, ob damit auf § 329 ZPO oder auf §§ 310 ff. ZPO verwiesen wird BGH FamRZ 2012, 106; *Heiter* FamRZ 2012, 206).

6 Besondere Vorschriften enthält das FamFG über die Bekanntgabe der Entscheidungen in Kindschaftssachen (§ 164), in Betreuungssachen (§§ 287, 288) und in Unterbringungssachen (§§ 324, 325), unten Rdn. 15 ff.

7 **C. Bekanntgabe. I. Adressaten der Bekanntgabe. 1. Beteiligte (Abs. 1 Satz 1).** Der Beschluss ist **allen** Beteiligten (§ 7) bekannt zu machen. Auch wenn die Wirksamkeit des Beschlusses allein an die Bekanntgabe an den Beteiligten anknüpft, für den er seinem wesentlichen Inhalt nach bestimmt ist (§ 40 Abs. 1), müssen auch die übrigen Beteiligten rechtliches Gehör erhalten (BayObLG Rpfleger 1973, 16). Eine persönliche Bekanntgabe an die Beteiligten ist grds. nicht erforderlich, es genügt die Bekanntgabe an einen gesetzlichen oder – wenn dessen Vollmacht dies umfasst – gewillkürten Vertreter (a.A. BayObLG FamRZ 2000, 250; offen Friederici/Kemper/*Simon* § 41 Rn. 14 ff.). Etwas anderes gilt in Betreuungssachen, in denen § 170 Abs. 1 Satz 1 ZPO entgegen § 15 Abs. 2 Satz 1 nicht gilt, der Betroffene vielmehr ohne Rücksicht auf seine Geschäftsfähigkeit verfahrensfähig ist (§ 275) und die Zustellung deswegen unabhängig vom Aufgabenkreis nicht an den Betreuer erfolgen kann (BGH NJW-RR 2011, 1011).

2. Rechtsinhaber (Abs. 3). Der an einem staatlichen Verfahren Beteiligte darf nicht zum Objekt staatlichen 8
Handelns werden. Ihm muss stets die Möglichkeit gegeben werden, vor einer Entscheidung, die seine Rechte betrifft, zu Wort zu kommen, um Einfluss auf das Verfahren und dessen Ergebnis nehmen zu können (BVerfGE 101, 397, 405). Dies setzt voraus, dass der Betroffene von dem Sachverhalt und dem Verfahren, in dem dieser verwertet werden soll, überhaupt Kenntnis erhält. Im Verfahren vor dem Richter wird dieses Recht durch Art. 103 Abs. 1 GG (Anspruch auf rechtliches Gehör) gewährleistet. Im Verfahren vor dem Rechtspfleger, der zwar innerhalb des ihm übertragenen Aufgabenkreises als »Gericht« entscheidet, aber kein »Richter« i.S.d. GG oder des GVG ist, ergibt sich das Gleiche aus dem Recht auf ein faires Verfahren.
Regelmäßig kann die Anhörung und Verfahrensbeteiligung des durch die Entscheidung in seinen Rechten 9
Betroffenen auch über einen Vertreter erfolgen. Bei der Genehmigung eines Rechtsgeschäfts ist dies nicht möglich, weil es hier um das Handeln des Vertreters dem Betroffenen ggü. geht. Das rechtliche Gehör kann nicht durch denjenigen vermittelt werden, dessen Handeln im Genehmigungsverfahren überprüft werden soll (BVerfGE 101, 397, 406; BVerfGE 83, 24, 36).
Abs. 3 bestimmt deswegen, dass Beschlüsse, die die Genehmigung eines Rechtsgeschäfts zum Gegenstand 10
haben (zu Genehmigungen im Allgemeinen, zu den Arten von Genehmigungen und zu deren verfahrensrechtlichen Besonderheiten im FamFG § 40 Rdn. 24 ff.), auch demjenigen selbst bekannt zu geben sind, für den das Rechtsgeschäft genehmigt werden soll. Damit wird gewährleistet, dass der Rechtsinhaber selbst von der Entscheidung frühzeitig Kenntnis erlangt und gleichzeitig verhindert, dass das Rechtsgeschäft ohne Einbeziehung des Rechtsinhabers zustande kommt (§ 40 Rdn. 29, 38, § 47 Rdn. 18). Der Betroffene kann selbst fristgerecht Rechtsmittel einlegen sowie einen etwaigen Rechtsmittelverzicht zügig widerrufen kann.
Abs. 3 findet – wie auch die § 40 Abs. 2, 48 Abs. 3 und 63 II Nr. 2 – lediglich auf **Außengenehmigungen** 11
Anwendung, d.h. auf solche Genehmigungen des Betreuungs-, Familien- oder Nachlassgerichts, die materielle Voraussetzung für die Wirksamkeit privatrechtlicher Rechtsgeschäfte sind (§ 40 Rdn. 25, 28). Hierher gehören bspw. Genehmigungen nach §§ 112, 1411, 1484 Abs. 2, 1491 Abs. 3, 1492 Abs. 3, 1643, 1644, 1812 Abs. 1 und 3, 1814, 1819, 1820, 1821, 1822, 1824, 2275, 2282 Abs. 2, 2290 Abs. 3, 2347, 2351 BGB. Zu den Außengenehmigungen gehören auch solche, mit denen die Einwilligung des Betreuers in ein Rechtsgeschäft des Betreuten genehmigt wird (§ 1903 BGB). Soweit der Betreuer selbst für eine Willenserklärung in Vertretung des Betreuten der Genehmigung des Betreuungsgerichts bedarf, gilt dies auch für seine Einwilligung zu einer entsprechenden Willenserklärung des Betreuten (§§ 1908i BGB i.V.m. §§ 1812, 1821, 1822 BGB; *Bumiller/Winkler* § 55 FGG Rn. 1).
Nicht unter Abs. 3 fallen bloße »**Innengenehmigungen**«, die sich nicht auf ein konkretes Rechtsgeschäft 12
mit Dritten beziehen. Hierzu gehören die Genehmigung zur Aufnahme eines neuen Erwerbsgeschäfts im Namen des Kindes (§ 1645 BGB), zur Abweichung von Anordnungen des Erblassers oder eines Dritten (§§ 1803 Abs. 2 und 3, 1639 Abs. 2, 1917 Abs. 3 BGB), zur Anlegung von Mündelgeld (§§ 1810, 1811, 1817, 1818 BGB), zur Gestattung des Aufschubs der Auseinandersetzung bei Wiederverheiratung (§§ 1493 Abs. 2, 1683 Abs. 2 und 3, 1845 BGB). Bloße Innengenehmigungen sind auch die Genehmigung der Unterbringung eines Betroffenen in eine geschlossene Anstalt (§ 312; §§ 1800, 1613b BGB), und die Entscheidungen des Gerichts, durch die die Ermächtigung bzw. Zustimmung eines Anderen zu einem Rechtsgeschäft ersetzt wird (§ 40 Abs. 3).
Durch das Wort »**auch**« wird klargestellt, dass die Bekanntgabe nach Abs. 3 an den Betroffenen neben die 13
nach Abs. 1 an alle (übrigen) Beteiligten tritt (OLG Köln FamRZ 2012, 42). Hierdurch werden gleichzeitig Widersprüche zu § 1828 BGB vermieden, nach dem das Gericht die Genehmigung nur ggü. dem Vormund erklären kann.
Zur Möglichkeit der Bekanntgabe an Vertreter Rdn. 7. 14

3. Minderjährige. Fraglich ist, wie verfahren werden muss, wenn der Beschluss an ein Kind bekannt zu ge- 15
ben ist weil dieses Beteiligter ist. Hat das Kind das 14. Lebensjahr vollendet und ist nicht geschäftsunfähig, ist es in Verfahren, das seine Person betrifft und in denen es ein ihm nach bürgerlichem Recht zustehendes Recht geltend macht, **verfahrensfähig** (§ 9 Abs. 1 Nr. 3; vgl. auch § 9 Rdn. 6 ff.). In diesen Fällen erfolgt die Bekanntgabe an das Kind selbst. Dies gilt auch für einen Beschluss in Kindschaftssachen, gegen den das Kind das Beschwerderecht ausüben kann, wenn das Kind das 14. Lebensjahr vollendet hat und nicht geschäftsunfähig ist (§ 164). Eine Begründung soll dem Kind in diesem Fall nicht mitgeteilt werden, wenn Nachteile für seine Entwicklung, Erziehung oder Gesundheit zu befürchten sind.
In allen anderen Fällen muss die Bekanntgabe einem **Vertreter** des Kindes ggü. erfolgen (§ 9 Abs. 2). Dies 16
sind grds. die Eltern (§ 1629 Abs. 1 BGB). Von der Vertretung ihres Kindes sind die Eltern kraft Gesetzes

nur bei einem Rechtsstreit zwischen ihnen und dem Kind ausgeschlossen (§ 1629 Abs. 1 Satz 1 BGB, § 1795 Abs. 1 Nr. 3 BGB), was im Anwendungsbereich des FamFG nur ausnahmsweise der Fall ist. Insbes. in Kindschaftssachen greift dieser gesetzliche Ausschluss nicht ein, weil es sich nicht um »Rechtsstreite« i.S.d. § 1795 Abs. 1 Nr. 3 BGB handelt (*Breuers* ZFE 2010, 84, 85). Die Entgegennahme familiengerichtlicher Beschlüsse kann einen erheblichen Interessengegensatz zwischen dem Minderjährigen und dem Kind begründen. Dies ist nicht nur der Fall, wenn das Kind von seinen Eltern vertreten wird, sondern auch, wenn dies durch einen Vormund geschieht, selbst dann, wenn zum Vormund das Jugendamt bestellt worden ist (OLG Celle ZErb 2012, 295 für die Zustellung der familiengerichtlichen Genehmigung der vom Jugendamt beantragten Erbausschlagung durch einen Minderjährigen). Folge eines erheblichen Interessengegensatzes zwischen dem Minderjährigen und seinem Vertreter ist die Entziehung der Vertretungsmacht nach §§ 1629 Abs. 2 Satz 3, 1796 BGB und in Folge die Bestellung eines Ergänzungspflegers (§ 1909 Abs. 1 Satz 1 BGB). Unter der gleichen Voraussetzung (»erheblicher Interessengegensatz« zwischen Vertreter und Kind) ist dem Kind ein Verfahrensbeistand zu bestellen (§ 158 Abs. 2 Nr. 1). Gestritten wird deswegen über die Frage, ob zur Vertretung des Kindes im Verfahren die Bestellung eines Ergänzungspflegers erforderlich oder die Bestellung eines Verfahrensbeistands ausreichend ist.

17 Für die Bestellung eines **Ergänzungspflegers** (§ 1909 BGB) spricht (OLG Celle ZErb 2011, 198 und ZErb 2012, 295; OLG Köln FamRZ 2012, 579 und 1797; OLG Brandenburg FamRZ 2012, 1069; OLG Celle RPfleger 2011, 436 m. Anm. *Zorn* RPfleger 2011, 437; OLG Oldenburg NJW 2010, 1888), dass er gesetzlicher Vertreter des Kindes und damit für dieses in vollem Umfang handlungsfähig ist. Nur er kann damit rechtsgeschäftliche Erklärungen abgeben und entgegen nehmen, nur an ihn kann wirksam zugestellt werden (§ 15 Abs. 2 Satz 1 i.V.m. § 170 Abs. 1 Satz 1 ZPO). Der Verfahrensbeistand dagegen ist nicht gesetzlicher Vertreter des Kindes (§ 158 Abs. 4 Satz 6), Rechtsmittel kann er nur im Interesse des Kindes, nicht aber für das Kind einlegen (§ 158 Abs. 4 Satz 5; Prütting/Helms/*Stößer* § 158 Rn. 24; Bork/Jacoby/Schwab/*Zorn* § 158 Rn. 21).

18 Für die Bestellung (nur) eines **Verfahrensbeistands** (§ 158) spricht (OLG Koblenz NJW-Spezial 2010, 646; OLG Stuttgart NJW-RR 2010, 75; *Weissinger* FamRB 2015, 188; *Kölmel* MittBayNot 2011, 190; *Keuter* NJW 2010, 1851, 1854; *Breuers* ZFE 2010, 84, 85; *Schael* FamRZ 2009, 265, 269), dass diese dem Gebot des Grundsatzes der Verhältnismäßigkeit entsprechend deutlich weniger schwer in die Rechte der Beteiligten eingreift und die Bestellung eines Ergänzungspflegers deswegen auf die Fälle zu beschränken ist, in denen der Interessenkonflikt zwischen Eltern und Kind auch die Wahrnehmung von Verfahrensrechten erfasst. Die Beistandsbestellung ist zudem praktisch deutlich einfacher als die Pflegerbestellung, was mit ein Grund zur Schaffung der Verfahrensbeistandschaft für den Gesetzgeber war, der die Wahrung der Interessen des Kindes durch den Verfahrensbeistand als Regelfall im Auge hatte.

19 Insbes. die praktischen Vorteile und die gesetzgeberische Intention sprechen deutlich dafür, die Bekanntgabe an den Verfahrensbeistand grds. als ausreichend anzusehen. Erforderlich bleibt indes in jedem **Einzelfall** die Prüfung, ob die durch die Bekanntgabe zu wahrenden Verfahrensrechte ausnahmsweise die Bestellung eines Ergänzungspflegers erfordern.

20 **4. Sonderfälle.** Vereinzelt ergibt sich der Adressat der Bekanntmachung (in Übereinstimmung oder auch in Abweichung von den allgemeinen Regelungen) aus speziellen gesetzlichen Anordnungen.

21 In **Anerkennungssachen** wird die Endscheidung der Landesjustizverwaltung über das Vorliegen der Voraussetzungen für die Anerkennung einer ausländischen Entscheidung in einer Ehesache erst mit der Bekanntgabe an den Antragsteller wirksam (§ 107 Abs. 6 Satz 2).

22 **In Adoptionssachen wird** der Beschluss, durch den das Gericht die Annahme als Kind ausspricht, erst mit der Bekanntgabe an den Antragsteller wirksam (§ 198 Abs. 1 Satz 3).

23 Beschlüsse in **Betreuungssachen** sind neben dem Betreuten (dazu Rdn. 7) auch dem Betreuer bekannt zu geben (§ 287). Dabei kann von der Bekanntgabe der Gründe an den Betroffenen kann abgesehen werden, wenn dies nach ärztlichem Zeugnis erforderlich ist, um erhebliche Nachteile für seine Gesundheit zu vermeiden (§ 288 Abs. 1). Beschlüsse über die Bestellung eines Betreuers oder die Anordnung eines Einwilligungsvorbehaltes oder Beschlüsse über Umfang, Inhalt oder Bestand einer solchen Maßnahme sind der zuständigen Behörde stets bekannt zu geben, andere Beschlüsse jedenfalls dann, wenn sie vor deren Erlass angehört wurde (§ 288 Abs. 2). Gegen solche Entscheidungen steht der Behörde gem. § 303 auch ein Recht zur Beschwerde zu.

In **Sterilisationssachen** wird die Genehmigung des Eingriffs mit der Bekanntgabe an den für die Entscheidung über die Einwilligung bestellten Betreuer und an den Verfahrenspfleger oder den Verfahrensbevollmächtigten wirksam (§ 297 Abs. 7). 24

Nach § 325 kann von der Bekanntgabe der Gründe eines Beschlusses in **Unterbringungssachen** an den Betroffenen abgesehen werden, wenn dies nach ärztlichem Zeugnis erforderlich ist, um erhebliche Nachteile für seine Gesundheit zu vermeiden. Der Beschluss, durch den eine Unterbringungsmaßnahme genehmigt oder angeordnet wird, ist auch dem Leiter der Einrichtung, in der der Betroffene untergebracht werden soll, bekannt zu geben. Das Gericht hat der zuständigen Behörde die Entscheidung, durch die eine Unterbringungsmaßnahme genehmigt, angeordnet oder aufgehoben wird, bekannt zu geben. 25

Besondere Regelungen enthalten die §§ 348 ff. über die Bekanntgabe eröffneter **letztwilliger Verfügungen** und § 470 für die Bekanntmachung in **Aufgebotssachen**. 26

In **Registersachen** ist die Eintragung den Beteiligten bekannt zu geben (§ 383 Abs. 1). Den berufsständischen Organen ist die Entscheidung unabhängig davon, ob sie einen Antrag auf Beteiligung gestellt haben (§ 380 Abs. 2 Satz 2), immer dann bekannt zu geben, wenn sie angehört wurden (§ 380 Abs. 4). Auf die Bekanntgabe kann verzichtet werden. 27

Von der Bekanntgabe der Gründe eines Beschlusses in **Freiheitsentziehungssachen** an den Betroffenen kann nach § 423 abgesehen werden, wenn dies nach ärztlichem Zeugnis erforderlich ist, um erhebliche Nachteile für seine Gesundheit zu vermeiden. 28

II. Formen der Bekanntgabe. Die Bekanntgabe des Beschlusses erfolgt nach den allgemeinen Vorschriften über die Bekanntgabe von Dokumenten gem. § 15 Abs. 2. Das Gericht kann also grds. nach freiem Ermessen zwischen förmlicher Zustellung nach §§ 166 ff. ZPO und der Aufgabe zur Post wählen. 29

Dieses Ermessen schränkt § 41 Abs. 1 Satz 2 ein und bestimmt, dass ein anfechtbarer Beschluss demjenigen nach den Vorschriften der Zivilprozessordnung zuzustellen ist, dessen erklärtem Willen der Beschluss nicht entspricht. Hierdurch wird das schützenswerte Interesse des Beteiligten, dessen Anliegen mit der Entscheidung nicht entsprochen wird, hinreichend gewahrt. Zugleich wird eine Überfrachtung mit formalen Anforderungen in den Fällen vermieden, in denen es keine Anhaltspunkte dafür gibt, dass der Beschluss dem Anliegen eines Beteiligten zuwiderläuft. 30

1. Aufgabe zur Post. Die Aufgabe zum Postdienstleiter ist eine einfache, unbürokratische Möglichkeit, die Entscheidung schriftlich bekannt zu geben. Sie bietet sich in Verfahren mit zahlreichen Beteiligten an. Die Bekanntgabe wird dabei **3 Tage** nach der Aufgabe fingiert, wobei dem Empfänger der Nachweis freisteht, dass ihm das Schriftstück nicht oder nicht erst zu einem späteren Zeitpunkt zugegangen ist. 31

Bekannt zu geben ist den Beteiligten in dieser Form eine **vollständige Ausfertigung** des Beschlusses, insb. einschließlich der Begründung. Ist die Ausfertigung in wesentlichen Teilen unvollständig oder unleserlich, liegt hierin keine wirksame Bekanntgabe (BayObLG 1982, 90; BayObLG 1982, 218; § 38 Rdn. 27). 32

Diese Möglichkeit ist in der überwiegenden Zahl der FamFG-Fälle gegeben. Wo die Sache zwischen den Beteiligten nicht streitig oder nur der Antragsteller Beteiligter ist und seinem Antrag stattgegeben wird, bedarf es der förmlichen Zustellung nicht. 33

2. Förmliche Zustellung (Abs. 1 Satz 2). **Zwingend** zuzustellen ist der Beschluss einem Beteiligten, dessen erklärtem Willen er nicht entspricht. Nur dann ist der Beteiligte beschwert, die Entscheidung ist zu begründen (§ 38 Abs. 4 Nr. 2), damit sie mit einem Rechtsmittel angefochten werden kann (§ 59). 34

Dem **erklärten Willen** eines Beteiligten widerspricht die Entscheidung, wenn dieser schriftlich, mündlich oder in sonstiger Weise zu erkennen gegeben hat, dass sein Wille ganz oder teilweise (§ 38 Rdn. 96) von der tenorierten Rechtsfolge abweicht. Die Willenserklärung muss nicht ausdrücklich in Form eines Antrags erfolgt sein, es genügt, dass in Form von Tatsachenvortrag oder Rechtsansichten deutlich geworden ist. Auch wenn der Beteiligte mangels Verfahrensfähigkeit vertreten wird (§ 9 Abs. 2), genügt der erkennbar gewordene Wille des Beteiligten selbst, um die Zustellung erforderlich zu machen. Dabei kommt es nicht darauf an, ob der Widerspruch begründet, schlüssig oder auch nur sachbezogen ist. Selbst ein querulatorischer Widerspruch lässt die Zustellungspflicht nicht entfallen. Der Widerspruch zum erklärten Willen muss zum Zeitpunkt der Entscheidung noch bestehen, sodass ein zwar anfänglicher, später aber aufgegebener abweichender Wille des Beteiligten eine Zustellung entbehrlich macht. Nicht erklärt ist ein Wille, wenn der Beteiligte sich überhaupt nicht eingelassen hat. Im Einzelfall kann der Widerspruch eines Beteiligten über die Notwendigkeit einer Begründung (§ 38 Abs. 4 Nr. 2) und einer Zustellung hinaus weitergehende Rechtsfolgen 35 haben (so etwa der Widerspruch des mindestens 14 Jahre alten Kindes gegen den gemeinsamen Antrag der Eltern auf Regelung der elterlichen Sorge bei Getrenntleben, § 1671 Abs. 2 Nr. 1 BGB).

36 Ist eine an sich erforderliche Zustellung **unterblieben**, hindert dies das Wirksamwerden der Entscheidung nicht, wenn der Beschluss sonst bekannt gemacht wurde (Bahrenfuss/*Rüntz* § 41 Rn. 7). Auch Rechtsmittelfristen werden nicht durch die Zustellung, sondern durch die Bekanntmachung in Gang gesetzt (§§ 63 Abs. 3, 71 Satz 1).

37 In anderen Fällen ist eine Zustellung nicht erforderlich, nach freiem Ermessen des Gerichts aber **möglich**. In Betracht zu ziehen kann dies sein, wenn der bloße Zugang durch einfache Post beim Empfänger nicht hinreichend sicher scheint oder die Tatsache bzw. der Zeitpunkt des Zugangs (über die bereits vom Zustellungszwang erfassten Fälle der Anfechtbarkeit mit Rechtsmitteln hinaus) später des Nachweises bedarf.

38 Eine **Zustellung** erfolgt nach den §§ 166 bis 195 ZPO. Sie erfolgt regelmäßig von Amts wegen, ist aber auch im Parteibetrieb, sogar als öffentliche Zustellung möglich. Zugestellt werden muss eine vollständige Ausfertigung des Beschlusses (Rdn. 32, § 38 Rdn. 27).

39 **3. Verlesen der Beschlussformel (Abs. 2).** Anwesenden ggü. kann der Beschluss auch durch Verlesen der Beschlussformel bekannt gemacht werden. Hierzu muss der **Tenor** in (hand-)schriftlich abgefasster Form vorliegen, wobei eine Abfassung in einer gebräuchlichen Kurzschrift genügt (BGH NJW 1999, 794) und eine Unterschrift nicht erforderlich ist (Thomas/Putzo/*Reichold* § 311 ZPO Rn. 2). Ein Vorliegen der übrigen Teile des Beschlusses, insb. seiner Begründung, ist dabei nicht erforderlich (anders noch zu § 16 Abs. 3 FGG BayObLG NJW-RR 1999, 957).

40 Wirksam ist die Bekanntgabe nur denjenigen Beteiligten ggü., die tatsächlich **anwesend** oder (durch einen Verfahrensbevollmächtigten oder gesetzlichen Vertreter) wirksam vertreten sind (OLG Düsseldorf FGPrax 1995, 37).

41 Die Bekanntgabe durch Verlesen ist in den Akten zu vermerken (Satz 2), regelmäßig in dem Terminsvermerk nach § 28 Abs. 4. Das Fehlen eines entsprechenden **Vermerks** macht die Bekanntgabe nicht unwirksam, erschwert jedoch im Bedarfsfall den Nachweis (BayObLG 1963, 1; KG OLGZ 1973, 385; *Bumiller/Winkler* § 16 FGG Rn. 12). Die Bekanntgabe wird in dem Zeitpunkt der Verlesung wirksam, unabhängig davon, ob und wann ein Terminsvermerk erstellt oder den Beteiligten übersandt wird (BayObLG NZM 2001, 993).

42 Ist eine mündliche Bekanntgabe erfolgt, muss dieser zum einen ein Absetzen der Gründe, zum anderen eine schriftliche Bekanntgabe des Beschlusses an die Beteiligten folgen (Satz 3).

43 Das Erfordernis, den Beschluss zu **begründen**, besteht unabhängig von der Form seiner Bekanntgabe. Ist die Bekanntgabe in Anwesenheit der Beteiligten mündlich erfolgt, bevor der Beschluss vollständig abgefasst vorlag, so muss dies nachgeholt werden. Dies hat »**unverzüglich**« zu geschehen, also zwar nicht sofort, wohl aber ohne schuldhafte Verzögerung innerhalb einer nach den Umständen des Einzelfalles zu bemessenden Frist (BGH NJW 2005, 1869). Zu berücksichtigen sind dabei etwa das Eilbedürfnis einer Sache (z.B. i.R.d. Vorrang- und Beschleunigungsgebots nach § 155 in Kindschaftssachen), Umfang und Schwierigkeitsgrad der Sache oder die Arbeitsbelastung des Gerichts. Eine absolute Obergrenze stellt die allgemeine Unverzüglichkeitsgrenze (§ 121 Abs. 1 Satz 1 BGB) von 2 Wochen (OLG Jena OLG-NL 2000, 37; OLG Hamm NJW-RR 1990, 523), jedenfalls aber die Verkündungsfrist von 3 Wochen (§ 310 Abs. 1 Satz 2 ZPO) dar. Von einer nachträglichen Begründung des Beschlusses kann abgesehen werden, wenn die Beteiligten auf Rechtsmittel verzichtet haben (§ 38 Abs. 4 Nr. 3).

44 Zusätzlich zur Verlesung ist den Beteiligten der (vollständige Beschluss einschließlich seiner Gründe; § 38 Rdn. 27) in der nach Abs. 1 erforderlichen Form **schriftlich bekannt zu geben**. Widerspricht der Beschluss dem erklärten Willen eines Beteiligten, muss er zugestellt werden, ansonsten genügt die bloße Aufgabe zur Post. Unterbleibt dies, wird die Bekanntgabe unwirksam. Erst diese Bekanntgabe des vollständigen schriftlichen Beschlusses setzt die Rechtsmittelfrist in Gang (§§ 63 Abs. 3, 71 Abs. 1 Satz 1).

45 **4. Formlos.** Eine wirksame Bekanntgabe durch eine formlose Mitteilung, wie sie nach dem FGG die Regel war und wie sie § 15 Abs. 3 allgemein für Dokumente noch vorsieht, ist für Beschlüsse nach dem FamFG nicht mehr möglich, da diese mit der sofortigen Beschwerde angefochten werden können und Klarheit über den Beginn der Rechtsmittelfrist bestehen muss (§§ 63 Abs. 3, 71).

§ 42 Berichtigung des Beschlusses.

(1) Schreibfehler, Rechenfehler und ähnliche offenbare Unrichtigkeiten im Beschluss sind jederzeit vom Gericht auch von Amts wegen zu berichtigen.

(2) ¹Der Beschluss, der die Berichtigung ausspricht, wird auf dem berichtigten Beschluss und auf den Ausfertigungen vermerkt. ²Erfolgt der Berichtigungsbeschluss in der Form des § 14 Abs. 3, ist er in einem gesonderten elektronischen Dokument festzuhalten. ³Das Dokument ist mit dem Beschluss untrennbar zu verbinden.

(3) ¹Der Beschluss, durch den der Antrag auf Berichtigung zurückgewiesen wird, ist nicht anfechtbar. ²Der Beschluss, der eine Berichtigung ausspricht, ist mit der sofortigen Beschwerde in entsprechender Anwendung der §§ 567 bis 572 der Zivilprozessordnung anfechtbar.

Übersicht

	Rdn.		Rdn.
A. Allgemeines	1	E. Entscheidung	34
B. Anwendungsbereich	3	I. Zurückweisung Antrag	35
C. Voraussetzungen	13	II. Berichtigung	36
I. Verlautbarungsfehler	14	III. Bekanntgabe	42
II. Offenbarkeit	25	IV. Wirkungen der Berichtigung	43
D. Verfahren	28	V. Vermerk und elektronische Dokumente (Abs. 2)	47
I. Antrag	28	VI. Anfechtbarkeit (Abs. 3)	51
II. Zuständigkeit	30		
III. Verfahren	31		

A. Allgemeines. Bringt die schriftlich fixierte Entscheidung das vom Gericht tatsächlich Gewollte nicht hinreichend klar zum Ausdruck, muss es dem erkennenden Gericht möglich sein, sie zu korrigieren, ohne dass die Beteiligten hierzu in die nächste Instanz gehen müssen. Insoweit stellt die Berichtigung eine dem Rechtsmittel ggü. vereinfachte, beschleunigte und kostenbefreite Alternative dar. Mit der Möglichkeit einer Berichtigung wird der Grundsatz gelockert, dass auch das entscheidende Gericht selbst an seine Entscheidung gebunden ist, eine Abänderung nur i.R.d. gegebenen Rechtsbehelfe möglich ist. § 42 lässt es zu, dass das Gericht seine Entscheidung (selbst noch nach Eintritt der formellen Rechtskraft, unten Rdn. 28, 43) abändert (instanzinterne Selbstkontrolle). 1

Nachdem eine solche Berichtigung unter Geltung des FGG nur in entsprechender Anwendung des § 319 ZPO möglich war (BGH NJW 1989, 1281 m.w.N.; KKW/*Schmidt* § 18 FGG Rn. 60), enthält § 42 nunmehr in Anlehnung an die Regelung in anderen Verfahrensordnungen (§ 319 ZPO, § 118 VwGO, § 107 FGO, § 138 SGG) eine eigenständige Regelung. 2

B. Anwendungsbereich. Die Vorschrift ist grds. auf alle Beschlüsse im FamFG-Verfahren anwendbar. Ausgenommen sind Beschlüsse in Ehe- und Familienstreitverfahren, für die der – weitgehend inhaltsgleiche – § 319 ZPO gilt (§ 113 Abs. 1). 3

Berichtigt werden können nicht nur Endentscheidungen (§ 38 Rdn. 6), sondern auch Zwischen- und Nebenentscheidungen. Sind diese nicht in Form eines Beschlusses ergangen, kommt eine entsprechende Anwendung in Betracht (BVerfGE 29, 45, 50; BGH NJW 1993, 700; für Kostenentscheidungen BGH NJW-RR 2000, 1524; OLG München NJW-RR 1996, 51; *Holzer* ZNotP 2011, 177). Berichtigt werden kann auch ein Erbschein, wenn z.B. Schreibfehler nicht am öffentlichen Glauben teilnehmen (LG Koblenz Rpfleger 2000, 502). Grds. nicht berichtigt werden können Vergleiche, weil es sich insoweit nicht um gerichtliche Entscheidungen handelt (BGH NJW-RR 2005, 214, a.A. Bork/Jacoby/Schwab/*Elzer* § 42 Rn. 3); Beschlüsse, die das Zustandekommen eines Vergleichs feststellen (§§ 36 Abs. 3, 278 Abs. 6 ZPO), unterliegen der Protokollberichtigung (§§ 278 Abs. 6 Satz 3, 164 ZPO). 4

Der Berichtigung zugänglich sind alle Teile des Beschlusses, auch diejenigen, die den Sachverhalt wiedergeben. Eine besondere, der zivilprozessualen Tatbestandsberichtigung (§ 320 ZPO) entsprechende Regelung zur Berichtigung von Tatsachendarstellungen existiert mangels Beweiskraft solcher Feststellungen nicht. 5

Nicht § 42 unterfällt die Berichtigung von Terminsvermerken nach § 28 Abs. 4. Hierauf sind die Regeln der Protokollberichtigung (§ 164 ZPO) analog anzuwenden (Jansen/*Briesemeister* § 18 FGG Rn. 49). 6

§ 42

7 **Abzugrenzen** ist der Anwendungsbereich der Beschlussberichtigung nach § 42

8 – von der Beschlussergänzung nach § 43. Beide Rechtsbehelfe schließen sich gegenseitig aus. § 42 dient der Korrektur einer offenbar falsch dargestellten Entscheidung, § 43 dient der Nachholung einer unterlassenen Entscheidung (BGH NJW 1980, 840; OLG Stuttgart FamRZ 2011, 982). Schwierigkeiten bereitet die Abgrenzung beim Fehlen von Entscheidungen bzw. Entscheidungsteilen: Wollte das Gericht eine Entscheidung treffen und hat dies auch getan, diese aber offenbar (ganz oder teilweise) nicht in den Beschluss aufgenommen, so kann dieser im Wege einer Berichtigung ergänzt werden. Ist dem Gericht die Notwendigkeit einer Entscheidung nicht klar geworden und hat es eine solche deswegen auch nicht getroffen, muss der Beschluss um die fehlende Entscheidung ergänzt werden. Im Unterschied zu § 42 erfolgt i.R.d. § 43 keine Modifizierung der ursprünglichen Entscheidung, vielmehr ergeht innerhalb der fortgesetzten Instanz eine weitere, zusätzliche Entscheidung. Während § 42 eine Ausnahme von der Bindungswirkung der bereits ergangenen Entscheidung darstellt, schränkt § 43 lediglich die verfahrensbeendende Wirkung des Beschlusses ein.

9 – von Rechtsmitteln, insb. der Beschwerde (§§ 58 ff.) und der Rechtsbeschwerde (§§ 70 ff.). Diese können nebeneinanderstehen. Während die Berichtigung sich formell gegen den Inhalt des Beschlusses richtet und darauf gerichtet ist, dem Beschluss formell den vom Gericht gewollten und der Entscheidung zugrunde gelegten Inhalt zu geben, richten sich Rechtsmittel gegen inhaltliche Fehler des Gerichts bei der Entscheidungsfindung und wollen eine Abänderung der für falsch gehaltenen Entscheidung erreichen. Rechtsmittel richten sich gegen eine fehlerhafte Willensbildung des Gerichts, Berichtigungen gegen eine falsche Willenserklärung (BGH FamRZ 2003, 1270). Schwierigkeiten ergeben sich, wenn eine unrichtige Tatsachenfeststellung zu einer falschen Rechtsanwendung führen. So können Rechenfehler im Unterhaltsrecht Rechtsanwendungsfehler nach sich ziehen (Bahrenfuss/*Rüntz* § 42 Rn. 4). Im Zweifel müssen deswegen Berichtigung und Rechtsmittel nebeneinander betrieben werden. Möglich ist aber auch die ausschließliche Einlegung von Rechtsmitteln, da formelle Fehler auch damit berichtigt werden können. Insoweit stellt § 42 keinen einfacheren Weg dar, der das Rechtsschutzbedürfnis für ein Rechtsmittel entfallen ließe (BGH MDR 1978, 307 f.; OLG Karlsruhe MDR 2003, 523). Berichtigt das Gericht die Unrichtigkeit nach Einlegung des Rechtsmittels von Amts wegen, erledigt sich dieses zulasten des Rechtsmittelführers (§ 84).

10 – von der Anhörungsrüge (§ 44). Diese ist nur zulässig, soweit eine andere Abhilfemöglichkeit nicht gegeben ist (§ 44 Abs. 1 Nr. 1) und ist damit auch der Berichtigung ggü. subsidiär (§ 44 Rdn. 14).

11 – von einer Abänderung und Wiederaufnahme nach § 48. Während § 42 ursprüngliche Fehler des Beschlusses heilen soll, greift § 48 erst, wenn sich die vom Gericht zunächst fehlerfrei zugrunde gelegte Sach- oder Rechtslage nach Eintritt der Rechtskraft geändert hat und deswegen eine Anpassung der Entscheidung an die veränderten Umstände erforderlich wird.

12 – von besonderen Berichtigungsvorschriften, etwa des Handelsregisters (§ 17 HRV). Auf solcher Berichtigungen findet § 43 keine Anwendung (OLG Hamm FGPrax 2010, 143).

13 **C. Voraussetzungen.** § 42 lässt die Berichtigung offenbarer formeller Unrichtigkeiten zu, nicht die Beseitigung inhaltlicher Mängel. Letztere lassen sich nur durch Rechtsmittel korrigieren (unten Rdn. 24).

14 **I. Verlautbarungsfehler. Unrichtig** sein muss die Entscheidung selbst. § 42 kommt sowohl bei richtiger Bekanntgabe, aber falscher Absetzung des Beschlusses, als auch bei falscher Bekanntgabe des richtig abgesetzten Beschlusses in Betracht (Stein/Jonas/*Leipold* § 319 ZPO Rn. 13). Bloße Fehler einer Ausfertigung sind vom Urkundsbeamten der Geschäftsstelle formlos zu korrigieren (KG OLGRspr 17, 155; LG Stuttgart ZZP 69 [1956], 222, 223; Musielak/*Musielak* § 319 ZPO Rn. 13).

15 Die Entscheidung ist unrichtig, wenn der Wille des Gerichts in der Erklärung nicht zum Ausdruck kommt. Dies ist der Fall, wenn die im Beschluss verlautbarte Entschließung des Gerichts etwa durch technische Gründe, andere im Justizalltag unvermeidliche Fehlleistungen oder Irrtümer verfälscht wird und daher der Wille des Gerichts versehentlich unrichtig wiedergegeben worden ist (OLG Hamm Beschl. v. 13.03.2014 – 6 UF 15/14). Berichtigt werden kann ein Verlautbarungsfehler, nicht indes ein Fehler in der Willensbildung (BGH NJW 1985, 742; BGH ZIP 1993, 1388, 1390). An dieser Voraussetzung fehlt es, wenn sich der Beschluss aus Gründen als unrichtig erweist, die dem Gericht erst nach der Entscheidung bekannt werden (OLG Hamm Beschl. v. 13.03.2014 – 6 UF 15/14). Anwendbar ist § 42 auf das vom Gericht Erklärte, nicht auf das vom Gericht Gewollte. Die Abgrenzung kann im Einzelfall schwierig sein (*Proske* S. 69 ff.), im Inte-

resse einer materiell gerechten Entscheidung ist im Zweifel eine weite Auslegung des § 42 geboten (BGH NJW 1985, 742 f.).

Unrichtigkeiten können an allen Stellen des Beschlusses auftreten, in den Beschlussformalia (Bezeichnung der Entscheidungsform, der Streitsache, der Beteiligten, des Gerichts; Unterschriften), in der Beschlussformel (Entscheidung über die Hauptsache, die Kosten, das Wirksamwerden, die Zulassung eines Rechtsmittels) oder in den Beschlussgründen (tatsächliche Feststellungen, rechtliche Bewertungen). Während Fehler in den Gründen oft folgenlos bleiben und deswegen der Berichtigung nicht notwendig bedürfen, müssen Fehler bei der Bezeichnung der Beteiligten (OLG Stuttgart NJW-RR 1999, 216; OLG Zweibrücken NJW-RR 1998, 666) oder in der Beschlussformel regelmäßig richtiggestellt werden. 16

Unrichtigkeiten setzen keine positiv falsche Angabe voraus, sie können auch in Auslassungen bestehen, wenn feststeht, dass die Darstellung der Entscheidungsfindung ggü. unvollständig geblieben ist (OLG München NJW-RR 2003, 1440; OLG Hamm NJW-RR 2000, 1524). Hierzu kann die Zurückweisung eines Antrags i.Ü. gehören, wenn ihm ausweislich der Gründe zweifelsfrei nicht im beantragten Umfang entsprochen wurde (OLG Bremen VersR 1973, 226). Zur Nachholbarkeit einer unterlassenen Rechtsmittelzulassung unten Rdn. 39, § 43 Rdn. 26, § 61 Rdn. 20). 17

Keine Rolle spielt, wer den Fehler verursacht hat, ob insb. die Beteiligten eine relevante Ursache gesetzt oder den Fehler hätten vermeiden können (OLG Frankfurt am Main OLGR 2003, 430, 431; MüKo/*Musielak* § 319 ZPO Rn. 5). Der Berichtigung unterliegt damit auch die vom Antragsteller falsch vorgegebene und in den Beschluss übernommene falsche Beteiligtenbezeichnung. 18

Schreibfehler sind versehentlich falsche Angaben und Bezeichnungen, soweit das Gericht etwas anderes bezeichnen wollte. Beispiele sind die versehentlich falsche Grundbuchnummer (KG JW 1936, 1479) oder ein Zahlendreher (OLG Bremen OLGR 2005, 661). 19

Rechenfehler eröffnen kraft gesetzlicher Erwähnung die Berichtigungsmöglichkeit, auch wenn es sich bei ihnen eigentlich um inhaltliche, der Willensbildung zuzuordnende Fehler handelt. Hierunter fallen Fehler in der Anwendung von Grundrechenarten (Additions- bzw. Substraktionsfehler) genauso, wie (bei der Berechnung, nicht bei der Entscheidung) versehentlich übergangene Rechnungspositionen (OLG Bamberg FamRZ 2000, 38). Voraussetzung ist die sichere Feststellung, dass das Gericht, hätte es den Fehler rechtzeitig bemerkt, einen bestimmten Betrag zu- oder aberkannt hätte (BGH NJW 1995, 1033; OLG Karlsruhe MDR 2003, 523). Zu den Rechenfehlern gehört auch der für eine Kostenentscheidung falsch zugrunde gelegte Verfahrenswert (OLG Düsseldorf NJW-RR 2002, 211, 212; Hk-ZPO/*Saenger* § 319 ZPO Rn. 12; a.A. OLG Stuttgart FamRZ 2002, 679; MüKo/*Musielak* § 319 ZPO Rn. 8). 20

Berichtigungsfähig sind auch **falsche Eingaben in ein Computerberechnungsprogramm**, unabhängig davon, ob man darin einen Schreib- (so OLG Karlsruhe MDR 2003, 523) oder einen Rechenfehler (so OLG Bamberg NJW-RR 1998, 1620) sieht. 21

Ähnliche offenbare Unrichtigkeiten sieht die Rechtsprechung in Auslassungen, Unvollständigkeiten oder Widersprüchen in der Entscheidung. Solche können sich insb. aus einer Divergenz zwischen Beschlussformel und Begründung ergeben. 22

Nur beschränkt oder gar nicht berichtigungsfähig sind Fehler, die unmittelbar das öffentliche Interesse an der Einhaltung des als ausschließlich gedachten Rechtsmittelweges verletzen. Hierzu gehört die Berichtigung der Funktionsbezeichnung des Entscheidungsträgers (Richter statt Rechtspfleger; Zivil- statt Familienrichter: BGH NJW 1994, 2832, 2833; BGH NJW 1993, 1399, 1400). Berichtigungen des Gegenstandswerts oder andere Rechenfehler dürfen nicht zu einer Änderung der Kostenentscheidung führen (BGH FamRZ 2008, 1925). 23

Rechtsfehler (d.h. Fehler bei der Anwendung, Interpretation oder Subsumtion einer Norm) und Tatsachenfeststellungsfehler (d.h. Fehler bei der Ermittlung von Tatsachen von Amts wegen nach § 26 bzw. bei der Berücksichtigung der von den Beteiligten nach § 27 beigebrachten oder durch eine Beweisaufnahme nach § 30 festgestellten) Tatsachen gehören zu den **Fehlern bei der Willensbildung** und sind nach § 42 nicht zu berichtigen (BGH FamRZ 2003, 1270). 24

II. Offenbarkeit. Berichtigt werden können nur offenbare Fehler. Offenbar ist der Fehler, wenn er sich aus der Entscheidung selbst oder aus für einen Dritten ohne Weiteres erkennbaren sonstigen Umständen ergibt (st.Rspr. seit BGHZ 20, 188, 192; BGHZ 106, 370, 373; OLG Brandenburg FGPrax 2000, 45). Praktisch wichtigster Fall sind Widersprüche in der Entscheidung selbst, wenn etwa eine Entscheidung in der Beschlussformel anders dargestellt wurde als in der Begründung. Zur Offenbarkeit des Fehlers können auch Vorgänge bei Erlass oder Bekanntmachung der Entscheidung führen, so etwa der Terminsvermerk, § 28 25

Abs. 4 (BGHZ 20, 188, 192; BGHZ 127, 74, 80; BGH NJW-RR 2001, 61; BAG NJW 2002, 1142), Parallelentscheidungen (BGHZ 78, 22, 23) oder allgemein zugängliche Informationsquellen (Handelsregister: LAG München MDR 1985, 170, 171; Unterhaltstabellen: OLG Düsseldorf FamRZ 1997, 1407, 1408). Gerichtsintern gebliebene Umstände (Voten, Beratungsinhalte) können die Offenbarkeit nicht begründen (BAG NJW 2002, 1142). Nicht erforderlich ist es, dass der Fehler sofort erkannt wird oder auch nur sofort erkennbar ist (BGHZ 126, 74, 81), es genügt dass er sich erst nach Überprüfung eines umfangreichen Rechenwerks ergibt (BGH NJW 1995, 1003; OLG Karlsruhe MDR 2003, 523).

26 Gerichtsintern gebliebenen, nach außen nicht ohne Weiteres als solche erscheinenden Versehen mangelt es an der für die Berichtigung erforderlichen Evidenz (BGH NJW 1985, 742). Auch aus nachträglichem Vorbringen von Beteiligten kann sich die Offenbarkeit nicht ergeben (OLG Köln NJW-RR 1991, 1536).

27 Während solche nicht offenbaren Unrichtigkeiten im Zivilprozess zumindest bei der Feststellung von Tatsachen über § 320 ZPO berichtigt werden können, fehlt eine entsprechende Regelung im FamFG. Dies legt es nahe, den Anwendungsbereich des § 42 für tatsächliche Feststellungen (dazu § 38 Rdn. 74 ff.) extensiv auszulegen und an die Offenbarkeit insoweit keine allzu großen Anforderungen zu stellen.

28 **D. Verfahren. I. Antrag.** Die Berichtigung kann von Amts wegen genauso erfolgen, wie auf einen Antrag hin (»auch von Amts wegen«). Der Antrag bedarf dabei weder einer besonderen Form noch einer besonderen Frist (»jederzeit«), ist also schon vor Zustellung der Entscheidung (OLG München NJW-RR 2003, 1440) und auch noch nach Einlegung eines Rechtsmittels oder nach Eintritt der Rechtskraft möglich (OLG Brandenburg NJW-RR 2000, 1522; a.A. *Lindacher* ZZP 88, 64, 68 ff.). Eine Grenze zieht die Rechtsprechung bei der Verwirkung (z.B., wenn die Berichtigung trotz Kenntnis des Mangels über längere Zeit nicht beantragt wird) und dem Rechtsmissbrauch (z.B., wenn die Berichtigung sich auf eine Bagatelle bezieht, für deren Berichtigung ein Rechtsschutzbedürfnis nicht erkennbar ist; OLG Hamm NJW-RR 1987, 187, 189; OLG Brandenburg NJW-RR 2000, 1522, 1523).

29 Alternativ zum Berichtigungsantrag können die Beteiligten auch eine **Beschwerde** gegen einen unrichtigen Beschluss einlegen. Auch wenn die Berichtigung einfacher, billiger und schneller als die Beschwerde ist, schließt sie das Rechtsschutzbedürfnis für einen Rechtsbehelf nicht aus (MüKo/*Musielak* § 319 ZPO Rn. 17). Der Beschwerdeführer kann aber nicht verhindern, dass der unrichtige Beschluss nach Einlegung der Beschwerde von Amts wegen berichtigt wird und damit die Beschwer entfällt. In diesem Fall hat er regelmäßig die Kosten der Beschwerde zu tragen (§ 84), wenn das Gericht nicht eine Erledigung mit der Kostenfolge der §§ 83 Abs. 2, 81 annehmen will (dafür OLG Bamberg Rpfleger 1995, 289; LG Bochum ZZP 97, 215, 216; dagegen BGHZ 127, 74, 82 f.).

30 **II. Zuständigkeit.** Zuständig für die Berichtigung ist das Gericht, das die unrichtige Entscheidung getroffen hat, wobei hierunter nicht nur die Behörde, sondern auch das Spruchorgan zu verstehen ist. Nicht erforderlich ist, dass dessen Besetzung noch die Gleiche ist (BGH NJW-RR 2001, 61), sodass auch ein Dezernatsnachfolger tätig werden kann. Nicht tätig werden darf die Kammer anstelle des Einzelrichters oder umgekehrt (KG OLGR 2006, 679). Zuständig sein kann auch die höhere Instanz, wenn das Verfahren dort auf einen Rechtsbehelf hin anhängig ist (BGH NW 1964, 2858; BayObLG NZM 2000, 1025).

31 **III. Verfahren.** Vor einer beabsichtigten Berichtigung ist den Beteiligten rechtliches Gehör zu gewähren (BGH NJW-RR 2002, 712, 713; LG Köln Rpfleger 1987, 508). Entbehrlich kann dies allenfalls sein, wenn die Berichtigung sich auf eine bloße Formalität erstreckt und Rechte der Beteiligten nicht berührt (BVerfGE 34, 1, 7). Ein Termin zur mündlichen Erörterung kann, muss aber nicht abgehalten werden.

32 Zur Anbringung des nach Abs. 2 erforderlichen Berichtigungsvermerks (unten Rdn. 47 ff.) muss die Geschäftsstelle im Fall einer erfolgten Berichtigung die ausgehändigten Ausfertigungen der Entscheidungen zurückfordern (Zöller/*Vollkommer* § 319 ZPO Rn. 23). Zwangsmittel zur Durchsetzung der Rückgabe hat das Gericht nicht (LAG Sachsen NZW-RR 2000, 549).

33 Der Beschluss ist den Beteiligten bekannt zu geben. Ein ablehnender Beschluss ist dem Antragsteller nach § 41 Abs. 1 zuzustellen, ein die Berichtigung aussprechender Beschluss allen Beteiligten nach § 42 Abs. 3 Satz 2.

34 **E. Entscheidung.** Die Entscheidung über die Berichtigung ergeht in jedem Fall in Form eines Beschlusses.

35 **I. Zurückweisung Antrag.** Ist der Antrag auf Berichtigung unbegründet, wird er zurückgewiesen. Dieser Beschluss ist nicht anfechtbar (Rdn. 51). In Betracht kommt eine solche Zurückweisung auch, wenn der

Antrag sich als rechtsmissbräuchlich darstellt, weil er eine bloße Bagatelle betrifft und die Unrichtigkeit weder Auswirkungen auf die Beteiligten hat noch im öffentlichen Interesse geboten ist.

II. Berichtigung. Eine Berichtigung erfolgt ebenfalls in Form eines Beschlusses (§ 42 Abs. 3 Satz 2). Sie lautet auf Berichtigung der konkret zu bezeichnenden Entscheidung und enthält die richtige Formulierung. Bspw.: »Der Beschluss vom … wird dahin berichtigt, dass der Beteiligte zu 1) nicht »Miller«, sondern »Müller« heißt«. 36

Erfolgt eine Berichtigung der **Verfahrensbeteiligten**, muss sichergestellt sein, dass damit kein Beteiligtenwechsel verbunden ist, nicht die Identität der Beteiligten, sondern allein deren Bezeichnung berichtigt wird (OLG Zweibrücken Rpfleger 1998, 156; OLG Koblenz NJW-RR 1997, 1352; OLG Frankfurt am Main NJW-RR 1990, 767, 768). Möglich ist deswegen die Berichtigung der Beteiligtenbezeichnung nach einer irrtümlichen Falschbezeichnung (»Herr« statt »Frau«: LG Köln Rpfleger 1987, 508 und LG Stuttgart Rpfleger 1996, 166; Einzahl statt Mehrzahl der Beteiligten: BGH NJW 1996, 2101), einem unberücksichtigt gebliebenen Namenswechsel durch Eheschließung oder einer irrtümlichen Rechtsformannahme (GbR statt GmbH: OLG Zweibrücken NJW-RR 2002, 212, 213). Möglich ist die Berichtigung auch im Fall eines gesetzlichen Beteiligtenwechsels (Gesamtrechtsnachfolge: BGH NJW 2002, 1430, 1431). Zu Beschränkungen bei der Berichtigung der Funktionsbezeichnung des Entscheidungsträgers oben Rdn. 23. 37

Berichtigungen der **Beschlussformel** können in der Klarstellung missverständlicher Formulierungen oder in der Ergänzung um vergessene Teile (OLG München MDR 2003, 522) bestehen. Sie können sogar dazu führen, dass die Entscheidung in ihr Gegenteil verkehrt wird (BAG NJW 2002, 1142; BGH NJW-RR 2002, 712). Sie können eine Anfechtungsmöglichkeit der Entscheidung in der Hauptsache eröffnen oder unzulässig machen (BGHZ 78, 22, 23). Die formale Schlechterstellung eines Beteiligten stellt keinen Verstoß gegen das Verbot der reformatio in peius dar, da mit der Berichtigung die ursprüngliche Entscheidung nicht abgeändert (verschlechtert), sondern nur klargestellt wird (BGH NJW-RR 1988, 497, 408). Nachdem der Gesetzgeber das Verbot der isolierten Anfechtung einer Kostenentscheidung (§§ 99 Abs. 1 ZPO, 20a FGG) nicht ins FamFG übernommen hat, sind auch Berichtigungen des Gegenstandswerts oder andere Rechenfehler möglich, die zu einer Änderung der Kostenentscheidung führen (anders für § 319 ZPO BGH FamRZ 2008, 1925). 38

Die Berichtigung kann auch die Entscheidung über die **Zulassung eines Rechtsmittels** betreffen, setzt aber wegen der Unmöglichkeit der Nachholung einer solchen Entscheidung (dazu § 43 Rdn. 25 ff.; § 61 Rdn. 20) voraus, dass das Gericht eine entsprechende Entscheidung getroffen hat und dies bei Beschlusserlass auch erkennbar geworden ist, sodass das Fehlen eines entsprechenden Ausspruchs sich als offenbar fehlerhaft darstellt (BGHZ 20, 188, 191, 193 f.; BGHZ 78, 22, 23; BGH NJW 2004, 2389; BGH NJW 2005, 156; BGH NJW 2014, 2879; BGH NJW-RR 2009, 1349; OLG Düsseldorf NJW-RR 2015, 360). Lässt sich nicht feststellen, dass eine Zulassungsentscheidung getroffen wurde, kommt eine Nachholung der Entscheidung weder durch Berichtigung noch durch Ergänzung (§ 43 Rdn. 25 ff.) oder Gehörsrüge (§ 44 Rdn. 20) in Betracht (§ 44 Rdn. 20; auch § 61 Rdn. 20). Dies gilt selbst dann, wenn das Gericht versehentlich von der zulassungsfreien Zulässigkeit des Rechtsmittels ausgegangen ist und eine entsprechende (fehlerhafte) Rechtsbehelfsbelehrung erteilt hat (BGH NJW 2014, 2879; BGH FamRZ 2014, 1100). 39

Fehler in den **Gründen** können in der Klarstellung tatsächlicher oder rechtlicher Voraussetzungen der Entscheidung bestehen (a.A. Bork/Jacoby/Schwab/*Elzer* § 42 Rn. 4), nicht berichtigt werden können Fehler bei der Tatsachenfeststellung oder in der Rechtsanwendung. 40

Eine Berichtigung der **Unterschriften** der Personen, die an der Entscheidung mitgewirkt haben (§ 38 Abs. 3 Satz 2), kann in der Nachholung einer unterlassenen Unterschrift genauso bestehen, wie in dem Austausch der Unterschrift einer nicht beteiligten Person durch die der beteiligten Person. 41

III. Bekanntgabe. Der Berichtigungsbeschluss ist den Beteiligten bekannt zu geben, ggf. (§ 41 Abs. 1 Satz 2) zuzustellen. Der die Berichtigung ablehnende Beschluss bedarf der Zustellung mangels Anfechtbarkeit nicht. 42

IV. Wirkungen der Berichtigung. Die Berichtigung wirkt auf den **Zeitpunkt** des Wirksamwerdens der Entscheidung zurück, die Entscheidung gilt als von Anfang an in der berichtigten Form (BGHZ 89, 184, 186; BGHZ 127, 81). Wird die berichtigte Entscheidung nicht angefochten, erwächst sie in dieser Form in Rechtskraft. 43

Die Möglichkeit einer Berichtigung steht der Einlegung von **Rechtsmitteln** nicht entgegen, insb. fehlt das Rechtsschutzbedürfnis für eine Beschwerde nicht deswegen, weil mit der Berichtigung ein einfacherer Weg 44 zur Beseitigung des Fehlers besteht (BGH MDR 1978, 307 f.; OLG Karlsruhe MDR 2003, 523). Allerdings kann eine Unrichtigkeit nach Einlegung des Rechtsmittels von Amts wegen berichtigt werden, in diesem Fall hat der Rechtsmittelführer die Kosten zu tragen (§ 84).

45 Rechtsmittelfristen, die bereits mit der Zustellung der ursprünglichen Entscheidung zu laufen begonnen haben, laufen unverändert weiter, eine neue Frist wird durch die Berichtigung nicht in Gang gesetzt (BGHZ 113, 228, 230; BGH NJW-RR 2004, 712, 713; BVerfG NJW 2001, 142). Dies gilt auch dann, wenn der berichtigte Beschluss erneut zugestellt wird (BGH NJW-RR 1993, 1213). Abweichend hiervon beginnt die Rechtsmittelfrist mit der Berichtigung ausnahmsweise erneut, wenn sich erst aus ihr anders als aus der ursprünglichen Entscheidung die Möglichkeit oder Notwendigkeit einer Anfechtung ergibt. Dies ist der Fall, wenn ein Beteiligter erst durch die Berichtigung beschwert wird (BGHZ 17, 149, 151; BGH NJW 1999, 646, 647) oder der Beschluss erst durch die Berichtigung anfechtbar wird (BGH VersR 1981, 548, 549).

46 **Wirkungslos** ist eine Berichtigung nur bei gröbsten Mängeln, insb. beim Fehlen jeder gesetzlichen Grundlage (BGHZ 20, 100; BGHZ 127, 74).

47 **V. Vermerk und elektronische Dokumente (Abs. 2).** Der Berichtigungsbeschluss (nicht auch der einen Berichtigungsantrag ablehnende Beschluss) ist auf der bei den Akten des Gerichts befindlichen Urschrift und auf den den Beteiligten überlassenen Ausfertigungen zu vermerken. Dies geschieht entweder dadurch, dass die Berichtigung auf die Entscheidung gesetzt wird oder durch amtliche Verbindung beider Beschlüsse.

48 Ist eine in elektronischer Form ergangene Entscheidung zu berichtigen, so erfolgt auch der Berichtigungsbeschluss in dieser Form als gesondertes elektronisches Dokument, nicht durch Veränderung des gespeicherten Originalbeschlusses. Beide Dokumente sind dann bei elektronischer Aktenführung elektronisch untrennbar miteinander zu verbinden (§ 14 Abs. 3 i.V.m. § 130b ZPO). Wird die Akte in Papierform geführt, kann der elektronische Berichtigungsbeschluss den Beteiligten per E-Mail mitgeteilt werden, danach ist er auszudrucken (§ 14 Abs. 3 i.V.m. § 298 ZPO), mit einem Transfervermerk zu versehen, zu den Akten zu nehmen und gem. § 42 Abs. 2 Satz 1 auf dem Beschluss zu vermerken (so die amtl. Begründung des JKomG BT-Drucks. 15/4067, S. 34).

49 Sind die Gerichtsakten zur Ersetzung der Urschrift auf einen Bild- oder anderen Datenträger übertragen worden und liegt der schriftliche Nachweis darüber vor, dass die Wiedergabe mit der Urschrift übereinstimmt, wird der auf der Urschrift anzubringende Vermerk bei dem Nachweis angebracht (§ 14 Abs. 5).

50 Für die Wirksamkeit der Berichtigung ist die Wirksamkeit des Vermerks ohne Bedeutung (Stein/Jonas/*Leipold* § 319 ZPO Rn. 12).

51 **VI. Anfechtbarkeit (Abs. 3).** Gegen den Beschluss, mit dem ein Antrag auf Berichtigung zurückgewiesen wird, ist ein Rechtsbehelf nicht gegeben (§ 42 Abs. 3 Satz 1). Dieser Beschluss unterliegt weder der Beschwerde nach dem FamFG noch der nach der ZPO. Damit hat der Gesetzgeber sich gegen die früher herrschende Meinung entschieden, die eine Anfechtbarkeit auch von die Berichtigung ablehnenden Entscheidungen zuließ (OLG Frankfurt am Main OLGZ 1979, 390; OLG Düsseldorf OLGZ 1970, 126, 127; *Habscheid* § 27 Abs. 2 Satz 1a). Die insoweit eindeutige Entscheidung des Gesetzgebers lässt auch bei greifbarer Gesetzeswidrigkeit oder mit der Rechtsordnung schlechthin unvereinbaren Entscheidungen keinen Raum für eine »außerordentliche Beschwerde« (BGH NJW-RR 2004, 1654; Baumbach/*Hartmann* § 319 ZPO Rn. 35; anders für die ZPO vor der Reform 2002 noch BGH NJW 1990, 893).

52 Der Berichtigungsbeschluss unterliegt der Anfechtung durch die sofortige Beschwerde nach §§ 567 ff. ZPO (§ 42 Abs. 3 Satz 2). Im Beschwerdeverfahren wird ausschließlich das Vorliegen der prozessualen Voraussetzungen für die Berichtigung geprüft. Die inhaltliche Richtigkeit der Berichtigung kann allein das Ausgangsgericht beurteilen, dem Beschwerdegericht fehlen die erforderlichen Kenntnisse über den tatsächlichen Willen bei der Entscheidungsfindung. Der Berichtigungsbeschluss kann seinerseits in Rechtskraft erwachsen (§ 45) und ist für alle Beteiligten auch dann unanfechtbar, wenn er fehlerhaft zustande gekommen ist (BGHZ 127, 74, 76; BGH NJW 1995, 1033). Entgegen verbreiteter Ansicht zu § 319 ZPO (BGH NJW-RR 1988, 407, 408: Zöller/*Vollkommer* § 319 ZPO Rn. 29 m.w.N.) gilt dies wegen der formellen Rechtskraft des Beschlusses nach § 42 auch dann, wenn die Berichtigung ohne gesetzliche Grundlage ergangen ist.

§ 43 Ergänzung des Beschlusses.

(1) Wenn ein Antrag, der nach den Verfahrensakten von einem Beteiligten gestellt wurde, ganz oder teilweise übergangen oder die Kostenentscheidung unterblieben ist, ist auf Antrag der Beschluss nachträglich zu ergänzen.

(2) Die nachträgliche Entscheidung muss binnen einer zweiwöchigen Frist, die mit der schriftlichen Bekanntgabe des Beschlusses beginnt, beantragt werden.

Übersicht

	Rdn.		Rdn.
A. Allgemeines	1	1. Entscheidung über die Kosten des Verfahrens	23
B. Anwendungsbereich	4	2. Entscheidung über die Zulassung eines Rechtsmittels	25
C. Voraussetzungen	11	III. Ergänzungsantrag (Abs. 2)	29
I. Übergangener Antrag (Abs. 1)	12	D. Ergänzungsbeschluss	33
1. Antrag	12	I. Verfahren	33
2. Übergangen	18	II. Entscheidung	36
II. Übergangene amtswegige Entscheidungen	22	III. Anfechtung	38

A. Allgemeines. Der Anspruch der Beteiligten auf Gewährung effektiven Rechtsschutzes ist erst erfüllt, 1 wenn das Gericht über alle gestellten Anträge entschieden hat. Ist ein Antrag übergangen worden, ist hiergegen ein Rechtsmittel grds. nicht gegeben, da eine Beschwer nur in der getroffenen, nicht in der versehentlich unterlassenen Entscheidung liegt (Thomas/Putzo/*Reichold* § 321 ZPO Rn. 3; anders, wenn das Übergehen die getroffene Entscheidung inhaltlich unrichtig gemacht hat: BGH NJW-RR 1996, 1238). Nur wenn das Rechtsmittel aus anderen Gründen eröffnet ist, kann der übergangene Antrag durch Antragserweiterung vor dem Beschwerdegericht geltend gemacht werden, doch geht durch dessen erstmalige Entscheidung eine Instanz verloren. Soll den Beteiligten die Einleitung eines auf den übergangenen Antrag gestützten neuen Verfahrens (das mangels Vorliegens einer Entscheidung zulässig wäre) erspart werden, muss die unvollständige Entscheidung des Gerichts von diesem selbst ergänzt werden können.

Das FGG sah eine Ergänzung unvollständiger Entscheidungen nicht vor. Allgemeiner Ansicht zufolge war 2 § 321 ZPO entsprechend anwendbar (BayObLG NZM 2002, 708 f.; KKW/*Schmidt* § 18 FGG Rn. 67). § 43 trifft nunmehr eine ausdrückliche Regelung über die Ergänzung eines Beschlusses, die den Besonderheiten des FamFG-Verfahrens Rechnung trägt.

In Anlehnung an andere Verfahrensordnungen (§ 321 Abs. 1 ZPO, § 120 Abs. 1 VwGO, § 109 Abs. 1 FGO, 3 § 140 Abs. 1 SGG) schafft § 43 die Möglichkeit, einen Beschluss zu ergänzen, wenn er eine erforderliche Entscheidung nicht enthält. Ob dies der Fall ist, kann sich – anders als in dem früher analog angewandten § 321 ZPO – mangels mit Beweiskraft ausgestatteten Tatbestands nicht aus der Entscheidung selbst, sondern nur aus dem Akteninhalt ergeben. Die Vorschrift dient damit der instanzinternen Selbstkontrolle des Gerichts.

B. Anwendungsbereich. Die Vorschrift ist grds. auf alle Beschlüsse im FamFG-Verfahren anwendbar. Aus- 4 genommen sind Beschlüsse in Ehe- und Familienstreitverfahren, für die der – weitgehend inhaltsgleiche – § 321 ZPO gilt (§ 113 Abs. 1). Zum Ausschluss der Berichtigung nach § 321 ZPO wegen des Erfordernisses einer einheitlichen Entscheidung im Scheidungsverfahren OLG Hamm IPrax 2000, 292; Stein/Jonas/*Leipold* § 321 ZPO Rn. 5 m.w.N.

Der Ergänzung unterfallen in erster Linie Beschlüsse in Antragsverfahren, aber auch Beschlüsse in Amts- 5 verfahren können unvollständig sein, wenn von Amts wegen erforderliche Entscheidungen, insb. die Kostenentscheidung unterblieben sind.

Abzugrenzen ist der Anwendungsbereich der Beschlussergänzung nach § 43 6

– von der Beschlussberichtigung nach § 42. Beide Rechtsbehelfe schließen sich gegenseitig aus. § 42 dient 7 der Korrektur einer offenbar falsch dargestellten Entscheidung, § 43 dient der Nachholung einer unterlassenen Entscheidung (BGH NJW 1980, 840). Schwierigkeiten bereitet die Abgrenzung beim Fehlen von Entscheidungen bzw. Entscheidungsteilen: Wollte das Gericht eine Entscheidung treffen und hat dies auch getan, diese aber offenbar (ganz oder teilweise) nicht in den Beschluss aufgenommen, so kann dieser im Wege einer Berichtigung ergänzt werden. Ist dem Gericht die Notwendigkeit einer Entscheidung nicht klar geworden und hat es eine solche deswegen auch nicht getroffen, muss der Beschluss um die fehlende Entscheidung ergänzt werden. Im Unterschied zu § 42 erfolgt i.R.d. § 43 keine Modifizierung der ursprünglichen Entscheidung, vielmehr ergeht innerhalb der fortgesetzten Instanz eine weitere, zusätzliche Entscheidung. Während § 42 eine Ausnahme von der Bindungswirkung der bereits ergangenen Entscheidung darstellt, schränkt § 43 lediglich die verfahrensbeendende Wirkung des Beschlusses ein.

8 – von Rechtsmitteln, insb. der Beschwerde (§§ 58 ff.) und der Rechtsbeschwerde (§§ 70 ff.). Während diese sich nur gegen ergangene Entscheidungen richten können, dient die Ergänzung nach § 43 der Herbeiführung einer bislang versehentlich unterlassenen Entscheidung. Das gegen eine (noch) nicht existente Entscheidung gerichtete Rechtsmittel ist genauso unzulässig (BGH FamRZ 1994, 972, 973) wie ein auf eine bereits ergangene Entscheidung gerichteter Ergänzungsantrag. Abgrenzungsprobleme ergeben sich auch hier beim Fehlen von Entscheidungen: Ist die Entscheidung versehentlich unterblieben, weil das Gericht deren Erforderlichkeit nicht erkannt hat, ist die Ergänzung gegeben. Ist die Entscheidung bewusst unterblieben, weil das Gericht sie rechtsfehlerhaft für nicht erforderlich gehalten hat, ist ein Rechtsmittel gegeben. Kann der Beteiligte die Ursache des Fehlens einer Entscheidung nicht sicher erkennen, bleibt zur Vermeidung einer Versäumung der Einlegungsfrist häufig nur, sowohl den Ergänzungs- als auch den Rechtsmittelweg zu beschreiten (BGH NJW 1980, 840, 841). Beide Verfahren können parallel betrieben werden. Dies gilt auch dann, wenn der Beschluss sowohl am versehentlichen Fehlen einer Entscheidung als auch an Rechtsanwendungsfehlern leidet (BGH NJW 2006, 1351, 1352; BGH MDR 1996, 1061 f.), doch besteht dann auch die Möglichkeit, den nicht beschiedenen Antrag

9 – von der Anhörungsrüge (§ 44). Diese ist nur zulässig, soweit eine andere Abhilfemöglichkeit nicht gegeben ist (§ 44 Abs. 1 Nr. 1) und ist damit auch der Ergänzung ggü. subsidiär (§ 44 Rdn. 14).

10 – von einer Abänderung und Wiederaufnahme nach § 48. Während § 43 die nachträgliche Berücksichtigung eines ursprünglich gestellten, aber nicht beschiedenen Antrags ermöglicht, erlaubt § 48 eine Anpassung der Entscheidung an eine nachträglich veränderte Sach- oder Rechtslage.

11 **C. Voraussetzungen.** § 47 erlaubt die Ergänzung eines lückenhaften, nicht die Richtigstellung eines inhaltlich unzutreffenden Beschlusses. Dies schließt nicht aus, dass die Ergänzung zu einer inhaltlichen Abänderung führt (BGH NJW-RR 1996, 1238).

12 **I. Übergangener Antrag (Abs. 1). 1. Antrag.** Übergangen sein muss ein Antrag, über den im Beschluss zu entscheiden gewesen wäre. Vertreten wird dabei sowohl ein aus § 321 ZPO hergeleiteter, auf echte Sachanträge beschränkter und Verfahrensanträge ausschließender Antragsbegriff (Bahrenfuss/*Rüntz* § 43 Rn. 5) als auch ein weiter Antragsbegriff, der ausgehend von der Legaldefinition des § 25 (dort Rdn. 9) auch Verfahrensanträge und sogar bloße Anregungen einbezieht (Prütting/Helms/*Abramenko* § 43 Rn. 2). Die systematische Stellung des § 43 macht deutlich, dass in den Anwendungsbereich des § 43 alle Erklärungen von Beteiligten zum Verfahrensgegenstand einbezogen werden müssen, über die in Form eines Beschlusses zu entscheiden ist. Dazu gehören nicht nur Anträge zur Hauptsache, sondern auch solche zu Nebenansprüchen (z.B. Zinsen), zu Anspruchsmodifikationen (z.B. Haftungsbeschränkungen, BGH MDR 1996, 1061) und – soweit nicht bereits überholt – ggf. auch solche zum Verfahren. Das bloße Übergehen von Tatsachenvortrag genügt indes genauso wenig, wie das Übergehen einschlägiger Rechtsnormen (BGH NJW-RR 1996, 379).

13 Übergangen werden kann nur ein Antrag, der auch **gestellt** wurde. Welche Anträge gestellt wurden, ergibt sich im Zivilprozess aus dem Protokoll der mündlichen Verhandlung (§§ 297, 160 Abs. 3 Nr. 2 ZPO) und dem Tatbestand des Urteils (§ 313 Abs. 2 ZPO). In den Schriftsätzen enthaltene Anträge sind bloß angekündigt (§ 130 Nr. 2 ZPO). Entscheidungen nach dem FamFG enthalten weder zwingend einen die Anträge umfassenden Tatbestand, noch geht ihnen stets eine mündliche Verhandlung voran. Die gestellten Anträge können sich deswegen nur aus den Verfahrensakten ergeben (BGH FGPrax 2014, 188).

14 In Betracht kommt dabei zunächst ein verfahrenseinleitender Antrag nach § 23. Dieser ist in der Antragsschrift enthalten. Möglich sind daneben auch Anträge, die schriftlich oder zur Niederschrift der Geschäftsstelle gestellt wurden (§ 25). Letztere finden sich in Niederschriften, die das Gericht fertigt und zur Akte gibt.

15 Anträge in Schriftsätzen und gerichtlichen Niederschriften sind mit ihrem Eingang bei dem Gericht, an das sie gerichtet waren, gestellt. Dies gilt auch dann, wenn nachfolgend ein Termin stattfindet (§ 32). Wird hierüber ein Vermerk angefertigt (§ 28 Abs. 4), werden die gestellten Anträge regelmäßig als wesentliche Förmlichkeit darin aufgenommen sein. Für die Wirksamkeit des Antrags ist aber (anders als im Zivilprozess) weder seine Stellung im Termin noch dessen Aufnahme in den Terminsvermerk erforderlich.

16 Nicht erforderlich ist auch, dass der Antrag in den tatsächlichen Teil der Beschlussbegründung aufgenommen wurde.

Besonderer Beachtung bedarf, ob der Antrag bis zum Ende des Verfahrens fortdauert. Dies ist nicht der 17
Fall, wenn er **zurückgenommen** wurde (§ 22). Dies kann ausdrücklich oder – weil die Rücknahme formlos möglich ist – konkludent erfolgt sein, den Antrag insgesamt oder (bei teilbaren Verfahrensgegenständen) nur einen Teil betreffen. Die Rücknahme kann auch in der Erklärung bestehen, das Verfahren beenden zu wollen (§ 22 Abs. 3).

2. Übergangen. Übergangen ist ein Antrag, wenn über ihn versehentlich weder in der Beschlussformel 18
(§ 38 Abs. 2 Nr. 3) noch in den Beschlussgründen (§ 38 Abs. 3 Nr. 1) entschieden wurde. Nur im Fall unbewusster Nichtentscheidung liegt eine im Wege der Ergänzung auszufüllende Lücke vor (BGH NJW 2006, 1351, 1352). **Ganz** übergangen ist der Antrag, wenn eine Entscheidung über ihn überhaupt nicht erfolgt ist, **teilweise** übergangen ist er wenn er durch die Entscheidung nicht ausgeschöpft wurde.
Ein **Hilfsantrag** ist übergangen, wenn über ihn bedingungsgemäß zu entscheiden war. 19
Nicht übergangen ist ein Antrag, wenn das Gericht über ihn (stillschweigend: OLG Saarbrücken NJW-RR 20
1999, 214) entschieden wurde. Dies ist z.B. der Fall, wenn Anträge »im Übrigen« zurückgewiesen werden. Nicht übergangen ist ein Antrag auch dann, wenn das Gericht über ihn absichtlich nicht entschieden hat (BGH FGPrax 2014, 137). Hierher gehört zunächst die bewusste Teilentscheidung, bei der das Gericht die Entscheidung über einen Teil des Verfahrensgegenstands zurückstellt und später separat treffen will (BGH MDR 2014, 1148). Hierher gehört auch der Fall, in dem das Gericht bewusst, aber irrig davon ausgegangen ist, eine Entscheidung sei nicht (mehr) erforderlich, weil es das Begehr der Beteiligten falsch ausgelegt hat (BGH NJW 1980, 840) oder fälschlich von einer Antragsrücknahme ausgegangen ist (Zöller/*Vollkommer* § 321 ZPO Rn. 4).
Nicht übergangen ist der Antrag auch dann, wenn eine Entscheidung hierüber zwar in der Beschlussformel 21
fehlt, sich aber aus den Gründen ergibt, dass und wie das Gericht über ihn entschieden hat. Dann liegt eine bloße Unrichtigkeit des Beschlusses vor, die nach § 42 zu berichtigen ist (BGH VersR 1982, 70; OLG Celle WM 2004, 1635, 1636; OLG Hamm NJW-RR 1986, 1444). Entsprechend ist der Fall zu behandeln, dass eine Entscheidung zwar aus der Formel, nicht aber aus den Gründen ersichtlich ist.

II. Übergangene amtswegige Entscheidungen. Unvollständig sein kann ein Beschluss auch, wenn von 22
Amts wegen erforderliche Entscheidungen versehentlich unterblieben sind. Praktisch relevant ist dies im FamFG nur ausnahmsweise.

1. Entscheidung über die Kosten des Verfahrens. Fehlt eine Kostenentscheidung, muss diese nicht über- 23
gangen sein. § 81 begründet eine allgemeine Verpflichtung des Gerichts zur Entscheidung über die Kosten des Verfahrens nicht. Ob und ggf. in welchem Umfang eine Kostenentscheidung sachgerecht ist, liegt im pflichtgemäßen Ermessen des Gerichts. Soweit § 81 Abs. 1 Satz 3 eine Kostenentscheidung für alle Familiensachen, also auch für selbständige Familienverfahren der freiwilligen Gerichtsbarkeit verpflichtend vorsieht, bleibt dies auf § 43 unbeachtlich, weil diese Norm insoweit unanwendbar ist (§ 113 Abs. 1, oben Rdn. 7). Auch für Rechtsmittelentscheidungen ist eine Kostenentscheidung nicht zwingend (§ 84).
Enthält ein Beschluss keine Kostenentscheidung, ist es Frage des Einzelfalles, ob dies auf einer entsprechen- 24
den Ermessensausübung des Gerichts beruht oder auf einer unbeabsichtigten Unterlassung (Thüringer OLG FamRZ 2014, 1732). Hat das Gericht die Notwendigkeit einer Kostenentscheidung gesehen, eine solche indes nicht getroffen, kommt eine Ergänzung nach § 43 in Betracht, nicht dagegen, wenn das Gericht rechtsirrig annimmt, eine Kostenentscheidung sei nicht erforderlich. Streitig ist, ob eine Ergänzung in Betracht kommt, wenn das Gericht sich über die Erforderlichkeit einer Kostenentscheidung keine Gedanken gemacht hat. Während eine ältere Auffassung hier eine Ergänzung zulässt (OLG Hamm Rpfleger 1966, 334; BayObLG 1962, 380), behandelt eine neuere Auffassung diese Fälle analog zur Entscheidung über die Zulassung eines Rechtsmittels (dazu unten Rdn. 25 ff.) und versagt unter Hinweis auf die Möglichkeit einer Beschwerde die Ergänzung (OLG München NJW-RR 2012, 523). Zur Vermeidung von Unklarheiten kann es deswegen geboten sein, in der Entscheidung festzustellen, dass eine Kostenentscheidung absichtlich unterblieben ist.

2. Entscheidung über die Zulassung eines Rechtsmittels. Von Amts wegen erforderlich ist eine Entschei- 25
dung über die Zulassung der Beschwerde (§ 61 Abs. 2) bzw. der Rechtsbeschwerde (§ 70 Abs. 1). Enthält der Beschluss eine solche Entscheidung nicht, so kann sie nicht nach § 43 nachgeholt werden.
Hat das Gericht eine Entscheidung über die Zulassung des Rechtsmittels getroffen, diese aber in der Ent- 26
scheidung offenbar (d.h. bei Erlass des Beschlusses erkennbar) fehlerhaft nicht wiedergegeben, kommt eine

§ 44 Buch 1. Allgemeiner Teil

Berichtigung nach § 42 in Betracht (BGHZ 20, 188, 191, 193 f.; BGHZ 78, 22, 23; BGH NJW 2004, 2389; BGH NJW 2005, 156; BGH NJW 2014, 2879; § 42 Rdn. 39).

27 Hat das Gericht eine Zulassung für irrtümlich entbehrlich oder für nicht möglich gehalten (etwa, weil es den Wert der Beschwer nach § 61 Abs. 3 Nr. 2 zu hoch angenommen hat oder weil die Zulassungsvoraussetzungen falsch beurteilt wurden), handelt es sich um die bewusste Nichtzulassung des Rechtsmittels, die mit der Ergänzung nicht berichtigt werden kann, auch wenn sie inhaltlich falsch ist (BGH NJW 2014, 2879).

28 Von einer Nichtzulassung geht die herrschende Meinung auch dann aus, wenn das Gericht vergessen hat, über die Frage einer Zulassung zu entscheiden. Die für die Zulässigkeit des Rechtsmittels erforderliche Zulassung fehlt nicht erst, wenn das Erstgericht die Zulassung abgelehnt hat, sondern schon dann, wenn eine Zulassung nicht erfolgt ist, ohne dass es auf den Grund für das Fehlen der Zulassung ankommt (BGH NJW 1966, 931, 932; BGH 1981, 2755; BGH MDR 2002, 1449, 1450; BGH NJW 2004, 779; *Greger* NJW 2002, 3050; a.A. Stein/Jonas/*Leipold* § 321 ZPO Rn. 16 m.w.N.). Zur Vermeidung unnötiger Ergänzungsanträge empfiehlt sich deswegen auch insoweit im Zweifel stets die Feststellung der Nichtzulassung (*Zimmer* NJW 1996, 499, 500).

29 **III. Ergänzungsantrag (Abs. 2).** Eine Ergänzung des Beschlusses ist nur auf Antrag, nicht von Amts wegen möglich (BGH FGPrax 2014, 188; OLG Hamm NJW-RR 2000, 1524).

30 Antragsberechtigt ist nicht nur derjenige Beteiligte, der durch die Nichtentscheidung beschwert ist, d.h. derjenige, der den nicht beschiedenen Antrag gestellt hatte (so aber Prütting/Helms/*Abramenko* § 43 Rn. 13), sondern auch derjenige, der ein Interesse daran hat, dass der nicht beschiedene Antrag (rechtskräftig) abgewiesen wird (Bahrenfuss/*Rüntz* § 43 Rn. 8).

31 Der Antrag ist innerhalb einer Frist von 2 Wochen ab schriftlicher Bekanntgabe des Beschlusses (§ 41 Abs. 1, 2 Satz 2; OLG München NJW-RR 2012, 523; zum schon vorher gestellten Antrag OLG Stuttgart MDR 1999, 116, 117) zu stellen. Diese Frist kann nicht verlängert werden (§ 16 i.V.m. § 224 Abs. 2 letzter Halbs.), gegen ihre Versäumung ist eine Wiedereinsetzung in den vorigen Stand möglich (§ 17 Abs. 1; vgl. auch § 17 Rdn. 7). Auch nach Fristablauf bleibt dem Beteiligten die Möglichkeit, mit dem übergangenen Antrag ein neues Verfahren einzuleiten, soweit dem nicht andere Fristen entgegenstehen.

32 Wird ein Ergänzungsantrag nicht gestellt, erlischt mit Ablauf der Antragsfrist die Rechtshängigkeit des nicht beschiedenen Antrags (BGH FamRZ 2005, 881; BGH NJW 2002, 1115, 1116). Damit kann er entweder in einem neuen Verfahren oder in einem gegen die unvollständige Entscheidung betriebenen Rechtsmittelverfahren als neuer Antrag geltend gemacht werden (BGH FamRZ 2005, 881).

33 **D. Ergänzungsbeschluss. I. Verfahren.** Zuständig für die Ergänzung ist das Gericht, das den Anspruch bei der Entscheidung übergangen hat. Dieses muss nicht notwendig in der gleichen Besetzung entscheiden (BGH NJW-RR 2006, 63, 64).

34 Den übrigen Verfahrensbeteiligten ist rechtliches Gehör zu gewähren. Ein Termin zur mündlichen Erörterung (§ 32) ist möglich, regelmäßig aber entbehrlich, wenn die Sache i.R.d. entschiedenen Anträge bereits erörtert wurde (Prütting/Helms/*Abramenko* § 43 Rn. 15).

35 I.Ü. gelten die Vorschriften des Verfahrens, in dem über den übergangenen Antrag zu entscheiden ist

36 **II. Entscheidung.** Die Entscheidung über den Ergänzungsantrag ergeht durch Beschluss. Dieser ist den Beteiligten bekannt zu geben (§ 41).

37 Mit der Ergänzungsentscheidung endet die Rechtshängigkeit auch des zunächst ergangenen Antrags (zur Beendigung der Rechtshängigkeit ohne Ergänzungsbeschluss BGH NJW 1991, 1683, 1684).

38 **III. Anfechtung.** Als selbstständige Entscheidung unterliegt der Ergänzungsbeschluss einer eigenen Anfechtungsmöglichkeit (BGH NJW 2000, 3008). Mit der Bekanntgabe der Ergänzung beginnt die Frist zur Einlegung der Beschwerde (§ 63) gegen die Ergänzungsentscheidung. Neu zu laufen beginnt aber auch die Frist zur Anfechtung der ursprünglichen Entscheidung (§ 518 Satz 1 ZPO analog).

§ 44 Abhilfe bei Verletzung des Anspruchs auf rechtliches Gehör. (1) ¹Auf die Rüge eines durch eine Entscheidung beschwerten Beteiligten ist das Verfahren fortzuführen, wenn
1. ein Rechtsmittel oder ein Rechtsbehelf gegen die Entscheidung oder eine andere Abänderungsmöglichkeit nicht gegeben ist und

Abschnitt 3. Beschluss § 44

2. das Gericht den Anspruch dieses Beteiligten auf rechtliches Gehör in entscheidungserheblicher Weise verletzt hat.
²Gegen eine der Endentscheidung vorausgehende Entscheidung findet die Rüge nicht statt.
(2) ¹Die Rüge ist innerhalb von zwei Wochen nach Kenntnis von der Verletzung des rechtlichen Gehörs zu erheben; der Zeitpunkt der Kenntniserlangung ist glaubhaft zu machen. ²Nach Ablauf eines Jahres seit der Bekanntgabe der angegriffenen Entscheidung an diesen Beteiligten kann die Rüge nicht mehr erhoben werden. ³Die Rüge ist schriftlich oder zur Niederschrift bei dem Gericht zu erheben, dessen Entscheidung angegriffen wird. ⁴Die Rüge muss die angegriffene Entscheidung bezeichnen und das Vorliegen der in Absatz 1 Satz 1 Nr. 2 genannten Voraussetzungen darlegen.
(3) Den übrigen Beteiligten ist, soweit erforderlich, Gelegenheit zur Stellungnahme zu geben.
(4) ¹Ist die Rüge nicht in der gesetzlichen Form oder Frist erhoben, ist sie als unzulässig zu verwerfen. ²Ist die Rüge unbegründet, weist das Gericht sie zurück. ³Die Entscheidung ergeht durch nicht anfechtbaren Beschluss. ⁴Der Beschluss soll kurz begründet werden.
(5) Ist die Rüge begründet, hilft ihr das Gericht ab, indem es das Verfahren fortführt, soweit dies auf Grund der Rüge geboten ist.

Übersicht

	Rdn.		Rdn.
A. Allgemeines	1	2. Verletzung anderer Verfassungsgarantien	32
B. Anwendungsbereich	4	III. Entscheidungserheblichkeit	
C. Voraussetzungen	9	(Abs. 1 Satz 1 Nr. 2)	33
I. Unzulässigkeit Rechtsbehelf (Abs. 1 Satz 1 Nr. 1)	10	IV. Rechtsschutzbedürfnis	35
1. Selbstständig anfechtbare Entscheidungen	11	V. Rüge	36
a) Sofortige Beschwerde	11	1. Frist (Abs. 2 Satz 1, 2)	39
b) Anschlussbeschwerde	13	2. Schriftform (Abs. 2 Satz 3)	44
c) Berichtigung, Ergänzung	14	3. Begründung (Abs. 2 Satz 4)	46
d) Abänderung	15	D. Verfahren	49
2. Unselbstständig anfechtbare Entscheidungen	16	I. Stellungnahme übriger Beteiligter (Abs. 3)	50
3. Sonst abänderbare Entscheidungen	19	II. Gerichtliche Entscheidung (Abs. 4)	52
4. Unanfechtbare Entscheidungen	20	1. Zuständigkeit	52
5. Wirksam gewordene Genehmigungsentscheidungen	22	2. Zulässigkeit	53
		3. Begründetheit	54
6. Rechtspflegerentscheidungen	23	4. Beschluss	55
II. Gehörsverletzung (Abs. 1 Satz 1 Nr. 2)	24	5. Abhilfe	57
1. Anspruch auf rechtliches Gehör	24	E. Rechtsfolgen	58
		I. Verfassungsbeschwerde	59
		II. Verfahrensfortführung (Abs. 5)	61

A. Allgemeines. § 44 ersetzt § 29a FGG, der durch das Anhörungsrügengesetz vom 09.12.2004 (BGBl. I, S. 3220) mit Wirkung zum 01.01.2005 parallel zu inhaltsgleichen Vorschriften anderer Verfahrensordnungen (z.B. § 321a ZPO, § 78a ArbGG, § 152a VwGO) eingeführt wurde. Damit wurde der Forderung des BVerfG (BVerfGE 107, 395 = NJW 2003, 1924) Rechnung getragen, eine fachgerichtliche Möglichkeit der Abhilfe für die entscheidungserhebliche Verletzung des Anspruchs der Beteiligten auf die Gewährung rechtlichen Gehörs zu schaffen und so eine Verfassungsbeschwerde entbehrlich zu machen. Erforderlich ist dies nur, wo der Gehörsverletzung nicht durch reguläre Rechtsbehelfe abgeholfen werden kann. 1

Bei der Gehörsrüge handelt es sich um einen besonderen Rechtsbehelf, mit dem die Selbstbindung des Gerichts genauso wie die formelle und materielle Rechtskraft durchbrochen werden können. Mit der Einlegung der Gehörsrüge wird der Eintritt der Rechtskraft nicht gehemmt (§ 45; *Simon* FamRZ 2012, 340), mit der Entscheidung über die Fortsetzung des Verfahrens aber durchbrochen (BGH NJW 2005, 1432). Insoweit entspricht die Gehörsrüge der Verfassungsbeschwerde. 2

Überwiegend wird die gesetzliche Regelung der Gehörsrüge in allen Verfahrensordnungen als unzureichend empfunden. Ihre Beschränkung auf die Verletzung des Anspruchs auf rechtliches Gehör macht für andere mögliche Verfassungsverstöße (entgegen BGHZ 150, 133) eine Beibehaltung der außerordentlichen Rechts- 3 behelfe (außerordentliche Beschwerde, Gegenvorstellung) erforderlich, die Zuständigkeit des gehörsverletzenden Gerichts minimiert die Erfolgsaussichten der Gehörsrüge erheblich.

4 **B. Anwendungsbereich.** Trotz ihrer systematischen Stellung im Abschnitt »Beschluss« ist die Anhörungsrüge nicht auf Entscheidungen in Beschlussform beschränkt. Möglich ist die Anhörungsrüge vielmehr gegen **Endentscheidungen** (s. § 38 Rdn. 6) im Anwendungsbereich des FamFG. Der Wegfall der im ursprünglichen Entwurf des FamFG vorgesehenen Beschränkung auf »gerichtliche« Entscheidungen beruht lediglich auf der Anpassung des Wortlauts an den des § 321a ZPO, ohne dass damit eine inhaltliche Änderung verbunden wäre (BT-Drucks. 16/9733 S. 355). Eine Verletzung des Anspruchs auf rechtliches Gehör kommt indes nur in Verfahren in Betracht, in denen ein entsprechender Anspruch besteht. Dies ist nicht der Fall in den Verfahren vor dem Rechtspfleger (BVerfGE 101, 397), deswegen ist der Anwendungsbereich auf das Verfahren vor dem Richter beschränkt (unten Rdn. 23).

5 Endentscheidungen sind nicht nur solche in der Hauptsache, sondern auch solche in Nebenverfahren, wie etwa die Entscheidung über die Versagung der Verfahrenskostenhilfe, der Erlass einer einstweiligen Anordnung oder die Versagung eines Notanwalts (BGH FamRZ 2012, 1865). Unerheblich ist die Form der Entscheidung und die Instanz, in der sie ergangen ist. Nicht möglich ist die Rüge gegen der Endentscheidung vorausgehende Zwischenentscheidungen (s. § 38 Rdn. 10, 18), schon deswegen, weil hier vor Erlass der Endentscheidung das rechtliche Gehör noch nachgeholt werden kann. Ausdrücklich ausgeschlossen ist die Gehörsrüge gegen einen Beschluss, durch den die Genehmigung für ein Rechtsgeschäft erteilt oder verweigert wird, wenn die Genehmigung oder deren Verweigerung einem Dritten ggü. wirksam geworden ist (§ 48 Abs. 3; § 48 Rdn. 61).

6 Die Gehörsrüge ist nicht auf erstinstanzliche Verfahren beschränkt, sondern kann auch gegen **Entscheidungen der Rechtsmittelgerichte** bis hin zum BGH erhoben werden. Dabei kann indes nur eine Verletzung des Anspruchs auf rechtliches Gehör durch das Rechtsmittelgericht selbst gerügt werden, nicht, dass das Rechtsmittelgericht eine Gehörsverletzung der Vorinstanz verneint hat (BVerfG 2007, 3418, 3419; BGH FamRZ 2008, 401; BGH NJW 2007, 1370, 1371; *Sangmeister* NJW 2007, 1370, 1371).

7 **Entsprechend anwendbar** ist die Anhörungsrüge in Grundbuch- (§ 81 Abs. 3 GBO) und in Schiffsregistersachen (§ 89 Abs. 3 SchiffsRegO) sowie in kostenrechtlichen Verfahren (§ 131 GNotKG). Eine eigene Regelung hat die Anhörungsrüge gegen kostenrechtliche Entscheidungen in § 61 FamGKG gefunden.

8 In **Ehe- und Familienstreitsachen** tritt an die Stelle der Gehörsrüge aus § 44 die – weitgehend wortgleiche – aus § 321a ZPO (§ 113 Abs. 1).

9 **C. Voraussetzungen.** Statthaft ist die Gehörsrüge, wenn gegen die angegriffene Entscheidung weder ein Rechtsmittel noch ein Rechtsbehelf oder eine andere Abänderungsmöglichkeit gegeben ist und das Gericht den Anspruch dieses Beteiligten auf rechtliches Gehör in entscheidungserheblicher Weise verletzt hat (*Simon* FamRZ 2012, 340).

10 **I. Unzulässigkeit Rechtsbehelf (Abs. 1 Satz 1 Nr. 1).** Die Gehörsrüge ist anderen Rechtsbehelfen ggü. subsidiär. Nicht mit der Gehörsrüge können diejenigen Entscheidungen angefochten werden, gegen die ein Rechtsbehelf gegeben ist.

11 **1. Selbstständig anfechtbare Entscheidungen. a) Sofortige Beschwerde.** Ausgeschlossen ist die Gehörsrüge damit gegen Entscheidungen, die selbstständig mit der sofortigen Beschwerde angefochten werden können (§ 58 Abs. 1).

12 Wurde gegen die anzufechtende Entscheidung die an sich statthafte Beschwerde nicht eingelegt, schließt dies eine Gehörsrüge nur aus, wenn der Beteiligte bei Ablauf der Beschwerdefrist bereits Kenntnis von der Verletzung des Anspruchs auf rechtliches Gehör hatte (Abs. 2 Satz 1). Trat diese Kenntnis erst später ein, bleibt die Gehörsrüge bis zum Ablauf der Jahresfrist (Rdn. 43) statthaft (Thomas/Putzo/*Reichold* § 321a ZPO Rn. 2; Zöller/*Vollkommer* § 321a ZPO Rn. 5; *Schnabl* S. 146 ff., 151; a.A. Stein/Jonas/*Leipold* § 321a ZPO Rn. 21).

13 **b) Anschlussbeschwerde.** Als der Gehörsrüge vorgehender anderer Rechtsbehelf ist auch die Anschlussbeschwerde (§ 66) anzusehen. Diese steht Beteiligten offen, die wegen eines Verzichts, des Nichterreichens eines eigenen Beschwerdewerts oder Versäumung der Beschwerdefrist eine selbstständige Beschwerde nicht einlegen können, im Beschwerdeverfahren aber mehr erreichen wollen, als die bloße Zurückweisung des Rechtsmittels. Hier kann es sich allerdings empfehlen, die Gehörsrüge vorsorglich zusätzlich neben der Anschließung zu erheben, um zu vermeiden, dass die Verletzung des Anspruchs auf rechtliches Gehör unge-

prüft bleibt, wenn der Beschwerdeführer sein Rechtsmittel zurücknimmt und die Anschlussbeschwerde damit ihre Wirkung verliert (§ 66 Satz 2). Führt das Beschwerdeverfahren zu einer Sachentscheidung, wird in deren Rahmen auch über die mit der Anschließung geltend gemachte Verletzung des Anspruchs auf rechtliches Gehör entschieden, wodurch sich die Gehörsrüge erledigt. Ergeht eine Sachentscheidung im Beschwerdeverfahren nicht, ist das – bis dahin ausgesetzte – Anhörungsrügeverfahren fortzusetzen (*Zuck* NVwZ 2005, 739).

c) Berichtigung, Ergänzung. Ausgeschlossen ist die Gehörsrüge auch, wenn die Möglichkeit der Berichtigung (§ 42) oder Ergänzung des Beschlusses (§ 43) besteht. Praktisch kann dahin stehen, ob dies damit begründet wird, dass es sich dabei um eine andere Abänderungsmöglichkeit i.S.d. § 44 Abs. 1 Nr. 1 handelt (Baumbach/*Hartmann* § 321a ZPO Rn. 5 ff.) oder ob in diesen Fällen ein allgemeines Rechtsschutzbedürfnis verneint wird (so Rosenberg/Schwab/*Gottwald* § 61 Rn. 35). Allerdings dürften sich die Anwendungsbereiche der §§ 42, 43 mit dem des § 44 nur ausnahmsweise überschneiden, sodass Konkurrenzen kaum auftreten dürften (MüKo/*Musielak* § 321a ZPO Rn. 11). 14

d) Abänderung. Die Abänderungsmöglichkeit des Gerichts bei Endentscheidungen mit Dauerwirkung aus § 48 steht der Gehörsrüge nur entgegen, wenn die dort genannten Voraussetzungen gegeben sind, sich die zugrunde liegende Sach- oder Rechtslage also nachträglich wesentlich geändert hat (unten Rdn. 22). 15

2. Unselbstständig anfechtbare Entscheidungen. Ausgeschlossen ist die Gehörsrüge auch gegen Entscheidungen, die zwar **nicht selbstständig anfechtbar** sind, die aber einer Endentscheidung vorausgehen (§ 44 Abs. 1 Satz 2), die ihrerseits der Beschwerde unterliegt. Solche Vorentscheidungen unterliegen der Beurteilung des Beschwerdegerichts bei der Anfechtung der Endentscheidung (§ 58 Abs. 2). 16

Dies gilt zunächst für alle diejenigen Entscheidungen, bei denen kraft Gesetzes nur die selbstständige Anfechtbarkeit ausdrücklich ausgeschlossen ist, also 17

– die Anordnung des Versuchs einer außergerichtlichen Streitbeilegung in Folgesachen (§ 135 Abs. 1);
– die Abtrennung einzelner Folgesachen (§ 140 Abs. 6);
– das Hinwirken auf ein Einvernehmen der Eltern in Kindschaftssachen (§ 156 Abs. 1);
– die Entscheidung über die Bestellung eines Verfahrensbeistands für das Kind (§ 158 Abs. 3);
– die Verweigerung der Genehmigung einer Vereinbarung über den Versorgungsausgleich (§ 223 Abs. 2);
– die Auskunftsanordnungen des Gerichts in Unterhaltssachen (§ 235 Abs. 4);
– die Entscheidungen über die Bestellung eines Verfahrenspflegers in Betreuungs- (§ 276 Abs. 6), Unterbringungs- (§ 317 Abs. 6) und Freiheitsentziehungssachen (§ 419 Abs. 4).

Ist in den diesen Vorentscheidungen vorausgegangenen Verfahren der Anspruch auf rechtliches Gehör verletzt, ist dies mit der Beschwerde gegen die nachfolgende Hauptsacheentscheidung zu rügen und führt im Fall der Erheblichkeit der Gehörsverletzung zu einer Abänderung der angefochtenen Entscheidung. 18

3. Sonst abänderbare Entscheidungen. Unanwendbar ist die Gehörsrüge gegen Endentscheidungen, wenn und soweit diese einer anderweitigen Abänderungsmöglichkeit unterliegen. Dazu gehören 19

– die Betreuerbestellung, die aufgehoben oder eingeschränkt werden kann (§ 294);
– die Anordnung einer Unterbringung, die aufgehoben werden kann (§ 330);
– die Registereintragung, die gelöscht werden kann (§ 395);
– der Erbschein, der eingezogen werden kann (§ 2361 BGB);
– die Bestellung eines Liquidators, der abberufen werden kann (§ 66 Abs. 3 GmbHG).

Auch soweit diese Vorschriften der Berücksichtigung nachträglich eingetretener oder bekannt gewordener tatsächlicher Änderungen von Voraussetzungen der Entscheidung dienen, erlauben sie eine nachträgliche Gewährung rechtlichen Gehörs und eine daraus ggf. resultierende erforderliche Abänderung der Entscheidung, machen damit eine Gehörsrüge überflüssig (Bahrenfuss/*Rüntz* § 44 Rn. 5).

4. Unanfechtbare Entscheidungen. Zweifelhaft ist, wie die Verletzung des Anspruchs auf rechtliches Gehör bei den Entscheidungen geltend zu machen ist, die kraft gesetzlicher Regelung ausdrücklich unanfechtbar sind. Dies sind 20

– die Verweisung an ein örtlich oder sachlich zuständiges Gericht (§ 3 Abs. 3 Satz 1);
– die Bestimmung des zuständigen Gerichts durch das im Rechtszug nächsthöhere gemeinsame Gericht (§ 5 Abs. 3);

§ 44

- die Zurückweisung von nicht vertretungsbefugten Bevollmächtigten (§ 10 Abs. 3 Satz 1) und die Untersagung einer weiteren Vertretung durch Bevollmächtigte, die nicht in der Lage sind, das Sach- und Streitverhältnis sachgerecht darzustellen (§ 10 Abs. 3 Satz 3);
- die Entscheidung, ob einem Rechtsanwalt, einem Notar oder einer beteiligten Behörde Akteneinsicht in deren Amts- oder Geschäftsräumen überlassen wird (§ 13 Abs. 4 Satz 2);
- die Wiedereinsetzung in den vorigen Stand gegen die Versäumung einer Frist (§ 19 Abs. 2);
- die Feststellung der Wirkungslosigkeit einer bereits ergangenen, noch nicht rechtskräftigen Endentscheidung nach Antragsrücknahme (§ 22 Abs. 2);
- die Ablehnung des Beweisantrags eines Beteiligten (§ 29 Abs. 2);
- die Zurückweisung des Antrags auf Berichtigung eines Beschlusses (§ 42 Abs. 3);
- die Entscheidung über die Gehörsrüge (§ 44 Abs. 4 Satz 3; OLG Nürnberg FamRZ 2015, 269);
- die Aussetzung oder Beschränkung der Vollstreckung einer einstweiligen Anordnung (§§ 53, 55 Abs. 1);
- Entscheidungen im Verfahren der einstweiligen Anordnung in Familiensachen, soweit diese nicht erstinstanzlich aufgrund mündlicher Erörterung über einen der in § 57 genannten Gegenstände ergangen sind (§ 57);
- Die Entscheidung über die (Nicht-) Zulassung der Rechtsbeschwerde (§ 70 Abs. 1; BGH NJW 2014, 2879);
- die Vorabentscheidung über die einstweilige Einstellung der Vollstreckung in der Beschwerdeinstanz (§ 93 Abs. 1 Satz 2);
- die Abgabe der Vormundschaft an das Gericht eines anderen Staates (§ 99 Abs. 3);
- die gerichtliche Feststellung der Erfolglosigkeit des Vermittlungsverfahrens in Kindschaftssachen (§ 165 Abs. 5 Satz 1);
- der Beschluss, durch den das Gericht die Annahme als Kind ausspricht (§ 197 Abs. 3 Satz 1);
- der Beschluss, durch den die Befreiung vom Eheverbot nach § 1308 Abs. 1 BGB erteilt wird (§ 98 Abs. 3);
- die Anordnung der Vorführung des Betroffenen in Betreuungssachen (§ 283 Abs. 1);
- eine Maßnahme zur Regelung einzelner Angelegenheiten im Vollzug der Unterbringung (§ 327 Abs. 4);
- der Beschluss über die Einziehung oder Kraftloserklärung eines Erbscheins (§ 353 Abs. 3);
- der Beschluss, durch den dem Antrag des Erben, die Nachlassverwaltung anzuordnen, stattgegeben wird (§ 359 Abs. 1 ZPO);
- die Eintragung in Registersachen (§ 383 Abs. 3);
- die Anordnung der Vorführung in Freiheitsentziehungssachen (§ 420 Abs. 1 Satz 3);
- Beschlüsse über die Ernennung, Beeidigung und Vernehmung des Sachverständigen in den Fällen, in denen jemand nach den Vorschriften des bürgerlichen Rechts den Zustand oder den Wert einer Sache durch einen Sachverständigen feststellen lassen kann (§§ 410 Nr. 2, 414).

21 Verfassungsrechtliche Erwägungen (Justizgewährungsanspruch, Anspruch auf rechtliches Gehör, Gebot des fairen Verfahrens) machen es zwingend erforderlich, Verletzungen des Anspruchs auf rechtliches Gehör in den diesen Entscheidungen vorangegangenen Verfahren rügen zu können. Soweit diesen Entscheidungen eine Endentscheidung folgt, kann die Rüge zusammen mit der Anfechtung dieser Endentscheidung erfolgen. Im Beschwerdeverfahren unterliegen auch die unanfechtbaren Vorentscheidungen der Beurteilung des Beschwerdegerichts. Dies folgt aus dem Wortlaut des § 58 Abs. 2, der (anders als z.B. § 512 ZPO) eine Einschränkung der zu überprüfenden Vorentscheidungen nicht vorsieht. Entnimmt man dem gesetzlichen Anfechtungsverbot dagegen auch das Verbot einer Inzidentprüfung i.R.d. Beschwerdeverfahrens (so BT-Drucks. 16/6308, S. 203 f.), kann sich dieses jedenfalls nicht auf die Rüge der Verletzung rechtlichen Gehörs in dem der Vorentscheidung vorangegangenen Verfahren erstrecken. Auch grds. unanfechtbare, der Überprüfung im Beschwerdeverfahren nicht unterliegende Vorentscheidungen werden dort jedenfalls soweit geprüft (und ggf. abgeändert), als eine Gehörsverletzung gerügt wird (Stein/Jonas/*Leipold* vor § 128 ZPO Rn. 103; § 321a ZPO Rn. 17). Folgt der Vorentscheidung keine mit der Beschwerde angreifbare Endentscheidung, muss § 44 Abs. 1 Satz 2 verfassungskonform teleologisch dahin reduziert ausgelegt werden, dass dann die Anhörungsrüge zulässig bleibt (Wieczorek/*Rensen* § 321a ZPO Rn. 29).

22 **5. Wirksam gewordene Genehmigungsentscheidungen.** Ausdrücklich ausgeschlossen ist die Gehörsrüge gegen einen Beschluss, durch den die Genehmigung für ein Rechtsgeschäft erteilt oder verweigert wird, wenn die Genehmigung oder deren Verweigerung einem Dritten ggü. wirksam geworden ist (§ 48 Abs. 3; oben Rdn. 15).

Abschnitt 3. Beschluss § 44

6. Rechtspflegerentscheidungen. Ausgeschlossen ist die Gehörsrüge schließlich auch gegen Entscheidungen des Rechtspflegers. Der Anspruch auf rechtliches Gehör nach Art. 103 GG besteht nur in Verfahren vor dem Richter (BVerfG NJW 2000, 1709). Nur hier besteht ein Anspruch auf rechtliches Gehör aus Art. 103 GG. Der Rechtspfleger entscheidet zwar innerhalb des ihm übertragenen Aufgabenkreises als »Gericht«, ist aber kein »Richter« i.S.d. GG oder des GVG. Rechtspflegerentscheidungen unterliegen deswegen der Gehörsrüge nicht. Gegen sie ist die Erinnerung nach § 11 Abs. 2 RPflG gegeben, in der Rahmen auch die Rüge mangelnder Gehörsgewährung vom Richter behandelt werden kann. 23

II. Gehörsverletzung (Abs. 1 Satz 1 Nr. 2). 1. Anspruch auf rechtliches Gehör. Ob eine Verletzung des Anspruchs auf rechtliches Gehör vorliegt, ist aus Art. 103 Abs. 1 GG zu beurteilen. Dies folgt zum einen aus der verfassungsrechtlichen Herleitung des § 44, zum anderen daraus, dass es einen abgrenzbaren verfahrensrechtlichen Begriff des rechtlichen Gehörs nicht gibt (Stein/Jonas/*Leipold* § 321a ZPO Rn. 38; *Rensen* MDR 2005, 181, 183). Die gegenteilige Auffassung, die eine Verletzung rechtlichen Gehörs schon bei der Verletzung einfachgesetzlicher, der Gewährung rechtlichen Gehörs dienender Verfahrensvorschriften annimmt (*Sangmeister* NJW 2007, 2363; *Zuck* NJW 2005, 3753; Friedrici/Kemper/*Simon* § 44 Rn. 8), kann den Umfang der Gehörsverletzung nicht klar abgrenzen und muss in letzter Konsequenz die Verletzung jeder Verfahrensvorschrift genügen lassen. 24

Nach ständiger Rechtsprechung des BVerfG ist das Gericht i.R.d. Art. 103 Abs. 1 GG nicht nur verpflichtet, den Beteiligten hinreichend Gelegenheit zum Vortrag von Tatsachen zu geben, sondern auch, vorgetragene Tatsachen zur Kenntnis zu nehmen und für die Entscheidung in Erwägung zu ziehen. 25

Dabei genügt stets die **objektive** Gehörsverletzung, eine **subjektive** Komponente (Vertretenmüssen des Gerichts) ist nicht erforderlich (BVerfGE 53, 219, 223; BVerfGE 62, 347, 352). Deswegen kommt eine Gehörsverletzung auch dort in Betracht, wo sie für das Gericht nicht erkennbar oder nicht vermeidbar war oder von einem Dritten verschuldet wurde. 26

Wichtige praktische **Fallgruppen** (Zöller/*Vollkommer* § 321a ZPO Rn. 8; MüKo/*Musielak* § 321a ZPO Rn. 12; *Schmidt* MDR 2002, 915) einer Verletzung rechtlichen Gehörs sind: 27

– »Pannenfälle«, in denen die Nichtberücksichtigung von Vortrag auf einem Versehen oder Zufall beruht (z.B. nicht zu den Akten gelangte Schriftsätze der Beteiligten; *Schumann* NJW 1985, 1134, 1135 ff.); 28

– »Präklusionsfälle«, in denen das Gericht durch eine fehlerhafte Anwendung verfahrensrechtlicher Vorschriften das Äußerungsrecht der Beteiligten beschränkt (z.B. das Setzen einer zu kurzen Frist oder die Entscheidung vor Ablauf der gesetzten Frist; fälschliche Annahme einer Säumnis; Ablehnung eines begründeten Verlegungsantrags; unzulässige Beschränkung des Vortragsrechts in der mündlichen Verhandlung; unberechtigte Zurückweisung von Vortrag als verspätet; BGH NJW 2005, 2624; BayVerfGH NJW-RR 2005, 1730); 29

– »Hinweisfälle«, in denen das Gericht einen verfahrensrechtlich gebotenen Hinweis fehlerhaft nicht erteilt (z.B. weil das Gericht fälschlich davon ausgeht, der Mangel sei bereits vom Gegner ausreichend gerügt, ein anwaltlich vertretener Beteiligter bedürfe keines Hinweises oder eine Behebung des Mangels sei ohnehin nicht zu erwarten; *Rensen* MDR 2008, 1075); dem steht es gleich, dass die Beteiligten nach einem Hinweis keine ausreichende Gelegenheit zur Behebung des Mangels im Vortrag haben; 30

– »Unrichtigkeitsfälle«, in denen das Gericht Betroffene nicht beteiligt (OLG Naumburg Urt. v. 04.10.2010 – 8 UF 56/10), Vortrag eines Beteiligten übersieht, missversteht oder bei der Entscheidung unberücksichtigt lässt (z.B. das Übersehen eines Beweisantritts oder eines Bestreitens; die unzutreffende Behandlung eines Vortrags als unschlüssig; BGH NJW-RR 2005, 1603; *Zuck* NJW 2005, 3753, 3755 f.). Dies ist indes nicht stets schon dann der Fall, wenn Teile des Beteiligtenvortrags in den Gründen nicht abgehandelt wurden (zum notwendigen Umfang der Auseinandersetzung mit dem Beteiligtenvorbringen in den Gründen § 38 Rdn. 79). 31

2. Verletzung anderer Verfassungsgarantien. Der Anwendungsbereich des § 321a ZPO ist auf die Rüge der Verletzung des Anspruchs auf rechtliches Gehör beschränkt. Auf die **Verletzung anderer Verfassungsgrundsätze**, insb. Grundrechte (etwa Art. 6 GG: Schutz von Ehe und Familie; Art. 14: Schutz von Eigentum und Erbrecht), auch solche, die das gerichtliche Verfahren betreffen (Art. 1 GG: Menschenwürde; Art. 2 GG: Persönlichkeitsrecht; Art. 3 GG: Gebot der prozessualen Waffengleichheit, Willkürverbot; Art. 20 GG: Gebot des fairen Verfahrens; Willkürverbot; Art. 101 GG: Gesetzlicher Richter), findet § 44 keine – auch keine entsprechende – Anwendung. Dem stehen sowohl der klare Wortlaut (Abs. 1 Satz 1 Nr. 2) der Norm als auch der deutlich geäußerte gesetzgeberische Willen (BT-Drucks. 15/3706, S. 14) entgegen (h.M. BVerfG NJW 32

2006, 2907, 2908; BGH MDR 2008, 1175; BFH NJW 2005, 2639; Zöller/*Vollkommer* § 321a ZPO Rn. 3 m.w.N.; MüKo/*Musielak* § 321a ZPO Rn. 14; a.A. noch BGH NJW 2006, 1978; *Gravenhorst* NZA 2005, 24, 27). Auch wenn der Auftrag des BVerfG (BVerfGE 107, 395 = NJW 2003, 1924) sich lediglich auf die Verletzung des Art. 103 Abs. 1 GG bezog, bleibt dabei zumindest offen, ob die verfassungsrechtlich gebotene fachgerichtliche Abhilfemöglichkeit zur Vermeidung einer Verfassungsbeschwerde hinreichend eröffnet ist (*U. Schmidt* MDR 2002, 915; *E. Schneider* MDR 2006, 969; *ders.* FS Madert [2006], 187; *Kettinger* ZRP 2006, 152). Die von der Anhörungsrüge nicht erfassten Verfassungsverstöße können auch nach dem Anhörungsrügengesetz nur durch eine außerordentliche Beschwerde fachgerichtlich geltend gemacht werden, sodass diese – entgegen der Intention des Gesetzgebers – nicht entbehrlich geworden ist (KKW/*Kahl* § 19 FGG Rn. 39; *Bumiller*/*Winkler* § 29a FGG Rn. 2; Thomas/Putzo/*Reichold* § 567 ZPO Rn. 9).

33 **III. Entscheidungserheblichkeit (Abs. 1 Satz 1 Nr. 2).** Allein die Verletzung des Anspruchs auf rechtliches Gehör rechtfertigt die Abänderung der ergangenen Entscheidung nicht. Eine solche kommt vielmehr nur dort in Betracht, wo die Gehörsverletzung sich möglicherweise zum Nachteil des rügenden Beteiligten **ausgewirkt** hat. In entscheidungserheblicher Weise verletzt ist der Anspruch auf rechtliches Gehör nur, wenn ohne die Verletzung eine dem Beteiligten günstigere Entscheidung hätte ergehen können. Dies wird nicht vermutet, sondern muss mit der Rüge vorgetragen werden (§ 44 Abs. 2 Satz 5). Dabei genügt es, dass eine günstigere Entscheidung möglich gewesen wäre, nicht erforderlich ist die Darlegung, dass die günstigere Entscheidung dann die einzig denkbare Entscheidung hätte sein können (KKW/*Meyer-Holz* § 29a FGG Rn. 16).

34 Besteht die Gehörsverletzung in der Nichtberücksichtigung von Beteiligtenvortrag, ist **darzutun**, inwieweit die Berücksichtigung zu einem günstigeren Ergebnis geführt hätte. Das Übergehen eines Beweisantritts ist erheblich, wenn der erhobene Beweis sich auf die Entscheidung ausgewirkt hätte. Ist ein gerichtlicher Hinweis unterblieben, kommt es darauf an, was der Beteiligte bei rechtzeitigem Hinweis vorgetragen hätte und ob diese Tatsachen die Entscheidung hätten beeinflussen können.

35 **IV. Rechtsschutzbedürfnis.** Ungeschriebene Voraussetzung jedes Rechtsbehelfs ist das Vorliegen eines Rechtsschutzbedürfnisses. Ein solches fehlt jedenfalls dann, wenn der begehrte materielle Erfolg mit der Fortsetzung des Verfahrens nicht erreicht werden kann. Dies ist z.B. der Fall, wenn die Gehörsrüge sich gegen einen Beschluss richtet, der einem zwischenzeitlich erteilten Erbschein vorangegangen ist, weil der Erbschein nicht in einem fortgesetzten Erteilungs-, sondern ausschließlich in einem besonderen Einziehungsverfahren (§ 2361 BGB) überprüft und ggf. beseitigt werden kann (KG Berlin FamRZ 2012, 1588).

36 **V. Rüge.** Nach § 44 wird eine Verletzung des Anspruchs auf rechtliches Gehör nur auf eine besondere Rüge des hierdurch betroffenen Beteiligten geprüft. Diese Rüge ist frist- und formabhängig. **Einzulegen** ist sie bei dem Gericht, das die angefochtene Entscheidung erlassen hat, eine Überwälzung in die nächsthöhere Instanz (Devolutiveffekt) findet nicht statt.

37 **Rügeberechtigt** sind nach dem Wortlaut des § 44 Abs. 1 Satz 1 nur die durch die Entscheidung beschwerten Beteiligten. Auch nicht förmlich am Ausgangsverfahren Beteiligte können indes in ihrem Anspruch auf rechtliches Gehör verletzt sein, Dies gilt z.B. im Fall der Nichtanhörung leiblicher Kinder im Adoptionsverfahren (§ 193; BVerfG FamRZ 1988, 1247; BVerfG FamRZ 2009, 106). Auch diesen Personen muss die Möglichkeit zur Wahrung im Rechte mittels der Gehörsrüge zumindest dann zustehen, wenn sie von der Entscheidung in ihren Rechten unmittelbar nachteilig betroffen sind (so auch MüKo/*Ulrici* § 44 Rn. 13; Bumiller/*Harders* § 44 Rn. 14; *Kemper/Schreiber* FamR 2012, 340; so wohl auch BVerfG NJW 2014, 2635 m. Anm. *Rogalla* NZFam 2014, 997).

38 Einen besonderen Wert muss die Beschwer nicht erreichen.

39 **1. Frist (Abs. 2 Satz 1, 2).** Die Rüge kann nur innerhalb einer Frist von **2 Wochen** erhoben werden. Die Frist beginnt abweichend von § 16 Abs. 1 nicht mit der Bekanntgabe der anzufechtenden Entscheidung, sondern mit der **Kenntnis** von der Verletzung des rechtlichen Gehörs. Erforderlich ist dabei positive Kenntnis des Beteiligten von den Tatsachen, aus denen sich der Gehörsverstoß ergibt. Darauf, dass der Beteiligte um ein hieraus folgendes Rügerecht weiß, kommt es nicht an. Das bloße Kennen-müssen genügt nicht (BVerfG NJW 2007, 2242, 2244; *Rensen* MDR 2007, 695, 696 f.). Etwas anderes kann dort gelten, wo der Beteiligte sich der Kenntnis bewusst verschließt, indem er etwa eine ihm übersandte Entscheidung nicht liest (BAG NZA 2003, 453; Zöller/*Vollkommer* § 321a ZPO Rn. 14).

Dieser Zeitpunkt kann mit der **Bekanntgabe** zusammenfallen. Regelmäßig wird spätestens dann feststellbar sein, ob eigenes erhebliches Vorbringen vom Gericht übergangen wurde (Jansen/*Briesemeier* § 29a FGG Rn. 15). Bereits vor der Bekanntgabe (aber nicht vor Erlass der Entscheidung, weil deren Anfechtung vorher nicht möglich ist; Stein/Jonas/*Leipold* § 321a ZPO Rn. 26) kann die Frist beginnen, wenn etwa die Verletzung rechtlichen Gehörs in einer mündlichen Verhandlung erfolgt. Erst nach der Bekanntgabe kann die Frist beginnen, wenn die Gehörsverletzung sich erst aus einer Einsicht in die Verfahrensakte ergibt. 40

Um dem Gericht die Prüfung der Fristeinhaltung zu ermöglichen, ist der Zeitpunkt der Kenntniserlangung in der Rügeschrift nicht nur darzulegen, sondern auch glaubhaft zu machen (§ 31). Regelmäßig wird es dazu erforderlich sein, anzugeben, wann und wie der Beteiligte von der Gehörsverletzung Kenntnis erlangt hat und beides an Eides statt zu versichern. Fällt die Kenntniserlangung mit der durch eine Zustellung erfolgten Bekanntgabe (§ 41 Abs. 1) zusammen, genügt eine Bezugnahme auf den aus der Verfahrensakte ersichtlichen Zustellungsnachweis. 41

Eine Verlängerung der Frist durch das Gericht ist nicht möglich (§ 16 Abs. 2 i.V.m. § 224 Abs. 2 ZPO). Gegen die schuldlose Versäumung der 2-Wochen-Frist kommt eine **Wiedereinsetzung** in den vorigen Stand in Betracht (§ 17 Abs. 1). 42

Unabhängig von der Kenntnis kann die Rüge nicht mehr erhoben werden, wenn seit der Bekanntgabe der Entscheidung an den in seinem Anspruch auf rechtliches Gehör verletzten Beteiligten mehr als **ein Jahr** vergangen ist (Abs. 2 Satz 3). Hierbei handelt es sich um eine materielle Ausschlussfrist, gegen deren Versäumung eine Wiedereinsetzung nicht möglich ist. 43

2. Schriftform (Abs. 2 Satz 3). Die Rüge muss schriftlich oder zur Niederschrift bei dem Gericht erhoben werden. Die Schriftform kann durch ein Telefax (BVerfG MDR 2000, 836; BAG NJW 2001, 989), auch durch ein Computerfax (OGB NJW 2000, 2340) oder – nach Maßgabe der §§ 14 Abs. 2, 130a ZPO – durch ein elektronisches Dokument (E-Mail) mit qualifiziert elektronischer Signatur gewahrt werden. Die in § 29a FGG a.F. noch vorhandene Einschränkung der Schriftform bei der Anfechtung von Entscheidungen der OLG existiert nicht mehr. 44

Die Voraussetzungen der Erklärung zur Niederschrift der Geschäftsstelle folgen aus § 25. 45

3. Begründung (Abs. 2 Satz 4). Die Rügeschrift muss die angegriffene **Entscheidung** bezeichnen und darlegen, worin die **Verletzung** des Anspruchs auf rechtliches Gehör gesehen wird (Abs. 1 Nr. 2; OLG Dresden Urt. v. 17.01.2011 – 17 W 1161/10; Rdn. 24 ff.). Hierzu sind die Tatsachen darzulegen, aus denen sich die behauptete Gehörsverletzung ergibt. Dabei dürfen an die Anforderungen der Darlegung für die Zulässigkeit der Rüge keine allzu großen Anforderungen gestellt werden. Besteht die Gehörsverletzung in einem Übergehen früheren Vortrags, ist auf diesen hinzuweisen. Wird in einer Rechtsmittelinstanz die Nichtberücksichtigung von Beteiligtenvortrag gerügt, muss zusätzlich dargetan werden, dass diese Tatsachen berücksichtigungsfähig waren. Generell dürfte genügen, dass erkennbar wird, worin der Rügeführer die Gehörsverletzung sieht. Eine (unbeabsichtigte) Wiederholung des Fehlers kann aber nur durch dessen konkrete Darlegung vermieden werden. Neue Tatsachen können in der Rügeschrift nicht vorgetragen werden (BGH FamRZ 2007, 1463). 46

Hinsichtlich der **Kausalität** ist es erforderlich darzutun, warum ohne die Gehörsverletzung eine andere Entscheidung zumindest möglich gewesen wäre. Besteht die Verletzung in der Nichterteilung eines erforderlichen gerichtlichen Hinweises, muss zusätzlich zur Erforderlichkeit des Hinweises auch dargelegt werden, was bei Erteilung des Hinweises vorgetragen worden wäre und dass dies eine andere Entscheidung ermöglicht hätte. 47

Erforderlich ist zudem die Darlegung und Glaubhaftmachung des Zeitpunkts der **Kenntniserlangung** (Abs. 2 Satz 1 Halbs. 2; Rdn. 39). 48

D. Verfahren. Der Rügeführer hat rechtliches Gehör regelmäßig bereits durch die Rügeschrift. Nur ausnahmsweise (etwa nach einem Hinweis auf formelle oder materielle Mängel der Rüge, § 28) wird es erforderlich sein, ihm eine Möglichkeit zur ergänzenden Stellungnahme einzuräumen. 49

I. Stellungnahme übriger Beteiligter (Abs. 3). Einer Anhörung der übrigen Beteiligten i.R.d. Gehörsrügeverfahrens bedarf es nur, wenn dies **erforderlich** ist. Dies ist regelmäßig der Fall, wenn durch die Rüge die bereits in Rechtskraft erwachsene Entscheidung infrage gestellt ist und zum Nachteil anderer Beteiligter abgeändert werden kann. 50

51 **Entbehrlich** ist eine Anhörung, wenn die Rüge erkennbar aussichtslos ist (Stein/Jonas/*Leipold* § 321a ZPO Rn. 46). Entbehrlich ist die Anhörung eines Beteiligten auch dann, wenn die Rüge auf Teile der Entscheidung beschränkt wurde, an denen er nicht beteiligt ist.

52 **II. Gerichtliche Entscheidung (Abs. 4). 1. Zuständigkeit.** Zuständig für die Entscheidung nach § 44 ist das Gericht, dessen Entscheidung mit der Gehörsrüge angegriffen wird, in der derzeit gegebenen Besetzung unabhängig davon, ob diese identisch ist mit der bei Erlass der angefochtenen Entscheidung. Eine Beschränkung auf die bei der angegriffenen Entscheidung beteiligten Gerichtspersonen (wie etwa bei § 320 Abs. 4 Satz 2 ZPO) ist nicht erforderlich, weil die Entscheidung nach objektiven Kriterien aufgrund des Akteninhalts ergeht und es auf eine persönliche Erinnerung der Beteiligten an den Ablauf des gerügten Verfahrens nicht ankommt (Jansen/*Briesemeister* § 29a FGG Rn. 1; *E. Schneider* MDR 2005, 248).

53 **2. Zulässigkeit.** Das Gericht prüft zunächst die Zulässigkeit der Gehörsrüge, insb. also, ob der Rechtsbehelf an sich statthaft (Abs. 1 Nr. 1; Rdn. 9 ff.) und in der gesetzlich gebotenen Frist (Abs. 2 Satz 1, 2; Rdn. 39) und Form (Abs. 2 Satz 3; Rdn. 44) erhoben wurde. Ist dies nicht der Fall, ist die Rüge als unzulässig zu verwerfen.

54 **3. Begründetheit.** Ist die Rüge zulässig erhoben, prüft das Gericht deren Begründetheit, d.h. ob der Anspruch auf rechtliches Gehör in entscheidungserheblicher Weise verletzt wurde (Abs. 1 Nr. 1). Ist dies nicht der Fall, wird die Rüge als unbegründet zurückgewiesen. Eine inhaltliche Kontrolle der angefochtenen Entscheidung findet i.R.d. Gehörsrüge nicht statt, sie erfolgt erst, wenn diese Erfolg hatte und das Verfahren fortgesetzt wird.

55 **4. Beschluss.** Die Entscheidung ergeht in beiden Fällen durch Beschluss (§ 38). Dieser soll kurz begründet werden. Auch wenn das Gesetz eine **Begründung** damit nicht zwingend erfordert, ist eine solche schon im Hinblick auf die sich möglicherweise anschließende Verfassungsbeschwerde regelmäßig angebracht (*Rensen* MDR 2005, 181, 184). Auch eine »kurze« Begründung sollte sich nicht in einer Floskel erschöpfen, sondern konkret auf die erhobene Gehörsrüge bezogen sein.

56 Der Beschluss hat eine **Kostenentscheidung** zu enthalten. Für die (vollständig) erfolglose Gehörsrüge fällt eine gerichtliche Unterliegensfestgebühr i.H.v. 50,– € an (Nr. 1800 FamGKG). Anwälte, die bereits am Ursprungsverfahren beteiligt waren, erhalten für ihre Mitwirkung am Rügeverfahren keine besondere Vergütung, ihre Tätigkeit gehört zu dem mit den Verfahrensgebühren abgegoltenen Rechtszug (§ 19 Abs. 1 Satz 2 Nr. 5 RVG). Anwälte, die ausschließlich für das Rügeverfahren mandatiert werden, erhalten eine 0,5 Verfahrensgebühr (Nr. 3330 RVG VV) und ggf. eine 0,5 Terminsgebühr (Nr. 3332 RVG VV).

57 **5. Abhilfe.** Ist die Rüge zulässig und begründet, **hilft** ihr das Gericht **ab**, indem es das Verfahren fortführt (Rdn. 61). In diesem Fall bedarf es einer förmlichen, gar begründeten Entscheidung über die Zulässigkeit und Begründetheit der Rüge nicht (h.M. Zöller/*Vollkommer* § 321a ZPO Rn. 18; Baumbach/*Hartmann* § 321a ZPO Rn. 54; *Schmidt* MDR 2002, 915, 917; a.A. Stein/Jonas/*Leipold* § 321a ZPO Rn. 56), vielmehr genügt die faktische Verfahrensfortführung. Eine zumindest deklaratorische Klarstellung den Beteiligten ggü. dient indes der Verfahrensklarheit.

58 **E. Rechtsfolgen.** Der Beschluss, mit der die Gehörsrüge verworfen oder zurückgewiesen wird, beendet das Rügeverfahren und lässt die Wirkungen (formelle und materielle Rechtskraft) der Entscheidung unberührt. Er ist nicht anfechtbar. Zur Möglichkeit, eine im Gehörsrügeverfahren erfolgte erneute Verletzung des Anspruchs auf rechtliches Gehör geltend zu machen Rdn. 7.

59 **I. Verfassungsbeschwerde.** Weder die Verwerfung noch die Zurückweisung der Gehörsrüge schließen die nachfolgende Verfassungsbeschwerde aus. Ist die Gehörsrüge indes zu Recht ohne Erfolg geblieben, bleibt es auch die Verfassungsbeschwerde. Wurde die Gehörsrüge zu Recht als unzulässig verworfen, ist eine auf dieselbe Verletzung des Anspruchs auf rechtliches Gehör gestützte Verfassungsbeschwerde unzulässig, weil der ordentliche Rechtsweg nicht ordnungsgemäß beschritten wurde. Hat das Fachgericht die Gehörsverletzung zutreffend verneint, kann eine solche auch vom Verfassungsgericht nicht festgestellt werden.

60 Eine Verfassungsbeschwerde kann auch nicht auf eine dem Beteiligten bereits im Gehörsrügeverfahren bekannte, dort aber nicht geltend gemachte Gehörsverletzung gestützt werden (BayVerfGH NJW 2006, 283).

61 **II. Verfahrensfortführung (Abs. 5).** Ist die Rüge zulässig und begründet, hilft ihr das Gericht ab, indem es *das Verfahren fortführt*. Mit der Fortführung des Verfahrens entfällt die Rechtskraft der angefochtenen Ent-

Abschnitt 3. Beschluss § 45

scheidung. Dies kann es erforderlich machen, drohende Nachteile durch den sofortigen Erlass einer einstweiligen Anordnung (§§ 49 ff.) oder einer einstweiligen Einstellung der Zwangsvollstreckung abzuwenden. Dabei müssen diejenigen Verfahrenshandlungen nachgeholt oder wiederholt werden, die von der Verletzung des Anspruchs auf rechtliches Gehör betroffen waren. Erforderlich kann es sein, weitere Beteiligte hinzuzuziehen (§ 7), Ermittlungen von Amts wegen anzustellen (§ 26), Beweise zu erheben (§ 29 f.) oder die Sache mit den Beteiligten in einem Termin zu erörtern (§ 32). Häufig genügt es, die Sachentscheidung unter Berücksichtigung des ergänzten Sachverhalts neu zu treffen. 62

Diese erneute Sachentscheidung kann die ursprüngliche Entscheidung bestätigen oder ganz oder teilweise abändern. In Anlehnung an die Entscheidung nach einem Einspruch gegen einen Versäumnisbeschluss im Zivilprozess (§ 343 ZPO) lautet der Tenor auf Aufrechterhaltung der ursprünglichen Entscheidung oder auf deren vollständige bzw. teilweise Aufhebung i.V.m. einer neuen Sachentscheidung. Sie setzt eine neue Rechtsmittelfrist in Gang. 63

Für die neue Sachentscheidung gilt das Schlechterstellungsverbot (Verbot der **reformatio in peius**) nicht (OLG Frankfurt am Main NJW 2004, 168; Thomas/Putzo/*Reichhold* § 321a ZPO Rn. 15; Musielak/*Musielak* § 321a ZPO Rn. 11; Zöller/*Vollkommer* § 321a ZPO Rn. 18). 64

Die **ursprüngliche Entscheidung** verliert erst mit der neuerlichen Sachentscheidung ihre Wirkung. Bis dahin bleibt sie – da der Gehörsrüge kein Suspensiveffekt zukommt (§ 45) – wirksam. Sollen praktische Konsequenzen dieser Wirksamkeit vermieden werden, ist eine Eilanordnung erforderlich. So kann die Zwangsvollstreckung nach § 95 Abs. 1 und 3 i.V.m. 707 Abs. 1 Satz 1 ZPO einstweilen eingestellt werden, anderen Wirkungen kann mit einer einstweiligen Anordnung (§§ 49 ff.) begegnet werden. Im Rechtsmittelverfahren eröffnet § 64 Abs. 3 dem Gericht die Aussetzung der eigenen, mit der Gehörsrüge angegriffenen Entscheidung Prütting/Helms/*Abramenko* § 44 Rn. 23; Bahrenfuss/*Rüntz* § 44 Rn. 15). 65

§ 45 Formelle Rechtskraft.
¹Die Rechtskraft eines Beschlusses tritt nicht ein, bevor die Frist für die Einlegung des zulässigen Rechtsmittels oder des zulässigen Einspruchs, des Widerspruchs oder der Erinnerung abgelaufen ist. ²Der Eintritt der Rechtskraft wird dadurch gehemmt, dass das Rechtsmittel, der Einspruch, der Widerspruch oder die Erinnerung rechtzeitig eingelegt wird.

Übersicht

	Rdn.		Rdn.
A. Allgemeines	1	1. Anfechtbarkeit durch Beschwerde	13
B. Anwendungsbereich	3	a) Beschwerde nach dem FamFG	13
C. Formelle Rechtskraft	4	b) Sofortige Beschwerde nach §§ 567 ff. ZPO	15
I. Sofortiger Eintritt der Rechtskraft bei Unanfechtbarkeit	5	c) Rechtsbeschwerde	17
1. Unanfechtbarkeit kraft Gesetzes	6	2. Anfechtbarkeit durch weitere Rechtsbehelfe	18
a) Verfahrensbeendende Entscheidungen	6	a) Einspruch	19
b) Nicht anfechtbare Entscheidungen	7	b) Widerspruch	21
c) Nicht selbstständig anfechtbare Entscheidungen	8	c) Erinnerung	23
2. Unanfechtbarkeit kraft Rechtsmittelverzichts (§ 67)	9	III. Hemmung der Rechtskraft durch Anfechtung (Satz 2)	24
		IV. Folgen der Rechtskraft	29
II. Hinausschieben der Rechtskraft bei Anfechtbarkeit (Satz 1)	12	V. Durchbrechungen der Rechtskraft	35
		D. Materielle Rechtskraft	36

A. Allgemeines. Die Vorschrift macht deutlich, dass der Beschluss im FamFG-Verfahren der **formellen Rechtskraft** fähig, sein Bestand damit gewährleistet ist. Sie entspricht inhaltlich § 705 ZPO und stellt für den Zeitpunkt des Eintritts der formellen Rechtskraft auf die Unanfechtbarkeit des Beschlusses innerhalb des anhängigen Verfahrens ab (Rdn. 4 ff.). 1

Ob und inwieweit Entscheidungen der FG in **materieller Rechtskraft** (Rdn. 36 ff.) erwachsen können, ist seit jeher heftig umstritten (*Terp* FuR 2014, 454; *Baur/Wolf* § 4 Abs. 4; *Bärmann* § 22 Abs. 1 Satz 2; *Habscheid* § 28 m.w.N.), ohne dass das FamFG hier eine Regelung gebracht hätte. Insoweit dauert die frühere Unsicherheit fort. In Ehe- und Familienstreitverfahren kann materielle Rechtskraft über § 113 Abs. 1 i.V.m. § 322 ZPO eintreten. 2

§ 45

3 B. Anwendungsbereich. Die Vorschrift ist grds. auf alle Beschlüsse im FamFG-Verfahren anwendbar. Ausgenommen sind Beschlüsse in Ehe- und Familienstreitverfahren, für die der – inhaltsgleiche – § 705 ZPO gilt (§ 113 Abs. 1).

4 C. Formelle Rechtskraft. Unanfechtbare Entscheidungen erwachsen sofort mit ihrem Wirksamwerden in Rechtskraft (dazu unten I.). Ist ein Rechtsbehelf gegen den Beschluss statthaft (dazu unten II.), wird aber nicht oder nicht rechtzeitig eingelegt, so tritt die Rechtskraft mit dem Ablauf der Frist zur Einlegung ein. Ist ein Rechtsbehelf eingelegt, wird der Eintritt der Rechtskraft gehemmt (dazu unten III.).

5 I. Sofortiger Eintritt der Rechtskraft bei Unanfechtbarkeit. Grds tritt die formelle Rechtskraft von Entscheidungen sofort mit deren Wirksamwerden (§ 40) ein. Dieser Grundsatz gilt für alle unanfechtbaren richterlichen Entscheidungen. Unanfechtbar sein kann eine Entscheidung, weil eine Anfechtungsmöglichkeit gesetzlich nicht vorgesehen ist oder weil die Beteiligten auf ein ihnen zustehendes Anfechtungsrecht wirksam verzichtet haben. In beiden Fällen sind dennoch eingelegte Rechtsmittel bzw. Rechtsbehelfe unzulässig.

6 1. Unanfechtbarkeit kraft Gesetzes. a) Verfahrensbeendende Entscheidungen. Entscheidungen, gegen die gesetzlich ein Rechtsbehelfs nicht statthaft ist, erwachsen mit ihrem Wirksamwerden in Rechtskraft. Hierher gehören
- Entscheidungen des BGH und
- Entscheidungen der OLG im Verfahren über die Anordnung, Abänderung oder Aufhebung einer einstweiligen Anordnung oder eines Arrests (§ 70 Abs. 3).

7 b) Nicht anfechtbare Entscheidungen. Kraft Gesetzes unanfechtbar und mit dem Wirksamwerden rechtskräftig sind
- die Verweisung an ein örtlich oder sachlich zuständiges Gericht (§ 3 Abs. 3 Satz 1);
- die Bestimmung des zuständigen Gerichts durch das im Rechtszug nächsthöhere gemeinsame Gericht (§ 5 Abs. 3);
- die Zurückweisung von nicht vertretungsbefugten Bevollmächtigten (§ 10 Abs. 3 Satz 1) und die Untersagung einer weiteren Vertretung durch Bevollmächtigte, die nicht in der Lage sind, das Sach- und Streitverhältnis sachgerecht darzustellen (§ 10 Abs. 3 Satz 3);
- die Entscheidung, ob einem Rechtsanwalt, einem Notar oder einer beteiligten Behörde Akteneinsicht in deren Amts- oder Geschäftsräumen überlassen wird (§ 13 Abs. 4 Satz 2);
- die Wiedereinsetzung in den vorigen Stand gegen die Versäumung einer Frist (§ 19 Abs. 2);
- die Feststellung der Wirkungslosigkeit einer bereits ergangenen, noch nicht rechtskräftigen Endentscheidung nach Antragsrücknahme (§ 22 Abs. 2);
- die Ablehnung des Beweisantrags eines Beteiligten (§ 29 Abs. 2);
- die Zurückweisung des Antrags auf Berichtigung eines Beschlusses (§ 42 Abs. 3);
- die Entscheidung über die Gehörsrüge (§ 44 Abs. 4 Satz 3);
- die Aussetzung oder Beschränkung der Vollstreckung einer einstweiligen Anordnung (§§ 53, 55 Abs. 1);
- die Entscheidung im Verfahren der einstweiligen Anordnung in Familiensachen, soweit sie nicht erstinstanzlich aufgrund mündlicher Erörterung über einen der in § 57 genannten Gegenstände ergangen ist (§ 57);
- die Vorabentscheidung über die einstweilige Einstellung der Vollstreckung in der Beschwerdeinstanz (§ 93 Abs. 1 Satz 2);
- die Abgabe der Vormundschaft an das Gericht eines anderen Staates (§ 99 Abs. 3);
- die gerichtliche Feststellung der Erfolglosigkeit des Vermittlungsverfahrens in Kindschaftssachen (§ 165 Abs. 5 Satz 1);
- der Beschluss, durch den das Gericht die Annahme als Kind ausspricht (§ 197 Abs. 3 Satz 1);
- der Beschluss, durch den die Befreiung vom Eheverbot nach § 1308 Abs. 1 BGB erteilt wird (§ 98 Abs. 3);
- die einstweilige Einstellung der Vollstreckung in Unterhaltssachen (§ 242);
- die Zurückweisung des Antrags auf einstweilige Anordnung bei der Feststellung der Vaterschaft (§ 250 Abs. 2 Satz 2);
- die Anordnung der Vorführung des Betroffenen in Betreuungssachen (§ 283 Abs. 1);
- eine Maßnahme zur Regelung einzelner Angelegenheiten im Vollzug der Unterbringung (§ 327 Abs. 4);

- der Beschluss über die Einziehung oder Kraftloserklärung eines Erbscheins (§ 353 Abs. 3);
- der Beschluss, durch den dem Antrag des Erben, die Nachlassverwaltung anzuordnen, stattgegeben wird (§ 359 Abs. 1 ZPO);
- die Eintragung in Registersachen (§ 383 Abs. 3);
- die Anordnung der Vorführung in Freiheitsentziehungssachen (§ 420 Abs. 1 Satz 3);
- der Beschluss über die Ernennung, Beeidigung und Vernehmung des Sachverständigen in den Fällen, in denen jemand nach den Vorschriften des bürgerlichen Rechts den Zustand oder den Wert einer Sache durch einen Sachverständigen feststellen lassen kann (§§ 410 Nr. 2, 414).

c) **Nicht selbstständig anfechtbare Entscheidungen.** Nicht selbstständig anfechtbar, sondern nur zusammen mit der nachfolgenden Endentscheidung überprüfbar (§ 58 Abs. 2) sind auch: 8

- die Anordnung des Versuchs einer außergerichtlichen Streitbeilegung in Folgesachen (§ 135 Abs. 1);
- die Abtrennung einzelner Folgesachen (§ 140 Abs. 6);
- das Hinwirken auf ein Einvernehmen der Eltern in Kindschaftssachen (§ 156 Abs. 1);
- die Entscheidung über die Bestellung eines Verfahrensbeistands für das Kind (§ 158 Abs. 3);
- die Verweigerung der Genehmigung einer Vereinbarung über den Versorgungsausgleich (§ 223 Abs. 2);
- die Entscheidungen über Auskunftspflichten der Beteiligten (§ 235 Abs. 4) oder Dritter (§ 236 Abs. 5) in Unterhaltssachen;
- die Entscheidungen über die Bestellung eines Verfahrenspflegers in Betreuungs- (§ 276 Abs. 6), Unterbringungs- (§ 317 Abs. 6) und Freiheitsentziehungssachen (§ 419 Abs. 4).

2. Unanfechtbarkeit kraft Rechtsmittelverzichts (§ 67). Unanfechtbar und deswegen mit Wirksamwerden rechtskräftig sind Entscheidungen auch dann, wenn die Beteiligten auf eine Anfechtung der Entscheidung wirksam verzichtet haben. Voraussetzungen und Umfang ergeben sich aus § 67. Der **Verzicht** kann dem Gericht ggü. erklärt werden und sich auf das Haupt- oder – nachdem dieses vom Gegner eingelegt wurde – auf ein Anschlussrechtsmittel erstrecken. Erklärt werden kann der Verzicht auch ggü. einem anderen Beteiligten, wird dann aber nicht von Amts wegen, sondern nur auf die Geltendmachung einer entsprechenden Einrede des Gegners hin berücksichtigt. 9

Der Verzicht ist eine reine **Prozesshandlung**, bedarf deswegen einer Annahme durch andere Beteiligte nicht und ist weder widerruflich noch anfechtbar. Dies gilt auch dann, wenn ein Beteiligter von einem Grund, der die Anfechtung erfolgreich machen könnte, erst nach dem Verzicht erfährt (Unrichtigkeit einer Zeugenaussage: BGH NJW 1985, 2335). 10

Sinnvoll ist ein Verzicht, wenn die an die Rechtskraft gebundenen Wirkungen der Entscheidung (unten Rdn. 30, § 40 Rdn. 23, 34) alsbald eintreten sollen. 11

II. Hinausschieben der Rechtskraft bei Anfechtbarkeit (Satz 1). § 45 schiebt den Eintritt der Rechtskraft bis zu dem Zeitpunkt hinaus, bis zu dem die Entscheidung durch die reguläre Fortsetzung des Verfahrens abgeändert werden kann. Materiell Betroffene, die am erstinstanzlichen Verfahren nicht formell beteiligt worden sind, können nur so lange fristgemäß Rechtsbehelfe einlegen, bis die Frist für den letzten tatsächlich Beteiligten abgelaufen ist; damit tritt im Interesse der Rechtsklarheit und Rechtssicherheit die Rechtskraft der Entscheidung mit Ablauf der Rechtsmittelfrist für den letzten der hinzugezogenen Beteiligten ein (OLG Hamm ZNotP 2011, 70 m. Anm. *Kölmel* ZNotP 2011, 59 und *Leipold* ZEV 2011, 192). Zu den regulären Verfahrensfortsetzungsmöglichkeiten gehören die Rechtsmittel und einige enumerativ aufgezählte Rechtsbehelfe. 12

1. Anfechtbarkeit durch Beschwerde. a) Beschwerde nach dem FamFG. Reguläre Möglichkeit zur Anfechtung ist die Beschwerde (§ 58). Diese ist gegen alle im ersten Rechtszug ergangenen Endentscheidungen der Amts- und LG statthaft, wenn der Wert des Beschwerdegegenstandes 600 € übersteigt oder das Gericht des ersten Rechtszuges die Beschwerde zugelassen hat (§ 61 Abs. 2, 3), sofern gesetzlich nichts anderes bestimmt, insb. die Anfechtbarkeit ausgeschlossen ist (dazu Rdn. 7). 13

§ 382 Abs. 4 erstreckt die Statthaftigkeit der Beschwerde auf Zwischenverfügungen in **Registersachen**, sodass auch diese nach Ablauf der Beschwerdefrist in formeller Rechtskraft erwachsen. Ist die Beschwerde möglich, ist der Eintritt der Rechtskraft hinausgeschoben bis zum Ablauf der Beschwerdefrist. Diese beträgt regelmäßig einen Monat (§ 63 Abs. 1) und beginnt mit der schriftlichen Bekanntgabe des Beschlusses, spätestens mit Ablauf von 5 Monaten nach Erlass des Beschlusses (§ 63 Abs. 3). Bei der Anfechtung von einstweiligen Anordnungen oder Genehmigungsbeschlüssen tritt Rechtskraft nicht bereits mit dem Ablauf der 14 hier nur 2 Wochen betragenden Beschwerdefrist (§ 63 Abs. 2), sondern erst nach Ablauf der einen Monat dauernden Frist zur Einlegung der Sprungrechtsbeschwerde ein (BGH FamRZ 2010, 284; *Heggen* FGPrax 2011, 51; *Milzer* MittBayNot 2011, 112; *Borth* DNotZ 2011, 55).

15 **b) Sofortige Beschwerde nach §§ 567 ff. ZPO.** Ausnahmsweise erklärt das FamFG auch die nichtinstanzbeendenden Beschlüsse, die Zwischen- und Nebenentscheidungen enthalten, für selbstständig anfechtbar und unterwirft sie der sofortigen Beschwerde in entsprechender Anwendung der §§ 567 bis 572 ZPO. Hierzu gehören:
- die Zurückweisung des Ablehnungsgesuch (§ 6 Abs. 2);
- die Ablehnung der Hinzuziehung weiterer Beteiligter (§ 7 Abs. 3);
- die Aussetzung des Verfahrens (§ 21 Abs. 2);
- die Verhängung eines Ordnungsgelds gegen einen persönlich geladenen, aber nicht erschienenen Beteiligten (§ 33 Abs. 3);
- die Anordnung von Zwangsmaßnahmen zur Durchsetzung gerichtlicher Anordnungen (§ 35 Abs. 5);
- die Berichtigung eines Beschlusses (§ 42 Abs. 3);
- Beschlüsse im Verfahrenskostenhilfeverfahren (§ 79);
- Beschlüsse im Vollstreckungsverfahren (§ 87 Abs. 4);
- das Setzen einer Erklärungsfrist bei der Testamentsvollstreckung (§ 355 Abs. 1);
- die Fristsetzung bei einer Teilungssache (§§ 366 Abs. 3, 372 Abs. 1);
- der Beschluss, durch den der Antrag auf Erlass einer Zahlungssperre zurückgewiesen (§ 480 Abs. 2) oder eine Zahlungssperre aufgehoben wird (§ 482 Abs. 3).

16 In diesen Fällen tritt formelle Rechtskraft nach Ablauf der mit Zustellung der Entscheidung beginnenden zweiwöchigen Frist des § 569 Abs. 1 ZPO ein.

17 **c) Rechtsbeschwerde.** Zu den den Eintritt der Rechtskraft hinausschiebenden Rechtsmittelmöglichkeiten gehört auch die Rechtsbeschwerde (§ 70). Diese ist nur in den Fällen statthaft, in denen sie durch das Beschwerdegericht oder das OLG im ersten Rechtszug zugelassen wurde. In diesem Fall tritt die Rechtskraft frühestens mit Ablauf der Rechtsbeschwerdefrist ein, d.h. einen Monat nach der schriftlichen Bekanntgabe des Beschlusses (§ 71 Abs. 1 Satz 1). Zur Auswirkung der Sprungrechtsbeschwerde (§ 75) auf den Eintritt der Rechtskraft Rdn. 14.

18 **2. Anfechtbarkeit durch weitere Rechtsbehelfe.** Eine den Eintritt der Rechtskraft hinausschiebende Wirkung haben daneben (nur) diejenigen Rechtsbehelfe, die in § 45 ausdrücklich genannt sind. Hierzu gehören der Einspruch, der Widerspruch und die Erinnerung. Keine Hemmungswirkung kommt anderen Rechtsbehelfen zu, so etwa dem Antrag auf Wiedereinsetzung in den vorigen Stand oder der Gehörsrüge.

19 **a) Einspruch.** Der Einspruch ist statthaft gegen die Festsetzung von **Zwangsgeld** gem. den §§ 388 bis 390, 392.

20 Der Einspruch gegen eine in Familiensachen ergangene **Versäumnisentscheidung** (§ 143) unterfällt § 45 wegen § 113 nicht.

21 **b) Widerspruch.** Ein Widerspruch ist möglich im **Amtslöschungsverfahren** nach den §§ 393 bis 395, 397 bis 399 und im **Dispacheverfahren** nach den §§ 406, 407 (zur Rechtsnatur des Widerspruchs nach § 155 Abs. 2, 3 FGG a.F. vgl. KKW/*Schmidt* § 155 FGG Rn. 2).

22 Der rein verfahrensrechtliche Widerspruch gegen die Aussetzung des **Scheidungsverfahrens** gem. § 136 Abs. 1 Satz 2 unterfällt § 45 schon wegen § 113 nicht.

23 **c) Erinnerung.** Der Erinnerung unterliegen nach § 11 Abs. 2 RPflG die Entscheidungen des **Rechtspflegers**, wenn nach den allgemeinen verfahrensrechtlichen Vorschriften ein Rechtsmittel nicht gegeben ist. Ausgenommen sind gerichtliche Verfügungen, Beschlüsse oder Zeugnisse, die nach den Vorschriften der Grundbuchordnung, der Schiffsregisterordnung oder des FamFG wirksam geworden sind und nicht mehr geändert werden können (§ 11 Abs. 3 RPflG).

24 **III. Hemmung der Rechtskraft durch Anfechtung (Satz 2).** Die rechtzeitige **Einlegung** eines Rechtsmittel, Einspruchs, Widerspruchs oder einer Erinnerung hemmt den Eintritt der Rechtskraft.

25 Diese Hemmungswirkung tritt für die gesamte Entscheidung auch dann ein, wenn nur ein Teil angefochten wird, da jetzt über den Ablauf der Rechtsbehelfsfrist hinaus durch Erweiterung des Antrags oder durch An-

schließung eines anderen Beteiligten auch der zunächst nicht angefochtene Teil zur Überprüfung des Rechtsbehelfsgerichts gestellt werden kann (BGH Rpfleger 1980, 96; BGH NJW 1994, 659; OLG Frankfurt Urt. v. 07.12.2011 – 4 UF 203/11; MüKo/*Krüger* § 705 ZPO Rn. 7 f.; Stein/Jonas/Leipold/*Münzberg* § 705 ZPO Rn. 8).

Hemmungswirkung entfaltet auch ein **unzulässiger** Rechtsbehelf (GemS BGHZ 88, 357). Wird dieser vor Ablauf der Rechtsbehelfsfrist (z.B., weil diese mangels wirksamer Zustellung nicht in Gang gesetzt wurde) verworfen, so tritt Rechtskraft erst mit Ablauf der Einlegungsfrist ein. Etwas anderes gilt für die Einlegung unstatthafter Rechtsbehelfe; mangels Statthaftigkeit eines Rechtsbehelfs ist Rechtskraft hier bereits mit dem Wirksamwerden eingetreten (Rdn. 7), sodass eine Hemmung nicht mehr eintreten kann. 26

Die Hemmungswirkung endet mit der **Rücknahme** des Rechtsbehelfs oder mit dem Ablauf der Einlegungsfrist, wenn diese bei Rücknahme noch nicht verstrichen ist. 27

Ansonsten tritt Rechtskraft mit dem Ende der Hemmungswirkung ein, d.h. mit Rechtskraft der den Rechtsbehelf verwerfenden oder zurückweisenden Entscheidung. Ein rückwirkender Wegfall der Hemmungswirkung ist mit dem Gesetzeswortlaut nicht zu vereinbaren (Stein/Jonas/Leipold/*Münzberg* § 705 ZPO Rn. 12 m.w.N.). 28

IV. Folgen der Rechtskraft. Mit dem Eintritt der formellen Rechtskraft wird das Verfahren **abgeschlossen**. Damit endet die Möglichkeit, einen Antrag zurückzunehmen (§ 22 Abs. 1). 29

Soweit Entscheidungen nicht bereits durch ihre Bekanntgabe an die Beteiligten wirksam geworden sind (§ 40 Abs. 1), tritt diese **Wirksamkeit** mit der Rechtskraft ein (§ 40 Abs. 2, 3). Besonders angeordnet ist dies nach §§ 40 Abs. 2, 3, 184, 198 Abs. 1, 2, 290 Abs. 2, 216 Abs. 1, 227, 264 Abs. 1, 439 Abs. 2, 324 Abs. 1, 366 Abs. 1, 368, 371, 401, 409, 422 Abs. 1 (dazu § 40 Rdn. 21 ff.). 30

Entsprechendes gilt für Endentscheidungen in **Ehesachen** und in **Familienstreitsachen** (§ 116 Abs. 1, 2), bei denen Rechtskraft nicht nach § 45, sondern nach § 705 ZPO eintritt (§ 113 Abs. 1). 31

Entscheidungen in **Folgesachen** werden vor Rechtskraft des Scheidungsausspruchs nicht wirksam (§ 148); die Verpflichtung zur Leistung des Unterhalts wird nicht wirksam vor Rechtskraft des Beschlusses, der die Vaterschaft feststellt (§ 237 Abs. 4). 32

Ergangene Entscheidungen können in diesem Verfahren mit regulären Rechtsbehelfen nicht mehr **angefochten** werden, beseitigt werden können sie nur noch durch eine Beseitigung der Rechtskraft (Rdn. 35) über eine Wiederaufnahme des Verfahrens. Gegen die Verpflichtung zu künftig fällig werdenden wiederkehrenden Leistungen kann eine Abänderung beantragt werden (§ 240). 33

Die **Endgültigkeit** der Entscheidung bewirkt, dass einstweilige Anordnungen in einer Familienstreitsache außer Kraft treten (§ 56 Abs. 1) und keine vorläufige Anordnungen mehr ergehen können, insb. die Vollstreckung aus einer Endentscheidung nicht mehr eingestellt oder beschränkt werden kann (§ 120 Abs. 2). Vollstreckt werden kann aus Beschlüssen bereits mit deren Wirksamwerden (§ 86 Abs. 2) und damit regelmäßig ab Bekanntgabe (§ 40 Abs. 1), spätestens mit Eintritt der Rechtskraft (§ 40 Abs. 2, 3). 34

V. Durchbrechungen der Rechtskraft. Beseitigt werden kann die einmal eingetretene Rechtskraft durch die Wiedereinsetzung in eine versäumte Rechtsbehelfsfrist (§ 17), durch die Abänderung einer Endentscheidung mit Dauerwirkung nach § 48 Abs. 1, durch eine Wiederaufnahmeantrag (§ 48 Abs. 2 i.V.m. § 578 ZPO) oder durch eine Abänderungsantrag nach § 240. 35

D. Materielle Rechtskraft. Keine Regelung enthält das FamFG über die materielle Rechtskraft. Die Frage, ob und inwieweit auch für spätere Streitigkeit zu beachten ist (BGH NJW 1979, 1046; BayObLG NJW 1996, 3217, 3218), Gericht und Beteiligte (nach der heute herrschenden prozessrechtlichen Auffassung ohne Änderung der materiellen Rechtslage) an die Entscheidung also gebunden sind, muss deswegen aus den Wirkungen der Entscheidung in den jeweiligen Angelegenheiten des FamFG beantwortet werden. 36

Voraussetzung für den Eintritt der materiellen Rechtskraft ist die formelle Rechtskraft. Die Bindungswirkung tritt erst ein, wenn die Entscheidung unanfechtbar (und damit grds. unabänderlich) geworden ist. In materieller Rechtskraft erwachsen können nur Endentscheidungen, Zwischenentscheidungen sind der *materiellen Rechtskraft nicht fähig*. Dabei ist es unerheblich, ob eine Anordnung getroffen oder abgelehnt wurde. Wurde ein Antrag als unzulässig abgewiesen, beschränkt sich die materielle Rechtskraft auf das Nichtvorliegen der (behandelten) prozessualen Voraussetzungen dieses konkreten Antrags, einem neuerlichen Antrag steht die Rechtskraft damit nicht entgegen (BGH FamRZ 2007, 536).

Die Bindung der Beteiligten an die Entscheidung **bewirkt**, dass der Verfahrensgegenstand keiner erneuten gerichtlichen Prüfung unterzogen wird (ne bis in idem). Ein neues Verfahren über denselben Verfahrens- 37 gegenstand ist unzulässig. Wird der Verfahrensgegenstand in einem späteren Verfahren über einen anderen Verfahrensgegenstand zur entscheidungserheblichen Vorfrage, so kann das zweite Gericht diesbezüglich nicht von der Entscheidung des ersten Gerichts abweichen (Präjudizialität; BGH NJW 2008, 1227). Eigenständige, nicht zur materiellen Rechtskraft gehörende Wirkungen sind die Vollstreckbarkeit von Leistungsentscheidungen oder die Umgestaltung materieller Rechtsverhältnisse von rechtsgestaltenden Entscheidungen.

38 Die materielle Rechtskraft tritt nur innerhalb enger **Grenzen** ein. Diese umfassen subjektiv nur die Beteiligten, Dritten ggü. wirkt die materielle Rechtskraft nicht (BayObLG NJWE-FER 1998, 66; BayObLG NJW 1996, 3217, 3218). Eine aktive Mitwirkung des Beteiligten am Verfahren ist indes nicht erforderlich, es genügt, wenn er die Möglichkeit zur Einflussnahme auf das Verfahren und zur Anfechtung der Entscheidung hatte (BGH NJW 1981, 282; BayObLG WuM 1989, 350). In objektiver Hinsicht werden die Grenzen der materiellen Rechtskraft durch den Streitgegenstand gezogen, in Rechtskraft erwächst nur die aus dem Tenor ersichtliche Entscheidung über den Verfahrensgegenstand. Tatsächliche oder rechtliche Voraussetzungen der tenorierten Rechtsfolge oder sonstige Ausführungen in den Entscheidungsgründen werden nicht erfasst (BGH NJW 1993, 2032; OLG Düsseldorf FGPrax 1998, 107; BayObLG ZMR 1989, 386, 387). Zeitlich kann sich die Rechtskraft nur auf Tatsachen beziehen, die zur Grundlage der Entscheidung geworden sind oder hätten werden können, § 37. Erst nach Abschluss des Verfahrens entstandene Tatsachen können zur Abänderung der Entscheidung führen (§ 48).

39 Eine Bindung kann nur an Entscheidungen erfolgen, die abschließend über private Streitigkeiten ergehen. Ist die Entscheidung dagegen Teil der staatlichen Fürsorge und besteht an ihr ein öffentliches Interesse, so muss sie flexibel an veränderte Umstände angepasst werden können, eine Bindungswirkung ist insoweit ausgeschlossen (OLG Hamm OLGZ 1971, 84, 85). Hierzu dienen den allgemeinen Privatrecht ggü. erweiterte Durchbrechungen der materiellen Rechtskraft (z.B. § 48) oder deren Nichteintritt von Anfang an.

40 Wichtigster Fall privater Streitigkeiten im FamFG sind die **Ehe- und Familienstreitverfahren**. Entscheidungen aus diesem Bereich erwachsen über § 113 Abs. 1 i.V.m. § 322 ZPO in materieller Rechtskraft. Insoweit gelten die allgemeinen zivilprozessualen Grundsätze (*Terp* FuR 2014, 454).

41 In den **Angelegenheiten der freiwilligen Gerichtsbarkeit** muss die Frage nach Möglichkeit und Erfordernis einer materiellen Rechtskraft für jede Entscheidung gesondert entschieden werden, ist damit Frage des Einzelfalls. **Bejaht** wurde eine materielle Rechtskraft für Entscheidungen über den Versorgungsausgleich (BGH NJW 2009, 677; BGH FamRZ 2007, 536; BGH NJW 1984, 2364, 2365), rechtsgestaltenden Entscheidungen nach der HausratsVO (OLG Nürnberg OLGZ 80, 46), Genehmigungen von Rechtsgeschäften (BT-Drucks. 16/6308, 106; z.T. a.A. OLG Hamm OLGZ 1971, 84, 85; auch Genehmigungen der Landwirtschaftsgerichte: BGH NJW 1964, 863), Vaterschaftsfeststellungen (BGH NJW 2003, 585, 586; OLG Düsseldorf NJW 1980, 349), die Betreuervergütung (OLG Jena FamRZ 2001, 1243; BayObLG NJWE-FER 1998, 66) die Entlassung eines Testamentsvollstreckers (OLG Düsseldorf FGPrax 1998, 107; BayObLG OLGZ 1964, 153). **Verneint** wurde eine materielle Rechtskraft für Registerverfahren (BayObLG NJW 1996, 3217, 3218), Personenstandsverfahren (BayObLG OLGZ 1977, 274; OLG Stuttgart OLGZ 1966, 194, 195), Verfahren der elterlichen Sorge (KG FamRZ 1977, 65), Erbscheinsverfahren (BGHZ 47, 58, 62 ff.; KG FGPrax 1999, 227), Freiheitsentziehungsverfahren (KKW/*Zimmermann* § 31 Rn. 22).

§ 46 Rechtskraftzeugnis.
¹Das Zeugnis über die Rechtskraft eines Beschlusses ist auf Grund der Verfahrensakten von der Geschäftsstelle des Gerichts des ersten Rechtszugs zu erteilen. ²Solange das Verfahren in einem höheren Rechtszug anhängig ist, erteilt die Geschäftsstelle des Gerichts dieses Rechtszugs das Zeugnis. ³In Ehe- und Abstammungssachen wird den Beteiligten von Amts wegen ein Rechtskraftzeugnis auf einer Ausfertigung ohne Begründung erteilt. ⁴Die Entscheidung der Geschäftsstelle ist mit der Erinnerung in entsprechender Anwendung des § 573 der Zivilprozessordnung anfechtbar.

Übersicht	Rdn.		Rdn.
A. Allgemeines	1	IV. Antrag	7
B. Anwendungsbereich	2	V. Von Amts wegen	13
C. Voraussetzungen	3	VI. Zuständigkeit	14
I. Endentscheidung	3	VII. Verfahren	17
II. Rechtskraft	4	VIII. Notfristzeugnis	21
III. Erforderlichkeit	5		

Abschnitt 3. Beschluss § 46

	Rdn.		Rdn.
D. Rechtsfolgen	22	2. Wirkungen	26
I. Rechtskraftzeugnis	22	II. Kosten	28
1. Form	22	E. Rechtsbehelfe	29

A. Allgemeines. Die Vorschrift regelt parallel zu § 706 ZPO (und abweichend vom früheren § 31 FGG) die Voraussetzungen für die Erteilung eines Rechtskraftzeugnisses. Die **Sätze 1 und 2** entsprechen § 706 Abs. 1 Satz 1 ZPO. **Satz 3** passt den § 706 Abs. 1 Satz 2 ZPO den Entscheidungsformalien des FamFG an. Die für § 706 ZPO aus § 573 ZPO folgende Anfechtungsmöglichkeit von Entscheidungen über die Erteilung des Rechtskraftzeugnisses war zunächst schlicht vergessen worden und wurde mit **Satz 4** nachträglich eingefügt. 1

B. Anwendungsbereich. Die Vorschrift ist grds. auf alle Entscheidungen im FamFG-Verfahren anwendbar, die in formeller Rechtskraft erwachsen können, insb. also auf die in Form eines Beschlusses ergangenen Entscheidungen (§ 45). Ein Rechtskraftzeugnis kann auch in Grundbuchverfahren erteilt werden (BayObLG FGPrax 2003, 199). In Ehe- und Familienstreitsachen wird das Rechtskraftzeugnis nicht nach § 46, sondern nach § 706 ZPO erteilt (§ 113 Abs. 1); § 46 Satz 3 und 4 gelten indes auch hier. Ein Rechtskraftzeugnis ist auch in Grundbuchsachen möglich (BayObLG FGPrax 2003, 199), hier jedoch nur für Entscheidungen des Grundbuchamts, nicht für Grundbucheintragungen (OLG Frankfurt Beschl. v. 13.12.2011 – 20 W 546/11; § 38 Rdn. 9). 2

C. Voraussetzungen. I. Endentscheidung. Bescheinigt werden kann die Rechtskraft nur für Entscheidungen, die die Instanz beenden. Zwischenentscheidungen unterfallen § 46 auch dann nicht, wenn sie formell rechtskräftig werden (Prütting/Helms/*Abramenko* § 46 Rn. 2). Auch für Vergleiche kann eine Rechtskraft nicht bescheinigt werden (Borth/Grandel/*Musielak* § 46 Rn. 1). 3

II. Rechtskraft. Bescheinigt werden kann der Eintritt der Rechtskraft nur, wenn und soweit die Entscheidung formell rechtskräftig ist (dazu § 45). Dies ist auch nicht teilweise der Fall, solange ein bislang nicht angefochtener Teil der Entscheidung durch Erweiterung des eingelegten Rechtsbehelfs bzw. Einlegung eines Anschlussrechtsbehelfs noch infrage gestellt oder im Rechtsbeschwerdeverfahren wegen Sachzusammenhangs noch aufgehoben werden kann (§ 147; BGH NJW 1994, 657, 659; BGH NJW 1989, 170; KG KGReport 1995, 67). 4

III. Erforderlichkeit. Das Rechtskraftzeugnis dient dem Nachweis der formellen Rechtskraft einer Entscheidung (§ 45). Erforderlich ist der Nachweis der formellen Rechtskraft nur ausnahmsweise. Soweit die Rechtskraft Voraussetzung für die Vollstreckung ist (§§ 86 Abs. 2, 40 Abs. 2, 3), wird ihr Eintritt von Amts wegen festgestellt, eines Nachweises durch die Beteiligten bedarf es nicht. Benötigt wird das Rechtskraftzeugnis, wo der Eintritt der formellen Rechtskraft als **Tatbestandsvoraussetzung** einer verfahrensrechtlichen oder materiellrechtlichen Norm nachgewiesen werden muss. Dies ist z.B. erforderlich für die Einhaltung der Antragsfrist im Wiederaufnahmeverfahren (§ 48 Abs. 2 i.V.m. § 586 ZPO), für die Beendigung der Verjährungshemmung durch gerichtliche Geltendmachung 6 Monate nach der rechtskräftigen Entscheidung (§ 204 Abs. 2 BGB) oder für den Antrag auf Änderung des Güterrechtsregisters aufgrund einer rechtskräftigen gerichtlichen Entscheidung (§ 1561 Abs. 2 Nr. 1 BGB). 5

Ob das Rechtskraftzeugnis erforderlich ist, ob ein rechtliches Interesse des Antragstellers besteht oder zu welchem Zweck dieser das Zeugnis benötigt, wird im Verfahren nicht geprüft (unten Rdn. 18). 6

IV. Antrag. Ein Rechtskraftzeugnis wird grds. nur auf Antrag erteilt. Dies folgt aus einem Umkehrschluss aus Satz 3, der eine Erteilung von Amts wegen nur ausnahmsweise zulässt (unten Rdn. 13). 7

Antragsberechtigt sind die Verfahrensbeteiligten und ihre Rechtsnachfolger. Sie bedürfen weder eines besonderen Rechtsschutzbedürfnisses noch muss der Antrag in irgendeiner Form begründet werden. Streitig ist, inwieweit Dritten ein Zeugnis zu erteilen ist. Die herrschende Meinung bejaht dies jedenfalls dann, wenn sie eine Ausfertigung der Entscheidung vorlegen und ein schutzwürdiges Interesse dartun (Bork/Jacoby/Schwab/*Elzer* § 46 Rn. 6; Stein/Jonas/*Münzberg* § 706 ZPO Rn. 5 m.w.N.; a.A. Musielak/*Lackmann* § 706 ZPO Rn. 2; offen BGHZ 31, 391). 8

Auch in Ehe- und Familienstreitverfahren bedarf es der Vertretung durch einen Rechtsanwalt nicht (§ 114 Abs. 4 Nr. 6 i.V.m. § 78 Abs. 3 ZPO). 9

10 Der Antrag ist nicht formbedürftig, setzt aber voraus, dass mit ihm zusammen eine **Ausfertigung** der Entscheidung vorgelegt wird, auf der die Rechtskraft bescheinigt werden kann (§ 7 Nr. 1 AktO; unten Rdn. 22).

11 Das Rechtskraftzeugnis kann bezüglich aller Entscheidungen beantragt werden, die in formeller Rechtskraft erwachsen.

12 Der Antrag kann auf einen **Teil** der Entscheidung beschränkt werden, wenn diese nur mit einem abgrenzbaren Teil rechtskräftig geworden ist (oben Rdn. 4; OLG Karlsruhe Justiz 1971, 59).

13 **V. Von Amts wegen.** Auch ohne Antrag von Amts wegen wird den Beteiligten ein Rechtskraftzeugnis in **Ehe-** und **Abstammungssachen** (§§ 121 ff., 169 ff.) erteilt (§ 46 Satz 3). Grund hierfür ist das öffentliche Interesse am Eintritt der Rechtskraft (BT-Drucks. 14/4722, S. 121; Stein/Jonas/*Münzberg* § 706 ZPO Rn. 5). Da die Geschäftsstelle hier die Standesämter ohnehin von Amts wegen von dem Eintritt der Rechtskraft benachrichtigen muss (Nr. VII/3, VIII MiZi) und die Beteiligten einen entsprechenden Antrag ohnehin stellen müssten, wäre das Abwarten eines Antrags bloße Förmelei. Die sofortige Erteilung des Rechtskraftzeugnisses vermeidet in diesen Fällen unnötigen Aufwand. Die amtswegige Erteilung des Rechtskraftzeugnisses gilt auch für antragsabweisende Beschlüsse, obwohl für diese die genannten Gründe nicht zutreffen (Bahrenfuss/*Rüntz* § 46 Rn. 6).

14 **VI. Zuständigkeit.** Zuständig für die Erteilung des Rechtskraftzeugnisses ist die **Geschäftsstelle** des Gerichts, das im ersten Rechtszug entschieden hat. Ob dieses Gericht für die Hauptsache zuständig war, wird nicht mehr geprüft. Die Geschäftsstelle des Rechtsmittelgerichts ist zuständig, sobald und solange das Verfahren dort anhängig ist. Aus Praktikabilitätsgründen ist der Begriff der »Anhängigkeit« dabei mit dem Vorliegen der Akten gleichzusetzen (BGH LM Nr. 2; Bahrenfuss/*Rüntz* § 46 Rn. 5; MüKo/*Krüger* § 706 ZPO Rn. 3 m.w.N.; a.A. Prütting/Helms/*Abramenko* § 46 Rn. 7). Der bloße Antrag auf Gewährung von Verfahrenskostenhilfe für ein Rechtsbehelfsverfahren begründet die Zuständigkeit des Rechtsbehelfsgerichts nicht (BGH RPfl 1956, 97, 98; Zöller/*Stöber* § 709 Rn. 4). Die kurzfristige Versendung der Akten berührt die Zuständigkeit nicht (KG FamRZ 1989, 1206).

15 Für die Geschäftsstelle entscheidet funktionell der **Urkundsbeamte**, nicht der Rechtspfleger (KG FamRZ 1974, 447).

16 Beim unzuständigen Gericht eingereichte Anträge sind – nach Anhörung der Beteiligten – an das zuständige Gericht weiterzuleiten.

17 **VII. Verfahren.** Der zuständige Urkundsbeamte hat die Frage nach einer Erteilung des Rechtskraftzeugnisse selbstständig und eigenverantwortlich zu beantworten. Dabei handelt es sich um eine reine Formalprüfung anhand der vorliegenden Akten, eine Amtsermittlung der Voraussetzungen ist nicht geboten, in begrenztem Umfang aber möglich. So kann der Urkundsbeamte vom Antragsteller die Vorlage von noch ausstehenden Zustellungsnachweisen verlangen, soweit diese für den Lauf von Rechtsmittelfristen von Bedeutung sind. Er kann beim Rechtsmittelgericht nachfragen, ob dort Rechtsbehelfe eingelegt wurden. Verbreiteter Auffassung zufolge ist er zu einer solchen Nachfrage indes nicht verpflichtet, sondern kann mangels Aktenanforderung von dort von einer Nichteinlegung ausgehen (Friederici/Kemper/*Simon* § 46 Rn. 4).

18 Die gebotene Formalprüfung erstreckt sich auf das Vorliegen eines Antrags (bzw. der Voraussetzungen der Amtserteilung), auf die Zuständigkeit und den Eintritt der formellen Rechtskraft der Entscheidung. Weitere materielle Prüfungen sind dem Urkundsbeamten verwehrt. Insbes. darf er nicht prüfen, ob die Erteilung des Rechtskraftzeugnisses erforderlich ist, ob ein rechtliches Interesse des Antragstellers besteht oder zu welchem Zweck dieser das Zeugnis benötigt (BGHZ 31, 388, 391; OLG München FamRZ 1985, 502).

19 Geht der Antrag verfrüht, d.h. vor Eintritt der Rechtskraft ein, kann er zurückgestellt und nach Eintritt beschieden werden.

20 Einer Anhörung der übrigen Beteiligten bedarf es – abgesehen vom Fall der Weiterleitung des Antrags (oben Rdn. 16) – nicht, da in deren Rechtspositionen nicht eingegriffen wird.

21 **VIII. Notfristzeugnis.** Die Erteilung eines Notfristzeugnisses, d.h. einer Bestätigung der Geschäftsstelle des Rechtsmittelgerichts, dass gegen eine Entscheidung kein Rechtsmittel eingelegt ist sieht § 46 nicht allgemein vor (weil die Beschwerde beim Ausgangsgericht einzulegen ist, § 64 Abs. 1, und das Rechtsmittelgericht zur rechtzeitigen Einlegung einer Beschwerde gar keine Angaben machen kann), sie kommt deswegen allein in Ehe- und Familienstreitverfahren in Betracht (§ 113 Abs. 1 Satz 2 i.V.m. § 706 Abs. 2 Satz 1 ZPO). Dabei handelt es sich um eine interne Auskunftserteilung zwischen den Geschäftsstellen zweier Gerichte, die der *für die Erteilung des Rechtskraftzeugnisses* zuständigen Geschäftsstelle lediglich als Grundlage für die von

ihr in eigener Verantwortung zu entscheidende Frage dienen soll, ob sie ein Rechtskraftzeugnis erteilen kann.

D. Rechtsfolgen. I. Rechtskraftzeugnis. 1. Form. Das Rechtskraftzeugnis wird auf der vom Antragsteller eingereichten Ausfertigung der Entscheidung angebracht und am Beschlusskopf der Urschrift vermerkt (§ 7 Nr. 1 AktO). Möglich ist indes auch eine separate Bescheinigung. Ist der Kostenfestsetzungsbeschluss separat ergangen, ist das Rechtskraftzeugnis auch auf diesem anzubringen, damit die Rechtskraft auch bei getrennter Vollstreckung nachgewiesen werden kann (Stein/Jonas/*Münzberg* § 706 ZPO Rn. 9). Zur Vorgehensweise bei elektronischen Dokumenten § 42 Rdn. 46. 22

Bescheinigt wird grds. nur, dass Rechtskraft eingetreten ist (»Vorstehender Beschluss ist rechtskräftig.«). Einer Angabe des Zeitpunkts des Eintritts der Rechtskraft (»rechtskräftig seit …«) bedarf es nur, wenn die Entscheidung auf Scheidung, Aufhebung oder Feststellung der Nichtigkeit lautet (§ 38 Abs. 5c AktO). In anderen Fällen ist die Angabe des Zeitpunkts zwar nicht erforderlich, schadet aber auch nichts. Eine Begründung bedarf die Bescheinigung nicht (Satz 3); dies gilt auch für Rechtskraftzeugnisse außerhalb von Ehe- und Abstammungssachen. Die Bescheinigung muss unter Angabe von Ort, Datum und Dienstbezeichnung vom Urkundsbeamten unterschrieben und gesiegelt werden. 23

Wird die Rechtskraft nur für einen Teil des Beschlusses bescheinigt (oben Rdn. 4), ist dieser Teil exakt und unmissverständlich zu bezeichnen (BGH NJW 1994, 657, 659; KG KGReport 1995, 67). 24

Soll das Rechtskraftzeugnis auf der Ausfertigung eines elektronischen Dokuments nach § 14 Abs. 5 erteilt werden, gelten die §§ 130b und 298 ZPO entsprechend (§ 14 Abs. 3). 25

2. Wirkungen. Das Rechtskraftzeugnis dient dem Nachweis der formellen Rechtskraft einer Entscheidung (§ 45). 26

Das Rechtskraftzeugnis schafft die Rechtskraft nicht, sondern stellt deren Eintritt lediglich **deklaratorisch** fest. Dabei kommt ihm die Beweiskraft einer öffentlichen Urkunde zu (§§ 415, 418 ZPO; BGH LM Nr. 1). Bescheinigt werden die tatsächlichen Voraussetzungen der formellen Rechtskraft (§ 45), dass also die entsprechende Entscheidung durch Rechtsmittel, Einspruch, Widerspruch oder Erinnerung nicht mehr abgeändert werden kann. Eine Aussage über die materielle Rechtskraft, die inhaltliche Richtigkeit der Entscheidung, ihren Fortbestand oder die Bindung der Beteiligten daran enthält das Zeugnis nicht (BGHZ 31, 388, 391; BGH FamRZ 1971, 635). Soweit gesetzlich nicht ein Rechtskraftzeugnis ausdrücklich erfordert ist (wie z.B. in § 1561 Abs. 2 Nr. 1 BGB), kann der Nachweis der formellen Rechtskraft auch anders geführt werden (RGZ 46, 357, 360). Wie gegen jede öffentliche Urkunde kann auch gegen das Rechtskraftzeugnis der Gegenbeweis geführt werden (§ 418 Abs. 2 ZPO; RGZ 46, 357, 360; BGH LM Nr. 1). 27

II. Kosten. Das Rechtskraftzeugnis wird **gebührenfrei** erteilt. Gerichtsgebühren sind durch die Prozessgebühr abgegolten (BGH NJW 1960, 671), für den Rechtsanwalt gehört die Erteilung des Rechtskraftzeugnisses zur Instanz (§ 19 Abs. 1 Satz 2 Nr. 9 RVG). Dies gilt auch für das Erinnerungsverfahren (§ 19 Abs. 1 Nr. 5 RVG). Eine Erstattung von Auslagen (Portokosten) ist gesetzlich nicht vorgesehen (RGZ 131, 151). 28

E. Rechtsbehelfe. Die Entscheidungen der Geschäftsstelle über die Erteilung oder Nichterteilung des Rechtskraftzeugnisses können mit der **Erinnerung** analog § 573 ZPO angefochten werden. Für diese Erinnerung gelten nach § 573 Abs. 1 Satz 3 ZPO die §§ 569 Abs. 1 Satz 1 und 2, Abs. 2, 570 und 572 ZPO. Dies gilt auch für Entscheidungen der OLG und des BGH (§ 573 Abs. 3). 29

Die Erinnerung ist binnen einer Notfrist von 2 Wochen schriftlich oder zu Protokoll der Geschäftsstelle bei dem Gericht, dessen Entscheidung angefochten wird, einzulegen (§ 573 Abs. 1 ZPO). Die Notfrist beginnt mit der Zustellung der Entscheidung, spätestens mit dem Ablauf von 5 Monaten nach der Bekanntgabe des Beschlusses. Es muss die angefochtene Entscheidung bezeichnet und erklärt werden, dass gegen diese Erinnerung eingelegt wird. Die Erinnerung hat keine aufschiebende Wirkung, doch kann das Gericht eine einstweilige Anordnung erlassen, insb. die Vollziehung der angefochtenen Entscheidung aussetzen. 30

Erachtet der Urkundsbeamte der Geschäftsstelle, dessen Entscheidung angefochten wird, die Beschwerde für begründet, so hat er ihr abzuhelfen; andernfalls ist sie unverzüglich dem Richter vorzulegen. Dieser hat von Amts wegen zu prüfen, ob die Beschwerde an sich statthaft und ob sie in der gesetzlichen Form und Frist eingelegt ist. Mangelt es an einem dieser Erfordernisse, so ist die Erinnerung als unzulässig zu verwerfen. Erachtet er die Beschwerde für begründet, so kann er den Urkundsbeamten zur Erteilung des Rechtskraftzeugnisses anweisen. In jedem Fall ergeht die Entscheidung durch Beschluss. 31

32 Gegen die Entscheidung des Richters ist die **sofortige Beschwerde** nach § 573 Abs. 2, §§ 567 ff. ZPO gegeben. Die Verweisung des § 46 Satz 4 umfasst den gesamten § 573 ZPO und damit auch die weitere Anfechtung der Erinnerungsentscheidung (BGH FamRZ 2010, 284; Bork/Jacoby/Schwab/*Elzer* § 46 Rn. 12; Prütting/Helms/*Abramenko* § 46 Rn. 11; a.A. Bahrenfuss/*Rüntz* § 46 Rn. 7).

33 Gegen die Nichterteilung eines Notfristzeugnisses steht den Beteiligten ein Rechtsbehelf nicht zu, da es sich dabei lediglich um eine eigene Wirkungen nicht entfaltende Vorbedingung des Rechtskraftzeugnisses handelt und i.R.d. die Anfechtung mitgeprüft werden kann (BGH FamRZ 2010, 284).

§ 47 Wirksam bleibende Rechtsgeschäfte.

Ist ein Beschluss ungerechtfertigt, durch den jemand die Fähigkeit oder die Befugnis erlangt, ein Rechtsgeschäft vorzunehmen oder eine Willenserklärung entgegenzunehmen, hat die Aufhebung des Beschlusses auf die Wirksamkeit der inzwischen von ihm oder ihm gegenüber vorgenommenen Rechtsgeschäfte keinen Einfluss, soweit der Beschluss nicht von Anfang an unwirksam ist.

Übersicht

	Rdn.		Rdn.
A. Allgemeines	1	2. Aufhebungsgrund	14
B. Anwendungsbereich	3	D. Rechtsfolgen	18
C. Voraussetzungen	4	I. Wirksamkeit der Rechtshandlungen	19
I. Beschluss	5	II. Unwirksamkeit der Rechtshandlungen	26
II. Ungerechtfertigt	10	III. Aufhebung der Aufhebung	31
1. Aufhebung	10		

1 **A. Allgemeines.** § 47 regelt die Wirkung der Abänderung einer Entscheidung auf Rechtsgeschäfte, die aufgrund dieser Entscheidung vorgenommen wurden. Deren Unwirksamkeit wäre ein schwerer Eingriff in die Rechte all derjenigen Personen, mit denen diese Rechtsgeschäfte abgeschlossen wurden. Müsste mit der nachträglichen Unwirksamkeit solcher Rechtsgeschäfte gerechnet werden, bestünde kaum Bereitschaft zum Abschluss mit Personen, die ihre Berechtigung aus einer gerichtlichen Entscheidung herleiten (*Habscheid* § 27 Abs. 4.1.d). § 47 ergänzt damit die §§ 40 Abs. 2 und 3, 48 Abs. 3 für die Fälle, in denen nicht der Beschluss selbst ein Rechtsgeschäft genehmigt, sondern jemandem die Befugnis oder Fähigkeit zum Abschluss von Rechtsgeschäften einräumt (Bahrenfuss/*Rüntz* § 47 Rn. 1).

2 Die Vorschrift entspricht inhaltlich im Wesentlichen § 32 FGG, der über seinen Wortlaut hinaus bereits auf alle Unwirksamkeitsgründe angewandt wurde (vgl. KKW/*Zimmermann* § 32 FGG Rn. 8). Diesen weiten Anwendungsbereich schreibt § 47 nunmehr fest.

3 **B. Anwendungsbereich.** Die Vorschrift ist grds. auf alle Beschlüsse im FamFG-Verfahren anwendbar. Ausgenommen sind Beschlüsse in Ehe- und Familienstreitverfahren, für die die allgemeinen ZPO-Vorschriften gelten (§ 113 Abs. 1).

4 **C. Voraussetzungen.** Die Frage der Wirksamkeit von Rechtsgeschäften oder Willenserklärungen stellt sich, wenn diese von einem Dritten in Ausnutzung einer durch einen Beschluss ungerechtfertigt erlangten Befugnis oder Fähigkeit vorgenommen wurden.

5 **I. Beschluss.** Die **Fähigkeit** zur Vornahme eines Rechtsgeschäfts oder zur Entgegennahme von Willenserklärungen verschafft ein Beschluss, der die tatsächlichen Voraussetzungen für eine gesetzliche Vertretung schafft. Hierzu gehören z.B. der Beschluss, mit dem der selbstständige Betriebs eines Erwerbsgeschäfts (§ 112 BGB) oder die Eingehung eines Dienst- und Arbeitsverhältnisses durch einen Minderjährigen genehmigt wird (§ 113 BGB). Andere, dem früheren § 32 FGG daneben unterfallende Entscheidungen sind heute durch § 40 geregelt. Da hier die Wirksamkeit der Beschlüsse erst mit Rechtskraft und damit nach Abschluss der Überprüfung eintritt, kommt die Ausnutzung der Beschlussermächtigung vor der Abänderung des Beschlusses grds. nicht mehr in Betracht (Prütting/Helms/*Abramenko* § 47 Rn. 3). Hierunter fallen Genehmigungen einzelner Rechtsgeschäfte (§ 40 Abs. 2) die Aufhebung vorher bestehender Beschränkungen der Berechtigung eines Ehegatten, Geschäfte mit Wirkung für den anderen zu besorgen, aufgehoben werden (§ 1357 Abs. 2 BGB; § 40 Abs. 3), oder die Ersetzung einer verweigerten Genehmigung (z.B. §§ 1369 Abs. 2, 1426, 1430 BGB; § 40 Abs. 3). Etwas anderes kann sich ergeben, wenn die sofortige Wirksamkeit eines solchen Beschlusses angeordnet war (§ 40 Abs. 3 Satz 2).

Entsprechend anzuwenden ist § 32 auf Mitglieder eines Aufsichtsrats, die kraft gerichtlichen Beschlusses bestimmt worden sind (§ 104 AktG), da solchen Personen im gesetzlich vorgesehenen Umfang Vertretungsmacht zukommt (BayObLG BB 2004, 2095; *Bassenge* § 32 Rn. 1; KKW/*Zimmermann* § 32 FGG Rn. 6). Das Gleiche gilt für die gerichtliche Bestellung eines Abschlussprüfers bei der AG (§ 318 HGB; BayObLG BB 2002, 672; OLG Düsseldorf ZIP 1996, 1040). 6

Die **Befugnis** zur Vornahme eines Rechtsgeschäfts oder zur Entgegennahme von Willenserklärungen schafft eine entsprechende rechtsgeschäftliche Vertretungsbefugnis. Hierzu gehören der Beschluss über die Bestellung eines Vormunds (§ 1789), eines Pflegers (§§ 1915, 1789 BGB), eines Betreuers (§§ 1896, 1902 BGB), eines Nachlasspflegers (§§ 1960, 1961 BGB) oder Nachlassverwalters (§§ 1981, 1984 BGB), die Bestellung eines Liquidators für einen Verein (§ 48 BGB), eine Handelsgesellschaft (§ 146 HGB) oder eine Genossenschaft (§ 83 GenG) und die Ernennung zum Testamentsvollstrecker (§ 2200 BGB). 7

Die Fähigkeit oder Befugnis muss sich auf die Vornahme eines Rechtsgeschäfts oder die Abgabe einer Willenserklärung beziehen. Insoweit gelten die allgemeinen Regelungen des BGB (§§ 116 ff. BGB). **Willenserklärung** ist die auf die Herbeiführung eines rechtsgeschäftlichen Erfolgs gerichtete Äußerung einer Person (BGHZ 149, 129, 134; BGH NJW 2005, 54). **Rechtsgeschäft** ist der Inbegriff einer oder mehrerer Willenserklärungen und ggf. weiterer Elemente, die erforderlich sind, um den bezweckten Erfolg herbeizuführen. Über den Wortlaut des § 47 hinaus genügt auch die Ermächtigung zur Vornahme von **Realakten**, d.h. Handlungen, an die sich Rechtsfolgen knüpfen. Hierunter fällt z.B. das Testat des Abschlussprüfers bei der AG (§ 322; OLG Düsseldorf FGPrax 1996, 155). 8

Die Fähigkeit oder Befugnis muss durch einen Beschluss, d.h. durch eine **gerichtliche** Entscheidung vermittelt worden sein. Auf die Ermächtigung durch andere Personen oder Institutionen, seien sie privat oder staatlich, ist § 47 auch nicht entsprechend anzuwenden (BGHZ 39, 45, 48; a.A. Bork/Jacoby/Schwab/*Elzer* § 47 Rn. 14). Die gerichtliche Entscheidung muss zum Zeitpunkt der Vornahme des Rechtsgeschäfts wirksam sein, d.h. sie muss bereits wirksam geworden sein, darf nicht ausgesetzt (§ 64 Abs. 3) oder abgeändert und nicht sonst wie unwirksam geworden sein (Prütting/Helms/*Abramenko* § 47 Rn. 2). 9

II. Ungerechtfertigt. 1. Aufhebung. Dass der Beschluss ungerechtfertigt war, steht erst fest, wenn er **aufgehoben** wurde. Dies kann i.R.d. § 48 durch das Gericht des ersten Rechtszugs oder nach §§ 69, 74 bzw. nach § 572 ZPO durch das Rechtsmittelgericht erfolgen. Ist der Beschluss aufgehoben, bedarf es keiner Prüfung mehr, ob er ungerechtfertigt war. Voraussetzung für eine Anwendung des § 47 ist damit nicht die Ungerechtfertigtheit des Beschlusses, sondern seine Aufhebung. 10

Die Aufhebung kann entweder auf ein Rechtsmittel hin durch das Rechtsmittelgericht oder durch einen Rechtsbehelf ohne Devolutiveffekt (Wiedereinsetzung, § 17; Gehörsrüge, § 44; Wiederaufnahme, § 48 Abs. 2) durch das erstinstanzliche Gericht erfolgen. Die inhaltliche Berechtigung der Aufhebung wird nach § 47 nicht mehr geprüft. 11

Die Rechtswirkung des § 47 tritt bereits dann ein, wenn die Aufhebung des Beschlusses nicht vollständig, sondern nur **teilweise** erfolgte. Wird der Umfang der Vertretungsmacht nachträglich beschränkt, bleibt ein in Ausnutzung der ursprünglichen Vertretungsmacht vorgenommenes Rechtsgeschäft wirksam, auch wenn es den neuen Umfang überschreitet (Prütting/Helms/*Abramenko* § 47 Rn. 5). 12

Kein Bedürfnis für eine Anwendung des § 47 besteht, wenn in einem neuen Verfahren aufgrund veränderter tatsächlicher Umstände eine vom ersten Beschluss inhaltlich abweichende Entscheidung ergeht (§ 48 Abs. 1). Solche neuen Entscheidungen wirken nicht zurück und lassen frühere Rechtsgeschäfte und Willenserklärungen stets unberührt. 13

2. Aufhebungsgrund. Gründe für die Aufhebung des Beschlusses können entweder ausschließlich ab der Aufhebungsentscheidung allein in die Zukunft wirken (»ex-nunc-Wirkung«) oder Rückwirkung entfalten und den Beschluss von Anfang an unwirksam machen (»ex-tunc-Wirkung«). 14

Nichtig und damit von Anfang an unwirksam ist ein Beschluss dann, wenn er nicht bloß fehlerhaft ist, sondern unter einem besonders schweren und offensichtlichen Rechtsfehler leidet (unten Rdn. 28 ff.). 15

Angenommen hat die Rechtsprechung dies bei Beschlüssen, die jeder gesetzlichen Grundlage entbehren, eine der Rechtsordnung unbekannte Rechtsfolge aussprechen oder ohne eine vom Gesetz ausdrücklich als notwendig bezeichnete Einwilligung ergehen. Nichtig sind Beschlüsse, die im schriftlichen Verfahren ohne ordnungsgemäße Unterschrift ergehen (OLG Köln OLGR 1988, 549), bei Überschreitung der funktionellen Zuständigkeit des Urkundsbeamten der Geschäftsstelle (OLG Hamm OLGR 1987, 272) oder des Rechtspflegers (BayObLGE 1986, 524; OLG Frankfurt am Main NJW-RR 1996, 1288). 16

17 Alle anderen Fehler verhindern das Wirksamwerden eines Beschlusses nicht, machen diesen lediglich **anfechtbar** und führen zur Unwirksamkeit erst ab der Aufhebung (unten Rdn. 19 ff.).

18 **D. Rechtsfolgen.** Die Aufhebung lediglich anfechtbarer Beschlüsse lässt die Wirksamkeit darauf gestützter Rechtsgeschäfte nach § 47 unberührt (Rdn. 19 ff.). Aufgrund nichtiger Beschlüsse abgeschlossene Rechtsgeschäfte dagegen werden von § 47 nicht erfasst, sie waren von Anfang an unwirksam und bleiben dies unabhängig von einer eventuellen Aufhebung des Beschlusses (unten Rdn. 28 ff.).

19 **I. Wirksamkeit der Rechtshandlungen.** Die Aufhebung eines die Vertretungsmacht begründenden, lediglich anfechtbaren Beschlusses lässt die Wirksamkeit der inzwischen vorgenommenen und darauf gestützten Rechtsgeschäfte unberührt. Diese Rechtsgeschäfte bleiben wirksam. Die Aufhebung einer solchen Entscheidung wirkt entgegen den allgemeinen Grundsätzen nicht rückwirkend (ex tunc), sondern nur in die Zukunft (ex nunc). Der Vertreter bleibt für die Zeit vor der Aufhebung berechtigter Vertreter, die von ihm vorgenommenen Rechtsgeschäfte wirken weiterhin für und gegen den Vertretenen, für und gegen Dritte. Damit werden die am Rechtsgeschäft beteiligten Dritten geschützt. Nur wenn deren Vertrauen in die Wirksamkeit der Rechtsgeschäfte erhalten wird, sind Dritte bereit, solche mit dem durch einen gerichtlichen Beschluss Berechtigten abzuschließen.

20 § 47 verhindert lediglich ein Unwirksamwerden des Rechtsgeschäfts aufgrund der Aufhebung des Berechtigungsbeschlusses. Eine Unwirksamkeit oder Anfechtbarkeit des Rechtsgeschäfts aus anderen (materiellrechtlichen) Gründen bleibt davon unberührt.

21 Die Aufhebung der Anordnung einer Abwesenheitspflegschaft und der erteilten vormundschaftsgerichtlichen Genehmigung hat auf die Wirksamkeit der vorher von dem Abwesenheitspfleger getätigten Rechtshandlungen (hier: die Bestellung einer Grunddienstbarkeit und der Abschluss eines Grundstückskaufvertrages) keine Auswirkungen (OLG Köln Rpfleger 2002, 195).

22 Wird auf die Beschwerde hin ein Beschluss, durch den ein Betreuer entlassen und an seiner Stelle ein anderer zum Betreuer bestellt wurde, aufgehoben, so wird die Betreuerentlassung rückwirkend hinfällig, während die Wirkungen der Bestellung des neuen Betreuers erst mit der Beschwerdeentscheidung entfällt. Vom neuen Betreuer bis zur Beschwerdeentscheidung vorgenommene Rechtsgeschäfte für den Betreuten bleiben also wirksam (OLG Köln FamRZ 1995, 1086).

23 Wird die Nachlasspflegschaft wegen Wegfalls des Grundes aufgehoben, bleiben die Rechtshandlungen des Nachlasspflegers wirksam (OLG Frankfurt am Main NJW-RR 1995, 391).

24 Wird ein Gerichtsbeschluss, der einen Notverwalter bestellt und im Wege der einstweiligen Anordnung die Bestellung für sofort wirksam erklärt, im Rechtsmittelverfahren aufgehoben, hat das auf die vorher getätigten Rechtshandlungen des Notverwalters keine Auswirkungen (BayObLG NJW-RR 1992, 787).

25 Die nachträgliche Aufhebung oder Abänderung des Bestellungsbeschlusses bleibt ohne Einfluss auf die Wirksamkeit der Abschlussprüfung und des Bestätigungsvermerks. Dies gilt nicht nur für die Anfechtung der Ersetzung eines Abschlussprüfers bei der AG (OLG Düsseldorf ZIP 1996, 1040), sondern auch für die Ablehnung des Antrags auf Bestellung eines anderen Abschlussprüfers (BayObLG BB 2002, 672).

26 **II. Unwirksamkeit der Rechtshandlungen.** Nach Aufhebung des Ermächtigungsbeschlusses vorgenommene Rechtsgeschäfte sind – unabhängig von § 47 – wegen Fehlens einer wirksamen Ermächtigung unwirksam.

27 Unwirksam sein können aber auch Rechtshandlungen, die vor der Aufhebung vorgenommen wurden. Das Rückwirkungsverbot des § 47 erfasst nicht alle Fälle.

28 Nicht von § 47 erfasst werden die Fälle der Unwirksamkeit des aufgehobenen Beschlusses von Anfang an. Hier tritt die Unwirksamkeit des Beschlusses nicht aufgrund der Aufhebung ein, sondern bestand unabhängig davon schon immer. War der Beschluss von Anfang an nichtig, so wirkt seine (zwar nicht erforderliche, aber mögliche: BayObLGE 1988, 259) Aufhebung lediglich deklaratorisch, stellt die anfängliche Unwirksamkeit und damit Wirkungslosigkeit der Entscheidung nur fest. Solche Mängel erfassen die aufgrund des Beschlusses vorgenommenen Rechtsgeschäfte und machen auch sie unwirksam (BGH VersR 1998, 1299; BGHZ 39, 45, 48).

29 Die Bestellung eines Abwesenheitspflegers nicht durch den Richter, sondern durch den Rechtspfleger ist nichtig. Rechtsgeschäfte, die der vom Rechtspfleger bestellte Abwesenheitspfleger für den Abwesenden vorgenommen hat, sind unwirksam. Dies gilt auch dann, wenn der Rechtspfleger sie genehmigt hat (OLG Köln OLGR 2003, 349). Auch die Bestellung des Nachtragsliquidators obliegt funktionell allein dem Richter;

Abschnitt 3. Beschluss §48

wird sie vom Rechtspfleger vorgenommen, sind die Rechtshandlungen des Liquidators unwirksam (OLG Schleswig Rpfleger 2000, 152 und BB 1996, 1164).

Über die dargestellten Fälle hinaus kommt eine Unwirksamkeit von Rechtsgeschäften des durch einen Beschluss Berechtigten nicht schon deswegen in Betracht, weil diese zum Nachteil eines Minderjährigen wirken. Wird ein Minderjähriger durch pflichtwidrige Handlungen des Vormundschaftsgerichts geschädigt, so kann dies allenfalls zu Schadensersatzansprüchen führen (BGH BB 1991, 2325). 30

III. Aufhebung der Aufhebung. § 47 findet Anwendung auch auf eine Entscheidung, mit der die Aufhebung einer Ermächtigung zur Vornahme von Rechtsgeschäften ihrerseits wieder aufgehoben wird. Allerdings stellt sich hier die Frage nach der Wirksamkeit der zwischen der Aufhebung und der Aufhebung der Aufhebung vorgenommen Rechtsgeschäfte. Zum Teil wird vertreten, die Aufhebung der Aufhebung entfalte Rückwirkung, sodass Erklärungen des ursprünglich und letztlich Berechtigten nachträglich auch für die Zwischenzeit wirksam würden (BayObLG OLGZ 1959, 128; KG OLGZ 1971, 196, 197; OLG Köln FamRZ 1995, 1086). Habe auch der nur zwischenzeitlich Berechtigte gehandelt, so sei das zeitlich zuerst vorgenommene Rechtsgeschäft wirksam (KKW/*Zimmermann* § 32 Rn. 13 f. m.w.N.). Richtigerweise wirkt auch die Aufhebung der Aufhebung nicht rückwirkend, sondern nur ex nunc, sodass in der Zwischenzeit Rechtsgeschäfte wirksam nur durch den nach der Erstaufhebung Berechtigten vorgenommen werden konnten und auch nach der Aufhebung der Aufhebung wirksam bleiben. 31

§ 48 Abänderung und Wiederaufnahme. (1) ¹Das Gericht des ersten Rechtszugs kann eine rechtskräftige Endentscheidung mit Dauerwirkung aufheben oder ändern, wenn sich die zugrunde liegende Sach- oder Rechtslage nachträglich wesentlich geändert hat. ²In Verfahren, die nur auf Antrag eingeleitet werden, erfolgt die Aufhebung oder Abänderung nur auf Antrag.
(2) Ein rechtskräftig beendetes Verfahren kann in entsprechender Anwendung der Vorschriften des Buches 4 der Zivilprozessordnung wiederaufgenommen werden.
(3) Gegen einen Beschluss, durch den die Genehmigung für ein Rechtsgeschäft erteilt oder verweigert wird, findet eine Wiedereinsetzung in den vorigen Stand, eine Rüge nach § 44, eine Abänderung oder eine Wiederaufnahme nicht statt, wenn die Genehmigung oder deren Verweigerung einem Dritten gegenüber wirksam geworden ist.

Übersicht

	Rdn.		Rdn.
A. Allgemeines	1	D. Wiederaufnahme (Abs. 2)	29
B. Anwendungsbereich	5	I. Zulässigkeit der Wiederaufnahme	31
C. Abänderung (Abs. 1)	8	II. Wiederaufnahmegrund	37
I. Voraussetzungen	9	1. Nichtigkeitsantrag	38
1. Rechtskräftige Entscheidung mit Dauerwirkung	9	2. Restitutionsantrag	43
2. Nachträgliche wesentliche Änderung der Sach- oder Rechtslage	13	III. Neue Verhandlung und Entscheidung	49
		E. Unabänderlichkeit von Genehmigungsbeschlüssen (Abs. 3)	52
3. Antrag (Satz 2)	17	I. Genehmigungsbeschlüsse	55
4. Spezialgesetzliche Regelungen	22	II. Wirksamwerden ggü. Dritten	61
II. Verfahren und Entscheidung	23	III. Bestandskraft	67

A. Allgemeines. Im Anwendungsbereich des FamFG ist die materielle Richtigkeit einer Entscheidung wichtiger als deren formelle Rechtskraft. Entscheidungen kann wegen des Fürsorgegedankens keine unbeschränkte Bestandskraft zukommen. Haben sich die tatsächlichen Voraussetzungen geändert, muss auch die Entscheidung geändert werden können. § 48 regelt deswegen wichtige Durchbrechungen der Rechtskraft. Rechtskräftige Entscheidungen können abgeändert (Abs. 1), rechtskräftig abgeschlossene Verfahren *wiederaufgenommen* werden (Abs. 2). Diese und andere Rechtskraftdurchbrechungen gelten nur eingeschränkt für Genehmigungsbeschlüsse (Abs. 3). 1

Die Abänderungsmöglichkeit des **§ 48 Abs. 1** greift die frühere Regelung des § 18 FGG auf, beschränkt diese wegen der grds. Befristung der Rechtsmittel aber auf bereits rechtskräftige Entscheidungen und auf die Fälle nachträglich wesentlich veränderter Umstände. Funktional entspricht die Abänderungsmöglichkeit 2 nach § 48 Abs. 1 der Abänderungsantrag des Zivilprozessrechts (§ 323 ZPO). Mit der allgemeinen Regelung wurden frühere spezialgesetzliche Abänderungsmöglichkeiten (§ 17 HausratsVO a.F.) obsolet.

3 Die Wiederaufnahme des Verfahrens kam bereits nach früherem Recht über eine entsprechende Anwendung der Vorschriften der Zivilprozessordnung in Betracht (BayObLG FamRZ 2004, 137; KKW/*Schmidt* § 18 FGG Rn. 69). Im Interesse einer Harmonisierung der Verfahrensordnungen (so auch § 153 Abs. 1 VwGO, § 179 Abs. 1 SGG, § 134 FGO) sieht das FamFG in **§ 48 Abs. 2** von einer eigenen Regelung der Wiederaufnahme ab und schreibt die entsprechende Anwendung der §§ 578 ff. ausdrücklich fest.

4 Ihre Grenzen müssen Durchbrechungen der Rechtskraft dort finden, wo das Vertrauen Dritter in die Bestandskraft einer Entscheidung geschützt werden muss. Dies gilt insb. für die Erteilung oder Verweigerung der Genehmigung von Rechtsgeschäften. Dem trägt **§ 48 Abs. 3** Rechnung, der der früheren Reglung aus §§ 55, 67 FGG entspricht.

5 **B. Anwendungsbereich.** Die Vorschrift ist grds. auf alle Beschlüsse im FamFG-Verfahren anwendbar, unabhängig davon, ob diese vom Richter oder vom Rechtspfleger erlassen wurden. Ausgenommen sind Beschlüsse in Ehe- und Familienstreitverfahren, für die gem. § 113 Abs. 1 die allgemeinen ZPO-Vorschriften (§§ 323, 578 ff. ZPO) gelten.

6 **Ausgeschlossen** ist die Abänderung von personenstandsbegründenden Entscheidungen. Dies folgt für Adoptionsentscheidungen aus § 197 Abs. 3, für Entscheidungen in Abstammungssachen aus § 184 Abs. 1 Satz 2.

7 Verdrängt wird die Abänderungsmöglichkeit nach Abs. 1 durch Spezialvorschriften wie §§ 54, 166, 230, 294, 330 (unten Rdn. 22). Zur Abgrenzung von der Berichtigung § 42 Rdn. 11 ff.

8 **C. Abänderung (Abs. 1).** Abweichend von dem allgemeinen Grundsatz, dass gerichtliche Entscheidungen auch das erlassende Gericht binden (z.B. § 319 ZPO), sind Entscheidungen nach dem FamFG grds. abänderbar (*Habscheid* § 27 Abs. 1 Satz 2).

9 **I. Voraussetzungen. 1. Rechtskräftige Entscheidung mit Dauerwirkung.** Satz 1 beschränkt die Abänderungsmöglichkeit tatbestandlich auf **Endentscheidungen** (§ 38 Abs. 1). Nicht anwendbar ist § 48 Abs. 1 auf Zwischenentscheidungen, die grds. keine Bindungswirkung entfalten und deshalb bis zum Erlass der Endentscheidung ohnehin frei abänderbar sind (BGH NJW 1995, 2106, 2107). Auch dort, wo Zwischenentscheidungen ausnahmsweise eine Bindungswirkung zukommt (§§ 3 Abs. 3, 5 Abs. 3, 19 Abs. 3; § 6 i.V.m. § 46 ZPO; § 76 Abs. 1 i.V.m. § 124 ZPO; § 85 i.V.m. § 103 ZPO; §§ 77 ff. GNotKG) ist eine Abänderung nach § 48 Abs. 1 ausgeschlossen. Vergleiche stellen zwar keine Entscheidungen dar, müssen, soweit sie Dauerwirkung entfalten, aber genauso abänderbar sein, sodass § 48 auf sie zumindest entsprechende Anwendung findet (Bahrenfuss/*Rüntz* § 48 Rn. 6; Friederici/Kemper/*Simon* § 48 Rn. 6; a.A. Prütting/Helms/ *Abramenko* § 48 Rn. 2).

10 **Dauerwirkung** hat eine Endentscheidung, wenn sich die Wirkung des Beschlusses nicht in einer zu einem bestimmten Zeitpunkt eintretenden einmaligen Rechtsfolge erschöpft, sondern sich über einen (kürzeren oder längeren) Zeitraum erstreckt. In diesen Fällen kann sich während der Wirkung der Entscheidung eine Änderung der Verhältnisse ergeben, die eine Fortgeltung als nicht mehr gerechtfertigt erscheinen lässt. Dauerwirkungen in diesem Sinne ergeben sich z.B. bei Vormundschaften, Pflegschaften, bei der elterlichen Gewalt, bei der Testamentsvollstreckung und bei der (Nicht-) Zuweisung der Ehewohnung (OLG Stuttgart NJW-RR 2011, 507). Eine Abänderung nach § 48 kommt nur in Betracht, wenn die Wirkung des Beschlusses noch andauert. Das bloße Gegenstandsloswerden eines Beschlusses (etwa das Ende der Vormundschaft mit Volljährigkeit des Mündels nach § 1882 BGB oder Auslaufen befristeter Anordnungen nach §§ 329, 425; § 2 Abs. 2 GewSchG) rechtfertigt eine Abänderung nicht (KG OLGZ 1971, 196, 197; Bork/Jacoby/ Schwab/*Elzer* § 48 Rn. 8).

11 Keine Dauerwirkung i.S.d. § 48 Abs. 1 entfalten Beschlüsse, mit denen ein Antrag abgelehnt wurde. Die hier eintretende Rechtskraft kann nur mit der Wiederaufnahme nach Abs. 2 beseitigt werden (Friederici/ Kemper/*Simon* § 48 Rn. 5), ein auf veränderte Umstände gestützter Antrag ist jederzeit möglich.

12 Abänderbar nach Abs. 1 sind nur Entscheidungen, die formell **rechtskräftig** sind (§ 45). Änderungen des zugrunde zu legenden Lebenssachverhalts oder der anzuwendenden Normen, die vor Erlass des Beschlusses eintreten, können noch für die Entscheidung berücksichtigt werden. Änderungen, die zwischen Erlass und Rechtskraft eintreten, kann durch die Einlegung von Rechtsmitteln Rechnung getragen werden (vgl. § 65 Abs. 3).

2. Nachträgliche wesentliche Änderung der Sach- oder Rechtslage. Möglich ist eine Änderung des Beschlusses nur aufgrund einer **Änderung** der Sach- oder Rechtslage. Diese Änderung muss bereits eingetreten sein, ihre Erwartung im Sinne einer bloßen Prognose genügt nicht (BGHZ 80, 389). Eine Änderung der **Sachlage** liegt immer dann vor, wenn sich die der Entscheidung zugrunde liegenden Tatsachen ändern. Eine Änderung der **Rechtslage** ist gegeben, wenn sich das maßgebliche materielle Recht geändert hat. Hierunter fallen Änderungen des Gesetzes, ausnahmsweise auch solche der höchstrichterlichen Rechtsprechung (BGH NJW 1990, 3020, 3022). Keine Änderung liegt dagegen vor, wenn das erkennende Gericht im Vorverfahren die Sach- oder Rechtslage falsch beurteilt hat (BGH NJW-RR 2001, 937; OLG Stuttgart NJW-RR 2011, 507). 13

Die Änderung der Verhältnisse muss **nachträglich**, also nach Erlass des Beschlusses eingetreten sein. Auf den Zeitpunkt des Erlasses ist auch abzustellen, wenn gegen den Beschluss keine Beschwerde eingelegt wurde (BGH NJW 1986, 383), diese unzulässig war (OLG Düsseldorf FamRZ 1984, 493) oder sie zurückgenommen wurde (BGH MDR 1988, 569). Wurde ein Beschwerdeverfahren durchgeführt, ist der Zeitpunkt des Erlasses des Beschwerdebeschlusses maßgeblich (BGHZ 96, 205). 14

Fraglich ist, inwieweit auch Tatsachen eine Änderung rechtfertigen können, die bereits vor Erlass des Beschlusses vorlagen, dem Gericht aber nicht bekannt waren (»**verdeckte Tatsachen**«, »**Alttatsachen**«). Dass die Änderung vorhersehbar war, steht der Nachträglichkeit i.S.d. § 48 Abs. 1 nicht entgegen (BGH NJW 1992, 364). Genügen können auch Umstände, die bei Erlass des Beschlusses zwar schon vorlagen, den Beteiligten aber nicht bekannt waren (KG OLGR 1971, 89; KKW/*Schmidt* § 18 FGG Rn. 1; a.A. *Habscheid* § 27 Abs. 3 Satz 6). Auch wenn ein mögliches Geltendmachen der Änderung in einem früheren Verfahrensstadium unterlassen wurde (z.B. eine vor Erlass bekannte Tatsache nicht vorgetragen oder mögliches Rechtsmittel wegen einer nach Erlass eingetretenen Änderung nicht eingelegt wurde), bleibt eine Abänderung nach § 48 Abs. 1 möglich. Die ältere Rechtsprechung zu § 18 FGG, nach der eine Abänderung auf Umstände, die bereits vor Erlass des Beschlusses hätten vorgetragen werden können, auch dann nicht gestützt werden kann, wenn sich der Beteiligte dies (ausdrücklich oder stillschweigend) vorbehalten hat (BGHZ 136, 374), ist mit der Neufassung des § 48 Abs. 1 nicht mehr vereinbar. Eine Präklusion von Tatsachen sieht § 48 nicht vor, der Fürsorgegedanke erfordert ein Zurücktreten der Rechtskraft hinter die materielle Richtigkeit der Entscheidungen (a.A. Prütting/Helms/*Abramenko* § 48 Rn. 6 f.). Etwas anderes kann allenfalls dort gelten, wo die Entscheidung nicht bloß in formeller, sondern auch in materieller Rechtskraft erwachsen ist (dazu § 45 Rdn. 36 ff.). Ansonsten können sich Grenzen für die Berücksichtigung zurückgehaltener Tatsachen allenfalls unter dem Gesichtspunkt des Rechtsmissbrauchs ergeben (KG OLGZ 1971, 89, 90 f.; OLG Frankfurt am Main OLGZ 1967, 352, 353). Für die »Nachträglichkeit« der Änderung der Sach- und Rechtslage ist also – in Amts- und in Antragsverfahren gleichermaßen – auf die Kenntnis des Gerichts abzustellen. 15

Wesentlich ist die Änderung, wenn sie – ihr Vorliegen schon zum Zeitpunkt der Entscheidung unterstellt – zu einer inhaltlich maßgeblich anderen Entscheidung geführt hätte. Die Änderung muss sich damit zum einen auf Sach- oder Rechtsfragen beziehen, die für die Entscheidung erheblich waren, zum anderen einem maßgeblichen Umfang erreichen (OLG Stuttgart NJW-RR 2011, 507). 16

3. Antrag (Satz 2). Satz 2 bestimmt, dass eine Abänderung in **Antragsverfahren** nur auf Antrag erfolgen kann. Zu den Antragsverfahren s. § 23. Damit wird die Dispositionsbefugnis der Beteiligten auf die Änderung erstreckt. Ohne Antrag ist das Gericht deswegen auch dann nicht zur Abänderung befugt, wenn es von der Unrichtigkeit seiner Entscheidung überzeugt ist. 17

Die von der herrschenden Meinung zu § 18 FGG vertretene und von der Gesetzesbegründung (BT-Drucks. 16/6308 S. 198) unkritisch übernommene Beschränkung der **Antragsbefugnis** auf den ursprünglichen Antragsteller lässt sich dem Gesetzeswortlaut nicht entnehmen und erscheint im Hinblick auf den Normzweck von § 48 Abs. 1 nicht geboten. Das Interesse an einer sachgerechten, der materiellen Rechtslage entsprechenden Regelung muss den Antrag jedes Beteiligten (§ 7) genügen lassen (Bahrenfuss/*Rüntz* § 48 Rn. 9). 18

Der Antrag wird regelmäßig ausdrücklich gestellt werden, ist indes nicht formbedürftig und kann in jedem auf eine inhaltliche Überprüfung gerichteten Begehr gesehen werden, insb. in der Einlegung von Rechtsbehelfen. Der Antrag ist fristungebunden, unterliegt aber der Verwirkung. Auf das Antragsrecht kann wie auf das Rechts zur Einlegung von Rechtsbehelfen verzichtet werden, ob ein Rechtsbehelfsverzicht einen Verzicht auch auf die Abänderung umfasst, ist Frage des Einzelfalles. 19

Der Einhaltung einer bestimmten Frist bedarf es nicht. Solange die Dauerwirkung fortbesteht, ist eine Abänderung möglich (Rdn. 24). 20

21 In den **Amtsverfahren** wird auch die Änderung von Amts wegen eingeleitet, sobald das Gericht Kenntnis von den veränderten Umständen erhält. Dies geschieht regelmäßig durch die periodisch erforderliche Überprüfung der Anordnung (§ 166 Abs. 2, 294 Abs. 3). Die Beteiligten können die Änderung indes auch hier jederzeit anregen.

22 **4. Spezialgesetzliche Regelungen.** In einer Reihe von Fällen sieht das materielle Recht ausdrücklich die Möglichkeit vor, trotz Vorliegens einer bestandskräftigen Entscheidung einen neuen, inhaltsgleichen Antrag zu stellen. Die alte Entscheidung steht diesem mangels materieller Rechtskraftwirkung nicht entgegen. Solche spezialgesetzlichen Regelungen verdrängen die allgemeine Abänderungsmöglichkeit aus § 48. Hierzu gehören:
- die Abänderung von Eilentscheidungen nach § 54;
- die Abänderung von Entscheidungen und in **Sorgerechtsverfahren** aus Gründen des Kindeswohls nach § 1631b Satz 4 und § 1696 BGB (§ 166 BayObLG FGPrax 1999, 61), wobei die letztere Abänderung sich ausdrücklich auch auf gerichtlich gebilligte Vergleiche erstreckt (Rdn. 9);
- die Abänderung von Entscheidungen zum **Versorgungsausgleich** nach § 1587b BGB oder nach §§ 1, 3b des Gesetzes zur Regelung von Härten im Versorgungsausgleich und von Vereinbarungen zum Versorgungsausgleich nach Maßgabe des § 10a des Gesetzes zur Regelung von Härten im Versorgungsausgleich (§ 230);
- die Aufhebung und Einschränkung der **Betreuung** oder des Einwilligungsvorbehalts (§ 294) sowie die Änderung der Rechtsstellung des Betreuers nach § 1908 Abs. 4 Satz 2 BGB (OLG Hamm FGPrax 2000, 192);
- die Aufhebung der **Unterbringung** (§ 330);
- die Aufhebung einer **Vormundschaft** nach §§ 1882, 1884 BGB;
- die Aufhebung einer **Pflegschaft** nach §§ 1919, 1921 BGB.

23 **II. Verfahren und Entscheidung.** Zuständig für die Abänderung ist allein das Gericht des ersten Rechtszugs. Dies kann auch das Gericht der einstweiligen Anordnung nach § 50 Abs. 2 sein. Die Abänderungsbefugnis erstreckt sich nicht bloß auf eigene Entscheidungen, sondern umfasst auch solche eines früher zuständigen anderen erstinstanzlichen (nach einer Anerkennung sogar ausländischen, BGH NJW 1983, 1976; OLG Köln NJW-RR 2005, 876) Gerichts und eines übergeordneten Rechtsmittelgerichts.

24 Die Abänderungsbefugnis des Gerichts ist nicht befristet und kann auch nicht verwirkt werden (BGHZ 47, 58). Allenfalls der Einwand des Rechtsmissbrauchs ist denkbar (KG OLGZ 1971, 89, 90 f.; OLG Frankfurt am Main OLGZ 1967, 352, 353)

25 Das Änderungsverfahren setzt das ursprüngliche Verfahren fort, folgt den gleichen Verfahrensregeln. Den Beteiligten des Ausgangsverfahrens ist rechtliches Gehör nach den allgemeinen Regeln des erstinstanzlichen Verfahrens zu gewähren, ein Termin ist unter den Voraussetzungen des § 32 erforderlich. Einer Beweiserhebung (§ 29) bedarf es bezüglich der veränderten Tatsachen, die unverändert gebliebenen Tatsachen bleiben bestehen, doch kann die veränderte Sachlage im Einzelfall auch deren erneute Klärung gebieten.

26 Liegt eine wesentliche nachträgliche Änderung von Umständen vor, ist das Gericht verpflichtet, eine neue Entscheidung zu treffen. Diese ergeht so, wie sie bei Vorliegen der veränderten Umstände von Anfang an ergangen wäre. Dabei besteht eine Bindung des abändernden Gerichts weder an tatsächliche Feststellungen noch an rechtliche Würdigungen. Die neue Entscheidung kann der ursprünglichen Entscheidung ggü. erweitert, reduziert oder sonst abweichend ergehen. Ob dabei auch die Kostenentscheidung mit abgeändert wird, steht im Ermessen des Gerichts LG Kassel FamRZ 2011, 829). Das Verschlechterungsverbot gilt nicht, auch nicht in den Antragsverfahren (Jansen/*Briesemeister* § 18 FGG Rn. 15; a.A. Prütting/Helms/*Abramenko* § 48 Rn. 19). Ausnahmsweise kann sich eine Bindungswirkung aus der materiellen Rechtskraft ergeben, soweit der ursprünglichen Entscheidung diese Wirkung zukommt (dazu § 45 Rdn. 36 ff.).

27 I.R.d. Abänderung wird der ursprüngliche Beschluss aufgehoben und durch eine neue Sachentscheidung ersetzt. Die Abänderung wirkt grds. nur in die Zukunft (ex nunc). Rückwirkung kommt ihr nur insoweit zu, als sie eine Verpflichtung zur Leistung enthalten oder Feststellungen treffen. Darüber hinaus kann auch das Gericht eine Rückwirkung nicht anordnen (KG OLGZ 1971, 196, 198; Ausnahme: § 1612 Abs. 2 Satz 2 BGB).

28 Der abgeänderte Beschluss unterliegt der **Anfechtung** nach allgemeinen Grundsätzen, insb. also der Überprüfung durch die Beschwerde. Ebenfalls mit Beschwerde anfechtbar ist die Ablehnung eines Abänderungsantrags.

D. Wiederaufnahme (Abs. 2). Auch FamFG-Verfahren werden nach rechtskräftigem Abschluss nicht von 29 Amts wegen, sondern nur auf Antrag und nur bei Vorliegen gesetzlich eng definierter Ausnahmetatbestände wiederaufgenommen. Mit dem Antrag wird ein neues Verfahren eingeleitet, das auf die Aufhebung des rechtskräftigen Beschlusses gerichtet ist. Hierzu bedarf es einer Reihe von besonderen Zulässigkeitsvoraussetzungen (unten Rdn. 31 ff.). Aussicht auf Erfolg hat ein solcher Antrag, wenn das erste Verfahren an schwersten Mängeln leidet oder es auf einer unrichtigen, insb. verfälschten Grundlage beruht (unten Rdn. 37 ff.). Liegen diese Voraussetzungen vor, wird das ursprüngliche Verfahren wiederholt und eine neue Sachentscheidung getroffen (unten Rdn. 49 ff.).

Besonders geregelt ist die Wiederaufnahme in **Abstammungssachen** (§ 185). Diese ist ohne besondere Be- 30 schwer (§ 185 Abs. 2) und fristunabhängig (§ 185 Abs. 4 i.V.m. § 586 ZPO) statthaft und kann über die Restitutionsgründe des § 580 ZPO auch auf ein neues Gutachten gestützt werden.

I. Zulässigkeit der Wiederaufnahme. Der Antrag auf Wiederaufnahme ist grds. bei dem Gericht zu stel- 31 len, das im ersten Rechtszug erkannt hat. Unter den Voraussetzungen des § 584 Abs. 1 kommt ausnahmsweise auch die **Zuständigkeit** des Beschwerde- oder Rechtsbeschwerdegerichts in Betracht.

Statthaft ist der Wiederaufnahmeantrag gegen eine rechtskräftige Endentscheidung (§ 578 Abs. 1 ZPO). 32 Diese muss eine **Beschwer** für den Antragsteller enthalten (BGHZ 39, 179).

Den übrigen Rechtsbehelfen ggü. ist die Wiederaufnahme **subsidiär**, d.h. erforderlich ist, dass der Antrag- 33 steller ohne sein Verschulden außerstande war, den Wiederaufnahmegrund durch Beschwerde (§§ 58 ff.) oder Gehörsrüge (§ 44) geltend zu machen (§ 582 ZPO). Ausgeschlossen ist die Wiedereinsetzung damit sowohl, wenn der Wiedereinsetzungsgrund in einem vorangegangenen Rechtsbehelfsverfahren erfolglos geltend gemacht wurde, als auch, wenn er nicht geltend gemacht wurde, obwohl das möglich gewesen wäre.

Beantragt werden kann die Wiederaufnahme nur binnen eines Monats ab Kenntniserlangung vom Wieder- 34 aufnahmegrund, längstens jedoch innerhalb von 5 Jahren nach Eintritt der Rechtskraft (§ 586 Abs. 1 ZPO). Besondere **Fristen** gelten für die Nichtigkeitsantrag wegen mangelnder Vertretung (§ 579 Abs. 2 ZPO).

Die **Antragsschrift** muss – über die allgemeinen Anforderungen an eine solche hinaus – die Bezeichnung 35 des angefochtenen Beschlusses enthalten, angeben, ob Nichtigkeits- oder Restitutionsantrag erhoben wird (§ 587 ZPO) und einen Wiederaufnahmegrund dartun (unten Rdn. 37 ff.).

Fehlt es an einer der genannten Zulässigkeitsvoraussetzungen, wird der Antrag als unzulässig verworfen 36 (§ 589 Abs. 1 Satz 2 ZPO).

II. Wiederaufnahmegrund. Zur Wiederaufnahme des Verfahrens berechtigen nur die im Gesetz abschlie- 37 ßend aufgezählten Gründe. Diese liegen entweder in schwersten Verfahrensmängeln (Nichtigkeitsantrag, § 579 ZPO; unten Rdn. 38 ff.) oder in einer unrichtigen, insb. verfälschten Grundlage der Entscheidung (Restitutionsantrag, § 580 ZPO; unten Rdn. 43 ff.). Fehlt ein solcher Wiederaufnahmegrund, wird der Antrag als unbegründet abgewiesen.

1. Nichtigkeitsantrag. Mit der Nichtigkeitsantrag können einige besonders schwere Verfahrensmängel gel- 38 tend gemacht werden. Diese entsprechen den absoluten Rechtsbeschwerdegründen (§ 72 Abs. 3 i.V.m. § 547 ZPO).

Nicht vorschriftsgemäß besetzt ist das Gericht (§ 579 Abs. 1 Nr. 1 ZPO), wenn Vorschriften des GVG über 39 die Gerichtsbesetzung so offensichtlich nicht eingehalten sind, dass von einer willkürlichen Verletzung der Zuständigkeitsnormen ausgegangen werden muss (BGH NJW 1995, 332). Dazu gehören die Befähigung der Richter zum Richteramt, die richtige Anzahl von Richtern in einem Spruchkörper, deren ordnungsgemäße Vertretung im Fall der Verhinderung und das gesetzmäßige Zustandekommen der Geschäftsverteilung (BGH NJW 1959, 685).

Kraft Gesetzes von der Mitwirkung bei der Entscheidung ausgeschlossen ist ein Richter oder Rechtspfleger 40 (§ 579 Abs. 1 Nr. 2 ZPO) in den Fällen des § 41 ZPO, also z.B., wenn er selbst, sein Ehegatte oder ein naher Verwandter Verfahrensbeteiligter ist, er Verfahrensbevollmächtigter war, als Zeuge vernommen worden ist oder er an einer Entscheidung in der Vorinstanz teilgenommen hat, es sei denn, ein hierauf gestütztes Ablehnungsgesuch wurde rechtskräftig abgelehnt (§ 46 Abs. 2 ZPO).

Ausgeschlossen ist ein Richter oder Rechtspfleger auch, wenn er erfolgreich wegen Besorgnis der Befan- 41 genheit abgelehnt wurde (§ 579 Abs. 1 Nr. 3 ZPO). Dabei steht die Ablehnung durch einen Beteiligten der Selbstablehnung des Richters gleich (§§ 42 bis 47 ZPO). Die bloße Möglichkeit einer Ablehnung reicht dazu nicht (BGHZ 102, 141).

42 Einen wesentlichen Verfahrensmangel stellt es auch dar, wenn ein Beteiligter nicht gesetzmäßig vertreten war (§ 579 Abs. 1 Nr. 4 ZPO). Dabei werden Mängel der gesetzlichen Vertretung genauso erfasst, wie solche der rechtsgeschäftlichen Vertretung (RGZ 38, 406). Gleichzustellen sind diesen die Fälle mangelnder Prozessführungsbefugnis (BGH MDR 1967, 565) und mangelnder Beteiligtenfähigkeit (BGH NJW 1972, 1714). Gerügt werden kann dieser Mangel nur von der betroffenen Beteiligten (nicht vom Gegner: BGHZ 63, 78), wenn er die Prozessführung nicht ausdrücklich oder stillschweigend genehmigt hat, etwa durch rügelose Fortsetzung des Verfahrens durch einen Berechtigten.

43 **2. Restitutionsantrag.** Auch eine rechtskräftige Entscheidung kann keinen Bestand haben, wenn sie auf einer strafbaren Handlung beruht. Dies kann der Fall sein,
- wenn der als Beteiligter vernommene und vereidigte Gegner einen Meineid (§ 154 StGB) oder fahrlässigen Falscheid (§ 163 StGB) geleistet hat (§ 580 Nr. 1 ZPO);
- wenn eine Urkunde verfälscht war (§ 580 Nr. 2 ZPO, §§ 267 ff. StGB);
- wenn ein Zeuge oder ein Sachverständiger seine Wahrheitspflicht verletzt hat (§ 580 Nr. 3 ZPO), insb. durch Meineid, strafbare Falschaussage oder falsche Versicherung an Eides statt (§§ 153 bis 156, 163 StGB);
- wenn die Entscheidung durch eine mit Strafe bedrohte Handlung (insb. §§ 156, 160, 240, 263, 266 StGB) erschlichen wurde (§ 580 Nr. 4 ZPO);
- wenn der Richter oder Rechtspfleger eine strafbare Amtspflichtverletzung begangen hat (§ 580 Nr. 5 ZPO), sei es durch Bestechung (§ 334 StGB), sei es durch Rechtsbeugung (§ 336 StGB).

44 Auch ohne strafbare Handlung findet die Restitutionsantrag statt
- wenn die Entscheidung auf einer früheren Entscheidung beruht und diese rechtskräftig aufgehoben wird (§ 580 Nr. 6 ZPO).
- wenn eine frühere, rechtskräftige Entscheidung in derselben Angelegenheit aufgefunden wird (§ 580 Nr. 7a ZPO). Hierzu kann auch eine anzuerkennende ausländische Entscheidung gehören.

45 Der praktisch wichtigste Restitutionsgrund liegt im **Auffinden einer Urkunde**, die eine günstigere Entscheidung herbeigeführt haben würde (§ 580 Nr. 7b ZPO). Erforderlich ist eine Urkunde, wobei eine bloße unbeglaubigte Fotokopie genügen kann (*Zoller* NJW 1993, 432; a.A. KG NJW-RR 1997, 123) und unerheblich ist, ob es sich um eine öffentliche oder um eine Privaturkunde handelt. Keine Urkunden stellen Augenscheinsobjekte (insb. Fotografien) dar (BGH MDR 1976, 304), auch die bloße Ersetzung anderer Beweisformen etwa durch schriftliche Zeugenaussagen oder schriftliche Sachverständigengutachten genügt nicht, wenn sie sich auf neue Beweise beziehen (BGHZ 38, 337; BGH MDR 1965, 816, 817; OVG Bremen NJW 1990, 2337), die nachträgliche Erklärung im Vorverfahren vernommener Zeugen oder Sachverständiger indes kann deren Glaubwürdigkeit erschüttern und damit die Wiedereinsetzung rechtfertigen (*Zöller/Greger* § 580 ZPO Rn. 19).

46 Die Urkunde muss vor Eintritt der Rechtskraft errichtet worden sein, später errichtete Urkunden ermöglichen eine Restitution nicht (BGH VersR 1975, 260). Dies gilt z.B. auch dann, wenn die Entscheidung auf einer Auskunft des Rentenversicherungsträgers beruht, die ausdrücklich unter Vorbehalt erteilt wurde und sich aus einer späteren Auskunft deren Unrichtigkeit ergibt (OLG Koblenz FamRZ 1980, 813). Etwas anderes gilt, wenn die nachträglich errichtete Urkunde eine zurückliegende Tatsache bezeugt. Hierzu gehören Geburtsurkunden als Beweis für die Empfängniszeit (BGHZ 2, 245; BGHZ 46, 300) oder Einbürgerungsurkunden als Beweis für die Staatsangehörigkeit (BGH MDR 1977, 212). Dagegen genügt ein nachträgliches Vaterschaftsanerkenntnis nicht (OLG Neustadt NJW 1954, 1372).

47 Aufgefunden ist die Urkunde, wenn deren Existenz oder Verbleib dem Antragsteller vor Eintritt der Rechtskraft unverschuldet unbekannt war, die bloße Unkenntnis des Inhalts genügt nicht. Unverschuldet ist die Unkenntnis nur, wenn sorgfältig nach ihr gesucht wurde (*Thomas/Putzo/Reichold* § 580 ZPO Rn. 16).

48 Erforderlich ist ferner, dass die Urkunde im Vorverfahren unter Berücksichtigung des damaligen tatsächlichen Vorbringens eine günstigere Entscheidung herbeigeführt hätte (BGH NJW-RR 1991, 380). Neuer Vortrag ist genauso ausgeschlossen, wie andere neue Beweismittel (BGHZ 38, 333; BGH WM 1983, 959).

49 **III. Neue Verhandlung und Entscheidung.** Bejaht das Gericht sowohl die Zulässigkeit des Wiederaufnahmeantrags (Rdn. 31 ff.) als auch das Vorliegen eines Wiederaufnahmegrunds (Rdn. 37 ff.), so wird die Hauptsache neu verhandelt (§ 590 ZPO). Dabei handelt es sich um die Fortsetzung des früheren Verfahrens, *für das die Regeln der Prozessart und der Instanz gelten*, in der es sich befindet. Wie dort können

Abschnitt 3. Beschluss § 48

neue Anträge gestellt, neue Tatsachen vorgetragen und neue Beweise angeboten werden (BGH WM 1983, 959). Auch das Rechtsbeschwerdegericht hat – soweit erforderlich – Tatsachenfeststellungen zu treffen (§ 590 Abs. 3 ZPO). War ein Beteiligter im Vorverfahren an Prozesslagen gebunden (Geständnis, Anerkenntnis, Rügeverlust), dauert diese Bindungswirkung fort.

Grundlage der neuen Sachentscheidung ist das Ergebnis des gesamten Verfahrens. Die frühere Entscheidung 50 wird in jedem Fall aufgehoben und durch eine Neue ersetzt. Diese kann inhaltlich von der früheren Entscheidung abweichen oder mit dieser inhaltsgleich sein (Rosenberg/Schwab/*Gottwald* § 161 Abs. 4 Satz 3; Zöller/*Greger* § 590 ZPO Rn. 16; a.A. Stein/Jonas/*Grunsky* § 590 ZPO Rn. 10).

Gegen den neuen Beschluss sind die allgemeinen Rechtsmittel gegeben (§ 591 ZPO). Gegen Entscheidun- 51 gen des erstinstanzlichen Gerichts ist die Beschwerde oder die Sprungrechtsbeschwerde gegeben, gegen Entscheidungen des Beschwerdegerichts die Rechtsbeschwerde. Die Wiederaufnahmeentscheidung des Rechtsbeschwerdegerichts ist unanfechtbar.

E. Unabänderlichkeit von Genehmigungsbeschlüssen (Abs. 3). Zu Genehmigungen im Allgemeinen, zu 52 den Arten von Genehmigungen und zu deren verfahrensrechtlichen Besonderheiten im FamFG § 40 Rdn. 24 ff.

Nicht der Abänderung oder Wiederaufnahme unterliegen nach Abs. 3 Beschlüsse, durch die ein Rechts- 53 geschäft genehmigt wird, nachdem sie einem Dritten ggü. wirksam geworden sind. In diesen Fällen hat der Dritte ein schutzwürdiges Interesse am dauerhaften Bestand des Beschlusses, so dass dessen Abänderung ausgeschlossen ist (OLG Zweibrücker RdL 2015, 84).

Solche Genehmigungsbeschlüsse werden nach § 40 Abs. 3 erst mit Rechtskraft wirksam. So ist gewährleis- 54 tet, dass die Entscheidung vor ihrem Wirksamwerden einer richterlichen Überprüfung unterliegt. Damit ist den Bedenken des BVerfG (NJW 2000, 1709) zu § 55 FGG Rechnung getragen, die aus der mangelnden Überprüfung von Rechtspflegerentscheidungen durch den Richter hergeleitet wurden (dazu § 40 Rdn. 21 f.). Ist die Genehmigung schließlich wirksam geworden, begründet sie für die am genehmigten Rechtsgeschäft Beteiligten ein besonderes Vertrauen in die Wirksamkeit des genehmigten Rechtsgeschäfts. § 48 Abs. 3 schützt dabei das Interesse des an dem Rechtsgeschäft beteiligten Dritten an dem dauerhaften Bestand der Entscheidung.

I. Genehmigungsbeschlüsse. Erfasst von § 48 Abs. 3 werden alle Genehmigungen des Betreuungs-, Famili- 55 en- oder Nachlassgerichts, die materielle Voraussetzung für die Wirksamkeit privatrechtlicher Rechtsgeschäfte sind (sog. »**Außengenehmigungen**«). Hierher gehören bspw. Genehmigungen nach §§ 112, 1411, 1484 Abs. 2, 1491 Abs. 3, 1492 Abs. 3, 1643, 1644, 1812 Abs. 1 und 3, 1814, 1819, 1820, 1821, 1822, 1824, 2275, 2282 Abs. 2, 2290 Abs. 3, 2347, 2351 BGB.

Zu den Genehmigungen i.S.d. § 48 Abs. 3 gehören auch solche, mit denen die Einwilligung des Betreuers 56 in ein Rechtsgeschäft des Betreuten genehmigt wird (§ 1903 BGB). Soweit der Betreuer selbst für eine Willenserklärung in Vertretung des Betreuten der Genehmigung des Betreuungsgerichts bedarf, gilt dies auch für seine Einwilligung zu einer entsprechenden Willenserklärung des Betreuten (§§ 1908i BGB i.V.m. §§ 1812, 1821, 1822 BGB; *Bumiller/Winkler* § 55 FGG Rn. 1).

§ 48 Abs. 3 gilt auch für landwirtschaftsgerichtliche Genehmigungsverfahren (OLG Celle MDR 1956, 170). 57

Nicht unter § 48 Abs. 3 – und auch nicht unter §§ 40 Abs. 2, 41 Abs. 3, 63 Abs. Nr. 2 (vgl. § 40 Rdn. 24 ff.) 58 – fallen bloße »**Innengenehmigungen**«, die sich nicht auf ein konkretes Rechtsgeschäft mit Dritten beziehen. Hierzu gehören die Genehmigung zur Aufnahme eines neuen Erwerbsgeschäfts im Namen des Kindes (§ 1645 BGB), zur Abweichung von Anordnungen des Erblassers oder eines Dritten (§§ 1803 Abs. 2 und 3, 1639 Abs. 2, 1917 Abs. 3 BGB), zur Anlegung von Mündelgeld (§§ 1810, 1811, 1817, 1818 BGB), zur Gestattung des Aufschubs der Auseinandersetzung bei Wiederverheiratung (§§ 1493 Abs. 2, 1683 Abs. 2 und 3, 1845 BGB).

Nicht von § 48 Abs. 3 erfasst werden auch die Genehmigung des Scheidungsantrags durch den gesetzlichen 59 Vertreter des Ehegatten (§ 125 Abs. 2 Satz 2), die Genehmigung der Unterbringung eines Betroffenen in eine geschlossene Anstalt (§ 312; §§ 1800, 1613b BGB), und die Entscheidungen des Gerichts, durch die die Ermächtigung bzw. Zustimmung eines Anderen zu einem Rechtsgeschäft ersetzt wird (§ 40 Abs. 3).

Keine Genehmigung enthält die Entscheidung des Gerichts, dass ein Rechtsgeschäft einer Genehmigung 60 nicht bedarf (BGHZ 44, 325; *Meyer-Stolte* Rpfleger 1967, 294, 296).

II. Wirksamwerden ggü. Dritten. Wirksam wird die Genehmigung mit Bekanntgabe an die **Beteiligten** 61 (§§ 41 Abs. 1, 40 Abs. 1, 15 Abs. 2).

62 Für das Wirksamwerden einem **Dritten** ggü. ist zu unterscheiden:
63 Die **vorherige Genehmigung** wird dem Dritten ggü. mit dem Rechtsgeschäft wirksam. Die Genehmigung eines einseitigen Rechtsgeschäfts (wie sie nach § 111 BGB erforderlich ist), wird mit dessen Vornahme, die vorherige Genehmigung eines Vertrages mit dessen Abschluss wirksam. Danach ist eine Änderung nicht mehr möglich (OLG Celle FamRZ 1997, 899), auch dann nicht, wenn das Rechtsgeschäft aus materiellen Gründen nichtig war oder angefochten wird (KKW/*Engelhardt* § 55 FGG Rn. 19).
64 Die **nachträgliche Genehmigung** eines Rechtsgeschäfts durch das FamG oder deren Verweigerung wird einem Dritten ggü. erst wirksam, wenn sie ihm durch den Vormund mitgeteilt wird (§ 1829 Abs. 1 Satz 2 BGB). Eine Mitteilung durch das Gericht genügt in diesem Fall nicht (BayObLG FGPrax 1995, 196). Die Mitteilung des Vormunds ist eine formlose, privatrechtliche Willenserklärung (BayObLG 1960, 276, 285), die auch durch schlüssiges Verhalten erklärt werden kann (BayObLG 1963, 1, 4; OLG Celle MDR 1965, 577). Die Mitteilung an einen Anderen, der am Rechtsgeschäft nicht beteiligt war, genügt grds. nicht (OLG Düsseldorf NJW 1959, 391).
65 Die **Verweigerung der Genehmigung** wird vor Abschluss eines Rechtsgeschäfts nicht wirksam. Nach Abschluss eines Rechtsgeschäfts tritt Wirksamkeit der Genehmigungsverweigerung ein, wenn sie dem Vertragspartner in der Absicht mitgeteilt wurde, den durch den Mangel der fehlenden Genehmigung verursachten Schwebezustand zu beseitigen. Die anderweitige Kenntniserlangung genügt nicht, auch nicht, wenn sie auf einer Mitteilung des Gerichts beruht (BayObLG 1974, 61).
66 Wirksam werden kann ein Beschluss auch durch Abschluss eines dagegen zunächst betriebenen Rechtsmittelverfahrens (OLG Zweibrücken RdL 2015, 84).
67 **III. Bestandskraft.** Vor Wirksamwerden der Genehmigung dem Dritten ggü. können die Genehmigung und die Verweigerung der Genehmigung wie jeder Beschluss geändert werden.
68 Ist der Genehmigungsbeschluss dem Dritten ggü. wirksam geworden, so muss dessen Interesse an einer Bestandskraft dieser Entscheidung geschützt werden (OLG Zweibrücken RdL 2015, 84). Hinter diesem Interesse des Dritten treten die Interessen der Beteiligten an einer eventuell erforderlichen Abänderung des Genehmigungsbeschlusses auch noch nach Eintritt der formellen Rechtskraft zurück. § 48 Abs. 3 schließt deswegen alle Institute aus, mit denen die Beteiligten den Beschluss im Regelfall auch noch nach Eintritt der formellen Rechtskraft beseitigen können. Für Genehmigungsbeschlüsse sind nicht nur die Abänderungsmöglichkeit nach Abs. 1 und die Wiederaufnahme des Verfahrens nach Abs. 2, sondern auch die Wiedereinsetzung in den vorigen Stand nach § 17, die Rüge der Verletzung des Anspruchs auf rechtliches Gehör nach § 44 ausgeschlossen.
69 Nach herrschender Meinung sind Genehmigungen i.S.d. § 48 Abs. 3 als privatrechtsgestaltender Staatsakt auch mit den **Instituten des BGB** nicht anfechtbar (KKW/*Engelhardt* § 55 FGG Rn. 7; *Jansen* § 55 FGG A 17; *Bumiller/Winkler* § 55 FGG Rn. 3).
70 Eine entgegen § 48 Abs. 3 dennoch vorgenommene Änderung des Genehmigungsbeschlusses ist nichtig (Jansen/*Briesemeister* § 18 FGG Rn. 33), bedarf der Anfechtung nicht, lässt eine deklaratorische Feststellung der Nichtigkeit durch Rechtsmittel jedoch zu (BayObLG 1964, 240, 243).

Abschnitt 4. Einstweilige Anordnung

Vorbem. zu § 49

Übersicht

	Rdn.		Rdn.
A. Bedeutung des einstweiligen Rechtsschutzes.	1	I. Bisherige Rechtslage	5
B. Verfassungsrechtlicher Bezug des einstweiligen Rechtsschutzes	2	II. Neue Ausgestaltung	6
C. Neukonzeption des einstweiligen Rechtsschutzes	4	III. Übergangsrecht	11

A. Bedeutung des einstweiligen Rechtsschutzes. Dem einstweiligen Rechtsschutz kommt im Bereich des Familienrechts, aber auch in den Angelegenheiten der freiwilligen Gerichtsbarkeit eine besondere Bedeutung zu. In den personenrechtlichen Beziehungen müssen Rechtsverhältnisse aufgrund ihres immanenten Zeitbezugs kurzfristig gerichtlich geregelt werden, um den Beteiligten effektiven Rechtsschutz zu gewähren. Dies gilt für den Schutz eines Betroffenen im Betreuungs- oder Unterbringungsrecht ebenso wie im familiären Konflikt. Hier sind personale Beziehungen beim Sorge- bzw. Aufenthaltsbestimmungsrecht oder Umgangsrecht ebenso wie vermögensrechtliche Ansprüche zu regeln. Durch die Ausgestaltung des einstweiligen Rechtsschutzes als hauptsacheunabhängiges Verfahren wird das einstweilige Anordnungsverfahren wohl eine noch größere Bedeutung gewinnen. 1

B. Verfassungsrechtlicher Bezug des einstweiligen Rechtsschutzes. Zu den Strukturprinzipien des Grundgesetzes zählt das Rechtsstaatsgebot (Art. 20 Abs. 1, 28 Abs. 1 Satz 1 GG), das als fundamentaler Bestandteil den Anspruch des Bürgers auf effektiven Rechtsschutz umfasst. Der Justizgewährungsanspruch garantiert nicht nur das formelle Recht und die theoretische Möglichkeit, die Gerichte anzurufen, sondern auch die Effektivität des Rechtsschutzes; der Bürger hat Anspruch auf eine tatsächlich wirksame gerichtliche Kontrolle (BVerfG NJW 1993, 1635). Darüber hinaus können die betroffenen Grundrechte das Verfahrensrecht beeinflussen, soweit dies für einen effektiven Rechtsschutz – etwa in Sorge- und Umgangsrechtsverfahren (Art. 6 Abs. 2 GG) – Bedeutung erlangt (BVerfG NJW 1991, 2005). Die spezifische Ausgestaltung des Verfahrens muss geeignet sein, sowohl die Rechtsverletzung in Teilbereichen wie auch eine übermäßige zeitliche Verzögerung zu verhindern. In diesem Sinn wird zeitlich unzureichender oder wirkungsloser Rechtsschutz dem verfassungsrechtlich gewährleisteten Rechtsstaatsgebot nicht gerecht. Der EGMR (FamRZ 2013, 1123 f.) leitet aus dem in Art. 8 Abs. 1 EMRK gewährleisteten Recht auf Achtung des Familienlebens das verfahrensrechtliche Erfordernis wirksamer Rechtsbehelfe gegen Verfahrensverzögerungen ab. Der einem betroffenen Elternteil eröffnete nachträgliche Entschädigungsanspruch im Fall gerichtlich verzögerter Verfahren kann unzureichend sein, weil die nationalen Rechtsordnungen sowohl präventive als auch kompensatorische Rechtsbehelfe einzuführen haben (s. § 49 Rdn. 23; § 57 Rdn. 4). 2

Im Gebot des effektiven Rechtsschutzes ist in seinem Zeitbezug der einstweilige Rechtsschutz gewährleistet (BVerfGE 46, 166, 179; Maunz/Dürig/Herzog/*Schmidt-Assmann* Art. 19 Abs. 4 GG Rn. 273 ff.; *Jarass/Pieroth* GG Art. 19 Rn. 30 ff.). Einstweiliger Rechtsschutz ist geboten, wenn dem Betroffenen anderenfalls schwere und unzumutbare, anders nicht abwendbare Nachteile entstehen. Dies gilt auch dann, wenn durch Zeitablauf für den Betroffenen vollendete Tatsachen, die sich nachträglich nicht oder nur teilweise rückgängig machen lassen, geschaffen werden. Kann das geltend gemachte Recht wegen seiner Zeitgebundenheit nicht durchgesetzt werden, ist das Recht nicht mehr geschützt und gerichtlicher Rechtsschutz wegen des Zeitablaufs nicht wirksam (Schuschke/*Walker* vor §§ 916 bis 945 Rn. 2). Den verfassungsrechtlichen Anforderungen werden die Regelungen des einstweiligen Rechtsschutzes in Form des Arrestes (§§ 916 ff. ZPO), der einstweiligen Verfügung (§§ 935 ff. ZPO) sowie der einstweiligen Anordnung (§§ 49 ff.) dieses Gesetzes gerecht, wobei die Auslegung der Verfahrensvorschriften die verfassungsrechtlichen Gebote zu beachten hat. In den *familienrechtlichen Rechtspositionen* sind die besonderen Grundrechtsbezüge in die Beurteilung der Eilbedürftigkeit einerseits sowie der (teilweise) Rechtsverlust durch Zeitablauf andererseits einzubeziehen. Demgemäß wird die vorrangige und beschleunigte Durchführung von Verfahren in Kindschaftsverfahren in § 155 Abs. 1 hervorgehoben, weil gerade in Umgangsverfahren ein besonderes Bedürfnis an zeitnahen Entscheidungen besteht, durch die eine dem Kindeswohl abträgliche Unterbrechung von Umgangskontakten vermieden werden kann (BT-Drucks. 16/6308 S. 235). 3

Vorbem. zu § 49 Buch 1. Allgemeiner Teil

4 **C. Neukonzeption des einstweiligen Rechtsschutzes.** In den §§ 49 ff. wird das einstweilige Rechtsschutzsystem grundlegend neu gestaltet und ein »wesentlicher Systemwechsel« vollzogen (BT-Drucks. 16/6308 S. 167). Seinen deutlichsten Ausdruck findet dies in § 51 Abs. 3 Satz 1, wonach das Verfahren der einstweiligen Anordnung ein **selbstständiges Verfahren** ist (BGH FuR 2011, 154 = FamRZ 2011, 199), auch wenn eine Hauptsache anhängig ist. Die hauptsacheunabhängige Ausgestaltung des einstweiligen Anordnungsverfahrens führt zu verfahrensrechtlichen Änderungen, auch wenn die Regelungsstrukturen der §§ 620 ff. ZPO a.F. übernommen wurden.

5 **I. Bisherige Rechtslage.** Bereits mit der EheVO 1938 wurde die einstweilige Anordnung in Ehesachen eingeführt (§§ 627 ff. ZPO a.F.) und erhielt mit dem 1. EheRG 1976 die bisherige Struktur in den §§ 620 ff. ZPO a.F., auf die Folgeregelungen jeweils verwiesen haben. Der Zweck der einstweiligen Anordnung nach § 620 ZPO a.F. besteht in der Regelung der rechtlichen Beziehungen zwischen den Ehegatten während des Scheidungsverfahrens mit dem Ziel vorläufiger Schlichtung und rascher Hilfe (BGH FamRZ 1980, 131, 132). Gleichwohl besteht Einigkeit, dass das System des einstweiligen Rechtsschutzes im Familienrecht eine »komplizierte Materie« (*Bernreuther* FamRZ 1999, 69, 74) darstellt und als wenig durchdachtes und kompliziertes Regelungsgefüge kritisiert wurde (*Gaul* FamRZ 2003, 1137, 1153). Denn bisher war nicht nur zwischen ZPO- und FGG-Familiensachen, sondern auch zwischen dem hauptsacheunabhängigen und dem hauptsacheabhängigen einstweiligem Rechtsschutz zu unterscheiden. Zwar erscheinen die grundlegenden Verfahrensstrukturen der §§ 620 ff. ZPO a.F. von den Zuständigkeitsregelungen abgesehen nicht übermäßig kompliziert; jedoch entstand aus dem Nebeneinander zahlreicher Sonderregelungen, deren jeweilige Anwendungsbereiche und Konkurrenzverhältnisse zu bestimmen waren, ein unübersichtliches Regelungsgefüge. Folgende Vorschriften kamen im einstweiligen Rechtsschutz in Familiensachen zur Anwendung:

– §§ 620 ff. ZPO a.F. (einstweilige Anordnung bei Anhängigkeit einer Ehe- oder Folgesache)
– § 621f ZPO a.F. (einstweilige Anordnung auf Kostenvorschuss)
– § 127a ZPO a.F. (einstweilige Anordnung auf Kostenvorschuss in Unterhaltssachen)
– § 644 ZPO a.F. (einstweilige Anordnung in isolierten Unterhaltsverfahren)
– §§ 641d ff. ZPO a.F. (einstweilige Anordnung auf Unterhalt bei Anhängigkeit eines Vaterschaftsfeststellungsverfahrens)
– § 621g ZPO a.F. (einstweilige Anordnung in isolierten FGG-Familiensachen)
– § 64b Abs. 3 FGG a.F. (einstweilige Anordnung in Gewaltschutzsachen)
– §§ 69f, 70h FGG a.F. (einstweilige Anordnung in Betreuungs- bzw. Unterbringungssachen)
– § 15 IntFamRVG (einstweilige Anordnung zum Schutz des Kindes)
– §§ 935, 940 ZPO (einstweilige Verfügung auf Unterhalt)
– § 1615o BGB a.F. (einstweilige Verfügung auf Unterhalt)
– §§ 916 ff. ZPO (Arrest zur Sicherung der künftigen Unterhaltsansprüche oder des Zugewinnausgleichsanspruchs)
– Vorläufige Anordnung in FGG-Familiensachen

6 **II. Neue Ausgestaltung.** Das neue einstweilige Anordnungsverfahren weist folgende Charakteristika auf (*Borth* FamRZ 2009, 157, 161; *Dose* Rn. 10 ff.; *Gießler/Soyka* Rn. 32 ff.; *Schürmann* FamRB 2008, 375 ff.):

– Die Anhängigkeit eines Hauptsacheverfahrens ist für den Erlass einer einstweilige Anordnung nicht mehr erforderlich (§ 49 Abs. 1);
– ist ein Hauptsacheverfahren anhängig, wird das Anordnungsverfahren gleichwohl als selbstständiges Verfahren geführt (§ 51 Abs. 3 Satz 1);
– die Voraussetzungen einer einstweiligen Anordnung werden erstmals für alle Familiensachen und Angelegenheiten der freiwilligen Gerichtsbarkeit einheitlich durch den Anordnungsanspruch und das Regelungsbedürfnis geregelt (§ 49 Abs. 1);
– die möglichen gerichtlichen Maßnahmen werden aufgeführt, deren Vorläufigkeit betont und Ausnahmen z.B. in Unterhaltssachen ausdrücklich zugelassen (§§ 49 Abs. 2, 246 Abs. 1);
– der Ablauf des Anordnungsverfahrens wird geregelt (§ 51 Abs. 1 bis 3);
– der Anordnungsbeschluss enthält eine Kostenentscheidung (§ 51 Abs. 4);
– neben dem Abänderungs- oder Aufhebungsantrag (§ 54 Abs. 1 und 2) kann ein Beteiligter bzw. der Antragsgegner auf die Einleitung des Hauptsacheverfahren hinwirken (§ 52 Abs. 1 und 2);

– die einstweilige Anordnung in Familiensachen ist grds. unanfechtbar (§ 57 Satz 1) und das Rechtsmittel der Beschwerde auf bestimmte Verfahrensgegenstände beschränkt (§ 57 Satz 2);
– der einstweilige Rechtsschutz durch vorläufige Anordnung und einstweilige Verfügung entfällt.

Die Neukonzeption soll das Institut der einstweiligen Anordnung stärken und die Vorteile eines einfachen und beschleunigten Verfahrens vereinen, wobei durch die Hauptsacheunabhängigkeit die Verfahrensordnungen harmonisiert werden (BT-Drucks. 16/6308 S. 199; Prütting/Helms/*Stößer* § 49 Rn. 3; krit. *Gießler* FPR 2006, 421, 422). Die Notwendigkeit eines Hauptsacheverfahrens kann entfallen, wenn weder das Gericht noch die Beteiligten ein solches einleiten und diese die einstweilige Anordnung ihrem Rechtsverhältnis zugrunde legen (Horndasch/*Viefhues* § 49 Rn. 42 [gerichtliche Hilfe zur Selbsthilfe], krit. *Vorwerk* FPR 2009, 8, 9), wodurch die Verfahrensautonomie der Beteiligten gestärkt wird. Ob der Gesetzesbegründung beizupflichten ist, dass sich die Bindung des einstweiligen Rechtsschutzes an ein Hauptsacheverfahren nach § 620a Abs. 2 ZPO a.F. »in der Praxis als nicht ökonomisch erwiesen« (BT-Drucks. 16/6308 S. 201) hat, erscheint in dieser Allgemeinheit zweifelhaft. Auch wenn in bestimmten Verfahrensgegenständen die vorläufige Regelung bereits bisher nicht nur vorübergehend zu Rechtsfrieden zwischen den Beteiligten geführt hat (etwa in Gewaltschutzsachen) und zukünftig evtl. auch Sorge- und Umgangsverfahren in diesem Sinne erfasst werden können, wird für Unterhaltsverfahren das Hauptsacheverfahren – von Ausnahmen abgesehen – weiterhin nicht entbehrlich sein (Zöller/*Feskorn* § 49 Rn. 4).

Gleichwohl wird die Frage zu beantworten sein, ob und ggf. welche Möglichkeiten bestehen, das einstweilige Anordnungsverfahren in der Weise auszugestalten, dass die Durchführung des Hauptsacheverfahrens aus Sicht der Verfahrensbeteiligten nicht mehr erforderlich ist (§ 51 Rdn. 3 ff.). Der Sache nach handelt es sich dann um ein **beschleunigtes Hauptsacheverfahren**. Dabei wird man sich von den bisherigen Vorstellungen eines sofortigen Rechtsschutzes in einer zeitlich eng begrenzten Frist für verschiedene Verfahrensgegenstände lösen können, während in anderen Familiensachen allein ein Hauptsacheverfahren ausreichende Rechtsschutzgarantien bieten kann. Im Verfahren wegen einer Kindeswohlgefährdung, das mit dem Entzug der elterlichen Sorge verbunden ist (§ 1666 Abs. 3 Nr. 6 BGB), ist ein sofortiges Einschreiten häufig notwendig, während für eine abschließende Beurteilung ein Sachverständigengutachten einzuholen ist, das regelmäßig nicht im Anordnungsverfahren eingeholt werden kann (§ 51 Rdn. 30). In diesem Fall wird das Gericht nach Erlass einer einstweiligen Anordnung von Amts wegen ein Hauptsacheverfahren gem. § 52 Abs. 1 einzuleiten haben (§ 52 Rdn. 5). Allerdings können Unterhaltssachen in weitergehendem Umfang als bisher im Anordnungsverfahren abschließend geregelt werden. Hier tritt der Beschleunigungsaspekt (§ 49 Rdn. 6) zurück, auch wenn der aktuelle Lebensbedarf zu sichern ist, zumal dieser kurzfristig durch andere Transferleistungen gewährleistet werden kann. Infolge der normativ in den Vordergrund gestellten mündlichen Verhandlung (§ 246 Abs. 2) können auch im Anordnungsverfahren die wesentlichen, für die Unterhaltsberechnung maßgeblichen Grundlagen von den Beteiligten vorgelegt oder vom Gericht angefordert werden (zum Auskunftsanspruch § 51 Rdn. 31, § 246 Rdn. 6), soweit nicht rechtlich komplizierte Fragestellungen (etwa zum Einkommen) oder tatsächlich streitige Umstände (etwa zur Verwirkung oder Befristung) zu beantworten bzw. zu klären sind. Liegen nicht sämtliche Unterlagen vor, kann eine Zwischenregelung nach § 54 abgeändert werden. Will man das Anordnungsverfahren auch im Sinn eines beschleunigten Hauptsacheverfahrens zur Anwendung kommen lassen, ist eine für die Beteiligten abschließende Regelung von Bedeutung. Diese kann in Unterhaltssachen durch einen endgültigen Vergleichs (§ 51 Rdn. 34) herbeigeführt werden, während in Kindschaftssachen ein gerichtlich gebilligter Vergleich erforderlich ist. Gebührenrechtlich ist es dann gerechtfertigt, den Wert des Anordnungsverfahrens sowie des Vergleichs nach dem Hauptsachewert zu bemessen (§ 49 Rdn. 80).

Die Rechtsmittel im einstweiligen Rechtsschutz sind weiterhin durch **§ 57 Satz 2** sehr begrenzt und auf wenige Verfahrensgegenstände beschränkt, um Verfahrensverzögerungen zu vermeiden und die Rechtsmittelgerichte zu entlasten (§ 57 Rdn. 1). Das BVerfG hat die Regelung des § 620c ZPO a.F. verfassungsrechtlich nicht beanstandet (FamRZ 1980, 232). Die knappe Begründung des Beschlusses (NJW 1980, 386) verweist darauf, dass von Verfassungs wegen ein Instanzenzug für jeden Einzelfall oder für Gruppen von Fällen nicht bereitzustellen sei und eine von sachlichen Gesichtspunkten getragene Differenzierung einzelner Fallgruppen den Gleichheitssatz nicht verletze. Für die Ausgestaltung des einstweiligen Rechtsschutzes ist maßgeblich, das Fehlentscheidungsrisiko verfahrensrechtlich zu minimieren, in dem verfahrensbeschleunigenden Besonderheiten aufseiten des Antragstellers adäquate Regelungen zu deren Kompensation aufseiten des Antragsgegners ggü. stehen (*Walker* S. 180 ff., 276 ff.). Insoweit bestehen weiterhin signifikante Unterschiede zum einstweiligen Rechtsschutz im Zivilprozess. Auch wenn der Antragsgegner über § 52 Abs. 2, der dem

§ 926 ZPO entspricht, auf den Antragsteller einwirken kann, das Hauptsacheverfahren einzuleiten, anderenfalls die ergangene Anordnung aufgehoben würde, fehlt der weitergehende Rechtsschutz über einen Schadensersatzanspruch sowie über die Entscheidung in zweiter Instanz. Insbes. in Unterhaltssachen besteht ein **Rechtsschutzdefizit** für den Unterhaltspflichtigen (ähnlich *Jüdt* FuR 2012, 635 ff., 570 ff. [zur »misslichen Situation des Unterhaltspflichtigen«; *Christl* NJW 2012, 3334]; a.A. *Dose* Rn. 406; *Zöller/Feskorn* § 57 Rn. 2), die Beschwerden wegen greifbarer Gesetzwidrigkeit als statthaft erscheinen lassen (§ 57 Rdn. 6 ff.). Der Zweck des Unterhalts zur Sicherung des Lebensbedarfs rechtfertigt (§ 56 Rdn. 18), den Unterhaltsgläubiger nicht dem Rückzahlungsrisiko geleisteter Beträge auszusetzen, sodass das Fehlentscheidungsrisiko für den Unterhaltspflichtigen zu reduzieren ist. Verfügt die unterhaltsberechtigte Person nicht über Einkünfte oder Vermögen, werden überzahlte Beträge vom Antragsgegner zumeist nicht zu realisieren sein (§ 56 Rdn. 15 ff.). Selbst wenn er seinerseits das Hauptsacheverfahren mit einem Antrag auf negative Feststellung einleitet, kann er erst gegen die Endentscheidung in diesem Verfahren Beschwerde einlegen. Bis zu diesem Zeitpunkt kann aus der Unterhaltsanordnung die Zwangsvollstreckung betrieben werden, weil mit einer abweichenden Entscheidung durch das FamG nicht zu rechnen ist, wenn es die einstweilige Anordnung erlassen und Anträge auf deren Abänderung- oder Aufhebung im Anordnungsverfahren bzw. auf Einstellung der Zwangsvollstreckung im Hauptsacheverfahren zurück gewiesen hat. Im hauptsacheunabhängigen Anordnungsverfahren verfängt das Argument der Verfahrensverzögerung nicht mehr, weil durch ein Beschwerdeverfahren weder die Ehesache (bisher § 620 ZPO a.F.) noch das Hauptsacheverfahren (bisher §§ 644, 621g ZPO a.F.) betroffen wären. Dass einstweilige Entscheidungen in den Verfahrensgegenstände des § 57 Satz 2 die Beteiligten besonders betreffen, schließt die Vergleichbarkeit für ein Rechtsmittelbedürfnis in den rein vermögensrechtlichen Angelegenheiten im Falle des endgültigen Rechtsverlustes nicht aus. Eine Begrenzung kann ohne Änderung des § 57 nur durch eine extensivere Nutzung der Befristung einstweiliger Unterhaltsanordnungen, die entgegen ursprünglichen Planungen nicht gesetzlich geregelt wurde (§ 246 Rdn. 7), herbeigeführt werden.

10 Unabhängig hiervon ist die Ausgestaltung der Rechtsbehelfe bzw. Rechtsmittel im einstweiligen Anordnungsverfahren nicht einheitlich erfolgt. Ein Grund hierfür findet sich darin, dass mit dem Antrag nach § 52 Abs. 2 auf Einleitung des Hauptsacheverfahrens das Regelungskonzept des § 926 ZPO zum Arrest in das Anordnungsverfahren integriert wurde. Während § 57 Satz 2 Ausnahmen vom Grundsatz der Unanfechtbarkeit in Bezug auf bestimmte Verfahrensgegenstände vorsieht, eröffnet § 56 Abs. 3 Satz 2 die Beschwerde (§ 58) unabhängig vom Verfahrensgegenstand bei einer Entscheidung über das Außerkrafttreten einer einstweiligen Anordnung. Demgegenüber statuiert § 55 Abs. 1 Satz 2 wiederum die Unanfechtbarkeit im Fall der Aussetzung der Vollstreckung. Wie der Rechtsschutz bei Entscheidungen nach § 52 Abs. 2 im Fall einer Fristsetzung oder gegen die nachgeschaltete Aufhebungsentscheidung ausgestaltet ist, ist mangels gesetzlicher Regelung umstritten (§ 52 Rdn. 13, 17) und kann nicht allein durch die Gesetzesbegründung wirksam begrenzt werden. Eine Beschränkung unter Heranziehung des § 57 Satz 2 wird dessen Sinn und Zweck zu berücksichtigen haben, wonach nur in bestimmten Verfahrensgegenständen eine Überprüfung der materiell-rechtlichen Beurteilung durch das Beschwerdegericht erfolgen soll. Für hierauf nicht bezogene Aspekte des Verfahrens ist die Begrenzung dann nicht maßgeblich.

11 **III. Übergangsrecht.** Die Übergangsvorschrift des Art. 111 FGG-RG regelt auch für den einstweiligen Rechtsschutz in Familiensachen und in Angelegenheiten der freiwilligen Gerichtsbarkeit, auf welche Verfahren die Vorschriften der §§ 49 ff. Anwendung finden. Entscheidend ist dabei, ob bis zum 31.08.2009 ein Hauptsache- oder ein einstweiliges Anordnungsverfahren bereits eingeleitet oder deren Einleitung beantragt worden war. Durch den Zeitablauf seit Inkrafttreten des FamFG ergeben sich in der Praxis Probleme für das im einstweiligen Rechtsschutz anwendbare Recht wohl nicht mehr. Hinsichtlich der unterschiedlichen Fallgestaltungen (nach dem 31.08.2009 eingeleitetes Anordnungsverfahren, ohne bereits anhängiges Hauptsacheverfahren; vor dem 31.08.2009 anhängiges Hauptsacheverfahren und beantragter einstweiliger Rechtsschutz [BGH FamRZ 2010, 639]; vor dem 31.08.2009 anhängiges Hauptsacheverfahren und nach Inkrafttreten des FamFG eingeleitetes einstweiliges Anordnungsverfahren [OLG Celle FamRZ 2012, 1080; AG Rosenheim FamRZ 2012, 1823]) kann auf die Ausführungen in der Vorauflage (Vorbem. zu § 49 Rn. 10) verwiesen werden. Von daher stellt die Entscheidung des OLG Thüringen (FamRZ 2012, 53) zum anwendbaren Recht bei einem seit Oktober 2008 anhängigen Umgangsverfahren eine Ausnahme dar.

§ 49 Einstweilige Anordnung.

(1) Das Gericht kann durch einstweilige Anordnung eine vorläufige Maßnahme treffen, soweit dies nach den für das Rechtsverhältnis maßgebenden Vorschriften gerechtfertigt ist und ein dringendes Bedürfnis für ein sofortiges Tätigwerden besteht. (2) ¹Die Maßnahme kann einen bestehenden Zustand sichern oder vorläufig regeln. ²Einem Beteiligten kann eine Handlung geboten oder verboten, insbesondere die Verfügung über einen Gegenstand untersagt werden. ³Das Gericht kann mit der einstweiligen Anordnung auch die zu ihrer Durchführung erforderlichen Anordnungen treffen.

Übersicht

	Rdn.		Rdn.
A. Allgemeines	1	3. Abstammungssachen (§§ 111 Nr. 3, 169 Nr. 1–4)	51
B. Vorläufige Maßnahmen	4	4. Adoptionssachen (§§ 111 Nr. 4, 186 Nr. 1–4)	53
I. Vorläufigkeit der Eilentscheidung	5	5. Ehewohnungs- und Haushaltssachen (§§ 111 Nr. 5, 200)	54
II. Zeitbezug und Richtigkeitsgewähr	6	a) Ehewohnungssachen	57
III. Sog. Vorwegnahmeverbot	7	aa) Anordnungsanspruch	57
C. Rechtsverhältnis	8	bb) Anordnungsgrund	58
D. Regelungsbedürfnis	11	cc) Anordnungsmaßnahme	61
E. Konkretisierung vorläufiger Maßnahmen	13	b) Haushaltssachen	63
F. Verfahrensgegenstände	18	6. Gewaltschutzsachen (§§ 111 Nr. 6, 210)	65
I. Familiensachen	19	7. Versorgungsausgleichssachen (§§ 111 Nr. 7, 217)	67
1. Ehesachen (§ 111 Nr. 1)	20	8. Unterhaltssachen (§ 111 Nr. 8)	70
2. Kindschaftssachen (§ 111 Nr. 2)	22	9. Güterrechtssachen und sonstige Familiensachen (§§ 111 Nr. 9, 261, 111 Nr. 10, 266)	71
a) Regelungskonzept des Hauptsacheverfahrens	22	10. Lebenspartnerschaftssachen (§§ 111 Nr. 11, 269)	72
b) Verfassungsrechtliche Vorgaben	23	II. Betreuungs- und Unterbringungssachen sowie Freiheitsentziehungssachen	73
c) Regelung der elterlichen Sorge (§ 151 Nr. 1)	25	III. Nachlasssachen	74
aa) Anordnungsanspruch	25	IV. Registersachen	75
bb) Anordnungsgrund	27	V. Andere Angelegenheiten der freiwilligen Gerichtsbarkeit	76
d) Regelung des Umgangsrechts (§ 151 Nr. 2)	40	G. Verfahrenswerte, Gebühren und Kosten	78
aa) Anordnungsanspruch	41	I. Verfahrenswerte	79
bb) Anordnungsgrund und Regelungsumfang	42	II. Rechtsanwaltsgebühren	81
e) Regelung der Kindesherausgabe (§ 151 Nr. 3)	44	III. Gerichtsgebühren	83
f) Regelung der Vormundschaft und Pflegschaft (§ 151 Nr. 4 und 5)	49		
g) Freiheitsentziehende Unterbringung Minderjähriger (§ 151 Nr. 6 und 7)	50		

A. Allgemeines. § 49 regelt als Grundsatznorm des verfahrensrechtlich selbstständig ausgestalteten einstweiligen Rechtsschutzes in Familiensachen und in Angelegenheiten der freiwilligen Gerichtsbarkeit die Voraussetzungen und den Regelungsumfang einstweiliger Anordnungen. In Abs. 1 werden die Vorläufigkeit der Maßnahme, der materiell-rechtliche Bezug der Eilentscheidung und das Regelungsbedürfnis sowie in Abs. 2 Konkretisierungen der sichernden oder vorläufig regelnden Maßnahme aufgeführt. Zum Übergangsrecht Vorbem. zu § 49 Rdn. 11; zum Anordnungsverfahren § 51. **1**

Neben den §§ 49 bis 57 sind Modifikationen der einstweiligen Anordnung in verschiedenen Vorschriften für die jeweiligen Verfahrensgegenstände geregelt, die sich auf die Voraussetzungen für den Erlass einer Anordnung oder deren Regelungsumfang beziehen. Besondere Regelungen finden sich in **2**

– § 119 für **Familienstreitsachen**, die nach § 113 Abs. 1 den Regelungen der ZPO unterfallen, für die jedoch sowohl die §§ 49 ff. als auch nach § 119 Abs. 2 die Vorschriften der §§ 916 ZPO ff. für den Arrest gelten;

§ 49

- §§ 156 Abs. 3 Satz 1, 157 Abs. 3 für **Kindschaftssachen**, wonach im vorrangig und beschleunigten Verfahren nach § 155 Abs. 1 sowie bei Verdacht einer Kindeswohlgefährdung Veranlassung für eine vorläufige Regelung bestehen kann;
- § 214 für **Gewaltschutzsachen**, in denen bei einer Tat nach § 1 GewSchG ein Regelungsbedürfnis gesetzlich vermutet wird;
- § 246 für **Unterhaltssachen**, wonach von einem Regelungsbedürfnis auszugehen ist und die Beschränkung auf vorläufige oder sichernde Maßnahmen entfällt;
- § 247 für **Unterhaltssachen**, in denen bereits **vor der Geburt** der Anspruch des Kindes und der nicht verheirateten Mutter auf Unterhalt zeitlich begrenzt tituliert werden kann;
- § 248 für **Unterhaltssachen**, in denen der Anspruch des Kindes und der nicht verheirateten Mutter auf Unterhalt bei **Anhängigkeit** eines **Vaterschaftsfeststellungsverfahren** (§ 169 Nr. 1) unbeschränkt geltend gemacht werden kann;
- §§ 272 Abs. 2, 290 Nr. 5, 300 bis 302 für **Betreuungssachen**, in denen die örtliche Zuständigkeit, die Anordnungsvoraussetzungen und das (gesteigerte) Regelungsbedürfnis modifiziert werden;
- §§ 313 Abs. 2, 331 bis 333 für **Unterbringungssachen**, in denen die örtliche Zuständigkeit und die Anordnungsvoraussetzungen und das (gesteigerte) Regelungsbedürfnis modifiziert werden;
- § 427 für **Freiheitsentziehungssachen**.

3 Eine besondere Regelung für das **Beschwerdeverfahren** enthält **§ 64 Abs. 3** in Fortschreibung des § 24 Abs. 3 FGG a.F., wonach das Beschwerdegericht (in analoger Anwendung auch das Rechtsbeschwerdegericht, BGH FamRZ 2010, 548) einstweilige Anordnungen erlassen, insb. die Vollziehung des angefochtenen Beschlusses aussetzen oder die erstinstanzlich angeordnete sofortige Wirksamkeit (§ 40 Abs. 3 Satz 2) der Maßnahme aufheben (§ 40 Rdn. 42 f.) kann. Da nach § 86 Abs. 2 Beschlüsse mit Wirksamwerden vollstreckbar sind und § 40 Abs. 1 das Wirksamwerden an die Bekanntgabe an den Beteiligten, für den die Entscheidung seinem wesentlichen Inhalt nach bestimmt ist, knüpft, steht die Einlegung der Beschwerde einer Vollstreckung aus der Endentscheidung nicht entgegen. Soweit Familienstreitsachen erst mit Rechtskraft wirksam werden (§ 116 Abs. 3 Satz 1), kann bzw. soll (in Unterhaltssachen) die sofortige Wirksamkeit angeordnet werden (§ 116 Abs. 3 Satz 2). Vor diesem Hintergrund kann im Beschwerdeverfahren ein Bedürfnis nach einer vorläufigen, für die Dauer des Beschwerdeverfahrens geltenden einstweiligen Regelung entstehen (OLG Bamberg FamRZ 2013, 481 zur Anordnung der sofortigen Wirksamkeit nach § 116 Abs. 3). Auch wenn nach der gesetzlichen Terminologie ein Bezug zum einstweiligen Rechtsschutz nahe zu liegen scheint, finden die Vorschriften der §§ 49 ff. keine Anwendung. Denn bei der einstweiligen Anordnung des Beschwerdegerichts nach § 64 Abs. 3 handelt es sich um ein Annexverfahren zum Beschwerdegegenstand (§ 64 Rdn. 33; BGH FamRZ 2010, 639; Zöller/*Feskorn* § 64 FamFG Rn. 12). Der Erlass einer einstweiligen Anordnung im Beschwerdeverfahren setzt ebenfalls ein Eil- bzw. Regelungsbedürfnis voraus. Darüber hinaus muss eine überwiegende Wahrscheinlichkeit für die Erfolgsaussicht des Rechtsmittels bestehen. Davon kann auszugehen sein, wenn die Rückführung eines Kindes aus der Pflegefamilie an die erziehungsfähige Kindesmutter geplant und eine Verbleibensanordnung nach § 1632 Abs. 4 BGB – auch bei nur summarischer Beurteilung – nicht gerechtfertigt ist, ohne dass eine mögliche zukünftige Rückfallgefahr zum Drogenkonsum dem entgegensteht (OLG Hamm FamRZ 2012, 463; OLG Köln FamRZ 2013, 969 [zum Besuch des Religionsunterrichts]). Die Anordnungskompetenz nach § 64 Abs. 3 steht indes im pflichtgemäßen Ermessen des Beschwerdegerichts, ist nicht an einen Antrag gebunden (Keidel/*Sternal* § 64 Rn. 59; Zöller/*Feskorn* § 64 FamFG Rn. 14; a.A. Prütting/Helms/*Abramenko* § 64 Rn. 22, 25) und setzt im Gegensatz zum selbstständigen Anordnungsverfahren der §§ 49 ff. eine wirksame Hauptsacheentscheidung voraus. Die einstweilige Anordnung des Beschwerdegerichts ist von einer einstweiligen Anordnung im selbstständigen Verfahren zu unterscheiden, die während eines anhängigen Beschwerdeverfahrens beantragt wird (§ 50 Abs. 1 Satz 2).

4 B. Vorläufige Maßnahmen. Die Funktion des einstweiligen Rechtsschutzes und sein Bezug zum Hauptsacheverfahren werden unterschiedlich beurteilt: Einerseits soll die Entscheidungsfähigkeit des Hauptsacheverfahrens offen gehalten und der prozessuale status quo des Beteiligten bzw. der Partei gesichert werden (MüKo-ZPO/*Drescher* Vor § 916 Rn. 10 ff.; Thomas/Putzo/*Seiler* Vorbem. § 49 Rn. 2 [vorläufige Sicherung]), während andererseits aus der dienenden Funktion des einstweiligen Rechtsschutzes keine Beschränkungen möglicher Maßnahmen hergeleitet werden (*Walker* Rn. 66). Ggü. der Hauptsacheentscheidung lässt sich die einstweilige Anordnung durch die Vorläufigkeit der Eilentscheidung, die geringere Richtigkeitsgewähr des summarischen Verfahrens sowie das sog. Vorwegnahmeverbot charakterisieren.

Abschnitt 4. Einstweilige Anordnung § 49

I. Vorläufigkeit der Eilentscheidung. Mit der einstweiligen Anordnung kann nur eine vorläufige Maßnahme getroffen werden, die einen bestehenden Zustand sichert oder vorläufig regelt. Die Vorläufigkeit der Entscheidung beruht darauf, dass erst im Hauptsacheverfahren eine auf den Verfahrensgegenstand bezogene abschließende, die Beteiligten endgültig bindende gerichtliche Entscheidung ergeht, die zum Außerkrafttreten der Anordnung führt (§ 56). Die Vorläufigkeit wird durch die erleichterte Aufhebungsmöglichkeit und Abänderbarkeit (§ 54 Abs. 1 und 2) verstärkt. Mit dem Begriff der vorläufigen Maßnahme knüpft § 49 Abs. 1 an die Regelungen in § 916 ZPO (zur Sicherung der Zwangsvollstreckung), § 940 (Regelung eines einstweiligen Zustands) sowie in §§ 935, 938 ZPO an. 5

II. Zeitbezug und Richtigkeitsgewähr. Der Zeitbezug eines Rechts kann aufgrund des konkreten Regelungsbedürfnisses eine kurzfristige Entscheidung erfordern, sodass nur ein summarisches Verfahren durchgeführt werden kann. Als Eilverfahren ist das Anordnungsverfahren auf eine kurzfristige Entscheidung ausgerichtet. Für Kindschaftssachen, die den Aufenthalt des Kindes, den Umgang mit dem Kind, die Herausgabe des Kindes oder eine Kindeswohlgefährdung zum Gegenstand haben, ist in § 155 Abs. 1 das Vorrang- und Beschleunigungsgebot geregelt (ähnlich § 38 Abs. 1 IntFamRVG), wodurch dem Zeitbezug dieser Verfahren Rechnung getragen wird. Aufgrund der alsbald erforderlichen Entscheidung ist nur eine eingeschränkte Sachverhaltsaufklärung möglich, für die nur begrenzte Beweismittel statthaft sind (§§ 51 Abs. 1 Satz 2, 31 Abs. 2), die tendenziell eine geringere Richtigkeitsgewähr und Bestandskraft der Entscheidung bedingen (§ 51 Rdn. 2 ff.). 6

III. Sog. Vorwegnahmeverbot. Vor diesem Hintergrund wird z.T. eine Begrenzung der im einstweiligen Rechtsschutz zulässigen gerichtlichen Maßnahmen bzw. Regelungen aufgrund des **sog. Vorwegnahmeverbots** postuliert (Nachweise bei *Walker* Rn. 66 ff.; Schuschke/*Walker* Vor §§ 916 bis 945 Rn. 4; Keidel/*Giers* § 49 Rn. 15). Die Formulierung in § 49 Abs. 1, wonach allein vorläufige Maßnahmen vom Gericht zu treffen sind, könnte auf ein allein am Sicherungscharakter orientiertes Konzept des einstweiligen Rechtsschutzes hindeuten, zumal in der Gesetzesbegründung (BT-Drucks. 16/6308 S. 199; wie auch in der Begründung des Gesetzes zur Strukturreform des Versorgungsausgleichs, BT-Drucks. 16/10144 S. 92) der »Grundsatz des Verbots der Vorwegnahme der Hauptsache« betont wird (OLG Saarbrücken FamRZ 2010, 1810). Eine dogmatische Festlegung ist mit der gesetzlichen Regelung nicht verbunden, weil gerade der einstweilige Rechtsschutz im Familienrecht frühzeitig zum Anwendungsbereich der umstrittenen Leistungs- oder Befriedigungsverfügungen wurde (*Gaul* FamRZ 2003, 1137, 1141). Als Beleg sind nicht nur die früheren einstweiligen Verfügungen und jetzigen einstweiligen Anordnungen auf Unterhalt oder Kostenvorschuss zu nennen, sondern auch die allgemein anerkannten vorläufigen Regelungen des Sorge- und Umgangsrechts. Für die Angelegenheiten der freiwilligen Gerichtsbarkeit gilt im Betreuungs-, Unterbringungs- und Freiheitsentziehungsrecht nichts anderes. Maßgeblich muss für die vorläufige Regelung die Schutzbedürftigkeit der Beteiligten einerseits und die Ausgewogenheit des Rechtsschutzes andererseits sein (*Walker* Rn. 84 ff.; für eine Betonung der Vorläufigkeit *Dose* Rn. 324; Zöller/*Feskorn* § 49 FamFG Rn. 5). Für die Entscheidung im einstweiligen Anordnungsverfahren kann im Hinblick auf die Sicherung zeitgebundener Rechte nicht das sog. Vorwegnahmeverbot maßgeblich sein; unabhängig hiervon ist im Einzelfall konkret abzuwägen, welche Vorgaben aus dem materiellen Recht folgen, welche Wahrscheinlichkeit für ein Obsiegen im Hauptsacheverfahren bestehen und welche Vor- und Nachteile den Beteiligten aus der in Betracht gezogenen Maßnahme erwachsen können (*Walker* Rn. 94 ff.; Prütting/Helms/*Stößer* § 49 Rn. 4). Anderenfalls wird der einstweilige Rechtsschutz personenrechtlichen Beziehungen nicht gerecht, weil die faktische Wirkung einer stattgebenden wie einer zurückweisenden Eilentscheidung nicht berücksichtigt würde. Für ihre Regelungsdauer nimmt die dem Antrag stattgebende wie die diesen zurückweisende einstweilige Anordnung die Hauptsachentscheidung vorweg, wenn Kompetenzen bestimmt bzw. begrenzt oder das Verhalten der Beteiligten gesteuert werden soll, weil sie für diesen Zeitraum nicht mehr rückgängig gemacht werden können. Für die Übertragung des Aufenthaltsbestimmungsrechts oder die Regelung des Umgangsrechts sowie die Zuweisung der Ehewohnung ist dies offensichtlich. Die §§ 246 bis 248 sehen ausdrücklich Ausnahme von den Voraussetzungen des § 49 vor. 7

C. Rechtsverhältnis. Nach § 49 Satz 1 kann das Gericht vorläufige Maßnahmen treffen. Die Formulierung begründet keine **Ermessensentscheidung** des Gerichts. Vielmehr ist das Gericht sowohl in Amts- wie in Antragsverfahren verpflichtet, die erforderlichen Maßnahmen zu treffen, wenn ein Regelungsbedürfnis besteht (OLG Stuttgart FamRZ 2000, 965; Zöller/*Feskorn* § 49 FamFG Rn. 6). Der Anspruch auf einstweiligen Rechtsschutz erstreckt sich indes nicht auf die Rechtsfolgenseite. 8

9 Die vorläufige Maßnahme muss nach den für das Rechtsverhältnis maßgebenden Vorschriften gerechtfertigt sein (OLG Brandenburg FamRZ 2015, 1515 [zum Wechselmodell]). Der so umschriebene **Anordnungsanspruch** stellt in Anlehnung an die Systematik der ZPO die Verknüpfung zwischen Verfahrensrecht und materiellem Recht her (BT-Drucks. 16/6308 S. 199). Für die Verfahrensgegenstände der freiwilligen Gerichtsbarkeit und für die Familiensachen stehen materiell-rechtliche Ansprüche neben der personenrechtlichen Rechtsbeziehung. Anders als die §§ 916, 935 ZPO nimmt § 49 Abs. 1 mit dem **Rechtsverhältnis** den weitergehenden Begriff des § 940 ZPO auf. Das Rechtsverhältnis ist – anders als zivilrechtliche Individualansprüche – auf eine gewisse Dauer angelegt, ohne eine bestimmte Komplexität aufweisen zu müssen. Durch das Rechtsverhältnis stehen die Beteiligten des Anordnungsverfahrens in einer rechtlichen Beziehung. Kompetenzkonflikte oder Streitigkeiten über Rechtspositionen innerhalb des Rechtsverhältnisses können durch ihren Zeitbezug zu einer Regelungsnotwendigkeit führen. Aus dem Rechtsverhältnis der Beteiligten müssen individuelle Ansprüche auf eine bestimmte Regelung oder Maßnahme nicht herzuleiten sein. Ausreichend ist, dass aus dem Rechtsverhältnis überhaupt rechtliche Pflichten erwachsen können (OLG Koblenz NJW-RR 1986, 1039; PG/*Fischer* § 940 ZPO Rn. 2). In Familiensachen (§ 111) kommen eine Vielzahl von materiell-rechtlichen Ansprüchen sowie die familienrechtlichen Rechts- und Mehrpersonenverhältnisse in Betracht. Nichts anderes gilt in Angelegenheiten der freiwilligen Gerichtsbarkeit, für die schuldrechtliche, dingliche, familien- und erbrechtliche (§§ 342 ff.) oder gesellschaftsrechtliche Ansprüche ebenso maßgeblich sind wie Personenbeziehungen im Betreuungs- und Unterbringungsrecht (§§ 271 ff., 312 ff.). Ein früher vertretener materiell-rechtlicher Gehalt der Verfahrensvorschriften (OLG München FamRZ 1980, 448; Johannsen/Henrich/*Sedemund-Treiber* § 620 Rn. 2) ist danach nicht aufrecht zu erhalten. Dass es in der Gesetzesbegründung (BT-Drucks. 16/6308 S. 199) heißt, das Gericht habe »sich auch im summarischen Verfahren weitmöglichst an den einschlägigen – materiell-rechtlichen – Vorschriften zu orientieren«, steht hierzu nicht in Widerspruch.

10 Für den Anordnungsanspruch kann bei einem internationalen Bezug **ausländisches Recht** maßgeblich sein. Wenn die internationale Zuständigkeit gegeben ist, sind vom Gericht die maßgeblichen Vorschriften sowie ihre Ausgestaltung in der ausländischen Rechtspraxis zu ermitteln (BGH FamRZ 2003, 1549, 1550) und der Entscheidung im Anordnungsverfahren zugrunde zu legen. Insoweit können die Beteiligten die jeweiligen Regelungen sowie hierzu ergangene Gerichtsentscheidungen ihrerseits durch Kopien und Übersetzungen glaubhaft machen (§ 31 Abs. 1). Für die Mehrzahl der personenbezogenen Entscheidungen wird bei einem gewöhnlichen Aufenthalt im Inland deutsches Recht zur Anwendung gelangen (Art. 8 Abs. 1 EheVO; Art. 12, 15 Abs. 1 KSÜ; Art. 2 MSA, Art. 21 EGBGB; FA-FamR/*Ganz/Rausch* Kap. 15 Rn. 64b, 83). Können aufgrund der Eilbedürftigkeit der gerichtlichen Entscheidung u.U. nicht alle Erkenntnisquellen für das ausländische Recht genutzt werden, ist ausnahmsweise deutsches Recht heranzuziehen (Zöller/*Feskorn* § 49 FamFG Rn. 7). Weichen die Rechtsfolgen beider Rechtsordnungen voneinander wesentlich ab, hat sich das Gericht an den nach ausländischem Recht möglichen Maßnahmen zu orientieren (Musielak/*Borth* § 620 Rn. 9).

11 **D. Regelungsbedürfnis.** Neben der materiell-rechtlichen Grundlage des im Anordnungsverfahren verfolgten Verfahrensziels muss ein **Anordnungsgrund** gegeben sein, der den vorläufigen Rechtsschutz rechtfertigt. Diesen definiert § 49 Abs. 1 als ein dringendes Bedürfnis für ein sofortiges Tätigwerden und übernimmt die gewohnheitsrechtlich zur vorläufigen Anordnung entwickelte (BGH FamRZ 1978, 886; BayObLG FamRZ 1990, 1379) und dem § 620 ZPO a.F. zugrunde gelegte Formulierung (Zöller/*Philippi* § 620 Rn. 5; Musielak/*Borth* § 620 Rn. 5). Durch die Voraussetzung des sofortigen Tätigwerdens wird die bisherige Formulierung, das ein Zuwarten bis zur Entscheidung in der Hauptsache nicht zugelassen werden kann, mit erfasst (Horndasch/*Viefhues* § 49 Rn. 29). Eine sachliche Änderung ist nicht beabsichtigt. Teilweise wird das Regelungsbedürfnis in der Weise konkretisiert, dass allein eine Folgenabwägung zwischen den Nachteilen bei Nichterlass der Anordnung einerseits und den durch die vorläufigen Maßnahmen eintretenden Nachteilen andererseits vorzunehmen sei (OLG Brandenburg FamRZ 2014, 1038; OLG Brandenburg FamRZ 2015, 1515). Eine Differenzierung zwischen einem dringenden und einfachen **Regelungsbedürfnis** lässt sich aus den modifizierten Anforderungen einer einstweiligen Anordnung in Unterhaltssachen nach § 246 Abs. 1 nicht herleiten. Wenn danach »abweichend von § 49« die Unterhaltsverpflichtung geregelt werden kann, wird mit dieser Formulierung vorrangig die Begrenzung auf sichernde bzw. vorläufige Maßnahmen aufgehoben und ein Regelungsbedürfnis für Unterhaltsanordnungen gesetzlich vermutet (§ 246 Rdn. 11), wobei im Gegensatz zur einstweiligen Verfügung eine Notlage nicht vorausgesetzt ist. Die Dringlichkeit ist bereits bei einem **schutzwürdigen Interesse** an einer Regelung in allen Familiensachen gegeben (Musielak/

Borth § 49 Rn. 8 kritisiert die fehlende gesetzliche Differenzierung und Transparenz). Für Familienstreitsachen sowie Ehewohnungs- und Haushaltssachen die Definition des Verfügungsgrundes iSv § 935 ZPO heranzuziehen (Keidel/*Giers* § 49 Rn. 12; *Dose* Rn. 106; *Gießler/Soyka* Rn. 77), wird zu keinen abweichenden Ergebnissen führen. Eine nähere Konkretisierung ist vor dem Hintergrund des verfassungsrechtlich geschützten Gebots des effektiven Rechtsschutzes in zeitlicher und – auf den jeweiligen Verfahrensgegenstand bezogen – sachlicher Hinsicht möglich. Hat der Antragsteller einen regelungslosen Zustand über einen längeren Zeitraum hingenommen (OLG Köln 2010, 921 [6 Wochen]; 2011, 118 [Wohnungszuweisung nach 6 Monaten]) oder eine außergerichtliche Klärung nicht versucht, wird er ein Bedürfnis für sofortiges gerichtliches Tätigwerden näher darzulegen haben. Aus diesem Grund ist eine einstweilige Anordnung für die Zeit vor Antragstellung i.d.R. nicht geboten. In sachlicher Hinsicht ist sofortiges gerichtliches Handeln aus der Gefährdungssituation gerechtfertigt, etwa in Fällen der Kindeswohlgefährdung oder der familiären Gewalt. Eine existenzielle Notsituation ist nicht erforderlich, sodass ein Regelungsbedürfnis für Unterhaltsleistungen auch beim Bezug subsidiärer Sozialleistungen besteht. Eine einstweilige Anordnung ist nicht notwendig, wenn eine baldige Realisierung des zu titulierenden Anspruchs offensichtlich ausgeschlossen ist (§ 246 Rdn. 11), nicht hingegen beim unbekannten Aufenthalt eines Beteiligten.

Für einzelne Rechtsverhältnisse wird das Regelungsbedürfnis gesetzlich vermutet. Dies ist in Gewaltschutzsachen gem. § 214 Abs. 1 Satz 2 der Fall, wenn eine Tat nach § 1 GewSchG begangen wurde oder mit deren Begehung konkret zu rechnen ist. Sucht die verletzte Person über einen längeren Zeitraum (bei nahezu einem Monat) nicht um gerichtliche Schutzanordnungen nach, kann diese Untätigkeit, auch wenn die Verzögerung auf den Verfahrensbevollmächtigten zurückzuführen ist, einem Regelungsbedürfnis entgegenstehen. Haben sich die Beteiligten nach der Tat wieder versöhnt, widerlegt dies die gesetzliche Vermutung ebenfalls (Prütting/Helms/*Neumann*, § 214 Rn. 6). Demgegenüber wird in Betreuungs- und Unterbringungssachen (§§ 300 Abs. 1, 331) für eine vorläufige Entscheidung neben dem Regelungsbedürfnis und dringenden Gründen für die Voraussetzungen der anzuordnenden Maßnahme ein ärztliches Zeugnis sowie die persönliche Anhörung erfordert. Für Betreuungs- und Unterbringungssachen enthalten die §§ 300 Abs. 1 Nr. 1 bis 4, 331 Abs. 1 Nr. 1 bis 4 (kumulative) Voraussetzungen zur Konkretisierung des Regelungsbedürfnisses, die in §§ 300 Abs. 1, 332 bei Gefahr im Verzug teilweise ausgenommen werden. Demgegenüber ist § 427 Abs. 1 für eine einstweilige Anordnung zur vorläufigen Freiheitsentziehung näher an der Regelungsstruktur des § 49 orientiert. 12

E. Konkretisierung vorläufiger Maßnahmen. Die nach § 49 Abs. 1 zu treffende vorläufige Maßnahme wird in § 49 Abs. 2 in Anlehnung an den einstweiligen Rechtsschutz in §§ 935, 938 Abs. 2, 940 ZPO konkretisiert. Die Maßnahme kann einen bestehenden Zustand sichern oder vorläufig regeln (Abs. 2 Satz 1), wobei einem Beteiligten Gebote und Verbote, insb. ein Verfügungsverbot, auferlegt werden können (Abs. 2 Satz 2). Schließlich kann das Gericht mit der einstweiligen Anordnung auch die zu ihrer Durchführung der erforderlichen **Maßnahmen** (§ 49 Abs. 2 Satz 3) treffen. 13

Die **Sicherung** steht bei der einstweiligen Anordnung in Familiensachen nicht im Vordergrund. Dieser Aspekt erhält jedoch Bedeutung für die **Angelegenheiten der freiwilligen Gerichtsbarkeit**, denn der **Schutz** einer Person rechtfertigt die vorläufige Bestellung eines Betreuers (§§ 300 Abs. 1, 301) bzw. die Anordnung einer vorläufigen Unterbringungsmaßnahme (§§ 331 Abs. 1, 332) und der Schutz der Allgemeinheit bzw. die öffentliche Sicherheit und Ordnung eine einstweilige Freiheitsentziehung (§ 331 Rdn. 10, § 427 Rdn. 11). Der Schutz anderer Beteiligter ist bei einer einstweiligen Anordnung im Nachlassverfahren, insb. der Rückgabe oder Hinterlegung eines Erbscheins (Rdn. 74), von Bedeutung. 14

In **Familiensachen** ist überwiegend eine inhaltliche Regelung erforderlich, um vorläufig Rechtsfrieden zwischen den Beteiligten herbeizuführen. Dem Begriff der Regelung i.S.d. § 49 Abs. 2 Satz 1 kommt eine doppelte Funktion zu: Einerseits kann die Regelung auf individuelle Ansprüche gerichtet sein, die zumindest vorläufig zu erfüllen sind. Andererseits hat die gerichtliche Regelung häufig innerhalb des bestehenden Rechtsverhältnisses **gestaltende Wirkung**, die gerade durch den Zeitbezug der Rechte erforderlich wird. Offensichtlich ist die richterliche inhaltliche Gestaltung bei einer Umgangsregelung ebenso wie bei der Zuweisung von *Haushaltsgegenständen*. Nichts anderes gilt jedoch auch für die vorläufige Regelung des Aufenthaltsbestimmungsrechts und der Wohnungszuweisung. Einstweilige Anordnungen in Gewaltschutzsachen können schützende und gestaltende Elemente gleichermaßen aufweisen. Die in **§ 49 Abs. 2 Satz 2 und 3** aufgeführten dienenden oder **flankierenden Maßnahmen** (*Schürmann* FamRB 2008, 375, 378; Zöller/*Feskorn* § 49 FamFG Rn. 12; Johannsen/Henrich/*Büte* § 49 FamFG Rn. 14) können in Anlehnung an § 15 HausratsVO a.F. (BT-Drucks. 16/6308 S. 199) zur Erreichung der vorgenannten Funktionen herangezogen 15 werden. Gebote und Verbote, die für die Sicherung von Individualansprüchen im Zivilverfahren häufig die einzig effektive Maßnahme darstellen (Zöller/*Vollkommer* § 938 Rn. 12), erhalten im familienrechtlichen Rechtsverhältnis durch Verhaltensanweisungen oder -begrenzungen eine andere Bedeutung. Hierunter fallen die Gebote an jeden Elternteil, das Kind zum Umgang pünktlich bereit zu erhalten bzw. abzuholen, die Kontakte oder Erziehungsmaßnahmen nicht zu beeinträchtigen, Gegenstände des persönlichen Gebrauchs oder des Haushalts herauszugeben, die Wohnung zu räumen, diese nicht zu betreten oder sich ihr nicht zu nähern usw. Maßnahmen können auch die Durchführung einer einstweiligen Anordnung sichern, wenn ein Verfügungsverbot (§ 119 Rdn. 5) oder das Verbot, den Mietvertrag für die Ehewohnung zu kündigen bzw. Abstand zur Wohnung zu halten, angeordnet werden. Im Fall der Kindesherausgabe kommt die Anordnung unmittelbaren Zwangs sowie der Wohnungsdurchsuchung in Betracht. Schließlich wird durch die Räumungsanordnung die Vollstreckung der Anordnung auf Zuweisung der Wohnung ermöglicht.

16 Die verfahrensrechtliche Selbstständigkeit des einstweiligen Rechtsschutzes sowie die eingeschränkten Rechtsschutzmöglichkeiten des Antragsgegners (Vorbem. zu § 49 Rdn. 9) lassen eine zeitlich beschränkte Geltungsdauer einer einstweiligen Anordnung stärker in den Vordergrund treten. Daher sollte von der Möglichkeit, eine Maßnahme im Anordnungsbeschluss zu **befristen** in der Praxis größerer Gebrauch gemacht werden (enger *Giers* FGPrax 2013, 93, 94; *Giers* Rn. 179). Dass eine einstweilige Anordnung befristet werden kann, folgt bereits aus § 56 Abs. 1 Satz 1 (»sofern nicht das Gericht einen frühen Zeitpunkt bestimmt hat«). Mit Ablauf des Befristungsdatums tritt die gerichtliche Anordnung außer Kraft, ohne dass es einer Aufhebungsentscheidung bedarf. In Betreuungs- bzw. Unterbringungssachen ist die begrenzte Geltungsdauer einer einstweiligen Anordnung ausdrücklich gesetzlich vorgeschrieben (§§ 302, 333), während für Gewaltschutzsachen aus der materiell-rechtlichen Regelung in § 1 Abs. 1 Satz 2 und § 2 Abs. 2 Satz 2 GewSchG folgt, dass die Anordnung befristet werden soll. Die zeitliche Begrenzung erweist sich auf der Rechtsfolgenseite als Äquivalent des summarischen Verfahrens, in dem nur eine vorläufige und verhältnismäßige Maßnahmen geboten ist (ausführlich OLG Saarbrücken FamRZ 2010, 1810; FPR 2011, 232 = FamRZ 2011, 1087). Insbes. in Unterhaltssachen sollte regelmäßig nur eine befristete Unterhaltsverpflichtung angeordnet werden (OLG Thüringen FamRZ 2011, 491, 492 m. Anm. *van Els*), denn zum einen ist hier die Gefahr des endgültigen Rechtsverlusts des Unterhaltspflichtigen besonders groß und ein zeitlich effektiver Rechtsschutz für diesen nicht gegeben (*Jüdt* FuR 2012, 635 ff., 570 ff., zurückhaltend *Christl* NJW 2012, 3334, 3335). Zum anderen war eine solche Befristung im RefE für Unterhaltsansprüche vorgesehen (s. § 246 Rdn. 7). Eine befristete Anordnung kann nach § 54 verlängert werden, wenn die Voraussetzungen für ihren Erlass bzw. für ein Regelungsbedürfnis fortbestehen (enger OLG Bremen FamRZ 2013, 1828); § 54 Rdn. 7.

17 Aus dem hauptsacheunabhängigen Anordnungsverfahren ergeben sich Konsequenzen für die **zeitliche Entscheidungskompetenz** des Gerichts. Während diese bisher – auch im Abänderungs- oder Aufhebungsverfahren nach § 620b ZPO a.F. – an die Anhängigkeit des Hauptsacheverfahrens gebunden war (§ 620 Abs. 2 Satz 1 ZPO a.F.; Zöller/*Philippi* § 620a Rn. 3 ff.; MüKo-ZPO/*Finger* § 620a Rn. 3 ff.), besteht sie nunmehr bis zum Außerkrafttreten der einstweiligen Anordnung (§ 56) fort.

18 **F. Verfahrensgegenstände.** Die Regelungen der §§ 49 ff. zum einstweiligen Rechtsschutz beziehen sich auf sämtliche Verfahrensgegenstände, auf die das Gesetz Anwendung findet und für die ein Regelungsbedürfnis bestehen kann; mithin auf die in § 23a GVG n.F. aufgeführten Angelegenheiten der freiwilligen Gerichtsbarkeit und die in § 111 genannten Familiensachen (zum bisherigen Recht Vor § 49 Rdn. 5; Keidel/*Sternal* § 1 Rn. 24 ff.). Hingegen wird in Registersachen, den unternehmensrechtlichen Verfahren (§§ 374 ff.) sowie den weiteren Angelegenheiten der freiwilligen Gerichtsbarkeit und Aufgebotsverfahren (§§ 433 ff.) kein praktisches Bedürfnis für einstweiligen Rechtsschutz bestehen. Soweit landesgesetzliche Regelungen i.R.d. § 486 auf die Vorschriften dieses Gesetzes verweisen, ist für diese Verfahrensgegenstände zugleich der einstweilige Rechtsschutz erfasst.

19 **I. Familiensachen.** Die Verfahrensgegenstände in Familiensachen sind in § 111 abschließend aufgeführt und werden in den Abschnitten 2 bis 12 des zweiten Buches im Einzelnen definiert und geregelt. Während § 113 Abs. 1 Satz 1 für die in § 112 geregelten Familienstreitsachen die Anwendung der §§ 49 bis 57 ausnimmt, bringt § 119 Abs. 1 Satz 1 diese wieder zur Geltung. Durch die Einführung des »großen Familiengerichts« (§ 266 Rdn. 1) werden sämtliche vermögensrechtlichen Angelegenheiten der Ehegatten und Lebenspartner erfasst, sodass frühere Abgrenzungsfragen (Zöller/*Philippi* § 620 Rn. 36) nicht mehr bestehen.

Abschnitt 4. Einstweilige Anordnung § 49

1. Ehesachen (§ 111 Nr. 1). § 121 definiert die Ehesachen als Verfahren auf Scheidung oder Aufhebung oder auf Feststellung des Bestehens oder Nichtbestehens einer Ehe. Eine ausdrückliche Regelung für das Getrenntleben der Ehegatten wie in § 620 Nr. 5 ZPO a.F. enthält § 121 nicht. Vom Verfahrensgegenstand, wie er durch den Bezug zum Hauptsacheverfahren besteht (§ 50 Abs. 2 Satz 1), werden alle Ansprüche aus der ehelichen Lebensgemeinschaft sowie aus der Trennungszeit erfasst. Allerdings handelt es sich bei den Ansprüchen aus der ehelichen Lebensgemeinschaft, insb. § 1353 BGB, um sonstige Familiensachen gem. § 266 Abs. 1 Nr. 2, sodass für einstweilige Anordnungen nach § 121 nur die sich durch das Getrenntleben ergebenden Rechtsfolgen verbleiben. [20]

Ein Rechtsschutzbedürfnis oder Feststellungsinteresse eines Ehegatten, ihm das Getrenntleben zu gestatten, besteht nach deutschem Recht nicht, weil er die Trennung als faktischen Zustand selbst herbeiführen kann (KG FamRZ 1988, 81; OLG München FamRZ 1986, 807). Verschiedene ausländische Rechtsordnungen sehen als Vorstufe zum Scheidungsverfahren ein auf Trennung von Tisch und Bett gerichtetes Verfahren vor, sodass sich hieraus bei entsprechender kollisionsrechtlicher Anknüpfung ein weitergehender Regelungsbereich ergeben kann (MüKo-ZPO/*Finger* § 620 Rn. 67). Ist das Getrenntleben nur innerhalb der gemeinsamen Wohnung möglich (§ 1567 Abs. 1 Satz 2 BGB), ist eine Wohnungszuweisung (§§ 111 Nr. 5, 200) vorrangig (Rdn. 54 ff.). Jenseits der persönliche Lebensführung des trennungswilligen Ehegatten besteht nur ein schmaler Anwendungsbereich (Zöller/*Philippi* § 620 Rn. 54). Einem Ehegatten kann untersagt werden, an den anderen Ehegatten adressierte Post zu öffnen (BGH FamRZ 1990, 846). Ein Anspruch, ihm das Zusammenleben mit einem neuen Lebensgefährten – auch in der noch gemeinsam genutzten Ehewohnung – (OLG Köln FamRZ 1995, 1424) oder die Aufnahme eines mithelfenden bzw. pflegebedürftigen Elternteils (MüKo-ZPO/*Finger* § 620 Rn. 68) zu verbieten, besteht hiernach nicht (§ 119 Rdn. 8). Belästigung-, Näherungs- oder Betretensverbote über das vorrangige Anordnung nach dem GewSchG ermöglicht (FA-FamR/*Weinreich* Kap. 8 Rn. 336 f.). Wirtschaftliche Angelegenheiten werden nicht erfasst, sodass der andere Ehegatte weder zur Mitarbeit im Betrieb angehalten noch ihm diese untersagt werden kann (Zöller/*Philippi* § 620 Rn. 54). Für steuerrechtliche Mitwirkungspflichten aus § 1353 BGB fehlt es regelmäßig am Regelungsbedürfnis. [21]

2. Kindschaftssachen (§ 111 Nr. 2). a) Regelungskonzept des Hauptsacheverfahrens. Kindschaftssachen umfassen nach § 151 verschiedene Verfahrensgegenstände, für die ein Regelungsbedürfnis bestehen kann, weil das Rechtsverhältnis unmittelbar zeitbezogen ist und durch das Kindeswohl einen besonders sensiblen Maßstab aufweist. Da von jeder das Kind bezogenen gerichtlichen Maßnahme beide Eltern in ihren verfassungsrechtlich geschützten Rechten (Art. 6 Abs. 2 GG) betroffen sind, ist die Verhältnismäßigkeit der Anordnung zu wahren. Die Gerichte haben die **Grundrechtspositionen** beider Eltern, das Wohl des Kindes und dessen Individualität als Grundrechtsträger zu berücksichtigen und sich im Einzelfall um eine Konkordanz der verschiedenen Grundrechte zu bemühen (BVerfG FamRZ 2009, 189). Aus diesem Grund besteht eines der wesentlichen Ziele der Reform im **Vorrang- und Beschleunigungsgebot** in Kindschaftssachen (§ 155; BT-Drucks. 16/6308 S. 164; *Schnitzler* FF 2012, 62; krit. *Salgo* FF 2010, 352), weil durch eine kurzfristige oder baldige Entscheidung am ehesten die Beziehung des nicht betreuenden Elternteils zum Kind gewahrt werden kann. Die bisherige Praxis (§ 52 Abs. 1 FGG a.F.) im Rahmen einer Anhörung auf eine einvernehmliche Lösung hinzuwirken, ist gesetzlicher Verfahrensbestandteil in den »von emotionalen Konflikten« geprägten gerichtlichen Auseinandersetzungen (BT-Drucks. 16/6308 S. 164). Nach der (abgestuften) gesetzlichen Konzeption ist die einstweilige Anordnung in den Ablauf des beschleunigten Hauptsacheverfahrens (differenziert) integriert. Neben dem Vorrang- und Beschleunigungsgebot des § 155, durch das eine Terminierung binnen Monatsfrist gewährleistet wird, und dem Hinwirken auf eine einvernehmliche Regelung der Beteiligten gem. § 156 Abs. 1 und 2 steht die Pflicht des Gerichts, mit den Beteiligten und dem Jugendamt den Erlass einer einstweilige Anordnung zu erörtern (§ 156 Abs. 3 Satz 1), wenn eine einvernehmliche Lösung nicht zu erreichen ist. Für eine einstweilige Anordnung kann auch dann ein Bedürfnis bestehen, wenn sich beide Eltern in eine Beratung begeben wollen oder eine schriftliche Begutachtung angeordnet wird (§ 156 Abs. 3 Satz 2; BT-Drucks. 16/6308 S. 199). In Verfahren wegen Kindeswohlgefährdung (§§ 1666, 1666a BGB) hat das Gericht nach § 157 Abs. 3 unverzüglich den Erlass einer einstweiligen Anordnung zu prüfen. Praktisch führt dies dazu, dass aus dem anhängigen Hauptsacheverfahren heraus ggf. in dann selbstständig geführtes einstweiliges Anordnungsverfahren von Amts wegen oder (nur) auf Antrag (§§ 1628, 1671, 1632 Abs. 1 und 2 BGB) einzuleiten ist, wobei die Voraussetzungen für eine vorläufige Maßnahme oder Regelung im jeweiligen Einzelfall zu prüfen und festzustellen sind (MünchKommZPO/ [22]

§ 49 Buch 1. Allgemeiner Teil

Schumann § 156 Rn. 19 ff.). Zum Verhältnis Hauptsache- und Anordnungsverfahren § 51 Rdn. 3 ff.; zur Mediation § 51 Rdn. 30.

23 **b) Verfassungsrechtliche Vorgaben.** Den verfassungsrechtlichen Hintergrund bildet die Rspr. des BVerfG. Neben den materiell-rechtlich maßgeblichen Kindeswohlkriterien (§§ 1671 Abs. 2, 1684 BGB) hat sich das Gericht um eine Konkordanz der verschiedenen Grundrechte zu bemühen (BVerfG FamRZ 2007, 335) sowie die **Wirkungen der Verfahrensgestaltung** zu berücksichtigen, die durch die **kindliche** Entwicklung und dessen **Zeitempfinden** bestimmt werden (MünchKommZPO/*Heilmann* § 155 Rn. 1 ff.). Die vorläufige gerichtliche Regelung, die bis zum Außerkrafttreten nach § 56 Bestand hat, begründet Tatsachen, die die Hauptsacheentscheidung beeinflussen. Aus dieser präjudiziellen Wirkung ergeben sich Konsequenzen für den Umfang der **Sachverhaltsaufklärung** (BVerfG FamRZ 2008, 2185, 2187; 2009, 1389; 2007, 1625) sowie für die gerichtliche Regelung selbst (BVerfG FamRZ 1994, 223 ff.). Die **faktische Präjudizwirkung** gebietet es i.d.R., eine Maßnahme oder Regelung zu wählen, die in das Recht des anderen Elternteils möglichst geringfügig eingreift. Nach der Rspr. des BVerfG ergeben sich aus dem verfassungsrechtlich geschützten Elternrecht sowie dem staatlichen Wächteramt (Art. 6 Abs. 2 GG) Folgerungen für das Verfahrensrecht in Kindschaftssachen, die auch für das einstweilige Anordnungsverfahren gelten (BVerfG FamRZ 2009, 189 ff.; 2008, 246). Das gerichtliche Verfahren muss in seiner Ausgestaltung dem Gebot effektiven Grundrechtsschutzes entsprechen. Dies gilt auch für vorläufige Maßnahmen, die bereits mit einem erheblichen Eingriff in ein Grundrecht verbunden sind und Tatsachen schaffen, welche später nicht oder nur schwer rückgängig zu machen sind (BVerfG ZKJ 2011, 133 [z.T. Sorgerechtsentzug zur Fremdunterbringung]; FamRZ 1994, 223, 224; OLG Saarbrücken FamRZ 2011, 131 [LS] = JAmt 2011, 49). In Sorge- und Umgangsrechtsverfahren kann jede Verfahrensverzögerung wegen der eintretenden Entfremdung zum nicht betreuenden Elternteil häufig rein faktisch zu einer (Vor-) Entscheidung führen (BVerfG FamRZ 1997, 871, 873), sodass wegen der Gefahr für das Kind, eine Bezugsperson zu verlieren, eine »besondere Sensibilität für die Problematik der Verfahrensdauer« erforderlich ist (BVerfG FamRZ 2000, 413, 414; zur Rspr. des EuGHMR § 57 Rdn. 4). Im Umgangsverfahren ist mit jeder Verfahrensverzögerung ein faktischer Umgangsausschluss verbunden (BVerfG FamRZ 2001, 753). Ist eine vorläufige Regelung erforderlich, müssen die im Anordnungsverfahren zur Verfügung stehenden Aufklärungs- und Prüfungsmöglichkeiten ausgeschöpft werden (BVerfG FamRZ 2002, 1021, 1023). Die Anordnung ist aufgrund der Abwägung aller Umstände des Einzelfalls zu treffen und am Kindeswohl zu orientieren, sodass sie nicht als Sanktion für das Fehlverhalten eines Elternteils dient (BVerfG 2009, 189; Rdn. 32). Vor diesem Hintergrund ist die Regelung des § 156 Abs. 3 Satz 1 zu sehen, wonach mit den Beteiligten und dem Jugendamt der Erlass einer einstweiligen Anordnung zu erörtern ist, wenn in Verfahren, die den Aufenthalt, das Umgangsrecht oder die Herausgabe des Kindes betreffen, im Termin nach § 155 Abs. 2 eine einvernehmliche Regelung nicht erreicht werden kann. Ist die Fortdauer des Verfahrens durch Beratung oder Begutachtung absehbar, soll das Gericht den Umgang einstweilen regeln oder ausschließen (§ 156 Abs. 3 Satz 2).

24 Gem. § 51 Abs. 2 Satz 1 gelten für das Anordnungsverfahren die Vorschriften des Hauptsacheverfahrens entsprechend, sodass die Eltern (§ 160), das Kind (§ 159) und das Jugendamt (§ 162) anzuhören sind, aber auch im Eilverfahren auf eine einvernehmliche Regelung hinzuwirken ist (§ 156 Abs. 1). Einstweilige Anordnungen können sowohl auf Antrag als auch von Amts wegen ergehen. Im **Antragsverfahren** ist das Gericht bei seiner Entscheidung an den von den Beteiligten geltend gemachten Verfahrensgegenstand gebunden. Nur in eingeschränktem Umfang hat das (Beschwerde-) Gericht die Befugnis, über den Verfahrensgegenstand hinaus, vorläufige »**dienende Regelungen**« zu treffen, wenn diese »zwecks Offenhaltung« des Verfahrensgegenstandes im nicht abgeschlossenen Anordnungsverfahren oder einem anhängigen Hauptsacheverfahren erforderlich sind (OLG Rostock FamRZ 2004, 476, 477; OLG Frankfurt am Main FamRZ 1992, 579, 580; OLG Bamberg FamRZ 1995, 181). Solche zeitlich begrenzten »Zwischenregelungen« können im Fall eines erwogenen Aufenthaltswechsels (OLG Karlsruhe FamRZ 1992, 978) ebenso sinnvoll sein wie eine Umgangs(ferien)regelung im laufenden Sorgerechtsverfahren (a.A. OLG Zweibrücken FamRZ 1996, 234).

25 **c) Regelung der elterlichen Sorge (§ 151 Nr. 1). aa) Anordnungsanspruch.** Grundlage für einstweilige Anordnungen in Verfahren nach § 151 Nr. 1 ist die in § 1626 BGB geregelte elterliche Sorge, die die Personensorge und die Vermögenssorge umfasst. Sie steht, soweit nicht bereits eine abweichende gerichtliche Entscheidung getroffen wurde, den verheirateten Eltern gemeinsam zu (§ 1626a Abs. 1 Nr. 2 BGB), den *nicht verheirateten Eltern* gemeinsam zu, wenn sie eine Sorgerechtserklärung abgegeben haben (§ 1626a

Abs. 1 Nr. 1 BGB) und ansonsten der nicht verheirateten Mutter allein (§ 1626a Abs. 2 BGB; EuGHMR FuR 2010, 214 = FamRZ 2010, 1403; zur Übergangsregelung BVerfG FuR 2010, 691 = FamRZ 2010, 1403, 1410; s. Rdn. 28). Im Anordnungsverfahren sind die jeweiligen **materiell-rechtlichen Grundlagen** für die vorläufige Regelung oder Maßnahme heranzuziehen. Insoweit kommen eine Vielzahl von unterschiedlichen Regelungen in Betracht (s. *Gießler/Soyka* Rn. 832; *Dose* Rn. 75). Praktisch stehen ganz überwiegend Verfahren auf Übertragung der elterlichen Sorge bei Getrenntleben nach § 1671 BGB – wobei auch im Anordnungsverfahren die anerkannten Kindeswohlkriterien heranzuziehen sind – sowie wegen Kindeswohlgefährdung nach § 1666 BGB im Vordergrund. Darüber hinaus können einstweilige Entscheidungen nach §§ 1628 (Entscheidungskompetenz bei Meinungsverschiedenheiten), 1632 Abs. 2 (Kontaktverbot für Dritte [dazu BGH FuR 2011, 170 = FamRZ 2011, 1975]), 1678 Abs. 2 (bei Ruhen der elterlichen Sorge), 1680 Abs. 2 und 3 (bei Tod des Sorgeberechtigten oder Entzug der elterlichen Sorge), 1687 Abs. 1 i.V.m. 1687a (Einschränkung der sorgerechtlichen Befugnisse), 1629 Abs. 2 (Entziehung der Vertretungsmacht für bestimmte Angelegenheiten) sowie 1693 BGB (gerichtliche Maßnahmen bei Verhinderung der Eltern) ergehen. Die Verordnung (EG) Nr. 2201/2003 **Brüssel IIa-Verordnung** verdrängt in ihrem Anwendungsbereich (Art. 60 Buchst. a)), der sich nach Art. 1 Abs. 1 Buchst. a) auf Verfahren über die Zuweisung, die Ausübung, die Übertragung sowie die vollständige oder teilweise Entziehung der elterlichen Verantwortung bezieht, ebenso wie das Kinderschutzübereinkommen (Art. 51 KSÜ) das Haager **Minderjährigenschutzabkommen** (MSA; vgl. OLG Nürnberg FamRZ 2004, 278; § 97 Rdn. 5, § 98 Rdn. 5, § 99 Rdn. 5 f.) und ermöglicht den Gerichten eines Mitgliedstaats, in dringenden Fällen die nach dem Recht dieses Mitgliedstaats vorgesehenen einstweiligen Maßnahmen (Art. 20 Brüssel IIa-VO; Art. 11 KSÜ) zu treffen (hierzu BGH FamRZ 2009, 1297; EuGH FamRZ 2010, 525; BGH FuR 2011, 285 = FamRZ 2011, 542; OLG Karlsruhe FamRZ 2014, 1565; *Pirrung* IPRax 2011, 50, 54; *ders.* IPRax 2011, 351 ff.; *Spellenberg* FS Coester-Waltjen, 2015, S. 813; s. § 50 Rdn. 4).

Zur Umsetzung und Vereinheitlichung bestehender Regelungen der vorgenannten Verordnung wurden Verfahrensregelungen im Internationalen Familienrechtsverfahrensgesetz (**IntFamRVG**) erlassen, in dem auf der Grundlage des Art. 11 Brüssel IIa-VO Vorschriften zum Haager Übereinkommen über die zivilrechtlichen Aspekte internationaler Kindesentführung sowie des Sorgerechtsübereinkommens-Ausführungsgesetzes aufgenommen wurden (BT-Drucks. 15/3981 S. 18). Das Prinzip der **Verfahrensbeschleunigung** im Fall einer internationalen Kindesentführung (*Dose* Rn. 286 ff.) kommt in verschiedenen Normen zum Ausdruck. So regelt Art. 11 Abs. 1 HKÜ, dass die Gerichte mit der gebotenen Eile zu handeln und Verzögerungen von mehr als 6 Wochen auf Antrag zu begründen haben. Diese Grundsätze werden in Art. 11 Abs. 3 Brüssel IIa-VO bekräftigt. Vor diesem Hintergrund betont § 38 Abs. 1 Satz 1 IntFamRVG die vorrangige Behandlung der gerichtlichen Verfahren auf Rückgabe eines Kindes in allen Rechtszügen und erlegt dem Gericht in Abs. 2 die Verpflichtung auf, in jeder Lage des Verfahrens zu prüfen, ob das Recht zum persönlichen Umgang mit dem Kind gewährleistet ist. Im internationalen Anwendungsbereich des Gesetzes nach § 1 IntFamRVG findet nach § 14 Nr. 1 und 2 das FamFG Anwendung. In allen Verfahren, die unter das IntFamRVG fallen, kann das Gericht nach **§ 15 IntFamRVG** auf Antrag oder von Amts wegen einstweilige Anordnungen erlassen, um Gefahren von dem Kind abzuwenden oder eine Beeinträchtigung der Interessen der Beteiligten zu vermeiden, insb. um den Aufenthaltsort des Kindes während des Verfahrens zu sichern oder eine Vereitelung oder Erschwerung der Rückgabe zu verhindern. Im Hinblick auf das beschleunigte Verfahren kommen vorrangig sichernde Anordnungen in Betracht. Hierzu können räumliche Beschränkungen, die Hinterlegung von Ausweispapieren, die Auferlegung von Meldepflichten oder die Anordnung des begleiteten oder betreuten Umgangs während des Verfahrens zählen (BT-Drucks. 15/3981 S. 24). Weiterhin bleibt eine einstweilige Anordnung nach § 57 Satz 1 (bereits § 15 IntFamRVG a.F. i.V.m. §§ 621g, 620c ZPO a.F., § 6 Abs. 2 Satz 2 SorgeRÜbkAG) unanfechtbar.

bb) Anordnungsgrund. Aufgrund des gesetzlich geregelten Beschleunigungsgebots in Kindschaftssachen ist das Regelungsbedürfnis für den Erlass einer einstweiligen Anordnung näher zu konkretisieren. Die Problematik stellt sich regelmäßig nur, wenn mit einem Hauptsacheverfahren ein Anordnungsverfahren anhängig gemacht werden soll. Anderenfalls verbleibt es beim Wahlrecht des antragstellenden Elternteils (§ 51 Rdn. 3 f.) *und daher auch bei der eigenständigen Feststellung des Regelungsbedürfnisses, das jedenfalls über das Beschleunigungsgebot im Hauptsacheverfahren hinausgeht* (*Dose* Rn. 119; OLG Stuttgart FamRB 2011, 42; weitergehend KG FamRZ 2013, 46). In diesem soll das Gericht nach § 155 Abs. 2 spätestens nach einem Monat die Sache mit den Beteiligten in einem Termin erörtern. Da einerseits auf eine einvernehmliche Regelung hingewirkt werden soll (§ 156 Abs. 1) und andererseits ohne einvernehmliche Regelung mit den Beteiligten im Termin einstweilige Maßnahmen zu erörtern sind, besteht ein Regelungsbedürfnis in den in § 155

Abs. 1 genannten Kindschaftssachen immer dann, wenn ein sofortiges Handeln erforderlich ist, ein Zuwarten von einem Monat dem Kindeswohl widerspricht oder in einem eingeleiteten Hauptsacheverfahren eine baldige oder zeitnahe Entscheidung nicht zu erwarten ist (*Dose* Rn. 118; zur einseitigen Aufenthaltsänderung Rdn. 32). Eine Differenzierung bei der Bestimmung des Regelungsbedürfnisses entspricht auch den abgestuften Regelungen in § 156 Abs. 3 Satz 1 (soll erörtern), Satz 2 (soll regeln oder ausschließen) sowie in § 157 Abs. 3 (hat zu prüfen). Danach kann im Einzelfall ein Regelungsbedürfnis auch unter Geltung des Beschleunigungsgebots bestehen, wenn durch die hoch konflikthafte Auseinandersetzung zwischen den Eltern die Kinder durch den – im summarischen Verfahren nicht bestätigten – Vorwurf des sexuellen Missbrauchs drohen Schaden zu nehmen (KG FamRZ 2013, 46 [LS]). Das OLG Brandenburg (FamRZ 2013, 1230 [LS]; 2014, 1038, 1209 [Folgenabwägung]) bejaht ein Regelungsbedürfnis für Teilbereiche des Sorgerechts, wenn ohne die gerichtliche Regelung eine nachteilige Beeinträchtigung des Kindeswohls ernsthaft zu befürchten ist (ebenso OLG Nürnberg FamRZ 2014, 52 bei anhängigem Hauptsacheverfahren mit Gutachtenauftrag). Ein Regelungsbedürfnis besteht sicherlich nicht, wenn die Hauptsache nach Anhörung der Beteiligten und Beweisausnahme entscheidungsreif ist. Ob dies allerdings auch dann gilt, wenn vom Gericht mangels Einigung der Eltern eine vorübergehende Regelung als »Versuchsphase« getroffen werden soll (so OLG Brandenburg FamRZ 2014, 784, 785), erscheint trotz der damit verbundenen Unsicherheiten für die Beteiligten jedoch deswegen zweifelhaft, weil die Folgen einer Hauptsacheentscheidung zur elterlichen Sorge hinsichtlich ihrer Praktikabilität häufig kaum zu prognostizieren sind.

28 Für die Übertragung der elterlichen Sorge auf einen Elternteil gem. **§ 1671 Abs. 2 Nr. 2 BGB** wird nur ganz ausnahmsweise ein Regelungsbedürfnis bestehen (OLG Brandenburg FamRZ 2012, 236; OLG München FamRZ 1999, 111; a.A. OLG Hamm FamRZ 2011, 120 [bei Wiederbegründung der gemeinsamen bei Schüleraustausch ins Ausland]; weitergehend OLG Hamm FamRZ 2012, 236 [bereits bei besonderer Zerstrittenheit der Eltern und fehlender Kooperationsfähigkeit]). Der Erlass einer einstweiligen Anordnung setzt einen Antrag eines Elternteils voraus und kann nicht von Amts wegen angeordnet werden (OLG Brandenburg FamRZ 2014, 784). Bei einem Streit über den Lebensmittelpunkt des Kindes ist die Regelung des Aufenthaltsbestimmungsrechts ausreichend (OLG Köln FamRZ 2005, 1583, OLG Hamm FamRZ 1999, 393; Zöller/*Feskorn* § 49 FamFG Rn. 16). Haben sich die Eltern im Zuge ihrer Trennung – ausdrücklich oder konkludent – über den Aufenthalt des Kindes geeinigt, so können beide Elternteile von dieser Vereinbarung nicht einseitig abweichen, solange eine Regelung des Aufenthaltsbestimmungsrechts oder eine Entscheidung nach § 1628 BGB nicht ergangen ist (OLG Stuttgart FamRZ 1999, 39, 40; Rdn. 32). Die Abänderung einer Sorgerechtsentscheidung oder einer in einem Hauptsacheverfahren getroffenen Elternvereinbarung nach Maßgabe des § 1696 BGB kommt im Anordnungsverfahren grds. nicht in Betracht (§ 51 Rdn. 11), sodass allenfalls im Fall einer Kindeswohlgefährdung Eilmaßnahmen angeordnet werden können (OLG Köln FamRZ 2011, 1080 [LS]; OLG Celle FamRB 2012, 8). Bei fortbestehender gemeinsamer Sorge kann das Gericht auch den Aufenthalt des Kindes bei einem Elternteil anordnen und ergänzend diesem Elternteil untersagen, den Wohnsitz oder Aufenthalt zu verlegen (Prütting/Helms/*Stößer* § 49 Rn. 12). Insbes. in gemischtnationalen Ehen und einer befürchteten Ausreise ins Heimatland kann dies zu einer Beruhigung der Verhältnisse führen (OLG Hamm FamRZ 2011, 1151 [LS]; 1988, 864, 866). Die häufige berufliche Tätigkeit des Vaters im Ausland rechtfertigt nicht ohne Weiteres den Entführungsverdacht der Mutter (AG Duisburg FamRZ 2001, 1635; zur Hinterlegung des Personalausweises OLG Frankfurt am Main FamRZ 1997, 571; a.A. OLG Karlsruhe 1996, 424). Über eine (dauerhafte) Ausreise in ein anderes Land kann nur im Hauptsacheverfahren entschieden werden (zur Abwägung der Kindeswohlkriterien BGH FuR 2010, 454 = FamRZ 2010, 1060; 2011, 796; OLG Hamm FamRZ 2011, 1151 [LS] zur Übertragung des Aufenthaltsbestimmungsrechts bei Ausreiseabsichten des anderen Elternteils; OLG Hamm FamRZ 2011, 120 [Probleme beim Schüleraustausch]; a.A. OLG Nürnberg FamRZ 2011, 131, wobei den durch den Umzug geschaffenen Fakten Rechnung zu tragen ist). Allerdings kann die Auswanderungsabsicht die Übertragung des Aufenthaltsbestimmungsrechts auf den anderen Elternteil rechtfertigen, wenn mit einem Wechsel des Lebensmittelpunkts zu diesem Elternteil weniger Veränderungen als bei einer Auswanderung (durch andere Sprache, Schulsystem und soziales Umfeld) einhergehen. Daher kommt es insoweit nicht auf die Hauptbezugsperson und die Erziehungskontinuität sondern darauf an, ob sich die Lebensverhältnisse des Kindes derart gefestigt haben, dass diese nicht ohne triftige Gründe durch einen Aufenthaltswechsel verändert werden sollten (OLG Hamm FamRZ 2011, 1151). Der im Hauptsacheverfahren mit dem Ziel der Ausreise begehrten Alleinsorge kann der andere Elternteil nach Ansicht des OLG Nürnberg (FamRZ 2013, 553) im Wege eines *Anordnungsverfahrens* entgegentreten. Steht der Ausübung der elterlichen Sorge ein tatsächliches Hinder-

nis (z.B. Inhaftierung, Auslandsaufenthalt usw.) entgegen, so ist das Ruhen des Sorgerechts nach § 1674 BGB die weniger weitgehende Maßnahme (BGH FuR 2005, 82 = FamRZ 2005, 29; OLG Naumburg FamRZ 2002, 258).

Nach Inkrafttreten des Gesetzes zur Reform der elterlichen Sorge nicht miteinander verheirateter Eltern v. 16.04.2013 (BGBl. I, S. 795) besteht für die Begründung der vollständigen gemeinsamen Sorge nach dem sog. Widerspruchsmodell (§ 1626a Abs. 2 Satz 1 BGB) i.d.R. keine besondere Eilbedürftigkeit. Nur »kindeswohlrelevante Extremfälle« können eine einstweilige Anordnung rechtfertigen (OLG München FamRZ 2016, 245), der im Wegzug der Kindesmutter mit der an Epilepsie erkrankten Tochter nicht gegeben ist. Dies beruht auf dem Zusammenwirken der gesetzlichen Vermutung in § 1626a Abs. 3 Satz 2 BGB und dem beschleunigten Verfahren nach § 155a FamFG, das eine Entscheidung im schriftlichen Verfahren eröffnet. Die »negative Kindeswohlprüfung« (BT-Drucks. 17/11048, S. 12 f.), wonach die gemeinsame Sorge zu übertragen ist, wenn und soweit dies dem Kindeswohl nicht widerspricht, und das beschleunigte sowie vereinfachte Verfahren, das schriftlich ohne gerichtlichen Anhörungstermin der Verfahrensbeteiligten erfolgen kann (zu den Vereinfachungen § 155a Rdn. 3; BT-Drucks. 17/11048, S. 23; dazu krit. *Coester* FamRZ 2012, 1337, 1341 f.; *Huber/Antomo* FamRZ 2012, 1257, 1263 f.), lassen ein Regelungsbedürfnis zumindest kurze Zeit nach der Geburt eines Kindes für die vollständige Übertragung der gemeinsamen Sorge nicht erkennen. Für Teilbereiche des Sorgerechts kann dies in besonders gelagerten Fällen (etwa dringend erforderlichen medizinischen Eingriffen oder einem besonderen kurzfristigen Förderbedarf) ausnahmsweise in Betracht kommen. Zum Regelungsbedürfnis bis zum Inkrafttreten der Neuregelung auf der Grundlage der vom BVerfG angeordneten Übergangsregelung zu §§ 1626a, 1672 BGB (FamRZ 2010, 1403, 1410 [Rn. 75 f.]; *Hohmann-Dennhardt* FF 2011, 181; *Huber/Möll* FamRZ 2011, 765; *Schwonberg* FuR 2011, 126) s. Vorauflage Rn. 28; zu den Vorwirkungen für andere Anordnungsverfahren OLG Brandenburg NJW 2010, 3245 [zum Schul- und Kindergartenwechsel]; AG Bonn FamRZ 2011, 122 [zur Untersagung der Taufe bei ungeklärter elterlicher Sorge]; OLG Celle v. 13.12.2010 – 15 UF 302/10 [zum Aufenthaltsbestimmungsrecht bei Wegzug der Mutter].

Besteht zwischen den Eltern in einer einzelnen Angelegenheit keine Einigkeit, kann in dringenden Fällen die Entscheidungskompetenz einem Elternteil gem. **§ 1628 BGB** übertragen werden, wobei der Streit über Angelegenheiten des täglichen Lebens i.S.d. § 1687 Abs. 1 Satz 3 BGB hinausgehen muss. Dies kann die An- oder Ummeldung zum Kindergarten, zu einer Kinderkrippe, zur (weiterführenden) Schule (OLG Rostock FamRZ 2007, 1835; OLG Nürnberg FamRZ 1999, 673) oder den Abschluss eines Berufsausbildungsverhältnisses, die Einwilligung in eine kurzfristig erforderliche medizinische Behandlung (OLG Frankfurt am Main FamRZ 2011, 47; a.A. KG FamRZ 2006, 142 zur Impfung) oder die Religionsausübung (OLG Frankfurt am Main FamRZ 1999, 182) betreffen. Durch einstweilige Anordnung kann das Recht, einen Reisepass für das Kind zu beantragen, einem Elternteil zugewiesen werden (OLG Köln FamRZ 2002, 404).

Ein dringendes Bedürfnis für ein sofortiges gerichtliches Tätigwerden bezüglich des Sorgerechts entsteht allein durch die Trennung der Eltern nicht, weil die Verantwortung beider Eltern hiervon unabhängig fortbesteht. Nach der Rspr. des BGH liegt der gesetzlichen Regelung kein Regel-/Ausnahmeverhältnis zugunsten des Fortbestands gemeinsamer elterlicher Sorge zugrunde. Allerdings ist ein Mindestmaß an Übereinstimmung in wesentlichen Bereichen des Sorgerechts und eine **tragfähige soziale Beziehung** zwischen den Eltern erforderlich (BGH FamRZ 2008, 592, 593; BVerfG FF 2009, 416; FamRZ 2004, 354, 355, 1015, 1016). Fehlt die für die verantwortungsvolle Ausübung des Sorgerechts erforderliche Kommunikations- und Kooperationsbereitschaft zwischen den Eltern (BGH FamRZ 1999, 1646, 1647; OLG Oldenburg FamRZ 1998, 1464) und wirkt sich dies negativ auf die Entwicklung des Kindes aus, kann ausnahmsweise ein sofortiges Tätigwerden geboten sein. Allein die größere räumliche Entfernung zwischen den Eltern wird im Hinblick auf die bestehenden technischen Kommunikationsmöglichkeiten eine sofortige Sorgerechtsregelung nicht rechtfertigen.

Der Streit der Eltern über den **Aufenthalt des Kindes** begründet regelmäßig ein dringendes Regelungsbedürfnis (OLG Brandenburg FamRZ 2010, 662 [Rückführung der Kinder aus dem Heim zu einem Elternteil]; 2009, 444 [zusätzlich ernsthafte Beeinträchtigung des Kindeswohls]; 2004, 210; OLG Stuttgart FamRZ 2010, 1678 [bei vehementem Streit der Eltern]; OLG Köln FamRZ 2010, 1680 [Kontinuitätsprinzip maßgeblich]; 2005, 1583; Antragsmuster *Ziegler* FuR 2010, 210), wobei es einen mehrfachen Wohnungswechsel und damit auch der Bezugsperson zu vermeiden gilt (OLG Hamm FamRZ 2012, 236, 237; OLG Saarbrücken FamRZ 2010, 139; OLG Brandenburg FamRZ 2015, 1216; OLG Brandenburg FamRZ 2014, 1124 [LS]; OLG Brandenburg FamRZ 2013, 1829 [LS]; OLG Brandenburg FamRZ 1998, 1249). Das OLG Nürnberg

§ 49

(FamRZ 2014, 53) bejaht ein Regelungsbedürfnis nur, wenn eine Gefährdung des Kindes im Fall eines weiteren Verbleibs bei diesem Elternteil konkret zu befürchten ist. Die nicht näher konkretisierte Befürchtung erheblicher Auseinandersetzungen ohne Hinzutreten weiterer Umstände (OLG Düsseldorf FuR 2011, 341 = FamRZ 2011, 1078) begründet ebenso wenig einen Anordnungsgrund hinsichtlich des Sorgerechts wie der Streit um einen Kinderausweis und eine Ferienregelung (OLG Stuttgart FamRB 2011, 42) oder die Ausübung des Umgangsrechts (KG FamRZ 2010, 1749). Bei Einverständnis des anderen Elternteils mit dem Aufenthalt des Kindes besteht kein dringender Handlungsbedarf (OLG Hamburg FamRZ 2010, 1680). Die Übertragung des Aufenthaltsbestimmungsrechts und der Gesundheitssorge für die Kinder auf deren Vater kann im Einzelfall gerechtfertigt sein, wenn für den von der Mutter erhobenen Vorwurf sexuellen Missbrauchs bei Ausschöpfung aller im Anordnungsverfahren zur Verfügung stehenden Erkenntnismöglichkeiten keine konkreten Anhaltspunkte bestehen und die Behauptung als Bestandteil des vehement geführten Streits der Eltern erscheint (KG FamRZ 2013, 46 f. [LS]). Nicht ein fehlendes Regelungsbedürfnis sondern die entgegenstehende Rechtskraft hindert den Erlass einer einstweiligen Anordnung, wenn bereits eine im Inland anzuerkennende Entscheidung eines ausländischen Gerichts ergangen ist (OLG Köln FamRZ 2010, 311).

33 Die Regelungskompetenz des Beschwerdegerichts kann dies einschränken (BVerfG FamRZ 2009, 189, 190 f.; OLG Hamm JAmt 2008, 604). Ändert ein Elternteil i.R.d. Trennung den Lebensmittelpunkt des gemeinsamen Kindes eigenmächtig, kann allein eine »vorläufige oder **ertrotzte Kontinuität**« (*Völker/Clausius* FF 2009, 54 ff.) den Aufenthalt bei diesem Elternteil nicht rechtfertigen. Vielmehr sind – abgesehen von Fällen der Kindeswohlgefährdung – regelmäßig sämtliche Kindeswohlkriterien abzuwägen, die eine kurzfristige oder sofortige Rückkehr in den bisherigen Haushalt rechtfertigen können, denn das Kind wird häufig in seiner gewohnten Umgebung und in seinem sozialen Umfeld die erste Trennungsphase besser verkraften (BVerfG FamRZ 2009, 189, 190; OLG Brandenburg FamRZ 2011, 1739 f.; 2009, 445; OLG Karlsruhe FamRZ 2008, 633; OLG Saarbrücken FamRZ 2011, 1739 und 1740 [jeweils LS]; OLG Naumburg v. 18.10.2011 – 8 UF 204/11, nach juris; OLG Hamm FamRZ 2013, 47 [LS]; OLG Celle FamRZ 2013, 48 [LS; zur Folgenabwägung eines mehrfachen Aufenthaltswechsels]; einschränkend OLG Köln FamRZ 2011, 120). Dabei betont das BVerfG die vorrangige und beschleunigte Bearbeitung solcher Verfahren – auch unter »generalpräventiven Aspekten« –, damit der wegziehende Elternteil aus seinem Verhalten keine ungerechtfertigten Vorteile ziehen kann. Eine am Kindeswohl orientierte Regelung erweist sich bei der gebotenen Abwägung nicht als Sanktion elterlichen Fehlverhaltens (OLG Nürnberg v. 22.05.2013 – 7 UF 641/13, nach juris). Denn der ausziehende Elternteil hatte die Möglichkeit, über ein Verfahren nach § 1628 BGB eine Regelung zum Aufenthaltsbestimmungsrecht für die Trennung herbeizuführen. Daher sollte in geeigneten Fällen die Rückkehr des Kindes durch Übertragung des Aufenthaltsbestimmungsrechts auf den verbliebenen Elternteil angeordnet werden, zumal eine solche Regelung dem Mechanismus nach Art. 12 HKÜ entspricht und § 152 Satz 1 i.R.d. örtlichen Zuständigkeit ein solches Vorgehen unterstützt. Eine Rückführungsanordnung zum bisherigen Aufenthaltsort, die zu keiner Vorwegnahme der Hauptsache führt, kommt nur im engen zeitlichen Zusammenhang mit dem Wegzug eines Elternteils in Betracht, weil sich das Kind – altersabhängig – nach mehreren Monaten am neuen Wohnort eingelebt haben kann.

34 Soweit es die örtlichen Verhältnisse, die Berufstätigkeit und konkrete Betreuungsmöglichkeit zulassen, kann mit den Eltern im Rahmen ihrer Anhörung (§§ 156 Abs. 1, 160) ein ausgeweitetes Umgangsrecht erörtert werden, um einer Änderung des dauerhaften Aufenthalts durch die Regelung im Anordnungsverfahren nicht vorzugreifen. Auch eine Vereinbarung der Eltern zu einem **Wechselmodell** ist nicht ausgeschlossen, wenn die hierfür erforderlichen Voraussetzungen gegeben sind (hierzu *Kostka* FPR 2006, 271). Ob das Wechselmodell vom Gericht auch gegen den Willen eines Elternteils angeordnet werden kann, wird sehr kontrovers beurteilt (Stellungnahme der Kinderrechtskommission des DFGT FamRZ 2014, 1157 ff.; *Hammer* FamRZ 2015, 1433; § 57 Rdn. 11 f.). Während das OLG Brandenburg (FamRZ 2015, 1515) allein im Wege der Folgenabwägung ein Regelungsbedürfnis insoweit verneint, hat das AG Hannover (FamRZ 2014, 1212) auch bei hohem Konfliktverhalten ein »nahezu paritätisches Wechselmodell« im Wege einstweiliger Anordnung geregelt. Hatten sich die Eltern (ggf. nach Beratung durch das Jugendamt) auf ein Wechselmodell verständigt, kann deren Fortdauer vom Gericht durch einstweilige Anordnung angeordnet werden, denn allein das Argument, das Kind benötige einen festen Lebensmittelpunkt, rechtfertigt die Änderung der Elternvereinbarung nicht ohne weiteres (OLG Celle FamRZ 2008, 2053, OLG Dresden FamRZ 2005, 125; AG Hannover FamRZ 2001, 846 jeweils m.N.; zur Bedeutung eines praktizierten Wechselmodells BVerfG, Beschl. v. 30.06.2009 – 1 BvR 1868/09, FF 2009, 416; keine Anordnung gegen den Elternwillen

OLG Koblenz FuR 2010, 229 = FamRZ 2010, 738; *Giers* Rn. 27). Bei einem völlig unangemessenem Streit der Kindeseltern und sich verschärfendem Streit kann in Abkehr von einem praktizierten Wechselmodell das Aufenthaltsbestimmungsrecht einem Elternteil übertragen werden (OLG Köln FamRZ 2013, 47). Ein dringendes Regelungsbedürfnis wird i.d.R. weder bei einem Streit um die **Vermögenssorge** (OLG Karlsruhe FamRZ 1998, 501) noch für den Auskunftsanspruch nach **§ 1686 BGB** über die persönlichen Verhältnisse des Kindes bestehen (Zöller/*Philippi* § 620 Rn. 37; a.A. FA-FamR/*Büte* Kap. 4 Rn. 687).

Mehrere Entscheidungen des BVerfG in Verfahren wegen Kindeswohlgefährdung haben in der gerichtlichen 35 Praxis zu Verunsicherungen geführt. Dies betrifft auch die Voraussetzungen zum Entzug der elterlichen Sorge im Anordnungsverfahren. Die nachhaltige Gefährdung des Kindes setzt voraus, dass ein Schaden bereits eingetreten ist oder sich eine Gefahr gegenwärtig »mit ziemlicher Sicherheit voraussehen lässt« (BVerfG FamRZ 2014, 907, 908). Für einen erheblichen Eingriff in das Elternrecht durch die Herausnahme des Kindes ist eine »hohe Prognosesicherheit« erforderlich, aus der sich Anforderungen an die Verfahrensgestaltung und Sachverhaltsermittlung auch für das Eilverfahren ergeben. Diese konkretisiert das BVerfG aus der Wechselwirkung von »auferlegter Belastung« und unabänderlichen Folgen der Maßnahmen einerseits sowie Bedeutung des zu schützenden Rechtsguts und konkretem Eilbedürfnis andererseits. Insoweit sind die Schwere eines Schadens für das Kind sowie dessen zeitliche Perspektive einzubeziehen. Die Ermittlungsanforderungen sind höher, je geringer der möglicherweise eintretende Schaden des Kindes wiegt und in je größerer zeitlicher Ferne der zu erwartende Schadenseintritt liegt (BVerfG FamRZ 2014, 907, 909 [Rn. 24]). Ein sofortiges Eingreifen ohne weitergehende Sachverhaltsaufklärung kommt bei besonders schweren Beeinträchtigungen durch »körperliche Misshandlungen, Missbrauch oder gravierende, gesundheitsgefährdende Formen der Vernachlässigung in Betracht«. Ein Entzug auch nur von Teilbereichen der elterlichen Sorge scheidet indes aus, wenn die Haltung oder Lebensführung der Kindeseltern von einem bestimmten, von Dritten für sinnvoll gehaltenen Lebensmodell abweicht und nicht aus Sicht des Staates bestmögliche Entwicklung des Kindes unterstützt (OLG Koblenz FamRZ 2015, 1213 [LS]; BVerfG FamRZ 2015, 112).

Vor diesem Hintergrund muss die gerichtliche Entscheidung erkennen lassen, auf welcher konkreten 36 Grundlage von einer Gefährdung des Kindes auszugehen ist. Dabei ist die »konkrete Art und das Gewicht der Gefahren« zu benennen und die »zeitliche Dringlichkeit der Fremdunterbringung« einzuschätzen. Wie auch aus anderen Entscheidungen des BVerfG deutlich wird, sind alle gewonnenen Erkenntnisse widerspruchsfrei zu würdigen und abzuwägen (BVerfG FamRZ 2014, 907, 910). Darüber hinaus differenziert das BVerfG zwischen Eilentscheidungen, die unmittelbar nach Antragseingang »auf noch sehr ungewisser Ermittlungslage« ergehen und späteren Beschlüssen nach § 54 Abs. 2, denen weitere Ermittlungen zugrunde gelegt werden können.

In Fällen der **Kindeswohlgefährdung** i.S.d. § 1666 BGB besteht regelmäßig Anlass für sofortiges Eingreifen 37 (zur möglichen Verfassungswidrigkeit einer solchen Maßnahme BVerfG FamRZ 2011, 622 [LS] = JAmt 2011, 107), wie auch § 157 Abs. 3 verdeutlicht, sodass etwa bei Verdacht auf Kindesmisshandlung (OLG Bremen FamRZ 2011, 1306 [Verabreichen von Betäubungsmitteln] 2014, 1376 [Ersetzung der Zustimmung für eine Haaranalyse bei Verdacht auf Drogen in der Umgebung des Kindes]; OLG Düsseldorf FamRZ 2014, 671 [bei schwerwiegenden Vorwürfen der 9 und 11 Jahre alten Kinder]; OLG Köln FamRZ 2011, 1080 [LS]), sexuellen Missbrauch, Gefährdung des Kindes infolge psychischer Erkrankung des betreuenden Elternteils (OLG Stuttgart FamRZ 2010, 1090), fehlender Erziehungsfähigkeit der Eltern (OLG Hamm FamRZ 2010, 1091), bereits eingetretener sozialer und psychischer Deviation und mangelnder Abstimmung mit staatlichen Stellen bei therapeutisch notwendigen Behandlungsmaßnahmen (OLG Köln ZKJ 2013, 29), im Fall der von einem Elternteil beabsichtigten Beschneidung des Kindes (OLG Hamm FamRZ 2013, 1818 [§ 1631d BGB]), erheblicher Vernachlässigung des Kindes, die durch eine allgemeine und globale Entwicklungsverzögerung und mangelnde Gesundheitssorge zutage tritt (BVerfG FamRZ 2012, 938 f.), aber auch bei Verwahrlosung der Aufenthalt vAw gerichtlich geregelt werden kann (OLG Brandenburg FamRZ 2010, 1743; 2008, 1557; OLG Köln FamRZ 2007, 1682; 2000, 1240; OLG Jena FamRZ 2006, 280; zur Inobhutnahme eines Neugeborenen in Eilfällen EuGHMR FamRZ 2005, 585, 587; als Schutzmaßnahme i.S.v. Art. 20 Brüssel IIa-VO EuGH FamRZ 2009, 843; zur verwaltungsgerichtlichen Kontrolle der Entscheidung des Jugendamts OVG Niedersachsen FamRZ 2010, 769), wenn bei summarischer Prüfung eine aktuelle und nachhaltige Kindeswohlgefährdung auf konkrete Tatsachen gestützt werden kann (BVerfG FuR 2010, 278 = FamRZ 2010, 528; 2010, 713; 2009, 1472, 1474; ZKJ 2011, 133 [z.T. Sorgerechtsentzug zur Fremdunterbringung]; OLG Saarbrücken JAmt 2011, 49; nicht bei Umgangsproblemen OLG Köln FamRZ 2010, 1749). Die vorläufige Entziehung des Aufenthaltsbestimmungsrechts kommt nur in Betracht, wenn dies zum Wohl des Kindes unumgänglich erforderlich und die Sache eilbedürftig ist. Eine »vorsorglicher Teilentzug« des Sorgerechts ist unzulässig (bei Alkohol- und Drogenproblemen OLG Schleswig FamRZ 2014, 1383; OLG Brandenburg FamRZ 2015, 1214 [LS]; OLG Thüringen FamRZ 2006, 280 [zur Umgangsvereitelung]). Der von den Eltern detailliert bestrittene Vorwurf ihrer (14-jährigen) Tochter körperlicher Züchtigungen sowie ihre Weigerung, zu den Eltern zurückzukehren, rechtfertigt nach Ansicht des OLG Hamm (FamRZ 2015, 1909) auch unter dem Aspekt des Adoleszenzkonflikts nicht den Entzug des Aufenthaltsbestimmungsrechts. Allein die Nichtwahrnehmung von Früherkennungsuntersuchungen nach landesgesetzlichen Regelungen wird ein sofortiges gerichtliches Tätigwerden idR nicht rechtfertigen (AG Büdingen JAmt 2013, 160, AG Frankfurt am Main JAmt 2013, 161 jeweils nach dem hess. Kindergesundheitsschutz-Gesetz).

38 Im einstweiligen Anordnungsverfahren sind die Gerichte nicht gehalten, ein Sachverständigengutachten einzuholen, sondern können ihre Überzeugungsbildung in ausreichendem Maße neben der Anhörung der Eltern auf die Angaben des Verfahrensbeistands, des Jugendamts sowie eines Familienhelfers stützen (BVerfG FamRZ 2012, 938, 939). Daneben kann die Übertragung der Gesundheitssorge sowie für Jugendhilfemaßnahmen erforderlich sein. Wirken die Eltern bei einer im Hauptsacheverfahren angeordneten Begutachtung nicht mit, können ihnen Teilbereiche des Sorgerechts (OLG Hamm FamRZ 2014, 401) oder das Aufenthaltsbestimmungsrecht (OLG Hamm FamRZ 2014, 1379 [zur Begutachtung eines »unbeschulbaren Kindes«]) entzogen werden. Dass das Jugendamt das betroffene Kind gem. §§ 8 Abs. 3 Satz 2, 42 Abs. 1 SGB VIII in Obhut genommen hat, schließt das Regelungsbedürfnis nur dann aus, wenn die sorgeberechtigten Eltern mit den Maßnahmen der Jugendhilfe einverstanden sind. Umgekehrt können die Eltern auch vor dem VG die Einleitung von Jugendhilfemaßnahmen durch das Jugendamt (z.B. sozialpädagogische Familienhilfe für die Söhne) im einstweiligen Rechtsschutz verfolgen (VG Saarlouis FamRZ 2015, 1144). Der trennungsbedingte Elternkonflikt wird regelmäßig den Grad einer Kindeswohlgefährdung nicht erreichen; dies kann jedoch ausnahmsweise bei einer wechselseitigen Instrumentalisierung des Kindes und dadurch bedingten Destabilisierung geboten erscheinen (OLG Saarbrücken FamRZ 2010, 823). Aus Anlass des einstweiligen Anordnungsverfahrens wird das Gericht ein Hauptsacheverfahren von Amts wegen einzuleiten haben (§ 52 Abs. 1), weil über den Entzug der elterlichen Sorge nur nach umfassender Sachverhaltsermittlung und ggf. nach sachverständiger Beratung entschieden werden kann. Hiervon kann abgesehen werden, wenn weniger gravierende Maßnahmen, wie sie in § 1666 Abs. 3 BGB beispielhaft aufgeführt sind, der aktuellen Situation gerecht werden. In diesen Fällen gilt nach § 155 Abs. 1 (§ 50e FGG a.F.) das Gebot einer vorrangigen und beschleunigten Behandlung des Verfahrens, innerhalb dessen nach § 157 Abs. 1 (§ 50f FGG a.F.) das Gericht mit den Eltern und ggf. mit dem Kind erörtern soll, wie einer möglichen Gefährdung des Kindeswohls begegnet werden kann. In diesen Fällen kann der Erörterungstermin im Anordnungsverfahren ausreichend sein, um den Eltern die Notwendigkeit einer Verhaltensänderung und der Kooperation mit dem Jugendamt vor Augen zu führen (BT-Drucks. 16/6815 S. 17; *Röchling* FamRZ 2008, 1495, 1497). Im Fall der einstweiligen Entziehung des Sorgerechts ist auch die konkret zu treffende Maßnahme an der Sicherung des Kindeswohls zu orientieren, sodass auch die Vormundschaft eines Großelternteils in Betracht zu ziehen sein kann (BVerfG FamRZ 2012, 938, 939 f.).

39 In der Praxis besteht nicht selten der Verdacht, dass die nachhaltige Umgangsverweigerung auf dem ablehnenden Verhalten des betreuenden Elternteils beruht. In diesen Konstellationen des **Umgangsboykotts** bestätigen einbezogene Sachverständige nur ganz ausnahmsweise, dass eine Trennung von diesem Elternteil zum Wohl des Kindes geboten sei. Selbst wenn in einem Gutachten eine dahingehende Empfehlung ausgesprochen wird, das Kind nicht in der Obhut dieses Elternteils zu belassen, kommt nach der Rechtsprechung des BVerfG (FamRZ 2012, 1127 ff.; Anm. *Coester* ZKJ 2012, 182) und des BGH (FamRZ 2012, 99) sowohl im Anordnungsverfahren wie im Hauptsacheverfahren der Entzug der elterlichen Sorge regelmäßig nicht in Betracht. Das Verhalten des betreuenden Elternteils, das zu einem Loyalitätskonflikt für das Kind führt, manifeste Verhaltensauffälligkeiten und Bindungsstörungen hervorruft und durch Herabsetzung des anderen Elternteils sowie durch Manipulation des Kindes auf eine Unterbindung von Umgangskontakten gerichtet ist, stellt eine Gefahr für die seelisches Entwicklung des Kindes dar und ist Ausdruck einer eingeschränkten Erziehungsfähigkeit sowie fehlender Bindungstoleranz (BGH FamRZ 2012, 99, 101 [Rn. 26]). Gleichwohl müssen ungewöhnliche und harte Entscheidungen wie die Herausnahme des Kindes die Erfordernisse des Kindeswohls und die Notwendigkeit der konkreten Maßnahme besonders sorgfältig darlegen. Dies gilt bereits für die Gefährdung des Kindeswohls. Insoweit sind die kindeswohlwidrigen Verhaltensweisen des betreuenden Elternteils nicht ausreichend; vielmehr sind die negativen Folgen für das weitere Leben

des Kindes und »vorhersagbare Persönlichkeitsdefizite« konkret zu belegen. Größere Bedeutung kommt dem Umstand zu, dass die nachteiligen Folgen der Maßnahme für das Kindeswohl im Fall einer Fremdunterbringung durch den Verlust der bisherigen Bezugsperson und einer überraschenden Herausnahme konkret abzuwägen sind (BVerfG FamRZ 2012, 1127, 1129). Gerade für einen schwerwiegenden Eingriff durch eine Heimunterbringung muss eine damit verbundene mittelfristige Perspektive aufgezeigt werden (BGH FamRZ 2012, 99, 102 [Rn. 38 f.]). Schließlich sind unter dem Gesichtspunkt der Erforderlichkeit vorrangig mildere Mittel durch eine Umgangsanbahnung, die Anordnung von Zwangsmitteln sowie die Bestellung eines Umgangspflegers, von der nur bei offensichtlicher Aussichtslosigkeit abgesehen werden kann, einzusetzen. Darüber hinaus kommt auch die Anordnung einer Therapie des Kindes in Betracht (BVerfG FamRZ 2012, 1127, 1130). Vor diesem Hintergrund ist eine Entziehung des Aufenthaltsbestimmungsrechts mit dem Ziel einer Heimunterbringung allein zum Zweck der effizienten Durchsetzung von Umgangskontakten regelmäßig ausgeschlossen (BGH FamRZ 2012, 99, 103; KG FamRZ 2010, 1749). Das staatliche, dem Kindeswohl – und nicht einem Sanktionsinteresse – verpflichtete Wächteramt bietet daher weder im Eil- noch im Hauptsacheverfahren gegenüber der strikten und nachhaltigen Umgangsblockade Lösungsmöglichkeiten für den bestehenden Konflikt (Staudiner/*Coester* § 1666 Rn. 148).

d) Regelung des Umgangsrechts (§ 151 Nr. 2). Eine der bedeutsamsten und schwierigsten Aufgaben des Familiengerichts besteht darin, einen unterbrochenen Kontakt zwischen einem Kind und einem Elternteil wiederherzustellen. Diese Problematik hat vor dem Hintergrund der Rspr. des BVerfG (Rdn. 23) in der Gesetzesbegründung (BT-Drucks. 16/6308 S. 199) und Verfahrensgestaltung eine besondere Hervorhebung erfahren, denn in Umgangssachen besteht regelmäßig ein Bedürfnis für eine **zeitnahe Regelung** im Wege der einstweiligen Anordnung, um eine längere, dem Kindeswohl abträgliche Unterbrechung der persönlichen Beziehung zu dem nicht betreuender Elternteil zu vermeiden (§ 156 Abs. 3 Satz 1 und 2; § 156 Rdn. 7 ff.). 40

aa) Anordnungsanspruch. Materiell-rechtliche Grundlage des Umgangsrechts sind die §§ 1684 und 1685 BGB. Zum Wohl des Kindes gehört i.d.R. der Umgang mit beiden **Eltern** (§ 1626 Abs. 3 Satz 1 BGB). Der Umgang kann nach § 1684 Abs. 4 BGB nur eingeschränkt werden, soweit dies zum Kindeswohl erforderlich ist, bzw. nur für längere Zeit oder auf Dauer ausgeschlossen werden, wenn anderenfalls das Wohl des Kindes gefährdet wäre. **Großeltern** und **Geschwister** steht nach § 1685 Abs. 1 BGB ein Umgang zu, wenn dieser dem Wohl des Kindes dient, und anderen **engen Bezugspersonen** (Stief- und Pflegeeltern) nach Abs. 2, wenn sie für das Kind tatsächliche Verantwortung tragen oder getragen haben. Nach §§ 1684 Abs. 2, 1685 Abs. 3 BGB haben sie alles zu unterlassen, was das Verhältnis des Kindes zum jeweils anderen Elternteil beeinträchtigen oder die Erziehung erschweren kann. Die wesentlichen Gründe und Motivationen für die Ablehnung von Besuchskontakten hat das Gericht durch die Anhörung der Eltern (§ 160) und des Kindes (§ 159) zu ermitteln (§ 26; FA-FamR/*Büte* Kap. 4 Rn. 518 ff.). 41

bb) Anordnungsgrund und Regelungsumfang. Eine besondere Dringlichkeit für Umgangskontakte ist nicht erforderlich, denn für den Erlass einer einstweiligen Anordnung ist allein der Streit zwischen den Eltern ausreichend (a.A. *Giers* Rn. 30 im Hinblick auf § 155 FamFG). Eine gerichtliche Umgangsregelung ist dann zügig und effektiv durchzusetzen (EuGHMR FamRZ 2008, 1059). Die **Regelungsbefugnis** des Gerichts im einstweiligen Anordnungsverfahren unterscheidet sich nicht von den Möglichkeiten im Hauptsacheverfahren. Im Trennungskonflikt der Eltern und einem dadurch bedingten Loyalitätskonflikt des Kindes kann eine gestufte Regelung **zeitlich begrenzter Kontakte** – ggf. ohne Übernachtung – in der Anfangsphase Vorrang genießen, die stufenweise – auch im Anordnungsverfahren – erweitert werden kann. Einigen sich die Eltern im Erörterungstermin im Anordnungsverfahren (für das Hauptsacheverfahren § 156 Abs. 3 Satz 2) nicht, entscheidet das Gericht über das Umgangsrecht (FA-FamR/*Büte* Kap. 4 Rn. 491 ff.). Für eine vollstreckungsfähige Anordnung müssen die **Modalitäten der Umgangskontakte** konkret geregelt sein, sodass für jeden Elternteil die Verhaltenspflichten erkennbar sind. Das Gericht kann nicht allein den Antrag zurückweisen, ohne eine eigene Umgangsregelung zu treffen oder den Umgang auszuschließen, denn durch die bloße Ablehnung des Antrages auf gerichtliche Regelung tritt ein Zustand ein, der weder für den Umgangsberechtigten zumutbar erscheint noch dem verfassungsrechtlichen Schutz gerecht wird (BGH FamRZ 1994, 158, 159 f.). Daher sind der Ort der Umgangskontakte sowie deren Häufigkeit und Dauer (mit oder ohne Übernachtungen, etwaige Ersatztermine, Feier- und Festtage sowie Schulferien) zu bestimmen. Weiterhin sind konkrete Maßgaben zum Abholen und Zurückbringen sowie zum Bereithalten des Kindes durch den betreuenden Elternteil erforderlich. Die Anwesenheit anderer Personen – etwa einer neuen Partnerin des umgangsberechtigten Vaters – während der Besuche steht nicht zur Disposition des 42 betreuenden Elternteils, kann aber gerichtlich geregelt werden. Abhängig vom Konfliktpotenzial können auch im Anordnungsverfahren ergänzende Regelungen für Kontakte durch Briefe oder Telefon (OLG München FamRZ 1998, 976) bzw. Handy, für die Übergabe von Geschenken oder die Nutzung eines Kindersitzes, ärztlich verordnete Medikamente, Bekleidung des Kindes oder ggf. Spielsachen notwendig sein. Im Einzelfall kann die Anordnung durch das Verbot, das Kind mit ins Ausland zu nehmen oder zu verbringen, flankiert werden. Für eine gerichtliche Anordnung bezüglich der Umgangskosten fehlt ein Regelungsbedürfnis (a.A. Gießler/Soyka Rn. 861).

43 Der häufig vorgebrachte Einwand, das Kind sei durch die Trennung der Eltern stark belastet und benötige Ruhe oder die von ihm ggü. dem betreuenden Elternteil geäußerte Ablehnung der Besuche rechtfertigen eine Begrenzung i.d.R. nicht, wenn bis zur Trennung ein normaler Kontakt zum anderen Elternteil bestanden hatte. Für die Umgangsanbahnung, bei Problemen in der Übergabesituation sowie beim Verdacht auf Kindeswohlgefährdungen kann ein einstweilen **begleiteter Umgang** gerechtfertigt sein (FA-FamR/*Büte* Kap. 4 Rn. 602; Zöller/*Feskorn* § 49 FamFG Rn. 19). Dessen materiell-rechtliche Voraussetzungen sind im Einzelfall festzustellen, um eine unnötige Belastung des umgangsberechtigten Elternteils zu vermeiden. Wird vom betreuenden Elternteil eine **Kindeswohlgefährdung** geltend gemacht, ist vor einem sofortigen Ausschluss des Umgangsrechts zu prüfen, ob dieser als begleiteter Umgang durch einen mitwirkungsbereiten Dritten (Mitarbeiter der Träger der Jugendhilfe oder von Vereinen sowie Verwandte) aufrechterhalten werden kann (§ 1684 Abs. 4 Satz 3 und 4 BGB). Der sofortige und vollständige **Ausschluss des Umgangsrechts** wird nur in Ausnahmefällen gerechtfertigt sein. Äußert der betreuenden Elternteil den Verdacht des sexuellen Missbrauchs, sind vorrangig Ge- und Verbote in Erwägung zu ziehen, die eine mögliche Gefährdung verhindern und zugleich einen unmittelbaren Kontakt zwischen dem umgangsberechtigten Elternteil und seinem Kind ermöglichen (BT-Drucks. 16/6308 S. 203; BVerfG FamRZ 2008, 494 f.). Kann der von einem Elternteil geäußerte Verdacht mit den im Eilverfahren zur Verfügung stehenden Erkenntnismöglichkeiten nicht geklärt werden, ist nach Ansicht des KG (FamRZ 2013, 46 f. [LS]) eine umfassende Risikoabwägung unter Berücksichtigung des Kindeswohl vorzunehmen. Steht dem angeordneten Umgang das Verhalten des betreuenden Elternteils entgegen, kommt auch im Anordnungsverfahren eine (befristete) Umgangspflegschaft i.S.v. § 1684 Abs. 3 Satz 3–5 BGB n.F. in Betracht, um die »zügige Durchführung des Umgangs« zu ermöglichen (a.A. Gießler/*Soyka* Rn. 864); dem kann jedoch die auf den unvereinbaren Positionen der Eltern beruhende seelische Belastung des Kindes als Eilmaßnahme entgegen stehen (OLG Celle Beschl. v. 30.08.2010 – 15 UF 181/10). Nicht selten bereitet der Kontakt zwischen den leiblichen Eltern und den **Pflegeeltern** im Fall eines Sorgerechtsentzugs Probleme. Aus Gründen des Kindeswohls ist es nicht gerechtfertigt, den Kontakt mit den Eltern auf wenige Stunden in mehreren Wochen zu begrenzen, wenn nicht bereits die Besuche selbst zu einer Kindeswohlgefährdung führen. Gegen eine gerichtliche Entscheidung über den Umgang im Anordnungsverfahren ist ein Rechtsmittel nicht statthaft (§ 57 Satz 1; § 57 Rdn. 12). Zur Vollstreckung § 53 Rdn. 5.

44 **e) Regelung der Kindesherausgabe (§ 151 Nr. 3).** Einstweilige Anordnungen zur Regelung der elterlichen Sorge sind als solche nicht vollstreckungsfähig. Überträgt das Gericht einem Elternteil die Alleinsorge oder das Aufenthaltsbestimmungsrecht (OLG Nürnberg FamRZ 2000, 369), so kann dieser vom anderen Elternteil die Herausgabe des Kindes gem. **§ 1632 Abs. 1 BGB** verlangen (Antragsmuster *Ziegler* FuR 2010, 212). Da auch die gemeinsame verbindliche Vereinbarung der Eltern über den Aufenthalt des Kindes nicht einseitig gelöst werden kann, besteht ein Anspruch auf Herausgabe des Kindes auch dann, wenn ein Elternteil den Aufenthalt einseitig ändert, ohne dass ihm zuvor das Aufenthaltsbestimmungsrecht (§ 1671 BGB) oder das Entscheidungsrecht in dieser Einzelfrage (§ 1628 BGB) übertragen wurde (AG Bad Iburg FamRZ 2000, 1036). Das Verfahren nach § 151 Nr. 3 ist auch im einstweiligen Rechtsschutz auf den dauerhaften Aufenthalt gerichtet, sodass das Herausgabeverlangen zur Durchführung des Umgangsrechts nicht erfasst ist. Die auf Herausgabe des Kindes gerichtete einstweilige Anordnung kann sowohl gegen den anderen Elternteil als auch gegen Dritte ergehen, soweit das Kind den Eltern oder einem Elternteil widerrechtlich vorenthalten wird.

45 Der einstweilige Rechtsschutz des § 151 Nr. 3 (*Kramer* FuR 2007, 500 ff.) entspricht in seiner Reichweite der materiell-rechtlichen Regelung des § 1632 Abs. 1 BGB. Daher ist anspruchsberechtigt der alleinsorgeberechtigte Elternteil (OLG Nürnberg FamRZ 2000, 369) bzw. Vormund oder die Eltern gemeinsam. Antragsgegner ist der andere Elternteil oder alle Dritten, in deren Obhut sich das Kind widerrechtlich befindet und die die Rückkehr zum Elternteil verhindern. Auch im Anordnungsverfahren ist zu prüfen, ob das Kind widerrechtlich vorenthalten wird. Dies ist nur dann nicht der Fall, wenn das Herausgabeverlangen seinerseits

eine Kindeswohlgefährdung i.S.v. § 1666 BGB darstellt (BayObLG FamRZ 1990, 1379, 1381). Zur Vorbereitung eines Herausgabeantrags kann es erforderlich sein, dass der andere Elternteil oder Dritte im Anordnungsverfahren den Aufenthaltsort des Kindes mitteilt, um sodann die Herausgabe durchsetzen zu können (OLG Hamm FamRZ 1999, 936), sodass eine hierauf gerichtete einstweilige Anordnung ergehen kann. Verweigert der Elternteil die Herausgabe des Kindes, kann auch die Durchsuchung der Wohnung erforderlich werden. Allein aufgrund einer einstweiligen Herausgabeentscheidung ist der Vollstreckungsbeamte nicht zum Betreten und Durchsuchen der Wohnung berechtigt. Daher sind mit der Herausgabeanordnung ggf. weitere konkrete Anordnungen zu treffen, aus denen sich die Befugnisse des Vollstreckungsbeamten und die Duldungspflichten des Wohnungsinhabers ergeben; anderenfalls fehlt es insoweit an der hinreichenden Bestimmtheit der Anordnung (BVerfG FamRZ 2000, 411, 412).

Eine auf Herausgabe des Kindes gerichtete einstweilige Anordnung ergeht auf Antrag. Nur in Amtsverfahren wegen Kindeswohlgefährdung (§ 1666 BGB) kann die Herausgabeverpflichtung auch ohne Antrag angeordnet werden. Der Antrag auf Übertragung des Aufenthaltsbestimmungsrechts kann mit dem Herausgabeverlangen verbunden werden. Eine gerichtliche Regelung über die Herausgabe wird nicht bereits dadurch erforderlich, dass der andere Elternteil die Zurückweisung des Sorgerechtsantrags beantragt oder einen entgegen gesetzten Antrags gestellt hat. Anhaltspunkte, dass der andere Elternteil der Regelung zum Aufenthaltsbestimmungsrecht nicht entsprechen wird, ergeben sich regelmäßig erst nach der gerichtlichen Entscheidung zum Aufenthalt und einer entsprechenden Aufforderung, das Kind herauszugeben. 46

Eine einstweilige Regelung kann auch dann erforderlich werden, wenn die sorgeberechtigten Eltern oder das Jugendamt als Vormund oder Pfleger die Herausgabe eines Kindes von dessen Pflegeeltern verlangen. Hier kann eine Verbleibensanordnung nach § 1632 Abs. 4 BGB (§ 151 Rdn. 11) ergehen, wenn das Kind – nach Maßgabe seines Zeitempfindens – seit längerer Zeit in Familienpflege (Bereitschafts- oder Dauerpflege) lebt und seine Wegnahme bzw. Rückführung das Kindeswohl gefährden würden (zur Abwägung der Grundrechtspositionen der Eltern, des Kindes und der Pflegefamilie BVerfG FamRZ 2005, 783). Das Regelungsbedürfnis folgt daraus, dass der (drohende) mehrfache Wechsel des Zuhauses und der unmittelbaren Bezugspersonen das Kindeswohl in einem erheblichen Maße beeinträchtigen (BVerfG FuR 2010, 340 = FamRZ 2010, 353, 354; 865 [ausreichende Berücksichtigung von Missbrauchsvorwürfen]). 47

Gegen die gerichtliche Herausgabeanordnung ist nach § 57 Satz 2 Nr. 2 die Beschwerde statthaft, soweit die Herausgabe an den anderen Elternteil angeordnet wird (§ 57 Rdn. 13). Die Beschwerde wird nicht dadurch unzulässig, dass der Elternteil der erstinstanzlichen Anordnung Folge geleistet hat. Zur Berücksichtigung des Kindeswohl bei der Vollstreckung nach §§ 88 ff. 48

f) Regelung der Vormundschaft und Pflegschaft (§ 151 Nr. 4 und 5). Die bisher in die Zuständigkeit des Vormundschaftsgerichts fallenden Angelegenheiten sind vom FamG zu erledigen. Einstweilige Anordnungen werden für die von § 151 Nr. 4 und 5 erfassten Verfahrensgegenstände (§ 151 Rdn. 8f.) regelmäßig nicht erforderlich sein. Denn die Anordnung und Bestellung einer Vormundschaft oder Pflegschaft ist Folge der materiell-rechtlichen Vorgaben, etwa weil ein Minderjähriger nicht unter elterlicher Sorge steht (§ 1773 Abs. 1 BGB). Wird das Sorgerecht oder Aufenthaltsbestimmungsrecht durch einstweilige Anordnung entzogen, ist die Bestellung eines Vormunds oder Pflegers grds. Bestandteil der gerichtlichen Maßnahme. I.Ü. besteht für die Verfahrensgegenstände nach § 151 Nr. 4 und 5 kein dringendes Regelungsbedürfnis. Zwar sind Fälle einer dringenden Genehmigung eines Rechtsgeschäfts denkbar. Da die einstweilige Anordnung nur zu einer vorläufigen Entscheidung führt, ist der einstweilige Rechtsschutz für entsprechende Entscheidungen, die nach § 40 Abs. 2 erst mit Rechtskraft wirksam werden, nicht geeignet. Für die Bestellung eines Ergänzungspflegers (§ 1909 BGB) oder eines Pflegers für eine Leibesfrucht (§ 1912 BGB) ist ein Anordnungsverfahren nicht erforderlich. 49

g) Freiheitsentziehende Unterbringung Minderjähriger (§ 151 Nr. 6 und 7). Die Unterbringung eines (minderjährigen) Kindes, die mit Freiheitsentziehung verbunden ist, bedarf nach § 1631b Abs. 1 BGB wegen des Eingriffs in das Selbstbestimmungsrecht und die persönliche Freiheit (FA-KommFamR/*Ziegler* § 1631b Rn. 4) der Genehmigung des Familiengerichts. Den Antrag kann nur der Inhaber des Aufenthaltsbestimmungsrechts wirksam stellen (nicht »auf Veranlassung Angehöriger« OLG Bremen JAmt 2013, 336), wobei erkennbar sein muss, ob eine geschlossene Unterbringung in einer psychiatrischen Klinik oder in einer geschlossenen Jugendhilfeeinrichtung beabsichtigt ist (BVerfG FamRZ 2007, 1627). Für andere freiheitsbeschränkende Maßnahmen (Bettgitter oder Fixierung) besteht nach OLG Frankfurt (FamRZ 2013, 338) im Gegensatz zu § 1906 Abs. 4 BGB keine Genehmigungspflicht. Eine Unterbringung des Kindes ist 50 nur zulässig, wenn sie zum Wohl des Kindes, insb. zur Abwendung einer erheblichen Selbst- oder Fremdgefährdung, erforderlich ist und der Gefahr nicht auf andere Weise begegnet werden kann. Danach kann die Behandlung von psychischen Erkrankungen, Drogen- oder Alkoholabhängigkeit in geschlossenen Abteilungen der jeweiligen Einrichtungen notwendig sein. Der BGH (FamRZ 2012, 1556, 1558; 2013, 115, 116) betont auch bei einer hohen Gefährdung der weiteren Entwicklung des Kindes in allen Bereichen durch Schulabsentismus, Straffälligkeit sowie Alkohol- und Drogenkonsum, dass vorrangig andere Möglichkeiten der Jugendhilfe (§§ 32 bis 34 SGB VIII) in Betracht zu ziehen sind. Nach § 167 Abs. 1 finden auf die Verfahren nach § 151 Nr. 6 die für Unterbringungssachen nach § 312 Nr. 1 und in Verfahren nach § 151 Nr. 7 die für die Unterbringung nach § 312 Nr. 3 geltenden Vorschriften Anwendung. Erforderlich sind hinreichende Feststellungen für dringende Gründe einer freiheitsentziehenden Unterbringung sowie für ein sofortiges Tätigwerden (OLG Naumburg JAmt 2013, 48, 49 f.). Für die einstweilige und auf die Dauer von **6 Wochen befristete** (§ 333 Satz 1) Genehmigung der Unterbringung eines minderjährigen Kindes nach § 1631b BGB oder nach den Landesgesetzen für die Unterbringung psychisch Kranker im Wege einstweiliger Anordnung gelten daher die §§ 331 bis 333. Als Anordnungsgrund (§ 331 Satz 1 Nr. 1 – 4) müssen dringende Gründe für die Genehmigung oder Anordnung einer Unterbringungsmaßnahme gegeben sein, die durch ein ärztliche Zeugnis bestätigt werden. Darüber hinaus ist ein Verfahrenspfleger zu bestellen und der Betroffene persönlich anzuhören (OLG Naumburg FamRZ 2010, 1919 zur Anhörung des sorgeberechtigten Elternteils). Die Anhörung des minderjährigen Kindes hat in Anwesenheit des bestellten Verfahrensbeistands zu erfolgen (§ 159 Abs. 4 Satz 3), wobei im Zeitpunkt der Anhörung das ärztliche Zeugnis oder ein bereits eingeholtes Gutachten (§ 321) zur Kenntnis gebracht sein muss (BGH FamRZ 2012, 1556, 1558). Wurde diesen Anhörungserfordernissen im erstinstanzlichen Verfahren nicht Rechnung getragen, hat der Beschwerdesenat auch in Ansehung des § 68 Abs. 3 Satz 2 die (ordnungsgemäße) Anhörung durchzuführen. Aus der Gefährdungssituation folgt das Regelungsbedürfnis. Bei Gefahr im Verzug kann die einstweilige Anordnung vor Anhörung des Betroffenen und des Verfahrenspflegers ergehen (§ 332). Schließlich darf der Anordnungsbeschluss die Dauer von 6 Wochen nicht überschreiten, kann jedoch bis zu 3 Monaten verlängert werden (§ 333 Satz 4). Zum Beschwerderecht § 57 Rdn. 17 f.

51 **3. Abstammungssachen (§§ 111 Nr. 3, 169 Nr. 1–4).** Über die Verfahrensgegenstände der Abstammungssachen nach § 169 Nr. 1–4 (§ 169 Rdn. 3 ff.) kann im Wege einstweiligen Rechtsschutzes nicht entschieden werden. Dies gilt für die Entscheidung über die Abstammung selbst sowie die hierauf gerichtete Klärung (§ 1598a Abs. 2 und 4 BGB), zumal die Entscheidungen erst mit ihrer Rechtskraft wirksam werden (§ 184 Abs. 1 Satz 1). Soweit im Zusammenhang mit der Feststellung der Vaterschaft Unterhaltsansprüche im einstweiligen Rechtsschutz gem. §§ 247, 248 durchgesetzt werden können, handelt es sich im Gegensatz zur bisherigen Regelung in § 641d ZPO a.F. nicht um eine Abstammungssache (Zöller/*Philippi* § 641d Rn. 14), sondern nach der Systematik unzweifelhaft um eine Unterhaltssache i.S.d. § 231 Abs. 1 Nr. 1 und 3.

52 Ausnahmsweise kann in Abstammungssachen ein dringendes Bedürfnis an einer **Beweissicherung** oder vorsorglichen Tatsachenfeststellungen entstehen (*Giers* Rn. 54), wenn eine antragsberechtigte Person feststellt, dass ein potenzielles Beweismittel verloren gehen könnte. Für das Vaterschaftsfeststellungs- und das Vaterschaftsanfechtungsverfahren können identische Beweisprobleme entstehen, wenn weder der als Vater in Betracht kommende Mann noch dessen Verwandte in ein im Hauptsacheverfahren zu erstattendes Gutachten einbezogen werden könnten. Aus dem Interesse an der positiven oder negativen Feststellung der Abstammung folgt das Interesse an der Sicherung des Beweismaterials. Das **Regelungsbedürfnis** ist durch den Verlust eines für die unmittelbare Beweisführung geeigneten Beweismittels begründet, wenn sich der potenzielle biologische Vater nur vorübergehend (besuchsweise oder aus beruflichen Gründen) im Inland aufhält oder seine baldige Ausreise bekannt wird (*Schuschke* FS Schneider S. 179, 182 f.). Auch wenn eine Untersuchungsperson i.S.d. § 178 Abs. 1 zu versterben droht und im Hauptsacheverfahren ein Beweisbeschluss nicht rechtzeitig zu erwirken ist, kann eine Beweisnot entstehen, wenn aus einer medizinischen Untersuchung keine verwertbaren Proben zur Verfügung stehen oder mit der baldigen Feuerbestattung (OLG Dresden FPR 2002, 570 [zur Entnahme von Leichenblut]) zu rechnen ist. Die Verpflichtung zur Mitwirkung an der Beweisaufnahme folgt aus § 178 Abs. 1. Die im Abstammungsverfahren nach § 169 Nr. 1 und 4 antragsberechtigten Personen können daher den Erlass einer einstweiligen Anordnung dahin gehend bei dem nach § 170 zuständigen Gericht beantragen, dass die in Betracht kommende Person zur **Duldung einer Probeentnahme** verpflichtet wird. Hierzu sind die Voraussetzungen eines Antrags in der Hauptsache glaubhaft zu machen. Insoweit gelten die §§ 487 ff. ZPO entsprechend, wobei dem »Gegner« rechtliches Gehör zu gewähren ist. *Das Anordnungsverfahren ist allein auf die Sicherung des Beweises beschränkt;* es

dient nicht wie das selbstständige Beweisverfahren nach §§ 485 ff. ZPO zur vorprozessualen Sachaufklärung (Rosenberg/Schwab/*Gottwald* Zivilprozessrecht, § 116 Rn. 1; Prütting/Gerhlein/*Trautwein*/*Ulrich* § 485 Rn. 2). Mit der Entnahme der für eine genetische Untersuchung geeigneten Probe (Blutentnahme oder Mundschleimhautabstrich) ist eine Sicherung des Beweismittels für ein späteres Hauptsacheverfahren erreicht (*Schuschke* S. 186). Die Begutachtung durch einen Sachverständigen ist nicht zulässig, da über die Einholung eines Abstammungsgutachtens erst im Hauptsacheverfahren zu entscheiden ist. Die Kosten des Anordnungsverfahrens hat nach Maßgabe des § 494a ZPO im Zweifel der Antragsteller zu tragen. Die Durchführung einer Beweissicherung im Anordnungsverfahren, um sodann einen Wiederaufnahmeantrag nach § 185 Abs. 1 stellen zu können, ist weder erforderlich noch zulässig (KG FamRZ 1995, 369, 370; OLG Celle FamRZ 2000, 1500).

4. Adoptionssachen (§§ 111 Nr. 4, 186 Nr. 1–4). In Adoptionssachen besteht ein Regelungsbedürfnis für 53 einstweilige Maßnahmen in Bezug auf die Annahme als Kind, die Ersetzung der Einwilligung zur Annahme als Kind oder für die Aufhebung des Annahmeverhältnisses nicht.

5. Ehewohnungs- und Haushaltssachen (§§ 111 Nr. 5, 200). Nach Trennung der Eheleute müssen nicht 54 selten die künftige Nutzung der Ehewohnung sowie die Zuweisung von Haushaltsgegenständen geregelt werden. Mit dem Gesetz zur Änderung des Zugewinnausgleichs- und Vormundschaftsrechts (BT-Drucks. 16/10798; dazu *Weinreich* FuR 2010, 1; *Büte* FuR 2008, 105; *Götz/Brudermüller* FamRZ 2009, 1261) wurden neben das Güterrecht betreffenden Änderungen die HausratsVO aufgehoben und für die Zeit nach der Scheidung in § 1568a BGB die Nutzung der Ehewohnung und in § 1568b BGB die Überlassung von Haushaltsgegenständen geregelt. Für den einstweiligen Rechtsschutz steht die Verteilung der Haushaltsgegenstände und Nutzung der Ehewohnung bei Getrenntleben, wie sie in den §§ 1361a, 1361b BGB geregelt ist, im Vordergrund.

Für Anordnungsverfahren sind die §§ 200 ff., 51 Abs. 2 Satz 1 maßgeblich. Das Eilverfahren wird nur auf 55 Antrag eines Ehegatten eingeleitet (§ 203 Abs. 1). Für die Zeit des Getrenntlebens sind am einstweiligen Anordnungsverfahren in Ehewohnungs- und Haushaltssachen allein die **Eheleute** beteiligt. Infolge der materiell-rechtlichen Regelung ist das Verfahren nicht auf Partner einer nicht ehelichen Lebensgemeinschaft anwendbar, sodass insoweit allein § 2 GewSchG in Betracht kommt. Unabhängig von ihrem Alter sind die von der Wohnungszuweisung betroffenen **Kinder** nicht am Verfahren beteiligt. Das **Jugendamt** ist allein in Ehewohnungssachen auf seinen Antrag hinzuzuziehen, wenn Kinder im Haushalt der Ehegatten leben (§ 204 Abs. 2). Während in Ehewohnungssachen nach § 1586a BGB im Hauptsacheverfahren gem. § 204 Abs. 1 der **Vermieter** der Wohnung, der Grundstückeigentümer sowie **Dritte** i.S.d. § 1568a Abs. 4 BGB zu beteiligen sind (§ 204 Rdn. 1), gilt dies für das einstweilige Anordnungsverfahren in der Trennungszeit nicht, weil in deren Rechte durch eine vorläufige Benutzungsregelung nicht eingegriffen wird (OLG Hamm FamRZ 1987, 1277; OLG Köln FamRZ 1994, 632; FA-FamR/*Klein* Kap. 8 Rn. 19).

Eine wirksame **Einigung** der Eheleute über die Ehewohnung oder den Hausrat, die schriftlich, mündlich 56 oder durch konkludentes Verhalten zustande kommen kann, steht einem Rechtsschutzinteresse bzw. Regelungsbedürfnis entgegen, soweit die Einigung inhaltlich und zeitlich reicht. Hat ein Ehegatte die Ehewohnung verlassen, liegt eine Einigung über die Nutzung der Wohnung nicht vor (OLG Koblenz FamRZ 2006, 1207; KG FamRZ 1991, 467). Ist der Ehegatte aus der Wohnung ausgezogen und hat binnen 6 Monaten (zum Fristbeginn OLG Hamburg OLGR 2003, 272; OLG Jena FPR 2004, 254) seine ernstliche **Rückkehrabsicht** nicht bekundet, so wird nach § 1361b Abs. 4 BGB unwiderleglich vermutet, dass er die Ehewohnung dem anderen zur alleinigen Nutzung überlassen hat. Nach Ablauf dieser Frist wird daher ein Regelungsbedürfnis nicht mehr bestehen. Haben sich die Eheleute einvernehmlich getrennt und hat ein Ehegatte eine neue Wohnung bezogen, ist von einer konkludenten Einigung auszugehen (FA-FamR/*Klein* Kap. 8 Rn. 24). Über die Wirksamkeit einer Einigung ist ggf. im Rahmen einer Ehewohnungssache zu befinden (OLG Köln FamRZ 1987, 77, OLG Frankfurt am Main FamRZ 1991, 1327). Eine Einigung über einen Teil des Hausrats schließt das Rechtsschutzbedürfnis für die Herausgabe oder Zuweisung anderer Gegenstände nicht aus. Herausgabeansprüche aufgrund einer Einigung sind hingegen im Verfahren in sonstigen Familiensache iSv § 266 Abs. 1 geltend zu machen (OLG Karlsruhe FamRZ 2003, 621, OLG Dresden FamRZ 2001, 173). Die **vorläufige**, auf die Zeit des Getrenntlebens begrenzte **Regelung** darf nicht in die schuldrechtlichen oder dinglichen Rechtsverhältnisse zwischen den Beteiligten oder zu Dritten eingreifen oder diese gestalten. Eine gerichtliche Regelung über die endgültige Fortsetzung des Mietverhältnisses

§ 49 Buch 1. Allgemeiner Teil

durch einen Ehegatten (§ 1568a Abs. 3 BGB) kann im Anordnungsverfahren nicht ergehen (OLG Hamm FamRZ 2001, 1102).

57 a) **Ehewohnungssachen. aa) Anordnungsanspruch.** Nach der Trennung kann gem. § 1361b Abs. 1 BGB ein Ehegatte verlangen, dass ihm der andere die Ehewohnung ganz oder teilweise zur alleinigen Nutzung überlässt, soweit dies unter Berücksichtigung der Belange des anderen Ehegatten notwendig ist, um eine unbillige Härte zu vermeiden. Der weit auszulegende Begriff der **Ehewohnung** erfasst unabhängig von der rechtlichen Grundlage der Wohnbefugnis (Eigentum, Miete usw.) alle Räume, die die Ehegatten gemeinsam bewohnt haben oder die dafür nach den Umständen bestimmt waren (BGH FamRZ 1990, 987). Ehewohnung, zu der auch Nebenräume wie Keller, Garage, Sport- und Fitnessräume, aber auch ein Stall als Nebengebäude gehören (OLG Jena FPR 2004, 254), können eine Gartenlaube, ein Wohnanhänger, aber auch die nur zeitweilig genutzte Zweitwohnung, Ferien- oder Wochenendhäuser sein, weil für das eheliche oder familiäre Zusammenleben weder ein bestimmter Nutzungsumfang noch ein ausschließlicher Lebensmittelpunkt erforderlich sind (a.A. OLG Bamberg FamRZ 2001, 1316, 1317; § 200 Rdn. 3). Demgegenüber stellen beruflich oder gewerblich genutzte Räume keine Ehewohnung dar. Eine nach der Trennung von einem Ehegatten angemietete Wohnung ist keine Ehewohnung, auch wenn dieser Jahre später dem anderen Ehegatten ohne Wiederherstellung der Lebensgemeinschaft Obdach gewährt. Ein späteres Räumungsbegehren ist weder eine Ehewohnungs- noch eine sonstige Familiensache, sondern als bürgerlich-rechtliche Streitigkeit im Wege des einstweiligen Verfügungsverfahrens nach § 940 ZPO zu verfolgen (OLG Frankfurt FamRZ 2015, 1898).

58 bb) **Anordnungsgrund.** Ein **Regelungsbedürfnis** besteht bereits, wenn sich die Ehegatten über die Nutzung der Ehewohnung nicht einigen können. Eine besondere Dringlichkeit ist nicht erforderlich. Dabei indiziert der Anspruch auf Zuweisung der Ehewohnung, der eine unbillige Härte voraussetzt (Rdn. 59) den Anordnungsgrund (*Dose* Rn. 128; nach OLG Köln FamRZ 2011, 118, wenn eine Hauptsacheentscheidung nicht abgewartet werden kann, jedoch nicht bei einem Zeitraum von 6 Monaten zwischen dem freiwilligen Auszug und dem Zuweisungsantrag). Der freiwillige Auszug eines Ehegatten steht dem vom ihm geltend gemachten Nutzungswillen und einem Regelungsbedürfnis nicht entgegen, wenn die Frist des § 1361 Abs. 4 BGB gewahrt oder eine Rückkehrabsicht geäußert ist (OLG Brandenburg FamRZ 2008, 1930). Beabsichtigt der Antragsgegner nicht, in die Ehewohnung zurückzukehren, oder ist die Frist des § 1361b Abs. 4 BGB abgelaufen, besteht weder ein Rechtsschutz- noch ein Regelungsbedürfnis (OLG Köln FamRZ 1985, 498). Beansprucht ein Ehegatte ein halbes Jahr nach seinem Auszug die Ehewohnung, können bereits die Zeitumstände gegen einen Anordnungsgrund sprechen (OLG Köln FamRZ 2011, 118).

59 Zur Bestimmung einer **unbilligen Härte** i.S.d. § 1361b Abs. 1 BGB ist eine Interessenabwägung erforderlich, bei der im Wesentlichen das Wohl der im Haushalt lebenden Kinder und die familiären Konflikte maßgeblich sind. Zwischen den Eheleuten müssen nicht unerhebliche Auseinandersetzungen bestehen, die eine gemeinsame Nutzung der Ehewohnung als unerträglich erscheinen lassen. Weder die Trennungsabsicht eines Ehegatten noch die mit der Trennung verbundenen Unannehmlichkeiten oder eine einmalige heftige Auseinandersetzung begründen eine unbillige Härte (OLG Brandenburg FamRZ 1996, 743). In der Praxis erweisen sich Alkohol- und Drogenabhängigkeit oder -missbrauch, psychische Erkrankungen (OLG Hamm FamRZ 1997, 301; AG Bad Iburg FamRZ 2010, 1350 [schizophrene Psychose]), (dadurch bedingtes, ggf. nächtliches) Randalieren in der Wohnung (OLG Köln FamRZ 2001, 761; AG Tempelhof-Kreuzberg FamRZ 2003, 532), dauerhafte Belästigungen, Demütigungen oder Beleidigungen (OLG Karlsruhe FamRZ 1991, 1440; OLG Celle FamRZ 1992, 676), Bedrohung als indirekte Aggression (OLG Köln FamRZ 2006, 126) oder ein völlig unbeherrschtes und aggressives Verhalten (OLG Karlsruhe FamRZ 1994, 1185) als unbillige Härte, während eine einmalige tätliche Entgleisung nur im Fall der Wiederholungsgefahr eine solche darstellen soll (OLG Jena FPR 2004, 254). Auch durch unerträgliche Spannungen zwischen den Eheleuten bei langer Trennungszeit kann die gemeinsame Nutzung der Ehewohnung unzumutbar werden (OLG Brandenburg FamRZ 2001, 636). Strengere Anforderungen an die unbillige Härte sind im Fall einer Alleinnutzung durch den Nichteigentümer zu stellen (PWW/*Weinreich* § 1361b Rn. 16). Hingegen begründen rein wirtschaftliche oder finanzielle Interessen keine unbillige Härte, sodass eine Wohnungszuweisung nicht damit zu begründen ist, die Veräußerung oder optimale Vermietung sei aufgrund der Finanzierungslasten erforderlich (OLG Karlsruhe FamRZ 1999, 1087).

60 **Kindeswohl:** Bei der gerichtlichen Entscheidung ist insb. das Wohl der im Haushalt lebenden minderjährigen oder volljährigen Kinder (auch Stief- und Pflegekinder; KG FamRZ 1991, 467) zu berücksichtigen.

Durch die Aufnahme des Kindeswohls in den gesetzlichen Tatbestand wird dessen Bedeutung herausgestellt und zum wesentlichen Entscheidungskriterium bestimmt, um psychische Schäden des Kindes durch das Miterleben von Gewalt und ständigen Auseinandersetzungen in der Familie zu vermeiden (BT-Drucks. 14/5429 S. 24). Denn eine ruhige, geordnete und nicht von ständigen Streitigkeiten ihrer Eltern gekennzeichnete familiäre Situation dient dem Wohl der Kinder (OLG Brandenburg, Beschl. v. 27.07.2010 – 10 WF 99/10, nach juris; OLG Celle FamRZ 2006, 1143; OLG Nürnberg FuR 2005, 573). Ihre Reaktionen auf die Auseinandersetzungen der Eltern müssen keinen Krankheitswert erreichen oder gar eine Kindeswohlgefährdung zur Folge haben. Ausreichend ist ihre psychische Belastung, die über die Trennung von einem Elternteil hinaus ihre Ursache auch in dem weitergehenden Konflikt der Eltern hat (FA-FamR/*Kein* Kap. 8 Rn. 70). Für das Kindeswohl ist der Zeitraum, in dem die Kinder in der Wohnung gelebt haben, von Bedeutung (OLG Hamm FamRZ 1989, 739). Im **Anordnungsverfahren** ist das Kindeswohl nicht nur wesentliches Abwägungskriterium, sondern hat verfahrensrechtlich zur Konsequenz, dass die weiteren Kriterien ggf. einer weitergehenden Aufklärung nicht mehr bedürfen. Vor diesem Hintergrund ist die Übertragung des Aufenthaltsbestimmungsrechts (Rdn. 27, 32) häufig präjudiziell für die Entscheidung der Ehewohnungssache (Johannsen/Henrich/*Götz* § 1361b BGB Rn. 16 f.). **Eigentumsverhältnisse**: Neben dem Kindeswohl ist sind die in § 1361b Abs. 1 Satz 3 BGB genannten Eigentumsverhältnisse (Allein- oder Miteigentum, Nießbrauchrecht, dingliches Wohnrecht usw.) an der Ehewohnung zu berücksichtigen. I.R.d. Gesamtabwägung wirkt die dingliche Rechtsposition zugunsten des Berechtigten (OLG Karlsruhe FamRZ 2001, 760; OLG Köln FamRZ 1994, 632). Ihr kommt jedoch im Verhältnis zum Kindeswohl kein Vorrang zu. **Gewalttätigkeiten**: Neben Ansprüchen aus §§ 1 und 2 GewSchG rechtfertigt die vorsätzliche und rechtswidrige Verletzungshandlung oder die Drohung mit einer solchen nach § 1361b Abs. 2 Satz 1 BGB die Überlassung der gesamten Wohnung zu alleinigen Nutzung. Solche Umstände indizieren sowohl eine unbillige Härte als auch den Umfang der Wohnungsüberlassung (OLG Stuttgart FamRZ 2007, 829). Schließlich sind bei der Abwägung als **weitere Aspekte** der Anlass für die Streitigkeiten, die Beschaffung einer Ersatzwohnung, der Gesundheitszustand, das Alter und die wirtschaftlichen Verhältnisse einzubeziehen.

cc) **Anordnungsmaßnahme.** Nach dem Verhältnismäßigkeitsgrundsatz wäre primär die Aufteilung der Wohnung, bei der zwischen der alleinigen und gemeinsamen Nutzung bestimmter Räume zu unterscheiden ist (OLG Hamm 1991, 81), in Erwägung zu ziehen und der Überlassung zur alleinigen Nutzung vorzuziehen. In der überwiegenden Zahl der Fälle wird eine **Wohnungsteilung** bereits an den räumlichen Verhältnissen oder den Auseinandersetzungen der Eheleute scheitern. Nur ausnahmsweise kommt eine Aufteilung in Betracht, wenn die Eheleute ein Haus bewohnen, das nahezu in zwei Wohneinheiten getrennt werden kann, wobei allein trennungsbedingte Unannehmlichkeiten der Teilung nicht entgegenstehen (OLG Jena FPR 2004, 254). Im Einzelfall kann sie im Interesse der Kinder geboten sein (AG Saarbrücken FamRZ 2003, 530). Ist eine Befriedung der Beteiligten durch die Aufteilung nicht gewährleistet, so stellt sie keine geeignete gerichtliche Anordnung dar. Bei der Wiedereinräumung des Mitbesitzes eines »ausgesperrten« Ehegatten handelt es sich nicht um eine Zuweisung der Ehewohnung (OLG Bamberg FamRZ 2006, 873).

Neben der Zuweisungsentscheidung kann das Gericht auf materiell-rechtlicher (§ 1361b Abs. 3 Satz 1 BGB) wie auch verfahrensrechtlicher (§ 49 Abs. 2 Satz 3) Grundlage **geeignete Maßnahmen** anordnen, die der Durchsetzung der Anordnung dienen. Die Alleinzuweisung der Ehewohnung ist nur vollstreckungsfähig, wenn zugleich eine **Räumungspflicht und entsprechende -frist** angeordnet ist (LG Itzehoe FamRZ 87, 176; OLG München FamRZ 1998, 1170). Für die Räumungsfrist und deren mögliche Verlängerung im Verfahren nach § 54 gilt § 721 ZPO nicht (zur Beschwerde § 57 Rdn. 16). Bewegliche Sachen des weichenden Ehegatten können in der Wohnung verbleiben und werden von einer Anordnung zur Räumung aufgrund der Abgrenzung zum Hausrat nicht erfasst; § 885 Abs. 2 bis 4 ZPO finden insoweit keine Anwendung (OLG Karlsruhe FamRZ 1994, 1185; KG FamRZ 1987, 1290, 1291). Dies sollte im Anordnungsbeschluss zugleich klargestellt werden. In Betracht kommen weiterhin **Gebote sowie Verbote**, bestimmte Räume (nicht) zu betreten, die Wohnungsschlüsseln und Mietunterlagen zu übergeben (OLG Hamm FamRZ 1991, 81), die Wohnungsschlösser nach Ablauf der Räumungsfrist auszutauschen (OLG Karlsruhe FamRZ 1994, 1185), *sich der Wohnung auf eine bestimmte Distanz nicht zu nähern* (OLG Köln FamRZ 2003, 319) oder Belästigungen zu unterlassen. Beim Getrenntleben innerhalb der Ehewohnung können sich die Anordnungen auf eine (zeitliche) Benutzungsregelung von Küche und Bad sowie auf die Heizung, Beleuchtung, das Telefon usw. beziehen. Um die Rechte des weichenden Ehegatten zu sichern, kommt auch das Verbot an den alleinigen Mieter in Betracht, das Mietverhältnis nicht zu kündigen (OLG Dresden FamRZ 1997, 183; zur einstweiligen Verfügung gegen die Untermieterin LG Freiburg FamRZ 2005, 1252). Ist die Kündigung durch den Alleinmieter bereits ausgesprochen, kann eine Wohnungszuweisung nicht mehr oder nur für die Kündigungsfrist erfolgen (OLG Köln FamRB 2003, 223). Der einstweilige Rechtsschutz kann sich allein auf die Zuweisung der Ehewohnung beziehen, sodass ein Verbot, einen neuen Partner in die Wohnung aufzunehmen, nicht gedeckt ist (OLG Köln FamRZ 1995, 1424; OLG Hamm FamRZ 1993, 1442; *Brudermüller* FuR 2003, 433, 437). Auch im Anordnungsverfahren kann eine nach § 1361b Abs. 3 Satz 2 BGB geschuldete **Nutzungsentschädigung** festgesetzt werden, soweit diese der Billigkeit entspricht (*Giers* Rn. 52). Da es sich nicht um einen Unterhaltsanspruch handelt, der unter § 246 fällt, ist das Regelungsbedürfnis hinsichtlich des Zahlungsanspruchs glaubhaft zu machen. Hier kommt die Finanzierungslast in Betracht, wenn diese nur bei Beteiligung über die Nutzungsentschädigung aufzubringen ist. Die Kosten des Umzugs eines Ehegatten werden hiervon nicht erfasst. Versöhnen sich die Beteiligten nach einer Zuweisungsentscheidung wieder, hat der berechtigte Ehegatte den Titel herauszugeben und kann diesen nicht »auf Vorrat« behalten (KG FamRZ 2006, 49).

63 b) **Haushaltssachen.** Materiell-rechtliche Grundlage der nach Billigkeit zu verteilenden und im Miteigentum stehenden Haushaltsgegenstände ist § 1361a Abs. 2 BGB, während solche im Alleineigentum nach § 1361a Abs. 1 BGB herausverlangt werden können oder dem anderen Ehegatten nach Billigkeit zu überlassen sind. **Haushaltsgegenstände** sind von den Sachen für individuelle Bedürfnisse (OLG Düsseldorf FamRZ 1986, 1134) oder zum beruflichen Gebrauch sowie von Wertanlagen abzugrenzen. Es handelt sich um die für die Wohnung, die Hauswirtschaft und das Zusammenleben der Familie bestimmte Sachen (BGH FamRZ 1984, 144, 146). Neben Möbeln, hauswirtschaftlichen Gegenständen oder einer Einbauküche (BGH NJW-RR 1990, 586; OLG Hamm FamRZ 1998, 1028) zählen zum Zweck der Haushalts- und privaten Lebensführung gemeinschaftlich genutzte Pkw (BGH FamRZ 1991, 44, 49; OLG Naumburg FamRZ 2004, 889; KG FamRZ 2003, 1927), Wohnwagen (OLG Düsseldorf FamRZ 1990, 60) und Wohnmobile (OLG Köln FamRZ 1992, 696), Yachten (OLG Dresden FuR 2003, 596) oder Haustiere (OLG Naumburg FamRZ 2001, 481) zum Hausrat. Hingegen dienen Bücher zum privaten oder beruflichen Gebrauch oder als Kapitalanlage angeschaffte Vermögensgegenstände, Kunstwerke u.Ä. (BGH FamRZ 1984, 575) nicht der gemeinsamen Lebensführung. Der häusliche PC oder Laptop ist Hausrat, wenn er nicht für berufliche Zwecke bestimmt ist. Brief- oder Münzsammlungen als Kapitalanlage stellen keinen Hausrat dar. Nach der Trennung angeschaffte Gegenstände sind ebenfalls kein Hausrat i.S.d. § 1361a BGB. Zu den Einzelheiten s. § 200 Rdn. 12 ff.; PWW/*Weinreich* § 1361a Rn. 5 ff.

64 Im Wege der einstweiligen Anordnung darf nur die **Allein- oder Mitbenutzung** – ggf. auch einzelner (OLG Düsseldorf FamRZ 1999, 1270) – Haushaltsgegenstände vorübergehend, jedoch nicht rechtsgestaltend geregelt werden. Die Aufklärungspflicht des Gerichts wird durch die in § 206 konkretisierte Mitwirkungspflicht der Beteiligten begrenzt. Können die Eigentumsverhältnisse im Anordnungsverfahren nicht geklärt werden, greift die gesetzliche Vermutung gemeinsamen Eigentums der Ehegatten nach § 1568b Abs. 2 BGB. Ein **Regelungsbedürfnis** besteht bei drohender oder erfolgter eigenmächtiger Hausratsteilung durch einen Ehegatten sowie in dem Fall, dass ein Ehegatte die Gegenstände benötigt und der andere die Überlassung verweigert (*Dose* Rn. 130). Mit der Zuweisung von Haushaltsgegenständen kann die Anordnung ergehen, diese nicht zu entfernen, sie nicht zu veräußern (*Gießler/Soyka* Rn. 691) oder entfernten Hausrat zurückzuschaffen (BGH FamRZ 1982, 1200; OLG Frankfurt am Main FamRZ 1988, 399). Über diese Anordnungsbefugnis hinaus ist das Verhältnis der Hausratsteilung zum Besitzschutz (§§ 858, 861, 862 BGB) streitig (FA-FamR/*Klein* Kap. 8 Rn. 8 ff.; OLG Nürnberg FamRZ 2007, 486; OLG Frankfurt am Main FamRZ 2003, 47). Die Herausgabe kann durch die Zahlung eines Betrages für eine Neuanschaffung abgewendet werden (*Gießler/Soyka* Rn. 688). Ausnahmsweise mag ein Regelungsbedürfnis für die Festsetzung einer Nutzungsvergütung nach § 1361a Abs. 3 Satz 2 BGB bestehen. Im Beschluss sind die Haushaltsgegenstände in einer für die Zwangsvollstreckung erforderlichen **Bestimmtheit** zu bezeichnen (OLG Brandenburg FamRZ 2000, 1102).

65 6. **Gewaltschutzsachen (§§ 111 Nr. 6, 210).** Der Rechtsschutz eines Ehegatten oder Partners wurde durch das GewSchG deutlich verbessert (*Schumacher* FamRZ 2002, 645) und stellt einen ganz wesentlichen Anwendungsbereich der einstweiligen Anordnung in der gerichtlichen Praxis dar, bei dem die Beteiligten an der Durchführung des Hauptsacheverfahrens häufig kein Interesse haben (BT-Drucks. 16/6308 S. 252). Besonderheiten des einstweiligen Rechtsschutzes sind jetzt in **§ 214** geregelt (§ 214 Rdn. 6; a.A. Zöller/*Lorenz* § 214 FamFG Rn. 1: vorrangige Sonderregelung). Im Gegensatz zum bisherigen Recht (FA-FamR/*Weinreich* Kap. 8 Rn. 372) wird die Aufspaltung der Zuständigkeiten zwischen FamG (OLG Hamm FamRZ 2004, 38)

Abschnitt 4. Einstweilige Anordnung § 49

und den allgemeinen Zivilgerichten aufgegeben, weil nach § 210 i.V.m. §§ 23a Abs. 1 Nr. 1, 23b Abs. 1 GVG n.F. das FamG für **alle Gewaltschutzsachen** zuständig ist, ohne dass es auf einen auf Dauer angelegten oder innerhalb der letzten 6 Monate geführten gemeinsamen Haushalt (OLG Rostock FamRZ 2007, 742) ankommt. Einstweilige Anordnungen können nach § 49 Abs. 1 i.V.m. § 111 Nr. 6 für alle vom Geltungsbereich des GewSchG erfassten Personen erlassen werden. Die Schutzanordnungen i.S.v. § 1 Abs. 1 Satz 2 GewSchG sind hinreichend zu konkretisieren, sodass für ein strafbewehrtes Abstandsgebot eine konkrete Bezeichnung der Wohnung erforderlich ist (OLG Celle FamRZ 2013, 569 [LS] Nds.RPfl. 2013, 105). Das **Regelungsbedürfnis** besteht abweichend von § 49 Abs. 1 nach § 214 Abs. 1 i.d.R. dann, wenn eine Tat nach § 1 GewSchG begangen wurde oder aufgrund konkreter Umstände mit einer Begehung zu rechnen ist (Zöller/*Lorenz* § 214 FamFG Rn. 5; *Giers* Rn. 32). Die fortbestehende Wiederholungsgefahr weiterer Nachstellungen bzw. Kontaktaufnahmen infolge einer nicht akzeptierten Trennung begründen einen Anordnungsgrund (OLG Köln FamRZ 2011, 132). Muster für Eilanträge nach §§ 1 und 2 GewSchG *Schulte-Bunert* FuR 2011, 202, 263.

Im **Anordnungsantrag** muss die Rechtsgutsverletzung nach § 1 Abs. 1 Satz 1, Abs. 2 Satz 1 Nr. 2 GewSchG oder deren Androhung (§ 1 Abs. 2 Satz 1 Nr. 1 GewSchG) konkret hinsichtlich der tatbestandlichen Voraussetzungen glaubhaft gemacht werden (OLG Celle FamRZ 2015, 263), wozu ggf. die polizeiliche Anordnung eines Platzverweises (OVG Nordrhein-Westfalen FuR 2010, 419) vorgelegt werden kann. Die widerrechtliche Verletzung des Körpers, der Gesundheit oder Freiheit einer anderen Person begründet nicht nur eine gesetzliche Vermutung der Wiederholungsgefahr (§ 2 Abs. 3 Nr. 1 GewSchG), sondern auch die Dringlichkeit einer gerichtlichen Regelung. Wie im Hauptsacheverfahren können Schutzanordnungen gegen den Täter nach § 1 GewSchG (etwa bei nicht akzeptierter Trennung OLG Köln FamRZ 2011, 132) ergehen und die Wohnung nach § 2 GewSchG zur alleinigen Benutzung überlassen werden (nicht bei dauernder Unzurechnungsfähigkeit AG Bad Iburg FamRZ 2010, 1350). Die möglichen gerichtlichen (präventiven) und zu befristenden (§ 1 Abs. 1 Satz 2 GewSchG; ausführlich OLG Saarbrücken FamRZ 2010, 1810; FPR 2011, 232 = FamRZ 2011, 1087) **Schutzmaßnahmen** sind im – nicht abschließenden – Katalog des § 1 Abs. 1 Satz 3 Nr. 1–5 GewSchG aufgeführt (zum Betretungsverbot, Aufenthaltsverbot, Kontaktverbot FA-FamR/*Weinreich* Kap. 8 Rn. 336 ff.), allein nach ihrer Eignung und Erforderlichkeit zur Gefahrenabwehr zu bestimmen (OLG Celle FamRZ 2015, 263) und im Anordnungsbeschluss hinreichend bestimmt zu fassen, um vollstreckungsfähig und ggf. Grundlage einer strafrechtlichen Verfolgung gem. § 4 GewSchG (BGH FamRZ 2007, 812; 2012, 1216 [zur wirksamen Zustellung]) zu sein. Für eine Verlängerung befristeter Schutzanordnungen ist eine Zuwiderhandlung während der ursprünglichen Geltungsdauer glaubhaft zu machen (OLG Bremen FamRZ 2013, 1828; § 54 Rdn. 7). Für eine **Wohnungszuweisung** erfordert § 2 Abs. 1 GewSchG kein Getrenntleben, aber einen auf Dauer angelegten gemeinsamen Haushalt, wodurch reine Wohngemeinschaften nicht erfasst werden. Die begangene Gewaltanwendung bzw. Rechtsgutverletzung rechtfertigt – anders als § 1361b BGB – nur eine befristete (§ 2 Abs. 2 Satz 1 GewSchG) Überlassung der Wohnung zur alleinigen Nutzung, während im Fall der Drohung mit Gewalt die Wohnungszuweisung zur Vermeidung einer unbilligen Härte erforderlich sein muss. Lassen sich die Voraussetzungen des § 2 Abs. 1 GewSchG nicht feststellen, kann die Wohnungszuweisung auf § 1361b BGB gestützt werden (OLG Köln FamRZ 2003, 319). Nur unter den Voraussetzungen des § 2 Abs. 3 GewSchG (fehlende Wiederholungsgefahr, 3-Monats-Frist seit der Tat oder besonders schwerwiegende Belange des Täters) ist der Anspruch nach § 2 GewSchG ausgeschlossen. Als ergänzende Anordnungen kommen die Beeinträchtigungs- und Vereitelungsverbote nach § 2 Abs. 4 GewSchG in Betracht. Häufig wird aufgrund der Gefahrenlage von einer mündlichen Verhandlung abzusehen sein, die auf Antrag gem. § 54 Abs. 2 anzuberaumen ist. Zur erleichterten Vollstreckung wird in § 214 Abs. 2 die bisherige Regelung des § 64b Abs. 3 Satz 6 FGG a.F. übernommen. Zur Vollstreckung einer ergangenen einstweiligen Schutzanordnung nach § 95 Abs. 1 Nr. 4 i.V.m. §§ 890 ff. ZPO genügt hingegen die Glaubhaftmachung nicht, sodass erhebliche Beweisangebote zu berücksichtigen sind (OLG Saarbrücken FamRZ 2012, 998).

7. Versorgungsausgleichssachen (§§ 111 Nr. 7, 217). In den Versorgungsausgleich betreffenden Verfahren bestand bisher kein Bedarf für den einstweiligen Rechtsschutz. Die Folgesache im Scheidungsverbund ist einer vorläufigen Regelung entzogen, weil der Ausgleich der zu berücksichtigenden Anrechte mit rechtsgestaltender Wirkung eine rechtskräftige Entscheidung voraussetzt (§ 224 Abs. 1). Allein für den (verlängerten) schuldrechtlichen Versorgungsausgleich wurde die Möglichkeit einer einstweiligen Anordnung erörtert, ohne jedoch gerichtliche Relevanz erhalten zu haben (*Wick* FamRZ 2005, 1030, 1032). Während für den verlängerten schuldrechtlichen Versorgungsausgleich in § 3a Abs. 9 Satz 3 VAHRG a.F. auf die Vorschriften der §§ 620 ff. ZPO a.F. verwiesen wurde, war bereits die verfahrensrechtliche Grundlage für den (einfachen) schuldrechtlichen Versorgungsausgleich im Wege der vorläufigen Anordnung oder einer analogen Anwendung der vorgenannten Vorschriften, da § 621g ZPO a.F. den Versorgungsausgleich nicht erfasste, unklar (*Wick* FamRZ 2005, 1030, 1033 ff.). In § 226 des RegE wurde die Regelung des § 3a Abs. 9 Satz 3 VAHRG für den Erlass einer einstweiligen Anordnung übernommen (BT-Drucks. 16/6308 S. 253 f.). Da die §§ 49 ff. für alle Familiensachen des § 111 gelten, kann nunmehr grds. auch in Versorgungsausgleichssachen auf Antrag (§ 223) eine einstweilige Anordnung ergehen, wobei der öffentlich-rechtlich durchzuführende Versorgungsausgleich weiterhin ausgeschlossen bleibt.

68 Nach bisherigem Recht kam eine einstweilige Regelung zum schuldrechtlichen Versorgungsausgleich nach § 1587f BGB a.F. für zum Zeitpunkt der Scheidung noch verfallbare betriebliche Anwartschaften (§ 1587a Abs. 2 Nr. 3 BGB a.F.), für die durch die Höchstbetragsgrenzen der §§ 1587b Abs. 5 BGB a.F. sowie § 3b Abs. 1 Nr. 1 VAHRG a.F. nicht öffentlich-rechtlich ausgeglichenen Anwartschaften und schließlich für Anwartschaften bei ausländischen oder zwischen- bzw. überstaatlichen Versorgungsträgern in Betracht (*Wick* FamRZ 2005, 1030). Erhielt der Ausgleichspflichtige Leistungen aus dem bisher nicht ausgeglichenen Anrecht und lagen die 13Voraussetzungen des § 1587g Abs. 1 Satz 2 BGB a.F. vor, stand der ausgleichsberechtigten Person ein Anspruch i.H.d. Hälfte des ermittelten Ausgleichswertes als sog. **Ausgleichsrente** zu (§ 1587g Abs. 1 Satz 1 BGB a.F.). Da entsprechende Leistungen den Lebensbedarf (teilweise) sichern sowie bedarfsdeckend wirken, jedoch Entscheidungen im isolierten Versorgungsausgleichsverfahren erst mit Rechtskraft wirksam werden (§ 224 Abs. 1, § 53g Abs. 1 FGG a.F.), konnte einstweiliger Rechtsschutz erforderlich werden (OLG Nürnberg FamRZ 2007, 1127).

69 In der ursprünglichen Fassung des § 226 im RegE sollte die Regelung des § 3a Abs. 9 Satz 3 VAHRG a.F. übernommen werden. Mit dem »Gesetz zur Strukturreform des Versorgungsausgleichs« (BT-Drucks. 16/10144) ist diese spezielle Regelung entfallen (Art. 2 Nr. 1, 5 VAStrRefG). Denn dem Bedürfnis nach einstweiligem Rechtsschutz im Rahmen eines Anspruchs auf schuldrechtliche Ausgleichsrente nach § 20 Abs. 1 VersAusglG wird durch die §§ 49 ff. ausreichend Rechnung getragen. Nach § 20 Abs. 1 VersAusglG entsteht ein Anspruch auf eine Ausgleichsrente, wenn der Ausgleichspflichtige eine laufende Versorgung aus einem noch nicht ausgeglichenen Anrecht (§ 19 Abs. 2 Nr. 1–4 VersAusglG) bezieht (FAKomm-FamR/*Wick* § 20 VersAusglG Rn. 4 ff.), wobei praktisch Leistungen ausländischer Versorgungsträger im Vordergrund stehen werden (BT-Drucks. 16/10144 S. 63). Anwendbar bleibt die schuldrechtliche Ausgleichsrente auch für andere Anrechte i.S.d. § 19 Abs. 2 Nr. 1–3 VersAusglG. Die Voraussetzungen des Anordnungsanspruchs – auch die ungefähre Höhe der Ausgleichsrente – hat der Antragsteller glaubhaft zu machen. Das Regelungsbedürfnis wird analog § 246 Abs. 1 aufgrund der unterhaltsrechtlichen Natur des geltend gemachten, monatlich fälligen Anspruchs vermutet (§§ 20 Abs. 3 VersAusglG; 1587k BGB a.F.; a.A. Johannsen/Henrich/*Holzwarth* § 20 VersAusglG Rn. 53). Demgegenüber geht die Gesetzesbegründung des VAStrRefG von einem »praktischen Bedürfnis« nur dann aus, wenn »bei klarer materieller Rechtslage« die ausgleichspflichtige Person das Verfahren verzögert und die ausgleichsberechtigte Person dringend auf die Ausgleichsrente angewiesen ist (BT-Drucks. 16/10144, S. 92; für eine Begrenzung auf eine Notlage Zöller/*Feskorn* § 49 Rn. 25). Zugleich sei die einstweilige Anordnung aufgrund des sog. Vorwegnahmeverbots auf »eine Notrente« zu begrenzen, wie sich auch aus einem Umkehrschluss aus § 246 ergebe (BT-Drucks. 16/10144 S. 92; Horndasch/*Viefhues* § 51 Rn. 5; FAKomm-FamR/*Wick* § 20 VersAusglG Rn. 43 [notwendige Bedarf]). Weder das sog. Vorwegnahmeverbot (krit. dazu Rdn. 7) noch ein Umkehrschluss können eine Differenzierung zwischen einer auf Ausgleichsrente oder auf Unterhalt gerichteten einstweiligen Anordnung rechtfertigen, weil diese in Widerspruch zur quasi unterhaltsrechtlichen Leistung (§ 20 Abs. 3 VersAusglG) stehen. Einem Fehlentscheidungsrisiko (Vorbem. zu § 49 Rdn. 9) ist nicht durch eine pauschale Begrenzung des Anspruchs – in Fortführung der Grundsätze zur einstweiligen Verfügung – sondern durch die Anforderungen an die Glaubhaftmachung des Anspruchs einerseits und eine Einzelfallabwägung andererseits (Rdn. 7) Rechnung zu tragen.

70 **8. Unterhaltssachen (§ 111 Nr. 8).** Einstweilige Anordnungen in **Unterhaltssachen** haben in den §§ 246 bis 248, 238 Sonderregelungen erfahren, wonach das Regelungsbedürfnis vermutet wird und die Begrenzung auf vorläufige Maßnahmen für die Anordnung von Unterhaltszahlungen entfällt.

71 **9. Güterrechtssachen und sonstige Familiensachen (§§ 111 Nr. 9, 261, 111 Nr. 10, 266).** Neben den Unterhaltssachen umfassen die Familienstreitsachen des § 112 die Verfahren in Güterrechtssachen und sonstigen Familiensachen. Für diese ist der einstweilige Rechtsschutz in § 119 insoweit modifiziert, als das Ge-

Abschnitt 4. Einstweilige Anordnung § 49

richt auch in diesen Verfahren einstweilige Anordnungen nach § 49 erlassen, aber auch den Arrest nach Maßgabe der §§ 916 ff. ZPO anordnen kann. Auf die Ausführungen zu § 119 wird verwiesen.

10. Lebenspartnerschaftssachen (§§ 111 Nr. 11, 269). Die Lebenspartnerschaftssachen sind in § 269 Abs. 1 und die sonstige Lebenspartnerschaftssachen in den Abs. 2 und 3 geregelt. Aus § 270 Abs. 1 und 2 folgt, dass die für die entsprechenden Familiensachen geltenden Vorschriften auf die Verfahren zwischen eingetragenen Lebenspartnern ebenfalls Anwendung finden. Daher gelten für den einstweiligen Rechtsschutz unter Lebenspartnern die Vorschriften der §§ 49 ff. und 119 sowie deren besonderen Ausformungen, die sie in den jeweiligen Unterabschnitten des Abschnitts 2 erfahren haben, entsprechend. 72

II. Betreuungs- und Unterbringungssachen sowie Freiheitsentziehungssachen. Wie im bisherigen Recht (§§ 69f, 70h FGG a.F.) haben die einstweiligen Anordnungen in Betreuungssachen in den §§ 300 bis 302, in Unterbringungssachen in den §§ 331 bis 333 sowie in Freiheitsentziehungssachen in § 427 eigenständige Regelungen erhalten, die weiterhin zwischen der »normalen« einstweiligen Anordnung und der »eiligen« einstweiligen Anordnung bei gesteigerter Dringlichkeit (§§ 301, 332) unterscheiden. Auch für diese Angelegenheiten ist der einstweilige Rechtsschutz **hauptsacheunabhängig** ausgestaltet (BT-Drucks. 16/6308 S. 271, 293; AG Manheim FamRZ 2012, 1741). Neben den Regelungen der §§ 300 bis 302, 331 bis 333, 427 kommen die §§ 49 ff. zur Anwendung. Wurde für den Betroffenen ein vorläufiger Betreuer bestellt, so kann der Betroffene gem. § 52 Abs. 1 Satz 1 die Einleitung des Hauptsacheverfahrens erreichen (BT-Drucks. 16/6308 S. 271). Auch für die gerichtliche Genehmigung einer kurzfristig erforderlichen ärztlichen Behandlung kann ein Regelungsbedürfnis bestehen (§§ 1904, 1908i, 1846 BGB; Prütting/Helms/*Stößer* § 49 Rn. 17). Hinsichtlich des Regelungsbedürfnisses und der zulässigen einstweiligen Maßnahmen enthalten die §§ 300 bis 302 sowie §§ 331 bis 333 besondere Vorschriften, die auf den Vorgaben des Hauptsacheverfahrens beruhen (§§ 276, 278, 280f; 317, 319, 321; § 300 Rdn. 6 ff. [zum Betreuungs- und Handlungsbedarf]; § 331 Rdn. 6 ff.). Neben dringenden Gründen für die Voraussetzungen der anzuordnenden Maßnahme sind weitere verfahrensrechtliche Sicherungen durch die Vorlage eines ärztlichen Zeugnisses, ggf. die Bestellung und Anhörung eines Verfahrenspflegers sowie die persönliche Anhörung des Betroffenen vorgesehen, von denen mit Ausnahme des ärztlichen Attestes nur im Fall gesteigerter Dringlichkeit abgesehen werden kann (§§ 301, 332). Demgegenüber sieht § 300 Abs. 2 für die Entlassung des Betreuers durch einstweilige Anordnung keine Besonderheiten vor (OLG Hamm FGPrax 2008, 246 [zu § 69f Abs. 3 FGG a.F.]). Die Vorläufigkeit der einstweiligen Maßnahme wird durch die **gesetzliche Befristung** der Maßnahme auf **6 Monate** für die Betreuung bzw. von **6 Wochen** für die Unterbringung bekräftigt (§§ 302, 333; LG Stuttgart FamRZ 2011, 1612). Eine einstweilige Anordnung in Freiheitsentziehungssachen setzt die Anhängigkeit eines Hauptsacheverfahrens voraus (§ 427 Rdn. 7), zu dem ein Regelungsbedürfnis hinzutreten muss. Auch im Anordnungsverfahren kann die Bestellung eine Verfahrenspflegers (§ 419) erforderlich sein. Von der Anhörung des Betroffenen kann nach § 420 Abs. 2 sowie bei Gefahr im Verzug gem. § 427 Abs. 2 abgesehen werden (§ 427 Rdn. 15, 17). Da die §§ 303 ff., 335 f., 429 nur ergänzende Vorschriften zur Beschwerdeberechtigung vorsehen, gelten für das Beschwerdeverfahren die §§ 58 ff. (§ 303 Rdn. 1, § 331 Rdn. 24, § 427 Rdn. 23). I.Ü. wird auf die Ausführungen zu den Einzelvorschriften verwiesen. Zum Therapieunterbringungsgesetz Rdn. 77. 73

III. Nachlasssachen. Als Angelegenheit der freiwilligen Gerichtsbarkeit ist auch in Nachlasssachen (§§ 342 ff.) erstmals die Möglichkeit einstweiliger Anordnungen ausdrücklich eröffnet. Bisher wird der einstweilige Rechtsschutz vorrangig im Erbscheinsverfahren, aber auch für die Testamentsvollstreckung und Nachlassverwaltung diskutiert. Hat das Nachlassgericht die zur Begründung des Erbscheinantrags (§ 2354 BGB) erforderlichen Tatsachen aufgrund seiner Ermittlungen (§ 2358 BGB) festgestellt, erteilt es den Erbschein gem. § 2359 mit den Wirkungen der §§ 2365 bis 2367 BGB. Ergibt sich später die formelle oder materielle Unrichtigkeit des Erbscheins, hat das Nachlassgericht den Erbschein einzuziehen (§ 2361 Abs. 1 BGB) oder für kraftlos zu erklären (§ 2361 Abs. 2 BGB; § 353 Rdn. 7 ff.). Aus den erbrechtlichen Regelungen folgt, dass der Erbschein als Zeugnis über das Erbrecht weder vorläufig erteilt noch vorläufig eingezogen werden kann. Einstweiliger Rechtsschutz im Erbscheinsverfahren konnte analog § 24 Abs. 3 FGG a.F. durch die Rückgabe des Erbscheins zu den Akten, der die Wirkung des § 2366 BGB nicht berührt, gewährt werden (BayObLG FamRZ 1993, 116; PWW/*Deppenkemper* § 2361 Rn. 10), während eine vorläufige Einziehung des Erbschein bis zum Abschluss der Ermittlungen unzulässig ist (Palandt/*Edenhofer* § 2361 Rn. 8). Das Nachlassgericht kann von Amts wegen durch einstweilige Anordnung die Rückgabe oder Hinterlegung des Erbscheins anordnen (Keidel/*Zimmermann* § 352 Rn. 129; *Zimmermann* FGPrax 2006, 189, 193; *Zimmermann* ZEV 2009, 57 f.; *Heinemann* ZFE 2009, 8, 11; *Firsching/Graf* Nachlassrecht S. 354), wenn 74 sich Anhaltspunkte für die Unrichtigkeit des erteilten Erbscheins ergeben. Entsprechende Indizien können vorliegen, wenn nach Erteilung des Erbscheins, der die Schwester des Erblassers als Alleinerbin ausweist, bekannt wird, dass der Erblasser in ein gerichtliches Vaterschaftsfeststellungsverfahren einbezogen und zur Entnahme einer Blutprobe vorgeladen worden war (OLG Saarbrücken FamRZ 2012, 1334 ff.). Der Anordnungsanspruch folgt aus der Einziehungspflicht gem. § 2361 Abs. 1 und 3 BGB. Das dringende Bedürfnis für ein sofortiges Tätigwerden ist aus den Nachteilen, die etwaigen weiteren Abkömmlingen des Erblasser oder Miterben wegen der §§ 2365, 2366 BGB entstehen können, begründet. Als Maßnahme ist die einstweilige Sicherstellung der Ausfertigungen des bisherigen Erbscheins gerechtfertigt. Die Einziehung eines Protokolls über die Eröffnung eines Testaments ist nach Auffassung des AG Halle (FamRZ 2012, 1760) im Wege einstweiliger Anordnung nicht möglich, weil als vorläufige Maßnahmen nur solche angeordnet werden können, zu denen das Nachlassgericht auch im Hauptsacheverfahren befugt ist (OLG Naumburg FamRZ 2013, 245). Weil das Amt des Testamentsvollstreckers weder vorläufig übernommen werden noch enden kann (§§ 2202, 2227 BGB), kommt nunmehr in Betracht, auf die Amtsausübung des Testamentsvollstreckers durch einstweilige Anordnung Einfluss zu nehmen, wenn ein wichtiger Grund für seine Entlassung i.S.d. § 2227 BGB glaubhaft gemacht wird. Während *Zimmermann* (FGPrax 2006, 189, 194; ZEV 2010, 368) die Anordnung von Geboten und Verboten (z.B. Untersagung über Nachlassgegenstände zu verfügen) im Rahmen von § 49 für möglich hält, sehen das OLG Schleswig (FamRZ 2010, 1828) sowie das OLG Karlsruhe (ZEV 2013, 205) keine Grundlage dafür, dem Testamentsvollstrecker die Tätigkeit zu untersagen bzw. in dessen Amtsführung einzugreifen. Das OLG Schleswig (FamRZ 2016, 86) hält eine Anordnung auf Sicherstellung und Rückgabe des Testamentsvollstreckerzeugnisses für möglich, wenn konkrete Anhaltspunkte für die Testierunfähigkeit wegen Demenzerkrankung des Erblassers bestehen. Entsprechendes gilt für die Nachlassverwaltung. Auch im Verfahren nach § 362 über die Stundung des Pflichtteilsanspruch kann wie im Fall des § 264 (Stundung des Zugewinnausgleichsanspruchs) eine einstweilige Anordnung erlassen werden (*Heinemann* ZFE 2009, 9, 11).

75 **IV. Registersachen.** In Verfahren in Registersachen i.S.d. § 374 besteht ein Anlass für einstweilige Anordnungen des Registergerichts nicht. Soweit die Eintragungsfähigkeit bestimmter Rechtsverhältnisse oder die Anfechtung von Beschlüssen einer Gesellschaft betroffen ist, ist das Gericht an entsprechende Entscheidungen im einstweiligen Rechtsschutz anderer Gerichte gebunden (Vorbem. zu §§ 374 bis 409 Rdn. 26; vor § 378 Rdn. 94 ff.; *Kafka/Willer* Registerrecht Rn. 649; *Fleischauer/Preuß* Handelsregisterrecht S. 114, 192), ohne selbst auf entsprechende einstweilige Maßnahmen angewiesen zu sein.

76 **V. Andere Angelegenheiten der freiwilligen Gerichtsbarkeit.** In verschiedenen Gesetzen, auf die das FGG a.F. Anwendung fand, war die Möglichkeit geregelt, für die Dauer des Verfahrens einstweilige Anordnungen zu erlassen. Dies galt u.a. für das Vertragshilfeverfahren nach § 12 Abs. 1 VHG a.F., bis zur Reform des Wohnungseigentumsverfahrens gem. §§ 43 Abs. 1, 44 Abs. 3 Satz 1 WEG a.F. sowie für das landwirtschaftliche Verfahren nach § 18 LwVG aF. Die gerichtliche Befugnis zu vorläufigen Regelungen war verfahrensrechtlich nicht näher geregelt, wie sich z.B. aus § 18 Abs. 1 LwVG a.F. ergibt, in dem es lediglich hieß, dass das Gericht für die Zeit bis zur Rechtskraft seiner Entscheidung in der Hauptsache vorläufige Anordnungen treffen konnte. Aus dem Charakter der vorläufigen Anordnungen ergab sich zwar, dass ein Hauptsacheverfahren anhängig und eine besondere Eilbedürftigkeit gegeben sein musste und der Inhalt auf sichernde Maßnahmen beschränkt war (vgl. Barnstedt/*Steffen* LwVG, § 18 Rn. 3 f., 8).

77 Für sämtliche Verfahren, die auf das FamFG verweisen, gelten künftig für den einstweiligen Rechtsschutz die §§ 49 ff., sodass neben einem Anordnungsanspruch aufgrund der Vorschriften des jeweiligen Rechtsverhältnisses ein dringendes Bedürfnis für ein sofortiges Tätigwerden bestehen muss (§ 49 Abs. 1). Entsprechende Korrekturen wurden u.a. in Art. 43 Nr. 1 und 4 für das gerichtliche Verfahren in Landwirtschaftssachen (§ 18 LwVG) sowie in Art. 45 Nr. 4 und 5 für das internationale Familienrechtsverfahrensgesetz (§ 15 IntFamRVG) vorgenommen. Zum Landesrecht s. § 486. Ergänzende und teils abweichende Regelungen zum einstweiligen Rechtsschutz sind im Gesetz zur Therapierung und Unterbringung psychisch gestörter Gewalttäter (**Therapieunterbringungsgesetz** – ThUG; Art. 5 des Gesetzes zur Neuordnung des Rechts der Sicherungsverwahrung und zu begleitenden Regelungen [v. 22.12.2010, BGBl. I, S. 2300, 2305; BT-Drucks. 17/3403]; hierauf bezieht sich der BVerfG, Beschl. v. 04.05.2011 – 2 BvR 2333/08, u.a. – ausdrücklich nicht) aufgenommen. Für das gerichtliche Verfahren der Therapieunterbringung gilt gem. § 3 ThUG das FamFG. Nach § 14 Abs. 1 ThUG kann das Gericht im Hauptsacheverfahren durch einstweilige Anordnung *für die Dauer von 3 Monaten*, die nach Abs. 3 um jeweils 3 Monate bis zu einer Gesamtdauer von ei-

Abschnitt 4. Einstweilige Anordnung § 49

nem Jahr verlängert werden können, eine vorläufige Unterbringung anordnen, wenn (Nr. 1) Gründe für eine Therapieunterbringung nach § 1 ThUG gegeben sind und ein dringendes Bedürfnis für ein sofortiges Tätigwerden besteht und (Nr. 2) der Betroffene persönlich sowie ein ihm beigeordneter Rechtsanwalt angehört worden sind. Bei Gefahr im Verzug kann die einstweilige Anordnung vor den vorgeschriebenen Anhörungen erlassen werden (§ 15 ThUG). Abweichend von § 51 Abs. 3 Satz 1 handelt es sich nicht um ein hauptsacheunabhängiges Verfahren; vielmehr ergeht – auf Antrag – die einstweilige Anordnung im bereits beantragten Hauptsacheverfahren (BT-Drucks. 17/3403 S. 94).

G. Verfahrenswerte, Gebühren und Kosten. Aus der Neukonzeption des einstweiligen Rechtsschutzes und den Neuregelungen des FamGKG (Art. 2) sowie RVG (Art. 47 Nr. 6) ergeben sich nicht unerhebliche Änderungen. Insoweit wird auf die Kommentierung des FamGKG verwiesen. Das selbstständige Anordnungsverfahren unterscheidet sich vom entsprechenden Hauptsacheverfahren im Wesentlichen nur durch die reduzierten Verfahrenswerte sowie veränderte Gerichtsgebühren (zur Kostenentscheidung § 51 Rdn. 44 f.). 78

I. Verfahrenswerte. Nach § 41 FamGKG ist für die Berechnung des Verfahrenswertes die geringere Bedeutung ggü. der (ggf. fiktiven) Hauptsache zu berücksichtigen, sodass eine Ermäßigung i.d.R. um die Hälfte geboten ist. Danach ergeben sich folgende – durch das 2. KostRMoG unveränderte – Werte: Kindschaftssachen: 1.500 € (§ 45 Abs. 1 FamGKG; OLG Brandenburg FamRZ 2015, 1748 [LS; auch zum Mehrvergleich]); Wohnungszuweisung: nach § 1361b BGB: 1.500 €; § 1586a BGB: 2.000 € (§ 48 Abs. 1 FamGKG); Hausratssachen: § 1361a BGB: 1.000 €; § 1586b BGB: 1.500 € (§ 48 Abs. 2 FamGKG); Gewaltschutzsachen: § 1 GewSchG: 1.000 €; § 2 GewSchG: 1.500 € (§ 49 Abs. 1 FamGKG); Versorgungsausgleichssachen: § 246: mindestens 500 € (§ 50 Abs. 1 Satz 2 FamGKG) bzw. 20 % des dreimonatigen Ehegattennettoeinkommens; Unterhaltssachen: 6-monatiger Unterhalt ab Antragstellung; i.d.R. kein Rückstand (§ 51 Abs. 1 Satz 1 FamGKG; zum Verfahrenskostenvorschuss § 246 Rdn. 40). 79

Die Ermäßigung des Verfahrenswerts im einstweiligen Anordnungsverfahren um die Hälfte soll i.d.R. erfolgen. Das Gericht kann nach einer Gesamtabwägung sowohl einen höheren wie auch einen geringeren (OLG Brandenburg FamRZ 2010, 1937 [in einer Unterhaltssache]) Wert in Ansatz bringen. Kommt dem Anordnungsverfahren jedoch keine geringere Bedeutung ggü. dem Hauptsacheverfahren zu, ist die Reduzierung nicht mehr gerechtfertigt (zum Wert beim Verfahrenskostenvorschuss § 246 Rdn. 40). Dies wird insb. in den Fällen geboten sein, in denen die Beteiligten im Anordnungsverfahren zu einer endgültigen Regelung (anders wenn allein der volle Unterhaltsanspruch geltend gemacht wird [OLG Stuttgart FamRZ 2011, 757] oder bei vorläufigen Regelungen [OLG Köln FamRZ 2011, 758]) kommen oder die gerichtliche Anordnung faktisch zu einer solchen führt. Schließen die Beteiligten im Anordnungsverfahren über den geltend gemachten Unterhaltsanspruch einen endgültigen Vergleich (§ 51 Rdn. 34) oder im Umgangsverfahren einen endgültigen gerichtlich gebilligten Vergleich (§ 156 Abs. 2 Satz 1), besteht keine Veranlassung, insoweit ein (identisches) Hauptsacheverfahren einzuleiten (§ 41 FamGKG Rdn. 2). Daher ist es sachgerecht, nicht nur für den Abschluss des Vergleichs (so aber OLG Nürnberg FamRZ 2011, 756; OLG Schleswig FamRZ 2011, 1424 [Gewaltschutz]; OLG Thüringen FamRZ 2012, 737 [Wohnungszuweisung]), sondern auch für das Anordnungsverfahren insgesamt den dem Hauptsacheverfahren entsprechenden Wert in Ansatz zu bringen (OLG Düsseldorf FuR 2010, 526 = FamRZ 2010, 1936 [zur Gewaltschutzsache]; FuR 2010, 475 [Unterhaltsanordnung]; Fa-FamR/*Keske* 17. Kap. Rn. 9; *Schneider* Rn. 1019; *Bömelburg* FF 2011, 355, 359; *Fölsch* Anm. FamRZ 2012, 738). Dem steht nicht entgegen, dass nach § 34 FamGKG für die Wertberechnung der Zeitpunkt der ersten Antragstellung, zu dem eine endgültige Regelung nicht absehbar ist, entscheidend ist (a.A. OLG Celle FamRZ 2011, 757; OLG Köln FamRZ 2011, 758; OLG Bamberg FamRZ 2012, 739). Allein aus dem Umstand, dass im Anordnungsverfahren der volle Unterhaltsanspruch geltend gemacht wird, lässt sich nicht auf eine Vorwegnahme der Hauptsache schließen (OLG Celle FamRZ 2012, 737 f.; OLG Düsseldorf FuR 2010, 475; Witte FPR 2010, 316 f.). Ein vorangegangenes Anordnungsverfahren zum Unterhalt führt nicht zu einer herabgesetzten Festsetzung des Verfahrenswerts im Hauptsacheverfahren (OLG Celle FamRZ 2014, 1801 [LS]). 80

II. Rechtsanwaltsgebühren. Die Rechtsanwaltsgebühren im einstweiligen Anordnungsverfahren entsprechen denen im Hauptsacheverfahren, sodass in erster Instanz die 1,3 Verfahrensgebühr und ggf. eine 1,5 Einigungsgebühr (zum Vergleichsabschluss im Anordnungsverfahren *Schneider* Rn. 431; zur Einigungsgebühr für einen Vergleich bei anhängigem Hauptsache- und Anordnungsverfahren OLG Hamm FamRZ 2009, 540) anfallen können (Nr. 3100, 3104, 1000 VV RVG). Nach der Rechtsprechung des BGH (FamRZ 2012, 110, 112) entsteht eine Terminsgebühr im einstweiligen Anordnungsverfahren nach Vorbem. 3 Abs. 3, 81

3. Alt. VV RVG auch wenn eine mündliche Verhandlung oder Erörterung nicht anberaumt wurde und nach § 51 Abs. 2 Satz 2 deren Durchführung in das Ermessen des Gerichts gestellt ist. Denn im Anordnungsverfahren haben die Beteiligten – anders als im Beschlussverfahren nach § 522 Abs. 2 ZPO (hierzu BGH FamRZ 2007, 1096) – über das Antragsrecht des § 54 Abs. 2 die Möglichkeit, auf eine obligatorische Verhandlung hinzuwirken. Erforderlich ist jedoch die Mitwirkung an einer Besprechung zur Erledigung des Verfahrens (OLG Köln AGS 2012, 519). Mit der Neufassung der Vorbem. 3 Abs. 3 VV RVG durch Art. 8 (2) Nr. 24 des 2. KostRMoG (BT-Drucks. 17/11471, S. 120) entsteht die »Terminsgebühr für die Mitwirkung an auf (…) gerichtete Besprechungen« auch dann, wenn »die gerichtliche Entscheidung ohne mündliche Verhandlung durch Beschluss ergeht« (BT-Drucks. 17/11471, S. 148, 274).

82 Als selbstständige Verfahren (§ 51 Abs. 3 Satz 1) handelt es sich beim Hauptsacheverfahren und dem Anordnungsverfahren auch gebührenrechtlich um verschiedene Angelegenheiten, was § 17 Nr. 4b RVG n.F. ausdrücklich regelt, und zugleich vergütungsrechtlich nicht mehr um besondere Angelegenheiten i.S.v. § 18 Nr. 1 und 2 RVG a.F., die gestrichen wurden. Demgegenüber stellen das Anordnungsverfahren erster Instanz und ein Beschwerdeverfahren verschiedene Angelegenheiten dar (§ 17 Nr. 1 RVG; *Giers* Rn. 425). Beim Verfahren auf Erlass einer einstweiligen Anordnung und jedem Verfahren auf deren Abänderung oder Aufhebung handelt es sich um dieselbe Angelegenheit (§ 16 Nr. 6 RVG a.F.; § 16 Nr. 5 RVG n.F.), sodass sie nicht gesondert vergütet werden. Hieran hat sich durch die sprachliche Neufassung durch Art. 8 (1) Nr. 7d und 8c des 2. KostRMoG, mit der auch Entscheidungen in von Amts wegen eingeleiteten Verfahren erfasst werden sollen, insoweit nichts geändert (BT-Drucks. 17/11471, S. 267). Da eine einstweilige Anordnung bis zu ihrem Außerkrafttreten nach § 56 Geltung hat, ist gebührenrechtlich von einer neuen Angelegenheit auszugehen, wenn für den neuen Auftrag, z.B. nach §§ 52 oder 54 vorzugehen, mehr als 2 Jahre vergangen sind (§ 15 Abs. 5 Satz 2 RVG; offen gelassen OLG Frankfurt FuR 2015, 419). Im Fall eines Antrags auf Verlängerung einer ursprünglich befristeten einstweiligen Anordnung sind verschiedene Aspekte zu unterscheiden: Eine inhaltliche Erweiterung eines ursprünglich begrenzten Antrags – etwa auf höheren Unterhalt – kann im Verfahren nach § 54 nicht geltend gemacht werden. Demgegenüber kommt eine Abänderung von Schutzanordnungen insb. in Gewaltschutzverfahren in Betracht. Bei der Verlängerung der Geltungsdauer von befristeten Schutzanordnungen ist eine Differenzierung danach geboten, ob das Schutzinteresse der verletzten Person aufgrund der bereits geltend gemachten Handlungen für einen längeren Zeitraum fortbesteht oder ob aufgrund neuer Handlungen des Antragsgegners eine Fortdauer erforderlich ist. Demgegenüber sind das OLG Zweibrücken (FamRZ 2013, 324 f.) und das AG Bad Kreuznach (AGS 2009, 64) der Auffassung, dass die Verlängerung einer zeitlich begrenzten einstweiligen Maßnahme ein neues Verfahren darstelle, das gesondert zu vergüten ist. Ob jedoch allein aufgrund eines neuen Sechsmonatszeitraums über einen nachfolgenden neuen Lebenssachverhalt zu entscheiden ist, wird i.d.R. nicht unabhängig von den angeführten Verlängerungsgründen zu beurteilen sein (auf den Einzelfall abstellend Fa-FamR/*Keske* 17. Kap. Rn. 304), sodass auch hiernach die Frage einer erneuten Bewilligung von Verfahrenskostenhilfe zu beurteilen ist. Dem Antragsteller steht auch nicht die Wahl zwischen einem neuen Anordnungsverfahren oder einem Abänderungsantrag frei, weil für jenes das Rechtsschutzbedürfnis fehlte und das vorangegangene Verfahren nicht mit der befristeten Anordnung zum endgültigen Abschluss gelangt ist. Die vorläufige Genehmigung der Unterbringung eines minderjährigen Kindes und deren nachfolgende Verlängerung können vergütungsrechtlich unterschiedliche Angelegenheiten betreffen (OLG Naumburg FamRZ 2012, 574 [LS, zum Verfahrensbeistand]). Dass nach § 18 Nr. 1 Halbs. 2 RVG a.F. für mehrere Verfahren die Gegenstandswerte zusammengerechnet wurden (KG JurBüro 2007, 254; OLG Koblenz FamRZ 2007, 1114), ist in § 16 Nr. 5 RVG n.F. nicht übernommen worden (Fa-FamR/*Keske* 17. Kap. Rn. 10; *Schneider* Rn. 426, 1020 f.). Wird die einstweilige Anordnung beantragt, während das entsprechende Hauptsacheverfahren in der Beschwerdeinstanz anhängig ist, ist das Beschwerdegericht für das Anordnungsverfahren nach § 50 Abs. 1 Satz 2 zuständig. Nach Vorbem. 3.2 Abs. 2 Satz 2 VV RVG bestimmen sich die Gebühren nach Abschnitt 1 (*Schneider* Rn. 428).

83 **III. Gerichtsgebühren.** Das selbstständige Anordnungsverfahren führt zu Änderungen der Gerichtskostenregelungen insoweit, als für dieses – seiner gestiegenen Bedeutung entsprechend – grds. Gebühren nach Teil 1 Hauptabschnitt 4 FamGKG (*Schneider* Rn. 940 ff.) erhoben werden. Für alle Familiensachen – mit Ausnahme der Kindschaftssachen – fällt eine 1,5 Gebühr an, die sich auf 0,5 ermäßigt, wenn keine gerichtliche Entscheidung ergeht (FamGKG KV 1420, 1421). Die größere staatliche Fürsorge rechtfertigt in Kindschaftssachen eine auf 0,3 herabgesetzte Gebühr (FamGKG KV 1410). Gerichtsgebührenfrei sind nach der durch Art. 5 (2) Nr. 9 des 2. KostRMoG erweiterten Anm. zu Nr. 1410 KV FamGKG nicht nur Anord-

Abschnitt 4. Einstweilige Anordnung § 50

nungsverfahren, die (wie bisher) im Rahmen einer Vormundschaft oder Pflegschaft ergehen, sondern nunmehr auch Verfahren, die »die freiheitsentziehende Unterbringung eines Minderjährigen betreffen« (BT-Drucks. 17/11471, S. 252). Für das Beschwerdeverfahren fällt nach FamGKG KV 1422, 1423 eine 2,0 bzw. eine ermäßigte 0,5 Gebühr (in Kindschaftssachen 0,5 bzw. 0,3-Gebühr FamGKG KV 1411, 1412) an. Eine Festgebühr von 50 € nach KV 1812 GKG besteht im Fall der Zurückweisung einer Beschwerde nicht mehr. Für das Anordnungsverfahren und etwaige Aufhebungs- oder Abänderungsanträge wird die Gerichtsgebühr nach FamGKG KV Vorbem. 1.4 nur einmal erhoben.

§ 50 Zuständigkeit. (1) ¹Zuständig ist das Gericht, das für die Hauptsache im ersten Rechtszug zuständig wäre. ²Ist eine Hauptsache anhängig, ist das Gericht des ersten Rechtszugs, während der Anhängigkeit beim Beschwerdegericht das Beschwerdegericht zuständig.
(2) ¹In besonders dringenden Fällen kann auch das Amtsgericht entscheiden, in dessen Bezirk das Bedürfnis für ein gerichtliches Tätigwerden bekannt wird oder sich die Person oder die Sache befindet, auf die sich die einstweilige Anordnung bezieht. ²Es hat das Verfahren unverzüglich von Amts wegen an das nach Absatz 1 zuständige Gericht abzugeben.

Übersicht

	Rdn.		Rdn.
A. Allgemeines	1	E. Notfallkompetenz	14
B. Hauptsachezuständigkeit	2	I. Voraussetzungen	14
C. Keine Hauptsache anhängig	9	II. Verfahren	15
D. Hauptsache anhängig	11		

A. Allgemeines. Während nach bisherigem Recht für den Erlass einer einstweiligen Anordnung das Gericht zuständig war, bei dem die Ehesache (§ 620a Abs. 4 ZPO a.F.), die isolierte Familiensache (§ 621g ZPO a.F.) oder das isolierte Unterhaltsverfahren (§ 644 ZPO a.F.) bzw. ein auf diese Verfahren gerichteter Prozesskostenhilfeantrag anhängig waren, muss für das vom Hauptsacheverfahren unabhängige einstweilige Anordnungsverfahren die Zuständigkeit neu bestimmt werden. In Anlehnung an § 937 ZPO unterscheidet die Vorschrift nach dem Grundsatz der größeren **Sachnähe** danach, ob ein Hauptsacheverfahren bisher nicht anhängig ist (§ 50 Abs. 1 Satz 1), oder ob ein solches Verfahren bereits eingeleitet wurde (§ 50 Abs. 1 Satz 2). Darüber hinaus ist für besonders dringende Regelungsangelegenheiten eine – dem § 942 ZPO vergleichbare – gerichtliche Notfallkompetenz in § 50 Abs. 2 normiert. Eine besondere Zuständigkeitsregelung enthält § 248 Abs. 2 für einstweilige Anordnungen bei Feststellung der Vaterschaft (§ 248 Rdn. 9). 1

B. Hauptsachezuständigkeit. Die zuständigkeitsbegründende (potenzielle) **Hauptsache** bestimmt sich bei identischen Beteiligten aus dem im Anordnungsverfahren verfolgten Verfahrensgegenstand bzw. Verfahrensziel. Dieser wiederum ist aus dem verfahrenseinleitenden Antrag und dem ggf. hierauf gerichteten Vorbringen zu entnehmen. Der Anordnungsanspruch i.S.v. § 49 Abs. 1 muss nicht mit dem für das Hauptsacheverfahren maßgeblichen Anspruch oder Rechtsverhältnis identisch sein. Allerdings muss sich jener aus diesem ableiten lassen und darf sich nicht als aliud, sondern lediglich als ein minus ggü. der Hauptsache erweisen. Aus diesem Grund werden die Verfahrensbeteiligten, insb. in Familiensachen, regelmäßig identisch sein. 2

In den Angelegenheiten der Freiwilligen Gerichtsbarkeit wird sich die Hauptsache aus dem jeweiligen Regelungszusammenhang ergeben, während in Familiensachen auf den **Regelungskatalog** des § 111 Nr. 1–11 abzustellen ist (*Dose* Rn. 156), wobei in Kindschaftssachen die unterschiedlichen Verfahrensgegenstände des § 151 heranzuziehen sind (Zöller/*Feskorn* § 50 FamFG Rn. 3). Der Gegenstand des Anordnungsverfahrens und des Hauptsacheverfahrens müssen der Art des begehrten Rechtsschutzes entsprechen, wofür ein unmittelbarer Bezug beider Verfahrensgegenstände erforderlich ist (OLG Rostock FamRZ 2004, 476). Ein tatsächlicher oder rechtlicher Zusammenhang bzw. eine inhaltliche Sachnähe, wie sie zwischen der Regelung der elterlichen Sorge und dem Umgangsrecht oder dem Ehegatten- und Kindesunterhalt besteht, ist für die Begründung der Zuständigkeit nicht ausreichend (OLG Frankfurt am Main FamRZ 1992, 579 f.). Maßgeblich sind daher die in den jeweiligen Familiensachen konkretisierten und am materiellen Recht ausgerichteten **Verfahrensgegenstände.** Zwischen dem Verfahrensgegenstand des Anordnungsverfahrens und des – tatsächlichen oder potenziellen – Hauptsacheverfahrens muss Identität oder zumindest eine Teiliden- 3 tität bestehen (Keidel/*Giers* § 50 Rn. 4 [Deckungsgleichheit]). Danach besteht eine Identität zwischen einem Herausgabeantrag und einer Umgangsregelung nicht (OLG Stuttgart FamRZ 2010, 1828). Die Beteiligtenrolle als Antragsteller oder Antragsgegner bzw. weiterer Beteiligter muss im Anordnungs- und Hauptsacheverfahren nicht übereinstimmen. Zwischen dem Anspruch auf Ehegattenunterhalt und der Verpflichtung zum Verfahrenskostenvorschuss besteht keine Identität der Verfahrensgegenstände, sodass nach Auffassung des OLG Oldenburg (FamRZ 2012, 390; § 246 Rdn. 36) nicht der Beschwerdesenat sondern das Amtsgericht über eine einstweilige Anordnung hinsichtlich der Kosten für das Beschwerdeverfahren zu entscheiden hat. Auch der negative Feststellungsantrag kann Hauptsache i.S.d. § 50 sein (Prütting/Gerhlein/*Fischer* § 937 Rn. 2). Im Anordnungsverfahren wird das Regelungsbedürfnis häufig nur Teilbereiche einer Rechtsbeziehung der Beteiligten erfassen. Für den praktisch bedeutsamen Bereich der einstweiligen Regelung des Aufenthaltsbestimmungsrechts ist daher das Gericht zuständig, das über die Regelung der elterlichen Sorge im Hauptsacheverfahren nach § 1671 BGB, aber auch gem. § 1628 BGB für Einzelbereiche zu entscheiden hätte. Demgegenüber betreffen Verfahren über die Herausgabe des Kindes und auf Umgangsregelung nicht denselben Verfahrensgegenstand wie das Sorgerechtsverfahren (OLG Stuttgart FamRZ 2010, 1828). Die zum persönlichen Gebrauch des Kindes bestimmten Sachen und deren Herausgabe hängen eng mit der Regelung des Sorgerechts zusammen (Zöller/*Philippi* § 620a Rn. 13), stellen jedoch sonstige Familiensachen i.S.v. § 266 Abs. 1 Nr. 4 dar (§ 119 Rdn. 9). Ob es einer eigenständigen Bestimmung des **Streitgegenstandes** der einstweiligen Anordnung bedarf, ist zweifelhaft (*Walker* Rn. 141 ff.), wenn sie sich einerseits auf die Feststellung der Vorläufigkeit einer gerichtlichen Regelung oder der zu erbringenden Leistung beschränkt (*Ebert* § 1 Rn. 12), durch die sie sich in jedem Fall von der endgültigen Entscheidung über den Hauptsacheanspruch abhebt, oder andererseits konkrete Rechtsfolgen nicht an diesen speziellen Streitgegenstand, sondern an die jeweiligen Verfahrensvorschriften geknüpft werden.

4 Im einstweiligen Anordnungsverfahren begründen § 50 Abs. 1 Satz 1 und 2 ausschließliche Zuständigkeiten die in jedem Stadium des Verfahrens von Amts wegen zu prüfen sind. § 50 setzt durch den Bezug zur tatsächlichen oder fiktiven Hauptsachezuständigkeit die **internationale Zuständigkeit** deutscher Gerichte nach Maßgabe der §§ 97 ff. voraus (*Dose* Rn. 198; BAG NJW 2000, 2524). Die nationale Eilzuständigkeit wird nicht durch die Zuständigkeitsregelungen nach Art. 2 ff. EuGVO verdrängt, weil diese sich allein auf das Hauptsacheverfahren beziehen (Zöller/*Vollkommer* § 919 Rn. 2). Art. 31 EuGVO und Art. 20 Abs. 1 Brüssel IIa-VO sowie Art. 10 EuUntVO lassen in dringenden Fällen einstweilige Maßnahmen nach dem Recht des jeweiligen Mitgliedsstaates zu. Daher ist zu danach unterscheiden, ob das angerufene Gericht seine internationale Zuständigkeit auf die europäischen Kompetenzvorschriften stützen kann oder nur das nationale Recht heranzuziehen ist (Zöller/*Geimer* Art. 20 Brüssel IIa-VO Rn. 6 f.). Ist das deutsche Gericht nach Maßgabe der Art. 1, 3 ff. Brüssel IIa-VO international zuständig, richtet sich der einstweilige Rechtsschutz in Verfahren betreffend Ehesachen und die elterliche Verantwortung nach den Regelungen des FamFG. Fehlt es an dieser internationalen Zuständigkeit und ist im Hauptsacheverfahren das Gericht eines anderen Mitgliedsstaats zuständig, so ist das deutsche Gericht nach Art. 20 Brüssel IIa-VO befugt, in dringenden Fällen »die nach dem Recht des Mitgliedsstaats vorgesehenen einstweiligen Maßnahmen einschließlich Schutzmaßnahmen« anzuordnen (ebenso Art. 11 KSÜ). Im Zusammenhang mit einer Ehesache kommen Maßnahmen nach dem GewSchG, die einstweilige Wohnungszuweisung sowie ggf. die Regelung des Getrenntlebens (s. § 49 Rdn. 21) und alle die elterliche Verantwortung betreffenden vorläufigen Regelungen in Betracht (Prütting/Gerhlein/*Völker* Art. 20 Brüssel IIa Rn. 2 f.; Zöller/*Geimer* Art. 20 Brüssel IIa-VO Rn. 3 f.). Der einstweilige Rechtsschutz nach Art. 20 Brüssel IIa-VO setzt nach dem Wortlaut der Vorschrift den Bezug »auf in diesem Staat befindliche Personen oder Vermögensgegenstände« voraus. Hält sich das Kind bereits im Ausland auf, kann die internationale Zuständigkeit nicht aus Art. 20 Brüssel IIa-VO oder Art. 11 KSÜ hergeleitet werden (OLG Karlsruhe FamRZ 2014, 1565). Neben diesem Gebietsbezug ist nach der Rspr. des EuGH (FamRZ 2009, 525; 843; 1521, 1523) die Dringlichkeit erforderlich, die sich sowohl auf die Situation der jeweiligen Person (etwa des Kindes) als auch auf die praktische Unmöglichkeit, eine Entscheidung des in der Hauptsache zuständigen Gerichts herbeizuführen, bezieht. Schließlich darf die Eilmaßnahme nur einstweiligen Charakter haben. Eine einstweilige Maßnahme nach Art. 20 Brüssel IIa-VO kann jedoch nicht nach einem »widerrechtlichen Verbringen« des Kindes i.S.d. Art. 2 Nr. 11 Brüssel IIa-VO ergehen, weil dies den Zielen der Verordnung zuwiderlaufen würde (EuGH FamRZ 2009, 525).

5 Eine vergleichbare Regelung sieht Art. 14 der EU-UnterhVO (BR-Drucks. 854/10; *Finger* FuR 2011, 254; *Hau* FamRZ 2010, 516; *Heger* ZKJ 2010, 52; *Gruber* IPrax 2010, 128; *Uecker* FPR 2013, 35), die zum *18.06.2011* anwendbar ist, für die nach Art. 1 EU-UnterhVO erfassten Unterhaltspflichten und -verfahren

Abschnitt 4. Einstweilige Anordnung § 50

vor (*Huber* IPrax 2010, 128, 130 f.), weil danach »die im Recht eines Mitgliedsstaats vorgesehenen einstweiligen Maßnahmen einschließlich solcher, die auf eine Sicherung gerichtet sind,« beantragt werden können, auch wenn das angerufene Gericht in der Hauptsache nicht international zuständig ist.

Die vorläufige Regelung des in der Hauptsache international nicht zuständigen Gerichts tritt nach Art. 20 Abs. 2 Brüssel IIa-VO außer Kraft, wenn das in der Hauptsache zuständige Gericht des Mitgliedsstaats die nach seiner Auffassung angemessene Maßnahme getroffen hat (EuGH FamRZ 2011, 534, 536), und schließt so die Gefahr widersprüchlicher Entscheidungen aus. Ob es sich offensichtlich um denselben Anspruch handelt, ist nach dem gestellten Antrag sowie den »geschilderten faktischen Gegebenheiten« zu beurteilen. Ist das deutsche Gericht international für die Hauptsache zuständig folgt dies aus § 56 (Zöller/*Geimer* Art. 20 Brüssel IIa-VO Rn. 11). Die Effektivität des einstweiligen Rechtsschutzes nach Art. 20 Brüssel IIa-VO wird jedoch dadurch eingeschränkt, dass auf die danach erlassene Entscheidung die Art. 21 ff. Brüssel IIa-VO nicht anwendbar sind. Auf die Vorlage des BGH (FamRZ 2009, 1297 m. Anm. *Helms* S. 1400) hat der EuGH entschieden (FamRZ 2010, 1521), dass die Art. 21 ff. Brüssel IIa-VO auf vollstreckbare einstweilige Maßnahmen hinsichtlich des Sorgerechts i.S.v. Art. 20 Brüssel IIa-VO nicht anwendbar sind, da sich dies nicht aus dem Wortlaut ergibt (Tz 87) und dem Antragsteller weitere Möglichkeiten eröffnet sind (Tz 92 f., 97). In seinem hieran anschließenden Beschluss hat der BGH (FuR 2011, 285 = FamRZ 2011, 543 m. Anm. *Helms*) hervorgehoben, dass es sich bei Art. 20 Brüssel IIa-VO um eine Öffnungsklausel handelt, die die Anerkennung und Vollstreckung einstweiliger Maßnahmen auf der Grundlage nachrangiger Übereinkommen oder nationalen Rechts nicht ausschließt. Daher kommt es insoweit entscheidend darauf an, auf welcher Grundlage die einstweilige Maßnahme ergangen ist (zur Differenzierung OLG Stuttgart FamRZ 2014, 1567). 6

Der Bezug zur Hauptsachezuständigkeit erstreckt sich auf die Rechtswegezuständigkeit i.S.d. § 13 GVG (PG/*Bitz* § 13 GVG Rn. 1) sowie die sachliche (§ 23a Abs. 1 und 2 GVG) und die **funktionale Zuständigkeit** des Familiengerichts (BGH FamRZ 1980, 46), des originären oder obligatorischen Einzelrichters beim LG, der Kammer für Handelssachen und im Beschwerdeverfahren auf die Entscheidung durch die gesamte Kammer beim LG, den gesamten Senat beim OLG oder den jeweiligen Einzelrichter (§ 568 ZPO; *Dose* Rn. 194; Musielak/*Huber* § 943 Rn. 3). 7

Für die Begründung der Zuständigkeit kommt der **Ehesache** (§ 121) weiterhin zentrale Bedeutung zu. Zwar wird die Ehesache selbst nur ausnahmsweise als Hauptsacheverfahren heranzuziehen sein (§ 49 Rdn. 20). Gleichwohl folgt aus der Anhängigkeit der Ehesache die Verfahrenskonzentration bei diesem Gericht, die für die Zuständigkeit im (potenziellen) Hauptsacheverfahren zu beachten ist (für eine entsprechende Anwendung Keidel/*Giers* § 50 Rn. 7). Ist das Scheidungsverfahren zwischen den Eltern anhängig, begründet dies z.B. zugleich die Zuständigkeit für das auf den Kindesunterhalt bezogene Anordnungsverfahren (§ 232 Abs. 1 Nr. 1); ein zuvor anhängiges Anordnungsverfahren ist ggf. an das Gericht der Ehesache abzugeben. Ist für den Verfahrensgegenstand die Zuständigkeit mehrerer Gerichte gegeben, kann der Antragsteller zwischen diesen frei wählen. 8

C. Keine Hauptsache anhängig. Die an die Hauptsache gebundene Zuständigkeit beruht auf der größeren Sachnähe des Gerichts. Auch wenn ein Hauptsacheverfahren nicht anhängig ist, rechtfertigen verfahrensökonomische Gründe wegen einer später anhängigen Hauptsache die Zuständigkeitsanknüpfung. Ist eine Hauptsache bisher nicht anhängig, so ist für den einstweiligen Rechtsschutz das Gericht örtlich und sachlich zuständig, das für dieses als Hauptsacheverfahren zuständig wäre. Soweit in der Gesetzesbegründung (BT-Drucks. 16/6308 S. 200) neben den Amts- und Landgerichten auch höhere Gerichte angeführt werden, dürfte § 118 GVG kaum für eine einstweilige Anordnung herangezogen werden. Für die Zuständigkeitsbestimmung ist allein auf die **fiktive Hauptsachezuständigkeit** dieses isoliert geltend gemachten Verfahrensgegenstandes abzustellen, nicht hingegen auf eine andere Zuständigkeit infolge der fiktiven Anhängigkeit einer Ehesache. Ist die Ehesache anhängig, ist hiernach die fiktive Hauptsachezuständigkeit zu bestimmen (*Dose* Rn. 183; *Giers* Rn. 73) und das Anordnungsverfahren ggf. beim Gericht der Ehesache anhängig zu machen. Wurde ein Anordnungsverfahren bei dem nach § 50 Abs. 1 Satz 1 zuständigen Gericht anhängig gemacht, kann sich später durch einen Wohnortwechsel eines Beteiligten die Zuständigkeit für das (fiktive) Hauptsacheverfahren oder die später anhängige Hauptsache ändern. In diesem Fall bleibt das Gericht des Anordnungsverfahrens weiterhin zuständig, weil Veränderungen der die örtliche Zuständigkeit begründenden Umstände diese nicht beeinflussen (§ 2 Abs. 2). Dies gilt auch nach Erlass einer einstweiligen Anordnung für den Antrag nach § 52 Abs. 2 (OLG München FamRZ 2011, 1078 [zum Umgangsrecht]). Aufgrund des bestehenden Sachzusammenhangs wird bei Anhängigkeit eines Hauptsacheantrag regel- 9

§ 50 Buch 1. Allgemeiner Teil

mäßig ein wichtiger Grund für die Abgabe des Anordnungsverfahrens an das andere Gericht gegeben sein (§ 4 Rdn. 3 ff.; *Schürmann* FamRB 2008, 375, 376). Auf Ehe- und Familienstreitsachen ist § 2 nicht anwendbar (§ 113 Abs. 1 Satz 1), sodass die Gerichtsstände des § 232 bzw. der §§ 12 ff. ZPO maßgeblich sind und bei Veränderungen die örtliche Zuständigkeit erhalten bleibt (§ 113 Abs. 1 i.V.m. § 261 Abs. 3 Nr. 2 ZPO; Keidel/*Giers* § 50 Rn. 8),

10 Für Familiensachen des § 111 ergibt sich hieraus die **örtliche Zuständigkeit** wie folgt:
– Die fiktive Anhängigkeit einer **Ehesache** i.S.v. § 121 Nr. 1–3 wird nur selten als Hauptsache einer einstweiligen Anordnung für aus der ehelichen Lebensgemeinschaft hergeleitete Ansprüche maßgeblich sein (§ 119 Rdn. 7). Ggf. ist nach § 122 Nr. 1 und 2 primär auf den gewöhnlichen Aufenthalt eines Ehegatten mit den gemeinschaftlichen Kindern abzustellen.
– In **Kindschaftssachen** (§ 151 Nr. 1–7; *Giers* Rn. 88 ff.) ist bei Anhängigkeit eines Scheidungsverfahrens dieses Gericht (§ 152 Abs. 1), anderenfalls das Gericht am gewöhnlichen Aufenthalt des Kindes oder in dessen Bezirk das Bedürfnis der Fürsorge bekannt wird (§ 152 Abs. 2 bis 4) zuständig. Im Fall der einseitigen Aufenthaltsänderung eines Kindes kommt eine Verweisung des Anordnungsverfahrens gem. § 154 Satz 1 nur selten in Betracht, da einerseits eine Verzögerung der Entscheidung nicht erfolgen darf und andererseits eine Zuständigkeit nach § 152 Abs. 2 durch die Begründung eines gewöhnlichen Aufenthalts des Kindes bereits erfolgt sein muss.
– Für **Abstammungsverfahren** (§ 169 Nr. 1–4) kommt einstweiliger Rechtsschutz für Unterhaltsverfahren nach §§ 247 und 248 oder zur Beweissicherung in Betracht. Da § 248 die Anhängigkeit eines Vaterschaftsfeststellungsverfahrens voraussetzt, folgt diese dem Hauptsacheverfahren. Eine Zuständigkeit nach § 50 Abs. 1 Satz 1 käme allein zur Beweissicherung durch einstweilige Anordnung in Betracht, wobei für die örtliche Zuständigkeit nach § 170 Abs. 1 vorrangig der gewöhnliche Aufenthalt des Kindes maßgeblich ist.
– In **Wohnungszuweisungs- und Haushaltssachen** (§ 200) ist die Zuständigkeit durch das Gericht der anhängigen Ehesache oder das Gericht, in dessen Bezirk die gemeinsame Wohnung der Ehegatten sich befindet, zuständig (§ 201 Nr. 1 oder 2); i.Ü. gilt der gewöhnliche Aufenthalt von Antragsgegner oder Antragsteller.
– In **Gewaltschutzverfahren** (§ 210) folgt die örtliche Zuständigkeit für Schutzmaßnahmen nach §§ 1 und 2 GewSchG aus dem Tatort, dem Bezirk, in dem sich die gemeinsame Wohnung befindet, oder dem gewöhnlichen Aufenthalt des Antragsgegners (§ 211).
– Für einstweilige Anordnungen im **Versorgungsausgleich** bestimmt sich die örtliche Zuständigkeit primär aus der Anhängigkeit der Ehesache sowie nach dem (früheren) gemeinsamen Aufenthalt der Ehegatten oder dem gewöhnlichen Aufenthalt des Antragsgegners bzw. des Antragstellers (§ 218 Nr. 1–5).
– In **Unterhaltssachen** (§ 231 Abs. 1; *Giers* Rn. 94 ff.) ist vorrangig die Anhängigkeit der Ehesache oder der gewöhnliche Aufenthalt des minderjährigen oder privilegierten Kindes mit der Folge der ausschließlichen Zuständigkeit maßgeblich (§ 232 Abs. 1). I.Ü. gilt § 232 Abs. 3 nebst den dortigen Wahlgerichtsständen.
– In **Güterrechtssachen** (§ 261) und **sonstigen Familiensachen** (§ 266) ist, soweit einstweiliger Rechtsschutz durch das Anordnungsverfahren gewährleistet wird (§ 119 Rdn. 5, 7), auf die Anhängigkeit der Ehesache oder den gewöhnlichen Aufenthalt des Antragsgegners abzustellen.
– Die örtliche Zuständigkeit für einstweilige Anordnungen in **Lebenspartnerschaftssachen** (§ 269) bestimmt sich nach den vorgenannten Grundsätzen (§ 270).
– In **Betreuungs-, Unterbringungs-** und **Freiheitsentziehungssachen** (§§ 271, 312, 415) bestimmt sich die örtliche Zuständigkeit nach einem bestehenden Betreuungsverfahren oder dem gewöhnlichen Aufenthalt des Betroffenen (§§ 272, 313, 416).
– Soweit ausnahmsweise in **Nachlasssachen** (§ 342) eine einstweilige Anordnung in Betracht kommt, folgt die örtliche Zuständigkeit primär dem letzten Wohnsitz des Erblassers (§ 343 Abs. 1).

11 **D. Hauptsache anhängig.** Für die Zuständigkeit nach § 50 Abs. 1 Satz 2 kommt es allein darauf an, ob ein Hauptsacheverfahren mit demselben Verfahrensgegenstand (Rdn. 2 ff.) bei einem Gericht anhängig ist. Die Anhängigkeit der jeweiligen Hauptsache wird in Antragsverfahren (§ 51 Rdn. 12 ff.) mit Eingang des Hauptsacheantrags bei Gericht oder einem Gesuch auf Verfahrenskostenhilfe bewirkt (*Giers* Rn. 77; Thomas/Putzo/*Seiler* § 50 FamFG Rn. 3; a.A. Wendl/*Schmitz* § 50 Rn. 409); in Amtsverfahren ist die einleitende Verfügung maßgeblich. Die Zuständigkeit im Anordnungsverfahren ändert sich nicht, wenn gegen die Verfahrenskostenhilfe versagende Entscheidung Beschwerde eingelegt wird (Musielak/*Borth* § 620a Rn. 11).

Auf die Zustellung des Antrags oder die Zahlung des Gerichtskostenvorschusses für das Hauptsachverfahren (§ 14 FamGKG) kommt es für die Zuständigkeit des erstinstanzlichen Gerichts nicht an. Bei der Hauptsache kann es sich um ein isoliertes Verfahren, aber auch um eine Folgesache im Scheidungsverbundverfahren (§ 137 Abs. 2) handeln.

Ist ein Hauptsachverfahren bei einem Gericht anhängig, so ist dieses für den identischen einstweiligen Rechtsschutz zuständig. Geht das Gericht zu Unrecht von seiner Zuständigkeit aus, knüpft hieran gleichwohl die rein **formale Zuständigkeit** nach § 50 Abs. 1 Satz 2 für das einstweilige Anordnungsverfahren an (Zöller/*Feskorn* § 50 FamFG Rn. 3; *Dose* Rn. 180). Hält sich das Gericht im Hauptsacheverfahren nicht für zuständig, hat es dieses Verfahren nach Gewährung rechtlichen Gehörs gem. §§ 3 und 4 bzw. in Familienstreitsachen nach § 113 Abs. 1 Satz 2 i.V.m. § 281 ZPO durch Beschluss an das zuständige Gericht zu verweisen oder an ein anderes Gericht abzugeben. Auch der fehlerhafte **Verweisungsbeschluss** ist nach der auch i.R.d. § 3 geltenden Rspr. zu § 281 ZPO bindend, es sei denn es fehlt jede Rechtsgrundlage, sodass er willkürlich erscheint (BGH FamRZ 2003, 88; § 4 Rdn. 10 ff.). Bis zur Verweisung oder Abgabe bleibt das angerufene Gericht als Hauptsachegericht für das Anordnungsverfahren zuständig, ohne dass für diesen Zeitraum auf die Eilkompetenz nach § 50 Abs. 2 abzustellen wäre. Spätere tatsächliche Veränderungen berühren die ursprünglich bestehende örtliche Zuständigkeit nicht (§ 2 Abs. 2); diese können jedoch eine Abgabe aus wichtigem Grund nach § 4 rechtfertigen. Vor diesem Hintergrund ist auch das zuständige Gericht zu bestimmen, wenn nach Anhängigkeit einer isolierten Familiensache später – etwa nach einem Wohnortwechsel – bei einem anderen Gericht die Ehesache anhängig gemacht wird (*Schürmann* FamRB 2008, 375, 376). Bis das isolierte Verfahren an das Gericht der Ehesache abgegeben wird (§§ 123, 153, 202, 233, 263, 268), ist der Anordnungsantrag an das Gericht des isolierten Hauptsacheverfahrens und nicht an das Gericht der Ehesache zu richten (a.A. wohl Keidel/*Giers* § 50 Rn. 7). War ein einstweiliges Anordnungsverfahren ohne Hauptsachverfahren bereits bei einem anderen Gericht anhängig, so ist auch dieses als selbstständiges Verfahren an das Gericht der Ehesache abzugeben. Die für die örtliche Zuständigkeit maßgeblichen Verhältnisse – etwa der gewöhnliche Aufenthalt – können sich auch zwischen der Anhängigkeit des selbstständigen Anordnungsverfahrens und der des isolierten Hauptsacheverfahrens ändern. Für Familienstreitsachen verbleibt es dann bei der Zuständigkeit des im Anordnungsverfahren angerufenen Gerichts (§ 261 Abs. 3 Nr. 2 ZPO), während in anderen Familiensachen oder Angelegenheiten der freiwilligen Gerichtsbarkeit trotz der Regelung des § 2 Abs. 2 die Abgabe nach § 4 erfolgen kann (*Gießler* FPR 2006, 421, 423). Die Abgabe des Anordnungsverfahrens scheidet indes aus, wenn dieses oder das entsprechende Hauptsacheverfahren in der Beschwerdeinstanz anhängig sind. Vor Abgabe oder Verweisung des Verfahrens ergangene einstweilige Maßnahmen sind wirksam. Allein die Abgabe oder Verweisung rechtfertigen in Antragsverfahren keine Änderung des Beschlusses gem. § 54 Abs. 1. Die Hauptsache ist beim erstinstanzlichen Gericht nicht mehr anhängig, wenn der Antrag zurückgenommen wird, sich erledigt hat oder über diesen rechtskräftig entschieden ist. In diesem Fall bestimmt sich die Zuständigkeit für das Anordnungsverfahren allein nach der fiktiven Hauptsachezuständigkeit gem. § 50 Abs. 1 Satz 1, wobei ein isoliertes Anordnungsverfahren die ergangene Hauptsacheentscheidung nicht abändern kann (§ 51 Rdn. 9). Wird nach dem erstinstanzlichen Hauptsachebeschluss, jedoch vor Einlegung einer Beschwerde gegen diesen ein Anordnungsantrag gestellt, so soll nach dem Grundsatz der perpetuatio fori das FamG zuständig bleiben (Zöller/*Philippi* § 620a Rn. 12; *Dose* Rn. 19). Dies erscheint jedoch im Hinblick auf die größere Sachnähe nicht unproblematisch, allerdings lässt sich die Zuständigkeit des Beschwerdegerichts mangels wirksamer Einlegung einer Beschwerde nicht herleiten.

Die Einlegung einer Beschwerde in der Hauptsache führt die Zuständigkeit des **Beschwerdegerichts** gem. **§ 50 Abs. 1 Satz 2 Halbs. 2** herbei, auch wenn diese mit dem Antrag auf Verfahrenskostenhilfe verbunden ist. Der Antrag auf Bewilligung von Verfahrenskostenhilfe für eine beabsichtigte Beschwerde begründet dessen Zuständigkeit nicht (Zöller/*Feskorn* § 50 Rn. 4; a.A. *Dose* Rn. 181). Im isolierten Hauptsacheverfahren folgt die Zuständigkeit des Beschwerdegerichts mit Anhängigkeit der Beschwerde aus dem Verfahrensgegenstand des erstinstanzlichen Beschlusses. Anders verhält es sich bei einer **Verbundentscheidung** (§ 137 Abs. 1), wenn aus der Beschwerdeschrift nicht ersichtlich ist, welcher Verfahrensgegenstand angegriffen ist. Dann verbleibt es bei der Zuständigkeit des Familiengerichts (OLG Frankfurt am Main FamRZ 1992, 579). Der Beschwerdegegenstand wird dann erst durch die Beschwerdebegründung präzisiert (*Giers* Rn. 81). Die Aufhebung des Scheidungsverbunds (§ 140) oder eine Teilanfechtung ändern für die Zuständigkeit des Beschwerdegerichts an der rein formalen Anknüpfung zu dem jeweiligen Hauptsacheverfahren, das eine Folgesache sein kann, nichts. Im Fall einer Beschwerde gegen die Entscheidung zum Auskunftsantrag eines

§ 50

Stufenantrags ist der Leistungsantrag für das Anordnungsverfahren zuständigkeitsbegründend weiterhin in der ersten Instanz anhängig (OLG Frankfurt FamRZ 2014, 1929 [LS]; Wendl/Dose/*Schmitz* § 10 Rn. 410). Wird in einem Unterhaltsverfahren über einen Zeitabschnitt durch **Teilbeschluss** entschieden und hiergegen Beschwerde eingelegt, sind in beiden Instanzen Unterhaltsverfahren anhängig. Nach dem jeweiligen Anordnungsanspruch (Zöller/*Vollkommer* § 919 Rn. 7) kann zur Sicherung des rückständigen Unterhalts das Beschwerdegericht, für die auf künftige Zahlung gerichtete Anordnung das FamG zuständig sein. Die Regelung des § 620a Abs. 4 Satz 2 und 3 ZPO a.F. musste nicht übernommen werden, weil der Sachzusammenhang durch die Hauptsacheanknüpfung – auch hinsichtlich einer Anordnung zum Verfahrenskostenvorschuss (§ 246 Rdn. 35) – gewährleistet ist (Musielak/*Borth* § 620a Rn. 14). Die Zuständigkeit des Beschwerdegerichts endet mit Einlegung der Rechtsbeschwerde, die – im Gegensatz zu § 620a Abs. 4 Satz 2 ZPO a.F. für Folgesachen – wiederum die Zuständigkeit des erstinstanzlichen Gerichts in diesem Verfahrenszug herbeiführt, oder mit der Rechtskraft der Entscheidung in zweiter Instanz. Dass allein schon der Ausspruch über die Zulassung der Rechtsbeschwerde ausreichend ist (so Zöller/*Feskorn* § 50 FamFG Rn. 4 a.E.), erscheint im Hinblick auf die Unsicherheiten ihrer tatsächlichen Einlegung zweifelhaft. Das Rechtsbeschwerdegericht entscheidet nicht im einstweiligen Anordnungsverfahren.

14 **E. Notfallkompetenz. I. Voraussetzungen.** Eine besondere Notfallkompetenz des AG, die durch deren Bereitschaftsdienst gewährleistet ist, für den Erlass einer einstweiligen Anordnung regelt § 50 Abs. 2 in Anlehnung an § 942 ZPO. Die Notfallkompetenz ist Bestandteil des Anspruchs der Beteiligten auf effektiven Rechtsschutz. Während § 49 Abs. 1 auf ein dringendes Bedürfnis zum sofortigen Tätigwerden abstellt, setzt die Eilzuständigkeit einen **besonders dringenden Fall** voraus und erhöht damit die tatbestandlichen Voraussetzungen (BT-Drucks. 16/6308 S. 200). Ein solcher ist nur dann gegeben, wenn unter Berücksichtigung der technischen Kommunikationsmöglichkeiten mit den Gerichten die Einreichung eines Anordnungsantrags beim zuständigen Gericht durch die damit verbundene zeitliche Verzögerung zu einem nicht hinnehmbaren Rechtsverlust, Schaden oder Nachteil führen würde (Zöller/*Feskorn* § 50 Rn. 6). In Familiensachen wird eine entsprechende Zuständigkeit nur ganz ausnahmsweise gegeben sein. Für Unterhaltsansprüche kommt sie wegen der Existenzsicherung durch Sozialleistungen regelmäßig nicht in Betracht. Für die Sicherung vermögensrechtlicher Ansprüche (§ 119) kann bei einer ganz kurzfristig bekannt gewordenen Gefährdung die besondere Dringlichkeit gegeben sein. In Kindschaftssachen gewährleistet die Inobhutnahme durch das Jugendamt regelmäßig Schutz vor Kindeswohlgefährdungen (§ 1666 BGB). Soweit dies ausnahmsweise nicht der Fall ist oder bei Gefahr einer Kindesentführung, ist auch das AG, in dessen Bezirk sich das Kind aufhält, zuständig. Darüber hinaus wird in Betreuungs-, Unterbringungs- und Freiheitsentziehungssachen aufgrund krankheitsbedingter Gefährdungen der Betroffenen das Bedürfnis für ein besonders schnelles Handeln entstehen können. Die Zuständigkeit des AG bestimmt sich nach dem Bezirk, in dem das Bedürfnis der Fürsorge bekannt wird (§ 272 Abs. 2), wobei dieser Begriff weit auszulegen ist (BT-Drucks. 16/6308 S. 200).

15 **II. Verfahren.** Die zuständigkeitsbegründenden Voraussetzungen, mithin auch das besondere Eilbedürfnis, sind vom Antragsteller glaubhaft zu machen (§ 51 Abs. 1 Satz 2). Ist eine sofortige Entscheidung erforderlich, scheidet die Anberaumung einer mündlichen Verhandlung aus. Der Beschluss, durch den die Anordnung erlassen oder der Antrag abgewiesen wird, ist zu begründen (§ 38 Abs. 3). Für den Fall, dass das AG ein besonders Eilbedürfnis verneint, sollte hilfsweise die Abgabe an das nach § 50 Abs. 1 zuständige Gericht beantragt werden. Geht das Gericht zu Unrecht von seiner Notfallkompetenz aus, ist die Anordnung gleichwohl wirksam (Zöller/*Feskorn* § 50 FamFG Rn. 6). Erlässt das AG die beantragte oder angeregte einstweilige Anordnung, hat es das Anordnungsverfahren zeitgleich oder unverzüglich an das nach § 50 Abs. 1 zuständige Gericht abzugeben. Das Gericht kann seinen Beschluss weder auf Antrag noch von Amts wegen ändern oder aufheben (§ 54 Abs. 1 und 2), weil dies nach Abgabe allein dem nach § 50 Abs. 1 zuständigen Gericht vorbehalten ist (Zöller/*Feskorn* § 50 FamFG Rn. 8).

16 In welcher Weise das Verfahren nach Abgabe an das nach § 50 Abs. 1 zuständige Gericht fortzusetzen ist, regelt § 50 Abs. 2 nicht, während § 942 Abs. 1 ZPO insoweit vorsieht, dass dem Antragsteller bei Erlass der einstweiligen Verfügung eine Frist zu bestimmen ist, innerhalb der die Ladung des Gegners zur mündlichen Verhandlung beim Hauptsachegericht zu beantragen ist. Besonderheiten ergeben sich nicht, weil das Anordnungsverfahren – mit der Ausnahme, dass der Beschluss nicht von dem nach § 50 Abs. 1 zuständigen Gericht erlassen wurde – fortzusetzen ist. Eines Rechtfertigungsverfahrens (§ 942 Abs. 3 ZPO) bedarf es für die einstweilige Anordnung nicht, weil das nach § 50 Abs. 1 zuständige Gericht die ergangene Anordnung

Abschnitt 4. Einstweilige Anordnung § 51

in Amtsverfahren jederzeit wieder aufheben kann, insb. wenn es die erforderlichen Anhörungen nachgeholt hat. In Antragsverfahren kann der Antragsgegner oder ein anderer Verfahrensbeteiligter einen Antrag auf Änderung oder Aufhebung nach § 54 Abs. 1 Satz 2 oder auf erneute Entscheidung nach mündlicher Verhandlung gem. § 54 Abs. 2 stellen. Eine Beschwerde nach § 57 ist regelmäßig ausgeschlossen, wenn eine mündliche Verhandlung im Verfahren nach Abs. 2 nicht erfolgt ist.

§ 51 **Verfahren.** (1) ¹Die einstweilige Anordnung wird nur auf Antrag erlassen, wenn ein entsprechendes Hauptsacheverfahren nur auf Antrag eingeleitet werden kann. ²Der Antragsteller hat den Antrag zu begründen und die Voraussetzungen für die Anordnung glaubhaft zu machen.
(2) ¹Das Verfahren richtet sich nach den Vorschriften, die für eine entsprechende Hauptsache gelten, soweit sich nicht aus den Besonderheiten des einstweiligen Rechtsschutzes etwas anderes ergibt. ²Das Gericht kann ohne mündliche Verhandlung entscheiden. ³Eine Versäumnisentscheidung ist ausgeschlossen.
(3) ¹Das Verfahren der einstweiligen Anordnung ist ein selbständiges Verfahren, auch wenn eine Hauptsache anhängig ist. ²Das Gericht kann von einzelnen Verfahrenshandlungen im Hauptsacheverfahren absehen, wenn diese bereits im Verfahren der einstweiligen Anordnung vorgenommen wurden und von einer erneuten Vornahme keine zusätzlichen Erkenntnisse zu erwarten sind.
(4) Für die Kosten des Verfahrens der einstweiligen Anordnung gelten die allgemeinen Vorschriften.

Übersicht

	Rdn.		Rdn.
A. Allgemeines/Hauptsacheunabhängigkeit	1	D. Beteiligte des Anordnungsverfahrens	16
B. Verhältnis zur Hauptsache und Konkurrenzen	2	E. Vertretung durch einen Rechtsanwalt	17
		F. Verfahrenskostenhilfe	19
I. Hauptsacheverfahren	3	G. Form und Inhalt des Antrags	21
II. Einstweilige Anordnung und Hauptsacheentscheidung	7	H. Verfahrensgang	26
		I. Selbstständiges Anordnungsverfahren	36
C. Antragsverfahren und Amtsverfahren	12	J. Entscheidung im Anordnungsverfahren	40

A. Allgemeines/Hauptsacheunabhängigkeit. Neben den §§ 50 und 52 enthält § 51 die zentralen Regelungen für das hauptsachunabhängige einstweilige Anordnungsverfahren und stellt eine Verbindung zwischen beiden Verfahren her (Abs. 3 Satz 2). Neben den wesentlichen Änderungen – Hauptsacheunabhängigkeit, Begründungszwang und Kostenentscheidung – regelt die Vorschrift den Ablauf des Verfahrens wesentlich präziser als § 620a ZPO a.F. Die fundamentale Umstellung des einstweiligen Anordnungsverfahrens erfolgt in § 51 Abs. 3 Satz 1 (*Schürmann* FamRB 375, 376; *Vorwerk* FPR 2009, 8). Unabhängig von einem hierauf gerichteten Verfahren in der Hauptsache ist in den Familiensachen des § 111 Nr. 1 bis 11 sowie in den Angelegenheiten der freiwilligen Gerichtsbarkeit der Erlass einer einstweiligen Anordnung zulässig. Sie ist in zwei Varianten möglich: Das Anordnungsverfahren wird ohne oder neben einem Hauptsacheverfahren als **selbstständiges Verfahren** durchgeführt. Eine Ausnahme hiervon stellt nur scheinbar das Anordnungsverfahren nach § 248 dar (BGH FuR 2011, 154 = FamRZ 2011, 199). Zwar setzt dieses voraus, dass ein Vaterschaftsfeststellungsverfahren anhängig ist. Gleichwohl ist das Anordnungsverfahren nicht dessen Neben- oder Annexverfahren, sondern gem. § 51 Abs. 3 Satz 1 ein selbstständige Anordnungsverfahren. Dem ggü. ist das Anordnungsverfahren nach § 14 Abs. 1 ThUG als Annexverfahren zur Unterbringung in der Hauptsache konzipiert (§ 49 Rdn. 77). Die Zulässigkeit eines Antrags ist im Gegensatz zum bisherigen Recht nicht mehr von einer Ehe- oder isolierten Familiensache abhängig. Im Umkehrschluss aus § 51 Abs. 1 Satz 1, auf den auch die Gesetzesbegründung abstellt (BT-Drucks. 16/6308 S. 200), können Anordnungsverfahren von Amts wegen eingeleitet werden, wenn die Hauptsache nicht an einen Antrag gebunden ist. Dies war bisher streitig, weil sowohl § 620a Abs. 2 Satz 1 ZPO a.F. wie auch § 621g ZPO a.F. einen Antrag voraussetzten, sodass teilweise die richterrechtlich entwickelte vorläufige Anordnung herangezogen wurde (*Dose* Rn. 192d und 192g ff.; dagegen Zöller/*Philippi* § 621g Rn. 3; Musielak/*Borth* § 621g Rn. 2). In § 56 des RefE war eine Regelung zum »vorläufigen Vergleich« vorgesehen, wonach die Beteiligten vereinbaren können, dass ein Vergleich lediglich die Wirkung einer einstweiligen Anordnung hat, wovon nach Abs. 2 der beabsichtigten

Vorschrift als gesetzliche Vermutung für einen im Anordnungsverfahren geschlossenen Vergleich auszugehen war. Nunmehr verbleibt es bei der Regelung in § 36.

2 **B. Verhältnis zur Hauptsache und Konkurrenzen.** Für das selbstständige Anordnungsverfahren ist das Verhältnis zum Hauptsacheverfahren und zu anderen Verfahren zu bestimmen. Dabei kommt den Charakteristika des Anordnungsverfahrens besondere Bedeutung zu (§ 49 Rdn. 5 ff.). Durch die gerichtliche Regelung im Wege der einstweiligen Anordnung soll innerhalb kurzer Zeit Rechtsfrieden hergestellt werden. Aus diesem Grund kann die Sach- und Rechtslage nur summarisch und vorläufig beurteilt werden, sodass Beweismittel nur in begrenztem Umfang zugelassen sind. Die Vorläufigkeit der Entscheidung folgt auch aus der erleichterten Aufhebungs- oder Abänderungsmöglichkeit, sodass die einstweilige Anordnung **nicht** in **materielle Rechtskraft** erwächst (BGH FamRZ 1983, 355; KG FamRZ 1991, 1327 f., OLG Köln FamRZ 98, 1427; § 54 Rdn. 6). Durch die strikte materiell-rechtliche Anbindung der gerichtlichen Regelung an das Hauptsacheverfahren, die durch § 49 Abs. 1 Satz 1 verfahrensrechtlich hergestellt wird, können einstweilige Anordnungen nicht weiter reichen als die Hauptsacheentscheidung selbst. Dies war für Unterhaltsanordnungen nach § 644 ZPO a.F. (OLG Frankfurt am Main FamRZ 2006, 1687; Musielak/*Borth* § 644 Rn. 2; Zöller/*Philippi* § 644 Rn. 9a) sowie für Anordnungen nach § 621g ZPO a.F. (Zöller/*Philippi* § 621g Rn. 2 m.N.) anerkannt. Allein für während der Anhängigkeit einer Ehesache erlassene Anordnungen bestand keine unmittelbare Verknüpfung zu einem identischen Hauptsacheverfahren und daher Einigkeit, dass die Anordnungen über die Rechtskraft der Ehescheidung hinaus wirksam waren (Rdn. 6).

3 **I. Hauptsacheverfahren.** Nach § 51 Abs. 3 Satz 1 ist das Anordnungsverfahren auch dann selbstständig, wenn ein Hauptsacheverfahren anhängig ist. Der Antragsteller hat ein **Wahlrecht**, sein Rechtsschutzbegehren **alternativ** oder **kumulativ** – auch zeitlich versetzt nach dem jeweiligen Verfahrensverlauf – im Anordnungsverfahren und/oder im Hauptsacheverfahren geltend zu machen (BGH FamRZ 1983, 892; Zöller/*Feskorn* § 49 FamFG Rn. 4; Musielak/*Borth* § 51 FamFG Rn. 18 f.; OLG München FamRZ 2012, 391 f.; OLG Jena FuR 2011, 115 = FamRZ 2011, 491 [Unterhaltsanordnung]; a.A. Horndasch/*Viefhues* § 49 Rn. 59 f.). Da die einstweilige Anordnung nicht in materielle Rechtskraft erwächst, besteht für den Hauptsacheantrag regelmäßig ein Rechtsschutzbedürfnis fort (a.A. OLG Zweibrücken FamRZ 2010, 666 [Gewaltschutzverfahren]) und ihm kann Mutwillen für die Bewilligung von Verfahrenskostenhilfe (§ 76 Abs. 1 i.V.m. § 114 ZPO) nicht entgegen gehalten werden (Rdn. 19; *Fischer* MDR 2011, 642, 645; OLG Frankfurt am Main FamRZ 2011, 661 [zum Umgangsverfahren in der Hauptsache]; OLG Hamm FamRZ 2010, 825; OLG Nürnberg FamRZ 2010, 1679 [zum Sorgerecht]; OLG Stuttgart FamRZ 1992, 1195; vgl. OLG Karlsruhe FamRZ 2009, 1342 zum Verhältnis von § 55 zu § 767 ZPO; § 54 Rdn. 20). Das Rechtsschutzbedürfnis kann nur bei ganz oder teilweise identischen Verfahrensgegenständen fraglich sein, wenn dem Rechtsschutzbegehren des Antragstellers im Anordnungsverfahren zwischenzeitlich, etwa durch Erfüllung, ganz oder teilweise entsprochen wurde. Im anhängigen Hauptsacheverfahren ist dann der Antrag (insoweit) für erledigt zu erklären. Am Rechtsschutzbedürfnis für das Hauptsacheverfahren fehlt es, wenn die Beteiligten die einstweilige Regelung übereinstimmend als endgültig ihrem Rechtsverhältnis zugrunde legen wollen oder keinerlei Anhaltspunkte dafür bestehen, dass die vorläufige Regelung von einem Beteiligten infrage gestellt wird. Allerdings ist für ein Anordnungsverfahren mit identischem Regelungsanliegen kein Raum, wenn bereits eine rechtskräftige Hauptsacheentscheidung ergangen ist.

4 – Macht der Antragsteller einen **Unterhaltsanspruch** im Anordnungsverfahren geltend, kann er während dieses Verfahrens oder nach dessen Abschluss ein Hauptsacheverfahren – ggf. als Folgesache – einleiten (OLG Hamm FamRZ 2011, 1157; BGH FamRZ 1983, 355; KG FamRZ 1987, 840, OLG Naumburg FamRZ 2001, 1082). Ist ein Hauptsacheverfahren anhängig, kann er ein Anordnungsverfahren einleiten, um kurzfristig seine Ansprüche bis zum rechtskräftigen Abschluss des Hauptsacheverfahrens realisieren zu können (OLG Thüringen FamRZ 2011, 491, 492, das auf die Befristung einer Unterhaltsanordnung bei einer Kostenentscheidung im Hauptsacheverfahren hinweist). Die Möglichkeiten und Ausgestaltung beider Verfahren (summarische Beurteilung und zeitliche Befristung) können der Intention, ein Hauptsacheverfahren zu ersparen, entgegenstehen oder anderenfalls dem Anordnungsverfahren durch zeitliche Verzögerung zuwiderlaufen (*van Els* FamRZ 2011, 493). Sind aufgrund der vorläufigen Entscheidung Zahlungen geleistet oder aus dieser vollstreckt worden, ist der Antrag im Hauptsacheverfahren insoweit für erledigt zu erklären; anderenfalls kann eine beantragte Verfahrenskostenhilfe nicht bewilligt werden. Der Antragsgegner kann seinerseits Einwendungen mit einem Vollstreckungsabwehrantrag oder mit einem Antrag nach § 54 Abs. 1 geltend machen (OLG Koblenz FamRZ 2001, 1625).

Abschnitt 4. Einstweilige Anordnung **§ 51**

– Auch in **Kindschaftssachen** (§ 151) besteht grds. ein Wahlrecht des Antragstellers zwischen dem Hauptsache- und Anordnungsverfahren (BGH FamRZ 1982, 788), das bereits aus dem begrenzten Regelungsbedürfnis und der darauf beruhenden einstweiligen Maßnahme folgt (§ 49 Rdn. 11, 27; *Vogel* FF 2011, 196, 198). Darüber hinaus sind die Entscheidungen aufgrund ihrer unterschiedlichen Bestandskraft und Abänderbarkeit nicht als gleichwertig anzusehen (OLG Nürnberg FamRZ 2010, 1679; OLG Jena FamRZ 2010, 1830). Der Beschleunigungsgrundsatz des § 155 sowie das Hinwirken auf Einvernehmen nach § 156 können dazu führen, dass auch das Hauptsacheverfahren bereits mit dem ersten Termin abgeschlossen werden kann. Gleichwohl ist häufig eine sofortige vorläufige Regelung erforderlich oder zu Beginn des Erfahrens absehbar, dass umfangreichere Ermittlungen erforderlich sein werden. Daher wird man keinen Grundsatz aufstellen können, dass primär für das Hauptsacheverfahren, nicht aber für das gleichzeitig eingeleitete deckungsgleiche Anordnungsverfahren Verfahrenskostenhilfe zu bewilligen ist (so Rüntz/*Viefhues* FamRZ 2010, 1285, 1290). Vielmehr sollten nicht Anordnungs- und Hauptsacheverfahren parallel anhängig gemacht werden (OLG Köln FamRZ 2011, 1157 [Mutwillen]), sondern der jeweilige Verfahrensverlauf aufgrund eines beschleunigten Hauptsacheverfahrens oder eines das Hauptsacheverfahren ersetzenden Anordnungsverfahrens (Vorbemerkung zu § 49 Rdn. 8) abgewartet werden, zumal die gesetzlichen Regelungen viele wechselseitige Bezüge enthalten. Bei einer Auseinandersetzung der Eltern um das Umgangsrecht steht es diesen grds. frei, ihr Begehren in der Hauptsache oder im einstweiligen Rechtsschutz zu verfolgen (OLG Hamburg FamRZ 2000, 1583). Haben sich die Eltern im Anordnungsverfahren auf eine Umgangsregelung verständigt und wird diese von keinem infrage gestellt, besteht für ein gleichgerichtetes Hauptsacheverfahren – wie auch für andere Verfahrensgegenstände – kein Rechtsschutzbedürfnis mehr.

– Im anhängigen Hauptsacheverfahren kann in Kindschaftssachen die Abgrenzung zwischen vorläufiger Regelung und **Teilentscheidung** relevant werden. Maßnahmen, die nur eine vorübergehende Geltung haben sollen, können im Hauptsacheverfahren nicht als Teil- oder Zwischenentscheidungen angeordnet werden. In diesem Fall ist – wie § 156 Abs. 3 Satz 1 und 2 zeigen – parallel zum anhängigen Verfahren ein separates Anordnungsverfahren – auf Antrag oder von Amts wegen – einzuleiten, worauf die Beteiligten zuvor hinzuweisen sind. In Betracht kommt dies etwa, wenn im Rahmen einer Begutachtung die Beziehung des Kindes zu einem Elternteil beobachtet werden soll und der andere Elternteil den Kontakt überhaupt oder für einen längeren Zeitraum verweigert.

– Neben einem **Wohnungszuweisungsverfahren** ist der Antrag auf Erlass einer einstweiligen Anordnung zulässig (OLG Köln FamRZ 2005, 639). Auch für ein nach vorläufiger Wohnungszuweisung eingeleitetes Hauptsacheverfahren kann das Rechtsschutzbedürfnis nicht verneint werden, weil es sich um selbstständige und voneinander unabhängige Verfahren handelt, die zur Tatsachenfeststellung und Richtigkeitsgewähr, Anfechtbarkeit sowie Rechtskraft unterschiedlich ausgestaltet sind (OLG München FamRZ 2012, 391 f.). Der Umstand, dass der Antragsgegner Beschwerde gegen die einstweilige Regelung eingelegt hat, lässt nicht erkennen, die Wohnungsnutzung durch den anderen Ehegatten zu akzeptieren.

Die bisherigen **Abgrenzungsprobleme**, ob einstweiliger Rechtsschutz in einer anhängigen Ehesache (§ 620 ZPO a.F.) oder in einer isolierten Familiensache (§§ 621g, 644 ZPO a.F.) in Anspruch zu nehmen war, bestehen im selbstständigen Anordnungsverfahren nicht mehr. Die vielfältigen Abgrenzungsfragen zum Vorrang bzw. zur Subsidiarität, zur zeitlichen oder sachlichen Überschneidung aufgrund der unterschiedlichen Grundlagen einstweiliger Anordnungen nach bisherigem Recht (Musielak/*Borth* § 620 Rn. 16 ff.; Zöller/*Philippi* § 620 Rn. 23 ff.) stellen sich künftig nicht mehr. Die einstweilige Anordnung verdrängt in den Regelungsangelegenheiten des FamFG die einstweilige Verfügung und die vorläufige Anordnung. Sie sind in diesen Verfahrensgegenständen unzulässig, sodass Konkurrenzprobleme nicht mehr bestehen (BT-Drucks. 16/6308, S. 226; *Dose* Rn. 8; Zöller/*Feskorn* § 49 FamFG Rn. 2; Keidel/*Giers* § 49 Rn. 4; Prütting/Helms/*Stößer* § 49 Rn. 2). Durch die unterschiedlichen Verfahrensgegenstände bestehen zwischen dem allein auf Sicherung eines Anspruchs gerichteten Arrest (§ 119) und der einstweiligen Anordnung keine Überschneidungen. 5

Die Wirksamkeit einer Anordnungsentscheidung ist nicht nur durch §§ 54 und 56, sondern entscheidend durch ihre **strenge materiell-rechtliche Akzessorietät** (Gießler/*Soyka* Rn. 376; *Dose* Rn. 25; *Gießler* FPR 2006, 421, 424) begrenzt. Die Regelung im Anordnungsverfahren kann weder inhaltlich noch zeitlich über die eines identischen Hauptsacheverfahrens hinausgehen. Während nach allgemeiner Ansicht eine im Scheidungsverfahren erlassene einstweilige Anordnung über die Rechtskraft der Ehescheidung hinaus fortwirken konnte (BGH FamRZ 1981, 242; OLG Köln FamRZ 1997, 1093, 1094 m.N.), begrenzt nun der ma- 6 teriell-rechtliche Anspruch die Wirksamkeit der einstweiligen gerichtlichen Regelung. Praktisch Bedeutung erlangt dies für alle materiell-rechtlich auf die Trennungszeit bezogenen Verfahrensgegenstände, insb. die einstweilige Anordnung gem. § 246 zum Trennungsunterhalt (§ 1361 BGB). Ebenso wie die Voraussetzungen und die Höhe des Anspruchs kann die Anordnung zeitlich nicht über die identische Hauptsacheentscheidung hinausgehen. Die einstweilige Anordnung zum Trennungsunterhalt wird immanent durch die Rechtskraft der Ehescheidung begrenzt (*Dose* Rn. 25, 469; Horndasch/*Viefhues* § 56 Rn. 13; Johannsen/Henrich/*Büte* § 56 FamFG Rn. 3; *Roßmann* ZFE 2010, 88, 90; ähnlich Keidel/*Giers* § 246 Rn. 9; a.A. Prütting/Helms/*Stößer* § 56 Rn. 1, 5; Prütting/Helms/*Bömelburg* § 246 Rn. 24). Die Argumentation des OLG Hamm (v. 04.10.2012 – 3 UF 215/12, nach juris), dass die Wesensverschiedenheit von Trennungsunterhalt und nachehelichem Unterhalt zur Vermeidung eines regelungslosen Zustands zurücktreten müsse, überzeugt demgegenüber nicht. Hat kein Beteiligter ein Hauptsacheverfahren eingeleitet, tritt die einstweilige Anordnung weder durch die Rechtskraft einer anderweitigen Entscheidung (§ 56 Abs. 1 Satz 2) noch nach Maßgabe des § 56 Abs. 2 außer Kraft. Im Gegensatz zu § 620f Abs. 1 ZPO a.F. sieht § 56 Abs. 1 Satz 1 ausdrücklich vor, dass das Gericht die Wirksamkeit der Anordnung befristen kann (§ 56 Rdn. 2). Die zeitliche Befristung kann sich jedoch auch aus dem materiellen Recht ergeben. Daher tritt die Trennungsunterhaltsanordnung **kraft Gesetzes** mit Rechtskraft der Ehescheidung außer Kraft (a.A. AG Rosenheim FamRZ 2012, 1823 auf Antrag nach § 54 Abs. 1). Vollstreckt der Unterhaltsgläubiger über diesen Zeitraum hinaus Unterhalt, kann der Unterhaltspflichtige Anträge nach § 56 Abs. 2 Satz 1 und 54 Abs. 1 stellen oder ein Vollstreckungsabwehrverfahren gem. § 767 ZPO einleiten. Dem steht die Gesetzesbegründung nicht entgegen. Danach soll »aus demselben Grund« (gemeint ist die Hauptsacheunabhängigkeit) die »Rechtskraft der Ehescheidung nicht zu einem Außerkrafttreten der einstweiligen Anordnung führen« (BT-Drucks. 16/6308, S. 202). Dies steht jedoch in Widerspruch zu der – gesetzlich normierten – materiell-rechtlichen Akzessorietät der einstweiligen Anordnung. Die bisherige Begründung, dass aus Zweckmäßigkeitserwägungen die Fortgeltung einer einstweiligen Anordnung über die Rechtskraft der Ehescheidung hinaus einem regelungslosen Zustand vorzuziehen sei (BGH FamRZ 1981, 242), überzeugt für den neu konzipierten einstweiligen Rechtsschutz nicht mehr. Zu keinem wesentlich anderen Ergebnis gelangte die herrschende Meinung nach bisheriger Rechtslage. Zwar sollte die einstweilige Anordnung nicht gem. § 620f Abs. 1 ZPO a.F. mit Rechtskraft der Scheidung außer Kraft treten, allerdings war ein Abänderungsantrag nach § 620b Abs. 1 ZPO a.F. oder die Vollstreckungsabwehrklage (nach altem Recht) eröffnet (OLG Frankfurt am Main FuR 2006, 427 = FamRZ 2006, 1687, 1689; *Ebert* § 2 Rn. 317; Musielak/*Borth* § 644 Rn. 3; Zöller/*Philippi* § 644 Rn. 14; Wendl/Staudigl/*Schmitz* § 10 Rn. 238 ff.). Hiergegen spricht jedoch nunmehr der hervorgehobene materiell-rechtliche Bezug (§ 49 Abs. 1) sowie die Befristungsmöglichkeit (§ 56 Abs. 1). Eine Unterscheidung zwischen der gerichtlich angeordneten Befristung und der gesetzlich normierten Anspruchsbegrenzung erscheint nicht begründet, zumal sich für die Beteiligten ein wesentlicher Unterschied nicht erschließt. Die Interessen des unterhaltsberechtigten Ehegatten können – bei insoweit bestehendem Regelungsbedürfnis – durch eine Antragshäufung von Trennungs- und nachehelichem Unterhalt gewahrt werden (*Dose* Rn. 25). Eine vergleichbare materiell-rechtliche Abhängigkeit besteht für die einstweilige Zuweisung der Ehewohnung oder des Hausrats (§§ 1361a, 1361b BGB; OLG Brandenburg FamRZ 2000, 1102), während die Rechtskraft der Ehescheidung auf die Wirksamkeit einer einstweiligen Anordnung zum Kindesunterhalt oder zum Sorge- bzw. Umgangsrecht keinen Einfluss hat.

7 **II. Einstweilige Anordnung und Hauptsacheentscheidung.** Für das hauptsacheunabhängige Anordnungsverfahren sind die verfahrensrechtlichen Konsequenzen im Erst- und Abänderungsverfahren ebenfalls neu zu bestimmen (zum bisherigen Recht Musielak/*Borth* § 620 Rn. 23 ff.). Die **verfahrensrechtliche Grundlage** bilden folgende Umstände: Zum einen kann durch eine einstweilige Anordnung, die selbst nicht in Rechtskraft erwächst, eine Hauptsacheentscheidung (Beschluss oder bisher Urteil) oder ein das Hauptsacheverfahren beendender Vergleich nicht abgeändert werden, weil dies der Verfahren nach §§ 238, 239 und § 166 vorbehalten ist (OLG Karlsruhe FamRZ 2004, 1044; *Dose* Rn. 451 ff.; Gießler/*Soyka* Rn. 90). Nur wenn bereits ein Abänderungsverfahren in der Hauptsache anhängig ist, kommen vorläufige Regelung desselben Verfahrensgegenstandes in Betracht. Zum anderen bestehen die Möglichkeiten des § 54 Abs. 1 und 2 in dem Anordnungsverfahren grds. zeitlich unbefristet fort, solange nicht der Anordnungsbeschluss gem. § 56 außer Kraft getreten ist. Wurde bisher mit dem Antrag in der Hauptsache eine einstweilige Anordnung beantragt und später erlassen, trat diese mit der Hauptsacheentscheidung außer Kraft. In einem nachfolgenden Abänderungsverfahren (§§ 323 ZPO, 1696 BGB) ermöglichten die §§ 621g, 644 ZPO a.F. einstweilige Regelungen. Für das *hauptsacheunabhängige* Anordnungsverfahren ergeben sich folgende Änderungen:

Abschnitt 4. Einstweilige Anordnung § 51

Besteht **keine Hauptsacheentscheidung** und ist der Unterhalt bisher allein durch eine einstweilige Anordnung geregelt, können beide Beteiligten deren Abänderung (Erhöhung oder Herabsetzung des Unterhalts) wegen veränderter Verhältnisse gem. § 54 Abs. 1 beantragen. Auch ein längerer Zeitablauf steht einem entsprechenden Antrag im Anordnungsverfahren nicht entgegen (Wendl/Dose/*Schmitz* § 10 Rn. 231). Alternativ kann der Unterhaltsgläubiger ein Erstverfahren in der Hauptsache einleiten, das nicht auf Abänderung der bestehenden Anordnung gerichtet und an deren Grundlagen nicht gebunden ist. Die Einleitung eines Hauptsacheverfahrens ist unabhängig davon nicht mutwillig, ob in diesem Verfahren höherer Unterhalt geltend gemacht wird (OLG Hamm FamRZ 2011, 1157) oder die Beträge des Anordnungsverfahrens tituliert werden sollen. Der Unterhaltspflichtige kann seinerseits den Wegfall oder die Reduzierung des vorläufig titulierten Anspruchs in der Hauptsache mit einem negativen Feststellungsantrag verfolgen (§ 56 Rdn. 9). 8

Wird vor, mit oder nach dem **Hauptsacheantrag** ein Anordnungsverfahren eingeleitet und eine einstweilige Anordnung erlassen, so tritt diese mit dem (rechtskräftigen) Beschluss in der Hauptsache außer Kraft (§ 56 Abs. 1). Aufgrund der höheren Bestandskraft dieser Hauptsacheentscheidung kommt deren Änderung im Wege einstweiligen Rechtsschutzes (§ 49 Abs. 1; OLG Celle FamRB 2012, 8; a.A. *Giers* Rn. 137) ebenso wenig in Betracht wie eine Änderung der früheren (außer Kraft getretenen) einstweiligen Anordnung nach § 54 Abs. 1. Daher bedarf es weiterhin eines **Abänderungsverfahrens in der Hauptsache**, um die Wirksamkeit der bestehenden Hauptsacheentscheidung verfahrensrechtlich infrage zu stellen und den Weg einer vorläufig abweichenden Regelung zu eröffnen. Entsprechendes gilt bei Entscheidungen im Beschwerdeverfahren. Wenn gegen einen erstinstanzlichen Hauptsachebeschluss Beschwerde eingelegt wird, tritt eine vom Erst- oder Beschwerdegericht (§ 50 Abs. 1 Satz 2) erlassene einstweilige Anordnung erst mit der Beschwerdeentscheidung außer Kraft. Diese Hauptsacheentscheidung kann ebenfalls nicht im einstweiligen Anordnungsverfahren abgeändert werden, wenn nicht ein entsprechendes (Abänderungs-) Hauptsacheverfahren erstinstanzlich anhängig gemacht wird. 9

Ist der **Unterhaltsanspruch** durch eine Hauptsacheentscheidung oder einen Vergleich tituliert, kann der Unterhaltsberechtigte zu einem späteren Zeitpunkt höheren Unterhalt weder durch eine Abänderung eines früheren Anordnungsbeschlusses gem. § 54 Abs. 1 noch durch einen Antrag nach §§ 246, 49 in einem selbstständigen einstweiligen Anordnungsverfahren durchsetzen. Einstweiligen Rechtsschutz können beide Beteiligte in dieser Situation nur erhalten, wenn sie auch in der Hauptsache ein Abänderungsverfahren (§§ 238, 239) anhängig machen. Weil die dauerhafte Wirksamkeit der bestehenden (rechtskräftigen) Hauptsacheentscheidung zweifelhaft ist, kann während des Abänderungsverfahrens vom Gläubiger höherer Unterhalt im Wege einstweiliger Anordnung geltend gemacht werden. Der Unterhaltsschuldner ist verfahrensrechtlich nicht benachteiligt, weil sowohl durch die Hauptsacheentscheidung wie im Fall der Antragsrücknahme die »Abänderungsanordnung« außer Kraft tritt (§ 56 Abs. 1 und 2). Auch ein endgültiger Unterhaltsvergleich der Beteiligten oder eine vollstreckbare Unterhaltsurkunde können nicht im isolierten Anordnungsverfahren abgeändert werden (OLG Brandenburg FamRZ 2000, 1377), während ein vorläufiger Vergleich (Rdn. 33) dem Rechtsbehelf nach § 54 Abs. 1 unterliegt. Wurde der Erstantrag des Unterhaltsberechtigten in der Hauptsache abgewiesen, besteht mangels gerichtlicher Prognose kein der Abänderung zugänglicher Unterhaltstitel, sodass der Unterhaltsanspruch durch einen Leistungsantrag im Hauptsache- (BGH FamRZ 2005, 101; Wendl/Dose/*Schmitz* § 10 Rn. 142a) oder im selbstständigen Anordnungsverfahren ohne Bindung an das vorangegangene Unterhaltsverfahren geltend gemacht werden kann. Der Unterhaltspflichtige, der in der Hauptsache eine Reduzierung des Unterhaltsanspruchs verfolgt, kann einen Antrag auf einstweilige Einstellung der Zwangsvollstreckung aus dem Hauptsachetitel stellen (§ 120 Abs. 2). Die Abänderung eines im Beschwerdeverfahren ergangenen Unterhaltsbeschlusses des OLG kann ebenfalls nur während eines anhängigen Hauptsacheverfahrens erfolgen. Die Anträge der Beteiligten im Anordnungsverfahren sind durch die Rechtskraftwirkung des bestehenden Hauptsachetitels an den Umfang der in dem nachfolgenden Hauptsacheverfahren begehrten Abänderung gebunden. 10

Die vorgenannten Grundsätze gelten auch für Entscheidungen zum **Sorgerecht** (§ 1671 BGB) oder **Umgangsrecht** (§ 1684 BGB). Die Änderung einer in der Hauptsache ergangenen Entscheidung aufgrund triftiger, das Wohl des Kindes nachhaltig berührender Gründe durch eine einstweilige Anordnung ist ausgeschlossen (anders wohl OLG Hamm FamRZ 2011, 120; wie hier OLG Karlsruhe FamRZ 2004, 1044; OLG Bamberg FamRZ 1999, 666). Hat ein Elternteil indes ein Hauptsacheverfahren gem. § 166 Abs. 1 i.V.m. § 1696 Abs. 1 BGB eingeleitet, so kann bis zu dessen Abschluss eine einstweilige Anordnung durch das FamG oder den Beschwerdesenat gem. § 49 Abs. 1 ergehen. Während eine einstweilige Sorge- oder Um- 11 gangsregelung nach Maßgabe des § 54 abgeändert werden kann, lässt sich aus § 166 nicht herleiten, dass im Abänderungsverfahren eine vorangegangene Hauptsacheregelung einer abweichenden Beurteilung unterzogen werden kann (so aber *Giers* FamRB 2012, 8; *Giers* Rn. 160). Da in der Folgesache elterliche Sorge (§ 137 Abs. 3) nur für den Fall der Scheidung eine Regelung erfolgt (§ 142 Abs. 1), stellt die Folgesache, auch wenn die Abänderung einer bestehenden Sorgerechtsregelung beantragt wird, kein Hauptsacheverfahren dar, dass den Weg zu einer abändernden einstweiligen Anordnung eröffnet. Eine Maßnahme nach § 1666 BGB kann unabhängig von einer bestehenden einstweiligen oder endgültigen Regelung jederzeit von Amts wegen durch einstweilige Anordnung getroffen werden (Musielak/*Borth* § 51 Rn. 21). Ist das Sorge- oder Umgangsrecht bisher lediglich durch eine einstweilige Anordnung geregelt, kann deren Änderung von jedem Beteiligten nach § 54 Abs. 1 jederzeit beantragt oder ein Hauptsacheverfahren eingeleitet werden.

12 **C. Antragsverfahren und Amtsverfahren.** § 51 Abs. 1 unterscheidet – dem materiellen Recht folgend – zwischen Anordnungsverfahren, die nur auf Antrag eingeleitet werden, und solchen, in denen Entscheidungen von Amts wegen ergehen können (BT-Drucks. 16/6308 S. 185). Hieraus folgt eine **Dreiteilung** aus Antragsverfahren, die einen konkreten Sachantrag voraussetzen, Antragsverfahren, die lediglich das Verfahren einleiten und Verfahren, die keinen Antrag voraussetzen und von Amts wegen durchgeführt werden können (Vorbem. zu §§ 23 bis 37 Rdn. 4 ff.; Keidel/*Giers* § 51 Rn. 7 ff.; Zöller/*Feskorn* § 50 Rn. 2 f.). Die Unterteilung zwischen Familienstreitsachen als Antragsverfahren und Rechtsfürsorgeangelegenheiten als Amtsverfahren spiegelt die materiell-rechtliche Ausgangslage nicht wieder.

13 **Sachantragsverfahren:** Kann ein Anspruch oder ein Recht aus einem Rechtsverhältnis nach materiellem Recht nur auf Antrag durchgesetzt werden, ist auch für das Anordnungsverfahren ein solcher erforderlich. In **Ehe- und Familienstreitsachen** (§ 112 Nr. 1–3) ist im Anordnungsverfahren ein bestimmter Antrag i.S.v. §§ 113 Abs. 1 FamFG, 253 Abs. 2 Nr. 2 ZPO erforderlich (a.A. wohl *Giers* Rn. 113). Für Unterhaltsansprüche – auch im Zusammenhang mit einer Abstammungssache – und in sonstigen Familiensachen i.S.v. § 266 Abs. 1 muss der Antrag auf eine bestimmte Leistung gerichtet sein, der das Gericht bindet (§ 308 ZPO). Die begehrten Zahlbeträge sind im Einzelnen nach den jeweiligen Beteiligten und Zeitabschnitten zu beziffern. Dies gilt wegen der Vollstreckungsfähigkeit des Titels auch für die Herausgabe und Benutzung persönlicher Gegenstände. Der Antragsteller muss die den geltend gemachten Anspruch begründenden Tatsachen – nach den allgemeinen Grundsätzen der Darlegungs- und Beweislast – schlüssig vortragen und in diesem Umfang glaubhaft machen (§ 113 Abs. 1 i.V.m. § 294 ZPO).

14 **Verfahrenseinleitender Antrag:** Dieser unterscheidet sich vom Sachantrag dadurch, dass er nicht konkret auf eine bestimmte Regelung gerichtet sein muss. Ausreichend ist, wenn im Antrag oder dessen Begründung der Verfahrensgegenstand bzw. das Rechtsschutzziel sowie das Regelungsanliegen als Umschreibung der begehrten Regelung erkennbar werden (BGH FamRZ 1994, 158 [zum Beschwerdeantrag]). Die Offenheit des Antrags korrespondiert mit der materiell-rechtlichen Rechtsbeziehung der Beteiligten, der größeren gerichtlichen Regelungsbefugnis und der fehlenden Antragsbindung. Praktisch bedeutsam sind als Kindschaftssachen die Sorgerechts- und Umgangsverfahren (§ 151 Nr. 1 bis 3), die Wohnungszuweisungs- und Haushaltssachen (§ 200) sowie Gewaltschutzsachen (§§ 210, 214 Abs. 1 Satz 1),

15 **Reine Amtsverfahren:** Setzen die gesetzlichen Regelungen einen verfahrenseinleitenden Antrag nicht voraus, kann das Gericht ein Verfahren in der Hauptsache, aber auch als Anordnungsverfahren von Amts wegen einleiten. Dies folgt aus einem Umkehrschluss aus § 51 Abs. 1 Satz 1 sowie Abs. 2 Satz 1. Unabhängig davon, auf welchem Weg das Gericht von einem Regelungsbedürfnis Kenntnis erlangt (in Kindschaftssachen regelmäßig durch Mitteilung des Jugendamts gem. § 42 Abs. 3 Satz 2 Nr. 2, 50 SGB VIII; auch § 22a), kann es in Rechtsfürsorgeangelegenheiten eine einstweilige Anordnung von Amts wegen erlassen. Neben sorgerechtlichen Maßnahmen gem. §§ 1666, 1629 Abs. 2, 1630 Abs. 2, 1631b, 1632 Abs. 4, 1640 Abs. 3, 1687 Abs. 2 BGB kommen hier insb. einstweilige Anordnungen in Betreuungssachen (§§ 271, 300 bis 302), Unterbringungssachen (§§ 312, 331 bis 333 sowie § 334), Freiheitsentziehungssachen (§§ 415, 427) und Nachlasssachen (§§ 352 ff.) in Betracht. Das OLG Frankfurt (FamRZ 2014, 53) geht auch bei einem Umgangsverfahren von einem Amtsverfahren aus. Zur Verfahrenskonzeption in Kindschaftssachen § 49 Rdn. 27.

16 **D. Beteiligte des Anordnungsverfahrens.** Da für das Anordnungsverfahren die Vorschriften der Hauptsache gelten (§ 51 Abs. 2 Satz 1), ergeben sich für die Verfahrensbeteiligten keine Besonderheiten, die nach § 7 bzw. den jeweiligen speziellen Vorschriften zu bestimmen sind (*Giers* Rn. 58 ff.). Die gesetzlich festgelegten *Beteiligten* sind zum Anordnungsverfahren hinzuzuziehen, auch um der gesetzlichen Intention,

ein nachfolgendes Hauptsacheverfahren entbehrlich zu machen, gerecht werden zu können. In Familienstreitsachen gibt der materiell-rechtliche Anspruch die Beteiligten vor (§§ 113 FamFG, 253 Abs. 2 Nr. 1 ZPO), während in den weiteren Familiensachen des § 111 die Verfahrensbeteiligten ausdrücklich geregelt oder nach § 7 zu bestimmen sind. Die Verfahrensfähigkeit des Kindes bereitet aufgrund seiner gesetzlichen Vertretung durch einen Elternteil im Kindesunterhaltsverfahren keine Probleme. Für Anordnungsverfahren stellen sich in Kindschaftssachen indes dieselben Probleme wie im Hauptsacheverfahren (§ 9 Rdn. 6 ff.; OLG Stuttgart FuR 2010, 358 = FamRZ 2010, 1166; OLG Koblenz FamRZ 2010, 1919 einerseits, OLG Oldenburg FuR 2010, 173 = FamRZ 2010, 660 andererseits). Auf seinen Antrag hin ist gem. § 162 Abs. 2 das Jugendamt am Anordnungsverfahren in Kindschaftssachen zu beteiligen. Vereine, die im gerichtlichen Verfahren die Eltern- oder Kindesbelange wahrnehmen wollen, sind nicht als Beteiligte zum Verfahren hinzuzuziehen (Zöller/*Philippi* § 620a Rn. 22). Vielmehr ist nach § 10 Abs. 3 durch unanfechtbaren Beschluss ihre gerichtliche Vertretungsbefugnis zurückzuweisen. In Wohnungszuweisungssachen (§ 111 Nr. 5) sind weder Vermieter noch Eigentümer am Anordnungsverfahren zu beteiligen, weil endgültige Regelungen nicht getroffen werden können (OLG Hamm FamRZ 1987, 1277).

E. Vertretung durch einen Rechtsanwalt. Eine Verpflichtung der Beteiligten, sich im Anordnungsverfahren durch einen Rechtsanwalt vertreten lassen, besteht nur in dem Umfang, wie dies für das Hauptsacheverfahren geregelt ist (*Dose* Rn. 41). In Angelegenheiten der **freiwilligen Gerichtsbarkeit** gilt § 10 Abs. 1 und 2, wonach die Beteiligten das Verfahren selbst betreiben können, soweit kein Anwaltszwang besteht (§ 10 Abs. 1). Ihnen steht es frei, sich durch einen Rechtsanwalt vertreten zu lassen. Allein in Verfahren vor dem BGH besteht nach § 10 Abs. 4 Anwaltszwang, der für das Anordnungsverfahren keine Rolle spielt. 17

Für **Familiensachen** bestimmt § 114 den Umfang des Anwaltszwangs. Während sich die Beteiligten nach § 114 Abs. 1 in Ehe- und Folgesachen sowie in Familienstreitsachen (§ 112) im Hauptsacheverfahren vor dem FamG und dem OLG durch einen Rechtsanwalt vertreten lassen müssen (zur Vollmacht §§ 11 FamFG, 81 ff. ZPO), macht § 114 Abs. 4 hiervon für das einstweilige Anordnungsverfahren eine Ausnahme. Nach dem Wortlaut der Vorschrift kann ein Beteiligter das Anordnungsverfahren in einer Unterhaltssache selbst betreiben, während er sich in der Hauptsache gem. §§ 114 Abs. 1, 112 Nr. 1 durch einen Rechtsanwalt vertreten lassen muss. Nach der Gesetzesbegründung (BT-Drucks. 16/6308 S. 224) entspricht § 114 Abs. 4 Nr. 1 »der Regelung im geltenden Recht nach § 620a Abs. 2 Satz 2 ZPO in Verbindung mit dem bisherigen 78 Abs. 5 ZPO.« Im bisherigen Anordnungsverfahren konnte der verfahrenseinleitende Antrag nach § 620a Abs. 2 Satz 2 ZPO a.F. auch zu Protokoll der Geschäftsstelle erklärt werden, worauf sich allein § 78 Abs. 5 ZPO bezieht. Hieraus wurde überwiegend geschlossen, dass für das allein schriftlich geführte Anordnungsverfahren kein Anwaltszwang bestand. Eine anwaltliche Vertretung war im Anordnungsverfahren jedoch dann erforderlich, wenn für die Hauptsache Anwaltszwang bestand und über die Anträge mündlich verhandelt oder ein Antrag auf mündliche Verhandlung gestellt wurde (OLG Düsseldorf FamRZ 1992, 1198; *Ebert* § 2 Rn. 101; Zöller/*Philippi* § 620a Rn. 9a; *Gießler/Soyka* Rn. 109). Die Gesetzesbegründung für die Ausnahmeregelung im Anordnungsverfahren sowie der zugleich betonte Schutzzweck der für den Beteiligten oft existenziellen Familienstreitsachen (BT-Drucks. 16/6308 S. 223 f.) sprechen zwar für eine unveränderte Rechtslage. Nach dem unmissverständlichen Wortlaut, der nicht mehr an dem zu Protokoll der Geschäftsstelle erklärbaren Antrag anknüpft, sondern ausdrücklich das Anordnungsverfahren vom Anwaltszwang ausnimmt, spricht für ein redaktionelles Versehen in der Gesetzesbegründung. Danach unterliegen alle einstweiligen Anordnungsverfahren in Familiensachen im erstinstanzlichen Verfahren, im Beschwerdeverfahren nach § 57 Satz 2 sowie das Anordnungsverfahren in zweiter Instanz **nicht dem Anwaltszwang** (*Büte* FPR 2009, 14, 15; Zöller/*Feskorn* § 50 Rn. 9; Keidel/*Giers* § 51 Rn. 13; Prütting/Helms/*Stößer* § 51 Rn. 3; *Schürmann* FamRB 2008, 375, 377; *Vorwerk* FPR 2009, 8, 9). 18

F. Verfahrenskostenhilfe. Für das hauptsacheunabhängige Anordnungsverfahren (§ 51 Abs. 3 Satz 1) müssen die Verfahrensbeteiligten – wie bisher – gesondert Verfahrenskostenhilfe beantragen (*Götsche* FamRZ 2009, 383, 385; *Giers* Rn. 198 ff.). Auf einen (ersichtlich) noch gerichtlich durchzusetzenden Anspruch auf Verfahrenskostenvorschuss (§ 246 Rdn. 18 ff.) können die Beteiligten nicht verwiesen werden, weil der Kostenvorschuss alsbald zu realisieren sein muss (OLG Saarbrücken FamRZ 2010, 2094). Auch für eine Schutzschrift gegen den drohenden Erlass einer einstweiligen Anordnung (Rdn. 27) kann Verfahrenskostenhilfe zu bewilligen sein, wenn die Schutzschrift genauso dringend geboten erscheint wie die Anordnung selbst, sodass in Sorgerechtsverfahren der Erlass einer einstweiligen Anordnung ohne das Vorbringen in der Schutzschrift das Kindeswohl erheblich gefährden würde (OLG Jena FamRZ 2010, 141). Die bewilligte Ver- 19 fahrenskostenhilfe erstreckt sich auf das **gesamte Anordnungsverfahren** und umfasst sämtliche Anträge und Verfahrensabschnitte in dieser Instanz bis zum Außerkrafttreten einer erlassenen Anordnung. Werden Anträge nach §§ 54 Abs. 1 und 2, 55 Abs. 2, 56 Abs. 3 sowie § 52 Abs. 1 nicht im zeitlichen Zusammenhang mit der erlassenen Anordnung sondern sehr viel später gestellt, kommt die erneute Bewilligung von Verfahrenskostenhilfe in Betracht. Ob der Antrag auf Verlängerung einer ursprünglich befristeten Anordnung vergütungsrechtlich als dieselbe Angelegenheit zu beurteilen ist, sodass für den Antrag nach § 54 erneut Verfahrenskostenhilfe zu bewilligen wäre, wird unterschiedlich beurteilt (OLG Zweibrücken FamRZ 2013, 324 f.; AG Bad Kreuznach AGS 2009, 64; § 49 Rdn. 81). Für ein Beschwerdeverfahren nach § 57 Satz 2 ist jedoch gesondert Verfahrenskostenhilfe zu beantragen und ggf. zu bewilligen. Etwas anderes kann gelten, wenn der Gegenstand des Änderungsverfahrens nach § 54 Abs. 1 über das bisherige Verfahren hinausgeht. Auch bei Rücknahme des einstweiligen Anordnungsantrags kommt es für die Bewilligung von Verfahrenskostenhilfe auf den Zeitpunkt der Bewilligungsreife an (a.A. OLG Saarbrücken FamRZ 2009, 894, das auf den Zeitpunkt der Entscheidung abstellt, m. krit. Anm. *Gottwald* FamRZ 2009, 895).

20 Die Voraussetzungen für die Bewilligung von Verfahrenskostenhilfe folgen aus den §§ 76 ff. FamFG, 114 ff. ZPO. Probleme haben sich unter dem Gesichtspunkt der Mutwilligkeit im Anordnungsverfahren selbst, aber auch für das parallel oder später eingeleitete Hauptsacheverfahren wie auch für die Beiordnung eines Rechtsanwalts nach § 78 ergeben (kritisch unter dem Kostengesichtspunkt *Fischer* MDR 2011, 642, 645 f.).
  – Die Einleitung eines Anordnungsverfahrens in Kindschaftssachen kann sich als **mutwillig** erweisen, wenn sich der Elternteil nicht zuvor um die Vermittlung und Unterstützung des Jugendamts bemüht hat (OLG Saarbrücken FamRZ 2010, 310; OLG Stuttgart FamRZ 2009, 354; diff. OLG Celle FamRZ 2013, 141; a.A. OLG Koblenz FamRZ 2009, 1230; OLG Schleswig FamRZ 2008, 107; allgemein zum Umgangsverfahren BGH FamRZ 2009, 857). Ob die Einleitung von einstweiligen Anordnungs- und Hauptsacheverfahren als mutwillig zu beurteilen ist, wird im Hinblick auf die verfahrensrechtlichen Gesichtspunkte einerseits sowie Kostenaspekte eines wirtschaftlich denkenden bemittelten Beteiligten andererseits unterschiedlich beurteilt. Die Vorläufigkeit und die geringeren Ermittlungsmöglichkeiten in Anordnungsverfahren lassen im Umgangsverfahren das Rechtsschutzbedürfnis für das Hauptsacheverfahren nicht notwendig entfallen (OLG Frankfurt FamRZ 2011, 661), jedenfalls wenn bisher eine endgültige Regelung nicht getroffen werden konnte. Gleichwohl kann es einem Elternteil zumutbar sein, das Ergebnis eines Anordnungsverfahrens zum Aufenthaltsbestimmungsrecht abzuwarten, bevor ein Hauptsacheverfahren anhängig gemacht wird (OLG Köln FamRZ 2011, 1157 f.; OLG Saarbrücken FamRZ 2013, 564). Die Rechtsverfolgung im Hauptsacheverfahren ist nicht mutwillig, wenn der Unterhaltsanspruch bereits im Anordnungsverfahren (teilweise) tituliert worden ist (OLG Hamm FamRZ 2011, 1157; OLG München FamRZ 2012, 391 [Wohnungszuweisungsverfahren]).
  – Ausnahmsweise kann nach einer ergangenen einstweiligen Anordnung die Einleitung des Hauptsacheverfahrens mutwillig sein. In Familienstreitsachen gilt dies grds. wegen des Interesses an einer rechtskräftigen Entscheidung nicht. In den anderen Familiensachen kann der Anordnungsbeschluss ausreichenden Rechtsschutz bieten; so etwa in Gewaltschutzverfahren, wenn die Erwartung besteht, der Antragsgegner werde sich an das Kontakt- und Näherungsverbot halten (OLG Hamm FamRZ 2014, 585; OLG Zweibrücken FuR 2010, 178 = FamRZ 2010, 666; OLG Celle FamRZ 2010, 1586; a.A. OLG Hamm 2010, 825; VKH-Bewilligung, wenn dies streitig ist OLG Stuttgart FamRZ 2010, 1266 oder wenn nicht erkennbar ist, ob der Antragsgegner die einstweilige Regelung ohne Weiteres hinnehmen wird OLG München FamRZ 2012, 1234 f.; OLG Nürnberg FamRZ 2010, 1679 zum Sorgerecht). Stützt der Antragsteller seinen Hauptsacheantrag auf identische Sachverhalte und verfolgt er dasselbe Rechtsschutzziel ist ihm nach OLG Frankfurt (FamRZ 2012, 144, 145) ein Zuwarten bis zum Abschluss des Anordnungsverfahrens zumutbar, weil auch der »bemittelte« Antragsteller aus Kostengründen nicht parallel ein Hauptsacheverfahren einleiten würde, wenn die einstweiligen Schutzanordnungen einen effektiven Opferschutz bieten (OLG Saarbrücken FPR 2011, 234).
  – Für die **Beiordnung** eines Rechtsanwalts ergeben sich für das Anordnungsverfahren keine Besonderheiten ggü. dem Hauptsacheverfahren (§ 76 Rdn. 5 ff.), sodass die Maßstäbe des BGH (FuR 2010, 568 = FamRZ 2010, 1427) auch hier Anwendung finden. Danach ist eine konkrete, an den objektiven und subjektiven Gegebenheiten des konkreten Falls orientierte Notwendigkeitsprüfung erforderlich, die den Umfang und die Schwierigkeit der konkreten Sache und die Fähigkeit des Beteiligten, sich mündlich oder schriftlich auszudrücken, berücksichtigt, wobei der BGH offen gelassen hat, welches Gewicht einer *existenziellen Bedeutung* des Verfahrens (BGH FamRZ 2008, 1968 zur Vaterschaftsfeststellung; verneint:

OLG Celle FamRZ 2014, 2017 [nicht im einfach gelagerten Gewaltschutzverfahren]; bejaht: OLG Brandenburg FamRZ 2015, 353 [LS]) noch zukommt. Hingegen kann der in § 78 Abs. 2 nicht mehr geregelte Grundsatz der Waffengleichheit bei der Prüfung der Erforderlichkeit zu berücksichtigen sein (BGH FamRZ 2010, 1427; OLG Bremen FamRZ 2010, 1362).

G. Form und Inhalt des Antrags. I. Die **Antragsberechtigung** ergibt sich aus dem materiell-rechtlichen 21 Anspruch oder Rechtsverhältnis. Für Unterhaltssachen folgt sie aus dem Anspruch selbst oder einer gesetzlichen Prozessstandschaft. Ein Elternteil, in dessen Obhut sich ein gemeinsames Kind befindet, kann dieses vertreten und nach der Trennung dessen Anspruch nur im eigenen Namen geltend machen (§ 1629 Abs. 2 und 3 BGB). Hat ein Elternteil beim Jugendamt eine Beistandschaft beantragt, so vertritt der Beistand das Kind in dieser Angelegenheit (§§ 1712 Abs. 1, 1716 BGB). In Kindschaftssachen folgt die Antragsberechtigung dem materiellen Recht (§§ 1671 Abs. 2, 1684 Abs. 1, 1685 Abs. 1 und 2, 1632 Abs. 4, 1682 BGB).

II. Antragsform: Der Antrag ist gem. § 25 Abs. 1 (in Familienstreitsachen: § 113 Abs. 1 FamFG, 129 ZPO) 22 schriftlich beim zuständigen (§ 25 Abs. 2 und 3) Gericht zu stellen oder zur Niederschrift der Geschäftsstelle abzugeben. Sowohl in Familienstreitsachen wie auch in anderen Familiensachen ist eine Antragshäufung zulässig. Die Anträge können auch in einem Rangverhältnis von Haupt- und Hilfsantrag gestellt werden. Dies kann für den Antragsgegner von Bedeutung sein, wenn er den Zurückweisungsantrag hilfsweise mit einem Antrag nach § 52 Abs. 2 (§ 52 Rdn. 10 ff.; *Gießler/Soyka* Rn. 53) verbindet. Ein (unzulässiger) Antrag auf Erlass einer einstweiligen Verfügung wird i.d.R. in einen Antrag auf einstweilige Anordnung umzudeuten bzw. auszulegen sein. Bis zur Grenze des Rechtsmissbrauchs sind wiederholte Anträge zulässig (OLG Zweibrücken FamRZ 1986, 1229). Im Gegensatz zum bisherigen Recht und über § 23 Abs. 1 Satz 1 hinaus besteht für alle Anträge **Begründungszwang** (§ 51 Abs. 1 Satz 2). Der Antragsteller hat die seinen Antrag oder sein Rechtsschutzziel rechtfertigenden Tatsachen vorzutragen und das Regelungsbedürfnis (§ 49 Abs. 1) darzulegen. Welche Anforderungen an die Begründung des Antrags im Einzelfall zu stellen sind, richtet sich – wie im Hauptsacheverfahren – nach dem jeweiligen Verfahrensgegenstand und dem hieraus folgenden Regelungsbegehren. An den Begründungsumfang sind nur die sich aus dem Charakter des summarischen Verfahrens ergebenden (reduzierten) Anforderungen zu stellen (Zöller/*Feskorn* § 51 FamFG Rn. 4). Genügt der Antrag den Erfordernissen nicht, hat das Gericht die Beteiligten hierauf gem. §§ 28 Abs. 1 und 2; 113 Abs. 1 FamFG i.V.m. § 139 ZPO hinzuweisen oder dies in einer mündlichen Verhandlung zu erörtern.

- Weil in Amtsverfahren das Gericht die Verantwortung für die zu ermittelnden Tatsachen trägt, obliegt den Beteiligten nur eine Mitwirkung.
- In Familienstreitsachen, insb. in Unterhaltsverfahren, hingegen gilt auch im Eilverfahren der Beibringungsgrundsatz (§§ 113 Abs. 1 FamFG; 128, 253 ZPO), aus dem der Begründungsumfang abzuleiten ist; eine Amtsermittlung erfolgt mit den Einschränkungen der §§ 235, 236 nicht.
- Wegen seiner unterhaltsrechtlichen Natur gelten für die auch auf Ausgleichsrente gem. § 20 Abs. 1 VersAusglG gerichtete einstweilige Anordnung (§ 49 Rdn. 68) die Anforderungen in Familienstreitsachen.
- In welchem Umfang in Hausratsverfahren vorhandener Hausrat darzustellen ist, folgt aus §§ 203 Abs. 2, 206 und einer entsprechenden gerichtlichen Auflage (§ 203 Rdn. 6 ff.; OLG Brandenburg FamRZ 2004, 891; a.A. OLG Düsseldorf FamRZ 1999, 1270). Allerdings sind die begehrten Hausratsgegenstände in dem Verfahren, das gewisse Ähnlichkeiten mit dem Zivilprozess aufweist (BT-Drucks. 16/6308 S. 250), mit vollstreckungsfähiger Bestimmtheit zu bezeichnen (OLG Brandenburg FamRZ 2000, 1102).
- Für die Zuweisung der Ehewohnung sind die Voraussetzungen für eine unbillige Härte i.S.d. § 1361b Abs. 1 BGB auf der Grundlage konkreter Umstände darzulegen und glaubhaft zu machen (OLG Köln FamRZ 2011, 118 f.).
- In Kindschaftssachen, die nur auf Antrag eingeleitet werden (z.B. §§ 1626c Abs. 2, 1628, 1630 Abs. 3, 1631 Abs. 3, 1632 Abs. 3, 1671 Abs. 2 BGB), hat der antragstellende Elternteil die Voraussetzungen der begehrten Rechtsfolge darzutun.
- An die verfahrenseinleitende Erklärung in Gewaltschutzsachen, für den die §§ 210 ff. keine besonderen Regelungen vorsehen, sind die Anforderungen geringer (BT-Drucks. 16/6308 S. 251).

III. Der Antragsteller hat die den Antrag rechtfertigenden Tatsachen einschließlich des Regelungsbedürfnis- 23 ses **glaubhaft** zu machen (§§ 31; 113 Abs. 1 FamFG, 294 ZPO). In Verfahren mit Amtsermittlungsgrundsatz (§ 26) besteht grds. keine **Glaubhaftmachungslast** (*Gießler/Soyka* Rn. 60; Schwab/Maurer/*Borth* I Rn. 924; *Ebert* § 3 Rn. 50), weil das Gericht den Sachverhalt von Amts wegen zu ermitteln hat. Hiervon unberührt ist die bereits zu § 12 FGG a.F. anerkannte Mitwirkungspflicht der Beteiligten, die nunmehr ausdrücklich in § 27 Abs. 1 aufgenommen ist (BT-Drucks. 16/6308 S. 186). Will der Antragsteller eine kurzfristige Entscheidung ohne mündliche Verhandlung erreichen, muss er seinen Sachvortrag glaubhaft machen, weil das Gericht anderenfalls seine Entscheidung nur auf eigene Ermittlungen stützen kann (*Ebert* § 3 Rn. 50). Für Streitverfahren gelten für die Darlegungs- und Glaubhaftmachungslast die Grundsätze des Hauptsacheverfahrens. Grds. ist dem Antragsgegner rechtliches Gehör mit der Folge zu gewähren, dass in Familienstreitsachen nach § 138 Abs. 3 ZPO nicht bestrittene Tatsachen als zugestanden gelten. Im Ausnahmefall einer einseitigen Entscheidung muss der Antragsteller auch naheliegende Einwendungen entkräften (OLG Frankfurt am Main FamRZ 1989, 87 f.). Auch wenn § 51 Abs. 1 Satz 2 allein auf den Antragsteller bezogen ist, gilt die Pflicht zur Begründung und Glaubhaftmachung für alle Verfahrensbeteiligten.

24 Dem Zweck des Eilverfahrens entsprechend setzt § 51 Abs. 1 Satz 2 die Anforderungen an das **Beweismaß** des § 30 Abs. 1 bzw. der §§ 113 FamFG, 286 ZPO für das Hauptsacheverfahren herab (*Zöller/Feskorn* § 51 FamFG Rn. 13). Nach § 31 Abs. 1 können sich die Beteiligten hinsichtlich der tatsächlichen Behauptungen grds. aller Beweismittel bedienen. Allerdings ist eine Beweisaufnahme, die nicht sofort erfolgen kann, unstatthaft (§ 31 Abs. 2). Dadurch sollen Verzögerungen durch eine langwierige Tatsachenermittlung vermieden und die beschleunigte Durchführung des Eilverfahrens erreicht werden (BT-Drucks. 16/6308 S. 190). Aus diesem Grund kommt der ausdrücklich zugelassenen eidesstattlichen Versicherung (§§ 31 Abs. 1, 113 Abs. 1 FamFG, 294 ZPO) im Anordnungsverfahren eine besondere Bedeutung zu. Die häufig anzutreffende Praxis, dass ein Beteiligter die tatsächlichen Angaben durch Bezugnahme auf den Schriftsatz seines Verfahrensbevollmächtigten an Eides statt versichert, genügt den Anforderungen der Rspr. des BGH nicht. Vielmehr muss die eidesstattliche Versicherung des Beteiligten eine eigene konkrete Sachdarstellung enthalten (BGH NJW 1996, 1682). Darüber hinaus können die Beteiligten ihren Vortrag durch Urkunden (Verdienstbescheinigungen, ärztliche Bescheinigungen, Bescheide über einen Platzverweis, schriftlichen Zeugenerklärungen, Lichtbilder usw.) belegen und glaubhaft machen (*Ebert* § 1 Rn. 25). Die Benennung von Zeugen durch den Antragsgegner in einer Gewaltschutzsache ist zur Glaubhaftmachung nicht ausreichend, da es dem Gericht auch i.R.d. Amtsermittlungsgrundsatzes (§ 26) nicht obliegt, im Anordnungsverfahren Zeugen zum Termin zu laden, sodass schriftliche Erklärungen der Zeugen vorzulegen sind (OLG Bremen FamRZ 2012, 142 [LS]).

25 **IV.** Der Antragsteller kann seinen Sach- bzw. verfahrenseinleitenden Antrag **zurücknehmen** (§ 22 Abs. 1) oder die Beteiligten können die Hauptsache übereinstimmend für erledigt erklären (OLG Hamburg FamRZ 2015, 2185 [ohne Zustimmung der Beteiligten auch nach Erlass eines Beschlusses]). Für Familienstreitsachen gelten in diesem Fall die Vorschriften der §§ 113 Abs. 1 FamFG, 269 Abs. 3 Satz 2, 91a ZPO. Da im Anordnungsverfahren keine rechtskräftige Entscheidung ergehen kann, bedarf die Rücknahme des Antrags auch nach mündlicher Verhandlung nicht der Zustimmung des Antragsgegners (BGH NJW-RR 1993, 1470; *Zöller/Greger* § 269 Rn. 13; a.A. *Keidel/Giers* § 51 Rn. 12; zur Rücknahme eines Anordnungsantrags und PKH OLG Saarbrücken FamRZ 2009, 894).

26 **H. Verfahrensgang. I.** Für das Anordnungsverfahren gelten die Vorschriften des jeweiligen Hauptsacheverfahren entsprechend, soweit nicht das summarische Anordnungsverfahren etwas anderes gebietet (*Zöller/Feskorn* § 51 FamFG Rn. 6). Dem Antragsgegner ist im einstweiligen Anordnungsverfahren, das grds. auf eine beschleunigte Entscheidung gerichtet ist (§ 49 Rdn. 6, *Keidel/Giers* § 51 Rn. 20; zur Untätigkeitsbeschwerde § 57 Rdn. 4), auf den zulässigen Antrag durch dessen Übersendung (§ 23 Abs. 2 FamFG; §§ 129 ff. ZPO) zur Stellungnahme binnen einer bestimmten Frist **rechtliches Gehör** zu gewähren (Art. 103 Abs. 1 GG). In Amtsverfahren hat das Gericht die Beteiligten über die Einleitung des Verfahrens und die dem zugrunde liegende Anregung (etwa des Jugendamtes) zu informieren und ihnen Gelegenheit zur Stellungnahme zu geben hat (§ 24 Rdn. 3). Grds. ist die formlose Übersendung der Antragsschrift oder Anregung ausreichend. Im Hinblick auf eine gebotene Frist zur Stellungnahme oder Anberaumung einer mündlichen Verhandlung erscheint die Zustellung geboten. Ob der Antragsgegner seinerseits im Anordnungsverfahren dem Rechtsschutzbegehren mit einem eigenen »Gegenantrag« für Schutzanordnungen im Hinblick auf die damit evtl. verbundene zeitliche Verzögerung entgegentreten kann, wird für das einstweilige Verfügungsverfahren unterschiedlich beurteilt (*Dötsch* MDR 2012, 623). Erlässt das Gericht sogleich eine einstweilige Anordnung, ist das rechtliche Gehör nachzuholen (*Schwab/Maurer/Borth* I Rn. 921). Dem Beteiligten stehen die verfahrensrechtlichen Möglichkeiten nach § 54 Abs. 1 und 2 offen.

27 Seinen Anspruch auf rechtliches Gehör kann der Antragsgegner vorbeugend im Wege einer **Schutzschrift** wahren, wenn er mit einem gegen ihn gerichteten Eilantrag rechnet. Das Gericht muss organisatorisch dafür Sorge tragen, dass eine Schutzschrift mit dem Anordnungsantrag vorgelegt wird. In der Schutzschrift kann der Antragsgegner verfahrensrechtlich (zum Anordnungsgrund, Durchführung einer mündlichen

Verhandlung) sowie materiell-rechtlich (zum Anordnungsanspruch) zu dem erwarteten Eilantrag Stellung nehmen (PG/*Fischer* § 937 Rn. 4; Zöller/*Vollkommer* § 937 Rn. 4). Zugleich müssen Anhaltspunkte glaubhaft gemacht werden, aufgrund derer mit einem Anordnungsantrag zu rechnen ist (OLG Celle v. 17.11.2010 – 15 WF 293/10). Sinnvoll kann dies Vorgehen sein, wenn mit einer Entscheidung ohne mündliche Verhandlung zu rechnen ist. Vor der Zurückweisung eines Anordnungsantrags ist dem Antragsteller wiederum rechtliches Gehör zu gewähren. Zur Verfahrenskostenhilfe für eine Schutzschrift Rdn. 19.

II. Nach § 32 Abs. 1 steht die **Erörterung** der Sache mit den Beteiligten im Ermessen des Gerichts. Für Familienstreitsachen gilt im Hauptsacheverfahren §§ 113 Abs. 1, 128 ZPO nur entsprechend, sodass eine Entscheidung im Anordnungsverfahren unabhängig vom Verfahrensgegenstand **ohne mündliche Verhandlung** ergehen kann, was **§ 51 Abs. 2 Satz 2** klarstellt. Bei der Verfahrensgestaltung wird die Dringlichkeit im Einzelfall zu berücksichtigen sein (*Giers* Rn. 145). Ist der Antrag zurückzuweisen, bedarf es keines Termins. Über einen Antrag nach § 54 Abs. 2 können die Beteiligten indes eine solche herbeiführen. In der Praxis hat sich in Familiensachen eine Entscheidung über einen Anordnungsantrag nach mündlicher Verhandlung bewährt, zumal nicht gem. § 54 Abs. 2 erneut zu beschließen ist. Die Erörterung mit den Beteiligten, deren persönliches Erscheinen angeordnet werden sollte (§ 33 Abs. 1), führt i.d.R. nicht zu einer den Interessen des Antragstellers widersprechenden zeitlichen Verzögerung und ermöglicht erfahrungsgemäß eine effektive Aufklärung des Sachverhalts (*Dose* Rn. 255 ff.). Die wesentlichen Ergebnisse der mündlichen Verhandlung oder einer Anhörung sind aussagekräftig schriftlich niederzulegen (OLG Saarbrücken FamRZ 2010, 2085). Schließlich bietet sie die Gelegenheit für eine vergleichsweise Beendigung des Verfahrens. 28

– Aus diesen Gründen soll in Unterhaltssachen nach § 246 Abs. 2 eine Entscheidung aufgrund mündlicher Verhandlung ergehen. Wird ein Antrag auf Ausgleichsrente geltend gemacht, gilt dies entsprechend (§ 221 Abs. 1).
– In Kindschaftssachen (§ 151) soll das Gericht vorrangig und beschleunigt die Sache mit den Beteiligten erörtern (§ 155 Abs. 1 und 2), auf Einvernehmen hin wirken (§ 156 Abs. 1) und das Kind (§ 159) sowie die Eltern (§ 160) **persönlich anhören** (Rdn. 32).
– In Ehewohnungs- und Haushaltssachen soll das Gericht die Angelegenheit mit den Ehegatten persönlich erörtern (§ 207)
– Die Durchführung einer mündlichen Verhandlung vor Erlass einer einstweiligen Anordnung steht in Gewaltschutzsachen (§ 214) im pflichtgemäßen Ermessen des Gerichts und hängt von der glaubhaft gemachten Gefahrenlage ab (BT-Drucks. 16/6308 S. 252).
– In Verfahren zur Anordnung oder Genehmigung der freiheitsentziehenden Unterbringung Minderjähriger (§ 49 Rdn. 50) sind das betroffene Kind sowie der bestellte Verfahrensbeistand anzuhören (§§ 331 Satz 1 Nr. 3 und 4, 159 Abs. 4 Satz 3). Hiervon kann nur bei gesteigerter Dringlichkeit abgesehen werden, um diese unverzüglich nachzuholen (§ 332). Die Anhörung ist ggf. auch im Beschwerdeverfahren durchzuführen (BGH FamRZ 2012, 1556, 1558).

Will das Gericht die einstweilige Anordnung nicht ohne mündliche Verhandlung erlassen, so hat es diese zeitnah zu terminieren (OLG München FamRZ 2010, 1755, 1756). Nach § 32 Abs. 2, der auch für Anordnungsverfahren gilt, soll zwischen **Ladung** und Termin eine angemessen Frist liegen. Die Ladungsfrist von einer Woche (§§ 113 Abs. 1 Satz 2 FamFG, 217 ZPO; OLG Dresden FamRZ 2002, 1498 f.) gilt auch in Familienstreitsachen nicht, weil im Anordnungsverfahren kein Anwaltszwang besteht (Rdn. 17 f.); sie erscheint jedoch wegen der Eilbedürftigkeit ausreichend und angemessen i.S.v. § 32 Abs. 2 (OLG Frankfurt FamRZ 2012, 316 f.). Nach dem durch Art. 22 Nr. 17 geänderten § 170 Abs. 1 GVG sind mündliche Verhandlungen, Erörterungen und Anhörungen in Familiensachen sowie in Angelegenheiten der freiwilligen Gerichtsbarkeit **nicht öffentlich**. Gegen den Willen eines Beteiligten kann das Gericht die Öffentlichkeit nicht zulassen (§ 170 Abs. 2 GVG). 29

III. Aus der Eigenart des Anordnungsverfahrens als Eilverfahren ergeben sich Konsequenzen für die gerichtliche Verfahrensgestaltung, die jede Verzögerung vermeiden muss. Daher kommt eine **Aussetzung** des Verfahrens nach § 21 Abs. 1 bzw. §§ 113 Abs. 1 FamFG, 148 ff. ZPO (OLG Frankfurt am Main FamRZ 1985, 409), die *Anordnung des* **Ruhens** *des Verfahrens* oder die Einholung eines schriftlichen **Sachverständigengutachtens** im Regelfall nicht in Betracht (OLG Saarbrücken FamRZ 2011, 131; OLG Jena FamRZ 2010, 1830; BT-Drucks. 16/6308 S. 200; einschränkend Prütting/Helms/*Stößer* § 51 Rn. 8 beim Entzug des Sorgerechts). Soweit andere Erkenntnisquellen zur Verfügung stehen, ist das Gericht im einstweiligen Anordnungsverfahren nicht gehalten, ein Sachverständigengutachten einzuholen (BVerfG FamRZ 2012, 938, 939). Eine mündliche Beurteilung des Sachverständigen im Termin ist indes nicht ausgeschlossen (Thomas/ 30

Putzo/*Reichold* § 51 FamFG Rn. 4). Nicht geklärt ist die Frage, ob und ggf. in welcher Weise einem Beteiligten einstweiliger Rechtsschutz zu gewähren ist, wenn die Beteiligten eine **Mediation** begonnen haben. In der Praxis wird die Möglichkeit einer Mediation gerade dazu genutzt, bei den Verfahrensbeteiligten, insb. in Kindschaftssachen bei den Eltern, die Bereitschaft zu wecken, für eine einvernehmliche Lösung und Gestaltung aufeinander zuzugehen. In dieser Situation wirkt das Regelungskonzept des § 156 Abs. 3 Satz 2, das auf eine vorläufige gerichtliche Regelung gerichtet ist (»soll«), zwar nicht kontraproduktiv, aber auch nicht ohne Weiteres konfliktminimierend. Nach § 1 Abs. 1 Nr. 1–3 des RegE für ein Mediationsgesetz kann diese als außergerichtliche, gerichtsnahe oder richterliche Mediation erfolgen. Nach Art. 4 des Gesetzentwurfs »zur Förderung der Mediation und anderer Verfahren der außergerichtlichen Konfliktbeilegung« (BT-Drucks. 17/5335) soll im geplanten § 36a Abs. 2 FamFG im Fall der Mediation das gerichtliche Verfahren ausgesetzt werden. Für Familienstreitsachen wird in diesem Fall nach § 278a ZPO-Entwurf das Ruhen des Verfahrens angeordnet. Bereits jetzt entschließen sich die Beteiligten, insb. in Kindschaftssachen, häufiger zur Mediation. Bei Aufnahme einer Mediation, die sowohl im Hauptsache- wie im Anordnungsverfahren denkbar ist, wird bereits jetzt gem. § 21 Abs. 1 die Aussetzung oder nach §§ 113 Abs. 1 FamFG, 251 ZPO das Ruhen des Verfahrens angeordnet, wobei die Durchführung eines Mediationsverfahrens als wichtiger Grund anzusehen ist (§ 21 Rdn. 15). Probleme entstehen jedoch dann, wenn sich das Mediationsverfahren über einen längeren Zeitraum hinzieht, ohne dass der Gegenstand des Anordnungsverfahren einer konkreten Regelung der Beteiligten zugeführt worden ist und nunmehr ein Beteiligter eine gerichtliche Regelung (etwa auf Umgang) für notwendig hält. Vor diesem Hintergrund sieht § 155 Abs. 4 FamFG-Entwurf vor, dass das Gericht das Verfahren wieder aufnimmt, wenn die Beteiligten keine Einigung erzielt haben. Die Aussetzung des Verfahrens führt dazu, dass gesetzliche Fristen nicht mehr laufen (zur Beschwerdebegründungsfrist aber BGH FamRZ 2009, 775) und Entscheidungen zur Hauptsache wirkungslos sind (§ 21 Rdn. 27 ff.), sodass einstweilige Maßnahmen nicht ausgeschlossen sind. Diese stehen indes in Widerspruch zum Ansatz der begonnenen und nicht gescheiterten Mediation. Auch wenn die Beteiligten die Mediation nicht abgebrochen haben, wird eine einstweilige Regelung im Einzelfall geboten sein, ohne dadurch den Beteiligten ihren Gestaltungsspielraum im Mediationsverfahren einzuschränken.

I.Ü. ist der Umfang der Beweiserhebung und **Sachverhaltsermittlung** vom Regelungsbedürfnis einerseits sowie vom Sinn und Zweck des Anordnungsverfahrens andererseits abhängig (OLG Düsseldorf FamRZ 1995, 182), ohne dass § 51 Abs. 2 Satz 1 eine nähere Regelung enthält.

31 Auf **Familienstreitsachen** finden nach § 113 Abs. 1 die Vorschriften über das erstinstanzliche Verfahren der ZPO Anwendung, mithin auch der Beibringungsgrundsatz. Unstreitige oder nicht bestrittene Tatsachen (§ 138 Abs. 3 ZPO) können der Entscheidung zugrunde gelegt werden. Eine weitergehende Aufklärung des Sachverhalts als im Hauptsacheverfahren ist nicht erforderlich, wobei sich das Gericht auf präsente Beweismittel (§ 31 Abs. 2) beschränken kann. Ob in dem auf Unterhalt gerichteten Anordnungsverfahren die – bisher wohl wenig genutzte – Vorschrift des § 643 ZPO a.F. genutzt werden kann, wurde bisher überwiegend verneint (*Dose* Rn. 37; *Gießler/Soyka* Rn. 369). Ob diese restriktive Ansicht zu den §§ 235, 236 im selbstständigen Anordnungsverfahren aufrecht zu erhalten ist, scheint zweifelhaft. Unterhaltsverfahren dienen nicht der sofortigen Existenzsicherung, sodass die beantragte einstweilige Anordnung gem. § 246 Abs. 2 grds. nach mündlicher Verhandlung ergehen soll. Mit einer Terminsladung oder der Übersendung des Antrags kann zugleich eine Auflage nach § 235 Abs. 1 Satz 3 mit entsprechend kurzer Frist erteilt und ein ggf. weiteres Vorgehen nach § 236 Abs. 1 angekündigt werden. Auch eine vom Arbeitgeber einzuholende Auskunft wird i.d.R. zügig bearbeitet. Einer geringen zeitlichen Verzögerung des Verfahrens steht eine deutliche Entschärfung der Konflikts durch belegte Einkünfte ggü., die zugleich eine höhere Richtigkeitsgewähr der Anordnung sichern (§ 246 Rdn. 6). Besonderheiten des summarischen Verfahrens (BT-Drucks. 16/6308 S. 200) stehen dem nicht entgegen.

32 In Verfahren, für die der **Amtsermittlungsgrundsatz** gilt, besteht auch im einstweiligen Anordnungsverfahren eine weitergehend Verpflichtung, den Sachverhalt aufzuklären und ggf. Beweis zu erheben (OLG Düsseldorf FamRZ 1995, 182 f.), wobei die verfassungsrechtlichen Vorgaben insb. in Kindschaftssachen zu berücksichtigen sind (§ 49 Rdn. 23; Zöller/*Feskorn* § 51 FamFG Rn. 7). Beschränkungen ergeben sich aus den jeweiligen Umständen des Einzelfalls. Neben der Dringlichkeit des Regelungsbedürfnisses kommt gerade in Kindschaftssachen dem Eingriff in die Rechte eines Beteiligten und der Präjudizwirkung einer nur vorläufigen Regelung besondere Bedeutung zu. Die akute Kindeswohlgefährdung rechtfertigt eine sofortige Entscheidung nach § 1666 BGB aber auch in Umgangsverfahren nach § 1684 Abs. 4 BGB, sodass weitere *und notwendige Aufklärung* erst im Anordnungs- oder Hauptsacheverfahren möglich ist. Die Übertragung

des Aufenthaltsbestimmungsrechts lässt hingegen mehr Raum für die Aufklärung der tatsächlichen Verhältnisse. Ein wesentliches Element der gerichtlichen Ermittlungen ist die **Anhörung der Beteiligten** (*Schnitzler* FF 2012, 62, 64), wie sie allgemein in § 34 und für Familiensachen ausdrücklich

– in § 159 für das Kind (OLG Schleswig FamRZ 2014, 1383 [im Verfahren nach § 1666 BGB], in § 160 für die Eltern und § 162 für das Jugendamt für Kindschaftsverfahren,
– in § 205 Abs. 1 für das Jugendamt in Ehewohnungssachen, wenn Kinder im Haushalt der Ehegatten leben,
– in 213 Abs. 1 für das Jugendamt in Gewaltschutzverfahren bei Maßnahmen nach § 2 Abs. 1 GewSchG, wenn Kinder in dem Haushalt leben

geregelt ist. Als Interessenvertreter für das zu beteiligende Kind kann auch im Anordnungsverfahren ein Verfahrensbeistand zu bestellen und zu beteiligen sein. Gleichwohl kann bei sofortiger Entscheidung, auch wenn ein Regelbeispiel des § 158 Abs. 2 vorliegt, hiervon im Einzelfall abgesehen werden (OLG Brandenburg FamRZ 2015, 1216). Darüber hinaus ist die Anhörung des Betroffenen in Betreuungs-, Unterbringungs- und Freiheitsentziehungssachen für das Hauptsache- und teilweise für das Anordnungsverfahren ausdrücklich geregelt (§§ 278 f., 300 Abs. 1 Nr. 4, 319 f., 331 Nr. 4, 420, 427 Abs. 2). Kann die Anhörung wegen der besonderen Eilbedürftigkeit nicht erfolgen, ist sie im Anordnungsverfahren unverzüglich nachzuholen, woraus sich die Notwendigkeit zur Änderung der ergangenen Anordnung ergeben kann, die § 54 Abs. 1 Satz 3 eröffnet. Zeitaufwendige Ermittlungen durch die Einholung eines Sachverständigengutachtens können hingegen im Anordnungsverfahren nicht erfolgen.

IV. Die Beteiligten können im Anordnungsverfahren ebenso wie im Hauptsacheverfahren einen **Vergleich** 33 schließen (§§ 36 Abs. 1, 113 Abs. 1 FamFG, 794 Abs. 1 Nr. 1 ZPO), soweit sie über den Gegenstand des Verfahrens verfügen können (§ 36 Rdn. 9). Er ist nach Maßgabe der §§ 159 ff. ZPO zu protokollieren (§ 36 Abs. 2 Satz 2). Für Familienstreitsachen und kontradiktorisch geprägte Familiensachen steht dies aufgrund des materiell-rechtlichen Bezugs außer Frage. In Amtsverfahren und Kindschaftssachen können die Beteiligten nicht über den Verfahrensgegenstand disponieren, sodass sie nur eine Vereinbarung schließen können, die der gerichtlichen Bestätigung bedarf, um rechtliche Geltung zu erhalten und Grundlage der Vollstreckung zu werden (§ 156 Abs. 2 Satz 1). Die Beteiligten können ihren Vergleich oder die Vereinbarung inhaltlich und zeitlich begrenzen (zur Haftung des Rechtsanwalts beim Vergleichsabschluss BGH FamRZ 2009, 683).

Welche Reichweite einem im Anordnungsverfahren geschlossenen Vergleich zukommen soll (*Dose* Rn. 373; 34 *Gießler/Soyka* Rn. 135 f.), wurde entgegen ursprünglichen Bestrebungen einer gesetzlichen Regelung nicht zugeführt. Schließen die Beteiligten einen Vergleich, kann dieser nach ihrem Willen an die Stelle einer einstweiligen Anordnung treten und deren Wirkung entfalten oder eine endgültige Regelung darstellen. § 56 Abs. 2 des RefE hatte eine gesetzliche Vermutung eines **Interimsvergleichs** vorgesehen. Soll der Vergleich lediglich vorläufig – bis zu einer Hauptsacheregelung – als Vollstreckungstitel dienen, kommt ihm keine weitergehende Wirkung als einer gerichtlichen einstweiligen Anordnung zu (BGH FamRZ 1983, 892, 893). Hieraus ergeben sich verfahrensrechtliche Konsequenzen dahin, dass der Interimsvergleich mit Wirksamwerden der Hauptsacheentscheidung außer Kraft tritt (§ 56 Abs. 1; BGH FamRZ 1991, 1175 f.) und auf Antrag gem. § 54 Abs. 1 der Abänderung unterliegt (OLG Hamm FuR 2013, 52). Ein als endgültige Regelung gewollter Vergleich hingegen kann allein über ein Hauptsacheverfahren nach §§ 239, 166 abgeändert werden. Vor diesem Hintergrund sollte im Vergleichstext eindeutig festgehalten werden, welche Wirkung die Beteiligten dem Vergleich beimessen; etwa durch die Formulierung: »zur Erledigung des Anordnungsverfahrens« (OLG Frankfurt am Main FamRZ 1989, 87 f.) oder »zur endgültigen Beilegung des Verfahrensgegenstands«. Enthält der Vergleich keine Klarstellung, ist auf den Wortlaut und die Auslegung der getroffenen Regelung abzustellen. Der Umstand, dass der Vergleich im Anordnungsverfahren geschlossen wurde, stellt regelmäßig ein Indiz für eine lediglich vorläufig gewollte Regelung dar (OLG Karlsruhe FamRZ 2009, 1840; OLG Schleswig FamRZ 1997, 624 [LS]; *Gießler/Soyka* Rn. 115). Die Formulierung »für die Dauer des Getrenntlebens« lässt für sich genommen keinen Schluss auf eine als endgültig gewollte Regelung zu, sodass eine Abänderung nach § 239 nicht statthaft, jedoch Rechtsschutz über § 54 sowie einen Leistungsantrag oder negativen Feststellungsantrag eröffnet ist (OLG Thüringen FamRZ 2012, 54 f.; s. § 56 Rdn. 8 ff.). Da das Anordnungsverfahren hauptsacheunabhängig ist, kann ein endgültiger Vergleich nur ein bereits eingeleitetes Hauptsacheverfahren beenden, indem dort die Hauptsache übereinstimmend für erledigt erklärt wird. War ein solches Verfahren noch nicht anhängig, stellt der endgültige Vergleich ein Verfahrenshindernis für ein späteres Erstverfahren dar und kann daher nur abgeändert werden (*Giers* Rn. 157).

35 Streiten die Beteiligten, ob der Vergleich wirksam abgeschlossen wurde, ist das Anordnungsverfahren zur Klärung dieser Frage fortzusetzen (§ 36 Rdn. 29 f.). Besteht zwischen den Beteiligten Uneinigkeit darüber, ob der Vergleich auch ein anhängiges Hauptsacheverfahren beendet oder einem solchen entgegen steht, ist dies im Hauptsacheverfahren – im zweiten Fall als Zulässigkeitsfrage – zu klären (OLG Hamm FamRZ 1991, 582).

36 **I. Selbstständiges Anordnungsverfahren.** § 51 Abs. 3 Satz 1 enthält die wesentliche Neuerung des Anordnungsverfahrens, als dieses in jedem Fall unabhängig von der Hauptsache durchgeführt wird. Die Anhängigkeit eines Hauptsacheverfahrens ist weder erforderlich, noch steht das Anordnungsverfahren einem solchen entgegen. Die verfahrensrechtliche Selbstständigkeit ist Gegenstück zur Hauptsacheunabhängigkeit (BT-Drucks. 16/6308 S. 200; Rdn. 2 ff.; BGH FuR 2011, 154 = FamRZ 2011, 199) und führt u.a. dazu, dass in Kindschaftssachen der sowohl im Hauptsache- wie im Anordnungsverfahren für das Kind bestellte Verfahrensbeistand gem. § 157 Abs. 7 jeweils eine Vergütung beanspruchen kann. Eine entsprechende Bestellung kann bei einheitlich geführtem Hauptsache- und Anordnungsverfahren auch konkludent erfolgen (OLG Zweibrücken FamRZ 2015, 1928). Eine verfahrensrechtliche Verbindung zum Hauptsacheverfahren stellen § 51 Abs. 3 Satz 2 und § 52 her.

37 Eine verfahrensrechtliche Vereinfachung schafft § 51 Abs. 3 Satz 2 – ähnlich wie § 68 Abs. 3 Satz 2 für das Beschwerdeverfahren (§ 68 Rdn. 36 ff.) – für **einzelne Verfahrenshandlungen**, wenn das Anordnungsverfahren der Hauptsache vorgeschaltet ist. Die Verfahren können auch parallel anhängig sein und Verfahrenshandlungen zuerst im Eilverfahren erfolgen und in der Hauptsache übernommen werden. Aus Gründen der Verfahrensökonomie muss das Erst- oder Beschwerdegericht im Hauptsacheverfahren einzelne Verfahrenshandlungen nicht wiederholen, wenn (kumulativ) diese im Anordnungsverfahren erfolgt sind und eine erneute Vornahme oder Wiederholung keine zusätzlichen Erkenntnisse verspricht. Die Verfahrenshandlungen beziehen sich auf die gerichtliche Feststellung der entscheidungserheblichen Tatsachen. Soweit im Eilverfahren eine Beweisaufnahme durch die Vernehmung von Zeugen oder die Augenscheinseinnahme erfolgte, kann das Ergebnis in der Hauptsache verwertet werden. Aber auch die Sachverhaltsaufklärung durch die Anhörung der Beteiligten kann übernommen werden. Da § 68 Abs. 3 Satz 2 für das Beschwerdeverfahren dem Wortlaut nach weiter gefasst ist, sollte auf Termine oder eine mündliche Verhandlung in der Hauptsache nicht verzichtet werden, für die die Gesetzesbegründung den Termin in Kindschaftssachen nach § 155 Abs. 2 ausdrücklich anführt (BT-Drucks. 16/6308 S. 200). Die Wiederholung einer Verfahrenshandlung steht im Ermessen des Gerichts, wobei auf inhaltliche und zeitliche Aspekte abzustellen sein wird. Umfassende Angaben eines Beteiligten oder die ausführliche Aussage eines Zeugen lassen weitere Erkenntnisse im Hauptsacheverfahren nicht erwarten. Ein größerer zeitlicher Abstand spricht wegen neuer entscheidungserheblicher Entwicklungen i.d.R. für eine erneute Vornahme der Verfahrenshandlung. Die Verfahrenshandlung muss im vorangegangenen Eilverfahren verfahrensgemäß erfolgt und die Verfahrensrechte der Beteiligten müssen gewahrt worden sein. Wurde im Anordnungsverfahren formlos Beweis erhoben (§ 29), kann im Hauptsacheverfahren eine Wiederholung der Beweisaufnahme erforderlich sein, wenn in der Hauptsache eine förmliche Beweisaufnahme (§ 30) durchzuführen ist (Keidel/Giers § 51 Rn. 25). Will das Hauptsachegericht nach § 51 Abs. 3 Satz 2 vorgehen, muss es die Beteiligten hierauf rechtzeitig hinweisen und Gelegenheit zur Stellungnahme geben. Anfechtbar ist das Vorgehen allein mit der Beschwerde gegen die Hauptsacheentscheidung und der Rüge unzureichender Sachverhaltsaufklärung.

38 Ob Verfahrenshandlungen aus einem anhängigen Hauptsacheverfahren in einem später eingeleiteten Anordnungsverfahren verwertet werden können, ist in der Vorschrift nicht geregelt. Wurden in einer Kindschaftssache die Eltern in der Hauptsache bereits angehört und ist mit einer baldigen Entscheidung wegen weiterer Ermittlungen nicht zu rechnen, kann ein Regelungsbedürfnis entstehen. Aufgrund der zeitlichen Nähe bestehen keine Bedenken das Anhörungsergebnis im Eilverfahren – nach entsprechendem Hinweis – zu verwerten. Eine erneute Anhörung wird geboten sein, wenn das Regelungsbedürfnis aus einem neuen, bei der erfolgten Anhörung nicht bekannten Umstand hervorgeht.

39 Im Beschwerdeverfahren können die Regelungen der §§ 51 Abs. 3 Satz 2, 68 Abs. 3 Satz 2 kumuliert werden. Das Beschwerdegericht kann im Hauptsacheverfahren Erkenntnisse aus dem erstinstanzlichen Verfahren nach § 68 Abs. 3 Satz 2 einbeziehen und solche aus einem (früheren oder anhängigen) Anordnungsverfahrens gem. § 51 Abs. 3 Satz 2. Für den umgekehrten Fall einer Beschwerde im Anordnungsverfahren (§ 57 Satz 2) greift neben § 68 Abs. 3 Satz 2 (für das erstinstanzliche Eilverfahren) die entsprechende Anwendung des § 51 Abs. 3 Satz 2 hinsichtlich neuerer Erkenntnisse aus einem später eingeleiteten Hauptsacheverfahren. Für die Ermessensausübung des Beschwerdegerichts wird maßgeblich sein, dass es von der

Abschnitt 4. Einstweilige Anordnung   § 51

Feststellung in erster Instanz überzeugt sein muss. Im Beschwerdeverfahren darf es bei neuen tatsächlichen Entwicklungen nicht von einer eigenen Sachverhaltsermittlung bzw. -feststellung absehen.

J. Entscheidung im Anordnungsverfahren. I. Das Gericht entscheidet im Anordnungsverfahren gem. 40 §§ 51 Abs. 2 Satz 1, 38 Abs. 1 durch zu begründenden **Beschluss** (dazu *Gießler/Soyka* Rn. 131 ff.). Dieser ist mit einer Rechtsbehelfsbelehrung (§ 39) zu versehen, in der – je nach bisherigem Verfahrensverlauf – über die statthaften Rechtsmittel und Rechtsbehelfe zu belehren ist. Dass in der Belehrung eine falsche Beschwerdefrist von einem Monat angeführt ist, rechtfertigt nach der Rspr. des BGH (FamRZ 2012, 1287; § 17 Rdn. 35) keine Wiedereinsetzung eines anwaltlich vertretenen Beteiligten (OLG Saarbrücken FamRZ 2013, 1155; OLG Frankfurt MDR 2012, 1347). Die Belehrung muss daher auf die Rechtsbehelfe nach § 54 Abs. 1 und 2 sowie auf das Rechtsmittel der Beschwerde nach § 57 hinweisen. Darüber hinaus muss sich die Rechtsbehelfsbelehrung (BGH FamRZ 2010, 1425) auch auf das Antragsrecht nach § 52 Abs. 1 und 2 beziehen (*Dose* Rn. 366; Horndasch/*Viefhues* § 49 Rn. 11; Prütting/Helms/*Stößer* § 51 Rn. 14; *Gießler/Soyka* Rn. 135). Zwar handelt es sich insoweit nicht um Rechtsbehelfe (Zöller/*Feskorn* § 51 Rn. 11). Gleichwohl sind die Antragsrechte bewusst in das gesetzliche Rechtsschutzsystem aufgenommen worden (BT-Drucks. 16/6308 S. 200; § 52 Rdn. 1), zumal eine nicht unerhebliche Zahl von Eilverfahren ohne anwaltliche Vertretung geführt werden. Zu den Regelungsmöglichkeiten § 49 Rdn. 15 ff. In Angelegenheiten der Freiwilligen Gerichtsbarkeit ist der Beschluss den Beteiligten bekannt zu geben bzw. zuzustellen (§§ 40, 41). In Familiensachen wird der Beschluss den Beteiligten i.d.R. gem. § 41 Abs. 1 Satz 2 zuzustellen sein, soweit dem Antrag eines Beteiligten nicht voll entsprochen wird. Für Familienstreitsachen folgt die Zustellung aus §§ 113 Abs. 1 FamFG, 329 Abs. 3 ZPO.

Nach § 52 Abs. 2 Satz 3 ist eine **Versäumnisentscheidung** für sämtliche Verfahrensgegenstände im Anord- 41 nungsverfahren ausgeschlossen (*Gießler/Soyka* Rn. 133). Erscheint in Antragsverfahren der Antragsteller nicht, erfolgt weder eine Erörterung der Angelegenheit noch eine Beschlussfassung über den Antrag. Ist der Antragsgegner nicht anwesend, ergeht – auch in Familienstreitsachen (§§ 113 Abs. 1 FamFG, § 331 ZPO) – keine Entscheidung aufgrund seiner Säumnis, sondern eine einseitige streitige Verhandlung wird mit anschließender gerichtlicher Entscheidung durchgeführt.

II. Antragsbindung: Bei seiner Entscheidung ist das Gericht – mit Ausnahme reiner Amtsverfahren – an 42 den von den Beteiligten bestimmten **Verfahrensgegenstand** gebunden und kann hiervon nicht abweichen. An einen nur verfahrenseinleitenden Antrag (Rdn. 14) ist das Gericht bei seiner Entscheidung infolge der Amtsermittlung und der in das Ermessen des Gerichts gestellten Rechtsfolgeanordnung nur hinsichtlich des Verfahrensgegenstands gebunden (Zöller/*Feskorn* § 51 FamFG Rn. 12; OLG Frankfurt am Main FamRZ 2001, 691). Für Familienstreitsachen gilt die Antragsbindung der §§ 113 Abs. 1 FamFG, 308 Abs. 1 ZPO. Insoweit ist die weite Regelungskompetenz des § 49 Abs. 1 insb. in Anordnungsverfahren nach § 246 begrenzt.

III. Der Anordnungsbeschluss ist gem. § 38 Abs. 3 Satz 1 zu **begründen**, wie dies bisher aus § 620d ZPO 43 a.F. und allgemeinen rechtsstaatlichen Grundsätzen hergeleitet wurde (OLG Düsseldorf FamRZ 2002, 249). Die Begründungspflicht gilt auch für Anordnungsbeschlüsse, die ohne mündliche Verhandlung ergehen, wobei eine Bezugnahme auf die Antragsschrift ausreichend sein kann. Auch unanfechtbare Entscheidungen (§ 57 Satz 1) bedürfen einer Begründung (OLG Hamm FamRZ 1993, 719). Rechtsmittelfähige Entscheidungen (§ 57 Satz 2) müssen für das Beschwerdegericht die entscheidungserheblichen Tatsachen und Beurteilungen erkennen lassen; anderenfalls kommt eine Aufhebung und Zurückverweisung in Betracht. Auch nach Erledigung der Hauptsache kann ein Beschwerdeverfahren zur Feststellung der Rechtswidrigkeit der getroffenen Regelung fortgeführt werden (§ 62 Rdn. 3, 9 ff.; OLG München FamRZ 2010, 1755). Eine einstweilige Anordnung, die ohne mündliche Verhandlung erlassen wurde, wird nicht formell rechtskräftig, weil die Beteiligten ohne Bindung an eine Frist einen Antrag nach § 54 Abs. 1 oder 2 stellen können. Sie erwächst auch, wenn die Beschwerdefrist des § 57 Satz 2 verstrichen ist, nicht in materielle Rechtskraft, wenn die Beteiligten die Regelung als endgültige akzeptieren. Zur Vollstreckung der Anordnung § 53. Rechtsbehelfe bzw. Rechtsmittel §§ 54, 57.

IV. Kostenentscheidung: Im Gegensatz zu § 620g ZPO a.F., wonach die Kosten des Anordnungsverfahrens 44 als solche der Hauptsache galten und nur ausnahmsweise im Anordnungsverfahren eine Kostenentscheidung geboten war (OLG Köln FamRZ 2007, 650), ist nach § 51 Abs. 4 mit dem Beschluss über die Kosten des Anordnungsverfahrens zu entscheiden. Die Kostenentscheidung ist notwendig, weil der einstweilige Rechtsschutz durch ein selbstständiges Anordnungsverfahren, das von einer Hauptsache unabhängig ist, gewährleistet wird. Für die Kostenentscheidung sind die allgemeinen Vorschriften der §§ 80 ff. (*Zimmer-*

mann FamRZ 2009, 377) sowie in **Familienstreitsachen** die §§ 91 ff. ZPO (§§ 119 Abs. 1 Satz 1, 113 Abs. 1 Satz 2) maßgeblich und nur in Bezug auf das jeweilige Anordnungsverfahren anzuwenden, sodass der Verlauf oder Ausgang eines entsprechenden Hauptsacheverfahrens auf die Kostenentscheidung keinen Einfluss haben. Es ist ermessensfehlerhaft dem Antragsteller in dem auf Wohnungszuweisung gerichteten Hauptsacheverfahren die Kosten insgesamt mit der Begründung aufzuerlegen, hierfür habe aufgrund einer vorläufigen Wohnungszuweisung kein Rechtsschutzinteresse bestanden (OLG München FamRZ 2013, 390, 391). Kann in der Hauptsache von der Kostenentscheidung abgesehen werden, gilt dies auch für das Anordnungsverfahren (BT-Drucks. 16/6308 S. 201); etwa bei einer einstweiligen Anordnung über die Genehmigung einer freiheitsentziehenden Unterbringung eines Minderjährigen (Vorbem. 1.3.1 vor KV 1310 zu § 3 Abs. 2 FamGKG). In Familiensachen ist stets über die Kosten nach Maßgabe der einschlägigen Vorschriften zu entscheiden (§ 81 Abs. 1 Satz 3). Wird das Anordnungsverfahren durch Rücknahme, Erledigung oder einen Vergleich abgeschlossen, bedarf es nur einer Entscheidung über die Kosten des Anordnungsverfahrens (§§ 83, 81 FamFG; 269, 91a, 98 ZPO), sofern diese nicht im Vergleich geregelt sind. Die Beschwerdeentscheidung regelt die Kosten des Beschwerdeverfahrens gem. § 51 Abs. 4 nach den §§ 81, 84 sowie in Familienstreitsachen nach den §§ 113 Abs. 1 FamFG, 308 Abs. 2, 91 ff. ZPO (anders bisher: OLG Brandenburg FamRZ 2001, 1021; 2002, 964; OLG Karlsruhe FamRZ 1988, 855). Hat in Familienstreitsachen die – ggf. ausnahmsweise zulässige – Beschwerde nur aufgrund neuen Vorbringens des Beschwerdeführers Erfolg, sind diesem die Kosten aufzuerlegen (§ 97 Abs. 2 ZPO). Für die Erledigung der Hauptsache oder Rücknahme der Beschwerde gelten die §§ 81, 83, 84 FamFG. Enthält der Anordnungsbeschluss keine Kostenentscheidung, so ist der Beschluss gem. § 43 Abs. 1 – in Familienstreitsachen nach § 321 ZPO – auf einen binnen 2 Wochen zustellenden (a.A. zum bisherigen Recht *Gießler/Soyka* Rn. 237) Antrag zu ergänzen. Auch die Kostenentscheidung im Anordnungsverfahren ist als Endentscheidung isoliert anfechtbar, während für Familienstreitsachen die Begrenzungen der §§ 91 ff. ZPO gelten (Vorbemerkung zu §§ 58 bis 75 Rdn. 20 ff.).

45 **Ungeklärt** ist die – für das bisherige Verfahren nach §§ 620, 620g ZPO a.F. unproblematische – Frage der Kostenentscheidung im selbstständigen Anordnungsverfahren, wenn sich weitere Verfahrensabschnitte durch ein Aufhebungs- oder Abänderungsverfahren (§ 54 Abs. 1 und 2), ein Aufhebungsverfahren nach § 52 Abs. 2, eine Verfahren nach § 56 oder ein Beschwerdeverfahren nach § 57 Satz 2 an den Anordnungsbeschluss, der allein über die bis dahin entstandenen Kosten befinden kann, anschließen (Prütting/Helms/*Bömelburg* § 246 Rn. 28). In der Sachverständigenanhörung des Rechtsausschusses wurde für eine differenzierte Kostenregelung plädiert, die jedoch nicht in die Ausschussempfehlung aufgenommen wurde. Für das Arrest- und einstweilige Verfügungsverfahren wird insoweit von unterschiedlichen Verfahren ausgegangen, die eine eigenständige Kostenregelung erfordern können.
Eine Kostenentscheidung in späteren Verfahrensabschnitten des Anordnungsverfahrens ist nur erforderlich, wenn hierdurch zusätzliche Kosten nicht offensichtlich ausgeschlossen sind (zu den Gebühren § 49 Rdn. 79 ff.). Da der Erlass einer einstweiligen Anordnung sowie jedes Verfahren auf deren Abänderung oder Aufhebung dieselbe Angelegenheit sind (§ 16 Nr. 5 RVG n.F.), entstehen weder zusätzliche Gebühren, noch erhöht sich durch ein Abänderungs- oder Aufhebungsverfahren – wie bisher nach § 18 Nr. 1 RVG a.F. – der Gegenstandswert des Verfahrens (§ 49 Rdn. 81). Denkbar ist das zusätzliche Eingreifen neuer Gebührentatbestände jedoch dann, wenn die einstweilige Verfahren ohne mündliche Verhandlung erlassen wurde und über einen Aufhebungs- oder Abänderungsantrag nach mündlicher Erörterung bzw. Verhandlung befunden wird (§ 54 Abs. 2, 55 Abs. 2, 56 Abs. 3; OLG Oldenburg FamRZ 2007, 575). Soweit – entgegen der aktuellen Rechtslage – für das Aufhebungs- oder Abänderungsverfahren ein eigenständiger Gebührenwert zuerkannt werden sollte, wäre ebenfalls eine Kostenentscheidung erforderlich. Für die Kostenregelung können dann die für das Arrestverfahren entwickelten Grundsätze herangezogen werden (Zöller/*Vollkommer* § 922 Rn. 8; § 925 Rn. 8; § 926 Rn. 26; § 927 Rn. 12), die jedoch aufgrund der Dauerwirkung einer Entscheidung im einstweiligen Anordnungsverfahren eine andere Bedeutung gewinnen.

46 Wird auf einen Antrag nach **§ 54 Abs. 1 oder 2** die erlassene Anordnung aufgehoben oder erstmals erlassen, ist im Beschluss nach § 54 über die insgesamt entstandenen Kosten nach Maßgabe der jeweiligen Kostenregelungen zu entscheiden. Entsprechendes gilt für das Beschwerdeverfahren (§ 57 Satz 2), sodass dem Antragsteller in einer Familienstreitsache die Kosten aufzuerlegen sind, wenn sein Antrag abgewiesen wird. War die einstweilige Anordnung längere Zeit wirksam und wird sie dann aufgrund **veränderter Umstände** (erstmals) in einem Verfahren nach § 54 abgeändert, ist über die zusätzlichen, im Aufhebungs- bzw. Abänderungsverfahren entstandenen Kosten durch eine evtl. Terminsgebühr usw. im Rahmen einer eigenständi-

gen Kostenregelung des Abänderungs- oder Aufhebungsbeschlusses zu entscheiden (Prütting/Helms/*Stößer* § 56 Rn. 12, der eine Kostenentscheidung für das Abänderungsverfahren in dem Hauptsacheverfahren erwägt), durch die die Kostenregelung des Anordnungsbeschlusses nicht berührt wird (Zöller/*Vollkommer* § 927 Rn. 12; OLG Koblenz WRP 1988, 389; OLG Frankfurt am Main WRP 1992, 248; BGH NJW 1989, 107). Durch das Fristsetzungs- und Aufhebungsverfahren nach § 52 Abs. 2 werden regelmäßig keine weiteren Gebühren anfallen, weil es sich auch insoweit um dieselbe Angelegenheit i.S.d. § 16 Nr. 5 RVG n.F. handelt. Gleichwohl führt die Aufhebung der einstweiligen Anordnung wegen Fristversäumung zur Kostenlast des gesamten Anordnungsverfahrens (§ 52 Rdn. 17). Auch ein Beschluss auf Antrag eines Beteiligten über das Außerkrafttreten einer einstweiligen Anordnung enthält eine Kostenentscheidung § 56 Rdn. 25).

§ 52 Einleitung des Hauptsacheverfahrens.
(1) ¹Ist eine einstweilige Anordnung erlassen, hat das Gericht auf Antrag eines Beteiligten das Hauptsacheverfahren einzuleiten. ²Das Gericht kann mit Erlass der einstweiligen Anordnung eine Frist bestimmen, vor deren Ablauf der Antrag unzulässig ist. ³Die Frist darf drei Monate nicht überschreiten.
(2) ¹In Verfahren, die nur auf Antrag eingeleitet werden, hat das Gericht auf Antrag anzuordnen, dass der Beteiligte, der die einstweilige Anordnung erwirkt hat, binnen einer zu bestimmenden Frist Antrag auf Einleitung des Hauptsacheverfahrens oder Antrag auf Bewilligung von Verfahrenskostenhilfe für das Hauptsacheverfahren stellt. ²Die Frist darf drei Monate nicht überschreiten. ³Wird dieser Anordnung nicht Folge geleistet, ist die einstweilige Anordnung aufzuheben.

Übersicht

	Rdn.		Rdn.
A. Allgemeines	1	D. Antragsverfahren	10
B. Anwendungsbereich	3	I. Fristsetzungsverfahren	11
C. Verfahren von Amts wegen	5	II. Aufhebungsverfahren	15

A. Allgemeines. Die Regelung ergänzt in Anlehnung an § 926 ZPO den Rechtsschutz der Beteiligten im einstweiligen Anordnungsverfahren und soll die Einschränkung des Beschwerderechts nach § 57 Satz 1 kompensieren, indem die Beteiligten in Amtsverfahren (§ 52 Abs. 1) und Antragsverfahren (§ 52 Abs. 2) auf die Einleitung des Hauptsacheverfahrens hinwirken können, das mit den umfassenderen Erkenntnismöglichkeiten und dem höheren richterlichen Überzeugungsgrad eine von der summarischen Beurteilung abweichende Hauptsacheentscheidung ermöglicht, die ihrerseits zur Überprüfung des Rechtsmittelgerichts gestellt werden kann (BT-Drucks. 16/6308 S. 201). In Antragsverfahren läuft der Antragsteller anderenfalls Gefahr, der durch die einstweilige Anordnung gesicherten Rechte wieder verlustig zu gehen (§ 52 Abs. 2 Satz 3). In amtswegigen Verfahren hat das Gericht auf Antrag eines Beteiligten – ggf. nach einer Wartefrist, die 3 Monate nicht überschreiten darf – das Hauptsachverfahren einzuleiten. Die Vorschrift ist Folge des hauptsacheunabhängigen einstweiligen Anordnungsverfahrens (§ 51 Abs. 3), während in den §§ 620 ff. ZPO a.F. durch die Anhängigkeit eines korrespondierenden Hauptsacheverfahrens eine unmittelbare Verknüpfung zum Anordnungsverfahren bestand (*Gießler/Soyka* Rn. 205). Zum Übergangsrecht Vorbemerkung zu § 49 Rdn. 11.

1

Hat das Gericht auf Antrag oder auf Anregung Dritter in Amtsverfahren eine einstweilige Anordnung erlassen, muss aus Sicht des Antragstellers oder des Gerichts ein Interesse an der Durchführung eines Hauptsacheverfahrens nicht fortbestehen. In dieser Situation kann dem Antragsgegner oder einem Verfahrensbeteiligten daran gelegen sein, nicht selbst das Hauptsacheverfahren einleiten zu müssen. In Unterhaltssachen kommt ein negativer Feststellungsantrag des Unterhaltspflichtigen (§ 56 Rdn. 9) in Betracht. Der Handlungszwang wird in Antragsverfahren auf den Antragsteller verlagert, der – bei fehlender Verfahrenskostenhilfebedürftigkeit – einen Kostenvorschuss für das Hauptsacheverfahren zu zahlen hat und damit rechnen muss, dass bei nicht fristgerechter Einleitung der Hauptsache die ergangene einstweilige Anordnung ohne weitere Sachprüfung aufgehoben wird (krit. zur Effektivität Zöller/*Feskorn* § 52 FamFG Rn. 1). Im Verhältnis zu § 926 ZPO ist der Schutz indes dadurch abgeschwächt, als Schadensersatzansprüche im Fall der Aufhebung der Anordnung, die gem. § 945 ZPO im Fall des § 926 Abs. 2 ZPO geltend gemacht werden können, ausgeschlossen bleiben (§ 56 Rdn. 18).

2

B. Anwendungsbereich. § 52 gilt grds. für alle einstweiligen Anordnungen, die im Anwendungsbereich der §§ 49 ff., 119, 156, 157, 214, 246 bis 248, 300, 331, 417 erlassen werden und für die ein Hauptsachever-

3

fahren durchgeführt werden kann. In Familienstreitsachen (§ 112) kann gem. § 119 Abs. 2 Satz 1 auch der Arrest angeordnet werden, für den in Satz 2 der Vorschrift auf § 926 Bezug genommen wird. Das Verfahren nach § 52 Abs. 1 und 2 kommt nur in Betracht, wenn durch die einstweilige Anordnung eine Regelung erfolgt und hierdurch der Antragsgegner oder ein Beteiligter beschwert ist. Lehnt das Gericht deren Erlass ab und weist den Antrag zurück, bedarf es in **Antragsverfahren** keines Rechtsschutzes für den Antragsgegner. Der Antragsgegner muss nicht die Erstentscheidung des Gerichts zum Anlass für einen Antrag nach § 52 Abs. 2 nehmen. Es ist ihm unbenommen im weiteren Verlauf des Verfahrens hiervon Gebrauch zu machen. Dies kann etwa der Fall sein, wenn die einstweilige Anordnung auf Antrag gem. § 54 Abs. 1 geändert oder über diese nach mündlicher Verhandlung gem. § 54 Abs. 2 erneut entschieden wird. Neben den Rechtsbehelfen nach § 54 kann der Antragsgegner einen Antrag gem. § 52 Abs. 2 stellen (OLG Karlsruhe FamRZ 2011, 571, 572). Alternativ kann der Antragsgegner Beschwerde einlegen, soweit diese statthaft ist (§ 57). Nur ausnahmsweise entfällt das Rechtsschutzbedürfnis für einen Antrag nach § 52 Abs. 2 in dem Fall, dass sich der Verfahrensgegenstand in der Hauptsache durch Erfüllung, Zeitablauf usw. erledigt hat (Zöller/*Vollkommer* § 926 Rn. 3) oder die einstweilige Anordnung durch Befristung oder Aufhebung keine Wirkungen mehr entfaltet (Keidel/*Giers* § 52 Rn. 3). In **Amtsverfahren** besteht für die Beteiligten kein Rechtsschutzbedürfnis für die gerichtliche Einleitung eines Hauptsacheverfahrens, wenn eine Eilentscheidung nicht ergeht. Die Verfahrensbeteiligten sind in der **Rechtsbehelfsbelehrung** nach § 39 über ihre Rechte nach § 52 zu informieren (§ 51 Rdn. 40).

4 Der **Antrag**, der an keine Frist gebunden ist, muss den Anforderungen des § 25 genügen und bedarf keiner weiteren Begründung. Auch wenn der Antrag auf Einleitung eines Hauptsacheverfahrens gerichtet ist, für das Anwaltszwang besteht (§ 114 Abs. 1), kann der Antrag als Verfahrenshandlung im Anordnungsverfahren ohne anwaltliche Vertretung (**§ 114 Abs. 4 Nr. 1**) gestellt werden. Der Antragsgegner kann in Antragsverfahren auf seine Rechte aus § 52 Abs. 2 verzichten, sodass es am Rechtsschutzbedürfnis fehlen kann (Musielak/*Huber* § 926 Rn. 5; PG/*Fischer* § 926 Rn. 4). Die Beteiligten können übereinkommen, dass die einstweilige Regelung künftig ihrem Rechtsverhältnis zugrunde gelegt werden soll. Mit einer solchen Vereinbarung werten die Beteiligten die als vorläufig gedachte Entscheidung im einstweiligen Rechtsschutz zur endgültigen Regelung auf und können so ein Hauptsacheverfahren entbehrlich machen (BT-Drucks. 16/6308 S. 201). Grds. können die Beteiligten eine entsprechende Abrede auch durch schlüssiges Verhalten treffen, wobei jedoch an den erforderlichen Rechtsbindungswillen keine geringen Anforderungen zu stellen sind. Allein die Erfüllung der titulierten Verpflichtung wird nicht ausreichen. Selbst wenn ausnahmsweise eine **Verzichtsvereinbarung** gegeben ist, erstreckt sich diese nicht ohne Weiteres auf die Rechte aus §§ 54 und 57.

5 **C. Verfahren von Amts wegen.** § 52 Abs. 1 erfasst allein Verfahren, die nach § 24 Abs. 1 von Amts wegen oder auf Anregung eingeleitet werden. Sie beziehen sich überwiegend auf Rechtsfürsorgeangelegenheiten und werden in Familiensachen vorrangig Verfahren über den Entzug der elterlichen Sorge betreffen (§ 1666 BGB). Aufgrund einer Anregung eines Dritten (z.B. des Jugendamts) oder aus einem anhängigen Verfahren müssen dem Gericht Tatsachen für ein amtswegig einzuleitendes Verfahren bekannt geworden sein, die den Erlass einer einstweiligen Anordnung zur Folge hatten. Für das Gericht bestand indes keine Veranlassung, ein entsprechendes Hauptsacheverfahren einzuleiten (etwa um die Reaktionen der Beteiligten abzuwarten [Zöller/*Feskorn* § 52 FamFG Rn. 2; Johannsen/Henrich/*Büte* § 52 Rn. 4]). Die Problematik, ob das Gericht von Amts wegen eine Hauptsacheverfahren einzuleiten hat (hierzu *Socha* FamRZ 2010, 947), ist in § 52 Abs. 1 nicht geregelt, sondern aufgrund der nach Erlass der einstweiligen Anordnung entstandenen Situation erneut zu beurteilen, wobei sowohl auf ein verbleibendes Handlungsbedürfnis als auch auf die besseren bzw. weiteren Erkenntnismöglichkeiten abzustellen ist. In Verfahren wegen Kindeswohlgefährdung wird diese Verfahrenssituation nicht praktisch werden, weil den Eltern das Sorgerecht für ihr Kind nicht durch einstweilige Anordnung abschließend entzogen werden kann. Vielmehr wird das Gericht in diesen Fällen ohne Antrag der Beteiligten zur weiteren Sachaufklärung ein Hauptsacheverfahren einzuleiten haben. Erscheinen indes weniger einschneidende Maßnahmen ausreichend, wie sie in § 1666 Abs. 3 Nr. 1–3 BGB aufgeführt sind, könnte das Gericht von einem Hauptsacheverfahren vorerst absehen. In dieser Situation können die Beteiligten gleichwohl beantragen, das Hauptsacheverfahren einzuleiten. Verfahren auf Übertragung der elterlichen Sorge oder auf Regelung des Umgangs fallen als Antragsverfahren unter § 52 Abs. 2.

6 Mit Erlass einer einstweiligen Anordnung kann jeder Verfahrensbeteiligte die Einleitung eines dem Anordnungsverfahren entsprechenden Hauptsacheverfahrens beantragen. Die **Antragsberechtigung** folgt aus der Verfahrensbeteiligung und erstreckt sich auch auf die Personen die am Anordnungsverfahren tatsächlich nicht beteiligt wurden, aber zu beteiligen gewesen wären (§ 7 Abs. 2; Zöller/*Feskorn* § 52 Rn. 2); aus der er-

gangenen einstweiligen Anordnung wird die Beschwer folgen (Keidel/*Giers* § 52 Rn. 4). Im Sorgerechtsverfahren können beide Elternteile, das verfahrensfähige Kind (§ 9 Abs. 1 Nr. 3), das Jugendamt sowie der Verfahrensbeistand (§ 158) den Antrag nach § 52 Abs. 1 stellen.

Ist der Antrag nach § 52 Abs. 1, bei dem es sich nicht um eine Anregung auf Einleitung eines Verfahrens i.S.d. § 24 handelt, (wirksam) gestellt, hat das – die einstweilige Anordnung erlassende – Gericht (zur Änderung der örtlichen Zuständigkeit während des Anordnungsverfahrens OLG München FamRZ 2011, 1078), ohne dass ihm insoweit eine Ermessensausübung zusteht, das Hauptsacheverfahren einzuleiten. Der Gegenstand dieses Verfahrens wird auch bei Teilregelungen im Eilverfahren – etwa zum Aufenthaltsbestimmungsrecht – regelmäßig keine Schwierigkeiten aufwerfen. Das Gericht ist jedoch nicht verpflichtet, einen anderen Verfahrensgegenstand, auf den der Antrag ebenfalls bezogen ist, einzubeziehen. Sieht das Gericht keinen weiteren Regelungs- oder Handlungsbedarf, wird es i.d.R. die ergangene einstweilige Anordnung von Amts wegen aufzuheben haben und so das Hauptsacheverfahren entbehrlich machen können. Das Hauptsacheverfahren wird eingeleitet, in dem eine neue Akte mit neuem Aktenzeichen angelegt, die Verfahrensbeteiligten unter Mitteilung des Antrags hierüber informiert und ihnen für die Entscheidung in der Hauptsache erneut Gelegenheit zur Stellungnahme gegeben wird. Darüber hinaus kann das Gericht weitere Ermittlungen (§ 26) einleiten. Kommt das Gericht seiner Verpflichtung aus § 52 Abs. 1 nicht nach, können die Beteiligten Untätigkeitsbeschwerde erheben, einen Befangenheitsantrag stellen oder den Weg der Dienstaufsicht beschreiten. Werden dem Gericht im Hauptsacheverfahren weitere Tatsachen bekannt, aufgrund derer ein Regelungsbedürfnis entfällt, so hat es von Amts wegen die erlassene einstweilige Anordnung aufzuheben (§ 54 Abs. 1 Satz 1). Die (obligatorische) Aufhebung einer einstweiligen Anordnung bei unterlassener Einleitung eines Hauptsacheverfahrens, wie sie in Abs. 2 Satz 3 angeordnet ist, findet auf Verfahren nach Abs. 1 keine Anwendung (OLG Brandenburg FamRZ 2011, 1872 [LS]). Nach § 57 Satz 2 ist die Beschwerde zulässig, wenn das Gericht den Erlass einer einstweiligen Anordnung abgelehnt hat. Trifft das Beschwerdegericht auf die Beschwerde eines Beteiligten die begehrte Anordnung, kann jeder Verfahrensbeteiligte einen Antrag nach § 52 Abs. 1 im Beschwerdeverfahren stellen. Diesen Antrag hat das Beschwerdegericht an das Gericht erster Instanz weiterzuleiten, damit dort ein Hauptsacheverfahren eingeleitet werden kann.

Das Gericht kann mit Erlass der einstweiligen Anordnung nach **§ 52 Abs. 1 Satz 2** eine Frist bestimmen, vor deren Ablauf der Antrag unzulässig ist. Die vorläufige Regelung kann in Kindschaftssachen dem Zweck dienen, die persönlichen oder familiären Verhältnisse zu beruhigen und für einen gewissen Zeitraum die Kontinuität der angeordneten Maßnahme zu gewährleisten (*Dose* Rn. 458). Aus diesem Grund kann eine »Wartefrist« im Einzelfall berechtigt sein, um »die Beteiligten nicht vorschnell in das Hauptsacheverfahren zu drängen« (BT-Drucks. 16/6308 S. 201). Die Frist darf die Dauer von **3 Monaten** nicht überschreiten (§ 52 Abs. 1 Satz 3; zum Fristbeginn § 16 Abs. 1). Soweit aus dem Eingriff in die Rechte der Eltern auf einen »zurückhaltenden Gebrauch« von der Wartefrist geschlossen wird (Prütting/Helms/*Stößer* § 52 Rn. 3; Zöller/*Feskorn* § 52 FamFG Rn. 3; *Dose* Rn. 458), muss jedoch auch bedacht werden, dass gerade in Fällen der Verwahrlosung oder einer Misshandlung von Kindern zur Beruhigung der Verhältnisse eine gewisse Zeit erforderlich ist, die wohl nicht in wenigen Wochen eintreten wird. Bei der zeitlichen Bemessung der Frist hat das Gericht die Interessen der Beteiligten zu berücksichtigen. Je stärker in die Rechtsposition eines Beteiligten eingegriffen wird, umso kürzer sollte die Frist bemessen werden, ohne dadurch ihren Zweck infrage zu stellen. Hiervon unberührt bleibt ein Beschwerderecht nach § 57 Satz 2. Ist die Anordnung nach § 57 Satz 1 unanfechtbar, muss dies bei der Bemessung der Wartefrist berücksichtigt werden. Bei der vorläufigen Entziehung der elterlichen Sorge sind die Interessen des Kindeswohls einerseits und die Rechte der Eltern andererseits gegeneinander abzuwägen (Horndasch/*Viefhues* § 52 Rn. 8; Johannsen/Henrich/*Büte* § 52 FamFG Rn. 5). Ordnet das Gericht eine längere Frist an, so kann der Antrag jedenfalls nach Ablauf von 3 Monaten gestellt werden. Wird gegen die einstweilige Anordnung Beschwerde eingelegt, bleibt die Regelung nach § 40 Abs. 1 wirksam, sodass die Wartefrist unabhängig vom Beschwerdeverfahren läuft. Erlässt das Beschwerdegericht die einstweilige Anordnung, beginnt eine Wartefrist mit Wirksamkeit der Beschwerdeentscheidung, wobei für die Bemessung der Frist die Dauer des gesamten Verfahrens zu berücksichtigen ist. Grds. kann die Frist ggü. verschiedenen Beteiligten individuell bestimmt werden (*Dose* Rn. 459), auch wenn dies nach dem Zweck der Regelung nur selten geboten sein dürfte.

Hat das Gericht in der einstweiligen Anordnung eine Wartefrist gem. § 52 Abs. 1 Satz 2 nicht angeordnet, so kann dies nicht zu einem späteren Zeitpunkt, etwa wenn ein Beteiligter einen diesbezüglichen Hauptsacheantrag stellt, nachgeholt werden (*Dose* Rn. 458). Stellt ein Beteiligter hingegen vor Ablauf einer festgesetzten Frist einen Antrag auf Einleitung eines Hauptsacheverfahrens, so kann dieser ohne weitere Ermittlungen als unzulässig verworfen werden. Eine Obliegenheit des Gerichts im Fall eines verfrühten Antrags bei dem Beteiligten nachzufragen, ob der Antrag aufrechterhalten werde, besteht nicht (Zöller/*Feskorn* § 52 FamFG Rn. 3; a.A. bei nicht beschiedenem Antrag *Dose* Rn. 460).

10 **D. Antragsverfahren.** Für Verfahren, die nur auf Antrag eingeleitet werden (§ 23; § 51 Rdn. 13), enthält § 52 Abs. 2 eine ggü. dem Amtsverfahren abweichende und an § 926 ZPO angelehnte Konzeption eines zweistufigen Verfahrens, das im ersten Abschnitt auf die Fristsetzung und im zweiten Abschnitt auf die Aufhebung der erlassenen Anordnung gerichtet ist. Das Antragsrecht nach § 52 Abs. 2 setzt eine gerichtliche Entscheidung voraus, allerdings kann der Antrag auch hilfsweise gestellt werden. I.R.d. Dispositionsbefugnis der Beteiligten kann an die Stelle der vorläufigen Regelung auch ein Vergleich treten (§ 51 Rdn. 33 f.). In diesem Fall besteht aufgrund des Konsenses der Beteiligten kein Rechtsschutzbedürfnis für die Einleitung eines gerichtlichen Hauptsacheverfahrens. Eine Wartefrist nach § 52 Abs. 1 Satz 2 kann für einen Antrag nach § 52 Abs. 2 vom Gericht nicht angeordnet werden, weil dies weder dem Wortlaut und der Systematik der Vorschrift noch den jeweils erfassten Verfahrensgegenständen entspricht (OLG Brandenburg FamRZ 2010, 662; OLG Bamberg FamFR 2011, 165). Das Antragsrecht nach § 52 Abs. 2 lässt ein Rechtsschutzbedürfnis für ein negatives Feststellungsverfahren gegen eine Unterhaltsanordnung nicht entfallen (s. § 56 Rdn. 9; *Dose* Rn. 455).

11 **I. Fristsetzungsverfahren.** Das Verfahren auf Fristsetzung ist dem Erlass einer **einstweiligen Anordnung** nachgeschaltet. Grds. ist das Gericht **zuständig**, das die Maßnahme angeordnet hat. Hat in besonders eiligen Fällen das nach § 50 Abs. 2 zuständige Gericht entschieden, ist für die Fristsetzung das Gericht nach Maßgabe des § 50 Abs. 1 zuständig (Zöller/*Vollkommer* § 926 Rn. 6). Zum Antrag Rdn. 4. Den Antrag kann nur der Beteiligte stellen, der durch die einstweilige Anordnung in seinen Rechten beeinträchtigt ist (OLG Nürnberg FamRZ 2010, 1679). Dies ist in Familienstreitsachen regelmäßig der Antragsgegner, hingegen auch bei teilweiser Zurückweisung des Antrags nicht der Antragsteller. In Antragsverfahren, insb. in Kindschaftssachen, sind auch andere Beteiligte, die von der Maßnahme betroffen sind, antragsberechtigt. Zur Einleitung des **Hauptsacheverfahrens** wird derjenige verpflichtet, der das **einstweilige Anordnungsverfahren** eingeleitet hat (BT-Drucks. 16/6308 S. 201). Der Antragsgegner oder betroffene Beteiligte können schon vor Erlass der einstweiligen Anordnung im Anordnungsverfahren **hilfsweise** bzw. vorsorglich den Antrag auf Fristsetzung stellen (Johannsen/Henrich/*Büte* § 52 FamFG Rn. 6; Wendl/*Schmitz* § 10 Rn. 430; a.A. Horndasch/*Viefhues* § 52 Rn. 10; Gießler/*Soyka* Rn. 105, 223; Vogel FF 2011, 196, 199), über den zusammen mit dem **Anordnungsantrag** zu entscheiden ist. Den Antragsgegner auf die Zeit nach Erlass der einstweiligen Anordnung zu verweisen, ist sachlich nicht gerechtfertigt und begrenzt seine verfahrensrechtlichen Möglichkeiten, insb. wenn das Antragsrecht nach Abs. 2 den fehlenden Rechtsschutz nach § 57 teilweise kompensieren soll. Auf den Wortlaut der Vorschrift lässt sich die abweichende Auffassung deswegen nicht stützen, weil i.R.d. § 926 ZPO, an den der Regelungsmechanismus des Abs. 2 angelehnt ist (BT-Drucks. 16/6308 S. 201), anerkannt ist, dass ein Arrestbefehl bestehen muss, jedoch der Fristsetzungsantrag auch vorsorglich bei Erlass des Arrestbefehls gestellt werden kann (PG/*Fischer* § 926 Rn. 3; Zöller/*Vollkommer* § 926 Rn. 9). Wird die angeordnete Maßnahme im Abänderungsverfahren nach § 54 Abs. 2 aufgehoben oder für erledigt erklärt, ist der Antrag unzulässig (Zöller/*Vollkommer* § 926 Rn. 9).

12 Die einstweilige Anordnung muss noch wirksam und das **Hauptsacheverfahren** darf noch nicht **anhängig** sein (BGH NJW-RR 1987, 685), d.h. der verfahrenseinleitende Antrag darf bei dem für die Hauptsache zuständigen Gericht nicht eingegangen oder ein Antrag auf Verfahrenskostenhilfe nicht gestellt sein. In Familienstreitsachen ist auf die Rechtshängigkeit des Antrags (§§ 112, 113 Abs. 1 Satz 2; 253 Abs. 1, 261 Abs. 1 ZPO) bzw. den Verfahrenskostenhilfeantrag abzustellen, die weder zurückgenommen noch als unzulässig abgewiesen worden sein dürfen. Am **Rechtsschutzbedürfnis** des Antragsgegners für eine Fristsetzung nach § 52 Abs. 2 fehlt es, wenn aus der erlassenen Anordnung gegen ihn nicht mehr vorgegangen werden kann und er vor jeder Inanspruchnahme sicher gestellt ist (Musielak/*Huber* § 926 Rn. 8; PG/*Fischer* § 926 Rn. 4). Dies kann der Fall sein, wenn die **vorläufige Maßnahme** zeitlich befristet ist – etwa bei einer Unterhaltsanordnung gem. § 246 – oder der Antragsteller auf die Rechte aus der Anordnung oder auf den materiellrechtlichen Anspruch verzichtet und den Titel herausgegeben hat (BGH NJW 1993, 2685, 2687) oder der Antragsgegner den Anspruch vollständig erfüllt hat (etwa bei Herausgabe des Kindes an den anderen Elternteil OLG Karlsruhe FamRZ 2011, 571, 572) oder die Anordnung vom Gericht aufgehoben wurde (§ 54). Bei Unterlassungsverfügungen – etwa nach dem GewSchG – kann durch den Zeitablauf u.U. die *Wiederholungsgefahr* entfallen, wobei für eine solche Annahme Zurückhaltung geboten erscheint. Auf die

Erfolgsaussichten der Rechtsverfolgung oder Rechtsverteidigung im Hauptsachverfahren kommt es im Fristsetzungsverfahren nicht an (Zöller/*Vollkommer* § 926 Rn. 14).

Die Frist kann – bei entsprechendem Antrag – bereits in der einstweiligen Anordnung durch den/die erkennenden Richter gesetzt werden. Anderenfalls wird nach deren Erlass die Frist, für die dann der Rechtspfleger zuständig ist (§ 20 Nr. 14 RPflG [analog]; PG/*Fischer* § 926 Rn. 8; a.A. Johannsen/Henrich/*Büte* § 52 Rn. 7; Keidel/*Giers* § 52 Rn. 5), ohne mündliche Verhandlung durch Beschluss bestimmt. Ob dem Antragsteller rechtliches Gehör zu gewähren ist, ist zu § 926 ZPO umstritten (verneinend Zöller/*Vollkommer* § 926 Rn. 15; bejahend PG/*Fischer* § 926 Rn. 5). Zwar entscheidet das Gericht rein formal über die Fristsetzung. Da der Antrag bereits unzulässig ist, wenn das Hauptsacheverfahren anhängig ist, kann das Gericht nur verlässlich über den Antragsteller hiervon Kenntnis erlangen. Das Gericht kann im **Beschluss**, der mangels Gebühren keine Kostenentscheidung enthält, den Antrag auf Fristsetzung zurückweisen oder eine Frist bestimmen und wie folgt entscheiden: »Dem Antragsteller wird aufgegeben, bis zum … das gerichtliche Hauptsacheverfahren einzuleiten. Nach fruchtlosem Ablauf der Frist wird auf Antrag die einstweilige Anordnung … aufgehoben.« Macht der Antragsteller während des Fristsetzungsverfahrens ein Hauptsacheverfahren anhängig, so hat sich der Fristsetzungsantrag erledigt. Die Länge der Frist ist im Gesetz nicht ausdrücklich bestimmt und daher nach den Umständen des Einzelfalls zu bemessen. Sie darf jedoch nach **§ 52 Abs. 2 Satz 3** die Dauer von **3 Monaten** nicht überschreiten. Für das Arrestverfahren wird i.d.R. ein Zeitraum von 2 bis 4 Wochen als angemessen angesehen (PG/*Fischer* § 926 Rn. 5; Musielak/*Huber* § 926 Rn. 11; *Schürmann* FamRB 2008, 375, 380; Keidel/*Giers* § 52 Rn. 9). Der (isolierte) Beschluss mit dem die Frist zur Einleitung des **Hauptsacheverfahrens** angeordnet wird, ist dem Antragsteller zuzustellen (§§ 40 Abs. 1, 41 Abs. 1); bei Zurückweisung des Antrags dem Antragsgegner.

Für die Frage, ob die Entscheidung über den Antrag nach Abs. 2 anfechtbar ist, kommt es maßgeblich auf die Funktion des Fristsetzungsverfahrens an. Diese besteht vorrangig darin, den – insb. in Unterhaltssachen – begrenzten Rechtsschutz des Antragsgegners zu erweitern, um eine Überprüfung durch das Rechtsmittelgericht im Hauptsacheverfahren zu ermöglichen (BT-Drucks. 16/6308 S. 201, 202). Weiterhin ist zu berücksichtigen, dass mit der Regelung in Abs. 2 die Vorschrift des § 926 ZPO in das einstweilige Anordnungsverfahren integriert wurde, für die Rechtsmittel bzw. Rechtsbehelfe allgemein anerkannt sind. Schließlich wird man aus der ausdrücklichen Regelung zur Beschwerde in § 56 Abs. 3 Satz 2 keinen Gegenschluss ziehen können. Denn einerseits war der Beschluss über das Außerkrafttreten einer einstweiligen Anordnung bereits nach § 620 f. Abs. 1 Satz 3 ZPO a.F. anfechtbar und zum anderen fehlt eine Regelung zum Anfechtungsausschluss, wie er in § 55 Abs. 1 Satz 2 normiert ist. Vor diesem Hintergrund ist es gerechtfertigt, auch gegen eine Entscheidung über die Fristsetzung Rechtsmittel zu eröffnen, sodass weder aus dem Wortlaut (Musielak/*Borth* § 52 Rn. 4) noch aus der Gesetzesbegründung (BT-Drucks. 16/6308 S. 201; *Giers* Rn. 256; Thomas/Putzo/*Seiler* § 52 FamFG Rn. 7) auf die Unanfechtbarkeit geschlossen werden kann. Zugleich ist eine Begrenzung auf die Angelegenheiten des § 57 Satz 2 (nach mündlicher Erörterung) sachlich nicht geboten (a.A. Wendl/Dose/*Schmitz* § 10 Rn. 430; Gießler/*Soyka* Rn. 224; *Vogel* FF 2011, 196, 199), weil das Rechtsmittel nicht auf eine inhaltliche Überprüfung der ergangenen einstweiligen Anordnung gerichtet ist. Dieser Aspekt wird für den Umfang der Anfechtbarkeit von Nebenentscheidungen maßgeblich herangezogen (§ 57 Rdn. 19 f.). Im Übrigen widerspräche die Anwendung von § 57 Satz 2 dem ausdrücklich erklärten Ziel, über das Antragsrecht nach § 52 den Rechtsschutz des Antragsgegners zu verbessern. I.d.R. wird der Richter über den Antrag nach Abs. 2 entscheiden, zumal die Zuständigkeit des Rechtspflegers umstritten ist. Wird mit der Anordnungsentscheidung oder in einem späteren isolierten Beschluss keine Frist für die Einleitung des Hauptsacheverfahrens bestimmt, so ist gegen diese Regelung die sofortige Beschwerde nach § 567 statthaft (PG/*Fischer* § 926 Rn. 7; Schuschke/*Walker* § 926 Rn. 12; Beschwerde nach § 58: OLG Stuttgart FamRZ 2015, 2078, das jedoch ein Rechtsschutzbedürfnis nach Ablauf der Befristung von Schutzanordnungen verneint; Keidel/*Giers* § 52 Rn. 9; Johannsen/Henrich/*Büte* § 52 FamFG Rn. 7). Das OLG Karlsruhe (FamRZ 2011, 571, 572) stützt seine dahin gehende Auffassung aus Gründen der Gleichbehandlung auf die verfahrensrechtliche Parallele zu § 926 ZPO (*Klein* FuR 2009, 241, 248). Gegen die Fristsetzung steht dem Antragsteller im Anordnungsverfahren kein Rechtsmittel zu (OLG Stuttgart RPfl 2008, 475), zumal deren Rechtmäßigkeit im Aufhebungsverfahren zu prüfen ist. Entscheidet der Rechtspfleger über die Frist, sind der Rechtsbehelf bzw. das Rechtsmittel nach § 11 RPflG statthaft (Zöller/*Vollkommer* § 926 Rn. 19 ff.; zur befristeten **Erinnerung** nach § 11 Abs. 2 Satz 1 RPflG BGH NJW-RR 1987, 685).

15 II. Aufhebungsverfahren. Der Fristsetzung kann in dem einheitlichen Anordnungsverfahren auf **Antrag** (Rdn. 4) des Antragsgegners das Aufhebungsverfahren gem. § 52 Abs. 2 Satz 3 nachgeschaltet sein (*Dose* Rn. 464; Johannsen/Henrich/*Büte* § 52 Rn. 8; Wendl/*Schmitz* § 10 Rn. 433; a.A. Zöller/*Feskorn* § 52 FamFG Rn. 6 unter Bezugnahme auf BT-Drucks. 16/6308 S. 201 für eine Aufhebung von Amts wegen). Ob allein das Gericht, das die Frist angeordnet hat (Zöller/*Vollkommer* § 926 Rn. 22), oder im Fall einer Beschwerde gegen die einstweilige Anordnung auch das Beschwerdegericht (PG/*Fischer* § 926 Rn. 8) zuständig ist, ist i.R.d. § 926 ZPO umstritten. Auch wenn das Aufhebungsverfahren Teil des Anordnungsverfahrens ist, kann das Beschwerdegericht die erlassene Anordnung nicht aufrechterhalten oder eine begründete Anordnung erlassen, wenn diese mangels Einhaltung der Frist für das Hauptsacheverfahren sogleich aufzuheben wäre. Daher kann auch das Beschwerdegericht die einstweilige Anordnung gem. § 52 Abs. 2 Satz 3 aufheben (OLG Koblenz NJW-RR 1995, 444). Der Verlust einer Instanz steht dem nicht entgegen. Der Aufhebungsantrag ist zulässig, solange die einstweilige Anordnung noch besteht und nicht aufgehoben ist (§ 54) oder für erledigt erklärt worden ist. Im Aufhebungsverfahren kann der Antragsteller geltend machen, dass die Voraussetzungen für die angeordnete Fristsetzung nicht vorgelegen haben (BGH NJW-RR 1987, 685).

16 Die einstweilige Anordnung ist **aufzuheben,** wenn der Antragsteller nicht glaubhaft machen kann, dass das Hauptsacheverfahren von ihm fristgerecht eingeleitet oder hierfür Verfahrenskostenhilfe beantragt worden ist. Gerichtsbekannte Umstände sind von Amts wegen zu berücksichtigen. Ist das Hauptsacheverfahren zwar erst nach der gesetzten Frist jedoch vor Abschluss des Aufhebungsverfahrens eingeleitet worden, wird die Fristversäumung als geheilt angesehen (PG/*Fischer* § 926 Rn. 9; Zöller/*Vollkommer* § 926 Rn. 33), auch wenn die Voraussetzungen des Abs. 2 Satz 3 erfüllt sind. Erklärt der Antragsgegner den Aufhebungsantrag für erledigt, hat der Antragsteller, da er Anlass zum Aufhebungsantrag gegeben hat, die Kosten des Aufhebungsverfahrens zu tragen (*Giers* Rn. 261). Für das Aufhebungsverfahren kommt es für die Beurteilung der Identität der Verfahrensgegenstände im Anordnungs- und Hauptsacheverfahren darauf an, ob letzteres zur Überprüfung der Rechtmäßigkeit der Eilmaßnahme führt (BGH NJW 2001, 157, 159). Bei Familienstreitsachen wird es sich regelmäßig um ein Leistungs- oder Abänderungsverfahren handeln. Wird nur wegen eines Teils des Anspruchs das Hauptsacheverfahren betrieben, ist hinsichtlich des verbleibenden Teils die einstweilige Anordnung aufzuheben. In Betracht kommt dies etwa, wenn im Anordnungsverfahren rückständiger Unterhalt zuerkannt wurde, dieser jedoch im Hauptsacheverfahren nicht mehr geltend gemacht wird. Für die einstweilige Verfügung nach § 1615o BGB a.F. auf Unterhalt für das Kind nicht verheirateter Eltern – jetzt § 247 – wurde als Hauptsacheverfahren sowohl die auf Unterhalt gerichtete Leistungsklage wie auch die Vaterschaftsfeststellungsklage angesehen (PG/*Fischer* § 926 Rn. 10).

17 Das Hauptsacheverfahren muss zulässig sein und die angeordnete Frist wahren. Die Frist zur Einleitung ist gewahrt, wenn der verfahrenseinleitende Schriftsatz des Hauptsacheverfahrens rechtzeitig bei Gericht eingeht, in Familienstreitsachen des § 112 rechtzeitig oder demnächst (§ 167 ZPO) dem Antragsgegner zugestellt, rechtzeitig ein Mahnbescheid beantragt oder innerhalb der Frist ein Antrag auf Verfahrenskostenhilfe für die Hauptsache gestellt wird (§ 52 Abs. 2 Satz 2). Die Einleitung des Hauptsacheverfahrens in Familiensachen beim unzuständigen Gericht wahrt die Frist nach § 25 Abs. 3 Satz 2 nicht. Liegen die Voraussetzungen vor, ist die einstweilige Anordnung mit Wirkung ex tunc (Zöller/*Feskorn* § 52 FamFG Rn. 7) aufzuheben. Im Gegensatz zur entsprechenden Entscheidung nach § 926 Abs. 2 ZPO soll der Beschluss nach § 52 Abs. 2 Satz 3 nach der Gesetzesbegründung (BT-Drucks. 16/6308 S. 201) unanfechtbar sein (Zöller/*Feskorn* § 52 FamFG Rn. 6; Kemper/Schreiber/*Stockmann* § 52 Rn. 10; Johannsen/Henrich/*Büte* § 52 FamFG Rn. 8). Wie problematisch ein Rechtsmittelausschluss wäre, zeigt der dem Beschluss des BGH FamRZ 2013, 1878 zugrunde liegende Sachverhalt, in dem das Amtsgericht ohne erkennbare Begründung die Aufhebung nach Fristversäumung abgelehnt hatte. Der Rechtsmittelausschluss hätte – wie in § 55 Abs. 1 Satz 2 – ausdrücklich gesetzlich normiert werden müssen, zumal auch systematische Erwägungen diesen nicht zu rechtfertigen vermögen. Denn im Gegensatz zu einer Entscheidung nach § 55 Abs. 1 Satz 1, bei der das erkennende Gericht eine erlassene Anordnung aufgrund eines Antrags nach § 54 inhaltlich evtl. für nicht mehr gerechtfertigt hält, bezieht sich die Aufhebungsentscheidung allein auf rein formale Aspekte der Fristanordnung und der Fristwahrung. Daher ist gegen den Beschluss über die Aufhebung einer einstweiligen Anordnung die Beschwerde nach § 58 statthaft (*Gießler/Soyka* Rn. 227; Keidel/*Giers* § 52 Rn. 10). Da über die Geltung der einstweiligen Anordnung zu befinden ist, kann sowohl die Vergleichbarkeit mit dem Arrestverfahren als auch der gleichgelagerte Rechtsschutz gegen einen Beschluss nach § 56 Abs. 3 Satz 1, mit dem das Außerkrafttreten der Anordnung festgestellt wird, herangezogen werden. Vor diesem Hintergrund ist es geboten, *die Beschwerde gegen die Aufhebungsentscheidung im Anordnungsverfahren an die Zweiwochenfrist des*

Abschnitt 4. Einstweilige Anordnung § 53

§ 63 Abs. 2 Nr. 2 zu binden. Schließlich hat die formale Anknüpfung an die fristwahrende Einleitung des Hauptsacheverfahrens zur Konsequenz, dass die Rechtsmittelbeschränkung des § 57 Satz 2 mangels materiell-rechtlicher Prüfung der ergangenen Anordnung selbst keine Anwendung findet (*Gießler/Soyka* Rn. 227; a.A. Keidel/*Giers* § 52 Rn. 10; Wendl/Dose/*Schmitz* § 10 Rn. 434; Prütting/Helms/*Bömelburg* § 246 Rn. 24). Danach unterliegt auch die Aufhebung einer Unterhaltsanordnung (§ 246) oder deren Ablehnung – ebenso wie eine Entscheidung zum Außerkrafttreten – der Beschwerde, auch wenn der Erlass der einstweiligen Anordnung selbst insoweit der gerichtlichen Kontrolle entzogen ist. Das OLG Zweibrücken (FamRZ 2013, 238 m. krit. Anm. *van Els*) und das OLG Hamburg (FamRZ 2013, 482) halten indes die Beschwerde gegen den einen Aufhebungsantrag zurückweisenden Beschluss oder eine den Trennungsunterhalt betreffende Anordnung unter Hinweis auf die Gesetzesmaterialien für unzulässig, auch wenn das Hauptsacheverfahren vom Unterhaltsberechtigten erst einen Monat nach Fristablauf eingeleitet worden war. Mit dem Aufhebungsbeschluss ist zugleich über die Kosten des Anordnungsverfahrens insgesamt einschließlich des Aufhebungsverfahrens zu entscheiden. Wird die **einstweilige Anordnung** aufgehoben trägt der Antragsteller **sämtlich Kosten**, auch wenn die Anordnung (anfänglich) begründet war (Prütting/Helms/*Stößer* § 52 Rn. 6); Grundlage dieser Kostenentscheidung sind die allgemeinen Vorschriften bzw. in Familienstreitsachen die Regelungen der §§ 91 ff. ZPO (Zöller/*Feskorn* § 52 FamFG Rn. 7).

§ 53 Vollstreckung. (1) Eine einstweilige Anordnung bedarf der Vollstreckungsklausel nur, wenn die Vollstreckung für oder gegen einen anderen als den in dem Beschluss bezeichneten Beteiligten erfolgen soll.
(2) ¹Das Gericht kann in Gewaltschutzsachen sowie in sonstigen Fällen, in denen hierfür ein besonderes Bedürfnis besteht, anordnen, dass die Vollstreckung der einstweiligen Anordnung vor Zustellung an den Verpflichteten zulässig ist. ²In diesem Fall wird die einstweilige Anordnung mit Erlass wirksam.

Übersicht

	Rdn.		Rdn.
A. Allgemeines	1	II. Vollstreckungsklausel	4
B. Vollstreckungsklausel (Abs. 1)	2	C. Vollstreckung vor Zustellung	8
I. Vollstreckbarkeit	2		

A. Allgemeines. Soweit die gerichtliche Regelung einen vollstreckungsfähigen Inhalt hat und nicht auf eine 1 rechtsgestaltende Wirkung – wie bei der Übertragung des Aufenthaltsbestimmungsrechts – beschränkt ist, muss die Anordnung zwangsweise durchgesetzt werden können. Auf den Beschluss im Anordnungsverfahren finden die allgemeinen Regelungen der §§ 86 ff. bzw. in Familienstreitsachen die §§ 704 ff. ZPO Anwendung, wobei die Vollstreckung grundsätzlich erst nach Zustellung der Entscheidung zulässig ist. § 53 regelt lediglich für die Vollstreckung einstweiliger Anordnungen Besonderheiten hinsichtlich der Vollstreckungsklausel (Abs. 1) und der Vollstreckung vor Zustellung des Beschlusses für bestimmte Verfahrensgegenstände (Abs. 2), die jeweils zur Beschleunigung und Erleichterung der Vollstreckung führen (*Dose* Rn. 502; Zöller/*Feskorn* § 53 FamFG Rn. 1). Die Strafbarkeit nach § 4 GewSchG setzt voraus, dass die vollstreckbare Anordnung dem Antragsgegner wirksam zugestellt wurde (BGH FamRZ 2012, 1216 f.). Ebenso kommt eine Vollstreckung durch Ordnungsmittel wegen Verstoßes gegen Schutzanordnungen nach §§ 95 Abs. 1 Nr. 4 i.V.m. § 890 ZPO nur für unstreitige oder bewiesene – nicht nur glaubhaft gemachte – Zuwiderhandlungen nach Zustellung in Betracht (OLG Hamm FamRZ 2011, 830 [LS] = FamRB 2011, 179; OLG Saarbrücken FamRZ 2012, 998).

B. Vollstreckungsklausel (Abs. 1). I. Vollstreckbarkeit. Die gerichtliche Regelung kann auf eine Geldforderung (Unterhalt), die Herausgabe (eines Kindes oder einer Sache), auf die Vornahme einer vertretbaren oder unvertretbaren Handlung sowie auf eine Duldung oder Unterlassung gerichtet sein. In allen Fällen muss die einstweilige Anordnung die Maßnahme hinreichend konkret bestimmen. Dies gilt z.B. für die Zahlung von Unterhalt, für die Umgangsregelung (§ 49 Rdn. 42) oder für die Zuweisung von Hausratsgegenständen (OLG Brandenburg FamRZ 2003, 532). 2
Die einstweilige Anordnung ist als gerichtlicher Beschluss ein Vollstreckungstitel i.S.d. § 86 Abs. 1 Nr. 1 3 (Prütting/Helms/*Stößer* § 86 Rn. 14; Keidel/*Giers* § 86 Rn. 9) bzw. für Familienstreitsachen gem. § 120

Abs. 1 i.V.m. §§ 704 ff. ZPO. Der Anordnungsbeschluss ist daher nach der gesetzlichen Systematik, wie sie sich durch den Bezug zum Hauptsacheverfahren gem. § 51 Abs. 2 Satz 1 ergibt, grds. erst mit Wirksamwerden vollstreckbar (§ 86 Abs. 2). Für Familienstreitsachen folgt dies aus § 120 Abs. 2 Satz 1. Das Wirksamwerden der Endentscheidung setzt nach § 40 Abs. 1 die Bekanntgabe des Beschlusses nach Maßgabe des § 41 an den Beteiligten voraus, für den er seinem wesentlichen Inhalt nach bestimmt ist (*Dose* Rn. 495; *Gießler/Soyka* Rn. 152). Da Rechtsmitteln keine aufschiebende Wirkung zukommt, bedarf es einer vorläufigen Vollstreckbarkeit nicht mehr; in Familienstreitsachen sind an deren Stelle die aufeinander abgestimmten Regelungen der §§ 116 Abs. 3 und 120 Abs. 2 getreten (*Prütting/Helms* § 120 Rn. 3). In verschiedenen Familiensachen ist die Wirksamkeit einer Entscheidung wegen ihrer rechtlichen Bedeutung oder tatsächlichen Folgen nicht an die Bekanntgabe sondern an deren (formelle) Rechtskraft geknüpft (§ 40 Rdn. 37), wie dies in § 116 Abs. 2 und 3 für Ehe- bzw. Familienstreitsachen geregelt ist. Entsprechende Regelungen finden sich in § 184 Abs. 2 für Abstammungssachen (§ 49 Rdn. 51), in § 209 Abs. 2 Satz 1 für Ehewohnungs- und Haushaltssachen (§ 49 Rdn. 54 ff.), in § 216 Abs. 1 Satz 1 für Gewaltschutzsachen (§ 49 Rdn. 65), in § 224 Abs. 1 für Versorgungsausgleichssachen (§ 49 Rdn. 67) sowie in §§ 324 Abs. 1, 422 Abs. 1 für die Genehmigung oder Anordnung einer Unterbringungsmaßnahme bzw. einer Freiheitsentziehung. Da die Maßnahmen in diesen Angelegenheiten zumeist eilbedürftig sind, kann das Gericht jedoch auf der Grundlage der §§ 209 Abs. 2 Satz 2, 216 Abs. 1 Satz 2, 324 Abs. 2 Satz 1 und § 422 Abs. 2 Satz 1 die sofortige Wirksamkeit des Beschlusses anordnen (§ 40 Rdn. 42). Für die praktisch bedeutsamen Unterhaltssachen soll das Gericht nach § 116 Abs. 3 Satz 3 die sofortige Wirksamkeit anordnen. Auch die Regelung in § 53 Abs. 2 kann dafür herangezogen werden, dass eine einstweilige Anordnung nur im Fall der Anordnung einer sofortigen Wirksamkeit sofort vollstreckbar ist (a.A. Keidel/*Giers* § 53 Rn. 2 a.E.). Denn es bedürfte keiner ausdrücklichen Regelung für Gewaltschutzsachen und für sonstige Fälle (Rdn. 8), in denen die Vollstreckung bereits vor Zustellung zulässig ist und diese daher – vor Bekanntgabe – mit Erlass wirksam wird (§§ 53 Abs. 2 Satz 2, 38 Abs. 3 Satz 3). Gleichwohl spricht einiges dafür, dass die einstweilige Anordnung keiner Anordnung der sofortigen Wirksamkeit im Einzelfall bedarf (§ 246 Rdn. 40; Keidel/*Giers* § 53 Rn. 2; wohl auch Johannsen/Henrich/*Büte* § 53 Rn. 1; OLG Hamm FamRZ 2011, 830 [LS]; OLG Brandenburg FamRZ 2001, 1005 zu § 620 ZPO a.F.). Für Unterhaltsanordnungen folgt dies bereits daraus, dass nach § 57 Satz 1 gegen diese ein Rechtsmittel nicht eröffnet ist, sodass sie gem. §§ 86 Abs. 2, 116 Abs. 3 Satz 1, 120 Abs. 2 Satz 1 vollstreckbar sind (*Rasch* FPR 2010, 150, 152). Darüber hinaus spricht zum einen für die sofortige Wirksamkeit das praktische Bedürfnis des Eilverfahrens und zum anderen die Harmonisierung mit dem einstweiligen Rechtsschutz der ZPO, weil nach allg. Meinung weder der Arrestbefehl noch die einstweilige Verfügung einer Entscheidung zur sofortigen Vollstreckbarkeit bedürfen (Zöller/*Vollkommer* § 929 Rn. 1; PG/*Fischer* § 929 Rn. 2). Dass der Gesetzgeber hiervon für die aus der ZPO übernommene einstweilige Anordnung im FamFG eine abweichende Regelung treffen wollte, ist nicht ersichtlich. Aufgrund eines Beschlusses über Schutzmaßnahmen nach § 1 GewSchG kann die Vollstreckung durch Anordnung von Ordnungsmitteln nur dann erfolgen, wenn sich die Verstöße erst nach Zustellung der einstweiligen Anordnung ereignet haben (OLG Hamm FamRZ 2011, 830 [LS] = FPR 2011, 232).

4 **II. Vollstreckungsklausel.** Nach § 86 Abs. 3 bedürfen Beschlüsse einer Klausel nur dann, wenn die Vollstreckung nicht durch das Gericht erfolgt, das den Titel erlassen hat (§ 86 Rdn. 8).Für die einstweilige Anordnung ergänzt § 53 Abs. 1 diese Regelung und übernimmt im einstweiligen Anordnungsverfahren teilweise die Regelungsstruktur des § 929 ZPO. Ob für die Vollstreckung aus einer einstweiligen Anordnung nach den Vorschriften der ZPO nach bisherigem Recht eine **Vollstreckungsklausel** erforderlich war, wurde unterschiedlich beurteilt (*Looff* FamRZ 2008, 1391, 1392). Während einerseits nach dem Wortlaut des § 794 Abs. 1 Nr. 3a ZPO a.F. und dem Verweis auf die allgemeinen Vollstreckungsvorschriften eine Klausel für notwendig angesehen wurde (OLG Zweibrücken FamRZ 2008, 291; *Gießler/Soyka* Rn. 250), wurde andererseits der Zweck des einstweiligen Rechtsschutzes und die Nähe zur einstweiligen Verfügung betont, sodass eine Klausel nicht erforderlich sei (AG Ibbenbüren FamRZ 2000, 1594; Schwab/*Maurer/Borth* I Rn. 936).

5 Dieser Streit ist nunmehr gesetzlich dahin gehend entschieden, dass grds. für die Vollstreckung aus einer einstweiligen Anordnung eine Klausel **nicht erforderlich** ist (*Zimmermann* FamFG Rn. 132). Insoweit wird für das Anordnungsverfahren aus Gründen der Verfahrensbeschleunigung die Regelung des § 929 Abs. 1 ZPO übernommen (BT-Drucks. 16/6308 S. 201). Der Regelungszusammenhang der §§ 86 Abs. 3 und 53 Abs. 1 führt zu folgender Differenzierung, die ihren Grund darin findet, dass nach der Gesetzesbegründung (BT-Drucks. 16/6308 S. 201) § 53 Abs. 1 nicht den Anwendungsbereich des § 86 Abs. 3 erweitern, sondern die Klauselpflicht einschränken soll. Eine Vollstreckungsklausel ist nicht erforderlich, wenn die Vollstre-

ckung durch das die einstweilige Anordnung erlassende Gericht erfolgt. Nur für den Fall, dass ein Gericht, das den Anordnungsbeschluss nicht erlassen hat, die Vollstreckung anordnet oder ein Beteiligter diese betreibt und kumulativ (Keidel/*Giers* § 53 Rn. 5; Prütting/Helms/*Stößer* § 53 Rn. 3) die Vollstreckung für oder gegen einen anderen als in dem Beschluss bezeichneten Beteiligten erfolgen soll, bedarf es einer Klausel. Für die Vollstreckung einer einstweiligen Anordnung nach § 33 FGG a.F. war bisher keine Klausel erforderlich. An dieser Rechtslage ändert sich nichts, weil die Vollstreckung nach den §§ 88 ff. i.d.R. durch das Gericht, das den Titel erlassen hat, erfolgt (§ 86 Abs. 3).

Eine Klausel ist z.B. in Unterhaltssachen dann erforderlich, wenn ein Elternteil in gesetzlicher Prozessstandschaft gem. § 1629 Abs. 3 Satz 1 BGB im eigenen Namen Kindesunterhalt geltend gemacht hat und die Prozessstandschaft infolge rechtskräftiger Scheidung oder Volljährigkeit endet. Will dann das Kind die Vollstreckung selbst betreiben, muss der Vollstreckungstitel auf das Kind gem. § 120 Abs. 1 i.V.m. § 727 ZPO umgeschrieben werden, weil es selbst nicht als Gläubiger des Anspruchs ausgewiesen ist. Will hingegen der Elternteil die Vollstreckung weiterhin betreiben, kann sich der Unterhaltsschuldner hiergegen nur dann mit Vollstreckungsabwehrverfahren erfolgreich wenden, wenn nicht nur die Prozessstandschaft beendet, sondern auch die gesetzliche Vertretung infolge der Volljährigkeit oder eines Obhutswechsels erloschen ist (OLG Nürnberg FamRZ 2002, 407; OLG Hamm FamRZ 2000, 365; OLG München FamRZ 1997, 1493; OLG Brandenburg FamRZ 1997, 509). 6

Während zur Vollstreckungsklausel die Regelung des § 929 Abs. 1 ZPO in das Anordnungsverfahren übernommen wurde, findet die nach § 929 Abs. 2 ZPO einzuhaltende **einmonatige Vollziehungsfrist** keine Anwendung (a.A. AG Herford FamRZ 2013, 970 m. abl. Anm. *Benkelberg* FamRZ 2013, 1507 sowie *Friederici/Sommer* FamRZ 2013, 1835). Die Vollziehungsfrist unterstreicht die Vorläufigkeit der Regelung und dient dem Schutz des Schuldners vor einer Vollstreckung unter wesentlich geänderten Umständen (Zöller/*Vollkommer* § 929 Rn. 3). Auf die einstweilige Anordnung lassen sich diese Gesichtspunkte nicht übertragen, weil die gerichtliche Regelung überwiegend auf ein Rechtsverhältnis mit längerer Wirkung gerichtet ist und die Rechte des Schuldners bei veränderten Umständen durch § 54 ausreichend geschützt sind. 7

C. Vollstreckung vor Zustellung. In **§ 53 Abs. 2** wurde die Regelung des § 64b Abs. 3 Satz 2 FGG a.F. übernommen und erweitert. Aufgrund ausdrücklicher gerichtlicher Anordnung, die in der Beschlussformel hinsichtlich der Vollstreckbarkeit vor Zustellung auszusprechen ist (Keidel/*Giers* § 53 Rn. 6), wird die einstweilige Anordnung nicht erst mit deren Bekanntgabe bzw. Zustellung an die Beteiligten (§ 87 Abs. 2 bzw. § 750 ZPO), sondern bereits mit ihrem Erlass wirksam (§ 53 Abs. 2 Satz 2) und vor Zustellung vollstreckbar (OLG Hamm FamRZ 2011, 830 [LS]). Dies hat allein vollstreckungsrechtliche Wirkung, weil bereits vor der Zustellung des Beschlusses die Vollstreckung betrieben werden kann. Hierfür kann insb. in Verfahren nach dem GewSchG ein Bedürfnis bestehen, sodass die Schutzanordnungen bzw. die Zuweisung der Wohnung zur alleinigen Nutzung unmittelbar wirken. Über diesen bisherigen Regelungsbereich hinaus kann das Gericht auch in sonstigen Fällen eine entsprechende Anordnung treffen. Die Gesetzesbegründung (BT-Drucks. 16/6308 S. 201) führt einstweilige Anordnungen zur Herausgabe eines Kindes oder über freiheitsentziehende Maßnahmen an. Spezielle Regelungen für die Anordnung der sofortigen Wirksamkeit und die Konkretisierung dieses Zeitpunkts enthalten die §§ 209 Abs. 3, 216 Abs. 2, 287 Abs. 2 Nr. 2, 324 Abs. 2 Nr. 2 sowie 422 Abs. 2 Nr. 2 (Keidel/*Giers* § 53 Rn. 6 zur Harmonisierung mit § 38 Abs. 3 Satz 3). Für die Vollstreckung nach dem GewSchG, die nach Maßgabe der §§ 86 ff., nicht jedoch nach § 35 erfolgt (OLG Celle FamRZ 2010, 1593), enthalten die §§ 96 und 214 Abs. 2, der dem bisherigen § 64b Abs. 3 Satz 6 FGG a.F. entspricht (FA-FamR/*Weinreich* Kap. 8 Rn. 376 ff.), weitere Vollstreckungsvorschriften. 8

§ 54 Aufhebung oder Änderung der Entscheidung.

(1) ¹Das Gericht kann die Entscheidung in der einstweiligen Anordnungssache aufheben oder ändern. ²Die Aufhebung oder Änderung erfolgt nur auf Antrag, wenn ein entsprechendes Hauptsacheverfahren nur auf Antrag eingeleitet werden kann. ³Dies gilt nicht, wenn die Entscheidung ohne vorherige Durchführung einer nach dem Gesetz notwendigen Anhörung erlassen wurde.
(2) Ist die Entscheidung in einer Familiensache ohne mündliche Verhandlung ergangen, ist auf Antrag auf Grund mündlicher Verhandlung erneut zu entscheiden.
(3) ¹Zuständig ist das Gericht, das die einstweilige Anordnung erlassen hat. ²Hat es die Sache an ein anderes Gericht abgegeben oder verwiesen, ist dieses zuständig.
(4) Während eine einstweilige Anordnungssache beim Beschwerdegericht anhängig ist, ist die Aufhebung oder Änderung der angefochtenen Entscheidung durch das erstinstanzliche Gericht unzulässig.

§ 54

Übersicht

	Rdn.		Rdn.
A. Allgemeines	1	E. Zuständigkeit (§ 54 Abs. 3 und 4)	21
B. Gerichtliche Entscheidung	3	F. Entscheidung	26
C. Abänderungs- und Aufhebungsverfahren (§ 54 Abs. 1)	5	G. Rechtsschutzmöglichkeiten gegen Änderungsentscheidung	27
D. Entscheidung nach mündlicher Verhandlung (§ 54 Abs. 2)	14		

1 **A. Allgemeines.** Entscheidungen im einstweiligen Anordnungsverfahren unterliegen einer vereinfachten Aufhebungs- oder Abänderungsmöglichkeit, die durch § 54 gewährleistet wird und weitgehend der bisherigen Regelung des § 620b ZPO a.F. entspricht (krit. *Gießler* FPR 2006, 421, 425); allein die hauptsacheunabhängige Ausgestaltung des Eilverfahrens bedingt einige sprachliche und verfahrensrechtliche Änderungen. Während § 54 Abs. 1, 3 und 4 auf die Verfahren in Familiensachen sowie in Angelegenheiten der freiwilligen Gerichtsbarkeit Anwendung finden, gilt die dem Rechtsmittel nach § 57 Satz 2 zwingend vorgeschaltete erneute Entscheidung aufgrund mündlicher Verhandlung gem. § 54 Abs. 2 nur für Familiensachen des § 111. Wie bisher eröffnet die Regelung die Möglichkeit, die einstweilige Anordnung von Amts wegen oder auf Antrag aufzuheben oder abzuändern, und bildet ein Korrektiv zur begrenzten Beschwerdemöglichkeit nach § 57 Satz 2 (BT-Drucks. 16/6308 S. 201; *Dose* Rn. 377; Zöller/*Feskorn* § 54 FamFG Rn. 1). Zugleich dient die Regelung dem Zweck, unanfechtbare einstweilige Anordnungen an neue Tatsachen und entstandene Einwendungen oder Einreden anpassen zu können (*Gießler/Soyka* Rn. 157; krit. zum verwirrenden System der Rechtsbehelfe, das keiner gründlichen Neuordnung unterzogen wurde Keidel/*Giers* § 54 Rn. 1, 5, sodass die gerichtliche Hinweispflicht gem. § 28 Abs. 2 an Bedeutung gewinnt). Zur Anwendbarkeit von § 241 im Fall eines Abänderungsantrags § 56 Rdn. 16.

2 § 54 Abs. 1 unterscheidet ebenso wie § 51 Abs. 1 zwischen Amts- und Antragsverfahren. Wird ein Anordnungsverfahren von Amts wegen eingeleitet (§ 24 Abs. 1), kann das Gericht eine getroffene einstweilige Entscheidung ohne Antrag eines Beteiligten jederzeit aufheben oder inhaltlich ändern (Abs. 1 Satz 1). In Antragsverfahren kommt nach § 54 Abs. 1 Satz 2 eine Aufhebung oder Änderung einer erlassenen einstweiligen Anordnung nur auf Antrag eines Beteiligten in Betracht (§ 620b Abs. 1 Satz 1 ZPO a.F.), es sei denn, dass eine gesetzlich notwendige Anhörung nicht durchgeführt wurde.

3 **B. Gerichtliche Entscheidung.** Gegenstand des Rechtsbehelfsverfahrens nach § 54 ist die durch Beschluss ergangene Entscheidung des Gerichts im einstweiligen Anordnungsverfahren. Hierbei kann es sich um eine **Erstentscheidung** (§§ 49, 51 Abs. 1), um eine **Abänderungsentscheidung** nach § 54 Abs. 1 sowie um einen nach mündlicher Verhandlung ergangenen Beschluss (§ 54 Abs. 2) handeln. Dass auch eine den Antrag **zurückweisende Entscheidung** nach § 620b ZPO a.F. abgeändert werden konnte, war allgemein anerkannt (OLG Zweibrücken FamRZ 1986, 1229) und hätte für § 54 einer besonderen Betonung in der Gesetzesbegründung nicht bedurft (BT-Drucks. 16/6308 S. 201). Während dies für die hauptsacheabhängige Anordnung keine Probleme aufwarf, stellt sich im selbstständigen Anordnungsverfahren (§ 51 Abs. 3 Satz 1) die Frage nach dem Abschluss des Eilverfahrens einerseits, wenn die Voraussetzungen des § 56 Abs. 1 und 2 mangels Hauptsacheverfahrens nicht eintreten, sowie nach dem Rechtsschutzbedürfnis für einen (erneuten) Erstantrag andererseits. Nach einem nicht unerheblichen Zeitablauf wird man den Antragsteller – auch im Hinblick auf die Bewilligung von Verfahrenskostenhilfe – nicht auf einen Abänderungsantrag nach § 54 Abs. 1 verweisen können, sondern ihm zumindest, wenn sich sein Begehren als neuer Verfahrensgegenstand erweist, einen auf Abänderung gerichteten Erstantrag im Anordnungsverfahren eröffnen oder im Abänderungsverfahren nach § 54 erneut Verfahrenskostenhilfe bewilligen oder dieses als verschiedene Angelegenheiten gebührenrechtlich ansehen müssen, weil anderenfalls die Beteiligten zum Hauptsacheverfahren gezwungen werden. Ob gegen die Erstentscheidung die Beschwerde nach § 57 Satz 2 statthaft ist, ist für die Rechtsbehelfe nach § 54 nicht maßgeblich.

4 Auch wenn vom Wortlaut allein die gerichtliche Entscheidung erfasst ist, ist nicht erkennbar, dass der Gesetzgeber eine Abweichung von der bisher einhelligen Ansicht herbeiführen wollte, wonach auch im Anordnungsverfahren geschlossene **vorläufige Vergleiche** (§ 51 Rdn. 33 f.) geändert oder aufgehoben werden konnten (Zöller/*Feskorn* § 54 FamFG Rn. 5; OLG Brandenburg FamRZ 2000, 1377). Entsprechendes gilt auch für **andere Vollstreckungstitel** (vollstreckbare Urkunde, notarielle Urkunde oder Jugendamtsurkunde), wenn diese unzweifelhaft an die Stelle einer einstweiligen Anordnung treten (AG Cottbus FamRZ 2002,

182; *Gießler/Soyka* Rn. 157, 164; a.A. Musielak/*Borth* § 54 FamFG Rn. 3). Soweit die Beteiligten über den Verfahrensgegenstand disponieren können, besteht aufgrund der gewollten Vorläufigkeit eines Vergleichs (Keidel/*Giers* § 54 Rn. 7; Prütting/Helms/*Stößer* § 54 Rn. 6) oder einer einseitig errichteten Urkunde weiterhin die Abänderungs- oder Aufhebungsmöglichkeit. Eine vorläufige Regelung der Eltern in einem gerichtlich gebilligten Vergleich zur elterlichen Sorge kann über § 54 geändert werden, ohne dass die besonderen Voraussetzungen des § 1696 BGB gegeben sein müssen (OLG Köln MDR 2013, 795). Haben die Beteiligten hingegen eine endgültige Regelung getroffen oder bezieht sich der Antrag auf einen Hauptsachetitel, ist ein Antrag nach § 54 unzulässig und eine Abänderung nur nach Maßgabe der für das Hauptsacheverfahren maßgeblichen Vorschriften statthaft (§§ 166, 238, 239).

C. Abänderungs- und Aufhebungsverfahren (§ 54 Abs. 1). I. In den von Amts wegen eingeleiteten Verfahren bedarf es der antragsunabhängigen Möglichkeit, eine getroffene Entscheidung ändern zu können, weil das Gericht in diesen Verfahren (Rechtsfürsorgeangelegenheiten) die von den Beteiligten unabhängige Verfahrens- und Gestaltungsherrschaft innehat. Aus diesem Grund kann das Gericht gem. **§ 54 Abs. 1 Satz 1**, insb. in Fällen des § 1666 BGB, die getroffene Regelung vollständig aufheben oder modifizieren, d.h. einschränken oder ausweiten, wenn sich z.B. ein Verdacht auf Kindeswohlgefährdung als unbegründet erweist oder weitere Maßnahmen dringend erforderlich werden. Für die weitere Entscheidung kommt es nicht darauf an, ob neue Tatsachen oder Entwicklungen nunmehr eine andere Beurteilung rechtfertigen oder erfordern; ausreichend ist, dass das Gericht zu einem späteren Zeitpunkt zu einer anderen rechtlichen Würdigung gelangt (Zöller/*Feskorn* § 54 FamFG Rn. 3). Eine Änderung kommt auch in Betracht, wenn eine notwendige Anhörung in Betreuungs- (§§ 278, 300 Abs. 1 Nr. 4, 301 Abs. 1), in Unterbringungs- (§§ 319, 331 Nr. 4, 332) und in Freiheitsentziehungssachen (§§ 420, 427 Abs. 2) nachgeholt wird.

II. In **Antragsverfahren** steht dem Gericht eine von den Beteiligten unabhängige Kompetenz zur Änderung seiner einstweiligen Anordnung – mit Ausnahme einer nachzuholenden Anhörung – nicht zu. Hier bedarf es eines Antrags eines Beteiligten, wenn ein entsprechendes Hauptsacheverfahren nur auf Antrag eingeleitet werden kann (**§ 54 Abs. 1 Satz 2**). Für die Anforderungen an den Antrag i.S.d. § 54 gelten die Ausführungen zum Verfahrensantrag (§ 51 Rdn. 13, 21) entsprechend. Der Antrag, der nicht dem Anwaltszwang unterliegt und nach dem erkennbaren Rechtsschutzbegehren auslegungsfähig ist (OLG Celle FamRZ 2013, 568), ist zu begründen. Welche **Gründe** der Beteiligte zur Aufhebung oder Änderung einer einstweiligen Anordnung geltend machen kann, ist von der jeweiligen Verfahrenslage abhängig. Bisher wurde diese Problematik unter den Stichworten der »eingeschränkten materiellen Rechtskraft« (*Gießler/Soyka* Rn. 163), des Verbots »ne bis in idem« oder der »**Präklusion** im Rechtsbehelfsverfahren« behandelt. Eine Zeitschranke stellen sowohl die mündliche Verhandlung im Anordnungsverfahren wie der Ablauf der Beschwerdefrist (formelle Rechtskraft) dar. Aus diesem Grund ist wie folgt zu differenzieren:

– Hat das Gericht die einstweilige Anordnung **ohne mündliche Verhandlung** erlassen, kann jeder Beteiligte für seinen Antrag gem. § 54 Abs. 1 Satz 2 alle sachlich relevanten Gründe anführen unabhängig davon, ob er sie schon zuvor hätte vortragen können oder kannte (OLG Düsseldorf FamRZ 1991, 1198; a.A. *Giers* Rn. 225). Ebenso kann er sich auf eine andere rechtliche Auffassung (OLG Hamburg FamRZ 1989, 198) oder neue Rechtslage (OLG Köln FamRZ 1987, 957 [Volljährigkeit des Kindes]) stützen. Auch die Verletzung des rechtlichen Gehörs kann mit einem Änderungsantrag gerügt werden (OLG Frankfurt am Main FamRZ 1986, 183). Schließlich ist das Gericht nicht gehindert, trotz unveränderter Sach- und Rechtslage seine ursprüngliche Entscheidung wegen einer geänderten rechtlichen Beurteilung zu ändern oder aufzuheben (Musielak/Borth § 54 FamFG Rn. 6). Aufgrund des Konkurrenzverhältnisses der Rechtsbehelfe in Abs. 1 und 2 wird nach anderer Auffassung (Rdn. 20; Zöller/*Feskorn* § 54 FamFG Rn. 4) der Anwendungsbereich auf bei der Erstentscheidung noch nicht berücksichtigte Tatsachen bzw. auf eine Änderung der Rechtslage begrenzt oder der Rechtsbehelf nach Abs. 1 nur bei Abänderung einer aufgrund mündlicher Verhandlung ergangenen einstweiligen Anordnung für zulässig gehalten (*Dose* Rn. 387). Ein unterschiedlicher Anwendungsbereich der Rechtsbehelfe in Amts- oder Antragsverfahren scheint weder erforderlich noch gerechtfertigt (*Gießler/Soyka* Rn. 161). Um einen möglichst weitgehenden Ausgleich der durch § 57 Satz 2 eingeschränkten Beschwerde zu schaffen, sollte dem Beteiligten die Möglichkeit gegeben werden, seine Tatsachen und Rechtsansichten ggü. der ergangenen Entscheidung nochmals neu zu gewichten, ohne ihn insoweit allein auf den Antrag nach Abs. 2 zu verweisen.

– Hat das Gericht die einstweilige Anordnung **nach mündlicher Verhandlung** erlassen, muss sich der Beteiligte für seinen Antrag nach § 54 Abs. 1 Satz 2 auf neue (rechtsbegründende, rechtshemmende oder rechtsvernichtende) Tatsachen oder neue Beweismittel berufen (OLG Karlsruhe FamRZ 1989, 642). Ausreichend sind auch hier neue rechtliche Aspekte, abweichende gerichtliche Entscheidungen oder neue gesetzliche Regelungen. Anderenfalls fehlt es am Rechtsschutzbedürfnis für eine erneute gerichtliche Entscheidung, sodass der Antrag unzulässig ist (OLG Köln FamRZ 1987, 957; Zöller/*Feskorn* § 54 FamFG Rn. 4; Keidel/*Giers* § 54 Rn. 7). In Unterhaltssachen sind daher nachträgliche wesentliche Änderungen erforderlich, ohne dass die Voraussetzungen des § 238 Abs. 2 erfüllt sein müssen (Wendl/Dose/*Schmitz* § 10 Rn. 428). In Kindschaftssachen folgt aus der Regelung des § 1696 BGB, dass bei triftigen, das Wohl des Kindes berührenden Gründen die getroffene Entscheidung dem Kindeswohl gemäß geändert werden kann.

7 **III.** Der Beteiligte hat sein hiernach erforderliches Vorbringen im Antrag nach § 54 Abs. 1 Satz 2, der an **keine Frist** gebunden ist, **glaubhaft** zu machen (§ 51 Rdn. 23). Während nach bisherigem Recht der Antrag nach § 620b Abs. 1 ZPO a.F. gestellt werden konnte, so lange die Hauptsache anhängig und erst dann unzulässig war, wenn die Ehesache oder die Hauptsache rechtskräftig abgeschlossen war (vgl. BGH FamRZ 1983, 355; OLG Düsseldorf FamRZ 2001, 1229), ist das Hauptsacheverfahren im selbstständigen Anordnungsverfahren (§ 51 Abs. 3 Satz 1) kein verfahrensrechtlicher Bezugspunkt mehr. Die einstweilige Anordnung bleibt bis zum Außerkrafttreten nach Maßgabe des § 56 Abs. 1 und 2 wirksam. Für den in der Praxis nicht seltenen Fall einer befristeten Anordnung (etwa nach dem GewSchG) bedarf es einer Differenzierung: Hat das Gericht die einstweilige Anordnung für einen bestimmten Zeitraum oder bis zu einem festgelegten Termin befristet, so treten die angeordneten Maßnahmen mit Ablauf des Zeitraums oder des Termins gem. § 56 Abs. 1 außer Kraft. Eine Verlängerung der einstweiligen Regelung kommt grundsätzlich über einen Antrag nach § 54 Abs. 1 in Betracht, setzt jedoch nach OLG Bremen (FamRZ 2013, 1828) voraus, dass der Antragsteller eine Zuwiderhandlung innerhalb der Geltungsdauer glaubhaft macht. Ein entsprechender Antrag ist nach § 25 Abs. 1 schriftlich oder zur Niederschrift der Geschäftsstelle vor Ablauf der angeordneten Frist zu stellen, sodass ein telefonisches Begehren nicht ausreichend ist (OLG Nürnberg FamRZ 2014, 63); zum Vergütungsanspruch § 49 Rdn. 81. Dies setzt jedoch voraus, dass der Antrag vor Ablauf der Geltungsdauer der einstweiligen Anordnung gestellt wird. Aufgrund der Zuständigkeitsregelung des Abs. 4 kann der rechtzeitig gestellte Verlängerungsantrag als Anschlussbeschwerde allein vom Beschwerdesenat beschieden werden. Will sich ein Beteiligter von der vorläufig angeordneten Maßnahme lösen, steht ihm – auch wenn seit Erlass der Anordnung längere Zeit vergangen ist – die Möglichkeit eines Abänderungsantrags (Wendl/Dose/*Schmitz* § 10 Rn. 425; *Götsche/Viefhues* ZFE 2009, 124, 128; Prütting/Helms/*Stößer* § 54 Rn. 15 ggf. einschränkend nach § 242 BGB) oder der Einleitung eines Hauptsacheverfahrens offen. Auf einen Verzicht des Abänderungsrechts wird man allein durch den Zeitablauf nicht schließen können, weil damit die als vorläufig gedachte Anordnung in ihrer Wirkung perpetuiert würde. Am **Rechtsschutzbedürfnis** für einen Antrag nach § 54 Abs. 1 Satz 2 fehlt es jedoch, wenn die angeordnete Maßnahme befristet wurde, eine Hauptsacheentscheidung ergangen ist (§ 56 Abs. 1) oder bereits ein Antrag auf erneute Entscheidung nach mündlicher Verhandlung (§ 54 Abs. 2) gestellt wurde.

8 **IV.** Der Verfahrensbeteiligte muss durch die aufzuhebende oder abzuändernde Anordnung **beschwert** sein, weil sein Antrag teilweise zurückgewiesen oder ihm als Antragsgegner eine Verpflichtung auferlegt bzw. in seine Rechte eingegriffen wurde; anderenfalls kommt nur ein (weitergehender) Erstantrag in Betracht (Musielak/*Borth* § 54 FamFG Rn. 5; zum Unterhaltsrückstand jedoch § 246 Rdn. 8). Die Rechtsbehelfe nach § 54 bleiben zulässig, auch wenn der Antragsgegner das Rechtsschutzbegehren des Antragstellers nach Erlass der einstweiligen Anordnung erfüllt hat (z.B. Herausgabe oder Rückführung des Kindes), jedoch sein bisheriges Ziel (Aufenthaltswechsel) weiterverfolgen will (OLG Karlsruhe FamRZ 2011, 571, 572). Grds. besteht die Möglichkeit, die einstweilige Anordnung **rückwirkend** zu ändern, soweit hierfür ein Rechtsschutz- und Regelungsbedürfnis gegeben ist. Insoweit gilt Folgendes:

9 – In Familiensachen, die keine Familienstreitsachen sind, sowie in Angelegenheiten der freiwilligen Gerichtsbarkeit ist eine rückwirkende Änderung der einstweiligen Anordnung ausgeschlossen, soweit das Verhalten und rechtliche Befugnisse geregelt wurden. Dies gilt für Kindschaftssachen ebenso wie für Nutzungsregelungen, aber auch für Betreuungs-, Unterbringungs- und Freiheitsentziehungssachen. Etwas anderes ergibt sich für die Vergangenheit auch nicht aus §§ 48 Abs. 1, 166, 294, 330.

10 – Die Änderung einer **Nutzungsregelung** scheidet für die Vergangenheit aus und kommt für die **Zukunft** nur in Betracht, wenn sich die tatsächlichen Verhältnisse wesentlich geändert haben und die Änderung notwendig ist, um eine unbillige Härte zu vermeiden (§§ 1361b Abs. 1 BGB, 17 Abs. 1 HausratsVO a.F.; OLG Naumburg NJOZ 2004, 1569). Beruht die unbillige Härte auf persönlichem Verhalten, Bedrohungen *und* Beschimpfungen wird eine Verhaltensänderung nur schwer glaubhaft zu machen sein. Die Ver-

längerung einer gewährten **Räumungsfrist** ist nur geboten, wenn der fristgemäße Auszug eine unbillige Härte darstellt (OLG Dresden FamRZ 2005, 1581).

– Vor allem in **Familienstreitsachen** wird die rückwirkende Änderung praktisch bedeutsam (*Gießler/Soyka* Rn. 182). Der Unterhaltsberechtigte kann im Verfahren nach § 54 rückwirkend (vor und ab dem Erstantrag) keinen höheren Unterhalt geltend machen (OLG Stuttgart NJW 1981, 2476; *Zöller/Feskorn* § 54 FamFG Rn. 11; *Musielak/Borth* § 54 FamFG Rn. 4; § 246 Rdn. 8). Hingegen kann der Unterhaltsverpflichtete die Herabsetzung rückständigen Unterhalts nur verlangen, soweit er diesen noch nicht erbracht hat (OLG Köln FamRZ 2004, 39). Denn die Änderung der einstweiligen Anordnung ist keine Voraussetzung für einen Rückforderungsantrag und kann auf einen negativen Feststellungsantrag ohne Vertrauensschutz des Berechtigten rückwirkend geändert werden (BGH FamRZ 1989, 850; § 56 Rdn. 9). Eine evtl. Rückzahlungspflicht überzahlten Unterhalts oder eines Prozesskostenvorschusses kann nicht zum Gegenstand dieses Verfahrens gemacht werden. 11

– Der Unterhaltspflichtige kann aufgrund der materiell-rechtlichen Akzessorietät nach Rechtskraft der Ehescheidung die Aufhebung einer zum Trennungsunterhalt ergangenen einstweilige Anordnung verlangen (§ 51 Rdn. 6), insb. wenn aus dieser für die Zeit nach Rechtskraft der Ehescheidung Unterhaltsansprüche geltend gemacht oder vollstreckt werden sollen (OLG Frankfurt am Main FamRZ 2006, 1687). 12

Ausnahmsweise kann das Gericht auch in Antragsverfahren eine erlassene einstweilige Anordnung von Amts wegen korrigieren (**§ 54 Abs. 1 Satz 3**). Dies betrifft allein Verfahren, in denen nach dem Gesetz eine **Anhörung** notwendig ist und diese vor Erlass der einstweiligen Anordnung wegen der besonderen Eilbedürftigkeit nicht durchgeführt wurde. Der Anhörung in Kindschaftssachen (§§ 159, 160) kommt sowohl für die Sachverhaltsaufklärung wie für das Hinwirken auf eine einvernehmliche Regelung (§ 156) eine besondere Bedeutung zu. Wird sie nachgeholt, hat das Gericht in diesen Verfahren von Amts wegen, d.h. auch ohne einen hierauf gerichteten Antrag eines Beteiligten zu prüfen, ob die ergangene einstweilige Anordnung nach den in der Anhörung gewonnenen Erkenntnissen aufzuheben oder zu ändern ist. Seine Rechtfertigung findet dies in dem für die Entscheidung maßgeblichen Kindeswohl (§ 1697a BGB). 13

D. Entscheidung nach mündlicher Verhandlung (§ 54 Abs. 2). Nur in **Familiensachen** ist den Beteiligten der zeitlich nicht befristete Antrag gem. § 54 Abs. 2 eröffnet und führt zu einer **obligatorischen mündlichen Verhandlung** im Anordnungsverfahren, die unter Berücksichtigung der mit der vorläufigen Maßnahme für den Antragsgegner verbundenen (Grundrechts-) Eingriffe einerseits und nach Maßgabe der vom Antragsteller glaubhaft gemachten Angaben andererseits zeitnah anzuberaumen ist (OLG München FamRZ 2010, 1755), wobei ein Zeitrahmen von 2 bis 3 Wochen angemessen, jedoch eine Frist von 6 Wochen als nicht ausreichend erscheint. Ein als Widerspruch bezeichneter Rechtsbehelf wird i.d.R. als Antrag nach Abs. 2 auszulegen sein, wenn zuvor keine mündliche Verhandlung durchgeführt worden war (OLG Celle FamRZ 2013, 569 [LS] = Nds.Rpf. 2013, 105). Die mündliche Verhandlung dient gerade in Fällen einer ohne Stellungnahme des Antragsgegners ergangenen vorläufigen Regelung dem rechtlichen Gehör und der Aufklärung des Sachverhalts (§ 51 Rdn. 28; OLG Celle Nds. Rpfl 2013, 83 f.). Dieser Rechtsbehelf ist mit dem Widerspruchsverfahren nach § 924 Abs. 1 ZPO vergleichbar und bewirkt, dass das Gericht seine erlassene einstweilige Anordnung unter allen rechtlichen und tatsächlichen Aspekten zu überprüfen (*Gießler/Soyka* Rn. 187) und aufgrund der weiteren Erkenntnisse nach der mündlichen Verhandlung erneut zu entscheiden hat. Das Gericht kann in Antragsverfahren nach Erlass einer einstweiligen Anordnung nicht von Amts wegen eine mündliche Verhandlung mit dem Ziel anberaumen, diese abzuändern. In Kindschaftssachen besteht insoweit für die amtswegigen Verfahren eine Ausnahme. Weist das Gericht einen Antrag auf mündliche Verhandlung zurück, so ist nach OLG Karlsruhe (FamRZ 2014, 1317) hiergegen die Beschwerde eröffnet. 14

Der Antrag setzt voraus, dass eine einstweilige Anordnung **ohne mündliche Verhandlung** oder ohne ordnungsgemäße mündliche Verhandlung (OLG Dresden FamRZ 2002, 1498; OLG Düsseldorf FamRZ 1992, 1198; anders jedoch bei Fernbleiben eines Beteiligten) erlassen oder der Antrag abgelehnt wurde (§ 51 Abs. 1) oder eine erlassene einstweilige Anordnung gem. § 54 Abs. 1 ohne mündliche Verhandlung geändert oder aufgehoben bzw. ein dahin gehender Antrag zurückgewiesen wurde. Ausreichend ist, dass die ergangene Entscheidung nicht auf der durchgeführten mündlichen Verhandlung beruht, sondern in deren Folge weitere Ermittlungen vom Gericht durchgeführt bzw. neue Tatsachen oder entscheidungserhebliche Aspekte vorgetragen wurden (str. *Dose* Rn. 382; *Zöller/Feskorn* § 54 FamFG Rn. 7; § 57 Rdn. 23). Die Erörterung einer Kindschaftssache mit den Beteiligten in einem Termin gem. § 155 Abs. 2 steht einer mündlichen Verhandlung i.S.d. § 54 Abs. 2 gleich, sodass nach einer hierauf ergangenen Anordnung nicht erneut 15 ein Antrag nach Abs. 2 zulässig ist (so wohl *Dose* Rn. 380). Vielmehr steht hier den Beteiligten bei unveränderter Sach- und Rechtslage die Beschwerde nach § 57 Satz 2 und bei einer Änderung derselben der Antrag nach § 54 Abs. 1 offen. Auch wenn der Antrag auf eine mündliche Verhandlung gerichtet ist, besteht weder für den Antrag noch in diesem Verfahren Anwaltszwang. Wie der Antrag nach § 54 Abs. 1 ist der Antrag auf Entscheidung nach mündlicher Verhandlung an keine Frist gebunden (OLG Köln FamRZ 2006, 1402) und setzt eine Beschwer des Beteiligten voraus. Wurde dem Erstantrag mit der einstweilige Anordnung in vollem Umfang entsprochen, kann der Antragsteller einen weitergehenden Anspruch – etwa auf Unterhalt – nicht über einen Antrag nach § 54 Abs. 2, sondern allein über einen neuen Erstantrag herbeiführen (Zöller/*Feskorn* § 54 FamFG Rn. 7). Der Antrag auf mündliche Verhandlung ist zu begründen und die behaupteten Tatsachen sind glaubhaft zu machen (§ 51 Rdn. 23). Für einen Antrag ist die Erkennbarkeit des Rechtsschutzzieles ausreichend, sodass sowohl eine nach § 57 Satz 2 unzulässige Beschwerde als auch ein als Widerspruch bezeichnetes Rechtsmittel (OLG Celle FamRZ 2013, 569 [LS]) als Antrag nach § 54 Abs. 2 auszulegen sind.

16 Für das auf Entscheidung nach mündlicher Verhandlung gerichtete Anliegen ist ein Rechtsschutzbedürfnis erforderlich, das durch die – häufig ohne rechtliches Gehör – ergangene Anordnung, aber auch i.F.d. Zurückweisung indiziert ist. Noch nicht abschließend geklärt ist die Frage, ob eine mündliche Verhandlung anzuberaumen ist, wenn sich die Regelung der **einstweiligen Anordnung erledigt** hat (Wendl/Dose/*Schmitz* § 10 Rn. 426). Auch im Rahmen eines Eilverfahrens muss Rechtsschutz für den Antragsgegner – insb. bei schwerwiegenden Grundrechtseingriffen (§ 62 Rdn. 10, 13) – wirkungsvoll ausgestaltet sein (BVerfG FamRZ 2003, 995, 998). Als erledigendes Ereignis kommt in Betracht, dass die Geltungsdauer einer befristeten Regelung abgelaufen ist (Schutzanordnungen nach dem GewSchG), dass die angeordnete Maßnahme erfüllt wurde (Herausgabe des Kindes), dass das Interesse des Antragstellers durch Zeitablauf oder andere Umstände entfallen ist oder der Anordnungsantrag zurückgenommen wird. Neben den erledigenden Ereignissen ist für die Verwirklichung angemessenen Rechtsschutzes auf die jeweiligen Verfahrensgegenständen abzustellen. Wird der Antrag kurze Zeit vor Ablauf des Befristungszeitraums bzw. danach gestellt oder erschöpft sich die einstweilige Anordnung in einer isolierten Handlung oder Unterlassung, kann die faktische Wirksamkeit der Entscheidung nicht rückwirkend geändert oder eine Erfüllungswirkung beseitigt werden, sodass die Rechtmäßigkeit der gerichtlichen Entscheidung im Mittelpunkt steht.

17 Ein Antrag nach § 52 Abs. 2, den Antragsteller zur Einleitung eines Hauptsacheverfahrens zu verpflichten, greift häufig (s. Rdn. 19) nicht durch, weil das Hauptsacheverfahren nicht dem Zweck dient, die Rechtmäßigkeit oder Rechtswidrigkeit einer getroffenen vorläufigen Anordnung, die sich erledigt hat, festzustellen (§ 52 Rdn. 3). Nach der Rspr. des BGH fehlt für einen solchen isolierten Feststellungsantrag das Rechtsschutzbedürfnis, wenn das Gesetz eine spezielle Rechtsschutzmöglichkeit vorsieht (FamRZ 2013, 28 f. [zur Anordnung einer Betreuung]; FGPrax 2011, 143 [zur Ingewahrsamnahme]). Das Hauptsacheverfahren dient regelmäßig dazu, zukunftsbezogen die Fortdauer einer gerichtlichen Regelung zu klären. Um die Rechtmäßigkeit einer vorläufigen Maßnahme prüfen zu können, sieht § 62 für den Fall der Erledigung oder nach Einlegung der Beschwerde und bei berechtigtem Interesse eine Feststellungsentscheidung vor. So hat das OLG München (FamRZ 2010, 1755 f.) im Fall eines durch Auszug der Antragstellerin zwischenzeitlich erledigten Näherungsverbots nach dem GewSchG festgestellt, dass die einen Feststellungsantrag zurückweisende Entscheidung den Antragsgegner in seinen (materiell- oder verfahrensrechtlichen) Rechten verletzt. Denn auf den Antrag nach § 54 Abs. 2 hat das Gericht im Hinblick auf die erheblichen persönlichen und grundrechtsrelevanten Folgen einen zeitnahen Termin anzuberaumen. Eine Terminierung 6 Wochen nach Antragseingang wahrt diese Anforderungen nicht. Durch die Feststellung im Beschwerdeverfahren (§ 62) wird der Antragsgegner nicht besser gestellt als im erstinstanzlichen Verfahren (so *Bruns* FamRZ 2012, 1024, 1026), weil sein – ggf. auszulegender – Antrag, den Anordnungsantrag zurückzuweisen, dem Gegenantrag zu einer Erledigungserklärung durch den Antragsteller entspricht, an den sich ein Beschwerdeverfahren anschließen kann, wenn eine mündliche Verhandlung anberaumt oder mündliche Erörterung durchgeführt wurde.

18 Die Statthaftigkeit einer Beschwerde setzt neben der Begrenzung auf bestimmte Verfahrensgegenstände das Erfordernis einer mündlichen Erörterung voraus. Diese erhält als Voraussetzung für das Beschwerderecht, aber auch als instanzinterne Möglichkeit effektiven Rechtsschutzes über das Antragsrecht nach § 54 besondere Bedeutung (*Bruns* FamRZ 2012, 1024, 1026). Das OLG Karlsruhe (FamRZ 2011, 571) hat zu Recht eine Entscheidung nach mündlicher Verhandlung auch nach Erledigung der Anordnung mit dem Ziel als zulässig angesehen, über die Erledigung der einstweiligen Anordnung zu entscheiden, und dabei die Parallele *zum Widerspruch im Arrestverfahren* nach § 924 Abs. 1 ZPO gezogen, der auch nach Ablauf der Vollzie-

hungsfrist sowie nach Erledigung der Hauptsache zulässig bleibt (Zöller/*Vollkommer* § 924 Rn. 4). Ein dort zulässiger auf die Kostenentscheidung begrenzter Widerspruch ist auch im Anordnungsverfahren über das Antragsrecht nach § 54 Abs. 2 anzuerkennen, zumal sich der Antragsgegner regelmäßig auch gegen die ihn treffende Kostenlast wenden wird. Zwar kommt eine Aufhebung oder Abänderung einer einstweiligen Anordnung, die nach § 56 außer Kraft getreten ist, nicht mehr in Betracht (*Dose* Rn. 390; Keidel/*Giers* § 54 Rn. 7). Dies steht jedoch einer mündlichen Verhandlung mit anderem Rechtsschutzziel nicht entgegen. Daher kommt im Fall übereinstimmender Erledigungserklärungen allein eine Kostenentscheidung oder im Fall einseitiger Erledigungserklärung – weil der Antragsgegner den Erlass der Anordnung für nicht zulässig oder unbegründet erachtet – die Feststellung zur Erledigung oder Zurückweisung des Antrags in Betracht. Unabhängig hiervon kann der Antragsteller dem Antrag nach § 54 Abs. 2 seinerseits mit einem Antrag auf Verlängerung der befristeten Maßnahme entgegentreten, sofern diese materiell-rechtlich weiterhin gerechtfertigt ist. Dass der Antragsgegner nach einer erledigten einstweiligen Anordnung Rechtsschutz sucht, muss er im Antrag auf Entscheidung nach mündlicher Verhandlung darlegen und dabei auch dem Vorbringen des Antragstellers erkennbar entgegen treten. Eine Entscheidung des Amtsgerichts ergeht nach Erledigung – auch in Amtsverfahren – nur Antrag.

Hat das Amtsgericht vorläufig und befristet den Unterhalt geregelt, ist eine Beschwerde nach § 57 Satz 2 nicht **19** statthaft. In diesem Fall führt ein Antrag nach § 54 Abs. 2 den Antragsgegner nicht zu dem erstrebten Erfolg. Denn i.d.R. wurde aus der einstweiligen Anordnung bereits die Vollstreckung betrieben, sodass die Feststellung ihrer Erledigung hieran nichts ändert, zumal sie nach § 56 Abs. 1 außer Kraft getreten ist. Allerdings ist in diesem Fall dem Antragsgegner über einen Antrag nach § 52 Abs. 2 die Möglichkeit zu eröffnen, dass der Unterhaltsgläubiger seinen Unterhaltsanspruch mit Rechtskraftwirkung feststellen lassen muss. Daneben steht dem Antragsgegner der negative Feststellungsantrag offen (§ 56 Rdn. 9).

Konkurrenzverhältnis: Zwischen den Anträgen nach § 54 Abs. 1 und 2 besteht ein durch das Rechtsschutz- **20** bedürfnis der Beteiligten bestimmtes Rangverhältnis. Hierfür ist maßgeblich, dass es nicht Aufgabe des Rechtsbehelfsverfahrens ist eine erneute Entscheidung des Gerichts bei unveränderter Sach- und Rechtslage herbeizuführen (Götsche/*Viefhues* ZFE 2009, 124, 127 ff.; *Klein* FuR 2009, 321 ff.). Daneben ist alternativ oder kumulativ ein Antrag nach § 52 eröffnet.

– Ist die **Erstentscheidung** im Anordnungsverfahren ohne mündliche Verhandlung ergangen, können die durch die Entscheidung beschwerten Beteiligten zwischen den Anträgen nach § 54 Abs. 1 und 2 wählen und unterliegen hinsichtlich der Antragsvoraussetzungen keinerlei Beschränkungen (OLG Oldenburg FamRZ 2000, 759 Musielak/*Borth* § 54 FamFG Rn. 6; Keidel/*Giers* § 54 Rn. 14; Thomas/Putzo/*Seiler* § 54 FamFG Rn. 6; *Haußleiter* § 54 Rn. 7; a.A. OLG Celle FamRZ 2013, 569 [LS] = Nds.Rpf. 2013, 105 [Vorrang § 54 Abs. 2]; *Dose* Rn. 49; Zöller/*Feskorn* § 54 FamFG Rn. 4; *Schürmann* FamRB 2008, 375, 379; Wendl/*Schmitz* § 10 Rn. 426; Prütting/Helms/*Stößer* § 54 Rn. 9).

– Wurde die einstweilige Anordnung **nach mündlicher Verhandlung** erlassen, kann ein Beteiligter einen Antrag auf Abänderung oder Aufhebung nach § 54 Abs. 1 stellen (OLG Zweibrücken FamRZ 1997, 1167). Hierzu bedarf es neuer tatsächlicher oder rechtlicher Umstände, die eine andere Beurteilung rechtfertigen können (OLG Oldenburg FamRZ 2000, 759; Rdn. 6).

– Wurde eine nach mündlicher Verhandlung erlassene Anordnung ohne mündliche Verhandlung (§ 54 Abs. 1 Satz 2) aufgehoben oder geändert, ist grds. das Rechtsbehelfsverfahren nach § 54 Abs. 2 eröffnet, um den Beteiligten die Möglichkeit zur Erörterung zu geben. Wurde der Abänderungsantrag hingegen zurückgewiesen, besteht ein Rechtsschutzbedürfnis nur, wenn nachträglich eine (wesentliche) Änderung der Verhältnisse oder der rechtlichen Voraussetzungen eingetreten ist (OLG Karlsruhe FamRZ 1989, 642; a.A. *Dose* Rn. 423).

– Die Abänderung einer einstweiligen Anordnung, die keine Erstentscheidung ist und ohne mündliche Verhandlung erlassen wurde, ist nach § 54 Abs. 1 nur bei einer wesentlichen Änderung zulässig. Andernfalls fehlt es am Rechtsschutzbedürfnis, zumal die Möglichkeit eines Antrags nach § 54 Abs. 2 besteht (OLG Karlsruhe FamRZ 1989, 642).

– Hat ein Beteiligter einen Antrag nach § 54 Abs. 2 gestellt, über den noch zu entscheiden ist, so ist der Antrag eines anderen Beteiligten nach § 54 Abs. 1 unzulässig (Gießler/*Soyka* Rn. 167), denn die mündliche Verhandlung eröffnet weitergehende Erkenntnismöglichkeiten.

– Während eines anhängigen Beschwerdeverfahrens nach § 57 Satz 2 ist ein Antrag gem. § 54 Abs. 1 unzulässig. Hat der Antragsgegner gegen eine Unterhaltsanordnung einen negativen Feststellungsantrag erhoben, kann er zwischen einem Antrag auf einstweilige Einstellung der Zwangsvollstreckung und einem

Antrag nach § 54 Abs. 1 unter den vorgenannten Voraussetzungen wählen. I.Ü. bestimmt sich das Verhältnis von § 54 zu § 57 Satz 2 aus dem Zulässigkeitserfordernis der mündlichen Erörterung (Prütting/Helms/*Stößer* § 54 Rn. 3).

– Neben dem Abänderungsantrag nach § 54 kann der Unterhaltspflichtige auch in einer Hauptsache ein Vollstreckungsabwehrverfahren einleiten, um die Vollstreckung aus der einstweiligen Anordnung für unzulässig erklären zu lassen. Diese Rechtsschutzmöglichkeiten bestehen alternativ und der Unterhaltspflichtige hat ein Wahlrecht (Wendl/Dose/*Schmitz* § 10 Rn. 438). Das Vollstreckungsabwehrverfahren kann indes für die Bewilligung von Verfahrenskostenhilfe mutwillig sein, weil über die §§ 54, 55 ebenfalls die Aussetzung der Vollstreckung zu erreichen ist (OLG Karlsruhe FamRZ 2009, 1342, 1343).

21 **E. Zuständigkeit (§ 54 Abs. 3 und 4).** Die sachliche und örtliche Zuständigkeiten für das Rechtsbehelfsverfahren sind nunmehr in Abs. 3 und 4 gesondert geregelt und weichen durch das hauptsacheunabhängige Anordnungsverfahren von den bisherigen und kompliziert gestalteten Regelungen in § 620b Abs. 3, 620a Abs. 4 ZPO a.F. ab. Dabei gehen § 54 Abs. 3 und 4 von dem Grundsatz aus, dass für die Abänderungsentscheidung das die einstweilige Anordnung erlassende Gericht und bei Anhängigkeit des Beschwerdeverfahrens (§ 57 Satz 2) das Beschwerdegericht zuständig ist. Ob und ggf. in welcher Instanz das Hauptsacheverfahren anhängig ist, bleibt für die Zuständigkeit des selbstständigen Anordnungsverfahrens ohne Bedeutung.

22 Hat das **erstinstanzliche Gericht** seine Zuständigkeit nach § 50 bejaht, ist es aufgrund der dadurch begründeten Sachnähe gem. § 54 Abs. 3 Satz 1 für die Abänderungsentscheidung nach § 54 Abs. 1 und 2 zuständig. Aus Gründen der Verfahrensökonomie (BT-Drucks. 16/6308 S. 202) verbleibt es bei dieser Zuständigkeit auch dann, wenn sich die hierfür maßgeblichen Tatsachen geändert haben. Wurde das Anordnungsverfahren in Familienstreitsachen gem. §§ 113 FamFG, 281 ZPO oder in anderen Angelegenheiten gem. §§ 3 oder 4 an ein anderes Gericht verwiesen oder abgegeben, wird dieses Gericht für die Anträge nach § 54 Abs. 1 und 2 zuständig, zumal ein Gleichlauf mit der Hauptsachezuständigkeit gewährleistet werden soll (§ 54 Abs. 3 Satz 2). Darüber hinaus wird auch die Konstellation des § 50 Abs. 2 Satz 2 erfasst (BT-Drucks. 16/6308 S. 202), in denen das Gericht der Eilzuständigkeit die einstweilige Anordnung erlassen und sodann das Verfahren an das gem. § 50 Abs. 1 zuständige Gericht abgegeben hat.

23 § 54 Abs. 4 regelt die Zuständigkeit des Beschwerdegerichts für die Aufhebung oder Änderung einer (angefochtenen) einstweiligen Anordnung. Über den Wortlaut der Vorschrift hinaus ist jedoch die Zuständigkeit des Beschwerdegerichts geboten. Das Verhältnis von Abänderungs- und Rechtsmittelverfahren (BT-Drucks. 16/6308 S. 202) wird in § 54 Abs. 4 dahin gehend geregelt, dass die Aufhebung oder Änderung durch das erstinstanzliche Gericht unzulässig sind, wenn sich das Anordnungsverfahren in der **Beschwerdeinstanz** befindet (§ 57 Satz 2). Die Zuständigkeit für die Rechtsbehelfe nach § 54 wird von der Regelungskompetenz des Beschwerdegerichts, auf die die Beteiligten wechselseitig im Beschwerdeverfahren (etwa im Wege der Anschlussbeschwerde) einwirken können, in Angelegenheiten der freiwilligen Gerichtsbarkeit, in Familiensachen sowie in Familienstreitsachen umfasst. Die Begrenzung der erstinstanzlichen Zuständigkeit nach § 54 Abs. 4 gilt grds. für alle Anordnungsverfahren und ist nicht auf die Beschwerde nach § 57 Satz 2 begrenzt. In Angelegenheiten der freiwilligen Gerichtsbarkeit kommt jedoch eine Abhilfe nach § 68 Abs. 1 Satz 1 in Betracht.

24 Für die Zuständigkeit ist zwischen dem Erlass einer einstweiligen Anordnung und der Zurückweisung eines hierauf gerichteten Antrags zu differenzieren ist. Weist das Beschwerdegericht den Antrag auf Erlass der einstweiligen Anordnung zurück, ist das Anordnungsverfahren endgültig abgeschlossen. Bei geänderten Verhältnissen muss ein neues Anordnungsverfahren betrieben werden. Hat in Familiensachen das FamG den Antrag zurückgewiesen und der Beschwerdesenat die Anordnung erlassen, so ist der Vorschrift nicht eindeutig zu entnehmen, welches Gericht für einen späteren Abänderungs- oder Aufhebungsantrag zuständig ist. Nach dem Wortlaut des § 54 Abs. 3 Satz 1 wäre die Zuständigkeit des Beschwerdegerichts als »erlassendes Gericht« begründet. Demgegenüber besteht nach § 54 Abs. 4 die Regelungskompetenz des Beschwerdegerichts nur während des dort anhängigen Anordnungsverfahrens, weil in dieser Zeit die Zuständigkeit des erstinstanzlichen Gerichts ausgeschlossen ist. Mit der Beschwerdeentscheidung endet die Anhängigkeit des Anordnungsverfahrens, sodass nunmehr wieder das Gericht erster Instanz zuständig wird. Dies entspricht auch den zu § 927 ZPO entwickelten Grundsätzen (Zöller/*Vollkomer* § 927 Rn. 10; *Gießler* FPR 2006, 423, 425; a.A. Musielak/*Borth* § 54 Rn. 2; *Dose* Rn. 393; wohl auch Prütting/Helms/*Stößer* § 54 Rn. 14).

25 Durch § 54 Abs. 4 ist das Verhältnis von der Abänderung oder Aufhebung einer einstweiligen Anordnung und einem Rechtsmittel im Hauptsacheverfahren nicht geregelt. Hat das AG vor oder während eines anhängigen Hauptsacheverfahrens eine einstweilige Anordnung erlassen und wird gegen den Hauptsache-

beschluss Beschwerde (§ 58) eingelegt, so bleibt die einstweilige Anordnung – jedenfalls in Familienstreitsachen – mangels rechtskräftiger Entscheidung (§ 56 Abs. 1 Satz 2; § 56 Rdn. 14) wirksam. Nach dem Wortlaut des § 54 Abs. 3 Satz 1 wäre für die Rechtsbehelfe nach Abs. 1 und 2 als erlassendes Gericht auch für die Dauer des Beschwerdeverfahrens weiterhin das FamG zuständig, weil gegen den Anordnungsbeschluss kein Rechtsmittel zulässig ist (z.B. bei einer Unterhaltsanordnung) oder ein zulässiges Rechtsmittel nicht eingelegt wurde (Keidel/*Giers* § 54 Rn. 11). Aus Gründen der Sachnähe und Verfahrensökonomie ist in diesem Fall die Zuständigkeit des Beschwerdesenats gerechtfertigt (a.A. OLG Brandenburg MDR 2013, 854). Sachliche Gründe die Aufhebungs- oder Abänderungskompetenz in erster Instanz zu belassen, sind nicht ersichtlich, wenn die Beteiligten im Beschwerdeverfahren in der Hauptsache und im Anordnungsverfahren über die Unterhaltsverpflichtung streiten, auch wenn es sich um ein selbstständiges Anordnungsverfahren handelt.

F. Entscheidung. Für das Verfahren nach § 54 Abs. 1 und 2 gelten die allgemeinen Grundsätze des Anordnungsverfahrens. Die für das einstweilige Anordnungsverfahren bewilligte Verfahrenskostenhilfe erstreckt sich auf die Rechtsbehelfe nach § 54, weil es sich um dieselbe Angelegenheit handelt (§ 16 Nr. 5 RVG; OLG Frankfurt FuR 2015, 419). Bei einem zulässigen Antrag gem. § 54 Abs. 2 hat das Gericht zwingend einen Verhandlungstermin anzuberaumen. Das Gericht kann bis zu seiner Entscheidung über die Anträge nach § 54 Abs. 1 und 2 die Vollstreckung aus der einstweiligen Anordnung gem. § 55 aussetzen. Der Antrag kann als unzulässig verworfen bzw. als unbegründet zurückgewiesen oder die Entscheidung (Rdn. 3) der Sach- und Rechtslage entsprechend ganz oder teilweise aufgehoben oder inhaltlich geändert werden. Die Entscheidung über den Antrag nach § 54 Abs. 1 und 2 ergeht durch zu begründenden Beschluss und ist mit einer Rechtsbehelfsbelehrung (§ 39; s. § 51 Rdn. 40) zu versehen (Keidel/*Giers* § 54 Rn. 10). Die in der Anhörung vor dem Rechtsausschuss aufgeworfene Frage, ob eine Entscheidung nach § 54 Abs. 1 und 2 eine Kostenentscheidung enthält, wurde nicht aufgegriffen (§ 51 Rdn. 45, 46; *Giers* Rn. 33; dafür Musielak/*Borth* § 54 FamFG Rn. 7; *Gießler/Soyka* Rn. 183). 26

G. Rechtsschutzmöglichkeiten gegen Änderungsentscheidung. Gegen eine Abänderungsentscheidung nach § 54 Abs. 1 und 2 sind wiederum die Rechtsbehelfe nach § 54 Abs. 1 und 2 sowie die sofortige Beschwerde nach § 57 Satz 2 statthaft, wenn die Entscheidung aufgrund mündlicher Verhandlung ergangen ist (*Gießler/Soyka* Rn. 185; Rdn. 20). Mangels materieller Rechtskraft kommt ein Abänderungsverfahren gem. § 238 nicht in Betracht. Neben dem Antrag nach § 52 (OLG Karlsruhe FamRZ 2011, 571, 572) kann ein Beteiligter auch das Hauptsacheverfahren einleiten. In Unterhaltssachen kann der Unterhaltsberechtigte einen Leistungsantrag und der Unterhaltspflichtige einen negativen Feststellungsantrag stellen. Ob im Fall rechtsvernichtender oder rechtshemmender Einwendungen ein Vollstreckungsabwehrantrag neben einem Antrag nach § 54 zulässig ist, ist streitig (*Gießler/Soyka* Rn. 178). 27

§ 55 Aussetzung der Vollstreckung.

(1) ¹In den Fällen des § 54 kann das Gericht, im Fall des § 57 das Rechtsmittelgericht, die Vollstreckung einer einstweiligen Anordnung aussetzen oder beschränken. ²Der Beschluss ist nicht anfechtbar.
(2) Wenn ein hierauf gerichteter Antrag gestellt wird, ist über diesen vorab zu entscheiden.

§ 55 Abs. 1 entspricht dem bisherigen § 620e ZPO a.F. Änderungen beruhen auf der Zuständigkeitsregelung und der Modifikation der Entscheidungsmöglichkeiten (ausführlich van Els FamRZ 2011, 1706 ff.). Sprachlich wird die Terminologie des § 53 übernommen, in dem auf die Vollstreckung und nicht mehr auf die Vollziehung abgestellt wird. Der bisherige Verweis in Abs. 1 Satz 1 auf den Anwendungsbereich des § 53, der selbst nur teilweise die Vollstreckungsvoraussetzungen regelt, beruhte auf einem **redaktionellen Versehen**, denn in der gleichlautenden Vorschrift des § 59 im RefE heißt es »in den Fällen des § 58«, der wiederum die Aufhebung und Änderung der Entscheidung regelte und dem § 54 entspricht. Demgemäß wurde mit Gesetz vom 30.07.2009 (BGBl. I, S. 2449, 2470) die Vorschrift entsprechend korrigiert. 1

Die Aussetzung der Vollstreckung ist möglich, wenn ein **Antrag** auf Aufhebung oder Änderung einer einstweiligen Anordnung nach § 54 Abs. 1 bzw. ein Antrag auf erneute Entscheidung aufgrund mündlicher Verhandlung (§ 54 Abs. 2) gestellt wird. Auch wenn § 55 Abs. 2 auf ein Antragserfordernis hindeutet, ist ein solcher nicht zwingend notwendig, sodass die Aussetzung der Vollstreckung auch von Amts wegen angeordnet werden kann (van Els FamRZ 2011, 1706, 1707 f.). Darüber hinaus kann das Beschwerdegericht im Fall einer zulässigen Beschwerde nach § 57 Satz 2 die Aussetzung der Vollstreckung anordnen. Ein solches 2

§ 55

Vorgehen kommt auch in Verfahren nach § 56 in Betracht, ohne dass dies in der Vorschrift ausdrücklich Erwähnung gefunden hat. Wegen der vergleichbaren Interessenlage ist eine entsprechende Anwendung auch im Verfahren nach § 56 Abs. 3 Satz 1 gerechtfertigt. Diese Vergleichbarkeit spricht dafür, die Aussetzung der Vollstreckung auch im Fall einer Anhörungsrüge nach § 44 zu eröffnen (MünchKomm/*Soyka* § 55 Rn. 1) Die Aussetzung der Vollstreckung kann erforderlich werden, weil weder die Rechtsbehelfe des § 54 noch die Beschwerde nach § 57 Satz 2 hinsichtlich der angeordneten Maßnahmen aufschiebende Wirkung haben (§ 58 Rdn. 24). Über die Aussetzung der Vollstreckung entscheidet das jeweils zuständige Gericht ohne besonderen Antrag, der jedoch aus Sicht des Antragsgegners zweckmäßig bleibt, von Amts wegen. In Amtsverfahren gilt die Vorschrift ebenfalls, auch wenn das Gericht seine Anordnung aus Gründen des Kindeswohls jederzeit ändern oder aufheben kann.

3 Einer Aussetzung der Vollstreckung bedarf es, wenn die ergangene Entscheidung einen **vollstreckungsfähigen Inhalt** hat, weil die vorgenannten Rechtsbehelfe keine aufschiebende Wirkung haben. Dies wird in Familiensachen überwiegend der Fall sein, etwa wenn die Vollstreckung einer vorläufigen Umgangsregelung, einer Herausgabe des Kindes, der Wohnungsräumung oder Herausgabe von Hausrat sowie von Unterhaltszahlungen angekündigt ist oder begonnen hat. Keinen vollstreckungsfähigen Inhalt haben rechtsgestaltende Anordnungen, deren rechtliche Wirkungen von selbst eintreten (Zöller/*Feskorn* § 55 FamFG Rn. 4). Gleichwohl kann der Vollzug einer solchen Entscheidung ausgesetzt werden. In Kindschaftssachen kann dies aus Gründen des Kindeswohls bei der vorläufigen Übertragung des Aufenthaltsbestimmungsrechts geboten sein, um der sofortigen Herausgabe des Kindes an den insoweit sorgeberechtigten Elternteil entgegen zu wirken (OLG Bamberg FamRZ 2001, 1311). Wurde für eine Unterbringungsmaßnahme (§§ 1631b, 1906 BGB oder nach landesrechtlichen PsychKG) die sofortige Wirksamkeit angeordnet (§§ 287 Abs. 2 Satz 1, 324 Abs. 2 Satz 1), kann auch diese außer Kraft gesetzt werden (BayObLG NJW 1975, 2147). Die Vollstreckung einer Unterhaltsanordnung nach § 246 kann gegen oder ohne Sicherheitsleistung eingestellt werden.

4 Die Zuständigkeit für Maßnahmen nach § 55 Abs. 1 ist ausdrücklich geregelt. Während der Rechtsbehelfsverfahren nach § 54 ist das Gericht zuständig, das die einstweilige Anordnung erlassen hat, während für die Dauer des Beschwerdeverfahrens (§ 57 Satz 2) das Beschwerdegericht über die Aussetzung der Vollstreckung zu befinden hat. Vor einer Entscheidung im Rechtsbehelfs- oder Rechtsmittelverfahren ist vorab nach § 55 Abs. 2 über den Antrag auf Aussetzung oder Beschränkung der Vollstreckung aus der einstweiligen Anordnung zu entscheiden. Die Entscheidung kann ohne mündliche Verhandlung nach vorheriger Anhörung der Gegenseite ergehen. Unabhängig von einem Antrag kann das Gericht über die Aussetzung der Vollstreckung von Amts wegen entscheiden. Ob die Vollstreckung vollständig oder teilweise ausgesetzt wird, steht im pflichtgemäßen Ermessen und hängt von den glaubhaft gemachten Tatsachen sowie der Dringlichkeit einer sofortigen Entscheidung ab, die eine abweichende Regelung rechtfertigen sollen (Zöller/*Feskorn* § 55 FamFG Rn. 4). Jedenfalls sind **hinreichende Erfolgsaussichten** für den Antrag nach § 54 bzw. für die Beschwerde nach § 57 Satz 2 erforderlich (Keidel/*Giers* § 55 Rn. 4; *Dose* Rn. 510 f.). Entsprechende Anforderungen werden in vergleichbaren Fällen (§§ 707, 719 ZPO) gestellt. Für eine größere Flexibilität plädiert *van Els* (FamRZ 2011, 1706, 1708), der eine umfassende Folgenabwägung für angemessen hält. Auf einen Antrag nach § 54 kann das Gericht bereits dann die Vollstreckung einstellen, wenn es unter Berücksichtigung des weiteren Vorbringens die einstweilige Anordnung nicht erlassen hätte, während im Beschwerdeverfahren die hinreichenden Erfolgsaussichten bestehen müssen. Das Gericht kann die Aussetzung der Vollstreckung von Bedingungen oder Auflagen abhängig machen (BT-Drucks. 16/6308 S. 202), insb. auch von einer Sicherheitsleistung, was zum bisherigen Recht umstritten war (*Dose* Rn. 61). Für einstweilige Anordnungen in **Familienstreitsachen** enthält § 120 Abs. 2 für die Einstellung der Zwangsvollstreckung aus Endentscheidungen eine entsprechende Regelung. Ebenso wie das Gericht von Amts wegen die Vollstreckung aussetzen kann, kann es seine Aussetzungsentscheidung von Amts wegen wieder aufheben oder ändern. Die Aussetzungsentscheidung tritt mit Wirksamwerden des Beschlusses im Verfahren nach §§ 54, 57 außer Kraft, kann aber vom Gericht auch zuvor von Amts wegen aufgehoben werden. Nach der ausdrücklichen Regelung in § 55 Abs. 1 Satz 2 ist die Entscheidung über die Aussetzung der Vollstreckung unabhängig davon **unanfechtbar**, ob ein dahin gehender Antrag zurückgewiesen oder diesem stattgegeben wird (OLG Hamburg FamRZ 1990, 423; OLG Zweibrücken FamRZ 1998, 1378). Die sofortige Beschwerde ist auch nicht über § 87 Abs. 4 statthaft, weil die Entscheidung nicht im Vollstreckungsverfahren sondern im Anordnungsverfahren ergeht (Musielak/*Borth* § 55 Rn. 3).

§ 56 Außerkrafttreten.

§ 56 Außerkrafttreten. (1) ¹Die einstweilige Anordnung tritt, sofern nicht das Gericht einen früheren Zeitpunkt bestimmt hat, bei Wirksamwerden einer anderweitigen Regelung außer Kraft. ²Ist dies eine Endentscheidung in einer Familienstreitsache, ist deren Rechtskraft maßgebend, soweit nicht die Wirksamkeit zu einem späteren Zeitpunkt eintritt.
(2) Die einstweilige Anordnung tritt in Verfahren, die nur auf Antrag eingeleitet werden, auch dann außer Kraft, wenn
1. der Antrag in der Hauptsache zurückgenommen wird,
2. der Antrag in der Hauptsache rechtskräftig abgewiesen ist,
3. die Hauptsache übereinstimmend für erledigt erklärt wird oder
4. die Erledigung der Hauptsache anderweitig eingetreten ist.
(3) ¹Auf Antrag hat das Gericht, das in der einstweiligen Anordnungssache im ersten Rechtszug zuletzt entschieden hat, die in den Absätzen 1 und 2 genannte Wirkung durch Beschluss auszusprechen. ²Gegen den Beschluss findet die Beschwerde statt.

Übersicht

	Rdn.		Rdn.
A. Allgemeines..................................	1	I. Rücknahme des Hauptsacheantrags.....	20
B. Begrenzung der Wirksamkeit................	2	II. Abweisung des Hauptsacheantrags......	22
C. Außerkrafttreten aufgrund anderweitiger		III. Erledigungserklärung.................	23
Regelung.................................	3	E. Beschluss nach § 56 Abs. 3..............	24
D. Verfahrensrechtliches Außerkrafttreten......	19		

A. Allgemeines. Die Vorschrift des § 56 entspricht im Wesentlichen dem bisherigen § 620f ZPO a.F., dessen Regelungen sich bewährt haben und beibehalten werden (BT-Drucks. 16/6308 S. 202). Geregelt wird die »besonders bedeutsame« (BT-Drucks. 16/6308 S. 200; *Dose* Rn. 490) Problematik, wann eine erlassene einstweilige Anordnung außer Kraft tritt. Die frühere Kopplung der Wirksamkeit einer einstweiligen Anordnung an eine anderweitige Regelung oder die Verfahrensbeendigung in der Ehesache oder isolierten Familiensache (§§ 621g, 644 ZPO a.F.) durch die Rücknahme oder Abweisung des dortigen Antrags oder der Erledigung dieses Verfahrens erfährt insoweit eine Änderung, als Bezugspunkt allein das jeweilige Hauptsacheverfahren ist. Denn auch im selbstständigen Anordnungsverfahren kann die vorläufige Entscheidung nicht unabhängig vom Verlauf des Hauptsacheverfahrens wirksam bleiben. Die Folgen des Außerkrafttretens werden unverändert nach § 56 Abs. 3 auf Antrag ausgesprochen. Wegen des durch § 620f ZPO a.F. gewährleisteten Vorrangs der Hauptsacheentscheidung war eine analoge Anwendung des § 926 ZPO, wonach für die Klagerhebung in der Hauptsache gerichtlich eine Frist gesetzt werden kann, nicht erforderlich. Nach neuem Recht wird der Rechtsschutz des Antragsgegners über das Außerkrafttreten der einstweiligen Anordnung gem. § 56 Abs. 1 und 2 dadurch verstärkt, dass der Beteiligte bereits zuvor über § 52 die Einleitung des Hauptsacheverfahrens erwirken kann. Eine Sonderregelung für die im Zusammenhang mit einem Antrag auf Vaterschaftsfeststellung beantragte einstweilige Unterhaltsanordnung enthält insoweit § 248 Abs. 5.

B. Begrenzung der Wirksamkeit. Eine ganz wesentliche Möglichkeit für die Begrenzung der Wirksamkeit einer einstweiligen Anordnung besteht darin, die angeordneten Maßnahmen bereits in der Entscheidungsformel **zeitlich zu begrenzen** (§ 49 **Rdn. 16**), wie § 56 Abs. 1 Satz 1 hervorhebt und dies für zahlreiche Angelegenheiten ausdrücklich vorgesehen ist. In diesem Fall bedarf es keiner Hauptsacheentscheidung, die die Folgen des § 56 herbeiführt. Hat das Gericht die einstweilige Anordnung auf einen bestimmten Zeitraum oder einen festen Termin befristet, kann dieser Teil der vorläufigen Regelung zum Anlass für einen Antrag nach § 54 Abs. 1 mit dem Ziel der Verlängerung gemacht werden (§ 54 Rdn. 7). Darüber hinaus folgt aus der **materiell-rechtlichen Akzessorietät** der einstweiligen Anordnung eine immanente Begrenzung (§ 51 Rdn. 6). Die auf die Trennungszeit bezogenen Verfahrensgegenstände (§§ 1361, 1361a, 1361b) beschränken tatbestandlich die Wirksamkeit einer hierauf gerichteten einstweiligen Anordnung, die nicht weiter reichen kann als eine entsprechende Entscheidung im Hauptsachverfahren (OLG Frankfurt am Main FamRZ 2006, 1687, 1689; Musielak/Borth § 56 FamFG 3; *Dose* Rn. 469; Horndasch/*Viefhues* § 56 Rn. 13; Johannsen/Henrich/*Büte* § 56 FamFG Rn. 3). Die Erwägungen, dass eine im Scheidungsverfahren ergangene einstweilige Anordnung über die Rechtskraft der Ehescheidung hinauswirkt (BGH FamRZ 1983, 355, 356; OLG Köln FamRZ 1997, 1093, 1094), weil aus Zweckmäßigkeitserwägungen ein regelungsloser Zustand durch § 620f ZPO a.F. und durch die hauptsacheabhängige Anordnung vermieden werden sollte, greifen infolge der

Neukonzeption des einstweiligen Rechtsschutzes nicht mehr (a.A. Prütting/Helms/*Stößer* § 56 Rn. 1, 5). Einem im Eilverfahren geschlossenen vorläufigen Vergleich kommt die Wirkung einer Anordnung zu, sodass die vorgenannten Begrenzungen neben § 56 Abs. 1 und 2 auch insoweit gelten. Eine auf Kindesunterhalt gerichtete einstweilige Anordnung (§ 1629 Abs. 3 BGB) bleibt mangels Bezugs zur Trennungszeit unabhängig von der Ehescheidung weiterhin wirksam (OLG Zweibrücken FamRZ 2000, 964).

3 **C. Außerkrafttreten aufgrund anderweitiger Regelung.** Nach altem und neuem Recht tritt eine einstweilige Anordnung aufgrund einer **anderweitigen Regelung** in der Hauptsache außer Kraft, während das Verfahren in einer Ehesache regelmäßig keinen Einfluss mehr auf deren Geltung zukommt.

4 I. Verfahrensrechtlich können privatautonome Regelungen der Beteiligten sowie gerichtliche Entscheidungen die Geltungsdauer einer einstweiligen Anordnung begrenzen. Nach Erlass der einstweiligen Anordnung können die Beteiligten (ggf. in gesetzlicher Verfahrensstandschaft gem. § 1629 Abs. 3 BGB) im Anordnungsverfahren oder im Hauptsacheverfahren über dispositive Rechte einen (vorläufigen oder endgültigen) **gerichtlichen Vergleich** hinsichtlich des Verfahrensgegenstands des Anordnungsverfahrens schließen (§ 51 Rdn. 33; Zöller/*Feskorn* § 56 FamFG Rn. 3; zur Einigungsgebühr für einen Vergleich bei anhängigem Hauptsache- und Anordnungsverfahren OLG Hamm FamRZ 2009, 540). Eine außergerichtliche Regelung der Beteiligten, etwa durch eine notarielle Urkunde oder Jugendamtsurkunde gem. § 60 SGB VIII (KG FamRZ 2011, 1612), kann ebenfalls die Wirksamkeit einer einstweiligen Anordnung aufheben.

5 Überwiegend werden einstweilige Anordnungen aufgrund einer anderweitigen **gerichtlichen Regelung** außer Kraft treten. Ändert das Gericht auf Antrag nach § 54 Abs. 1 oder 2 eine zuvor erlassene einstweilige Anordnung ab, so tritt diese als vorläufige Regelung nicht außer Kraft, sondern wird lediglich modifiziert (KG FamRZ 1991, 1327; Keidel/*Giers* § 56 Rn. 3; a.A. OLG München FamRZ 1987, 610; *Dose* Rn. 472; *Götsche/Viefhues* ZFE 2009, 124, 132). Die Verfahrensgegenstände des Hauptsache- und Anordnungsverfahrens müssen hinsichtlich ihrer Regelungsbereiche (teil-)identisch (§ 50 Rdn. 3) sein, um die Wirkung des § 56 Abs. 1 herbeizuführen. Eine Entscheidung zur Hauptsache kann in einer selbstständigen Familiensachen, aber auch in einer Folgesache im Scheidungsverbund (§§ 137 Abs. 2 und 3, 142) ergehen. Welcher Beteiligte dieses Verfahren eingeleitet hat, ist unerheblich.

6 II. Die anderweitige gerichtliche Entscheidung oder Vereinbarung der Beteiligten muss eine **Regelung** enthalten, ob und ggf. in welchem Umfang der geltend gemachte Anspruch oder ein Recht aus einem Rechtsverhältnis besteht. Tritt das Gericht aus formalen Gründen nicht in die materiell-rechtliche Prüfung ein, wird keine anderweitige Regelung getroffen. Daher können **Prozessbeschlüsse**, die einen Antrag als unzulässig abweisen, den Bestand einer einstweiligen Anordnung nicht infrage stellen (OLG München FamRZ 1987, 610; *Dose* Rn. 473; a.A. Keidel/*Giers* § 56 Rn. 8). Die Kostenentscheidung einer Endentscheidung enthält keine anderweitige Regelung hinsichtlich einer Anordnung auf Zahlung eines Verfahrenskostenvorschusses (BGH FamRZ 1985, 802). Stimmen die Verfahrensgegenstände nur teilweise überein, kann die Anordnung, soweit überhaupt eine **Teilbarkeit** möglich ist, z.T. außer Kraft treten und i.Ü. wirksam bleiben (Zöller/*Feskorn* § 56 FamFG Rn. 3). Für Zahlungsansprüche (Familienstreitsachen) ist zeitlich und der Höhe nach eine solche Unterscheidung möglich, während sie in personenrechtlichen Beziehungen (Kindschaftssachen) ausgeschlossen ist. Wurde in einer einstweilige Anordnung das Aufenthaltsbestimmungsrecht und die Gesundheitssorge einem Elternteil übertragen und im Hauptsacheverfahren allein eine Regelung zum Aufenthaltsbestimmungsrecht getroffen, so stellt die Hauptsacheentscheidung eine anderweitige Regelung dar, weil im Sorgerechtsverfahren eine Antragsbindung nicht besteht und die elterliche Sorge im Hauptsacheverfahren insgesamt eine gerichtliche Prüfung erfährt. Anders verhält es sich hingegen im Verhältnis zwischen Verfahren zum Umgangs- und Aufenthaltsbestimmungsrecht (*Dose* Rn. 480) oder einem Sorgerechtsstreit in der Hauptsache und der Anordnung einer Grenzsperre im Eilverfahren (KG FamRZ 2008, 1648).

7 Für **Unterhaltssachen** ergeben sich folgende Besonderheiten: Parallel zum oder nach dem Anordnungsverfahren können die Beteiligten ein Hauptsacheverfahren über den Unterhaltsanspruch anhängig machen (§ 51 Rdn. 3). Mangels rechtskräftiger Entscheidung im Anordnungsverfahren kommt eine Abänderung im Hauptsacheverfahren nicht in Betracht, wie nunmehr in § 238 Abs. 1 klargestellt ist. Ein im Anordnungsverfahren geschlossener Vergleich kann nur dann nach § 239 Abs. 1 abgeändert werden, wenn es sich um ein über das Anordnungsverfahren hinausgehende endgültige Regelung der Beteiligten handelt (OLG Brandenburg FamRZ 2000, 1377). Da es sich bei Trennungs- und nachehelichem Unterhalt um verschiedene Streitgegenstände handelt, bewirken diese wechselseitig keine anderweitigen Regelung (*Dose* Rn. 474). Um eine **anderweitige Regelung** herbeizuführen, können der unterhaltsberechtigte Antragsteller einen Leis-

tungsantrag im Hauptsacheverfahren oder der unterhaltspflichtige Antragsgegner einen Antrag auf Rückzahlung des (vorläufig) titulierten Unterhalts bzw. auf negative Feststellung stellen.

1. Leistungsantrag: Der Unterhaltsberechtigte kann seinen Anspruch im Wege des Erst- bzw. Leistungsantrags geltend machen. Dieser Antrag wird im Hauptsacheverfahren häufig einen weitergehenden Anspruch umfassen, als durch die einstweilige Anordnung tituliert ist. Zum einen kann rückständiger Unterhalt nur ausnahmsweise vorläufig geregelt werden (§ 246 Rdn. 8), zum anderen kann der Anspruch bei ungeklärten Aspekten (Unterhaltsverwirkung, Umfang der Erwerbsobliegenheit) der Höhe nach (etwa auf das Existenzminimum) begrenzt sein. Im Umfang der erkannten Hauptsacheentscheidung tritt die einstweilige Anordnung außer Kraft (§ 56 Abs. 1 Satz 1). Wird der Antrag im Hauptsacheverfahren hinsichtlich des rückständigen Unterhalts oder bezüglich der Anspruchshöhe teilweise abgewiesen, so liegt eine anderweitige Regelung vor und die einstweilige Anordnung tritt außer Kraft. Betraf das Anordnungsverfahren auch Zeiträume, die im Hauptsacheverfahren nicht mehr geltend gemacht werden, etwa weil insoweit nach der vorläufigen Regelung Erfüllung eingetreten ist, liegt nur teilweise eine anderweitige Regelung vor. Im Fall der Erledigungserklärung im Hauptsacheverfahren greift § 56 Abs. 2 Nr. 3. Bestreitet der Antragsgegner für diesen, allein die Anordnung betreffenden Zeitraum seine Unterhaltspflicht, muss er seinerseits ein Hauptsacheverfahren einleiten. Zum Antrag auf Einstellung der Zwangsvollstreckung Rdn. 10. 8

2. Negativer Feststellungsantrag des Unterhaltspflichtigen: Der Antragsgegner kann als Unterhaltssache i.S.d. § 231 die Feststellung begehren, dass er nicht oder nicht in dem durch die Anordnung festgesetzten Umfang zum Unterhalt verpflichtet ist. In diesem Verfahren muss er nicht darlegen, aus welchem Grund ein niedrigerer oder überhaupt kein Unterhalt geschuldet wird, weil es dem unterhaltsberechtigten Antragsteller des Anordnungsverfahrens obliegt, seinen Unterhaltsanspruch schlüssig darzutun. An der Verteilung der Darlegungs- und Beweislast ändert sich ggü. einem Erst- bzw. Leistungsantrag nichts. Dem Unterhaltspflichtigen steht es frei, einen Antrag nach § 52 Abs. 2 oder gem. §§ 54, 55 auf Abänderung der Eilentscheidung und Aussetzung der Vollstreckung (OLG Karlsruhe FamRZ 2009, 1342, 1343) oder auf negative Feststellung zu stellen (OLG Frankfurt FuR 2015, 419 [zur Abgrenzung durch Auslegung]). Auch die Möglichkeit des Antragsgegners, über einen Antrag nach § 52 Abs. 2 auf die Einleitung des Hauptsacheverfahrens durch den Antragsteller hinzuwirken, lässt das Rechtsschutzbedürfnis bzw. das Feststellungsinteresse für einen negativen Feststellungsantrag nicht entfallen (OLG Frankfurt FuR 2015, 419; OLG Hamm FuR 2013, 52; *Götz* NJW 2010, 897, 901; *Roßmann* ZFE 2010, 86, 91). Die Rechtswirkungen der Verfahren sind unterschiedlich, sodass es sich bei dem Antrag gem. § 52 Abs. 2 nicht um einen »einfacheren Weg« (so FA-FamR/*Gerhardt* Kap. 6 Rn. 864, 896) oder eine »bessere Rechtsschutzmöglichkeit« handelt (so aber Zöller/*Feskorn* § 56 FamFG Rn. 4; *Gießler/Soyka* Rn. 385; Thomas/Putzo/*Seiler* § 52 FamFG Rn. 4). Maßgeblich beruht dies darauf, dass die einstweilige Anordnung fortgilt, wenn der Antragsteller ein Hauptsacheverfahren einleitet und die Frist zur Verfahrenseinleitung nach § 52 Abs. 2 Satz 2 bis zu 3 Monaten betragen kann (§ 52 Rdn. 13; *Vogel* FF 2011, 196, 200). Darüber hinaus ist zu bedenken, dass bei Anordnung eines Arrestes neben dem Antrag nach § 926 Abs. 1 ZPO wahlweise die negative Feststellungsklage zur Klärung des Rechtsverhältnisses eröffnet ist (BGH NJW 1986, 1815; PG/*Fischer* § 926 Rn. 2). In einem vom Antragsgegner eingeleiteten Feststellungsverfahren kann dieser schneller sowie unabhängig vom Antragsteller verfahrensrechtlich handeln und dadurch Verzögerungen vermeiden (*Roßmann* ZFE 2011, 60). Das besondere Feststellungsinteresse (§§ 113 Abs. 1 FamFG, 256 ZPO) ist gegeben, wenn der Unterhaltsberechtigte eine einstweilige Anordnung erwirkt hat und eine Vollstreckung droht (Wendl/*Schmitz* § 10 Rn. 438; OLG Thüringen FamRZ 2012, 54, 55). Zahlungen auf die einstweilige Anordnung dürfen noch nicht erbracht sein, weil anderenfalls der (vorrangige) Antrag auf Rückzahlung beziffert werden kann (OLG Düsseldorf FamRZ 1997, 824; a.A. OLG Düsseldorf FamRZ 1993, 816). Einem negativen Feststellungsantrag steht jedoch der Leistungsantrag (OLG Köln FamRZ 2001, 106) sowie ein Stufenantrag des Unterhaltsberechtigten mit noch nicht beziffertem Zahlungsantrag entgegen (§§ 113 FamFG, 261 Abs. 3 ZPO; OLG Koblenz FamRZ 2004, 1732; OLG Köln FamRZ 2004, 39), wobei der Schuldner bei Rücknahme des Zahlungsantrags über § 56 Abs. 2 Nr. 1 geschützt ist. Der negative Feststellungsantrag des Unterhaltspflichtigen muss hinreichend bestimmt (§§ 113 FamFG, 253 Abs. 2 Nr. 2 ZPO) sein und daher konkret angeben, in welchem Umfang der *Antragsteller seine Unterhaltsverpflichtung in Abrede nimmt.* Der gegen eine einstweilige Anordnung gerichtete negative Feststellungsantrag unterliegt keiner Einschränkung dahin, dass die Feststellung erst ab Rechtshängigkeit des Antrags oder Verzug des Unterhaltsgläubigers mit einem Verzicht auf seine Rechte aus der einstweiligen Anordnung geltend gemacht werden kann (BGH FamRZ 1989, 850; OLG Brandenburg FamRZ 2002, 1497). Für zurückliegende Zeiträume wird das Vertrauen des Berechtigten in den Be- 9 stand der einstweiligen Anordnung allein materiell-rechtlich durch § 818 Abs. 3 BGB geschützt. Die Hauptsacheentscheidung befindet über das Bestehen oder Nichtbestehen eines Unterhaltsanspruchs und stellt daher eine anderweitige Regelung i.S.d. § 56 Abs. 1 Satz 1 dar (OLG Zweibrücken FamRZ 2001, 424). Wird der Antrag auf negative Feststellung teilweise abgewiesen, wird das Bestehen eines (begrenzten) Unterhaltsanspruchs festgestellt.

10 3. Um eine weitere Vollstreckung aus der einstweiligen Anordnung zu verhindern, kann der Unterhaltspflichtige in den vorgenannten Verfahren einen Antrag auf **einstweilige Einstellung der Zwangsvollstreckung** stellen (§ 120 Abs. 2 Satz 2; OLG Rostock FamRZ 2004, 127). Der Antrag ist auch im Rahmen eines Abänderungsverfahrens (§§ 238, 239) und eines negativen Feststellungsantrags zulässig (BGH FamRZ 1983, 355, 357; OLG Köln FamRZ 1996, 1227). Der Abweisungsantrag des Unterhaltspflichtigen ggü. dem Leistungsantrag des Unterhaltsberechtigten entspricht seinem negativen Feststellungsbegehren, sodass auch in diesem Verfahren die Einstellung der Zwangsvollstreckung beantragt werden kann (OLG Frankfurt am Main FamRZ 1990, 767; OLG Düsseldorf FamRZ 1993, 816). Grundlage für die Einstellung der Zwangsvollstreckung sind die §§ 120 Abs. 2, 116 Abs. 3 FamFG, 769 ZPO (BGH FamRZ 2005, 1481). Deren Anwendung ist nicht durch die weiteren verfahrensrechtlichen Möglichkeiten nach § 54 Abs. 1 und § 55 ausgeschlossen (OLG Stuttgart FamRZ 1992, 203, a.A. OLG Koblenz FamRZ 2001, 229; OLG Hamm FamRZ 1998, 1379). Eine Entscheidung über den Unterhaltsanspruch selbst erfolgt nicht, sodass keine anderweitige Regelung i.S.d. § 56 Abs. 1 ergeht.

11 4. **Rückzahlungs**antrag: Hat der Unterhaltspflichtige auf die einstweilige Anordnung Zahlungen erbracht oder wurden Pfändungen durchgeführt, so kann er in einem Hauptsacheverfahren deren Rückzahlung beanspruchen. Geht die einstweilige Anordnung über den materiell-rechtlichen Unterhaltsanspruch hinaus, so leistet der Schuldner insoweit »ohne rechtlichen Grund« i.S.d. § 812 Abs. 1 BGB (Rdn. 15), weil die Anordnung rein prozessualer Natur ist und nur eine einstweilige Vollstreckungsmöglichkeit wegen eines vorläufig als bestehend angenommenen Anspruchs schafft (BGH FamRZ 1991, 1175, 1176). Die einstweilige Anordnung bildet keinen Rechtsgrund für die Zahlung und muss daher nicht zuvor aufgehoben werden (OLG Stuttgart FamRZ 1992, 1195). Die Darlegungs- und Beweislast entspricht der im Leistungsverfahren des Unterhaltsberechtigten. Für einen bestimmten Antrag sind die Unterhaltsbeträge für jeden Monat konkret anzugeben und ggf. anzupassen. Einer weiteren Vollstreckung des Unterhaltsberechtigten kann mit einem Einstellungsantrag begegnet werden. Die Entscheidung über den Rückzahlungsanspruch ist eine anderweitige Regelung für die rückständig titulierten oder in der Vergangenheit bereits erbrachten Unterhaltsleistungen und bewirkt insoweit das Außerkrafttreten der einstweiligen Regelung.

12 5. **Vollstreckungsabwehrantrag**: Eine Entscheidung über einen Antrag, die Vollstreckung aus der einstweiligen Anordnung für unzulässig zu erklären (§§ 120 Abs. 1 FamFG, 767 ZPO), enthält keine anderweitige Regelung, weil sie auf den Bestand des titulierten Anspruchs keine Auswirkungen hat. Am Rechtsschutzbedürfnis fehlt es, wenn der Antragsgegner durch Beschluss nach § 56 Abs. 3 Satz 1 das Außerkrafttreten der einstweiligen Anordnung feststellen lassen kann (OLG Köln FamRZ 1999, 1000), während zu den Anträgen nach § 54 ein Wahlrecht besteht (OLG Karlsruhe FamRZ 2009, 1342). Die Zulässigkeit des Vollstreckungsantrags entfällt nicht deswegen, weil die einstweilige Anordnung in § 794 ZPO nicht mehr als Vollstreckungstitel aufgeführt ist (a.A. FA-FamR/*Gerhardt* Kap. 6 Rn. 897), denn die Vollstreckbarkeit folgt unmittelbar aus §§ 53, 120 unter Bezugnahme auf die Vorschriften der ZPO (BT-Drucks. 16/6308, S. 326; PG/*Scheuch* § 767 Rn. 2; *Roßmann* ZFE 2011, 61). Ggü. dem titulierten Anspruch können nur nachträglich entstandene Einwendungen geltend gemacht werden (OLG Koblenz FamRZ 2004, 1732). Bisher konnte der Schuldner ggü. einer im Scheidungsverfahren ergangenen einstweiligen Anordnung nicht einwenden, dass die Ehe rechtskräftig geschieden ist, denn die Unterhaltsanordnung galt über diesen Zeitpunkt hinaus (BGH FamRZ 1983, 355, 356). Für das materiell-rechtlich akzessorische Anordnungsverfahren gilt dies nicht mehr, weil der auf die Trennungszeit bezogenen Titel mit der Rechtskraft der Scheidung ihre Wirksamkeit verlieren (OLG Frankfurt am Main FamRZ 2006, 1687; Rdn. 2, § 51 Rdn. 6).

13 **III. Wirksamwerden** der anderweitigen Regelung: Zu welchem Zeitpunkt die einstweilige Anordnung außer Kraft tritt, ist in § 56 nur mittelbar geregelt und richtet sich danach, wann die anderweitige Regelung wirksam wird. Ein **Vergleich** oder eine Vereinbarung der Beteiligten wird mit dem Abschluss wirksam und führt für diesen Verfahrensgegenstand zum Außerkrafttreten einer Anordnung. Das Wirksamwerden einer **gerichtlichen Entscheidung** (§§ 40 Abs. 1, 41 Abs. 1) bestimmt sich nach dem jeweiligen Verfahrensgegenstand. Beschlüsse in **Kindschaftssachen** (§ 151) werden in isolierten Verfahren mit der Bekanntgabe an die *Beteiligten wirksam*. Ergeht die Entscheidung in einer Folgesache im Scheidungsverbund (§ 137), so wird

sie mit Rechtskraft des Scheidungsausspruchs wirksam (§ 148). Die Entscheidung wird erst mit der Rechtskraft wirksam in Ehewohnungs- und Haushaltssachen (§ 209 Abs. 2), in Gewaltschutzsachen (§ 216 Abs. 1), in Versorgungsausgleichssachen (§ 224 Abs. 1), in Unterbringungssachen (§ 324 Abs. 1) und in Freiheitsentziehungssachen (§ 422 Abs. 1), wobei die sofortige Wirksamkeit angeordnet werden kann.

In **Familienstreitsachen** sind die **Unterhaltssachen** von besonderer Bedeutung. Beschlüsse in Unterhaltssachen sind nach den allgemeinen Grundsätzen vorläufig vollstreckbar und formell rechtskräftig (§§ 120 Abs. 1, 116 Abs. 1 und 3 i.V.m. §§ 708 ff. ZPO). Gleichwohl hatte der BGH zum bisherigen § 620f Abs. 1 ZPO a.F. entschieden, dass ein Urteil in einem Unterhaltsverfahren erst mit dessen Rechtskraft wirksam wird (FamRZ 2000, 751; OLG Karlsruhe FamRZ 2004, 1045). Der BGH stützte seine Entscheidung maßgeblich auf das Interesse an einer einheitlichen Handhabung und den Aspekt der Rechtssicherheit. Ein regelungsloser Zustand zwischen einstweiliger und rechtskräftiger Regelung soll vermieden werden. Bei Anknüpfung an ein vorläufig vollstreckbares Urteil, das zum Außerkrafttreten der einstweiligen Anordnung führt, entstünde ein regelungsloser Zustand, obwohl der Bestand des Urteils nicht feststeht. Dieser Rechtsprechung folgend und wegen der praktischen Bedeutung der Frage (BT-Drucks. 16/6308 S. 202) stellt § 56 Abs. 1 Satz 2 nunmehr für Familienstreitsachen auf die **Rechtskraft der Endentscheidung** ab, soweit nicht die Wirksamkeit zu einem späteren Zeitpunkt eintritt. Ein solcher Ausnahmefall kann vorliegen, wenn aufgrund des Scheidungsverbunds die Wirksamkeit bzw. Rechtskraft später eintritt (§ 148). Ordnet das Gericht in seiner Hauptsacheentscheidung, die grds. erst mit Rechtskraft wirksam wird (§ 116 Abs. 3 Satz 1), die sofortige Wirksamkeit an (§ 116 Abs. 3 Satz 2 und 3), so kann aus der Unterhaltsanordnung die Vollstreckung betrieben werden, weil nach § 56 Abs. 1 Satz 2 in Familienstreitsachen das Außerkrafttreten der einstweiligen Anordnung an die Rechtskraft des Hauptsachebeschlusses mit der Folge geknüpft ist, dass zwei unterschiedliche Vollstreckungstitel bestehen können (Zöller/*Feskorn* § 56 FamFG Rn. 2; Prütting/Helms/*Stößer* § 56 Rn. 4). Dem wird man nicht damit begegnen können, dass die Anordnung der sofortigen Vollziehbarkeit zum Außerkrafttreten der Anordnung führt (*Dose* Rn. 479), denn die Regelung nach § 116 Abs. 3 Satz 2 und 3 bewirkt den Status der bisherigen vorläufigen Vollstreckbarkeit (Prütting/*Helms* § 116 Rn. 25), die jedoch nach der in die gesetzliche Regelung übernommenen Rspr. des BGH gerade nicht für das Außerkrafttreten ausreichend ist. Vollstreckt der Unterhaltsgläubiger aus der einstweiligen Anordnung vor Rechtskraft der Hauptsacheentscheidung weiter, kann der Schuldner dem mit einem Vollstreckungsabwehrverfahren und einem Antrag auf einstweilige Einstellung der Zwangsvollstreckung (OLG Köln 2003, 320; OLG Zweibrücken FamRZ 2007, 1664) oder durch einen Abänderungsantrag nach § 54 (*Schürmann* FamRB 2008, 375, 381; Prüttings/Helms/*Stößer* § 56 Rn. 4) begegnen.

IV. Folgen der anderweitigen Regelung: Soweit die anderweitige Regelung und die einstweilige Anordnung inhaltlich denselben Verfahrensgegenstand betreffen, tritt die einstweilige Anordnung **außer Kraft**. Hat der Unterhaltsschuldner aufgrund der einstweiligen Anordnung Unterhaltsleistungen erbracht, die sich im Hauptsacheverfahren als nicht berechtigt erweisen, kann er diese nach den Grundsätzen der **ungerechtfertigten Bereicherung** gem. § 812 Abs. 2 Satz 1 BGB zurückfordern (BGH FamRZ 2000, 751; FA-FamR/*Gerhardt* Kap. 6 Rn. 560 ff.). Die einstweilige Anordnung eröffnet nur eine vorläufige Vollstreckungsmöglichkeit, bildet jedoch keinen Rechtsgrund für die erfolgte Leistung. Dem Rückzahlungsanspruch kann der Unterhaltsgläubiger den Entreicherungseinwand nach § 818 Abs. 3 BGB entgegen halten. Danach wird der gutgläubige Bereicherte in seinem Vertrauen auf den Fortbestand des Rechtsgrundes geschützt, soweit er die Zahlungen für seinen Lebensbedarf verbraucht hat, und ist zur Herausgabe oder zum Wertersatz nicht verpflichtet (BGH FamRZ 2008, 1911, 1918). Hiervon wird im Regelfall auszugehen sein. Nur wenn dem Leistungsempfänger ein Vermögenswert verblieben ist, sei es durch Ersparnisse, ersparte Aufwendungen, getätigte Anschaffungen oder Tilgung eigener Schulden, kann eine Herausgabepflicht bestehen (BGH FamRZ 1992, 1152; OLG Hamm FamRZ 1998, 1166). Allerdings muss in diesem Fall die rechtsgrundlose Zahlung ursächlich für den vorhandenen Vermögensvorteil sein. Dies ist nicht der Fall, wenn der Bereicherungsschuldner Verbindlichkeiten mit einem anderen als dem rechtsgrundlos erhaltenen Unterhaltsbetrag, etwa mit von dritter Seite geschenktem Geld, beglichen hätte (BGH FamRZ 1992, 1152). Für den insoweit **beweispflichtigen Unterhaltsgläubiger** bestehen Beweisprobleme hinsichtlich der Verwendung der Unterhaltszahlungen. Aus diesem Grund hat die Rechtsprechung **Beweiserleichterungen** bzw. Vermutungen zugelassen. Danach ist bei unteren und mittleren Einkünften nach der Lebenserfahrung davon auszugehen, dass die Unterhaltsleistungen für den Lebensbedarf oder zur Verbesserung des Lebensstandards ausgegeben wurden, ohne dass der Bereicherte einen besonderen Verwendungsnachweis erbringen muss (BGH FamRZ 2000, 751, 2008, 1911, 1919).

16 Den Unterhaltsberechtigten kann die verschärfte Bereicherungshaftung nach § 818 Abs. 4 BGB treffen. Nach der Rspr. des BGH ist hierfür die Rechtshängigkeit des Antrags auf Herausgabe des Erlangten bzw. auf Wertersatz (§ 818 Abs. 2 BGB) maßgeblich (BGH FamRZ 2008, 1911, 1919; BGH FamRZ 1998, 951, 952; BGH FamRZ 1986, 793); bisher waren weder ein negativer Feststellungsantrag noch im Fall eines materiell rechtskräftigen Unterhaltstitels ein Abänderungsantrag ausreichend. In § 241 ist nunmehr im Hauptsacheverfahren ausdrücklich die Rechtshängigkeit eines auf Herabsetzung gerichteten Abänderungsantrags (§§ 238, 239) mit der eines Rückzahlungsantrags gleichgestellt (BT-Drucks. 16/6308 S. 259; *Schürmann* FuR 2009, 130, 134; Wendl/*Schmitz* § 10 Rn. 235). Für den durch einstweilige Anordnung titulierten Unterhalt gilt die Regelung nicht unmittelbar. Jedoch ist für den Antrag auf negative Feststellung sowie nach § 54 Abs. 1 eine entsprechende Anwendung geboten, weil die zugrunde liegenden Erwägungen identisch sind (ausführlich *Schlünder* FamRZ 2010, 2038, 2040 f.; *Klein* FuR 2009, 241, 249; *Gießler/Soyka* Rn. 158, 290; Horndasch/*Viefhues* § 52 Rn. 47; Prütting/Helms/*Bömelburg* § 241 Rn. 12; Johannsen/Henrich/*Büte* § 54 FamFG Rn. 15; a.A. OLG Karlsruhe FamRZ 2014, 1387, 1389 [unter Hinweis auf die zeitnahe Sicherung des Lebensbedarfs]; Zöller/*Feskorn* § 56 FamFG Rn. 8; *Dose* Rn. 529; Keidel/*Giers* § 246 Rn. 11; *Roßmann* ZFE 2008, 245, 249). Einer analogen Anwendung steht die Rspr. des BGH (FamRZ 2000, 751, 753) nicht entgegen, weil in diesem Urteil allein eine Schadensersatzpflicht bei aufgrund einstweiliger Anordnung zu Unrecht gezahlten Unterhalts verneint wurde, hingegen nicht eine bereicherungsrechtliche Haftung des Unterhaltsgläubigers. Insoweit stellt § 241 die Rechtshängigkeit eines auf Herabsetzung gerichteten Abänderungsantrag mit einem Rückzahlungsantrag gleich, wobei auf Verfahrensvereinfachung und Kostenersparnis hingewiesen wurde (BT-Drucks. 16/6308, S. 259). Zwar führt die fehlende Inbezugnahme der Schadensersatzpflicht aus § 945 ZPO durch § 119 Abs. 1 Satz 2 auf einstweilige Anordnungen zu einer Reduzierung des Vollstreckungsrisikos für den Unterhaltsgläubiger (*Dose* Rn. 529). Eine darüber hinaus gehende Wirkung auf die Haftung nach Maßgabe der §§ 812 ff. BGB folgt hieraus jedoch nicht. Vielmehr wird dem Antragsteller durch die glaubhaft gemachte Begründung eines Abänderungsantrags nach § 54 aufgezeigt, dass eine weitere Vollstreckung aus der ursprünglich erlassenen Unterhaltsanordnung wegen nachträglicher Änderungen nicht mehr gerechtfertigt sein kann. Führt dieser Umstand im Hauptsacheverfahren zu einer verschärften Haftung, ist eine andere Beurteilung für das Anordnungsverfahren nicht gerechtfertigt (*Schlünder* FamRZ 2010, 2038, 2041). Anderenfalls müsste der Unterhaltsschuldner mit einem negativen Feststellungsantrag hilfsweise ein Rückzahlungsbegehren verbinden, was nach der Gesetzbegründung gerade verhindert werden sollte.
Rechtsschutz erfährt der Unterhaltsschuldner auch dadurch, dass er die einstweilige Einstellung der Zwangsvollstreckung beantragen oder alsbald einen Rückforderungsantrag stellen kann. Zur Vermeidung des Kostenrisikos kann der Antrag auf negative Feststellung hilfsweise mit dem Rückzahlungsbegehren verbunden werden. Schließlich weist der BGH darauf hin, dass der Unterhaltspflichtige die (vermeintlichen) Überzahlungen als zins- und tilgungsfreies Darlehen mit der Maßgabe anbieten kann, im Fall der (teilweisen oder vollständigen) Abweisung des negativen Feststellungsantrags (ganz oder teilweise) auf die Rückzahlung zu verzichten (FamRZ 1992, 1152). Die Voraussetzungen für eine verschärfte Haftung nach § 819 Abs. 1 BGB werden nur ausnahmsweise nachzuweisen sein, weil hier die Kenntnis des Unterhaltsberechtigten vom rechtlichen Mangel und der sich daraus ergebenden Folgen erforderlich ist.

17 Während über diese Grundsätze – mit Ausnahme der (analogen) Anwendung des § 241 – weitgehend Einigkeit besteht, ist die Anwendung des § 820 Abs. 1 Satz 2 BGB weiterhin im Streit. Für einen Herausgabeanspruch muss danach mit der Leistung ein Erfolg bezweckt sein, dessen Wegfall nach dem Inhalt des Rechtsgeschäfts als möglich angesehen wird und der später tatsächlich wegfällt. Auf eine einstweilige Anordnung zum Unterhalt ist diese Vorschrift nicht (analog) anwendbar, weil im Fall einer einstweiligen Anordnung Grundlage der Vermögensverschiebung kein Rechtsgeschäft ist (BGH FamRZ 1992, 1152, 1155; 1998, 951, 952; FA-FamR/*Gerhardt* Kap. 6 Rn. 566). Soweit demgegenüber früher die Auffassung vertreten wurde, dass für den Unterhaltsempfänger bei einer nur vorläufigen Regelung der Wegfall des Rechtsgrundes als möglich anzusehen sei, steht dem entgegen, dass die Sicherung des Lebensbedarfs durch eine vorläufige Regelung nicht unter dem Vorbehalt einer möglichen Rückgabeverpflichtung stehen kann, auf die sich die unterhaltsberechtigte Person zuvor einstellen muss.

18 Dem Unterhaltspflichtigen steht aufgrund des auf eine einstweilige Anordnung zu viel gezahlten oder gepfändeten Unterhalts kein Anspruch auf **Schadensersatz** zu. Seine Auffassung stützt der BGH maßgeblich darauf, dass die Vorschriften der §§ 620 ff. ZPO a.F. ein geschlossenes Regelungssystem darstellten, in dem ein solcher Anspruch gerade nicht normiert war. Weder die (materiell-rechtlich) unberechtigte Vollstre-

ckung aus einem vorläufig vollstreckbaren Titel (§ 717 Abs. 2 ZPO) noch die analoge Anwendung der §§ 641g [a.F.], 717 Abs. 2, 945 ZPO rechtfertigen einen Schadensersatzanspruch, weil das Rückzahlungsrisiko für den Antragsteller reduziert werden soll, um den Unterhalt bestimmungsgemäß verbrauchen zu können (BGH FamRZ 2000, 751; 1984, 767, 769). Durch die Neuregelung des einstweiligen Rechtsschutzes in den §§ 49 ff. und der Sonderregelung des § 119 Abs. 2 Satz 2 kommt dies noch deutlicher zum Ausdruck. Darüber hinaus wird in der Gesetzesbegründung die Rspr. des BGH ausdrücklich gebilligt.

D. Verfahrensrechtliches Außerkrafttreten. In welchen Fällen eine einstweilige Anordnung aufgrund der Beendigung des Hauptsacheverfahrens außer Kraft tritt, wird für Antragsverfahren in Abs. 2 geregelt. Wie zum bisherigen Recht führt die Antragsrücknahme, die rechtskräftige Abweisung des Hauptsacheantrags oder die Erledigung des Hauptsacheverfahrens dazu, dass die einstweilige Anordnung außer Kraft tritt. Die Fortgeltung der angeordneten Maßnahme ist nicht gerechtfertigt, sodass diese für die Zukunft – nicht rückwirkend – zum Schutz des Schuldners kraft Gesetzes ihre Geltung verliert. § 56 Abs. 2 gilt für Verfahren, die durch einen **Antrag** eingeleitet wurden. In Amtsverfahren haben die Beteiligten keinen Einfluss auf den Verfahrensgegenstand, die Verfahrensdauer und den Verfahrensabschluss. In diesen Fällen nimmt allein die Hauptsacheentscheidung der einstweiligen Anordnung die Wirksamkeit (§ 56 Abs. 1). Darüber hinaus endet die Geltung einer einstweiligen Anordnung, wenn der Anordnungsantrag (§ 51 Abs. 1 Satz 1) zurückgenommen oder für erledigt erklärt wird (Zöller/*Feskorn* § 56 FamFG Rn. 5; Prütting/Helms/*Stößer* § 56 Rn. 8). Schließlich tritt eine einstweilige Anordnung, durch die der Unterhaltsanspruch eines Kindes oder seiner Mutter nach § 248 Abs. 1 einstweilen geregelt ist, außer Kraft, wenn der Antrag auf Feststellung der Vaterschaft (als zugrunde liegendes Hauptsacheverfahren) zurückgenommen oder rechtskräftig zurückgewiesen worden ist. 19

I. Rücknahme des Hauptsacheantrags. Die Rücknahme des Antrags im Hauptsacheverfahren führt zum Außerkrafttreten der einstweiligen Anordnung, weil der Antragsteller mit der Rücknahme zu erkennen gibt, dass er den geltend gemachten Anspruch nicht mehr verfolgt. Die Rücknahme des Antrags muss verfahrensrechtlich wirksam sein. Nach § 22 Abs. 1 kann der Antrag bis zur Rechtskraft der Endentscheidung zurückgenommen werden und danach nur mit Zustimmung der übrigen Beteiligten (§ 22 Rdn. 3 ff.). Für die Familienstreitsachen des § 112 ist die Zustimmung des Antragsgegners erforderlich, wenn eine mündliche Verhandlung zur Hauptsache stattgefunden hat (§§ 113 Abs. 1; 269 Abs. 1 und 2 ZPO). Die Verfahrenserklärungen sind ggü. dem Gericht abzugeben. Mit Wirksamkeit der erforderlichen Erklärungen tritt die einstweilige Anordnung außer Kraft. 20

Hat der Antragsteller einen Antrag auf **Verfahrenskostenhilfe** gestellt, ist danach zu unterscheiden, ob dieser Antrag allein auf ein beabsichtigtes Hauptsacheverfahren gerichtet war oder dieses zugleich mit dem Verfahrenskostenhilfeantrag anhängig gemacht wurde. Ist das Hauptsacheverfahren nicht anhängig geworden, so führt die Rücknahme des Antrags auf Verfahrenskostenhilfe ohne Weiteres zum Außerkrafttreten der Anordnung (OLG Stuttgart FamRZ 2005, 1187). Wurde der Antrag mangels Erfolgsaussicht oder Bedürftigkeit zurückgewiesen, so ist das Verfahren auf Verfahrenskostenhilfe bis zum Ablauf der Beschwerdefrist (§§ 76 Abs. 2 FamFG, 127 Abs. 2 ZPO) anhängig. Wird keine Beschwerde eingelegt, tritt die einstweilige Anordnung mit Ablauf der Beschwerdefrist außer Kraft (OLG Stuttgart FamRZ 2005, 1187; Horndasch/*Viefhues* § 52 Rn. 37). Legt der Antragsteller hingegen sofortige Beschwerde (§§ 76 Abs. 2 FamFG, 127 Abs. 2 ZPO) ein, so bleibt die Anordnung bis zur endgültigen Entscheidung über die Beschwerde in Kraft (Johannsen/Henrich/*Büte* § 56 Rn. 12). Anders ist die Situation zu beurteilen, wenn mit dem Verfahrenskostenhilfeantrag zugleich die **Hauptsache anhängig** gemacht wird. Die Rücknahme oder Zurückweisung des Antrags auf Verfahrenskostenhilfe hat auf die Anhängigkeit des Hauptsacheantrags keine Auswirkungen, sodass dieses nicht automatisch endet und die Anordnung weiterhin wirksam bleibt. Nimmt der Antragsteller die Entscheidung über die Verfahrenskostenhilfe hin und betreibt das Hauptsacheverfahren nicht weiter, kann der Antragsgegner die Aufhebung der einstweiligen Anordnung nach § 54 Abs. 1 beantragen (*Dose* Rn. 67; OLG Düsseldorf FamRZ 1985, 1271). Ein Fall des § 56 Abs. 2 Nr. 4 der anderweitigen Erledigung liegt hier nicht vor, weil es an Erklärungen der Beteiligten nach § 22 Abs. 1 und 3 fehlt. 21

II. Abweisung des Hauptsacheantrags. Mit der rechtskräftigen Abweisung des Antrags im Hauptsacheverfahren tritt die einstweilige Anordnung ebenfalls außer Kraft; nicht jedoch im Fall der Unzulässigkeit des Antrags, weil es an einer gerichtlichen Regelung fehlt. Nur im ersten Fall hat sich mit der Hauptsacheentscheidung erwiesen, dass der vom Antragsteller geltend gemachte Anspruch nicht besteht, sodass auch ein Grund für den Fortgeltung der vorläufigen gerichtlichen Regelung nicht mehr gegeben ist. Dieser zum frü- 22 heren Recht anerkannten Beurteilung wird unter Hinweis darauf entgegen getreten, dass die gesetzliche Regelung nicht nach dem Grund für die Abweisung des Antrags unterscheide (Keidel/*Giers* § 56 Rn. 8) und sowohl bei einer Abweisung als unzulässig wie auch als unbegründet eine materiell-rechtskräftige Entscheidung über den Verfahrensgegenstand nicht erreicht werden könne (*Dose* Rn. 483), sodass die einstweilige Anordnung auch bei Abweisung als unzulässig außer Kraft trete. Mit der Regelung in § 56 Abs. 2 Nr. 2 wurde der Gesetzeswortlaut nicht geändert, weil auch § 620f Abs. 1 Satz 1 ZPO a.F. darauf abstellte, dass die »Klage zurückgenommen oder rechtskräftig abgewiesen ist«. Darüber hinaus steht die Unzulässigkeit eines Antrags einer späteren Hauptsacheregelung nicht entgegen, weil etwa in den – praktischen seltenen – Fällen der fehlenden örtlichen Zuständigkeit oder fehlenden Aktivlegitimation eine Hauptsacheentscheidung nicht ausgeschlossen ist (*Gießler*/*Soyka* Rn. 275). Die Rechtskraft der Entscheidung tritt mit Ablauf der Rechtsmittelfristen ein. Eine Entscheidung des OLG wird, auch wenn die Rechtsbeschwerde nicht zugelassen ist (§ 70 Abs. 1 und 2), erst mit Ablauf der Rechtsbeschwerdefrist (§ 71 Abs. 1) wirksam. Stellt ein Beteiligter gegen die Versäumung einer Rechtsmittel- oder Rechtsmittelbegründungsfrist Antrag auf Wiedereinsetzung in den vorigen Stand (§§ 17 bis 19; 113 FamFG, 233 ZPO), tritt die Wirksamkeit der einstweiligen Anordnung wieder mit einer positiven Entscheidung hierüber in Kraft. Ist das Hauptsacheverfahren eine Folgesache im Scheidungsverbund (§ 137), so kann der Antragsteller sich für den Fall, dass der Scheidungsantrag abgewiesen wird, nach **§ 142 Abs. 2** vorbehalten, eine Folgesache als selbstständige Familiensache fortzuführen (§ 142 Rdn. 2). Eine im Scheidungsverfahren erlassene einstweilige Anordnung trat nach § 620f Abs. 1 ZPO a.F. bei Abweisung des Scheidungsantrag unabhängig von Zweckmäßigkeitserwägungen aufgrund des eindeutigen Wortlauts außer Kraft (OLG Karlsruhe FamRZ 1986, 1120). Künftig ist in diesen – praktisch seltenen – Fallgestaltungen allein die Entscheidung in der als selbstständige Familiensache fortgeführten Folgesache maßgeblich, ohne dass es für das hauptsacheunabhängige Anordnungsverfahren auf Entscheidung über den Scheidungsantrag ankommt.

23 **III. Erledigungserklärung. Erledigungserklärung** und anderweitige Erledigung der Hauptsache: Schließlich tritt eine einstweilige Anordnung nach der jetzigen (zur früheren analogen Anwendung OLG Hamm FamRZ 2003, 1307 f.) ausdrücklichen gesetzlichen Regelung in § 56 Abs. 2 Nr. 3 und 4 auch dann außer Kraft, wenn die Beteiligten die Hauptsache – etwa infolge einer Versöhnung – (wirksam) übereinstimmend für erledigt erklären oder die Erledigung anderweitig eintritt (§ 22 Rdn. 17 ff.; §§ 113 FamFG, 91a ZPO). Weil den Beteiligten bei der Erledigungserklärung (OLG Hamm FamRZ 2006, 50 zur Erledigung der Wohnungszuweisung nach § 2 GewSchG) wie bei der Antragsrücknahme nicht an einer gerichtlichen Entscheidung gelegen ist (OLG München FuR 2000, 300), sind die mit Nr. 1 übereinstimmenden Rechtsfolgen gerechtfertigt. Versöhnen sich die Beteiligten nach Erlass einer einstweiligen Anordnung wieder, hat sich diese erledigt, sodass der Titel an den Antragsgegner herauszugeben ist (KG FamRZ 2006, 50 zum GewSchG). Als nicht unproblematisch erweist sich jedoch eine Erledigungserklärung im Hauptsacheverfahren mit Stufenauskunft, wenn sich nach Erteilung der Auskunft ein weitergehender Unterhaltsanspruch als durch einstweilige Anordnung titulierte 100 % des Mindestunterhalts nicht errechnet (OLG Zweibrücken FamRZ 2011, 987). Denn hier besteht das Interesse an der Zahlung des Kindesunterhalts fort und gerät in Konflikt mit der gesetzlichen Rechtsfolge der Erledigungserklärung nach § 56 Abs. 3, sodass im Hauptsacheverfahren in der Leistungsstufe ein Anerkenntnis des Unterhaltsschuldners mit der Folge des § 56 Abs. 1 erklärt werden könnte.

24 **E. Beschluss nach § 56 Abs. 3.** Auf Antrag eines Beteiligten, für den auch in Amtsverfahren ein Interesse bestehen kann (*Dose* Rn. 485), hat das Gericht nach § 56 Abs. 3 Satz 1 über die Rechtsfolgen nach § 56 Abs. 1 und 2 zu entscheiden. Die Regelungen aus § 620f Abs. 1 Satz 2 und 3 sowie Abs. 3 ZPO a.F. werden ohne wesentliche Änderungen (BT-Drucks. 16/6308 S. 202) übernommen. Weder aus der einstweiligen Anordnung noch aus der anderweitigen Regelung ist ersichtlich, dass die Entscheidung des Anordnungsverfahrens außer Kraft getreten ist, denn diese Folge ist in den Entscheidungstenor einer Hauptsacheentscheidung nicht aufzunehmen (OLG Zweibrücken FamRZ 2001, 424; OLG Düsseldorf FamRZ 1992, 337). Der Antragsgegner des Anordnungsverfahrens kann daher nur durch einen Beschluss nach Abs. 3, in dem der genaue Zeitpunkt für das Außerkrafttreten der einstweiligen Anordnung anzugeben ist, nachweisen. Das zuständige Vollstreckungsorgan wird die Zwangsvollstreckung gem. §§ 120 Abs. 1 FamFG, 775 Nr. 1 ZPO in Familienstreitsachen bzw. nach § 93 FamFG einstellen und Vollstreckungsmaßnamen aufheben, wenn der Schuldner den Beschluss nach § 56 Abs. 3 vorlegt. Aus diesem Grund fehlt für einen Vollstreckungs-

abwehrantrag das Rechtsschutzbedürfnis (OLG Köln FamRZ 1999, 1000; OLG Düsseldorf FamRZ 1991, 721). Vor diesem Hintergrund kann im Beschluss nach § 56 Abs. 3 nicht die Herausgabe des Titels selbst angeordnet werden, weil es sich insoweit um einen anderen Verfahrensgegenstand handelt (KG FuR 2011, 572 = FamRZ 2011, 1612).

Das Beschlussverfahren wird nur auf **Antrag** eingeleitet, für den auch in Unterhaltssachen kein Anwaltszwang besteht (§ 114 Abs. 4 Nr. 1). Das Schreiben eines nicht anwaltlich vertretenen Beteiligten kann dahin auszulegen sein, das Außerkrafttreten der Anordnung auf den Zeitpunkt der anderweitigen Regelung (Errichtung einer Jugendamtsurkunde) zurück zu beziehen (KG FamRZ 2011, 1612). Während nach bisherigem Recht (§ 620f Abs. 2 ZPO a.F.) das Gericht zu entscheiden hatte, das die einstweilige Anordnung erlassen hatte, ist nunmehr das Gericht **zuständig**, das in der einstweiligen Anordnungssache im ersten Rechtszug zuletzt entschieden hat. Damit bleibt unabhängig von evtl. Beschwerdeverfahren das Gericht für die Entscheidung nach § 56 Abs. 3 zuständig, das zuletzt mit dem Verfahren in erster Instanz befasst war. Dem Antragsteller des Anordnungsverfahrens ist zum Antrag nach § 56 Abs. 3 rechtliches Gehör zu gewähren. Ob über diesen Antrag mündlich verhandelt wird, steht im Ermessen des Gerichts. Nur in seltenen Fällen wird eine Beweisaufnahme im Fall eines Streits über die Reichweite einer anderweitigen vertraglichen (notariellen) Regelung erforderlich sein (OLG Zweibrücken FamRZ 1985, 1150). In dem gem. § 38 Abs. 3 Satz 1 zu begründenden Beschluss hat das Gericht festzustellen, ob und ggf. in welchem Umfang die einstweilige Anordnung außer Kraft getreten ist. Umfasste die einstweilige Anordnung mehrere Regelungen – etwa mehrere Unterhaltsberechtigte –, so kann der Beschluss nach § 56 Abs. 3 sich nur auf einen Teil der Anordnung, etwa einen Unterhaltsberechtigten beziehen. Hingegen verhält sich der Beschluss nicht zu den auf Grundlage der einstweiligen Anordnung ergangenen Vollstreckungsmaßnahmen. Während nach bisherigem Recht wegen der Anhängigkeit des Hauptsacheverfahrens eine **Kostenentscheidung** nicht erforderlich war (§ 620g ZPO a.F.), ergibt sich aus dem Gesetz keine Regelung der Kostenentscheidung. § 51 Abs. 4 verhält sich zu den Kosten des Anordnungsverfahrens allgemein (vgl. Prütting/Helms/*Stößer* § 56 Rn. 12). Da für den (erstinstanzlichen) Antrag nach § 56 Abs. 3 keine Gerichtsgebühren entstehen (FamGKG KV Vorbemerkung 1.4) und der Antrag für den Rechtsanwalt keine neue Gebühr auslöst (Zöller/*Feskorn* § 56 FamFG Rn. 10) ist bei Bestätigung der Anordnung durch die Hauptsacheentscheidung eine Kostenregelung nicht erforderlich. Beruht die Entscheidung nach § 56 Abs. 3 darauf, dass die einstweilige Anordnung aus den Gründen des § 56 Abs. 2 Nr. 1–4 außer Kraft getreten ist, entspricht die Kostenentscheidung im Anordnungsbeschluss nicht der Billigkeit und kann im Beschluss nach § 56 Abs. 3 zugunsten des Antragsgegners geändert werden (*Dose* Rn. 488; *Gießler/Soyka* Rn. 287; a.A. *Giers* Rn. 313). Gegen die (stattgebende oder zurückweisende) Entscheidung nach § 56 Abs. 3 Satz 1 ist die **Beschwerde** gem. §§ 58 ff. eröffnet. Die Begrenzung der Beschwerde nach § 57 Satz 2 bei Erlass einer einstweiligen Anordnung erfasst die Entscheidung über deren Außerkrafttreten nicht. Daher ist die Beschwerde auch im Fall einer Entscheidung über eine Unterhaltsanordnung (§ 246) statthaft (Wendl/Dose/*Schmitz* § 10 Rn. 457). Die Differenzierung der Rechtsmittel bei Erlass einer einstweiligen Anordnung einerseits und deren Außerkrafttreten andererseits ist gerechtfertigt, weil eine weitergehende Überprüfung durch den Beschwerdesenat an den formalen Kriterien des § 56 anknüpft, jedoch keine inhaltliche Beurteilung der ergangenen Regelung ermöglicht (Vorbem. zu § 49 Rdn. 10; § 52 Rdn. 14, 17; *Giers* Rn. 314). Ob für die Beschwerde die Monatsfrist des § 63 Abs. 1 maßgeblich ist (*Dose* Rn. 488; *Giers* Rn. 314; Horndasch/*Viefhues* § 56 Rn. 18; Prütting/Helms/*Stößer* § 56 Rn. 11; Johannsen/Henrich/*Büte* § 56 FamFG Rn. 15) oder die Frist von 2 Wochen gem. § 63 Abs. 2 Nr. 1 (OLG Zweibrücken FamRZ 2011, 987, 988; Musielak/*Borth* § 56 FamFG Rn. 14), ist umstritten. Auch wenn der Beschluss nach § 56 Abs. 3 selbst keine einstweilige Regelung enthält, stehen weder die Gesetzessystematik noch eine fehlende Eilbedürftigkeit der Anwendung der kurzen Beschwerdefrist entgegen. Ob die einstweilige Anordnung für den Antragsteller weiterhin Geltung entfaltet, ist für ihn ebenso wie der Erlass einer kurzfristigen Entscheidung von wesentlicher Bedeutung. Die Rechtsbeschwerde ist nicht eröffnet.

§ 57 Rechtsmittel.

¹Entscheidungen in Verfahren der einstweiligen Anordnung in Familiensachen sind nicht anfechtbar. ²Dies gilt nicht in Verfahren nach § 151 Nummer 6 und 7 *und auch nicht*, wenn das Gericht des ersten Rechtszugs auf Grund mündlicher Erörterung
1. über die elterliche Sorge für ein Kind,
2. über die Herausgabe des Kindes an den anderen Elternteil,
3. über einen Antrag auf Verbleiben eines Kindes bei einer Pflege- oder Bezugsperson,

§ 57   Buch 1. Allgemeiner Teil

4. über einen Antrag nach den §§ 1 und 2 des Gewaltschutzgesetzes oder
5. in einer Ehewohnungssache über einen Antrag auf Zuweisung der Wohnung entschieden hat.

Übersicht

	Rdn.		Rdn.
A. Allgemeines	1	D. Anfechtbarkeit von Nebenentscheidungen	19
B. Grundsatz der Unanfechtbarkeit	3	E. Mündliche Erörterung	21
C. Beschwerdefähige Entscheidungen	10	F. Beschwerdeverfahren	24

1 **A. Allgemeines.** Wie nach § 620c ZPO a.F. sind Entscheidungen im einstweiligen Rechtsschutz in **Familiensachen** im Grundsatz nicht anfechtbar. Dies bringt die Regelung durch das Voranstellen in Satz 1 noch deutlicher als bisher zum Ausdruck. Lediglich in den in Satz 2 enumerativ aufgeführten Familiensachen (§ 111) ist die Beschwerde statthaft. Mit dem »Gesetz zur Einführung einer Rechtsbehelfsbelehrung im Zivilprozess (...)« BGBl I, 2418 ff. wurde Satz 2 in Bezug auf Verfahren zur Genehmigung bzw. Anordnung der freiheitsentziehenden Unterbringung Minderjähriger ergänzt (Rdn. 17). Die im Referenten- und RegE vorgesehene Anfechtbarkeit eines Umgangsausschlusses wurde auf Empfehlung des Rechtsausschusses nicht übernommen. Nach der Gesetzesbegründung wird den Beteiligten i.Ü. ausreichender Rechtsschutz dadurch gewährleistet, dass ihnen neben dem vorrangigen Rechtsbehelfen nach § 54, die Aufhebung oder Änderung der einstweiligen Anordnung zu beantragen, die Möglichkeiten offen stehen, das Hauptsacheverfahren einzuleiten bzw. über § 52 auf dessen Einleitung hinzuwirken und die dort ergehende Entscheidung durch das Rechtsmittelgericht überprüfen zu lassen (zur Rechtsschutzsystematik Vorbem. zu § 49 Rdn. 10). Schließlich steht bei Verstößen gegen das Grundrecht auf rechtliches Gehör die Anhörungsrüge nach § 44 zur Verfügung (BT-Drucks. 16/6308 S. 202). Entscheidungen in **Angelegenheiten der freiwilligen Gerichtsbarkeit** unterliegen nicht der Beschränkung des § 57 und können nach Maßgabe der §§ 58 ff. angefochten werden.

2 Die Beschränkung der rechtsmittelfähigen Angelegenheiten in Familiensachen soll die zügige Erledigung ermöglichen, Verzögerungen verhindern (OLG Bamberg FamRZ 1993, 1338; *Dose* Rn. 406; Musielak/*Borth* § 57 FamFG Rn. 1) und die Rechtsmittelgerichte entlasten. Im Kontext der Gesamtregelung des Anordnungsverfahrens ist die Begrenzung des Rechtsmittelzugs nicht als verfassungswidrig angesehen worden (BVerfG FamRZ 1980, 232; BGH FamRZ 2005, 790, 791). Im Grundsatz ist nur in solchen Verfahrensgegenständen die Beschwerde statthaft, in denen bereits die vorläufige Maßnahme besonders weitgehend in die persönlichen Verhältnisse der Beteiligten eingreift. Nur diejenigen Verfahrensgegenstände sind erfasst, in denen sich eine vorläufige Regelung wegen ihrer Folgewirkungen und des Zeitablaufs leicht zu einer endgültigen Entscheidung entwickeln kann (OLG Bamberg FamRZ 1993, 1338). Ob im Hinblick auf den weiterhin eng begrenzten Katalog rechtsmittelfähiger Entscheidungen effektiver Rechtsschutz gewährt wird, scheint fraglich (Vorbem. zu § 49 Rdn. 9; krit. Prütting/Helms/*Stößer* § 57 Rn. 1).

3 **B. Grundsatz der Unanfechtbarkeit.** Gerichtliche Entscheidungen im einstweiligen Anordnungsverfahren in **Familiensachen** sind **grds. unanfechtbar**. Die gilt insbes. für die praktisch wichtigen einstweiligen Anordnungen in Umgangs- (Rdn. 12) und Unterhaltssachen § 246 Rdn. 40, 41), die nicht in den Katalog von Satz 2 aufgenommen sind. Auf andere Verfahrensgegenstände der freiwilligen Gerichtsbarkeit (z.B. Nachlasssachen) erstreckt sich der Rechtsmittelausschluss nicht (OLG Naumburg FamRZ 2013, 245). Ob eine Entscheidung im einstweiligen Anordnungsverfahren oder in der Hauptsache ergeht, wird künftig aufgrund der jeweils selbstständigen Verfahren nicht mehr zweifelhaft sein (OLG Brandenburg FamRZ 2003, 1305). Eine Erweiterung der Verfahrensgegenstände des § 57 Satz 2 im Wege der Analogie ist grds. nicht zulässig (Zöller/*Feskorn* § 57 FamFG Rn. 5). Die Unanfechtbarkeit einer einstweiligen Anordnung erstreckt sich nicht auf Maßnahmen zu deren Vollstreckung. Weiterhin muss bei einem rechtlich unzulässigen Eingriff in Rechte Dritter ein Rechtsmittel eröffnet sein (OLG Hamm FamRZ 2005, 814; OLG Karlsruhe FamRZ 1991, 969).

4 Während das Rechtsmittel nach § 57 Satz 2 auf die Aufhebung oder Änderung der ergangenen Entscheidung gerichtet ist, wurde die richterrechtlich entwickelte **Untätigkeitsbeschwerde** bei übermäßiger Verzögerung des Verfahrens zur Herbeiführung einer gerichtlichen Regelung – insb. in Umgangsverfahren (OLG Karlsruhe FamRZ 2004, 53; KG FamRZ 2005, 729; OLG Brandenburg FamRZ 2007, 491; OLG Saarbrücken FamRZ 2012, 319 f.) – herangezogen (§ 58 Rdn. 74 ff.; BVerfG FamRZ 2005, 173; OLG Schleswig

FamRZ 2011, 1085; OLG Frankfurt am Main FuR 2010, 351; KG FuR 2007, 533 = FamRZ 2007, 2091; OLG Frankfurt am Main FamRZ 2007, 1030 f.; OLG Naumburg FamRZ 2007, 2090; a.A. OLG Naumburg FamRZ 2011, 236 [LS]; OLG Hamm FamRZ 2007, 1996 f.; OLG Düsseldorf FF 2001, 105 [zur Richterablehnung]). Mit Inkrafttreten des Gesetzes »über den Rechtsschutz bei überlangen Gerichtsverfahren (...)« sieht § 198 Abs. 1 GVG einen Entschädigungsanspruch für den Verfahrensbeteiligten vor, der infolge unangemessener Dauer eines Gerichtsverfahrens einen Nachteil erleidet. Dieser auf Kompensation von materiellen und immateriellen Vermögensnachteilen gerichtete Anspruch soll – der Rspr. des EuGHMR (FamRZ 2011, 534; 2010, 1965; 1721; 2009, 105; 2007, 1449) folgend – durch eine präventiv wirkende »Verzögerungsrüge« ergänzt werden. Denn der Entschädigungsanspruch setzt nach § 198 Abs. 3 Satz 1 GVG voraus, dass der Verfahrensbeteiligte »die Dauer des Gerichtsverfahrens gerügt hat«. Dabei kann die **Verzögerungsrüge** erhoben werden, sobald Anlass für die Besorgnis besteht, dass ein Abschluss des Verfahrens in angemessener Zeit gefährdet sein könnte (§ 198 Abs. 3 Satz 2 GVG).

Die Vorschriften finden auf alle Gerichtsverfahren unter der Geltung des GVG Anwendung. Zu den Gerichtsverfahren in diesem Sinn zählen auch die Verfahren »auf Gewährung vorläufigen Rechtsschutzes« (§ 198 Abs. 6 Nr. 1 GVG), denn diese Verfahren dienen in besonderem Maße der Verwirklichung der Rechtsschutzgarantie des Art. 19 Abs. 4 GG, der auch dann verletzt ist, wenn eine nur vorläufige gerichtliche Entscheidung zu spät kommt (BT-Drucks. 17/3802 S. 22 f.). Daher wird auch der einstweilige Rechtsschutz durch das einstweilige Anordnungsverfahren erfasst. Nach den Regelungen und der Gesetzesbegründung soll mit der Rüge einer Verfahrensverzögerung des Gerichts entgegen gewirkt werden (BT-Drucks. 17/3802 S. 16), sodass die Untätigkeitsbeschwerde unzulässig ist (OLG Düsseldorf FamRZ 2012, 1161 f.; OLG Brandenburg FamRZ 2012, 1076 f.; OLG Thüringen FamRZ 2012, 728; *Althammer/Schäuble* NJW 2012, 1, 7; krit. *Heilmann* NJW 2012, 887, 890). Wann im einstweiligen Anordnungsverfahren von einer Besorgnis, das Verfahren werde nicht in einer angemessenen Zeit abgeschlossen, ausgegangen werden kann, ist nach dem jeweiligen Verfahrensgegenstand, dem konkreten Regelungsbedürfnis und dem bisherigen Verfahrensablauf, der in Kindschaftssachen auch dem Beschleunigungsgrundsatz Rechnung zu tragen hat, zu beurteilen. Ob die Verzögerungsrüge eines Verfahrensbeteiligten zu einer ausreichenden Beschleunigung führen wird, muss sich im Einzelfall erweisen (krit. zum fehlenden Primärrechtsbehelf *Rixe* FamRZ 2010, 1965, 1967 f. m.N.). Allerdings hat der EGMR (FamRZ 2012, 1123, 1124 m. Anm. *Rixe*) in einem das bisher ungeregelte Umgangsrecht betreffenden Verfahren festgehalten, dass ein allein kompensatorischer Rechtsbehelf unzureichend sein kann und zusätzlich ein präventiver oder beschleunigender Rechtsbehelf zur Verfügung zu stellen ist. In einer weiteren Entscheidung zum Umgangsrecht hat der EGMR (FamRZ 2015, 469, 472) betont, dass die mit der Verzögerungsrüge verbundene Warnfunktion zu einer Beschleunigung des Verfahrens beitragen kann, jedoch auch der Entschädigungsanspruch keine effektive Sanktion bietet, um »eine ausreichend beschleunigende Wirkung auf anhängige Umgangsverfahren« auszuüben. Ob danach die Diskussion um die Zulässigkeit einer Untätigkeitsbeschwerde wiederbelebt wird (für die Zulassung einer Untätigkeits- oder Beschleunigungsbeschwerde *Peschel-Gutzeit* ZRP 2015, 170), bleibt abzuwarten. Das BVerfG (FamRZ 2015, 1093, 1096) hat im Fehlen eines »weitergehenden Verzögerungsrechtsbehelfs« keine Grundrechtsverletzung gesehen.

Neben der erheblich eingeschränkten Anfechtungsmöglichkeit nach § 57 Satz 2 wird eine **außerordentlichen Beschwerde** wegen **greifbarer Gesetzwidrigkeit** nach nahezu einhelliger Ansicht auf der Grundlage der Entscheidung des BVerfG (FamRZ 2003, 995) sowie der Rspr. des BGH (FamRZ 2003, 1550) bei Verletzung von Verfahrensgrundrechten oder einer greifbaren Gesetzwidrigkeit nicht mehr für statthaft gehalten (Keidel/*Giers* § 57 Rn. 3; Musielak/*Borth* § 57 Rn. 10; Prütting/Helms/*Stößer* § 57 Rn. 2; Wendl/Dose/*Schmitz* § 10 Rn. 232; Zöller/*Feskorn* § 57 Rn. 2) und der Beteiligte auf die Rechtsbehelfe der §§ 52 und 54 sowie die **Gehörsrüge** nach § 44 Abs. 1 bzw. § 113 FamFG, 321a ZPO oder eine Gegenvorstellung verwiesen (Gießler/ *Soyka* Rn. 262). Die verfassungsrechtlich gebotene Effektivität des Rechtsschutzes für den Antragsgegner im Anordnungsverfahren erscheint jedoch fraglich, weil der Weg zum Rechtsmittelgericht nicht eröffnet wird. Die Vielzahl von Entscheidungen zu diesem Problemkreis zum bisherigen Recht ist Beleg für ein erhebliches praktisches Bedürfnis, das durch die hauptsacheunabhängige Ausgestaltung der einstweiligen Anordnung verstärkt wird. Von der Gehörsrüge nach § 44 wird nur die Verletzung des Anspruchs auf rechtliches Gehör i.S.d. Art. 103 Abs. 1 GG erfasst (zu den Fallgruppen: Pannen-, Präklusions-, Hinweis und Unrichtigkeitsfälle § 44 Rdn. 26 ff., 32), während sie auf die Verletzung anderer Verfahrensgrundrechte gerade nicht erstreckt wurde (Keidel/*Meyer-Holz* § 44 Rn. 9; a.A. OLG Köln FamRZ 2005, 2075). Soweit daneben in Fällen greifbarer Gesetzwidrigkeit auf den vom BGH im Zivilprozess aufgezeigten Weg einer (fristgebundenen) Gegenvorstellung verwiesen wird (*Gießler/Soyka* Rn. 262) könnten die Beteiligten im Anordnungsverfahren die Rechtsbehelfe des § 54 nutzen. Auch wenn einem »außerordentlichen Rechtsmittel« mangels gesetzlicher Regelung die verfassungsrechtlich gebotene Rechtsklarheit fehlt, kann über § 44 hinausgehender Rechtsschutz i.R.d. § 57 durch teleologische Reduktion bzw. verfassungskonforme Auslegung gewährleistet werden (Vorbem. zu §§ 58 bis 75 Rdn. 36 ff.; MüKo/*Lipp* § 567 Rn. 16 ff.). Allerdings wird der Anwendungsbereich auf Ausnahmefälle zu beschränken sein. Eine verfassungsrechtliche Überprüfung einer (unanfechtbaren) einstweiligen Anordnung ist grds. möglich (BayVerfGH FamRZ 2013, 1234 [zum begleiteten Umgang]).

7 Da Begriffe eines greifbaren, evidenten oder schwerwiegenden Gesetzesverstoßes keine Klarheit verschaffen können, ist die Zulässigkeit einer außerordentlichen Beschwerde im Wege einer **Fallgruppenbildung** zu bestimmen. Danach ist eine außerordentliche Beschwerde zulässig, wenn das AG seine **Entscheidungs- bzw. Regelungskompetenz** in positiver wie auch negativer Hinsicht verkennt (*Gießler/Soyka* Rn. 263 f. [zur Gegenvorstellung]; Thomas/Putzo/*Seiler* § 57 FamFG Rn. 4 [offenkundiges Fehlen jeder gesetzlichen Grundlage]) und daher einen Antrag aus diesem Grund zurückweist oder eine Entscheidung erlässt (OLG Zweibrücken FamRZ 1997, 1167; 1986, 1229).

8 Ein Verkennen der **Entscheidungs- und Regelungskompetenz** kann vorliegen bei: Anordnung einer im Gesetz nicht vorgesehene Rechtsfolge, Fehlen eines Antrags auf Erlass einer einstweiligen Anordnung (OLG Frankfurt am Main 1994, 117), Verkennung der eigenen oder anderweitigen Zuständigkeit oder Regelungskompetenz (OLG Stuttgart FamRZ 2000, 965), Ablehnung einer Anordnung über Belästigungsverbote (OLG Hamburg FamRZ 1978, 804), Abänderung eines offensichtlich endgültigen Vergleichs durch einstweilige Anordnung (OLG Hamm FamRZ 1982, 409), Anordnung der Rückzahlung eines Kostenvorschusses gegen den Prozessbevollmächtigten (OLG Düsseldorf AnwBl. 1980, 507), Anordnung eines Prozesskostenvorschusses nach Rechtskraft der Ehescheidung (a.A. OLG Zweibrücken FamRZ 2001, 637), Versagung von PKH für ein Anordnungsverfahren wegen eines vorrangigen Hauptsacheverfahrens (OLG Frankfurt am Main FamRZ 2002, 401) oder Verneinung des Rechtsschutzbedürfnisses bei wiederholtem Antrag (OLG Zweibrücken FamRZ 1986, 1229).

9 Hingegen ist ein (außerordentliches) **Rechtsmittel** nicht gegeben bei: Verpflichtung des Antragsgegners zur Auskunftserteilung (OLG Hamm FamRZ 1983, 515; a.A. OLG Düsseldorf FamRZ 1983, 514), zur Herausgabe eines Reisepasses (OLG Düsseldorf FamRZ 1992, 1198), Bejahung der eigenen Zuständigkeit (OLG Köln FamRZ 2003, 548), Verkennung der internationalen Zuständigkeit (OLG Bamberg FamRZ 1997, 1412), Verletzung des rechtlichen Gehörs (§ 44), fehlende Entscheidungsbegründung (OLG Zweibrücken FamRZ 1998, 1379, a.A. OLG Düsseldorf FamRZ 1998, 764; OLG Hamm FamRZ 1993, 719; OLG München FamRZ 1996, 1022), Änderung oder Aufhebung eines Beschlusses ohne Antrag (OLG Zweibrücken FamRZ 1986, 1120), zur Erweiterung einer Umgangsregelung (KG FamRZ 2007, 1259). In diesen Fällen verbleibt den Beteiligten der Rechtsbehelf nach § 54 Abs. 1 sowie die Gegenvorstellung.

10 **C. Beschwerdefähige Entscheidungen.** Die mit der Beschwerde anfechtbaren Entscheidungen sind in § 57 Satz 2 abschließend aufgezählt. Nach wie vor sind daher die Regelungen in einstweiligen Anordnungen in Unterhaltssachen (OLG Frankfurt am Main v. 06.05.2010 – 2 WF 119/10 –) sowie zum Umgangsrecht (Rdn. 12) einer Überprüfung durch den Beschwerdesenat entzogen. Nach bisherigem Recht war nur die Anordnung einer Maßnahme oder Regelung, nicht jedoch deren Ablehnung – auch wenn sie wie eine positive Regelung wirkte – mit der sofortigen Beschwerde anfechtbar. Eine Ausnahme stellten Entscheidungen über Maßnahmen nach dem GewSchG und die Zuweisung der Ehewohnung dar. Nunmehr werden alle – **stattgebenden** und **zurückweisenden** – Entscheidungen in den Angelegenheiten des § 57 Satz 2 erfasst, auch wenn ein entsprechender Antrag abgelehnt wird (BT-Drucks. 16/6308 S. 202 f.). Durch die weitergehende Formulierung »entschieden« ist ein Beschluss anfechtbar, der in einer Abänderungsentscheidung nach § 54 Abs. 2 eine Sorgerechtsregelung trifft oder die Abänderung einer zuvor ergangenen Sorgerechtsregelung ablehnt, auch wenn hierdurch in das Sorgerechtsverhältnis nicht eingegriffen wird. Enthält die gerichtliche Entscheidung neben anfechtbaren Regelungen auch nicht anfechtbare Anordnungen, ist eine Beschwerde teilweise nicht statthaft, es sei denn der unanfechtbare Regelungsteil steht in einem untrennbaren Sachzusammenhang mit der anfechtbaren Anordnung. Ein solcher Regelungszusammenhang besteht nicht, wenn die Übertragung des Aufenthaltsbestimmungsrechts auf den einen Elternteil mit der Umgangsregelung zugunsten des anderen Elternteils verbunden wird. Wurde die Abänderung einer Sorgerechtsregelung abgelehnt und zugleich die Herausgabe des Kindes angeordnet, ist nach neuem Recht unter beiden Aspekten die Beschwerde statthaft (anders noch OLG Hamburg FamRZ 1993, 1337).

Abschnitt 4. Einstweilige Anordnung § 57

I. Mit der Beschwerde sind Entscheidungen anfechtbar, die die **elterliche Sorge** (§§ 1626 Abs. 1, 1626a 11 BGB) betreffen. Eine verfahrensrechtliche Unterscheidung zwischen verheirateten und nicht verheirateten Eltern besteht im hauptsacheunabhängigen Anordnungsverfahren nicht, allerdings sehen die §§ 1671, 1672 BGB bisher unterschiedliche Regelungen vor (§ 49 Rdn. 28). Mit der gerichtlichen Regelung muss nicht die elterliche Sorge insgesamt einem Elternteil übertragen (§§ 1671 Abs. 2 BGB) oder den Eltern entzogen worden sein (§ 1666 BGB). Der Erlass einer einstweiligen Anordnung muss auf das Sorgerecht bezogen sein, sodass die Beschwerde gegen die Zurückweisung eines Antrags, der auf anderweitig ausgerichtete Gebote oder Verbote (Verkauf eines Hausgrundstücks) zielt, nicht statthaft ist (OLG Frankfurt FamRZ 2012, 1952). Anfechtbar sind auch Maßnahmen, die **Teilbereiche** des Sorgerechts (§ 1628 BGB) oder bestimmte gesetzlich ausdrücklich geregelte Einzelaspekte erfassen. Eine Abgrenzung über den »Randbereich« des Sorgerechts (Musielak/*Borth* § 57 FamFG Rn. 2; *van Els* Anm. FamRZ 2010, 1256) ist mit nicht unerheblichen Auslegungsschwierigkeiten verbunden. Von dem Ausnahmefall des § 1687 Abs. 2 BGB abgesehen besteht für ein Rechtsmittel gegen eine Anordnung, die Angelegenheiten des täglichen Lebens i.S.d. § 1687 Abs. 1 Satz 3 BGB betrifft, kein Rechtsschutzbedürfnis (Musielak/*Borth* § 57 FamFG Rn. 2). In der Praxis ist die Übertragung des **Aufenthaltsbestimmungsrechts** von zentraler Bedeutung (§ 49 Rdn. 32). Zum Umgangspfleger Rdn. 12. Überträgt das Gericht dieses nicht einem Elternteil, sondern ordnet es den Aufenthalt des Kindes bei einem Elternteil an, gilt nichts anderes. Eine bereits vollzogene erstinstanzliche einstweilige Anordnung über das Aufenthaltsbestimmungsrecht sollte nur aus schwerwiegenden Gründen in der Beschwerdeinstanz geändert werden, um einen mehrfachen Ortswechsel zu vermeiden (BVerfG FuR 2010, 340 = FamRZ 2010, 353, 354; OLG Saarbrücken FamRZ 2011, 490; 2010, 139; OLG Brandenburg FamRZ 2014, 1124; 2011, 1873 [LS]; 2009, 445). Auch die Regelung eines zeitlich wechselnden Aufenthalts des Kindes zwischen den Haushalten beider Eltern stellt eine anfechtbare Entscheidung dar (zum **Wechselmodell** § 49 Rdn. 32; OLG Celle OLGR 2009, 55; OLG Dresden FamRZ 2005, 125), weil sie nicht auf das Umgangsrecht bezogen ist (Rdn. 12). Wird im Anordnungsverfahren die Ersetzung der Zustimmung für die Erteilung eines Kinderreisepasses begehrt, ist nicht nur das Umgangsrecht (§ 151 Nr. 2), sondern das Sorgerecht unabhängig davon betroffen, ob die konkrete Befürchtung besteht, der andere Elternteil werde das Kind ins Ausland verbringen (OLG Naumburg FamRZ 2010, 139; OLG Köln FamRZ 2002, 404; *Dose* Rn. 415; a.A. Musielak/*Borth* § 57 FamFG Rn. 2). Auch die Anordnung einer Grenzsperre im Eilverfahren ist mit der Beschwerde anfechtbar (*Dose* Rn. 415; a.A. wohl KG FamRZ 2008, 1648 [durch den Bezug zum Umgangsrecht]; OLG Hamm v. 15.11.2010 – 8 WF 240/10, nach juris zur Übertragung des Aufenthaltsbestimmungsrechts bei Ausreiseabsichten des anderen Elternteils). Als weitere Teilbereiche kommen Entscheidungen über die Schul- oder Berufsausbildung oder die Gesundheitsfürsorge in Betracht (*Ebert* § 2 Rn. 11). Die Unterscheidung im Rechtsmittelzug zwischen Fällen, in denen der sorgeberechtigte Elternteil mit dem Kind ins **Ausland** reisen will oder in denen der umgangsberechtigte Elternteil eine solche Reise plant, ist kaum begründbar, weil das Elternrecht des anderen Elternteils in gleicher Weise betroffen ist (a.A. Zöller/*Feskorn* § 55 FamFG Rn. 6). Die Übertragung der Vermögenssorge unterliegt als Teil der elterlichen Sorge der sofortigen Beschwerde (§ 49 Rdn. 32).

II. Nach bisher ganz einhelliger Ansicht waren einstweilige Anordnungen bezüglich des **Umgangsrechts** 12 nicht mit der sofortigen Beschwerde anfechtbar (BVerfG 2005, 1233, 1235; OLG München FamRZ 2011, 496; OLG Köln FamRZ 2011, 574; Musielak/*Borth* § 57 FamFG Rn. 5), auch wenn dieses einen Restbestandteil der elterlichen Sorge des nicht sorgeberechtigten Elternteils darstellt (BVerfG FamRZ 2005, 173, 174; OLG Dresden FamRZ 2003, 1306; KG FuR 2007, 534 = FamRZ 2007, 1259; OLG Köln FamRZ 2003, 548; OLG Naumburg FamRZ 2006, 1046, 1296), weil § 620 Nr. 1 und 2 ZPO a.F. unterschiedliche Verfahrensgegenstände normierte, von denen nur das Sorgerecht in § 620c ZPO a.F. erfasst wurde (*Dose* Rn. 182). An dieser Unterscheidung der Angelegenheiten (§ 151 Nr. 1 und 2; § 57 Satz 2 Nr. 1) hat sich nichts geändert (OLG Köln FamRZ 2011, 574; OLG München FamRZ 2011, 496). Während § 61 Abs. 1 des RefE am Katalog des § 620c ZPO a.F. festhielt, sollte in **§ 57 Satz 2 Halbs. 2** des RegE auch der einstweilige vollständige Ausschluss des Umgangsrechts als anfechtbare Entscheidung erfasst werden. Nach der Gesetzesbegründung (BT-Drucks. 16/6308 S. 203) besteht in diesem Fall, der häufig beim Verdacht auf Kindesmisshandlung oder auf sexuellen Missbrauch relevant wird, ein besonderes Bedürfnis für eine Anfechtbarkeit der Entscheidung. Der Zeitbezug des Umgangsrechts und die durch dessen rechtlichen oder faktischen Ausschluss drohende Entfremdung zwischen dem Kind und dem umgangsberechtigten Elternteil auch im Fall eines kürzeren Umgangsabbruchs könne zulasten des Umgangsberechtigten vollendete Tatsachen schaffen (S. 203). Auf der Grundlage der Sachverständigenanhörung votierte der Rechtsausschuss für die Unanfechtbarkeit einer einstweiligen Umgangsregelung, weil sowohl eine positive als auch negative Entscheidung in Grundrechte der Beteiligten eingreifen und die verfahrensmäßigen Rechte der Beteiligten ausreichend über das Antragsrecht nach § 52 Abs. 2 gewahrt seien (S. 355 f.; krit. Keidel/*Giers* § 57 Rn. 6 wegen der gravierenden Folgen der Eilentscheidung; zust. *Haußleiter* § 57 Rn. 5; zur verfassungsrechtlichen Überprüfung eines begleiteten Umgangs BayVerfGH FamRZ 2013, 1234). Begehrt der nicht sorgeberechtigte Elternteil eine Regelung zum Wechselmodell (§ 49 Rdn. 32), so kann hierin der Schwerpunkt im Umgangsrecht gesehen werden, sodass eine Beschwerde unzulässig ist (OLG Hamm FamRZ 2014, 1389). Dass die gerichtliche Anordnung mit einer Kompetenzzuweisung verbunden sein soll, wird man bei der Regelung des Umgangs auch im Wege der Auslegung kaum annehmen können. Ordnet das Gericht allerdings zur Durchführung des Umgangs eine Umgangspflegschaft nach § 1684 Abs. 3 BGB n.F. an, unterliegt der Beschluss wegen des Eingriffs in die elterliche Sorge – nicht jedoch in Bezug auf die Umgangsregelung selbst – der Beschwerde nach § 57 Satz 2 Nr. 1 (OLG Celle v. 30.08.2010 – 15 UF 181/10; Musielak/*Borth* § 57 Rn. 5; Johannsen/Henrich/*Büte* § 57 FamFG Rn. 6; *Giers* Rn. 278; a.A. OLG Köln FamFR 2012, 109; OLG Hamm NJOZ 2013, 1201; OLG Celle FuR 2011, 173 = FamRZ 2011, 574, 575, da nach § 1684 Abs. 3 Satz 3 BGB bereits unterhalb der Kindeswohlgefährdung eine Pflegschaft zur Durchsetzung des Umgangs angeordnet werden kann). Da die Umgangspflegschaft das auf den Umgang bezogene Recht auf Herausgabe des Kindes und Aufenthaltsbestimmung umfasst, besteht insoweit eine Ergänzungspflegschaft, sodass sich nach § 1630 Abs. 1 BGB die elterliche Sorge auf diese Bereiche nicht erstreckt. Auch der Hinweis nach § 89 Abs. 2 auf die Folgen einer Zuwiderhandlung unterliegt nicht der Anfechtung, da es sich insoweit nicht um eine Endentscheidung handelt (OLG Köln FamRZ 2011, 574).

13 III. Nach § 57 Satz 2 Nr. 2 ist weiterhin die gerichtliche Anordnung der **Herausgabe des Kindes** an den anderen Elternteil anfechtbar. Dies gilt jedoch nicht, wenn sie Bestandteil bzw. zum Zwecke des Umgangs angeordnet wird. Nach § 1632 Abs. 2 BGB umfasst die Personensorge das Recht, die Herausgabe des Kindes von jedem zu verlangen, der es den Eltern oder einem Elternteil widerrechtlich vorenthält. Während Regelungen nach § 49 i.V.m. § 151 Nr. 3 die Herausgabe auch von Dritten erfassen (§ 49 Rdn. 44 ff.), ist die Beschwerde nach der ausdrücklichen Regelung allein dann eröffnet, wenn über die Herausgabe des Kindes an den anderen Elternteil entschieden wurde (Zöller/*Feskorn* § 57 FamFG Rn. 7; OLG Saarbrücken FamRZ 2013, 1153; OLG Oldenburg FamRZ 2014, 1929; für eine analoge Anwendung bei Herausgabe an das als Aufenthaltsbestimmungspfleger bestellte Jugendamt OLG Oldenburg FamRZ 2011, 745). Allein flankierende Maßnahmen zur Durchführung der Herausgabeanordnung (z.B. unmittelbarer Zwang und Wohnungsdurchsuchung) sind nicht unabhängig hiervon anfechtbar (OLG Koblenz FamRZ 2014, 496). Hat der danach herausgabepflichtige Elternteil das Kind bereits dem anderen Elternteil übergeben, bleibt die Beschwerde mit dem auf Rückführung an den Beschwerdeführer umgestellten Antrag zulässig (OLG Düsseldorf FamRZ 1981, 85). Ist bereits eine Hauptsacheentscheidung nach § 1632 Abs. 1 BGB ergangen, ist eine Beschwerde gegen eine zuvor erlassene einstweilige Anordnung nicht mehr zulässig.

14 IV. Neu eingefügt in den Katalog der beschwerdefähigen Verfahrensgegenstände ist die gerichtliche Entscheidung über einen Antrag auf Verbleib eines Kindes bei einer Pflege- oder Bezugsperson (§ 57 Satz 2 Nr. 3). Nach §§ 1632 Abs. 4, 1680 Satz 1 BGB kann das FamG anordnen, dass ein Kind, das seit längerer Zeit in Familienpflege oder beim Ehegatten des sorgeberechtigten Elternteils (Bezugsperson) gelebt hat, bei der Pflege- bzw. Bezugsperson verbleibt, wenn und so lange das Kindeswohl durch die Wegnahme gefährdet würde. Eine **Verbleibensanordnung** wie deren Ablehnung berührt die persönlichen Verhältnisse des Kindes in existentieller Weise, da das Kind – insb. im Kleinkindalter – bereits nach kurzer Zeit Bindungen zur Pflege- bzw. Bezugsperson aufgebaut hat (BT-Drucks. 16/6308 S. 203). Der unvorbereitete und plötzliche Wechsel in einen anderen Haushalt kann das Kindeswohl (§ 1697a BGB) gefährden. Daher ist es gerechtfertigt, in diesen Fällen den Beteiligten den Beschwerdeweg zu eröffnen, zumal der vorläufigen Entscheidung eine präjudizielle Wirkung zukommt.

15 V. Gerichtliche Entscheidungen über Anträge nach den **§§ 1, 2 GewSchG** unterliegen stets der Beschwerde. Zu möglichen Maßnahmen, die auf Schutz vor Gewalt und Nachstellung sowie auf die Überlassung einer gemeinsam genutzten Wohnung gerichtet sein können, § 49 Rdn. 65. Praktisch werden einstweilige Anordnungen, denen häufig ein Platzverweis gegen den Antragsgegner vorausgegangen ist (VG Karlsruhe FPR 2005, 54), nur selten angefochten, soweit sie überhaupt erst nach mündlicher Verhandlung erlassen wurden. Vielmehr sind es gerade diese Verfahren, die ein Hauptsacheverfahren entbehrlich erscheinen lassen. Sowohl die Anordnung von Schutzmaßnahmen nach § 1 Abs. 1 und die Überlassung der Wohnung zur alleinigen Benutzung (§ 2 Abs. 1 GewSchG) als auch die Zurückweisung eines hierauf gerichteten Antrag sind anfechtbar.

Versöhnen sich die Beteiligten nach Erlass einer einstweiligen Anordnung über eine Wohnungszuweisung und wohnen wieder zusammen, kann der ursprünglich antragstellende Partner diesen Titel nicht auf »Vorrat« für spätere Bedarfsfälle behalten, sondern hat diesen an den früheren Antragsgegner herauszugeben (KG FamRZ 2006, 49).

VI. § 57 Satz 2 Nr. 5 eröffnet die Beschwerde, soweit über einen Antrag auf **Zuweisung der Wohnung** entschieden wurde (§ 49 Rdn. 54). Die Anordnung muss auf die Ehewohnung bezogen sein, die ihren Charakter nicht ohne Weiteres durch den Auszug eines Ehegatten verliert (OLG Karlsruhe FamRZ 1999, 1087). Erfasst werden Entscheidungen über die alleinige Wohnungsnutzung sowie die Aufteilung der Ehewohnung (OLG Brandenburg FamRZ 1996, 743; KG FamRZ 1986, 1010; a.A. OLG Nürnberg FamRZ 2010, 1463 [bei Zuweisung einzelner Zimmer]; OLG Naumburg FamRZ 2005, 2074; Musielak/*Borth* § 57 FamFG Rn. 4), denn weder der Wortlaut noch die materiell-rechtliche Grundlage oder die berechtigten Interessen der Beteiligten sprechen für eine Begrenzung. Ist der Ehemann Alleinmieter der Wohnung, hat die Ehefrau hieran Mitbesitz, den sie auch nicht durch einen vorübergehenden Aufenthalt im Frauenhaus verliert. Die Einräumung des Mitbesitzes stellt keine Wohnungszuweisung dar und ist deshalb nicht mit der Beschwerde anzugreifen (OLG Bamberg FamRZ 2006, 873). Mit der Zuweisungsentscheidung sind i.d.R. Nebenbestimmungen verbunden (§ 49 Rdn. 62). Sowohl die Festsetzung und Bemessung der Räumungsfrist wie deren Versagung oder Verlängerung können mit der Beschwerde angefochten werden, weil sie unmittelbar der Durchführung der Regelung dienen (FA-FamR/*Klein* Kap. 8 Rn. 292a; *Dose* Rn. 421; a.A. OLG Bamberg FamRZ 1993, 1338; Zöller/*Feskorn* § 57 FamFG Rn. 10). Der Antrag auf ungehinderten Zutritt zur Ehewohnung sowie Aushändigung der Wohnungsschlüssel stellt hingegen keine Zuweisungsentscheidung dar und ist daher nicht anfechtbar (OLG Stuttgart NJW 2009, 3733). Hinsichtlich der Anordnung einer **Nutzungsentschädigung** sind die Interessen der Beteiligten durch § 54 einerseits sowie das Hauptsacheverfahren andererseits ausreichend geschützt (OLG Brandenburg FamRZ 2003, 1305).

VII. Bis zum Inkrafttreten der am 01.012013 durch das »Gesetz zur Einführung einer Rechtsbehelfsbelehrung im Zivilprozess (...)« eingefügten Ergänzung in § 57 Satz 2 wurde die Frage, ob die Genehmigung der **Unterbringung Minderjähriger** nach § 1631b BGB mit der Beschwerde anfechtbar ist, unterschiedlich beurteilt. Unter Hinweis darauf, dass § 57 Satz 2 diese Familiensache nach § 151 Nr. 6 und 7 nicht erfasse, hatte das OLG Koblenz (FamRZ 2010, 908; OLG Zweibrücken FamRZ 2012, 575 [differenzierend zwischen der sog. dringlichen einstweiligen Anordnung nach § 332 Satz 1 und der nachfolgenden Entscheidung gem. § 332 Satz 2, 54; Zöller/*Herget* § 167 FamFG Rn. 11) eine einstweilige Anordnung für unanfechtbar gehalten, während die überwiegende Meinung im Schrifttum (Prütting/Helms/*Stößer* § 167 Rn. 20; *Dose* Rn. 412 [in analoger Anwendung des § 57 Satz 2]; Horndasch/*Viefhues* § 57 Rn. 11; *Bruns* FamFR 2010, 100; MüKoZPO/*Heilmann* § 167 FamFG Rn. 18; MüKoZPO/*Soyka* § 57 FamFG Rn. 3; *Breuers* FuR 2010, 84) wie in der Rechtsprechung mit unterschiedlicher Begründung die Beschwerde nach §§ 58 ff. als statthaft ansahen (s. Vorauflage Rn. 17, § 331 Rdn. 24; OLG Dresden FamRZ 2010, 1845; OLG Celle FuR 2010, 351; OLG Naumburg FamRZ 2011, 132, 749 [LS], JAmt 2013, 48, 49; OLG Celle FamRZ 2010, 1844, 1167; OLG Frankfurt am Main FamRZ 2010, 907; OLG Nürnberg FamRZ 2010, 1351; offen gelassen OLG Brandenburg FamRZ 2011, 489). Dem angemahnten Handlungsbedarf (FF 2010, 267) ist der Gesetzgeber mit der Ergänzung in Satz 2 nachgekommen. Die grundsätzliche Unanfechtbarkeit von Entscheidungen in Familiensachen im einstweiligen Anordnungsverfahren nach Satz 1 gilt danach nicht in den in Bezug genommenen Verfahren nach § 151 Nr. 6 und 7. Diese Verfahren beziehen sich zum einen auf die Genehmigung der freiheitsentziehenden Unterbringung eines Minderjährigen nach den §§ 1631b, 1800, 1915 BGB (§ 151 Nr. 6) sowie zum anderen auf die Anordnung der freiheitsentziehenden Unterbringung eines Minderjährigen nach den Landesgesetzen über die Unterbringung psychisch Kranker (§ 151 Nr. 7). In diesen Kindschaftssachen sind einstweilige Anordnungen wie bei Volljährigen mit der Beschwerde gem. §§ 58 ff. anfechtbar. Daneben können die Beteiligten einen Antrag nach § 54 Abs. 2 stellen (OLG Naumburg JAmt 2013, 48). Mit der Satzstellung des Ergänzungstextes ist zugleich klargestellt, dass für die Anfechtbarkeit eine Entscheidung aufgrund mündlicher Erörterung nicht Voraussetzung ist, sodass der Rechtszustand vor Inkrafttreten des FamFG wiederhergestellt ist (BT-Drucks. 17/10490 S. 18).

Mit dieser gesetzlichen Regelung ist die Anfechtbarkeit der einstweiligen Anordnung oder Genehmigung der freiheitsentziehenden Unterbringung Minderjähriger ausdrücklich klargestellt. Im Anordnungsverfahren gelten über die Verweisungsnorm des § 167 Abs. 1 die Regelungen der §§ 312 ff. Diese unterscheiden zwischen einer einstweiligen Anordnung in Bezug auf eine vorläufige Unterbringungsmaßnahme gem. § 331 Abs. 1 und einer einstweiligen Anordnung bei gesteigerter Dringlichkeit i.S.v. § 332. Diese Differen-

zierung ist nicht Ausdruck unterschiedlicher Eilmaßnahmen, für die abweichende Rechtsmittel bestehen. Vielmehr erleichtert § 332 in Fällen gesteigerter Dringlichkeit den Erlass einstweiliger Anordnungen, weil diese bereits vor – der nachzuholenden – Anhörung des Betroffenen und vor Anhörung und Bestellung des Verfahrenspflegers möglich sind. Die (einheitliche) einstweilige Anordnung nach den §§ 331, 332 unterliegt der Beschwerde nach den §§ 58 ff. (§ 331 Rdn. 24 ff.), wobei auch bei der freiheitsentziehenden Unterbringung Minderjähriger die ergänzenden Regelungen zur erweiterten Beschwerdeberechtigung nach § 335 (§ 335 Rdn. 4 ff.) sowie zur Einlegung der Beschwerde nach § 336 Anwendung finden.
Zu den Anordnungsvoraussetzungen § 49 Rdn. 50. Zur Beschwerdeberechtigung eines nicht sorgeberechtigten Elternteils nach altem Recht OLG Karlsruhe FamRZ 2010, 306.

19 **D. Anfechtbarkeit von Nebenentscheidungen.** Die Unanfechtbarkeit gerichtlicher Entscheidungen nach § 57 Satz 1 bezieht sich auf Endentscheidungen im Anordnungsverfahren. **Zwischen- und Nebenentscheidungen** sind nach den Grundsätzen der §§ 58 ff. i.d.R. nicht selbstständig anfechtbar. Ob diese im einstweiligen Anordnungsverfahren nach den bisherigen Regelungen anfechtbar waren, war umstritten. Auf die Beschwerde nach § 57 Satz 2 finden die Vorschriften der §§ 567 ff. ZPO keine Anwendung, sodass die bisherige Rspr. nicht übertragen werden kann. Soweit im allgemeinen Teil auf diese Verfahrensvorschriften Bezug genommen wird, gelten diese auch für das Anordnungsverfahren (vgl. *Gießler/Soyka* Rn. 255; *Dose* Rn. 409), sodass die Aussetzung des Verfahrens nach § 21 Abs. 2, die Verhängung eines Ordnungsgeldes (§ 33 Abs. 3), der Festsetzung eines Zwangsmittels (§ 35 Abs. 5) sowie die Berichtigung des Anordnungsbeschlusses (§ 42 Abs. 2) der **sofortigen Beschwerde** unterliegen (OLG Frankfurt FamRZ 1985, 409; § 58 Rdn. 55). Einer Verfahrensaussetzung oder gerichtlichen Untätigkeit steht die Ablehnung einer gerichtlichen Regelung bis zum Eingang eines Gutachtens nicht gleich (OLG Frankfurt FamRZ 1989, 765). Wird ein Antrag auf erneute Entscheidung nach mündlicher Verhandlung ohne eine solche als Änderungsantrag nach § 54 Abs. 1 zurückgewiesen, gilt § 567 Abs. 1 Nr. 2 ZPO nicht mehr (anders noch OLG Karlsruhe FamRZ 1989, 523). Auf folgende Einzelentscheidung ist besonders hinzuweisen:

20 – Dass die **Kostenentscheidung** als Teil einer Endentscheidung (im Gegensatz zum bisherigen Recht § 20a FGG a.F. oder in § 99 ZPO) mit Ausnahme von Familienstreitsachen – unabhängig vom Beschwerdewert (BGH FamRZ 2013, 1876; a.A. noch OLG Düsseldorf FamRZ 2010, 1835) – isoliert anfechtbar ist, ist allgemein anerkannt (Vorbemerkung zu §§ 58 bis 75 Rdn. 19 ff.). Für das Anordnungsverfahren erfasst der Ausschluss der Beschwerde nach § 57 Satz 1 auch die isolierte Kostenbeschwerde, sodass diese bei Entscheidung ohne mündliche Verhandlung unanfechtbar ist (Zöller/*Feskorn* § 57 FamFG Rn. 3, 5; KG FamRZ 2014, 1929 [LS], 592 [auch bei Vergleich]; OLG Koblenz FamRZ 2014, 1930 [nach Antragsrücknahme]; 2011, 576, 577; OLG Hamburg FamRZ 2011, 752 [LS]; OLG Düsseldorf FamRZ 1994, 1187). Daher ist die Beschwerde gegen die Kostenentscheidung in einem auf einen Verfahrenskostenvorschuss gerichteten Anordnungsverfahren unzulässig (OLG Zweibrücken FamRZ 2012, 50; OLG Düsseldorf FamRZ 2011, 496 f.; OLG Celle FamRZ 2012, 1080 [zum Trennungsunterhalt]; OLG Naumburg FamRZ 2014, 59 [zum Kindesunterhalt]). Ist (allein) die Kostenentscheidung aufgrund mündlicher Verhandlung ergangen, in der allein über die Kosten, nicht hingegen über den Anordnungsantrag (Zuweisung der Ehewohnung) verhandelt wurde, so ist die Beschwerde nicht zulässig (OLG Frankfurt FamRZ 2013, 569; OLG Frankfurt FamRZ 2014, 593 [für den Fall der Rücknahme des Sorgerechtsantrags]; OLG Dresden FamRZ 2016, 318 [bei Vergleich über Schutzantrag ohne Kostenregelung]). Die Kostenentscheidung in einem Anordnungsverfahren auf Eintragung eines Widerspruchs im Grundbuch ist nicht anfechtbar (OLG Stuttgart FamRZ 2012, 1410; § 119 Rdn. 5). Entscheidungen im **Kostenfestsetzungsverfahren** (§ 85 i.V.m. § 104 ZPO) bezüglich der Festsetzung der Vergütung des beigeordneten Rechtsanwalts sowie über die **Wertfestsetzung** sind dem Grunde nach anfechtbar.
– Wird aufgrund einer einstweiligen Umgangsregelung zu dessen Durchsetzung ein **Ordnungsmittel** (§ 89 Abs. 1) festgesetzt, ist hiergegen trotz der Regelung des § 57 Satz 1 die sofortige Beschwerde gem. § 87 Abs. 4 statthaft (bisher OLG Frankfurt FamRZ 1999, 1094; a.A. OLG Karlsruhe FamRZ 1999, 242).
– Wie nach dem bisherigen Recht kann für die Bewilligung der **Verfahrenskostenhilfe** der Rechtsmittelzug nicht weiter reichen als das Hauptsacheverfahren (§ 76 Abs. 2 i.V.m. § 127 Abs. 2 ZPO). Daher ist die sofortige Beschwerde (§ 127 Abs. 2 Satz 2 ZPO i.V.m. § 76 Abs. 2 bzw. 113 Abs. 1) hinsichtlich der Beurteilung der **Erfolgsaussichten** in allen Verfahrensgegenständen ausgeschlossen, die nicht in § 57 Satz 2 aufgeführt sind (BGH FamRZ 2005, 790; KG FamRZ 2013, 1326 [Umgangsrecht]; OLG Hamm FamRZ 2010, 1467 = NJW 2010, 1821 m. Anm. *Grün*; OLG Hamm FamRZ 2015, 950; 2011, 234; OLG Celle FamRZ 2011, 918 [LS]; OLG Saarbrücken FamRZ 2010, 1829; OLG Köln FamRZ 2010, 1829; OLG

Naumburg FamRZ 2008, 165; Zöller/*Feskorn* § 57 FamFG Rn. 3). In Bezug auf die in Satz 2 genannten Angelegenheiten ist die sofortige Beschwerde grds. statthaft. Wird in einem Anordnungsverfahren über diese Verfahrensgegenstände Verfahrenskostenhilfe versagt, ohne dass eine mündliche Verhandlung durchgeführt oder ein Antrag nach § 54 Abs. 2 gestellt worden ist, bleibt die Beschwerde unzulässig (OLG Hamm FamRZ 2012, 53 [LS]; 234 [LS, zum Herausgabeantrag]). Demgegenüber ist das OLG Bremen (FamRZ 2013, 1916; zust. OLG Frankfurt FamRZ 2014, 676) der Auffassung, dass die Begrenzung des § 127 Abs. 2 ZPO nur für Verfahrensgegenstände gilt, die von vornherein nicht in die Beschwerdeinstanz gelangen können. Ein Verstoß gegen die Rechtsschutzgarantie liegt indes nicht vor, weil dem Beteiligten nach einem Antrag gem. § 54 Abs. 2 offen steht, erneut einen Verfahrenskostenhilfeantrag zu stellen. Die Beschwerde ist nach OLG Hamm (FamRZ 2013, 1326) zulässig, wenn der Anordnungsantrag unter der Bedingung der Verfahrenskostenhilfebewilligung gestellt wird. Die Versagung von Verfahrenskostenhilfe wegen fehlender Erfolgsaussicht für eine einstweilige Anordnung zur elterlichen Sorge ist anfechtbar, wenn in der Hauptsache eine mündliche Verhandlung stattgefunden hat, auch wenn diese nicht zu einer Sachentscheidung geführt hat (OLG Nürnberg MDR 2013, 42 = FamRZ 2013, 569). Vom Rechtsmittelausschluss in allen Verfahrensgegenständen sind alle weiteren Aspekte der Bewilligung, die nicht auf die Erfolgsaussichten bezogen sind, ausgenommen. In Bezug auf Fragen des Verfahrens, der Verfahrenskostenhilfe oder der persönlichen Voraussetzungen ihrer Bewilligung wie z.B. fehlende Bedürftigkeit, Mutwilligkeit oder Beiordnung eines Rechtsanwalts ist die sofortige Beschwerde statthaft (BGH FamRZ 2010, 1138 = MDR 2011, 805).

E. Mündliche Erörterung. Nur gerichtliche Entscheidungen, die aufgrund **mündlicher Erörterung** bzw. 21 der gleichgestellten mündlichen Verhandlung ergangen sind (BVerfG FamRZ 2005, 1233, 1235), können – mit Ausnahme der Unterbringung Minderjähriger – mit der Beschwerde angefochten werden. Anderenfalls sind allein die Rechtsbehelfe nach § 54 Abs. 1 und 2 statthaft (OLG Stuttgart FamRZ 2010, 146; OLG Naumburg FamRB 2007, 207) oder eine eingelegte Beschwerde ist als unzulässig zu verwerfen (OLG Stuttgart NJW 2010, 3733). Ob die mündliche Erörterung den Verfahrensvorschriften entsprechend angeordnet bzw. durchgeführt wurde (§ 32 Rdn. 8 ff.), ist für die Zulässigkeit der Beschwerde unerheblich (OLG Dresden FamRZ 2002, 1498; OLG München OLGR 2004, 382; Musielak/*Borth* § 57 Rn. 5; Prütting/Helms/*Stößer* § 57 Rn. 9; a.A. OLG Düsseldorf FamRZ 1992, 1198). Von dem Fall einer nicht fristgerechten Ladung bei tatsächlicher Kenntnis ist die Situation zu unterscheiden, dass eine wirksame Ladung überhaupt nicht erfolgt ist und daher diesem Beteiligten kein rechtliches Gehör gewährt wurde (OLG Celle FamRZ 2013, 569 [LS] = Nds.Rpfl. 2013, 83, 84, das eine rechtzeitige und verfahrensordnungsgemäße Unterrichtung verlangt). In einer Kindschaftssache ist die Anhörung des Kindes im Beisein eines Mitarbeiters des Jugendamts jedoch nicht ausreichend, wenn die weiteren Verfahrensbeteiligten nicht zu einem Erörterungstermin geladen werden (OLG Frankfurt FamRZ 2012, 571, 572). Das Nichterscheinen eines ordnungsgemäß geladenen Verfahrensbeteiligten steht der mündlichen Erörterung nicht entgegen, zumal anderenfalls dieser Beteiligte den Verfahrensablauf blockieren könnte (OLG Frankfurt FamRZ 2013, 316). Das gilt jedoch nicht, wenn aus erheblichen (z.B. krankheitsbedingten) Gründen die Terminsverlegung beantragt wurde (OLG Frankfurt FamRZ 2013, 1831). Allerdings muss das Rechtsschutzbegehren weiterverfolgt werden, anderenfalls fehlt es an einer Entscheidung nach mündlicher Verhandlung (OLG Celle FuR 2011, 340). Nach OLG Zweibrücken (FamRZ 2011, 1243) ist die mündliche Erörterung des Verfahrensgegenstands in einem parallel geführten Verfahren ausreichend.

Wird die nach mündlicher Verhandlung erlassene einstweilige Anordnung auf einen Antrag nach § 54 22 Abs. 1 aufgehoben, geändert oder bestätigt, ist die Beschwerde nicht statthaft (a.A. *Dose* Rn. 423). Ebenso ist das Rechtsmittel unzulässig, wenn nach mündlicher Verhandlung der Anordnungsantrag zurückgewiesen wurde und nach weiterem Vorbringen auf einen Antrag nach § 54 die einstweilige Anordnung erlassen wird (OLG Köln FamRZ 2009, 444 f. für den Fall einer sofortigen Beschwerde, mit der der ursprüngliche Antrag erweitert und auf neue Tatsachen gestützt wurde, weil es am Zusammenhang mit der mündlichen Verhandlung fehlt). Wird im Abänderungsverfahren auf mündliche Erörterung entschieden, ist die Beschwerde statthaft. Ist eine Beschwerde mangels mündlicher Erörterung nicht zulässig ist, wird der Antrag regelmäßig als Antrag nach § 54 Abs. 2 auszulegen sein (BVerfG 2005, 1233, 1235; Rdn. 28). Demgegenüber vertritt *Dose* (Rn. 423) eine abweichende Auffassung, nach der den Beteiligten im Anordnungsverfahren überhaupt Gelegenheit gegeben werden müsse, sich in einem Anhörungstermin zu äußern. Ob eine Besprechung des Verfahrensgegenstands mit den Beteiligten in einem parallel geführten Verfahren ausreichend ist (OLG Zweibrücken FamRZ 2011, 1243 [LS]), wird von der Intensität der Erörterung des Anordnungsgegenstands im anderen Verfahren abhängen, die den Beteiligten deutlich werden lässt, dass eine Anordnungsentscheidung aufgrund dieser Erörterung erfolgt. Dies muss jedenfalls aus dem Protokoll des Parallelverfahrens eindeutig hervorgehen und ist im Fall einer weiteren Sachverhaltsaufklärung durch Anhörung eines Kindes anzunehmen. Ist eine mündliche Erörterung erfolgt, eröffnet diese in den in Satz 2 aufgeführten Verfahrensgegenständen die Beschwerde. Dies gelte auch dann, wenn eine nach mündlicher Verhandlung ergangene Anordnung auf Antrag gem. § 54 Abs. 1 abgeändert wird oder nach mündlicher Verhandlung weitere Tatsachen ermittelt werden. Auch wenn der Begriff der mündlichen Erörterung in § 57 Satz 2 weiter gefasst ist als die mündliche Verhandlung i.S.d. § 54 Abs. 2 und aus der differenzierteren Ausgestaltung der Verfahren (§ 155 Abs. 2, 157 Abs. 1, 207, 221 Abs. 1) erklärbar ist (für synonymen Gebrauch: Musielak/*Borth* § 57 FamFG Rn. 5; MüKoZPO/*Soyka* § 57 FamFG Rn. 2), bleibt die unmittelbare Verknüpfung beider Vorschriften im Anordnungsverfahren bestehen.

23 Unterschiedlich wird die Statthaftigkeit der Beschwerde beurteilt, wenn das Gericht nach mündlicher Erörterung weitere Ermittlungen angestellt und in einem **sog. gemischt-mündlich-schriftlichen Verfahren** entschieden hat. Die Voraussetzungen der Zulässigkeit eines Rechtsmittels müssen für die Beteiligten und für das Beschwerdegericht zuverlässig beurteilt werden können, ohne dass es aus formalen Gründen zu einer (weiteren) Verfahrensverzögerung bei Nachholung einer mündlichen Verhandlung kommt. Hat das Gericht nach einer mündlichen Erörterung weitere Ermittlungen unternommen oder wurden von den Beteiligten neue Tatsachen vorgebracht, kommt es darauf an, ob hierdurch wesentliche und für die Entscheidung erhebliche Erkenntnisse gewonnen wurden (Zöller/*Feskorn* § 57 FamFG Rn. 4; a.A. Keidel/*Giers* § 57 Rn. 5; Johannsen/Henrich/*Büte* § 57 FamFG Rn. 4), während der zeitliche Abstand (Prütting/Helms/*Stößer* § 57 Rn. 9) zum Anordnungsbeschluss für sich allein nur ein Indiz für dadurch bedingte tatsächliche Veränderungen oder weitere gerichtliche Erkenntnisse sein kann. Für die Zulässigkeit der Beschwerde ist es nicht ausreichend, dass zu irgendeinem Zeitpunkt eine mündliche Erörterung mit den Beteiligten erfolgte (a.A. *Dose* Rn. 423; *Giers* Rn. 208). Maßgeblich ist, dass diese vor dem Hintergrund der wesentlichen gerichtlichen Feststellungen ihre Interessen und Beurteilung vor dem Gericht zum Ausdruck bringen konnten. Hat das Gericht nach der Erörterung mit den Beteiligten einen Jugendamtsbericht eingeholt oder das Kind angehört und hieraus wesentliche Erkenntnisse erzielt, bedarf es grds. einer weiteren mündlichen Erörterung (OLG Zweibrücken FamRZ 2008, 1265; KG FamRZ 2008, 1265; OLG Karlsruhe FamRZ 1994, 1186; OLG Karlsruhe FamRZ 1989, 521; OLG Hamburg FamRZ 1986, 182; *Gießler/Soyka* Rn. 189; zur abändernden Entscheidung nach sofortiger Beschwerde OLG Köln FamRZ 2009, 444), es sei denn die Beteiligten verzichten i.R.d. Gewährung rechtlichen Gehörs hierauf. Einer etwaigen Verfahrensverzögerung kann durch eine kurzfristige Terminierung begegnet werden, zumal die Möglichkeit einer einvernehmlichen Regelung (§ 156 Abs. 1) aufgrund neuer Feststellungen nicht ausgeschlossen erscheint.

24 **F. Beschwerdeverfahren.** Auf das Beschwerdeverfahren nach § 57 Satz 2 gegen den Anordnungsbeschluss als Endentscheidung finden die Vorschriften der §§ 58 ff. Anwendung. Da für Familienstreitsachen in Satz 2 die Beschwerde nicht statthaft ist, kommen die Modifikationen des § 117 nicht in Betracht. Auch wenn nach § 40 wird der Beschluss nach Maßgabe der Vorschriften im Hauptsacheverfahren mit seiner Bekanntgabe, d.h. mit Zustellung (§ 41 Abs. 1 Satz 2) an den Beteiligten wirksam wird, folgt aus dem Eilverfahren die sofortige Wirksamkeit einer einstweiligen Anordnung unabhängig davon, ob sie in erster oder zweiter Instanz erlassen wird. Die Einlegung der Beschwerde berührt die Wirksamkeit des Beschlusses nicht, allerdings kann das Beschwerdegericht nach §§ 64 Abs. 3, 55 Abs. 1 Satz 1 eine einstweilige Anordnung erlassen, insb. die Vollziehung des angefochtenen Beschlusses aussetzen (§ 49 Rdn. 3). Die **Beschwerdeberechtigung** richtet sich nach § 59 Abs. 1 und 2. Derjenige Verfahrensbeteiligte, der durch den Beschluss in seinen Rechten beeinträchtigt ist, sowie in Antragsverfahren derjenige, dessen Antrag zurückgewiesen wurde, sind zur Beschwerde befugt. Dritte können ausnahmsweise beschwerdeberechtigt sein, wenn in ihre Rechte eingegriffen wird oder sie nicht am Anordnungsverfahren beteiligt waren.

25 In **Familiensachen** des § 111 ist nach den Verfahrensbeteiligten zu differenzieren:
– In Familienstreitsachen i.S.d. § 112 können sowohl Antragsteller wie auch Antragsgegner beschwerdeberechtigt sein.
– Die Eltern sind in Kindschaftssachen grds. **beschwerdeberechtigt** (KG FamRZ 1994, 119), auch wenn einem Elternteil ohne oder gegen seinen Willen die elterliche Sorge gem. § 1671 BGB übertragen wurde (OLG Karlsruhe FamRZ 1999, 801). Auch der Vater eines Kindes, der nie sorgeberechtigt war, kann beschwerdeberechtigt sein, wenn der alleinsorgeberechtigten Mutter das Sorgerecht entzogen wird (BGH FuR 2010, 509 = FamRZ 2010, 1242; einschränkend OLG Celle FuR 2010, 698 = FamRZ 2011, 121 [bei

Abschnitt 4. Einstweilige Anordnung § 57

Ablehnung eines Sorgerechtsentzugs]). Aus § 60, der auch im Anordnungsverfahren gilt, folgt, dass minderjährige Kinder, die das 14. Lebensjahr vollendet haben, beschwerdebefugt sind (Keidel/*Giers* § 57 Rn. 11). Ein subjektives Recht des Kindes soll jedoch bei einer Maßnahme wegen Kindeswohlgefährdung nach § 1666 BGB nicht betroffen sein (OLG Düsseldorf FuR 2011, 239; a.A. Keidel/*Meyer-Holz* § 60 Rn. 10). Den Großeltern mütterlicherseits steht gegen die vorläufige Übertragung des Aufenthaltsbestimmungsrechts auf den Kindesvater kein Beschwerderecht zu (OLG Frankfurt FamRZ 2013, 1230). Zur begrenzten Beschwerdeberechtigung der betreuenden Großeltern BGH FuR 2011, 289 = FamRZ 2011, 552.

– Die verfahrensrechtliche Rechtsstellung des **Jugendamts** ist in verschiedenen Familiensachen weitgehend identisch ausgestaltet und erweitert deren Beschwerdeberechtigung über § 59 Abs. 3 unabhängig von einer eigenen Beschwer auch im Anordnungsverfahren. Das Gericht soll (oder hat) das Jugendamt in Kindschafts-, Abstammungs-, Adoptions-, Wohnungszuweisungs- und Gewaltschutzsachen an(zu)hören und dem Jugendamt die jeweiligen Entscheidungen mit(zu)teilen. Gegen die Entscheidung steht dem Jugendamt ein Beschwerderecht zu (§§ 162 Abs. 3, 176 Abs. 2, 194 Abs. 2, 205 Abs. 2, 213 Abs. 2). Daher kann das Jugendamt gegen einstweilige Anordnungen i.R.d. dargestellten Grundsätze des § 57 Satz 2 seinerseits Beschwerde einlegen (anders noch OLG Karlsruhe FamRZ 1991, 969, 970). Darüber hinaus ist das Jugendamt beschwerdeberechtigt, wenn es (zu Unrecht) nicht am Verfahren beteiligt oder durch die Entscheidung in dessen Rechte eingegriffen wird. Weiterhin kann der Verfahrensbeistand gem. § 158 Abs. 4 Satz 5 unabhängig von einer Beeinträchtigung seiner Rechte im Interesse des Kindes Rechtsmittel einlegen. Vereine, die Kindesinteressen wahrnehmen wollen, sind nicht beschwerdeberechtigt, soweit ihre Vertretungsbefugnis nicht bereits erstinstanzlich nach § 10 Abs. 3 zurückgewiesen wurde (§ 10 Rdn. 19 ff.).

– Im Verfahren auf Genehmigung oder Anordnung der freiheitsentziehenden **Unterbringung Minderjähriger** wird der Kreis der beschwerdeberechtigten Personen durch § 335 erweitert, sodass neben dem betroffenen Kind der Verfahrensbeistand, die zuständige Behörde sowie der Ehegatte oder Lebenspartner, die vom Betroffenen benannte Person seines Vertrauens und der Leiter der Einrichtung, sofern sie am Verfahren beteiligt worden sind, beschwerdebefugt sind. Das minderjährige Kind ist im Unterbringungsverfahren erst mit Vollendung des 14. Lebensjahres verfahrensfähig, weil § 316 durch die Regelung des § 167 Abs. 3 eingeschränkt wird. Vor diesem Hintergrund ist es nicht erforderlich, dass das noch nicht 14 Jahre alte Kind eine Vertrauensperson ausdrücklich benennt. Es ist daher ausreichend, wenn aus den Äußerungen des Kindes oder weiteren Umständen erkennbar ist, dass eine weitere Person – etwa die Großmutter als besondere oder einzige familiäre Bezugsperson – existiert, der das Kind sein Vertrauen schenkt (BGH FamRZ 2013, 115, 116).

– Am einstweiligen Wohnungszuweisungsverfahren ist der Vermieter nicht zu beteiligen, sodass er grds. nicht beschwerdeberechtigt ist, sofern nicht zu Unrecht in seine Rechte durch rechtsgestaltende Anordnungen eingegriffen wird.

Der Beschwerdeführer muss durch die gerichtliche einstweilige Anordnung (materiell oder formell) **beschwert** i.S.d. § 59 Abs. 1 und 2 sein, in dem durch die Anordnung – unabhängig von seiner Beteiligung am Verfahren (§ 7 Abs. 2 Nr. 1, BT-Drucks. 16/6308 S. 204) – in seine Rechte eingegriffen wird oder seinem Antrag nicht oder nur teilweise entsprochen wurde. Die Beschwer entfällt nicht dadurch, dass der einstweiligen Anordnung Folge geleistet wurde und bspw. das Kind herausgegeben oder die Ehewohnung geräumt wurde (OLG Oldenburg FamRZ 2011, 745, 746; OLG Karlsruhe FamRZ 1999, 1087). Davon zu unterscheiden sind die Fälle des § 62, der die Beschwerde ermöglicht, wenn sich die Hauptsache – etwa bei einer vorübergehenden Unterbringung – erledigt hat (s. § 62 Rdn. 6 ff.). Einer Beschwer bedarf es nicht im Fall der Rechtsmitteleinlegung durch das Jugendamt oder durch den Verfahrensbeistand. In vermögensrechtlichen Streitigkeiten wird dem Beschwerdewert des § 61 Abs. 1 von über 600 € mit Ausnahme der isolierten Kostenbeschwerden i.d.R. keine Bedeutung zukommen, weil diese gem. § 57 Satz 2 nicht anfechtbar sind (Ausnahme: OLG Brandenburg FamRZ 2000, 1102 zur Anordnung in Haushaltssachen). Allerdings ist auch in nicht vermögensrechtlichen Angelegenheiten der Beschwerdewert maßgeblich (KG FamRZ 2011, 577 [Umgang]; OLG Hamburg FamRZ 2010, 665 [Gewaltschutzsache]; OLG Karlsruhe FamRZ 2010, 1695 [Sorge- und Umgangsrecht]; a.A. OLG Nürnberg FamRZ 2010, 998). 26

Nach der Neukonzeption des Beschwerderechts ist die Beschwerde auch im Anordnungsverfahren, für das kein Anwaltszwang besteht, allein bei dem Gericht einzulegen, dessen Beschluss angefochten wird (§ 64 Abs. 1). Die Beschwerde wird durch Einreichung einer Beschwerdeschrift oder zur Niederschrift der Geschäftsstelle eingelegt. Die **Beschwerdefrist** beträgt **2 Wochen** (§ 63 Abs. 2 Nr. 1), kann als Notfrist nicht verlängert werden und beginnt mit der Zustellung des Beschlusses (§ 41 Abs. 1 Satz 2) an die Beteiligten. 27

Für die Beschwerdefrist ist nicht danach zu unterscheiden (Horndasch/*Viefhues* § 57 Rn. 13; KG FuR 2011, 571; OLG Zweibrücken FamRZ 2011, 497; KG FamRZ 2012, 51; OLG Frankfurt MDR 2012, 1347), ob eine einstweilige Anordnung erlassen oder deren Erlass abgelehnt wird. Eine bisher allein auf den Wortlaut (»gegen eine einstweilige Anordnung«) gestützte Auslegung (Keidel/*Sternal* § 63 Rn. 14; Thomas/Putzo/*Seiler* § 57 FamFG Rn. 3; Zöller/*Feskorn* § 63 FamFG Rn. 3) hatte – unabhängig von den Bedürfnissen der Praxis – die gesetzliche Intention einer einheitlichen Rechtsmittelfrist von 2 Wochen »für die Anfechtung einer im einstweiligen Anordnungsverfahren ergangenen Entscheidung« (BT-Drucks. 16/6308 S. 203) nicht ausreichend berücksichtigt, wonach für eine »gegen Endentscheidungen eine auf zwei Wochen verkürzte Beschwerdefrist« ein besonderes Bedürfnis besteht (BT-Drucks. 16/6308 S. 206). Durch Art. 6 Nr. 6 des Gesetzes »zur Einführung einer Rechtsbehelfsbelehrung im Zivilprozess (...)« wurde § 63 Abs. 2 Nr. 1 dahin gehend neu gefasst, dass die Beschwerde binnen einer Frist von 2 Wochen einzulegen ist, wenn sie sich gegen Endentscheidungen im Verfahren der einstweiligen Anordnung richtet. Nach der Gesetzesbegründung (BT-Drucks. 17/10490 S. 18) soll durch die Neuregelung »die Beschwerdefrist für stattgebende und ablehnende Endentscheidungen im Einklang mit der zu § 63 Abs. 2 Nr. 1 ergangenen Rechtsprechung vereinheitlicht werden.« Wird die Frist nicht gewahrt, ist die Beschwerde als unzulässig zu verwerfen, soweit nicht Wiedereinsetzung in den vorigen Stand (§§ 17 ff.) zu gewähren ist. Ist eine Hauptsacheentscheidung wirksam bzw. liegt in einer Unterhaltssache eine rechtskräftige Entscheidung vor, tritt die einstweilige Anordnung gem. § 56 Abs. 1 außer Kraft, sodass für ein Beschwerdeverfahren kein Raum mehr ist und ggf. nur noch über dessen Kosten zu entscheiden ist. Während nach § 620d ZPO a.F. die Beschwerde innerhalb der Beschwerdefrist zu begründen war, sieht der auch im Anordnungsverfahren geltende § 65 Abs. 1 eine Begründungspflicht nicht mehr vor (*Schürmann* FamRB 2009, 24, 26). Allerdings kann dass Gericht wie in § 571 Abs. 3 ZPO dem Beteiligten ein Frist zur Beschwerdebegründung setzen (§ 65 Abs. 2). In allen Verfahrensgegenständen besteht auch in der Beschwerdeinstanz kein Anwaltszwang (§ 51 Rdn. 17). Zum Beschwerdeantrag BGH FamRZ 1994, 158.

28 Das **Beschwerdeverfahren** richtet sich i.Ü. nach den Vorschriften der §§ 66 ff. Eine offensichtlich unzulässige Beschwerde kann in einen Abänderungsantrag nach § 54 Abs. 1 und ggf. in einen Antrag auf Entscheidung nach mündlicher Verhandlung umgedeutet werden (BVerfG FamRZ 2005, 1233, 1235; OLG Celle Nds.RPfl. 2013, 83). Dies ist insb. dann naheliegend, wenn die Voraussetzungen der Beschwerde nach § 57 Satz 2 ersichtlich nicht vorliegen, etwa weil die einstweilige Anordnung nicht nach mündlicher Erörterung erlassen wurde. Hierauf hat das Gericht die Beteiligten ggf. hinzuweisen. Der Beschwerdegegner kann sich grds. nach Maßgabe des § 66 der Beschwerde anschließen. Während im Beschwerdeverfahren grds. die **Abhilfemöglichkeit** gegeben ist, ist das Gericht nach § 68 Abs. 1 Satz 2 hierzu in Familiensachen (§ 111) – im Gegensatz zur bisherigen Regelung (§ 572 Abs. 1 ZPO; OLG Brandenburg FamRZ 2004, 653) – nicht befugt und hat daher die Beschwerde sofort dem Beschwerdegericht vorzulegen (*Vogel* FF 2011, 196, 199 f.; Prütting/Helms/*Stößer* § 57 Rn. 12; MünchKomm/*Soyka* § 57 Rn. 5; a.A. *Gießler/Soyka* Rn. 249, *Gießler* FamRZ 2010, 1100). Dies gilt auch dann, wenn das AG seine vorangegangene Entscheidung nach mündlicher Verhandlung (§ 54 Abs. 2) aufrecht erhalten hat (a.A. OLG Hamm FamRZ 2011, 235), zumal sich das Beschwerderecht auch infolge der verfahrensrechtlichen Selbstständigkeit grundlegend geändert hat. Auch wenn das Gericht die Beschwerde für begründet erachtet, kann es weder in Amtsverfahren noch in Antragsverfahren die getroffene einstweilige Anordnung ändern. Eine Zurückverweisung der Sache an das AG ist im Anordnungsverfahren nicht gerechtfertigt.

29 Für das Beschwerdeverfahren sind nach § 68 Abs. 3 die Vorschriften über das Verfahren im ersten Rechtszug maßgeblich (§ 68 Rdn. 33); hieraus bestimmen sich die Anforderungen an den Beschwerdeantrag und den Begründungsumfang (§ 51 Rdn. 20 ff.). Die Beteiligten können im Beschwerdeverfahren neue Tatsachen, die glaubhaft zu machen sind, vortragen (§ 65 Abs. 3), sodass auch im Anordnungsverfahren die Beschwerde als zweite Tatsacheninstanz ausgestaltet ist. Das Beschwerdegericht kann nach § 64 Abs. 3 einstweilige Anordnung treffen. Eine **mündliche Verhandlung** oder **Erörterung** ist für das Beschwerdeverfahren nicht vorgeschrieben. Während nach bisherigem Recht im Anordnungsverfahren i.d.R. eine mündliche Erörterung im Beschwerdeverfahren nicht erfolgte, kann hiervon auch unter Berücksichtigung der Regelung des § 68 Abs. 3 Satz 2 aufgrund des selbstständigen und hauptsacheunabhängigen Verfahrens eine abweichende Handhabung geboten sein. Dem Bestreben des Gesetzgebers, eine einvernehmliche Regelung der Beteiligten zu ermöglichen und Hauptsacheverfahren zu ersparen, kann durch eine Erörterung der Sach- und Rechtslage in einer mündlichen Erörterung im Beschwerdeverfahren Rechnung getragen werden. Dies gilt grds. für alle be-

schwerdefähigen Familiensachen (§§ 155, 156 Abs. 1, 207). Eine zusätzliche Belastung der Beschwerdegerichte kann durch die Übertragung der Entscheidung auf den Einzelrichter vermieden werden (§ 68 Abs. 4).

Die Verpflichtung zur persönlichen **Anhörung** der Verfahrensbeteiligten (§§ 159 bis 162) besteht auch im Beschwerdeverfahren. Während nach § 50a Abs. 3 Satz 1 FGG a.F. auch in der Beschwerdeinstanz von der Anhörung nur aus schwerwiegenden Gründen abgesehen werden konnte, steht es nunmehr im Ermessen des Beschwerdegerichts, ob es die Beteiligten erneut anhört, denn es kann nach **§ 68 Abs. 3 Satz 2** von einzelnen Verfahrenshandlungen absehen, wenn diese bereits im ersten Rechtszug vorgenommen wurden, dessen Ergebnis aktenkundig ist bzw. hinreichend protokolliert wurde und von einer erneuten Anhörung keine weiteren entscheidungserheblichen Erkenntnisse zu erwarten sind (§ 51 Rdn. 37). Ob dies der Fall ist, wird im Anordnungsverfahren von den bisherigen erstinstanzlichen Feststellungen, vom Zeitablauf (BayObLG FamRZ 1987, 1080) und den mit der Beschwerde geltend gemachten Gesichtspunkten sowie neuen Tatsachen abhängen (§ 68 Rdn. 36 ff.; BayObLG FGPrax 1995, 155; BayObLG FamRZ 1997, 685). Wurde das betroffene Kind im Unterbringungsverfahren nicht in Anwesenheit des ihm bestellten Verfahrensbeistands angehört und hatten sie vom ärztlichen Zeugnis oder Gutachten (§§ 331, 321) keine Kenntnis, so hat der Beschwerdesenat die Anhörung nachzuholen (BGH FamRZ 2012, 1556, 1558). Darüber hinaus ist der Zweck einer persönlichen Anhörung zu berücksichtigen, neben der weiteren Sachaufklärung einen persönlichen Eindruck von dem Anzuhörenden zu gewinnen und auf dieser Grundlage seine Entscheidung treffen zu können (BayObLG FamRZ 1995, 500, 501). Will das Beschwerdegericht die erstinstanzlichen Angaben der Beteiligten aus ihrer Anhörung abweichend würdigen oder wurde die Anhörung nicht ordnungsgemäß durchgeführt, ist eine erneute Anhörung erforderlich (BayObLG FamRZ 1996, 1352; § 68 Rdn. 43 ff.). Wird ein geänderter und für die zu treffende Entscheidung maßgeblicher Wille des Kindes konkret behauptet, kann es erforderlich sein, das Kind erneut anzuhören. Daneben kann das Gericht im Hauptsacheverfahren von einzelnen Verfahrenshandlungen absehen, wenn diese im Anordnungsverfahren in der Beschwerdeinstanz vorgenommen wurden (§ 51 Rdn. 34 ff.).

Das Beschwerdegericht entscheidet in der Sache selbst durch zu begründenden Beschluss (§ 69 Abs. 1 Satz 2 und Abs. 2), der keiner Rechtsmittelbelehrung bedarf. Zur Bindung an den Antrag § 51 Rdn. 13. Für die Verfahrensgegenstände des § 57 Satz 2 Nr. 1–3 gilt das Verbot der reformatio in peius nicht (*Dose* Rn. 438). Im einstweiligen Anordnungsverfahren wird i.d.R. eine Zurückverweisung an das FamG wegen der damit verbundenen Verzögerungen auch bei erstinstanzlichen Verfahrensfehlern nicht in Betracht kommen (Horndasch/*Viefhues* § 49 Rn. 36). Das Beschwerdegericht kann in seiner Entscheidung Maßnahmen anordnen, die ihrerseits (erstinstanzlich) nicht anfechtbar wären; ihm ist es jedoch versagt, eine Entscheidung zu einem anderen Verfahrensgegenstand als dem angefochtenen zu treffen. Wurde erstinstanzlich die elterliche Sorge geregelt, kann das Beschwerdegericht diese Anordnung nicht aufheben und eine Umgangsregelung treffen. Der Beschwerdeführer kann die Beschwerde mit der Kostenfolge der §§ 83 Abs. 2, 81 zurücknehmen. Die Beteiligten können das Anordnungsverfahren auch in der Beschwerdeinstanz in der Hauptsache für erledigt erklären. Das Beschwerdegericht hat über die Kosten des Anordnungsverfahrens insgesamt zu erkennen (§ 51 Abs. 4), wobei nach § 84 die Kosten eines ohne Erfolg eingelegten Rechtsmittels dem Beschwerdeführer aufzuerlegen sind. Der Beschwerdebeschluss ist nicht mit der Anordnung der sofortigen Wirksamkeit zu versehen (§ 53 Rdn. 2). Die **Rechtsbeschwerde** ist im einstweiligen Anordnungsverfahren nicht statthaft (§ 70 Abs. 4; BGH FamRZ 2003, 97, 232), auch wenn diese vom Beschwerdegericht zugelassen wurde (BGH FamRZ 2013, 1878). Die Zustellung einer Abschrift, in der eine einstweilige Anordnung nicht als solche bezeichnet ist, eröffnet auch nach dem Meistbegünstigungsgrundsatz (§ 58 Rdn. 56) nicht die Rechtsbeschwerde (BGH FamRZ 2015, 1877 [zur vorläufigen Unterbringung]). Demgegenüber ist die zugelassene Rechtsbeschwerde statthaft, auch wenn der dem Vollstreckungsverfahren zugrunde liegende Beschluss im einstweiligen Anordnungsverfahren ergangen ist (BGH FamRZ 2015, 2147 [zur Vollstreckung einer einstweiligen Umgangsregelung]).

Abschnitt 5. Rechtsmittel

Vorbem. zu §§ 58–75

Übersicht

	Rdn.		Rdn.
A. Systematik und Geltungsbereich	1	V. Anhörungsrüge, außerordentliche Beschwerde, Gegenvorstellung	36
B. Die regelmäßigen Rechtsmittel des FamFG	5	VI. Dienstaufsichtsbeschwerde	38
I. Beschwerde	5	E. Verfassungsbeschwerde, Vorlage an BVerfG und EuGH, Anrufung des EGMR	39
II. Rechtsbeschwerde	9	I. Verfassungsbeschwerde	39
III. Anschlussrechtsmittel	13	II. Normenkontrollverfahren	40
C. Besondere Rechtsmittelvorschriften	14	III. Anrufung des EGMR	41
I. Sofortige Beschwerde nach Maßgabe der ZPO	14	IV. Vorlage an den EuGH	43
II. Beschwerden nach dem GVG	16	F. Beschwerdewert und Zulassung des Rechtsmittels	44
III. Rechtsmittel in Kostenangelegenheiten	19	G. Anrufung des Gerichts gegen Entscheidungen von Verwaltungsbehörden	45
IV. Weitere Rechtsmittelvorschriften außerhalb des FamFG	28	I. Personenstandssachen	46
D. Sonstige Rechtsbehelfe im Verfahren der freiwilligen Gerichtsbarkeit	29	II. Landwirtschaftssachen	47
I. Erinnerung gem. § 11 Abs. 2 RPflG	30	III. Justizverwaltungsakte	48
II. Erinnerung entsprechend § 573 ZPO	31	IV. Anerkennung ausländischer Entscheidungen in Ehesachen	49
III. Einspruch und Widerspruch	33		
IV. Wiederaufnahme und Wiedereinsetzung	35		

1 **A. Systematik und Geltungsbereich.** Die §§ 58 bis 75 (= Buch 1, Abschnitt 5) enthalten die Vorschriften über die regelmäßigen Rechtsmittel gegen die Anfechtung von (End-) Entscheidungen für den gesamten Bereich der freiwilligen Gerichtsbarkeit, soweit nicht Sondervorschriften in den Büchern 2–9 oder in Spezialgesetzen außerhalb des FamFG Abweichungen von den dort getroffenen Regelungen vorsehen (vgl. zur Struktur des Rechtsmittelrechts in Familiensachen auch Fischer, FuR 2014, 645).

2 Ein Rechtsmittel ist der Antrag, mit dem ein Verfahrensbeteiligter die Überprüfung und Aufhebung einer bestimmten Entscheidung durch das im Instanzenzug – näher s. § 58 Rdn. 2 ff. – übergeordnete Gericht anstrebt. Die ordentlichen Rechtsmittel im Anwendungsbereich des FamFG sind die – im Grundsatz immer befristete – Beschwerde (§§ 58 bis 69 = Buch 1, Abschnitt 5, Unterabschnitt 1) und die Rechtsbeschwerde (§§ 70 bis 75 = Buch 1, Abschnitt 5, Unterabschnitt 2). Eine unbefristete Beschwerde ist im Grundbuch- und Schiffsregisterwesen vorgesehen.

3 Die Vorschriften über die Beschwerde und die Rechtsbeschwerde stehen grds. voneinander unabhängig nebeneinander. Trotz ihrer systematischen Stellung sind aber zumindest die §§ 59f zur Beschwerdeberechtigung (§ 59 Rdn. 2), die Regeln über die Beschwerderücknahme und den Beschwerdeverzicht (§ 67 Rdn. 3) sowie z.T. die Vorschriften über die Statthaftigkeit der Beschwerde nach Erledigung der Hauptsache (§ 62 Rdn. 4) auch auf die Rechtsbeschwerde entsprechend anzuwenden, da es sich insoweit ihrer Natur nach um allgemeine Grundsätze für das gesamte Rechtsmittelrecht handelt. Auch die Regelung des § 64 Abs. 3 über die Befugnis des Beschwerdegerichts zum Erlass einstweiliger Anordnungen ist auf das Rechtsbeschwerdegericht übertragbar (§ 69 Rdn. 57).

4 Gem § 488 Abs. 1 gelten die §§ 58 ff. auch, wenn landesgesetzlich **andere als gerichtliche Behörden** für das Verfahren zuständig sind.

5 **B. Die regelmäßigen Rechtsmittel des FamFG. I. Beschwerde.** Die Beschwerde (§ 58) ist das ordentliche Rechtsmittel zur Anfechtung von **Endentscheidungen** des Richters **der ersten Instanz** im gesamten Bereich der freiwilligen Gerichtsbarkeit. Gem. § 11 Abs. 1 RPflG ist sie darüber hinaus auch das »nach den allgemeinen verfahrensrechtlichen Vorschriften« nunmehr zulässige Rechtsmittel gegen die Entscheidungen des Rechtspflegers.

6 Wegen der – zumindest grundsätzlichen – Einbeziehung der bisher dem Rechtsmittelrecht der ZPO unterliegenden Familienstreitsachen in das einheitliche Rechtsmittelsystem des FamFG (vgl. § 117) muss die Beschwerde auch die Funktion der früheren Berufung in Familiensachen mit übernehmen. Das gilt für Unterhaltssachen nach § 112 Nr. 1 i.V.m. §§ 231 Abs. 1, 269 Abs. 1 Nr. 7 und 8, Güterrechtssachen nach § 112 Nr. 2 i.V.m. 261 Abs. 1, 269 Abs. 1 Nr. 9 und auch für die früheren allgemeinen Zivilsachen (u.a. das wichtige Nebengüterrecht) nach § 112 Nr. 3 i.V.m. §§ 266 Abs. 1, 269 Abs. 2, die durch die Zuständigkeitserweiterung i.R.d. »Großen Familiengerichts« ebenfalls dem Verfahren nach dem FamFG unterliegen.

Die Beschwerde nach dem FamFG eröffnet eine grds. **vollwertige zweite Tatsachen- und Rechtsinstanz** (vgl. u.a. §§ 65 Abs. 3, 68 Abs. 3). Das Beschwerdegericht tritt in den Grenzen des Rechtsmittels als zweite Tatsacheninstanz an die Stelle des AG und hat das gesamte Sach- und Rechtsverhältnis, wie es sich z.Zt. der Entscheidung darstellt, von Amts wegen erneut zu beurteilen. Das entspricht im Regelungsansatz dem FGG (vgl. KKW/*Kahl* Vor §§ 19 ff. FGG Rn. 2a m.w.N.; Bassenge/Roth, 11. Aufl. § 23 FGG Rn. 1), bedeutet aber für die bisher dem Rechtsmittelrecht der ZPO unterliegenden, ehemaligen ZPO-Familiensachen und jetzigen Familienstreitsachen (§ 112) eine teilweise, vom Gesetzgeber (BT-Drucks. 16/6308 S. 224 f.) mit der für Familienstreitverfahren charakteristischen Dynamik der Lebensverhältnisse begründete Abkehr von der Ausgestaltung der Berufungsinstanz als einer nur eingeschränkten, im Grundsatz nur der Fehlerkontrolle und -beseitigung dienenden, zweiten Tatsacheninstanz, wie sie durch die ZPO-Reform geschaffen wurde (vgl. § 529 ZPO) und insoweit eine teilweise Rückkehr zu dem davor geltenden Rechtszustand (vgl. § 525 ZPO in der bis 31.12.2001 geltenden Fassung). Diese Abkehr von zentralen Zielen der ZPO-Reform für Familienstreitsachen ist angesichts der an anderer Stelle ausdrücklich verfolgten Beschleunigungsabsichten des Gesetzgebers überraschend, zumal sich Regelungen des ZPO-RG wie z.B. § 529 ZPO auch etwa in Unterhaltssachen durchaus als sinnvoll und zweckmäßig erwiesen haben (*Klinkhammer* FF 2006, 95, 98).

Die Beschwerde hemmt den Eintritt der formellen Rechtskraft (**Suspensiveffekt**), hindert aber im Grundsatz nicht die Vollziehbarkeit der angefochtenen Entscheidung (Einzelheiten und Ausnahmen § 64 Rdn. 21 ff.). Weiterhin besteht im Grundsatz immer die Verpflichtung des Ausgangsgerichts zur Prüfung einer möglichen **Abhilfe**. Eine Ausnahme gilt gem. § 68 Abs. 1 Satz 2 nur für Endentscheidungen in Familiensachen.

II. Rechtsbeschwerde. Die Rechtsbeschwerde (§ 70) ist das ordentliche Rechtsmittel der freiwilligen Gerichtsbarkeit zur Anfechtung von **Endentscheidungen der zweiten Instanz**.

Als solche dient sie der Überprüfung von Entscheidungen, die das Beschwerdegericht über eine Erstbeschwerde getroffen hat. Außerdem dient sie als zweite Instanz, wenn die Entscheidung im ersten Rechtszug ausnahmsweise bereits durch das OLG getroffen worden ist. Schließlich kann sie in der Sonderform der neu eingeführten **Sprungrechtsbeschwerde** (§ 75) bei Einverständnis aller Beteiligten auch unmittelbar zur Klärung von Rechtsfragen grundsätzlicher Bedeutung durch den BGH bei Streitigkeiten eingesetzt werden, deren tatsächliche Grundlagen außer Streit stehen, sodass eine zweite Tatsacheninstanz für sie nicht benötigt wird.

Die Rechtsbeschwerde dient – wie die Revision der ZPO – nur der Überprüfung der angefochtenen Entscheidung auf das Vorliegen einer verfahrens- oder materiell-rechtlichen **Rechtsverletzung** (§ 72 Abs. 1 Satz 1). Es besteht daher grds. eine Bindung des Rechtsbeschwerdegerichts an die Tatsachenfeststellungen der Vorinstanz (§ 74 Rdn. 16, § 72 Rdn. 12–16). Innerhalb des dadurch vorgegebenen Rahmens ist das Rechtsbeschwerdegericht aber gem. § 74 Abs. 3 Satz 2 von Amts wegen verpflichtet, die angefochtene Entscheidung der Vorinstanz in materiell-rechtlicher und grds. auch in verfahrensrechtlicher Hinsicht umfassend und ohne Beschränkung auf das Vorbringen des Rechtsmittelführers oder die von der Vorinstanz für entscheidungserheblich gehaltenen Fragen zu überprüfen (§ 74 Rdn. 7 ff.). Lediglich auf solche Verfahrensmängel, die nicht von Amts wegen zu berücksichtigen sind, darf die angefochtene Entscheidung gem. § 74 Abs. 3 Satz 3 nur überprüft werden, wenn sie zuvor von den Beteiligten gerügt worden sind (§ 74 Rdn. 10 ff.).

Über die Rechtsbeschwerde entscheidet der BGH. Außer in Betreuungs-, Unterbringungs- und Freiheitsentziehungssachen sowie in den Verfahren nach § 151 Nr. 6 und 7 (§ 70 Abs. 3) ist sie nur statthaft, wenn sie durch das Beschwerdegericht zugelassen worden ist (§ 70 Abs. 1). Eine Nichtzulassungsbeschwerde ist nicht vorgesehen. Rechtspolitisch wird allerdings aktuell die Einführung der Nichtzulassungsbeschwerde in Familiensachen wieder gefordert, da man sich hiervon insbesondere eine Vereinheitlichung der Rechtsprechung im Familienrecht verspricht. Auch wird auf die große Bedeutung der Familienstreitsachen für die Beteiligten hingewiesen (vgl. dazu FF 2015, 266). Eine Abhilfe durch das Gericht, das die angefochtene Entscheidung erlassen hat, kommt nicht in Betracht. Das ergibt sich schon daraus, dass die Einlegung der Rechtsbeschwerde gem. § 71 Abs. 1 Satz 1 unmittelbar bei dem Rechtsbeschwerdegericht erfolgt.

III. Anschlussrechtsmittel. Anders als bisher sind nunmehr auch die Anschlussbeschwerde (§ 66) und die Anschlussrechtsbeschwerde (§ 73) im Gesetz ausdrücklich vorgesehen.

14 C. Besondere Rechtsmittelvorschriften. I. Sofortige Beschwerde nach Maßgabe der ZPO. Neben der Beschwerde und der Rechtsbeschwerde als Rechtsmittel zur Anfechtung von Endentscheidungen verweist das FamFG als Rechtsmittel für die Anfechtung von **Zwischen- und Nebenentscheidungen** in den Fällen, in denen ein solches Rechtsmittel ausnahmsweise zugelassen wird, auf die sofortige Beschwerde entsprechend §§ 567 bis 572 ZPO (Einzelheiten s. § 58 Rdn. 48 ff.).

15 In bestimmten, noch aus der Zeit vor der FGG-Reform stammenden und nach der Neukonzeption des Rechtsmittelrechts systemwidrig gewordenen, jedoch bei der Harmonisierung der Rechtsmittelvorschriften wohl übersehenen Einzelfällen verweist das Gesetz auch außerhalb des Bereichs der Zwischen- und Nebenentscheidungen nach wie auf die sofortige Beschwerde nach der ZPO. Zum Beispiel gilt dies für Beschlüsse, durch die die Auflösung einer Genossenschaft wegen zu geringer Mitgliederzahl (§ 80 Abs. 2 Satz 2 GenG) oder wegen fehlender Mitgliedschaft in einem Prüfungsverband (§§ 54, 54a i.V.m. § 80 Abs. 2 Satz 2 GenG) ausgesprochen wird. Etwas anderes gilt dagegen für Beschwerden gegen Beschlüsse, durch die ein Antrag, die Genossenschaft aufzulösen, zurückgewiesen wird; diese richten sich mangels entsprechender Verweisungsvorschrift nach den allgemeinen Regeln der §§ 58 ff. Gegen die Ablehnung der öffentlichen Zustellung eines Scheidungsantrags findet die sofortige Beschwerde gem. §§ 113 Abs. 1 Satz 2 FamFG, 567 Abs. 1 Nr. 2 ZPO statt (BGH FamRZ 2015, 837).

16 II. Beschwerden nach dem GVG. Gem. §§ 2 EGGVG, 12 GVG gilt das GVG nunmehr im gesamten Bereich der freiwilligen Gerichtsbarkeit unmittelbar. Bei Rechtsmitteln des GVG handelt es sich um **Rechtsbehelfe eigener Art**, auf die weder die §§ 58 ff. noch die Vorschriften über die sofortige Beschwerde entsprechend der ZPO anwendbar sind.

17 Bei Ablehnung eines **Rechtshilfeersuchens** oder bei beabsichtigter Stattgabe einer solchen Ersuchens entgegen § 158 Abs. 2 GVG kann so z.B. das ersuchende Gericht oder der beschwerte Beteiligte mit einem formlosen und an keine Frist gebundenen Antrag, der nicht dem Anwaltszwang unterliegt, die Entscheidung des OLG gem. § 159 Abs. 1 GVG beantragen. Gegen diese Entscheidung ist die – ebenfalls form- und fristlose, nicht dem Anwaltszwang unterliegende – Beschwerde, für die auch kein Begründungszwang besteht und die wahlweise sowohl beim OLG wie auch beim BGH eingelegt werden kann, gem. § 159 Abs. 2 GVG nur ausnahmsweise dann zulässig, wenn das ersuchende und das ersuchte Gericht unterschiedlichen OLG-Bezirken angehören. Die Beschwerdeentscheidung ergeht gerichtsgebührenfrei.

18 Gegen die Festsetzung eines **Ordnungsmittels** in den Fällen der §§ 178, 180 GVG kann (nur) von dem Betroffenen binnen einer Woche nach ihrer Bekanntgabe gem. § 181 GVG Beschwerde eingelegt werden, sofern die Entscheidung nicht von einem OLG oder dem BGH getroffen worden ist. Gegen die Versäumung der Frist wird man – ähnlich wie bisher – die Wiedereinsetzung in den vorigen Stand entsprechend §§ 17 ff. für zulässig halten müssen. Auch diese Sonderform der Beschwerde kann wahlweise sowohl beim Ausgangs- wie beim Beschwerdegericht eingelegt werden; wiederum besteht ein Anwaltszwang nicht. Gerichtskosten fallen auch hier nicht an (§ 1 FamGKG). Der Rechtsanwalt erhält 0,5 Verfahrensgebühren nach Nr. 3500 VV RVG.

19 III. Rechtsmittel in Kostenangelegenheiten. Kostenbeschwerden in Angelegenheiten der freiwilligen Gerichtsbarkeit sind Angelegenheiten, die ihrerseits der freiwilligen Gerichtsbarkeit zuzurechnen sind (BGH FamRZ 2007, 136; KKW/*Schmidt* Einl. zum FGG Rn. 21 m.w.N.). Jedoch gelten für die Rechtsmittel in Kostensachen verschiedene Sondervorschriften, die durch eine erhebliche Zersplitterung gekennzeichnet sind.

20 Kostengrundentscheidungen können als Endentscheidungen i.S.d. § 38 Abs. 1 Satz 1 auch **ohne gleichzeitiges Rechtsmittel gegen die Hauptsache** mit der regulären Beschwerde (§§ 58 ff.) angegriffen werden (§ 82 Rdn. 7; BT-Drucks. 16/6308 S. 216, 272, 276; Friederici/Kemper/*Schneider* § 82 Rn. 32); ebenso bleibt eine – jedenfalls auch gegen die Kostenentscheidung gerichtete – Beschwerde selbst dann anhängig und zulässig, wenn das Rechtsmittel in der Hauptsache zurückgenommen worden ist oder sich anderweitig erledigt hat (KG FamRZ 2012. 1323 für den Fall des Außerkrafttretens einer eA nach dem Gewaltschutzgesetz). Ebenfalls die reguläre Beschwerde (s. § 58 Rdn. 24) ist auch für die Anfechtung von **isolierten Entscheidungen über die Kostenverteilung** in Fällen gegeben, in denen eine Entscheidung in der Hauptsache überhaupt nicht ergangen ist, insb. also nach einem Vergleich, nach Erledigung der Hauptsache oder nach einer Rücknahme des Verfahrensantrages. Ein Rechtsmittel in der Hauptsache muss allerdings zumindest grds. statthaft sein. Ist das nicht der Fall, wie z.B. in den Fällen des § 57 Satz 1, wird durch den Ausschluss des

Rechtsmittels in der Hauptsache zugleich auch die Anfechtbarkeit der Kostenentscheidung mit ausgeschlossen (KG FamRZ 2011, 576, vgl. auch § 57 Rdn. 19 und § 82 Rdn. 8).

Anders als bisher muss der **Wert des Beschwerdegegenstandes** mangels Sonderregelung nun auch bei der Anfechtung von Kostengrundentscheidungen den gem. § 61 Abs. 1 allgemein geltenden Betrag von 600,00 € überschreiten. Das gilt unabhängig davon, ob die nicht mit angefochtene, erledigte oder zurückgenommene Hauptsache des Verfahrens eine vermögensrechtliche oder eine nichtvermögensrechtliche Angelegenheit i.S.d. § 61 Abs. 1 betrifft (sehr str.; wie hier z.B. OLG Stuttgart FamRZ 2010, 664, 665; OLG Schleswig FamRZ 2011, 988; KG FamRZ 2011, 990; OLG Bamberg FamRZ 2011, 1244 und die Mehrheit der übrigen OLG sowie die überwiegende Kommentarliteratur; a.A. z.B. OLG Düsseldorf FamRZ 2012, 1827 ff., 1828; OLG Nürnberg FamRZ 2010, 998 ff., 999; Friederici/Kemper/*Schneider*, § 82 Rn. 33; Prütting/Helms/*Feskorn* § 81 Rn. 33; zweifelnd auch *Keske* § 82 Rdn. 10; offen gelassen von OLG Saarbrücken FGPrax 2010, 270). (Letzter) Gegenstand des Beschwerdeverfahrens ist dann nämlich auch bei einer nichtvermögensrechtlichen Hauptsacheangelegenheit nur noch die Kostenfrage und damit eine ihrerseits vermögensrechtliche Angelegenheit (Keidel/*Meyer-Holz*, § 61 Rn. 4; Zöller/*Feskorn* § 61 Rn. 7; a.A. *Maurer* FamRZ 2012, 936). 21

In **Ehe- und Familienstreitsachen** ist die isolierte (Teil-)anfechtung von Kostengrundentscheidungen gem. § 113 Abs. 1 Satz 2 i.V.m. § 99 Abs. 1 ZPO allerdings nach wie vor unzulässig (OLG Stuttgart FamRZ 2011, 581). Deshalb kann das Rechtsmittel gegen die Kostengrundentscheidung des Familiengerichts z.B. in einer Unterhaltssache nicht isoliert ohne gleichzeitige Beschwerde gegen den Ausspruch zur Unterhaltsverpflichtung geführt werden (BGH FamRZ 2011, 1933). Hat der Beteiligte in der Hauptsache obsiegt, kann er die Hauptsacheentscheidung folglich mangels Beschwer nicht mit einer Beschwerde nach § 58 FamFG anfechten, auch wenn ihm die Kosten des Verfahrens z.B. nach § 243 FamFG vollständig auferlegt wurden (vgl. *Fischer* FuR 2014, 647). Eine Ausnahme gilt nur für die isolierte Anfechtung der Kostenentscheidung in einem Anerkenntnisbeschluss, die gem. § 113 Abs. 1 Satz 2 i.V.m. § 99 Abs. 2 ZPO statthaft ist, sich aber wegen der Verweisung auf die sofortige Beschwerde in der zuletzt genannten Vorschrift nicht nach den §§ 58 ff., sondern nach den §§ 567 ff. ZPO richtet (OLG Köln FamRZ 2011, 579, 580; OLG Hamm [12. ZS] FamRZ 2011, 989; OLG Hamm [2. ZS] FamRZ 2012, 1829 unter Aufgabe der vorher abw. Ansicht; a.A. OLG Bremen FamRZ 2011, 1615). Für die isolierte Anfechtung einer Kostengrundentscheidung nach einer Erledigung (OLG Saarbrücken NJW-RR 2011, 369 f.; OLG Hamm FamRZ 2011, 1245, jeweils m.w.N.) oder Rücknahme (OLG Köln FamRZ 2011, 1246) – **isolierte Kostenentscheidung** – verweist § 113 Abs. 1 Satz 2 ZPO auch weiterhin auf die §§ 91a Abs. 2 und 269 Abs. 5 ZPO (a.A. OLG Oldenburg FamRZ 2010, 1831; *Schürmann* FuR 2010, 425, 428), die als statthaftes Rechtsmittel jeweils ebenfalls ausdrücklich die sofortige Beschwerde nach §§ 567 ff. ZPO bestimmen (§ 58 Rdn. 27). Gem. § 567 Abs. 2 muss der Wert des Beschwerdegegenstandes bei einer Kostenbeschwerde in diesen Verfahren somit 200,00 € überschreiten (§ 82 Rdn. 10 und *Schürmann* FuR 2010, 493, 494). Die höhere Wertgrenze von 600,00 € für die sonstigen Familienverfahren und Verfahren der freiwilligen Gerichtsbarkeit kommt mangels Anwendbarkeit des § 61 Abs. 1 in diesen Verfahren nicht zum Zuge. 22

Keine ausdrückliche Regelung trifft das Gesetz für die isolierte Anfechtung einer Kostenentscheidung, wenn diese – wie z.B. bei Beschlüssen im Vollstreckungsverfahren gem. §§ 86 ff. – ausnahmsweise nicht in einer End-, sondern in einer **Zwischen- oder Nebenentscheidung** enthalten ist, die ihrerseits nur in entsprechender Anweisung der §§ 567 ff. ZPO mit der sofortigen Beschwerde angefochten werden kann (§ 58 Rdn. 55). Da der Gesetzgeber die Anfechtung von Kostenentscheidungen für den Anwendungsbereich des FamFG jedenfalls in dem Umfang zulassen wollte, in dem diese nicht den strikten Regelungen der §§ 91 ff. ZPO unterliegen, sondern gem. § 81 nach Billigkeitsgrundsätzen zu treffen sind (BT-Drucks. 16/6308, S. 216), spricht jedoch alles dafür, dass eine Anfechtung der Kostenentscheidung – die sich dann allerdings ebenso wie die der zugehörigen »Hauptsache« nur nach den §§ 567 ff. ZPO richten kann – auch in einem solchen Fall zumindest dann zuzulassen ist, wenn sich diese nach der zuletzt genannten Vorschrift richtet (§ 82 Rdn. 8; OLG Hamm FamRZ 2010, 1838 f.). 23

Entscheidungen im **Kostenfestsetzungsverfahren** gehören dagegen zu den Nebenentscheidungen, für die über § 85 i.V.m. § 104 Abs. 3 ZPO die sofortige Beschwerde in entsprechender Anwendung der §§ 567 ff. ZPO vorgesehen ist. Im Bereich der Ehe- und Familienstreitsachen gelten diese Vorschriften gem. § 113 Abs. 1 2 Satz 2 bereits unmittelbar. Der zu überschreitende Mindestwert liegt damit auch in diesen Fällen bei 200,00 €. § 61 Abs. 1 greift wiederum nicht ein, denn der Regelungsgehalt dieser Vorschrift beschränkt sich auf die Anfechtung von Kostengrundentscheidungen (Prütting/Helms/*Abramenko*, § 61 Rn. 7). 24

25 Eine weitere Ausnahme von der grundsätzlichen Anwendbarkeit der §§ 58 ff. bei der Anfechtung von Kostenentscheidungen gilt für die isolierte Anfechtung einer zusammen mit der Hauptsacheentscheidung ergangenen Kostenentscheidung im **Vollstreckungsverfahren** nach § 87 Abs. 5. Da in diesem (Neben-) Verfahren nach § 87 Abs. 4 schon allgemein nur die sofortige Beschwerde entspr. §§ 567 ff. ZPO in Betracht kommt, muss sich dort auch die – wegen des Willens des Gesetzgebers zur generellen Einführung einer Anfechtungsmöglichkeit nur gegen die Kostenentscheidung allerdings auch hier als zulässig anzusehende – Anfechtung einer Kostenentscheidung ebenfalls nach diesen Vorschriften richten (OLG Hamm FamRZ 2010, 1838).

26 Die Rechtsmittel gegen **Verfahrenswertbeschlüsse** und Entscheidungen über den **Kostenansatz** sind nunmehr für den Bereich der **Ehe und Familienstreitsachen** einheitlich in §§ 57 bis 61 FamGKG geregelt. Gem. § 59 Abs. 1 Satz 1 und 2 FamGKG findet gegen die **Festsetzung des Verfahrenswertes** für die Gerichtsgebühren die Beschwerde statt, wenn der Wert des Beschwerdegegenstands 200,00 € übersteigt oder die Beschwerde wegen grundsätzlicher Bedeutung durch das FamG zugelassen wird. Der Verfahrenswert Beschluss kann unabhängig von sonstigen Angriffen gegen die Entscheidung angegriffen werden, und zwar auch von den Verfahrensbevollmächtigten aus eigenem Recht. War die Festsetzung des Verfahrenswert zu hoch, ist aber nur der jeweilige Beteiligte, nicht aber der anwaltliche Verfahrensbevollmächtigte beschwerdebefugt, der nur durch eine zu niedrige Wertfestsetzung beschwert sein kann. Gem. § 57 Abs. 1 FamGKG ist gegen den **Kostenansatz** die Erinnerung und gem. § 57 Abs. 2 FamGKG gegen die Entscheidung des Familiengerichts über die Erinnerung die Beschwerde gegeben, wobei auch hier wieder ein Beschwerdewert von 200,00 € überschritten sein muss. Wegen der Einzelheiten dieser den §§ 66 ff. GKG nachgebildeten Rechtsmittelvorschriften vgl. die Erläuterungen zum FamGKG. Eine weitere Beschwerde oder eine Rechtsbeschwerde ist nicht zulässig. Für die Gerichtskosten der freiwilligen Gerichtsbarkeit **außerhalb der Familiensachen** gilt hingegen weiter die **KostO**. Gegen die Festsetzung des Geschäftswerts ist hier gem. § 31 Abs. 3 KostO die Beschwerde zulässig sowie gem. § 14 KostO gegen den Kostenansatz die Erinnerung und Beschwerde, in der Sache allerdings jeweils unter den gleichen Voraussetzungen wie gem. §§ 57 ff. FamGKG. Anders als dort ist aber in Fällen grundsätzlicher Bedeutung nach Maßgabe der §§ 14 Abs. 5, 31 Abs. 3 KostO auch die weitere Beschwerde möglich.

27 Für die Beschwerde und die weitere Beschwerde gegen die Wertfestsetzung für die **Rechtsanwaltsgebühren** und gegen die Festsetzung der **Vergütung von Sachverständigen, Dolmetschern, Zeugen und ehrenamtlichen Richtern** gelten – verfahrensordnungsübergreifend – weiterhin die §§ 33 Abs. 3 bis 9 RVG, 4 Abs. 3 bis 7 JVEG, jeweils ohne Anpassung an das neue Recht, also wiederum mit einem Mindestbeschwerdewert von 200,00 € oder dem Erfordernis der Zulassung in Fällen grundsätzlicher Bedeutung. Zuständig für Beschwerden nach § 4 Abs. 3 JVEG gegen Entscheidungen des AG ist immer das LG. Auf den abweichenden Instanzenzug des FamFG kommt es in dieser Hinsicht nicht an (OLG München FamRZ 2011, 844 m.w.N.; a.A. Hartmann, § 4 JVEG Rn. 26). Dagegen ist § 156 KostO für die **Notarkostenbeschwerde** den Strukturen des FamFG weitgehend angeglichen worden, sodass hier gegen die erstinstanzliche Entscheidung des LG nunmehr – zwar wie bisher ohne das Erfordernis einer Mindestbeschwer, aber zugleich auch ohne die Notwendigkeit der Zulassung und nicht mehr nur unter Beschränkung auf eine reine Rechtsfehlerkontrolle – die Beschwerde zum OLG und gegen dessen Entscheidung die Rechtsbeschwerde zum BGH statthaft sind; die §§ 58 ff. und 70 ff. sind anwendbar, soweit § 15 KostO keine Sondervorschriften enthält.

28 IV. Weitere Rechtsmittelvorschriften außerhalb des FamFG. Soweit das frühere Vorlageverfahren zum BGH nach § 28 FGG weggefallen ist, sind auch die Sondergesetze, in denen auf dieses Verfahren verwiesen wurde oder ein ihnen entsprechendes geregelt war, durch das FGG-RG mit dem neuen Recht harmonisiert worden, vgl. z.B. § 12 SpruchG n.F., §§ 71 ff. GBO n.F. Weitere Sondervorschriften, in denen ergänzend auf die Vorschriften der §§ 58 ff. Bezug genommen wird, enthalten z.B. die §§ 15 Abs. 2 BNotO, 54 Abs. 2 BeurkG für Beschwerden gegen die Amtsverweigerung von Notaren und für die Anfechtung von Entscheidungen des Notars, durch welche die Erteilung einer Erstreckungsklausel, Ausfertigung oder Abschrift oder die Einsicht in die Urschrift einer Urkunde verweigert werden.

29 D. Sonstige Rechtsbehelfe im Verfahren der freiwilligen Gerichtsbarkeit. Keine Rechtsmittel im engeren Sinne, sondern nur sonstige Rechtsbehelfe sind gegeben, wenn die Entscheidung durch ihre Einlegung nicht eine höhere Instanz gelangt (kein Devolutiveffekt), sondern nur durch das Gericht der Ausgangsinstanz erneut überprüft wird.

Abschnitt 5. Rechtsmittel **Vorbem. zu §§ 58–75**

I. Erinnerung gem. § 11 Abs. 2 RPflG. Die Erinnerung gem. § 11 Abs. 2 RPflG ist der statthafte Rechts- 30
behelf gegen Entscheidungen des Rechtspflegers, die nach den allgemeinen verfahrensrechtlichen Vorschriften nicht anfechtbar sind. Gem. § 11 Abs. 2 Satz 5 RPflG besteht Abhilfebefugnis des Rechtspflegers. Erfolgt diese, ist dagegen wiederum die Erinnerung statthaft (Keidel/*Meyer-Holz*, Anh zu § 58 Rn. 6; KG RPfleger 82, 229). Es besteht kein Anwaltszwang (§ 13 RPflG). Erinnerungen, denen der Rechtspfleger nicht abhilft, legt er dem zuständigen Richter vor (§ 11 Abs. 2 Satz 6 RPflG), der darüber abschließend entscheidet (Keidel/*Meyer-Holz*, Anh zu § 58 Rn. 7). Für Form und Inhalt der Nichtabhilfeentscheidung gelten die gleichen Anforderungen wie bei der Nichtabhilfe auf die Beschwerde gegen die Entscheidung eines Richters (§ 68 Rdn. 19). Nach § 11 Abs. 2 Satz 1 RPflG beträgt die Frist für die Erinnerung einheitlich für alle Verfahren und Verfahrensordnungen 2 Wochen. Wiedereinsetzung in den vorigen Stand bei Versäumung dieser Frist ist möglich (§ 11 Abs. 2 Satz 2 RPflG). Schließlich wird für das Erinnerungsverfahren im Übrigen auf die Vorschriften der §§ 567 ff. ZPO Bezug genommen, vgl. § 11 Abs. 2 Satz 7 RpflG.

II. Erinnerung entsprechend § 573 ZPO. Auch wenn eine dahin gehende Verweisungsvorschrift im 31
FamFG nur für den Sonderfall der Entscheidung über die Erteilung oder Verweigerung von Rechtskraftzeugnissen (§ 46 Satz 4) enthalten ist, wird man davon ausgehen müssen, dass nach wie vor generell die Erinnerung entsprechend § 573 ZPO gegen Entscheidungen des ersuchten oder des beauftragten Richters oder des Urkundsbeamten der Geschäftsstelle gegeben ist (Keidel/*Meyer-Holz*, Anh zu § 58 Rn. 12 ff.). Unanfechtbar ist allerdings die Ablehnung der Erteilung eines Notfristzeugnisses durch den Urkundsbeamten eines Rechtsmittelgerichts. Insoweit fehlt es nämlich bereits an einer rechtsmittelfähigen Entscheidung (BGH FamRZ 2010, 284; s.a. § 58 Rdn. 11).

Die Erinnerung gegen solche Entscheidungen ist binnen einer Frist von 2 Wochen schriftlich oder zu Pro- 32
tokoll der Geschäftsstelle entweder bei dem beauftragten oder ersuchten Richter oder dem Urkundsbeamten der Geschäftsstelle einzulegen oder bei dem Gericht, das den Richter beauftragt oder ersucht hat oder dem der handelnde Urkundsbeamte der Geschäftsstelle angehört (vgl. § 573 Abs. 1 ZPO). Dieses Gericht hat jeweils über die Erinnerung zu entscheiden; Abhilfe durch den Richter oder Urkundsbeamten, dessen Entscheidung angefochten wird, ist möglich (§ 573 Abs. 1 Satz 3 i.V.m. § 572 Abs. 1 ZPO). Gegen die im ersten Rechtszug ergangene Entscheidung des Gerichts über die Erinnerung ist ihrerseits die sofortige Beschwerde (§ 573 Abs. 2 ZPO) in entsprechender Anwendung der §§ 567 ff. ZPO sowie bei Zulassung (§ 574 Abs. 1 Nr. 2 ZPO) ggf. die Rechtsbeschwerde gegeben (BGH FamRZ 2010, 284).

III. Einspruch und Widerspruch. Besondere – weitestgehend unverändert aus dem bisherigen Recht über- 33
nommene – Rechtsmittel in der freiwilligen Gerichtsbarkeit sind der Einspruch im Verfahren über die Festsetzung von Zwangsgeld in Registersachen gem. §§ 388 bis 390 (bisher §§ 132 Abs. 1, 133 ff., 140, 159 FGG) sowie der Widerspruch im Amtslöschungsverfahren nach §§ 393, 394, 395, 397, 398, 399 (bisher §§ 141, 142 Abs. 2, 144, 144a, 147, 159, 161 FGG) und im Dispacheverfahren nach §§ 406, 407 (bisher §§ 155f FGG).

Neu im Bereich der freiwilligen Gerichtsbarkeit, aber zwangsläufige Folge der Unterstellung aller bisherigen 34
ZPO-Familienverfahren in den Anwendungsbereich des FamFG ist die sich für Ehe- und Familienstreitsachen aus § 113 Abs. 1 Satz 2 i.V.m. §§ 338 ff. ZPO ergebende Möglichkeit des Einspruchs gegen einen Versäumnisbeschluss, für den Fall, dass in einem Ehe- oder Familienstreitverfahren eine Versäumnisentscheidung ergangen ist (näher § 117 Rdn. 30 ff.).

IV. Wiederaufnahme und Wiedereinsetzung. Die allgemein gem. § 48 FamFG i.V.m. §§ 578 ff. ZPO mög- 35
liche **Wiederaufnahme** des Verfahrens dient der Beseitigung der Rechtskraft einer bereits rechtskräftig gewordenen Entscheidung. Die allgemein in §§ 17 ff. geregelte **Wiedereinsetzung** in den vorigen Stand soll bei Versäumung der Rechtsmittelfrist die bereits eingetretene Rechtskraft oder einen sonstigen Rechtsnachteil beseitigen. Einen Sonderfall bilden die Ehe- und Familienstreitsachen, für deren Wiederaufnahme § 118 jedoch ebenfalls auf §§ 578 ff. ZPO verweist und bei denen auf die Wiedereinsetzung in die versäumte Frist zur Einlegung oder Begründung von Rechtsmitteln gem. §§ 68 Abs. 3 Satz 1, 113 Abs. 1 Satz 2, 117 Abs. 5 die §§ 233 ff. ZPO anzuwenden sind (§ 117 Rdn. 52).

V. Anhörungsrüge, außerordentliche Beschwerde, Gegenvorstellung. Ist ein Rechtsmittel oder ein ande- 36
rer Rechtsbehelf gegen eine (End-) Entscheidung nicht gegeben und ist diese auch sonst nicht mehr änderbar, können Verstöße gegen den Grundsatz des rechtlichen Gehörs mit der **Anhörungsrüge** (§ 44) angefochten werden. Andere Rechtsverstöße sollen dagegen nach der mittlerweile verfestigten Rspr. (BGH

FamRZ 2007, 1315; 2006, 695, 696; OLG München FamRZ 2008, 1632) selbst im Fall greifbarer Rechtswidrigkeit und auch bei Verstößen gegen (sonstige) Grundrechte wie den Grundsatz des rechtsstaatlichen und fairen Verfahrens (Art. 6 EMRK; Art. 2 Abs. 1 i.V.m. 20 Abs. 3 GG) oder im Fall der willkürlichen Rechtsanwendung (Art. 3 Abs. 1 GG) nicht mit einer **außerordentlichen Beschwerde** gerügt werden können, da die Zulassung eines derartigen Rechtsmittels außerhalb des geschriebenen Rechts gegen den verfassungsrechtlichen Grundsatz der Rechtsmittelklarheit verstoße (BVerfG NJW 2003, 1924, 1928). In derartigen Fällen bleibt daher als einzige Möglichkeit für den Betroffenen nur noch die Möglichkeit einer – entsprechend § 44 Abs. 2 befristeten – **Gegenvorstellung** bei dem Gericht, das die Ausgangsentscheidung erlassen hat (BGH FamRZ 2006, 695, 696; OLG Koblenz FamRZ 2008, 1967; OLG Rostock FamRZ 2007, 907, 908). Auch die Entscheidung über die Zurückweisung einer Anhörungsrüge ist ihrerseits unanfechtbar und kann selbst mit der Verfassungsbeschwerde nicht mehr angegriffen werden (VerfG Brandenburg FamRZ 2011, 1243).

37 Diese Rspr. steht zwar mit dem Grundsatz in Übereinstimmung, wonach die Fachgerichte bei einem Grundrechtsverstoß zur Entlastung der Verfassungsgerichte vorrangig selbst für Abhilfe zu sorgen haben und diese Abhilfe wiederum jeweils vom Ausgangsgericht (»iudex a quo«) selbst zu leisten ist, weil ein im Gesetz nicht vorgesehener Zugang zu einer weiteren Instanz grds. auch durch den Verfahrensverstoß nicht eröffnet werden kann (BVerfG NJW 2003, 1924, NJW 2007, 2538, 2539). Sie bleibt aber dennoch unbefriedigend, weil eine Selbstkorrektur durch das Ausgangsgericht gerade in den hier infrage stehenden Fällen der Willkür oder des unfairen Verfahrens realistisch kaum zu erwarten ist und daher auf diesem Weg das verfassungsrechtliche Gebot eines effektiven Rechtsschutzes nicht zu gewährleisten ist. Es sollte daher auch im Anwendungsbereich des FamFG die außerordentliche Beschwerde für die vom Anwendungsbereich des § 44 nicht erfassten Fälle der greifbaren Gesetzwidrigkeit zumindest bei bewussten und nicht nur versehentlichen Rechtsverstößen wieder zugelassen werden (ebenso OLG München FGPrax 2005, 278, 279; Bumiller/Harders, § 58 Rn. 22 m.w.N.; unentschieden Jansen/*Briesemeister* § 29a FGG Rn. 10: »offenes Problem«; a.A. z.B. Keidel/*Meyer-Holz* Anh § 58 Rn. 58). Das gilt zumindest solange, wie der Gesetzgeber die Regelungslücke, die dadurch entstanden ist, dass bei der Einführung der Anhörungsrüge bewusst nur der Fall der Gehörsverletzung und nicht auch eine weitergehende »Willkürrüge« geregelt wurde – und an der sich durch die unveränderte Übernahme der Anhörungsrüge in das FamFG nichts geändert hat – bis auf Weiteres offen lässt, wobei er insoweit auch die Möglichkeit einer außerordentlichen Beschwerde für die davon betroffenen Fälle ganz bewusst nicht ausschließen wollte (BT-Drucks. 15/3706 S. 14).

38 **VI. Dienstaufsichtsbeschwerde.** Dienstaufsichtsbeschwerden sind Eingaben an den Dienstvorgesetzten eines Richters oder Beamten, die nicht den Inhalt einer Entscheidung, sondern den Geschäftsbetrieb betreffen; sie beinhalten eine Anregung an den Dienstvorgesetzten, das dienstliche Verhalten des Richters (Rechtspflegers) zu überprüfen und erforderlichenfalls Dienstaufsichtsmaßnahmen einzuleiten (vgl. BayObLGZ 1986, 412). Mit ihnen kann nur eine Überprüfung der Amtsführung unter dienstrechtlichen Gesichtspunkten und ggf. die Einleitung dienstaufsichtsrechtlicher Maßnahmen erreicht werden, nicht dagegen eine Überprüfung der sachlich-rechtlichen Richtigkeit einer Entscheidung. In Zweifelsfällen ist eine Eingabe als Rechtsmittel in der Sache zu werten, solange ein solches zulässig ist, ansonsten als Dienstaufsichtsbeschwerde. Gegen die Entscheidung des Dienstvorgesetzten ist für den Bürger kein Rechtsmittel gegeben. Ein Anspruch des Beschwerdeführers auf ein Eingreifen der Dienstaufsicht besteht nicht; dieser kann nur die Annahme und Bearbeitung seiner Eingabe als solche verlangen. Der betroffene Richter kann Maßnahmen der Dienstaufsicht nach § 26 Abs. 3 DRiG anfechten. Zur Dienstaufsicht über den Rechtspfleger vgl. Bassenge/Roth/*Roth*, § 9 RPflG Rn. 13.

39 **E. Verfassungsbeschwerde, Vorlage an BVerfG und EuGH, Anrufung des EGMR. I. Verfassungsbeschwerde.** Gem. § 90 Abs. 1 BVerfGG kann jeder Beteiligte gegen Entscheidungen im Verfahren nach dem FamFG Verfassungsbeschwerde mit der Behauptung einlegen, durch die öffentliche Gewalt in einem seiner Grundrechte oder einem seiner in Art. 20 Abs. 4, 33, 38, 101, 103 und 104 GG garantierten Rechte verletzt zu sein. Voraussetzung ist gem. § 90 Abs. 2 Satz 1 BVerfGG grds. die vorherige Erschöpfung des Rechtswegs. Ob hierfür zunächst der Versuch einer Gegenvorstellung oder einer außerordentlichen Beschwerde bei der Fachgerichtsbarkeit unternommen werden muss, ist streitig. Hält man eine derartige Beschwerde überhaupt für zulässig (s. Rdn. 36 f. und § 58 Rdn. 74 f.), so läge es an sich nahe, dass sie vor einer möglichen Verfassungsbeschwerde auch eingelegt werden muss. Schon unter dem Gesichtspunkt der mangelnden *Rechtsmittelklarheit* kann von einem Beschwerdeführer aber nur verlangt werden, dass er diejenigen

Rechtsbehelfe ausschöpft, die im Gesetz auch eindeutig geregelt sind. Im Ergebnis steht daher die Nichteinlegung einer Gegenvorstellung oder einer außerordentlichen Beschwerde der Zulässigkeit einer Verfassungsbeschwerde nicht entgegen (BGH NJW-RR 2008, 200; Keidel/*Meyer-Holz*, Anh zu § 58 Rn. 53 f.).

II. Normenkontrollverfahren. Hält ein Gericht – gleichgültig welcher Instanz – ein Gesetz für verfassungswidrig, auf dessen Gültigkeit es bei der Entscheidung ankommt, so hat es das Verfahren auszusetzen und, wenn es sich um die Verletzung einer Landesverfassung handelt, die Entscheidung des zuständigen Landesverfassungsgerichts, wenn es sich um die Verletzung des Grundgesetzes handelt, die Entscheidung des BVerfG einzuholen, Art. 100 Abs. 1 Satz 1 GG.

III. Anrufung des EGMR. Seit dem Inkrafttreten der EMRK-Reform am 01.01.1998 hat nunmehr jeder einzelne Bürger die Möglichkeit, sich nach Ausschöpfung des innerstaatlichen Rechtsweges (Art. 35 Abs. 1 EMRK; hierzu gehört auch die Verfassungsbeschwerde) im Wege der Individualbeschwerde (Art. 34 EMRK) unmittelbar an den Europäischen Gerichtshof für Menschenrechte (EGMR) in Straßburg zu wenden und dort geltend zu machen, er sei durch einen Akt der Behörde (gesetzgebende Körperschaft, Verwaltungsorgan, Gericht etc.) eines Vertragsstaates in einem seiner in Art. 2 ff. EMRK oder den zugehörigen, jeweils nur von einem Teil der Vertragsstaaten unterzeichneten Zusatzprotokollen Nr. 1, 4, 6 und 7 gewährleisteten Rechte verletzt worden.

Im Anwendungsbereich des FamFG kommen insoweit etwa Verletzungen des Art. 5 (Recht auf Freiheit und Sicherheit), Art. 6 (Recht auf Gehör vor Gericht), Art. 8 (Recht auf Achtung des Privat- und Familienlebens), Art. 9 (Recht auf Religionsfreiheit) oder des Art. 12 (Recht auf Eheschließung) in Betracht. Die Einzelheiten des Verfahrens vor dem EGMR sind in Abschnitt II EMRK (Art. 19 bis 51) sowie in der Verfahrensordnung des Gerichtshofs (abgedruckt z.B. in Sartorius II – Internationale Verträge, Europarecht – Nr. 137) geregelt; zur allgemeinen Information vgl. außerdem das amtliche Merkblatt des Gerichtshofs, abgedruckt in NJW 1999, 1166.

IV. Vorlage an den EuGH. Auch in Verfahren der freiwilligen Gerichtsbarkeit kann – z.B. wegen der Rechtsverhältnisse von Handelsgesellschaften und deren Sitz – die Vorlage einer Frage zum Zwecke der Vorabentscheidung durch den EuGH gem. Art. 267 Abs. 2 AEUV (ehemals: § 234 Abs. 2 EGV) in Betracht kommen oder – für das Gericht der letzten Instanz – sogar gem. Art. 267 Abs. 3 AEUV zwingend geboten sein (zu Einzelheiten vgl. Keidel/*Sternal* § 21 Rn. 60 ff.; Jansen/*Briesemeister* Vor §§ 19 ff. FGG Rn. 40). Für Gerichte der ersten Instanz besteht ein Recht zur Vorlage allerdings dann nicht, wenn diese nicht – wie es bei den echten Streitsachen der freiwilligen Gerichtsbarkeit der Fall ist – eine Aufgabe der Rspr. im materiellen Sinne wahrnehmen, sondern zwar in justizieller Form tätig werden, aber in der Sache mit einer Aufgabe befasst sind, die in anderen Mitgliedsländern der EU typischerweise den Verwaltungsbehörden zugewiesen ist (EuGH FamRZ 2006, 1349, 1350; Prütting/Helms/*Hau* § 97 Rn. 12). Zur Vorlage verpflichtet ist ansonsten jedes Gericht, dessen Entscheidung im konkreten Einzelfall (Grabitz/Hilf/*Karpenstein*, Art. 234 EGV Rn. 52 m.w.N.) selbst nicht mehr mit einem innerstaatlichen Rechtsmittel angegriffen werden kann. Rechtsmittel in diesem Sinne ist zwar auch eine Nichtzulassungsbeschwerde (Grabitz/Hilf/*Karpenstein*, Art. 234 EGV Rn. 53 m.w.N.). Da eine solche im FamFG nicht statthaft ist, kann eine Vorlagepflicht, aber nicht nur für den BGH, sondern auch für ein OLG und – bei Nichterreichung der Beschwerdesumme – theoretisch sogar auch für ein AG ebenfalls in Betracht kommen.

F. Beschwerdewert und Zulassung des Rechtsmittels. In Angleichung an die ZPO i.d.F. des ZPO-RG ist nunmehr allgemein geregelt, dass für Beschwerden in vermögensrechtlichen Angelegenheiten die Beschwerde grds. nur bei Überschreiten eines Beschwerdewertes von 600,00 € statthaft ist, § 61 Abs. 1. Wird dieser Betrag nicht erreicht, ist die Beschwerde nur zulässig, wenn sie von dem Gericht des ersten Rechtszuges zugelassen wird, § 61 Abs. 2 und 3. Die Rechtsbeschwerde ist abgesehen von dem Sonderfall der in § 70 Abs. 3 genannten Verfahren nur statthaft, wenn das Gericht der Vorinstanz sie in der angefochtenen Entscheidung ausdrücklich zugelassen hat, § 70 Abs. 1 und 2.

G. Anrufung des Gerichts gegen Entscheidungen von Verwaltungsbehörden. In einer Reihe von Fällen (ausführliche Auflistung z.B. bei Keidel/*Meyer-Holz*, Anh zu § 58 Rn. 29 ff.) finden, soweit nicht eine Sonderregelung erfolgt ist, das FamFG im Allgemeinen und die Vorschriften über das Rechtsmittelverfahren im Besonderen kraft gesetzlicher Verweisung entsprechende Anwendung auf das Verfahren zur gerichtlichen Überprüfung der Entscheidung von Verwaltungsbehörden.

Vorbem. zu §§ 58–75 Buch 1. Allgemeiner Teil

46 **I. Personenstandssachen.** In Personenstandsangelegenheiten gelten gem. § 51 Abs. 1 Satz 1 PStG für das gerichtliche Verfahren das FamFG und somit auch die §§ 58 ff. über das Beschwerde- und Rechtsbeschwerdeverfahren ohne Einschränkung. Die frühere Unterscheidung zwischen einfacher und sofortiger Beschwerde in § 53 Abs. 1 Satz 1 und Satz 2 a.F. PStG ist entfallen; 53 Abs. 2 PStG n.F. enthält nur noch eine Sonderregelung zur Beschwerdebefugnis der Aufsichtsbehörde.

47 **II. Landwirtschaftssachen.** Für Verfahren nach dem GrdstVG gilt gem. § 1 Nr. 2 LwVG das LwVG, das in § 9 LwVG n.F. wiederum auf das FamFG verweist. Die sie beschwerende Entscheidung der nach dem jeweiligen Landesrecht zuständigen Genehmigungsbehörde in solchen Verfahren können die Beteiligten in den Fällen des § 22 Abs. 1 GrdstVG binnen 2 Wochen ab Zustellung durch Antrag auf gerichtliche Entscheidung des zuständigen Landwirtschaftsgerichts überprüfen lassen; zu Einzelheiten des Verfahrens s. Keidel/Meyer-Holz, Anh zu § 58 Rn. 42 ff. Diese Entscheidung ist wiederum mit der Beschwerde gem. §§ 58 ff. anfechtbar. Gegen die Beschwerdeentscheidung des OLG ist die Rechtsbeschwerde nach Maßgabe der §§ 70 ff. statthaft. Die bisherigen Sondervorschriften der §§ 22 ff. LwVG a.F. über die Beschwerde und die Rechtsbeschwerde in Landwirtschaftssachen sind entfallen.

48 **III. Justizverwaltungsakte.** Die Anfechtung von Justizverwaltungsakten richtet sich abweichend von § 40 VwGO nach den Sondervorschriften der §§ 23 ff. EGGVG. Zuständig für den Antrag auf gerichtliche Entscheidung ist in solchen Verfahren nach § 25 EGVG erstinstanzlich das OLG (zum – insoweit unveränderten – Verfahren vgl. z.B. Keidel/Meyer-Holz, Anh zu § 58 Rn. 32 ff.). Dessen Entscheidung war bisher grds. nicht anfechtbar. Nur im Fall der beabsichtigten Abweichung von der Entscheidung eines anderen OLG oder des BGH war nach § 29 Abs. 1 Satz 2 EGGVG a.F. die Vorlage an den BGH vorgesehen, der dann gem. § 29 Abs. 1 Satz 3 EGGVG a.F. anstelle des OLG für die Entscheidung zuständig war. Durch das FGG-RG ist auch dieses Verfahren der Divergenzvorlage – ebenso wie dasjenige nach § 28 Abs. 2, 3 FGG – abgeschafft und im Zuge einer Vereinheitlichung der Rechtsmittelvorschriften durch die Möglichkeit der Rechtsbeschwerde ersetzt worden, wenn das OLG diese in seiner Entscheidung zugelassen hat, § 29 Abs. 1 EGVG n.F. Die in § 29 Abs. 2 EGGVG n.F. geregelten Voraussetzungen der Zulassung entsprechen denjenigen in § 70 Abs. 2. Auf das weitere Verfahren der Rechtsbeschwerde finden nach § 29 Abs. 3 EGGVG n.F. die §§ 71 bis 74 Anwendung.

49 **IV. Anerkennung ausländischer Entscheidungen in Ehesachen.** Die Anerkennung ausländischer Entscheidungen in Ehesachen richtet sich im Anwendungsbereich der VO (EG) Nr. 2201/2003 (»Brüssel IIa«) nach dieser Verordnung. In den Anwendungsbereich von Art. 21 Abs. 1 VO (EG) Nr. 2201/2003 fallende Entscheidungen werden daher in sämtlichen Mitgliedstaaten der Verordnung »automatisch« anerkannt, ohne dass es eines besonderen Anerkennungsverfahrens bedarf. Allerdings hat jeder Ehegatte, der ein Interesse daran hat, zur Klarstellung der möglicherweise zweifelhaften Anerkennungsfähigkeit das Recht, diese positiv oder negativ feststellen zu lassen. Für das hierzu statthafte Anerkennungsverfahren ist gem. Art. 21 Abs. 3 VO (EG) Nr. 2201/2003, § 10 Nr. 1 IntFamRVG grds. das FamG zuständig, in dessen Zuständigkeitsbereich sich die Person, gegen die sich der Antrag richtet, gewöhnlich aufhält. Gegen die Entscheidung des FamG findet nach Maßgabe von § 24 IntFamRVG die Beschwerde zum OLG statt. Gegen dessen Entscheidung ist wiederum gem. § 28 IntFamRVG die Rechtsbeschwerde nach Maßgabe von § 574 Abs. 1 Nr. 1, Abs. 2 ZPO eröffnet.

50 Auf Entscheidungen, die in einem Nichtmitgliedstaat der VO (EG) Nr. 2201/2003 ergangen sind, ist diese hingegen nicht anzuwenden. Die Anerkennung derartiger Entscheidungen in Ehesachen richtet sich materiell-rechtlich nach § 109, das Verfahren dafür ist in § 107 geregelt, der an die Stelle des inhaltlich weitestgehend übereinstimmenden Art. 7 § 1 FamRÄndG getreten ist. Danach ist für die Anerkennungsentscheidung in solchen Fällen die Landesjustizverwaltung des Bundeslandes zuständig, in dem ein Ehegatte seinen gewöhnlichen Aufenthalt hat oder hilfsweise, in dem eine neue Ehe geschlossen werden soll, weiter hilfsweise die Justizverwaltung des Landes Berlin, § 107 Abs. 2. Lehnt die Landesjustizverwaltung den Antrag ab, so kann der Antragsteller dagegen die Entscheidung des OLG beantragen, § 107 Abs. 5. Stellt die Landesjustizverwaltung fest, dass die Voraussetzungen für die Anerkennung vorliegen, so kann der Ehegatte, der den Antrag nicht gestellt hat, die Entscheidung des OLG beantragen, § 107 Abs. 6.

51 Wie allgemein bei Justizverwaltungsakten war die Entscheidung des OLG auch in einem solchen Fall bisher grds. unanfechtbar, Art. 7 § 1 Abs. 6 Satz 5 FamRÄndG, und es war gem. Art. 7 § 1 Abs. 6 Satz 4 FamRÄndG i.V.m. § 28 Abs. 2 und 3 FGG nur ein Vorlageverfahren für den Fall vorgesehen, dass das OLG mit seiner beabsichtigten Entscheidung von der Entscheidung eines anderen OLG oder des BGH abweichen wollte. Auch dieser Fall der Divergenzvorlage ist im Zuge der Einführung des FamFG weggefallen. Gem.

§ 107 Abs. 7 Satz 3 gelten die §§ 58 ff. entsprechend, sodass nach Maßgabe der §§ 70 ff. nunmehr auch gegen derartige Entscheidungen des OLG die Rechtsbeschwerde nach den allgemeinen Vorschriften statthaft ist.

Unterabschnitt 1. Beschwerde

§ 58 Statthaftigkeit der Beschwerde. (1) Die Beschwerde findet gegen die im ersten Rechtszug ergangenen Endentscheidungen der Amtsgerichte und Landgerichte in Angelegenheiten nach diesem Gesetz statt, sofern durch Gesetz nichts anderes bestimmt ist.
(2) Der Beurteilung des Beschwerdegerichts unterliegen auch die nicht selbständig anfechtbaren Entscheidungen, die der Endentscheidung vorausgegangen sind.

Übersicht

	Rdn.		Rdn.
A. Allgemeines	1	I. Allgemeines	48
B. Beschwerderechtszug	2	II. Ausdrückliche Zulassung der sofortigen Beschwerde in entsprechender Anwendung der §§ 567 ff. ZPO	55
I. Gericht des ersten Rechtszugs	3		
1. AG als erste Instanz	4		
2. LG als erste Instanz	5	III. Ausdrückliche Unanfechtbarkeit von Zwischen- und Nebenentscheidungen	56
II. Beschwerdegericht	6	IV. Zwischenverfügungen	62
1. Beschwerdegericht bei Entscheidungen der AG	6	V. Inzidente Überprüfung von Zwischenentscheidungen	64
2. Beschwerdegericht bei Entscheidungen der LG	8	1. Entscheidungen, die einer Endentscheidung vorausgegangen sind	65
3. Sonderregelungen und Zweifelsfälle	9	2. Selbstständig anfechtbare Zwischenentscheidungen	67
C. Beschwerde gegen Endentscheidungen	10		
I. Endentscheidungen	11		
1. Entscheidung	11	3. Unanfechtbare Zwischenentscheidungen	68
2. Endentscheidung	13		
a) Begriff der Endentscheidung	13	E. Rechtsmittel gegen inkorrekte Entscheidungen	69
b) Einzelfälle	14	I. Meistbegünstigungsgrundsatz	69
c) Kostenentscheidungen	24	II. Anfechtung von unwirksamen Entscheidungen und Scheinentscheidungen	72
3. Form	35		
II. Gleichgestellte Zwischenstreitentscheidungen	36	F. Rechtsmittel gegen Untätigkeit	74
		I. Rechtsentwicklung	74
III. Entscheidungen über die Versagung der Wiedereinsetzung	39	II. Verzögerungsrüge	75
IV. Bisherige Vorbescheide	40	III. Entschädigungsprozess	78
V. Einstweilige Anordnungen	45	IV. Verhältnis zu anderen Rechtsbehelfen	84
VI. Einschränkung oder Ausschluss der Anfechtbarkeit von Endentscheidungen	46	G. Bedingungsfeindlichkeit von Rechtsmitteln	89
D. Rechtsmittel gegen Zwischen- u Nebenentscheidungen	48	H. Kosten	91

A. Allgemeines. § 58 regelt die Statthaftigkeit der Beschwerde. Diese besagt, dass nach dem Gesetz gegen Entscheidungen eines bestimmten Inhalts (Endentscheidungen, Rdn. 11 ff.), die von einem bestimmten Organ der Rechtspflege (Gericht erster Instanz, Rdn. 3 ff.) erlassen sind, ein Rechtsmittel vorgesehen ist. Die Beschwerde richtet sich grds. für sämtliche dem FamFG unterliegenden Verfahren (zu Sondervorschriften vor §§ 58 bis 75 Rdn. 14 ff.) nach den §§ 58 ff. Das gilt grds. auch für die Ehe- u Familienstreitsachen (zu den Abweichungen § 117 Rdn. 5 ff.), so dass die Beschwerde für diese Verfahren auch die Rolle der bisherigen Berufung mit übernimmt. Eine Sondervorschrift zur Statthaftigkeit der Beschwerde bei Entscheidungen im vereinfachten Verfahren über den Unterhalt Minderjähriger enthält § 256. 1

2 B. Beschwerderechtszug. Die Beschwerde findet statt gegen die im ersten Rechtszug ergangenen Endentscheidungen der Amts- u Landgerichte. Entscheidungen der zweiten Instanz können nur mit der Rechtsbeschwerde (§§ 70 ff.) angefochten werden.

3 I. Gericht des ersten Rechtszugs. § 58 Abs. 1 lässt die Beschwerde nur gegen Entscheidungen der Amts- u Landgerichte im ersten Rechtszug zu. Ist ausnahmsweise das OLG Gericht des ersten Rechtszuges, so tritt gem. § 70 Abs. 1 an die Stelle der Beschwerde unmittelbar die Rechtsbeschwerde, sodass im Ergebnis alle Entscheidungen der OLG, gleichgültig ob im ersten oder zweiten Rechtszug einheitlich allenfalls mit der Rechtsbeschwerde angegriffen werden können.

4 1. AG als erste Instanz. Gericht erster Instanz ist gem. § 23a GVG in allen Familiensachen u Angelegenheiten der freiwilligen Gerichtsbarkeit regelmäßig das AG (Richter oder Rechtspfleger, vgl. § 11 Abs. 1 RPflG).

5 2. LG als erste Instanz. Das LG wird als Gericht erster Instanz in der freiwilligen Gerichtsbarkeit nur ausnahmsweise in bestimmten, gesetzlich bestimmten Sonderfällen tätig. Zu nennen sind hier insb. die – nunmehr in § 71 Abs. 2 Nr. 4a) bis f) GVG – zusammengefassten (ausschl) Sonderzuständigkeiten des LG für die Verfahren nach §§ 324 HGB, 98, 99, 132, 142, 145, 260, 293c, 315 AktG, 26 SEAG, 10 UmwG, dem SpruchG u 39a u b WpÜG sowie die (örtliche u sachliche) Zuständigkeit des LG am Sitz der Gesellschaft im Fall des § 258 Abs. 3 Satz 3 AktG (Anfechtung der Bestellung von Sonderprüfern). Dabei tritt in den genannten Fällen – mit Ausnahme der Verfahren nach § 324 HGB – jeweils die Kammer für Handelssachen an die Stelle der allgemeinen Zivilkammer des LG, soweit eine solche eingerichtet ist, vgl. § 95 Abs. 2 Nr. 2 u 3 GVG.

6 II. Beschwerdegericht. 1. Beschwerdegericht bei Entscheidungen der AG. Beschwerdegericht für die Entscheidungen der AG in den von den Familiengerichten entschiedenen Sachen ist wie bisher das OLG, § 119 Abs. 1 Nr. 1a GVG. Dies gilt grds. auch in allen Angelegenheiten der freiwilligen Gerichtsbarkeit mit Ausnahme der Freiheitsentziehungssachen (§ 415) und der von den Betreuungsgerichten entschiedenen Sachen, § 119 Abs. 1 Nr. 1b GVG. Es gilt der Grundsatz der **formellen Anknüpfung**. Die Rechtsmittelzuständigkeit gegen die Entscheidungen der AG bestimmt sich also nur danach, ob die Entscheidung von einem FamG, einem Betreuungsgericht, einer sonst für Angelegenheiten der freiwilligen Gerichtsbarkeit zuständigen Abteilung oder einer allgemeinen Zivilabteilung getroffen wurde, nicht hingegen danach, ob der jeweilige Spruchkörper für die Entscheidung auch zuständig war. Das gilt jedenfalls im Ergebnis auch im Hinblick auf die Abgrenzung der Zuständigkeit zwischen den Zivil-, Familien- oder sonstigen Senaten der freiwilligen Gerichtsbarkeit zueinander im Beschwerderechtszug. Denn das OLG ist gem. § 16a Abs. 6 i.V.m. § 16a Abs. 5 GVG an die vom AG vorgenommene Qualifikation als Zivil-, Familien- oder sonstiges FamFG-Verfahren gebunden, sodass etwa bei einer Entscheidung des Familiengerichts der Familiensenat seine Zuständigkeit nicht mehr mit der Begründung infrage stellen kann, dass eine Familiensache tatsächlich nicht gegeben sei (BGH FamRZ 2007, 359; Musielak/*Wittschier* § 119 GVG Rn. 4; a.A. *Maurer* FamRZ 2009, 465, 466 unter Bezugnahme auf BGH FamRZ 1994, 25, 26 und FamRZ 1994, 372). Etwas anderes gilt nur in den Sonderfällen, in denen die Bindungswirkung des § 16a Abs. 5 ausnahmsweise entfällt, weil das Verfahren der Vorabentscheidung über die funktionelle Zuständigkeit nicht eingehalten wurde (§ 65 Rdn. 15).

7 Beschwerdegericht für die Entscheidungen der AG in Freiheitsentziehungssachen u in den von den Betreuungsgerichten entschiedenen Sachen – also den Betreuungssachen (§ 271), den Unterbringungssachen (§ 312) u den betreuungsrechtlichen Zuweisungssachen (§ 340), vgl. § 23c Abs. 1 GVG – bleibt dagegen wie bisher das LG, § 72 Abs. 2 Satz 1 GVG. Als Begründung für diese Sonderregelung nennt die Gesetzesbegründung die »regelmäßig geringere räumliche Entfernung der Landgerichte vom gewöhnlichen Aufenthalt des Betreuten u Untergebrachten« (BT-Drucks. 16/6308 S. 319), was jedoch nicht überzeugt, da mit der allgemeinen Begründung einer größeren Bürgernähe auch eine einheitliche Beschwerdezuständigkeit des LG für sämtliche Angelegenheiten der freiwilligen Gerichtsbarkeit hätte begründet werden können (zweifelnd auch *Kuntze* FGPrax 2005, 185, 188). Tatsächlich dürften für den Gesetzgeber eher Kostenargumente entscheidend gewesen sein (Prütting/Helms/*Abramenko* Rn. 21; a.A. *Rackl* S. 59).

8 2. Beschwerdegericht bei Entscheidungen der LG. Beschwerdegericht für die Entscheidungen der LG in den Fällen, in denen die Entscheidung erster Instanz ausnahmsweise von einer Kammer beim LG getroffen wird, ist gem. § 119 Abs. 1 Nr. 2 GVG ebenfalls das OLG. Mit Ausnahme der Betreuungs-, Unterbringungs- u Freiheitsentziehungssachen liegt damit die Zuständigkeit für die Entscheidung über das Rechtsmittel der Beschwerde nunmehr in **sämtlichen** Familiensachen u Angelegenheiten der freiwilligen Gerichtsbarkeit einheitlich beim OLG.

3. Sonderregelungen und Zweifelsfälle. Besonderheiten für den Rechtsmittelzug können sich aus Spezialgesetzen außerhalb des FamFG ergeben. So ist im Fall der Beschwerde gegen die Verweigerung der Urkunds- oder sonstigen Tätigkeit eines Notars gem. § 15 Abs. 2 BNotO ausnahmsweise das LG Beschwerdegericht. Das Gleiche gilt gem. § 54 Abs. 2 Satz 2 BeurkG auch im Fall der Beschwerde gegen verfahrensrechtliche Entscheidungen eines Notars, durch die die Erteilung einer Erstreckungsklausel, Ausfertigung oder Abschrift oder die Einsicht in die Urschrift einer Urkunde verweigert wird. In beiden Fällen handelt es sich um öffentlich-rechtliche Streitigkeiten, für die jedoch aufgrund spezialgesetzlicher Regelung ausnahmsweise der Rechtsweg vor den ordentlichen Gerichten eröffnet ist, § 40 Abs. 1 Satz 1 VwGO. Ebenfalls um solche Streitigkeiten handelt es sich auch bei der Zuweisung bestimmter Verfahren der länderpolizeilichen Gefahrenabwehr, für die durch Vorschriften des Landesrechts wie z.B. § 21 Abs. 1 Satz 3 POG RP auf das Verfahren nach dem FamFG verwiesen wird. Da es für diese Verfahren an einer ausdrücklichen Regelung der Beschwerdezuständigkeit anders in der BNotO oder dem BeurkG jedoch fehlt, sind sie nach dem Sinn und Zweck von § 119 Abs. 1 Nr. 1b GVG auch nach dieser Vorschrift als »Angelegenheiten der freiwilligen Gerichtsbarkeit« zu behandeln, mit der Folge, dass es für sie bei der sich aus dieser Vorschrift ergebenden Beschwerdezuständigkeit des OLG verbleibt (BGH wistra 2012, 198; OLG Zweibrücken NJW 2011, 3527).

C. Beschwerde gegen Endentscheidungen. § 58 Abs. 1 regelt die Statthaftigkeit der Beschwerde gegen **instanzbeendende Hauptsacheentscheidungen.** Solche Entscheidungen sind – vorbehaltlich der sich aus § 59 ergebenden Beschränkungen – grds. ohne Einschränkung anfechtbar, es sei denn ihre Unanfechtbarkeit ist im Einzelfall ausdrücklich bestimmt. Einer ausdrücklichen Zulassung des Rechtsmittels durch das Gesetz im Einzelfall – wie bei der sofortigen Beschwerde gegen Zwischen- u Nebenentscheidungen (Rdn. 48 ff.) – bedarf es in diesen Fällen nicht.

I. Endentscheidungen. 1. Entscheidung. Erste Voraussetzung für die Statthaftigkeit einer Beschwerde ist somit das Vorliegen einer Entscheidung, d.h. einer **sachlichen Regelung** des Gerichts **mit Außenwirkung**. Keine Entscheidungen i.d.S. u deshalb – wie schon bisher – nicht mit der Beschwerde anfechtbar sind daher:
– **Rein tatsächliche Handlungen**, wie z.B. die Eröffnung eines Testaments (OLG Köln NJW-RR 2004, 1014), die Entgegennahme einer Erklärung, wie z.B. einer Testamentsausschlagung, die Unterzeichnung einer protokollierten Erklärung der Beteiligten (BayObLG FamRZ 1966, 247).
– **Meinungsäußerungen** (BayObLG FamRZ 1998, 438), rechtliche Hinweise, z.B. auf eine fehlende Zuständigkeit des Gerichts (OLG Brandenburg FamFR 2010, 188 m. Anm. *Griesche*) oder auf die als Folge der Zuwiderhandlung gegen eine gerichtliche Anordnung drohende Festsetzung eines Zwangsmittels (BGH FamRZ 2012, 206 für eine Anordnung in einer Angelegenheit der Betreuervergütung; OLG München FGPrax 2010, 122, 123 für die Anordnung der Vorlage eines Erbscheins; OLG Zweibrücken FamRZ 2011, 1089 für die Anordnung der Mitwirkung im VA-Verfahren; a.A. Keidel/*Zimmermann* § 35 Rn. 65), Mitteilungen oder Aufforderungen zur Stellungnahme zu Bedenken des Gerichts oder anderer Beteiligter, z.B. auch in Form der Anfrage, ob ein Rechtsmittel aufrechterhalten bleibt, anderenfalls es zurückgewiesen werden müsse (BGH Rpfleger 1980, 273; BayObLG MittBayNot 1993, 82; OLG Hamm Rpfleger 1990, 426). Hierher gehört auch eine Mitteilung nach § 24 Abs. 2, dass das Gericht der Anregung auf die Einleitung eines Verfahrens von Amts wegen nicht folgen will (§ 24 Rdn. 6 a.E.; Prütting/Helms/*Ahn-Roth*, § 24 Rn. 11) oder eine Mitteilung, dass eine Entscheidung über ein Vkh-Gesuch derzeit nicht beabsichtigt sei (OLG Düsseldorf FamRZ 2012, 1891, 1892). Eine solche Mitteilung, der ein Regelungsgehalt fehlt, ist allerdings zu unterscheiden von einer möglichen ablehnenden Entscheidung in der Sache, die nach den allg. Vorschriften angefochten werden kann, wenn der Beschwerdeführer dadurch in seinen Rechten beeinträchtigt ist (BGH FGPrax 2012, 169; 170; § 59 Rdn. 4 ff.). Ebenfalls bloß deklaratorischer Natur und ohne Regelungsgehalt ist auch ein Beschluss, mit dem die gerichtliche Billigung einer Umgangsvereinbarung ausgesprochen wird (§ 156 Rdn. 6; OLG Nürnberg FamRZ 2011, 1533).
– **Gerichtliche Handlungen**, die nur für den **inneren Dienstbetrieb** bestimmt sind (Keidel/*Meyer-Holz* Rn. 41), wie z.B. Maßnahmen der Dienstaufsicht, Anweisungen des Richters an den Urkundsbeamten, gerichtsinterne Auskünfte wie die Erteilung eines Notfristzeugnisses (BGH FamRZ 2010, 284) oder die (interne) Anordnung, eine Registereintragung vorzunehmen (Rdn. 22).

Keine Frage einer bloß rechtlich unverbindlichen und daher nicht anfechtbaren Meinungsäußerung liegt vor, wenn das Gericht einen Antrag auf Erlass eines Beschlusses mit einem Warnhinweis nach § 89 Abs. 2 zurückweist. Denn auf den Erlass eines derartigen, der Beschleunigung des Verfahrens dienenden Beschlusses hat der Antragsteller einen gesetzlichen Anspruch, in den durch die Zurückweisung seines Antrages in unberechtigter Weise unmittelbar eingegriffen wird (BVerfG FamRZ 2011, 957 ff., 958; *Borth* FamRZ 2010, 918; a.A. OLG Frankfurt am Main FamRZ 2010, 917, 918).

13 2. Endentscheidung. a) Begriff der Endentscheidung. Der – in § 38 Abs. 1 legaldefinierte – Begriff der »Endentscheidung« i.S.d. § 58 Abs. 1 ist an den Begriff des Endurteils i.S.d. § 300 Abs. 1 ZPO angelehnt. Er umfasst alle Entscheidungen, durch die in einer **die Instanz** endgültig **abschließenden Weise** über den Verfahrensgegenstand in der Hauptsache entschieden wird (BGH FamRZ 2008, 1168, 1169; Keidel/*Meyer-Holz* § 58 Rn. 16, vgl. auch § 38 Rdn. 6). Endentscheidungen in diesem Sinne sind auch **Ergänzungsbeschlüsse** (§ 43 Rn. 31) oder deren Ablehnung, soweit gegen die ergänzte oder zu ergänzende Entscheidung ihrerseits ein Rechtsmittel gegeben ist (BGH FGPrax 2011, 148). Bei teilbaren Verfahrensgegenständen ist eine Teilendentscheidung zulässig (BLAH/*Hartmann* § 58 Rn. 2 m.w.N.). Das ist der Fall, wenn ein Teil des Verfahrensgegenstandes nach materiellem oder nach Verfahrensrecht unabhängig von dem anderen Teil geregelt werden kann, oder bei mehreren Verfahrensgegenständen (OLG Naumburg FamRZ 2006, 1279), die hinsichtlich ihrer Anfechtbarkeit einer Vollentscheidung gleichstehen.

14 b) Einzelfälle. Zu den Endentscheidungen in diesem Sinne gehören z.B. Entscheidungen über die Stundung von Zugewinn- oder Pflichtteilsansprüchen gem. §§ 1382, 2331a BGB (BLAH/*Hartmann* § 58 Rn. 3), über eine Einbenennung nach § 1618 BGB (OLG Karlsruhe FamRZ 2004, 871), über die Entziehung des Vertretungsrechts der Eltern nach § 1629 Abs. 2, 1796 BGB (OLG Stuttgart, FamRZ 2010, 1166), Entscheidungen über die Auswahl oder Bestellung eines Vormundes, soweit sie in einem selbständigen Verfahren erfolgen OLG Celle JAmt 2010, 352, 353), Genehmigungsentscheidungen nach § 1643 Abs. 1, 1821, 1822 BGB (a.A. BLAH/*Hartmann* § 58 Rn. 3, jedoch unter Verweis auf veraltete Rspr. zum bisherigen Recht) und nach § 1643 Abs. 2 BGB oder die Genehmigung von freiheitsentziehenden Maßnahmen nach § 1631b BGB (OLG Bamberg FamRZ 2003, 1854, wohl nicht aber auch die Anordnung einer Ergänzungspflegschaft innerhalb eines solchen Genehmigungsverfahrens, bei der es sich um eine bloße Nebenentscheidung (Rdn. 48) handeln dürfte (a.A. OLG Brandenburg MittBayNotK 2011, 240). Endentscheidungen sind auch selbstständige Einzelentscheidungen im Rahmen einer allgemeinen Aufsichts- oder Überwachungstätigkeit wie z.B. Entscheidungen über die Vergütung eines Umgangspflegers (OLG Hamm FamRZ 2011, 307) oder Weisungen nach §§ 1837 Abs. 2, 1908i Abs. 1, 1915 BGB (Keidel/*Meyer-Holz* § 58 Rn. 20), die Erteilung von Negativattesten über die mangelnde Genehmigungsbedürftigkeit von Rechtsgeschäften oder deren Ablehnung (Keidel/*Meyer-Holz* § 58 Rn. 20), Entscheidungen, mit denen Anträge nach § 357 Abs. 1 oder Abs. 2 abgelehnt werden (Keidel/*Zimmermann* § 357 Rn. 43 f.), Entscheidungen über die Zurückweisung eines Antrags auf Annahme eines Kindes nach § 1752 Abs. 1 BGB (§ 197 Rdn. 22; KG FamRB 2012, 370) sowie den Beteiligten bekannt gemachte, aber noch nicht vollzogene Entscheidungen auf Erteilung oder Einziehung eines Erbscheins (OLG Düsseldorf FGPrax 2011, 125; s. außerdem Rdn. 41) und Beschlüsse über die Feststellung des Fiskalerbrechts nach § 1964 BGB (BGH FamRZ 2012, 367, 368). In Scheidungs- u Lebenspartnerschaftssachen kann eine mit der Beschwerde anfechtbare Endentscheidung auch Teil einer Verbundentscheidung sein (§ 137 Abs. 1). Mit der Beschwerde anfechtbare Endentscheidungen sind auch Entscheidungen über Anträge auf nachträgliche Bewilligung oder Verlängerung einer Frist zur Räumung der Ehewohnung in einer Ehewohnungssache (§ 200 Abs. 1; Johannsen/Henrich/*Althammer* § 58 Rn. 4) u Beschlüsse, mit denen die Erledigung eines Verfahrens in der Hauptsache festgestellt wird (OLG Bamberg FamRZ 2001, 691). Endentscheidungen sind schließlich auch die Entscheidungen des Rechtspflegers über einen Antrag auf Bestimmung des Kindergeldberechtigten gem. § 64 Abs. 2 Satz 3 EStG (OLG Nürnberg FamRZ 2011, 1243).

15 Im Wege der Beschwerde anfechtbare Endentscheidungen im **VA-Verfahren** sind z.B. Vorwegentscheidungen über die Auskunftpflicht eines Ehegatten (BGH FamRZ 1982, 687) oder Abfindungsentscheidungen nach § 23 VersausglG (Johannsen/Henrich/*Althammer* § 58 Rn. 4). Mit der Beschwerde anfechtbar ist auch die gerichtliche Feststellung nach § 224 Abs. 3, anlässlich deren eine Vereinbarung über den VA ggf. auf ihre Billigkeit zu überprüfen ist.

16 Anfechtbar ist auch ein Beschluss in **Kindschaftssachen**, mit dem die Billigung einer vor dem Familiengericht getroffenen Umgangsvereinbarung ausgesprochen wurde. Zwar wird teilweise angenommen, dass der Beschluss mit dem die Billigung ausgesprochen wird, nicht angefochten werden kann (OLG Nürnberg, FamRZ 2011, 1533), weil dieser rein deklaratorischen Charakter habe und der Gesetzgeber bewusst zwischen *gerichtlichem Beschluss* und *gerichtlich gebilligtem Vergleich* unterscheide. Nach § 86 Abs. 1 FamFG

Abschnitt 5. Rechtsmittel § 58

finde die Vollstreckung aus gerichtlichen Beschlüssen und gerichtlich gebilligten Vergleichen statt. Wäre der **Billigkeitsbeschluss** maßgeblich, so wäre es nicht erforderlich, den gerichtlich gebilligten Vergleich zusätzlich neben dem gerichtlichen Beschluss als Vollstreckungstitel zu nennen. Maßgeblich ist allerdings, dass gerade dann, wenn ein Beteiligter übergangen worden ist oder ein Beteiligter einer Billigung widersprochen hat, dieser Beteiligte gegen die Billigung Beschwerde nach § 58 Abs. 1 FamFG einlegen und gegebenenfalls geltend machen können muss, dass der gebilligte Vergleich nicht dem Kindeswohl entspricht. Auch dann, wenn die familiengerichtlich gebilligte Umgangsvereinbarung aus anderen Gründen nicht ordnungsgemäß zustande gekommen sein könnte, ist die Beschwerde statthaft (so OLG München, FamRZ 2015, 1422; OLG Hamm FamRZ 2015, 1988).

Gegen die **Ablehnung der Einleitung eines amtswegigen Verfahrens**, z.B. auf Abänderung einer Umgangsentscheidung, kann derjenige, der die Einleitung des Verfahrens i.S.d. § 24 FamFG angeregt hatte, Beschwerde einlegen (OLG Frankfurt am Main FamRZ 2015, 1991; OLG Bamberg, FamRZ 2015, 1993). Eine beschwerdefähige Endentscheidung des Familiengerichts i.S.d. § 58 Abs. 1 FamFG liegt nach § 38 Abs. 1 Satz 1 FamFG vor, wenn und soweit durch die Entscheidung der Verfahrensgegenstand ganz oder teilweise erledigt wird. Es genügt allerdings nicht schon, dass die Entscheidung in Form eines Beschlusses ergangen ist. Auch stellt regelmäßig die Mitteilung des Amtsgerichts gem. § 24 Abs. 2 FamFG, ein Verfahren nicht einzuleiten, keine rechtsmittelfähige Entscheidung dar. Wird jedoch durch die Verweigerung von Amts wegen zu treffender Maßnahmen in subjektive Rechte des Anregenden eingegriffen, kommt die Beschwerde gegen die ablehnende Entscheidung in Betracht. Die Entscheidung des Familiengerichts, ein Umgangsverfahren nicht einzuleiten, ist wie eine Endentscheidung i.S.d. § 38 Abs. 1 Satz 1 FamFG zu behandeln, denn für den mit subjektiven Rechten aus §§ 1684, 1685 BGB ausgestatteten Beschwerdeführer entfaltet die Entscheidung des Familiengerichts entsprechende Wirkungen. Der Verfahrensgegenstand – z.B. die Frage, ob erneut ein Umgangsverfahren gem. §§ 166 FamFG, 1696 Abs. 1 BGB eingeleitet wird – wird durch die Entscheidung des Familiengerichts erledigt. 17

Als Endentscheidungen mit der Beschwerde anfechtbar sind auch Beschlüsse, mit denen ein **Antrag auf Anordnung eines dinglichen Arrests** nach § 119 Abs. 2 Satz 1 abgelehnt wird. Die sofortige Beschwerde gem. §§ 567 ff. kommt in einem solchen Fall auch dann nicht in Betracht, wenn die Entscheidung ohne mündliche Verhandlung ergangen ist. Denn deren Durchführung oder Nichtdurchführung ändert an dem Vorliegen einer Endentscheidung nichts. Auch aus § 119 Abs. 2 Satz 2 ergibt sich nichts anderes, denn diese Vorschrift verweist für den Arrest in Familienstreitsachen nur auf §§ 916 bis 934 ZPO sowie auf §§ 943, 945 ZPO, nicht dagegen auf die ZPO-Beschwerderegelungen (OLG Karlsruhe FamRB 2010, 326 f.; OLG München, FamRZ 2011, 746, 747; a.A. jedoch die mittlerweile wohl überwiegende Ansicht: OLG Celle, Beschl. v. 02.04.2013 – 10 UF 334/11 = BeckRS 2013, 06157; OLG Frankfurt FamRZ 2012, 1078 f.; OLG Koblenz, Beschl. v. 18.12.2012 – 13 UF 948/12 = BeckRS 2013, 01980; OLG Oldenburg FamRZ 2012; 1077 f.; *Schwonberg* § 119 Rdn. 19; *Prütting/Helms/Helms* § 119 Rn. 9 mit der Begründung, die Verweisung auf die Vorschriften der ZPO in § 119 Abs. 2 Satz 2 sei aus ihrem systematischen Zusammenhang heraus umfassend zu verstehen). 18

Ebenfalls Endentscheidungen und daher mit der Beschwerde nach §§ 58 ff. anfechtbar sind auch **Mitteilungen des Nachlassgerichts über die beabsichtigte Eröffnung** (OLG Hamm FamRZ 2012, 1892, 1893; Keidel/*Zimmermann* § 348 Rn. 79 und Rn. 29; Horndasch/Viefhues/*Heinemann* § 348 Rn. 34; a.A. OLG Düsseldorf FamRZ 2011, 497; Bassenge/Roth/*Bassenge* § 348 Rn. 12) **oder Nichteröffnung** (OLG Köln FGPrax 2011, 49, 50; Keidel/*Zimmermann* § 348 Rn. 78) **von Testamenten oder Erbverträgen**. Denn sie enthalten nicht nur die Vorankündigung einer künftigen Entscheidung, sondern bereits selbst die abschließende Entscheidung des Gerichts, ob die Voraussetzungen für die Eröffnung der letztwilligen Verfügung vorliegen; angekündigt wird darin lediglich die spätere Vollziehung der so bereits getroffenen Entscheidung (*Lettau* S. 78; a.A. Bumiller/Harders § 348 Rn. 23). Der systemwidrigen Zulassung einer Beschwerde gem. §§ 58 ff. gegen eine Zwischenentscheidung wegen des mit einer solchen Mitteilung unter Umständen verbundenen Eingriffs in Persönlichkeitsrechte bedarf es daher nicht (a.A. OLG Zweibrücken ZEV 2010, 476; für die Fälle des § 349 auch Bumiller/Harders § 349 Rn. 11). Die sofortige Wirksamkeit einer derartigen *Mitteilung* ist entspr § 352 Abs. 2 Satz 2 bis zur Rechtskraft auszusetzen (*Lettau* S. 78). Beschwerdebefugt i.S.d. § 59 Abs. 1 ist allerdings nur derjenige, dessen Persönlichkeitsrecht durch die beabsichtigte Eröffnung einer letztwilligen Verfügung auch wirklich beeinträchtigt werden kann. Keine Beschwerdebefugnis hat daher z.B. der die letztwillige Verfügung beurkundende Notar (OLG Düsseldorf FamRZ 2011, 497). 19

§ 58 Buch 1. Allgemeiner Teil

20 **Keine** End- sondern eine bloße Zwischenentscheidung und als solche unter der Geltung des FamFG anders als nach dem FGG nicht mehr anfechtbar (Rdn. 49 f.) ist dagegen die Entscheidung des Landgerichts, zur Wahrung der Interessen der außenstehenden Aktionäre einen **gemeinsamen Vertreter gem. § 6 Abs. 1 SpruchG** zu bestellen (OLG Frankfurt am Main AG 2012, 42, 43).

21 Ebenfalls keine (selbstständige) Endentscheidung – sondern die bloße Mitteilung einer anderweitigen Entscheidung – und deshalb unanfechtbar ist auch die **Bekanntgabe einer Entscheidung in Betreuungssachen** an eine andere öffentliche Stelle gem. § 308 (§ 308 Rdn. 40; Prütting/Helms/*Fröschle* § 308 Rn. 24; a.A. MüKoZPO/*Schmidt-Recla* § 308 Rn. 10: Beschwerde nach §§ 58 ff.; Jürgens/*Kretz* § 308 Rn. 13: Beschwerde entspr. §§ 58 ff.; Bork/Jacoby/Schwab/*Heiderhoff* § 308 Rn. 9: sof. Beschwerde entspr. §§ 567 ff. ZPO). Auch ein Antrag auf gerichtliche Entscheidung über die Zulässigkeit der Mitteilung nach den §§ 23 ff. EGGVG dürfte angesichts der vorrangigen Sonderregelung der §§ 308 bis 311 nicht in Betracht kommen (i.E. offen gelassen von Keidel/*Budde* § 309 Rn. 14).

22 Keine Endentscheidung, sondern nur eine gerichtsinterne Maßnahme ohne Außenwirkung und deshalb unanfechtbar ist grds. auch die **Eintragungsverfügung zur Veranlassung einer beabsichtigten Registereintragung**. Etwas anders gilt jedoch dann, wenn sie den Beteiligten nicht nur beiläufig zur Kenntnis gelangt, sondern ihnen wegen zweifelhafter Rechtslage bewusst deshalb bereits vorab bekannt gegeben wird, um eine Nachprüfung im Beschwerdeweg zu ermöglichen (§ 383 Rdn. 26 f.; a.A. Keidel/*Heinemann* § 382 Rn. 4). Denn jedenfalls dann handelt es sich um eine Entscheidung, durch die – in gleicher Weise wie in den Fällen zu Rdn. 19 – gerade mit Außenwirkung abschließend festgestellt werden soll, ob die für die beabsichtigte Registereintragung vorgesehenen Voraussetzungen vorliegen, mithin also um eine Endentscheidung, die bis zu ihrer Umsetzung durch den Vollzug der Eintragung (§ 383 Abs. 3) mit der Beschwerde gem. §§ 58 ff. angegriffen werden kann (*Lettau* S. 81 f.). Gleiches gilt auch für bekannt gegebene Eintragungsverfügungen in Grundbuchsachen (LG Lübeck NJW-RR 1995, 1420), mit der Maßgabe, dass hier die §§ 58 ff. von der Sonderregelung der §§ 71 ff. GBO verdrängt werden.

23 Unter der Geltung des FamFG nach wie vor zulässig ist auch der Erlass eines gem. § 15 Abs. 2 BNotO i.V.m. §§ 58 ff. beschwerdefähigen Bescheides, mit dem ein **Notar** ankündigt, eine bestimmte Amtshandlung vornehmen oder unterlassen wollen (BGH, Beschl. v. 28.10.2010 – V ZB 70/10, Rn. 12 = BeckRS 2010, 29183). Die Qualifikation einer derartigen Entscheidung als bloße Zwischenentscheidung (*Preuß*, DNotZ 2010, 265, 271) steht dem nicht entgegen, weil der Gesetzgeber die Möglichkeit des Erlasses derartiger Vorbescheide ausdrücklich fortbestehen lassen wollte (BT-Drucks. 1/6308 S. 357).

24 **c) Kostenentscheidungen.** Das FamFG lässt die isolierte Beschwerde nach §§ 58 ff. FamFG gegen eine **mit der Hauptsacheentscheidung ergangene Kostenentscheidung** zu (OLG Stuttgart FamRZ 2012, 664; OLG Nürnberg, NJW 2010, 1468).

25 Dies gilt allerdings nicht für Ehe- und Familienstreitsachen, weil § 113 Abs. 1 Satz 2 FamFG auf die weiterhin unverändert anwendbaren Vorschriften der ZPO verweist, so dass nach § 99 ZPO die isolierte Anfechtung nur der Kostenentscheidung unzulässig ist (Keidel/Meyer-Holz, FamFG, 18. Aufl. 2014, § 58 Rdn. 95).

26 Soweit eine Kostengrundentscheidungen in Verfahren der freiwilligen Gerichtsbarkeit isoliert, d.h. ohne gleichzeitiges Rechtsmittel in der Hauptsache, mit der Beschwerde gemäß den §§ 58 ff. FamFG angegriffen werden kann, muss allerdings der Beschwerdewert des § 61 Abs. 1 FamFG (über 600,- €) erreicht sein. Die Wertgrenze des § 61 Abs. 1 FamFG gilt dabei auch für die (isolierte) Anfechtung von Kostenentscheidungen, die in der Hauptsache eine nicht vermögensrechtliche Angelegenheit betreffen (OLG Zweibrücken FuR 2011, 706, OLG Koblenz FamRZ 2010, 2013; OLG Oldenburg, FamRZ 2010, 1466; OLG München, FamRZ 2010, 1465; OLG Brandenburg, FamRZ 2010, 1464; OLG Hamburg, FamRZ 2010, 665; Horndasch/Viefhues- Götsche, FamFG, 3. Aufl. 2014, § 82 Rdn. 26 bis 28).

27 Eine **isolierte Kostengrundentscheidung** kann in familiengerichtlichen Verfahren ergehen, wenn ein Antrag zurückgenommen oder für erledigt erklärt wird (§§ 113 Abs. 1 Satz 2 FamFG, 91a Abs. 2, 269 Abs. 5 ZPO). In Verfahren der freiwilligen Gerichtsbarkeit ist in solchen Fällen die befristete Beschwerde nach §§ 58 ff. FamFG erneut zulässig (Keidel/Meyer-Holz, FamFG, 18. Aufl. 2014, § 58 Rn. 97).

28 Umstritten war bislang der Rechtsschutz in solchen Fällen in Ehe- und Familienstreitsachen.

29 Nach einer Auffassung (OLG Stuttgart FamRZ 2012, 50; OLG Brandenburg FamRZ 2010, 1464; OLG Oldenburg FamRZ 2010, 1831) handelt es sich bei isolierten Kostenentscheidungen in Ehe- und Familienstreitsachen um Endentscheidungen i.S.d. §§ 38 Abs. 1, 58 Abs. 1 FamFG, für die die Beschwerde nach den §§ 58 ff. FamFG statthaft ist:

Dies hat zur Folge, dass die Anfechtungsfrist einen Monat beträgt (§ 63 FamFG), ein Beschwerdewert von 600,00 € zu beachten ist (§ 61 FamFG) und grundsätzlich das Beschwerdegericht in seiner Gesamtheit zur Entscheidung berufen ist (§ 68 Abs. 4 FamFG). 30

Nach anderer Auffassung ist gegen die in einer Ehe- oder Familienstreitsache getroffene Kostenentscheidung die sofortige Beschwerde nach §§ 113 Abs. 1 FamFG i.V.m. §§ 567 ff. ZPO zulässig (OLG Saarbrücken FamRZ 2012, 472; OLG Zweibrücken FamRZ 2012, 392). Diese Meinung argumentiert insbesondere mit der Anlage 1 zum FamGKG Nr. 1910: 31

»Die dort geregelte Gebühr für … Beschwerden in den Fällen des § 71 Abs. 2, § 91a Abs. 2, § 99 Abs. 2 und § 269 Abs. 5 ZPO wäre überflüssig, wenn das Rechtsmittelrecht der ZPO hier überhaupt nicht anwendbar wäre (…).« 32

Der BGH (BGH FamRZ 2011, 1933) hat sich der letztgenannten Auffassung angeschlossen. Seiner Auffassung nach ergibt auch eine teleologische Auslegung, dass der Gesetzgeber mit Einführung des FamFG die Familienstreitsachen weitergehend den Verfahrensmaximen der ZPO unterstellen wollte als die übrigen Familiensachen. Dies sei ausweislich der Gesetzesmaterialien auch der Wille des Gesetzgebers gewesen. 33

Abweichend von den anderen Familiensachen ist damit für das erstinstanzliche Gericht die Möglichkeit der Abhilfe eröffnet. Es hat daher die Erfolgsaussichten der sofortigen Beschwerde zu prüfen und über die Abhilfe zu entscheiden, bevor es die Sache dem Beschwerdegericht vorlegt (OLG Oldenburg FamRZ 2015, 1996). 34

Das gilt auch für Unterhaltssachen, denn nach dem ausdrücklichen Willen des Gesetzgebers (BT-Drucks. 16/12717 S. 60) verdrängt die Sonderregelung des § 243 die über § 113 Abs. 1 Satz 2 in Bezug genommenen Vorschriften nur, soweit sie die Verteilung der Kosten regeln, nicht aber auch im Hinblick auf das gegen die Anfechtung von Kostengrundentscheidungen statthafte Rechtsmittel (Prütting/Helms/*Bömelburg* § 243 Rn. 32; Zöller/*Herget* § 243 Rn. 9; a.A. OLG Oldenburg FamRZ 2010, 1693; NJW 2010, 2815, 2815 f.; Keidel/*Giers* § 243 Rn. 11). Nichts anderes gilt auch in Scheidungs- und Eheaufhebungsverfahren im Hinblick auf die Vorschriften der §§ 132 u 150 (Zöller/*Feskorn* Rn. 4). Zu weiteren Einzelheiten, speziell auch zur Anfechtung von Kostenentscheidungen im **Scheidungsverbundverfahren** s. § 150 Rdn. 21 f.

3. Form. § 58 Abs. 1 setzt voraus, dass Entscheidungen, die das Verfahren abschließen, im Grundsatz gem. § 38 Abs. 1 Satz 1 nunmehr einheitlich im gesamten Anwendungsbereich des Gesetzes in der **Form des Beschlusses** zu ergehen haben, insb. also schriftlich abgefasst, begründet – und mit vollständigem Namen – nicht lediglich mit einer Paraphe (OLG Köln NJW 1988, 2805, 2805 f.) – des oder der beteiligten Entscheider (Richter oder Rechtspfleger) unterschrieben sein müssen. Das gilt auch für die Ehe- u Familienstreitsachen, § 113 Abs. 1 Satz 1. Ausgenommen sind nach § 38 Abs. 1 Satz 2 jedoch die Registersachen, für die § 382 bei Registereintragungen nach wie vor die Form der Verfügung genügen lässt. Ansonsten kommen formlose Verfügungen jetzt nur noch für Zwischen- u Nebenentscheidungen in Betracht. 35

II. Gleichgestellte Zwischenstreitentscheidungen. Einer Endentscheidung ausdrücklich gleichgestellt u daher wie diese mit der Beschwerde anfechtbar sind gem. § 113 Abs. 1 Satz 2 i.V.m. §§ 280 Abs. 2, 302 Abs. 2, 304 Abs. 1 ZPO auch Zwischenentscheidungen über die Zulässigkeit eines Verfahrens, Vorbehaltsentscheidungen u Zwischenentscheidungen über den Anspruchsgrund in Ehe- u Familienstreitsachen, wo derartige Entscheidungen nach dem FamFG nunmehr in gleicher Weise als Beschlüsse zu ergehen haben wie im Zivilprozess als Zwischen-, Vorbehalts- oder Grundentscheidungen in Urteilsform. 36

Wie schon bisher sind darüber hinaus auch verfahrensrechtliche Zwischenstreitentscheidungen über die Zulässigkeit sowie materiell-rechtliche Zwischenstreitentscheidungen entsprechend §§ 302, 304 ZPO auch außerhalb des Bereichs der Ehe- u Familienstreitsachen zulässig u dann entsprechend §§ 280 Abs. 2, 302 Abs. 2, 304 Abs. 1 ZPO in Bezug auf ihre Anfechtbarkeit einer Endentscheidung ebenfalls gleichzustellen (Keidel/*Meyer-Holz* § 58 Rn. 17; zum bisherigen Recht vgl. z.B. BayObLGZ 2004, 200, 201). Insbes. gilt das z.B. auch für Zwischenentscheidungen über das Vorliegen von Verfahrensvoraussetzungen im Verfahren nach dem SpruchG (*Preuß* NZG 2009, 961, 965). In diesen Fällen ist eine Beschwerde statthaft, soweit sie auch gegen eine Endentscheidung zulässig wäre, insb. also die Voraussetzungen der §§ 59 bis 62 erfüllt sind. Kein solcher Fall u deshalb unanfechtbar ist aber die Zwischenentscheidung des AG, ein ausländisches Gericht nach Art. 15 Abs. 1b) der VO (EG) Nr. 2201/2003 (»Brüssel IIa«) um die Erklärung seiner Zuständigkeit zu ersuchen (BGH FamRZ 2008, 1168, 1169; *Klinkhammer* FamRBInt 2006, 88, 90). 37

Zulässige Zwischenstreitentscheidungen, die nicht unter eine der vorgenannten Fallgruppen fallen, sind nicht selbstständig mit der Beschwerde anfechtbar, sondern können nur inzident im Rahmen eines Rechts- 38 mittels gegen die nachfolgende Endentscheidung mit überprüft werden, § 58 Abs. 2 (zur ZPO vgl. z.B. Zöller/*Vollkommer* § 303 ZPO Rn. 11). Das Gleiche gilt grds. auch für Zwischenentscheidungen, die verfahrensrechtlich unzulässig sind u daher überhaupt nicht hätten ergehen dürfen, wie etwa im Fall der Vorabentscheidung über eine einzelne materiell-rechtliche Vorfrage. Solche unzulässigen Zwischenentscheidungen sind aber nach dem Grundsatz der Meistbegünstigung ausnahmsweise dann mit der Beschwerde anfechtbar, wenn an ihrer Stelle bei zutreffender prozessualer Verfahrensweise eine (Teil-) Endentscheidung möglich gewesen wäre (BGH NJW 1994, 1651; NJW-RR 2006, 288 zur ZPO-Revision).

39 **III. Entscheidungen über die Versagung der Wiedereinsetzung.** In ihren Auswirkungen einer Endentscheidung entsprechend u daher im Allgemeinen gem. § 19 Abs. 3 u in Ehe- u Familienstreitsachen gem. § 238 Abs. 1 Satz 2 ZPO (§ 117 Rdn. 52) wie diese mit der Beschwerde anfechtbar sind auch Entscheidungen, mit denen die beantragte **Wiedereinsetzung** in eine Frist zur Einlegung oder Begründung eines Rechtsmittels gegen eine Endentscheidung in der Hauptsache versagt wird. Etwas anderes gilt für die Versagung der Wiedereinsetzung in einem Zwischen- u Nebenverfahren, die nur im Einzelfall mit der sofortigen Beschwerde entsprechend §§ 567 ff. ZPO angefochten werden kann, soweit eine solche gegen die angefochtene Zwischen- oder Nebenentscheidung überhaupt zulässig ist.

40 **IV. Bisherige Vorbescheide.** Zur Erreichung eines effektiven Rechtsschutzes systemwidrig wie eine Endentscheidung behandelt wurde unter der Geltung des FGG der sog. »Vorbescheid«, in dem das Gericht trotz bestehender Entscheidungsreife eine Endentscheidung wegen der nicht mehr angreifbaren Folgen ihrer tatsächlichen Umsetzung nicht sofort traf, sondern zunächst nur ankündigte, welche Entscheidung zu erlassen beabsichtigt war, wobei ein Rechtsmittel gegen diese Ankündigung aber in gleicher Weise wie gegen eine Endentscheidung zugelassen wurde (*Jacoby* FamRZ 2007, 1703, 1706; BayObLG NJW-RR 2003, 649, 650).

41 Erster Hauptanwendungsfall dieses von der Rspr. entwickelten Instituts (grundlegend BGHZ 20, 255, 257 f.) war der Vorbescheid über den **Inhalt eines zu erteilenden Erbscheins** oder Beschlusses über die Einziehung oder Kraftloserklärung von Erbscheinen u im Fall von Entscheidungen über die Erteilung von **Testamentsvollstreckerzeugnissen**, wenn Streit über die Erbenstellung bestand. Für diese Fälle ist der Vorbescheid nunmehr entbehrlich und damit auch unzulässig (§ 352 Rdn. 11) geworden, nachdem das Gesetz im Erbscheinsverfahren jetzt zwischen dem Beschluss über den Inhalt des zu erteilenden Erbscheins u der Erteilung des Erbscheins selbst unterscheidet. Der Feststellungsbeschluss über den Inhalt des Erbscheins ist eine Endentscheidung und unterliegt damit der Anfechtung nach den §§ 58 ff. (Bork/Jacoby/Schwab/*Müther* § 58 Rn. 7; a.A. Keidel/*Zimmermann* § 352 Rn. 147: Zwischenentscheidung, auf welche die §§ 58 ff. nur sinngemäß anzuwenden sind). Widerspricht er dem Willen eines Beteiligten, ist nach §§ 352 Abs. 2 Satz 2 die sofortige Wirksamkeit dieses Beschlusses auszusetzen. Der Erbschein ist erst zu erteilen, wenn der Beschluss rechtskräftig ist, ein möglicherweise notwendiges Rechtsmittelverfahren zur Klärung der Erbenstellung also bereits durchlaufen hat. Das Gleiche gilt sinngemäß auch für Beschlüsse über das Vorliegen der Voraussetzungen für die Einziehung oder Kraftloserklärung eines Erbscheins oder über die Erteilung eines Testamentsvollstreckerzeugnisses.

42 Auch Entscheidungen, welche die **Genehmigung eines Rechtsgeschäfts** zum Gegenstand haben, werden gem. § 40 Abs. 2 Satz 1 nunmehr erst mit Rechtskraft wirksam u können gem. § 63 Abs. 2 Nr. 2 binnen einer auf 2 Wochen verkürzten Frist mit der Beschwerde angefochten werden. Der bisher nach der Rspr. des BVerfG (BVerfG NJW 2000, 1709, 1711) in der Praxis auch hier übliche Vorbescheid ist damit auch für diese Fallgruppe abgeschafft. Dabei umfasst der Wortlaut des Gesetzes sachlich zutreffend auch den Fall, dass die Genehmigung des Rechtsgeschäfts verweigert wird, denn auch dann hat die Entscheidung die Genehmigung eines Rechtsgeschäfts »zum Gegenstand« (a.A. unter Verweis auf die – jedoch in diesem Punkt nicht hinreichend eindeutige – Gesetzesbegründung – vgl. BT-Drucks. 16/6308 S. 196 – Jansen/*Sonnenfeld* § 55 FGG Rn. 46).

43 Zu dem ebenfalls vorbescheidsähnlichen Fall einer **Mitteilung der beabsichtigten Eröffnung eines Testaments oder Erbvertrages** s. Rdn. 19, zur **Vorabmitteilung einer beabsichtigten Registereintragung** s. Rdn. 22, zu den **Vorbescheiden der Notare** s. Rdn. 23.

44 Wird ein Vorbescheid ungeachtet der neuen Rechtslage dennoch erlassen, ist die Beschwerde erst gegen die Endentscheidung gegeben. Denn gegen die bloße, d.h. mit keinerlei Rechtswirkungen verbundene Ankündigung einer späteren Entscheidung ist ein Rechtsmittel nicht statthaft (Keidel/*Meyer-Holz*, § 58 Rn. 38). Ob ein solcher Bescheid zur Klarstellung möglicherweise dennoch aufgehoben werden kann (OLG Köln

FGPrax 2010, 266 f.) dürfte methodisch schon deshalb zweifelhaft sein, weil damit auch ein Beschwerdegegenstand in der Sache bei dem Beschwerdegericht gar nicht anfällt.

V. Einstweilige Anordnungen. Entscheidungen in EA-Verfahren, die eine das Verfahren abschließende Regelung treffen oder eine solche Regelung ablehnen, sind nach der Systematik des FamFG wegen der Selbstständigkeit eines solchen Verfahrens ggü. der Hauptsache ebenfalls **Endentscheidungen** (BLAH/*Hartmann* § 58 Rn. 5). Entsprechend sind sie mit der Beschwerde anfechtbar, soweit die Anfechtbarkeit nicht durch Sonderregelungen wie insb. durch § 57 für Familiensachen im Einzelfall kraft Gesetzes ausgeschlossen ist (z.B. für die einstweilige Unterhaltsanordnung; Einzelheiten s. § 57 Rdn. 10 ff.). Die Beschwerdefrist für ein derartiges Rechtsmittel ist allerdings gem. § 63 Abs. 2 Nr. 1 auf 2 Wochen verkürzt. Zulässig ist die Beschwerde gegen einstweilige Anordnungen in Verfahren betr. die Unterbringung Minderjähriger nach § 151 Nr. 6 oder 7 (§ 331 Rdn. 24), da auf diese – obwohl Familiensachen i.S.d. § 111 Nr. 2 – nach § 167 Abs. 1 die Vorschriften über das Unterbringungsverfahren Anwendung finden und eine Anfechtung deshalb gem. § 331 i.V.m. § 58 Abs. 1 nach den allg. Vorschriften statthaft ist (OLG Dresden FamRZ 2010, 1845; OLG Celle FamRZ 2010, 1167 ff., 1168; OLG Frankfurt am Main FamRZ 2010, 907, 908 m. Anm. *Stockmann*, jurisPR extra 2010, 80 f.; *Bruns*, FamFR 2010, 100; a.A. OLG Koblenz FamRZ 2010, 908 f.). Die Beschwerde ist zudem nur dann statthaft, wenn die Entscheidung in einer Sache nach § 57 Satz 2 FamFG aufgrund mündlicher Erörterung ergangen ist. Gegen eine im schriftlichen Verfahren erlassene einstweilige Anordnung steht den Beteiligten nur der Antrag auf erneute Entscheidung aufgrund mündlicher Verhandlung zu, vgl. § 54 Abs. 2 FamFG.

VI. Einschränkung oder Ausschluss der Anfechtbarkeit von Endentscheidungen. Ausnahmsweise kraft Gesetzes unanfechtbar Endentscheidungen im Sinne von § 58 Abs. 1, 2. Alt sind z.B. gegeben bei Beschlüssen über eine **Annahme als Kind** (§ 197 Abs. 3 Satz 1), bei Beschlüssen über eine **Befreiung vom Eheverbot** nach § 1308 Abs. 1 BGB (§ 198 Abs. 3), bei Beschlüssen, durch die einem Antrag des Erben auf **Anordnung der Nachlassverwaltung** stattgegeben wird (§ 359 Abs. 1) u bei **Registereintragungen** (§ 383 Abs. 3). Unberührt bleibt jedoch die – bisher umstrittene – Zulässigkeit der sog. »Fassungsbeschwerde« zum Zwecke der Korrektur von falsch in einem Register eingetragenen Tatsachen oder der Klarstellung einer missverständlichen Eintragung (vgl. BT-Drucks. 16/6308 S. 286 sowie OLG Hamm FGPrax 2010, 143 m.w.N.; Einzelheiten s. § 383 Rdn. 33 ff.). Ebenfalls unanfechtbar sind weiterhin Beschlüsse zur Ernennung, Beeidigung oder Vernehmung eines **Sachverständigen** in den Fällen, in denen jemand nach den Vorschriften des bürgerlichen Rechts den Zustand oder den Wert einer Sache durch einen Sachverständigen feststellen lassen kann (§§ 410 Nr. 2, 414) sowie Beschlüsse zur gerichtlichen Benennung von Schadenssachverständigen in **Versicherungsschätzungssachen** (§§ 84 Abs. 2 Satz 3, 189 VVG), Beschlüsse zur **Aufhebung von Todeserklärungen** (§ 33 Abs. 1 VerschG) sowie Beschlüsse zur gerichtlichen Genehmigung der **Kraftloserklärung von Aktienurkunden** (§ 73 Abs. 1 Satz 4 AktG).

Nur eingeschränkt mit der Beschwerde anfechtbare Endentscheidungen sind nach näherer Maßgabe der § 353 Abs. 2 u 3 Beschlüsse über die **Einziehung oder Kraftloserklärung von Erbscheinen** sowie nach näherer Maßgabe von § 372 Abs. 2 Bestätigungsbeschlüsse im **Teilungsverfahren**; zu näheren Einzelheiten s. bei den jeweiligen Vorschriften.

D. Rechtsmittel gegen Zwischen- u Nebenentscheidungen. I. Allgemeines. Von den Endentscheidungen i.S.d. § 58 Abs. 1 zu unterscheiden sind die sog. Zwischen- u Nebenentscheidungen. **Zwischenentscheidungen** sind dabei solche, die der Endentscheidung vorausgehen u diese vorbereiten (OLG Frankfurt am Main FamRZ 2015, 1996; vgl. auch die Legaldefinition in § 58 Abs. 2), **Nebenentscheidungen** dagegen solche, die die Entscheidung in der Hauptsache ergänzen oder die an deren Stelle ergehen oder ihrer Durchsetzung dienen. Solche Entscheidungen sind i.d.R. mit einem Rechtsmittel nicht selbstständig, sondern entweder überhaupt nicht oder nur zusammen mit der Hauptsacheentscheidung anfechtbar.

Eine isolierte Anfechtung von Zwischen- u Nebenentscheidungen (erster Instanz) ist nur in den Fällen zulässig, in denen das Gesetz ein Rechtsmittel **ausdrücklich zulässt**, wobei zu diesem Zweck in den jeweiligen Vorschriften jeweils auf die **sofortige Beschwerde** in entsprechender Anwendung der §§ 567 bis 572 ZPO Bezug genommen wird (OLG Frankfurt am Main FamRZ 2015, 1996). Das dort geregelte formlose Verfahren vor dem originären Einzelrichter mit seiner kurzen, nur zweiwöchigen Beschwerdefrist erschien dem Gesetzgeber auch für die freiwillige Gerichtsbarkeit als geeignet. Durch die gewählte Verweisungstechnik sind zugleich einige bislang streitige Einzelfragen (vgl. allgemein KKW/*Kahl* § 19 FGG Rn. 9 ff., zu Familiensachen Jansen/*Wick* § 64 FGG Rn. 155 ff.) entschieden worden; sei es teils i.S.d. ausdrücklich zugelassenen Anfechtbarkeit, sei es durch deren Wegfall wegen Fehlens einer solchen Zulassung. In einigen besonders streitigen Fällen wird die Unanfechtbarkeit darüber hinaus auch im Gesetz noch einmal gesondert klargestellt, obwohl dies nach der Gesetzessystematik an sich nicht erforderlich wäre.

50 Zugleich soll durch die Verweisung auf die ZPO nach der Vorstellung des Gesetzgebers erreicht werden, dass sich die Statthaftigkeit von Rechtsmitteln gegen Zwischen- u. Nebenentscheidungen nach dem FamFG unter möglichst weitgehender Harmonisierung der verschiedenen Verfahrensordnungen nunmehr nach den gleichen Grundsätzen wie in bürgerlichen Rechtsstreitigkeiten richtet (BT-Drucks. 16/6308 S. 203). Dieses Ziel wird allerdings insoweit nur z.T. erreicht, als die in § 62 RefE FGG-RG II enthaltene, aus § 567 Abs. 1 ZPO übernommene Regelung, welche für die Anfechtbarkeit von Zwischen- u. Nebenentscheidungen eine Kombination aus einem Enumerationsprinzip (§ 62 Abs. 1 Nr. 2 RefE FGG-RG II = § 567 Abs. 1 Nr. 1 ZPO) u. einer beschränkten Generalklausel (§ 62 Abs. 1 Nr. 3 RefE FGG-RG = § 567 Abs. 1 Nr. 2 ZPO) vorsah, in das Gesetz nicht übernommen, sondern durch die jetzige, rein enumerative Lösung ersetzt worden ist. In den von der beschränkten Generalklausel des § 567 Abs. 1 Nr. 2 ZPO erfassten Fällen von Entscheidungen, durch die »ein **das Verfahren betreffendes Gesuch zurückgewiesen**« wird, ist daher im Ergebnis zwar im Verfahren nach der ZPO eine sofortige Beschwerde statthaft, nicht mehr jedoch im Anwendungsbereich des FamFG, u. zwar auch nicht für Ehe- u. Familienstreitsachen, da auch auf diese die §§ 567 ff. ZPO nunmehr nur noch anzuwenden sind, soweit im Einzelfall eine entsprechende Verweisung vorhanden ist.

51 Die jetzige Regelung hat damit zwar den Vorteil der besonderen Klarheit- u. Übersichtlichkeit. Ungeachtet dessen hat die Rspr. aus Gründen der Gleichbehandlung mit dem ZPO-Verfahren und des effektiven Rechtsschutzes bei erheblichen Eingriffen in die geschützte Rechtssphäre eines Betroffenen oder aus sonstigen Gründen aber bereits wieder mit der Bildung von Fallgruppen begonnen, für die eine sofortige Beschwerde gegen Zwischen- oder Nebenentscheidungen in entsprechender Anwendung der §§ 567 ff. ZPO auch **über den Wortlaut des Gesetzes hinaus** dennoch zugelassen wird. Zu nennen ist hier z.B. die isolierte Anfechtung einer Kostenentscheidung im Vollstreckungsverfahren nach § 87 Abs. 5 (vor §§ 58 bis 75 Rdn. 25). Ebenso hierher gehört auch die Zulassung der sofortigen Beschwerde gegen die Zurückweisung eines Antrages auf Anordnung einer Frist zur Festsetzung des Hauptsacheverfahrens nach § 52 Abs. 2 (OLG Karlsruhe FamRZ 2011, 571, 572 f. m. Anm. *van Els*, vgl. auch § 52 Rdn. 13; a.A. *Keidel/Giers* § 52 Rn. 9: Beschwerde nach §§ 58 ff.). Ebenso zu behandeln ist richtigerweise auch ein ausnahmsweise in Betracht kommendes Rechtsmittel bei schweren Grundrechtseingriffen durch eine Zwischenentscheidung in Betreuungs- und Unterbringungssachen (Rdn. 59 u. 61; a.A. *Lettau*, S. 43 ff., 140 f.: Beschwerde nach §§ 58 ff.).

52 Soweit im Gesetz auf die §§ 567 ff. ZPO Bezug genommen wird, richtet sich das **Beschwerdeverfahren** ausschl. nach diesen Vorschriften, also nicht nur wegen der Statthaftigkeit des Rechtsmittels, sondern im Hinblick auf das gesamte Verfahren (a.A. *Prütting/Helms/Abramenko* Rn. 18). Ein Rückgriff auf die §§ 58 ff. kommt grds. nicht in Betracht. Eine Einlegung der sofortigen Beschwerde ist daher entspr § 569 Abs. 1 Satz 1 ZPO sowohl bei dem Ausgangsgericht wie auch bei dem Beschwerdegericht möglich (*Rackl* S. 28; a.A. *Schürmann* FamRB 2009, 24, 29: nach der Systematik des FamFG – auf die das Gesetz hier aber ausdrücklich nicht verweist – sei zweifelhaft, ob nicht lediglich eine Beschwerdeeinlegung beim Ausgangsgericht zugelassen werden sollte). Entsprechend § 567 Abs. 1 ZPO ist sie außerdem nur gegen Entscheidungen der Amts- u. Landgerichte im ersten Rechtszug statthaft. Zwischen- u. Nebenentscheidungen der zweiten Instanz sind also nicht mit der sofortigen Beschwerde anfechtbar. Eine entsprechende Anwendung des FamFG-Beschwerderechts soll aber in Betracht kommen, soweit nur dieses den sachlichen Unterschieden zwischen FamFG- und ZPO-Verfahren Rechnung trägt, wie es insb. bei den §§ 60 u. 62 der Fall sei (OLG Brandenburg, Beschl. v. 27.08.2012 – 3 UF 41/12 = BeckRS 2012, 19718; *Keidel/Meyer-Holz* § 58 Rn. 89). Nicht betroffen von der Verweisung auf die §§ 567 ff. ZPO ist außerdem die Frage des Instanzenzuges, da die maßgeblichen Regelungen des GVG von der allein die Vorschriften der ZPO betreffenden Verweisung auf die Vorschriften der sofortigen Beschwerde schon nach ihrem Wortlaut nicht erfasst werden (im Erg ebenso *Prütting/Helms/Abramenko* § 58 Rn. 18; *Rackl* S. 29).

53 Str. ist, ob und ggf. welches **Rechtsmittel gegen die Entscheidung des Beschwerdegerichts** statthaft ist. Die gesetzlichen Verweisungen auf die sofortige Beschwerde erfassen jeweils nur die §§ 567 bis 572 ZPO; auf die Regelung des § 574 ZPO über die Rechtsbeschwerde wird hingegen nicht verwiesen (a.A. *Fölsch* FamRZ 2011, 260, 262: zur Konzeption der §§ 567 ff. ZPO gehöre auch die Rechtsbeschwerde, die daher von der Verweisung automatisch mit umfasst sei). Das gilt auch für eine sofortige Beschwerde gegen die *Verweigerung von Vkh in Ehe- u. Familienstreitsachen*, denn für diese ergibt sich die Verweisung auf die

§§ 567 ff. ZPO zwar nicht wie bei der Vkh aus § 76 Abs. 2, sondern aus § 113 Satz 2 i.V.m. § 127 Abs. 2 bis 4 ZPO, aber auch insoweit fehlt es an einer Vorschrift, welche für die Ehe- u Familienstreitsachen eine entsprechende Geltung auch der §§ 574 ff. ZPO anordnet. Es liegt daher die Annahme nahe, dass ein weiterer Rechtszug gegen die Entscheidung des Beschwerdegerichts – anders als im bisherigen Recht – nunmehr generell nicht mehr eröffnet sein sollte (Meysen/*Finke* § 58 Rn. 15; Bork/Jacoby/Schwab/*Müther* § 76 Rn. 38; *Büttner* FF 2009, 242, 243 und dieser Kommentar bis zu 3. Aufl.); der – insoweit nicht eindeutigen – Gesetzesbegründung (BT-Drucks. 16/6308, S. 214 f.) ist dazu weiter nichts zu entnehmen. Der BGH hält jedoch nach anfänglichen Unklarheiten und ohne vertiefte Erörterung des Problems mittlerweile einhellig eine entspr Anwendung des § 574 ZPO für geboten (BGH [5. ZS] BGHZ 184, 323 = FGPrax 2010, 154, 154 f.; BGH [XII. ZS] FamRZ 2012, 619 m.w.N.). Seine zeitweilig abweichende Ansicht, es sei die Rechtsbeschwerde nach § 70 gegeben (BGH FamRZ 2010, 1425 und FamRZ 2011, 1138; ebenso nach wie vor Keidel/*Meyer-Holz* § 70 Rn. 12a) hat der 12. Zivilsenat ausdrücklich aufgegeben. Zulässig ist die Rechtsbeschwerde danach immer nur dann, wenn sie durch das Beschwerdegericht zugelassen worden ist, § 574 Abs. 1 Nr. 2 ZPO (Prütting/Helms/*Fröschle* § 284 Rn. 17); den weiteren Fall einer Zulässigkeit kraft besonderer gesetzlicher Bestimmung gem. § 574 Abs. 1 Nr. 1 ZPO gibt es im Anwendungsbereich des FamFG nicht. Insbesondere ist eine zulassungsfreie Rechtsbeschwerde damit mangels Anwendbarkeit von § 70 auch in den Angelegenheiten des § 70 Abs. 3 nicht gegeben (BGH FamRZ 11, 966; a.A. Keidel/*Meyer-Holz* § 70 Rn. 12a).

Anders als für Endentscheidungen (Rdn. 35) ist für Zwischen- u Nebenentscheidungen eine bestimmte Form der Entscheidung nicht generell, sondern nur im jeweiligen Einzelfall gesetzlich vorgeschrieben, sodass diese ansonsten nach wie vor nicht nur in Form von Beschlüssen, sondern auch als **bloß formlose Verfügung** getroffen werden können (BT-Drucks. 16/6308 S. 195). Für die Fälle, in denen das Gesetz auf die sofortige Beschwerde entsprechend den §§ 567 ff. ZPO verweist, ist das allerdings meist der Fall, sodass auch solche Beschwerden sich i.d.R. gegen Entscheidungen richten, die in Beschlussform ergangen sind. Im Grundsatz ist die Statthaftigkeit einer sofortigen Beschwerde gegen eine Zwischen- oder Nebenentscheidung aber von der Form der angefochtenen Entscheidung nicht abhängig u kann sich daher auch gegen eine nur formlose getroffene Verfügung richten. Wird eine Endentscheidung, die als Beschluss hätte ergehen müssen, nur als formlose Verfügung erlassen, kommt dagegen nur die Beschwerde nach § 58 Abs. 1 in Betracht (Keidel/*Meyer-Holz* § 58 Rn. 19). 54

II. Ausdrückliche Zulassung der sofortigen Beschwerde in entsprechender Anwendung der §§ 567 ff. 55
ZPO. Die selbstständige Anfechtbarkeit von nicht instanzbeendenden Zwischen- oder Nebenentscheidungen kann sich sowohl aus dem allgemeinen oder besonderen Teil des FamFG ergeben wie auch aus Verweisungen auf das FamFG in anderen Gesetzen. Außerdem kann sie in Sondergesetzen angeordnet sein. Für Ehe u Familienstreitsachen ergibt sich die Anfechtbarkeit der entsprechenden Entscheidungen überwiegend jeweils unmittelbar aus der ZPO. Selbstständig anfechtbar mit der sofortigen Beschwerde in entsprechender oder unmittelbarer Anwendung der §§ 567 bis 572 ZPO sind demnach z.B.:

– Beschlüsse, durch die ein Gesuch auf **Ablehnung von Gerichtspersonen** entsprechend den §§ 41 ff. ZPO für unbegründet erklärt wird, in Ehe- u Familienstreitsachen gem. § 113 Abs. 1 Satz 2 i.V.m. § 46 Abs. 2 u in allen sonstigen Verfahren nach dem FamFG gem. § 6 Abs. 2. Das Gleiche gilt über die in den § 113 Abs. 1 Satz 2 u § 30 Abs. 1 jeweils enthaltenen Verweisungen auf die §§ 406 Abs. 1, 41 ff. ZPO auch für die **Ablehnung von Sachverständigen** (*Völker* FPR 2008, 287, 293; a.A. wohl Johannsen/Henrich/*Althammer* § 58 Rn. 7).

– Entscheidungen, mit denen die beantragte **Hinzuziehung eines Beteiligten** zu einem Verfahren abgelehnt wird, gem. § 7 Abs. 5 Satz 2. Soweit diese Vorschrift in Ehe- u Familienstreitsachen nicht gilt u auch § 567 Abs. 1 Nr. 2 ZPO nicht unmittelbar anzuwenden ist, weil § 113 Abs. 1 Satz 2 ausdrücklich nur die entsprechende Anwendung der allgemeinen Vorschriften der ZPO u der Vorschriften über das Verfahren der ersten Instanz vor den LG, nicht aber von Vorschriften des Rechtsmittelrechts anordnet, wird man die Anfechtbarkeit eines derartigen Beschlusses mit der sofortigen Beschwerde zumindest aus einer entsprechenden Anwendung von § 567 Abs. 1 Nr. 2 ZPO herleiten können. Die Hinzuziehung von Amts wegen erfordert keine ausdrückliche Entscheidung des Gerichts (BT-Drucks. 16/6308 S. 179) und ist nicht selbstständig anfechtbar (Keidel/*Meyer-Holz* § 58 Rn. 93).

– Entscheidungen erster Instanz (Eckebrecht/*Große-Boymann* § 1 Rn. 530 f.) über die **Aussetzung des Verfahrens** in Ehe- u Familienstreitsachen gem. § 113 Abs. 1 Satz 2 ZPO i.V.m. §§ 252 ZPO u in allen sonstigen Verfahren nach dem FamFG gem. § 21 Abs. 2. Das gilt auch für die Fälle der Aussetzung eines Registerverfahrens nach § 381 (OLG Köln FGPrax 2010, 215; Nedden-Boeger § 381 Rn. 23) und über den

Wortlaut von § 21 Abs. 2 u § 252 ZPO hinaus entspr für alle sonstigen, den Stillstand des Verfahrens herbeiführenden Entscheidungen, z.B. also auch für eine Entscheidung, durch die eine Unterbrechung des Verfahrens festgestellt (zum alten Recht vgl. OLG Schleswig FGPrax 2006, 67; OLG Hamm FamRZ 2008, 703, 704; zur ZPO vgl. Zöller/*Greger* § 252 Rn. 1 m.w.N.), sein Ruhen angeordnet (OLG Zweibrücken FGPrax 2012, 230) oder seine Wiederaufnahme abgelehnt wird (OLG Nürnberg FamRZ 2010, 1462 f.).

– Entscheidungen in einem **Zwischenstreit über das Recht zur Zeugnisverweigerung** gem. § 29 Abs. 2 i.V.m. § 387 Abs. 3 ZPO, der wiederum auf die §§ 567 ff. ZPO verweist. In Ehe- u Familienstreitsachen gelten die §§ 387 Abs. 3, 567 ff. ZPO unmittelbar.

– Entscheidungen über die **Verhängung von Ordnungsmitteln** gegen Beteiligte bei unentschuldigtem Ausbleiben im Termin grds. gem. § 33 Abs. 3 Satz 5, in Ehesachen bei unentschuldigtem Ausbleiben der Ehegatten im Termin gem. § 128 Abs. 4 i.V.m. §§ 380 Abs. 3 ZPO u in Familienstreitsachen gem. § 113 Abs. 1 Satz 2 i.V.m. §§ 141 Abs. 3, 380 Abs. 3 ZPO.

– Beschlüsse über die Verhängung von **Zwangsmitteln** bei der Verletzung von speziellen, im Gesetz normierten Mitwirkungspflichten (vgl. z.B. §§ 230, 358, 404, 405 Abs. 2 oder § 82 GBO) grds. gem. § 35 Abs. 5. In Ehe- u Familienstreitsachen ist die Nichtbefolgung von Mitwirkungspflichten regelmäßig sanktionslos, sodass auch ein Rechtsmittel gegen eine derartige Sanktion nicht erforderlich ist. Nicht erfasst von § 35 Abs. 5 und daher nicht anfechtbar ist auch die – nach dem FamFG ohnehin nicht mehr vorgesehene und deshalb folgenlose – bloße Androhung eines Zwangsmittels (BGH FamRZ 2012, 1204, 1205).

– **Berichtigungsbeschlüsse** in Ehe- u Familienstreitsachen gem. § 113 Abs. 1 Satz 2 i.V.m. 319 Abs. 3 ZPO u in allen übrigen Verfahren nach dem FamFG gem. § 42 Abs. 3 Satz 2.

– Entscheidungen im **Kostenfestsetzungsverfahren** gem. § 85 i.V.m. § 104 Abs. 3 ZPO, der wiederum auf die §§ 567 ff. ZPO verweist. In Ehe- u Familienstreitsachen gelten die §§ 104 Abs. 3, 567 ff. ZPO gem. § 113 Abs. 1 Satz 2 unmittelbar.

– Entscheidungen im Verfahren über die Bewilligung oder Verweigerung (BGH FamRZ 2011, 1138, 1139) von **Verfahrenskostenhilfe** gem. § 76 Abs. 2, 567 ff., 127 Abs. 2 bis 4 ZPO wegen fehlender Erfolgsaussichten allerdings nur, soweit auch eine Anfechtung in der Hauptsache zulässig wäre (BGH FamRZ 2011, 1138 ff.; OLG Hamm FamRZ 2010, 1467; *Keske* § 76 Rdn. 115). In Ehe- u Familienstreitsachen gelten die §§ 127 Abs. 2 u 3, 567 ff. ZPO wiederum gem. § 113 Abs. 1 Satz 2 unmittelbar (ebenso *Schael* FPR 2009, 11, 13). Der bisherige Streit über die Reichweite der Verweisung von § 14 FGG auf die Vorschriften der ZPO (Nachweise vgl. z.B. BT-Drucks. 16/6308 S. 215; Jansen/*von König* § 14 Rn. 69) – insb. im Hinblick auf die Beschwerdefrist (vgl. BGH FamRZ 2006, 939) – ist durch die präzisere Fassung der Verweisung in § 76 Abs. 2 gegenstandslos geworden.

– Beschlüsse im **Vollstreckungsverfahren** gem. § 87 Abs. 4 (§ 87 Rdn. 4). In Ehe- u Familienstreitsachen gelten gem. § 113 Abs. 1 Satz 2, 120 Abs. 1 die Rechtsmittelvorschriften des achten Buches der ZPO.

– Entscheidungen in einem **Zwischenstreit** über die Anordnung einer Blutprobe oder einer sonstigen Untersuchungsmaßnahme in **Abstammungssachen** gem. § 178 Abs. 2 i.V.m. § 387 Abs. 3 ZPO, der wiederum auf die §§ 567 ff. ZPO verweist (§ 178 Rdn. 10).

– Beschlüsse über die **Unterbringung zur Begutachtung** im Betreuungsverfahren gem. § 284 Abs. 3.

– Beschlüsse des Nachlassgerichts, in denen eine Frist zur Benennung eines **Testamentsvollstreckers** gem. § 2198 Abs. 2 BGB oder einem Testamentsvollstrecker eine Frist zur Annahme seines Amtes gesetzt wird gem. § 355 Abs. 1.

– Beschlüsse in **Teilungsverfahren** zur Setzung einer Frist nach § 366 Abs. 3 oder über den Antrag auf Wiedereinsetzung bei der Versäumung einer derartigen Frist gem. § 372 Abs. 1.

– Beschlüsse im **Aufgebotsverfahren** zur Kraftloserklärung von Urkunden, durch die der Antrag auf Erlass einer Zahlungssperre zurückgewiesen oder eine bereits erlassene Zahlungssperre wieder aufgehoben wird, §§ 480 Abs. 2; 482 Abs. 1.

56 **III. Ausdrückliche Unanfechtbarkeit von Zwischen- und Nebenentscheidungen.** Eine vollständige Aufzählung der Fälle, in denen das Gesetz die selbstständige Anfechtbarkeit von Zwischen- oder Nebenentscheidungen ausdrücklich ausschließt, ist vor allem wegen der Vielzahl von Sondergesetzen in der freiwilligen Gerichtsbarkeit kaum möglich.

57 Innerhalb des FamFG selbst ist die Anfechtbarkeit ausdrücklich ausgeschlossen für **Verweisungsbeschlüsse** (§ 3 Abs. 3), Beschlüsse zur **Bestimmung des zuständigen Gerichts** (§ 5 Abs. 3), Entscheidungen über die Zurückweisung von *nicht* vertretungsbefugten oder ungeeigneten **Bevollmächtigten** (§ 10 Abs. 1 Satz 1 u

Abschnitt 5. Rechtsmittel § 58

3), Entscheidungen über die Bewilligung oder Verweigerung von **Akteneinsicht** für Rechtsanwälte, Notare oder beteiligte Behörden (§ 13 Abs. 4 Satz 3), **Wiedereinsetzungsbeschlüsse** (§ 19 Abs. 2), deklaratorische Beschlüsse, in denen die **Wirkungslosigkeit** einer bereits ergangenen Endentscheidung im Fall der Antragsrücknahme festgestellt wird (§ 22 Abs. 2 Satz 3), für die Zurückweisung von **Berichtigungsanträgen** u **Anhörungsrügen** (§§ 42 Abs. 3 Satz 1 u 44 Abs. 4 Satz 3), für Entscheidungen über die **Aussetzung der Vollstreckung einer einstweiligen Anordnung** (§ 55 Abs. 1 Satz 2) u für Entscheidungen über die **einstweilige Einstellung der Zwangsvollstreckung** in Fällen der **Umgangs- u Herausgabevollstreckung** (§ 93 Abs. 1 Satz 3), wobei alle diese Vorschriften – mit Ausnahme von § 55 Abs. 1 Satz 2 – wiederum gem. § 113 Abs. 1 jeweils nicht für Ehe- u Familienstreitsachen gelten, sondern insoweit durch die allgemeinen Vorschriften der ZPO u die Vorschriften der ZPO über das Verfahren vor den LG ersetzt sind.

Unanfechtbar sind weiterhin auch Beschlüsse über die **Abgabe** eines Verfahrens zur Anordnung einer Vormundschaft über Minderjährige an ein **ausländisches Gericht** (§ 99 Abs. 3 Satz 3), Beschlüsse zur Anordnung der Teilnahme an einem **Informationsgespräch** über eine außergerichtliche Streitbeilegung in Scheidungsfolgesachen oder zur Anordnung der Teilnahme an einem **Beratungsgespräch der Kinder- u Jugendhilfe** in Kindschaftssachen, welche die elterliche Sorge, das Umgangsrecht oder die Herausgabe eines Kindes betreffen (§§ 135 Abs. 1 Satz 2 u 156 Abs. 1 Satz 5), Entscheidungen über die **Abtrennung von Scheidungsfolgesachen** (§ 140 Abs. 6, nach altem Recht streitig, vgl. BGH FamRZ 2005, 191 m.w.N.), Beschlüsse über die **Bestellung von Verfahrensbeiständen** für minderjährige Kinder oder **Verfahrenspflegern** in Betreuungs- u Unterbringungssachen, die Aufhebung einer solchen Bestellung oder die Ablehnung einer derartigen Maßnahme (§§ 158 Abs. 3 Satz 2, 276 Abs. 6, 317 Abs. 6), Beschlüsse, in denen die Erfolglosigkeit eines **Vermittlungsverfahrens in Umgangsangelegenheiten** festgestellt wird (§ 165 Abs. 5 Satz 1), Beschlüsse, mit denen die Genehmigung einer **Vereinbarung zum VA** verweigert wird (§ 223 Abs. 2), Entscheidungen im Zusammenhang mit der Pflicht der Beteiligten oder Dritter zur **Auskunftserteilung** über die Einkommens- u Vermögensverhältnisse der Beteiligten in **Unterhaltsangelegenheiten** (§§ 235 Abs. 4, 236 Abs. 5), Entscheidungen über die **einstweilige Einstellung der Zwangsvollstreckung** im **Unterhaltsabänderungsverfahren** (§ 242 Satz 2), Beschlüsse, mit denen ein Antrag auf Durchführung eines **vereinfachten Verfahrens über den Unterhalt Minderjähriger** zurückgewiesen wird (§ 250 Abs. 2 Satz 3) u für Gerichtsentscheidungen in Angelegenheiten des **Unterbringungsvollzuges** (§ 327 Abs. 4).

Für Anordnungen auf Untersuchung, Vorführung zur Untersuchung oder Unterbringung zur Begutachtung in **Betreuungs- u Unterbringungssachen** ist eine in §§ 283 Abs. 1 Satz 2, 284 Abs. 3, 322 RegE unter inhaltlicher Übernahme von § 68b Abs. 3 Satz 2 FGG zunächst vorgesehene Regelung der Unanfechtbarkeit im Gesetzgebungsverfahren als überflüssig entfallen, weil sich diese schon aus der Systematik des Gesetzes ergebe (BT-Drucks. 16/6308 S. 378, 420). Das trifft zwar zu (s. Rdn. 65); mit der gleichen Begründung hätte aber grds. auch in den Fällen Rdn. 57 eine ausdrückliche Regelung entfallen können, ebenso wie sie auch für die Unanfechtbarkeit von Beschlüssen über die **Ablehnung von Beweisanträgen** (§§ 29 Abs. 2 Satz 4, 30 Abs. 4 Satz 2 RegE FGG-RG) u von Anordnungen der **Nichtbekanntgabe von Entscheidungsgründen an Minderjährige** in Kindschaftssachen (§ 172 Satz 2 Halbs. 2 RefE FGG-RG I) im Laufe des Gesetzgebungsverfahrens entfallen ist, ohne dass damit eine inhaltliche Änderung verbunden war. Gerade im Fall des früheren § 68b Abs. 3 Satz 2 FGG wäre zudem eine Klarstellung des Gesetzgebers geboten gewesen, denn der Ausschluss von Rechtsmitteln gegen die Vorführung zur Untersuchung oder die Unterbringung zur Begutachtung ist wegen der Schwere der hier in Betracht kommenden Grundrechtseingriffe schon bisher zu Recht als verfassungsrechtlich bedenklich angesehen worden (Jansen/*Sonnenfeld* § 68b FFG Rn. 30, 50, § 69g FGG Rn. 7 m.w.N.; ebenso zum FamFG *Schmidt-Recla/Diener* FamRZ 2010, 696, 700 ff.; keine Bedenken gegen die Unanfechtbarkeit allerdings bei BVerfG FamRZ 2010, 186, 187 u 1145, 1146 m. Anm. *Schmidt-Recla*) u eine Beschwerde bei schweren Rechtsverstößen entgegen dem Wortlaut des Gesetzes z.T. dennoch zugelassen worden (Rdn. 61; zu Einzelheiten vgl. § 283 Rdn. 19 ff.).

Durch Vorschriften der ZPO u des GVG, auf die durch das FamFG verwiesen wird, ist die Anfechtbarkeit außerdem ausgeschlossen für Beschlüsse, die ein **Befangenheitsgesuch** für begründet erklären (§ 6 Abs. 1 i.V.m. § 46 Abs. 2, 1. Alt ZPO), Beschlüsse, durch die ein **Antrag auf Fristverkürzung** zurückgewiesen wird (§ 16 Abs. 2 i.V.m. § 225 Abs. 3 ZPO), Entscheidungen über die **Verlegung oder Aufhebung von Terminen** (§ 32 Abs. 1 Satz 2 i.V.m. § 227 Abs. 2 ZPO), **Einzelrichterbeschlüsse** (§ 68 Abs. 4 i.V.m. § 526 Abs. 3 ZPO), Entscheidungen zur **Verfahrenskostenhilfe** nach näherer Maßgabe der ZPO (§ 76 Abs. 2 i.V.m. § 127 Abs. 2 u 3 ZPO), Entscheidungen über die **Zulässigkeit des Rechtsweges** u über die **funktionale Zu-**

§ 58   Buch 1. Allgemeiner Teil

ständigkeit der allgemeinen Zivilgerichte, Familiengerichte oder Betreuungsgerichte in ihrem Verhältnis zueinander (§ 17a Abs. 5 u 6 GVG).

61 Offen ist, ob die Anfechtung einer Zwischen- oder Nebenentscheidung entgegen dem Wortlaut der vorgenannten Vorschriften ausnahmsweise dennoch statthaft sein kann, wenn die Entscheidung **objektiv willkürlich** ist u in Grundrechte des Betroffenen eingreift (so z.B. BGH FamRZ 2008, 774, 776; 2007, 1002, 1003 zu § 68b Abs. 3 FGG). Anders als im FGG ist die grundsätzliche Anfechtbarkeit von Zwischen- oder Nebenentscheidungen aber regelungstechnisch im FamFG selbst bei der Anordnung von Zwangsmaßnahmen (a.A. Prütting/Helms/*Fröschle* § 283 Rn. 22) nicht mehr der Grundsatz, sondern die Ausnahme. Hält man mit dem BGH die außerordentliche Beschwerde als Rechtsmittel selbst im Fall der Willkür sonst für unzulässig (Vorbem. zu §§ 58 bis 75 Rdn. 36 f.), so darf man sie daher konsequenterweise auch in dem hier gegebenen Zusammenhang eigentlich nicht (mehr) zulassen. Jedenfalls bis zur Grenze des Gesetzeswortlautes kommt aber zunächst eine verfassungskonform einschränkende Auslegung in Betracht (Keidel/*Meyer-Holz* § 58 Rn. 30).

62 **IV. Zwischenverfügungen.** Ausnahmsweise u an sich systemwidrig mit der Beschwerde gem. §§ 58 ff. statt mit der sofortigen Beschwerde entspr §§ 567 ff. ZPO anfechtbar sind unter Festschreibung des bisher in der Rspr. anerkannten Zustandes Zwischenverfügungen des **Registergerichts** mit Auflagen zur Beseitigung von behebbaren (OLG Schleswig FGPrax 2012, 212, 213 und § 382 Rdn. 15) Eintragungshindernissen in Handels-, Genossenschafts-, Partnerschafts- u Vereinsregistersachen gem. § 382 Abs. 4 Satz 2 und Zwangsgeldbeschlüsse in derartigen Verfahren gem. § 391 Abs. 1. Gleichzustellen sind die – vom Gesetzgeber offenbar übersehenen – Zwischenverfügungen in Angelegenheiten des Güterrechtsregisters (§ 382 Rdn. 32 f.). Auch Zwischenverfügungen im **Grundbuchrecht** bleiben anfechtbar, weil für diese die §§ 58 ff. wegen der eigenständigen Rechtsmittelvorschriften in der GBO nicht gelten (Bork/Jacoby/Schwab/*Müther* § 58 Rn. 7).

63 In allen sonstigen Fällen kommt eine selbstständige Anfechtung von Zwischenverfügungen dagegen mangels ausdrücklicher Zulassung im Gesetz nicht (mehr) in Betracht (*Lettau*, S. 54 ff., 141). Unanfechtbar sind deshalb nach neuer Rechtslage z.B. Zwangsgeldbeschlüsse u Zwischenverfügungen im **Erbscheinsverfahren**, in denen auf leicht behebbare Mängel (z.B. fehlende Personenstandsurkunden) hingewiesen wird u deren Anfechtbarkeit bisher jedenfalls dann anerkannt war, wenn sie in nicht unerheblicher Weise in die Rechtssphäre eines Beteiligten eingreifen (*Zimmermann* FGPrax 2006, 189, 193; a.A. für diesen Fall nach wie vor MüKo/*Mayer* § 2353 BGB Rn. 125, einschränkend auch Keidel/*Zimmermann* § 352 Rn. 147). Aus dem gleichen Grund nicht (mehr) selbstständig anfechtbar sind schließlich Zwischenverfügungen, mit denen das Nachlassgericht eine eidesstattliche Versicherung nach § 2356 Abs. 1 BGB verlangt (MüKo/*Mayer* § 2356 BGB Rn. 59; anders zum alten Recht OLG München NJW-RR 2007, 665, 666).

64 **V. Inzidente Überprüfung von Zwischenentscheidungen.** § 58 Abs. 2 bestimmt, dass grds. auch die Entscheidungen, die einer Endentscheidung vorausgegangen sind, i.R.d. Beschwerde gegen die Endentscheidung (inzident) mit überprüft werden können, erweitert also die Nachprüfungskompetenz des Beschwerdegerichts auch auf die vorangegangenen Zwischenentscheidungen.

65 **1. Entscheidungen, die einer Endentscheidung vorausgegangen sind.** Der Endentscheidung vorausgegangen u daher (nur) mit dieser zusammen überprüfbar im Sinne von § 58 Abs. 2 sind Maßnahmen der Verfahrensleitung wie z.B. die **Einleitung eines Amtsverfahrens** (OLG Stuttgart FGPrax 2003, 72), die **Abgabe** der Sache an ein anderes Gericht nach § 4 (BGH FamRZ 2011, 282, 283 f.; *Schöpflin* § 4 Rdn. 27 m.w.N., str.), die Anordnung von **Verhandlungs-, Erörterungs- oder Ortsterminen, Verbindungs- oder Trennungsbeschlüsse** u die Entscheidung über einen **Zwischenstreit**, soweit dieser nicht einer Endentscheidung gleichsteht (Rdn. 36 f.) und dagegen auch nicht, wie z.B. beim Zwischenstreit über die Zeugnisverweigerung oder die Ablehnung eines Sachverständigen ausnahmsweise die sofortige Beschwerde nach den §§ 567 ff. ZPO zugelassen ist (Rdn. 55). Nicht selbstständig anfechtbare Zwischenentscheidungen i.d.S. sind auch die **Anordnung des persönlichen Erscheinens** von Beteiligten (Keidel/*Meyer-Holz* Rn. 27) und die Anordnung der **Kindesanhörung** in Kindschafts-, Abstammungs- und Adoptionssachen (Keidel/*Meyer-Holz* § 58 Rn. 38). Ebenfalls nicht selbstständig anfechtbar sind **Beweisanordnungen** aller Art, insb. auch die Anordnung eines medizinischen oder psychologischen Sachverständigengutachtens (Rdn. 59), einschließlich eines Gutachtens nach § 178 Abs. 1 zur Feststellung der Abstammung (Johannsen/Henrich/*Althammer* § 58 Rn. 7 m.w.N.).

66 Geht einer Endentscheidung in einer Ehe- oder Familienstreitsache eine Versäumnisentscheidung voraus (§ 113 Abs. 1 Satz 2 i.V.m. §§ 330 ff. ZPO), so erstreckt sich die Prüfungskompetenz des Beschwerde-

Abschnitt 5. Rechtsmittel § 58

gerichts auch auf die Zulässigkeit des gegen diese gerichteten Einspruchs (Zöller/*Heßler* § 512 ZPO Rn. 1). Einer besonderen Rüge zur Erstreckung der Überprüfung auch auf die der Endentscheidung vorangegangenen Entscheidungen bedarf es nicht (MüKoZPO/*Rimmelspacher* § 512 ZPO Rn. 8), jedoch unterliegen der Überprüfung nur solche Zwischenentscheidungen, auf denen die angefochtene Endentscheidung auch beruht (Musielak/*Ball* § 512 ZPO Rn. 2; Stein/Jonas/*Grunsky* § 512 ZPO Rn. 2 zur ZPO).

2. Selbstständig anfechtbare Zwischenentscheidungen. Wie in § 512 ZPO, an den sich § 58 Abs. 2 anlehnt, umfasst diese erweiterte Nachprüfungskompetenz aber nur die nicht selbstständig anfechtbaren Vor- oder Zwischenentscheidungen. Ausgeschlossen von der impliziten Überprüfung i.R.d. Beschwerde gegen die Endentscheidung sind damit alle diejenigen Fälle, in denen die isolierte Anfechtung einer Zwischenentscheidung durch eine sofortige Beschwerde entsprechend den §§ 567 ff. ZPO (Rdn. 55) oder ausnahmsweise auch durch eine Beschwerde nach den §§ 58 ff. (Rdn. 62) im Gesetz ausdrücklich vorgesehen ist. 67

3. Unanfechtbare Zwischenentscheidungen. Zwangsläufig nicht von der Prüfungskompetenz des Beschwerdegerichts mit umfasst sind außerdem diejenigen der Endentscheidung vorangegangenen Zwischenentscheidungen, die nach dem FamFG oder aufgrund sonstiger gesetzlicher Vorschriften im Einzelfall ausdrücklich für unanfechtbar erklärt (Rdn. 56 ff.) u daher für das Beschwerdegericht bei seiner Überprüfung der anschließend ergangenen Endentscheidung bindend sind. 68

E. Rechtsmittel gegen inkorrekte Entscheidungen. I. Meistbegünstigungsgrundsatz. Entscheidungen, die in unrichtiger oder nicht eindeutiger Form erlassen sind, können auch im FamFG-Verfahren nach dem sich aus den verfassungsrechtlichen Grundsätzen der allgemeinen Gleichberechtigung u des Vertrauensschutzes ergebenden Meistbegünstigungsprinzip sowohl mit dem Rechtsbehelf oder Rechtsmittel angefochten werden, das ihrer äußeren Form entspricht, als auch mit demjenigen, das bei einer verfahrensrechtlich korrekten Entscheidung gegeben wäre (Keidel/*Meyer-Holz* § 58 Rn. 9 ff.; Zöller/*Heßler* vor § 511 ZPO Rn. 30–34; Musielak/*Ball* vor § 511 ZPO Rn. 31–32a, jeweils m.w.N.). Den Beteiligten soll durch die Wahl einer falschen oder nicht eindeutigen Entscheidungsform kein Nachteil entstehen. Das Meistbegünstigungsprinzip führt aber nicht zu einer Erweiterung des Instanzenzuges. Es eröffnet also kein Rechtsmittel, wo ein solches auch gegen eine verfahrensrechtlich korrekt ergangene Entscheidung nicht gegeben wäre (BGH FamRZ 2012, 1293 ff., 1294). Der Meistbegünstigungsgrundsatz führt außerdem nur zur Statthaftigkeit des Rechtsmittels. Die weiteren Voraussetzungen des Rechtsmittels, das der Rechtsmittelführer gewählt hat, müssen also wie auch sonst erfüllt sein (Musielak/*Ball* vor § 511 ZPO Rn. 33). 69

Das Rechtsmittelverfahren ist grds. so durchzuführen, wie wenn die angefochtene Entscheidung in der korrekten Form ergangen u das hiergegen statthafte Rechtsmittel eingelegt worden wäre (Musielak/*Ball* vor § 511 ZPO Rn. 34 m.w.N.). Eine Aufhebung u Zurückverweisung an das Gericht der ersten Instanz kommt nach dem FamFG allerdings nur noch ausnahmsweise bei Vorliegen der Voraussetzungen des § 69 Abs. 1 in Betracht; sind diese nicht gegeben, muss das Rechtsmittelgericht nach Überleitung des Verfahrens in die richtige Form (Zöller/*Heßler* vor § 511 ZPO Rn. 33 m.w.N.) in der Sache selbst entscheiden. 70

Anwendungsfälle für den Meistbegünstigungsgrundsatz im Bereich des FamFG liegen wegen der jetzt einheitlich vorgesehenen Entscheidungsform des Beschlusses nicht mehr – wie im Standardfall beim Verfahren nach der ZPO – bei der Wahl der Urteilsform anstelle eines Beschlusses. In Betracht kommt seine Anwendung aber nach wie vor z.B. bei Ehe- u Familienstreitsachen, wenn eine dem Inhalt nach streitige Entscheidung irrig als Versäumnisentscheidung bezeichnet wird (BGH NJW 1999, 583, 584), wenn statt einer Versäumnisentscheidung eine normale Endentscheidung erlassen wird (OLG München FamRZ 1989, 1204, 1205) oder wenn eine (erste) Versäumnisentscheidung fälschlich als »zweite« Versäumnisentscheidung bezeichnet ist (Zöller/*Heßler* § 514 ZPO Rn. 4 m.w.N.) oder umgekehrt (BGH NJW 1997, 1448). Ebenso können Fälle des Meistbegünstigungsprinzips vorliegen, falls die – nunmehr nach § 39 zwingend vorgeschriebene – Rechtsbehelfsbelehrung im Einzelfall nicht zutrifft u der Rechtsmittelführer dadurch zur Einlegung eines falschen Rechtsbehelfs veranlasst wird (BGH NJW 2004, 1598 für den Fall eines irreführenden Hinweises auf eine tatsächlich nicht gegebene Gehörsrüge nach § 321a ZPO). Nach den gleichen Grundsätzen wie bei der Wahl einer falschen Entscheidungsform ist eine Beschwerde außerdem auch dann zuzulassen, wenn das Gericht der ersten Instanz über einen Antrag entschieden hat, der tatsächlich gar nicht (oder nicht mehr) gestellt worden ist (BGH NJW 1991, 703, 704). Schließlich sind Anwendungsfälle des Meistbegünstigungsgrundsatzes denkbar, wenn in Übergangsfällen bei einer Entscheidung noch nach altem Verfahrensrecht anstatt nach dem FamFG entschieden wurde (BGH FamRZ 2012, 783 ff., 784) oder wenn wegen wechselnder Kennzeichnung des (sachlich) zuständigen Gerichts u des Verfahrensgegenstandes Zweifel 71 bestehen, ob das AG als allgemeines Prozessgericht oder als FamG entschieden hat u der Beschwerdeführer in einem solchen Fall irrtümlich ein objektiv unrichtiges Rechtsmittel einlegt (Musielak/*Borth* § 117 Rn. 14).

72 **II. Anfechtung von unwirksamen Entscheidungen und Scheinentscheidungen.** Ebenso ist die Beschwerde statthaft ggü. ganz oder z.T. **unwirksamen Beschlüssen**, falls z.B. eine Entscheidung ergangen ist, obwohl das Verfahren noch gar nicht anhängig (BGH NJW-RR 2006, 565), ausgesetzt oder z.B. nach § 113 Abs. 1 Satz 2 i.V.m. § 240 ZPO wegen Eröffnung des Insolvenzverfahrens über das Vermögen eines Unterhaltsschuldners unterbrochen war (BGH NJW 1995, 2563; 1997, 1445) oder ein tatsächlich an einem Verfahren gar nicht Beteiligter – etwa im Zuge einer fehlerhaften Berichtigung – in ein Beschlussrubrum aufgenommen worden ist (Zöller/*Heßler* vor § 511 ZPO Rn. 36).

73 Das Gleiche gilt auch in Fällen, in denen ein bloßer Entscheidungsentwurf versehentlich den Beteiligten bekannt gemacht worden ist u dadurch zumindest der **Anschein einer gerichtlichen Entscheidung** entstanden ist (OLG Frankfurt am Main, FamRZ 2010, 907, 908), ebenso z.B. bei einer notwendigen, aber irrtümlich unterbliebenen Verkündung in einer Ehe- oder Familienstreitsache. Bereits durch einen derartigen Anschein ist der Rechtsmittelführer hinreichend beschwert (Musielak/*Ball* § 511 ZPO Rn. 8), wobei allerdings eine solche Scheinentscheidung keine Rechtskraftfähigkeit besitzt u daher auch sonstige Zulässigkeitsvoraussetzungen für eine Beschwerde – wie vor allem die Einhaltung der Beschwerdefrist – nicht zu beachten sind (BGH VersR 1984, 1192; NJW 1999, 1192). Der Beschwerdeantrag ist in einem solchen Fall auf die Feststellung zu richten, dass eine bestimmte gerichtliche Entscheidung nicht vorliegt (*Abramenko* FGPrax 2010, 218).

74 **F. Rechtsmittel gegen Untätigkeit. I. Rechtsentwicklung.** Gegen bloße Untätigkeit des angerufenen Gerichts konnte nach bisher h.M. nicht mit einem Rechtsbehelf vorgegangen werden, denn die Rechtsmittelsysteme der ZPO, des FGG u auch des FamFG setzen das Vorhandensein einer überprüfbaren Entscheidung voraus, an der es im Fall der Untätigkeit gerade fehlt. Diese Ansicht ist jedoch durch die neuere Rspr. des BVerfG zur Gewährleistung eines effektiven Rechtsschutzes nach Art. 2 Abs. 1 i.V.m. Art. 20 Abs. 3 GG (BVerfG NJW 2001, 961; 2004, 835, 836; 2008, 503) und die Rspr. des EGMR zum Erfordernis einer wirksamen innerstaatlichen Beschwerdemöglichkeit gegen überlange Verfahrensdauer nach Art. 13 EMRK (EGMR NJW 2001, 2694, 2699) überholt. Ein erster Gesetzentwurf der BReg vom 22.08.2005 zur Schaffung einer solchen Beschwerdemöglichkeit durch Einführung einer allgemeinen Untätigkeitsbeschwerde wurde zunächst nicht weiter verfolgt. Nachdem der EGMR die BReg jedoch schon im Jahr 2006 zur Umsetzung dieses Gesetzentwurfes aufgefordert (EGMR FamRZ 2007, 1449, 1453) und ihr sodann sogar ausdrücklich eine Frist von einem Jahr zum Tätigwerden gesetzt hatte (EGMR NJW 2010, 3355, 3358), ist nunmehr mit Wirkung zum 03.12.2011 durch die Einführung der §§ 198 bis 201 GVG n.F. mit dem ÜVerfBesG ein **Rechtsbehelf eigener Art** in der Gestalt einer besonderen Entschädigungsklage im Fall der Verfahrensverzögerung geschaffen worden. Nach näherer Maßgabe der Übergangsvorschrift in Art. 23 ÜVerfbesG gilt diese Neuregelung auch für Verfahren, die bei dem Inkrafttreten des Gesetzes bereits anhängig waren und sogar für bereits abgeschlossene Verfahren, deren Überlänge beim Inkrafttreten des Gesetzes Gegenstand einer rechtzeitig innerhalb der Frist von 6 Monaten seit dem Abschluss des Verfahrens gem. Art. 35 Abs. 1 EMRK anhängig gemachten (BVerfG, Beschl. v. 20.06.2012, 2 BvR 1565/11 Rn. 16; OLG Celle, Urt. v. 24.10.2012, 23 SchH 10/12 Rn. 7) Beschwerde bei dem EGMR ist oder dies noch werden kann.

75 **II. Verzögerungsrüge.** Entschädigung für seine durch die unangemessene Dauer eines Gerichtsverfahrens erlittenen materiellen und immateriellen Nachteile im Rahmen eines gesonderten Entschädigungsprozesses erhält ein Verfahrensbeteiligter nach den neuen Vorschriften aber nur unter der Voraussetzung, dass er zuvor bei dem mit dem Ausgangsverfahren befassten Gericht durch eine sog. **Verzögerungsrüge** deutlich gemacht hat, dass er mit der Dauer des Verfahrens nicht einverstanden ist, § 198 Abs. 3 Satz 1 GVG. Die Verzögerungsrüge ist kein Rechtsbehelf, sondern eine als Obliegenheit der Beteiligten (BT-Drucks. 17/3802, S. 16) ausgestaltete Verfahrenshandlung (BT-Drucks. 17/3802, S. 43), deren ordnungsgemäßes Vorliegen erst in dem nachfolgenden Entschädigungsprozess von Amts wegen (BT-Drucks. 17/3802, S. 20) überprüft wird.

76 **Sachlich anwendbar** ist das neue Recht gem. § 198 Abs. 6 Nr. 1 GVG auf sämtliche Verfahren im Anwendungsbereich des FamFG von der Einleitung auf Antrag (§ 23) oder von Amts wegen (§ 24) bis zum rechtskräftigen Abschluss einschließlich der auf die Bewilligung von Verfahrenskostenhilfe (§§ 76 ff.) und auf den Erlass einer EA (§§ 49 ff.) gerichteten Verfahren (Keidel/*Meyer-Holz*, Anh zu § 58 Rn. 68). Erheben kann ei-

ne Verfahrensrüge gem. § 198 Abs. 6 Nr. 2 GVG **jeder Verfahrensbeteiligte** i.S.d. § 7, mit Ausnahme der Träger der öffentlichen Verwaltung und sonstiger öffentlicher Stellen, soweit diese nicht in Wahrnehmung eines Selbstverwaltungsrechts an einem Verfahren beteiligt sind, und zwar ohne Rücksicht darauf, ob diese zur Wahrung des öffentlichen Interesses oder als i.S.d. § 7 Abs. 2 Nr. 1 unmittelbar selbst in ihren Rechten betroffen an dem Verfahren beteiligt sind (BT-Drucks. 17/3802, S. 20). Besteht in dem Ausgangsverfahren **Anwaltszwang**, so kann auch die Verzögerungsrüge nur durch einen Rechtsanwalt erhoben werden (BT-Drucks. 17/3802, S. 20). Eine **Begründung** der Verzögerungsrüge ist für ihre Wirksamkeit nicht erforderlich. Der Betroffene muss aber auf solche Umstände hinweisen, die für das Maß der gebotenen Verfahrensbeschleunigung wichtig, bisher jedoch in das Verfahren noch nicht eingeführt sind (§ 198 Abs. 3 Satz 3 GVG). Wird er dieser Obliegenheit nicht gerecht, können solche Umstände bei der Bestimmung der angemessenen Verfahrensdauer in dem nachfolgenden Entschädigungsprozess nicht mehr berücksichtigt werden (§ 198 Abs. 3 Satz 4 GVG).

Gem. § 198 Abs. 3 Satz 2 Halbs. 1 GVG kann die Verzögerungsrüge erst erhoben werden, wenn Anlass zur Besorgnis besteht, dass das Verfahren nicht in einer angemessenen Zeit abgeschlossen wird. Eine dafür ausreichende Situation ist dann gegeben, wenn ein Verfahrensbeteiligter erstmals Anhaltspunkte dafür hat, dass das Verfahren nicht in angemessener Zeit abgeschlossen werden kann und sich daher zumindest die konkrete Möglichkeit einer Verzögerung abzeichnet (BT-Drucks. 17/3802, S. 20). Eine schon früher erhobene Rüge geht ins Leere (BT-Drucks. 17/3802, S. 20). Eine Erhebung der Rüge zu einem späteren Zeitpunkt ist dagegen bis zum Erlass der Endentscheidung ohne Nachteile für den Betroffenen möglich, es sei denn dessen Zuwarten ist bei Würdigung der Gesamtumstände als ein vorrangig auf die Erlangung einer Entschädigung (»Dulde und Liquidiere«) gerichtetes Verhalten zu bewerten. Ein derartiges Verhalten kann im Rahmen des Entschädigungsprozesses sowohl bei der Beurteilung der Angemessenheit der Verfahrensdauer wie auch bei der Frage, ob eine Wiedergutmachung der durch die überlange Verfahrensdauer entstandenen immateriellen Nachteile möglicherweise auch schon ohne die Festsetzung einer Geldentschädigung möglich ist (§ 198 Abs. 2 Satz 2 und 4 GVG) zum Nachteil des Anspruchstellers berücksichtigt werden (BT-Drucks. 17/3802, S. 21 und 41). Eine Wiederholung der Rüge ist – auch im Fall ihrer verfrühten Erhebung (*Althammer/Schäuble* NJW 2012, 1, 3) – frühestens nach 6 Monaten möglich, es sei denn, wegen des Eintritts neuer Umstände – wie etwa einem Richterwechsel (BT-Drucks. 17/3802, S. 1) – ist zur Vermeidung eines unbilligen Ergebnisses (BT-Drucks. 17/3802, S. 21) ausnahmsweise eine kürzere Frist geboten (§ 198 Abs. 3 Satz 2 Halbs. 2 GVG). Kommt es in der höheren Instanz oder nach der Verweisung an ein anderes Gericht (BT-Drucks. 17/3802, S. 21) zu einer weiteren Verzögerung des Verfahrens, bedarf es einer erneuten Verzögerungsrüge (§ 198 Abs. 3 Satz 5 GVG).

III. Entschädigungsprozess. Die nachfolgende Klage zur Durchsetzung des Entschädigungsanspruchs kann gem. § 198 Abs. 5 Satz 1 GVG frühestens nach einer **Wartefrist** von 6 Monaten nach Erhebung der Verzögerungsrüge erhoben werden. Gem. § 198 Abs. 5 Satz 2 muss sie jedoch analog § 199 Abs. 3 Satz 1 (Keidel/*Meyer-Holz* Anh. zu § 58 Rn. 74) spätestens binnen einer **Ausschlussfrist** (BT-Drucks. 17/3802, S. 21) von 6 Monaten nach Rechtskraft der Entscheidung, die das Ausgangsverfahren beendet, oder nach der anderweitigen Erledigung dieses Verfahrens erhoben werden. **Anspruchsgegner** ist gem. § 200 Satz 1 GVG bei Verfahrensverzögerungen vor dem AG, LG oder OLG das jeweilige Land und gem. § 200 Satz 2 GVG bei Verfahrensverzögerungen durch den BGH der Bund. **Ausschließlich zuständig** ist gem. § 201 Abs. 1 Satz 1 GVG für die Klage auf Entschädigung gegen ein Land das OLG, in dessen Bezirk das Ausgangsverfahren durchgeführt wurde und gem. § 201 Abs. 1 Satz 2 GVG für die Klage auf Entschädigung gegen den Bund der BGH. Das Verfahren richtet sich gem. § 201 Abs. 2 Satz 2 GVG nach den §§ 253 bis 494a ZPO über das Verfahren vor dem Landgericht im ersten Rechtszug. Die **Darlegungs- und Beweislast** für das Vorliegen einer unangemessenen Verzögerung des Verfahrens und für deren rechtzeitige Rüge trägt der Anspruchsteller. Soweit es dabei auf Umstände ankommt, die in den Bereich der Justiz fallen, kommt allerdings eine sekundäre Darlegungslast der jeweils beklagten Partei in Betracht (BT-Drucks. 17/3802, S. 25). Eine Übertragung auf den **Einzelrichter** (§§ 348, 348a ZPO) ist gem. § 201 Abs. 2 Satz 2 GVG ausgeschlossen. Gegen die Entscheidungen der Oberlandesgerichte findet gem. § 201 Abs. 2 Satz 3 Halbs. 1 GVG nach Maßgabe des § 543 ZPO die **Revision** statt; bei deren Nichtzulassung ist gem. § 201 Abs. 2 Satz 3 Halbs. 2 GVG unter den Voraussetzungen des § 544 ZPO die Nichtzulassungsbeschwerde gegeben. Gem. § 201 Abs. 3 Satz 1 GVG kann das Entschädigungsgericht das Verfahren **aussetzen**, wenn das Ausgangsverfahren, von dessen möglicher Überlänge ein Anspruch nach § 198 GVG abhängt, noch andauert. Daneben kommt analog § 251 ZPO auch eine Aussetzung wegen laufender Vergleichsverhandlungen in Betracht (Keidel/

Meyer-Holz, Anh zu § 58 Rn. 79). Eine gerichtliche oder auch außergerichtliche Einigung der Parteien des Entschädigungsprozesses über dessen Verfahrensgegenstand ist nach dem ausdrücklichen Willen des Gesetzgebers zulässig, darf aber wegen der gebotenen Wahrung der richterlichen Unabhängigkeit keine Zusagen der Justizverwaltung auf eine vorrangige Bearbeitung, auf eine bestimmte Verfahrensdauer oder auf eine vorgezogene Entscheidung beinhalten (BT-Drucks. 17/3802, S. 22).

79 Die mangelnde **Angemessenheit der Verfahrensdauer** i.S.d. § 198 Abs. 1 Satz 1 GVG richtet sich gem. § 198 Abs. 1 Satz 2 GVG nach den Umständen des Einzelfalls, insb. nach der Schwierigkeit des Verfahrens und nach dem Verhalten der Verfahrensbeteiligten sowie Dritter. Der unbestimmte Rechtsbegriff der »unangemessenen Dauer« ist inhaltlich mit der Gewährleistung des Art. 2 Abs. 1 i.V.m. Art. 20 Abs. 3 GG bzw. derjenigen des Art. 6 Abs. 1 EMRK auszufüllen. Die Verfahrensdauer ist als unangemessen anzusehen, wenn eine Abwägung aller Umstände ergibt, dass die aus den genannten Norme folgende Verpflichtung des Staates, Gerichtsverfahren in angemessener Zeit zu einem Abschluss zu bringen, verletzt worden ist (OVG Magdeburg NVwZ 2012, 1637, 1637; *Althammer/Schäuble* NJW 2012, 1, 2). Demgemäß wird durch den Wortlaut von § 198 Abs. 1 Satz 2 GVG an die – somit auch weiterhin verwertbaren – Maßstäbe angeknüpft, die sowohl das BVerfG wie auch der EGMR im Zusammenhang mit der Frage überlanger Gerichtsverfahren entwickelt haben (BT-Drucks. 17/3802, S. 18) und die von den Oberlandesgerichten in ihrer Rspr. zur außerordentlichen Untätigkeitsbeschwerde weiter konkretisiert worden sind (Keidel/*Meyer-Holz* Anh. zu § 58 Rn. 80). Voraussetzung für die Annahme einer unangemessen langen Dauer des Verfahrens ist es daher, dass eine über das Normalmaß hinausgehende, den Beteiligten unzumutbare Verzögerung des Verfahrens aufgrund einer mangelnden Verfahrensförderung durch das Gericht dargetan wird. Diese führt jedenfalls zunächst in denjenigen Fällen zu der Annahme einer unangemessenen Verfahrensdauer, in denen sich diese bei Anlegung objektiver Maßstäbe als regelrechte Rechtsschutzverweigerung darstellt (OLG Schleswig FamRZ 2011, 1085, 1086; OLG Celle FamRZ 2010, 487, 488; OLG Düsseldorf MDR 2008, 406; großzügiger auch schon zum bisherigen Recht Meysen/*Finke* vor § 58 FamFG Rn. 8: nicht mehr korrigierbare Nachteile reichen schon aus). Darüber hinaus ist von einer überlangen Verfahrensdauer aber auch dann auszugehen, wenn die lange Dauer des Verfahrens zumindest geeignet ist, durch Schaffung von Fakten (z.B. Entfremdung von einem Elternteil im Sorgerechtsverfahren) Einfluss auf den Inhalt der zu treffenden Entscheidung zu nehmen (BVerfG NJW 2001, 961; FamRZ 2009, 189, 190). Ein einfacher Verstoß z.B. gegen die Sollvorschrift des § 155 Abs. 2 Satz 2 reicht für die Annahme einer unangemessenen Verfahrensdauer dagegen nicht aus (OLG Schleswig FamRZ 2011, 1085, 1086). Ebenso außer Betracht bleiben solche Verzögerungen, die nicht auf eine mangelnde Förderung des Verfahrens, sondern auf eine – sei es auch fehlerhafte – Rechtsanwendung zurückzuführen sind, wie sie z.B. dann vorliegt, wenn das Gericht eine aufwendige Beweisaufnahme für geboten hält. Die Überprüfung einer derartigen Maßnahme wie auch die jeder anderen Zwischenentscheidung oder verfahrensleitenden Maßnahme, die auf der richterlichen Sachprüfung beruht, ist dem Entschädigungsgericht schon mit Rücksicht auf die richterliche Unabhängigkeit des Ausgangsgerichts entzogen (Keidel/*Meyer-Holz* Anh. zu § 58 Rn. 82). Auf ein Verschulden des Gerichts an dem Eintritt der Verzögerungen kommt es nicht an.

80 Seinem **Umfang** nach umfasst der Entschädigungsanspruch gem. § 198 Abs. 1 Satz 1 GVG sowohl die Kompensation der materiellen wie auch diejenige der immateriellen Nachteile, die dem Anspruchsteller – sei es auch zeitlich schon vor der Erhebung der Verzögerungsrüge (*Althammer/Schäuble* NJW 2012, 1, 3) – durch die Verzögerung des Verfahrens entstanden sind.

81 Anders als nach dem Gesetzentwurf der BReg zunächst vorgesehen, richtet sich der Anspruch auf den Ersatz der **materiellen Nachteile** aber nicht auf vollen Schadensersatz i.S.d. §§ 249 ff. BGB, sondern nur auf einen angemessenen Ausgleich der erlittenen Vermögenseinbußen (BT-Drucks. 17/7217, S. 28; *Althammer/Schäuble* NJW 2012, 1, 3), dessen Umfang in Anlehnung an die sich aus der – ebenfalls verschuldensunabhängigen – Vorschrift des § 906 Abs. 2 Satz 2 BGB ergebenden Grundsätze bestimmt werden kann (OVG Magdeburg NVwZ 2012, 1637, 1640). Hierzu gehören insb. auch Kostenerhöhungen in dem Ausgangsverfahren aufgrund der Verzögerung und die notwendigen Anwaltskosten für die vorprozessuale Verfolgung des Entschädigungsanspruchs (BT-Drucks. 17/3802, S. 19), nicht aber ein entgangener Gewinn i.S.d. § 252 BGB (BT-Drucks. 17/3802, S. 28). Die **Darlegungs- und Beweislast** für den Eintritt der erlittenen Vermögensnachteile ebenso wie für das Vorliegen eines adäquaten Kausalzusammenhangs zwischen der Verzögerung und dem Grund sowie der Höhe der eingetretenen Nachteile trägt der Anspruchsteller (Keidel/Meyer-Holz Anh. zu § 58 Rn. 84). Die Grundsätze der **Vorteilsausgleichung** sind anzuwenden (BT-Drucks. 17/3802, S. 19).

Zu den **immateriellen Nachteilen**, die gem. §§ 198 Abs. 1 und 2 GVG zu ersetzen sind, gehören neben den seelischen Belastungen durch die unangemessen lange Verfahrensdauer auch körperliche Beeinträchtigungen oder eine Rufschädigung (BT-Drucks. 17/3802, S. 19). Insbes. erfasst wird auch die Entfremdung eines Kindes von einem Elternteil, die durch einen – unter Berücksichtigung des kindlichen Zeitempfindens – nicht in angemessener Zeit abgeschlossenen Sorgerechtsstreit eingetreten sind (BT-Drucks. 17/3802, S. 19). Gem. § 198 Abs. 2 Satz 1 GVG besteht für den Eintritt eines immateriellen Nachteils durch die Verzögerung des Verfahrens eine widerlegbare (BT-Drucks. 17/3802, S. 19) **Vermutung**. Eine Entschädigung kann dafür gem. § 198 Abs. 2 Satz 2 GVG nur verlangt werden, soweit nicht nach den Umständen des Einzelfalles Wiedergutmachung auf andere Weise ausreichend ist. Gem. § 198 Abs. 4 Satz 1 GVG kann dafür insb. die Feststellung des Entschädigungsgerichts schon ausreichen, dass die Verfahrensdauer unangemessen war. Soweit eine Entschädigung danach in Betracht kommt, ist sie gem. § 198 Abs. 2 Satz 3 GVG i.d.R. mit einem Pauschalbetrag von 1.200,00 € für jedes Jahr der Verzögerung zu bemessen. Ist dieser Betrag nach den Umständen des Einzelfalles unbillig, kann gem. § 198 Abs. 2 Satz 4 GVG aber auch ein höherer oder geringerer Betrag festgesetzt werden. 82

Die **Feststellung** des Entschädigungsgerichts, dass die Verfahrensdauer unangemessen gewesen ist, setzt keinen Antrag voraus, § 198 Abs. 4 Satz 2 GVG. Gem. § 198 Abs. 4 Satz 4 GVG kann sie in schwerwiegenden Fällen auch neben der Entschädigung ausgesprochen werden und ebenso – auch in nicht schwerwiegenden Fällen – dann, wenn eine oder mehrere Voraussetzungen des § 198 Abs. 3 GVG nicht erfüllt sind, weil z.B. eine Verzögerungsrüge vollständig fehlt oder nicht zum richtigen Zeitpunkt erhoben worden ist. Besteht deswegen ein Anspruch auf Entschädigung nicht oder jedenfalls nicht in voller Höhe, ist dies bei der **Kostenentscheidung** gem. § 201 Abs. 4 in der Weise zu berücksichtigen, dass über diese dann nicht – wie sonst – gem. §§ 91 ff. ZPO nach dem strikten Maßstab des Obsiegens oder Unterliegens, sondern nach billigem Ermessen zu entscheiden ist. Dadurch soll einerseits vermieden werden, dass die Staatskasse bei unverhältnismäßig hohen Entschädigungsansprüchen und entspr hohem Streitwert mit unangemessen hohen Kosten belastet wird, andererseits aber auch zugunsten des Anspruchstellers der Tatsache Rechnung getragen werden, dass dieser zwar möglicherweise seine Rügeobliegenheit nicht erfüllt hat, aber gleichwohl eine überlange Verfahrensdauer festgestellt werden musste (BT-Drucks. 17/3802, S. 26). 83

IV. Verhältnis zu anderen Rechtsbehelfen. Eine (fristlose) **Untätigkeitsbeschwerde** als außerordentlicher Rechtsbehelf gegen die Untätigkeit des erstinstanzlichen Gerichts, wie sie bis zum Inkrafttreten des ÜVerfBesG von der Mehrheit der Oberlandesgerichte zugelassen wurde, ist nach dem Inkrafttreten der Neuregelung nicht mehr statthaft (BGH NJW 2013, 385, 386; OLG Bremen FamRZ 2013, 570, 571; OLG Düsseldorf FamRZ 2012, 1161, 1162; a.A. *Vogel* FPR 2012, 528; *Rixe* FamRZ 2012, 1124, 1125 f.). Es fehlt nunmehr bereits an einer Regelungslücke, die eine entspr Rechtsfortbildung zulassen würde, denn das von der Rspr. des EGMR und des BVerfG beanstandete Rechtsschutzproblem des überlangen Verfahrens sollte nach dem ausdrücklichen Willen des Gesetzgebers durch die Neuregelung abschließend gelöst werden (BT-Drucks. 17/3802). 84

Ob dies tatsächlich gelungen ist, bleibt allerdings zweifelhaft. Durch die gesetzliche Neufassung sollten die Anforderungen des EGMR an einen wirksamen innerstaatlichen Rechtsbehelf i.S.d. Art. 13 EMRK erfüllt werden. Ein solcher kann zwar grds. wahlweise entweder dadurch gewährleistet werden, dass die befassten Gerichte zu einer schnelleren Entscheidungsfindung veranlasst werden (präventive Lösung) oder die Rechtssuchenden für die bereits entstandene Verzögerung eine angemessene Entschädigung erhalten (kompensatorische Lösung). Jedenfalls in dem besonders sensiblen Anwendungsbereich des Art. 8 EMRK, insb. also für die besonders praxisrelevanten Fälle der überlangen Dauer von Verfahren im Bereich des Umgangs- und Sorgerechts verlangt der EGMR mittlerweile aber auch bei Vorliegen einer Entschädigungsregelung zusätzlich die Gewährleistung eines (wirksamen) präventiven Rechtsbehelfs zur Beschleunigung des Verfahrens (EGMR FamRZ 2012, 1123 f. m. Anm. *Rixe*). Der deutsche Gesetzgeber hat sich mit § 198 Abs. 1 GVG jedoch bewusst für eine im Wesentlichen nur kompensatorisch wirksame Lösung entschieden (BT-Drucks. 17/3802, S. 15). Den Gedanken der Prävention hat er nur insoweit aufgegriffen, als der Verzögerungsrüge nach seinen Vorstellungen eine doppelte Funktion zukommt und sie nicht nur die materielle Voraussetzung für die Entstehung eines Entschädigungsanspruchs darstellen sondern zugleich auch dem Gericht des Ausgangsverfahrens als Vorwarnung dienen und ihm – soweit erforderlich – die Möglichkeit zu einer beschleunigten Verfahrensförderung eröffnen soll (BT-Drucks. 17/3802 S. 16, 20). Der EuGHMR (FamRZ 2015, 469) hat in seiner Entscheidung vom 15.01.2015 nochmals klargestellt, dass ein effektiver Rechtsbehelf zur Beschleunigung von Verfahren insbesondere in Kindschaftssachen (Umgangsverfahren) immer noch nicht 85 vorhanden ist. Weder die Verzögerungsrüge und die Entschädigungsklage nach dem Gesetz über den Rechtsschutz bei überlangen Gerichtsverfahren und strafrechtlichen Ermittlungsverfahren noch eine gesetzlich nicht geregelte Untätigkeitsbeschwerde sowie das Beschleunigungsgebot gemäß § 155 FamFG erfüllen die Anforderungen an einen effektiven Beschleunigungsrechtsbehelf gemäß Art. 13 i.V.m. Art. 8 EMRK. Mittlerweile hat der Gesetzgeber darauf reagiert und ein diesbezügliches Gesetzgebungsverfahren eingeleitet. Es ist zu hoffen, dass ein effektiver Beschleunigungrechtsbehelf zukünftig verfügbar ist, da eine Entschädigung einem Elternteil keine Hilfe ist, wenn eine dauerhafte Beeinträchtigung der Eltern-Kind-Beziehung durch Untätigkeit eines Gerichtes droht.

86 Neben der Entschädigungsklage bleiben dem von einer Verzögerung des Verfahrens Betroffenen aber auch weiterhin die – allerdings in vielen Fällen kaum zielführenden – Möglichkeiten der **Dienstaufsichtsbeschwerde** (vor § 58 Rdn. 38) oder der **Befangenheitsablehnung**.

87 Weiter ist neben der Entschädigungsklage die **Amtshaftungsklage** gem. § 839 BGB, Art. 34 GG gegeben, die aber das Vorliegen einer schuldhaften Amtspflichtverletzung des Ausgangsgerichts außerhalb des durch die Privilegierung des § 839 Abs. 2 Satz 1 BGB geschützten Bereichs voraussetzt (BGH NJW 2011, 1072, 1073) und zudem auch einen Ersatz des immateriellen Schadens nicht ermöglicht. Zwischen den Ansprüchen aus § 198 GVG und § 839 BGB besteht Anspruchskonkurrenz. Eine auf der Grundlage des einen Anspruchs bereits erhaltene Leistung ist daher bei dem jeweils anderen im Wege der Vorteilsausgleichung zu berücksichtigen (BT-Drucks. 17/3802, S. 19).

88 Eine **Verfassungsbeschwerde** unter Berufung auf die Überlänge der Verfahrensdauer ist wegen des Grundsatzes der materiellen – also über die bloß formelle Ausschöpfung des Rechtsweges hinausgehenden – Subsidiarität gegenüber dem Rechtsbehelf des § 198 GVG unzulässig (BVerfG, Beschl. v. 29.06.2012, 2 BvR 1565/11 Rn. 12). Allenfalls auf (erneute) Verfassungsverstöße in dem nachfolgenden Entschädigungsprozess kann eine Verfassungsbeschwerde noch gestützt werden (Keidel/*Meyer-Holz*, Anh zu § 58 Rn. 84). Auch eine **Individualbeschwerde vor dem EGMR** ist nach Art. 35 Abs. 1 EMRK erst nach der Ausschöpfung aller innerstaatlichen Rechtsbehelfe zulässig, wozu nunmehr im Fall der überlangen Verfahrensdauer auch die Erhebung einer Entschädigungsklage nach § 198 GVG gehört (EGMR EuGRZ 2012, 514).

89 **G. Bedingungsfeindlichkeit von Rechtsmitteln.** Auch im FamFG-Verfahren ist die Einlegung von Rechtsmitteln unzulässig, wenn sie unter einer Bedingung erfolgt (BGH FamRZ 2007, 895, 896, a.A. *Kornblum* NJW 2006, 2888). Ausnahmen bestehen für bloße **Rechtsbedingungen** wie in den Fällen, in denen eine Beschwerde nur eingelegt wird, falls eine bestimmte erstinstanzliche Entscheidung überhaupt existiert (KG OLGZ 1977, 129, 130), falls sie einen bestimmten Inhalt hat (BayObLGZ 1987, 46, 49) oder falls einem Berichtigungsantrag durch das Ausgangsgericht nicht stattgegeben wird (BayObLG FamRZ 2001, 1311, 1312) u für sog. **innerprozessuale Bedingungen**, durch die in einem bereits eröffneten Verfahren Anträge von einer bestimmten Gestaltung der Verfahrenslage abhängig gemacht werden wie z.B. dann, wenn eine Beschwerde davon abhängig gemacht wird, dass das Rechtsmittel eines anderen Beteiligten erfolglos bleibt (BayObLG NJW-RR 1989, 1286) oder im Fall der nur hilfsweise erhobenen Anschlussbeschwerde (§ 66 Rdn. 8).

90 Wegen Bedingungsfeindlichkeit unzulässig ist insb. auch die Einlegung einer Beschwerde unter der Bedingung, dass zuvor **Prozess- oder Verfahrenskostenhilfe** bewilligt wird (Eckebrecht/*Gutjahr* § 1 Rn. 100). Von einer aus diesem Grund unzulässigen Beschwerde ist aber nur dann auszugehen, wenn sich dies aus den Begleitumständen mit einer jeden Zweifel ausschließenden Deutlichkeit ergibt (BGH FamRZ 2009, 494 f.; 2009, 1056). Das ist z.B. dann der Fall, wenn in einem zugleich mit der Beschwerdeschrift eingereichten Schriftsatz erklärt wird, die Beschwerde werde nur für den Fall der Gewährung von PKH eingelegt (BGH FamRZ 2005, 1537), nicht jedoch, wenn der Beschwerdeführer nur darum bittet, über seinen Antrag auf Bewilligung von PKH zeitlich »vorab« zu entscheiden (BGH FamRZ 1988, 383; 2006, 400). Die Beschwerde ist auch nicht unter einer Bedingung eingelegt, wenn nur ihre »Durchführung« von der Bewilligung von PKH abhängig gemacht wird. Durch eine derartige Erklärung behält sich der Beschwerdeführer nur die Rücknahme der Beschwerde vor, falls die PKH verweigert wird (BGH FamRZ 2007, 1726, 1727 f.). Auch ein mit »Beschwerde und Antrag auf Verfahrenskostenhilfe« überschriebener Schriftsatz ist i.d.R. noch als unbedingte Einlegung der Beschwerde auszulegen (BGH FamRZ 2009, 1056), nicht mehr jedoch ein bloßer Schriftsatz mit der Überschrift »Entwurf einer Beschwerdeschrift« oder »Begründung zunächst nur des VKH-Gesuchs« oder ein solcher, in dem ohne gleichzeitige Einlegung eines Rechtsmittels ausdrücklich nur von einer beabsichtigten Beschwerdebegründung die Rede ist (BGH FamRZ 2012, 962 ff., 963). Maßgeblich ist jeweils der objektive Erklärungswert der Parteierklärungen, wie er für das Beschwerde-

gericht innerhalb der ablaufenden Rechtsmittelfrist erkennbar ist; spätere »klarstellende« Parteierklärungen können dabei nicht berücksichtigt werden (BGH FamRZ 2012, 962 ff., 963). Zu Anträgen auf Verfahrenskostenhilfe für ein nur beabsichtigtes Rechtsmittel s. § 64 Rdn. 6.

H. Kosten. Für die **Gerichtskosten** in **Familiensachen** – einschließlich der Familienstreitsachen – gilt nach dem **FamGKG** wie im GKG ein Pauschalgebührensystem. Mit der pauschalen Verfahrensgebühr von 3,0 Gebühren bei Beschwerden in Ehesachen einschließlich aller Folgesachen (KV 1120) 1,0 Gebühren bei Beschwerden im vereinfachten Unterhaltsverfahren (KV 1211), 3,0 Gebühren bei Beschwerden in Familienstreitsachen i.Ü. (KV 1222), 1,0 Gebühren bei Beschwerden in Kindschaftssachen (KV 1314), 3,0 Gebühren bei Beschwerden in sonstigen Familiensachen (KV 1322), 300,00 € bei Beschwerden in den Verfahren mit Auslandsbezug gem. KV 1710, 1713 u 1714 (KV 1720), 75,00 € bei Beschwerden in den Fällen der §§ 71 Abs. 2, 91a Abs. 2, 99 Abs. 2 u 269 Abs. 5 ZPO (KV 1910) u 50,00 € in allen sonstigen Fällen, soweit keine Gebührenfreiheit besteht (KV 1912), ist jeweils das gesamte Verfahren abgegolten. 91

Ergänzend gelten verschiedene **Ermäßigungstatbestände** für den Fall der Verfahrensbeendigung ohne Entscheidung des Gerichts. Dabei wird in den Fällen der Gebühren gem. KV 1120 ff., 1222 ff., 1322 ff. u 1720 ff. für die Höhe der gewährten Gebührenermäßigung zusätzlich noch jeweils danach differenziert, ob das Verfahren **schon vor oder erst nach dem Eingang der Beschwerdebegründung** endet u für die Gebühren gem. KV 1120 sowie 1222 bei Beendigung des Verfahrens nach dem Eingang der Beschwerdebegründung werden die vier Tatbestände, welche eine Gebührenermäßigung nur auslösen können, jeweils katalogmäßig aufgezählt. Wie im KV zum GKG, an das die jeweiligen Gebührentatbestände angelehnt sind, handelt es sich dabei jeweils um die Fälle der **Rücknahme**, der **Anerkenntnis-** oder **Verzichtsentscheidung**, des **Vergleichs** oder der **Erledigung in der Hauptsache**, soweit eine streitige Kostenentscheidung nicht zu ergehen braucht. Eine nur teilweise Beendigung des Verfahrens löst die Ermäßigung der Gebühren nicht aus. Die Gebührentatbestände in Ehe- u Folgesachen (KV 1120–1122) gelten in gleicher Weise, auch wenn sich die Beschwerde auf eine Folgesache in einem Verbundverfahren beschränkt. Wird im Verbund nicht das gesamte Verfahren beendet, ist auf die beendeten Teile des Verbundes § 44 FamGKG anzuwenden u die Gebühr nur insoweit zu ermäßigen. 92

Bei der bisher der **KostO** unterfallenden Verfahren der freiwilligen Gerichtsbarkeit, die nicht Familiensachen sind, fallen Verfahrensgebühren für das Beschwerdeverfahren nur für den Fall des Unterliegens nach Maßgabe von § 131 KostO an. Hat die Beschwerde in einem solchen Verfahren Erfolg, ist sie gem. § 131 Abs. 3 KostO kosten- u gem. § 131 Abs. 7 KostO auch auslagenfrei. I.Ü. wird bei Verwerfung oder Zurückweisung der Beschwerde die volle Gebühr erhoben, höchstens jedoch ein Betrag von 800,00 € (§ 131 Abs. 1 Nr. 1 KostO) u im Fall der Zurücknahme der Beschwerde die Hälfte der vollen Gebühr, höchstens jedoch ein Betrag von 500,00 € (§ 131 Abs. 1 Nr. 2 KostO). Beschwerden gegen Entscheidungen des Betreuungsgerichts sind gem. § 131 Abs. 5 Satz 1 KostO in jedem Fall kostenfrei, wenn sie von dem Betreuten oder Pflegling oder in deren Interesse eingelegt werden. Für Rechtsmittel, die nach dem 01.08.2013 eingeleitet werden (§§ 134 Abs. 1 Satz 2, 136 Abs. 1 Nr. 2 GNotKG) richten sich die Gebühren in diesen Verfahren nach dem neuen **GNotKG**. Wegen der Systematik und wegen der einzelnen, im Beschwerdeverfahren anfallenden Gebührentatbestände nach diesem Gesetz wird auf § 80 Rdn. 13 ff. verwiesen. 93

Die **Rechtsanwaltskosten** des Beschwerdeverfahrens in **Familien- u Landwirtschaftssachen** ergeben sich aus Teil 3, Abschnitt 2, Unterabschnitt 1 des VV zum RVG; für Beschwerden gegen Endentscheidungen in der Hauptsache (vgl. Vorb. 3.2.1 Nr. 2b VV RVG i.d.F. des 2. KostRModG) erhält der Rechtsanwalt hier 1,6 Verfahrensgebühren gem. VV 3200 u 1,2 Terminsgebühren gem. VV 3202. Ist ein Beteiligter nicht ordnungsgemäß vertreten u es werden nur Anträge zur Prozess- u Sachleitung oder auf Erlass einer Versäumnisentscheidung gestellt, entstehen gem. VV 3203 nur 0,5 Terminsgebühren. Die Gebühren in den **sonstigen Beschwerden** der freiwilligen Gerichtsbarkeit sind grds. in Teil 3, Abschnitt 5 des VV zum RVG geregelt. Danach erhält der Rechtsanwalt in diesen Verfahren 0,5 Verfahrensgebühren gem. VV 3500 u (ggf.) 0,5 Terminsgebühren gem. VV 3513. Nach diesen Vorschriften richten sich die Gebühren auch für alle Beschwerden gegen Zwischen- und Nebenentscheidungen entsprechend §§ 567 ff. ZPO und ebenso für Beschwerden gegen die Kostenentscheidung in Ehe- und Familienstreitsachen, soweit es sich bei diesen zwar systematisch um Endentscheidungen oder Bestandteile von Endentscheidungen handelt, ihre Anfechtung aber nach dem Gesetz ebenfalls den §§ 567 ZPO unterstellt ist (OLG Köln FamRZ 2013, 730, 731; OLG Hamm, Beschl. v. 07.03.2013 – II-6 WF 55/13). In allen Verfahren können außerdem ggf. 1,3 Einigungsgebühren gem. VV 1000, 1004 anfallen. Die Kosten für den Auftrag zur Prüfung der Erfolgsaussichten 94 eines Rechtsmittels ergeben sich aus VV 2100 u 2101. In **Freiheitsentziehungs- und Unterbringungssachen** gilt gem. VV 6300–6303 eine Sonderregelung.

§ 59 Beschwerdeberechtigte.

(1) Die Beschwerde steht demjenigen zu, der durch den Beschluss in seinen Rechten beeinträchtigt ist.
(2) Wenn ein Beschluss nur auf Antrag erlassen werden kann und der Antrag zurückgewiesen worden ist, steht die Beschwerde nur dem Antragsteller zu.
(3) Die Beschwerdeberechtigung von Behörden bestimmt sich nach den besonderen Vorschriften dieses oder eines anderen Gesetzes.

Übersicht

	Rdn.
A. Allgemeines	1
I. Regelungsgehalt	1
II. Geltungsbereich	2
III. Sondervorschriften zur Beschwerdeberechtigung	3
B. Rechtsbeeinträchtigung	4
I. Beeinträchtigungsfähiges Recht	5
1. Subjektive Rechte	5
2. Rechtlich geschützte Interessen	8
3. Beschwerdebefugnis von Dritten und Rechtsnachfolgern	12
4. Verfahrensrechte	13
II. Vorliegen einer Rechtsbeeinträchtigung	15
1. Begriff der Beeinträchtigung	15
2. Zeitpunkt der Beeinträchtigung	17
3. Geltendmachung der Rechtsbeeinträchtigung	18
4. Besonderheiten beim Versorgungsausgleich	19
5. Beschwerdeberechtigung bei mehreren Beteiligten	23
III. Beschwerdeeinlegung durch Vertreter und Parteien kraft Amtes	24
1. Beschwerdeberechtigung	24
2. Vertretungs- und Beschwerdeführungsbefugnis	25
3. Parteien kraft Amtes	29
C. Beschwerdeberechtigung im Antragsverfahren	30
I. Antragsverfahren	30
II. Antragszurückweisung	32
1. Gründe der Zurückweisung	32
2. Beschwerdeberechtigter Personenkreis	34
3. Tod des Antragstellers	37
III. Antragsstattgabe	38
D. Beschwerdeberechtigung von Behörden, Gerichten und Verbänden	40
I. Beschwerdeberechtigung nach allgemeinen Grundsätzen	41
II. Erweiterte Beschwerdebefugnis zur Wahrnehmung gesetzlicher Aufgaben	42
1. Erweiterte Beschwerdebefugnis zur Wahrnehmung von Privatinteressen	43
2. Erweiterte Beschwerdebefugnis zur Wahrnehmung öffentlicher Interessen	44
a) Erweiterte Beschwerdebefugnis von Behörden	44
b) Erweiterte Beschwerdebefugnis von Gerichten	47
c) Erweiterte Beschwerdebefugnis von Anstalten und Körperschaften	48
E. Beschwerdeberechtigung von Notaren und Rechtsanwälten	49

1 **A. Allgemeines. I. Regelungsgehalt.** Die Vorschrift des § 59 regelt, welcher Personenkreis beschwerdeberechtigt ist; dabei ist zwischen Amts- u Antragsverfahren zu unterscheiden. Für das **Amtsverfahren** genügen die Voraussetzungen des § 59 Abs. 1, d.h. eine **qualifizierte materielle Beschwer**, die sich grds. auf die Beeinträchtigung subjektiver Rechte beziehen muss. Im **Antragsverfahren** muss für den – dort im Grundsatz allein beschwerdeberechtigten – Antragsteller gem. § 59 Abs. 2 zusätzlich eine **formelle Beschwer** hinzutreten. § 59 Abs. 3 verweist für die Beschwerdebefugnis von Behörden (zusätzlich) auf die entsprechenden Sondervorschriften.

2 **II. Geltungsbereich.** Für die Befugnis zur **Rechtsbeschwerde** fehlt eine entsprechende Verweisung. Eine solche ist auch nicht in § 74 Abs. 4 FamFG enthalten, der nur auf die im ersten Rechtszug geltenden Vorschriften verweist. Dennoch kann auch die Rechtsbeschwerde – unabhängig von ihren sonstigen Voraussetzungen – analog § 59 Abs. 1 nur von einem Beteiligten eingelegt werden, der durch die Entscheidung des Beschwerdegerichts in seinen Rechten beeinträchtigt ist (BGH, Beschl. v. 28.06.2010 – V ZB 70/10, Rn. 10 = BeckRS 2010, 29183), wenn auch mit der schon für das bisherige Recht anerkannten Einschränkung, dass dafür die in der Zurückweisung oder Verwerfung der Erstbeschwerde begründete formelle Beschwer bereits ausreicht (BGH FamRZ 2012, 292; FGPrax 2012, 164; Johannsen/Henrich/*Althammer* § 59 Rn. 1). Ebenso dürfte auch § 59 Abs. 2 in der Weise weiterhin analog anzuwenden sein, dass die Rechtsbeschwerde in einem Antragsverfahren, in dem das AG einem Antrag stattgegeben hat, dieser dann aber durch das Beschwerdegericht zurückgewiesen wurde, nur dem so zurückgewiesenen Antragsteller zusteht. Unverändert keine Anwendung findet § 59 auf die Beschwerde wegen Ablehnung eines **Ersuchens um Rechtshilfe** bei einem Gericht oder bei einer Behörde, §§ 159 GVG, 488 Abs. 3.

III. Sondervorschriften zur Beschwerdeberechtigung. Der Kreis der gem. § 59 Abs. 1 u 2 Beschwerdeberechtigten wird in verschiedener Hinsicht durch Sondervorschriften erweitert. So ist eine eigene Rechtsbeeinträchtigung vielfach bei Behörden nicht erforderlich (Rdn. 42 ff.), in anderen Fällen reicht ausnahmsweise die Beeinträchtigung eines rechtlich geschützten oder sonst berechtigten Interesses (Rdn. 8 f.). Darüber hinaus wird das Beschwerderecht z.T. auch losgelöst von § 59 einem bestimmten, erweiterten Personenkreis zugebilligt, so z.B. in Abstammungssachen gem. § 184 Abs. 3 allen Personen, die nach § 172 an dem Verfahren beteiligt waren oder hätten beteiligt werden müssen, in Betreuungs- u Unterbringungssachen den in §§ 303 Abs. 2 bis 4, 335 Abs. 1 bis 3 u in Freiheitsentziehungssachen den in § 429 Abs. 2 u 3 genannten Angehörigen u sonstigen Personen oder im Verfahren bei Todeserklärungen gem. §§ 17, 2 Abs. 2 VerschG dem sich aus § 16 Abs. 2 VerschG ergebenden Personenkreis. Sondervorschriften zur Beschwerdeberechtigung in Nachlasssachen enthalten außerdem die §§ 355 Abs. 3 u 359 Abs. 2.

3

B. Rechtsbeeinträchtigung. § 59 Abs. 1 bestimmt, dass es für die Beschwerdeberechtigung auf die Beeinträchtigung eigener Rechte ankommt. Eine **Rechtsbeeinträchtigung** liegt vor, wenn der Entscheidungssatz des angefochtenen Beschlusses unmittelbar in ein dem Beschwerdeführer zustehendes Recht eingreift. Die angefochtene Entscheidung musste ein bestehendes Recht des Beschwerdeführers aufheben, beschränken, mindern, ungünstig beeinflussen oder gefährden, die Ausübung dieses Rechts stören oder dem Beschwerdeführer die mögliche Verbesserung seiner Rechtsstellung vorenthalten oder erschweren. Eine Beeinträchtigung lediglich wirtschaftlicher, rechtlicher oder sonst berechtigter Interessen genügt dagegen nicht (BGH FamRZ 2015, 42, 43). Nicht maßgeblich ist hingegen die Beteiligtenstellung in erster Instanz. Unerheblich ist demnach, ob der Beschwerdeberechtigte tatsächlich Beteiligter des erstinstanzlichen Verfahrens war oder aufgrund seiner Rechtsbetroffenheit hätte sein müssen u auch wenn jemand am Verfahren der ersten Instanz beteiligt war, verschafft ihm dies allein noch kein Beschwerderecht, wenn er von der Entscheidung in seiner materiellen Rechtsstellung nicht betroffen ist (BT-Drucks. 16/6308 S. 204). Bei mehreren Verfahrensgegenständen muss die Beschwerdeberechtigung für jeden einzelnen davon vorliegen (BGH FamRZ 2012, 292). Wird einer Person, die an einem Verfahren tatsächlich nicht beteiligt war u auch sonst davon materiell nicht betroffen ist, aufgrund einer Namensverwechslung irrtümlich eine Entscheidung bekannt gemacht, so kann sich die notwendige Rechtsbeeinträchtigung, aufgrund deren eine solche »**Scheinpartei**« ausnahmsweise zur Einlegung eines Rechtsmittels berechtigt ist, allerdings auch schon allein aus dem durch eine solche Verwechslung entstandenen Anschein ergeben (BGH NJW-RR 1995, 764, 765, vgl. auch § 58 Rdn. 72).

4

I. Beeinträchtigungsfähiges Recht. 1. Subjektive Rechte. Recht i.S.d. § 59 Abs. 1 ist jedes durch Gesetz verliehene oder durch die Rechtsordnung anerkannte, von der Staatsgewalt geschützte private oder öffentliche subjektive Recht (BGH NJW 1997, 1855; BayObLG Rpfleger 2003, 424; Keidel/*Meyer-Holz* § 59 Rn. 6); das schließt auch rechtlich gesicherte Anwartschaften (BGH FamRZ 2008, 261, 262) oder z.B. das Recht auf informationelle Selbstbestimmung (OLG Saarbrücken FamRZ 2001, 651) mit ein. In **Kindschaftssachen** kann sich ein Beschwerderecht vor allem auch aus einer Beeinträchtigung des Pflege- u Erziehungsrechts der Eltern ergeben, Art. 6 Abs. 2 GG. Auch Pflegeeltern können aus dieser Vorschrift unter Umständen ein Beschwerderecht ableiten, denn auch deren sozial-familiäre Beziehungen werden von Art. 6 GG geschützt (*Maurer* FamRZ 2009, 465, 470). Ein Beschwerderecht besteht auch für den Adressaten eines nach § 1632 Abs. 2 Satz 2 BGB verhängten Kontaktverbots, denn auch dieser ist jedenfalls in seiner allgemeinen Handlungsfreiheit nach Art. 2 Abs. 1 GG betroffen (BGH FamRZ 2010, 1975 f.).

5

Das Recht muss dem Beschwerdeführer als **eigenes** zustehen (Keidel/*Meyer-Holz* § 59 Rn. 13; Prütting/ Helms/*Abramenko* § 59 Rn. 6). Das ist auch dann der Fall, wenn es verpfändet worden ist (Keidel/*Meyer-Holz* § 59 Rn. 14); auch die Rechtsposition des Pfändungsgläubigers ist jedoch zur Begründung einer Beschwerdeberechtigung ausreichend (KG FGPrax 1999, 157, 158).

6

Dass der Beschwerdeführer der angefochtenen Entscheidung in einem **Amtsverfahren** zugestimmt oder diese sogar in der Vergangenheit selbst einmal beantragt hatte, ist für das Beschwerderecht solange unschädlich, als dennoch eine Beeinträchtigung seines Rechts vorliegt (Prütting/Helms/*Abramenko* § 59

7

Rn. 17). In **Antragsverfahren** wird ein vergleichbarer Fall aber nur ausnahmsweise vorliegen, so etwa im Fall der Beschwerde gegen einen antragsgemäß erteilten Erbschein, wenn sich in der Zwischenzeit die Sach- oder Rechtslage geändert hat (OLG Rostock FamRZ 2002, 673, 674; Prütting/Helms/*Abramenko* § 59 Rn. 22; großzügiger Keidel/*Meyer-Holz* § 59 Rn. 44 u Bork/Jacoby/Schwab/*Müther* § 59 Rn. 17). In **echten Streitverfahren** ist eine Beschwerdeberechtigung trotz antragsgemäßer Entscheidung ohnehin nur in ganz besonderen Fällen denkbar, wie etwa dann, wenn das Gericht einen Antrag falsch ausgelegt hat, in Wirklichkeit also etwas anderes als das (scheinbar) Beantragte gewollt gewesen ist (Prütting/Helms/*Abramenko* § 59 Rn. 22).

8 **2. Rechtlich geschützte Interessen.** Abgesehen von besonders geregelten Ausnahmen **nicht ausreichend** zur Begründung einer Beschwerdeberechtigung sind bloß geschützte – **rechtliche** oder auch nur sonst berechtigte, wirtschaftliche, ideelle, moralische oder sonstige – **Interessen** (BGH NJW-RR 1991, 771; FamRZ 2000, 219; BayObLG FamRZ 2003, 1219),(Keidel/*Meyer-Holz* § 59 Rn. 6; Prütting/Helms/*Abramenko* § 59 Rn. 2; a.A. Bumiller/*Harders* § 59 Rn. 5 m.w.N.), denn der Gesetzgeber hat ausdrücklich nur auf die »Rechte« u nicht auch auf »rechtliche« oder »berechtigte« Interessen des Beschwerdeführers abgehoben. Als **Ausnahme**, in der dennoch bereits ein berechtigtes Interesse für eine Beschwerdeberechtigung ausreichen soll, hat die Rspr. allerdings den Fall anerkannt, dass der Beschwerdeführer durch die Ablehnung der von ihm angeregten Bestellung eines Betreuers (BGH FamRZ 2011, 465, 466) oder eines Abwesenheitspflegers (BGH FGPrax 2012, 164) von einem effektiven Rechtsschutz vollständig abgeschnitten wäre. Als ausreichend für die Annahme der Beschwerdebefugnis hat die Rspr. außerdem verschiedene Fälle (z.B. §§ 29, 2198 Abs. 2, 2202 Abs. 3, 2216 Abs. 2 Satz 2, 2200 Abs. 2, 2262 BGB, 89 AktG) angesehen, in denen das BGB oder das AktG ausdrücklich von »Beteiligten« an einem Verfahren der freiwilligen Gerichtsbarkeit sprechen, weil durch die Verwendung dieses – weit auszulegenden – Beteiligtenbegriffs der Gesetzgeber ausdrücklich den Kreis der Beschwerdeberechtigten auch über den Kreis der in einem eigenen Recht unmittelbar Betroffenen hinaus habe erweitern wollen.

9 Eine (eigene) Beschwerdeberechtigung ergibt sich aber nicht aus der bloßen **Wahrnehmung fremder Interessen** als **Bevollmächtigter** (Ausnahme: der Vorsorgebevollmächtigte im Fall der §§ 303 Abs. 4, 335 Abs. 3) eines anderen (OLG München FamRZ 2010, 1113, 1114) oder für die **Pflegeeltern** bei einer Entscheidung über das elterliche Sorgerecht der leiblichen Eltern (BGH FamRZ 2000, 219; 2004, 102; OLG Köln FamRZ 2011, 233; Johannsen/Henrich/*Althammer* § 59 Rn. 5a) oder gegen eine Entscheidung, mit der deren Umgangsrecht mit dem Pflegekind geregelt wird (BGH FamRZ 2005, 975; Johannsen/Henrich/*Althammer* § 59 Rn. 5a; a.A. OLG Frankfurt am Main FamRZ 1980, 826, wenn der Umgang in der Wohnung der Pflegeeltern stattfinden soll); das Gleiche gilt erst recht bei einem nur faktischen Pflegeverhältnis (BGH FamRZ 2004, 102). Auch die Verletzung von Verfahrensrechten wie insb. der Verstoß gegen die Anhörungspflicht des § 161 eröffnet den Pflegeeltern nicht die Beschwerdeinstanz; deren materielle Rechtsstellung ist allein durch einen solchen Verfahrensverstoß noch nicht betroffen (BGH FamRZ 2005, 975).

10 Ebenso wenig ist bei einer Entscheidung, durch die eine Entziehung oder Einschränkung des Sorgerechts der Mutter nach § 1666 BGB abgelehnt worden ist, die Beschwerdebefugnis für einen **Vater** gegeben, der niemals das Sorgerecht innehatte (BGH FamRZ 2009, 220, 221 f. m. Anm. *Luthin*; OLG Hamburg, FamRZ 2015, 599; OLG Celle FamFR 2010, 402). Gegen die Entscheidung über die Auswahl des Vormunds steht dem nicht sorgeberechtigten Elternteil ebenfalls keine Beschwerdebefugnis zu. Durch Anordnung, Aufhebung oder Beschränkung einer Pflegschaft bzw. Vormundschaft sowie durch Entscheidungen über die Auswahl oder Entlassung des Pflegers bzw. Vormunds wird nur in die Rechte des **sorgeberechtigten Elternteils**, des Kindes und des entlassenen Pflegers bzw. Vormunds eingegriffen (OLG Düsseldorf FamRZ 2015, 1046). Die Beschwerdeberechtigung eines nicht sorgeberechtigten Vaters fehlt auch dann, wenn er sich gegen das Umgangsrecht der ebenfalls nicht sorgeberechtigten Mutter mit dem in einer Pflegefamilie untergebrachten Kind wendet (OLG Bremen NJW-RR 2012, 1354) oder eine Entscheidung anficht, durch die für einen Teilbereich der elterlichen Sorge ein Ergänzungspfleger ausgewählt und bestimmt wird (OLG Celle FamRZ 2012, 1826). Keine Beschwerdeberechtigung besteht auch für **Eltern**, denen die (gemeinsame) elterliche Sorge entzogen ist, bei einer Entscheidung über die Unterbringung des Kindes nach § 1631b BGB (OLG Hamm NJW-RR 2012, 388, 389; FamRZ 2007, 1577, 1578; a.A. OLG Karlsruhe FamRZ 2008, 428) oder für Eltern die das – höchstpersönliche – Recht ihres Kindes auf Umgang mit dem anderen Elternteil im eigenen Namen geltend machen (BGH NJW 2008, 2586 f.), für den **Neffen** eines Kindes bei der Anordnung von Maßnahmen nach §§ 1666, 1667 BGB gegenüber den Eltern (OLG Hamm FamRZ 2004, 887), für **Großeltern**, *die das Kind* nach dem Tod der Mutter betreuen, bei einer Übertragung des Sorgerechts auf den Vater oder auf andere Personen (BGH FamRZ 2011, 552, 553 f.) und bei der Anordnung von Maßnahmen nach § 1666 Abs. 1, 3 BGB (OLG Hamm FamRZ 2013, 40, 141) oder für einen über 14 Jahre alten **Minderjährigen** gegen eine angeordnete Beschränkung der Rechte seiner Eltern nach § 1666 BGB (OLG Düsseldorf FamRZ 2011, 1081, 1082 f.; a.A. OLG Stuttgart FamRZ 2010, 1166, Keidel/*Meyer-Holz* § 59 Rn. 70 u *Heilmann* NJW 2012, 887, 890). Auch die **Lebensgefährtin** eines Betroffenen in einem Betreuungsverfahren hat kein eigenes Beschwerderecht (OLG Karlsruhe FGPRax 2008, 21), ebenso auch nicht seine **Schwester** (LG Stuttgart FamRZ 2011, 1091) und auch nicht der **potenzielle biologische Vater** bei einer Vaterschaftsanfechtung des Kindes gegenüber dem Scheinvater (OLG München FamRZ 2012, 1825 f.).

Eine Beschwerdeberechtigung **besteht** allerdings für Minderjährige gegen die Ablehnung von Maßnahmen nach § 1666 BGB, weil dadurch – anders als durch die Anordnung solcher Maßnahmen – im Ergebnis zugleich auch in den Rechtskreis des Kindes eingegriffen wird (OLG Düsseldorf FamRZ 2011, 1081, 1082 f.). Ebenso ist eine Beschwerdeberechtigung auch dann gegeben, wenn einer ursprünglich gem. § 1626 Abs. 2 BGB allein sorgeberechtigten Mutter die elterliche Sorge gem. § 1666 BGB ganz oder teilweise entzogen wurde und ein Antrag des Vaters, dieses nunmehr auf ihn zu übertragen, abgelehnt wird, weil durch eine derartige Entscheidung das subjektive Recht des Vaters aus § 1680 Abs. 3 i.V.m. Abs. 2 Satz 1 BGB verletzt sein kann (BGH FamRZ 2010, 1242; OLG Nürnberg FamRZ 2010, 994, 994; a.A. OLG Saarbrücken FamRZ 2008, 1366; beide jeweils noch zum – insoweit aber vergleichbaren – Rechtszustand vor Inkrafttreten des SorgerechtsreformG). Wegen Verletzung der sich aus den §§ 1626a Abs. 1 Nr. 3 u 1671 Abs. 2 BGB i.d.F. des SorgerechtsreformG ergebenden subjektiven Rechte besteht er schließlich auch zugunsten eines bisher nicht sorgeberechtigten Vaters gegen eine Entscheidung, durch die sein Antrag auf Begründung der gemeinsamen elterlichen Sorge oder auf Übertragung des alleinigen Sorgerechts abgewiesen wurde, ebenso wie dies von der Rspr. mit Rücksicht auf die durch das BVerfG verfügte Übergangsregelung zur Anwendung der in ihrer früheren Form für verfassungswidrig erklärten §§ 1626a Abs. 1 Nr. 1 und 1671 BGB (BVerfG FamRZ 2010, 1403, 1410) auch schon für die Zeit vor Inkrafttreten des SorgerechtsreformG angenommen wurde (OLG Brandenburg NJW 2010, 3245).

3. Beschwerdebefugnis von Dritten und Rechtsnachfolgern. Wer nach § 24 Abs. 1 ohne ein sachliches Recht die Einleitung eines Verfahrens **von Amts wegen anregt**, hat allein deswegen noch keine Beschwerdebefugnis (OLG München FamRZ 2007, 744; Keidel/*Meyer-Holz* § 59 Rn. 38; Jansen/*Briesemeister* § 20 FGG Rn. 9, jeweils m.w.N.). Ebenso erhält auch derjenige, der als bisher nicht an einem Verfahren beteiligter Dritter in ein solches **hineingezogen** wird u dort Anträge gestellt hat, dadurch noch kein Beschwerderecht (Jansen/*Briesemeister* § 20 FGG Rn. 9 m.w.N.), es sei denn, es wird in diesem Verfahren in seinen Rechtskreis eingegriffen, indem er z.B. – etwa durch die Anordnung einer Kontensperre ggü. einer Sparkasse anstatt ggü. dem Sorgeberechtigten, § 1667 Abs. 3 BGB – zum Adressaten einer Verfügung wird, mit der ihm eine eigene Verpflichtung auferlegt wird (KKW/*Kahl* § 20 FGG Rn. 5). Bei **vererblichen** Rechten vererbt sich auch ein Beschwerderecht des Erblassers OLG Schleswig FamRZ 2011, 1246; Keidel/*Meyer-Holz* § 59 Rn. 14 m.w.N.); eine bloße Erberwartung genügt aber für eine Beschwerdeberechtigung noch nicht (OLG Köln FamRZ 2004, 746). Bei **übertragbaren** Rechten steht die Beschwerdeberechtigung nach der Übertragung dem Erwerber zu (Bassenge/*Roth* [11. Aufl.] § 20 FGG Rn. 5; Jansen/*Briesemeister* § 20 FGG Rn. 18).

4. Verfahrensrechte. Kein Recht i.S.d. § 59 Abs. 1 ist das »allgemeine Recht des Beteiligten auf eine gesetzmäßige u sachgerechte Behandlung seiner Angelegenheiten«, sodass ein reiner **Verstoß gegen Vorschriften des Verfahrensrechts** zur Begründung einer Beschwerdeberechtigung nicht ausreicht, solange die angefochtene Entscheidung nicht auch den materiellen Rechtsbereich des Beschwerdeführers berührt. Wer in seiner materiellen Rechtsstellung vom Ergebnis einer Entscheidung nicht betroffen ist, dem fehlt grds. das Rechtsschutzbedürfnis, um reine Unkorrektheiten des Verfahrens als solche nachprüfen zu lassen (BGH FamRZ 1996, 856, 857; BayObLG FamRZ 1997, 1299; Keidel/*Meyer-Holz* § 59 Rn. 7; Prütting/Helms/*Abramenko* § 59 Rn. 3; a.A. Bumiller/Harders § 59 Rn. 6 m.w.N.).

Der Grundsatz, dass ein bloßer Verfahrensverstoß ein Beschwerderecht noch nicht begründet, gilt auch beim Verstoß gegen gesetzliche **Anhörungspflichten** wie z.B. gem. §§ 159 bis 162 (OLG Frankfurt am Main, FGPrax 2002, 46; Keidel/*Meyer-Holz* § 59 Rn. 7). Insbes. bei einem feststehenden Verstoß gegen Verfahrensgrundrechte wie den Grundsatz des rechtlichen Gehörs (Art. 103 Abs. 1 GG) oder den Grundsatz des fairen Verfahrens (Art. 20 Abs. 3, 19 Abs. 4, 2 Abs. 1 GG) ist eine Beschwerdeberechtigung aber nach zutreffender Ansicht jedenfalls dann zu bejahen, wenn eine **Beeinträchtigung der materiellen Rechtsposition** des Beschwerdeführers durch den Verfahrensverstoß **zumindest möglich** erscheint (Prütting/Helms/

Abramenko § 59 Rn. 5). Ist dies der Fall, ist eine Beschwerdeberechtigung darüber hinausgehend aber auch bei sonstigen feststehenden Verfahrensverstößen ohne Grundrechtsrelevanz gegeben. Zum Sonderfall des Verfahrensverstoßes durch Ablehnung der Hinzuziehung als Beteiligter vgl. § 7 Abs. 5 Satz 2: sofortige Beschwerde entsprechend §§ 567 ff. ZPO.

15 **II. Vorliegen einer Rechtsbeeinträchtigung. 1. Begriff der Beeinträchtigung.** Eine für eine Beschwerdeberechtigung ausreichende Beeinträchtigung des Rechtsmittelführers in seinen Rechten liegt vor, wenn **in seine Rechtsstellung unmittelbar nachteilig eingegriffen wird**, indem Rechte aufgehoben, beschränkt oder gemindert werden, deren Ausübung gestört oder erschwert oder dem Rechtsmittelführer eine Verbesserung seiner Rechtsposition vorenthalten wird (Keidel/*Meyer-Holz* § 59 Rn. 9; Bassenge/Roth/*Gottwald* § 59 Rn. 6); auch schon eine bloße Gefährdung oder ungünstige Beeinflussung des Rechts kann genügen (BGH FamRZ 2004, 1024; OLG Bremen NJW-RR 2012, 1354). Die notwendige Unmittelbarkeit der Beeinträchtigung fehlt aber grds., wenn sich eine vermögensrechtliche Entscheidung erst nach einer ungewissen zukünftigen Erbfolge auswirken kann (OLG Saarbrücken FamRZ 2001, 651, 652).

16 Das Recht, das bei Unrichtigkeit der angefochtenen Entscheidung beeinträchtigt wäre, muss dem Beschwerdeführer i.d.R. tatsächlich zustehen (KG FamRZ 2001, 658; Keidel/*Meyer-Holz* § 59 Rn. 20). Es reicht also nicht aus, wenn das Bestehen dieses Rechts nur behauptet wird (KG FamRZ 1995, 837, 838). Steht die Rechtsbeeinträchtigung aus tatsächlichen oder rechtlichen Gründen nicht fest, so ist die Beschwerde daher im Normalfall unzulässig. Etwas anderes gilt nur dann, wenn die Tatsachen, aus denen sich das betroffene subjektive Recht ergibt, mit den Tatsachen identisch sind, von denen auch die Begründetheit der Beschwerde abhängt (sog. »**doppelt relevante Tatsachen**«) (KG FamRZ 2011, 1096). Da in solchen Fällen – Beispiele: Beschwerde eines gesetzlichen Erben gegen einen Erbschein, mit der Behauptung, der Erblasser sei testierunfähig oder Beschwerde eines Erbprätendenten gegen die Feststellung des Fiskuserbrechts gem. § 1964 Abs. 1 BGB – die Tatsachenprüfung insgesamt in die Begründetheitsprüfung verlagert wird, reicht es für die Beschwerdeberechtigung u die Zulässigkeit der Beschwerde schon aus, wenn eine Rechtsbeeinträchtigung möglich oder jedenfalls nicht ausgeschlossen ist (BayObLG FamRZ 2002, 1745, 1749; Keidel/*Meyer-Holz* § 59 Rn. 20 f.).

17 **2. Zeitpunkt der Beeinträchtigung.** Sowohl das Recht, von dem die Beschwerdeberechtigung abhängt, wie auch die Beeinträchtigung dieses Rechts müssen grds. zum Zeitpunkt des Erlasses der angefochtenen Entscheidung schon bestanden haben u bis zum Zeitpunkt der Beschwerdeeinlegung fortbestehen. Auch zum Zeitpunkt der Entscheidung über die Beschwerde muss die Rechtsbeeinträchtigung noch vorhanden sein (KG NJW-RR 1999, 1488, 1489). Fällt sie bis zur Einlegung der Beschwerde oder im Verlaufe des Beschwerdeverfahrens nachträglich fort, wird die Beschwerde unzulässig. Auch durch eine Berichtigung der Ausgangsentscheidung nach § 42 oder § 113 Abs. 1 Satz 2 i.V.m. § 319 ZPO kann die Beschwerdeberechtigung entfallen (BayObLGZ 1968, 190, 193).

18 **3. Geltendmachung der Rechtsbeeinträchtigung.** Die Beschwerde ist nur zulässig, wenn der Beschwerdeführer mit seinem Rechtsmittel eine für ihn günstigere Entscheidung anstrebt, also gerade die damit für ihn verbundene Rechtsbeeinträchtigung bekämpfen will (BGH FamRZ 1995, 157, 158; BLAH/*Hartmann* § 59 Rn. 6).

19 **4. Besonderheiten beim Versorgungsausgleich.** Im VA-Verfahren kann eine unmittelbare Rechtsbeeinträchtigung darin liegen, dass der ausgleichspflichtige Ehegatte höhere Anwartschaften abgeben muss als gesetzlich geschuldet oder der ausgleichsberechtigte Ehegatte geringere Anwartschaften erhält als ihm zustehen.

20 **Rentenversicherungs- und Versorgungsträger** sind im VA-Verfahren immer schon dann beschwerdeberechtigt, wenn der VA in einer mit dem Gesetz nicht übereinstimmenden Weise durchgeführt u ein bei ihnen bestehendes Rechtsverhältnis eines der Ehegatten in irgendeiner Weise inhaltlich verändert wird. Dabei kommt es nicht darauf an, ob sich ihre Beschwerde zugunsten oder zulasten des bei ihr versicherten Ehegatten auswirkt oder die angefochtene Entscheidung auch nur für den Versorgungsträger selbst im konkreten Fall eine finanzielle Mehrbelastung verursacht, solange eine solche nur je nach der künftigen Entwicklung des Versicherungsverlaufs der Ehegatten zumindest möglich bleibt (BGH FamRZ 2013, 612 m.w.N.; st.Rspr. auch schon zum Rechtszustand bis zum 31.08.2009); dies gilt unabhängig davon, ob es sich um einen öffentlich-rechtlichen, einen betrieblichen oder einen sonstigen privaten Versorgungsträger handelt (*BGH FamRZ 2013*, 612, m.w.N.). Mit dem Risiko, je nach der weiteren Entwicklung ein anderes als das

ursprünglich übernommene und sich für ihn möglicherweise als wirtschaftlich nachteilig erweisendes Risiko tragen zu müssen, korrespondiert insoweit ein Anspruch des Versorgungsträgers auf eine gesetzmäßige Durchführung des Wertausgleichs (BGH FamRZ 2013, 612, 613). Aus diesem Anspruch folgt allerdings nicht, dass der Versorgungsträger uneingeschränkt über die materielle Richtigkeit gerichtlicher Anordnungen zum Wertausgleich zu wachen hätte. Insbesondere aus der Anwendung von solchen Vorschriften, die eine Abweichung vom Halbteilungsgrundsatz allein im Hinblick auf die besonderen Verhältnisse der Ehegatten legitimieren, kann sich daher eine unmittelbare Beeinträchtigung von Rechten der Versorgungsträger nicht ergeben (BGH FamRZ 2013, 612, 613).

Eine als Beschwer des Versorgungsträgers ausreichende Beeinträchtigung des bei ihm bestehenden Rechtsverhältnisses kann danach auch schon dann vorliegen, wenn die angegriffene Entscheidung für sich genommen noch keine Veränderung eines bei dem Versorgungsträger bestehenden Anrechts und der sich daraus ergebenden Leistungspflichten bewirkt (OLG Stuttgart FamRZ 2012, 303, 304; OLG Saarbrücken FamRZ 2012, 306, 307; a.A. Johannsen/Henrich/*Althammer* § 59 Rn. 12). Die angefochtene Entscheidung muss sich aber zumindest in irgendeiner Weise auf seine Rechtsposition auswirken. **Keine Beschwerdebefugnis** des Versorgungsträgers besteht deshalb, wenn eine solche Auswirkung vollständig fehlt, weil der öffentlich-rechtliche VA nicht durchgeführt und deshalb auch in den Rechtskreis des Versorgungsträgers von vornherein nicht eingegriffen wird, sei es, dass der VA gem. § 3 Abs. 3 VersausglG wegen **kurzer Ehezeit** auf Antrag eines Ehegatten unterbleibt (OLG Celle FamRZ 2012, 717, 718), dass die Ehegatten eine **Scheidungsfolgenvereinbarung** gem. §§ 6 ff. VersausglG oder einen – gem. § 1408 Abs. 2 BGB denselben Vorschriften unterliegenden – Ehevertrag über den Ausschluss des VA getroffen haben, ohne dass Belange des Versorgungsträgers betroffen sind (BGH FamRZ 2013, 612, 613; Musielak/Borth § 228 Rn. 10), dass ein Wertausgleich wegen **fehlender Ausgleichsreife** gem. § 19 VersausglG nicht stattfindet (OLG Celle FamRZ 2012, 717, 718; OLG Nürnberg FamRZ 2013, 40; a.A. OLG Köln, Beschl. v. 12.12.2012 – 27 UF 84/12) oder dass der VA gem. § 27 VersausglG wegen **grober Unbilligkeit** ausgeschlossen wird (BGH FamRZ 2013, 612, 613 m.w.N.). Gegen eine Entscheidung zum Versorgungsausgleich, mit der das Familiengericht Entgeltpunkte von dem Versicherungskonto des einen Ehegatten auf das bei einem anderen Rentenversicherungsträger geführte Versicherungskonto des anderen Ehegatten überträgt, steht dagegen beiden betroffenen Versorgungsträgern die Beschwerde zu, ohne dass es auf eine unmittelbare finanzielle Mehrbelastung ankommt (BGH FamRZ 2013, 610).

Unterbleibt ein VA wegen **Geringfügigkeit**, muss für die Beschwerdeberechtigung differenziert werden. Keine Beschwerdeberechtigung besteht, wenn sich der Versorgungsträger mit seinem Rechtsmittel nur deshalb gegen einen Ausschluss des VA wegen einer bloß geringen Differenz der Ausgleichswerte gem. § 18 Abs. 1 VersausglG wendet, weil er geltend macht, der Ausgleich verursache keinen besonderen Aufwand und allein die Vermeidung eines solchen Aufwandes sei der Sinn dieser Vorschrift (OLG Stuttgart [15. Familiensenat] FamRZ 2012, 303, 304; a.A. OLG Stuttgart [18. Familiensenat] NJOZ 2011, 2037 ff., 2039). Etwas anderes gilt aber, wenn der Versorgungsträger rügt, dass die gesetzlichen Anwendungsvoraussetzungen für einen Ausschluss des Wertausgleichs nach § 18 VersausglG nicht vorliegen, mithin also in den Fällen des § 18 Abs. 1 VersausglG die fehlende Gleichartigkeit der saldierten Anrechte oder die fehlende Geringfügigkeit der Wertdifferenz und in den Fällen des § 18 Abs. 2 VersausglG die fehlende Geringfügigkeit des Ausgleichswertes beanstandet wird (BGH FamRZ 2013, 612, 614 m.w.N.; *Breuers*, jurisPraxK, § 18 VersauslG Rn. 84; a.A. OLG Schleswig FamRZ 2012, 378). Ein für die Beschwerdeberechtigung ausreichender Eingriff in die Rechtsstellung des Versorgungsträgers liegt im Fall des § 18 Abs. 1 VersausglG daher auch zumindest dann vor, wenn durch die angefochtene Entscheidung eine ansonsten nach § 10 Abs. 2 VersausglG mögliche Verrechnung von beiderseitigen Anrechten verhindert wird (OLG Celle FamRZ 2012, 717, 718). Auch ein Ausschluss einzelner Anrechte vom VA wegen Geringfügigkeit gem. § 18 Abs. 2 VersausglG berechtigt den Versorgungsträger jedenfalls dann zur Einlegung einer Beschwerde, wenn er rügt, dass ein bei einem anderen Rentenversicherungsträger bestehendes Anrecht nicht isoliert nach § 18 Abs. 2 VersausglG vom VA ausgeschlossen werden dürfe, weil es im Fall seiner Gleichartigkeit gem. § 10 Abs. 2 VersausglG mit dem bei dem Beschwerdeführer bestehenden Anrecht verrechnet werden könnte (OLG Düsseldorf FamRZ 2011, 1404; weitergehend OLG Frankfurt am Main FamRZ 2012, 1308, 1309: immer dann, wenn zwischen den Versorgungsanrechten irgendein wirtschaftlicher Zusammenhang besteht). Unproblematisch gegeben ist die Beschwerdebefugnis des Versorgungsträgers außerdem dann, wenn dieser rügt, dass seine Rechte dadurch betroffen worden seien, dass ein Wertausgleich **durchgeführt** wurde, obwohl die tatbestandlichen Voraussetzungen des § 18 VersausglG in Wirklichkeit nicht vorgelegen hätten (BGH FamRZ 2013, 612, 613;

OLG Bamberg FamRZ 2011, 1232). Noch nicht gerichtlich entschieden ist, ob eine Beschwerdebefugnis des Versorgungsträgers auch dann besteht, wenn das Erstgericht die materiell-rechtlichen Voraussetzungen des § 18 VersausglG zutreffend beurteilt hat und der Versorgungsträger lediglich eine **andere Ermessensentscheidung** des Gerichts anstrebt, etwa mit dem Ziel, dass zugunsten der ausgleichsberechtigten Person der VA dennoch durchgeführt wird. Auch in diesem Fall ist eine Beschwerdebefugnis aber grundsätzlich zu bejahen, denn es geht insoweit zwar vorrangig um die Belange der Ehegatten unter dem Gesichtspunkt der Wahrung des Halbteilungsgrundsatzes; diese müssen jedoch von dem Gericht gegen den Verwaltungsaufwand für die Durchführung des VA abgewogen werden. Der Versorgungsträger ist daher auch bei einer solchen Sachlage in seinen Rechten betroffen (*Borth* FamRZ 2013, 614 f.).

23 **5. Beschwerdeberechtigung bei mehreren Beteiligten.** Von mehreren Beteiligten an einem Verfahren ist grds. jeder zur Einlegung einer Beschwerde berechtigt. Die Beschwerdeberechtigung ist aber für jeden Beteiligten gesondert zu prüfen; die Rechtsmitteleinlegung wirkt nicht zugunsten anderer Beteiligter (Bumiller/Harders § 59 Rn. 8; Bork/Jacoby/Schwab/*Müther* § 59 Rn. 13). Steht mehreren Beteiligten ein Antragsrecht nur gemeinschaftlich zu, können sie auch gegen die ihren Antrag zurückweisende Entscheidung nur gemeinsam Beschwerde einlegen (Rdn. 35). Kann über eine Beschwerde nur einheitlich entschieden werden (z.B. bei Unterbringung), so ist vor der Entscheidung zu prüfen, ob die Beschwerdefrist für alle Beteiligten abgelaufen ist (vgl. Bumiller/Harders Rn. 9 m.w.N.).

24 **III. Beschwerdeeinlegung durch Vertreter und Parteien kraft Amtes. 1. Beschwerdeberechtigung.** Wird eine Beschwerde im fremden Namen eingelegt, so kommt es für die Beschwerdebefugnis auf die **Rechtsbeeinträchtigung des Vertretenen** an. Insbes. bei der Einlegung einer Beschwerde durch einen gesetzlichen Vertreter ist daher in Zweifelsfällen durch Auslegung zu klären, ob die Beschwerde im Namen des Vertreters, im Namen des Vertretenen oder sowohl im Namen des Vertreters wie auch des Vertretenen eingelegt ist. Maßgeblich für die Auslegung sind der Vortrag des Beschwerdeführers, die Interessenlage u das verfolgte Rechtsschutzziel (BayObLG FamRZ 2000, 1111, 1112; Keidel-*Meyer-Holz* § 59 Rn. 24; Jansen/*Briesemeister* § 20 FGG Rn. 26).

25 **2. Vertretungs- und Beschwerdeführungsbefugnis.** Außerdem ist bei Beschwerden im fremden Namen die **Vertretungsberechtigung** (materielle Vertretungs- u prozessuale Beschwerdeführungsbefugnis) zu prüfen. Bei ihrem Fehlen ist die Beschwerde ebenso als unzulässig zu verwerfen wie beim Fehlen der Beschwerdebefugnis. Beide Voraussetzungen müssen kumulativ vorliegen; allein die Vertretungsmacht ist kein subjektives Recht des Bevollmächtigten, auf dessen Verletzung eine eigene Beschwerdeberechtigung des Vertreters gestützt werden könnte (OLG München FamRZ 2010, 1113, 1114; Prütting/Helms/*Abramenko* § 59 Rn. 2).

26 Bei Beschwerden von **Eltern** im Namen ihrer Kinder ist daher die Beschwerdebefugnis nach § 1629 Abs. 1 BGB zu beachten; Einschränkungen können sich insoweit aus §§ 1629 Abs. 2, 1630 Abs. 1 u 3, 1666, 1671, 1672, 1796, 1909 BGB sowie § 53 (EA zum Sorgerecht) ergeben. Bei Beschwerden von **Pflegern** (§§ 1909 ff. BGB) im Namen des Pfleglings ist zu prüfen, ob der Pfleger wirksam bestellt ist, ob der Verfahrensgegenstand seinen Wirkungskreis betrifft, ob die Pflegschaft aufgehoben oder kraft Gesetzes erloschen oder ob sie in ihrem Umfang – etwa durch eine Unterpflegschaft – eingeschränkt ist. Ebenso ist die Wirksamkeit u der Umfang der Vertretungsbefugnis eines **Verfahrensbeistandes** in Kindschafts-, Abstammungs- u Adoptionssachen (§§ 158, 174, 191) oder eines **Verfahrenspflegers** in Betreuungs- u Unterbringungssachen (§§ 276, 317) zu prüfen. Beide können entsprechend ihrer Stellung im Verfahren u im Rahmen ihres Aufgabenkreises im Interesse des jeweiligen Betroffenen u unabhängig von diesem (OLGR Hamm 2006, 642) Rechtsmittel einlegen.

27 Wie durch die Sondervorschriften der §§ 303 Abs. 4 Satz 1, 335 Abs. 3 klargestellt ist, sich aber unabhängig davon auch schon aus § 1902 BGB ergibt, gilt das Gleiche auch für die Vertretungsbefugnis des **Betreuers** bei Beschwerden, die dieser in seiner Rolle als gesetzlicher Vertreter des Betreuten in dessen Namen einlegt, wobei sich der Umfang seines Aufgabenkreises aus der Bestallungsurkunde ergibt. Hiervon zu unterscheiden sind Beschwerden des Betreuers im eigenen Namen. Solche Beschwerden sind bereits nach den allgemeinen Grundsätzen dann zulässig, wenn durch die angefochtene Entscheidung ein eigenes Recht des Betreuers im Sinne von § 59 Abs. 1 beeinträchtigt ist, darüber hinaus aber unabhängig von einer derartigen Rechtsbeeinträchtigung auch in den in den §§ 303 Abs. 4 Satz 1, 335 Abs. 3 genannten Fällen. Denn nach den genannten Vorschriften steht dem Betreuer ein Recht zur Beschwerde im Rahmen seines Aufgabenkreises »auch« im Namen des Betreuten zu, woraus mittelbar zu schließen ist, dass es in gleicher Weise auch dem Betreuer im eigenen Namen zustehen muss (OLG Hamm FGPrax 2000, 228, 229). Die Beschwerdebe-

rechtigung naher Angehöriger in Bezug auf betreuungsgerichtliche Entscheidungen ist durch § 303 Abs. 2 Nr. 1 FamFG geregelt. Danach erstreckt sich die Beschwerdebefugnis naher Angehöriger nach § 303 Abs. 2 Nr. 1 FamFG auch auf eine betreuungsgerichtliche Entscheidung, mit der ein von ihnen angeregter Betreuerwechsel vom Amtsgericht abgelehnt worden ist (BGH FamRZ 2015, 1701). Eine den Rechten des Betreuers entsprechende Beschwerdebefugnis im Rahmen seines Aufgabenkreises ist – abweichend vom bisherigen Recht in §§ 303 Abs. 4 Satz 1, 335 Abs. 3 darüber hinaus nunmehr auch für den **Vorsorgebevollmächtigten** im Betreuungs- u Unterbringungsverfahren vorgesehen. Der Wortlaut der Vorschrift ist allerdings missverständlich, d.h. aus der Gesetzesformulierung, dass der Betreuer und der Vorsorgebevollmächtigte Beschwerde »auch« im Namen des Betroffenen einlegen kann, folgt nicht, dass der Vorsorgebevollmächtigte im eigenen Namen Beschwerde einlegen kann. Der Vorsorgebevollmächtigte ist insbesondere nicht berechtigt, im eigenen Namen gegen einen die Betreuung anordnenden Beschluss Beschwerde einzulegen (BGH FamRZ 2015, 249). Der Gesetzeswortlaut wurde nur deshalb gewählt, weil Konstellationen denkbar sind, in denen dem Betreuer eine Beschwerdebefugnis aus eigenem Recht zusteht. Daher ist ein eigenes Beschwerderecht des Betreuers nur in solchen Fällen gegeben, in denen dieser in eigenen Rechten beeinträchtigt ist.

Sind **mehrere** Vormünder oder Pfleger gemeinsam für denselben Aufgabenkreis zuständig, so können sie 28 eine diesen Aufgabenkreis betreffende Beschwerde auch nur gemeinsam einlegen, §§ 1797, 1915 BGB.

3. Parteien kraft Amtes. Parteien kraft Amtes wie z.B. der Insolvenzverwalter, Testamentsvollstrecker oder 29 Nachlassverwalter, die als Beschwerdeführer auftreten, handeln nach herrschender Meinung im eigenen Namen. Soweit im Einzelfall Zweifel bestehen, ist ihre – sich aus der Bestallungsurkunde ergebende – Legitimation zu kontrollieren (Keidel/*Meyer-Holz* § 59 Rn. 28). Wie für Vertreter besteht auch für Parteien kraft Amtes eine Beschwerdebefugnis nur innerhalb des jeweiligen Aufgabenkreises. Kein eigenes Beschwerderecht hat daher z.B. der Testamentsvollstrecker gegen die Auswahl eines Ergänzungspflegers (OLG München FamRZ 2008, 1549). Zur Beschwerdeeinlegung bei mehreren Testamentsvollstreckern vgl. auch § 355 Abs. 3.

C. Beschwerdeberechtigung im Antragsverfahren. I. Antragsverfahren. § 59 Abs. 2 gilt nur in echten 30 Antragsverfahren der freiwilligen Gerichtsbarkeit, also in solchen Verfahren, in denen nach einer ausdrücklichen gesetzlichen Vorschrift ein Antrag notwendige Verfahrensvoraussetzung ist, ohne dessen Vorliegen die infrage stehende Entscheidung nicht ergehen darf (vgl. z.B. §§ 363, 373, 403, 405 FamFG, 1672 Abs. 1 Satz 1, Abs. 2 Satz 1, 1748 Abs. 1 Satz 1, 1752, 1768, 1896 Abs. 1 Satz 1, 1961 BGB). Eine bloße Anregung nach § 24 Abs. 1 ist kein Antrag i.S.d. § 59 Abs. 2 (OLG Celle FamRZ 2011, 121, 122; Keidel/*Meyer-Holz* § 59 Rn. 38).

§ 59 Abs. 2 schränkt Abs. 1 ein; dieser muss also ebenfalls erfüllt sein (BGH FamRZ 2003, 1738, 1740; 31 NZG 2011, 516). Allein die Zurückweisung eines Antrages gibt daher dem Antragsteller noch kein Beschwerderecht, wenn es an der zusätzlich erforderlichen Rechtsbeeinträchtigung i.S.d. § 59 Abs. 1 fehlt. Antrag i.S.d. § 59 Abs. 2 ist auch eine Registeranmeldung. Die Rechtsstellung als Antragsteller ist vererblich (BGH NJW-RR 1995, 705). Bei Übertragung des materiellen Rechts, welches das Antragsrecht begründet, geht sie zusammen mit diesem über (Bassenge/Roth/*Gottwald* § 59 Rn. 4).

II. Antragszurückweisung. 1. Gründe der Zurückweisung. § 59 Abs. 2 findet Anwendung, wenn in ei- 32 nem echten Antragsverfahren der freiwilligen Gerichtsbarkeit der Antrag **in der Sache** ganz oder zumindest teilweise zurückgewiesen wird. § 59 Abs. 2 gilt jedoch nicht für die Anfechtung der Aufhebung einer antragsgemäß erlassenen Entscheidung im Rahmen einer Abänderung nach § 48 Abs. 1 oder einer Abhilfeentscheidung nach § 68 Abs. 1.

Wird ein Antrag nur aus **verfahrensrechtlichen Gründen** zurückgewiesen, wie z.B. im Fall der Antrags- 33 zurückweisung mangels Antragsrechts oder mangels wirksamer Vertretung, genügt für die Antragsberechtigung ausnahmsweise allein schon die darin liegende formelle Beschwer, und zwar unabhängig davon, ob der Antragsteller sachlich zur Antragstellung berechtigt ist. Auf die ansonsten zusätzlich geltenden Voraussetzungen des § 59 Abs. 1 kommt es also in einem solchen Fall nicht an. Der Grund dafür ist, dass bei Verneinung der Antragsberechtigung nur auf diese Weise mit einem Rechtsmittel das Fehlen des Antragsrechts nachgeprüft werden kann (BGH FamRZ 2015, 1786).

2. Beschwerdeberechtigter Personenkreis. Andere Beteiligte als der Antragsteller haben grds. kein Be- 34 schwerderecht, selbst wenn in ihrer Person die Voraussetzungen des § 59 Abs. 1 erfüllt sind. Das gilt jedoch ausnahmsweise dann nicht, wenn sie zur Stellung eines Antrages in erster Instanz berechtigt gewesen wären, von diesem Recht aber keinen Gebrauch gemacht haben (str., wie hier z.B. BGH NJW 1993, 662; KG OLGZ 1990, 407, BayObLG FamRZ 1996, 186, OLG Brandenburg FamRZ 1999, 55; Bumiller/Harders Rn. 41 u Keidel/*Meyer-Holz* § 59 Rn. 59, a.A. Bassenge/Roth/*Gottwald* § 59 Rn. 10 m.w.N.).

35 Ist (wie z.B. bei Anträgen auf Eintragung einer Gesellschaft zum Handelsregister) aus materiell-rechtlichen Gründen ein gemeinsamer Antrag **mehrerer Antragsteller** erforderlich, so kann auch die Beschwerde gegen die Zurückweisung eines solchen, gemeinschaftlich gestellten Antrages nur gemeinsam eingelegt werden (BayObLG NJW-RR 1988, 873; OLG Hamm FamRZ 1990, 1264; Keidel/*Meyer-Holz* § 59 Rn. 42; Bassenge/Roth/*Gottwald* § 59 Rn. 10). Die dennoch eingelegte Beschwerde nur eines einzelnen Antragstellers ist wegen fehlender Beschwerdeberechtigung unzulässig. Etwas anderes gilt nur dann, wenn die Notwendigkeit der Mitwirkung eines weiteren Antragstellers von dem Erstgericht übersehen worden ist u dieses daher den in der ersten Instanz gestellten Antrag nicht als unzulässig verworfen, sondern als in der Sache unbegründet zurückgewiesen hat (BayObLGZ 1984, 29, 33).

36 Antragsteller i.S.d. § 59 Abs. 2 bei **Registeranmeldungen** ist auch der von der Anmeldung betroffene Rechtsträger, in dessen Namen die für ihn vertretungsberechtigten Personen zugleich auftreten (BGH NJW 2011, 1883, 1884; *Krafka* FGPrax 2007, 51, 53 m.w.N.). Zu weiteren Besonderheiten der Beschwerdeberechtigung bei Registereintragungen s. § 382 Rdn. 37.

37 **3. Tod des Antragstellers.** Stirbt der Antragsteller, so kann die Beschwerde grds. nur von allen seinen Erben gemeinsam eingelegt werden. Das gilt ausnahmsweise nur dann nicht, wenn sich der zurückgewiesene Antrag auf eine zur Erhaltung des Nachlasses notwendige Maßnahme i.S.d. § 2038 Abs. 1 Satz 2 BGB bezieht (BayObLGZ 1964, 350, 356; Keidel/*Meyer-Holz* § 59 Rn. 14).

38 **III. Antragsstattgabe.** Wird dem Antrag eines Beteiligten in einem Antragsverfahren stattgegeben, so gilt § 59 Abs. 2 nicht. Trotz des Erfolgs seines Antrages kann dem Antragsteller unter den Voraussetzungen des § 59 Abs. 1 ein Beschwerderecht zustehen (z.B. mit der Begründung, dass er bei Stellung des Antrags von falschen Voraussetzungen ausgegangen sei oder wegen einer Änderung des ursprünglichen Antrags); allerdings kann das Rechtsschutzbedürfnis für eine Beschwerde in solchen Fällen fehlen.

39 Eine formelle Beschwer als Rechtsmittelvoraussetzung ist allerdings – wie im Berufungsverfahren nach der ZPO – bei echten Streitverfahren u insb. bei den Familienstreitsachen dann erforderlich, wenn ein bindender Sachantrag notwendig ist u der Verfahrensgegenstand der materiellen Verfügungsbefugnis der Beteiligten unterliegt.

40 **D. Beschwerdeberechtigung von Behörden, Gerichten und Verbänden.** Die frühere Rechtslage zum Beschwerderecht von Behörden, Gerichten u Verbänden sollte nach dem ausdrücklichen Willen des Gesetzgebers (vgl. BT-Drucks. 16/6308 S. 204) durch das FamFG grds. nicht geändert werden.

41 **I. Beschwerdeberechtigung nach allgemeinen Grundsätzen.** Daher kann sich ein Beschwerderecht von Behörden oder Verbänden zunächst schon nach allgemeinen Grundsätzen ergeben. Ein Beschwerderecht ist damit jedenfalls dann zu bejahen, wenn die Voraussetzungen des § 59 Abs. 1 erfüllt sind, mithin die Behörde oder der Verband durch die angefochtene Entscheidung unmittelbar in ihren Rechten beeinträchtigt werden. Nicht in der insoweit erforderlichen Art und Weise in ihren Rechten als Behörde beeinträchtigt ist allerdings z.B. das Jugendamt alleine durch die – von der Auswahl als Pfleger zu unterscheidende – Anordnung einer Pflegschaft (BGH FamRZ 2012, 292, 293; a.A. KG FamRZ 2010, 1171) oder durch deren Ablehnung (OLG Brandenburg FamRZ 2007, 2095).

42 **II. Erweiterte Beschwerdebefugnis zur Wahrnehmung gesetzlicher Aufgaben.** Darüber hinaus kann eine Beschwerdeberechtigung von Behörden, Gerichten oder Verbänden gegeben sein, wenn diese in Wahrnehmung ihrer gesetzlichen Aufgaben dazu berufen sind, Privatinteressen von Beteiligten wahrzunehmen. Eine bloße **Beeinträchtigung des öffentlichen Interesses** an der Erfüllung der einer Behörde übertragenen öffentlichen Aufgabe genügt dagegen nicht. Dies ergibt sich auch aus der Regelung des § 59 Abs. 3 FamFG. Aus dieser Vorschrift lässt sich schließen dass eine Behörde nur dann zur Wahrung des von ihr vertretenen öffentlichen Interesses eine Beschwerdeberechtigung zustehen soll, wenn ihr eine solche spezialgesetzlich eingeräumt ist. So steht der Staatsanwaltschaft im Verfahren über die Errichtung einer Ergänzungspflegschaft kein Beschwerderecht nach § 59 Abs. 1 FamFG zu (BGH FamRZ 2015, 42, 43).

43 **1. Erweiterte Beschwerdebefugnis zur Wahrnehmung von Privatinteressen.** Eine Beschwerdeberechtigung von *Behörden* oder *Gerichten* zur Wahrnehmung von Privatinteressen ist z.B. in den Fällen aner-

kannt, in denen diese kraft gesetzlicher Anordnung im GB (§ 38 GBO) oder Schiffsregister (§ 45 SchRegO) eine Eintragung beantragen können (vgl. z.B. §§ 941 ZPO, 19, 130 ZVG) u einem derartigen Ersuchen nicht oder nicht vollständig stattgegeben wird (BayObLG NJW-RR 1990, 1510, 1511).

2. Erweiterte Beschwerdebefugnis zur Wahrnehmung öffentlicher Interessen. a) Erweiterte Beschwerdebefugnis von Behörden. § 59 Abs. 3 stellt insoweit klar, dass sich eine erweiterte Beschwerdeberechtigung von Behörden auch zur Wahrnehmung öffentlicher Interessen (nur) aus den Büchern 2–8 FamFG oder aus Spezialvorschriften in anderen Gesetzen ergeben kann. 44

Beispiele aus dem FamFG (weitere Einzelheiten z.B. bei Keidel/*Meyer-Holz* § 59 Rn. 56 ff.) sind die Beschwerdebefugnis des Jugendamts in Kindschafts-, Abstammungs-, Adoptions-, Ehewohnungs- u Gewaltschutzsachen nach §§ 162 Abs. 3 Satz 2, 176 Abs. 2 Satz 2, 194 Abs. 2 Satz 2, 205 Abs. 2 Satz 2, 213 Abs. 2 Satz 2, die – bisher für Betreuungsbehörden in § 69c FGG geregelte – Beschwerdebefugnis der zuständigen Behörde in Betreuungs-, Unterbringungs- u Freiheitsentziehungssachen nach §§ 303 Abs. 1, 335 Abs. 4, 429 Abs. 1 (vgl. dazu BGH FamRZ 2015, 1702) oder das Beschwerderecht der Staatskasse nach § 304 Abs. 1. 45

Für verschiedene, außerhalb des FamFG geregelte Sondermaterien ergibt sich eine erweiterte Beschwerdeberechtigung zur Wahrnehmung öffentlicher Interessen auch aus den jeweiligen Spezialgesetzen. Das gilt z.B. für das Beschwerderecht der übergeordneten Behörde in Landwirtschaftssachen nach § 32 LwVG, das Beschwerderecht der standesamtlichen Aufsichtsbehörde nach § 53 Abs. 2 PStG, das Beschwerderecht der StA in den Fällen des § 19 Abs. 1 Satz 2 StAG oder das Beschwerderecht der Bundesanstalt für Finanzdienstleistungsaufsicht nach § 43 Abs. 3 KWG; kein derartiges Beschwerderecht kann allerdings aus § 51 Abs. 2 Halbs. 2 PStG für das Standesamt entnommen werden (OLG Dresden StAZ 2011, 278, 279). Soweit das Gesetz in derartigen Fällen einer Behörde ein Beschwerderecht einräumt, ist dieses unabhängig von jeder Beschwer. Es steht der Behörde also selbst dann zu, wenn nach ihrem Antrag entschieden wurde u die Beschwerde allein dem Zweck dienen soll, über die der Entscheidung zugrunde liegende Streitfrage eine obergerichtliche Entscheidung herbeizuführen (BGH NJW 2004, 1108). Eine Aufsichtsbehörde ist aber grds. nicht befugt, ein nur der ihr nachgeordneten Behörde zustehendes Beschwerderecht an deren Stelle auszuüben; sie kann kraft ihres Aufsichtsrechts nur darauf hinwirken, dass diese selbst von ihrem Beschwerderecht Gebrauch macht. 46

b) Erweiterte Beschwerdebefugnis von Gerichten. Die Beschwerdeberechtigung eines Gerichts gegen die Entscheidung eines anderen Gerichts ist (a.A. Prütting/Helms/*Abramenko* Rn. 25) nur ausnahmsweise dann gegeben, wenn dieses zur Wahrnehmung öffentlicher Interessen berufen ist u an der Erfüllung seiner Aufgaben durch ein anderes Gericht behindert wird (BayObLG Rpfleger 1986, 303; NJW-RR 1990, 1510, 1511). Ein Beschwerderecht unter diesem Gesichtspunkt ist z.B. zu bejahen für ein Nachlassgericht gegen die Verweigerung der Herausgabe eines von einem anderen Gericht verwahrten Testaments oder Erbvertrages (BayObLGZ 1986, 118) oder umgekehrt bei Verweigerung der Übernahme eines nach § 2261 BGB übersandten Testaments zur endgültigen Aufbewahrung durch ein anderes Gericht (LG Berlin Rpfleger 1971, 399). 47

c) Erweiterte Beschwerdebefugnis von Anstalten und Körperschaften. Auch Anstalten u Körperschaften, die zur Wahrnehmung von Allgemeininteressen berufen sind, kann innerhalb des ihnen zugewiesenen Aufgabenkreises ein über § 59 Abs. 1 hinausgehendes Beschwerderecht zustehen, so z.B. den Industrie- u Handelskammern, den Handwerkskammern, den Landwirtschaftskammern oder den Kammern der freien Berufe in Registersachen nach Maßgabe des § 380 Abs. 5. 48

E. Beschwerdeberechtigung von Notaren und Rechtsanwälten. Der **Notar** ist zur Einlegung einer Beschwerde grds. nur **im Namen der von ihm vertretenen Beteiligten** berechtigt. Das gilt auch dann, wenn er aufgrund einer gesetzlich vermuteten Vollmacht handelt (vgl. z.B. § 378, § 15 GBO, § 25 SchiffsRegO). Gegen die Ablehnung eines Antrages, den er auf der Grundlage einer vermuteten Vollmacht gestellt hat, steht die Beschwerde daher nur dem von ihm vertretenen Beteiligten, nicht dem Notar im eigenen Namen zu (OLG Nürnberg NZG 2010, 623; s.a. § 378 Rdn. 33). In Zweifelsfällen ist die Einlegung des Rechtsmittels im Namen des Vertretenen allerdings zu vermuten (OLG Nürnberg Rpfleger 2011, 521, 523). 49

Ein Beschwerderecht im **eigenen Namen** steht dem Notar nur zu, wenn seine eigenen Rechte beeinträchtigt werden, insb. also, wenn in seine Amtsbefugnisse eingegriffen wird. Das ist z.B. der Fall, wenn sich das Registergericht weigert, wegen formaler Beanstandungen eine von einem Notar eingereichte Gesellschafterliste zu akzeptieren (BGH NZG 2011, 516, 516 f.). Eine Beschwerdeberechtigung besteht auch, wenn das AG es 50 ablehnt, ein Testament in amtliche Verwahrung zu nehmen oder bei einer Rechtsbeschwerde, die der – in diesem Fall selbst an die Stelle des Gerichts der ersten Instanz tretende – Notar in einem Verfahren nach § 15 BNotO bei Zulassung nach § 70 Abs. 1 gegen die Anordnung der Ablieferung eines Testaments nach § 2259 BGB durch das LG als Beschwerdegericht einlegen darf (OLG Hamm MittRhNotK 1985, 175; Keidel/*Meyer-Holz* § 59 Rn. 67). Mit der Ablieferung des Testaments ist die amtliche Tätigkeit des Notars jedoch beendet, sodass er gegen die Anordnung der Eröffnung, die Ablehnung der Versendung einer von ihm errichteten Urkunde oder die Gewährung der Einsichtnahme in eine solche Urkunde oder gegen die Ablehnung ihrer Wiederaushändigung zur Nachholung seiner fehlenden Unterschrift aus eigenem Recht eine (Rechts-) Beschwerde aus eigenem Recht nicht mehr einlegen kann (Jansen/*Briesemeister* § 20 FGG Rn. 111 m.N. zur älteren Rspr). Auch durch die Verweigerung der Bestätigung einer im Auftrag des Gerichts durch den Notar vermittelten Erbauseinandersetzung (vgl. § 363 Abs. 1) wird dieser nicht in einem eigenen Recht beeinträchtigt. Unter den gleichen Voraussetzungen wie die Anordnung der Ablieferung eines Testaments mit der Rechtsbeschwerde angefochten werden kann aber auch die im Verfahren nach § 54 BeurKG durch das Beschwerdegericht verfügte Anweisung, eine vollstreckbare Ausfertigung einer Urkunde zu erteilen, wenn dem amtierenden Notar für den Fall der Befolgung einer solchen Anweisung Regressansprüche von einem der Urkundsbeteiligten drohen (OLG Hamm NJW-RR 1986, 76; Keidel/*Meyer-Holz* § 59 Rn. 67). Ebenso kommt eine Rechtsbeschwerde aus eigenem Recht außerdem dann in Betracht, wenn der Notar in einem Verfahren nach § 15 BNotO zu Unrecht mit den Kosten des Verfahrens belastet worden ist (OLG Naumburg FGPrax 2005, 272; Keidel/*Meyer-Holz* § 59 Rn. 67).

51 Der **Rechtsanwalt** ist im eigenen Namen beschwerdeberechtigt gegen die Wertfestsetzung gem. § 32 Abs. 2 Satz 1 RVG. Einem als Vormund beigeordneten Anwalt in einem Verfahren nach § 1800 BGB i.V.m. § 1631b BGB steht dagegen ein eigenes Beschwerderecht nicht zu (KG NJW 1970, 2215).

§ 60 Beschwerderecht Minderjähriger.

¹Ein Kind, für das die elterliche Sorge besteht, oder ein unter Vormundschaft stehender Mündel kann in allen seine Person betreffenden Angelegenheiten ohne Mitwirkung seines gesetzlichen Vertreters das Beschwerderecht ausüben. ²Das Gleiche gilt in sonstigen Angelegenheiten, in denen das Kind oder der Mündel vor einer Entscheidung des Gerichts gehört werden soll. ³Dies gilt nicht für Personen, die geschäftsunfähig sind oder bei Erlass der Entscheidung das 14. Lebensjahr nicht vollendet haben.

Übersicht

	Rdn.		Rdn.
A. Allgemeines	1	II. Sachliche Voraussetzungen	9
I. Normzweck	1	1. Angelegenheiten, die die Person des Kindes oder Mündels betreffen	10
II. Rechtsentwicklung	2		
III. Geltungsbereich	4	2. Sonstige Angelegenheiten, in denen das Kind oder Mündel angehört werden soll	12
B. Voraussetzungen des Beschwerderechts	5		
I. Persönliche Voraussetzungen	6		
1. Vollendung des 14. Lebensjahres	7	C. Umfang des Beschwerderechts	14
2. Geschäftsfähigkeit	8		

1 **A. Allgemeines. I. Normzweck.** Das Beschwerderecht wird für ein Kind oder Mündel regelmäßig durch dessen gesetzlichen Vertreter (Inhaber der elterlichen Sorge, Vormund oder Pfleger) ausgeübt. Nach § 60 kann das Kind oder Mündel in bestimmten Fällen neben dem gesetzlichen Vertreter u unabhängig von dessen Willen auch selbstständig das Beschwerderecht ausüben. Das Bestehen eines derartigen Beschwerderechts nach § 59 wird dabei vorausgesetzt (OLG Düsseldorf FamRZ 2011, 1081; Prütting/Helms/*Abramenko* § 60 Rn. 1; a.A. Staudinger/*Coester* § 1666 BGB Rn. 301). § 60 verleiht nur die erforderliche Verfahrensfähigkeit für seine Ausübung durch das Kind oder Mündel selbst, soweit diese nicht bereits aufgrund anderweitiger Vorschriften gegeben ist, die z.T. (wie z.B. in den Fällen der partiellen Geschäftsfähigkeit gem. §§ 112, 113 BGB) im materiellen Recht enthalten sind, sich aber ebenso (wie z.B. bei der Unterbringung von Minderjährigen gem. § 167 Abs. 3) auch aus Sondervorschriften des Verfahrensrechts ergeben können. Das eigene Recht zur Beschwerdeeinlegung des gesetzlichen Vertreters im Namen des Kindes oder Mündels bleibt davon unberührt (Keidel/*Meyer-Holz* § 60 Rn. 19; Bassenge/Roth/*Gottwald* § 60 Rn. 1). Die Regelung

betrifft allein das Beschwerdeverfahren. Die Verfahrensfähigkeit des Kindes oder Mündels in der ersten Instanz wird dadurch also nicht erweitert (Rdn. 16).

II. Rechtsentwicklung. § 60 Satz 1 u 2 entsprechen fast wörtlich § 59 Abs. 1 FGG. § 60 Satz 3 entspricht § 59 Abs. 3 Satz 1 FGG, wobei dieser nur insoweit inhaltlich angepasst worden ist, als Beschlüsse nach dem FamFG grds. nicht mehr verkündet werden, sondern nach Maßgabe des § 41 bekannt zu machen sind u daher für die Erreichung der Altersgrenze von 14 Jahren nicht mehr auf die Verkündung der Entscheidung abgestellt werden kann. Systematisch ist die Vorschrift jetzt allerdings dem allgemeinen Teil des FamFG zugeordnet. Anders als die bisherige, nur für Vormundschafts- u Familiensachen i.S.d. FGG geltende Regelung, ist sie damit grds. auf alle Verfahren nach dem FamFG – einschließlich der Ehe- und Familienstreitsachen (Keidel/*Meyer-Holz* § 60 Rn. 1) – anzuwenden, auch wenn praktische Anwendungsfälle dafür außerhalb des Bereichs der jetzt als Kindschaftssachen (§§ 151 ff.) zusammengefassten Verfahren eher selten sein dürften. 2

Der bisherige § 59 Abs. 2 FGG über die **Bekanntgabe** der Entscheidung an das Kind oder Mündel ist durch den allerdings nicht allgemein, sondern nur für Kindschaftssachen geltenden, jedoch ansonsten wörtlich identischen § 164 ersetzt worden. Zugleich wird dort für Kindschaftssachen das Bestehen eines eigenen Beschwerdeausübungsrechts für das Kind noch einmal wiederholt, was jedoch einen zusätzlichen Regelungsgehalt ggü. § 60 in diesem Punkt nicht beinhaltet. Für die Verfahren, in denen einem Kind oder Mündel außerhalb des Anwendungsbereichs der §§ 151 ff. ein eigenes Beschwerdeausübungsrecht nach § 60 zusteht, bedeutet dies, dass die dort ergehenden Entscheidungen dem Kind oder Mündel grds. ebenso wie allen anderen Beteiligten bekannt zu machen bzw. in Ehe- und Familienstreitsachen zu verkünden sind. Ein Absehen von der Bekanntmachung zumindest der Entscheidungsgründe an den Betroffenen kommt ausnahmsweise nur in den Fällen der §§ 288 Abs. 1, 325 Abs. 1 und 423 unter den dort geregelten Voraussetzungen in Betracht. Eine entsprechende Anwendung des § 164 über den Bereich der Kindschaftssachen hinaus ist angesichts der bewusst differenzierenden Regelung des Gesetzgebers für die verschiedenen Verfahrensarten nicht angezeigt (a.A. Keidel/*Meyer-Holz* § 60 Rn. 21). Sie ist auch deshalb nicht notwendig, weil Nachteile für die Entwicklung, Erziehung oder Gesundheit des Kindes oder Mündels i.S.d. § 164 Satz 2 in den noch verbleibenden Fällen kaum zu befürchten sein dürften. 3

III. Geltungsbereich. § 60 gilt entsprechend für die **Rechtsbeschwerde**, auch wenn eine ausdrückliche, dem früheren § 63 FGG entsprechende Verweisungsvorschrift nunmehr fehlt (Keidel/*Meyer-Holz* § 60 Rn. 20). § 60 findet außerdem entsprechende Anwendung auf die Berechtigung zur Einlegung der **Erinnerung** gegen Entscheidungen des Rechtspflegers nach § 11 Abs. 2 RpflG, auf die **Anhörungsrüge** nach § 44 und, sofern deren isolierte Anfechtung überhaupt statthaft ist, auch auf die **sofortige Beschwerde** gegen Zwischen- und Nebenentscheidungen in entsprechender Anwendung der §§ 567 ff. ZPO (Prütting/Helms/*Abramenko* § 60 Rn. 5). Ein Kind oder Mündel, dem ein Recht zur Ausübung des Beschwerderechts nach § 60 zusteht, wird dadurch außerdem auch befähigt, i.R.d. Beschwerdeverfahrens Verfahrenskostenhilfe oder eine einstweilige Anordnung des Beschwerdegerichts zu beantragen sowie Gerichtspersonen, Dolmetscher oder Sachverständige abzulehnen (Keidel/*Meyer-Holz* § 60 Rn. 20). 4

B. Voraussetzungen des Beschwerderechts. Die Feststellungslast für das Vorliegen der Voraussetzungen von § 60 trägt nach den allgemeinen Grundsätzen (§ 68 Rdn. 27) der Beschwerdeführer (Prütting/Helms/*Abramenko* § 60 Rn. 1; a.A. Bumiller/*Harders* § 60 Rn. 7 und Keidel/*Meyer-Holz* § 60 Rn. 14). 5

I. Persönliche Voraussetzungen. Gem. § 60 Satz 3 ist Voraussetzung des eigenen Beschwerdeausübungsrechts, dass das beschwerdeführende Kind oder Mündel das 14. Lebensjahr bereits vollendet hat u nicht geschäftsunfähig ist. 6

1. Vollendung des 14. Lebensjahres. Maßgeblicher **Zeitpunkt** für die Vollendung des 14. Lebensjahres ist dabei der **Erlass** der angefochtenen Entscheidung, nach der Legaldefinition des § 38 Abs. 3 Satz 2 der Zeitpunkt, an dem die unterschriebene Entscheidung der Geschäftsstelle übergeben oder den Beteiligten nach Maßgabe von § 41 bekannt gegeben wird. Nur in Ehe- und Familienstreitsachen, bei denen die Bekanntgabe nach § 113 Abs. 1 Satz 2 i.V.m. § 329 ZPO auch weiterhin in der Form der Verkündung erfolgt, ist wie in § 59 Abs. 3 Satz 2 FGG auf die Verkündung abzustellen. Kein Recht zur Beschwerdeausübung nach § 60 besteht, wenn der Beschwerdeführer das 14. Lebensjahr **erst nach dem Erlass des angefochtenen Beschlusses vollendet**, sei es auch noch innerhalb der Beschwerdefrist (Keidel/*Meyer-Holz* § 60 Rn. 13; Prütting/Helms/*Abramenko* § 60 Rn. 2). 7

8 **2. Geschäftsfähigkeit.** Weitere Voraussetzung für ein Beschwerdeausübungsrecht nach § 60 ist grds. das Nichtvorliegen einer Geschäftsunfähigkeit nach § 104 Nr. 2 BGB, positiv ausgedrückt also eine **zumindest beschränkte Geschäftsfähigkeit** des Beschwerdeführers nach § 106 BGB. Steht die Geschäftsunfähigkeit allerdings nicht sicher fest, so sollen verbleibende Zweifel daran der Zulässigkeit der Beschwerde nicht entgegenstehen (Keidel/*Meyer-Holz* § 60 Rn. 14; Bumiller/Harders § 60 Rn. 7). Auch Geschäftsunfähige sind jedoch ausnahmsweise dann verfahrens- u somit unabhängig von § 60 auch beschwerdefähig, wenn das Gesetz sie ohne Rücksicht auf ihre Geschäftsfähigkeit ausdrücklich für verfahrensfähig erklärt, wie dies z.B. für die Verfahrensfähigkeit des Kindes oder Mündels in einem dieses selbst betreffenden Unterbringungsverfahren der Fall ist (§§ 167 Abs. 3, 316).

9 **II. Sachliche Voraussetzungen.** § 60 verleiht einem Kind oder Mündel die eigene Verfahrensfähigkeit zur Durchführung eines Rechtsmittelverfahrens in zwei verschiedenen Fallgruppen:

10 **1. Angelegenheiten, die die Person des Kindes oder Mündels betreffen.** Gem. § 60 Satz 1 besteht eine solche Verfahrensfähigkeit in allen die Person des Kindes oder Mündels betreffenden Angelegenheiten.

11 Dieser Begriff ist **weit** zu fassen u umfasst alle die Lebensführung u Lebensstellung unmittelbar oder mittelbar betreffenden Angelegenheiten (Beispielkataloge z.B. bei Keidel/*Meyer-Holz* § 60 Rn. 10 u Johannsen/Henrich/*Althammer* § 60 Rn. 6) u damit wegen der zumindest mittelbaren Auswirkungen auf die Person jedenfalls die große Mehrzahl auch aller den Unterhalt u das Vermögen betreffenden Verfahren (Keidel/*Meyer-Holz* § 60 Rn. 6 – 9; Johannsen/Henrich/*Althammer* § 60 Rn. 6). Nicht erfasst werden nur solche – faktisch seltenen – Angelegenheiten, die sich ausschl auf das Vermögen beziehen (BGH FamRZ 2012, 292; Keidel/*Meyer-Holz* § 60 Rn. 9; Bassenge/Roth/*Gottwald* § 60 Rn. 2), wie etwa im Fall einer Entscheidung über die Vormundsvergütung ohne Auswirkung auf die für den Unterhalt zur Verfügung stehenden Mittel (BayObLG Rpfleger 1987, 150) oder bei einem Verfahren über die Genehmigung einer Erbausschlagung (BGH FamRZ 2012, 292). Ein eigenes Recht zur Ausübung der Beschwerde besteht dagegen **nicht** in solchen Angelegenheiten, die nicht das Kind oder Mündel selbst, sondern **nur dritte Personen** betreffen wie z.B. die elterliche Sorge oder Vormundschaft über Geschwister des Kindes oder Mündels oder über dessen eigene Kinder (BayObLGZ 1969, 25, 28), eine die Wohnung der Eltern des Kindes oder Mündels betreffende Ehewohnungssache (BayObLGZ 1976, 312, 315) oder eine Vermögensangelegenheit seiner Eltern (Prütting/Helms/*Abramenko* § 60 Rn. 6).

12 **2. Sonstige Angelegenheiten, in denen das Kind oder Mündel angehört werden soll.** Gem. § 60 Satz 2 besteht ein eigenes Beschwerdeausübungsrecht des Minderjährigen außerdem in allen sonstigen Angelegenheiten, in denen ein Kind oder Mündel angehört werden soll.

13 Das umfasst vor allem solche, in der Praxis seltenen, das Vermögen des Kindes oder Mündels betreffende Angelegenheiten, in denen dieses nach § 159 Abs. 1 Satz 2 persönlich anzuhören ist, die nicht wegen ihrer mittelbaren Auswirkungen auf die Person bereits unter § 60 Satz 1 fallen (Keidel/*Meyer-Holz* § 60 Rn. 11). Ein selbstständiges Beschwerdeausübungsrecht kann daher z.B. gegeben sein gegen die familiengerichtliche Genehmigung eines Rechtsgeschäfts (BayObLGZ 1963, 1, 5 f.; Rpfleger 1987, 149), gegen die Anordnung einer Vermögensangelegenheiten betreffenden Ergänzungspflegschaft gem. § 1909 BGB oder gegen die Ablehnung der Anordnung einer derartigen Pflegschaft (Keidel/*Meyer-Holz* § 60 Rn. 11). Soweit § 159 Abs. 2 in den dort bestimmten Fällen auch eine Anhörung vor der Vollendung des 14. Lebensjahres vorsieht, wird dadurch die Altersgrenze von 14 Jahren für das eigene Beschwerdeausübungsrecht des Minderjährigen nicht außer Kraft gesetzt (vgl. § 60 Satz 3). Das Beschwerderecht ist unabhängig davon, ob eine Anhörung im Einzelfall tatsächlich stattgefunden hat (Keidel/*Meyer-Holz* § 60 Rn. 12).

14 **C. Umfang des Beschwerderechts.** Die dem Minderjährigen durch § 60 verliehene Verfahrensfähigkeit umfasst alle **Prozesshandlungen, die zur Einleitung, Durchführung u Beendigung des Beschwerdeverfahrens erforderlich sind**, insb. auch die Bestellung von Bevollmächtigten, den Verzicht auf Rechtsmittel oder ihre Zurücknahme (Keidel/*Meyer-Holz* § 60 Rn. 16–18). Die Befugnis des gesetzlichen Vertreters zur Einlegung eines Rechtsmittels im Namen des Minderjährigen bleibt von § 60 unberührt (Keidel/*Meyer-Holz* § 60 Rn. 19). Dieser verleiht kein eigenständiges Beschwerderecht, ein solches muss sich vielmehr bereits aus § 59 ergeben. In der Ausübung dieses einheitlichen, materiell dem Minderjährigen zustehenden Beschwerderechts sind dieser und sein gesetzlicher Vertreter voneinander unabhängig. Ein Verzicht des gesetzlichen Vertreters auf das Beschwerderecht oder eine Rechtsmittelrücknahme sind daher für den Minderjährigen unverbindlich.

Fraglich ist, ob umgekehrt der Minderjährige für ihn selbst nachteilige Prozesshandlungen wie den Beschwerdeverzicht oder die Rücknahme der Beschwerde auch dann wirksam vornehmen konnte, wenn ihm zur Wahrnehmung seiner Interessen ein Verfahrenspfleger hätte bestellt werden müssen (so z.B. OLG Hamm FamRZ 1990, 1262, 1263; Keidel/*Meyer-Holz* § 60 Rn. 17; Musielak/Borth § 60 Rn. 2). In den in §§ 158, 174, 191 geregelten Fällen der Verfahrensbeistandschaft bei minderjährigen Verfahrensbeteiligten dürfte zumindest dann von der Wirksamkeit auch einer nachteiligen Prozesshandlung auszugehen sein, wenn diese – wie i.d.R. – nicht durch die mangelnde Einsichtsfähigkeit des Minderjährigen in die Bedeutung seiner Verfahrenshandlungen begründet ist, sondern aus sonstigen Gründen (wie vor allem den in § 158 Abs. 2 Nr. 1–5 aufgezählten) erforderlich ist. Denn die dem Minderjährigen durch § 60 bewusst eingeräumte, eigenverantwortliche Stellung würde sonst im Ergebnis weitgehend leer laufen, ohne dass dies zum Schutze des Minderjährigen zwingend geboten erscheint. 15

Aus der Einräumung eines selbstständigen Beschwerdeausübungsrechts zugunsten des Minderjährigen folgt für diesen nicht auch das Recht, in einem Antragsverfahren **bereits in erster Instanz** den erforderlichen Antrag zu stellen. Ein solches Antragsrecht ist vielmehr nur dann gegeben, wenn sich die Verfahrensfähigkeit des Minderjährigen bereits aus anderen Vorschriften als § 60 ergibt, wie z.B. in den Fällen der §§ 112, 113, 1303 Abs. 2, 1315 Abs. 1 Satz 3 BGB (Keidel/*Meyer-Holz* § 60 Rn. 3; Bumiller/Harders § 60 Rn. 4). Jedoch steht einem Minderjährigen in einem von Amts wegen einzuleitenden Verfahren ein uneingeschränktes Beschwerdeausübungsrecht nach § 60 zu, unabhängig davon, ob er selbst (BayObLG FamRZ 1997, 954) oder ein anderer Beteiligter dort in der ersten Instanz einen – tatsächlich nur als Anregung zu verstehenden – »Antrag« gestellt hatte. Das gilt auch dann, wenn ein derartiger »Antrag« auf Einleitung eines Amtsverfahrens in erster Instanz abgelehnt worden ist (Keidel/*Meyer-Holz* § 60 Rn. 4). 16

§ 61 Beschwerdewert; Zulassungsbeschwerde.

(1) In vermögensrechtlichen Angelegenheiten ist die Beschwerde nur zulässig, wenn der Wert des Beschwerdegegenstandes 600 Euro übersteigt.
(2) Übersteigt der Beschwerdegegenstand nicht den in Absatz 1 genannten Betrag, ist die Beschwerde zulässig, wenn das Gericht des ersten Rechtszugs die Beschwerde zugelassen hat.
(3) ¹Das Gericht des ersten Rechtszugs lässt die Beschwerde zu, wenn
1. die Rechtssache grundsätzliche Bedeutung hat oder die Fortbildung des Rechts oder die Sicherung einer einheitlichen Rechtsprechung eine Entscheidung des Beschwerdegerichts erfordert und
2. der Beteiligte durch den Beschluss mit nicht mehr als 600 Euro beschwert ist.
²Das Beschwerdegericht ist an die Zulassung gebunden.

Übersicht	Rdn.		Rdn.
A. Regelungsbereich	1	1. Zulassungsbedürftigkeit	16
B. Beschwerdewert, § 61 Abs. 1	2	2. Zulassungsentscheidung	18
I. Wertgrenze	2	a) Zuständigkeit	18
II. Vermögensrechtliche Angelegenheiten	4	b) Form, Inhalt, Verfahren	19
III. Einzelheiten	7	c) Unanfechtbarkeit der Nichtzulassung	22
IV. Ausnahmen	13	d) Bindungswirkung der Zulassung	23
C. Zulassungsbeschwerde, § 61 Abs. 2 u 3	14	3. Zulassungsgründe	24
I. Allgemeines	14		
II. Statthaftigkeit der Zulassungsbeschwerde	15		

A. Regelungsbereich. § 61 enthält für Verfahren in **vermögensrechtlichen Angelegenheiten** Bestimmungen über den Beschwerdewert (Rdn. 2 ff.) sowie zur Zulassung der Beschwerde (Rdn. 14 ff.); die Vorschrift gilt für die Beschwerde gegen Endentscheidungen in vermögensrechtlichen Angelegenheiten sowohl in den FG-Familiensachen als auch in Ehe- und Familienstreitsachen. Wird der Beschwerdewert nicht erreicht, kann das Familiengericht die Beschwerde nach § 61 Abs. 2, Abs. 3 FamFG wegen grundsätzlicher Bedeutung der Sache, zur Fortbildung des Rechts oder zur Sicherung einer einheitlichen Rechtsprechung zulassen. Anwaltlich muss rechtzeitig im Ausgangsverfahren auf die Zulassung hingewirkt werden, weil die vergessene Zulassung nicht nachgeholt werden kann. Allein dass das Amtsgericht eine Rechtsbehelfsbelehrung erteilt hat, lässt nicht auf eine solche Zulassung schließen (BGH NJW-RR 2014, 1027). 1

§ 61 Buch 1. Allgemeiner Teil

2 **B. Beschwerdewert, § 61 Abs. 1. I. Wertgrenze.** § 61 Abs. 1 regelt, dass die Beschwerde gegen Entscheidungen in FamFG-Sachen mit vermögensrechtlichen Verfahrensgegenständen – abgesehen vom Sonderfall der Zulassungsbeschwerde – nur zulässig ist, wenn der Wert des Beschwerdegegenstandes (a.A. *Maurer*, FamRZ 2009, 45, 471: die Beschwer) 600,00 € übersteigt, also mindestens 600,01 € beträgt.

3 Das gilt nach dem ausdrücklichen Willen des Gesetzgebers ohne Differenzierung nach dem Gegenstand des Hauptsacheverfahrens (vor §§ 58 bis 75 Rdn. 20) auch für sämtliche Beschwerden in **Kosten- u Auslagenentscheidungen**, da es keinen wesentlichen Unterschied für die Beschwer eines Beteiligten ausmache, ob er sich gegen eine Kosten- oder Auslagenentscheidung oder aber gegen eine ihn wirtschaftlich belastende Entscheidung in der Hauptsache wendet (BT-Drucks. 16/6308 S. 204). Außer Betracht bleibt dabei die noch im RefE FGG-RG II (S. 420) zu Recht als Vorteil des dort noch vorgesehenen, abweichenden Beschwerdewerts von 200,00 € in Kostenangelegenheiten herausgestellte Rechtseinheitlichkeit. Die ohnehin erst mit dem KostRModG allgemein für Beschwerden in Kostensachen eingeführte u durch das FGG-RG ansonsten fast überall übernommene Beschwerdegrenze von 200,00 € gem. §§ 57 Abs. 2 Satz 1, 59 Abs. 1 Satz 1 FamGKG, 33 Abs. 3 RVG, 4 Abs. 3 JVEG u 14 Abs. 3, 31 Abs. 3, 139 Abs. 3 KostO gilt ohne nachvollziehbaren Grund nicht auch im Anwendungsbereich des § 61, obwohl die Begründung des Gesetzgebers für die jetzige Regelung auch für alle anderen aufgezählten Fälle zutrifft. Obwohl die früheren Sonderregelungen in § 56g Abs. 5 FGG u § 14 Abs. 3 HausratsVO weggefallen sind, ist damit die Chance zur Beseitigung der Rechtszersplitterung in diesem Bereich (zum bisherigen Recht vgl. KKW/*Kahl* vor §§ 19 ff. FGG Rn. 26 f.) wiederum nicht genutzt worden. Für Kostenbeschwerden in Verfahren nach dem Verschollenheitsgesetz gilt sogar weiterhin noch ein abweichender Beschwerdewert von 50,00 €. Die vorübergehend diskutierte Frage, ob eine Beschwerde gegen die Festsetzung einer Verfahrenspflegervergütung in Betreuungs- u Unterbringungsangelegenheiten (§§ 277, 318) die Anfechtung einer Kosten- oder Auslagenentscheidung betrifft (so z.B. RefE FGG-RG II S. 561, a.A. *Zimmermann* FGPrax 2006, 189, 192), ist durch die jetzige Regelung allerdings bedeutungslos geworden.

4 **II. Vermögensrechtliche Angelegenheiten.** Die in § 61 Abs. 1 vorgenommene Unterscheidung zwischen vermögens- u nichtvermögensrechtlichen Angelegenheiten gab es bis 1993 ähnlich auch in der ZPO (vgl. § 511a ZPO idF von Art. 1 des Rechtspflege-Vereinfachungsgesetzes vom 17.12.1990, BGBl. I, S. 2847). Nach wie vor findet sie sich in §§ 20, 40 Abs. 2, 708 Nr. 10 u 11 ZPO u vor allem im Kostenrecht (§§ 48 GKG, 30 KostO, 33, 36, 42 FamGKG). In Anlehnung an die vor allem zu § 511a ZPO a.F. u zu §§ 48 GKG, 30 KostO entwickelten Grundsätze (vgl. z.B. BLAH/*Hartmann* vor § 1 ZPO Rn. 11, *Hartmann* § 48 GKG Rn. 5 u § 30 KostO Rn. 3) ist daher vermögensrechtlich jede Angelegenheit, die entweder auf einer vermögensrechtlichen Beziehung beruht oder im Wesentlichen wirtschaftlichen Interessen dienen soll, insb. auf Geld oder Geldeswert gerichtet ist. Das gilt ohne Rücksicht auf ihren Ursprung oder Zweck; entscheidend ist die Natur des Rechts, dessen Schutz der Antragsteller verlangt. Eine Angelegenheit ist auch dann vermögensrechtlich, wenn sie sich zwar auf ein nichtvermögensrechtliches Verhältnis – etwa eine Erbenstellung oder Verwandtschaftsbeziehung – gründet, aber dennoch eine vermögenswerte Leistung zum Gegenstand hat. Außer Betracht bleiben aber bloß vermögensrechtliche Reflexwirkungen, die sich an ein Recht oder eine Rechtsverletzung knüpfen (BGH NJW-RR 1990, 1276).

5 Die Unterscheidung kann zu Abgrenzungsproblemen führen. So ist z.B. bei einem Testamentsvollstreckervermerk in einem Erbschein fraglich, ob in jedem Fall eine vermögensrechtliche Streitigkeit vorliegt oder nur dann, wenn sich der Aufgabenkreis des Testamentsvollstreckers auch auf den Bereich der Vermögenssorge bezieht (kritisch zu der Neuregelung daher *Zimmermann* FGPrax 2006, 189, 194). In Zweifelsfällen sollte hier von einer nichtvermögensrechtlichen Streitigkeit ausgegangen werden, mit der Folge, dass die Beschwerde dann unabhängig von ihrem Wert in jedem Fall statthaft ist (Prütting/Helms/*Abramenko* § 61 Rn. 2). In vielen Fällen wird auf die zum GKG u zur KostO bereits vorliegende Kasuistik (Nachweise z.B. bei *Hartmann* § 48 GKG Rn. 6 ff. u § 30 KostO Rn. 4 ff.) zurückgegriffen werden können.

6 Vermögensrechtliche Streitigkeiten sind nach diesen Grundsätzen z.B. das Verfahren zur Einziehung oder Erteilung eines Erbscheins (OLG Köln FGPrax 2006, 85, 86), Grundbuchsachen (BayObLG JurBüro 1997, 605), Abwesenheitspflegschaftsverfahren (BayObLG FamRZ 2000, 971), Verfahren zur Genehmigung eines – seinerseits vermögensrechtlichen – Rechtsgeschäfts (OLG Frankfurt Rpfleger 1979, 423) oder Beschwerden gegen eine Zwangsgeldfestsetzung (OLG Zweibrücken FGPrax 2010, 169), nicht aber Beschwerden gegen Entscheidungen über Anträge nach § 357 Abs. 1 oder 2 (Horndasch/Viefhues/*Heinemann* § 357 Rn. 20; a.A. MüKoZPO/*Mayer* § 357 Rn. 10). Ebenfalls vermögensrechtliche Streitigkeiten sind alle Familienstreitsachen i.S.d. § 112 einschließlich auch derjenigen Verfahren, welche die entsprechenden Ansprüche – etwa

durch einen Anspruch auf Auskunft oder Abgabe der eidesstattlichen Versicherung erst vorbereiten (BGH NJW-RR 1991, 956), das Verfahren zur Durchsetzung eines Anspruchs auf die Zustimmung zum begrenzten Realsplitting nach § 10 Abs. 1 Nr. 1 EStG (BGH FamRZ 1999, 648) u das Verfahren auf Bestimmung des Kindergeldberechtigten gem. § 64 Abs. 2 Satz 3 EStG (OLG Celle FamRZ 2012, 1963, 1964). Ebenfalls eine vermögensrechtliche Streitigkeit ist die isolierte Anfechtung einer reinen Kostenentscheidung, selbst wenn die zugehörige Hauptsache eine nichtvermögensrechtliche Angelegenheit betrifft (vor § 58 Rdn. 21). **Keine** vermögensrechtlichen Streitigkeiten sind z.B. die Familiensachen i.S.d. § 111 Nr. 1 bis 6 und die Lebenspartnerschaftssachen i.S.d. § 269, soweit sie diesen in ihrem Gegenstand entsprechen (Zöller/*Feskorn* § 61 Rn. 5) sowie die Verfahren zur Bestellung eines Betreuers, selbst wenn dessen Aufgabenkreis die vermögensrechtlichen Angelegenheiten des Betreuten betrifft (BGH MDR 1996, 751).

III. Einzelheiten. In **Ehe- u Familienstreitsachen** richtet sich der Wert des Beschwerdegegenstandes gem. § 113 Abs. 1 Satz 2 nach den §§ 2 bis 9 ZPO (*Maurer* FamRZ 2009, 465, 471; s.a. § 231 Rdn. 22 zur Beschwer im Unterhaltsverfahren). I.Ü. ist er mangels anderweitiger Vorschriften dem FamGKG u der KostO zu entnehmen (zum Rechtsmittelwert bei Auskunftsanträgen s. § 38 FamGKG Rdn. 9; zur Wertfestsetzung s. § 54 FamGKG Rdn. 1 ff.). Maßgeblich für die Zulässigkeit der Beschwerde nach § 61 Abs. 1 ist nach dem ausdrücklichen Wortlaut des Gesetzes der Wert des Beschwerdegegenstandes, nicht der Beschwerdewert (Fischer, FuR 2015, 649). Dieser ist zu unterscheiden von dem erstinstanzlichen Verfahrenswert u von der Beschwer. Beschwerdegegenstand ist nur der Teil der Beschwer, dessen Beseitigung durch den Rechtsmittelführer mit der Beschwerde nach dem Beschwerdeantrag tatsächlich erstrebt wird. Der Beschwerdegegenstand kann daher nicht höher sein als die Beschwer; er kann diese erreichen, aber auch dahinter zurückbleiben. 7

Ob der erforderliche Wert des Beschwerdegegenstandes erreicht wird, hat das Beschwerdegericht von Amts wegen zu ermitteln (§ 26). Eine Glaubhaftmachung der Beschwer kann von dem Beschwerdeführer verlangt werden. Diesen trifft daher die Feststellungslast, wenn er seinen Mitwirkungspflichten nach § 27 nicht nachkommt und das Gericht daher mangels brauchbarer Angaben des Beschwerdeführers zu einer für ihn nachteiligen Schätzung gezwungen ist (Keidel/*Meyer-Holz* § 61 Rn. 10; Prütting/Helms/*Abramenko* § 61 Rn. 4). 8

Für die Zulässigkeit der Beschwerde ist grds. auf den Zeitpunkt der Beschwerdeeinlegung abzustellen (Keidel/*Meyer-Holz* Rn. 16). Ein Beschwerdeantrag, der bei Einlegung der Beschwerde den erforderlichen Wert des Beschwerdegegenstandes für eine zulässige Beschwerde noch nicht erreicht, kann aber nachträglich noch so **erweitert** werden, dass die Beschwerde dadurch zulässig wird (BGH NJW 1983, 1063; NJW-RR 2005, 714, 715). Ergeht die Entscheidung – wie i.d.R. bei den Ehe- u Familienstreitsachen – auf eine mündliche Verh., ist eine derartige Anpassung grds. noch bis zu deren Schluss möglich, ansonsten auch noch darüber hinaus bis zur Entscheidung des Beschwerdegerichts (Keidel/*Meyer-Holz* § 61 Rn. 17; Johannsen/Henrich/*Althammer* § 61 Rn. 6). Anders als im Regelfall, in dem eine Begründung der Beschwerde nicht vorgeschrieben ist u auch die Versäumung einer fakultativ gesetzten Frist zur Beschwerdebegründung § 65 Abs. 2 nicht mit besonderen prozessualen Sanktionen belegt ist, muss eine derartige Antragserweiterung aber bei den Ehe- u Familienstreitsachen wegen der sonst nach § 117 Abs. 1 Satz 3 i.V.m. § 522 Abs. 1 Satz 2 ZPO gebotenen Verwerfung der Beschwerde als unzulässig inhaltlich von der gem. § 117 Abs. 1 Satz 2 fristgerecht eingereichten Begründung der Beschwerde noch gedeckt sein (BGH FamRZ 2005, 193; Keidel/*Meyer-Holz* § 61 Rn. 17; Johannsen/Henrich/*Althammer* § 61 Rn. 6). Wird der notwendige Beschwerdewert aufgrund einer Teilabhilfe des Ausgangsgerichts (§ 68 Abs. 1 Satz 1) unterschritten, kommt es auf die danach noch verbleibende Beschwerdesumme an. 9

Verringert sich der Wert des Beschwerdegegenstandes nachträglich, so wird dadurch ein zunächst zulässig eingelegtes Rechtsmittel zwar vom theoretischen Grundsatz her nicht mehr unzulässig (Keidel/*Meyer-Holz* § 61 Rn. 18). Etwas anderes gilt nur, wenn die Beschwer vollständig wegfällt (BGH NJW-RR 2004, 1365). Eine zunächst unbeschränkt eingelegte Beschwerde wird aber im praktischen Regelfall dennoch unzulässig, wenn der Beschwerdeantrag später auf einen Beitrag unterhalb der Wertgrenze beschränkt wird oder der Wert des Beschwerdegegenstandes durch Teilrücknahme, Teilverzicht oder (einseitige) Teilerledigungserklärung unter die Wertgrenze absinkt (Keidel/*Meyer-Holz* § 61 Rn. 18; Musielak/*Ball* vor § 511 ZPO Rn. 24) u ebenso auch dann, wenn der Antragsgegner eine Leistung, zu der er verurteilt wurde, nach Einlegung einer Beschwerde gegen diese Verurteilung vorbehaltlos erbringt (BGH NJW 2000, 1120). Etwas anderes gilt nur dann, wenn die Beschränkung des Beschwerdeantrages nicht »willkürlich« erfolgt (BGH NJW 1983, 1063), wenn sie also nur die Anpassung an eine nach der Einlegung des Rechtsmittels eingetretene Änderung der 10

§ 61

den Beschwerdegegenstand bestimmenden, vom Beschwerdeführer nicht zu beeinflussenden Umstände darstellt, wie z.B. beim teilweisen Antragsverzicht im Fall der Beschwerde eines erstinstanzlich unterlegenen Antragsgegners oder bei der Teilerledigung im Fall der Beschwerde eines erstinstanzlich unterlegenen Antragstellers (OLG Hamburg NJW-RR 1998, 356). Kein Fall einer sachlich gebotenen Anpassung an die prozessualen Umstände i.d.S. liegt vor bei einer Teilrücknahme der Beschwerde als Reaktion auf eine nur teilweise Bewilligung von Verfahrens- oder Prozesskostenhilfe (OLG Koblenz FamRZ 1996, 557).

11 Bei gleichgerichteten Beschwerden mehrerer Beschwerdeführer – wie z.B. bei der Anspruchshäufung von Kindes- u Ehegattenunterhalt – wird der Wert des Beschwerdegegenstandes zusammengerechnet (Keidel/*Meyer-Holz* § 61 Rn. 14); etwas anderes gilt ausnahmsweise nur dann, wenn der Streitgegenstand für alle Beschwerdeführer wirtschaftlich identisch ist (BGHZ 23, 333, 338). Betrifft eine Beschwerde in einer Familienstreitsache Antrag u Wideranftrag, so werden für die Berechnung der Beschwerdesumme ebenfalls die Werte zusammengerechnet, soweit Antrag u Widerantrag verschiedene Streitgegenstände betreffen (BGH NJW 1994, 3292). Zinsen u Kosten, die nur als Nebenforderungen geltend gemacht sind, werden nicht berücksichtigt (Prütting/Helms/*Abramenko* § 61 Rn. 6).

12 Der **Wert der Beschwer bei einer Verpflichtung zur Auskunftserteilung** ist mitunter nur mit Schwierigkeiten zu bestimmen (vgl. dazu BGH NJW-RR 2015, 1153). Bei der Bemessung der Beschwer des zur Auskunft Verpflichteten ist regelmäßig davon auszugehen, dass die hierfür erforderlichen Tätigkeiten in der Freizeit erbracht werden können. Der Auskunftspflichtige, der in Abweichung hiervon behauptet, dass ihm dies nicht möglich sei, hat die Gründe hierfür im Einzelnen darzulegen und glaubhaft zu machen (BGH NJW-RR 2015). Danach ist für die Bemessung des Werts des Beschwerdegegenstands bei der Verpflichtung zur Auskunftserteilung das **Interesse des Rechtsmittelführers maßgebend**, die Auskunft nicht erteilen zu müssen. Abgesehen von dem Fall eines besonderen Geheimhaltungsinteresses (dazu BGH NJW-RR 2014, 1347) ist auf den Aufwand an Zeit und Kosten abzustellen, den die sorgfältige Erteilung der geschuldeten Auskunft erfordert. Dabei kann die vom erkennenden Gericht vorgenommene Schätzung wegen des ihm hierbei eingeräumten Ermessensspielraums im Rechtsbeschwerdeverfahren nur eingeschränkt darauf überprüft werden, ob das Gericht die gesetzlichen Grenzen überschritten oder sein Ermessen fehlerhaft ausgeübt hat. Auch wenn die Auskunftserteilung die Erstellung einer Steuererklärung erfordert, ist für die Ermittlung der Beschwer grundsätzlich nicht auf die Kosten eines Steuerberaters abzustellen. Denn die auf einer besonderen familienrechtlichen Beziehung beruhende Auskunftspflicht nach § 1605 BGB ist persönlicher Natur und die Erfüllung mit berufstypischen Leistungen, zum Beispiel eines Steuerberaters gegenüber Dritten, nicht vergleichbar. Daher wäre es nicht gerechtfertigt, die Bewertung danach auszurichten, welche Vergütung ein Dritter hierfür fordern könnte. Auch die Kosten der Zuziehung einer sachkundigen Hilfsperson können nur berücksichtigt werden, wenn sie zwangsläufig entstehen, weil der Auskunftspflichtige zu einer sachgerechten Auskunftserteilung nicht in der Lage ist (stRspr, vgl. etwa Senat, NJW-RR 2014, 1028 = FamRZ 2014, 1286 Rn. 14, und NJW 2008, 2036 = FamRZ 2008, 1336 Rn. 17, jew. mwN). Zur Bewertung des vom Auskunftspflichtigen aufzuwendenden Zeitaufwands ist grundsätzlich auf die Stundensätze zurückzugreifen, die der Auskunftspflichtige als Zeuge in einem Zivilprozess erhalten würde, wenn er mit der Erteilung der Auskunft weder eine berufstypische Leistung erbringt noch einen Verdienstausfall erleidet (BGH NJW-RR 2013, 257 = FamRZ 2013, 105 Rn. 10 f. mwN). Daher ist es möglich, den Zeitaufwand entsprechend den Bestimmungen des Justizvergütungs- und -entschädigungsgesetzes (JVEG) über die Entschädigung von Zeugen bewertet und dabei auf den in § 20 JVEG festgelegten Stundensatz von 3,50 € zurückzugreifen.

13 **IV. Ausnahmen.** In **VA-Sachen** gelten die Wertgrenzen des § 61 Abs. 1 nur für die Anfechtung einer Kosten- oder Auslagenentscheidung, § 228. In **Aufgebotssachen** ist § 61 Abs. 1 gem. § 439 Abs. 1 nicht anzuwenden. Bei Beschwerden gegen eine **Versäumnisentscheidung** in Ehe- oder Familienstreitsachen ist eine Wertgrenze wegen § 117 Abs. 2 i.V.m. 514 Abs. 2 Satz 2 ZPO nicht einzuhalten (Johannsen/Henrich/*Althammer* § 61 Rn. 2). Auch Beschwerden gegen die Entscheidung des LG in **Notarkostensachen** sind ohne Rücksicht auf den Wert des Beschwerdegegenstandes zulässig, § 156 Abs. 3 KostO, ebenso richtigerweise **Notarbeschwerden** gem. §§ 15 Abs. 2 BNotO, 54 Abs. 2 BeurkG (*Preuß* DNotZ 2010, 265, 273; a.A. *Müller-Magdeburg* ZNotP 2009, 21, 217).

14 **C. Zulassungsbeschwerde, § 61 Abs. 2 u 3. I. Allgemeines.** Abweichend von § 61 Abs. 1 ist die Beschwerde in vermögensrechtlichen Angelegenheiten der freiwilligen Gerichtsbarkeit ausnahmsweise dann zulässig, *wenn sie das Gericht des ersten Rechtszuges nach Maßgabe von § 61 Abs. 2 u 3 zugelassen hat*. Durch die

Einführung der Zulassungsbeschwerde für diese Angelegenheiten wird ein bisher nur in Sondervorschriften (vgl. §§ 56g Abs. 5 Satz 1 FGG, 91 Abs. 6 BRAO a.F., § 84 Abs. 6 PatAnwO a.F.; 132 Abs. 3 AktG a.F., 24 Abs. 1 LwVG a.F.) zum Ausdruck kommender Rechtsgedanke auf den Gesamtbereich der vermögensrechtlichen FamFG-Sachen ausgeweitet. Für nichtvermögensrechtliche Angelegenheiten besteht ein Zulassungserfordernis nicht. Bei diesen ist die Beschwerde also, wenn sie ansonsten statthaft ist (§ 58), ohne Zulassung ohne Weiteres eröffnet.

II. Statthaftigkeit der Zulassungsbeschwerde. § 61 Abs. 2 bestimmt, dass die Beschwerde auch bei Nichterreichen der Erwachsenheitssumme des § 61 Abs. 1 zulässig ist, wenn das erstinstanzliche Gericht die Beschwerde zulässt. 15

1. Zulassungsbedürftigkeit. Diese Statthaftigkeitsvoraussetzung gilt sowohl für **End-** als auch für **Zwischenstreitentscheidungen**, soweit sie in Bezug auf ihre Anfechtbarkeit **einer Endentscheidung gleichstehen** (§ 58 Rdn. 36 ff.). Die (außer bei den Ehe- u Familienstreitsachen) auch isoliert zulässige Anfechtung einer **Kostenentscheidung** steht einer Endentscheidung gleich, bedarf also – selbst bei einer in der Hauptsache nichtvermögensrechtlichen Streitigkeit (vor §§ 58 bis 75 Rdn. 22) – ebenfalls der Zulassung, da der Rechtszug insoweit nicht weiter reichen kann als in der Hauptsache selbst (OLG Hamm FGPrax 2010, 15 für eine Beschwerde gegen die Verweigerung von Verfahrenskostenhilfe). Zur **Anschlussbeschwerde** s. § 66 Rdn. 7. 16

Wird in einem Verfahren, in dem ein Rechtsmittel gegen die Hauptsachentscheidung nach § 61 der Zulassung bedarf, ein Antrag auf Bewilligung von **Verfahrenskostenhilfe** gestellt u das Gericht hält die grundsätzliche Bedeutung einer Frage i.S.d. § 61 Abs. 3 für gegeben, so muss die beantragte Verfahrenskostenhilfe bewilligt werden, denn Rechtsfragen von grundsätzlicher Bedeutung sind nicht im Verfahren über die Bewilligung der Verfahrenskostenhilfe, sondern im Hauptsacheverfahren zu klären (BGH NJW 2003, 1126, 1127). Für eine Verweigerung der Verfahrenskostenhilfe wegen fehlender Erfolgsaussicht in der Hauptsache bei gleichzeitiger Zulassung der Beschwerde zur Klärung einer solchen Frage im Verfahren über die Bewilligung der Verfahrenskostenhilfe ist daher kein Raum. Erfolgt eine Zulassung dennoch, ist das Beschwerdegericht daran allerdings gem. § 61 Abs. 3 Satz 2 gebunden. 17

2. Zulassungsentscheidung. a) Zuständigkeit. Das Gesetz weist die Zulassungsentscheidung dem Erstgericht zu. Eine Unterscheidung zwischen Richter u Rechtspfleger wird dabei nicht getroffen. Ist für die Entscheidung in erster Instanz der Rechtspfleger zuständig u kommt gegen die Entscheidung nach den allgemeinen Vorschriften eine Beschwerde überhaupt in Betracht (§ 11 Abs. 1 RPflG), so ist daher auch die Entscheidung über die Zulassung einer derartigen Beschwerde durch den Rechtspfleger zu treffen (OLG Stuttgart FamRZ 2010, 1003). 18

b) Form, Inhalt, Verfahren. Über die Zulassung ist anhand der Maßstäbe des § 61 Abs. 3 **von Amts wegen** zu entscheiden. Liegen die Voraussetzungen vor, so ist die Zulassung ohne Einräumung eines Ermessensspielraums zwingend auszusprechen. Eines Antrags bedarf es nicht; dieser gilt als bloße Anregung (Keidel/*Meyer-Holz* § 61 Rn. 33). Die Zulassung muss sich **aus der angefochtenen Entscheidung selbst** eindeutig ergeben (Keidel/*Meyer-Holz* § 61 Rn. 34; Prütting/Helms/*Abramenko* § 61 Rn. 15). Eine Zulassung in der Beschlussformel des angefochtenen Beschlusses ist zweckmäßig; die Zulassung nur in den Gründen reicht aber aus (BGH NJW 2011, 2371; FamRZ 2008, 1339, 1340). Schweigt die Entscheidung über die Zulassung, so bedeutet das Nichtzulassung (BayObLG FamRZ 1999, 1590; NJW 2002, 3262; Prütting/Helms/*Abramenko* § 61 Rn. 15). Das Gleiche gilt, wenn das Gericht rechtsirrig davon ausgeht, eine Zulassungsentscheidung sei nicht notwendig (BGH NJW-RR 2006, 791). Auch eine unzutreffend erteilte Rechtsmittelbelehrung, welche die tatsächlich nicht gegebene Statthaftigkeit eines Rechtsmittels unterstellt, führt daher nicht zur Zulässigkeit einer Beschwerde (BGH FamRZ 2015, 1701; FamRZ 2011, 1728, 1729). 19

Eine zunächst unterbliebene Zulassung kann nicht mehr wirksam nachgeholt werden (BGH FamRZ 2012, 961), auch nicht durch eine Beschlussergänzung entsprechend § 43, es sei denn, es liegen die Voraussetzungen für eine Berichtigung vor, § 42 i.V.m. § 319 ZPO (BGH NJW 2004, 779), was aber nur dann der Fall ist, wenn die Zulassung tatsächlich beschlossen war u – aus dem Zusammenhang der Entscheidung u den Umständen ihres Zustandekommens auch für Außenstehende offenkundig – nur versehentlich nicht ausgesprochen worden ist (BGH FamRZ 2012, 961; Prütting/Helms/*Abramenko* § 61 Rn. 18). Möglich ist allerdings die nachträgliche Zulassung noch in der Abhilfeentscheidung nach § 68 Abs. 1 (OLG Stuttgart FamRZ 2010, 1003), im Rahmen einer Gehörsrüge nach § 44 bei Verletzung des rechtlichen Gehörs u ent- 20 sprechend dieser Vorschrift auch, wenn durch die willkürliche Nichtzulassung der Beschwerde ein sonstiges Verfahrensgrundrecht verletzt würde (BGH NJW-RR 2007, 1654). Hat das Gericht der ersten Instanz die Entscheidung über die Zulassung der Beschwerde unterlassen, weil es diese wegen eines irrtümlich angenommenen Beschwerdewertes von mehr als 600,00 € nicht für notwendig gehalten hat, so muss das Beschwerdegericht die Zulassungsentscheidung nachholen (BGH FamRZ 2012, 961, 962); diese Entscheidung ist auch für das Rechtsbeschwerdegericht bindend (BGH FamRZ 2012, 109, 110). Das Nachholen der Beschwerdezulassung kann auch konkludent dadurch erfolgen, dass das Beschwerdegericht die Rechtsbeschwerde zulässt (BGH NJW 2008, 218, 219). Unterbleibt die Zulassung, wird die Entscheidung trotz der Unstatthaftigkeit einer Beschwerde erst dann formell rechtskräftig, wenn die Beschwerdefrist abgelaufen ist oder eine innerhalb dieser Frist dennoch eingelegte Beschwerde verworfen worden ist (BGH FamRZ 2008, 2019, 2020).

21 Ist die Zulassung der Beschwerde nur für einen Beteiligten erfolgt, so gilt sie nicht auch für einen anderen (BGH NJW-RR 2004, 426 f.). Die Zulassung kann nicht auf einzelne Rechtsfragen oder Anspruchsgrundlagen (BGH NJW 1987, 2586; NJW-RR 2004, 468 zur Revision), wohl aber auf einen von mehreren Verfahrensgegenständen oder auf selbstständig abtrennbare Teile eines Verfahrensgegenstandes (BGH NJW 2003, 3703 zur Revision; OLG Schleswig FamRZ 2002, 1186, 1187 zum FGG) beschränkt werden u darüber hinaus in dem gleichen Umfang wie bei der nur eingeschränkten Zulassung einer Rechtsbeschwerde (§ 70 Rdn. 12) auch auf solche Teilfragen, über die in zulässiger Weise durch Zwischen- oder Teilentscheidung hätte entschieden werden können oder soweit auch eine Beschränkung des Rechtsmittels durch den Beschwerdeführer selbst möglich gewesen wäre (§ 64 Rdn. 17). Ob eine solche Beschränkung vorliegt, ist eine Frage der Auslegung des Entscheidungstenors im Lichte der Entscheidungsgründe. Ergibt sich daraus, dass die vom Erstgericht für zulassungsrelevant gehaltene Frage einen abtrennbaren Teil des Streitstoffes betrifft, dann ist deshalb regelmäßig selbst dann von einer nur beschränkten Zulassung der Beschwerde auszugehen, wenn der Entscheidungstenor eine solche Beschränkung nicht ebenfalls enthält (BGH NJW-RR 2012, 759). Eine unzulässige Beschränkung der Beschwerdezulassung ist unwirksam. Das Beschwerdegericht kann und muss die Entscheidung daher in einem solchen Fall insgesamt überprüfen (Prütting/Helms/*Abramenko* § 61 Rn. 14).

22 **c) Unanfechtbarkeit der Nichtzulassung.** Die Nichtzulassung der Beschwerde durch den **Richter** ist grds. unanfechtbar. Eine Nichtzulassungsbeschwerde hat der Gesetzgeber ebenso wenig vorgesehen wie bei der Nichtzulassung der Rechtsbeschwerde (§ 70 Rdn. 14). Das gilt selbst bei schweren Verfahrensfehlern wie Verstößen gegen Art. 101 GG (OLG Jena FGPrax 2000, 251) oder gegen Art. 103 GG (OLG Frankfurt am Main MDR 1997, 685, jeweils zum alten Recht). Bereits bisher wurde hier nur in besonderen Extremfällen – wie vor allem dem Fall einer nicht nur irrtümlichen, sondern bewusst willkürlichen Nichtzulassung der Beschwerde – ausnahmsweise von einer Unbeachtlichkeit der Nichtzulassung ausgegangen (BVerfG FamRZ 1991, 295; NVwZ 1993, 465; OLG Jena FGPrax 2000, 251). Durch die auch in das FamFG übernommene Anhörungsrüge (§ 44 bzw. § 113 Abs. 1 Satz 2 i.V.m. § 321a ZPO für Ehe- u Familienstreitsachen) hat sich der denkbare Anwendungsbereich für solche Ausnahmen von dem Erfordernis der Beschwerdezulassung weiter verkleinert, wobei allerdings nach der hier vertretenen Ansicht (vor §§ 58 bis 75 Rdn. 36 f.) in besonderen Fällen nach wie vor eine außerordentliche Beschwerde ohne vorherige Zulassung möglich bleibt, weil sonst der verfassungsrechtliche gebotene, hinreichend effektive (BVerfG FamRZ 2003, 995, 998) Rechtsschutz gegen Willkürentscheidungen nicht mehr gewährleistet wäre. Nach der derzeitigen Rspr. des BGH, die eine solche Beschwerde nicht anerkennt, ist aber die Beseitigung einer fehlenden Beschwerdezulassung i.d.R. nur durch die Aufhebung der Nichtzulassungsentscheidung im Wege einer erfolgreichen Verfassungsbeschwerde möglich (BVerfG NJW 2004, 2584). Hat der **Rechtspfleger** die Beschwerde nicht zugelassen, ist gegen diese Entscheidung die befristete Erinnerung nach § 11 Abs. 2 RPflG gegeben (BT-Drucks. 16/6308 S. 205; *Schulte-Bunert* Rn. 252).

23 **d) Bindungswirkung der Zulassung.** § 61 Abs. 3 Satz 2 bestimmt, dass eine erfolgte Zulassung der Beschwerde für das Beschwerdegericht bindend ist. Die Beschwerde kann daher nicht mit der Begründung als unzulässig verworfen werden, das erstinstanzliche Gericht habe die Voraussetzungen für die Zulassung der Beschwerde zu Unrecht angenommen (BGH FamRZ 2012, 109, 110 zur ZPO-Berufung). Die Zulassung der Beschwerde ersetzt aber nicht die sonstigen Voraussetzungen für die Statthaftigkeit einer Beschwerde (Keidel/*Meyer-Holz* § 61 Rn. 42; Prütting/Helms/*Abramenko* § 61 Rn. 8) u eröffnet nicht einen gesetzlich ansonsten nicht vorgesehenen Rechtsmittelzug (BayObLGZ 1975, 260, 263, s.a. § 70 Rdn. 16). Wird in ei-

nem solchen Fall dennoch die Beschwerde zugelassen, so bleibt die Zulassung wirkungslos (BGH NJW 2002, 3554; FamRZ 2004, 869, 870).

3. Zulassungsgründe. § 61 Abs. 3 regelt die Voraussetzungen für die Zulassung der Beschwerde i.E. § 61 Abs. 3 Satz 1 Nr. 2 stellt dabei noch einmal klar, dass eine Zulassung nur in Betracht kommt, wenn eine Wertbeschwerde nicht statthaft ist; der Sache nach ergibt sich das aber auch schon aus § 61 Abs. 2. Die insgesamt drei in § 61 Abs. 3 Satz 1 Nr. 1 aufgezählten Zulassungsgründe – grundsätzliche Bedeutung, Fortbildung des Rechts u Sicherung einer einheitlichen Rspr. – sind identisch mit den Zulassungsgründen für die Rechtsbeschwerde (§ 70 Rdn. 18 ff.). Für eine Zulassung der Beschwerde ist bereits ausreichend, wenn die zur Entscheidung stehende Frage eine nur regionale Bedeutung für den Bereich des betroffenen Gerichtsbezirks besitzt und es kann auch schon eine geringere Zahl von Fällen als bei der Rechtsbeschwerde für die Annahme der grundsätzliche Bedeutung einer klärungsbedürftigen Rechtsfrage i.S.d. § 61 Abs. 3 Nr. 1 ausreichend sein (Prütting/Helms/*Abramenko* § 61 Rn. 9). 24

§ 62 Statthaftigkeit der Beschwerde nach Erledigung der Hauptsache.

(1) Hat sich die angefochtene Entscheidung in der Hauptsache erledigt, spricht das Beschwerdegericht auf Antrag aus, dass die Entscheidung des Gerichts des ersten Rechtszugs den Beschwerdeführer in seinen Rechten verletzt hat, wenn der Beschwerdeführer ein berechtigtes Interesse an der Feststellung hat.
(2) Ein berechtigtes Interesse liegt in der Regel vor, wenn
1. schwerwiegende Grundrechtseingriffe vorliegen oder
2. eine Wiederholung konkret zu erwarten ist.

Übersicht

	Rdn.		Rdn.
A. Allgemeines	1	aa) Maßnahmen der Freiheitsentziehung	11
B. Zulässigkeit einer Beschwerde trotz Erledigung der Hauptsache	2	bb) Sonstige Grundrechtseingriffe	13
I. Beschwerde- oder Rechtsbeschwerdeverfahren	3	b) Wiederholungsgefahr	15
II. Feststellungsinteresse	6	III. Antrag	17
1. Grundsätze	6	IV. Antragsberechtigung	19
2. Regelbeispiele	9	V. Gegenstand der Überprüfung	21
a) Schwerwiegende Grundrechtseingriffe	10	C. Kosten	22

A. Allgemeines. § 62 regelt, unter welchen Voraussetzungen eine Entscheidung – abgesehen von einer nach Maßgabe von § 58 Rdn. 24 f. zulässigen Anfechtung allein der Kostenentscheidung (BGH FGPrax 2012, 91, 92) – auch dann noch mit einem Rechtsmittel angegriffen werden kann, wenn der ursprüngliche Gegenstand des Verfahrens nach dem Erlass der angefochtenen Entscheidung weggefallen ist. Bisher war die Möglichkeit eines solchen Rechtsmittels ungeachtet einer zwischenzeitlichen Erledigung der Hauptsache nicht gesetzlich geregelt. In Umsetzung der Rspr. des BVerfG (NJW 1998, 2432, 2433; BVerfG NJW 2002, 2456) war aber auch schon vor dem Inkrafttreten des FamFG anerkannt, dass im Einzelfall ein Rechtsschutzbedürfnis für eine gerichtliche Entscheidung des Rechtsmittelgerichts (fort-)bestehen kann, wenn das Interesse des Rechtsmittelführers an einer Überprüfung der Rechtmäßigkeit der angefochtenen Entscheidung besonders geschützt ist (Keidel/*Budde* § 62 Rn. 1–3; Prütting/Helms/*Abramenko* § 62 Rn. 1, jeweils m.w.N.). § 62 greift diese Grundsätze auf u regelt nunmehr die Anforderungen an ein Feststellungsinteresse des Beschwerdeführers auch gesetzlich. Nach ihrer systematischen Stellung im allgemeinen Teil des Gesetzes ist die Vorschrift auch auf **streitige Antragsverfahren** einschließlich der **Ehe- und Familienstreitsachen** anzuwenden (Johannsen/Henrich/*Althammer* § 62 Rn. 3; a.A. Bork/Jacoby/Schwab/*Müther* § 62 Rn. 4 unter Berufung auf die Gesetzesbegründung, BT-Drucks. 16/6308, S. 205). 1

B. Zulässigkeit einer Beschwerde trotz Erledigung der Hauptsache. § 62 Abs. 1 enthält die **Voraussetzungen**, unter denen einem Beschwerdeführer ausnahmsweise die Möglichkeit eröffnet ist, eine Entschei- 2

§ 62

dung auch dann noch mit der Beschwerde überprüfen zu lassen, wenn sich die Hauptsache im Nachhinein erledigt hat. Zur Erledigung der Hauptsache i.Ü. s. § 22 Rdn. 17 ff.

3 **I. Beschwerde- oder Rechtsbeschwerdeverfahren.** Die gesetzliche Regelung ermöglicht nur die Durch- oder Fortführung eines Beschwerdeverfahrens trotz zwischenzeitlicher Erledigung der Hauptsache, eröffnet aber nicht die Möglichkeit eines **isolierten Feststellungsverfahrens** außerhalb des Beschwerderechtszuges (BGH FamRZ 2013, 28, 29). Erfasst wird also neben dem Fall, dass der Verfahrensgegenstand während eines bereits eingeleiteten Beschwerdeverfahrens nachträglich wegfällt, zwar auch der Fall einer Hauptsacheerledigung zwischen den Instanzen (OLG Köln FGPrax 2011, 44, 45; *Maurer* FamRZ 2009, 465, 475; Keidel/*Budde* § 62 Rn. 9; Prütting/Helms/*Abramenko* § 62 Rn. 5), jedoch muss auch dann die angefochtene Entscheidung wie üblich innerhalb der Beschwerdefrist (BGH FGPrax 2011, 148; KG NVwZ-RR 2009, 222; *Lettau*, S. 121 ff.; a.A. *Rackl* S. 54 f., der die Einlegung eines Rechtsmittels mit dem Ziel des § 62 bis zur zeitlichen Grenze der Verwirkung für zulässig hält) mit der Beschwerde angegriffen werden. Ein isolierter Antrag vor einem erstinstanzlichen Gericht auf Feststellung, dass die angefochtene Entscheidung rechtswidrig gewesen sei, kann also nicht mehr geltend gemacht werden. Insoweit unterscheidet sich § 62 von den Verfahrensordnungen der Verwaltungsgerichtsbarkeit (§§ 113 Abs. 1 Satz 4 VwGO, 131 Abs. 1 SGG, 100 Abs. 1 Satz 4 FGO), soweit diese die isolierte Einleitung eines Verfahrens zur Feststellung der Rechtmäßigkeit eines bereits erledigten Verwaltungsakts ermöglichen. Zumindest zu erwägen ist aber eine entsprechende Anwendung der Vorschrift auf den – im Bereich des FamFG allerdings seltenen – Fall, dass sich eine behördliche, den Bürger belastende Maßnahme schon vor dem Erlass der erstinstanzlichen Entscheidung erledigt (Prütting/Helms/*Abramenko* Rn. 6; Bork/Jacoby/Schwab/*Müther* Rn. 3; a.A. *Rackl* S. 56).

4 Nach seinem Wortlaut befasst sich § 62 ausdrücklich nur mit der Möglichkeit der nachträglichen Feststellung einer Rechtsverletzung durch die Entscheidung des **Gerichts der ersten Instanz**. Trotz Fehlens einer dahin gehenden Verweisung in den Vorschriften über die Rechtsbeschwerde ist § 62 aber auch auf die **Rechtsbeschwerdeinstanz** in der Weise entsprechend anzuwenden, dass eine Rechtsbeschwerde – soweit sie im Einzelfall durch das Beschwerdegericht zugelassen wurde oder soweit sie gem. § 70 Abs. 3 ohne Zulassung statthaft ist – mit dem Ziel der Feststellung einer Rechtsverletzung des Beschwerdeführers durch die Beschwerdeentscheidung (nicht durch die Entscheidung der ersten Instanz) auch dann noch eingelegt oder zu Ende geführt werden kann, wenn sich die Hauptsache **nach Erlass der Beschwerdeentscheidung** erledigt, soweit ein Fall des § 62 Abs. 2 vorliegt u ein berechtigtes Interesse an einer solchen Feststellung besteht (BGH FGPrax 2010, 150 ff., 151; 152 ff., 153; Keidel/*Budde* § 62 Rn. 38 f.). Denn die verfassungsrechtlichen Gründe, die den Gesetzgeber zur Einführung des § 62 veranlasst haben, gelten in gleicher Weise auch für die Rechtsbeschwerdeinstanz u würden die Zulassung eines entsprechenden Feststellungsbegehrens selbst dann gebieten, wenn eine derartige Regelung für die Beschwerdeinstanz durch das FamFG nicht ausdrücklich eingeführt worden wäre.

5 Dabei kann ein Feststellungsinteresse für eine Rechtsbeschwerde selbst dann noch bestehen, wenn die Entscheidung der ersten Instanz durch das Beschwerdegericht bereits aufgehoben worden ist. Soweit diese Aufhebung nämlich nur auf einem nachträglichen Wegfall der Voraussetzungen für die Entscheidung der ersten Instanz beruht, ändert dies nichts an dem ggf. vorhandenen Interesse des Rechtsmittelführers an einer Überprüfung der ursprünglichen Rechtmäßigkeit der Ausgangsentscheidung zum Zeitpunkt ihres Erlasses (BayObLG FGPrax 2002, 281, 282; KG FGPrax 2002, 45).

6 **II. Feststellungsinteresse. 1. Grundsätze.** Kommt es zu einer »prozessualen Überholung« durch Erledigung der Hauptsache nach Erlass einer erstinstanzlichen Entscheidung, ist eine dennoch eingelegte oder fortgeführte Beschwerde im Regelfall nicht (mehr) zulässig, weil der ursprüngliche Verfahrensgegenstand u die ursprüngliche Beschwer des Betroffenen weggefallen sind. Grds. ist dann auch ein Rechtsschutzinteresse für das bisherige Verfahrensziel nicht mehr gegeben und die Beschwerde bleibt allenfalls noch mit dem Ziel zulässig, die sich aus der angefochtenen Entscheidung ergebende Kostentragungspflicht zu beseitigen (BGH FGPRax 2012, 228; 2012, 91, 92). Das ursprüngliche Rechtsschutzinteresse besteht dann regelmäßig schon deshalb nicht mehr, weil der Rechtsmittelführer nach der Erledigung durch die Entscheidung nur noch eine abstrakte Auskunft über die Rechtslage erhalten kann, ohne dass diese seine Rechtsstellung noch in irgendeiner Weise konkret betrifft. Ein solcher Fall einer bloßen, für eine Fortsetzung des Verfahrens nicht ausreichenden Rechtsauskunft kann insb. auch dann vorliegen, wenn dem Beschwerdeführer durch die angefochtene Entscheidung nur eine angestrebte Verbesserung seiner Rechtsstellung verweigert worden ist (OLG Hamm FGPrax 2010, 213, 214).

Ausnahmsweise ist aber trotz Erledigung des ursprünglichen Rechtsschutzziels ein Feststellungsinteresse gegeben, wenn das Interesse des Rechtsmittelführers an der Feststellung der Rechtslage im Einzelfall in besonderer Weise schutzwürdig ist. In einem solchen Fall ist die Eröffnung des Beschwerdeweges daher gem. Art. 19 Abs. 4 GG geboten, weil sonst der effektive Rechtsschutz des Beschwerdeführers nicht mehr gewährleistet wäre (BVerfG NJW 2002, 2456, 2457; *Jacoby* FamRZ 2007, 1703, 1707). Ein Schutzbedürfnis unter diesem Gesichtspunkt kann allerdings fehlen, wenn z.B. der Betroffene in einem Betreuungsverfahren mit der Anordnung einer rechtswidrigen Betreuung zunächst einverstanden ist und diese über einen Zeitraum von mehreren Monaten hinnimmt (LG Darmstadt BtPrax 2010, 185, 186). Umgekehrt soll es bereits dann vorliegen können, wenn der Rechtsmittelführer allein durch eine Verletzung von Verfahrensvorschriften bei dem Erlass der erledigten Entscheidung verletzt worden ist (OLG München FamRZ 2010, 1755, 1756; Keidel/*Budde* § 62 Rn. 37). Das erscheint jedoch zweifelhaft, weil in vergleichbaren Fällen noch nicht einmal die Beschwerdeberechtigung gegen eine noch nicht erledigte Entscheidung anzuerkennen ist (Rdn. 10 f.) und dasselbe erst recht gelten muss, wenn es bereits zu einer Erledigung gekommen ist. 7

Die dann gegebene Befugnis für einen Antrag auf Durchführung eines Verfahrens zur Feststellung der Rechtswidrigkeit einer bereits erledigten Anordnung steht aber – wie sich aus dem Wortlaut des § 62 Abs. 1 ergibt, wonach die ursprüngliche Entscheidung »den Beschwerdeführer« in seinen Rechten verletzt haben muss – nur dem Verletzten persönlich zu (BGH FamRZ 2013, 30), also nicht etwa im eigenen Namen auch anderen Verfahrensbeteiligten, auch wenn diese grds. für eine Beschwerde gegen eine noch nicht erledigte Entscheidung hinreichend beschwerdebefugt wären; ebenso mit Rücksicht auf den höchstpersönlichen Charakter der betroffenen Grundrechte schon zum bisherigen Recht OLG München BtPrax 2006, 231. Kein Antragsrecht nach § 62 Abs. 1 hat daher z.B. der Erbe des Beschwerdeführers (BGH FamRZ 2012, 211), der gem. §§ 303 Abs. 2, 335 Abs. 1 beschwerdeberechtigte Personenkreis (BGH FamRZ 2013, 30) oder der gem. §§ 303 Abs. 2, 335 Abs. 2 beschwerdeberechtigte Verfahrenspfleger (BGH FamRZ 2012, 619, 620). Eine Ausnahme macht die Rspr. wegen des besonderen Bedürfnisses zur Geltendmachung eines postmortalen Rehabilitierungsinteresses allerdings für die Fälle der Überprüfung der Rechtmäßigkeit einer durch den Tod des Betroffenen erledigten Anordnung der Abschiebe- oder Zurückschiebungshaft, in denen dem Personenkreis des § 429 Abs. 2 im Wege einer teleologisch erweiternden Auslegung des § 62 Abs. 2 ein eigenes Antragsrecht dennoch zugestanden wird (BGH FamRZ 2012, 211, 212). 8

2. Regelbeispiele. § 62 Abs. 2 greift die wichtigsten bisher in der Rspr. anerkannten Fallkonstellationen auf, in denen ein besonders schutzwürdiges Interesse des Rechtsmittelführers in dem vorgenannten Sinn angenommen worden ist u benennt diese als **Regelbeispiele** für das Vorliegen eines berechtigten Feststellungsinteresses trotz Erledigung der Hauptsache. Die Aufzählung ist bewusst nicht abschließend; weitere Fallgruppen (z.B. die fortwirkende Beeinträchtigung durch eine an sich schon beendete Rechtsverletzung oder Fälle des Rehabilitationsinteresses) sind nach der Rspr. des BVerfG zum effektiven Rechtsschutz denkbar, allerdings bisher in der freiwilligen Gerichtsbarkeit wohl noch wenig praktisch geworden. Umgekehrt sind im Einzelfall auch Fallkonstellationen denkbar, in denen trotz Vorliegens eines Regelbeispiels das Feststellungsinteresse im Einzelfall dennoch zu verneinen ist. 9

a) Schwerwiegende Grundrechtseingriffe. § 62 Abs. 2 Nr. 1 sieht als Hauptfall, für den die der gesetzlichen Regelung zugrunde liegende Verfassungsrechtsprechung im Wesentlichen entwickelt worden ist, vor allem das Vorliegen **schwerwiegender Grundrechtseingriffe** vor. Einfache Grundrechtsverstöße ohne besonderes Gewicht – wie etwa eine im weiteren Verfahrensverlauf ohne Auswirkungen gebliebene Verletzung des rechtlichen Gehörs (OLG Düsseldorf FamRZ 2011, 921, 922; a.A. OLG Naumburg FamRZ 2013, 66, wo jedoch in wenig überzeugender Weise von einem »vergleichbar gravierenden« Grundrechtsverstoß ausgegangen wird, der aber dennoch nicht i.S.v. § 62 Abs. 2 Nr. 1 »schwerwiegend« sein müsse) – reichen für § 62 Abs. 2 Nr. 1 nicht aus (BLAH/*Hartmann* § 62 Rn. 2), können aber bei Hinzutreten weiterer Umstände unter § 62 Abs. 2 Nr. 2 fallen (Rdn. 15). 10

aa) Maßnahmen der Freiheitsentziehung. Schwerwiegende Grundrechtseingriffe kommen in der freiwilligen Gerichtsbarkeit vor allem bei der gerichtlichen Anordnung oder Genehmigung freiheitsentziehender Maßnahmen in Betracht (BGH FamRZ 2012, 619, 620). Fälle der Freiheitsentziehung im FamFG finden sich zunächst bei den **Freiheitsentziehungssachen** i.S.d. § 415 Abs. 1, also bei Verfahren, die eine aufgrund von Bundesrecht angeordnete Freiheitsentziehung betreffen, soweit das Verfahren bundesrechtlich nicht abweichend geregelt ist. Beispiele sind die Abschiebungshaft nach § 62 AufenthG, die Inhaftnahme nach § 59 Abs. 2 i.V.m. § 89 Abs. 2 AsylVfG, die Quarantäne nach § 30 des Infektionsschutzgesetzes, Freiheitsentzie- 11

§ 62

hungen nach §§ 23 Abs. 3 Satz 4, 25 Abs. 3, 39 Abs. 1 u 2 oder 43 Abs. 5 BPolG, die Ingewahrsamnahme durch das Bundeskriminalamt nach § 21 Abs. 7 BKAG oder durch das Zollkriminalamt nach § 23 Abs. 1 Satz 2 Nr. 8 ZFdG. In gleicher Weise verweisen auch nahezu alle Polizeigesetze der Länder auf das Freiheitsentziehungsverfahren nach dem FamFG. Weitere Fälle der Freiheitsentziehung, in denen das Regelbeispiel des § 62 Abs. 2 Nr. 1 erfüllt ist, finden sich außerdem bei den **Unterbringungssachen** i.S.v. § 312 Nr. 1 bis 3 (Unterbringung u unterbringungsähnliche Maßnahmen bei Volljährigen) u bei den Verfahren nach § 151 Nr. 6 und 7 (Unterbringung von Minderjährigen).

12 Soweit in der Rspr. des BVerfG anfänglich ein hinreichendes Feststellungsinteresse in den Fällen einer Erledigung der Hauptsache nur bei solchen Grundrechtseingriffen angenommen wurde, bei denen der Betroffene eine gerichtliche Entscheidung nach dem typischen Verfahrensablauf wegen der Kürze der üblichen Verfahrensdauer kaum erlangen konnte, bei denen also eine prozessuale Überholung i.d.R. zu erwarten war u der übliche Rechtsweg daher weitgehend leer lief (BVerfG NJW 1998, 2432, 2433), ist diese Einschränkung jedenfalls für die Fallgruppe der Freiheitsentziehungen in der Folgezeit aufgegeben (BVerfG NJW 2002, 2456, 2457) u daher auch in das FamFG nicht übernommen worden. Zumindest bei Freiheitsentziehungen ist § 62 Abs. 2 Nr. 1 daher allein wegen des Gewichts des Grundrechtseingriffs, wegen dessen diskriminierender Wirkung u wegen des Rehabilitationsinteresses (BVerfG NJW 2002, 2456, 2457 m.w.N.) stets als erfüllt anzusehen (BGH FamRZ 2015, 1959), **unabhängig vom konkreten Ablauf des Verfahren**, dem genauen Zeitpunkt der Erledigung u der Frage, ob Rechtsschutz gegen die freiheitsentziehende Maßnahme typischerweise noch vor Beendigung dieser Maßnahme erlangt werden kann oder nicht (Bumiller/Harders § 62 Rn. 3; ebenso schon zum FGG KKW/*Meyer-Holz* § 27 FGG Rn. 14; *Demharter* FGPrax 2002, 137).

13 **bb) Sonstige Grundrechtseingriffe.** Schwerwiegende Grundrechtseingriffe sonstiger Art sind in **Familiensachen** z.B. bei einem rechtswidrigen Ausschluss des **Umgangsrechts** (BVerfG FamRZ 2008, 2258, 2259 f.; *Maurer* FamRZ 2009, 465, 474) oder bei einem Eingriff in das elterliche Sorgerecht denkbar, wie er z.B. auch in der Anordnung einer Ergänzungspflegschaft liegen kann (OLG Düsseldorf FamRZ 2011, 921, 922. Ansonsten kommen sie vor allem bei den Verfahren zur Genehmigung von **unterbringungsähnlichen Maßnahmen** nach § 1906 Abs. 4 BGB (§ 312 Nr. 2) u bei den **Betreuungssachen** (§ 271 Nr. 1–3) in Betracht. Insbes. die **Anordnung der Betreuung** selbst (BVerfG FamRZ 2008, 2260, 2261) u die betreuungsrechtliche Genehmigung ärztlicher Maßnahmen nach § 1904 BGB (OLG Hamm FGPrax 2004, 231, 232) waren auch schon bisher von der Rspr. als Fälle anerkannt, in denen ein Feststellungsinteresse trotz Erledigung der Hauptsache zur Gewährleistung des nach Art. 19 Abs. 4 GG gebotenen Grundrechtsschutzes in Betracht kommen kann. Stets ist dafür jedoch erforderlich, dass es zu einer Rechtsverletzung auch tatsächlich gekommen ist (OLG Hamm FGPrax 2010, 213; Keidel/*Budde* § 62 Rn. 12). Ist diese zwar angeordnet worden, hat sich die Hauptsache dann aber schon vor der Vollziehung des angeordneten Grundrechtseingriffs erledigt, verbleibt es bei dem Grundsatz, dass eine Beschwerde nach der Erledigung der Hauptsache nicht mehr zulässig ist (BGH BtPrax 2008, 115, 117; OLG Hamm FGPrax 2010, 213, 214; 2011, 209, 210; Keidel/*Budde* § 62 Rn. 12 und wohl auch *Jennissen* FGPrax 2009, 93, 98; tendenziell zurückhaltender Prütting/Helms/*Abramenko* § 62 Rn. 2: für nicht freiheitsentziehende Maßnahmen fraglich; a.A. *Rackl* S. 44; *Lettau* S. 119 f.; *Heidebach* NJW 2011, 1708, 1709 m.w.N.: Anordnung reicht – zumindest bei der Freiheitsentziehung – allein schon aus). Bei einer Beschwerde gegen die Zulässigkeit der Verwendung von **Verkehrsdaten** i.S.d. § 30 TKG kann ein schwerwiegender Grundrechtseingriff auch wegen einer Verletzung des Telekommunikationsgeheimnisses zu bejahen sein (OLG Köln FGPrax 2011, 44, 44 f.).

14 Nicht abschließend geklärt ist, ob auch in diesen Fällen das Rechtsschutzinteresse für ein Feststellungsverfahren bereits unabhängig davon zu bejahen ist, ob Rechtsschutz gegen einen Grundrechtseingriff der infrage stehenden Art bei typischem Ablauf des Verfahrens noch rechtzeitig vor Beendigung der Maßnahme erlangt werden kann. Nach dem Wortlaut von § 62 Abs. 2 Nr. 1 ist auf eine derartige einschränkende Voraussetzung für die Zulässigkeit einer Beschwerde trotz Erledigung der Hauptsache generell verzichtet worden. Die Aufgabe dieses Erfordernisses für die Fälle der Freiheitsentziehung hat das BVerfG aber vor allem mit dem besonderen, in diesen Fällen bestehenden Rehabilitierungsinteresse u mit der diskriminierenden Wirkung freiheitsentziehender Maßnahmen begründet (BVerfG NJW 2002, 2456, 2457). Diese zusätzlichen Momente sind jedoch bei anderen Grundrechtseingriffen als bei Freiheitsentziehungen nicht immer in gleicher Weise gegeben. Schon aus Gründen der Rechtsklarheit sollte hier aber auf den Wortlaut des Gesetzes abgestellt werden u die Frage der typischen Verfahrensdauer daher auch bei Grundrechtseingriffen anderer Art von vornherein außer Betracht gelassen werden.

b) Wiederholungsgefahr. § 62 Abs. 2 **Nr. 2** nennt als zweites Regelbeispiel für ein berechtigtes Feststellungsinteresse den Fall, dass die Wiederholung einer Rechtsverletzung im Einzelfall konkret zu erwarten ist. Die Wiederholungsgefahr erhält durch ihre Nennung als eigenes Regelbeispiel einen starken eigenständigen Charakter. Sie reicht demnach zur Bejahung des Feststellungsinteresses trotz Erledigung der Hauptsache auch dann schon aus, wenn nur ein einfacher, also nicht i.S.v. § 62 Abs. 2 Nr. 1 »schwerwiegender« Grundrechtseingriff vorliegt u darüber hinaus sogar auch dann, wenn nur eine einfachgesetzliche Rechtsverletzung ohne Grundrechtsrelevanz infrage steht. Welches Mindestgewicht eine derartige Rechtsverletzung besitzen muss, um noch ein hinreichendes Feststellungsinteresse anzunehmen, wird sich aber nicht allgemein festlegen lassen, sondern von den Umständen des jeweiligen Einzelfalles abhängen.

Die Wiederholung einer Rechtsverletzung muss darüber hinaus nach dem ausdrücklichen Wortlaut des Gesetzes **konkret zu erwarten** sein. Im Lichte der Rspr. (BVerfG NJW 2002, 2456, 2457), die in § 62 Abs. 2 Nr. 2 unverändert kodifiziert werden sollte (BT-Drucks. 16/6308 S. 205), wird diese Vorschrift allerdings einschränkend dahin auszulegen sein, dass eine ausreichende Wiederholungsgefahr auch dann schon angenommen werden kann, wenn eine Wiederholung nach den konkreten Umständen des Einzelfalles nicht ausgeschlossen oder zumindest nicht unwahrscheinlich ist (Prütting/Helms/*Abramenko* § 62 Rn. 8; a.A. Bork/Jacoby/Schwab/*Müther* § 62 Rn. 7; *Rackl* S. 48 f.; tendenziell strenger auch Zöller/*Feskorn* § 62 Rn. 8). Abzustellen ist aber stets auf den jeweiligen Einzelfall. Allein das Bestehen einer bestimmten Verfahrenspraxis bei dem Gericht der ersten Instanz reicht im Hinblick auf den höchstpersönlichen Charakter des Feststellungsinteresses (Rdn. 8) für die Bejahung einer Wiederholungsgefahr noch nicht aus (OLG München ZIP 2010, 1671, 1672; a.A. wohl OLG Hamm GmbHR 2010, 431).

III. Antrag. Voraussetzung für eine Überprüfung der Entscheidung des ersten Rechtszuges auf ihre Rechtmäßigkeit im Beschwerdeverfahren trotz Erledigung des ursprünglichen Verfahrensgegenstandes ist nach dem Gesetzeswortlaut ein ausdrücklicher, dahin gehender Feststellungsantrag des Beschwerdeführers (OLG Düsseldorf FamRZ 2011, 921, 922; Keidel/*Budde* § 62 Rn. 10). Der zum bisherigen Recht bestehende Meinungsstreit, ob ein solcher Antrag erforderlich ist (so z.B. BayObLG FGPrax 2002, 281, 283; OLG Karlsruhe [11. Zivilsenat] FGPrax 2003, 99; *Demharter* FGPrax 2003, 237, 238) oder ob allein schon aus der Nichtrücknahme der Beschwerde trotz Erledigung auf ein dahin gehendes Feststellungsbegehren geschlossen werden kann (so z.B. OLG Karlsruhe [19. Zivilsenat] FGPrax 2003, 145 und – zumindest tendenziell – auch noch zum neuen Recht Bork/Jacoby/Schwab/*Müther* § 62 Rn. 6) ist damit durch den Gesetzgeber i.S.d. ersten Meinung entschieden worden.

Wird ein solcher Antrag nicht – mindestens konkludent (BGH, Beschl. v. 31.03.2011 – V ZB 83/10, Rn. 8) – gestellt, ist das Verfahren dagegen nach den allgemeinen Regeln zur Behandlung einer Erledigung der Hauptsache (§ 22 Rdn. 17 ff.) abzuschließen (BGH FamRZ 2011, 1390, 1391). Dabei darf das Beschwerdegericht allerdings nicht so kurzfristig entscheiden, dass der Rechtsmittelführer keine Gelegenheit mehr hat, seinen Beschwerdeantrag entsprechend anzupassen (BayObLG NJW-RR 2001, 724). Auch hat das Gericht auf die Möglichkeit der Antragsumstellung hinzuweisen. Der **Anspruch auf ein faires Verfahren** gebietet es sogar, einen anwaltlich nicht vertretenen Betroffenen eines zivilrechtlichen Unterbringungsverfahrens im Fall Erledigung der Hauptsache auf die Möglichkeit hinzuweisen, seinen Antrag auf Feststellung der Rechtswidrigkeit der Unterbringungsanordnung umzustellen (BGH FamRZ 2015, 1959).

IV. Antragsberechtigung. Der Antrag nach § 62 kann nur gestellt werden, wenn eine Antragsberechtigung besteht (BGH FuR 2015, 43. Insoweit ist auf den Wortlaut des §§ 62 Abs. 1 FamFG zu verweisen, wonach Voraussetzung ist, dass der Beschwerdeführer selbst durch die erledigte Maßnahme in seinen Rechten verletzt worden ist. Deswegen kann nur derjenige Beteiligte antragsbefugt sein, dessen eigene Rechtssphäre betroffen ist und der ein berechtigtes Feststellungsinteresse nach § 62 Abs. 2 FamFG hat. So kann nach Erledigung der Hauptsache im Betreuungsverfahren insbesondere von der Betreuungsbehörde kein Feststellungsantrag nach § 62 FamFG gestellt werden. Ein solches Antragsrecht für die Betreuungsbehörde ergibt sich nicht aus § 303 Abs. 1 Nr. 1 FamFG, wonach dieser das Recht der Beschwerde gegen Entscheidungen unter anderem gegen die Bestellung eines Betreuers eingeräumt ist.

Diesem Grunde hat auch ein Verfahrenspfleger des Betroffenen trotz eigenem Beschwerderechtes kein eigenes Antragsrecht nach § 62 Abs. 1 FamFG. Dasselbe gilt für den nach § 303 Abs. 2 FamFG privilegierten Personenkreis bestimmter Angehöriger und Vertrauenspersonen des Betroffenen.

V. Gegenstand der Überprüfung. Gegenstand der Überprüfung i.R.d. Feststellungsverfahrens nach § 62 ist nach dem Wortlaut des Gesetzes die Frage, ob die »Entscheidung« der ersten Instanz den Beschwerdeführer in seinen Rechten verletzt hat. Hierbei wird nicht danach differenziert, wann die infrage stehende Rechtsverletzung stattgefunden hat. Wie schon bisher kommt als Gegenstand des Feststellungsverfahrens bei Entscheidungen, die – wie typischerweise die Freiheitsentziehung – eine **Dauerwirkung** entfalten, daher nicht nur die Rechtmäßigkeit der Entscheidung der ersten Instanz (noch) im Zeitpunkt des erledigenden Ereignisses in Betracht, sondern auch eine mögliche Rechtsverletzung bereits zum Zeitpunkt des Erlasses der Erstentscheidung oder während ihrer Fortdauer bis zu ihrer Beendigung (vgl. OLG Zweibrücken FGPrax 2005, 137, 138; *Demharter* FGPrax 2003, 237, 238 für Unterbringungsverfahren nach bisherigem Recht). In derartigen Fällen wird der Verfahrensgegenstand daher wesentlich durch den Antrag des Beschwerdeführers bestimmt. Erst dieser legt im Einzelfall fest, in welchem Umfang eine Überprüfung der erstinstanzlichen Entscheidung zu erfolgen hat (*Demharter* FGPrax 2003, 237, 238; Keidel/*Budde* § 62 Rn. 31 ff.; *Heidebach* NJW 2011, 1708, 1711).

22 **C. Kosten.** Die Entscheidung über die Verfahrenskosten in einer Beschwerdeentscheidung nach § 62 richtet sich – wie auch sonst – grds. nach § 81; in Ehe- u Familienstreitsachen nach § 113 Abs. 1 Satz 2 i.V.m. §§ 91 ff. ZPO. Wird dort antragsgemäß festgestellt, dass die Entscheidung der ersten Instanz den Beschwerdeführer in seinen Rechten verletzt hat, ermöglicht allerdings keine dieser Vorschriften eine Erstattung der außergerichtlichen Kosten des Beschwerdeführers durch die Staatskasse. Auch die Sondervorschriften der §§ 307, 337 für Unterbringungs- u Betreuungssachen erlauben die Anordnung einer derartigen Kostenerstattung zumindest nicht unmittelbar. Die Auslagen des Beschwerdeführers sind aber in entsprechender Anwendung dieser Vorschriften von der Staatskasse zu erstatten (OLG München FamRZ 2006, 1617 zu § 13a Abs. 2 Satz 1 FGG).

23 Für die im Beschwerdeverfahren anfallenden Gebührentatbestände bei den Gerichts- u Anwaltskosten gelten keine Besonderheiten. Findet der Übergang zur Fortsetzungsfeststellung erst während des schon laufenden Beschwerdeverfahrens statt, führt dies allerdings wegen der Veränderung des Verfahrensgegenstandes ab diesem Zeitpunkt zu einer entsprechenden Verringerung des Verfahrenswerts.

§ 63 Beschwerdefrist.

(1) Die Beschwerde ist, soweit gesetzlich keine andere Frist bestimmt ist, binnen einer Frist von einem Monat einzulegen.
(2) Die Beschwerde ist binnen einer Frist von zwei Wochen einzulegen, wenn sie sich gegen folgende Entscheidungen richtet:
1. Endentscheidungen im Verfahren der einstweiligen Anordnung oder
2. Entscheidungen über Anträge auf Genehmigung eines Rechtsgeschäfts.
(3) ¹Die Frist beginnt jeweils mit der schriftlichen Bekanntgabe des Beschlusses an die Beteiligten. ²Kann die schriftliche Bekanntgabe an einen Beteiligten nicht bewirkt werden, beginnt die Frist spätestens mit Ablauf von fünf Monaten nach Erlass des Beschlusses.

Übersicht	Rdn.
A. Allgemeines und Rechtsentwicklung	1
B. Beschwerdefrist	3
I. Fristdauer	3
1. Regelmäßige Dauer der Beschwerdefrist	3
2. Sonderfälle	5
II. Fristbeginn	9
1. Fristbeginn bei ordnungsgemäßer Bekanntgabe	10
a) Ordnungsgemäße Bekanntgabe	12
b) Bekanntgabe durch Zustellung	15
c) Bekanntgabe durch Aufgabe zur Post	17
d) Ehe- und Familienstreitsachen	18
2. Fristbeginn bei fehlender oder mangelhafter Bekanntgabe	19
a) Spätester Beginn der Rechtsmittelfrist	20
b) Scheinbeschlüsse und noch nicht wirksame Beschlüsse	24
3. Fristbeginn bei fehlender oder mangelhafter Rechtsmittelbelehrung	25
4. Fristbeginn bei Berichtigung oder Ergänzung der angefochtenen Entscheidung	26
5. Beschwerdeeinlegung vor Fristbeginn	28
III. Fristberechnung	29
IV. Fristwahrung	30

1 **A. Allgemeines und Rechtsentwicklung.** Die Rechtsmittel gegen Entscheidungen der ersten Instanz für die jetzigen FamFG-Verfahren waren früher z.T. durch das FGG geregelt, wobei wiederum zwischen der

einfachen (§ 21 FGG) u der sofortigen Beschwerde (§ 22 FGG) zu unterscheiden war. In FGG-Familiensachen waren diese Vorschriften nach Maßgabe von § 621e Abs. 3 ZPO z.T. durch die Anwendung des ZPO-Berufungsrechts modifiziert, in ZPO-Familiensachen galt dieses uneingeschränkt. Dieses historisch gewachsene Nebeneinander verschiedener Vorschriften ist durch § 63 Abs. 1 abgelöst worden, wonach die Beschwerde gegen Endentscheidungen in allen FamFG-Verfahren einschließlich der Ehe- u Familienstreitsachen jetzt grds. binnen einer einheitlichen Rechtsmittelfrist von einem Monat einzulegen ist, abgesehen von den in § 63 Abs. 2 u 3 geregelten Ausnahmen u vom Bereich des Grundbuch- u Schiffsregisterwesens (Rdn. 7), wo eine Beschwerde wie bisher unbefristet zulässig bleibt. Durch die fast vollständige Zurückdrängung der unbefristeten Beschwerde will der Gesetzgeber nicht nur das Verfahren einfacher u übersichtlicher gestalten, sondern zugleich auch eine Verfahrensbeschleunigung im Verhältnis zur früheren Rechtslage erreichen u in möglichst weitgehendem Maße frühzeitig Rechtsklarheit über den dauerhaften Bestand der erstinstanzlichen Entscheidungen für alle Beteiligten schaffen (BT-Drucks. 16/6308, S. 205).

Die früher in § 22 Abs. 2 FGG geregelte **Wiedereinsetzung in den vorigen Stand** bei Versäumung der Frist zur Einlegung der Beschwerde ist nunmehr grds. im allgemeinen Teil des FamFG geregelt (§§ 17 bis 19). Wegen der Wiedereinsetzung in die Frist zur Einlegung u Begründung der Beschwerde bei den **Ehe- u Familienstreitsachen** s. § 117 Rdn. 52 f. 2

B. Beschwerdefrist. I. Fristdauer. 1. Regelmäßige Dauer der Beschwerdefrist. § 63 Abs. 1 bestimmt für den gesamten Anwendungsbereich des FamFG, dass die Beschwerde gegen eine erstinstanzliche Endentscheidung im **Regelfall** binnen einer Beschwerdefrist von **einem Monat** ab schriftlicher Bekanntgabe an den Beschwerdeführer zu erheben ist. Hat der Beschwerdeführer die Beschwerdefrist unverschuldet versäumt, kann ihm nur unter den Voraussetzungen der §§ 17 ff. FamFG bzw. §§ 233 ff. ZPO, 113 Abs. 1 FamFG Wiedereinsetzung in den vorigen Stand gewährt werden. 3

Das FamFG beinhaltet keine **Notfristen**. Hieraus kann jedoch nicht die Schlussfolgerung gezogen werden, dass die Frist zur Einlegung der Beschwerde gem. § 16 Abs. 2 i.V.m. §§ 224 Abs. 2 u 3, 225 ZPO – oder im Fall der Ehe- u Familienstreitsachen unmittelbar nach diesen ZPO-Vorschriften – durch eine Verfügung des Gerichts oder durch eine Vereinbarung der Parteien verkürzt oder verlängert werden kann, denn eine besondere Bestimmung i.S.d. § 224 Abs. 2 Halbs. 2 ZPO, die dafür erforderlich wäre, ist im FamFG nicht enthalten (Keidel/*Sternal* § 63 Rn. 9; Bumiller/Harders § 63 Rn. 1; *Maurer* FamRZ 2009, 465, 473). Eine Verlängerung oder Verkürzung von Rechtsmitteleinlegungsfristen widerspricht zudem auch sonst jeder bekannten Systematik. 4

2. Sonderfälle. Bereits nach dem Wortlaut des Gesetzes gilt die Beschwerdefrist von einem Monat nur, »**soweit gesetzlich keine andere Frist bestimmt ist**«. 5

Solche Ausnahmen können zum einen darin bestehen, dass wegen eines besonderen Interesses am schnellen Eintritt von Rechtsklarheit im Einzelfall eine kürzere als die regelmäßige Beschwerdefrist durch das Gesetz bestimmt ist. Derartige Regelungen sind im FamFG selbst aber nur in § 63 Abs. 2 Nr. 1 für die Anfechtung von **Entscheidungen im Verfahren der einstweiligen Anordnung** u in § 63 Abs. 2 Nr. 2 für die Anfechtung von **Entscheidungen über Anträge auf Genehmigung eines Rechtsgeschäfts** enthalten, vgl. auch § 40 Abs. 2. In beiden Fällen ist die Frist zur Einlegung der Beschwerde auf nur 2 Wochen verkürzt. Spätestens mit der seit dem 01.01.2013 geltenden Neufassung von § 63 Abs. 2 Nr. 1 u 2 durch das RechtsbehelfsbelehrungsG hat der Gesetzgeber klargestellt, dass von dieser Regelung auch solche Entscheidungen erfasst werden, mit denen Anträge auf Erlass einer EA abgelehnt oder die Genehmigung eines Rechtsgeschäfts verweigert werden (§ 58 Rdn. 42); ebenso für das bis zum 31.12.2012 geltende Recht bereits *Schürmann* FuR 2010, 425, 431; OLG Zweibrücken FamFR 2010, 518 m. Anm. *Schuldei*; KG FamRZ 2012, 51, a.A. für die EA z.B. Keidel/*Sternal* § 63 Rn. 14a, Prütting/Helms/*Abramenko* § 63 Rn. 4, Zöller/Feskorn § 63 Rn. 3). Darüber hinaus gilt die verkürzte Beschwerdefrist des § 63 Abs. 2 Nr. 1 im Hinblick auf den Charakter des einstweiligen Anordnungsverfahrens als Eilverfahren auch für die Anfechtung von (stattgebenden oder zurückweisenden) Entscheidungen über Anträge gem. § 56 Abs. 3 auf Feststellung des Außerkrafttretens einer EA (§ 56 Rdn. 25; OLG Zweibrücken FamRZ 2011, 987 a.A. z.B. Keidel/*Sternal* § 63 Rn. 14a; Zöller/*Feskorn* § 63 Rn. 3, alle noch zum Rechtszustand bis zum 31.12.2012). Gem. § 355 Abs. 2 steht der Genehmigung eines Rechtsgeschäfts außerdem die Entscheidung des Gerichts bei **Meinungsverschiedenheiten zwischen mehreren Testamentsvollstreckern** gleich. Alle Übrigen, in diesem Zusammenhang typischerweise in Betracht kommenden Fälle fallen in den Bereich der Zwischen- u Nebenentscheidungen u sind als solche, wenn überhaupt, dann gem. ausdrücklicher Regelung im Einzelfall nur mit der sofortigen Beschwerde ent- 6 sprechend §§ 567 ff. ZPO anfechtbar, für die gem. § 569 Abs. 1 Satz 1 ZPO bereits ohnehin nur eine Beschwerdefrist von 2 Wochen gilt. Außerhalb des FamFG findet sich eine auf 2 Wochen abgekürzte Beschwerdefrist z.B. in § 40 Abs. 2 Satz 2 IntFamRVG, in § 335 Abs. 5 Satz 1 HGB u in den Fällen einer Beschwerde gegen die richterliche Anordnung über die Zulässigkeit der Verwendung von Verkehrsdaten i.S.d. § 3 Nr. 30 TKG (vgl. §§ 101 Abs. 9 Satz 7 UrhG, 140b Abs. 9 Satz 7 PatG, 24b Abs. 9 Satz 7 GebrMG, 19 Abs. 9 Satz 7 MarkenG, 64 Abs. 9 Satz 7 GeschMG, 37b Abs. 9 Satz 7 SortenSchG). Eine ausnahmsweise auf 3 Monate **verlängerte** Beschwerdefrist gilt gem. § 304 Abs. 2 für Beschwerden der Staatskasse in Angelegenheiten der **Betreuervergütung**.

7 Zum anderen hat sich der Gesetzgeber in Abweichung von den RefE für das FamFG entschlossen, im Bereich des **Grundbuch- u Registerwesens** (vgl. §§ 71 Abs. 2 GBO, 75 Abs. 2 SchRegO) ausnahmsweise wie bisher auch weiterhin die Möglichkeit der grds. **unbefristeten Beschwerde** (nicht allerdings auch der Rechtsbeschwerde, vgl. § 78 Abs. 3 GBO u § 83 Abs. 3 SchRegO jeweils i.V.m. § 71) vorzusehen, obwohl dies der Systematik der gesetzlichen Neuregelung, durch die das Nebeneinander der einfachen u der sofortigen Beschwerde in der freiwilligen Gerichtsbarkeit eigentlich beseitigt werden sollte, grds. widerspricht. Damit reagiert der Gesetzgeber auf die an dem ursprünglichen Gesetzentwurf z.T. geübte Kritik, wonach es wegen des nur schwer abgrenzbaren Kreises der Beteiligten im Bereich der Grundbuch- u Registersachen anders als im Regelfall nicht ohne Weiteres möglich ist, die Entscheidungen der Grundbuchämter u Registergerichte allen Beteiligten in der sonst vorgeschriebenen Form schriftlich bekannt zu geben (*Krafka* FGPrax 2007, 51, 52; vgl. auch § 383 Rdn. 3), sodass die für den Beginn des Laufs der Rechtsmittelfrist erforderliche Anknüpfung an den Zeitpunkt dieser Bekanntgabe in den hier infrage stehenden Fällen erhebliche Schwierigkeiten bereiten würde.

8 Auf andere Rechtsgebiete, in denen die Einhaltung der Frist des § 63 Abs. 1 zu praktischen Schwierigkeiten führen könnte, kann der darin zum Ausdruck kommende Rechtsgedanken angesichts der eindeutigen Entscheidung des Gesetzgebers zur Einführung einer flächendeckend nur noch befristeten Beschwerde allerdings nicht übertragen werden. Eine Ausnahme kann daher z.B. auch für den Fiskus bei der Anfechtung eines Beschlusses über das **Bestehen des Fiskalerbrechts nach § 1964 BGB** nicht anerkannt werden (BGH FamRZ 2012, 367, 368).

9 **II. Fristbeginn.** § 63 Abs. 3 regelt den Beginn der Rechtsmittelfrist. Die Vorschrift knüpft an den bisherigen § 22 Abs. 1 Satz 2 FGG an, bestimmt aber abweichend davon, dass die **Bekanntgabe** für das Inlaufsetzen der Frist (zumindest auch) **schriftlich** erfolgt sein muss; eine nur mündliche Bekanntgabe i.S.d. § 41 Abs. 2 Satz 1 reicht also für den Fristbeginn nicht aus (Johannsen/Henrich/*Althammer* § 63 Rn. 4). Die Regelung lehnt sich inhaltlich an § 517 ZPO an, der für den regelmäßigen Beginn der Berufungsfrist auf die Zustellung des Urteils abstellt u übernimmt – abweichend von § 22 Abs. 1 Satz 2 FGG – inhaltlich angepasst an das neue FamFG-Verfahren auch die Regelung des § 517 Halbs. 2 ZPO, wonach bei einer fehlenden oder nicht ordnungsgemäßen Zustellung die Berufungsfrist spätestens mit dem Ablauf von 5 Monaten ab Verkündung beginnt.

10 **1. Fristbeginn bei ordnungsgemäßer Bekanntgabe.** Gem. § 63 Abs. 3 **Satz** 1 beginnt die Frist grds. für jeden Beteiligten gesondert mit dem Zeitpunkt, in dem diesem der Beschluss jeweils schriftlich bekannt gegeben worden ist, sie kann also für verschiedene Beteiligte zu verschiedenen Zeiten beginnen (BGH FamRZ 2012, 1049, ff., 1050). Das gilt auch für den Verfahrenspfleger in Betreuungs- u Unterbringungssachen im Verhältnis zu dem Betroffenen selbst (BayObLG FamRZ 2000, 1445 zum alten Recht). Ausnahmen von diesem Grundsatz sind z.B. in § 360 enthalten, wonach die Beschwerdefrist gegen Beschlüsse zur Bestimmung oder Verlängerung einer Inventarfrist für alle Beteiligten gleichermaßen ab Zustellung an den jeweiligen Antragsteller läuft, oder in § 24 Abs. 3 Satz 1 VerschG, wonach die erste öffentliche Bekanntmachung einer Todeserklärung als Zustellung mit Wirkung für alle Beteiligten gilt.

11 Hat sich für einen Beteiligten ein Verfahrensbevollmächtigter bestellt, so ist im Fall der Zustellung gem. § 15 Abs. 2 Satz 1, 1. Alt i.V.m. §§ 166 ff. ZPO gem. § 172 ZPO die Zustellung an diesen maßgebend; durch die Zustellung an den Beteiligten selbst wird die Frist des § 63 Abs. 1 zur Einlegung der Beschwerde nicht in Lauf gesetzt (KG FamRZ 1993, 443, 444). Das Gleiche wird man entsprechend § 172 ZPO aber auch für den Fall annehmen müssen, dass die schriftliche Bekanntgabe nach der neuen Vorschrift des § 15 Abs. 2 Satz 1, 2. Alt nur durch formlose Aufgabe des Schriftstücks zur Post erfolgt ist (Johannsen/Henrich/*Althammer* § 63 Rn. 6). Existieren mehrere Bevollmächtigte, so ist die erste Zustellung oder Bekanntgabe *durch* Aufgabe zur Post an einen von ihnen maßgeblich (OLG Zweibrücken FGPrax 2002, 277). Wird ein

Beteiligter in einem Verfahren durch einen anderen vertreten, so läuft die Frist für beide Beteiligten mit der Zustellung oder Aufgabe zur Post an den Vertreter (OLG Frankfurt am Main FamRZ 1999, 169).

a) **Ordnungsgemäße Bekanntgabe.** Eine ordnungsgemäße Bekanntgabe, durch welche die Rechtsmittelfrist des § 63 Abs. 1 in Lauf gesetzt werden kann, liegt nur vor, wenn eine **beglaubigte Ausfertigung** (BGH FamRZ 2010, 1246 f. zur ZPO-Berufung) der angefochtenen Entscheidung dem Rechtsmittelführer **in vollständiger Form** schriftlich bekannt gegeben worden ist. Das gilt nicht bloß für urteilsersetzende Beschlüsse in Ehe- und Familienstreitsachen, sondern im gesamten Anwendungsbereich des FamFG, denn die Gründe, die nach der Ansicht des BGH die Bekanntgabe in der Form einer Ausfertigung und nicht nur in der einer beglaubigten Abschrift erfordern, gelten für den gesamten Anwendungsbereich des Gesetzes in gleicher Weise. Etwas anderes soll nach dem Wortlaut des Gesetzes in den Sonderfällen der Bekanntgabe von Entscheidungen gem. §§ 42 Abs. 1 Satz 2, 48 Abs. 3 AUG – nicht jedoch im Fall des § 45 Abs. 3 AUG – sowie gem. § 21 Abs. 1 Satz 1 IntFamRVG gelten, wobei allerdings schon die Inkonsistenz der Regelung für die verschiedenen Instanzen im AUG die Annahme nahelegt, dass es sich in diesen Fällen um einen bloßen Redaktionsirrtum des Gesetzgebers handeln dürfte. 12

Zu der vollständigen Entscheidung, die den Beteiligten bekannt zu geben ist, gehören, soweit eine Begründung nicht ausnahmsweise nach § 38 Abs. 4 entbehrlich ist, auch die **Entscheidungsgründe**, denn ohne deren Kenntnis kann der Beschwerdeführer die Aussichten eines möglichen Rechtsmittels nicht beurteilen u sein Anspruch auf rechtliches Gehör ist nicht hinreichend gewahrt (Johannsen/Henrich/*Althammer* § 63 Rn. 7 m.w.N.). Das gilt nicht nur bei völligem Fehlen der Gründe, sondern auch dann, wenn die bekannt gegebenen Gründe in wesentlichen, für ihren Inhalt oder ihr Verständnis maßgeblichen Teilen unvollständig sind (OLG Köln FamRZ 2002, 331). Dasselbe gilt außerdem auch für die Bekanntgabe eines Beschlusses, dessen Gründe wesentlich von der Urschrift abweichen (KG FamRZ 2003, 620, 621). Nicht berührt wird die Wirksamkeit der Bekanntgabe aber durch offenbare Unrichtigkeiten in der bekannt gegebenen Ausfertigung, die – wären sie bei der Abfassung der Entscheidung unterlaufen – gem. § 42 hätten korrigiert werden können (BGH FamRZ 2006, 1114, 1115). 13

Anders als § 517 ZPO schreibt § 63 Abs. 3 Satz 1 aber die **Art der Bekanntgabe** nicht näher vor. Für das Inlaufsetzen der Beschwerdefrist genügt daher jede der beiden im Gesetz vorgesehenen Formen der schriftlichen Bekanntgabe, es sei denn, spezielle gesetzliche Regelungen wie § 41 Abs. 1 Satz 2 schreiben eine bestimmte Form der Bekanntgabe im Einzelfall vor (BGH FamRZ 2011, 1049, 1050 m.w.N.; a.A. Keidel/*Meyer-Holz* § 41 Rn. 10; Zöller/*Feskorn* § 63 Rn. 5). Auch die Bekanntmachung durch Aufgabe zur Post nach § 15 Abs. 2 Satz 1, 2. Alt ist also regelmäßig ausreichend und zwar auch dann, wenn – wie im Fall von § 41 Abs. 1 Satz 2 – eigentlich eine Bekanntmachung in der Form der Zustellung vorgeschrieben ist (Keidel/*Meyer-Holz* § 41 Rn. 10; Zöller/*Feskorn* § 63 Rn. 5). Nicht ausreichend für den Beginn des Rechtsmittelfrist ist dagegen eine bloß formlose Mitteilung der Entscheidung i.S.d. § 15 Abs. 3, und zwar auch dann nicht, wenn sie z.B. durch ein Telefax erfolgt, zumindest die Textform des § 126b BGB also eingehalten wäre (a.A. Prütting/Helms/*Abramenko* § 63 Rn. 6; *Rackl* S. 85). Wird ein Beschluss nach § 42 Abs. 2 Satz 1 den Anwesenden mündlich bekannt gegeben, so bedarf es für das Inlaufsetzen der Beschwerdefrist erst noch der (zusätzlichen) schriftlichen Bekanntgabe nach § 41 Abs. 3 Satz 4 (Keidel/*Meyer-Holz* § 63 Rn. 19). 14

b) **Bekanntgabe durch Zustellung.** Im Fall der Bekanntgabe durch Zustellung nach § 15 Abs. 2 Satz 1, 1. Alt i.V.m. §§ 166 ff. ZPO beginnt die Frist zur Einlegung der Beschwerde mit dem Tag der **formrichtigen Zustellung** des angefochtenen Beschlusses. Eine nicht formgerechte Zustellung kann gem. § 15 Abs. 2 Satz 1, 1. Alt i.V.m. § 189 ZPO geheilt werden, dann ist maßgeblich für den Beginn der Beschwerdefrist das Datum des tatsächlichen Zugangs der schriftlich abgefassten Entscheidung. Eine sonstige, bloß zufällige Kenntnisnahme von der Entscheidung oder ihrer Zustellung setzt die Rechtsmittelfrist noch nicht in Gang, ebenso wenig eine bloße Zustellung im Parteibetrieb. Durch eine öffentliche Zustellung wird die Beschwerdefrist jedenfalls dann nicht in Lauf gesetzt, wenn die Voraussetzungen für eine derartige Zustellung (§ 15 Abs. 2 Satz 1, 1. Alt i.V.m. § 185 ZPO) erkennbar nicht vorgelegen haben (BGH FamRZ 2007, 40). 15

Einen **Sonderfall** regeln die §§ 24 Abs. 3, 32 Abs. 1 Satz 1 VerschG, wonach die öffentliche Bekanntgabe des *Todeserklärungsbeschlusses* oder seiner Wiederaufhebung als Zustellung gilt, mit der Folge, dass die auch die Frist zur Beschwerde gegen einen derartigen Beschluss erst ab seiner öffentlichen Bekanntgabe zu laufen beginnt (BGH NJW 1953, 1547, 1548). Im Beschwerdeverfahren nach § 99 AktG läuft die Beschwerdefrist gem. § 99 Abs. 4 Satz 4 AktG erst ab der Bekanntgabe der Entscheidung im elektronischen Bundesanzeiger, für den Antragsteller und die Gesellschaft jedoch nicht vor der Zustellung der Entscheidung. 16

17 **c) Bekanntgabe durch Aufgabe zur Post.** Im Fall der – gem. § 41 Abs. 1 Satz 2 allerdings nur eingeschränkt zulässigen – Bekanntgabe durch Aufgabe zur Post nach § 15 Abs. 2 Satz 1, 2. Alt beginnt die Frist mit dem dritten Tag nach der Aufgabe zur Post als fiktivem Zugangsdatum, es sei denn der Beschluss ist tatsächlich erst später zugegangen; dann entscheidet das Datum des tatsächlichen Zugangs.

18 **d) Ehe- und Familienstreitsachen.** In Ehe- und Familienstreitsachen ist § 15 nicht anzuwenden u es gilt stattdessen die Verweisung des § 113 Abs. 1 Satz 2 auf die Vorschriften der ZPO (vgl. auch § 41 Rdn. 5). Urteilsersetzende Endentscheidungen sind daher entspr. § 311 Abs. 2 Satz 1 ZPO auch weiterhin durch Verlesung der Entscheidungsformel oder entspr § 311 Abs. 2 Satz 2 ZPO durch Bezugnahme auf diese zu **verkünden** (BGH FamRZ 2012, 1287 ff., 1289), entspr der richtigerweise ebenfalls anwendbaren Vorschrift des § 329 Abs. 1 Satz 1 ZPO (BGH FamRZ 2012, 106 ff., 107; zu der unklaren Reichweite der Verweisung in § 113 Abs. 1 Satz 2 vgl. auch *Heiter* FamRZ 2012, 206 f.; *Wohlgemuth* FamRZ 2013, 674, 675; Musielak/Borth § 41 Rn. 8, und Prütting/Helms/*Helms* § 116 Rn. 12, 16 f.) allerdings wohl nur dann, wenn sie aufgrund einer mündlichen Verhandlung ergangen sind (Prütting/Helms/*Feskorn* § 117 Rn. 69; a.A. Prütting/Helms/*Helms* § 116 Rn. 12), denn im Fall des Absehens von einer mündlichen Verhandlung gem. § 117 Abs. 3 i.V.m. § 68 Abs. 3 Satz 2 macht eine – selbst für Beschlüsse nach § 522 Abs. 2 ZPO nicht erforderliche – Verkündung als Form der Bekanntgabe keinen Sinn. Bilden solche Entscheidungen einen Vollstreckungstitel, sind sie auch weiterhin gem. § 329 Abs. 3 ZPO **förmlich zuzustellen**. Für den Beginn des Laufs der Beschwerdefrist kommt es aber gem. § 63 Abs. 3 Satz 1 auch in Ehe- u Familienstreitsachen immer nur auf den Zeitpunkt der schriftlichen Bekanntgabe an den jeweiligen Beteiligten an (Johannsen/Henrich/*Althammer* § 63 Rn. 14; a.A. *Hoppenz* FPR 2012, 172), sei es, dass diese gem. 329 Abs. 3 ZPO durch Zustellung zu erfolgen hat, sei es, dass beim – nur sehr selten denkbaren – Nichtvorliegen der Voraussetzungen dieser Vorschrift eine (ansonsten) formlose Mitteilung an die Beteiligten genügt.

19 **2. Fristbeginn bei fehlender oder mangelhafter Bekanntgabe.** Erfolgt keine oder keine ordnungsgemäße (schriftliche) Bekanntgabe des Beschlusses, so war nach dem bisherigen Recht der freiwilligen Gerichtsbarkeit im Grundsatz für eine analoge Anwendung der §§ 517, 548 ZPO mangels gesetzlicher Grundlage kein Raum, sodass in derartigen Fällen überhaupt keine Rechtsmittelfrist zu laufen begann. Nur für befristete Beschwerden in Familiensachen wurde in § 621e Abs. 3 Satz 2 ZPO auf eine entsprechende Anwendung des § 517 ZPO verwiesen.

20 **a) Spätester Beginn der Rechtsmittelfrist.** § 63 Abs. 3 **Satz 2** legt nun auch für das FamFG-Verfahren ausdrücklich einen Zeitpunkt fest, ab dem die Rechtsmittelfrist spätestens in Gang gesetzt wird, wenn eine schriftliche Bekanntgabe nicht oder nur mangelhaft erfolgt. Die dort festgelegte Frist von 5 Monaten knüpft inhaltlich an § 517 Halbs. 2 ZPO an, stellt aber nicht auf die Verkündung der Entscheidung, sondern auf deren **Erlass** ab, nachdem das FamFG eine Verkündung von Entscheidungen regelmäßig nicht mehr vorsieht. Maßgeblich ist nach dem Wortlaut des Gesetzes, dass eine Bekanntgabe nicht erfolgen »kann«. Ein Eingreifen der Auffangfrist kommt danach nur in Betracht, wenn eine Bekanntgabe aus rechtlichen oder tatsächlichen Gründen nicht möglich ist, zumindest jedoch versucht wird und nur deshalb scheitert, weil z.B. der Wohnsitz des Adressaten trotz Nachforschungen nicht zu ermitteln ist (OLG Celle NJW 2012, 3521, 3522; Keidel/*Sternal* § 63 Rn. 44). Die Auslegung der Vorschrift ergibt aber darüber hinaus, dass die Beschwerdefrist nach § 63 Abs. 3 Satz 2 FamFG immer dann anläuft, wenn die schriftliche Bekanntgabe des Beschlusses an einen bereits förmlich beteiligten Rechtsmittelführer unterblieben ist. Warum die Bekanntgabe nicht erfolgt ist, ist ohne Belang. Die Auffangfrist des § 63 Abs. 3 Satz 2 FamFG soll nämlich der Rechtsklarheit und der Rechtssicherheit für die Beteiligten dienen, wenn eine Bekanntgabe der Entscheidung an einen erstinstanzlich Beteiligten innerhalb der Fünf-Monats-Frist unterbleibt. Je restriktiver man den Anwendungsbereich der Vorschrift sieht, desto größer ist indes die Gefahr, dass Entscheidungen noch nach Jahren nicht in formelle Rechtskraft erwachsen. Auch würde eine andere Auslegung des § 63 Abs. 3 Satz 2 FamFG sich nicht in das System des im FamFG geregelten Rechtsmittelrechts hinsichtlich der Ehe- und Familienstreitsachen einfügen lassen. § 117 Abs. 1 Satz 3 FamFG regelt ausdrücklich, dass die Frist zur Begründung der Beschwerde 2 Monate beträgt und mit der schriftlichen Bekanntgabe des Beschlusses, spätestens mit Ablauf von 5 Monaten nach Erlass des Beschlusses beginnt. Eine restriktive Auslegung des § 63 Abs. 3 Satz 2 FamFG könnte zu dem widersinnigen Ergebnis führen, dass zwar die Beschwerde noch fristgerecht eingelegt, aber nicht mehr rechtzeitig begründet werden kann (BGH FamRZ 2015, 1006).

21 »Erlassen«, d.h. **existent** ist ein Beschluss i.S.d. § 63 Abs. 3 Satz 2 nach der Legaldefinition des § 38 Abs. 3 Satz 2 nur dann, wenn er einem Anwesenden durch Verlesen der Beschlussformel bekannt gemacht worden

oder wenn er von allen mitwirkenden Richtern oder dem Rechtspfleger unterschrieben u an die Geschäftsstelle übergeben worden ist (§ 40 Rdn. 2). Anders als bisher genügt also nicht mehr jede beliebige Form des Heraustretens aus dem inneren Geschäftsbetrieb des Gerichts, wie etwa dadurch, dass der Vorsitzende oder der Geschäftsstellenbeamte den Inhalt des unterschriebenen Beschlusses einem abwesenden Verfahrensbeteiligten telefonisch mitgeteilt hat (BGH NJW-RR 2000, 877, 878).

In **Ehe- u Familienstreitsachen**, die aufgrund einer mündlichen Verhandlung ergehen u daher nach wie vor verkündet werden (Rdn. 18), erfolgt die Herausgabe der Entscheidung nach außen in der besonderen Form der Verkündung (Musielak/*Musielak* § 329 ZPO Rn. 8; *Wohlgemuth* FamRZ 2013, 674, 675; a.A. *Soyka* FuR 2012, 551). Für den Beginn der Auffangfrist des § 63 Abs. 3 Satz 2 ist hier daher auf das Verkündungsdatum abzustellen (Keidel/*Sternal* § 63 Rn. 44). Ist eine Verkündung im Einzelfall fehlerhaft unterblieben, fehlt es also – auch wenn die Entscheidung in diesen Verfahren jetzt nicht mehr durch Urteil, sondern nur noch durch Beschluss erfolgt – auch nach dem neuen Recht bereits an der Existenz einer Entscheidung überhaupt (Johanssen/Henrich/*Althammer* § 63 Rn. 14). Wie bei Urteilen in der ZPO läuft bei einer derartigen Scheinentscheidung daher auch keinerlei Rechtsmittelfrist (Rdn. 24). Hat die Verkündung dagegen stattgefunden u es fehlt nur an der schriftlichen Bekanntgabe der Entscheidung, so greift im FamFG-Verfahren die Auffangfrist des § 63 Abs. 3 Satz 2 (Johanssen/Henrich/*Althammer* § 63 Rn. 14). Das gilt jedenfalls dann, wenn der Beteiligte nach den Umständen mit einer Entscheidung überhaupt rechnen u sich nach dieser daher notfalls hätte erkundigen können, weil er zumindest von einem angesetzten Verkündungstermin Kenntnis hatte (BGH FamRZ 2004, 264; NJW-RR 1994, 1022). Einiges spricht dafür, vom Eingreifen dieser Auffangfrist außerdem auch dann auszugehen, wenn der Beteiligte eine derartige Kenntnis nicht besaß. Denn wenn die Frist des § 63 Abs. 3 Satz 2 in Verfahren, in denen eine Verkündung nicht erforderlich ist, nach seinem eindeutigen Wortlaut u Sinn unabhängig von jedem Vertrauensmoment allein an das Existentwerden der anzufechtenden Entscheidung anknüpft (daran zweifelnd allerdings *Gutjahr* FPR 2006, 433, 434 m.w.N.), ist nicht einzusehen, warum dies auch anders sein soll, wenn zwar eine Verkündung notwendig ist, das Gesetz für den Beginn der Rechtsmittelfrist auf diese aber bewusst nicht abstellt.

Problematisch ist, wann die Rechtskraft eines Beschlusses eintritt, wenn ein an dem Verfahren eigentlich zwingend **Beteiligter** (§ 7 Abs. 2) – wie z.B. ein Versorgungsträger in einem Scheidungsverbundverfahren – tatsächlich **übergangen** u das **Verfahren** daher vollständig **ohne seine Kenntnis** durchgeführt wird. Die Frage, ob auch in diesem Fall die fünfmonatige Auffangfrist für den Fall der nicht ordnungsgemäßen Bekanntgabe der Entscheidung zu laufen beginnt, wurde allenfalls dann bejaht, wenn zumindest eine – sei es auch mangelhafte – Verkündung der angefochtenen Entscheidung stattgefunden hatte (Zöller/*Philippi*, 27. Aufl. § 621e ZPO Rn. 43; Johanssen/Henrich/*Sedemund-Treiber*, 4. Aufl. § 621e ZPO Rn. 13, jeweils m.w.N.). Nach der wohl herrschenden Gegenmeinung (BGH FamRZ 1988, 827; OLG Naumburg FamRZ 2007, 490; OLG München FamRZ 2007, 491) wurde in einem solchen Fall überhaupt keine Beschwerdefrist in Lauf gesetzt. Um in Ehescheidungsverfahren künftig zu verhindern, dass die Rechtskraft des Scheidungsausspruchs nicht eintritt, weil die Entscheidung einem beteiligten Versorgungsträger fehlerhaft oder gar nicht bekannt gemacht wurde, soll das Anschlussrechtsmittel der Ehegatten bei nur durch Versorgungsträger eingelegten Beschwerden eingeschränkt werden. Der Scheidungsausspruch soll – anders als bisher – daher auch ohne oder bei fehlerhafter Bekanntgabe an die beteiligten Versorgungsträger rechtskräftig werden können. In der Vergangenheit hatte die – den Betroffenen nicht bekannte – fehlende Rechtskraft bei erneuter Verheiratung mitunter zu Doppelehen geführt (vgl. dazu *Burghart*, FamRZ 2015, 12).

b) Scheinbeschlüsse und noch nicht wirksame Beschlüsse. Ein bloßer Scheinbeschluss – wie z.B. ein irrtümlich den Parteien zugegangener Entscheidungsentwurf – ist zwar zur Beseitigung des entstandenen Rechtsscheins mit der Beschwerde anfechtbar (Johanssen/Henrich/*Althammer* § 63 Rn. 12 m.w.N.), für ein derartiges Rechtsmittel läuft jedoch überhaupt keine Frist (BGH NJW 1985, 1783). Ähnlich kann auch die Beschwerde gegen einen Beschluss zulässig sein, der zwar schon bekannt gegeben, aber noch nicht wirksam ist, wenn dieser wie z.B. eine Entscheidung zum Umgangs- oder Sorgerecht i.R.d. Scheidungsverbundes vor Rechtkraft der Scheidung im Einzelfall den Rechtsschein einer bereits wirksamen Entscheidung erweckt (OLG Rostock FamRZ 2008, 793, 794).

3. Fristbeginn bei fehlender oder mangelhafter Rechtsmittelbelehrung. Das Fehlen oder die Mangelhaftigkeit der nunmehr gem. § 39 für alle Verfahren nach dem FamFG allgemein vorgeschriebenen Rechtsmittelbelehrung hat auf den Beginn des Laufs der Rechtsmittelfrist keinen Einfluss, sondern bildet nur einen möglichen Grund für eine Wiedereinsetzung in den vorigen Stand. Das ergibt sich mittelbar schon aus § 17 Abs. 2, wonach bei Fehlen oder Mängeln einer Rechtsbehelfsbelehrung zu vermuten ist, dass der Beschwerdeführer ohne sein Verschulden an der Einhaltung der jeweiligen Rechtsbehelfsfrist gehindert war (Keidel/*Sternal* § 63 Rn. 26).

26 **4. Fristbeginn bei Berichtigung oder Ergänzung der angefochtenen Entscheidung.** Wird ein erstinstanzlicher Beschluss nach § 42 **berichtigt**, dann wird durch die Bekanntgabe des Berichtigungsbeschlusses eine neue Beschwerdefrist grds. nicht in Lauf gesetzt. Etwas anderes gilt nur dann, wenn die Beschwer des Rechtsmittelführers oder die Statthaftigkeit der Beschwerde überhaupt erst durch die Berichtigung hinreichend erkennbar werden (BGH NJW 1999, 646; BayObLG NZM 2002, 302, 303).

27 Wird ein Beschluss innerhalb der Beschwerdefrist nach § 43 (oder in Ehe- u Familienstreitsachen gem. § 113 Abs. 1 Satz 2 i.V.m. § 319 ZPO) nachträglich **ergänzt**, so beginnt nach dem Rechtsgedanken des § 518 Abs. 1 Satz 1 ZPO mit der Bekanntgabe der nachträglichen Entscheidung der Lauf der Beschwerdefrist auch für die Beschwerde gegen den ursprünglichen Beschluss (a.A. Prütting/Helms/*Abramenko* § 63 Rn. 10: nur für den ergänzten Teil der Entscheidung) von Neuem. Die entsprechende Anwendung von § 518 ZPO auf einen derartigen Fall war schon nach dem bisherigen Recht anerkannt (BayObLGZ 1961, 90, 91). Sie ist auch nach dem neuen Recht sachlich geboten, obwohl der Gesetzgeber des FamFG zwar mittlerweile die nachträgliche Ergänzung von Entscheidungen auch für die freiwillige Gerichtsbarkeit eigenständig geregelt hat, zugleich aber eine dem § 518 ZPO entsprechende Regelung – als offenbar selbstverständlich – in das FamFG nicht aufgenommen hat (Prütting/Helms/*Abramenko* § 63 Rn. 10). Auch die Rücknahme oder die Verwerfung einer bereits gegen den ursprünglichen Beschluss eingelegten Beschwerde steht einem derartigen Neubeginn der Beschwerdefrist nicht entgegen (Keidel/*Meyer-Holz* § 43 Rn. 18). Ergeht ein Ergänzungsbeschluss dagegen erst nach dem Ablauf der Beschwerdefrist, kann der Rechtsgedanke des § 518 Abs. 1 Satz 1 ZPO nicht herangezogen werden u die Ergänzung bleibt daher auf die bereits abgelaufene Beschwerdefrist gegen die ursprüngliche Entscheidung ohne Auswirkung (BGH NJW 2009, 442, 443; Keidel/*Meyer-Holz* § 43 Rn. 19). Dasselbe gilt, wenn der Erlass einer Ergänzungsentscheidung durch das Ausgangsgericht abgelehnt worden ist (Zöller/*Heßler* § 518 ZPO Rn. 2).

28 **5. Beschwerdeeinlegung vor Fristbeginn.** Die Beschwerde kann auch schon vor Beginn der Beschwerdefrist eingelegt werden (Prütting/Helms/*Abramenko* § 63 Rn. 9), die Entscheidung muss aber grds. zumindest bereits existent, d.h. erlassen sein (Rdn. 21 f.). Bei Einlegung der Beschwerde schon vor dem Erlass der Entscheidung tritt eine Heilung der zunächst unwirksamen Beschwerdeeinlegung nur dann ein, wenn die Entscheidung bei Einlegung der Beschwerde zumindest bereits gerichtsintern gefasst, d.h. zu den Akten gebracht war (BayObLG FamRZ 1990, 774, 775; OLG Naumburg OLGR 1998, 89).

29 **III. Fristberechnung.** Die Berechnung der Beschwerdefrist erfolgt in Anwendung von §§ 16 Abs. 2 FamFG, 222 ZPO, 187 Abs. 1, 188 Abs. 2, 193 BGB (Johannsen/Henrich/*Althammer* § 63 Rn. 9). Der Tag, an dem die Bekanntgabe der anzufechtenden Entscheidung erfolgt, wird also nicht in die Frist eingerechnet. Die Frist endet mit Ablauf desjenigen Tages des auf den Monat der Bekanntgabe folgenden Monats, der durch seine Zahl dem Tag der Bekanntgabe entspricht, u wenn dieser Tag ein Sonntag, ein – bezogen auf die Verhältnisse, an dem Ort, an dem die Beschwerde einzulegen ist (BGH VersR 2012, 639) – allgemeiner Feiertag oder ein Sonnabend ist, mit dem Ablauf des nächstfolgenden Werktages.

30 **IV. Fristwahrung.** Zur Wahrung der Frist genügt nur eine am richtigen Ort (vgl. § 64 Abs. 1) in der richtigen Form (vgl. § 64 Abs. 2) eingelegte Beschwerde, aus der auch die Person des Beschwerdeführers (§ 64 Rdn. 14) eindeutig hervorgehen muss (Keidel/*Sternal* § 63 Rn. 33 m.w.N.). Ist zweifelhaft, ob eine wirksame Rechtsmitteleinlegung erfolgt ist, so genügt es, wenn der Rechtsmittelführer noch innerhalb der Frist in der Begründung des Rechtsmittels auf dessen Einlegung Bezug nimmt, dagegen reicht es nicht, wenn der Mangel einer zunächst nicht formgemäß erfolgten Beschwerdeeinlegung erst nach Ablauf der Frist behoben wird (Keidel/*Sternal* § 63 Rn. 42 m.w.N.). Die Frist kann bis zu ihrem Ablauf voll ausgenutzt werden.

31 Die Beschwerde ist rechtzeitig eingelegt, wenn sie vollständig in die Verfügungsgewalt des zuständigen Gerichts gelangt ist (BVerfG NJW 1986, 244, 245). Wegen der Einzelfragen, die sich insoweit in Bezug auf die Wahrung der Beschwerdefrist stellen können, insb. auch im Fall der Beschwerdeeinlegung bei einer gemeinsamen Posteinlaufstelle für mehrere Gerichte, bei Verwendung eines Nachtbriefkastens oder beim Auftreten von Übermittlungsfehlern beim Einlegen des Rechtsmittels per Telefax, wird auf die einschlägigen ZPO-*Kommentare* (vgl. z.B. Zöller/*Heßler* § 519 ZPO Rn. 10–16 u 18a ff.; Musielak/*Ball* § 519 ZPO Rn. 18 u

21–23) Bezug genommen. Eine nicht in deutscher Sprache abgefasste Beschwerdeschrift ist zur Wahrung einer Rechtsmittelfrist ungeeignet (BGH NJW 1982, 532; BayObLG NJW-RR 1987, 379). Eine als elektronisches Dokument (§ 14 Abs. 2) eingereichte Beschwerde muss innerhalb der Beschwerdefrist auf dem Server des gerichtlichen Rechenzentrums eingegangen sein; auf den Zeitpunkt ihrer anschließenden Zuordnung zur elektronischen Akte kommt es nicht an (KG GmbHR 2012, 569).

§ 64 Einlegung der Beschwerde.

(1) ¹**Die Beschwerde ist bei dem Gericht einzulegen, dessen Beschluss angefochten wird.** ²**Anträge auf Bewilligung von Verfahrenskostenhilfe für eine beabsichtigte Beschwerde sind bei dem Gericht einzulegen, dessen Beschluss angefochten werden soll.**
(2) ¹**Die Beschwerde wird durch Einreichung einer Beschwerdeschrift oder zur Niederschrift der Geschäftsstelle eingelegt.** ²**Die Einlegung der Beschwerde zur Niederschrift der Geschäftsstelle ist in Ehesachen und in Familienstreitsachen ausgeschlossen.** ³**Die Beschwerde muss die Bezeichnung des angefochtenen Beschlusses sowie die Erklärung enthalten, dass Beschwerde gegen diesen Beschluss eingelegt wird.** ⁴**Sie ist von dem Beschwerdeführer oder seinem Bevollmächtigten zu unterzeichnen.**
(3) **Das Beschwerdegericht kann vor der Entscheidung eine einstweilige Anordnung erlassen; es kann insbesondere anordnen, dass die Vollziehung des angefochtenen Beschlusses auszusetzen ist.**

Übersicht

	Rdn.		Rdn.
A. Einlegung beim Ausgangsgericht.	1	3. Bezeichnung der Beteiligten	14
I. Beschwerdeeinlegung bei Abgabe an ein anderes Gericht	2	4. Beschwerdeantrag	16
II. Beschwerdeeinlegung beim unzuständigen Gericht	3	5. Unterzeichnung der Beschwerdeschrift	18
III. Sondervorschriften	5	C. Berechtigung zur Einlegung der Beschwerde	20
IV. Anträge auf Bewilligung von Verfahrenskostenhilfe	6	D. Aufschiebende Wirkung	21
B. Form der Beschwerdeeinlegung	7	I. Grundsatz	21
I. Einreichung einer Beschwerdeschrift	8	II. Ausnahmen kraft Gesetzes	25
II. Erklärung zur Niederschrift der Geschäftsstelle	9	1. Wirksamkeit erst mit Rechtskraft	25
III. Inhalt der Beschwerdeschrift	10	2. Sonstige Fälle der aufgeschobenen Wirksamkeit	26
1. Bezeichnung der angefochtenen Entscheidung	11	3. Unterausnahme: Anordnung der sofortigen Wirksamkeit im Einzelfall	27
2. Benennung des eingelegten Rechtsmittels	13	4. Familienstreitsachen	29
		III. Aussetzung der Vollziehung und einstweilige Anordnungen des Beschwerdegerichts	30
		E. Kosten	35

A. Einlegung beim Ausgangsgericht. Gem. § 64 Abs. 1 kann die Beschwerde wirksam nur noch bei dem 1
Gericht, dessen Entscheidung angefochten wird, also beim **Iudex a quo eingelegt** werden. Eine Beschwerdeeinlegung beim Rechtsmittelgericht ist nicht zulässig. Dies soll der Verfahrensbeschleunigung dienen (vgl. BT-Drucks. 16/6308 S. 453), denn es kann dann bei dem Erstgericht ohne Zeitverzug sogleich das i.d.R. notwendige Abhilfeverfahren durchgeführt werden (§ 68 Abs. 1 Satz 1). Auch in Familiensachen, wo eine Befugnis zur Abhilfe nicht besteht (§ 68 Abs. 1 Satz 2) u das AG die Beschwerde daher nur zu den Akten nehmen u zusammen mit diesen an das OLG weiterleiten kann, verbleibt insoweit immer noch ein gewisser, wenn auch geringerer Zeitgewinn, da die Notwendigkeit der Aktenanforderung durch das Beschwerdegericht wegfällt (*Gutjahr* FPR 2006, 433, 434; *Schürmann* FamRB 2009, 24, 25).

I. Beschwerdeeinlegung bei Abgabe an ein anderes Gericht. Bei **Abgabe an ein anderes Gericht** kann 2
die Beschwerde sowohl bei dem bisherigen Gericht, das die Entscheidung erlassen hat, als auch bei dem übernehmenden Gericht eingelegt werden (Prinzip der Meistbegünstigung; a.A. zum FamFG Keidel/*Sternal* § 64 Rn. 4 unter Hinweis auf den Wortlaut des Gesetzes; wie hier jedoch *Müther* FamRZ 2010, 1952, 1953). Zu einer Abgabe kann es aufgrund der allgemeinen Vorschrift des § 4 beim Vorliegen eines wichtigen Grundes kommen oder in den Sonderfällen der §§ 5; 50 Abs. 2 Satz 2; 273; 314.

3 **II. Beschwerdeeinlegung beim unzuständigen Gericht.** Wird eine Beschwerde noch fristgerecht bei einem unzuständigen Gericht eingelegt, so ist dieses nach allgemein anerkannten Grundsätzen verpflichtet, die Beschwerdeschrift i.R.d. üblichen Geschäftsgangs unverzüglich an das zuständige Gericht weiterzuleiten (BVerfG NJW 1995, 3173; BGH FamRZ 1998, 285; Zöller/*Heßler* § 519 ZPO Rn. 14 m.w.N.). Im Fall der Beschwerde nach §§ 58 ff. kann das zur Folge haben, dass das OLG das zu Unrecht bei ihm eingegangene Rechtsmittel gegen eine Endentscheidung an das AG schicken muss (daran zweifelnd allerdings Bork/Jacoby/Schwab/*Müther* § 64 Rn. 6), von wo aus dieses dann – unter Hinzufügung der Akte, damit diese nicht nachträglich noch gesondert angefordert werden muss – sogleich wieder an das am Ende doch zur Entscheidung über das Rechtsmittel berufene OLG zurückgeschickt werden muss (*Gutjahr* FPR 2006, 433, 434). Wegen der jetzt allgemein vorgeschriebenen Rechtsmittelbelehrung (§ 39) dürfte dieser Fall allerdings seltener eintreten als in der Vergangenheit der umgekehrte Fall einer Beschwerdeeinlegung beim AG, wenn eine befristete Beschwerde nach § 621e ZPO eigentlich unmittelbar beim OLG hätte eingelegt werden müssen.

4 Zu außerordentlichen, vom normalen Geschäftsgang abweichenden Maßnahmen wie etwa einer Weiterleitung per Telefax noch am letzten Tag der Beschwerdefrist (OLG Stuttgart FamRZ 2010, 1691, 1692) ist das unzuständige Gericht in einem derartigen Fall der Beschwerdeeinlegung beim unzuständigen Gericht jedoch nicht verpflichtet (BVerfG NJW 1995, 3173). Die Beschwerdefrist ist nur gewahrt, wenn die Beschwerdeschrift noch innerhalb der Frist in die tatsächliche Verfügungsgewalt des eigentlich zuständigen Gerichts gelangt (BGH NJW 2002, 2397, 2398; Keidel/*Sternal* § 64 Rn. 7).

5 **III. Sondervorschriften.** In Betreuungssachen kann der Betroffene, wenn er untergebracht ist, Beschwerden nach § 305 wahlweise auch bei dem AG einlegen, in dessen Bezirk er untergebracht ist; das Gleiche gilt nach § 336 auch in Unterbringungssachen. Auch in Freiheitsentziehungssachen kann eine Person, die sich bereits in einer abgeschlossenen Einrichtung befindet, eine Beschwerde nach § 429 Abs. 4 wahlweise auch bei dem AG einlegen, in dessen Bezirk die Einrichtung liegt. Die erweiterte Möglichkeit einer Beschwerdeeinlegung am Gericht des Anstaltsorts besteht nicht nur bei Freiheitsentziehungen, sondern bei jeder Art von Entscheidungen in Betreuungs-, Unterbringungs- oder Freiheitsentziehungssachen, nicht aber, wenn sich der Betroffene in einer anderen als den genannten Verfahrensarten gegen die eigene Freiheitsentziehung wendet (§ 305 Rdn. 2). Daran hat sich auch durch die Neufassung der betreffenden Vorschriften nichts geändert, denn der Gesetzgeber wollte diese ausdrücklich nur sprachlich-redaktionell überarbeiten, nicht aber inhaltlich ändern (BT-Drucks. 16/6308 S. 272, 276, 294). Auch auf die Rechtsbeschwerde ist die zusätzliche Einlegungszuständigkeit der §§ 305, 336 u 429 Abs. 4 nicht anzuwenden (Keidel/*Budde* § 305 Rn. 2).

6 **IV. Anträge auf Bewilligung von Verfahrenskostenhilfe.** Benötigt ein bedürftiger Beteiligter Verfahrenskostenhilfe für die Einlegung einer Beschwerde, muss er diesen Antrag nach § 64 Abs. 1 Satz 2 FamFG innerhalb der Beschwerdefrist zwingend an das Familiengericht richten, obwohl die Sachentscheidung allein dem OLG als Beschwerdegericht obliegt. Die §§ 117 Abs. 1 Satz 1 ZPO, 76 FamFG werden insoweit verdrängt, d.h. der Antrag ist also nicht beim OLG als »Prozessgericht« zu stellen. Dem Antrag muss im Übrigen zwingend eine gesonderte aktuelle vollständige Erklärung über die persönlichen und wirtschaftlichen Verhältnisse beigefügt sein. Die Wahrung der Beschwerdefrist für ein erst noch beabsichtigtes Rechtsmittel kann daher in der erforderlichen Weise nur durch eine rechtzeitige Einreichung des Antrages auf Bewilligung von VKH bei dem Ausgangsgericht erfolgen. Nur wenn der Antrag auf Verfahrenskostenhilfe erst gestellt wird, nachdem die Beschwerde bereits fristgerecht eingelegt und das Abhilfeverfahren für ein schon eingelegtes Rechtsmittel bereits abgeschlossen ist oder ein Abhilfeverfahren überhaupt nicht stattfindet (§ 68 Abs. 1 Satz 2) und die Akten daher schon an das Rechtsmittelgericht weitergeleitet worden sind, kann er zumindest wahlweise auch unmittelbar bei dem Beschwerdegericht eingereicht werden (OLG Bremen FamRZ 2011, 913 f.; Horndasch/*Viefhues* § 76 Rn. 106). Ist die Verfahrenskostenhilfe für ein erst noch beabsichtigtes Rechtsmittel durch das Beschwerdegericht bewilligt worden, so ändert das nichts daran, dass die dann noch erforderliche Einlegung der Beschwerde selbst – ebenso wie ein etwa notwendiger Wiedereinsetzungsantrag, wenn das Beschwerdegericht die Bewilligung erst nach dem Ablauf der Beschwerdefrist ausgesprochen hat (OLG Naumburg, Beschl. v. 09.07.2012, 3 UF 76/12) – nach dem eindeutigen Wortlaut des Gesetzes auch in diesem Fall bei dem Ausgangsgericht vorzunehmen ist (*Fölsch* NJW 2010, 3352, 3353 zum Rechtszustand bis zum 31.12.2012).

B. Form der Beschwerdeeinlegung. Die Einlegung der Beschwerde erfolgt nach § 64 Abs. 2 Satz 1 durch **7**
die Einreichung einer Beschwerdeschrift oder zur Niederschrift der Geschäftsstelle. Beide Formen der Beschwerdeeinlegung stehen damit zur Auswahl zur Verfügung. Eine Ausnahme gilt nur in Ehe- u Familienstreitsachen, bei denen die Einlegung der Beschwerde zu Protokoll der Geschäftsstelle durch § 64 Abs. 2 Satz 2 ausdrücklich ausgeschlossen wird, obwohl sie ansonsten gem. § 114 Abs. 4 Nr. 6 FamFG i.V.m. § 78 Abs. 3 ZPO ungeachtet des für diese Verfahren geltenden Anwaltszwanges grds. zulässig wäre.

I. Einreichung einer Beschwerdeschrift. Die Beschwerde unterliegt grds. der **Schriftform**. Moderne Kommunikationsmittel wie z.B. Telefax, Computerfax oder Anhang zu einer E-Mail (BGH NJW 2008, 2649, **8**
2650 f.) dürfen benutzt werden, soweit sie den Anforderungen an diese Form genügen, wozu i.d.R. – Einschränkungen s. Rdn. 19 – auch gehört, dass sie gem. § 64 Abs. 2 Satz 4 vom Beschwerdeführer oder seinem Bevollmächtigten unterschrieben sein müssen. Bei Zulassung durch eine entsprechende Rechtsverordnung der zuständigen Landes- oder Bundesregierung ist eine Einlegung der Beschwerde nach der gesetzlichen Systematik gem. § 14 Abs. 2 u 4 wahlweise auch durch die Einreichung der Beschwerde als **vollelektronisches Dokument** möglich (Einzelheiten zu dieser – in der Praxis aber erst noch im Aufbaustadium befindlichen Möglichkeit – s. dort). Eine Beschwerdeschrift ist in schriftlicher Form eingereicht, sobald bei dem Gericht, dessen Beschluss angefochten wird, ein Ausdruck der als Anhang einer elektronischen Nachricht übermittelten, die vollständige Beschwerdeschrift enthaltenen PDF-Datei vorliegt (BGH FamRZ 2015, 919). Zur **Rechtzeitigkeit** der Beschwerdeeinreichung s. § 63 Rdn. 30 f.

II. Erklärung zur Niederschrift der Geschäftsstelle. Wirksam eingelegt ist die Beschwerde nur durch Erklärung zu Protokoll der Geschäftsstelle des Beschwerdegerichts. Für diese Erklärung muss der Beschwerdeführer persönlich auf der Geschäftsstelle anwesend sein. Eine telefonische Beschwerdeeinlegung auf diesem **9**
Wege ist also nicht möglich (BGH FamRZ 2009, 970). Geschäftsstelle (§ 153 GVG) ist auch eine besondere, ggf. bei dem Beschwerdegericht eingerichtete Rechtsantragsstelle. Die Aufgaben des Urkundsbeamten der Geschäftsstelle können gem. §§ 24 Abs. 2, 27 Abs. 2 RPflG auch einem Rechtspfleger übertragen sein; unabhängig davon kann die Erklärung der Beschwerde zu Protokoll gem. § 8 RpflG im Einzelfall auch durch einen – an sich nicht zuständigen – Rechtspfleger oder durch einen Richter (OLG Düsseldorf FamRZ 2011, 1081, 1082) wirksam aufgenommen werden. Abweichend von § 21 Abs. 2 Satz 1 FGG ist gem. § 25 Abs. 2 auch eine Erklärung zu Protokoll der Geschäftsstelle eines beliebigen anderen AG als des Beschwerdegerichts möglich (*Schulte-Bunert* § 64 Rn. 259; Zöller/*Feskorn* § 64 Rn. 6; a.A. Bumiller/Harders, § 64 Rn. 4; Prütting/Helms/*Abramenko* § 64 Rn. 6 unter Berufung auf den – richtigerweise allerdings nur den Adressaten des Rechtsmittels betreffenden – Wortlaut des Gesetzes). Die Beschwerde gilt dann aber gem. § 25 Abs. 3 Satz 2 erst mit der Einreichung des gem. § 25 Abs. 3 Satz 1 an das Beschwerdegericht weiter geleiteten Protokolls als eingelegt. Zur Notwendigkeit einer Unterschrift des Beschwerdeführers s. Rdn. 18, zu Form u Inhalt der aufzunehmenden Niederschrift i.Ü. vgl. § 25 Rdn. 20 f.

III. Inhalt der Beschwerdeschrift. Die Beschwerdeschrift ist gem. § 184 Satz 1 GVG in deutscher Sprache **10**
und schriftlich abzufassen. Sie sollte aufgrund von § 64 Abs. 2 Satz 3 sinnvollerweise mit »Beschwerde« überschrieben sein. Nach § 64 Abs. 2 Satz 3 ist der Beschluss zu bezeichnen, gegen den die Beschwerde gerichtet wird. Eine vollständige Bezeichnung erfordert die Angabe der Beteiligten, des Gerichts, welches den angefochtenen Beschluss erlassen hat, des Erlassdatums und des Aktenzeichens.

1. Bezeichnung der angefochtenen Entscheidung. Die Beschwerdeschrift muss demnach zunächst die **Bezeichnung der angefochtenen Entscheidung** enthalten, u zwar mindestens so eindeutig, dass diese noch **11**
innerhalb der Beschwerdefrist identifiziert werden kann (OLG Celle FamRZ 2011, 1247). Die fehlerhafte Bezeichnung des Verkündungstermins ist unschädlich, wenn für das Beschwerdegericht und den Beschwerdegegner zweifelsfrei erkennbar ist, welcher Beschluss angefochten wird (BGH FuR 2015, 599). Dazu wird i.d.R. zumindest die Angabe des erstinstanzlichen Geschäftszeichens u das Beschlussdatum sowie die Angabe des Datums gehören, an dem die angefochtene Entscheidung dem Beschwerdeführer bekannt gegeben wurde. Fehlen diese Angaben, so ist das jedoch unschädlich, solange die Identität der angefochtenen Entscheidung auf andere Weise festgestellt werden kann, wie insb. durch die Beifügung einer Abschrift dieser Entscheidung, die allerdings – anders als bei der ZPO-Berufung (vgl. § 519 Abs. 3 ZPO) u bei der Rechtsbeschwerde (vgl. § 71 Abs. 1 Satz 4) – bei der Beschwerde (selbst für Ehe- u Familienstreitsachen, für die auch § 117 eine Verweisung auf § 519 Abs. 3 ZPO nicht enthält) auch als bloße Sollvorschrift nicht schon von Gesetzes wegen verlangt wird.

12 Im Wesentlichen sind hier die gleichen Maßstäbe anzulegen, wie sie für die ZPO-Berufung (dazu z.B. Zöller/*Heßler* § 519 ZPO Rn. 33; Musielak/*Ball* § 519 ZPO Rn. 3 f., jeweils m.w.N.) entwickelt worden sind. Auch die Tatsache, dass die Beschwerde anders als die Berufung zunächst beim Iudex a quo einzulegen ist (§ 64 Abs. 1), ändert an den zur Bezeichnung der angefochtenen Entscheidung notwendigen Mindestangaben i.d.R. wenig, denn auch wenn dort die Akten vorliegen u nicht erst angefordert werden müssen, ist die Identifizierung der angefochtenen Entscheidung z.B. ohne die Kenntnis des Geschäftszeichens u – je nach Sachlage im Einzelfall auch ohne die Angabe des Beschlussdatums – jedenfalls nicht hinreichend gesichert.

13 **2. Benennung des eingelegten Rechtsmittels.** Die Beschwerdeschrift muss weiter die **Erklärung** enthalten, dass gegen den Beschluss **Beschwerde** eingelegt wird. Das Wort »Beschwerde« muss dabei aber nicht verwendet werden; es reicht z.B. auch die Bezeichnung als »zulässiges Rechtsmittel«, jedoch muss zumindest der Wille zur Überprüfung der Entscheidung durch die nächst höhere Instanz eindeutig zu erkennen sein (Prütting/Helms/*Abramenko* § 64 Rn. 16; Johannsen/Henrich/*Althammer* § 64 Rn. 6, jeweils m.w.N.). Das kann z.B. auch dann der Fall sein, wenn irrtümlich die (nicht erforderliche) Zulassung einer Beschwerde beantragt wird (BGH MDR 2008, 1293 f. zur ZPO-Berufung). Der Umfang der Anfechtung muss bei der Einlegung der Beschwerde noch nicht feststehen (OLG Zweibrücken FamRZ 2007, 1573, 1574). Eine Beschwerde ist unzulässig, wenn der Beschwerdeführer zwar dem Wortlaut seiner Erklärung nach Beschwerde einlegt, aber in weiteren Ausführungen ausdrücklich hinzusetzt, die vermeintlich angefochtene Entscheidung sei richtig und verletze ihn nicht in seinen Rechten (OLG Brandenburg FamRZ 2015, 772).

14 **3. Bezeichnung der Beteiligten.** Zweck der Beschwerdeschrift ist es, dem Beschwerdegericht u den übrigen Verfahrensbeteiligten hinreichende Klarheit über den Gegenstand u die Beteiligten des Beschwerdeverfahrens zu verschaffen (vgl. z.B. Zöller/*Heßler* § 519 ZPO Rn. 30 zur ZPO-Berufung). Wie für die ZPO-Berufung u die Beschwerde nach dem FGG anerkannt, muss aber über den Gesetzeswortlaut hinaus aus der Beschwerdeschrift eindeutig erkennbar oder zumindest anhand der dem Beschwerdegericht vorliegenden Unterlagen ermittelbar (BGH NJW-RR 2008, 1164) sein, **in wessen Namen** die Beschwerde eingelegt wird, da sonst die Beschwerdeberechtigung nicht geprüft werden kann. Eine möglicherweise notwendige Klarstellung muss noch innerhalb der Beschwerdefrist erfolgen; anderenfalls ist das Rechtsmittel unzulässig (Keidel/*Sternal* § 64 Rn. 28 m.w.N.).

15 Eine Notwendigkeit zur Angabe **sonstiger Beteiligter** (vgl. zur ZPO Musielak/*Ball* § 519 ZPO Rn. 8 m.w.N.) kann dagegen für das FamFG nur eingeschränkt angenommen werden. Soweit es sich um kontradiktorische Verfahren handelt, vor allem also bei Familienstreitsachen, ist die Angabe des Rechtsmittelgegners zwar in der gleichen Weise notwendig wie bei der Berufung (vgl. dazu Zöller/*Heßler* § 519 ZPO Rn. 31 m.w.N.). Fehlt sie jedoch, ist das Rechtsmittel nicht unzulässig, sondern im Zweifel gegen alle in der Vorinstanz erfolgreichen Verfahrensgegner gerichtet (BGH MDR 2010, 828; Johannsen/Henrich/*Althammer* § 64 Rn. 6). Etwas anderes gilt nur, wenn die Beschwerdeschrift eine Beschränkung der Anfechtung eindeutig erkennen lässt. Das kann z.B. dann der Fall sein, wenn von mehreren Verfahrensgegnern in der Rechtsmittelschrift nur einige angegeben werden (BGH MDR 2008, 1352 f.). Bei nicht kontradiktorischen Verfahren macht die Angabe der sonstigen Beteiligten als Voraussetzung für die Zulässigkeit der Beschwerde ohnehin keinen Sinn.

16 **4. Beschwerdeantrag.** Ein ausdrücklicher **Beschwerdeantrag** wird hingegen auch nach dem neuen Recht nicht verlangt (Keidel/*Sternal* § 64 Rn. 34). Eine nähere Eingrenzung des Rechtsschutzzieles durch einen derartigen Antrag – zum Begründungserfordernis vgl. § 65 – ist daher zwar zulässig u sinnvoll, nicht aber vorgeschrieben. Etwas anderes gilt nur für die Rechtsmittel in Ehe- u Familienstreitsachen, für die ein »bestimmter Sachantrag« durch § 117 Abs. 1 Satz 1 jeweils ausdrücklich verlangt wird.

17 Betrifft das Verfahren **mehrere Verfahrensgegenstände** oder einen teilbaren Verfahrensgegenstand, so kann der Beschwerdeführer die Beschwerde ungeachtet dessen in den gleichen Grenzen auf einen dieser Gegenstände bzw. auf den abtrennbaren Teil eines Verfahrensgegenstandes beschränken, wie sie auch für die Teilzulassung einer Beschwerde (§ 61 Rdn. 21) oder Rechtsbeschwerde (§ 70 Rdn. 12) oder für einen Rechtsmittelverzicht (§ 67 Rdn. 9) gelten. Bestehen Unklarheiten über das Rechtsschutzziel, so ist die Vorentscheidung im Zweifel in vollem Umfang angefochten (BayObLG FamRZ 2001, 364). Ein einheitlicher, nicht teilbarer Verfahrensgegenstand ist mit Rücksicht auf die Geschwisterbindung etwa bei der Entscheidung über das **Sorgerecht** für mehrere, bisher zusammen lebende Kinder gegeben (OLG Schleswig SchlHA 1980, 188; Zöller/*Philippi*, 27. Aufl. § 621e ZPO Rn. 65 m.w.N.; a.A BayObLG DAVorm 1983, 377, 379; OLG Frankfurt am Main FamRZ 1981, 813 f.; Johannsen/Henrich/*Althammer* § 64 Rn. 7 m.w.N.). Ob das Gleiche auch für die

Entscheidung über den **Umgang** gilt, dürfte vom Einzelfall abhängen. Untrennbar miteinander verknüpft sind auch ein Antrag des einen Elternteils auf Umgangsregelung u ein Antrag des anderen Elternteils auf Umgangsausschluss (OLG Düsseldorf FamRZ 2000, 1291). Teilbar ist dagegen eine **Unterhaltsentscheidung** in zeitlicher Hinsicht, wenn die Entscheidung für einen klar abgrenzbaren Teilzeitraum nur von einer bestimmten, für die übrigen Unterhaltszeiträume bedeutungslosen Rechtsfrage abhängt, wie etwa im Fall einer Befristung des Unterhaltsanspruchs (BGH FamRZ 2009, 406 f.). Ebenso zulässig ist auch eine Beschränkung der Beschwerde auf ein einzelnes Anrecht oder auf einen Teil der auszugleichenden Anrechte beim **Versorgungsausgleich**, wenn nicht besondere Gründe die Einbeziehung der sonstigen Anrechte zwingend erfordern (OLG Nürnberg FamRZ 2011, 991; Holzwarth FamRZ 2011, 933, 942; a.A. OLG Dresden FamRZ 2010, 1804).

5. Unterzeichnung der Beschwerdeschrift. Anders als nach dem früheren Recht ist nunmehr gem. § 64 18
Abs. 2 Satz 4 auch eine **Unterschrift** des Beschwerdeführers oder seines Bevollmächtigten verbindlich vorgeschrieben, wobei dies allerdings ungeachtet der systematischen Stellung dieser Vorschrift innerhalb von § 64 Abs. 2 im Wege der teleologischen Reduktion nur auf den Fall der Beschwerdeeinlegung durch Einreichung einer Beschwerdeschrift zu beziehen ist, nicht dagegen auf den Fall der Erklärung zur Niederschrift der Geschäftsstelle (Zöller/*Feskorn* Rn. 6; Keidel/*Sternal* § 25 Rn. 20, a.A. LG Freiburg NJW-RR 2012, 638 f.) oder dem diesem gleich zu stellenden Fall der freiwilligen Protokollierung einer Beschwerde durch den Richter oder den Rechtspfleger in einem Verhandlungstermin (Keidel/*Sternal* § 25 Rn. 24; a.A. LG Essen NJW-RR 2010, 1234 f.) zu beziehen ist. Die Einführung dieses Erfordernisses soll der »Harmonisierung der Verfahrensordnungen u dem Gleichlauf mit den Anforderungen an die Einleitung des Verfahrens in der ersten Instanz gem. § 23 Abs. 1 Satz 3« dienen (BT-Drucks. 16/6308 S. 206). In seinem Wortlaut geht das FamFG damit aber sogar über die ZPO hinaus, für deren Geltungsbereich ein Unterschriftserfordernis für bestimmende Schriftsätze im Allgemeinen u für die Einlegung von Rechtsmitteln im Besonderen zwar von Rspr. u herrschender Meinung angenommen wird (GemS-OGB NJW 2000, 2340, 2341; Zöller/*Heßler* § 519 ZPO Rn. 22, jeweils m.w.N.), sich aber nicht ausdrücklich aus dem Gesetzestext ergibt u wegen zunehmender, im Zusammenhang mit der Verwendung moderner Kommunikationsmittel notwendiger Einschränkungen u Ausnahmen in jüngerer Zeit z.T. auch grds. in Zweifel gezogen worden ist (Zöller/*Greger* § 130 ZPO Rn. 21 f. m.w.N.). Ein vereinfachter und nicht lesbarer Namenszug ist als Unterschrift anzuerkennen, wenn der Schriftzug individuelle und charakteristische Merkmale aufweist, die die Nachahmung erschweren, sich als Wiedergabe eines Namens darstellt und die Absicht einer vollen Unterschrift erkennen lässt. Ist ein Schriftzug so oder geringfügig abweichend allgemein von den Gerichten über längere Zeit als in sehr verkürzter Weise geleistete Unterschrift unbeanstandet geblieben, darf der Rechtsanwalt darauf vertrauen, dass die Unterschriften den in der Rechtsprechung anerkannten Anforderungen entspricht. Will das Gericht die über längere Zeit nicht beanstandete Form der Unterschrift nicht mehr hinnehmen, gebietet es der verfassungsrechtliche Vertrauensschutz über den Anspruch auf faire Verfahrensgestaltung gegenüber dem Rechtsanwalt eine Verwarnung auszusprechen (BGH FamRZ 2015, 854).

Ist eine Unterschrift damit jedoch nach dem klaren Gesetzeswortlaut notwendig, so reicht es nunmehr 19
nicht mehr aus, wenn die Person des Urhebers einer Beschwerde nur aus den Umständen erschlossen werden kann. Ausreichend ist zwar i.d.R. selbst eine Blanko-Unterschrift (BGH NJW 2012, 3378 f., 3379). Auch bei juristischen Personen des öffentlichen Rechts wie z.B. einem Versorgungsträger (OLG Bamberg FamRZ 2013, 480) oder bei Behörden (§ 8 Rdn. 9) kann aber auf die Unterschrift zumindest eines zur Außenvertretung berechtigten Mitarbeiters nicht mehr verzichtet werden (Prütting/Helms/*Abramenko* § 64 Rn. 11; Keidel/*Sternal* § 64 Rn. 32; a.A. Bork/Jacoby/Schwab/*Müther* § 64 Rn. 2 und 8). Zur Beurteilung der Frage, wann eine ordnungsgemäße Unterschrift vorliegt u in welchen Fällen auch bei der Verwendung moderner Kommunikationsmittel das Unterschriftserfordernis noch als gewahrt angesehen werden kann, muss vielmehr auf die für bestimmte Schriftsätze nach der ZPO von der Rspr. entwickelten Maßstäbe zurückgegriffen werden, wonach eine Unterschrift grds. notwendig ist u auf diese nur in bestimmten, technisch unvermeidlichen Sonderfällen ausnahmsweise verzichtet werden kann (OLG Celle FamRZ 2011, 574). In Zweifelsfällen ist dabei ein großzügiger Maßstab anzulegen u von einer im Zuge der technischen Entwicklung zunehmenden Lockerung des Formerfordernisses auszugehen (GemS-OGB NJW 2000, 2340, 2341). Eine Beschwerdeeinlegung durch ein Computerfax ist danach z.B. – anders als die Beschwerdeeinlegung mit einem Originalschriftsatz (OLG Celle FamRZ 2012, 1894) – auch mit einer nur eingescannten anstatt einer eigenhändigen Unterschrift zulässig (BGH MDR 2008, 868; GemS-OGB NJW 2000, 2340, 2341). Eine Beschwerdeschrift ist in schriftlicher Form eingereicht, sobald bei dem Gericht, dessen Beschluss angefochten wird, ein Ausdruck der als Anhang einer elektronischen Nachricht übermittelten, die vollständige

Beschwerdeschrift enthaltenen PDF-Datei vorliegt. Ist die Datei durch Einscannen eines von dem Beschwerdeführer oder seinem Bevollmächtigten handschriftlich unterzeichneten Schriftsatzes hergestellt, ist auch dem Unterschriftserfordernis des §§ 64 Abs. 2 Satz 4 FamFG genügt (BGH FamRZ 2015, 919). Nicht ausreichend ist jedoch eine Beschwerdeeinlegung unmittelbar durch E-Mail (BGH MDR 2009, 401 f.) – selbst wenn diese bei Gericht ausgedruckt wird (a.A. OLG Frankfurt am Main NJW 2012, 1822 f., 1823) – oder durch ein konventionelles Telefax mit eingescannter Unterschrift (BGH NJW 2006, 3784, 3785; zur Verfassungsmäßigkeit dieser Differenzierung vgl. BVerfG NJW 2007, 3117 f.). Auch eine den Vorgaben des De-Mail-Gesetzes (BGBl. I 2011, S. 666) genügende E-Mail reicht zur Einhaltung der Schriftform nach § 126 BGB (*Warnecke*, MMR 2010, 227, 230) und damit auch zur Wahrung der Form des § 64 Abs. 2 Satz 4 wegen der fehlenden Unterschrift grds. nicht aus. Nur wenn zusätzlich eine qualifizierte elektronische Signatur verwendet wird, handelt es sich um ein vollelektronisches Dokument, dass nach Maßgabe von § 14 Abs. 2 i.V.m. § 130a ZPO für die Einlegung eines Rechtsmittels ausreichen kann (BGH FamRZ 2015, 919).

20 **C. Berechtigung zur Einlegung der Beschwerde.** Die Beschwerde kann von dem Beschwerdeführer selbst, von einem **gesetzlichen Vertreter** (§ 59 Rdn. 24 ff.) oder von einem rechtsgeschäftlich **Bevollmächtigten** (s. § 10) eingelegt werden. **Anwaltszwang** besteht gem. § 10 Abs. 1, der inhaltlich § 13 Abs. 1 FGG i.d.F. des RDG entspricht, im (Erst-) Beschwerdeverfahren – anders als für die Rechtsbeschwerde (§ 71 Rdn. 3) grds. nicht (Keidel/*Sternal* § 64 Rn. 50). Eine wichtige Ausnahme besteht gem. § 114 Abs. 1 (anders noch § 106 Abs. 3 Satz 1 RefE FGG-RG II, vgl. *Gutjahr* FPR 2006, 433, 434) vor allem für **Ehesachen** u Folgesachen sowie für selbstständige **Familienstreitsachen**, in denen sich die Beteiligten vor dem OLG – wie nunmehr uneingeschränkt auch schon in der ersten Instanz – grds. durch einen Rechtsanwalt vertreten lassen müssen, mit Ausnahme der Behörden u juristischen Personen des öffentlichen Rechts (§ 114 Abs. 3) sowie der in § 114 Abs. 4 Nr. 1 bis 6 genannten Sonderfälle. Daneben sind weitere Ausnahmefälle des Anwaltszwanges für die Einlegung der Beschwerde z.T. in Spezialgesetzen enthalten; ein Beispiel enthält § 99 Abs. 3 Satz 4 AktG für die Beschwerde gegen die gerichtliche Entscheidung eines LG über die Zusammensetzung des Aufsichtsrates.

21 **D. Aufschiebende Wirkung. I. Grundsatz.** Die Beschwerde hat als echtes Rechtsmittel stets Hemmungswirkung (Suspensiveffekt) in dem Sinne, dass sie den Eintritt der formellen Rechtskraft hemmt. Dessen ungeachtet werden gerichtliche Entscheidungen aber i.d.R. schon vor dem Eintritt der formellen Rechtskraft mit der Bekanntmachung an den, für den sie ihrem Inhalt nach bestimmt sind, wirksam (§ 40 Abs. 1) u, soweit sie einer gesonderten Vollziehung fähig u bedürftig sind, auch vollziehbar (Keidel/*Sternal* § 64 Rn. 57). Wie bisher hat die Einlegung der Beschwerde daher im Regelfall **keine aufschiebende Wirkung**.

22 Während dieser Grundsatz in § 24 Abs. 1 FGG für den gesamten Bereich der freiwilligen Gerichtsbarkeit ausdrücklich ausgesprochen war, ist er nunmehr nur noch für die Anfechtung von Zwischen- u Nebenentscheidungen mit der sofortigen Beschwerde entsprechend den §§ 567 ff. ZPO durch die Verweisung auf § 570 Abs. 1 ZPO mittelbar aus dem Gesetzeswortlaut zu entnehmen. I.Ü. ergibt er sich nur aus der Systematik des Gesetzes u wird stillschweigend vorausgesetzt (Prütting/Helms/*Abramenko* § 64 Rn. 20). Eine ausdrückliche Nachfolgevorschrift für § 24 Abs. 1 FGG bezüglich der aufschiebenden Wirkung einer Beschwerde gegen Ordnungs- oder Zwangsmittel hat der Gesetzgeber wegen der an ihre Stelle getretenen Verweisung auf § 570 Abs. 1 ZPO für entbehrlich gehalten (BT-Drucks. 16/6308 S. 193).

23 Dabei hat er allerdings diejenigen Fälle übersehen, in denen – wie bei der Beschwerde gegen die Festsetzung eines Zwangsgeldes durch das Registergericht nach § 391 Abs. 1 oder gegen die Festsetzung eines Ordnungsgeldes durch das Registergericht nach § 392 Abs. 1 i.V.m. § 391 Abs. 1 und nach § 335 Abs. 4 HGB – die Festsetzung des Zwangsmittels ausnahmsweise nicht den Gegenstand einer Zwischen- oder Nebenentscheidung, sondern den Hauptgegenstand des Verfahrens darstellt, gegen den daher nicht mit der sofortigen Beschwerde entsprechend den §§ 567 ff. ZPO, sondern mit der Beschwerde nach §§ 58 ff. vorzugehen ist. Für diese Fälle ist daher abweichend von der früheren Rechtslage die aufschiebende Wirkung der Beschwerde, die früher auch hier durch § 24 Abs. 1 Satz 1 FGG angeordnet war, ersatzlos entfallen. Eine entsprechende Anwendung von § 35 Abs. 5 i.V.m. § 570 Abs. 1 ZPO, an die man allenfalls denken könnte, dürfte angesichts der Neuregelung nicht möglich sein, weil sie die sich aus der Systematik des FamFG ergebenden – und insoweit auch von dem Gesetzgeber ausdrücklich gewollten – Unterschiede zwischen einem Rechtsmittel gegen eine Zwischen- oder Nebenentscheidung und einem Rechtsmittel gegen eine Endentscheidung außer Betracht lassen würde (vgl. auch § 391 Rn. 22 ff.; a.A. Keidel/*Heinemann* § 391 Rn. 8 und *Bumiller/Harders* § 391 Rn. 1).

Ausnahmen von dem Grundsatz der sofortigen Wirksamkeit u Vollziehbarkeit gerichtlicher Entscheidungen 24
können sich aus dem Gesetz (Rdn. 25 ff.) oder aus einer gerichtlichen Anordnung im Einzelfall (Rdn. 31 ff.)
ergeben.

II. Ausnahmen kraft Gesetzes. 1. Wirksamkeit erst mit Rechtskraft. Abweichend vom Grundsatz des 25
§ 40 Abs. 1 werden (**erstinstanzliche** End-) Entscheidungen im Anwendungsbereich des FamFG in einer
Vielzahl von Fällen nicht schon mit ihrer Bekanntgabe wirksam, sondern erst mit dem **Eintritt der formellen Rechtskraft**. In diesen Fällen – s.a. § 40 Rdn. 21 ff. – wird der Eintritt der Rechtskraft durch die Einlegung der Beschwerde gehemmt, vgl. innerhalb des FamFG z.B. §§ 40 Abs. 2 u 3, 116 Abs. 2 (**Ehesachen**)
u Abs. 3 Satz 1 (**Familienstreitsachen**), 184 Abs. 1 Satz 1, 198 Abs. 1 u 2, 209 Abs. 2 Satz 1, 216 Abs. 1
Satz 1, § 224 Abs. 1, 264 Satz 1, 324 Abs. 1, 371 Abs. 1, 393 Abs. 5 u 6, 394 Abs. 3 u 4, jeweils i.V.m. 393
Abs. 5, 395 Abs. 3 i.V.m. 393 Abs. 5, 401, 409 Abs. 2, 422 Abs. 1 FamFG u in Sondergesetzen z.B. §§ 99
Abs. 5 Satz 1, 132 Abs. 3 Satz 1 i.V.m. 99 Abs. 5 Satz 1, 260 Abs. 3 Satz 1 i.V.m. 99 Abs. 5 Satz 1 AktG, 7
Abs. 3 ErbbauVO i.V.m. 40 Abs. 3 Satz 1 FamFG, 22 Satz 1, 40 Abs. 1 IntFamRVG, 30 Abs. 1 LwVG, 53
Abs. 1 PStG, 29 Abs. 1, 40 VerschG. Der Sache nach kommt das einer aufschiebenden Wirkung des Rechtsmittels gegen die angefochtene Entscheidung praktisch gleich. Zum Wirksamwerden von **Beschwerdeentscheidungen** s. § 69 Rdn. 53 ff.

2. Sonstige Fälle der aufgeschobenen Wirksamkeit. Das Gleiche gilt in Fällen, in denen die Wirksamkeit 26
der Entscheidung an ein **anderes**, erst nach dem Zeitpunkt der Bekanntmachung liegendes **Ereignis** anknüpft. So tritt z.B. in Scheidungsfolgesachen gem. § 137 Abs. 2 Nr. 1 bis 4 u Abs. 3, die i.R.d. Scheidungsverbundes entschieden werden, gem. § 148 die Wirksamkeit einer Entscheidung nicht vor der Rechtskraft
des Scheidungsausspruches ein.

3. Unterausnahme: Anordnung der sofortigen Wirksamkeit im Einzelfall. In einer Reihe der Fälle, in de- 27
nen das Wirksamwerden der Entscheidung in dieser Weise auf den Zeitpunkt der Rechtskraft aufgeschoben
ist, ist das Gericht – womit nach der jeweils entsprechenden Vorschrift i.d.R. sowohl das Erst- wie auch das
Beschwerdegericht gemeint ist – jedoch (z.T. unter der zusätzlichen Voraussetzung, dass Gefahr im Verzug
vorliegt) wiederum befugt, im Einzelfall die sofortige Wirksamkeit der Entscheidung anordnen. Damit ist im
Regelfall auch zugleich die sofortige Vollstreckbarkeit der Entscheidung verbunden, soweit über deren Wirksamkeit als solche hinaus noch eine gesonderte Vollziehung erforderlich ist, vgl. §§ 86 Abs. 2, 120 Abs. 2
Satz 1.
Eine derartige Anordnung kann auch ohne Antrag von Amts wegen ergehen; sie kann sowohl mit der Ent- 28
scheidung in der Hauptsache verbunden werden als auch nachträglich angeordnet werden. Innerhalb
des FamFG kann in dieser Weise die sofortige Wirksamkeit z.B. angeordnet werden in den Fällen der §§ 40
Abs. 3 Satz 3, 209 Abs. 2 Satz 2 (Sollvorschrift); 216 Abs. 1 Satz 2 (Sollvorschrift), 324 Abs. 2, 355 Abs. 2
i.V.m. 40 Abs. 3 Satz 3, 422 Abs. 2. Außerhalb des FamFG sind hier z.B. zu nennen die Fälle des § 30 Abs. 2
LwVG (vorläufige Vollstreckbarkeit in Landwirtschaftssachen) oder des § 40 Abs. 3 IntFamRVG (Anordnung der sofortigen Vollziehbarkeit durch das Beschwerdegericht bei einer Entscheidung, die zur Rückgabe
eines Kindes verpflichtet, im Verfahren nach dem HKÜ; teilweise Sollvorschrift in den Fällen des § 40
Abs. 3 Satz 2 IntFamRVG). Zu weiteren Einzelheiten s.a. § 40 Rdn. 42 ff.

4. Familienstreitsachen. Einen wichtigen Sonderfall bilden die **Endentscheidungen in Familienstreitsa-** 29
chen. Diese werden gem. § 116 Abs. 3 Satz 1 grds. erst mit Rechtskraft wirksam. Auch hier kann das Gericht jedoch gem. § 116 Abs. 3 Satz 2 die sofortige Wirksamkeit anordnen, wobei eine derartige Entscheidung die nach der ZPO notwendige Entscheidung über die **vorläufige Vollstreckbarkeit** ersetzt. Soweit die
Entscheidung eine Verpflichtung zur Leistung von Unterhalt enthält, soll das Gericht gem. § 116 Abs. 3
Satz 3 eine derartige Entscheidung sogar i.d.R. treffen. Das betrifft auch solche Entscheidungen der OLG's,
in denen eine Rechtsbeschwerde mangels Zulassung durch das Beschwerdegericht nicht in Betracht kommt,
denn auch diese werden erst rechtskräftig, wenn die Rechtsbeschwerdefrist abgelaufen u ein Rechtsmittel
bis zum Ablauf der Frist nicht eingelegt worden ist (BGH FamRZ 2008, 2019, 2020). Ist bei einer Endentscheidung in einer Familienstreitsache die sofortige Wirksamkeit angeordnet, so kann das Gericht auf Antrag
dennoch die Vollstreckung aus der zugrunde liegenden Entscheidung vor Eintritt der Rechtskraft nach Maßgabe des § 120 Abs. 2 Satz 2 einstellen oder beschränken, was in der ZPO einer Einstellung der Zwangsvollstreckung gem. § 712 Abs. 1 ZPO entspricht.

30 III. **Aussetzung der Vollziehung und einstweilige Anordnungen des Beschwerdegerichts.** § 24 Abs. 2 FGG hat eine Nachfolgevorschrift nur noch für die Anfechtung von Zwischen- u Nebenentscheidungen, soweit diese kraft gesetzlicher Anordnung im Einzelfall mit der sofortigen Beschwerde in entsprechender Anwendung der §§ 567 ff. ZPO angefochten werden können u durch die Verweisung auf diese Vorschriften jeweils auch auf § 570 Abs. 2 ZPO Bezug genommen ist. § 24 Abs. 3 FGG ist für die Anfechtung von Zwischen- u Nebenentscheidungen ebenfalls durch die Verweisung auf § 570 Abs. 3 ZPO abgelöst. Für die Anfechtung von Endentscheidungen ist eine identische Nachfolgeregelung in § 64 Abs. 3 enthalten.

31 Damit kann das **Erstgericht** (bisheriger Anwendungsbereich des § 24 Abs. 2 FGG) die Vollziehung bei Einlegung eines Rechtsmittels gegen eine von ihm selbst erlassene Entscheidung nunmehr nur noch aussetzen, wenn es sich um die sofortige Beschwerde gegen eine Zwischen- oder Nebenentscheidung entsprechend §§ 567 ff. ZPO handelt. Bei Beschwerden gegen Endentscheidungen steht ihm diese Möglichkeit grds. nicht mehr zu (Keidel/*Sternal* § 64 Rn. 58), obwohl dies gerade vor dem Hintergrund, dass nunmehr sämtliche Beschwerden beim Erstgericht eingelegt werden müssen, an sich sogar näher liegen würde als nach dem bisherigen Recht. Jedoch sind die Konsequenzen dieser Rechtsänderung dadurch gemildert, dass bei allen Verfahren außer in Familiensachen die Möglichkeit der Abhilfe gem. § 68 Abs. 1 besteht. Im Einzelfall bleibt jedoch die Aussetzung der Vollziehung auch durch das Erstgericht aufgrund von Sondervorschriften möglich wie z.B. bei der Unterbringung u der Freiheitsentziehung (§§ 328 Abs. 1 u 424 Abs. 1); beim Erlass eines Feststellungsbescheides über den Inhalt eines zu erlassenden Erbscheins ist die Aussetzung der sofortigen Wirksamkeit sogar von Gesetzes wegen zwingend angeordnet (§ 352 Abs. 2 Satz 2). Auch die einstweilige Einstellung der Vollstreckung von Entscheidungen über die Herausgabe von Personen u die Regelung des Umgangs nach § 93 Abs. 1 betrifft einen derartigen Fall. EA in Fällen, in denen die Rechtsfolgen einer Entscheidung bereits mit ihrem Wirksamwerden eintreten, ohne dass es einer gesonderten Vollziehung bedarf, konnten auch nach dem bisherigen Recht bereits allenfalls durch eine EA des Beschwerdegerichts vorläufig außer Kraft gesetzt werden; dem iudex a quo war ein Eingreifen insoweit auch bisher schon verwehrt.

32 Die Möglichkeiten einer EA, insb. einer Aussetzung der Vollziehung durch das **Beschwerdegericht**, bestehen sowohl entspr § 570 Abs. 2 bei der sofortigen Beschwerde gegen eine Zwischen- u Nebenentscheidung wie auch gem. § 64 Abs. 3 bei der Beschwerde gegen eine Endentscheidung unverändert fort. Auch weiterhin kann das Beschwerdegericht also nach seinem pflichtgemäßem Ermessen (OLG Frankfurt am Main FGPrax 1997, 200) mit oder ohne einen dahin gehenden Antrag eines Beteiligten (Keidel/*Sternal* § 64 Rn. 59; a.A. für Antragsverfahren Prütting/Helms/*Abramenko* § 64 Rn. 25) nicht nur die Vollziehung der angefochtenen Entscheidung aussetzen, sondern auch vorläufige, darüber hinausgehende Regelungen treffen, soweit sich diese **i.R.d.** ihm angefallenen **Beschwerdegegenstandes** halten (OLG Stuttgart FamRZ 1998, 1128; Prütting/Helms/*Abramenko* § 64 Rn. 29) u nicht einen mit der Beschwerde in der **Hauptsache** erstrebten Zustand bereits durch EA endgültig **vorwegnehmen** (Keidel/*Sternal* § 64 Rn. 62; Prütting/Helms/*Abramenko* § 64 Rn. 30). Unzulässig ist daher z.B. die Einziehung eines Erbscheines durch eine EA nach § 64 Abs. 3. Möglich ist aber eine EA auf vorläufige Herausgabe des Erbscheins an das Beschwerdegericht ohne die Anordnung seiner Einziehung (OLG Köln OLGZ 1990, 303 f.). Auch die Bestellung eines Pflegers im Weg der EA nach § 64 Abs. 3 ist nicht möglich (BayObLG FamRZ 1988, 423, 424). Abgesehen von den Fällen, in denen das Gesetz die Möglichkeit einer Anordnung der sofortigen Wirkung ausdrücklich zulässt (Rdn. 27 f.) kann das Beschwerdegericht außerdem auch nicht durch eine EA nach § 64 Abs. 3 auch einer noch nicht wirksamen Entscheidung Wirksamkeit verleihen (Keidel/*Sternal* § 64 Rn. 58; Prütting/Helms/*Abramenko* § 64 Rn. 31; a.A. Bumiller/Harders § 64 Rn. 14). Zu einstweiligen Maßnahmen des **Rechtsbeschwerdegerichts** s. § 69 Rdn. 57.

33 Begrifflich ist eine EA des Beschwerdegerichts i.d.S. von einer **EA i.S.d. §§ 49 ff.** zu unterscheiden. Diese betrifft eine vorläufige – nach Maßgabe von § 57 ggf. ihrerseits anfechtbare – Regelung durch das Erstgericht in einem selbstständigen, nur auf Antrag eingeleiteten Verfahren, zu dem eine wirksame Entscheidung in der korrespondierenden Hauptsache noch nicht vorliegt. Eine EA i.S.d. § 64 Abs. 3 betrifft dagegen eine (außer bei Überschreitung des Verfahrensgegenstandes, vgl. BayObLG Rpfleger 1975, 176) stets unanfechtbare, einstweilige, auch von Amts wegen mögliche Regelung des Beschwerdegerichts in einem Annexverfahren, bei dem eine wirksame – u mit der Beschwerde angegriffene – Entscheidung in der Hauptsache bereits ergangen ist u befasst sich nur damit, die bereits eingetretenen Wirkungen dieser Entscheidung für eine Zeitspanne, die ggf. in der Anordnung selbst festgelegt werden kann, äußerstenfalls jedoch bis zum Erlass der Endentscheidung vorläufig zu hemmen (vgl. BGH NJW-RR 2006, 332, 333 zur korrespondierenden Abgrenzung von § 570 Abs. 3 ZPO zu §§ 916 ff. ZPO). Eine entsprechende Anwendung der 49 ff. auf eine

EA nach § 64 Abs. 3 dürfte daher, wenn überhaupt, dann allenfalls mit erheblichen Einschränkungen in Betracht kommen (a.A. Prütting/Helms/*Abramenko* § 64 Rn. 20). Konkretisierende Sondervorschriften zu § 64 Abs. 3 enthalten z.B. die §§ 76 Abs. 1 GBO, 81 Abs. 1 SchRegO.

Zuständig für den Erlass einer EA ist der gesamte Spruchkörper. Eine Entscheidung des Vorsitzenden allein reicht nicht aus (Keidel/*Sternal* § 64 Rn. 59). Ergeht die EA auf Antrag eines Beteiligten, dann muss dieser zumindest summarisch darlegen und glaubhaft machen, warum eine Abänderung der angefochtenen Entscheidung in Betracht kommt und woraus sich die Dringlichkeit einer EA ergibt (OLG Köln OLGZ 1990, 303, 304). Voraussetzungen für den Erlass einer EA sind wie schon bisher ein dringendes Bedürfnis, das ein Abwarten der Entscheidung in der Hauptsache nicht zulässt und die Wahrscheinlichkeit, dass es zu einer Abänderung der angefochtenen Entscheidung in dem Sinne der EA kommen wird (BayObLG FamRZ 1994, 975). Einer entsprechenden Anwendung des § 49 Abs. 1 bedarf es insoweit nicht (a.A. Prütting/Helms/*Abramenko* § 64 Rn. 23). Eine mündliche Verhandlung vor dem Erlass einer EA nach § 64 Abs. 3 ist nicht vorgesehen (a.A. Prütting/Helms/*Abramenko* § 64 Rn. 26: mündliche Verhandlung denkbar gem. § 68 Abs. 3 Satz 1 i.V.m. § 51 Abs. 2 Satz 2). Die Entscheidung über den Erlass oder die Ablehnung einer EA nach § 64 Abs. 3 ergeht zweckmäßigerweise in Beschlussform (a.A. Prütting/Helms/*Abramenko* § 64 Rn. 27: Beschlussform vorgeschrieben). Sie ist unanfechtbar. Eine Ausnahme davon ist – anders als bei § 24 Abs. 3 FGG – auch dann nicht anzunehmen, wenn das Beschwerdegericht in seiner Entscheidung den Rahmen des Verfahrensgegenstandes überschreitet oder in unzulässiger Weise die Hauptsache vorwegnimmt (Keidel/*Sternal* § 64 Rn. 71; Prütting/Helms/*Abramenko* § 64 Rn. 37 f.). 34

E. Kosten. Die **Verfahrensgebühren** in Ehesachen einschließlich aller Folgesachen (FamGKG KV 1120) u in selbstständigen Familienstreitsachen (FamGKG KV 1211 bzw. 1222) werden gem. § 9 Abs. 1 FamGKG schon mit dem Eingang der Rechtsmittelschrift in der Beschwerdeinstanz fällig. In allen sonstigen, dem **FamGKG** unterliegenden Beschwerdeverfahren tritt ihre Fälligkeit nach Maßgabe von § 11 FamGKG erst nach Vorliegen einer Kostenentscheidung oder der Beendigung des Verfahrens ein. Auch in den der **KostO** unterfallenden Verfahren werden die Verfahrensgebühren, soweit solche nach Maßgabe von § 131 KostO überhaupt anfallen, gem. § 7 KostO jeweils erst mit der Beendigung des Verfahrens fällig; nichts anderes gilt gem. § 9 Abs. 1 GNotKG auch im Anwendungsbereich des **GNotKG**. 35

§ 65 Beschwerdebegründung.
(1) Die Beschwerde soll begründet werden.
(2) Das Beschwerdegericht oder der Vorsitzende kann dem Beschwerdeführer eine Frist zur Begründung der Beschwerde einräumen.
(3) Die Beschwerde kann auf neue Tatsachen und Beweismittel gestützt werden.
(4) Die Beschwerde kann nicht darauf gestützt werden, dass das Gericht des ersten Rechtszugs seine Zuständigkeit zu Unrecht angenommen hat.

Übersicht	Rdn.		Rdn.
A. Notwendigkeit einer Beschwerdebegründung.	1	I. Sachliche und örtliche Zuständigkeit	13
B. Frist zur Beschwerdebegründung	5	II. Rechtsweg und funktionelle Zuständigkeit	14
C. Neue Tatsachen und Beweismittel	9		
D. Zuständigkeitsrügen	12	III. Internationale Zuständigkeit	17

A. Notwendigkeit einer Beschwerdebegründung. § 65 Abs. 1 sieht vor, dass die Beschwerde begründet werden »soll«. Die Begründung ist also keine Zulässigkeitsvoraussetzung. Sie ist aber dringend zu empfehlen, damit das Beschwerdegericht erkennen kann, worauf der Beschwerdeführer seinen Angriff gegen die erstinstanzliche Entscheidung stützen will und einen Ansatz für eigene Ermittlungen hat. Anders als nach früherer Rechtslage, nach der eine Beschwerdebegründung in der freiwilligen Gerichtsbarkeit grds. nicht vorgeschrieben, aber doch zweckmäßig u weitgehend üblich war, wird eine Begründung damit nunmehr regelmäßig erwartet (OLG Brandenburg FamFR 2010, 427). Für Ehe-, Lebenspartnerschafts- u Familienstreitsachen verbleibt es hingegen bei dem Erfordernis eines bestimmten Sachantrages u einer obligatorischen Beschwerdebegründung, § 117 Abs. 1. 1

Wie bei § 571 Abs. 1 ZPO sind die Anforderungen des § 65 Abs. 1 allerdings sehr zurückgenommen. Über die Mindestanforderungen bei der Beschwerdeeinlegung hinaus (§ 64 Abs. 2) wird ein bestimmter Antrag 2 nicht gefordert (BLAH/*Hartmann* § 65 Rn. 3). Dem Vorbringen des Beschwerdeführers muss nur – notfalls unter Heranziehung seines Vortrages in der ersten Instanz – entnommen werden können, welches Ziel er verfolgt u worin seine Beschwer durch die angefochtene Entscheidung liegt (BGH NJW 1994, 313 zu § 621e ZPO; BLAH/*Hartmann* § 65 Rn. 3; Keidel/*Sternal* § 65 Rn. 3).

3 Fehlt ein Beschwerdeantrag und ergibt sich auch aus der Begründung i.Ü. nichts anderes, wird die erstinstanzliche Entscheidung im Zweifel ihrem ganzen Umfang nach angefochten (BayObLG NJWE-FER 1999, 151). Enthält die Beschwerdeschrift den i.d.R. üblichen u zweckmäßigen Antrag, so ist das Beschwerdegericht daran im Amtsverfahren regelmäßig nicht gebunden. Dagegen besteht eine Bindung an den Antrag im Bereich des Antragsverfahrens. Das gilt insb. für echte Streitverfahren u ohnehin für den Bereich der Familienstreitsachen (Keidel/*Sternal* § 64 Rn. 36 m.w.N.).

4 Erfolgt eine Begründung der Beschwerde entgegen der gesetzlichen Sollvorschrift nicht, führt dies nach dem ausdrücklichen Willen des Gesetzgebers nicht zur Unzulässigkeit des Rechtsmittels (vgl. BT-Drucks. 16/6308) u hat auch sonst unmittelbar keine weiteren Folgen (KG GmbHR 2012, 857; Keidel/*Sternal* § 65 Rn. 3). Den Beschwerdeführer trifft allerdings in allen Verfahren der freiwilligen Gerichtsbarkeit einschließlich der Amtsverfahren die – nunmehr in § 27 Abs. 1 auch ausdrücklich normierte – Obliegenheit, das Verfahren dadurch zu fördern, dass er die aus seiner Sicht gegen die angefochtene Entscheidung sprechenden Umstände von sich aus vorträgt. Geschieht dies nicht, ist das Gericht nicht dazu verpflichtet, solche Umstände ohne konkrete Anhaltspunkte von sich aus zu ermitteln. In einem derartigen Fall kann die Beschwerde daher als unbegründet zurückgewiesen werden (Prütting/Helms/*Abramenko* § 65 Rn. 3).

5 **B. Frist zur Beschwerdebegründung.** § 65 Abs. 2 bestimmt, dass das Beschwerdegericht oder wahlweise auch allein dessen Vorsitzender dem Beschwerdeführer, der die Beschwerde nicht sogleich in der Beschwerdeeinlegungsschrift begründet hat, fakultativ eine Frist zur Begründung der Beschwerde setzen kann. Der Lauf einer solchen Frist beginnt gem. § 16 Abs. 1 mit ihrer Bekanntgabe an den Beschwerdeführer; für ihre nachträgliche Abkürzung oder Verlängerung gelten gem. § 16 Abs. 2 die §§ 224 Abs. 2 u 3, 225 ZPO entsprechend.

6 Diese Regelung soll einerseits der Verfahrensbeschleunigung u andererseits der Transparenz ggü. den Beteiligten dienen, die durch die Fristsetzung darüber in Kenntnis gesetzt werden, ab welchem Zeitpunkt mit einer weiteren Verfahrensförderung durch das Gericht bzw. mit einer Entscheidung gerechnet werden kann (BT-Drucks. 16/6308 S. 206). Ob das angestrebte Ziel der Verfahrensbeschleunigung in jeder Hinsicht erreicht werden kann, erscheint jedoch zweifelhaft. Eine schärfere Regelung gilt nur in Ehe-, Lebenspartnerschafts- u Familienstreitsachen, wo gem. der Vorschrift des § 117 Abs. 1 eine Frist von 2 Monaten ab der schriftlichen Bekanntgabe des anzufechtenden Beschlusses an den Rechtsmittelführer bereits von Gesetzes wegen in Lauf gesetzt wird.

7 Darüber hinaus fehlt – außer in den Ehe-, Lebenspartnerschafts- u Familienstreitsachen, in denen § 117 Abs. 1 Satz 4 die entsprechende Geltung von § 522 Abs. 1 Satz 1, 2 u 4 ZPO anordnet – nach der ausdrücklichen Entscheidung des Gesetzgebers auch eine den § 571 Abs. 3 Satz 2 ZPO entsprechende Vorschrift oder eine sonstige Sanktionsmöglichkeit für das Gericht. Die Versäumung einer nach § 65 Abs. 2 gesetzten Frist hat daher – anders als gem. § 74 Abs. 1 Satz 2 bei der Rechtsbeschwerde – keinerlei weitergehenden Konsequenzen, als dass das Beschwerdegericht nunmehr ohne weiteres Zuwarten das Verfahren weiter fördern u ggf. entscheiden kann u dass jedenfalls das rechtliche Gehör des Beschwerdeführers in hinreichender Weise gewahrt worden ist. Hiervon abgesehen kann eine mögliche Beschwerdebegründung aber noch bis zum Erlass der Beschwerdeentscheidung i.S.d. § 38 Abs. 3 Satz 2 nachgereicht werden, gleichgültig ob zuvor eine Begründungsfrist gesetzt worden ist oder nicht (Keidel/*Sternal* § 65 Rn. 6). Das gilt selbst dann, wenn eine Entscheidung schon durch den gesamten Spruchkörper unterschrieben und lediglich noch nicht der Geschäftsstelle übergeben ist (Prütting/Helms/*Abramenko* § 65 Rn. 9). Erst nach Übergabe an die Geschäftsstelle ist der von den Mitgliedern des Spruchkörpers unterzeichnete Beschluss existent, vgl. § 38 Abs. 3 Satz 3 FamFG. Bis zu diesem Zeitpunkt befindet sich der Beschluss nur im Entwurfsstadium und kann daher vom Gericht noch abgeändert werden (BGH FamRZ 2015, 1698). Ein Zwang zur Einreichung einer Begründung besteht in keinem Fall (a.A. BLAH/*Hartmann* § 65 Rn. 2). Der daran geäußerten Kritik des BR (BT-Drucks. 16/6308 S. 367 f.) hat die BReg zwar im Grundsatz zu Recht entgegengehalten, die Möglichkeit der Verwerfung einer nicht begründeten Beschwerde erscheine im Anwendungsbereich des Amtsermittlungsgrundsatzes – insb. bei den Betreuungs-, Unterbringungs- u Freiheitsentziehungssachen – nicht als sachgerecht.

Mit der ZPO-Berufung (vgl. z.B. Zöller/*Heßler* § 520 ZPO Rn. 39, Zöller/*Greger* § 234 ZPO Rn. 7a, jeweils 8 m.w.N.) vergleichbare Probleme bei der Einhaltung der Beschwerdebegründungsfrist in den Fällen der **Bewilligung von Verfahrenskostenhilfe** werden unter der Geltung des FamFG grds. nicht auftreten. Zum einen ist die Frist des § 65 Abs. 2 ohnehin keine gesetzliche, sondern nur eine richterliche Frist, deren Versäumung keine unmittelbaren Folgen hat u für die daher eine Wiedereinsetzung in den vorigen Stand weder vorgesehen noch notwendig ist, zum anderen wird eine Fristsetzung nach dieser Vorschrift auch schon rein praktisch erst dann erfolgen, wenn ein Rechtsmittel auch tatsächlich eingelegt u ein mögliches Verfahren auf Bewilligung der Verfahrenskostenhilfe bereits durchlaufen ist. Etwas anderes gilt nur für die Ehe- u Familienstreitsachen, in denen die Situation durch den in § 117 Abs. 5 enthaltenen Verweis auf §§ 233, 234 Abs. 1 Satz 2 ZPO an die Rechtslage bei der ZPO-Berufung angeglichen ist (näher s. § 117 Rdn. 52 f.).

C. Neue Tatsachen und Beweismittel. Nach § 65 Abs. 3 kann die Beschwerde ohne Einschränkungen auf 9 neue Tatsachen u Beweismittel gestützt werden, ohne dass es darauf ankommt, ob diese vor oder nach dem angefochtenen Beschluss entstanden oder bekannt geworden sind.

Neu i.d.S. sind alle Tatsachen u Beweismittel, die in erster Instanz noch nicht vorgebracht u auch nicht von 10 Amts wegen festgestellt oder in das Verfahren eingebracht waren (Keidel/*Sternal* § 65 Rn. 10). Solche neuen Tatsachen oder Beweismittel können – auch bei Setzung einer Begründungsfrist (vgl. Rdn. 7) – uneingeschränkt noch bis zum Ende der Instanz vorgebracht werden. Das gilt grds. auch in Ehe- u Familienstreitsachen, denn auch dort ist eine entsprechende Anwendung von § 531 ZPO nicht angeordnet, allerdings bleibt hier die allgemeine Vorschrift des § 115 über die Zurückweisung von verspäteten Angriffs- u Verteidigungsmitteln im Fall grober Nachlässigkeit zu beachten. Ebenso wie der Beschwerdeführer können auch der Beschwerdegegner u alle übrigen Beteiligten in der Beschwerdeinstanz neue Tatsachen u Beweismittel vorbringen oder es können solche i.R.d. Amtsermittlung auch durch das Beschwerdegericht neu zu ermitteln sein. Zur evtl. Notwendigkeit einer Wiederholung der Beweisaufnahme vgl. § 68 Abs. 3, 117 Abs. 3.

Ausnahmsweise nur eingeschränkt i.R.d. zugelassenen Beschwerdegründe zulässig sind neue Tatsachen- u 11 Beweismittel bei Vorliegen gesetzlicher Sonderregelungen wie z.B. bei der Anfechtung von Bestätigungsbeschlüssen im Teilungsverfahren (§ 372 Abs. 2) oder bei Beschwerden im Dispacheverfahren (§ 408 Abs. 2). Ist einem solchen Fall beschränkt sich die Zulässigkeit neuer Tatsachen u Beweismittel auf die jeweils zulässigen Beschwerdegründe (Keidel/*Sternal* § 65 Rn. 14; Jansen/*Briesemeister* § 23 FGG Rn. 29). Soweit sich die Beschwerde dennoch auf nicht zugelassene Beschwerdegründe stützt, ist sie unbegründet (Keidel/*Sternal* § 65 Rn. 14). Ebenso zu behandeln ist der Fall, dass eine Beschwerde in einer vermögensrechtlichen Streitigkeit gem. § 61 Abs. 3 nur teilweise zugelassen ist (Zöller/*Heßler* § 511 ZPO Rn. 41 zur ZPO). Zur nur noch eingeschränkten Zulässigkeit neuer Tatsachen u Beweismittel als Folge der Selbstbindung des Beschwerdegerichts an ein anderes, bereits vorangegangenes Beschwerdeverfahren vgl. § 69 Rdn. 32.

D. Zuständigkeitsrügen. Nach § 65 Abs. 4 kann mit der Beschwerde nicht gerügt werden, dass das erst- 12 instanzliche Gericht seine Zuständigkeit – sei es durch eine ausdrückliche Zwischenentscheidung, sei es ausdrücklich oder durch stillschweigendes Eingehen auf die Sache selbst in der das Verfahren abschließenden Entscheidung – zu Unrecht angenommen hat. Damit sollen im Interesse der Verfahrensbeschleunigung u der Entlastung des Beschwerdegerichts Rechtsmittel, die allein auf die Unzuständigkeit des erstinstanzlichen Gerichts gestützt werden, ausgeschlossen werden. Zugleich soll die Sacharbeit der ersten Instanz erhalten werden, auch wenn dieses seine Zuständigkeit zu Unrecht angenommen hat (Amtl. Begründung zum ZPO-RG, BT-Drucks. 14/4722 S. 94). Möglich bleibt allerdings die umgekehrte Rüge einer fehlerhaften Verneinung der Zuständigkeit durch das erstinstanzliche Gericht (Keidel/*Sternal* § 65 Rn. 20).

I. Sachliche und örtliche Zuständigkeit. Durch § 65 Abs. 4 wird die Rüge einer sachlichen oder örtlichen 13 Unzuständigkeit des erstinstanzlichen Gerichts ausgeschlossen. Das gilt auch in den Fällen der **ausschl Zuständigkeit** (Zöller/*Heßler* § 513 ZPO Rn. 7, Musielak/*Ball* § 513 ZPO Rn. 7, jeweils m.w.N.) oder bei einer – zumindest in Familienstreitsachen denkbaren – **Gerichtsstandsvereinbarung** (BGH NJW 2000, 2822 zur ZPO-Berufung). Nicht vom Anwendungsbereich des § 65 Abs. 4 erfasst sind die Verfügungen eines örtlich unzuständigen Registergerichts (§ 377 Rdn. 22; a.A. Keidel/*Sternal* § 65 Rn. 1).

II. Rechtsweg und funktionelle Zuständigkeit. Für die Frage, ob der **Rechtsweg** zu den ordentlichen Ge- 14 richten gegeben ist, gilt hingegen die abschließende Sonderregelung des § 17a Abs. 5 GVG, wonach eine Überprüfung der Rechtswegentscheidung durch das Rechtsmittelgericht ebenfalls weitgehend ausgeschlossen ist. Das gilt allerdings dann nicht, wenn die Zulässigkeit des Rechtsweges ausdrücklich gerügt wurde,

15 das Gericht der ersten Instanz über diese Frage aber entgegen § 17a Abs. 3 Satz 2 GVG nicht gesondert vorab entschieden hat (BGH NJW 1993, 1799 zur ZPO-Berufung).

15 § 17a Abs. 6 GVG erstreckt die Vorschriften des § 17a Abs. 1 bis 5 GVG außerdem jetzt auch auf die in bürgerlichen Rechtsstreitigkeiten, Familiensachen u (sonstigen) Angelegenheiten der freiwilligen Gerichtsbarkeit zuständigen Spruchkörper in ihrem Verhältnis zueinander, sodass auch für die Abgrenzung der **funktionellen Zuständigkeit** zwischen streitiger u freiwilliger Gerichtsbarkeit im Allgemeinen (widersprüchlich insoweit Keidel/*Sternal* § 65 Rn. 18 f.; a.A. Prütting/Helms/*Abramenko* § 65 Rn. 20) sowie zwischen Familiengerichten, Betreuungsgerichten u Spruchkörpern, die für sonstige Angelegenheiten der freiwilligen Gerichtsbarkeit zuständig sind, nunmehr die dortige Sonderregelung maßgeblich ist. Auch hier bleibt eine Überprüfung der Zuständigkeit daher ausnahmsweise dann möglich, wenn diese Frage in der ersten Instanz ausdrücklich streitig war, aber dort das Verfahren der Vorabentscheidung nach § 17a GVG nicht eingehalten wurde. Soweit das Beschwerdegericht in einem solchen Fall die Zuständigkeit des angerufenen Gerichts verneint, muss es die entsprechende Vorabentscheidung selbst nachholen (Zöller/*Lückemann* § 17a GVG Rn. 18 m.w.N. zum Rechtsweg bei der ZPO-Berufung).

16 Die Abgrenzung der funktionellen Zuständigkeit im Verhältnis zwischen der Zivilabteilung des AG zum Landwirtschaftsgericht oder im Verhältnis der Kammer für Handelssachen zur allgemeinen Zivilkammer fällt dagegen mit unter § 65 Abs. 4 (Keidel/*Sternal* § 65 Rn. 18), nicht jedoch der in § 8 Abs. 4 Satz 1 RPflG speziell geregelte Fall, dass ein Rechtspfleger in Überschreitung seiner funktionellen Zuständigkeit ein Geschäft wahrgenommen hat, das ihm weder übertragen worden ist noch übertragen werden kann (OLG Düsseldorf FGPrax 2011, 158; a.A. Keidel/*Sternal* § 65 Rn. 18). Die Frage, ob beim – erstinstanzlich ohnehin nur ausnahmsweise (§ 58 Rdn. 4) zuständigen – LG der Einzelrichter oder die Kammer hätte entscheiden müssen, wird sich schon deshalb kaum stellen, da das FamFG den Einzelrichter in der ersten Instanz nicht kennt. Hat aber doch einmal der Einzelrichter anstelle der Kammer – oder in der Beschwerdeinstanz (vgl. § 72 Abs. 2) der Einzelrichter anstelle des gesamten Spruchkörpers (oder umgekehrt) entschieden, handelt es sich nicht um eine Frage der funktionellen Zuständigkeit, sondern des gesetzlichen Richters. Eine Rüge ist daher sowohl in der Beschwerde- wie auch in der Rechtsbeschwerdeinstanz ohne Einschränkung möglich (BGH FamRZ 2003, 1007 f.; a.A. Keidel/*Sternal* § 65 Rn. 18).

17 **III. Internationale Zuständigkeit.** Wie die §§ 513 Abs. 2, 571 Abs. 2 Satz 2 ZPO enthält auch § 65 Abs. 4 nach seinem Wortlaut keine Beschränkung auf die örtliche u sachliche Zuständigkeit. Dennoch kann wegen der Bedeutung der internationalen Zuständigkeit, die mittelbar über das IPR des Gerichtsstaates auch das anwendbare Recht steuert, ebenso wie bei den Rechtsmitteln der ZPO das Fehlen der **internationalen Zuständigkeit** in der Beschwerdeinstanz auch dann gerügt werden, wenn das Gericht der ersten Instanz sie zu Unrecht angenommen hat (BGH NJW 2004, 1456 f.; Keidel/*Sternal* § 65 Rn. 18; a.A. z.B. OLG Stuttgart MDR 2003, 350, 351 m.w.N.). Auch in den (häufigen) Fällen, in denen die internationale Zuständigkeit nur deshalb fehlt, weil die örtliche Zuständigkeit durch das erstinstanzliche Gericht zu Unrecht angenommen und aus dieser zugleich auch die internationale Zuständigkeit falsch abgeleitet wurde, bleibt es aber dabei, dass eine Prüfung der örtlichen Zuständigkeit als solche gem. § 65 Abs. 4 nicht mehr erfolgt.

§ 66 Anschlussbeschwerde.

¹Ein Beteiligter kann sich der Beschwerde anschließen, selbst wenn er auf die Beschwerde verzichtet hat oder die Beschwerdefrist verstrichen ist; die Anschließung erfolgt durch Einreichung der Beschwerdeanschlussschrift bei dem Beschwerdegericht. ²Die Anschließung verliert ihre Wirkung, wenn die Beschwerde zurückgenommen oder als unzulässig verworfen wird.

Übersicht

	Rdn.		Rdn.
A. Allgemeines	1	b) Möglicher Rechtsmittelführer der Anschlussbeschwerde	6
B. Zulässigkeit der Anschlussbeschwerde	2	3. Zulassungsbedürftigkeit und Beschwerdewert	7
I. Statthaftigkeit	2		
1. Anwendungsbereich	2		
2. Akzessorietät	4	4. Gegen- und Hilfsanschließung	8
a) Möglicher Verfahrensgegenstand der Anschlussbeschwerde	5	II. Rechtsschutzbedürfnis	9
		1. Gegnerstellung	9

Abschnitt 5. Rechtsmittel § 66

	Rdn.		Rdn.
2. Verschlechterungsmöglichkeit von Amts wegen	11	1. Form der Anschließung	17
		2. Adressatgericht für die Anschließung	18
III. Beschwer und Beschwerdeberechtigung	12	D. Unselbstständigkeit der Anschlussbeschwerde	19
C. Sonstige Verfahrensfragen	14		
I. Zeitliche Zulässigkeit	14	E. Verbundverfahren	22
II. Einlegung der Anschlussbeschwerde	16	F. Kosten	23

A. Allgemeines. Die §§ 66, 73 regeln einheitlich für den gesamten Anwendungsbereich des FamFG, die 1 Möglichkeit, sich der Beschwerde oder der Rechtsbeschwerde eines anderen Beteiligten auch ohne Einlegung einer eigenen Beschwerde oder Rechtsbeschwerde anzuschließen. Der Beschwerdegegner hat praktisch ein Wahlrecht: Legt er innerhalb der gesetzlichen Frist nach § 63 Abs. 1 FamFG und unter Beachtung der erforderlichen Form **selbständig** eine Beschwerde ein, so ist über diese auch zu entscheiden, wenn der Beschwerdeführer im Verfahren von seiner Beschwerde Abstand nimmt. Ansonsten ist es ihm möglich, auch nach Ablauf der Beschwerdefrist des § 63 FamFG eine (**unselbständige**) Anschlussbeschwerde zu erheben, welche aber von der Hauptbeschwerde abhängig ist, d.h. bei deren Rücknahme oder Unzulässigkeit gegenstandslos wird, vgl. § 66 S. 2.

B. Zulässigkeit der Anschlussbeschwerde. I. Statthaftigkeit. 1. Anwendungsbereich. Die Anschlussbe- 2 schwerde ist ausdrücklich für den **gesamten Anwendungsbereich des FamFG** vorgesehen (Keidel/*Sternal* § 66 Rn. 1). Anders als nach der herrschenden Meinung zum früheren Recht (vgl. KKW/*Sternal* § 22 FGG Rn. 8 f. sowie zu FGG-Familiensachen Johannsen/Henrich/*Sedemund-Treiber*, 4. Aufl. § 621e ZPO Rn. 30; a.A. z.B. Jansen/*Briesemeister* vor §§ 19 bis 30 FGG Rn. 4), hat der Gesetzgeber dabei bewusst nicht danach differenziert, welcher Verfahrenstyp vorliegt u welcher Verfahrensgegenstand jeweils betroffen ist (BT-Drucks. 16/6308 S. 206; Prütting/Helms/*Abramenko* § 66 Rn. 1; a.A. allerdings nach wie vor Bassenge/Roth/*Gottwald* § 66 Rn. 1). Auf **Erinnerungen** ist § 66 entsprechend anzuwenden (Friederici/Kemper/*Klußmann* § 66 Rn. 3). Ein unzulässiges Hauptrechtsmittel kann in eine Anschließung umgedeutet werden (BGH NJW-RR 2004, 1502; Bork/Jacoby/Schwab/*Müther* § 66 Rn. 5).

Die Anschlussbeschwerde ist damit auch in solchen Verfahren statthaft, in denen es sich nicht – wie vor al- 3 lem bei den Familienstreitsachen – um echte Streitverfahren handelt u das Gesetz unterscheidet nach seinem Wortlaut auch nicht danach, wie viele Beteiligte an dem Verfahren beteiligt sind u ob sich diese nach der Verfahrenskonstellation typischerweise in einer Gegnerstellung gegenüberstehen (KG NJW-RR 2011, 1372, 1373; Keidel/*Sternal* § 66 Rn. 4; Prütting/Helms/*Feskorn* § 117 Rn. 39). Ebenso ist die Anschlussbeschwerde nach dem – einschränkungslosen – Gesetzestext auch in solchen Verfahren statthaft, in denen das Verbot der reformatio in peius keine Anwendung findet (Keidel/*Sternal* § 66 Rn. 4). Hiervon zu unterscheiden ist allerdings die weitere Frage, ob für die Anschließung an das Rechtsmittel eines anderen Beteiligten auch das erforderliche Rechtsschutzbedürfnis besteht (Keidel/*Sternal* § 66 Rn. 5; Johannsen/Henrich/*Althammer* § 66 Rn. 3). Da dieses in den genannten Fällen i.d.R. fehlt (Rdn. 9 ff.), ändert sich an dem praktisch in Betracht kommenden Anwendungsbereich der Anschlussbeschwerde ggü. dem bisherigen Rechtszustand trotz des umfassenden Gesetzeswortlauts im Ergebnis nichts (Bumiller/Harders § 66 Rn. 1; ähnlich auch BT-Drucks. 16/6308 S. 206).

2. Akzessorietät. Die Anschließung setzt voraus, dass ein anderer Beteiligter bereits wirksam ein Rechts- 4 mittel eingelegt hat (Keidel/*Sternal* § 66 Rn. 8). Da es sich bei der Anschließung genau betrachtet nicht um ein Rechtsmittel im engeren Sinn, sondern nur um einen unselbstständigen Gegenangriff innerhalb eines fremden Rechtsmittels handelt (BGH NJW 1984, 1240, 1242), werden durch dieses »Hauptrechtsmittel« mittelbar auch der mögliche **Verfahrensgegenstand** u der mögliche **Rechtsmittelführer** für eine Anschlussbeschwerde festgelegt.

a) Möglicher Verfahrensgegenstand der Anschlussbeschwerde. Die Anschlussbeschwerde muss sich ge- 5 gen *dieselbe Entscheidung* wie das Hauptrechtsmittel richten (BGH NJW 1983, 1858; Keidel/*Sternal* § 66 Rn. 8). Über deren Verfahrensgegenstand darf sie nicht hinausgehen (Keidel/*Sternal* § 66 Rn. 8). Deshalb kann ein Verfahrensgegenstand, der zwar bereits rechtshängig, aber noch nicht Gegenstand der erstinstanzlichen Entscheidung war, ebenso wenig durch eine Anschlussbeschwerde in die zweite Instanz gebracht werden (BGH NJW 1983, 1311, 1313) wie ein Verfahrensgegenstand, über den in der ersten Instanz (z.B.

durch eine vorangegangene Teilentscheidung) bereits rechtskräftig entschieden wurde (Keidel/*Sternal* § 66 Rn. 8). Eine Ausnahme gilt nur in Unterhaltssachen, wenn die Voraussetzungen des § 238 vorliegen (Johannsen/Henrich/*Althammer* § 66 Rn. 4 m.w.N.). Hiervon zu unterscheiden ist allerdings die Frage, ob eine Erweiterung des Verfahrensgegenstandes im Wege der Anschlussbeschwerde zulässig ist, soweit dieser bisher noch nicht rechtshängig war (Rdn. 13).

6 **b) Möglicher Rechtsmittelführer der Anschlussbeschwerde.** Ebenso ist die Anschlussbeschwerde als Gegenangriff (»Ausschaltung« der reformatio in peius) innerhalb eines fremden Rechtsmittels auch nur zwischen den Verfahrensbeteiligten des Rechtsmittelverfahrens möglich. Sie kann sich also nur gegen den Beschwerdeführer, nicht aber gegen einen Dritten richten (BGH MDR 1989, 522; BGH NJW 1991, 2569; Prütting/Helms/*Abramenko* § 66 Rn. 3; Musielak/Borth § 66 Rn. 3). Dritter i.d.S. ist auch ein Beteiligter, der bereits in der ersten Instanz aus dem Verfahren ausgeschieden ist (OLG Hamm OLGR 1995, 37, 38), oder eine Person, die daran entgegen § 7 Abs. 2 oder sonst verfahrenswidrig nicht verfahren nicht beteiligt wurde (BGH MDR 2000, 843 f.). Sind in einem Familienverfahren auch in der Rechtsmittelinstanz weitere Beteiligte außer den beiden Ehegatten vorhanden, kann sich ein Ehegatte aber nicht nur der Beschwerde des anderen Ehegatten, sondern – vorbehaltlich eines entsprechenden Rechtsschutzbedürfnisses, Rdn. 9 f.) – auch der Beschwerde eines solchen Drittbeteiligten (z.B. eines Versorgungsträgers oder des Jugendamtes) anschließen oder sich auch umgekehrt ein Versorgungsträger dem Rechtsmittel eines Ehegatten in einem Verfahren über den VA oder das Jugendamt einem Rechtsmittel in einer Sorgerechtssache anschließen (Zöller/*Feskorn* Rn. 11).

7 **3. Zulassungsbedürftigkeit und Beschwerdewert.** Ein Anschlussrechtsmittel bedarf auch dann keiner gesonderten Zulassung, wenn eine solche für ein selbstständig eingelegtes Rechtsmittel erforderlich wäre. Sie folgt vielmehr in Bezug auf ihre Statthaftigkeit dem Hauptrechtsmittel (Zöller/*Heßler* § 574 ZPO Rn. 19; Jansen/*Briesemeister* § 22 FGG Rn. 18). Auch soweit für die Hauptbeschwerde eine Beschwerdesumme vorgesehen ist, gilt diese für eine Anschlussbeschwerde nicht (Bumiller/Harders § 66 Rn. 2; Johannsen/Henrich/*Althammer* § 66 Rn. 3).

8 **4. Gegen- und Hilfsanschließung.** Eine Anschließung ist bereits nach dem Gesetzeswortlaut nur an die Beschwerde eines anderen Beteiligten möglich. Eine **Gegenanschließung** an ein fremdes Anschlussrechtsmittel ist daher nicht statthaft (BGH NJW 2008, 920, 922 zur ZPO-Revision; BGH NJW 1984, 437, 438 zur ZPO-Berufung; Johannsen/Henrich/*Althammer* § 66 Rn. 2; a.A. Friederici/Kemper/*Klußmann* § 66 Rn. 8; BLAH/*Hartmann* § 66 Rn. 6 m.w.N.). Etwas anderes gilt nur im Scheidungsverbund (Johannsen/Henrich/*Althammer* § 66 Rn. 2). Dort ist eine Gegenanschließung schon aus Gründen der Prozessökonomie ausnahmsweise zuzulassen, da sonst jeder Ehegatte, der als erster ein Hauptrechtsmittel einlegt, dieses von vornherein so umfassend begründen müsste, dass es auch jede später denkbare Rechtsmittelerweiterung mitträgt (MüKoZPO/*Finger* § 629a ZPO Rn. 16 m.w.N.; vgl. auch § 145 Rdn. 5 f.). Der Anschlussbeschwerdeführer kann sich der Beschwerde auch **hilfsweise** nur für den Fall anschließen, dass sein vorrangiger Antrag auf Zurückweisung der Beschwerde erfolglos bleibt oder eine sonstige innerprozessuale Bedingung erfüllt ist (BGH NJW 1984, 1240, 1241; BLAH/*Hartmann* § 66 Rn. 6; Musielak/Borth § 66 Rn. 3).

9 **II. Rechtsschutzbedürfnis. 1. Gegnerstellung.** Im Ergebnis wie bisher (Johannsen/Henrich/*Althammer* § 66 Rn. 3) ist die Anschlussbeschwerde nur dann zulässig, wenn sich Anschlussbeschwerdeführer und der Beschwerdeführer des Hauptrechtsmittels einander im konkreten Fall **als Gegner gegenüberstehen** (BLAH/*Hartmann* § 66 Rn. 3; a.A. OLG Brandenburg, Beschl. v. 25.04.2012 – 9 UF 183/11; Keidel/*Sternal* § 66 Rn. 4), denn wenn der Anschlussbeschwerdeführer u der Beschwerdeführer mit ihren jeweiligen Rechtsmitteln das gleiche Ziel anstreben, dann besteht für ein Anschlussrechtsmittel, wenn man dieses nicht bereits aus begrifflichen Gründen für überhaupt ausgeschlossen hält, zumindest **kein Rechtsschutzbedürfnis**, weil die Überprüfung der angefochtenen Entscheidung in der durch den Anschlussbeschwerdeführer gewünschten Richtung ohnehin erfolgt u dieser an einem Vortrag evtl. den Standpunkt des Beschwerdeführers zusätzlich stützender Gründe auch ohne Einlegung einer Anschlussbeschwerde nicht gehindert ist. Der Sinn der Anschlussbeschwerde, dem Beschwerdegericht – auch unter dem Gesichtspunkt einer Waffengleichheit zwischen den Beteiligten – einen zusätzlichen Spielraum für eine Abänderung der angefochtenen Entscheidung zugunsten des Anschlussbeschwerdeführers zu verschaffen (BGH FamRZ 1985, 59, 60), wird in einem solchen Fall verfehlt.

Eine Anschlussbeschwerde ist daher z.B. dann unzulässig, wenn ein Ehegatte in einem Verfahren zum VA 10
das gleiche Ziel wie ein beschwerdeführender Versorgungsträger verfolgt (BGH FamRZ 1982, 36, 38; 1985,
59, 60; 1985, 267, 269; 1985, 799, 800; Musielak/Borth § 66 Rn. 4) oder in einer sonstigen Folgesache i.R.d.
Scheidungsverbundes die gleiche z.B. das Jugendamt, das Kind oder der Vermieter mit einer von
ihnen eingelegten Beschwerde (Keidel/*Sternal* § 66 Rn. 8; BLAH § 66 Rn. 3, jeweils m.w.N.). In derartigen
Fällen ist ihm zwar die Einlegung einer eigenen Beschwerde zur Unterstützung des anderen Rechtsmittelführers unbenommen. Eine Anschließung an das fremde Rechtsmittel liegt darin jedoch nicht.

2. Verschlechterungsmöglichkeit von Amts wegen. Das Rechtsschutzbedürfnis für eine Anschlussbe- 11
schwerde kann ferner im Einzelfall fehlen, soweit das **Verbot der reformatio in peius** (§ 69 Rdn. 34 ff.)
nicht eingreift, sodass das Beschwerdegericht die Entscheidung auch schon ohne die Einlegung einer Anschlussbeschwerde zugunsten des betroffenen Beteiligten abändern kann. Das ist z.B. in den Kindschaftssachen des § 151 Nr. 1–3 der Fall, in denen ein Anschlussrechtsmittel daher nur die Bedeutung einer Anregung hat (OLG Köln FamRZ 2002, 1053; OLG Karlsruhe FamRZ 2004, 722; a.A. OLG Brandenburg, Beschl.
v. 25.04.2012 – 9 UF 183/11). Ebenso ist auch die Anschließung eines Ehegatten an das Hauptrechtsmittel eines Versorgungsträgers mangels Rechtsschutzbedürfnisses unzulässig, soweit auf dieses Rechtsmittel hin die
Entscheidung über den VA ohnehin überprüft wird (OLG Bremen, FamRZ 2011, 1296, 1297). Die Beschwerde eines Versorgungsträgers führt allerdings wegen des nach dem VersAusglG geltenden Grundsatzes
der Einzelteilung nunmehr nur noch ausnahmsweise – wie z.B. bei der Bagatellprüfung nach § 18 Vers-
AusglG – zu einer umfassenden Überprüfung des gesamten Versorgungsausgleichs (Holzwarth FamRZ
2011, 933, 942; *Borth* FamRZ 2013, 94, 95, jeweils m.w.N.; a.A. OLG Oldenburg FamRZ 2013, 136 ff., 137).
Ein »Wächteramt« jedes (öffentlich-rechtlichen) Versorgungsträgers für die Richtigkeit der gesamten Aus-
gleichsentscheidung als Grund für das Entfallen des Rechtsschutzbedürfnisses der Anschlussbeschwerde eines weiteren Versorgungsträgers dürfte daher jedenfalls in dem bisher anerkannten Umfang nicht mehr unterstellt werden können. Eine solche Anschlussbeschwerde ist aber i.d.R. schon deshalb unzulässig, weil die
konkrete Rechtsposition des weiteren Versorgungsträgers von der Entscheidung über die Teilung des bei
dem ersten Versorgungsträger bestehenden Anrechts nur ausnahmsweise überhaupt betroffen sein kann
(OLG Zweibrücken, FamRZ 2011, 1226, 1227 f.). Das Rechtsschutzbedürfnis für die Anschlussberufung eines
Ehegatten an das Hauptrechtsmittel eines Versorgungsträgers kann aber dann zu bejahen sein, wenn z.B. eine
Herabsetzung des Ausgleichsantrages einen eigenen Antrag des Ehegatten voraussetzt (OLG Frankfurt am
Main FamRZ 1986, 176, 178).

III. Beschwer und Beschwerdeberechtigung. Obwohl es sich bei der Anschlussbeschwerde nicht um ein 12
Rechtsmittel im engeren Sinn handelt (Rdn. 4) setzt diese eine **Beschwerdeberechtigung** i.S.d. § 59 voraus
(Prütting/Helms/*Abramenko* § 66 Rn. 4; Bassenge/Roth/*Gottwald* § 66 Rn. 3; a.A. Keidel/*Sternal* § 66 Rn. 3 u
mit Einschränkungen auch Johannsen/Henrich/*Althammer* § 66 Rn. 3). Die scheinbar abweichende Ansicht
des Gesetzgebers, der eigens eine Gesetzesänderung für notwendig gehalten hat, um die Anschlussbeschwerde
nicht nur – wie ursprünglich vorgesehen – für jeden »Beschwerdeberechtigten«, sondern ausdrücklich für jeden »Beteiligten« des Verfahrens zu eröffnen, weil ansonsten etwa eine Anschlussbeschwerde zur Geltendmachung eines erhöhten Unterhaltsbedarfs allein aufgrund nachträglicher, erst nach dem Schluss der mündlichen Verhandlung eingetretener Umstände nicht möglich sei (BT-Drucks. 16/12717 S. 69), verwechselt die
Notwendigkeit der materiellen Beschwerdeberechtigung nach § 59 mit dem Erfordernis der (formellen) Beschwer. Auch derjenige, der wegen eines erst nachträglich erhöhten Unterhaltsbedarfs ein Anschlussrechtsmittel einlegt, ist nämlich durch die angefochtene Entscheidung in seinen – sich nach den aktuellen Umständen bestimmenden – Rechten beeinträchtigt. Nur für ihn und nicht auch für jeden sonstigen Beteiligten
wollte der Gesetzgeber durch die Änderung der ursprünglichen Fassung des Gesetzes die Möglichkeit zur Einlegung der Anschlussbeschwerde sicherstellen. § 66 ist daher einschränkend dahin gehend auszulegen, dass
eine – wie auch immer geartete – Beschwer des Anschlussbeschwerdeführers nach wie vor erforderlich ist
(Prütting/Helms/*Abramenko* § 66 Rn. 4 u 7; *Schürmann* FuR 2010, 425, 432).

Eine **formelle Beschwer** ist für die Anschlussbeschwerde ebenso wie für die Anschlussrechtsbeschwerde al- 13
lerdings – wie schon bisher überwiegend angenommen (BGH NJW 1952, 384; NJW 1994, 944, 945 zur
ZPO; BGH NJW 1978, 1977; KKW/*Sternal* § 22 FGG Rn. 10 m.w.N. zum FGG; a.A. für ZPO-Anschluss-
berufungen aber BGH NJW 1995, 2563, 2565; Zöller/*Heßler* § 524 ZPO Rn. 31, Stein/Jonas/*Grunsky* § 521
Rn. 6) – jedenfalls nunmehr nach dem ausdrücklichen Willen des Gesetzgebers nicht mehr erforderlich
(Musielak/Borth § 66 Rn. 3; Friederici/Kemper/*Klußmann* § 66 Rn. 4). Das Begehren des Anschlussrechts-

§ 66 Buch 1. Allgemeiner Teil

mittelführers darf also – wie typischerweise in den schon genannten Fällen des nachträglich erhöhten Unterhaltsbedarfs – auch auf ein Ziel gerichtet sein, das über den in der angefochtenen Entscheidung bereits erreichten Erfolg hinausgeht. Schon aus dem weiteren Erfordernis des Rechtsschutzbedürfnisses ergibt sich jedoch, dass mit der Anschlussbeschwerde nicht mehr als nur die reine Zurückweisung des Hauptrechtsmittels erstrebt werden muss. Eine Anschließung mit einem Antrag, der nur dem bereits in erster Instanz zuerkannten Verfahrensantrag entspricht (BGH NJW-RR 1988, 185) oder dahinter sogar zurückbleibt (BGH MDR 1996, 522) ist also auch im FamFG-Verfahren nicht zulässig. Auch bei einem ohne formelle Beschwer eingelegten Anschlussrechtsmittel muss außerdem eine damit verbundene Änderung des Verfahrensgegenstandes durch die Erweiterung des erstinstanzlichen Verfahrensantrages oder durch die Erhebung eines Gegenantrages als solche zulässig sein. Eine solche Änderung des Verfahrensgegenstandes ist jedoch zumindest für Amtsverfahren u Antragsverfahren mit nichtstreitigem Charakter nicht nur in der dritten, sondern auch schon in der zweiten Instanz nicht mehr möglich (§ 69 Rdn. 3 f.). Zulässig ist sie in der zweiten Instanz nur in echten Streitverfahren – insb. in Familienstreitsachen – (§ 69 Rdn. 6 f. u § 117 Rdn. 13 ff.), auf die sich die Möglichkeit einer Anschlussbeschwerde ohne formelle Beschwer daher im praktischen Ergebnis beschränken dürfte.

14 **C. Sonstige Verfahrensfragen. I. Zeitliche Zulässigkeit.** Die Anschlussbeschwerde ist – abweichend von § 524 Abs. 2 Satz 2 ZPO (ZPO-Anschlussberufung) u § 73 Satz 1 (FamFG-Anschlussrechtsbeschwerde), jedoch übereinstimmend mit § 567 Abs. 3 ZPO (ZPO-Anschlussbeschwerde) u der früheren Rspr. für Anschlussbeschwerden im (allgemeinen) FGG-Verfahren – zeitlich grds. **nicht befristet**. Sie kann also noch bis zum Erlass der Entscheidung über das Hauptrechtsmittel eingelegt werden (BGH NJW 1985, 2717, 2718), mithin also noch bis zur Übergabe der Entscheidung an die Geschäftsstelle oder bis zur Bekanntgabe durch Verlesen der Beschlussformel, § 38 Abs. 3 Satz 3. Etwas anderes gilt nur in den Fällen des § 145, wonach die Anschlussbeschwerde gegen Teile einer im Verbundverfahren ergangenen Entscheidung, die eine andere als die von dem Hauptrechtsmittel erfasste Familiensache betreffen, nur innerhalb der dort festgelegten Frist zulässig ist. Auch im Verbundverfahren bleibt eine Anschlussbeschwerde jedoch ohne Befristung zulässig, soweit sich gegen die Teilentscheidung in derselben Familiensache richtet, die auch mit dem Hauptrechtsmittel angegriffen worden ist (OLG Stuttgart FamRZ 2011, 1086).

15 In Familiensachen wird damit im Ergebnis grds. der Rechtszustand vor der ZPO-Reform wieder hergestellt, mit Ausnahme der **Ehe- u Familienstreitsachen**, für die § 117 Abs. 2 Satz 1 auf § 524 Abs. 2 Satz 2 u 3 ZPO verweist. Hierbei geht der Gesetzgeber allerdings abweichend von der lange Zeit herrschenden Meinung (vgl. z.B. OLG Koblenz FamRZ 2007, 1999; OLG Celle FamRZ 2007, 1821, 1823; *Born* NJW 2005, 3038, 3040) davon aus, dass Anschlussrechtsmittel in Verfahren, die wiederkehrende Leistungen zum Gegenstand haben u damit insb. in Unterhaltsverfahren von einer Befristung gem. § 524 Abs. 2 Satz 3 generell ausgenommen sind, diese Vorschrift also nicht einschränkend dahin zu verstehen ist, dass ein Anschlussrechtsmittel nach dem Ablauf einer eventuellen Frist zur Erwiderung auf das Hauptrechtsmittel (§ 117 Rdn. 37) ausnahmsweise nur dann zulässig ist, wenn die Voraussetzungen des § 323 Abs. 2 ZPO bzw. des im FamFG an dessen Stelle getretenen § 238 Abs. 2 gegeben sind u sich die für die Entscheidung wesentlichen Verhältnisse noch nach dem Ablauf dieser Frist geändert haben (BT-Drucks. 16/6308 S. 409 u BT-Drucks. 16/9733 S. 292). Nachdem der Gesetzgeber hiermit seine bei richtigem Verständnis bereits anlässlich der ZPO-Reform (BT-Drucks. 15/3482 S. 18) vertretene Ansicht erneut bestätigt hat, ist diese jedenfalls der Auslegung des neuen Rechts zwingend zugrunde zu legen.

16 **II. Einlegung der Anschlussbeschwerde.** Für die Einlegung der Anschlussbeschwerde i.Ü. gelten die allgemeinen Vorschriften.

17 **1. Form der Anschließung.** Die Anschließung hat also, wie durch § 66 Satz 1 Halbs. 1 auch noch einmal ausdrücklich bestätigt wird, in der Form des § 64 Abs. 2 zu erfolgen, d.h. durch Einreichung einer Anschlussbeschwerdeschrift unter Bezeichnung des angefochtenen Beschlusses bei dem Beschwerdegericht u der Erklärung, dass dagegen Anschlussbeschwerde eingelegt wird sowie unter Wahrung des Unterschriftserfordernisses gem. § 64 Abs. 2 Satz 3. Außer in Ehe- u Familienstreitsachen (§ 64 Abs. 2 Satz 2) dürfte außerdem analog § 64 Abs. 2 Satz 1 wahlweise auch eine Einlegung der Anschlussbeschwerde zur Niederschrift der Geschäftsstelle zulässig sein (Friederici/Kemper/*Klußmann* § 66 Rn. 5; Prütting/Helms/*Abramenko* § 66 Rn. 9; a.A. Bassenge/Roth/*Gottwald* § 66 Rn. 4). Für die **Begründung** der Anschlussbeschwerde gilt § 65. Eine Begründung ist auch in **Ehe- u Familienstreitsachen** nicht zwingend, denn § 117 Abs. 2 Satz 1 verweist nicht auf § 524 Abs. 3 ZPO (*Maurer* FamRZ 2009, 465, 468; a.A. Keidel/*Sternal* § 66 Rn. 17 u Prüt-

ting/Helms/*Feskorn* § 117 Rn. 37: Redaktionsversehen, daher Antrag und Begründung analog § 117 Abs. 1 Satz 1 notwendig; der Gesetzgeber hat aber auch das RechtsbehelfsbelehrungsG hier nicht zum Anlass für eine dahin gehende Klarstellung genommen). Anwaltszwang herrscht im gleichen Umfang wie für die Einlegung des Hauptrechtsmittels (Johannsen/Henrich/*Althammer* Rn. 7).

2. Adressatgericht für die Anschließung. Die Einlegung der Anschlussbeschwerde muss ungeachtet des scheinbar abweichenden Wortlauts von § 66 Satz 1 entsprechend § 64 Abs. 1 bis zum Ende des Abhilfeverfahrens (§ 68 Abs. 1) noch bei dem **Ausgangsgericht** erfolgen, dessen Beschluss angefochten werden soll, denn »Beschwerdegericht« ist bei teleologischer Auslegung des Gesetzes solange zunächst noch das Ausgangsgericht, wie dieses – und nicht das Rechtsmittelgericht – i.R.d. Abhilfeverfahrens für die Entscheidung über die Beschwerde zuständig ist (a.A. Johannsen/Henrich/*Althammer* § 66 Rn. 6 u Keidel/*Sternal* § 66 Rn. 12, wobei Letzterer aber – inkonsequent – zulassen will, dass das Ausgangsgericht eine bei ihm unzulässig eingereichte Anschlussbeschwerde in seiner Abhilfeentscheidung dennoch berücksichtigt). Das Abhilfeverfahren erstreckt sich dann auch auf die Anschlussbeschwerde. Ist das Abhilfeverfahren zum Zeitpunkt der Anschließung aber bereits durch Vorlage der Akten an das Beschwerdegericht abgeschlossen, findet ein neues Abhilfeverfahren nicht mehr statt (Zöller/*Heßler* § 567 ZPO Rn. 61; a.A. Keidel/*Sternal* § 66 Rn. 13: das Abhilfeverfahren für die Anschlussbeschwerde ist nachzuholen; wieder anders: Friederici/Kemper/*Klußmann* § 68 Rn. 2: ein Abhilfeverfahren entfällt bei der Anschlussbeschwerde unabhängig von Zeitpunkt ihrer Einlegung vollständig). Die Anschließungserklärung ist ab diesem Zeitpunkt vielmehr unmittelbar an das Beschwerdegericht zu richten, auf das die Zuständigkeit für das Verfahren nunmehr übergegangen ist. Eine auch jetzt noch beim Ausgangsgericht eingehende Anschließungsschrift ist ohne Abhilfe an das Beschwerdegericht weiterzuleiten (Zöller/*Heßler* § 567 ZPO Rn. 61).

D. Unselbstständigkeit der Anschlussbeschwerde. Die Anschlussbeschwerde ist nach § 66 Satz 2 vom Schicksal der Hauptbeschwerde abhängig u verliert ihre Wirkung, wenn diese zurückgenommen wird oder sich als unzulässig erweist. Auch eine überhaupt erst nach Beendigung des Beschwerdeverfahrens eingehende Anschlussbeschwerde ist unzulässig (OLG Bremen FamRZ 1989, 649; Keidel/*Sternal* § 66 Rn. 10). Gleichzustellen sind außerdem die in § 66 Satz 2 nicht ausdrücklich genannten Fälle des Verzichts auf die Hauptbeschwerde und des Vergleichs (Johannsen/Henrich/*Althammer* § 66 Rn. 7) soweit dieser auch die Kostenfragen abschließend regelt oder zur Anwendung von § 83 Abs. 1 führt (BGH NJW 1986, 852), da in diesen Fällen ebenfalls eine sachliche Entscheidung bezüglich des Hauptrechtsmittels nicht mehr stattfindet. Etwas anderes gilt jedoch für den Fall der übereinstimmenden Erledigungserklärung in Bezug auf das Hauptrechtsmittel (a.A. Prütting/Helms/*Abramenko* § 66 Rn. 14 und Keidel/*Sternal* § 66 Rn. 10). Denn nach dem Grundgedanken von § 66 Satz 2 soll die Anschlussbeschwerde nur dann ihre Wirkung verlieren, wenn eine Abänderung des angefochtenen Beschlusses zum Nachteil des Anschlussbeschwerdeführers nicht mehr möglich ist. Das ist im Fall einer übereinstimmenden Erledigungserklärung wegen der fortbestehenden Möglichkeit einer nachteiligen Abänderung zumindest der erstinstanzlichen Kostenentscheidung zulasten des Anschlussbeschwerdeführers jedoch gerade nicht der Fall (BGH NJW 1986, 852 zur ZPO-Berufung). Dasselbe gilt, wenn das Ausgangsgericht der Hauptbeschwerde nach § 68 Abs. 1 Satz 1 vollständig abhilft (a.A. Prütting/Helms/*Abramenko* § 66 Rn. 14 und Keidel/*Sternal* § 66 Rn. 10), weil dann eine Entscheidung über das Hauptrechtsmittel bereits von vornherein nicht entfällt, sondern nur ausnahmsweise schon durch das Ausgangsgericht getroffen wird. Auch im Fall einer Zurückweisung der Beschwerde als unbegründet durch eine Teilentscheidung wird eine bereits zuvor in zulässiger Weise eingelegte Anschlussbeschwerde nicht im Nachhinein unwirksam, weil auch in diesem Fall eine Entscheidung über das Hauptrechtsmittel nicht entfällt, sondern lediglich zeitlich vorgezogen worden ist (BGH FamRZ 1984, 680 zur ZPO-Berufung).

Die Abhängigkeit der Anschlussbeschwerde von dem Hauptrechtsmittel besteht auch dann, wenn die Anschlussbeschwerde als eigene Beschwerde hätte erhoben werden können. Soll sie vermieden werden, muss daher ein eigenes, selbstständiges Rechtsmittel eingelegt werden (vgl. Zöller/*Heßler* § 567 ZPO Rn. 60; a.A. Prütting/Helms/*Abramenko* § 66 Rn. 2: bei Vorliegen der Voraussetzungen automatische Behandlung als Hauptrechtsmittel). Auch eine innerhalb der noch laufenden Beschwerdefrist eingelegte Anschlussbeschwerde, die der Beschwerdeführer ausdrücklich als solche bezeichnet hat, kann somit nicht mehr in eine Beschwerde umgedeutet werden (Zöller/*Heßler* § 524 ZPO Rn. 6; zur Auslegung in Zweifelsfällen vgl. BGH NJW 2003, 2388 f.). Nicht zur Wirkungslosigkeit der Anschlussbeschwerde führt eine Zurückweisung der Beschwerde durch Beschluss ohne mündliche Verh. in einer **Ehe- oder Familienstreitsache** (§ 117 Rdn. 42 f.), denn

§ 117 Abs. 2 Satz 1 verweist nicht auch auf § 524 Abs. 4, 3. Alt ZPO u eine entspr Regelung in § 66 Satz 2 ist nicht vorgesehen (*Maurer* FamRZ 2009, 465, 468; Johannsen/Henrich/*Althammer* § 66 Rn. 7). Die **Kostenentscheidung** über Beschwerde und Anschlussbeschwerde ergeht einheitlich. Sie richtet sich auch bei einer **Zurücknahme** des Rechtsmittels nach der Soll-Vorschrift des § 84 (BT-Drucks. 16/308, S. 216; Johannsen/Henrich/*Althammer* § 66 Rn. 7; aA Bumiller/Harders § 81 Rn. 1: § 81). In Ehe- und Familienstreitsachen, auf die die §§ 80 ff. nach § 113 Abs. 1 nicht anwendbar sind, gelten die Regeln über die Kostenentscheidung bei der Zurücknahme der ZPO-Anschlussberufung (Zöller/*Heßler* § 524 Rn. 43; Musielak/*Ball* § 524 Rn. 31a) entsprechend.

21 Auch im Landwirtschaftsverfahren, in dem bisher noch die Möglichkeit einer selbstständigen Anschlussbeschwerde vorgesehen war (vgl. z.B. § 22 Abs. 2 Satz 2 Halbs. 2 LwVG a.F.) ist nach dem Wegfall der §§ 21 ff. LwVG a.F. nunmehr nur noch eine unselbstständige Anschlussbeschwerde nach den allgemeinen Vorschriften des FamFG zulässig.

22 **E. Verbundverfahren.** Wegen der geltenden Besonderheiten für Anschlussrechtsmittel innerhalb eines Scheidungsverbundverfahrens wird auf die Erläuterungen zu §§ 144, 145 verwiesen.

23 **F. Kosten.** Werden von mehreren Beteiligten gegen dieselbe Entscheidung eingelegte Rechtsmittel zusammen verhandelt, entsteht die Verfahrensgebühr im Anwendungsbereich des **FamGKG** nur einmal, u zwar vom einfachen Verfahrenswert, wenn dieser wirtschaftlich identisch ist u vom zusammengerechneten Verfahrenswert, wenn dies nicht der Fall ist, § 39 Abs. 1 u 2 FamGKG. Eine Rücknahme nur der Anschlussbeschwerde führt nicht zur Gebührenermäßigung, weil dadurch das Verfahren nicht insgesamt beendet wird.

24 Bei mehreren Rechtsmitteln gegen dieselbe Entscheidung im Anwendungsbereich der **KostO** werden nur dann mehrere Gebühren erhoben, wenn diese verschiedene Verfahrensgegenstände betreffen; davon ist allerdings auch schon dann auszugehen, wenn mehrere Beschwerden gegen dieselbe Entscheidung mit einander widersprechenden Zielen eingelegt werden (Korintenberg/*Lappe* § 131 KostO Rn. 20, 23 m.w.N.). Dasselbe gilt gem. § 35 Abs. 1 GNotKG nunmehr auch im Anwendungsbereich des **GNotKG**.

25 Bei mehreren Rechtsmitteln verschiedener Beteiligter, die in demselben Verfahren verhandelt werden, handelt es sich für die **Anwaltskosten** gebührenrechtlich nur um eine Instanz i.S.d. § 15 Abs. 2 Satz 2 RVG.

§ 67 Verzicht auf die Beschwerde; Rücknahme der Beschwerde.

(1) Die Beschwerde ist unzulässig, wenn der Beschwerdeführer hierauf nach Bekanntgabe des Beschlusses durch Erklärung gegenüber dem Gericht verzichtet hat.
(2) Die Anschlussbeschwerde ist unzulässig, wenn der Anschlussbeschwerdeführer hierauf nach Einlegung des Hauptrechtsmittels durch Erklärung gegenüber dem Gericht verzichtet hat.
(3) Der gegenüber einem anderen Beteiligten erklärte Verzicht hat die Unzulässigkeit der Beschwerde nur dann zur Folge, wenn dieser sich darauf beruft.
(4) Der Beschwerdeführer kann die Beschwerde bis zum Erlass der Beschwerdeentscheidung durch Erklärung gegenüber dem Gericht zurücknehmen.

Übersicht	Rdn.		Rdn.
A. Verzicht auf die Beschwerde	1	f) Anfechtung, Widerruf, Genehmigungsbedürftigkeit	11
I. Allgemeines	1	g) Beschwerdeeinlegung nach vorangegangenem Verzicht	12
1. Regelungsgehalt	1		
2. Anwendungsbereich	2	2. Verzicht auf Anschlussrechtsmittel	13
II. Einseitiger Beschwerdeverzicht ggü. dem Gericht, § 67 Abs. 1 und 2	4	III. Einseitiger Beschwerdeverzicht ggü. dem Gegner, § 67 Abs. 3	14
1. Verzicht auf das Hauptrechtsmittel	4	1. Prozessuale Einrede	15
a) Zeitliche Zulässigkeit	4	2. Voraussetzungen und Besonderheiten	16
b) Prozesshandlung	6	IV. Vereinbarungen der Beteiligten	19
c) Form	7	B. Rücknahme der Beschwerde	21
d) Gegenstand des Verzichts	9	C. Kosten	24
e) Erklärungsgegner	10		

§ 67

A. Verzicht auf die Beschwerde. I. Allgemeines. 1. Regelungsgehalt. § 67 Abs. 1 bis 3 regelt ausdrücklich 1 die Voraussetzungen u Folgen eines wirksamen Rechtsmittelverzichts. Trotz Fehlens einer § 515 ZPO entsprechenden Vorschrift war die grundsätzliche Zulässigkeit eines Verzichts auf das Beschwerderecht auch schon für das frühere Recht der freiwilligen Gerichtsbarkeit grds. anerkannt, jedoch waren die Voraussetzungen u der Umfang eines solchen Verzichts z.T. umstritten (vgl. Jansen/*Briesemeister* § 21 FGG Rn. 34–36; KKW/*Kahl* § 19 FGG Rn. 97–107, jeweils m.w.N.). Der Gesetzgeber hat es daher für erforderlich gehalten, diese nunmehr ausdrücklich klarzustellen (vgl. BT-Drucks. 16/6308 S. 206 f.).

2. Anwendungsbereich. Da die §§ 58 ff. nach Maßgabe des § 117 auch für Ehe- u Familienstreitsachen 2 gelten, umfasst die Neuregelung sowohl die früheren reinen FGG-Verfahren wie auch die der befristeten Beschwerde nach § 621e ZPO oder dem allgemeinen ZPO-Berufungsrecht unterliegenden Familiensachen, für welche die Zulässigkeit eines Rechtsmittelverzichts bisher unmittelbar oder entsprechend nach § 515 ZPO zu beurteilen war. Wie schon zum alten Recht anerkannt (BGH NJW 1968, 794 f.; Zöller/*Heßler* § 515 ZPO Rn. 2), ist ein Rechtsmittelverzicht auch in Ehesachen selbst dann zulässig u beachtlich, wenn das Rechtsmittel mit dem Ziel einer Aufrechterhaltung der Ehe betrieben wird (BLAH/*Hartmann* § 67 Rn. 2).
Nach seinem Wortlaut regelt § 67 nur den Verzicht auf die Beschwerde. Trotz des offenbar versehentlichen 3 Fehlens einer Verweisungsnorm ist er aber auf den Verzicht auf die Rechtsbeschwerde (Johannsen/Henrich/ *Althammer* § 67 Rn. 1) u darüber hinaus auch auf den Verzicht auf sämtliche sonstigen Rechtsbehelfe (wie z.B. Erinnerungen gegen die Entscheidung des Rechtspflegers) im Anwendungsbereich des FamFG entsprechend anzuwenden. Das gilt auch für den Verzicht auf die sofortige Beschwerde gegen eine Zwischen- oder Nebenentscheidung entsprechend den §§ 567 ff. ZPO (Johannsen/Henrich/*Althammer* § 67 Rn. 1), denn da diese Vorschriften ihrerseits eine Regelung zum Beschwerdeverzicht nicht enthalten, muss hier auch im Anwendungsbereich der ZPO auf die Regeln zum Berufungsverzicht, mithin also auf § 515 ZPO u die dazu entwickelte Rspr. zurückgegriffen werden (Zöller/*Heßler* § 567 ZPO Rn. 15). Dem entspricht im Anwendungsbereich des FamFG der Rückgriff auf § 67 als der entsprechenden Vorschrift über den Verzicht auf das der Berufung korrespondierende Rechtsmittel gegen Endentscheidungen.

II. Einseitiger Beschwerdeverzicht ggü. dem Gericht, § 67 Abs. 1 und 2. 1. Verzicht auf das Haupt- 4 **rechtsmittel. a) Zeitliche Zulässigkeit.** § 67 Abs. 1 regelt, dass ein Rechtsmittelverzicht ggü. dem Gericht in wirksamer Weise nur **nach der Bekanntgabe** des Beschlusses erfolgen kann. Erfolgt er dennoch schon früher, bleibt er ohne Wirkung; eine Beschwerde kann also trotzdem eingelegt werden (Keidel/*Sternal* § 67 Rn. 5). Das entspricht der schon für das FGG herrschenden Meinung (Jansen/*Briesemeister* § 21 FGG Rn. 36 m.w.N.). Diese geht allerdings auf eine ältere Entscheidung des BGH (BGHZ 48, 88, 97 = NJW 1967, 2059, 2061) zurück, die sich zur Begründung auf die Rechtslage zu § 514 ZPO in der bis zur ZPO-Reform geltenden Fassung beruft. Zu § 515 ZPO n.F. ist aber mittlerweile auch die Möglichkeit eines Rechtsmittelverzichts ggü. dem Gericht schon vor dem Erlass der angefochtenen Entscheidung anerkannt (MüKoZPO/*Rimmelspacher* § 515 ZPO Rn. 8; Zöller/*Heßler* § 515 ZPO Rn. 1), denn das ZPO-RG hat die Beschränkung in § 514 ZPO a.F. auf den »nach Erlass des Urteils erklärten« Verzicht ausdrücklich gestrichen (BT-Drucks. 14/4722 S. 94). Die Begründung des BGH für das FGG ist daher überholt. In konsequenter Angleichung an § 515 ZPO n.F. war daher in § 70 Abs. 1 RefE FGG I u II ausdrücklich vorgesehen, dass auch im FamFG ein Verzicht auf die Beschwerde sowohl vor wie auch nach der Bekanntgabe des Beschlusses zulässig sein sollte. In der Endfassung des Gesetzes ist man ohne ersichtlichen Grund zu einer § 514 ZPO a.F. entsprechenden Rechtslage zurückgekehrt, hat dabei aber die Anpassung der Gesetzesbegründung vergessen (Johannsen/ Henrich/*Althammer* § 67 Rn. 2), so dass danach angeblich ein Verzicht auch vor dem Erlass eines Beschlusses möglich sein soll (BT-Drucks. 16/6308 S. 207). Das kann aber nicht zutreffen, denn die Bekanntgabe eines Beschlusses fällt zeitlich allenfalls mit dessen Erlass zusammen, kann diesem aber nie vorausgehen. Zu einer nach dem Wortlaut des § 67 Abs. 1 allenfalls denkbaren Verzichtserklärung in der Zeit zwischen Erlass u Bekanntgabe kann es daher niemals kommen (*Schulte-Bunert* Rn. 270; *Maurer* FamRZ 2009, 465, 468). Eine korrigierende Auslegung in dem Sinne, dass ein Verzicht auf die Beschwerde entgegen dem eindeutigen Wortlaut des Gesetzes auch schon vor der Bekanntmachung des angefochtenen Beschlusses in wirksamer Weise erfolgen kann, dürfte trotz der unglücklichen Entstehungsgeschichte der Vorschrift aber nicht in Betracht kommen (Zöller/*Feskorn* § 67 Rn. 3 m.w.N.).
Ein Rechtsmittelverzicht kann auch dann erklärt werden, wenn zuvor bereits ein Rechtsmittel eingelegt war. 5 In diesem Fall entspricht der Verzicht im Ergebnis einer Rücknahme unter gleichzeitigem Rechtsmittelverzicht (BGH NJW 1994, 737, 738).

6 **b) Prozesshandlung.** Die Verzichtserklärung ggü. dem Gericht ist eine Prozesshandlung u hat den dafür allgemein geltenden Regeln zu folgen. Sie ist daher bedingungsfeindlich u unterliegt dem Anwaltszwang nach Maßgabe des § 10 (vgl. Zöller/*Heßler* § 515 ZPO Rn. 4 m.w.N. zur Berufungsrücknahme nach der ZPO) sowie in Ehe- u Familienstreitsachen des § 114 (*Maurer* FamRZ 2009, 465, 468). Ein Rechtsmittelverzicht ist außerdem z.B. dann unwirksam, wenn er von einem Beteiligten erklärt wird, dem die Beteiligungs- oder Verfahrensfähigkeit (§§ 8 ff.) fehlt oder wenn in einem Unterbringungs- oder Betreuungsverfahren der Betroffene zwar grds. handlungsfähig ist, ihm aber zu seinem Schutz ein Verfahrenspfleger hätte bestellt werden müssen (OLG Hamm FamRZ 1990, 1262, 1263; Keidel/*Sternal* § 67 Rn. 3).

7 **c) Form.** Der Verzicht auf ein Rechtsmittel ist formlos möglich (Musielak/Borth § 67 Rn. 2; a.A. Friederici/Kemper/*Kłußmann* § 67 Rn. 4) u muss nicht ausdrücklich erklärt werden. Selbst eine fernmündliche Erklärung reicht aus, wenn die Identität des Erklärenden feststeht (OLG Stuttgart FamRZ 2003, 199). Die Verzichtserklärung muss aber eindeutig u zweifelsfrei erkennen lassen, dass der Beteiligte sich mit der Entscheidung ohne Vorbehalt abfindet u das Recht auf ihre Überprüfung durch die übergeordnete Instanz endgültig u vollständig aufgeben will (BGH FGPrax 2012, 83 f. m.w.N.). Die bloße Erklärung, sich nicht beschweren zu wollen oder die Beschwerde zurückzunehmen, ist daher noch nicht ohne Weiteres als Rechtsmittelverzicht zu werten (Bumiller/Harders § 67 Rn. 2). Erfolgt die Verzichtserklärung in einem Termin, ist sie in den Protokollvermerk nach § 28 Abs. 4 aufzunehmen (Johannsen/Henrich/*Althammer* § 67 Rn. 3). Wird dies versäumt, führt das aber nicht zur Unwirksamkeit des Verzichts (BGH FamRZ 2007, 1631 zu § 162 ZPO).

8 Besonders strenge Anforderungen gelten wegen des damit verbundenen Eingriffs in Art. 2 Abs. 2 Satz 2 GG für den Rechtsmittelverzicht in einem **Abschiebehaftverfahren**. Jedenfalls in einem solchen Verfahren darf das Gericht dem Betroffenen einen Rechtsmittelverzicht nicht von sich aus nahe legen. Will ein anwaltlich nicht vertretener Betroffener in einem solchen Verfahren von sich aus einen Rechtsmittelverzicht abgeben, muss das Gericht zum Zwecke einer rechtsstaatlichen Verfahrensgestaltung eine von der Rechtsmittelbelehrung unabhängige Belehrung über die Folgen des Verzichts erteilen und diese auch für das Beschwerdegericht nachvollziehbar dokumentieren. Fehlt es an einer dieser Voraussetzungen, so ist der Rechtsmittelverzicht unwirksam (BGH FGPrax 2012, 83 f.).

9 **d) Gegenstand des Verzichts.** Der Verzicht muss sich grds. immer auf das Rechtsmittel als Ganzes beziehen (Zöller/*Heßler* § 515 ZPO Rn. 5). Bei mehreren oder abtrennbaren Verfahrensgegenständen ist aber auch ein teilweiser Verzicht möglich (Prütting/Helms/*Abramenko* § 67 Rn. 6; Keidel/*Sternal* § 67 Rn. 3). Ein Teilverzicht unter Beschränkung auf einen nicht abtrennbaren Teil des Verfahrensgegenstandes bleibt insgesamt wirkungslos; die Beschwerde bleibt dann in vollem Umfang anhängig (Keidel/*Sternal* § 67 Rn. 3). Ein Rechtsmittelverzicht gegen einen »Scheidungsbeschluss«, der ein Verbundbeschluss ist, ist umfassend zu verstehen; eine Beschränkung nur auf den Scheidungsausspruch müsste ausdrücklich erklärt werden. Wird nämlich in einer mündlichen Verhandlung nach Verkündung eines Verbundbeschlusses, der Entscheidungen zu mehreren Familiensachen enthält, ein Rechtsmittelverzicht ohne jede Einschränkung erklärt, kann dies nicht anders als im umfassendem Sinne verstanden werden (OLG Hamm FamRZ 2015, 773; OLG Naumburg, FamRZ 2015, 774).

10 **e) Erklärungsgegner.** Die Verzichtserklärung ist ggü. demjenigen Gericht abzugeben, das für das Verfahren jeweils zuständig ist. Das ist zunächst das Gericht, bei dem auch die Beschwerde einzulegen wäre, gem. § 64 Abs. 1 also das Gericht, das den Beschluss in erster Instanz erlassen hat. Dieses bleibt auch dann zunächst der richtige Adressat der Verzichtserklärung, wenn ein Rechtsmittel eingelegt wurde, jedoch das Abhilfeverfahren noch schwebt. Erst wenn das Beschwerdeverfahren bereits beim Rechtsmittelgericht anhängig ist, muss die Verzichtserklärung diesem ggü. erfolgen (Keidel/*Sternal* § 67 Rn. 8; Prütting/Helms/*Abramenko* § 67 Rn. 4). Eine – z.B. in Unkenntnis der zwischenzeitlichen Abgabe an das Beschwerdegericht – noch ggü. dem Gericht der ersten Instanz abgegebene Verzichtserklärung wird erst wirksam, nachdem sie an das nunmehr zuständige Rechtsmittelgericht weitergeleitet worden ist (BGH MDR 1991, 668 zur ZPO-Revision; unklar BLAH/*Hartmann* § 67 Rn. 1). Eine Verzichtserklärung ggü. irgendeinem anderen Gericht reicht grds. nicht aus (Prütting/Helms/*Abramenko* § 67 Rn. 4). Jedoch wird auch eine solche Erklärung i.d.R. nach Weiterleitung an das zuständige Gericht noch nachträglich wirksam werden, denn es wird kaum je anzunehmen sein, dass sie von dem Verzichtenden nur ggü. einem ganz bestimmten Gericht abgegeben werden sollte (BGH MDR 1991, 668; Johannsen/Henrich/*Althammer* § 67 Rn. 3; *Rackl* S. 131; a.A. Prütting/Helms/*Abramenko* § 67 Rn. 4).

f) Anfechtung, Widerruf, Genehmigungsbedürftigkeit. Wie alle Prozesshandlungen ggü. dem Gericht ist 11
der Rechtsmittelverzicht i.d.R. nicht widerruflich u nicht nach §§ 119 ff. BGB anfechtbar (BGH NJW 1985,
2334 f.; KG FGPrax 2003, 205). Ein Widerruf des Verzichts ist nur bei Vorliegen eines Restitutionsgrundes
im Sinne von § 48 Abs. 2 (bzw. § 118 für Ehe- u Familienstreitsachen) i.V.m. § 580 ZPO ausnahmsweise
zulässig (BGH FamRZ 1988, 1158 f.; Johannsen/Henrich/*Althammer* § 67 Rn. 3; Keidel/*Sternal* § 67 Rn. 7).
Auch eine vormundschaftsgerichtliche Genehmigung ist für den Rechtsmittelverzicht wegen seiner Natur
als Prozesshandlung nicht erforderlich.

g) Beschwerdeeinlegung nach vorangegangenem Verzicht. Wird eine Beschwerde trotz eines vorher wirk- 12
sam erklärten Rechtsmittelverzichts dennoch eingelegt, so ist sie gem. § 67 Abs. 1 unzulässig u durch entsprechenden Beschluss zu verwerfen.

2. Verzicht auf Anschlussrechtsmittel. § 67 Abs. 2 stellt klar, dass die Möglichkeit des Rechtsmittel- 13
verzichts auch für Anschlussrechtsmittel eröffnet ist. Wie die Einlegung der Anschlussbeschwerde (§ 66
Rdn. 2 f.) ist mangels einer entsprechenden Differenzierung des Gesetzgebers auch der Verzicht darauf im
gesamten Anwendungsbereich des FamFG zulässig. Entgegen einer früher zumindest teilweise vertretenen
Ansicht gilt das auch für Amtsverfahren oder solche Verfahren (§ 69 Rdn. 35), in denen zumindest das Verschlechterungsverbot nicht gilt (Johannsen/Henrich/*Althammer* § 67 Rn. 3; a.A. Prütting/Helms/*Abramenko* § 67 Rn. 11). Nach der ausdrücklichen Entscheidung des Gesetzgebers ist der Verzicht auf ein Anschlussrechtsmittel aber – in Übereinstimmung mit der hierzu bereits bisher herrschenden Meinung für die ZPO
(BGH NJW 1984, 2829 f.; Zöller/*Heßler* § 524 ZPO Rn. 30 m.w.N., auch zur Gegenansicht) – erst dann in
wirksamer Weise möglich, wenn zuvor das Hauptrechtsmittel bereits eingelegt war, denn der Verzichtende
kann die prozessuale Tragweite seiner Erklärung erst unter dieser Voraussetzung hinreichend überschauen.
Implizit vorauszusetzen ist daher, dass der Verzichtende von der Einlegung des Hauptrechtsmittels im Zeitpunkt des Verzichts auch schon weiß, da dieser Schutzzweck des Gesetzes ansonsten verfehlt würde (Prüt-
ting/Helms/*Abramenko* § 67 Rn. 14). Nur für den Fall des **Scheidungsverbundes** bestimmt die Sonderregelung des § 144, dass nach einem vorherigen Verzicht beider Ehegatten auf ein Rechtsmittel gegen den
Scheidungsausspruch zwecks beschleunigter Herbeiführung der Scheidungsrechtskraft ein Verzicht auf ein
Anschlussrechtsmittel in einer Folgesache schon dann zulässig ist, wenn ein Hauptrechtsmittel in der entsprechenden Folgesache zuvor noch nicht eingelegt war. Die Ehegatten können daher auch weiterhin im
Termin nach Bekanntgabe des Scheidungsausspruchs auf jedes Rechtsmittel (Beschwerde u Anschlussbeschwerde) verzichten (*Schulte-Bunert* Rn. 271). Der Verzicht auf ein eigenes Hauptrechtsmittel steht dem
Anschluss an ein Rechtsmittel eines anderen Beteiligten grds. nicht entgegen (§§ 66 Satz 1, 73 Satz 1). Etwas anderes gilt nur dann, wenn die Auslegung im Einzelfall ergibt, dass von der Verzichtserklärung auch
mögliche Anschlussrechtsmittel mit umfasst sein sollten (OLG Hamm FamRZ 1979, 944, 945; Zöller/*Heßler* § 515 ZPO Rn. 16).

III. Einseitiger Beschwerdeverzicht ggü. dem Gegner, § 67 Abs. 3. § 67 Abs. 3 regelt die Wirkungen eines 14
Rechtsmittelverzichts, der nicht ggü. dem Gericht, sondern ggü. einem anderen Verfahrensbeteiligten erklärt wird. Auch ein in dieser Weise erklärter Rechtsmittelverzicht ist demnach wirksam (a.A. Maurer
FamRZ 2009, 465, 468). Er wirkt jedoch nicht unmittelbar auf das Verfahren ein, sondern ist nur als prozessuale Einrede ausgestaltet u entfaltet daher erst dann Wirksamkeit, wenn der Adressat des Verzichts sich
auf diesen beruft. § 67 Abs. 3 gilt entsprechend auch für die Anschlussbeschwerde (Keidel/*Sternal* § 67
Rn. 12). Ein Wille des Gesetzgebers zur Beschränkung des einseitigen Rechtsmittelverzichts ggü. dem Gegner allein auf Hauptrechtsmittel ist nicht zu erkennen (a.A. Prütting/Helms/*Abramenko* § 67 Rn. 13).

1. Prozessuale Einrede. Eine derartige Behandlung des ggü. einem anderen Beteiligten erklärten Rechts- 15
mittelverzichts wurde für das FGG nur bei echten Streitsachen z.T. vertreten, in denen die Beteiligten über
den Verfahrensgegenstand frei verfügen können. Ansonsten wurde jedoch bisher mehrheitlich angenommen, der Rechtsmittelverzicht ggü. einem anderen Beteiligten sei wie derjenige ggü. dem Gericht von Amts
wegen zu berücksichtigen (Jansen/*Briesemeister* § 21 FGG Rn. 35; KKW/*Kahl* § 19 FGG Rn. 103 m.w.N.).
Durch die Neuregelung ist das Verfahren auch insoweit an die ZPO angeglichen worden, für die eine Behandlung des Rechtsmittelverzichts ggü. dem Gegner als prozessuale Einrede auch schon bisher der ganz
überwiegend vertretenen Ansicht entspricht (Zöller/*Heßler* § 515 ZPO Rn. 9; MüKoZPO/*Rimmelspacher*
§ 515 ZPO Rn. 17). Diese Behandlung des Rechtsmittelverzichts gilt somit jetzt im gesamten Anwendungsbereich des FamFG ohne Einschränkung u ohne Rücksicht auf die Art u den Gegenstand des Verfahrens,

insb. also auch in den Bereichen, in denen ansonsten der uneingeschränkte Grundsatz der Amtsermittlung anzuwenden ist.

16 **2. Voraussetzungen und Besonderheiten.** § 67 Abs. 3 enthält **keine Einschränkungen der zeitlichen Zulässigkeit** für einen Rechtsmittelverzicht (Prütting/Helms/*Abramenko* § 67 Rn. 16). Anders als der Rechtsmittelverzicht ggü. dem Gericht gem. § 67 Abs. 1 u 2 ist der Verzicht auf die Beschwerde ggü. einem anderen Beteiligten daher auch schon vor der Bekanntgabe des Beschlusses u der Verzicht auf die Anschlussbeschwerde ggü. einem anderen Beteiligten auch schon vor der Einlegung des Hauptrechtsmittels zulässig (a.A. Friederici/Kemper/*Klußmann* Rn. 5). Nach bisheriger Rechtslage wurde ein Rechtsmittelverzicht durch Erklärung ggü. dem Gegner jedoch nur in solchen Verfahren zugelassen, in denen die Beteiligten über den Verfahrensgegenstand verfügen können (Jansen/*Briesemeister* § 21 Rn. 35; KKW/*Kahl* § 19 Rn. 98, 100 m.w.N.). Ob dies nach dem Willen des Gesetzgebers auch weiterhin gelten soll, ist nicht eindeutig, dürfte aber – trotz des an sich auch für diese tendenziell gefährlichere Form des Rechtsmittelverzichts uneingeschränkten Gesetzeswortlauts – im Hinblick auf die Schutzbedürftigkeit der Beteiligten eher zu bejahen sein (*Schulte-Bunert* Rn. 272; a.A. Prütting/Helms/*Abramenko* § 67 Rn. 16; auf den Einzelfall abstellend Johannsen/Henrich/*Althammer* § 67 Rn. 5).

17 In sonstiger Hinsicht ist der Rechtsmittelverzicht ggü. einem anderen Verfahrensbeteiligten in dem gleichen Umfang zulässig wie der Rechtsmittelverzicht ggü. dem Gericht. Wie dieser kann er also auch dann noch erfolgen, wenn ein Rechtsmittelverfahren bereits anhängig ist. Wie dieser ist er **Prozesshandlung** (BGH NJW 1968, 794, 795; NJW-RR 1989, 1344; 1997, 1288) u daher bedingungsfeindlich, grds. nicht anfechtbar sowie nur bei Vorliegen von Wiederaufnahmegründen einseitig widerruflich. Obwohl Prozesshandlung, soll er nach der herrschenden Meinung zur ZPO aber nicht dem Anwaltszwang nach Maßgabe der §§ 10, 114 unterliegen (Maurer FamRZ 2009, 465, 469 m.w.N.; Zöller/*Feskorn* § 67 Rn. 2). Anders als der Verzicht ggü. dem Gericht kann er jedoch mit Zustimmung des anderen Beteiligten bis zum Ablauf der Rechtsmittelfrist frei widerrufen werden (BGH NJW 1985, 2334); darüber hinaus kann der andere Beteiligte auf die Erhebung der ihm prozessual zustehenden Einrede verzichten (Zöller/*Heßler* § 515 ZPO Rn. 11). Der Einrede des Rechtsmittelverzichts kann die Gegeneinrede der Arglist entgegen gesetzt werden, wenn der Verzicht z.B. unter Druck oder in einem die freie Willensbetätigung beeinflussenden Geisteszustand zustande gekommen ist (BGH NJW 1985, 2335; OLG Hamm OLGR 99, 60; Zöller/*Heßler* § 515 ZPO Rn. 12).

18 Einen Sonderfall des gesetzlich fingierten Rechtsmittelverzichts bildet gem. § 75 Abs. 1 Satz 2 die Zustimmung zu einer von einem anderen Beteiligten beantragten **Sprungrechtsbeschwerde**; ebenso beinhaltet der Antrag auf Zulassung der Sprungrechtsbeschwerde einen Sonderfall des Rechtsmittelverzichts ggü. dem Gericht.

19 **IV. Vereinbarungen der Beteiligten.** Schließen zwei oder mehrere Beteiligte miteinander eine (keiner Form unterliegende) Vereinbarung über den Verzicht auf das Beschwerderecht, so liegt darin keine Prozesshandlung, sondern nur eine vertragliche Verpflichtung zur Vornahme einer derartigen Prozesshandlung, die allein diejenigen Beteiligten bindet, die daran beteiligt sind u deren Voraussetzungen u Rechtsfolgen sich nach dem materiellen Recht richten (Prütting/Helms/*Abramenko* § 67 Rn. 23–27). Eine solche Vereinbarung kann daher nicht einseitig, sondern nur mit Einwilligung der anderen Beteiligten widerrufen werden. Für Willensmängel oder eine mögliche Anfechtung gelten die Vorschriften des BGB (Prütting/Helms/*Abramenko* § 67 Rn. 27). Ein Anwaltszwang für eine derartige Vereinbarung besteht nicht (BGH NJW-RR 1994, 386, Friederici/Kemper/*Klußmann* § 67 Rn. 5), jedoch ist dafür ggf. eine betreuungsgerichtliche Genehmigung notwendig.

20 Zuzulassen sind solche Vereinbarungen jedoch allenfalls in dem gleichen Umfang, in dem man auch einen einseitigen Rechtsmittelverzicht ggü. dem Gegner für zulässig hält. Hält man diese Form des Rechtsmittelverzichts jedenfalls in den Fällen für bedenklich, in denen die Beteiligten nicht über den Verfahrensgegenstand verfügen können (Rdn. 16), so muss das Gleiche erst recht auch für eine zwei- oder mehrseitige, auf das gleiche Ziel gerichtete Verzichtsvereinbarung gelten (im Erg ebenso Prütting/Helms/*Abramenko* § 67 Rn. 28). Ebenso wird man auch eine vertragliche Vereinbarung über den Verzicht auf die Anschlussbeschwerde, die noch vor der Einlegung eines Hauptrechtsmittels geschlossen wird, nur dann für zulässig halten dürfen, wenn auch der Gegner zugleich auf die Einlegung eines Hauptrechtsmittels verzichtet, da anderenfalls der Schutzzweck des § 67 Abs. 7 unterlaufen werden würde (Prütting/Helms/*Abramenko* § 67 Rn. 28).

21 **B. Rücknahme der Beschwerde.** § 67 Abs. 4 regelt die Rücknahme der Beschwerde u bestimmt, dass diese nur bis zum Erlass der Beschwerdeentscheidung (§ 38 Abs. 3 Satz 2) möglich ist. Wie gem. § 516 Abs. 2

Satz 1 ZPO u entsprechend ihrem Charakter als Prozesshandlung hat außerdem auch die Rücknahme der Beschwerde – ebenso wie der Rechtsmittelverzicht – ggü. dem nach dem jeweiligen Stand des Verfahrens zuständigen Gericht (Rdn. 10) zu erfolgen. Auf eine allgemeine Übernahme auch der §§ 516 Abs. 2 Satz 2 u Abs. 3 ZPO in das FamFG hat der Gesetzgeber jedoch bewusst verzichtet. Anders als nach § 516 Abs. 2 Satz 2 ZPO ist die Rücknahme der Beschwerde daher formlos – also auch mündlich (Bumiller/Harders § 67 Rn. 8 m.w.N.; ebenso zum alten Recht Jansen/*Briesemeister*, § 21 FGG Rn. 31; a.A. Friederici/Kemper/*Klußmann* § 67 Rn. 8: analog zur ZPO außerhalb von Terminen nur schriftlich oder zu Protokoll der Geschäftsstelle) – möglich u anders als nach § 516 Abs. 3 Satz 1 ZPO hat sie nicht stets die Verpflichtung des Beschwerdeführers zur Folge, die Kosten des zurückgenommenen Rechtsmittels zu tragen. Die Entscheidung über die Kosten einer zurückgenommenen Beschwerde richtet sich vielmehr nach § 84, wodurch der Gesetzgeber ausdrücklich die Möglichkeit eröffnen wollte, die Kosten des Rechtsmittelverfahrens im Fall der Beschwerderücknahme je nach den Umständen auch anderweitig zu verteilen (BT-Drucks. 16/6308 S. 216). Ebenso ist mangels Übernahme von § 516 Abs. 3 Satz 2 ZPO ein ausdrücklicher Verlustigkeitsbeschluss im Fall der Beschwerderücknahme nicht notwendig.

Auch § 67 Abs. 4 gilt für sämtliche dem FamFG unterliegenden Verfahrensarten. Eine Ausnahme gilt nur für **Ehe- u Familienstreitsachen**, für die § 117 Abs. 2 Satz 1 ZPO ohne Einschränkungen auch auf § 516 Abs. 3 ZPO verweist. Hier richtet sich also nicht nur die Kostenentscheidung nach § 516 Abs. 3 Satz 1 ZPO (näher s. § 117 Rdn. 36), sondern es ist nach § 516 Abs. 3 Satz 2 ZPO auch weiterhin von Amts wegen ein Kosten- u Verlustigkeitsbeschluss zu treffen. Die Regeln über die Rücknahme der Beschwerde sind aus den gleichen Gründen wie beim Rechtsmittelverzicht (Rdn. 4) auf die Rechtsbeschwerde u auf alle sonstigen Rechtsbehelfe nach dem FamFG, auf die Erinnerung sowie auf die Rücknahme einer sofortigen Beschwerde entsprechend den §§ 567 ff. ZPO analog anzuwenden. Nicht verwiesen wird auch für die Ehe- u Familienstreitsachen auf § 516 Abs. 2 Satz 2 ZPO, sodass eine Beschwerderücknahme auch dort selbst außerhalb der mündlichen Verhandlung formlos möglich ist. 22

Die **Rücknahme** der Beschwerde ist wie der Beschwerdeverzicht ebenfalls Prozesshandlung. Daher gelten zum Umfang eines ggf. bestehenden Anwaltszwanges, zur Wirksamkeit u Bedingungsfeindlichkeit, zu Anfechtung (BGH FamRZ 2008, 43, 44), Widerruf u Genehmigungsbedürftigkeit der Beschwerderücknahme die Erläuterungen zum Rechtsmittelverzicht (Rdn. 6, 11) entsprechend. Eine Teilrücknahme ist im gleichen Umfang wie beim Verzicht auf die Beschwerde (Rdn. 9) möglich. Eine vollständig zurückgenommene Beschwerde kann nur bis zum Ablauf der Beschwerdefrist erneut eingelegt werden. Eine nur teilweise zurückgenommene Beschwerde kann dagegen in den auch sonst zulässigen Grenzen (§ 69 Rdn. 2 ff. u § 117 Rdn. 13 ff.) selbst noch nach dem Ablauf der Beschwerdefrist wieder erweitert werden (BayObLG ZMR 2003, 49). Einer Zustimmung des Beschwerdegegners zur Rücknahme des Rechtsmittels bedarf es nicht. Sie ist auch in Ehe- u Familienstreitsachen nicht erforderlich, denn der in § 113 ZPO Abs. 1 ZPO in Bezug genommene § 269 ZPO betrifft nur die Rücknahme des erstinstanzlichen Verfahrensantrages (a.A. Musielak/Borth § 67 Rn. 2). 23

C. Kosten. Die Beschwerderücknahme u der Verzicht auf die Beschwerde führen im Anwendungsbereich des **FamGKG** zur Ermäßigung der Verfahrensgebühr gem. KV FamGKG 1121, 1122 Nr. 1 (Rücknahme) oder Nr. 2 (Verzicht), 1212, 1223, 1224 Nr. 1 (Rücknahme) oder Nr. 2 (Verzicht), 1315, 1323, 1324, 1721, 1722, 1911, je nach dem Typ des Verfahrens, mit Differenzierung für die Höhe der Ermäßigung je nach dem Zeitpunkt in den Fällen von KV FamGKG 1121 f., 1223 f., 1323 f. u 1721 f. Im Anwendungsbereich der **KostO** ermäßigt sich die Verfahrensgebühr gem. § 130 Abs. 1 Nr. 2 KostO im Fall der Rücknahme auf die Hälfte der vollen Gebühr, höchstens jedoch auf einen Betrag von 500,00 €. Im Anwendungsbereich des **GNotKG** führt jegliche Form der Verfahrensbeendigung ohne Endentscheidung zur Ermäßigung der Verfahrensgebühr nach Maßgabe von KV GNotKG 11201, 12221 f., 12321 f., 12422, 12531 f., 13321 f., 13611 f., 14511, 15121 f., 15124 f., 15221 f., 15223 f., 15226 f., 16122 u. 16123 f., je nach dem Typ des Verfahrens, mit zusätzlicher Privilegierung einer Rücknahme noch vor dem Eingang der Beschwerdebegründung in den Fällen von KV GNotKG 12221, 12531, 13321, 13611, 15121, 15124, 15221, 15223, 15226 u. 16123. 24

§ 68 Gang des Beschwerdeverfahrens.

(1) ¹Hält das Gericht, dessen Beschluss angefochten wird, die Beschwerde für begründet, hat es ihr abzuhelfen; anderenfalls ist die Beschwerde unverzüglich dem Beschwerdegericht vorzulegen. ²Das Gericht ist zur Abhilfe nicht befugt, wenn die Beschwerde sich gegen eine Endentscheidung in einer Familiensache richtet.

(2) ¹Das Beschwerdegericht hat zu prüfen, ob die Beschwerde an sich statthaft und ob sie in der gesetzlichen Form und Frist eingelegt ist. ²Mangelt es an einem dieser Erfordernisse, ist die Beschwerde als unzulässig zu verwerfen.
(3) ¹Das Beschwerdeverfahren bestimmt sich im Übrigen nach den Vorschriften über das Verfahren im ersten Rechtszug. ²Das Beschwerdegericht kann von der Durchführung eines Termins, einer mündlichen Verhandlung oder einzelner Verfahrenshandlungen absehen, wenn diese bereits im ersten Rechtszug vorgenommen wurden und von einer erneuten Vornahme keine zusätzlichen Erkenntnisse zu erwarten sind.
(4) Das Beschwerdegericht kann die Beschwerde durch Beschluss einem seiner Mitglieder zur Entscheidung als Einzelrichter übertragen; § 526 der Zivilprozessordnung gilt mit der Maßgabe entsprechend, dass eine Übertragung auf einen Richter auf Probe ausgeschlossen ist.

Übersicht

	Rdn.		Rdn.
A. Allgemeines	1	II. Voraussetzungen der Zulässigkeit	28
B. Abhilfeverfahren	2	III. Entscheidung bei Unzulässigkeit der Beschwerde	31
I. Abhilfe	3	D. Weiteres Verfahren, § 68 Abs. 3	33
1. Abhilfebefugnis	3	I. Verweis auf die Vorschriften des ersten Rechtszuges, § 68 Abs. 3 Satz 1	33
a) Zuständigkeit	4	II. Wiederholung erstinstanzlicher Verfahrenshandlungen	36
b) Abhilfe bei unzulässiger Beschwerde	5	1. Grundsatz	36
2. Abhilfeverfahren	7	2. Wiederholung der mündlichen Verhandlung	38
3. Abhilfeentscheidung	11	3. Wiederholung von Anhörungen	40
a) Vollständige Abhilfe	12	4. Wiederholung der Beweisaufnahme	43
b) Teilweise Abhilfe	13	E. Einzelrichter	46
II. Vorlage	14	I. Allgemeines	46
1. Vorlagepflicht	15	II. Einzelheiten	49
2. Unverzüglichkeit der Vorlage	17	1. Übertragung auf den Einzelrichter	50
3. Nichtabhilfe- und Vorlageentscheidung	18	2. Rückübertragung auf den Spruchkörper	52
a) Begründung der Nichtabhilfeentscheidung	18	3. Unanfechtbarkeit von Übertragungsentscheidungen	53
b) Form der Nichtabhilfeentscheidung	19	4. Kammern für Handelssachen	54
c) Folgen eines fehlerhaften Abhilfeverfahrens	20	III. Spezialvorschriften	55
III. Nicht abhilfefähige Entscheidungen	21		
C. Zulässigkeit der Beschwerde	22		
I. Grundsatz der Amtsprüfung	24		

1 **A. Allgemeines.** Die Vorschrift regelt erstmals für das Recht der freiwilligen Gerichtsbarkeit ausdrücklich den Gang des Beschwerdeverfahrens. Dabei ist sie in weiten Teilen an die Regelung des § 572 ZPO zum Gang des Beschwerdeverfahrens nach der ZPO angelehnt: § 68 Abs. 1 (Abhilfeverfahren; Rdn. 2 ff.) entspricht § 572 Abs. 1 ZPO, § 68 Abs. 2 (Zulässigkeitsprüfung; Rdn. 22 ff.) entspricht § 572 Abs. 2 ZPO u § 68 Abs. 4 ZPO (Übertragungsmöglichkeit auf den Einzelrichter; Rdn. 46 ff.) entspricht § 572 Abs. 4 ZPO. Hinzu tritt außerdem § 68 Abs. 3, der – mit einer Modifikation für die Durchführung von mündlichen Verhandlungen in § 68 Abs. 3 Satz 2 – für das weitere Beschwerdeverfahren (Rdn. 33 ff.) grds. auf die Vorschriften über das Verfahren im ersten Rechtszug verweist.

2 **B. Abhilfeverfahren.** Gem. § 68 Abs. 1 Satz 1 besteht für das Ausgangsgericht nunmehr auch in der freiwilligen Gerichtsbarkeit grds. immer die Befugnis (u ggf. auch Verpflichtung) des Ausgangsgerichts, einer Beschwerde abzuhelfen.

3 **I. Abhilfe. 1. Abhilfebefugnis.** Gem. § 68 Abs. 1 Satz 1 Halbs. 1 hat im FamFG-Verfahren grds. bei jeder Beschwerde das Gericht der ersten Instanz zunächst zu prüfen, ob es die Beschwerde für begründet hält u ihr ggf. abzuhelfen.

4 **a) Zuständigkeit. Zuständig** für die Abhilfe als »actus contrarius« zu der angefochtenen Entscheidung ist derjenige Spruchkörper, der diese erlassen hat, i.d.R. also der Richter am AG, ausnahmsweise im Landwirtschaftsverfahren ggf. das Landwirtschaftsgericht auch unter Mitwirkung der ehrenamtlichen Richter, soweit diese an der Ausgangsentscheidung mitgewirkt haben u in den Fällen des § 95 Abs. 2 GVG – je nachdem wer jeweils die Ausgangsentscheidung getroffen hat – die Kammer für Handelssachen beim LG oder – in den Fällen des § 349 Abs. 2 und 3 ZPO – deren Vorsitzender, soweit diese in den dort aufgezählten Sonderfällen in erster Instanz in einem Verfahren der freiwilligen Gerichtsbarkeit tätig geworden ist (OLG Stuttgart MDR 2003, 110; *Schneider*, MDR 2003, 253). Bei Beschwerden gegen eine Entscheidung des Rechtspflegers in den Fällen des § 11 Abs. 1 RPflG ist entsprechend dieser für die Abhilfe zuständig; zur Abhilfe im Erinnerungsverfahren gem. § 11 Abs. 2 RPflG vgl. § 11 Abs. 2 Satz 2 u 3 RPflG. Wird der Rechtsstreit an ein anderes Gericht verwiesen oder abgegeben (vgl. §§ 3, 4), so ist das Adressatgericht auch für die Durchführung eines von dem verweisenden oder abgebenden Gericht noch nicht durchgeführten Abhilfeverfahrens zuständig (Zöller/*Heßler* § 572 ZPO Rn. 5).

b) Abhilfe bei unzulässiger Beschwerde. Wie in § 572 Abs. 1 Satz 1 ZPO hängt die Abhilfe nach dem ausdrücklichen Wortlaut des Gesetzes allein davon ab, dass das Ausgangsgericht die Beschwerde »für begründet hält«. Damit stellt sich die auch für die ZPO umstrittene Frage, ob das Gericht auch einer unzulässigen Beschwerde abhelfen kann oder sogar muss (dafür z.B. Musielak/*Ball* § 572 ZPO Rn. 4; Zöller/*Heßler* § 572 ZPO Rn. 14; a.A. – wenigstens Statthaftigkeit erforderlich – BLAH/*Hartmann* § 572 ZPO Rn. 4; ThP/*Reichold* § 572 ZPO Rn. 2, 7; offen gelassen von OLG Hamm FGPrax 2010, 322). **5**

Im Ergebnis wird man eine solche Abhilfebefugnis bejahen müssen (ebenso z.B. *Schulte-Bunert* Rn. 274 u Johannsen/Henrich/*Althammer* § 68 Rn. 3; ähnlich auch Keidel/*Sternal* § 68 Rn. 9; a.A. Prütting/Helms/*Abramenko* § 68 Rn. 6), denn die (unzulässige) Beschwerde kann stets auch als (grds. immer zulässige) Gegenvorstellung verstanden werden, der dementsprechend auch abgeholfen werden kann. Einzige Voraussetzung für eine so verstandene Abhilfebefugnis ist, dass die Entscheidung für das Gericht selbst noch nicht bindend geworden ist (ebenso *Lipp* NJW 2002, 1700, 1702), insb. also kein Fall von § 68 Abs. 1 Satz 2 vorliegt. Gegen bindende Entscheidungen i.d.S. ist vielmehr nur die Möglichkeit der Anhörungsrüge nach § 44 eröffnet. **6**

2. Abhilfeverfahren. Eine **Verpflichtung** zur Durchführung eines Abhilfeverfahrens besteht nur, soweit ein Rechtsmittel überhaupt statthaft ist. Ist der Beschwerderechtszug nicht eröffnet, braucht das Erstgericht die Beschwerde grds. nicht vorzulegen, sondern kann sie ausnahmsweise selbst verwerfen (Johannsen/Henrich/*Althammer* § 68 Rn. 3; zur ZPO vgl. z.B. Zöller/*Heßler*; § 572 ZPO Rn. 6 m.w.N.; a.A. Keidel/*Sternal* § 68 Rn. 9; zur ZPO vgl. z.B. Musielak/*Ball* § 572 ZPO Rn. 7 m.w.N.), es sei denn der Beschwerdeführer besteht ausdrücklich auf einer Vorlage an das Beschwerdegericht u es liegt auch kein Fall eines bloß querulatorischen (z.B. wiederholt unzulässigen, nur der Verfahrensverzögerung dienenden) Rechtsmittels vor (Zöller/*Heßler* § 572 ZPO Rn. 6 m.w.N.). Die abschließende Prüfungszuständigkeit des Beschwerdegerichts ist aber auch in solchen Fällen nicht eingeschränkt, sodass dieses die Frage der Statthaftigkeit im Einzelfall auch abweichend von der Ansicht des Erstgerichts beurteilen kann (OLG Hamm FGPrax 2010, 322). **7**

Wird eine Beschwerde **ohne Begründung** eingelegt, so darf das Erstgericht das Verfahren grds. sofort dem Beschwerdegericht vorlegen. Ein Abwarten darauf, ob u wann der Beschwerdeführer noch eine Beschwerdebegründung nachreicht, ist nur dann erforderlich, wenn dieser selbst eine solche angekündigt hat (Keidel/*Sternal* § 68 Rn. 11; Zöller/*Heßler* § 572 ZPO Rn. 8). **8**

Ansonsten trifft das Erstgericht jedoch eine **Amtspflicht**, die angefochtene Entscheidung daraufhin zu überprüfen, ob sie aufgrund der vorgebrachten Beschwerdebegründung abzuändern ist, der sich dieses nicht unter Berufung auf die Zuständigkeit des Rechtsmittelgerichts entziehen darf (OLG Hamm FamRZ 1986, 1127; OLG Saarbrücken OLGR 2006, 600). Hiervon wird das Erstgericht auch durch die Pflicht zur unverzüglichen Vorlage an das Beschwerdegericht (§ 68 Abs. 1 Satz 1 Halbs. 2) nicht entbunden. Diese besagt nur, dass das Erstgericht sich ohne schuldhaftes Zögern (§ 121 Abs. 1 BGB) darüber klar werden muss, ob es der Beschwerde abhilft, nicht aber, dass eine Abhilfeentscheidung in Eilfällen zur Verfahrensbeschleunigung vollständig unterbleiben kann (Keidel/*Sternal* § 68 Rn. 5; Musielak/*Ball* § 572 ZPO Rn. 5; a.A. BLAH § 572 ZPO Rn. 6). **9**

Bei der Entscheidung über die Abhilfe muss auch **neues Vorbringen**, das in der Beschwerdeschrift enthalten ist, berücksichtigt werden (OLG Brandenburg FamRZ 2003, 48, 49; OLG Düsseldorf FamRZ 2006, 1551). Ein solcher Fall liegt auch dann vor, wenn sich die Hauptsache nachträglich erledigt hat und die Beschwerde daher gem. § 62 nur noch auf die Feststellung ihrer Rechtswidrigkeit gerichtet ist. Auch in solchen Fall kommt daher eine Abhilfeentscheidung in Betracht (Keidel/*Budde* § 62 Rn. 6; a.A. Prütting/ **10**

Helms/*Abramenko* § 62 Rn. 5). Falls notwendig, kann vor der Abhilfeentscheidung **Beweis** zu erheben sein (OLG Frankfurt am Main, NJW 1968, 57; Musielak/*Ball* § 572 ZPO Rn. 5). Ggf. kann deshalb oder zum Zwecke der Erörterung mit den Beteiligten auch ein **Termin** anberaumt werden (Keidel/*Sternal* Rn. 11; Stein/Jonas/*Grunsky* § 572 ZPO Rn. 2). Soll auf die Beschwerde hin eine Abhilfe erfolgen, so muss zuvor den übrigen, dadurch beschwerten Beteiligten **rechtliches Gehör** gewährt werden (OLG Hamm FamRZ 1986, 1127; Keidel/*Sternal* § 68 Rn. 11; Johannsen/Henrich/*Althammer* § 68 Rn. 3). Das Abhilfeverfahren ist Teil des Beschwerdeverfahrens. In ihm gilt daher ggf. auch in dem gleichen Umfang wie vor dem Beschwerdegericht (§ 69 Rdn. 34 ff.) ein **Verschlechterungsverbot** (a.A. Keidel/*Sternal* § 68 Rn. 13) und eine **Bindewirkung** (§ 69 Rdn. 32) an frühere Entscheidungen über denselben Verfahrensgegenstand (Keidel/ *Sternal* § 68 Rn. 15). Eine **fehlende Unterschrift** auf einem als Scheinentscheidung anfechtbaren Beschlussentwurf kann im Abhilfeverfahren nicht nachgeholt werden (OLG Frankfurt am Main FamRZ 2010, 907, 908).

11 **3. Abhilfeentscheidung.** Hält das Erstgericht nach dem Ergebnis der Abhilfeprüfung die Abänderung des angefochtenen Beschlusses für geboten, so hilft es der Beschwerde durch Beschluss ab (Keidel/*Sternal* § 68 Rn. 12; Johannsen/Henrich/*Althammer* § 68 Rn. 4; a.A. Bork/Jacoby/Schwab/*Müther* § 68 Rn. 8: Vermerk reicht aus). Dieser Beschluss, der jedenfalls dann, wenn er – wie meist – einen anderen Beteiligten beschwert, nach § 38 Abs. 3 Satz 1 begründet u nach § 39 mit einer Rechtsbehelfsbelehrung versehen werden muss (Keidel/*Sternal* § 68 Rn. 12), ist den Beteiligten nach Maßgabe von § 41 bekannt zu geben.

12 **a) Vollständige Abhilfe.** Bei Abhilfe in vollem Umfang ist die Beschwerde damit erledigt. Falls im Einzelfall erforderlich, hat das Erstgericht in einem solchen Fall auch über die **Kosten** des Beschwerdeverfahrens zu entscheiden (Prütting/Helms/*Abramenko* § 68 Rn. 10; Zöller/*Heßler* § 572 ZPO Rn. 15 m.w.N.). Die Beschwer des Beschwerdeführers wird durch volle Abhilfe beseitigt, jedoch kann ein anderer, durch die Abhilfeentscheidung beschwerter Beteiligter nunmehr nach Maßgabe der §§ 58 ff. seinerseits Beschwerde einlegen. Zu richten ist diese allerdings nicht gegen die – in keinem Fall isoliert angreifbare – Abhilfeentscheidung, sondern wiederum gegen die Ausgangsentscheidung in der Fassung, die sie durch den Abhilfebeschluss erhalten hat (Prütting/Helms/*Abramenko* § 68 Rn. 10).

13 **b) Teilweise Abhilfe.** Hält das Erstgericht die Beschwerde nur teilweise für begründet, so hilft es ihr insoweit ab u legt die Akten dem Beschwerdegericht nur wegen des unerledigten Teils der Beschwerde vor (Musielak/*Ball* § 572 ZPO Rn. 6). Auch in diesem Fall ist der Teilabhilfebeschluss den Beteiligten bekannt zu geben u diesen vor der Vorlage an das Beschwerdegericht Gelegenheit zur Rückäußerung einzuräumen (Zöller/*Heßler* § 572 ZPO Rn. 13). Legt nunmehr ein anderer Beteiligter Beschwerde wegen des Teilabhilfebeschlusses ein, ist das Beschwerdegericht mit zwei verschiedenen Beschwerden befasst, über die es jedoch ggf. in einem einheitlichen Beschluss entscheiden kann (Zöller/*Heßler* § 572 ZPO Rn. 13).

14 **II. Vorlage.** § 68 Abs. 1 Halbs. 2 entspricht § 572 Abs. 1 Satz 1 Halbs. 2 ZPO u führt zu einer Angleichung des FamFG-Verfahrens auch an die Verfahrensordnungen der Verwaltungs-, Finanz- u Sozialgerichte (vgl. §§ 148 Abs. 1 Halbs. 2 VwGO, 130 Abs. 1 Halbs. 2 FGO u 174 Halbs. 2 SGG).

15 **1. Vorlagepflicht.** Soweit das Erstgericht der Beschwerde nicht abhilft, hat es demnach das Verfahren unverzüglich dem Beschwerdegericht zur Entscheidung vorzulegen. Das gilt – abgesehen von dem Ausnahmefall der von vornherein unstatthaften Beschwerde (Rdn. 7) – auch dann, wenn es die Beschwerde für unzulässig hält (Johannsen/Henrich/*Althammer* Rn. 3; Musielak/*Ball* § 572 ZPO Rn. 7 m.w.N.; a.A. ThP/*Reichold* § 572 ZPO Rn. 7; für uneingeschränkte Vorlagepflicht auch im Fall der Unstatthaftigkeit aber z.B. Keidel/*Sternal* § 68 Rn. 9 u Prütting/Helms/*Abramenko* § 68 Rn. 14).

16 Will das Erstgericht die angefochtene Entscheidung zwar im Ergebnis, aber mit einer nunmehr abweichenden Begründung aufrechterhalten, so hat es das Verfahren unter Darlegung der veränderten Begründung in der Nichtabhilfeentscheidung dem Beschwerdegericht vorzulegen (OLG Köln FamRZ 1986, 487; Musielak/ *Ball* § 572 ZPO Rn. 7 m.w.N.). Eine erneute Beschwerde gegen den Nichtabhilfebeschluss ist unzulässig (OLG Celle OLGR 2006, 462).

17 **2. Unverzüglichkeit der Vorlage.** Im Fall der Nichtabhilfe ist das Verfahren »unverzüglich« – also ohne schuldhaftes Zögern (§ 121 Abs. 1 Satz 1 BGB) – dem Beschwerdegericht vorzulegen. Durch diese flexible Regelung u den Verzicht auf eine starre Vorlagefrist, will der Gesetzgeber erreichen, dass einerseits dem *Grundsatz der Verfahrensbeschleunigung* hinreichend Rechnung getragen wird, andererseits aber dem Erstgericht eine hinreichende, dem Einzelfall jeweils angemessene Überprüfungsfrist zur Verfügung steht, in der ggf. auch der Sachverhalt in dem erforderlichen Umfang weiter aufgeklärt werden kann (vgl. BT-Drucks. 16/6308 S. 207).

3. Nichtabhilfe- und Vorlageentscheidung. a) Begründung der Nichtabhilfeentscheidung. Während für das FGG eine Pflicht zur Äußerung, dass u warum einer Beschwerde nicht abgeholfen wurde, zumindest nach herrschender Ansicht verneint wurde (KKW/*Sternal* § 21 FGG Rn. 5; Bassenge/Roth, 11. Aufl. § 21 FGG Rn. 2), wird man für das Abhilfeverfahren nach § 71 Abs. 1 in Angleichung an § 572 ZPO sowie nach dem Sinn u Zweck dieses Verfahrens davon auszugehen haben, dass die Nichtabhilfeentscheidung des Erstgerichts grds. immer einer ausdrücklichen Begründung bedarf (Keidel/*Sternal* § 68 Rn. 33) u diese nur ausnahmsweise im Einzelfall dann entfallen kann, wenn das Rechtsmittel seinerseits nicht begründet wurde oder sich diese Begründung auf eine bloße Wiederholung von bereits bekanntem Parteivortrag beschränkt (OLG München MDR 2004, 291, 292; OLG Karlsruhe OLGR 2004, 313 zu § 572 ZPO). Erst recht ist die Nichtabhilfe zu begründen, wenn sich der Sach- u Streitstand seit der Ausgangsentscheidung geändert hat (OLG Köln OLGR 2007, 570 f.), wenn sich die Beschwerde auf neue Tatsachen stützt (OLG Jena FamRZ 2010, 1692) oder der angefochtene Ausgangsbeschluss noch keine Begründung enthalten hatte u diese nunmehr erst nachträglich ergänzt werden muss (Zöller/*Heßler* § 572 ZPO Rn. 11; Musielak/*Ball* § 572 ZPO Rn. 9).

b) Form der Nichtabhilfeentscheidung. Eine Form ist für die Nichtabhilfe- u Vorlageentscheidung nicht ausdrücklich vorgeschrieben. I.d.R. soll diese aber nicht in Gestalt einer bloßen Übersendungsverfügung, sondern in Beschlussform ergehen (OLG München FamRZ 2010, 1000 f.), da ihr – ebenso wie im Fall der positiven Abhilfe (Rdn. 11) – eine Abwägung von Für u Wider zugrunde liegt, sie also echten Entscheidungscharakter hat (BGH NvWZ 2011, 127, 128). Zweckmäßig ist ein Beschluss in jedem Fall, zumal auch aus einer bloßen Nichtabhilfeverfügung zumindest hervorgehen muss, ob u in welcher Weise das Erstgericht seiner Amtspflicht zur Abhilfeprüfung nachgekommen ist (Zöller/*Heßler* § 572 ZPO Rn. 10 m.w.N.) u auch eine bloße Verfügung den Beteiligten in jedem Fall zur Wahrung des rechtlichen Gehörs zumindest nach § 15 Abs. 3 formlos mitgeteilt werden muss (BGH NvWZ 2011, 127, 128; Bassenge/Roth/*Gottwald* § 68 Rn. 8; Keidel/*Sternal* § 68 Rn. 12). Zwingend notwendig ist ein (gemeinsamer) Beschluss jedenfalls dann, wenn für die Entscheidung ein aus mehreren Personen bestehender Spruchkörper zuständig ist (Rdn. 4), denn eine Übersendungsverfügung des Vorsitzenden reicht dann schon aus Zuständigkeitsgründen nicht aus (OLG Stuttgart MDR 2003, 110).

c) Folgen eines fehlerhaften Abhilfeverfahrens. Die Durchführung eines Abhilfeverfahrens, das den dargelegten Anforderungen genügt, bildet keine Verfahrensvoraussetzung für das weitere Beschwerdeverfahren (BGH, Beschl. v. 17.06.2010 – V ZB 13/10, Rn. 11; Prütting/Helms/*Abramenko* § 68 Rn. 13), keine Voraussetzung für den Eintritt des mit der Beschwerde verbundenen Devolutiveffekts u auch keine Voraussetzung für die Beschwerdeentscheidung selbst (OLG Frankfurt am Main MDR 2002, 1391; OLG Stuttgart MDR 2003, 110; Zöller/*Heßler* § 572 ZPO Rn. 4). Jedoch kann bei Fehlen einer ordnungsgemäßen Abhilfeentscheidung ein **wesentlicher Verfahrensmangel** vorliegen, der unter Umständen die Aufhebung der Vorlageentscheidung u die Zurückverweisung des Beschwerdeverfahrens an das Erstgericht zufolge haben kann (OLG München FamRZ 2010, 1000, 1001; Prütting/Helms/*Abramenko* § 68 Rn. 12). Allerdings dürfte dies wegen der ggü. dem bisherigen Recht verschärften Voraussetzungen des § 69 Abs. 1 Satz 3 nur noch selten der Fall sein, weil es i.d.R. an dem dafür jetzt notwendigen Zurückverweisungsantrag zumindest eines Beteiligten fehlen wird (a.A. Keidel/*Sternal* § 68 Rn. 34: Zurückverweisung ist analog § 69 Abs. 1 Satz 2 auch ohne Antrag möglich). Kein wesentlicher Verfahrensmangel in dem für eine Zurückverweisung notwendigen Sinn soll außerdem dann vorliegen, wenn die Nichtabhilfeentscheidung nur formal fehlerhaft ist, weil sie z.B. bloß durch eine Verfügung anstatt in Beschlussform erfolgt ist (OLG Hamm FGPrax 2010, 266; FGPrax 2010, 323; FamRZ 2011, 235/236). Eine wirksame Sanktionsmöglichkeit des Beschwerdegerichts besteht daher im Ergebnis meist nicht. Fehlt allerdings eine Vorlageentscheidung des Ausgangsgerichts vollständig oder hat ein nicht zuständiger Spruchkörper entschieden, so ist die Sache überhaupt noch nicht bei dem Beschwerdegericht angefallen und muss schon deswegen zunächst an das Ausgangsgericht zurückgegeben werden, damit die Vorlage nachgeholt werden kann (Prütting/Helms/*Abramenko* § 68 Rn. 12).

III. Nicht abhilfefähige Entscheidungen. Eine Abhilfebefugnis besteht nach § 68 Abs. 1 Satz 2 nicht, wenn sich die Beschwerde gegen eine **Endentscheidung** (§ 58 Rdn. 11 ff.) in einer **Familiensache** (§ 111) richtet.

Das Familiengericht muss also auch Beschwerden vorlegen, deren Erfolg auf der Hand liegt, ohne abhelfen zu dürfen (*Fischer* FuR 2014, 652). Das gilt auch in den Fällen einer ausnahmsweise zugelassenen Beschwerde gegen eine EA in den Fällen des § 57 Abs. 1 Satz 2, denn diese sind echte Endentscheidungen i.S.d. Gesetzes (*Schürmann* FamRB 2008, 375, 381; Horndasch/Viefhues/*Viefhues* § 57 Rn. 14 m.w.N.; a.A. OLG Hamm FGPrax 2010, 322 f. m.w.N.). Verfahren nach dem AdWirkG sind keine Familiensachen im Sinne des Gesetzes (§ 186 Rdn. 38). Die Durchführung eines Abhilfeverfahrens ist daher auch in solchen Verfahren geboten (OLG Hamm FamRZ 2012, 1230 ff., 1230 m. zust. Anm. *Weitzel*; OLG Köln FamRZ 2012, 1234; a.A. OLG Düsseldorf FamRZ 2012, 1232; *Maurer* FamRZ 2013, 90, 94).

22 **C. Zulässigkeit der Beschwerde.** § 68 Abs. 2 Satz 1 stellt klar, dass das Beschwerdegericht im FamFG-Verfahren nur in die Sachprüfung eines Rechtsmittels eintreten darf, wenn es hierzu logisch vorrangig zunächst dessen Zulässigkeit geprüft hat u sich dabei keine Mängel ergeben haben.

23 Maßgeblich für die Prüfung der Zulässigkeit ist dabei grds. das **bei der Einlegung der Beschwerde geltende Verfahrensrecht** (BayObLG NJW 1977, 1733, 1734; BayObLGZ 1989, 283, 284). Beim Übergang vom FGG u dem sechsten Buch der ZPO auf das FamFG ist zusätzlich Art. 111 FGG-RG zu beachten, wonach ein in erster Instanz noch vor dem Inkrafttreten der Reform eingeleitetes Verfahren oder ein Verfahren, dessen Einleitung bis zu diesem Zeitpunkt zumindest beantragt war, auch im Rechtsmittelverfahren noch nach dem alten Recht zu Ende zu führen ist (BGH FamRZ 2010, 639 f.; Keidel/*Sternal* § 68 Rn. 51; zu Sonderfällen s. *Schürmann* Art. 111 FGG-RG Rn. 25). Eine zunächst gegebene Zulässigkeit der Beschwerde darf aber bis zum Zeitpunkt der Entscheidung des Beschwerdegerichts, im Fall einer mündlichen Verhandlung bis zu deren Schluss, nicht aufgrund einer veränderten Tatsachengrundlage nachträglich entfallen sein (Prütting/Helms/*Abramenko* § 68 Rn. 17). Auch schwierige Zulässigkeitsfragen dürfen bei der Prüfung der Zulässigkeit nicht offen gelassen werden, wenn die Beschwerde offensichtlich unbegründet ist (Jansen/*Briesemeister* § 25 FGG Rn. 4; Thomas/Putzo/*Reichold* § 572 ZPO Rn. 13; a.A. OLG Zweibrücken FGPrax 2004, 42; Keidel/*Sternal* § 68 Rn. 63; Bumiller/Harders § 68 Rn. 2). Etwas anderes gilt nur dann, wenn ausnahmsweise die Zurückweisung des Rechtsmittels als unbegründet keine anderen Folgen hat als seine Verwerfung als unzulässig und auch sonstige Interessen der Beteiligten einer solchen Verfahrensweise nicht entgegenstehen (BGH, Beschl. v. 07.02.2011, AnwZ [B] 13/10 Rn. 3). Anders als bei Beschwerden gegen der Rechtskraft nicht fähige Entscheidungen gem. §§ 567 ff. ZPO verbietet sich im Offenlassen von Fragen der Zulässigkeit bei der Beschwerde gegen Endentscheidungen gem. §§ 58 ff. damit allerdings i.d.R. schon wegen der je nach der Art der Zurückweisung unterschiedlichen Folgen für den Umfang der Rechtskraft des angefochtenen Beschlusses, es sei denn die angefochtene Entscheidung war in dem jeweiligen Einzelfall noch nicht vollziehbar und hatte daher ohnehin noch keine praktischen Folgen für die Beteiligten (BGH, Beschl. v. 07.02.2011, AnwZ [B] 13/10 Rn. 3). Zu überprüfen sind über den Wortlaut des § 68 Abs. 2 Satz 1 hinaus sämtliche Voraussetzungen für die Zulässigkeit der Beschwerde (Rdn. 28 ff.) u nicht nur die in dieser Vorschrift ausdrücklich aufgezählten (Keidel/*Sternal* § 68 Rn. 61; Prütting/Helms/*Abramenko* § 68 Rn. 18).

24 **I. Grundsatz der Amtsprüfung.** Wie sich schon aus der Natur der Zulässigkeitsprüfung von selbst versteht, hat diese von Amts wegen zu erfolgen, auch wenn dies im Wortlaut des Gesetzes nicht mit der gleichen Deutlichkeit zum Ausdruck kommt wie z.B. in den §§ 522, 552 oder 572 Abs. 2 ZPO. Nach der Vorstellung des Gesetzgebers (BT-Drucks. 16/6308 S. 207) soll durch die gewählte Gesetzesfassung darüber hinaus zum Ausdruck gebracht werden, dass sich der Amtsermittlungsgrundsatz uneingeschränkt auch auf die Prüfung der von den Beteiligten erhobenen **Zulässigkeitsrügen** beziehe, wie dies bereits bisher der herrschenden Meinung entspreche.

25 Abgesehen davon, dass dies dem Gesetzeswortlaut so gerade nicht zu entnehmen ist, trifft es in dieser Allgemeinheit schon deshalb nicht zu, weil die §§ 58 ff. u somit auch § 68 Abs. 2 das Rechtsmittelrecht einheitlich für das gesamte FamFG regeln, der früher in § 12 FFG u jetzt in § 26 geregelte Amtsermittlungsgrundsatz aber für den Bereich der **Ehe- u Familienstreitsachen** nicht gilt, sondern gem. § 113 Abs. 1 Satz 2 durch die Vorschriften der ZPO u damit durch den Beibringungsgrundsatz ersetzt ist. Ausgehend von dem systematischen Prinzip, dass für die tatsächlichen Feststellungen der prozessualen Voraussetzungen einer Entscheidung grds. die gleichen Verfahrensgrundsätze wie für deren materiell-rechtliche Grundlagen gelten müssen (KKW/*Schmidt* § 12 FGG Rn. 64), ist daher jedenfalls für die Ehe- u Familienstreitsachen ohnehin auch nach dem neuen Recht unverändert von der Geltung des Verhandlungsgrundsatzes auszugehen.

Darüber hinaus darf die Aussage des Gesetzgebers aber auch für die echten Verfahren der freiwilligen Gerichtsbarkeit nicht dahin gehend missverstanden werden, dass die tatsächlichen Grundlagen für die Entscheidung über die Zulässigkeit nunmehr allein durch das Gericht zu ermitteln sind u die Parteiinitiative für die Einführung des erforderlichen Tatsachenstoffs in das Verfahren vollständig ausgeschlossen ist. Unabhängig von der nur begrifflichen Frage, ob sich der Amtsermittlungsgrundsatz in seinem Anwendungsbereich nur auf den der Sachentscheidung zugrunde liegenden Tatsachenstoff beschränkt (so z.B. Jansen/*Briesemeister* § 25 FGG Rn. 6; Jansen/*v König/v Schuckmann* vor §§ 8 bis 18 FGG Rn. 23 m.w.N.) oder ob er auch die für die Entscheidung über die Zulässigkeit erforderlichen Tatsachen mit erfasst (so z.B. zumindest zum FamFG Keidel/*Sternal* § 68 Rn. 64), bestand nämlich jedenfalls für das bisherige Recht darin Einigkeit, dass auch im Geltungsbereich einer derart weit verstandenen Amtsermittlungsmaxime Beibringungspflichten der Beteiligten für die tatsächlichen Grundlagen verfahrensrechtlich erheblicher Umstände jedenfalls in dem Umfang bestehen, in dem dies für Antragsverfahren, insb. in echten Streitsachen, auch bezüglich der materiell-rechtlichen Entscheidungsgrundlagen allgemein anerkannt ist (BGH MDR 1999, 62, 63). 26

Da es sich bei der Beschwerde nur um den Sonderfall eines Antragsverfahrens handelt u jedes Rechtsmittelverfahren der freiwilligen Gerichtsbarkeit unabhängig davon, auf wessen Initiative das Verfahren in der ersten Instanz eingeleitet wurde, jedenfalls insoweit der Disposition der Beteiligten unterliegt, als es die Eröffnung des Rechtsmittelzuges als solche betrifft, ergab sich daraus für das FGG auch ungeachtet einer unterstellten Geltung des Amtsermittlungsgrundsatzes die grds. Verpflichtung des Rechtsmittelführers, in gleicher Weise wie im Zivilprozess die Tatsachen vorzutragen, welche die Zulässigkeit seines Rechtsmittels begründen u auch das Risiko der Nichterweislichkeit dieser Tatsachen zu tragen, wenn die von Amts wegen anzustellenden Ermittlungen des Beschwerdegerichts über diese Tatsachen zu keinem Ergebnis führen (BGH MDR 1999, 62, 63; i.E. ebenso Jansen/*Briesemeister* § 25 FGG Rn. 6). An diesen – für den Anwendungsbereich des Amtsermittlungsgrundsatzes nunmehr in § 27 sogar ausdrücklich festgeschriebenen – **Mitwirkungspflichten** des Rechtsmittelführers und der sich daraus für den Fall der Nichterweislichkeit ggf. ergebenden **Feststellungslast** (Prütting/Helms/*Abramenko* § 68 Rn. 19) wollte der Gesetzgeber durch das FamFG ersichtlich nichts ändern, sondern diese nur klarstellen, sodass es dabei unverändert auch für das neue Recht verblieben ist (Johannsen/Henrich/*Althammer* § 68 Rn. 6). Etwas anderes gilt ausnahmsweise nur dann, wenn die infrage stehenden Tatsachen nicht in den Verantwortungsbereich des Beschwerdeführers fallen. Das betrifft insb. den Beginn der Beschwerdefrist, soweit diese von einer im Amtsbetrieb vorzunehmenden Bekanntgabe abhängt u über deren Wirksamkeit oder Zeitpunkt nicht behebbare Zweifel verbleiben, sodass in einem derartigen Fall eine Rechtsmittelfrist zulasten des Beschwerdeführers nicht zu laufen beginnen kann (Prütting/Helms/*Abramenko* § 68 Rn. 19; Jansen/*Briesemeister* § 25 FGG Rn. 8). 27

II. Voraussetzungen der Zulässigkeit. Voraussetzungen für die Zulässigkeit der Beschwerde sind gem. § 68 Abs. 2 Satz 1 zunächst deren **Statthaftigkeit** (§ 58) sowie die Einhaltung der vorgeschriebenen **Form** (§ 64 Abs. 2) u **Frist** (§ 63) für die Einlegung des Rechtsmittels, in Ehe- u Familienstreitsachen gem. § 117 Abs. 1 Satz 3 i.V.m. § 522 Abs. 1 Satz 1 u 2 ZPO darüber hinaus auch für dessen **Begründung**. Weitere, in dieser Vorschrift nicht ausdrücklich aufgezählte Voraussetzungen für die Zulässigkeit der Beschwerde sind außerdem die **Beschwerdeberechtigung** (§ 59) u die **Beschwerdeführungsbefugnis** (§ 59 Rdn. 25 ff.). In vermögensrechtlichen Streitigkeiten muss die **Beschwerdewertgrenze** von 600,00 € überschritten sein oder die Beschwerde durch das Erstgericht ausdrücklich **zugelassen** werden (§ 61). 28

Neben diesen spezifischen Zulässigkeitsvoraussetzungen für das Rechtsmittel der Beschwerde müssen weiterhin aber auch die allgemeinen, für jedes Verfahren erforderlichen Voraussetzungen vorliegen. Neben den **Verfahrenshandlungsvoraussetzungen** (Beteiligtenfähigkeit, Verfahrensfähigkeit, Vertretungsmacht, Postulationsfähigkeit), die in der Person des Beschwerdeführers bzw. eines an seiner Stelle handelnden Vertreters gegeben sein müssen, gehört hierher u.a. die **Fortdauer der Rechtshängigkeit**, die nicht aufgrund einer zwischenzeitlichen Antrags- oder Beschwerderücknahme (§ 67 Abs. 4), eines Verzichts auf den geltend gemachten Anspruch oder das Recht der Beschwerde (§ 67 Abs. 1 bis 3), einer übereinstimmenden Erledigungserklärung der Beteiligten oder durch einen Vergleich entfallen sein darf. Auch das mögliche Entgegenstehen der Rechtshängigkeit eines anderen Verfahrens oder einer bereits rechtskräftigen Entscheidung über denselben Verfahrensgegenstand ist insoweit zu überprüfen. 29

Außerdem darf schließlich das **Rechtsschutzbedürfnis** für die Beschwerde nicht fehlen (Prütting/Helms/*Abramenko* § 68 Rn. 18). Dieses ergibt sich zwar i.d.R. schon aus der Beschwerdeberechtigung, kann aber im Einzelfall z.B. dann fehlen, wenn ein einfacherer u billigerer Weg zur Erreichung desselben Rechtsschutzziels in Betracht kommt (Prütting/Helms/*Abramenko* § 68 Rn. 18), etwa durch eine Berichtigung 30 statt durch eine Beschwerde (OLG Zweibrücken FamRZ 1985, 614), wenn ein Fall des Rechtsmissbrauchs vorliegt (Keidel/*Sternal* § 68 Rn. 78) oder wenn nur eine Änderung der Entscheidungsbegründung erstrebt wird (§ 59 Rdn. 18). Das Rechtsschutzbedürfnis fehlt auch in den Fällen einer verfahrensmäßigen Überholung (BayObLG FamRZ 1990, 551 f.; Prütting/Helms/*Abramenko* § 68 Rn. 17 m.w.N.) u wenn kein Bedürfnis für die Aufhebung der angefochtenen Entscheidung besteht, weil der Beschwerdeführer deren Wirksamwerden z.B. durch Antragsrücknahme selbst verhindern kann oder diese für ihn ohne Auswirkungen bleibt, weil er ein ihm dadurch zugewiesenes Amt als Testamentsvollstrecker oder Liquidator einer GmbH nicht anzunehmen braucht (Keidel/*Sternal* § 68 Rn. 78 m.w.N.). Es kann außerdem fehlen, soweit eine Entscheidung bereits endgültig wirksam geworden ist u sie aufgrund eines gesetzlichen Abänderungsverbotes auch das Beschwerdegericht nicht mehr abändern darf (Keidel/*Sternal* § 68 Rn. 77). Der hier bisher denkbare Fall, dass ein Beschluss über die Genehmigung eines Rechtsgeschäfts einem Dritten ggü. bereits wirksam wurde (§§ 62, 55, 75 FGG), kann allerdings wegen der jetzt gem. § 40 Abs. 2 auf den Zeitpunkt der Rechtskraft aufgeschobenen Wirksamkeit derartiger Beschlüsse in vergleichbarer Weise nicht mehr auftreten. Schließlich kann das Rechtsschutzbedürfnis auch entfallen, wenn das Erstgericht der Beschwerde abhilft (§ 68 Abs. 1) oder die Ausgangsentscheidung abändert (§ 48 Abs. 1) oder sich die Hauptsache – unabhängig von einer entsprechenden Erledigungserklärung der Beteiligten – während des Beschwerdeverfahrens erledigt.

31 **III. Entscheidung bei Unzulässigkeit der Beschwerde.** Führt die Prüfung des Beschwerdegerichts zur Unzulässigkeit der Beschwerde, so ist diese gem. § 68 Abs. 2 Satz 2 als unzulässig zu verwerfen. Betrifft der Mangel der Zulässigkeit nur einen Teil der Beschwerde oder nur einen von mehreren Beteiligten, ist die Verwerfung entsprechend zu beschränken (Musielak/*Ball* § 522 ZPO Rn. 11; MüKoZPO/*Rimmelspacher* § 522 ZPO Rn. 11). Zur Wahrung des rechtlichen Gehörs darf die Verwerfung nur erfolgen, nachdem der Beschwerdeführer zuvor auf die Unzulässigkeit seines Rechtsmittels hingewiesen worden ist (BGH MDR 2006, 44, 45 zu § 522 ZPO). In Einzelfällen kommt auch die **Umdeutung** in einen anderen, anstelle der Beschwerde zulässigen Rechtsbehelf in Betracht, so etwa bei einer gegen die Entscheidung eines Rechtspflegers gerichteten, aber unstatthaften (OLG Frankfurt am Main FamRZ 2012, 465 f.; BGH FamRZ 2008, 1433 f.) oder wegen eines Beschwerdewerts von nicht mehr als 600,00 € (BGH MDR 2012, 1242; a.A. KG FamRZ 2011, 494) zumindest im Einzelfall unzulässigen Beschwerde die Umdeutung in eine Erinnerung nach § 11 Abs. 2 RPflG.

32 Der Verwerfungsbeschluss ist grds. **nicht anfechtbar**, ebenso auch nicht der Beschluss, durch den dem Beschwerdeführer die Wiedereinsetzung in die Frist zur Einlegung oder Begründung der Beschwerde versagt wird. Etwas anderes gilt nur für **Ehe- u Familienstreitsachen**, wo – außer in Verfahren des einstweiligen Rechtsschutzes (§ 70 Abs. 4) – gem. § 117 Abs. 1 Satz 4 i.V.m. § 522 Abs. 1 Satz 4 ZPO gegen den Verwerfungsbeschluss die Rechtsbeschwerde statthaft ist (Musielak/Borth, § 117 Rn. 16; unklar *Maurer* FamRZ 2009, 465, 476). Die mit § 117 Abs. 1 Satz 4 durch den Gesetzgeber ausdrücklich bezweckte Gleichstellung mit der ZPO-Berufung (BR-Drucks. 309/07, S. 31) umfasst alle Fälle der Verwerfung einer Beschwerde in Ehe- und Familiensachen wegen Unzulässigkeit, nicht bloß – wie man nach der systematischen Stellung der Vorschrift meinen könnte – nur den Fall der Verwerfung wegen nicht ordnungsgemäßer Begründung (a.A. OLG München MDR 2012, 183 f.). Kommt danach eine Rechtsbeschwerde in Betracht, ist sie allerdings dennoch nur statthaft, wenn nach dem Ergebnis der Prüfung durch das Rechtsbeschwerdegericht die Voraussetzungen des § 70 Abs. 2 gegeben sind (BGH FamRZ 2003, 1093; MDR 2004, 107). Der Beschluss über die Versagung der Wiedereinsetzung kommt in seinen Auswirkungen einer Verwerfung der Beschwerde gleich u kann daher in Ehe- u Familienstreitsachen gem. §§ 68 Abs. 3 Satz 1, 113 Abs. 1 Satz 2, 238 Abs. 2 Satz 1 ebenfalls mit der Rechtsbeschwerde angegriffen werden; in anderen Verfahren ist er unanfechtbar, weil dort auch ein Verwerfungsbeschluss nicht angefochten werden kann. In den dem **FamGKG** unterfallenden Verfahren ist der Verwerfungsbeschluss **gebührenfrei**, allerdings erfolgt auch keine Ermäßigung der schon angefallenen Verfahrensgebühr. Im Anwendungsbereich der **KostO** gilt § 131 Abs. 1 Nr. 1 KostO (§ 58 Rdn. 93).

33 **D. Weiteres Verfahren, § 68 Abs. 3. I. Verweis auf die Vorschriften des ersten Rechtszuges, § 68 Abs. 3 Satz 1.** Die Vorschrift des § 68 Abs. 3 Satz 1 regelt, dass auf das Beschwerdeverfahren ergänzend grds. die Vorschriften über das Verfahren im ersten Rechtszug (Abschnitt 2 = §§ 23 bis 37) anzuwenden sind. Darüber hinaus finden darauf die allg. Vorschriften (Abschnitt 1 = §§ 1 bis 22a) bereits unmittelbare Anwendung u in § 69 Abs. 3 wird zudem die entsprechende Anwendung auch noch der Vorschriften über den *Beschluss* (Abschnitt 3 = §§ 38 bis 48) angeordnet (§ 69 Rdn. 50 ff.). In **Ehe- u Familienstreitsachen** ver-

bleibt es bei der Geltung dieser Vorschriften allerdings nur für die §§ 1 (Anwendungsbereich des Gesetzes) u 38 f. (Beschlussform u Notwendigkeit einer Rechtsbehelfsbelehrung); § 38 wird dabei außerdem durch § 116 bestätigt u ergänzt. I.Ü. verweisen sowohl § 68 Abs. 3 Satz 1 wie auch § 69 Abs. 3 Satz 1 über § 113 Abs. 1 Satz 2 stattdessen jeweils auf die Geltung der §§ 1 bis 494a ZPO u § 118 verweist auf die §§ 578 bis 591 ZPO.

34 Nicht ausdrücklich geregelt in den §§ 58 ff. ist, wie mit der Beschwerdeschrift u der Beschwerdebegründungsschrift nach deren Eingang bei dem Beschwerdegericht jeweils zu verfahren ist, u zwar auch nicht für die Ehe- u Familienstreitsachen, für die eine Bezugnahme auf § 521 ZPO in § 117 fehlt. Nur aus § 68 Abs. 3 Satz 1 i.V.m. § 23 Abs. 2 analog ergibt sich daher, dass die **Beschwerdeschrift** den übrigen Beteiligten grds. zumindest formlos zu übermitteln ist; nur aus §§ 68 Abs. 3 Satz 1, 113 Abs. 1 Satz 2 i.V.m. § 172 ZPO analog ist herzuleiten, dass sie diesen bzw. ihren Verfahrensbevollmächtigten in **Ehe- u Familienstreitsachen** auch nach dem neuen Recht weiterhin förmlich zuzustellen ist (Johannsen/Henrich/*Althammer* § 68 Rn. 7).

35 Auch die **Beschwerdebegründung** ist den Beteiligten zur Wahrung des rechtlichen Gehörs grds. nur formlos zu übermitteln (Keidel/*Sternal* § 68 Rn. 40). Nur wenn – wie es allerdings zur Wahrung des rechtlichen Gehörs i.d.R. zweckmäßig sein wird u im Amtsverfahren zusätzlich auch wegen des dort herrschenden Untersuchungsgrundsatzes (KKW/*Schmidt* § 12 FGG Rn. 68) geboten sein kann – bei dieser Gelegenheit zugleich eine **Frist zur Beschwerdeerwiderung** gesetzt wird, ist die Beschwerdebegründung den Beteiligten gem. § 15 Abs. 1 in der nach § 15 Abs. 2 vorgeschriebenen Form, also entweder durch Zustellung nach der ZPO oder durch Aufgabe zur Post nach § 15 Abs. 2 Satz 2 unter Beifügung einer beglaubigten Abschrift der Fristsetzungsverfügung des Vorsitzenden (BGH NJW 2009, 515) bekannt zu geben (Keidel/*Sternal* § 68 Rn. 40). In **Ehe- u Familienstreitsachen** richtet sich die Setzung einer Frist zur Beschwerdeerwiderung nach § 117 Abs. 2 Satz 1 i.V.m. § 521 Abs. 2 ZPO (§ 117 Rdn. 37). Für die Bekanntgabe der Beschwerdebegründung gelten aber auch in diesen Verfahren nur die allgemeinen Vorschriften, denn ein Verweis auch auf § 521 Abs. 1 ZPO ist in § 117 Abs. 2 Satz 1 nicht enthalten.

36 **II. Wiederholung erstinstanzlicher Verfahrenshandlungen. 1. Grundsatz.** § 68 Abs. 3 Satz 2 regelt, dass das Beschwerdegericht – also der gesamte Spruchkörper und nicht nur der Vorsitzende (*Maurer* FamRZ 2009, 465, 477) – nach pflichtgemäßem Ermessen (BT-Drucks. 16/308, S. 207; *Rackl* S. 168; a.A. Prütting/Helms/*Abramenko* § 68 Rn. 30: Beurteilungsspielraum) von der Wiederholung eines Termins, einer mündlichen Verhandlung oder einer sonstigen, einzelnen Verfahrenshandlung (insb. also von einer erneuten Anhörung oder von einer erneuten Beweisaufnahme) absehen kann, wenn diese bereits in der ersten Instanz ordnungsgemäß durchgeführt wurde u von einer erneuten Vornahme keine zusätzlichen Erkenntnisse zu erwarten sind. Von § 68 Abs. 3 Satz 2 ebenfalls erfasst ist aber auch der Fall, dass die Vornahme der Verfahrenshandlung nach den allg. Vorschriften schon in erster Instanz ausnahmsweise entbehrlich war (OLG Schleswig, FamRZ 2010, 1178 ff., 1179 f.; OLG Düsseldorf FGPrax 2011, 125, 126).

37 Die Vorschrift soll nach der Vorstellung des Gesetzgebers der effizienten Nutzung gerichtlicher Ressourcen in der Beschwerdeinstanz dienen u etwa unnötige doppelte Beweisaufnahmen verhindern oder die Durchführung eines Verhandlungstermins entbehrlich machen, wenn die Sache bereits in der ersten Instanz im erforderlichen Umfang mit den Beteiligten erörtert wurde (BT-Drucks. 16/6308 S. 207). Jedoch war bereits nach dem bisherigen Recht die Durchführung eines Termins oder einer mündlichen Verhandlung (außer bei den der ZPO unterliegenden Ehe- u Familienstreitsachen) nur für Familiensachen i.R.d. Scheidungsverbundes oder im Einzelfall aufgrund von Spezialregelungen vorgeschrieben (KKW/*Meyer-Holz* vor §§ 8 bis 18 FGG Rn. 9), die Wiederholung einer Anhörung war schon bisher nur unter besonderen Voraussetzungen notwendig u auch die Wiederholung der Tatsachenfeststellung in der Rechtsmittelinstanz stand schon bisher grds. im pflichtgemäßen Ermessen des Gerichts (KKW/*Schmidt* § 12 FGG Rn. 72; KKW/*Sternal* § 23 FGG Rn. 16, jeweils m.w.N.). An diesen Grundsätzen hat sich auch durch die Neuregelung nichts Wesentliches geändert.

38 **2. Wiederholung der mündlichen Verhandlung.** Die wiederholte Durchführung einer mündlichen Verhandlung im Beschwerdeverfahren ist unter den Voraussetzungen der Neuregelung grds. auch dann entbehrlich, wenn eine solche in der ersten Instanz aufgrund von Sondervorschriften durchgeführt werden muss (wie z.B. § 15 LwVG) oder jedenfalls i.d.R. durchgeführt werden soll (wie z.B. beim VA, § 221 Abs. 1, oder in Haushaltssachen, § 207). Anders als bisher kann unter den Voraussetzungen des § 68 Abs. 3 Satz 2 – u somit deutlich weitergehend als nach dem in seiner Funktion sonst ähnlichen § 522 Abs. 2 ZPO (Prütting/Helms/*Feskorn* § 117 Rn. 49) – eine mündliche Verhandlung in der Beschwerdeinstanz sogar in den

bisher ohne Einschränkung dem Berufungsrecht der ZPO unterliegenden **Ehe- u Familienstreitsachen** unterbleiben (kritisch dazu *Schürmann* FamRB 2009, 24, 28), wobei das Beschwerdegericht auf eine derartige Verfahrensweise lediglich zuvor nach § 117 Abs. 3 ausdrücklich **hinzuweisen** hat. Sieht das Beschwerdegericht in einer Familienstreitsache von der Durchführung einer mündlichen Verhandlung ab und entscheidet im schriftlichen Verfahren, so ist aber der Erlass eines **Versäumnisbeschlusses** nicht zulässig (BGH FuR 2015, 232). Außerhalb der Ehe- u Familienstreitsachen schreibt das Gesetz einen vergleichbaren Hinweis dagegen nicht ausdrücklich vor. Er wird aber zur Gewährleistung eines fairen Verfahrens u zur Vermeidung von Überraschungen für die Beteiligten häufig ebenfalls geboten sein; z.B. auch in sonstigen Familiensachen sollte ohne einen derartigen Hinweis i.d.R. auch sonst nicht im rein schriftlichen Verfahren entschieden werden. Bei Vorliegen der Voraussetzungen des § 68 Abs. 3 Satz 2 steht dem Verzicht auf eine erneute mündliche Verhandlung dabei auch nicht entgegen, wenn eine solche zuvor bereits anberaumt war u sich ihre Entbehrlichkeit erst nachträglich herausstellt (OLG Düsseldorf FamRZ 2005, 1499 f.; OLG Celle MDR 2009, 1303, a.A. OLG Zweibrücken OLGR 2004, 523, jeweils zu § 522 Abs. 2 ZPO). Eine solche Vorgehensweise ist auch in verfassungsrechtlicher Hinsicht nicht zu beanstanden (BVerfG NJW 2011, 3356, 3357, ebenfalls zu § 522 Abs. 2 ZPO).

39 Die Regelung des § 68 Abs. 3 Satz 2 ist mit **Art. 6 EMRK** vereinbar, das Beschwerdegericht hat diese Vorschrift jedoch konform mit der EMRK auszulegen u bei der Ausübung des ihm durch sie eingeräumten Ermessens auch die Rechtsprechung des EGMR zu beachten (BT-Drucks. 16/6308 S. 207 f.). Art. 6 EMRK enthält zwar den Grundsatz der mündlichen Verhandlung für den »Zivilprozess«, worunter nach der Rspr. des EGMR auch Ehe-, Kindschafts- u Unterbringungssachen fallen (Meyer/Ladewig Art. 6 EMRK Rn. 8), jedoch kann von einer erneuten mündlichen Verhandlung in der Rechtsmittelinstanz jedenfalls dann abgesehen werden, wenn eine solche schon in der ersten Instanz stattgefunden hat u wenn nur zur Zulässigkeit verhandelt wird, wenn die sachlichen Angriffe des Rechtsmittelführers für die Entscheidung ohne Bedeutung sind oder wenn diese angemessen auf der Grundlage der Akten u ohne eigene Tatsachenermittlung des Rechtsmittelgerichts behandelt werden können (OLG Celle NJW 2002, 2800 zu § 522 ZPO). Eine erneute mündl. Verhandlung ist auch nach der Rspr. des EGMR nur dann erforderlich, wenn der Fall schwierig ist u nicht einfache tatsächliche Fragen von erheblicher Bedeutung eine Rolle spielen (Meyer/Ladewig Art. 6 EMRK Rn. 66). Auch Bedenken wegen eines Verstoßes gegen Art. 19 Abs. 4, 101 Abs. 1 Satz 2 (BVerfG NJW 2003, 281) oder gegen Art. 103 Abs. 1 GG (OLG Düsseldorf FamRZ 2005, 1499, 1500) bestehen bei einer sachlich zutreffenden Handhabung der neuen Vorschrift nicht.

40 **3. Wiederholung von Anhörungen.** Die Wiederholung einer durch das Gesetz vorgeschriebenen, wegen der Schwere des Eingriffs oder zur Wahrung des rechtlichen Gehörs gebotenen Anhörung eines Beteiligten ist wie bisher jedenfalls dann erforderlich, wenn Bedenken an der Richtigkeit und Vollständigkeit der erstinstanzlichen Feststellungen bestehen oder die Entscheidung zum Nachteil des anzuhörenden Betroffenen abgeändert werden soll (BVerfG NJW-RR 2004, 577, 578; Keidel/*Sternal* § 68 Rn. 59), wenn wesentliche neue Tatsachen zu erörtern sind, die in der ersten Instanz noch nicht zur Sprache gekommen sind (OLG Celle OLGR 1995, 297; Johannsen/Henrich/*Althammer* § 68 Rn. 8), wenn der Akteninhalt den persönlichen Eindruck von dem anzuhörenden Beteiligten nicht hinreichend vermittelt (BGH MDR 2010, 1043; BayObLG FamRZ 2001, 1555, 1556; Johannsen/Henrich/*Althammer* § 68 Rn. 8), wenn die erstinstanzliche Anhörung schon länger zurückliegt (OLG Köln FGPrax 2009, 71: 6 Monate sind zu lang) oder wenn bei deren Durchführung zwingende erstinstanzliche Verfahrensvorschriften verletzt worden sind (BGH FamRZ 2013, 31; FamRZ 2012, 619; 2012, 104), insb. etwa auch deshalb, weil einem Betroffenen in erster Instanz das rechtliche Gehör nicht gewährt wurde (BGH MDR 2010, 1043). Eine maßgebliche Veränderung der Sachlage, die eine erneute – oder ggf. sogar erstmalige (BGH FamRZ 2012, 1207, 1208 m. Anm. *Fröschle*) – Anhörung des Betroffenen in einem Betreuungsverfahren gebietet, ist insb. auch dann gegeben, wenn dieser aufgrund eines zwischenzeitlichen Sinneswandels mit der Betreuung nicht mehr einverstanden ist (BGH FamRZ 2011, 880) oder wenn Anhaltspunkte dafür vorliegen, dass ein Betroffener an seinen in der erstinstanzlichen Anhörung geäußerten Wunsch, eine bestimmte Person zu seinen Betreuer zu bestellten nicht mehr festhält (BGH FamRZ 2013, 286, 287).

41 **Entbehrlich** ist eine erneute Anhörung in der Beschwerdeinstanz – ebenfalls nach den gleichen Maßstäben wie bisher – insb. z.B. dann, wenn die Beschwerde zurückgewiesen werden soll u sich aus den Akten nichts ergibt, was eine nochmalige Anhörung erforderlich erscheinen lässt, wenn es in der Beschwerdeinstanz nur um Rechtsfragen geht, wenn die Beschwerde ohnehin ohne Sachentscheidung als unzulässig verworfen werden soll oder wenn der angefochtene Beschluss in jedem Fall aufzuheben ist, ohne dass es auf das Ergebnis

einer wiederholten Anhörung noch ankäme (KKW/*Kayser* § 69g FGG Rn. 29 m.w.N.). Wird die Anhörung vom Beschwerdegericht für entbehrlich gehalten, dann müssen die Gründe dafür in den Entscheidungsgründen der Beschwerdeentscheidung nachprüfbar dargelegt werden (Keidel/*Sternal* § 68 Rn. 59a). Ist dies nicht der Fall, kann die Entscheidung allein wegen des darin liegenden Verfahrensfehlers aufgehoben werden (BGH FamRZ 2012, 968, 969). Eine ausdrückliche Begründung ist nur dann entbehrlich, wenn aus den weiteren Entscheidungsgründen auch ohne sie ersichtlich wird, dass das Beschwerdegericht in zulässiger Weise von einer erneuten persönlichen Anhörung absehen konnte (BGH FamRZ 2012, 968, 969).

Ob eine erneute Anhörung in Ehesachen (§ 128) geboten ist, richtet sich nach der Art des Angriffs gegen den Scheidungsausspruch. Wird z.B. mit der Beschwerde geltend gemacht, dass über die Scheidung entgegen § 137 Abs. 1 nicht gemeinsam mit allen Folgesachen entschieden worden sei, ist eine erneute Anhörung i.d.R. entbehrlich. Betrifft das Rechtsmittel die Frage des Scheiterns der Ehe oder das Vorliegen eines Härtegrundes gem. den §§ 1565 Abs. 2, 1568 BGB, wird eine erneute Anhörung dagegen regelmäßig geboten sein (Zöller/*Feskorn* § 68 Rn. 10). 42

4. Wiederholung der Beweisaufnahme. Obwohl das Beschwerdeverfahren grds. als vollwertige zweite Tatsacheninstanz ausgestaltet worden ist (vor §§ 58 bis 75 Rdn. 7, § 69 Rdn. 7, § 117 Rdn. 2 f.), steht unter den Voraussetzungen von § 68 Abs. 3 Satz 2 auch die Wiederholung der **Tatsachenfeststellung** im pflichtgemäßen Ermessen des Beschwerdegerichts (§ 26). 43

Die Notwendigkeit einer erneuten Tatsachenfeststellung u insb. einer wiederholten Beweisaufnahme ist damit in einer Weise geregelt, die einerseits hinter § 525 ZPO in der bis zum Inkrafttreten der ZPO-Reform geltenden Fassung mit seinem grundsätzlichen Erfordernis einer vollständigen Wiederholung der ersten Instanz zurückbleibt, jedoch andererseits trotz des vom Gesetzgeber ausdrücklich gewünschten, sparsamen Umgangs mit den Personalressourcen der Justiz eine Wiederholung der Beweisaufnahme nach seinem Wortlaut jedenfalls tendenziell eher angebracht erscheinen lässt als nach § 529 Abs. 1 Nr. 1 ZPO, wonach eine Wiederholung der erstinstanzlichen Tatsachenfeststellung nur dann ausnahmsweise zulässig u geboten ist, wenn konkrete Anhaltspunkte Zweifel an der Richtigkeit u Vollständigkeit der entscheidungserheblichen Feststellungen begründen. 44

Zumindest in all den Situationen, in denen nach der von der Rspr. entwickelten Kasuistik zu § 529 Abs. 1 Nr. 1 ZPO sogar konkrete Anhaltspunkte für Zweifel an der Richtigkeit oder Vollständigkeit der erstinstanzlichen Tatsachenfeststellungen im Sinne dieser Vorschrift bejaht werden (Zöller/*Heßler* § 529 ZPO Rn. 5–11; Musielak/*Ball* § 529 ZPO Rn. 4–18, jeweils m.w.N.) ist daher auch für das Verfahren nach dem FamFG in jedem Fall von der Notwendigkeit einer erneuten Tatsachenfeststellung u erforderlichenfalls der Wiederholung oder Ergänzung einer erstinstanzlichen Beweisaufnahme auszugehen. Insbes. wird eine solche Wiederholung somit – wie bisher – jedenfalls dann geboten sein, wenn die Beweisaufnahme in erster Instanz an einem Verfahrensmangel leidet, der nicht entsprechend § 295 Abs. 1 ZPO geheilt worden ist u von dem zumindest nicht ausgeschlossen werden kann, dass er das Ergebnis der erstinstanzlichen Entscheidung beeinflusst hat (KKW/*Schmidt* § 12 FGG Rn. 72; KKW/*Sternal* § 23 FGG Rn. 16, jeweils m.w.N.). Die Wiederholung einer Zeugenvernehmung ist – ebenfalls wie bisher – jedenfalls dann erforderlich, wenn das Beschwerdegericht der Aussage eines Zeugen einen anderen, vom protokollierten Wortlaut abweichenden Sinn beimessen (BGH MDR 1991, 670), wenn es dessen Glaubwürdigkeit abweichend von der Beurteilung des Erstgerichts einschätzen (BGH NJW 1991, 3285, 3286) oder wenn es ihr jedenfalls in der Gesamtwürdigung der Aussage ein anderes Gewicht beimessen will (BGH NJW 2000, 1999, 2000). 45

E. Einzelrichter. I. Allgemeines. Gem. § 68 Abs. 4 kann das Beschwerdegericht den Rechtsstreit einem seiner Mitglieder durch Beschluss als Einzelrichter zur Entscheidung übertragen. Diese Neuregelung knüpft inhaltlich an den bisherigen, durch die ZPO-Reform neu gefassten § 30 Abs. 1 Satz 3 FGG an, sieht die Möglichkeit des Einzelrichtereinsatzes aber in Angleichung an u in Übereinstimmung mit § 526 ZPO künftig nicht mehr nur für die – ohnehin nur noch gem. § 72 Abs. 2 GVG n.F. für die Entscheidungen der Betreuungsgerichte u in Freiheitsentziehungssachen als Beschwerdeinstanz zuständigen – Zivilkammern beim LG vor, sondern für sämtliche Beschwerdeverfahren, u betrifft somit nunmehr auch die Beschwerdezuständigkeit *der OLG*. 46

Entsprechend der allgemeinen Tendenz des Gesetzgebers zu einer immer weitergehenden Einschränkung des Kollegialprinzips sollte damit offenbar der Einsatzbereich für den erst mit der ZPO-Reform überhaupt in das Recht der freiwilligen Gerichtsbarkeit eingeführten Einzelrichter weiter ausgedehnt werden. Jedoch kennt auch das FamFG nach wie vor nicht den **originären Einzelrichter** i.S.d. § 568 ZPO und zumindest 47 im Grundsatz auch nicht den **vorbereitenden Einzelrichter** i.S.d. § 527 ZPO. Die früher für Endentscheidungen dem Berufungsrecht u i.Ü. dem Beschwerderecht der ZPO unterliegenden Ehe- u Familienstreitsachen u die weiteren, bisher der befristeten Beschwerde nach § 621e ZPO unterliegenden Familiensachen waren aufgrund der Neuregelung aus dem Anwendungsbereich dieser Vorschrift zunächst vollständig herausgefallen. Auch für sie gab es bis zum 31.12.2012 nur noch den fakultativen Einzelrichter nach § 68 Abs. 4 i.V.m. § 526 ZPO (*Schürmann* FamRB 2009, 24, 27). Im Ergebnis führte die Neuregelung also in dieser Hinsicht sogar zu einer teilweisen Einschränkung des Einzelrichterprinzips (bedauert von *Gutjahr* FPR 2006, 433, 435). Der Gesetzgeber hat dies jedoch mittlerweile erkannt und teilweise korrigiert. Mit Wirkung seit dem 01.01.2013 ist daher durch das RechtsbehelfsbelehrungsG zumindest für das Beschwerdeverfahren in Ehe- und Familienstreitsachen immerhin der vorbereitende Einzelrichter wieder eingeführt worden, § 117 Abs. 2 Satz 1 i.V.m. § 527 ZPO. Darüber hinaus bleiben auch die Vorschriften der ZPO über den beauftragten u ersuchten Richter (§§ 361f ZPO) über die Verweisungen gem. § 30 Abs. 1 u § 113 Abs. 1 für das FamFG-Verfahren weiter anwendbar.

48 Zu einer weiteren Einschränkung des Einzelrichterprinzips im Vergleich zur ZPO kommt es auch, soweit gem. § 68 Abs. 4 Halbs. 2 **Richter auf Probe** als Einzelrichter nicht zugelassen sind, was die BReg in ihrer Stellungnahme (BT-Drucks. 16/6308 Anlage 3, S. 410) zu dem abweichenden Vorschlag des BR (BT-Drucks. 16/6308 Anlage 2, S. 368 f.) zu Recht abgelehnt hat, weil gegen die zu treffenden Beschwerdeentscheidungen in der weit überwiegenden Mehrzahl der Fälle ein weiteres Rechtsmittel nicht mehr gegeben ist u daher die größere berufliche Erfahrung eines Lebenszeitrichters auch für die landgerichtlichen Beschwerdesachen – in denen der Einsatz von Proberichtern ansonsten grds. in Betracht käme – als unabdingbar erscheine. Die in dieser Hinsicht vom BR gerügte Ungleichbehandlung des Einzelrichters in den verschiedenen Verfahrensordnungen sollte in einer künftigen Reform eher in der Weise beseitigt werden, dass Proberichter auch in der ZPO als Einzelrichter nicht mehr zugelassen werden.
Entscheidet das Beschwerdegericht in einer vom Gesetz dem Kollegium zugewiesenen Sache unbefugt, d.h. ohne Übertragung auf den Einzelrichter nach § 68 Abs. 4, durch den Einzelrichter, so liegt darin eine von Amts wegen zu berücksichtigende Verletzung des Verfassungsgebots des gesetzlichen Richters (willkürliche Zuständigkeitsüberschreitung), die als absoluter Rechtsbeschwerdegrund zur Aufhebung der Entscheidung führt (BGH NZFam 2016, 116).

49 **II. Einzelheiten.** Gem. § 68 Abs. 4 Halbs. 2 gilt für die Übertragung auf den fakultativen Einzelrichter § 526 ZPO mit der genannten Maßgabe entsprechend, dass eine Übertragung auf einen Proberichter ausgeschlossen ist. Das bedeutet – wobei wegen weiterer Einzelheiten auch auf die Kommentierungen zu § 526 ZPO Bezug genommen werden kann – Folgendes:

50 **1. Übertragung auf den Einzelrichter.** Entsprechend § 526 Abs. 1 ZPO ist die Übertragung auf den Einzelrichter zulässig, wenn die angefochtene Entscheidung von einem Einzelrichter erlassen wurde. Einzelrichter i.d.S. ist sowohl der Richter als auch der Rechtspfleger in den Fällen des § 11 Abs. 1 RPflG; kein Einzelrichter ist der nach § 349 Abs. 2 und 3 ZPO anstelle der Kammer entscheidende Vorsitzende einer Kammer für Handelssachen (BGH NJW 2004, 856; a.A. Zöller/*Heßler* § 526 ZPO Rn. 4) oder der nach § 20 Abs. 1 LwVG allein entscheidende Vorsitzende des Landwirtschaftsgerichts (Keidel/*Sternal* § 68 Rn. 98). Weiterhin darf die Sache keine besonderen Schwierigkeiten rechtlicher oder tatsächlicher Art. aufweisen u keine grundsätzliche Bedeutung haben; ob dies der Fall ist, richtet sich nach den gleichen Maßstäben wie in den §§ 348, 348a ZPO.

51 Schließlich ist die Übertragung entsprechend § 526 Abs. 1 Nr. 4 ZPO nur zulässig, wenn nicht zuvor bereits in der Hauptsache mündlich verhandelt wurde, es sei denn, dass inzwischen eine Vorbehalts-, Teil- oder Zwischenentscheidung ergangen ist. Eine entsprechende Anwendung dieser Vorschrift auf den Fall, dass der gesamte Spruchkörper die mündliche Verhandlung bis zur Entscheidungsreife vorangetrieben hat, sodass auch im Zivilprozess der späteste Zeitpunkt überschritten wäre, zu dem noch eine Übertragung auf den Einzelrichter hätte stattfinden können (Prütting/Helms/*Abramenko* § 68 Rn. 36), dürfte – trotz der grds. vom Zivilprozess abweichenden Funktion der mündlichen Verhandlung im FamFG-Verfahren – schon wegen der begrifflichen Unschärfe eines solchen Kriteriums und den sich daraus ergebenden Abgrenzungsproblemen eher nicht in Betracht kommen.

52 **2. Rückübertragung auf den Spruchkörper.** Entspr § 526 Abs. 2 Nr. 1 ZPO ist ausnahmsweise die Rückübertragung auf die Kammer oder den Senat möglich, wenn sich aus einer wesentlichen Änderung der Prozesslage tatsächliche oder rechtliche Schwierigkeiten der Sache oder die grundsätzliche Bedeutung der

Rechtssache nachträglich ergeben. Entspr § 526 Abs. 2 Nr. 2 ZPO ist sie außerdem zulässig, wenn die »Parteien« dies übereinstimmend beantragen; dabei ist als »Partei« in diesem Sinne allerdings wohl nur derjenige Beteiligte i.S.d. FamFG anzusehen, dem auch ein eigenes Beschwerderecht zustehen würde, der also an dem Verfahren nicht lediglich zur Wahrung des rechtlichen Gehörs oder zur Sachverhaltsermittlung beteiligt wird (Prütting/Helms/*Abramenko* § 68 Rn. 41). Die Rückübertragung erfolgt nach Vorlage durch den Einzelrichter u Anhörung der Beteiligten durch Übernahmebeschluss des jeweiligen Gesamtspruchkörpers (a.A. Zöller/*Heßler*, § 526 ZPO Rn. 13: Beschluss des Einzelrichters). Eine erneute Übertragung auf den Einzelrichter ist entsprechend § 526 Abs. 2 Satz 3 ZPO ausgeschlossen.

3. Unanfechtbarkeit von Übertragungsentscheidungen. Entsprechend § 526 Abs. 3 ZPO kann auf eine erfolgte oder unterlassene Übertragung, Vorlage oder (Rück-)übernahme ein Rechtsmittel nicht gestützt werden. Entscheidet jedoch der Einzelrichter, ohne dass zuvor ein ordnungsgemäßer Übertragungsbeschluss ergangen ist, so liegt ein absoluter Rechtsbeschwerdegrund im Sinne von § 72 Abs. 3 FamFG i.V.m. § 547 Nr. 1 ZPO vor (BayObLG FGPrax 2004, 77; OLG Zweibrücken, FGPrax 2003, 268; Bumiller/Harders § 72 Rn. 17); das Gleiche gilt umgekehrt auch bei Entscheidung durch den gesamten Spruchkörper, wenn eine Rückübertragung nach § 526 Abs. 2 ZPO nicht stattgefunden hat. 53

4. Kammern für Handelssachen. Die Verweisung auf § 526 Abs. 4 ZPO geht zumindest weitgehend ins Leere, weil ein Fall, in dem eine Beschwerde nach dem FamFG durch eine Kammer für Handelssachen beim LG entschieden wird u in dem daher eine Übertragung der Beschwerdeentscheidung an deren Vorsitzenden als Einzelrichter in Betracht käme, wegen der Verschiebung der Beschwerdezuständigkeit in den bisher von den Kammern für Handelssachen bearbeiteten Verfahren auf das OLG gem. § 119 Abs. Nr. 1b) GVG n.F. kaum noch denkbar erscheint. Allenfalls aus Spezialgesetzen – die jedoch nicht ersichtlich sind – könnte sich eine Beschwerdezuständigkeit der Kammer für Handelssachen auch jetzt noch ergeben (zur insoweit in sich widersprüchlichen Gesetzesbegründung vgl. BT-Drucks. 16/6308 S. 208). 54

III. Spezialvorschriften. Sondervorschriften enthalten unter anderem die §§ 2 Abs. 2, 20 Abs. 1 LwVG (fakultativer Einzelrichter beim Landwirtschaftsgericht nur in den in § 20 Abs. 1 LwVG enumerativ aufgezählten Sonderfällen) sowie §§ 57 Abs. 5, 58 Abs. 1 Satz 1, 59 Abs. 1 Satz 5, 60 Satz 2 FamGKG, 14 Abs. 7 KostO, 4 Abs. 7 JVEG (originärer Einzelrichter in Kostenangelegenheiten). In Verfahren nach dem IntFamRVG ist der Einsatz des Einzelrichters ausgeschlossen (§ 40 Abs. 2 IntFamRVG). 55

§ 69 Beschwerdeentscheidung.

(1) ¹Das Beschwerdegericht hat in der Sache selbst zu entscheiden. ²Es darf die Sache unter Aufhebung des angefochtenen Beschlusses und des Verfahrens nur dann an das Gericht des ersten Rechtszugs zurückverweisen, wenn dieses in der Sache noch nicht entschieden hat. ³Das Gleiche gilt, soweit das Verfahren an einem wesentlichen Mangel leidet und zur Entscheidung eine umfangreiche oder aufwändige Beweiserhebung notwendig wäre und ein Beteiligter die Zurückverweisung beantragt. ⁴Das Gericht des ersten Rechtszugs hat die rechtliche Beurteilung, die das Beschwerdegericht der Aufhebung zugrunde gelegt hat, auch seiner Entscheidung zugrunde zu legen.
(2) Der Beschluss des Beschwerdegerichts ist zu begründen.
(3) Für die Beschwerdeentscheidung gelten im Übrigen die Vorschriften über den Beschluss im ersten Rechtszug entsprechend.

Übersicht

	Rdn.		Rdn.
A. Allgemeines und Prüfungsumfang des Beschwerdegerichts	1	II. Voraussetzungen einer Zurückverweisung	11
I. Prüfungspflicht des Beschwerdegerichts . .	1	1. Unterschiede zum bisherigen Recht . . .	12
II. Gegenstand des Beschwerdeverfahrens . .	2	2. Fehlende Entscheidung in der Sache . .	15
1. Verfahren im öffentlichen Interesse	3	3. Wesentlicher Verfahrensmangel	17
2. Verfahren im Privatinteresse	5	a) Wesentlicher Verfahrensmangel	19
III. Anwendbares Recht	8	b) Umfangreiche oder aufwendige Beweisaufnahme	22
B. Zurückverweisung	9		
I. Grundsatz der Selbstentscheidung	9	4. Zurückverweisung nur auf Antrag	26

	Rdn.		Rdn.
III. Inhalt der Zurückverweisungsentscheidung	29	III. Form und Umfang der Entscheidungsbegründung	45
IV. Bindungswirkung	30	IV. Folgen von Begründungsmängeln	49
1. Bindung des Erstgerichts	30	E. Verweis auf die Vorschriften über den Beschluss im ersten Rechtszug	50
2. Bindung des Beschwerdegerichts	32	F. Wirksamwerden der Beschwerdeentscheidung	53
3. Bindung des Rechtsbeschwerdegerichts	33	I. Grundsatz	53
C. Verschlechterungsverbot	34	II. Ausnahmen kraft Gesetzes	54
I. Verfahren im öffentlichen Interesse	35	1. Aufgeschobene Wirksamkeit	54
II. Verfahren im Privatinteresse	36	2. Unterausnahme: Anordnung der sofortigen Wirksamkeit im Einzelfall	55
III. Versorgungsausgleich	37	III. Aussetzung der Vollziehung und einstweilige Anordnungen des Rechtsbeschwerdegerichts	57
IV. Reichweite des Verschlechterungsverbots	39		
D. Begründung der Beschwerdeentscheidung	42		
I. Grundsatz des Begründungszwangs	42		
II. Ausnahmen	43		

1 **A. Allgemeines und Prüfungsumfang des Beschwerdegerichts. I. Prüfungspflicht des Beschwerdegerichts.** Als echte zweite Tatsacheninstanz tritt das Beschwerdegericht in den Grenzen der Beschwerde vollständig an die Stelle des Erstgerichts (KG FamRZ 2011, 1069), u zwar nicht nur in den (sonstigen) Verfahren der freiwilligen Gerichtsbarkeit, sondern zumindest grds. auch in den Ehe- u Familienstreitsachen (*Borth* FamRZ 2007, 1925, 1931). Das Beschwerdegericht muss daher eine eigene Sachentscheidung treffen, auch wenn dem Familiengericht Verfahrensfehler unterlaufen sind. Nur wenn das Familiengericht überhaupt keine Sachentscheidung getroffen hat, etwa wenn es einen Antrag zu Unrecht als unzulässig abgewiesen hat, darf das Beschwerdegericht die angegriffene Entscheidung ohne weiteres aufheben und die Sache an das Familiengericht zurückverweisen. Ansonsten kommt dies nur in Betracht wenn das Verfahren an einem wesentlichen Mangel leidet, zur Entscheidung eine umfangreiche oder aufwändige Beweiserhebung notwendig wäre und ein Beteiligter die Zurückverweisung beantragt, § 69 Abs. 1 Satz 3.

Das Beschwerdegericht hat die Entscheidung des Ausgangsgerichts in rechtlicher u tatsächlicher Hinsicht grds. umfassend – also nicht nur auf die erhobenen Beschwerderügen hin – zu überprüfen u seine eigene Entscheidung aufgrund der Sachlage zu treffen (BGH FamRZ 2011, 367; Keidel/*Sternal* § 68 Rn. 42 m.w.N.). Dabei darf es sich nicht auf eine Aufhebung der angefochtenen Entscheidung beschränken (Prütting/Helms/*Abramenko* § 69 Rn. 7) oder bei bestehender Entscheidungsreife das Ausgangsgericht zur Entscheidung unter Abstandnahme von seinen Bedenken anweisen (OLG Hamm OLGZ 1968, 80, 83). Eine Ausnahme wird man allerdings bei Beschwerden gegen die nunmehr nach § 352 ergehenden Beschlüsse über die Tatsachengrundlagen eines noch zu erteilenden Erbscheins zulassen müssen, die auch ersatzlos aufgehoben werden können (Prütting/Helms/*Abramenko* § 69 Rn. 7). Nur Ausführungshandlungen wie z.B. Registereintragungen, die Erteilung oder Einziehung eines Erbscheins (Bumiller/Harders § 69 Rn. 8), die Bestellung oder Entlassung eines Vormunds (BayObLGZ 1964, 17), Betreuers oder Pflegers oder die Entlassung eines Testamentsvollstreckers (OLG Karlsruhe FGPrax 2005, 33, 34) kann u muss das Beschwerdegericht dem dafür funktionell zuständigen Erstgericht überlassen. Dieses ist an die Anordnungen des Beschwerdegerichts gebunden. Gegen die Umsetzung der Entscheidung des Beschwerdegerichts durch das Erstgericht ist keine erneute Beschwerde zulässig, es sei denn, die Sach- oder Rechtslage hätte sich zwischenzeitlich geändert (Bumiller/Harders § 69 Rn. 8).

2 **II. Gegenstand des Beschwerdeverfahrens.** Der Gegenstand des Beschwerdeverfahrens wird bestimmt durch den Verfahrensgegenstand der ersten Instanz u die Anträge der Beteiligten, soweit diese über diesen Verfahrensgegenstand disponieren können.

3 **1. Verfahren im öffentlichen Interesse.** In **Amtsverfahren** u Verfahren, die zwar auf **Antrag** eingeleitet werden, aber vornehmlich **im öffentlichen Interesse** durchgeführt werden, ist wie bisher der von dem Gericht der ersten Instanz bestimmte Verfahrensgegenstand auch für das Beschwerdeverfahren maßgeblich (BayObLG FamRZ 1997, 1563; BGH FamRZ 2011, 367, jeweils zu Entscheidungen im Betreuungsverfahren). Eine Bindung an die Anträge der Beteiligten im Beschwerdeverfahren besteht daher vor allem bei den *bisherigen Familiensachen* der freiwilligen Gerichtsbarkeit nicht (*Gutjahr* FPR 2006, 433, 436). Daher kann z.B. bei der Anfechtung der Übertragung der elterlichen Sorge auf einen Elternteil durch den anderen Elternteil bei Gefährdung des Kindeswohls eine von beiden Eltern nicht beantragte Entziehung des Sorgerechts u Übertragung auf einen Vormund in Betracht kommen (*Gutjahr* FPR 2006, 433, 436; zurückhaltender Keidel/*Sternal* § 69 Rn. 23).

Die Beteiligten können auch nicht ihrerseits **den Verfahrensgegenstand** analog §§ 533, 263 ff., 528 Abs. 1 ZPO **ändern oder erweitern** (BayObLG FamRZ 1997, 1563), z.B. indem sie das Beschwerdeverfahren zu einer Regelung der elterlichen Sorge in der Beschwerdeinstanz auch auf das Umgangsverfahren ausweiten (OLG Hamm FamRZ 1980, 488, 489). Allenfalls die Genehmigung einer einverständlichen Umgangsregelung der Beteiligten durch das Beschwerdegericht in einem Sorgerechtsverfahren wird aus pragmatischen Gründen für möglich gehalten (OLG Karlsruhe FamRZ 1994, 1401; *Maurer* FamRZ 2009, 465, 469). Wie weit die von den Anträgen der Beteiligten losgelöste Entscheidungskompetenz des Beschwerdegerichts in den hier fraglichen Verfahren im Einzelnen reicht, insb. auch im Hinblick auf die Frage, ob das Verfahren von Amts wegen oder auf Antrag eingeleitet wurde, ist aber im Detail ungeklärt. Zu einer hier erhofften Klarstellung des Gesetzgebers im Zuge der FGG-Reform (*Gutdeutsch* FPR 2006, 433, 436) ist es nicht gekommen, so dass die weitere Klärung der Problematik auch künftig der Rspr. vorbehalten bleibt. Auch eine Disposition der Beteiligten durch eine für das Beschwerdegericht bindende (BGH FamRZ 1984, 990) Beschränkung des Streitstoffs in Form einer **Teilanfechtung** ist nur zulässig, soweit das Verfahren mehrere Verfahrensgegenstände betrifft oder sich die Anfechtung auf einen abtrennbaren Teil des Verfahrensgegenstandes bezieht (§ 64 Rdn. 17; *Gutjahr* FPR 2006, 433, 436).

2. Verfahren im Privatinteresse. Auch in **Antragsverfahren**, in denen – wie etwa im Erbscheinsverfahren – überwiegend **private Interessen** der Beteiligten im Mittelpunkt stehen, wird – wie in jedem Rechtsmittelverfahren – der Verfahrensgegenstand des Beschwerdeverfahrens durch den Verfahrensgegenstand der ersten Instanz bestimmt. Anders als bei den Verfahren im öffentlichen Interesse ist das Beschwerdegericht aber an die Anträge der Beteiligten gebunden (Keidel/*Sternal* § 64 Rn. 42 f. m.w.N.) u diese sind auch berechtigt, ihre Sachanträge innerhalb des durch den Verfahrensgegenstand vorgegebenen Rahmens zu ändern, zu erweitern oder zu beschränken, soweit dabei nur dessen Identität als solche gewahrt bleibt (OLG Hamm FamRZ 2012, 321 ff., 322; Keidel/*Sternal* § 64 Rn. 46 m.w.N.; a.A. OLG Dresden ZErb 2011, 249, jedoch unter Verweis auf Rspr. zum FGG, die auf das Beschwerdeverfahren nach dem FamFG aus den Gründen zu Rdn. 7 nicht übertragen werden kann). Nur eine vollständige Auswechselung des Verfahrensgegenstandes in der Beschwerdeinstanz ist – wie i.Ü. auch im Verfahren nach der ZPO (BGH FamRZ 2012, 785 ff., 786, st. Rspr.) – auch in diesen Verfahren der freiwilligen Gerichtsbarkeit unzulässig (OLG Hamm FamRZ 2012, 321 ff., 322).

Erst recht dürfen die Beteiligten in **echten Streitverfahren** der freiwilligen Gerichtsbarkeit über ihre Anträge auch durch Änderungen, Erweiterungen, Hilfsanträge oder Gegenanträge disponieren, wobei zumindest für diese Verfahren in der Rspr. zum FGG – anders als für die Amtsverfahren (BayObLG FamRZ 1994, 1068, 1069) – auch eine entsprechende Anwendung der §§ 525, 263 f., 531 u 533 Nr. 1 ZPO anerkannt war (BayObLG FamRZ 1997, 1563; NJW-RR 1995, 652; OLG Düsseldorf FGPrax 1999, 132, 133).

Nach dem neuen Recht hat sich zwar an dieser Dispositionsmöglichkeit der Beteiligten über den Gegenstand des Beschwerdeverfahrens u auch an der Bindung des Beschwerdegerichts an deren Anträge in solchen Verfahren nichts geändert. Eine entsprechende Anwendung der §§ 525, 263 f., 531 oder 533 ZPO kommt aber nicht mehr in Betracht, denn der Gesetzgeber hat solche Vorschriften bewusst in das FamFG nicht übernommen. Insbes. ein »Novenverbot« wie in § 531 oder eine nur eingeschränkte Zulässigkeit von Antragsänderungen wie in § 531 ZPO wären auch mit der von ihm verfolgten Konzeption einer grds. vollwertigen zweiten Tatsacheninstanz (vor §§ 58 bis 75 Rdn. 7, § 117 Rdn. 2 f.) nicht ohne Weiteres vereinbar gewesen. Die Beteiligten dürfen daher in der Beschwerdeinstanz in den hier infrage stehenden Verfahren nicht nur ihre Anträge in der Beschwerdeinstanz grds. ohne Weiteres ändern, sondern sie dürfen dies auch noch unter gleichzeitigem Nachschieben von neuem Tatsachenvortrag (§ 65 Rdn. 9 ff.) u selbst noch nach dem Ablauf einer ihnen ggf. gesetzten Frist zur Berufungsbegründung (§ 65 Rdn. 7). Das gilt in gleicher Weise sogar für die **Ehe- u Familienstreitsachen**, denn auch für diese hat der Gesetzgeber eine entspr Geltung der ZPO – außer bezüglich der Antragsbindung (§ 117 Rdn. 40) – ausdrücklich nicht (mehr) vorgesehen (§ 117 Rdn. 13 ff.).

III. Anwendbares Recht. Rechtliche Grundlage für die Entscheidung des Beschwerdegerichts ist das unter Berücksichtigung eventueller Überleitungsvorschriften z.Zt. der Entscheidung geltende materielle Recht

§ 69
Buch 1. Allgemeiner Teil

(BGH NJW 1977, 1733 f.; Jansen/*Briesemeister* § 27 FGG Rn. 37). Das Gleiche gilt grds. auch für das anzuwendende Verfahrensrecht, mit Ausnahme der Vorschriften über die Zulässigkeit von Rechtsmitteln, für die ausnahmsweise auf den Zeitpunkt der Einlegung des Rechtsmittels abzustellen ist. Für das Inkrafttreten des FamFG ist jedoch die Überleitungsvorschrift des Art. 111 FGG-RG zu beachten (§ 68 Rdn. 23).

9 **B. Zurückverweisung. I. Grundsatz der Selbstentscheidung.** Das Beschwerdegericht hat über die Beschwerde i.d.R. abschließend in der Sache selbst zu entscheiden, § 69 Abs. 1 Satz 1. Bereits für das – insoweit lückenhafte – FGG war jedoch anerkannt, dass ausnahmsweise eine Zurückverweisung an das Ausgangsgericht in Betracht kam, wenn dieses noch nicht in der Sache entschieden hatte oder die angefochtene Entscheidung sonst unter bestimmten, derart schwerwiegenden Verfahrensmängeln litt, dass den Beteiligten bei Unterbleiben einer Zurückverweisung faktisch eine Instanz genommen wurde (BayObLG NJW-RR 2002, 679, 680). § 69 Abs. 1 Satz 2 u 3 knüpft an diese Rspr. an u legt nun ausdrücklich fest, unter welchen Voraussetzungen eine Zurückverweisung an das Ausgangsgericht zulässig ist (BT-Drucks. 16/6308 S. 208).

10 Auch in den nunmehr gesetzlich geregelten Fällen, in denen eine Zurückverweisung zulässig ist, steht sie allerdings im – durch das Rechtsbeschwerdegericht überprüfbaren – **Ermessen** des Gerichts, ist also niemals zwingend vorgeschrieben (BGH FamRZ 2005, 971 zur ZPO-Berufung; Keidel/*Sternal* § 69 Rn. 15; Bork/Jacoby/Schwab/*Müther* § 69 Rn. 18; skeptisch wegen des den Anspruch auf den gesetzlichen Richter einschränkenden Verlustes einer Tatsacheninstanz Prütting/Helms/*Abramenko* § 69 Rn. 8; a.A. zur ZPO Musielak/*Ball* § 538 ZPO Rn. 2). Die Ausübung des Ermessens folgt den gleichen Grundsätzen wie bei § 538 ZPO. Danach ist jeweils eine Abwägung zwischen den Nachteilen des Zeit- u Kostenaufwandes einer Zurückverweisung einerseits u den Nachteilen des Verlusts einer Tatsacheninstanz andererseits beim Absehen von einer Zurückverweisung erforderlich (BGH NJW 2000, 2024, 2025 = EzFamR ZPO § 539 Nr. 8; FamRZ 2005, 971). Die Gesichtspunkte der Abwägung sind in der Beschwerdeentscheidung nachvollziehbar darzulegen, da diese ansonsten ihrerseits wegen eines Verfahrensmangels aufgehoben und zurückverwiesen werden kann (BGH MDR 2006, 645).

11 **II. Voraussetzungen einer Zurückverweisung.** Eine Zurückverweisung ist nach § 69 Abs. 1 Satz 2 u 3 nur in den beiden dort enumerativ aufgezählten Fallgruppen sowie außerdem nur dann zulässig, wenn sie von zumindest einem der Beteiligten ausdrücklich beantragt wird. Für Ehe- u Familienstreitsachen wird § 69 Abs. 1 Satz 2 u 3 dabei allerdings gem. § 117 Abs. 2 Satz 1 durch § 538 Abs. 2 ZPO verdrängt (a.A. *Schürmann* FamRB 2009, 24, 28); im Scheidungsverbund gilt die Sonderregelung des § 146. Hat das Rechtsbeschwerdegericht eine Sache an das Beschwerdegericht zurückverwiesen, darf dieses sie nicht seinerseits an das Erstgericht weiter verweisen, weil es dadurch in die Entscheidungskompetenz des Rechtsbeschwerdegerichts eingreifen würde, den Fall selbst im Wege der »Sprungzurückverweisung« (§ 74 Abs. 6 Satz 2, 2. Alt) sogleich dem Erstgericht zu übertragen (BayObLG FamRZ 1991, 724, 725; NJW-RR 1999, 452 f.).

12 **1. Unterschiede zum bisherigen Recht.** Die dabei vom Gesetzgeber auch über die Ehe- u Familienstreitsachen hinaus bewusst gewollte Anlehnung an § 538 Abs. 2 ZPO (BT-Drucks. 16/6308 S. 208) führt z.T. zu einer Einschränkung der Zurückverweisungsmöglichkeiten ggü. dem bisherigen Rechtszustand. Eine Zurückverweisung ist nämlich nunmehr auch im Verfahren der freiwilligen Gerichtsbarkeit in Anlehnung an § 538 Abs. 2 Satz 1 ZPO nur noch auf ausdrücklichen Antrag eines Beteiligten möglich (näher Rdn. 26 ff., a.A. *Gutjahr* FPR 2006, 433, 436: nur bei Entscheidung in der Sache); für den Fall der unzulässigen Teilentscheidung geht das FamFG wegen des Fehlens einer § 538 Abs. 2 Satz 3 ZPO entsprechenden Vorschrift über die ZPO sogar noch hinaus. Das gilt auch für die früheren Fälle der befristeten Beschwerde nach § 621e ZPO, für welche die Möglichkeit einer Zurückverweisung auch ohne Antrag eines Beteiligten bisher zumindest noch mit der Begründung vertreten werden konnte, dass in § 621e Abs. 3 Satz 2 ZPO nicht ausdrücklich auf § 538 Abs. 2 ZPO verwiesen wurde (vgl. OLG Köln FamRZ 2005, 1921, 1922 f.; OLG Hamm FamRZ 2007, 1257, 1258; Musielak/*Borth* § 621e ZPO Rn. 26; a.A. allerdings auch schon bisher Zöller/*Philippi*, 27. Aufl. § 621e ZPO Rn. 76 m.w.N.). Auch für Amtsverfahren, in denen ein derartiges Antragserfordernis bisher für systemwidrig gehalten wurde (KKW/*Schmidt* § 12 FGG Rn. 73) wird hier vom Gesetzgeber keine Differenzierung vorgenommen.

13 Die genannten Voraussetzungen der Zurückverweisung gelten nach dem eindeutigen Wortlaut des Gesetzes ohne jede Einschränkung, also selbst beim Vorliegen »absoluter« Rechtsbeschwerdegründe i.S.d. § 72 Abs. 3 i.V.m. § 547 Nr. 1–6 ZPO bis hin z.B. zu einem vollständigen Fehlen der Entscheidungsgründe (a.A. – jeweils ohne Begründung – z.B. OLG Hamm FGPrax, 143, 144 u OLG Düsseldorf FGPrax 2010, 98, 99). Selbst eine aufwendige Beweisaufnahme muss danach bei fehlendem Zurückverweisungsantrag künftig durch das Beschwerdegericht selbst durchgeführt werden. Ob dieser rigorose Vorrang des Beschleunigungsgrundsatzes tatsächlich sinnvoll ist, bleibt dahingestellt. Erst langfristig wird sich zeigen, in welchem Umfang z.B. die Beteiligten von der Möglichkeit eines Zurückverweisungsantrages unter dem neuen Recht Gebrauch machen. Noch mehr als schon bisher (Zöller/*Heßler* § 538 ZPO Rn. 7) empfiehlt es sich aber nach dem neuen Recht, die Frage einer möglichen Zurückverweisung mit den Beteiligten ausdrücklich zu erörtern, damit ein denkbarer Zurückverweisungsantrag zumindest nicht irrtümlich unterbleibt.

Die strengen Voraussetzungen des § 69 Abs. 1 für eine Zurückverweisung gelten allerdings nur im Anwendungsbereich dieser Vorschrift, also nur für Beschwerden gegen Endentscheidungen. Für alle diejenigen Fälle, in denen das Gesetz die **sofortige Beschwerde entsprechend §§ 567 ff. ZPO** gegen Zwischen- u Nebenentscheidungen (§ 58 Rdn. 55) vorsieht, bleibt eine Aufhebung u Zurückverweisung nach dem Ermessen des Gerichts auch ohne Antrag der Parteien u selbst ohne Vorliegen eines besonderen Verfahrensmangels daher – wie in den entsprechenden Fällen auch schon in Anwendung des bisherigen FGG-Beschwerderechts – möglich, denn die bei einem derartigen Rechtsmittel entsprechend anwendbare Vorschrift des § 572 Abs. 3 ZPO setzt einen Antrag oder das Vorliegen eines Verfahrensmangels anders als § 538 Abs. 2 ZPO nicht voraus. Insbes. besteht diese Möglichkeit daher z.B. auch nach wie vor in den Fällen einer sofortigen Beschwerde im Verfahren über die Bewilligung von Verfahrenskostenhilfe (Zöller/*Geimer* § 127 ZPO Rn. 38).

2. Fehlende Entscheidung in der Sache. Gem. § 69 Abs. 1 Satz 2 kommt eine Zurückverweisung zunächst dann in Betracht, wenn das erstinstanzliche Gericht in der Sache noch nicht oder zumindest nicht vollständig entschieden hat. Wie bereits für das FGG anerkannt, ist dies zunächst dann der Fall, wenn sich das Erstgericht ausschl mit Zulässigkeitsfragen beschäftigt hat u eine Befassung mit der Sache selbst aus diesem Grund unterblieben ist (BayObLG FamRZ 1995, 1028, 1029). Dem gleichzustellen sind außerdem diejenigen Fälle, in denen der Antrag eines Beteiligten durch das Ausgangsgericht vollkommen übergangen oder ein Beteiligter zu einem Verfahren fehlerhaft nicht hinzugezogen worden ist (Prütting/Helms/*Abramenko* § 69 Rn. 9).

Neben dem in der ZPO in § 538 Abs. 2 Nr. 3 ZPO geregelten Fall einer Entscheidung nur über die Zulässigkeit können aber auch die sonstigen Fälle des § 538 Abs. 2 ZPO – außer § 538 Abs. 2 Nr. 2, 5 u 6 ZPO, die ausschl die Ehe- u Familienstreitsachen betreffen – auch in der freiwilligen Gerichtsbarkeit auftreten. Außer in § 538 Abs. 2 Nr. 1 geht es auch dort jeweils um Fälle, in denen das Erstgericht noch nicht oder jedenfalls nicht in der gebotenen Weise umfassend in der Sache entschieden hat (Zöller/*Heßler* § 538 ZPO Rn. 3). Auch wenn der Gesetzgeber an diese Fälle offenbar nicht ausdrücklich gedacht hat (vgl. BT-Drucks. 16/6308 S. 208) erscheint es daher geboten, § 69 Abs. 1 Satz 2 umfassend zu verstehen. Auch in diesen Fällen ist daher eine Aufhebung u Zurückverweisung in zumindest entsprechender Anwendung dieser Vorschrift möglich (so wohl auch Keidel/*Sternal* § 69 Rn. 13; a.A. Prütting/Helms/*Abramenko* § 69 Rn. 8). Das gilt insb. auch für den wichtigen Fall der unzulässigen Teilentscheidung (§ 538 Abs. 2 Nr. 7 ZPO), bei dem es sich allerdings zugleich auch um einen Sonderfall des wesentlichen Verfahrensmangels im Sinne von § 69 Abs. 1 Satz 3 handelt (Zöller/*Heßler* § 538 ZPO Rn. 30). Ein Sonderfall einer fehlenden Entscheidung in der Sache, der zu einer Zurückverweisung führen kann, soll nach der Ansicht des OLG Zweibrücken auch dann vorliegen, wenn in einem Sorgerechtsverfahren ein Elternteil seine in der ersten Instanz erteilte Zustimmung zu einem Alleinsorgeantrag des anderen Elternteils zurücknimmt und daher erstmals gem. § 1671 Abs. 2 Nr. 2 BGB das Kindeswohl umfassend zu prüfen ist (OLG Zweibrücken FamRZ 2011, 992).

3. Wesentlicher Verfahrensmangel. Nach § 69 Abs. 1 Satz 3 – der mit § 538 Abs. 2 Nr. 1 ZPO fast wörtlich übereinstimmt u dessen Auslegung sich daher an dieser Vorschrift zu orientieren hat – ist eine Zurückverweisung außerdem statthaft, wenn das Verfahren unter einem **wesentlichen Verfahrensmangel** handelt u zur Herbeiführung der Entscheidungsreife zunächst eine **umfangreiche oder aufwendige Beweisaufnahme** erforderlich ist.

Das gilt ungeachtet der Tatsache, dass das Verfahren nach dem FamFG wie dasjenige nach dem früheren FGG als vollwertige zweite Tatsacheninstanz ausgestaltet ist, während das Rechtsmittelverfahren nach der ZPO grds. nur eine Kontrollfunktion hat u schon von daher von umfangreichen u aufwendigen Beweisaufnahmen zu entlasten ist. Anders als bisher spielt also der mit der Durchführung einer Beweisaufnahme durch das Beschwerdegericht selbst unter Verzicht auf eine Zurückverweisung verbundene Verlust einer Instanz für die Beteiligten nach dem FamFG für die Ermessensentscheidung, ob eine Zurückverweisung zu erfolgen hat, keine größere Rolle als für das Verfahren nach der ZPO. Die Maßstäbe für die Ermessensentscheidung sind vielmehr durch den Gesetzgeber für beide Verfahrensordnungen bewusst angeglichen worden.

19 **a) Wesentlicher Verfahrensmangel.** Als wesentliche Mängel, die eine Zurückverweisung nach § 69 Abs. 1 Satz 3 rechtfertigen können, kommen nur **Verstöße gegen Verfahrensnormen** in Betracht, nicht hingegen Fehler in der Anwendung des materiellen Rechts (BGH MDR 2001, 469; 2003, 108, 109; Zöller/*Heßler* § 538 ZPO Rn. 10 m.w.N.; Musielak/*Ball* § 538 ZPO Rn. 7). Ob ein Verfahrensfehler vorliegt, beurteilt sich dabei aus der materiell-rechtlichen Sicht des Erstrichters (BGH MDR 2001, 469; Musielak/*Ball* § 538 ZPO Rn. 8; a.A. MüKoZPO/*Rimmelspacher* § 538 ZPO Rn. 22).

20 Ein Mangel des Verfahrens ist als für eine Zurückverweisung hinreichend **wesentlich** anzusehen, wenn er so erheblich ist, dass das Verfahren keine ordnungsgemäße Grundlage für die Entscheidung mehr darstellt (BGH MDR 2001, 1313, 1314). Das ist zumindest beim Vorliegen von absoluten Rechtsbeschwerdegründen gem. § 72 i.V.m. § 547 ZPO immer der Fall (BGH NJW 1992, 2099, 2100; BLAH/*Hartmann* § 538 ZPO Rn. 7; a.A. MüKoZPO/*Rimmelspacher* § 538 ZPO Rn. 25). Darüber hinaus kommen vor allem auch Verletzungen des rechtlichen Gehörs sowie eine fehlerhafte Tatsachenfeststellung aufgrund einer nicht hinreichenden oder nicht ordnungsgemäßen Sachverhaltsaufklärung in Betracht, wobei wegen weiterer Einzelheiten auf die zu § 538 ZPO entwickelte Kasuistik Bezug zu nehmen ist (Einzelheiten vgl. z.B. Zöller/*Heßler* § 538 ZPO Rn. 13 ff.; Musielak/*Ball* § 538 ZPO Rn. 11–14 m.w.N.).

21 Wie bei dieser Vorschrift ist es außerdem auch für eine Zurückverweisung nach § 69 Abs. 1 Satz 3 erforderlich, dass die angefochtene Entscheidung **auf dem Verfahrensfehler beruht** u es auf diesen auch nach dem Standpunkt des Beschwerdegerichts für das Ergebnis des Verfahrens ankommt (Musielak/*Ball* § 538 ZPO Rn. 10 m.w.N.).

22 **b) Umfangreiche oder aufwendige Beweisaufnahme.** Die zusätzliche Voraussetzung der Erforderlichkeit einer umfangreichen oder aufwendigen Beweisaufnahme für eine Zurückverweisung ist grds. wie in § 538 Abs. 2 ZPO zu verstehen. »**Umfangreich**« ist eine Beweisaufnahme daher z.B. dann, wenn sie die Vernehmung einer Vielzahl von Zeugen oder Sachverständigen erfordert (PG/*Oberheim* § 538 ZPO Rn. 16); »**aufwändig**« ist sie z.B. dann, wenn die Vernehmung an einem weit entfernten Ort oder sogar im Ausland stattfinden muss (vgl. BT-Drucks. 16/6308 S. 208; insoweit identisch mit der Begründung zu § 538 Abs. 2 ZPO, BT-Drucks. 14/4722 S. 102) oder wenn sie besonders zeitraubende u komplizierte Fragen betrifft (Zöller/*Heßler* § 538 ZPO Rn. 31).

23 Bei der Abschätzung des Umfangs und des Aufwandes der erforderlichen Beweisaufnahme hat das Beschwerdegericht einen durch das Rechtsbeschwerdegericht nicht (a.A. *Rackl* S. 194: nur eingeschränkt) überprüfbaren Beurteilungsspielraum (Prütting/Helms/*Abramenko* § 69 Rn. 12). Allein die Vernehmung eines einzelnen Zeugen zu einer einzelnen Tatsachenfrage, eine ohne Zeitaufwand mögliche Inaugenscheinnahme (BGH MDR 2007, 289) oder selbst noch ein in seinem Umfang überschaubares Sachverständigengutachten (BGH MDR 2005, 645) werden allerdings regelmäßig als Zurückverweisungsgrund nicht ausreichen. Insoweit bedarf es vielmehr einer zusätzlichen Begründung, zu der sich die aufhebende Entscheidung jeweils auch ausdrücklich verhalten muss (BGH MDR 2005, 645).

24 Abweichend von § 538 Abs. 2 ZPO verlangt § 69 Abs. 1 Satz 3 nicht ausdrücklich, dass sich die Notwendigkeit der Beweisaufnahme »auf Grund« des wesentlichen Verfahrensmangels ergeben muss. Eine Abweichung in der Sache wird dadurch allerdings durch den Gesetzgeber nicht bezweckt (BT-Drucks. 16/6308 S. 208; a.A. Prütting/Helms/*Abramenko* § 69 Rn. 11). Wie bei § 538 Abs. 2 ZPO muss sich daher die Notwendigkeit der Beweisaufnahme aus dem Verfahrensmangel ergeben, was jedoch bereits immer dann der Fall ist, wenn ohne den Mangel die Beweisaufnahme in erster Instanz durchzuführen gewesen wäre. Dafür genügt es auch, wenn der Verfahrensfehler einen anderen als den beweisbedürftigen Teil des Streitstoffs betrifft (vgl. z.B. Musielak/*Ball* § 538 ZPO Rn. 15).

25 Die **persönliche Anhörung** von Beteiligten (§ 34), insb. in den Fällen der §§ 159, 160, kann ebenfalls sehr aufwendig sein, ist aber begrifflich keine Beweisaufnahme i.S.d. § 69 Abs. 1 Satz 3. Sie hat jedoch i.d.R. eine Doppelfunktion und dient nicht nur der Gewährung des rechtlichen Gehörs, sondern auch der Aufklärung des Sachverhalts (§ 34 Rdn. 11). Jedenfalls dann, wenn letzteres der Fall ist, sollte eine Zurückverweisung daher nach der ratio legis des § 69 Abs. 1 Satz 3 ebenfalls zugelassen werden (a.A. Prütting/Helms/*Abramenko* § 69 Rn. 11u Zöller/*Feskorn* § 69 Rn. 10).

26 **4. Zurückverweisung nur auf Antrag.** Nach § 69 Abs. 1 ist eine Zurückverweisung – wiederum in Anlehnung an § 538 Abs. 2 ZPO – nunmehr auch in Verfahren der freiwilligen Gerichtsbarkeit nur noch zulässig,

wenn diese von zumindest einem der Beteiligten ausdrücklich beantragt wird. Ergeht die Entscheidung – wie i.d.R. bei den Ehe- u Familienstreitsachen – aufgrund einer mündlichen Verh., kann ein solcher Antrag noch bis zu deren Schluss gestellt werden (OLG Saarbrücken NJW-RR 2003, 573, 574 zu § 538 ZPO), ansonsten bis zum Zeitpunkt des Erlasses (§ 38 Abs. 3 Satz 3) der Entscheidung auch noch danach. Antragsberechtigt ist jeder Beteiligte des Verfahrens i.S.d. § 7; auf seine (sonstige) Antrags- oder Beschwerdebefugnis kommt es nicht an (Prütting/Helms/*Abramenko* § 69 Rn. 14). Auch ein nur hilfsweise gestellter Antrag genügt (*Schürmann* FamRB 2009, 24, 29; OLG Frankfurt am Main OLGR 2003, 388, 390 zu § 538 ZPO).

Wie aus der Gesetzesbegründung (BT-Drucks. 16/6308 S. 208: Anlehnung an § 538 Abs. 2 Satz 1 ZPO bei jedem Vorliegen »eines« Zurückverweisungsgrundes) zu entnehmen ist, gilt das trotz des in diesem Punkt scheinbar abweichenden Regelungswortlauts nicht nur für die Fälle des § 69 Abs. 1 Satz 3 (Zurückverweisung wegen wesentlicher Verfahrensmängel), sondern auch für die Fälle des § 69 Abs. 1 Satz 2 (Zurückverweisung bei fehlender Entscheidung in der Sache). Ein Vergleich zwischen der Endfassung des Gesetzes u dem – bei gleicher Gesetzesbegründung – in diesem Punkt noch eindeutig abweichenden Wortlaut des § 72 RefE FGG-RG II, bei dem sich aus dem an § 538 Abs. 2 Satz 1 ZPO angelehnten Schriftbild noch die eindeutige Zuordnung des Antragserfordernisses auf beide Fallgruppen der Zurückverweisung ergab, zeigt, dass in diesem Punkt ein Redaktionsirrtum des Gesetzgebers angenommen werden muss, sodass der Gesetzestext hier im Ergebnis in die Irre führt (so wohl auch *Maurer* FamRZ 2009, 465, 482; ohne nähere Begründung im Ergebnis ebenso *Schürmann* FamRB 2009, 24, 28; a.A. z.B. OLG Zweibrücken FamRZ 2011, 992; Keidel § 69 Rn. 3 u Prütting/Helms/*Feskorn* § 117 Rn. 63). 27

Probleme für die Praxis dürften sich hieraus vor allem für den Fall der unzulässigen Grund- oder Teilentscheidung ergeben, für den die Möglichkeit einer Zurückverweisung ohne vorherigen Antrag eines Beteiligen gem. § 538 Abs. 2 Satz 1 Nr. 7 i.V.m. § 538 Abs. 2 Satz 3 ZPO selbst in der ZPO besteht u i.d.R. auch zweckmäßig ist u mit teils unterschiedlicher Begründung (Jansen/*Briesemeister* § 25 FGG Rn. 22 u KKW/*Schmidt* § 12 FGG Rn. 73: Antragserfordernis des § 538 ZPO gilt generell nicht für das FGG; Zöller/*Philippi*, 27. Aufl. § 621e ZPO Rn. 79: § 538 Abs. 2 Satz 2 ZPO gilt analog für das FGG) im Ergebnis auch für das FGG angenommen wurde. Da der Gesetzgeber nunmehr das Erfordernis der Zustimmung eines Beteiligten auch für die freiwillige Gerichtsbarkeit ausdrücklich vorgesehen u selbst für den Fall unzulässiger Grund- oder Teilentscheidungen eine dem § 538 Abs. 2 Satz 2 ZPO entsprechende Ausnahme nicht berücksichtigt hat, darf auch hier künftig eine Zurückverweisung nur noch mit dem Einverständnis zumindest eines Beteiligten erfolgen. Wird ein dahin gehender Antrag nicht gestellt, ist das Beschwerdegericht daher jetzt zur Vermeidung von widersprüchlichen Entscheidungen gezwungen, den in der ersten Instanz anhängig gebliebenen Teil an sich zu ziehen u zur Behebung des Verfahrensfehlers auch über diesen Teil des Verfahrens mit zu entscheiden (zur ZPO vgl. z.B. Zöller/*Heßler* § 538 ZPO Rn. 8; Zöller/*Vollkommer* § 301 ZPO Rn. 13, jeweils m.w.N.). 28

III. Inhalt der Zurückverweisungsentscheidung. Die Zurückverweisung erfolgt unter Aufhebung nur des angefochtenen Beschlusses, soweit der zugrunde liegende Mangel nur den Beschluss u sein Zustandekommen als solchen betrifft, die erstinstanzlich getroffenen Tatsachenfeststellungen jedoch Bestand haben. Nur wenn auch diese fehlerhaft zustande gekommen sind, ist auch das Verfahren der ersten Instanz aufzuheben u das Erstgericht muss auch das zur Ermittlung der tatsächlichen Entscheidungsgrundlage erforderliche Verfahren wiederholen (Zöller/*Heßler* § 538 ZPO Rn. 57). Dabei hat es die Richtlinien zu beachten, die ihm vom Beschwerdegericht für die weitere Behandlung der Sache i.R.d. Zurückverweisungsbeschlusses erteilt werden. Der Zurückverweisungsbeschluss ist seinerseits eine Endentscheidung, die bei Vorliegen der entsprechenden Voraussetzungen – vor allem der ggf. erforderlichen Zulassung durch das Beschwerdegericht – mit der Rechtsbeschwerde angefochten werden kann. Er enthält regelmäßig noch keine Entscheidung über die Kosten des Verfahrens (Prütting/Helms/*Feskorn* § 82 Rn. 4). Diese ist der Schlussentscheidung des Erstgerichts vorzubehalten, das darüber nach den Grundsätzen des § 81 entscheidet; i.d.R. hat insoweit jeder Beteiligte die Kosten der Rechtsmittelinstanz selbst zu tragen (Prütting/Helms/*Feskorn* § 82 Rn. 5; a.A. Zöller/*Herget* § 84 Rn. 13). 29

IV. Bindungswirkung. 1. Bindung des Erstgerichts. § 69 Abs. 1 Satz 4 übernimmt die schon für das bisherige Recht allgemein anerkannte Bindung des **Gerichts des ersten Rechtszuges** an die der zurückverweisenden Beschwerdeentscheidung zugrunde liegende Beurteilung der Sach- u Rechtslage als ausdrückliche gesetzliche Regelung. 30

31 Das Gericht der ersten Instanz ist an die rechtliche und die tatsächliche Beurteilung des Beschwerdegerichts gebunden, sofern sich nicht in der Zwischenzeit der Sachverhalt oder das auf diesen anzuwendende Recht geändert hat (Keidel/*Sternal* § 69 Rn. 27; Prütting/Helms/*Abramenko* § 69 Rn. 15 f., jeweils m.w.N.). Wird eine Entscheidung nur wegen eines Verfahrensmangels aufgehoben, so ist das Erstgericht in seiner materiell-rechtlichen Beurteilung frei (BayObLG FamRZ 1988, 214 f.). **Keine** Bindung besteht für andere als das der Aufhebung unterliegende Verfahren (BayObLG FamRZ 1998, 1198 f.) oder im Hinblick auf Rechtsausführungen des Beschwerdegerichts, auf denen die Aufhebung nicht unmittelbar beruht (BayObLGZ 1960, 216, 220u 88, 92). Nicht bindend ist deshalb auch eine Rechtsauffassung des Erstgerichts, die das Beschwerdegericht in einer aus anderen Gründen aufhebenden Entscheidung gebilligt hat (BGH NJW 1995, 1673 zur ZPO-Revision).

32 **2. Bindung des Beschwerdegerichts.** Wird das **Beschwerdegericht**, nachdem sein Zurückverweisungsbeschluss in Rechtskraft erwachsen ist, in einem späteren Beschwerdeverfahren erneut mit der Sache befasst, so ist es nach einem ungeschriebenen, aber in st. Rspr. anerkannten – auch in § 74 Abs. 6 Satz 4 zum Ausdruck kommenden – Grundsatz des Verfahrensrechts, von dem abzuweichen auch für das FamFG keine Veranlassung besteht, an seine eigene Beurteilung der Sach- u Rechtslage in gleichem Umfang gebunden wie das Erstgericht (BayObLG FamRZ 1996, 436; OLG Frankfurt am Main FamRZ 1996, 819, 820; Keidel/*Sternal* § 69 Rn. 30; Prütting/Helms/*Abramenko* § 69 Rn. 19, jeweils m.w.N.). Diese Bindungswirkung entfällt allerdings dann, wenn sich die Rspr. des Beschwerdegerichts selbst oder die höchstrichterliche Rspr. – also diejenige des BGH (BGH GmS OGB BGHZ 60, 392, 397 ff.), des BVerfG (BGH NJW 1995, 1609, 1610) oder des EuGH (BGHZ 169, 174, 176) – nach dem Erlass des Zurückverweisungsbeschlusses entscheidungserheblich geändert hat (OLG Bremen OLGR 2009, 1510, 1511, jeweils zu den Rechtsmitteln der ZPO).

33 **3. Bindung des Rechtsbeschwerdegerichts.** Diese Bindungswirkung erstreckt sich im weiteren Verfahren auch auf das Rechtsbeschwerdegericht, wenn die Zurückverweisung nicht angefochten wurde u die Sache nach erneuter Entscheidung der ersten Instanz u des Beschwerdegerichts an das Rechtsbeschwerdegericht gelangt (BGHZ 15, 122, 124 f.; BayObLG FamRZ 1996, 436).

34 **C. Verschlechterungsverbot.** Die Thematik einer Schlechterstellung des Rechtsmittelführers durch Abänderung einer angefochtenen Sachentscheidung zum Nachteil des Rechtsmittelführers durch das Beschwerdegericht (»**reformatio in peius**«) ohne gleichzeitige Anfechtung dieser Entscheidung durch einen anderen Verfahrensbeteiligten ist in der freiwilligen Gerichtsbarkeit – auch nach neuem Recht – abweichend von § 528 ZPO nicht ausdrücklich geregelt. Die Frage, ob eine derartige Schlechterstellung zulässig ist, muss differenziert beantwortet werden. Wer ein Rechtsmittel einlegt, soll grds. in keiner Verfahrensordnung befürchten müssen, dass das Ergebnis der übergeordneten Instanz für ihn noch ungünstiger ausfällt als das Ergebnis der ersten Instanz (Bassenge/Roth/*Gottwald* § 68 Rn. 18 m.w.N.). Etwas anderes gilt nur dann, wenn Gründe vorliegen, die gewichtiger sind als das durch Art. 19 Abs. 4 GG geschützte Recht auf effektiven Rechtsschutz, wenn also eine Güterabwägung zu dem Ergebnis führt, dass das Individualinteresse des Rechtsmittelführers hinter den überwiegenden Interessen anderer Beteiligter des Verfahrens oder der Allgemeinheit zurückstehen muss (Friederici/Kemper/*Klußmann* § 69 Rn. 13).

35 **I. Verfahren im öffentlichen Interesse.** Die reformatio in peius ist danach **zulässig** in allen Verfahren, die **von Amts wegen** eingeleitet u durchgeführt werden oder in solchen Verfahren, die zwar nur **auf Antrag** eingeleitet werden, die aber vornehmlich **im öffentlichen Interesse** durchgeführt werden oder von deren Entscheidung eine größere Personenmehrheit berührt wird, u deren Verfahrensgegenstand daher nur eingeschränkt oder gar nicht der Disposition der Beteiligten unterliegt. Insbes. ist eine reformatio in peius daher z.B. in den Kindschaftssachen des § 151 Nr. 1–3 (*Gutjahr* FPR 2006, 433, 435 f.) oder bei der Anfechtung von Maßnahmen der Nachlasssicherung nach § 1960 BGB (Friederici/Kemper/*Klußmann* § 69 Rn. 15) zulässig. Ebenso kann eine Verschlechterung bei einer Beschwerde gegen die Erteilung eines Erbscheins oder gegen die Ablehnung seiner Einziehung in Betracht kommen (BayObLGZ 2000, 76, 80 f.; MüKo/*Mayer* § 2353 BGB Rn. 127 m.w.N.), wobei insb. im bayerischen Erbscheinseinziehungsverfahren die – sich ansonsten aber auch schon aus §§ 2358 Abs. 1 BGB, 26 FamFG ergebende – Ermittlung der Erben von Amts wegen in Art. 37 BayAGGVG noch einmal gesondert angeordnet ist (BayObLGZ 1996, 69, 73). Auch im Genehmigungsverfahren nach dem GrdStVG (BGH NJW-RR 1998, 1473) ist eine reformatio in peius möglich. *Die Verschlechterung muss sich allerdings immer i.R.d. Verfahrensgegenstandes halten, weil nur in*

dem dadurch vorgegebenen Umfang das Beschwerdegericht mit der Sache überhaupt befasst ist (Keidel/ *Sternal* § 69 Rn. 21).

II. Verfahren im Privatinteresse. Entsprechend §§ 528 ZPO, 74 Abs. 3 Satz 1 **nicht zulässig** ist die reformatio in peius dagegen in **Antragsverfahren**, in denen es überwiegend um **private Interessen** der Beteiligten geht, insb. **in echten Streitverfahren**, in denen die Einleitung, Begrenzung oder Beendigung des Verfahrens in der Disposition der Beteiligten liegt. Das gilt insb., wenn nur vermögensrechtliche Ansprüche betroffen sind (BayObLG FamRZ 1997, 185, 186 zum Verfahren über die Höhe der Vergütung von Vormündern, Pflegern oder Betreuern), darüber hinaus aber z.B. auch im Erbscheins- (BayObLG FamRZ 1992, 477), Notaranweisungs- (OLG Frankfurt am Main FGPrax 1997, 238), Betreuungs- (BayObLG FamRZ 1998, 922) u Freiheitsentziehungsverfahren (OLG Hamm FGPrax 1995, 82). Dabei gilt das Verschlechterungsverbot auch dann, wenn eine strikte Bindung des Gerichts an die Sachanträge der Beteiligten nicht besteht. Zu Besonderheiten beim Haushaltsverfahren (fehlende Abgrenzbarkeit des Verfahrensgegenstandes auf einzelne Haushaltsgegenstände) vgl. z.B. OLG Zweibrücken FamRZ 1993, 82. Für **Ehe- u Familienstreitsachen** ergibt sich die unveränderte Anwendbarkeit von § 528 ZPO ausdrücklich aus § 117 Abs. 2 Satz 1 ZPO (§ 117 Rdn. 40). Unzulässig ist eine Verschlechterung grds. auch in Grundbuch- (BayObLGZ 1967, 408, 410) und Registersachen (Keidel/*Sternal* § 69 Rn. 26). In Personenstandssachen ist eine Verschlechterung im Berichtigungsverfahren nach § 48 PStG zulässig, nicht aber im Anweisungsverfahren nach § 49 PStG (Keidel/ *Sternal* § 69 Rn. 26).

III. Versorgungsausgleich. Das Verbot der reformatio in peius gilt grds. auch im Rechtsmittelverfahren über den **öffentlich-rechtlichen VA** (Jansen/*Wick* § 53b FFG Rn. 75; m.w.N.). Das gilt vor allem für den Fall, dass die Entscheidung von einem der **Ehegatten** angefochten wird, denn auch wenn das Verfahren über den VA i.d.R. von Amts wegen eingeleitet wird, das Gericht darin an Sachanträgen nicht gebunden ist u der Rechtsmittelantrag nur den allgemeinen Umfang der Anfechtung angeben muss, betrifft es doch vermögenswerte Rechte der Ehegatten, über welche diese zumindest eingeschränkt disponieren können (BGH FamRZ 1983, 44, 45 f.; 1989, 957, 958). Unklar ist in diesem Zusammenhang allerdings, ob sich die Verschlechterung aus einem Vergleich der Ausgleichssalden des Beschwerdeführers ergeben soll oder für jedes einzelne Anrecht gesondert zu beurteilen ist (vgl. dazu OLG Brandenburg FamRZ 2015, 1033).

Bei Beschwerden von **Versorgungsträgern** ist zu differenzieren. Ist – wie meistens – offen, ob sich die Änderung der angefochtenen Entscheidung zum Vor- oder zum Nachteil des beschwerdeführenden Versorgungsträgers auswirkt, weil der künftige Versicherungsverlauf des bei ihm versicherten Ehegatten nicht vorhersehbar ist, greift das Verbot der reformatio in peius nicht u das Interesse des Versorgungsträgers an einer sachlich richtigen Entscheidung erlaubt eine Überprüfung durch das Beschwerdegericht in jeder Richtung (BGH FamRZ 84, 990, 991 f.). Steht jedoch im Einzelfall fest, dass sich die Abänderung der angefochtenen Entscheidung in jedem Fall nachteilig zulasten des Versorgungsträgers auswirken wird, ist das Verschlechterungsverbot auch bei einer Beschwerde des Versorgungsträgers zu beachten (BGH FamRZ 85, 1240, 1242; 90, 1339, 1341).

IV. Reichweite des Verschlechterungsverbots. Das Verschlechterungsverbot gilt nur für die Sachentscheidung in der Hauptsache selbst (Bumiller/Harders § 69 Rn. 5). Bei der **Kostenentscheidung** und im Hinblick auf die Festsetzung des **Verfahrenswertes** ist eine Abänderung zum Nachteil des Beschwerdeführers daher zulässig, nicht aber bei Beschwerden im **Kostenfestsetzungsverfahren** gem. §§ 85 i.V.m. §§ 104 Abs. 3, 567 ff. ZPO oder bei Erinnerungen und Beschwerden gegen den **Kostenansatz** gem. §§ 57 ff. FamGKG oder § 14 KostO (Keidel/*Sternal* § 69 Rn. 18; teilweise abw. *Keske* [3. Aufl.] § 82 Rdn. 8: bei der isolierten Anfechtung nur der Kostenentscheidung greife das Verschlechterungsverbot ein). Stets zulässig ist eine bloße Auswechslung oder Ergänzung der **Entscheidungsbegründung** durch das Beschwerdegericht (Keidel/*Sternal* § 69 Rn. 18), selbst wenn dies dazu führt, dass ein zunächst nur als unzulässig abgewiesener Antrag in der Beschwerdeinstanz nunmehr als sachlich unbegründet abgewiesen wird (BGH NJW 1988, 1982, 1983).

Ist einem Antrag zunächst in der Sache stattgegeben worden u es wird erst in der Beschwerdeinstanz festgestellt, dass das erstinstanzliche Verfahren insgesamt an einem von Amts wegen zu beachtenden, nicht behebbaren Mangel leidet, ist nach der für den Zivilprozess entwickelten Rspr. (BGH NJW 1986, 1494, 1496 ff.) danach abzuwägen, ob im Einzelfall der fehlenden Prozessvoraussetzung oder dem Verschlechterungsverbot der Vorrang zukommt (str.; a.A. z.B. BayObLG FamRZ 1998, 1055, 105u Keidel/*Sternal* § 69 Rn. 20: Verschlechterung immer zulässig; Musielak/*Ball* § 528 Rn. 17: Verschlechterung zulässig, soweit kein Mangel vorliegt, der die Unwirksamkeit der angefochtenen Entscheidung im Ganzen zur Folge hat oder geeignet ist, den Eintritt ihrer materiellen Rechtskraft zu verhindern; differenzierend Jansen/*Briesemeister* § 25 FGG Rn. 13 m.w.N.: i.d.R. überwiegt das Gewicht des Verfahrensmangels). Zulässig ist eine Verschlechterung danach insb. auch dann, wenn das erstinstanzliche Verfahren überhaupt unzulässig war (BayObLG FamRZ 1998, 1055).

41 Die ggü. dem bisherigen Recht erweiterte Statthaftigkeit von **Anschlussrechtsmitteln** (vgl. §§ 66, 73) führt richtigerweise nicht zu einer Erweiterung des Anwendungsbereichs für das Verbot der reformatio in peius. Ob ein Rechtsmittelführer mit einer Verschlechterung der angefochtenen Entscheidung von Amts wegen rechnen muss u ob eine solche Verschlechterung in Betracht kommt, wenn ein anderer Beteiligter ebenfalls ein Rechtsmittel gegen die Entscheidung einlegt, sind zwei logisch voneinander zu trennende Fragen, die füreinander allenfalls von indizieller Bedeutung sein können, sich aber gegenseitig nicht unmittelbar beeinflussen.

42 **D. Begründung der Beschwerdeentscheidung. I. Grundsatz des Begründungszwangs.** Übereinstimmend mit § 25 FGG bestimmt § 69 Abs. 2, dass auch nach dem FamFG sämtliche (End-) Entscheidungen des Beschwerdegerichts zu begründen sind. Während sich das früher schon daraus ergab, dass grds. jede Beschwerdeentscheidung mit der weiteren Beschwerde angegriffen werden konnte u daher die tatsächlichen u rechtlichen Grundlagen der Entscheidung stets für das Gericht der weiteren Beschwerde nachvollziehbar sein mussten (KKW/*Sternal* § 25 FGG Rn. 28 m.w.N.), ist die nunmehr an die Stelle der weiteren Beschwerde getretene Rechtsbeschwerde außer in Betreuungs-, Unterbringungs- u Freiheitsentziehungssachen (§ 70 Abs. 3) nur zulässig, wenn sie durch das Beschwerdegericht im Einzelfall zugelassen wurde, § 70 Abs. 1. Noch im RegE FGG-RGG war daher eine leichte Auflockerung des Begründungszwangs vorgesehen u eine Begründung sollte abgesehen von einem Katalog bestimmter Ausnahmefälle, in denen eine Begründung zwingend gefordert wurde, nur noch i.d.R. erforderlich sein (§ 69 Abs. 2 i.d.F. des RegE FGG-RG). In den Beratungen des Rechtsausschusses wurde dies jedoch wieder geändert u man ist zu der bisherigen Regelung eines strikten Begründungszwangs zurückgekehrt, wobei als Begründung nunmehr allerdings angegeben wird, auf diese Weise solle die Akzeptanz auch gerade der künftig nicht mehr anfechtbaren Beschwerdebegründung bei dem unterliegenden Beteiligten erhöht u zudem die »Richtigkeitsgewähr« der Beschwerdeentscheidung gestärkt werden (BT-Drucks. 16/9733 S. 290).

43 **II. Ausnahmen.** Ungeachtet dessen bestehen aber auch nach dem neuen Recht Ausnahmen von dem in § 69 Abs. 2 angeordneten Begründungszwang. Das betrifft zunächst den schon zu § 25 FGG anerkannten Fall, dass das Beschwerdegericht **der angefochtenen Entscheidung folgt** u dies in seinem Beschluss feststellt. Hier sollte die Entbehrlichkeit der Begründung in § 72 Abs. 4 RefE FGG-RG II sogar ausdrücklich geregelt werden, wobei diese Regelung dann allerdings schon im RegE FGG-RG wieder entfallen ist, weil man ihren Inhalt offenbar für so selbstverständlich gehalten hat, dass es deswegen keiner gesonderten Vorschrift bedurfte. Verfährt das Beschwerdegericht in dieser Weise, dann müssen allerdings die Gründe der Vorentscheidung, auf die verwiesen wird, ihrerseits den sonst für die Beschwerdeentscheidung selbst geltenden Anforderungen (Rdn. 45 ff.) entsprechen u bei einer Veränderung der Sachlage in der Beschwerdeinstanz ist jedenfalls in dem sich daraus ergebenden Umfang auch eine Darstellung des Sachverhalts erforderlich (BayObLG NJW-RR 1998, 1014 f.; Keidel/*Sternal* § 69 Rn. 47; Jansen/*Briesemeister* § 25 FGG Rn. 31, jeweils m.w.N.).

44 Von einer Begründung kann vorbehaltlich der sich aus § 38 Abs. 5 u 6 ergebenden Ausnahmen außerdem auch in der Beschwerdeinstanz **in den sich aus § 38 Abs. 4 ergebenden Fällen** abgesehen werden, in denen eine Beschwer eines Beteiligten durch die Beschwerdeentscheidung erkennbar nicht vorliegt (BT-Drucks. 16/6308 S. 195), mithin also bei **Anerkenntnis, Verzichts- oder Versäumnisentscheidungen in Ehe- u Familienstreitsachen** (§ 38 Abs. 4 Nr. 1) sowie – im Beschwerdeverfahren allerdings wohl eher selten (Prütting/*Helms/Abramenko* § 69 Rn. 28) – dann, wenn durch die Beschwerdeentscheidung **gleichgerichteten Anträgen** der Beteiligten stattgegeben wird oder diese dem erklärten Willen aller Beteiligten entspricht (§ 38 Abs. 4 Nr. 2) u schließlich auch dann, wenn alle Beteiligten vor Abfassung der schriftlichen Beschwerdeentscheidung ausdrücklich erklären, dass sie auf Rechtsmittel **verzichten** (§ 38 Abs. 4 Nr. 3). Denn nach dem Sinn u Zweck (Rdn. 42) von § 69 Abs. 2 kann nicht davon ausgegangen werden, dass der Gesetzgeber auch in diesen Fällen, in denen weder die Überprüfungsmöglichkeit durch ein Rechtsmittelgericht noch die erhoffte Akzeptanzverbesserung bei den Beteiligten eine Begründung erfordern, diese dennoch vorschreiben u hierdurch eine Spezialregelung für die Beschwerdeinstanz schaffen wollte, durch welche die allgemeinen Regeln über die Begründung von Beschlüssen – u darüber hinaus auch die bisher für die Begründung

von Urteilen in Ehe- u Familienstreitsachen nach der ZPO geltenden Regeln – noch verschärft werden sollten (ebenso im Ergebnis Prütting/Helms/*Abramenko* § 69 Rn. 28u *Maurer* FamRZ 2009, 465, 481; a.A. Keidel/*Sternal* § 69 Rn. 42 m.w.N.).

III. Form und Umfang der Entscheidungsbegründung. Die gebotene **Form** der Beschwerdeentscheidung 45 ergibt sich schon aus den allg. Vorschriften (§ 38); soweit im Einzelfall erforderlich, ist auch auf die nunmehr vorgeschriebene Rechtsmittelbelehrung (§ 39) zu achten.

Zum erforderlichen **Umfang** der Beschwerdeentscheidungsbegründung trifft das Gesetz keine ausdrück- 46 lichen Aussagen, sodass hierzu weiterhin auf die bereits zu § 25 FGG entwickelten Maßstäbe (vgl. z.B. Jansen/*Briesemeister* § 25 FGG Rn. 30–33 m.w.N.) zurückgegriffen werden kann.

Wie bisher muss die Entscheidungsbegründung danach grds. eine vollständige Darstellung des Sachverhalts 47 unter Anführung der Gründe, aus denen eine Tatsache für erwiesen gehalten wird sowie die Rechtsanwendung auf den festgestellten Sachverhalt enthalten (BayObLG NJW-RR 1998, 1014 f.; Keidel/*Sternal* § 69 Rn. 43). Eine Trennung nach Tatbestand (»I«) u Entscheidungsgründen (»II«) ist nicht vorgeschrieben, aber weitgehend üblich. Auch über Rdn. 43 hinaus kann eine Begründung jeweils auch durch (konkrete) **Bezugnahme** auf die Gründe der angefochtenen Entscheidung (OLG Köln NJW 1993, 1018) oder auf Entscheidungen in anderen Verfahren mit denselben Beteiligten erfolgen, wenn diese ihrerseits den entsprechenden Begründungserfordernissen genügen (Prütting/Helms/*Abramenko* § 69 Rn. 26). Ähnliches gilt für Bezugnahmen auf Entscheidungen anderer Gerichte oder Behörden (OLG Köln FamRZ 2002, 337), etwa zu Vorfragen der Beschwerdeentscheidung, oder auf sonstige Akten (Prütting/Helms/*Abramenko* § 69 Rn. 26). Auch ein Verweis auf einzelne Aktenbestandteile, wie z.B. Protokolle über Zeugenaussagen oder Sachverständigengutachten ist zulässig, wenn ihr Umfang klar gekennzeichnet ist u die Entscheidung des Beschwerdegerichts aus sich heraus verständlich bleibt (BayObLG NJW-RR 1997, 396, 397; Keidel/*Sternal* § 69 Rn. 48 m.w.N.).

Bei **Ermessensentscheidungen** muss die Begründung der Beschwerdeentscheidung auch die für die Aus- 48 übung des Ermessens maßgeblichen Gründe angeben (BayObLG NJW 1975, 2148, 2149). Die Nichtausübung eines Handlungsermessens ist jedenfalls dann zu begründen, wenn sich die Ausübung nach den Umständen aufdrängt (BayObLGZ 1970, 317, 319). Auch das ausnahmsweise Unterlassen einer mündlichen Anhörung (z.B. nach §§ 159 Abs. 3, 160 Abs. 3 FamFG) ist zu begründen (BayObLG FamRZ 1986, 603). Die wesentlichen Behauptungen u Beweisangebote der Beteiligten müssen gewürdigt werden. Eine erschöpfende Auseinandersetzung auch mit irrigen Rechtsausführungen der Beteiligten oder mit Vorbringen, auf das es nach dem Rechtsstandpunkt des Beschwerdegerichts nicht ankommen kann, braucht aber nicht zu erfolgen (Bork/Jacoby/Schwab/*Müther* § 69 Rn. 4).

IV. Folgen von Begründungsmängeln. **Fehlt** die gem. § 69 Abs. 2 vorgeschriebene **Begründung** einer Be- 49 schwerdeentscheidung **insgesamt** oder in den für die Entscheidung **wesentlichen Punkten** und kann sie auch nach § 43 oder im Wege der Anhörungsrüge nicht mehr ergänzt werden, liegt ein **absoluter Rechtsbeschwerdegrund** nach § 72 Abs. 3 i.V.m. § 547 Nr. 6 ZPO vor, der i.d.R. – s. allerdings § 72 Rdn. 21 a.E. – die Aufhebung des angefochtenen Beschlusses u Zurückverweisung der Sache zur Folge hat (Einzelheiten, auch zur Frage des **Nachschiebens** einer zunächst fehlenden Begründung s. § 72 Rdn. 31). Ist eine Begründung der Beschwerdeentscheidung zwar **vorhanden, aber unrichtig, unzureichend oder unvollständig**, so kann auch dies im Einzelfall zu deren Aufhebung durch das Rechtsbeschwerdegericht u ggf. auch zur Zurückverweisung führen, wenn die Beschwerdeentscheidung auf einem derartigen Mangel beruht (BayObLG FamRZ 1994, 913, 915; Keidel/*Sternal* § 69 Rn. 50). Ein Fall von § 547 Nr. 6 ZPO liegt dann aber nicht vor.

E. Verweis auf die Vorschriften über den Beschluss im ersten Rechtszug. Gem. § 69 Abs. 3 gelten für die 50 Beschwerdeentscheidung i.Ü. mit Ausnahme der Ehe- u Familienstreitsachen, für die – abgesehen von der Geltung von § 38f u der Sonderregelung des § 116 – ergänzend auf die ZPO zurückzugreifen ist (§ 68 Rdn. 33), die Vorschriften über den Beschluss im ersten Rechtszug (= Abschnitt 3 des ersten Buches) entsprechend.

Es gelten also zunächst die Vorschriften über die **Form** des erstinstanzlichen Beschlusses (§ 38 Abs. 2 sowie 51 Abs. 3 Satz 2 u 3) auch für die Entscheidungen der zweiten Instanz. § 38 Abs. 3 Satz 1 über die Notwendigkeit einer **Begründung** aller Entscheidungen ist durch den gleichlautenden u daher systematisch an sich überflüssigen § 69 Abs. 2 ersetzt. Die § 38 Abs. 4 bis 6 bleiben zumindest nach der hier vertretenen Auffassung (Rdn. 44) auf Beschwerdeentscheidungen ungeachtet von § 69 Abs. 2 weiterhin anwendbar. Außerdem ist durch § 69 Abs. 3 i.V.m. § 39 auch für Beschwerdeentscheidungen die Notwendigkeit einer **Rechtsbehelfsbelehrung** allgemein angeordnet. Diese ist allerdings nur dann vorgeschrieben, wenn eine Rechtsbeschwerde statthaft ist (§ 39 Rdn. 14). Ist dies nicht der Fall, kann sie allenfalls im Einzelfall zweckmäßig sein (Keidel/*Sternal* § 69 Rn. 40).

52 Außerdem gelten jeweils die Vorschriften über das **Wirksamwerden** von Entscheidungen (§ 40; Einzelheiten Rdn. 53 ff.), die **Bekanntgabe** (§ 41), die **Berichtigung** (§ 42) u die **Ergänzung** von Beschlüssen (§ 43) sowie die Regelungen über die **Anhörungsrüge** (§ 44), die **formelle Rechtskraft** (§ 44), über die Erteilung von **Rechtskraftzeugnissen** (§ 46), über das **Wirksambleiben von Rechtsgeschäften** trotz Aufhebung einer ihnen zugrunde liegenden Genehmigungsentscheidung (§ 47) u über die Bestandskraft eines Beschlusses, durch den die **Genehmigung für ein Rechtsgeschäft** erteilt oder verweigert wird (§ 48 Abs. 3) in gleicher oder zumindest entsprechender Weise auch für das Beschwerdeverfahren (Prütting/Helms/*Abramenko* § 69 Rn. 32 ff.). Über die Verweisungskette gem. §§ 69 Abs. 3, 48 Abs. 2 i.V.m. 578 ff. ZPO ist auch eine **Wiederaufnahme** des Verfahrens in der Beschwerdeinstanz möglich (a.A. Bork/Jacoby/Schab/*Müther* § 69 Rn. 20), wobei für diese gem. § 584 Abs. 1 ZPO die ausschließliche Zuständigkeit des Beschwerdegerichts angeordnet ist (Prütting/Helms/*Abramenko* § 69 Rn. 40). Zu einer **Abänderung** seiner Entscheidungen nach § 48 Abs. 1 ist aber nach dem ausdrücklichen Wortlaut des Gesetzes nur das Ausgangsgericht befugt (Prütting/Helms/*Abramenko* § 69 Rn. 40).

53 **F. Wirksamwerden der Beschwerdeentscheidung. I. Grundsatz.** Gem. § 69 Abs. 3 i.V.m. § 40 Abs. 1 werden die Entscheidungen des Beschwerdegerichts grds. **mit der Bekanntmachung** an denjenigen **wirksam**, für den sie nach ihrem wesentlichen Inhalt bestimmt sind. Bereits mit Bekanntmachung einer abändernden oder aufhebenden Entscheidung tritt diese also in dem sich aus der Abänderung oder Aufhebung ergebenden Umfang an die Stelle der Entscheidung des Ausgangsgerichts u es treten ihre materiell- u verfahrensrechtlichen Wirkungen ein. Soweit es darüber hinaus einer gesonderten Vollziehung oder Vollstreckung bedarf, sind sie folgerichtig von diesem Zeitpunkt an auch sofort vollziehbar bzw. vollstreckbar. Für die Anordnung einer vorläufigen Vollstreckbarkeit oder eines sofortigen Vollzuges ist daher in diesen Fällen kein Raum. Eine Ausnahmeregelung wie in § 26 Satz 1 FGG, wonach Entscheidungen des Beschwerdegerichts, die ihrerseits mit der sofortigen weiteren Beschwerde anfechtbar waren, erst mit Eintritt der Rechtskraft wirksam wurden, ist in das neue Recht nicht übernommen worden. Auch mit der Rechtsbeschwerde anfechtbare Beschlüsse werden also regelmäßig sofort mit Bekanntgabe wirksam. Die bisher nach § 26 Satz 2 FGG allgemein – u nicht nur als Unterausnahme, Rdn. 55 f. – bestehende Möglichkeit einer Anordnung der sofortigen Wirksamkeit durch das Beschwerdegericht ist damit gegenstandslos u deshalb ebenfalls entfallen (zum – abweichenden – bisherigen Recht vgl. KKW/*Sternal* § 26 FGG Rn. 1, 6 m.w.N.).

54 **II. Ausnahmen kraft Gesetzes. 1. Aufgeschobene Wirksamkeit.** Wie bisher gibt es allerdings dennoch eine Reihe von Sonderfällen, in denen mit der Wirksamkeit der (Beschwerde-) Entscheidung eine so einschneidende Veränderung der Rechtslage verbunden ist, dass nach der ausdrücklichen Regelung des Gesetzes die Wirksamkeit erst mit der **formellen Rechtskraft** eintreten soll oder für das Wirksamwerden der Beschwerdeentscheidung an ein **anderes**, erst nach dem Zeitpunkt der Bekanntmachung liegendes **Ereignis** angeknüpft wird. Die Vorschriften, aus denen sich ein solch aufgeschobener Zeitpunkt des Inkrafttretens ergeben kann, sind im Wesentlichen die gleichen, aus denen sich ein aufgeschobenes Wirksamwerden auch schon der erstinstanzlichen Entscheidung in den jeweiligen Fällen ergibt (§ 64 Rdn. 25 f.). Eine Regelung, in der die Wirksamkeit speziell einer Beschwerdeentscheidung auf den Zeitpunkt der formellen Rechtskraft aufgeschoben ist, findet sich z.B. in § 27 Abs. 1 IntFamRVG.

55 **2. Unterausnahme: Anordnung der sofortigen Wirksamkeit im Einzelfall.** In vielen der Fälle, in denen der Eintritt der Wirksamkeit in dieser Weise aufgeschoben ist, kann aber – ggf. unter der zusätzlichen Voraussetzung, dass Gefahr im Verzug vorliegt – die sofortige Wirksamkeit im Einzelfall gerichtlich angeordnet werden, u zwar bereits durch das Gericht der ersten Instanz (§ 64 Rdn. 27 f. sowie Rdn. 29 zu den **Familienstreitsachen** im Besonderen). Während der Anhängigkeit eines Beschwerdeverfahrens geht dieses Recht jedoch auf das Beschwerdegericht über. In diesen Fällen kann daher auch das Beschwerdegericht die sofortige Wirksamkeit seiner Beschwerdeentscheidung anordnen. Sonderregelungen, welche die Möglichkeit einer Anordnung der sofortigen Wirksamkeit speziell für eine Beschwerdeentscheidung vorsehen, finden sich z.B. in § 27 Abs. 2 IntFamRVG (für das Beschwerdegericht) u § 31, 2. Alt. IntFamRVG (für das Rechtsbeschwerdegericht).

56 Die Entscheidung des Beschwerdegerichts über die Anordnung oder Ablehnung der sofortigen Wirksamkeit in diesen Fällen ist unanfechtbar (Jansen/*Briesemeister* § 26 FGG Rn. 8). Ein Rechtsmittel gegen eine derartige Entscheidung ist entsprechend § 70 Abs. 3 ausgeschlossen, denn wie sich aus den dort geregelten

Fällen ergibt, soll eine Rechtsbeschwerde wegen bloß vorläufiger Anordnungen nach dem Willen des Gesetzgebers nicht möglich sein.

III. Aussetzung der Vollziehung und einstweilige Anordnungen des Rechtsbeschwerdegerichts. Ist eine 57
Entscheidung kraft Gesetzes schon vor ihrer Rechtskraft wirksam (Rdn. 53) oder ist ihre sofortige Wirksamkeit im Einzelfall durch das Beschwerdegericht gerichtlich angeordnet worden (Rdn. 55 f.), so stellt sich die Frage, auf der Grundlage welcher Vorschriften das Rechtsbeschwerdegericht bei Einlegung einer Rechtsbeschwerde seinerseits die Vollziehung dieser Entscheidung aussetzen oder sonstige Anordnungen zu einstweiliger Regelung z.B. bis zur endgültigen Entscheidung im Fall einer Aufhebung u Zurückverweisung treffen kann. Bisher ergab sich eine derartige Befugnis des Rechtsbeschwerdegerichts aus der über § 29 Abs. 4 FGG auch auf die weitere Beschwerde entsprechend anwendbaren Vorschrift des § 24 Abs. 3 FGG (BayObLG WuM 2002, 517). Nunmehr findet sich eine gesetzliche Regelung für derartige Fallkonstellationen nur noch in Sondervorschriften wie z.B. § 31, 1. Alt. IntFamRVG. Eine allgemeine Regelung ist nicht mehr vorhanden, weil der an die Stelle von § 24 Abs. 3 FGG getretene § 64 Abs. 3 wegen des Fehlens einer § 29 Abs. 4 FGG entsprechenden Auffangvorschrift (vor §§ 58 bis 75 Rdn. 3) nicht mehr ausdrücklich für anwendbar erklärt ist. Auch § 74 Abs. 4 verweist für das Rechtsbeschwerdeverfahren nur auf die Vorschriften für das Verfahren im ersten Rechtszug, nicht aber auf die Vorschriften für das Beschwerdeverfahren. Der Gesetzgeber hat dabei allerdings übersehen, dass der ihm als Orientierung für die Norm des § 74 Abs. 4 dienende § 555 ZPO durch Sondervorschriften (§§ 565, 719 ZPO) ergänzt wird. Zur Schließung der planwidrigen, dadurch entstandenen Lücke ist § 64 Abs. 3 daher auch auf das Rechtsbeschwerdegericht entsprechend anzuwenden (BGH, Beschl. v. 14.02.2012, V ZB 4/12 Rn. 1; BGH FGPrax 2010, 97; a.A. Prütting/Helms/*Abramenko* § 71 Rn. 28 f.); eine einstweilige Anordnung auf dieser Grundlage kommt dabei allerdings nur dann in Betracht, wenn eine Rechtsbeschwerde überhaupt statthaft ist (BGH WM 2010, 470, 471).

Unterabschnitt 2. Rechtsbeschwerde

§ 70 Statthaftigkeit der Rechtsbeschwerde. (1) Die Rechtsbeschwerde eines Beteiligten ist statthaft, wenn sie das Beschwerdegericht oder das Oberlandesgericht im ersten Rechtszug in dem Beschluss zugelassen hat.
(2) ¹Die Rechtsbeschwerde ist zuzulassen, wenn
1. die Rechtssache grundsätzliche Bedeutung hat oder
2. die Fortbildung des Rechts oder die Sicherung einer einheitlichen Rechtsprechung eine Entscheidung des Rechtsbeschwerdegerichts erfordert.
²Das Rechtsbeschwerdegericht ist an die Zulassung gebunden.
(3) ¹Die Rechtsbeschwerde gegen einen Beschluss des Beschwerdegerichts ist ohne Zulassung statthaft in
1. Betreuungssachen zur Bestellung eines Betreuers, zur Aufhebung einer Betreuung, zur Anordnung oder Aufhebung eines Einwilligungsvorbehalts,
2. Unterbringungssachen und Verfahren nach § 151 Nr. 6 und 7 sowie
3. Freiheitsentziehungssachen.
²In den Fällen des Satzes 1 Nr. 2 und 3 gilt dies nur, wenn sich die Rechtsbeschwerde gegen den Beschluss richtet, der die Unterbringung oder die freiheitsentziehende Maßnahme anordnet.
(4) Gegen einen Beschluss im Verfahren über die Anordnung, Abänderung oder Aufhebung einer einstweiligen Anordnung oder eines Arrests findet die Rechtsbeschwerde nicht statt.

Übersicht	Rdn.		Rdn.
A. Allgemeines	1	II. Zulassungsbedürftigkeit	9
I. Sinn und Zweck	1	III. Zulassungsentscheidung	10
II. Anwendungsbereich	3	1. Zuständigkeit	10
1. Grundsatz	3	2. Form, Inhalt, Verfahren	11
2. Sonderfälle	4	3. Teilzulassung	12
B. Statthaftigkeit der Rechtsbeschwerde	8	4. Unanfechtbarkeit der Nichtzulassung	14
I. Beschwer	8	5. Bindungswirkung der Zulassung	16

	Rdn.		Rdn.
IV. Zulassungsgründe	18	D. Keine Rechtsbeschwerde in Verfahren des	
1. Allgemeines	18	einstweiligen Rechtsschutzes	31
2. Die Zulassungsgründe im Einzelnen	21	E. Kosten	33
C. Rechtsbeschwerde in Betreuungs-, Unterbringungs- und Freiheitsentziehungssachen	28		

1 A. Allgemeines. I. Sinn und Zweck. § 70 führt die allgemeine Rechtsbeschwerde in das FamFG-Verfahren ein u überträgt das Verfahren der §§ 574 ff. ZPO auf das FamFG. Zugleich erfolgt eine **Vereinheitlichung des Rechtsmittelzuges**, da auch die früher der ZPO-Revision unterliegenden Verfahren, soweit sie jetzt im FamFG geregelt sind, mit in den Anwendungsbereich der Rechtsbeschwerde aufgenommen werden. Durch die Anlehnung des Rechtsbeschwerdeverfahrens an die §§ 574 ff. ZPO wird ein einheitliches, auf eine reine Rechtskontrolle beschränktes Rechtsmittel für das gesamte FamFG geschaffen, durch das die verschiedenen, hier bisher nebeneinander bestehenden Rechtsmittel der dritten Instanz ersetzt werden. Neben dieser systematischen Vereinheitlichung verspricht sich der Gesetzgeber von der mit der Neuregelung verbundenen **Konzentration der Rechtsbeschwerden beim BGH** eine »zügige höchstrichterliche Entscheidung von Grundsatzfragen« u die »Stärkung des BGH als Wahrer der Rechtseinheitlichkeit u Rechtsfortbildung«, dem es ermöglicht werde, sich künftig in erster Linie mit Verfahren zu befassen, denen aufgrund ihrer grundsätzlichen Bedeutung eine über den Einzelfall hinaus reichende Wirkung zukomme (BT-Drucks. 16/6308 S. 209).

2 Die §§ 70 ff. treten im ehemaligen Anwendungsbereich des FGG **an die Stelle der weiteren Beschwerde** (§§ 27 ff. FGG). Außer in den Fällen des § 70 Abs. 3 Satz 1 Nr. 1–3, in denen die Rechtsbeschwerde zulassungsfrei statthaft ist (Rdn. 28 f.), entfällt dadurch die hier bisher unbeschränkt bestehende Möglichkeit einer Anrufung der dritten Instanz zur Überprüfung einer zweitinstanzlichen Entscheidung u die bestehenden Rechtsschutzmöglichkeiten werden teilweise eingeengt. Außerdem werden durch die Rechtsbeschwerde die bisher als rudimentäre »vierte Instanz« in § 28 Abs. 2 u 3 FGG sowie in einigen Sondergesetzen (z.B. SpruchG, GBO) vorgesehenen **Divergenzvorlageverfahren** an den BGH ersetzt. Bei den ZPO-Familiensachen tritt die Rechtsbeschwerde an die Stelle der bisher für die Anfechtung von Endentscheidungen (Berufungsurteilen) in Ehesachen u in den jetzt als Familienstreitsachen bezeichneten Verfahren vorgesehenen **Revision** gem. §§ 542 ff. ZPO. Für die bisher **§ 621e Abs. 2 ZPO** unterfallenden Familiensachen tritt sie an die Stelle des früheren Rechtsmittels nach § 621e Abs. 2 ZPO. Ein Restbereich von Familienverfahren, in denen – wie bisher z.B. bei Ehewohnungs- u Haushaltsangelegenheiten u beim Gewaltschutz – eine Rechtsbeschwerde gänzlich unstatthaft ist, verbleibt nach der Neuregelung nicht mehr.

3 II. Anwendungsbereich. 1. Grundsatz. § 70 Abs. 1 bestimmt, dass die Rechtsbeschwerde gegen **Endentscheidungen** (§ 58 Rdn. 13 ff.) – abgesehen von bestimmten Ausnahmen (Rdn. 9, 18, 19) – grds. nur statthaft ist, wenn sie vom Beschwerdegericht oder, wenn der Beschluss ausnahmsweise vom OLG im ersten Rechtszug erlassen ist, von diesem in der Beschwerdeentscheidung zugelassen wurde. Ausnahmsweise vom OLG im ersten Rechtszug erlassen u daher – wenn überhaupt – von vornherein **nur mit der Rechtsbeschwerde anfechtbar** sind z.B. die gerichtliche Entscheidung über die Anfechtung von Justizverwaltungsakten (vgl. § 25 EGGVG; vor §§ 58 bis 75 Rdn. 48) oder die Entscheidungen der Oberlandesgerichte über die Anerkennung ausländischer Entscheidungen in Ehesachen außerhalb des Anwendungsbereiches der VO (EG) Nr. 2201/2003 (»Brüssel-IIa-Verordnung«; vor §§ 58 bis 75 Rdn. 50 f.). Endentscheidung i.d.S. ist auch eine Entscheidung des Beschwerdegerichts, mit der die Sache an das Ausgangsgericht zurückverwiesen wurde (BayObLG 1991, 724). Gegen eine **Kostenentscheidung** des Beschwerdegerichts kann die Rechtsbeschwerde nur wegen kostenrechtlicher, nicht aber zur Klärung materiell-rechtlicher Fragen zugelassen werden (BGH NJW-RR 2004, 1219). Zur Rechtsbeschwerde gegen **Zwischen- und Nebenentscheidungen** s. § 58 Rn. 40a.

4 2. Sonderfälle. In einer Reihe von Fällen ist die **Rechtsbeschwerde** – wie bisher die weitere Beschwerde – **durch Sonderregelungen ausgeschlossen**. So ist die Rechtsbeschwerde – entsprechend dem bisherigen Recht – bei Streitigkeiten über die **Vergütung u den Ersatz der baren Auslagen** von **gerichtlich bestellten Gesellschaftsorganen, besonderen Vertretern zur Verfolgung von Schadensersatzansprüchen u Prüfern im Recht der Kapitalgesellschaften** gem. §§ 35 Abs. 3 Satz 3, 85 Abs. 3 Satz 3, 104 Abs. 6 Satz 3, 142 Abs. 6

Satz 3, 147 Abs. 2 Satz 7 AktG, 26 Abs. 4 Satz 4 UmwG, 30 Abs. 4 Satz 3 SEAG n.F. ausgeschlossen, weil der Gesetzgeber diese Verfahren als nicht hinreichend wichtig angesehen hat, um eine höchstrichterliche Klärung der sie betreffenden Rechtsfragen durch den BGH zu ermöglichen (BT-Drucks. 16/6308 S. 353–355, 427).
Dagegen ist gem. §§ 142 Abs. 8 AktG in Streitigkeiten über die **Bestellung von Sonderprüfern** durch das 5 Gericht, gem. §§ 99 Abs. 1, 132 Abs. 3 Satz 1, 260 Abs. 3 Satz 1 AktG in Streitigkeiten über gerichtliche Entscheidungen betr. die **Zusammensetzung des Aufsichtsrats** einer AG, das **Auskunftsrecht des Aktionärs** (OLG Stuttgart AG 2012, 377 ff.) u die **Feststellungen von aktienrechtlichen Sonderprüfern** und gem. § 51b Satz 1 GmbHG i.V.m. § 132 Abs. 3 Satz 1 AktG in Streitigkeiten über gerichtliche Entscheidungen betr das **Auskunfts- u Einsichtsrecht des GmbH-Gesellschafters** die Rechtsbeschwerde gegen **gerichtliche Entscheidungen im Recht der Kapitalgesellschaften** – abweichend vom bisherigen Recht – nunmehr zugelassen, weil derartige Entscheidungen nicht nur die Kosten, sondern die Sache selbst betreffen u daher für entsprechend wichtig gehalten werden (BT-Drucks. 16/6308 S. 427) sowie die Rechtsbeschwerde zudem generell unter dem Vorbehalt der Zulassung steht (BT-Drucks. 16/6308 S. 817). Der Vorschlag des BR zum Ausschluss der Rechtsbeschwerde auch in zumindest einigen dieser Verfahren ist von der BReg daher ausdrücklich abgelehnt worden (BT-Drucks. 16/6308 S. 353). Das Gleiche gilt für Streitigkeiten über die gerichtliche **Bestellung von besonderen Vertretern zur Geltendmachung von Schadensersatzansprüchen** nach § 147 Abs. 2 AktG, auf die trotz des Fehlens einer ausdrücklichen, dem § 142 Abs. 8 AktG entsprechenden Verweisungsvorschrift ebenfalls die §§ 58 ff. anzuwenden sind (*Hüffer*, § 147 AktG Rn. 9).

Auch in anderen Fällen, in denen eine weitere Beschwerde nach dem FGG durch Sondervorschriften ausgeschlossen war, ist die **Rechtsbeschwerde** nunmehr – nach Zulassung durch das Beschwerdegericht u bei Vorliegen ihrer sonstigen allgemeinen Voraussetzungen – **nach Maßgabe des FamFG ausdrücklich zulässig** oder die Vorschrift, aufgrund derer die weitere Beschwerde bisher ausgeschlossen war, ist zumindest ersatzlos weggefallen: 6

– Nach § 27 Abs. 2 FGG war die weitere Beschwerde gegen Entscheidungen des Beschwerdegerichts über eine **isolierte Beschwerde gegen erstinstanzliche Kostenentscheidungen** nicht statthaft (KKW/*Meyer-Holz* § 27 FGG Rn. 9); mangels Übernahme einer entsprechenden Vorschrift in das neue Recht ist in den bisher von dieser Vorschrift erfassten Fällen nunmehr eine Rechtsbeschwerde möglich.

– § 12 Abs. 2 Satz 3 SpruchG a.F. (Ausschluss der weiteren Beschwerde gegen **Entscheidungen nach dem SpruchG**) ist weggefallen; auch in diesem Verfahren ist somit im Zuge der allgemeinen Angleichung u Bereinigung des Rechtsmittelrechts die Rechtsbeschwerde zulässig geworden.

– § 63 FGG i.V.m. §§ 55, 62 FGG (Ausschluss der weiteren Beschwerde bei Fällen, in denen die **Erteilung oder Versagung der vormundschaftsgerichtlichen Genehmigung** eines Rechtsgeschäfts einem Dritten ggü. wirksam geworden ist) ist ersatzlos weggefallen, nachdem das Wirksamwerden derartiger Genehmigungen nunmehr durch § 40 Abs. 2 Satz 1 generell auf den Zeitpunkt der Rechtskraft aufgeschoben u eine dem § 62 FGG entsprechende Regelung damit entbehrlich geworden ist; auch der bisherige Meinungsstreit über die Reichweite des Ausschlusses der weiteren Beschwerde nach dem FGG, wenn die erste Instanz in solchen Fällen ohne einen bisher notwendigen gesonderten Vorbescheid entschieden hatte (Jansen/*Sonnenfeld* § 62 FGG Rn. 10 f. m.w.N.), ist damit gegenstandslos geworden.

Nach bisherigem Recht zulässig war auch eine weitere Beschwerde der Staatsanwaltschaft gegen die Erteilung oder Versagung der Genehmigung des VormG zum Antrag auf Entlassung einer unter elterlicher Sorge oder Vormundschaft stehenden Person aus der deutschen Staatsangehörigkeit gem. § 19 Abs. 1 Satz 2 StAG, gegen die Entscheidung über die Genehmigung des Antrags auf Erwerb einer ausländischen Staatsangehörigkeit durch eine solche Person gem. § 25 Abs. 1 StAG u gegen die Entscheidung über die Genehmigung des Verzichts eines Minderjährigen auf die deutsche Staatsangehörigkeit gem. § 26 Abs. 4 StAG. Jedoch hat das bisherige Beschwerderecht der Staatsanwaltschaft in derartigen Fällen in der Praxis keine Bedeutung erlangt. Mit dem FGG-RG ist deshalb nicht nur die Möglichkeit der weiteren Beschwerde, sondern das Beschwerderecht der Staatsanwaltschaft in **Verfahren nach dem StAG** insgesamt entfallen (BT-Drucks. 16/6308 S. 316). 7

B. Statthaftigkeit der Rechtsbeschwerde. I. Beschwer. Wie die Revision ist auch die Rechtsbeschwerde 8 *des FamFG Parteirechtsmittel*. Der Rechtsbeschwerdeführer muss daher durch die Beschwerdeentscheidung ebenso beschwert sein wie ein Beschwerdeführer durch eine erstinstanzliche Entscheidung (§ 59) u er muss diese Beschwer mit der Rechtsbeschwerde beseitigen wollen. Ein Beteiligter, der durch den Inhalt einer Beschwerdeentscheidung nicht beschwert ist, kann daher auch eine zugelassene Rechtsbeschwerde nicht allein mit dem Ziel einlegen, einen Verfahrensfehler festzustellen oder eine zwar möglicherweise fehlerhafte, ihn aber nicht konkret belastende Entscheidungsbegründung zur Überprüfung zu stellen (Zöller/*Heßler* § 543 ZPO Rn. 6). Abgesehen von den Fällen einer zulässigen Beschränkung der Rechtsbeschwerde (Rdn. 12) – bleibt es ihm aber unbenommen, diese aus anderen Gründen einzulegen, als gerade aus denjenigen, derentwegen sie zugelassen worden ist (BGHZ 9, 357, 358 f. zur ZPO-Revision).

9 **II. Zulassungsbedürftigkeit.** Die Rechtsbeschwerde setzt i.d.R. immer die vorherige Zulassung durch das Beschwerdegericht voraus. Ausnahmen bestehen außer in den Fällen des § 70 Abs. 3 Satz 1 (Rdn. 18) z.B. in Ehe- u Familienstreitsachen (Rdn. 19) für die Rechtsbeschwerde gegen Beschlüsse, durch die eine Beschwerde als unzulässig verworfen (§ 117 Abs. 1 Satz 2 i.V.m. § 522 Abs. 1 Satz 4 ZPO) oder die Wiedereinsetzung in eine versäumte Beschwerdefrist zurückgewiesen wird (Keidel/*Meyer-Holz* § 70 Rn. 47) u für die Rechtsbeschwerde gegen einen zweiten Versäumnisbeschluss mit der Begründung, dass ein Fall der schuldhaften Säumnis nicht vorgelegen habe (§ 117 Abs. 2 Satz 1 i.V.m. § 514 Abs. 2 ZPO). Eine Beschwerdesumme muss nicht gewahrt sein (Keidel/*Meyer-Holz* § 70 Rn. 10); § 61 Abs. 1 ist mangels einer dahin gehenden Vorschrift im Gesetz auf die Rechtsbeschwerde nicht entsprechend anzuwenden (BGH NJW 1985, 913 f. zur Parallelsituation bei der weiteren Beschwerde in einem WEG-Verfahren). Zur Problematik eines – ohne Zulassung statthaften – außerordentlichen Rechtsmittels gegen die Entscheidung des Beschwerdegerichts vgl. vor §§ 58 bis 75 Rdn. 36 ff.

10 **III. Zulassungsentscheidung. 1. Zuständigkeit.** Zuständig für die Entscheidung über die Zulassung der Rechtsbeschwerde ist der mit der Beschwerdeentscheidung befasste Spruchkörper. Ist diese gem. § 68 Abs. 4 dem **Einzelrichter** übertragen, dann kann – u muss – dieser die Rechtsbeschwerde wegen grundsätzlicher Bedeutung selbst zulassen (BGH NJW 2003, 2900 f. zur ZPO-Revision). Das ergibt sich daraus, dass der Gesamtspruchkörper schon bei der Übertragung der Sache auf den Einzelrichter die grds. Bedeutung der Sache – zumindest implizit – geprüft u aus seiner Sicht verneint hat. Etwas anderes gilt nur dann, wenn sich die Prozesslage seit der Übertragung auf den Einzelrichter wesentlich geändert u sich die grds. Bedeutung der Sache dadurch erst nachträglich ergeben hat. Dann ist die Sache gem. § 68 Abs. 4 i.V.m. § 526 Abs. 2 Nr. 1 ZPO zunächst dem Gesamtspruchkörper zur Entscheidung über eine mögliche Übernahme vorzulegen. Eine dennoch erfolgende Zulassung der Rechtsbeschwerde durch den Einzelrichter ist jedoch wirksam u bleibt ohne prozessuale Folgen (BGH NJW 2004, 2301; in BGH NJW 2003, 2900 f. offen gelassen), denn sie ist durch den gesetzlichen Richter erfolgt u allein auf die unterlassene Vorlage an das Kollegium kann die Rechtsbeschwerde gem. § 68 Abs. 4 Halbs. 2 i.V.m. § 526 Abs. 3 ZPO nicht gestützt werden.

11 **2. Form, Inhalt, Verfahren.** Zum Verfahren sowie zu Form u Inhalt der stets von Amts wegen zu treffenden Zulassungsentscheidung gilt § 61 Rdn. 19–21 entsprechend. Eine vom Beschwerdegericht erteilte – unzutreffende – Rechtsmittelbelehrung stellt noch keine Entscheidung über die Zulassung der Rechtsbeschwerde dar (BGH FamRZ 2015, 1701). Liegt ein Zulassungsgrund vor, so ist die Zulassung zwingend vorgeschrieben. Ein Ermessen ist dem entscheidenden Gericht ausdrücklich nicht eingeräumt (BT-Drucks. 16/6308 S. 209).

12 **3. Teilzulassung.** Die Zulassung der Rechtsbeschwerde umfasst grds. den gesamten Streitstoff. Eine Beschränkung der Zulassung nach den für die Revision entwickelten Grundsätzen, die vor allem für die Rechtsbeschwerde in Ehe- u Familienstreitsachen ohne Weiteres auf das FamFG übertragbar sind, ist jedoch zulässig. Nach der Rspr. des BGH kommt eine Beschränkung der Zulassung demnach dann in Betracht, wenn sie sich auf einen tatsächlich u rechtlich selbständigen, **abtrennbaren Teil des Gesamtstreitstoffs** bezieht, über den in einem besonderen Verfahrensabschnitt durch Teil- oder Zwischenurteil entschieden werden kann (BGH MDR 2005, 886; NJW 2007, 144) oder auf den auch der Rechtsmittelführer sein Rechtsmittel von vornherein beschränken könnte (BGH NJW-RR 2004, 1365 f.). Soweit der von der Zulassung erfasste Teil einen abtrennbaren, rechtlich selbstständigen Teil des Gesamtstreitstoffs betrifft, wird tendenziell darüber hinausgehend auch eine Beschränkung der Revisionszulassung auf einzelne Angriffs- oder Verteidigungsmittel zugelassen. Unzulässig ist aber eine Beschränkung nur auf einzelne Rechtsfragen (BGH MDR 2005, 886) oder tatsächliche Gesichtspunkte (BGH MDR 2004, 468, 469), auf einzelne Entscheidungselemente (z.B. einzelne Anspruchsgrundlagen zur Begründung desselben prozessualen Anspruchs, BGH NJW 1984, 615 oder auf einzelne prozessuale Vorfragen (BGH NJW 1984, 3264 f.). Bezieht sich eine einzelne Rechtsfrage, zu deren Klärung das Beschwerdegericht die Rechtsbeschwerde zugelassen hat, auf einen abtrennbaren Teil des Streitstoffs, kann die Zulassungsentscheidung allerdings dahin ausgelegt werden, dass das Beschwerdegericht die Beschwerde nur beschränkt auf diesen Teil des Streitgegenstandes zulassen wollte (BGH FamRZ 2012, 706, 707). *Wegen aller weiteren Einzelheiten* ist auf § 61 Rdn. 21, § 64 Rdn. 17 und auf die einschlägigen ZPO-Kom-

mentare (z.B. Zöller/*Heßler* § 543 ZPO Rn. 19; Musielak/*Ball* § 543 ZPO Rn. 10–13, jeweils m.w.N.) Bezug zu nehmen.

Eine entgegen den vorstehenden Grundsätzen dennoch ausgesprochene Beschränkung der Rechtsbeschwerdezulassung ist unwirksam. Die Zulassung als solche bleibt aber wirksam. Die Rechtsbeschwerde ist daher in einem solchen Fall unbeschränkt zulässig u die Entscheidung der Beschwerdeinstanz in vollem Umfang überprüfbar (BGH NJW 2003, 2529; Zöller/*Heßler* § 543 ZPO Rn. 19). Das Gleiche gilt auch bei sprachlichen oder sonstigen Unklarheiten über die Reichweite einer vom Beschwerdegericht ausgesprochenen Zulassungsbeschränkung (BGH NJW 2003, 2529; FamRZ 2008, 1339; Zöller/*Heßler* § 543 ZPO Rn. 26). 13

4. Unanfechtbarkeit der Nichtzulassung. Die Nichtzulassung der Rechtsbeschwerde ist nicht anfechtbar. Das Rechtsbeschwerdeverfahren kennt keine Nichtzulassungsbeschwerde. Da die Rechtsbeschwerde nunmehr für sämtliche Verfahren der freiwilligen Gerichtsbarkeit einschließlich aller Familiensachen den einzigen, im Instanzenzug über die zweite Instanz hinausführenden Rechtsbehelf darstellt, wird durch das FamFG in der Sache die bis zum 31.12.2019 befristete Übergangsregelung des § 26 Nr. 9 ZPO über den Ausschluss der Nichtzulassungsbeschwerde bei den bisher der Revision u der Rechtsbeschwerde gem. § 621e Abs. 2 Satz 1 Nr. 2 ZPO unterliegenden Familiensachen unbefristet verlängert. Dies ist verfassungsrechtlich unbedenklich, da von Verfassungs wegen die Existenz eines vollständigen Instanzenzuges u insb. das durchgängige Vorhandensein einer dritten Instanz zur Überprüfung von Entscheidungen der zweiten Instanz nicht geboten ist (BVerfG FamRZ 2003, 995, 996; BGH FamRZ 2005, 1902, 1903; Zöller/*Heßler* § 574 ZPO Rn. 16 m.w.N.). Soweit die fehlende Anfechtbarkeit eines Ausschlusses der Rechtsbeschwerde bei der ZPO-Reform allerdings noch ausdrücklich mit der relativ geringen Bedeutung der von einer solchen Beschwerde i.d.R. nur erfassten Zwischen- u Nebenentscheidungen begründet wurde (BT-Drucks. 14/4722 S. 116) trägt diese Begründung jetzt nicht mehr. Rechtspolitisch wird daher aktuell die Einführung der Nichtzulassungsbeschwerde in Familiensachen wieder gefordert, da man sich hiervon insbesondere eine Vereinheitlichung der Rechtsprechung im Familienrecht verspricht. Auch wird auf die große Bedeutung der Familienstreitsachen für die Beteiligten hingewiesen (vgl. dazu FF 2015, 266). 14

Wegen der ausnahmsweisen Zulässigkeit einer **außerordentlichen Beschwerde** vgl. § 61 Rdn. 20 und vor §§ 58 bis 75 Rdn. 36 f. 15

5. Bindungswirkung der Zulassung. Noch in § 70 Abs. 2 Satz 2 RegE FGG-RG war als verfahrensmäßige Neuerung vorgesehen, dass zur Entlastung des BGH wegen der zusätzlichen Arbeitsbelastungen durch die Einführung der Rechtsbeschwerde in der freiwilligen Gerichtsbarkeit die Zulassungsentscheidung des Beschwerdegerichts nicht bindend sein sollte. Unter Berücksichtigung von Bedenken der zu dem Gesetzentwurf vor dem Rechtsausschuss des Bundestages angehörten Sachverständigen hat man diese Regelung jedoch fallen gelassen. In seiner schließlich Gesetz gewordenen Fassung regelt § 70 Abs. 2 Satz 2 nun in Übereinstimmung mit der ZPO u den Verfahrensordnungen der Sondergerichtsbarkeiten, dass das Rechtsbeschwerdegericht an die Zulassung der Rechtsbeschwerde durch das Beschwerdegericht auch nach dem neuen Recht gebunden ist. 16

Das Rechtsbeschwerdegericht hat die Zulassungsentscheidung des Beschwerdegerichts folglich hinzunehmen u darf das Vorliegen eines Rechtsbeschwerdegrundes nicht nochmals prüfen. Eine Bindung an die Zulassung besteht für das Rechtsbeschwerdegericht nur dann nicht, wenn eine Rechtsbeschwerde von vornherein unstatthaft ist, weil sie aufgrund besonderer Vorschriften (Rdn. 4) gesetzlich ausgeschlossen ist (BGH FamRZ 2012, 1293; FamRZ 2011, 282, 283, st. Rspr.) oder wenn es schon an einer wirksamen Zulassungsentscheidung fehlt, weil diese z.B. unzulässigerweise erst nachträglich erfolgt ist, obwohl die Voraussetzungen des § 43 nicht vorlagen (BGH FamRZ 2004, 1278). Dasselbe gilt erst recht, wenn schon das Rechtsmittel zum Beschwerdegericht unstatthaft war (BGH FamRZ 2012, 1204 f.). Auch an die zusätzliche Zulassung einer schon kraft Gesetzes ohnehin statthaften Rechtsbeschwerde ist das Rechtsbeschwerdegericht nicht gebunden; in einem derartigen Fall darf es das Vorliegen eines Rechtsbeschwerdegrundes daher ausnahmsweise auch selbst nachprüfen (BGH FamRZ 2003, 1009; 2004, 1023, 1024). 17

IV. Zulassungsgründe. 1. Allgemeines. Die Zulässigkeit der Rechtsbeschwerde setzt i.d.R. das **Vorliegen eines Zulassungsgrundes** nach § 70 Abs. 2 voraus. Nur in den Sonderfällen des § 70 Abs. 3 ist die vollständig zulassungsfreie Rechtsbeschwerde vorgesehen. Ein Zulassungsgrund ist in diesen Fällen also – abweichend von der Parallelvorschrift des § 574 Abs. 2 ZPO – grds. auch durch das Rechtsbeschwerdegericht nicht zu prüfen und muss daher auch in der Rechtsbeschwerdeschrift nicht dargelegt werden. Die ursprünglich durch den Rechtsausschuss vorgeschlagene Fassung des § 70 Abs. 3 Satz 2, wonach auch die zu- 18 lassungsfreie Rechtsbeschwerde nur unter den Voraussetzungen des § 70 Abs. 2 möglich sein sollte, wurde durch BT-Drucks. 16/9831 als angeblich »technisches Versehen« gestrichen (vgl. *Vorwerk* FPR 2009, 8, 11 m.w.N.; kritisch zu einer derart weitgehenden Zulassungsfreiheit zu Recht Prütting/Helms/*Abramenko* § 70 Rn. 16). Unberührt davon bleibt allerdings die Notwendigkeit einer Überprüfung der Zulassungsgründe durch das Rechtsbeschwerdegericht, wenn es ein Rechtsmittel im vereinfachten Verfahren nach § 74a zurückweisen will (§ 74a Rdn. 3).

19 Die Rechtsbeschwerde in **Ehe- und Familienstreitsachen** gegen die Verwerfung einer Beschwerde gem. § 117 Abs. 1 Satz 3 i.V.m. § 522 Abs. 1 Satz 4 ZPO, gegen die Verweigerung der Wiedereinsetzung in die Beschwerdefrist oder gegen einen zweiten Versäumnisbeschluss ist dagegen nur zulässig, wenn das Rechtsbeschwerdegericht das Vorliegen eines – hier deshalb in der Rechtsmittelschrift auch darzulegenden – Zulassungsgrundes gem. § 574 Abs. 2 ZPO bejaht (Keidel/*Meyer-Holz* § 70 Rn. 47). Denn die Verweisung auf § 522 Abs. 1 Satz 4 ZPO eröffnet nach ihrem Sinnzusammenhang nicht die allgemein für die Verfahren nach dem FamFG geregelte Rechtsbeschwerde des § 70, sondern die Rechtsbeschwerde nach den Grundsätzen der §§ 574 ff. ZPO, mit der Folge, dass in Ehe- und Familienstreitsachen nicht nur die Regelung über die grundsätzliche Zulassungsfreiheit in § 574 Abs. 1 Nr. 1 ZPO, sondern auch die Vorschrift des § 574 Abs. 2 ZPO entsprechende Anwendung findet (Prütting/Helms/*Feskorn* § 117 Rn. 73). Erfolgt die Prüfung des Zulassungsgrundes demnach in diesem Fall ausnahmsweise durch das Rechtsbeschwerdegericht, so muss der Rechtsbeschwerdegrund außerdem grds. auch noch im Zeitpunkt der Entscheidung über die Rechtsbeschwerde vorliegen (BGH NJW 2005, 154, 155 m.w.N. zur Nichtzulassungsbeschwerde nach der ZPO). Etwas anderes gilt allerdings, wenn er erst nach der Einlegung der Rechtsbeschwerde entfallen ist und die Rechtsbeschwerde i.Ü. Aussicht auf Erfolg hat (BVerfG NJW 2008, 2493 f.; BGH NJW-RR 2005, 438).

20 Die im Rechtsbeschwerdeverfahren zu klärende Rechtsfrage oder der zu klärende Rechtsfehler müssen nach den anerkannten Grundsätzen des ZPO-Rechtsmittelrechts (Musielak/*Ball* § 543 ZPO Rn. 9k ff.; Zöller/*Heßler* § 574 ZPO Rn. 13a, § 543 ZPO Rn. 6a), die auf das FamFG zu übertragen sind, für die Rechtsbeschwerde **entscheidungserheblich** sein (§ 72 Rdn. 17–22). Maßgeblich für die Beurteilung der Entscheidungserheblichkeit ist dabei der Zeitpunkt der Zulassungsentscheidung (Zöller/*Heßler* § 543 ZPO Rn. 6a).

21 **2. Die Zulassungsgründe im Einzelnen.** Die – sich in der Sache z.T. überschneidenden – Zulassungsgründe des § 70 Abs. 2 Nr. 1 u 2 sind mit denen der §§ 574 Abs. 2, 543 Abs. 2 ZPO identisch, sodass wegen sämtlicher Einzelheiten ihrer Auslegung auf die umfassende bereits vorhandene Rspr. zur Revision u zur Rechtsbeschwerde nach der ZPO (Übersichten z.B. bei Zöller/*Heßler* § 543 ZPO Rn. 11–16; Musielak/*Ball* § 543 ZPO Rn. 4–9 oder MüKoZPO/*Wenzel* § 543 ZPO Rn. 6–25) Bezug genommen werden kann:

22 Wie dort ist ein Verfahren von **grundsätzlicher Bedeutung** gem. § 70 Abs. 2 Nr. 1, wenn es eine **klärungsfähige** (§ 72 Rdn. 3) u **klärungsbedürftige** Rechtsfrage aufwirft, die in einer unbestimmten Vielzahl von Fällen von tatsächlicher, rechtlicher oder wirtschaftlicher Bedeutung sein kann oder wenn andere Auswirkungen des Verfahrens auf die Allgemeinheit deren Interessen in besonderen Masse berühren und deshalb eine Entscheidung des Rechtsbeschwerdegerichts erfordern (BT-Drucks. 16/6308 S. 209 zu § 70 FamFG; BT-Drucks. 14/4722 S. 104 f. zu § 543 ZPO).

23 Zur **Fortbildung des Rechts** gem. § 70 Abs. 2 Nr. 2, 1. Alt. ist die Zulassung erforderlich, wenn der Einzelfall Veranlassung gibt, Leitsätze für die Auslegung von Gesetzesbestimmungen des materiellen oder des Verfahrensrechts aufzustellen oder Gesetzeslücken auszufüllen (BT-Drucks. 16/6308 S. 209 zu § 70 FamFG; BT-Drucks. 14/4722 S. 104 zu § 543 ZPO). Nach der z.T. einschränkenden Auslegung des BGH soll das nur dann der Fall sein, wenn es für die rechtliche Beurteilung typischer oder verallgemeinerungsfähiger Lebenssachverhalte an einer richtungsweisenden Orientierungshilfe ganz oder teilweise fehlt (NJW 2002, 3029, 3030; NJW 2003, 1074).

24 Der Zulassungsgrund der **Sicherung einer einheitlichen Rspr.** gem. § 70 Abs. 2 Nr. 2, 2. Alt. ist hingegen dann gegeben, wenn vermieden werden soll, dass **schwer erträgliche Unterschiede** in der Rspr. entstehen oder fortbestehen, wobei darauf abzustellen ist, welche Bedeutung die angefochtene Entscheidung für die Rspr. als Ganzes hat (BT-Drucks. 16/6308 S. 209 zu § 70 FamFG; BT-Drucks. 14/4722 S. 104).

25 Das betrifft zunächst die Fälle einer **Divergenz** im eigentlichen Sinne, die nur dann vorliegt, wenn in der angefochtenen Entscheidung ein die Entscheidung tragender allgemeiner Rechtssatz aufgestellt wird, der von einem tragenden abstrakten Rechtssatz in der Entscheidung eines höher- oder gleichrangigen anderen Gerichts oder eines anderen Spruchkörpers desselben Gerichts abweicht (BGH NJW 2002, 2473; BGH

NJW-RR 2003, 1366, 1367); eine unterschiedliche Würdigung des gleichen Sachverhalts nur in tatsächlicher Hinsicht reicht also nicht aus (BGH NJW-RR 2007, 1676).

Ebenfalls unter diese Vorschrift fallen aber auch solche Fälle, in denen das Vertrauen in die Rspr. deshalb Schaden zu nehmen droht, weil die angefochtene Beschwerdeentscheidung **materielle oder formelle Fehler von symptomatischer**, über den Einzelfall hinausreichender **Bedeutung** enthält, welche die Interessen der Allgemeinheit nachhaltig berühren (BT-Drucks. 14/4733 S. 104; BGH NJW 2002, 2473, 2474; NJW 2003, 1943, 1944). Dies ist nach der Rspr. des BGH zum ZPO-Rechtsmittelrecht dann anzunehmen, wenn konkrete Anhaltspunkte dafür bestehen, dass ohne ein Eingreifen des Rechtsbeschwerdegerichts eine **Wiederholung** des Fehlers durch dasselbe Gericht oder seine **Nachahmung** durch andere Gerichte droht (BGH NJW 2003, 1943, 1944; NJW 2003, 754, 755). Wiederholungsgefahr i.d.S. besteht aber nicht, wenn lediglich ein Beschwerdegericht eine geänderte höchstrichterliche Rspr. z.Zt. seiner Entscheidung noch nicht kannte (BVerfG NJW 2008, 2493, 2494). 26

Nachhaltig berührt sind die Interessen der Allgemeinheit vor allem auch dann, wenn das Vertrauen in die Rspr. dadurch gefährdet ist, dass die Beschwerdeentscheidung auf einer Verletzung von Verfahrensgrundrechten – insb. der Grundrechte auf rechtliches Gehör u auf ein objektiv willkürfreies Verfahren – beruht (BGH NJW 2003, 1943, 1964; NJW 2005, 153) oder einer der vom Gesetz als besonders gravierend angesehenen, **absoluten Rechtsbeschwerdegründe** des § 72 Abs. 3 i.V.m. § 547 Nr. 1–4 ZPO gegeben ist (BGH FamRZ 2007, 1643; Bumiller/Harders, § 70 Rn. 15; a.A. Zöller/*Heßler* § 543 ZPO Rn. 15b: in allen Fällen des § 547 ZPO; wieder anders Musielak/*Ball* § 547 ZPO Rn. 2u ThP/*Reichold* § 543 ZPO Rn. 5: nie; differenzierend MüKoZPO/*Wenzel* § 543 ZPO Rn. 18), wobei in den beiden zuletzt genannten Fallgruppen Anhaltspunkte für eine (zusätzliche) Wiederholungs- oder Nachahmungsgefahr im Einzelfall nicht bestehen müssen (BGH NJW 2003, 1943, 1946; FamRZ 2007, 1643; a.A. Musielak/*Ball* § 543 ZPO Rn. 9u § 547 ZPO Rn. 2). 27

C. Rechtsbeschwerde in Betreuungs-, Unterbringungs- und Freiheitsentziehungssachen. Wegen der in solchen Verfahren besonders hohen Eingriffsintensität ist die Rechtsbeschwerde gem. § 70 Abs. 3 Satz 1 Nr. 1–3 in Betreuungssachen zur Bestellung eines Betreuers unter gleichzeitiger Einrichtung einer Betreuung, zur Verlängerung einer bereits bestehenden Betreuung oder zur Ablehnung eines Betreuerwechsels im Zuge einer solchen Verlängerung (BGH FamRZ 2010, 1897, 1898), zur Aufhebung einer Betreuung, zur Anordnung oder Aufhebung eines Einwilligungsvorbehalts (vgl. § 271 Nr. 1u 2) oder zur Erweiterung der Aufgabenkreise des Betreuers (BGH FamRZ 2011, 1289, 1290) in Unterbringungsverfahren (vgl. § 312 für Volljährige sowie § 151 Nr. 6u 7 für Minderjährige) und in Freiheitsentziehungssachen (vgl. § 415) ohne Zulassung statthaft. Abweichend von § 574 Abs. 2 ZPO bedarf es in diesen Fällen folglich auch weder des Vorliegens noch der Darlegung von Zulassungsgründen i.S.d. § 70 Abs. 2. Ein Rechtsmittel gegen die Bestellung eines Betreuers kann auch allein auf die Auswahl des Betreuers beschränkt werden (BGH FamRZ 2011, 100). Nicht von § 70 Abs. 3 Satz 1 Nr. 1 erfasst und daher ohne vorherige Zulassung durch das Beschwerdegericht nicht mit der Beschwerde anfechtbar sind dagegen alle sonstigen Entscheidungen in Betreuungssachen (für Volljährige vgl. § 271 Nr. 2), mithin also alle diejenigen Entscheidungen, die nicht zumindest auch das Entstehen oder den Fortbestand der Betreuung als solche betreffen wie z.B. isolierte Entscheidungen über die Entlassung eines Betreuers (BGH FamRZ 2011, 632, 633; 1143, 1144, FamRZ 2012, 1290; § 271 Rdn. 3) oder über die Bestellung oder Entlassung eines Ergänzungsbetreuers (BGH FamRZ 2011, 1219, 1220). 28

Wie durch § 70 Abs. 3 Satz 2 ausdrücklich klargestellt wird, gilt die Befreiung von der Notwendigkeit der Rechtsmittelzulassung in den Fällen von § 70 Abs. 3 Satz 1 Nr. 2 und 3 außerdem nur, soweit sich die Rechtsbeschwerde gegen einen Beschluss richtet, der für den Beschwerdeführer eine **unmittelbar freiheitsentziehende Wirkung** hat (BGH FamRZ 2015, 1701). Andere Entscheidungen in den hier aufgezählten Verfahrensarten – wie etwa solche, die nur die Vergütung eines Verfahrenspflegers betreffen – sind dagegen von dem Wegfall der Zulassungsbedürftigkeit ausdrücklich ausgenommen, weil der Gesetzgeber ansonsten eine unüberschaubare, durch die Bedeutung der infrage stehenden Verfahren nicht gerechtfertigte Mehrbelastung des BGH befürchtet (BT-Drucks. 16/12717 S. 70). Nur nach vorheriger Zulassung statthaft ist daher z.B. auch eine Rechtsbeschwerde der beteiligten Behörde gegen die Verkürzung der Sicherungshaft eines abzuschiebenden Ausländers (BGH FGPrax 2010, 98). Ohne Zulassung möglich ist allerdings die Rechtsbeschwerde gegen eine zurückweisende Entscheidung des Beschwerdegerichts über einen Feststellungsantrag nach § 62 Abs. 1 in einer der Rechtsmaterien des § 70 Abs. 3 (BGH, Beschl. v. 30.08.2012 – V ZB 29

12/12 Rn. 4). Auch eine solche Entscheidung hat eine unmittelbar freiheitsentziehende Wirkung i.S.d. § 70 Abs. 3 Satz 2 (BGH, Beschl. v. 31.03.2011 – V ZB 186/10 Rn. 5).

30 Die in § 70 Abs. 3 enthaltene Abweichung vom gesetzlichen Regelfall der zulassungsbedürftigen Rechtsbeschwerde war im RegE FGG-RG zunächst noch nicht vorgesehen u ist erst auf die von verschiedener Seite geäußerte Kritik hin in das Gesetz aufgenommen worden, durch den Rechtsweg des FamFG werde der bisher durch das FGG gewährleistete, bürgernahe u »niederschwellige« Zugang zu den Gerichten mit seinem voll ausgebauten Instanzenzug vom AG über das LG zum OLG gerade auch in der besonders sensiblen u grundrechtsrelevanten Rechtsmaterie des Betreuungsrechts ohne Not eingeschränkt (*Knittel* BTPrax 2008, 99, 101–103). Unabhängig davon, ob man dieser Kritik folgt, ist aber auch die nunmehr getroffene Regelung nicht ohne Nachteile u Probleme. Zum einen wird dadurch der mit der Reform wesentlich verfolgte Zweck einer Vereinheitlichung des Rechtsweges z.T. wieder aufgegeben, zum anderen erschließt sich nicht ohne Weiteres, wieso zwar in einer Materie wie den Betreuungssachen die Rechtsbeschwerde ohne Zulassung statthaft ist, nicht aber z.B. auch in den häufig ebenso grundrechtsrelevanten Kindschaftssachen des § 151. Außerdem werden sich wegen des unterschiedlichen Zugangs zur Rechtsbeschwerde Akzentverschiebungen in der Bedeutung der unterschiedlichen Fallgruppen ergeben, in denen ein Rechtsbeschwerdegrund anzunehmen ist. Da es eine Nichtzulassungsbeschwerde für den Regelfall nicht gibt, wird sich die Rechtsbeschwerde in ihrer Funktion nämlich für die Regelfälle im Wesentlichen auf die Klärung von Grundsatzfragen (Rdn. 22 ff.) in den seltenen Fällen beschränken, in denen solche Fragen eine Zulassung der Rechtsbeschwerde aus der Sicht des Beschwerdegerichts erforderlich machen. Eine einzelfallbezogene Korrektur von schweren Rechtsfehlern (Rdn. 26) wird dagegen i.d.R. nur bei den Betreuungs-, Unterbringungs-, u Freiheitsentziehungssachen in Betracht kommen.

31 **D. Keine Rechtsbeschwerde in Verfahren des einstweiligen Rechtsschutzes.** § 70 Abs. 4 übernimmt die inhaltlich entsprechende Regelung der durch das 1. JuMoG eingefügten §§ 574 Abs. 1 Satz 2, 542 Abs. 2 ZPO. Demnach unterliegt ein Beschluss, mit dem das Beschwerdegericht eine EA (§§ 49 ff., 119 Abs. 1) trifft oder einen Arrest (§ 119 Abs. 2) anordnet oder eine EA oder einen Arrest ablehnt, aufhebt oder abändert, in keinem Fall der Rechtsbeschwerde. Das gilt auch dann, wenn die Rechtsbeschwerde in einem solchen Verfahren irrtümlich zugelassen worden ist (BGH NJW 2003, 1531; BGH NJW 2002, 3554; 2003, 70; s.a. § 61 Rdn. 23). Auch eine Rechtsbeschwerde gegen eine Kostenentscheidung nach Rücknahme eines Antrages auf EA oder auf Erlass eines Arrests (BGH NJW 2003, 3565) oder nach der Erledigung eines solchen Antrages (BGH NJW-RR 2003, 1075) ist ausgeschlossen, ebenso die Rechtsbeschwerde gegen die Verwerfung einer Beschwerde als unzulässig in einem Verfahren des einstweiligen Rechtsschutzes (BGH NJW 2003, 69), gegen eine Beschwerdeentscheidung nach Erledigung der Hauptsache nach § 62 in einem solchen Verfahren (BGH FGPrax 2011, 143 f., 144) oder gegen einen Beschluss, durch den das Beschwerdegericht einen Antrag auf Ergänzung seiner Entscheidung über die Aufhebung einer EA abgelehnt hat (BGH FGPrax 2011, 148). Auch in Verfahren des einstweiligen Rechtsschutzes im Bereich der § 70 Abs. 3 unterfallenden Verfahren ist eine Ausnahme nicht geboten, auch nicht für Freiheitsentziehungssachen (BGH FGPrax 2011, 148; Prütting/Helms/*Jennissen* § 427 Rn. 14) einschließlich der Anfechtung von behördlichen Maßnahmen der einstweiligen Freiheitsentziehung gem. § 428 Abs. 1 i.V.m. Vorschriften des Bundesrechts wie z.B. § 62 Abs. 4 AufenthG (BGH FGPrax 2011, 253; Prütting/Helms/*Jennissen* § 428 Rn. 11; a.A. Bahrenfuss/*Grotkopp* § 428 Rn. 6).

32 Der Ausschluss der Rechtsbeschwerde gilt aber nur für das Verfahren des einstweiligen Rechtsschutzes selbst, nicht jedoch für Folgesachen wie z.B. einen Schadensersatzanspruch in einer Familienstreitsache nach § 119 Abs. 1 Satz 2 oder § 119 Abs. 2 Satz 2, jeweils i.V.m. § 945 ZPO (Zöller/*Heßler* § 542 ZPO Rn. 9; Musielak/*Ball* § 542 ZPO Rn. 5), ebenso auch nicht für die Entscheidung über den Rechtsweg (§ 17a GVG) (BGH NJW 2003, 1194) bzw. die interne Zuständigkeitsabgrenzung zwischen streitiger Gerichtsbarkeit, freiwilliger Gerichtsbarkeit im Allgemeinen u den Familiengerichten im Besonderen (§ 17a Abs. 6 GVG n.F.) u auch nicht für die Anerkennung oder Vollstreckung ausländischer Entscheidungen des einstweiligen Rechtsschutzes (BGHZ 74, 278; Musielak/*Ball* § 542 ZPO Rn. 5).

33 **E. Kosten.** Im Anwendungsbereich des **FamGKG** sind wie bei der Beschwerde auch bei der Rechtsbeschwerde Pauschalgebühren vorgesehen, durch die jeweils das gesamte Verfahren abgegolten wird. Die Höhe der Verfahrensgebühr beträgt 4,0 Gebühren in Ehe- u Folgesachen (KV 1130), 1,5 Gebühren im vereinfachten Unterhaltsverfahren (KV 1213), 5,0 Gebühren in sonstigen Familienstreitsachen (KV 1225), 1,5 *Gebühren in Kindschaftssachen* (KV 1316), 4,0 Gebühren in sonstigen Familiensachen (KV 1325), 300,00 €

bei Beschwerden in den Verfahren mit Auslandsbezug gem. KV 1710, 1713u 1714 (KV 1720), 150,00 € bei Rechtsbeschwerden gem. den §§ 71 Abs. 2, 91a Abs. 2, 99 Abs. 2u 269 Abs. 5 ZPO (KV 1920) sowie 100,00 € in allen sonstigen Fällen, soweit keine Gebührenfreiheit besteht (KV 1923).

Ebenfalls wie in der Beschwerdeinstanz gelten verschiedene **Ermäßigungstatbestände** für den Fall der Beendigung des Verfahrens ohne gerichtliche Entscheidung, wobei für alle Verfahrenstypen jeweils danach differenziert wird, ob das Verfahren **vor oder erst nach dem Eingang der Rechtsbeschwerdebegründung endet**. In allen Fällen ermäßigt sich die Gebühr dabei jeweils bei einer Beendigung des Verfahrens durch die Zurücknahme der Rechtsbeschwerde, in den Fällen der Gebühr gem. KV 1130 ff. (Ehe- u Folgesachen) u gem. 1225 ff. (Familienstreitsachen außer dem vereinfachten Unterhaltsverfahren) steht die Erledigung der Hauptsache der Rücknahme gleich, soweit keine streitige Kostenentscheidung des Gerichts ergehen muss. 34

Bei den der **KostO** unterfallenden Verfahren fallen Verfahrenskosten wie bei der Beschwerde (§ 58 Rdn. 93) auch bei der Rechtsbeschwerde nur nach Maßgabe von § 131 KostO an. Gem. § 131 Abs. 2 Nr. 1 ermäßigt sich die Gebühr jedoch bei Verwerfung oder Zurückweisung der Beschwerde nur auf das Eineinhalbfache der vollen Gebühr, höchstens jedoch einen Betrag von 1.200,00 € u gem. § 131 Abs. 2 Nr. 2 KostO im Fall der Rücknahme nur auf drei Viertel der vollen Gebühr, höchstens jedoch einen Betrag von 750,00 €. Für Rechtsbeschwerden, die nach dem 01.08.2013 eingelegt werden, gilt das neue **GNotKG**. Wegen der Systematik und wegen der einzelnen, im Rechtsbeschwerdeverfahren anfallenden Gebührentatbestände nach diesem Gesetz vgl. § 80 Rdn. 13 ff. 35

Die **Anwaltskosten** des Rechtsbeschwerdeverfahrens in **Familien- u Landwirtschaftssachen** sind in Teil 3, Abschnitt 2, Unterabschnitt 2 des VV zum RVG geregelt. Danach erhält der Rechtsanwalt 1,6 Verfahrensgebühren gem. VV 3206 u 1,5 Termingebühren gem. VV 3210. Ist ein Beteiligter nicht ordnungsgemäß vertreten u es werden nur Anträge zur Prozess- u Sachleitung oder auf Erlass einer Versäumnisentscheidung gestellt, entstehen gem. VV 3211 nur 0,8 Termingebühren. Die Gebühr für die **sonstigen Rechtsbeschwerden** der freiwilligen Gerichtsbarkeit ergeben sich grds. aus Teil 3, Abschnitt 5 des VV zum RVG. Danach erhält der Rechtsanwalt in diesen Verfahren 1,0 Verfahrensgebühren gem. VV 3502 u (ggf.) 1,2 Termingebühren gem. VV 3516. In **Freiheitsentziehungs- u Unterbringungssachen** gelten die speziellen Gebührentatbestände gem. VV 6300–6303. 36

§ 71 Frist und Form der Rechtsbeschwerde.

(1) ¹Die Rechtsbeschwerde ist binnen einer Frist von einem Monat nach der schriftlichen Bekanntgabe des Beschlusses durch Einreichen einer Beschwerdeschrift bei dem Rechtsbeschwerdegericht einzulegen. ²Die Rechtsbeschwerdeschrift muss enthalten:
1. die Bezeichnung des Beschlusses, gegen den die Rechtsbeschwerde gerichtet wird, und
2. die Erklärung, dass gegen diesen Beschluss Rechtsbeschwerde eingelegt werde.

³Die Rechtsbeschwerdeschrift ist zu unterschreiben. ⁴Mit der Rechtsbeschwerdeschrift soll eine Ausfertigung oder beglaubigte Abschrift des angefochtenen Beschlusses vorgelegt werden.

(2) ¹Die Rechtsbeschwerde ist, sofern die Beschwerdeschrift keine Begründung enthält, binnen einer Frist von einem Monat zu begründen. ²Die Frist beginnt mit der schriftlichen Bekanntgabe des angefochtenen Beschlusses. ³§ 551 Abs. 2 Satz 5 und 6 der Zivilprozessordnung gilt entsprechend.

(3) Die Begründung der Rechtsbeschwerde muss enthalten:
1. die Erklärung, inwieweit der Beschluss angefochten und dessen Aufhebung beantragt werde (Rechtsbeschwerdeanträge);
2. die Angabe der Rechtsbeschwerdegründe, und zwar
   a) die bestimmte Bezeichnung der Umstände, aus denen sich die Rechtsverletzung ergibt;
   b) soweit die Rechtsbeschwerde darauf gestützt wird, dass das Gesetz in Bezug auf das Verfahren verletzt sei, die Bezeichnung der Tatsachen, die den Mangel ergeben.

(4) Die Rechtsbeschwerde- und die Begründungsschrift sind den anderen Beteiligten bekannt zu geben.

Übersicht

	Rdn.		Rdn.
A. Allgemeines	1	II. Form für die Einlegung der Rechts-	
B. Einlegung der Rechtsbeschwerde	2	beschwerde	4
I. Frist für die Einlegung der Rechtsbeschwerde	2	1. Einreichung einer Rechtsbeschwerdeschrift	4

	Rdn.		Rdn.
2. Inhalt der Rechtsbeschwerdeschrift ...	5	II. Inhalt der Rechtsbeschwerdebegründung.	18
III. Einlegung beim Rechtsbeschwerdegericht	7	1. Rechtsbeschwerdeantrag............	19
IV. Kein Abhilfeverfahren...............	8	a) Inhaltliche Anforderungen	20
C. Begründung der Rechtsbeschwerde	10	b) Teilanfechtung	21
I. Begründungsfrist..................	11	2. Rechtsbeschwerdegründe	22
1. Dauer und Beginn der Frist zur Begründung der Rechtsbeschwerde	11	a) Sachrügen.....................	23
		b) Verfahrensrügen...............	26
2. Verlängerung der Frist zur Begründung der Rechtsbeschwerde	14	III. Bekanntgabe der Rechtsbeschwerdebegründung........................	28
3. Wiedereinsetzung in die Frist zur Begründung der Rechtsbeschwerde ...	15		

1 **A. Allgemeines.** Die Vorschrift regelt die Anforderungen an die Einlegung (Frist und Form) sowie an die Begründung der Rechtsbeschwerde. Wegen der durch den Gesetzgeber ausdrücklich beabsichtigten Harmonisierung des Rechtsmittelzuges mit der ZPO lehnt sie sich weitgehend an die Regelung des § 575 ZPO für die ZPO-Rechtsbeschwerde an, die ihrerseits wieder in weiten Teilen mit der Regelung in §§ 548 bis 551 ZPO für die ZPO-Revision übereinstimmt.

2 **B. Einlegung der Rechtsbeschwerde. I. Frist für die Einlegung der Rechtsbeschwerde.** § 71 Abs. 1 Satz 1 bestimmt für die Einlegung der Rechtsbeschwerde eine Frist von einem Monat, die – ebenso wie Frist zur Einlegung der Beschwerde (§ 63 Rdn. 10 ff.) – mit der schriftlichen Bekanntgabe (§ 41) zu laufen beginnt, welche nach § 15 Abs. 2 Satz 1 entweder durch Zustellung nach den Vorschriften der ZPO oder (ausnahmsweise bei Nichtvorliegen der Voraussetzungen des § 41 Abs. 1 Satz 2) durch Aufgabe zur Post erfolgen kann (a.A. Prütting/Helms/*Abramenko* § 71 Rn. 5: Wahrung von § 126b BGB reicht aus). Wiedereinsetzung in den vorigen Stand (§§ 17 ff. bzw. §§ 233 ff. ZPO in Ehe- und Familienstreitsachen, s. § 117 Rdn. 52 f.) ist möglich, auch wenn das FamFG den Begriff der Notfrist nicht mehr kennt (§ 63 Rdn. 4).

3 Analog zur ZPO-Revision besteht anders als für den zweiten Rechtszug keine Regelung des Fristbeginns für den Fall einer **unwirksamen oder fehlenden Bekanntgabe** des anzufechtenden Beschlusses. Eine dem § 63 Abs. 3 Halbs. 2 entsprechende Regelung für die Rechtsbeschwerde fehlt. In einem derartigen Fall beginnt die Rechtsbeschwerdefrist nicht zu laufen; die Einlegung der Rechtsbeschwerde ist daher – vorbehaltlich einer evtl. Verwirkung – grds. unbefristet möglich (offen gelassen von BGH FamRZ 2012, 1049 ff., 1050; wie hier Prütting/Helms/*Abramenko* § 71 Rn. 6, zur Parallele bei der ZPO Rechtsbeschwerde Zöller/*Heßler* § 575 ZPO Rn. 2; a.A. Musielak/*Ball* § 575 ZPO Rn. 2: analoge Anwendung der dem § 63 Abs. 3 Halbs. 2 entsprechenden Vorschrift des § 548 Halbs. 2 ZPO; ebenso zum FamFG *Maurer* FamRZ 2009, 465, 473). Wie bei der Beschwerde (§ 63 Rdn. 15) ist allerdings auch bei der Rechtsbeschwerde die Heilung einer nicht formgerechten Zustellung nach § 15 Abs. 2 Satz 1 i.V.m. § 189 ZPO möglich. Für den Beginn, die Berechnung und die Wahrung der Frist zur Einlegung der Rechtsbeschwerde i.Ü. gilt das Gleiche wie für die Frist zur Einlegung der Beschwerde (§ 63 Rdn. 9–18, 24 und 25–31).

4 **II. Form für die Einlegung der Rechtsbeschwerde. 1. Einreichung einer Rechtsbeschwerdeschrift.** Gem. § 71 Abs. 1 Satz 1 wird die Rechtsbeschwerde durch die Einreichung einer Rechtsbeschwerdeschrift eingelegt. Es gilt also die **Schriftform**, wobei in dem gleichen Umfang und unter den gleichen Voraussetzungen moderne Kommunikationsmittel verwendet werden können wie für die Einlegung der Beschwerde (§ 64 Rdn. 8). Eine Rechtsmitteleinlegung durch Niederschrift zur Geschäftsstelle ist bei der Rechtsbeschwerde nicht zulässig. Für die Rechtsbeschwerde besteht gem. § 10 Abs. 4 Satz 1 grds. in allen Verfahren **Anwaltszwang** (BGH FamFR 2010, 392). Ausnahmen gelten nur in Verfahren über die Ausschließung oder die Ablehnung von Gerichtspersonen und die Verfahrenskostenhilfe (§ 10 Abs. 4 Satz 1 Halbs. 2), für Behörden und juristische Personen des öffentlichen Rechts einschließlich des Bezirksrevisors (§ 10 Abs. 4 Satz 2), soweit der jeweils Handelnde über die Befähigung zum Richteramt verfügt (BGH FamRZ 2010, 1544 f.) sowie für Notare in Notarkostensachen (§ 15 Abs. 4 Satz 2 KostO). In **Familiensachen** wird § 10 Abs. 4 durch § 114 Abs. 2 verdrängt (Prütting/Helms/*Helms* § 114 Rn. 22). Eine Ausnahme vom Anwaltszwang besteht bei ihnen daher nur für Behörden und juristische Personen des öffentlichen Rechts (§ 114 Abs. 3); die sonst geltende Befreiung vom Anwaltszwang in Verfahren über die Ausschließung oder die Ablehnung von Gerichtspersonen und *in Angelegenheiten der Verfahrenskostenhilfe* entfällt (BGH FamRZ 2010, 1425, 1425 f.).

2. Inhalt der Rechtsbeschwerdeschrift. § 71 Abs. 1 Satz 2 regelt den notwendigen **Inhalt der Rechts-** 5
beschwerdeschrift. Wie bei der Erstbeschwerde und analog zur ZPO-Rechtsbeschwerde muss daraus ersichtlich sein, **welche Entscheidung** angegriffen wird (§ 71 Abs. 1 Satz 2 Nr. 1), sowie dass gegen sie das Rechtsmittel der **Rechtsbeschwerde** eingelegt wird (§ 71 Abs. 1 Satz 2 Nr. 2). Zu der dabei erforderlichen Eindeutigkeit in der Bezeichnung des Rechtsmittels und des angefochtenen Beschlusses s. § 64 Rdn. 11 bis 13; zur erforderlichen Eindeutigkeit in der Bezeichnung der Beteiligten s. § 64 Rdn. 14 f. Wie die Beschwerdeschrift ist gem. § 70 Abs. 1 Satz 3 auch die Rechtsbeschwerdeschrift zu **unterschreiben**. Ausnahmen sind nach Maßgabe der dazu für die ZPO entwickelten Kasuistik nur zulässig, soweit dies aufgrund der Verwendung moderner Technik unvermeidlich ist, s. § 64 Rdn. 18 f.

Gem. § 71 Abs. 1 Satz 4 soll der Beschwerdeschrift eine **Ausfertigung oder beglaubigte Abschrift** der ange- 6
fochtenen Entscheidung beigefügt werden. Das entspricht ebenfalls den Vorschriften über die ZPO-Rechtsbeschwerde (§ 575 Abs. 1 Satz 3 ZPO), soll das Rechtsbeschwerdegericht möglichst frühzeitig über den Inhalt der angefochtenen Entscheidung informieren (BT-Drucks. 16/6308 S. 209) und dient der Erleichterung bei der Bestimmung des dort intern zuständigen Spruchkörpers (BT-Drucks. 14/4722 S. 105 zu § 544 ZPO). Es handelt sich um eine reine Ordnungsvorschrift, deren Nichteinhaltung keine unmittelbaren prozessualen Nachteile nach sich zieht. Bei Mängeln in der Bezeichnung der angefochtenen Entscheidung und/oder der Beteiligten des Rechtsbeschwerdeverfahrens handelt es sich aber um eine wertvolle Auslegungshilfe, welche die Zulässigkeit des Rechtsmittels trotz derartiger Mängel im Ergebnis noch retten kann (BGH NJW-RR 1989, 958, 959 zur ZPO-Berufung; a.A. Prütting/Helms/*Abramenko* § 71 Rn. 10: Beifügung der Abschrift kann die Angaben in der Rechtsbeschwerdeschrift selbst nicht ersetzen).

III. Einlegung beim Rechtsbeschwerdegericht. Die Rechtsbeschwerde kann nur unmittelbar bei dem 7
Rechtsbeschwerdegericht eingelegt werden. Dieses ist gem. § 133 GVG immer der BGH. Bei einer dennoch vorgenommenen Rechtsmitteleinlegung beim Beschwerdegericht ist dieses nach den gleichen Maßstäben wie bei der Beschwerde (§ 68 Rdn. 3) zur Weiterleitung an den BGH verpflichtet. Die Frist des § 71 Abs. 1 ist aber nur dann gewahrt, wenn die Rechtsbeschwerdeschrift dort noch rechtzeitig eingeht (*Schürmann* FamRB 2009, 24, 25).

IV. Kein Abhilfeverfahren. Aus dem Erfordernis der Einlegung der Rechtsbeschwerde bei dem Rechts- 8
beschwerdegericht, ergibt sich unmittelbar, dass eine Abhilfebefugnis des Beschwerdegerichts nicht besteht. Das FamFG enthält für die Rechtsbeschwerde keine den §§ 575 Abs. 5, 541 ZPO entsprechende Regelung. 9
Auch ohne eine solche Regelung ergibt sich aus dem Fehlen eines Abhilfeverfahrens aber, dass die Geschäftsstelle des Rechtsbeschwerdegerichts entsprechend § 541 Abs. 1 ZPO selbstverständlich auch bei Einlegung der Rechtsbeschwerde nach diesem Gesetz unverzüglich die Akten bei dem Beschwerdegericht anzufordern und dieses die Akten dem Rechtsbeschwerdegericht auf Anforderung unverzüglich zu übersenden hat.

C. Begründung der Rechtsbeschwerde. Gem. § 71 Abs. 2 ist die Rechtsbeschwerde in einem **gesonderten** 10
Schriftsatz beim Gericht der Rechtsbeschwerde **zu begründen**, falls die Begründung nicht sogleich zusammen mit der Einlegung der Rechtsbeschwerde erfolgt.

I. Begründungsfrist. 1. Dauer und Beginn der Frist zur Begründung der Rechtsbeschwerde. Die **Dauer** 11
der Begründungsfrist für die Rechtsbeschwerde beträgt gem. § 71 Abs. 2 Satz 1 einen Monat. Das gilt mangels Sonderregelungen einheitlich auch für die Ehe- und Familienstreitsachen und für die FGG-Familiensachen; für die Ehe- und Familienstreitsachen ist die Frist zur Begründung der Rechtsbeschwerde damit kürzer als die Frist zur Begründung der Beschwerde.

Die Frist **beginnt** gem. § 71 Abs. 2 Satz 2 ebenso wie die Frist zur Einlegung der Rechtsbeschwerde mit der 12
schriftlichen Bekanntgabe der angefochtenen Entscheidung. Beide Frist beginnen und enden also gleichzeitig, es sei denn die Frist zur Begründung der Rechtsbeschwerde wird entsprechend verlängert. Wie die Einlegungsfrist beginnt die Begründungsfrist nur zu laufen, wenn die Bekanntgabe in ordnungsgemäßer Weise erfolgt ist. Wie die Einlegung ist auch die Begründung der Rechtsbeschwerde bereits möglich, bevor die schriftliche Bekanntgabe der angefochtenen Entscheidung an den Rechtsmittelführer erfolgt ist (BGH NJW 1999, 3269, 3270 zur ZPO-Berufung). Diese muss nur überhaupt schon existent, also i.S.d. § 38 Abs. 3 Satz 2 durch Verlesen der Beschlussformel oder Übergabe an die Geschäftsstelle erlassen (oder bei Ehe- und Familienstreitsachen ggf. verkündet) sein.

13 Wie bei der Rechtsbeschwerdeeinlegungsfrist hat es der Gesetzgeber auch bei der Rechtsbeschwerdebegründungsfrist unterlassen, eine **Auffangfrist** von 5 Monaten ab Erlass für den Fall einer fehlenden oder unwirksamen Bekanntgabe der Beschwerdeentscheidung an den Beschwerdeführer vorzusehen, obwohl ein Bedürfnis für eine solche Vorschrift an sich bei allen Rechtsmitteleinlegungs- und Rechtsmittelbegründungsfristen in gleicher Weise in Betracht kommt. Die gleiche Inkonsistenz zwischen den Vorschriften besteht allerdings auch bisher schon im Verhältnis zwischen § 575 Abs. 2 ZPO und § 551 Abs. 2 ZPO. Wie dort, wird eine Frist zur Begründung der Rechtsbeschwerde daher in einem solchen Fall ebenso wenig in Lauf gesetzt wie eine Frist zu deren Einlegung (Rdn. 3; a.A. zur ZPO-Rechtsbeschwerde Musielak/*Ball* § 575 ZPO Rn. 5: analoge Anwendung von § 551 Abs. 2 Satz 3 Halbs. 2 ZPO).

14 **2. Verlängerung der Frist zur Begründung der Rechtsbeschwerde.** Wenn die Frist zur Begründung der Rechtsbeschwerde im Einzelfall nicht ausreicht, kann sie auf (schriftlichen) Antrag durch den Vorsitzenden **verlängert** werden, wobei § 71 Abs. 2 Satz 3 wegen der Voraussetzungen und Einzelheiten auf den (zuletzt durch das 1. JuMoG modifizierten) § 551 Abs. 2 Satz 5 und 6 ZPO verweist. Die Frist kann somit auch ohne (formlos mögliche) Einwilligung des Gegners zunächst um bis zu 2 Monate verlängert werden, wenn nach freier Überzeugung des Vorsitzenden das Verfahren durch die Verlängerung nicht verzögert wird oder der Rechtsbeschwerdeführer erhebliche Gründe für die Fristverlängerung darlegt, § 551 Abs. 2 Satz 6 Halbs. 1 ZPO. Eine Fristverlängerung ist aber dann nicht möglich, wenn die Frist bereits abgelaufen ist (BGH, Beschl. v. 08.03.2012 – V ZB 35/12). Verzögert sich die Übersendung der Verfahrensakten an den Bevollmächtigten des Rechtsmittelführers, kann die Frist darüber hinaus um bis zu 2 Monate ab Übersendung der Akten verlängert werden, § 551 Abs. 2 Satz 6 Halbs. 2 ZPO. Willigt der »Gegner« – falls ein solcher in einem FamFG-Verfahren im Einzelfall überhaupt vorhanden ist – ein, kann die Frist ohne zeitliche Grenzen und ggf. auch wiederholt verlängert werden, § 551 Abs. 2 Satz 5 ZPO. Der Verlängerungsantrag ist durch Verfügung des Vorsitzenden ausdrücklich zu bescheiden. Die Entscheidung wird mit ihrer – gem. § 15 Abs. 3 auch formlos möglichen – Bekanntgabe an den Rechtsbeschwerdeführer wirksam (BGH FamRZ 1990, 613, 614).

15 **3. Wiedereinsetzung in die Frist zur Begründung der Rechtsbeschwerde.** Hat ein Rechtsbeschwerdeführer die Frist zur Begründung der Rechtsbeschwerde schuldlos versäumt, kann er gem. § 17 Abs. 1 die Wiedereinsetzung in den vorigen Stand beantragen; das wird vor allem dann häufig vorkommen, wenn er die Kosten des Verfahrens nicht aus eigenen Mitteln aufbringen kann und ihm deshalb die Einlegung und Durchführung der Rechtsbeschwerde erst nach der vorherigen Bewilligung von Verfahrenskostenhilfe möglich ist. Nach dem Wortlaut von § 18 Abs. 1 in der bis zum 31.12.2012 geltenden Fassung war ein solcher Antrag auf Wiedereinsetzung in die Rechtsbeschwerdebegründungsfrist binnen 2 Wochen nach Wegfall des Hindernisses zur Begründung der Rechtsbeschwerde zu stellen, in den Fällen der finanziellen Bedürftigkeit also binnen 2 Wochen ab der Bekanntgabe des Beschlusses, durch den dem Rechtsbeschwerdeführer die beantragte Verfahrenskostenhilfe bewilligt wurde. Das hätte aber zur Folge gehabt, dass der unbemittelte Rechtsmittelführer ggü. dem bemittelten ungerechtfertigt benachteiligt worden wäre. § 18 Abs. 1 war daher auch schon in dieser Fassung verfassungskonform dahin gehend auszulegen, dass die Wiedereinsetzungsfrist für den bedürftigen oder sonst schuldlos säumigen Rechtsbeschwerdeführer analog der speziell für Fälle dieser Art geschaffenen Vorschrift des § 234 Abs. 1 Satz 2 ZPO ebenfalls einen Monat betrug (BGH FGPrax 2010, 154 ff., 155).

16 Mit der Einführung von § 18 Abs. 1 Satz 2 durch das RechtsbehelfsbelehrungsG ist diese Rspr. für die Zeit seit dem 01.01.2013 nunmehr ausdrücklich kodifiziert worden. Wie bei der im Hinblick auf den Lauf der Fristen zur Einlegung und zur Begründung des Rechtsmittels vergleichbaren ZPO-Rechtsbeschwerde (BGH MDR 2008, 1058; anders noch BGH MDR 2008, 712) und abweichend von der ZPO-Berufung (BGH NJW 2007, 3354, 3355 ff.) sowie der Beschwerde in Ehe- und Familienstreitsachen (§ 117 Rdn. 52 f.) ist dabei allerdings davon auszugehen, dass diese Monatsfrist zur Nachholung der Rechtsbeschwerdebegründung bereits mit der Bekanntgabe der Bewilligung der Verfahrenskostenhilfe und nicht erst mit der Bekanntgabe der Bewilligung der Wiedereinsetzung gegen die Versäumung der Frist zur Einlegung der Rechtsbeschwerde in Lauf gesetzt wird (BGH FGPrax 2010, 154 ff., 155; Prütting/Helms/*Ahn-Roth* § 18 Rn. 24; a.A. Keidel/*Meyer-Holz* § 71 Rn. 30, jeweils zu § 18 a.F.; zweifelnd auch *Abramenko* FGPRax 2010, 217, 218).

17 Wie bei § 234 Abs. 1 Satz 2 ZPO ist es auch bei der Anwendung von § 18 Abs. 1 Satz 2 für die Bewilligung der Wiedereinsetzung ausreichend, wenn der Rechtsbeschwerdeführer innerhalb der Begründungsfrist Verfahrenskostenhilfe beantragt und nach deren Bewilligung die Begründung innerhalb der Wiedereinsetzungsfrist nachholt. Die Versäumung der Begründungsfrist ist also auch dann schuldlos, wenn er vor deren

Ablauf nicht ihre Verlängerung beantragt hatte (BGH NJW-RR 2005, 1586; Zöller/*Philippi* § 119 ZPO Rn. 58).

II. Inhalt der Rechtsbeschwerdebegründung. Bei der weiteren Beschwerde des FGG war eine Begründung grds. überhaupt nicht notwendig und auch bei der Rechtsbeschwerde in ZPO-Familiensachen war mangels Verweises auf § 551 Abs. 3 ZPO jedenfalls ein formalisierter Mindestinhalt der Rechtsbeschwerdebegründung nicht ausdrücklich vorgeschrieben. Rechtsbeschwerden in der freiwilligen Gerichtsbarkeit mussten daher bisher generell weder einen konkreten Antrag noch die Angabe bestimmter Beschwerdegründe enthalten. Gem. § 71 Abs. 3 ist hingegen die Rechtsbeschwerde auch in dieser Hinsicht der ZPO-Rechtsbeschwerde angeglichen und revisionsähnlich ausgestaltet worden. 18

1. Rechtsbeschwerdeantrag. Wie gem. §§ 575 Abs. 3 Nr. 1, 551 Abs. 3 Nr. 1, 520 Abs. 3 Nr. 1 ZPO ist daher gem. § 71 Abs. 3 Nr. 1 auch für die FamFG-Rechtsbeschwerde ein konkreter Rechtsbeschwerdeantrag erforderlich. 19

a) Inhaltliche Anforderungen. Wie ein ZPO-Revisionsantrag muss der Rechtsbeschwerdeantrag erkennen lassen, ob der angefochtene Beschluss ganz oder nur teilweise angegriffen werden soll und in welcher Weise seine Abänderung erstrebt wird (Zöller/*Heßler* § 551 ZPO Rn. 6). Ist dies erkennbar, so ist das Fehlen eines ausdrücklich ausformulierten Antrags unschädlich (Zöller/*Heßler* § 551 ZPO Rn. 6 m.w.N.). Je nach den Umständen kann auch ein allein auf Aufhebung und Zurückverweisung gerichteter Antrag des Rechtsbeschwerdeführers genügen (Zöller/*Heßler* § 551 ZPO Rn. 6, Musielak/*Ball* § 551 ZPO Rn. 5). Nicht ausreichend ist ein solcher Antrag aber wegen § 74 Abs. 5 Satz 1 FamFG, wenn der Rechtsbeschwerdeführer selbst von der Entscheidungsreife der Sache ausgeht und dennoch ausdrücklich nur die Zurückverweisung an die Vorinstanz begehrt (OLG Hamburg NJW 1987, 783, 784). 20

b) Teilanfechtung. Wie grundsätzliches jedes Rechtsmittel kann auch die Rechtsbeschwerde auf einen abtrennbaren Teil des Streitgegenstandes beschränkt werden (Zöller/*Heßler* § 551 ZPO Rn. 6; zur Beschwerde § 64 Rdn. 17). Geschieht dies, liegt darin jedenfalls allein noch kein Rechtsmittelverzicht für den nicht angefochtenen Teil (Zöller/*Heßler* § 551 ZPO Rn. 6 m.w.N.; Musielak/*Ball* § 551 ZPO Rn. 6). Die Rechtsbeschwerdeanträge sind auch nach dem Ablauf der Rechtsbeschwerdebegründungsfrist nicht bindend. Sie können daher auch dann noch nachträglich beschränkt oder geändert werden, und zwar, da die Entscheidungen nach dem FamFG – mit Ausnahme der Ehe- und Familienstreitsachen – regelmäßig nicht auf eine mündliche Verhandlung ergehen, grds. noch bis zum Erlass der Rechtsbeschwerdeentscheidung. Auch eine nachträgliche (Wieder-) Erweiterung von zunächst oder zwischenzeitlich beschränkten Anträgen ist zulässig, soweit die geänderten Anträge inhaltlich noch von der fristgerecht eingelegten Begründung gedeckt sind (BGH NJW 1984, 2831, 2832; NJW-RR 1988, 66; Zöller/*Heßler* § 551 ZPO Rn. 7; Musielak/*Ball* § 551 ZPO Rn. 7). Wegen dieser Möglichkeit der nachträglichen Antragsänderung tritt auch bezüglich der nicht angefochtenen Teile der Beschwerdeentscheidung zunächst noch keine Teilrechtskraft ein (Zöller/*Heßler* § 551 ZPO Rn. 8; Musielak/*Ball* § 551 ZPO Rn. 6). Unzulässig ist hingegen eine Ausweitung der Rechtsbeschwerdeanträge auf einen Streitgegenstand, der nicht schon seinerseits Gegenstand der Beschwerdeentscheidung gewesen ist (Zöller/*Heßler* § 551 ZPO Rn. 9). 21

2. Rechtsbeschwerdegründe. Die formalen Mindesterfordernisse an den Inhalt der Rechtsbeschwerdegründe ergeben sich aus § 71 Abs. 3 Nr. 2 und sind ebenfalls der ZPO soweit wie möglich angeglichen. Wie dort ist zwischen den Begründungserfordernissen für Sach- und für Verfahrensrügen zu unterscheiden. Dabei werden an die Begründung von Verfahrensrügen erhöhte Anforderungen gestellt, weil sich diese – anders als die Sachrügen – nicht bereits aus der Entscheidung selbst ergeben, sondern nur unter Hinziehung außerhalb der Entscheidung liegender, ggf. noch nicht einmal aus dem sonstigen Akteninhalt ersichtlicher Umstände festgestellt werden können. 22

a) Sachrügen. Die Regelung für die Rüge sachlicher Mängel in § 71 Abs. 3 Nr. 2a entspricht §§ 575 Abs. 3 Nr. 3a, 551 Abs. 3 Nr. 2a, 520 Abs. 3 Nr. 2 ZPO. Die gerügte Rechtsverletzung muss demnach konkret bezeichnet sein. Dazu ist die Angabe einer bestimmten Rechtsnorm nicht notwendig. Auch eine irrtümliche Falschbezeichnung ist unschädlich, solange zumindest das Ziel des Rechtsbeschwerdeangriffs erkennbar bleibt (Zöller/*Heßler* § 551 ZPO Rn. 11; Musielak/*Ball* § 551 ZPO Rn. 9, jeweils m.w.N.). Hat das Beschwerdegericht die Entscheidung der ersten Instanz nach § 69 Abs. 1 aufgehoben und zurückverwiesen, 23 reicht eine Sachrüge nicht aus. In diesem Fall muss vielmehr dargelegt werden, warum eine Zurückverweisung unzulässig war (BGH FamRZ 2008, 782).

24 Die Begründung der Rechtsbeschwerde muss eine **konkrete** und auf den Streitfall bezogene inhaltliche **Auseinandersetzung mit den Gründen des angefochtenen Beschlusses** enthalten (Keidel/*Meyer-Holz* § 71 Rn. 36; Bork/Jacoby/Schwab/*Müther* § 71 Rn. 20). Die bloße Verwendung von Textbausteinen reicht nicht aus (BGH MDR 2008, 994). Die Bezeichnung der verletzten Rechtsnorm ist nicht erforderlich. Auch eine Falschbezeichnung ist unschädlich, wenn die Begründung i.Ü. erkennen lässt, welche konkrete Norm verletzt sein soll (Musielak/*Ball* § 551 ZPO Rn. 9). Eine Bezugnahme auf Schriftsätze in anderen Verfahren oder vorangehende Schriftsätze in demselben Verfahren ersetzt die notwendige Begründung nicht (BGH ZKJ 2010, 205, 206). Sie ist daher nur zulässig, soweit dieses Erfordernis unabhängig von einer solchen Bezugnahme gewahrt bleibt (Bork/Jacoby/Schwab/*Müther* § 71 Rn. 20). Bezieht sich die Rechtsbeschwerde auf mehrere Verfahrensgegenstände, muss das Erfordernis einer ausreichenden Rechtsbeschwerderüge für jeden einzelnen davon erfüllt sein (Zöller/*Heßler* § 551 ZPO Rn. 12 m.w.N.). Darzulegen ist auch die mögliche **Entscheidungserheblichkeit** der gerügten Rechtsverletzung (§ 72 Rn. 17 ff.), soweit sie nicht schon ohne Weiteres aus dem angefochtenen Beschluss zu ersehen ist (Keidel/*Meyer-Holz* § 71 Rn. 39).

25 Ist bezogen auf einen Verfahrensgegenstand auch nur eine einzige zulässige Rechtsbeschwerderüge – gleichgültig, ob Sach- oder Verfahrensrüge – erhoben worden, so ist die Rechtsbeschwerde im Hinblick auf ihre Begründung insoweit ordnungsgemäß und damit die materiell-rechtliche Prüfung durch das Rechtsbeschwerdegericht eröffnet (Zöller/*Heßler* § 551 ZPO Rn. 13). Hiervon zu unterscheiden ist der Umfang, in dem die Sache dann durch das Rechtsbeschwerdegericht auf materielle Rechtsfehler überprüft wird. Dieser richtet sich nach § 74 Abs. 3, sodass grds. eine umfassende Prüfung ohne Beschränkung auf die Rügen der Rechtsbeschwerde erfolgt (Zöller/*Heßler* § 551 ZPO Rn. 13; § 74 Rdn. 7 ff.).

26 **b) Verfahrensrügen.** Verfahrensrügen erfordern nach der §§ 575 Abs. 3 Nr. 3b), 551 Abs. 3 Nr. 2b ZPO entsprechenden Regelung des § 71 Abs. 3 Nr. 2b die Angabe der **Tatsachen, aus denen sich der gerügte Mangel ergibt.** Für eine ordnungsgemäße Verfahrensrüge muss der beanstandete Rechtsfehler unter Angabe der Tatsachen, aus denen er sich ergibt, konkret vorgetragen werden (BGH MDR 2010, 830). Eine konkrete Benennung der verletzten Rechtsnorm ist dagegen auch hier nicht erforderlich. Wegen des Umfangs der Begründungsnotwendigkeit i.E. kann auf die für die ZPO-Revision entwickelten Maßstäbe Bezug genommen werden (Zöller/*Heßler* § 551 ZPO Rn. 14; Musielak/*Ball* § 551 ZPO Rn. 11, jeweils m.w.N.).

27 Anders als bei Sachrügen erfolgt bei Verfahrensrügen, mit Ausnahme solcher Verfahrensmängel betreffen, die ohnehin von Amts wegen zu berücksichtigen sind (§ 74 Rdn. 10 ff.), gem. § 74 Abs. 3 Satz 1 eine Nachprüfung der Beschwerdeentscheidung nur, wenn die Verfahrensmängel bis zum Ablauf der Rechtsbeschwerdebegründungsfrist nach §§ 71 Abs. 3, 73 Satz 2 ordnungsgemäß gerügt worden sind. Das **Nachschieben** einer Verfahrensrüge oder der für diese erforderliche Tatsachenbegründung nach Ablauf der Rechtsbeschwerdebegründungsfrist ist daher unzulässig. Das gilt auch für absolute Rechtsbeschwerdegründe gem. § 72 Abs. 3 i.V.m. § 547 Nr. 1–6 ZPO, nicht allerdings für sog. Gegenrügen des Rechtsbeschwerdegegners (Musielak/*Ball* § 551 ZPO Rn. 12). Findet eine – für die Rechtsmittel nach dem FamFG aber selbst bei den Ehe- und Familienstreitsachen nicht mehr in jedem Fall obligatorische – mündliche Verhandlung statt, sind diese daher – ebenso wie nachgeschobene Sachrügen – noch bis zu deren Schluss zulässig (BGHZ 121, 65, 69; Zöller/*Heßler* § 557 ZPO Rn. 12; Musielak/*Ball* § 551 ZPO Rn. 12), ansonsten grds. noch darüber hinaus bis zum Erlass der Rechtsbeschwerdeentscheidung (Keidel/*Meyer-Holz* § 71 Rn. 41 f.). Eine Wiedereinsetzung in den vorigen Stand zwecks Ergänzung einer unvollständigen Rechtsbeschwerdebegründung gibt es nicht (BGH NJW 1997, 1309, 1310).

28 **III. Bekanntgabe der Rechtsbeschwerdebegründung.** § 71 Abs. 4 entspricht den §§ 575 Abs. 4 Satz 2, 550 Abs. 2, 521 Abs. 2 ZPO für die Rechtsmittel der ZPO. Danach ist die Rechtsbeschwerdeschrift den »anderen Beteiligten« des Verfahrens – also nicht nur dem Rechtsmittelgegner, sondern allen Beteiligten der zweiten Instanz – **nach Maßgabe des § 15 Abs. 2 bekannt zu geben.** Anders als gem. § 23 Abs. 2 bzw. § 68 Abs. 3 Satz 1 i.V.m. § 23 Abs. 2, wonach für die Antragsschrift in erster Instanz und die Beschwerdeschrift in zweiter Instanz jeweils nur die formlose Übersendung an die anderen Beteiligten (§ 15 Abs. 3) vorgesehen ist, muss die Mitteilung der Rechtsbeschwerdebegründung in Form der Bekanntgabe (§ 15 Abs. 2) erfolgen. Diese erhöhte Förmlichkeit ist deswegen erforderlich, weil durch die Zustellung der Rechtsbeschwerdebegründung gem. § 73 Satz 1 die Frist für eine mögliche Anschlussrechtsbeschwerde in Lauf gesetzt wird. Erfolgt die Bekanntgabe gem. § 15 Abs. 2 Satz 1 i.V.m. §§ 166 ZPO durch Zustellung gem. §§ 166 ff. ZPO

Abschnitt 5. Rechtsmittel § 72

(§ 15 Abs. 2 Satz 1, 1. Alt), so ist damit eine Zustellung von Amts wegen gemeint; eine Zustellung von Anwalt zu Anwalt reicht nicht aus (Zöller/*Stöber* § 195 ZPO Rn. 5).

§ 72 Gründe der Rechtsbeschwerde. (1) ¹Die Rechtsbeschwerde kann nur darauf gestützt werden, dass die angefochtene Entscheidung auf einer Verletzung des Rechts beruht. ²Das Recht ist verletzt, wenn eine Rechtsnorm nicht oder nicht richtig angewendet worden ist.
(2) Die Rechtsbeschwerde kann nicht darauf gestützt werden, dass das Gericht des ersten Rechtszugs seine Zuständigkeit zu Unrecht angenommen hat.
(3) Die §§ 547, 556 und 560 der Zivilprozessordnung gelten entsprechend.

Übersicht

	Rdn.		Rdn.
A. Allgemeines	1	1. Verletzung materiellen Rechts	18
B. Gründe der Rechtsbeschwerde	2	2. Verletzung von Verfahrensrecht	20
I. Verletzbares Recht	3	3. Absolute Rechtsbeschwerdegründe	21
1. Umfassende Rügefähigkeit	3	C. Zuständigkeitsrügen	22
2. Rechtsnormen	4	D. Entsprechende Anwendung des Revisionsrechts	25
3. Zeitliche Grenzen der Rügefähigkeit	7	I. Absolute Rechtsbeschwerdegründe	26
II. Rechtsverletzung	8	1. Allgemeines	26
1. Fehlerhafte Rechtsanwendung	9	2. Die absoluten Rechtsbeschwerdegründe im Einzelnen	27
2. Überprüfung von Willenserklärungen	10	II. Verlust des Rügerechts	32
3. Beweiswürdigung	12	III. Bindung an die Feststellungen des Beschwerdegerichts bei nicht überprüfbaren Rechtssätzen	33
4. Ermessensentscheidungen	14		
5. Anwendung unbestimmter Rechtsbegriffe	16		
III. Beruhen auf einer Rechtsverletzung	17		

A. Allgemeines. Die Vorschrift regelt, auf welche Gründe die Rechtsbeschwerde gestützt werden kann. **§ 72 Abs. 1 Satz 1** stimmt mit § 27 Abs. 1 Satz 1 FGG und dem durch Art. 29 Nr. 2 FGG-RG in seinem Anwendungsbereich zeitgleich mit dem Inkrafttreten des FamFG in seinem Anwendungsbereich ausgeweiteten und angepassten § 545 Abs. 1 ZPO für das ZPO-Revisionsrecht überein. Nur der ebenfalls korrespondierende § 576 ZPO für die ZPO-Rechtsbeschwerde ist nicht gleichzeitig angeglichen worden und erlaubt daher auch weiterhin nur die Rüge von Bundes- oder Landesrecht. **§ 72 Abs. 1 Satz 2** entspricht § 27 Abs. 1 2 FGG, der auf den inhaltsgleichen § 54 ZPO verweist und **§ 72 Abs. 3** enthält eine Verweisung auch auf die §§ 547, 556, 560 ZPO. Wie die Revision und die ZPO-Rechtsbeschwerde ist somit auch die FamFG-Rechtsbeschwerde als **reine Rechtskontrollinstanz** ausgestaltet, in der Tatsachen grds. nicht neu festgestellt werden (§ 74 Rdn. 15 ff.). 1

B. Gründe der Rechtsbeschwerde. Gem. § 72 Abs. 1 Satz 1 kann mit der Rechtsbeschwerde daher ausschl geltend gemacht werden, dass die angefochtene Entscheidung auf der Verletzung formellen oder materiellen Rechts beruht. 2

I. Verletzbares Recht. 1. Umfassende Rügefähigkeit. Rügefähiges Recht i.S.d. § 72 Abs. 1 Satz 1 ist nach 3 der gem. § 485 auch für das FamFG geltenden Legaldefinition des Art. 2 EGBG **jede Rechtsnorm**, also nicht nur Vorschriften des Bundes- oder Landesrechts, sondern auch **ausländisches** (Prütting/Helms/*Abramenko* § 72 Rn. 10; a.A. Keidel/*Meyer-Holz* § 72 Rn. 4; Bumiller/*Harders* § 72 Rn. 4; Bork/Jacoby/Schwab/*Müther* § 72 Rn. 24; offen gelassen von BGH NJW 2010, 1070, 1072 m.w.N.) oder **lokales** Recht, gleichgültig ob dessen Geltungsbereich sich auf einen einzelnen OLG-Bezirk beschränkt oder über diesen hinausgeht (BT-Drucks. 16/6308 S. 210; BT-Drucks. 16/9733 S. 358, 381 f.). Das umfasst auch das Recht der früheren DDR, das gem. Art. 9 Einigungsvertrag als Bundesrecht fortgilt (BGH DtZ 1997, 56). Rechtsbeschwerdefähige Normen sind auch **zwischenstaatliche Abkommen**, soweit sie in innerstaatliches Recht umgesetzt worden sind (BGH NJW 1973, 417) sowie die nach Art. 25 Satz 1 GG als Bestandteil des Bundesrechts geltenden Regeln des **Völkerrechts** und die gem. § 31 Abs. 2 BVerfGG mit Gesetzeskraft ausgestatteten **Entscheidungen des BVerfG** (Jansen/*Briesemeister* § 27 FGG Rn. 31). Rügefähig ist auch **Europäisches Gemeinschaftsrecht**, wenn auch mit der Maßgabe, dass über dessen Auslegung der EuGH zu entscheiden hat, dem das Rechtsbeschwerdegericht das Verfahren deshalb ggf. vorlegen muss, Art. 234 EGV (Musielak/*Ball* § 545 ZPO Rn. 5).

4 **2. Rechtsnormen.** Rechtsnormen i.S.d. § 72 Abs. 1 sind alle **Gesetze im materiellen Sinne**, neben Verfassungsrecht und einfachen Gesetzen also auch **Rechtsverordnungen** (Keidel/*Meyer-Holz* § 72 Rn. 2; Musielak/*Ball* § 545 ZPO Rn. 2, jeweils m.w.N.), **Verwaltungsanordnungen** mit Außenwirkung, **Satzungen** öffentlicher Körperschaften oder **Anstaltsordnungen** von Anstalten des öffentlichen Rechts (Jansen/*Briesemeister* § 27 FGG Rn. 30). Auch die Verletzung von **Gewohnheitsrecht** kann mit der Rechtsbeschwerde gerügt werden (BGH NJW 1965, 1862, 1864; OLG Hamburg, NJW-RR 1990, 76).

5 **Keine** Rechtsnormen sind interne Dienstanweisungen und Verwaltungsvorschriften (Keidel/*Meyer-Holz* § 72 Rn. 2), die Verkehrssitte (Musielak/*Ball* § 545 ZPO Rn. 2), Handelsbräuche (BGH NJW 1966, 502, 503) oder allgemeine Erfahrungssätze (Musielak/*Ball* § 545 ZPO Rn. 2).

6 Grds ebenfalls keine Rechtsnormen sind Bestimmungen rechtsgeschäftlicher Art. Diese werden aber dessen ungeachtet als rechtsbeschwerdefähig behandelt, wenn sie in gleicher Weise wie eine Rechtsnorm eine allgemeine und auch räumlich im gesamten Bundesgebiet geltende Regelung beinhalten. Unter diesem Gesichtspunkt kommt z.B. die Rügefähigkeit von AGB (BGH NJW 2005, 2919, 2921) oder von Satzungen juristischer Personen des Privatrechts in Betracht (BGH NJW–RR 1986, 1033, 1034; BayObLG NJW-RR 1992, 802, 803; Keidel/*Meyer-Holz* § 72 Rn. 3).

7 **3. Zeitliche Grenzen der Rügefähigkeit.** Maßgeblich für das Vorliegen einer Rechtsverletzung ist grds. das zum **Zeitpunkt der Rechtsbeschwerdeentscheidung geltende** Recht. Zu beachten ist daher auch ein neues, erst nach Erlass der Beschwerdeentscheidung ergangenes Gesetz, sofern es nach seinem zeitlichen Geltungswillen den streitigen Verfahrensgegenstand erfasst (OLG Jena FGPrax 1999, 224; Prütting/Helms/*Abramenko* § 72 Rn. 9; Bumiller/Harders § 72 Rn. 6 m.w.N.). Das gilt auch für Änderungen im Verfahrensrecht. Die Verletzung bereits außer Kraft getretener Vorschriften kann dann mit der Rechtsbeschwerde gerügt werden, wenn diese aufgrund von Überleitungsvorschriften oder nach allgemeinen Grundsätzen auf den Sachverhalt noch anzuwenden sind (Zöller/*Heßler* § 545 ZPO Rn. 8a; Musielak/*Ball* § 545 ZPO Rn. 6, jeweils m.w.N.).

8 **II. Rechtsverletzung.** § 72 Abs. 1 Satz 2 enthält die **Legaldefinition** des Begriffs »Rechtsverletzung«. Danach liegt eine Rechtsverletzung i.S.d. § 72 Abs. 1 Satz 2 vor, wenn eine Rechtsnorm nicht oder nicht richtig angewendet ist.

9 **1. Fehlerhafte Rechtsanwendung.** Eine **Nichtanwendung oder unrichtige Anwendung des Rechts** liegt vor, wenn die Tatbestandsmerkmale einer Norm nicht richtig erkannt werden (**Interpretationsfehler**), wenn der von dem Beschwerdegericht festgestellte Sachverhalt die Tatbestandsmerkmale der angewendeten Norm nicht erfüllt oder statt dessen diejenigen einer nicht angewendeten Norm erfüllt (**Subsumtionsfehler**) oder irrtümlich eine angewendete Norm für gültig oder eine nicht angewendete für ungültig gehalten wird (**Gültigkeitsirrtum**) (Bassenge/Roth/*Gottwald* § 72 Rn. 5; Keidel/*Meyer-Holz* § 72 Rn. 6).

10 **2. Überprüfung von Willenserklärungen.** Die Auslegung **von rechtsgeschäftlichen Willenserklärungen** ist grds. Sache des Tatrichters. Auf Rechtsfehler nachprüfbar ist allerdings die Auslegungsfähigkeit der Erklärung als solche, die Berücksichtigung aller wesentlichen Tatsachen, die Beachtung von **gesetzlichen Auslegungsregeln, Sprachregeln, Erfahrungs- oder Denkgesetzen** (BGH NJW 1992, 1967, 1968; 2003, 2235, 2236, st. Rspr.) sowie die Frage, ob das Beschwerdegericht die wesentlichen von ihm selbst festgestellten Tatsachen bei der Auslegung hinreichend berücksichtigt hat (BGHZ 24, 19, 41; Zöller/*Heßler* § 546 ZPO Rn. 9).

11 Satzungen (BGH FGPrax 2012, 169, 170), Formularverträge (BGH NJW 2005, 2919, 2921), Grundbuch- oder Registereintragungen (BGH NJW 1998, 3713, 3714), behördliche Erklärungen oder Verwaltungsakte (BGH NJW 1983, 1793), gerichtliche Handlungen und Urteile (BGH NJW 1988, 1915) sowie Prozesshandlungen und Prozesserklärungen der Beteiligten (BGH NJW 1998, 3350, 3352) kann das Rechtsbeschwerdegericht – jedenfalls im Hinblick auf ihre prozessuale Bedeutung (Musielak/*Ball* § 546 ZPO Rn. 7) – dagegen ohne Bindungen an die Auslegung des Beschwerdegerichts uneingeschränkt selbst auslegen.

12 **3. Beweiswürdigung.** Die Beweiswürdigung gehört grds. zur **Tatsachenfeststellung**. Soweit sie nicht auf einem Verstoß gegen Verfahrensrecht (§ 74 Abs. 3 Satz 4 i.V.m. § 559 Abs. 2 ZPO) beruht, ist sie daher für das Rechtsbeschwerdegericht grds. bindend. Nachprüfbar durch das Rechtsbeschwerdegericht ist nur, ob *der Sachverhalt ausreichend erforscht* ist (§ 26), ob bei der Erörterung alle wesentlichen Umstände berück-

sichtigt worden sind, ob die Beweiswürdigung von falschen rechtlichen Grundlagen ausgeht oder gegen Denkgesetze verstößt, ob Schlussfolgerungen gezogen werden, die gegen gesetzliche Beweisregeln, anerkannte Grundsätze (z.B. Anscheinsbeweis) oder Erfahrungssätze verstoßen oder ob das Beschwerdegericht das Beweismaß vernachlässigt oder überspannt hat (BGH, Beschl. v. 17.06.2010 – V ZB 13/10, Rn. 15). Vom Beschwerdegericht gezogene Schlussfolgerungen müssen nur grds. zulässig, nicht jedoch zwingend sein (BGH FGPrax 2000, 130; BayObLG FamRZ 1995, 1235, 1236). Das gilt selbst dann, wenn eine andere Schlussfolgerung ebenso nahe oder noch näher liegt. Jedoch ist die Abweichung von einer sich aufdrängenden Schlussfolgerung durch das Beschwerdegericht zu begründen; anderenfalls ist die Beweiswürdigung lückenhaft (Jansen/*Briesemeister* § 27 FGG Rn. 47 m.w.N.).

Die Glaubwürdigkeit von **Zeugen** und Beteiligten und die Glaubhaftigkeit ihrer Bekundungen sind grds. nicht nachprüfbar (BayObLG NJW-RR 2003, 659, 661). Zu überprüfen ist jedoch, ob die Beurteilung auf nicht bestehenden Erfahrungssätzen oder einem fehlerhaften Verfahren beruht (Bassenge/Roth/*Gottwald* § 72 Rn. 9; Jansen/*Briesemeister* § 27 FGG Rn. 45). Auch die Würdigung von **Sachverständigengutachten** durch den Tatrichter ist nur auf Rechtsfehler überprüfbar (Jansen/*Briesemeister* § 27 FGG Rn. 46; Keidel/*Meyer-Holz* § 74 Rn. 33). Ein solcher Rechtsfehler liegt allerdings dann vor, wenn das Beschwerdegericht das Gutachten nur kritiklos übernimmt und nicht auf seinen sachlichen Gehalt, seine logische Schlüssigkeit und daraufhin überprüft, ob es von dem richtigen Sachverhalt und einem zutreffenden Verständnis der rechtlichen Voraussetzungen ausgeht (BayObLG NJW 2003, 216, 219) oder wenn der Tatrichter bei seiner Überzeugungsbildung die wissenschaftlichen Erkenntnisquellen nicht ausschöpft und sich mit beachtlichen wissenschaftlichen Meinungen nicht auseinandersetzt (BGH MDR 1960, 659). 13

4. Ermessensentscheidungen. Ein **Handlungsermessen** ist dem Tatrichter eingeräumt, wenn ihm eine Norm die Wahl zwischen mehreren rechtlich gleichermaßen zulässigen Entscheidungen aus Gründen der **Zweckmäßigkeit** lässt. Die an der Zweckmäßigkeit orientierte Entscheidung als solche ist der Überprüfung durch das Rechtsbeschwerdegericht in solchen Fällen ebenso wie die Tatsachenfeststellung entzogen. Nachprüfbar ist nur, ob eine Vorschrift ein Ermessen überhaupt einräumt, ob das Beschwerdegericht dies erkannt und den ihm dadurch eingeräumten Entscheidungsspielraum richtig beurteilt hat (**Ermessensunter- oder Überschreitung**), ob es alle für die Ermessensentscheidung maßgeblichen Umstände verfahrensgemäß ermittelt und berücksichtigt hat und ob es (**Ermessensmissbrauch**) das Ermessen in einer dem Zweck der ihm eingeräumten Ermächtigung entsprechenden Weise ausgeübt hat (BGH NJW-RR 1990, 1157; OLG Schleswig FGPrax 2004, 244; Bassenge/Roth/*Gottwald* § 72 Rn. 9; Jansen/*Briesemeister* § 27 FGG Rn. 57). 14

Ein **Beurteilungsermessen** des Tatrichters besteht, wenn zwar nur eine Entscheidung richtig sein kann, deren Inhalt aber nicht eindeutig bestimmt, sondern in das »**billige**«, d.h. wertende Ermessen des Gerichts gestellt ist, z.B. bei Entscheidungen nach §§ 81 Abs. 1, 132 Abs. 1, 150 Abs. 4, 243 FamFG, 42 FamGKG, 1361a Abs. 2 oder 1382 Abs. 4 BGB. Der Umfang der Nachprüfung durch das Rechtsbeschwerdegericht in einem solchen Fall des Beurteilungsermessens richtet sich nach den gleichen Grundsätzen wie beim Handlungsermessen (Bassenge/Roth/*Gottwald* § 72 Rn. 10; Keidel/*Meyer-Holz* § 72 Rn. 15 f.). 15

5. Anwendung unbestimmter Rechtsbegriffe. Enthält eine Rechtsnorm dagegen – wie z.B. in den Fällen der §§ 138 (»gute Sitten«), 1360a (»angemessener Unterhalt«), 1383 Abs. 1 (»grobe Unbilligkeit«), 1666, 1741 (»Wohl des Kindes«), 1780 Abs. 4 BGB (»unverhältnismäßiger Nachteil«) oder § 66 Abs. 2 GmbHG (»wichtiger Grund«) – nicht eine Ermessensermächtigung, sondern einen unbestimmten Rechtsbegriff, so handelt es sich bei der Auslegung und der Subsumtion des verfahrensfehlerfrei festgestellten Sachverhalts unter einen solchen Begriff grds. um reine Rechtsfragen, die daher auch durch das Rechtsbeschwerdegericht in vollem Umfang überprüft werden können (BGH NJW-RR 2004, 1298, 1299; Keidel/*Meyer-Holz* § 72 Rn. 17; Prütting/Helms/*Abramenko* § 72 Rn. 16). Dasselbe dürfte auch für die Begriffe der »Billigkeit«, der »schweren Härte« und der »unbilligen Härte« in den neuen §§ 1568a und 1568b BGB (i.d.F. des Gesetzes zur Änderung des Zugewinnausgleichs- und Vormundschaftsrechts v. 06.07.2009, BGBl I, S. 1696) gelten. Ausnahmen von der vollen Überprüfbarkeit durch das Rechtsbeschwerdegericht kommen nur in Fällen in Betracht, in denen eine individuelle Beurteilung nicht typisierbarer Einzelfälle oder die Beurteilung persönlicher Eigenschaften und Fähigkeiten oder eine aus sonstigen besonderen Gründen nicht über den Einzelfall hinaus verallgemeinerungsfähige Entscheidung erforderlich ist und dem Tatrichter daher ein als solcher nicht überprüfbarer **Beurteilungsspielraum** eingeräumt werden muss (Keidel/*Meyer-Holz* § 72 Rn. 19), wie z.B. bei der Beurteilung der Eignung der Eltern zur Kindererziehung oder bei der Frage, ob eine bestimmte Maßnahme i.S.d. § 1696 BGB zum Wohl des Kindes angezeigt oder erforderlich ist. Die vom Tat- 16 richter vorgenommene Beurteilung der Eignung einer Person als Betreuer kann gem. § 72 Abs. 1 Satz 1 FamFG im Rechtsbeschwerdeverfahren nur auf Rechtsfehler überprüft werden. Sie ist rechtlich fehlerhaft, wenn der Tatrichter den unbestimmten Rechtsbegriff der **Eignung** verkennt, relevante Umstände in unvertretbarer Weise bewertet oder bei der Subsumtion wesentliche Umstände unberücksichtigt lässt (BGH, Beschl. v. 30.09.2015 – XII ZB 53/15).

17 **III. Beruhen auf einer Rechtsverletzung.** Die Rechtsbeschwerde kann nur mit einer Rechtsverletzung begründet werden, auf der die angefochtene Beschwerdeentscheidung im konkreten Fall beruht. Es muss sich um eine Rechtsverletzung handeln, die im Beschwerdeverfahren selbst begangen worden ist, sei es auch ggf. durch Übernahme eines fehlerhaften Ergebnisses der ersten Instanz (Keidel/*Meyer-Holz* § 72 Rn. 28).

18 **1. Verletzung materiellen Rechts.** Im Fall der Verletzung materiellen Rechts beruht die Entscheidung des Beschwerdegerichts nur dann auf der Rechtsverletzung, wenn zwischen dieser und dem Ergebnis der Beschwerdeentscheidung, so wie sie konkret getroffen wurde, ein **ursächlicher Zusammenhang** besteht (Keidel/*Meyer-Holz* § 72 Rn. 25). Erforderlich ist, dass die Entscheidung ohne die Rechtsverletzung im Ergebnis anders – nämlich für den Rechtsbeschwerdeführer günstiger – ausgefallen wäre (Keidel/*Meyer-Holz* § 72 Rn. 25; Musielak/*Ball* § 545 ZPO Rn. 11, jeweils m.w.N.).

19 An einem solchen Ursachenzusammenhang fehlt es, wenn das Beschwerdegericht seine Entscheidung vor oder gleichrangig und nicht nur hilfsweise auf einen anderen rechtlichen Gesichtspunkt gestützt hat, der sein Ergebnis trägt (MüKoZPO/*Wenzel* § 543 ZPO Rn. 10, 15; Musielak/*Ball* § 543 ZPO Rn. 9k). Das Gleiche gilt, wenn sich die angefochtene Entscheidung – unabhängig von der klärungsbedürftigen Rechtsfrage oder dem zu korrigierenden Rechtsfehler – im Ergebnis als richtig erweist (BGH FamRZ 2005, 1667, 1669; NJW 2003, 3205, 3206). An der Entscheidungserheblichkeit soll es außerdem nach der – allerdings bestrittenen – Rspr. des BGH sogar auch dann fehlen, wenn eine Entscheidung auf mehreren Rechtsfehlern beruht, aber nicht für jeden einzelnen ein Zulassungsinteresse i.S.d. § 70 Abs. 2 Nr. 1 oder 2 gegeben ist (BGH MDR 2006, 346, 347; 2004, 226; a.A. Zöller/*Heßler* § 543 Rn. 6a; Musielak/*Ball* § 543 Rn. 9m, jeweils m.w.N.).

20 **2. Verletzung von Verfahrensrecht.** Im Fall der Verletzung von Verfahrensvorschriften reicht es dagegen im Grundsatz aus, wenn die angefochtene Entscheidung auf dem Rechtsfehler beruhen kann, wenn also die Möglichkeit einer im Ergebnis abweichenden Entscheidung nicht ausschließen lässt (BGH, Beschl. v. 17.06.2010 – V ZB 13/10, Rn. 19; Keidel/*Meyer-Holz* § 72 Rn. 26). Ob dies der Fall ist, hängt vom Einzelfall ab und kann daher auch bei einer Verletzung des Amtsermittlungsgrundsatzes (Prütting/Helms/*Abramenko* § 72 Rn. 25 m.w.N.) oder des rechtlichen Gehörs (BGH NJW 2003, 3205) nicht ohne Weiteres unterstellt werden. Auch bei der Verletzung von Verfahrensrecht gilt allerdings, dass die Rechtsbeschwerde gem. § 74 Abs. 2 als unbegründet zurückzuweisen ist, wenn der Fehler zwar für die Entscheidung ursächlich geworden sein kann, sich diese im Ergebnis aber aus anderen Gründen als richtig erweist.

21 **3. Absolute Rechtsbeschwerdegründe.** Für bestimmte Verfahrensfehler (**absolute Rechtsbeschwerdegründe**), in denen die Feststellung der Kausalität für das Ergebnis der Beschwerdeentscheidung auf besondere Schwierigkeiten stößt (Zöller/*Heßler* § 547 ZPO Rn. 1), wird das Beruhen der angefochtenen Entscheidung auf der Rechtsverletzung unwiderlegbar vermutet, § 72 Abs. 3 i.V.m. § 547 ZPO (Rdn. 26 ff.). Die Anwendung von § 74 Abs. 2 ist in diesem Fall ausgeschlossen (Keidel/*Meyer-Holz* § 72 Rn. 29; Bork/Jacoby/Schwab/*Müther* § 72 Rn. 16); eine Ausnahme gilt nur im Fall von § 72 Abs. 3 i.V.m. § 547 Nr. 6 ZPO bei einer bloßen Unvollständigkeit der Entscheidungsgründe (MüKo/*Wenzel* § 561 ZPO Rn. 6).

22 **C. Zuständigkeitsrügen.** § 72 Abs. 2 bestimmt ebenso wie § 65 Abs. 4 für die (Erst-) Beschwerde, dass auch die Rechtsbeschwerde nicht darauf gestützt werden kann, dass das Gericht des **ersten Rechtszuges** seine Zuständigkeit zu Unrecht angenommen hat. Auf § 65 Rdn. 12 ff. kann Bezug genommen werden.

23 Darüber hinaus kann dem Rechtsgedanken des § 72 Abs. 2 entnommen werden, dass eine Rechtsbeschwerde i.d.R. auch nicht mit dem Ziel zuzulassen ist, eine allein die Zuständigkeit des **Beschwerdegerichts** betreffende Rechtsfrage zu klären (OLG Schleswig FGPrax 2010, 109 ff., 111; Bahrenfuss/*Joachim* § 72 Rn. 9; offen gelassen von BGH wistra 2012, 198, 199). Eine Ausnahme gilt aber zumindest in bestimmten Streitigkeiten der länderpolizeilichen Gefahrenabwehr wie z.B. bei Entscheidungen über die Durchsuchung oder die Videoüberwachung von Grundstücken gem. §§ 21 Abs. 1 Satz 3, 28 Abs. 4 Satz 6 POG RP, die durch den Landesgesetzgeber dem Rechtsweg nach dem FamFG zugewiesen sind und trotz ihrer besonderen *Grundrechtsrelevanz* aus Gründen der Praktikabilität ausnahmsweise ohne die vorherige Anhörung der Be-

teiligten getroffen werden müssen (BGH wistra 2012, 198, 199). Denn die mit dem Ausschluss der Zuständigkeitsrüge verbundene Einschränkung der Rechte des Rechtsmittelführers ist zu einem wesentlichen Teil nur deshalb gerechtfertigt, weil dieser seine Bedenken gegen die Zuständigkeit des Beschwerdegerichts immerhin diesem gegenüber vorbringen kann (BVerfGE 107, 395, 409). Ist dies – wie in den hier angesprochenen Fällen – nicht der Fall, ist jedenfalls eine über den Wortlaut des Gesetzes hinausgehende Ausdehnung des Ausschlusses der Zuständigkeitsrüge auch auf die Beschwerdeinstanz nicht gerechtfertigt (BGH wistra 2012, 198, 199).

Anders als in §§ 545 Abs. 2, 576 Abs. 2 ZPO, jedoch in Übereinstimmung mit § 65 Abs. 4 für die Beschwerde und mit § 513 Abs. 2 ZPO ist damit allerdings eine Zuständigkeitsrüge im Rechtsbeschwerdeverfahren nicht ausgeschlossen, soweit das Gericht des ersten Rechtszuges seine Zuständigkeit zu Unrecht **verneint** und das Beschwerdegericht diese Entscheidung bestätigt hat (Keidel/*Meyer-Holz* § 72 Rn. 48 f.). Ein absoluter Rechtsbeschwerdegrund gem. § 72 Abs. 3 i.V.m. § 547 ZPO liegt darin jedoch nicht, denn in § 547 ZPO in der Fassung des ZPO-RG ist der frühere Revisionsgrund der vom Gericht zu Recht oder zu Unrecht angenommenen Zuständigkeit nicht mehr enthalten. Auch wenn die angefochtene Entscheidung auf der fehlerhaften Anwendung von (auch die Zuständigkeit im weiteren Instanzenzug bestimmenden) Zuständigkeitsvorschriften durch das Gericht der ersten Instanz beruhen kann, ist die Rechtsbeschwerde daher dann nicht begründet, wenn sich die Entscheidung trotz dieser Rechtsverletzung aus anderen Gründen als richtig erweist, § 74 Abs. 2 (zur bisherigen – hiermit nur z.T. übereinstimmenden – Rechtslage vgl. z.B. KKW/*Meyer-Holz* § 27 FGG Rn. 33 m.w.N.).

D. Entsprechende Anwendung des Revisionsrechts. § 72 Abs. 3 erklärt die §§ 547, 556 und 560 ZPO für 25 entsprechend anwendbar.

I. Absolute Rechtsbeschwerdegründe. 1. Allgemeines. Wie bisher gem. § 27 Abs. 1 Satz 2 FGG für die 26 weitere Beschwerde gilt auch gem. § 72 Abs. 3 die Vorschrift des **§ 547 ZPO** entsprechend. Damit ist eine Entscheidung in den dort geregelten Fällen stets als auf einer Rechtsverletzung beruhend anzusehen. Dabei dürfte sich die Funktion der absoluten Rechtsbeschwerdegründe künftig allerdings weitgehend auf die Fälle der zulassungsfreien Rechtsbeschwerde nach § 70 Abs. 3 beschränken, da in den Fällen der zulassungsbedürftigen Rechtsbeschwerde nach § 70 Abs. 2 der Grund für die Zulassung der Rechtsbeschwerde durch das Beschwerdegericht i.d.R. nicht im Vorliegen eines absoluten Rechtsbeschwerdegrundes besteht und auch bei dessen Vorliegen dem Rechtsbeschwerdeführer eine Nichtzulassungsbeschwerde nicht zusteht. Die Vermutung des § 547 ZPO betrifft nicht die Zulässigkeit der Rechtsbeschwerde, sondern nur ihre Begründetheit. Auch das Vorliegen eines absoluten Rechtsbeschwerdegrundes führt daher nur dann zum Erfolg der Rechtsbeschwerde, wenn diese i.Ü. statthaft – insb. also auch nach § 70 zugelassen – ist (BGH NJW-RR 2012, 760) und wenn die gerügten Verfahrensmängel, soweit sie nicht ausnahmsweise als unverzichtbare Prozessvoraussetzungen von Amts wegen ohnehin zu beachten sind, nach § 71 Abs. 3 ordnungsgemäß gerügt werden. Von Amts wegen werden daher nur die Rechtsbeschwerdegründe des § 72 Abs. 3 i.V.m. § 547 Nr. 4 (BGH NJW 1995, 2563) und richtigerweise auch Nr. 6 ZPO (BGH NJW-RR 1994, 1340, 1341; MüKoZPO/*Wenzel* § 547 Rn. 3; a.A. BGH NJW 2007, 909, 911) geprüft. In allen übrigen Fällen des § 547 ZPO erfolgt die Prüfung hingegen nur auf Rüge (BGH NJW 2007, 909, 911; MüKoZPO/*Wenzel* § 547 ZPO Rn. 3).

2. Die absoluten Rechtsbeschwerdegründe im Einzelnen. Die Entscheidung des Beschwerdegerichts ist 27 als auf einer Rechtsverletzung gem. § 72 Abs. 3 i.V.m. **§ 547 Nr. 1 ZPO** beruhend anzusehen, wenn das Gericht nicht ordnungsgemäß besetzt war. In Betracht kommen Fehler betreffend die Befähigung zum Richteramt (§§ 5 ff. DRiG), die ordnungsgemäße Bestellung zum Richteramt (§§ 8 ff. DRiG), die richtige Zahl der entscheidenden Richter, die Einhaltung der Vertretungsvorschriften des GVG und die ordnungsgemäße Besetzung der Spruchkörper sowie das gesetzmäßige Zustandekommen und die Anwendung der Regeln über die gerichtsweite und die spruchkörperinterne Geschäftsverteilung. Eine von der Geschäftsverteilung abweichende Zusammensetzung des entscheidenden Spruchkörpers fällt allerdings nur bei einer objektiv willkürlichen, nicht aber schon bei einer nur irrtümlich falschen Besetzung des Gerichts unter § 547 Nr. 1 ZPO (BGH NJW 1994, 1735, 1736). Nicht vorschriftsmäßig besetzt ist das Beschwerdegericht insb. auch bei einer Entscheidung durch den Einzelrichter ohne den gem. § 68 Abs. 4 notwendigen Übertragungsbeschluss (BayObLG FGPrax 2004, 77; OLG Zweibrücken FGPrax 2003, 268).

Ein Fall des **§ 547 Nr. 2 ZPO** liegt vor, wenn bei der Entscheidung ein Richter mitgewirkt hat, der gem. § 6 28 Abs. 1 i.V.m. §§ 41 ff. ZPO von der Mitwirkung bei der Entscheidung kraft Gesetzes ausgeschlossen war;

ein Fall des § 547 Nr. 3 ZPO ist gegeben wenn ein Richter mitgewirkt hat, obwohl er noch vor der Absetzung und Unterzeichnung der Entscheidung BGH NJW 2001, 1502, 1503) erfolgreich wegen der Besorgnis der Befangenheit abgelehnt worden ist. Nicht ausreichend ist das bloße Vorliegen eines nur potenziellen Befangenheitsgrundes, soweit dieser nicht durch Gerichtsbeschluss ausdrücklich für begründet erklärt worden ist (Jansen/*Briesemeister* § 27 FGG Rn. 76; Musielak/*Ball* § 547 ZPO Rn. 8, jeweils m.w.N.).

29 Der Rechtsbeschwerdegrund des § 547 Nr. 4 ZPO ist gegeben, wenn ein Beteiligter nicht nach den gesetzlichen Vorschriften vertreten war, sofern er die Prozessführung nicht ausdrücklich oder stillschweigend genehmigt. Diese Genehmigung kann auch noch im Verlauf des Rechtsbeschwerdeverfahrens nachgeholt werden (BayObLG FamRZ 1997, 218). Die Vorschrift bezieht sich sowohl auf die gesetzliche wie auf die gewillkürte Vertretung (Jansen/*Briesemeister* § 27 FGG Rn. 77). Sie ist auf den Fall entsprechend anzuwenden, dass ein Beteiligter, der an einem Verfahren hätte beteiligt werden müssen (§ 7 Abs. 2), daran tatsächlich nicht beteiligt worden ist (BayObLG FamRZ 1999, 1093 f.), es sei denn, er wäre durch die Entscheidung im Einzelfall nicht beeinträchtigt (BayObLG FamRZ 1999, 331).

30 Ein Fall des § 547 Nr. 5 ZPO liegt vor, wenn die Entscheidung aufgrund einer mündlichen Verhandlung ergangen ist, bei der die Vorschriften über die Öffentlichkeit des Verfahrens verletzt waren. Dabei ist zu beachten, dass die §§ 169 ff. GVG nunmehr gem. §§ 12, 13 GVG n.F. unmittelbar auch auf alle Angelegenheiten der freiwilligen Gerichtsbarkeit anzuwenden sind und darüber hinaus alle Verhandlungen, Erörterungen und Anhörungen in Familiensachen und Angelegenheiten der freiwilligen Gerichtsbarkeit – nicht aber die Entscheidungsverkündung (Prütting/Helms/*Feskorn* § 117 Rn. 55; a.A. *Schürmann* FamRB 2009, 24, 29) – nunmehr gem. § 170 Satz 1 GVG nicht öffentlich sind, gem. § 170 Satz 2 GVG die Öffentlichkeit aber, soweit keiner der Beteiligten widerspricht, zugelassen werden kann und im Anwendungsbereich von Art. 6 Abs. 1 EMRK – also bei Familienstreitsachen und echten Streitsachen der freiwilligen Gerichtsbarkeit – ggf. auch muss. Anders als bisher (BayObLGZ 1974, 258 f.) kann ein Verstoß gegen diese Vorschriften daher jetzt auch einen Verfahrensfehler nach § 547 Nr. 5 ZPO begründen (Keidel/*Meyer-Holz* § 72 Rn. 41; a.A. Bumiller/Harders § 72 Rn. 21).

31 Die Voraussetzungen des § 547 Nr. 6 ZPO sind erfüllt, wenn die gem. § 69 Abs. 2 erforderliche Begründung der Beschwerdeentscheidung vollständig oder in wesentlichen Punkten fehlt (OLG Hamm FGPrax 2010, 143, 144). Dem steht es gleich, wenn eine Begründung zwar nicht gänzlich, aber doch in für die Entscheidung tragenden Teilen fehlt. Das ist z.B. dann der Fall, wenn sich aus der Entscheidung weder unmittelbar noch durch Bezugnahme ergibt, welcher Sachverhalt ihr zugrunde liegt (BayObLG NJW-RR 1994, 617, 618; 2000, 1435, 1436) oder wenn die Gründe so unverständlich oder inhaltsleer sind, dass sie die tragenden Erwägungen des Beschwerdegerichts nicht mehr erkennen lassen (BGHZ 39, 333, 337; st. Rspr.). Ist eine Entscheidung nicht spätestens binnen 5 Monaten ab ihrer Bekanntgabe – bzw. im Fall der Ehe- und Familienstreitsachen ab ihrer Verkündung – in vollständiger Form der Geschäftsstelle übergeben, so kann eine zunächst fehlende Begründung nicht mehr nachgeholt werden und ist als nicht vorhanden zu betrachten (arg § 63 Abs. 3; zum bisherigen Recht vgl. GemS-OGB NJW 1993, 2603 ff.; BGH NJW-RR 2005, 1151, 1152). Allein die Durchführung einer mündlichen Verh., ohne dass in dieser selbst auch eine Entscheidung ergeht, löst eine derartige Frist für die Nachholung der Beschwerdebegründung aber noch nicht aus (Jansen/*Briesemeister* § 27 FGG Rn. 86).

32 **II. Verlust des Rügerechts.** Gem § 72 Abs. 3 i.V.m. **§ 556 ZPO** kann eine Verletzung einer das **Verfahren vor dem Beschwerdegericht** betreffenden Vorschrift mit der Rechtsbeschwerde nicht mehr gerügt werden, wenn der Rechtsbeschwerdeführer sein Rügerecht bereits in der Beschwerdeinstanz nach § 295 ZPO verloren hat. Mittelbar ergibt sich daraus auch die entsprechende – ansonsten nicht ausdrücklich geregelte – Anwendbarkeit des § 295 ZPO auf sämtliche Verfahren nach dem FamFG, auch über die ausdrückliche Verweisung auf die §§ 1 bis 494a ZPO für den Sonderfall der Ehe- und Familienstreitsachen in § 113 Abs. 1 Satz 2 hinaus (Keidel/*Meyer-Holz* § 72 Rn. 51). Auf Mängel des **erstinstanzlichen Verfahrens** kann die Rechtsbeschwerde nur gestützt werden, wenn diese nicht ohnehin bereits dort gem. § 295 ZPO geheilt worden und außerdem auch im Beschwerdeverfahren nochmals ohne Erfolg geltend gemacht worden sind, wobei zusätzlich noch erforderlich ist, dass die Beschwerdeentscheidung auf dem infrage stehenden Mangel beruht (BGHZ 133, 36, 39, BGH NJW-RR 2000, 1635, 1637).

33 **III. Bindung an die Feststellungen des Beschwerdegerichts bei nicht überprüfbaren Rechtssätzen.** Gem § 72 Abs. 3 i.V.m. **§ 560 ZPO** sind die Feststellungen des Beschwerdegerichts über das Bestehen und den Inhalt von *Gesetzen*, auf deren Verletzung die Rechtsbeschwerde nicht gestützt werden kann, für das Rechts-

Abschnitt 5. Rechtsmittel § 73

beschwerdegericht maßgeblich. Nachdem die Rechtsbeschwerde gem. § 72 Abs. 1 Satz 1 in seiner schließlich verabschiedeten Fassung – anders als noch in § 72 Abs. 1 Satz 1 RegE FGG-RG vorgesehen – auf die Verletzung jeder Rechtsnorm gestützt werden kann (Rdn. 3), gibt es solche nicht rügefähigen Gesetze tatsächlich nicht (a.A. *Schulte-Bunert* Rn. 294). Die Verweisung auf § 560 ZPO geht daher ins Leere und hätte mit der Ausweitung der Rechtsbeschwerde auf sämtliche Rechtsnormen eigentlich entfallen müssen (im Ergebnis ebenso Prütting/Helms/*Abramenko* § 72 Rn. 11; a.A. Keidel/*Meyer-Holz* § 72 Rn. 53).

§ 73 Anschlussrechtsbeschwerde. ¹Ein Beteiligter kann sich bis zum Ablauf einer Frist von einem Monat nach der Bekanntgabe der Begründungsschrift der Rechtsbeschwerde durch Einreichen einer Anschlussschrift beim Rechtsbeschwerdegericht anschließen, auch wenn er auf die Rechtsbeschwerde verzichtet hat, die Rechtsbeschwerdefrist verstrichen oder die Rechtsbeschwerde nicht zugelassen worden ist. ²Die Anschlussrechtsbeschwerde ist in der Anschlussschrift zu begründen und zu unterschreiben. ³Die Anschließung verliert ihre Wirkung, wenn die Rechtsbeschwerde zurückgenommen, als unzulässig verworfen oder nach § 74a Abs. 1 zurückgewiesen wird.

Die Vorschrift regelt die Anschließung an die Rechtsbeschwerde eines anderen Beteiligten. Sie korrespondiert inhaltlich mit der entsprechenden Anschließungsmöglichkeit für die Beschwerdeinstanz gem. § 66. Zum Verfahren der Anschlussrechtsbeschwerde gelten die Ausführungen zu § 66 entsprechend, jedoch mit folgenden **Besonderheiten**: 1

Für die Anschlussrechtsbeschwerde gilt eine gesonderte **Einlegungsfrist** von einem Monat ab Bekanntgabe der Begründung der Rechtsbeschwerde (§ 73 Satz 1). Wiedereinsetzung in den vorigen Stand nach §§ 17 ff. oder – in Ehe- und Familienstreitsachen – entspr. §§ 233 ff. ZPO (§ 117 Rdn. 52) ist möglich. Die Einlegung muss – wie bei der Rechtsbeschwerde – stets ggü. dem Rechtsbeschwerdegericht (iudex ad quem) erfolgen. Es handelt sich um eine gesetzliche Frist, die weder verlängert noch verkürzt werden kann (Prütting/Helms/*Abramenko* § 73 Rn. 10). Wie in § 63 Abs. 3 Satz 1 kann die den Fristbeginn auslösende Bekanntgabe gem. § 15 Abs. 2 sowohl durch Zustellung wie auch durch Aufgabe zur Post erfolgen (§ 63 Rdn. 14). Eine bloß formlose Übermittlung der Rechtsbeschwerdeschrift ist aber für den Fristbeginn noch nicht ausreichend (a.A. Prütting/Helms/*Abramenko* § 73 Rn. 11). Falls der Rechtsbeschwerdeführer seine Begründung innerhalb der Frist des § 71 Abs. 2 ergänzt, verlängert sich entsprechend auch die Frist zur Einlegung der Anschlussrechtsbeschwerde (BGH FamRZ 2004, 1567). 2

Die Anschlussrechtsbeschwerde bedarf **keiner gesonderten Zulassung**, sondern folgt der Zulässigkeit und Statthaftigkeit des Hauptrechtsmittels (§ 73 Satz 3). Ist dieses nach § 70 Abs. 1 und 2 zulassungsbedürftig, so reicht es aus, wenn die erforderliche Zulassung vorliegt. Eine eigene Zulassung der Anschlussrechtsbeschwerde ist nicht notwendig (Keidel/*Meyer-Holz* § 73 Rn. 5). 3

Die Anschlussrechtsbeschwerde bedarf der **Begründung**, die bereits in der Anschlussschrift erfolgen muss (§ 73 Satz 2). Dies ist deshalb gerechtfertigt, weil dem zur Einlegung der Anschlussrechtsbeschwerde berechtigten Beteiligten für die Einlegung seines Rechtsmittels die Monatsfrist des § 73 Satz 1 zur Verfügung steht, die erst mit der Zustellung der Rechtsbeschwerdebegründung zu laufen beginnt. Die Begründung kann daher nach Einlegung der Anschlussrechtsbeschwerde auch dann nicht nachgereicht werden, wenn bei ihrer Einlegung die Monatsfrist des § 73 Satz 1 nicht ausgeschöpft wurde (Zöller/*Heßler* § 574 ZPO Rn. 20; a.A. Musielak/*Ball* § 554 ZPO Rn. 9 m.w.N.). Der formale Mindestinhalt der Anschlussbeschwerdebegründung richtet sich nach § 71 Abs. 3. Wie die Rechtsbeschwerdeschrift ist gem. § 73 Satz 2 auch die Anschlussrechtsbeschwerdeschrift zu **unterschreiben**. Fehlt es an einer rechtzeitigen und hinreichenden Begründung der Anschlussrechtsbeschwerde, so ist diese als unzulässig zu verwerfen (§ 74 Abs. 1). 4

Nach § 73 Satz 3 ist die Anschließung – wie bei der Beschwerde (§ 66) – von der Zulässigkeit und der Durchführung der Rechtsbeschwerde selbst abhängig. Ihr **Verfahrensgegenstand** wird somit **durch das Hauptrechtsmittel bestimmt**. Da sich dieses wiederum nur auf die Entscheidung des Beschwerdegerichts, nicht aber auch auf die Entscheidung der ersten Instanz bezieht, kann mit der Anschließung an ein Rechtsmittel gegen die zweitinstanzliche Entscheidung ein Verfahrensgegenstand, der nicht Gegenstand der Beschwerdeentscheidung geworden ist, nicht zum Gegenstand des Verfahrens vor dem Rechtsbeschwerdegericht gemacht werden. Das gilt sowohl für den Fall, dass ein solcher Verfahrensgegenstand z.B. im Fall einer Teilentscheidung noch in der ersten Instanz anhängig ist, wie auch für den Fall, dass darüber in der ersten Instanz bereits rechtskräftig entschieden wurde, weil der Anschlussrechtsbeschwerdeführer von seiner Mög- 5 lichkeit zur Erstbeschwerde dagegen keinen Gebrauch gemacht hat (BGH FamRZ 1980, 683, 684 zur Beschwerde in FGG-Familiensachen).

§ 74 Entscheidung über die Rechtsbeschwerde. (1) ¹Das Rechtsbeschwerdegericht hat zu prüfen, ob die Rechtsbeschwerde an sich statthaft ist und ob sie in der gesetzlichen Form und Frist eingelegt und begründet ist. ²Mangelt es an einem dieser Erfordernisse, ist die Rechtsbeschwerde als unzulässig zu verwerfen.
(2) Ergibt die Begründung des angefochtenen Beschlusses zwar eine Rechtsverletzung, stellt sich die Entscheidung aber aus anderen Gründen als richtig dar, ist die Rechtsbeschwerde zurückzuweisen.
(3) ¹Der Prüfung des Rechtsbeschwerdegerichts unterliegen nur die von den Beteiligten gestellten Anträge. ²Das Rechtsbeschwerdegericht ist an die geltend gemachten Rechtsbeschwerdegründe nicht gebunden. ³Auf Verfahrensmängel, die nicht von Amts wegen zu berücksichtigen sind, darf die angefochtene Entscheidung nur geprüft werden, wenn die Mängel nach § 71 Abs. 3 und § 73 Satz 2 gerügt worden sind. ⁴Die §§ 559, 564 der Zivilprozessordnung gelten entsprechend.
(4) Auf das weitere Verfahren sind, soweit sich nicht Abweichungen aus den Vorschriften dieses Unterabschnitts ergeben, die im ersten Rechtszug geltenden Vorschriften entsprechend anzuwenden.
(5) Soweit die Rechtsbeschwerde begründet ist, ist der angefochtene Beschluss aufzuheben.
(6) ¹Das Rechtsbeschwerdegericht entscheidet in der Sache selbst, wenn diese zur Endentscheidung reif ist. ²Andernfalls verweist es die Sache unter Aufhebung des angefochtenen Beschlusses und des Verfahrens zur anderweitigen Behandlung und Entscheidung an das Beschwerdegericht oder, wenn dies aus besonderen Gründen geboten erscheint, an das Gericht des ersten Rechtszugs zurück. ³Die Zurückverweisung kann an einen anderen Spruchkörper des Gerichts erfolgen, das die angefochtene Entscheidung erlassen hat. ⁴Das Gericht, an das die Sache zurückverwiesen ist, hat die rechtliche Beurteilung, die der Aufhebung zugrunde liegt, auch seiner Entscheidung zugrunde zu legen.
(7) Von einer Begründung der Entscheidung kann abgesehen werden, wenn sie nicht geeignet wäre, zur Klärung von Rechtsfragen grundsätzlicher Bedeutung, zur Fortbildung des Rechts oder zur Sicherung einer einheitlichen Rechtsprechung beizutragen.

Übersicht

	Rdn.
A. Allgemeines	1
B. Zulässigkeit der Rechtsbeschwerde	2
C. Zurückweisung der Rechtsbeschwerde	3
D. Prüfungsumgang des Rechtsbeschwerdegerichts	5
I. Überprüfung nur in den Grenzen der gestellten Anträge	5
II. Umfassende Überprüfung der materiellen Rechtslage	7
III. Eingeschränkte Überprüfung von Verfahrensmängeln	10
IV. Tatsachengrundlage der Rechtsbeschwerdeentscheidung	15
1. Bindung an die Tatsachenfeststellungen des Beschwerdegerichts	16
2. Tatsachen zur Begründung von Verfahrensrügen	17
3. Veränderungen der Tatsachengrundlage während des Rechtsbeschwerdeverfahrens	18
a) Neue Tatsachen zur materiellen Rechtslage	18
b) Neue Tatsachen zum Verfahren	20
c) Wiederaufnahmegründe	24
E. Verweis auf die Vorschriften des ersten Rechtszuges	25
F. Entscheidung bei begründeter Rechtsbeschwerde	27
I. Aufhebung der Beschwerdeentscheidung	27
II. Eigene Entscheidung des Rechtsbeschwerdegerichts	29
III. Zurückverweisung	33
1. Zurückverweisung an das Beschwerdegericht	36
2. Zurückverweisung an das Gericht der ersten Instanz	37
G. Bindungswirkung bei Aufhebung und Zurückverweisung	38
H. Begründung der Rechtsbeschwerdeentscheidung	39

1 A. Allgemeines. Die Vorschrift regelt den Prüfungsumfang sowie Inhalt und Form der Entscheidung über die Rechtsbeschwerde.

B. Zulässigkeit der Rechtsbeschwerde. § 74 Abs. 1 Satz 1 regelt den Umfang der Zulässigkeitsprüfung für 2
das Rechtsbeschwerdeverfahren im Wesentlichen übereinstimmend mit § 68 Abs. 2 Satz 1 für das Beschwerdeverfahren. § 68 Rdn. 22–30 gelten daher für das Rechtsbeschwerdeverfahren entsprechend. Zusätzlich ist für die Zulässigkeit der Rechtsbeschwerde stets – also auch in anderen Verfahren als in Ehe- und Familienstreitsachen – die ordnungsgemäße Begründung der Rechtsbeschwerde (§ 71 Abs. 2 und 3) zu prüfen sowie bei den nicht zulassungsbedürftigen Rechtsbeschwerden in Betreuungs-, Unterbringungs- und Freiheitsentziehungssachen gem. § 70 Abs. 3 Satz 2 zwar nicht das Vorliegen eines Zulassungsgrundes (§ 70 Rdn. 18), aber doch immerhin die Frage, ob ein unter diese Vorschrift fallender Fall der zulassungsfreien Rechtsbeschwerde überhaupt vorliegt (§ 70 Rdn. 28 f.). Das Vorliegen eines Zulassungsgrundes nach § 70 Abs. 2 zum Zeitpunkt seiner Entscheidung (BGH NJW 2005, 154) prüft das Rechtsbeschwerdegericht nur bei Rechtsbeschwerden gegen die Verwerfung unzulässiger Beschwerden in Ehe- und Familienstreitsachen gem. § 117 Abs. 1 Satz 4 i.V.m. § 522 Abs. 1 Satz 4 ZPO (§ 70 Rdn. 19). I.Ü. ist es an die Zulassungsentscheidung des Beschwerdegerichts gebunden (§ 70 Rdn. 16 f.). Der mit §§ 552 Abs. 1 Satz 2, 577 Abs. 1 Satz 2 ZPO übereinstimmende **§ 74 Abs. 1 Satz 2** entspricht § 68 Abs. 2 Satz 2 für das Beschwerdeverfahren; § 68 Rdn. 31 gilt entsprechend. Wie der Beschluss über die Verwerfung der Beschwerde (§ 68 Rdn. 31) ist auch der Beschluss über die Verwerfung der Rechtsbeschwerde im Anwendungsbereich des **FamGKG** gebührenfrei. Im Anwendungsbereich der **KostO** gilt § 131 Abs. 1 Nr. 1 KostO (§ 70 Rdn. 35).

C. Zurückweisung der Rechtsbeschwerde. § 74 Abs. 2 entspricht § 27 Abs. 1 Satz 2 FGG, soweit darin auf 3
den inhaltsgleichen § 561 ZPO verwiesen wurde. Die Vorschrift regelt einen Sonderfall der Unbegründetheit der Rechtsbeschwerde. Diese ist immer dann **unbegründet, wenn das Rechtsbeschwerdegericht zu derselben Entscheidung wie das Beschwerdegericht gelangt**. Das ist dann der Fall, wenn die angefochtene Entscheidung das Recht nicht verletzt oder nicht auf einer darin enthaltenen Rechtsverletzung beruht (§ 72 Abs. 1) oder wenn mit einer zulässigen Rechtsbeschwerde rügebedürftige Verfahrensmängel nicht oder nicht ordnungsgemäß gerügt worden sind (§ 74 Abs. 3 Satz 3, vgl. Musielak/*Ball* § 561 ZPO Rn. 1 zur ZPO-Revision). § 74 Abs. 2 stellt darüber hinaus klar, dass die Rechtsbeschwerde auch dann unbegründet ist, wenn die Beschwerdeentscheidung zwar auf einer Rechtsverletzung beruht (§ 72 Rdn. 17–20), sich aber im Ergebnis aus anderen als den von dem Beschwerdegericht seiner Entscheidung zugrunde gelegten Gründen als richtig erweist (vgl. Musielak/*Ball* § 561 ZPO Rn. 1 zur ZPO-Revision).
Eine Beschwerdeentscheidung erweist sich auch dann als im Ergebnis richtig i.S.d. § 74 Abs. 2, wenn ein 4
Verfahrensfehler, auf dem die Beschwerdeentscheidung beruht, durch das Rechtsbeschwerdegericht selbst korrigiert werden kann (BGH NJW 1991, 3036) oder wenn der Rechtsbeschwerdeführer durch eine Rechtsverletzung des Beschwerdegerichts sogar zu Unrecht begünstigt worden ist (Zöller/*Heßler* § 561 ZPO Rn. 3). Hat das Beschwerdegericht eine unzulässige Beschwerde zu Unrecht als unbegründet zurückgewiesen oder eine unbegründete Beschwerde zu Unrecht als unzulässig verworfen, so ist die Rechtsbeschwerde mit der klarstellenden Maßgabe zurückzuweisen, dass die Sachabweisung durch eine Prozessabweisung (oder umgekehrt) zu ersetzen ist (BayObLGZ 1961, 200, 203 f.; OLG Karlsruhe NJW-RR 2005, 1097, 1098; Keidel/*Meyer-Holz* § 74 Rn. 64; a.A. z.B. Musielak/*Ball* § 561 ZPO Rn. 4; Stein/Jonas/*Grunsky* § 563 ZPO Rn. 2: kein Fall der Zurückweisung, sondern Aufhebung und Zurückverweisung oder eigene Sachentscheidung).

D. Prüfungsumgang des Rechtsbeschwerdegerichts. I. Überprüfung nur in den Grenzen der gestellten 5
Anträge. Gegenstand des Rechtsbeschwerdeverfahrens ist der Verfahrensgegenstand nur, soweit das Beschwerdegericht darüber entschieden hat und mit der Rechtsbeschwerde eine Abänderung dieser Entscheidung beantragt wird. Wie §§ 528 Satz 2, 557 Abs. 1, 577 Abs. 2 Satz 1 ZPO für die Rechtsmittel der ZPO bestimmt § 74 Abs. 3 Satz 1 auch für die FamFG-Rechtsbeschwerde, dass die Rechtsmittelanträge der Beteiligten die Begründetheitsprüfung begrenzen. Ist die Rechtsbeschwerde wirksam auf einen abtrennbaren Teil der Beschwerdeentscheidung (§ 61 Rdn. 21) beschränkt, so ist der nicht angegriffene Teil der Nachprüfung und Abänderung durch das Rechtsbeschwerdegericht entzogen (Musielak/*Ball* § 557 ZPO Rn. 7); § 64 Rdn. 17 gilt für das Rechtsbeschwerdeverfahren entsprechend. Das Verbot der reformatio in peius (§ 69 Rdn. 34 ff.) gilt für das Rechtsbeschwerdegericht im gleichen Umfang wie für das Beschwerdegericht.
Eine **Änderung des Verfahrensgegenstandes** in der Rechtsbeschwerdeinstanz ist grds. nicht zulässig, weil 6
die Beteiligten i.d.R. an die Tatsachenfeststellungen des Beschwerdegerichts gebunden sind (Rdn. 15 ff.). Die **Rechtsbeschwerdeanträge** sind aber auch nach dem Ablauf der Rechtsbeschwerdefrist nicht bindend, soweit sie von der fristgerecht eingereichten Rechtsbeschwerdebegründung gedeckt sind. Insb. eine Einschränkung des Umfangs der Rechtsbeschwerde auf abtrennbare Teile des Verfahrensgegenstandes oder eine

bloße Modifikation der bisherigen Verfahrensanträge auf der Grundlage des vom Tatrichter schon gewürdigten Sachverhalts (BGH NJW 1998, 2969, 2970 zur ZPO-Revision) ist daher im Fall einer mündlichen Verhandlung in Ehe- und Familienstreitsachen noch bis zu deren Schluss und ansonsten auch noch darüber hinaus bis zum Erlass der Entscheidung über die Rechtsbeschwerde möglich. Ebenso können die Anträge auch (wieder) erweitert werden, soweit die geänderten Anträge von der fristgerechten Rechtsbeschwerdebegründung bereits erfasst sind (Zöller/*Heßler* § 551 ZPO Rn. 7; Musielak/*Ball* § 551 ZPO Rn. 7, jeweils zur ZPO-Revision). Nicht zulässig ist dagegen die Einführung neuer Ansprüche, soweit diese neuen Tatsachenvortrag voraussetzen (Zöller/*Heßler* § 551 ZPO Rn. 8). Insb. eine Beteiligtenänderung oder Beteiligtenerweiterung ist daher nicht mehr zulässig (BGH NJW 1997, 1855).

7 **II. Umfassende Überprüfung der materiellen Rechtslage.** § 74 Abs. 3 Satz 2 entspricht §§ 557 Abs. 3 Satz 2, 577 Abs. 2 Satz 2 ZPO. In Übereinstimmung mit diesen Vorschriften ist jetzt auch für das FamFG ausdrücklich klargestellt, dass das Rechtsbeschwerdegericht die Beschwerdeentscheidung innerhalb des gem. Rdn. 5 f. vorgegebenen Rahmens grds. von Amts wegen in vollem Umfang auf Fehler bei der Anwendung formellen und materiellen Rechts zu prüfen hat und dabei an die von den Beteiligten geltend gemachten Rechtsbeschwerdegründe nicht gebunden ist (Keidel/*Meyer-Holz* § 74 Rn. 17).

8 Hat der Rechtsbeschwerdeführer also auch nur eine einzige – sei es formelle, sei es materielle – Rüge erhoben, wird die materielle Rechtmäßigkeit der Beschwerdeentscheidung durch das Rechtsbeschwerdegericht ohne Beschränkung auf die Entscheidungsgründe der Vorinstanz und die ausdrücklich erhobenen Rügen der Rechtsbeschwerde in vollem Umfang und in allen Richtungen überprüft (Zöller/*Heßler* § 557 ZPO Rn. 15).

9 Zu den zu überprüfenden Fragen des materiellen Rechts in diesem Sinne gehören z.B. die Überprüfung der Entscheidung im Kostenpunkt (KKW/*Meyer-Holz* § 27 FGG Rn. 15) oder die Frage der richtigen Anwendung des deutschen internationalen Privatrechts (BGH NJW 1998, 1395, 1396). Das Gleiche gilt im Grundsatz auch für die Überprüfung von Rechtsfehlern des Beschwerdegerichts bei der Auslegung von Willenserklärungen und anderen Rechtsakten (§ 72 Rdn. 10 f.). Lediglich Verfahrensfehler bei der Feststellung der Tatsachengrundlage, auf der die Auslegung beruht, werden durch das Rechtsbeschwerdegericht gem. § 74 Abs. 3 Satz 2 nur auf besondere Rüge hin überprüft (BGH NJW 1996, 838, 839). Auch alle Fragen der Darlegungs- und Beweislast (BGH NJW 1999, 860, 861) und die Frage, ob der Tatrichter die Anforderungen an eine schlüssige und substantiierte Darstellung nicht überspannt (BGH NJW-RR 2001, 1204) oder die Anforderungen an ein ordnungsgemäßes Bestreiten falsch beurteilt hat (BGH NJW 1995, 130, 131), betreffen grds. das materielle Recht und sind daher ohne besondere Rüge des Beschwerdeführers stets umfassend zu überprüfen.

10 **III. Eingeschränkte Überprüfung von Verfahrensmängeln.** § 74 Abs. 3 Satz 3 beschränkt jedoch nunmehr die Überprüfung bei Verfahrensmängeln, die nicht von Amts wegen zu berücksichtigen sind. Während solche Mängel bei der weiteren Beschwerde nach dem FGG ebenfalls umfassend zu prüfen waren (Jansen/*Briesemeister* § 27 FGG Rn. 94), unterliegen sie jetzt in Angleichung an die Revision und die Rechtsbeschwerde der ZPO nur noch dann der Nachprüfung, wenn sie in der Rechtsbeschwerdebegründung (§ 71 Abs. 3) oder in der Rechtsbeschwerdeanschlussschrift (§ 73 Satz 2) ausdrücklich vorgebracht worden sind.

11 **Von Amts wegen** hat das Rechtsbeschwerdegericht damit auch bei der FamFG-Rechtsbeschwerde nur noch solche Verfahrensmängel zu überprüfen, welche die Durchführung des Verfahrens überhaupt oder seine Fortsetzung unzulässig machen oder das Verfahren als willkürlich erscheinen lassen (BGH NJW-RR 2004, 1294 zur ZPO-Rechtsbeschwerde).

12 Zu diesen sog. **absoluten Verfahrensmängeln** (Auflistungen zur ZPO z.B. bei MüKoZPO/*Wenzel* § 557 ZPO Rn. 23 ff.; Musielak/*Ball* § 557 ZPO Rn. 14 ff.; Zöller/*Heßler* § 557 ZPO Rn. 8, jeweils m.w.N.) gehören zunächst solche das Verfahren als Ganzes betreffenden Fragen wie das Fehlen der deutschen Gerichtsbarkeit (BGH NJW 1961, 1116), die mangelnde internationale Zuständigkeit der deutschen Gerichte (BGH FamRZ 2004, 1952), das Fehlen von Verfahrenshandlungsvoraussetzungen (Beteiligtenfähigkeit, Verfahrensfähigkeit, ordnungsgemäße Vertretung, Postulationsfähigkeit) in der Person der Beteiligten, ein zwischenzeitlicher Wegfall der Rechtshängigkeit sowie ein Fehlen des Rechtsschutzbedürfnisses (Musielak/*Ball* § 557 ZPO Rn. 14), die alle jeweils in gleicher Weise zu prüfen sind wie bei der Zulässigkeit der Beschwerde (§ 68 Rdn. 29 f.), das Vorliegen der absoluten Rechtsbeschwerdegründe des § 72 Abs. 3 i.V.m. § 547 Nr. 4 und 6 ZPO (§ 72 Rdn. 26; MüKoZPO/*Wenzel* § 557 Rn. 23), ein Verstoß gegen den Amtsermittlungsgrund-

satz (BGH FamRZ 1996, 481, 482) oder der Fall, dass ein an dem Verfahren nicht beteiligter Dritter in der Beschwerdeinstanz fälschlich als Beteiligter behandelt worden ist (BGH NJW 1993, 3067).

Ebenfalls von Amts wegen durch das Rechtsbeschwerdegericht zu prüfen ist die **Zulässigkeit der Beschwerde** oder Anschlussbeschwerde, des **zweitinstanzlichen Verfahrens** und der **Beschwerdeentscheidung** (Musielak/*Ball* 557 ZPO Rn. 15; MüKoZPO/*Wenzel*, § 557 ZPO Rn. 26). Hierher gehört auch die Überprüfung auf mögliche Verstöße des Beschwerdegerichts gegen Säumnisvorschriften in Ehe- und Familienstreitsachen, auf die Ordnungsmäßigkeit des Tenors der Beschwerdeentscheidung im Hinblick auf Bestimmtheit und Vollstreckbarkeit (Musielak/*Ball* § 557 ZPO Rn. 15; Zöller/*Heßler* § 557 Rn. 8, jeweils m.w.N.), auf Widersprüche zwischen Beschwerdeentscheidung und Beschwerdegründen (Zöller/*Heßler* § 557 Rn. 8) oder auf das Fehlen von ausreichenden tatsächlichen Feststellungen, welche die Beschwerdeentscheidung tragen (BGH FamRZ 2004, 265). Ohne Verfahrensrüge zu prüfen sind auch Verstöße gegen das Verschlechterungsverbot (BGH NJW 1962, 907) oder eine unzulässige Überschreitung der von den Beteiligten gestellten Anträge, soweit das Gericht daran in der freiwilligen Gerichtsbarkeit gebunden ist (§ 65 Rdn. 3). Weiter prüft das Rechtsbeschwerdegericht von Amts wegen, ob dem Erlass der Beschwerdeentscheidung die Rechtshängigkeit (BGH NJW-RR 1990, 45, 47) oder rechtskräftige Entscheidung des gleichen Verfahrensgegenstandes in einem anderweitigen Verfahren (EGH MDR 2001, 1046) entgegenstehen und ob das Beschwerdegericht sich über die Bindungswirkung des § 69 Abs. 1 Satz 4 hinweggesetzt hat (BGH NJW 1992, 2831, 2832). 13

Zu den ohne Verfahrensrüge zu überprüfenden Fragen gehört schließlich auch die Unzulässigkeit von Grund- (BGH NJW 2000, 1498, 1499) oder Teilentscheidungen (Musielak/*Ball* § 557 ZPO Rn. 16; MüKoZPO/*Wenzel* § 557 ZPO Rn. 26; offen gelassen bei BGH NJW 2003, 2380, 2381; a.A. die ältere Rspr. zur ZPO, vgl. z.B. BGH NJW 2000, 3007 m.w.N.), die das Beschwerdegericht selbst erstmals getroffen oder durch Aufrechterhaltung von Entscheidungen der ersten Instanz fehlerhaft bestätigt hat (BGH NJW 1996, 848, 850). 14

IV. Tatsachengrundlage der Rechtsbeschwerdeentscheidung. Die Verweisung auf **§ 559 ZPO** gem. § 74 Abs. 3 Satz 4 entspricht inhaltlich der Verweisung auf die gleiche Vorschrift in dem bisherigen § 27 Abs. 1 Satz 2 FGG. 15

1. Bindung an die Tatsachenfeststellungen des Beschwerdegerichts. Danach unterliegt der Prüfung des Rechtsbeschwerdegerichts grds. nur dasjenige Vorbringen der Beteiligten, das aus der angefochtenen Entscheidung selbst, aus einem Sitzungsprotokoll oder aus dem sonstigen Akteninhalt, soweit er dort in Bezug genommen wurde, ersichtlich ist (§ 74 Abs. 3 Satz 4 i.V.m. § 559 Abs. 1 Satz 1 ZPO). Die tatsächlichen Feststellungen des Beschwerdegerichts sind auch für das Rechtsbeschwerdegericht bindend, es sei denn, dass in Bezug auf eine Feststellung ein zulässiger und begründeter Rechtsbeschwerdeangriff erhoben ist (§ 74 Abs. 3 Satz 4 i.V.m. § 559 Abs. 2 ZPO); zu Einzelheiten vgl. z.B. Zöller/*Heßler* § 559 ZPO Rn. 11 f.; Keidel/*Meyer-Holz* § 74 Rn. 29–34, jeweils m.w.N. Auch wenn ein solcher Angriff erhoben wird, ist das Rechtsbeschwerdegericht nicht selbst anstelle des Beschwerdegerichts zur erneuten Ermittlung der davon betroffenen Tatsachen befugt, sondern muss die Sache, soweit erforderlich, nach § 74 Abs. 6 Satz 2 an das Beschwerdegericht oder das Gericht des ersten Rechtszuges zurückverweisen (BayObLG OLGR 2003, 476). 16

2. Tatsachen zur Begründung von Verfahrensrügen. Darüber hinaus können nur solche – bereits aus der Zeit bis zur Beschwerdeentscheidung herrührenden oder neuen – Tatsachen berücksichtigt werden, die zur Begründung von gem. § 71 Abs. 3 Nr. 2b ordnungsgemäß erhobenen Verfahrensrügen vorgebracht werden (§ 74 Abs. 3 Satz 4 i.V.m. § 559 Abs. 1 Satz 2 ZPO). Das umfasst auch den Fall von sog. »**Gegenrügen**«, also Verfahrensrügen, die ein Rechtsbeschwerdegegner vorbringt, um ihm ungünstige Feststellungen der Beschwerdeentscheidung aus dem Weg zu räumen, die für die Beurteilung durch das Rechtsbeschwerdegericht von Bedeutung sein können (vgl. Zöller/*Heßler* § 559 ZPO Rn. 3, § 557 ZPO Rn. 12 f.). 17

3. Veränderungen der Tatsachengrundlage während des Rechtsbeschwerdeverfahrens. a) Neue Tatsachen zur materiellen Rechtslage. Neue Tatsachen, welche die materielle Rechtslage betreffen, d.h. solche, die entweder bei Erlass der Beschwerdeentscheidung schon vorlagen, aber nicht vorgebracht worden sind, oder erst aus der Zeit nach der Beschwerdeentscheidung herrühren, können grds. in das Rechtsbeschwerdeverfahren weder durch die Beteiligten eingeführt noch von Amts wegen durch das Rechtsbeschwerdegericht berücksichtigt werden. 18

Ausgenommen davon sind aus Gründen der Verfahrensökonomie jedoch **offenkundige Tatsachen**, wenn sie sich aus einem rechtskräftigen Gerichtsurteil (BGH NJW 1994, 579) oder bestandskräftigen Verwaltungsakt (BGH NJW 1998, 989, 990) ergeben sowie solche Tatsachen, die **ohne weitere Ermittlungen** fest- 19 stehen, weil sie unstreitig sind (BGH NJW 2002, 220) oder sich eindeutig aus den Akten, aus dem Grundbuch oder aus einem anderen Register ergeben (vgl. Keidel/*Meyer-Holz* § 74 Rn. 37; Prütting/Helms/*Abramenko* § 72 Rn. 5; Jansen/*Briesemeister* § 27 FGG Rn. 101–103, jeweils m.w.N.). Auch in diesen Fällen ist eine Berücksichtigung aber nur möglich, wenn schützenswerte Belange von Beteiligten einer Berücksichtigung im Einzelfall nicht entgegenstehen (BGH NJW 2002, 1130, 1131). Aus den gleichen Gründen zulässig ist eine Berücksichtigung neuer Tatsachen durch das Rechtsbeschwerdegericht, wenn die **Tatsachenfeststellung** in den Vorinstanzen **fehlerhaft** erfolgt war, das Verfahren aber gleichwohl entscheidungsreif ist und die Tatsachenfeststellung daher ausnahmsweise durch das Rechtsbeschwerdegericht selbst vorgenommen werden kann (BayObLG NJW-RR 1988, 968, 969). Zugelassen worden ist unter dem Gesichtspunkt der Verfahrensökonomie auch die Einrede der beschränkten Erbenhaftung, wenn der Erbfall erst nach dem Abschluss der Tatsacheninstanzen eingetreten ist (BGHZ 54, 204, 205 f.).

20 b) **Neue Tatsachen zum Verfahren.** Neue Tatsachen, die das Verfahren betreffen, können dagegen berücksichtigt und durch das Rechtsbeschwerdegericht auch selbst erstmals ermittelt oder auf ihre Richtigkeit hin überprüft werden (Keidel/*Meyer-Holz* § 74 Rn. 39; Zöller/*Heßler* § 559 ZPO Rn. 5).

21 Das betrifft zunächst in der Rechtsbeschwerdeinstanz neu vorgetragene **Tatsachen zur Begründung von ordnungsgemäß erhobenen Verfahrensmängeln** gem. § 77 Abs. 3 Satz 4 i.V.m. § 559 Abs. 1 Satz 2 ZPO und §§ 71 Abs. 3 Nr. 2b, 73 Satz 2 (Keidel/*Meyer-Holz* § 74 Rn. 40; Musielak/*Ball* § 559 ZPO Rn. 7, jeweils m.w.N.; s.a. schon Rdn. 17).

22 Weiter sind solche neu vorgetragenen Umstände durch das Rechtsbeschwerdegericht zu berücksichtigen, von denen die Zulässigkeit der Rechtsbeschwerde abhängt oder welche die vom Rechtsbeschwerdegericht von Amts wegen zu prüfenden, **absoluten Verfahrensmängel** (Rdn. 11–14) betreffen (Keidel/*Meyer-Holz*, § 74 Rn. 41; Musielak/*Ball* § 559 ZPO Rn. 8 m.w.N. zur ZPO). Das umfasst sowohl solche Tatsachen, die bis zum Ende der zweiten Instanz bereits vorgelegen haben, aber bisher von den Beteiligten noch nicht vorgetragen waren (BGH, Beschl. v. 31.03.2011 – V ZB 83/10, Rn. 7), wie auch solche, die erst danach neu eingetreten sind.

23 Zu berücksichtigen sind schließlich neu vorgetragene Tatsachen, welche die **prozessuale Rechtslage nach dem Schluss des Beschwerdeverfahrens** in sonstiger Hinsicht **geändert** haben (BGH NJW 2001, 1730 f.; Zöller/*Heßler* § 559 ZPO Rn. 4, jeweils m.w.N.). Dabei kann es sich sowohl um solche Tatsachen handeln, die zur Entstehung eines bisher noch nicht vorhandenen Verfahrenshindernisses führen, wie auch um solche, welche den Wegfall eines bisher vorhandenen Hindernisses oder die Heilung eines bisher vorhandenen Mangels bewirken (Keidel/*Meyer-Holz* § 74 Rn. 42). In Betracht kommen z.B. Tatsachen, die eine Aussetzung des Verfahrens erforderlich machen (Musielak/*Ball* § 559 ZPO Rn. 9) oder – wie die Eröffnung des Insolvenzverfahrens – das Verfahren unterbrechen (BGH NJW 1975, 442, 443), sowie die Aufhebung und die Einstellung des Insolvenzverfahrens (BGHZ 28, 13, 15 f.), eine Änderung der Staatsangehörigkeit (BGH NJW 1997, 498, 499), eine Änderung des Personenstandes (BGH NJW 2002, 1130, 1131) oder die erst im Rechtsbeschwerdeverfahren erklärte Genehmigung von Verfahrenshandlungen nicht vertretungsberechtigter Eltern durch einen inzwischen bestellten Ergänzungspfleger (BGH NJW 1989, 984, 985). Insb. gehören hierher auch solche Tatsachen, die zu einer **Erledigung der Hauptsache** während des Rechtsbeschwerdeverfahrens führen (Keidel/*Meyer-Holz* § 74 Rn. 51 f.).

24 c) **Wiederaufnahmegründe.** Sowohl das Verfahren wie auch die materielle Rechtslage können betroffen sein, wenn nach Abschluss der Beschwerdeinstanz Gründe bekannt werden, die eine Wiederaufnahme des bereits rechtskräftig abgeschlossenen Verfahrens rechtfertigen würden (§§ 48 Abs. 2 und 118, jeweils i.V.m. §§ 578 ff. ZPO). Der Rechtsbeschwerdeführer muss dann nicht auf ein gesondertes Wiederaufnahmeverfahren verwiesen werden, sondern der Wiederaufnahmegrund kann aus Gründen der Prozessökonomie sowohl von ihm selbst wie auch von Amts wegen durch das Rechtsbeschwerdegericht (Jansen/*Briesemeister* § 27 FGG Rn. 92) in das laufende Rechtsbeschwerdeverfahren eingeführt und bereits dort berücksichtigt werden (BGH NJW-RR 2007, 767 f. zur ZPO-Revision; OLG Karlsruhe FamRZ 1977, 148 f. zu § 27 FGG). Anders als bisher z.T. für das FGG vertreten (Jansen/*Briesemeister* § 27 FGG Rn. 92; a.A. OLG Karlsruhe FamRZ 1977, 148), gilt dies nicht mehr nur in echten Streitsachen der freiwilligen Gerichtsbarkeit, sondern generell, denn § 48 Abs. 2 sieht die Möglichkeit einer Wiederaufnahme jetzt ausdrücklich im gesamten Anwendungsbereich des FamFG vor.

25 E. **Verweis auf die Vorschriften des ersten Rechtszuges.** In Anlehnung an § 555 Abs. 1 Satz 1 ZPO (BT-Drucks. 16/308 S. 211) bestimmt sich gem. § 74 Abs. 4 das Verfahren des Rechtsbeschwerdegerichts, soweit

in den §§ 70 bis 75 nicht speziell geregelt, nach den Vorschriften für das Verfahren im ersten Rechtszug (Abschnitt 2 = §§ 23 bis 37); daneben finden – wie bei der Beschwerde (§ 68 Rdn. 33) – die allg. Vorschriften (Abschnitt 1 = §§ 1 bis 22a) bereits unmittelbare Anwendung. Diese Verweisung ist gesetzestechnisch in mehrfacher Hinsicht missglückt, denn die Vorschriften über die **Tatsachenfeststellung**, also die §§ 23 Abs. 1 Satz 2, 26, 27 u 29–31, sind im Rechtsbeschwerdeverfahren nur in den wenigen Fällen (Rdn. 18 ff.) anwendbar, in denen das Rechtsbeschwerdegericht ausnahmsweise eigene Feststellungen treffen darf (Prütting/Helms/*Abramenko* § 74 Rn. 13) und auch i.Ü. besteht für die §§ 23 bis 37 allenfalls ein sehr eingeschränkter Anwendungsbereich, da sie insoweit überwiegend durch die speziellen Regelungen für das Rechtsbeschwerdeverfahren verdrängt werden (Prütting/Helms/*Abramenko* § 74 Rn. 14). Ein Verweis auf die Vorschriften über die Beschwerde, der für eine Reihe von rechtsmittelspezifischen Verfahrensfragen (vor §§ 58 bis 75 Rdn. 3) eigentlich notwendig wäre, fehlt dagegen ebenso wie eine dem § 69 Abs. 3 entsprechende Verweisung auf die Vorschriften über den Beschluss im ersten Rechtszug (Abschnitt 3 = §§ 38 bis 48), obwohl auch diese Vorschriften in dem gleichen Umfang wie bei der Beschwerde (§ 69 Rdn. 51 f.) auf die Entscheidung des Rechtsbeschwerdegerichts zumindest entspr. ebenfalls anzuwenden sind (Zöller/*Feskorn* § 74 Rn. 6 zu § 38).

In **Ehe- und Familienstreitsachen** gelten als Vorschriften des ersten Rechtszuges gem. § 113 Abs. 1 Satz 2 **26** statt dessen die allgemeinen Vorschriften der ZPO (§§ 1 bis 252 ZPO) und die Vorschriften über das Verfahren vor dem LG (§§ 253 bis 494 ZPO) entspr., mit Ausnahme nur der §§ 348 bis 350 ZPO über den Einzelrichter, die analog § 555 Abs. 2 ZPO auch im Rechtsbeschwerdeverfahren nicht anzuwenden sind (Keidel/*Meyer-Holz* § 74 Rn. 60). Entspr. § 128 ZPO ist hier daher i.d.R. auch vor dem Rechtsbeschwerdegericht mündlich zu verhandeln (Keidel/*Meyer-Holz* § 74 Rn. 60); eine Güteverhandlung (§ 278 Abs. 2 bis 5 ZPO) ist aber gem. § 117 Abs. 2 Satz 2 ebenso wie in der Beschwerdeinstanz nicht erforderlich.

F. Entscheidung bei begründeter Rechtsbeschwerde. I. Aufhebung der Beschwerdeentscheidung. § 74 **27** Abs. 5 regelt, dass die angefochtene Entscheidung aufzuheben – also nicht etwa abzuändern – ist, soweit sich die Rechtsbeschwerde als begründet erweist (**kassatorischer Teil der Entscheidung**; sog. »iudicium rescindens«).

Betrifft der Mangel der Beschwerdeentscheidung nur einen von mehreren Verfahrensgegenständen oder **28** den abtrennbaren Teil eines Verfahrensgegenstandes, der auch Gegenstand einer selbstständigen Entscheidung sein könnte (vgl. § 61 Rdn. 21, § 64 Rdn. 17), so kommt dabei auch eine Teilaufhebung der Beschwerdeentscheidung in Betracht. Diese liegt jedoch im Ermessen des Rechtsbeschwerdegerichts und ist nur zweckmäßig, wenn dadurch das Verfahren vereinfacht wird. Ist das nicht der Fall, sollte die Beschwerdeentscheidung im Ganzen aufgehoben werden (MüKoZPO/*Wenzel* § 562 ZPO Rn. 5 zur ZPO-Revision).

II. Eigene Entscheidung des Rechtsbeschwerdegerichts. § 74 Abs. 6 regelt den weiteren Inhalt der Ent- **29** scheidung im Fall der begründeten Rechtsbeschwerde (**reformatorischer Teil der Entscheidung**; sog. »iudicium recissorium«). Nach § 74 Abs. 6 Satz 1 ist im Grundsatz davon auszugehen, dass das Rechtsbeschwerdegericht aus Gründen der Verfahrensökonomie in der Sache selbst zu entscheiden hat, soweit diese zur Endentscheidung reif ist.

Entscheidungsreife für eine abschließende **Prozessentscheidung** des Rechtsbeschwerdegerichts ist gegeben, **30** wenn ein von der Beschwerdeinstanz zu Unrecht als zulässig behandeltes Verfahren wegen eines unbehebbaren Verfahrensmangels unzulässig ist und daher der Verfahrensantrag des Antragstellers als unzulässig abgewiesen werden muss (BGH NJW 1992, 2099, 2100; MüKoZPO/*Wenzel* § 563 ZPO Rn. 19) oder wenn das Beschwerdegericht ein Rechtsmittel zu Unrecht als zulässig erachtet hat, das richtigerweise als unzulässig hätte verworfen werden müssen (MüKoZPO/*Wenzel* § 563 ZPO Rn. 20).

Entscheidungsreife für eine abschließende **Sachentscheidung** liegt vor, wenn zur Anwendung des materiel- **31** len Rechts aus Sicht des Rechtsbeschwerdegerichts keine weitere Tatsachenfeststellung mehr erforderlich und daher eine weitere Verhandlung in der Tatsacheninstanz überflüssig ist (BGH FamRZ 2015, 1172 = FuR 2015, 472). Das ist vor allem dann der Fall, wenn der Sachverhalt vom Beschwerdegericht verfahrensrechtlich einwandfrei festgestellt wurde und nur materiell-rechtlich anders zu würdigen ist (Subsumtionsfehler i.S.d. § 563 Abs. 3 ZPO, Keidel/*Meyer-Holz* § 74 Rn. 68). Darüber hinaus kann Entscheidungsreife auch dann vorliegen, wenn das Beschwerdegericht nicht in der Sache entschieden, sondern die (Erst-)beschwerde zu Unrecht als unzulässig verworfen hat (OLG Frankfurt am Main FamRZ 1994, 265, 266; BayObLG 2000, 220). Voraussetzung dafür ist aber, dass schon die Entscheidung der ersten Instanz hinreichende Feststellungen zum Sachverhalt enthält und weitere tatsächliche Feststellungen nicht in Betracht kommen

(Keidel/*Meyer-Holz* § 74 Rn. 71). Unter der Voraussetzung, dass die Tatsachengrundlage für die Entscheidung abschließend feststeht, kann Entscheidungsreife in besonderen Fallkonstellationen sogar dann gegeben sein, wenn die Vorinstanzen den Antrag oder die in einem Verfahren von Amts wegen zu treffende Maßnahme als unzulässig behandelt haben. Schließlich kann ein Verfahren auch durch neue, aber ausnahmsweise berücksichtigungsfähige Tatsachen (Rdn. 19) noch im Verlauf des Rechtsbeschwerdeverfahrens entscheidungsreif werden (Keidel/*Meyer-Holz* § 74 Rn. 68).

32 Entscheidet das Rechtsbeschwerdegericht in der Sache selbst, so tritt es vollständig an die Stelle des Beschwerdegerichts (BGH NJW 1961, 1301, 1303). Bei seiner Entscheidung auf der Grundlage der vom Beschwerdegericht verfahrensfehlerfrei festgestellten Tatsachen und der weiteren, ausnahmsweise berücksichtigungsfähigen, neuen Tatsachen aus dem Rechtsbeschwerdeverfahren (Rdn. 18 f.) ist es daher auch zu einer **eigenen Würdigung und Gewichtung der vom Beschwerdegericht festgestellten Tatsachen** berechtigt (BayObLG NJW-RR 1989, 1092; OLG Köln OLGR 2002, 437 zum FGG; BGH NJW 1992, 437 zur ZPO), übt ein **eigenes Ermessen** aus (OLG Frankfurt am Main NJW-RR 2006, 44, 45 zum FGG; BGH NJW 1992, 2235, 2236 zur ZPO), und kann **Willenserklärungen selbstständig auslegen** (BayObLG FamRZ 1996, 761 zum FGG; BGH NJW 1998, 1219, 1220 zur ZPO). **Ausführungshandlungen** wie z.B. die Bestellung eines Pflegers oder eine Registereintragung, die auf der Grundlage der Entscheidung des Rechtsbeschwerdegerichts notwendig werden, sind allerdings – ebenso wie schon bei der Beschwerdeentscheidung (§ 69 Rdn. 1) – dem Gericht der ersten Instanz zu übertragen (Keidel/*Meyer-Holz* § 74 Rn. 74).

33 **III. Zurückverweisung.** § 74 Abs. 6 Satz 2 entspricht den §§ 563 Abs. 1 Satz 1, 577 Abs. 4 Satz 1 Halbs. 2 ZPO, greift die damit übereinstimmende, auch schon zum bisherigen FGG vertretene Ansicht auf und regelt nunmehr auch für das FamFG ausdrücklich, dass die Sache in die Tatsacheninstanz zurückverwiesen wird, wenn die Entscheidungsreife im Sinne von Rdn. 30 f. fehlt. Eine vorrangige Sonderregelung für den Scheidungsverbund ist in § 147 enthalten.

34 Die Entscheidungsreife fehlt zunächst dann, wenn ein **absoluter Rechtsbeschwerdegrund** i.S.d. § 72 Abs. 3 i.V.m. § 547 ZPO vorliegt. In diesem Fall mangelt es an einer ordnungsgemäßen Tatsachengrundlage für eine Entscheidung des Rechtsbeschwerdegerichts, weil das Verfahren des Beschwerdegerichts an einem unheilbaren Mangel leidet. Abgesehen von dem Sonderfall der unvollständigen Begründung (§ 72 Rdn. 21 a.E.) ist die Beschwerdeentscheidung daher einschließlich des Verfahrens stets zwingend aufzuheben und die Sache zur Wiederholung des Beschwerdeverfahrens sowie zur erneuten Entscheidung an das Beschwerdegericht zurückzuverweisen (BGH WM 1984, 1170; Keidel/*Meyer-Holz* § 74 Rn. 82).

35 Darüber hinaus ist die Zurückverweisung ganz allgemein immer dann geboten, wenn noch **weitere tatsächliche Feststellungen** geboten sind. Das ist z.B. dann regelmäßig der Fall, wenn die Beschwerdeentscheidung unter Verstoß gegen den Amtsermittlungsgrundsatz (§ 26) zustande gekommen ist, wenn den Beteiligten das rechtliche Gehör (Art. 103 Abs. 1 GG) in Bezug auf die tatsächlichen Feststellungen nicht gewährt wurde, wenn das Beweisverfahren fehlerhaft war oder wenn der Sachverhalt aus der materiell-rechtlichen Sicht des Rechtsbeschwerdegerichts noch weiterer Aufklärung bedarf (Jansen/*Briesemeister* § 27 FGG Rn. 123). Außerdem kann es an der Entscheidungsreife auch deshalb fehlen, weil in den Vorinstanzen noch keine oder keine ausreichende Tatsachenfeststellung stattgefunden hat, weil diese den Verfahrensantrag oder die Erstbeschwerde zu Unrecht aus prozessualen Gründen für unzulässig gehalten haben. Ist in einer Ehe- oder Familienstreitsache eine **Versäumnisentscheidung** zu Unrecht nicht erlassen worden, so kann diese durch das Rechtsbeschwerdegericht nicht nachgeholt werden, weil damit die prozessualen Rechte des in der Beschwerdeinstanz säumigen Beteiligten in unzulässiger Weise verkürzt würden; aus dem gleichen Grund ist auch eine eigene streitige Entscheidung des Rechtsbeschwerdegerichts nicht zulässig (BGH NJW 1995, 2563, 2564).

36 **1. Zurückverweisung an das Beschwerdegericht.** Nach § 74 Abs. 6 Satz 2, 1. Alt erfolgt die Zurückverweisung regelmäßig an das Beschwerdegericht, und zwar dort wiederum an den Spruchkörper, der die aufgehobene Entscheidung erlassen hat. Die Weiterverweisung eines derart zurückverwiesenen Verfahrens durch das Beschwerdegericht an das Erstgericht ist unzulässig (BayObLG FamRZ 1991, 724, 725). Für den Fall, dass sich aus der Beschwerdeentscheidung der Eindruck ergibt, das Beschwerdegericht sei in seiner Entscheidung bereits so festgelegt, dass die Gefahr einer Voreingenommenheit bestehen könnte (BT-Drucks. 16/6308 S. 211), sieht § 74 Abs. 5 Satz 3 in Angleichung an § 563 Abs. 1 Satz 2 ZPO und abweichend von der bisher herrschenden Meinung zum FGG (BayObLG NJW-RR 1995, 653 m.w.N.) aber ausnahmsweise auch die *Möglichkeit vor, die Sache* an einen **anderen Spruchkörper** des Beschwerdegerichts zu verweisen.

2. Zurückverweisung an das Gericht der ersten Instanz. Darüber hinaus wird dem Rechtsbeschwerdegericht für den Fall, dass dies aus besonderen Gründen geboten erscheint, gem. § 74 Abs. 6 Satz 2, 2. Alt auch eine **Sprungzurückverweisung** an das Gericht des ersten Rechtszuges ermöglicht. Das entspricht der bisher herrschenden Meinung zum FGG (KKW/*Meyer-Holz* § 27 FGG Rn. 61 m.w.N.), auf die in der Gesetzesbegründung (BT-Drucks. 16/6308 S. 211) ausdrücklich Bezug genommen wird, ist aber – wohl bewusst – weiter gefasst, als für die ZPO-Revision anerkannt, wo eine Zurückverweisung an die erste Instanz außer bei der Sprungrechtsbeschwerde (Musielak/*Ball* § 563 ZPO Rn. 3) nur für den Fall als zulässig erachtet wird, dass eine Zurückverweisung durch das Berufungsgericht gem. § 538 Abs. 2 ZPO zulässig oder sogar geboten gewesen wäre (Musielak/*Ball* § 563 Rn. 3; MüKoZPO/*Wenzel* § 563 ZPO Rn. 27, jeweils m.w.N.). Weitergehend wird ein besonderer Grund für eine Sprungzurückverweisung aber auch für das FamFG nach wie vor dann anerkannt werden können, wenn die Beschwerdeentscheidung auf den gleichen Verfahrensfehlern – wie etwa einem Verstoß gegen § 26 – beruht, wie die Entscheidung der ersten Instanz oder wenn die noch erforderlichen Ermittlungen zweckmäßigerweise durch das Gericht der ersten Instanz vorzunehmen sind (Jansen/*Briesemeister* § 27 FGG Rn. 123).

G. Bindungswirkung bei Aufhebung und Zurückverweisung. § 74 Abs. 6 Satz 4 regelt in Übereinstimmung mit der korrespondierenden Regelung des § 69 Abs. 1 Satz 4 für das Beschwerdeverfahren die **Bindung der Vorinstanz** an die rechtliche Beurteilung des Rechtsbeschwerdegerichts. Zum Umfang dieser Bindung sowie der **Selbstbindung des Rechtsbeschwerdegerichts**, falls dieses in einem vorhergehenden Verfahren schon einmal mit der Sache befasst war, gelten § 69 Rdn. 30 ff. entsprechend mit der Maßgabe, dass eine Bindung an die der Rechtsbeschwerdeentscheidung zugrunde gelegten Tatsachen nur besteht, soweit diese ausnahmsweise vom Rechtsbeschwerdegericht selbst festgestellt werden können (BGH NJW 1995, 3115, 3116; Musielak/*Ball* § 563 ZPO Rn. 10 zur ZPO-Revision).

H. Begründung der Rechtsbeschwerdeentscheidung. Wie die Beschwerdeentscheidung ist auch die Entscheidung über die Rechtsbeschwerde grds. immer zu begründen. Eine Ausnahme gilt gem. § 74 Abs. 3 Satz 4 i.V.m. § 564 ZPO dann, wenn das Rechtsbeschwerdegericht – außer bei Vorliegen absoluter Rechtsbeschwerdegründe – **Rügen von Verfahrensmängeln für nicht durchgreifend** erachtet. Nach dem – in dieser Form neuen – § 74 Abs. 7 kann auf eine Begründung außerdem dann verzichtet werden, wenn diese **nicht geeignet wäre, zur Klärung von Rechtsfragen grundsätzlicher Bedeutung oder zur Fortentwicklung der Rspr. beizutragen**. Die Vorschrift lehnt sich an § 544 Abs. 4 Satz 2 ZPO an. Die danach für die Begründung der Nichtzulassungsbeschwerde bestehende Einschränkung der Begründungspflicht wird für den Bereich des FamFG auf die Entscheidung über die Rechtsbeschwerde selbst übertragen. Anders als dort geht es hier aber nicht nur um eine Entbehrlichkeit der Begründung, soweit sie zur Klärung der Zulassungsgründe für eine Rechtsbeschwerde nichts beiträgt, sondern um eine – darüber hinausgehende – generelle Entbehrlichkeit der Begründung in allen Fällen, in denen die Rechtsbeschwerdegründe des § 70 Abs. 2 an sich nicht vorliegen, das Rechtsbeschwerdegericht mit der Sache aber dennoch befasst wird, weil das Beschwerdegericht die Rechtsbeschwerde zu Unrecht zugelassen hat oder diese – in den Fällen des § 70 Abs. 3 – bereits ohne Zulassung statthaft ist. Die Regelung ist sowohl auf die Entscheidung über die Verwerfung einer Rechtsbeschwerde als unzulässig gem. § 74 Abs. 1 (BT-Drucks. 16/9733 S. 290) als auch auf eine Sachentscheidung nach § 74 Abs. 6 anwendbar.

§ 74a Zurückweisungsbeschluss.

(1) Das Rechtsbeschwerdegericht weist die vom Beschwerdegericht zugelassene Rechtsbeschwerde durch einstimmigen Beschluss ohne mündliche Verhandlung oder Erörterung im Termin zurück, wenn es davon überzeugt ist, dass die Voraussetzungen für die Zulassung der Rechtsbeschwerde nicht vorliegen und die Rechtsbeschwerde keine Aussicht auf Erfolg hat.
(2) Das Rechtsbeschwerdegericht oder der Vorsitzende hat zuvor die Beteiligten auf die beabsichtigte Zurückweisung der Rechtsbeschwerde und die Gründe hierfür hinzuweisen und dem Rechtsbeschwerdeführer binnen einer zu bestimmenden Frist Gelegenheit zur Stellungnahme zu geben.
(3) Der Beschluss nach Absatz 1 ist zu begründen, soweit die Gründe für die Zurückweisung nicht bereits in dem Hinweis nach Absatz 2 enthalten sind.

§ 74a

Übersicht

	Rdn.		Rdn.
A. Allgemeines	1	C. Hinweis- und Begründungspflicht	6
B. Voraussetzungen einer Beschlusszurückweisung	2	D. Kosten	7

1 **A. Allgemeines.** Der erst durch den Rechtsausschuss im Verlauf des Gesetzgebungsverfahrens eingefügte § 74a ist dem durch das 1. JuMoG in die ZPO aufgenommenen § 552a ZPO nachgebildet und soll dem BGH eine Entlastungsmöglichkeit bieten, um den vermehrten Arbeitsanfall z.T. wieder auszugleichen, der sich aus der Einführung der Zulassungsrechtsbeschwerde anstelle des Vorlageverfahrens nach § 28 Abs. 2 und 3 FGG nach den mit der ZPO-Reform gemachten Erfahrungen voraussichtlich auch für das FamFG-Verfahren ergeben wird. Nachdem sich der Gesetzgeber zu der zunächst vorgesehenen Einführung einer nicht bindenden Beschwerdezulassung (§ 70 Abs. 2 Satz 2 i.d.F. des RegE FGG-RG) nicht entschließen konnte, eröffnet er dem BGH einen erleichterten, nach Ansicht des Rechtsausschusses in der ZPO mittlerweile bereits bewährten Weg zur Erledigung von durch das Beschwerdegericht zu Unrecht, aber dennoch bindend zugelassenen Rechtsbeschwerden ohne den Aufwand einer sonst i.d.R. gem. § 74 Abs. 4 erforderlichen mündlichen Verhandlung (BT-Drucks. 16/9733 S. 290). An dem wahrscheinlich höheren Aufwand, der sich aus der Einführung der zulassungsfreien Rechtsbeschwerde in Betreuungs-, Unterbringungs- und Freiheitsentziehungssachen gem. § 70 Abs. 3 ergeben wird, ändert § 74a jedoch nichts.

2 **B. Voraussetzungen einer Beschlusszurückweisung.** Die – bei Vorliegen der Voraussetzungen ohne die Einräumung eines Ermessensspielraums zwingend vorgeschriebene – Zurückweisung einer Rechtsbeschwerde im Beschlussweg nach § 74a Abs. 1 setzt zunächst das Vorliegen einer zulässigen und zulassungsbedürftigen Rechtsbeschwerde in einer der nicht von § 70 Abs. 3 erfassten Rechtsmaterien voraus (BLAH/*Hartmann* § 74a Rn. 3). Nicht möglich ist das Verfahren des § 74a außer in den Fällen des § 70 Abs. 3 auch bei Rechtsbeschwerden gegen die Verwerfung einer Beschwerde in Ehe- und Familienstreitsachen, denn auch diese sind gem. § 117 Abs. 1 Satz 4 i.V.m. § 522 Abs. 1 Satz 4 ZPO bereits ohne Zulassung statthaft (Zöller/*Feskorn* § 74a Rn. 2). Ist die Rechtsbeschwerde schon unzulässig, ist sie durch Beschluss nach § 74 Abs. 1 Satz 2 zu verwerfen (Prütting/Helms/*Abramenko* § 74a Rn. 2).

3 Weiterhin darf nach der einstimmigen Überzeugung des Rechtsbeschwerdegerichts im Zeitpunkt der Beschlussfassung des Rechtsbeschwerdegerichts keiner der Zulassungsgründe des § 70 Abs. 2 Nr. 1 oder 2 gegeben sein (BLAH/*Hartmann* § 74a Rn. 4). Dabei spielt es keine Rolle, ob diese (z.B. wegen einer zwischenzeitlich ergangenen Grundsatzentscheidung des BGH in einem Parallelverfahren) erst nachträglich weggefallen sind oder ob sie schon von Anfang an nicht vorgelegen haben (BGH FamRZ 2013, 121, 122; Prütting/Helms/*Abramenko* § 74a Rn. 3).

4 Die Rechtsbeschwerde darf außerdem nach der Überzeugung des Rechtsbeschwerdegerichts nach der Sach- und Rechtslage zum Zeitpunkt der Beschlussfassung (Prütting/Helms/*Abramenko* § 74a Rn. 4) insgesamt keine Aussicht auf Erfolg haben, weil sich bereits aus dem Akteninhalt ergibt, dass das Rechtsmittel unbegründet ist und die geltend gemachten Rügen nicht durchgreifen. Fehlt es an dieser Voraussetzung, darf auch eine zu Unrecht zugelassene Rechtsbeschwerde nicht im Wege des § 74a zurückgewiesen werden, sodass durch die auf diese Weise in jedem Fall notwendige Begründetheitsprüfung zugleich auch dem verfassungsrechtlichen Gebot der Einzelfallgerechtigkeit (BVerfGE 54, 277) Rechnung getragen ist.

5 Legen mehrere Beteiligte gegen einen Beschluss Rechtsbeschwerde ein und liegen die Voraussetzungen für eine einstimmige Beschlusszurückweisung nach § 74a nur in der Person einzelner, aber nicht sämtlicher Beteiligter vor, so ist auch eine Teilzurückweisung der unzulässig eingelegten Rechtsmittel im Beschlusswege zulässig (BGH MDR 2007, 968 zu § 552a ZPO). Das Gleiche gilt auch, wenn die Voraussetzungen einer Zurückweisung nur für einen von mehreren Verfahrensgegenständen oder für einen abtrennbaren Verfahrensteil vorliegen, über den das Ausgangsgericht auch eine Teilentscheidung hätte fällen dürfen (OLG Dresden NJW 2004, 37; OLG Rostock OLGR 2003, 252 zu § 522 ZPO; a.A. Keidel/*Meyer-Holz* § 74a Rn. 5 unter Bezugnahme auf BT-Drucks. 16/9733 S. 291; zumindest zweifelnd auch Prütting/Helms/*Abramenko* § 74a Rn. 9).

6 **C. Hinweis- und Begründungspflicht.** Zur Wahrung des rechtlichen Gehörs ist eine Beschlusszurückweisung nach der aus § 522 Abs. 2 Satz 2 ZPO übernommenen Regelung des § 74a Abs. 2 nur zulässig, wenn das Rechtsbeschwerdegericht oder dessen Vorsitzender die Beteiligten zuvor auf die beabsichtigte Verfah-

rensweise und die Gründe dafür **hingewiesen** und dem Rechtsbeschwerdeführer binnen einer zu bestimmenden Frist, die ggf. nach § 16 Abs. 2 i.V.m. § 224 Abs. 2 ZPO auf Antrag verlängert werden kann, **Gelegenheit zur Stellungnahme** gegeben worden ist. Nach § 74 Abs. 4 i.V.m. § 28 Abs. 3 hat der Hinweis schriftlich zu erfolgen und muss aktenkundig gemacht werden. Eine Wiedereinsetzung gem. § 17 kommt nicht in Betracht, denn es handelt sich nicht um die Frist zur Einlegung eines Rechtsbehelfs (a.A. BLAH/ *Hartmann* § 74a Rn. 7). Nach der § 522 Abs. 2 Satz 3 ZPO entsprechenden Vorschrift des § 74a Abs. 3 ist der Zurückweisungsbeschluss zu begründen, soweit die Gründe für die Zurückweisung nicht bereits in dem vorher erteilten Hinweis enthalten waren.

D. Kosten. Zusätzliche Gerichtskosten durch das Verfahren gem. § 74a entstehen nicht; jedoch kommt dem Beschwerdeführer auch eine Gebührenermäßigung nicht zugute. 7

§ 75 Sprungrechtsbeschwerde.

(1) ¹Gegen die im ersten Rechtszug erlassenen Beschlüsse, die ohne Zulassung der Beschwerde unterliegen, findet auf Antrag unter Übergehung der Beschwerdeinstanz unmittelbar die Rechtsbeschwerde (Sprungrechtsbeschwerde) statt, wenn
1. die Beteiligten in die Übergehung der Beschwerdeinstanz einwilligen und
2. das Rechtsbeschwerdegericht die Sprungrechtsbeschwerde zulässt.
²Der Antrag auf Zulassung der Sprungrechtsbeschwerde und die Erklärung der Einwilligung gelten als Verzicht auf das Rechtsmittel der Beschwerde.
(2) ¹Die Sprungrechtsbeschwerde ist in der in § 63 bestimmten Frist einzulegen. ²Für das weitere Verfahren gilt § 566 Abs. 2 bis 8 der Zivilprozessordnung entsprechend.

Übersicht	Rdn.		Rdn.
A. Allgemeines	1	III. Zulassungsgründe	14
B. Statthaftigkeit der Sprungrechtsbeschwerde	2	IV. Entscheidung über die Zulassung	15
I. Erfasste Entscheidungen	2	V. Ablehnung der Zulassung	16
II. Zustimmung der Beteiligten	3	VI. Fortsetzung des Verfahrens als Rechtsbeschwerdeverfahren	17
III. Zulassung	4	VII. Aufhebung und Zurückverweisung bei der Sprungrechtsbeschwerde	18
C. Verzichtswirkung	5		
D. Verfahren	6		
I. Antragsverfahren	7	E. Kosten	19
II. Verfahrensrechtliche Folgen des Antrags	13		

A. Allgemeines. Während im bisherigen FGG eine Sprungrechtsbeschwerde nicht vorgesehen war, wird 1 dieses Rechtsmittel durch § 75 auch in den Anwendungsbereich des FamFG eingeführt. Die Vorschriften über die Sprungrevision in der Fassung des durch das ZPO-RG neu gefassten § 566 ZPO werden damit für die freiwillige Gerichtsbarkeit nachvollzogen und in ihrem Anwendungsbereich weitestgehend auf diese erstreckt. Die Beteiligten erhalten damit die Möglichkeit, ein Verfahren unter Verzicht auf das Beschwerdeverfahren direkt der Rechtsbeschwerdeinstanz vorzulegen, wenn dies zur möglichst raschen Herbeiführung einer höchstrichterlichen Entscheidung – insb. in Fällen, in denen ausschl die Klärung von Rechtsfragen beabsichtigt ist – im Einzelfall sinnvoll erscheint. Das Verfahren der Sprungrechtsbeschwerde ist allerdings in bedeutsamen familienrechtlichen Streitigkeiten sehr riskant; erforderlich ist nämlich, dass das Rechtsbeschwerdegericht die Sprungrechtsbeschwerde zulässt. Wird diese Zulassung jedoch nicht erklärt, kann die Beschwerdeinstanz nicht nachgeholt werden, da die Beteiligten darauf zuvor verzichten müssen. Rechtspolitisch erscheint dies fragwürdig; praktisch hat dies einen Bedeutungsverlust der Sprungrechtsbeschwerde zur Folge. Der Gesetzgeber sollte die Vorschrift daher überdenken, d.h. es sollte den Beteiligten möglich sein, im Falle der Nichtzulassung der Sprungrechtsbeschwerde das Beschwerdeverfahren durchzuführen.

B. Statthaftigkeit der Sprungrechtsbeschwerde. I. Erfasste Entscheidungen. Gem. § 75 Abs. 1 Satz 1 ist 2 die Sprungrechtsbeschwerde gegen die im ersten Rechtszug ergangenen **Beschlüsse der Amts- oder Landgerichte** statthaft, **die ohne Zulassung der Beschwerde unterliegen**, mithin also gegen alle erstinstanzlichen Entscheidungen, gegen die nach Maßgabe von § 58 Abs. 1 die Beschwerde gegeben ist, mit Ausnahme von vermögensrechtlichen Angelegenheiten, bei denen der Wert des Beschwerdegegenstandes 600,00 € nicht überschreitet. Für Entscheidungen, die wegen ihrer geringen wirtschaftlichen Bedeutung nur ausnahmsweise im Fall der Beschwerdezulassung nach Maßgabe von § 61 Abs. 2 und 3 überhaupt mit einem Rechtsmittel angegriffen werden können, ist dagegen die Möglichkeit der Sprungrechtsbeschwerde nicht eröffnet. Sie kommt daher auch dann nicht in Betracht, wenn das Erstgericht die Beschwerde in einem derartigen Fall zugelassen hat.

3 **II. Zustimmung der Beteiligten.** Gem. § 75 Abs. 1 Satz 1 Nr. 1 ist das Übergehen der zweiten Instanz mittels der Sprungrechtsbeschwerde ist nur zulässig, wenn **sämtliche** an der ersten Instanz **Beteiligten** in diese Verfahrensweise **einwilligen**; anders als bei der ZPO-Sprungrevision reicht also selbst bei einem kontradiktorischen Verfahren nicht nur die Einwilligung des jeweiligen Rechtsmittelgegners.

4 **III. Zulassung.** Gem. § 75 Abs. 1 Satz 1 Nr. 2 ist weiterhin die **Zulassung** der Rechtsbeschwerde **durch den BGH** als Rechtsbeschwerdegericht erforderlich. Das gilt auch in den Fällen der ansonsten zulassungsfreien Rechtsbeschwerde gem. § 70 Abs. 3, in denen eine vergleichbare Anforderung bei Einhaltung des normalen Instanzenzuges nicht besteht (Prütting/Helms/*Abramenko* § 75 Rn. 10; a.A. *Rackl*, S. 274; zum Inhalt der Zulassungsentscheidung in diesen Fällen s. jedoch Rdn. 14). Dieses Erfordernis entspricht dem nach Maßgabe des § 70 auch sonst geltenden Grundsatz, dass die Rechtsbeschwerde immer eine besondere Zulassung voraussetzt, wobei diese wegen des Übergehens der Beschwerdeinstanz aber hier nicht wie sonst durch das Beschwerdegericht ausgesprochen werden kann und daher unmittelbar durch das Rechtsbeschwerdegericht selbst erfolgt, da eine Zulassungsentscheidung durch das Gericht der ersten Instanz schon aus Gründen der Prozessökonomie nicht in Betracht kommt (Zöller/*Heßler* § 566 ZPO Rn. 2 zur ZPO-Sprungrevision; a.A. *Maurer* FamRZ 2009, 465, 483) und auf diese Weise auch am Besten eine hinreichend einheitliche Zulassungspraxis erreicht werden kann (vgl. BT-Drucks. 16/6308 S. 211).

5 **C. Verzichtswirkung.** § 75 Abs. 1 Satz 2 entspricht inhaltlich § 566 Abs. 1 Satz 2 ZPO. Danach gelten der Antrag auf Zulassung der Sprungrechtsbeschwerde ebenso wie die Einwilligung der übrigen Verfahrensbeteiligten als endgültiger und als Prozesshandlung grds. unwiderruflicher Verzicht auf das Rechtsmittel der Beschwerde, mit der – nicht ungefährlichen – Folge, dass diese den Beteiligten selbst dann nicht mehr eröffnet ist, wenn die Zulassung der Sprungrechtsbeschwerde durch das Rechtsbeschwerdegericht abgelehnt wird. Die Einwilligung wirkt allerdings erst dann als Beschwerdeverzicht, wenn die Sprungrechtsbeschwerde tatsächlich eingelegt wird (BGH NJW 1997, 2387 zur ZPO-Sprungrevision). Ist eine Beschwerde schon eingelegt worden, steht dies der späteren Einlegung der Sprungrevision nicht entgegen (RGZ 154, 146 zur ZPO-Sprungrevision); die Beschwerde wird dann allerdings nachträglich unzulässig (OLG Celle FamRZ 2011, 1617; Zöller/*Heßler* § 566 ZPO Rn. 6).

6 **D. Verfahren.** § 75 Abs. 2 regelt, dass sich das Verfahren der Sprungrechtsbeschwerde nach den hierfür maßgeblichen, durch das ZPO-RG neu gefassten Abs. 2 bis 8 des § 566 ZPO richtet. Das bedeutet i.E.:

7 **I. Antragsverfahren.** Gem. § 75 Abs. 2 i.V.m. **§ 566 Abs. 2 Satz 1 ZPO** ist die Zulassung der Rechtsbeschwerde durch Einreichung eines Schriftsatzes (Zulassungsschrift) bei dem Rechtsbeschwerdegericht zu beantragen.

8 Entsprechend **§ 566 Abs. 2 Satz 2 ZPO** gelten für die Zulassungsschrift die – den dort in Bezug genommenen §§ 548 bis 550 ZPO entsprechenden und für die Sprungrechtsbeschwerde nur durch § 75 Abs. 2 Satz 1 i.V.m. § 63 modifizierten – Vorschriften des § 71 Abs. 1 u 4. Die Zulassungsschrift ist also i.d.R. gem. § 63 Abs. 1 binnen einer **Frist** von einem Monat und in den Fällen des § 63 Abs. 2 binnen einer Frist von 2 Wochen ab der schriftlichen Bekanntgabe des angefochtenen Beschlusses (Prütting/Helms/*Abramenko* § 75 Rn. 3) bei dem Rechtsbeschwerdegericht einzureichen und entsprechend § 71 Abs. 4 (a.A. Prütting/Helms/*Abramenko* § 75 Rn. 10: entsprechend § 566 Abs. 2 Satz 2, 550 Abs. 2 ZPO) allen anderen Beteiligten unter Gewährung einer Gelegenheit zur Stellungnahme (Prütting/Helms/*Abramenko* § 75 Rn. 10) bekannt zu geben. Die nach dem Rechtszustand bis zum 31.12.2012 bestehende Gefahr eines praktischen Leerlaufs von § 63 Abs. 2, soweit man diese Vorschrift in den Fällen der Sprungrechtsbeschwerde als durch den bei der Rechtsbeschwerde an sich entsprechend geltenden § 71 Abs. 1 Satz 1 verdrängt ansah (Bork/Jacoby/Schwab/*Müther* § 75 Rn. 8; a.A. allerdings auch damals z.B. schon *Heggen* FGPRax 2011, 51), kann nach der Einführung des seit dem 01.01.2013 geltenden § 75 Abs. 2 Satz 1 durch das RechtsbehelfsbelehrungsG nicht mehr auftreten. Entsprechend § 71 Abs. 1 Satz 2 muss die Zulassungsschrift die **Bezeichnung** der Entscheidung enthalten, gegen die sich die Sprungrechtsbeschwerde richtet sowie die Erklärung, dass gegen diese Entscheidung Sprungrechtsbeschwerde eingelegt werden soll. Entsprechend § 74 Abs. 1 Satz 2 ist die Zulas-

sungsschrift zu **unterschreiben**; entsprechend § 74 Abs. 1 Satz 3 soll ihr i.d.R. eine Ausfertigung oder beglaubigte Abschrift der angefochtenen Entscheidung beigefügt werden.

Entsprechend **§ 566 Abs. 2 Satz 3 ZPO** sind in der Zulassungsschrift die Voraussetzungen für die Zulassung der Sprungrechtsbeschwerde (Rdn. 14) darzulegen. 9

Entsprechend **§ 566 Abs. 2 Satz 4 ZPO** sind der Zulassungsschrift die schriftlichen Einwilligungserklärungen aller anderen Beteiligten des Verfahrens (Prütting/Helms/*Abramenko* § 75 Rn. 7) mit der Übergehung der Beschwerdeinstanz beizufügen, wobei diese Erklärungen auch von dem Verfahrensbevollmächtigten des ersten Rechtszuges abgegeben werden können. Ebenso kann die Einwilligung grds. auch von den Beteiligten selbst zu Protokoll der Geschäftsstelle erklärt werden, denn ein Anwaltszwang besteht gem. § 10 Abs. 1, 2 in der ersten Instanz regelmäßig nicht. Eine Ausnahme besteht hier allerdings in Ehe- und Lebenspartnerschaftssachen für die Ehegatten bzw. Lebenspartner selbst und die Beteiligten in selbstständigen Familienstreitsachen generell, für die nach Maßgabe des § 114 Abs. 1 Anwaltszwang besteht, sodass für diese Verfahren die Möglichkeit der Einwilligungserklärung zu Protokoll der Geschäftsstelle entfällt. 10

Die Einwilligungserklärung muss rechtzeitig vor Ablauf der Rechtsbeschwerdefrist dem Rechtsbeschwerdegericht vorliegen; sie muss aber nicht zwingend gleichzeitig schon mit der Zulassungsschrift selbst eingereicht werden (BGHZ 92, 76, 77). Bei nicht rechtzeitiger Vorlage kann entspr. § 17 Abs. 1 oder in Ehe- und Familienstreitsachen entspr. § 113 Abs. 1 Satz 2 i.V.m. § 233 ZPO Wiedereinsetzung in den vorigen Stand gewährt werden (BGH NJW-RR 2007, 1075, 1076; Keidel/*Meyer-Holz* § 75 Rn. 8). Die Einwilligung unterliegt als prozessuale Willenserklärung den gleichen Formerfordernissen wie eine Rechtsmittelschrift oder ein sonstiger bestimmender Schriftsatz. Grds. ist daher die Einreichung einer handschriftlich unterzeichneten Originalerklärung des Einwilligenden notwendig. Eine von einem Rechtsanwalt gefertigte – auch beglaubigte – Fotokopie genügt also nicht (BGHZ 92, 76, 77 ff.; NJW-RR 2007, 1075, 1076); nur eine notariell beglaubigte Abschrift ist ersatzweise möglich (BVerwG NJW 2005, 3367, 3368). Eine derart weitgehende Formstrenge lässt sich aber angesichts der zwischenzeitlichen Aufweichung des Unterschriftserfordernisses bei den bestimmenden Schriftsätzen (vgl. § 64 Rdn. 18) heute jedenfalls nicht mehr uneingeschränkt durchhalten (Zöller/*Heßler* § 566 ZPO Rn. 4 zur ZPO-Sprungrevision). Ausnahmen bei der Verwendung moderner Kommunikationsmittel müssen hier zumindest in dem gleichen Umfang zugelassen werden wie für das Unterschriftserfordernis bei der Beschwerdeschrift (BGH NJW-RR 2007, 1075, 1076; § 64 Rdn. 19). Auch eine Einwilligung per Telefax oder Computerfax soll allerdings wiederum nur als Original und nicht nur als Ablichtung vorgelegt werden müssen (BVerwG NJW 2005, 3367, 3368; Prütting/Helms/*Abramenko* § 75 Rn. 6), wobei der durch eine solche Anforderung erreichbare Gewinn an Authentizität der vorgelegten Erklärung jedoch zweifelhaft erscheint. 11

Dieselbe Wirkung wie eine Einwilligungserklärung während des Verfahrens hat auch eine außergerichtliche, schon vor Beginn des Verfahrens getroffene und den allgemeinen Regeln über die Anfechtung von Willenserklärungen unterliegende Vereinbarung der Beteiligten, dass gegen einen Beschluss nur das Rechtsmittel der Sprungrechtsbeschwerde eingelegt werden darf. Eine vereinbarungswidrig dennoch eingelegte Beschwerde ist als unzulässig zu verwerfen. Verweigert ein Beteiligter die Zustimmung zu einer zuvor außergerichtlich vereinbarten Sprungrechtsbeschwerde, kann er sich allerdings ggü. einer dennoch eingelegten Beschwerde auf den Beschwerdeverzicht des Rechtsmittelführers nicht mehr berufen, da er sich insoweit arglistig verhält (BGH NJW 1986, 168 zur ZPO-Sprungrevision). 12

II. Verfahrensrechtliche Folgen des Antrags. Gem. § 75 Abs. 2 i.V.m. **§ 566 Abs. 3 Satz 1 ZPO** wird die Rechtskraft des angefochtenen Beschlusses durch den Antrag auf Zulassung der Sprungrechtsbeschwerde gehemmt (Suspensiveffekt). Entsprechend **§ 566 Abs. 3 Satz 2 ZPO** kann das Rechtsbeschwerdegericht unter den Voraussetzungen des § 719 Abs. 2 ZPO die Zwangsvollstreckung aus dem angefochtenen Beschluss einstweilen einstellen. Gem. § 75 Abs. 2 i.V.m. **§ 566 Abs. 3 Satz 2 ZPO** hat außerdem die Geschäftsstelle des Rechtsbeschwerdegerichts bei der Geschäftsstelle des Gerichts der ersten Instanz unverzüglich die Verfahrensakten anzufordern. Dadurch erfährt dieses automatisch von dem Vorliegen des Antrags auf Zulassung der Sprungrechtsbeschwerde. Der Erteilung eines **Notfristzeugnisses** durch das Rechtsbeschwerdegericht bedarf es daher bei der Sprungrechtsbeschwerde nicht (BGH FamRZ 2010, 284, 285, vgl. auch § 706 Abs. 2 Satz 2 ZPO). 13

III. Zulassungsgründe. Gem. § 75 Abs. 2 i.V.m. **§ 566 Abs. 4 Satz 1 ZPO** ist die Sprungrechtsbeschwerde nur unter den Voraussetzungen der Rechtsbeschwerde zulässig. In den Fällen der zulassungsbedürftigen Rechtsbeschwerde müssen also die Voraussetzungen des § 70 Abs. 2 Satz 1 Nr. 1 oder 2 (Einzelheiten s. 14

§ 75 Buch 1. Allgemeiner Teil

dort) erfüllt sein. In den Fällen der ansonsten zulassungsfreien Rechtsbeschwerde nach § 70 Abs. 3 kann das Rechtsbeschwerdegericht dagegen auch im Fall der Sprungrechtsbeschwerde nur nachprüfen, ob ein unter diese Vorschriften zu subsumierender Fall überhaupt gegeben ist und ob die nach § 75 Abs. 1 Nr. 1 notwendige Einwilligung aller Beteiligten mit dem Überspringen des Beschwerderechtszuges vorliegt. Entsprechend **§ 566 Abs. 4 Satz 2 ZPO** kann die Sprungrechtsbeschwerde außerdem nicht auf einen Mangel des Verfahrens gestützt werden. Ein Beteiligter, der Verfahrensmängel rügen will, muss also zunächst die Beschwerde einlegen. Etwas anderes gilt nur dann, wenn der gerügte Verfahrensmangel auch von Amts wegen zu berücksichtigen ist (Keidel/*Meyer-Holz* § 75 Rn. 14).

15 **IV. Entscheidung über die Zulassung.** Gem. § 75 Abs. 2 i.V.m. **§ 566 Abs. 5 ZPO** entscheidet das Rechtsbeschwerdegericht über den Antrag auf Zulassung der Sprungrechtsbeschwerde durch (unanfechtbaren) Beschluss. Dieser ist den Beteiligten bekannt zu geben, wobei die Bekanntgabe – da § 566 Abs. 5 ZPO lediglich »entsprechend« anzuwenden ist – nicht nur durch Zustellung (§ 15 Abs. 2 Satz 1, 1. Alt), sondern nach pflichtgemäßem Ermessen wahlweise auch durch Aufgabe zur Post (§ 15 Abs. 2 Satz 2, 2. Alt) erfolgen kann (Prütting/Helms/*Abramenko* § 75 Rn. 11; a.A. Keidel/*Meyer-Holz* § 75 Rn. 15: Zustellung). Eine Teilzulassung unter Abweisung des weitergehenden Zulassungsantrages bei mehreren Verfahrensgegenständen oder einem teilbaren Verfahrensgegenstand ist möglich (§ 70 Rdn. 12).

16 **V. Ablehnung der Zulassung.** Gem. § 75 Abs. 2 i.V.m. **§ 566 Abs. 6 ZPO** wird ein mit der Sprungrechtsbeschwerde angegriffener Beschluss rechtskräftig, wenn der Antrag auf Zulassung der Sprungrechtsbeschwerde zurückgewiesen wird. Die Ablehnung ist grds. zu begründen, wobei aber § 74 Abs. 6 entsprechend angewendet werden kann (Keidel/*Meyer-Holz* § 75 Rn. 16).

17 **VI. Fortsetzung des Verfahrens als Rechtsbeschwerdeverfahren.** Gem. § 75 Abs. 2 i.V.m. **§ 566 Abs. 7 Satz 1 ZPO** wird das Verfahren im Fall einer Zulassung der Sprungrechtsbeschwerde als Rechtsbeschwerdeverfahren fortgesetzt. Entsprechend **§ 566 Abs. 7 Satz 2 ZPO** gilt in diesem Fall der form- und fristgerechte Antrag auf Zulassung als Einlegung der Rechtsbeschwerde, entsprechend **§ 566 Abs. 7 Satz 3 ZPO** beginnt mit der Bekanntgabe der Zulassungsentscheidung die Frist für die Begründung der Rechtsbeschwerde.

18 **VII. Aufhebung und Zurückverweisung bei der Sprungrechtsbeschwerde.** Gem. § 75 Abs. 2 i.V.m. **§ 566 Abs. 8 Satz 1 ZPO** bestimmt sich das weitere Verfahren nach der Zulassung der Sprungrechtsbeschwerde nach den für die Rechtsbeschwerde geltenden Vorschriften. Entsprechend **§ 566 Abs. 8 Satz 2 ZPO** ist dabei § 77 Abs. 6 mit der Maßgabe anzuwenden, dass eine eventuelle Zurückverweisung zwangsläufig an das Gericht des ersten Rechtszuges erfolgen muss. Wird dann gegen die nachfolgende Entscheidung des erstinstanzlichen Gerichts Beschwerde eingelegt, so hat das Beschwerdegericht die rechtliche Beurteilung, die der Aufhebung durch das (Sprung-) Rechtsbeschwerdegericht zugrunde gelegt ist, auch seiner Entscheidung zugrunde zu legen.

19 **E. Kosten.** Die gerichtlichen **Verfahrensgebühren** nach dem **FamGKG** für das Verfahren über die Zulassung der Sprungrechtsbeschwerde in Familiensachen belaufen sich in Ehe- und Folgesachen auf 1,0 Gebühren gem. FamGKG KV 1140, im vereinfachten Unterhaltsverfahren auf 0,5 Gebühren gem. FamGKG KV 1216, in sonstigen selbstständigen Familienstreitsachen – insb. also den Unterhalts- und Güterrechtssachen – auf 1,5 Gebühren gem. FamGKG KV 1228, in Kindschaftssachen auf 0,5 Gebühren gem. FamGKG KV 1319, in den übrigen selbstständigen Familiensachen auf 1,0 Gebühren gem. FamGKG KV 1328 und auf eine Festgebühr von 50,00 € gem. FamGKG KV 1930 in allen sonstigen Verfahren, wobei diese Gebühren jeweils sämtlich nur anfallen, wenn der Antrag auf Zulassung der Sprungrechtsbeschwerde abgelehnt wird. In den sonstigen selbstständigen Familienstreitsachen fallen bei einer Antragsrücknahme oder anderweitigen Erledigung des Verfahrens gem. FamGKG KV 1229 nur 1,0 Verfahrensgebühren an. Bei allen anderen Verfahrensarten ist eine Gebührenermäßigung für den Fall der Rücknahme oder der sonstigen Erledigung nicht vorgesehen. **Gegenstandswert** für den Antrag auf Zulassung der Sprungrechtsbeschwerde ist der für das Rechtsbeschwerdeverfahren maßgebende Wert, § 40 Abs. 3 FamGKG. In der der **KostO** unterfallenden Verfahren fehlt ein Gebührentatbestand. Das Verfahren auf Zulassung der Rechtsbeschwerde ist daher in diesen Verfahren gerichtskostenfrei. Im Anwendungsbereich des **GNotKG** werden Gebühren im Verfahren auf Zulassung der Sprungrechtsbeschwerde jeweils nur bei einer Ablehnung der Zulassung erhoben. Diese belaufen sich in Betreuungssachen und betreuungsgerichtlichen Zuweisungssachen auf 0,5 Gebühren gem. KV GNotKG 11400, in Erbscheinsverfahren und Verfahren auf Erteilung anderer Zeugnisse auf 0,5 Gebühren oder höchstens 400,00 € gem. KV GNotKG 12240, in Verfahren zur Sicherung des Nach-

Abschnitt 5. Rechtsmittel § 75

lasses einschließlich der Nachlasspflegschaft, Nachlass- und Gesamtgutsverwaltung auf 0,5 Gebühren gem. KV GNotKG 12340, in Angelegenheiten der Testamentsvollstreckung auf 0,5 Gebühren gem. KV GNotKG 12428, in sonstigen Nachlassangelegenheiten auf 1,0 Gebühren gem. KV GNotKG 12550, in Registersachen sowie in unternehmensrechtlichen und ähnlichen Verfahren auf 1,0 Gebühren gem. KV GNotKG 13630, in Grundbuchsachen, Schiffsregistersachen und Angelegenheiten des Registers für Pfandrechte an Luftfahrzeuge auf 0,5 Gebühren oder höchstens 400,00 € gem. KV GNotKG 14530, in Verfahren vor dem Landwirtschaftsgericht und Pachtkreditsachen auf je nach der Art des Verfahrens 1,0 oder 0,5 Gebühren gem. KV GNotKG 15140 f. und in den sonstigen Angelegenheiten der freiwilligen Gerichtsbarkeit auf je nach der Art des Verfahrens 1,0 oder 0,5 Gebühren gem. KV GNotKG 15240 f.

Zusätzliche **Anwaltskosten** fallen durch das Verfahren auf Zulassung der Sprungrechtsbeschwerde nicht an. 20
Die Einwilligung und das Einholen der Einwilligung zur Einlegung der Sprungrechtsbeschwerde sind durch die Verfahrensgebühr des (erstinstanzlichen) ProzBev abgegolten, § 19 Abs. 1 Satz 2 Nr. 9 RVG. Das Verfahren über die Zulassung der Sprungrechtsbeschwerde und das Rechtsbeschwerdeverfahren sind dieselbe Angelegenheit i.S.d. § 16 Nr. 13 RVG. Wegen der dafür anfallenden Gebühren des ProzBev beim Rechtsbeschwerdegericht s. daher § 70 Rdn. 36.

Abschnitt 6. Verfahrenskostenhilfe
Vorbem. zu §§ 76–78

1 Verfahrens- oder Prozesskostenhilfe ist eine **besondere Form von Sozialhilfe** im Bereich der Rechtspflege. Sie soll auch weniger bemittelten Rechtsuchenden den Zugang zu den staatlichen Gerichten eröffnen (BVerfG FamRZ 1988, 1139; Büttner/Wrobel-Sachs/Gottschalk/*Dürbeck* Rn. 1). Eine vollständige Gleichstellung mit nicht auf Kostenhilfe Angewiesenen wird mit ihr weder verfolgt noch ist dies verfassungsrechtlich geboten (BVerfG NJW 2012, 3293; FamRZ 2007, 1876). Die Hilfe erfolgt durch z.T. nur vorläufige Freistellung von Gerichtskosten und, sofern die Vertretung durch Anwälte erforderlich ist, auch von Anwaltskosten durch Beiordnung eines Anwalts. Als »Armenrecht« wurde Pkh ursprünglich nur Bedürftigen mit geringem Einkommen gewährt. Mittlerweile kann sie grds. von jedem beansprucht werden, der seine Verfahrenskosten nicht in zumutbarer Weise vollständig aus seinem Einkommen oder Vermögen im Voraus bezahlen kann. Die Begünstigten müssen sich je nach Leistungsfähigkeit durch Einmalzahlungen an die Staatskasse oder mit monatlichen Raten (für einen begrenzten Zeitraum) an den Kosten beteiligen, bis hin zu ihrer vollständigen Tilgung. Somit übernimmt die Staatskasse zu einem nicht unerheblichen Teil die Rolle eines Prozessfinanzierers und nimmt gleichzeitig dem beigeordneten Anwalt das Bonitäts- und Vollstreckungsrisiko ab. Dafür sind die aus der Staatskasse an den beigeordneten Anwalt zu leistenden Gebühren ab einem bestimmten Gegenstandswert geringer als diejenigen, die für den privat beauftragten Anwalt gesetzlich vorgesehen sind (s. § 49 RVG; vgl. zur Verfassungsmäßigkeit BVerfG NJW 2008, 1063). Reichen die vom Begünstigten an die Staatskasse zu leistenden Zahlungen aus, finanziert sie darüber hinaus auch die Differenz zu den Wahlanwaltsgebühren. Dennoch befreit die Gewährung von Vkh den Begünstigten auch in diesem Fall von der direkten Inanspruchnahme auf Gerichts- und Anwaltskosten und stundet sie nicht nur (a.A. OLG Koblenz FamRZ 2015, 1418).

2 Das **FGG-RG** hat die Verfahrenskostenhilfe in FG- und Familiensachen – entsprechend dem Sprachgebrauch im FamFG ersetzt dieser Begriff den der Pkh – nicht grundlegend reformiert. Das FamFG hat die Generalverweisung aus § 14 FGG auf die Bestimmungen in der ZPO über die Pkh im Grundsatz beibehalten. Für sämtliche FG-Sachen tritt an die Stelle des § 121 ZPO der § 78 und damit eine eigenständige Regelung der Voraussetzungen für die Beiordnung eines Anwalts. Sie unterscheidet sich bis auf den Verzicht auf den Grundsatz der »Waffengleichheit« und Präzisierungen für das Amtsverfahren kaum von § 121 ZPO. Während nach dem RegE ursprünglich auch die persönlichen und sachlichen Voraussetzungen für die Bewilligung von Verfahrenskostenhilfe eigenständig und insb. für Amtsverfahren abweichend von § 114 ZPO geregelt werden sollten (vgl. BT-Drucks. 16/6308, S. 27, 212), wurde davon nach dem Widerstand der Länder Abstand genommen und auch insoweit auf die ZPO verwiesen. Verblieben ist nur noch eine Modifikation des Bewilligungsverfahrens (§ 77 Abs. 1), die dem Gericht einen größeren Spielraum bei der Anhörung der übrigen Verfahrensbeteiligten einräumt. Ansonsten wurden auf Empfehlung des Rechtsausschusses (BT-Drucks. 16/9733, 291; s.a. Einleitung FamFG § 1 Rdn. 4) aus den ursprünglich in drei Paragrafen (§§ 76, 77 und 79) enthaltenen Regelungen die konsensfähigen in §§ 76 u 77 zusammengefasst. Sie enthalten z.T. nur klarstellende Verweisungen auf die §§ 114 bis 127 ZPO. In Ehe- und Familienstreitsachen gelten über § 113 Abs. 1 weiterhin die Vorschriften der §§ 114 ff. ZPO ohne Einschränkung. Im Zuge des FGG-RG wurde auch die Einschränkung des Informationsrechts des Gegners in § 117 Abs. 2 ZPO gelockert und § 127a ZPO a.F. durch § 246 FamFG ersetzt. Zum Übergangsrecht s. Art. 111 FGG-RG Rdn. 12.

3 Die Ausgaben der Justizhaushalte für Prozess- und Verfahrenskostenhilfe sind in den letzten Jahren ständig gestiegen und hatten bereits im Jahr 2006 einige Länder zur Vorlage eines Gesetzesentwurfs zur Begrenzung der Ausgaben für Pkh veranlasst (BR-Drucks. 250/06: s. *Büte* FuR 2006, 433;). Diese Anliegen wurde in der 17. Legislaturperiode parallel zum Gesetzgebungsverfahren zum **2. KostRMoG** wieder aufgenommen; nicht zuletzt wegen der dort geplanten und dann auch mit Wirkung zum 01.08.2013 erfolgten Anhebung der Gebühren der beigeordneten Anwälte (BGBl. 2013 I, S. 2586, s. dazu i.E. *Keske* FuR 2013, 482). Auf der Basis eines von der Bundesregierung vorgelegten Entwurfs (BT-Drucks. 17/11472) wurde ein **Gesetz zur Änderung des Prozesskostenhilfe- und Beratungshilferechts** (PKHuBerHÄndG) in einer vom Rechtsausschuss erheblich abgemilderten Fassung beschlossen, das am 01.01.2014 in Kraft getreten ist (G. v. 31.08.2013 BGBl. I S. 3533). Inhaltlich verfolgt es, wie der Entwurf der Länder, das Ziel, die Ausgaben der Länder für die Verfahrenskosten- und Beratungshilfe zu senken und damit den Kostendeckungsgrad der Justizhaushalte zu erhöhen. *Hierzu wurden u.a. die zu leistenden Raten heraufgesetzt und die Möglichkeiten der Staats-*

kasse erweitert, von einer Besserung der wirtschaftlichen Verhältnisse der Begünstigten zu profitieren (s. *Nickel* MDR 2013, 890 und die nachfolgende Übersicht). Die nach dem Regierungsentwurf geplante Verlängerung der Dauer der Ratenzahlungspflicht ist ebenso wenig Gesetz geworden wie die Erweiterung des Beschwerderechts der Staatskasse oder die heftig umstrittene Änderung des § 113 Abs. 1 Satz 1, mit der auch die Familienstreitsachen den im FamFG enthaltenen Regelungen über die Vkh, einschließlich der Vorschrift über die Beiordnung eines Anwalts, unterstellt werden sollten (s. *Giers* FamRZ 2013, 1341). Die vorgesehene Übertragung weiterer Aufgaben im Bewilligungsverfahren auf den Rechtspfleger ist in Form einer Länderöffnungsklausel erhalten geblieben. Die Neuregelungen gelten nach der **Übergangsregelung** des § 40 EGZPO n.F. nicht für eine bereits vor dem 01.01.2014 im jeweiligen Rechtszug beantragte Verfahrenskostenhilfe. Maßgebend ist der Eingang des ersten Antrags im Rechtszug. Dabei steht eine Maßnahme der Zwangsvollstreckung einem besonderen Rechtszug gleich. Wird die Vkh später erweitert oder eine Anwaltsbeiordnung später beantragt, gilt auch für die nachträgliche Erweiterung oder Beiordnung das bisherige Recht. Ist die Bewilligung auf der Grundlage der §§ 114 ff. ZPO a.F. erfolgt, sind diese Regelungen auch auf die Mitwirkungspflichten des Begünstigten bei der nachfolgenden Überprüfung und insbesondere in Abänderungs- und Aufhebungsverfahren weiterhin anzuwenden (vgl. § 40 Satz 1 EGZPO; zum Problem der Geltung unterschiedlichen Rechts s. § 76 Rdn. 88). Die alte Fassung wird daher in dieser Auflage bei der Kommentierung der §§ 76 und 77 neben der Neuregelung weiterhin berücksichtigt.

Übersicht zu den wesentlichen Änderungen durch das PKHuBerHÄndG:

Vorschrift	Änderung	Erläuterung
FamFG § 77 Abs. 1	Erweiterung d. Anhörung anderer Beteiligten auf die persönlichen u. wirtschaftlichen Verhältnisse	§ 77 Rdn. 1
ZPO § 114	Definition der Mutwilligkeit	§ 76 Rdn. 38
ZPO § 115 Abs. 1 Satz 3	Ergänzung um Abzug von Mehrbedarfen nach § 21 SGB II und § 30 SGB XII	§ 76 Rdn. 19
ZPO § 115 Abs. 2	Abschaffung der Tabelle; dafür Ratenhöhe i.d.R. die Hälfte des einzusetzenden Einkommens	§ 76 Rdn. 20
ZPO § 118 Abs. 1	Erweiterung d. Anhörung d. Gegners wie in § 77 Abs. 1 FamFG -neu-	§ 76 Rdn. 65
ZPO § 118 Abs. 2	Eidesstattliche Versicherung zur Glaubhaftmachung zulässig (Klarstellung)	§ 76 Rdn. 66
ZPO § 120 Abs. 4	Ersetzt durch § 120a ZPO -neu- und erweitert um: – Anzeigepflicht des Begünstigten – Formularzwang – Einsatz des durch das Verfahren Erlangten (mit Ausnahmen)	§ 76 Rdn. 84 ff.
ZPO § 124	jetzt Abs. 1 mit – Ermessenseinschränkung – Aufhebung auch bei Verletzung der Anzeigepflicht	§ 76 Rdn. 92 § 76 Rdn. 106
ZPO § 124 Abs. 2 -neu-	Teilaufhebung für erfolglose oder mutwillige Beweisantritte	§ 76 Rdn. 112
ZPO § 269 Abs. 4	Entscheidung v.A.w. wenn PKH bewilligt ist	§ 132 Rdn. 8
RpflG § 20 Abs. 2 u. 3 -neu-	Länderöffnungsklausel für Erweiterung der Aufgaben des Rpfl. im Bewilligungsverfahren	§ 76 Rdn. 72

§ 76 Voraussetzungen. (1) Auf die Bewilligung von Verfahrenskostenhilfe finden die Vorschriften der Zivilprozessordnung über die Prozesskostenhilfe entsprechende Anwendung, soweit nachfolgend nichts Abweichendes bestimmt ist.
(2) Ein Beschluss, der im Verfahrenskostenhilfeverfahren ergeht, ist mit der sofortigen Beschwerde in entsprechender Anwendung der §§ 567 bis 572, 127 Abs. 2 bis 4 der Zivilprozessordnung anfechtbar.

Übersicht

	Rdn.
A. Allgemeines	1
B. Voraussetzungen	3
I. Grundsatz	3
II. Persönliche Anspruchsberechtigung	5
III. Wirtschaftliche Voraussetzungen (§ 115 ZPO)	8
1. Systematik	9
2. Einzusetzendes Einkommen	11
a) Einkommensbegriff	11
b) Abzüge vom Einkommen	12
c) Freibeträge für den Lebensunterhalt	16
d) Wohnkosten	17
e) Besondere Belastungen und Mehrbedarfe	18
f) Einkommenseinsatz (§ 115 Abs. 2 und 4 ZPO)	20
3. Einzusetzendes Vermögen (§ 115 Abs. 3 ZPO)	23
a) Grundsatz	23
b) Einzelheiten	25
c) Zurechnung von Vermögen, Verfahrenskostenvorschuss	31
d) Künftiger Vermögenserwerb	34
IV. Sachliche Voraussetzungen	35
1. Erfolgsaussicht	36
2. Keine Mutwilligkeit	38
3. Prüfung für Beweisanträge	40
V. Formale Voraussetzungen (Antrag)	41
C. Wirkungen der Verfahrenskostenhilfe für den Begünstigten und andere Verfahrensbeteiligte	42
I. Allgemein	42
II. Wirkung für den Begünstigten	43
1. Freistellung von gerichtlichen Kosten	44
2. Freistellung von Anwaltskosten	46
3. Eigene Reisekosten	47
4. Kostenerstattungsansprüche anderer Verfahrensbeteiligter	48
III. Wirkung für andere Verfahrensbeteiligte	49
1. Gerichtliche Kosten	49
a) Einstweilige Befreiung von Gerichtskosten (§ 122 Abs. 2 ZPO)	51
b) Voraussetzungen für den Einzug der Kosten	52
c) Heranziehung als Zweitschuldner	53
2. Erstattung außergerichtlicher Kosten	54
IV. Wirkung für den beigeordneten Anwalt	55
D. Verfahren	56
I. Allgemeines	56
II. Antrag (§ 117 ZPO)	58
1. Gegenstand und Form	59
2. Inhalt	60
3. Datenschutz (§ 117 Abs. 2 Satz 2, 3 ZPO)	62

	Rdn.
III. Bewilligungsverfahren (§ 118 ZPO)	63
1. Allgemeines	64
2. Verfahrensbeteiligte (Anhörungspflichten)	65
3. Aufklärungsmittel (§ 118 Abs. 2)	66
a) Angaben des Antragstellers, Glaubhaftmachung	66
b) Ermittlungen des Gerichts	67
c) Vernehmung von Zeugen und Sachverständigen	68
4. Fristsetzung	69
5. Erörterungstermin, Einigung	70
6. Zuständigkeit, Übertragung auf Rechtspfleger	71
IV. Entscheidung (§§ 119, 127 Abs. 1 ZPO)	74
E. Zahlungspflichten und ihre Änderung (§§ 120, 120a ZPO)	81
I. Festsetzung von Zahlungen	82
II. Dauer der Ratenzahlung	83
III. Abänderung (§ 120a ZPO)	84
1. Voraussetzungen	84
2. Verfahren	88
3. Mitteilungspflichten des Begünstigten	90
F. Aufhebung der Bewilligung (§ 124 ZPO)	91
I. Allgemeines	92
II. Aufhebung nach Abs. 1	94
1. Allgemeine Grundsätze	94
a) Eingeschränktes Ermessen	94
b) Subjektive Voraussetzungen	95
c) Befristung der Aufhebung	96
2. Einzelne Aufhebungsgründe	97
a) Täuschung über die sachlichen Voraussetzungen (Abs. 1 Nr. 1)	97
b) Täuschung über die Bedürftigkeit (Abs. 1 Nr. 2, 1. Alt)	100
c) Unzutreffende Annahme der Bedürftigkeit (Abs. 1 Nr. 3)	103
d) Unterlassene oder ungenügende Erklärung im Überprüfungsverfahren (Abs. 1 Nr. 2, 2. Alt.)	105
e) Verstoß gegen Mitteilungspflichten (Abs. 1 Nr. 4)	108
f) Zahlungsrückstand (Abs. 1 Nr. 5)	111
III. Teilaufhebung für Beweisaufnahmen (Abs. 2)	112
IV. Wirkungen der Aufhebung	113
G. Rechtsmittel (§ 76 Abs. 2)	115
I. Allgemeines	115
II. Sofortige Beschwerde	116
1. Beschwerdeberechtigung	117
2. Beschwerdefrist	120
3. Verfahren und Entscheidung	121
III. Rechtsbeschwerde	122
H. Kosten des Bewilligungsverfahrens	123

Abschnitt 6. Verfahrenskostenhilfe § 76

A. Allgemeines. Das FamFG regelt die Verfahrenskostenhilfe nicht eigenständig, sondern durch einen Verweis auf die **entsprechend anzuwendenden Vorschriften der §§ 114 ff. ZPO.** Sie bestimmen die Voraussetzungen, das Verfahren sowie Umfang der Beteiligung der Begünstigten an den Kosten und die Wirkung der Bewilligung einschließlich ihrer Aufhebung und Abänderung. Modifiziert werden die zivilprozessualen Vorschriften lediglich in § 77 Abs. 1, der die Regelung zum rechtlichen Gehör der übrigen Verfahrensbeteiligten (§ 118 Abs. 1 Satz 1 ZPO) an Amtsverfahren anpasst und in § 78, der die Beiordnung eines Anwalts regelt. Die §§ 76 Abs. 2 u 77 Abs. 2 transferieren zum einen die in § 127 ZPO eröffnete Anfechtungsmöglichkeit von Pkh-Beschlüssen (s. Rdn. 115 ff.) und zum anderen den in § 119 Abs. 2 ZPO geregelten Umfang der Bewilligung von Pkh für die Vollstreckung weitgehend inhaltsgleich in das FamFG. Trotz der Verweisung auf die Vorschriften der ZPO bleibt das **Verfahren ein FG-Verfahren**, sodass bei der Anwendung der zivilprozessualen Regelungen, den Besonderheiten des FamFG Rechnung zu tragen ist (BGH FamRZ 2006, 939 noch zu § 14 FGG; *Groß* § 76 Rn. 3). 1

Mit dem Ziel, die Aufwendungen der Justiz für die Pkh und Vkh zu begrenzen wurden durch das **Gesetz zur Änderung des Prozesskostenhilfe und Beratungshilferechts** mit Wirkung zum 01.01.2014 insb. die Pflicht zur Beteiligung der Begünstigten an den Kosten erweitert und zusätzliche Bestimmungen zu ihrer Sicherung eingeführt (s. dazu den Überblick Vorbem. zu §§ 76 bis 78 FamFG Rdn. 3). Die Änderungen wirken sich nach der **Übergangsregelung** in § 40 EGZPO auf noch nicht vollständig abgewickelte Vkh-Angelegenheiten nur aus, wenn die Vkh für den jeweiligen Rechtszug erstmals ab dem 01.01.2014 beantragt wurde. Wurde sie vorher beantragt, sind die Vorschriften der §§ 114 ff. ZPO in der bis dahin geltenden Fassung, auch für eine Änderung oder Aufhebung von Zahlungsbestimmungen, weiterhin anzuwenden (OLG Frankfurt AGS 2015, 291; s.a. Vorbem. zu §§ 76 bis 78 FamFG Rdn. 3). Die nachfolgende Kommentierung berücksichtigt deshalb sowohl das alte als auch das neue Recht.

Entgegen dem ursprünglichen Entwurf (s. *Zimmermann* FamRZ 2012, 1280) gelten die Vorschriften über die Verfahrenskostenhilfe in §§ 76 bis 78 nach § 113 Abs. 1 weiterhin nicht in **Ehe- und Familienstreitsachen.** D.h. es gelten stattdessen die Vorschriften der §§ 114 bis 127 ZPO unmittelbar, s. dazu nachfolgende Kommentierung und zur Anwaltsbeiordnung § 78 Rdn. 2 ff. Für die Bewilligung von Vkh für Scheidungsfolgesachen enthalten § 149 FamFG und § 48 RVG ergänzende Regelungen (s. § 149 FamFG Rdn. 1 ff.). 2

B. Voraussetzungen. I. Grundsatz. Die grundlegenden Voraussetzungen für die Bewilligung von Verfahrenskostenhilfe ergeben sich aus § 114 ZPO i.V.m. § 76 Abs. 1, der durch die §§ 115 bis 119 ZPO und in Fällen der Auslandsberührung durch § 1078 ZPO ergänzt wird: 3

§ 114 Abs. 1 ZPO

Eine Partei, die nach ihren persönlichen und wirtschaftlichen Verhältnissen die Kosten der Prozessführung nicht, nur zum Teil oder nur in Raten aufbringen kann, erhält auf Antrag Prozesskostenhilfe, wenn die beabsichtigte Rechtsverfolgung oder Rechtsverteidigung hinreichende Aussicht auf Erfolg bietet und nicht mutwillig erscheint. Für die grenzüberschreitende Prozesskostenhilfe innerhalb der Europäischen Union gelten ergänzend die §§ 1076 bis 1078.

Nach § 114 Abs. 1 ZPO hat ein Verfahrensbeteiligter einen **Rechtsanspruch** auf Bewilligung von Verfahrenskostenhilfe, wenn nachfolgende Voraussetzungen vorliegen:

1. **Bedürftigkeit**, d.h. der Verfahrensbeteiligte ist nach seinen finanziellen Verhältnissen nicht in der Lage, die Kosten seiner Verfahrensführung oder -beteiligung ganz oder nur z.T. in zumutbarer Weise aufzubringen, und auch kein anderer ist verpflichtet, ihm diese vorzustrecken. Die Zumutbarkeit des Einsatzes eigener Mittel, ggf. auch in Raten, konkretisiert § 115 ZPO.
2. Die beabsichtigte Verfolgung seiner Rechte im Verfahren hat hinreichende **Aussicht auf Erfolg** und erscheint auch **nicht mutwillig**. Für juristische Personen u.a. darf sie darüber hinaus allgemeinen Interessen nicht zuwiderlaufen (§ 116 ZPO).
3. Erforderlich ist weiterhin ein **Antrag**. Auch in Amtsverfahren wird Verfahrenskostenhilfe nicht von Amts wegen bewilligt. Der Antrag ist grds. für jeden Rechtszug neu zu stellen (§ 119 Abs. 1 Satz 1 ZPO; s. Rdn. 58 auch zu den Ausnahmen).

Verfahrenskostenhilfe kann nur für die **Beteiligung an einem gerichtlichen Verfahren** bewilligt werden, mithin **nicht** für ein **Verwaltungsverfahren** wie das Anerkennungsverfahren durch die Justizverwaltung nach § 107 Abs. 1 bis 4 (BGH FamRZ 2011, 384; OLG Stuttgart FamRBint 2011, 12) oder nur für die Prüfung der Erfolgsaussicht eines Rechtsmittels (BGH FamRZ 2007, 1088). Das Verfahren darf noch nicht be- 4

§ 76

endet sein (s. Rdn. 76). Soweit nach Landesrecht andere Behörden oder Notare gerichtliche Aufgaben wahrnehmen, steht das der Bewilligung von Verfahrenskostenhilfe nicht entgegen, vgl. § 488 Abs. 1. Von der Kostenhilfe ausgenommen ist dagegen das **Verfahren über die Bewilligung von Verfahrenskostenhilfe** selbst, außer für eine Einigung (BGH NJW 2004, 2595; s. dazu Rdn. 70) und für die Rechtsbeschwerde gegen Entscheidungen im Bewilligungsverfahren, weil sie nur durch einen beim BGH zugelassenen Anwalt eingelegt werden kann (BGH NJW 2003, 1192; FamRZ 2010, 1425 m. Anm. *Rüntz*).

5 **II. Persönliche Anspruchsberechtigung.** Die Möglichkeit, Verfahrenskostenhilfe zu erhalten, haben nur **Verfahrensbeteiligte**. Im direkten Anwendungsbereich der ZPO sind dies die Parteien des Hauptsacheverfahrens und Streithelfer, in FG-Verfahren diejenigen, die gem. § 7 Abs. 1 bis 3 kraft Gesetzes oder durch Hinzuziehung am Verfahren beteiligt sind oder beteiligt werden müssen (OLG Frankfurt am Main FamRZ 2012, 570). Davon ausgenommen sind **im Fremdinteresse** Beteiligte, die nicht in ihren eigenen Rechten betroffen sind bzw. ausschließlich fremdnützige Interessen verfolgen, wie z.B. die im Betreuungsverfahren im Interesse des Betroffenen beteiligten Angehörigen (BGH FamRZ 2015, 133 m. Anm. *Fröschle* auch zu den Ausnahmen). Dagegen schließ eine lediglich »verfahrensbegleitende« Teilnahme eines in eigenen Betroffenen die Gewährung von Vkh nicht von vornherein aus (BGH FamRZ 2014, 551 gegen die zuvor h.M. s.a. Rdn. 39). Die lediglich Anzuhörenden (§ 7 Abs. 6) können im Verfahren keine eigenen Rechte verfolgen und daher auch keine Verfahrenskostenhilfe beanspruchen. Zur Verfahrensstandschaft s. Rdn. 10

6 Gem. § 116 ZPO gelten für **juristische Personen** und **parteifähige Vereinigungen** ebenso wie für **Parteien kraft Amtes** besondere Voraussetzungen:

§ 116 ZPO Partei kraft Amtes; juristische Person; parteifähige Vereinigung

Prozesskostenhilfe erhalten auf Antrag
1. *eine Partei kraft Amtes, wenn die Kosten aus der verwalteten Vermögensmasse nicht aufgebracht werden können und den am Gegenstand des Rechtsstreits wirtschaftlich Beteiligten nicht zuzumuten ist, die Kosten aufzubringen;*
2. *eine juristische Person oder parteifähige Vereinigung, die im Inland, in einem anderen Mitgliedstaat der Europäischen Union oder einem anderen Vertragsstaat des Abkommens über den Europäischen Wirtschaftsraum gegründet und dort ansässig ist, wenn die Kosten weder von ihr noch von den am Gegenstand des Rechtsstreits wirtschaftlich Beteiligten aufgebracht werden können und wenn die Unterlassung der Rechtsverfolgung oder Rechtsverteidigung allgemeinen Interessen zuwiderlaufen würde.*
3. *§ 114 Absatz 1 Satz 1 letzter Halbsatz und Absatz 2 ist anzuwenden. Können die Kosten nur zum Teil oder nur in Teilbeträgen aufgebracht werden, so sind die entsprechenden Beträge zu zahlen.*

Unter der Voraussetzung, dass die Rechtsverfolgung Aussicht auf Erfolg hat und nicht mutwillig erscheint (§ 116 Satz 1 i.V.m. § 114 Satz 1 letzter Halbs. ZPO) erhalten inländische und ausländische **Beteiligte kraft Amtes** Verfahrenskostenhilfe, wenn sie keine eigenen, sondern Ansprüche des verwalteten Vermögens verfolgen, und die Kosten aus diesem oder von den am Verfahrensgegenstand wirtschaftlich Beteiligten nicht aufgebracht werden können (§ 116 Satz 1 Nr. 1 ZPO). Hierzu zählen z.B. Testamentsvollstrecker, Nachlass- und Zwangsverwalter, Insolvenzverwalter (zur Heranziehung der Insolvenzgläubiger s. BGH NJW-Spezial 2009, 21 und i.Ü. Keidel/Zimmermann § 76 Rn. 27). Ähnliches gilt für die **juristischen Personen** und für i.S.d. § 50 ZPO **parteifähige Vereinigungen**, sofern sie ihren Sitz innerhalb der EU oder des EWR haben. Im Hinblick auf die ggü. dem Zivilprozess erweiterte Beteiligtenfähigkeit dürften im Anwendungsbereich des FamFG in entsprechender Anwendung des § 116 Satz 1 Nr. 2 ZPO auch nicht parteifähige Vereinigungen, Einrichtungen und Personengruppen i.S.d. § 8 Nr. 2 (s. § 8 Rdn. 6 ff.) Anspruch auf Verfahrenskostenhilfe haben. Als weitere Bedingung muss hinzukommen, dass die Rechtsverfolgung oder -verteidigung im allgemeinen Interesse liegt (§ 116 Satz 1 Nr. 2 ZPO, s. dazu BGH FamRZ 2011, 639 und ausführlich Zöller/Geimer § 116 Rn. 11 ff.). Zur Verfahrensstandschaft s.u. Rdn. 10.

7 Unter den Voraussetzungen der §§ 114 ff. ZPO ist auch **Ausländern** oder im Ausland lebenden natürlichen Personen für ein hiesiges Verfahren Kostenhilfe zu gewähren, während der Anspruch bei juristischen Personen und anderen parteifähigen Vereinigungen auf diejenigen begrenzt ist, die im Inland oder in einem anderen Staat der EU oder des EWR ansässig sind. Die **grenzüberschreitende Verfahrenskostenhilfe** innerhalb der EU regeln ergänzend die §§ 1076 bis 1078 ZPO (s. dazu Büttner/Wrobel-Sachs/*Dürbeck* Rn. 910a ff.).

III. Wirtschaftliche Voraussetzungen (§ 115 ZPO)   8

§ 115 ZPO Einsatz von Einkommen und Vermögen

(1) Die Partei hat ihr Einkommen einzusetzen. Zum Einkommen gehören alle Einkünfte in Geld oder Geldeswert. Von ihm sind abzusetzen:
1. *a) die in § 82 Abs. 2 des Zwölften Buches Sozialgesetzbuch bezeichneten Beträge;*
   b) bei Parteien, die ein Einkommen aus Erwerbstätigkeit erzielen, ein Betrag in Höhe von 50 vom Hundert des höchsten Regelsatzes, der für den alleinstehenden oder alleinziehenden Leistungsberechtigten gemäß der Regelbedarfsstufe 1 nach der Anlage zu § 28 des Zwölften Buches Sozialgesetzbuch festgesetzt oder fortgeschrieben worden ist;
2. *a) für die Partei und ihren Ehegatten oder ihren Lebenspartner jeweils ein Betrag in Höhe des um 10 vom Hundert erhöhten höchsten Regelsatzes, der für den alleinstehenden oder alleinziehenden Leistungsberechtigten gemäß der Regelbedarfsstufe 1 nach der Anlage zu § 28 des Zwölften Buches Sozialgesetzbuch festgesetzt oder fortgeschrieben worden ist;*
   b) bei weiteren Unterhaltsleistungen auf Grund gesetzlicher Unterhaltspflicht für jede unterhaltsberechtigte Person jeweils ein Betrag in Höhe des um 10 vom Hundert erhöhten höchsten Regelsatzes, der für eine Person ihres Alters gemäß den Regelbedarfsstufen 3 bis 6 nach der Anlage zu § 28 des Zwölften Buches Sozialgesetzbuch festgesetzt oder fortgeschrieben worden ist;
3. *die Kosten der Unterkunft und Heizung, soweit sie nicht in einem auffälligen Missverhältnis zu den Lebensverhältnissen der Partei stehen;*
4. *Mehrbedarfe nach § 21 des Zweiten Buches Sozialgesetzbuch und nach § 30 des Zwölften Buches Sozialgesetzbuch;*
5. *weitere Beträge, soweit dies mit Rücksicht auf besondere Belastungen angemessen ist; § 1610a des Bürgerlichen Gesetzbuchs gilt entsprechend.*

Maßgeblich sind die Beträge, die zum Zeitpunkt der Bewilligung der Prozesskostenhilfe gelten. Das Bundesministerium der Justiz gibt bei jeder Neufestsetzung oder jeder Fortschreibung die maßgebenden Beträge nach Satz 3 Nummer 1 Buchstabe b und Nummer 2 im Bundesgesetzblatt bekannt. Diese Beträge sind, soweit sie nicht volle Euro ergeben, bis zu 0,49 Euro abzurunden und von 0,50 Euro an aufzurunden. Die Unterhaltsfreibeträge nach Satz 3 Nr. 2 vermindern sich um eigenes Einkommen der unterhaltsberechtigten Person. Wird eine Geldrente gezahlt, so ist sie an Stelle des Freibetrages abzusetzen, soweit dies angemessen ist.
(2)* Von dem nach den Abzügen verbleibenden Teil des monatlichen Einkommens (einzusetzendes Einkommen) sind Monatsraten in Höhe der Hälfte des einzusetzenden Einkommens festzusetzen; die Monatsraten sind auf volle Euro abzurunden. Beträgt die Höhe einer Monatsrate weniger als 10 Euro, ist von der Festsetzung von Monatsraten abzusehen. Bei einem einzusetzenden Einkommen von mehr als 600 Euro beträgt die Monatsrate 300 Euro zuzüglich des Teils des einzusetzenden Einkommens, der 600 Euro übersteigt. Unabhängig von der Zahl der Rechtszüge sind höchstens 48 Monatsraten aufzubringen.
(3) Die Partei hat ihr Vermögen einzusetzen, soweit dies zumutbar ist. § 90 des Zwölften Buches Sozialgesetzbuch gilt entsprechend.
(4) Prozesskostenhilfe wird nicht bewilligt, wenn die Kosten der Prozessführung der Partei vier Monatsraten und die aus dem Vermögen aufzubringenden Teilbeträge voraussichtlich nicht übersteigen.

* Abs. 2 in der bis zum 31.12.2013 geltenden Fassung lautet:
(2) Von dem nach den Abzügen verbleibenden, auf volle Euro abzurundenden Teil des monatlichen Einkommens (einzusetzendes Einkommen) sind unabhängig von der Zahl der Rechtszüge höchstens 48 Monatsraten aufzubringen, und zwar bei einem

einzusetzenden Einkommen (Euro)	eine Monatsrate von (Euro)
bis 15	0
50	15
100	30
150	45
200	60
250	75
300	95
350	115

einzusetzenden Einkommen (Euro)	eine Monatsrate von (Euro)
400	135
450	155
500	175
550	200
600	225
650	250
700	275
750	300
über 750	300 zuzüglich des 750 übersteigenden Teils des einzusetzenden Einkommens

9 **1. Systematik.** § 115 ZPO konkretisiert den Maßstab für die Beurteilung der wirtschaftlichen Leistungsfähigkeit und bestimmt, ob und in welchem Umfang der Antragsteller sein Einkommen und Vermögen für die Verfahrenskosten einzusetzen hat. Zur Bestimmung des maßgeblichen Einkommens und zur Zumutbarkeit des Vermögenseinsatzes verweist § 115 Abs. 1 u. 3 ZPO direkt auf die im Sozialhilferecht (§§ 82 Abs. 2, 90 SGB XII) enthaltenen Kriterien. Die Bedarfssätze für den Antragsteller und den in seinem Haushalt lebenden Familienangehörigen knüpfen zwar an die Regelbedarfssätze des § 28 SBG XII an, werden aber für die Prozess- bzw. Verfahrenskostenhilfe eigenständig vom BMJV bekannt gemacht (s. Rdn. 16) und bilden neben den tatsächlichen Aufwendungen für die Warmmiete (sofern sie nicht unangemessen sind, § 115 Abs. 1 Satz 2 Nr. 3 ZPO) den notwendigen Grundbedarf, der für die Verfahrenskosten nicht eingesetzt werden muss. Aus dem letztlich einzusetzenden Einkommen bestimmt sich nach § 115 Abs. 2 ZPO die Höhe der jeweils zumutbaren Monatsraten, die der Begünstigte auf die Verfahrenskosten zu leisten hat, sofern nicht von Zahlungen vollständig abzusehen ist (s. Rdn. 20). Können die voraussichtlichen Kosten mit vier Monatsraten und/oder den aus dem Vermögen aufzubringenden Beträgen beglichen werden, ist es dem Antragsteller zuzumuten, für diese Kosten selbst aufzukommen (§ 115 Abs. 4 ZPO). Die Bedürftigkeit ist somit keine feste Größe, sondern hängt von der Höhe der Verfahrenskosten und damit wesentlich auch vom Verfahrenswert ab.

10 Grundsätzlich sind die Einkommens- und Vermögensverhältnisse des jeweiligen Beteiligten maßgeblich. Ersucht der Antragsteller um Vkh für ein Verfahren nach, das er in gesetzlicher **Verfahrensstandschaft** führt, z.B. des betreuenden Elternteils nach § 1629 Abs. 3 BGB für das bei ihm lebende Kind, kommt es – anders als bei der **gesetzlichen Vertretung**, bei der die wirtschaftlichen Verhältnisse des Vertretenen maßgeblich sind (OLG Frankfurt FamRZ 2015, 1918; BGH FamRZ 2011, 633 Rn. 16 m.w.N.; s. aber zum Anspruch auf Verfahrenskostenvorschuss Rdn. 32) – auf die wirtschaftlichen Verhältnisse des Verfahrensstandschafters an (BGH FamRZ 2006, 32; 2005, 1164). Zum Anspruch auf Aufwendungsersatz bei gewillkürter Verfahrensstandschaft s. Rdn. 34. Führt ein Betreuer, Vormund oder Pfleger ein Verfahren für sein Mündel, kommt es allein auf die wirtschaftlichen Verhältnisse des Mündels an (BGH FamRB 2011, 182; FamRZ 2007, 381): Grds. gilt das auch für die gewillkürte Verfahrensstandschaft, wenn z.B. der Unterhaltsgläubiger vom Sozialleistungsträger auf ihn zurück übertragene Unterhaltsansprüche geltend macht. In diesem Fall stellt aber der aus §§ 669, 670 ZPO resultierende Anspruch auf Aufwendungsersatz einzusetzendes Vermögen dar (s. Rdn. 33). Zu den bei Beteiligten kraft Amtes und juristischen Vereinigungen maßgebenden Verhältnisse s.o. Rdn. 6. Nach dem Tod eines Beteiligten ist eine (nachträgliche) Bewilligung nicht möglich und für den **Rechtsnachfolger** (auf Antrag) nur, wenn er selbst die persönlichen und wirtschaftlichen Voraussetzungen erfüllt und weiterhin Erfolgsaussicht besteht (OLG Stuttgart FamRZ 2011, 1604 m.w.N.; OLG Celle FamRZ 2012, 808).

11 **2. Einzusetzendes Einkommen. a) Einkommensbegriff.** Grundsätzlich ist jeder Verfahrensbeteiligte verpflichtet, sein Einkommen für die ihn treffenden Verfahrenskosten aufzuwenden. Gem. § 115 Abs. 1 ZPO gehören zum Einkommen alle Einkünfte in Geld oder Geldeswert. Darunter fallen **alle Einnahmen ohne Rücksicht auf ihre Herkunft und Rechtsnatur**; damit auch Unterhalts- und **Sozialleistungen** wie Unterhaltsvorschuss (als Einkommen des Kindes), Wohngeld, Kranken- und Arbeitslosengeld nach dem SGB III sowie Leistungen zur Grundsicherung nach dem SGB II und SGB XII, einschließlich der Mehrbedarfe (BGH FamRZ 2010, 1324; FamRZ 2008, 781 zum Mehrbedarf als Abzugsposten s. Rdn. 19); **Kindergeld** ist *Einkommen* des beziehenden Elternteils nur, soweit es nicht für den Lebensbedarf des Kindes benötigt wird

(BGH FamRZ 2005, 605; OLG Bamberg FamRZ 2015, 439, 350; OLG Karlsruhe MDR 2015, 1075 m.w.N.). Ausgenommen sind lediglich die durch Gesetz ausdrücklich verschonten Leistungen, z.B. das Betreuungsgeld und das **Elterngeld** bis zu 300 € (§ 10 Abs. 1 und 6 BEEG). Das **Pflegegeld** aus der Pflegeversicherung ist weder beim Pflegebedürftigen anzurechnen (§ 13 Abs. 5 SGB XI) noch bei der nicht berufsmäßig tätigen Pflegeperson, an die es weitergegeben wird (OLG Bremen FamRZ 2013, 60 m.w.N.; s.a. *Conradis* FamFR 2012, 311; a.A. Rahm/Künkel/*Schürmann* Kap. 11 Rn. 298). **Sachleistungen**, wie die Überlassung eines Dienstwagens zur privaten Nutzung, sind ebenso zu berücksichtigen, wie regelmäßige und auch künftig zu erwartende Zuwendungen (BGH FamRZ 2008, 400). Bei **Selbstständigen** und Gewerbetreibenden kommt es auf den aktuellen Überschuss der Einnahmen über die Ausgaben an (BGH NJW-RR 1991, 637; JurBüro 1993, 105). Die Zahlen des Vorjahres reichen regelmäßig für den Nachweis des aktuellen Einkommens aus, wenn der Antrag noch innerhalb des nachfolgenden ersten Halbjahres gestellt wird (BGH JurBüro 1993, 105; OLG Köln FamRZ 1996, 873). Bei ihnen ist, wenn das Verfahren die berufliche Betätigung betrifft, auch die Möglichkeit der Kreditaufnahme zu prüfen (BGH FamRZ 2007, 460). Unter dem Gesichtspunkt des Rechtsmissbrauchs muss sich ein erwerbsloser Antragsteller u.U. **fiktives Einkommen** zurechnen lassen, wenn er eigene Erwerbsbemühungen offenkundig leichtfertig unterlässt (BVerfG NJW-RR 2005, 1725; BGH FamRZ 2009, 1994 m. Anm. *Zimmermann*), wovon i.d.R. nicht ausgegangen werden kann, wenn dem Antragsteller ungekürzte Leistungen nach dem SGB II oder SGB XII bewilligt worden sind. Erbringt ein Antragsteller Versorgungs- oder Betreuungsleistungen für seinen nichtehelichen Partner kann ihm dafür kein fiktives Einkommen zugerechnet werden (OLG Köln FamRZ 1995, 372; a.A. OLG Koblenz NJW-RR 1992, 1348 m.w.N.). Zu weiteren Einzelheiten s. Zöller/*Geimer* § 115 Rn. 6 ff.

b) Abzüge vom Einkommen. Wegen der Abzüge vom Einkommen verweist § 115 Abs. 1 Satz 3 Nr. 1a ZPO auf § 82 Abs. 2 SGB XII: 12

§ 82 Abs. 2 SGB XII

(2) Von dem Einkommen sind abzusetzen
1. *auf das Einkommen entrichtete Steuern,*
2. *Pflichtbeiträge zur Sozialversicherung einschließlich der Beiträge zur Arbeitsförderung,*
3. *Beiträge zu öffentlichen oder privaten Versicherungen oder ähnlichen Einrichtungen, soweit diese Beiträge gesetzlich vorgeschrieben oder nach Grund und Höhe angemessen sind sowie geförderte Altersvorsorgebeiträge nach § 82 EStG, soweit sie den Mindesteigenbeitrag nach § 86 EStG nicht überschreiten,*
4. *die mit der Erzielung des Einkommens verbundenen notwendigen Ausgaben,*
5. *das Arbeitsförderungsgeld und Erhöhungsbeträge des Arbeitsentgelts im Sinne von § 43 Satz 4 SGB IX.*

Auslegungsprobleme ergaben sich vor allem bei den **berufsbedingten Aufwendungen** von Arbeitnehmern (Nr. 4), insb. wenn für die **Fahrt zur Arbeit** der eigene Pkw benutzt werden muss. Ein Teil der Rspr. wendete § 3 der DVO zu § 82 Abs. 2 SGB XII an (OLG Bremen FamRZ 2012, 48 m.w.N.). Andere Obergerichte galten sämtliche Fahrtkosten, wie Nr. 10.2.2 ihrer Unterhaltsrechtlichen Leitlinien oder mit der Kilometerpauschale nach § 5 JVEG von 0,20 € oder 0,30 € pro gefahrenem Kilometer ab (s. OLG Rostock FamRZ 2011, 1607; OLG Dresden FamRZ 2011, 911 m.w.N.). Der BGH (FamRZ 2012, 1374 und 1629) hat sich zwischenzeitlich der erstgenannten Auffassung angeschlossen und hält die Ermittlung der absetzbaren Fahrtkosten in Anlehnung an § 3 Abs. 6 Nr. 2a der DVO i.R.d. Verfahrenskostenhilfe für eine sachgerechtere Orientierungsgröße als die Anlehnung an die unterhaltsrechtlichen Leitlinien. Danach können pauschal für jeden Entfernungskilometer (ohne Begrenzung auf 40 km, BGH FamRZ 2012, 1629) derzeit nur 5,20 € monatlich abgesetzt werden und zusätzlich nach Nr. 3 die Haftpflichtversicherung. Weitere Aufwendungen wie die Beiträge zur Kaskoversicherung und notwendige Anschaffungskosten können als besondere Belastungen (s.u. Rdn. 18) berücksichtigt werden (BGH FamRZ 2012, 1374; OLG Bremen FamRZ 2012, 48; OLG Karlsruhe FamRZ 2009, 1165). Zu den Kosten für doppelte Haushaltsführung vgl. OLG Dresden (FamRZ 2011, 911). Zwingend ist die Heranziehung der DVO nicht, weil sie als Verwaltungsanweisung die Gerichte nicht bindet. **Aufwandsentschädigungen** des Arbeitgebers können ohne nähere Darlegung in Höhe der steuerfreien Pauschalen abgezogen werden; die häusliche Ersparnis ist bei diesen Pauschalen bereits berücksichtigt (OLG Nürnberg FamRZ 2015, 1917). 13

Zusätzlich zu den konkret bezifferbaren berufsbedingten Aufwendungen steht erwerbstätigen Antragstellern ein **Freibetrag** für unspezifische Mehraufwendungen nach § 115 Abs. 1 Satz 3 Nr. 1b ZPO zu. Er wird zusammen mit den pauschalen Abzugsbeträgen für den Antragsteller und seine Haushaltsangehörigen in der PKHB bekannt gemacht (s. Rdn. 16) und beträgt derzeit 213 € (PKHB 2016, BGBl. 2015 I, S. 2375). 14

15 **Versicherungsprämien** für gesetzlich nicht vorgeschriebene Versicherungen (Nr. 3 Halbs. 1, 2. Alt.) sind, soweit sie der angemessenen Kranken- und Altersvorsorge von nicht gesetzlich Versicherten dienen, immer abzuziehen (OLG Stuttgart FamRZ 2009, 1850). Bei Prämien für Lebensversicherungen kann das allerdings nur insoweit gelten, als sie nicht selbst als Vermögen einzusetzen sind (s.u. Rdn. 29). Altersvorsorgebeiträge Nichtselbstständiger, die über die nach Nr. 3 Halbs. 2 geschützten Prämien auf zertifizierte Altersvorsorgeverträge hinausgehen, sind im Allgemeinen nicht abzuziehen (OLG Celle, NJW-RR 2009, 1520); anders kann es sein, wenn sie zur Sicherung des Existenzminimums im Alter unverzichtbar sind (OLG Koblenz FamRZ 2012, 1321). Ansonsten sind die üblichen Haftpflicht-, Unfall, Gebäude- und Hausratsversicherungen, mit Ausnahme der Ausbildungsversicherung (OLG Karlsruhe FamRZ 2007, 1109), im angemessenen Rahmen absetzbar (vgl. Musielak/Voit/*Fischer* § 115 Rn. 14 m.w.N.). Ob der Vertrag vor oder nach Beantragung von Vkh abgeschlossen wurde, ist unerheblich (OLG Koblenz FamRZ 2012, 1321; Rahm/Künkel/*Schürmann*, Kap. 11, Rn. 339).

16 **c) Freibeträge für den Lebensunterhalt.** Von dem so bereinigten Einkommen sind die für den Lebensunterhalt des Antragstellers und seiner Angehörigen benötigten Beträge abzuziehen. Dieser notwendige Eigenbedarf wird gem. **§ 115 Abs. 1 Satz 3 Nr. 2 ZPO** für den Antragsteller und seinen in Haushaltsgemeinschaft lebenden Ehegatten bzw. Lebenspartner und Kindern oder sonstigen Personen, denen der Antragsteller gesetzlich zum Unterhalt verpflichtet ist (z.B. Eltern), anknüpfend an die Regelbedarfsätze der Sozialhilfe pauschaliert und jährlich nach jeder Fortschreibung oder Neufestsetzung der Regelbedarfe vom BMVJ im BGBl. neu bekannt gemacht, zuletzt mit PKHB 2016 (BGBl. 2015 I, S. 2357). Die Freibeträge betragen derzeit (Stand 2016) für den Antragsteller und seinem mit ihm im Haushalt lebenden Ehegatten oder Lebenspartner jeweils 468 €, für jede weitere im Haushalt lebende unterhaltsberechtigte erwachsene Person 374 €, für Jugendliche ab 14 Jahren 353 € und für Kinder im Alter von 6 bis 13 Jahren 309 € und unter 6 Jahren 272 € (Zur späteren Abänderung s. Rdn. 84). Hinzu kommt für den erwerbstätigen Antragsteller ein zusätzlicher Freibetrag von derzeit 213 € (s. Rdn. 14). Die Freibeträge nach § 115 Abs. 1 Satz 3 ZPO **für Jugendliche und Kinder** decken nach den Vorstellungen des Gesetzgebers auch deren regelmäßigen Bedarf für Bildung und Teilhabe am sozialen und kulturellen Leben ab (§ 34 Abs. 3 und Abs. 7 SGB XII, zumindest solange die Regelbedarfssätze das für sie ermittelte Existenzminimum übersteigen (s. BT-Drucks. 17/3404, 136). Dagegen können die Kosten für mehrtägige Klassenfahrten oder (notwendige) Nachhilfe weiterhin als besondere Belastungen (s.u. Rdn. 18) geltend gemacht werden. Stellen in einem Verfahren beide, die Kinder gemeinsam oder paritätisch betreuende Elternteile Anträge auf Verfahrenskostenhilfe, sind die Kinderfreibeträge bei beiden in voller Höhe zu berücksichtigen (OLG Dresden FamRZ 2016, 253; OLG Hamm MDR 2007, 973). Der Freibetrag für den Ehegatten gilt auch für den eingetragenen Lebenspartner, nicht aber für sonstige Lebensgefährten (s. dazu Rdn. 18). Eigene Einkünfte der unterhaltsberechtigten Hausgenossen (berechnet nach Rdn. 11 ff.) werden auf den Freibetrag angerechnet. Das für das Kind bezogene Kindergeld gehört zum Einkommen des Kindes, soweit es für seinen Lebensbedarf (= Regel- und Bildungsbedarf) benötigt wird (s. Rdn. 11). Wird der **Unterhalt** nicht in Natur, sondern **als Geldrente geleistet**, ist diese gem. § 115 Abs. 1 Satz 8 ZPO statt der Freibeträge abzusetzen, soweit sie angemessen ist und tatsächlich gezahlt wird (OLG Stuttgart FamRZ 2007, 486).

17 **d) Wohnkosten.** Die Kosten für **Wohnung und Heizung** sind nach **§ 115 Abs. 1 Satz 3 Nr. 3 ZPO** in der tatsächlich monatlich anfallenden Höhe zusätzlich abzuziehen, sofern sie nicht in einem auffälligen Missverhältnis zu den Lebensverhältnissen stehen bzw. »als offensichtlicher Luxus erscheinen« (BT-Drucks. 12/6963 S. 8; s. dazu OLG Brandenburg FamRZ 2001, 1085: Unterkunftskosten bis zur Hälfte des Nettoeinkommens sind noch angemessen). Ggf. sind dann nur die angemessenen Mietaufwendungen abzuziehen. Bei Mietwohnungen ist (nur) die **Warmmiete** zu berücksichtigen, nicht aber sonstige Verbrauchskosten, die im Selbstbehalt enthalten sind (BGH, FamRZ 2008, 781). Das gilt seit 2011 nicht mehr für die Wasser- und Abwasserkosten, die daher bis auf weiteres den Wohnkosten hinzuzurechnen sind (OLG Brandenburg FamRZ 2013, 1596; OLG Dresden MDR 2014, 241; OLG Frankfurt FamRZ 2014, 410 m.w.N.). Die Kosten für die Garagenmiete gehören dann nicht dazu, wenn die Garage nicht zum Einstellen eines beruflich benötigten Kfz genutzt wird (OLG Brandenburg FamRZ 2008, 68). Bei **Wohnungseigentum** treten an die Stelle der Miete die Belastungen i.S.d. § 10 WohnGG i.V.m. der WoGV (Zöller/*Geimer* § 115 Rn. 35; BT-Drucks. 12/6963, S. 12), mithin die Finanzierungskosten (einschließlich der Tilgungsanteile OLG Köln FamRZ 1999, 997; zu Bausparraten vgl. OLG Karlsruhe FamRZ 2008, 70) und die Kosten der Bewirtschaftung. *Wird die Wohnung von Personen mitbewohnt, die nicht beim Antragsteller entweder als Unterhaltsberech-*

tigte (Rdn. 16) oder nach Rdn. 18 zu berücksichtigen sind, sind die Wohnkosten grds. nur anteilig abzusetzen. Eine Aufteilung nach Kopfteilen ist aber dann problematisch, wenn die **nicht zu berücksichtigenden Mitbewohner** über keine ausreichenden Einkünfte verfügen. Dasselbe gilt, wenn Kinder mit nur geringem Einkommen (Kindergeld) zum Haushalt gehören. In diesen Fällen erscheint es sachgerechter, die Wohnkosten mit dem Betrag anzusetzen, der ohne die nicht zu berücksichtigenden Personen angemessen wäre. Zu weiteren Einzelheiten s. FormB FA-FamR/*Keske* Kap. 13 Rn. 260 f.

e) Besondere Belastungen und Mehrbedarfe. Für besondere Belastungen, die über die üblichen Lebenshaltungskosten hinausgehen, können nach § 115 Abs. 1 Satz 2 Nr. 5 ZPO weitere Beträge abgesetzt werden, sofern dies angemessen ist (s. dazu i.E. FormB FA-FamR/*Keske* Kap. 13 Rn. 264 ff.). Hier können **Kreditraten** und Ähnliches berücksichtigt werden, jedenfalls wenn der Kredit vor dem Entstehen des Rechtsstreits oder für notwendige Anschaffungen aufgenommen wurde (OLG Brandenburg FamRZ 2008, 158 m.w.N.). Ebenfalls abzuziehen sind **Raten auf die Prozesskosten in anderen Verfahren** (BGH FamRZ 1990, 389) sowie die Raten zur **Finanzierung eines beruflich benötigten Kfz** (OLG Hamm FamRZ 2007, 155). Das gilt aber nicht, wenn bereits der höchste Pauschalsatz nach § 5 Nr. 2 JEVG als Werbungskosten abgesetzt wird (s.o. Rdn. 13), der auch Anschaffungskosten abgilt (OLG Hamm FamRZ 2007, 155). Als besondere Belastungen können auch **Unterhaltsleistungen an nicht unterhaltsberechtigte Personen** anzuerkennen sein, z.B. die Unterstützung bedürftiger Angehöriger im Ausland oder für den (informellen) Lebenspartner und dessen Kinder, wenn diesen Sozialhilfe aufgrund der Bedarfsgemeinschaft mit dem Antragsteller versagt wird (OLG Frankfurt FamRZ 2015, 1918; OLG Düsseldorf FamRZ 2010, 141; OLG Karlsruhe FamRZ 2008, 421 m.w.N.; a.A. OLG Koblenz MDR 2015, 610). Das Gleiche gilt für Kinder des Ehepartners (Stiefkinder). Zum Bildungsbedarf für Kinder s.o. Rdn. 16. **Höhere Lebenshaltungskosten im Ausland** können ebenfalls als besondere Belastungen anzuerkennen sein (BGH NJW-RR 2008, 1453; s.a. *Motzer* FamRBint 2008, 16). Dagegen sind die auf eine **Geldstrafe** zu zahlenden Raten bei der Einkommensermittlung grds. **nicht** zu berücksichtigen (BGH FamRZ 2011, 554), da der Bedürftige ggf. Zahlungserleichterung bei der Vollstreckungsbehörde nach § 42 StGB i.V.m. § 459a StPO erreichen kann. 18

Für Personen in besonderen Lebenslagen, die wie Alleinerziehende einen **Mehrbedarf** i.S.d. § 21 SGB II oder § 30 SGB XII haben, sind die nach den vorgenannten Vorschriften vorgesehenen **Pauschalen** nach § 115 Abs. 1 Satz 2 Nr. 4 ZPO in der ab 01.01.2014 geltenden Fassung immer und ohne Billigkeitsprüfung abzuziehen (anders für das bisherige Recht BGH FamRZ 2010, 1324; OLG Köln FamFR 2012, 248), und zwar unabhängig davon, ob der Mehrbedarf tatsächlich als staatliche Leistung gewährt wird, die in diesem Fall zu den Einkünften zählt (BT-Drucks. 17/11472, S. 30; OLG Saarbrücken MDR 2014, 1325). Erwerbstätige Alleinerziehende, die keine Sozialleistung erhalten, können ihn daher ebenfalls beanspruchen, müssen aber die sozial-rechtlichen Tatbestandsvoraussetzungen für den Mehrbedarf darlegen und glaubhaft machen (Zöller/*Geimer* § 115 Rn. 35b). Das betrifft vor allem die Frage; ob der oder die Bedürftige tatsächlich allein erziehend i.S.d. SGB ist [s. OLG Brandenburg FamRZ 2015, 946 und näher BSG NJW 2010, 1306]). Im Übrigen werden durch den Verweis auf die Härtefallregelungen in den §§ 21 Abs. 6 SGB II sämtliche regelmäßig anfallenden Mehrbedarfe erfasst, die typischer Weise nicht durch die Regelbedarfssätze abgedeckt sind, wie z.B. die mit der Wahrnehmung des Umgangsrechts verbundenen Kosten (BSG FamRZ 2014, 2003; OLG Zweibrücken, NJW-RR 2016, 131 jeweils auch zur Berechnung der notwendigen Fahrtkosten). 19

f) Einkommenseinsatz (§ 115 Abs. 2 und 4 ZPO). Aus dem Nettoeinkommen nach Abzug der Kosten für den Lebensunterhalt und der besonderen Belastungen errechnet sich das Einkommen, das der Antragsteller für die Verfahrenskosten monatlich einsetzen kann. Dieses muss er nicht gänzlich, sondern nur in **zumutbaren Monatsraten** an die Justizkasse abführen. Nach § 115 Abs. 2 ZPO in der ab 01.01.2014 geltenden Fassung ist von einem einzusetzenden Einkommen bis einschl. 600 € nur die Hälfte abzuführen; soweit es 600 € übersteigt, der darüber liegende Betrag in voller Höhe. Wenn noch § 115 Abs. 2 ZPO a.F. (Rdn. 8) anzuwenden ist (s. dazu Rdn. 1) werden die zumutbaren Raten in einer nach oben offenen Tabelle in unterschiedlicher Höhe festgelegt. Bis zu einem einzusetzenden Einkommen von weniger als 20 € (bis 31.12.2013: 15 €) monatlich sind keine Raten aufzubringen (§ 115 Abs. 2 Satz 2 ZPO n.F.). Eine Obergrenze ist nicht normiert. Faktisch ergibt sie sich aus § 115 Abs. 4 ZPO, wonach keine Kostenhilfe bewilligt wird, wenn die den Antragsteller voraussichtlich treffenden Kosten vier Monatsraten nicht übersteigen (s. Rdn. 22). 20

Die Ratenzahlungspflicht ist unabhängig von der Zahl der Rechtszüge auf **höchstens 48 Monate** begrenzt. D.h. auch wenn **über mehrere Instanzen** prozessiert wird und jeweils Ratenzahlungen angeordnet werden, 21 verlängert sich der Zeitraum nicht (s. § 115 Abs. 2 Satz 4 ZPO; BGH NJW 1983, 944). Das gilt entsprechend für die in einem Beweissicherungs- und dem Hauptsacheverfahren bewilligte Vkh (OLG Celle NJW 2015, 3108). Werden in verschiedenen Instanzen unterschiedliche Raten festgesetzt, löst die jüngere Anordnung die jeweils ältere ab (ex nunc BGH NJW 1983, 944; OLG Stuttgart FamRZ 2003, 106). – Das gilt auch, wenn die bisherigen Raten noch nach der Tabelle zu § 115 ZPO a.F. berechnet wurden und die neue Rate nach dem seit 01.01.2014 geltenden Recht festgesetzt wird.– Werden in der höheren Instanz erstmals Zahlungen angeordnet, umfassen sie auch die Kosten der vorgehenden Rechtszüge, wenn sich die wirtschaftlichen Verhältnisse des Betroffenen tatsächlich verbessert haben (OLG Köln FamRZ 1997, 754; a.A. OLG Köln FamRZ 1999, 1144, das eine Änderung der erstinstanzlichen Bewilligung fordert). Dasselbe gilt, wenn in derselben Instanz mehrfach Vkh bewilligt wird wie bei der Erweiterung eines Antrags oder bei Folgesachen im Scheidungsverbund (OLG Schleswig FamRZ 2013, 57 auch zur Handhabung, wenn sich die tatsächlichen Verhältnisse nicht geändert haben). Monate, in denen die Ratenzahlung ausgesetzt wurde, zählen nicht mit (OLG Stuttgart Rpfl 1999, 82; OLG Düsseldorf FamRZ 1993, 341). Das gilt auch, wenn aufgrund einer Abänderung erstmals Ratenzahlungen auferlegt werden (OLG Karlsruhe FamRZ 2002, 1196; OLG Stuttgart Rpfl 1999, 82 m.w.N.).

22 **Geringfügigkeitsgrenze:** Verfahrenskostenhilfe wird nach **§ 115 Abs. 4 ZPO** nicht bewilligt, wenn die voraussichtlichen Kosten der Verfahrensbeteiligung – ggf. nach Abzug der aus dem Vermögen zu finanzierenden Beträge (s.u.) – nicht höher sind als die Summe von **vier Monatsraten**, die der Antragsteller nach § 115 Abs. 2 ZPO aus seinen Einkünften entrichten müsste. In diesem Fall hält es der Gesetzgeber für zumutbar, dass der Verfahrensbeteiligte die Kosten selber trägt. Zu berücksichtigen sind die Kosten, von denen der Antragsteller durch die Bewilligung der Verfahrenskostenhilfe freigestellt würde (s. Rdn. 42), also neben den notwendigen eigenen Anwaltskosten auch die von ihm voraussichtlich geschuldeten Gerichtsgebühren und Auslagen für Zeugen und Sachverständige u.a. (s.a. OLG Celle FamRZ 2012, 1159 zur Berechnung, wenn kein Anwalt beigeordnet wird). Stellen sich entsprechende (Mehr-) Kosten erst später heraus, kann ein ursprünglich nach § 115 Abs. 4 ZPO abgelehnter Antrag erneut gestellt werden (Zöller/*Geimer* § 115 Rn. 77).

23 **3. Einzusetzendes Vermögen (§ 115 Abs. 3 ZPO). a) Grundsatz.** Außer den Einkünften hat der Antragsteller für die Verfahrenskosten auch sein Vermögen einzusetzen, soweit dies zumutbar ist (§ 115 Abs. 3 Satz 1 ZPO). Zur Konkretisierung der Unzumutbarkeit des Vermögenseinsatzes für die Verfahrenskosten verweist Satz 2 auf § 90 SGB XII. Siehe dazu i.E. FormB FA-FamR/*Keske* Kap. 13 Rn. 255 ff.

§ 90 SGB XII Einzusetzendes Vermögen
(1) Einzusetzen ist das gesamte verwertbare Vermögen.
(2) Die Sozialhilfe darf nicht abhängig gemacht werden vom Einsatz oder der Verwertung
1. eines Vermögens, das aus öffentlichen Mitteln zum Aufbau oder zur Sicherung einer Lebensgrundlage oder zur Gründung eines Hausstandes erbracht wird,
2. eines Kapitals einschließlich seiner Erträge, das der zusätzlichen Altersvorsorge im Sinne des § 10a oder des Abschnitts XI des Einkommensteuergesetzes dient und dessen Ansammlung staatlich gefördert wurde,
3. eines Vermögens, solange es nachweislich zur baldigen Beschaffung oder Erhaltung eines Hausgrundstücks im Sinne der Nummer 8 bestimmt ist, soweit dieses Wohnzwecken behinderter oder pflegebedürftiger Menschen dient oder dienen soll und dieser Zweck durch den Einsatz oder die Verwertung des Vermögens gefährdet würde.
4. eines angemessenen Hausrats; dabei sind die bisherigen Lebensverhältnisse der nachfragenden Person zu berücksichtigen,
5. von Gegenständen, die zur Aufnahme oder Fortsetzung der Berufsausbildung oder der Erwerbstätigkeit unentbehrlich sind,
6. von Familien- und Erbstücken, deren Veräußerung für die nachfragende Person oder ihre Familie eine besondere Härte bedeuten würde,
7. von Gegenständen, die zur Befriedigung geistiger, insbesondere wissenschaftlicher oder künstlerischer Bedürfnisse dienen und deren Besitz nicht Luxus ist,
8. eines angemessenen Hausgrundstücks, das von der nachfragenden Person oder dem (nicht getrennt lebenden) Ehegatten, Lebenspartner oder Kindern oder zusammen mit Angehörigen ganz oder teilweise bewohnt wird und nach ihrem Tod von ihren Angehörigen bewohnt werden soll. Die Angemessenheit bestimmt sich nach der Zahl der Bewohner, dem Wohnbedarf (zum Beispiel behinderter, blinder oder pflegebedürftiger

Menschen), der Grundstücksgröße, der Hausgröße, dem Zuschnitt und der Ausstattung des Wohngebäudes sowie dem Wert des Grundstücks einschließlich des Wohngebäudes,
9. kleinerer Barbeträge oder sonstiger Geldwerte; dabei ist eine besondere Notlage der nachfragenden Person zu berücksichtigen.
(3) Die Sozialhilfe darf ferner nicht vom Einsatz oder von der Verwertung eines Vermögens abhängig gemacht werden, soweit dies für den, der das Vermögen einzusetzen hat, und für seine unterhaltsberechtigten Angehörigen eine Härte bedeuten würde. Dies ist bei der Leistung nach dem Fünften bis Neunten Kapitel (in besonderen Lebenslagen, d. Verf.) insbesondere der Fall, soweit eine angemessene Lebensführung oder die Aufrechterhaltung einer angemessenen Alterssicherung wesentlich erschwert würde.

§ 90 SGB XII zählt in Abs. 2 Vermögenswerte auf, die nebeneinander (OLG Köln OLGR 2004, 60) von vornherein vom Einsatz für die Verfahrenskosten verschont sind (**Schonvermögen**), während es Abs. 3 ermöglicht, auch nicht darunter fallendes Vermögen aufgrund einer Billigkeitsprüfung im Einzelfall von der Verwertung freizustellen (**Härteklausel**). Die Umstände, die eine Härte begründen sollen, sind vom Antragsteller darzulegen (BGH FamRZ 2010, 1643). 24

b) Einzelheiten. Das dem Begünstigten nach § 90 Abs. 2 Nr. 9 SGB XII zu belassene **kleinere Barvermögen** bestimmt sich nach § 1 Abs. 1 Nr. 1b der DVO zu § 90 Abs. 2 Nr. 9 SGB XII (BGH FamRZ 2009, 497) und beträgt derzeit 2.600 € für den Begünstigten, zzgl. 256 € für jeden Unterhaltsberechtigten. Die Freibeträge können, wenn der Begünstigte im Ausland lebt und dort höhere Lebenshaltungskosten hat, zwar herauf – aber, zumindest bei Aufenthalt innerhalb der EU, nicht herabgesetzt werden (BGH FamRZ 2009, 497). **Höhere Guthaben** sind grundsätzlich zu verwerten (auch wenn ihnen Schulden gegenüberstehen, OLG Koblenz FamRZ 2016, 253). Es sei denn, sie sind in die Finanzierung des bereits selbst genutzten Familienheims eingebunden (s.u.) oder zur Finanzierung einer Wohnung für behinderte oder pflegebedürftige Menschen bestimmt (§ 90 Abs. 2 Nr. 3 SGB XII). Die vorzeitige Auflösung eines mit vermögenswirksamen Leistungen angesparten Vertrags wird aber i.d.R. unzumutbar sein (FA-FamR/*Geißler* Kap. 16 Rdn. 79). 25

§ 90 Abs. 2 Nr. 8 SGB XII verschont das vom Antragsteller und/oder seiner Familie selbst bewohnte Hausgrundstück (**Familienheim**) vom Einsatz für die Verfahrenskosten, wenn es nach Wert und Größe angemessen ist (zur angemessenen Größe vgl. BSG FamRZ 2007, 729; OLG Celle FamRZ 2009, 532). Der Schutz entfällt, sobald das Familienheim nicht mehr selbst von dem Begünstigten oder seinen Angehörigen bewohnt wird (BGH FuR 2001, 138; FamRZ 2008, 250; FamRZ 2013, 1720 auch zur Zumutbarkeit der Beleihung). Das gilt erst recht nach der Veräußerung des Familienheims für den **Verkaufserlös**, auch wenn er für neues Wohneigentum verwandt werden soll (BGH FamRZ 2008, 250; FamRZ 2007, 1720). Die Privilegierung bereiter Mittel für die Anschaffung eines Eigenheims gilt nur für die in § 90 Abs. 2 Nr. 3 SGB XII genannten Zwecke. Ansonsten muss auch das für die Anschaffung von Wohneigentum vorgesehene Vermögen, und damit auch ein **Bausparguthaben** (BGH NJW-RR 1991, 1532; OLG Naumburg FamRZ 2014, 410; OLG Stuttgart FamRZ 2010, 311), für die Verfahrenskosten eingesetzt werden. 26

Grundstücke und sonstige für den **Gewerbebetrieb** oder eine andere Erwerbstätigkeit benötigte Gegenstände sind nach § 90 Abs. 2 Nr. 5 SGB XII vom Einsatz verschont. 27

Ein **Kfz**, das nicht zur Aufnahme oder Fortsetzung der Erwerbstätigkeit oder Berufsausbildung benötigt wird, stellt grds. einzusetzendes Vermögen dar (BGH RVGreport 2009, 40; OLG Schleswig FamRZ 2013, 57.; s.a. BSG NJW 2008, 281). Nur ausnahmsweise kann es nach § 90 Abs. 3 SGB XII vom Einsatz für die Verfahrenskosten verschont werden, wenn es wegen körperlicher Einschränkungen des Bedürftigen (OLG Hamm FamRZ 2014, 408) oder für den Transport von Familienmitgliedern notwendig ist (OLG Stuttgart FamRZ 2010, 1685; OLG Nürnberg FuR 2005, 469). 28

Verschont sind nach § 90 Abs. 2 Nr. 2 SGB XII i.V.m. § 10a EStG auf jeden Fall das Kapital und seine Erträge aus zertifizierten Altersvorsorgeverträgen (**Riester-Rente**, OLG Jena NZFam 2016, 39). Eine nicht darunter fallende **Lebensversicherung** ist grds. für die Verfahrenskosten einzusetzen, soweit ihr durch Kündigung, Verkauf oder Beleihung erzielbarer Wert das zu verschonende Barvermögen (s. Rdn. 25) übersteigt (BGH FamRZ 2010, 1643). Die Möglichkeit der Aufnahme eines Policendarlehens (s. dazu *Zimmermann* FamRZ 2010, 1646) macht die Verwertung i.d.R. auch nicht unwirtschaftlich. Zu verschonen ist sie nach § 90 Abs. 3 SGB XII nur dann, wenn durch die – auch teilweise – Verwertung eine angemessene Alterssicherung wesentlich erschwert würde (OLG Hamm FamRZ 2016, 393). Dazu reicht die bloße Absicht, das Kapital zur Altersvorsorge bereitzuhalten, nicht aus. Vielmehr hat der Antragsteller darzulegen, dass das Kapital aufgrund der vertraglichen Gestaltung, etwa durch eine entsprechende Fälligkeit, Zweckbindung 29 oder durch sonstige Regelungen für die Alterssicherung bestimmt und geeignet ist, und dass ohne das einzusetzende Kapital seine Mindestversorgung im Alter nicht gewährleistet ist (BGH FamRZ 2010, 1643 m.w.N.; OLG Koblenz FamRZ 2015, 1919). Dies erfordert immer eine Einzelfallprüfung der bereits vorhandenen Absicherung für das Alter und der künftig noch bestehenden Möglichkeiten zu ihrem Ausbau (s. dazu z.B. OLG Hamm FamRZ 2016, 393; OLG Koblenz FamRZ 2016, 393 m. Anm. *Gottwald*). Wurde der Auszahlungsbetrag abgetreten, zählt er nicht mehr zum verwertbaren Vermögen (OLG Jena NZFam 2016, 39).

30 **Sonstiges:** Der Einsatz einer **Nachzahlung von Unterhalts- und sonstigen Renten** ist grds. zumutbar, es sei denn sie wird zur Tilgung eines Überbrückungsdarlehens verwendet (BGH FamRZ 1999, 644; OLG Karlsruhe FamRZ 2008, 1262 m. Anm. *Büttner*). Vom Einsatz ist abzusehen, wenn bei fristgerechter Zahlung Verfahrenskostenhilfe ohne Raten bewilligt worden wäre (OLG Hamm FamRZ 2007, 166; s. i.E. Rdn. 84) oder die Rente selbst nicht als Einkommen eingesetzt werden muss (BVerwG FamRZ 2010, 1338). Auch die **Abfindung** für den Verlust des Arbeitsplatzes kann zumindest mit einem Teilbetrag einzusetzen sein (BAG FamRZ 2006, 1446 m.w.N.; str. für Abfindung von Unterhalt s. OLG Nürnberg FamRZ 2008, 1261; OLG Koblenz FamRZ 2008, 2288; OLG Celle FamRZ 2005, 1917). Ob eine **Geldentschädigung**, die zum Ausgleich der Verletzung immaterieller Rechtsgüter gezahlt wurde, einzusetzen ist, bedarf jeweils der Prüfung im Einzelfall (BGH FamRZ 2006, 548 hier bejaht für eine Entschädigung wegen Verletzung von Persönlichkeitsrechten und verneint für Schmerzensgeld, s.a. OLG Stuttgart FamRZ 2007, 1661). Zur Berücksichtigung von erst erstrittenen Nachzahlungen und Abfindungen bei der Abänderung nach § 120a Abs. 3 ZPO s. Rdn. 84.

31 c) **Zurechnung von Vermögen, Verfahrenskostenvorschuss.** Der Antragsteller muss sich u.U. auch **fiktives Vermögen** zurechnen lassen, wenn nicht nachvollziehbar ist, warum früher vorhandene Geldbeträge nicht mehr zur Verfügung stehen (BGH FamRZ 2008, 1163), oder wenn er Geldbeträge ohne dringende Notwendigkeit anderweitig ausgegeben hat, obwohl er mit dem Verfahren rechnen konnte (BGH FamRZ 2006, 548; 2007, 1720; Zur Frage der Absehbarkeit des Verfahrens OLG Hamm FamRB 2014, 158 m. Anm. *Nickel*).

32 Ein realisierbarer **Anspruch auf Verfahrenskostenvorschuss** stellt einen Vermögenswert dar und lässt die Bedürftigkeit entfallen (BGH FamRZ 2008, 1842; OLG Hamm FamRZ 2014, 2016 auch zur Pflicht, den Anspruch rechtzeitig geltend zu machen). Ob ein Anspruch besteht, richtet sich allein nach materiellem Recht (s. dazu i.E. § 246 Rdn. 18 ff.). Ob er sich zeitnah realisieren lässt hängt vom Einzelfall ab: Bestreitet der Pflichtige den Anspruch oder zeigt sich zahlungsunwillig, kann der Antragsteller nach OLG Nürnberg (FamRZ 2013, 1325) nicht auf die gerichtliche Geltendmachung verwiesen werden. Anders ist dies wenn der Anspruch unzweifelhaft besteht, die Regelung der Hauptsache nicht eilbedürftig ist oder eine alsbaldige Vollstreckung den der Einkommen- und Vermögensverhältnissen des Pflichtigen möglich erscheint. Dann kann es dem Berechtigten zugemutet werden, den Anspruch im Wege der einstweiligen Anordnung nach § 246 FamFG titulieren zu lassen (Zöller/*Geimer* § 115 Rn. 71). Der Anspruch richtet sich auf Zahlung in Raten entsprechend § 115 Abs. 2 ZPO, wenn der Unterhaltspflichtige den Vorschuss nicht in einer Summe zahlen kann. In diesem Fall ist dem Vorschussberechtigten Verfahrenskostenhilfe mit entsprechender Zahlungsbestimmung zu bewilligen (BGH FamRZ 2004, 1633). Nach Abschluss des Verfahrens besteht kein Anspruch auf Unterhaltsvorschuss mehr, sodass eine nachfolgende Verbesserung der wirtschaftlichen Verhältnisse des Vorschusspflichtigen nicht zu einer Erhöhung oder erstmaligen Anordnung von Zahlungen nach § 120a Abs. 2 ZPO führen kann (OLG Karlsruhe FamRZ 2013, 897 = RVGreport 2013, 38 m. Anm. *Hansens*).

33 Wird ein fremdes Recht im Wege der gewillkürten **Verfahrensstandschaft** verfolgt, z.B. vom Sozialleistungsträger auf den Unterhaltsgläubiger rückübertragene Unterhaltsansprüche, stellt der aus §§ 669, 670 ZPO resultierende **Anspruch auf Aufwendungsersatz** einzusetzendes Vermögen dar (BGH FamRZ 2008, 1159). Bei gesetzlicher Verfahrensstandschaft kommt es dagegen allein auf die wirtschaftlichen Verhältnisse des am Verfahren unmittelbar Beteiligten an, z.B. des Elternteils, der Kindesunterhalt nach § 1629 Abs. 3 BGB geltend macht (BGH FamRZ 2006, 32; FamRZ 2005, 1164 s. Rdn. 10). Anders ist es bei Parteien kraft Amtes, s. dazu Rdn. 6. Der Umstand, dass ein gesetzlicher Vertreter (Betreuer, Vormund oder Pfleger) seine Aufwendungen oder Gebühren nach §§ 1835 ff. BGB aus der Staatskasse erhalten könnte, mindert die Bedürftigkeit nicht (BGH FamRZ 2007, 381; FamRB 2011, 182).

d) Künftiger Vermögenserwerb. Die Bedürftigkeit i.S.d. §§ 114, 115 ZPO setzt regelmäßig nur das Fehlen 34
bereiter Mittel voraus (BGH FamRZ 2009, 1994). Nur wenn die voraussichtlich entstehenden Verfahrenskosten kurzfristig aus dem einzusetzenden Vermögen erbracht werden können, ist Verfahrenskostenhilfe zu versagen. Ist das Vermögen erst zu einem späteren Zeitpunkt verfügbar und auch keine Zwischenfinanzierung zumutbar, liegt aktuell Bedürftigkeit vor und es ist Verfahrenskostenhilfe zu bewilligen. OLG Hamm FamRZ 2012, 386; Zöller/*Geimer* § 115 Rn. 49a ff. m.w.N. auch zu Gegenmeinung). Bei künftigem Vermögenserwerb kommt aber regelmäßig eine Abänderung der Bewilligung nach § 120a ZPO in Betracht (s. Rdn. 84 ff.). Insoweit hat der Gesetzgeber nunmehr klargestellt, dass auch die **durch das Hauptsacheverfahren erlangten Vermögenswerte** für die Verfahrenskosten einzusetzen sind, s. dazu näher Rdn. 84 und zur Mitteilungspflicht Rdn. 90.

IV. Sachliche Voraussetzungen 35

§ 114 ZPO

(1) Eine Partei, die nach ihren persönlichen und wirtschaftlichen Verhältnissen die Kosten der Prozessführung nicht, nur zum Teil oder nur in Raten aufbringen kann, erhält auf Antrag Prozesskostenhilfe, wenn die beabsichtigte Rechtsverfolgung oder Rechtsverteidigung hinreichende Aussicht auf Erfolg bietet und nicht mutwillig erscheint. ...
(2) Mutwillig ist die Rechtsverfolgung oder Rechtsverteidigung, wenn eine Partei, die keine Prozesskostenhilfe beansprucht, bei verständiger Würdigung aller Umstände von der Rechtsverfolgung oder Rechtsverteidigung absehen würde, obwohl eine hin- reichende Aussicht auf Erfolg besteht.

§ 119 Abs. 1 Satz 2 ZPO

In einem höheren Rechtszug ist nicht zu prüfen, ob die Rechtsverfolgung oder Rechtsverteidigung hinreichende Aussicht auf Erfolg bietet oder mutwillig erscheint, wenn der Gegner das Rechtsmittel eingelegt hat.

1. Erfolgsaussicht. Nach § 114 Satz 1 ZPO muss die beabsichtigte Rechtsverfolgung oder -verteidigung 36
hinreichende Aussicht auf Erfolg bieten. Diese auf den Zivilprozess zugeschnittene Voraussetzung erfordert nach allg. M., dass bei summarischer Prüfung für die begehrte Rechtsfolge eine gewisse, nicht notwendig überwiegende Wahrscheinlichkeit spricht. Daher kann ggf. auch beiden Kontrahenten eines Rechtsstreits Kostenhilfe bewilligt werden. Für die dazu erforderliche **Prognose** ist der letzte Sach- und Streitstand im **Zeitpunkt** der Entscheidungsreife maßgebend (BGH NZFam 2015, 179, s. i.E. Rdn. 76). Aus rechtsstaatlichen Gründen darf die Beantwortung schwieriger Rechts- oder Tatsachenfragen nicht zu Lasten des Antragstellers im Kostenhilfeverfahren entschieden werden (BVerfG FamRZ 2013, 605 und 2014, 278). Deshalb muss von einen die Entscheidung umstrittener und höchstrichterlich noch **ungeklärter Rechtsfragen** dem Hauptsacheverfahren vorbehalten bleiben (BGH FamRZ 2014, 826; 2013, 1214 m.w.N.). Zum anderen dürfen umstrittene Tatsachen nur in engen Grenzen im Wege der **Beweisantizipation** im Kostenhilfeverfahren »geklärt« werden. Nur wenn aufgrund konkreter Anhaltspunkte mit hoher Wahrscheinlichkeit davon auszugehen ist, dass eine durchzuführende Beweisaufnahme zu Ungunsten des Antragstellers ausgehen wird oder abzusehen ist, dass er beweisfällig bleiben würde, kann die Erfolgsaussicht verneint werden, ansonsten ist die Erfolgsaussicht immer gegeben, wenn eine Beweiserhebung ernsthaft in Betracht kommt (s. Rahm/Künkel/*Schürmann* Kap. 11 Rn. 158; BVerfG NJW 2010, 288; NJW 1997, 2745).
Auf **Familienstreitsachen** sind die vorgenannten Grundsätze ohne Einschränkung anzuwenden. In **Ehesachen** besteht bereits die Besonderheit, dass sich der Antragsgegner dem gerichtlichen Verfahren auch durch außergerichtliche Erklärungen nicht entziehen kann, sodass ihm, selbst wenn er dem Antrag nicht entgegentreten will, nach allg. M. Vkh zu bewilligen ist (BGH FamRZ 2014, 551; Zöller/*Geimer* § 76 Rdn. 36 m.w.N.). In den vom Amtsermittlungsgrundsatz beherrschten **Verfahren der freiwilligen Gerichtsbarkeit** ist die Erfolgsaussicht auch bei **von Amts wegen eingeleiteten Verfahren** zu prüfen, allerdings mit den von der Rspr. schon zu § 14 FGG entwickelten und auf die Besonderheiten dieser Verfahren zugeschnittenen Abweichungen (BT-Drucks. 16/9377, S. 291). Insoweit besteht ein »Erfolg« z.B. schon darin, dass der Verfahrenskostenhilfe Begehrende das gerichtliche Verfahren durch seine Mitwirkung zu seinen Gunsten beeinflussen oder das Verfahrensziel fördern kann (OLG Schleswig NZFam 2016, 132 für Kinderschutzverfahren; OLG Hamm FamRZ 2008, 420 u. OLG Nürnberg FamRZ 2002, 108 für Umgangsverfahren; im Ergebnis jetzt auch BGH FamRZ 2014, 551), insbesondere wenn erhebliche Eingriffe in elementare Grundrechte des Antragstellenden drohen (str. wie hier: OLG Karlsruhe FamRZ 2012, 1576 m.w.N. für Kindesschutzverfahren; LG Münster NJW 2009, 2389 für Betreuungsverfahren; a.A. Zöller/*Geimer* § 76 FamFG

Rn. 8 m.w.N.). Die vorgenannten Grundsätze gelten auch in **FG-Antragsverfahren** (zur Abgrenzung s. OLG Frankfurt am Main FamRZ 2012, 570). M.E. darf in jedem FG-Verfahren einem vom Gericht Beteiligten Vkh dann nicht wegen mangelnder Erfolgsaussicht versagt werden, wenn das Gericht im Rahmen seiner Amtsermittlungspflicht den Sachverhalt aufklären muss und den Antrag nicht ohne Weiteres zurückweisen kann (s.a. OLG Naumburg FamRZ 2015, 974; OLG Karlsruhe FamRZ 2016, 250 u. 2011, 1528 je m.w.N.). Je stärker das Verfahren jedoch einem Streitverfahren angenähert ist, gewinnt auch die Erfolgsaussicht für die Rechtsverteidigung im klassischen Sinn an Bedeutung. Vgl. zur Kasuistik (vornehmlich aus dem Familienrecht) Zöller/*Geimer* § 76 FamFG Rn. 18 ff.; Musielak//Borth/*Borth/Grandel* FamFG § 76 Rn. 9 ff.

Die **Erfolgsaussicht entfällt** regelmäßig, wenn sich die Hauptsache während des Bewilligungsverfahrens erledigt, da für ein nicht mehr durchzuführendes Hauptsacheverfahren keine Vkh bewilligt werden kann (OLG Schleswig FamRZ 2013, 62; OLG Köln MDR 2012, 1368; a.A. OLG Hamm FamFR 2011, 256 m. Anm. Schaal). Anders ist es, wenn – bei Vkh für den Gegner – der Antragsteller seinen Antrag zurücknimmt (BGH FamRZ 2010, 197) oder wenn schon vorher über den Antrag hätte entschieden werden müssen. Denn der maßgebliche Zeitpunkt für die Beurteilung der Erfolgsaussicht ist nicht der Zeitpunkt, an dem über den Antrag entschieden wird, sondern seine Entscheidungsreife. Siehe dazu und zur Möglichkeit, rückwirkend Vkh zu bewilligen Rdn. 76.

37 Wird **Vkh für die Rechtsmittelinstanz** begehrt, ist die Erfolgsaussicht des Rechtsmittelantrags auch in FG-Sachen grundsätzlich immer zu prüfen (BGH FamRZ 2014, 105 Rn. 36 m.w.N.). Eine Ausnahme macht **§ 119 Abs. 1 Satz 2 ZPO** (s. Rdn. 35), der bestimmt, dass in einem höheren Rechtszug nicht zu prüfen ist, ob die Rechtsverteidigung hinreichende Aussicht auf Erfolg bietet oder mutwillig erscheint, wenn dem Antragsteller in der Vorinstanz Vkh bewilligt wurde und der Gegner das Rechtsmittel eingelegt hat. Insoweit wirkt die in der Vorinstanz angenommene Erfolgsaussicht auch für die nächste Instanz. Die nur entsprechende Anwendung dieser **Vermutungswirkung** für die Verfahrenskostenhilfe im FG-Verfahren bewirkt keine Einengung des Regelungsgehalts (BVerfG BVerfGE 71, 122 = NJW 1987, 1619). Ausnahmsweise kann die Erfolgsaussicht dennoch geprüft werden, wenn sich z.B. die tatsächlichen Verhältnisse nach Erlass der angefochtenen Entscheidung geändert haben (BGH FamRZ 1989, 265) oder der Begünstigte in vorwerfbarer Weise eine unrichtige Entscheidung erwirkt hat (s. OLG Koblenz FamRZ 1984, 301). Dasselbe gilt, wenn die Rechtsbeschwerde wegen grundsätzlicher Bedeutung der Rechtssache zugelassen wurde und sich tatsächlich aber keine entscheidungserheblichen Rechtsfragen von grundsätzlicher Bedeutung ergeben. In diesem Fall kommt es für die Bewilligung der Vkh allein auf die Erfolgsaussichten in der Sache an (BGH FamRZ 2014, 105 Rn. 36 m.w.N.). Zu weiteren Ausnahmen s. Zöller/*Geimer* § 119 Rn. 56 sowie unten Rdn. 39). Nach BGH ist im Fall einer nur gegen den Vkh-Beschluss eingelegten Beschwerde das Rechtsmittelgericht grundsätzlich an eine inzwischen eingetretene **Rechtskraft der Hauptsacheentscheidung** gebunden; es sei denn, eine zweifelhafte Rechtsfrage wurde verfahrensfehlerhaft in das Prozesskostenhilfeverfahren verlagert oder wenn das erstinstanzliche Gericht die Entscheidung verzögert hat und die Erfolgsaussicht in der Zwischenzeit entfallen ist. (BGH FamRZ 2012, 964; ebenso OLG Koblenz FamRZ 2015, 335). Diese Entscheidung ist zu Recht kritisiert worden (vgl. *Zimmermann* FamRZ 2012, 966), weil sie die Bindungswirkung der Hauptsacheentscheidung, die nur zwischen den Parteien bzw. den am Hauptsacheverfahren Beteiligten besteht, ohne Not auf die des Vkh-Verfahrens (Antragsteller und Staatskasse) erstreckt.

38 **2. Keine Mutwilligkeit.** Auch bei gegebener Erfolgsaussicht darf die Rechtsverfolgung nicht mutwillig sein. Mit dem PKHuBerHÄndG hat der Gesetzgeber die Mutwilligkeit in § 114 Abs. 2 ZPO **gesetzlich definiert**: Danach ist die Rechtsverfolgung oder Rechtsverteidigung mutwillig, wenn ein Verfahrensbeteiligter, der keine Vkh beansprucht, bei verständiger Würdigung aller Umstände von der Rechtsverfolgung oder Rechtsverteidigung absehen würde, obwohl eine hinreichende Aussicht auf Erfolg besteht (s.o. Rdn. 35). Eine Änderung der Rechtslage ist damit nicht verbunden. Maßstab ist zuvor das hypothetische Verhalten eines selbstzahlenden Beteiligten, der sich in der Situation des Antragstellers befindet und das Kostenrisiko vernünftig abwägt (BT-Drucks. 17/11472, S. 29; so schon BVerfG NJW 2009, 988; BGH NJW 2005, 1497 m.w.N.).

Die **Rechtsprechung** hierzu ist vor allem in Familiensachen ebenso zahlreich wie vielfältig: Teilweise wird die Mutwilligkeit einer Rechtsverteidigung **bejaht**, wenn sich ein Verfahren durch rechtzeitige Auskunftserteilung (OLG Düsseldorf FamRZ 1997, 1017) oder eine einfache Stellungnahme im Verfahrenskostenhilfeprüfungsverfahren ganz oder teilweise hätte vermeiden lassen (h.M. OLG Köln FamRZ 2014, 961; OLG Celle FamRZ 2012, 47 m.w.N. zum Meinungsstand) oder wenn ein Unterhaltsschuldner ein Herabsetzungsverlangen *gleich* durch ein Abänderungsverfahren verfolgen will, ohne dem Gläubiger seine verminderte

Leistungsfähigkeit anzuzeigen und sich um eine Einigung zu bemühen (OLG Koblenz NZFam 2015, 377 = FuR 2015, 486; OLG München FamRZ 2011, 386; OLG Köln FamRZ 2006, 718 m.w.N.), insbesondere wenn der Gläubiger bereits seine Zustimmung signalisiert hat (OLG Hamburg MDR 2013, 160 = FamRZ 2013, 647 [LS]). Dasselbe gilt, wenn die Abänderung einer Umgangsregelung begehrt wird, ohne die zuvor getroffene Regelung hinreichend zu probieren (OLG Nürnberg FamRZ 2016, 251) oder für einen Auskunfts- oder einen Stufenantrag, wenn sich der Gegner nicht gegen die außergerichtlich geforderte Aufstellung eines Verzeichnisses sperrt (OLG Koblenz FamRZ 2015, 610). Mutwilligkeit kann im Einzelfall auch dann vorliegen, wenn die Realisierung eines erstrittenen Rechts dauerhaft aussichtslos erscheint, aber nicht wenn die Vollstreckung lediglich risikobehaftet ist (OLG Hamm FamRZ 1997, 619; s.a. BT-Drucks. 17/13538, S. 39). Dagegen ist es nicht mutwillig, mit einem zulässigen Widerantrag dasselbe Ziel wie mit dem Antrag zu verfolgen, wenn hierfür ein besonderes Interesse besteht (OLG Celle FamRZ 1991, 978 für die Anfechtung der Vaterschaft, s.a. § 171 Rdn. 35 f.) oder sich ohne eigenen Antrag an einem Verfahren zu beteiligen, sofern das erkennbare Verfahrensziel Aussicht auf Erfolg hat (BGH FamRZ 2014, 551; anders noch die bis dahin h.M. vgl. OLG Karlsruhe FamRZ 2013, 392).

Die Frage, ob die Rechtsverfolgung mutwillig ist, stellt sich insbesondere dann, wenn **kostengünstigere Alternativen** zur Verfügung stehen. In Familiensachen zählt dazu die Möglichkeit bei Meinungsverschiedenheiten über das Umgangsrecht das **Beratungs- und Vermittlungsangebot der Jugendhilfe** zu nutzen. Nach zutreffender Ansicht ist der Gang zum Gericht im Regelfall mutwillig, wenn der Antragsteller nicht vorher eine gütliche Regelung mithilfe des Jugendamtes versucht oder wenigstens eine Beratung in Anspruch genommen hat (vgl. OLG Hamm [6. FamS] NZFam 2015, 510; OLG Brandenburg FamRZ 2015, 1040; OLG Schleswig FamRZ 2014, 584; OLG Rostock FamFR 2011, 305; OLG Stuttgart FamRZ 2009, 354; Johannsen/Henrich/Markwardt § 114 Rn. 28, je m.w.N. auch zur Gegenmeinung). Erscheint nach Lage der Dinge die Inanspruchnahme anderweitiger Konfliktlösungsmöglichkeiten wenig Erfolg zu versprechen (insbesondere, wenn der andere Elternteil nicht dazu bereit ist OLG Karlsruhe FamRZ 2016, 250) oder ist nicht zeitnah zu realisieren oder ist die Rechtslage kompliziert, kann die sofortige Inanspruchnahme gerichtlicher Hilfe nicht verweigert werden (s.a. OLG Celle FamRZ 2013, 141; OLG Hamm 2. FamS. FamRZ 2012, 1657; OLG Düsseldorf FamRZ 2011, 51). Entscheidend ist, ob sich der angestrebte Erfolg mit hinreichender Wahrscheinlichkeit auf kostengünstigere Weise erreichen lässt. Das wird im Grundsatz zu Recht für das Verhältnis von **EA und Hauptsacheverfahren** verneint (OLG München AGS 2015, 142 für Nutzung der Ehewohnung; OLG Frankfurt am Main FamRZ 2011, 661 für Umgangsverfahren; OLG Hamm FamRZ 2010, 825 für Gewaltschutzverfahren; *Müller* NJW 2010, 2640; OLG Hamm FamRZ 2011, 1157 für Unterhalt); a.A. OLG Saarbrücken FuR 2013, 176; OLG Celle FamRZ 2010, 1586; OLG Zweibrücken FamRZ 2010, 666 m. Anm. *van Els* FamRZ 2010, 1756). Denn der Rechtsschutz, den beide Verfahren gewähren, ist nicht identisch: Eine einstweilige Anordnung regelt die Rechtsangelegenheit nicht endgültig, dafür aber zeitnah und umgekehrt. Allenfalls dann, wenn eine einstweilige Anordnung vom Gegner vorbehaltlos erfüllt wird, kann die (spätere) Einleitung eines Hauptsacheverfahrens (vorerst) mutwillig sein. Das mag auch gelten, solange noch unklar ist, ob der Gegner die EA akzeptieren wird (so für Gewaltschutzsachen OLG Hamm [4. FamS] FamRZ 2014, 585 m.w.N. auch zur Gegenansicht). Es ist auch nicht mutwillig, Zugewinnausgleichsansprüchen und nachehelichem Unterhalt im isolierten Verfahren statt im **Scheidungsverbund** zu verfolgen (vgl. BGH FamRZ 2005, 786; 788; OLG Brandenburg FamRZ 2009, 1423). Auch ein Antrag auf Durchführung des Versorgungsausgleichs nach § 17 Abs. 3 EGBGB muss nicht im Scheidungsverbund gestellt werden (OLG Zweibrücken FamRZ 2015, 349). Das gilt erst recht für Kindschaftssachen, die im Allgemeinen eine von der Scheidung unabhängige Regelung erfordern (anders für nachträglich anhängig gemachte Sorgerechtssachen OLG Karlsruhe FamRZ 2006, 494). Zu weiteren Einzelfällen vgl. MüKoFamfG/*Viefhues* § 76 Rn. 50 ff., *Roßmann* FuR 2012, 240, 243).

Gänzlich verfehlt ist es, die Prüfung, ob die Rechtsverfolgung mutwillig ist, auf die Frage der **Beiordnung eines Anwalts** zu erstrecken. (s. z.B. OLG Dresden FamRZ 2014, 1720). Denn diese setzt die Bewilligung von Vkh voraus und nicht umgekehrt (s. § 78 Rdn. 3). Bei der Prüfung der Voraussetzungen des § 114 ZPO wird die Frage der Anwaltsbeiordnung allein bei der Bedürftigkeit bzw. der Prognose der anfallenden *Verfahrenskosten relevant* (s. Rdn. 22).

Für die Einlegung von **Rechtsmitteln** wird Mutwilligkeit bejaht, wenn mit ihm nur Formalien gerügt werden, in der Sache selbst aber keine Änderung zu erwarten ist (BGH ZfIR 2004, 309; NJW 1994, 1160). Wenn lediglich eine verfahrensbegleitende Rechtswahrnehmung im Beschwerdeverfahren beabsichtigt ist, ohne dass dem von einem anderen eingelegten Rechtsmittel entgegengetreten wird oder Verbesserungen er- 39 reicht werden sollen, kann Vkh dagegen nicht wegen Mutwilligkeit versagt werden (BGH FamRZ 2014, 551; gegen die zuvor h.M. vgl. OLG Karlsruhe FamRZ 2013, 329 – jeweils zum Rechtsmittel eines Versorgungsträgers in einer Versorgungsausgleichssache). Wenn das erkennbare Verfahrensziel Aussicht auf Erfolg hat, dürfen an die Beteiligung im Rechtsmittelverfahren keine strengeren Anforderungen gestellt werden als in 1. Instanz (BGH FamRZ 2014, 551 Rn. 9). Für die Verteidigung gegen ein Rechtsmittel bewilligt der BGH in ständiger Rspr. Kostenhilfe für den Rechtsmittelgegner erst, nachdem das Rechtsmittel begründet ist oder feststeht, dass die Voraussetzungen für eine Verwerfung nicht vorliegen (BGH FamRZ 2013, 122; 2010, 1147). Das gilt trotz der für die Mutwilligkeit wie für die Erfolgsaussicht geltenden **Vermutungswirkung** des. § 119 Abs. 1 Satz 2 ZPO (s. dazu Rdn. 37) auch, wenn der Antragsteller einen Antrag verteidigt, für den ihm in erster Instanz Vkh bewilligt wurde und der Gegner das Rechtsmittel eingelegt hat. Denn die Vermutung betrifft nur die Verteidigung der angefochtenen Entscheidung als solche, gebietet aber nicht, dem Antragsteller Vkh bereits zu einem Zeitpunkt zu gewähren, zu dem dies zur Wahrung seiner Rechte noch nicht notwendig ist (vgl. BGH FamRZ 2013, 122 m.w.N.). Offen geblieben ist, ob das auch dann gilt, wenn der Antragsteller in der Vorinstanz nicht anwaltlich vertreten war.

40 3. **Prüfung für Beweisanträge.** Der zum 01.01.2014 eingefügte § 124 Abs. 2 ZPO bietet dem Gericht die Möglichkeit, die für das Verfahren bewilligte Verfahrenskostenhilfe für eine beantragte Beweiserhebung wieder zu entziehen, wenn sie aufgrund nachträglich bekannt gewordener Tatsachen als nicht (mehr) Erfolg versprechend oder mutwillig erscheint, s. dazu näher Rdn. 112. Relevant ist dies m.E. nur in Ehe- und Familienstreitsachen, da das Gericht in FG-Verfahren eine beantragte Beweisaufnahme aus denselben Gründen ablehnen kann (s. § 30 Rdn. 20 f.).

41 V. **Formale Voraussetzungen (Antrag).** Die Gewährung von Verfahrenskostenhilfe setzt in formaler Hinsicht die **Bewilligung durch das Gericht** durch förmlichen Beschluss in einem i.d.R. der Hauptsache vorhergehenden Bewilligungsverfahren (s.u. Rdn. 56 ff.) voraus. Das Gericht leitet ein solches Verfahren nicht von sich aus ein, sondern nur auf **Antrag**, und zwar auch dann, wenn es das Verfahren in der Hauptsache v.A.w. eröffnet hat. Wird im Hauptsacheverfahren der **Gegenstand erweitert** oder **geändert**, ist hierfür gesondert Verfahrenskostenhilfe zu beantragen (BGH NJW-RR 2006, 429 = FamRZ 2006, 37 [LS]). Dasselbe gilt für eine **Einigung über nicht anhängige Verfahrensgegenstände**. Auch ohne Antrag erweitert § 149 die Vkh für den Versorgungsausgleich (s. § 149 Rdn. 1). Die **Beiordnung eines Anwalts** im Rahmen der Verfahrenskostenhilfe erfolgt ebenfalls nur auf Antrag, wenn eine anwaltliche Vertretung nicht zwingend vorgeschrieben ist oder die Beiordnung für die Hauptsache sich auf mit ihr zusammenhängende Gegenstände oder Verfahren erstreckt, wie z.B. auf die Vollziehung eines Arrests oder einer e.A. und die Einigungen über Scheidungsfolgen (s. § 78 Rdn. 4). Die Bewilligung erfolgt **für jeden Rechtszug besonders** (§ 119 Abs. 1 Satz 1 ZPO), und zwar ebenfalls nur auf Antrag. Die Anträge können schriftlich oder zu Protokoll der Geschäftsstelle von den Beteiligten selbst gestellt werden. Es besteht auch in den Rechtsmittelinstanzen **kein Anwaltszwang**. Die Bewilligung von Verfahrenskostenhilfe einschl. der Beiordnung eines Anwalts entfaltet ihre Wirkung grds. **nur für die Zukunft**. Für einen erst nachträglich gestellten Antrag kann Verfahrenskostenhilfe im Allgemeinen nicht mehr bewilligt werden (zu Ausnahmen s. Rdn. 76). Der **Umfang der gewährten Kostenbefreiung** wird durch den Antrag bzw. die im Bewilligungsbeschluss bezeichneten Verfahrensgegenstände bestimmt (s. i.E. Rdn. 78). Soll der Antrag im Hauptsacheverfahren erweitert oder der Verfahrensgegenstand geändert werden, muss hierfür gesondert Verfahrenskostenhilfe beantragt und bewilligt werden; dasselbe gilt i.d.R. für eine Einigung über nicht anhängige Verfahrensgegenstände. Da die **ablehnende Entscheidung** über die beantragte Verfahrenskostenhilfe nicht in materielle Rechtskraft erwächst (BVerfG NJOZ 2007, 3805; BGH FamRZ 2015, 1874 m.w.N.), kann ein **erneuter Antrag** jedenfalls dann gestellt werden, wenn er auf neue Tatsachen oder neue rechtliche Gesichtspunkte gestützt wird, die in der ablehnenden Entscheidung noch nicht berücksichtigt werden konnten, und er nicht missbräuchlich ist (BGH NJW 2009, 857). Zu Form und Inhalt des Antrags und zum weiteren Verfahren s. Rdn. 59 ff.).

42 C. **Wirkungen der Verfahrenskostenhilfe für den Begünstigten und andere Verfahrensbeteiligte. I. Allgemein.** Die Bewilligung von Verfahrenskostenhilfe bewirkt die **Freistellung** des Begünstigten von Gerichtskosten und ggf. auch von der Leistung einer Prozesskostensicherheit (§ 122 Abs. 1 Nr. 1a u Nr. 2 ZPO). Ähnliche Wirkungen entfaltet die Bewilligung in Bezug auf den Vergütungsanspruch des ihm beigeordneten Anwalts, der seine Vergütung i.d.R. nur aus der Staatskasse beanspruchen kann (§ 122 Abs. 1 Nr. 3 ZPO, s. dazu im Einzelnen. § 78 Rdn. 18 ff.). An den anfallenden Gerichts- und eigenen Anwaltskosten muss sich der Begünstigte allerdings mit den vom Gericht gem. § 115 ZPO bestimmten Zahlungen an

Abschnitt 6. Verfahrenskostenhilfe § 76

die Staatskasse beteiligen. Die Vkh befreit ihn auch nicht von den Kosten, die er anderen Verfahrensbeteiligten aufgrund gerichtlicher Entscheidung oder vergleichsweisen Übernahme zu erstatten hat (§ 123 ZPO). Deren Kosten und Erstattungsansprüche bleiben von der Vkh aber nicht ganz unberührt (s. Rdn. 49 ff.). Die Freistellung wirkt nur in dem Umfang, in dem Verfahrenskostenhilfe für die jeweilige Instanz bewilligt wurde (s. Rdn. 78) und endet, wenn die Verfahrenskostenhilfe nach § 124 ZPO aufgehoben wird.

II. Wirkung für den Begünstigten 43

§ 122 Abs. 1 ZPO *(Wirkung der Prozesskostenhilfe)*
(1) Die Bewilligung der Prozesskostenhilfe bewirkt, dass
1. die Bundes- oder Landeskasse
   a) die rückständigen und die entstehenden Gerichtskosten und Gerichtsvollzieherkosten,
   b) die auf sie übergegangenen Ansprüche der beigeordneten Rechtsanwälte gegen die Partei nur nach den Bestimmungen, die das Gericht trifft, gegen die Partei geltend machen kann,
2. die Partei von der Verpflichtung zur Sicherheitsleistung für die Prozesskosten befreit ist,
3. die beigeordneten Rechtsanwälte Ansprüche auf Vergütung gegen die Partei nicht geltend machen können.

§ 123 ZPO *(Kostenerstattung)*
Die Bewilligung der Prozesskostenhilfe hat auf die Verpflichtung, die dem Gegner entstandenen Kosten zu erstatten, keinen Einfluss.

1. Freistellung von gerichtlichen Kosten. Im Umfang der Bewilligung wird der Begünstigte von **gerichtlichen Gebühren und Auslagen** (s. dazu § 3 FamGKG Rdn. 11 ff.) und ggf. auch von der Leistung einer **Prozesskostensicherheit** (§§ 110 ff. ZPO) sowie bei Bewilligung für die Vollstreckung auch von den **Gerichtsvollzieherkosten** freigestellt. Die Staatskasse kann vom Begünstigten weder Verfahrensgebühren und Auslagen noch Vorschüsse oder Vorausleistungen auf diese unmittelbar erheben. Seine Zahlungspflicht ggü. der Staatskasse beschränkt sich auf die im Bewilligungsbeschluss vom Gericht getroffenen Zahlungsbestimmungen (s. Rdn. 82). Das gilt nach zwischenzeitlich h.M. auch für Kosten, die der Begünstigte in einem Vergleich übernimmt, sofern dies nicht rechtsmissbräuchlich geschieht (OLG Stuttgart FamRZ 2011, 1893; KG JurBüro 2012, 432; OLG Celle FamRZ 2013, OLG Frankfurt, Beschl. v. 27.10.2014 – 18 W 181/14 –,OLG Report Mitte 49/2014 Anm. 6 m.w.N. und unter Aufgabe seiner bisherigen Rspr.). 44

In **zeitlicher Hinsicht** erstreckt sich die Freistellung nicht nur auf die nach der Bewilligung künftig entstehenden, sondern auch auf die bereits vorher entstandenen und fälligen Gebühren, soweit der Bewilligungsbeschluss zurückwirkt. Für die zeitliche Geltung ist in erster Linie der Bewilligungsbeschluss maßgebend. Enthält er keine konkrete Zeitbestimmung, erfasst er regelmäßig den ganzen Rechtszug ab Vorlage eines bewilligungsfähigen Antrags (OLG Stuttgart JurBüro 2003, 264; Zöller/*Geimer* § 119 Rn. 41; strenger BGH NJW 1992, 83). Umstritten ist, ob dem Begünstigten bereits gezahlte Kosten – i.d.R. Vorschüsse –, zurückzuzahlen sind (so OLG Karlsruhe FamRZ 2007, 1028 m.w.N.; a.A. OLG Düsseldorf FamRZ 1990, 299).

Bei **teilweiser Bewilligung** wird der Begünstigte von den Gebühren i.H.d. von der Bewilligung erfassten Gegenstandswerte in vollem Umfang freigestellt und zahlt nur die Differenz zum gesamten Verfahrenswert selbst (h.M.: BGH BGHZ 13, 373 = NJW 1957, 1406; OLG Schleswig MDR 2006, 175 mit Berechnung). Dasselbe gilt für die Auslagen, wenn sie sich nicht den einzelnen Verfahrensgegenständen zuordnen lassen (Musielak/Voit/*Fischer* § 125 Rn. 7). Zur Berechnung der Anwaltsgebühr s. § 78 Rdn. 28. 45

2. Freistellung von Anwaltskosten. Wurde dem Begünstigten i.R.d. Verfahrenskostenhilfe ein Rechtsanwalt beigeordnet, erhält dieser seine Vergütung allein aus der Staatskasse (§ 45 RVG) und darf sie nicht (mehr) ggü. dem Mandanten beanspruchen (§ 122 Abs. 1 Nr. 3 ZPO, s. dazu im Einzelnen § 78 Rdn. 18). Die **Vergütungssperre ggü. dem Mandanten** erstreckt sich auf sämtliche nach Bewilligung (nochmals) verwirklichten Gebührentatbestände und auch auf die mit Bewilligung der Verfahrenskostenhilfe mit der Gebühr für die Hauptsache zu verrechnende Verfahrensgebühr für das Verfahrenskostenhilfeverfahren (BGH FamRZ 2008, 982). Auch der Anwalt, der vor der Beiordnung Wahlanwalt war, kann daher eine vor der *Beiordnung* entstandene Verfahrensgebühr nach der Beiordnung ggü. dem Mandanten vorerst nicht mehr geltend machen. Die Sperre besteht, solange die Verfahrenskostenhilfe nicht aufgehoben wird (s.u. Rdn. 94) und wirkt auch dann fort, wenn der Anwalt seinen Vergütungsanspruch gegen die Staatskasse verjähren lässt (OLG Köln FamRZ 1995, 239). 46

§ 76

Der **Vergütungsanspruch** aus dem Anwaltsvertrag mit dem Begünstigten **geht auf die Staatskasse über**, soweit sie den Anwalt entschädigt (§ 59 Abs. 1 RVG). Auch diesen übergegangenen Anspruch darf die Staatskasse ggü. dem Begünstigten nicht selbstständig geltend machen, sondern ihn, wie die Gerichtskosten, nur in Form der im Bewilligungsbeschluss getroffenen Zahlungsbestimmungen realisieren (§ 122 Abs. 1 Nr. 1b) ZPO, s. Rdn. 82). Anders ist dies bei auf sie übergegangenen Ansprüchen der Anwälte anderer Verfahrensbeteiligter, denen ebenfalls Verfahrenskostenhilfe bewilligt wurde, wenn diese einen Kostenerstattungsanspruch haben. Zu weiteren Einzelheiten der Wirkung auf die Vergütungsansprüche des beigeordneten Anwalts s. § 78 Rdn. 18 ff.

Die Vkh beschränkt sich auf die eigenen Kosten des Begünstigten und beinhaltet grundsätzlich **keine Freistellung von Anwaltskosten anderer Verfahrensbeteiligter**, die sie aufgrund einer gerichtlichen Kostenentscheidung, der Übernahme durch Vergleich oder kraft Gesetzes gegen ihn erwerben (s. dazu Rdn. 48).

47 3. **Eigene Reisekosten.** Die Freistellung des Begünstigten von Reisekosten für die **Teilnahme an einem vom Gericht oder vom Sachverständigen angesetzten Termin** richtet sich nach den (überwiegend bundeseinheitlichen) Verwaltungsvorschriften der Länder zur Bewilligung von Reiseentschädigungen an mittellose Personen und Vorschusszahlungen an Zeugen und Sachverständige usw. (abgedruckt z.B. bei Hartmann JVEG Anh. I nach § 25 und NK-GK Anhang II). Sie gibt allen Verfahrensbeteiligten, die die Kosten der Reise zu einem Termin nicht aus eigenen Mitteln bestreiten können, unabhängig von der Verfahrens- oder Prozesskostenhilfe einen Anspruch auf Übernahme der notwendigen Fahrt- und ggf. Übernachtungskosten und des Verpflegungsmehraufwands (Tagegelder), nicht aber eine Entschädigung für Zeitversäumnisse oder Verdienstausfall (.s. dazu i.E. *H. Schneider* FamRB 2014, 342, 344 ff.) Für die An- und Rückreise werden i.d.R. Fahrkarten für öffentliche Verkehrsmittel zur Verfügung gestellt, die in Eilfällen auch vom AG am Aufenthaltsort des Bedürftigen ausgegeben werden können. Eine Barzahlung kommt nur in Ausnahmefällen in Betracht. Während Mittellose, denen keine Verfahrenskostenhilfe bewilligt ist, sie (im Voraus) beantragen müssen, umfasst die Verfahrenskostenhilfebewilligung nach allg. Meinung auch die Bewilligung von Reiseentschädigungen (Zöller/*Geimer* § 122 Rn. 20 m.w.N.). Kosten für notwendige **Informationsreisen zum beigeordneten Anwalt** fallen nicht unter die oben genannte VwV. Sie sind im Rahmen der Verfahrenskostenhilfe aus der Staatskasse vorzustrecken (Bork/Jacoby/Schwab/*Müther* § 78 Rn. 6; s.a. OLG Dresden AGS 2007, 251; OLG Köln FamRZ 2008, 525).

48 4. **Kostenerstattungsansprüche anderer Verfahrensbeteiligter.** Die Verfahrenskostenhilfe beschränkt sich auf die eigenen Kosten des Begünstigten und erstreckt sich nicht auf Kosten, die der Begünstigte anderen Verfahrensbeteiligten aufgrund einer gerichtlichen Kostenentscheidung, der Übernahme durch Vergleich oder kraft Gesetzes zu erstatten hat (§ 123 ZPO). Zu erstatten sind die notwendigen außergerichtlichen Kosten des Erstattungsberechtigten, insb. seine notwendigen Anwaltskosten (s. § 85 Rdn. 8). Soweit andere Verfahrensbeteiligte mehr an gerichtlichen Gebühren und Auslagen vorausgezahlt haben als sie letztlich schulden, haben sie einen Anspruch auf Rückzahlung gegen die Staatskasse, der dem Erstattungsanspruch gegen den Begünstigten vorgeht (s. Rdn. 53). Die **Pflicht zur Kostenerstattung** entfällt nach h.M. auch dann nicht, wenn dem Erstattungsberechtigten ebenfalls Verfahrenskostenhilfe bewilligt wurde und sein Anspruch auf Erstattung von Anwaltskosten nach § 59 RVG auf die Staatskasse übergegangen und von ihr einzuziehen ist (BGH FamRZ 1997, 1141; OLG Dresden FamRZ 2010, 583; OLG Oldenburg FamRZ 2009, 633: a.A. OLG München FamRZ 2014, 1880). Zum Kostenerstattungsanspruch des Begünstigten s. Rdn. 54.

49 III. **Wirkung für andere Verfahrensbeteiligte. 1. Gerichtliche Kosten**

§ 122 Abs. 2 ZPO *(Wirkung der Prozesskostenhilfe)*

(2) Ist dem Kläger, dem Berufungskläger oder dem Revisionskläger Prozesskostenhilfe bewilligt und ist nicht bestimmt worden, dass Zahlungen an die Bundes- oder Landeskasse zu leisten sind, so hat dies für den Gegner die einstweilige Befreiung von den in Absatz 1 Nr. 1 Buchstabe a bezeichneten Kosten zur Folge.

§ 125 ZPO *(Einziehung der Kosten)*

(1) Die Gerichtskosten und die Gerichtsvollzieherkosten können von dem Gegner erst eingezogen werden, wenn er rechtskräftig in die Prozesskosten verurteilt ist.
(2) Die Gerichtskosten, von deren Zahlung der Gegner einstweilen befreit ist, sind von ihm einzuziehen, soweit er rechtskräftig in die Prozesskosten verurteilt oder der Rechtsstreit ohne Urteil über die Kosten beendet ist.

Wird einem Verfahrensbeteiligten Verfahrenskostenhilfe bewilligt berührt das die Verpflichtung der bemittelten Verfahrensbeteiligten zur Zahlung fälliger Gebühren und Auslagen oder von Vorschüssen (z.B. des Antragstellers nach § 13 GNotKG bzw. §§ 9, 14 Abs. 3 FamGKG) grundsätzlich nicht. Davon normieren die §§ 122 Abs. 1 und § 125 ZPO mehrere Ausnahmen (s. i.E. Rdn. 51 u. 52). Weitere Einschränkungen beim Einzug der Kosten finden sich in den Kostengesetzen, die zudem in bestimmten Fällen die Staatskasse zur Rückzahlung geleisteter Vorschüsse verpflichtet (s. Rdn. 53). 50

Zweck dieser Reglungen ist einerseits, den Begünstigten davor zu schützen, sich über den Umweg der Kostenerstattung doch noch direkt an Gerichtskosten beteiligen zu müssen muss (OLG Karlsruhe FamRZ 2013, 392; Musielak/Voit/*Fischer* § 122 Rn. 10; Zöller/*Geimer* § 122 Rn. 21). Andererseits sollen die anderen Verfahrensbeteiligten davor bewahrt werden, wegen im Voraus geleisteter Kosten, die sie nach der endgültigen Kostenregelung nicht tragen müssen, auf die Erstattung durch den i.d.R. nicht oder nur begrenzt zahlungsfähigen Begünstigten angewiesen zu sein (Musielak/Voit/*Fischer* § 122 Rn. 10, § 125 Rn. 1).

Problematisch ist, dass sich die Regelungen der §§ 122 Abs. 2, 125 ZPO naturgemäß auf den Parteienprozess beziehen. Die h.M. wendet sie in FG-Verfahren deshalb nur bei echten Streitverfahren an (vgl. Keidel/*Zimmermann* § 76 Rn. 45; Prütting/Helms/*Stößer* § 76 Rn. 56, 58; *Götsche* FamRZ 2009, 383). Sie sind m.E. aber auch in den Verfahren zu beachten, in denen sich die Beteiligten nicht als Gegner gegenüberstehen. Da die zivilprozessualen Regeln nur entsprechend anzuwenden und an die Besonderheiten der FG-Verfahrens anzupassen sind (s. Rdn. 1), kann der Wortlaut allein seinen Ausschluss für **nicht als Streitverfahren ausgestaltete FG-Verfahren** nicht begründen. Es besteht kein Grund, den mit den Regelungen bezweckten Schutz nicht auch den in der Rolle des Antragsgegners am Verfahren Bedürftigen zu gewähren. Er ist in FG-Verfahren nicht weniger geboten als in ZPO-Verfahren. Auch hier wird eine Kostenentscheidung i.d.R. vor der Rechtskraft wirksam (s. § 40 Rdn. 15 und 51) und kann die Grundlage für eine später zu revidierende Kostenfestsetzung bilden (s. § 85 Rdn. 2).

Eine unberechtigte Kostenforderung ist zwar grundsätzlich nur mit der Kostenerinnerung oder -beschwerde nach §§ 81, 82 GNotKG bzw. §§ 57, 58 FamGKG anzufechten. Liegt aber gleichzeitig ein **Verstoß gegen die Freistellung** nach § 122 Abs. 2 ZPO vor, ist auch die sofortige Beschwerde nach § 76 Abs. 2 (s. Rdn. 116) eröffnet (OLG Karlsruhe (FamRZ 2013, 392; Zöller/*Greger* § 379 Rn. 3 m.w.N.). Das wird insbesondere für den Auslagenvorschuss relevant, der nach §§ 379, 402 ZPO auf verfahrensrechtlicher Grundlage erhoben wird und deshalb nicht isoliert anfechtbar ist (BGH JurBüro 2009, 371 = FamRZ 2009, 1056 LS).

a) Einstweilige Befreiung von Gerichtskosten (§ 122 Abs. 2 ZPO). Ist einem Verfahrensbeteiligten für die jeweilige Instanz **Vkh ohne Zahlungsbestimmungen bewilligt**, kann er das Verfahren ohne Rücksicht auf die finanzielle Belastung durch Auslagenvorschüsse oder sonstiger fälliger Zahlungen an das Gericht führen (s. Rdn. 44). § 122 Abs. 2 ZPO befreit den oder die Gegner, die selbst keine Vkh beanspruchen, zum Ausgleich dieser Besserstellung einstweilen in gleicher Weise (Musielak/Voit/*Fischer* § 122 Rn. 10; BT-Drucks. 8/3068, S. 30). Die Vergünstigung wird vor allem für gerichtliche Auslagen relevant. Maßgeblich ist die jeweilige Beteiligtenrolle und nicht die Bezeichnung: Wird einem Antragsgegner für einen Widerantrag Vkh ohne Zahlungsverpflichtung bewilligt, ist insoweit auch der Antragsteller vorläufig von Kosten befreit; dasselbe gilt für den Antragsteller des Scheidungsantrags in einer vom Antragsgegner (mit ratenfreier Vkh) beantragten Folgesache (OLG Karlsruhe FamRZ 2013, 392). Bei mehreren Antragstellern (Streitgenossen) soll die Freistellung des Gegners nach allg.M. nur greifen, wenn sämtlichen Vkh ohne Zahlungsbestimmungen bewilligt ist (Zöller/*Geimer* § 122 Rn. 22). Für die unter § 76 fallenden FG-Verfahren kann diese Einschränkung allenfalls in echten Streitverfahren greifen, nicht aber in anderen Verfahren, in denen nach hiesiger Ansicht dem Schutzzweck des § 122 Abs. 2 ZPO ebenfalls Rechnung zu tragen ist (s. Rdn. 50). 51

Die Freistellung des Gegners bzw. von bemittelten Verfahrensbeteiligten hat zur Folge, dass von ihm im laufenden Verfahren ab Bewilligung der Vkh fällige Gebühren und Auslagen weder nach dem Verfahrensrecht (§§ 379, 402 ZPO i.V.m. § 113 Abs. 1 FamFG bzw. § 30 FamFG i.V.m. §§ 379 ZPO) noch nach den Gerichtskostengesetzen (s. § 16 FamGKG bzw. § 14 GNotKG) gefordert und Beweisaufnahmen oder andere Auslagen verursachende Handlungen nicht von der Entrichtung eines Auslagenvorschusses abhängig gemacht werden können (OLG Karlsruhe FamRZ 2013, 392; OLG Hamm FamRZ 1999, 453; *Schneider* NJW-Spezial 2013, 91).

Die vorläufige **Befreiung endet**, wenn die maßgebliche Vkh-Bewilligung nach § 124 ZPO aufgehoben wird. Ansonsten dauert sie bis zu einer endgültigen Erledigung des Verfahrens an. Zum Einzug der Kosten s. Rdn. 52 (1).

52 **b) Voraussetzungen für den Einzug der Kosten.** (1) Wurden die bemittelten **Verfahrensbeteiligten nach § 122 Abs. 2 ZPO vorläufig von Kosten befreit**, endet diese Befreiung erst mit der rechtskräftigen oder anderweitigen Erledigung des Verfahrens. Dazu gehört auch die lediglich kostenrechtliche »Erledigung« durch den Nichtbetrieb des Verfahrens (Zöller/*Geimer* § 125 Rn. 1). Mit der Beendigung kann die Staatskasse gem. **§ 125 Abs. 2 ZPO** die Kosten von dem bisher davon freigestellten Beteiligten einziehen, wenn und soweit er diese entweder aufgrund einer rechtskräftigen gerichtlichen Entscheidung oder durch Übernahme im Vergleich oder Erklärung endgültig schuldet (s. § 80 Rdn. 42 ff.), oder wenn sich die Haftung für die Gerichtskosten mangels Kostenentscheidung oder -reglung aus § 23 GNotKG oder 22 FamFG ergibt (Keidel/*Zimmermann* § 76 Rn. 45).

(2) Davon unabhängig können in allen Verfahren, in denen einem Verfahrensbeteiligten **Vkh mit oder ohne Ratenzahlung bewilligt** wurde, die Gerichtskosten zu deren Zahlung der Gegner bzw. in FG-Verfahren ein bemittelter Beteiligter durch Beschluss verpflichtet wurde, nach **§ 125 Abs. 1 ZPO** von ihm **nicht vor Rechtskraft der Kostenentscheidung** eingezogen werden. Dadurch wird ein Rückausgleich vermieden, falls die Kosten in der Beschwerdeinstanz anders verteilt werden. Davon nicht betroffen sind Kosten, zu deren Vorauszahlung der bemittelte Verfahrensbeteiligte, z.B. als Antragsteller, verpflichtet war und die er noch nicht bezahlt hat ohne davon nach § 125 Abs. 2 ZPO einstweilen befreit zu sein (s. aber Rdn. 53).

(3) Dadurch, dass die Staatskasse sowohl im Fall des § 125 Abs. 1 als auch des Abs. 2 ZPO nicht schon aufgrund einer noch nicht rechtskräftigen Kostenentscheidung Gerichtskosten einfordern darf und der durch die Verfahrenskostenhilfe Begünstigte eine Erstattung der Gerichtskosten (s. Rdn. 54 ff.) beanspruchen kann, werden die bemittelten Verfahrensbeteiligten vor der möglichen Uneinbringlichkeit eines Rückausgleichs ebenso geschützt wie der Begünstigte vor letztlich unberechtigten Erstattungsansprüchen des Gegners.

53 **c) Heranziehung als Zweitschuldner.** Ein Verfahrensbeteiligter kann für die Gerichtskosten aus mehreren Gründen haften. Neben die sich aus der Kostenentscheidung oder der Übernahme in einem Vergleich bzw. die sich insoweit aus dem Verfahrensrecht ergebende Haftung tritt die Haftung nach den Kostengesetzen als Antragsteller oder Schuldner der gerichtlichen Auslagen. Da Letztere nachrangig ist, wird sie als Zweitschuldnerhaftung bezeichnet (s. dazu i.E. §§ 21 bis 27 FamGKG Rdn. 17). Aus den gleichen Gründen, aus denen § 125 ZPO die Haftung als Erstschuldner begrenzt, schränken die Kostengesetze, hier **§ 33 GNotKG und § 26 FamGKG**, im Falle der Bewilligung von Vkh die Zweitschuldnerhaftung der bemittelten Verfahrensbeteiligten ein: Unabhängig davon, ob dem Begünstigten Verfahrenskostenhilfe mit oder ohne Zahlungsbestimmungen bewilligt wurde, und unabhängig von seiner verfahrensrechtlichen Stellung darf die Staatskasse andere Verfahrensbeteiligte nicht als Zweitschuldner in Anspruch nehmen, soweit der Begünstigte die Kosten aufgrund richterlicher Entscheidung als Erstschuldner zu tragen hat. Sie kann deshalb von anderen Verfahrensbeteiligten bereits bezahlte Gebühren oder Auslagen, die sie nach der Kostenentscheidung nicht schulden, nicht auf den Haftungsanteil des Begünstigten verrechnen, sondern muss sie zurückzahlen (§ 26 Abs. 3 FamGKG, § 33 Abs. 2 GNotKG: s.a. §§ 21 bis 27 FamGKG Rdn. 19). Die Regelung wurde in beiden Kostengesetzen (ebenso im GKG) durch das 2. KostRMoG mit Wirkung zum 01.08.2013 auf die Haftung aus gerichtlichen Vergleichen erweitert. Voraussetzung ist, dass der Vergleich einschließlich der Verteilung der Kosten von dem Gericht vorgeschlagen worden ist und das Gericht in seinem Vergleichsvorschlag ausdrücklich festgestellt hat, dass die Kostenregelung der sonst zu erwartenden Kostenentscheidung entspricht (s. dazu näher §§ 21 bis 27 FamGKG Rdn. 21 und *Schneider/Thiel* NJW 2013, 3222). Die Sperre für die Zweitschuldnerhaftung greift in verfassungskonformer Auslegung der Schutzregel in bestimmten Konstellationen selbst dann, wenn dem Erstschuldner die Vkh wieder entzogen wird (BVerfG NJW 2013, 2882 für Auslagen, die durch eine von der kostenarmen Partei beantragte Beweisaufnahme entstanden sind). Der **Rückzahlungsanspruch** gegen die Staatskasse geht einem Anspruch auf Kostenerstattung gegen den Begünstigten vor (OLG Stuttgart FamRZ 2011, 1342; OLG Düsseldorf JurBüro 2000, 87 m. Anm. *Enders*). So wird einerseits verhindert, dass sich der Begünstigte über den Umweg der Kostenerstattung über das durch den Bewilligungsbeschluss bestimmte Maß hinaus an den Verfahrenskosten beteiligen muss (BVerfG NJW 1999, 3186). Andererseits ist der andere Verfahrensbeteiligte wegen geleisteter Überzahlungen nicht auf unsichere Erstattungsansprüche gegen den unbemittelten Begünstigten angewiesen.

54 **2. Erstattung außergerichtlicher Kosten.** Die Bewilligung von Vkh für den Gegner bzw. einen Verfahrensbeteiligten berührt den **Anspruch anderer Verfahrensbeteiligter** auf Erstattung ihrer eigenen außergerichtlichen Kosten, die der Begünstigte ihm aufgrund einer gerichtlichen Kostenentscheidung, der Übernahme durch *Vergleich* oder *kraft Gesetzes* zu erstatten hat grundsätzlich nicht (s. Rdn. 48). Soweit einem bemit-

telten Beteiligten kein Rückzahlungsanspruch gegen die Staatskasse zusteht (s. Rdn. 53), gilt das auch für von ihm vorausbezahlte Gerichtskosten. Wurde dem Erstattungspflichtigen selbst Vkh bewilligt, hat er trotzdem Anspruch auf Erstattung von Anwaltskosten nach der Wahlanwaltstabelle abzüglich der dem Anwalt aus der Staatskasse bereits gezahlten Vergütung. Dieser Teil ist nach § 59 RVG auf die Staatskasse übergegangen und wird von ihr wie Gerichtskosten eingezogen (s. § 78 Rdn. 18 a.E.).

Ebenfalls von der Vkh grundsätzlich unberührt bleibt der **Erstattungsanspruch des Begünstigten**, den er gegen einen bemittelten Beteiligten wegen seiner außergerichtlichen Kosten erwirbt. Er kann wie ein bemittelter Erstattungsberechtigter sowohl Gerichtskosten ersetzt verlangen, die er noch vor der Bewilligung vorausgezahlt hat, aber nach der abschließenden Kostenregelung nicht schuldet, und zum anderen Anwaltskosten nach der Wahlanwaltstabelle, soweit sie dem Erstattungspflichtigen auferlegt wurden und der Anspruch noch nicht auf die Staatskasse übergegangen ist (s.o.). Dieser Anspruch steht zugleich dem beigeordneten Anwalt zu (s. § 78 Rdn. 35 ff.). Für den Erstattungspflichtigen hat dies den Nachteil, dass gegenüber dem Anwalt Einreden aus seinem Verhältnis zum Erstattungsberechtigten begrenzt sind (§ 78 Rdn. 36). Anders als bei der Einziehung der gerichtlichen Kosten (s.o. Rdn. 52) gibt es für die von anderen Verfahrensbeteiligten zu erstattenden Anwaltskosten keinen Schutz vor verfrühter Inanspruchnahme: Mit Wirksamkeit der Kostenentscheidung und damit i.d.R. auch vor ihrer Rechtskraft kann der Anspruch im Kostenfestsetzungsverfahren nach § 85 tituliert werden (§ 85 Rdn. 2).

IV. Wirkung für den beigeordneten Anwalt. Aus der Beiordnung im Wege der Verfahrenskostenhilfe erwächst dem Anwalt ein **Vergütungsanspruch gegen die Staatskasse** (§ 45 RVG; s. dazu i.E. § 78 Rdn. 18 ff.). Die Gebühren richten sich zwar grds. wie beim Wahlanwalt nach dem Vergütungsverzeichnis. Bei Wertgebühren wird jedoch die Höhe der Grundgebühr aus der besonderen Tabelle für den beigeordneten Anwalt entnommen (§ 49 RVG), die ab einem Verfahrenswert von 4000 € geringere Grundgebühren vorsieht und sie ab einem Wert von über 30000 € deckelt. Auslagen werden gemäß Nr. 7000 ff. VV erstattet, soweit sie zur sachgemäßen Durchführung der Angelegenheit erforderlich waren (§ 46 Abs. 1 RVG); Mit dem Anspruch gegen die Staatskasse verliert der Anwalt gleichzeitig das Recht, die vertragliche Vergütung vom Auftraggeber zu fordern (§ 122 Abs. 1 Nr. 3 ZPO). Diese **Vergütungssperre gegenüber dem Mandanten** erstreckt sich auf sämtliche nach Bewilligung (nochmals) verwirklichten Gebührentatbestände und auch auf die mit der Bewilligung der Verfahrenskostenhilfe mit der Gebühr für die Hauptsache zu verrechnende Verfahrensgebühr für Vertretung im Vkh-Verfahren (BGH FamRZ 2008, 982). Die Sperre bleibt auch nach Abschluss des Verfahrens bestehen, es sei denn, die Vkh wird aufgehoben (s. Rdn. 92 ff.). Die Aufhebung der Beiordnung allein beendet sie dagegen nicht. In beiden Fällen behält der Anwalt wegen der bereits entstandenen Gebühren seine gegen die Staatskasse begründeten Ansprüche (KG RVGreport 2011, 230; OLG Köln FamRZ 2005, 2007 m.w.N.). Nach Aufhebung der VKH kann er auch die Wahlanwaltsgebühren vom Mandanten verlangen und nach § 11 RVG festsetzen lassen (KG RVGreport 2011, 230; OLG Brandenburg JurBüro 2010, 261). Jeder beigeordnete Anwalt kann gem. § 126 ZPO wegen seiner (noch) nicht von der Staatskasse befriedigten Vergütungsansprüche den **Kostenerstattungsanspruch** seines Mandanten gegen andere Verfahrensbeteiligte im eigenen Namen verfolgen, s. dazu näher § 78 Rdn. 34 ff. Für den Erstattungspflichtigen hat dies den Nachteil, dass gegenüber dem Anwalt Einreden aus seinem Verhältnis zum Erstattungsberechtigten begrenzt sind.

D. Verfahren. I. Allgemeines. Über den Antrag auf Bewilligung von Verfahrenskostenhilfe einschließlich der Anwaltsbeiordnung und der Anordnung von Zahlungen nach § 115 ZPO (s. Rdn. 115) entscheidet das **Gericht der Hauptsache** (bzw. das Vollstreckungsgericht) für die jeweilige Instanz (119 Abs. 1 Satz 1 ZPO) durch **Beschluss**. Ein abweisender Beschluss erwächst nicht in **Rechtskraft**. Einem erneuten Antrag fehlt aber bei unverändertem Sachverhalt das Rechtsschutzbedürfnis (BGH NJW 2004, 1805; NJW 2005, 1498).

Das Verfahren richtet sich nach §§ 117, 118 ff. ZPO. Es handelt sich um ein **nicht kontradiktorisches**, seinem Wesen nach öffentlich-rechtliches Verfahren, bei dem der Bedürftige dem bewilligenden Staat als Antragsteller gegenübertritt, während die (potenziellen) übrigen **Beteiligten** des Hauptsacheverfahrens keine formale Beteiligtenrolle einnehmen, sondern lediglich Anhörungsrechte haben (BGH FamRZ 2004, 940; 2013, 124 Rn. 24). Es wird durch die Eröffnung des Insolvenzverfahrens gegen den Antragsteller oder die Bestellung eines vorläufigen Insolvenzverwalters ebenso wenig unterbrochen (BGH NJW-RR 2006, 1208) wie durch die **Unterbrechung** des Hauptverfahrens aus anderen Gründen (BGH NJW 1966, 1126). Es ist gerichtsgebührenfrei. Eine Erstattung von **Kosten**, die den anzuhörenden Beteiligten entstanden sind, ist gem. § 118 Abs. 1 Satz 3 ZPO ausgeschlossen (s. Rdn. 123).

§ 76 Buch 1. Allgemeiner Teil

58 II. Antrag (§ 117 ZPO)

§ 117 ZPO

(1) Der Antrag auf Bewilligung der Prozesskostenhilfe ist bei dem Prozessgericht zu stellen; er kann vor der Geschäftsstelle zu Protokoll erklärt werden. In dem Antrag ist das Streitverhältnis unter Angabe der Beweismittel darzustellen. Der Antrag auf Bewilligung von Prozesskostenhilfe für die Zwangsvollstreckung ist bei dem für die Zwangsvollstreckung zuständigen Gericht zu stellen.
(2) Dem Antrag sind eine Erklärung der Partei über ihre persönlichen und wirtschaftlichen Verhältnisse (Familienverhältnisse, Beruf, Vermögen, Einkommen und Lasten) sowie entsprechende Belege beizufügen. Die Erklärung und die Belege dürfen dem Gegner nur mit Zustimmung der Partei zugänglich gemacht werden; es sei denn, der Gegner hat gegen den Antragsteller nach den Vorschriften des bürgerlichen Rechts einen Anspruch auf Auskunft über Einkünfte und Vermögen des Antragstellers. Dem Antragsteller ist vor der Übermittlung seiner Erklärung an den Gegner Gelegenheit zur Stellungnahme zu geben. Er ist über die Übermittlung seiner Erklärung zu unterrichten.
(3) Das Bundesministerium der Justiz wird ermächtigt, zur Vereinfachung und Vereinheitlichung des Verfahrens durch Rechtsverordnung mit Zustimmung des Bundesrates Formulare für die Erklärung einzuführen. Die Formulare enthalten die nach § 120a Absatz 2 Satz 4 erforderliche Belehrung.*
(4) Soweit Formulare für die Erklärung eingeführt sind, muss sich die Partei ihrer bedienen.

* Abs. 3 Satz 2 eingefügt mit Wirkung zum 01.01.2014

59 1. Gegenstand und Form. Verfahrenskostenhilfe wird nur auf **Antrag** gewährt (§ 114 Abs. 1 Satz 1 ZPO, s.o. Rdn. 35). Davon ausgenommen sind lediglich die Verfahrenskostenhilfe für einen im Scheidungsverbund durchgeführten Versorgungsausgleich (s. § 149 FamFG Rdn. 1) und Verfahren nach dem AUG (s. § 24 AUG). Die Beiordnung eines Anwalts erfolgt ebenfalls nur auf Antrag, wenn eine anwaltliche Vertretung nicht zwingend vorgeschrieben ist und sich die Beiordnung für die Hauptsache nicht automatisch auf mit ihr zusammenhängende Gegenstände oder Verfahren erstreckt (s. § 77 Rdn. 3, § 78 Rdn. 4). Wird nach Bewilligung der Vkh der **Antrag erweitert** oder der Verfahrensgegenstand **geändert**, ist hierfür gesondert Verfahrenskostenhilfe zu beantragen (BGH NJW-RR 2006, 429 = FamRZ 2006, 37 [LS]). Dasselbe gilt grds. für eine **Einigung über nicht anhängige Verfahrensgegenstände.** Zu den Ausnahmen s. Rdn. 41.
Der Antrag ist beim Gericht der Hauptsache **schriftlich** einzureichen oder zu Protokoll des Gerichts oder der Geschäftsstelle eines jeden AG zu erklären (§ 117 Abs. 1 ZPO); während des Hauptsacheverfahrens kann er auch in einem Termin gestellt werden. **Zuständig** für die Entgegennahme des Antrags ist das Gericht, das für die Entscheidung über die Hauptsache zuständig ist. Das gilt grds. auch für Anträge auf Bewilligung von Vkh für eine Beschwerde oder Rechtsbeschwerde (BGH FamRZ 2013, 1568 Rn. 9). Anders ist dies, wenn es um Vkh für eine erst beabsichtigte Beschwerde geht, die gem. § 64 Abs. 1 Satz 2 FamFG in der seit 01.01.2013 geltenden Fassung beim Ausgangsgericht einzulegen ist (s. § 64 Rdn. 6 auch zur Bedeutung des rechtzeitigen Eingangs für die Wiedereinsetzung). Für den Antrag besteht, auch wenn Kostenhilfe für eine Rechtsbeschwerde vor dem BGH beantragt wird, **kein Anwaltszwang** (§ 10 Abs. 1, 4 Satz 1 FamFG bzw. für Ehe- und Familienstreitsachen § 114 Abs. 4 Nr. 5 FamFG). – Zum Vertretungszwang bei Rechtsbeschwerden gegen Beschlüsse zur Verfahrenskostenhilfe selbst s. Rdn. 122. – Da für die Erklärung über die persönlichen und wirtschaftlichen Verhältnisse ein bundeseinheitliches Formular eingeführt worden ist (vgl. PKHVV vom 17.10.1994, ab 22.01.2014 abgelöst durch die PKHFV vom 06.01.2014, BGBl. I, S. 34) müssen natürliche Personen grds. das amtliche Formular verwenden (**Formularzwang**, § 117 Abs. 4 ZPO; zu Ausnahmen s. Rdn. 61). Das gilt auch für aus dem Ausland gestellte Anträge (BGH FamRZ 2011, 104); für den Verkehr innerhalb der EU gibt es ein besonderes Formular. Beide sind mitsamt den amtlichen Erläuterungen bei den Gerichten erhältlich oder online über das Justizportal des Bundes und der Länder unter *www.justiz.de* (Formulare) abzurufen. Ob die Vorlage des Formulars mit Belegen Zulässigkeitsvoraussetzung für die Bewilligung von Vkh ist (str. s. Büttner/Wrobel-Sachs/*Dürbeck* Rn. 90 f.), kann letztlich dahingestellt bleiben. Denn ohne dass das Gericht auf fehlende Auskünfte und Erläuterungen hinweist, darf ein Vkh-Antrag nicht zurückgewiesen werden (BVerfG NJW 2000, 275; s.u. Rdn. 69).
Die Erklärung ist grds. **in jeder Instanz erneut** beizubringen (BGH FamRZ 2006, 1522), es sei denn, es wird ausdrücklich unter Bezugnahme auf die in der Vorinstanz vollständig vorgelegten Formulare und Belege versichert, dass keine Veränderung eingetreten ist (Zöller/*Geimer* § 119 Rn. 53 m.w.N.). Soweit sich die Formulare zwischen den Instanzen wie zum 01.01.2014 (s.o.) wesentlich geändert haben, ist m.E. die Vorlage einer neuen Erklärung nötig.

2. Inhalt. Die Bewilligungsvoraussetzungen werden nicht v.A.w. ermittelt, sondern sind vom Antragsteller **60** darzulegen. Die Verpflichtung zur **Darstellung des Streitverhältnisses**, für das Kostenhilfe begehrt wird, mit Angabe von Beweismitteln (§ 117 Abs. 1 Satz 2 ZPO) gilt uneingeschränkt nur in den Familienstreitsachen. Für die vom Amtsermittlungsprinzip beherrschten FG-Sachen (s. § 26 FamFG) entspricht Inhalt und Umfang der **Angaben zur Hauptsache** seiner Mitwirkungs- bzw. Beibringungspflicht (s. § 27 Rdn. 5 ff.). In Verfahren, die auf Antrag eingeleitet werden, muss das Begehren konkreter dargestellt werden als in Amtsverfahren. Entscheidend ist, welche Angaben notwendig sind, damit das Gericht die Erfolgsaussicht des Begehrens oder der Verfahrensbeteiligung (s. Rdn. 36) beurteilen kann.

Jeder Antragsteller muss sich gem. § 117 Abs. 2 Satz 1 ZPO zu seinen **persönlichen und wirtschaftlichen** **61** **Verhältnissen** in einer Weise erklären, die dem Gericht die Prüfung seiner Bedürftigkeit und seiner Möglichkeiten, sich an den Verfahrenskosten finanziell zu beteiligen, ermöglichen und die Richtigkeit seiner Angaben anhand von Belegen zu prüfen (BGH FamRZ 2008, 868; s.a. Rdn. 66 ff.). Hierzu muss er grundsätzlich das bundeseinheitliche Formular verwenden (s. Rdn. 59) und dieses vollständig ausfüllen (s. dazu die amtlichen Hinweise und i.E. FormB FA-FamR/*Keske* Kap. 13 Rn. 190 ff.). Er gilt grundsätzlich auch für Antragsteller, die sich im Ausland aufhalten oder dorthin abgeschoben wurden (BGH FGPrax 2011, 41 = FamRZ 2011, 104 LS) und seit 01.01.2014 auch in Überprüfungsverfahren (s. Rdn. 88). **Ausnahmen vom** **Formularzwang** bestehen für Parteien kraft Amtes, juristische Personen oder parteifähige Vereinigungen (§ 1 Abs. 2 PKHFV) und unverheiratete **minderjährige Kinder** in Unterhalts- und Abstammungssachen, wenn sie selbst über kein nach § 115 ZPO einzusetzendes Einkommen oder Vermögen verfügen (§ 2 PKHFV). Unter den vorgenannten Voraussetzungen und vorbehaltlich einer anderweitigen Anordnung des Gerichts kann das Kind bzw. für dieses sein gesetzlicher Vertreter die Erklärung formfrei abgeben. Sie muss nach § 2 Abs. 1 Satz 2 PKHVV Angaben dazu enthalten, wie das Kind seinen Lebensunterhalt bestreitet und über welche Einkünfte es verfügt sowie die Erklärung, dass es kein Vermögen besitzt, welches nicht vom Einsatz für die Verfahrenskosten verschont ist (OLG Brandenburg FamRZ 2004, 383.; zum einzusetzenden Vermögen s. Rdn. 23 ff.). Zur Prüfung eines (weitergehenden) Anspruchs auf Unterhalt und auf Verfahrenskostenvorschuss sind außerdem – soweit dem Kind oder seinem gesetzlichen Vertreter bekannt – die monatlichen Einnahmen der ihm zum Unterhalt verpflichteten Personen anzugeben und ob diese über Vermögen verfügen (BGH FamRZ 2004, 1548).

Bezieht der Antragsteller **laufende Leistungen zum Lebensunterhalt** nach dem SGB XII, entfällt der Formularzwang nicht. Er darf lediglich auf den Teil der geforderten Angaben, der sich auf die wirtschaftlichen Verhältnisse (Abschnitte E bis J) bezieht, verzichten (BGH FamRZ 2013, 1124 Rn. 10) – Bis zum 22.01.2014 galt das auch bei Bezug von ALG II. – Voraussetzung ist, dass der letzte Bescheid über die Bewilligung der Leistungen in vollständiger Form sämtlichen Anlagen beigefügt wird (OLG Jena FamRZ 2015, 1919). Betrifft der Bewilligungsbescheid allerdings einen bereits seit mehreren Monaten abgelaufenen Bewilligungszeitraum, ist er zum Beleg der aktuellen Verhältnisse nicht geeignet (BFH/NV 2011, 1531). Auch die Vorlage eines aktuellen Bescheides befreit den Antragsteller nur zunächst davon, das Formular vollständig auszufüllen; er muss die Angaben ergänzen, sobald das Gericht dies verlangt (§ 2 Abs. 2 und 3 PKHFV).

Sowohl bei der Verwendung des Formulars als auch bei der vereinfachten Erklärung sind **Belege** zu den Einkünften, zum Vermögen und den Abzugsbeträgen i.S.d. § 115 ZPO (s. Rdn. 11 ff.) beizufügen.

Hinweis: Verfahrenskostenhilfe darf frühestens ab dem Zeitpunkt bewilligt werden, an dem eine vollständige Erklärung mit den erforderlichen Belegen eingereicht ist (s. Rdn. 76). Erst dann kann ein Antrag auf Verfahrenskostenhilfe **Frist wahrende Wirkung** entfalten (vgl. BGH FamRZ 2013, 1966; *Soyka* FuR 2014, 108, 110 jeweils zur Wiedereinsetzung; zur Hemmung der Verjährung s. BGH FamRZ 2004, 177).

3. Datenschutz (§ 117 Abs. 2 Satz 2, 3 ZPO). Zum Schutz der persönlichen Daten darf die **Erklärung** **62** **über die persönlichen und wirtschaftlichen Verhältnisse** nebst Belegen den anzuhörenden Beteiligten (s. Rdn. 65) grds. nur mit Zustimmung des Antragstellers zugänglich gemacht werden (Abs. 2 Satz 2). Parallel dazu sind die Formulare, die Belege und sämtliche dazugehörigen sonstigen Erklärungen nach den Durchführungsbestimmungen zur PKH (DB-PKH) in einem Beiheft zu verwahren. Seit dem 01.09.2009 darf das Gericht auch ohne Zustimmung des Antragstellers anderen Verfahrensbeteiligten die Unterlagen zu den persönlichen und wirtschaftlichen Verhältnissen bekannt geben, wenn diese nach bürgerlichem Recht selbst Auskunft verlangen könnten. Damit sollen zum einen die Richtigkeit der Angaben verifiziert und zum anderen unnötige Auskunftsverfahren vermieden werden (BT-Drucks. 16/6308 S. 325). Ein subjektives Recht auf Einsicht besteht auch für diesen Personenkreis nicht (BGH FamRZ 2015, 1176). Als Anspruchsgrundlage kommen insb. die §§ 1361 Abs. 4 Satz 4, 1580 oder § 1605 Abs. 1 Satz 1 BGB in Betracht. Es ist nicht Voraussetzung, dass der Auskunftsanspruch konkret fällig oder Gegenstand des zugrunde liegenden Verfahrens ist; die bloße Existenz eines Auskunftsanspruchs nach den Vorschriften des BGB reicht aus (OLG Koblenz FamRZ 2011, 389 m. Anm. *Strohal* FamFR 2010, 568). Der Auskunftsanspruch des Gläubigers gegen den Schuldner aus § 836 Abs. 3 ZPO fällt nicht darunter (OLG Brandenburg FamRZ 2011, 125). Der Antragsteller ist vor der beabsichtigten Übermittlung zu hören (Abs. 2 Satz 4) und von der erfolgten Übermittlung zu unterrichten (Abs. 2 Satz 5). Diese Vorschriften über den Datenschutz ergänzen die in § 77 Abs. 1 FamFG und § 118 Abs. 1 ZPO geregelte Anhörung anderer Verfahrensbeteiligter im Bewilligungsverfahren (s. Rdn. 64).

Gegen die Übermittlung seiner Erklärung steht den Betroffenen gem. § 76 Abs. 2 FamFG i.V.m. § 127 Abs. 3 ZPO ein Beschwerderecht zu (OLG Karlsruhe FamRZ 2015, 597 m.w.N. Zur Beschwerde s. Rdn. 120 ff.). Soweit das Gericht den Antrag eines Anzuhörenden auf Einsicht in die Vkh-Unterlagen ablehnt, steht ihm wie gegen die Bewilligung der Vkh selbst kein Beschwerderecht zu (BGH FamRZ 2015, 1176; OLG Nürnberg FamRZ 2015, 684 m.w.N.).

63 **III. Bewilligungsverfahren (§ 118 ZPO)**

§ 118 ZPO

(1) Dem Gegner ist Gelegenheit zur Stellungnahme zu geben, ob er die Voraussetzungen für die Bewilligung von Prozesskostenhilfe für gegeben hält, soweit dies aus besonderen Gründen nicht unzweckmäßig erscheint. Die Stellungnahme kann vor der Geschäftsstelle zu Protokoll erklärt werden. Das Gericht kann die Parteien zur mündlichen Erörterung laden, wenn eine Einigung zu erwarten ist; ein Vergleich ist zu gerichtlichem Protokoll zu nehmen. Dem Gegner entstandene Kosten werden nicht erstattet. Die durch die Vernehmung von Zeugen und Sachverständigen nach Absatz 2 Satz 3 entstandenen Auslagen sind als Gerichtskosten von der Partei zu tragen, der die Kosten des Rechtsstreits auferlegt sind.

(2) Das Gericht kann verlangen, dass der Antragsteller seine tatsächlichen Angaben glaubhaft macht, es kann insbesondere auch die Abgabe einer Versicherung an Eides statt fordern. Es kann Erhebungen anstellen, insbesondere die Vorlegung von Urkunden anordnen und Auskünfte einholen. Zeugen und Sachverständige werden nicht vernommen, es sei denn, dass auf andere Weise nicht geklärt werden kann, ob die Rechtsverfolgung oder Rechtsverteidigung hinreichende Aussicht auf Erfolg bietet und nicht mutwillig erscheint; eine Beeidigung findet nicht statt. Hat der Antragsteller innerhalb einer von dem Gericht gesetzten Frist Angaben über seine persönlichen und wirtschaftlichen Verhältnisse nicht glaubhaft gemacht oder bestimmte Fragen nicht oder ungenügend beantwortet, so lehnt das Gericht die Bewilligung von Prozesskostenhilfe insoweit ab.

(3) Die in Absatz 1,2 bezeichneten Maßnahmen werden von dem Vorsitzenden oder einem von ihm beauftragten Mitglied des Gerichts durchgeführt.

64 **1. Allgemeines.** § 118 ZPO regelt das Verfahren nach Eingang eines Antrags auf Bewilligung von Vkh oder ihrer Abänderung. Geregelt werden neben der Gewährung rechtlichen Gehörs für (potenzielle) Gegner des Hauptsacheverfahrens insbes. die Modalitäten der **Prüfung der Angaben des Antragstellers**. Er ist bei der Aufklärung seiner persönlichen und wirtschaftlichen Verhältnisse in besonderem Maße zur **Mitwirkung** verpflichtet (zum Antrag s. Rdn. 41). Kommt er dieser Pflicht auch nach Fristsetzung nicht nach, kann das Gericht die Bewilligung von Prozesskostenhilfe ablehnen; zu eigenen Ermittlungen ist es dann in der Regel nicht verpflichtet (BGH FamRZ 2013, 124 Rn. 29). Lassen sich fehlende Angaben unschwer aus den Akten oder den eingereichten Unterlagen entnehmen, sind diese zu berücksichtigen (BGH FamRZ 2010, 283; 2008, 868, 871). Grundsätzlich darf ein Antrag nicht zurückgewiesen werden, ohne dass das Gericht auf fehlende Auskünfte und Erläuterungen hinweist (BVerfG NJW 2000, 275; *Gottwald* FamRZ 2004, 383 m.w.N.). Ausnahmsweise ist eine Ablehnung auch ohne Fristsetzung oder weitere Aufklärung möglich, wenn der Antragsteller durch **falsche Angaben** seine Glaubhaftigkeit irreparabel zunichte gemacht hat (s. Rdn. 66).

Zur Überprüfung der Angaben des Antragstellers stehen dem Gericht seit 01.01.2014 auch die Stellungnahmen der übrigen Verfahrensbeteiligten zur Verfügung, deren Anhörungsrecht durch das **PKHuBerHÄndG** (s. Vorbem. zu §§ 76 bis 78 FamFG Rdn. 3) zu diesem Zweck auf die persönlichen und wirtschaftlichen Verhältnisse erstreckt wurde. Darüber hinaus haben sich die Ermittlungsmöglichkeiten des Gerichts kaum verändert. Insbesondere sind die im RegE (BT-Drucks. 17/11472, S. 7 f. und 24) vorgesehene Erleichterung der Einholung von Auskünften und die Befugnis, im Bedarfsfall Zeugen und Sachverständige auch zu den persönlichen und wirtschaftlichen Verhältnissen zu vernehmen (s. Zimmermann, FamRZ 2012, 1280) nicht in das Gesetz aufgenommen worden. Geblieben sind allein Klarstellungen zur Glaubhaftmachung und zum Umfang der Anhörung der Beteiligten des Hauptsacheverfahrens, sowie eine Erweiterung der im RpflG geregelten Mitwirkung des Rechtspflegers im Bewilligungsverfahren, allerdings nur als Option auf Länderebene (s.u. Rdn. 72).

2. Verfahrensbeteiligte (Anhörungspflichten). Am Verfahren formell beteiligt ist nur derjenige, der die **65** Verfahrenskostenhilfe beantragt (s. Rdn. 57). Der Gegner bzw. sonstige (potenzielle) **Beteiligte des Hauptsacheverfahrens** haben lediglich **Anhörungsrechte** (BGH FamRZ 1984, 373; 2013, 124 Rn. 24; OLG Nürnberg FamRZ 2015, 684 m.w.N.). Nach den in Ehe- und Familienstreitsachen über § 113 Abs. 1 unmittelbar anwendbaren § 118 Abs. 1 Satz 1 ZPO ist den gegnerischen Verfahrensbeteiligten Gelegenheit zur Stellungnahme zu dem Verfahrenskostenhilfeantrag zu geben. Von der (vorherigen) Anhörung darf nur in Ausnahmefällen abgesehen werden (s. dazu *Fischer* MDR 2004, 667 ff.). Anders ist dies in **FG-Verfahren**, für die § 77 Abs. 1 FamFG eine **Sonderregelung** trifft, die es in Amtsverfahren dem Gericht überlässt, welche Beteiligten gehört werden sollen, im Übrigen aber weitgehend mit § 118 Abs. 1 Satz 1 ZPO übereinstimmt (s. § 77 Rdn. 1 ff.). In beiden Vorschriften wurde durch die Neufassung zum 01.01.2014 klargestellt, dass die Anhörung nicht auf die Erfolgsaussichten des Begehrens in der Hauptsache oder zur Mutwilligkeit des Verfahrens beschränkt ist, sondern sich auch auf die persönlichen und wirtschaftlichen Verhältnisse erstreckt (s. BT-Drucks. 17/11472, S. 31). Letzteres soll allerdings nur die Aufklärungsmöglichkeiten des Gerichts verbessern und begründet deshalb nach wie vor kein Recht des Anzuhörenden auf Einsicht in die Angaben zu den persönlichen und wirtschaftlichen Verhältnissen (BGH FamRZ 2015, 1176), Sie kann ohne Zustimmung des Antragstellers ohnehin nur den Verfahrensbeteiligten übersandt werden, die nach materiellem Recht auskunftsberechtigt wären (s. Rdn. 62).

3. Aufklärungsmittel (§ 118 Abs. 2).. a) Angaben des Antragstellers, Glaubhaftmachung. Das Gericht **66** hat die sachlichen und persönlichen Voraussetzungen für die Bewilligung von Vkh zwar v.A.w. zu prüfen, muss sie aber nicht selbst ermitteln. Grundlage der Prüfung, ob die sachlichen und wirtschaftlichen Voraussetzungen für die Bewilligung der Vkh vorliegen und ob und in welcher Höhe der Antragsteller sich an den Verfahrenskosten beteiligen muss ist der im Antrag geschilderte Sachverhalt und die Formularerklärung zu den wirtschaftlichen Verhältnissen nebst Belegen (s. Rdn. 61). Die **Darlegungslast des Antragstellers** setzt sich im Prüfungsverfahren fort und verpflichtet ihn, die Fragen des Gerichts zu beantworten und auf Verlangen glaubhaft zu machen. Eine mündliche Anhörung des Antragstellers bzw. ein Termin für die Erörterung seines Antrags bzw. der Bewilligungsvoraussetzungen ist nicht unzulässig (OLG Karlsruhe FamRZ 1992, 1198; MDR 2013, 741; zur Ausnahme für Einigungszwecke s. Rdn. 70). – Das kann nicht mehr zweifelhaft sein, nachdem der Gesetzgeber diese im Entwurf der Länder (PKHBegrenzG, BT-Drucks. 17/1216, s. dazu *Zimmermann* FamRZ 2010, 1137 u. 2012, 1280) vorgesehene Aufklärungsmöglichkeit nicht in das PKHuBerHÄndG übernommen hat. – Bestehen, z.B. aufgrund der Stellungnahme der angehörten Verfahrensbeteiligten (s. Rdn. 65), Zweifel an der Richtigkeit und Vollständigkeit seiner Angaben oder sind sie nicht hinreichend belegt, hat das Gericht zuerst den Antragsteller zur Ergänzung seiner Angaben oder zur Glaubhaftmachung, etwa durch **Vorlage weiterer Belege** (auch Kontoauszüge, s. OLG Celle FamRZ 2010, 175) oder Urkunden aufzufordern (MüKoZPO/*Motzer* § 118 Rn. 15). Wie § 118 Abs. 2 Satz 1 ZPO jetzt klarstellt, kann das Gericht im Bedarfsfall auch die Abgabe einer **Versicherung an Eides statt** vom Antragsteller fordern, nach h.M. allerdings nicht in Bezug auf Umstände, die für die Erfolgsaussicht maßgeblich sind (MüKoZPO/*Motzer* § 118 Rn. 15 m.w.N.). Das Verlangen setzt konkrete Zweifel an der Richtigkeit oder Vollständigkeit der Angaben voraus.
Wofür und in welcher **Form eine Glaubhaftmachung** verlangt wird, steht grundsätzlich im **Ermessen** des Gerichts (BGH FamRZ 2011, 872 Rn. 18). (Nur) zur Glaubhaftmachung seiner persönlichen und wirtschaftlichen Verhältnisse kann ihm das Gericht eine **Frist setzen** und, wenn sie nicht gewahrt wird, den Antrag abweisen (s.u. Rdn. 69). Die Maßnahmen zur Glaubhaftmachung haben grundsätzlich Vorrang gegenüber eigenen Erhebungen des Gerichts (BT-Drucks. 17/11472, S. 31 f.). Das dem Gericht eingeräumte Ermessen erlaubt es insbesondere, einen Antrag ohne Verlangen einer eidesstattlichen Versicherung zurückzuweisen, wenn sich herausstellt, dass der Antragsteller **falsche Angaben** über das Rechtsverhältnis oder seine Bedürftigkeit gemacht hat (BGH FamRZ 2013, 124 Rn. 29). Eine analoge Anwendung des § 124 Abs. 1 Nr. 2 ZPO ist dafür weder notwendig noch zulässig (BGH FamRZ 2015, 1874 m.w.N. auch zur damit überholten Gegenansicht des OLG Hamm FamRZ 2015, 1419 und OLG Bamberg FamRZ 2014, 589).

Hat der Antragsteller zur Erfolgsaussicht vorsätzlich falsch vorgetragen, ist dagegen eine Ablehnung des Antrags in entsprechender Anwendung des § 124 Abs. 1 Nr. 1 ZPO ohne Weiteres möglich und auch geboten (OLG Stuttgart FamRZ 2016, 395; BGH 2012, 964 Rn. 21).

67 **b) Ermittlungen des Gerichts.** Nach § 118 Abs. 2 Satz 2 ZPO kann das Gericht grundsätzlich jede Art von Erhebungen anstellen. Neben der Einholung von Auskünften kommt insbesondere die Beiziehung von Akten (auch ohne Einverständnis des Antragstellers, MüKoZPO/*Motzer* § 118 Rn. 18) in Betracht. Sie dürfen nicht nur zur Überprüfung der persönlichen und wirtschaftlichen Verhältnisse erfolgen, sondern auch zur Prüfung der sachlichen Bewilligungsvoraussetzungen. Allerdings darf dadurch die Klärung entscheidungserheblicher Tatsachen nicht vorweggenommen werden (s.u. Rdn. 68). Wegen des Vorrangs der Glaubhaftmachung durch den Antragsteller kommen eigene Erhebungen nur dann infrage, wenn der Antragsteller die benötigten Tatsachen nicht glaubhaft machen konnte (s.o.) und der Antrag nicht schon nach Abs. 2 Satz 3 wegen Versäumung der gesetzten Frist zurückzuweisen ist. Eigene Ermittlungen sind vor allem dann geboten, wenn eine Zurückweisung daran scheitert, dass der Antragsteller zwar fristgerecht Belege vorgelegt oder seine Angaben ergänzt und ggf. ihre Richtigkeit an Eides statt versichert hat, aber dennoch Zweifel an der Zuverlässigkeit der Angaben bestehen, etwa weil ein Fälschungsverdacht besteht oder die Angaben unplausibel sind, z.B. wenn andere Verfahrensbeteiligte auf Einkünfte oder Vermögenswerte hinweisen, deren Existenz der Antragsteller abstreitet. Soweit das Gericht Auskünfte von Sozialleistungsträgern oder Finanzbehörden einholen will, erfordert dies i.d.R. die Zustimmung des Antragstellers (s. §§ 35 Abs. 2, 3 SGB I, 30 Abs. 4 Nr. 3 AO). Für Auskünfte des Arbeitgebers gilt m.E. dasselbe (Musielak/Voit/*Fischer* § 118 Rn. 9; s.a. die Begründung des Rechtsausschusses des Bundestags für die Ablehnung der im Regierungsentwurf vorgesehenen Fassung des § 118 ZPO, BT-Drucks. 17/13528, S. 39, der das Gericht zur Einholung solcher Auskünfte ermächtigen sollte.).

68 **c) Vernehmung von Zeugen und Sachverständigen.** Die in Abs. 2 Satz 3 eröffnete Möglichkeit zur Vernehmung von Zeugen und Sachverständigen ist aus verfassungsrechtlichen Gründen **auf die Klärung der Mutwilligkeit beschränkt.** Denn die Klärung der Hauptsache durch Beweiserhebung darf nicht in das Bewilligungsverfahren vorverlegt werden (BVerfG FamRZ 2010, 867; 2009, 1654 m.w.N.; s.a. Rdn. 36). Zur Klärung der wirtschaftlichen Voraussetzungen ist die Vernehmung von Zeugen oder Sachverständigen weiterhin unzulässig, nachdem die ursprünglich im Entwurf des PKHuBerHÄndG vorgesehene Erweiterung (s. BT-Drucks. 17/11472, S. 8) nicht Gesetz geworden ist. Auch zur Mutwilligkeit darf eine Beweisaufnahme nur ausnahmsweise erfolgen, wenn sie sonst nicht hinreichend aufgeklärt werden kann und dies nicht zu unvertretbaren Verzögerungen führt (MüKoZPO/*Motzer* § 118 Rn. 20).
Die Kosten einer Vernehmung von Zeugen oder Sachverständigen gehören gem. § 118 Abs. 1 Satz 5 ZPO zu den Kosten des nachfolgenden Hauptsacheverfahrens und sind von demjenigen zu tragen, dem die gerichtlichen Kosten auferlegt werden, ansonsten haftet für sie der Antragsteller (s. dazu und zur Frage der Kostentragung, wenn kein Hauptsachverfahren folgt, sowie zum Ausschluss der Kostenerstattung Rdn. 123 f.).

69 **4. Fristsetzung.** Bereits bei der Antragstellung trifft den Antragsteller eine Darlegungslast (s.o. § 117 Abs. 1 u 2 ZPO). Dem entspricht seine Verpflichtung, im Bewilligungsverfahren die Fragen des Gerichts zu beantworten und seine **persönlichen und wirtschaftlichen Verhältnisse** auf Verlangen glaubhaft zu machen. Hierzu kann ihm das Gericht nach § 118 Abs. 2 Satz 4 ZPO eine angemessene **Frist** setzen, nach deren fruchtlosem Ablauf die Verfahrenskostenhilfe ganz versagen (BGH FamRZ 2013, 124 Rn. 29; OLG Hamm FuR 2014, 430) oder ggf. Zahlungen unter Zugrundelegung auch der ungeklärten Einkommens- oder Vermögensteile anordnen (Musielak/Voit/*Fischer* § 118 Rn. 10). Da es sich um **keine Ausschlussfrist** handelt (BAG 2004, 623), müssen auch verspätet eingegangene Erklärungen u.a. noch berücksichtigt werden und können deshalb auch im Beschwerdeverfahren nachgeholt werden (OLG Hamm MDR 2014, 798 m.w.N.; s.a. BGH FamRZ 2015, 1698). Allerdings kann die geforderte Mitwirkung nach Einlegung der Beschwerde im Beschwerde- oder im Abhilfeverfahren nachgeholt werden (s. Rdn. 121). Vor einer **Zurückweisung des Antrags** muss der Antragsteller auf jeden Fall eindeutig darauf hingewiesen worden sein, welche Angaben und Belege fehlen oder nicht glaubhaft gemacht sind (BVerfG NJW 2000, 275; OLG Brandenburg FamRZ 2014, 2018; *Gottwald* FamRZ 2004, 383 m.w.N.). Sie ist auch dann unzulässig, wenn die fehlende Angaben aus dem Antrag und den eingereichten Unterlagen unschwer zu entnehmen sind (BGH FamRZ 2010, 283; 2008, 868, 871).

5. Erörterungstermin, Einigung. Das Gericht kann einen **Erörterungstermin** anberaumen, wenn eine Einigung über die Hauptsache zu erwarten ist (§ 118 Abs. 1 Satz 3 ZPO). Die Teilnahme kann weder erzwungen noch das Fernbleiben mit Ordnungsmitteln sanktioniert werden. Die Erörterung ist auf die Einigung auszurichten und dient nicht der Klärung der Bewilligungsvoraussetzungen (OLG Karlsruhe MDR 2013, 741 m.w.N.; s.a. Rdn. 66). Sie gehört nicht unmittelbar zum Prüfungsverfahren. Vielmehr handelt es sich um einen in das Vkh-Prüfungsverfahren eingebetteten **Gütetermin zur Hauptsache**, an dem, anders als im Prüfungsverfahren (s. Rdn. 57), sämtliche am Hauptsacheverfahren Beteiligte mitwirken (s.a. BGH FamRZ 2004, 1708) und bei dem das Gericht wie bei einer gerichtsinternen Mediation nur die Verfahrensleitung übernimmt. Eine **Einigung** ist zu protokollieren. Soweit die Einigung reicht, erledigt sich der Vkh-Antrag und ggf. ein anhängiges Hauptsacheverfahren. Ein Vergleich kann auch schriftlich entsprechend § 36 Abs. 3 i.V.m. § 278 Abs. 6 ZPO geschlossen werden und sich auch auf andere Gegenstände (Mehrvergleich) erstrecken (Zöller/*Geimer* § 118 Rn. 8a m.w.N.). Zu den Kosten s. Rdn. 123 ff. und speziell zur Erstattung der Anwaltsgebühren § 78 Rdn. 29.

70

6. Zuständigkeit, Übertragung auf Rechtspfleger. Die Anordnungen im Bewilligungsverfahren trifft jeweils der Vorsitzende des auch für die Entscheidung zuständigen Gerichts (s. Rdn. 75), der sie unabhängig von den Vorschriften über die Zuständigkeit des Einzelrichters im Hauptsacheverfahren einem Mitglied des Gerichts übertragen kann (§ 118 Abs. 3 ZPO). Nach **§ 20 Abs. 1 Nr. 4a RpflG** i.V.m. § 25a RpflG kann er aber auch die gesamten Ermittlungen nach § 118 Abs. 2 ZPO, einschließlich der Beurkundung von Vergleichen nach § 118 Abs. 1 Satz 3 ZPO, d.h. die Überprüfung der Bedürftigkeit sowie die Protokollierung einer Einigung dem Rechtspfleger übertragen (Zöller/*Geimer* § 118 Rn. 23). Diese **Übertragungsmöglichkeit auf den Rechtspfleger** besteht bereits seit Erlass des RpflG vom 05.11.1969 (s. BGBl. I 1969, S. 2065, 2070), wurde aber bisher von den Instanzgerichten kaum genutzt. Bis zu 31.12.2013 konnte die Entscheidung über den Antrag nicht übertragen werden. Das hat sich ab dem 01.01.2014 geändert. Das PKHuBerHÄndG hat den Ländern in § 20 RpflG jetzt die Möglichkeit eingeräumt, die Befugnis des Rechtpflegers entsprechend zu erweitern (s. BR-Drucks. 392/13, S. 8)

71

§ 20 RpflG wurde mit Wirkung zum 01.01.2014 um folgende Absätze erweitert (der bisherige Wortlaut wurde Abs. 1):

72

§ 20 RpflG (Bürgerliche Rechtsstreitigkeiten)
(1) Folgende Geschäfte im Verfahren nach der Zivilprozessordnung werden dem Rechtspfleger übertragen: ...
4. im Verfahren über die Prozesskostenhilfe
a) die in § 118 Absatz 2 der Zivilprozessordnung bezeichneten Maßnahmen einschließlich der Beurkundung von Vergleichen nach § 118 Absatz 1 Satz 3 zweiter Halbsatz, wenn der Vorsitzende den Rechtspfleger damit beauftragt; ...
(2) Die Landesregierungen werden ermächtigt, durch Rechtsverordnung zu bestimmen, dass die Prüfung der persönlichen und wirtschaftlichen Verhältnisse nach den §§ 114 und 115 der ZPO einschließlich der in § 118 Absatz 2 der ZPO bezeichneten Maßnahmen, der Beurkundung von Vergleichen nach § 118 Absatz 1 Satz 3 der ZPO und der Entscheidungen nach § 118 Absatz 2 Satz 4 der ZPO durch den Rechtspfleger vorzunehmen ist, wenn der Vorsitzende das Verfahren dem Rechtspfleger insoweit überträgt. In diesem Fall ist § 5 Absatz 1 Nummer 2 nicht anzuwenden. Liegen die Voraussetzungen für die Bewilligung der Prozesskostenhilfe hiernach nicht vor, erlässt der Rechtspfleger die den Antrag ablehnende Entscheidung; anderenfalls vermerkt der Rechtspfleger in den Prozessakten, dass dem Antragsteller nach seinen persönlichen und wirtschaftlichen Verhältnissen Prozesskostenhilfe gewährt werden kann, und in welcher Höhe gegebenenfalls Monatsraten oder Beträge aus dem Vermögen zu zahlen sind.
(3) Die Landesregierungen können die Ermächtigung nach Absatz 2 auf die Landesjustizverwaltungen übertragen.

Soweit die Länder von dieser Ermächtigung Gebrauch machen, kann der Rechtspfleger die Vkh ablehnen, wenn er zu dem Ergebnis kommt, das die wirtschaftlichen Voraussetzungen für die Bewilligung nicht vorliegen oder die Voraussetzungen für eine Ablehnung wegen Versäumung der von ihm gesetzten Frist vorliegen (s. Rdn. 69). Andernfalls reicht er die Akte mit einem Vermerk an den Richter zurück, der dann die Entscheidung trifft. Voraussetzung ist aber auch in diesem Fall, dass der Richter die **Bedürftigkeitsprüfung** auf den Rechtspfleger überträgt. Das muss auch nicht zwangsläufig zu Verfahrensverzögerungen führen, wenn die Gerichte entsprechend der weitgehend bundeseinheitlichen Durchführungsanweisungen zur PKH (DB-PKH, abgedruckt bei Groß Anhang Nr. 4) die Vkh-Unterlagen in einem Beiheft konzentrieren (a.A.

73

Groß RpflG § 20 Rn. 4). Im Übrigen kann das Gericht den Rechtspfleger nach dem inhaltlich unverändert fortbestehenden § 20 Abs. 1 Nr. 4a RpflG i.V.m. § 25a RpflG auch weiterhin nur mit den Erhebungen zur Erfolgsausicht und zur Mutwilligkeit des Antrags oder der Durchführung des Einigungstermins beauftragen.

74 IV. Entscheidung (§§ 119, 127 Abs. 1 ZPO)

§ 119 ZPO (Bewilligung)
(1) Die Bewilligung der Prozesskostenhilfe erfolgt für jeden Rechtszug besonders. ...
(2) Die Bewilligung von Prozesskostenhilfe für die Zwangsvollstreckung in das bewegliche Vermögen umfasst alle Vollstreckungshandlungen im Bezirk des Vollstreckungsgerichts einschließlich des Verfahrens auf Abgabe der eidesstattlichen Versicherung.

§ 127 Abs. 1 ZPO (Entscheidungen)
(1) Entscheidungen im Verfahren über die Prozesskostenhilfe ergehen ohne mündliche Verhandlung. Zuständig ist das Gericht des ersten Rechtszuges; ist das Verfahren in einem höheren Rechtszug anhängig, so ist das Gericht dieses Rechtszuges zuständig. Soweit die Gründe der Entscheidung Angaben über die persönlichen und wirtschaftlichen Verhältnisse der Partei enthalten, dürfen sie dem Gegner nur mit Zustimmung der Partei zugänglich gemacht werden.

75 **Zuständig** für die Bewilligung von Verfahrenskostenhilfe einschließlich der Anwaltsbeiordnung ist das Gericht der Hauptsache (bzw. das Vollstreckungsgericht) Verfahren jeweils nur für seine Instanz. Sind die Geschäfte in der Hauptsache dem Rechtspfleger übertragen, entscheidet er auch über die Vkh. Darüber hinaus entscheidet nach § 20 Abs. 1 Nr. 5 und 6 ZPO über die Vkh, die nach Abschluss eines Verfahrens nur für die Zwangsvollstreckung begehrt wird und in Verfahren über die grenzüberschreitend Vkh (zur Möglichkeit der Übertragung einer Entscheidung über die Bedürftigkeit durch den Richter in anderen Verfahren s. Rdn. 71). Die Entscheidung ergeht grds. im schriftlichen Verfahren und durch **Beschluss**, in welchem zugleich über die gem. § 115 ZPO von dem Begünstigten zu leistenden Zahlungen auf die Verfahrenskosten zu befinden und ggf. anzuordnen ist (§ 120 Abs. 1 ZPO; s. Rdn. 82). Es handelt sich allerdings nicht um eine Endentscheidung i.S.d. § 38 Abs. 1 Satz 1 FamFG (BGH FamRZ 2012, 783, 785 m.w.N.).

76 Abgesehen vom Fall des fruchtlosen Ablaufs einer nach § 118 Abs. 2 ZPO gesetzten Frist (s. Rdn. 69) ist der Antrag **entscheidungsreif**, wenn der Antragsteller sein Gesuch ggf. auf Nachfrage begründet und die Erklärung über die persönlichen und wirtschaftlichen Verhältnisse vorgelegt hat und wenn der Gegner oder andere Verfahrensbeteiligte, denen rechtliches Gehör gewährt wurde, Gelegenheit hatten, sich innerhalb angemessener Frist zu dem Antrag zu äußern (BGH FamRZ 2010, 197; NZFam 2015, 179). Grundlage der **Beurteilung der Bedürftigkeit** sind die persönlichen und wirtschaftlichen Verhältnisse bzw. der Erkenntnisstand zum Zeitpunkt der Entscheidung und nicht der Einreichung des Antrags (BGH FamRZ 2010, 1324 Rn. 28 m.w.N.). Das gilt nicht nur für die Bedürftigkeit, sondern grds. auch für die Erfolgsprognose; hat sich jedoch die **Beurteilung der Erfolgsaussicht** infolge verzögerter Entscheidung über den Antrag verschlechtert, ist auf dessen Entscheidungsreife (s.o.) abzustellen (BGH FamRZ 2012, 964 Rn. 21; NZFam 2015, 179 m. Anm. *Hartl*, s.a. Rdn. 36 f.). In diesem Fall, dürfen erst nach der Entscheidungsreife im Hauptsacheverfahren gewonnene Erkenntnisse nicht zu Lasten des Antragstellers in die Entscheidung mit einfließen (BVerfG FamRZ 2005, 1893; OLG Saarbrücken NJW 2011, 1450 = FamRZ 2011, 1157 [LS]). Die beantragte Vkh ist dann bei Vorliegen der sonstigen Voraussetzungen **rückwirkend** ab dem Zeitpunkt der Entscheidungsreife zu bewilligen (BGH FamRZ 2012, 964 Rn. 18). Darüber hinaus kann einem Antragsgegner, auch dann rückwirkend Vkh bewilligt werden, wenn der Antragsteller seinen Antrag zurücknimmt nachdem der Antragsgegner Vkh beantragt hat und seine Rechtsverteidigung hinreichende Aussicht auf Erfolg bot (BGH FamRZ 2010, 197). Vgl. zur Rückwirkung allg. Musielak/Voit/*Fischer* § 119 Rn. 10 ff.). Vor einer **Zurückweisung des Antrags** muss der Antragsteller auf jeden Fall eindeutig darauf hingewiesen worden sein, welche Angaben und Belege fehlen oder nicht glaubhaft gemacht sind (BVerfG NJW 2000, 275; OLG Brandenburg FamRZ 2014, 2018).

77 Ein **abweisender Beschluss** muss eine **Begründung** enthalten; ein stattgebender sollte es, wenn gleichzeitig Zahlungen angeordnet werden. Soweit die Begründung Ausführungen zu den persönlichen und wirtschaftlichen Verhältnissen enthält, darf sie anderen Verfahrensbeteiligten insoweit nur mit Zustimmung des Betroffenen übermittelt werden. Das gilt auch, wenn ihnen ein Auskunftsrecht i.S.d. § 117 Abs. 2 Satz 3 ZPO (s. Rdn. 62) zusteht. Der ablehnende Beschluss **erwächst nicht in materielle Rechtskraft** und lässt unter geänderten Voraussetzungen eine Wiederholung des Antrags zu (BGH FamRZ 2004, 940 m. Anm. Gottwald). Auch wenn es sich um keine Endentscheidung i.S.d. § 38 Abs. 1 Satz 1 FamFG handelt (s. Rdn. 76), muss der Beschluss eine **Rechtsmittelbelehrung** enthalten. Dazu gehört auch die Information über einen bestehenden Anwaltszwang (BGH FamRZ 2010, 1425). Zum Inhalt der Belehrung im Übrigen vgl. § 39 FamFG Rdn. 37 ff. Bei stattgebenden Beschlüssen, gegen die nur der Staatskasse ein Anfechtungsrecht zusteht und die ihr auch nicht zugestellt werden müssen (s. Rdn. 118) ist eine Belehrung zumindest bislang nicht üblich.

Der **Umfang** der von **der Bewilligung** erfassten Gegenstände ergibt sich i.d.R. nur in Verbindung mit dem Antrag oder den im Bewilligungsbeschluss bezeichneten Verfahrensgegenständen. Sie erstreckt sich insoweit auch auf einen Vergleich bzw. eine Einigung (für eine Einigung über nicht anhängige Verfahrensgegenstände muss sie i.d.R. gesondert beantragt werden s. Rdn. 60). Enthält der Bewilligungsbeschluss keine Einschränkungen, umfasst er das gesamte Verfahren. Beim **Stufenantrag** umfasst sie auch den noch unbezifferten Antrag, und zwar in dem Umfang, in dem er bei seiner Bezifferung Erfolg verspricht (OLG Stuttgart FamRZ 2011, 387 m.w.N. s.a. § 38 FamGKG Rdn. 1). M.E. ergibt sich aus der Natur dieses Verfahrens eine immanente Beschränkung dergestalt, dass die Vkh für den Leistungsantrag immer unter Vorbehalt der Prüfung seiner Erfolgsaussicht nach der Konkretisierung, d.h. der Bezifferung steht. Auch ohne Antrag **erstreckt** § 149 die Vkh für das Scheidungsverfahren auf den Versorgungsausgleich (s. Rdn. 80) und, soweit ein Anwalt beigeordnet ist, erstreckt sich die Beiordnung nach § 48 Abs. 3 RVG auf bestimmte mit dem Verfahren zusammenhängende Gegenstände oder Folgeverfahren, wie z.B. auf die Vollziehung eines Arrests oder einer e.A. und die Einigungen über Scheidungsfolgen (s. im Einzelnen § 78 Rdn. 4). **78**

Verfahrenskostenhilfe für die Hauptsache umfasst nicht die **Vollstreckung**. Nur für die Zwangsvollstreckung in das bewegliche Vermögen erstreckt § 119 Abs. 2 ZPO für Ehe- und Familienstreitsachen und der inhaltsgleiche § 77 Abs. 2 FamFG für die FG-Sachen die Bewilligung auf sämtliche Vollstreckungshandlungen, die das im Gerichtsbezirk belegene Vermögen des Schuldners betreffen (s. § 77 Rdn. 3). Bei der Immobiliarvollstreckung muss dagegen für jede Vollstreckungshandlung gesondert Verfahrenskostenhilfe beantragt werden (BGH NJW-RR 2004, 787), ebenso bei Vollstreckungen nach §§ 95 ff. i.V.m. 887 ff. ZPO. Die Bewilligung von Vkh erstreckt sich auch nicht auf eine **Anhörungsrüge**, auch hierfür muss gesondert Vkh beantragt werden (BGH RVGreport 2014, 167). **79**

Die Bewilligung für die Ehescheidung erstreckt sich mit Ausnahme des Versorgungsausgleichs (§ 149 Rdn. 1) nicht automatisch auf die **Scheidungsfolgesachen**, für die muss Vkh grundsätzlich gesondert beantragt werden. Die Rechtsprechung geht aber teilweise zu Recht davon aus, dass die uneingeschränkte Bewilligung »für das Verfahren« sich auf alle zum Zeitpunkt der Bewilligung anhängigen Folgesachen erstreckt, für die Kostenhilfe beantragt ist (OLG München FamRZ 1995, 822; differenzierend OLG Zweibrücken FamRZ 2001, 1466). Für Folgesachen mit Ausnahme des Versorgungsausgleichs, die erst nach der Bewilligung von Kostenhilfe für die Scheidung anhängig werden, muss Verfahrenskostenhilfe immer gesondert beantragt werden. Das Gleiche gilt für eine Antragserweiterung in einer Folgesache. Bei jedem neuen Antrag ist über eine evtl. Zahlungspflicht neu und ohne Bindung an die vorhergehenden Beschlüsse zu entscheiden. Dabei löste die neue Zahlungsbestimmung wie bei der Bewilligung für eine andere Instanz die alte ab (s. Rdn. 82). Nach der **Abtrennung** einer Folgesache aus dem Scheidungsverbund wirkt die einmal bewilligte Verfahrenskostenhilfe fort (str. bei Fortführung als selbstständige Familiensache, s. § 149 Rdn. 8 f.). **80**

E. Zahlungspflichten und ihre Änderung (§§ 120, 120a ZPO) **81**

§ 120 ZPO Festsetzung von Zahlungen

(1) Mit der Bewilligung der Prozesskostenhilfe setzt das Gericht zu zahlende Monatsraten und aus dem Vermögen zu zahlende Beträge fest. Setzt das Gericht nach § 115 Absatz 1 Satz 3 Nummer 5 mit Rücksicht auf besondere Belastungen von dem Einkommen Beträge ab und ist anzunehmen, dass die Belastungen bis zum Ablauf von sechs Jahren ganz oder teilweise entfallen werden, so setzt das Gericht zugleich diejenigen Zahlungen fest, die sich ergeben, wenn die Belastungen nicht oder nur in verringertem Umfang berücksichtigt werden, und bestimmt den Zeitpunkt, von dem an sie zu erbringen sind.

(2) Die Zahlungen sind an die Landeskasse zu leisten, im Verfahren vor dem Bundesgerichtshof an die Bundeskasse, wenn Prozesskostenhilfe in einem vorherigen Rechtszug nicht bewilligt worden ist.

(3) Das Gericht soll die vorläufige Einstellung der Zahlungen bestimmen,
1. wenn die Zahlungen der Partei die voraussichtlich entstehenden Kosten decken;
2. wenn die Partei, ein ihr beigeordneter Rechtsanwalt oder die Bundes- oder Landeskasse die Kosten gegen einen anderen am Verfahren Beteiligten geltend machen kann.
(4) *aufgehoben* und mit Wirkung zum 01.01.2014 durch § 120a ZPO ersetzt! –
Wortlaut der bis 31.12.2013 geltenden Fassung:
Das Gericht kann die Entscheidung über die zu leistenden Zahlungen ändern, wenn sich die für die Prozesskostenhilfe maßgebenden persönlichen oder wirtschaftlichen Verhältnisse wesentlich geändert haben; eine Änderung der nach § 115 Abs. 1 Satz 3 Nr. 1 Buchstabe b und Nr. 2 maßgebenden Beträge ist nur auf Antrag und nur dann zu berücksichtigen, wenn sie dazu führt, dass keine Monatsrate zu zahlen ist. Auf Verlangen des Gerichts hat sich die Partei darüber zu erklären, ob eine Änderung der Verhältnisse eingetreten ist. Eine Änderung zum Nachteil der Partei ist ausgeschlossen, wenn seit der rechtskräftigen Entscheidung oder sonstigen Beendigung des Verfahrens vier Jahre vergangen sind.

§ 120a ZPO Änderung der Bewilligung

(1) Das Gericht soll die Entscheidung über die zu leistenden Zahlungen ändern, wenn sich die für die Prozesskostenhilfe maßgebenden persönlichen oder wirtschaftlichen Verhältnisse wesentlich verändert haben. Eine Änderung der nach § 115 Absatz 1 Satz 3 Nummer 1 Buchstabe b und Nummer 2 maßgebenden Beträge ist nur auf Antrag und nur dann zu berücksichtigen, wenn sie dazu führt, dass keine Monatsrate zu zahlen ist. Auf Verlangen des Gerichts muss die Partei jederzeit erklären, ob eine Veränderung der Verhältnisse eingetreten ist. Eine Änderung zum Nachteil der Partei ist ausgeschlossen, wenn seit der rechtskräftigen Entscheidung oder der sonstigen Beendigung des Verfahrens vier Jahre vergangen sind.
(2) Verbessern sich vor dem in Absatz 1 Satz 4 genannten Zeitpunkt die wirtschaftlichen Verhältnisse der Partei wesentlich oder ändert sich ihre Anschrift, hat sie dies dem Gericht unverzüglich mitzuteilen. Bezieht die Partei ein laufendes monatliches Einkommen, ist eine Einkommensverbesserung nur wesentlich, wenn die Differenz zu dem bisher zu Grunde gelegten Bruttoeinkommen nicht nur einmalig 100 Euro übersteigt. Satz 2 gilt entsprechend, soweit abzugsfähige Belastungen entfallen. Hierüber und über die Folgen eines Verstoßes ist die Partei bei der Antragstellung in dem gemäß § 117 Absatz 3 eingeführten Formular zu belehren.
(3) Eine wesentliche Verbesserung der wirtschaftlichen Verhältnisse kann insbesondere dadurch ein- treten, dass die Partei durch die Rechtsverfolgung oder Rechtsverteidigung etwas erlangt. Das Gericht soll nach der rechtskräftigen Entscheidung oder der sonstigen Beendigung des Verfahrens prüfen, ob eine Änderung der Entscheidung über die zu leistenden Zahlungen mit Rücksicht auf das durch die Rechtsverfolgung oder Rechtsverteidigung Erlangte geboten ist. Eine Änderung der Entscheidung ist ausgeschlossen, soweit die Partei bei rechtzeitiger Leistung des durch die Rechtsverfolgung oder Rechtsverteidigung Erlangten ratenfreie Prozesskostenhilfe erhalten hätte.
(4) Für die Erklärung über die Änderung der persönlichen oder wirtschaftlichen Verhältnisse nach Absatz 1 Satz 3 muss die Partei das gemäß § 117 Absatz 3 eingeführte Formular benutzen. Für die Überprüfung der persönlichen und wirtschaftlichen Verhältnisse gilt § 118 Absatz 2 entsprechend.

82 I. Festsetzung von Zahlungen. Enthält der Bewilligungsbeschluss **Zahlungsanordnungen** gem. § 120 Abs. 1 ZPO, wird damit eine entsprechende Zahlungspflicht des Begünstigten zugunsten der Staatskasse begründet, und zwar entweder in Form von Einmalzahlungen aus dem Vermögen oder von monatlichen Raten aus den Einkünften (s.o. Rdn. 7 ff.). Soweit dem Begünstigten Zahlungen unter den Voraussetzungen des § 115 ZPO (s.o. Rdn. 7 ff.) zumutbar sind, müssen sie vom Gericht auch angeordnet werden. Die Zahlungsanordnung legt für **Einmalzahlungen** Höhe und Zeitpunkt, bei **Ratenzahlung** deren monatliche Höhe und den Zahlungsbeginn fest. Die Höhe der Raten ergibt sich aus § 115 Abs. 2 ZPO (s. Rdn. 8). Werden in verschiedenen Instanzen unterschiedliche Raten festgesetzt, löst die jüngere Anordnung die jeweils ältere ab (ex nunc BGH NJW 1983, 944; OLG Stuttgart FamRZ 2003, 106). Das gilt entsprechend, wenn für eine Antragserweiterung oder für Folgesachen im Scheidungsverbund eine weitere Bewilligung erfolgt (s. Rdn. 21). Die Zahlungen sind an die Landeskasse zu leisten; nur wenn vom BGH erstmals Verfahrenskostenhilfe bewilligt wird, an die Bundeskasse (§ 120 Abs. 2 ZPO). Sie werden von der Geschäftsstelle des Gerichts, bei dem sich die Vkh-Unterlagen befinden, per Kostennachricht angefordert (DB-PKH Nr. 2.3).

83 II. Dauer der Ratenzahlung. Grundsätzlich sind Raten so lange zu entrichten, bis entweder die Verfahrenskosten aller Instanzen einschließlich sämtlicher Vergütungsansprüche des beigeordneten Anwalts (s.

§ 78 Rdn. 20) gedeckt sind, **höchstens** aber für **48 Monate** (§ 115 Abs. 2 ZPO, s.o. Rdn. 21). Das Gericht hat die Einstellung der Raten anzuordnen, wenn die Kosten gedeckt scheinen (§ 120 Abs. 3 Nr. 1 ZPO) oder sie aufgrund einer gerichtlichen Kostenentscheidung gegen einen anderen Verfahrensbeteiligten geltend gemacht werden können (§ 120 Abs. 3 Nr. 2 ZPO). In diesem Fall ist die Zahlungseinstellung regelmäßig nur vorläufig. (BGH NJW-RR 1991, 827). Stellt sich heraus, dass die Kosten tatsächlich höher als angenommen sind, muss der Begünstigte auf Anforderung die Ratenzahlungen wieder aufnehmen. Die Bestimmung des Zeitpunktes für die Einstellung und eine Wiederaufnahme der Zahlungen obliegt dem Rechtspfleger (§ 20 Abs. 1 Nr. 4b RpflG i.V.m. § 25a RPflG).

III. Abänderung (§ 120a ZPO). 1. Voraussetzungen. Die – auch unterlassenen – Zahlungsbestimmungen sollen von Amts wegen abgeändert werden, wenn sich die **persönlichen und wirtschaftlichen Verhältnisse des Begünstigten wesentlich geändert** haben (§ 120a Abs. 1 ZPO – bis 31.12.2013: § 120 Abs. 4 ZPO; zur Überwachung s. Rdn. 90). Eine Abänderung ist ausgeschlossen, wenn die wirtschaftlichen Verhältnisse unverändert geblieben sind, aber zuvor fehlerhaft beurteilt wurden (OLG Nürnberg FamRZ 2015, 1315 m.w.N.). Fehler der Ausgangsentscheidung können, soweit sie nicht nach § 42 FamFG bzw. § 319 ZPO berichtigt werden können (zur Zulässigkeit s. *Zimmermann* Anm. zu OLG Nürnberg FamRZ 2015, 1315, 1316) nur mittels Beschwerde gegen die Ausgangsentscheidung (s. Rdn. 116 ff.) oder, wenn die Voraussetzungen vorliegen, durch Aufhebung der Bewilligung (s. Rdn. 100 ff.) korrigiert werden. Anders als nach der Vorgängerregelung (Kann-Vorschrift) ist eine Änderung im Regelfall verpflichtend (Soll-Vorschrift). Es können sowohl **Raten** herauf- oder (bis auf Null) herabgesetzt, als auch erstmals Ratenzahlungen angeordnet werden, und zwar nach h.M. auch rückwirkend (OLG Dresden FamRZ 2011, 1161; Zöller/*Geimer* § 120a Rn. 11). Auch dabei darf die zulässige Anzahl der Raten (höchstens 48, s. Rdn. 21) nicht überschritten werden! Hat der Begünstigte bereits 48 Raten bezahlt, bevor die Einkommensänderung eingetreten ist, ist mithin eine Abänderung der Ratenzahlungsbestimmungen nicht mehr möglich. Zahlungen aus zwischenzeitlich erworbenem **Vermögen** können bis zur Höhe der gesamten Kosten angeordnet werden (BGH FamRZ 2007, 1720; 2009, 497 Rn. 6 m.w.N.; s.a. OLG Koblenz FamRZ 2015, 1418). Eine Aufhebung der Bewilligung im Ganzen scheidet dagegen aus (OLG Naumburg FamRZ 2009, 629; MüKoZPO/*Motzer* 4. Aufl., § 120 Rn. 22 m.w.N.). Ist die Vkh aufgrund eines vor dem 01.01.2014 gestellten Antrags bewilligt worden (**Altfälle**), richten sich die Voraussetzungen und der Umfang der Abänderung gem. Art. 40 EGZPO n.F. noch nach dem bis dahin geltenden Recht, insbesondere ist für die Ratenhöhe weiterhin die Tabelle zu § 115 ZPO a.F. anzuwenden, (OLG Frankfurt AGS 2015, 291; OLG Brandenburg RVGreport 2014, 480; *Giers* FamRZ 2013, 1341, 1344).

Eine Abänderung setzt in jedem Fall voraus, dass sich die Leistungsfähigkeit wesentlich geändert hat, die sich auch hier nach § 115 ZPO beurteilt und eine **Vergleichsberechnung** erfordert (Zöller/*Geimer* § 120a Rn. 10; *Dorndörfer* NZFam 2015, 349). Wann eine **Verbesserung** von laufendem Einkommen **wesentlich** ist, wird jetzt in § 120a Abs. 2 Satz 2 ZPO (s. Rdn. 90) definiert. Danach ist eine **Einkünfte** erst dann wesentlich, wenn die Differenz zum bisher maßgebenden Bruttoeinkommen nicht nur einmalig 100 € übersteigt, oder Belastungen in entsprechender Höhe wegfallen (z.B. Unterhaltspflichten oder Schulden, s. *Dorndörfer* NZFam 2015, 349, 351 mit weiteren. Beispielen). M.E. kann diese Definition auch in Altfällen angewendet werden; zumal die Rechtsprechung zu § 120 Abs. 4 ZPO a.F. keine einheitlichen Kriterien entwickelt hatte. Wann eine Verbesserung der **Vermögensverhältnisse** wesentlich ist, wird nicht definiert. Insoweit dürfte die bisherige Rechtsprechung weiterhin heranzuziehen sein, nach der nur eine den wirtschaftlichen und sozialen Lebensstandard prägende Verbesserung wesentlich ist (OLG Koblenz MDR 2014, 615; Zöller/*Geimer* § 120a Rn. 12 ff.). Auch im Rahmen einer Änderungsentscheidung kann dem Begünstigten **Vermögen** zugerechnet werden, das er inzwischen erworben, aber in Kenntnis der Abänderungsmöglichkeit wieder ausgegeben hat (BGH FamRZ 2007, 1720; FamRZ 2008, 250). Die **aus dem Verfahren**, für das Verfahrenskosten bewilligt wurde, **erlangten Geldbeträge** sind, wie § 120a Abs. 3 ZPO klarstellt (BT-Drucks. 17/13538, S. 40), einzusetzen soweit sie das nach § 115 Abs. 3 Satz 2 ZPO verschonte Vermögen (s. Rdn. 23 ff.) übersteigen und der Begünstigte sie auch bei rechtzeitiger Leistung für die Verfahrenskosten hätte einsetzen müssen (vgl. OLG Koblenz MDR 2014, 615). Letzteres ist vor allem für **Unterhaltsrückstände** relevant: Wenn und soweit auch bei rechtzeitig gezahltem Unterhalt gleichwohl ein Anspruch auf ratenfreie Vkh bestanden hätte, führen die erstrittenen Unterhaltsrückstände nicht nachträglich zu einer wesentlichen Verbesserung der wirtschaftlichen Verhältnisse (BT-Drucks. 17/13538, S. 40) ebenso wenig, wenn und soweit mit den Rückständen ein zur Finanzierung des Unterhalts aufgenommenes Darlehen getilgt wird (BGH FamRZ 1999, 644). Dasselbe muss gelten wenn mit den Rückständen ein aufgeschobener

Bedarf befriedigt wird (s.a. OLG Koblenz MDR 2014, 615). Wären bei rechtzeitiger Leistung Raten zu zahlen gewesen, ist der Rückstand in einer Summe als Einmalzahlung anzuordnen (OLG Karlsruhe FamRZ 2015, 1417), der laufende Unterhalt erhöht das Einkommen. Zur Behandlung von Unterhaltsabfindungen s. OLG Karlsruhe FamRZ 2014, 1724; OLG Hamm FamRZ 2012, 1158). Soweit das Erlangte nicht vom Einsatz verschont ist, muss es wie andere nachträglich erworbene Vermögenswerte nicht vorrangig zur Deckung der von der Staatskasse verauslagten Verfahrenskosten verwendet werden (BGH FamRZ 2007, 1720; NJW-RR 2007, 628; OLG Karlsruhe FamRZ 2006, 1135). Auch im Abänderungsverfahren ist die Zumutbarkeit des Einsatzes von Einkommen und Vermögen nach § 115 Abs. 1 u 3 ZPO (s.o. Rdn. 11 ff.) im Einzelnen zu prüfen (OLG Karlsruhe FamRZ 2006, 649 m.w.N.).

86 Für eine **Verschlechterung** ist jede Änderung der Verhältnisse wesentlich, die zu einer geringeren Ratenhöhe führt (Zöller/*Geimer* § 120a Rn. 25). Ergibt sich eine Verschlechterung allein aus der **Änderung der Freibeträge** des § 115 Abs. 1 Satz 3 ZPO (s. Rdn. 16) wird dies nur auf Antrag und nur dann berücksichtigt, wenn sie zum Wegfall einer Ratenzahlungsverpflichtung führt (§ 120a Abs. 1 Satz 2 ZPO bzw. § 120 Abs. 1 Satz 1 ZPO a.F.). Wenn sich unter Anwendung der aktuellen Freibeträge lediglich die Ratenhöhe verringern würde, ist dies kein Abänderungsgrund. Der Gesetzgeber geht davon aus, dass der zehnprozentige Sicherheitszuschlag zu den jeweiligen sozialrechtlichen Regelbedarfssätzen, die Grundlage der Freibeträge sind (s. Rdn. 16), gewährleistet, dass bei einer künftigen Erhöhung der Regelsätze im Laufe einer mehrjährigen Ratenzahlungsverpflichtung Vkh nicht aus Einkommen zurückgezahlt werden muss, das der Sicherung des Existenzminimums dient (BT-Drucks. 17/3404, 135).

87 Eine Abänderung der ursprünglich getroffenen Zahlungsbestimmung **zum Nachteil** des Begünstigten ist nur innerhalb einer **Frist von 4 Jahren** ab der rechtskräftigen Entscheidung in der Hauptsache oder der anderweitigen Erledigung des gesamten Verfahrens zulässig. (§ 120a Abs. 1 Satz 4 ZPO = § 120 Abs. 1 Satz 3 ZPO a.F.). Innerhalb dieses Zeitraums ist auch eine mehrfache Abänderung möglich. Bei einer Beendigung durch Abschluss eines unter Widerrufsvorbehalt geschlossenen Prozessvergleichs beginnt die Frist erst mit dem Ablauf der Widerrufsfrist (OLG Saarbrücken NJW-Spezial 2014, 253). In einem Scheidungsverbundverfahren beginnt sie erst mit der Erledigung auch der abgetrennten Folgesachen, die nach § 137 Abs. 5 Satz 1 Folgesachen bleiben (OLG Frankfurt FamRZ 2014, 1725; OLG Dresden FamRZ 2002, 1415). Die Überprüfungszeit kann sich nicht nur in diesen Fällen über deutlich mehr als 4 Jahre erstrecken, insbesondere wenn das Verfahren über mehrere Instanzen geht. Eine Abänderung **zugunsten des Begünstigten** kann auch rückwirkend und ohne zeitliches Limit erfolgen.

88 2. Verfahren. Gegenstand der Überprüfung sind nicht die einzelnen Vkh-Beschlüsse, sondern die jeweils **aktuelle Zahlungsverpflichtung**. Ihre Abänderung betrifft aber sämtliche Bewilligungen (s. Rdn. 21). Die **Zuständigkeit** für die Überprüfung und die Abänderung der Bewilligung ist wie die Überwachung angeordneter Zahlungen gem. § 20 Abs. 1 Nr. 4c RpflG i.V.m. § 25a RpflG dem Rechtspfleger übertragen. Die gilt auch, wenn das Hauptsacheverfahren noch anhängig ist (OLG Zweibrücken FamRZ 2008, 160; Zöller/*Geimer* § 120a Rn. 21; a.A. Büttner/Wrobel-Sachs/Gottschalk/*Dürbeck* Rn. 382). Es wird einheitlich für alle Instanzen (a.A. *Nickel* FamRZ 2014, 1429) von einem Rechtspfleger geführt und zwar i.d.R. bei dem am Gericht der ersten Instanz und nur während die Akten beim Rechtsmittelgericht sind bei dessen Rechtspfleger (vgl. PKHB Nr. 4.5). Nur wenn der BGH erstmals Zahlungen angeordnet hat, bleibt die Zuständigkeit beim dortigen Rechtspfleger Zur **Ermittlung der Änderungsvoraussetzungen** kann der Rechtspfleger den Begünstigten innerhalb der Abänderungsfrist (s. Rdn. 87) jederzeit auffordern, Änderungen seiner wirtschaftlichen Verhältnisse mitzuteilen. Dazu muss der Begünstigte dazu das seit 21.01.2014 neu aufgelegte amtliche Formular benutzen (**Formularzwang**, § 120a Abs. 4 Satz 1 ZPO; zu Ausnahmen s. Rdn. 61). Ausnahmsweise kann bei offensichtlich fortbestehender Bedürftigkeit auf die Verwendung des Vordrucks verzichtet werden (LArbG Berlin-Brandenburg, Beschl. v. 19.02.2015 – 10 Ta 228/15, juris). In vor dem 01.01.2014 beantragte Bewilligungen ist für die Überprüfung weiterhin der alte Vordruck zu verwenden (*Schürmann* FamRB 2014, 79). Daneben stehen dem Rechtspfleger, wie § 120a Abs. 4 Satz 2 ZPO klarstellt, sämtliche in § 118 Abs. 2 ZPO genannten Möglichkeiten zur Prüfung der wirtschaftlichen Verhältnisse zur Verfügung (s. Rdn. 66 ff.). Er kann insbesondere dem Begünstigten zur Abgabe der Erklärung oder der Beantwortung weiterer Fragen eine **Frist setzen** und nach deren fruchtlosen Ablauf, die Bewilligung aufheben (s. Rdn. 105). Zu der Verpflichtung des Begünstigten von sich aus Veränderungen seiner persönlichen und wirtschaftlichen Verhältnisse anzuzeigen s. Rdn. 90). **Übergangsrecht:** Nach § 40 EGZPO n.F. besteht der Formularzwang ebenso wie die Mitteilungspflichten nur für Bewilligungen, die seit 01.01.2014 beantragt wurden. Da das Überprüfungsverfahren ein einheitliches Verfahren ist, das sämtliche Bewilligungen betrifft

(s.o.), wirken sich Erkenntnisse, die aufgrund von Mitteilungen des Betroffenen nach neuem Recht oder aus dem neuen Formular gewonnen werden, zwangsläufig auch auf Bewilligungen aus, für die diese Obliegenheit noch nicht bestand (im Ergebnis ebenso *Nickel* FamRZ 2014, 1429). Zur Beschwerdemöglichkeit gegen eine (auch unterlassene) Abänderung s. Rdn. 118.

Eine für den Betroffenen nachteilige und damit anfechtbare **Entscheidung** ist entgegen z.T. anders lautender Kommentierungen immer **zuzustellen** (§ 569 Abs. 1 Satz 2 ZPO; ebenso Keidel/*Meyer-Holz* § 58 Rn. 91), Eine formlose Mitteilung ist auch in FG-Verfahren unzulässig (s. § 15 Abs. 1 sowie § 41 Rdn. 2 ff.). Da das Überprüfungsverfahren ähnlich dem Wiederaufnahmeverfahren eine **Fortsetzung des Bewilligungsverfahrens** ist (BGH FamRZ 2011, 463; BAG RVGreport 2007, 354), ist der Schriftverkehr über den Verfahrensbevollmächtigten des Begünstigten zu führen, sofern er ihn bereits im Bewilligungsverfahren vertreten hat und insoweit weder das Erlöschen der Vollmacht angezeigt wurde (§ 87 Abs. 1, 1. Alt. ZPO; a.A. *Viefhues* jurisPR/FamR 26/2013 Anm. 1, der aber nicht berücksichtigt, dass im Bewilligungsverfahren kein Anwaltszwang besteht) noch die Vollmacht von vorn herein auf das Antragsverfahren beschränkt war (vgl. OLG Brandenburg AnwBl 2014, 363 und zur Zulässigkeit i.E. *Reckin* AnwBl 2014, 322). Ansonsten sind insbesondere **Zustellungen** gem. § 172 ZPO wirksam nur **an den (noch) bevollmächtigten Rechtsanwalt vorzunehmen** (BGH FamRZ 2011, 463 u. 1867). 89

Wurde **Vkh für mehrere Instanzen** bewilligt und waren in den jeweiligen Rechtszügen bzw. Bewilligungsverfahren verschiedene Anwälte tätig, muss entgegen der in der Vorauflage vertretenen Ansicht m.E. nicht jedem noch bevollmächtigten Anwalt die Aufforderung übermittelt und die Entscheidung über die Abänderung zugestellt werden. Sind mehrere Verfahrensbevollmächtigte bestellt, genügt grundsätzlich die Zustellung an einen von ihnen, dasselbe gilt für formlose Mitteilungen (Zöller/*Stöber* § 172 Rn. 9 und 2). Da Gegenstand der Überprüfung nach § 120a Abs. 1 ZPO nicht die einzelnen Vkh-Beschlüsse sind, sondern die jeweils aktuelle Zahlungsverpflichtung (s. Rdn. 88), ist für die Änderung einer bereits angeordneten Ratenzahlung m.E. nur der Anwalt zur Vertretung berufen, der den Begünstigten in dem für die aktuelle Ratenhöhe maßgeblichen Verfahren (i.d.R. das letzte, s. Rdn. 21) vertreten hat. Dasselbe gilt, wenn im letzten Verfahren ausdrücklich keine Raten oder Einmalzahlungen auferlegt wurden.

3. Mitteilungspflichten des Begünstigten. Innerhalb des für die Überprüfung möglichen Zeitraums (Rdn. 87) muss der Begünstigte gemäß dem seit 01.01.2014 geltenden § 120a Abs. 2 Satz 1 ZPO jede **wesentliche Verbesserung** seiner wirtschaftlichen Verhältnisse, **von sich aus mitteilen**, ebenso die Änderung seiner **Anschrift**. Dies soll in Anlehnung an § 60 SGB I die Anpassung von Zahlungsbestimmungen und die Anzeige einer Anschriftenänderung sowie die Durchführung des Änderungs- und Aufhebungsverfahrens erleichtern (BT-Drucks. 17/11472, S. 34, 35). Die Mitteilungspflicht gilt nicht nur für Änderungen, die nach erfolgter Bewilligung eintreten und ein Unterlassen. Die Obliegenheit, Verbesserungen der wirtschaftlichen beginnt bereits mit der Stellung des Vkh-Antrags und ihre Verletzung kann zur Aufhebung der Vkh führen (s. Rdn. 105 ff.). Die Verbesserung von Einkünften ist m.E. dann nicht mehr mitzuteilen, wenn der Betroffene bereits 48 Monatsraten bezahlt hat, da dann eine Abänderung nicht mehr möglich ist (s. Rdn. 84). Wann eine Veränderung von laufendem Einkommen wesentlich ist, wird in § 120a Abs. 2 Satz 2 ZPO (s. Rdn. 81) definiert. Danach ist eine **Verbesserung der Einkünfte wesentlich**, wenn die Differenz zum bisher maßgebenden Bruttoeinkommen nicht nur einmalig 100 € übersteigt, oder bei der Bewilligung berücksichtigte Belastungen (netto) in entsprechender Höhe wegfallen (s. dazu im Einzelnen *Viefhues* FF 2014, 385 unter E. I.; *Dorndörfer* NZFam 2015, 349, 351 und zum maßgebenden Einkommen oben Rdn. 11 ff.). Wann sich die **Vermögensverhältnisse** wesentlich verbessern, wird nur in Ansätzen in Abs. 3 Satz 2 für den Einsatz des aus dem Hauptsacheverfahren Erlangten definiert (s. Rdn. 85). Insoweit dürfte die bisherige Rechtsprechung weiterhin heranzuziehen sein, nach der nur eine den wirtschaftlichen und sozialen Lebensstandard prägende Verbesserung wesentlich ist (s. OLG Hamm MDR 2014, 614; Zöller/*Geimer* § 120a Rn. 12 ff.; a.A. *Groß* § 120a Rn. 9). Darüber hinaus kann nur der Erwerb von Vermögen wesentlich sein, das nach § 115 Abs. 3 Satz 2 i.V.m. § 90 SGB XII für die Verfahrenskosten einzusetzen ist (*Groß* § 120a Rn. 9. Zum Vermögenseinsatz s. Rdn. 24 ff.) Über diese Obliegenheit ist der **Betroffene zu belehren** (§ 120a Abs. 2 Satz 3 ZPO), dies geschieht sowohl in den amtlichen Hinweisen zum Vkh-Formular als auch in dem Formular selbst. Wegen der Bedeutung dieser Obliegenheit für das Überprüfungsverfahren wäre es sinnvoll, wenn die Gerichte diesen Hinweis im Bewilligungsbeschluss nochmals wiederholen und über die Folgen einer Verletzung dieser Pflicht belehren würden. Zur Aufhebung der Vkh bei Verstoß gegen die Mitteilungspflicht s. Rdn. 108. 90

§ 76 Buch 1. Allgemeiner Teil

Die Mitteilungspflicht trifft nach § 40 EGZPO n.F. nur Begünstigte, deren Antrag auf Bewilligung nach dem 31.12.2013 gestellt wurde, und gilt nicht für Altfälle. Unabhängig von der Miteilungspflicht bleiben die Betroffenen weiterhin verpflichtet, dem für die Überwachung der Zahlungen zuständigen Rechtspfleger **auf** dessen **Aufforderung** hin Änderungen ihrer wirtschaftlichen Verhältnisse mitzuteilen (s. Rdn. 88).

91 F. Aufhebung der Bewilligung (§ 124 ZPO)

§ 124 ZPO

(1*) Das Gericht soll* die Bewilligung der Prozesskostenhilfe aufheben, wenn
1. *die Partei durch unrichtige Darstellung des Streitverhältnisses die für die Bewilligung der Prozesskostenhilfe maßgebenden Voraussetzungen vorgetäuscht hat;*
2. *die Partei absichtlich oder aus grober Nachlässigkeit unrichtige Angaben über die persönlichen oder wirtschaftlichen Verhältnisse gemacht oder eine Erklärung nach § 120a Abs. 1 Satz 3 nicht oder ungenügend* abgegeben hat;*
3. *die persönlichen oder wirtschaftlichen Voraussetzungen für die Prozesskostenhilfe nicht vorgelegen haben; in diesem Fall ist die Aufhebung ausgeschlossen, wenn seit der rechtskräftigen Entscheidung oder sonstigen Beendigung des Verfahrens vier Jahre vergangen sind;*
4.* *die Partei entgegen § 120a Absatz 2 Satz 1 bis 3 dem Gericht wesentliche Verbesserungen ihrer Einkommens- und Vermögensverhältnisse oder Änderungen ihrer Anschrift absichtlich oder aus grober Nachlässigkeit unrichtig oder nicht unverzüglich mitgeteilt hat;*
5. *die Partei länger als drei Monate mit der Zahlung einer Monatsrate oder mit der Zahlung eines sonstigen Betrages im Rückstand ist.*
(2*) Das Gericht kann die Bewilligung der Prozesskostenhilfe aufheben, soweit die von der Partei beantragte Beweiserhebung auf Grund von Umständen, die im Zeitpunkt der Bewilligung der Prozesskostenhilfe noch nicht berücksichtigt werden konnten, keine hinreichende Aussicht auf Erfolg bietet oder der Beweisantritt mutwillig erscheint.

* *Änderungen zum 01.01.2014: Abs. 2, und Nr. 4 an- bzw. eingefügt, der bisherige Wortlaut wurde Abs. 1 Nr. 1 bis 3 und 5, sonst einzelne Änderungen im Wortlaut.*

92 I. Allgemeines. Ist Verfahrenskostenhilfe bewilligt worden, kann sich der Begünstigte grds. auf die Bestandskraft der Entscheidung verlassen (Grundsatz des Vertrauensschutzes, vgl. FA-FamR/*Geißler* Kap. 16 Rn. 183). Eine Ausnahme sieht § 120a ZPO vor, wenn sich seine persönlichen und wirtschaftlichen Verhältnisse nachträglich wesentlich verbessern (s.o. Rdn. 84). Stellt sich dagegen heraus, dass die Vkh zu Unrecht bewilligt wurde, weil die Voraussetzungen für die Bewilligung von Verfahrenskostenhilfe nicht vorgelegen haben, oder kommt der Begünstigte seinen Informations- oder Zahlungsverpflichtungen ggü. der Staatskasse nicht nach, kann die Bewilligung nur unter den in § 124 ZPO aufgeführten Bedingungen aufgehoben oder eingeschränkt werden (abschließende Regelung, OLG Köln FamRZ 2007, 296; Zöller/*Geimer* § 124 Rn. 2 m.w.N.). Zur entsprechenden Anwendung der Aufhebungsgründe in Bewilligungsverfahren s. Rdn. 66). Das zum 01.01.2014 in Kraft getretene **PKHuBerHÄndG** (s. Vorbem. zu §§ 76 bis 78 Rdn. 3) hat den oben in § 124 Abs. 1 ZPO unter Nr. 1 bis 3 und Nr. 5 aufgeführten Aufhebungsgründen (s.o. Rdn. 91) mit der eingeschobenen Nr. 4 n.F. zwei weitere hinzugefügt, mit denen die mindestens grob nachlässige **Verletzung der** den Begünstigten in § 120a Abs. 2 ZPO erstmals auferlegten **Mitteilungspflichten** (s. Rdn. 57) sanktioniert werden. Darüber hinaus wurde die 2. Alt. in Nr. 2 dahingehend erweitert, dass auch ungenügende Erklärungen zur Aufhebung führen können. Hinzu gekommen ist außerdem als Abs. 2 die Möglichkeit, die **Vkh für Beweisaufnahmen** unter bestimmten Voraussetzungen wieder zu **entziehen**. Zu den Voraussetzungen im Einzelnen s. Rdn. 97 ff. Darüber hinaus wurde die nach § 124 ZPO a.F. als Kann-Regelung normierte **Rechtsfolge** für sämtliche in **Abs. 1** aufgeführten Tatbestände in eine Sollvorschrift umgestaltet, und damit die **Aufhebung** zum **Regelfall** erhoben (s. dazu Rdn. 94). Nach der **Übergangsregelung** in § 40 EGZPO n.F. gelten die Änderungen nur für die Aufhebung einer Bewilligung, die nach dem 31.12.2013 beantragt wurde; wurde sie vorher beantragt, richtet sich die Aufhebung weiterhin nach § 124 ZPO in der bis 31.12.2013 geltenden Fassung. Das bedeutet, dass die Vkh in Altfällen weder wegen Verletzung der Mitteilungs- und Anzeigepflichten (die sie auch nicht treffenden, s. Rdn. 90 a.E.) aufgehoben noch für Beweisaufnahmen teilweise entzogen werden kann. Insbesondere liegt es in diesen Fällen grundsätzlich weiterhin im Ermessen des Gerichts, ob es von der Aufhebungsmöglichkeit Gebrauch macht. – Dies gilt allerdings nicht für die Aufhebung wegen unrichtiger Darstellung des Sachverhalts oder der wirtschaftlichen Voraussetzungen (§ 124 Nr. 1 und Nr. 2, 1. Alt. ZPO a.F.), bei denen der BGH schon vor Inkrafttreten PKHuBerHÄndG das Absehen von einer Aufhebung auf Ausnahmefälle begrenzt hat (BGH FamRZ 2013, 124). – Ob neues oder altes Recht anzuwenden ist, ist für jeden Beteiligten und für jede Instanz gesondert zu bestimmen. Geht ein Verfahren über **mehrere Instanzen** und ist erst für die zweite oder dritte Instanz das neue Recht anzuwenden, können wegen einer Verletzung von erst durch das neue Recht begründeten Obliegenheiten nur Bewilligungen aufgehoben werden, die nach dem 31.12.2013 beantragt wurden; die übrigen müssen ausdrücklich ausgenommen werden! Dasselbe gilt m.E. wenn in einer Instanz Vkh für unterschiedliche Gegenstände vor und nach dem Stichtag bewilligt wurde, wie z.B. im Scheidungsverbundverfahren.

Die **Aufhebung** der ursprünglich bewilligten Vkh nach Abs. 1 betrifft, mit Ausnahme der Aufhebung wegen falschen Sachvortrags (Nr. 1), wie schon nach altem Recht grundsätzlich sämtliche Bewilligungen in allen Instanzen. Sie **bewirkt**, sofern das Gericht nichts anderes bestimmt, nach allg. Meinung rückwirkend den Entzug der gewährten Befreiung von Gerichts- und Anwaltskosten. Der Betroffene wird so gestellt, als wäre ihm nie Vkh bewilligt worden, und muss u.U. die gesamten Verfahrenskosten, einschließlich der Vergütung seines Anwalts, nachzahlen (s. Rdn. 113). Nach Abs. 1 gilt diese Rechtsfolge grundsätzlich für sämtliche dort aufgezählten Tatbestände in gleicher Weise. Anders als die §§ 45 ff. SGB X unterscheidet er weder zwischen ursprünglich rechtmäßigen oder unrechtmäßigen Bewilligungen noch nach den Auswirkungen einer Obliegenheitsverletzung auf die Staatskassen oder die Betroffenen und bewegt sich damit an der Grenze des rechtsstaatlich Erlaubten. Das war solange unproblematisch wie die Bestimmung der konkreten Folge in das pflichtgemäße Ermessen der Gerichte gestellt war und sie dadurch dem Verhältnismäßigkeitsgrundsatz unschwer genügen konnten. Mit der Vorgabe der **Aufhebung als Regelfall** wird die Einhaltung der Grenze schwieriger, sie zu wahren bleibt aber dennoch eine Aufgabe der Gerichte. Nach wie vor erzwingt auch § 124 Abs. 1 ZPO n.F. nicht die Aufhebung von Vkh (keine Muss-Vorschrift). Auch als Soll-Vorschrift verlangt sie vom Gericht in jedem Einzelfall eine Entscheidung unter Berücksichtigung der Schwere des Verstoßes, des Verschuldensgrades und der Wirkung einer Aufhebung für den Betroffenen (Bahrenfuss/*Wittenstein* Anhang zu §§ 76 ff. § 124 ZPO Rn. 2). Das gebietet sowohl der Charakter der Vkh als besonderer Fall der Sozialhilfe als auch der in jedem Verfahren zu beachtende Grundsatz der Verhältnismäßigkeit (LArbG Baden-Württemberg Rpfleger 2015, 654 und Rpfleger 2016, 166, s. i.E. Rdn. 94).

Das **Verfahren** ist wie das auf die Abänderung der Zahlungsbestimmungen gerichtete eine Fortsetzung des Bewilligungsverfahrens. Der für die Überprüfung der Zahlungsbestimmungen zuständige Rechtspfleger ist mit nachfolgend aufgeführten Ausnahmen auch für die Aufhebung der Vkh aus subjektiven Gründen **zuständig** (§ 20 Abs. 1 Nr. 4c RpflG i.V.m. § 25a RpflG), und zwar auch, wenn die Hauptsache noch anhängig ist (OLG Zweibrücken FamRZ 2008, 160). Nur wenn es um die Aufhebung wegen unrichtiger Darstellung des Streit- bzw. Rechtsverhältnisses nach § 124 Abs. 1 Nr. 1 ZPO (Rdn. 97) und der Teilaufhebung nach § 124 Abs. 2 (Rdn. 112), obliegt sie dem Gericht, das die Verfahrenskostenhilfe für die jeweilige Instanz bewilligt hat. Ob die Voraussetzungen für eine Aufhebung vorliegen, ist von Amts wegen aufzuklären. Dem Betroffenen ist in jedem Fall vor der Aufhebung **rechtliches Gehör** zu gewähren (OLG Frankfurt FamRZ 2004, 1882; Zöller/*Geimer* § 24 Rn. 21). Wie im Überprüfungsverfahren ist der Schriftwechsel über den für das Hauptverfahren bevollmächtigten Anwalt des Begünstigten zu führen, falls dieser auch für das Bewilligungsverfahren bevollmächtigt war, und **Zustellungen**, insb. des Aufhebungsbeschlusses, sind nur an diesen zu bewirken (s. Rdn. 89 auch zur möglichen Beschränkung der Vollmacht). Wurde **Vkh für mehrere Instanzen** oder für mehrere Gegenstände bewilligt, betrifft die Aufhebung wie die Änderung der Zahlungsbestimmung sämtliche Bewilligungen (s. Rdn. 88), mit Ausnahme der Aufhebung nach § 124 Abs. 1 Nr. 1 und Abs. 2 ZPO oder wenn in Übergangsfällen ein Aufhebungsgrund nur für einzelne Instanzen gilt (s. Rdn. 92). Wurden Anträge von verschiedenen Anwälten gestellt, richtet sich die Vertretungsbefugnis im Aufhebungsverfahren nach dem Aufhebungsgrund: Bei § 124 Abs. 1 Nr. 1 ZPO oder einer Teilaufhebung nach Abs. 2, bei dem eine Entscheidung nur für die jeweilige Instanz zu treffen ist (s. Rdn. 97), ist auch nur der für diese Instanz bevollmächtigte Anwalt zur Vertretung berufen. Bei den anderen Aufhebungsgründen gilt für die Vertretung dasselbe wie für die Abänderung: I.d.R. ist nur der zuletzt tätige Anwalt zur Vertretung berufen (s. Rdn. 89). Im Übrigen wird man wohl sämtlichen Anwälten, deren Vergütungsansprüche durch die Aufhebung der Vkh betroffen sind, die Aufhebungsentscheidung zumindest formlos mitteilen müssen (s.a. Zöller/*Geimer* § 124 Rn. 21 und zu ihrem [fehlenden] Beschwerderecht Rdn. 117 ff.).

Wurde für mehrere Gegenstände oder für mehrere Instanzen Vkh bewilligt, betrifft die Aufhebung – mit Ausnahme der Aufhebung nach § 124 Abs. 1 Nr. 1 ZPO – wie die Änderung der Zahlungsbestimmung sämtliche Bewilligungen (s. Rdn. 88).

94 **II. Aufhebung nach Abs. 1. 1. Allgemeine Grundsätze. a) Eingeschränktes Ermessen.** Bis zur Änderung der Vorschrift durch das PKHuBerHÄndG war die Aufhebung in § 124 (jetzt Abs. 1) in das Ermessen der Gerichte gestellt, die davon im Allgemeinen nur behutsam Gebrauch gemacht haben. Die Bewilligung wurde – wenn möglich – den tatsächlichen Gegebenheiten angepasst und nur die Zahlungsbestimmung geändert (Zöller/*Geimer* 29. Aufl. § 124 Rn. 5, 5a m.w.N.). Dieser Handhabung wollte der Gesetzgeber entgegenwirken und hat mit Wirkung zum 01.01.2014 die bisherige Ermessensregelung pauschal für sämtliche jetzt in Abs. 1 aufgelisteten Tatbestände in eine **Soll-Vorschrift** umgewandelt. Damit wurde bei Vorliegen der tatbestandlichen Voraussetzungen die **Aufhebung** zum **Regelfall**. Eine andere Entscheidung soll nach den Vorstellungen des Gesetzgebers nur noch in »atypischen Fällen«, namentlich wenn die Aufhebung zu unangemessenen Ergebnissen führt, möglich sein (BT-Drucks. 17/11472, S. 34; ebenso schon die Gesetzesvorlage des Bundesrats aus 2006 zu einem Prozesskostenhilfebegrenzungsgesetz, BR-Drucks. 250/06, S. 75 f.). Die pauschale Anwendung des Regel-Ausnahme-Prinzips ist im Hinblick auf die in ihrem Unrechtsgehalt und den Auswirkungen auf das Budget der Staatskasse ganz unterschiedlichen Tatbestände zumindest problematisch. Die Spanne reicht vom absichtlichen Vortäuschen der Bewilligungsvoraussetzungen bis zur unverschuldeten Unkenntnis einer Vermögensverbesserung oder der verzögerten Anzeige eines Wohnungswechsels. Dennoch soll in allen Fällen die Bewilligung nach den Vorstellungen des Gesetzgebers regelmäßig vollständig, d.h. rückwirkend aufgehoben werden, mit der **Folge**, dass dem Betroffenen u.U. nicht nur sämtliche Gerichtskosten einschließlich der Auslagen für Gutachten u.a. von der Gerichtskasse in Rechnung gestellt werden. Er schuldet nunmehr auch dem ihm beigeordneten Anwalt die gesamte Vergütung in gleicher Höhe wie ein bemittelter Mandant, und zwar unabhängig von einem ihm möglicherweise zustehenden Kostenerstattungsanspruch (s. i.E. Rdn. 113). Es liegt auf der Hand, dass angesichts des betroffenen Personenkreises dies nicht nur in Einzelfällen zu einer langfristigen wirtschaftlichen Überforderung bzw. Zahlungsunfähigkeit führt, die im Übrigen auch der Staatskasse nichts nützt. Unter Berücksichtigung des in jedem Verfahren zu beachtenden **Grundsatz der Verhältnismäßigkeit** (Übermaßverbot, s. Maunz/Dürig GG Art. 20, VIII Rn. 107 ff.; und jeweils zu § 290 InsO: BGH MDR 2011, 261; 2013, 1313) lässt sich daher eine verfassungskonforme Anwendung des Regel-Ausnahme-Prinzips nicht auf »atypische« Fälle begrenzen, insbesondere wenn die Folge einer Aufhebung außer Verhältnis zum Unrechtsgehalt der Pflichtverletzung steht.

Das wirft auch die Frage nach **alternativen Sanktionen** auf, die als ein Weniger gegenüber der vollständigen Aufhebung möglich sein müssen, ohne auf den Stand des Ermessengebrauch nach der bis 31.12.2013 geltenden Fassung zurückzukehren. Soweit es sich nicht um die Aufhebung einer durch Täuschung erschlichenen unrechtmäßigen Bewilligung handelt, würde in vielen Fällen in Anlehnung an § 48 SGB X eine Aufhebung nur der Zahlungsbestimmung bzw. ihrer unterlassenen Anordnung und die Fälligstellung sämtlicher noch nicht beglichener Kosten einschließlich der auf die Staatskasse übergegangenen Ansprüche des beigeordneten Anwalts den Sanktionszweck erfüllen. Dabei könnte z.B. eine Ratenzahlungsverpflichtung über 48 Monatsraten hinaus verlängert werden oder eine Anhebung oder erstmalige Anordnung von Raten ohne Bindung an § 115 ZPO ebenso erfolgen wie die Anordnung von Einmalzahlungen aus vorhandenem Schonvermögen. Infrage käme auch eine Teilaufhebung mit Wirkung für die Zukunft oder nur für einzelne Verfahrensabschnitte, ggf. verbunden mit Nachzahlungsanordnungen.

Die in jedem Einzelfall **notwendige Folgenabwägung** zwingt jedenfalls dazu, neben den objektiven und subjektiven Voraussetzungen des Tatbestandes auch die aktuellen wirtschaftlichen Verhältnisse des Betroffenen festzustellen.

95 **b) Subjektive Voraussetzungen.** Die meisten Aufhebungsgründe setzen in subjektiver Hinsicht Verschulden voraus, am häufigsten mindestens in Form der groben Nachlässigkeit. Der **Begriff der groben Nachlässigkeit** entspricht dem der groben Fahrlässigkeit (Büttner/Wrobel-Sachs/*Dürbeck* Rn. 839 m.w.N.). Es erfordert einen objektiv schweren und subjektiv nicht entschuldbaren Verstoß gegen die Anforderungen der im Verkehr erforderlichen Sorgfalt: Sie muss in ungewöhnlich hohem Maß verletzt und es muss dasjenige unbeachtet geblieben sein, was im gegebenen Fall jedem hätte einleuchten müssen. Ein objektiv grober Pflichtenverstoß rechtfertigt für sich allein noch nicht den Schluss auf ein entsprechend gesteigertes persönliches Verschulden, hinzukommen muss eine auch subjektiv »**schlechthin unentschuldbare Pflichtverletzung**« (BGH NJW-RR 2011, 1055; MDR 2008, 1124; s.a. OLG Karlsruhe FamRZ 2015, 353, 354 m.w.N.), wobei auch subjektive, in der Person des Handelnden begründete Umstände zu berücksichtigen sind (BGH NJW-RR 2011, 1055 Rn. 10; NJW 2005, 981; Palandt/*Grüneberg* § 277 Rn. 5).

Wegen des durch die Änderung in eine Sollvorschrift bestätigten Sanktionscharakters der in Abs. 1 aufgeführten Aufhebungsgründe (mit Ausnahme der Nr. 3, s. BGH FamRZ 2013, 124) ist dem Betroffenen **nur eigenes Verschulden** und kein Fremdverschulden, z.B. das seines Anwalts, **zuzurechnen** (LArbG Köln RVGreport 2015, 434, Rn. 16; Büttner/Wrobel-Sachs/Gottschalk/*Dürbeck* Rn. 836 m.w.N.). Zwar ist § 85 Abs. 2 ZPO über § 11 Satz 4 FamFG oder § 113 Abs. 1 Satz 2 FamFG grundsätzlich auch im Vkh-Verfahren zu beachten, doch ist die dort normierte Schuldzurechnung im Allgemeinen nicht auf Vorschriften anzuwenden, die strafähnlichen Charakter haben (vgl. BGH FamRZ 2011, 640 zu dem mit § 124 Abs. 1 ZPO vergleichbaren § 290 Abs. 1 Nr. 6 InsO; Zöller/*Vollkommer* § 85 Rn. 10 m.w.N.). Die zur Wiedereinsetzung ergangene gegenteilige Entscheidung des BGH (NJW 2001, 2720) steht dem nicht entgegen, da sie ausdrücklich offen gelassen hat, ob dies auch in Fällen gilt, in denen der Antragsteller nicht dem Prozessgegner, sondern nur der Staatskasse gegenüber steht.

Sämtliche **objektiven und subjektiven Voraussetzungen des Aufhebungstatbestands müssen positiv feststehen**; Den Begünstigten trifft auch hinsichtlich des Fehlens eines Verschuldens keine Darlegungs- bzw. Beweislast (Baumbach/Lauterbach u.a. § 124 Rn. 38; LArbG Baden-Württemberg Rpfleger 2015, 654 = JurBüro 2015, 539). Zweifel dürfen daher nicht zulasten des Betroffenen gehen (vgl. OLG Naumburg, Beschl. v. 14.03.2014 – 4 W 1/14, JurionRS 2014, 23320; Zöller/*Geimer* § 124 Rn. 22 m.w.N.).

c) Befristung der Aufhebung. Die Möglichkeit einer Aufhebung ist mit Ausnahme der Aufhebung nach § 124 Abs. 1 Nr. 1 und Nr. 2, 1. Alt. ZPO **zeitlich befristet**. Für Nr. 2, 2. Alt. ist dies zwar nicht ausdrücklich im Tatbestand erwähnt, es ergibt sich aber durch die Bezugnahme auf § 120a ZPO und der für die Abänderung geltenden Frist (s. Rdn. 87). In den genannten Fällen ist eine Aufhebung nur zulässig, solange eine Abänderungsmöglichkeit nach § 120a ZPO besteht, d.h. bis zum Ablauf von 4 Jahren ab der rechtskräftigen Entscheidung in der Hauptsache oder der anderweitigen Erledigung des gesamten Verfahrens (s. Rdn. 87). Die Frist ist daher immer länger als 4 Jahre und kann sich, insbesondere wenn das Verfahren über mehrere Instanzen geht, auf deutlich mehr als 4 Jahre erweitern. Auch deswegen spielt der Unterschied zur unbefristet möglichen Aufhebung in der Praxis kaum eine Rolle. Es ist eher unwahrscheinlich, dass dem Gericht nach Beendigung des Verfahrens und Ablauf der Überwachungsfrist noch Tatsachen bekannt werden, die eine Aufhebung rechtfertigen. Denn spätestens nach dem Ende der Überprüfungsfrist, zu der auch die Mitteilungspflichten des Begünstigten enden (s. Rdn. 90), werden die Akten endgültig weggelegt bzw. archiviert und, selbst wenn sie später in anderen Verfahren beigezogen werden, i.d.R. nicht mehr dem zuständigen Rechtspfleger vorgelegt.

2. Einzelne Aufhebungsgründe. a) Täuschung über die sachlichen Voraussetzungen (Abs. 1 Nr. 1). Nach § 124 Abs. 1 Nr. 1 ZPO soll die Verfahrenskostenhilfe aufgehoben werden, wenn der Antragsteller durch **unrichtige Darstellung des Sachverhalts** bzw. in FG-Sachen des Rechtsverhältnisses die Erfolgsaussicht oder fehlende Mutwilligkeit seines Begehrens vorgetäuscht hat. Eine zeitliche Begrenzung ist nicht vorgesehen. Eine unrichtige Darstellung kann auch durch Verschweigen der für die Erfolgsaussicht u.a. maßgeblichen Tatsachen oder die Angabe untauglicher Beweismittel erfolgen, ebenso durch die unterlassene Mitteilung von maßgeblichen Änderungen zwischen Antrag und Bewilligung der Vkh (OLG Köln OLGR 2003, 315 und zu weiteren Einzelheiten aus der Rspr. Büttner/Wrobel-Sachs/*Dürbeck* Rn. 833). Die Unrichtigkeit des Vortrags kann sich insbesondere aus einer im Hauptsacheverfahren durchgeführten Beweisaufnahme ergeben, wenn dadurch der Vortrag eindeutig widerlegt wird (OLG Hamm MDR 2015, 235 m.w.N.), aber nicht schon bei einem für den Begünstigten lediglich ungünstigen Ausgang der Beweisaufnahme (OLG Jena OLGR 2007, 472; MüKoZPO/*Motzer* § 124 Rn. 8). Es muss sich um eine förmliche Beweiserhebung handeln, nicht ausreichend sind Erkenntnisse, die das Gericht aus der informellen Anhörung eines Kindes in Sorgerechtsverfahren gewonnen hat (a.A. OLG Hamm FamRZ 2015, 1418). Eine Täuschung in 1. Instanz setzt sich bei der Bewilligung von Vkh für das **Beschwerdeverfahren** fort, wenn ein Beteiligter in erster Instanz aufgrund unrichtiger Angaben obsiegt und das Beschwerdegericht die Erfolgsaussichten der Rechtsverteidigung im Hinblick auf die Vermutung des § 119 Abs. 1 Satz 2 ZPO nicht geprüft hat (OLG Jena FamRZ 2004, 1501 m.w.N.).

Die **Bewilligung muss auf den unrichtigen Angaben beruhen** (OLG Hamm MDR 2015, 235; Bahrenfuss/*Wittenstein* § 124, Rn. 2; Musielak/Voit/*Fischer* § 124 Rn. 2; Prütting/Gehrlein/*Zempel/Völker* § 124 Rn. 8). Zwar hat der BGH in der zu Nr. 2, 1. Alt. (jetzt Abs. 1) ergangenen Entscheidung (FamRZ 2013, 124, Rn. 22 f., s.u. Rdn. 100) die gegenteilige Ansicht auch für die Nr. 1 vertreten (ihm folgend nunmehr Büttner/Wrobel-Sachs/*Dürbeck* Rn. 834; Zöller/*Geimer* § 124 Rn. 5). Das steht allerdings weder in Einklang mit dem Wortlaut dieses Aufhebungsgrundes (s. Rdn. 91), der eine Täuschung über die für die Bewilligung »maßgebenden« Voraussetzungen fordert (ebenso Bahrenfuss/*Wittenstein* § 124 Rn. 2), noch entspricht dies der gesetzgeberischen Intention. In den Motiven zur Einführung der Vorschrift durch das das frühere Armenrecht ablösende PKHG vom 13.06.1980 (BGBl. I, 677) ist vielmehr zu § 122-Abs. 1 Nr. 1 und 2 ZPO-E, der später als § 124 Nr. 1 und 2 in die ZPO eingefügt wurde, ausgeführt, dass Nr. 1 und 2 die Aufhebung der Bewilligung erlaubt, »wenn die Partei die *Bewilligung durch bewusst falsche Angaben* über das Streitverhältnis oder über ihre wirtschaftlichen Verhältnisse *erschlichen* hat« (BT-Drucks. 8/3068, 31 – Hervorhebungen von Verf.; s.a. BGH FamRZ 2013, 124, Rn. 26). Klarer kann die Kausalität kaum ausgedrückt werden. Da sich der Wortlaut dieser Aufhebungstatbestände seither nicht geändert hat, kann m.E. die Vkh zumindest nach § 124 Abs. 1 Nr. 1 ZPO entsprechend der bis zur vorgenannten Entscheidung des BGH vorherrschenden Meinung (vgl. Nachweis bei Büttner/Wrobel-Sachs/*Dürbeck* Rn. 834, Fn. 32 u. Zöller/*Geimer* 29. Aufl. § 124 Rn. 5a) nur aufgehoben werden, wenn die falschen Angaben für die Bewilligung kausal waren.

98 Als **subjektive Voraussetzung** erfordert das Vortäuschen grundsätzlich sowohl für die Tathandlung als auch hinsichtlich der Folgen für die Bewilligung direkten **Vorsatz** (»Erschleichen der Bewilligung«, s.o.). Wurde der Sachverhalt oder das Rechtsverhältnis wie i.d.R. im Hauptsacheverfahren und im Vkh-Antrag in gleicher Weise falsch dargestellt, ist allerdings davon auszugehen, dass der Begünstigte damit in erster Linie seine Position im Hauptsacheverfahren verbessern wollte. In diesem Fall dürfte es ausreichen, dass er die Bewilligung der ihm nicht zustehenden Vkh als Nebenfolge billigend in Kauf nimmt (**bedingter Vorsatz**, s.a. OLG Koblenz FamRZ 1985, 301; Rahm/Künkel/*Schürmann* Kap. 11 Rn. 249 m.w.N.). Der Vorsatz kann z.B. fehlen, wenn der Begünstigte irrtümlich annimmt, nicht Inhaber einer Forderung oder eines Vermögenswerts zu sein (BGH NZI 2010, 911). Ergibt sich die Unrichtigkeit des Vortrags aufgrund der Beweisaufnahme im Hauptsachverfahren (s.o.), bedarf es zusätzlich der Feststellung, dass der falsche Vortrag zumindest auch dazu diente, Kostenhilfe zu erlangen. Wegen des unzweifelhaft bestehenden Sanktionscharakters der Vorschrift (s. BGH FamRZ 2013, 124) kann dem Betroffenen **nur eigenes Verschulden** und kein Fremdverschulden, z.B. das seines Anwalts, zugerechnet werden (s. Rdn. 95).

99 **Folgen**: Die Entscheidung betrifft im Falle der Nr. 1 nur die für diese Instanz erfolgte Bewilligung. Betrifft die Täuschung auch eine andere Instanz oder ein anderes Verfahren, muss jedes Gericht selbstständig über die Aufhebung entscheiden. Eine vollständige Aufhebung entspricht zwar dem Regelfall, ist aber bei jeder Ungenauigkeit oder Verstößen mit einem geringeren Unwertgehalt nicht unbedingt die zwangsläufige Folge (Rahm/Künkel/*Schürmann* Kapitel 11 Rn. 249). Denn auch bei Nr. 1 sind die Folgen für den Betroffenen nach dem Grundsatz der Verhältnismäßigkeit in jedem Einzelfall abzuwägen (s. Rdn. 94). Soweit die Bewilligung nur hinsichtlich einzelner Verfahrensgegenstände auf der Täuschung beruht, kommt auch eine Teilaufhebung in Betracht.

100 **b) Täuschung über die Bedürftigkeit (Abs. 1 Nr. 2, 1. Alt).** Nach § 124 Nr. 2, 1. Alt ZPO soll die Bewilligung aufgehoben werden, wenn der Antragsteller **absichtlich oder grob nachlässig unrichtige Angaben zu seinen persönlichen oder wirtschaftlichen Verhältnissen** gemacht hat. Eine zeitliche Begrenzung ist nicht vorgesehen. Der Tatbestand bezieht sich nicht nur auf die Angaben für die Erstbewilligung, sondern auch auf falsche Angaben im Überprüfungsverfahren. Wie bei Nr. 1 wird der Tatbestand auch durch Verschweigen von Tatsachen verwirklicht. Seinem Zweck nach gilt er nicht für unrichtige Angaben, deren korrekte Mitteilung allein dem Antragsteller selbst genützt hätte (BGH NJW 1997, 1077, 1078). Nach zwischenzeitlich wohl h.M. ist es nicht erforderlich, dass die unrichtigen Angaben über die persönlichen und wirtschaftlichen Verhältnisse zu einer objektiv unrichtigen Bewilligung geführt haben (**keine Kausalität**, s. BGH FamRZ 2013, 124; OLG Hamm, FamRZ 2015, 1419; OLG Bamberg FamRZ 2014, 589; s. aber *Kroppenberg*, Anm. zur vorgenannten BGH-Entscheidung, NJW 2013, 71). Zwar entspricht dies wie bei Nr. 1 nicht den Vorstellungen des historischen Gesetzgebers (s.o. Rdn. 98). Anders als dort hat das Kausalitätserfordernis aber keinen Niederschlag im Wortlaut der Vorschrift gefunden und steht daher einer anderweitigen Auslegung wohl nicht entgegen.

101 **Verschulden**: Der Tatbestand der Nr. 2 1. Alt ist nur erfüllt, wenn der Betroffene die unrichtigen oder unvollständigen Angaben **mindestens grob nachlässig** gemacht hat. Einfache Fahrlässigkeit reicht nicht aus. Der Begriff der groben Nachlässigkeit entspricht dem der groben Fahrlässigkeit (Büttner/Wrobel-Sachs/*Dürbeck* Rn. 839 m.w.N.). Sie erfordert einen objektiv schweren und subjektiv nicht entschuldbaren Verstoß gegen die Anforderungen der im Verkehr erforderlichen Sorgfalt. Ein objektiv grober Pflichtenverstoß *rechtfertigt für sich allein noch nicht den Schluss auf ein entsprechend gesteigertes persönliches Ver-

schulden, hinzukommen muss eine auch subjektiv »**schlechthin unentschuldbare Pflichtverletzung**« (s. Rdn. 95). Daran fehlt es, wenn der Betroffene über den Umfang der von ihm geforderten Angaben irrt (BGH FamRZ 2013, 124 Rn. 8). Das ist m.E. der Fall, wenn der Betroffene eine Unfallrente nicht angibt, weil sie durch unfallbedingte Mehraufwendungen aufgezehrt wird (a.A. OLG Brandenburg FamRZ 2006, 213) oder wenn eine noch nicht fällige Forderung nicht angegeben wird. Wenn einzelne Formularfelder unausgefüllt bleiben, kann daraus noch nicht ohne weiteres auf ein grob nachlässiges Handeln geschlossen werden (Rahm/Künkel/*Schürmann* Kap. 11 Rn. 250; s.a. OLG Koblenz OLGR 2009, 338). Dabei ist auch zu berücksichtigen, dass selbst die neuen Formulare und Hinweise noch juristische Fachbegriffe enthalten (z.B. »Forderung«), die in der Alltagssprache so nicht gebräuchlich sind, abgesehen davon, dass der Umgang mit Formularen nicht nur den in Schrift- oder Sprache Ungewandten Schwierigkeiten bereitet. Jedenfalls müssen nicht nur zur objektiven Schwere der Pflichtverletzung, sondern auch zur subjektiven (personalen) Seite konkrete Feststellungen getroffen werden (s. Rdn. 96). Dabei kommt es allein auf das Handeln oder Unterlassen des Betroffenen an, der durch das PKHuBerHÄndG noch verstärkte Sanktionscharakter der Vorschrift lässt **keine Zurechnung fremdem Verschuldens**, insbesondere des Anwalts, mehr zu (s. Rdn. 95). Zur Möglichkeit der Aufhebung bei einfacher Fahrlässigkeit oder fehlendem Verschulden des Begünstigten s. Rdn. 103 ff.

Folgen: Im Regelfall führt die Erfüllung der objektiven und subjektiven Voraussetzungen des Tatbestandes zu einer vollständigen Aufhebung der Vkh. Dennoch ist auch hier in jedem Einzelfall die Verhältnismäßigkeit der Sanktion nicht nur in Bezug auf ihre wirtschaftlichen Folgen für den Betroffenen, sondern auch im Hinblick auf die Schwere der Pflichtverletzung zu prüfen (s. Rdn. 94). Dabei könnte auch berücksichtigt werden, ob die falschen Angaben für die Bewilligung kausal waren oder nicht. Wiegt der Unrechtsgehalt weniger schwer und würde eine vollständige Aufhebung die Leistungsfähigkeit des Schuldners auch langfristig überfordern, kommt ausnahmsweise auch weiterhin statt einer Aufhebung eine Teilaufhebung durch Änderung der Zahlungsbestimmung in Betracht. Als milderes Mittel gegenüber einer Vollaufhebung kann diese ohne Bindung an § 115 ZPO angeordnet werden (s. Rdn. 94). 102

Nach Aufhebung ist, wenn das Verfahren noch nicht abgeschlossen ist, eine erneute Bewilligung für die Zukunft nicht ausgeschlossen (OLG Braunschweig OLGR 2005, 373; s.a. BGH FamRZ 2015, 1875 und dazu näher Rdn. 114).

c) Unzutreffende Annahme der Bedürftigkeit (Abs. 1 Nr. 3). § 124 Abs. 1 Nr. 3 ZPO bzw. § 124 Nr. 3 ZPO a.F. ermöglicht die Aufhebung der Bewilligung, wenn die persönlichen und **wirtschaftlichen Voraussetzungen für die Bewilligung** von Vkh von vorn herein **nicht gegeben** waren. Ein **Verschulden** des Begünstigten ist **nicht erforderlich**. Verschweigt er dagegen absichtlich oder grob fahrlässig einen Vermögenswert oder Einkünfte, geht der Aufhebungsgrund der Nr. 2, 1. Alt. vor.(BGH FamRZ 2013, 124). Nach dem Wortlaut und nach der Begründung dieser Regelung (s. BT-Drucks. 3068/8, S. 31 zu § 122 Abs. 2 ZPO-E) kommt eine Aufhebung nach Nr. 3 nur in Betracht, wenn dem Betroffenen überhaupt keine Vkh hätte bewilligt werden dürfen, weil er seine Verfahrenskosten entweder aus seinem Vermögen oder mit vier Monatsraten hätte begleichen können, er also nicht bedürftig war. Gedacht ist dabei z.B. an den Fall, dass der Begünstigte zum Zeitpunkt der Bewilligung noch nicht wusste, dass er Vermögen geerbt oder eine Rentennachzahlung erhalten hat (Büttner/Wrobel-Sachs/Gottschalk/*Dürbeck* Rn. 845). Über den Wortlaut hinaus wurde Nr. 3 m.E. zu Unrecht (s.u.) vielfach als Auffangregelung benutzt, um auch objektiv unrichtige Zahlungsbestimmungen in der Bewilligung zu korrigieren (vgl. z.B. OLG Schleswig FamRZ 2013, 57; OLG Köln AGS 2002, 133; s.a. Zöller/*Geimer* § 124 Rn. 11 m.w.N.). Die Anwendung der Nr. 3 setzt weiterhin voraus, dass die **tatsächlichen Verhältnisse dem Gericht** zum Zeitpunkt der Bewilligung nicht bzw. **nur unvollständig bekannt** waren **und die fehlerhafte Bewilligung darauf beruht** (BGH FamRZ 2013, 124 Rn. 22; Johannsen/Henrich/*Markwardt* § 124 ZPO Rn. 7). Hat der Begünstigte seine wirtschaftlichen Verhältnisse dagegen richtig und vollständig angegeben und das Gericht seine Angaben nur fehlerhaft gewürdigt, kommt schon aus Gründen des Vertrauensschutzes eine Aufhebung nach Nr. 3 nicht in Betracht (OLG Saarbrücken FamRZ 2009, 1851; OLG Frankfurt MDR 2002, 785 m. Anm. *Kogel*). § 124 Abs. 1 Nr. 3 ZPO dient nicht dazu, Rechtsanwendungsfehler des Gerichts zu korrigieren. Die Korrektur von Fehlern des Gerichts bei der Beurteilung der Bedürftigkeit hat der Gesetzgeber der Staatskasse zugewiesen, indem er ihr ein eigenes Beschwerderecht eingeräumt hat (OLG Bremen EzFamR ZPO § 124 Nr. 2; Büttner/Wrobel-Sachs/Gottschalk/*Dürbeck* Rn. 845). Daran ändert auch die Begrenzung der Korrekturmöglichkeiten auf fehlende Zahlungsanordnungen nichts. Diese, ursprünglich ausdrücklich auf Wunsch der Länder eingeführte und vom Gesetzgeber nach wie vor gewünschte Beschränkung des Beschwerderechts der Staatskasse 103

(s. Rdn. 118) kann nicht zu Lasten des Bedürftigen über eine Aufhebung nach Nr. 3 umgangen werden (OLG Köln FamRZ 1990, 1144; OLG Bamberg Beschl. v. 17.07.1997 – 8 W 50/97– BeckRS 2014, 10311).
Die Möglichkeit einer Aufhebung wegen objektiv fehlender Bedürftigkeit ist, anders als bei § 124 Nr. 2, 1. Alt ZPO, **zeitlich befristet**: Sie besteht nur, solange eine Abänderungsmöglichkeit nach § 120a ZPO besteht, d.h. bis zum Ablauf von 4 Jahren ab der rechtskräftigen Entscheidung in der Hauptsache oder der anderweitigen Erledigung des gesamten Verfahrens, wobei sich diese Begrenzung in der Praxis kam auswirkt (s. Rdn. 96).

104 **Folgen:** Wie der BGH (FamRZ 2013, 124) zutreffend festgestellt hat, kommt dem Aufhebungsgrund des Nr. 3 kein Sanktionscharakter zu. Eine Aufhebung der Bewilligung als Sanktion für eigenes Verschulden kommt nur nach Nr. 2, 1. Alt. bei Vorsatz oder grober Fahrlässigkeit in Betracht, ansonsten wäre ein eigener Tatbestand für diesen Aufhebungsgrund überflüssig (BGH, FamRZ 2013, 124 Rn. 23 u. 30; OLG Köln FamRZ 1988, 740). Nr. 3 dient mithin allein kostenrechtlichen Zwecken. Deshalb hätte der Gesetzgeber diesen Tatbestand in der Neufassung des § 124 ZPO nach dem Grundsatz der Verhältnismäßigkeit von dem Regel-Ausnahme-Prinzip des Abs. 1 ausnehmen müssen. Diese systemwidrige Lücke ist im Wege der teleologischen Reduktion durch eine **Umkehr des Regel-Ausnahme-Verhältnisses** zu korrigieren: Eine Aufhebung kommt i.d.R. nur in Betracht, wenn der Betroffene nach seinen aktuellen persönlichen und wirtschaftlichen Verhältnissen in der Lage ist, die angefallenen und ggf. noch entstehenden Verfahrenskosten aus seinem Vermögen oder in vier Monatsraten zu bezahlen. Ansonsten ist an der Bewilligung festzuhalten und erstmals Zahlungen entsprechend § 115 ZPO anzuordnen oder, falls man Nr. 3 dem Gesetzeszeck (s. Rdn. 103) auch auf bestehende Zahlungsbestimmungen jene anwenden will, diese den aktuellen Verhältnissen anzupassen.

105 **d) Unterlassene oder ungenügende Erklärung im Überprüfungsverfahren (Abs. 1 Nr. 2, 2. Alt.).** Gibt der Begünstigte **auf eine Aufforderung** des Rechtspflegers zur Überprüfung seiner Bedürftigkeit nach § 120a Abs. 1 Satz 3 ZPO bzw. § 120 Abs. 4 Satz 2 ZPO a.F (s.o. Rdn. 90) hin **keine oder eine ungenügende Erklärung zu Änderungen in seinen persönlichen oder wirtschaftlichen Verhältnissen** ab, soll die Bewilligung der Verfahrenskostenhilfe nach § 124 Abs. 1 Nr. 2, 2. Alt ZPO aufgehoben werden. Mit der Ergänzung des Tatbestands durch das PKHuBerHÄndG (s. Rdn. 91) hat der Gesetzgeber klargestellt, dass auch unzureichende Erklärungen eine Aufhebung rechtfertigen. Dazu gehört wohl auch, dass für die Erklärung nicht das amtliche Formular benutzt wird, wenn hierfür eine Verpflichtung besteht (s.o. Rdn. 90). Der Tatbestand wird auch erfüllt, wenn der Betroffene auf Nachfragen des Gerichts nicht oder nur ungenügend antwortet oder die erklärten Angaben nicht glaubhaft macht (s. *Groß* § 124 ZPO Rn. 13; BT-Drucks. 17/11472, S. 35). Die Aufforderung muss i.d.R. an den Verfahrensbevollmächtigten des Betroffenen gerichtet werden, dem auch der Aufhebungsbeschluss zuzustellen ist (s. Rdn. 93). Vor einer Aufhebung der Bewilligung muss dem Betroffenen **rechtliches Gehör** gewährt und er insbesondere in gleicher Weise wie im Bewilligungsverfahren darauf hingewiesen werden, welche Angaben und Belege fehlen (Rahm/Künkel/*Schürmann* Kap. 11 Rn. 250, s. zur Bewilligung: BVerfG NJW 2000, 275; *Gottwald* FamRZ 2004, 383 m.w.N.). Eine vom Rechtspfleger gesetzte Frist ist **keine Ausschlussfrist** (s. Rdn. 69), sodass auch verspätet eingegangene Erklärungen u.a. noch berücksichtigt werden müssen und die Erklärungen oder ihre Vervollständigung in der Beschwerdeinstanz nachgeholt werden können (h.M. vgl. OLG Hamm MDR 2014, 798 m.w.N. = FamRZ 2014, 2018 LS, s.a. Rdn. 121 f.).

106 In subjektiver Hinsicht muss dem Betroffenen ebenso wie bei der ersten Alternative. ein **qualifiziertes Verschulden** anzulasten sein. Das ergibt sich sowohl aus dem Wortlaut der Nr. 3, bzw. der Satzstellung (s. Rdn. 91), als auch aus der Gesetzesbegründung (vgl. BT-Drucks. 10/16400 S. 46; OLG Koblenz FamRZ 1996, 1425; MüKoZPO/*Motzer* § 124 Rn. 12 m.w.N. auch zur Gegenansicht).Voraussetzung ist mithin auch hier eine »schlechthin unentschuldbare Pflichtverletzung« (s. Rdn. 96 und zu weiteren Einzelheiten Rdn. 100) wobei auch subjektive, in der Person des Handelnden begründete Umstände zu berücksichtigen sind (BGH NJW 2005, 981; Palandt/*Grüneberg* § 277 Rn. 5).Wegen des Sanktionscharakters dieser Vorschrift ist dem Betroffenen auch hier ein Fremdverschulden nicht zuzurechnen (s. Rdn. 96).

107 **Folgen:** Im Regelfall führt die Erfüllung der objektiven und subjektiven Voraussetzungen des Tatbestandes zu einer vollständigen Aufhebung der Vkh. Dennoch ist auch hier in jedem Einzelfall die Verhältnismäßigkeit der Sanktion nicht nur in Bezug auf ihre wirtschaftlichen Folgen für den Betroffenen, sondern auch im Hinblick auf die Schwere der Pflichtverletzung zu prüfen (s. Rdn. 94). Dabei sollte auch berücksichtigt werden, ob überhaupt keine Erklärung oder nur eine ungenügende abgegeben wurde. Insbesondere, wenn lediglich gegen den Formularzwang verstoßen aber ansonsten inhaltlich ausreichende Angaben gemacht wur-

den, wäre eine Aufhebung unverhältnismäßig. Sie ist es auch, wenn eine vollständige Aufhebung die Leistungsfähigkeit des Schuldners auch langfristig überfordert und er keine Möglichkeit hat, die angefallenen Kosten (s. Rdn. 113) zu begleichen. In diesen Fällen kommt als Sanktion höchstens eine Teilaufhebung durch Änderung der Zahlungsbestimmung ohne Bindung an § 115 ZPO in Betracht (s. Rdn. 94). Bezieht sich die Überprüfung auf eine Bewilligung, für die der Antrag noch vor dem 01.01.2014 gestellt wurde (**Altfälle**), kann das Gericht gemäß dem bis 31.12.2013 geltenden Recht die Folgen weiterhin nach pflichtgemäßem Ermessen bestimmen (s. Rdn. 92).

e) **Verstoß gegen Mitteilungspflichten (Abs. 1 Nr. 4).** Ebenso wie die ungenügende Mitwirkung im Überprüfungsverfahren sanktioniert § 124 Abs. 1 Nr. 4 ZPO n.F. jetzt die absichtliche oder grob nachlässige **Verletzung der nach § 120a Abs. 2 Satz 1 ZPO bestehenden Mitteilungs- und Anzeigepflichten**. Danach muss der Begünstigte jede wesentliche Verbesserung seiner wirtschaftlichen Verhältnisse (s. dazu näher Rdn. 85).sowie jede Änderung seiner Anschrift unverzüglich mitteilen. Da diese Verpflichtung erst durch das PKHuBerHÄndG eingeführt wurde, betrifft sie nur Begünstigte, die einen Vkh-Antrag nach dem 31.12.2013 gestellt haben (s. Rdn. 90). In Ermangelung einer Obliegenheit gilt **Nr. 4 nicht für Bewilligungen, die vor dem 01.01.2014 beantragt wurden** (OLG Frankfurt AGS 2015, 291)!. Weiterhin ist zu beachten, dass die Pflicht zur Mitteilung von Einkommensverbesserungen und damit auch der **Aufhebungsgrund entfällt,** wenn der Betroffene vor ihrem Eintritt bereits 48 Monatsraten bezahlt hat und damit eine Abänderung insoweit nicht mehr möglich ist (s. dazu Rdn. 84). 108

Der Tatbestand wird nicht nur erfüllt, wenn keine Änderung mitgeteilt, sondern auch bei einer zwar erstatteten, aber inhaltlich unrichtigen Änderungsmitteilung (BT-Drucks. 17/11472, S. 35). Er greift seinem Wortlaut nach bereits ein, wenn die korrekte Mitteilung nicht »**unverzüglich**« erfolgt, d.h. ohne schuldhaftes Zögern (Palandt BGB § 121 Rn. 3). Anders als nach dem BGB genügt leichtes Verschulden nicht, sondern erforder auch insoweit grobe Nachlässigkeit (s.u.). Wie bei ungenügender Mitwirkung im Überprüfungsverfahren (s. Rdn. 105) ist auch hier (als Tatbestandsvoraussetzung) zu verlangen, dass der Betroffene über seine Obliegenheiten **hinreichend aufgeklärt** wurde. Dafür reichen die im Antragsformular erteilten Hinweise über die mitzuteilende Verbesserung seiner wirtschaftlichen Verhältnisse bislang nicht aus. Sie geben im Wesentlichen den Gesetzestext mit seinen Rechtsbegriffen wieder, der durch seine Komprimierung sicherlich nicht verständlicher geworden ist. Selbst wenn die Hinweise inhaltlich verbessert würden, kann nicht davon ausgegangen werden, dass sie dem Betroffenen ggf. noch nach Jahren präsent sind. Vor allem muss ein Antragsteller nicht damit rechnen, dass er über Pflichten, die erst mit dem Bewilligungsbeschluss entstehen, allein in den Antragsunterlagen belehrt wird, sodass von einer hinreichenden Belehrung nur ausgegangen werden kann, wenn sie im Bewilligungsbeschluss wiederholt wird (LAG Berlin-Brandenburg Beschl. v. 09.12.2015 – 10 Ta 2169/15, JurionRS 2015, 36484). Zusätzlich sollte der Betroffene nach Abschluss des Verfahrens über den Beginn der Vierjahresfrist bzw. die konkrete Dauer der Verpflichtung informiert werden, die im Zeitpunkt der Bewilligung nicht absehbar ist und mit deren korrekter Bestimmung ein Laie in vielen Fällen überfordert sein dürfte.

Darüber hinaus bedarf zur Vermeidung verfassungswidriger Ergebnisse. bereits der objektive Tatbestand einer am Zweck der Vorschrift und ihrer Stellung im Gesetz orientierten **teleologischen Reduktion**. Zweck der Nr. 4 n.F. ist es, die Einhaltung der in § 120a Abs. 1 Satz 1 ZPO n.F. auferlegten Mitteilungspflichten zu sichern (BT-Drucks. 17/11472, S. 25). Die Mitteilung der Verbesserung der wirtschaftlichen Verhältnisse soll wiederum in Anlehnung an § 60 SGB I die Anpassung von Zahlungsbestimmungen und die Anzeige einer Anschriftenänderung die Durchführung der Änderungs- und Aufhebungsverfahren erleichtern (s. Rdn. 90). Für die Aufhebung wegen unterlassener Mitteilung einer Einkommensverbesserung (Nr. 4, 1. Alt.) folgt daraus, dass eine Aufhebung nur in Betracht kommt, wenn eine rechtzeitige Mitteilung zu einer Änderung der Entscheidung über zu leistende Zahlungen geführt hätte (LArbG Baden-Württemberg Rpfleger 2016, 166; im Ergebnis ebenso LAG Berlin-Brandenburg Beschl. v. 26.02.2016 – 17 Ta 2159/15, BeckRS 2016, 67046 m.w.N. das dies aber nicht als Tatbestandsvoraussetzung, sondern als atypischen Fall wertet). Entsprechendes gilt für eine unterlassene oder verspätete Mitteilung der Anschriftenänderung (Nr. 4, 2. Alt.), wenn sie nicht dazu führt, dass die Aufklärung des für eine Aufhebung oder Abänderung der Bewilligung maßgeblichen Sachverhalts nicht möglich ist oder nicht unerheblich erschwert wird (was bei einer Anfrage beim Einwohnermeldeamt nicht der Fall ist, LAG Köln Beschl. v. 09.10.2015 – 12 Ta 319/15, JurionRS 2015, 34869). Denn eine Verletzung von Anzeigepflichten, die keine nennenswerte Auswirkung auf die Verfahren hat, die sie unterstützen soll, kann ohne Verstoß gegen den Verhältnismäßigkeitsgrundsatz nicht mit der Aufhebung der Vkh sanktioniert werden (LArbG Baden-Württemberg Rpfleger 2015, 654; BGH ZInsO 2011, 1113 u. ZInsO 2008, 975 zum Verstoß gegen Mitteilungspflichten im Insolvenzrecht). I.Ü. würde eine allein am Wortlaut der Vorschrift orientierte Handhabung der Nr. 4 n.F. den Charakter einer Generalklausel zumessen, nach der bei jeder Verletzung der Anzeigepflicht die Vkh aufzuheben ist und nach den übrigen Tatbeständen nur, solange ihr nachgekommen wird. Das entspricht weder ihrer Stellung innerhalb des § 124 Abs. 1 ZPO n.F. noch ihrer dienenden Funktion (s. LAG Köln Beschl. v. 09.10.2015 – 12 Ta 319/15, JurionRS 2015, 34869). Eine Aufhebung nach Nr. 4 scheidet mithin aus, wenn der Rechtspfleger ein Überprüfungsverfahren einleitet und allein durch die ordnungsgemäß übersandte Erklärung nach § 120a Abs. 1 ZPO von der Einkommensverbesserung Kenntnis erlangt oder wenn er ein Aufhebungsverfahren oder eine Überprüfung nach § 120a Abs. 1 Satz 3 ZPO einleitet oder zur Zahlung rückständiger Raten auffordert und erst im Zuge dieser Verfahren von einer Änderung der Anschrift erfährt bzw. die neue Anschrift ohne nennenswerten Aufwand ermitteln kann. Für den Anwendungsbereich der Nr. 4 verbleiben damit in erster Linie die Fälle, in denen die nicht mitgeteilte Änderung der Anschrift oder von Einkommensverbesserungen dazu führt, dass die Aufklärung des für eine Aufhebung oder Abänderung der Bewilligung maßgeblichen Sachverhalts nicht möglich ist oder nicht nur unerheblich erschwert wird. Das entspricht auch der Einschränkung mit der § 66 Abs. 1 SGB 1 die Verletzung von Mitwirkungspflichten des Sozialleistungsberechtigten nach § 60 Abs. 1 Nr. 2 SGB 1, an den sich Nr. 4 anlehnt (s.o.) sanktioniert (s. LArbG Baden-Württemberg Rpfleger 2016, 166). Zwar besteht auch für die folgenlose Verletzung der Anzeigepflicht zweifellos ein Sanktionsbedürfnis. Es ist aber zumindest zweifelhaft, ob es dafür des vollständigen Entzugs der gewährten Kostenhilfe bedarf und nicht mildere Mittel, wie z.B. die Verhängung von Ordnungsgeld, die Einhaltung der Anzeigepflicht in gleicher Weise sichern kann mit der Folge, dass die Anwendung des § 124 Nr. 4 in diesem Fall gegen das Übermaßverbot verstößt (s. Leibholz/Rinck/*Burghart* Art. 20 Rn. 776). Zumindest ist diese Unverhältnismäßigkeit der Mittel bei der Folgenabwägung zu berücksichtigen (s. Rdn. 110).

109 Verschulden: In subjektiver Hinsicht ist der Tatbestand nur erfüllt, wenn der Begünstigte die Verbesserung seiner wirtschaftlichen Verhältnisse oder die Änderung seiner Anschrift zumindest grob nachlässig nicht oder nicht rechtzeitig mitgeteilt hat, ihm mithin eine »**schlechthin unentschuldbare Pflichtverletzung**« (s. Rdn. 95) angelastet werden kann. Dies gilt auch für die Änderung der Anschrift (vgl. LArbG Baden-Württemberg Rpfleger 2015, 654 = RVGreport 2015, 432; s.a. BT-Drucks. 11/11472 S. 35). Die grobe Nachlässigkeit ergibt sich auch bei Nr. 4 nicht schon prima-facie aus der Erfüllung des objektiven Tatbestandes, sondern muss gesondert festgestellt werden. Es ist ein weit verbreitetes Phänomen, dass bei einem Umzug die eine oder andere Stelle bei der Mitteilung der Anschriftenänderung vergessen wird; ein schlichtes Vergessen lässt sich schwerlich unter den Begriff der groben Nachlässigkeit subsumieren (LArbG Baden-Württemberg Rpfleger 2015, 654 = RVGreport 2015, 432; LArbG Köln RVGreport 2015, 434). Deshalb kann es auch keine entscheidende Rolle spielen, wie viel Zeit zwischen dem Entstehen der Anzeigepflicht und der Kenntnis des Gericht von ihrer Verletzung verstrichen ist (a.A. LArbG Schleswig-Holstein AA 2015, 216). Das gilt in besonderem Maße, wenn der Begünstigte keinen aktuellen Bezug zu der bewilligten Vkh mehr hat, wie er etwa durch noch laufende Ratenzahlungen hergestellt wird (LArbG Berlin-Brandenburg NZA-RR 2016, 156 m.w.N.). Auch für die unterlassene oder verspätete Mitteilung von wirtschaftlichen Verbesserungen kann der Zeitablauf unter den genannten Umständen zur Verneinung einer groben Pflichtverletzung führen. Die Belehrung über die Anzeigepflichten im Vkh-Antrag steht dem nicht zwangsläufig entgegen, zumal sie keineswegs geeignet ist, eine nachhaltige Präsenz zu erzeugen (s. Rdn. 108). Eine unzureichende Belehrung kann, soweit man sie nicht zum objektiven Tatbestand zählen will (s.o.), für sich allein zur Verneinung einer groben Nachlässigkeit führen. Die Mitteilung anzeigepflichtiger Veränderungen an den Verfahrensbevollmächtigten statt an das Gericht direkt stellt ebenfalls keine grobe Nachlässigkeit dar, denn der Begünstigte darf im Allgemeinen damit rechnen, dass sein Anwalt wichtige Informationen weiterleiten wird (LAG Berlin-Brandenburg Beschl. v. 20.07.2015 – 21 Ta 975/15 – Rn. 21, RVGreport 2015, 435), ein Verschulden des Anwalts ist ihm nicht zuzurechnen (LArbG Köln RVGreport 2015, 434; s.a. Rdn. 95). Besonderer Prüfung bedarf die subjektive Seite bei der unterlassenen oder unvollständigen Anzeige von Einkommensverbesserungen. Hier tritt zu den auch bei Nr. 2 auftretenden Irrtümern bei der Zuordnung einzelner Rechte oder Ansprüche zu den Einkünften bzw. dem Vermögen (s. dazu Rdn. 101 und 106) die Unsicherheit hinzu, ob diese »wesentlich« und damit anzeigepflichtig sind. Angesichts der Unklarheiten, die auch in der Fachwelt bzgl. des anzeigepflichtigen Vermögens herrscht (s. Rdn. 85 u. 90), dürfte ein Irrtum des Betroffenen i.d.R. ein Verschulden ausschließen. Zwar steht beim Einkommen die Wesentlichkeitsgrenze (100 €, s. Rdn. 85) fest aber nicht, zu welchem Zeitpunkt sie bei aufeinander folgenden darunter liegenden Anhebungen der Einkünfte überschritten wird, weshalb nicht jede objektiv unterlassene oder verzögerte Anzeige eine grobe Nachlässigkeit darstellen muss.

Folgen: Unabhängig davon, ob man wie hier vertreten, den objektiven Tatbestand auf die Fälle reduziert, in denen die nicht mitgeteilte Änderung der Anschrift dazu führt, dass die Aufklärung des für eine Aufhebung oder Abänderung der Bewilligung maßgeblichen Sachverhalts nicht möglich ist oder erheblich erschwert wird (s. Rdn. 108), ist bei den Folgenabwägung der **Verhältnismäßigkeitsgrundsatz** in besonderem Maße zu beachten. Der Unrechtsgehalt der Verletzung der Anzeigepflicht entspricht nicht »in der Regel« dem einer Verweigerung der Mitwirkung im Überprüfungsverfahren der Zahlung von Raten und schon gar nicht der Täuschung über die Bewilligungsvoraussetzungen, sondern nur in den eingangs genannten Fällen. Wird dagegen die Pflichtverletzung wie zumeist erst nach einer Aufforderung gem. § 120a Abs. 1 Satz 3 ZPO oder zur Zahlung rückständiger Raten bekannt und holt der Betroffene nicht nur die Anzeige nach, sondern erfüllt im Übrigen seinen Mitwirkungs- und Zahlungspflichten in vollem Umfang, wäre es von vornherein unverhältnismäßig ihn in gleicher Weise zu sanktionieren wie einen Betroffenen, der überhaupt nicht mitwirkt. Daher kann hier das Absehen von einer vollständigen Aufhebung, ähnlich wie bei Nr. 3 (s. Rdn. 104), nicht nur auf Ausnahme- bzw. atypische Fälle beschränkt werden, sondern muss auch die strukturellen Unterschiede im Unrechtsgehalt und in den Auswirkungen der Pflichtverletzung berücksichtigen (im Ergebnis ebenso LArbG Baden-Württemberg Rpfleger 2015, 654 = RVGreport 2015, 432; LArbG Köln RVGreport 2015, 434; LArbG Berlin-Brandenburg Beschl. v. 26.02.2016 – 17 Ta 2159/15, BeckRS 2016, 67046 m.w.N.). Für die weniger schwerwiegenden Pflichtverstöße kommt daher eine vollständige Aufhebung allenfalls dann in Betracht, wenn der Betroffene zwischenzeitlich nicht mehr bedürftig ist und die noch anfallenden Gerichts- und Anwaltskosten unschwer begleichen kann. Ansonsten käme m.E. höchstens eine (Teil-) Aufhebung hinsichtlich der Zahlungsbestimmungen infrage (s. Rdn. 94), soweit sie nicht zu unangemessenen Belastungen führt. In den eingangs genannten schwerer wiegenden Fällen bleibt die Aufhebung dagegen der Regelfall.

f) Zahlungsrückstand (Abs. 1 Nr. 5). Kommt der Begünstigte mit der Zahlung einer Monatsrate mehr als 3 Monate oder mit der geschuldeten Einmalzahlung in **Rückstand,** soll die Bewilligung der Verfahrenskostenhilfe nach **§ 124a Abs. 1 Nr. 5 ZPO** (vormals § 120 Abs. 4 Nr. 4) vollständig aufgehoben werden. Ein Rückstand i.S.d. Nr. 5 entsteht nicht, wenn ursprünglich gar keine Raten hätten festgesetzt werden dürfen (OLG Brandenburg (FamRZ 2015, 949).Obwohl die Vorschrift nur von Rückstand spricht, ist sie nach h.M. richtigerweise nicht anzuwenden, wenn der Betroffene im fraglichen Zeitraum wirtschaftlich zur Leistung der Raten nicht in der Lage war und ihn deshalb kein **Verschulden** trifft (BGH NJW 1997, 1077; OLG Bremen FamRZ 2011, 129; OLG Brandenburg (FamRZ 2015, 949). Das gilt auch nach der Änderung des § 124 a.F. in eine Sollvorschrift (a.A. OLG Stuttgart, Beschl. v. 23.07.2015 – 2 W 21/15, OLG Report Süd 43/2015 Anm. 7). Denn die durch das PKHuBerHÄndG vorgenommene Änderung bezieht sich nur auf die Rechtsfolgen und nicht auf den Tatbestand der Nr. 5 (vormals Nr. 4). Nachdem der Gesetzgeber ihren Wortlaut nicht verändert hat, hat er den seit Jahrzehnten währenden Streit über seine Auslegung (vgl. Groß; § 124 Rn. 24) ebenso wenig entschieden wie anlässlich der diversen vorausgegangenen Änderungen der Pkh-Bestimmungen. Dem Erfordernis des Verschuldens oder Vertretenmüssens kann auch nicht mit Einwand begegnet werden, der Betroffene hätte eine Verschlechterung seiner Leistungsfähigkeit rechtzeitig anzeigen und damit eine Abänderung oder Aufhebung der Raten erreichen können (so OLG Stuttgart OLG Report Süd 43/2015 Anm. 7). Denn diese nach § 120a Abs. 1 Satz ZPO bzw. § 120 Abs. 4 Satz 1 ZPO a.F. eingeräumte Möglichkeit erschließt sich dem nicht kundigen Gesetzeslesers nicht ohne weiteres. Über sie und insbesondere über die Folgen einer nicht rechtzeitigen Anzeige wird der Begünstigte, anders als bei der Verbesserung seiner wirtschaftlichen Verhältnisse, i.d.R. nicht hingewiesen. Auf mangelndes Verschuldens kann sich der Betroffene auch noch im Beschwerdeverfahren berufen (OLG Hamm MDR 2014, 798 = FamRZ 2014, 2018 LS; OLG Bremen FamRZ 2011, 129 m.w.N.).

Die Aufhebung der Vkh nach Nr. 5 setzt i.d.R. voraus, dass hinsichtlich des konkreten Zahlungsrückstandes die **Aufhebung der Bewilligung angedroht** worden ist (OLG Bremen FamRZ 2002, 1419; 2011, 129; Groß § 124 Rn. 23). Zahlt der Betroffene daraufhin die rückständigen Beträge, kommt eine Aufhebung nicht in Betracht; geschieht dies erst im Beschwerdeverfahren, ist der Aufhebungsbeschluss des Rechtspflegers aufzuheben (Zöller/*Geimer* § 124 Rn. 19 m.w.N. auch zur Gegenansicht).

Folgen: Fehlt es mangels Leistungsfähigkeit am Verschulden, darf die Vkh auch nicht aufgehoben werden. Zugleich ist aber regelmäßig eine rückwirkende Abänderung der Zahlungsbestimmung nach § 120a Abs. 2 ZPO v.A.w. zu prüfen (ein Antrag ist entgegen anders lautenden Kommentierungen nur für die Berücksichtigung geänderter Freibeträge erforderlich, s. Rdn. 84). In gleicher Weise ist zu verfahren, wenn man die Leistungsfähigkeit bzw. ein Verschulden nicht als (ungeschriebenes) Tatbestandsmerkmal ansieht (Groß § 124 Rn. 24; Zöller/Geimer § 124 Rn. 18 m.w.N.). Es widerspräche dem in jedem Verfahren zu berücksichtigenden Grundsatz der Verhältnismäßigkeit und dem Charakter der Vkh als besonderen Fall der Sozialhilfe, die Bewilligung auch dann vollständig aufzuheben, wenn der Betroffene den Zahlungsrückstand nicht zu vertreten hat (s. Rdn. 94). Davon gingen offensichtlich auch die dem PKHuBerHÄndG vorausgegangenen Gesetzesentwürfe der Länder und der Bundesregierung aus, s. BR-Drucks. 250/06, S. 76 = BT-Drucks. 16/1994, S. 31). Erst recht ist von einer Aufhebung abzusehen, wenn **die wirtschaftlichen Verhältnisse von Anfang an ungünstiger** waren als vom Gericht angenommen (BGH NJW 1997, 1077; OLG Brandenburg FamRZ 2015, 949 m.w.N.; einschränkend OLG Dresden FamRZ 2015, 794). Denn dies ist sicherlich kein Regelfall mehr. Im Übrigen sind auch bei Nr. 5 die wirtschaftlichen Folgen einer Aufhebung für den Betroffenen in jedem Einzelfall abzuwägen und der **Grundsatz der Verhältnismäßigkeit** in besonderem Maße zu beachten. Häufig wird eine Aufhebung nur für die Zukunft unter gleichzeitiger Anordnung der insgesamt noch ausstehenden Zahlungen (s. Rdn. 92) die angemessenere Lösung sein.

Wird die Prozesskostenhilfe wegen Zahlungsverzug entzogen, so kommt eine **Neubewilligung** für dieselbe Instanz nur dann in Betracht, wenn sich die wirtschaftlichen Verhältnisse des Betroffenen verschlechtert haben und keine greifbare Anhaltspunkte dafür sprechen, dass der Antragsteller die Anordnung von Ratenzahlungen erneut missachten wird. (BGH FamRZ 2005, 2063, s.a. Rdn. 114).

112 **III. Teilaufhebung für Beweisaufnahmen (Abs. 2).** Mit dem Ziel die Aufwendungen für die Prozess- oder Verfahrenskostenhilfe zu begrenzen ermöglicht der durch das PKHuBerHÄndG mit Wirkung zum 01.01.2014 dem § 124 ZPO angefügte Abs. 2 eine nochmalige Überprüfung der Erfolgsaussicht und der Mutwilligkeit (s. Rdn. 36 ff.) während des laufenden Verfahrens. Dies gilt nur für Verfahren, für die Vkh nach dem 01.01.2014 beantragt wurde (s. Übergangsregelung Vorbem. zu §§ 76 bis 78 FamFG Rdn. 3). Die Möglichkeit ist begrenzt auf Beweisanträge als Verfahrenshandlung, die das Gericht grundsätzlich zur Beweisaufnahme verpflichten; sie wird daher in FG-Verfahren wohl weniger relevant (zur Bedeutung in Familienstreitsachen s. Nickel/Götsche FamRB 2013, 403, 411). Die Neubewertung der Bewilligungsvoraussetzungen darf sich nur auf Tatsachen stützen, die bei der Bewilligung noch nicht berücksichtigt werden konnten. Fehlt danach einem Beweisantrag auch unter Berücksichtigung der Grenzen für eine Beweisantizipation (s. Rdn. 36; Zöller/Geimer § 124 Rn. 29) die Erfolgsaussicht oder erscheint er mutwillig, kann das Gericht die **Beweiserhebung von der bewilligten Vkh ausnehmen**; anders als bei den Aufhebungsgründen nach Abs. 1 liegt dies im Ermessen des Gerichts (Giers FamRZ 2013, 1341, 1344; BT-Drucks. 17/11472, S. 35). Ob es den Beweis trotz Ablehnung der Vkh gleichwohl erheben muss, richtet sich nach den verfahrensrechtlichen Vorschriften, d.h. in FG-Sachen nach den §§ 26 ff. (s. dazu § 29 Rdn. 17). In Ehe- und Familienstreitsachen kann das Gericht mit der Teilaufhebung der Vkh zugleich die Zahlung eines Vorschusses nach §§ 379, 402 ZPO anordnen und bei Nichtzahlung von der Beweisaufnahme absehen (Zöller/Greger § 379 Rn. 7; s.a. §§ 12 bis 17 FamGKG Rdn. 19 ff.). Legt der Betroffene in diesem Fall gegen die Teilaufhebung der Vkh die nach § 127 Abs. 2 Satz 2 ZPO zulässige Beschwerde ein, wird das Gericht u.U. vor einer Fortsetzung des Verfahrens die Entscheidung über die Beschwerde und ggf. die Rechtsbeschwerde abwarten müssen.

113 **IV. Wirkungen der Aufhebung.** Die **vollständige Aufhebung** der Verfahrenskostenhilfe **bewirkt**, dass sämtliche Vergünstigungen, die §§ 122 ff. ZPO dem Begünstigten zuteil werden ließen (s. Rdn. 43 ff.) rückwirkend entfallen.

– Das betrifft zum einen die **Freistellung von Gerichtskosten.** Der Betroffene muss nicht nur die von ihm aufgrund einer gerichtlichen Entscheidung oder durch Übernahme im Vergleich geschuldeten Gerichtskosten bezahlen. Ist er Antragsteller, haftet er darüber hinaus der Staatskasse auch für sämtliche ungedeckten Verfahrenskosten als Zweitschuldner (s. §§ 21 bis 27 FamGKG Rdn. 7). Ist das Verfahren noch nicht beendet, können fällige Vorschüsse verlangt werden. Hinzu kommen die von der Staatskasse geleisteten Zahlungen an den beigeordneten Anwalt (s.u.).
– Die vollständirge Aufhebung der Vkh beendet auch die mit ihr erfolgte Beiordnung des Anwalts und lässt die Sperre für die Geltendmachung der **Vergütungsansprüche aus dem Anwaltsvertrag** entfallen (s. Rdn. 55). Dieser kann rückwirkend die volle Wahlanwaltsvergütung von der Partei fordern und nach § 11 RVG festsetzen lassen (BGH FamRZ 2011, 463 Rn. 23; Zöller/Geimer § 124 Rn. 24 m.w.N.). Er muss sich zwar die aus der Staatskasse bereits erhaltenen Beträge anrechnen lassen, diese gehen aber auf die

Staatskasse über und werden von ihr zusammen mit den Gerichtskosten eingezogen. Im Übrigen erleidet der beigeordnete Anwalt durch die Aufhebung keine Nachteile, denn auch nach der Aufhebung der Vkh kann er für Vergütungsansprüche, die vor der Aufhebung entstanden sind, Erstattung aus der Staatskasse beanspruchen (OLG Köln FamRZ 2005, 2007 m.w.N.).
– Hinzu können Kostenerstattungsansprüche anderer Verfahrensbeteiligter wegen von ihnen gezahlter Gerichtskosten kommen, denen ein Rückgriff gegen den Betroffenen infolge der Vkh-Bewilligung verwehrt war (s. Rdn. 53).

Der Umfang der Kosten ist abhängig von der Höhe der gerichtlichen und anwaltlichen Gebühren und Auslagen, die wiederum maßgeblich durch den Verfahrenswert bestimmt werden (vgl. die Übersicht § 80 Rdn. 3 ff. und die Wertgebührentabelle § 80 Rdn. 75). Sie lassen sich am einfachsten den Kostenvoranschlägen in den DB-PKH der Länder entnehmen (abgedruckt z.B. bei *Groß* Anhang 4. Anlage 1 und 2).

Die Aufhebung wirkt nur auf bereits vorhandene Bewilligungen und hindert grundsätzlich nicht daran, später in derselben Angelegenheit auf einen neuen Antrag hin erneut Vkh, z.B. für ein Rechtsmittel, zu bewilligen. Eine **erneute Bewilligung** in derselben Instanz ist (für die Zukunft) zumindest dann möglich, wenn sich die wirtschaftlichen Verhältnisse des Betroffen verschlechtert haben und der Sanktionszweck dem nicht entgegensteht (BGH FamRZ 2005, 2063). Der Zweck der Sanktion ist erreicht, wenn keine Anhaltspunkte dafür bestehen, dass der Bedürftige die mit ihr geahndete Pflichtverletzung fortsetzen wird. Unschädlich ist, dass durch die erneute Bewilligung möglicherweise Gebührentatbestände abgedeckt werden, die bereits früher schon einmal entstanden waren (BGH FamRZ 2005, 2063). In diesem Fall würde die Verweigerung der Vkh, wie der BGH weiter ausführt, den Bedürftigen ohne sachlichen Grund unangemessen benachteiligen und ihm die Rechtsverfolgung oder -verteidigung unangemessen erschweren. Diese zur erneuten Bewilligung von Vkh nach einer Aufhebung wegen Nichtzahlung von Raten (§ 124 Nr. 4 a.F., jetzt Abs. 1 Nr. 5) ergangene Entscheidung lässt sich m.E. auch auf andere Sanktionstatbestände übertragen. Eine erneute Bewilligung ist darüber hinaus immer dann geboten, wenn der Betroffene zur erfolgreichen Fortführung des Verfahrens notwendig einer anwaltlichen Vertretung bedarf und er wirtschaftlich nicht in der Lage ist, den vom Anwalt berechtigter Weise geforderten Vorschuss zu bezahlen. Denn sein Ausschluss aus dem weiteren Verfahren ist von keinem der Sanktionszwecke gedeckt.

114

G. Rechtsmittel (§ 76 Abs. 2). I. Allgemeines. Beschlüsse in Verfahrenskostenhilfesachen sind gem. § 76 Abs. 2 mit der sofortigen Beschwerde entsprechend §§ 567 bis 572 ZPO unter Berücksichtigung der in § 127 Abs. 2 bis 4 ZPO für die Pkh normierten Besonderheiten anfechtbar (BT-Drucks. 16/6308, 214). Damit tritt die **sofortige Beschwerde** in Verfahrenskostenhilfeverfahren an die Stelle der in §§ 58 ff. geregelten Beschwerde und ist nicht nur gegen Endentscheidungen statthaft, sondern nach herrschender Meinung auch gegen verfahrensleitende Nebenentscheidungen im Verfahrenskostenhilfeverfahren (Keidel/*Zimmermann* § 76 Rn. 51). Eine Beschwer ist nicht erforderlich, da es sich um keine Entscheidung über Kosten i.S.v. § 567 Abs. 2 ZPO handelt (Zöller/*Geimer* § 127 Rn. 30 m.w.N.). Entsprechend § 567 Abs. 1 ZPO ist die sofortige Beschwerde gegen eine Erstentscheidung über die Verfahrenskostenhilfe des OLG nicht eröffnet. Gegen sie und die Entscheidung des Beschwerdegerichts ist die **zulassungsabhängige Rechtsbeschwerde** zum BGH gegeben, auf die § 76 Abs. 2 i.V.m. § 127 Abs. 3 ZPO ebenfalls verweist (s. Rdn. 122). Eine Entscheidung des BGH ist unanfechtbar. Gegen unanfechtbare Entscheidungen bleibt die **Gegenvorstellung** möglich (BGH FamRZ 2006, 695, 696 m.w.N.). Die sofortige Beschwerde hat keine aufschiebende Wirkung. Bei der Entscheidung gilt aber das Verschlechterungsverbot (OLG Bremen FamRZ 2009, 366, Prütting/Helms/*Stößer* § 76 Rn. 14). **Übergangsrechtlich** richtet sich das auf die Beschwerde und Rechtsbeschwerde anzuwendende Recht ebenso wie für das Bewilligungs-, Aufhebungs- oder Änderungsverfahren grundsätzlich nach dem auf die Hauptsache anzuwenden Recht (BGH FamRZ 2013, 1390 Rn. 6; *Nickel* FamRB 2013, 321, 322), sofern Änderungen des Pkh-Rechts keine eigenen Übergangsbestimmungen enthalten wie § 40 EGZPO für das PKHuBerHÄndG (s. Vorbem. zu §§ 76 bis 78 FamFG Rdn. 3).

115

II. Sofortige Beschwerde

116

§ 127 Abs. 2 bis 4 ZPO

(2) Die Bewilligung der Prozesskostenhilfe kann nur nach Maßgabe des Absatzes 3 angefochten werden. Im Übrigen findet die sofortige Beschwerde statt; dies gilt nicht, wenn der Streitwert der Hauptsache den in § 511 genannten Betrag nicht übersteigt, es sei denn, das Gericht hat ausschließlich die persönlichen oder wirtschaftlichen Voraussetzungen für die Prozesskostenhilfe verneint. Die Notfrist beträgt einen Monat.

§ 76 Buch 1. Allgemeiner Teil

(3) Gegen die Bewilligung der Prozesskostenhilfe findet die sofortige Beschwerde der Staatskasse statt, wenn weder Monatsraten noch aus dem Vermögen zu zahlende Beträge festgesetzt worden sind. Die Beschwerde kann nur darauf gestützt werden, dass die Partei nach ihren persönlichen und wirtschaftlichen Verhältnissen Zahlungen zu leisten hat. Die Notfrist beträgt einen Monat und beginnt mit der Bekanntgabe des Beschlusses. Nach Ablauf von drei Monaten seit der Verkündung der Entscheidung ist die Beschwerde unstatthaft. Wird die Entscheidung nicht verkündet, so tritt an die Stelle der Verkündung der Zeitpunkt, in dem die unterschriebene Entscheidung der Geschäftsstelle übermittelt wird. Die Entscheidung wird der Staatskasse nicht von Amts wegen mitgeteilt.
(4) Die Kosten des Beschwerdeverfahrens werden nicht erstattet.

117 **1. Beschwerdeberechtigung.** Für den **Antragsteller** ist die sofortige Beschwerde grundsätzlich uneingeschränkt eröffnet, wenn sie sich gegen das Verfahren, die Versagung der Verfahrenskostenhilfe mangels Bedürftigkeit oder Mutwilligkeit oder gegen die unterlassene Beiordnung eines Anwalts wendet (BGH FamRZ 2005, 790; FamRZ 2005, 1477; 2011, 1138). Wurde die Vkh wegen mangelnder Erfolgsaussicht der Hauptsache versagt, ist die Beschwerde nach § 127 Abs. 2 Satz 2 ZPO nur zulässig, wenn die Hauptsache ebenfalls beschwerdefähig ist (BGH NJW 2005, 1659 = BGHZ 162, 230) oder der Antragsteller nicht zur Einlegung der Beschwerde befugt wäre (OLG Hamm, FamRZ 2015, 950). Daran fehlt es z.B. bei einstweiligen Anordnungen in Familiensachen, soweit sie nicht ausdrücklich für anfechtbar erklärt sind (OLG Hamm FamRZ 2010, 1467; BGH NJW 2005, 1659; s.a. § 57 Rdn. 10 ff.). Eine Ausnahme macht das OLG Hamm (4. Senat) zu Recht, wenn die Versagung der Vkh für eine noch anhängige e.A. angefochten wird, die erst nach mündlicher Verhandlung beschwerdefähig wäre (OLG Hamm FamRZ 2013, 1326).

118 Die **Staatskasse** ist nur insoweit beschwerdeberechtigt, als es das vollständige **Absehen von Zahlungsbestimmungen** betrifft, nicht aber mit dem Ziel, die Versagung von Vkh zu erreichen (§ 127 Abs. 2 Satz 2 ZPO). An dieser ausdrücklich auf Wunsch der Länder erfolgten Beschränkung des Beschwerderechts (s. BT-Drucks. 10/3054, S. 51) hat sich entgegen dem ursprünglichen Entwurf auch durch das am 01.01.2014 in Kraft getretene PKHuBerHÄndG nichts geändert (BAG NJW 2016, 892 Rn. 7 ff.; s.a. die Stellungnahme des Rechtsausschusses des BT zum PKHuBerHÄndG, BT-Drucks. 17/13538, S. 40). Insbesondere kann sich die Staatskasse weder gegen die Beurteilung der Erfolgsaussicht, die Höhe der angeordneten Raten oder die Beiordnung eines Anwalts wenden; die Beschwerde der Staatskasse eröffnet dem Gericht auch nicht die Möglichkeit, die Vkh-Bewilligung im Grunde nach zu prüfen und abzulehnen, wenn der Antragsteller nicht (mehr) bedürftig ist (BGH FamRZ 2013, 123 m.w.N.; a.A. OLG Jena FamRZ 2015, 1919; OLG Celle FamRZ 2012, 808). Auch in diesem Fall können nur Zahlungspflichten auferlegt werden, ggf. in Höhe der gesamten Kosten. Das gilt auch, wenn ein Anspruch auf Verfahrenskostenvorschuss übersehen wurde (a.A. OLG Celle FamRZ 2015, 1420). Gegen das Absehen von jeglicher Zahlungsanordnung steht ihr das Beschwerderecht auch in **Abänderungsverfahren** zu (BGH FamRZ 2013, 1390 m. Anm. *Nickel* FamRB 2013, 321). Dagegen ist sie in Aufhebungsverfahren nicht berechtigt, im Wege der Beschwerde oder Rechtsbeschwerde die Aufhebung zu verfolgen (BAG NJW 2016, 892).

119 Die **anderen Verfahrensbeteiligten** haben kein Beschwerderecht (BGH NJW 2002, 3554). Dem **beigeordneten Anwalt** steht mangels Beschwer gegen die Ablehnung von Verfahrenskostenhilfe oder seiner Beiordnung ein Beschwerderecht nach h.M. nicht zu (BGH NJW 1990, 836 = BGHZ 109; OLG Celle FamRZ 2012, 1661; 808 m.w.N.). Ebenso wenig kann er sich gegen die Nichtanordnung von Raten oder Einmalzahlungen oder ihre Aufhebung wenden, auch wenn dies seinen Gebührenanspruch gegen die Staatskasse mindert (OLG Celle FamRZ 2015, 355; OLG Stuttgart FamRZ 2012, 650 m.w.N.). Etwas anderes gilt nur im Fall einer die Vergütung einschränkenden Beiordnung (s. § 78 Rdn. 15), bei Aufhebung der Beiordnung nach § 48 BRAO (s. § 78 Rdn. 3), sowie bei einer Einstellung der Ratenzahlungen wegen (vermeintlicher) Kostendeckung, wenn die geltend gemachten Differenzgebühren (s. § 78 Rdn. 22) nicht berücksichtigt wurden (OLG Celle FamRZ 2013, 1056 m.w.N. auch zur Gegenmeinung).

120 **2. Beschwerdefrist.** Abweichend von § 569 Abs. 1 Satz 1 ZPO beträgt die **Notfrist** zur Einlegung der Beschwerde einen Monat (§ 127 Abs. 2 Satz 3 ZPO). Sie beginnt für den Antragsteller mit der Verkündung oder der Zustellung der Entscheidung (Zöller/*Geimer* § 127 Rn. 31). Für die Staatskasse beginnt die Monatsfrist erst, wenn sie von der Entscheidung, die ihr nicht von Amts wegen übermittelt wird, Kenntnis erlangt (§ 127 Abs. 3 Satz 1bis 3, 6 ZPO). Spätestens nach Ablauf von 3 Monaten nach Wirksamwerden der Bewilligung – entweder durch ihre Verkündung oder durch Übergabe an die Geschäftsstelle – verliert die Staatskasse das Beschwerderecht (§ 127 Abs. 3 Satz 4 u 5 ZPO; s. i.E. Zöller/*Geimer* § 127 Rn. 31). Bei Ver-

Abschnitt 6. Verfahrenskostenhilfe   § 76

säumung der Frist kann Wiedereinsetzung gewährt werden, in Ehe- und Familienstreitsachen nach §§ 233, 234 ZPO i.V.m. § 113 Abs. 1 und in FG-Sachen nach § 18 (s. § 18 Rdn. 7 ff.).

3. Verfahren und Entscheidung. Das Verfahren richtet sich nach den §§ 567 bis 572 ZPO. Die Beschwerde 121 kann entweder beim Beschwerdegericht oder bei dem Gericht eingelegt werden, das die angefochtene Entscheidung erlassen hat. Dieses kann ihr abhelfen (§ 572 Abs. 1 ZPO). Die sofortige Beschwerde kann zu Protokoll der Geschäftsstelle erklärt werden und unterliegt damit auch in Familienstreitsachen nicht dem Anwaltszwang (§ 569 Abs. 3 ZPO, s. dazu und zum weiteren Verfahren *Schürmann* FuR 2010, 493). Eine unselbstständige Anschlussbeschwerde ist möglich (§ 567 Abs. 3 ZPO). Die sofortige Beschwerde eröffnet eine **neue Tatsacheninstanz**, die die Entscheidung über die Verfahrenskostenhilfe in allen Punkten inhaltlich überprüfen kann; die Erfolgsaussicht allerdings dann nicht mehr, wenn die Vorinstanz rechtskräftig in der Hauptsache entschieden hat. In diesem Fall ist das Rechtsmittelgericht an die inzwischen eingetretene Rechtskraft der Hauptsacheentscheidung gebunden, sofern nicht eine zweifelhafte Rechtsfrage verfahrensfehlerhaft in das Vkh-Verfahren verlagert worden ist oder die Entscheidung verzögert wurde und die Erfolgsaussicht in der Zwischenzeit entfallen ist (BGH FamRZ 2012, 964 m. Anm. *Zimmermann*). Nach OLG Celle (FamRZ 2013, 1754) gilt das auch für eine bestandskräftige Kostenentscheidung nach unstreitiger Hauptsacheerledigung. Ansonsten können insb. neue Tatsachen vorgebracht und unvollständige Angaben nachgeholt bzw. bisher fehlende Belege nachgereicht werden (OLG Celle MDR 2013, 364; OLG Oldenburg FamRZ 2011, 663 m.w.N.). Dies auch, wenn der Beschwerdeführer in 1. Instanz eine ihm nach § 118 Abs. 2 ZPO gesetzte Erklärungsfrist nicht eingehalten hat, da es sich um keine Ausschlussfrist handelt (BAG FamRZ 2004, 597; OLG Hamm, MDR 2014, 798 = FamRZ 202, 2018 LS). Anders als bei der Beschwerde nach dem FamFG entscheidet über die Beschwerde originär der Einzelrichter, mit der Möglichkeit der Übertragung auf den Senat (§ 568 Abs. 1 ZPO). Das **Verschlechterungsverbot** gilt zugunsten des Begünstigten auch im Beschwerdeverfahren nach § 127 ZPO (OLG Bremen FamRZ 2009, 366; *Prütting/Helms/Stößer* § 76 Rn. 14 m.w.N.). Wegen der auf das Fehlen von Zahlungsanordnungen eingeschränkten Beschwerdebefugnis der Staatskasse (s. Rdn. 120) kann auf Beschwerde der Staatskasse die Bewilligung selbst nicht aufgehoben werden, auch wenn der Begünstigte die Verfahrenskosten vollständig aus seinem Vermögen oder mit vier Monatsraten begleichen kann (BGH NJW-RR 2010, 494; OLG Jena MDR 2015, 483).

III. Rechtsbeschwerde. Der Verweis auf die sofortige Beschwerde in § 76 Abs. 2 erstreckt sich auch auf die 122 Rechtsbeschwerde nach § 574 ZPO. (BGH FamRZ 2012, 964 und 619 jeweils Rn. 5; anders noch BGH FamRZ 2011, 1138). Die Rechtsbeschwerde zum BGH (§ 133 GVG) bedarf der **Zulassung** durch das Beschwerdegericht (§ 574 Abs. 1 Satz 2 ZPO) und darf nur in Bezug auf Streitpunkte, die das Verfahren, insbesondere die Abänderung oder Aufhebung (BGH FamRZ 2011, 463, 2007, 1720), oder die persönlichen und wirtschaftlichen Verhältnisse betreffen – zu denen auch die Versagung wegen Mutwilligkeit oder der Beiordnung eines Anwalts gehören (s.o. Rdn. 117) –, zugelassen werden (BGH FamRZ 2013, 1214; 2012, 215 m.w.N.). Das **Verfahren** richtet sich nach § 575 ZPO (zu § 71 ergeben sich kaum Unterschiede vgl. *Ahn-Roth* FamRB 2010, 335). Die Rechtsbeschwerde ist binnen eines Monats beim Rechtsbeschwerdegericht einzureichen und binnen eines Monats zu begründen. Es besteht **Anwaltszwang**, und zwar müssen sich die Verfahrensbeteiligten grds. durch einen beim BGH zugelassenen Anwalt vertreten lassen (BGH FamRZ 2010, 1425) und die Staatskasse durch einen Volljuristen (BGH FamRZ 2010, 1544). Da der Betroffene die Rechtsbeschwerde, anders als die Beschwerde (s.o.), nur durch einen Anwalt einlegen kann, ist ihm bei Vorliegen der sonstigen Voraussetzungen hierfür regelmäßig Vkh zu bewilligen (BGH NJW 2003, 1192; FamRZ 2010, 1425 m. Anm. *Rüntz*).

H. Kosten des Bewilligungsverfahrens. Für das Verfahrenskostenhilfeverfahren wird in sämtlichen In- 123 stanzen eine **Gerichtsgebühr** grds. nicht erhoben. Lediglich für die Zurückweisung oder Verwerfung einer Beschwerde oder Rechtsbeschwerde fällt eine Festgebühr von 60 € bzw. 120 € an (zum FamGKG s. Nr. 1910–1930 KV FamGKG Rdn. 8 ff. und im Übrigen § 80 Rdn. 37); ansonsten ist das Rechtsmittelverfahren wie das Erstverfahren gebührenfrei. Soweit für die Vernehmung von Zeugen und Sachverständigen Auslagen entstehen, gelten sie als Kosten des nachfolgenden Hauptsacheverfahrens und sind von demjenigen zu tragen, dem das Gericht die Kosten auferlegt (§ 118 Abs. 1 Satz 5 ZPO). Kommt es zu keinem Hauptsacheverfahren oder endet es ohne eine Entscheidung über die Tragung der Gerichtskosten, fallen sie dem Antragsteller zur Last (Zöller/*Geimer* § 118 Rn. 24).
Der **Anwalt** verdient für die Vertretung in Verfahren über die Verfahrenskostenhilfe oder in einem Auf- 124 hebungsverfahren eine Verfahrensgebühr nach Nr. 3335 VV RVG. I.d.R. fällt eine Wertgebühr von 1,0 an;

nur wenn die Gebühr für das Verfahren, für das die Vkh beantragt wird, geringer ist, gilt diese. Bei vorzeitiger Beendigung des Auftrags oder wenn der Anwalt nur für eine Güteverhandlung beauftragt wurde, fällt nach Nr. 3335 VV RVG eine auf 0,5 ermäßigte Gebühr an. Für die Teilnahme an einem Erörterungstermin steht dem Anwalt dieselbe Gebühr zu wie für dasjenige Verfahren, für das die Vkh beantragt wird. Hinzu kommt ggf. eine Einigungsgebühr nach Nr. 1003 VV RVG (zur Erstattung aus der Staatskasse s. § 78 Rdn. 29 f.). In Rechtsmittelverfahren bestimmen sich die Gebühren nach Nr. 3500 ff., 3513 VV RVG: für die Beschwerde fällt eine Gebühr von 0,5 und für die Rechtsbeschwerde von 1,0 an, die sich bei vorzeitiger Beendigung des Auftrags auf 0,5 ermäßigt, die Terminsgebühr beträgt 0,5. Der **Gegenstandswert** für die Anwaltsgebühren entspricht regelmäßig dem Wert der Hauptsache (§ 23a RVG; BGH FamRZ 2010, 1892;). Auf die Kosten, die der Begünstigte bei Bewilligung der begehrten Verfahrenskostenhilfe sparen würde, kommt es hingegen nur dann an, wenn das Interesse des Beschwerdeführers diesem Kosteninteresse entspricht, etwa bei einer Beschwerde allein gegen die Höhe der Raten (BGH FamRZ 2012, 1937: Differenz der angeordneten zu den vom Beschwerdeführer begehrten Ratenzahlungen) oder im nachträglichen Aufhebungsverfahren nach § 124 Abs. 1 Nr. 2 bis 5 ZPO, nicht aber bei Beschwerden gegen die Versagung der Beiordnung eines Anwalts (BGH FamRZ 2010, 1892). **Mehrere Vkh-Verfahren** in einer Instanz, die denselben Verfahrensgegenstand betreffen, sind ebenfalls eine Angelegenheit (§ 16 Nr. 3 RVG), sodass weder für eine Wiederholung des Antrags noch für das Überprüfungs- oder Aufhebungsverfahren eine neue Gebühr entsteht und eine Erweiterung der Vkh nur zu einem höheren Gegenstandswert führt (Gerold/Schmidt/*Müller-Rabe* VV 3335 Rn. 60 ff.). Da **Vkh- und Hauptsachverfahren eine Angelegenheit** sind (§ 16 Nr. 2 RVG), können die Gebühren, soweit sie aus demselben Wert auch für das Hauptsacheverfahren entstehen, nur einmal gefordert werden und sind mit der Bewilligung von Vkh und der Beiordnung mit den Gebühren für das Hauptsacheverfahren zu verrechnen (d.h. es können nur diese beansprucht werden, BGH FamRZ 2008, 982; 2004, 1708; BVerfG NJW 2012, 3292 Rn. 13 m.w.N.; Gerold/Schmidt/*Müller-Rabe* VV 3335 Rn. 64 ff.). Die Gebühren schuldet grds. der Mandant. Soweit Vkh bewilligt ist, besteht stattdessen ein Anspruch gegen die Staatskasse, s. Rdn. 40.

125 Eine **Kostenerstattung** findet **im Verfahren über die Bewilligung von Verfahrenskostenhilfe** weder im Erstverfahren (s. § 118 Abs. 1 Satz 4 ZPO; OLG Stuttgart FamRZ 2010, 316) noch in Abänderungs-, Aufhebungs- oder Rechtsmittelverfahren (s. § 127 Abs. 4 ZPO) statt. Nichts anderes gilt, wenn der Antrag auf Verfahrenskostenhilfe zurückgenommen wird (OLG Brandenburg FamRZ 2009, 1338; OLG Stuttgart FamRZ 2010, 316). Im Vergleichsweg übernommene Kosten können allerdings erstattet und auch in einem Kostenfestsetzungsverfahren tituliert werden (KG JurBüro 2008, 29). Da § 118 Abs. 1 Satz 4 ZPO einen Ausschluss der Kostenerstattung nur für den Gegner und nicht für den Antragsteller vorsieht, kann dieser aber, wenn er **im nachfolgenden Hauptsacheverfahren** obsiegt, seine im Bewilligungsverfahren erster Instanz aufgewendeten außergerichtlichen Kosten als Vorbereitungskosten gegen den Gegner festsetzen lassen (Gerold/Schmidt/*Müller-Rabe* VV 3335 Rn. 82 ff.). Bezüglich der Kosten des Vkh-Beschwerdeverfahrens gilt der Ausschluss dagegen für beide Seiten (OLG München FamRZ 2002, 472; OLG Hamburg AGS 2002, 280).

§ 77 Bewilligung.
(1) ¹Vor der Bewilligung der Verfahrenskostenhilfe kann das Gericht den übrigen Beteiligten Gelegenheit zur Stellungnahme geben. ²In Antragsverfahren ist dem Antragsgegner Gelegenheit zur Stellungnahme zu geben, ob er die Voraussetzungen für die Bewilligung von Verfahrenskostenhilfe für gegeben hält, soweit dies aus besonderen Gründen nicht unzweckmäßig erscheint.
(2) Die Bewilligung von Verfahrenskostenhilfe für die Vollstreckung in das bewegliche Vermögen umfasst alle Vollstreckungshandlungen im Bezirk des Vollstreckungsgerichts einschließlich des Verfahrens auf Abgabe der Versicherung an Eides statt.

Übersicht	Rdn.		Rdn.
A. Rechtliches Gehör der anderen Beteiligten (Abs. 1)	1	B. Kostenhilfe für die Vollstreckung (Abs. 2) ...	3

1 **A. Rechtliches Gehör der anderen Beteiligten (Abs. 1).** An die Stelle von § 118 Abs. 1 Satz 1 ZPO, der die Anhörung des (potenziellen) Gegners vor der Bewilligung regelt, tritt in FG-Verfahren § 77 Abs. 1. I.Ü. richtet sich das Bewilligungsverfahren gem. § 76 Abs. 1 nach § 118 ZPO (s. dazu ausführlich § 76

Rdn. 64 ff.). Sein Satz 1 stellt es **grds.** in das **freie Ermessen** des Gerichts, ob es anderen am Hauptsachverfahren Beteiligten Gelegenheit zur Stellungnahme zu dem Antrag auf Verfahrenskostenhilfe gibt (zur ihrer nicht formellen Beteiligung am Vkh-Verfahrens s. § 76 Rdn. 57 und 65). Eine **Ausnahme** macht Satz 2 für diejenigen **Antragsverfahren**, die mit einem zu begründenden Sachantrag eingeleitet werden (Keidel/Zimmermann § 77 Rn. 2) und in denen sich die Beteiligten regelmäßig mit gegensätzlichen rechtlichen Interessen gegenüberstehen (vgl. § 23 Rdn. 8, 61 ff.). Dem (potenziellen) »**Antragsgegner**« muss regelmäßig Gelegenheit zur Stellungnahme gegeben werden, bevor über die Bewilligung von Verfahrenskostenhilfe für den Antragsteller entschieden wird (und umgekehrt); es sei denn, dies ist im Einzelfall unzweckmäßig. In den übrigen Antragsverfahren, in denen ein reiner Verfahrensantrag ausreicht (vgl. § 23 Rdn. 14), oder in Amtsverfahren ist es dem Gericht überlassen, im Einzelfall zu bestimmen, welche **sonstigen** (potenziell) am Hauptsacheverfahren **Beteiligten** vor der Bewilligung von Verfahrenskostenhilfe gehört werden sollen. Einer Anhörung bedarf es grundsätzlich nur dann, wenn ihre verfahrensrechtliche Stellung im Hauptsacheverfahren durch die Gewährung von Verfahrenskostenhilfe berührt wird (BT-Drucks. 16/6308 S. 213).

Durch eine zum 01.01.2014 (s. Vor §§ 76 bis 78 Rdn. 3) erfolgte Ergänzung des Abs. 1 Satz 2 hat der Gesetzgeber wie in § 118 Abs. 1 Satz 1 ZPO klargestellt, dass sich die Anhörung auf **sämtliche Voraussetzungen für die Bewilligung von Vkh** erstreckt, also auch auf die persönlichen und wirtschaftlichen Verhältnissen des Antragstellers (BT-Drucks. 17/11472, S. 31). Die vom Antragsteller hierzu eingereichten Unterlagen sind den Anzuhörenden aber nach wie vor nur ausnahmsweise zugänglich zu machen, und zwar nur wenn der Antragsteller zustimmt oder sie gegen den Antragsteller einen materiell-rechtlichen Anspruch auf Auskunft über Einkommen und Vermögen haben (s. § 76 Rdn. 62). Ein subjektives Recht auf Einsicht besteht auch für diesen Personenkreis nicht (BGH FamRZ 2015, 1176). 2

B. Kostenhilfe für die Vollstreckung (Abs. 2). Die Verfahrenskostenhilfe für die Hauptsache umfasst nicht die Vollstreckung und Vollziehung der Entscheidung. Für sie muss Kostenhilfe gesondert beantragt und bewilligt werden, und zwar grds. für jede Vollstreckungshandlung (s. § 76 Rdn. 59). Nur für die Zwangsvollstreckung **in das bewegliche Vermögen** erstreckt § 77 Abs. 2 ebenso wie § 119 Abs. 2 ZPO die Bewilligung auf sämtliche Vollstreckungshandlungen, die das im Gerichtsbezirk belegene Vermögen des Schuldners betreffen. Bei der Immobiliarvollstreckung muss dagegen für jede Vollstreckungshandlung gesondert Verfahrenskostenhilfe beantragt werden (BGH FamRZ 2004, 177). Gleiches gilt für die sonstigen Vollstreckungs- und Vollziehungshandlungen nach den §§ 86 ff. Zur Erstreckung der Beiordnung eines Anwalts für den einstweiligen Rechtsschutz auf das Vollstreckungsverfahren s. § 78 Rdn. 4. 3

§ 78 Beiordnung eines Rechtsanwalts.
(1) Ist eine Vertretung durch einen Rechtsanwalt vorgeschrieben, wird dem Beteiligten ein zur Vertretung bereiter Rechtsanwalt seiner Wahl beigeordnet.
(2) Ist eine Vertretung durch einen Rechtsanwalt nicht vorgeschrieben, wird dem Beteiligten auf seinen Antrag ein zur Vertretung bereiter Rechtsanwalt seiner Wahl beigeordnet, wenn wegen der Schwierigkeit der Sach- und Rechtslage die Vertretung durch einen Rechtsanwalt erforderlich erscheint.
(3) Ein nicht in dem Bezirk des Verfahrensgerichts niedergelassener Rechtsanwalt kann nur beigeordnet werden, wenn hierdurch besondere Kosten nicht entstehen.
(4) Wenn besondere Umstände dies erfordern, kann dem Beteiligten auf seinen Antrag ein zur Vertretung bereiter Rechtsanwalt seiner Wahl zur Wahrnehmung eines Termins zur Beweisaufnahme vor dem ersuchten Richter oder zur Vermittlung des Verkehrs mit dem Verfahrensbevollmächtigten beigeordnet werden.
(5) Findet der Beteiligte keinen zur Vertretung bereiten Anwalt, ordnet der Vorsitzende ihm auf Antrag einen Rechtsanwalt bei.

Übersicht

	Rdn.		Rdn.
A. *Regelungsgehalt*	1	V. Terminsvertreter, Verkehrsanwalt (Abs. 4)	16
B. *Voraussetzungen der Anwaltsbeiordnung*	3	VI. Auswahl durch das Gericht (Abs. 5)	17
I. Allgemeines	3	C. *Vergütungsanspruch*	18
II. Notwendige Beiordnung (Abs. 1)	6	I. Vergütung aus der Staatskasse	18
III. Erforderliche Beiordnung (Abs. 2)	9	1. Allgemeines	18
IV. Auswärtiger Anwalt (Abs. 3)	13	2. Gebühren und Auslagen	20

§ 78

	Rdn.		Rdn.
3. Weitere Vergütung	22	IV. Vertretung mehrerer Beteiligter (Streitgenossen)	31
4. Gebühren für das Vkh-Verfahren	23		
II. Teilweise Beiordnung	28	V. Aufhebung der Bewilligung	32
III. Beiordnung für Vergleiche	29	VI. Anwaltswechsel	33
1. Vergleich im Verfahrenskostenhilfeverfahren	29	VII. Beitreibungsrecht (§ 126 ZPO)	34
2. Vergleiche über nicht anhängige Gegenstände	30		

1 **A. Regelungsgehalt.** § 78 nimmt die Beiordnung eines Anwalts i.R.d. Verfahrenskostenhilfe von der Generalverweisung in § 76 Abs. 1 aus und enthält eine **eigenständige Regelung der Beiordnungsvoraussetzungen für FamFG-Verfahren**. In Familiensachen betrifft sie damit nur die FG-Familiensachen und nicht die Ehe- und Familienstreitsachen, für die über § 113 Abs. 1 § 121 ZPO direkt gilt, ergänzt durch § 114 bezüglich der Notwendigkeit anwaltlicher Vertretung. Die mit der jüngsten Änderung des Prozesskostenhilferechts (s. Vor §§ 76 bis 78 Rdn. 3) ursprünglich beabsichtigte Einbeziehung auch der Ehe- und Familienstreitsachen in den Geltungsbereich der §§ 76 bis 78 FamFG ist nicht realisiert worden.

2 Die Vorschrift regelt nahezu wortgleich mit § 121 ZPO die formalen und inhaltlichen Voraussetzungen für die Anwaltsbeiordnung. Der einzige **Unterschied zu § 121 ZPO** besteht darin, dass der Umstand, dass der Gegner anwaltlich vertreten ist (§ 121 Abs. 2, 2. Alt ZPO), als Beiordnungsgrund nicht enthalten ist. Damit hat sich der Gesetzgeber bei der Reform des FGG der h.M. zu § 14 FGG, die dem Gebot der »Waffengleichheit« in § 121 Abs. 2 ZPO in FG-Verfahren keine oder nur eingeschränkte Beachtung geschenkt hat, angeschlossen (s. BT-Drucks. 16/6308 S. 214).

3 **B. Voraussetzungen der Anwaltsbeiordnung. I. Allgemeines.** Voraussetzung jeder Beiordnung ist, dass dem Antragsteller vor oder zusammen mit der Beiordnung nach §§ 114, 115 ZPO **Verfahrenskostenhilfe bewilligt wird** (BGH NJW-RR 2004, 787; zu Ausnahmen s. Rdn. 4). Umgekehrt führt nicht jede Bewilligung von Verfahrenskostenhilfe automatisch zur Beiordnung eines Anwalts. Sie muss **gesondert angeordnet** (s.a. § 48 Abs. 1 u 4 RVG) und der beigeordnete Anwalt namentlich benannt werden (zum Notanwalt s.u. Rdn. 17). Es kann auch eine Sozietät beigeordnet werden (BGH FamRZ 2009, 47) sowie eine Anwaltsgesellschaft (OLG Nürnberg FamRZ 2001, 106). Zur Beiordnung in eigener Sache s. Rdn. 9. Gegen die Ablehnung einer beantragten Beiordnung kann sich i.d.R. nur der Antragsteller nach § 127 ZPO beschweren (BGH FamRZ 2011, 1138; s. § 76 Rdn. 117). Dem Anwalt steht gegen die Ablehnung seiner Beiordnung ein eigenes **Beschwerderecht** nicht zu (OLG Celle FamRZ 2012, 1661; s. § 76 Rdn. 118); anders bei einer Beschränkung der Beiordnung (s.u. Rdn. 15). Wird seine Beiordnung nach § 48 BRAO aufgehoben, ist er immer beschwerdebefugt (h.M.: OLG Brandenburg FamRZ 2004, 213 m.w.N.; a.A. OLG Naumburg FamRZ 2007, 916), dagegen nicht, wenn die Vkh aufgehoben wird und damit auch die Beiordnung (s. § 76 Rdn. 119).

4 Der Wirkungszeitpunkt und der gegenständliche **Umfang der Beiordnung** entsprechen grundsätzlich dem der VKH-Bewilligung (s. § 76 Rdn. 41 ff.). Ohne gesonderte Anordnung erstreckt sich die Beiordnung nicht auf Angelegenheiten, die mit dem Hauptverfahren nur zusammenhängen. Ausnahmen bestehen nach § 48 RVG, nach denen die Beiordnung in bestimmten Fällen auf mit dem Gegenstand der Beiordnung zusammenhängende Verfahren oder Verfahrensgegenstände erstreckt, und zwar unabhängig davon, ob für diese Verfahrenskostenhilfe beantragt oder bewilligt ist. Die **Beiordnung erstreckt sich automatisch**

- auf **Anschlussrechtsmittel**, wenn die Beiordnung für das Hauptrechtsmittel erfolgt ist,
- auf die Vollziehung oder **Vollstreckung eines Arrests oder einer einstweiligen Anordnung**, wenn der Anwalt bereits für deren Erwirkung beigeordnet war (zur Erstreckung der VKH und damit auch der Beiordnung innerhalb der Vollstreckung s. § 77 Rdn. 3),

es sei denn, die Erstreckung wird im Beiordnungsbeschluss ausdrücklich ausgenommen;
bei Beiordnung in Ehesachen oder ihr gleichgestellten Lebenspartnerschaftssachen auch auf

- den **Widerantrag** (§ 48 Abs. 5 RVG).
- eine **Einigung über einzelne Trennungs- oder Scheidungsfolgen**, wie Unterhalt, Ansprüche aus dem ehelichen Güterrecht, Regelung der elterlichen Sorge und des Umgangs sowie der Rechtsverhältnisse an der Ehewohnung und den Haushaltsgegenständen (s. § 48 Abs. 3 RVG; und zu den Gebühren Rdn. 29).

– den **Versorgungsausgleich als Folgesache**, da sich die Bewilligung von Verfahrenskostenhilfe für die Ehescheidung nach § 149 FamFG (s. § 149 Rdn. 1 ff.) und damit auch die mit ihr erfolgte Beiordnung eines Anwalts automatisch auch auf die Folgesache Versorgungsausgleich erstreckt, gilt dies auch für die Beiordnung des Anwalts, sofern der Bewilligungsbeschluss sie nicht ausdrücklich ausnimmt. Hat in Übergangsfällen ein nach altem Recht abgetrennter Versorgungsausgleich ausnahmsweise seine Eigenschaft als Folgesache verloren (Art. 111 Abs. 4 FGG-RG), endet auch die darauf beruhende Vkh einschließlich der Anwaltsbeiordnung (BGH FamRZ 2011, 635; s. dazu § 149 Rdn. 8).

Beachte: Ein Rechtsanwalt ist im Rahmen seiner umfassenden Beratungspflicht verpflichtet, jeden erkennbar mittellosen Mandanten auf die Möglichkeiten der Inanspruchnahme von Verfahrenskostenhilfe unter seiner Beiordnung hinzuweisen (vgl. auch § 16 Abs. 1 BORA). Wird diese Pflicht verletzt, kann dem mittellosen Mandanten gegen den Rechtsanwalt ein auf die Befreiung von den Gebührenansprüchen gerichteter Gegenanspruch auf Schadensersatz zustehen (vgl. BGH NJW 2007, 844 m.w.N.). Der BGH sieht auch einen Anwaltsbetreuer in der Pflicht, sowohl für die gerichtliche Interessenwahrnehmung als auch für die außergerichtliche Beratung und Vertretung des von ihm Betreuten vorrangig Verfahrenskosten- bzw. Beratungshilfe in Anspruch zu nehmen (BGH NJW 2007, 844). 5

II. Notwendige Beiordnung (Abs. 1). Gemäß Abs. 1 ist ein Anwalt **von Amts wegen** beizuordnen, wenn die **Vertretung durch Anwälte gesetzlich vorgeschrieben** ist. Das ist in **FG-Sachen** einschließlich der selbstständigen FG-Familiensachen grds. nur **vor dem BGH** der Fall (§ 10 Abs. 4). Davon sind nur Verfahren auf Bewilligung von Verfahrenskostenhilfe für das Rechtsbeschwerde- oder Sprungrechtsbeschwerdeverfahren sowie die Ablehnung eines der beteiligten Richter ausgenommen (s. § 10 Rdn. 23), nicht aber die Rechtsbeschwerde gegen einen Vkh-Beschluss (s. Rdn. 26). 6

In **Ehe-, Scheidungsfolge- und selbstständigen Familienstreitsachen** besteht nach § 114 Abs. 1, 2 grundsätzlich Anwaltszwang in allen Instanzen; zur automatischen Erstreckung der Beiordnung in Scheidungsverfahren auf Vereinbarungen oder sonstige mit der Hauptsache zusammenhängende Verfahren s.o. Rdn. 4. Nach h.M. unterliegt auch die isolierte Anfechtung einer FG-Folgesache dem Anwaltszwang (OLG Saarbrücken FamRZ 2014, 2019 mit Darstellung des Meinungsstands, s.a. § 114 Rdn. 7). Vom Anwaltszwang **ausgenommen** sind nach § 114 Abs. 3, 4 insb. Verfahren der einstweiligen Anordnung, Vkh-Verfahren, ein minderjähriges Kind, das durch das Jugendamt als Beistand, Vormund oder Pfleger vertreten ist, sowie solche Anträge und Erklärungen, die zu Protokoll der Geschäftsstelle abgegeben werden können, wie z.B. nach § 257 im vereinfachten Unterhaltsverfahren (s. im Einzelnen § 114 Rdn. 11 ff.). In Scheidungsverfahren sind darüber hinaus die Zustimmung zur Scheidung und ihr Widerruf und die Rücknahme des Scheidungsantrags ausgenommen sowie Anträge auf Abtrennung einer Folgesache und auf Durchführung des VA bei kurzer Ehedauer und die Erklärungen zum Wahlrecht nach § 15 VersAusglG. Zum Anwaltszwang für Anträge Drittbeteiligter in Scheidungsfolgesachen s. § 114 Rdn. 7. Auch soweit ausnahmsweise kein Anwaltszwang besteht, muss. in Ehe- und Familienstreitsachen nach dem »**Grundsatz der Waffengleichheit**« ein Anwalt auf entsprechenden Antrag allein deshalb beigeordnet werden, weil der Gegner anwaltlich vertreten ist (§ 121 Abs. 2, 2. Alt. ZPO i.V.m. § 113 Abs. 1 FamFG; s. BGH FamRZ 2011, 1138; OLG Dresden FamRZ 2015, 1720). 7

Ist die Beiordnung zwingend vorgeschrieben, muss sie mit der Vkh-Bewilligung **v.A.w. angeordnet** werden. Der Antragsteller muss lediglich den Anwalt auswählen. Es kann auch einem **Rechtsanwalt in eigener Sache** ein anderer Anwalt oder er sich selbst beigeordnet werden (BGH NJW 2002, 2179). Gleiches gilt für einen Betreuten, der einen **Anwalt als Betreuer** hat. Die Gewährung von Verfahrenskostenhilfe und die Beiordnung des als Betreuer bestellten Anwalts für das Verfahren kann nicht mit der Begründung abgelehnt werden, der Betroffene bedürfe angesichts der Qualifikation seines Betreuers der gesonderten Beiordnung eines Anwalts nicht (BGH NJW 2007, 844 m. Anm. *Locher* FamRB 2007, 108). Zur Erstreckung dieses Rechtsgedankens auf einen anwaltlichen Vormund oder Pfleger s. BGH FamRZ 2011, 633. 8

III. Erforderliche Beiordnung (Abs. 2). Ist eine Vertretung durch Anwälte nicht vorgeschrieben, ist einem Verfahrensbeteiligten nach Abs. 2 **auf Antrag** ein Rechtsanwalt im Wege der Verfahrenskostenhilfe beizuordnen, wenn der Antragsteller das Verfahren wegen der **Schwierigkeit der Sach- und Rechtslage** nicht selbst führen kann, dabei genügt es, wenn die nur die Sach- oder die Rechtslage schwierig ist (BGH FamRZ 2010, 1427; BT-Drucks. 16/6308 S. 168). Anders als nach § 121 Abs. 2 ZPO genügt die Schwere des Eingriffs in die Rechte eines Beteiligten für eine Beiordnung nach § 78 FamFG allein nicht (BGH FamRZ 2012, 1290; FamRZ 2010, 1427). Entscheidend ist dabei, ob ein Verfahrensbeteiligter nur mithilfe eines Anwalts von 9

§ 78 Buch 1. Allgemeiner Teil

der Möglichkeit mitzuwirken und das Verfahren zu fördern sachgemäß Gebrauch machen kann, und deshalb auch ein bemittelter und kostenbewusster Beteiligter einen Anwalt hinzuziehen würde (BGH FamRZ 2012, 1290; FamRZ 2010, 1427; BVerfG NJW-RR 2007, 1713). Die Bestellung eines Verfahrenpflegers- oder -beistands ersetzt nicht eine ansonsten gebotene Beiordnung eines Anwalts, vielmehr ist eine bereits erfolgte Bestellung aufzuheben (OLG Dresden FamRZ 2014, 1042; OLG Stuttgart FamRZ 2014, 1482; s.a. § 158 Rdn. 20, § 276 Rdn. 15). Die Feststellung, ob eine Beiordnung erforderlich ist, erfordert regelmäßig eine **einzelfallbezogene Prüfung**, die eine Herausbildung von Regeln, nach denen einem Beteiligten in bestimmten Verfahren immer oder grundsätzlich ein Rechtsanwalt beizuordnen ist, nur in engen Grenzen zulässt (BGH FamRZ 2012, 1290 m.w.N.).

10 In diese Prüfung sind insb. auch die **subjektiven Fähigkeiten** des Beteiligten, seine Rechte im Verfahren selbst sachgerecht zu vertreten, zu berücksichtigen (BGH FamRZ 2010, 1427). Daran fehlt es z.B., wenn sich ein Verfahrensbeteiligter nicht hinreichend mündlich oder schriftlich auszudrücken vermag (BVerfG NJW-RR 2007, 1713; BGH FamRZ 2009, 857; s.a. OLG Celle FamRZ 2010, 582; OLG Zweibrücken FamRZ 2010, 579). Diese können auch durch psychische Erkrankungen oder durch ein stark belastetes Verhältnis zu anderen Verfahrensbeteiligten beeinträchtigt werden (BGH NJW 2010, 3029 Rn. 23, 33). Dasselbe gilt, wenn zwischen den (gegnerischen) Verfahrensbeteiligten ein erhebliches Ungleichgewicht in ihrer Außendarstellung und Fähigkeit zur Durchsetzung eigener Interessen besteht. Der Grundsatz der Amtsermittlung steht der Berücksichtigung subjektiver Fähigkeiten nicht entgegen (BGH FamRZ 2012, 1290 Rn. 21; BVerfG FamRZ 2002, 531; NJW-RR 2007, 1713) ebenso wenig die Möglichkeit, eine Beistandschaft durch das Jugendamt zu erwirken (BGH FamRZ 2006, 481), oder dass dem Betroffenen ein Verfahrenspfleger zu bestellen ist (s. § 276 Rdn. 15). Auf die subjektiven Fähigkeiten kommt es mehr nicht an, wenn ein Anwalt schon aus objektiven Gründen beizuordnen ist (BGH FamRZ 2012, 1290 Rn. 34).

11 Ein Indiz für eine **objektiven Schwierigkeit** ist es, wenn von Gesetzes wegen oder nach höchstrichterlicher Rspr. nur nach Einholung eines **Sachverständigengutachten**s entschieden werden darf; wie z.B. in Betreuungs- und Unterbringungssachen (OLG Dresden, FamRZ 2014, 1042) oder bei Eingriffen in das Sorgerecht, insb. wenn sie mit der Trennung des Kindes aus der Familie verbunden sind (vgl. OLG Saarbrücken NJW-RR 2012, 518; OLG Schleswig FamRZ 2012, 808; s.a. BVerfG FamRZ 2009, 1897). Vaterschaftsanfechtungsverfahren weisen neben der Pflicht zur Einholung eines Abstammungsgutachtens **rechtliche Schwierigkeiten** auf, die zumindest für den Antragsteller regelmäßig die Beiordnung eines Anwalts erforderlich macht (BGH FamRZ 2012, 1290 m. Anm. *Müther*). In Versorgungsausgleichsverfahren gilt das für beide Ehegatten (BGH FamRZ 2014, 551 Rn. 8 u. 10). Von einer schwierigen Sach- und Rechtslage ist in Umgangsverfahren auszugehen, wenn eine Kindeswohlgefährdung im Raum steht oder ein begleiteter Umgang oder sein Ausschluss ernsthaft in Betracht kommt (OLG Schleswig FamRZ 2011, 1241). Die Anwendung ausländischen Rechts oder des **IPR** indiziert regelmäßig eine schwierige Rechtslage (*Motzer* FamRBint 2012, 10). Die Beiordnung eines Anwalts ist auch geboten, wenn die **Durchführung des Verfahrens kompliziert** ist (z.B. für den Antragsgegner im vereinfachten Unterhaltsverfahren OLG Hamm FamRZ 2011, 1745; für eine Unterhaltsvollstreckung: OLG Stuttgart FamRZ 2011, 128) bzw. der Regelung objektive Erschwernisse entgegenstehen (OLG München FamRZ 2011, 1240 für den Umgang mit einem inhaftierten Vater). Ein schwieriges Verfahren lässt auch eine lange (Prozess-) Vorgeschichte (KG FamRZ 2011, 1741) erwarten.

12 Die Pflicht zur einzelfallbezogenen Prüfung führt zwangsläufig zu unterschiedlichen Bewertungen der Erforderlichkeit einer Anwaltsbeiordnung in der gerichtlichen Praxis. Zwischenzeitlich zeichnen sich aber für einzelne Verfahrensgegenstände einheitliche Tendenzen ab. Nachfolgend werden ohne Anspruch auf Vollständigkeit **Beispiele aus der Rspr. zu § 78 Abs. 2** nachgewiesen, die in letzter Zeit vorwiegend zum Familienrecht veröffentlicht wurden (zur Beiordnung in einvernehmlichen Scheidungsverfahren s. § 149 Rdn. 4; in Kindschaftssachen *Nickel* NJW 2011, 1117):

Erforderlichkeit der Beiordnung:

- Abstammungssachen:
  - **Vaterschaftsanfechtung – ja**: wegen der besonderen Schwierigkeit des Verfahrens regelmäßig **für Ast. und die weiteren Beteiligten**, BGH Beschl. v. 27.01.2016 – XII ZB 639/14 – u. BGH FamRZ 2012, 1290; durch die jüngste Entscheidung des BGH sind die Einschränkungen, die für die weiteren Beteiligten teilweise gemacht wurden (vgl. OLG Karlsruhe FamRZ, 2015, 686; OLG Saarbrücken FamRZ 2010, 1001), überholt;
  - **Vaterschaftsfeststellung – ja**: grundsätzlich sämtlichen Beteiligten OLG Celle FamRZ 2012, 467; für *den Regelfall wohl auch BGH FamRZ 2012, 1290*; wenn mehrere Männer in Betracht kommen: OLG

Brandenburg, 5. FamS, FamRZ 2014, 586; bei gegenläufigen Interessen: OLG Schleswig FamRZ 2011, 388, OLG Dresden, FamRZ 2010, 2007; OLG Brandenburg 4. FamS, FuR 2012, 667; wegen Auseinandersetzung mit Sachverständigengutachten: OLG Hamm FamRZ 2010, 1363; **nein:** OLG Oldenburg FamRZ 2011, 914; OLG Dresden OLG Report Ost 49/2010 Anm. 1: keine schwierige Sach- und Rechtslage; OLG Brandenburg 2. FamS, FamRZ 2011, 1311, wenn Kind durch JA als Beistand vertreten ist, a.A. 5. FamS, FamRZ 2014, 586;
- **Freiheitsentziehungssachen – ja:** für Abschiebehaft BGH FGPrax 2013, 132; AnwBl 2011, 397.
- **Gewaltschutz – ja:** regelmäßig OLG Brandenburg, 4. FamS, FuR 2015, 295 = FamRZ 2015, 352 (LS); ansonsten bei besonders hartnäckiger Verfolgung, OLG Frankfurt 6. FamS, FamRZ 2016, 394; wenn Antragsgegner mit massiven Einschränkungen seiner Persönlichkeitssphäre rechnen muss, OLG Karlsruhe FamRZ 2010, 2003; bei subjektiven Einschränkungen (Migrationshintergrund) OLG Frankfurt 5. FamS, FamRZ 2015, 947, OLG Saarbrücken FamRZ 2011, 1007; **nein:** (für EA) OLG Karlsruhe NJW-RR 2015, 262; OLG Brandenburg 1. FamS, MDR 2015, 298; OLG Celle FamRZ 201, 1046; FamRZ 2011, 1971 u. FamRZ 2010, 2005, wenn der Tatbestand einfach darzulegen ist oder Antragsteller bereits über Erfahrung in solchen Verfahren verfügt.
- **Genehmigungsverfahren –** für Ausschlagung einer **Erbschaft nein:** OLG Saarbrücken AGS 2013, 71; OLG Hamm FamRZ 2012, 1658: wenn Überschuldung evident **Unterbringung ja**; OLG Dresden, FamRZ 2014, 1042, auch zur Wirksamkeit des ohne Zustimmung des gesetzlichen Vertreters abgeschlossenen Anwaltsvertrags;
- **Grundbuchsachen – nein:** OLG Hamm Rpfleger 2012, 23 für Sicherungshypothek. s.a. Vollstreckung;
- **Kindergeldbezug** (= Auswahl des Empfängers) – **ja:** OLG Frankfurt am Main FamRZ 2012, 1886: bei Wechselmodell; **nein:** OLG Celle FamRZ 2011, 1240)
- **Sorgerecht: – ja:** wenn es um die Abwendung einer Kindeswohlgefährdung geht: h.M OLG Bamberg FamRZ 2014, 1041; OLG Düsseldorf FamRZ 2013, 897; OLG Saarbrücken FamRZ 2012, 115, OLG Schleswig FamRZ 2012, 808; OLG Frankfurt am Main FamRZ 2010, 1094; u.U. auch für den nichtsorgeberechtigten Elternteil; OLG Hamm FamRZ 2011, 1971; bei: Streit um Sorge- oder des Aufenthaltsbestimmungsrechts: OLG Brandenburg FamRZ 2013, 1593; KG FamRZ 2011, 1741; wenn wegen der schwierigen Rechtslage im Verfahren auf Feststellung des Ruhens der elterlichen Sorge, OLG Hamm FamRB 2014, 211; Ersetzung einer Zustimmung zur medizinischen Behandlung: OLG Dresden, FamRZ 2010, 2006; **nein:** bei unstreitiger Übertragung der Alleinsorge, OLG Celle, FamRZ 2011, 388: im **vereinfachten Verfahren** nach § 155a FamFG – **ja** für Ag.: wenn Einwände erhoben werden sollen, OLG Stuttgart FamRZ 2014, 1045, OLG Jena FamRZ 2016, 73; **nein** für den Ast.: OLG Karlsruhe FamRZ 2015, 948 es sei denn im Verfahren treten Gründe nach § 155 Abs. 4 zutage.
- **Umgangsrecht – ja:** BGH FamRZ 2010, 1427 u. OLG Hamburg FamRZ 2010, 1459, wenn Antragsteller nach seinen subjektiven Fähigkeiten seine Rechte nicht verfolgen kann; OLG Schleswig FamRZ 2011, 1241, wenn eine Kindeswohlgefährdung im Raum steht; OLG Hamm NJW-RR 2011, 505 = FamRZ 2011, 389 [LS] u. OLG München FamRZ 2011, 1240 bei behaupteter Umgangsverweigerung; OLG Brandenburg FamRZ 2015, 1316; OLG Celle NJW 2010, 1008; OLG Zweibrücken NJW 2010, 1212 bei schwieriger Ausgangslage; **nein:** OLG Celle FamRZ 2010, 1363, wenn es nur um die Ausgestaltung eines bereits geregelten Umgangs geht; OLG Hamburg MDR 2010, 701, wenn Gegner anwaltlich nicht vertreten ist und kein Ungleichgewicht zwischen den Eltern herrscht;
- **Vermittlungsverfahren – nein:** h.M. s. OLG Hamm FamRZ 2013, 565; OLG Oldenburg FamRZ 2011, 916; OLG Karlsruhe FamRZ 2010, 2010: grds. nicht erforderlich; in Ausnahmefällen ja: OLG Frankfurt am Main, FamFR 2013, 229; OLG Zweibrücken FamRZ 2015, 1921; OLG Köln FamRZ 2015, 1921;
- **Aufhebung einer Umgangspflegschaft – nein:** OLG Koblenz NJW-RR 2011, 507; OLG Hamm FamFR 2011, 521)
- **Vereinfachtes Unterhaltsverfahren** (nach § 121 Abs. 2 ZPO!) – **für Antragsgegner** i.d.R. **ja:** OLG Brandenburg FamRZ 2015, 1923; OLG Hamm FamRZ 2011, 1745; OLG Oldenburg FamRZ 2011, 917; OLG Koblenz AGS 2010, 182 m.w.N. – **für Antragsteller: ja:** zwingend, wenn und sobald der Ag. anwaltlich vertreten ist, BGH, FamRZ 2011, 1138; sonst: wegen der Kompliziertheit des Unterhaltsrechts OLG Zweibrücken MDR 2006, 577; OLG Nürnberg FamRZ 2001, 296; OLG München FamRZ 1999, 792; nur wenn besondere Schwierigkeiten bei der Bedarfsermittlung bestehen, z.B. Einkommen ist aus selbstständiger Tätigkeit zu ermitteln, OLG Hamm FamRB 2014, 56 = FamRZ 2014, 1042 (LS), – **nein:** OLG München FamRZ 1999, 1355 m. abl. Anm. *van Els*. Mahnverfahren wg. Rückstand ja: LG Stuttgart FamRZ 2015,

946.- M.E. gebietet schon die weit reichende Bedeutung einer erstmaligen Titulierung die Anwaltsbeiordnung; hinzu kommt die generelle Schwierigkeit auch des Kindesunterhaltsrechts, der der Gesetzgeber durch den für ordentliche Unterhaltsverfahren eingeführten Anwaltszwang Rechnung getragen hat. Nach Übergang in das streitige Verfahren besteht Anwaltszwang!
- **Versorgungsausgleich** – ja: BGH, FamRZ 2014, 551 Rn. 8 u. 10; (Regelfall, s. Rdn. 11); OLG Brandenburg FamRZ 2014, 566; OLG Naumburg FamRZ 2014, 230; OLG Jena FamRZ 2013, 1594; – zur Beiordnung im Scheidungsverbund s. § 149 Rdn. 6 ff. –; für Verfahren nach § 33 VersAusglG: OLG Hamm FamRZ 2013, 1595; für **Auskunftsverfahren:** OLG Hamm, FamRZ 2012, 1659, wenn gerichtliche Auflagen erfolglos waren;
- **Vollstreckung** (ja: bei Vollstreckung von Unterhaltsansprüchen BGH FamRZ 2012, 1637; insbesondere bei der Vollstreckung in Immobilien: OLG Stuttgart FamRZ 2011, 128; OLG München NJW-RR 2014, 84; von Willenserklärung OLG München FamRZ 2014, 587.

13 **IV. Auswärtiger Anwalt (Abs. 3).** Grundsätzlich darf im Rahmen der Verfahrenskostenhilfe nur ein im Bezirk des Gerichts niedergelassener Anwalt beigeordnet werden. Ein **nicht im Bezirk niedergelassener Anwalt** kann nur beigeordnet werden, wenn dies keine besonderen Kosten, d.h. **keine Mehrkosten**, verursacht. Die Einschränkung gilt nicht für Anwälte, die zwar nicht am Ort des Gerichts aber in dessen Bezirk niedergelassen sind (OLG Celle FamRZ 2011, 1745; s. dazu Rdn. 21). Besondere Kosten entstehen hauptsächlich durch Reisekosten, deren Ersatz grundsätzlich auch der auswärtige Anwalt als Auslagen nach § 45 Abs. 1 RVG, Nr. 7003 ff. VV RVG aus der Staatskasse verlangen kann (s. Rdn. 21). Die Mehrkosten, die die Beiordnung eines nicht im Gerichtsbezirk niedergelassenen Anwalts gegenüber der Beiordnung eines im Bezirk ansässigen verursacht, sind im Wege einer **Vergleichsrechnung** zu ermitteln. Dabei kommt es entscheidend auf die gewählte Alternative bzw. den fiktiven Kanzleisitz an. Im Umkehrschluss zu § 121 Abs. 3 ZPO wird dieser mehrheitlich ganz abstrakt in der am weitesten vom Ort des Gerichts (oder dem Wohnort des Antragstellers) entfernten Gemeinde des Bezirks verortet. Mehrkosten entstehen danach von vornherein nicht, wenn der Kanzleisitz oder der Wohnort des auswärtigen Anwalts die Distanz zwischen dem Gericht und der am weitesten entfernten Gemeinde nicht überschreitet (OLG Brandenburg FamRZ 2014, 230; OLG Celle NJW-RR 2012, 1093; OLG Frankfurt am Main FamRZ 2009, 1615; OLG München FamRZ 2007, 489). *Schürmann* will dagegen unter dem Gesichtspunkt der Mutwilligkeit als Alternativanwalt nur einen heranziehen, dessen Kanzleisitz sich in zumutbarer Entfernung zum Mandanten befindet (Rahm/Künkel/*Schürmann* 11. Kap. Rn. 140). Das geht m.E. nicht, weil auch die Beiordnung eines im Gerichtsbezirk ansässigen Anwalts nicht wegen Mutwilligkeit auf einen wohnortnahen begrenzt werden kann. Mehrkosten entstehen auch dann nicht, wenn für eine ansonsten notwendige Beiordnung eines Verkehrsanwalts (s. Rdn. 16) die gleichen oder höhere Kosten anfallen würden (BGH FamRZ 2004, 1362; 2007, 37; OLG Köln FamRZ 2015, 1923 und FamRZ 2008, 525 m.w.N.) oder wenn die Reisekosten des auswärtigen Anwalts die dem Begünstigten aus der Staatskasse zu erstattenden Kosten für eine oder mehrere Informationsreisen (s. § 76 Rdn. 47) zu einem im Gerichtsbezirk zugelassenen Anwalt nicht wesentlich übersteigen (OLG Dresden AGS 2007, 251; OLG Köln FamRZ 2008, 525).

14 Ein auswärtiger **Anwalt kann** ggü. dem Gericht auf diese Mehrkosten **verzichten**. In diesem Fall wird er »zu den Bedingungen eines im Gerichtsbezirk niedergelassenen Anwalts« beigeordnet. Das kann auch ohne sein ausdrücklich erteiltes Einverständnis geschehen, denn der von einem auswärtigen Anwalt gestellte Beiordnungsantrag enthält regelmäßig ein konkludentes Einverständnis mit einer dem Mehrkostenverbot des § 121 Abs. 3 ZPO entsprechenden Einschränkung der Beiordnung (BGH FamRZ 2007, 37; OLG Rostock FamRZ 2009, 1235; zur Beiordnung eines auswärtigen Anwalts mit der Maßgabe, dass dessen zusätzliche Kosten die eines Verkehrsanwalts nicht überschreiten dürfen vgl. OLG Bamberg FamRZ 2012, 651). Ist die Beiordnung – ausdrücklich oder konkludent – unter Ausschluss der Mehrkosten erfolgt, sind diese von den geltend gemachten Kosten abzuziehen. Die Mehrkosten hat die Staatskasse in derselben Weise zu ermitteln wie das Gericht bei der Prüfung der Voraussetzungen des § 121 Abs. 3 ZPO (OLG Stuttgart FamRZ 2008, 1011).

15 Gegen eine ohne seine Zustimmung erfolgte Beschränkung der Beiordnung steht dem Anwalt anders als gegen die Ablehnung der Beiordnung ein **Beschwerderecht** zu (OLG Celle FamRZ 2011, 1745 m.w.N.) und daneben auch dem Mandanten (BGH FamRZ 2007, 37; OLG Saarbrücken FamFR 2011, 430; OLG Rostock JurBüro 2011, 372). Auch eine ohne Einschränkung erfolgte Beiordnung schützt den auswärtigen Anwalt nicht davor, dass ihm aus der Staatskasse einzelne Reisekosten nicht erstattet werden (vgl. OLG Stuttgart FamRZ 2008, 1011). Denn über die Erstattungsfähigkeit von Auslagen entscheidet der für die Festsetzung

zuständige Urkundsbeamte eigenständig (§ 46 Abs. 1 RVG). In Zweifelsfällen sollte sich der Anwalt deshalb die Notwendigkeit der Reise vorher vom Gericht bestätigen lassen (s. § 46 Abs. 2 RVG).

V. Terminsvertreter, Verkehrsanwalt (Abs. 4). Im Rahmen der bewilligten Verfahrenskostenhilfe kann auch ein weiterer Anwalt als Terminsvertreter oder Verkehrsanwalt beigeordnet werden, ggf. auch nur ein Terminsvertreter, wenn der Bedürftige das Verfahren ohne Anwalt führt. Hierzu bedarf es gem. Abs. 4 nicht nur eines ausdrücklichen Antrags, selbst wenn der Hauptbevollmächtigte von Amts wegen beizuordnen ist, sondern auch besonderer Umstände. Sie liegen regelmäßig dann vor, wenn die Beiordnung zur zweckentsprechenden Rechtsverfolgung i.S.d. Abs. 2 erforderlich ist, mithin, wenn auch ein bemittelter Rechtsuchender in der Lage des Unbemittelten vernünftigerweise einen weiteren Rechtsanwalt eingeschaltet hätte (s. Rdn. 9). Die Einschaltung eines **Verkehrsanwalts** ist dann gerechtfertigt, wenn eine Informationsreise zum Hauptbevollmächtigten unzumutbar ist und eine telefonische, schriftliche oder elektronische Information entweder nicht ausreicht (BGH FamRZ 2004, 1362; Musielak/Borth/*Borth-Grandel* FamFG § 78 Rdn. 16) oder die Fähigkeiten des Begünstigten übersteigt. Insbesondere in persönlichen Angelegenheiten besteht häufig ein berechtigtes Interesse an einem persönlichen Gespräch mit einem Anwalt, sodass, wenn eine Informationsreise nicht zumutbar ist, regelmäßig ein Verkehrsanwalt beizuordnen ist (OLG Karlsruhe FamRZ 2013, 1596 m.w.N.) Auf die Erforderlichkeit kommt es nicht an, wenn die Kosten des Verkehrsanwalts die Reisekosten des Begünstigten zur Kanzlei seines Hauptbevollmächtigten nicht wesentlich übersteigen (OLG Dresden AGS 2007, 251). Ein **Terminsvertreter** ist regelmäßig beizuordnen, wenn die sonst für den Hauptbevollmächtigten anfallenden Reisekosten die Vergütung des Terminsvertreters annähernd erreichen (BGH FamRZ 2004, 1362; zur Vergütung des nicht beigeordneten, sondern nur unterbevollmächtigten Rechtsanwalts s. OLG Brandenburg FamRZ 2008, 628). Bei Kostenneutralität können auch ein auswärtiger Anwalt als Hauptbevollmächtigter und ein Terminsvertreter auch für die Wahrnehmung von Terminen vor dem das Verfahren führenden Gericht beigeordnet werden und nicht nur für auswärtige Beweis- oder Anhörungstermine.

VI. Auswahl durch das Gericht (Abs. 5). Dem Bedürftigen wird sowohl von Amts wegen nach Abs. 1 als auch auf Antrag nach Abs. 2 der Anwalt seiner Wahl beigeordnet, den er dem Gericht benennen muss (zur Beiordnung eines Anwalts in eigener Sache s. Rdn. 2). Er muss sich also grds. selbst um einen Anwalt bemühen. Abs. 5 regelt inhaltsgleich mit § 121 Abs. 5 ZPO die Verpflichtung des Gerichts, selbst einen Anwalt auszuwählen und beizuordnen, wenn der Antragsteller keinen zu seiner Vertretung bereiten Anwalt findet. Voraussetzung ist, dass der Antragsteller darlegt, dass er sich bei mehreren Anwälten erfolglos um die Übernahme des Mandats bemüht hat. Sowohl der vom Gericht als auch von dem Begünstigten selbst ausgewählte Anwalt ist gem. § 48 Abs. 1 Nr. 1 BRAO mit erfolgter Beiordnung zur Übernahme des Mandats verpflichtet. In beiden Fällen macht die Beiordnung nicht die Vollmacht entbehrlich, die der Begünstigte dem Anwalt separat erteilen muss und mit der (spätestens) der Anwaltsvertrag zwischen dem Begünstigten und dem beigeordneten Anwalt geschlossen wird (Göttlich/Mümmler/*Feller* »Prozesskostenhilfe« 6.1).

C. Vergütungsanspruch. I. Vergütung aus der Staatskasse. 1. Allgemeines. Aus der Beiordnung im Wege der Verfahrenskostenhilfe erwächst dem beigeordneten Rechtsanwalt ein **Vergütungsanspruch gegen die Staatskasse** (§ 45 RVG) für alle nach der Beiordnung (nochmals) verwirklichten Gebührentatbestände, auch wenn sie schon vor der Beiordnung erfüllt waren. Gleichzeitig verliert er das Recht, die vertragliche Vergütung vom Auftraggeber zu fordern, solange die Verfahrenskostenhilfe oder die Beiordnung nicht aufgehoben wird (s. zur Vergütungssperre § 76 Rdn. 46). Der Vergütungsanspruch bestimmt sich in erster Linie nach den Beschlüssen, durch die Verfahrenskostenhilfe bewilligt und der Rechtsanwalt beigeordnet wurde (§ 48 Abs. 1 RVG; s. Rdn. 3 ff.) und den Vergütungsregeln des RVG (§ 45 Abs. 1 RVG). In bestimmten Angelegenheiten erweitert § 48 Abs. 2 bis 4 RVG den aus der Beiordnung resultierenden Vergütungsanspruch gegen die Staatskasse auf mit ihr zusammenhängende Verfahren oder Verfahrensgegenstände (s.o. Rdn. 4). Der Bewilligungsbeschluss ist insb. dafür maßgeblich, in welchem Umfang Gebühren für das Verfahrenskostenhilfeverfahren zu erstatten sind (OLG München FamRZ 2004, 965 [LS] = MDR 2003; s.a. Rdn. 29). Die Vergütung wird nach Fälligkeit (entsprechend den allgemeinen Regeln, s. § 7 RVG) **auf Antrag** vom Urkundsbeamten der Geschäftsstelle des Gerichts festgesetzt (§ 55 Abs. 1 u 2 RVG und zur Ausschlussfrist Rdn. 22). Umstritten ist, ob und in welchem Umfang der Kostenbeamte über die Prüfung der Notwendigkeit von Auslagen und Aufwendungen hinaus die Vermeidbarkeit der angefallenen Kosten überprüfen kann. Soweit sie bereits bei der Bewilligung zu berücksichtigen sind wie z.B. die sachlich nicht gerechtfertigte Vereinzelung von Verfahren (vgl. BGH RVGreport 2014, 81), kommt eine Prüfung im Festset-

§ 78

zungsverfahren nicht in Betracht (*Hansens* RVGreport 2013, 146 m.w.N.). Gem. § 47 RVG ist der Anwalt berechtigt, für bereits entstandene Gebühren und Auslagen sowie für voraussichtlich entstehende Auslagen einen angemessen Vorschuss zu fordern. Gegen die Entscheidung des Urkundsbeamten der Geschäftsstelle ist der **Rechtsbehelf** der Erinnerung statthaft und gegen die Entscheidung des Gerichts über diese die Beschwerde, wenn sie zugelassen wurde oder die Beschwer 200 € übersteigt (§ 56 RVG i.V.m. § 33 RVG s. dazu Gerold/Schmidt/*Müller-Rabe* § 56 Rn. 4 ff.). Im Umfang der geleisteten Zahlungen geht der Vergütungsanspruch des Anwalts gegen den Mandanten auf die Staatskasse über (§ 59 Abs. 1 RVG). Soweit dem Begünstigten ein Anspruch auf **Kostenerstattung** erwächst, wird er von der Staatskasse nach der JBeitrO eingezogen (§ 59 Abs. 2 RVG; zum eigenen Beitreibungsrecht des Anwalts s.u. Rdn. 35).

19 Wenn der Begünstigte nicht vorher verstirbt, die Bewilligung der Verfahrenskostenhilfe nicht aufgehoben (s. Rdn. 32) und der Anwalt auch nicht nach § 48 Abs. 2 BRAO entpflichtet wird (s. Rdn. 33), behält der Anwalt den Vergütungsanspruch gegen die Staatskasse **bis zur Beendigung der Instanz**, für die die Verfahrenskostenhilfe bewilligt wurde (OLG Köln NJW 1995, 2728; Gerold/Schmidt/*Müller-Rabe* § 48 Rn. 65 f.; Johannsen/Henrich/*Markwardt* § 121 ZPO Rn. 10, 17 m.w.N.). Daran ändert sich auch nichts, wenn das **Verfahren** an ein anderes Gericht oder eine andere Abteilung desselben Gerichts **abgegeben** oder an ein anderes **verwiesen** (OLG Köln NJW 1995, 2728; OLG Düsseldorf NJW-RR 1991, 63; Musielak/*Foerste* § 281 Rn. 13; MüKoZPO/*Zimmermann* § 17b GVG Rn. 8) oder wenn ein Verfahrensteil **abgetrennt** wird (str., wie hier OLG Naumburg OLGR 2002, 117 = EzFamR aktuell 2001, 344 [LS], s. dazu § 149 Rdn. 8 f.). Zum Verlust des Vergütungsanspruchs bei Versäumung der Anmeldefrist s. Rdn. 22.

20 **2. Gebühren und Auslagen.** Die **Gebühren** richten sich für die meisten FG-Verfahren und Familiensachen nach Teil 3 des VV zum RVG i.V.m. der besonderen Tabelle für Wertgebühren des beigeordneten Anwalts in § 49 RVG, die ab einem Gegenstandswert von mehr als 4.000 € (bis geringere Grundgebühren vorsieht, als sie der Wahlanwalt nach der Anlage 2 zum RVG berechnen darf, und die ab einem Gegenstandswert von über 30.000 € nicht mehr ansteigen (s. Wertgebührentabelle § 80 FamFG Rdn. 75 und zur Vergütung der Differenz s.a. Rdn. 22). Hinsichtlich der Gebührensätze bestehen keine Unterschiede zu den Wahlanwaltsgebühren (s. dazu die Gebührenübersicht § 80 FamFG Rdn. 55). In Freiheitsentziehungs- und Unterbringungssachen sind Rahmengebühren nach Teil 6 des VV vorgesehen. In allen Fällen kann der Anwalt auch die Einigungs- oder Aussöhnungsgebühr nach Teil 1 RVG VV verdienen (zur Erstreckung der Beiordnung auf Einigungen in nicht anhängigen Scheidungsfolgesachen s. Rdn. 4). **Zahlungen**, die der Anwalt aus der Staatskasse (Beratungshilfe) oder vom Mandanten (Vorschüsse) bereits erhalten hat, sind **anzurechnen** (§ 58 RVG), Zahlungen des Mandanten oder eines Dritten allerdings vorrangig auf die nicht aus der Staatskasse zu erstattenden Gebührenanteile einschl. der Wahlanwaltsgebühr. Das gilt insb. für eine bezahlte und nach VV Vorbem. 3 Abs. 4 VV RVG oder § 34 Abs. 2 RVG anzurechnende Geschäfts- bzw. Ratsgebühr (OLG Frankfurt am Main NJW-RR 2013, 319; OLG Braunschweig FamRZ 2011, 1683; OLG München FamRZ 2010, 923 m.w.N. und Beispielrechnung; s. § 55 Abs. 5 Satz 2 RVG). Danach kommt ein Abzug von dem gegen die Staatskasse bestehenden Gebührenanspruch nur dann in Betracht, wenn der anzurechnende Betrag höher ist, als die Ansprüche des Anwalts auf Gebühren und Auslagen, die nicht aus der Staatskasse zu begleichen sind (= Differenz aus Regelvergütung für vor- und gerichtliche Tätigkeit und Vergütung nach §§ 45 ff. RVG).

21 Die Vergütung aus der Staatskasse umfasst grds. auch den Ersatz von **Auslagen** nach Nr. 7000 ff. VV RVG. Gem. § 46 Abs. 1 RVG werden sie nur dann nicht vergütet, wenn sie zur sachgemäßen Wahrnehmung der Interessen des Begünstigten nicht erforderlich waren (§ 46 Abs. 1 RVG). Insoweit steht der Staatskasse ein eigenes Prüfungsrecht zu, das sich grds. auch auf die Erforderlichkeit von Reisekosten erstreckt. **Reisekosten** stehen einem Anwalt neben den Gebühren als Auslagen nach Nr. 7003 ff. VV RVG zu, wenn er in Wahrnehmung seiner Geschäfte zu Orten reist, die außerhalb der (politischen) Gemeinde liegen, in der er seine Kanzlei oder seine Wohnung unterhält (Vorbem. 7 Abs. 2 VV RVG). Das gilt auch für Reisen zum Gericht (OLG Brandenburg FamRZ 2009, 1236) und wenn ein auswärtiger Anwalt beigeordnet wurde (s. dazu und zu möglichen Beschränkungen Rdn. 13 ff.). Ist die Reise erforderlich, kann der Rechtsanwalt Fahrtkosten, Tage- und Abwesenheitsgeld sowie Auslagenerstattung geltend machen (Nr. 7003 ff. VV RVG) und ggf. einen Vorschuss von der Staatskasse verlangen. Der Anwalt kann sich vor Antritt einer Reise an einen anderen Ort vom Gericht ihre **Notwendigkeit bestätigen** lassen (§ 46 Abs. 2 Satz 1 RVG). Diese Feststellung ist für die Staatskasse bindend. Zur Erstattung der Reisekosten für die Teilnahme an einer gerichtsnahen Mediation vgl. KG NJW 2009, 2754 und zu Reisekosten allg. *Schneider* AnwBl. 2010, 512.

3. Weitere Vergütung. Wenn die maximale Zahlungsverpflichtung des Begünstigten aus dem Bewilligungsbeschluss (s. § 76 Rdn. 82 ff.) den Betrag übersteigt, der zum Ausgleich der gerichtlichen Kosten und der nach § 49 RVG berechneten Anwaltsgebühren benötigt wird, kann dem beigeordneten Anwalt auf seinen Antrag auch eine weitere Vergütung aus der Staatskasse gezahlt werden; und zwar bis zur Höhe der **Wahlanwaltsgebühren** (§ 50 RVG). Stellt der Rechtspfleger die Ratenzahlung vorzeitig ein, kann sich der Anwalt dagegen mit der Beschwerde nach § 127 ZPO wehren (s. § 76 Rdn. 119). Die Staatskasse kann den Anwalt nach § 55 Abs. 6 RVG auffordern, innerhalb eines Monats einen Antrag auf Festsetzung seiner weiteren Vergütung einzureichen. Versäumt er diese **Ausschlussfrist**, erlöschen nach nahezu einhelliger Meinung in Lit. und Rspr. (z.B. OLG Koblenz FamRZ 2004, 216; OLG Köln NJW-RR 1999, 1582) nicht nur der Anspruch auf die weitere Vergütung, sondern sämtliche noch offenen Vergütungsansprüche gegen die Staatskasse (s.a. BT-Drucks. 8/3068, S. 34 f. zu § 128 Abs. 2 BRAGO)! 22

4. Gebühren für das Vkh-Verfahren. Dem mit der Vertretung im Vkh-Verfahren beauftragten Anwalt erwächst eine **Verfahrensgebühr** (i.d.R. aus dem Wert der Hauptsache, s. Rdn. 24) i.H. der Gebühr, die für eine Vertretung in dem Verfahren anfällt, für das Kostenhilfe beantragt wird, aber höchstens mit einem Satz von 1,0 (Nr. 3335 VV RVG). Da die Verfahrensgebühr in regulären Verfahren in allen Instanzen diesen Höchstsatz übersteigt, verbleibt es bei diesem. Dasselbe gilt für den Höchstsatz von 0,5 für die ermäßigte Gebühr (Nr. 3335 VV RVG), die bei vorzeitiger Beendigung des Auftrags oder als Differenzgebühr für Mehrvergleiche oder Einigungsbesprechungen (s.u.) anfällt. Die **Terminsgebühr**, die für die Teilnahme an einem nach § 118 Abs. 2 ZPO anberaumten Erörterungstermin entsteht, richtet sich gemäß der Vorbem. 3.3.6 VV RVG in der durch das 2. KostRMoG (s. Vor §§ 80 bis 85 Rdn. 3) geänderten Fassung nach den Vorschriften, die – ohne Deckelung – für das Verfahren gelten, für das die Vkh beantragt wird, das sind in den ersten beiden Instanzen nach Nr. 3104 VV RVG eine 1,2 Gebühr (s. § 80 FamFG Rdn. 55). Damit gilt auch Vorbem. 3 Abs. 3 VV RVG, sodass nunmehr auch für **außergerichtliche Einigungsgespräche** eine Terminsgebühr auch im Vkh-Verfahren anfallen kann (Gerold/Schmidt/*Müller-Rabe* VV 3335 Rn. 49), nachdem der Gesetzgeber mit der Neufassung der Vorschrift klargestellt hat, dass die Gebühr unabhängig davon entsteht, ob für das Verfahren ein Verhandlung-, Erörterungs- oder Anhörungstermin vorgeschrieben ist (BT-Drucks. 17/11471 [neu], S. 274, 275; anders noch BGH FamRZ 2012, 708 m.w.N.). Für den Abschluss eines Vergleichs fällt für die Gegenstände, die in dem Vkh-Verfahren oder im Bezugs- oder einem anderen Verfahren anhängig sind, eine **Einigungsgebühr** von 1,0 und bei der Einigung über nirgendwo anhängige Gegenstände von 1,5 nach Nr. 1000, 1003 VV RVG an (s. *Volpert* FuR 2013, 262 mit Beispielrechnungen). Geht der Gegenstand der Einigung über den hinaus, für den Vkh beantragt wurde (**Mehrvergleich**), erhöht sich nicht nur die Einigungsgebühr, sondern auch die Verfahrens- und, wenn die mitverglichenen Gegenstände im Termin erörtert wurden, auch die Terminsgebühr, die wie die Einigungsgebühr aus dem Gesamtwert zu berechnen ist. Das gilt im Ergebnis i.d.R. auch für die Verfahrensgebühr, weshalb man die auf den Mehrvergleich entfallene Gebühren auch als **Differenzgebühren** bezeichnet (s. dazu i.E. mit Beispielen FA-FamR/*Keske* Kap. 17 Rn. 339 ff.; Gerold/Schmidt/*Müller-Rabe* VV 3101 Rn. 79 ff.). Sie müssen – wenn der Gegenstand nicht in einem anderen Verfahren anhängig ist – auch nicht mit den Gebühren für das Hauptsacheverfahren verrechnet (s. dazu Rdn. 25) werden. Zur Erstattung der Differenzgebühren aus der Staatskasse s. Rdn. 29 f. und zur Verrechnung der Gebühren für das Vkh-Verfahren mit denen des Hauptsacheverfahrens Rdn. 25. Im **Vkh-Beschwerde- und Rechtsbeschwerdeverfahren** richten sich die Gebühren nach Nr. 3500 ff. VV RVG: Für Erinnerungen und Beschwerden entsteht eine 0,5 und für Rechtsbeschwerden eine 1,0 (ermäßigt 0,5) Verfahrensgebühr. Mangels mündlicher Verhandlung kann eine Terminsgebühr nur für außergerichtliche Einigungsgespräche erhoben werden. Für die Rechtsbeschwerde besteht Anwaltszwang, sodass für sie auch Vkh beantragt werden kann (s. Rdn. 26). 23

Der **Gegenstandswert** des Verfahrens auf Bewilligung von Verfahrenskostenhilfe sowie der des Aufhebungsverfahrens nach § 124 Nr. 1 ZPO entspricht dem Wert der Hauptsache, d.h. dem des Verfahrens, für das die Kostenhilfe begehrt oder bewilligt wurde, i.Ü. ist er nach dem Kosteninteresse zu bemessen (s. § 23a RVG). Das gilt auch im Beschwerdeverfahren, soweit sich die Beschwerde gegen die Ablehnung der Vkh oder die *Beiordnung* eines Anwalts richtet, denn auch hier geht das Interesse des Antragstellers auf die aus seiner Sicht notwendige Bewilligung, um das Hauptsacheverfahren überhaupt führen zu können (BGH FamRZ 2010, 1892; RVGreport 2011, 348). Auf die Kosten, die ein Beteiligter bei Bewilligung der begehrten Verfahrenskostenhilfe sparen würde, kommt es nur dann an, wenn sein Interesse diesem Kosteninteresse entspricht. Dies ist etwa bei einer Beschwerde allein gegen die Höhe der Raten oder im nachträglichen Auf- 24 hebungsverfahren nach § 124 Nr. 2 bis 4 ZPO der Fall. Die Werte mehrerer Bewilligungsanträge für dieselbe Instanz sind zusammenzurechnen.

25 **Anrechnung:** Da **Vkh und Hauptsachverfahren eine Angelegenheit** sind (§ 16 Nr. 2 RVG), können die Gebühren, soweit sie aus demselben Wert auch für das Hauptsacheverfahren entstehen, nur einmal gefordert werden und sind mit der Bewilligung von Vkh und der Beiordnung mit den Gebühren für das Hauptsacheverfahren zu verrechnen (d.h. es können nur diese beansprucht werden, s. BGH FamRZ 2008, 982; 2004, 1708; BVerfG NJW 2012, 3293). Ebenfalls eine Angelegenheit sind das Bewilligungs- und das Aufhebungs- oder Abänderungsverfahren (§ 16 Nr. 3 RVG), sodass die Tätigkeit in letzteren durch die im Bewilligungsverfahren verdiente Gebühr abgegolten ist (Gerold/Schmidt/*Müller-Rabe* VV 3335 Rn. 60 ff.).

26 Die Gebühren schuldet grds. der Mandant. **Kostenhilfe für das Vkh-Verfahren** gibt es **grundsätzlich nicht.** Ausnahmen bestehen für die Rechtsbeschwerde gegen Entscheidungen im Bewilligungsverfahren, weil sie nur durch einen beim BGH zugelassenen Anwalt eingelegt werden kann (BGH FamRZ 2013, 1214 u. FamRZ 2010, 1425 m. Anm. *Rüntz*), sowie für den Abschluss eines Vergleichs im Bewilligungsverfahren (s. Rdn. 29). Ein nachträglicher Verzicht auf im Vkh-Verfahren angefallene Gebühren ist nach § 49b Abs. 1 Satz 2 BRAO gestattet.

27 Eine **Kostenerstattung** findet weder im Erstverfahren (s. § 118 Abs. 1 Satz 4 ZPO; BT-Drucks. 16/6308, S. 213) noch im Abänderungs-, Aufhebungs- oder Rechtsmittelverfahren (s. § 127 Abs. 4 ZPO) statt, weshalb auch keine Kostenentscheidung ergeht. Nichts anderes gilt, wenn der Antrag auf Verfahrenskostenhilfe zurückgenommen wird (OLG Brandenburg FamRZ 2009, 1338; OLG Stuttgart FamRZ 2010, 316). Im Vergleichswege ausdrücklich übernommene Kosten können allerdings erstattet und auch in einem Kostenfestsetzungsverfahren tituliert werden (KG JurBüro 2008, 29).

28 **II. Teilweise Beiordnung.** Bei nur teilweise bewilligter Vkh umfasst auch die Beiordnung nur diesen Teil. Die in diesem Fall für die Tätigkeit im Bewilligungsverfahren vom Mandanten selbst zu tragende Gebühr errechnet sich aus der Differenz zwischen der Wahlanwaltsgebühr aus dem Gesamtwert und der Wahlanwaltsgebühr aus dem Teilwert (OLG Celle FamRZ 2011, 666). Dasselbe gilt, wenn der Anwalt beauftragt ist, den vollen Anspruch im Hauptverfahren geltend zu machen, in Bezug auf die für dieses angefallenen Gebühren (Gerold/Schmidt/*Müller-Rabe* VV 3335 Rn. 33 u. 69 ff. mit Beispielen). Aus der Staatskasse erhält der Anwalt in jedem Fall nur Gebühren nach der Vkh-Tabelle (s. Rdn. 20) aus dem Teilwert, für den Verfahrenskostenhilfe bewilligt wurde (OLG Düsseldorf MDR 2001, 57 u. JurBüro 2005, 321; OLG München FamRZ 1995, 750 m.w.N.).

29 **III. Beiordnung für Vergleiche. 1. Vergleich im Verfahrenskostenhilfeverfahren.** Wird im Vkh-Verfahren in einem Erörterungstermin ein Vergleich geschlossen, kann nach h.M. nur hierfür Vkh bewilligt und ein Anwalt beigeordnet werden und nicht für das gesamte Verfahren (BGH FamRZ 2004, 1708, OLG Karlsruhe FamRZ 2015, 1920 m.w.N.; a.A. OLG Koblenz 3. Familiensenat, FamRZ 2009, 1232; Zöller/*Geimer* § 118 Rn. 8 m.w.N.). Maßgeblich ist aber auch hier der Bewilligungsbeschluss (§ 48 Abs. 1 RVG): Wurde die Vkh unter Beiordnung eines Anwalts für das gesamte Vkh-Verfahren ohne Einschränkung bewilligt, sind ihm auch sämtliche im Verfahren und für die Einigung angefallenen Gebühren zu erstatten (OLG München FamRZ 2004, 965). Erfolgte die Bewilligung und Beiordnung allein für die Einigung und wird ausdrücklich auf alle mit der Herbeiführung der Einigung erforderlichen Tätigkeiten erstreckt, werden davon neben der Einigungsgebühr auch die Terminsgebühr und die ermäßigte Verfahrensgebühr nach Nr. 3337 VV RVG Anm. Nr. 2 erfasst (*Schneider* NZFam 2015, 451). Umstritten ist, welche Gebühren die Staatskasse dem Anwalt nach § 45 ff. RVG erstatten muss, wenn er ohne weitere Konkretisierung im Vkh-Beschluss nur für die Einigung oder den Abschluss des Vergleichs beigeordnet wird. Überwiegend billigt die obergerichtliche Rechtsprechung unter Berufung auf die Entscheidung des BGH vom 08.06.2004 (FamRZ 2004, 1708, s.o.) nur die Einigungsgebühr zu (OLG Celle FamRZ 2011, 835, OLG Bamberg FamRZ 2011, 1605 je m.w.N.). Andere erstatten zwar als notwendige »Betriebsgebühr« auch die ermäßigte (OLG München FamRZ 2008, 628) oder die volle Verfahrensgebühr (OLG Hamm FamRZ 2009, 145), i.d.R. aber nicht die Terminsgebühr (vgl. OLG Düsseldorf FamRZ 2009, 714), eher wird Vkh für das gesamte Verfahren bewilligt (s.o.). Richtiger Weise umfasst die Beiordnung (nur) für einen Vergleich sämtliche Gebühren, die für sein Zustandekommen im Gütertermin angefallen sind, mithin neben der Einigungsgebühr auch die ermäßigte Verfahrensgebühr und die Terminsgebühr. Entgegen der h.M. (s. OLG Karlsruhe FamRZ 2015, 1920 m.w.N.) lässt sich eine immanente Beschränkung auf die Einigungsgebühr nicht mit dem Ausnahmecharakter der Beiordnung für das Vkh-Verfahren rechtfertigen (s.a. Gerold/Schmidt/*Müller-Rabe* § 48 Rdn. 160 ff.). Der

BGH hat in seiner Grundsatzentscheidung vom 30.05.1984 (BGHZ 91, 311, 312 = FamRZ 1984, 997), auf die sich der BGH in der Eingangs genannten Entscheidung bezieht, allein die Bewilligung von Vkh für das Pkh-Prüfungsverfahren ausgeschlossen. Für dieses wird aber keine Vkh bewilligt, wenn sie nur die Einigung umfasst: Ein nach § 118 Abs. 1 Satz 3 ZPO anberaumter Termin dient nicht der Klärung der Bewilligungsvoraussetzungen. Er vielmehr ein in das Vkh-Bewilligungsverfahren eingebetteter (vorgezogener) Gütetermin zur Hauptsache (s. § 76 Rdn. 70), an dem, anders als im Prüfungsverfahren, sämtliche am Hauptsacheverfahren Beteiligte als Verhandlungspartner mitwirken (s.a. BGH FamRZ 2004, 1708). Wird in ihm eine Einigung erzielt, betrifft sie nicht die Vkh, sondern allein die dort nicht anhängige Hauptsache, auch wenn sich damit zugleich das Bewilligungsverfahren erledigt. Gebührenrechtlich handelt es sich wegen der Verschiedenheit der Gegenstände um einen sog. Mehrvergleich, zu dessen Kosten neben der Einigungsgebühr auch die für die Erörterung angefallene Verfahrens- und Terminsgebühr (als Kosten der Einigung, BGH FamRZ 2009, 40; s.a. Rdn. 29 f.) gehören. Ist der Anwalt ohne Einschränkung für die Einigung beigeordnet, hat er mithin auch einen Anspruch auf Erstattung dieser Gebühren aus der Staatskasse (§ 45 Abs. 1 RVG). Die Entscheidung des BGH vom 08.06.2004 (FamRZ 2004, 1708) steht dem schon deshalb nicht entgegen, weil sie allein die Bewilligung von Pkh (bzw. eine Rechtsbeschwerde nach § 127 Abs. 2 ZPO) betraf und er sich zum Vergütungsanspruch des nur für den Vergleich beigeordneten Anwalts gegen die Staatskasse nur in den nicht tragenden Gründen der Entscheidung geäußert hat. Sie ist auch durch die gewachsene Bedeutung der gütlichen Beilegung eines Konflikts durch die Gerichte (s. § 36 Rdn. 11) m.E. überholt. Der Gütetermin im Vkh-Verfahren bietet traditionell eine geeignete Plattform für eine frühe Einigung, die es verdient mehr genutzt zu werden. Das wird aber nur gelingen, wenn die unbemittelten Beteiligten nicht einen wesentlichen Teil der Einigungskosten selbst tragen müssen.

2. Vergleiche über nicht anhängige Gegenstände. (1) Gemäß § 48 Abs. 1 RVG bestimmt sich der Umfang der aus der Staatskasse zu erstattenden Gebühren nach dem Vkh- bzw. Beiordnungsbeschluss i.V.m. dem VV (s. Rdn. 18). Die Beiordnung für ein Verfahren umfasst auch die Gebühr für eine Einigung über die verfahrensgegenständlichen Angelegenheiten. Weitere Gebühren entstehen für die Einigung nicht. Werden jedoch andere, im Verfahren nicht anhängige Gegenstände mit verglichen (sog. **Mehrvergleich**), muss hierfür grundsätzlich gesondert Vkh und die Beiordnung beantragt und bewilligt werden. Eine Ausnahme besteht **in Ehe- bzw. Scheidungsverfahren**. Für diese erstreckt **§ 48 Abs. 3 RVG** die Beiordnung kraft Gesetzes auf Vereinbarungen über nicht anhängige Scheidungs- und bestimmte Trennungsfolgen, namentlich auf den gegenseitigen Unterhalt der Ehegatten, den Unterhalt ggü. den Kindern im Verhältnis der Ehegatten zueinander, die Sorge für die Person der gemeinschaftlichen minderjährigen Kinder, die Regelung des Umgangs mit einem Kind, die Rechtsverhältnisse an der Ehewohnung und den Haushaltsgegenständen sowie Ansprüche aus dem ehelichen Güterrecht (s. § 149 FamFG Rdn. 11 und zur Erstreckung auf den Versorgungsausgleich § 149 FamFG Rdn. 5). Welche der durch einen solchen Mehrvergleich ausgelösten Gebühren neben der Einigungsgebühr aus der Staatskasse zu erstatten sind, war lange Zeit ebenso umstritten wie für die Einigung im Vkh-Verfahren (s. OLG Frankfurt FamRZ 2013, 905; OLG Naumburg FamFR 2013, 542; Volpert RVGreport 2010, 455 je m.w.N.). Mit dem 2. KostRMoG hat der Gesetzgeber § 48 Abs. 3 Satz 1 RVG um den Zusatz ergänzt, dass die Erstreckung der Beiordnung für die Einigung »alle mit der Herbeiführung der Einigung erforderlichen Tätigkeiten« erfasst und damit klargestellt »dass im Falle eines Vertragsabschlusses alle in diesem Zusammenhang anfallenden Gebühren aus der Staatskasse zu erstatten sind« (BT-Drucks. 17/11471 [neu], S. 270). D.h. es sind sämtliche Gebühren zu vergüten, die allg. den Einigungskosten zugerechnet werden, bestehend aus der Einigungsgebühr, der Verfahrensdifferenzgebühr und, wenn die mitverglichenen Gegenstände im Termin erörtert wurden, auch eine Terminsdifferenzgebühr (s. BGH FamRZ 2009, 40; PWW/*Schneider* § 98 Rn. 7; Zöller/*Herget* § 98 Rn. 2, § 104 Rn. 21 »Prozessvergleich« und zu den Gebühren i.E. Rdn. 23).

(2) Es ist nicht davon auszugehen, dass der Gesetzgeber mit der Änderung des § 48 Abs. 3 RVG nur eine Sonderregelung für Vergütungsansprüche schaffen wollte, auf die sich die Beiordnung kraft Gesetzes erstreckt. Vielmehr spricht vieles dafür, dass es sich um eine Klarstellung allgemeiner Art handelt, die auch die Vergütungsansprüche für **andere Mehrvergleiche** betrifft, für die der Anwalt durch Beschluss beigeordnet wurde (s. OLG Celle 15. FamS, FamRZ 2014, 1878; OLG Köln 25. FamS, FamRZ 2014, 1875; OLG Zweibrücken FamRZ 2016, 254; OLG Stuttgart Beschl. v. 18.02.2016 – juris; *Schneider* NZFam 2015, 231; Gerold/Schmidt/*Müller-Rabe* § 48 Rdn. 169 ff.). Dafür spricht nicht nur die Übereinstimmung der für einen Mehrvergleich nach § 48 Abs. 3 RVG n.F. zu erstattenden Gebühren mit dem Begriff der Einigungskosten in der ZPO (s.o.), sondern vor allem die Begründung des Gesetzgebers für die Ergänzung des Abs. 3:

»Nur auf diese Weise erhalten Parteien mit geringem Einkommen die gleiche Möglichkeit, ihre Streitigkeiten möglichst umfangreich beizulegen, wie Parteien mit ausreichend hohem Einkommen« (BT-Drucks. 17/11471 [neu], S. 270). Sie trifft auf Beiordnungen kraft Gesetzes und im Beschlusswege gleichermaßen zu. Soweit die Gegenansicht (OLG Celle 10. FamS, AGS 2015, 236; mehrere Familiensenate OLG Dresden 22. FamS, FamRZ 2014, 1877; 23. FamS, FamRZ 2014, 1879; 19. FamS, FamRZ 2015, 1826; OLG Köln 12. FamS, FamRZ 2015, 1825; OLG Koblenz 14. Zivilsenat, FamRZ 2014, 1877; 1. FamS, FamRZ 2014, 1877 und differenzierend JurBüro 2015, 315 = FamRZ 2015, 437 LS, wonach bei einem engen Sachzusammenhang die Beiordnung für den Mehrvergleich auch die Differenzgebühren beinhalten kann) aus der Änderung des Abs. 3 den gegenteiligen Schluss zieht, kann dem nicht gefolgt werden. Dagegen spricht vor allem, dass dem Gesetzgeber sicherlich bekannt war, dass die Rspr. vor der Änderung keinen Unterschied zwischen den verschiedenen Formen der Beiordnung gemacht hat (s. z.B. OLG Frankfurt FamRZ 2013, 905; OLG Naumburg FamFR 2013, 542 = FamRZ 2014, 1939 LS; *Volpert* RVGreport 2010, 455 je m.w.N.). Bei dieser Sachlage hätte der Gesetzgeber, wenn er eine Übertragung der für § 48 Abs. 3 RVG aufgestellten Grundsätze auf die Beiordnung für einen Mehrvergleich für andere als die dort genannten Angelegenheiten oder in anderen als in Eheverfahren nicht gewollt hätte, dies zumindest in der Begründung ausdrücklich ausschließen müssen (s.a. *Keske* Anm. zu OLG Dresden NJW 2014, 2804).

Eine höchstrichterliche Entscheidung ist hierzu nicht zu erwarten, da § 56 RVG für die Beschwerde gegen die Festsetzung der Vergütung auf die Vorschriften für die Beschwerde gegen die Wertfestsetzung (§ 33 RVG) verweist, die eine Rechtsbeschwerde ausschließt. Für den Anwalt empfiehlt es sich, darauf hinzuwirken, dass das Gericht bereits im Bewilligungsbeschluss die Beiordnung auf sämtliche mit der Herbeiführung der Einigung erforderlichen Tätigkeiten erstreckt (s. Rdn. 29).

31 **IV. Vertretung mehrerer Beteiligter (Streitgenossen).** Vertritt ein Anwalt mehrere Verfahrensbeteiligte hinsichtlich desselben Gegenstands und ist er nur einem von ihnen beigeordnet, ist umstritten, in welcher Höhe der Anwalt einen Vergütungsanspruch gegen die Staatskasse hat. Nach BGH schuldet die Staatskasse nur den Mehrvertretungszuschlag nach RVG-VV 1008 (BGH NJW 1993, 1715; OLG Naumburg Rpfl 2004, 168). Teils wird der Vergütungsanspruch des beigeordneten Anwalts gegen die Staatskasse entsprechend der wertmäßigen Beteiligung der Mandanten bzw. Streitgenossen am Verfahrensgegenstand bzw. dem auf sie im Innenverhältnis entfallenden Anteil gequotelt (OLG Jena OLGR 2007, 163; OLG Köln NJW-RR 1999, 725; OLG München FamRZ 2011, 836 für den Fall, dass Ratenzahlungen angeordnet sind). Nach zutreffender Ansicht der Mehrzahl der Obergerichte besteht zumindest dann ein Anspruch gegen die Staatskasse auf die ungekürzten Gebühren (ohne Mehrvertretungszuschlag), wenn die Beiordnung keine anderslautende Beschränkung enthält (vgl. z.B. OLG Zweibrücken FamRZ 2009, 716 m.w.N.). Ein Anspruch des begünstigten Mandanten auf anteiligen Ausgleich der Anwaltskosten gegen den mithaftenden Streitgenossen wäre ggf. als Vermögen bei der Bedürftigkeit zu berücksichtigen (s. § 76 Rdn. 31).

32 **V. Aufhebung der Bewilligung.** Wird die Bewilligung der Verfahrenskostenhilfe **nach § 124 ZPO aufgehoben** (s. dazu § 76 Rdn. 91 ff.), entfällt die Vergütungssperre hinsichtlich der aus dem Mandatsverhältnis begründeten **Vergütungsansprüche gegen den Mandaten** und er kann von ihm die vollen Wahlanwaltsgebühren – abzüglich der aus der Staatskasse erhaltenen Beträge – verlangen und nach § 11 RVG festsetzen lassen (BGH FamRZ 2011, 463 Rn. 23; KG RVGreport 2011, 230; s.a. Zöller/*Geimer* § 124 Rn. 24 m.w.N.). Daneben behält der Anwalt wegen der bereits entstandenen Gebühren seine **Ansprüche gegen die Staatskasse** (OLG Köln FamRZ 2005, 2007 m.w.N.). Wird nur die Beiordnung aufgehoben, wirkt die Vergütungssperre gegenüber dem Mandanten fort und es verbleibt bei den Ansprüchen gegen die Staatskasse.

33 **VI. Anwaltswechsel.** Der einmal beigeordnete Anwalt kann nicht ohne Weiteres ausgewechselt werden. Das Gericht kann ihn auf seinen Antrag nur entpflichten, wenn ein **wichtiger Grund** gegeben ist (§ 48 Abs. 2 BRAO; s. dazu BGH FamRZ 2008, 982; RVGreport 2011, 37 und ausführlich Musielak/*Fischer* § 121 Rn. 26; zum Beschwerderecht in diesem Fall s.o. Rdn. 3). Hat der Mandant durch sachlich nicht gerechtfertigtes oder mutwilliges Verhalten die Entpflichtung verursacht, hat er keinen Anspruch auf Beiordnung eines anderen Anwalts (BGH NJW-RR 1992, 189). Das Gericht muss die Beiordnung rückwirkend v.A.w. aufheben, wenn der Anwalt, z.B. wegen Interessenkollision, den Begünstigten nicht vertreten durfte (BGH FamRZ 2013, 542). Auf Antrag des Bedürftigen kann auch ohne wichtigen Grund bei **Zustimmung aller Betroffenen** ein anderer Anwalt beigeordnet werden, wenn der Staatskasse dadurch keine weiteren Kosten entstehen (allg. Meinung; s. OLG Koblenz MDR 2015, 2077), z.B. wenn der neue Anwalt auf die bereits vom alten verdienten Gebühren verzichtet (OLG Naumburg OLG Report Ost 26/2013 Anm. 3; OLG Rostock FamRZ 2003, 1938) oder umgekehrt der alte auf die dem neuen Anwalt erwachsenen Gebühren (OLG Stuttgart FamRZ 2002, 1504). Wird anstelle des zunächst beigeordneten Anwalts ein anderer Anwalt »unter Ausschluss der bisher angefallenen Gebühren« beigeordnet, ist diese **Beschränkung der Beiordnung** nach herrschender Meinung nur dann wirksam, wenn sich der neue Anwalt damit einverstanden erklärt hat (OLG Hamm FamRZ 2005, 1263 m.w.N.). Ohne wirksame Beschränkung verliert der ursprünglich beigeordnete Anwalt wegen der bereits entstandenen Gebühren seinen Anspruch gegen die Staatskasse nicht (s.o. Rdn. 32).

VII. Beitreibungsrecht (§ 126 ZPO) 34

§ 126 ZPO Beitreibung der Rechtsanwaltskosten
(1) Die für die Partei bestellten Rechtsanwälte sind berechtigt, ihre Gebühren und Auslagen von dem in die Prozesskosten verurteilten Gegner im eigenen Namen beizutreiben.
(2) Eine Einrede aus der Person der Partei ist nicht zulässig. Der Gegner kann mit Kosten aufrechnen, die nach der in demselben Rechtsstreit über die Kosten erlassenen Entscheidung von der Partei zu erstatten sind.

Erwirbt der Mandant aufgrund gerichtlicher Kostenentscheidung wegen der Vergütungsansprüche seines 35
Anwalts **Erstattungsansprüche gegen andere Verfahrensbeteiligte**, können diese auch vom beigeordneten Anwalt im eigenen Namen verfolgt werden, und zwar auch wegen der Wahlanwaltsgebühren (BGH FamRZ 2013, 291 m.w.N.). Dieser Anspruch besteht neben dem Erstattungsanspruch des Mandanten (s. dazu BGH NJW 2009, 2962; Büttner/Wrobel-Sachs/Gottschalk/*Dürbeck* Rn. 654). Soweit die Staatskasse Zahlungen an den Anwalt erbracht hat, geht auch dieser Anspruch gem. § 59 Abs. 1 RVG auf sie über. Anders als die Staatskasse wegen der Gerichtskosten (s. § 125 ZPO und hierzu § 76 Rdn. 31 f.) kann der Anwalt seinen Vergütungsanspruch auch aus einer noch nicht rechtskräftigen Kostengrundentscheidung festsetzen lassen. Wird diese später zu Ungunsten des Mandanten abgeändert, hat der Gegner einen Anspruch auf Rückfestsetzung der überzahlten Kosten (BGH FamRZ 2013, 291; OLG München FamRZ 2013, 721).

Macht der Anwalt den Erstattungsanspruch im eigenen Namen geltend, beschränkt § 126 Abs. 2 ZPO die 36
Einrederechte des Gegners aus der Person der Begünstigten auf die Aufrechnung mit eigenen Kostenerstattungsansprüchen aus demselben Verfahren (vgl. BGH NJW 1994, 3292). Insbes. kann er dem Anwalt weder einen Anspruch auf Kostenerstattung aus einem anderen Verfahren entgegensetzen (BGH FamRZ 2006, 190), noch dass er die Kosten bereits an den Begünstigten bezahlt habe, sie ihm erlassen wurden oder dass er ggü. dem Begünstigten (oder dieser ihm ggü.) aufgerechnet habe, solange der Anwalt sein Beitreibungsrecht noch ausüben kann (BGH FamRZ 2007, 710; OLG Braunschweig JurBüro 2015, 150). Anders ist es nur bei Abreden zwischen dem Begünstigten und dem Erstattungspflichtigen, die dazu führen, dass ein Kostenerstattungsanspruch erst gar nicht entsteht (BGH FamRZ 2007, 123), und bei Einreden aus dem Anwaltsvertrag, sofern der Sachverhalt unstreitig ist (vgl. Zöller/*Geimer* § 126 Rn. 20).

Soweit der Erstattungsanspruch auf die Staatskasse übergegangen ist (s. Rdn. 35), darf der **Übergang** nicht 37
zum Nachteil des Anwalts geltend gemacht werden (§ 59 Abs. 1 Satz 2 RVG). Damit wird dem Vergütungsanspruch des Anwalts wegen der ihm verbliebenen Vergütungsansprüche praktisch ein Quotenvorrecht eingeräumt (s. *Groß* FPR 2002, 513 und Gerold/Schmidt/*Müller-Rabe* § 59 Rn. 24 ff. mit Beispielrechnung).

§ 79 *(entfallen)*

Abschnitt 7. Kosten
Vorbem. zu §§ 80–85

1 Der nachfolgende Abschnitt enthält, ähnlich wie die ZPO in den §§ 91 bis 107 unter dem Titel Prozesskosten, **allg. Grundsätze** der Kostenentscheidung und zum Umfang der Kostenpflicht sowie Regelungen über den Kostenausgleich für die Verfahren der freiwilligen Gerichtsbarkeit einschließlich der selbstständigen Familiensachen, die nicht Ehesachen (§ 121) oder Familienstreitsachen (§ 112) sind. Auf Letztere sowie auf sämtliche Folgesachen im Scheidungsverbund sind kraft Verweisung (§ 113 Abs. 1) weiterhin die Kostenregeln der ZPO anzuwenden, soweit nicht im 2. Buch des FamFG Sonderregelungen vorgesehen sind. Entsprechende Sonderregelungen enthalten z.T. auch die speziellen Verfahrensvorschriften der nachfolgenden Bücher für die anderen Angelegenheiten der freiwilligen Gerichtsbarkeit.

2 Anders als vormals in § 13a FGG beschränken sich die sehr viel ausführlicheren allgemeinen Regeln zur **Kostengrundentscheidung** im FamFG nicht auf die Erstattung außergerichtlicher Kosten der Verfahrensbeteiligten, sondern sie geben dem Gericht generell auch die Möglichkeit, Verfahrensbeteiligte unabhängig von ihrer Haftung nach den Kostengesetzen (s.u. Rdn. 4) mit gerichtlichen Kosten zu belasten, sie davon freizustellen oder sie zwischen mehreren Verfahrensbeteiligten zu verteilen. Wenn eine Kostenentscheidung getroffen wird, ist sowohl über die Tragung der gerichtlichen Kosten als auch der außergerichtlichen Kosten der Verfahrensbeteiligten zu entscheiden (§ 80). Zugleich wird die Entscheidung über die Kosten des Verfahrens in stärkerem Umfang als im FGG zur Pflichtaufgabe des Gerichts erhoben. In Familiensachen ist sie zwingend, in den übrigen Verfahren ist sie weitgehend in das Ermessen des Gerichts gestellt. Auch bei der Kostenverteilung räumt das FamFG im Gegensatz zur ZPO dem Gericht ein weites Ermessen ein und sieht ausdrücklich die Möglichkeit vor, sie abweichend vom Ausgang eines Verfahrens und unter Würdigung des Verfahrensverhaltens der Beteiligten zu verteilen. Um den Beteiligten die Überprüfung dieses weitreichenden Ermessens zu eröffnen, wurde das in § 20a FGG enthaltene Verbot der isolierten Anfechtung einer Kostenentscheidung nicht in das FamFG übernommen (BT-Drucks. 16/6308 S. 158). Die Konkretisierung und Titulierung der Kostengrundentscheidung erfolgt im Kostenfestsetzungsverfahren, wozu § 85 auf die §§ 103 ff. der ZPO verweist.

3 Welche Kosten i.E. anfallen, bestimmen die **Kostengesetze**: Die gerichtlichen Gebühren und Auslagen regeln das FamGKG für die Verfahren in Familiensachen und seit 01.08.2013 das die KostO ablösende GNotKG für die anderen Verfahren der freiwilligen Gerichtsbarkeit, sowie das RVG für die anwaltliche Vergütung. Sie regeln auch jeweils deren Festsetzung und die Rechtsbehelfe dagegen eigenständig und unabhängig vom FamFG oder sonstigen Verfahrensordnungen. Während die Kosten für Familiensachen durch Art. 2 des FGG-RG im neuen FamGKG unter Einschluss der selbstständigen FG-Familiensachen und abgestimmt auf das neue Familienverfahrensrecht zum 01.09.2009 novelliert wurden, wurde die KostO erst mit dem am 01.08.2013 in Kraft getretenen 2. KostRMoG (Art. 1, BGBl. I 2012, S. 2586) durch das »Gesetz über die Kosten der freiwilligen Gerichtsbarkeit für Gerichte und Notare (Gerichts- und Notarkostengesetz – GNotKG)« ersetzt und modernisiert. Im Zuge dieser zweiten Kostenrechtsmodernisierung wurden sowohl die Gebühren in den gerichtlichen Kostengesetzen als auch die anwaltlichen Gebühren angehoben. Außerdem wurden in den vorgenannten Gesetzen neben Anpassungen an das neue GNotKG einzelne strukturelle Änderungen und Korrekturen vorgenommen. Eine besondere **Übergangsregelung** ist nur für die Anwendung des GNotKG (§ 136 Abs. 1 GNotKG) normiert, während sich die Anwendung der das FamGKG und das RVG betreffenden Änderungen nach den Dauerübergangsregelungen in § 63 FamGKG und § 60 RVG richten. Nach sämtlichen Übergangsbestimmungen wirken sich die neuen Vorschriften erst auf nach ihrem Inkrafttreten eingeleitete Erst- oder Rechtsmittelverfahren bzw. auf hierfür erteilte Aufträge aus.

4 Die Gerichtskostengesetze regeln auch, welcher Verfahrensbeteiligte für den Ausgleich der gerichtlichen Kosten ggü. der Staatskasse haftet. Diese **Haftung ggü. der Staatskasse** wird zwar durch eine gerichtliche Kostenentscheidung beeinflusst, besteht aber eigenständig und weitgehend unabhängig von ihr. Sie berechtigt die Staatskasse, ihre Gebühren und Auslagen u.U. von einem Verfahrensbeteiligten im Verwaltungsweg zu erheben, dem in der gerichtlichen Kostenentscheidung keine Gerichtskosten auferlegt wurden oder wenn keine Kostenentscheidung ergangen ist.

Abschnitt 7. Kosten § 80

§ 80 Umfang der Kostenpflicht.
¹Kosten sind die Gerichtskosten (Gebühren und Auslagen) und die zur Durchführung des Verfahrens notwendigen Aufwendungen der Beteiligten. ²§ 91 Abs. 1 Satz 2 der Zivilprozessordnung gilt entsprechend.

Übersicht

	Rdn.		Rdn.
A. Regelungsgehalt	1	V. Kostenschuldner	41
B. Gerichtskosten	3	1. Allgemeines	41
I. Allgemeines	3	2. Haftungsgrundlagen	42
II. Gebühren nach dem FamGKG	6	3. Haftungsbeschränkungen	44
III. Gebühren nach dem GNotKG	11	C. Außergerichtliche Kosten	48
1. Systematik	11	I. Notwendige Aufwendungen der Beteiligten	48
2. Einzelheiten	14	1. Begriff	48
a) Betreuungs- und betreuungsrechtliche Zuweisungssachen	14	2. Notwendigkeit der Anwaltskosten	49
b) Unterbringungssachen	21	a) Erfordernis anwaltlicher Vertretung	50
c) Freiheitsentziehungssachen	22	b) Beauftragung mehrerer Anwälte, Reisekosten	51
d) Nachlasssachen	23	II. Anwaltsvergütung (Überblick)	52
e) Registersachen und unternehmensrechtliche Verfahren	27	1. Allgemeines	52
aa) Registersachen	27	2. Gebühren	54
bb) Unternehmensrechtliche Verfahren	31	a) Wertgebühren in Hauptsache- und EA-Verfahren:	55
cc) Zwangs- und Ordnungsgeldverfahren	32	b) Sonstige Verfahren	60
f) Einstweilige Anordnung	33	c) Verkehrsanwalt, Terminsvertreter	62
g) Sonstige Verfahren	34	3. Auslagen	65
h) Beschwerdeverfahren	37	III. Sonstige Aufwendungen des Beteiligten	71
IV. Auslagen	38	D. Wertgebührentabelle	75

A. Regelungsgehalt. Die Vorschrift legt in Anlehnung an § 162 Abs. 1 VwGO u § 91 Abs. 1 ZPO Art und 1
Umfang der Kosten fest, deren Verteilung das Gericht in einer Kostenentscheidung (§ 81) oder die Verfahrensbeteiligten in einem Vergleich geregelt haben, und schafft gleichzeitig die Grundlage für die Kostenfestsetzung nach § 85 i.V.m. §§ 103 ff. ZPO. Zu den Kosten gehören einmal die Gerichtskosten, die sich aus den Gebühren und den Auslagen zusammensetzen (Legaldefinition), und zum anderen die notwendigen Aufwendungen der Verfahrensbeteiligten, die ihnen zur Durchführung des Verfahrens und zur Mitwirkung an ihm erwachsen. Soweit in der Kostenentscheidung die Erstattung von Aufwendungen der Verfahrensbeteiligten ohne nähere Spezifikation angeordnet wird, bezieht sich dies von vornherein nur auf die notwendigen (BGH NJW 2007, 2257 Rn. 11), über deren Erstattungsfähigkeit erst im Kostenfestsetzungsverfahren zu befinden ist (s. § 85 Rdn. 5 ff.). § 80 gilt wie die nachfolgenden Vorschriften dieses Abschnitts nicht für Ehe- und Familienstreitsachen, für die gem. § 113 Abs. 1 § 91 ZPO direkt anzuwenden ist.
Der Verweis auf § 91 Abs. 1 Satz 2 ZPO in **Satz 2** stellt klar, dass die Kostenerstattung auch eine Entschädigung für Zeitversäumnisse umfasst, die einem Verfahrensbeteiligten durch notwendige Reisen oder Wahrnehmung von Terminen entstehen, und dass sich die Entschädigung nach den für die Entschädigung von Zeugen geltenden Grundsätzen des JVEG richtet. 2

B. Gerichtskosten. I. Allgemeines. Die **gerichtlichen Kosten** für die im FamFG geregelten Verfahren ergeben sich aus unterschiedlichen Kostengesetzen: Für sämtliche Familiensachen (§ 111) sind die Gebühren und Auslagen nach dem FamGKG zu erheben und in den übrigen Angelegenheiten der freiwilligen Gerichtsbarkeit seit 01.08.2013 nach dem GNotKG, die die bis dahin geltende KostO abgelöst hat (s. Vorbem. §§ 80 bis 85 Rdn. 3). Ausgenommen sind die Vollstreckungshandlungen durch das Vollstreckungs- oder Arrestgericht sowie das Mahnverfahren, für die Kosten nach dem allgemeinen GKG erhoben werden. Welche Kosten erhoben werden, ergibt sich aus dem GNotKG und dem FamGKG jeweils als Anlage angefügten Kostenverzeichnis (KV). Es dürfen jeweils nur die dort aufgeführten Gebühren und Auslagen und nur von den im Gesetz genannten Schuldnern verlangt werden. Soweit in den Kostenverzeichnissen für Leistungen oder Verfahren keine Gebühren oder Auslagen bestimmt sind, dürfen sie auch nicht im Wege der analogen 3

Keske

§ 80 Buch 1. Allgemeiner Teil

Heranziehung anderer Gebührenvorschriften erhoben werden (BVerfG NJW 1996, 3146; BGH NJW-RR 2007, 1148).

4 Für jede Instanz fällt i.d.R. nur eine Gebühr für das gesamte Verfahren an (**pauschale Verfahrensgebühr**), die sich bei Beendigung des Verfahrens ohne gerichtliche Entscheidung (bei Vergleich, Rücknahme des Antrags oder Rechtsmittels) und u.U. auch durch ein Anerkenntnis oder einen Rechtsmittelverzicht ermäßigen kann. Sie wird selten als Festgebühr (Betrag in Euro) erhoben, sondern zumeist als **Wertgebühr**, die nach Wert der Verfahrensgegenstände variiert. Jedem Verfahrenswert ist nach den § 28 FamFG bzw. § 34 GNotKG eine bestimmte Grundgebühr zugeordnet (s. Auszug aus den Tabellen in Rdn. 75).und jedem Gebührentatbestand im Kostenverzeichnis ein bestimmter Gebührensatz, mit dem diese Grundgebühr vervielfältigt wird Die eigentliche Verfahrensgebühr ergibt sich erst aus der Multiplikation der Grundgebühr mit dem im Kostenverzeichnis als Dezimalzahl angegebenen Gebührensatz, der im allgemeinen Sprachgebrauch vereinfacht ebenfalls als »Verfahrensgebühr« bezeichnet wird. Zur Ermittlung des Verfahrenswerts enthalten das FamFG und das GNotKG jeweils unterschiedliche Regeln.

5 Die gerichtlichen Kosten werden im Verwaltungsweg festgesetzt (**Kostenansatz**) und nach der JBeitrO eingezogen. Die **Rechtsbehelfe** gegen die Festsetzung (Erinnerung und Beschwerde) sind eigenständig und weitgehend inhaltsgleich in §§ 81 ff. GNotKG und in §§ 57 ff. FamGKG (s. § 57 FamGKG Rdn. 1) geregelt. Nur mit der Erinnerung bzw. der Kostenbeschwerde kann auch die Rechtmäßigkeit des Ansatzes von Auslagen, z.B. für Sachverständige, geprüft werden. Soweit ein Verfahrensbeteiligter Kosten gezahlt hat, die nach einer gerichtlichen Entscheidung oder kraft Gesetzes letztlich ein anderer schuldet, kann er sie gegen diesen nach § 85 FamFG i.V.m. §§ 103 ff. ZPO festsetzen lassen (s. § 85 Rdn. 9 ff.).

6 **II. Gebühren nach dem FamGKG.** Das FamGKG sieht für Hauptsacheverfahren in allen Instanzen eine **pauschale Verfahrensgebühr** Wertgebühr vor, die sich bei Beendigung des Verfahrens ohne gerichtliche Entscheidung (bei Vergleich, Rücknahme des Antrags oder Rechtsmittels), uU auch durch ein Anerkenntnis oder einen Rechtsmittelverzicht ermäßigen kann. Die konkrete Gebühr richtet sich einerseits nach dem Verfahrenswert, s. §§ 35 ff. FamGKG und zur Beschwerde gegen die Wertfestsetzung § 59 FamGKG Rdn. 2 ff.) und der ihm nach § 28 FamGKG zugeordneten Grundgebühr (s. Tabelle in Anlage 2 zum FamGKG und den Auszug in Rdn. 75). und andererseits nach dem Gebührensatz, den das Kostenverzeichnis zum FamGKG (Anlage 1) den einzelnen Verfahren in unterschiedlicher Höhe zuordnet (**Wertgebühr**, s.o. Rdn. 4). Zur Vereinfachung sind für nicht wenige Verfahrens feste Werte bestimmt (s. § 3 FamGKG Rdn. 9), die nur herauf- oder herabgesetzt werden können, wenn sie im Einzelfall zu unbilligen Kosten führen. Die allgemeine Verfahrensgebühr beläuft sich in erster Instanz für isolierte Familienstreitsachen auf das Dreifache und für Ehe- und Scheidungsverbundverfahren sowie für isolierte FG-Familiensachen auf das Zweifache der Grundgebühr, ausgenommen sind Verfahren in isolierten Kindschaftssachen, für die nur eine halbe Grundgebühr erhoben werden (s. dazu die Übersicht in § 3 FamGKG Rdn. 11).

7 **Gebührenfrei** sind Verfahren zur Adoption Minderjähriger sowie die in § 151 Nr. 6 – 8 aufgeführten Kindschaftsverfahren. Für die nicht wegen einer psychischen Erkrankung erfolgende und damit nicht unter Nr. 7 fallende öffentlich-rechtliche Unterbringung eines Minderjährigen, deren Verfahren jetzt in §§ 415 ff. FamFG (Freiheitsentziehungssachen) geregelt ist, werden Kosten nach dem GNotKG erhoben (s. Rdn. 22). Vermittlungsverfahren sind ebenfalls gebührenfrei (str, s. dazu § 3 FamGKG Rdn. 18). Zur persönlichen Befreiung Minderjähriger von Gebühren s.u. Rdn. 47.

8 Sonderregelungen bestehen für **Vormundschaften und Pflegschaften:** Für die Einrichtung und Überwachung von Vormundschaften und Dauerpflegschaften werden in erster Instanz Jahresgebühren erhoben, und zwar für jeden betroffenen Minderjährigen gesondert. Die Gebühr beträgt mindestens 50 € und orientiert sich ansonsten am um Freigrenzen und Verbindlichkeiten bereinigten Vermögen des Minderjährigen (s. § 3 FamGKG Rdn. 7); bei einer nicht das Vermögen betreffenden Dauerpflegschaft ist sie auf 200 € begrenzt. Ist eine Pflegschaft nur **für einzelne Rechtshandlungen** einzurichten (Ergänzungspflegschaft), wird für das Verfahren in erster Instanz eine 0,5 Verfahrensgebühr aus dem Wert des Gegenstands, auf den sich die Rechtshandlung bezieht, erhoben. In den Rechtsmittelzügen gelten für sämtliche Vormundschafts- und Pflegschaftssachen die allgemeinen Verfahrensgebühren in Kindschaftssachen (s. § 3 Rdn. 9). Der Verfahrenswert für Vormundschaften und Dauerpflegschaften ist in diesem Fall nach § 42 FamGKG zu bestimmen. Die Gebühren für die Einrichtung der Vormundschaft und Pflegschaft gelten auch Gebühren für sonstige Kindschaftsverfahren ab, die zur Aufgabenerfüllung gehören, wie z.B. Genehmigungsverfahren. Für eine **Umgangspflegschaft** werden neben der Gebühr für das Verfahren, in dem sie eingerichtet wird, keine gesonderten Gebühren erhoben. Die an den Umgangspfleger gem. § 1684 Abs. 3 BGB i.V.m. § 277

aus der Staatskasse zu leistende Vergütung oder Aufwandsentschädigung gehört aber ebenso wie die des Verfahrensbeistands oder eines vom Gericht nach § 9 Abs. 5 bestellten besonderen Vertreters zu den gerichtlichen Auslagen des Umgangsverfahrens (s.u. Rdn. 39).

Für die selbstständigen **einstweiligen Anordnungsverfahren** (§§ 49 ff.) werden, sofern sie nicht in den Rahmen einer Vormundschaft oder Dauerpflegschaft fallen, und unabhängig davon, ob sie nur auf Antrag oder von Amts wegen eingeleitet werden können, ebenfalls pauschale Verfahrensgebühren in geringerer Höhe als im Hauptsacheverfahren erhoben (s. dazu die Übersicht in § 3 FamGKG Rdn. 22). Verfahren auf Aufhebung und Abänderung einer EA sind gebührenfrei. 9

Für **sonstige Verfahren**, insb. Vollstreckungsverfahren und Verfahren mit unmittelbarem Auslandsbezug sind **Festgebühren**, teilweise nur für die Vornahme einer Maßnahme, vorgesehen. Dasselbe gilt für Rechtsmittelverfahren über Neben- und Zwischenentscheidungen und Ähnliches (s.a. § 3 FamGKG Rdn. 26 ff.). Zu weiteren Einzelheiten vgl. den Überblick über die Verfahrenskosten in Familiensachen in § 3 FamGKG Rdn. 6 ff. 10

III. Gebühren nach dem GNotKG. 1. Systematik. Für die nicht im Buch 2 des FamFG geregelten Verfahren richten sich die gerichtlichen Kosten für ab Inkrafttreten des 2. KostRMoG am 01.08.2013 neu eingeleitete Erst- und Rechtsmittelverfahren nach dem GNotKG (s. Vorbem. zu §§ 80 bis 85 Rdn. 3); für damals bereits anhängige Verfahren galt bzw. gilt bis zum rechtkräftigen Abschluss der Instanz weiterhin die KostO (s. dazu die 3. Auflage). Das GNotKG hat die Systematik des GKG und des FamGKG übernommen. Danach sind die Gebühren bzw. Gebührensätze und Auslagen in einem dem Gesetz als Anlage 1 beigefügten Kostenverzeichnis (KV) für einzelne Tätigkeiten und Verfahren, getrennt für Gerichte und Notare, im Einzelnen aufgelistet; während im Vorschriftenteil allgemeine Grundsätze der Gebührenerhebung, die Haftung für die Kosten, die Rechtsbehelfe sowie die Geschäftswert- und Bewertungsvorschriften geregelt sind (s. *Schwarz* FGPrax 2013, 1). Für die gerichtliche Tätigkeit werden i.d.R. **Wertgebühren** nach dem gleichen System wie im FamGKG (s.o. Rdn. 4) erhoben (§ 3 GNotKG), und zwar i.d.R. nach einer mit dem GKG und FamGKG identischen Gebührentabelle (Gebührentabelle A, s. Auszug Rdn. 75). Geringere Grundgebühren (nach Gebührentabelle B, s. § 34 GNotKG) sind insb. für die Notargebühren vorgesehen sowie in Erbscheinverfahren, in Grundbuch- und bestimmten Registersachen, in denen die Geschäftswerte regelmäßig überdurchschnittlich hoch sind (Schiffs- und Schiffsbauregistersachen, Register für Pfandrechte an Luftfahrzeugen). Daneben gilt für Eintragungen in das Handels-, Partnerschafts- und Genossenschaftsregister weiterhin die HRegGebVO mit **Festgebühren** (§ 58 GNotKG). Festgebühren werden auch im Kostenverzeichnis zum GNotKG immer dann erhoben, wenn der Aufwand der Wertermittlung zu ihrem Zweck (Gebührenberechnung) in keinem angemessenen Verhältnis steht. Sie fallen wie im KV FamGKG insb. in Verfahren für Beschwerden und Rechtsbeschwerden in Registersachen und für Rechtsmittel, die nicht den Hauptgegenstand betreffen, wie die Beschwerde gegen die Kostengrundentscheidung, an (vgl. KV GNotKG Nr. 19116 ff.; s.a. Nr. 1910–1930 KV FamGKG Rdn. 1 ff.). 11

Die Vorgaben für die **Wertermittlung** sind anders als im FamGKG und vormals in der KostO strukturiert (s.a. *Schwarz* FGPrax 2013, 1, 3; *Keske* FuR 2013, 633). Zum einen trennt das GNotKG ausdrücklich zwischen Geschäftswert- und Bewertungsvorschriften. – Letztere sprechen regelmäßig vom »Wert«, während Geschäftswertvorschriften ausdrücklich den Begriff »Geschäftswert« verwenden. – Zum anderen gibt es Vorgaben, die für Gerichte und Notare gleichermaßen gelten und solche die nur für Gerichte (Kapitel 2 Abschnitt 2) oder nur für notarielle Geschäfte (Kapitel 3 Abschnitt 4) gelten. Die gemeinsamen Vorschriften sind vorweg in Kapitel 1 Abschnitt 7 zusammengefasst und enthalten insb. sämtliche Bewertungsvorschriften für Sachen und Rechte, die für die Bestimmung der gesondert geregelten Geschäfts- oder Verfahrenswerte heranzuziehen sind. Auf sie wird vielfach auch in anderen Kostengesetzen verwiesen, z.B. in § 23 RVG und § 36 FamGKG (s. zu Einzelheiten. § 36 FamGKG Rdn. 6 ff.). Das GNotKG unterscheidet zwischen allgemeinen Wertvorschriften sowie Geschäftswert- und Bewertungsvorschriften. Die **Geschäftswertvorschrift** legt fest, was als Geschäfts- oder Verfahrenswert bei der Ermittlung einer Gebühr zugrunde zu legen ist, z.B. im Erbscheinverfahren der Wert des Nachlasses abzüglich der vom Erblasser herrührenden Ver- *bindlichkeiten* (§ 40 GNotKG); **Bewertungsvorschriften** legen fest, wie Sachen und Rechte zu bewerten sind, die einzeln oder als Gesamtheit, ganz oder teilweise den Gegenstand des Geschäfts bilden, z.B. den Nachlass (s. *Korintenberg/Reiman* Einführung zum GNotKG Rn. 56 ff.). Gibt es für den Einzelfall keine besondere Geschäftswertvorschrift, gilt die allgemeine Geschäftswertvorschrift des § 36 GNotKG, die ihrer Funktion und Bedeutung nach dem § 3 ZPO entspricht und dem § 42 FamGKG nachgebildet ist. Nach ihr ist der Geschäftswert, wenn er auch sonst nicht feststeht, nach den Umständen des Einzelfalls nach billigem 12

§ 80 Buch 1. Allgemeiner Teil

Ermessen zu bestimmen und hilfsweise von 5.000 € auszugehen (s. dazu § 42 FamGKG Rdn. 1 ff.). Wie nach dem FamGKG werden die Werte mehrerer zusammen erledigter Gegenstände zusammengerechnet (§ 35 Abs. 1 GNotKG). Dagegen verbleibt es auch nach dem GNotKG dabei, dass Verbindlichkeiten bei Ermittlung des Geschäftswerts im Allgemeinen nicht wertmindernd berücksichtigt werden (**Schuldenabzugsverbot**, vgl. Korintenberg/*Bormann* GNotKG § 38 Rn. 1 ff. auch zu den Ausnahmen und zur Bewertung der Verbindlichkeit). Ausnahmen bestehen für Eheverträge (s. § 100 GNotKG) und bestimmte erbrechtliche Angelegenheiten (vgl. §§ 40, 102, 103 GNotKG), wobei ausgenommen bei §§ 40 und 103 GNotKG die Verbindlichkeiten anders als nach der KostO nur noch bis zur Hälfte des Aktivvermögens abgezogen werden. Zum Schuldenabzug bei der Bewertung von Kapitalgesellschaften und Kommanditbeteiligungen vgl. § 54 GNotKG (s. i.E. Korintenberg/*Bormann* GNotKG § 38 Rn. 10 ff.).

13 Anders als nach der KostO, welche die Gebühren i.d.R. nur für die Vornahme eines Geschäfts bestimmt hat, sieht das KV GNotKG für jedes gerichtliche Verfahren wie im GKG und FamGKG i.d.R. eine **pauschale Verfahrensgebühr** mit Ermäßigungstatbeständen, z.B. für den Fall der Antragsrücknahme oder einer gütlichen Einigung, vor. Für Eintragungen und Löschungen verbleibt es in bestimmte Registersachen dagegen bei der Vornahmegebühr (s.u. Rdn. 27). Die Verfahrensgebühren bzw. Gebührensätze unterscheiden sich nach dem Gegenstand der Angelegenheit und werden wie im FamGKG auch in **Rechtsmittelverfahren** erhoben, wenn sich eine Beschwerde- oder Rechtsbeschwerde gegen eine Entscheidung über den Hauptgegenstand richtet (s. dazu Rdn. 37). Nicht im Kostenverzeichnis aufgelistete Geschäfte sind gebührenfrei. Hierzu zählten nach der KostO auch die selbstständigen **EA-Verfahren** (Keidel/*Giers* 17. Aufl. § 55 Rn. 15). Für sie fallen nunmehr, wenn für die Hauptsache Wertgebühren erhoben werden, ebenfalls Wertgebühren an (s. Rdn. 33). Die Gebühren werden wie für FG-Familiensachen erst mit dem kostenrechtlichen Abschluss des Verfahrens fällig (§ 9 GNotKG, s.a. §§ 9 bis 11 FamGKG Rdn. 19 f.). Bei den zahlenmäßig weit überwiegenden Geschäften, die nur auf Antrag vorzunehmen sind, kann die gerichtliche Tätigkeit in gleicher Weise wie im FamGKG von der **Vorauszahlung** der Gebühr (§§ 13 ff. GNotKG; s. dazu §§ 12 bis 17 FamGKG Rdn. 10 und 12 ff.) abhängig gemacht werden.

14 **2. Einzelheiten. a) Betreuungs- und betreuungsrechtliche Zuweisungssachen.** Für Betreuungs- und betreuungsrechtliche Zuweisungssachen (§ 271 u. § 340) ergeben sich die Gebühren aus Nr. 11100 ff. KV GNotKG:
(1) Für die **Bestellung eines Betreuers,** die sich nicht auf einzelne Rechtshandlungen beschränkt (Dauerbetreuung), wird eine Jahresgebühr erhoben, die sich an dem Vermögen des Betreuten orientiert: Sie beträgt 10 € je (angefangene) 5.000 € des Vermögens, soweit es den nachstehenden **Freibetrag** übersteigt mindestens aber 50 € (Nr. 11101 KV GNotKG). Für die Gebühr wird das Vermögen des Betroffenen nur berücksichtigt, soweit es nach Abzug der Verbindlichkeiten (Reinvermögen) mehr als 25.000 € beträgt; ein Familienheim i.S.d. § 90 Abs. 2 Nr. 8 SGB XII wird nicht mitgerechnet (zur Berechnung i.E. s. Korintenberg/*Fackelmann* KV Vorb. 1.1 Rn. 10 ff. und Nr. 1310–1319 KV FamGKG Rdn. 11 ff. zur inhaltsgleiche Regelung für Vormundschaften). Ist Gegenstand der Betreuung ein Teil des Vermögens, ist höchstens dieser Teil des Vermögens zu berücksichtigen. Erfasst der Aufgabenkreis nicht unmittelbar das Vermögen, entsteht eine Jahresgebühr von 300 € (Nr. 11102 KV GNotKG), es sei denn, die aus dem Vermögen berechnete Gebühr ist geringer. Die gleichen Jahresgebühren werden auch für die Bestellung eines vorläufigen Betreuers nach § 300 FamFG erhoben (vgl. Vorbem. 1.1.1 in der seit 19.12.2014 geänderten Fassung). Geht eine **vorläufige Betreuung** in eine endgültige über, handelt es sich um ein Verfahren, so dass die Jahresgebühr fortgeschrieben wird, auch wenn ein Wechsel in der Person des Betreuers stattfindet (*H. Schneider* FamRB 2015, 78, auch zum Übergangsrecht).
(2) Bei einer Pflegschaft nach § 340 Abs. 1, die nicht auf einzelne Rechtshandlungen beschränkt ist (**Dauerpflegschaft**), wird ebenfalls eine Jahresgebühr nach dem gleichen Schema erhoben wie bei der Betreuung. Davon abweichend, ist das gesamten Reinvermögen, (Aktiva nach Abzug der Verbindlichkeiten) maßgeblich, ohne Berücksichtigung eines Freibetrags (Nr. 11104 KV GNotKG). Erstreckt sich die Pflegschaft auf mehrere Betroffene, fällt die Gebühr für jeden Betroffenen gesondert an. Anders als bei der Betreuung wurde die **vorläufige Einrichtung** einer Pflegschaft nicht in den Geltungsbereich der Nr. 11104 KV einbezogen. Sie bleibt daher weiterhin gebührenfrei, da sie auch nicht unter die Gebührenregelung für einstweilige Anordnungen fällt (s. Rdn. 33).

15 Wird ein Verfahren auf Einrichtung einer **Betreuung oder Pflegschaft** nur **für einzelne Rechtshandlungen** eingerichtet, wird eine Verfahrensgebühr von 0,5 aus dem Wert des Gegenstands erhoben, auf den sich die Rechtshandlung bezieht, höchstens aber die für eine Dauerbetreuung oder -pflegschaft anfallende Gebühr

(Nr. 11103, 11105 KV GNotKG). Erstreckt sich die Pflegschaft auf mehrere Betroffene, errechnet sich die Höchstgebühr aus der Summe der Gebühren nach Nr. 11104 KV GNotKG für jeden Betroffenen. Dieselbe Gebühr wird auch für eine vorläufige Betreuung für einzelne Rechtshandlungen erhoben, Insoweit gilt dasselbe wie für die Dauerbetreuung (s.o.).

Neben den Gebühren, die für die Einrichtung einer Betreuung oder Pflegschaft anfallen, werden Gebühren für sonstige Verfahren vor dem Betreuungsgericht, die in den Rahmen einer bestehenden Betreuung oder Pflegschaft fallen, wie z.B. Genehmigungsverfahren oder die Bestellung eines Ergänzungsbetreuers oder -pflegers, nicht erhoben (vgl. Anm. zu Nr. 11100 KV GNotKG). In allen **anderen Verfahren** fällt schon in erster Instanz eine allgemeine Verfahrensgebühr mit einem Gebührensatz von 0,5 an (Nr. 11100 KV GNotKG); und zwar auch wenn ein auf die Einrichtung einer Betreuung oder -pflegschaft eingeleitetes Verfahren ohne eine solche endet (Korintenberg/*Fackelmann* KV Nr. 11100 Rn. 16). 16

Für **Beschwerden** und Rechtsbeschwerden gegen Endentscheidungen wegen des Hauptgegenstands in Hauptsacheverfahren fallen nach dem KV GNotKG (Nr. 11200 ff.) grds. allgemeine Verfahrensgebühren als Wertgebühren an, deren Sätze einschließlich der Ermäßigungstatbestände den Regelungen in Kindschaftssachen im FamGKG entsprechen (vgl. § 3 FamGKG Rdn. 11). Für Rechtsmittelverfahren, in denen in 1. Instanz nur Jahresgebühren erhoben werden, richtet sich der Gegenstandswert nach § 36 Abs. 2 und 3 GNotKG, s. Rdn. 12). Zu den Gebühren bei Rechtsmitteln in einstweiligen Anordnungsverfahren s. Rdn. 33. Für nicht erfolgreiche Beschwerden und Rechtsbeschwerden über Neben- oder Folgeentscheidungen fallen Festgebühren an (s. Rdn. 37). 17

Für die Bestellung eines vorläufigen Betreuers fallen Jahresgebühren wie für die endgültige Bestellung an (s. Rdn. 14). Da für die für **einstweilige Anordnungsverfahren** vorgesehenen Gebühren nur erhoben werden, wenn für das entsprechende Hauptsachverfahren Wertgebühren anfallen (s. Rdn. 33), können für die vorläufige Bestellung eines Pflegers derzeit keine Gebühren erhoben werden (Korintenberg/*Fackelmann* KV Nr. 11101 Rn. 5). Anders ist dies nur in Rechtsmittelverfahren oder wenn die vorläufige Betreuung oder Pflegschaft auf einzelne Rechtshandlungen begrenzt ist. Da dafür Wertgebühren anfallen, ist auch das EA-Verfahren gebührenpflichtig. Dasselbe gilt für einstweilige Anordnungen in allen sonstigen Angelegenheiten, für die eine Verfahrensgebühr nach Nr. 11100 anfällt (s. Rdn. 16). Sie wird allerdings wie im Hauptsacheverfahren nicht erhoben, wenn das Verfahren in den Rahmen einer bestehenden Betreuung oder Pflegschaft fällt. Zu den Gebühren i.E. s.u. Rdn. 33. 18

Die **Bestellung eines Verfahrenspflegers** ist Teil des Verfahrens (vgl. Vorbem. 1 Abs. 3 KV). Für sie werden Gebühren nicht erhoben. Die an den Verfahrenspfleger nach § 277 Abs. 5 aus der Staatskasse gezahlte Vergütung bzw. Aufwendungsersatz gehören zu den gerichtlichen Auslagen (s. Rdn. 39 ff.). Vom Fürsorgebedürftigen kann sie die Staatskasse unabhängig vom Haftungsgrund jedoch nur erheben, wenn er leistungsfähig i.S.d. § 1836c BGB ist (Nr. 31015 KV GNotKG, zur Berechnung s. Rdn. 46). 19

Kostenschuldner: Für die Gebühren, die in der ersten Instanz für die Einrichtung einer Betreuung oder Pflegschaft (s. Rdn. 14 und 15) anfallen, haftet der Staatskasse gegenüber nur der **Betroffene** als Interessenschuldner (§ 23 Nr. 1 GNotKG). Endet ein Betreuungs- oder Pflegschaftsverfahren ohne Bestellung eines Betreuers oder Pflegers, haftet für die Gebühr nach Rdn. 17 oder für Auslagen nur derjenige, dem sie vom Gericht auferlegt wurden; ergeht keine Entscheidung Kosten nicht erhoben werden (NK-GK/*Friedrich* GNotKG § 23 Rn. 13 f.). Im Übrigen richtet sich die Haftung nach den allg. Regeln, s. Rdn. 41 ff. Zur Haftung für die und für Auslagen s. Rdn. 14 sowie Rdn. 38. 20

In **Rechtsmittelverfahren** hafte grundsätzlich derjenige, der das Rechtsmittel eingelegt hat (Antragstellerhaftung). Diese Haftung erlischt, wenn das Rechtsmittel ganz oder teilweise mit Erfolg eingelegt worden ist und das Gericht keine Kostenentscheidung trifft (s. Rdn. 44). Darüber hinaus werden für Rechtsmittel gegen Entscheidungen des Betreuungsgerichts, die vom Betreuten oder dem Pflegling selbst oder in seinem Interesse eingelegt wurden, Kosten nur im Fall einer gerichtlichen Kostenentscheidung und nur von demjenigen erhoben, dem das Gericht die Kosten auferlegt hat (§ 25 Abs. 2). Entscheidet es nicht über die Kosten, bleibt das Rechtsmittelverfahren kostenfrei (Korinthenberg/*Hellstab* § 25 GNotKG Rn. 5 m.w.N.).

In sämtlichen Betreuungssachen werden von dem Betroffenen nach Vorb. 1.1 des KV Gebühren nur erhoben, wenn er über Vermögen verfügt, das nach Abzug der Verbindlichkeiten mehr als 25.000 € beträgt; ein angemessenes Familienheim i.S.v. § 90 Abs. 2 Nr. 8 SGB wird nicht mitgerechnet (**persönliche Freigrenze**, s. zur Berechnung i.E. s. Korintenberg/*Fackelmann* KV Vorb. 1.1 Rn. 10 ff. und zur inhaltsgleiche Regelung für Vormundschaften Nr. 1310–1319 KV FamGKG Rdn. 11 ff.). Diese Einschränkung gilt kraft Verweisung auch für einstweilige Anordnungsverfahren und für die Erhebung von Auslagen (mit Modifikationen für

§ 80

den Verfahrenspfleger, s.o. Rdn. 19). Die Freigrenze gilt nur für den Betreuten selbst. Sie gilt nicht für Personen oder Institutionen, denen das Gericht die Kosten auferlegt und auch nicht für betreuungsrechtliche Zuweisungssachen, wie Pflegschaften.
Zu den neben Gebühren anfallenden **Auslagen** und wer sie schuldet, s. Rdn. 19 und Rdn. 39 f.

21 **b) Unterbringungssachen.** Unterbringungssachen (§ 312) waren nach § 128b KostO in allen Rechtszügen gebühren-, aber nicht auslagenfrei. Nach dem GNotKG folgt die Gebührenfreiheit jetzt mittelbar aus der Tatsache, dass das KV keine Gebührenregelung für Unterbringungssachen enthält (BT-Drucks. 17/11471 [neu], S. 194), sodass auch **keine Gebühren** nach der Auffangregelung für sonst nicht besonders aufgeführte Beschwerden und Rechtsbeschwerden (s. Rdn. 37) anfallen (BGH FamRZ 2014, 1285). Wegen der Gebührenfreiheit der Hauptsache in erster Instanz ist auch die vorläufige Unterbringung nach § 331 ebenfalls gebührenfrei (s. Rdn. 33). Wenn eine Unterbringung angeordnet wurde und das Gericht die Kosten keinem anderen auferlegt hat, können vom Fürsorgebedürftigen (als Betroffenheitsschuldner s.u. Rdn. 42) von den **Auslagen** nur die an den Verfahrenspfleger gezahlten Beträge beansprucht werden; sofern er leistungsfähig i.S.d. § 1836c BGB ist (§ 26 Abs. 3 GNotKG i.V.m. Nr. 31015 KV GNotKG; s.a. OLG Frankfurt am Main FamRZ 2009, 1435). Zur Berechnung s.u. Rdn. 46.

22 **c) Freiheitsentziehungssachen.** In Freiheitsentziehungssachen (§ 415) wird nach Nr. 15212 KV GNotKG ein Verfahrensgebühr von 0,5 erhoben (wie früher nach § 128c KostO; s. dazu *Jennissen* FGPrax 2009, 93, 99). In Beschwerdeverfahren richten sich die Verfahrensgebühren nach Nr. 15220 ff. KV GNotKG. Die antragstellende Verwaltungsbehörde ist nicht mehr ausdrücklich von Gebühren befreit; eine Befreiung ergibt sich aber aus § 2 Abs. 1 GNotKG und den einschlägigen landesgesetzlichen Regelungen und gilt ggf. auch für Auslagen. Die im GNotKG geregelte Kostenfreiheit hindert die Gerichte allerdings nicht daran, ihnen dennoch Gerichtskosten aufzuerlegen und damit die Haftung des Betroffenen u.a. einzuschränken (s. § 81 Rdn. 15).
Die Kosten erster Instanz schuldet gem. § 23 Nr. 15 GNotKG der Betroffene und die ihm gesetzlich zum Unterhalt Verpflichteten, wenn die Kosten nicht der Verwaltungsbehörde auferlegt sind (s. dazu § 430 Rn. 5 ff.). Die Kostenhaftung für Rechtsmittelverfahren folgt den allgemeinen Regeln (s. Rdn. 42 ff.).

23 **d) Nachlasssachen.** Die gerichtlichen Gebühren in **Nachlassangelegenheiten** (§ 342 Abs. 1) sind jetzt im Hauptabschnitt 2 des KV GNotKG detailliert geregelt.
Vereinzelt werden Festgebühren erhoben, i.d.R. aber in allen Instanzen Verfahrensgebühren aus dem Wert des Nachlasses (Wertgebühren, s. Rdn. 4). Es fallen an für
– die Annahme einer letztwilligen Verfügung und für ihre Eröffnung jeweils Festgebühren nach Nr. 12100 f. KV GNotKG i.V.m. § 392 FamFG; (s.a. § 349 Rdn. 12 ff., § 350 Rn. 7 und zur Gebühr für die Einsicht § 357 Rdn. 15);
– Verfahren auf Erteilung eines Erbscheins und anderer Zeugnisse – auch für Testamentsvollstrecker: Wertgebühren nach Nr. 12210 ff. KV GNotKG, die mit Ausnahme der für die Erteilung des Erbscheins nach oben begrenzt sind; Kostenschuldner sind die Antragsteller;
– eine Nachlasspflegschaft, die nicht nur einzelne Rechtshandlungen betrifft, sowie für die Nachlass- und Gesamtgutsverwaltung in 1. Instanz Jahresgebühren, die sich nach dem gleichen Schema wie bei einer sonstigen Dauerpflegschaft (s. Rdn. 14) allerdings aus dem nicht um Verbindlichkeiten bereinigten Wert des Nachlasses berechnen (Nr. 12311 KV GNotKG); wird die Bestellung eines Pflegers oder Verwalters abgelehnt oder für sonstige Verfahren zur Sicherung des Nachlasses fällt eine 0,5 Verfahrensgebühr nach Nr. 12310 bzw. Nr. 12312 KV GNotKG an: in Rechtsmittelverfahren Rechtsmittel werden ausschließlich Wertgebühren erhoben (s. Nr. 12320 ff. KV GNotKG); wenn in 1. Instanz Jahresgebühren anfallen, ist der Wert nach § 36 GNotKG zu bestimmen;
– die Entgegennahme von bestimmten Erklärungen, Fristbestimmungen und Aufnahme eines Nachlassinventars: Festgebühr von 15 € nach (Nr. 12410 KV GNotKG) – für die Beurkundung von Erklärungen, die gegenüber dem Nachlassgericht abzugeben sind, z.B. eine Erbausschlagung, fällt eine gesonderte Gebühr nach Nr. 21201 GNotKG an;
– die Ernennung oder Entlassung von Testamentsvollstreckern und sonstigen anlässlich einer Testamentsvollstreckung zu treffenden Anordnungen: Verfahrensgebühren nach Nr. 12420 ff. KV GNotKG,;
– die Stundung des Pflichtteilsanspruchs: Verfahrensgebühren nach Nr. 12420 ff. KV GNotKG (s. § 362 Rdn. 15).

Die Ermittlung des Erben durch das Nachlassgericht ist weiterhin gebührenfrei, da nur für die im KV ausdrücklich bezeichneten Tätigkeiten Gebühren erhoben werden dürfen (s.o. Rdn. 3). Zu den Bewertungsvorschriften des GNotKG s.o. Rdn. 12. 24

Kostenschuldner: Nach § 24 GNotKG schulden **nur die Erben**, ggf. als Gesamtschuldner, Kosten der ersten Instanz für, 25

- die Eröffnung einer Verfügung von Todes wegen;
- die Nachlasssicherung;
- eine Nachlasspflegschaft nach § 1961 des Bürgerlichen Gesetzbuchs, wenn diese angeordnet wird;
- die Errichtung eines Nachlassinventars;
- eine Nachlassverwaltung, wenn diese angeordnet wird; wird ein Antrag auf Nachlassverwaltung zurückgewiesen oder zurückgenommen haftet der Antragsteller nach der allg. Regel des § 22 Abs. 1 GNotKG),
- die Pflegschaft für einen Nacherben;
- die Ernennung oder Entlassung eines Testamentsvollstreckers, und zwar mangels Einschränkung auch bei Rücknahme oder Zurückweisung des Entlassungsantrags (H. Schneider § 14 Rn. 291)
- die Entgegennahme von Erklärungen, die die Bestimmung der Person des Testamentsvollstreckers oder die Ernennung von Mitvollstreckern betreffen, oder über die Annahme, Ablehnung oder Kündigung des Amtes als Testamentsvollstrecker sowie
- für die Auslagen, die bei der Ermittlung der Erben nach § 342 Abs. 1 Nr. 4 FamFG entstehen (Gebühren werden nicht erhoben).

Die Erben haften wie für Nachlassverbindlichkeiten, sofern das Gericht nichts anderes bestimmt. Wenn ein Erbe grundsätzlich Kostenfreiheit genießt, entbindet ihn dass nicht von der Erbenhaftung für die vorgenannten Kosten. (s. § 2 Abs. 4 GNotKG).

Weiter bestimmt § 23 Nr. 4 GNotKG als **Kostenschuldner für die Entgegennahme**

- einer Erklärung über die Anfechtung eines Testaments oder Erbvertrags,
- einer Anzeige des Vorerben oder des Nacherben über den Eintritt der Nacherbfolge,
- einer Anzeige des Verkäufers oder Käufers einer Erbschaft über den Verkauf, auch in den Fällen des § 2385 des Bürgerlichen Gesetzbuchs,
- eines Nachlassinventars oder einer Erklärung nach § 2004 BGB oder
- der Erklärung eines Hoferben § 9 Abs. 2 Satz 1 HöfeO,

denjenigen, der die Erklärung, Anzeige oder das Inventar abgegeben hat. Für die Entgegennahme einer Forderungsanmeldung haftet der Miterbe, der die Aufforderung dazu erlassen hat (§ 24 Nr. 3 GNotKG).

Im Übrigen gilt die allgemeine Kostenhaftung des Antragstellers nach § 22 Abs. 1 GNotKG, insbesondere in Rechtsmittelverfahren (s, dazu Rdn. 42).

Die Kosten in **Teilungssachen** (§ 342 Abs. 2 FamFG) werden seit 01.09.2013 vom Notar, dem die Teilungssachen durch Gesetz vom 26.06.2013 (BGBl. I, S. 1800) übertragen wurde, nach Teil 2 Abschnitt 9 des KV GNotKG erhoben. 26

e) Registersachen und unternehmensrechtliche Verfahren. aa) Registersachen. Die Gebühren in Registersachen i.S.d. § 374 FamFG ergeben sich für Eintragungen (einschließlich der mit der Registerführung zusammenhängenden gebührenpflichtigen Verrichtungen) in das Vereins- und Güterrechtsregister aus Teil 1 Hauptabschnitt 3 und für Eintragungen in das Handels-, Partnerschafts- und Genossenschaftsregister aus der auf der Ermächtigung des § 58 GNotKG beruhenden HRegGebV (BGBl. I 2010, 17) und dem dazu gehörigen Gebührenverzeichnis – Die Gebühren in den hier nicht näher behandelten Grundbuchsachen ergeben sich ebenso wie die Gebühren Schiffs- und Schiffsbauregistersachen und Angelegenheiten des Registers für Pfandrechte an Luftfahrzeugen aus Hauptabschnitt 4 des KV zum GNotKG (s. dazu *Wilsch* FGPrax 2013, 17). – Die Gebühren für Rechtsmittelverfahren sind für alle Registerverfahren im KV GNotKG geregelt. Gebühren werden grundsätzlich nur für Eintragungen und Veränderungen erhoben, während Löschungen im Allgemeinen gebührenfrei sind (NK-GK/Heinemann, KV GNotKG Vorbem. 1.3 Rn. 12 ff.). Das gilt nicht für *Widerspruchsverfahren* gegen eine beabsichtigte Löschung oder Feststellung eines Mangels des Gesellschaftsvertrags oder der Satzung, oder die Auflösung einer Aktiengesellschaft. Dafür fällt nach Nr. 13400 KV GNotKG eine einfache Verfahrensgebühr an. Für die erstinstanzlichen Kosten haftet der Widerspruchführer, dem sie im Falle der Zurückweisung in dem Beschluss auferlegt werden müssen. Die Gebühren für Rechtsmittelverfahren richten sich nach Nr. 13610 ff. KV GNotKG (s. Rdn. 31) und die Kostenhaftung nach den allg. Regeln (s. Rdn. 42 ff.). 27

§ 80

28 Für Eintragungen in das auch für Stiftungen vorgesehene **Vereinsregister** fallen für die Ersteintragung eine Festgebühr von 75 € und für die spätere Eintragung von Veränderungen, z.B. im Vorstand und der Satzung, 50 € an (Nr. 13100 f. KV GNotKG). Als Veränderung gilt ausdrücklich auch die Sitzverlegung (s. Nr. 13101 Anm. Abs. 1 KV GNotKG). Für die Eintragung des Erlöschens, der Liquidation, des Verzichts auf oder der Entziehung der Rechtsfähigkeit des Vereins, der Fortführung als nicht rechtsfähiger Verein sowie für die Schließung des Registerblatts werden keine Gebühren erhoben. Anders als bei Eintragungen im Grundbuch und im Handelsregister handelt es sich bei Eintragungen in das Vereinsregister um Verfahrensgebühren, die auch im Fall der Zurückweisung oder Rücknahme der Anträge anfallen. Dasselbe gilt für die Gebühren, die für Eintragungen in das **Güterrechtsregister** nach Nr. 13200 f. KV GNotKG anfallen (100 € für die Eintragung aufgrund eines Ehe- oder Lebenspartnervertrags und 50 € für sonstige Eintragungen). Die Gebühren für Beschwerden, die den Hauptgegenstand betreffen, richten sich mangels anderweitiger Bestimmung in gleicher Weise wie die gegen Nebenentscheidungen gerichtete nach den Auffangregeln Nr. 19116 ff. KV. Danach wird nur bei Zurückweisung oder Verwerfung der Beschwerde eine Festgebühr von 60 € erhoben und für die Rechtsbeschwerde entsprechend 120 € mit zusätzlicher Ermäßigungsmöglichkeit bei Rücknahme (Nr. 19128 f. KV GNotKG). Wird die Beschwerde oder Rechtsbeschwerde nur teilweise verworfen oder zurückgewiesen, kann das Gericht die Gebühr nach billigem Ermessen auf die Hälfte ermäßigen oder bestimmen, dass eine Gebühr nicht zu erheben ist.
Für das Verfahren zur Entziehung der Rechtsfähigkeit fällt nach Nr. 13400 KV GNotKG eine 1.0 Verfahrensgebühr (Wertgebühr) an. Für sonstige Verfahren vor dem Amtsgericht in Vereins- und Stiftungssachen nach den §§ 22 ff. bzw. 80 ff. BGB wird eine Gebühr von 2,0 nach Nr. 13500 KV erhoben. Die Gebühren für Rechtsmittelverfahren richten sich in beiden Fällen nach Nr. 13610 ff. KV GNotKG, die ebenfalls Wertgebühren vorsehen, die sich bei Rücknahme des Rechtsmittels ermäßigen können.
Die **Kosten** für die Eintragungen in das Vereinsregister **schuldet** der Verein, die in das Güterrechtsregister der Antragsteller (§ 22 Abs. 1 GNotKG). Das gilt nach § 23 Nr. 7 GNotKG auch für eine v.A.w. vorzunehmende Eintragung sowie für die Entziehung der Rechtsfähigkeit. Für die Eintragungen in das Güterrechtsregister haften ebenfalls die Antragsteller ggf. als Gesamtschuldner. Für v.A.w. erfolgte Eintragungen haftet nur derjenige, dem das Gericht die Kosten auferlegt oder der sie übernommen hat. Zur Haftung im Löschungsverfahren s.o. Rdn. 27 und zur Beschränkung der Antragstellerhaftung in Rechtsmittelverfahren s. Rdn. 44.

29 Für Eintragungen in das **Handels-, Partnerschafts- und Genossenschaftsregister** werden Gebühren nach der HRegGebV nur für die Vornahme erhoben (Aktgebühr). Die Eintragung des Erlöschens der Firma oder des Namens sowie des Schlusses der Abwicklung einer europäischen wirtschaftlichen Interessenvereinigung sind gebührenfrei (s. Vorbem. 1 Abs. 4 und Vorbem. Abs. 1 HRegGebV;). Ansonsten werden ausschließlich Festgebühren erhoben, die je nach Art des Registers (Handels- und Partnerschaftsregister einerseits, Genossenschaftsregister andererseits) und der Abteilung, in der die Eintragung erfolgt, variieren und den Aufwand, den die jeweilige Eintragung typisierend erfordert, berücksichtigen (s.a. § 382 Rdn. 49 ff.). Neben der Gebühr für die Ersteintragung fallen nur Gebühren für die gleichzeitig angemeldete Eintragung der Errichtung einer Zweigniederlassung und einer Prokura gesondert an (§ 2 Abs. 1 HRegGebV). Anmeldungen, die am selben Tag beim Registergericht eingegangen sind und dasselbe Unternehmen betreffen, werden als eine Anmeldung behandelt (§ 2 Abs. 4 HRegGebV). Betrifft dieselbe spätere Anmeldung mehrere Tatsachen bzw. Personen, ist für jede die Gebühr gesondert zu erheben § 2 Abs. 2 und Abs. 3 HRegGebV). Für die **Zurückweisung eines Antrags** fallen 170 % und bei der **Rücknahme einer Anmeldung** 120 % der für die Eintragung bestimmten Gebühren an (§ 4 und § 3 Abs. 1 HRegGebV), Erfolgt die Zurücknahme spätestens am Tag, bevor eine Entscheidung des Gerichts mit der Bestimmung einer angemessenen Frist zur Beseitigung eines Hindernisses (§ 382 Abs. 4 FamFG) unterzeichnet wird, beträgt die Gebühr 75 % der für die Eintragung bestimmten Gebühr, höchstens 250 €.(§ 3 Abs. 2 HRegGebV). Die Gebühren für **Beschwerde- und Rechtsbeschwerdeverfahren**, die sich gegen die die Eintragung, ihre Ablehnung und Zwischenverfügungen richten, in Nr. 19112 ff. und 19123 ff. KV GNotKG als Multiplikator der für die Eintragung bestimmten Gebühr normiert. Sie werden nur erhoben, wenn das Rechtsmittel verworfen oder zurückgewiesen wird. Wird es nur wegen eines Teils der Anmeldung verworfen oder zurückgewiesen, bestimmt sich die Höhe der Gebühr nach der Gebühr für die Eintragung nur dieses Teils der Anmeldung. Bei Rücknahme des Rechtsmittels ermäßigt sich die Gebühr bzw. der Multiplikator. In Verfahren über die Zulassung der Sprungrechtsbeschwerde fällt für eine ablehnende Entscheidung eine Gebühr von 60 € an.

Die **Kosten** für die Eintragungen **schuldet** der Antragsteller (§ 22 Abs. 1 GNotKG). Ist die Eintragung v.A.w. vorzunehmen haftet nach § 23 Nr. 7 GNotKG die Gesellschaft oder Kaufmann bzw. die Genossen- oder Partnerschaft. Einzelkaufmann bzw. die Gesellschaft. Die Gebühr für die Entgegennahme, Prüfung und Aufbewahrung der zum Handels- oder Genossenschaftsregister einzureichenden Unterlagen schuldet nur das Unternehmen, für das die Unterlagen eingereicht werden. Zur Haftung im Löschungsverfahren s.o. Rdn. 27 und zur Beschränkung der Antragstellerhaftung in Rechtsmittelverfahren s. Rdn. 44.

Die Gebühren für den **automatischen Abruf** aus dem Handels-, Partnerschafts-, Genossenschafts- und Vereinsregister sowie in Grundbuchangelegenheiten u.ä. sind im neuen Justizverwaltungskostengesetz (JVKostG) geregelt. Für Ausdrucke und Kopien aus diesen und dem Unternehmensregister werden Festgebühren erhoben, die zugleich die Dokumentenpauschale ersetzen. 30

bb) Unternehmensrechtliche Verfahren. Für die in § 375 FamFG genannten unternehmensrechtlichen Verfahren (s. § 375 Rdn. 21 ff. und die in § 71 Nr. 4 GVG aufgeführten FG-Sachen, die erstinstanzlich den Landgerichten zugewiesen sind, sowie für die sonstigen Vereins- und Stiftungssachen (s. Rdn. 28), einschließlich der Verfahren, auf die die für Vereine geltenden Vorschriften entsprechend anzuwenden sind, wird nach Nr. 13500 KV GNotKG **einheitlich eine Verfahrensgebühr** von 2,0 erhoben. Sie ermäßigt sich auf 0,5, wenn das Verfahren ohne Endentscheidung bzw. durch rechtzeitige Rücknahme des Antrags endet. Die Gebühren für Rechtsmittelverfahren wegen. des Hauptgegenstands richten sich nach Nr. 13610 ff. KV GNotKG. Für die Beschwerde fällt eine Verfahrensgebühr von 3,0 an, die sich durch Zurücknahme oder anderweitige Erledigung ermäßigen kann. Gleiches gilt für die im Rechtsbeschwerdeverfahren anfallende 0,4 Gebühr. 31

Kostenschuldner ist grundsätzlich der Antragsteller (§ 22 Abs. 1 GNotKG). In erstinstanzlichen Verfahren nach §§ 98, 99 AktG ist Kostenschuldner die Gesellschaft, soweit sie nicht dem Antragsteller auferlegt werden (§ 23 Nr. 10 GNotKG); zur Kostenhaftung in Spruchverfahren s. § 23 Nr. 10 GNotKG. Zur Erlöschen der Antragstellerhaftung in Rechtsmittelverfahren s. Rdn. 44.

cc) Zwangs- und Ordnungsgeldverfahren. Für die Festsetzung von Zwangs- und Ordnungsgeld nach den **§§ 389 bis 392 FamFG** wird nach Nr. 13310, 13311 KV GNotKG eine Festgebühr von 100 € für jede Festsetzung und jede Verwerfung des Einspruchs als Vornahmegebühr erhoben (s. § 3. Die Verfahrensgebühren für die Beschwerde und Rechtsbeschwerde sind in Nr. 13320 ff. KV GNotKG ebenfalls als Festgebühren bestimmt (s. § 390 Rdn. 37 ff.). 32

Für die Kosten haftet der Betroffne, dem sie das Gericht im Festsetzungsbeschluss auferlegen muss.

Für ein Ordnungsgeldverfahren gegen publizitätssäumige Unternehmen nach **§ 335 HGB** fällt für das Verfahren vor dem Bundesamt für Justiz eine Verfahrensgebühr von 100 € nach Nr. 1210 des KV zum JVKostG an, das die Androhung und auch die erste Festsetzung abdeckt. Für die zweite und jede weitere Festsetzung wird eine Vornahmegebühr in gleicher Höhe erhoben. Die Verfahrensgebühren für Beschwerden und Rechtsbeschwerden nach § 335a HGB sind in Nr. 19115, 19126 f. KV GNotKG geregelt. Danach wird nur bei Zurückweisung oder Verwerfung der Beschwerde eine Festgebühr von 150 € erhoben und für die Rechtsbeschwerde entsprechend 300 € mit zusätzlicher Ermäßigungsmöglichkeit bei Rücknahme. Wird die Beschwerde oder Rechtsbeschwerde nur teilweise verworfen oder zurückgewiesen, kann das Gericht die Gebühr nach billigem Ermessen auf die Hälfte ermäßigen oder bestimmen, dass eine Gebühr nicht zu erheben ist.

Für die Kosten haftet der Betroffene, dem sie das Gericht mit der Androhung auferlegen muss (§ 335 Abs. 3 HGB).

f) Einstweilige Anordnung. Für die nach der KostO noch gebührenfreien EA-Verfahren (s. Keidel/Giers 17. Aufl. § 55 Rn. 15) werden nach dem GNotKG jetzt ebenfalls **Verfahrensgebühren** erhoben, sofern für die Hauptsache im ersten Rechtszug Wertgebühren anfallen (BT-Drucks. 17/11471 [neu], S. 215). In Teil 1 Hauptabschnitt 6 des KV GNotKG sind Wertgebühren vorgesehen, die wie die des FamGKG (s. Rdn. 9) auch Aufhebungs- und Abänderungsverfahren abgelten (Vorb. 1.6 KV GNotKG). Anders als das FamGKG unterscheiden die **Gebühren** nicht nach dem Gegenstand des Verfahrens, sondern nach dem Gebührensatz für das Hauptsacheverfahren in 1. Instanz: Liegt dieser unter 2,0 fällt für die EA nur eine 0,3 Gebühr an, ansonsten beträgt sie 1,5. (vgl. Nr. 16110 ff. KV GNotKG). Je nachdem nach welcher Gebührentabelle sich die Grundgebühr des Hauptverfahrens richtet ist auch für das EA-Verfahren die Tabelle A oder B anzuwenden. Der **Gegenstandswert** ist in § 62 GNotKG geregelt und bestimmt wie § 41 FamGKG einheitlich für alle EA-Verfahren den hälftigen Gebührenwert der Hauptsache als Ausgangswert (Regelwert), der entspre- 33

chend der jeweiligen Bedeutung des einstweiligen Rechtsschutzes ggü. der Hauptsache herab- oder heraufgesetzt werden kann (vgl. § 41 FamGKG Rdn. 1 ff.).
Für einstweilige Anordnungen in Angelegenheiten, für die in 1. Instanz entweder keine oder Fest- oder Jahresgebühren anfallen, können **keine Gebühren** verlangt werden (Korintenberg/*Fackelmann* KV Nr. 11101 Rn. 5). So sind insbesondere einstweilige Anordnungen in Unterbringungssachen oder die Bestellung eines vorläufigen Pflegers gebührenfrei, soweit die Bestellung nicht auf einzelne Rechtshandlungen begrenzt ist. – Für die Bestellung eines vorläufigen Betreuers gelten besondere Regelungen (s. Rdn. 14). – Darüber hinaus werden wird wie im Hauptsacheverfahren keine Gebühr erhoben, wenn das Verfahren in den Rahmen einer bestehenden Betreuung oder Pflegschaft fällt.

34 g) **Sonstige Verfahren.** Für die Bewilligung der öffentlichen **Zustellung einer Willenserklärung** und der **Kraftloserklärung von Vollmachten** (§ 132 Abs. 2 und § 176 Abs. 2 BGB) sowie in **Aufgebotssachen** (§ 433) wird nach Nr. 15212 KV GNotKG eine Verfahrensgebühr von 0,5 erhoben. In Beschwerdeverfahren richten sich die Verfahrensgebühren nach Nr. 15220 ff. KV GNotKG. Wie bisher fallen für eine Zahlungssperre (§ 480) und ein anschließendes Aufgebotsverfahren sowie ein Verfahren über die Aufhebung der Zahlungssperre (§ 482) Gebühren nur einmal an.

35 Für Verfahren über die **Verfahrenskostenhilfe** wird nur bei Zurückweisung oder Verwerfung der Beschwerde oder Rechtsbeschwerde eine Festgebühr erhoben (s. Rdn. 37). Für entstandene Auslagen haftet, wenn der Antrag zurückgenommen oder abgelehnt wird, der Antragsteller (§ 26 Abs. 6 GNotKG).

36 Für Verrichtungen i.R.d. **Vollstreckung** nach §§ 86 bis 95a werden gem. Nr. 18000 ff. KV GNotKG dieselben Gebühren erhoben wie nach Nr. 1600 ff. KV FamGKG (s. dazu § 3 FamGKG Rdn. 27 ff.). Die Gebühren für die Vollstreckung durch das Vollstreckungsgericht (§ 764 ZPO) richten sich nach dem GKG.

37 h) **Beschwerdeverfahren.** Soweit die Gebührenvorschriften zu den einzelnen Verfahrensgegenständen nicht anderes bestimmen, wurden nach § 131 Abs. 1 u 2 **KostO** für das Beschwerde- sowie für das Rechtsbeschwerdeverfahren Gebühren – als Wertgebühren – nur erhoben, wenn das Rechtsmittel verworfen bzw. zurückgewiesen oder wenn es zurückgenommen wurde, bevor eine Entscheidung erging. Das **GNotKG** hat dieses System des vom Ausgang des Verfahrens abhängigen Anfalls von Gebühren- und Auslagen im Grundsatz nur für Beschwerden über Neben-, Zwischen- oder Folgeentscheidungen, wozu auch die Vkh-Verfahren und die Kostengrundentscheidungen gehören (s.a. § 3 FamGKG Rdn. 28), beibehalten. Für sie fallen i.d.R. in Anlehnung an das KV zum FamGKG Festgebühren an (s. Nr. 19116 KV GNotKG bzw. Nr. 19216 f. KV GNotKG; zur [Nicht-] Anwendbarkeit in Unterbringungsverfahren s. Rdn. 21). Für Beschwerden und Rechtsbeschwerden gegen **Endentscheidungen wegen des Hauptgegenstands** fallen dagegen wie nach dem GKG und FamGKG auch im GNotKG unabhängig vom Ausgang des Verfahrens allgemeine Verfahrensgebühren (i.d.R. als Wertgebühren) an, die sich nach dem Vorbild des FamGKG nur im Fall der Rücknahme des Rechtsmittels oder seiner sonstigen vorzeitigen Erledigung ohne Endentscheidung ermäßigt (s. dazu. Nr. 1320–1328 KV FamGKG Rdn. 11 ff.). Die **Freistellung** von Kosten in Beschwerdeverfahren ist im GNotKG jetzt in einzelnen Bestimmungen des Abschnitts über die Kostenhaftung enthalten (s. Rdn. 44).

38 **IV. Auslagen.** Welche gerichtlichen Auslagen **zusätzlich zu einer Verfahrens- oder Entscheidungsgebühr** erhoben werden können, ergibt sich für Familiensachen aus Teil 2 des KV zum FamGKG (Teil 2 der Anlage 1) und i.Ü. aus Teil 3 Hauptabschnitt 2 KV GNotKG (Nr. 31000 ff., KV GNotKG). Inhaltlich sind die Regelungen in diesen Kostengesetzen nahezu identisch; wegen der Einzelheiten kann auf die Kommentierung zu Nr. 2000–2015 KV FamGKG Rdn. 1 ff. verwiesen werden.

39 Von wirtschaftlich erheblicher Bedeutung sind die Auslagen für die **Vergütung der Sachverständigen, Dolmetscher und Übersetzer und die Entschädigung von Zeugen** (s. Nr. 2000–2015 KV FamGKG Rdn. 15), die sich nach dem JVEG richten. Nicht unerheblich sind auch an die den **Verfahrensbeistand** nach § 158 Abs. 7 oder den **Verfahrenspfleger** nach § 277 und die an den **Umgangspfleger** nach § 1384 Abs. 3 Satz 6 BGB i.V.m. § 277 FamFG aus der Staatskasse gezahlten Beträge (s. dazu § 158 Rdn. 27 und § 277 Rdn. 4 ff.), die in voller Höhe als Auslagen (s. Nr. 2013, 2014 KV FamGKG, Nr. 31015 KV GNotKG) zu den Gerichtskosten zählen, jedoch nicht in allen Fällen auch erhoben werden können (s. Rdn. 40 und Rdn. 44). Nicht zu den gerichtlichen Auslagen zählen die Kosten, die aus der Staatskasse an sonstige Pfleger, Vormünder oder Betreuer geleistet und die nach § 168 festgesetzt werden. Bei auswärtigen Terminen können auch die als **Reisekosten und -auslagen** für das Gericht und sein Personal verauslagten Beträge (Nr. 2006 KV FamGKG; Nr. 31006 KV GNotKG) ins Gewicht fallen. Gleiches gilt für die an mittellose Personen für die Reise zum Gerichtsort gezahlten Kosten (Nr. 2007 KV FamGKG; Nr. 31008 KV GNotKG; s. dazu § 76 Rdn. 47). Zu den **Pauschalen,**

die für das Anfertigen von Kopien ua, die Versendung von Akten oder für Zustellungen und öffentliche Bekanntmachungen erhoben werden, vgl. Nr. 2000–2015 KV FamGKG Rdn. 7 ff.

Keine Auslagen werden erhoben in den gebührenfreien Kindschafts- und Unterbringungsverfahren, mit **40** Ausnahme der Auslagen für den Verfahrenspfleger oder -beistand (s. dazu Rdn. 45). Darüber hinaus werden Auslagen, die durch eine für begründet befundene Beschwerde entstanden sind, nicht erhoben, soweit das Beschwerdeverfahren gebührenfrei ist; es sei denn, das Beschwerdegericht hat die Kosten dem Gegner des Beschwerdeführers auferlegt (Vorb. 2 Abs. 1 KV FamGKG; Vorb. 3 Abs. 1 KV GNotKG). Die eingeschränkte Haftung Minderjähriger in Kindschaftssachen und der Betroffenen in Betreuungsverfahren (s.u. Rdn. 45) erstreckt sich kraft ausdrücklicher Bestimmung in den Vorbemerkungen der KV auch auf die Auslagen, mit Sonderregelungen für die Kosten des Verfahrenspflegers oder -beistands. Ansonsten erstreckt sich weder eine sachliche noch eine persönliche Befreiung von Gebühren (s. Rdn. 47) auch auf die Auslagen, wenn dies nicht ausdrücklich bestimmt ist bzw. die Befreiung die gesamten »Kosten« betrifft.

V. Kostenschuldner. 1. Allgemeines. Die persönliche Haftung für die gerichtlichen Kosten ggü der Staats- **41** kasse regelt das FamGKG in den §§ 21 ff. FamGKG und das GNotKG in den §§ 22 bis 28, 32 bis 33 GNotKG. Das GNotKG hat die Haftungsvorschriften hinsichtlich Inhalt und Struktur weitgehend an die Vorschriften des FamGKG angeglichen und u.a. in die allg. Haftungsvorschriften auch die Bestimmungen integriert, die in der KostO teilweise in den speziellen Gebührenvorschriften für einzelne Geschäfte enthalten waren (s. Vorauflage Rdn. 14 ff.). Die Haftung ggü. der Staatskasse besteht grds. **unabhängig von der gerichtlichen Entscheidung** über die Kostentragung und wird von ihr nur insoweit beeinflusst, als derjenige, dem gerichtliche Kosten auferlegt werden, als Entscheidungsschuldner vorrangig haftet, oder wenn das Gericht die Nichterhebung von Kosten anordnet. Sie sind keine Rechtsgrundlage für die gerichtliche Kostenentscheidung.

2. Haftungsgrundlagen. Es gibt **verschiedene Haftungstatbestände**, die nebeneinander und in der glei- **42** chen Person erfüllt sein können, vgl. dazu ausführlich §§ 21 bis 27 FamGKG Rdn. 2 ff. Dem durch gerichtliche Entscheidung bestimmten Kostenschuldner (**Entscheidungsschuldner**) steht derjenige gleich, der die Kosten durch Vergleich oder Erklärung ggü dem Gericht übernommen hat (**Übernahmeschuldner**), s. § 27 Nr. Nr. 1 und 2 GNotKG, § 24 Nr. 1 u 2 FamGKG. Neben und unabhängig von diesen haftet in der Vollstreckung der Verpflichtete mit Ausnahme der Minderjährigen in Verfahren, die ihre Person betreffen (**Vollstreckungsschuldner**), sowie derjenige, der kraft Gesetzes für die (Kosten-) Schuld eines anderen haftet (§ 27 Nr. 4 GNotKG; § 24 Nr. 3 u 4 FamGKG). In Verfahren oder bei Geschäften, die nur auf Antrag vorzunehmen sind, haftet außerdem regelmäßig auch der sie veranlassende Antragsteller (**Antragsschuldner**, s. § 22 Abs. 1 GNotKG; § 21 Nr. 1 FamGKG). In Amtsverfahren, bei denen sich die Gebühren nach dem GNotKG richten, haftet stattdessen in bestimmten Angelegenheiten derjenige, den sie betrifft, namentlich die Betroffenen in Betreuungs-, Freiheitsentziehungs- und Registersachen (**Betroffenheitsschuldner**, § 23 GNotKG). Darüber hinaus hafteten nach der KostO, wenn die Kosten keinem anderen auferlegt wurden, generell die Verfahrensbeteiligten, in deren Interesse das Geschäft wahrgenommen wird (Interesseschuldner, § 2 Nr. 5 KostO). Dieser allgemeine Haftungstatbestand wurde weder in das GNotKG noch in das FamGKG übernommen, sondern nur noch die Haftung des Betroffenheitsschuldners (BT-Drucks. 17/11471 [neu], S. 160), und zwar im FamGKG nur für die Vormundschafts- und Dauerpflegschaftssachen. Deren Jahresgebühren und die Auslagen in erster Instanz schuldet regelmäßig der betroffene Minderjährige, wenn sie nicht einem anderen auferlegt werden (§ 22 FamGKG; zur Haftungsbeschränkung s.u.). Dies entspricht der Haftung des Betreuten in § 23 GNotKG, der noch weitere Fälle Kostenhaftung nach dem Grundsatz der Betroffenheit oder Veranlassung enthält. Eine besondere Form der Haftung Betroffener besteht auch für die Erben für bestimmte Nachlasssachen (§ 24 GNotKG).

Die Haftung der Veranlasser im weitesten Sinne sichert der Staatskasse ihre Gebühren und Auslagen nicht **43** nur dann, wenn kein anderer Haftungsschuldner existiert, sondern auch, wenn die anderen Schuldner nicht leistungsfähig sind, denn mehrere Schuldner haften regelmäßig als **Gesamtschuldner**. In bestimmten Fällen wird allerdings die Haftung der Veranlasser ausgeschlossen, wenn das Gericht die Kosten einem anderen auferlegt (s.u. Rdn. 44). Allerdings soll sich die Staatskasse vorrangig an den Entscheidungs- oder Übernahmeschuldner halten (sog. **Erstschuldner**, s. § 33 GNotKG, § 26 FamGKG und dazu die Kommentierung zu §§ 21 bis 27 FamGKG Rdn. 10 ff.). Genießt ein Gesamtschuldner Gebührenfreiheit, mindert sich die Kostenschuld um den auf den Befreiten im Innenverhältnis entfallenden Anteil (OLG München FGPrax 2006, 179). Zur Sicherstellung der Gebühren können regelmäßig nur die Veranlasser einer gerichtlichen Tätigkeit

(Antragsteller u.ä.) auf **Vorschüsse** oder Vorausleistungen (§ 13, 14 GNotKG; § 14 Abs. 3, 16 FamGKG) in Anspruch genommen werden (s. §§ 12 bis 17 FamGKG Rdn. 10 ff.).

44 **3. Haftungsbeschränkungen.** Ausgenommen von der **Antragstellerhaftung** sind nach dem **FamGKG** die Antragsteller in Gewaltschutzsachen und in Verfahren über die Rückgabe des Kindes und Regelung des Umgangs nach dem IntFamRVG, außerdem der Verfahrensbeistand und minderjährige Antragsteller in Verfahren, die ihre Person betreffen, (s. §§ 21 bis 27 FamGKG Rdn. 7 f.). Minderjährige haften auch nicht als Vollstreckungsschuldner (§ 24 Nr. 4 FamGKG). Das **GNotKG** schließt die Antragstellerhaftung aus, in dem es in den §§ 23, 24 GNotKG in einzelnen Angelegenheiten einen alleinigen Kostenschuldner bestimmt (s.o. Rdn. 42). Die Antragstellerhaftung für **Rechtsmittelverfahren** erlischt nach § 25 Abs. 1 GNotKG, wenn sein Rechtsmittel ganz oder teilweise erfolgreich war und das Gericht nicht über die Kosten entschieden hat (andernfalls trägt sie der Entscheidungsschuldner) oder wenn die Kosten von einem anderen Beteiligten übernommen wurden. Bei Rechtsmitteln, die sich **gegen Entscheidungen des Betreuungsgerichts** richten und die von dem Betreuten oder dem Pflegling oder im Interesse dieser Personen eingelegt wurden, schuldet die Kosten nur derjenige, dem das Gericht die Kosten auferlegt (§ 25 Abs. 2 GNotKG). Entscheidet es nicht über die Kosten, bleibt das Rechtsmittelverfahren kostenfrei (Korinthenberg/*Hellstab* § 25 GNotKG Rn. 5 m.w.N.). Eine dem § 25 GNotKG vergleichbare Regelung fehlt im FamGKG. Auf sie hat der Gesetzgeber verzichtet, weil in Familiensachen von Amts wegen über die gerichtlichen Kosten zu entscheiden ist und dies auch die Möglichkeit beinhaltet, von ihrer Erhebung abzusehen (BT-Drucks. 17/11471 [neu], S. 162, s. § 81 Rdn. 14).

45 **Persönliche Freigrenzen:** Soweit Betroffene in **Betreuungssachen** und minderjährige Kinder in **Kindschaftsverfahren** als Kostenschuldner herangezogen werden können, dürfen von ihnen Gebühren oder Auslagen – mit Ausnahme der Auslagen für den Verfahrensbeistand (s.u.) – nur erhoben werden, wenn sie über Vermögen von mehr als 25.000 € verfügen, ein nach § 90 Abs. 2 Nr. 8 SGB XII geschütztes Familienheim nicht eingerechnet (s. Rdn. 18 und Nr. 1310–1319 KV FamGKG Rdn. 5).

46 Die **Auslagen für den Verfahrensbeistand oder -pfleger** können von der Person, für die sie bestellt wurden, nur verlangt werden, wenn sie nach Maßgabe des § 1836c BGB leistungsfähig ist (Nr. 2013 KV FamGKG; Nr. 31015 KV GNotKG). Ihre Heranziehung zu den Kosten ist damit nur möglich, soweit ihr Einkommen die Einkommensgrenze bei Hilfen in besonderen Lebenslagen nach den §§ 82 ff. SGB XII oder ihr Vermögen die Schonbeträge des § 90 Abs. 2 SGB XII (s.a. Nr. 2000–2015 KV FamGKG; dazu § 76 Rdn. 23 ff.) übersteigt. Im Unterschied zur persönlichen Freigrenze nach Rdn. 45 ist hier auch das Einkommen maßgeblich.

47 Sonstige persönliche **Kostenbefreiungen** ergeben sich aus der Bewilligung von Verfahrenskostenhilfe (s. § 76 Rdn. 42 ff.) sowie für Körperschaften und Anstalten des öffentlichen Rechts ua nach Maßgabe der §§ 2 Abs. 2 GNotKG; 2 Abs. 1 FamGKG und Landesrecht (s. den Nachweis in Binz/Dorndörfer/*Petzold* Anhang zu § 2 GKG sowie zu den Auswirkungen für die nicht begünstigten Verfahrensbeteiligten § 2 FamGKG Rdn. 4 f.).

48 **C. Außergerichtliche Kosten. I. Notwendige Aufwendungen der Beteiligten. 1. Begriff.** Die »zur Durchführung des Verfahrens notwendigen Aufwendungen« der Verfahrensbeteiligten sind begrifflich nicht identisch mit den »zur zweckentsprechenden Rechtsverfolgung notwenigen« i.S.d. § 91 Abs. 1 Satz 1 ZPO, sondern im Hinblick auf die vom Zivilprozess abweichende Verfahrensgestaltung in FG-Verfahren (Amtsermittlung, Beteiligtenstellung), insb. was die Notwendigkeit der Einschaltung eines Anwalts betrifft, enger auszulegen. Die Beteiligtenkosten setzen sich zum einen aus den persönlichen eigenen Aufwendungen (s. Rdn. 71 ff.) und zum anderen aus der Vergütung zusammen, die der Verfahrensbeteiligte seinem Rechtsanwalt oder sonstigem Verfahrensbevollmächtigten schuldet. Über ihre Erstattungsfähigkeit bzw. Notwendigkeit ist grundsätzlich erst im Kostenfestsetzungsverfahren (s. § 85 Rdn. 7 ff.) zu befinden. Das Gericht kann aber schon in der Kostenentscheidung und für das Festsetzungsverfahren bindend die Erstattung bestimmter Kosten anordnen (Keidel/*Zimmermann* § 80 Rn. 6).

49 **2. Notwendigkeit der Anwaltskosten.** Die Kosten für einen Anwalt sind nicht deshalb von den notwenigen Aufwendungen ausgeschlossen, weil § 80 nur auf § 91 Abs. 1 Satz 2 ZPO und nicht auch auf dessen Abs. 2 verweist, demzufolge die Gebühren und Auslagen des Anwalts der obsiegenden Partei in allen Verfahren zu erstatten sind. Die Begründung zu § 80 zählt die Anwaltskosten vielmehr ausdrücklich zu den Aufwendungen der Verfahrensbeteiligten (BT-Drucks. 16/1608 S. 215). Sie sind aber im Gegensatz zu den nach der ZPO zu führenden Verfahren in Ehe- und Familienstreitsachen in den FG-Verfahren nicht regelmäßig zu erstatten, sondern nur, wenn sie zur Wahrung der Interessen des vertretenen Beteiligten notwen-

dig waren (OLG Nürnberg FamRZ 2012, 735; Prütting/Helms/*Feskorn* § 80 Rn. 10; Keidel/*Zimmermann* § 80 Rn. 28). Der sich in FG-Verfahren selbst vertretende Rechtsanwalt hat – anders als nach § 91 Abs. 2 Satz 4 ZPO – nicht von vornherein einen Anspruch auf Erstattung eigener Gebühren, vielmehr sind auch hier die Umstände des Einzelfalls maßgeblich (OLG Köln FGPrax 2011, 205; OLG München MDR 2007, 746).

a) Erfordernis anwaltlicher Vertretung. Die Hinzuziehung eines Anwalts ist immer notwendig, wenn eine 50 Vertretung durch Anwälte zwingend ist, wie in Verfahren vor dem BGH (s. § 10 Abs. 4 und zu den Ausnahmen § 78 Rdn. 9). In allen anderen Verfahren, in denen keine anwaltliche Vertretung vorgeschrieben ist, ist sie zumindest dann i.S.d. § 80 notwendig, wenn die Voraussetzungen für eine Beiordnung im Wege der Verfahrenskostenhilfe nach § 78 vorliegen (OLG Nürnberg FamRZ 2012, 735; s. dazu im Einzelnen § 78 Rdn. 9 ff.). Neben der objektiven Schwierigkeit der Sach- oder Rechtslage ist auch die subjektive Fähigkeit des Beteiligten, seine Rechte im Verfahren selbst angemessen zu vertreten, maßgeblich, wobei dies aus der Sicht des Beteiligten und für den Zeitpunkt zu beurteilen ist, in dem er den Anwalt beauftragt hat. Demgemäß sind Kosten für die Beauftragung eines Rechtsanwalts dem Grunde nach i.d.R. nur bei ganz einfach gelagerten Sachverhalten oder wenn die Einschaltung eines Anwalts für den Beteiligten erkennbar unnötig ist, als nicht notwendig anzusehen (OLG Nürnberg FamRZ 2012, 735; Keidel/*Zimmermann* § 80 Rn. 28).

b) Beauftragung mehrerer Anwälte, Reisekosten. Ist die Vertretung durch einen Anwalt erforderlich, ge- 51 hört die gesetzliche Vergütung (s.u. Rdn. 52 ff.) grds. zu den notwendigen Auslagen, deren Erstattungsfähigkeit nur unter dem Gesichtspunkt des Rechtsmissbrauchs verneint werden kann (s. § 85 Rdn. 7). Dies gilt nicht bei der Beauftragung mehrerer Anwälte oder hinsichtlich der Reisekosten: Anders als bei der Beiordnung i.R.d. Verfahrenskostenhilfe (s. § 78 Rdn. 16) kann die Erstattungsfähigkeit von **anwaltlichen Reisekosten** eines am Wohnort des Beteiligten ansässigen Hauptbevollmächtigten nicht auf die Kosten eines Terminsvertreters beschränkt werden, sondern sie sind regelmäßig als notwendig anzuerkennen (BGH NJW 2003, 901; FamRZ 2008, 507; JurBüro 2010, 369). Anders ist es im umgekehrten Fall, wenn die Kosten des **Terminsvertreters** die (fiktiven) Reisekosten des Hauptbevollmächtigten wesentlich überschreiten (BGH NJW 2012, 2888; 2003, 898). Kosten eines **Verkehrsanwalts** sind (nur) nach den Umständen des Einzelfalls notwenig und erstattungsfähig, wenn es dem Verfahrensbeteiligten etwa wegen Krankheit oder sonstiger persönlicher Unfähigkeit unmöglich oder unzumutbar ist, den Hauptbevollmächtigten am entfernten Gerichtsort persönlich oder schriftlich und telefonisch zu informieren (BGH NJW-RR 2006, 1563 = FamRZ 2006, 1186 [LS]). Sie sind jedoch regelmäßig i.H.d. fiktiven Kosten einer Informationsreise des Beteiligten zum Hauptbevollmächtigten am Sitz des Gerichts erstattungsfähig (BGH NJW-RR 2006, 1563; das OLG München JurBüro 2007, 595 berechnet diese Kosten nach den fiktiven Reisekosten eines Anwalts, s. dazu Rdn. 68). Zur Erstattungsfähigkeit einzelner Gebühren s. § 85 Rdn. 8 und zu den persönlichen Aufwendungen s.u. III, Rdn. 71 ff.

II. Anwaltsvergütung (Überblick). 1. Allgemeines. Notwendig und erstattungsfähig ist nur die gesetzli- 52 che und nicht eine (höhere) vereinbarte Vergütung. Die gesetzliche Vergütung für die Tätigkeit in gerichtlichen Verfahren setzt sich aus Gebühren und Auslagen zusammen und ist abschließend im RVG geregelt. Die Gebühren in gerichtlichen Verfahren richten sich i.d.R. nach dem Wert der Angelegenheit (**Wertgebühren**, § 2 Abs. 1 RVG) und der Art der Tätigkeit. Das Vergütungsverzeichnis zum RVG (Anlage 1 zu § 2 Abs. 2 RVG) ordnet jeder Tätigkeit einen bestimmten Gebührensatz (Multiplikator) oder -satzrahmen zu und § 13 RVG i.V.m. Anlage 2 jedem Gegenstandswert eine bestimmte Grundgebühr (s. Wertgebührentabelle Rdn. 75). Erst aus der Multiplikation dieser Grundgebühr mit dem jeweiligen Gebührensatz oder -faktor ergibt sich die konkrete Wertgebühr. Nur in Unterbringungs- und Freiheitsentziehungsverfahren sieht das RVG (in Teil 6) Rahmengebühren vor. Letztere wurden ebenso wie die Wertgebühren nach § 13 RVG und § 49 RVG durch das **2. KostRMoG** (s. Vor §§ 80 bis 85 Rdn. 3) mit Wirkung zum 01.08.2013 angehoben und gem. § 60 RVG auf seither erteilte Aufträge oder erfolgte Beiordnungen anzuwenden.

Für den **Gebührenwert** gelten nach § 23 Abs. 1 Satz 1 RVG die für das gerichtliche Verfahren maßgeblichen 53 Werte, deren gerichtliche Festsetzung auch für die Anwaltsgebühr bindend ist (§ 32 RVG). In Familiensachen, außer in Beschwerdeverfahren, sind die Wertvorschriften des FamGKG auch dann entsprechend heranzuziehen, wenn für das Verfahren entweder keine gerichtlichen Gebühren oder nur Festgebühren erhoben werden (§ 23 Abs. 1 Satz 2 RVG). Ansonsten ist der Wert für die Anwaltsgebühr in Anlehnung an die Wertvorschriften der KostO oder nach billigem Ermessen zu bestimmen (§ 23 Abs. 2 u 3 RVG), soweit das RVG keine eigenen Wertvorschriften enthält, wie z.B. für Vollstreckungsverfahren in § 25 RVG.

54 **2. Gebühren.** Die Gebühren, die der Anwalt für die Vertretung in den gerichtlichen Verfahren erhält, richtet sich, unabhängig davon, ob es sich um Familiensachen oder sonstige Angelegenheiten der freiwilligen Gerichtsbarkeit (mit Ausnahme der Unterbringungs- und Freiheitsentziehungsverfahren) oder um eine Hauptsache- oder ein EA-Verfahren handelt, einheitlich nach Teil 3 des VV zum RVG (s. dazu ausführlich FA-FamR/*Keske* Kap. 17 Rn. 287 ff.).

55 a) **Wertgebühren in Hauptsache- und EA-Verfahren: Übersicht zu den Gebührensätzen nach Teil 3 Abschnitt 1 und 2 RVG:**

	1. Instanz	2. Instanz	3. Instanz
			–BGH–
Gebührensatz nach VV RVG	Nr. 3100 ff.	Nr. 3200 ff.	Nr. 3208 ff.
Verfahrensgebühr	1,3	1,6	2,3
ermäßigt	0,8	1,1	1,8
Terminsgebühr	1,2	1,2	1,5
ermäßigt	0,5	0,5	0,8
Einigungsgebühr (Nr. 1003 ff.) *bei Anhängigkeit in ..... Instanz sonst 1,5 (Nr. 1000 VV RVG)*	1,0	1,3	1,3

Die Gebühren für Rechtsmittelverfahren gelten wie bei den Gerichtsgebühren nur für Rechtsmittel gegen Endentscheidungen wegen des Hauptgegenstands. In anderen Rechtsmittelverfahren fallen geringere Gebühren an. Die Gebühren in Spalte 3 beziehen sich auf den beim BGH zugelassenen Rechtsanwalt und gelten auch für das Verfahren auf Zulassung der Sprungrechtsbeschwerde, gehen aber bei einem anschließenden Rechtsbeschwerdeverfahren in den Gebühren für dieses auf (§ 19 Nr. 9 RVG). Ein nicht beim BGH zugelassener Anwalt kann mangels wirksamen Verfahrensauftrags stattdessen auch keine Gebühren nach Spalte 1 oder 2 abrechnen, sondern nur Einzeltätigkeiten nach Nr. 3403 VV RVG (BGH NJW 2007, 1461).

56 Für die Tätigkeit im Verfahren als solches entsteht als sog. Betriebsgebühr regelmäßig in jeder Instanz eine pauschale **Verfahrensgebühr**. Bei vorzeitiger Beendigung des Auftrags ermäßigt sie sich je nachdem, in welchem Stadium sich das Verfahren befindet und in welchem Umfang der Anwalt z.B. durch schriftlichen oder mündlichen Vortrag in diesem tätig war. Beschränkt sich seine Tätigkeit in einem familienrechtlichen Genehmigungsverfahren oder in einem sonstigen nicht streitigen FG-Verfahren erster Instanz auf die Einreichung eines Antrags und Entgegennahme einer Entscheidung ohne mündliche oder schriftliche Erörterung der Sache, fällt generell nur die ermäßigte Gebühr an. Die Verfahrensgebühr deckt die Tätigkeit des Anwalts in und für das Verfahren in einer Instanz ab (Gerold/Schmidt/*Mayer* § 15 Rn. 2). Auf sie ist nach Vorb. 3 Abs. 4 VV RVG eine in derselben Angelegenheit entstandene Geschäftsgebühr (nur die gesetzliche, keine vereinbarte: BGH FamRZ 2009, 2082) zur Hälfte, max. mit einem Satz von 0,75 anzurechnen und eine Ratsgebühr voll (§ 34 Abs. 2 RVG). Zum Wahlrecht des Anwalts zur Art und Weise der **Anrechnung** vgl. § 15a RVG (s.a. *Müller-Raabe* NJW 2009, 2913) und zu ihrer Behandlung bei der Kostenfestsetzung s. § 85 Rdn. 13.

57 Für die Wahrnehmung eines Termins verdient der Anwalt die **Terminsgebühr** unabhängig davon, ob es sich um eine Verhandlung, Erörterung, Anhörung oder Beweisaufnahme handelt. Sie erwächst auch für eine auf eine außergerichtliche Einigung zielende Besprechung ohne Beteiligung des Gerichts (Vorb. 3 Abs. 3 VV RVG) – wie der Gesetzgeber durch das 2. KostRMoG (s. Rdn. 52) klargestellt hat, unabhängig davon, ob für das Verfahren eine mündliche Verhandlung vorgeschrieben ist (BT-Drucks. 11471 [neu], S. 247) – und wenn anstelle einer vorgeschriebenen mündlichen Verhandlung im Einverständnis der Beteiligten im schriftlichen Verfahren entschieden wird (Nr. 3104 Anm. 1 Nr. 1 VV RVG). Ob in FG-Sachen die bindend vorgeschriebenen Erörterungstermine einer vorgeschriebenen mündlichen Verhandlung gleichzustellen sind, ist weiterhin umstritten (s. *Schneider* NZFam 2014, 854 m.w.N.). Die Terminsgebühr entsteht grds. für jeden wahrgenommenen Termin, sie kann in einem Rechtszug aber nur einmal, dann aus dem höchsten Gegenstandswert, verlangt werden (§ 15 Abs. 2 RVG). Die auf ZPO-Versäumnisverfahren zugeschnittene Ermäßigung wird in FG-Sachen wegen des Amtsermittlungsgrundsatzes praktisch nur relevant, wenn das Gericht

wegen des Ausbleibens eines Beteiligten den Termin vertagt ohne die Angelegenheit zu erörtern und ohne dass ein (notwendiger) Sachantrag gestellt wird. Für besonders umfangreiche Beweisaufnahmen, für die in mindestens drei gerichtlichen Terminen Sachverständige oder Zeugen vernommen werden, kann nach der durch das 2. KostRMoG angefügten Nr. 1010 VV RVG eine **zusätzliche Beweisgebühr** anfallen (s. *Keske*, FuR 2013, 482).

Durch erfolgreiche Mitwirkung an einer Einigung kann eine **Einigungsgebühr** (Vergleichsgebühr) oder Aussöhnungsgebühr hinzukommen, beide geregelt in Teil 1 des VV. Ist über den Gegenstand der Einigung bereits ein gerichtliches Verfahren (auch über die Verfahrenskostenhilfe) anhängig, fällt im Gegensatz zur Einigung über nicht anhängige Gegenstände (Einigungsgebühr nach Nr. 1000 VV RVG: 1,5) eine geringere Gebühr an, die sich noch danach unterscheidet, in welcher Instanz der betreffende Gegenstand anhängig ist. Die Einigungsgebühr kann auch in Nebenverfahren oder durch außergerichtliche Einigung verdient werden (zur Festsetzung im Kostenfestsetzungsverfahren in diesem Fall s. § 85 Rdn. 8). Für Einigungen über nicht oder nicht im selben gerichtlichen Verfahren anhängige Ansprüche (**Mehrvergleich**) entstehen darüber hinaus eine ermäßigte Verfahrensgebühr und ggf. auch eine Terminsgebühr als sog. Differenzgebühren (s. i.E. Gerold/Schmidt/*Müller-Rabe* VV 3101 Rn. 79 ff. und zur Erstattung bei Vkh § 76 Rdn. 29 f.). 58

Vertritt ein Anwalt mehrere Beteiligte hinsichtlich desselben Verfahrensgegenstandes, steht ihm ein **Mehrvertretungszuschlag** auf die Verfahrensgebühr zu (§ 7 RVG i.V.m. Nr. 1008 VV RVG). Er beträgt für jede weitere Person 0,3 und ist auf max. 2,0 begrenzt (zur Erhöhung bei Betragsrahmen oder Festgebühren s.u. Rdn. 61). 59

b) Sonstige Verfahren. Die oben aufgeführten Gebührensätze für die Verfahrens- und Terminsgebühr gelten nicht in **Vollstreckungsverfahren** (s. Nr. 3309 VV RVG) für (sofortige) **Beschwerden und Rechtsbeschwerden** über Neben- und Zwischenentscheidungen und in der Vollstreckung, für die im Abschnitt 5 des VV geringere Sätze vorgesehen sind. 60

Für die Verfahren, die **Freiheitsentziehungs- und Unterbringungssachen** (auch von Minderjähren) betreffen, fällt die Verfahrens- und Terminsgebühr in jedem Rechtszug als Betragsrahmengebühren nach Nr. 6300 ff. VV RVG an. Die Verfahrensgebühr deckt ähnlich wie in Strafverfahren auch die Einlegung eines Rechtsmittels ab (§ 19 Nr. 10 RVG). Vertritt der Anwalt mehrere Beteiligte, erhöht sie sich um den Mehrvertretungszuschlag (30 % pro weiteren Auftraggeber, max. auf 200 %, § 7 RVG i.V.m. Nr. 1008 VV RVG). 61

c) Verkehrsanwalt, Terminsvertreter. Der **Terminsvertreter**, der vom Hauptbevollmächtigten namens des Mandanten oder von diesem selbst beauftragt ist, verdient sowohl eine Verfahrens- als auch eine Terminsgebühr (zur Erstattungsfähigkeit s.o. Rdn. 51). Die **Verfahrensgebühr** beträgt die Hälfte der dem Hauptbevollmächtigten nach Nr. 3100 ff. VV RVG zustehenden Gebühr (Nr. 3401 VV RVG), die **Terminsgebühr** erwächst in ungekürzter Höhe (Nr. 3402 VV RVG). Beide Gebühren errechnen sich aus dem Wert des zur Verhandlung stehenden Gegenstands, der sich auf einen Teilwert des Gesamtwerts des Verfahrens beschränken kann. Endet der Auftrag bevor der Termin begonnen hat, reduziert sich die Verfahrensgebühr auf max. 0,5 (Nr. 3405 VV RVG). 62

Beschränkt sich der Auftrag des Anwalts auf die Vermittlung des Verkehrs des Mandanten mit dem Verfahrensbevollmächtigten (**Verkehrsanwalt**), kann er grds. eine **Verfahrensgebühr** i.H.d. dem Verfahrensbevollmächtigten zustehenden Gebühr beanspruchen, höchstens aber einen Gebührensatz von 1,0 und bei Betragsrahmengebühren 260 € (Nr. 3400 VV RVG). Zur Erstattungsfähigkeit s.o. Rdn. 51. 63

Daneben können beide auch die **Einigungsgebühr** verdienen, wenn sie ursächlich beim Abschluss einer Einigung mitwirken. 64

3. Auslagen. Ersatz von Auslagen kann der Anwalt neben den Gebühren nur für die im Vergütungsverzeichnis in Teil 7 abschließend aufgeführten Auslagen beanspruchen. I.Ü. gelten die Gebühren auch die allgemeinen Geschäftsunkosten ab. 65

Für Post- und Telekommunikationsdienstleistungen können die Auslagen entweder konkret oder als **Kommunikationspauschale** mit 20 % der Gebühren, höchstens aber 20 €, erhoben werden (Nr. 7002 VV RVG). *Ein Anspruch auf die Pauschale besteht nur, wenn auch Porto- oder Telefonkosten und Ähnliches entstanden sind.* 66

Für das Kopieren, Faxen oder Scannen (OLG Bamberg NJW 2006, 3504) von Dokumenten kann eine **Dokumentenpauschale** für die ersten 50 Kopien 0,50 € pro Seite berechnet werden und für jede weitere 0,15 €. Für Farbkopien und die Überlassung elektronischer Dateien gelten besondere Sätze. Dienen die Ko- 67 pien der gebotenen Unterrichtung anderer Verfahrensbeteiligter oder des Mandanten, gehören die jeweils ersten 100 Kopien zu den nicht ersatzfähigen Geschäftsunkosten (s.o. Rdn. 65).

68 **Reisekosten** sind ebenfalls zu erstatten, wenn das Reiseziel außerhalb der (politischen) Gemeinde liegt, in der sich die Kanzlei oder der Wohnort des Anwalts befindet (s. Teil 7 Vorb. 7 Abs. 2 VV RVG). Das gilt auch für Fahrten zu dem Gericht, in dessen Bezirk der Anwalt niedergelassen ist (BGH NJW 2100, 3520 Rn. 6). Wird die Reise in Erfüllung mehrerer Aufträge unternommen, sind die Gesamtkosten verhältnismäßig aufzuteilen (Vorb. 7 Abs. 1 VV RVG). Zu den Reisekosten gehören neben den reinen Fahrtkosten pauschale Tage- und Abwesenheitsgelder sowie sonstige Ausgaben (z.B. Übernachtungskosten, Parkgebühren), s. Nr. 7005 VV RVG.

69 Darüber hinaus ist dem Anwalt nach Vorb. 7 Abs. 1 Satz 2 VV RVG i.V.m. §§ 675, 670 BGB **Aufwendungsersatz** zu leisten für von ihm für den Mandanten verauslagte Kosten (Gerichtskosten, Gebühren für Anfragen und Auskünfte, Aktenversendungspauschale etc).

70 Nach Nr. 7008 VV RVG ist auch die auf die Gebühren und Auslagen anfallende **USt** zu erstatten. Das gilt auch beim Aufwendungsersatz, der, soweit es sich nicht um einen durchlaufenden Posten handelt, ebenfalls ein nach § 10 UStG steuerpflichtiges Entgelt darstellt (s. dazu *Sterzinger* NJW 2008, 11254).

71 **III. Sonstige Aufwendungen des Beteiligten.** Den Verfahrensbeteiligten können neben den aufgewendeten Kosten ihres Anwalts weitere Kosten für die Durchführung des Verfahrens erwachsen, die in gleicher Weise erstattungsfähig sind wie die Anwaltskosten. Anders als der Anwalt muss ein Verfahrensbeteiligter seine Aufwendungen i.d.R. konkret berechnen und kann keine Pauschalen ansetzen. Die Kosten verursachenden Tätigkeiten müssen für das Verfahren oder für die Verfolgung der eigenen Rechtsposition in ihm zumindest förderlich sein, um erstattet zu werden. Die Kosten, die eine angeordnete Maßnahme selbst verursacht – z.B. die Zahlungen des Mündels oder des Betreuten für die Vergütung oder den Aufwendungsersatz eines bestellten Vormunds, Pflegers oder Betreuers –, fallen nicht darunter. Anders ist dies m.E., wenn für ein bestimmtes Verfahren ein Ergänzungspfleger oder -betreuer bestellt wurde, weil der gesetzliche Vertreter oder der Hauptbetreuer den Beteiligten aus Rechtsgründen nicht vertreten darf. Dann sind diese Kosten, soweit sie nicht nach § 1835 BGB von der Staatskasse übernommen werden, notwendige Vorbereitungskosten (s.u.). Sie zählen nicht zu den gerichtlichen Auslagen (s. Nr. 2000-2015 KV FamGKG Rdn. 29).

72 Im Einzelnen handelt es sich um **verfahrensvorbereitende oder -begleitende Aufwendungen** etwa für Porto, Kopien oder Lichtbilder oder Gebühren für die Einholung von Auskünften, insb. wenn sie das Gericht angefordert hat. Kosten für eigene Sachverhaltsaufklärung durch einen Detektiv oder für ein **Privatgutachten** bzw. für die Beziehung eines privaten Sachverständigen in der mündlichen Verhandlung können im Hinblick auf den in FG-Verfahren herrschenden Amtsermittlungsgrundsatz nur ausnahmsweise zu den notwendigen Aufwendungen eines Beteiligten gehören (OLG Köln FamRZ 2013, 319). Zu solchen Ausnahmen gehören z.B. Kosten, die für die Einschaltung eines **Detektivs** anfallen, um den Aufenthalt eines versteckten Kindes ausfindig zu machen (BGH FamRZ 1990, 966; s.a. BGH FamRZ 2013, 1390 zur Erforderlichkeit), oder wenn die Grundlage für einen verfahrensnotwendigen Antrag nur durch einen Sachverständigen beschafft werden konnte (Rahm/Künkel/*Schwonberg*, 9. Kap. Rn. 199;). Dasselbe muss in Anlehnung an die Grundsätze für die Erforderlichkeit einer anwaltlichen Beiordnung (s. § 78 Rdn. 10) gelten, wenn ein Beteiligter nur durch Einschaltung eines Privatgutachters zu einem gerichtlich eingeholten Gutachten sachgerecht Stellung nehmen kann. Zur Erstattungsfähigkeit im Kostenfestsetzungsverfahren ist nicht erforderlich, dass das Privatgutachten im Verfahren verwendet oder vorgelegt wird (BGH NJW 2012, 1370; 2013, 1823). **Reisekosten zur Information des Verfahrensbevollmächtigten** sind i.d.R. erstattungsfähig (OLG Nürnberg MDR 2001, 597). Die durch Reisen, Fertigung von Schreiben ua **versäumte Zeit** ist nicht zu entschädigen (Keidel/*Zimmermann* § 80 Rdn. 49), anders bei der Wahrnehmung von gerichtlichen Terminen (s.u.). Zu den Vorbereitungskosten zählen auch die im Verfahren über die Bewilligung von **Verfahrenskostenhilfe** hinaus erwachsenen Anwaltskosten, die aber nur eingeschränkt erstattungsfähig sind (s. dazu § 76 Rdn. 125).

73 **Reisekosten** eines Verfahrensbeteiligten **zur Teilnahme an einem gerichtlichen** oder von einem Sachverständigen bestimmten **Termin** stellen, auch wenn er anwaltlich vertreten ist und das persönliche Erscheinen nicht angeordnet war, regelmäßig notwendige Aufwendungen dar, zumindest i.H.d. für die Entschädigung von Zeugen geltenden Bestimmungen der §§ 19 i.V.m. 5, 6 Abs. 2 JVEG (OLG Braunschweig FamRZ 2012, 1514, auch zur Höhe, wenn der Beteiligte aus dem Ausland anreist). Zusätzlich hat er nach § 80 Satz 2 FamFG i.V.m. § 91 Abs. 1 Satz 2 ZPO auch Anspruch auf **Erstattung von Zeitversäumnissen** oder Ver-

Abschnitt 7. Kosten § 80

dienstausfall nach §§ 20, 22 JVEG. Die Erstattung steht auch juristischen Personen für die Entsendung eines Vertreters oder Mitarbeiters zu (BGH NJW 2009, 1001). Das gilt allerdings nicht für juristische Personen des öffentlichen Rechts oder Behörden, wenn sie mit der Teilnahme am Termin eine ihnen gesetzlich zugewiesene Aufgabe erfüllen (BGH FamRZ 2014, 1387 m.w.N.).

Zu den persönlichen Aufwendungen zählen auch **Gerichtskostenvorschüsse**, die die Beteiligten während des Verfahrens oder vor seiner Einleitung auf Gebühren und Auslagen vorausbezahlt haben. Soweit diese Kosten später durch gerichtliche Entscheidung einem anderen Beteiligten auferlegt werden bzw. dieser sich zur Übernahme vergleichsweise verpflichtet hat, werden sie dem Vorschusspflichtigen i.d.R. nicht aus der Staatskasse zurückgezahlt, sondern auf die Kostenschuld des Entscheidungs- oder Übernahmeschuldners angerechnet (v. Eicken/Hellstab/*Mathias* Teil B Rn. 443; §§ 21 bis 27 FamGKG Rdn. 3 ff.), der insoweit erstattungspflichtig ist (s. § 85 Rdn. 9). Zu den Besonderheiten bei Bewilligung von Verfahrenskostenhilfe s. § 76 Rdn. 55. 74

D. Wertgebührentabelle. Grundgebühren nach dem RVG und den gerichtlichen Kostengesetzen: 75

Wert bis einschl. ... Euro	Grundgebühr in ... Euro nach			
	RVG		GKG/FamGKG/	
	§ 13	§ 49	GNotKG (A)	GNotKG (B)
500,00	45,00	45,00	35,00	15,00
1.000,00	80,00	80,00	53,00	19,00
1.500,00	115,00	115,00	71,00	23,00
2.000,00	150,00	150,00	89,00	27,00
3.000,00	201,00	201,00	108,00	33,00
4.000,00	252,00	252,00	127,00	39,00
5.000,00	303,00	257,00	146,00	45,00
6.000,00	354,00	267,00	165,00	51,00
7.000,00	405,00	277,00	184,00	57,00
8.000,00	456,00	287,00	203,00	63,00
9.000,00	507,00	297,00	222,00	69,00
10.000,00	558,00	307,00	241,00	75,00
13.000,00	604,00	321,00	267,00	83,00
16.000,00	650,00	335,00	293,00	91,00
19.000,00	696,00	349,00	319,00	99,00
22.000,00	742,00	363,00	345,00	107,00
25.000,00	788,00	377,00	371,00	115,00
30.000,00	863,00	412,00	406,00	125,00
35.000,00	938,00	447,00	441,00	135,00
40.000,00	1.013,00	447,00	476,00	145,00
45.000,00	1.088,00	447,00	511,00	155,00
50.000,00	1.163,00	447,00	546,00	165,00
65.000,00	1.248,00	447,00	666,00	192,00

Wert bis einschl. ... Euro	Grundgebühr in ... Euro nach			
	RVG		GKG/FamGKG/	
	§ 13	§ 49	GNotKG (A)	GNotKG (B)
80.000,00	1.333,00	447,00	786,00	219,00
95.000,00	1.418,00	447,00	906,00	246,00
110.000,00	1.503,00	447,00	1.026,00	273,00
125.000,00	1.588,00	447,00	1.146,00	300,00
140.000,00	1.673,00	447,00	1.266,00	327,00
155.000,00	1.758,00	447,00	1.386,00	354,00
170.000,00	1.843,00	447,00	1.506,00	381,00
185.000,00	1.928,00	447,00	1.626,00	408,00
200.000,00	2.013,00	447,00	1.746,00	435,00
230.000,00	2.133,00	447,00	1.925,00	485,00
260.000,00	2.253,00	447,00	2.104,00	535,00
290.000,00	2.373,00	447,00	2.283,00	585,00
320.000,00	2.493,00	447,00	2.462,00	635,00
350.000,00	2.613,00	447,00	2.641,00	685,00
380.000,00	2.733,00	447,00	2.820,00	735,00
410.000,00	2.853,00	447,00	2.999,00	785,00
440.000,00	2.973,00	447,00	3.178,00	835,00
470.000,00	3.093,00	447,00	3.357,00	885,00
500.000,00	3.213,00	447,00	3.536,00	935,00
Ausgewählte höhere Werte:				
1.000.000,00	4.713,00	447,00	5.336,00	1.735,00
3.000.000,00	10.713,00	447,00	12.536,00	4.935,00

§ 81 Grundsatz der Kostenpflicht. (1) ¹Das Gericht kann die Kosten des Verfahrens nach billigem Ermessen den Beteiligten ganz oder zum Teil auferlegen. ²Es kann auch anordnen, dass von der Erhebung der Kosten abzusehen ist. ³In Familiensachen ist stets über die Kosten zu entscheiden.
(2) Das Gericht soll die Kosten des Verfahrens ganz oder teilweise einem Beteiligten auferlegen, wenn
1. der Beteiligte durch grobes Verschulden Anlass für das Verfahren gegeben hat;
2. der Antrag des Beteiligten von vornherein keine Aussicht auf Erfolg hatte und der Beteiligte dies erkennen musste;
3. der Beteiligte zu einer wesentlichen Tatsache schuldhaft unwahre Angaben gemacht hat;
4. der Beteiligte durch schuldhaftes Verletzen seiner Mitwirkungspflichten das Verfahren erheblich verzögert hat;
5. der Beteiligte einer richterlichen Anordnung zur Teilnahme an einem kostenfreien Informationsgespräch über Mediation oder über eine sonstige Möglichkeit der außergerichtlichen Konfliktbeilegung nach § 156 Absatz 1 Satz 3 oder einer richterlichen Anordnung zur Teilnahme an einer Bera-

tung nach § 156 Absatz 1 Satz 4 nicht nachgekommen ist, sofern der Beteiligte dies nicht genügend entschuldigt hat.
(3) Einem minderjährigen Beteiligten können Kosten in Kindschaftssachen, die seine Person betreffen, nicht auferlegt werden.
(4) Einem Dritten können Kosten des Verfahrens nur auferlegt werden, soweit die Tätigkeit des Gerichts durch ihn veranlasst wurde und ihn ein grobes Verschulden trifft.
(5) Bundesrechtliche Vorschriften, die die Kostenpflicht abweichend regeln, bleiben unberührt.

Übersicht

	Rdn.		Rdn.
A. Regelungsgehalt und Geltungsbereich	1	E. Gebundenes Ermessen, Regelbeispiele	
B. Kosten des Verfahrens	4	(Abs. 2)	31
C. Pflicht zur Kostenentscheidung	7	I. Bedeutung	31
I. Verpflichtende Kostenentscheidung	8	II. Regelbeispiele	33
II. Gebotene Kostenentscheidung	10	1. Schuldhafte Veranlassung des Verfahrens (Nr. 1)	33
III. Unzulässige Kostenentscheidung	11	2. Aussichtsloser Antrag (Abs. 2 Nr. 2)	34
D. Kostenentscheidung nach Billigkeit (Abs. 1)	13	3. Unwahre Angaben (Abs. 2 Nr. 3)	35
I. Möglichkeiten und Inhalt der Entscheidung	13	4. Verfahrensverzögerung (Abs. 2 Nr. 4)	37
II. Ermessensgebrauch	17	5. Verstoß gegen Beratungsauflage (Abs. 2 Nr. 5)	38
1. Grundsätze	17	III. Persönliche Beschränkung (Abs. 3)	39
2. Einzelheiten	19	IV. Kostentragung Dritter (Abs. 4)	42
3. Einzelfälle	24		
a) Familiensachen	24		
b) sonstige FG-Sachen	30		

A. Regelungsgehalt und Geltungsbereich. Die Vorschrift normiert zusammen mit den sie ergänzenden §§ 82 bis 84 erstmals **allgemeine Grundsätze für die Kostenentscheidung in den Angelegenheiten der freiwilligen Gerichtsbarkeit**, einschließlich derjenigen Familiensachen, in denen sich das Verfahren ausschließlich nach dem FamFG richtet (selbstständige FG-Familiensachen; zu den übrigen Familiensachen s. Rdn. 3). § 81 eröffnet eine Entscheidung über sämtliche Kosten des Verfahrens im Sinne von § 80 Satz 1 und damit die Möglichkeit, nicht nur über eine Erstattung außergerichtlicher Aufwendungen der Verfahrensbeteiligten, sondern anders als vormals nach § 13a FGG in sämtlichen Verfahren auch über das Tragen der gerichtlichen Gebühren und Auslagen zu entscheiden. Als Richtschnur gilt **billiges Ermessen**. Es erstreckt sich insb. auch darauf, ob überhaupt eine Entscheidung über die Kosten sachgerecht ist (BGH FamRZ 2014, 744 Rn. 11). Eine **Kostenentscheidung** ist somit in FG-Verfahren, **außer in Familiensachen** und in speziellen Regelungen für einzelne Verfahren (s. Rdn. 2), nach wie vor auch für echte Streitverfahren der fG **nicht zwingend** vorgeschrieben (BT-Drucks. 16/6308 S. 215). Ergeht keine Entscheidung über die Kosten verbleibt es für die Gerichtskosten bei den maßgeblichen Regelungen der Gerichtskostengesetze (s. §§ 22 ff. GNotKG und dazu § 80 Rdn. 42 ff.) und außergerichtliche Kosten werden nicht erstattet. Vorgaben bei der Ausübung des Ermessens macht der Gesetzgeber dem Gericht in Abs. 2 bis 4 (s.u.) sowie in § 83 Abs. 1 für Verfahren, die durch Vergleich beendet werden, und in § 84 für den Fall eines erfolglos eingelegten Rechtsmittels.

Die Regelung wird durch eine Reihe von **Sonderregeln** ergänzt, z.B. über die Kosten in Zwangs- und Ordnungsmittelverfahren (§§ 35, 92, 389), in Scheidungsverbundsachen (§ 150), bei Anfechtung der Vaterschaft (§ 183), in Betreuungs-, Unterbringungs- und Freiheitsentziehungssachen (§§ 307, 337, 430), bei Entziehung oder Kraftloserklärung eines Erbscheins (§ 353) und in Register- und Unternehmenssachen (§§ 393, 399). In den meisten dieser Fälle ist die Entscheidung über die Kosten mit inhaltlichen Vorgaben verpflichtend (s. Rdn. 9). Nicht nur in Familiensachen, sondern anders als in der KostO auch im diese ablösenden GNotKG auch für die übrigen Verfahren der freiwilligen Gerichtsbarkeit enthalten die **Gerichtskostengesetze keine Rechtsgrundlage für die gerichtliche Kostenentscheidung** mehr (anders noch die KostO, die zum 01.08.2013 durch das GNotKG abgelöst wurde, s. Keske FuR 2013, 633). Unberührt bleiben gem. § 81 Abs. 5 die in anderen Bundesgesetzen enthaltenen Regelungen zur Kostentragung.

Die in §§ 81 ff. geregelten allgemeinen Grundsätze der Kostenentscheidung sind gem. § 51 Abs. 4 auch in **einstweiligen Anordnungsverfahren** (s. dazu ausführlich § 51 Rdn. 44 ff.) sowie in den **Vollstreckungsver-**

§ 81

fahren nach dem FamFG (ohne § 83; s. § 87 Rdn. 8) anzuwenden. Sie gelten dagegen **nicht** für Verfahren in **Ehe- und Familienstreitsachen** und den **Folgesachen im Scheidungsverbund** (s. § 113 Rdn. 4); für sie richtet sich die Kostenentscheidung nach § 113 Abs. 1 Satz 2, 117 Abs. 2 FamFG i.V.m. §§ 91 ff., 269 Abs. 3 und 516 Abs. 3 ZPO und den speziellen Regelungen im 2. Buch des FamFG (s. z.B. zum Scheidungsverbund § 150 Rdn. 2 ff.). Zur Kostenentscheidung bei Verbindung einer Familienstreitsache mit einer FG-Sache, z.B. einer Unterhaltssache mit einem Vaterschaftsfeststellungsverfahren s. § 183 Rdn. 19.

4 **B. Kosten des Verfahrens.** Gegenstand der Kostenentscheidung sind gem. § 81 Abs. 1 Satz 1 i.V.m. mit § 80 **Gerichtskosten** (Gebühren und Auslagen) und die zur Durchführung des Verfahrens notwendigen Aufwendungen der Beteiligten. Die Gebühren, die die Staatskasse in dem jeweiligen Verfahren erheben kann, richten sich in Familiensachen nach dem FamGKG (s. dazu § 80 Rdn. 6 ff. und ausführlich § 3 FamGKG Rdn. 11 ff.) und in den übrigen Angelegenheiten der freiwilligen Gerichtsbarkeit 01.08.2013 nach dem GNotKG (s. Übersicht § 80 Rdn. 11 ff.). Hinzu kommen die in beiden Kostengesetzen weitgehend gleich geregelten Auslagen (§ 80 Rdn. 37 ff.). Die Gerichtskostengesetze regeln zwar auch, von wem und in welcher Reihenfolge die Staatskasse die Zahlung der Gebühren und Auslagen beanspruchen kann (**Kostenhaftung** s. § 80 Rdn. 41 ff.). Die Regelungen betreffen aber nur das Verhältnis zwischen Staatskasse und den dort bestimmten Kostenschuldnern. Danach haftet z.B. der Antragsteller i.d.R. für die gerichtlichen Kosten eines Antragsverfahrens oder für bestimmte Auslagen derjenige, der die sie verursachende Tätigkeit beantragt hat. Trifft das Gericht keine oder keine abweichende Entscheidung, verbleibt es dabei (s. Rdn. 2). Die Kostenentscheidung schafft der Staatskasse lediglich einen weiteren Kostenschuldner, der die Haftung anderer nachrangig werden lässt oder u.U. auch ganz ausschließt.

5 Die **notwendigen Aufwendungen der Verfahrensbeteiligten** lassen sich nicht so eindeutig bestimmen. Zwar gibt es einen Katalog von Aufwendungen, die grds. als notwendig anerkannt werden können. Sie setzen sich zusammen aus der Vergütung, die ein Verfahrensbeteiligter seinem Anwalt schuldet (§ 80 Rdn. 52 ff.) und sonstigen Aufwendungen, die ihm in Vorbereitung oder zur sachgerechten Mitwirkung am Verfahren entstehen, einschließlich einer Entschädigung für Zeitversäumnisse oder Verdienstausfall bei Wahrnehmung eines Termins (s. § 80 Rdn. 71 f.). Sie sind aber **nicht in jedem Verfahren** und für jeden Beteiligten in gleicher Weise **erstattungsfähig**, sondern nur in dem Umfang, in dem sie nach objektiven und subjektiven Maßstäben zur Durchsetzung der eigenen Rechtsposition oder der Wahrung der Mitwirkungsrechte notwendig sind. Das gilt in FG-Verfahren auch für die durch die **Hinzuziehung eines Anwalts** verursachten Kosten, vgl. § 80 Rdn. 49 f.). Da § 80 Satz 2 nicht auf § 91 Abs. 2 ZPO verweist, ist die dem Anwalt für das FG-Verfahren geschuldete Vergütung nicht wie im Zivilprozess bzw. in Familienstreitsachen zwingend zu erstatten (OLG Nürnberg FamRZ 2012, 735 m.w.N.). Über die Erstattungsfähigkeit der Aufwendungen grds. erst in dem die Kostengrundentscheidung ausführenden Kostenfestsetzungsverfahren (§ 85 Rdn. 6 ff.) verbindlich entschieden wird, müssen sie zwangsläufig von der Kostengrundentscheidung dem Grunde nach erfasst werden. Das Gericht ist aber nicht gehindert, die Erstattung bestimmter Aufwendungen, z.B. der Anwaltskosten, mit bindender Wirkung für das Festsetzungsverfahren anzuordnen oder sie von der Erstattung auszunehmen (Keidel/*Zimmermann* § 84 Rn. 4; OLG Stuttgart JurBüro 1990, 93).

6 Von der Kostengrundentscheidung werden nicht nur die Kosten derjenigen **Verfahrensgegenstände** erfasst, über die in der Endentscheidung noch zu befinden ist, sondern auch diejenigen, die zwar im Laufe des Verfahrens zur Entscheidung des Gerichts gestellt wurden, sich aber bereits durch Teilentscheidung, Vergleich, Rücknahme oder auf andere Weise erledigt haben. Sie umfasst auch die nach § 20 zum Verfahren verbundenen, nicht aber die Kosten der von ihm abgetrennten Verfahrensteile. S. dazu ausführlich § 82 Rdn. 4 ff.

7 **C. Pflicht zur Kostenentscheidung.** Das FamFG enthält im Gegensatz zur ZPO **keine allgemeine Verpflichtung**, über die Verfahrenskosten zu entscheiden (BGH FamRZ 2014, 744 Rn. 11; BT-Drucks. 16/1608, S. 215). Außer in Familiensachen bleibt es dem Gericht in den meisten Verfahren überlassen, nach pflichtgemäßem Ermessen zu entscheiden, ob eine Kostenentscheidung veranlasst ist.

8 **I. Verpflichtende Kostenentscheidung.** Eine generelle Pflicht zur Kostenentscheidung ist nur in **Familiensachen** vorgeschrieben (§ 81 Abs. 1 Satz 2). Dies resultiert auch aus der Angleichung des Gerichtskostenrechts in Familiensachen an das GKG durch das FamGKG (s. Vorbem. zu §§ 80 bis 85 Rdn. 1 ff.). Ohne einen »Entscheidungsschuldner« könnten sonst in den von Amts wegen eingeleiteten Familiensachen Gebühren und Auslagen vielfach gar nicht erhoben werden.

9 In **anderen Verfahren**, in denen sich die Gebühren nach dem GNotKG richten, sieht das FamFG eine *Kostenentscheidung für sämtliche Verfahren* einmal bei **erfolglosen Rechtsmitteln** vor (s. dazu § 84

Abschnitt 7. Kosten § 81

Rdn. 4 ff.).und zum anderen als Kostenstrafe, wenn ein Beteiligter sich einer der in § 81 Abs. 2 aufgezählten Verfehlungen schuldig gemacht hat (s. Rdn. 31 ff.). Daneben schreibt FamFG für bestimmte Verfahren oder einzelne Maßnahmen eine Kostenentscheidung vor: So sind mit der **Anordnung von Zwangsmitteln** nach §§ 35, 89 und 90 oder Zwangs- und Ordnungsgeldern nach § 389 und § 392 dem Verpflichteten zugleich die Kosten der Maßnahme aufzuerlegen (s. § 35 Abs. 3 Satz 2, § 92 Rdn. 4, § 389 Rn. 17, § 392 Rdn. 40). Dasselbe gilt bei der **Entziehung oder Kraftloserklärung** eines Erbscheins oder sonstiger vom Nachlassgericht erteilter Zeugnisse (s. § 353 Rdn. 10 f.) sowie unter dem Vorbehalt der Unbilligkeit bei der Zurückweisung des Widerspruchs gegen die Löschung einer Firma oder die Auflösung einer Aktiengesellschaft (s. § 393 Rdn. 51, § 399 Rdn. 42). In Betreuungs-, **Unterbringungs- und Freiheitsentziehungssachen** muss das Gericht unter bestimmten Voraussetzungen eine Kostenerstattung anordnen (s. § 307 Rdn. 2 ff.; § 337 Rdn. 5 ff. und § 430 Rdn. 5 ff.).

II. Gebotene Kostenentscheidung. Wird keine Kostenentscheidung getroffen, gelten in den Verfahren, deren Gebühren sich nach dem GNotKG richten, für die gerichtlichen Kosten die Haftungsregelungen der §§ 22 bis 28, 32, 33 GNotKG und eine Erstattung außergerichtlicher Kosten findet nicht statt. In den einseitigen Verfahren bedarf es i.d.R. keiner Entscheidung über die Erstattung außergerichtlicher Kosten, weil selbst bei erfolgreichen Beschwerden eine Auferlegung auf die Staatskasse nicht möglich ist (s. Rdn. 42 auch zu den Ausnahmen). Hinsichtlich der Gerichtskosten enthält das GNotKG für viele Verfahren sachgerechte und z.T. sehr differenzierte Regelungen zum Kostenschuldner (s. § 80 Rdn. 42 ff. und zu den einzelnen Verfahren Rdn. 14 ff.), von denen abzuweichen im Allgemeinen kein Anlass besteht. Eine **Kostenentscheidung** ist dann **geboten**, wenn entweder die Belastung eines Beteiligten mit seinen Aufwendungen für das Verfahren oder seine (alleinige) Haftung für die gerichtlichen Kosten – i.d.R. als Antragsteller, Erbe oder Betroffener – unbillig erscheint. Dies ist vor allem zu prüfen, wenn sich Verfahrensbeteiligte mit widerstreitenden Interessen gegenüberstehen und einer von ihnen in vollem Umfang obsiegt (s. Rdn. 19) oder wenn eines der in § 82 Abs. 2 genannten Regelbeispiele (s. Rdn. 33 ff.) für eine anderweitige Kostenverteilung spricht. In manchen Verfahren schreibt das FamFG ausdrücklich eine **Billigkeitsprüfung** vor, so in Betreuungssachen (§ 307), in bestimmten Unterbringungssachen (§ 337 Abs. 1). Darüber hinaus sollte das Gericht eine Kostenentscheidung treffen, wenn sich das **Verfahren erledigt** hat und ein Beteiligter sie beantragt (KG FGPrax 2012, 207; Keidel/*Zimmermann* § 83 Rn. 12).

III. Unzulässige Kostenentscheidung. In Verfahren über die **Verfahrenskostenhilfe** ist eine Kostenentscheidung nicht zu treffen, da in den Verfahren, ausgenommen für die Zurückweisung der Beschwerde, Gebühren nicht erhoben werden und die Beteiligten im Verfahrenskostenhilfeverfahren auch keinen Anspruch auf Erstattung ihrer Kosten haben (s. § 76 Rdn. 123 f.); im Vergleichswege übernommene Kosten können allerdings erstattet und auch im Kostenfestsetzungsverfahren tituliert werden (KG JurBüro 2008, 29). Keine Kostenentscheidung enthalten Entscheidungen über **Beschwerden gegen verfahrensleitende Beschlüsse**, die sich vom Hauptsacheverfahren nicht trennen lassen und auch keine gesonderten Gebühren auslösen, wie z.B. der Aussetzungsbeschluss. Sie sind Teil der Kosten des Rechtsstreits, über die im Rahmen der Entscheidung in der Hauptsache zu entscheiden ist (BGH FamRZ 2006, 1268). Dasselbe gilt grds. auch für die in den Kostengesetzen (§§ 81 ff., 127 ff. GNotKG, 59 FamGKG; 11, 33 RVG) geregelten **Kostenbeschwerden**, für die ebenfalls gerichtliche Kosten – ausgenommen für die Zurückweisung des gegen einen Beschluss nach § 11 RVG eingelegten Rechtsmittels – nicht erhoben werden und die Kostenerstattung in sämtlichen Verfahren ausdrücklich ausgeschlossen ist. Eine Ausnahme macht die Rspr. allerdings bei unstatthaften Kostenbeschwerden (s. § 57 FamGKG Rdn. 15).

D. Kostenentscheidung nach Billigkeit (Abs. 1). I. Möglichkeiten und Inhalt der Entscheidung. Nach § 81 Abs. 1 **Satz 1** kann das Gericht die Kosten des Verfahrens nach billigem Ermessen den Beteiligten ganz oder z.T. auferlegen. Soweit nicht eine Entscheidung über die Kosten im Ganzen, d.h. über die gerichtlichen und außergerichtlichen Kosten, vorgeschrieben ist (wie z.B. in Familiensachen, s.o. Rdn. 8), steht es dem Gericht frei, nur über einzelne Kostenteile zu befinden: Es kann nur über die gerichtlichen Kosten entscheiden oder nur die Erstattung der notwendigen Aufwendungen eines oder mehrerer Verfahrensbeteiligter durch andere Beteiligte anordnen. In diesem Fall richtet sich die Haftung für die Gerichtskosten allein nach den Kostengesetzen, die weder eine gleichmäßige noch anteilige Belastung der Verfahrensbeteiligten vorsehen (OLG München FamRZ 2012, 1895; s.a. § 80 FamFG Rdn. 42 ff.). Über das Tragen der **gerichtlichen Kosten** und die Erstattung der **notwendigen Aufwendungen** der Beteiligten ist grds. **getrennt zu entscheiden** (OLG Brandenburg FamRZ 2006, 279; *Finke* FPR 2010, 331; Keidel/*Zimmermann* § 81 Rn. 8; s.a.).

Denn außer in Ehesachen verwendet das FamFG den Begriff der Kostenaufhebung nicht und definiert ihn daher auch nicht wie die ZPO (vgl. § 92 Abs. 1 Satz 2 ZPO). In FG-Sachen sollte stattdessen die Teilung der Gerichtskosten und die Nichterstattung außergerichtlicher Kosten angeordnet werden wie dies in. z.B. § 83 Abs. 1 oder § 183 vorgibt (s.a. Keidel/*Zimmermann* § 81 Rn. 10 und OLG Frankfurt FamRZ 2013, 900 jeweils zu Problemen bei der Auslegung einer titulierten »Kostenaufhebung«). Die §§ 81 ff. schließen es nicht aus.

Die Anordnung der **Erstattung außergerichtlicher Kosten** setzt voraus, dass mehrere mit zumindest teilweise **gegensätzlichen Interessen** am Verfahren beteiligt sind (Prütting/Helms/Feskorn § 81 Rn. 5) Keidel/ *Zimmermann* § 81 Rn. 40). Es sei denn, die Kosten können ausnahmsweise einem Dritten auferlegt werden (s. Rdn. 42). In **einseitig geführten Verfahren** scheidet die Auferlegung von außergerichtlichen Kosten ansonsten aus. Insbesondere können sie mit Ausnahme der in §§ 307, 337 geregelten Fälle nicht der Staatskasse auferlegt werden, denn sie ist weder Beteiligte noch Dritte i.S.d. Abs. 4 (s. Rdn. 42). Sollen mehrere Verfahrenbeteiligte einem anderen die notwendigen Aufwendungen erstatten, sollten bei einer **Mehrheit von Kostenschuldnern** die **Haftungsanteile konkretisiert** werden. Da das FamFG eine dem § 100 ZPO vergleichbare Regelung für die Haftung mehrerer Beteiligter nebeneinander nicht enthält, gilt sonst § 420 BGB und sie haften im Zweifel nach Kopfteilen (vgl. Keidel/*Zimmermann* § 81 Rn. 15 m.w.N.). Billigkeitserwägungen können eine davon abweichende Verteilung rechtfertigen (BayObLG Rpfl 1977, 26). Sowohl bei den gerichtlichen Kosten als bei den außergerichtlichen Kosten können einzelne **ausscheidbare Kosten** (z.B. für ein Gutachten oder die Reisekosten eines Verfahrensbeteiligten) einem oder mehreren Beteiligten gesondert auferlegt werden (OLG München FamRZ 2012, 1895 m.w.N.).

14 Das Gericht kann von der Anordnung der Kostenerstattung und nach Abs. 1 Satz 2 auch von der **Erhebung der gerichtlichen Kosten** ganz oder teilweise **absehen**. Dies auch – unbeschadet der Möglichkeit nach § 20 FamGKG zu verfahren, s. dazu §§ 18 bis 20 FamGKG Rdn. 10 ff. – soweit Gerichtskosten durch eine unrichtige Sachbehandlung des Gerichts entstanden sind (BGH FamRZ 2015, 570; OLG Frankfurt FamRZ 2016, 479). Auf diese Weise lässt sich auch nach dem FamFG eine Freistellung der Beteiligten von der Belastung mit Auslagen für Sachverständige u.a. (s. § 80 Rdn. 37 ff.) erreichen, wie dies früher § 94 Abs. 3 KostO a.F. für die dort genannten Kindschaftssachen ermöglicht hat (s.u. Rdn. 23). Es ist auch statthaft, Beteiligte nur von ihrer **Ersatzhaftung ggü. der Staatskasse** (als Zweitschuldner, s. § 80 Rdn. 43 f.) zu **befreien**. In diesem Fall ist neben der Auferlegung der Gerichtskosten auf bestimmte Beteiligte, die ausschließlich die Kosten tragen sollen, sicherheitshalber anzuordnen: »Im Übrigen werden Gerichtskosten nicht erhoben« (*Finke* FPR 2010, 331, 332; im Ergebnis ebenso Keidel/*Zimmermann* § 81 Rn. 14).

15 Als **Kostenträger** kommen sämtliche formelle **Verfahrensbeteiligte im Sinne von § 7** in Betracht (OLG Stuttgart FamRZ 2011, 1321), soweit sie nicht kraft Gesetzes ausdrücklich als Kostenschuldner ausgenommen sind (s.u.), und zwar unabhängig davon, ob es sich um sog. Muss- oder Kann-Beteiligte handelt (s. i.E. § 7 Rdn. 7 ff.). Dazu zählen u.U. auch **Behörden** und Einrichtungen im Sinne von § 8 Nr. 2, wenn sie nicht lediglich anzuhören sind (OLG Celle FamRZ 2012, 1896; s.a. § 7 Rdn. 36). Immer zu beteiligen ist insbesondere die zuständige Behörde, wenn sie selbst durch förmlichen Antrag das Verfahren eingeleitet hat, wie z.B. in Freiheitsentziehungs- und Unterbringungsverfahren und in Vaterschaftsanfechtungsverfahren (s. § 183 Rdn. 5 f.), oder seit 01.01.2013 auch ohne Antrag das Jugendamt in Kinderschutzverfahren nach §§ 1666, 1666a BGB (vgl. § 162 Abs. 2 FamFG n.F.; *Büte* FuR 2013, 81). Dass die Behörden i.d.R. von den Gerichtskosten befreit sind, hindert das Gericht nicht daran, ihnen auch die Gerichtskosten aufzuerlegen (a.A. Keidel/*Zimmermann* § 81 Rn. 7), sondern nur die Staatskasse, sie von der Behörde und von anderen Verfahrensbeteiligten zu erheben (s. § 2 FamGKG Rdn. 3 f.). In Ausnahmefällen können auch nicht beteiligte **Dritte** nach Abs. 4 mit Kosten belastet werden (s.u. Rdn. 42). Soweit das Gericht Personen u.a., die hätten beteiligt werden müssen, nicht formell hinzugezogen hat, können ihnen außer unter den Voraussetzungen des Abs. 4 auch keine Verfahrenskosten auferlegt werden (OLG Stuttgart FamRZ 2011, 1321). Als Kostenträger **ausgenommen** sind kraft gesetzlicher Bestimmung: der beteiligte Verfahrenspfleger bzw. -beistand sowie Minderjährige in Kindschaftsverfahren, die ihre Person betreffen (s. Rdn. 39, 41).

16 Alle formell Beteiligten kommen grds. auch als **Erstattungsberechtigte** in Betracht, auch wenn sie sich nicht am Verfahren beteiligt haben (a.A. Keidel/*Zimmermann* § 81 Rn. 30). Dieser Umstand ist vielmehr bei der Billigkeitserwägung zu berücksichtigen (s.u. Rdn. 20).

17 **II. Ermessensgebrauch. 1. Grundsätze.** Nach § 81 Abs. 1 Satz 1 FamFG kann das Gericht die Kosten des Verfahrens nach billigem Ermessen den Beteiligten ganz oder zum Teil auferlegen. Diese Vorschrift geht nicht mehr wie § 13a FGG von einem Regel-Ausnahme-Verhältnis aus, bei dem die Beteiligten ihre außergericht-

lichen Auslagen grundsätzlich selbst tragen und eine andere Kostenverteilung die Ausnahme darstellt. Vielmehr bedarf die Entscheidung, ob einem Beteiligten außergerichtliche Aufwendungen zu erstatten und wie die Gerichtskosten unter den Verfahrensbeteiligten zu verteilen sind, **in jedem Einzelfall** einer umfassenden Abwägung der Billigkeit (BGH 12. Senat, FamRZ 2014, 744; 2015, 570 und 4. Senat, FamRZ 2016, 218). Vorbehaltlich der in § 81 Abs. 2 sowie den §§ 83 Abs. 1, 84 FamFG enthaltenen Vorgaben sind allg. anerkannte **Kriterien für die Billigkeitsabwägung** (s.a. Prütting/Helms/Feskorn § 81 Rn. 11; Keidel/*Zimmermann* § 81 Rn. 48 je m.w.N.):

– Gegenstand und Art des Verfahrens
– die Beteiligtenrolle, bzw. die Aufgabe, die ein Beteiligter im Verfahren erfüllt
– der Erfolg bzw. Misserfolg des Begehrens
– die Bedeutung der Sachentscheidung für einen Beteiligten
– das Verhalten der Beteiligten im und vor dem Verfahren und
– ihre wirtschaftlichen Verhältnisse.

Darüber hinaus kann auch die lediglich objektive bzw. nur leicht fahrlässige Erfüllung der in Abs. 2 genannten **Regelbeispiele** (s. Rdn. 33 ff.) in die Abwägung einbezogen werden (BGH FamRZ 2014, 744 Rn. 11; OLG Schleswig FamRZ 2014, 1217).

Die Abwägung kann in Bezug auf das Tragen der gerichtlichen Kosten und der Erstattung der außergerichtlichen Kosten zu unterschiedlichen Ergebnissen führen. Beide sollten getrennt tituliert (s. Rdn. 13) und die Entscheidung in jedem Fall nachvollziehbar begründet werden. Sie kann im Beschwerde- oder Rechtsbeschwerdeverfahren (nur) auf Ermessensfehler überprüft werden (s. § 82 Rdn. 13). 18

2. Einzelheiten. Die o.g. Kriterien haben in einzelnen Verfahren unterschiedliches Gewicht. In echten **Streitverfahren**, die eine gewisse Nähe zum Zivilprozess aufweisen und in denen sich die Beteiligten praktisch als Gegner gegenüberstehen, ist der **Erfolg** oder Misserfolg von besonderer Bedeutung (BayObLG NZG 2001, 608 zu § 132 AktG; OLG Düsseldorf ErbR 2014, 391 in Erbscheinstreitigkeiten; KG MDR 2015, 675 in Notarkostensachen). Dennoch können auch die FG-Antragsverfahren einem Streitverfahren der ZPO schon deshalb nicht uneingeschränkt gleichgestellt werden, weil der Gesetzgeber eine starre Orientierung am Erfolg auch in solchen ausdrücklich abgelehnt hat (BT-Drucks. 16/6308 S. 411). Vielmehr ist neben dem Obsiegen oder Unterliegen auch zu prüfen, ob weitere Umstände vorliegen, die für eine sachgerechte Kostenentscheidung von Bedeutung sein können (vgl. BGH FamRZ 2016, 218 zu Erbscheinverfahren; BGH FamRZ 2014, 744 u. OLG Saarbrücken FamRZ 2015, 1746 zur Vaterschaftsfeststellung). In Antragsverfahren, die keinen konkreten Sachantrag erfordern, und erst recht in den v.A.w. einzuleitenden Verfahren kann der Misserfolg des Begehrens für die Anordnung einer Kostenerstattung oder ungleiche Belastung mit Gerichtskosten keine entscheidende Rolle spielen, wenn nicht weitere Gesichtspunkte, wie z.B. die unnötige Veranlassung des Verfahrens, hinzukommen (s.a. BT-Drucks. 16/6308 S. 411). 19

Handelt es sich um Streitverfahren, die auf persönliche Beziehungen der Beteiligten gründen und durch besondere Emotionalität gekennzeichnet sind, kann das Verhältnis von Obsiegen und Unterliegen nicht ausschlaggebend sein (s.a. BT-Drucks. 16/6308 S. 411). Das gilt besonders in Kindschaftssachen (s. Rdn. 25).

In allen Verfahren kann das **Verhalten eines Beteiligten vor oder während des Verfahrens** eine ungleiche Kostenbelastung oder Kostenerstattung nach Abs. 1 rechtfertigen. Dies gilt insb. in den in Abs. 2 Nr. 1 u 2 aufgeführten Fällen (s.u. Rdn. 31 ff.), wenn deren subjektive Voraussetzungen fehlen (OLG Celle FamRZ 2010, 1840; KG NJOZ 2012, 1482; OLG Schleswig FamRZ 2013, 719), z.B. wenn verfrüht die Abänderung einer Entscheidung begehrt wird oder ein im Ehewohnungsverfahren beteiligter Vermieter sich grundlos gegen eine Umschreibung des Mietvertrages gewehrt hat (OLG München FamRZ 2008, 1640). Umgekehrt kann, wenn ein Beteiligter dem Begehren der Gegenseite auch ohne Rechtsstreit im Wesentlichen entsprochen hätte, dies Anlass dafür sein, ihn geringer oder gar nicht mit Kosten zu belasten. Wenn ein Beteiligter bei fehlender anwaltlicher Vertretung allenfalls geringfügige Aufwendungen hatte oder im Verfahren überhaupt nicht hervorgetreten ist, ist eine Kostenerstattung zu seinen Gunsten regelmäßig nicht geboten (BGHZ 31, 92; Prütting/Helms/*Feskorn* § 81 Rn. 12). Zur Kostenverteilung bei Rücknahme des Antrags oder sonstiger Erledigung ohne Sachentscheidung s. § 83 Rdn. 2 ff. 20

Die **Beteiligtenrolle** bzw. die Aufgabe, die ein Beteiligter im Verfahren erfüllt, lässt eine Auferlegung von Kosten regelmäßig nur unter den besonderen Voraussetzungen des Abs. 2 zu. Das gilt insbesondere für Behörden, die in Wahrnehmung ihrer öffentlich-rechtlichen Aufgaben ein Verfahren beantragen oder sich an ihm beteiligen (vgl. für das Jugendamt OLG Celle FamRZ 2012, 1896). Für die Freiheitsentziehungsver- 21

§ 81   Buch 1. Allgemeiner Teil

fahren und Unterbringungsverfahren nach § 312 Nr. 3 FamFG ist dies hinsichtlich der Erstattung der Auslagen des Betroffenen durch die §§ 337 Abs. 2 – auch i.V.m. § 167 Abs. 1-, 430 FamFG geregelt (s. § 337 Rdn. 5 ff., § 430 Rdn. 5 ff.; zur Regelung in anderen Unterbringungsverfahren und in Betreuungsverfahren s. § 337 Rdn. 5 ff.; § 307 Rdn. 2 ff.). Bei Privatpersonen, die bei ihrer Beteiligung am Verfahren hauptsächlich fremde Interessen wahrnehmen, z.B. die des Betroffenen in Betreuungsverfahren oder die des Kindes in Kindschaftsverfahren, ist ebenfalls Zurückhaltung bei der Auferlegung von Auslagen anderer Verfahrensbeteiligter, als auch von Gerichtskosten (s.u.) geboten (vgl. OLG München FamRZ 2015, 1745 m.w.N. für die Pflegeeltern in Kindschaftsverfahren, und zwar auch in Rechtsmittelverfahren (s. § 84 Rdn. 5). Dasselbe gilt für die berufsständischen Organisationen oder die BaFin, die sich nach im öffentlichen Interesse an einem Verfahren beteiligen (s. § 380 Rdn. 2 ff.).

22 Die **wirtschaftlichen Verhältnisse** der Beteiligten werden durch die Möglichkeit der Verfahrenskostenhilfe nicht vollständig als Gesichtspunkt bei der Kostenentscheidung verdrängt. Denn die Vkh betrifft nur die gerichtlichen Kosten und die eigenen außergerichtlichen Kosten und befreit den Bedürftigen auch nicht vollständig von Zahlungen (s. Vorbem zu §§ 76 bis 78 Rdn. 1). Die Verpflichtung zur Erstattung außergerichtlicher Kosten wird durch die Bewilligung von Vkh nicht berührt (s. § 76 Rdn. 48). Zumindest bei der Anordnung einer Kostenerstattung zu Lasten eines Beteiligten ist dessen Leistungsfähigkeit nach wie vor von Bedeutung und kann z.B. die Belastung eines Kindes oder Sozialhilfeempfängers mit außergerichtlichen Kosten eines anderen Beteiligten unbillig erscheinen lassen. Bei der Auferlegung der Gerichtskosten geht die Rspr. von einem Vorrang der Vkh aus, und zwar m.E. zu Unrecht auch dann, wenn ein Beteiligter sie nicht beantragt hat (KG FamRZ 2012, 1162). In diesem Fall kommt es m.E. allein auf die tatsächliche Leistungsfähigkeit an und rechtfertigt es z.B. ihn nicht mit für ihn nicht absehbaren hohen Kosten (Sachverständigengutachten) zu belasten (Prütting/Helms/*Feskorn* § 81 Rn. 18), indem sie zumindest in der sonst auf ihn entfallenen Höhe nicht erhoben werden. Ansonsten können entgegen der Ansicht des OLG Bremen (FamRZ 2013, 1926) auch außergewöhnlich gute wirtschaftliche Verhältnisse eines Beteiligten, die die des anderen um ein Vielfaches übersteigen, ein Abweichen von einer an sich gebotenen gleichmäßigen Belastung der Beteiligung mit gerichtlichen Kosten rechtfertigen.

23 Ganz oder teilweise **von der Erhebung der gerichtlichen Kosten abzusehen** kommt in Betracht, wenn es nach dem Verlauf oder dem Ausgang des Verfahrens unbillig erscheint, einen der Beteiligten mit den Gerichtskosten zu belasten (BT-Drucks. 16/1608 S. 215). Dies ist insbesondere dann geboten, wenn und soweit Gerichtskosten durch eine unrichtige Sachbehandlung des Gerichts entstanden sind; dies wird durch das Verfahren nach § 20 FamGKG weder eingeschränkt noch ausgeschlossen (BGH FamRZ 2015, 570). Bei einem Absehen von der Erhebung von Gerichtskosten nach § 81 müssen auch nicht die strengen Voraussetzungen des § 20 FamGKG für die Niederschlagung erfüllt sein (s. dazu §§ 18 bis 20 FamGKG Rdn. 10 ff.) Ansonsten entspricht das Absehen von der Erhebung der Gerichtskosten der Billigkeit, wenn Beteiligte zu einem wesentlichen Teil **fremde Interessen verfolgen**, z.B. nur die des betroffenen Kindes in Kindschaftssachen (OLG Frankfurt am Main FamRZ 2012, 1163: OLG Stuttgart FamRZ 2012, 1401 m.w.N. für Pflegeeltern) und wenn eine Maßnahme von Amts wegen zu treffen ist, ohne dass den Veranlasser eine persönliche Schuld trifft, wie z.B. bei einem **Eingriff nach § 1666 BGB nach unverschuldetem Versagen der Eltern** (OLG Hamm FamRZ 2008, 1098; Prütting/Helms/*Feskorn* § 81 Rn. 16; anders bei schuldhafter Verweigerung der Mitwirkung, s.u. Rdn. 34). Dasselbe gilt, wenn ein Verfahren auf Anregung einer nicht beteiligten Behörde beantragt oder eingeleitet wurde und dass eine Maßnahme ergriffen werden muss, die Voraussetzungen des § 81 Abs. 4 (s. Rdn. 42) aber nicht vorliegen. Ein Absehen von Gerichtskosten ist u.U. auch dann gerechtfertigt, wenn sich ein Verfahren durch Zusammenwirken aller Beteiligten (z.B. nach dem Cochemer Modell) alsbald nach seiner Einleitung ohne gerichtliche Entscheidung in der Sache erledigt. Ein **Ausschluss der Erhebung nur einzelner Kostenbestandteile**, insb. einzelner **Auslagen** kommt z.B. für ein Gutachten in Betracht, das wenig hilfreich für die Entscheidung war, oder wenn sie eine unvorhergesehene Höhe erreichen, die die wirtschaftliche Leistungsfähigkeit der Beteiligten überfordert (Prütting/Helms/*Feskorn* § 81 Rn. 18). Aus allgemeinen rechtsstaatlichen Gründen kann es geboten sein, von der Erhebung von **Dolmetscherkosten** für einen nicht der deutschen Sprache mächtigen Beteiligten abzusehen (BGH FGPrax 2010, 154 = FamRZ 2010, 809 [LS] für Freiheitsentziehungssachen). Werden die gerichtlichen Kosten einem anderen als dem Antragsteller auferlegt, sollte insb. in Rechtsmittelverfahren auch eine Freistellung des Antragstellers von der Haftung als Zweitschuldner geprüft werden (s. Rdn. 14).

24 **3. Einzelfälle. a) Familiensachen.** Nach der der Grundsatzentscheidung des BGH vom 19.02.2014 (FamRZ 2014, 744) zu § 81 FamFG kann auch in Familiensachen nicht mehr von einem Regel-Ausnahme-Prinzip aus-

gegangen werden nach dem z.B. in echten Streitverfahren regelmäßig dem Unterlegenen die gesamten Kosten aufzuerlegen sind oder in v.A.w. eingeleiteten Verfahren grundsätzlich eine Teilung der Gerichtskosten vorzunehmen und von einer Erstattung außergerichtlicher Kosten abzusehen ist. Vielmehr ist in jedem Einzelfall eine Ermessensentscheidung unter Heranziehung sämtlicher hierfür maßgeblichen Gesichtspunkte zu treffen (s.o. Rdn. 17). Daher kann m.E. die zuvor zu einzelnen Verfahrengegenständen ergangene Rechtsprechung nicht mehr uneingeschränkt herangezogen werden. Insbesondere kann nicht mehr wie unter Geltung des § 13a FGG davon ausgegangen werden, dass in Familiensachen grundsätzlich bei der Anordnung einer Kostenerstattung oder (jetzt) einer ungleichen Belastung der Beteiligten mit gerichtlichen Kosten generell Zurückhaltung geboten sei. Die Bedeutung der familiären oder emotionalen Beziehungen der Beteiligten ist im Kontext ihrer Bedeutung für das jeweilige Verfahren zu beurteilen und kann sich unterschiedlich auf die Kostenentscheidung auswirken.

In **Kindschaftssachen** kann dem Erfolg oder Misserfolg, auch wenn das Verfahren mit einem Sachantrag eingeleitet wird, keine hervorgehobene Bedeutung zugemessen werden (a.A. OLG Brandenburg FamRZ 2015, 1050). Denn die Entscheidung des Gerichts richtet sich in erster Linie am Kindeswohl aus und weniger am Interesse der Eltern, sodass keiner »Recht« bekommt s.a. *Keuter* Anm. zu OLG Brandenburg FamRZ 2015, 1050). Eine ungleiche Kostenbelastung eines Elternteils oder von sonstigen Beteiligten kann sich daher eher unter dem Gesichtspunkt der Veranlassung des oder der Verhaltensweise im Verfahren ergeben, insbesondere wenn eines der Regelbeispiele des Abs. 2 (s.u.) erfüllt ist. Soweit dies nicht der Fall ist, gebietet die Rücksicht auf die besondere Emotionalität, die diese Verfahren kennzeichnet, dass nur schwerwiegendes Fehlverhalten eines Elternteils bei der Ausübung des Ermessens berücksichtigt wird OLG Brandenburg, NZFam 2014, 804 m.w.N.). Dabei ist zu beachten, dass die Beteiligtenrolle im Allgemeinen nicht erkennen lässt, wer die zugrunde liegende Meinungsverschiedenheit verursacht hat. Wurde ein Kindesschutzverfahren durch eine Gefährdungsanzeige des Jugendamts eingeleitet ohne dass Maßnahmen nach § 1666 BGB ergriffen werden müssen, entspricht es der Billigkeit, von einer Erhebung der Gerichtskosten, von einer Kostenerstattung der Beteiligten untereinander abzusehen (OLG Frankfurt FamRZ 2015, 2197 LS = NZFam 2015, 517 m. Anm. *Fahl*). In diesen Fällen kann dem Jugendamt auch keine Kostenerstattung auferlegt werden, wenn es ohne grobes Versschulden von einer potenziellen Gefährdungslage ausgegangen ist (OLG Celle FamRZ 2012, 189). Ebenso wenig entspricht es der Billigkeit, im Verfahren über die elterliche Sorge die Pflegeeltern mit Kosten zu belasten, wenn kein Fall des § 81 Abs. 2 FamFG vorliegt, da ihre Beteiligung am Verfahren in erster Linie dem Kindeswohl dient und die im Auftrag des Jugendamtes tätigen Pflegeeltern über keinerlei Entscheidungskompetenz verfügen (OLG Frankfurt FamRZ 2013, 900; OLG Bremen JAmt 2014, 39). Anders ist es nur, wenn sie die Aussichtslosigkeit eines von ihnen gestellten Antrags von vornherein erkannt oder das Verfahren durch grob schuldhaftes Verhalten veranlasst haben (OLG Stuttgart FamRZ 2012, 1401). Es wird zu recht auch als unbillig angesehen, einem Elternteil, der nach einvernehmlicher Erledigung der Angelegenheit oder mit Rücksicht auf das Kindeswohl seinen Antrag zurückzieht, die volle Kostenlast allein aufzubürden (OLG Saarbrücken FamRZ 2011, 1805; OLG München FF 2015, 79; OLG Brandenburg FuR 2015, 56). Zur Berücksichtigung extrem unterschiedlicher wirtschaftlicher Verhältnisse der Eltern s.o. Rdn. 22. Im **Vermittlungsverfahren** ist keine Kostenentscheidung zu treffen. Die Entscheidung über die Kosten des Vermittlungsverfahrens und ggf. deren Ausgleich ist einem nachfolgenden Abänderungs- oder Vollstreckungsverfahren vorbehalten (s. § 165 Rdn. 11). Folgt kein Verfahren nach, muss eine Kostenentscheidung regelmäßig nicht nachgeholt werden. Sind jedoch gerichtliche Auslagen, z.B. für einen Dolmetscher, entstanden, für die ohne gerichtliche Entscheidung der Antragsteller gem. § 21 FamGKG haftet, ist m.E. deren Niederschlagung nach § 81 Abs. 1 Satz 2 FamFG zulässig und geboten (s. Rdn. 23).

Ehewohnungs- und Haushaltssachen nach § 200 FamFG sind zwar als Streitverfahren ausgestaltet, die durch einen Sachantrag eingeleitet werden. Dennoch kann dem Gesichtspunkt des Erfolgs hier ähnlich wie in Kindschaftssachen kein besonderes Gewicht beigemessen werden. Zum einen ist der emotionale Bezug der Beteiligten zum Gegenstand des Verfahrens zu berücksichtigen und zum anderen der Umstand, dass das Gericht eine Billigkeitsentscheidung über Rechte trifft, die grundsätzlich beiden Ehegatten in gleicher Weise zustehen, und sich die Entscheidung, wenn Kinder im Haushalt leben, nicht nur in Ehewohnungssachen auch an deren Bedürfnissen orientiert. Daher ist auch hier bei einer ungleichen Belastung der Ehegatten mit Kosten Zurückhaltung geboten, wenn kein Regelfall i.S.d. Abs. 2 vorliegt. Davon ist regelmäßig auszugehen, wenn der der Wohnung verwiesene Ehegatte schuldhaft eine der in § 1361b Abs. 2 Satz 1 BGB genannten Rechtsgutverletzungen begangen hat. Darüber hinaus entspricht es zumindest nach § 81 der Billigkeit, ihn mit den gesamten Verfahrenskosten zu belasten wenn er durch ähnlich krasses Fehlverhalten gegen den anderen Ehegatten oder das Kind Veranlassung für den Antrag des anderen Ehegatten gegeben hat (OLG Frankfurt (FamRZ 2013, 1979). Unter dem Gesichtspunkt der Veranlassung des Verfahrens kann eine einseitige Belastung mit Kosten auch dann gerechtfertigt sein, wenn einer der Ehegatten sich einer außergerichtlichen gütlichen Einigung von vornherein grundlos verschlossen hat. Hat sich in einem Ehewohnungsverfahren das Jugendamt im Interesse der Kinder beteiligt, entspricht es regelmäßig nicht der Billigkeit, es an den Kosten des Verfahrens zu beteiligen (s. Rdn. 21). Eine ungleiche Kostenbelastung kommt in Ausnahmefällen auch in Betracht, wenn ein Ehegatte wirtschaftlich erheblich besser gestellt ist und der andere keinen Anspruch auf einen Verfahrenskostenvorschuss (mehr) hat (s.o. Rdn. 22). Der am Verfahren beteiligte **Vermieter** trägt nach dem Rechtsgedanken des § 150 Abs. 3 i.d.R. keine Gerichtskosten und seine außergerichtlichen Kosten selbst (s. § 150 Rdn. 12). Ausnahmsweise können dem beteiligten Vermieter auch die gesamten Gerichtskosten und die Erstattung der außergerichtlichen Kosten der beteiligten Ehegatten auferlegt werden. wenn er das Verfahren deshalb veranlasst hat, weil er sich vorgerichtlich grundlos gegen eine Umschreibung des Mietvertrages gewehrt hat (OLG München FamRZ 2008, 1640).

27 Bei **Gewaltschutzsachen** handelt es sich um Streitsachen, in denen die Orientierung am Obsiegen und Unterliegen nahe liegt (KG Berlin FamRZ 2012, 1323-). Wurden Schutzmaßnahmen nach §§ 1, 2 GewSchG getroffen, ist es daher nicht unbillig, die Kosten des Verfahrens dem Antragsgegner aufzuerlegen. (OLG Brandenburg FamRZ 2015, 524 = FuR 2015, 174 LS; Feskorn in: Rahm/Künkel Kap. 14, Rn. 148), sofern nicht besondere Umstände eine andere Entscheidung gebieten.

28 In selbstständigen **Versorgungsausgleichssachen** dürfte nach der Grundsatzentscheidung des BGH (s. Rdn. 24) nicht mehr davon ausgegangen werden, dass die beteiligten (ehemaligen) Ehegatten in der Regel ihre außergerichtlichen Kosten selbst und die Gerichtskosten hälftig tragen (so noch *Borth* VA Rn. 1402; *Kemper* Kap. XI Rn. 242). Vielmehr ist auch hier in jedem Einzelfall eine Ermessensentscheidung zu treffen. Da selbstständige Verfahren mit Ausnahme des Wertausgleichs bei Scheidung, der nach einer Scheidung im Ausland im Inland durchgeführt wird, regelmäßig nur auf Antrag eingeleitet werden und nur vermögensrechtliche Ansprüche betreffen, ist eine Orientierung auch am Erfolg m.E. nicht von vornherein ausgeschlossen und kann ebenso wie eine grundlose Veranlassung des Verfahrens bei der Entscheidung berücksichtigt werden. Das gilt m.E. insbesondere bei Anträgen auf Zahlung eines **schuldrechtlichen Ausgleichs** nach §§ 20 ff. VersAusglG und zwar auch, wenn sie sich gegen die Hinterbliebenen oder den Versorgungsträger richten; zumal die Beteiligten die Rente auch außergerichtlich vereinbaren können (a.A. OLG Jena FamRZ 2012, 638, wonach dem Versorgungsträger im Falle des § 25 VersAusglG nur unter den Voraussetzungen des Abs. 2 Kosten auferlegt werden können). Anders ist es, wenn die Beteiligten auf eine gerichtliche Entscheidung angewiesen sind, wie bei Abänderungsverfahren nach §§ 225, 226 FamFG oder 51 VersAusglG oder Anpassungsverfahren nach § 33 VersAusglG. In den Abänderungsverfahren tragen die beteiligten **Versorgungsträger** in entsprechender Anwendung des § 150 Abs. 3 ihre außergerichtlichen Auslagen regelmäßig selbst (*Borth* VA Rn. 1402) und sind wie im Scheidungsverfahren an den gerichtlichen Kosten nicht zu beteiligen OLG Jena FamRZ 2012, 638, 640). Kosten könne ihnen daher nur unter den Voraussetzungen des Abs. 2 auferlegt werden. Gleiches gilt auch in Anpassungsverfahren, weil die Aussetzung der Kürzung ausschließlich den Interessen der (ehemaligen) Ehegatten dient (OLG Bamberg FamRZ 2011, 1797; OLG Frankfurt, Beschl. v. 08.08.2012 – 1 WF 164/12 – Jurion, auch zur Ausnahme, wenn der Unterhalt abgefunden wurde). Es besteht jedoch m.E. keine Veranlassung die Kostenhaftung des Versorgungsträgers auch im Rechtsmittelverfahren entsprechend einzuschränken, wenn dieses nur deshalb erforderlich war, weil der Versorgungsträger in erster Instanz eine falsche Auskunft erteilt hat (so OLG Brandenburg FamRZ 2012, 306). Es entspricht nicht der Billigkeit, dass die beteiligten Ehegatten ihre außergerichtlichen Kosten und u.U. gerichtliche Kosten tragen müssen, wenn dem Versorgungsträger nur leichte Fahrlässigkeit anzulasten ist. I.Ü. ist in diesen Fällen. ebenso wenn mit einem erfolgreichen Rechtsmittel ein Fehler des Vorgerichts korrigiert wird, auch daran zu denken, die Gerichtskosten für das Rechtsmittelverfahren nicht zu erheben oder nach § 20 FamGKG niederzuschlagen (s. OLG Frankfurt FamRZ 2015, 1747).

29 In **Adoptionssachen** ist zumindest über die gerichtlichen Kosten zu entscheiden, auch in Verfahren, die die Annahme Minderjähriger betreffen. Für sie werden zwar keine Gebühren erhoben, aber Auslagen (s. Nr. 1320–1328 KV FamGKG Rdn. 3). Auch wenn § 81 Abs. 3 dem nicht mehr entgegensteht (s. Rdn. 40), entspricht die Auferlegung von Kosten auf das minderjährige Kind nicht der Billigkeit (Keidel/*Engelhardt* § 186 Rn. 43). Eine Entscheidung über die **Auferlegung außergerichtlicher Kosten** erübrigt sich in allen *Fällen, in denen entweder nur ein Beteiligter vorhanden ist*, wie bei der Ersetzung einer notwendigen Ein-

Abschnitt 7. Kosten § 81

willigung, oder wenn die Beteiligten, wie in Annahmeverfahren die Regel, keine gegensätzlichen Interessen verfolgen (s. Rdn. 13). Hat sich das Jugendamt an dem Verfahren beteiligt, tut es dies regelmäßig im Interesse des Kindes, sodass ihm wie in Kindschaftssachen Kosten nur unter den Voraussetzungen des Abs. 2 auferlegt werden sollten (s. Rdn. 21 und für Rechtsmittelverfahren § 84 Rdn. 5). Einem für das minderjährige Kind bestellten Verfahrensbeistand können gem. §§ 191 Abs. 2, 158 Abs. 8 in keinem Fall Kosten auferlegt werden.
Zur Kostenentscheidung in **Abstammungssachen** s. ausführlich § 183 FamFG Rdn. 1 ff.

b) sonstige FG-Sachen. In den FG-Verfahren, die keine Familiensachen sind, umfasst das dem Gericht bei der Kostenentscheidung eingeräumte Ermessen bereits die Entscheidung, ob überhaupt eine Kostenentscheidung nötig ist. Wird keine Kostenentscheidung getroffen, gelten in den Verfahren, deren Gebühren sich nach dem GNotKG richten, für die gerichtlichen Kosten die Haftungsregelungen der §§ 22 ff. GNotKG und eine Erstattung außergerichtlicher Kosten findet nicht statt. In den zahlenmäßig überwiegenden einseitig ausgestalteten Verfahren bedarf es i.d.R. keiner Entscheidung über die Erstattung außergerichtlicher Kosten, weil selbst bei erfolgreichen Beschwerden eine Auferlegung auf die Staatskasse nicht möglich ist (s. Rdn. 42 auch zu den Ausnahmen). Dort, wo der Gesetzgeber eine Entscheidung für geboten hält, schreibt er sie häufig schon inhaltlich vor, wie für die Zurückweisung oder Rücknahme eines Rechtsmittels oder die Verhängung von Zwangs- oder Ordnungsmitteln oder – teilweise unter dem Vorbehalt der Billigkeit – für die Erstattung der Auslagen des Betroffenen in Betreuungs-, Unterbringungs-.und Freiheitsentziehungssachen (s. Rdn. 9). Eine **Kostenentscheidung** ist im Allgemeinen nur dann **geboten**, wenn entweder die Belastung eines Beteiligten mit seinen Aufwendungen für das Verfahren oder seine nach dem GNotKG vorgesehene Haftung für die gerichtlichen Kosten unbillig erscheint (s. Rdn. 10).Bei der Ausübung des Ermessens gelten die allgemeinen Kriterien (s. Rdn. 17 ff.).
In **Nachlasssachen** kommt angesichts des vermögensrechtlichen Interesses der Beteiligten der Gesichtspunkt des Erfolgs oder Misserfolgs eines Antrags, insbesondere in Erbscheinsverfahren nach überwiegender Ansicht besonderes Gewicht zu (vgl. OLG Düsseldorf ErbR 2014, 391 und FGPrax 2014, 44; OLG München FamRZ 2012, 855, Keidel/*Zimmermann* § 81 Rn. 48; *Kuhn* ErbR 2014, 108 m.w.N.). Der 4. Senat des BGH (FamRZ 2016, 218) hat allerdings zwischenzeitlich eine davon abweichende Entscheidung des 3. Senats des OLG Schleswig (ErbR 2015, 445) gebilligt und betont, dass auch in Erbscheinsverfahren das Maß des Obsiegens und Unterliegens nur einer von mehreren in die Abwägung einzubeziehen Gesichtspunkte ist. Daher könne z.B. die Art der Verfahrensführung, die verschuldete oder unverschuldete Unkenntnis der tatsächlichen oder rechtlichen Verhältnisse oder die familiäre und persönliche Nähe zwischen Erblasser und Verfahrensbeteiligten es rechtfertigen von einer ungleichen Kostenbelastung des Unterlegenen abzusehen. Andererseits wendet er sich wie der 12. Senat (s. Rdn. 17) gegen die Kostenaufhebung i.S. eines Regel-Ausnahme-Prinzips bei der Anwendung des § 81 Abs. 1. Dies und die auf den Ermessensgebrauch beschränkte Entscheidung des BGH schließt es daher nicht aus, dem Obsiegen und Unterliegen weiterhin ein ausschlaggebendes Gewicht beizumessen (s. *Kuhn* ZEV 2016, 95, 98): So können z.B. diejenigen Erben mit höheren Kosten belastet werden, die fahrlässig eine Testierungsfähigkeit behaupten (OLG Schleswig FamRZ 2013, 719) oder die die Entlassung des Testamentsvollstreckers beantragt haben (OLG Düsseldorf FamRZ 2015, 1744). Die Kosten für ein Sachverständigengutachten können dem Beteiligten auferlegt werden, der es mit einem Fälschungseinwand »ins Blaue hinein« veranlasst hat (OLG München FamRZ 2012, 1895). Zur Auferlegung der Verfahrenskosten auf denjenigen, der die Herausgabe einer vom Testamentsvollstrecker widerrufenen transmortalen Vollmacht verweigert hat, vgl. OLG Düsseldorf FamRZ 2014, 685.
In **unternehmensrechtlichen Verfahren** kann die »strukturelle Unterlegenheit« des einzelnen Aktionärs gegenüber der Aktiengesellschaft es rechtfertigen, die Erstattung der ihm im Spruchstellenverfahren entstandenen Kosten anzuordnen (Prütting/Helms/*Feskorn* § 81 Rn. 14). Beteiligen sich berufsständische Organisationen oder die BaFin an einem register- oder unternehmensrechtlichen Verfahren, entspricht es m.E. nicht oder nur unter den Voraussetzungen des Abs. 2 der Billigkeit, ihnen im Falle des Unterliegens die Erstattung außergerichtlicher Kosten aufzuerlegen, da sie regelmäßig im öffentlichen Interesse handeln; s. zur Kostenentscheidung im Übrigen § 375 Rdn. 83.

E. Gebundenes Ermessen, Regelbeispiele (Abs. 2). I. Bedeutung. Abs. 2 **grenzt das Ermessen ein**, indem er Fallkonstellationen aufzeigt, in denen es regelmäßig der Billigkeit entspricht, einem Verfahrensbeteiligten die Kosten ganz oder teilweise aufzuerlegen, wie das z.T. schon nach § 13a Abs. 1 Satz 1 FGG möglich war. Die in der Rspr. hierzu entwickelte Kasuistik wird in mehreren **Regelbeispielen** zusammengefasst, d.h. es

30

31

§ 81

Buch 1. Allgemeiner Teil

handelt sich um keine abschließende Aufzählung OLG Schleswig FamRZ 2014, 1217, 1218; Keidel/*Zimmermann* § 81 Rn. 50). In den Nr. 1 u 2 handelt es sich um Fälle der schuldhaft verursachten oder erkennbar missbräuchlichen Einleitung von Verfahren, in den Nr. 3 u 4 um Verstöße gegen die Mitwirkungspflichten und bei Nr. 5 um die unentschuldigte Nichtbefolgung einer Beratungsauflage, mithin im Wesentlichen um eine **Kostenhaftung wegen Verschuldens**. Dem Beteiligten ist grundsätzlich nur eigenes Verschulden oder das seines **gesetzlichen Vertreters** (§ 9 Abs. 4).zuzurechnen. Ob er sich auch das Verschulden seines **Verfahrensbevollmächtigten** zurechnen lassen muss, ist entgegen einer weit verbreiteten Ansicht (s. z.B. Keidel/*Zimmermann* § 81 Rn. 53; Prütting/Helms/Feskorn § 81 Rn. 21 m.w.N.) zumindest zweifelhaft. Zwar ist § 85 Abs. 2 ZPO nach § 11 Satz 4 grundsätzlich auch im FG-Verfahren zu beachten, doch ist die dort normierte Schuldzurechnung im Allgemeinen nicht auf Vorschriften anzuwenden, die wie hier strafähnlichen Charakter haben (vgl. BGH FamRZ 2011, 640; Zöller/*Vollkommer* § 85 Rn. 10 m.w.N.). Die Anwendung des Abs. 2 sollte sorgfältig geprüft werden. Sämtliche **objektiven und subjektiven Voraussetzungen des Tatbestands müssen positiv feststehen** (s.a. KG Berlin FamRB 2015, 457 m. Anm. *Stößer*).

Sind die **Voraussetzungen des Abs. 2** nicht vollständig erfüllt, weil z.B. das erforderliche Verschulden nicht festgestellt werden kann, können die aus ihm ersichtlichen Wertungen auch für die **Billigkeitserwägung nach Abs. 1** herangezogen werden (BGH FamRZ 2014, 744 Rn. 11; OLG Schleswig FamRZ 2014, 1217, 1218).

32 Die **Rechtsfolge** besteht in der vollständigen oder teilweisen Auferlegung der Verfahrenskosten. Damit wird dem Gericht auf der Rechtsfolgenseite ein relativ weitgehender **Gestaltungsspielraum** eröffnet (BT-Drucks. 16/6308 S. 216). Es steht im pflichtgemäßen Ermessen des Gerichts, ob es dem schuldigen Beteiligten die gesamten Gerichtskosten und die außergerichtlichen Aufwendungen sämtlicher Verfahrensbeteiligter auferlegt oder nur einen Teil. Die Beschränkung auf einen Teil der Kosten ist immer geboten, wenn das pflichtwidrige Verhalten nur einzelne von mehreren Verfahrensgegenständen betrifft (BT-Drucks. 16/6308 S. 216). In begründeten (und zu begründenden) Fällen kann auch von Auferlegung von Kosten ganz abgesehen werden (Keidel/*Zimmermann* § 81 Rn. 52). Von diesem Gestaltungsermessen muss es unter Berücksichtigung des in jedem Verfahren zu beachtenden Grundsatzes der Verhältnismäßigkeit (**Übermaßverbot** (s. *Maunz/Dürig* GG Art. 20, VIII Rn. 107 ff.; BGH MDR 2011, 261; 2013, 131) in nachvollziehbarer Weise Gebrauch machen. Dabei sind auch die Höhe der Kosten und die wirtschaftlichen Verhältnisse der Verfahrensbeteiligten von Bedeutung, sowie – soweit noch variabel – der Grad des Verschuldens.

33 **II. Regelbeispiele. 1. Schuldhafte Veranlassung des Verfahrens (Nr. 1).** Nach Abs. 2 Nr. 1 sollen die Verfahrenskosten einem Beteiligten ganz oder teilweise auferlegt werden, der durch grobes Verschulden Anlass für das Verfahren gegeben hat, und sanktioniert nicht nur die **Verursachung des Verfahrens** durch grobes Verschulden. Darunter fällt auch ein schuldhaftes Verhalten im Verfahren, durch das sich die Kosten verteuern (Keidel/*Zimmermann* § 81 Rn. 51). Anders als § 13a Abs. nach 1 Satz 2, 2. Alt FGG ist auch in diesem Fall die Auferlegung von Kosten zwar nicht mehr auf die Mehrkosten beschränkt, allerdings dürfte sich eben dieses aus dem Übermaßverbot ergeben (s. Rdn. 32). Ein **grobes Verschulden** im Sinne dieser Vorschrift ist zu bejahen bei Vorsatz oder wenn die nach den Umständen erforderliche Sorgfalt in einem ungewöhnlichen Ausmaß verletzt wurde (Keidel/*Zimmermann* § 81 Rn. 53). Die Verweigerung eines vorgerichtlichen Elterngesprächs beim Jugendamt reicht dafür nicht aus (OLG Hamm FamRZ 2014, 686). In Kindesschutzverfahren nach § 1666 BGB rechtfertigt nicht schon jedes Erziehungsversagen die Anwendung der Nr. 1. Von einem groben Verschulden ist dagegen auszugehen, wenn der der Wohnung verwiesene Ehegatte eine der in § 1361b Abs. 2 Satz 1 BGB genannten Rechtsgutverletzungen begangen hat (OLG Frankfurt FamRZ 2013, 1979). Liegt kein grobes Verschulden vor, hindert dies im Allgemeinen nicht daran, ein minder schweres Fehlverhalten i.R.d. Ermessensausübung nach Abs. 1 zu berücksichtigen (s.o. Rdn. 20).

34 **2. Aussichtsloser Antrag (Abs. 2 Nr. 2).** Abs. 2 Nr. 2 betrifft einen Unterfall der Veranlasserhaftung speziell für Antragsverfahren (s. LG Berlin BtPrax 2008, 275). Er schreibt die Auferlegung der Verfahrenskosten auf den Antragsteller vor, wenn der **Antrag von vornherein erkennbar aussichtslos** war (OLG Schleswig FamRZ 2011, 923). Das ist nur der Fall, wenn eine Zurückweisung ohne weitere Sachaufklärung oder Anhörung eines weiteren Beteiligten möglich ist (OLG Hamm FamRZ 2014, 686). Für Unterbringungs- und Freiheitsentziehungssachen ist dies in den § 337 Abs. 2 und § 430, dann allerdings als zwingende Rechtsfolge, gesondert geregelt (s. § 337 Rdn. 20 ff., § 430 Rdn. 5 ff.). Zu den Voraussetzungen einer Kostenhaftung des in Kindschaftsverfahren beteiligten Jugendamts s. OLG Celle FamRZ 2012, 1897; OLG Frankfurt NZFam 2015, 517 = FamRZ 2015, 2197 LS). Aussichtslos ist ein Antrag, wenn er von vornherein unzulässig

oder unbegründet ist. Bestehen dagegen noch ungeklärte Rechtsfragen oder ist der Sachverhalt noch nicht vollständig ermittelt, wird man davon in Anlehnung an die Kriterien, die bei der Verfahrenskostenhilfe zur Beurteilung der Erfolgsaussicht i.S.d. § 114 ZPO entwickelt wurden (s. dazu § 76 Rdn. 36), nicht ausgehen können (OLG Hamm FamRZ 2014, 686 m.w.N.). Die Aussichtslosigkeit muss für den Antragsteller auch erkennbar sein, wovon bei schwierigeren Sachverhalten oder Rechtsfragen, wie sie z.B. die Voraussetzungen für die Abänderung des Versorgungsausgleichs nach § 51 VersAusglG darstellen, nicht ausgegangen werden kann (OLG Celle FamRZ 2015, 326). Zur Zurechnung der Kenntnis oder das Kennenmüssen seines Anwalts.so. Rdn. 31. In der Praxis wird der Anwendungsbereich dadurch überlagert, dass dem Unterlegenen u.U. bereits nach Abs. 1 die Kosten auferlegt werden können und die Aussichtslosigkeit des Antrags dabei nur verstärkend herangezogen wird (s. Rdn. 19 und § 83 Rdn. 5).

3. Unwahre Angaben (Abs. 2 Nr. 3). Als Unterfall der Kostenpflicht bei grobem Verschulden soll Abs. 2 Nr. 3 **schuldhaft** unwahre Angaben eines Beteiligten **über wesentliche Tatsachen** sanktionieren. Darunter sind nicht nur falsche Angaben zu Umständen, zu denen sich ein Beteiligter gem. § 27 vollständig und wahrheitsgemäß zu erklären hat, sondern auch das Verschweigen notwendiger Angaben zu verstehen (s. Keidel/*Zimmermann* § 81 Rn. 62). Grobes Verschulden ist nicht erforderlich, es reicht damit einfache Fahrlässigkeit (OLG Schleswig FamRZ 2013, 719, 721). 35

Kritik: Diese Sanktionsmöglichkeit kann meines Erachtens ohne Verstoß gegen rechtsstaatliche Grundsätze nur angewendet werden, wenn sich die Unwahrheit einer wesentlichen Tatsache erst nach Erlass der Entscheidung herausstellt und dann i.S.d. Veranlasserprinzips nach Abs. 2 Nr. 1 für die Kostenentscheidung des Rechtsmittel- oder Wiederaufnahmeverfahrens. Auf eine bereits im Verfahren aufgedeckte und damit letztlich folgenlose Unwahrheit muss die Kostenpflicht auf die durch falsche Angabe ausgelösten Mehrkosten für dadurch nutzlos gewordene oder zusätzlich notwendige Ermittlungen beschränkt bleiben (ebenso Prütting/Helms/*Feskorn* § 81 Rn. 24). **Als reine Strafvorschrift ist § 81 Abs. 2 ungeeignet** (s.a. *Finke* FPR 2010, 331, 333). Zum einen genügt sie nicht dem Bestimmtheitsgebot, da die an das Gericht oder an die Verfahrensbeteiligten zu zahlenden Kosten völlig unterschiedlich und nicht vorhersehbar sind und auch nichts mit der Schwere der Schuld zu tun haben. Das kann eine pflichtgemäße Ermessensausübung bei der Kostenentscheidung nicht korrigieren. Darüber hinaus ist nicht ersichtlich, warum es ausgerechnet im Verfahren der freiwilligen Gerichtsbarkeit erforderlich ist, eine in allen Gerichtszweigen nur im Zusammenhang mit einer förmlichen Vernehmung sanktionierte Falschaussage (s. § 153 StGB) auch ohne diese Voraussetzung zu bestrafen, zumal das Gericht auch in FG-Verfahren die Beteiligten förmlich vernehmen kann (§ 30 Rdn. 56 ff.). 36

4. Verfahrensverzögerung (Abs. 2 Nr. 4). Nach Abs. 2 Nr. 4 soll das Gericht einem Beteiligten die Verfahrenskosten ganz oder teilweise auferlegen, wenn er durch **schuldhafte Verletzung seiner Mitwirkungspflichten das Verfahren erheblich verzögert** (OLG Jena FamRZ 2012, 1898; s. zu den Mitwirkungspflichten § 27 Rdn. 9 und zur Verzögerung § 32 FamGKG Rdn. 3). Die Vorschrift dient der Durchsetzung von Mitwirkungspflichten, die nicht selbständig erzwingbar sind (KG Berlin FamRZ 2016, 485). Es kommt daher allein auf die Verzögerung an, höhere Kosten müssen dadurch nicht verursacht sein (OLG Celle NZFam 2014, 916 m.w.N. = FamRZ 2015, 524 LS). An einer relevanten Verzögerung fehlt es, wenn das Gericht durch eigenes Handeln die Verzögerung hätte verhindern können (Prütting/Helms/*Feskorn* § 81 Rn. 25). Die Verzögerung muss **erheblich** sein, d.h. das Verfahren infolge der fehlenden oder verzögerten Mitwirkung des Beteiligten deutlich länger gedauert haben als bei zeitgerechter Mitwirkung Prütting/Helms/ *Feskorn* § 81 Rn. 25). Soweit ersichtlich wurde die Kostenstrafe nach Nr. 4 bislang bei mindestens 3-monatiger Verweigerung der Mitwirkung bei Erstattung eines schriftlichen Gutachtens in Kindschaftsverfahren angewandt (KG Berlin FamRZ 2016, 485 m. Anm. *Stößer*; FamRB 2015, 457; OLG Celle, NZFam 2014, 916 = FamRZ 2015, 524 LS). 37

Die Vorschrift ist nur hinsichtlich ihrer Zielrichtung vergleichbar mit der kostenrechtlichen Sanktion, wie sie für selbstständige Familienstreitsachen in § 32 FamGKG und für die nach dem GKG abzurechnenden Verfahren in § 38 GKG für eine schuldhafte Verzögerung des Verfahrens eröffnet ist (s. § 32 FamGKG Rdn. 1 ff.; *Krause* FPR 2010, 336; *Völker* MDR 2001, 1325). Anders als dort bezeichnet Abs. 2 Nr. 4 aber weder die Mitwirkungspflichten genau, noch beschränkt sich die Rechtsfolge auf die Verhängung einer einzelnen Gerichtsgebühr (zusätzlich) als Strafgebühr. Die oben angeführten **Bedenken** an der Eignung der Vorschrift für eine Sanktionierung unwahrer Angaben (s.o. Rdn. 36) gelten deshalb für die **Kostenstrafe wegen Verfahrensverzögerung** im Hinblick auf die zusätzliche Unbestimmtheit der tatbestandlichen Vorausset-

§ 81

zungen erst recht. Unter Beachtung des Übermaßverbots kann die Anwendung der Vorschrift bei **verfassungskonformer Auslegung** allenfalls zur Auferlegung der gerichtlichen Gebühren sowie der durch die Verzögerung entstandenen Mehraufwendungen der Verfahrensbeteiligten führen, aber kaum zur Auferlegung der gesamten Verfahrenskosten (ähnlich Prütting/Helms/*Feskorn* § 81 Rn. 25: *Stößer* FamRB 2015, 457; s.a. OLG Jena FamRZ 2012, 1898; anders OLG Celle NZFam 2014, 916).

38 **5. Verstoß gegen Beratungsauflage (Abs. 2 Nr. 5).** Die Vorschrift bezieht sich auf die dem FamG eröffnete Möglichkeit, in Kindschaftssachen den Eltern die Teilnahme an einer kostenlosen **Beratung** verbindlich aufzulegen (§ 156 Rdn. 3), und sanktioniert die **unentschuldigte Nichtteilnahme**. Das Gericht soll dem Elternteil, der einer Anordnung des Gerichts zur Teilnahme an einer Beratung unentschuldigt nicht nachkommt, die Kosten des Verfahrens ganz oder teilweise auferlegen. Dasselbe gilt, soweit Beteiligte einer richterlichen Anordnung zur Teilnahme an einem kostenfreien Informationsgespräch über Mediation oder über eine sonstige Möglichkeit der außergerichtlichen Konfliktbeilegung nach § 156 Abs. 1 Satz 3 (s. § 156 Rdn. 3) nicht nachkommen. Entschuldigt ist die Nichtteilnahme nur bei Krankheit, Missverstehen der gerichtlichen Anordnung und Ähnlichem (Keidel/*Zimmermann* § 81 Rn. 65). Auch hier handelt es sich um eine **Strafvorschrift**, für die dieselben Bedenken bestehen wie zu Nr. 3 u 4 (s. Rdn. 36). Es sollten zu Strafzwecken deshalb nur die durch die Verweigerung der Teilnahme verursachten Mehrkosten auferlegt werden (s.a. Prütting/Helms/*Feskorn* § 81 Rn. 26).

39 **III. Persönliche Beschränkung (Abs. 3).** Nach Abs. 3 in der seit 01.01.2013 geltenden Fassung dürfen einem **Minderjährigen in Kindschaftssachen, die seine Person betreffen**, keine Kosten auferlegt werden. In der ursprünglichen Fassung war die Freistellung in persönlichen Angelegenheiten nicht auf Kindschaftssachen beschränkt (s. *Büte* FuR 2013, 81). Das korrespondierte im Wesentlichen mit der im FamGKG enthaltenen Freistellung von der Haftung als Antragsteller für gerichtlichen Kosten in Verfahren, die seine persönlichen Angelegenheiten betreffen, die weiterhin uneingeschränkt besteht (s. §§ 21 bis 27 FamGKG Rdn. 8). Aufgrund dieser gesetzgeberischen Wertung sollte dem minderjährigen Beteiligten in solchen Verfahren, zu denen auch Adoptions- und Abstammungsverfahren gehören, zumindest keine Gerichtskosten auferlegt werden (OLG Oldenburg FamRZ 2013, 971; s.a. § 183 Rdn. 12).

40 Zu beachten ist, dass das Verbot der Auferlegung von Kosten nach Abs. 3 die **sonstige Haftung des Minderjährigen für die Gerichtskosten** unberührt lässt (s. § 80 Rdn. 41 ff.). Wenn ihm keine Kosten auferlegt werden, scheidet er lediglich als Entscheidungsschuldner aus. Soweit der Minderjährige nicht von der Antragstellerhaftung befreit ist, haftet auch er der Staatskasse (hilfsweise) als Zweitschuldner für die gerichtlichen Gebühren und Auslagen. es sei denn, er wird in der Kostenentscheidung davon befreit (s. Rdn. 14). Der (leistungsfähige) Minderjährige haftet jedoch – wie schon nach der KostO– für die Kosten der Bestellung und Überwachung eines **Vormunds oder (Dauer-) Pflegers**, wenn das Gericht die Kosten keinem anderen auferlegt (§ 22 FamGKG; s.a. §§ 21 bis 27 FamGKG Rdn. 12). Weiterhin kommt eine Haftung als Übernahmeschuldner in Betracht, wenn der Minderjährige Kosten in einem **Vergleich** übernimmt oder die gerichtlichen Kosten ohne gerichtliche Entscheidung von den Beteiligten anteilig zu tragen sind (s. § 83 Rdn. 4 und §§ 21 bis 27 FamGKG Rdn. 4 ff.).

41 Weitere personengebundene Einschränkungen bei der Kostenentscheidung sehen die §§ 276 Abs. 7, 317 Abs. 7, 419 Abs. 5 u § 158 Abs. 8 für den **Verfahrenspfleger oder -beistand** vor, denen in keinem Fall Kosten auferlegt werden dürfen, und die auch nach den Kostengesetzen von jeglicher Haftung freigestellt sind (s. § 80 Rdn. 45 sowie § 21 Abs. 1 Nr. 4 FamGKG). Die an sie gezahlte Entschädigung oder Vergütung zählt ebenso wie die an den Umgangspfleger gezahlten Beträge zu den gerichtlichen Auslagen (s. § 80 Rdn. 39 auch zur Haftung der Minderjährigen hierfür).

42 **IV. Kostentragung Dritter (Abs. 4).** § 81 Abs. 4 übernimmt die vormals nur für Betreuungs- und Unterbringungssachen in § 13a Abs. 2 Satz 2 FGG vorgesehene Möglichkeit, auch einem Nichtbeteiligten ausnahmsweise Verfahrenskosten aufzuerlegen und erstreckt sie auf sämtliche FG-Verfahren (BT-Drucks. 16/6308 S. 216). Danach kann auch ein Dritter zur Zahlung von Gerichtskosten und zur Erstattung der notwendigen Auslagen der Verfahrensbeteiligten herangezogen werden, wenn die **Tätigkeit des Gerichts durch ihn veranlasst** war **und** ein **grobes Verschulden** trifft (zur Definition s.o. Rdn. 33 und ausführlich Keidel/*Zimmermann* § 81 Rn. 75). Damit können z.B. in Kindschaftssachen demjenigen, der ein Kind misshandelt oder missbraucht hat, Kosten eines Kinderschutzverfahrens auferlegt werden. Ebenso können Nachbarn, Verwandte etc, die wider besseres Wissen Gerichtsverfahren veranlassen, zu deren Kosten herangezogen werden. Aber auch einer **Behörde**, z.B. dem Jugendamt, die sich nicht förmlich beteiligt hat, kön-

nen Kosten auferlegt werden, wenn es durch grobes Verschulden eines Mitarbeiters zu (unnötigen) Verfahren gekommen ist (Friederici/Kemper/*Schneider* § 81 Rn. 43). Dasselbe gilt für die zuständigen Behörden in Betreuungs- und Unterbringungssachen (Keidel/*Zimmermann* § 80 Rn. 71). Ist die Behörde dagegen förmlich beteiligt wie das Jugendamt seit 01.01.2013 in Kinderschutzverfahren (s. § 162 Abs. 2 n.F.) oder Antragsteller, ist sie nicht Dritter und es gilt § 81 Abs. 2 Nr. 1 (s. OLG Celle FamRZ 2012; 1896) oder die §§ 337 Abs. 2 u 430 (s.o. Rdn. 34). **Sonderregeln** enthalten die §§ 307, 337 Abs. 1 (auch i.V.m. § 167) für Betreuungs- und Unterbringungsverfahren: Danach können die außergerichtlichen Aufwendungen der Betroffenen der Staatskasse auferlegt werden, wenn ein eingeleitetes Verfahren nicht mit einer Maßnahme zu Lasten des Betroffenen endet (s. § 307 FamFG Rdn. 4 ff., § 337 FamFG Rdn. 7 ff. u. zur Auferlegung von Kosten bei öffentlich-rechtlicher Unterbringung Rn. 19 ff.). Ähnliches regelt § 430 für Freiheitsentziehungssachen: Wird ein Antrag der Verwaltungsbehörde abgelehnt und lag ein begründeter Anlass für den Antrag nicht vor, können nach § 430 die Auslagen des Betroffenen der Körperschaft, der die Verwaltungsbehörde angehört, auferlegt werden (s. § 430 Rdn. 5 ff.). Außer in den in §§ 307, 337, normierten Fällen können der **Staatskasse** keine außergerichtlichen Kosten eines Beteiligten auferlegt werden, da sie weder am Verfahrens beteiligt, noch »Dritter« i.S.d. Abs. 4 ist (OLG Hamburg MDR 2015, 960; OLG München FamRZ 2014, 236; Prütting/Helms/*Feskorn* § 81 Rn. 4; Keidel/*Zimmermann* § 81 Rn. 73; s.a. BVerfG NJW 2013, 1588. Anders ist dies bei Beschwerden in Vergütungssachen, in denen sich der Anspruch gegen die Staatskasse richtet (s. OLG München FamRZ 2007, 1913).

§ 82 Zeitpunkt der Kostenentscheidung. Ergeht eine Entscheidung über die Kosten, hat das Gericht hierüber in der Endentscheidung zu entscheiden.

Übersicht

	Rdn.		Rdn.
A. Zeitpunkt der Kostenentscheidung	1	II. Einzelheiten	8
B. Gegenstände der Kostenentscheidung	4	III. Prüfungsumfang bei Ermessensent-	
C. Anfechtung der Kostenentscheidung	7	scheidung	13
I. Allgemeines	7		

A. Zeitpunkt der Kostenentscheidung. Die Vorschrift legt fest, dass das Gericht über die Kosten, soweit es 1 eine Entscheidung treffen muss oder sie für geboten hält (s. § 81 Rdn. 4 ff.), **gleichzeitig mit der Endentscheidung** und in dieser zu befinden hat (vgl. zum Begriff der Endentscheidung die Legaldefinition in § 38 Abs. 1 Satz 1). Das betrifft auch die Rechtsmittelverfahren und die nunmehr selbstständigen EA-Verfahren. Für Ehe- und selbstständige Familiensachen sowie in Scheidungsverbundverfahren ergibt sich dasselbe aus § 308 Abs. 2 ZPO i.V.m. § 113. Erledigt sich das Verfahren ohne Endentscheidung auf andere Weise, ist die dann isoliert zu treffende Kostenentscheidung die Endentscheidung (s. § 83 Rdn. 5 ff.). Die rein kosten- oder verwaltungsrechtliche Beendigung, z.B. wegen sechsmonatigen Nichtbetreibens, steht einer verfahrensrechtlichen Beendigung nicht gleich (OLG Zweibrücken FamRZ 2011, 1750).

Wird die Entscheidung über die Kosten vergessen, kann sie gem. § 43 Abs. 1 auf Antrag um diese ergänzt 2 werden OLG Jena FamRZ 2014, 1732;. Der auch in Amtsverfahren notwendige **Ergänzungsantrag** muss innerhalb von 2 Wochen nach der schriftlichen Bekanntgabe der Entscheidung gestellt werden (§ 43 Rdn. 2). Eine Ergänzung kommt nur in Betracht, wenn das Gericht versehentlich eine Kostenentscheidung unterlassen hat und damit eine Regelungslücke besteht. In Verfahren, in denen eine Kostenentscheidung nicht erforderlich ist (s. § 81 Rdn. 9), ist das nur der Fall, wenn die Möglichkeit eines bewussten Absehens einer Entscheidung über die Kosten ausgeschlossen werden kann OLG München FamRZ 2012, 1405). Dazu müssen sich aus dem Beschluss konkrete Anhaltspunkte ergeben, dass sich das Gericht mit dem Kostenpunkt überhaupt nicht beschäftigt hat (OLG Köln FamRZ 2014, 687). Ergibt sich aus den Gründen, dass eine Kostenentscheidung gewollt war und mit welchem Inhalt, ist nur ein nicht fristgebundener Berichtigungsantrag nötig (Prütting/Helms/*Feskorn* § 82 Rn. 3).

Wird der **Verfahrenswert** nach Eintritt der Rechtskraft **abgeändert**, kann die Kostengrundentscheidung 3 auch dann nicht in entsprechender Anwendung des § 42 oder § 319 ZPO berichtigt werden, wenn dies zu einer (rechnerischen) Unrichtigkeit der Kostenquoten führt (BGH FamRZ 2008, 1925; zur Abänderung der Kostenfestsetzung in diesem Fall s. § 85 Rdn. 21).

§ 82 Buch 1. Allgemeiner Teil

4 **B. Gegenstände der Kostenentscheidung.** Von der Kostengrundentscheidung werden nicht nur die Kosten derjenigen **Verfahrensgegenstände** erfasst, über die in der Endentscheidung noch zu befinden ist, sondern auch diejenigen Gegenstände, die im Laufe des Verfahrens zur Entscheidung des Gerichts gestellt wurden, sich aber bereits durch Teilentscheidung, Vergleich, Rücknahme oder auf andere Weise erledigt haben. Bei vorzeitiger Erledigung einzelner Verfahrensteile ist eine **Teilkostenentscheidung** i.d.R. **unzulässig** und darf ausnahmsweise nur dann ergehen, wenn die Pflicht zur Kostentragung vom Ausgang des gesamten Verfahrens unabhängig ist (BayObLG NZM 1999, 85; für das Ausscheiden eines Streitgenossen vgl. MüKoZPO/Giebel § 100 Rn. 47).

5 Gerade der Umstand, dass die Kostenentscheidung inhaltlich auch vom weiteren Verfahrensverlauf abhängt (s.o.), spricht dafür, bei einer **Trennung von Verfahren** (§ 20) über die Kosten des abgetrennten Verfahrensteils nur in diesem zu entscheiden, und zwar auch soweit es Kosten betrifft, die für den abgetrennten Teil schon vor der Abtrennung angefallen sind. So wie dies seit dem 01.09.2009 für die (echte) Abtrennung einer Folgesache aus dem Scheidungsverbund in § 150 Abs. 5 Satz 2 sowie für die Anwalts- und Gerichtskosten in § 21 Abs. 3 RVG u § 6 Abs. 2 FamGKG ausdrücklich geregelt ist (vgl. § 150 Rdn. 19; § 6 FamGKG Rdn. 12). Bei einer **Verfahrensverbindung** enthält der Verbindungsbeschluss keine Kostenentscheidung. Sie ist für sämtliche miteinander verbundenen Gegenstände allein in dem fortgeführten Verfahren zu treffen. Ähnliches gilt nach § 3 Abs. 4 bei einer **Verweisung** wegen Unzuständigkeit (s. § 3 Rdn. 10).

6 Die **Kosten einer Einigung**, insb. die anwaltliche Einigungsgebühr oder die Terminsgebühr für ein außergerichtlich geführtes, aber erfolglos gebliebenes Einigungsgespräch nach RVG VV Vorbem. 3.3 werden von der Kostenentscheidung unbeschadet ihrer Erstattungsfähigkeit grds. umfasst (s. § 81 Rdn. 4). Zweifelhaft ist, ob die durch eine Einigung über nicht im Verfahren anhängige Gegenstände (**Mehrvergleich**) angefallenen Kosten Gegenstand der Kostenentscheidung sein können (s. BGH NJW 2009, 233 m.w.N.).

7 **C. Anfechtung der Kostenentscheidung. I. Allgemeines.** Kostenentscheidungen können in Zivilsachen und konnten bis zur FGG-Reform auch in den Verfahren der freiwilligen Gerichtsbarkeit grundsätzlich nur zusammen mit der Endentscheidung angefochten werden. Als Korrektiv für das dem Gericht bei der Kostenentscheidung in Verfahren der freiwilligen Gerichtsbarkeit nach § 81 eingeräumte Ermessen wurde das in § 20a FGG enthaltene Verbot der **isolierten Anfechtung der Kostenentscheidung** nicht in das FamFG übernommen (BGH FGPrax 2012, 91; BT-Drucks. 16/6308 S. 168, 216). Damit haben die Verfahrensbeteiligten die Möglichkeit, die Ermessensentscheidung auch dann überprüfen zu lassen, wenn sie die Hauptsache nicht anfechten wollen (BGH FamRZ 2011, 1933, 1935). Das gilt auch für die Anfechtung der Kostenentscheidungen in selbstständigen FG-Familiensachen. In Ehe- und selbstständigen Familienstreitsachen verbleibt es dagegen kraft Verweisung in § 113 Abs. 1 FamFG auf § 99 Abs. 1 ZPO grundsätzlich beim Verbot der isolierten Anfechtung der Kostenentscheidung. Dasselbe gilt für die im FamFG direkt geregelten Kostenentscheidungen nach §§ 150 und 243 FamFG (s. § 150 Rdn. 21). Damit sind in allen Familiensachen, deren Verfahren sich im wesentlichen nach der ZPO richten, neben der Kostenentscheidung in einem Anerkenntnisbeschluss (s. § 99 Abs. 2 ZPO), bzw. aufgrund eines Anerkenntnisses (s. dazu BGH NJW 2016, 572 m.w.N.) nur die selbstständigen Kostenentscheidungen nach Erledigung der Hauptsache oder der Rücknahme des Antrags isoliert anfechtbar (§§ 91a, 269 ZPO), und zwar dem dafür vorgesehenen Rechtsmittel der sofortigen Beschwerde nach §§ 567 ff. ZPO (s. § 150 Rdn. 22). Das **statthafte Rechtsmittel** gegen die nach den §§ 81 ff. FamFG getroffenen Kostenentscheidungen ist dagegen i.d.R. mit der befristeten Beschwerde nach den §§ 58 ff. und ggf. der Rechtsbeschwerde nach § 70. Das gilt auch für die Anfechtung einer selbstständigen Kostenentscheidung, die gem. § 83 nach Erledigung der Hauptsache gefällt wurde, da auch sie eine Endentscheidung i.S.d. § 38 ist (s. § 38 Rdn. 6 und § 58 Rdn. 24). Soweit das FamFG für die Anfechtung der Entscheidung in der Hauptsache allerdings auf die entsprechende Anwendung der Vorschriften über die sofortige Beschwerde nach §§ 567 bis 572 ZPO verweist, wie z.B. für Entscheidungen im Vollstreckungsverfahren (zu weiteren Fällen s. § 58 Rdn. 55), gilt dies auch für die isolierte Anfechtung der Kostenentscheidung (OLG Hamm FamRZ 2010, 1838). Zur Anfechtung bei einer **Kostenmischentscheidung** s. Rdn. 12.

8 **II. Einzelheiten.** Nach allg. Meinung ist die Anfechtung nur der Kostenentscheidung nach wie vor unstatthaft, wenn gegen die Entscheidung in der Hauptsache ein Rechtsmittel nicht oder nur unter bestimmten Voraussetzungen gegeben ist, **Grundsatz der Konvergenz** (s. BGH FamRZ 2005, 790; NJW-RR 2003, 1075; OLG Koblenz FamRZ 2014, 1930). Das wird vor allem für die Anfechtung der Kostenentscheidung einer **einstweiligen Anordnung** relevant, wenn man nicht für grundsätzlich unzulässig hält (s.u.). Sie kann aus

Gründen der Konvergenz nur angefochten werden, wenn die Entscheidung in der Sache nach § 57 Satz 2 mit der Beschwerde angefochten werden kann (s. OLG Bremen MDR 2011, 104 = FamRZ 2011, 752 LS; KG FamRZ 2011, 576; OLG Stuttgart FamRZ 2012, 1410; OLG Celle FamRZ 2012, 1080 m.w.N.; Prütting/Helms/*Stößer* § 57 Rn. 11; Keidel/*Giers* § 57 Rdn. 3). Dabei erfüllt eine Erörterung, die sich nur noch auf die Kosten beschränkt, nicht die Voraussetzungen des § 57 Satz 2 (Frankfurt FamRZ 2013, 569). Liegen die Voraussetzungen für einen Anfechtbarkeit der Kostenentscheidung vor, gilt auch für sie die Zweiwochenfrist des § 63 Abs. 2. Nr. 1. Nach einer im Vordringen befindlichen Auffassung, der sich die Verf. anschließt, ist zumindest eine nach Rücknahme des Antrags isoliert ergangene Kostenentscheidung in eine Katalogsache grundsätzlich nicht anfechtbar, weil dies dem Sinn und Zweck der Ausnahmeregelung widerspricht (OLG Frankfurt FamRZ 2014, 593; KG FuR 2014, 668 = FamRZ 2014, 1929; OLG Dresden FamRZ 2016, 318; OLG Nürnberg FF 2016, 42). In der Konsequenz wird dann aber jede isolierte Anfechtung einer Kostenentscheidung, selbst wenn sie Teil einer Endentscheidung in einer Katalogsache ist, unzulässig sein (so OLG Frankfurt FamRZ 2014, 593; Rahm/Künkel/*Feskorn* Kap. 14 Rn. 222; MüKoFamFG/*Soyka* § 57 Rn. 3; Musielak/Borth/*Borth/Grandel* § 57 Rn. 14). Dem steht auch nicht entgegen, dass der Gesetzgeber eine Kostenentscheidung in FG-Sachen grundsätzlich der richterlichen Überprüfung zugänglich machen wollte (s. § 81 Rdn. 7). Denn dies ist für Kostenentscheidungen in EA-Verfahren, die nicht unter die in Satz 2 aufgeführten Ausnahmen fallen, aus Gründen der Konvergenz generell ausgeschlossen (s.o.). Ansonsten dürfte unter diesem Aspekt der Grundsatz der Konvergenz bei der Anfechtung von Kostenentscheidungen, die gem. § 81 FamFG nach billigem Ermessen getroffen wurden, grundsätzlich keine Rolle spielen

Hat das Gericht **keine Kostenentscheidung** getroffen und ergibt sich die Haftung für die gerichtlichen Kosten damit allein aus dem Gesetz (z.B. §§ 22 ff. GNotKG), ist eine Beschwerde, die allein das Ziel verfolgt, eine Entscheidung über die Kosten der Vorinstanz zu erreichen, unzulässig (BGH FGPrax 2012, 91 = FamRZ 2012, 545 LS auch zur Ausnahme bei Erledigung der Hauptsache in der Rechtsmittelinstanz). 9

Für die **Beschwer** enthält § 61, anders als § 567 Abs. 2 ZPO, keine besondere Regelung für die Beschwerde in Kostensachen. Damit ist die isolierte Beschwerde gegen die Kostenentscheidung, wenn sie nicht vom Erstgericht zugelassen wurde, grds. nur zulässig, wenn der Beschwerdeführer durch sie mit mehr als 600 € beschwert ist, wie dies § 228 für die in einer Versorgungsausgleichssache enthaltenen Kostenentscheidung ausdrücklich bestimmt. Richtet sich die Beschwerde nach den §§ 567 ff. ZPO (**sofortige Beschwerde**), gilt dagegen § 567 Abs. 2 ZPO, der für Beschwerden in Kostensachen eine Mindestbeschwer von 200,01 € vorschreibt. Die Beschwer **berechnet** sich aus dem Unterschied zwischen den Kosten, die der Beschwerdeführer nach der Kostenentscheidung zu tragen hat, und denen, die er nach der erstrebten Abänderung tragen müsste (OLG Brandenburg FGPrax 2008, 201; s.a. BGH MDR 2010, 944 für das Kostenfestsetzungsverfahren). 10

Umstritten war, ob dies für die Beschwerde nach § 58 auch dann gilt, wenn es sich bei der Hauptsache um eine **nichtvermögensrechtliche Angelegenheit** handelt, für die nach § 61 eine Beschwer nicht nötig ist. Zwischenzeitlich hat der BGH klargestellt, dass entgegen der bis dahin h.M. nichtvermögensrechtliche Angelegenheiten der freiwilligen Gerichtsbarkeit auch dann nichtvermögensrechtlich bleiben, wenn allein die Kostenentscheidung angegriffen wird (BGH FamRZ 2014, 372; FamRZ 2013, 1876 m. Anm. *Schneider* FamRZ 2013, 1961). Damit muss nur die isolierte Anfechtung der Kostenentscheidung in einer vermögensrechtlichen Angelegenheit die Beschwer von mehr als 600 € erreichen. Für die isolierte Anfechtung einer Kostenentscheidung in Ehe- und Familienstreitsachen verbleibt es dagegen bei der auch in nichtvermögensrechtlichen Angelegenheiten erforderlichen Beschwer von mindestens 200,01 € (§ 113 Abs. 1 i.V.m. § 561 Abs. 2 ZPO, s. § 150 Rdn. 22). Dasselbe gilt für in FG-Sachen, wenn die Kostenentscheidung ausnahmsweise mit der sofortigen Beschwerde anzufechten ist (s. Rdn. 7).

Zum Verfahren im Übrigen vgl. die Kommentierungen zu §§ 58 ff. und 70 ff. 11

Sind in einem Verfahren Familienstreitsachen mit FG-Sachen verbunden, wie im Scheidungsverbund, so kann die einheitliche Kostenentscheidung nach den Grundsätzen der **Kostenmischentscheidung** (BGH FamRZ 2007, 893) isoliert angefochten werden, soweit sie die FG-Sache betrifft (s. für den Scheidungsverbund § 150 Rdn. 21 und für die Verbindung einer Unterhaltssache mit einem Abstammungsverfahren § 183 Rdn. 23 und KG Berlin FamRZ 2016, 319 m.w.N.) Dasselbe gilt für Zugewinnausgleichsverfahren, wenn in ihm Anträge auf Stundung oder Übertragung von Gegenständen gestellt wurden (s. § 263 Rdn. 4). 12

III. Prüfungsumfang bei Ermessensentscheidung. Während es für die **Rechtsbeschwerde** unstreitig ist, dass eine Kostenentscheidung, die in das Ermessen des Gerichts gestellt ist, wie andere Ermessensentscheidungen auch vom Gericht nur eingeschränkt, z.B. auf Nicht- oder Fehlgebrauch des eingeräumten Ermes- 13 sens, überprüft werden kann, nicht aber auf sachliche Richtigkeit (BGH FamRZ 2016, 218 und FamRZ 2015, 838 Rn. 11 m.w.N.), ist dies für die **Beschwerde** umstritten. Nach einer im Schwinden begriffenen Meinung kann das Beschwerdegericht in FG-Sachen als Tatsachengericht Ermessensentscheidungen in vollem Umfang überprüfen und durch eigenes Ermessen ersetzen (BayObLG NJW-RR 1990, 52; Keidel/*Sternal* § 68 Rn. 42, 93; s.a. § 69 Rdn. 1). Nach zwischenzeitlich h.M. ist die Kostenentscheidung bereits in der Beschwerdeinstanz nur eingeschränkt überprüfbar (vgl. BGH FamRZ 2007, 893, 895 zur sofortigen Beschwerde; OLG Düsseldorf FamRZ 2015, 1746; OLG Saarbrücken FamRZ 2015, OLG Hamm FamRZ 2013, 1159; OLG Frankfurt am Main FamRZ 2013, 900 m.w.N.). Entgegen der vom OLG Brandenburg (NZFam 2015, 327 m. Anm. *Holznagel*) Ansicht ergeben sich aus den Entscheidungen des BGH (FamRZ 2013, 1876 Rn. 23 und FamRZ 2011, 1933 Rn. 26 ff.) keine tragfähigen Hinweise darauf, dass der BGH seine seit 2007 vertretene Meinung zur eingeschränkten Überprüfung des Ermessensgebrauchs (s.o.) geändert hätte. Die Verf. schließt sich nunmehr auch für FG-Verfahren der h.M. an. Wie die Vielzahl der zwischenzeitlich veröffentlichten Entscheidungen gezeigt hat, reichen die verbleibenden Möglichkeiten zur Prüfung des Ermessensgebrauch (s.u.) aus, um der vom Gesetzgeber gewünschten Überprüfung der Kostenentscheidung (s. § 82 Rdn. 8) zu genügen. Zudem hat die h.M. den Vorteil, dass das Ausgangsgericht dadurch veranlasst wird, seine Kostenentscheidung nachvollziehbar zu begründen.

Ein **Ermessensfehler** liegt vor
– wenn die Entscheidung des Erstgerichts nicht erkennen lässt, ob es sein Ermessen ausgeübt hat,
– wenn von ihm fehlerhaft Gebrauch gemacht wurde, insbesondere die für den Ermessensgebrauch maßgeblichen Kriterien (s. § 81 FamFG Rdn. 17 ff.) nicht oder unvollständig gewürdigt wurden
– oder wenn das Ergebnis nicht nachvollziehbar ist

(OLG Düsseldorf FamRZ 2015, 1746; 2014, 685; OLG Naumburg FamRZ 2015, 1225; OLG Frankfurt am Main FamRZ 2013, 900; OLG Hamm MDR 2013, 469 = FamRZ 2013, 1159 [LS]). In diesen Fällen kann und muss das Beschwerdegericht das Ermessen selbst auszuüben.

§ 83 Kostenpflicht bei Vergleich, Erledigung und Rücknahme.

(1) ¹Wird das Verfahren durch Vergleich erledigt und haben die Beteiligten keine Bestimmung über die Kosten getroffen, fallen die Gerichtskosten jedem Teil zu gleichen Teilen zur Last. ²Die außergerichtlichen Kosten trägt jeder Beteiligte selbst.
(2) Ist das Verfahren auf sonstige Weise erledigt oder wird der Antrag zurückgenommen, gilt § 81 entsprechend.

Übersicht

	Rdn.		Rdn.
A. Regelungsgehalt............................	1	I. Antragsrücknahme	5
B. Kostenpflicht bei Vergleich (Abs. 1)	2	II. Anderweitige Erledigung............	6
C. Kosten bei Erledigung und Rücknahme (Abs. 2)	5		

1 **A. Regelungsgehalt.** Die Vorschrift schränkt einerseits das dem Gericht bei der Kostenentscheidung eingeräumte Ermessen ein (Abs. 1), zum anderen macht sie Vorgaben für die Ausübung des Ermessens (Abs. 2). Abs. 1 ist in Zusammenhang mit § 36 zu sehen, der erstmals für die freiwillige Gerichtsbarkeit die Zulässigkeit eines Vergleichs regelt, und bestimmt dessen Kostenfolgen in Anlehnung an § 98 ZPO, allerdings ohne eine Trennung zwischen Verfahrens- und Vergleichskosten vorzunehmen. Abs. 2 betrifft die Kostenfolge nach einer Erledigung des Verfahrens weder durch eine Sachentscheidung noch durch Vergleich und verweist für die Rücknahme eines verfahrensnotwendigen Antrags und die sonstige Erledigung gleichermaßen auf die allgemeinen Regeln des § 81. Gleichzeitig stellt Abs. 2 klar, dass das Gericht in diesem Fall eine isolierte Kostenentscheidung treffen kann. Eine Pflicht zur Kostenentscheidung wird dadurch nicht begründet. Nur in den selbstständigen FG-Familiensachen muss auch in diesen Fällen über die Kostenentscheidung regelmäßig von Amts wegen entschieden werden (s. § 81 Rdn. 8). Zur Anfechtung der isoliert getroffenen Kostenentscheidung s. § 82 Rdn. 7 ff.

2 **B. Kostenpflicht bei Vergleich (Abs. 1).** Schließen die Verfahrensbeteiligten eine Vereinbarung oder einen Vergleich, der das gesamte Verfahren erledigt, aber keine Vereinbarung über die Kostentragung enthält, ha-

ben sie die gerichtlichen Kosten zu gleichen Teilen und ihre außergerichtlichen Aufwendungen selbst zu tragen. Demzufolge kann eine Kostenerstattung nur wegen der gerichtlichen Gebühren und Auslagen stattfinden (§ 85 Rdn. 9). Die **Regelung** in Abs. 1 **greift nur**, wenn die Beteiligten über den Verfahrensgegenstand auch verfügen können, der Vergleich sämtliche Gegenstände des Verfahrens erledigt und gem. § 36 protokolliert oder gerichtlich bestätigt wurde (s. § 36 Rdn. 9 ff.). Das ist bei einer Einigung über den Umgang mit dem gemeinsamen Kind nur der Fall, wenn sie vom Gericht ausdrücklich gebilligt wird (OLG Frankfurt ZKJ 2013, 127). In diesem Fall ergibt sich die Kostenfolge direkt aus dem Gesetz und bedarf meines Erachtens wie bei § 98 ZPO (s. BGH FamRZ 2006, 853) keiner gerichtlichen Entscheidung mehr (ebenso Prütting/Helms/*Feskorn* § 83 Rdn. 1; Horndasch/Viefhues/*Götsche* § 83 Rn. 28). Auf andere, insb. nur außergerichtlich geschlossene Vergleiche, bezieht sich die Regelung nicht (BT-Drucks. 16/6308 S. 216). In diesem Fall richtet sich die Kostenentscheidung nach den allgemeinen Regeln, dies hindert aber nicht, § 83 Abs. 1 bei Ausübung des Ermessens zu berücksichtigen (OLG Saarbrücken FamRZ 2010, 829). Dasselbe gilt, wenn nur ein Teil der Verfahrensgegenstände durch Vergleich im Sinne von § 36 erledigt wird.

Vereinbarungen der Parteien **über die Kosten** sind immer vorrangig und bei einer ggf. noch zu treffenden Kostenentscheidung zu berücksichtigen, auch wenn die Vereinbarung nur außergerichtlich getroffen wurde (BGH FamRZ 2006, 853). Soll die vereinbarte Kostenregelung die Grundlage einer Kostenfestsetzung bilden, muss sie allerdings gem. § 36 protokolliert oder gerichtlich bestätigt werden, insb. wenn sie Kosten eines nicht anhängigen Mehrvergleichs regelt (s.a. § 82 Rdn. 6). Da § 83 Abs. 1, anders als § 98 ZPO, nicht zwischen Verfahrens- und Vergleichskosten unterscheidet, dürfte eine Kostenvereinbarung in FG-Verfahren, wenn sie nichts Gegenteiliges enthält, regelmäßig auch die Einigungskosten umfassen. Eine bereits rechtskräftige Kostenentscheidung kann nachträglich nicht mehr durch Vergleich geändert werden (BGH NJW-RR 2001, 285). 3

Vereinbaren die Beteiligten, dass das **Gericht über die Kosten entscheiden** soll, gilt Abs. 2 i.V.m. § 81 (Keidel/*Zimmermann* § 83 Rn. 6), wobei der Rechtsgedanke des Abs. 1 auch bei der dann nach § 81 zu treffenden Entscheidung herangezogen werden kann (s.a. BGH NJW-RR 1997, 510; OLG Saarbrücken FamRZ 2010, 829; Zöller/*Herget* § 98 Rn. 2). 4

C. Kosten bei Erledigung und Rücknahme (Abs. 2). I. Antragsrücknahme. Für die Rücknahme eines verfahrensnotwendigen Antrags schreibt Abs. 2, anders als § 269 ZPO, **keine von der allgemeinen Kostenregel des § 81 abweichende Kostenregelung** vor und stellt sie der anderweitigen Erledigung des Verfahrens gleich. Nach den Vorstellungen des Gesetzgebers rechtfertigt die Rücknahme eines Antrags allein die Auferlegung der Kosten nicht. Er verweist insoweit vielmehr auf die pflichtgemäße Ausübung des Ermessens unter Berücksichtigung der Umstände, die zur Rücknahme des Antrags geführt haben (BT-Drucks. 16/6308, S. 216). Dementsprechend gebietet die Antragsrücknahme allein keine einseitige Kostenbelastung des Antragstellers (OLG Naumburg FamRZ 2014, 687; anders bei Rücknahme eines Rechtsmittels s. § 84 Rdn. 6). Die Entscheidung muss sich vielmehr an den für den Ermessensgebrauch entwickelten Kriterien (s. i.E. § 81 Rdn. 17 ff.) orientieren. Dies führt insb. dann zu einer Kostenentscheidung zulasten des Antragstellers, wenn Umstände zu der Rücknahme geführt haben, die den in § 81 Abs. 2 Nr. 1 u 2 genannten Regelbeispielen nahe kommen (Prütting/Helms/*Feskorn* § 83 Rn. 5; Musielak/Borth FamFG, § 81 Rn. 5.) bzw. wenn dem Antrag von vornherein die Erfolgsaussicht gefehlt hat und die Rücknahme einer Abweisung zuvorkommt (OLG Düsseldorf FamRZ 2015, 1744; OLG Schleswig FamRZ 2014, 1217, 1219). Die Abwägung kann umgekehrt auch zur Auferlegung sämtlicher oder eines erheblichen Teils der Kosten auf einen anderen Verfahrensbeteiligten führen, wenn dieser durch schuldhaftes Verhalten die Stellung des Antrags veranlasst hat. Dagegen entspricht es nicht der Billigkeit dem Antragsteller die volle Kostenlast allein aufzubürden, wenn die Rücknahme nach einvernehmlicher Erledigung der Angelegenheit (KG FamRZ 2013, 1924) oder in einer Kindschaftssache mit Rücksicht auf das Kindeswohl erfolgt (OLG Saarbrücken FamRZ 2011, 1805; OLG München FF 2015, 79; s. zum Ermessensgebrauch in Kindschaftssachen § 81 FamFG Rdn. 25. 5

II. Anderweitige Erledigung. Für die sonstige Erledigung des Verfahrens gilt im Grundsatz dasselbe wie für die Rücknahme (s.o.). Wenn eine **Kostenregelung** getroffen werden soll oder muss (s. § 81 Rdn. 8), ist sie gem. Abs. 2 i.V.m. § 81 Abs. 1 unter Berücksichtigung von § 81 Abs. 2 ff. **nach billigem Ermessen** zu treffen (OLG Bremen FamRZ 2013, 1926). Nur in diesem Rahmen spielt u.U. auch das voraussichtliche Obsiegen oder Unterliegen eine Rolle (s. OLG Saarbrücken FGPrax 2010, 270) oder ob es sich um eine einvernehmliche oder einseitig bewirkte Erledigung der verfahrensgegenständlichen Angelegenheit handelt (vgl. im Einzelnen die Rechtsprechungsübersicht in Prütting/Helms/*Feskorn* § 83 Rn. 14). 6

7 In **Antragsverfahren** bindet die **übereinstimmende Erklärung** aller Verfahrensbeteiligten, das Verfahren beenden zu wollen, das Gericht (s. § 22) und führt dazu, dass es keiner Entscheidung über den Antrag und damit auch keiner weiteren Sachaufklärung bedarf. Sie allein zum Zweck der Kostenentscheidung weiterzuführen wäre, so überhaupt zulässig, unzweckmäßig. Deshalb wird es i.d.R. der Billigkeit entsprechen, die Kosten im Sinne einer Kostenaufhebung zu verteilen (Prütting/Helms/*Feskorn* § 83 Rn. 11) oder auf eine Kostenentscheidung zu verzichten, soweit es sich nicht um eine Familiensache handelt.

8 In **Amtsverfahren** und ebenso in den **übrigen Antragsverfahren**, in denen sich die Beteiligten über seine Beendigung nicht einig sind und es auch zu keiner Rücknahme des Antrags kommt, muss das Gericht, wenn Anhaltspunkte dafür vorliegen, dass eine Sachentscheidung entbehrlich ist (s. Beispiele in § 22 Rdn. 18 f. sowie Prütting/Helms/*Feskorn* § 83 Rn. 14), ihnen **von Amts wegen nachgehen** (§ 26 Rdn. 5; s.a. BayObLG FamRZ 1992, 989) und ggf. eine feststellende Endentscheidung treffen und das Verfahren beenden (Prütting/Helms/*Feskorn* § 83 Rn. 9, 10). Das Institut der »einseitigen Erledigungserklärung« ist nur noch für die Rechtsmittelinstanz bedeutsam (s. § 84 Rdn. 10). In erster Instanz kann stattdessen der Antrag ohne Kostennachteile zurückgenommen werden. Denn gem. Abs. 2 richtet sich die Kostenentscheidung bei jeder Form der vorzeitigen Erledigung eines Verfahrens nach § 81 und damit nach den gleichen Grundsätzen wie ein regulär beendetes Verfahren (BT-Drucks. 16/6308 S. 216; s.a. § 22 Rdn. 17).

§ 84 Rechtsmittelkosten. Das Gericht soll die Kosten eines ohne Erfolg eingelegten Rechtsmittels dem Beteiligten auferlegen, der es eingelegt hat.

Übersicht

	Rdn.		Rdn.
A. Allgemeines	1	2. Rücknahme	6
B. Einzelheiten	4	3. Mehrere Antragsteller, wechselseitig	
I. Erfolglose Rechtsmittel	4	erfolglose Rechtsmittel	7
1. Zurückweisung oder Verwerfung	4	II. Nicht erfolglose Rechtsmittel	9

1 **A. Allgemeines.** Die Vorschrift ergänzt die in § 81 Abs. 2 aufgeführten Fälle der Verschuldenshaftung, in denen die **Auferlegung der Kosten für** den Regelfall vorgeschrieben wird, um den des **ohne Erfolg eingelegten Rechtsmittels**. Danach sollen dem mit seinem Rechtsmittel unterlegenen oder in anderer Weise nicht erfolgreichen Rechtsmittelführer die hierfür in der Rechtsmittelinstanz erwachsenen Kosten auferlegt werden. Davon ausgenommen sind kraft Gesetzes Verfahrenspfleger oder -beistände, wenn sie aus eigenem Recht ein Rechtsmittel einlegen (s. § 80 Rdn. 44: zur Haftung minderjähriger Beschwerdeführer s. Rdn. 3). Durch die Fassung als Sollvorschrift wird allerdings die Möglichkeit eröffnet, in Ausnahmefällen davon abzuweichen. Dies war notwendig, weil § 84 – anders als in § 97 Abs. 1 ZPO – nicht nur bei Zurückweisung oder Verwerfung des Rechtsmittels anzuwenden ist, sondern auch im Fall seiner **Rücknahme** (OLG Frankfurt am Main FamRZ 2014, 688; KG FamRZ 2016, 81; BT-Drucks. 16/6308 S. 216; Keidel/*Zimmermann* § 84 Rn. 19). § 84 gilt dagegen nicht, wenn das Rechtsmittel auch nur teilweise Erfolg hat oder das Verfahren auf andere Weise als durch Rücknahme, z.B. durch Vergleich oder übereinstimmende Erklärung nach § 22 beendet wird (s.u. Rdn. 9 und zur Anfechtung der dann isoliert zu treffenden Kostenentscheidung § 82 Rdn. 12). Hebt das Rechtsmittelgericht den Beschluss der Vorinstanz auf und **verweist** das Verfahren **zurück**, entscheidet die Vorinstanz auch über die Kosten des Rechtsmittels nach den allgemeinen Regeln (s. § 69 Rdn. 29 und Keidel/*Zimmermann* § 84 Rn. 9 ff. auch zu den Besonderheiten bei der Zurückverweisung durch das Rechtsbeschwerdegericht).

2 Die Regelung **bezieht sich auf sämtliche Rechtsmittel**, und zwar auf die Beschwerde und Rechtsbeschwerde nach §§ 58 ff., die sofortige Beschwerde und Rechtsbeschwerde nach §§ 567 ff. ZPO, soweit das FamFG auf sie verweist, und auf Einspruchs- und Erinnerungsverfahren. Sie gilt **nicht** in Ehe- und Familienstreitsachen und den FG-Folgesachen im Scheidungsverbund, für die entweder § 150 oder i.V.m. §§ 113 Abs. 1, 117 Abs. 2 Satz 2 die §§ 97, 516 Abs. 3 ZPO gelten. Keine Anwendung finden die §§ 80 ff. auch auf die in den Kostengesetzen autonom geregelten Kostenbeschwerden. Bei Rechtsbehelfen gegen Entscheidungen in Anerkennungsverfahren gilt § 84 nicht, da es sich sachlich um eine erstmalige gerichtliche Entscheidung handelt (OLG Stuttgart FamRZ 2011, 384).

3 Die **systematische Einordnung** der Vorschrift in die Gesamtregelung der Kostenentscheidung in Abschnitt 7 des FamFG spricht trotz der Wahl eines eigenen Paragrafen dafür, sie als eine nur den § 81 Abs. 1

Abschnitt 7. Kosten § 84

ausschließende Spezialregelung zu verstehen, nicht aber als völlig autonome Regelung der Kostenfolge erfolgloser Rechtsmittel (ebenso *Musielak/Borth* § 84 Rn. 1; Keidel/*Zimmermann* § 81 Rn. 56). Damit gilt insb. das Verbot, Minderjährigen Kosten in Kindschaftssachen aufzuerlegen, wenn sie ihre Person betreffen (§ 81 Abs. 3; KG FamRZ 2016, 81 m.w.N.) und die Möglichkeit u.U. auch Dritte zu den Kosten heranzuziehen (§ 81 Abs. 4) auch bei Entscheidungen nach § 84. Dasselbe gilt, wenn ein Beteiligter durch grobes Verschulden (§ 81 Abs. 2 Nr. 1) oder schuldhaft unwahre Angaben (§ 81 Abs. 2 Nr. 3) die Einlegung des Rechtsmittels oder sonstige Kosten des Verfahrens verursacht hat (Keidel/*Zimmermann* § 81 Rn. 56). Zumindest sind diese grundsätzlichen Regelungen Anlass von der Auferlegung der Kosten abzuweichen (MüKoZPO/ *Schindler* § 84 FamFG Rn. 13; Prütting/Helms/*Feskorn* § 84 Rn. 1; s.a. Rdn. 5).

B. Einzelheiten. I. Erfolglose Rechtsmittel. 1. Zurückweisung oder Verwerfung. Wenn ein Rechtsmittel 4 zurückgewiesen oder verworfen wird, soll das Rechtsmittelgericht regelmäßig eine Kostenentscheidung treffen und die gerichtlichen Gebühren und Auslagen dem Rechtsmittelführer aufzuerlegen und ihn zur Erstattung der außergerichtlichen Aufwendungen der übrigen Verfahrensbeteiligten verpflichten. Voraussetzung ist in jedem Fall, dass das **Rechtsmittel insgesamt** entweder zurückgewiesen bzw. verworfen und/oder zurückgenommen wird. In diesem Fall steht dem Gericht **grundsätzlich kein Ermessen** zu, ob es über die Kostentragungspflicht entscheidet und nur begrenzt, wie es über sie entscheidet. Da es sich um eine Soll- und nicht um eine Muss-Vorschrift handelt, besteht außer in Familiensachen in begründeten Fällen auch die Möglichkeit, von einer gerichtliche Kostenentscheidung ganz abzusehen; dann verbleibt es für die Gerichtskosten bei den maßgeblichen Regelungen der Gerichtskostengesetze (§§ 22 ff. GNotKG, s. § 80 Rdn. 42 ff.) und außergerichtliche Kosten werden nicht erstattet (OLG München OLG Report Süd 44/2015 Anm. 2; Keidel/*Zimmermann* § 84 Rn. 6).

Ausnahmen: Durch die Fassung als Sollvorschrift wird dem Gericht die Möglichkeit eröffnet, bei **Vorliegen** 5 **besonderer Umstände** ausnahmsweise ganz oder teilweise von der strikten Kostenbelastung des Rechtsmittelführers abzuweichen (Keidel/*Zimmermann* § 84 Rn. 13). Auch wenn der Gesetzgeber die Ausnahme in erster Linie für die Rücknahme wollte (s. Begründung zu § 84, BT-Drucks. 16/6308 S. 216), schließt der Wortlaut ihre Anwendung auf die Zurückweisung oder Verwerfung des Rechtsmittels jedenfalls nicht aus und entspricht insoweit der Soll-Regelung in § 81 Abs. 2. In Anlehnung an die Rspr. zu § 13a FGG können solche Ausnahmefälle insb. dann vorliegen, wenn eine ursprünglich begründete Beschwerde infolge erst durch die Entwicklung nach der erstinstanzlichen Entscheidung (KG, Beschl. v. 14.03.2013 – 13 UF 234/12, juris Rn. 41, insoweit nicht abgedruckt in FamRZ 2014, 50) oder durch im Beschwerdeverfahren eingeführte Tatsachen unbegründet wird (Musielak/Borth § 84 Rn. 2) oder wenn das Rechtsmittel durch unwahre Tatsachenbehauptung eines Beteiligten oder Dritten oder Fehler des Gerichts in erster Instanz veranlasst wurde (OLG Brandenburg ZKJ 2012, 495; s.a. § 81 Rdn. 36 und hier Rdn. 3). Ein besonderer Umstand kann sich auch daraus ergeben, dass das Rechtsmittel eine **Angelegenheit der staatlichen Fürsorge** betrifft (wie Betreuungs-, Freiheitsentziehungs- und bestimmte Kindschaftssachen) und das Rechtsmittel vom Minderjährigen bzw. dem Fürsorgebedürftigen selbst oder in seinem Interesse von einem anderen Beteiligten eingelegt wurde (LG Meiningen FamRZ 2014, 1315). Dies entspricht der vormals in § 131 Abs. 5 KostO enthaltenen Freistellung von Gerichtskosten für Rechtsmittel in Verfahren vor dem Betreuungsgericht, die bis 31.08.2009 auch für Rechtsmittel gegen die Entscheidungen des Familiengerichts galt. Diese Regelung wurde in § 25 Abs. 2 GNotKG für den Fall übernommen, dass das Gericht die Kosten keinem anderen auferlegt (s. § 80 Rdn. 44). Auf eine vergleichbare Regelung für FG-Familiensachen im FamGKG glaubte der Gesetzgeber verzichten zu können, weil in diesen Verfahren immer von Amts wegen über die gerichtlichen Kosten zu entscheiden ist mit der Möglichkeit, von ihrer Erhebung abzusehen (BT-Drucks. 17/11471 [neu], S. 162). Dies zeigt die Intention des Gesetzgebers, in fürsorgenden Angelegenheiten den Grundsatz der Kostentragungspflicht des »Verlierers« zu lockern. Ist eine Abweichung von § 84 geboten, betrifft dies auch die Entscheidung über die Auferlegung der außergerichtlichen Kosten anderer Verfahrensbeteiligter.

2. Rücknahme. Die Rücknahme eines Rechtsmittels **steht der Verwerfung oder Zurückweisung in Bezug** 6 **auf die Kostenfolge gleich** (s. Rdn. 1 u. 4). Das gilt auch für die Ausnahmen (s. Rdn. 5). Dem Rechtsmittelführer, der sein Rechtsmittel ganz oder den Teil, der nicht verworfen oder zurückgewiesen wird, zurücknimmt, sind grds. sämtliche gerichtlichen Kosten und die außergerichtlichen Kosten der übrigen Verfahrensbeteiligten aufzuerlegen (OLG Frankfurt am Main FamRZ 2014, 688; KG FamRZ 2011, 1750 in Nachlasssachen), sofern das Rechtsmittel nicht vom Verfahrenspfleger bzw. -beistand eingelegt wurde. Davon darf eine **Ausnahme bei Vorliegen besonderer Umstände** gemacht werden, die den Rechtsmittelführer zur Rücknahme seines Rechtsmittels veranlasst haben (BT-Drucks. 16/6308 S. 216). Neben den oben (Rdn. 5) angeführten Umständen gehören dazu auch die Rücknahme nach Erledigung der Hauptsache oder des Rechtsmittels (OLG München OLG Report Süd 44/2015 Anm. 2, s.a. Rdn. 10) oder nach einer außergerichtlichen Einigung, die eine Auferlegung sämtlicher Kosten auf den Rechtsmittelführer jedenfalls dann unbillig erscheinen lassen, wenn das Rechtsmittel bei seiner Einlegung noch Aussicht auf Erfolg hatte. In der bisher zu § 13a FGG ergangenen Rspr. wurde in nicht vermögensrechtlichen Angelegenheiten auch eine familiäre oder verwandtschaftliche Beziehung der Beteiligten als besonderer Umstand berücksichtigt, ebenso, wenn die Erfolglosigkeit nicht ohne Weiteres erkennbar war oder das Rechtsmittel nur vorsorglich eingelegt und jeweils alsbald zurückgenommen wurde (Prütting/Helms/*Feskorn* § 84 Rn. 3, 4 m.w.N.).

7 3. **Mehrere Antragsteller, wechselseitig erfolglose Rechtsmittel.** Haben mehrere Beteiligte **gleichgerichtete Rechtsmittel** ohne Erfolg eingelegt, haften sie sowohl für die Gerichtskosten als auch die Erstattung außergerichtlicher Kosten nicht als Gesamtschuldner, sondern gem. § 420 BGB regelmäßig nach Kopfteilen, sofern sie in gleicher Weise beschwert sind und nicht besondere Umstände eine davon abweichende Verteilung rechtfertigen (vgl. Keidel/*Zimmermann* § 81 Rn. 15; BayObLG Rpfl 1977, 26).

8 Haben mehrere Beteiligte ohne Erfolg **Rechtsmittel mit gegenläufiger Zielrichtung** und damit mit unterschiedlicher Beschwer eingelegt, haften sie entsprechend ihrem Anteil an der Gesamtbeschwer für die gerichtlichen Kosten und für die Erstattung der außergerichtlichen Kosten der übrigen Verfahrensbeteiligten (Keidel/*Zimmermann* § 84 Rn. 18). Entsprechend ihrem Anteil an der Gesamtbeschwer sind ihnen jeweils auch die außergerichtlichen Kosten des anderen Beschwerdeführers aufzuerlegen.

9 **II. Nicht erfolglose Rechtsmittel. Nicht erfolglos** im Sinne von § 84 ist ein Rechtsmittel, wenn es auf andere Weise als durch Rücknahme, Verwerfung oder Zurückweisung erledigt wurde. In diesem Fall ist die Regelung des § 84 nicht anzuwenden. Damit entfällt – von Familiensachen abgesehen – auch die Pflicht überhaupt über die Kosten zu entscheiden. Eine Entscheidung über die Kosten richtet sich dann wie in erster Instanz nach den allgemeinen Regeln: Wurde das Verfahren durch **Vergleich** beendet, gilt § 83 Abs. 1 (s. § 83 Rdn. 2). Wurde dem **Rechtsmittel stattgegeben**, gilt § 81; ebenso bei **übereinstimmender Erklärung** der Beteiligten, das Verfahren beenden zu wollen (§ 22; s. § 83 Rdn. 7). Beruht der Erfolg allein auf neuem Vorbringen, kann insb. in echten Streitsachen auch der Rechtsgedanke des § 97 Abs. 2 ZPO berücksichtigt werden und die Kosten können auch oder nur dem Gegner auferlegt werden (Prütting/Helms/*Feskorn* § 84 Rn. 6 m.w.N.; s.a. OLG Köln FamRZ 2015, 1748 zum vereinfachten Unterhaltsverfahren).

In **einseitig geführten Verfahren**, z.B. Register- und Grundbuchsachen, ist eine Entscheidung über die Kosten entbehrlich, wenn die Beschwerde eines Antragstellers Erfolg hat. Denn in diesem Fall kommt weder eine dessen Inanspruchnahme als Zweitschuldner in Betracht, noch können seine außergerichtlichen Kosten dem Gericht oder der Staatskasse auferlegt werden. Beide sind weder Beteiligte des Verfahrens noch Dritte i.S.d. § 81 Abs. 4 (OLG Hamburg MDR 2015, 960; OLG München FamRZ 2014, 236; Prütting/ Helms/*Feskorn* § 81 Rd. 4; Keidel/*Zimmermann* § 81 Rd. 73; s.a. BVerfG NJW 2013, 1588; a.A. für Beschwerden in Vergütungssachen. OLG München FamRZ 2007, 1913). Ausnahmen bestehen nur in den in §§ 307, 337 ausdrücklich geregelten Fällen.

10 Problematisch bleiben die Fälle, in denen sich die **Hauptsache erledigt** (zum Begriff s. § 22 Rdn. 18 ff. mit Beispielen), nachdem ein Rechtsmittel eingelegt wurde, da dann das Rechtsschutzbedürfnis für eine Sachentscheidung entfällt. Das Gleiche gilt, wenn sich das Rechtsmittel, z.B. durch nachträgliche Berichtigung der angefochtenen Entscheidung, erledigt (Keidel/*Mayer-Holz* § 42 Rn. 41). Kommt keine übereinstimmende Erklärung nach § 22 zustande, müsste das Rechtsmittel als unzulässig verworfen werden, wenn kein Fall des § 62 vorliegt (s. § 62 Rdn. 6 ff.). Der Rechtsmittelführer kann sein Rechtsmittel zur Meidung von Kostennachteilen auch nicht zurücknehmen wie in erster Instanz, weil die Rücknahme eines Rechtsmittels die gleiche Kostenfolge nach sich zieht wie eine Verwerfung (s. OLG Brandenburg FamRZ 2013, 2006 zur Umdeutung einer einseitig gebliebenen Erledigungserklärung in eine Rücknahme mit entsprechender Kostenfolge). Die Rspr. gestattete deshalb dem Rechtsmittelführer schon nach dem FGG, seinen Antrag ohne Kostennachteile auf Feststellung der Erledigung umzustellen oder auf die Kostenfolge zu beschränken (BGH FamRZ 1987, 470; BayObLG FamRZ 2001, 1311; ebenso zum FamFG jetzt BGH FGPrax 2012, 91). Handelt es sich bei der Hauptsache um ein Amtsverfahren, ist das Rechtsmittelverfahren auch ohne entsprechende Erklärung der Beteiligten zu beenden und nur noch über die Kosten zu entscheiden (BayObLG FamRZ 1992, 989). Die Kostenentscheidung richtet sich in beiden Fällen nach § 81 i.V.m. § 83 Abs. 2 (Keidel/*Zimmermann* § 84 Rn. 28).

Ist das **Rechtsmittel nur teilweise erfolglos** im Sinne von § 84, richtet sich die Kostenentscheidung ebenfalls nach den §§ 81, 83 (BayObLG FGPrax 2005, 217), wobei das teilweise Unterliegen im Rahmen der Billigkeitserwägung zu berücksichtigen ist. Ein Wertabschlag, wie er unter Geltung des FGG teilweise vorgenommen wurde (BayObLG FamRZ 1990, 905), ist nicht mehr zulässig. 11

§ 85 Kostenfestsetzung. Die §§ 103 bis 107 der Zivilprozessordnung über die Festsetzung des zu erstattenden Betrags sind entsprechend anzuwenden.

Übersicht

	Rdn.		Rdn.
A. Regelungsgehalt	1	2. Prüfungsumfang	6
B. Verfahren	2	3. Einwendungen	10
I. Voraussetzungen (§ 103 ZPO)	2	4. Entscheidung	14
1. Titel	2	5. Rechtsmittel	17
2. Antrag	3	III. Abänderung nach Wertänderung	
II. Weiteres Verfahren (§ 104 bis 106 ZPO)	5	(§ 107 ZPO)	20
1. Allgemeines	5		

A. Regelungsgehalt. Die Konkretisierung und Titulierung der Ansprüche der Verfahrensbeteiligten aus der Kostengrundentscheidung auf Erstattung ihrer notwendigen Aufwendungen erfolgt in einem besonderen Kostenfestsetzungsverfahren. Soweit Erstattungsansprüche in dem einfacheren und gebührenfreien Kostenfestsetzungsverfahren tituliert werden können, fehlt einer Klage gleichen Inhalts das Rechtsschutzbedürfnis (BGH NJW 1990, 2061). Wie früher das FGG (§ 13a Abs. 3) verweist das FamFG für die Voraussetzungen und die Durchführung des Verfahrens auf das Kostenfestsetzungsverfahren nach §§ 103 bis 107 ZPO. Die Verweisung umfasst auch die in § 104 Abs. 3 ZPO geregelte Statthaftigkeit der sofortigen Beschwerde, entsprechend den §§ 567 bis 572 ZPO. In Ehe- und Familienstreitsachen gelten die §§ 103 ff. ZPO über § 113 Abs. 1 unmittelbar; vgl. zur Kostenfestsetzung in Familiensachen *Dorndörfer* FPR 2012, 261; *ders.* in von Eicken/Hellstab Rn. E1 ff.). 1

B. Verfahren. I. Voraussetzungen (§ 103 ZPO)

§ 103 ZPO *Kostenfestsetzungsgrundlage; Kostenfestsetzungsantrag*
(1) Der Anspruch auf Erstattung der Prozesskosten kann nur auf Grund eines zur Zwangsvollstreckung geeigneten Titels geltend gemacht werden.
(2) Der Antrag auf Festsetzung des zu erstattenden Betrages ist bei dem Gericht des ersten Rechtszuges anzubringen. Die Kostenberechnung, ihre zur Mitteilung an den Gegner bestimmte Abschrift und die zur Rechtfertigung der einzelnen Ansätze dienenden Belege sind beizufügen.

1. Titel. Der Kostenerstattungsanspruch kann entsprechend § 103 Abs. 1 ZPO nur aufgrund eines **zur Zwangsvollstreckung geeigneten Titels**, der eine Kostengrundentscheidung enthält, geltend gemacht werden. Das ist in Ehe- und Familienstreitsachen und in FG-Sachen gleichermaßen die i.d.R. mit der Endentscheidung über die Hauptsache oder über eine EA bzw. bei anderweitiger Erledigung des Verfahrens isoliert getroffene **Kostenentscheidung** (§ 86 Abs. 1; § 794 Nr. 3 ZPO). Die in § 794 ZPO genannten Titel, insb. gerichtlich protokollierte oder festgestellte **Vereinbarungen**, sind ausdrücklich auch für die Vollstreckung in FG-Sachen geeignet (§ 86 Rdn. 3). Enthalten sie keine Kostenregelung kommt nach § 83 Abs. 1 bzw. in Familienstreitsachen nach § 98 Satz 2 ZPO nur hinsichtlich der Gerichtskosten eine Kostenerstattung in Betracht (MüKoFamFG/*Schindler* § 85 Rn. 14; s.a. OLG Koblenz MDR 2015, 975). Vergleichsweise Kostenregelungen in Scheidungsverbundverfahren sind dagegen keine zur Vollstreckung geeigneten Titel, sondern erst die ggf. auf ihrer Grundlage vom Gericht getroffene Kostenentscheidung (s. § 150 Rn. 17). Die Titel müssen **vollstreckbar** sein. Die Kostenentscheidung in FG-Verfahren ist wie die Entscheidung in der Hauptsache kraft Gesetzes vollstreckbar, sobald sie wirksam ist (Keidel/*Zimmermann* § 85 Rn. 4). Da das Kostenfestsetzungsverfahren kein Vollstreckungsverfahren ist, bedarf er auch in Ehe- und Familienstreitsachen grds. keiner Vollstreckungsklausel (OLG Hamm AGS 2015, 150; *Dorndörfer* FPR 2012, 261) es sei denn, die Festsetzung wird für einen anderen als den im Titel ausgewiesenen Gläubiger begehrt (BGH FamRZ 2010, 1160). Der Rechtspfleger kann die Wirksamkeit des Titels selbst aus der Verfahrensakte ent- 2

§ 85
Buch 1. Allgemeiner Teil

nehmen, in der auch das Kostenfestsetzungsverfahren geführt wird. Wird die Vollziehung einer Entscheidung nach § 64 Abs. 3 oder § 120 Abs. 2 ausgesetzt, hindert das auch die Festsetzung der Kosten. Wird eine wirksame, aber noch nicht rechtskräftige Kostenentscheidung später aufgehoben, wird selbst ein bereits rechtskräftig gewordener Kostenfestsetzungsbeschluss wirkungslos und ist rein deklaratorisch aufzuheben (BGH NJW-RR 2008, 1082); anders ist es, wenn das Rechtsmittelgericht ihn nur abändert (BGH NJW 2006, 140). Zur Wiederherstellung einer aus der erstinstanzlichen Entscheidung resultierenden Vollstreckungsmöglichkeit im Rechtsmittelverfahren und zur Verzinsung des Kostenerstattungsanspruchs s. BGH NJW 2016, 165 = FamRZ 2016, 222 LS).

3 **2. Antrag.** Eine Kostenfestsetzung erfolgt nur auf **Antrag** des Erstattungsberechtigten. Dies kann, wenn dem Erstattungsberechtigten Verfahrenskostenhilfe bewilligt wurde, auch der beigeordnete Anwalt sein (§ 126 ZPO; s. § 76 Rdn. 25). Der Antrag muss eine Kostenberechnung enthalten, d.h. den Erstattungsanspruch beziffern und die Berechnungsgrundlagen angeben und ggf. belegen. Er ist an keine Frist gebunden (anders beim Kostenausgleich s. Rdn. 16). Der Erstattungsanspruch kann schriftlich oder zu Protokoll des zuständigen Gerichts eingereicht werden. Für ihn besteht auch dann kein Anwaltszwang, wenn er für die Hauptsache bestünde (§ 13 RpflG).

4 Einzelne Kostenpositionen können im laufenden Verfahren nachgemeldet werden. Auch wenn über die zunächst angemeldeten Kosten bereits entschieden ist, kann die **Nachfestsetzung** weiterer Kosten jederzeit beantragt werden (s. BGH NJW-RR 2011, 499 und zur Frage der Verwirkung OLG Stuttgart NJW-RR 2009, 1004 m.w.N.).

II. Weiteres Verfahren (§ 104 bis 106 ZPO)

§ 104 ZPO Kostenfestsetzungsverfahren

(1) Über den Festsetzungsantrag entscheidet das Gericht des ersten Rechtszuges. Auf Antrag ist auszusprechen, dass die festgesetzten Kosten vom Eingang des Festsetzungsantrags, im Falle des § 105 Abs. 3 von der Verkündung des Urteils ab mit fünf Prozentpunkten über dem Basiszinssatz nach § 247 des Bürgerlichen Gesetzbuchs zu verzinsen sind. Die Entscheidung ist, sofern dem Antrag ganz oder teilweise entsprochen wird, dem Gegner des Antragstellers unter Beifügung einer Abschrift der Kostenrechnung von Amts wegen zuzustellen. Dem Antragsteller ist die Entscheidung nur dann von Amts wegen zuzustellen, wenn der Antrag ganz oder teilweise zurückgewiesen wird; im Übrigen ergeht die Mitteilung formlos.

(2) Zur Berücksichtigung eines Ansatzes genügt, dass er glaubhaft gemacht ist. Hinsichtlich der einem Rechtsanwalt erwachsenden Auslagen für Post- und Telekommunikationsdienstleistungen genügt die Versicherung des Rechtsanwalts, dass diese Auslagen entstanden sind. Zur Berücksichtigung von Umsatzsteuerbeträgen genügt die Erklärung des Antragstellers, dass er die Beträge nicht als Vorsteuer abziehen kann.

(3) Gegen die Entscheidung findet die sofortige Beschwerde statt. Das Beschwerdegericht kann das Verfahren aussetzen, bis die Entscheidung, auf die der Festsetzungsantrag gestützt wird, rechtskräftig ist.

§ 105 ZPO Vereinfachter Kostenfestsetzungsbeschluss

(1) Der Festsetzungsbeschluss kann auf das Urteil und die Ausfertigungen gesetzt werden, sofern bei Eingang des Antrags eine Ausfertigung des Urteils noch nicht erteilt ist und eine Verzögerung der Ausfertigung nicht eintritt. Erfolgt der Festsetzungsbeschluss in der Form des § 130b, ist er in einem gesonderten elektronischen Dokument festzuhalten. Das Dokument ist mit dem Urteil untrennbar zu verbinden.

(2) Eine besondere Ausfertigung und Zustellung des Festsetzungsbeschlusses findet in den Fällen des Absatzes 1 nicht statt. Den Parteien ist der festgesetzte Betrag mitzuteilen, dem Gegner des Antragstellers unter Beifügung der Abschrift der Kostenberechnung. Die Verbindung des Festsetzungsbeschlusses mit dem Urteil soll unterbleiben, sofern dem Festsetzungsantrag auch nur teilweise nicht entsprochen wird.

(3) Eines Festsetzungsantrags bedarf es nicht, wenn die Partei vor der Verkündung des Urteils die Berechnung ihrer Kosten eingereicht hat; in diesem Fall ist die dem Gegner mitzuteilende Abschrift der Kostenberechnung von Amts wegen anzufertigen.

§ 106 ZPO Verteilung nach Quoten

(1) Sind die Prozesskosten ganz oder teilweise nach Quoten verteilt, so hat nach Eingang des Festsetzungsantrags das Gericht den Gegner aufzufordern, die Berechnung seiner Kosten binnen einer Woche bei Gericht einzureichen. Die Vorschriften des § 105 sind nicht anzuwenden.

Abschnitt 7. Kosten § 85

(2) Nach fruchtlosem Ablauf der einwöchigen Frist ergeht die Entscheidung ohne Rücksicht auf die Kosten des Gegners, unbeschadet des Rechts des letzteren, den Anspruch auf Erstattung nachträglich geltend zu machen. Der Gegner haftet für die Mehrkosten, die durch das nachträgliche Verfahren entstehen.

1. Allgemeines. Zuständig für die Entscheidung über den Kostenfestsetzungsantrag ist gem. § 104 Abs. 1 ZPO immer das Gericht der ersten Instanz und hier kraft Übertragung der Rechtspfleger (§ 21 Nr. 1 RpflG). Das **Verfahren** richtet sich nach h.M. auch im Anwendungsbereich des § 85 nach der ZPO (Prütting/Helms/*Feskorn* § 85 Rn. 10 m.w.N.), d.h., es gilt der Verhandlungs- und Beibringungsgrundsatz. Für die Entstehung der Kosten kann es sich mit der Glaubhaftmachung begnügen (§ 104 Abs. 2 Satz 1 ZPO). Zum Beleg für die Kommunikationsaufwendungen des Anwalts und die USt gilt § 104 Abs. 2 Satz 2 u 3 ZPO. **Beteiligte** des Verfahrens sind abweichend von den Regeln für das Hauptsacheverfahren neben dem Antragsteller nur diejenigen, die nach der Kostenentscheidung die Erstattung schulden. Ihnen ist wie in jedem gerichtlichen Verfahren **rechtliches Gehör** zu gewähren (BVerfGE 19, 149), und zwar grds. vor der Entscheidung über den Antrag (insoweit ist § 104 Abs. 1 Satz 3 ZPO überholt, OLG Celle AGS 2008, 367). Davon kann ausnahmsweise abgesehen werden, wenn das Gericht nach § 105 ZPO verfahren will und die Erstattung von Gebühren und Auslagen verlangt wird, deren Höhe und Erstattungsfähigkeit unzweifelhaft feststehen (KG JurBüro 2008, 316; a.A. OLG Düsseldorf MDR 2011, 1500), zumal Einwendungen auch noch im Abhilfeverfahren (s. Rdn. 17) berücksichtigt werden können.

2. Prüfungsumfang. Als Betragsverfahren ist das Kostenfestsetzungsverfahren an die **Kostengrundentscheidung gebunden** (BGH MDR 2010, 959; OLG Bremen FamRZ 2013, 147), füllt diese aus und setzt sie in einen nach § 86 Abs. 1 zur Zwangsvollstreckung geeigneten Titel um (Kostenfestsetzungsbeschluss, s. Keidel/*Giers* § 86 Rn. 9). Entsprechendes gilt bei einer vergleichsweisen Einigung über die Kosten. Die Kostenentscheidung muss zwar ggf. anhand der Entscheidungsgründe ausgelegt, darf aber nicht korrigiert werden (BGH NJW-RR 2006, 810). Die Bindung bezieht sich nicht nur auf die haftenden Personen und den Umfang ihrer Haftung, sondern auch auf die in die Kostenentscheidung einbezogenen Verfahrensgegenstände und deren Wert. Wird im Kostenfestsetzungsverfahren die Bestimmung des maßgeblichen Gebührenwerts erforderlich, ist das Verfahren bis zur Entscheidung des hierfür zuständigen Ausgangsgerichts auszusetzen (BGH NJW-RR 2014, 765). Es können nur die Kosten festgesetzt werden, die von der Kostengrundentscheidung umfasst werden (BGH NJW 2009, 233 m.w.N.; s.a. Rdn. 8).

Soweit das Gericht nicht bereits in der Kostenentscheidung die Erstattung bestimmter Aufwendungen und Auslagen angeordnet hat, entscheidet der Rechtspfleger eigenständig über die **Erstattungsfähigkeit** der geltend gemachten außergerichtlichen Aufwendungen (s. § 80 Rdn. 1). Der Rechtspfleger darf die Erforderlichkeit der Aufwendungen auch unter dem Gesichtspunkt des Rechtsmissbrauchs prüfen (BGH NJW 2011, 529; 2007, 2257 m.w.N. zur unnötigen Vereinzelung von Verfahren).

Anwaltskosten können im Kostenfestsetzungsverfahren grds. in dem dem Anwalt nach dem RVG und dem Vergütungsverzeichnis (VV) zustehenden Umfang berücksichtigt werden. Anwaltskosten, die aufgrund einer Honorarvereinbarung über die gesetzliche Vergütung hinausgehen, können nach h.M. nicht erstattet werden (KG MDR 2015, 756; zu weiteren Nachweisen vgl. BGH FamRZ 2015, 495, der die Frage aber ausdrücklich offen lässt). Anders als nach § 91 Abs. 2 ZPO, auf den § 80 nicht verweist (s. § 80 Rdn. 49), sind Anwaltskosten **in FG-Verfahren nicht regelmäßig zu erstatten**, sondern nur wenn und soweit anwaltliche Hilfe zur Wahrung der Interessen des vertretenen Beteiligten geboten war, weil er das konkrete Verfahren nach seinen Fähigkeiten und Kenntnissen ohne die Gefahr eines Rechtsnachteils nicht ohne anwaltliche Hilfe führen konnte (vgl. BGH FamRZ 20003, NJW-RR 2014, 610; OLG Nürnberg FamRZ 2012, 735 m.w.N. auch zu den Kriterien; zu Einzelheiten s. Gerold/Schmidt/*Müller-Rabe* VV 3100 Rn. 91 ff.). Deshalb sind einem Anwalt, der sich als Beteiligter in einem FG-Verfahren selbst vertritt, nicht wie in ZPO-Verfahren (s. BGH NJW 2002, 2179) regelmäßig die Gebühren nach dem RVG zu erstatten, sondern nur wenn eine Vertretung durch einen Anwalt vorgeschrieben ist. Ansonsten können nur die ihm tatsächlich entstandenen Auslagen erstattet werden (BGH NJW-RR 2014, 610; Rahm/Künkel/*Feskorn* Kap. 14, Rn. 33). Darüber hinaus kann die Erstattung von Anwaltskosten auch unter dem Gesichtspunkt der Pflicht zur Kosten sparenden *Verfahrensführung* gewürdigt werden: Insbesondere in **Rechtsmittelverfahren** kann daher die Beauftragung eines Anwalts durch den Gegner zur Unzeit u.U. zur Kürzung der angefallenen Verfahrensgebühr führen (BGH FamRZ 2014, 196; 2003, 522; s.a. Prütting/Helms/*Feskorn* FamFG § 85 Rn. 5). Die Erstattungsfähigkeit der (reduzierten) Verfahrensgebühr kann aber nicht wegen »Mutwilligkeit« versagt werden (BGH FamRZ 2003, 522; a.A. OLG Brandenburg FamRZ 2015, 1743). Erhöhte Schwierigkeiten bei der **Feststellung, ob eine Gebühr angefallen ist**, rechtfertigen es nicht, sie von der Festsetzung auszunehmen (BGH NJW 2007, 2858). Für die Festsetzung einer **Terminsgebühr** für **außergerichtliche Einigungsbemühungen** über den Verfahrensgegenstand nach RVG VV Vorbem 3 Abs. 3 reicht es aus, wenn ihr Anfall entweder unstreitig ist, sich aus den Akten ergibt oder z.B. durch anwaltliche Versicherung glaubhaft gemacht ist (BGH NJW 2008, 2993 m.w.N.). Gleiches gilt für die **Einigungsgebühr** nach VV 1003 ff., die aufgrund einer außergerichtlichen Einigung zur Beendigung des Verfahrens anfällt und die Beteiligten eine von § 98 Satz 1 ZPO oder § 83 Abs. 1 Satz 2 FamFG abweichende Regelung getroffen haben, sonst greift die gesetzliche Vermutung (BGH FamRZ 2009, 40 und MDR 2011, 571; OLG Koblenz MDR 2015, 975 = FuR 2015, 739). Die für einen sog. **Mehrvergleich** oder für erfolglose Verhandlungen über nicht rechtshängige Ansprüche angefallenen Mehr- oder Differenzgebühren (Einigungs-, Verfahrens- und ggf. Terminsgebühr) gehören grundsätzlich nicht zu den Kosten des Verfahrens, die von der gerichtlichen Kostenentscheidung erfasst werden; als Einigungskosten können sie nur festgesetzt werden, wenn die Beteiligten entweder die Erstattung der Kosten oder ihre Einbeziehung in die gerichtliche Kostenentscheidung zumindest konkludent vereinbart haben (BGH NJW 2009, 233, 234; s. i.E. Zöller/*Herget* § 104 Rn. 21 »Prozessvergleich«). Zur Erstattungsfähigkeit von **Reisekosten** s. § 78 Rdn. 21 und der **Vergütung für mehrere Anwälte** unter dem Aspekt der Notwendigkeit § 80 Rdn. 51).

9 Die **gerichtlichen Gebühren und Auslagen** gehören zu den **erstattungsfähigen Auslagen** des Erstattungsberechtigten, soweit er Vorschüsse oder Auslagenersatz über den Betrag hinaus geleistet hat, den er aufgrund der Kostenentscheidung oder eines Vergleichs der Staatskasse an Gerichtskosten schuldet (zu Einwendungen s.u. Rdn. 12). Dies gilt nicht, soweit dem Erstattungspflichtigen **Verfahrenskostenhilfe** bewilligt wurde und seine Erstattungspflicht auf einer gerichtlichen Entscheidung oder einem gerichtlich vorgeschlagenen Vergleich beruht, da in diesem Fall die Staatskasse zur Rückzahlung verpflichtet ist (s. §§ 21 bis 27 FamGKG Rdn. 19 u. § 76 Rdn. 53 ff. auch zu den weiteren Auswirkungen von Verfahrenskostenhilfe auf den Kostenausgleich).

Zu den erstattungsfähigen **sonstigen Aufwendungen eines Beteiligten** wie die Kosten der Reise zu einem Gerichtstermin oder Detektiv- oder Sachverständigenkosten s. § 80 Rdn. 71 ff.

10 **3. Einwendungen.** Im Kostenfestsetzungsverfahren können nur grundsätzlich nur Einwendungen berücksichtigt werden, die die Ausfüllung der Kostengrundentscheidung (Entstehung von Gebühren und Auslagen, ihre Verfahrenszugehörigkeit, Notwendigkeit und Höhe) und damit den **prozessualen Erstattungsanspruch** betreffen (s. i.E. v. Eicken/Hellstab/*Dorndörfer* Rn. B84 ff.).

Materiell-rechtliche Einwendungen gegen den Grund des Anspruchs (z.B. Erfüllung, Verzicht) sind grds. nicht zu berücksichtigen; für sie steht nur der Weg über § 775 Nr. 4 u 5 ZPO oder die Vollstreckungsabwehrklage offen (Zöller/*Herget* § 104 Rn. 21 »materiell-rechtliche Einwendungen«). Hiervon kann aus prozessökonomischen Gründen dann eine Ausnahme gemacht werden, wenn die tatsächlichen Voraussetzungen einer Einwendung feststehen, wie bei einem notariell beurkundeten Verzicht (vgl. BGH NJW 2007, 1213; s.a. zum Erfüllungseinwand OLG Koblenz MDR 2015, 1264 und zu weiteren Beispielen v. Eicken/Hellstab/*Dorndörfer* Rn. B92 ff.).

11 Dasselbe gilt für einen vom Erstattungspflichtigen gem. § 1360a Abs. 4 BGB unstreitig gezahlten **Verfahrenskostenvorschuss**. Er mindert den Erstattungsanspruch aber nur insoweit, als die Summe aus Erstattungsbetrag und Vorschuss den Gesamtbetrag der den Vorschussempfänger entstandenen Kosten übersteigt (BGH FamRZ 2010, 452; OLG Hamm FamRZ 2016, 490; s.a. § 246 FamFG Rdn. 33). Er kann nur auf die Kosten derjenigen Instanz angerechnet werden, für die er gefordert bzw. gezahlt wurde (OLG Düsseldorf FamRZ 2009, 638).

12 Der Einwand, vom Erstattungsgläubiger gezahlte **Gerichtskostenvorschüsse** seien zu hoch angesetzt bzw. nicht notwendig gewesen, ist grds. immer zu berücksichtigen, da nur die im Gesetz vorgesehenen Gebühren und Auslagen zu erstatten sind. Anders ist es nur, wenn der Erstattungsberechtigte im Ausgangsverfahren alleiniger Kostenschuldner war. (Nur) in diesem Fall ist es ihm zuzumuten, den Kostenansatz vorrangig mit der Erinnerung (s. § 80 Rdn. 5) anzugreifen und sich auf diesem Wege die überhöhten Kosten zurückzuholen (BGH FamRZ 2011, 1937; 2013, 1393 für Sachverständigenkosten).

13 **Anrechnungsvorschriften** des RVG – insb. die anteilige Anrechnung einer vorgerichtlich entstandenen Geschäftsgebühr auf die Verfahrensgebühr nach RVG VV Vorbem 3 Abs. 4 – sind im Kostenfestsetzungsverfahren nach § 15a RVG nur zu berücksichtigen, wenn der Erstattungspflichtige sich darauf beruft und er entweder den Anspruch auf eine der beiden Gebühren unstreitig erfüllt hat oder der Anspruch durch Voll-

streckungsbescheid oder im Hauptverfahren bereits tituliert ist. In diesem Fall ist der auf die Verfahrensgebühr anzurechnende Betrag auch ohne Einrede zu berücksichtigen (*Müller-Rabe* NJW 2009, 2931).

4. Entscheidung. Die zu erstattenden Kosten werden **durch Beschluss** festgesetzt. Der festgesetzte Betrag 14 darf nicht über den beantragten hinausgehen, allerdings dürfen einzelne Positionen ausgetauscht werden, da Gegenstand der Kostenfestsetzung nicht die einzelne Gebühr, sondern der Gebührensachverhalt ist (OLG Karlsruhe FamRZ 2004, 966). Auf Antrag ist die **Verzinsung** ab Eingang des Kostenfestsetzungsantrags anzuordnen (s. § 104 Abs. 1 Satz 2 ZPO; zur Verzinsung bei Abänderung der Kostenquote oder der Kostenentscheidung in der Rechtsmittelinstanz vgl. BGH NJW 2006, 1140; FamRZ 2016, 222). Der Beschluss muss eine **Rechtsmittelbelehrung** enthalten (s. § 39 Rdn. 13), eine **Begründung** nur, soweit dem Antrag nicht entsprochen oder Einwendungen nicht berücksichtigt wurden. Der Kostenfestsetzungsbeschluss ist dem Erstattungspflichtigen zuzustellen, dem Antragsteller nur eine seinen Antrag ganz oder teilweise ablehnende Entscheidung; i.Ü. genügt die formlose Mitteilung (§ 104 Abs. 1 Satz 3, 4 ZPO). Eine **Kostenentscheidung** ist i.d.R. dann nicht veranlasst, wenn gerichtlichen Auslagen oder Anwaltskosten, wie z.B. nach Beschwerde oder Erinnerung entstanden sind (v. Eicken/Hellstab/*Dorndörfer* Teil B Rn. 116 ff.). Denn für das Festsetzungsverfahren werden in 1. Instanz Gebühren nicht erhoben und die Tätigkeit des Anwalts gehört zum Rechtszug und wird nicht gesondert vergütet (§ 19 Nr. 5 RVG). Wegen der Kosten des Rechtsmittelverfahrens s. Rdn. 19.

Im Fall einer unproblematischen und einseitigen Festsetzung kann das Gericht auch nach § 105 ZPO ver- 15 fahren und einen **vereinfachten Festsetzungsbeschluss** mit der Hauptsacheentscheidung verbinden. In diesem Fall bedarf es keines ausdrücklichen Antrags auf Kostenfestsetzung, wenn der Erstattungsberechtigte vor Erlass der Entscheidung in der Hauptsache seine Kosten bekannt gegeben hat (§ 105 Abs. 2 ZPO).

Sind aufgrund der gerichtlichen Entscheidung wechselseitig Kosten zu erstatten, werden die bekannt gege- 16 benen und erstattungsfähigen Kosten miteinander verrechnet und nur der Überschuss festgesetzt (**Kostenausgleich**, § 106 Abs. 1 ZPO), sofern der Erstattungspflichtige nach gerichtlicher Aufforderung seine Kosten bekannt gibt. Die in § 106 Abs. 1 ZPO genannte Wochenfrist ist keine Ausschlussfrist und kann ohne Weiteres verlängert werden. Gibt der Gegner seine Kosten nicht bekannt, ist dadurch eine nachträgliche (einseitige) Festsetzung seiner Kosten nicht ausgeschlossen, verpflichtet ihn aber ggf. zur Erstattung der sich daraus ergebenden Mehrkosten (§ 106 Abs. 2 ZPO).

5. Rechtsmittel. Die Verweisung auf die §§ 103 ff. ZPO umfasst auch die in § 104 Abs. 3 ZPO geregelte 17 Statthaftigkeit der **sofortigen Beschwerde** entsprechend den §§ 567 bis 572 ZPO (OLG Köln FGPrax 2010, 267; Prütting/Helms/*Feskorn* § 85 Rn. 9). Sie ist gem. § 567 Abs. 2 ZPO nur bei einer Beschwer von mehr als 200 € zulässig. Liegt sie darunter, ist nur die Erinnerung gem. § 11 Abs. 2 RpflG gegeben. Die Beschwer errechnet sich aus dem Unterschied zwischen dem festgesetzten Betrag und dem, den der Erstattungspflichtige nach der erstrebten Abänderung zu tragen hätte (BGH MDR 2010, 944; s. Beispiele bei *Schneider* FPR 2010, 343). Die Beschwerde ist unzulässig, wenn mit ihr lediglich bisher nicht beantragte Kosten im Wege der Antragserweiterung beansprucht werden (BGH NJW-RR 2011, 499), diese können aber zur nachträglichen Festsetzung angemeldet werden (s.o. Rdn. 4). Die Beschwerde kann innerhalb von 2 Wochen nach Zustellung der Entscheidung entweder beim Beschwerdegericht oder bei dem Gericht eingelegt werden, das die angefochtene Entscheidung erlassen hat (§ 569 Abs. 1 Satz 1 ZPO). Sie unterliegt auch in Familiensachen nicht dem Anwaltszwang (§ 569 Abs. 3 ZPO i.V.m. § 13 RpflG; OLG Nürnberg MDR 2001, 597). Der Rechtspfleger kann ihr abhelfen (§ 572 Abs. 1 ZPO) und – ebenso wie das Beschwerdegericht – die Vollziehung aussetzen (§ 570 Abs. 2 ZPO). Das Beschwerdegericht kann außerdem sein Verfahren bis zur Rechtskraft der Kostengrundentscheidung aussetzen (§ 104 Abs. 3 Satz 1 ZPO).

Gegen Entscheidungen des Beschwerdegerichts kann die **Rechtsbeschwerde** zugelassen werden (§ 574 18 Abs. 1 Nr. 2 ZPO; Prütting/Helms/*Feskorn* § 85 FamFG Rn. 13). Dem steht auch nicht entgegen, dass der Kostenfestsetzung in der Hauptsache ein Verfahren zugrunde liegt, in dem die Rechtsbeschwerde unstatthaft ist, wie z.B. gegen EA (BGH NJW 2005, 2233). Eine Mindestbeschwer ist für die Rechtsbeschwerde nicht erforderlich (BGH NJW-RR 2005, 939); war aber schon in der Beschwerdeinstanz die Beschwerdesumme nicht erreicht und die Beschwerde deshalb unstatthaft, ist es (trotz Zulassung) auch die Rechtsbeschwerde (BGH NJW-RR 2011, 143 = FamRZ 2010, 1329 [LS]).

Im Beschwerde- und Rechtsbeschwerdeverfahren ist auch über die **Kosten des Beschwerdeverfahrens** nach 19 den allgemeinen Regeln (§§ 81 ff., 84) zu entscheiden. Gerichtsgebühren fallen nur für ganz oder teilweise erfolglose Beschwerden an (s.o. § 80 Rdn. 37 u. § 3 FamGKG Rdn. 28). Die Gebühren des Anwalts richten sich nach Nr. 3500 ff. VV RVG.

III. Abänderung nach Wertänderung (§ 107 ZPO)

§ 107 ZPO Änderung nach Streitwertfestsetzung

(1) Ergeht nach der Kostenfestsetzung eine Entscheidung, durch die der Wert des Streitgegenstandes festgesetzt wird, so ist, falls diese Entscheidung von der Wertberechnung abweicht, die der Kostenfestsetzung zugrunde liegt, auf Antrag die Kostenfestsetzung entsprechend abzuändern. Über den Antrag entscheidet das Gericht des ersten Rechtszuges.
(2) Der Antrag ist binnen der Frist von einem Monat bei der Geschäftsstelle anzubringen. Die Frist beginnt mit der Zustellung und, wenn es einer solchen nicht bedarf, mit der Verkündung des den Wert des Streitgegenstandes festsetzenden Beschlusses.
(3) Die Vorschriften des § 104 Abs. 3 sind anzuwenden.

20 Wird nach der Kostenfestsetzung der Wert des Verfahrensgegenstandes in Abweichung zu dem der Entscheidung zugrunde gelegten Wert gerichtlich festgesetzt, kann der Kostenfestsetzungsbeschluss auf Antrag **abgeändert** werden (§ 76 i.V.m. § 107 ZPO). Diese Möglichkeit trägt dem Umstand Rechnung, dass die gerichtliche Wertfestsetzung auf verschiedene Weise innerhalb eines längeren Zeitraums noch geändert werden kann und dadurch die im Festsetzungsverfahren berücksichtigten Wertgebühren nachträglich unrichtig werden können. Eine nachträgliche Wertänderung ermöglicht nicht nur die Beschwerde gegen die Wertfestsetzung (§ 83 GNotKG bzw. § 31 Abs. 3 KostO; § 59 FamGKG). Der Wert kann von Amts wegen durch das Erstgericht und, wenn wegen des Hauptgegenstands oder in Kostensachen ein Rechtsmittel eingelegt wird, auch durch das Rechtsmittelgericht jederzeit geändert werden, und zwar noch bis zu einem halben Jahr nach rechtskräftigem Abschluss des Hauptsacheverfahrens (§ 79 GNotKG bzw. § 31 Abs. 1 KostO; § 55 Abs. 3 FamGKG; s.a. § 55 FamGKG Rdn. 9).

21 Der **Antrag** auf Abänderung der Kostenfestsetzung kann nur innerhalb einer **Frist** von einem Monat nach Zustellung oder Verkündung des den Wert ändernden Beschlusses gestellt werden (§ 107 Abs. 2 ZPO), und zwar auch noch nach Rechtskraft des Kostenfestsetzungsbeschlusses (s. *Schneider* FPR 2010, 343).

22 Gegen den Abänderungsbeschluss ist gem. §§ 107 Abs. 3 i.V.m. 104 Abs. 3 ZPO die sofortige **Beschwerde** entsprechend den §§ 567 ff. ZPO statthaft, sofern die erforderliche Beschwer erreicht wird, ansonsten nur die Erinnerung (dazu und zum weiteren Verfahren und zur Rechtsbeschwerde Rdn. 176 ff.).

Abschnitt 8. Vollstreckung

Vorbem. zu §§ 86–96a

Der 8. Abschnitt des Allgemeinen Teils befasst sich in den §§ 86 bis 96a mit der Vollstreckung. Er gliedert sich in drei Unterabschnitte: Allgemeine Vorschriften (§§ 86, 87), Vollstreckung von Entscheidungen über die Herausgabe von Personen und die Regelung des Umgangs (§§ 88 bis 94) und die Vollstreckung nach der ZPO (§§ 95 bis 96a). 1

Unterabschnitt 1. Allgemeine Vorschriften

§ 86 Vollstreckungstitel. (1) Die Vollstreckung findet statt aus
1. gerichtlichen Beschlüssen;
2. gerichtlich gebilligten Vergleichen (§ 156 Abs. 2);
3. weiteren Vollstreckungstiteln im Sinne des § 794 der Zivilprozessordnung, soweit die Beteiligten über den Gegenstand des Verfahrens verfügen können.

(2) Beschlüsse sind mit Wirksamwerden vollstreckbar.
(3) Vollstreckungstitel bedürfen der Vollstreckungsklausel nur, wenn die Vollstreckung nicht durch das Gericht erfolgt, das den Titel erlassen hat.

Übersicht

	Rdn.		Rdn.
A. Allgemeines	1	III. Weitere Vollstreckungstitel nach § 794 ZPO	5
B. Vollstreckungstitel	2	C. Wirksamwerden	7
I. Gerichtliche Beschlüsse	3	D. Vollstreckungsklausel	8
II. Gerichtlich gebilligte Vergleiche	4		

A. Allgemeines. Früher war die Basis einer gerichtlichen Vollstreckung im Verfahren der freiwilligen Gerichtsbarkeit gesetzlich nicht fixiert und es war somit nicht ersichtlich, woraus die Vollstreckung betrieben werden konnte. Mit § 86 wird klargestellt, dass auch in FamFG-Sachen eine Vollstreckung aus Vollstreckungstiteln stattfindet. 1

B. Vollstreckungstitel. Vollstreckungstitel sind nach § 86 Abs. 1: 2
1. gerichtliche Beschlüsse,
2. gerichtlich gebilligte Vgl. (§ 156 Abs. 2) und
3. weitere Vollstreckungstitel i.S.d. § 794 ZPO, soweit die Beteiligten über den Gegenstand des Verfahrens verfügen können.

I. Gerichtliche Beschlüsse. Die Vollstreckung aus gerichtlichen Beschlüssen erfasst **Endentscheidungen** sowie andere **verfahrensabschließenden Entscheidungen**, die einen vollstreckungsfähigen Inhalt haben, wobei die Vollstreckung von Personenherausgabeentscheidungen und Umgangsregelungen nach §§ 88 bis 94 folgt und die Vollstreckung von Entscheidungen gem. §§ 95 bis 96a nach der ZPO. Unter die Beschlüsse nach § 86 Abs. 1 Nr. 1 fallen sowohl Entscheidungen im Hauptsacheverfahren als auch im einstweiligen Anordnungsverfahren (vgl. zu einer einstweiligen Anordnung in einer Gewaltschutzsache: OLG Celle NJW 2010, 2223). Erfasst werden z.B. Beschlüsse zur Ersatzvornahme bei vertretbaren Handlungen nach § 887 ZPO (= Handlung, die durch einen Dritten vorgenommen werden kann). Dies kann die Vornahme der Erstellung eines Vermögensverzeichnisses nach § 1640 BGB oder nach § 1802 BGB sein. Ein gerichtlicher Beschluss i.S.d. § 86 Abs. 1 Nr. 1 liegt auch vor bei einer Zwangsgeldfestsetzung bezüglich der Vornahme einer unvertretbaren Handlung nach § 888 ZPO (= Handlung, die nicht durch einen Dritten vorgenommen werden kann und ausschließlich vom Willen des Verpflichteten abhängt) wie der Verpflichtung zur Auskunftserteilung. Diese kann z.B. aus § 1686 BGB resultieren, wonach jeder Elternteile bei berechtigtem Interesse von dem anderen Elternteil Auskunft über die persönlichen Verhältnisse des Kindes verlangen kann (OLG 3

Saarbrücken FamRZ 2015, 162). Erfasst werden desgleichen Beschlüsse zur Erzwingung von Unterlassungen und Duldungen nach § 890 ZPO. Darüber hinaus fallen hierunter ein Beschluss über die Herausgabe eines Kindes nach § 1632 BGB oder die Regelung des Umgangs nach § 1684 BGB, Kostenfestsetzungsbeschlüsse nach § 85 i.V.m. §§ 104, 105 ZPO, Beschlüsse über die Festsetzung von Zahlungen des Mündels oder Pfleglings an den Vormund, Gegenvormund oder Pfleger nach § 168 sowie des Betreuten an den Betreuer nach § 292 Abs. 1, Gewaltschutzanordnungen (vgl. OLG Celle NJW 2010, 2223), ein Beschluss zur Einziehung eines Erbscheins nach § 2361 Satz 1 BGB sowie einstweilige Anordnungen nach §§ 49 ff. **Keine** gerichtlichen Beschlüsse i.S.d. § 86 Abs. 1 Nr. 1 sind verfahrensleitende Anordnungen oder Verfügungen wie z.B. hinsichtlich der Anordnung der Auskunftserteilung nach § 220 im Versorgungsausgleichsverfahren oder bezüglich der Ablieferung von Testamenten nach § 358. Dies gilt auch, wenn sie als Beschluss erlassen worden sind. Ihre Vollstreckung richtet sich vielmehr nach § 35 (vgl. auch § 35 Rdn. 2, 3). Dies gilt ebenso für die Vollstreckung der Verpflichtung zur Herausgabe einer Betreuungsverfügung oder der Abschrift einer Vorsorgevollmacht nach § 285, zur Aushändigung von Schriftstücken bzw. Unterlagen bei der Dispache nach §§ 404, 405 Abs. 2 und zur Antragstellung sowie Verschaffung der notwendigen Unterlagen bei der Zwangsberichtigung des Grundbuchs nach § 82 GBO. Die Vollstreckung von Ehesachen und Familienstreitsachen richtet sich gem. § 120 Abs. 1 nach den Vorschriften der ZPO über die Zwangsvollstreckung (§§ 704 bis 898 ZPO). Dies trifft insb. auf die Beschlüsse in Unterhaltssachen (§ 231) wie z.B. im vereinfachten Unterhaltsfestsetzungsverfahren nach § 253 zu sowie in Güterrechtssachen (§ 261) wie insb. im Zugewinnausgleichsverfahren.

4 **II. Gerichtlich gebilligte Vergleiche.** Als Vollstreckungstitel werden in § 86 Abs. 1 Nr. 2 auch gerichtlich gebilligte Vergleiche nach § 156 Abs. 2 in Bezug auf Umgangsregelungen oder die Kindesherausgabe aufgeführt. Nicht hiernach vollstreckt werden können bloß außergerichtliche Umgangsvereinbarungen zwischen den Beteiligten. Sonstige Vergleiche unterfallen nicht § 86 Abs. 1 Nr. 2 sondern § 86 Abs. 1 Nr. 3 i.V.m. § 794 Abs. 1 Nr. 1 ZPO.

5 **III. Weitere Vollstreckungstitel nach § 794 ZPO.** Schließlich findet die Vollstreckung auch aus den in § 794 ZPO aufgeführten Vollstreckungstiteln statt – also insb. aus gerichtlichen Vergleichen nach § 794 Abs. 1 Nr. 1 ZPO oder aus Anwaltsvergleichen nach § 794 Abs. 1 Nr. 4b ZPO – allerdings nur, soweit den Beteiligten die **Dispositionsbefugnis** zusteht. Insofern sind auch die notariellen Urkunden nach § 794 Abs. 1 Nr. 5 ZPO zu nennen. Dementsprechend scheidet diese Möglichkeit in Amtsverfahren – wie z.B. bei einer vergleichsweise in einer Umgangssache übernommenen Verpflichtung zur Durchführung einer Erziehungsberatung (OLG Frankfurt am Main FamRZ 2015, 2001) – aus und kommt nur in Antragsverfahren in Betracht, so z.B. bei einer Einigung i.R.d. Erbauseinandersetzung sowie bei einer Vereinbarung nach § 264 (Stundung einer Zugewinnausgleichsforderung nach § 1382 BGB und Übertragung von Vermögensgegenständen nach § 1383 BGB). Als Vollstreckungstitel kommt ferner ein Vergleich in Gewaltschutzsachen gem. § 86 Abs. 1 Nr. 3 i.V.m. § 794 Abs. 1 Nr. 1 ZPO in Betracht (so auch: OLG Brandenburg FamRZ 2015, 1224). Auch wenn darauf nach § 36 Abs. 1 Satz 2 nicht hingewirkt werden soll, ist dies gleichwohl möglich (vgl. *Schulte-Bunert* Rn. 181). Kostenfestsetzungsbeschlüsse nach § 794 Abs. 1 Nr. 2 ZPO und Entscheidungen, gegen die das Rechtsmittel der Beschwerde stattfindet gem. § 794 Abs. 1 Nr. 3, unterfallen schon § 86 Abs. 1 Nr. 1, da sie in Beschlussform ergehen.

6 Die Vollstreckungstitel müssen natürlich **vollzugsfähig**, d.h. hinreichend bestimmt und wirksam (vgl. § 86 Abs. 2) sein. Die Anordnung muss zu ihrer Bestimmtheit aus sich heraus eindeutig gefasst sein, sodass der Verpflichtete genau erkennen kann, welches Verhalten von ihm verlangt wird. So bedarf es bei einer **Umgangsregelung** genauer und erschöpfender Bestimmungen über Art, Ort und Zeit des Umgangs mit dem Kind (BGH FamRZ 2012, 533, 534) und auch der Modalitäten der Umgangskontakte (OLG Koblenz FamRZ 2007, 1682). Dabei sind Formulierungen wie z.B. »von Samstag morgens bis Sonntag abends«, »in der Ferienzeit … zusammenhängend für mindestens 14 Tage« und »abwechselnd an den Feiertagen« nicht ausreichend. Nicht aufgenommen werden muss, dass der eine Elternteil das Kind dann auch z.Zt. der Abholung durch den anderen Elternteil bereitzuhalten hat, da die Eltern nach § 1684 Abs. 2 Satz 1 BGB alles zu unterlassen haben, was das Verhältnis des Kindes zum jeweils anderen Elternteil beeinträchtigt oder die Erziehung erschwert und ein nach Art, Ort und Zeit konkretisiertes Umgangsrecht zugleich die korrespondierende Verpflichtung des anderen Elternteils enthält, das Kind zur Ausübung des Umgangsrechts bereitzuhalten (BGH FamRZ 2012, 533, 534). Ferner sollte in die Umgangsregelung aufgenommen werden, wer *das Kind jeweils bringt und/oder holt* (vgl. auch jeweils als Anm. zu BGH FamRZ 2012, 533 f.: *Hammer*

FamRZ 2012, 535, 536; *Spangenberg* ZKJ 2012, 221, 222), um Missverständnisse oder Streitigkeiten zu vermeiden, zumal der BGH die Nichterforderlichkeit konkreter Regelungen zum Bereithalten und Abholen des Kindes beispielhaft nur für die etwaigen Verpflichtungen des betreuenden Elternteils aufgeführt hat und nicht in Bezug auf den das Umgangsrecht ausübenden Elternteil.

C. Wirksamwerden. Gem. § 86 Abs. 2 sind Beschlüsse mit Wirksamwerden **vollstreckbar**. Beschlüsse werden grds. mit ihrer **Bekanntgabe** gem. § 40 Abs. 1 an den Beteiligten wirksam, für den dieser seinem wesentlichen Inhalt nach bestimmt ist. Die Bekanntgabe richtet sich wiederum nach § 15 (Zustellung oder Aufgabe zur Post). Damit wird grds. ein schnelles Wirksamwerden von Entscheidungen und eine mögliche zügige Vollstreckung gewährleistet. Nur ausnahmsweise werden Beschlüsse erst mit ihrer (formellen) **Rechtskraft** wirksam. Das ist der Fall bei der Genehmigung eines Rechtsgeschäfts nach § 40 Abs. 2, der Ersetzung der Zustimmung eines anderen zu einem Rechtsgeschäft (z.B. nach § 1365 Abs. 2 BGB) oder der Beschränkung oder Ausschließung der Berechtigung eines Ehegatten i.R.d. Geschäfte zur Deckung des Lebensbedarfs gem. § 1357 Abs. 2 Satz 1 BGB nach § 40 Abs. 3 sowie bei einer Endentscheidung in Abstammungssachen nach 184 Abs. 1 Satz 1. Ferner werden erst mit Rechtskraft wirksam der Beschluss über die Ersetzung einer Einwilligung oder Zustimmung i.R.d. Adoption nach § 198 Abs. 1 Satz 1, die Endentscheidung in Ehewohnungs- und Haushaltssachen nach § 209 Abs. 2 Satz 1 sowie in Gewaltschutzsachen nach § 216 Abs. 1 Satz 1, die Endentscheidungen im Versorgungsausgleich nach § 224 Abs. 1, Entscheidungen nach §§ 1382 BGB (Stundung von Ausgleichsforderungen bzw. die Übertragung von Vermögensgegenständen) gem. § 264 Abs. 1 Satz 1, Beschlüsse über die Genehmigung oder die Anordnung einer Unterbringungsmaßnahme nach § 324 Abs. 1, in Teilungssachen der Bestätigungsbeschluss nach § 371 Abs. 1 bezüglich außergerichtlicher Vereinbarungen nach § 366 Abs. 1 sowie Auseinandersetzungen nach § 368 und der Bestätigungsbeschluss hinsichtlich der Dispache gem. § 409 Abs. 2. In Adoptionssachen kann jedoch nach § 198 Abs. 1 Satz 2 bei Gefahr im Verzug die **sofortige Wirksamkeit** des Beschlusses angeordnet werden. Dann wird der Beschluss nach § 198 Abs. 1 Satz 3 mit der Bekanntgabe an den Antragsteller wirksam. In Ehewohnungssachen soll nach § 209 Abs. 2 Satz 2 – wie in Gewaltschutzsachen nach § 216 Abs. 1 Satz 2 – die sofortige Wirksamkeit angeordnet werden. Sofern dann zugleich die Zulässigkeit der Vollstreckung vor der Zustellung an den Antragsgegner angeordnet wird, tritt die Wirksamkeit in dem Zeitpunkt ein, in dem die Entscheidung der **Geschäftsstelle des Gerichts zur Bekanntmachung übergeben** wird, § 209 Abs. 3 Satz 2 – wie bei Gewaltschutzsachen nach § 216 Abs. 2 Satz 2. In Unterbringungssachen kann ebenfalls die sofortige Wirksamkeit angeordnet werden nach § 324 Abs. 2 Satz 1. Der Beschluss wird nach § 324 Abs. 2 Satz 2 wirksam, wenn er und die Anordnung seiner sofortigen Wirksamkeit dem Betroffenen, dem Verfahrenspfleger, dem Betreuer oder dem Bevollmächtigten bekannt gegeben werden (Nr. 1) oder einem Dritten zwecks Vollzug des Beschlusses mitgeteilt werden (Nr. 2) oder der Geschäftsstelle des Gerichts zwecks Bekanntgabe übergeben werden (Nr. 3). Ausnahmsweise wird eine Entscheidung schon mit ihrem **Erlass** wirksam. Das ist nach § 53 Abs. 2 Satz 2 der Fall, sofern im Rahmen einer einstweiligen Anordnung in Gewaltschutzsachen sowie in sonstigen Fällen, in denen hierfür ein besonderes Bedürfnis besteht (z.B. Entscheidungen auf Kindesherausgabe oder bei der Freiheitsentziehung nach § 427) angeordnet wird, dass die Vollstreckung der einstweiligen Anordnung vor Zustellung an den Verpflichteten zulässig ist.

D. Vollstreckungsklausel. Nach § 86 Abs. 3 bedürfen Vollstreckungstitel der Vollstreckungsklausel nur, wenn die Vollstreckung nicht durch das Gericht erfolgt, das den Titel erlassen hat. Das kommt z.B. in Betracht, wenn nach einer Entscheidung auf Kindesherausgabe der gewöhnliche Aufenthalt des Kindes in einen anderen Gerichtsbezirk verlegt wurde (vgl. § 88 Abs. 1) und dieses nun die Vollstreckung durchführt oder bei der Vollstreckung von Geldforderungen, welche von den Beteiligten selbst betrieben wird. Letzteres ist bspw. der Fall, wenn der Vormund oder Pfleger die Vollstreckung aus einem Festsetzungsbeschluss nach § 168 gegen das Mündel oder den Pflegling bzw. der Betreuer gegen den Betreuten selbst betreibt. Ferner ist dies der Fall bei einer Entscheidung in Ehewohnungs- und Haushaltssachen. Einer Klausel bedarf es auch bei Eintragung einer Zwangshypothek durch das Grundbuchamt aufgrund eines festgesetzten Verfahrenskostenvorschusses (OLG Nürnberg Beschl. v. 15.03.2012 – 15 W 300/12). In allen übrigen Fällen ist eine *Vollstreckungsklausel entbehrlich*, so z.B. auch hinsichtlich eines Vergleichs in einer Gewaltschutzsache (OLG Brandenburg FamRZ 2015, 1224, 1225). Eine **Sonderregelung** enthält **§ 53 Abs. 1** für die einstweilige Anordnung – entsprechend § 929 Abs. 1 ZPO. Danach bedarf es der Vollstreckungsklausel nur, wenn die Vollstreckung für oder gegen einen anderen als den in dem Beschluss bezeichneten Beteiligten erfolgen soll, was allerdings nicht notwendig ist, wenn sie nach § 86 Abs. 3 entbehrlich ist. Die Klauselpflicht soll lediglich eingeschränkt und nicht erweitert werden. Zum Zwecke der Verfahrensbeschleunigung entfällt somit i.d.R. das Erfordernis der Erteilung der Vollstreckungsklausel.

§ 87 Verfahren; Beschwerde. (1) ¹Das Gericht wird in Verfahren, die von Amts wegen eingeleitet werden können, von Amts wegen tätig und bestimmt die im Fall der Zuwiderhandlung vorzunehmenden Vollstreckungsmaßnahmen. ²Der Berechtigte kann die Vornahme von Vollstreckungshandlungen beantragen; entspricht das Gericht dem Antrag nicht, entscheidet es durch Beschluss.
(2) Die Vollstreckung darf nur beginnen, wenn der Beschluss bereits zugestellt ist oder gleichzeitig zugestellt wird.
(3) ¹Der Gerichtsvollzieher ist befugt, erforderlichenfalls die Unterstützung der polizeilichen Vollzugsorgane nachzusuchen. ²§ 758 Abs. 1 und 2 sowie die §§ 759 bis 763 der Zivilprozessordnung gelten entsprechend.
(4) Ein Beschluss, der im Vollstreckungsverfahren ergeht, ist mit der sofortigen Beschwerde in entsprechender Anwendung der §§ 567 bis 572 der Zivilprozessordnung anfechtbar.
(5) Für die Kostenentscheidung gelten die §§ 80 bis 82 und 84 entsprechend.

Übersicht

	Rdn.		Rdn.
A. Amts- und Antragsverfahren	1	D. Sofortige Beschwerde	4
B. Vollstreckungsbeginn	2	E. Kostenentscheidung	8
C. Gerichtsvollzieher	3		

1 **A. Amts- und Antragsverfahren.** Früher zu Zeiten der Geltung des FGG fehlte eine Regelung, die bestimmte, ob die Vollstreckung in einem Verfahren von Amts wegen oder nur auf Antrag durchgeführt wird. Das FamFG legt dies für Amtsverfahren fest. Gem. § 87 Abs. 1 Satz 1 werden Entscheidungen in Amtsverfahren von Amts wegen vollstreckt. Amtsverfahren sind z.B. im Familienrecht Sorgerechtsverfahren gem. §§ 1666, 1666a BGB und im Erbrecht die Einziehung oder Kraftloserklärung eines Erbscheins nach § 2361 BGB. Die Entscheidung über das »Ob« und »Wie« der erforderlichen Maßnahmen liegt im pflichtgemäßen Ermessen des Gerichts. Bei dem Vollstreckungsverfahren handelt es sich ggü. dem Verfahren z.B. nach §§ 1632, 1684 BGB um ein selbstständiges Verfahren i.S.d. Art. 111 Abs. 2 FGG-RG (vgl. BGHZ FamRZ 1990, 35, 36; OLG Karlsruhe NJW 2010, 1976, 1977; OLG Koblenz FamRZ 2010, 1930, 1931; OLG Hamm FGPrax 2010, 166). Dementsprechend ist auf die Vollstreckung von sog. Alttiteln und somit Titeln, die unter dem vor dem 01.09.2009 geltenden Recht geschaffen wurden, das neue Vollstreckungsrecht der §§ 86 ff. anzuwenden, sofern die Vollstreckung ab dem 01.09.2009 eingeleitet oder deren Einleitung beantragt wurde (vgl. Art. 111 Abs. 1 Satz 1 FGG-RG; OLG Hamm FuR 2010, 224, 225; OLG Karlsruhe NJW 2010, 1976, 1977; OLG Koblenz FamRZ 2010, 1930, 1931). In Antragsverfahren ist hingegen auch für die Durchführung des Vollstreckungsverfahrens ein Antrag erforderlich (BT-Drucks. 16/6308 S. 217). Dies hätte ebenso klarstellend in den Gesetzeswortlaut aufgenommen werden sollen. Antragsverfahren sind z.B. in Familiensachen Verfahren über die Kindesherausgabe nach § 1632 Abs. 1, 3 BGB (ebenso Jansen/*v. König/v. Schuckmann* vor §§ 8 bis 18 Rn. 8; Keidel/*Giers* § 87 Rn. 7; *Ziegler* JAmt 2009, 585, 586), a.A. *Cirullies* ZKJ 2010, 174, 176), i.d.R. auch Umgangsrechtssachen nach §§ 1684, 1685 BGB, wobei das FamG allerdings auch von Amts wegen tätig werden kann (Keidel/*Giers* § 87 Rn. 3; *Cirullies* ZKJ 2010, 174, 176; nach a.A. handelt es sich stets um Amtsverfahren: Jansen/*v. König/v. Schuckmann* vor §§ 8 bis 18 Rn. 7; *Ziegler* JAmt 2009, 585, 586) die Vollstreckung von Beschlüssen über die Festsetzung von Zahlungen des Mündels oder Pfleglings an den Vormund, Gegenvormund oder Pfleger nach § 168, in Ehewohnungs- und Haushaltssachen gem. § 203 Abs. 1, in Gewaltschutzsachen nach §§ 1 Abs. 1 Satz 1, 2 Abs. 1 GewSchG, Versorgungsausgleichssachen nach § 223 in Bezug auf Ausgleichsansprüche nach der Scheidung gem. §§ 20 bis 26 VersAusglG, in Betreuungssachen die Vollstreckung von Beschlüssen über die Festsetzung von Zahlungen des Betreuten an den Betreuer nach § 292 Abs. 1, in Teilungssachen die Vollstreckung aus einem Bestätigungsbeschluss nach § 371 Abs. 1 bezüglich außergerichtlicher Vereinbarungen nach § 366 Abs. 1 sowie Auseinandersetzungen nach § 368 und in Registersachen aus einem Bestätigungsbeschluss hinsichtlich der Dispache gem. § 409 Abs. 1, 2. Wenn sich die Vollstreckung nach dem FamFG richtet wie z.B. hinsichtlich der Kindesherausgabe, ergeben sich die Antragserfordernisse aus § 23 Abs. 1. Erfolgt die Vollstreckung über § 95 Abs. 1 nach der

Abschnitt 8. Vollstreckung § 87

ZPO wie z.B. bezüglich eines Festsetzungsbeschlusses von Zahlungen des Mündels an den Vormund, muss der Antrag die Vorgaben der §§ 753, 754 ZPO (vgl. PG/*Kroppenberg* § 753 Rn. 5 f.) einhalten. Gem. § 87 Abs. 1 Satz 2 kann in Amtsverfahren auch die Vornahme von Vollstreckungshandlungen beantragt werden. Sofern das Gericht dem nicht nachkommt, muss es durch Beschluss entscheiden, gegen den wiederum die sofortige Beschwerde offen steht nach § 87 Abs. 4.

B. Vollstreckungsbeginn. Nach § 87 Abs. 2 darf in Anlehnung an § 750 Abs. 1 Satz 1 ZPO die Vollstre- 2 ckung nur beginnen, wenn der Beschluss bereits zugestellt ist oder gleichzeitig zugestellt wird. Die Zustellung richtet sich gem. § 15 Abs. 2 Satz 1 nach den §§ 166 bis 195 ZPO. Dem Wortlaut des § 87 Abs. 2 nach ist die Aufgabe zur Post nicht ausreichend. Dieses Erfordernis gilt für alle Titel des § 86 Abs. 1 und somit auch für gerichtlich gebilligte Vergleiche (vgl. OLG Frankfurt am Main ZKJ 2012, 119, 120). Dabei erfolgt die Zustellung von Beschlüssen von Amts wegen und von Vergleichen sowie vollstreckbaren Urkunden durch die Beteiligten (vgl. Keidel/*Giers* § 87 Rn. 12). Ausnahmsweise kann die Vollstreckung jedoch schon vor der Zustellung beginnen. In Gewaltschutzsachen sowie in sonstigen Fällen (z.B. Entscheidungen auf Kindesherausgabe oder Freiheitsentziehung nach § 427), in denen hierfür ein besonderes Bedürfnis besteht, kann das Gericht nach § 53 Abs. 2 Satz 1 anordnen, dass die Vollstreckung der einstweiligen Anordnung vor Zustellung an den Verpflichteten zulässig ist. Gem. § 53 Abs. 2 Satz 2 wird die einstweilige Anordnung dann stets mit ihrem Erlass wirksam. Auch in Ehewohnungssachen kann nach § 209 Abs. 3 Satz 1 die Zulässigkeit der Vollstreckung vor der Zustellung angeordnet werden. Dies gilt ebenso für Endentscheidungen in Gewaltschutzsachen nach § 216 Abs. 2 Satz 1.

C. Gerichtsvollzieher. § 87 Abs. 3 Satz 1 sieht die Befugnis des Gerichtsvollziehers vor, erforderlichenfalls 3 die Unterstützung der polizeilichen Vollzugsorgane nachzusuchen. § 87 Abs. 3 Satz 2 bestimmt die entsprechende Anwendung der §§ 758 Abs. 1, 2, 759 bis 763 ZPO. Nach § 758 Abs. 1 ZPO ist der Gerichtsvollzieher befugt, die Wohnung und die Behältnisse des Verpflichteten zu durchsuchen und nach § 758 Abs. 2 ZPO steht ihm das Recht zu, Türen etc. öffnen zu lassen. § 759 ZPO regelt die Pflicht des Gerichtsvollziehers bezüglich der Hinzuziehung von Zeugen, sofern Widerstand geleistet wird oder weder der Verpflichtete noch eine zu seiner Familie gehörige oder dieser Familie dienende erwachsene Person anwesend ist. In § 760 ZPO ist das Akteneinsichts- und Abschriftsrecht der Beteiligten geregelt und § 762 ZPO bestimmt, welchen Inhalt das – zwingend erforderliche – Gerichtsvollzieherprotokoll haben muss. Aus § 763 ZPO ergibt sich, wie der Gerichtsvollzieher erforderliche Aufforderungen und Mitteilungen im Rahmen von Vollstreckungshandlungen vorzunehmen hat. Die notwendigen Aufforderungen ergeben sich aus der GVGA.

D. Sofortige Beschwerde. Beschlüsse im Vollstreckungsverfahren sind nach § 87 Abs. 4 mit der sofortigen 4 Beschwerde nach §§ 567 bis 572 ZPO anfechtbar. Dies gilt gem. § 11 Abs. 1 RPflG auch, sofern der Rechtspfleger entschieden hat. Eine isolierte Anfechtung der Kostenentscheidung ist möglich (OLG Hamm FGPrax 2010, 166). Die sofortige Beschwerde ist nach § 569 Abs. 1 Satz 1 ZPO binnen einer Notfrist von 2 Wochen bei dem Gericht, dessen Entscheidung angefochten wird (iudex a quo), oder bei dem Beschwerdegericht (iudex ad quem) einzulegen. Hierfür ist gem. § 569 Abs. 2 Satz 1 ZPO eine Beschwerdeschrift erforderlich. Diese kann nach § 569 Abs. 3 Nr. 1 ZPO auch zu Protokoll der Geschäftsstelle eingelegt werden, sofern das Verfahren keinem Anwaltszwang unterliegt, was bei den Verfahren der freiwilligen Gerichtsbarkeit 1. Instanz der Fall ist und insofern auch für das Vollstreckungsverfahren gilt. Funktionell zuständig für die Protokollierung der Beschwerde ist der Rechtspfleger nach §§ 3 Nr. 3e, 24 Abs. 2 Nr. 1 RPflG. Nach § 570 Abs. 1 ZPO hat die Beschwerde aufschiebende Wirkung hinsichtlich der Festsetzung von Ordnungs- und Zwangsmitteln. Dies entspricht der Regelung für die früheren FGG-Verfahren nach § 24 Abs. 1 FGG. Auch die Gesetzesbegründung geht von der aufschiebenden Wirkung aus (BT-Drucks. 16/6308 S. 217). Über die sofortige Beschwerde entscheidet grds. das OLG nach § 119 Abs. 1 Nr. 1 GVG und dabei gewöhnlich nach § 568 Abs. 1 Satz 1 ZPO durch den Einzelrichter. Nur gegen Entscheidungen in Freiheitsentziehungssachen und der von den Betreuungsgerichten entschiedenen Sachen entscheidet das LG nach § 72 Abs. 1 Satz 2 GVG. Zudem ist das LG nach § 72 Abs. 1 Satz 1 GVG zuständig, sofern das Vollstreckungsgericht entschieden hat (vgl. Zöller/*Feskorn* § 87 Rn. 8).

Gegen die Entscheidung des Beschwerdegerichts ist bei Zulassung die Rechtsbeschwerde nach Ansicht des 5 BGH gem. § 574 Abs. 1 Satz 1 Nr. 2 ZPO eröffnet und nicht nach § 70 Abs. 1, obwohl in § 87 Abs. 4 nur auf die §§ 567 bis 572 ZPO verwiesen wird (vgl. BGH FGPrax 2010, 154; FGPrax 2011, 103; kritisch dazu und für die Anwendung des § 70: Keidel/*Meyer-Holz* § 70 Rn. 12a).

6 Im Übrigen sind im Fall der Vollstreckung nach der ZPO über § 95 Abs. 1 die sonstigen Rechtsbehelfe im Vollstreckungsrecht gegeben, was insb. für die Klauselerinnerung nach § 732 ZPO (OLG Nürnberg Beschl. v. 15.03.2012 – 15 W 300/12), die Klage gegen die Erteilung der Vollstreckungsklausel nach § 768 ZPO, die Vollstreckungserinnerung nach § 766 ZPO, die Vollstreckungsabwehrklage nach § 767 ZPO und die Drittwiderspruchsklage gem. § 771 ZPO gilt.

7 Grundsätzlich kann im Fall der Erledigung in der Hauptsache im Rahmen einer sofortigen Beschwerde nach § 87 Abs. 4 nach §§ 567 ff. ZPO ein Fortsetzungsfeststellungsantrag gestellt werden nach § 62 analog, wobei das besondere Feststellungsinteresse allerdings nicht gegeben ist, wenn die angefochtene Entscheidung vor der Erledigung nicht vollzogen wurde (OLG Brandenburg ZKJ 2012, 495, 496 hinsichtlich der Anordnung unmittelbaren Zwangs zur Erfüllung der Pflicht zur Kindesherausgabe).

8 **E. Kostenentscheidung.** Die Kostenentscheidung im Vollstreckungsverfahren richtet sich gem. § 87 Abs. 5 nach den Vorschriften der Kostenentscheidung im zugrunde liegenden Ausgangsverfahren (§§ 80 bis 82, 84). Nach § 82 ist die Kostenentscheidung in der Endentscheidung zu treffen. Gem. § 81 Abs. 1 Satz 1 kann das Gericht die Kosten des Verfahrens (Gerichtskosten und insb. Rechtsanwaltskosten, vgl. § 80) nach billigem Ermessen den Beteiligten ganz oder z.T. auferlegen. In Familiensachen ist nach § 81 Abs. 1 Satz 3 eine Kostenentscheidung stets erforderlich. Nach § 81 Abs. 1 Satz 2 kann das Gericht auch anordnen, dass von der Erhebung von Kosten abzusehen ist. Das kommt in Betracht, wenn die Belastung der Beteiligten mit den Gerichtskosten aufgrund des Verfahrensablaufs oder des Verfahrensausgangs unbillig erscheint. § 81 Abs. 2 führt auf, wann das Gericht die Kosten des Verfahrens einem Beteiligten ganz oder teilweise auferlegen soll. Dabei handelt es sich um Tatbestände, mit denen die pflichtwidrige Einleitung und Betreibung eines Verfahrens negativ sanktioniert werden soll. Insofern hat ein Beteiligter ggf. in Gewaltschutzverfahren durch grobes Verschulden Anlass für das Verfahren gegeben nach § 81 Abs. 2 Nr. 1. Auf § 83 wird in § 87 Abs. 5 nicht verwiesen. Insofern wird eine analoge Anwendung des § 83 Abs. 2 befürwortet, da auch der Vollstreckungsantrag in Antragsverfahren zurückgenommen werden kann (Zöller/*Feskorn* § 87 Rn. 10). Nach § 84 soll das Gericht die Kosten eines ohne Erfolg eingelegten Rechtsmittels dem Beteiligten auferlegen, der es eingelegt hat. Ein Abweichen von dieser Sollbestimmung ist denkbar, wenn das Rechtsmittel aufgrund einer außergerichtlichen Einigung der Beteiligten zurückgenommen wird.

Unterabschnitt 2. Vollstreckung von Entscheidungen über die Herausgabe von Personen und die Regelung des Umgangs

§ 88 Grundsätze. (1) Die Vollstreckung erfolgt durch das Gericht, in dessen Bezirk die Person zum Zeitpunkt der Einleitung der Vollstreckung ihren gewöhnlichen Aufenthalt hat.
(2) Das Jugendamt leistet dem Gericht in geeigneten Fällen Unterstützung.

Übersicht

	Rdn.		Rdn.
A. Örtliche Zuständigkeit	1	B. Unterstützung durch Jugendamt	2

1 **A. Örtliche Zuständigkeit.** Nach § 88 Abs. 1 erfolgt die Vollstreckung durch das Gericht, in dessen Bezirk die Person zum Zeitpunkt der Einleitung der Vollstreckung ihren **gewöhnlichen Aufenthalt** (Daseinsmittelpunkt; vgl. auch § 187 Rdn. 5; § 272 Rdn. 3) hat. Mit Person ist i.d.R. das Kind gemeint oder ggf. ein Betreuer, wie sich ua aus der Überschrift des 2. Unterabschnitts ergibt und nicht derjenige, gegen den sich die Vollstreckung richtet (ebenso Keidel/*Giers* § 88 Rn. 5; a.A. Thomas/Putzo/*Seiler* § 88 Rn. 2). Früher wurde primär an den Wohnsitz des Kindes angeknüpft und nur sekundär an den einfachen Aufenthalt. Nach der Legaldefinition des § 30 Abs. 3 Satz 2 SGB I hat jemand seinen gewöhnlichen Aufenthalt dort, wo er sich unter Umständen aufhält, die erkennen lassen, dass er an diesem Ort oder in diesem Gebiet nicht nur vorübergehend verweilt. Der EuGH (EuGH FamRZ 2009, 843) hat den Begriff des gewöhnlichen Aufenthalts i.S.d. Art. 8 Abs. 1 VO (EG) 2201/2003 dahin ausgelegt, dass darunter der Ort zu verstehen ist, der Ausdruck einer gewissen sozialen und familiären Integration des Kindes ist, wofür insb. die Dauer, die Re-

gelmäßigkeit und die Umstände des Aufenthalts in einem Mitgliedstaat sowie die Gründe für diesen Aufenthalt und den Umzug der Familie in diesen Staat, die Staatsangehörigkeit des Kindes, Ort und Umstände der Einschulung, die Sprachkenntnisse sowie die familiären und sozialen Bindungen des Kindes in dem betreffenden Staat zu berücksichtigen sind. Ein rechtsgeschäftlicher Begründungswille/Domizilwille wie beim Wohnsitz ist nicht erforderlich. I.d.R. ist der gewöhnliche Aufenthalt ab 6 Monaten gegeben. Die Begründung ist aber auch vorher möglich und sogar ab dem 1. Tag des Ortswechsels, wenn z.B. das Kind mit der Mutter in eine andere Stadt zieht und dort das Kind schon in der Schule angemeldet hat, eine Wohnung gemietet und ggf. ein Arbeitsverhältnis eingegangen wurde. Maßgeblich ist der Zeitpunkt der **Einleitung** der Vollstreckung. Eingeleitet wird die Vollstreckung durch die erste Vollstreckungsmaßnahme des Gerichtsvollziehers bzw. den Erlass (§ 38 Abs. 3) des Beschlusses der ersten Vollstreckungsmaßnahme (vgl. BLAH/*Hartmann* FamFG § 88 Rn. 1; ZPO, Grundz § 704 Rn. 51). Ob ein Antrag auf Verfahrenskostenhilfe gestellt wurde, spielt insofern keine Rolle. Das gerichtliche Handeln kann natürlich auch in Amtsverfahren durch den Antrag eines Beteiligten angestoßen werden. Wird nach Einleitung der Vollstreckung ein neuer gewöhnlicher Aufenthalt für z.B. das herauszugebende Kind außerhalb des Gerichtsbezirks begründet, bleibt das Gericht weiterhin für die Vollstreckung zuständig. Somit gilt auch hier (wie in § 261 Abs. 3 Nr. 2 ZPO) der Grundsatz der **perpetuatio fori**, vgl. § 2 Abs. 2. Hat das Kind hingegen seinen gewöhnlichen Aufenthalt im Ausland (hier China), ist weder die örtliche noch die internationale Zuständigkeit der deutschen Gerichte gegeben (OLG Bremen ZKJ 2015, 151, 152).

B. Unterstützung durch Jugendamt. § 88 Abs. 2 normiert in Anlehnung an § 9 IntFamRVG, dass das Jugendamt dem Gericht in geeigneten Fällen Unterstützung leistet. Dies soll im Interesse des Kindeswohls der Vermeidung von Gewaltanwendung dienen. Die Unterstützungspflicht erstreckt sich auch auf das Handeln des Gerichtsvollziehers, wenn dieser im Auftrag des Gerichts tätig wird. 2

§ 89 Ordnungsmittel. (1) ¹Bei der Zuwiderhandlung gegen einen Vollstreckungstitel zur Herausgabe von Personen und zur Regelung des Umgangs kann das Gericht gegenüber dem Verpflichteten Ordnungsgeld und für den Fall, dass dieses nicht beigetrieben werden kann, Ordnungshaft anordnen. ²Verspricht die Anordnung eines Ordnungsgelds keinen Erfolg, kann das Gericht Ordnungshaft anordnen. ³Die Anordnungen ergehen durch Beschluss.
(2) Der Beschluss, der die Herausgabe der Person oder die Regelung des Umgangs anordnet, hat auf die Folgen einer Zuwiderhandlung gegen den Vollstreckungstitel hinzuweisen.
(3) ¹Das einzelne Ordnungsgeld darf den Betrag von 25.000 Euro nicht übersteigen. ²Für den Vollzug der Haft gelten § 802g Abs. 1 Satz 2 und Abs. 2, die §§ 802h und 802j Abs. 1 der Zivilprozessordnung entsprechend.
(4) ¹Die Festsetzung eines Ordnungsmittels unterbleibt, wenn der Verpflichtete Gründe vorträgt, aus denen sich ergibt, dass er die Zuwiderhandlung nicht zu vertreten hat. ²Werden Gründe, aus denen sich das fehlende Vertretenmüssen ergibt, nachträglich vorgetragen, wird die Festsetzung aufgehoben.

Übersicht

	Rdn.		Rdn.
A. Allgemeines	1	2. Anordnung/Festsetzung	11
B. Ordnungsmittel	6	3. Vollstreckung	12
I. Ordnungsgeld	7	II. Ordnungshaft	13
1. Voraussetzungen	7	1. Voraussetzungen	13
a) Vollstreckungstitel zur Herausgabe von Personen und zur Regelung des Umgangs	8	2. Anordnung/Festsetzung	14
		3. Vollzug	15
b) Schuldhafte Zuwiderhandlung	9	C. Rechtsbehelfe	16
c) Hinweis	10		

A. Allgemeines. In § 89 sind als Ordnungsmittel das Ordnungsgeld und die Ordnungshaft vorgesehen. Dabei handelt es sich zum einen um **Beugemittel** zur Erzwingung einer gerichtlichen Anordnung, wodurch ein entgegenstehender Wille des Verpflichteten gebeugt werden soll. Zum anderen dienen die Ordnungsmitteln auch als **Sanktion**. Der Einsatz von Ordnungs- statt Zwangsmitteln hat den Vorteil, dass eine Vollstreckung auch noch möglich ist, wenn Zeitablauf eingetreten ist. So war früher, wenn z.B. eine Umgangs- 1

§ 89 Buch 1. Allgemeiner Teil

regelung für die Weihnachtsferien vereitelt wurde, eine Vollstreckung nach den Ferien mit Zwangsmitteln (§ 33 FGG) nicht mehr möglich, da die Zwangsmittel lediglich Beugecharakter haben, der Wille jedoch nicht mehr gebeugt werden kann, falls die Zeit abgelaufen ist und somit die Handlung nicht mehr in der Zeit vorgenommen werden kann. Mit § 89 ist eine Vollstreckung mit Ordnungsmitteln auch nach Zeitablauf möglich, da den Ordnungsmitteln ein strafrechtlicher Sanktionscharakter innewohnt. Hierdurch wird die Vollstreckung von Herausgabe- und Umgangsentscheidungen effektiver. Dabei kann zunächst Ordnungsgeld festgesetzt werden und für den Fall der Nichtbeitreibung Ordnungshaft, § 89 Abs. 1 Satz 1. Wenn die Festsetzung von Ordnungsgeld jedoch von vornherein keinen Erfolg verspricht, kann direkt Ordnungshaft angeordnet werden, § 89 Abs. 1 Satz 2 (vgl. hinsichtlich der Vollstreckung in Familiensachen nach dem früheren § 33 FGG: *Schulte-Bunert* FuR 2005, 200 f.; FPR 2008, 397 f.).

2 § 89 regelt die zwangsweise Durchsetzung von **verfahrensabschließenden Entscheidungen** (vgl. § 86 Rdn. 3). Die Vollstreckung von verfahrensleitenden gerichtlichen Anordnungen in Familiensachen (z.B. hinsichtlich der Auskunftspflicht i.R.d. Versorgungsausgleichs nach § 220) und in Angelegenheiten der freiwilligen Gerichtsbarkeit (z.B. bezüglich der Anordnung zur Ablieferung von Testamenten nach § 358) richtet sich hingegen nach § 35 (vgl. § 35 Rdn. 2; § 86 Rdn. 3).

3 Sofern ein **deutsches Gericht** eine Entscheidung hinsichtlich der Herausgabe von Personen und zur Regelung des Umgangs trifft, wird diese als »echte« Angelegenheit der freiwilligen Gerichtsbarkeit bzw. sog. **Rechtsfürsorgeangelegenheit**, bei der es nicht nur um subjektive Interessen sondern auch die staatliche Wahrnehmung öffentlicher Interessen geht, nach § 89 vollstreckt. Demgegenüber richtet sich die Zwangsvollstreckung in den »streitigen« Angelegenheiten der freiwilligen Gerichtsbarkeit bzw. »**echten« Streitsachen der freiwilligen Gerichtsbarkeit**, bei welchen sich private Interessen entgegenstehen, nach den Vorschriften der ZPO gem. § 95 Abs. 1, wie z.B. Endentscheidungen in Ehewohnungs- und Haushaltssachen, in Zugewinnausgleichsverfahren und in Versorgungsausgleichsverfahren.

4 Bei der Vollstreckung einer Entscheidung eines **ausländischen Gerichts** ist zu differenzieren. Primär ist als Rechtsquelle das supranationale Recht – das Unionsrecht – in der Gestalt von Verordnungen berufen. Die unionsrechtlichen Verordnungen sind nach Art. 288 Abs. 2 AEUV in allen ihren Teilen verbindlich und gelten unmittelbar – also ohne innerstaatlichen Umsetzungsakt – in jedem Mitgliedstaat. Erst danach sind staatsvertragliche Regelungen heranzuziehen und letztlich das autonome (nationale) Recht. Für den Bereich der elterlichen Verantwortung richtet sich die Rechtsanwendung z.B. vorrangig nach der VO (EG) 2201/2003 (Verordnung (EG) Nr. 2201/2003 des Rates über die Zuständigkeit und die Anerkennung und Vollstreckung von Entscheidungen in Ehesachen und in Verfahren betreffend die elterliche Verantwortung und zur Aufhebung der Verordnung (EG) Nr. 1347/2000 v. 27.11.2003, ABl. EG 2003 Nr. L 338 S. 1, in Kraft seit dem 01.03.2005, auch Brüssel IIa, EheVO II oder EuEheVO genannt). Eine staatsvertragliche Bestimmung ergibt sich aus dem ESÜ (Luxemburger Europäisches Übereinkommen über die Anerkennung und Vollstreckung von Entscheidungen über das Sorgerecht für Kinder und die Wiederherstellung des Sorgeverhältnisses v. 20.05.1980, BGBl. II 1990, S. 220, in Kraft seit dem 01.02.1991). Dieses kann u.a. im Verhältnis zu der Schweiz, Dänemark und der Türkei Bedeutung erlangen. Als nationales Ausführungsgesetz dient jeweils das IntFamRVG (Gesetz zum internationalen Familienrecht vom 26.01.2005, BGBl. I 2005, S. 162, in Kraft seit dem 01.03.2005); hiernach werden auch inländische Titel nach dem HKÜ (Haager Übereinkommen über die zivilrechtlichen Aspekte internationaler Kindesentführung v. 25.10.1980, BGBl. II 1990, S. 207, in Kraft seit dem 01.12.1990) vollstreckt. Vgl. zur Vollstreckung von Entscheidungen über die elterliche Verantwortung nach der VO (EG) 2001/2003 i.V.m. IntFamRVG: *Schulte-Bunert* FamRZ 2007, 1608 f.). § 44 Abs. 1 IntFamRVG sieht – wie § 89 hinsichtlich der Vollstreckung von Entscheidungen über die Herausgabe von Personen und die Regelung des Umgangs – den Einsatz von Ordnungsmitteln vor.

5 Im Folgenden geht es allein um die Vollstreckung von inländischen Entscheidungen (mit Ausnahme solcher nach dem HKÜ) nach § 89.

6 **B. Ordnungsmittel.** Gerichtliche Herausgabe- und Umgangsbeschlüsse werden – anders als früher nach § 33 FGG, wonach Zwangsmittel vorgesehen waren – gem. § 89 Abs. 1 durch Ordnungsmittel vollstreckt.

7 **I. Ordnungsgeld. 1. Voraussetzungen.** Voraussetzungen für die Anordnung von Ordnungsmitteln sind:
– Vollstreckungstitel zur Herausgabe von Personen oder zur Regelung des Umgangs,
– Schuldhafte Zuwiderhandlung,
– Hinweis.

a) **Vollstreckungstitel zur Herausgabe von Personen und zur Regelung des Umgangs.** Voraussetzung für 8 den Einsatz von Ordnungsmitteln ist zunächst das Vorliegen eines Vollstreckungstitels zur Herausgabe von Personen und zur Regelung des Umgangs. Nicht ausreichend sind lediglich rechtsgestaltende Maßnahmen wie die Sorgerechtsübertragung gem. §§ 1666, 1666a, 1671, 1672, 1680, 1696 oder feststellende Entscheidungen wie z.B. hinsichtlich des Ruhens der elterlichen Sorge gem. § 1674 BGB, da diese Entscheidungen keiner Vollstreckung sondern nur der Wirksamkeit bedürfen aufgrund der damit einhergehenden Änderung der materiellen Rechtslage. Bei den Vollstreckungstiteln zur Herausgabe von Personen und zur Regelung des Umgangs kann es sich gem. § 86 Abs. 1 um gerichtliche Beschlüsse, gerichtlich gebilligte Vergleiche nach § 156 Abs. 2 oder um weitere Vollstreckungstitel i.S.d. § 794 ZPO handeln, soweit die Beteiligten über den Gegenstand des Verfahrens verfügen können. Die materiell-rechtlichen Grundlagen für entsprechende gerichtliche Herausgabeentscheidungen ergeben sich für Kinder aus § 1632 Abs. 1 BGB, für Mündel aus §§ 1800, 1632 Abs. 1 BGB, für Pfleglinge aus §§ 1915 Abs. 1 Satz 1, 1800, 1632 Abs. 1 BGB und für Betreute aus §§ 1908i Abs. 1 Satz 1, 1632 Abs. 1 BGB. Die Entscheidung über Umgangsregelungen basiert i.d.R. auf § 1684 BGB. Vollstreckungstitel können wie erwähnt auch gerichtlich gebilligte Vergleiche nach § 156 Abs. 2 sein, also einvernehmliche Regelungen über den Umgang oder die Herausgabe des Kindes. Nach der Gesetzesbegründung erfolgt die Vollstreckung von negativen Umgangsregelungen über § 95 Abs. 1 Nr. 4 i.V.m. § 890 ZPO und somit auch für Unterlassungen, die darin bestehen, den Umgang mit dem Kind außerhalb der bestimmten Umgangszeiten zu unterlassen (BT-Drucks. 16/6308 S. 220). Insofern richtet sich die Vollstreckung jedoch vorrangig nach §§ 88 ff., da die Vollstreckung nach § 95 Abs. 1 nur Anwendung findet, soweit in den vorstehenden Unterabschnitten nichts Abweichendes bestimmt ist und die Vollstreckung von Umgangsregelungen aber in den §§ 88 ff. normiert ist (so zutreffend: Keidel/*Giers* § 95 Rn. 2, 15; vgl. auch OLG Celle FuR 2011, 574). Von den Umgangsregelungen werden nicht nur die positiven sondern auch die negativen erfasst, sodass die Vollstreckung sich insb. nach § 89 richtet (vgl. § 35 Rdn. 7, § 89 Rdn. 11, § 95 Rdn. 6). Neben den Titeln aus § 156 Abs. 2 dürfte den weiteren Titeln aus § 794 ZPO nur ein eingeschränkter Anwendungsbereich zukommen, da die erforderliche Dispositionsbefugnis nicht hinsichtlich des Umgangsrechts gegeben ist. Vergleiche nach § 794 Abs. 1 Nr. 1 ZPO kommen insofern nicht in Betracht. Verfügen können die Beteiligten zwar hinsichtlich der Herausgabe eines Kindes (a.A. *Giers* FPR 2008, 441, 442), sodass ein Vergleich nach § 794 Abs. 1 Nr. 1 ZPO denkbar wäre. Insofern dürfte § 156 Abs. 2 jedoch lex specialis sein.

b) **Schuldhafte Zuwiderhandlung.** Nach § 89 Abs. 4 unterbleibt die Festsetzung eines Ordnungsmittels, 9 wenn der Verpflichtete Gründe vorträgt, aus denen sich ergibt, dass er die Zuwiderhandlung nicht zu vertreten hat. Sofern dies nachträglich geschieht, ist die Festsetzung aufzuheben. Aus der negativen Formulierung ergibt sich, dass das Verschulden des Verpflichteten – die schuldhafte Zuwiderhandlung – grds. vermutet wird (so auch: KG FamRZ 2011, 588; OLG Saarbücken ZKJ 2011, 104, 105; FamRZ 2015, 863, 864). Verschulden bedeutet Vorsatz und Fahrlässigkeit (vgl. § 35 Rdn. 8). Dabei geht die Gesetzesbegründung von dem Erfordernis einer detaillierten Erläuterung aus. Allein z.B. die Behauptung, das Kind habe nicht zum Umgangsberechtigten gewollt, reicht nicht aus. Vielmehr muss auch i.E. dargelegt werden, wie auf das Kind eingewirkt wurde, um das Kind doch noch dem Umgangsberechtigten zuzuführen (vgl. BGH FamRZ 2012, 533, 535; OLG Köln FamRZ 2015, 1734). Auch wenn es keine starren Altersgrenzen gibt, sondern auf die konkreten Umstände des jeweiligen Falles abzustellen ist, wird eine Weigerung von jüngeren Kindern i.d.R. kein unüberwindliches Hindernis für den Verpflichteten darstellen und somit nicht zur Exkulpation führen. Insofern wird erwartet, dass dem Widerstand mit erzieherischen Mitteln begegnet werden kann (vgl. für Kinder unter 10 Jahren OLG Hamm NJW-RR 1996, 324, 325; es wird aber auch eine Beachtlichkeit des Kindeswillens ab dem 12. Lebensjahr vertreten: OLG Hamburg FamRZ, 2008, 1372, 1373; zwischen dem 9. und 11. Lebensjahr: OLG Hamm FamRZ 2008, 1371; mit dem 11. Lebensjahr: OLG Düsseldorf FuR 2009, 633, 634). Ab dem 14. Lebensjahr dürfte der Wille des Kindes jedoch wohl stets zu berücksichtigen sein aufgrund des ihm nach Art. 2 Abs. 1 GG i.V.m. Art. 1 Abs. 1 GG zustehenden allgemeinen Persönlichkeitsrechts (vgl. insofern auch: BGH FamRZ 1975, 273, 276; BayObLG FamRZ 1974, 534, 536 f. für 16 und 17 Jahre alte Kinder).

c) **Hinweis.** Auf die Folgen einer Zuwiderhandlung (Einsatz von Ordnungsmitteln) ist nach § 89 Abs. 2 in 10 dem Beschluss, der die Herausgabe der Person oder die Regelung des Umgangs anordnet, hinzuweisen. Entfallen ist dafür die früher in § 33 Abs. 3 Satz 6 FGG geforderte vorherige Androhung der Vollstreckung. Bei dem Vollstreckungsverfahren handelt es sich um ein selbstständiges Verfahren i.S.d. Art. 111 Abs. 2

§ 89

FGG-RG (vgl. BGH Rpfleger 2011, 666, 667; FamRZ 1990, 35, 36; OLG Karlsruhe NJW 2010, 1976, 1977; OLG Koblenz FamRZ 2010, 1930, 1931). Dementsprechend ist auf die Vollstreckung von sog. Alttiteln und somit Titeln, die unter dem vor dem 01.09.2009 geltenden Recht geschaffen wurden, das neue Vollstreckungsrecht der §§ 86 ff. anzuwenden, sofern die Vollstreckung ab dem 01.09.2009 eingeleitet oder deren Einleitung beantragt wurde (vgl. Art. 111 Abs. 1 Satz 1 FGG-RG; BGH Rpfleger 2011, 666, 667; OLG Karlsruhe NJW 2010, 1976, 1977; OLG Koblenz FamRZ 2010, 1930, 1931; OLG Hamm FGPrax 2010, 166). Eine nach altem Recht erfolgte vorherige Androhung ist somit nicht ausreichend und ersetzt den nach § 89 Abs. 2 erforderlichen Hinweis nicht (BGH Rpfleger 2011, 666 f.; KG FGPrax 2011, 206; OLG Koblenz FamRZ 2010, 1930, 1931; a.A. OLG Karlsruhe FGPrax 2010, 167; OLG Köln FamRZ 2011, 663, 664; Prütting/Helms/*Stößer* § 89 Rn. 11). Enthält der Hinweis fälschlich die Bezugnahme auf Zwangsgeld, ist keine Festsetzung von Ordnungsgeld möglich (vgl. OLG Brandenburg FamRZ 2009, 1084; OLG Celle NJW 2010, 2223; a.A. OLG Karlsruhe FGPrax 2010, 167, 168). Die Hinweispflicht besteht auch für gerichtlich gebilligte Vergleiche nach § 156 Abs. 2 (BVerfG ZKJ 2011, 219). Enthält die gerichtliche Billigungsentscheidung keinen Hinweis, ist die Entscheidung auf Beschwerde aufzuheben (vgl. auch: BVerfG ZKJ 2011, 219; *Borth* FamRZ 2010, 918; a.A. OLG Frankfurt am Main FamRZ 2010, 917, 918). Dementsprechend ist in der gerichtlichen Anordnung auf die möglichen Ordnungsmittel hinzuweisen. Sollte der Hinweis in der gerichtlichen Anordnung fehlen, kann er nachgeholt werden (BVerfG ZKJ, 2011, 219; BGH Rpfleger 2011, 666, 668; OLG Karlsruhe NJW 2010, 1976, 1977; OLG Koblenz FamRZ 2010, 1930, 1931; OLG Brandenburg FuR 2011, 171, 172). Die Nachholung ist auch durch das Beschwerdegericht möglich (OLG Naumburg FamRZ 2015, 777). Ist fälschlich eine Androhung erfolgt, kann das Beschwerdegericht desgleichen den nach § 89 Abs. 2 erforderlichen Hinweis aussprechen, da der Hinweis nicht wie die Anordnung des Ordnungsmittels nach § 89 Abs. 1 im pflichtgemäßen Ermessen des Gerichts steht, und selbst dann erteilt werden muss, wenn die zu vollstreckende Entscheidung die Umgangspflicht und nicht das Umgangsrecht eines Elternteils betrifft (vgl. BGH Rpfleger 2011, 666, 668). Allerdings kann mit einem nachgeholten Hinweis nicht mehr die Voraussetzung für die Festsetzung eines Ordnungsgeldes für ein davor liegendes Verhalten des Verpflichteten geschaffen werden (OLG Karlsruhe NJW 2010, 1976, 1978; OLG Hamm FGPrax 2010, 166, 167). Für den Hinweis genügt es nicht, wenn sich aus dem Sitzungsprotokoll ergibt, dass die Beteiligten nach § 89 belehrt worden sind, sondern es müssen, um der Warnfunktion gerecht zu werden, die nachträglichen Sanktionsmöglichkeiten genannt werden (OLG Brandenburg FamRZ 2015, 693, 694). Der Hinweis muss also die Höhe des beabsichtigten Ordnungsgeldes bzw. die Dauer der möglichen Ordnungshaft enthalten. Es ist jedoch ausreichend, wenn der Hinweis die Höchstsumme des Ordnungsgeldes (25.000 €) und der Ordnungshaft (6 Monate) enthält (So auch: OLG Oldenburg FamRZ 2014, 145, 146).

11 **2. Anordnung/Festsetzung.** Das Gesetz verwendet wahlweise den Begriff der Anordnung (vgl. § 89 Abs. 1) oder der Festsetzung (vgl. § 89 Abs. 4). Die mögliche Anordnung von Ordnungsgeld basiert auf § 89 Abs. 1 Satz 1. Zunächst war geplant, § 89 Abs. 1 Satz 1, 2 als Soll-Bestimmungen auszugestalten. Aufgrund der Entscheidung des BVerfG v. 01.04.2008 (NJW 2008, 1287 f.; vgl. dazu auch: *Peschel-Gutzeit* NJW 2008, 1922 f.), wonach § 33 Abs. 1 Satz 1, 3 FGG verfassungskonform dahin gehend auszulegen ist, dass die **zwangsweise Durchsetzung der Umgangspflicht eines umgangsverweigernden Elternteils** zu unterbleiben hat, wenn nicht im konkreten Einzelfall hinreichende Anhaltspunkte dafür vorliegen, dass der erzwungene Umgang dem **Kindeswohl dient** (z.B. wenn das Kind schon älter und in seiner Persönlichkeitsentwicklung gefestigt ist), hat man sich jedoch entschlossen, es weiterhin bei einer Kann-Bestimmung zu belassen. Zuvor wurde hierzu zum einen vertreten, dass für den zwangsweisen Umgang »eine mit an Sicherheit grenzende Wahrscheinlichkeit der Nicht-Gefährdung des Kindeswohls erforderlich« ist (*Altrogge* S. 210, 211, 214) und zum anderen, dass eine Vollstreckung nur möglich ist, »wenn dies zum Wohl des Kindes erforderlich ist« (*Schweitzer* S. 126). Die Verhängung der Ordnungsmittel steht somit auch künftig aufgrund der Formulierung als Kann-Vorschrift im pflichtgemäßen **Ermessen** des Gerichts (vgl. auch BGH Rpfleger 2011, 666, 668; OLG Frankfurt am Main FamRZ 2014, 403). Dabei ist allerdings zu berücksichtigen, dass die Vollstreckung der effektiven Durchsetzung der zugrunde liegenden materiellen Entscheidung dient und somit eine Vollstreckung i.d.R. geboten sein dürfte, um die materielle Entscheidung nicht leer laufen zu lassen. Wenn sich also z.B. der betreuende Elternteil grundlos weigert, den Umgang des Kindes mit dem Umgangsberechtigten zustande kommen zu lassen, dürfte der Einsatz von Ordnungsmitteln angebracht sein (vgl. auch OLG Frankfurt am Main FamRZ 2013, 475). Die Vollstreckung einer negativen Umgangsregelung, also einer Bestimmung, jeglichen Umgang – auch unter Benutzung telekommunikativer Mittel – mit dem Kind außerhalb der festgelegten Zeiten zu unterlassen (vgl. BayObLG FamRZ 1993, 823, 824), kann mit Ord-

nungsmitteln nach § 89 vollstreckt werden, wenn es sich um eine verfahrensabschließende Entscheidung handelt (vgl. KG ZKJ 2015, 191, 193 und zur Bestimmtheit einer positiven Umgangsregelung: § 86 Rdn. 6). Die Anordnungen von Ordnungsmitteln ergehen gem. § 89 Abs. 1 Satz 3 durch **Beschluss**. Das Ordnungsgeld darf nach § 89 Abs. 3 Satz 1 den Betrag von 25.000 € nicht übersteigen. Die Untergrenze liegt bei 5 €, Art. 6 Abs. 1 Satz 1 EGStGB. Hinsichtlich der **Höhe** sind die jeweiligen Umstände des Einzelfalls, wie z.B. die Intensität der Zuwiderhandlung, der Grad des Verschuldens sowie die wirtschaftlichen Verhältnisse des Verpflichteten, zu berücksichtigen (BayObLG FamRZ 1993, 823, 825). Dies gilt vor allem für spezialpräventive Aspekte (OLG Saarbrücken FamRZ 2015, 864, 865). Die wiederholte Anordnung von Ordnungsgeld ist möglich. Das setzt allerdings voraus, dass durch die Vollstreckung des 1. Ordnungsgeldes versucht wurde, die Befolgung der gerichtlichen Anordnung durchzusetzen.

3. Vollstreckung. Die Vollstreckung des Ordnungsgeldes richtet sich nach §§ 1 Abs. 1 Nr. 3, Abs. 2, 2 f. der Justizbeitreibungsordnung i.V.m. §§ 1 Abs. 1 Nr. 3, Abs. 4, 2 Buchst. B), 3 f. der Einforderungs- und Beitreibungsordnung. Die Beitreibung erfolgt von Amts wegen durch die Gerichtskasse als Einziehungsbehörde zugunsten der Staatskasse. Funktionell zuständig ist der Rechtspfleger gem. § 31 Abs. 3 RPflG. Das Gericht kann Ratenzahlungen oder Stundungen gewähren (vgl. Art. 7 EGStGB). Einer Vollstreckungsklausel bedarf es nicht. Dies ist nur in den in §§ 53 Abs. 1, 86 Abs. 3 aufgeführten Fällen erforderlich. Die Vollstreckung eines in einem Ordnungsmittelverfahren nach § 890 ZPO ergangenen Beschlusses stellt eine Zivil- und Handelssache i.S.d. Art. 2 Abs. 1 Satz 1 EuVTVO (VO [EG] Nr. 805/2004 des Europäischen Parlaments und des Rates zur Einführung eines europäischen Vollstreckungstitels für unbestrittene Forderungen v. 21.04.2004, in Kraft seit dem 21.01.2005) dar und kann ggf. als Europäischer Vollstreckungstitel im Ausland vollstreckt werden (BGH NJW 2010, 1883 f.). 12

II. Ordnungshaft. 1. Voraussetzungen. Für die Anordnung von Ordnungshaft bedarf es ebenfalls der Erfüllung der zur Festsetzung des Ordnungsgeldes erforderlichen Voraussetzungen (Vollstreckungstitel zur Herausgabe von Personen oder zur Regelung des Umgangs, schuldhafte Zuwiderhandlung, Hinweis). Falls die Beitreibung des Ordnungsgeldes nicht möglich ist, kann nach § 89 Abs. 1 Satz 1 ersatzweise Ordnungshaft angeordnet werden und, sofern ein Ordnungsgeld von vornherein keinen Erfolg verspricht, kann nach § 89 Abs. 1 Satz 2 originär Ordnungshaft angeordnet werden (vgl. EuGHMR FamRZ 2008, 1317, 1318). Dies bietet sich z.B. bei vermögenslosen Personen an. 13

2. Anordnung/Festsetzung. Die Anordnung der Ordnungshaft hat durch **Beschluss** zu erfolgen, § 89 Abs. 1 Satz 3. Ein Nebeneinander von Ordnungsgeld und Ordnungshaft kommt nicht in Betracht. Stets muss der aus dem Rechtsstaatsprinzip gem. Art. 20 Abs. 2 Satz 2, Abs. 3 GG abzuleitende **Verhältnismäßigkeitsgrundsatz** gewahrt werden. Danach muss eine hoheitliche Maßnahme geeignet, erforderlich und angemessen zur Erreichung des angestrebten legitimen Ziels sein. Demnach ist immer das mildest mögliche Mittel zu wählen. Das mildeste Mittel ist das Ordnungsgeld, ein schärferes die Ordnungshaft und am schärfsten greift die Anwendung unmittelbaren Zwangs nach § 90 in die Rechte des Verpflichteten ein. Die Untergrenze liegt bei einem Tag gem. § 6 Abs. 2 Satz 1 EGStGB und die Obergrenze bei 6 Monaten nach § 89 Abs. 3 Satz 2 i.V.m. § 802j Abs. 1 Satz 1 ZPO. Sofern zwei Zuwiderhandlungen gegen eine Umgangsregelung erfolgt sind, liegt die Festsetzung von 5 Tagen Ordnungshaft am unteren Rand der eingeräumten Bandbreite und ist nicht unverhältnismäßig (OLG Schleswig FamRZ 2015, 1222, 1223). Für die Haftanordnung ist der **Richter** funktionell zuständig nach Art. 104 Abs. 2 Satz 1 GG. Eine Ausnahme nach § 4 Abs. 2 Nr. 2 RPflG liegt nicht vor. 14

3. Vollzug. Ferner wird in § 89 Abs. 3 Satz 2 auf die Vorschriften über den Haftvollzug in der ZPO verwiesen und zwar seit dem 01.01.2013 aufgrund des Gesetzes zur Reform der Sachaufklärung in der Zwangsvollstreckung auf die §§ 802g Abs. 1 Satz 2, Abs. 2, 802h, 802j Abs. 1 und nicht mehr auf die §§ 901 Satz 2, 904 bis 906, 909, 910, 913 ZPO a.F. Für die Ordnungshaft bedarf es folglich des Erlasses eines Haftbefehls gem. § 802g Abs. 1 Satz 2 ZPO durch den Richter. Die Verhaftung erfolgt durch den Gerichtsvollzieher nach § 802g Abs. 2 Satz 1 ZPO. Dem Schuldner ist nach § 802g Abs. 2 Satz 2 ZPO eine beglaubigte Abschrift des Haftbefehls bei der Verhaftung zu übergeben. Der Gerichtsvollzieher erhält seinen Verhaftungsauftrag vom Gericht und zwar vom Rechtspfleger (nicht vom Gläubiger; vgl. *Cirullies* Rpfleger 2011, 573, 575). Zwar ist die Ordnungshaft nach § 89 nicht in § 4 Abs. 2 Nr. 2 RPflG aufgeführt – anders als z.B. die Ordnungshaft nach § 890 ZPO – und der Rechtspfleger ist nicht befugt, Freiheitsentziehungen anzuordnen, was sich schon aus Art. 104 Abs. 2 Satz 1 GG ergibt, sodass daran zu denken wäre, die Sache dem Richter 15 nach § 4 Abs. 3 RPflG vorzulegen. Aber bei der Erteilung des Verhaftungsauftrags handelt es sich nicht um die Anordnung einer freiheitsentziehenden Maßnahme. Diese ergibt sich aus dem richterlichen Haftbefehl. Insofern bestehen auch keine verfassungsrechtlichen Bedenken bezüglich der Umsetzung der bereits vom Richter getroffenen freiheitsentziehenden Entscheidung durch den Rechtspfleger. Damit stimmt überein, dass die Vollstreckung von Ordnungs- und Zwangsmitteln dem Rechtspfleger nach § 31 Abs. 3 RPflG übertragen ist (vgl. i.Ü. auch § 35 Rdn. 17). Der Gerichtsvollzieher ist gem. § 87 Abs. 3 Satz 1 befugt, die Unterstützung der polizeilichen Vollzugsorgane nachzusuchen, wenn dies erforderlich ist. Dies dürfte der Fall sein, wenn er Widerstand vorfindet (wie in § 758 Abs. 3 ZPO). Die Haftdauer beträgt mindestens einen Tag (Art. 6 Abs. 2 Satz 1 EGStGB) und max. 6 Monate nach § 802j Abs. 1 Satz 1 ZPO. Wenn die 6 Monate insgesamt nicht überschritten werden, ist eine erneute Haftanordnung zulässig.

16 **C. Rechtsbehelfe.** Für Beschlüsse im Vollstreckungsverfahren ist allgemein in § 87 Abs. 4 normiert, dass diese mit der sofortigen Beschwerde in entsprechender Anwendung der §§ 567 bis 572 ZPO anfechtbar sind (vgl. auch § 87 Rdn. 4). Eine isolierte Anfechtung der Kostenentscheidung im Ordnungsgeldverfahren nach § 89 ist möglich (OLG Hamm FGPrax 2010, 166). Der Hinweis nach § 89 Abs. 2 als solcher ist nicht anfechtbar (OLG Köln ZKJ 2011, 104). Anfechtbar ist allerdings die durch Beschluss erfolgte Ablehnung eines Hinweises (BVerfG ZKJ 2011, 219).

§ 90 Anwendung unmittelbaren Zwanges.
(1) Das Gericht kann durch ausdrücklichen Beschluss zur Vollstreckung unmittelbaren Zwang anordnen, wenn
1. die Festsetzung von Ordnungsmitteln erfolglos geblieben ist;
2. die Festsetzung von Ordnungsmitteln keinen Erfolg verspricht;
3. eine alsbaldige Vollstreckung der Entscheidung unbedingt geboten ist.

(2) ¹Anwendung unmittelbaren Zwanges gegen ein Kind darf nicht zugelassen werden, wenn das Kind herausgegeben werden soll, um das Umgangsrecht auszuüben. ²Im Übrigen darf unmittelbarer Zwang gegen ein Kind nur zugelassen werden, wenn dies unter Berücksichtigung des Kindeswohls gerechtfertigt ist und eine Durchsetzung der Verpflichtung mit milderen Mitteln nicht möglich ist.

Übersicht

	Rdn.		Rdn.
A. Voraussetzungen	1	C. Vollstreckung	5
B. Anordnung	3	D. Rechtsbehelfe	6

1 **A. Voraussetzungen.** Neben Ordnungsmitteln kommt die Anwendung unmittelbaren Zwangs zur Vollstreckung in Betracht. Hierfür bedarf es ebenfalls grds. der Erfüllung der zur Festsetzung des Ordnungsgeldes/der Ordnungshaft erforderlichen Voraussetzungen (Vollstreckungstitel zur Herausgabe von Personen oder zur Regelung des Umgangs, schuldhafte Zuwiderhandlung). Eine Hinweispflicht wie in § 89 Abs. 2 besteht jedoch nicht. Insofern ist allerdings der Verpflichtete – wie auch sonst vor der Festsetzung von Ordnungsmitteln – grds. vorher zu hören nach § 92 Abs. 1. Die Anordnung von unmittelbarem Zwang ist nach § 90 Abs. 1 möglich, wenn:

1. die Festsetzung von Ordnungsmitteln erfolglos geblieben ist oder
2. die Festsetzung von Ordnungsmitteln keinen Erfolg verspricht oder
3. eine alsbaldige Vollstreckung der Entscheidung unbedingt geboten ist.

2 Bei den einzelnen Ziffern handelt es sich um alternative Tatbestände. Erfolglos geblieben ist die Festsetzung von Ordnungsmitteln i.S.v. Nr. 1 z.B., wenn der Verpflichtete trotz der Festsetzung und Vollstreckung von Ordnungsgeld und/oder Ordnungshaft ein Kind nicht herausgegeben hat. Die Festsetzung von Ordnungsmitteln verspricht i.S.v. Nr. 2 z.B. keinen Erfolg, wenn die Festsetzung von Ordnungsgeld aufgrund Vermögenslosigkeit ausscheidet. Die Anordnung von Ordnungshaft verspricht keinen Erfolg, wenn aufgrund des daraus resultierenden Zeitverlustes der Erfolg vereitelt würde (vgl. Jansen/v. König § 33 Rn. 60). Eine alsbaldige Vollstreckung der Entscheidung i.S.v. Nr. 3 ist z.B. unbedingt geboten, wenn sich ein Elternteil mit dem herauszugebenden Kind in das Ausland abzusetzen droht.

3 **B. Anordnung.** Auch die Anordnung der Anwendung unmittelbaren Zwangs steht im **Ermessen** des Gerichts. Dabei ist allerdings der Grundsatz der **Verhältnismäßigkeit** zu beachten, wonach eine Maßnahme

zur Erreichung eines legitimen Ziels geeignet, erforderlich und angemessen sein muss. Erforderlich ist eine Maßnahme nur, wenn kein gleich geeignetes milderes Mittel zur Verfügung steht. Die Anwendung unmittelbaren Zwangs greift am stärksten in die Rechte des Betroffen ein und ist somit nur als ultima ratio in Erwägung zu ziehen (vgl. BGH Rpfleger 1977, 55, 56). Dabei geht die Gesetzesbegründung davon aus, dass vor der Anordnung, welche die Anwendung unmittelbaren Zwangs durch **ausdrücklichen Beschluss** (§ 90 Abs. 1) ausspricht, folgende Schritte i.d.R. erst durchlaufen werden sollten:

- persönliches Gespräch des Familiengerichts mit den Beteiligten
- Unterstützung des Familiengerichts durch das Jugendamt
- Verhängung von Ordnungsmitteln.

Unmittelbarer Zwang gegen ein Kind kommt nach § 90 Abs. 2 Satz 1 nicht zur Durchsetzung des Umgangsrechts in Betracht. Dies ist nach § 90 Abs. 2 Satz 2 i.Ü., also bei der Vollstreckung von **Herausgabeentscheidungen** möglich, wenn es unter Berücksichtigung des Kindeswohls gerechtfertigt ist und die Verhältnismäßigkeit gewahrt ist. Dabei dürfte dem jeweiligen Entwicklungsstand und somit i.d.R. dem Alter des Kindes eine ausschlaggebende Bedeutung zukommen. Je mehr sich das Kind der Volljährigkeit nähert, desto eher wird eine Gewaltanwendung ausscheiden. Die Grundrechte des Herausgabeberechtigten und des betroffenen Kindes sind im Wege der praktischen Konkordanz gegeneinander abzuwägen. Jedenfalls ab dem 14. Lebensjahr des Kindes dürfte die Durchsetzung der Herausgabeentscheidung gegen den Willen des Kindes mit unmittelbarem Zwang wohl kaum in Betracht kommen (s.a. § 89 Rdn. 9). Da der **Richter** für die Herausgabeentscheidung z.B. nach § 1632 Abs. 1 BGB zuständig ist gem. § 14 Abs. 1 Nr. 8 RPflG, ist er auch für die Anordnung der Anwendung unmittelbaren Zwangs funktionell zuständig.

C. Vollstreckung. Sofern ausnahmsweise die Anwendung unmittelbaren Zwangs angeordnet wird, erfolgt die Vollstreckung durch den Gerichtsvollzieher, welcher sich ggf. der polizeilichen Hilfe nach § 87 Abs. 3 Satz 1 bedienen darf. Den Vollstreckungsauftrag erhält er vom Gericht und nicht von dem herausgabeberechtigten Elternteil.

D. Rechtsbehelfe. Für Beschlüsse im Vollstreckungsverfahren ist allgemein in § 87 Abs. 4 geregelt, dass diese mit der sofortigen Beschwerde in entsprechender Anwendung der §§ 567 bis 572 ZPO anfechtbar sind (s.a. § 87 Rdn. 4).

§ 91 Richterlicher Durchsuchungsbeschluss.

(1) ¹Die Wohnung des Verpflichteten darf ohne dessen Einwilligung nur auf Grund eines richterlichen Beschlusses durchsucht werden. ²Dies gilt nicht, wenn der Erlass des Beschlusses den Erfolg der Durchsuchung gefährden würde.
(2) Auf die Vollstreckung eines Haftbefehls nach § 94 in Verbindung mit § 802g der Zivilprozessordnung ist Absatz 1 nicht anzuwenden.
(3) ¹Willigt der Verpflichtete in die Durchsuchung ein oder ist ein Beschluss gegen ihn nach Absatz 1 Satz 1 ergangen oder nach Absatz 1 Satz 2 entbehrlich, haben Personen, die Mitgewahrsam an der Wohnung des Verpflichteten haben, die Durchsuchung zu dulden. ²Unbillige Härten gegenüber Mitgewahrsamsinhabern sind zu vermeiden.
(4) Der Beschluss nach Absatz 1 ist bei der Vollstreckung vorzulegen.

Übersicht

	Rdn.		Rdn.
A. Richterlicher Durchsuchungsbeschluss	1	III. Haftbefehl	5
B. Entbehrlichkeit	2	C. Duldungspflicht der Mitgewahrsamsinhaber	6
I. Einwilligung	3	D. Verfahren	8
II. Gefährdung Durchsuchungserfolg	4	E. Rechtsbehelfe	10

A. Richterlicher Durchsuchungsbeschluss. In § 91 werden im Wesentlichen die Regelungen des § 758a ZPO übernommen. Nach § 91 Abs. 1 Satz 1 darf die Wohnung des Verpflichteten ohne dessen Willen grds. nur aufgrund eines richterlichen Beschlusses durchsucht werden. Die Unverletzlichkeit der Wohnung ist grundrechtlich in Art. 13 Abs. 1 GG geschützt. Durchsuchungen unterliegen nach Art. 13 Abs. 2 GG einem Richtervorbehalt. Diesem wird nunmehr einfachgesetzlich durch § 91 entsprochen. Früher gab es eine entsprechende Vorschrift im FGG nicht und es war zweifelhaft, ob § 33 FGG diesen Voraussetzungen genügt

§ 91

hat (vgl. BVerfG NJW 2000, 943, 944). Der Wohnungsbegriff ist weit auszulegen. Hierzu zählen neben privaten Wohnräumen auch Arbeits-, Betriebs- und Geschäftsräume, sowie Garage, Hof und Garten (vgl. Schuschke/Walker/*Walker* § 758 Rn. 3). Durchsuchung ist i.R.d. § 91 das ziel- und zweckgerichtete Suchen nach Personen (vgl. BVerfG NJW 1987, 2499).

2 **B. Entbehrlichkeit.** Eine richterliche Durchsuchungsanordnung ist entbehrlich, wenn:
– der Verpflichtete in die Durchsuchung einwilligt (§ 91 Abs. 1 Satz 1),
– ansonsten der Erfolg der Durchsuchung gefährdet würde (§ 91 Abs. 1 Satz 2) oder
– ein Haftbefehl nach § 94 i.V.m. § 802g ZPO vollstreckt wird (§ 91 Abs. 2).

3 **I. Einwilligung.** Sofern eine Einwilligung (§ 91 Abs. 1 Satz 1) des Verpflichteten vorliegt, bedarf es keines richterlichen Durchsuchungsbeschlusses. Unter Einwilligung ist die vorherige Zustimmung zu verstehen (wie in § 183 Satz 1 BGB). Die Einwilligung muss ggü. dem zuständigen Vollstreckungsorgan, dem Gerichtsvollzieher, erklärt werden. Dies kann ausdrücklich oder konkludent geschehen. Letzteres dürfte dann z.B. der Fall sein, wenn der Verpflichtete den Gerichtsvollzieher in seine Wohnung lässt zwecks Durchführung seiner Aufgaben, ohne Einwendungen zu erheben. Wird die Einwilligung auf Teile der Wohnung beschränkt, ist i.Ü. ein richterlicher Durchsuchungsbeschluss erforderlich.

4 **II. Gefährdung Durchsuchungserfolg.** Ein richterlicher Durchsuchungsbeschluss ist desgleichen entbehrlich, wenn der Erlass des Beschlusses den Durchsuchungserfolg gefährden würde (§ 91 Abs. 1 Satz 2). Nach Art. 13 Abs. 2 GG ist der Maßstab **Gefahr im Verzug**. Dies ist wiederum der Fall, wenn die vorherige Einholung der richterlichen Anordnung den Erfolg der Durchsuchung gefährden würde (BVerfGE 51, 97, 111; 103, 142, 154). Insofern greift der Gesetzestext die Formulierung des BVerfG auf. Eine solche Gefährdung ist nicht schon gegeben aufgrund der abstrakten Möglichkeit, dass der Verpflichtete den Durchsuchungserfolg vereiteln würde. Hierfür bedarf es vielmehr konkreter Anhaltspunkte (BVerfG NJW 2001, 1121, 1123). Dies wäre z.B. der Fall, wenn bekannt wäre, dass der Verpflichtete der Vollstreckung einer Kindesherausgabeentscheidung durch einen unmittelbar bevorstehenden Wegzug mit dem Kind entgehen will und ein richterlicher Durchsuchungsbeschluss möglicherweise nicht mehr rechtzeitig vorher zu erhalten wäre.

5 **III. Haftbefehl.** Wenn ein Haftbefehl nach § 94 i.V.m. § 802g ZPO vollstreckt wird, muss ein richterlicher Durchsuchungsbeschluss nicht zusätzlich eingeholt werden (§ 91 Abs. 2). Nach § 94 kann das Gericht anordnen, dass der Verpflichtete eine eidesstattliche Versicherung abgeben muss, wenn die herauszugebende Person nicht vorgefunden wird. Erscheint der Verpflichtete in dem Termin nicht oder verweigert er ohne Grund die Abgabe der eidesstattlichen Versicherung, ergeht nach § 802g Abs. 1 Satz 1 ZPO ein Haftbefehl. Die Vorschrift des § 802g ZPO ist seit dem 01.01.2013 aufgrund des Gesetzes zur Reform der Sachaufklärung in der Zwangsvollstreckung an die Stelle des bisherigen § 901 ZPO a.F. getreten. In dem Haftbefehl ist die richterliche Durchsuchungsanordnung der Wohnung mitenthalten (Schuschke/Walker/*Walker* § 758a Rn. 21). Für die Haftanordnung ist der **Richter** funktionell zuständig nach Art. 104 Abs. 2 Satz 1 GG.

6 **C. Duldungspflicht der Mitgewahrsamsinhaber.** Sofern ein richterlicher Durchsuchungsbeschluss entbehrlich ist oder ein solcher vorliegt, haben die Mitgewahrsamsinhaber an der Wohnung die Durchsuchung nach § 91 Abs. 3 Satz 1 zu dulden. Unter **Gewahrsam** ist die tatsächliche Gewalt i.S.v. unmittelbarem Eigen- oder Fremdbesitz zu verstehen (BLAH/*Hartmann* ZPO § 808 Rn. 10). **Mitgewahrsamsinhaber** dürften insofern diejenigen sein, die mit dem Verpflichteten in einer Wohnung leben. Bei diesen Dritten kann es sich um Ehegatten, Lebenspartner, Angehörige i.Ü., Lebensgefährten oder um bloße Mitbewohner im Sinne einer Wohngemeinschaft handeln, unabhängig davon wie die Eigentums- oder Mietverhältnisse ausgestaltet sind. Eine Herausgabe- und nicht nur Duldungspflicht besteht auch für Dritte, wenn ein sog. **Scheinobhutsverhältnis** vorliegt, also sofern der Dritte im Auftrag und nach Weisung des Verpflichteten die tatsächliche Obhut ausübt (OLG Zweibrücken FamRZ 2004, 1592, 1593).

7 Jedoch sind Mitgewahrsamsinhabern ggü. **unbillige Härten** zu vermeiden (§ 91 Abs. 3 Satz 2). So muss bei einer ernsthaften Gesundheitsgefährdung des Dritten von einer Durchsuchung seiner Räumlichkeiten abgesehen werden (vgl. § 107 Nr. 10 GVGA; BLAH/*Hartmann* ZPO § 758a Rn. 16 mit weiteren Beispielen).

8 **D. Verfahren.** Es handelt sich um ein **Amtsverfahren**, welches keiner Einleitung durch einen Antrag bedarf. Es gilt der Amtsermittlungsgrundsatz des § 26. Die Entscheidung liegt im pflichtgemäßen **Ermessen** des Gerichts. Sie ergeht durch **Beschluss**. Die Entscheidung ist zu begründen. Sachlich **zuständig** für das Vollstreckungsverfahren ist das jeweils mit der Sache befasste Gericht, also z.B. das AG als FamG für die

Vollstreckung von Herausgabeentscheidungen in Familiensachen nach § 23a Abs. 1 Satz 1 Nr. 1 GVG i.V.m. §§ 111 Nr. 2, 151 Nr. 3 oder das AG als Betreuungsgericht für die Vollstreckung von Herausgabeentscheidungen in Betreuungssachen gem. § 23a Abs. 1 Satz 1 Nr. 2, Abs. 2 Nr. 1 GVG i.V.m. § 271 Nr. 3. Die örtliche Zuständigkeit ergibt sich z.B. in Kindschaftssachen aus § 152 und in Betreuungssachen aus § 272. Funktionell zuständig ist der Richter nach Art. 13 Abs. 2 GG, § 91 Abs. 1 Satz 1. Stets ist der **Verhältnismäßigkeitsgrundsatz** zu wahren.

Zuständig für die Vollstreckung ist der **Gerichtsvollzieher**. Bevor der Gerichtsvollzieher jedoch einen Durchsuchungsbeschluss erwirkt, muss er nach der Zustellung des Herausgabetitels an den Verpflichteten diesen auffordern, seiner Verpflichtung nachzukommen. Damit wird auch die Möglichkeit gegeben, in die Durchsuchung einzuwilligen, sodass ein Durchsuchungsbeschluss entbehrlich wäre. Wird der Verpflichtete in der Wohnung nicht angetroffen, muss der Gerichtsvollzieher dies mehrmals versuchen. Schließlich muss auch der Richter vor Erlass des Beschlusses den Verpflichteten wegen des Anspruchs auf rechtliches Gehör nach Art. 103 Abs. 1 GG anhören (vgl. BVerfG NJW 1981, 2111, 2112), es sei denn, der Verpflichtete hat ggü. dem Gerichtsvollzieher seine Weigerung erklärt oder es liegt ein Fall der Gefährdung nach § 91 Abs. 1 Satz 2 vor. Nach § 91 Abs. 4 ist der Durchsuchungsbeschluss bei der Vollstreckung **vorzulegen** (ähnlich wie bei § 758a Abs. 5 ZPO: dort »vorzuzeigen«). Dies hat unaufgefordert zu geschehen. Ausreichend ist es, wenn dem Verpflichteten die Möglichkeit gewährt wird, den Beschluss in angemessener und ausreichender Weise lesen zu können (vgl. auch: BLAH/*Hartmann* ZPO § 758a Rn. 22). Sofern der Verpflichtete dies begehrt, ist ihm eine Abschrift des Durchsuchungsbeschlusses zu erteilen gem. § 87 Abs. 3 Satz 2 i.V.m. § 760 Satz 1 ZPO. 9

E. Rechtsbehelfe. Der Durchsuchungsbeschluss ist nach § 87 Abs. 4 mit der sofortigen Beschwerde in entsprechender Anwendung der §§ 567 bis 572 ZPO anfechtbar (s.a. § 87 Rdn. 4). 10

§ 92 Vollstreckungsverfahren.
(1) ¹Vor der Festsetzung von Ordnungsmitteln ist der Verpflichtete zu hören. ²Dies gilt auch für die Anordnung von unmittelbarem Zwang, es sei denn, dass hierdurch die Vollstreckung vereitelt oder wesentlich erschwert würde.
(2) Dem Verpflichteten sind mit der Festsetzung von Ordnungsmitteln oder der Anordnung von unmittelbarem Zwang die Kosten des Verfahrens aufzuerlegen.
(3) ¹Die vorherige Durchführung eines Verfahrens nach § 165 ist nicht Voraussetzung für die Festsetzung von Ordnungsmitteln oder die Anordnung von unmittelbarem Zwang. ²Die Durchführung eines solchen Verfahrens steht der Festsetzung von Ordnungsmitteln oder der Anordnung von unmittelbarem Zwang nicht entgegen.

Übersicht

	Rdn.		Rdn.
A. Anhörung	1	D. Kosten	4
B. Entbehrlichkeit	2	E. Rechtsbehelfe	5
C. Kein vorheriges Vermittlungsverfahren	3		

A. Anhörung. § 92 ergänzt die verfahrensrechtlichen Vollstreckungsbestimmungen der §§ 87 bis 91. Nach Art. 103 Abs. 1 GG ist grds. rechtliches Gehör zu gewähren. Dieser Grundsatz wird in § 92 einfachgesetzlich ausgeformt. Gem. § 92 Abs. 1 Satz 1 ist der Verpflichtete vor der Festsetzung von Ordnungsmitteln (Ordnungsgeld/Ordnungshaft) in Anlehnung an § 891 Satz 2 ZPO zu hören. Dies gilt prinzipiell auch vor der Anordnung von unmittelbarem Zwang. Dadurch hat der Verpflichtete die Möglichkeit, sich zu äußern. Die Anhörung kann persönlich oder schriftlich erfolgen (vgl. auch OLG Karlsruhe FamRZ 2011, 1669, 1670). Sie ist auch ggf. fernmündlich oder per E-Mail möglich. Neben dem Verpflichteten erfolgt keine Anhörung des Kindes oder der Eltern gem. §§ 159, 160 FamFG, da es sich bei § 92 um eine vorrangige Spezialregelung im Rahmen der Vollstreckung handelt (vgl. OLG Karlsruhe ZKJ 2015, 283, 284 m.w.N.). 1

B. Entbehrlichkeit. Vor der Anordnung unmittelbaren Zwangs ist eine Anhörung des Verpflichteten jedoch nicht erforderlich, wenn dadurch der Vollstreckungserfolg vereitelt oder wesentlich erschwert würde. Dies wäre der Fall, wenn konkrete Anhaltspunkte dafür bestehen, dass sich der Verpflichtete der Anwendung unmittelbaren Zwangs entziehen wird z.B. durch Planung einer längeren Reise mit dem herauszugebenden Kind oder wenn die Gefahr besteht, dass er mit diesem untertaucht, da er i.Ü. keine festeren Bin- 2 dungen familiärer, beruflicher und sozialer Art zu seinem bisherigen gewöhnlichen Aufenthalt hat bzw., wenn er sich mit dem Kind in das Ausland dauerhaft absetzen will.

3 **C. Kein vorheriges Vermittlungsverfahren.** Klargestellt wird in § 92 Abs. 3, dass die vorherige Durchführung eines Vermittlungsverfahrens nach § 165 weder erforderlich ist (so auch schon nach früherem Recht: OLG Naumburg FamRZ 2008, 1550, 1551), noch ihre Durchführung der Vollstreckung entgegensteht. Jedoch kann das Gericht die Vollstreckung nach § 93 Abs. 1 Nr. 5 einstellen, wenn die Durchführung eines solchen Verfahrens beantragt wird.

4 **D. Kosten.** Gem. § 92 Abs. 2 sind dem Verpflichteten die Kosten des Verfahrens aufzuerlegen. Damit sind natürlich nur die Kosten des Vollstreckungsverfahrens gemeint und nicht die des jeweiligen Hauptsache- oder einstweiligen Anordnungsverfahrens. Für die entsprechenden Kosten gelten die §§ 80 ff. Auf diese Vorschriften wird in § 51 Abs. 4 für das einstweilige Anordnungsverfahren verwiesen.

5 **E. Rechtsbehelfe.** Beschlüsse im Vollstreckungsverfahren sind nach § 87 Abs. 4 mit der sofortigen Beschwerde in entsprechender Anwendung der §§ 567 bis 572 ZPO anfechtbar (s.a. § 87 Rdn. 4).

§ 93 Einstellung der Vollstreckung.
(1) ¹Das Gericht kann durch Beschluss die Vollstreckung einstweilen einstellen oder beschränken und Vollstreckungsmaßregeln aufheben, wenn
1. Wiedereinsetzung in den vorigen Stand beantragt wird;
2. Wiederaufnahme des Verfahrens beantragt wird;
3. gegen eine Entscheidung Beschwerde eingelegt wird;
4. die Abänderung einer Entscheidung beantragt wird;
5. die Durchführung eines Vermittlungsverfahrens (§ 165) beantragt wird.

²In der Beschwerdeinstanz ist über die einstweilige Einstellung der Vollstreckung vorab zu entscheiden. ³Der Beschluss ist nicht anfechtbar.
(2) Für die Einstellung oder Beschränkung der Vollstreckung und die Aufhebung von Vollstreckungsmaßregeln gelten § 775 Nr. 1 und 2 und § 776 der Zivilprozessordnung entsprechend.

Übersicht

	Rdn.		Rdn.
A. Einstweilige Einstellung	1	C. Rechtsbehelfe	4
B. Dauerhafte Einstellung	3		

1 **A. Einstweilige Einstellung.** Die einstweilige Einstellung der Vollstreckung wird in § 93 Abs. 1 in Anlehnung an §§ 707, 719 ZPO übersichtlich geregelt. Allerdings ist anders als in den ZPO-Vorschriften, bei denen es um den Schutz von Vermögensinteressen geht, Sicherheitsleistung nicht vorgesehen, da es sich in diesem Abschnitt (§§ 88 bis 94) um die Vollstreckung von Entscheidungen über die Herausgabe von Personen und die Regelung des Umgangs geht. Es kommt eine einstweilige Einstellung oder eine einstweilige Beschränkung der Vollstreckung in Betracht jeweils kombiniert ggf. mit der Aufhebung von Vollstreckungsmaßregeln. Dies ist nach § 93 Abs. 1 Satz 1 möglich, wenn:
1. Wiedereinsetzung in den vorigen Stand beantragt wird (vgl. §§ 18 ff.; wie bei § 707 Abs. 1 Satz 1 Halbs. 1, 1. Alt ZPO),
2. Wiederaufnahme des Verfahrens beantragt wird (vgl. § 48 Abs. 2; wie bei § 707 Abs. 1 Satz 1 Halbs. 1, 2. Alt ZPO),
3. gegen eine Entscheidung Beschwerde eingelegt wird (vgl. §§ 58 ff.; wie bei § 719 Abs. 1 Satz 1 ZPO),
4. die Abänderung einer Entscheidung beantragt wird (vgl. § 48 Abs. 1),
5. die Durchführung eines Vermittlungsverfahrens (§ 165) beantragt wird.

2 Erforderlich ist somit die Stellung eines Antrags bzw. die Einlegung der Beschwerde. Die Entscheidung steht im Ermessen des Gerichts. Eine Beschränkung ist in Bezug auf die Vollstreckung von Entscheidungen über die Herausgabe von Personen nicht denkbar, da die Vollstreckung entweder erfolgt oder nicht. Bezüglich Umgangsregelungen ist eine Beschränkung zwar möglich aber wohl kaum praktisch relevant. Die Entscheidung des Gerichts ergeht durch Beschluss. Zuständig ist das Gericht, welches die Entscheidung erlassen hat. Wenn Beschwerde eingelegt wird, ist jedoch das Beschwerdegericht zuständig, vgl. § 93 Abs. 1 Satz 2. Dieses hat dann über die einstweilige Einstellung vorab zu entscheiden. Vor der einstweiligen Ein-

Abschnitt 8. Vollstreckung § 94

stellung ist dem Antragsgegner rechtliches Gehör nach Art. 103 Abs. 1 GG zu gewähren. Nur ausnahmsweise kann die Anhörung z.B. in Eilfällen nachgeholt werden (BLAH/*Hartmann* ZPO § 707 Rn. 15 m.w.N.). Der stattgebende als auch ablehnende Beschluss ist nicht anfechtbar, § 93 Abs. 1 Satz 3. Bei der Aussetzung der Vollstreckung einer einstweiligen Anordnung ist vorrangig § 55 anzuwenden und nicht § 93.

B. Dauerhafte Einstellung. Für eine dauerhafte Einstellung der Vollstreckung wird in § 93 Abs. 2 auf §§ 775 Nr. 1, 2, 776 ZPO verwiesen (vgl. BT-Drucks. 16/6308 S. 219). Nach § 775 Nr. 1 ZPO ist die Zwangsvollstreckung einzustellen oder zu beschränken, wenn die Ausfertigung einer vollstreckbaren Entscheidung vorgelegt wird, aus der sich ergibt, dass das zu vollstreckende Urteil oder seine vorläufige Vollstreckbarkeit aufgehoben oder dass die Zwangsvollstreckung für unzulässig erklärt oder ihre Einstellung angeordnet ist. Demnach ist die Einreichung einer beglaubigten Abschrift nicht ausreichend. An die Stelle des Urteils tritt der Beschluss. Neben der Aufhebung des zu vollstreckenden Beschlusses kommen die anderen Alternativen nicht in Betracht, da es eine vorläufige Vollstreckung hinsichtlich der Personenherausgabeentscheidungen und Umgangsregelungen nicht gibt. Die Vorschriften der §§ 732, 766, 767, 768, 771, 793 ZPO finden ebenfalls keine Anwendung (Keidel/*Giers* § 93 Rn. 15). Nach § 776 Satz 1 ZPO sind im Fall des § 775 Nr. 1 ZPO zugleich die bereits getroffenen Vollstreckungsmaßregeln aufzuheben. Dies betrifft somit die jeweiligen Ordnungsmittel. Nach § 775 Nr. 2 ZPO ist die Zwangsvollstreckung einzustellen oder zu beschränken, wenn die Ausfertigung einer gerichtlichen Entscheidung vorgelegt wird, aus der sich ergibt, dass die einstweilige Einstellung der Vollstreckung oder einer Vollstreckungsmaßregel angeordnet ist oder dass die Vollstreckung nur gegen Sicherheitsleistung fortgesetzt werden darf. Da Sicherheitsleistung in diesem Bereich nicht möglich ist, bleibt nur die Alternative der einstweiligen Einstellung nach § 93 Abs. 1. § 776 Satz 2 ZPO bestimmt insofern, dass getroffene Vollstreckungsmaßregeln einstweilen bestehen bleiben, sofern nicht durch die Entscheidung auch die Aufhebung der bisherigen Vollstreckungshandlungen angeordnet ist.

C. Rechtsbehelfe. Die Beschlüsse nach § 93 sind gem. § 87 Abs. 4 mit der sofortigen Beschwerde in entsprechender Anwendung der §§ 567 bis 572 ZPO anfechtbar (s.a. § 87 Rdn. 4).

§ 94 Eidesstattliche Versicherung.
¹Wird eine herauszugebende Person nicht vorgefunden, kann das Gericht anordnen, dass der Verpflichtete eine eidesstattliche Versicherung über ihren Verbleib abzugeben hat. ²§ 883 Abs. 2 und 3 der Zivilprozessordnung gilt entsprechend.

Übersicht	Rdn.		Rdn.
A. Voraussetzungen	1	C. Vollstreckung	3
B. Anordnung	2	D. Rechtsbehelfe	4

A. Voraussetzungen. Sofern eine herauszugebende Person nicht vorgefunden wird, kann das Gericht ggü. 1 dem Verpflichteten die Abgabe einer eidesstattlichen Versicherung anordnen, § 94 Satz 1. Die Entscheidung steht somit im Ermessen des Gerichts.

B. Anordnung. Es handelt sich um ein Amtsverfahren, sodass ein entsprechender Antrag nicht gestellt 2 werden muss. Die Entscheidung steht im pflichtgemäßen Ermessen des Gerichts. Das Verfahren richtet sich seit dem 01.01.2013 aufgrund des Gesetzes zur Reform der Sachaufklärung in der Zwangsvollstreckung nach § 883 Abs. 2 und 3 ZPO und nicht mehr nach §§ 803 Abs. 2 bis 4, 900 Abs. 1, 901, 902, 904 bis 910, 913 ZPO a.F. An den bisherigen § 883 Abs. 2 wurden folgende zwei Sätze angefügt: »Der gemäß § 802e zuständige Gerichtsvollzieher lädt den Schuldner zur Abgabe der eidesstattlichen Versicherung. Die Vorschriften der §§ 478 bis 480, 483, 802f Abs. 4, 802g bis 802i und 802j Abs. 1 und 2 gelten entsprechend.« § 883 Abs. 3 ZPO ist unverändert geblieben und § 883 Abs. 4 a.F. wurde gestrichen und in § 883 Abs. 2 Satz 3 ZPO integriert. Funktionell zuständig für die Abnahme der eidesstattlichen Versicherung ist der Gerichtsvollzieher.

C. Vollstreckung. Sofern der Verpflichtete in dem Termin zur Abgabe der eidesstattlichen Versicherung 3 nicht erscheint oder deren Abgabe ohne Grund verweigert, hat das Gericht gegen ihn Haftbefehl zu erlassen. Der Haftbefehl nach § 802g Abs. 1 Satz 1 ZPO muss jedoch vom Richter erlassen werden, Art. 104 Abs. 2 Satz 1 GG. Eine Ausnahme nach § 4 Abs. 2 Nr. 2 RPflG liegt nicht vor. Die Verhaftung erfolgt durch

Schulte-Bunert 687

den Gerichtsvollzieher nach § 802g Abs. 2 Satz 1 ZPO. Dem Verpflichteten ist eine beglaubigte Abschrift des Haftbefehls bei der Verhaftung zu übergeben nach § 802g Abs. 2 Satz 2 ZPO. Der Gerichtsvollzieher erhält seinen Verhaftungsauftrag vom Gericht. Er ist gem. § 758 Abs. 3 ZPO befugt, sich der Hilfe der Polizei zu bedienen, wenn der zu Verhaftende Widerstand leistet. Die Haftdauer beträgt mindestens einen Tag (Art. 6 Abs. 2 Satz 1 EGStGB) und max. 6 Monate nach § 802j Abs. 1 Satz 1 ZPO.

4 **D. Rechtsbehelfe.** Sowohl Anordnung und Ablehnung der Abgabe der eidesstattlichen Versicherung als auch Erlass und Ablehnung eines Haftbefehls sind nach § 87 Abs. 4 mit der sofortigen Beschwerde in entsprechender Anwendung der §§ 567 bis 572 ZPO anfechtbar (s.a. § 87 Rdn. 4).

Unterabschnitt 3. Vollstreckung nach der Zivilprozessordnung

§ 95 Anwendung der Zivilprozessordnung. (1) Soweit in den vorstehenden Unterabschnitten nichts Abweichendes bestimmt ist, sind auf die Vollstreckung
1. wegen einer Geldforderung,
2. zur Herausgabe einer beweglichen oder unbeweglichen Sache,
3. zur Vornahme einer vertretbaren oder nicht vertretbaren Handlung,
4. zur Erzwingung von Duldungen und Unterlassungen oder
5. zur Abgabe einer Willenserklärung

die Vorschriften der Zivilprozessordnung über die Zwangsvollstreckung entsprechend anzuwenden.
(2) An die Stelle des Urteils tritt der Beschluss nach den Vorschriften dieses Gesetzes.
(3) ¹Macht der aus einem Titel wegen einer Geldforderung Verpflichtete glaubhaft, dass die Vollstreckung ihm einen nicht zu ersetzenden Nachteil bringen würde, hat das Gericht auf seinen Antrag die Vollstreckung vor Eintritt der Rechtskraft in der Entscheidung auszuschließen. ²In den Fällen des § 707 Abs. 1 und des § 719 Abs. 1 der Zivilprozessordnung kann die Vollstreckung nur unter derselben Voraussetzung eingestellt werden.
(4) Ist die Verpflichtung zur Herausgabe oder Vorlage einer Sache oder zur Vornahme einer vertretbaren Handlung zu vollstrecken, so kann das Gericht durch Beschluss neben oder anstelle einer Maßnahme nach den §§ 883, 885 bis 887 der Zivilprozessordnung die in § 888 der Zivilprozessordnung vorgesehenen Maßnahmen anordnen, soweit ein Gesetz nicht etwas anderes bestimmt.

Übersicht	Rdn.		Rdn.
A. Allgemeines	1	D. Ausschluss/Einstellung	9
B. Anwendungsbereich	2	E. Zwangsgeld/Zwangshaft	12
C. Beschluss	8	F. Rechtsbehelfe	13

1 **A. Allgemeines.** Gem. § 95 Abs. 1 sind auf die Vollstreckung, soweit in den vorstehenden Unterabschnitten (§§ 86 bis 94) nichts Abweichendes geregelt ist, die Vorschriften der ZPO über die Zwangsvollstreckung (8. Buch, §§ 704 bis 898 ZPO) entsprechend anzuwenden (vgl. zur Vollstreckung nach §§ 95 ff.: *Schulte-Bunert* FPR 2012, 491 f.). Nicht nach § 95 sondern nach § 35 richtet sich jedoch die Vollstreckung von verfahrensleitenden Anordnungen oder Verfügungen. § 35 regelt die zwangsweise Durchsetzung von verfahrensleitenden gerichtlichen Anordnungen in Familiensachen (z.B. hinsichtlich der Auskunftspflicht i.R.d. Versorgungsausgleichs nach § 220) und in Angelegenheiten der freiwilligen Gerichtsbarkeit (z.B. bezüglich der Anordnung zur Ablieferung von Testamenten nach § 358; vgl. auch § 35 Rdn. 2, 3; § 86 Rdn. 3). Die Vollstreckung von Ehesachen und Familienstreitsachen richtet sich gem. § 120 Abs. 1 nach den Vorschriften der ZPO über die Zwangsvollstreckung und somit nach den §§ 704 bis 898 ZPO (vgl. dazu *Schulte-Bunert* FuR 2013, 146 f.). Dies trifft insb. auf die Beschlüsse in Unterhaltssachen (§ 231 Abs. 1) wie z.B. im vereinfachten Unterhaltsfestsetzungsverfahren nach § 253 zu, in Güterrechtssachen (§ 261 Abs. 1) wie insb. im Zugewinnausgleichsverfahren sowie in sonstigen Familiensachen (§ 266 Abs. 1) bspw. i.R.d. Aufteilung von *Steuerguthaben*. Die Vollstreckung verfahrensabschließender Entscheidungen i.Ü. richtet sich nach den

§§ 86 ff., wobei die Vollstreckung von Personenherausgabeentscheidungen und Umgangsregelungen nach §§ 88 bis 94 folgt und die Vollstreckung von Entscheidungen gem. §§ 95 bis 96a nach der ZPO. Die allgemeinen Vollstreckungsvoraussetzungen der §§ 86, 87 müssen eingehalten sein. Erforderlich sind somit ein wirksamer Titel und die Zustellung. Einer Vollstreckungsklausel bedarf es grds. nicht. Dies ist nur in den in §§ 53 Abs. 1, 86 Abs. 3 aufgeführten Fällen erforderlich. Nach § 86 Abs. 3 bedürfen Vollstreckungstitel der Vollstreckungsklausel nur, wenn die Vollstreckung nicht durch das Gericht erfolgt, das den Titel erlassen hat. Das kommt z.B. in Betracht bei der Vollstreckung von Geldforderungen, welche von den Beteiligten selbst betrieben wird. Letzteres ist bspw. der Fall, wenn der Vormund oder Pfleger die Vollstreckung aus einem Festsetzungsbeschluss nach § 168 gegen das Mündel oder den Pflegling bzw. der Betreuer gegen den Betreuten selbst betreibt (vgl. auch § 86 Rdn. 8).

B. Anwendungsbereich. Die entsprechende Anwendung der ZPO gilt für die Vollstreckung: 2
(1) wegen einer Geldforderung,
(2) zur Herausgabe einer beweglichen oder unbeweglichen Sache,
(3) zur Vornahme einer vertretbaren oder nicht vertretbaren Handlung,
(4) zur Erzwingung von Duldungen und Unterlassungen oder
(5) zur Abgabe einer Willenserklärung.

Die Vollstreckung wegen einer Geldforderung nach **Nr. 1** kommt z.B. in Betracht bezüglich der Beschlüsse 3 über die Festsetzung von Zahlungen des Mündels an den Vormund oder Gegenvormund nach § 168 Abs. 1 in der Form von Vorschuss, Ersatz von Aufwendungen, Aufwandsentschädigungen, Vergütung oder Abschlagszahlungen, wobei sich die materiell-rechtliche Rechtsgrundlage aus den §§ 1835 ff. i.V.m. den Vorschriften des VBVG ergibt. Gem. § 168 Abs. 5 findet § 168 Abs. 1 auch auf die Pflegschaft Anwendung, sodass die Vollstreckung der festgesetzten Vergütung des Pflegers nach der ZPO erfolgt. Dies gilt nicht nur für die Ergänzungspflegschaft nach § 1915 Abs. 1 Satz 1 BGB und die Nachlasspflegschaft nach § 1962 BGB sondern auch die Nachlassverwaltung gem. § 1975 BGB. Zudem findet die Vorschrift des § 168 Abs. 1 Anwendung für die Vergütung des Verfahrensbeistands nach § 158 Abs. 7 Satz 6 und des Verfahrenspflegers nach § 277 Abs. 5 Satz 2. Ferner werden von § 95 Abs. 1 Nr. 1 Beschlüsse über die Festsetzung von Zahlungen des Betreuten an den Betreuer nach § 292 Abs. 1 erfasst. Um die Vollstreckung einer Geldforderung nach § 95 Abs. 1 Nr. 1 handelt es sich auch bei der Vollstreckung eines Kostenfestsetzungsbeschlusses nach § 85 i.V.m. §§ 104, 105 ZPO – nicht aber in Ehe- und Familienstreitsachen –, in Ehewohnungssachen nach § 200 Abs. 1 Nr. 1 bei einer festgesetzten Vergütung für die Nutzung der Ehewohnung nach § 1361b Abs. 3 Satz 2 BGB während des Getrenntlebens, in Haushaltssachen nach § 200 Abs. 2 bei einer festgesetzten Vergütung für die Benutzung von Haushaltsgegenständen während des Getrenntlebens nach § 1361a Abs. 3 Satz 2 BGB sowie einer angeordneten Ausgleichszahlung für die Übertragung von Haushaltsgegenständen anlässlich der Scheidung gem. § 1568b Abs. 3 BGB. Dies gilt entsprechend für Lebenspartnerschaftssachen nach § 269 Abs. 1 Nr. 5 bei Wohnungszuweisungssachen, sofern eine Vergütung für die Nutzung während der Zeit des Getrenntlebens nach § 14 Abs. 3 Satz 2 LPartG festgesetzt wurde und bei Lebenspartnerschaftssachen gem. § 269 Abs. 1 Nr. 6 bei Haushaltssachen, falls eine Vergütung für die Nutzung der Haushaltsgegenstände während des Getrenntlebens nach § 13 Abs. 2 Satz 2 LPartG festgesetzt wurde oder eine Ausgleichszahlung anlässlich der Aufhebung der Lebenspartnerschaft für die Übertragung von Haushaltsgegenständen nach § 17 LPartG i.V.m. § 1568b Abs. 3 BGB. Die Vollstreckung von Zahlungen, die in Versorgungsausgleichssachen (§ 217) festgesetzt wurden, fällt ebenfalls unter § 95 Abs. 1 Nr. 1. Das trifft zu für schuldrechtliche Ausgleichszahlungen wie die Zahlung einer Ausgleichsrente nach § 20 VersAusglG und ausgleichende Kapitalzahlungen gem. § 22 VersAusglG. Ferner werden Abfindungen nach § 23 VersAusglG erfasst und i.R.d. Teilhabe an der Hinterbliebenenversorgung festgesetzte Zahlungen gegen den Versorgungsträger gem. § 25 VersAusglG und gegen die Witwe oder den Witwer nach § 26 VersAusglG. Dies gilt ebenso für die Lebenspartnerschaftssachen nach § 269 Abs. 1 Nr. 7 i.V.m. § 20 Abs. 1 VersAusglG, welche den Versorgungsausgleich betreffen. Um die Vollstreckung von Geldforderungen kann es sich auch in Teilungssachen handeln bezüglich nach § 371 Abs. 1 bestätigter außergerichtlicher Vereinbarungen nach § 366 Abs. 1 sowie Auseinandersetzungen nach § 368 (vgl. auch § 371 Rdn. 19 f.) und Auseinandersetzungen einer Gütergemeinschaft nach § 373 Abs. 1. Zu nennen ist auch die Vollstreckung aus einer bestätigten Dispache nach § 409 (BT-Drucks. 16/6308 S. 219). Auf die Vollstreckung nach § 95 Abs. 1 Nr. 1 sind speziell die §§ 803 bis 882h ZPO anwendbar. Die Vollstreckung erfolgt im Auftrag des Gläubigers. Die Vollstreckung in das bewegliche Vermögen erfolgt durch Pfändung, § 803 Abs. 1 Satz 1 ZPO. Bei körperlichen Ge-

§ 95
Buch 1. Allgemeiner Teil

genständen geschieht dies grds. per Inbesitznahme durch den Gerichtsvollzieher nach § 808 Abs. 1 ZPO und ggf. der Versteigerung der Gegenstände nach § 814 ZPO. Bei der Vollstreckung in Forderungen und andere Vermögensrechte wird vom Vollstreckungsgericht (§ 828 ZPO; funktionell durch den Rechtspfleger nach § 20 Nr. 17 RPflG) i.d.R. ein Pfändungs- und Überweisungsbeschluss nach §§ 829, 835 ZPO erlassen. Es kommt auch die Vollstreckung in das unbewegliche Vermögen nach §§ 864 ff. ZPO in Betracht. Diese kann erfolgen durch Eintragung einer Sicherungshypothek, durch Zwangsversteigerung oder durch Zwangsverwaltung nach § 866 Abs. 1 ZPO, wobei sich die beiden letzteren gem. § 869 ZPO nach dem ZVG richten.

4 Unter die Vollstreckung zur Herausgabe einer beweglichen oder unbeweglichen Sache nach **Nr. 2** fällt z.B. die Herausgabevollstreckung der zum persönlichen Gebrauch des Kindes bestimmten Sachen nach § 883 Abs. 1 ZPO. Früher war in diesen Fällen grds. nur die Festsetzung von Zwangsgeld nach §§ 50d i.V.m. 33 FGG möglich. Sofern die Vollstreckung einer Kindesherausgabe (Vollstreckung nach §§ 88 ff.) zugleich mit der Herausgabevollstreckung der zum persönlichen Gebrauch des Kindes bestimmten Sachen erfolgt, wird vertreten, dass das Gericht, welches für die Personenherausgabevollstreckung zuständig ist, aufgrund einer Annexkompetenz auch für die Vollstreckung der Herausgabe der zum persönlichen Gebrauch des Kindes bestimmten Sachen zuständig ist (Keidel/*Giers* § 88 Rn. 3, § 95 Rn. 8). Nach der Gesetzesbegründung soll die Räumung einer Wohnung in Ehewohnungs- oder Gewaltschutzsachen unter § 95 Abs. 1 Nr. 3 fallen und durch Ersatzvornahme nach § 887 ZPO vollstreckt werden (BT-Drucks. 16/6308 S. 220). Das dürfte nicht richtig sein, da nach § 887 Abs. 3 ZPO die Vollstreckung durch Ersatzvornahme ausscheidet, wenn es um die Herausgabe von Sachen geht, sodass bei unbeweglichen Gegenständen vorrangig die Vollstreckung nach § 885 ZPO durchzuführen ist (vgl. Thomas/Putzo/*Seiler* § 95 Rn. 3, 4; Keidel/*Giers* § 95 Rn. 9, 10). Grds. richtet sich auch die Wegschaffung der in der Wohnung befindlichen Gegenstände des Verpflichteten nach § 885 ZPO (vgl. zur Durchführung der Räumung: PG/*Olzen* § 885 Rn. 20 f.). Dementsprechend erfolgt die Vollstreckung der Herausgabe der Wohnung in Ehewohnungssachen gem. § 200 Abs. 1 nach § 1361b BGB während des Getrenntlebens und § 1568a BGB anlässlich der Scheidung ebenfalls nach § 885 ZPO. Dies gilt entsprechend für Lebenspartnerschaftssachen nach § 269 Abs. 1 Nr. 5 bei Wohnungszuweisungssachen während der Zeit des Getrenntlebens nach § 14 LPartG und anlässlich der Aufhebung der Lebenspartnerschaft nach § 17 LPartG i.V.m. § 1568a BGB. Auch die Räumung einer Wohnung in Gewaltschutzsachen nach § 210 i.V.m. § 2 GewSchG fällt unter § 95 Abs. 1 Nr. 2. Das trifft desgleichen zu für die Vollstreckung der Herausgabe beweglicher Sachen wie in Haushaltssachen nach § 200 Abs. 2 während des Getrenntlebens nach § 1361a BGB sowie anlässlich der Scheidung gem. § 1568b BGB und dementsprechend ebenso Lebenspartnerschaftssachen gem. § 269 Abs. 1 Nr. 6 bei Haushaltssachen, während des Getrenntlebens nach § 13 LPartG oder anlässlich der Aufhebung der Lebenspartnerschaft nach § 17 LPartG i.V.m. § 1568b BGB. Ferner erfasst die Sachherausgabe die Vollstreckung einer Vereinbarung über die Auseinandersetzung von Nachlassgegenständen nach § 371 Abs. 2 oder i.R.d. Auseinandersetzung einer Gütergemeinschaft nach § 373 Abs. 1. Die Vollstreckung richtet sich insb. nach den §§ 883 bis 886 ZPO. Sie erfolgt grds. im Auftrag des Gläubigers. In Gewaltschutzsachen gilt nach § 214 Abs. 2 der Antrag auf Erlass der einstweiligen Anordnung im Fall des Erlasses ohne mündliche Erörterung zugleich als Auftrag zur Zustellung durch den Gerichtsvollzieher unter Vermittlung der Geschäftsstelle und als Auftrag zur Vollstreckung. Gemeint ist die Geschäftsstelle des FamG als Prozessgericht i.S.d. § 192 Abs. 2 und nicht des Vollstreckungsgerichts (Keidel/*Giers* § 214 Rn. 5). Nach § 883 Abs. 1 ZPO werden bewegliche Sachen vom Gerichtsvollzieher weggenommen und dem Gläubiger übergeben. Bei unbeweglichen Sachen hat der Gerichtsvollzieher den Schuldner aus dem Besitz zu setzen und den Gläubiger in den Besitz einzuweisen, § 885 Abs. 1 Satz 1 ZPO. § 885 Abs. 2 bis 4 ZPO ist grds. auch bei der Vollstreckung von Räumungstiteln in Ehewohnungs- und Gewaltschutzsachen anwendbar, sodass die beweglichen Sachen des Schuldners vom Gerichtsvollzieher weggeschafft werden. Sofern Haushaltsgegenstände des Schuldners allerdings vom Gläubiger benötigt werden, kann dieser seinen Vollstreckungsauftrag insofern einschränken, dass bestimmte Gegenstände nicht aus der Wohnung entfernt werden sollen ebenso wie ein sich auf sein Vermieterpfandrecht berufender Gläubiger (vgl. Keidel/*Giers* § 95 Rn. 10a; Schuschke/Walker/*Walker* § 885 Rn. 20). Es ist nicht unbedingt erforderlich gleichzeitig im Tenor anzuordnen, dass § 885 Abs. 2 bis 4 ZPO bei der Vollstreckung nicht anwendbar ist (so aber *Ehinger* FPR 2010, 567, 570).

5 Die Vollstreckung zur Vornahme einer vertretbaren oder nicht vertretbaren Handlung nach **Nr. 3** bestimmt sich grds. nach §§ 887, 888, 891, 892 ZPO. Nach § 887 Abs. 1 ZPO handelt es sich um eine vertretbare Handlung, wenn die Handlung von einem Dritten vorgenommen werden kann. Eine vertretbare Handlung liegt *nach der Gesetzesbegründung* z.B. bei der Räumung einer Wohnung in Gewaltschutz- oder Ehewohnungs-

sachen vor (BT-Drucks. 16/6308 S. 220). Die Vollstreckung dürfte sich jedoch (vgl. § 887 Abs. 3 ZPO; § 95 Rdn. 4) über § 95 Abs. 1 Nr. 2 nach § 885 ZPO richten. Die Verpflichtung zur Vornahme einer vertretbaren Handlung könnte sich insb. aus Vergleichen nach § 86 Abs. 1 Nr. 3 i.V.m. § 794 Abs. 1 Nr. 1 ZPO sowie aus notariellen Urkunden gem. § 86 Abs. 1 Nr. 3 i.V.m. § 794 Abs. 1 Nr. 5 ZPO ergeben (vgl. Keidel/*Giers* § 95 Rn. 11). Gem. § 887 Abs. 1 ist der Gläubiger vom Prozessgericht des ersten Rechtszuges auf Antrag zu ermächtigen, auf Kosten des Schuldners die Handlung vornehmen zu lassen. Gem. § 888 Abs. 1 Satz 1 ZPO geht es um eine nicht vertretbare Handlung, wenn die Handlung nicht von einem Dritten vorgenommen werden kann und ausschließlich vom Willen des Schuldners abhängt. Sofern der Schuldner Widerstand gegen die Vornahme der Handlung leistet, welche er zu dulden hat, kann der Gläubiger zur Beseitigung des Widerstandes einen Gerichtsvollzieher zuziehen nach § 892 ZPO. Unter nicht vertretbare Handlungen fällt z.B. die Auskunftserteilung durch den Vorstand einer AG nach § 132 AktG. Dies gilt auch für die Erteilung der Auskunft über den Verbleib der Wohnungsschlüssel in einem Ehewohnungsverfahren, ggf. für die Entfernung Dritter aus der Ehewohnung oder die Kündigung eines Untermietverhältnisses mit einem Dritten (Eckebrecht FPR 2008, 436, 439). Unvertretbare Handlungen werden durch Zwangsmittel nach § 888 ZPO vollstreckt. Nach § 888 Abs. 1 Satz 1 ZPO ist auf Antrag von dem Prozessgericht des ersten Rechtszuges zu erkennen, dass der Schuldner zur Vornahme der Handlung durch Zwangsgeld und für den Fall, dass dieses nicht beigetrieben werden kann, durch Zwangshaft oder durch Zwangshaft anzuhalten sei. Das einzelne Zwangsgeld darf den Betrag von 25.000 € nicht übersteigen, § 888 Abs. 1 Satz 2 ZPO. Für die Haft gelten nach § 888 Abs. 1 Satz 3 ZPO die Vorschriften des Zweiten Abschnitts über die Haft – das sind seit dem 01.01.2013 aufgrund des Gesetzes zur Reform der Sachaufklärung in der Zwangsvollstreckung die §§ 802g bis 802j ZPO, vgl. § 89 Rdn. 15 – entsprechend. Der Schuldner ist vor der Entscheidung zu hören, § 891 Satz 2 ZPO. Eine Androhung von Zwangsmitteln ist nach § 888 Abs. 2 ZPO nicht erforderlich. Die Entscheidung ergeht durch Beschluss gem. § 891 Satz 1 ZPO. Die Vollstreckung des Zwangsgeldes erfolgt trotz §§ 1 Abs. 1 Nr. 3, Abs. 2, 2 f. der Justizbeitreibungsordnung i.V.m. §§ 1 Abs. 1 Nr. 3, Abs. 4, 2 Buchst. B), 3 f. der Einforderungs- und Beitreibungsordnung nicht von Amts wegen sondern auf Antrag des Gläubigers (str; BGH NJW 1983, 1859, 1860; ebenso PG/*Olzen* § 888 Rn. mit Nachweisen zum Streitstand sowie *Cirullies* Rpfleger 2011, 573, 576; a.A. Keidel/*Giers* § 95 Rn. 14). Die Beitreibung erfolgt durch die Gerichtskasse als Einziehungsbehörde zugunsten der Staatskasse. Funktionell zuständig ist der Rechtspfleger gem. § 31 Abs. 3 RPflG.

Nr. 4 betrifft die Vollstreckung zur Erzwingung von Duldungen und Unterlassungen, wobei dann die §§ 890 bis 892 ZPO angewandt werden können. Die Vollstreckung von Duldungen kann z.B. erfolgen hinsichtlich der Einsichtnahme in Bücher der AG nach § 273 Abs. 3 AktG oder der Duldung einer Probeentnahme nach § 1598a BGB (vgl. auch § 96a). Duldungspflichten können sich zudem aus Vergleichen nach § 86 Abs. 1 Nr. 3 i.V.m. § 794 Abs. 1 Nr. 1 ZPO und notariellen Urkunden gem. § 86 Abs. 1 Nr. 3 i.V.m. § 794 Abs. 1 Nr. 5 ZPO ergeben. Das trifft ebenso auf entsprechende Unterlassungspflichten zu. Nach der Gesetzesbegründung erfolgt die Vollstreckung über § 95 Abs. 1 Nr. 4 i.V.m. § 890 ZPO auch für Unterlassungen, die darin bestehen, den Umgang mit dem Kind außerhalb der bestimmten Umgangszeiten zu unterlassen (BT-Drucks. 16/6308 S. 220). Insofern richtet sich die Vollstreckung jedoch vorrangig nach §§ 88 ff., da die Vollstreckung nach § 95 Abs. 1 nur Anwendung findet, soweit in den vorstehenden Unterabschnitten nichts Abweichendes bestimmt ist, und die Vollstreckung von Umgangsregelungen jedoch in den §§ 88 ff. normiert ist (so zutreffend: Keidel/*Giers* § 95 Rn. 2, 15). Von den Umgangsregelungen werden nicht nur die positiven sondern auch die negativen erfasst, sodass die Vollstreckung sich insb. nach § 89 richtet (vgl. § 35 Rdn. 7; § 89 Rdn. 8, 11). Gewaltschutzanordnungen werden wiederum nach § 890 ZPO vollstreckt (vgl. OLG Celle NJW 2010, 2223). Insofern sollen Formulierungen wie »die Antragstellerin nicht körperlich zu attackieren« und »die Antragstellerin nicht zu beschimpfen« noch hinreichend bestimmt sein, nicht hingegen »die Antragstellerin nicht zu belästigen« (OLG Köln FamRZ 2015, 163, 164). Zwangsmittel nach § 35 können nicht ergriffen werden, da diese Norm nur der Vollstreckung verfahrensleitender Entscheidungen dient (vgl. § 35 Rdn. 2; § 86 Rdn. 3). Erfolgt dennoch eine Zwangsgeldfestsetzung, führt dies in der Beschwerdeinstanz zur Aufhebung und Zurückverweisung an das FamG (OLG Zweibrücken FamRZ 2010, 1369). Nach § 890 Abs. 1 Satz 1 ZPO ist der Schuldner, sofern er der Verpflichtung zuwiderhandelt, eine Handlung zu unterlassen oder die Vornahme einer Handlung zu dulden, wegen einer jeden Zuwiderhandlung auf Antrag des Gläubigers von dem Prozessgericht des ersten Rechtszuges zu einem Ordnungsgeld und für den Fall, dass dieses nicht beigetrieben werden kann, zur Ordnungshaft oder zur Ordnungshaft bis zu 6 Monaten zu verurteilen. Sofern es sich um einen Alttitel handelt, richtet sich die Vollstreckung gleichwohl nach §§ 86 ff. (vgl. § 87 Rdn. 1). Handelt es sich um eine vor dem 01.09.2009 erlassene einstweilige Verfügung der Zivilabteilung des AG in Gewaltschutzsachen und wird der Vollstreckungsantrag ab dem 01.09.2009 gestellt, ist nach § 890 Abs. 1 Satz 1 ZPO das Prozessgericht des ersten Rechtszuges und somit die Zivilabteilung des AG für das Vollstreckungsverfahren zuständig, auch wenn es sich nunmehr bei den Gewaltschutzverfahren um Familiensachen handelt nach § 111 Nr. 6 (OLG Hamm FuR 2010, 224, 226). Handelte es sich schon bei dem Erkenntnisverfahren um eine Familiensache, sind die Familiengerichte auch für die Vollstreckung zuständig (OLG Hamm FuR 2010, 224, 226). Das einzelne Ordnungsgeld darf den Betrag von 250.000 € die Ordnungshaft insgesamt 2 Jahre nicht übersteigen, § 890 Abs. 1 Satz 2 ZPO. Nach § 890 Abs. 2 ZPO muss der Verurteilung eine entsprechende Androhung vorausgehen. Der Schuldner ist vor der Entscheidung zu hören, § 891 Satz 2 ZPO. Dabei reicht im Vollstreckungsverfahren eine bloße Glaubhaftmachung der Zuwiderhandlung nicht aus, sondern es ist der volle Beweis eines Verstoßes erforderlich (OLG Saarbrücken FamRZ 2012, 998; OLG Hamm FPR 2011, 232). Die Entscheidung ergeht durch Beschluss gem. § 891 Satz 1 ZPO. Sofern der Schuldner Widerstand gegen die Vornahme der Handlung leistet, welche er zu dulden hat, kann der Gläubiger zur Beseitigung des Widerstandes einen Gerichtsvollzieher zuziehen nach § 892 ZPO. Die Vollstreckung des Ordnungsgeldes richtet sich nach §§ 1 Abs. 1 Nr. 3, Abs. 2, 2 f. der Justizbeitreibungsordnung i.V.m. §§ 1 Abs. 1 Nr. 3, Abs. 4, 2 Buchst. B), 3 f. der Einforderungs- und Beitreibungsordnung. Die Beitreibung erfolgt von Amts wegen durch die Gerichtskasse als Einziehungsbehörde zugunsten der Staatskasse. Funktionell zuständig ist der Rechtspfleger gem. § 31 Abs. 3 RPflG. Das Gericht kann Ratenzahlungen oder Stundungen gewähren (vgl. Art. 7 EGStGB). Die Vollstreckung eines in einem Ordnungsmittelverfahren nach § 890 ZPO ergangenen Beschlusses stellt eine **Zivil- und Handelssache** i.S.d. Art. 2 Abs. 1 Satz 1 EuVTVO (VO [EG] Nr. 805/2004 des Europäischen Parlaments und des Rates zur Einführung eines europäischen Vollstreckungstitels für unbestrittene Forderungen v. 21.04.2004, in Kraft seit dem 21.01.2005) dar und kann ggf. als Europäischer Vollstreckungstitel im Ausland vollstreckt werden (BGH NJW 2010, 1883 f.; vgl. dazu auch die Rezension von *Bittmann* IPRax 2012, 62 f.). Die Vollstreckung eines Beschlusses nach § 890 ZPO ist auch eine Zivil- und Handelssache i.S.d. Art. 1 Brüssel Ia-VO (VO [EU] Nr. 1215/2012 des Europäischen Parlaments und des Rates über die gerichtliche Zuständigkeit und die Anerkennung und Vollstreckung von Entscheidungen in Zivil- und Handelssachen v. 12.12.2002, Geltung seit dem 10.01.2015), welche die EuGVO oder Brüssel I-VO (VO [EG] Nr. 44/2001 des Rates über die gerichtliche Zuständigkeit und die Anerkennung und Vollstreckung von Entscheidungen in Zivil- und Handelssachen v. 22.12.2000, in Kraft seit dem 01.03.2002) ersetzt, und die Entscheidung kann desgleichen im Ausland vollstreckt werden (EuGH EuZW 2012, 157 f.). Geht es um die Vollstreckung eines Ordnungsgeldes bezüglich des Umgangsrechts, richtet sich die Vollstreckung nach denselben Regelungen hinsichtlich der Entscheidung über das Umgangsrecht in der Sache selbst, sodass die Vollstreckbarerklärung durch den Ursprungsmitgliedstaat nach Art. 28 Abs. 1, 41 Abs. 1 EuEheVO erfolgt (EuGH NJW 2016, 226 f.) Die Verjährung der Vollstreckung im Inland ruht allerdings nicht während der Dauer des Vollstreckbarerklärungsverfahrens in einem anderen Mitgliedstaat, sondern die Verjährung richtet sich nach dem heimischen Recht (so zur Brüssel I-VO: BGH IPRax 2016, 69 f.; kritisch zu dieser Entscheidung: *Althammer/Wolber* IPRax 2016, 51 f.).

7   Schließlich richtet sich auch die Vollstreckung zur Abgabe einer Willenserklärung gem. **Nr. 5** nach der ZPO und zwar nach §§ 894 ff. ZPO, wobei § 895 keine Anwendung findet, da es im Verfahren der freiwilligen Gerichtsbarkeit keine vorläufig vollstreckbaren Urteile i.d.S. gibt. Um eine entsprechende Vollstreckung zur Abgabe einer Willenserklärung kann es sich in Teilungssachen handeln bezüglich nach § 371 Abs. 1 bestätigter außergerichtlicher Vereinbarungen nach § 366 Abs. 1 sowie Auseinandersetzungen nach § 368 und Auseinandersetzungen einer Gütergemeinschaft nach § 373 Abs. 1 (vgl. auch § 371 Rdn. 11 f.). Die Verpflichtung zur Abgabe einer Willenserklärung könnte sich desgleichen aus Vergleichen nach § 86 Abs. 1 Nr. 3 i.V.m. § 794 Abs. 1 Nr. 1 ZPO ergeben, nicht aber aus notariellen Urkunden gem. § 86 Abs. 1 Nr. 3 i.V.m. § 794 Abs. 1 Nr. 5 ZPO (vgl. *Keidel/Giers* § 95 Rn. 17). Gem. § 894 Satz 1 ZPO gilt, sofern der Schuldner zur Abgabe einer Willenserklärung verurteilt ist, die Erklärung als abgegeben, sobald das Urteil die Rechtskraft erlangt hat. An die Stelle des Urteils tritt wiederum der jeweilige Beschluss (vgl. auch § 95 Rdn. 8).

8   **C. Beschluss.** Nach § 95 Abs. 2 tritt an die Stelle des Urteils der Beschluss. Das gilt auch für Vollstreckungsabwehrverfahren nach § 767 ZPO und Drittwiderspruchsverfahren nach § 771 ZPO. Diese werden dann ebenfalls per Beschluss (§ 38) entschieden.

D. Ausschluss/Einstellung. Gem. § 95 Abs. 3 Satz 1 kann die Vollstreckung vor Eintritt der Rechtskraft **ausgeschlossen** werden, wenn die Vollstreckung wegen einer Geldforderung (§ 95 Abs. 1 Nr. 1) dem Verpflichteten einen **nicht zu ersetzenden Nachteil** bringen würde (vgl. insoweit auch die Erläuterungen zu § 120 Rdn. 10). Die Aussetzung oder Beschränkung der Vollstreckung einer einstweiligen Anordnung richtet sich hingegen nach § 55 Abs. 1 Satz 1 und steht im Ermessen des Gerichts. Die Vorschrift des § 95 Abs. 3 Satz 1 wurde § 62 Abs. 1 Satz 2 ArbGG nachgebildet. Es soll damit der Eintritt eines Schadens verhindert werden, der auch bei einem erfolgreichen Rechtsmittel nicht rückgängig gemacht werden könnte. Die Erfolgsaussicht eines Rechtsmittels wird dabei jedoch nicht geprüft (vgl. § 120 Rdn. 10; a.A. Keidel/*Giers* § 93 Rn. 7; Friederici/Kemper/*von Harbou* § 95 Rn. 14 jeweils m.w.N.). Ob ein nicht zu ersetzender Nachteil die Folge der Vollstreckung wäre, ist mit Zurückhaltung zu beurteilen und wird i.d.R. nicht der Fall sein. Die bloße Vermögenslosigkeit des Vollstreckungsgläubigers ist grds. nicht ausreichend, also z.B. auch im Fall der Gewährung von Verfahrenskostenhilfe (vgl. Germelmann/Matthes/Müller-Glöge/Prütting/Schlewing/ *Germelmann* § 62 Rn. 24) oder durch die Gefahr der Insolvenz des Verpflichteten (vgl. BLAH/*Hartmann* ZPO § 707 Rn. 11 mit weiteren Beispielen). Dies gilt im Grundsatz auch, falls der Vollstreckungsgläubiger arbeitslos ist. Denkbar ist die Annahme eines nicht zu ersetzenden Nachteils jedoch, sofern die Vollstreckung die Sperrung des einzigen Geschäftskontos zur Folge hätte, da dann die konkrete Gefahr bestünde, dass der Schuldner seine Lebensgrundlage verliert (vgl. Germelmann/Matthes/Müller-Glöge/Prütting/Schlewing/*Germelmann* § 62 Rn. 27). Der Verpflichtete muss einen entsprechenden **Antrag** vor Eintritt der Rechtskraft stellen. Nach Rechtskraft ist dies nicht mehr möglich. Gem. § 86 Abs. 2 sind Beschlüsse mit Wirksamwerden vollstreckbar. Sofern dies mit Rechtskraft der Fall ist wie z.B. bei Endentscheidungen in Ehewohnungs- und Haushaltssachen nach § 209 Abs. 2 Satz 1, in Teilungssachen der Bestätigungsbeschluss nach § 371 Abs. 1 bezüglich außergerichtlicher Vereinbarungen nach § 366 Abs. 1 sowie Auseinandersetzungen nach § 368 und der Bestätigungsbeschluss hinsichtlich der Dispache gem. § 409 Abs. 2 (vgl. § 86 Rdn. 7), kommt kein Ausschluss der Vollstreckung nach § 95 Abs. 3 Satz 1 in Betracht. In Ehewohnungssachen soll jedoch nach § 209 Abs. 2 Satz 2 die sofortige Wirksamkeit angeordnet werden, sodass ein Ausschluss der Vollstreckung ggf. bezüglich einer festgesetzten Vergütung für die Nutzung der Ehewohnung während des Getrenntlebens nach § 200 Abs. 1 Nr. 1 i.V.m. § 1361b Abs. 3 Satz 2 BGB in Betracht kommt. Dies gilt entsprechend für Lebenspartnerschaftssachen nach § 269 Abs. 1 Nr. 5 bei Wohnungszuweisungssachen, sofern eine Vergütung für die Nutzung während der Zeit des Getrenntlebens nach § 14 Abs. 3 Satz 2 LPartG festgesetzt wurde. Die Voraussetzungen hat der Verpflichtete **glaubhaft** zu machen. Hierfür kann er sich aller präsenter Beweismittel bedienen.

Nach § 95 Abs. 3 Satz 2 kann in den Fällen des § 707 Abs. 1 ZPO und § 719 Abs. 1 ZPO die **Einstellung** der Vollstreckung aufgrund des Wortlauts der Vorschrift ebenfalls nur erfolgen, wenn der Verpflichtete glaubhaft macht, dass ihm die Vollstreckung einen nicht zu ersetzenden Nachteil bringen würde. Nach a.A. kommt es nur auf die Erfüllung der Voraussetzungen der §§ 707 Abs. 1, 719 Abs. 1 ZPO an (BLAH/*Hartmann* § 95 Rn. 8).

Vor der Entscheidung ist dem Antragsgegner rechtliches Gehör zu gewähren. Bezüglich einer Einstellungsentscheidung kann die Anhörung ausnahmsweise z.B. in Eilfällen nachgeholt werden (BLAH/*Hartmann* ZPO § 707 Rn. 15 m.w.N.).

E. Zwangsgeld/Zwangshaft. Nach § 95 Abs. 4 kann das Gericht durch Beschluss neben oder anstelle einer Maßnahme nach §§ 883, 885 bis 887 ZPO die in § 888 ZPO vorgesehenen Maßnahmen anordnen, wenn die Verpflichtung zur Herausgabe oder Vorlage einer Sache oder zur Vornahme einer vertretbaren Handlung zu vollstrecken ist. Dadurch soll eine effektive Vollstreckung ermöglicht werden (BT-Drucks. 16/6308 S. 220). Die Vorschrift ist ähnlich gestaltet wie § 35 Abs. 4 hinsichtlich der Vollstreckung von verfahrensleitenden Anordnungen (vgl. insoweit die Erläuterungen zu § 35 Rdn. 18 f.). Die Entscheidung steht im Ermessen des Gerichts.

F. Rechtsbehelfe. Die Vollstreckungsmaßnahmen sind nach § 87 Abs. 4 mit der sofortigen Beschwerde in entsprechender Anwendung der §§ 567 bis 572 ZPO anfechtbar (s.a. § 87 Rdn. 4).

§ 96 Vollstreckung in Verfahren nach dem Gewaltschutzgesetz und in Ehewohnungssachen.

(1) ¹Handelt der Verpflichtete einer Anordnung nach § 1 des Gewaltschutzgesetzes zuwider, eine Handlung zu unterlassen, kann der Berechtigte zur Beseitigung einer jeden andauernden Zuwiderhandlung einen Gerichtsvollzieher zuziehen. ²Der Gerichtsvollzieher hat

§ 96

nach § 758 Abs. 3 und § 759 der Zivilprozessordnung zu verfahren. ³Die §§ 890 und 891 der Zivilprozessordnung bleiben daneben anwendbar.

(2) ¹Bei einer einstweiligen Anordnung in Gewaltschutzsachen, soweit Gegenstand des Verfahrens Regelungen aus dem Bereich der Ehewohnungssachen sind, und in Ehewohnungssachen ist die mehrfache Einweisung des Besitzes im Sinne des § 885 Abs. 1 der Zivilprozessordnung während der Geltungsdauer möglich. ²Einer erneuten Zustellung an den Verpflichteten bedarf es nicht.

Übersicht	Rdn.		Rdn.
A. Voraussetzungen	1	III. Zuwiderhandlung	4
I. Gerichtliche Anordnung	2	B. Vollstreckung	5
II. Verpflichtung zur Unterlassung einer Handlung	3	C. Mehrfache Einweisung	7
		D. Rechtsbehelfe	8

1 **A. Voraussetzungen.** § 96 Abs. 1 entspricht dem früheren § 892a ZPO und § 96 Abs. 2 entspricht dem alten § 885 Abs. 1 Satz 3, 4 ZPO (diese ZPO-Vorschriften wurden aufgehoben). Nach § 96 Abs. 1 Satz 1 kann der Berechtigte einen Gerichtsvollzieher hinzuziehen, wenn der Verpflichtete einer Anordnung nach § 1 GewSchG zuwiderhandelt, eine Handlung zu unterlassen. § 96 Abs. 1 stellt insofern eine Ergänzung zu § 95 Abs. 1 Nr. 4 dar, demzufolge sich die Vollstreckung zur Erzwingung von Unterlassungen nach der ZPO richtet (vgl. § 95 Rdn. 6). Nach § 96 Abs. 2 Satz 1 ist bei einer einstweiligen Anordnung in Gewaltschutzsachen, soweit Gegenstand des Verfahrens Regelungen aus dem Bereich der Ehewohnungssachen sind (§ 2 GewSchG), und in Ehewohnungssachen (§ 200 Abs. 1) die mehrfache Einweisung des Besitzes möglich. Damit wird die über § 95 Abs. 1 Nr. 2 grds. nach § 885 ZPO erfolgende Vollstreckung ergänzt.

2 **I. Gerichtliche Anordnung.** Erfasst werden nur gerichtliche Anordnungen (vgl. § 96 Abs. 1 Satz 1 i.V.m. § 1 GewSchG), nicht jedoch z.B. außergerichtliche Vergleiche. Es kann sich um eine Endentscheidung (§ 216) oder eine einstweilige Anordnung (§ 214) handeln. Anwendbar ist § 96 Abs. 1 nur auf Anordnungen des Gerichts und somit nicht auf gerichtliche Vergleiche (vgl. OLG Saarbrücken NJW 2013, 1612; Zöller/*Feskorn* § 96 Rn. 3; a.A. Keidel/*Giers* § 96 Rn. 2; Cirullies DGVZ 2016, 17, 18). Dafür spricht neben dem Wortlaut, dass – anders als nach der früheren Regelung des § 64b Abs. 4 FGG – Vergleiche als Vollstreckungstitel nicht aufgeführt sind. Ob der Gesetzgeber dies beabsichtigt hat, mag bezweifelt werden. De lege ferenda sind auch vergleichsweise Regelungen in den Anwendungsbereich der Vorschrift einzubeziehen. In § 96a Abs. 1 ist dies i.Ü. ausdrücklich geschehen. Dies ändert aber nichts daran, dass ein Vergleich in einer Gewaltschutzsache als Vollstreckungstitel nach § 86 Abs. 1 Nr. 1 i.V.m. § 794 Abs. 1 Nr. 1 ZPO gem. § 95 Abs. 1 Nr. 2 bzw. Nr. 4 vollstreckt werden kann. Das AG als FamG ist für alle Verfahren nach dem GewSchG zuständig gem. §§ 23a Abs. 1 Satz 1 Nr. 1, Satz 2, 23b Abs. 1 GVG i.V.m. §§ 111 Nr. 6, 210, also auch, wenn die Beteiligten keinen auf Dauer angelegten gemeinsamen Haushalt führen oder innerhalb von 6 Monaten vor Antragstellung geführt haben (vgl. auch Einl. v. § 210). Diese Entscheidungen, für die früher die allgemeinen Zivilgerichte zuständig waren, werden ebenfalls nach § 96 vollstreckt.

3 **II. Verpflichtung zur Unterlassung einer Handlung.** Es muss die Verpflichtung bestehen, eine Handlung zu unterlassen. Insofern kommen insb. die gerichtlichen Anordnungen nach § 1 Abs. 1 Satz 3 GewSchG in Betracht. Wenn die dortigen Anordnungen als Ge-/Verbote ergangen sind, ist dies unschädlich, da hierin zugleich i.d.R. auch eine Unterlassungsverpflichtung enthalten ist (vgl. auch BLAH/*Hartmann* § 96 Rn. 5). Wenn z.B. dem Verpflichteten verboten wurde, Verbindung zur verletzten Person, auch unter Verwendung von Fernkommunikationsmitteln, aufzunehmen (§ 1 Abs. 1 Satz 3 Nr. 4 GewSchG), liegt darin denknotwendigerweise zugleich die Verpflichtung, diese Kontaktaufnahme zu unterlassen.

4 **III. Zuwiderhandlung.** Schließlich muss der Verpflichtete eine Zuwiderhandlung gegen eine gerichtlich angeordnete Verpflichtung zur Unterlassung einer Handlung begangen haben. Dabei muss die Zuwiderhandlung **andauern**. Die bloße Befürchtung, dass es zukünftig zu weiteren Zuwiderhandlungen in Form von Kontaktaufnahmen etc. kommt, reicht nicht aus. Vielmehr muss sich der Verpflichtete z.B. noch in der sog. »Bannmeile« befinden, wenn er es gem. § 1 Abs. 1 Satz 3 Nr. 2 GewSchG zu unterlassen hat, sich in einem bestimmten Umkreis der Wohnung aufzuhalten. **Schuldhaft** muss das Verhalten des Verpflichteten nicht sein, sofern es um die Vollstreckung durch den Gerichtsvollzieher geht nach § 96 Abs. 1 Satz 1, 2. Er-

forderlich ist dies aber, obwohl dies im Wortlaut der Vorschrift keinen Ausdruck gefunden hat, um Ordnungsmittel nach § 890 ZPO festsetzen zu können über § 96 Abs. 1 Satz 3 (a.A. wohl BLAH/*Hartmann* § 96 Rn. 6). Hierfür spricht der Doppelcharakter der Ordnungsmittel, bei denen es sich um eine Strafe bzw. eine strafähnliche Maßnahme handelt und zugleich um eine Zwangsmaßnahme (BVerfG NJW-RR 2007, 860, 861). Der Verpflichtete trägt die Feststellungslast für seine Schuldunfähigkeit (KG Beschl. v. 27.02.2012 – 19 WF 254/11).

B. Vollstreckung. Sofern die Voraussetzungen erfüllt sind, kann der Berechtigte einen Gerichtsvollzieher 5 hinzuziehen, § 96 Abs. 1 Satz 1. Dem Berechtigten steht es frei, ob er diesen Weg gehen will. Wenn er sich hierfür entscheidet, kann der Gerichtsvollzieher z.B. den Verpflichteten aus der Bannmeile verweisen, wenn also gerichtlich angeordnet wurde, dass es dem Verpflichteten untersagt ist, sich in einem Umkreis von 100 m der Wohnung des Berechtigten zu nähern. Falls der Verpflichtete Widerstand leistet, hat der Gerichtsvollzieher (kein Ermessen; nach § 87 Abs. 3 ist er befugt) gem. § 96 Abs. 1 Satz 2 nach §§ 758 Abs. 3, 759 ZPO zu verfahren und somit den Widerstand ggf. mit Gewalt und Unterstützung der Polizei zu brechen. Hierbei handelt es sich um die Anwendung **unmittelbaren Zwangs** (wie bei § 90). In dem früheren § 892a ZPO wurde dies schon in der Überschrift klargestellt. Für den Berechtigten dürfte die Hinzuziehung des Gerichtsvollziehers nur selten hilfreich sein, da Zuwiderhandlungen häufig abends und nachts begangen werden und ein schnelles Eingreifen des Gerichtsvollziehers dann nicht ohne Weiteres möglich ist. Trotz der Kritik an der Vorgängervorschrift (vgl. auch *v. Pechstaedt* NJW 2007, 1233, 1236) wurde daran in § 96 festgehalten.

Ferner besteht nach § 96 Abs. 1 Satz 3 daneben die Möglichkeit der Vollstreckung nach § 890 ZPO mit 6 **Ordnungsmitteln**. Es ist die Entscheidung des Berechtigten, ob er den Gerichtsvollzieher hinzuziehen möchte nach § 96 Abs. 1 Satz 1 oder sein Ziel mit Ordnungsmitteln nach § 96 Abs. 1 Satz 3 verfolgt. Schließlich kann er auch beide Wege zugleich beschreiten. Vor der Festsetzung von Ordnungsmitteln ist der Vollstreckungsschuldner nach § 891 Satz 2 ZPO zu hören. In dem Ordnungsmittelverfahren kann das Gerichtsvollzieherprotokoll oder die Vernehmung des Gerichtsvollziehers selbst als Beweismittel herangezogen werden.

C. Mehrfache Einweisung. Gem. § 96 Abs. 2 ist bei einer einstweiligen Anordnung in Gewaltschutzsachen 7 mit Wohnungszuweisung nach § 2 GewSchG (vgl. § 214) und bei einer einstweiligen Anordnung in Ehewohnungssachen selbst (vgl. §§ 200, 49 f.) die mehrfache Einweisung des Besitzes nach § 885 Abs. 1 ZPO möglich, ohne dass es einer erneuten Zustellung an den Verpflichteten bedarf. Mit der erstmaligen Vollstreckung ist der Titel somit grds. nicht verbraucht. Sofern die einstweilige Anordnung zeitlich befristet wurde, darf der Zeitraum nicht verstrichen sein. Eine mehrfache Einweisung soll jedoch nicht mehr möglich sein, sofern der Berechtigte den Verpflichteten freiwillig wieder in die Wohnung aufgenommen hat und der Berechtigte nun aufgrund neuer Vorkommnisse die Einweisung durch den Gerichtsvollzieher begehrt (BT-Drucks. 14/5429, S. 35; Schuschke/Walker/*Walker* § 885 Rn. 5; a.A. Thomas/Putzo/*Seiler* § 96 Rn. 6; Keidel/ *Giers* § 96 Rn. 6). Nach einer Versöhnung und freiwilligen Wiederaufnahme in die Wohnung kann sich der Schuldner gegen eine erneute Räumungsvollstreckung mit einer Vollstreckungsabwehrklage nach § 767 ZPO oder dem Antrag auf Erlass einer entsprechenden einstweiligen Anordnung nach § 769 ZPO (jeweils über § 95 Abs. 1 Nr. 2) richten (Schuschke/Walker/*Walker* § 885 Rn. 5; Zöller/*Feskorn* § 96 Rn. 7; Musielak/ Borth § 96 Rn. 7; nach a.A. soll dem Schuldner nur die Möglichkeit zustehen, eine Aufhebung oder Änderung der einstweiligen Anordnung nach § 54 zu erwirken: Thomas/Putzo/*Seiler* § 96 Rn. 6; Keidel/*Giers* § 96 Rn. 6). Mit der Versöhnung ist der Titel herauszugeben (KG NJOZ 2005, 2977, 2978; Ehinger FPR 2010, 567, 570; ebenso hinsichtlich der Aufhebung einer Anordnung nach § 1: OLG Hamburg Beschl. v. 1.9.2015 – 2 UF 109/15).

D. Rechtsbehelfe. Die Vollstreckungsmaßnahmen sind nach § 87 Abs. 4 mit der sofortigen Beschwerde in 8 entsprechender Anwendung der §§ 567 bis 572 ZPO anfechtbar (s.a. § 87 Rdn. 4).

§ 96a Vollstreckung in Abstammungssachen.

(1) Die Vollstreckung eines durch rechtskräftigen Beschluss oder gerichtlichen Vergleich titulierten Anspruchs nach § 1598a des Bürgerlichen Gesetzbuchs auf Duldung einer nach den anerkannten Grundsätzen der Wissenschaft durchgeführten Probeentnahme, insbesondere die Entnahme einer Speichel- oder Blutprobe, ist ausgeschlossen, wenn die Art der Probeentnahme der zu untersuchenden Person nicht zugemutet werden kann.

§ 96a

(2) Bei wiederholter unberechtigter Verweigerung der Untersuchung kann auch unmittelbarer Zwang angewendet, insbesondere die zwangsweise Vorführung zur Untersuchung angeordnet werden.

Übersicht	Rdn.		Rdn.
A. Voraussetzungen	1	C. Zumutbarkeit	3
B. Vollstreckung	2	D. Rechtsbehelfe	4

1 A. Voraussetzungen. Mit § 96a wird die i.R.d. Gesetzes zur Klärung der Vaterschaft unabhängig vom Anfechtungsverfahren vom 26.03.2008 (BGBl. I, S. 441; in Kraft 01.04.2008) eingeführte frühere Regelung des § 56 Abs. 4 Satz 1, 3 FGG übernommen. Abstammungssachen sind nach § 111 Nr. 3 Familiensachen und in § 169 definiert. Voraussetzung einer Vollstreckung ist das Vorliegen eines durch rechtskräftigen Beschluss oder gerichtlichen Vergleich titulierten **Anspruchs nach § 1598a BGB** auf Duldung einer nach den anerkannten Grundsätzen der Wissenschaft durchgeführten Probeentnahme. In § 1598a Abs. 1 Satz 1 BGB findet sich der Begriff der genetischen Probe. In § 96a Abs. 1 werden beispielhaft die Speichel- oder Blutprobe aufgeführt. I.d.R. dürfte eine bloße Speichelprobe als milderes Mittel ausreichend sein (vgl. auch OLG München FamRZ 2011, 1878, 1879).

2 B. Vollstreckung. Die Vollstreckung erfolgt grds. über § 95 Abs. 1 Nr. 4 (vgl. § 95 Rdn. 6; Vollstreckung zur Erzwingung von Duldungen) nach den Vorschriften der ZPO und somit nach § 890 ZPO. Danach ist **Ordnungsgeld** (bis 250.000 € je Verstoß; ersatzweise Ordnungshaft) oder **Ordnungshaft** (bis zu 6 Monaten je Verstoß; insgesamt max. 2 Jahre) zu verhängen. Sollte sich der Verpflichtete wiederholt (mindestens 2 ×) unberechtigt der Untersuchung verweigern, kann auch **unmittelbarer Zwang** angeordnet werden, insb. die zwangsweise Vorführung zur Untersuchung, § 96a Abs. 2. Die Möglichkeit, unmittelbaren Zwang anzuwenden, erstreckt sich auch auf die Untersuchung an sich, da anderenfalls keine effektive Vollstreckung gewährleistet wäre. Durch die Nachrangigkeit der Anwendung unmittelbaren Zwangs wird dem stets zu beachtenden Verhältnismäßigkeitsgrundsatz entsprochen.

3 C. Zumutbarkeit. Die Vollstreckung ist jedoch ausgeschlossen nach § 96 Abs. 1 a.E., wenn die **Art der Probeentnahme** der zu untersuchenden Person nicht zugemutet werden kann, was nach der Gesetzesbegründung (BR-Drucks. 549/07 S. 28) der Fall sein soll, wenn gesundheitliche Schäden für den zu Untersuchenden zu befürchten sind. Abgestellt wird nicht auf die Probeentnahme an sich, sondern lediglich auf die Art der Probeentnahme. Grds. ist von der Zumutbarkeit auszugehen, wie sich bereits aus der Formulierung als negative Tatbestandsvoraussetzung ergibt. Die Art der Probeentnahme dürfte – insb. bei der Speichelprobe –, i.d.R. nie unzumutbar sein. Eine Ausnahme hiervon ist z.B. bei Suizidgefahr gegeben, wenngleich sich dann die Unzumutbarkeit nicht aus der Art der Probeentnahme ergibt, sondern aus der Probeentnahme an sich.

4 D. Rechtsbehelfe. Die Vollstreckungsmaßnahmen sind nach § 87 Abs. 4 mit der sofortigen Beschwerde in entsprechender Anwendung der §§ 567 bis 572 ZPO anfechtbar (s.a. § 87 Rdn. 4).

Abschnitt 9. Verfahren mit Auslandsbezug

Unterabschnitt 1. Verhältnis zu völkerrechtlichen Vereinbarungen und Rechtsakten der Europäischen Gemeinschaft

§ 97 Vorrang und Unberührtheit. (1) ¹Regelungen in völkerrechtlichen Vereinbarungen gehen, soweit sie unmittelbar anwendbares innerstaatliches Recht geworden sind, den Vorschriften dieses Gesetzes vor. ²Regelungen in Rechtsakten der Europäischen Gemeinschaft bleiben unberührt.
(2) Die zur Umsetzung und Ausführung von Vereinbarungen und Rechtsakten im Sinne des Absatzes 1 erlassenen Bestimmungen bleiben unberührt.

Übersicht

	Rdn.			Rdn.
A. Allgemeines	1		f) Haager Übereinkommen über die Anerkennung und Vollstreckung von Unterhaltsentscheidungen von 1973	33
B. Staatsverträge und vorrangiges Unionsrecht	3			
C. Rechtsakte der Europäischen Union	6			
I. Vorrang des Europäischen Rechts	6		g) Haager Erwachsenenschutzübereinkommen	34
II. Einzelne Rechtsakte	10		h) Haager Zustellungsübereinkommen von 1965	35
1. Brüssel Ia-Verordnung	10			
2. Brüssel IIa-Verordnung	11			
3. Europäische Unterhaltsverordnung	12		i) Haager Beweisaufnahmeübereinkommen von 1970	36
4. Europäisches Gewaltschutzrecht	13		3. Europäische Staatsverträge	37
5. Europäische Erbrechtsverordnung	15		a) Luganer Übereinkommen von 2007	37
6. Ehegüterrecht	16			
7. Güterrecht der Lebenspartnerschaft	17		b) Europäisches Sorgerechtsübereinkommen	38
8. Europäische Fristenverordnung	18			
9. Beweisaufnahme-Verordnung	19		c) Abkommen EU- Dänemark vom 19.10.2005	39
10. Europäischer Vollstreckungstitel	20			
11. Europäisches Mahnverfahren	21			
12. Europäische Zustellungsverordnung	22		4. Bilaterale Staatsverträge	40
13. Europäisches Verfahren für geringfügige Forderungen	23	E.	Umsetzungs- und Ausführungsbestimmungen (Abs. 2)	41
14. Vorläufige Kontenpfändung	24		I. Umsetzungs- und Ausführungsbestimmungen	41
D. Völkerrechtliche Vereinbarungen	25			
I. Staatsverträge	25			
II. Einzelne Staatsverträge	26		II. Einzelne Regelungen	45
1. UN-Übereinkommen	26		1. Internationales Familienrechtsverfahrensgesetz	45
2. Haager Staatsverträge	27			
a) Haager Kinderschutzübereinkommen	27		2. Auslandsunterhaltsgesetz	46
b) Haager Minderjährigenschutzabkommen	28		3. EU-Gewaltschutzverfahrensgesetz	47
c) Haager Kindesentführungsübereinkommen	30		4. Gesetz zur Ausführung des Haager Erwachsenenschutzübereinkommens	48
d) Haager Adoptionsübereinkommen	31		5. Adoptionswirkungsgesetz und Adoptionsübereinkommens-Ausführungsgesetz	49
e) Haager Unterhaltsübereinkommen von 2007	32		6. Internationales Erbrechtsverfahrensgesetz	51

A. Allgemeines. Die Vorschrift des § 97 stellt das Verhältnis des FamFG zu anderen Regelungen klar und **unterscheidet mehrere Ebenen von Normen**. Dabei handelt es sich zum einen um völkerrechtliche Vereinbarungen. Ferner geht es um Rechtsakte der Europäischen Union. Schließlich sind die dazu ergangenen Umsetzungs- und Ausführungsbestimmungen zu beachten. Die Vereinbarungen, Rechtsakte und Bestim-

1

mungen haben ggü. dem FamFG Vorrang. Bei der praktischen Anwendung ist regelmäßig zunächst das Unionsrecht heranzuziehen, in zweiter Linie kommen die Staatsverträge zur Anwendung. Erst in dritter Linie kommt das nationale Recht mit dem FamFG zum Zuge.

2 Die auf den ersten Blick verwirrende Fülle internationaler, europäischer und nationaler Regelungen wird durchschaubar, wenn man den räumlichen, sachlichen und zeitlichen Anwendungsbereich und das Rangverhältnis unter den jeweiligen Vorschriften beachtet. Allerdings verweisen diese teilweise wieder aufeinander, nehmen aufeinander Bezug oder sind in anderer Weise miteinander verzahnt. § 97 erfüllt seine beabsichtigte Hinweis- und Warnfunktion nur unvollkommen, da er die in Frage kommenden Vorschriften nicht im Einzelnen nennt (und angesichts ihrer Vielzahl wohl auch nicht nennen kann). Die Gefahr der unrichtigen Anwendung oder Nichtanwendung einzelner Normen ist groß (näher *Finger* FuR 2013, 689 ff.)

3 **B. Staatsverträge und vorrangiges Unionsrecht. Völkerrechtliche Vereinbarungen** umfassen multilaterale und bilaterale Staatsverträge. Eine Parallelvorschrift, die das Rangverhältnis klarstellt, findet sich für das IPR in Art. 3 EGBGB. Die ZPO enthält keine allgemeine Regelung. Völkerrechtliche Vereinbarungen i.S.d. Abs. 1 sind solche, die in Kraft getreten und damit völkerrechtlich verbindlich sind. Gemeint sind aber nur solche, die unmittelbar anwendbares innerstaatliches Recht schaffen und nicht nur eine Verpflichtung zur Umsetzung begründen (MüKoFamFG/*Rauscher* § 97 FamFG Rn. 5). Die völkerrechtliche Vereinbarung ist aufgrund Ratifikation innerstaatlich beachtlich (vgl. Art. 59 GG). Nach allgemeinen Grundsätzen hat die völkerrechtliche Vereinbarung jedoch keinen Vorrang. – Zum Günstigkeitsprinzip bei der Anerkennung s. § 109 FamFG Rdn. 2.

4 Der **Vorrang des Unionsrechts**, das »unberührt« bleibt, ergibt sich bereits aus allgemeinen Grundsätzen des Unionsrechts, insbes. aus der Anordnung unmittelbarer Geltung von Verordnungen in Art. 288 Abs. 2 AEUV. Die Vorschrift des § 97 hat daher insofern nur deklaratorische Bedeutung. § 97 Abs. 1 nennt die gemeinten internationalen und europäischen Regelungen nicht konkret. Maßgeblich ist der jeweilige Stand der deutschen und europäischen Gesetzgebung. Kommentarliteratur, Internetquellen und Rechtsprechung geben aber vielfache Hinweise, was im Einzelnen gemeint ist.

5 Das Verhältnis zwischen der **EU-Regelung** und einzelnen von den Mitgliedstaaten bereits vorher abgeschlossenen **Staatsverträgen** wird i.A. in der unionsrechtlichen Norm klargestellt. Regelmäßig hat das Unionsrecht für das Innenverhältnis unter den EU-Mitgliedstaaten Vorrang. Staatsverträge und Unionsrecht sind unterschiedliche Rechtsquellen, bei deren Anwendung sich freilich ein sinnvolles Ganzes ergeben sollte. Bei der Auslegung des Unionsrechts ist daher, soweit möglich, auch auf die Auslegung der Haager Übk. Rücksicht zu nehmen.

6 **C. Rechtsakte der Europäischen Union. I. Vorrang des Europäischen Rechts.** In Betracht kommen zahlreiche direkt anwendbare europäische Verordnungen (vgl. Art. 288 Abs. 2 AEUV), die auf die Kompetenz des Art. 81 AEUV gestützt werden (dazu *Uecker* FF 2014, 185 ff.). Die Verordnungen der EU gelten grundsätzlich für alle 28 **Mitgliedstaaten der EU**. Regelmäßig gelten sie zwar nicht für **Dänemark** (s. Art. 2 Nr. 3 Brüssel IIa-VO, Art. 1 Abs. 2 EuUntVO sowie die Erwägungsgründe zu den einzelnen Verordnungen), doch besteht eine Reihe von Sonderregeln und Abk. (vgl. Rdn. 39). Das EU-Recht gilt für das **Hoheitsgebiet der EU**. Dazu gehören die Mitgliedstaaten. Außerdem umfasst es das überseeischen französischen Départements (Art. 355 Abs. 1 AEUV sowie die Azoren, Balearen, Madeira und die Kanarischen Inseln (Art. 355 Abs. 1 AEUV), ferner die Ålandinseln (Art. 355 Abs. 4 AEUV). Das gleiche gilt für Gibraltar. Nicht erfasst werden von den Verordnungen die britischen Kanalinseln, die Insel Man und die Hoheitszonen des Vereinigten Königreichs auf Zypern (Art. 355 Abs. 5 Buchst. b), c) AEUV).

7 Bei der Auslegung der Verordnungen ist i.A. eine **verordnungsautonome Auslegung** zu bevorzugen. Es gelten die allgemeinen Regeln des Unionsrechts für die Auslegung von Sekundärrecht (näher Staudinger/*Spellenberg* Einl. Brüssel IIa-VO Rn. 51 ff.). Wertvolle Hinweise enthalten i.d.R. die ausführlichen Erwägungsgründe der einzelnen Verordnungen, die auch Klarstellungen für die bei der Entstehung umstrittenen Vorschriften enthalten. Im Übrigen ist der Zusammenhang mit anderen europäischen Verordnungen, ihrer Begrifflichkeit und dem Fallrecht des EuGH zu wahren. Bei der Auslegung der Rechtsbegriffe der VO sind die Fassung der VO in den anderen Amtssprachen, die Entstehungsgeschichte, der Aufbau, die Zielsetzung und die Systematik sowie die allgemeinen Rechtsgrundsätze, die sich aus der Gesamtheit der Rechtsordnungen der Mitgliedstaaten ergeben, zu berücksichtigen (EuGH NJW 2009, 1865). Zahlreiche Vorschriften finden sich in gleicher oder ähnlicher Form in mehreren Verordnungen. Gemäß Art. 51 GRCh müssen die **EU-Organe** und die Mitgliedstaaten bei der Durchführung des Rechts der Union die Rechte achten, sich an

Abschnitt 9. Verfahren mit Auslandsbezug § 97

die Grundrechte und Grundsätze halten und deren Anwendung fördern. Dies gilt auch, wie in den Erwägungsgründen der familien- und erbrechtlichen Verordnungen hervorgehoben wird, auch bei der Anwendung dieser Verordnungen (EuGH ZEuP 2011, 901 Anm. *Pirrung* = IPRax 2012, 345 m. Aufs. *Siehr*, 316).

Die einheitliche Auslegung wird durch den EuGH im Rahmen des **Vorlageverfahrens** gewährleistet 8 (Art. 267 AEUV). Bestehen keine vernünftigen Zweifel an der Auslegung der VO (sog. acte clair; vgl. hierzu BGH NJW 2006, 1672; NJW 2013, 2597 Anm. *Hau* FamRZ 2013, 1116 m.w.N.), so kann eine Vorlage unterbleiben. Dies setzt voraus, dass auch für die Gerichte der anderen Mitgliedstaaten und den Gerichtshof die gleiche Gewissheit besteht (*Kohler* IPRax 1991, 301; *Roth* IPRax 2010, 154).

Für die **praktische Arbeit im Europäischen Verfahrensrecht** steht ein **Europäisches Justizielles Netz** 9 **(EJN)** für Zivil- und Handelssachen zur Verfügung (http://ec.europa.eu/civiljustice/; http://ec.europa.eu/civiljustice/index_de.htm). Dieses enthält eine Fülle von Angaben zu den einzelnen Rechtsinstrumenten, aber auch zu den Rechtsordnungen der Mitgliedstaaten. Hierzu besteht eine deutsche Bundeskontaktstelle im Rahmen des BfJ (https://www.bundesjustizamt.de/). Im Rahmen des EJN sind auch **Verbindungsrichterinnen und Verbindungsrichter** benannt worden (dazu *Carl/Menne* NJW 2009, 3537; *Menne* FamRB 2015, 441). Angaben zur gerichtlichen Zusammenarbeit in Zivilsachen sowie zu in- und ausländischen Gerichten findet man im **Europäischen Gerichtsatlas für Zivilsachen** (http://ec.europa.eu/justice_home/judicialatlascivil/html/ds_information_de.htm). Informationen zum internationalen Rechtshilfeverkehr enthält die **Rechtshilfeordnung für Zivilsachen (ZRHO)**, die auch über einen aktualisierten Länderteil verfügt (s. https://www.bundesjustizamt.de/DE/Themen/Gerichte_Behoerden/IRZH/Rechtshilfeordnung/ZRHO_node.html).

II. Einzelne Rechtsakte. 1. Brüssel Ia-Verordnung. Vorrang genießt die VO (EU) Nr. 1215/2012 über die 10 gerichtliche Zuständigkeit und die Anerkennung und Vollstreckung von Entscheidungen in Zivil- und Handelssachen (Brüssel Ia-VO) vom 12.12.2012, ABl. EU 2012 Nr. L 351 S. 1. Anders als ihr Vorgänger, die Brüssel I-VO (EuGVO), die nur noch für Altfälle von Bedeutung ist, erfasst sie keine Unterhaltsansprüche mehr (Art. 1 Abs. 2 Buchst. e)). Personenstand und Güterrecht sind ausgeschlossen (Art. 1 Abs. 2 Buchst. a)). Dazu gehört auch die grenzüberschreitende Vollstreckung einer gerichtlichen Zwangsgeldanordnung bei Umgangsverweigerung (EuGH FamRZ 2015,1866). Die Brüssel Ia-VO kann auf sonstige Familiensachen i.S.d. § 266 anzuwenden sein, ist aber im Übrigen in familienrechtlichen Angelegenheiten aber regelmäßig nicht anwendbar (*Pietsch* FuR 2015, 456 ff.). Auch das Erbrecht ist ausgeschlossen (Art. 1 Abs. 2 Buchst. f)).

2. Brüssel IIa-Verordnung. Vorrangig zu beachten ist die VO (EG) Nr. 2201/2003 über die Zuständigkeit 11 und die Anerkennung und Vollstreckung von Entscheidungen in Ehesachen und in Verfahren betreffend die elterliche Verantwortung und zur Aufhebung der VO (EG) Nr. 1347/2000 (Brüssel IIa-VO) vom 27.11.2003 (ABl. EU 2003 Nr. L 338 S. 1). Die Brüssel IIa-VO wird erläutert in Anh. I. Zur Durchführung dient das IntFamRVG (Anh. IV).

3. Europäische Unterhaltsverordnung. In Unterhaltssachen ist vorrangig die VO (EG) Nr. 4/2009 über die 12 Zuständigkeit, das anwendbare Recht, die Anerkennung und Vollstreckung von Entscheidungen und die Zusammenarbeit in Unterhaltssachen (EuUnthVO) vom 18.12.2008 (ABl. EU 2009 Nr. L 7 S. 1). Dänemark nimmt aufgrund eines Abkommens mit der EU vom 19.10.2005 teil (ABl. EU 2009 Nr. L 149 S. 80). Die seit 18.06.2011 anwendbare EuUntVO wird erläutert in Anh. V. Zur Durchführung dient das AUG (s. Rdn. 46), erläutert in Anh. VI.

4. Europäisches Gewaltschutzrecht. Vorrangig zu beachten ist auch die VO (EU) Nr. 606/2013 über die **ge-** 13 **genseitige Anerkennung von Schutzmaßnahmen** in Zivilsachen (EuSchutzVO) vom 12.06.2013 (ABl. EU 2013 Nr. L 181 S. 4). Sie ist am 11.01.2015 in Kraft getreten. Danach können vorläufige Schutzmaßnahmen, die in einem EU-Land angeordnet wurden, beibehalten werden, wenn eine Person in ein anderes EU-Land reist oder zieht (*Pietsch* NZFam 2014, 726; *Wagner* NJW 2014, 1862; *Dutta* FamRZ 2015, 85; *Kemper* FuR 2015, 218). Eine mehrsprachige standardisierte Bescheinigung soll sicherstellen, dass das EU-Land, in dem sich die gefährdete Person aufhält, die vom Ursprungsmitgliedstaat angeordnete Schutzmaßnahme anerkennt. Die Bescheinigung enthält alle für die Anerkennung und gegebenenfalls für die Vollstreckung der Schutzmaßnahme erforderlichen Informationen. Die zuständige Behörde stellt der geschützten Person die Bescheinigung aus und bringt dies der gefährdenden Person zur Kenntnis (zur Übersetzung der Bescheinigung § 18 EuGewSchVG). Zu beachten ist auch die DVO Nr. 939/2014 zur Ausstellung der Bescheinigungen gem. Art. 5 und 14 EuSchutzVO vom 02.09.2014 (ABl. EU 2014 Nr. L 263 S. 10).− Zum deutschen

Durchführungsgesetz (EuGewSchVG) s.u. Rdn. 47. Zur internationalen Zuständigkeit s. § 105 FamFG Rdn. 9. Zur Anerkennung nach der EuSchutzVO s. § 108 FamFG Rdn. 7.

14 Die **Richtlinie 2011/99/EU über die Europäische Schutzanordnung** (ABl. 2011 Nr. L 338 S. 2) war von den Mitgliedstaaten umzusetzen. In Deutschland ist die Anerkennung und Vollstreckung nach der Richtlinie in §§ 2 bis 12 EuGewSchVG geregelt. Verfahren nach europäischem Gewaltschutzrecht sind in Deutschland Familiensachen (§ 1 EuGewSchVG).

15 **5. Europäische Erbrechtsverordnung.** In Erbsachen ist vorrangig zu beachten die VO (EU) Nr. 650/2012 über die Zuständigkeit, das anzuwendende Recht, die Anerkennung und Vollstreckung von Entscheidungen und die Annahme und Vollstreckung öffentlicher Urkunden in Erbsachen sowie zur Einführung eines Europäischen Nachlasszeugnisses (EuErbVO) vom 04.07.2012 (ABl. EU 2012 Nr. L 201 S. 107; berichtigt Nr. L 344 S. 3) ist am 16.08.2012 in Kraft getreten (Art. 84 Abs. 1). Sie gilt ab 17.08.2015 (Art. 84 II). Die EuErbVO gilt für alle Mitgliedstaaten der EU mit Ausnahme des Vereinigten Königreichs, Irlands und Dänemarks. Der Inhalt der VO umfasst sowohl die Bestimmung des anwendbaren Rechts als auch das Verfahrensrecht; es handelt sich um eine sog. gemischte VO. Die VO regelt ihren Anwendungsbereich in Kap I (Art. 1–3), sodann in Kap II die Zuständigkeit (Art. 4–19). In Kap III finden sich Vorschriften zum anzuwendenden Recht (Art. 20–38). Kap IV behandelt die Anerkennung, Vollstreckbarkeit und Vollstreckung von Entscheidungen (Art. 39–58), Kap V öffentliche Urkunden und gerichtliche Vergleiche (Art. 59–61). Das Kap VI regelt das Europäische Nachlasszeugnis (ENZ; Art. 62–73). Kap VII enthält allg. und Schlussbestimmungen (Art. 74–84), darunter auch Vorschriften zur zeitlichen Anwendbarkeit (Art. 83, 84). Die EuErbVO wird erläutert in Anh. IX. Zur Durchführung dient das IntErbRVG, s. Anh. X.

16 **6. Ehegüterrecht.** Ein EU VO-Vorschlag zum Ehegüterrecht vom März 2011 (KOM [2011] 126 endg.) liegt vor (dazu *Buschbaum/Simon* GPR 2011, 262, 305; *Kohler/Pintens* FamRZ 2011, 1433, 1437 f.; *Martiny* IPRax 2011, 437 ff.) und ist weiter beraten worden (*Mansel/Thorn/Wagner* IPRax 2016, 1, 6). Im Jahr wurden neue 2016 Vorschläge im Rahmen der Verstärkten Zusammenarbeit vorgelegt.

17 **7. Güterrecht der Lebenspartnerschaft.** Auch ein noch nicht verabschiedeter EU VO-Vorschlag zum Güterrecht eingetragener Partnerschaften vom März 2011 (KOM [2011] 127 endg.) wurde vorgelegt (dazu *Kohler/Pintens* FamRZ 2011, 1433, 1437 f.; *Martiny* IPRax 2011, 437 ff.; *Mansel/Thorn/Wagner* IPRax 2012, 1, 6 f.). Im Jahr wurden neue 2016 Vorschläge im Rahmen der Verstärkten Zusammenarbeit vorgelegt.

18 **8. Europäische Fristenverordnung.** Für die Fristberechnung gelten im Unionsrecht die Vorschriften der VO (EWG, EURATOM) Nr. 1182/71 zur Festlegung der Regeln für die Fristen vom 03.06.1971 (EuFristVO; ABl. Nr. 1971 Nr. L 124 S. 1). Auf die EuFristVO wird ausdrücklich Bezug genommen in Erwägungsgrund 41 zur EuUntVO, Erwägungsgrund 77 zur EuErbVO sowie in § 42 IntErbRVG.

19 **9. Beweisaufnahme-Verordnung.** Vorrangig anwendbar ist die VO (EG) Nr. 1206/2001 über die Zusammenarbeit zwischen den Gerichten der Mitgliedstaaten auf dem Gebiet der Beweisaufnahme in Zivil- oder Handelssachen (EuBeweisVO) vom 28.05.2001 (ABl. EG 2001 Nr. L 174 S. 1). Die VO ist im Hinblick auf Dänemark nicht anwendbar (Art. 1 Abs. 3 EuBeweisVO). Deutsche Umsetzung in §§ 363 Abs. 3, 1072 ff. ZPO. Die EuBeweisVO ist auch im Verfahren auf Anerkennung einer Adoption zu beachten (BVerfG FamRZ 2016, 26 m. Anm. *Botthoff*).

20 **10. Europäischer Vollstreckungstitel.** Zur Verfügung steht in ihrem Anwendungsbereich die VO (EG) Nr. 805/2004 zur Einführung eines europäischen Vollstreckungstitels für unbestrittene Forderungen (EuVTVO) vom 21.04.2004 (ABl.EU 2004 Nr. L 143 S. 15; Berichtigung ABl. EU 2005 Nr. L 97 S. 64; dazu *Wagner* IPRax 2005, 189 ff.). In Bezug auf Dänemark ist die VO nicht anwendbar (Art. 2 Abs. 3). Personenstand, Güterrecht und Erbrecht sind ausgeschlossen (Art. 2 Abs. 2 Buchst. a)). Deutsche Umsetzung in §§ 1079 ff. ZPO. Zum Unterhalt s. Art. 68 Abs. 2 EuUntVO.

21 **11. Europäisches Mahnverfahren.** Genutzt werden kann auch die VO (EG) Nr. 1896/2006 zur Einführung eines Europäischen Mahnverfahrens (EuMahnVO) vom 12.12.2006 (ABl. EU 2006 Nr. L 399 S. 1; geändert durch VO [EU] Nr. 2015/2421 vom 16.12.2015, ABl. EU 2015 Nr. L 341 S. 1). In Bezug auf Dänemark ist die VO nicht anwendbar (Art. 2 Abs. 3). Güterrecht und Erbrecht sind ausgeschlossen (Art. 2 Abs. 2 Buchst. a)), Unterhalt ist erfasst (MüKoFamFG/*Rauscher* § 97 FamFG Rn. 62; vgl. § 29 AUG). Deutsche Umsetzung in §§ 688 Abs. 4, 1087 ff. ZPO.

12. Europäische Zustellungsverordnung. Vorrangiges Unionsrecht enthält ferner die VO (EG) Nr. 1393/ 22
2007 über die Zustellung gerichtlicher und außergerichtlicher Schriftstücke in Zivil- oder Handelssachen in
den Mitgliedstaaten (»Zustellung von Schriftstücken«) und zur Aufhebung der VO (EG) Nr. 1348/2000 des
Rates (EuZustVO) vom 13.11.2007 (ABl.EU 2007 Nr. L 324 S. 79). Jede Bezugnahme auf die aufgehobene
VO gilt als Bezugnahme auf die neue VO (Art. 25 Abs. 2 EuZustVO). Im Verhältnis zu Dänemark findet
die VO aufgrund eines Abkommens zwischen der EU und Dänemark Anwendung (ABl. EU 2005 Nr. L 300
S. 55). Deutsche Umsetzung der EuZustVO in §§ 183 Abs. 5, 1067 ff. ZPO.

13. Europäisches Verfahren für geringfügige Forderungen. Unionsrecht enthält auch die VO (EG) 23
Nr. 861/2007 zur Einführung eines europäischen Verfahrens für geringfügige Forderungen (BagatellVO) vom
11.07.2007 (ABl.EU 2007 Nr. L 199 S. 1; geändert durch VO [EU] Nr. 2015/2421 v. 16.12.2015, ABl. EU 2015
Nr. L 341 S. 1). In Bezug auf Dänemark ist die VO nicht anwendbar (Art. 2 Abs. 3). Der Personenstand, Güterrecht, Unterhaltsrecht und Erbrecht sind ausgeschlossen (Art. 2 Abs. 2 Buchst. a - d). Deutsche Umsetzung
in §§ 1097 ff. ZPO.

14. Vorläufige Kontenpfändung. Zugänglich ist auch die VO (EU) Nr. 655/2014 zur Einführung eines Ver- 24
fahrens für einen Europäischen Beschluss zur vorläufigen Kontenpfändung im Hinblick auf die Erleichterung der grenzüberschreitenden Eintreibung von Forderungen in Zivil- und Handelssachen (EuKoPfVO)
vom 15.05.2014 (ABl. EU 2014 Nr. L 189 S. 59). In Bezug auf Dänemark und das Vereinigte Königreich ist
die VO nicht anwendbar. Güterrecht und Erbrecht sind ausgeschlossen (Art. 2 Abs. 2 Buchst. a), b). Nach
der EuKoPfVO kann ein Beschluss zur vorläufigen Pfändung erwirkt werden. Deutsche Umsetzung in
§§ 754a ff. ZPO.

D. Völkerrechtliche Vereinbarungen. I. Staatsverträge. Nur die allgemeinen Regeln des Völkerrechts 25
(z.B. über das Fehlen der Gerichtsbarkeit) gehen dem Bundesrecht stets vor (Art. 25 GG). Völkerrechtliche
Vereinbarungen haben nach ihrer Ratifikation nur den Rang einfachen Bundesrechts. Ihr Vorrang ergibt
sich i.A. jedoch aus dem Vorrang des spezielleren Gesetzes vor dem allgemeinen (vgl. *Schack* Rn. 68). Dieser
Vorrang gilt auch ggü. einem erst später erlassenen allgemeinen Gesetz. Abs. 1 Satz 1 verankert jedoch
einen generellen Vorrang im Rahmen ihres Anwendungsbereichs (MüKoFamFG/*Rauscher* § 97 FamFG
Rn. 4),der sich vor allem bzgl. der internationalen Zuständigkeit auswirkt Zu den **Haager Übereinkommen**
findet man Informationen zu den Texten, zum Ratifikationsstand und zur Anwendung auf den Internetseiten der Haager Konferenz für Internationales Privatrecht (http://www.hcch.net/). Das **Verhältnis der
Staatsverträge untereinander** richtet sich nach völkerrechtlichen Grundsätzen (dazu MüKoFamFG/*Rauscher* § 97 FamFG Rn. 8 ff.), wird i.A. jedoch von den einzelnen Übk. klargestellt.

II. Einzelne Staatsverträge. 1. UN-Übereinkommen. Vorrang hat auch das UN-Übk. über die Gelten- 26
machung von Unterhaltsansprüchen im Ausland (**UNÜ 1956**) vom 20.06.1956 (BGBl. 1959 II S. 150). Es
betrifft Rechtshilfefragen in Unterhaltssachen, nicht aber die Anerkennung und Vollstreckung (s. *Rausch*
FPR 2007, 448; *Breuer* FamRB 2014, 30, 35). Bis auf Bulgarien, Lettland, Litauen und Malta sind alle Mit-
gliedstaaten der EU auch Vertragsstaaten des New Yorker UN-Übk., dem über 60 Staaten angehören. Das
UNÜ wird unter den Vertragsstaaten des Haager Unterhaltsübereinkommens 2007 durch dieses ersetzt
(Art. 48). Zur Ausführung des UNÜ dient das AUG (§ 1 Abs. 1 Satz 1 Nr. 2 Buchst. d)), erläutert in
Anh. VI.

2. Haager Staatsverträge. a) Haager Kinderschutzübereinkommen. Das Haager Übk. über die Zustän- 27
digkeit, das anzuwendende Recht, die Anerkennung, Vollstreckung und Zusammenarbeit auf dem Gebiet
der elterlichen Verantwortung und der Maßnahmen zum Schutz von Kindern (**KSÜ**) vom 19.10.1996
(BGBl. 2009 II S. 603; dazu Ges. vom 25.06.2009, BGBl. 2009 II S. 602) gilt unter den Vertragsstaaten (Al-
banien, Armenien, Australien, Belgien, Bulgarien, Dänemark, Dominikanische Republik, Ecuador, Estland,
Finnland, Frankreich, Georgien, Irland, Italien, Kroatien, Lettland, Litauen, Luxemburg, Malta, Marokko,
Monaco, Montenegro, Niederlande, Österreich, Polen, Portugal, Rumänien, Russland, Schweden, Schweiz,
Serbien (01.11.2016), Slowakei, Slowenien, Spanien, Tschechien, Ukraine, Ungarn, Uruguay, Vereinigtes
Königreich, Zypern; http://www.hcch.net/bzw). Eine Entscheidung des Rates vom 05.06.2008 hat einige
EU-Mitgliedstaaten – darunter Deutschland – ermächtigt, das KSÜ zu ratifizieren oder ihm beizutreten
(ABl. EU 2008 Nr. L 251 S. 36. – S. *Andrae* FPR 2010, 508; Staudinger/*Pirrung* Vorbem Art. 19 Rn. G 12).
Im Verhältnis zwischen den Vertragsstaaten ersetzt das KSÜ das MSA (Art. 51). Zwischen den EU-Mit-
gliedstaaten wird das KSÜ durch die Brüssel IIa-VO verdrängt (Art. 61 Brüssel IIa-VO; zu Dänemark OLG

Karlsruhe NJW-RR 2015, 1415). Der 01.01.2011, der Tag, an dem das KSÜ nach seinem Art. 61 Abs. 2 für Deutschland in Kraft getreten ist, ist im BGBl. bekannt gemacht worden (BGBl. 2010 II S. 1527; vgl. *Gärtner* StAZ 2011, 65; *Mansel/Thorn/R. Wagner* IPRax 2011, 1, 12; *Schulz* FamRZ 2011, 156; *Schwarz* JAmt 2011, 438; *Wagner/Janzen* FPR 2011, 110; *Benicke* IPRax 2013, 44 ff.). Art. 53 stellt klar, dass das KSÜ keine Rückwirkung beansprucht. Das KSÜ wird erläutert in Anh. II. Deutsche Ausführungsbestimmungen im IntFamRVG (§ 1 Nr. 2), erläutert in Anh. IV.

28 **b) Haager Minderjährigenschutzabkommen.** Zu den Staatsverträgen gehört auch das Haager Übk. über die Zuständigkeit der Behörden und das anzuwendende Recht auf dem Gebiet des Schutzes von Minderjährigen (**MSA**) vom 05.10.1961 (BGBl. 1971 II S. 217). Vertragsstaaten des MSA sind neben Deutschland Frankreich, Italien, Lettland, Litauen, Luxemburg, die Niederlande, Österreich, Polen, Portugal, die Schweiz, Spanien und die Türkei (http://www.hcch.net/). Nach dem MSA sind die Gerichte bzw. Behörden des Vertragsstaats für Maßnahmen zum Schutz eines minderjährigen Kindes zuständig, in dem sich das Kind gewöhnlich aufhält (Art. 13 Abs. 1 MSA). Neben dem MSA ist das nationale IPR in Bezug auf Schutzmaßnahmen für Minderjährige nicht mehr anwendbar. Deutsche Ausführungsbestimmungen finden sich im Zustimmungsgesetz vom 30.04.1971 zum MSA (BGBl. 1971 II S. 217, 1150).

29 Das MSA ist zum 01.01.2011 durch das KSÜ ersetzt worden (s. Art. 51 KSÜ Anh III). Teilweise verdrängt wurde zuvor schon das MSA durch die Brüssel IIa-VO (vgl. EuGH FamRZ 2008, 1729). Diese geht vor, soweit es sich um die Zuständigkeit und Anerkennung von Entscheidungen über die elterliche Verantwortung »zwischen den Mitgliedstaaten« handelt (Art. 60 Buchst. a) Brüssel IIa-VO). Daraus wird geschlossen, dass der Vorrang nicht bei einem Kindesaufenthalt in Macao oder der Türkei (OLG Stuttgart FamRZ 2013, 49 Aufs. *Gruber* IPRax 2013, 409) bzw. für chinesische (Macau) und türkische Minderjährige gilt (*Benicke* IPRax 2013, 44, 51 – Nur für die Anerkennung Palandt/*Thorn* Art. 24 EGBGB Anh Rn. 7). In seinem sachlichen Anwendungsbereich geht dem MSA auch das Haager Kindesentführungsübk (Art. 34 HKÜ) vor. – Zur internationalen Zuständigkeit s. § 99 FamFG Rdn. 4. Zur Anerkennung s. § 108 FamFG Rdn. 11.

30 **c) Haager Kindesentführungsübereinkommen.** Das Haager Übk. über die zivilrechtlichen Aspekte internationaler Kindesentführung (HKÜ) vom 25.10.1980 (BGBl. 1990 II S. 207)) ist am 01.12.1990 in Kraft getreten. Es gilt nur zwischen den über 90 Vertragsstaaten (http://www.hcch.net/; Staudinger/*Pirrung* Vorbem. Art. 19 EGBGB Rn. D 14; dazu *Finger* FamRBInt 2010, 95 ff.; 2011, 80 ff.; *ders.* FamFR 2012, 316 ff.) Das Übk. ist im Kern eine Rechtshilfekonvention; sie soll die Situation bei internationalen Kindesentführungen und -entziehungen verbessern, wenn also ein Elternteil das Kind ins Ausland verbringt oder zurückhält. Für die Durchführung greifen die Bestimmungen des IntFamRVG ein (§ 1 Nr. 3 IntFamRVG). Zentrale Behörde ist das Bundesamt für Justiz (§ 3 Nr. 3 IntFamRVG). Das HKÜ ist auch im Verhältnis der EU-Staaten anwendbar, wird aber durch die Brüssel IIa-VO ergänzt, Art. 60 Buchst. e) Brüssel IIa-VO (*Rieck* NJW 2008, 182). Sichergestellt werden soll, dass das Kind und der Antragsteller angehört werden (Art. 11 Abs. 2 Brüssel IIa-VO). Außerdem wird eine Sechswochenfrist für die Entscheidung des Verfahrens statuiert (Art. 11 Abs. 3 Brüssel IIa-VO). Die Rückführung in einen anderen EU-Staat kann nicht mehr abgelehnt werden, wenn für die Zeit nach der Rückkehr des Kindes angemessene Schutzmaßnahmen getroffen wurden (Art. 11 Abs. 4 Brüssel IIa-VO). Ferner besteht eine Pflicht zur grenzüberschreitenden Zusammenarbeit nach Ablehnung einer Rückführung des Kindes (Art. 11 Abs. 6, 7 Brüssel IIa-VO). Ggü. dem KSÜ hat das HKÜ Vorrang (Art. 50 KSÜ; *Wagner/Janzen* FPR 2011, 110, 111). Das HKÜ wird erläutert in Anh. III. Zur Ausführung dient das IntFamRVG (§ 1 Nr. 3), erläutert in Anh. IV.

31 **d) Haager Adoptionsübereinkommen.** Das Haager Übk. über den Schutz von Kindern und die Zusammenarbeit auf dem Gebiet der internationalen Adoption (HAÜ) vom 29.05.1993 ist mit Wirkung vom 01.03.2002 für Deutschland in Kraft getreten (BGBl. 2001 II S. 1034; Vertragsstaaten http://www.hcch.net/). Dieses Übk. gilt, wie sich aus Art. 3 HAÜ ergibt, grds. nur für die Annahme Minderjähriger und greift nur partiell in das nationale Kollisionsrecht ein. Anerkennung und Wirkungen einer in einem anderen Vertragsstaat durchgeführten Adoption sind durch Art. 23–27 HAÜ vorrangig geregelt. Daneben enthält das HAÜ vereinheitlichte Sachvorschriften zur grenzüberschreitenden Adoptionsvermittlung, zur Zusammenarbeit der beteiligten Vertragsstaaten und zu einem abgestimmten Vorschaltverfahren, welches der Entscheidung über die Adoption vorauszugehen hat (*Weitzel* NJW 2008, 186 ff.; *Zimmermann* NZFam 2016, 150, 152 ff.). Ausführungsbestimmungen finden sich im Adoptionsübereinkommens-Ausführungsgesetz vom 05.11.2001 (AdÜbAG), s. Rdn. 49. Zum Adoptionswirkungsgesetz (AdWirkG) s. Rdn. 50.– Zur internationalen Zuständigkeit s. § 101 FamFG Rdn. 2. Zur Anerkennung s. § 108 FamFG Rdn. 14.

e) **Haager Unterhaltsübereinkommen von 2007.** Ein internationaler Staatsvertrag ist das Haager Übk. 32
über die internationale Geltendmachung der Unterhaltsansprüche von Kindern und anderen Familienangehörigen (Haager Unterhalts-Übk. von 2007) vom 23.11.2007 (ABl. EU 2011 Nr. L 192 S. 51) nach Maßgabe des Beschlusses des Rates der EU vom 09.06.2011 (ABl. EU 2011 Nr. L 192 S. 39) über die Genehmigung dieses Übk. Das Haager Übk. ist für die EU-Staaten (01.08.2014, mit Ausnahme von Dänemark), für Albanien (01.01.2013), Bosnien-Herzegowina (01.02.2013), Norwegen (01.01.2013) und die Ukraine (01.11.2013) in Kraft getreten (*Wagner* NJW 2014, 1862, 1864). Erläuternder Bericht von Borrás/Degeling. Zur Nachrangigkeit gegenüber der EuUntVO, s. deren Art. 69 Abs. 1, 2. Zur Anerkennung s. § 108 FamFG Rdn. 8, § 109 Rdn. 8. Zur Ausführung dient das AUG (§ 1 Abs. 1 Satz 1 Nr. 2 Buchst. a)), erläutert in Anh. VI.

f) **Haager Übereinkommen über die Anerkennung und Vollstreckung von Unterhaltsentscheidungen** 33
von 1973. Vorrang hat auch das ältere Haager Übk. über die Anerkennung und Vollstreckung von Unterhaltsentscheidungen (Haager Unterhaltsanerkennungs- und Vollstreckungs-Übk. von 1973) vom 02.10.1973 (BGBl. 1986 II S. 826). Es kommt in Betracht ggü. Vertragsstaaten, die dem Haager Unterhalts-Übk. von 2007 nicht beigetreten sind (*Breuer* FamRB 2014, 30, 34. Zur Anwendung ggü. der Türkei BGH FamRZ 2015, 2043 Anm. *Gottwald* = NZFam 2015, 1031 Anm. *Mankowski* [Scheidungsfolgen]; OLG Stuttgart FamRZ 2012, 999 m. Aufs. *Gruber* IPRax 2013, 325). Siehe § 108 Rdn. 9, § 109 Rdn. 9. Zur Ausführung dient das AUG (§ 1 Abs. 1 Satz 1 Nr. 2 Buchst. b)), erläutert in Anh. VI. Keine praktische Bedeutung mehr hat das Haager Übk. über die Anerkennung und Vollstreckung von Entscheidungen auf dem Gebiet der Unterhaltspflicht ggü. Kindern vom 15.04.1958 (BGBl. 1961 II S. 1005, 1962 II S. 15), das noch gegenüber Liechtenstein und Suriname gilt. Dazu *Rausch* FPR 2007, 448.

g) **Haager Erwachsenenschutzübereinkommen.** Das Haager Übk. über den internationalen Schutz von 34
Erwachsenen (**ErwSÜ**) vom 13.01.2000 (BGBl. 2007 II S. 323), ist am 01.01.2009 in Kraft getreten. Vertragsstaaten sind außer Deutschland, Estland, Finnland, Frankreich, Österreich, die Schweiz, Tschechische Republik und das Vereinigte Königreich (beschränkt auf Schottland). Zur Ausführung besteht das Gesetz zur Umsetzung des Haager Übk. vom 13.01.2000 über den internationalen Schutz von Erwachsenen vom 17.03.2007 (ErwSÜAG, BGBl. 2007 I S. 314. – Näher *Röthel/Woitge* IPRax 2010, 409 ff.). Das Übk. soll den grenzüberschreitenden Schutz von Erwachsenen (d.h. Personen über 18 Jahren, Art. 2), die aufgrund einer Beeinträchtigung oder Unzulänglichkeit ihrer persönlichen Fähigkeiten nicht in der Lage sind, ihre Interessen zu schützen, sicherstellen. Es ist universell, d.h. auch ggü. Nichtvertragsstaaten anwendbar (Art. 18). Zu den Schutzmaßnahmen gehören Betreuung und Einwilligungsvorbehalt (vgl. Art. 3, 4), nicht hingegen kraft Gesetzes eintretende Erwachsenenschutzvorschriften wie die Geschäftsunfähigkeit (*Helms* FamRZ 2008, 1999). Die Anerkennung und Vollstreckung folgen eigenen Regeln (Art. 22 ff.). Das ErwSÜ wird erläutert in Anh. VII. Deutsche Ausführungsbestimmungen im ErwSÜAG, erläutert in Anh. VIII.

h) **Haager Zustellungsübereinkommen von 1965.** Staatsvertragliche Regeln enthält das Haager Übk. über 35
die Zustellung gerichtlicher und außergerichtlicher Schriftstücke im Ausland in Zivil- oder Handelssachen vom 15.11.1965 (BGBl. 1977 II S. 1452, 1453; 1979 II S. 779; 1991 II S. 1396; 1993 II S. 703, 704; 1995 II S. 755, 757). Unter den EU-Staaten geht allerdings die EuZustVO (Rdn. 22) vor.

i) **Haager Beweisaufnahmeübereinkommen von 1970.** Schließlich genießt Vorrang das Haager Übk. über 36
die Beweisaufnahme im Ausland in Zivil- oder Handelssachen vom 18.03.1970 (BGBl. 1977 II S. 1472). Außer im Verhältnis zu Dänemark geht allerdings die EuBeweisVO (Rdn. 19) vor.

3. **Europäische Staatsverträge. a) Luganer Übereinkommen von 2007.** Vorrang genießt auch das Luga- 37
ner Übk. über die gerichtliche Zuständigkeit und die Anerkennung und Vollstreckung von Entscheidungen in Zivil- und Handelssachen (**LugÜ 2007**) vom 30.10.2007 (ABl. EU 2009 Nr. L 147 S. 5). Das seit 01.01.2010 anwendbare Übk. ist für das Verhältnis zu Island, Norwegen und der Schweiz vor allem für Unterhaltsfragen von Bedeutung (zur Nachrangigkeit gegenüber der EuErbVO, s. deren Art. 69 Abs. 1, 2). Norwegen ist allerdings auch Vertragsstaat des Haager Unterhaltsübereinkommens von 2007. Den Personenstand betreffende Angelegenheiten sind ausgeschlossen (Art. 1 Abs. 2 Buchst. a)). Das LugÜ 2007 ist an die *Stelle des Übk.* von Lugano über die gerichtliche Zuständigkeit und die Anerkennung und Vollstreckung gerichtlicher Entscheidungen in Zivil- und Handelssachen (**LugÜ 1988**) vom 16.09.1988 (BGBl. 1994 II S. 2658) getreten. Zur Ausführung des LugÜ 2007 dient das AUG (§ 1 Abs. 1 Satz 1 Nr. 1c), soweit es um Unterhalt geht (erläutert in Anh. VI). Zur internationalen Zuständigkeit nach dem LugÜ 2007 s. § 102 FamFG Rdn. 2, § 105 FamFG Rdn. 4.– Zur Anerkennung s. § 108 FamFG Rdn. 15.

§ 97 Buch 1. Allgemeiner Teil

38 **b) Europäisches Sorgerechtsübereinkommen.** Von Bedeutung für die Anerkennung und Vollstreckung von Sorgerechtsentscheidungen ist das Luxemburger Europäische Übk. über die Anerkennung und Vollstreckung von Entscheidungen über das Sorgerecht für Kinder und die Wiederherstellung des Sorgeverhältnisses (**ESÜ**) vom 20.05.1980 (BGBl. 1990 II S. 220). Erläuternder Bericht BT-Drucks. 11/5314. Für Deutschland ist das ESÜ am 01.02.1991 in Kraft getreten. Vertragsstaaten sind Mitgliedstaaten des Europarats (Verzeichnis unter Europarat – Vertragsbüro, http://conventions.coe.int/), darunter die Türkei (AG Pankow/Weißensee FamRZ 2016, 145 Anm. *Dutta*). Zur Ausführung des ESÜ dient das IntFamRVG (§ 1 Nr. 4 IntFamRVG), erläutert in Anh. IV. Zum Verhältnis zur vorrangig anwendbaren Brüssel IIa-VO s. deren Art. 60 Buchst. d). Zum Verhältnis zum vorrangigen KSÜ s. Art. 52 KSÜ. Zum Verhältnis zum HKÜ s. § 37 IntFamRVG. Zur Anerkennung nach dem ESÜ s. § 108 FamFG Rdn. 16.

39 **c) Abkommen EU- Dänemark vom 19.10.2005.** Vorrang genießt auch das Abkommen zwischen der Europäischen Gemeinschaft und dem Königreich Dänemark über die gerichtliche Zuständigkeit und die Anerkennung und Vollstreckung von Entscheidungen in Zivil- und Handelssachen vom 19.10.2005 (ABl. EU 2005 Nr. L 299 S. 62). Dieses Abk. ist am 01.07.2007 in Kraft getreten (*Wagner* EuZW 2006, 424, 426; *Nielsen* IPRax 2007, 506). Es ermöglicht es Dänemark, wie ein Mitgliedstaat an mehreren europäischen Verordnungen teilzunehmen, so an der Brüssel Ia-VO und der EuUntVO (*Mankowski* NZFam 2015, 346).

40 **4. Bilaterale Staatsverträge.** Auch bilaterale Staatsverträge haben Vorrang. Sie betreffen i.A. lediglich die Rechtshilfe sowie die Anerkennung und Vollstreckung von Entscheidungen. Der sachliche und der zeitliche Anwendungsbereich sind jeweils zu prüfen. In Betracht kommen Abk. mit Belgien (Abk. vom 30.06.1958; BGBl. 1959 II S. 766), Griechenland (Vertrag vom 04.11.1961; BGBl. 1963 II S. 110), Israel (Vertrag vom 20.07.1977; BGBl. 1980 II S. 926), Italien (Abk. vom 09.03.1936; RGBl. 1937 II S. 145), Niederlande (Vertrag vom 30.08.1962; BGBl. 1965 II S. 26, 1155), Norwegen (Vertrag vom 17.06.1977; BGBl. 1981 II S. 341), der Schweiz (Abk. vom 02.11.1929; RGBl. 1930 II S. 1066), Spanien (Vertrag vom 14.11.1983; BGBl. 1987 II S. 35), Tunesien (Vertrag vom 19.07.1966; BGBl. 1969 II S. 890), Türkei (Abk. vom 28.05.1929; BGBl. 1952 II S. 608) und Vereinigtes Königreich (Abk. vom 14.07.1960; BGBl. 1961 II S. 301). Im Rahmen der EU geht ihnen das einschlägige EU-Recht vor (dazu *Schack* Rn. 69). Die Verordnungen stellen dies regelmäßig ausdrücklich klar. Auch multilaterale Staatsverträge können Vorrang haben. Zur Ausführung der bilateralen Staatsverträge dient vor allem das AVAG. Siehe auch das AUG für Fälle verbürgter Gegenseitigkeit (s. § 1 Abs. 1 Satz 1 Nr. 3 AUG). Zur Anerkennung s. § 108 FamFG Rdn. 17. Keine Zuständigkeits- und Anerkennungsregeln enthält das deutsch-iranische Niederlassungsabk. vom 17.02.1929 (RGBl. 1930 II S. 1006). Dagegen ist für das Verfahren in Erbsachen das deutsch-türkisch Konsularabk. von 1929 von Bedeutung, s. § 105 FamFG Rdn. 6, § 109 FamFG Rdn. 22.

41 **E. Umsetzungs- und Ausführungsbestimmungen (Abs. 2). I. Umsetzungs- und Ausführungsbestimmungen.** Der Vorrang nach § 97 FamFG erstreckt sich auch auf die zur Umsetzung und Ausführung von internationalen Vereinbarungen und europäischen Rechtsakten erlassenen Bestimmungen (Abs. 2). Ein solcher Vorrang vor den allgemeinen Vorschriften des FamFG würde sich i.A. bereits aus dem lex specialis-Grundsatz ergeben (vgl. MüKoFamFG/*Rauscher* § 97 FamFG Rn. 18). Insofern besitzt Abs. 2 lediglich deklaratorische Bedeutung. Das FamFG selbst enthält keine Vorschriften zur Umsetzung bzw. Durchführung internationaler und europäischer Rechtsakte.

42 **Allgemeine Umsetzungs- und Ausführungsbestimmungen** finden sich in Zivil- und Handelssachen vor allem im Anerkennungs- und Vollstreckungsausführungsgesetz (**AVAG**, dazu näher § 108 Rdn. 18) sowie in Bezug auf die justizielle Zusammenarbeit in der EU in §§ 1067 ff. ZPO. Einzelne familienrechtliche Staatsverträge wurden mit eigenen Ausführungsgesetzen versehen. Diese sind weitgehend in das IntFamRVG übernommen worden, das nunmehr eine zentrale Rechtsquelle bildet (s. Rdn. 45). Der Komplex des Unterhalts ist dagegen umfassend im AUG geregelt worden (s. Rdn. 46), der Erwachsenenschutz im ErwSÜAG (s. Rdn. 48), der europäische Gewaltschutz im EuGewSchVG (s. Rdn. 47), das internationale Erbrecht im IntErbRVG (s. Rdn. 51). Die Vorschriften des IntErbRVG orientieren sich vielfach am AUG.

43 Bei der **Auslegung** der Umsetzungs- und Ausführungsbestimmungen ist auf den Zusammenhang mit dem jeweiligen Rechtsinstrument zu achten, für das sie geschaffen wurden. Ferner liefern parallele (oft aber auch mehr oder weniger voneinander abweichende) deutsche Umsetzungs- und Ausführungsbestimmungen zu anderen Materien Anhaltspunkte. Schließlich ist der Zusammenhang mit dem internen Familienverfahrensrecht zu wahren.

Abschnitt 9. Verfahren mit Auslandsbezug § 97

Kennzeichnend für viele Durchführungs- und Ausführungsgesetze ist, dass sie eine gerichtliche **Zuständig-** 44
keitskonzentration bei einem AG am Sitz des OLG vorsehen (s. §§ 12, 13 IntFamRVG, §§ 28, 35 AUG, § 7
ErwSÜAG). Ferner regeln sie die Tätigkeit und Zusammenarbeit der **Zentralen Behörden** der Mitglied-
bzw. Vertragsstaaten, in Deutschland beim Bundesjustizamt (BfJ) angesiedelt (s. §§ 3 ff. IntFamRVG,
§§ 4 ff. AUG, §§ 1 ff. ErwSÜAG).

II. Einzelne Regelungen. 1. Internationales Familienrechtsverfahrensgesetz. Das Gesetz zur Aus- und 45
Durchführung bestimmter Rechtsinstrumente auf dem Gebiet des internationalen Familienrechts (Internationales Familienrechtsverfahrensgesetz – **IntFamRVG**) vom 26.01.2005 ist für ehe- und sorgerechtliche
Fragen maßgeblich. Es dient der Durchführung des Brüssel IIa-VO, ferner der Ausführung des Haager Kinderschutzübereinkommens (KSÜ), des Haager Kindesentführungsübereinkommens (HKÜ) sowie des Europäisches Sorgerechtsübereinkommens (ESÜ). Das IntFamRVG wird erläutert in Anh. IV.

2. Auslandsunterhaltsgesetz. Eine umfassende Regelung der internationalen Unterhaltsdurchsetzung ent- 46
hält das Gesetz zur Geltendmachung von Unterhaltsansprüchen im Verkehr mit ausländischen Staaten
(Auslandsunterhaltsgesetz – **AUG**) vom 23.05.2011. Es dient der Durchführung einer Reihe von Verord-
nungen und Abk. der EU (§ 1 AUG). Dabei handelt es sich um die Durchführung einer VO und folgender
Abk. der Europäischen Union: die EuUnthVO (VO [EG] Nr. 4/2009), Abk. vom 19.10.2005 zwischen der
Europäischen Gemeinschaft und dem Dänemark über die gerichtliche Zuständigkeit und die Anerkennung
und Vollstreckung von Entscheidungen in Zivil- und Handelssachen (ABl. EU 2005 Nr. L 299, S. 62), das
LugÜ von 2007. Ferner geht es um die Ausführung folgender völkerrechtlicher Verträge: das Haager Unter-
halts-Übk. von 2007, das Haager Unterhaltsanerkennungs- und Vollstreckungs-Übk. von 1973, das ältere
LugÜ von 1988, das UNÜ von 1956 über die Geltendmachung von Unterhaltsansprüchen im Ausland. Das
AUG wird erläutert in Anh. VI.

3. EU-Gewaltschutzverfahrensgesetz. Einen speziellen Aspekt betrifft das am 11.01.2015 in Kraft getretene 47
Gesetz zum Europäischen Gewaltschutzverfahren (EU-Gewaltschutzverfahrensgesetz – **EuGewSchVG**;
näher *Schneider* FamRB 2015, 112; *Mansel/Thorn/Wagner* IPRax 2016, 1, 9 f.). Es dient der Durchführung
der VO über die gegenseitige Anerkennung von Schutzmaßnahmen in Zivilsachen (EuSchutzVO) vom
12.06.2013; dazu oben Rdn. 13. Das Gesetz setzt auch die Gewaltschutz-Richtlinie 2011/99/EU (oben
Rdn. 14) um. Zur internationalen Zuständigkeit s. § 105 FamFG Rdn. 9.– Zur Anerkennung nach dem EU-
Gewaltschutzverfahrensgesetz s. § 108 FamFG Rdn. 7.

4. Gesetz zur Ausführung des Haager Erwachsenenschutzübereinkommens. Ein gesondertes Gesetz vom 48
13.01.2000 besteht zur Ausführung des Haager Übk. über den internationalen Schutz von Erwachsenen
(**ErwSÜAG**). Zum ErwSÜ oben Rdn. 34. Das ErwSÜAG wird erläutert in Anh. VIII.

5. Adoptionswirkungsgesetz und Adoptionsübereinkommens-Ausführungsgesetz. Für internationale 49
Adoptionen gilt für Deutschland ergänzend zum HAÜ (dazu oben Rdn. 31) das Gesetz zur Ausführung des
Haager Übk. vom 29.05.1993 über den Schutz von Kindern und die Zusammenarbeit auf dem Gebiet der
internationalen Adoption (Adoptionsübereinkommens-Ausführungsgesetz – **AdÜbAG**) vom 05.11.2001
(BGBl. 2001 I S. 2950). Das AdÜbAG enthält Regelungen über die Zentralen Behörden, die internationale
Adoptionsvermittlung und die im HAÜ (Art. 23 und 27 Abs. 2) vorgesehenen Bescheinigungen über das
Zustandekommen einer Adoption oder einer Umwandlungsentscheidung (*Zimmermann* NZFam 2016,
150, 155 ff.). Zur internationalen Zuständigkeit s. § 101 FamFG Rdn. 2.

Ferner gilt seit dem 01.01.2002 das Gesetz über Wirkungen der Annahme als Kind nach ausländischem 50
Recht (Adoptionswirkungsgesetz – **AdWirkG**) vom 05.11.2001 (BGBl. 2001 I S. 2950, 2953). Das AdWirkG
geht inhaltlich über die bloße Ausführung des HAÜ hinaus und ermöglicht eine Erweiterung der Adop-
tionswirkungen. Es normiert ein Anerkennungs- und Wirkungsfeststellungsverfahren hinsichtlich im Ausland ergangener oder auf ausländischem Recht beruhender Adoptionsentscheidungen. Das AdWirkG gilt
nur für Minderjährigenadoptionen, ist aber nicht auf in einem Vertragsstaat des HAÜ durchgeführte Adoptionen beschränkt. Es geht dem FamFG vor (§ 199). Zur Anerkennung nach dem AdWirkG s. § 108 FamFG
Rdn. 36.

6. Internationales Erbrechtsverfahrensgesetz. Das Internationale Erbrechtsverfahrensgesetz vom 51
29.06.2015 (**IntErbRVG**) enthält die zur Durchführung der EuErbVO (dazu oben Rdn. 15) erforderlichen
Bestimmungen (*Mansel/Thorn/Wagner* IPRax 2016, 1, 10). Es handelt sich hierbei um Zuständigkeits- und

Martiny 705

Verfahrensregelungen. Hinsichtlich der Anerkennung und Vollstreckung von Entscheidungen (§§ 3 ff.) folgt das IntErbRVG der Grundkonzeption des AUG, soweit auch dort noch ein Vollstreckbarerklärungsverfahren erforderlich ist. Für das mit der EuErbVO eingeführte Europäische Nachlasszeugnis (ENZ) enthält das IntErbRVG in §§ 33 ff. eigene Verfahrensregeln. Das IntErbRVG wird erläutert in Anh. X.

Unterabschnitt 2. Internationale Zuständigkeit

§ 98 Ehesachen; Verbund von Scheidungs- und Folgesachen. (1) Die deutschen Gerichte sind für Ehesachen zuständig, wenn
1. ein Ehegatte Deutscher ist oder bei der Eheschließung war;
2. beide Ehegatten ihren gewöhnlichen Aufenthalt im Inland haben;
3. ein Ehegatte Staatenloser mit gewöhnlichem Aufenthalt im Inland ist;
4. ein Ehegatte seinen gewöhnlichen Aufenthalt im Inland hat, es sei denn, dass die zu fällende Entscheidung offensichtlich nach dem Recht keines der Staaten anerkannt würde, denen einer der Ehegatten angehört.

(2) Die Zuständigkeit der deutschen Gerichte nach Absatz 1 erstreckt sich im Fall des Verbunds von Scheidungs- und Folgesachen auf die Folgesachen.

Übersicht	Rdn.		Rdn.
A. Allgemeines	1	I. Fälle des Abs. 1	15
B. Staatsverträge und vorrangiges Unionsrecht	10	II. Deutsche Staatsangehörigkeit eines Ehegatten	19
I. Unionsrecht	10	III. Gewöhnlicher Aufenthalt der Ehegatten	22
II. Staatsverträge	11	IV. Staatenlose und Flüchtlinge	24
C. Anwendungsbereich	12	V. Gewöhnlicher Aufenthalt eines Ehegatten	28
D. Internationale Zuständigkeit für Ehesachen nach nationalem Recht	15	E. Zuständigkeit für Folgesachen	30

1 **A. Allgemeines.** Die §§ 98 ff. enthalten keine allgemeinen Vorschriften über die internationale Zuständigkeit, d.h. die Verteilung von Rechtssachen mit Auslandsbezug unter den Gerichten verschiedener Staaten, sondern regeln im Wesentlichen nur einzelne Fälle. Die Regelung der internationalen Zuständigkeit unterliegt dem Recht des Gerichtsorts (lex fori). Es gelten einige allgemeine Grundsätze, die sich teilweise auch in der gesetzlichen Regelung niedergeschlagen haben. Die §§ 98 ff. gelten für die von ihnen erfassten einzelnen Angelegenheiten. Nicht gesondert geregelt ist die **Gerichtsbarkeit**, deren Vorliegen nach den allgemeinen Grundsätzen der §§ 18 ff. GVG (Diplomaten und Konsularbeamte) und völkerrechtlichen Regeln zu beachten ist (Prütting/Helms/*Hau* vor §§ 98 – 106 Rn. 33).

2 Die internationale Zuständigkeit ist von der Frage der **Anwendung materiellen Rechts** zu trennen. Zwar kennen die Haager Übereinkommen z.T. einen Gleichlauf zwischen Zuständigkeit und anwendbarem Recht (KSÜ, ErwSÜ, MSA). Grds. sind die Fragen jedoch getrennt nach den jeweiligen internationalen, unionsrechtlichen (z.B. Rom III-VO) und nationalen Regeln (insbes. EGBGB) zu prüfen. Die Ermittlung und Anwendung ausländischen Rechts hat den prozessualen Standards des § 293 ZPO zu genügen (Prütting/Helms/*Hau* vor §§ 98 – 106 Rn. 43).

3 Die internationale Zuständigkeit ist von der **örtlichen Zuständigkeit** zu unterscheiden. Während es bei der örtlichen Zuständigkeit um den einzelnen Gerichtsstand innerhalb einer Gerichtsbarkeit geht, betrifft die internationale Zuständigkeit lediglich die Zuständigkeit der deutschen Gerichte überhaupt. Angesichts der vergleichsweise detaillierten Regelung der §§ 98 ff. kommt der **Grundsatz der Doppelfunktionalität**, wonach sich die internationale Zuständigkeit aus der örtlichen ergibt (BGH FamRZ 2005, 1987), nur hilfsweise zur Anwendung (§ 105). Die Prüfung der internationalen Zuständigkeit erfolgt i.A. vor der Feststellung der örtlichen Zuständigkeit (vgl. Prütting/Helms/*Hau* vor §§ 98 – 106 Rn. 1).

4 Bei der **direkten (Entscheidungs-) Zuständigkeit** nach §§ 98 ff. geht es um die Frage, ob das angerufene Gericht nach dem Recht des Gerichtsortes (lex fori), also nach deutschem Recht, *international zuständig* ist. Dagegen betrifft die indirekte (Anerkennungs-) Zuständigkeit die Frage, ob das ausländische Erstgericht

Abschnitt 9. Verfahren mit Auslandsbezug §98

nach dem Recht des inländischen Zweitgerichts international zuständig war. Insoweit geht es um bloße Beurteilungsregeln im Rahmen der Anerkennungsprüfung (§ 109 Nr. 1 FamFG).
Bei den Zuständigkeiten der §§ 98 ff. handelt es sich um **besondere, nicht ausschließliche (konkurrierende) Gerichtsstände**, s. § 106. Unter alternativen Zuständigkeiten besteht die Wahl unter mehreren gleichrangigen Zuständigkeiten. 5
Die Zuständigkeit ist bei der Zulässigkeit des Antrages zu prüfen. Dies spricht für den Eintritt der Rechtshängigkeit (§ 113 Abs. 1 Satz 2 FamFG i.V.m. § 261 Abs. 3 Nr. 2 ZPO analog; vgl. BGH NJW 1984, 1305). Regelmäßig genügt aber, wenn die Voraussetzungen für die Begründung der internationalen Zuständigkeit erst nachträglich bis zum Zeitpunkt der gerichtlichen Entscheidung eintreten (BGHZ 188, 373). Über die Zuständigkeit wird im Allgemeinen im Zusammenhang mit der Sache entschieden. Im Zweifelsfall ist aber in Familiensachen der freiwilligen Gerichtsbarkeit eine selbständig anfechtbare Zwischenentscheidung über die internationale Zuständigkeit möglich (OLG Stuttgart IPRax 2015, 251 m. zust. Aufs. *Helms*, 217). 6
Entfallen nachträglich, d.h. nach Verfahrenseinleitung, die die internationale Zuständigkeit begründenden Tatsachen, so kann die Zuständigkeit gleichwohl weiterbestehen (**perpetuatio fori**; für die örtliche Zuständigkeit § 2 Abs. 2). Letztlich geht es darum, ob es noch Sinn macht, dass dem Gericht auch weiterhin eine Befugnis zur Entscheidung zugestanden wird. Das ist vielfach der Fall, lässt sich aber nicht generell, sondern nur im Hinblick auf den jeweiligen Sachzusammenhang sowie auf die beteiligten Interessen beantworten (Prütting/Helms/*Hau* vor §§ 98 bis 106 FamFG Rn. 9 ff.). Die Rspr. hat eine perpetuatio fori mehrfach für das deutsche IZPR angenommen (BGHZ 188, 373 = NJW 2011, 2515), aber auch für das europäische Zivilprozessrecht bejaht (BGH NJW 2013, 2597 Anm. *Hau* FamRZ 2013, 1116: Unterhaltsklage). 7
Die Prüfung der internationalen Zuständigkeit erfolgt grds. in jeder Lage des Verfahrens **von Amts wegen** (BGHZ 160, 332, 334; BGH NJW 2010, 1351). 8
Die Vorschrift des § 98 regelt die internationale Zuständigkeit der deutschen Gerichte für **Ehe- und Verbundsachen**. Maßgebliche Anknüpfungspunkte für die deutsche internationale Zuständigkeit in Ehesachen sind dabei die deutsche Staatsangehörigkeit (§ 98 Abs. 1 Nr. 1) und der gewöhnliche Aufenthalt im Inland (§ 98 Abs. 1 Nr. 2–4). Im Falle eines Verbunds erstreckt sich die internationale Zuständigkeit auch auf die Folgesachen, § 98 Abs. 2. Die Vorschrift des § 98 Abs. 1 entspricht dem früheren § 606a ZPO a.F. Abs. 2 entspricht §§ 621 Abs. 2, 623 Abs. 1 ZPO a.F. Die internationale Zuständigkeit ist auch hier von Amts wegen zu prüfen. Sie ist nicht ausschließlich (§ 106). 9

B. Staatsverträge und vorrangiges Unionsrecht. I. Unionsrecht. Die nationale Regelung kommt nur dann zur Anwendung, soweit kein vorrangiges Unionsrecht oder Staatsverträge eingreifen. Als Unionsrecht für Ehesachen kommt in erster Linie die Brüssel IIa-VO () in Betracht. Dies gilt allerdings nicht im Verhältnis zu Dänemark. Die Brüssel IIa-VO enthält Zuständigkeitsvorschriften in Art. 3 ff. Soweit Art. 6, 7 Brüssel IIa-VO dies noch zulassen (vgl. EuGH FamRZ 2008, 128), ist nachrangig § 98 FamFG maßgebend (*Althammer* IPRax 2009, 382 f.). Die Rom III-VO regelt lediglich das anwendbare Recht. Die EuUntVO enthält für Unterhaltsansprüche eine eigene Annexzuständigkeit (Art. 3 Buchst. c)). 10

II. Staatsverträge. In Bezug auf Ehesachen bestehen keine staatsvertraglichen Regeln. Für die Regelung der elterlichen Verantwortung kommt das nachrangige KSÜ in Betracht. Bei Wohnsitz des Unterhaltsbeklagten in einem Lugano-Vertragsstaat, der nicht EU-Mitgliedstaat ist, haben die Zuständigkeitsvorschriften des LugÜ 2007 Vorrang (Art. 64 Abs. 2 LugÜ 2007). Danach besteht eine eingeschränkte Annexzuständigkeit (Art. 5 Nr. 2). 11

C. Anwendungsbereich. Erfasst werden die **Ehesachen** i.S.d. § 121. Das sind Verfahren auf Scheidung der Ehe (Scheidungssachen; Nr. 1), auf Aufhebung der Ehe (Nr. 2) und auf Feststellung des Bestehens oder Nichtbestehens einer Ehe (Nr. 3). Bei der Anwendung ausländischen Sachrechts werden zu den Ehesachen aber auch andere Angelegenheiten gezählt wie die Ehenichtigkeit, die Ehetrennung ohne Auflösung des Ehebandes (BGHZ 47, 324 = NJW 1967, 2109) oder Verfahren auf Feststellung des Verschuldens. 12
Fraglich ist, ob die Vorschrift des § 98 auch für **gleichgeschlechtliche Ehen** gilt, die von zahlreichen Rechtsordnungen zugelassen werden. Häufig wird die gleichgeschlechtliche Ehe zuständigkeitsrechtlich zu einer Lebenspartnerschaft heruntergestuft. Die Zuständigkeit wird dann nach § 103 bestimmt (MüKoFamFG/*Rauscher* § 98 FamFG Rn. 14). Die **polygame Ehe** wird erfasst (MüKoFamFG/*Rauscher* § 98 FamFG Rn. 14). 13
Für die **gleichgeschlechtliche Lebenspartnerschaft** greift § 103 ein. 14

15 **D. Internationale Zuständigkeit für Ehesachen nach nationalem Recht. I. Fälle des Abs. 1.** Die deutschen Gerichte sind nach Abs. 1 (ähnlich wie früher nach § 606b ZPO) für Ehesachen in vier auf Staatsangehörigkeit und gewöhnlichem Aufenthalt beruhenden Fallgruppen zuständig. Es handelt sich um alternative Zuständigkeiten. Im Fall des Abs. 1 Nr. 1 kann eine perpetuatio fori (s. Rdn. 7) eintreten (BGH FamRZ 1983, 1215; Bork/Jacoby/Schwab/*Heiderhoff* § 98 Rn. 22). Das gleiche ist für Abs. 1 Nr. 2 und 3 anzunehmen (MüKoFamFG/*Rauscher* § 98 FamFG Rn. 70, 75). Für den nachträglichen Wegfall der positiven Anerkennungsprognose ist dies zweifelhaft (ablehnend Staudinger/*Spellenberg* § 606a ZPO Rn. 300). Die örtliche Zuständigkeit richtet sich nach § 122. Der gewöhnliche Aufenthalt ist auch ein Zuständigkeitsgrund nach Art. 3 Brüssel IIa-VO. Nach Möglichkeit ist die gleiche Auslegung dieses Begriffs wie nach dieser Vorschrift auch für das nationale Zuständigkeitsrecht anzustreben (s. Art. 3 Brüssel IIa-VO Rdn. 3).

16 Eine gesetzliche Definition des gewöhnlichen Aufenthalts gibt es nicht. Es kommt darauf an, ob der »Schwerpunkt der Bindungen« einer Person dort liegt und sie ihren »Daseinsmittelpunkt« dort hat (BGH NJW 1975, 1068). Der gewöhnliche Aufenthalt ist primär aufgrund von objektiven Merkmalen zu bestimmen. Als derartige Anhaltspunkte werden die Dauer, die Eingliederung in die soziale Umwelt (Privatleben, berufliche Tätigkeit usw.) und die Beständigkeit des Aufenthalts herangezogen. Dabei lässt sich keine Mindestdauer des Aufenthalts festsetzen. Die Aufenthaltsbegründung kann ohne einen bestimmten Zeitablauf erfolgen, wenn sie von vornherein in der Absicht erfolgte, am Aufenthaltsort den Lebensmittelpunkt zu begründen (BGHZ 73, 293; BGH NJW 2011, 855). Auf die aufenthaltsrechtliche Rechtmäßigkeit des Inlandsaufenthalts kommt es nicht an, da es um den Zugang für die Regelung privater Rechtsverhältnisse geht.

17 Ob ein **mehrfacher gewöhnlicher Aufenthalt möglich ist, ist umstritten** (offen gelassen OLG Nürnberg FamRZ 2007, 1588, 1590 f.). Teilweise wird im Interesse einer eindeutigen Anknüpfung die Möglichkeit eines **mehrfachen gewöhnlichen Aufenthalts** abgelehnt (*Holzmann* FPR 2010, 497, 498; *Uecker* FPR 2013, 35, 36). Andere halten ihn jedenfalls in Ausnahmefällen – je nach Sach- und Normzusammenhang – für möglich (*Baetge* FS Kropholler 2008, 77, 87; Prütting/Helms/*Hau* vor §§ 98 - 106 FamFG Rn. 23). Für die Begründung einer konkurrierenden Zuständigkeit kann die Sicherung eines Zugangs zum Gericht und des Rechtsschutzes angeführt werden.

18 Der einfache oder schlichte Aufenthalt wird schon durch bloße Anwesenheit begründet und genügt für den gewöhnlichen Aufenthalt nicht.

19 **II. Deutsche Staatsangehörigkeit eines Ehegatten.** Die deutschen Gerichte sind zuständig, wenn ein Ehegatte Deutscher ist. Auf den gewöhnlichen Aufenthalt kommt es hier nicht an. Für diese Heimatzuständigkeit genügt, wenn er die Staatsangehörigkeit bis zur letzten mündlichen Verhandlung erwirbt. Ausreichend ist auch eine sog. Antrittszuständigkeit, wenn er nur bei der Eheschließung Deutscher war (Abs. 1 Nr. 1). Der Besitz der Staatsangehörigkeit ist von Amts wegen festzustellen.

20 Den Besitz der **deutschen Staatsangehörigkeit** regelt das Staatsangehörigkeitsgesetz (StAG). Die Eigenschaft als Deutscher i.S.d. Art. 116 GG genügt. Soweit der Erwerb der deutschen Staatsangehörigkeit von familienrechtlichen Vorfragen (z.B. Abstammung, Adoption) abhängt, werden sie nach deutschem Kollisionsrecht beantwortet (OLG Stuttgart NJW-RR 2012, 389).

21 Welche Staatsangehörigkeit für die internationale Zuständigkeit maßgeblich ist, wenn eine Person zwei oder mehrere Staatsangehörigkeiten besitzt (**Doppelstaater/Mehrstaater**) ist nicht gesetzlich geregelt. Ein Vorrang der deutschen Staatsangehörigkeit wie nach Art. 5 EGBGB kommt nicht in Betracht. Aus Gründen der Rechtsschutzgewährung und der Praktikabilität wird man den Besitz der Staatsangehörigkeit ausreichen lassen, auch wenn sie nicht die **effektive Staatsangehörigkeit** ist (BGH NJW 1979, 1776; *Spellenberg* IPRax 1988, 1, 4).

22 **III. Gewöhnlicher Aufenthalt der Ehegatten.** Die deutschen Gerichte sind zuständig, wenn **beide Ehegatten ihren gewöhnlichen Aufenthalt im Inland** (aber nicht notwendig am gleichen Ort) haben (Abs. 1 Nr. 2). In der Praxis werden häufig 6 Monate verlangt (Thomas/Putzo/*Hüßtege* § 98 FamFG Rn. 8). Der gewöhnliche Aufenthalt ist auch ein Zuständigkeitsgrund nach Art. 3 Brüssel IIa-VO. Da nach Möglichkeit ist die gleiche Auslegung dieses Begriffs wie nach dieser Vorschrift anzustreben ist, hat die nationale Regelung keine selbständige Bedeutung mehr (s. Art. 3 Brüssel IIa-VO Rdn. 4 ff.).

23 Bei **Asylbewerben** wird häufig ein längerer Zeitraum verlangt (vgl. OLG Hamm NJW 1990, 561). Ein gesicherter Aufenthaltsstatus ist jedoch nicht notwendig (OLG Nürnberg FamRZ 2002, 324; Gottwald FamRZ 2002, 1343; anders OLG Bremen FamRZ 1992, 962). Die Ablehnung des Asylantrages oder die Anordnung *der Ausreise lässt den gewöhnlichen Aufenthalt nicht entfallen* (OLG Nürnberg FamRZ 2002, 324).

IV. Staatenlose und Flüchtlinge. Die deutschen Gerichte sind zuständig, wenn ein Ehegatte Staatenloser 24 mit gewöhnlichem Aufenthalt im Inland ist (Abs. 1 Nr. 3). Da regelmäßig schon im Hinblick auf den anderen Ehegatten eine Zuständigkeit begründet werden kann, hat dieser Zuständigkeitsgrund nur geringe praktische Bedeutung.

Flüchtlinge, die unter das Genfer UN-Abkommen über die Rechtsstellung der Flüchtlinge vom 28.07.1951 25 in Verbindung mit dem New Yorker Protokoll vom 31.01.1967 (BGBl. 1953 II, S. 560 sowie BGBl. 1969 II 1294) fallen, sind den Angehörigen des Vertragsstaates, in dem sie sich gewöhnlich aufhalten, im Hinblick auf den Zugang zu den Gerichten gleichgestellt (Art. 16 Abs. 2). Bei einem Aufenthalt in Deutschland ist damit die internationale Zuständigkeit wie für deutsche Staatsangehörige gegeben (BGH FamRZ 1990, 32). Entsprechendes gilt nach § 2 Abs. 1 AsylVG für **anerkannte Asylberechtigte**, und zwar rückwirkend für die 26 Zeit vor der stattgebenden Asylentscheidung ab Aufenthaltsbegründung im Inland (BGH FF 2003, 247). Sie sind deutschen Staatsangehörigen gleichgestellt (MüKoFamFG/*Rauscher* § 98 FamFG Rn. 49).

Den Schutz der Genfer Flüchtlingskonvention genießen auch Personen, die unter das Gesetz über Maßnah- 27 men für im Rahmen humanitärer Hilfsaktionen aufgenommene Flüchtlinge vom 22.07.1980 (BGBl. I, S. 1057) – »**Kontingentflüchtlinge**« – fallen. Der spätere Wegfall dieser Regelung hat die erworbene Rechtsstellung nicht berührt (OLG Celle StAZ 2012, 81).

V. Gewöhnlicher Aufenthalt eines Ehegatten. Die deutschen Gerichte sind auch dann zuständig, wenn 28 nur **ein Ehegatte** seinen gewöhnlichen Aufenthalt im Inland hat. Dieser Zuständigkeitsgrund kommt bei ausländischer Staatsangehörigkeit in Betracht. Dies gilt jedoch dann nicht, wenn die zu fällende Entscheidung offensichtlich nach dem Recht keines der Staaten anerkannt würde, denen einer der Ehegatten angehört (Abs. 1 Nr. 4). Zur Vermeidung hinkender Scheidungen wird daher eine **Anerkennung im gemeinsamen Heimatstaat** oder zumindest in einem der Heimatstaaten vorausgesetzt. Im Falle der Mehrstaatigkeit eines der Ehegatten wird für die Anerkennungsprognose z.T. auf die effektive Staatsangehörigkeit abgestellt (*Hausmann* Rn. A 202). Angesichts der Schwierigkeiten der Feststellung und der Erleichterung der Zuständigkeit dürfte darauf jedoch zu verzichten sein (Prütting/Helms/*Hau* Rn. 36). Eine positive Prognose für einen der Staaten muss genügen.

Die **Offensichtlichkeit der Nichtanerkennung** ist gegeben, wenn bereits ohne intensive Nachforschungen 29 und langwierige Ermittlungen des deutschen Gerichts davon auszugehen ist, dass die Scheidung in keinem der Heimatstaaten anerkannt würde (s. Begr. RegE BT-Drucks. 10/5632 S. 47). Die Anerkennungsprognose fällt etwa negativ aus, wenn das ausländische Recht Ehescheidungen grds. nicht anerkennt. Ferner, wenn es für seine Staatsangehörigen eine ausschließliche Zuständigkeit in Anspruch nimmt oder am gewöhnlichen Aufenthalt des Klägers ergangene Entscheidungen nicht anerkennt (s. OLG Hamm IPRax 1987, 250). Für die Durchführung der Anerkennungsprognose bestehen teilweise Länderlisten, deren Aktualität freilich zu prüfen ist (s. etwa Staudinger/*Spellenberg* § 606a ZPO Rn. 217).

E. Zuständigkeit für Folgesachen. Die internationale Zuständigkeit für Verfahren zur Haushaltsgegenstän- 30 deteilung oder Wohnungszuweisung ist nicht besonders geregelt. Die Zuständigkeit der deutschen Gerichte nach Abs. 1 erstreckt sich im Fall des Verbunds von Scheidungs- und Folgesachen aber auch auf Folgesachen (Abs. 2). Auch dies ist keine ausschließliche Zuständigkeit (§ 106). Folgesachen sind i.S.d. § 137 Abs. 2 und 3 zu verstehen. Dazu gehören Versorgungsausgleichssachen, bestimmte Unterhaltssachen, Ehewohnungs- und Haushaltssachen (MüKoFamFG/*Erbarth* § 200 Rn. 122) und Güterrechtssachen, aber auch einzelne Kindschaftssachen. Die Zuständigkeit für Folgesachen gilt ferner für Maßnahmen nach dem KSÜ sowie (soweit noch anwendbar) nach dem MSA. Die Verbundszuständigkeit kann auch für dem deutschen Recht fremde, aber nach dem anwendbaren ausländischen Recht bestehende Angelegenheiten begründet sein, so etwa für die Morgengabe nach islamischem Recht (vgl. BGH NJW 1987, 2161; KG FamRZ 1980, 470).

Die Folgesache soll vom **Gericht der Ehesache** entschieden werden. § 98 Abs. 2 kommt daher für isolierte 31 Folgesachen nicht zum Tragen, wenn bereits eine ausländische Ehescheidung vorliegt (anders früher für die ZPO BGHZ 75, 241; BGH FamRZ 1993, 416). Soll nach erfolgter Auslandsscheidung noch nachträglich in Deutschland der im Ausland weithin unbekannte Versorgungsausgleich durchgeführt werden, so richtet sich die internationale Zuständigkeit nach dem für isolierte Verfahren maßgeblichen § 102.

Das Zusammenspiel mit den europäischen und internationalen Regeln, welche die nationale Regelung teil- 32 weise verdrängen, führt zu erheblichen Modifikationen. Die internationale Zuständigkeit nach Abs. 1 ist auch diejenige nach der **Brüssel IIa-VO**, wenn diese eine Scheidungszuständigkeit begründet (Hau FamRZ

2009, 821, 823). Dies gilt für den Versorgungsausgleich (OLG Jena NJW 2015, 2270), ferner für Ehewohnungs- und Hausratsachen. Soweit für die Folgesache eine gesonderte Zuständigkeit nach einer der europäischen Regelungen besteht, geht diese vor. § 98 Abs. 2 wird insoweit verdrängt (MüKoFamFG/*Rauscher* § 97 Rn. 22). Dies gilt namentlich für Unterhaltsansprüche. Art. 3 Buchst. c) EuUnthVO kennt seinerseits eine begrenzte Verbundszuständigkeit. Für das Sorgerecht kann auch die Zuständigkeit nach KSÜ sowie (soweit noch anwendbar) dem MSA zum Zuge kommen (BGH NJW 1984, 1302).

33 Im Übrigen folgt die internationale Zuständigkeit den Regeln über die örtliche Zuständigkeit (§§ 105, 201 FamFG); *Althammer* IPRax 2009, 385 f.; *Koritz* FPR 2010, 572, 573).

§ 99 Kindschaftssachen.

(1) ¹Die deutschen Gerichte sind außer in Verfahren nach § 151 Nr. 7 zuständig, wenn das Kind
1. Deutscher ist oder
2. seinen gewöhnlichen Aufenthalt im Inland hat.
²Die deutschen Gerichte sind ferner zuständig, soweit das Kind der Fürsorge durch ein deutsches Gericht bedarf.
(2) Sind für die Anordnung einer Vormundschaft sowohl die deutschen Gerichte als auch die Gerichte eines anderen Staates zuständig und ist die Vormundschaft in dem anderen Staat anhängig, kann die Anordnung der Vormundschaft im Inland unterbleiben, wenn dies im Interesse des Mündels liegt.
(3) ¹Sind für die Anordnung einer Vormundschaft sowohl die deutschen Gerichte als auch die Gerichte eines anderen Staates zuständig und besteht die Vormundschaft im Inland, kann das Gericht, bei dem die Vormundschaft anhängig ist, sie an den Staat, dessen Gerichte für die Anordnung der Vormundschaft zuständig sind, abgeben, wenn dies im Interesse des Mündels liegt, der Vormund seine Zustimmung erteilt und dieser Staat sich zur Übernahme bereit erklärt. ²Verweigert der Vormund oder, wenn mehrere Vormünder die Vormundschaft gemeinschaftlich führen, einer von ihnen seine Zustimmung, so entscheidet anstelle des Gerichts, bei dem die Vormundschaft anhängig ist, das im Rechtszug übergeordnete Gericht. ³Der Beschluss ist nicht anfechtbar.
(4) Die Absätze 2 und 3 gelten entsprechend für Verfahren nach § 151 Nr. 5 und 6.

Übersicht	Rdn.		Rdn.
A. Allgemeines	1	D. Zuständigkeit nach Abs. 1	7
B. Staatsverträge und vorrangiges Unionsrecht	2	I. Staatsangehörigkeit	7
I. Vorrangiges Unionsrecht	2	II. Gewöhnlicher Aufenthalt	8
II. Staatsverträge	3	III. Fürsorgebedürfnis	10
1. Haager Kinderschutzübereinkommen	3	E. Zuständigkeitskoordination	11
2. Haager Minderjährigenschutz- abkommen	4	I. Konkurrierende Zuständigkeiten	11
3. Haager Kindesentführungsüber- einkommen	5	II. Unterbleiben einer Vormundschaft	12
C. Anwendungsbereich	6	III. Abgabe der Vormundschaft	13
		IV. Pflegschaft und Unterbringung Minderjähriger	14

1 **A. Allgemeines.** § 99 regelt die internationale Zuständigkeit in Kindschaftssachen des § 151. Sie besteht grds., wenn das Kind Deutscher ist oder einen deutschen gewöhnlichen Aufenthalt hat oder ein Fürsorgebedürfnis vorhanden ist (Abs. 1). Abs. 1 entspricht dem früheren § 35 Abs. 1, 2 FGG. Abs. 2 bis 4 entsprechen dem früheren § 47 FGG. In bestimmten Fällen der Vormundschaft, Pflegschaft oder freiheitsentziehenden Unterbringung kann die Anordnung im Inland unterbleiben, wenn ein entsprechendes ausländisches Verfahren anhängig ist und dies im Interesse des Kindes liegt, Abs. 2 und 4. Außerdem kann in solchen Kindschaftssachen das deutsche Gericht das Verfahren unter bestimmten Voraussetzungen an ein ausländisches Gericht abgeben, Abs. 3 und 4. Es handelt sich nur um eine konkurrierende Zuständigkeit (§ 106); die örtliche Zuständigkeit richtet sich nach § 152. § 99 gilt auch für die internationale Vollstreckungszuständigkeit (*Rauscher* NZFam 2015, 95).

2 **B. Staatsverträge und vorrangiges Unionsrecht. I. Vorrangiges Unionsrecht.** Die nationale Regelung kommt nur dann zur Anwendung, soweit nicht vorrangiges Unionsrecht oder Staatsverträge eingreifen. Die Regelung der internationalen Zuständigkeit für Verfahren, die eine umfassende oder teilweise Sor-

gezuweisung, -beschränkung oder -entziehung, eine Umgangsregelung oder andere Schutzmaßnahmen zum Gegenstand haben, ergibt sich nicht aus einer einheitlichen Norm, sondern aus einer ganzen Reihe unionsrechtlicher u staatsvertraglicher Rechtsquellen. Die Brüssel IIa-VO enthält vorrangige Zuständigkeitsvorschriften für die elterliche Verantwortung (Art. 1 Abs. 2; Art. 2 Nr. 7) in Art. 8 ff. Die VO kommt, unabhängig von der Staatsangehörigkeit des Kindes, bei gewöhnlichem Aufenthalt in einem Mitgliedstaat zur Anwendung. Sie wird erläutert in Anh. I. Deutsche Ausführungsbestimmungen im IntFamRVG (§ 1 Nr. 1).

II. Staatsverträge. 1. Haager Kinderschutzübereinkommen. Das Haager Kinderschutzübereinkommen (s. § 97 Rdn. 27) enthält Zuständigkeitsvorschriften in Art. 5–14. Es kommt bei einem gewöhnlichen Aufenthalt in einem KSÜ-Vertragsstaat zum Zuge (vgl. *Finger* FamRBint 2010, 95; *Schwarz* JAmt 2011, 438). Innerhalb der EU ist es grds. nachrangig ggü. der Brüssel IIa-VO (Art. 61 Brüssel IIa-VO). Das KSÜ wird erläutert in Anh. III; Ausführungsbestimmungen im IntFamRVG (§ 1 Nr. 2), erläutert in Anh. II. 3

2. Haager Minderjährigenschutzabkommen. Das Haager Minderjährigenschutzabkommen von 1961 ist ersetzt worden durch das KSÜ. Es kommt nur noch in wenigen Fällen, nämlich ggü. der Türkei (OLG Zweibrücken FamRZ 2014, 1555) und Macau zur Anwendung (s. § 97 Rdn. 29). Hält sich ein Kind in der Türkei gewöhnlich auf oder hält sich ein türkisches Kind in Deutschland gewöhnlich auf, so ist auf den Erlass von Schutzmaßnahmen noch das MSA anzuwenden. Für den Erlass von Schutzmaßnahmen sind grds. die nach dem Gleichlaufprinzip entscheidenden Gerichte und Behörden am gewöhnlichen Aufenthalt des Minderjährigen zuständig (Art. 1 MSA). Bei einem Lebensmittelpunkt in der Türkei sind die deutschen Gerichte demnach grds. unzuständig. Hat das Kind seinen gewöhnlichen Aufenthalt zunächst in Deutschland und verlegt es diesen im Lauf eines Umgangsverfahrens in die Türkei, so erlischt die internationale Zuständigkeit der deutschen Gerichte. Eine perpetuatio fori findet nicht statt (OLG Stuttgart FamRZ 2013, 49 = IPRax 2013, 441 m. Aufs. *Gruber*, 409; OLG Bremen NJW 2016, 655 = NZFam 2016, 143 Anm. *Rauscher*). Ausnahmsweise besitzen die Heimatbehörden der Vertragsstaaten eine konkurrierende Zuständigkeit für Fälle, in denen das Wohl des Minderjährigen ihre Tätigkeit erfordert (Art. 4 Abs. 1 MSA; dazu OLG Zweibrücken FamRZ 2014, 1555). Den Behörden am gewöhnlichen Aufenthaltsort bleibt es allerdings trotz der Heimatzuständigkeit unbenommen, Maßnahmen zum Schutz des Minderjährigen zu ergreifen, soweit er in seiner Person oder seinem Vermögen ernstlich gefährdet ist (Art. 8 MSA). In beschränktem Umfang bestehen auch Auftrags-, Eil- und Scheidungszuständigkeit (Art. 6, 9 und 15 MSA). 4

3. Haager Kindesentführungsübereinkommen. Das Haager Kindesentführungsübereinkommen (s. § 97 Rdn. 31) behandelt die Rechtshilfe in Fällen der Kindesentführung und des Zurückhaltens von Kindern. Es enthält keine Zuständigkeitsvorschriften. Dies erfordert für jedes Sorge- oder Umgangsregelungsverfahren die vorrangige Prüfung, ob der konkrete Verfahrensgegenstand in den Anwendungsbereich des HKÜ fällt. Ist dies nicht der Fall, ist der Anwendungsbereich der Brüssel IIa-VO zu prüfen. Greift auch diese nicht ein, kommt das KSÜ in Betracht. Nur wenn auch dessen Anwendungsbereich nicht greift, ist die nationale Regelung einschlägig (*Althammer* IPRax 2009, 383). Zum Ganzen *Andrae* IPRax 2006, 82 ff. Das HKÜ wird erläutert in Anh. IV; Ausführungsbestimmungen im IntFamRVG (§ 1 Nr. 3), erläutert in Anh. II. 5

C. Anwendungsbereich. Erfasst werden Kindschaftssachen i.S.d. § 151 Nr. 1 – 6. Dies sind insbes. die elterliche Sorge, das Umgangsrecht, die Kindesherausgabe, die Vormundschaft und die Pflegschaft sowie die gerichtliche Bestellung eines sonstigen Vertreters. Ausgenommen ist die grenzüberschreitende Unterbringung gem. § 151 Nr. 7 nach Landesrecht, für die § 105 gilt (s. § 105 Rdn. 14). Auch für ein Ordnungsmittelverfahren zur Vollstreckung einer Umgangsregelung bei gewöhnlichem Aufenthalt des deutschen Kindes in China kann eine deutsche internationale Zuständigkeit bestehen (BGH FamRZ 2015, 2147 Anm. *Giers* = NZFam 2015, 1121; anders noch Vorinstanz OLG Bremen NZFam 2015, 95 Anm. *Rauscher* = FamRZ 2015, 776). 6

D. Zuständigkeit nach Abs. 1. I. Staatsangehörigkeit. Die deutschen Gerichte sind zuständig, wenn das Kind die deutsche Staatsangehörigkeit besitzt (Abs. 1 Nr. 1). Bei mehrfacher Staatsangehörigkeit braucht die deutsche nicht die effektive zu sein (OLG Köln FamRZ 2010, 1590). Bei der Pflegschaft für eine Leibesfrucht (§ 151 Nr. 5 FamFG) ist die Staatsangehörigkeit maßgeblich, welche das Kind höchstwahrscheinlich erwerben würde. Auch hier sind Staatenlose und Flüchtlinge gleichgestellt. Zur Staatsangehörigkeit s. § 98 Rdn. 20. 7

8 **II. Gewöhnlicher Aufenthalt.** Die deutschen Gerichte sind ebenfalls zuständig, wenn das Kind seinen gewöhnlichen Aufenthalt im Inland hat (Abs. 1 Nr. 2). Der gewöhnliche Aufenthalt ist auch ein Zuständigkeitsgrund nach Art. 8 Brüssel IIa-VO. Nach Möglichkeit ist die gleiche Auslegung dieses Begriffs wie nach dieser Vorschrift anzustreben (s. Art. 8 Brüssel IIa-VO Rdn. 4 ff.).

9 Der gewöhnliche Aufenthalt eines **Minderjährigen** leitet sich nicht automatisch vom Wohnsitz oder Aufenthalt des Sorgeinhabers ab; er ist vielmehr selbstständig zu ermitteln (BGH FamRZ 1997, 1070). Nach der Rspr. des EuGH kommt es auf die tatsächlichen Umstände des Einzelfalles an (EuGH FamRZ 2009, 843). Der Aufenthalt muss Ausdruck einer gewissen Integration in das soziale und familiäre Umfeld sein (EuGH FamRZ 2011, 617 Anm. *Henrich*; *Mansel/Thorn/Wagner* IPRax 2012, 1, 20 f.). Bei Wegfall des Aufenthalts lässt sich eine **perpetuatio fori** nicht ohne weiteres annehmen. Vielmehr bedarf es einer einzelfallbezogenen Abwägung der beteiligten Interessen (vgl. BGH NJW 2002, 2955, 2956; Prütting/Helms/*Hau* § 99 FamFG Rn. 39). S.a. *Keuter* FuR 2015, 262 ff.

10 **III. Fürsorgebedürfnis.** Die deutschen Gerichte sind ferner (wohl nur subsidiär; Prütting/Helms/*Hau* § 99 FamFG Rn. 36) zuständig, soweit das Kind der Fürsorge durch ein deutsches Gericht bedarf (Abs. 1 Satz 2). Das Fürsorgebedürfnis für die Person des Kindes besteht an seinem Aufenthaltsort, etwa für unbegleitete minderjährige Flüchtlinge (Thomas/Putzo/*Hüßtege* § 99 FamFG Rn. 3). Es kann auch am Ort der Vermögensbelegenheit (z.B. ein Grundstück) bestehen.

11 **E. Zuständigkeitskoordination. I. Konkurrierende Zuständigkeiten.** Für bestimmte Kindschaftssachen ermöglichen die ebenfalls nachrangig anzuwendenden § 99 Abs. 2 und 3 durch die Nichtausübung der an sich gegebenen deutschen Zuständigkeit eine Koordinierung inländischer Maßnahmen mit einer ausländischen Zuständigkeit.

12 **II. Unterbleiben einer Vormundschaft.** Die Anordnung einer Vormundschaft kann unterbleiben, wenn sie bereits vor den international zuständigen Gerichten eines anderen Staates anhängig ist und der Verzicht des deutschen Gerichts im Interesse des Mündels liegt (Abs. 2). Die Entscheidung dafür steht in pflichtgemäßem richterlichem Ermessen (OLG Hamm FamRZ 2003, 253). Vorausgesetzt wird eine inländische Anerkennung nach § 109 (Thomas/Putzo/*Hüßtege* § 99 Rn. 4). Ob sich die ausländische internationale Zuständigkeit auf einen Staatsvertrag oder nationales Recht stützt, ist ebenso unerheblich wie der konkrete Zuständigkeitsgrund. Entscheidend ist allein die Anhängigkeit im ausländischen Staat. Den Interessen des Mündels entspricht ein Nichttätigwerden des deutschen Gerichts, wenn ihm die ausländische Vormundschaft einen dem deutschen Recht vergleichbaren, hinreichenden Schutz gewährt (MüKoFamFG/*Rauscher* § 99 FamFG Rn. 71). Wird in Deutschland eine Vormundschaft angeordnet, obwohl bereits im Ausland ein Vormund bestellt worden ist, wird die ausländische Vormundschaft trotz Anerkennungsfähigkeit gem. § 109 für deutsche Rechtsverhältnisse unwirksam. Im Ausland kommt umgekehrt der deutschen Vormundschaft keine rechtlichen Wirkungen zu (vgl. OLG Hamm FamRZ 2003, 253).

13 **III. Abgabe der Vormundschaft.** Auch die Abgabe einer bestehenden deutschen Vormundschaft an ein ausländisches Gericht ist zulässig, wenn dieses nach seinem Recht international zuständig ist (Abs. 3). Ansonsten gilt Abs. 2. Vorausgesetzt wird eine inländische Anerkennung nach § 109 (Thomas/Putzo/*Hüßtege* § 99 Rn. 5). Ferner hat die Abgabe dem Interesse des Mündels zu entsprechen, so bspw. wenn der Betroffene seinen gewöhnlichen Aufenthalt ins Ausland verlegt. Außerdem muss der Vormund der Abgabe zustimmen. Verweigert er die Zustimmung, kann das OLG sie durch einen unanfechtbaren Beschluss ersetzen. Schließlich muss sich der fremde Staat zur Übernahme der Vormundschaft bereit erklärt haben. Erfolgt die Abgabe, so endet die inländische Vormundschaft (MüKoFamFG/*Rauscher* § 99 FamFG Rn. 78). Kehrt das Mündel später ins Inland zurück, muss sie neu angeordnet werden. Obwohl nicht ausdrücklich gesetzlich erwähnt, kann ein deutsches Gericht umgekehrt auch eine im Ausland angeordnete Vormundschaft von der zuständigen ausländischen Stelle übernehmen (s. Begr. RegE BT-Drucks. 10/504 S. 92).

14 **IV. Pflegschaft und Unterbringung Minderjähriger.** Pflegschaften für Minderjährige (§ 151 Nr. 5) und Unterbringungen Minderjähriger (§ 151 Nr. 6 i.V.m. §§ 1631b, 1800, 1915 BGB) durch ihre gesetzlichen Vertreter (Eltern, Vormund, Pfleger) können unter den gleichen Bedingungen wie Vormundschaften unterbleiben oder abgegeben werden (Abs. 4).

Abschnitt 9. Verfahren mit Auslandsbezug §§ 100, 101

§ 100 Abstammungssachen. Die deutschen Gerichte sind zuständig, wenn das Kind, die Mutter, der Vater oder der Mann, der an Eides statt versichert, der Mutter während der Empfängniszeit beigewohnt zu haben,
1. Deutscher ist oder
2. seinen gewöhnlichen Aufenthalt im Inland hat.

Die Vorschrift legt für Abstammungssachen die **internationale Zuständigkeit** dahingehend fest und entspricht dem früheren § 640a Abs. 2 ZPO. Es handelt sich nur um eine konkurrierende Zuständigkeit (§ 106); die örtliche Zuständigkeit richtet sich nach § 170. 1

Die nationale Regelung kommt zur Anwendung, da kein vorrangiges Unionsrecht (vgl. Art. 1 Abs. 3 Buchst. a) Brüssel IIa-VO) oder Staatsverträge (Ausschluss nach Art. 4 Buchst. a) KSÜ) eingreifen. 2

Die erfassten Abstammungssachen werden in § 169 festgelegt. Dabei geht es u.a. um die Feststellung des Bestehens oder Nichtbestehens eines Eltern-Kind-Verhältnisses, insbesondere der Wirksamkeit oder Unwirksamkeit einer Anerkennung der Vaterschaft (§ 169 Nr. 1), genetische Abstammungsuntersuchungen (§ 169 Nr. 2) sowie die Anfechtung der Vaterschaft (§ 169 Nr. 4). 3

Es bestehen mehrere **Zuständigkeitsgründe**. Abgestellt wird auf das Kind, die Mutter oder den Mann. Für letzteren reicht es aus, wenn er an Eides statt versichert, dass er der Mutter während der Empfängniszeit beigewohnt hat. Es reicht aus, wenn eine der Parteien – auch – Deutscher ist (Heimatzuständigkeit nach Nr. 1). Zur Staatsangehörigkeit s. § 98 Rdn. 20. Es besteht auch eine Aufenthaltszuständigkeit. Dafür genügt, wenn eine der Personen ihren gewöhnlichen Aufenthalt im Inland hat (Nr. 2). Der gewöhnliche Aufenthalt ist auch ein Zuständigkeitsgrund nach Art. 3 und 8 Brüssel IIa-VO. Nach Möglichkeit ist die gleiche Auslegung dieses Begriffs wie nach dieser Vorschrift anzustreben (s. Art. 3 Brüssel IIa-VO Rdn. 3, Art. 8 Brüssel IIa-VO Rdn. 4 ff.). 4

§ 101 Adoptionssachen. Die deutschen Gerichte sind zuständig, wenn der Annehmende, einer der annehmenden Ehegatten oder das Kind
1. Deutscher ist oder
2. seinen gewöhnlichen Aufenthalt im Inland hat.

Übersicht

	Rdn.		Rdn.
A. Allgemeines	1	C. Anwendungsbereich	3
B. Staatsverträge und vorrangiges Unionsrecht	2	D. Anknüpfungskriterien	4

A. Allgemeines. Die Vorschrift regelt die nicht ausschließliche (§ 106) internationale Zuständigkeit in Adoptionssachen. Danach sind die deutschen Gerichte international zuständig, wenn entweder der Annehmende oder einer der annehmenden Ehegatten oder der Anzunehmende die deutsche Staatsangehörigkeit besitzt oder in Deutschland den gewöhnlichen Aufenthalt hat. Es besteht eine Staatsangehörigkeits- und eine Aufenthaltszuständigkeit; die örtliche Zuständigkeit richtet sich nach § 187, wonach bei Anwendung ausländischen Adoptionsrechts eine Zuständigkeitskonzentration beim AG am Sitz des OLG eintritt (§ 187 Abs. 4 i.V.m. § 5 AdWirkG). Die Vorschrift entspricht dem früheren § 43b Abs. 1 FGG. 1

B. Staatsverträge und vorrangiges Unionsrecht. Für die internationale Zuständigkeit in Adoptionsverfahren greift kein Unionsrecht ein (vgl. Art. 1 Abs. 3 Buchst. b) Brüssel IIa-VO). Es existieren auch keine staatsvertraglichen Regelungen (s. Art. 4 Buchst. b) KSÜ). Das Haager Adoptionsübk. von 1993 (HAÜ; s. § 97 Rdn. 31, § 108 Rdn. 14) befasst sich zwar mit der internationalen Zusammenarbeit, nicht aber mit der internationalen Zuständigkeit (vgl. *Zimmermann* NZFam 2016, 150, 152 ff.). Das Adoptionswirkungsgesetz (AdWirkG) regelt sie ebenfalls nicht (*Althammer* IPRax 2009, 381, 384). 2

C. Anwendungsbereich. Es geht um Adoptionssachen i.S.d. § 186. Solche Verfahren betreffen die Annahme als Kind (Nr. 1), die Ersetzung der Einwilligung zur Annahme als Kind (Nr. 2), die Aufhebung des Annahmeverhältnisses (Nr. 3) oder die Befreiung vom Eheverbot des § 1308 Abs. 1 BGB (Nr. 4). 3

D. Anknüpfungskriterien. Deutsche Gerichte sind zuständig, wenn der Annehmende, ein annehmender Ehegatte oder das anzunehmende Kind **Deutscher** ist (Nr. 1). Diese Zuständigkeiten sind gleichrangig (*Alt-* 4

§ 102 Buch 1. Allgemeiner Teil

hammer IPRax 2009, 381, 384). Die deutsche Staatsangehörigkeit reicht bei Mehrstaatigkeit auch dann, wenn sie nicht die effektive ist (Keidel/*Engelhardt* FamFG § 101 Rn. 4). Eine Fürsorgezuständigkeit besteht nicht.

5 Ferner genügt, dass der Annehmende, einer der annehmenden Ehegatten oder das Kind seinen gewöhnlichen Aufenthalt im Inland hat (Nr. 2). Der gewöhnliche Aufenthalt ist auch ein Zuständigkeitsgrund nach Art. 3 und 8 Brüssel IIa-VO. Nach Möglichkeit ist die gleiche Auslegung dieses Begriffs wie nach dieser Vorschrift anzustreben (s. Art. 3 Brüssel IIa-VO Rdn. 3, Art. 8 Brüssel IIa-VO Rdn. 4 ff.). Entfällt der gewöhnliche Aufenthalt nachträglich, so lässt man z.T. keine perpetuatio fori zu (OLG Zweibrücken FamRZ 1973, 479) oder gestattet sie nur im Einzelfall (näher MüKoFamFG/*Rauscher* § 101 FamFG Rn. 22).

§ 102 Versorgungsausgleichssachen. Die deutschen Gerichte sind zuständig, wenn
1. der Antragsteller oder der Antragsgegner seinen gewöhnlichen Aufenthalt im Inland hat,
2. über inländische Anrechte zu entscheiden ist oder
3. ein deutsches Gericht die Ehe zwischen Antragsteller und Antragsgegner geschieden hat.

Übersicht

	Rdn.		Rdn.
A. Allgemeines	1	II. Gewöhnlicher Aufenthalt von Antragsteller oder Antragsgegner im Inland	5
B. Staatsverträge und vorrangiges Unionsrecht	2	III. Inländische Anrechte	6
C. Anwendungsbereich	3	IV. Deutsches Scheidungsgericht	7
D. Anknüpfungskriterien	4	E. Scheidungsverbund	8
I. Alternative Zuständigkeiten	4		

1 **A. Allgemeines.** Die Vorschrift regelt die internationale Zuständigkeit in selbstständigen Versorgungsausgleichssachen. Danach sind die deutschen Gerichte international zuständig, wenn der Antragsgegner oder der Antragsteller seinen gewöhnlichen Aufenthalt im Inland hat (Nr. 1) oder wenn über inländische Anrechte zu entscheiden ist (Nr. 2) oder wenn ein deutsches Gericht die zugrunde liegende Ehe geschieden hat (Nr. 3). Es handelt sich nur um eine konkurrierende Zuständigkeit (§ 106); die örtliche Zuständigkeit richtet sich nach § 218.

2 **B. Staatsverträge und vorrangiges Unionsrecht.** Die nationale Regelung kommt nur insoweit zur Anwendung, als nicht vorrangiges Unionsrecht oder Staatsverträge eingreifen. Auf die internationale Zuständigkeit in Versorgungsausgleichsverfahren ist die Brüssel IIa-VO nicht anwendbar (BGH NJW-RR 2009, 795). Gleiches gilt für die Brüssel Ia-VO und das LugÜ. Der Anwendungsausschluss für »eheliche Güterstände« (Art. 1 Abs. 2 Buchst. a) Brüssel Ia-VO) umfasst alle unmittelbaren vermögensrechtlichen Folgen der Ehe, unter Einschluss des deutschen Versorgungsausgleichs (Kropholler/*von Hein* EuZPR Art. 1 EuGVO Rn. 27). Ob eine künftige VO zum Güterrecht den Versorgungsausgleich erfassen wird, ist noch ungeklärt.

3 **C. Anwendungsbereich.** Die Vorschrift findet auf Versorgungsausgleichssachen i.S.d. § 217 außerhalb des Scheidungsverbunds Anwendung. Erfasst sind damit alle isolierten Streitigkeiten unter Ehegatten nach dem VersAusglG, die dem FamG zugewiesen sind. Dies gilt insbes. für die externe Teilung (§§ 14 ff. VersAusglG) sowie Ausgleichsansprüche (§§ 20 ff. VersAusglG).

4 **D. Anknüpfungskriterien. I. Alternative Zuständigkeiten.** Es handelt sich um gleichrangige, alternative Zuständigkeiten.

5 **II. Gewöhnlicher Aufenthalt von Antragsteller oder Antragsgegner im Inland.** Die deutschen Gerichte sind zuständig, wenn der Antragsteller oder der Antragsgegner seinen gewöhnlichen Aufenthalt (dazu § 98 FamFG Rdn. 16) im Inland hat (Nr. 1). Der gewöhnliche Aufenthalt ist auch ein Zuständigkeitsgrund nach Art. 3 Brüssel IIa-VO. Nach Möglichkeit ist die gleiche Auslegung dieses Begriffs wie nach dieser Vorschrift anzustreben (s. Art. 3 Brüssel IIa-VO Rdn. 3). Auf die Staatsangehörigkeit kommt es hier nicht an.

6 **III. Inländische Anrechte.** Die deutschen Gerichte sind zuständig, wenn über inländische Anrechte zu entscheiden ist (Nr. 2). Auf Anrechte bei inländischen Versorgungsträgern findet nach Art. 17 Abs. 3 Satz 2 EGBGB deutsches Recht Anwendung. Da für einen solchen Versorgungsausgleich eine deutsche Zuständigkeit bestehen sollte, ist eine daran orientierte Auslegung anzustreben. Nr. 2 muss daher gewährleisten, dass

Anrechte bei inländischen Versorgungsträgern erfasst und in einem inländischen Verfahren ausgeglichen werden können. Anrechte i.S.d. § 2 Abs. 1 VersAusglG sind Anwartschaften auf Versorgungen und Ansprüche auf laufende Versorgungen, insbesondere aus der gesetzlichen Rentenversicherung, aus anderen Regelsicherungssystemen wie der Beamtenversorgung oder der berufsständischen Versorgung, aus der betrieblichen Altersversorgung oder aus der privaten Alters- und Invaliditätsvorsorge. Inländische Versorgungsträger sind solche mit einem inländischen Sitz (Thomas/Putzo/*Hüßtege* § 102 FamFG Rn. 5).

IV. Deutsches Scheidungsgericht. Die deutschen Gerichte sind schließlich dann zuständig, wenn ein deutsches Gericht die Ehe zwischen Antragsteller und Antragsgegner geschieden hat (Nr. 3). War der Versorgungsausgleich bereits im Verbund anhängig, so ergibt sich die internationale Zuständigkeit bereits aus § 98 Abs. 2 und dem Grundsatz der perpetuatio fori (*Althammer* IPRax 2009, 381, 384). Nur wenn der Versorgungsausgleich antragsabhängig durchzuführen ist, aber kein Antrag gestellt oder der Versorgungsausgleich abgetrennt wurde, kommt Nr. 3 zur Anwendung (Thomas/Putzo/*Hüßtege* § 102 FamFG Rn. 6).   7

E. Scheidungsverbund. Die internationale Zuständigkeit für das Scheidungsverfahren erstreckt sich auch auf das damit im Verbund stehende Versorgungsausgleichsverfahren (§§ 98 Abs. 2, 137 Abs. 2 FamFG; *Hau* FamRZ 2009, 823). Dafür ist aber § 102 nicht maßgeblich.   8

§ 103 Lebenspartnerschaftssachen.

(1) Die deutschen Gerichte sind in Lebenspartnerschaftssachen, die die Aufhebung der Lebenspartnerschaft auf Grund des Lebenspartnerschaftsgesetzes oder die Feststellung des Bestehens oder Nichtbestehens einer Lebenspartnerschaft zum Gegenstand haben, zuständig, wenn
1. ein Lebenspartner Deutscher ist oder bei Begründung der Lebenspartnerschaft war,
2. einer der Lebenspartner seinen gewöhnlichen Aufenthalt im Inland hat oder
3. die Lebenspartnerschaft vor einer zuständigen deutschen Stelle begründet worden ist.
(2) Die Zuständigkeit der deutschen Gerichte nach Absatz 1 erstreckt sich im Fall des Verbunds von Aufhebungs- und Folgesachen auf die Folgesachen.
(3) Die §§ 99, 101, 102 und 105 gelten entsprechend.

Übersicht

	Rdn.		Rdn.
A. Allgemeines	1	I. Anwendungsbereich	3
B. Staatsverträge und vorrangiges Unionsrecht	2	II. Anknüpfungskriterien	4
C. Aufhebung, Feststellung des Bestehens oder Nichtbestehens der Lebenspartnerschaft	3	D. Internationale Verbundzuständigkeit	8
		E. Weitere Lebenspartnerschaftssachen	9

A. Allgemeines. § 103 regelt die internationale Zuständigkeit in Lebenspartnerschaftssachen (vgl. § 269 Abs. 1), allerdings nur hinsichtlich der Aufhebung oder der Feststellung des Bestehens oder Nichtbestehens der Lebenspartnerschaft (Abs. 1). Gleichberechtigte Anknüpfungsalternativen sind dabei die deutsche Staatsangehörigkeit eines Lebenspartners (Abs. 1 Nr. 1), der gewöhnliche Aufenthalt in Deutschland (Abs. 1 Nr. 2) oder die Begründung der Lebenspartnerschaft vor einer zuständigen deutschen Stelle (Abs. 1 Nr. 3). Die Zuständigkeit erstreckt sich auch auf im Verbund geltend gemachte Folgesachen (Abs. 2). Hinsichtlich anderer, selbständiger Lebenspartnerschaftssachen sind andere Bestimmungen analog anzuwenden. Es handelt sich nur um eine konkurrierende Zuständigkeit (§ 106). die örtliche Zuständigkeit richtet sich nach § 270, der eine analoge Anwendung anderer, hauptsächlich eherechtlicher, Bestimmungen vorsieht. Die Vorschrift entspricht dem früheren § 661 Abs. 3 ZPO.   1

B. Staatsverträge und vorrangiges Unionsrecht. Die nationale Regelung kommt nur zur Anwendung, soweit kein vorrangiges Unionsrecht oder Staatsverträge eingreifen. Für die internationale Zuständigkeit für Verfahren auf Aufhebung (Auflösung) der Lebenspartnerschaft gibt es keine unionsrechtliche oder staatsvertragliche Regelung. Weder die Brüssel IIa-VO noch das LugÜ sind nach hM einschlägig (vgl. *Wagner* IPRax 2001, 281; *Helms* FamRZ 2002, 1593 mwN; s. Art. 1 Brüssel IIa-VO Rdn. 8). Für die internationale Zuständigkeit in Güterrechtsverfahren von Lebenspartnern gibt es keine unionsrechtlichen oder staatsvertraglichen Regelungen. Zum Güterrecht besteht ein Verordnungsentwurf, § 97 FamFG Rdn. 16. Die EuUnt-   2

§ 104

VO und Art. 5 Nr. 2 LugÜ (s. § 97 FamFG Rdn. 12, 37) erfassen nur Unterhaltsansprüche. Nach dem anwendbare nationalen deutschen Recht besteht eine Zuständigkeit für Folgesachen (§ 103 Abs. 2 FamFG).

3 **C. Aufhebung, Feststellung des Bestehens oder Nichtbestehens der Lebenspartnerschaft. I. Anwendungsbereich.** Von Abs. 1 erfasst werden die Aufhebung sowie die Feststellung des Bestehens oder Nichtbestehens der Lebenspartnerschaft (vgl. § 269). Als solche ist jede rechtlich anerkannte gleichgeschlechtliche Verbindung anzusehen (OLG München FamRZ 2011, 1526; *Mankowski/Höffmann* IPRax 2011, 250 f.). Nach bislang hM wird die nach ausländischem Recht mögliche gleichgeschlechtliche Ehe wie eine Lebenspartnerschaft eingeordnet (OLG Zweibrücken NJW 2011, 1156). Geschieht dies auch nach deutschem Zuständigkeitsrecht, so richtet sich die Auflösung einer solchen Ehe nach § 103.

4 **II. Anknüpfungskriterien.** Die Vorschrift stellt mehrere Zuständigkeiten, nämlich Heimat-, Aufenthalts- und Eintragungsortzuständigkeit zur Verfügung, die zueinander im Verhältnis der Alternativität stehen.

5 Nach der Heimatzuständigkeit sind deutsche Gerichte zuständig, wenn einer der Lebenspartner Deutscher ist (Abs. 1 Nr. 1). Es genügt auch, dass er es bei Begründung der Lebenspartnerschaft war (Antrittszuständigkeit). Da es sich um eine Staatsangehörigkeitszuständigkeit handelt, kommt es auf den gewöhnlichen Aufenthalt der Parteien nicht an. Bei mehrfacher Staatsangehörigkeit kommt es auf ihre Effektivität nicht an (MüKoFamFG/*Rauscher* § 103 FamFG Rn. 12).

6 Die deutschen Gerichte sind auch dann zuständig, wenn mindestens einer der Lebenspartner seinen gewöhnlichen Aufenthalt (dazu § 98 FamFG Rdn. 16) im Inland hat (Abs. 1 Nr. 2). Eine Anerkennung der zu erwartenden Entscheidung im Heimatstaat des Partners ist nicht erforderlich.

7 Nach der Eintragungsortzuständigkeit sind die deutschen Gerichte dann zuständig, wenn die Lebenspartnerschaft vor einer zuständigen deutschen Stelle begründet worden ist (Abs. 1 Nr. 3). Ein weiterer Bezug zu Deutschland braucht nicht zu bestehen (AG Schwäbisch Hall IPRax 2015, 452 [LS]).

8 **D. Internationale Verbundzuständigkeit.** Die Zuständigkeit der deutschen Gerichte nach Abs. 1 erstreckt sich im Falle des Verbunds von Aufhebungs- und Folgesachen auch auf die Folgesachen. Dementsprechend besteht, ebenso wie bei der Ehescheidung, eine Verbundzuständigkeit (Abs. 2). Welche Familiensachen erfasst sind, ergibt sich aus § 137 (Verbund von Scheidungs- und Folgesachen) i.V.m. § 270 Abs. 1 (anwendbare Vorschriften).

9 **E. Weitere Lebenspartnerschaftssachen.** Für weitere, selbständige Lebenspartnerschaftssachen gelten die § 99 (Kindschaftssachen), § 101 (Adoptionssachen), § 102 (Versorgungsausgleichssachen) und § 105 (andere Verfahren) entsprechend (Abs. 3). Nach § 105 folgt die internationale Zuständigkeit den Regeln über die örtliche Zuständigkeit.

§ 104 Betreuungs- und Unterbringungssachen; Pflegschaft für Erwachsene.

(1) ¹Die deutschen Gerichte sind zuständig, wenn der Betroffene oder der volljährige Pflegling
1. Deutscher ist oder
2. seinen gewöhnlichen Aufenthalt im Inland hat.
²Die deutschen Gerichte sind ferner zuständig, soweit der Betroffene oder der volljährige Pflegling der Fürsorge durch ein deutsches Gericht bedarf.
(2) § 99 Abs. 2 und 3 gilt entsprechend.
(3) Die Absätze 1 und 2 sind im Fall einer Unterbringung nach § 312 Nr. 3 nicht anzuwenden.

Übersicht

	Rdn.		Rdn.
A. Allgemeines	1	I. Allgemeines	4
B. Staatsverträge und vorrangiges Unionsrecht	2	II. Internationale Zuständigkeit	5
C. Betreuungs- und Unterbringungssachen; Pflegschaft für Erwachsene	3	III. Konkurrierende Zuständigkeiten	8
D. Zuständigkeit nach nationalem Recht	4	E. Unterbringung	9

A. Allgemeines. Die Vorschrift regelt die Staatsangehörigkeits- und Aufenthaltszuständigkeit in Betreuungs- und Unterbringungssachen sowie für die Pflegschaft für Erwachsene (für Minderjährige s. § 99). Die Abs. 1, 2 entsprechen den früheren §§ 35b Abs. 1, 2, 69 Abs. 1 Satz 1 und 70 Abs. 4 FGG. Abs. 3 entspricht dem früheren § 70 Abs. 4 FGG. Es handelt sich nur um eine konkurrierende Zuständigkeit (§ 106); die örtliche Zuständigkeit richtet sich nach § 272.

B. Staatsverträge und vorrangiges Unionsrecht. Die nationale Regelung greift nur ein, soweit kein vorrangiges Unionsrecht oder Staatsverträge eingreifen (vgl. § 97 Abs. 1 Satz 1; Rdn. 30). § 104 wird weitgehend durch das **Haager Erwachsenenschutzübereinkommen (ErwSÜ)** von 2000 (s. Anh. VII) verdrängt. Die internationale Zuständigkeit für Maßnahmen des Erwachsenenschutzes richtet sich in erster Linie nach dem gewöhnlichen Aufenthaltsort des Erwachsenen (Art. 5 ErwSÜ), subsidiär auch nach der Staatsangehörigkeit (Art. 7), *Helms* FamRZ 2008, 1996 f. In Deutschland ist das BetreungsG am Sitz des OLG zuständig (§ 6 ErwSÜAG), näher *Wagner* IPRax 2007, 11. Zentrale Behörden (in Deutschland Bundesamt für Justiz) arbeiten nach Art. 28 ff. zusammen. Das deutsch-iranische Niederlassungsabk (s.o. § 97 Rdn. 40) enthält keine Regelung zur internationalen Zuständigkeit (BGH FamRZ 1993, 316). Art. 22 Nr. 1 Brüssel IIa-VO greift nicht ein (EuGH FamRZ 2013, 1873 Anm. *Wendenburg*).

C. Betreuungs- und Unterbringungssachen; Pflegschaft für Erwachsene. Erfasst werden Betreuungs- und Unterbringungssachen (§§ 271 ff., 312 Nr. 1, 2) sowie die Pflegschaft für Erwachsene (§ 340 Nr. 1). Dies gilt sowohl für das Verfahren zur Anordnung von Betreuung als auch das weitere Verfahren nach Anordnung, insb. die Erteilung betreuungsgerichtlicher Genehmigungen, ebenso für vorläufige Maßregeln. Die grenzüberschreitende Unterbringung von Kindern gem. § 151 Nr. 7 nach Landesrecht fällt unter § 105.

D. Zuständigkeit nach nationalem Recht. I. Allgemeines. Nach § 104 Abs. 1 FamFG sind alternative Anknüpfungspunkte die Staatsangehörigkeit sowie der gewöhnliche Aufenthalt des Betroffenen. Die deutschen Gerichte sind dann zuständig, wenn der Betroffene oder Pflegling Deutscher ist oder seinen gewöhnlichen Aufenthalt im Inland hat oder ein Fürsorgebedürfnis besteht (Abs. 1; Rdn. 7). Die internationalen Zuständigkeiten nach Abs. 1 sind gleichrangig. Konkurrierende Zuständigkeiten mit ausländischen Gerichten werden in Abs. 2 durch Verweisung auf § 99 Abs. 2 und 3 behandelt (Rdn. 8).

II. Internationale Zuständigkeit. Aufgrund der **Heimatzuständigkeit** sind die deutschen Gerichte zuständig, wenn der Betroffene oder der volljährige Pflegling Deutscher ist (Abs. 1 Satz 1 Nr. 1). Bei Mehrstaatern reicht die deutsche Staatsangehörigkeit zur inländischen Zuständigkeit aus; auf die effektive Staatsangehörigkeit kommt es nicht an (BGH FamRZ 1997, 1070). Abs. 1 Satz 1 Nr. 1 kommt allerdings nur bei einem Aufenthalt in einem Nichtvertragsstaat des ErwSÜ zum Zuge. Bei einem gewöhnlichen Aufenthalt in einem Vertragsstaat ist Art. 7 ErwSÜ zu beachten. Es kommt vorrangig auf die Zuständigkeit der Behörden am Aufenthaltsort an.

Nach der **Aufenthaltszuständigkeit** sind die deutschen Gerichte zuständig, wenn der Betroffene oder der volljährige Pflegling seinen gewöhnlichen Aufenthalt im Inland hat (Abs. 1 Satz 1 Nr. 2). Ein schlichter Aufenthalt reicht nicht aus. Bei einem Ausländer ist allerdings vorrangig Art. 5 ErwSÜ anzuwenden.

Ferner besteht eine **Fürsorgezuständigkeit**. Die deutschen Gerichte sind zuständig, soweit der Betroffene oder der volljährige Pflegling im konkreten Fall der Fürsorge durch ein deutsches Gericht bedarf (Abs. 1 Satz 2). Bei der Betreuung kann kein Fürsorgebedürfnis an dem Ort auftreten, an dem Vermögen belegen ist (*von Hein* IPRax 2015, 198, 200). In Eilverfahren kann auch eine Zuständigkeit nach dem vorrangigen Art. 10 Abs. 1 ErwSÜ gegeben sein.

III. Konkurrierende Zuständigkeiten. § 99 Abs. 2 und 3 über Vormundschaftssachen gilt entsprechend (Abs. 2), so dass auch eine Abgabe an das Ausland in Betracht kommt (*Schulte-Bunert* FuR 2014, 334, 335).

E. Unterbringung. Die Abs. 1 und 2 sind im Fall einer freiheitsentziehenden Unterbringung nach den Landesgesetzen über die Unterbringung psychisch Kranker nach § 312 Nr. 3 nicht anzuwenden. Vorrangig greift Art. 3 Buchst. e) ErwSÜ ein, der auch die Unterbringung Erwachsener in einer Einrichtung erfasst. Im Übrigen bleibt es bei der Zuständigkeit nach § 105 i.V.m. § 313 Abs. 3, die bei einem Unterbringungsbedürfnis oder bereits erfolgter Unterbringung besteht.

§ 105

§ 105 Andere Verfahren. In anderen Verfahren nach diesem Gesetz sind die deutschen Gerichte zuständig, wenn ein deutsches Gericht örtlich zuständig ist.

Übersicht

	Rdn.		Rdn.
A. Allgemeines	1	III. Unterhaltssachen	11
B. Staatsverträge und vorrangiges Unionsrecht	2	IV. Güterrechtssachen (§ 261)	12
I. Vorrang	2	V. Sonstige Familiensachen (§ 266)	13
II. Unionsrecht	3	VI. Lebenspartnerschaftssachen (§ 269)	14
1. Güterrecht	3	VII. Öffentlich-rechtliche Unterbringung	15
2. Unterhalt	4	E. Nachlass- und Teilungssachen	16
3. Erbsachen	5	F. Sonstige Angelegenheiten	20
III. Staatsverträge	6	I. Registersachen und unternehmensrechtliche Verfahren	20
C. Örtliche und internationale Zuständigkeit	8		
D. Einzelne familienrechtliche Zuständigkeiten i.S.d. § 105	9	II. Weitere Angelegenheiten der freiwilligen Gerichtsbarkeit	21
I. Ehewohnungs- und Haushaltssachen	9	III. Freiheitsentziehungssachen	22
II. Gewaltschutzsachen	10	IV. Aufgebotssachen	23

1 **A. Allgemeines.** Die Auffangvorschrift regelt die internationale Zuständigkeit für »andere« Verfahren, d.h. solche, die in den §§ 98 bis 104 nicht gesondert geregelt sind. Dabei handelt es sich um eine ganze Reihe einzelner, nicht näher bezeichneter Angelegenheiten. Inhaltlich folgt die Norm dem Grundsatz der Doppelfunktionalität (s. § 98 Rdn. 3), wonach aus der örtlichen auch auf die internationale Zuständigkeit geschlossen werden darf (BGH FamRZ 2005, 1987 m.w.N.). Es handelt sich nur um eine konkurrierende Zuständigkeit (§ 106).

2 **B. Staatsverträge und vorrangiges Unionsrecht. I. Vorrang.** Die nationale Vorschrift, und damit der Grundsatz der Doppelfunktionalität, greifen nur ein, soweit kein vorrangiges Unionsrecht oder Staatsverträge eingreifen (§ 97). Je nach der Materie kommen unterschiedliche Regelungen in Betracht.

3 **II. Unionsrecht. 1. Güterrecht.** Für die **internationale Zuständigkeit** in Güterrechtsverfahren gibt es (noch) keine unionsrechtlichen oder staatsvertraglichen Regelungen. Die Brüssel IIa-VO hat nur Ehesachen zum Gegenstand, Güterrechtsverfahren werden nicht erfasst. Die Brüssel Ia-VO und das LugÜ nehmen die »ehelichen Güterstände« ausdrücklich von ihrer Anwendbarkeit aus (jeweils Art. 1 Abs. 2 Nr. 1).

4 **2. Unterhalt.** Die Regelung der **internationalen Zuständigkeit für Unterhaltsverfahren** – unabhängig davon, ob das Verfahren als Folgesache oder isoliert betrieben wird –, einschließlich von Verfahren zur einstweiligen Anordnung (§§ 49, 246 FamFG; dazu *Uecker* FPR 2013, 35 f.) sowie des Vereinfachten Verfahrens nach §§ 249 ff. FamFG ergibt sich vorrangig aus dem Unionsrecht und Staatsverträgen. Einschlägige Rechtsgrundlagen sind seit 18.06.2011 die **EuUntVO** (s. Anh. V) – Art. 3–8 (i.V.m. §§ 25 ff. AUG) sowie **LugÜ** – Art. 2 und 5. Dies verlangt für jedes Unterhaltsverfahren die vorrangige Prüfung, ob das konkrete Verfahren in den Anwendungsbereich der EuUntVO fällt. Ist das nicht der Fall, so kommt die Zuständigkeit nach dem LugÜ (Art. 5 Abs. 2) in Betracht (*Henrich* FamRZ 2015, 1761 f.). Nur wenn auch dessen Anwendungsbereich nicht greift, ist auf das nationale Recht zurückzugreifen (*Riegner* FPR 2013, 4 ff.). S. § 98 Abs. 2 FamFG (Folgesachen); iÜ gilt § 105 FamFG (*Althammer* IPRax 2009, 382; *Hau* FamRZ 2009, 822 f.).

5 **3. Erbsachen.** Seit 17.08.2015 greift die EuErbVO ein (erläutert in Anh. IX). Diese enthält Zuständigkeitsvorschriften in Art. 4 ff. Durchführungsvorschriften finden sich im Internationalen Erbrechtsverfahrensgesetz (IntErbRVG; erläutert in Anh. X). Siehe unten Rdn. 16 ff.

6 **III. Staatsverträge.** Hat in einer Unterhaltssache einer der Beteiligten seinen gewöhnlichen Aufenthalt in einem Nicht-EU-Vertragsstaat des Haager Unterhalts-Übk. von 2007 (s. § 97 Rdn. 32), so findet dieses Übk. vorrangig Anwendung (s. Art. 69 EuUntVO). Das Übk. regelt die internationale Zuständigkeit jedoch nicht.

7 In **Erbsachen** ist Anlage Art. 20 des Konsularvertrags zwischen dem Deutschen Reich und der Türkischen Republik vom 28.05.1929 zu beachten (RGBl. 1930 II S. 747; 1931 II S. 538; BGBl. 1952 II S. 608). Dieses zwischenstaatliche Abk. enthält das sog. **Nachlassabkommen** zur Klärung der erbrechtlichen Verhältnisse von *deutschen* und *türkischen* Staatsangehörigen. Das vorrangig anwendbare Abk. gilt weiterhin (BGH

FamRZ 2012, 1871 m. Aufs. *Dörner* IPRax 2014, 323), auch im Hinblick auf die EuErbVO (Art. 75 Abs. 1). Nach § 15 Satz 1 Halbs. 1 sind Klagen, welche die Feststellung des Erbrechts, Erbschaftsansprüche, Ansprüche aus Vermächtnissen sowie Pflichtteilsansprüche zum Gegenstand haben, soweit es sich um beweglichen Nachlass handelt, bei den Gerichten des Staates anhängig zu machen, dem der Erblasser zur Zeit seines Todes angehörte. Erbschaftsansprüche liegen nur vor, wenn das materielle Erbrecht Gegenstand des Rechtsstreits ist; der Rechtsstreit muss dazu führen, dass über eine zwischen den Parteien streitige Erbenstellung oder erbrechtliche Berechtigung eine verbindliche Entscheidung getroffen wird (BGH FamRZ 2016, 122 m. Anm. *Gottwald*). Soweit es sich um unbeweglichen Nachlass handelt, sind die Gerichte des Staates, in dessen Gebiet sich der unbewegliche Nachlass befindet, zuständig (§ 15 Satz 1 Halbs. 2). Demnach besteht eine Staatsangehörigkeitszuständigkeit für den beweglichen Nachlass und eine Belegenheitszuständigkeit für den unbeweglichen Nachlass. Daher besteht keine deutsche internationale Zuständigkeit hinsichtlich eines in der Türkei belegenen unbeweglichen Nachlasses (OLG Karlsruhe FamRZ 2014, 511). Eine Belegenheitszuständigkeit ist auch für einen Rechtsstreit von Miterben über den Gelderlös aus dem Verkauf des türkischen Nachlassgrundstücks eines türkischen Erblassers angenommen worden (LG Karlsruhe ZEV 2015, 588 krit. Anm. *Majer*). Da beide Zuständigkeiten ausschließliche sind (*Damar* IPRax 2012, 278, 279), scheidet eine Zuständigkeitsbegründung durch rügelose Einlassung aus (LG München I FamRZ 2007, 1250). Die Zuständigkeitsregelung des Abk. bezieht sich allerdings nur auf **streitige Verfahren**. Auf nichtstreitige Verfahren wie das Erbscheinsverfahren findet sie keine Anwendung. Insoweit bleibt es bei der Regelung des nationalen Rechts (LG Braunschweig IPRax 2010, 255; *Damar* IPRax 2012, 278, 280). Die Befugnisse des türkischen Konsuls stehen der deutschen internationalen Zuständigkeit nicht entgegen (Bedenken bei LG München I FamRZ 2007, 1250 m. abl. Anm. *Bauer*).

C. Örtliche und internationale Zuständigkeit. Nach § 105 kann der Regelung der örtlichen grds. die internationale Zuständigkeit deutscher Gerichte entnommen werden, 8

D. Einzelne familienrechtliche Zuständigkeiten i.S.d. § 105. I. Ehewohnungs- und Haushaltssachen. In 9 isolierten Ehewohnungs- und Haushaltssachen i.S.d. § 200 besteht keine vorrangige europäische oder internationale Regelung. Die internationale Zuständigkeit ergibt sich aus § 201 (MüKoFamFG/*Erbarth* § 200 Rn. 121). Die Zuständigkeit kann gestützt werden auf das Gericht, bei dem die Ehesache im ersten Rechtszug anhängig ist oder war (Nr. 1), den Ort der gemeinsamen Wohnung der Ehegatten (Nr. 2) sowie den gewöhnlichen Aufenthalt von Antragsteller oder -gegner (Nr. 3, 4). – Zum Scheidungsverbund s. § 98 Abs. 2 (Rdn. 30). Die Einordnung als Unterhaltsfrage dürfte ausscheiden.

II. Gewaltschutzsachen. In Gewaltschutzsachen (§ 210) ist keine vorrangige europäische oder internatio- 10 nale Regelung vorhanden. Hier ergibt sich die internationale Zuständigkeit aus der Heranziehung des § 211. Die Zuständigkeit kann gestützt werden auf den Begehungsort (Nr. 1), den Ort der gemeinsamen Wohnung von Antragsteller und -gegner (Nr. 2) oder den gewöhnlichen Aufenthalt des Antragsgegners (Nr. 3).

III. Unterhaltssachen. In isolierten Unterhaltssachen (§ 231) ergibt sich die internationale Zuständigkeit 11 aus § 232. Danach kommt es für den Unterhalt für ein gemeinschaftliches Kind der Ehegatten sowie die durch die Ehe begründete Unterhaltspflicht auf die Anhängigkeit der Ehesache im Inland an (Abs. 1 Nr. 1). In zweiter Linie entscheidet beim Kindesunterhalt der gewöhnliche Aufenthalt des Kindes oder des Elternteil, der auf Seiten des minderjährigen Kindes zu handeln befugt ist (Abs. 1 Nr. 2). Fehlt es daran, so bestimmt sich die Zuständigkeit für die drei Fälle des § 232 Abs. 3 nach dem inländischen gewöhnlichen Aufenthalt des Antragsgegners. Zum Scheidungsverbund s. § 98 Abs. 2 (Rdn. 30).

IV. Güterrechtssachen (§ 261). In isolierten Güterrechtssachen (§ 261) folgt die internationale Zuständig- 12 keit aus § 262 (*Althammer* IPRax 2009, 385 f.). Sie ergibt aus der Anhängigkeit einer Ehesache im Inland (§ 262 Abs. 1). Im Übrigen bestimmt sich die Zuständigkeit nach dem gewöhnlichen Aufenthalt des Antragsgegners (§ 262 Abs. 2). Zum Scheidungsverbund s. § 98 Abs. 2 (Rdn. 30).

V. Sonstige Familiensachen (§ 266). In sonstigen Familiensachen (§ 266) ergibt sich die internationale 13 *Zuständigkeit aus § 267.* Während der Anhängigkeit einer Ehesache führt dies zur Zuständigkeit des Gerichts, bei dem die Ehesache im ersten Rechtszug anhängig ist oder war (Abs. 1). Diese Zuständigkeit geht der ausschließlichen Zuständigkeit eines anderen Gerichts vor. Im Übrigen bestimmt sich die Zuständigkeit nach der ZPO mit der Maßgabe, dass der allgemeine Gerichtsstand nach dem gewöhnlichen Aufenthalt bestimmt wird (Abs. 2).

14 **VI. Lebenspartnerschaftssachen (§ 269).** In Lebenspartnerschaftssachen (§ 269) entnimmt man die internationale Zuständigkeit aus den von § 270 jeweils für anwendbar erklärten Vorschriften.

15 **VII. Öffentlich-rechtliche Unterbringung.** Da eine eigene Zuständigkeitsvorschrift für die öffentlich-rechtliche Unterbringung (§§ 151 Nr. 7, 312 Nr. 3) fehlt, ergibt sich die internationale Zuständigkeit aus der Auffangbestimmung des § 105 (MüKoFamFG/*Rauscher* § 105 FamFG Rn. 20). Die internationale Zuständigkeit folgt daher der örtlichen Zuständigkeit. In erster Linie ist der gewöhnliche inländische Aufenthalt des Kindes maßgeblich (§ 152 Abs. 2). Fehlt es daran, so kommt es auf den Ort an, an dem das Fürsorgebedürfnis, d.h. nach Unterbringung, bekannt geworden ist (§ 152 Abs. 3). Für Erwachsene gilt § 313 Abs. 3.

16 **E. Nachlass- und Teilungssachen.** Die internationale Zuständigkeit der deutschen Gerichte in Erbsachen unterliegt seit 17.08.2015 vorrangig dem auf den gewöhnlichen Aufenthalt des Erblassers abstellenden Art. 4 EuErbVO (s. Anh. IX), der aber nach wohl h.M. nicht für die **Ausstellung eines deutschen Erbscheins** gilt (s. Art. 4 EuErbVO Rdn. 11, *Wagner/Fenner* FamRZ 2015, 1668, 1669, 1674; dagegen für Anwendbarkeit etwa *Leipold* ZEV 2015, 553, 557 m.w.N.). Auch die Brüssel Ia-VO greift nicht ein (vgl. OLG Stuttgart FamRZ 2011, 832). Bis zum Inkrafttreten des FamFG nahm die Rspr. i.S.d. sog. Gleichlauftheorie an, dass eine internationale Zuständigkeit deutscher Gerichte für die Erteilung von Erbscheinen und Testamentsvollstreckerzeugnissen grds. nur bestand, wenn der Nachlass deutschem Recht unterlag. Eine internationale Zuständigkeit deutscher Gerichte trotz fremden Erbstatuts kam nur ausnahmsweise in Betracht. Nunmehr greifen nach nationalem Recht nach wohl h.M. die §§ 105, 343 f. FamFG ein (*Döbereiner* NJW 2015, 2449, 2453; vgl. auch Begr. RegE BT-Drucks. 16/6803 S. 221 f., 348 f.). Danach folgt entsprechend dem Grundsatz der Doppelfunktionalität auch hier aus der örtlichen die internationale Zuständigkeit (vgl. OLG Hamm NJW-RR 2011, 666).

17 Zuständig für die Ausstellung von Erbscheinen und Testamentsvollstreckerzeugnissen sind die deutschen Gerichte gem § 343 Abs. 1 unabhängig vom anwendbaren Recht, wenn der Erblasser seinen **gewöhnlichen Aufenthalt im Inland** hatte. Hilfsweise kommt es auf den letzten **gewöhnlichen Aufenthalt** an (§ 343 Abs. 2).

18 Für Nachlassverfahren für **Deutsche**, die keinen gewöhnlichen Aufenthalt im Inland hatten, besteht ebenfalls eine internationale Zuständigkeit. Insofern ist gem § 343 Abs. 3 zentral das AG Schöneberg zuständig, das die Sache »aus wichtigem Grund« i.S.d. § 4 FamFG auch an ein anderes Gericht verweisen kann. Schließlich besteht gem § 343 Abs. 3 hilfsweise eine örtliche und internationale Zuständigkeit am **Ort der Belegenheit von Nachlassgegenständen** von ausländischen Erblassern, die keinen Aufenthalt im Inland weder hatten. Dafür genügt ein einziger Vermögensgegenstand (OLG Brandenburg FamRZ 2012, 584).

19 Hat das Nachlassgericht einen Erbschein nach ausländischem Recht zu erteilen (Fälle der § 343 Abs. 1, 3 FamFG), ist gem § 16 Abs. 1 Nr. 6 funktionell der Richter zuständig. Gem. § 352c Abs. 1 n.F. kann der Antragsteller beantragen, dass der Erbschein nur für den inländischen Nachlass erteilt wird (Vgl. *Eule* ZEV 2011, 295, 301), um insb. langwierige Ermittlungen zum ausländischen Recht bei Nachlassspaltung zu vermeiden. Bei Anwendbarkeit ausländischen Rechts ist vorbehaltlich des § 352c Abs. 1 grds. ein **territorial unbeschränkter Fremdrechtserbschein** zu erteilen (vgl. auch Begr. RegE BT-Drucks. 16/6803 S. 222).

20 **F. Sonstige Angelegenheiten. I. Registersachen und unternehmensrechtliche Verfahren.** In Registersachen (§ 374) und unternehmensrechtlichen Verfahren (§ 375) folgt die internationale Zuständigkeit der örtlichen Zuständigkeit gem. § 377. Demgemäß sind die deutschen Gerichte grds. zuständig, wenn sich die Niederlassung des Einzelkaufmanns oder der Sitz der Gesellschaft, Genossenschaft, Partnerschaft, des Vereins oder Versicherungsvereins im Inland befinden.

21 **II. Weitere Angelegenheiten der freiwilligen Gerichtsbarkeit.** Für weitere Angelegenheiten der freiwilligen Gerichtsbarkeit (§ 410) kommt es auf die örtliche Zuständigkeit nach § 411 an. Dementsprechend besteht eine internationale Zuständigkeit für eine nicht dem Vollstreckungsgericht zu erklärende eidesstattliche Versicherung bei Inlandswohnsitz oder -aufenthalt. In den übrigen Angelegenheiten ist auch eine Prorogation möglich.

22 **III. Freiheitsentziehungssachen.** In Freiheitsentziehungssachen (§ 415) ist Ausgangspunkt die örtliche Zuständigkeit nach § 416 abzuleiten. Es kommt darauf an, ob die Person, der die Freiheit entzogen werden soll, einen inländischen gewöhnlichen Aufenthalt hat oder ob im Inland das Bedürfnis zur Freiheitsentzie-

Abschnitt 9. Verfahren mit Auslandsbezug §§ 106, 107

hung entsteht. Es genügt auch, wenn sich die Person bereits im Inland in Verwahrung einer abgeschlossenen Einrichtung befindet.

IV. Aufgebotssachen. In Aufgebotssachen (§§ 433 ff.) kommt es ebenfalls auf die örtliche Zuständigkeit an. Für das **Aufgebot des Grundstückseigentümers** und Grundpfandgläubigers folgt die internationale Zuständigkeit aus der inländischen Grundstücksbelegenheit (§§ 442 Abs. 2, 447 Abs. 2). Gleiches gilt für das Aufgebotsverfahren zum Ausschluss unbekannter Vormerkungsberechtigter, dinglicher Vorkaufsberechtigter und Reallastgläubiger (§ 453 Abs. 1). Für das Aufgebot der Schiffsgläubiger ist maßgeblich der Heimathafen oder -ort des Schiffes (§ 465 Abs. 2), für das Aufgebot zum Ausschluss eines Schiffshypothekengläubigers das inländische Registergericht (§ 452 Abs. 2). 23

Für das **Aufgebotsverfahren von Nachlassgläubigern** besteht die internationale Zuständigkeit, sofern ein deutsches Nachlassgericht örtlich zuständig ist (§ 454 Abs. 2). Auf diese Weise kommen die Wohnsitz-, Aufenthalts-, Staatsangehörigkeits- und Belegenheitszuständigkeit des § 343 zum Zuge (Rdn. 16 ff.). 24

Im **Aufgebotsverfahren zum Zwecke der Kraftloserklärung von Urkunden** ist in erster Linie der in der Urkunde bezeichnete Erfüllungsort maßgeblich. Im Übrigen kommt es auf den allgemeinen Gerichtsstand des Ausstellers an (§ 466 Abs. 1). Für das Aufgebot von Urkunden über im Grundbuch eingetragene Rechte ist die inländische Belegenheit der Sache entscheidend (§ 466 Abs. 2). 25

§ 106 Keine ausschließliche Zuständigkeit. Die Zuständigkeiten in diesem Unterabschnitt sind nicht ausschließlich.

Die Vorschrift ordnet an, dass die **internationale Zuständigkeiten** (§§ 98 bis 105) nicht ausschließlich, sondern **nur konkurrierend** sind. Damit wird klargestellt, dass auch dann, wenn eine der von § 105 in Bezug genommenen örtlichen Zuständigkeiten ausschließlich ist, die internationale Zuständigkeit diesen Charakter nicht teilt (*Althammer* IPRax 2009, 381, 385; *Hau* FamRZ 2009, 821, 829). Außerdem erleichtert das Fehlen von Ausschließlichkeit die Anerkennung ausländischer Entscheidungen. Anerkannt werden kann auch dann, wenn eine inländische Zuständigkeit besteht. Damit kommt das Anerkennungshindernis der Unzuständigkeit bei eigener ausschließlicher Zuständigkeit nach § 109 Abs. 1 Nr. 1 nicht zum Zuge. Hier ist die internationale Zuständigkeit des ausländischen Gerichts jeweils positiv nach §§ 98 bis 105 zu prüfen. 1

Der Regelung des § 106 geht einschlägiges **Unionsrecht und staatsvertragliches Recht** vor (§ 97). Die entsprechenden unionsrechtlichen und staatsvertraglichen Vorschriften müssen entscheiden, ob die Gerichtsstände ausschließlich sind. Das gleiche gilt für deutsche Ausführungsgesetze zu diesen Vorschriften, die zwar teilweise Ausschließlichkeit, aber nur für die örtliche Zuständigkeit vorsehen. 2

Liegt keine ausschließliche Zuständigkeit vor, so sind auch **Gerichtsstandsvereinbarungen** grds. erlaubt, allerdings nur, wenn die Beteiligten überhaupt über den Verfahrensgegenstand disponieren können (BLAH/ *Hartmann* § 106 FamFG Rn. 2). Das ist bei der internationalen Zuständigkeit nach dem FamFG, z.B. in Ehesachen nach § 98, wegen der berührten öffentlichen Interessen überwiegend nicht der Fall. Zwar lassen die europäischen Verordnungen teilweise Gerichtsstandsvereinbarungen zu (z.B. Art. 12 Brüssel IIa-VO, Art. 4 EuUntVO und Art. 5 EuErbVO). Sie stellen dafür aber i.A. differenzierte, allseitig geltende Vorschriften zur Verfügung. 3

Unterabschnitt 3. Anerkennung und Vollstreckbarkeit ausländischer Entscheidungen

§ 107 Anerkennung ausländischer Entscheidungen in Ehesachen. (1) ¹Entscheidungen, durch die im Ausland eine Ehe für nichtig erklärt, aufgehoben, dem Ehebande nach oder unter Aufrechterhaltung des Ehebandes geschieden oder durch die das Bestehen oder Nichtbestehen einer Ehe zwischen den Beteiligten festgestellt worden ist, werden nur anerkannt, wenn die Landesjustizverwaltung festgestellt hat, dass die Voraussetzungen für die Anerkennung vorliegen. ²Hat ein Gericht oder eine Behörde des Staates entschieden, dem beide Ehegatten zur Zeit der Entscheidung angehört haben, hängt die Anerkennung nicht von einer Feststellung der Landesjustizverwaltung ab.
(2) ¹Zuständig ist die Justizverwaltung des Landes, in dem ein Ehegatte seinen gewöhnlichen Aufenthalt hat. ²Hat keiner der Ehegatten seinen gewöhnlichen Aufenthalt im Inland, ist die Justizverwaltung

§ 107 Buch 1. Allgemeiner Teil

des Landes zuständig, in dem eine neue Ehe geschlossen oder eine Lebenspartnerschaft begründet werden soll; die Landesjustizverwaltung kann den Nachweis verlangen, dass die Eheschließung oder die Begründung der Lebenspartnerschaft angemeldet ist. ³Wenn eine andere Zuständigkeit nicht gegeben ist, ist die Justizverwaltung des Landes Berlin zuständig.
(3) ¹Die Landesregierungen können die den Landesjustizverwaltungen nach dieser Vorschrift zustehenden Befugnisse durch Rechtsverordnung auf einen oder mehrere Präsidenten der Oberlandesgerichte übertragen. ²Die Landesregierungen können die Ermächtigung nach Satz 1 durch Rechtsverordnung auf die Landesjustizverwaltungen übertragen.
(4) ¹Die Entscheidung ergeht auf Antrag. ²Den Antrag kann stellen, wer ein rechtliches Interesse an der Anerkennung glaubhaft macht.
(5) Lehnt die Landesjustizverwaltung den Antrag ab, kann der Antragsteller beim Oberlandesgericht die Entscheidung beantragen.
(6) ¹Stellt die Landesjustizverwaltung fest, dass die Voraussetzungen für die Anerkennung vorliegen, kann ein Ehegatte, der den Antrag nicht gestellt hat, beim Oberlandesgericht die Entscheidung beantragen. ²Die Entscheidung der Landesjustizverwaltung wird mit der Bekanntgabe an den Antragsteller wirksam. ³Die Landesjustizverwaltung kann jedoch in ihrer Entscheidung bestimmen, dass die Entscheidung erst nach Ablauf einer von ihr bestimmten Frist wirksam wird.
(7) ¹Zuständig ist ein Zivilsenat des Oberlandesgerichts, in dessen Bezirk die Landesjustizverwaltung ihren Sitz hat. ²Der Antrag auf gerichtliche Entscheidung hat keine aufschiebende Wirkung. ³Für das Verfahren gelten die Abschnitte 4 und 5 sowie § 14 Abs. 1 und 2 und § 48 Abs. 2 entsprechend.
(8) Die vorstehenden Vorschriften sind entsprechend anzuwenden, wenn die Feststellung begehrt wird, dass die Voraussetzungen für die Anerkennung einer Entscheidung nicht vorliegen.
(9) Die Feststellung, dass die Voraussetzungen für die Anerkennung vorliegen oder nicht vorliegen, ist für Gerichte und Verwaltungsbehörden bindend.
(10) War am 1. November 1941 in einem deutschen Familienbuch (Heiratsregister) auf Grund einer ausländischen Entscheidung die Nichtigerklärung, Aufhebung, Scheidung oder Trennung oder das Bestehen oder Nichtbestehen einer Ehe vermerkt, steht der Vermerk einer Anerkennung nach dieser Vorschrift gleich.

Übersicht

	Rdn.		Rdn.
A. Allgemeines	1	E. Feststellung der Anerkennungswirkungen	9
B. Staatsverträge und vorrangiges Unionsrecht	2	I. Zuständigkeit	9
I. Unionsrecht	2	II. Antrag	11
II. Staatsverträge	3	III. Verfahren vor der Anerkennungs-	
C. Blockadewirkung des Feststellungsmonopols	4	feststellung	12
D. Anwendungsbereich	5	IV. Rechtsmittel	13
I. Ausländische Entscheidung	5	F. Wirkungen der Feststellung	16
II. Ehesache	6	G. Altfälle	18
III. Heimatstaatsentscheidungen	8	H. Kosten	19

1 **A. Allgemeines.** Die Vorschrift des § 107 regelt entgegen ihrer zu weit gefassten Überschrift nur das obligatorische **Verfahren für die förmliche Anerkennung von Entscheidungen in Ehesachen.** Im Unterschied zu anderen ausländischen Entscheidungen werden Eheentscheidungen nicht automatisch anerkannt. § 107 monopolisiert die förmliche Feststellung der Anerkennung von Auslandsscheidungen und anderer Eheaufhebungen bei der Landesjustizverwaltung bzw. beim OLG. Dass im Hinblick auf die Auflösung oder den Fortbestand einer Ehe Klarheit herrscht, soll der Rechtssicherheit dienen. Die Vorschrift ist Nachfolger des früheren Art. 7 § 1 FamRÄndG. Für die Antragstellung bestehen **Formulare** in den einzelnen OLG-Bezirken sowie mehr oder weniger ausführliche Erläuterungen (zB Leitfaden OLG-Präsidentin Düsseldorf, im Internet).

2 **B. Staatsverträge und vorrangiges Unionsrecht. I. Unionsrecht.** Für die Anerkennung ausländischer Scheidungsurteile, die seit dem 01.03.2005 in einem Mitgliedstaat der Brüssel IIa-VO (s. § 97 Rdn. 11) ergangen und rechtskräftig geworden sind, gilt Art. 21 Brüssel IIa-VO (erläutert in Anh. I). Danach werden diese Urteile in allen Mitgliedstaaten ohne förmliche Nachprüfung anerkannt. Dies gilt ebenso für Ent-

scheidungen zur Trennung ohne Auflösung des Ehebandes. Das Anerkennungsverfahren nach § 107 FamFG findet nicht statt (Art. 21 Abs. 2 Brüssel IIa-VO; *Hau* FamRZ 2009, 825). Allerdings ist ein selbstständiges Anerkennungsverfahren nach Art. 21 Abs. 3, Art. 28 ff. Brüssel IIa-VO möglich. § 107 gilt daher nur für Entscheidungen aus Dänemark und aus Nicht-EU-Staaten.

II. Staatsverträge. Die nationale Regelung kommt nur insoweit zur Anwendung, als nicht vorrangiges Unionsrecht oder Staatsverträge eingreifen. Als Staatsverträge in Ehesachen i.S.d. kommen bilaterale Abkommen in Betracht. Soweit bilaterale Staatsverträge einschlägig sind, enthalten diese keine besondere Regelung des Anerkennungsverfahrens in Ehesachen. 3

C. Blockadewirkung des Feststellungsmonopols. Geprüft wird, ob der Anerkennung der ausländischen Entscheidung Anerkennungshindernisse nach einschlägigen Staatsverträgen, sonst nach § 109 entgegenstehen (BayObLG FamRZ 2000, 836; OLG München FamRZ 2012, 1142). Solange die ausländische Entscheidung nicht anerkannt ist, kann sie im Inland keine Wirkungen entfalten. Die ausländische Entscheidung wird im Inland nicht beachtet (BGHZ 64, 19; OLG Hamburg FamRZ 2014, 1563). Wird die ausländische Scheidung nicht anerkannt, so wird die Ehe im Inland als fortbestehend behandelt. Die Blockadewirkung besteht auch dann, wenn über die Anerkennung der Ehescheidung in einem anderen Verfahren als Vorfrage zu entscheiden ist (BGH FamRZ 2001, 991). Dies gilt auch für Registereintragungen. Die Blockadewirkung tritt für Folgesachen nicht direkt ein, hat aber mittelbare Auswirkungen. Dies gilt insbesondere für den Scheidungsunterhalt und Sorgerechtsentscheidungen. Die Anerkennung von Entscheidungen über solche von einer Ehescheidung abhängenden Angelegenheiten kann erst dann erfolgen, wenn die Eheentscheidung selbst im Inland anerkannt worden ist (BGH NJW 1975, 1072; OLG Hamburg FamRZ 2014, 1563). Eine solche Abhängigkeit nimmt man jedoch nicht für den Kindesunterhalt an (BGH FamRZ 2007, 717 = NJW-RR 2007, 722). Ein Verfahren, in dem es auf die vorgreifliche Anerkennung der ausländischen Ehescheidung ankommt, kann ausgesetzt werden (§ 113 Abs. 1 Satz 2 FamFG i.V.m. § 148 ZPO; OLG Celle FamRZ 2008, 430). Dafür ist ein Aussetzungsantrag notwendig (BGH NJW 1983, 514; Thomas/Putzo/*Hüßtege* § 107 FamFG Rn. 17). 4

D. Anwendungsbereich. I. Ausländische Entscheidung. Es muss sich um eine im Ausland ergangene Entscheidung handeln. Für eine klageabweisende ausländische Entscheidung ist das Anerkennungsverfahren nicht durchzuführen (*Andrae/Heidrich* FamRZ 2004, 1622, 1628). Die Entscheidung muss formell rechtskräftig sein (BayObLG FamRZ 1990, 897). Der **Begriff der Entscheidung** ist weit auszulegen. Auch behördliche Entscheidungen (OLG Schleswig NJW-RR 2008, 1390: norweg. Fylkesmann), vom Standesamt vorgenommene Scheidungen sowie die Entscheidungen religiöser Gerichte werden erfasst. Insofern kommt es darauf an, ob diese staatlich autorisiert sind. Das ist etwa bei einem israelischen Rabbinatsgericht (BGH FamRZ 2008, 1409, 1412) oder äthiopischen Schariagericht (OLG München NZFam 2015, 920) der Fall. Eine **reine Privatscheidung**, bei der kein Gericht oder keine Behörde mitgewirkt hat, ist keine Entscheidung i.S.d. § 107. Folglich kann das Feststellungsverfahren nicht stattfinden. Die Prüfung der Anerkennung kann inzident stattfinden (BGH FamRZ 2008, 1409). Anders steht es jedoch, wenn eine **gerichtliche Registrierung oder Beurkundung** erfolgt. Eheauflösungen aufgrund einseitiger Akte mit anschließender urkundlicher Registrierung fallen unter § 107. Bei behördlicher Mitwirkung an einer Privatscheidung kann daher ein Anerkennungsverfahren stattfinden (BGH NJW 1990, 2194; OLG München FamRZ 2012, 1142 [Ägypten]; OLG München NJW 2015, 3264 = FamRZ 2015, 1613 = IPRax 2016, 158 m. Aufs. *Weller/Hauber/Schulz*, 123 [Syrien]; KG FamRZ 2013, 1484 [Thailand]; *Althammer* IPRax 2009, 381, 386), zur Anerkennung s. § 108 Rdn. 20. 5

II. Ehesache. Erfasst werden Entscheidungen, durch die im Ausland eine Ehe für nichtig erklärt, aufgehoben, dem Ehebande nach oder unter Aufrechterhaltung des Ehebandes geschieden oder durch die das Bestehen oder Nichtbestehen einer Ehe zwischen den Beteiligten festgestellt worden ist (Abs. 1 Satz 1). 6

Die Anerkennung einer im Ausland erfolgten Auflösung (Aufhebung) einer **registrierten Lebenspartnerschaft** richtet sich, soweit eine gerichtliche oder behördliche Entscheidung vorliegt, nur nach §§ 108, 109 FamFG. Ein besonderes Verfahren zur Feststellung der Anerkennung ist nicht vorgeschrieben. § 107 FamFG gilt hier nicht (*Althammer* IPRax 2009, 386), auch nicht analog (so aber Andrae/Heidrich FamRZ 2004, 1622, 1624). Stellt sich in einem Verfahren die Vorfrage der Anerkennungsfähigkeit, ist darüber inzidenter zu entscheiden. Ein Anerkennungsverfahren nach § 108 Abs. 2 ist aber möglich (Thomas/Putzo/*Hüßtege* 7

§ 107 Buch 1. Allgemeiner Teil

§ 107 FamFG Rn. 10). Für die Anerkennung einer Auflösung durch Rechtsgeschäft gilt Art. 17b Abs. 1 Satz 1, 4. Alt. EGBGB (*Wagner* IPRax 2001, 281).

8 **III. Heimatstaatsentscheidungen.** Hat ein Gericht oder eine Behörde des Staates entschieden, dem **beide Ehegatten zur Zeit der Entscheidung angehört** haben, so hängt die Anerkennung nicht von einer Feststellung der Landesjustizverwaltung ab (Abs. 1 Satz 2). Ob die Anerkennungsvoraussetzungen erfüllt sind, ist inzident zu prüfen (OVG Lüneburg FamRZ 2015, 429). Die Anwendung dieser Ausnahmevorschrift auf **Mehrstaater** wird z.T. ganz abgelehnt (OLG Schleswig FamRZ 2015, 76; Zöller/*Geimer* § 107 FamFG Rn. 42). Vielfach wird verlangt, dass keiner der Mehrstaater die deutsche Staatsangehörigkeit besitzt (BayObLG NJW-RR 1998, 1538; OLG Hamburg FamRZ 2014, 1563). Ein Ehegatte darf auch nicht im Scheidungszeitpunkt als Asylberechtigter oder anerkannter Flüchtling einem anderen Personalstatut als dem des Scheidungsstaates unterstanden haben. Wird die Ehe in einem Staat mit mehreren Teilrechtsordnungen (Kanada, USA) geschieden, so müssen beide Ehegatten der gleichen Teilrechtsordnung angehören. Ein gleichwohl gestellter genereller Anerkennungsantrag ist aber zulässig (BGH NJW 1990, 3081; bestr.). Das gleiche gilt für einen Antrag auf Nichtanerkennung (OLG Schleswig FamRZ 2015, 76). Bestehen Zweifel, ob eine Heimatstaatsentscheidung vorliegt, so ist das Anerkennungsverfahren durchzuführen (Thomas/Putzo/*Hüßtege* § 107 FamFG Rn. 5). Wird in einem solchen Fall im Inland erneut ein Scheidungsantrag gestellt, so wird die Anerkennung nach § 109 im Rahmen des Rechtsschutzbedürfnisses für einen solchen Antrag geprüft (AG Weilburg FamRZ 2000, 169). Bei Vorliegen einer Heimatstaatsscheidung wird angenommen, dass die Ehegatten freiwillig eine Feststellung nach § 107 beantragen können (BGHZ 112, 127, 130 = NJW 1990, 3081; a.A. Zöller/*Geimer* § 107 FamFG Rn. 38).

9 **E. Feststellung der Anerkennungswirkungen. I. Zuständigkeit.** Örtlich zuständig ist die Justizverwaltung des Landes, in dem ein Ehegatte seinen **gewöhnlichen Aufenthalt** hat (Abs. 2 Satz 1). Hat keiner der Ehegatten einen inländischen gewöhnlichen Aufenthalt, ist die Justizverwaltung des Landes zuständig, in dem eine neue Ehe geschlossen oder eine Lebenspartnerschaft begründet werden soll (Abs. 2 Satz 2). Die Landesjustizverwaltung kann den Nachweis verlangen, dass die Eheschließung oder die Begründung der Lebenspartnerschaft angemeldet ist. Ist keine andere Zuständigkeit gegeben, so ist die Justizverwaltung des Landes Berlin zuständig (Abs. 2 Satz 3).

10 Eine Reihe von Bundesländern hat die Zuständigkeit auf die **Präsidenten des oder der Oberlandesgerichte** übertragen (Abs. 3): Baden-Württemberg (Oberlandesgerichte), Bayern (OLG München), Brandenburg (OLG Brandenburg), Bremen (OLG Bremen), Hessen (OLG Frankfurt), Niedersachsen (Oberlandesgerichte), Nordrhein-Westfalen (OLG Düsseldorf), Saarland (OLG Saarbrücken), Sachsen (OLG Dresden), Sachsen-Anhalt (OLG Naumburg) und Thüringen (OLG Thüringen).

11 **II. Antrag.** Die Entscheidung ergeht auf Antrag (Abs. 4 Satz 1), der von einer beteiligungsfähigen (§ 8) und verfahrensfähigen (§ 9) Person oder Behörde gestellt werden kann. Den formlosen Antrag kann stellen, wer ein rechtliches Interesse an der Anerkennung glaubhaft macht (Abs. 4 Satz 2). Dazu gehören die Ehegatten, ferner die möglichen Erben (Abkömmlinge), wenn ein Erbrecht von der Anerkennung abhängt. Ferner sind antragsberechtigt Sozialversicherungsträger (KG OLGZ 1984, 38), ebenso Finanzämter (*Gottwald* FS Rüßmann, 2013, S. 771, 779; a.A. MüKoFamFG/*Rauscher* § 107 FamFG Rn. 42), nicht aber Gerichte (BGH NJW 1983, 514; Thomas/Putzo/*Hüßtege* § 107 FamFG Rn. 19) und Standesämter (*Hausmann* IntEuSchR Rn. H 212). Der Antrag auf Anerkennung kann in einen auf Nichtanerkennung geändert werden und umgekehrt (OLG Düsseldorf OLGZ 1976, 291). Ein Fristerfordernis für die Antragstellung besteht nicht. Verwirkung kann nicht eintreten (*Hausmann* IntEuSchR Rn. H 212; anders OLG Düsseldorf FamRZ 1988, 198).

12 **III. Verfahren vor der Anerkennungsfeststellung.** Zwar gilt Amtsvermittlung (§ 26). Der Antragsteller trägt jedoch die Feststellungslast für die seinen Antrag tragenden Tatsachen. Wer sich auf die Nichtanerkennung beruft, trägt hierfür die Beweislast (BGH NJW 2006, 701; a.A. Staudinger/*Spellenberg* Art. 7 FamRÄndG Rn. 158 ff.). Urkunden sind auf Verlangen vom Antragsteller zu übersetzen. Wird VKH nach §§ 76 ff. bewilligt, von der Verwaltung. Kann die anzuerkennende Entscheidung nicht beigebracht werden, so wird der Antrag als unbegründet abgewiesen (Staudinger/*Spellenberg* Art. 7 FamRÄndG Rn. 149. AA BayObLGZ 1982, 257 = IPRspr. 1982 Nr. 185: unzulässig). Grundsätzlich ist beiden Ehegatten vor der Feststellungsentscheidung rechtliches Gehör zu gewähren (BayObLG FamRZ 2000, 485).

IV. Rechtsmittel. Der Bescheid (Justizverwaltungsakt) stellt fest, ob Anerkennungshindernisse vorliegen oder nicht und ist zu begründen (§ 38 Abs. 3 analog). Bei Unzulässigkeit oder Unbegründetheit erfolgt eine Abweisung des Antrags. Die Entscheidung der Landesjustizverwaltung wird mit der Bekanntgabe an den Antragsteller wirksam (Abs. 6 Satz 2). Die **Bekanntgabe** erfolgt gem. § 15 Abs. 2 durch Zustellung gem. §§ 166 ff. ZPO oder durch Aufgabe zur Post oder nach den Verwaltungszustellungsgesetzen der Länder (Thomas/Putzo/*Hüßtege* § 107 FamFG Rn. 28). Die Landesjustizverwaltung kann jedoch in ihrer Entscheidung bestimmen, dass die Entscheidung erst nach Ablauf einer von ihr bestimmten Frist wirksam wird (Abs. 6 Satz 3). 13

Bei Ablehnung kann der Antragsteller innerhalb einer Monatsfrist (§ 63) beim OLG die **Entscheidung beantragen** (Abs. 5). Erweiternd wird das Antragsrecht jedem Dritte zugestanden, der ein rechtliches Interesse an der Anerkennung oder Nichtanerkennung geltend machen kann (KG FamRZ 2004, 276; Keidel/*Zimmermann* § 107 FamFG Rn. 81). Gegen die Feststellung, dass die Voraussetzungen für die Anerkennung vorliegen, kann ein Ehegatte, der den Antrag nicht gestellt hat, beim OLG die Entscheidung beantragen (Abs. 6 Satz 1). Auch insoweit wird ein Antragsrecht jedem Dritten zugebilligt werden, der ein rechtliches Interesse hat (OLG Koblenz NJW-RR 1988, 1159). Da die Landesjustizverwaltung erste Instanz im Rechtsmittelzug ist, kommt ihr im Beschwerdeverfahren keine Beteiligtenstellung zu, *Althammer* Anm. zu BGH NZFam 2016, 27). 14

Zuständig ist ein Zivilsenat des OLG, in dessen Bezirk die Landesjustizverwaltung ihren Sitz hat (Abs. 7 Satz 1). Der Antrag auf gerichtliche Entscheidung hat keine aufschiebende Wirkung (Abs. 7 Satz 2). Für das Verfahren gelten die §§ 49 ff. über einstweilige Anordnungen und §§ 58 ff. über Rechtsmittel (Beschwerde) entsprechend (Abs. 7 Satz 3). Der Antrag zum OLG ist dementsprechend wie eine Beschwerde zu behandeln (OLG München FamRZ 2012, 1512, 1513). Ferner gelten entsprechend die § 14 Abs. 1 und 2 (elektronische Akten) sowie § 48 Abs. 2 (Wiederaufnahme). Gegen die Entscheidung des OLG kann innerhalb eines Monats **Rechtsbeschwerde** zum BGH eingelegt werden (§§ 70 ff.). Der Landesjustizverwaltung steht keine Befugnis zur Einlegung einer Rechtsbeschwerde zu, und zwar auch dann nicht, wenn das OLG ihren Bescheid aufgehoben und die Sache zur Neubescheidung an sie zurückverwiesen hat (BGH FamRZ 2016, 120 = NZFam 2016, 27 zust. Anm. *Althammer*). 15

F. Wirkungen der Feststellung. Mit dem die Anerkennung aussprechenden Bescheid werden die Wirkungen der ausländischen Entscheidung auf das Inland erstreckt. Die Wirkung der ausländischen Entscheidung tritt rückwirkend mit den Zeitpunkt ihrer Wirksamkeit nach erststaatlichem Recht ein (*Gottwald* FS Rüßmann, 2013, S. 771, 782). Eventuelle Regelungen von Scheidungsfolgen in der ausländischen Entscheidung werden jedoch nicht von der Anerkennungsfeststellung mit umfasst. 16

Die Feststellung der Anerkennung oder Nichtanerkennung hat erga omnes-Wirkung und ist für Gerichte und Verwaltungsbehörden bindend (Abs. 9). 17

G. Altfälle. War am 01.11.1941 in einem deutschen Familienbuch (Heiratsregister) auf Grund einer ausländischen Entscheidung die Auflösung oder das Bestehen bzw. Nichtbestehen einer Ehe vermerkt, steht der Vermerk einer Anerkennung nach § 107 gleich (Abs. 10). 18

H. Kosten. Für die Kosten gelten die §§ 80 ff., insbes. § 81 (OLG München FamRZ 2015, 1611; OLG Schleswig FamRZ 2015, 76). Die Bewilligung von Verfahrenskostenhilfe gem. § 76 ist ausgeschlossen, da diese, ebenso wie die Prozesskostenhilfe nach § 114 ZPO, nur für gerichtliche Verfahren gewährt werden kann (OLG Stuttgart FamRZ 2011, 384). 19

§ 108 Anerkennung anderer ausländischer Entscheidungen.

(1) Abgesehen von Entscheidungen in Ehesachen werden ausländische Entscheidungen anerkannt, ohne dass es hierfür eines besonderen Verfahrens bedarf.
(2) ¹Beteiligte, die ein rechtliches Interesse haben, können eine Entscheidung über die Anerkennung oder Nichtanerkennung einer ausländischen Entscheidung nicht vermögensrechtlichen Inhalts beantragen. ²§ 107 Abs. 9 gilt entsprechend. ³Für die Anerkennung oder Nichtanerkennung einer Annahme als Kind gelten jedoch die §§ 2, 4 und 5 des Adoptionswirkungsgesetzes, wenn der Angenommene zur Zeit der Annahme das 18. Lebensjahr nicht vollendet hatte.
(3) ¹Für die Entscheidung über den Antrag nach Absatz 2 Satz 1 ist das Gericht örtlich zuständig, in dessen Bezirk zum Zeitpunkt der Antragstellung

§ 108

1. der Antragsgegner oder die Person, auf die sich die Entscheidung bezieht, sich gewöhnlich aufhält oder
2. bei Fehlen einer Zuständigkeit nach Nummer 1 das Interesse an der Feststellung bekannt wird oder das Bedürfnis der Fürsorge besteht.

²Diese Zuständigkeiten sind ausschließlich.

Übersicht

	Rdn.
A. Allgemeines	1
B. Staatsverträge und vorrangiges Unionsrecht	2
I. Vorrang	2
II. Unionsrecht	3
1. Brüssel IIa-VO für Ehesachen und elterliche Verantwortung	3
2. Europäische Unterhaltsverordnung	4
3. Brüssel Ia-Verordnung	5
4. EU-Verordnung über die gegenseitige Anerkennung von Schutzmaßnahmen	6
5. Europäische Erbrechtsverordnung	7
III. Staatsverträge	8
1. Internationale Staatsverträge	8
a) Haager Kinderschutzübereinkommen	8
b) Haager Minderjährigenschutzabkommen	9
c) Haager Kindesentführungsübereinkommen	10
d) Haager Adoptionsübereinkommen	11
e) Haager Unterhaltsübereinkommen von 2007	12
f) Haager Unterhaltsvollstreckungsübereinkommen von 1973	13
g) Haager Erwachsenenschutzübereinkommen	14
2. Europäische Staatsverträge	15
a) Luganer Übereinkommen	15
b) Europäisches Sorgerechtsübereinkommen	16
3. Bilaterale Staatsverträge	17
IV. Ausführungs- und Durchführungsbestimmungen	18
C. Ausländische Entscheidung	19
D. Grundsatz der Inzidentanerkennung (Abs. 1)	26
E. Wirkungen der Anerkennung	27
F. Anerkennungsfeststellungsverfahren (Abs. 2 und 3)	32
I. Entscheidung nicht vermögensrechtlichen Inhalts	32
II. Zuständigkeit	33
III. Antrag	34
IV. Entscheidung	35
G. Anerkennungsverfahren nach dem Adoptionswirkungsgesetz	36
H. Beachtung ausländischer Rechtshängigkeit	40
I. Beachtlichkeit	40
II. Voraussetzungen	41
III. Bestimmung der Rechtshängigkeit	42
IV. Rechtsfolge	43

1 **A. Allgemeines.** Die Vorschrift des § 108 regelt die Art der Anerkennung anderer Entscheidungen als solcher in Ehesachen (dazu § 107). Auch hierfür gilt der Grundsatz der automatischen Anerkennung, Abs. 1. Für Entscheidungen nicht vermögensrechtlichen Inhalts stellen Abs. 2 und 3 ein isoliertes Anerkennungsverfahren zur allgemeinverbindlichen Klärung zur Verfügung. Abs. 2 Satz 3 stellt klar, dass für Minderjährigenadoptionen das Anerkennungsverfahren nach AdWirkG vorrangig bleibt (Rdn. 36 ff.). Die örtliche Zuständigkeit für das isolierte Anerkennungsverfahren bestimmt Abs. 3. Ob Anerkennungshindernisse vorliegen, richtet sich nach § 109.

2 **B. Staatsverträge und vorrangiges Unionsrecht. I. Vorrang.** Die nationale deutsche Regelung kommt nur insoweit zur Anwendung, als nicht vorrangiges Unionsrecht oder Staatsverträge eingreifen. Dies gilt nicht nur für die Anerkennung und Nichtanerkennung selbst, sondern auch für das Verfahren der Anerkennung. In Betracht kommen zahlreiche Staatsverträge und Rechtsakte der EU (*Hohloch* FPR 2012, 495 ff.; zu Unterhaltstiteln *Breuer* FamRB 2014, 30 ff.).– Zum Günstigkeitsprinzip § 109 FamFG Rdn. 2.

3 **II. Unionsrecht. 1. Brüssel IIa-VO für Ehesachen und elterliche Verantwortung.** Die Brüssel IIa-VO (s. § 97 FamFG Rdn. 11) sieht für Ehesachen und elterliche Verantwortung eine automatische Anerkennung (Art. 21 Abs. 1), aber auch eine gesonderte Anerkennungsfeststellung vor (Art. 21 Abs. 3). Das Verhältnis der Brüssel IIa-VO (erläutert in Anh. I) zu bilateralen Anerkennungs- und Vollstreckungsabkommen sowie zu bestimmten multilateralen Übk. wird in ihren Art. 59 ff. klargestellt. Ausführungsbestimmungen enthält das IntFamRVG (§§ 1 Nr. 1, 32), erläutert in Anh. IV.

Abschnitt 9. Verfahren mit Auslandsbezug § 108

2. Europäische Unterhaltsverordnung. Die EuUntVO betrifft die Anerkennung und Vollstreckung von 4
Entscheidungen und die Zusammenarbeit in Unterhaltssachen (s. § 97 FamFG Rdn. 12). Sie enthält Anerkennungsvorschriften in Art. 16 ff. (*Breuer* FamRB 2014, 30 ff.). Die VO sieht eine automatische Anerkennung (Art. 23 Abs. 1), aber auch eine gesonderte Anerkennungsfeststellung vor (Art. 23 Abs. 2). Die EuUntVO wird erläutert in Anh. V. Ausführungsbestimmungen finden sich im AUG (§ 1 Abs. 1 Nr. 1 Buchst. a), erläutert in Anh. VI.

3. Brüssel Ia-Verordnung. Die Brüssel Ia-VO enthält Anerkennungsvorschriften für Zivil- und Handels- 5
sachen in Art. 45 ff. (s. § 97 Rdn. 10). Sie sieht eine automatische Anerkennung (Art. 36 Abs. 1), aber auch eine gesonderte Anerkennungsfeststellung vor (Art. 36 Abs. 2).

4. EU-Verordnung über die gegenseitige Anerkennung von Schutzmaßnahmen. Die EU-VO über die ge- 6
genseitige Anerkennung von Schutzmaßnahmen (EuSchutzVO; s. § 97 Rdn. 13) sieht eine automatische Anerkennung vor (Art. 4 Abs. 1). Bescheinigungen stellt der Rechtspfleger aus (§ 25 Nr. 4 RpflG).

5. Europäische Erbrechtsverordnung. Die Europäische Erbrechtsverordnung (EuErbVO, s. § 97 Rdn. 15) 7
sieht eine automatische Anerkennung (Art. 39 Abs. 1), aber auch eine gesonderte Anerkennungsfeststellung vor (Art. 39 Abs. 2). Die EuErbVO wird erläutert in Anh. IX. Ausführungsbestimmungen enthält das IntErbRVG, erläutert in Anh. X.

III. Staatsverträge. 1. Internationale Staatsverträge. a) Haager Kinderschutzübereinkommen. Im Haa- 8
ger Kinderschutzübereinkommen (s. § 97 FamFG Rdn. 27) wird für Sorgerechtsentscheidungen und andere Schutzmaßnahmen die automatische Anerkennung in Art. 23 geregelt (*Benicke* IPRax 2013, 44, 50), in Art. 24 auch eine gesonderte Anerkennungsfeststellung. Innerhalb der EU ist das KSÜ grds. nachrangig ggü. der Brüssel IIa-VO (Art. 61 Brüssel IIa-VO), soweit letztere einschlägig ist (OLG München FamRZ 2015, 777 Anm. *Dutta* [einstweilige Anordnung]). Das KSÜ wird erläutert in Anh. II. Deutsche Ausführungsbestimmungen enthält das IntFamRVG (§§ 1 Nr. 2, 32), erläutert in Anh. IV.

b) Haager Minderjährigenschutzabkommen. Das Haager Minderjährigenschutzabkommen (s. § 97 9
FamFG Rdn. 28) enthält eine Anerkennungsvorschrift in Art. 7. Das MSA ist ersetzt worden durch das KSÜ. Es kommt nur noch in wenigen Fällen zur Anwendung (s. § 97 Rdn. 29).

c) Haager Kindesentführungsübereinkommen. Das Haager Kindesentführungsübereinkommen (s. § 97 10
FamFG Rdn. 30) betrifft die Rechtshilfe in Fällen der Kindesentführung und des Zurückhaltens von Kindern und enthält keine Anerkennungsvorschriften. Das HKÜ wird erläutert in Anh. III. Deutsche Ausführungsbestimmungen finden sich im IntFamRVG (§ 1 Nr. 3), erläutert in Anh. IV.

d) Haager Adoptionsübereinkommen. Das Haager Übereinkommen über den Schutz von Kindern und 11
die Zusammenarbeit auf dem Gebiet der internationalen Adoption vom 29.05.1993 (s. § 97 FamFG Rdn. 31) enthält Anerkennungsvorschriften in Art. 23 ff. Deutsche Ausführungsbestimmungen finden sich im Adoptionsübereinkommens-Ausführungsgesetz (AdÜbkAG). Soweit die Adoption in einem **Vertragsstaat des HAÜ** ergangen ist, ergibt sich nach dessen Art. 23 ihre **automatische Anerkennung** im Inland, wenn der Entscheidungsstaat eine Bescheinigung über ihr Zustandekommen in Übereinstimmung mit dem Übk erteilt hat. Nach § 9 AdÜbkAG kann zum Nachweis der Echtheit der Bescheinigung deren Bestätigung bei der Bundeszentralstelle für Auslandsadoption des BfJ beantragt werden (Bundeszentralstelle für Auslandsadoption – Adenauer Allee 99–103, 53113 Bonn; http://www.bundesjustizamt.de). Im **Anerkennungsverfahren** nach dem AdWirkG kann die Anerkennungsfähigkeit einer im Ausland ergangenen Adoption positiv oder negativ festgestellt werden. Dieses Verfahren gilt grds. sowohl für nach Art. 23 HAÜ als auch für nach § 108 FamFG anzuerkennende Adoptionen; s. Rdn. 36 ff.

e) Haager Unterhaltsübereinkommen von 2007. Im Haager Unterhalts-Übk. von 2007 (s. § 97 FamFG 12
Rdn. 32) finden sich in Art. 19 ff. Anerkennungsvorschriften für Unterhaltsentscheidungen und Vergleiche. Das Anerkennungsverfahren wird in Art. 23 ff. geregelt. Innerhalb der EU ist das Unterhaltsübereinkommen nachrangig ggü. *der EuUnthVO* (Art. 69 Abs. 2 EuUnthVO). Ausführungsbestimmungen enthält das AUG (§ 1 Abs. 2 Nr. Buchst. a), erläutert in Anh. VI.

f) Haager Unterhaltsvollstreckungsübereinkommen von 1973. Das ältere Haager Unterhaltsanerken- 13
nungs- und Vollstreckungs-Übk. von 1973 (s. § 97 Rdn. 33) enthält in Art. 4 ff. Anerkennungsvorschriften für Unterhaltsentscheidungen und regelt in Art. 13 ff. das Anerkennungsverfahren (OLG Stuttgart FamRZ

§ 108   Buch 1. Allgemeiner Teil

2012, 999 m. Aufs. *Gruber* IPRax 2013, 325 f.). Das Übk. ist jedoch ersetzt wurden durch das Haager Unterhalts-Übk. von 2007 und kommt nur noch in Altfällen zur Anwendung (*Breuer* FamRB 2014, 30, 34). Ausführungsbestimmungen finden sich im AUG (§ 1 Abs. 2 Nr. Buchst. b)), erläutert in Anh. VI.

14   **g) Haager Erwachsenenschutzübereinkommen.** Das Haager Erwachsenenschutzübereinkommen (s. § 97 FamFG Rdn. 34) sieht in Bezug auf Schutzmaßnahmen für Erwachsene eine automatische Anerkennung (Art. 22), aber auch eine gesonderte Anerkennungsfeststellung vor (Art. 23). Das ErwSÜ wird erläutert in Anh. VII. Ausführungsbestimmungen enthält das ErwSÜAG, erläutert in Anh. VIII.

15   **2. Europäische Staatsverträge. a) Luganer Übereinkommen.** Das Luganer Übk. über die gerichtliche Zuständigkeit und die Anerkennung und Vollstreckung von Entscheidungen in Zivil- und Handelssachen vom 30.10.2007 (s. § 97 FamFG Rdn. 37) sieht eine automatische Anerkennung (Art. 33 Abs. 2), aber auch eine gesonderte Anerkennungsfeststellung vor (Art. 33 Abs. 2). Soweit es um Unterhaltssachen geht, finden sich Ausführungsbestimmungen im AUG (§ 1 Abs. 2 Nr. Buchst. c), erläutert in Anh. VI. Im Übrigen gelten deutsche Ausführungsbestimmungen im AVAG (§ 1 Abs. 1 Nr. 2 Buchst. c); s. Rdn. 18).

16   **b) Europäisches Sorgerechtsübereinkommen.** Eine automatische Anerkennung erfolgt auch nach Art. 7 ff. des Europäischen Sorgerechtsübereinkommens vom 20.05.1980 (ESÜ; s. § 97 FamFG Rdn. 38). Das ESÜ ist im Verhältnis zu den EU-Mitgliedstaaten (außer Dänemark) jedoch weitgehend durch die Brüssel II a-VO ersetzt worden (Art. 60 Buchst. d) Brüssel IIa-VO); s. § 109 FamFG Rdn. 20. Deutsche Ausführungsbestimmungen zum ESÜ im IntFamRVG (§§ 1 Nr. 4, 32), erläutert in Anh. IV.

17   **3. Bilaterale Staatsverträge.** Bilaterale Abk., die die gegenseitige Anerkennung von Entscheidungen zum Gegenstand haben, können zur Anwendung kommen (s. § 97 FamFG Rdn. 40). Zur Betreuung im deutsch-spanischen Verhältnis s. *Schulte-Bunert* FuR 2014, 334, 337. Die Abkommen enthalten übereinstimmend eine grundsätzliche Anerkennungspflicht, aber mit z.T. unterschiedlichen Voraussetzungen. Auf das nationale Anerkennungsrecht (§ 108 FamFG) kann zurückgegriffen werden, wenn dieses sich im Vergleich zum Abkommensrecht nach Lage des Falles als anerkennungsfreundlicher erweist (BGH FamRZ 1987, 580).

18   **IV. Ausführungs- und Durchführungsbestimmungen.** Für die internationalen, europäischen und bilateralen Anerkennungsregeln gibt es mehrere deutsche Ausführungs- und Durchführungsbestimmungen, die nach § 97 Abs. 2 Vorrang haben (s. § 97 FamFG Rdn. 41 ff.). Die Regeln über Zivil- und Handelssachen finden sich im mehrfach geänderten Gesetz zur Ausführung zwischenstaatlicher Verträge und zur Durchführung von Verordnungen und Abkommen der Europäischen Gemeinschaft auf dem Gebiet der Anerkennung und Vollstreckung in Zivil- und Handelssachen (**Anerkennungs- und Vollstreckungsausführungsgesetz – AVAG**) vom 03.12.2009 (BGBl. I S. 3830; Gesetzesbegründung zum ursprünglichen AVAG in BT-Drucks. 16/10119). Nach § 25 AVAG ist eine gesonderte Feststellung der Anerkennung möglich. Die AVAG-Vorschriften waren vielfach Vorbild für neuere, besondere Durchführungsbestimmungen auf einzelnen Rechtsgebieten.

19   **C. Ausländische Entscheidung.** Die §§ 108 ff. betreffen Entscheidungen in **Familiensachen und Angelegenheiten der freiwilligen Gerichtsbarkeit.** Dagegen richtet sich die Anerkennung von Entscheidungen im Rahmen der streitigen Gerichtsbarkeit nach § 328 ZPO (dazu *Strasser* NZFam 2015, 103 ff.). Die Abgrenzung ist nach den Maßstäben des deutschen Rechts vorzunehmen, da es um die Anerkennung in Deutschland geht (*Althammer* IPRax 2009, 381, 387). I.A. wird man darauf abstellen, ob die Entscheidung in einem Bereich erging, der zu den vom FamFG geregelten Materien gehört.

20   Es muss sich um eine **Entscheidung**, aber nicht unbedingt um die Entscheidung eines staatlichen Gerichts handeln. Allerdings muss ein Organ entscheiden, das **Rechtsprechungsaufgaben** wahrnimmt. Das kann auch eine Behörde sein. Entscheidungen religiöser Gerichte und Spruchkörper werden anerkannt, wenn sie im Rahmen staatlich anerkannter oder verliehener Autorität entscheiden (OLG München NZFam 2015, 920; MüKo/*Rauscher* § 107 FamFG Rn. 19). Ist das nicht der Fall, so können sie lediglich im Rahmen des materiellen Rechts nach den Regeln des IPR anerkannt werden. Die **Bezeichnung** der Entscheidung als Urteil, Verfügung, Bescheid o.ä. ist nicht entscheidend. Es muss sich um eine **Sachentscheidung** handeln. Dies kann auch eine Feststellungsentscheidung zur rechtlichen Vaterschaft sein (BGH FamRZ 2015, 249 Anm. *Helms* = JZ 2016, 202 Anm. *Dethloff* = NJW 2015, 479 Anm. *Heiderhoff* = IPRax 2015, 261 m. Aufs. *Henrich*, 229 [Leihmutterschaft].– Zur Abgrenzung zu bloßer Beurkundung und Registrierung auch *Duden* StAZ 2014, 164 ff.). Entscheidungen, welche nur verfahrensrechtliche Fragen zum Gegenstand haben, wer-

Abschnitt 9. Verfahren mit Auslandsbezug   § 108

den nicht erfasst (*Dutta* FamRZ 2016, 146 Anm. zu AG Pankow/Weißensee). Die bloße Registrierung, die Beurkundung äußerer Vorgänge oder von Rechtsgeschäften und tatsächlichen Handlungen ist keine Entscheidung (*Klinck* FamRZ 2009, 741, 743). Ausländisch ist die Entscheidung dann, wenn sie die Äußerung einer fremden Hoheitsgewalt ist. Die Entscheidung muss nach erststaatlichem Recht wirksam sein. Sie kann rechtsbegründende oder lediglich feststellende Wirkungen haben (BGH NJW 2015, 479).

Eheauflösungen ausländischen Rechts, die durch Vertrag, Verstoßung (dazu *Andrae* NJW 2008, 1730) 21 oder Übergabe des Scheidebriefs (BGH FamRZ 2008, 1409) erfolgen, sind materiellrechtlich einzuordnen. Die Anknüpfung ist umstritten. Nach einer Auffassung fallen sie nicht unter die Rom III-VO (*Gruber* IPRax 2012, 381, 383), während nach a.A. die VO grds. eingreift (*Helms* FamRZ 2011, 1765, 1766), Insoweit ist ein Vorlageverfahren beim EuGH anhängig (OLG München NJW 2015, 3264 = FamRZ 2015, 1613 = IPRax 2016, 158 m. Aufs. *Weller/Hauber/Schulz*, 123 [Syrien]). Eine im Inland vorgenommene Privatscheidung wird nicht akzeptiert (Art. 17 Abs. 2 EGBGB; *Gärtner* StAZ 2012, 357, 359 f.; *Ziereis/Zwirlein* IPRax 2016, 103 ff.). Dies gilt auch bei Durchführung vor der Botschaft oder dem Konsulat eines ausländischen Staates. Die Scheidung kann aber in einem FamFG-Verfahren ausgesprochen werden (zum talaq OLG Frankfurt FamRZ 2009, 1504). Eine im Ausland vollzogene **Privatscheidung** kann im Inland anerkannt werden (BGH FamRZ 1994, 434), sofern kein Verstoß gg den ordre public vorliegt (OLG Frankfurt FamRZ 2009, 1504; OLG Hamm NJW-RR 2010, 1090). Das gilt jedoch nicht bei Maßgeblichkeit deutschen Rechts (§ 1564 Satz 1 BGB; BGH NJW-RR 1994, 642; OLG München FamRZ 2012, 1142).

Eine **Vertragsadoption**, die ohne gerichtliche Prüfung zustande gekommen ist, stellt keine Entscheidung 22 dar. Setzt die Wirksamkeit des Adoptionsvertrages jedoch eine gerichtliche Genehmigung oder Bestätigung voraus, so steht dies einer Adoptionsverfügung gleich. Eine Anerkennung nach §§ 108, 109 ist möglich (KG FamRZ 2006, 1405; OLG Düsseldorf StAZ 2012, 82). Auch eine sog. schwache Adoption kann anerkannt werden (OLG Düsseldorf StAZ 2012, 82; OLG Köln StAZ 2012, 339, 341).– Zum Anerkennungsverfahren s. Rdn. 36 ff.

Ausländischen Erbrechtsbescheinigungen (Einantwortungsurkunden, Rotsiegelbeschlüssen nach österrei- 23 chischem Recht) und Testamentsvollstreckerzeugnissen kommt nach ihrem Heimatrecht regelmäßig keine ähnlich weitgehende Wirkung zu, wie sie das deutsche Recht für inländische Erbscheine und Zeugnisse vorsieht. Weithin unbestritten ist, dass nur Erbscheine und Zeugnisse, die von deutschen Behörden ausgestellt wurden, die **materiell-rechtliche Gutglaubenswirkung** der §§ 2365 ff. BGB entfalten können (Staudinger/*Dörner* Art. 25 EGBGB Rn. 914). Bei ausländischen Akten stellt sich das Problem der Substitution. Eine Ausnahme gilt im deutsch-türkischen Rechtsverkehr gem. § 17 des deutschtürkischen Nachlassabkommens, wonach ein Zeugnis eines Mitgliedstaates über die Erbfolge in den beweglichen Nachlass auch im anderen Mitgliedstaat dem Nachweis der Erbfolge dient. Eine Anerkennung nach § 108 FamFG scheitert i.d.R. (OLG Bremen NJW-RR 2011, 1099 m. Aufs. *Schäuble* ZErb 2011, 267; KG NJW-RR 2013, 79 m. Aufs. *Hertel* ZEV 2013, 539). Ist dagegen eine ausländische Entscheidung in Nachlasssachen i.S.d. § 108 FamFG anerkennungsfähig, so können ihre verfahrensrechtlichen Wirkungen auf das Inland erstreckt werden, insb. ist der im Ausland eingesetzte Testamentsvollstrecker dann auch im Inland grds. als i.S.d. ausländischen Rechts verfügungsbefugt zu betrachten.

Man verlangt keine formelle Rechtskraft der Entscheidung, nur ihre Wirksamkeit (*Klinck* FamRZ 2009, 741, 24 744)

Notarielle **Urkunden und gerichtliche Vergleiche** werden zwar nach europäischem Prozessrecht vielfach 25 mit Entscheidungen gleichbehandelt. Im Rahmen des § 108 sind sie jedoch nicht als Entscheidungen anzusehen (Musielak/Borth/*Borth* § 108 Rn. 2).

D. Grundsatz der Inzidentanerkennung (Abs. 1). Abgesehen von Entscheidungen in Ehesachen (§ 107) 26 werden – wie nach § 328 ZPO – ausländische Entscheidungen ipso iure anerkannt, ohne dass es hierfür eines besonderen Verfahrens bedarf (Abs. 1). Über die Anerkennung kann grundsätzlich inzident entschieden werden (BVerwG FamRZ 2013, 547; OLG Köln FamRZ 2010, 1590).

E. Wirkungen der Anerkennung. Bei der Anerkennung geht es darum, ob die ausländische Entscheidung 27 *im Inland beachtet wird*. Anerkennung bedeutet nach h.M. die Erstreckung der Wirkungen der ausländischen Entscheidung auf das Inland (Theorie der **Wirkungserstreckung**). Es kommt nicht nur zu einer Gleichstellung mit inländischen Entscheidungen (Gleichstellungslehre). Die Entscheidung äußert die Wirkungen, die ihr im ausländischen Gerichtsstaat zukommen, auch im Inland. Die Wirkungen der ausländischen Entscheidung können nicht über die des erststaatlichen Rechts hinausgehen (OVG Berlin-Brandenburg FamRZ 2012, 1911, 1912). Werden weiterreichende Wirkungen nach deutschem Recht erstrebt, so muss insoweit eine neue inländische Sachentscheidung herbeigeführt werden (OLG Hamm FamRZ 2014, 1935 Anm. *Heiderhoff*).

28 Äußert die ausländische Entscheidung Wirkungen, die über die des deutschen Rechts hinausgehen, so soll letzteres nach der Kumulationstheorie eine Obergrenze bilden. Diese Einschränkung der Anerkennungswirkungen wird jedoch als nicht notwendig vielfach abgelehnt (MüKoFamFG/*Rauscher* § 108 FamFG Rn. 20). Allerdings kann der deutsche verfahrensrechtliche ordre public Schranken setzen. Es können Wirkungen eintreten, die – wie etwa bei der Scheidung von Tisch und Bett – dem deutschen Recht so nicht bekannt sind.

29 Zu den anerkennungsfähigen Urteilswirkungen gehört in erster Linie die **materielle Rechtskraft** der ausländischen Entscheidung. Sie schließt eine neue Entscheidung mit einem abweichenden Ergebnis aus. Die Anerkennung umfasst auch die Gestaltungswirkung einer ausländischen Entscheidung, etwa einer Ehescheidung. Die **Gestaltungswirkung** ist aufgrund der prozessualen Anerkennung maßgeblich. Sie hängt nicht vom aus kollisionsrechtlicher Sicht maßgeblichen materiellen Recht ab.

30 Die **Tatbestandswirkung** der ausländischen Entscheidung ist allerdings eine Frage des materiellen Rechts und nicht des Prozessrechts. Sie richtet sich daher nach dem kraft IPR maßgeblichen Recht und nicht nach den prozessualen Anerkennungsregeln.

31 Die Anerkennungsregeln umfassen nicht die **Vollstreckbarkeit** der Entscheidung. Vielmehr bedarf es nach nationalem Recht einer besonderen Vollstreckbarerklärung, welche wiederum den Weg zur eigentlichen Vollstreckung öffnet (s. § 110).

32 **F. Anerkennungsfeststellungsverfahren (Abs. 2 und 3). I. Entscheidung nicht vermögensrechtlichen Inhalts.** Für Entscheidungen nicht vermögensrechtlichen Inhalts (dazu *Klinck* FamRZ 2009, 741, 745) steht ein fakultatives Anerkennungsverfahren zur Verfügung (Abs. 2 und 3). Gemeint sind Entscheidungen, welche keine Vermögensleistung betreffen, insbes. Statusentscheidungen. Das Anerkennungsverfahren ermöglicht eine isolierte und einheitliche Anerkennungsfeststellung. Es kann auf Anerkennung, aber auch auf Nichtanerkennung abzielen (AG Stuttgart JAmt 2013, 273 m. Anm. *Weitzel*, 238). Verfahrensgegenstand können auch ausländische Abstammungsentscheidungen über Kinder sein, die von einer Leihmutter geboren wurden (vgl. *Benicke* StAZ 2013, 101, 104, 113; *Duden* StAZ 2014, 164, 165). Das Verfahren ist auch in Ehesachen zulässig. Allerdings dürfte die reine Privatscheidung (Rdn. 21) kein Gegenstand des Verfahrens sein (a.A. *Althammer* IPRax 2009, 381, 387).

33 **II. Zuständigkeit.** Die **internationale Zuständigkeit** ist nicht gesondert geregelt, so dass man die darauf nicht zugeschnittenen §§ 98 bis 106 heranziehen muss (dazu krit. *Klinck* FamRZ 2009, 741, 747). Für die Entscheidung über den Antrag nach Abs. 2 Satz 1 besteht eine **örtliche ausschließliche Zuständigkeit** (Abs. 3 Satz 2). Zuständig ist das Gericht, in dessen Bezirk zum Zeitpunkt der Antragstellung sich der Antragsgegner oder die Person, auf die sich die Entscheidung bezieht, sich gewöhnlich aufhält (Abs. 3 Nr. 1), andernfalls das Interesse an der Feststellung bekannt wird oder das Bedürfnis der Fürsorge besteht (Abs. 3 Nr. 2).

34 **III. Antrag.** Das Verfahren setzt einen Antrag auf Anerkennung oder Nichtanerkennung voraus. Erforderlich ist ein **rechtliches Interesse.** Dieses können grundsätzlich alle Personen geltend machen, deren Rechtsverhältnisse durch die Anerkennung oder Nichtanerkennung betroffen werden (*Klinck* FamRZ 2009, 741, 748). Neben Ehegatten und Lebenspartnern können auch Kinder, Partner einer neuen Ehe, Verlobte, Erben und ähnliche Personen Antragsberechtigte sein. Dazu gehört auch der Lebenspartner bei ausländischer Leihmutterschaft (OLG Düsseldorf NZFam 2015, 865). Bei Umgangsentscheidungen können auch Dritte ein rechtliches Interesse haben. Ein rechtliches Interesse besteht insbes. dann, wenn die Wirksamkeit der ausländischen Entscheidung von einer Behörde bestritten wird (AG Neuss FamRZ 2014, 1127). § 107 Abs. 9 gilt entsprechend. Für die Anerkennung oder Nichtanerkennung einer Annahme als Kind gelten jedoch die §§ 2, 4 und 5 des Adoptionswirkungsgesetzes, wenn der Angenommene zur Zeit der Annahme das 18. Lebensjahr nicht vollendet hatte.

35 **IV. Entscheidung.** Die Feststellungsentscheidung entfaltet Bindungswirkung ggü. jedermann (erga-omnes-Wirkung). Inländische Gerichte und Behörden sind daran in allen nachfolgenden Verfahren gebunden (§ 108 Abs. 2 Satz 2 i.V.m. § 107 Abs. 9). Das gilt gleichermaßen für die Feststellung der Anerkennung wie

der der Nichtanerkennung. Die Kostenentscheidung richtet sich nach §§ 80 ff. Für Familienstreitsachen gelten die §§ 91 ff. ZPO (Thomas/Putzo/*Hüßtege* § 108 FamFG Rn. 15).

G. Anerkennungsverfahren nach dem Adoptionswirkungsgesetz. Ausgenommen von § 108 ist die Anerkennung oder Nichtanerkennung einer Annahme als Kind, wenn der Angenommene zur Zeit der Annahme das 18. Lebensjahr nicht vollendet hatte (Abs. 2 Satz 3). Insoweit gelten §§ 2, 4 und 5 **AdWirkG** (s. § 97 Rdn. 50). Im **Anerkennungsverfahren** nach dem **AdWirkG** kann die Anerkennungsfähigkeit einer im Ausland ergangenen Adoption positiv oder negativ festgestellt werden. Dieses besondere Verfahren gilt sowohl für nach Art. 23 HAÜ als auch für nach § 108 FamFG anzuerkennende Adoptionen, allerdings nicht, wenn der Angenommene zur Zeit der Annahme bereits das 18. Lebensjahr vollendet hatte (§ 12 AdWirkG), also nur für die Minderjährigenadoption. Für die Statthaftigkeit des Anerkennungsverfahrens ist unerheblich, ob die fragliche Annahme in einem Vertragsstaat oder einem Nichtvertragsstaat des HAÜ erfolgt ist. Das Verfahren steht auch Adoptionsentscheidungen vor Inkrafttreten des AdWirkG offen (OLG Hamm NZFam 2015, 734). 36

Für die **internationale Zuständigkeit** für das Verfahren der Adoptionsanerkennung gilt § 101 FamFG entsprechend (§ 1 Abs. 1 Satz 2 AdWirkG). Infolge Zuständigkeitskonzentration ist das FamG am Sitz des OLG zuständig, in Berlin das AG Schöneberg (§ 5 Abs. 1 Satz 1 AdWirkG). 37

Das Verfahren der Adoptionsanerkennung setzt einen **Antrag** voraus (§ 2 AdWirkG); antragsbefugt sind die Annehmenden, das angenommene Kind, jeder bisherige Elternteil sowie der Standesbeamte u bei Geburt des Kindes im Ausland die nach § 36 Abs. 2 PStG zuständige Berliner Verwaltungsbehörde (§ 4 AdWirkG). Das FamG stellt fest, ob die Annahme als Kind i.S.d. § 1 anzuerkennen (bei Dekretadoptionen) oder wirksam (bei Vertragsadoptionen) ist und ob das Eltern-Kind-Verhältnis des Kindes zu seinen bisherigen Eltern durch die Annahme erloschen ist (§ 2 Abs. 1). Eine Kafala-Vereinbarung genügt nicht (OLG Hamm FamRZ 2015, 427). Die Entscheidung wirkt »für und gegen alle« und entfaltet damit auch Bindungswirkung ggü. Verwaltungsbehörden und -gerichten (BGH FamRZ 2015, 1479). 38

Sind die Wirkungen der anzuerkennenden Auslandsadoption schwächer als diejenigen des deutschen Sachrechts, kann nach § 3 AdWirkG ein **Umwandlungsausspruch** durch das nach § 5 Abs. 1 AdWirkG zuständige FamG erwirkt werden (OLG Köln FamRZ 2012, 1815: Iran). Hierdurch erhält das Kind die Rechtsstellung eines nach deutschem Sachrecht angenommenen Kindes (Volladoption nach § 1754 f. BGB). 39

H. Beachtung ausländischer Rechtshängigkeit. I. Beachtlichkeit. Um sich widersprechende Entscheidungen zu vermeiden, wird eine frühere ausländische Rechtshängigkeit v.A.w. beachtet. Die Frage ist in Art. 29 Brüssel Ia-VO, Art. 19 Brüssel IIa-VO, Art. 12 EuUntVO, Art. 17 EuErbVO sowie in Art. 27 LugÜ geregelt. Dagegen fehlt im nationalen IZPR eine ausdrückliche Regelung (zum Anerkennungshindernis s. § 109 Abs. 1 Nr. 3 FamFG). Die frühere Rechtshängigkeit wird jedoch analog § 261 Abs. 3 Nr. 1 ZPO i.V.m. § 113 Abs. 1 Satz 2 FamFG beachtet. Eine rechtsgeschäftliche Scheidung (Privatscheidung) kann diese Wirkung allerdings nicht entfalten. Die anderweitige Rechtshängigkeit eines Scheidungsverfahrens vor einem israelischen Rabbinatsgericht steht deshalb bei einem deutschen Scheidungsstatut einer Inlandsscheidung nicht entgegen (BGHZ 176, 365 = IPRax 2009, 347 m. Aufs. *Siehr*, 332). 40

II. Voraussetzungen. Voraussetzungen für die Beachtung der ausländischen Rechtshängigkeit sind: 41
– Identität der Parteien beider Verfahren. Dabei sind die Parteirollen unbeachtlich.
– Identität des Streitgegenstandes. Enger als nach europäischem Recht muss aus demselben Lebenssachverhalt dieselbe Rechtsfolge abzuleiten sein. Dementsprechend betreffen etwa ein Ehetrennungs- und ein Scheidungsverfahren unterschiedliche Streitgegenstände (OLG Karlsruhe IPRax 1985, 36; KG NJW 1983, 2326).
– Priorität der ausländischen Rechtshängigkeit; sie muss zeitlich vor der deutschen eingetreten sein.
– Erforderlich ist schließlich eine positive Anerkennungsprognose bezüglich der zu erwartenden ausländischen Entscheidung (BGHZ 176, 365). Die Prognose ist nach dem gegebenen Verfahrensstand zu treffen. Sie richtet sich nach vorhandenen Staatsverträgen bzw. dem autonomen deutschen Recht, §§ 108, 109. Die Vorschrift des § 107 findet hierbei keine Anwendung, da noch keine ausländische Entscheidung ergangen ist (vgl. BGH IPRax 1984, 152, 153; *Siehr* IPRax 1989, 93, 95).

III. Bestimmung der Rechtshängigkeit. Nach welchem Recht die ausländische Rechtshängigkeit bestimmt wird, ist umstritten. Teilweise lässt man über die Frage, ob und wann Rechtshängigkeit hinsichtlich eines Streitgegenstandes eingetreten ist, die lex fori des jeweiligen Gerichtsstaates entscheiden (BGH NJW 1987, 42

3083 abl. Anm. *Geimer*, m. zust. Aufs. *Siehr* IPRax 1989, 93; BGH NJW-RR 1992, 642, 643). Diese Ansicht dient dem internationalen Entscheidungseinklang. Es sollte aber auf den Zeitpunkt, in dem das ausländische Verfahren einen dem Zeitpunkt der deutschen Rechtshängigkeit gem. §§ 253, 261 ZPO vergleichbaren Stand erreicht hat, abgestellt werden. Dies schützt den Kläger in einem deutschen Gerichtsverfahren vor einer Benachteiligung, die dadurch entstehen kann, dass das ausländische Recht die Rechtshängigkeit zu einem früheren Verfahrenszeitpunkt, z.B. bereits mit Einreichen der Klageschrift, eintreten lässt. Auch insoweit bestehen freilich Meinungsunterschiede. Einige wollen den Zeitpunkt des Eintritts der ausländischen Rechtshängigkeit entsprechend dem deutschen Verfahrensrecht beurteilen (*Schack* Rn. 844). Nach a.A. erfolgt eine sog. Doppelqualifikation, die erfordert, dass Rechtshängigkeit sowohl nach ausländischem als auch nach inländischem Prozessrecht gegeben sein muss (*Linke* IPRax 1982, 229, 230 und IPRax 1994, 17, 18).

43 **IV. Rechtsfolge.** Liegen die Voraussetzungen nach § 261 ZPO analog vor, so führt das zur Aussetzung des inländischen Verfahrens analog § 148 ZPO (*Hausmann* IntEuSchR Rn. A 189). Im Gegensatz zu den europäischen Vorschriften erfolgt keine Abweisung der Klage. Dem inländischen Kläger bleibt die Rechtshängigkeit mit all ihren Folgen erhalten. Er kann nach Abschluss des ausländischen Verfahrens sein Verfahren fortführen. Problematisch ist lediglich der Fall, wenn das ausländische Gericht positiv über den Anspruch des dortigen Klägers entscheidet. Bei einer Anerkennung der ausländischen Entscheidung (§ 98 FamFG), darf die deutsche Entscheidung dieser nicht widersprechen.

§ 109 Anerkennungshindernisse.

(1) Die Anerkennung einer ausländischen Entscheidung ist ausgeschlossen,
1. wenn die Gerichte des anderen Staates nach deutschem Recht nicht zuständig sind;
2. wenn einem Beteiligten, der sich zur Hauptsache nicht geäußert hat und sich hierauf beruft, das verfahrenseinleitende Dokument nicht ordnungsgemäß oder nicht so rechtzeitig mitgeteilt worden ist, dass er seine Rechte wahrnehmen konnte;
3. wenn die Entscheidung mit einer hier erlassenen oder anzuerkennenden früheren ausländischen Entscheidung oder wenn das ihr zugrunde liegende Verfahren mit einem früher hier rechtshängig gewordenen Verfahren unvereinbar ist;
4. wenn die Anerkennung der Entscheidung zu einem Ergebnis führt, das mit wesentlichen Grundsätzen des deutschen Rechts offensichtlich unvereinbar ist, insbesondere wenn die Anerkennung mit den Grundrechten unvereinbar ist.

(2) ¹Der Anerkennung einer ausländischen Entscheidung in einer Ehesache steht § 98 Abs. 1 Nr. 4 nicht entgegen, wenn ein Ehegatte seinen gewöhnlichen Aufenthalt in dem Staat hatte, dessen Gerichte entschieden haben. ²Wird eine ausländische Entscheidung in einer Ehesache von den Staaten anerkannt, denen die Ehegatten angehören, steht § 98 der Anerkennung der Entscheidung nicht entgegen.

(3) § 103 steht der Anerkennung einer ausländischen Entscheidung in einer Lebenspartnerschaftssache nicht entgegen, wenn der Register führende Staat die Entscheidung anerkennt.

(4) Die Anerkennung einer ausländischen Entscheidung, die
1. Familienstreitsachen,
2. die Verpflichtung zur Fürsorge und Unterstützung in der partnerschaftlichen Lebensgemeinschaft,
3. die Regelung der Rechtsverhältnisse an der gemeinsamen Wohnung und an den Haushaltsgegenständen der Lebenspartner,
4. Entscheidungen nach § 6 Satz 2 des Lebenspartnerschaftsgesetzes in Verbindung mit den §§ 1382 und 1383 des Bürgerlichen Gesetzbuchs oder
5. Entscheidungen nach § 7 Satz 2 des Lebenspartnerschaftsgesetzes in Verbindung mit den §§ 1426, 1430 und 1452 des Bürgerlichen Gesetzbuchs

betrifft, ist auch dann ausgeschlossen, wenn die Gegenseitigkeit nicht verbürgt ist.

(5) Eine Überprüfung der Gesetzmäßigkeit der ausländischen Entscheidung findet nicht statt.

Übersicht

	Rdn.		Rdn.
A. Allgemeines	1	II. Unionsrecht	3
B. Staatsverträge und vorrangiges Unionsrecht	2	1. Brüssel Ia-Verordnung	3
I. Vorrang	2		

Abschnitt 9. Verfahren mit Auslandsbezug § 109

	Rdn.		Rdn.
2. Brüssel IIa-VO für Ehesachen und elterliche Verantwortung	4	C. Anwendungsbereich	25
3. Europäische Unterhaltsverordnung	5	D. Anerkennungshindernisse nach Abs. 1	26
4. Europäisches Gewaltschutzrecht	6	I. Prüfung	26
5. Europäische Erbrechtsverordnung	7	II. Mangel der internationalen Zuständigkeit (Abs. 1 Nr. 1)	27
III. Staatsverträge	8	III. Verletzung des rechtlichen Gehörs (Abs. 1 Nr. 2)	29
1. Internationale Staatsverträge	8	1. Verfahrenseinleitendes Dokument	29
a) Haager Kinderschutzübereinkommen	8	2. Nicht ordnungsgemäße oder rechtzeitige Mitteilung	30
b) Haager Minderjährigenschutzabkommen	9	3. Keine Äußerung zur Hauptsache	31
c) Haager Kindesentführungsübereinkommen	10	4. Rüge	32
d) Haager Unterhaltsübereinkommen von 2007	11	IV. Kollidierende Entscheidungen	33
e) Haager Unterhaltsvollstreckungsübereinkommen von 1973	12	V. Frühere Rechtshängigkeit	35
f) Haager Adoptionsübereinkommen	13	VI. Ordre public	36
g) Haager Erwachsenenschutzübereinkommen	18	1. Grundsätze	36
		2. Materiellrechtlicher ordre public	37
		3. Verfahrensrechtlicher ordre public	45
2. Europäische Staatsverträge	19	E. Auflockerung der Spiegelbildlichkeit in Ehesachen	46
a) Luganer Übereinkommen 2007	19	F. Auflockerung der Spiegelbildlichkeit in Lebenspartnerschaftssachen	47
b) Europäisches Sorgerechtsübereinkommen	20	G. Gegenseitigkeit (Abs. 4)	48
3. Bilaterale Staatsverträge	22	I. Erfordernis der Gegenseitigkeit	48
IV. Ausführungs- und Durchführungsbestimmungen	24	II. Verbürgung der Gegenseitigkeit	49
		H. Verbot der révision au fond	50

A. Allgemeines. Die Vorschrift des § 109 geht von grundsätzlicher Anerkennung aus, nennt in Abs. 1 aber **1** vier Anerkennungshindernisse in Bezug auf die von §§ 107, 108 erfassten Entscheidungen. Anerkennungshindernisse sind Zuständigkeitsmängel (Nr. 1), die fehlende Einlassungsmöglichkeit für einen Beteiligten (Nr. 2), Entscheidungskollisionen (Nr. 3) sowie der ordre public (Nr. 4). Für Ehesachen mildert Abs. 2 das Zuständigkeitserfordernis ab, wenn ein Ehegatte seinen gewöhnlichen Aufenthalt im Entscheidungsstaat hatte oder die Heimatstaaten die Entscheidung anerkennen. Abs. 3 erweitert die Anerkennungsbereitschaft in Lebenspartnerschaftssachen. Abs. 4 fügt als Anerkennungshindernis die fehlende Verbürgung der Gegenseitigkeit hinzu, wenn es um eine der dort genannten Arten von Familiensachen geht. Abs. 5 schließlich enthält den allg. Grundsatz des Verbots der révision au fond. Dabei stimmt Abs. 1 mit § 328 Abs. 1 Nr. 1–4 ZPO sowie dem früheren § 16a FGG fast wörtlich überein; Abs. 2 entspricht dem früheren § 606a Abs. 2 ZPO, Abs. 3 dem § 661 Abs. 3 Nr. 2, 3 ZPO aF. Das Gegenseitigkeitserfordernis deckt sich inhaltlich weitgehend mit § 328 Abs. 1 Nr. 5, Abs. 2 ZPO aF. Zur Beachtung ausländischer Rechtshängigkeit s. § 108 Rdn. 40 ff.

B. Staatsverträge und vorrangiges Unionsrecht. I. Vorrang. Die nationale Regelung kommt nur insoweit **2** zur Anwendung, als nicht vorrangiges Unionsrecht oder Staatsverträge eingreifen (§ 97). Dies gilt insbes. für die Anerkennung und Nichtanerkennung selbst. In Betracht kommen zahlreiche Staatsverträge und Rechtsakte der Europäischen Union. Eine Ausnahme vom Vorrang besteht dort, wo das Günstigkeitsprinzip (so z.B. Art. 52 Haager Unterhalts-Übk. 2007) eingreift (MüKoFamFG/*Rauscher* § 97 Rn. 6). Danach ist für die Anerkennung ausländischer Entscheidungen grds. die im Einzelfall anerkennungsfreundlichste Regelung heranzuziehen (*Botthof* StAZ 2014, 74, 75). Dementsprechend kann dann nach nationalem Recht anerkannt werden, obwohl eine Anerkennung nach staatsvertraglichen Regeln scheitert (BGH FamRZ 1987, 580, 582; BayObLG NJW-RR 1990, 843; OLG Düsseldorf FamRZ 2011, 1965). Letztere wollen die Anerkennung i.A. erleichtern, nicht erschweren (BGH FamRZ 2015, 2043 m. Anm. *Gottwald* = NZFam 2015, 1031 Anm. *Mankowski*). Das Günstigkeitsprinzip kann allerdings im Anwendungsbereich von Brüssel Ia-VO, Brüssel IIa-VO sowie von EuUnthVO und EuErbVO bzgl. des nationalen Rechts kaum zum Tragen kom-

§ 109

men. Die europäischen Verordnungen stellen geschlossene Systeme mit eigenen Zuständigkeits- und Verfahrensregeln dar, die auch einen bestimmten Schutz garantieren wollen (*Schack* Rn. 899). Eine Anerkennung nach nationalem Recht darf die Verfahrensgarantien nicht überspielen (MüKoFamFG/*Rauscher* § 97 Rn. 14).

3 **II. Unionsrecht. 1. Brüssel Ia-Verordnung.** Die nur ausnahmsweise anwendbare Brüssel Ia-VO enthält Anerkennungsvorschriften für Zivil- und Handelssachen in Art. 45 ff. (s. § 97 Rdn. 10).

4 **2. Brüssel IIa-VO für Ehesachen und elterliche Verantwortung.** Die Brüssel IIa-VO (s. § 97 Rdn. 11) enthält Anerkennungsvorschriften für Ehesachen und elterliche Verantwortung in Art. 21 ff. Das Verhältnis der Brüssel IIa-VO zu bilateralen Anerkennungs- und Vollstreckungsabkommen sowie zu bestimmten multilateralen Übk. wird in ihren Art. 59 ff. klargestellt. Die Brüssel IIa-VO wird erläutert in Anh. I. Durchführungsbestimmungen finden sich im IntFamRVG (§ 1 Nr. 1), erläutert in Anh. IV.

5 **3. Europäische Unterhaltsverordnung.** Die Anerkennung und Vollstreckung von Entscheidungen sowie die Zusammenarbeit in Unterhaltssachen sind auch Gegenstand der EuUntVO (s. § 97 Rdn. 12). Dort befinden sich Anerkennungsvorschriften in Art. 16 ff. Die EuUntVO wird erläutert in Anh. V. Durchführungsbestimmungen enthält das AUG (§ 1 Abs. 1 Nr. 1 Buchst. a)), erläutert in Anh. VI.

6 **4. Europäisches Gewaltschutzrecht.** Die EU-VO über die **gegenseitige Anerkennung von Schutzmaßnahmen** (EuSchutzVO; s. § 97 Rdn. 13) enthält Anerkennungsvorschriften in Art. 4 ff. Die geschützte Person legt der zuständigen Behörde des zweiten Landes die Bescheinigung sowie eine Kopie der Schutzmaßnahme vor, welche daraufhin ohne Vollstreckungsklausel (§ 17 EUGewSchVG). Die Vollstreckung soll dadurch sichergestellt werden, indem die faktischen Elemente der Schutzmaßnahme gegebenenfalls angepasst werden (§ 20 EUGewSchVG). Die Richtlinie 2011/99/EU über die Europäische Schutzanordnung (ABl. 2011 Nr. L 338 S. 2) war von den Mitgliedstaaten umzusetzen. In Deutschland ist die Anerkennung und Vollstreckung von **Europäischen Schutzanordnungen nach der Richtlinie 2011/99/EU** (s. § 97 Rdn. 14) in den §§ 2 ff. EuGewSchVG geregelt.

7 **5. Europäische Erbrechtsverordnung.** In der Europäischen Erbrechtsverordnung (EuErbVO, s. § 97 Rdn. 15) finden sich Anerkennungsvorschriften in Art. 39 ff. Die EuErbVO wird erläutert in Anh. IX. Ergänzt wird sie von Durchführungsbestimmungen im IntErbRVG, erläutert in Anh. X.

8 **III. Staatsverträge. 1. Internationale Staatsverträge. a) Haager Kinderschutzübereinkommen.** Das Haager Kinderschutzübereinkommen (s. § 97 Rdn. 27) enthält für Sorgerechtsentscheidungen und andere Schutzmaßnahmen Anerkennungsvorschriften in Art. 23 ff. Innerhalb der EU ist es grds. nachrangig ggü. der Brüssel IIa-VO (Art. 61 Brüssel IIa-VO). Das KSÜ wird erläutert in Anh. II. Deutsche Ausführungsbestimmungen sind im IntFamRVG enthalten (§ 1 Nr. 2), erläutert in Anh. IV.

9 **b) Haager Minderjährigenschutzabkommen.** Das Haager Minderjährigenschutzabkommen (s. § 97 Rdn. 28) regelt die Anerkennung in Art. 7. Das MSA ist ersetzt worden durch das KSÜ. Es kommt nur noch in wenigen Fällen zur Anwendung (s. § 97 Rdn. 28). Deutsche Ausführungsbestimmungen im Zustimmungsgesetz vom 30.04.1971 (BGBl. 1971 II S. 217).

10 **c) Haager Kindesentführungsübereinkommen.** Das Haager Kindesentführungsübereinkommen (s. § 97 Rdn. 30) betrifft die Rechtshilfe in Fällen der Kindesentführung und des Zurückhaltens von Kindern. Es enthält keine Anerkennungsvorschriften. Das HKÜ wird erläutert in Anh. III. Ausführungsbestimmungen enthält das IntFamRVG (§ 1 Nr. 3), erläutert in Anh. IV.

11 **d) Haager Unterhaltsübereinkommen von 2007.** Das Haager Unterhaltsübereinkommen von 2007 (s. § 97 Rdn. 32) enthält in Art. 19 ff. Anerkennungsvorschriften für Unterhaltsentscheidungen und Vergleiche. Innerhalb der EU ist es nachrangig ggü. der EuUnthVO (Art. 69 Abs. 2 EuUnthVO). Ausführungsbestimmungen finden sich im AUG (§ 1 Abs. 2 Nr. Buchst. a)), erläutert in Anh. VI.

12 **e) Haager Unterhaltsvollstreckungsübereinkommen von 1973.** Im älteren Haager Unterhaltsanerkennungs- und Vollstreckungs-Übk. von 1973 (s. § 97 Rdn. 33) finden sich in Art. 4 ff. Anerkennungsvorschriften für Unterhaltsentscheidungen. Es ist jedoch durch das Haager Unterhaltsübereinkommen von 2007 ersetzt worden. Innerhalb der EU ist es nachrangig ggü. der EuUnthVO (Art. 69 Abs. 2 EuUnthVO) und kommt nur noch in Altfällen zur Anwendung. Ausführungsbestimmungen finden sich im AUG (§ 1

Abs. 2 Nr. Buchst. b)), erläutert in Anh. VI. Das Haager Übk. von 1973 ist insbes noch im Verhältnis Deutschlands zu Australien, der Türkei und der Ukraine von Bedeutung (Auflistung der Vertragsstaaten unter http://www.hcch.net/sowie bei Stein/Jonas/*Roth* § 328 ZPO Rn. 52). Es gilt für Unterhaltspflichten, die aus Beziehungen der Familie, Verwandtschaft, Ehe oder Schwägerschaft herrühren. Dazu gehören auch Unterhaltsansprüche der Mutter gegen den nichtehelichen Vater nach § 16051 BGB (BGH NJW 2011, 70, 72). Ein Unterhaltstitel, der erlassen wird, nachdem der Bekl. wegen Missachtung des Gerichts (contempt of court) vom Verfahren ausgeschlossen worden war, kann unverhältnismäßig sein und gegen den verfahrensrechtlichen ordre public verstoßen (BGH FamRZ 2009, 2069 Anm. *Gottwald*). Vorgänger des Übk. von 1973 war das Haager Übk. von 1958, s. § 97 Rdn. 33.

f) Haager Adoptionsübereinkommen. Das Haager Übereinkommen über den Schutz von Kindern und 13 die Zusammenarbeit auf dem Gebiet der internationalen Adoption vom 29.05.1993 (s. § 97 Rdn. 31) enthält vorrangige Anerkennungsvorschriften in Art. 23 ff. Deutsche Ausführungsbestimmungen finden sich im Adoptionsübereinkommens-Ausführungsgesetz (AdÜbkAG).

Soweit die Adoption in einem **Vertragsstaat des HAÜ** ergangen ist (Auflistung der Vertragsstaaten unter 14 http://www.hcch.net), ergibt sich nach dessen Art. 23 ihre **automatische Anerkennung** im Inland, wenn der Entscheidungsstaat eine Bescheinigung über ihr Zustandekommen in Übereinstimmung mit dem Übk erteilt hat. Nach § 9 AdÜbkAG kann zum Nachweis der Echtheit der Bescheinigung deren Bestätigung bei der Bundeszentralstelle für Auslandsadoption des BfJ beantragt werden (Bundeszentralstelle für Auslandsadoption – Adenauer Allee 99–103, 53113 Bonn; http://www.bundesjustizamt.de). Einziger Grund für die Nichtanerkennung ist, dass die Adoption dem inländischen ordre public offensichtlich widerspricht, wobei das Wohl des Kindes zu berücksichtigen ist (Art. 24 HAÜ, Art. 6). Ein solcher Verstoß ist bei völliger Missachtung des HAÜ im Erststaat angenommen worden (OLG Hamm StAZ 2010, 368; LG Berlin JAmt 2010, 85 zust. *Weitzel*).

Nach Art. 26 HAÜ umfasst die Anerkennung die Wirkungen der Adoption im gleichen Umfang, wie sie 15 sich aus dem vom Entscheidungsstaat angewandten Recht ergeben. Sofern sich nach inländischem Recht für das Kind günstigere Bestimmungen ergeben, bleiben diese unberührt (Art. 26 Abs. 3 HAÜ). Daneben besteht die **Anerkennungsmöglichkeit nach § 108 FamFG** weiter (AG Hamm StAZ 2012, 54 [Türkei]; *Staudinger* FamRBint 2007, 45; *Zimmermann* NZFam 2016, 150, 155). Andere nehmen freilich eine abschließende, das **Günstigkeitsprinzip** (dazu Rdn. 2) ausschließende Sonderregelung an (so OLG Schleswig FamRZ 2014, 498 m. abl. Aufs. *Botthof* StAZ 2014, 74; NK/*Benicke* Art. 22 EGBGB Rn. 80 m.w.N.) oder wollen die Übk.-Standards über den deutschen ordre public durchsetzen (*Weitzel* NJW 2008, 186, 188; *ders*. FamRZ 2010, 50, 51: außer bei bloß formellen Fehlern.– Unentschieden OLG Nürnberg FamRZ 2015, 1640). Freilich wird z.T. im Einzelfall, wenn der Schutz des Kindes gewährleistet ist, das Günstigkeitsprinzip gleichwohl befolgt (OLG Karlsruhe FamRZ 2015, 1642).

Ist die Adoption in einem **Nichtvertragsstaat** des HAÜ ergangen, richtet sich die Anerkennung im Inland 16 nach §§ 108, 109 FamFG (*Majer* NZFam 2015, 1138 ff.; Keidel/*Zimmermann* FamFG § 108 Rn. 20 ff.).

Sind die Wirkungen der anzuerkennenden Auslandsadoption schwächer als diejenigen des deutschen Sach- 17 rechts, kann nach § 3 AdWirkG ein **Umwandlungsausspruch** durch das nach § 5 Abs. 1 AdWirkG zuständige FamG erwirkt werden. Hierdurch erhält das Kind die Rechtsstellung eines nach deutschem Sachrecht angenommenen Kindes. S. dazu § 108 Rdn. 11.

g) Haager Erwachsenenschutzübereinkommen. Das Haager Erwachsenenschutzübereinkommen (s. § 97 18 Rdn. 34) regelt die Anerkennung von Schutzmaßnahmen für Erwachsene in Art. 22 ff. Das ErwSÜ wird erläutert in Anh. VII. Ausführungsbestimmungen finden sich im ErwSÜAG, erläutert in Anh. VIII.

2. Europäische Staatsverträge. a) Luganer Übereinkommen 2007. Das Luganer Übk. über die gericht- 19 liche Zuständigkeit und die Anerkennung und Vollstreckung von Entscheidungen in Zivil- und Handelssachen vom 30.10.2007 (s. § 97 Rdn. 37) enthält Anerkennungsvorschriften in Art. 33 ff. Soweit es um Unterhaltssachen geht, finden sich Ausführungsbestimmungen im AUG (§ 1 Abs. 2 Nr. Buchst. c)), erläutert in Anh. VI. Im Übrigen gelten deutsche Ausführungsbestimmungen im AVAG (s. Rdn. 24).

b) Europäisches Sorgerechtsübereinkommen. Anerkennungsvorschriften enthalten auch die Art. 7 ff. des 20 Europäischen Übk. über die Anerkennung und Vollstreckung von Entscheidungen über das Sorgerecht für Kinder und die Wiederherstellung des Sorgerechtsverhältnisses vom 20.05.1980 (ESÜ; s. § 97 Rdn. 38; dazu *Schulz* FamRZ 2003, 336, 339 ff.). Das ESÜ ist im Verhältnis zu den EU-Mitgliedstaaten (außer Dänemark) jedoch weitgehend durch die Brüssel IIa-VO ersetzt worden (Art. 60 Buchst. d) Brüssel IIa-VO). Bedeutung für die Anerkennung und Vollstreckung von Sorge- und Umgangsentscheidungen hat es daher i.d.R. nur noch im Verhältnis zu Dänemark sowie anderen Nicht-EU-Vertragsstaaten wie der Türkei. Dänemark, Montenegro, die Schweiz und die Ukraine gehören auch dem KSÜ an, welches das ESÜ nicht verdrängt, sondern grundsätzlich neben ihm anwendbar ist, solange die betreffenden Staaten keine anderweitige Erklärung abgeben (Art. 52 Abs. 1 KSÜ). Deutschland, Dänemark, Montenegro, die Schweiz und die Ukraine haben keine entsprechenden Erklärungen abgegeben. Das ESÜ überschneidet sich in seinem Anwendungsbereich mit dem HKÜ. Das HKÜ stellt bei Kindesentführungen das wirkungsvollere Rückführungsinstrument zur Verfügung. Für Deutschland ist der Vorrang des HKÜ in § 37 IntFamRVG festgeschrieben. Danach richtet sich die Rückgabe automatisch nach dem HKÜ, sofern der Antragsteller nicht ausdrücklich die Anwendung des ESÜ begehrt.

21 Das ESÜ stellt ein erleichtertes Anerkennungs- und Vollstreckungsverfahren zur Verfügung (Art. 7 ff. ESÜ). Die Anerkennung einer Sorgerechtsentscheidung erfolgt ohne die Prüfung von Versagungsgründen, sofern die Entscheidung in dem Staat der gemeinsamen Staatsangehörigkeit von Eltern und Kind ergangen ist, das Kind in diesem Staat vor der Entführung seinen gewöhnlichen Aufenthalt hatte und der Antrag innerhalb von 6 Monaten nach der Entführung gestellt wird (Art. 8 ESÜ). Geht der Antrag später ein oder liegt eine der anderen Voraussetzungen nicht vor, so kommen verschiedene Versagungsgründe zum Zuge. Dazu gehört die offensichtliche Unvereinbarkeit der Rückführung mit dem Wohl des Kindes gem. Art. 10 Abs. 1 Buchst. b) ESÜ, dazu VG Berlin FamRZ 2010, 682). Deutschland hat wie – andere Vertragsstaaten – einen Vorbehalt gem. Art. 17 Abs. 1 ESÜ erklärt, wonach das Kindeswohl in allen Entführungsfällen zu überprüfen ist. Deutsche Ausführungsbestimmungen zum ESÜ im IntFamRVG (§ 1 Nr. 4, § 32), erläutert in Anh. IV.

22 **3. Bilaterale Staatsverträge.** Auch bilaterale Anerkennungs- und Vollstreckungsabkommen haben Vorrang. In Betracht kommen Abk. mit Belgien, Griechenland, Israel, Italien, Niederlande, Norwegen, Österreich, der Schweiz, Spanien, Tunesien und Vereinigtes Königreich (s. § 97 Rdn. 40). Diese enthalten übereinstimmend die grundsätzliche Anerkennungspflicht mit jeweils unterschiedlichen Einschränkungen. Nach § 15 Satz 2 des deutsch-türkischen Nachlassabkommen von 1929 (dazu § 105 Rdn. 6) sind erbrechtliche Entscheidungen jeweils von dem anderen Staat anzuerkennen.

23 Die europäischen Verordnungen und Übk. verdrängen in ihrem Anwendungsbereich die bilateralen Abkommen (s. Art. 59 Abs. 1 Brüssel IIa-VO, Art. 69 Abs. 2 EuUntVO, Art. 75 Abs. 2 EuErbVO, Art. 69 Abs. 2 Brüssel Ia-VO, Art. 55 LugÜ). Außerhalb dieses Bereichs sind die zweiseitigen Verträge zwar weiterhin anwendbar, so etwa im Verhältnis zu Israel (*Pirrung* IPRax 1982, 130) und Tunesien (*Hohloch* FPR 2011, 147). Insgesamt führen die bilateralen Staatsverträge aber nur noch ein Schattendasein.

24 **IV. Ausführungs- und Durchführungsbestimmungen.** Zu den internationalen, europäischen und bilateralen Anerkennungsregeln gibt es mehrere deutsche Ausführungs- und Durchführungsbestimmungen, die nach § 97 Abs. 2 Vorrang haben (s. § 97 Rdn. 41 ff.). Die Regeln über Zivil- und Handelssachen finden sich im mehrfach geänderten Gesetz zur Ausführung zwischenstaatlicher Verträge und zur Durchführung von Verordnungen und Abkommen der Europäischen Gemeinschaft auf dem Gebiet der Anerkennung und Vollstreckung in Zivil- und Handelssachen (**Anerkennungs- und Vollstreckungsausführungsgesetz – AVAG**) vom 03.12.2009 (BGBl. I S. 3830; Gesetzesbegründung zum ursprünglichen AVAG in BT-Drucks. 16/10119). Die AVAG-Vorschriften waren vielfach Vorbild für neuere, besondere Durchführungsbestimmungen auf einzelnen Rechtsgebieten. Zur Adoption oben Rdn.

25 **C. Anwendungsbereich.** § 109 betrifft **Entscheidungen** in Familiensachen und Angelegenheiten der freiwilligen Gerichtsbarkeit (s. § 108 Rdn. 20).

26 **D. Anerkennungshindernisse nach Abs. 1. I. Prüfung.** Die Anerkennungshindernisse sind in Abs. 1 abschließend aufgeführt. Fehlende Gerichtsbarkeit des Erststaates wird nicht genannt, ist aber ebenfalls ein Anerkennungshindernis. Wurde im Entscheidungsstaat etwa die diplomatische Immunität missachtet, so steht das Völkerrecht einer Anerkennung im Zweitstaat entgegen. Die Gerichtsbarkeit fehlt jedoch nicht, wenn ein Diplomat selbst den gerichtlichen Schutz des Empfangsstaat in Anspruch genommen hat (BGH FamRZ 2011, 788 Anm. Gottwald). Bei einer Abmilderung der deutschen Anerkennungsvoraussetzungen kommt es auf die zum Zeitpunkt der Anerkennungsprüfung geltenden inländischen Anerkennungsvorschriften an (*BayObLG* FamRZ 1990, 1265). Das Vorliegen der Anerkennungshindernisse ist v.A.w. zu prü-

fen. Es ist daher nicht erforderlich, dass sich ein Beteiligter im Verfahren darauf beruft (BGHZ 59, 116, 121; BGH FamRZ 2011, 788, 790). Eine Ausnahme davon besteht aber für Verletzungen des rechtlichen Gehörs nach Abs. 1 Nr. 2.

II. Mangel der internationalen Zuständigkeit (Abs. 1 Nr. 1). Die gem. § 109 Abs. 1 Nr. 1 FamFG erforderliche Anerkennungszuständigkeit, d.h. die Zuständigkeit der ausländischen Gerichte in **spiegelbildlicher Anwendung des deutschen Rechts** (OLG München FamRZ 2012, 1512; OLG Karlsruhe FamRZ 2014, 791, ist eine Anerkennungsvoraussetzung. Maßstab dafür sind die Vorschriften der §§ 98 bis 105 über die direkte Zuständigkeit (zu den Begriffen § 98 Rdn. 4). Bei der Anerkennung von Ehescheidungen genügt, dass ein Ehegatte die Staatsangehörigkeit des Erststaates besitzt oder bei der Eheschließung besaß. Die Brüssel IIa-VO entfaltet keine Wirkungen für solche drittstaatliche Sachverhalte und ist nicht heranzuziehen (OLG Düsseldorf IPRax 2014, 286 m. Aufs. *Heiderhoff*, 264; anders *Wall* FamRBint 2011, 15). Da nach § 106 lediglich konkurrierende internationale Zuständigkeiten bestehen, kann eine ausschließliche inländische Zuständigkeit kein Anerkennungshindernis sein. Dass außer dem ausländischen auch ein deutsches Gericht zuständig gewesen wäre, steht der Anerkennung nicht entgegen. Nicht überprüft wird die örtliche, sachliche und funktionelle Zuständigkeit des ausländischen Gerichts (vgl. BGH NJW 1999, 3199). Ob das Erstgericht seine eigenen Zuständigkeitsvorschriften zugrundegelegt oder richtig angewendet hat, ist ohne Belang (MüKoFamFG/*Rauscher* § 109 FamFG Rn. 11). Die Anerkennung einer dem genetischen Vater begünstigenden Vaterschaftsentscheidung in einem Leihmutterschaftsfall scheitert nicht an § 100 (BGH FamRZ 2015, 249 Anm. *Helms* = JZ 2016, 202 Anm. *Dethloff* = NJW 2015, 479 Anm. *Heiderhoff* = IPRax 2015, 261 m. Aufs. *Henrich*, 229.– Nach a.A. liegt jedoch eine adoptionsähnliche Entscheidung vor, so *Rauscher* JR 2016, 97, 101 f.).

Maßgeblicher Zeitpunkt für die internationale Zuständigkeit ist grundsätzlich die ausländische Verfahrenseinleitung durch Antrag oder Klage. Allerdings reicht aus, wenn die internationale Zuständigkeit noch zum Erlass der ausländischen Entscheidung vorliegt (BGHZ 141, 286, 291 = IPRax 2001, 230 m. Aufs. *Haas*, 195). Auf den Zeitpunkt der Anerkennung kommt es für die Zuständigkeitsprüfung nach Abs. 1 Nr. 1 nicht an. Die Prüfung nach Abs. 1 Nr. 1 erfolgt auch dann v.A.w., wenn aufgrund eines Antrages auf Anerkennungsfeststellung angenommen werden kann, dass die Unzuständigkeit nicht gerügt werden wird (BayObLG NJW 1976, 1037; Thomas/Putzo/*Hüßtege* § 109 FamFG Rn. 3, bestr.). Zu Abs. 2 s.u. Rdn. 46.

III. Verletzung des rechtlichen Gehörs (Abs. 1 Nr. 2). 1. Verfahrenseinleitendes Dokument. Ein Anerkennungshindernis liegt vor, wenn einem Beteiligten, der sich zur Hauptsache nicht geäußert hat und sich hierauf beruft, das verfahrenseinleitende Dokument nicht ordnungsgemäß oder so rechtzeitig mitgeteilt worden ist, dass er seine Rechte hätte wahrnehmen können. Es kommt auf den Zugang des Dokuments an, auf das hin das nach dem Recht des Entscheidungsstaates zuständige Gericht tätig wurde (MüKo/*Rauscher* § 109 FamFG Rn. 25). Verfahrenseinleitendes Dokument ist die Urkunde, durch deren Mitteilung der Beteiligte erstmalig von dem der Entscheidung zugrunde liegenden Verfahren Kenntnis erlangt BayObLG FamRZ 2000, 1170). Verfahrenseinleitend ist ein Schriftstück dann, wenn der Antragsgegner daraus nicht nur entnehmen kann, um welche Angelegenheit es geht, sondern zudem das Risiko einschätzen kann, zweckentsprechend vorzutragen und sich zu verteidigen (OLG München FamRZ 2012, 1512). Welche Urkunde das ist, richtet sich nach dem Verfahrensrecht des Entscheidungsstaats. Eine lediglich mündliche Mitteilung von dem Verfahren durch die Klagepartei genügt nicht (OLG München FamRZ 2012, 1512).

2. Nicht ordnungsgemäße oder rechtzeitige Mitteilung. Das verfahrenseinleitende Dokument muss dem Beteiligten **ordnungsgemäß** mitgeteilt worden sein. Die Ordnungsgemäßheit beurteilt sich nach dem Recht des Erststaats oder nach völkerrechtlichen Verträgen. Soweit anwendbare Staatsverträge eine Regelung über den Einfluss von Zustellungsmängeln auf die Anerkennung enthalten, genießen sie Vorrang (OLG Düsseldorf FamRZ 2011, 1965). Ersatz- oder öffentliche Zustellung können genügen, wenn sie das Verfahrensrecht des Erststaats kennt. Selbst ohne förmliche Zustellung kommt eine Anerkennung in Betracht, wenn die Voraussetzungen einer ordnungsgemäßen Mitteilung nach dem maßgeblichen ausländischen Recht auch auf andere Weise erfüllt werden können. Ob eine Ersatzzustellung im Wege einer fiktiven Zustellung ausreicht, hängt von einer Interessenabwägung im Einzelfall ab (OLG Bremen FamRZ 2013, 808: ungenügende Ersatzzustellung an die Staatsanwaltschaft). Das verfahrenseinleitende Dokument muss so **rechtzeitig** übermittelt worden sein, dass der Beteiligte seine Rechte wahrnehmen konnte. Die Rechtzeitigkeit hängt von den Umständen des Einzelfalls ab. Der Beteiligte muss hinreichend Zeit gehabt haben, seine Interessen in dem Verfahren angemessen zur Geltung zu bringen. Erforderliche Übersetzungen fremdsprachlicher Texte oder die Konsultation eines spezialisierten Anwalts sprechen für eine länger zu bemessende Frist. Dem Verfahrensgegner muss mindestens die zweiwöchige Einlassungsfrist des § 274 Abs. 3 Satz 1 ZPO zur Verfügung stehen (OLG Bremen FamRZ 2013, 808).

31 3. **Keine Äußerung zur Hauptsache.** Unter Äußerungen zur Hauptsache sind tatsächliche oder rechtliche Erklärungen zum Verfahrensgegenstand zu verstehen, nicht dagegen – enger als § 328 Abs. 1 Nr. 2 ZPO – Erklärungen zu einzelnen Verfahrensfragen (vgl. KG FamRZ 1987, 603). Auch das Bestreiten der internationalen Zuständigkeit ist keine Einlassung zur Hauptsache. Im Fehlen einer schriftlicher Begründungen der einstweiligen Anordnung liegt ebenso wenig ein Verstoß gegen den Grundsatz des rechtlichen Gehörs, zumal dann nicht, wenn eine mündliche Verhandlungen stattgefunden hat (vgl. z.B. OLG Düsseldorf IPRspr 2006 Nr. 190 m.w.N.). In der Bestellung eines Verfahrensbevollmächtigten kann bereits eine Einlassung liegen (OLG Celle FamRZ 2014, 142).

32 4. **Rüge.** Das Anerkennungshindernis kommt nur dann zur Geltung, wenn der Beteiligte den Mangel ausdrücklich rügt. Im Übrigen gilt aber im Verfahren auf Anerkennung einer Adoption die Amtsermittlungspflicht (BVerfG FamRZ 2016, 26 m. Anm. *Botthoff*). Abs. 1 Nr. 2 steht einer Anerkennung auch dann entgegen, wenn der Verfahrensgegner später von der Entscheidung Kenntnis erlangt und dagegen noch Rechtsmittel hätte einlegen können (OLG München FamRZ 2012, 1512; OLG Bremen FamRZ 2013, 808; Keidel/*Zimmermann* § 109 Rn. 6). Beantragt der Beteiligte die Durchführung eines Anerkennungsfeststellungsverfahrens nach § 108 Abs. 2, so liegt darin ein stillschweigender Verzicht auf die Rüge der Gehörsverletzung.

33 **IV. Kollidierende Entscheidungen.** Nicht anerkannt wird, wenn die Entscheidung mit einer **in Deutschland erlassenen Entscheidung** unvereinbar ist (Nr. 3, erste Alternative). Inländische Entscheidungen beanspruchen ggü. kollidierenden ausländischen Rechtsakten stets Vorrang, auch wenn sie später ergangen sind. Der inländische Vorrang besteht selbst dann, wenn die deutschen Gerichte international gar nicht zuständig waren oder die ausländische Entscheidung missachtet haben (Prütting/Helms/*Hau* § 109 Rn. 41). Eine Unvereinbarkeit der Entscheidungen ist nur anzunehmen, wenn sie denselben Verfahrensgegenstand betreffen (MüKoFamFG/*Rauscher* § 109 FamFG Rn. 35). Die Entscheidungen müssen außerdem in der Sache ergangen sein. Eine inländische Entscheidung über Verfahrenskosten- oder PKH steht insofern einer ausländischen Hauptsacheentscheidung nicht entgegen (BGH NJW 1984, 568).

34 Nicht anerkannt wird auch, wenn die ausländische Entscheidung mit einer anzuerkennenden **früheren ausländischen Entscheidung** unvereinbar ist (Nr. 3, zweite Alternative). Für die Kollision der beiden ausländischen Entscheidungen gilt das Prioritätsprinzip. Die frühere geht der später erlassenen ausländischen Entscheidung vor. Maßgebend ist nicht der Zeitpunkt der An- oder Rechtshängigkeit, sondern der Wirksamkeit (Rechtskraft) der Entscheidungen (MüKoFamFG/*Rauscher* § 109 FamFG Rn. 33).

35 **V. Frühere Rechtshängigkeit.** Nicht anerkannt wird ferner, wenn das der ausländischen Entscheidung zugrunde liegende Verfahren mit einem früher in Deutschland rechtshängig gewordenen Verfahren unvereinbar ist (Nr. 3, dritte Alternative). Das frühere inländische Verfahren hat Vorrang. Ausschlaggebend ist der Zeitpunkt der Rechtshängigkeit, in Verfahren der freiwilligen Gerichtsbarkeit entsprechend der Anhängigkeit (»Befasstsein« i.S.v. § 2 Abs. 1).

36 **VI. Ordre public. 1. Grundsätze.** Nicht anerkannt wird, wenn die Anerkennung der Entscheidung zu einem Ergebnis führt, das mit wesentlichen Grundsätzen des deutschen Rechts offensichtlich unvereinbar ist, insbesondere wenn die Anerkennung mit den Grundrechten unvereinbar ist. Maßgeblich ist, ob das **Ergebnis** der Anwendung ausländischen Rechts im konkreten Fall zu den Grundgedanken der deutschen Regelungen und den in ihnen enthaltenen Gerechtigkeitsvorstellungen in so starkem Widerspruch steht, dass es nach deutscher Vorstellung untragbar erscheint. Das ist nur ausnahmsweise der Fall (BGHZ 138, 331, 334 = NJW 1998, 2358; BGH FamRZ 2015, 240). Die Bestimmung des Abs. 1 Nr. 4 ist restriktiv auszulegen (vgl. BGH FamRZ 2011, 788, 790). Der Maßstab bei der Anerkennung ist milder als bei der internationalprivatrechtlichen Vorbehaltsklausel des Art. 6 EGBGB, da keine deutsche Stelle zur Sache entscheiden muss. Maßgebend für die Beurteilung ist der **Zeitpunkt der Anerkennung** und nicht der Erlass der ausländischen Entscheidung (BGH NJW 1989, 2199; BGH FamRZ 2006, 1406; zur Adoption OLG Bremen FamRZ 2015, 425; *Botthof* StAZ 2013, 77 ff.). Entscheidend ist das Ergebnis der ausländischen Entscheidung im **Einzelfall** (OLG Düsseldorf StAZ 2012, 82, 83). Der Maßstab ist strenger je enger die Inlandsbeziehung des Sachver-

halts ist. Darlegung- und beweispflichtig ist der Beteiligte, der sich auf Nr. 4 beruft (BGH NJW-RR 2002, 1151).

2. Materiellrechtlicher ordre public. Die materiellrechtliche ordre-public-Kontrolle betrifft den Inhalt der ausländischen Entscheidung. Die rechtliche Richtigkeit der ausländischen Entscheidung wird nicht nachgeprüft. Auch auf die zugrundegelegte ausländische Norm kommt es als solche nicht an. In Frage steht lediglich, ob es völlig inakzeptabel wäre, die Wirkungen der ausländischen Entscheidung auf das Inland zu erstrecken. 37

Eine **Ehescheidung** ist ordre-public-widrig, wenn sie für die deutsche Rechtsordnung schlechthin untragbar ist (OLG Schleswig FamRZ 2009, 609). Dies gilt auch bei Ehenichtigkeitsurteilen (z.B. bei Religions- oder Rasseverschiedenheit). Nicht anerkannt wurde eine Get-Scheidung in Israel, bei der das Rabbinatsgericht auf den Ehemann Zwang dahin gehend ausgeübt hatte, den Scheidungsbrief (Get) auszustellen (OLG Oldenburg FamRZ 2006, 950). Hat ein ausländisches Gericht eine ausländische **polygame Eheschließung** als wirksam festgestellt, so soll der inländische ordre public jedenfalls dann entgegenstehen, wenn die Entscheidung die Aufhebung der Ehe wegen Doppelehe ausschließen will (OLG München NZFam 2015, 920 abl. Anm. *Andrae*). 38

Ein **güterrechtlicher Zugewinnausgleich,** der nur aufgrund einzelner Kostenbewegungen während der Ehezeit berechnet wurde, wurde nicht anerkannt (OLG Köln FamRZ 1995, 306). 39

Unterhaltsurteile scheitern häufiger, so bei einem Verbot der Abänderung (OLG Nürnberg FamRZ 1996, 353). Ordre public-widrig ist die generelle Verneinung von Geschiedenenunterhalt für betreuende Mütter (OLG Zweibrücken FamRZ 1997, 93). Hinzunehmen ist aber eine Verurteilung zu Unterhaltszahlung trotz Scheidungsverschulden (OLG Frankfurt NJW-RR 2005, 1375), zur Zahlung rückständigen Unterhalts (BGH NJW-RR 2009, 1300). 40

Nicht anerkannt wurde ein **Vaterschaftsurteil** durch Versäumnisurteil bei Nichtanhörung der Mutter und trotz Bestreitens der Vaterschaft (OLG Hamm NJW-RR 2006, 293). Desgleichen bei einer Statusfeststellung, die auf unzureichender sachlicher und prozessualer Grundlage erfolgt (BGH NJW 2009, 3306 m. zust. Anm. *Henrich* FamRZ 2009, 1821). Die Anerkennung einer ausländischen Gerichtsentscheidung zur **Leihmutterschaft** bei genetischer Verwandtschaft des Vaters scheitert nicht am ordre public (BGH FamRZ 2015, 249 Anm. *Helms* = JZ 2016, 202 Anm. *Dethloff* = NJW 2015, 479 Anm. *Heiderhoff* = IPRax 2015, 261 m. Aufs. *Henrich*, 229.– Anders *Rauscher* JR 2016, 97, 102 ff.). Die genetischen Eltern können in das Geburtenregister eingetragen werden (AG Konstanz FamRZ 2016, 248). Eine Anerkennung ist auch möglich für gleichgeschlechtliche Paare (OLG Düsseldorf FamRZ 2015, 1638 = NZFam 2015, 865 zust. Anm. *Frie*; zur Mitmutter *Frie* FamRZ 2015, 889 ff.). Mit dem ordre public vereinbar ist ebenfalls ein im Ausland abgegebenes **Vaterschaftsanerkenntnis,** selbst wenn der Verdacht der Ersatzmutterschaft besteht (AG Nürnberg StAZ 2010, 182). 41

Sorgerechtsentscheidungen ist die Anerkennung zu versagen, wenn das Kindeswohl nicht geprüft wurde (OLG Köln FamRZ 2015, 78). Die Anerkennung einer Sorgerechtsregelung nach Leihmutterschaft kann erfolgen (AG Neuss FamRZ 2014, 1127). 42

Die Anerkennung einer **Auslandsadoption** kann am deutschen ordre public scheitern (OLG Düsseldorf FamRZ 2011, 1522; *Weitzel* JAmt 2009, 421 mwN [Haiti]. - Näher *Majer* NZFam 2015, 1138 ff.). Das Fehlen verbindlicher Vorschriften, die bei Auslandsadoptionen die Einschaltung von anerkannten Vermittlungsstellen oder die Einholung von Sozialberichten solcher Stellen des Heimatstaats gebieten, begründet für sich genommen jedoch noch keine ordre public-Verletzung (KG FamRZ 2006, 1405). Nicht anerkannt wird insbes. bei unterlassener **Kindeswohlprüfung** (OLG Celle FamRZ 2012, 1226; OLG Frankfurt StAZ 2012, 241; OLG Bremen NJW-RR 2014, 1411; OLG Karlsruhe FamRZ 2014, 582; OLG Dresden FamRZ 2014, 1129; OLG Braunschweig JAmt 2016, 31 m. Aufs. *Weitzel*). Die ausländische Kindeswohlprüfung muss aber nicht in vollem Umfang den Verfahrensregeln und den inhaltlichen Maßstäben des deutschen Rechtes entsprechen (OLG Frankfurt FamRZ 2014, 1572 = IPRax 2015, 172 (LS) Anm. *Henrich*). Eine Anerkennung scheitert nur ausnahmsweise (OLG Brandenburg FamRZ 2015, 869). 43

Eine Nichtanerkennung erfolgt bei fehlender Prüfung des **Adoptionsbedürfnisses** (OLG Frankfurt FamRZ 2014, 1572), die nicht im Rahmen des Anerkennungsverfahrens nachgeholt werden kann (OLG Düsseldorf NZFam 2015, 46). Andere Beurteilungskriterien sind jedoch hinzunehmen (OLG Bremen FamRZ 2015, 425). Eine grob mangelhafte **Eignungsprüfung des Annehmenden** führt ebenfalls zu einem ordre-public-Verstoß (OLG Celle FamRZ 2014, 501). Andere Beurteilungskriterien sind jedoch hinzunehmen (OLG Hamm NFamZ 2014, 1154 Anm. *Leipold*). Zur Kindeswohlprüfung gehört auch das Entstehen einer Eltern- 44

Kind-Beziehung (OLG Düsseldorf StAZ 2013, 82). Fehlende Zustimmung der Eltern des Kindes kann die Anerkennung ausschließen (jurisPK/*Behrentin* Art. 22 EGBGB Rn. 126), es sei denn, ein Elternteil war für das ausländische Gericht nicht erreichbar (LG Köln FamRZ 2013, 1498). Eine gemeinschaftliche Adoption durch ein gleichgeschlechtliches Paar ist nicht ordre public-widrig (BGH FamRZ 2015, 1479). Gleiches gilt für die Adoption eines eigenen Kindes (OLG Schleswig FamRZ 2015, 1985).

45 **3. Verfahrensrechtlicher ordre public.** Der ordre public schützt auch vor Verstößen gegen grundlegende Verfahrensprinzipien. Verfahrensrechtliche Mängel reichen aber als solche nicht aus. Der verfahrensrechtliche ordre public ist beispielsweise berührt, wenn eine Entscheidung betrügerisch oder kollusiv erlangt wurde (BSG NJW-RR 1997, 1433). Das ausländische Verfahren muss elementare Verfahrensgrundsätze missachten, wie sie auch in den Grundrechten Ausdruck gefunden haben. Verstöße gegen das **Gebot des rechtlichen Gehörs** (Art. 103 Abs. 1 GG) können zur ordre-public-Widrigkeit führen. Der Betroffene muss die Möglichkeit haben, sich zur Sache zu äußern und auf den Ablauf des Verfahrens Einfluss zu nehmen (BGH NJW 1997, 2052). Die Vollstreckbarerklärung verstößt gegen den inländischen verfahrensrechtlichen ordre public, wenn das ausländische Gericht, weil der in Deutschland wohnende Bekl. keinen im Erststaat ansässigen Prozessbevollmächtigten oder Zustellungsbevollmächtigten bestellt hat, die für diese Partei bestimmten gerichtlichen Schriftstücke in der Gerichtsakte belassen und als zugestellt behandelt hat (BGH NJW 2016, 160 [Polen]). Ein ordre public-Verstoß liegt ferner dann vor, wenn die ausländische Entscheidung keine Begründung enthält und sich auch i.V.m. anderen vorgelegten Unterlagen nicht zuverlässig feststellen lässt, welchen Sachverhalt (Streitgegenstand) das Urteil betrifft (BGH NJW 2016, 160).

Nicht anerkannt wurde ein Unterhaltstitel, der erlassen wurde, nachdem der Bekl. wegen Missachtung des Gerichts (contempt of court) vollständig vom Verfahren ausgeschlossen worden war. Ein solcher Ausschluss kann unverhältnismäßig sein (BGH FamRZ 2009, 2069 Anm. *Gottwald*). Die Anerkennung einer Sorgerechtsentscheidung kann daran scheitern, dass das **Kind** im ausländischen Verfahren **nicht angehört** wurde (BVerwG FamRZ 2013, 547 m Aufs. *Kugler*, 510). Die Anhörung muss aber nicht durch den Richter persönlich erfolgt sein; insoweit genügt die Anhörung durch einen Gutachter (OLG Oldenburg FamRZ 2012, 1887; *Menne* FamRB 2015, 398, 401 f.). Keinen Grund für die Nichtanerkennung bildet dagegen das Fehlen einer mit dem deutschen Recht vergleichbaren Verfahrens- und Prozesskostenhilfe im Entscheidungsstaat (BGH NJW 1978, 1114). Im Allgemeinen wird von dem Betroffenen verlangt, dass er sich mit vertretbarem Aufwand um eine Beseitigung von Verfahrensverstößen im Erststaat, insbes. durch die Einlegung von Rechtsbehelfen, bemüht.

46 **E. Auflockerung der Spiegelbildlichkeit in Ehesachen.** Bezüglich der Zuständigkeit besteht eine Erleichterung in Ehesachen (Abs. 2 Satz 1). Die Anerkennungszuständigkeit wird erweitert, wenn ein Ehegatte seinen gewöhnlichen Aufenthalt in dem Staat hatte, dessen Gerichte entschieden haben (OLG Celle FamRZ 2008, 430). Wird eine ausländische Entscheidung in einer Ehesache von den Staaten anerkannt, denen die Ehegatten angehören, steht die Zuständigkeitsvorschrift des § 98 Abs. 1 Nr. 4 (Heimatstaatsanerkennung) der Anerkennung der Entscheidung nicht entgegen (Abs. 2 Satz 2).

47 **F. Auflockerung der Spiegelbildlichkeit in Lebenspartnerschaftssachen.** Die **Anerkennungszuständigkeit** wird in Lebenspartnerschaftssachen **erweitert**. Die Zuständigkeitsvorschrift des § 103 steht der Anerkennung einer ausländischen Entscheidung in einer Lebenspartnerschaftssache nicht entgegen, wenn der Register führende Staat, in dem die Lebenspartnerschaft i.d.R. begründet wurde, die Entscheidung anerkennt.

48 **G. Gegenseitigkeit (Abs. 4). I. Erfordernis der Gegenseitigkeit.** Die Verbürgung der Gegenseitigkeit ist zwar grundsätzlich keine Anerkennungsvoraussetzung, wird jedoch in einigen Angelegenheiten mit vermögensrechtlichem Einschlag verlangt. Dies gilt für Familienstreitsachen (Abs. 4 Nr. 1). Dazu gehören nach § 112 bestimmte Unterhaltssachen, Güterrechtssachen, Lebenspartnerschaftssachen sowie sonstige Familiensachen. Das gleiche gilt für die Verpflichtung zur Fürsorge und Unterstützung in der partnerschaftlichen Lebensgemeinschaft (Abs. 4 Nr. 2) sowie die Regelung der Rechtsverhältnisse an der gemeinsamen Wohnung und an den Haushaltsgegenständen der Lebenspartner (Abs. 4 Nr. 3), Entscheidungen nach § 6 Satz 2 LPartG i.V.m. den §§ 1382 und 1383 BGB (Abs. 4 Nr. 4) und Entscheidungen nach § 7 Satz 2 LPartG i.V.m. den §§ 1426, 1430 und 1452 BGB (Abs. 4 Nr. 5).

49 **II. Verbürgung der Gegenseitigkeit.** Für die Verbürgung der Gegenseitigkeit ist der gleiche Maßstab wie nach § 328 ZPO anzulegen. Die Gegenseitigkeit ist verbürgt, wenn die Anerkennung und Vollstreckung ei-

Abschnitt 9. Verfahren mit Auslandsbezug § 110

ner entsprechenden deutschen Entscheidung im Entscheidungsstaat auf keine wesentlich größeren Schwierigkeiten stößt als die Anerkennung und Vollstreckung der anzuerkennenden ausländischen Entscheidung im Inland (BGH NJW 2001, 525). Entscheidend ist eine Gesamtschau der tatsächlichen Anerkennungspraxis. Fehlt es bislang an Erfahrungen mit der Anerkennung deutscher Entscheidungen in dem betreffenden Staat, so genügt die grundsätzliche Anerkennungsbereitschaft in dem fremden Staat, wie sie sich der dortigen Rechtslage entnehmen lässt. Eine partielle Gegenseitigkeitsverbürgung im Hinblick auf bestimmte Entscheidungsarten und Rechtsbereiche (z.B. Unterhaltsentscheidungen) genügt. Die Gegenseitigkeit ist für den jeweiligen Entscheidungsstaat bzw. das entsprechende Teilrechtsgebiet zu ermitteln. Verlässliche Angaben finden sich teilweise in Kommentaren, aber auch Länderberichten (Länderübersicht bei MüKoZPO/*Gottwald* § 328 ZPO Rn. 135 ff.). Gegenüber einzelnen Staaten (Kanada, Südafrika, USA) kann in Unterhaltssachen förmlich verbürgte Gegenseitigkeit bestehen (§ 1 Abs. 1 Satz 1 Nr. 3 Satz 2 i.V.m. § 64 AUG).

H. Verbot der révision au fond. Die ausländische Entscheidung darf nach Abs. 5 (ebenso wie nach § 723 Abs. 1 ZPO) nicht auf ihre inhaltliche Richtigkeit überprüft werden (BGH NJW 1992, 3100; *Althammer* IPRax 2009, 381, 387). 50

§ 110 Vollstreckbarkeit ausländischer Entscheidungen. (1) Eine ausländische Entscheidung ist nicht vollstreckbar, wenn sie nicht anzuerkennen ist.
(2) ¹Soweit die ausländische Entscheidung eine in § 95 Abs. 1 genannte Verpflichtung zum Inhalt hat, ist die Vollstreckbarkeit durch Beschluss auszusprechen. ²Der Beschluss ist zu begründen.
(3) ¹Zuständig für den Beschluss nach Absatz 2 ist das Amtsgericht, bei dem der Schuldner seinen allgemeinen Gerichtsstand hat, und sonst das Amtsgericht, bei dem nach § 23 der Zivilprozessordnung gegen den Schuldner Klage erhoben werden kann. ²Der Beschluss ist erst zu erlassen, wenn die Entscheidung des ausländischen Gerichts nach dem für dieses Gericht geltenden Recht die Rechtskraft erlangt hat.

Übersicht	Rdn.		Rdn.
A. Allgemeines	1	5. Haager Erwachsenenschutzübereinkommen	14
B. Vorrangige Staatsverträge und Rechtsakte der Europäischen Union	2	6. Luganer Übereinkommen von 2007	15
I. Grundsatz	2	7. Europäisches Sorgerechtsübereinkommen	16
II. Einzelne Regelungen des Unionsrechts	3		
1. Brüssel Ia-VO	3	8. Bilaterale Anerkennungs- und Vollstreckungsabkommen	17
2. Brüssel IIa-Verordnung	4		
3. Europäische Unterhaltsverordnung	5	IV. Ausführungs- und Durchführungsbestimmungen	18
4. Europäischer Vollstreckungstitel und Europäisches Mahnverfahren	6	C. Voraussetzungen	19
5. Europäische Erbrechtsverordnung	7	D. Erforderliches Vollstreckbarerklärungsverfahren	21
6. EU-Verordnung über die gegenseitige Anerkennung von Schutzmaßnahmen	8	I. Kein Vollstreckbarerklärungsverfahren	21
7. Vorläufige Kontenpfändung	9	II. Vollstreckbarerklärungsverfahren bei ZPO-Vollstreckung (Abs. 2, 3)	22
III. Staatsverträge	10	E. Verfahren und Entscheidung	23
1. Haager Kinderschutzübereinkommen	10	I. Zuständigkeit (Abs. 3 Satz 1)	23
2. Haager Minderjährigenschutzabkommen	11	II. Verfahren	24
3. Haager Kindesentführungsübereinkommen	12	III. Beschluss	25
4. Haager Unterhaltsvollstreckungsübereinkommen von 1973	13	IV. Kosten	29

A. Allgemeines. Die Vorschrift des § 110 betrifft die Vollstreckbarkeit ausländischer familienrechtlicher 1 Entscheidungen. Voraussetzung hierfür ist ihre Anerkennungsfähigkeit. Auf ein gesondertes Verfahren zur Vollstreckbarerklärung wird hingegen grds. verzichtet. Nur in den Vollstreckungsfällen des § 95 Abs. 1 fordert § 110 Abs. 2 eine besondere, in einem Beschluss auszusprechende Vollstreckbarerklärung. Abs. 1

§ 110

stimmt inhaltlich mit §§ 722 Abs. 1, 723 Abs. 2 Satz 2 ZPO überein, Abs. 3 Satz 1 mit § 722 Abs. 2 ZPO und Abs. 3 Satz 2 nahezu wörtlich mit § 723 Abs. 2 Satz 1 ZPO.

2 **B. Vorrangige Staatsverträge und Rechtsakte der Europäischen Union. I. Grundsatz.** Die nationale Vorschrift kommt nach § 97 nur insoweit zur Anwendung, als nicht vorrangiges Unionsrecht oder Staatsverträge eingreifen (BGH FamRZ 2015, 2043 Anm. *Gottwald* = NZFam 2015, 1031 Anm. *Mankowski*). Diese Regelungen enthalten teilweise eigene Bestimmungen über die Vollstreckbarkeit oder überlassen die Frage dem nationalen Recht. Im Übrigen greift eine Reihe von Ausführungs- und Durchführungsbestimmungen ein (s. die Übersichten § 97 Rdn. 6 ff., § 108 Rdn. 3 ff.). Zu beachten ist allerdings, dass die europäischen Regelungen teilweise auch andere Titel umfassen und zum Teil keine Vollstreckbarerklärung mehr verlangen.

3 **II. Einzelne Regelungen des Unionsrechts. 1. Brüssel Ia-VO.** Von der Brüssel Ia-VO (s. § 97 Rdn. 10) wird keine Vollstreckbarerklärung mehr verlangt (Art. 39 ff.).

4 **2. Brüssel IIa-Verordnung.** Die Brüssel IIa-VO (s. § 97 Rdn. 11; erläutert in Anh. I) enthält eigene Regeln zur Vollstreckbarkeit. Ein Antrag auf Feststellung der Anerkennung oder Erteilung der Vollstreckungsklausel nach Art. 28 ff. erfolgt in Sorgerechtsangelegenheiten beim ausschließlich örtlich ausschließlich zuständigen FamG nach §§ 10, 12 IntFamRVG. Titel über Umgangsrecht oder Kindesherausgabe (Art. 40 ff. Brüssel IIa-VO) berühren § 110 nicht, da er die dort vorgesehene Vollstreckung ohne Exequatur nicht regelt.

5 **3. Europäische Unterhaltsverordnung.** Nach der EuUntVO (s. § 97 Rdn. 12; erläutert in Anh. V) wird für Entscheidungen aus den Vertragsstaaten des Haager Unterhaltsprotokolls keine Vollstreckbarerklärung mehr verlangt (Art. 17 ff.). Im Übrigen finden sich eigene Regeln zur Vollstreckbarkeit in Art. 26 ff. EuUntVO, §§ 36 ff. AUG.

6 **4. Europäischer Vollstreckungstitel und Europäisches Mahnverfahren.** Art. 19 EuVTVO und Art. 5 EuMahnVerfVO (s. § 97 Rdn. 20, 21) sehen eine unmittelbare Vollstreckung vor.

7 **5. Europäische Erbrechtsverordnung.** Die EuErbVO (s. § 97 Rdn. 15; erläutert in Anh. IX) enthält eigene Regeln zur Vollstreckbarkeit in Art. 43 ff., Ausführungsbestimmungen in §§ 3 ff. IntErbRVG (erläutert in Anh. X).

8 **6. EU-Verordnung über die gegenseitige Anerkennung von Schutzmaßnahmen.** Die EU-VO über die gegenseitige Anerkennung von Schutzmaßnahmen (s. § 97 Rdn. 13) sieht eine unmittelbare Vollstreckung vor (Art. 4 ff.).

9 **7. Vorläufige Kontenpfändung.** Nach der EuKoPfVO (s. § 97 Rdn. 14) kann ohne Vollstreckbarkeitserklärung vollstreckt werden (Art. 23).

10 **III. Staatsverträge. 1. Haager Kinderschutzübereinkommen.** Das Haager Kinderschutzübereinkommen (s. § 97 Rdn. 27; erläutert in Anh. II) verweist in Art. 28 für Vollstreckbarkeitserklärung auf nationales Recht.

11 **2. Haager Minderjährigenschutzabkommen.** Das Haager Minderjährigenschutzabkommen (s. § 97 Rdn. 28) verweist in Art. 7 Satz 2 auf nationales Recht.

12 **3. Haager Kindesentführungsübereinkommen.** Für den Antrag auf Umgang sowie auf Kindesherausgabe nach dem HKÜ (s. § 97 Rdn. 30) besteht eine ausschließliche Zuständigkeit nach § 13 Abs. 1 IntFamRVG. Für den Antrag auf Umgang eine ausschließliche Zuständigkeit in §§ 12, 11 IntFamRVG enthalten. Einen Wahlgerichtsstand enthält § 12 Abs. 2 IntFamRVG.

13 **4. Haager Unterhaltsvollstreckungsübereinkommen von 1973.** Das Haager Unterhaltsvollstreckungsübereinkommen von 1973 (s. § 97 Rdn. 33) verweist in Art. 13 weitgehend auf nationales Recht (vgl. BGH FamRZ 2015, 2043 Anm. *Gottwald* = NZFam 2015, 1031 Anm. *Mankowski*).

14 **5. Haager Erwachsenenschutzübereinkommen.** Das Haager Erwachsenenschutzübereinkommen (s. § 97 Rdn. 34; erläutert in Anh. VII) verweist in Art. 25 auf nationales Recht.

15 **6. Luganer Übereinkommen von 2007.** Das LugÜ 2007 (s. § 97 Rdn. 37) enthält eigene Regeln zur Vollstreckbarkeit (Art. 38 ff.).

Abschnitt 9. Verfahren mit Auslandsbezug § 110

7. Europäisches Sorgerechtsübereinkommen. Nach dem ESÜ (s. § 97 Rdn. 38) erfolgt ein Antrag auf 16
Feststellung Erteilung der Vollstreckungsklausel nach Art. 7, 11 ESÜ beim örtlich ausschließlich zuständigen FamG nach §§ 10, 12 IntFamRVG.

8. Bilaterale Anerkennungs- und Vollstreckungsabkommen. Bilaterale Anerkennungs- und Vollstre- 17
ckungsabkommen (s. § 97 Rdn. 40) enthalten vielfach eigene Regeln zur Vollstreckbarkeit. Im Verhältnis zu
Israel und Tunesien ist für die Vollstreckbarkeitserklärung vorrangig das LG am Schuldnerwohnsitz zuständig (§ 3 Abs. 1 AVAG).

IV. Ausführungs- und Durchführungsbestimmungen. Eigene Regeln zur Vollstreckbarkeit finden sich in 18
zahlreichen Ausführungs- und Durchführungsbestimmungen für einzelne Staatsverträge und unionsrechtliche Regelungen s. § 97 Rdn. 41 ff. Bei förmlich verbürgter Gegenseitigkeit in Unterhaltssachen bleibt es
bei § 110 (§ 64 AUG).

C. Voraussetzungen. Die Anwendbarkeit des § 110 richtet sich nach den Maßstäben des deutschen Rechts 19
(Thomas/Putzo/*Hüßtege* § 110 FamFG Rn. 1). Es kommt darauf an, in welchem Verfahren (ZPO oder
FamFG) eine entsprechende Entscheidung in Deutschland ergangen wäre (vgl. BGH NJW 1977, 150).
Die Anerkennung ist stets Voraussetzung für die Vollstreckbarkeit einer ausländischen Entscheidung. Dem- 20
entsprechend ist ein Vollstreckbarerklärungsverfahren ohne Anerkennung nicht möglich (vgl. Abs. 1). Wie
nach früherem Recht darf kein Anerkennungshindernis iSv § 109 vorliegen (vgl. BGH NJW 1983, 2775).
Die Anerkennungsfähigkeit wird als Vorfrage im Vollstreckungsverfahren inzidenter geprüft (Bassenge/
Roth/*Althammer* § 110 Rn. 2). Die Vollstreckbarkeitserklärung setzt voraus, dass die ausländische Entscheidung nach dem erststaatlichen Recht Rechtskraft erlangt hat (Abs. 3 Satz 2).

D. Erforderliches Vollstreckbarerklärungsverfahren. I. Kein Vollstreckbarerklärungsverfahren. Ein ge- 21
sondertes Verfahren zur Vollstreckbarerklärung ist (anders als nach § 722 ZPO) grds. nicht erforderlich.
Ausländische Entscheidungen werden wie inländische nach §§ 86 ff. vollstreckt.

II. Vollstreckbarerklärungsverfahren bei ZPO-Vollstreckung (Abs. 2, 3). Nur dann, wenn die auslän- 22
dische Entscheidung eine der in § 95 Abs. 1 Nr. 1 – 5 genannten Verpflichtungen zum Inhalt hat, ist ein
Vollstreckbarerklärungsverfahren erforderlich. Dabei geht es um Entscheidungen wegen einer Geldforderung
(Nr. 1), etwa Unterhaltsentscheidungen (dazu BGH FamRZ 2015, 2043 Anm. *Gottwald* = NZFam 2015, 1031
Anm. *Mankowski* [türk. Scheidungsfolgen]; näher *Riegner* FPR 2013, 4 ff.). Ferner gehören hierher Urteile
zur Herausgabe einer beweglichen oder unbeweglichen Sache (Nr. 2). Das gleiche gilt für die Verteilung des
Hausrats (s. BT-Drucks. 16/6308 S. 222) sowie güterrechtliche Scheidungsfolgen (*Heiderhoff* IPRax 2011,
156). Erfasst werden auch Verurteilungen zur Vornahme einer vertretbaren oder nicht vertretbaren Handlung (Nr. 3), zur Erzwingung von Duldungen und Unterlassungen (Nr. 4) sowie zur Abgabe einer Willenserklärung (Nr. 5). Auf Vergleiche und vollstreckbare Urkunden findet § 110 Abs. 2, der sich nur auf Entscheidungen bezieht, keine Anwendung (*Riegner* FPR 2013, 7). Insoweit ist das nationale Recht enger als
das europäische.

E. Verfahren und Entscheidung. I. Zuständigkeit (Abs. 3 Satz 1). Zuständig für den Erlass des Beschlus- 23
ses nach Abs. 2 ist das AG (FamG), bei dem der Schuldner seinen allgemeinen Gerichtsstand, d.h. seinen
Wohnsitz (§§ 12, 13 ZPO) hat. Fehlt es daran, so ist das AG zuständig, bei dem nach dem Vermögensgerichtsstand des § 23 ZPO gegen den Schuldner Klage erhoben werden kann.

II. Verfahren. Die Prozessführungsbefugnis steht den Vollstreckungsparteien zu. Die Abtretung des zuer- 24
kannten Anspruchs steht wegen § 265 Abs. 2 ZPO nicht entgegen (BGH NJW 1992, 3096). Auch ein Kind
kann aus einem zu seinen Gunsten in einem Scheidungsurteil titulierten Unterhalt einen Antrag stellen
(BGH FamRZ 2007, 717; Slowenien). Ob im Verfahren nach § 110 Abs. 2 Anwaltszwang besteht (so Thomas/Putzo/*Hüßtege* § 110 FamFG Rn. 5), ist umstritten (abl. Keidel/*Zimmermann* § 110 Rn. 23; Prütting/
Helms/*Hau* § 110 FamFG Rn. 20). Da es sich um ein streitiges Hauptsacheverfahren handelt (*Gottwald*
Anm. zu BGH FamRZ 2015, 2043), *ist dem* Schuldner rechtliches Gehör zu gewähren. Auch eine mündliche Verhandlung ist durchzuführen (Thomas/Putzo/*Hüßtege* § 110 FamFG Rn. 6; *Klinck* FamRZ 2009, 741,
745 [unter Heranziehung von §§ 722, 723 ZPO]; a.A. Keidel/*Zimmermann* § 110 Rn. 27)

III. Beschluss. Die Vollstreckbarkeit ist durch Beschluss auszusprechen. Der Beschluss ist erst zu erlassen, 25
wenn die Entscheidung des ausländischen Gerichts nach dem erststaatlichen Recht die Rechtskraft erlangt

hat (Abs. 3 Satz 2). Der Beschluss ist zu begründen (Abs. 2 Satz 2). Dabei müssen die maßgeblichen Tatsachen und ihre rechtliche Bewertung erkennbar werden (BLAH/*Hartmann* Rn. 2). Es muss deutlich werden, dass keine Versagungsgründe des § 109 vorliegen. Bei einem Urteil auf Trennungsunterhalt kann der Unterhaltsschuldner im Vollstreckbarerklärungsverfahren als Einwendung i.S.d. § 767 ZPO vorbringen, dass die Ehe inzwischen geschieden wurde. Die Vollstreckbarerklärung ist dann auf die Zeit bis zur Rechtskraft des Scheidungsurteils zu beschränken (BGH NJW 2010, 1750). Die Vollstreckbarkeit kann auch beschränkt werden, wenn etwa lediglich Kindesunterhalt verlangt wird (OLG Celle FamRZ 2014, 142). Rechtsmittel ist die Beschwerde nach §§ 58 ff.

26 Eine **Umrechnung aus einer ausländischen Währung** findet nicht statt, sondern bleibt dem Vollstreckungsorgan überlassen (*Riegener* FPR 2013, 4, 7). Dabei wird i.d.R. analog § 244 Abs. 2 BGB auf den Kurswert zur Zeit der effektiven Zahlung abgestellt (MüKo/Gottwald § 722 ZPO Rn. 42). Erforderlich ist ein bestimmter oder bestimmungsfähiger Inhalt der Entscheidung. Er ist ggf. durch Auslegung zu ermitteln (BGH NJW 2014, 702).

27 Verurteilt die ausländische Entscheidung zu **gesetzlichen Zinsen**, ohne sie genauer zu bezeichnen, so genügt, wenn sie sich unmittelbar ermitteln lassen (OLG Köln NJW-RR 2005, 932 m. Aufs. *Roth* IPRax 2006, 22; OLG Celle FamRZ 2014, 142). Dazu gehören insbes. ausländische Vorschriften. Das gleiche gilt, wenn sie sich aus anderen Umständen ermitteln lassen (BGH NJW 2014, 702). Forderungen, über welche im ausländischen Titel nicht ausdrücklich entschieden wird, können im Inland beigetrieben werden, wenn sie sich der Entscheidung entnehmen lassen (BGH NJW 2014, 702). Vgl. § 34 AUG zur EuUntVO. Umgekehrt kann die Vollstreckbarkeit beschränkt werden, wenn etwa lediglich Kindesunterhalt verlangt wird (OLG Celle FamRZ 2014, 142).

28 Liegt ein **dynamisierter Unterhaltstitel** vor, so ist eine Ergänzung im Verfahren der Vollstreckbarerklärung möglich (BGH NJW 1986, 1440 m. Aufs. *Dopffel* IPRax 1986, 277). Die Vollstreckbarerklärung muss die Grundlage der Dynamisierung angeben (BGH FamRZ 2007, 717).

29 **IV. Kosten.** Die Kostenentscheidung richtet sich für Familienstreitsachen grds. nach § 113 Abs. 2 Satz 1 FamFG i.V.m. §§ 91 ff. ZPO. In Unterhaltsachen greift § 243 ein. Für die übrigen Familiensachen gelten die §§ 80 ff. FamFG (Thomas/Putzo/*Hüßtege* § 110 FamFG Rn. 10).

Buch 2. Verfahren in Familiensachen
Abschnitt 1. Allgemeine Vorschriften

§ 111 Familiensachen. Familiensachen sind
1. Ehesachen,
2. Kindschaftssachen,
3. Abstammungssachen,
4. Adoptionssachen,
5. Ehewohnungs- und Haushaltssachen,
6. Gewaltschutzsachen,
7. Versorgungsausgleichssachen,
8. Unterhaltssachen,
9. Güterrechtssachen,
10. sonstige Familiensachen,
11. Lebenspartnerschaftssachen.

Als Anwendungsbereich des FamFG ist in § 1 u.a. das »**Verfahren in Familiensachen**« bezeichnet. Das Gesetz enthält keine inhaltliche Begriffsbestimmung (weder in § 1 noch sonst). Eine solche Definition (etwa i.S.d. Abstellens auf die besondere Nähe zu familienrechtlich geregelten Rechtsverhältnissen oder den engen Zusammenhang m. der Auflösung eines solchen Rechtsverhältnisses; vgl. BT-Drucks. 16/6308, S. 168, 170 zur Einbeziehung »sonstiger Familiensachen«) wäre notwendig unpräzise u. würde zu Anwendungsproblemen führen. 1

Das Ziel einer vollständigen Regelung des Verfahrens in Familiensachen (BT-Drucks. 16/6308, S. 174) wird stattdessen erreicht durch eine **Aufzählung** der einzelnen Arten von Familiensachen in § 111. Die Aufzählung ersetzt die in § 23b Abs. 1 Satz 2 GVG a.F. und § 621 Abs. 1 ZPO a.F. enthaltenen Kataloge. Inhaltlich ergibt sich durch die Einführung des »**Großen Familiengerichts**« und die damit verbundene Abschaffung des Vormundschaftsgerichts eine Erweiterung des Kreises der Familiensachen. Zur – im Vergleich zum Rechtszustand vor dem 01.09.2009 – erweiterten Zuständigkeit der Familiengerichte gehören insb. die Vormundschafts- und Pflegschaftssachen, die Adoptionssachen, die sonstigen Familiensachen i.S.d. § 266 u. der Teil der Gewaltschutzsachen, für den früher die allgemeinen Zivilgerichte zuständig waren (ausf. BT-Drucks. 16/6308, S. 168 ff.). 2

Der Katalog der Familiensachen ist **abschließend** (vgl. BT-Drucks. 16/6308, S. 174). Die in § 111 aufgezählten Familiensachen sind jeweils zu Beginn der einzelnen Abschnitte in gesonderten **Definitionsnormen** näher bestimmt (zu Nr. 1: § 121; zu Nr. 2: § 151; zu Nr. 3: § 169; zu Nr. 4: § 186; zu Nr. 5: § 200; zu Nr. 6: § 210; zu Nr. 7: § 217; zu Nr. 8: § 231; zu Nr. 9: § 261; zu Nr. 10: § 266 u. zu Nr. 11: § 269). Dabei sind die Definitionsnormen für Unterhalts-, Güterrechts- u. sonstige Familiensachen zweigeteilt: der jeweils erste Absatz bezeichnet die Familienstreitsachen (§ 112), der zweite Absatz die Verfahren der freiwilligen Gerichtsbarkeit. Wegen der weiteren Einzelheiten, insb. der näheren inhaltlichen Bestimmung der Definitionsnormen, wird auf die Erläuterungen zu den genannten Normen verwiesen. 3

Umfasst werden auch **Nebenansprüche**, bei denen ein **materiell-rechtlicher Sachzusammenhang** zu den genannten Familiensachen besteht. Dazu gehören Auskunftsansprüche (einschließlich des Anspruchs auf eidesstattliche Versicherung der Richtigkeit u. Vollständigkeit einer Auskunft), Schadensersatz-, Zins-, Rückgewähr- oder Aufwendungsersatzansprüche im Zusammenhang m. familienrechtlichen Ansprüchen sowie familienrechtliche Ausgleichsansprüche u. Ansprüche aus Verträgen, die familienrechtliche Ansprüche ausgestalten. 4

Das Familiengericht ist außerdem zuständig für Zwischen- u. Nebenverfahren, die in einem **verfahrensrechtlichen Sachzusammenhang** mit einer Familiensache stehen. Gemeint sind insb. das VKH-Prüfungsverfahren in Familiensachen, Verfahren wegen Zahlung eines Verfahrenskostenvorschusses für eine Familiensache, selbständige Beweisverfahren u. alle verfahrensrechtlichen Zwischenentscheidungen in Familiensachen. 5

Für die Prüfung, ob der zur Entscheidung anstehende **Verfahrensgegenstand** eine Familiensache darstellt, kommt es nicht alleine auf den Vortrag der Antragstellerseite, sondern auch auf das Verteidigungsvorbrin- 6

§ 112 Buch 2. Verfahren in Familiensachen

gen der Gegenseite an (BGH FamRZ 2013, 281). Werden Ansprüche nach **ausländischem Recht** geltend gemacht, hängt die Qualifikation als Familiensache davon ab, ob der Verfahrensgegenstand nach deutschem Recht den in § 111 genannten Familiensachen zuzuordnen wäre (Keidel/*Weber* § 111 Rn. 17). Wird ein verfahrensrechtlich einheitlicher Anspruch auf **mehrere Anspruchsgrundlagen** gestützt, von denen nur eine als Familiensache anzusehen ist, entscheidet das angerufene FamG – in entsprechender Anwendung des § 17 Abs. 2 Satz 1 GVG (rechtswegüberschreitende Sach- u. Entscheidungskompetenz) – über die Sache insgesamt, es sei denn, die Anspruchsgrundlagen, die keine Familiensachen sind, bilden den rechtlichen Schwerpunkt des Verfahrens (vgl. OLG Celle FamRZ 2013, 456; OLG Frankfurt FamRZ 2010, 1812). Liegen dagegen **mehrere (trennbare) Verfahrensgegenstände** vor, die nicht alle in den Katalog der Familiensachen fallen, sind die Teile des Verfahrens, die keine Familiensachen sind, nach § 113 Abs. 1 Satz 2, § 145 ZPO bzw. § 20 von den Familiensachen zu trennen u. zu verweisen. Dasselbe gilt für **Gegenanträge** im Sinne einer Widerklage. Eine **hilfsweise** geltend gemachte Nichtfamiliensache ist gegebenenfalls nach Entscheidung über den Hauptantrag zu verweisen. Wird im Rahmen einer Familiensache die **Aufrechnung** m. einer Forderung erklärt, die keine Familiensache ist, kann das FamG auch über die Gegenforderung entscheiden; möglich ist allerdings auch eine Aussetzung der Familiensache bis zur rechtskräftigen Entscheidung über die (rechtswegfremde) Gegenforderung (§ 113 Abs. 1 Satz 2, § 148 ZPO; ausf. zum Ganzen Keidel/*Weber* § 111 Rn. 5 m.w.N.).

7 Die Bestimmung des § 111 ist auch maßgeblich, soweit andere Gesetze den Begriff der Familiensache verwenden (BT-Drucks. 16/6308, S. 223), z.B. bei der Regelung der sachlichen Zuständigkeit in der Neufassung des § 23a Abs. 1 Nr. 1 GVG (BT-Drucks. 16/6308, S. 319).

§ 112 Familienstreitsachen.
Familienstreitsachen sind folgende Familiensachen:
1. Unterhaltssachen nach § 231 Abs. 1 und Lebenspartnerschaftssachen nach § 269 Abs. 1 Nr. 8 und 9,
2. Güterrechtssachen nach § 261 Abs. 1 und Lebenspartnerschaftssachen nach § 269 Abs. 1 Nr. 10 sowie
3. sonstige Familiensachen nach § 266 Abs. 1 und Lebenspartnerschaftssachen nach § 269 Abs. 2.

1 § 112 definiert die **Familienstreitsachen**. Gemeint sind (im Wesentlichen) die früheren ZPO-Familiensachen, für die – auch seit der Reform des Verfahrensrechts im Jahr 2009 – besondere Verfahrensvorschriften gelten.

2 Das FamFG behält m. Rücksicht auf die teilweise erheblich differierenden materiellen Normen u. Verfahrensziele der einzelnen Familiensachen die bisherige **Zweispurigkeit des Verfahrens** in den (früheren) ZPO-Familiensachen u. den Angelegenheiten der freiwilligen Gerichtsbarkeit bei, insb. die Unterscheidung zwischen Amtsermittlungs- u. Beibringungsgrundsatz (BT-Drucks. 16/6308, S. 162). Das FamFG verdeutlicht dies durch die Einführung des Begriffs der Familienstreitsachen. Damit wird der Charakter als »Streitsache« betont. Aufgrund der unterschiedlichen Ausgestaltung des Verfahrens in Familienstreitsachen und anderen Familiensachen kann in einem Verfahren über eine Familienstreitsache zwar eine andere Familienstreitsache im Wege eines **Gegenantrags** (im Sinne einer Widerklage) geltend gemacht werden, nicht aber eine Familiensache der freiwilligen Gerichtsbarkeit (OLG Schleswig FamRZ 2015, 1519). Umgekehrt kann im Verfahren zur Regelung des schuldrechtlichen Versorgungsausgleichs gegen den Anspruch auf Zahlung einer schuldrechtlichen Ausgleichsrente nicht die **Aufrechnung** mit Forderungen erklärt werden, deren Durchsetzung sich bei isolierter Geltendmachung nach den Vorschriften der ZPO richten würde (OLG Frankfurt FamRZ 2016, 57).

3 Die Familienstreitsachen stimmen weitgehend, aber nicht vollständig (BT-Drucks. 16/6308, S. 223) überein m. den **früheren ZPO-Familiensachen**, insb. den Unterhaltssachen (§ 621 Abs. 1 Nr. 4, 5, 11 ZPO a.F.) und den Güterrechtssachen (§ 621 Abs. 1 Nr. 8 ZPO a.F.). Abweichungen ergeben sich für das Verfahren in Abstammungssachen (früher: Kindschaftssachen; § 621 Abs. 1 Nr. 10 ZPO a.F.), das seit 2009 ein einheitliches Verfahren der freiwilligen Gerichtsbarkeit ist. Neu hinzugekommen sind die »sonstigen Familiensachen«, die erst i.R.d. Schaffung des »Großen Familiengerichts« als Familienstreitsachen dem FamG zugewiesen worden sind. **Ehesachen** sind ihrer Natur nach keine Familienstreitsachen, sondern unterliegen eigenen, in Abschnitt 2 enthaltenen Verfahrensregeln (BT-Drucks. 16/6308, S. 223), allerdings mit zahlreichen Überschneidungen der anwendbaren Verfahrensnormen.

4 Die Familienstreitsachen werden – wie in § 111 – nicht inhaltlich, sondern durch eine **abschließende Aufzählung** (Unterhaltssachen gem. § 231 Abs. 1; Güterrechtssachen gem. § 261 Abs. 1, sonstige Familien-

sachen gem. § 266 Abs. 1 sowie die jeweils entsprechenden Lebenspartnerschaftssachen gem. § 269 Abs. 1 Nr. 8 bis 10, Abs. 2) definiert und von den übrigen Familiensachen abgegrenzt. Die Definitionsnormen für Unterhaltssachen (§ 231), Güterrechtssachen (§ 261) und sonstige Familiensachen (§ 269) sind jeweils zweigeteilt: in deren Abs. 1 sind jeweils die Verfahren genannt, die zur Kategorie der Familienstreitsachen gehören, in Abs. 2 die Verfahren, bei denen dies nicht der Fall ist, weil sie Verfahren der freiwilligen Gerichtsbarkeit sind.

Für die Familienstreitsachen kann man zwanglos auf die meisten Vorschriften der **ZPO** zurückgreifen; und zwar aufgrund zahlreicher **Verweisungsvorschriften** (§ 113 Abs. 1, 2, § 117 Abs. 1 Satz 3, Abs. 2 Satz 1, Abs. 5, § 118, § 119 Abs. 1 Satz 2, Abs. 2, § 120 Abs. 1), die überwiegend auch für die Ehesachen gelten (§ 113 Abs. 1, § 117 Abs. 1 Satz 3, Abs. 2 Satz 1, Abs. 5, § 118, § 120 Abs. 1). 5

In anderen Punkten (§ 113 Abs. 3, § 114, § 115, § 116 Abs. 3, § 117, § 119 Abs. 1 Satz 1, § 120 Abs. 2) werden im Interesse der einheitlichen Verfahrensgestaltung in allen Familiensachen sowie dem auch in Familienstreitsachen teilweise vorrangigen Schutzbedürfnis der Beteiligten und der in Familiensachen generell größeren Fürsorgepflicht der Gerichte u. ihrer Verantwortung für eine umfassende Sachverhaltsaufklärung u. materielle Richtigkeit der Entscheidung entsprechend **Sonderregeln oder Modifikationen ggü. der ZPO** vorgenommen. Wegen der Einzelheiten wird auf die Erläuterungen der betreffenden Vorschriften verwiesen. 6

§ 113 Anwendung von Vorschriften der Zivilprozessordnung.

(1) ¹In Ehesachen und Familienstreitsachen sind die §§ 2 bis 22, 23 bis 37, 40 bis 45, 46 Satz 1 und 2 sowie die §§ 47 und 48 sowie 76 bis 96 nicht anzuwenden. ²Es gelten die Allgemeinen Vorschriften der Zivilprozessordnung und die Vorschriften der Zivilprozessordnung über das Verfahren vor den Landgerichten entsprechend.

(2) In Familienstreitsachen gelten die Vorschriften der Zivilprozessordnung über den Urkunden- und Wechselprozess und über das Mahnverfahren entsprechend.

(3) In Ehesachen und Familienstreitsachen ist § 227 Abs. 3 der Zivilprozessordnung nicht anzuwenden.

(4) In Ehesachen sind die Vorschriften der Zivilprozessordnung über
1. die Folgen der unterbliebenen oder verweigerten Erklärung über Tatsachen,
2. die Voraussetzungen einer Klageänderung,
3. die Bestimmung der Verfahrensweise, den frühen ersten Termin, das schriftliche Vorverfahren und die Klageerwiderung,
4. die Güteverhandlung,
5. die Wirkung des gerichtlichen Geständnisses,
6. das Anerkenntnis,
7. die Folgen der unterbliebenen oder verweigerten Erklärung über die Echtheit von Urkunden,
8. den Verzicht auf die Beeidigung des Gegners sowie von Zeugen oder Sachverständigen
nicht anzuwenden.

(5) Bei der Anwendung der Zivilprozessordnung tritt an die Stelle der Bezeichnung
1. Prozess oder Rechtsstreit die Bezeichnung Verfahren,
2. Klage die Bezeichnung Antrag,
3. Kläger die Bezeichnung Antragsteller,
4. Beklagter die Bezeichnung Antragsgegner,
5. Partei die Bezeichnung Beteiligter.

Übersicht

	Rdn.		Rdn.
A. Allgemeines	1	2. (Modifizierte) Anwendbarkeit der vom Ausschluss in Abs. 1 nicht erfassten Vorschriften des Allgemeinen Teils.	7
B. Einzelheiten	4		
I. Abs. 1 (Anwendbarkeit des Buches 1 »Allgemeiner Teil« in Ehe- und Familienstreitsachen)	4	II. Abs. 2 (Anwendbarkeit weiterer spezifischer Normenkomplexe der ZPO in Familienstreitsachen)	17
1. Teilausschluss des Allgemeinen Teils (Buch 1) und Generalverweisung auf allgemeine Normenkomplexe der ZPO	4		

	Rdn.		Rdn.
III. Abs. 3, 4 (Unanwendbarkeit einzelner Vorschriften oder spezifischer Normenkomplexe der ZPO in Ehe- und Familienstreitsachen)	18	IV. Abs. 5 (einheitliche Terminologie)	25

1 **A. Allgemeines.** Das Verfahren in Ehe- und Familienstreitsachen (frühere »ZPO-Familiensachen«, vgl. § 112 Rdn. 3) war vor Inkrafttreten des FamFG am 01.09.2009 in Buch 6 der ZPO geregelt, wurde also erfasst von den allgemeinen Vorschriften der ZPO (Buch 1); daneben waren in §§ 608, 621b und 624 Abs. 3 ZPO a.F. Verweisungen auf das Verfahren vor den Landgerichten (Buch 2: §§ 253 bis 494a ZPO) enthalten. Sonderbestimmungen waren für Ausnahmen von der Anwendung der ZPO-Normen erforderlich, insb. in § 621a ZPO a.F., der für Verfahren der freiwilligen Gerichtsbarkeit zahlreiche Vorschriften des früheren FGG für anwendbar erklärt hat.

2 Nach Zusammenführung der Verfahrensnormen für Familiensachen u. Angelegenheiten der freiwilligen Gerichtsbarkeit im FamFG als neuem »Stammgesetz« (BT-Drucks. 16/6308, S. 163), wiederum (wie in der ZPO) beginnend m. einer gebündelten Darstellung allgemeiner Vorschriften (Buch 1 »Allgemeiner Teil«; hier einschließlich der Bestimmungen über das Verfahren im ersten Rechtszug), ist die Regelungstechnik vergleichbar, erfordert aber inhaltlich andere Ausnahmeregelungen. Ohne sie würden die jetzigen, in wesentlichen Punkten an den Grundsätzen der freiwilligen Gerichtsbarkeit orientierten Vorschriften des Allgemeinen Teils auch für Ehesachen (§ 121) u Familienstreitsachen (§ 112) gelten. Um deren eigenständigen Charakter verfahrensrechtlich umzusetzen, sind nunmehr Sonderregelungen zur Beibehaltung der bisherigen (weiterhin gewollten und insb. für die Familienstreitsachen gebotenen) Anlehnung dieser Verfahrensarten an die ZPO-Normen notwendig. Dies geschieht – je nach Regelungszweck – durch schlichte Verweisung auf die ZPO oder Modifikationen; die wichtigsten Bestimmungen dazu sind in § 113 enthalten, ergänzt durch weitere Vorschriften (s. § 112 Rdn. 6).

3 Ferner bestimmt **Abs. 5** die generelle Ersetzung der ZPO-Bezeichnungen durch die entsprechenden **Bezeichnungen des FamFG-Verfahrens.**

4 **B. Einzelheiten. I. Abs. 1 (Anwendbarkeit des Buches 1 »Allgemeiner Teil« in Ehe- und Familienstreitsachen). 1. Teilausschluss des Allgemeinen Teils (Buch 1) und Generalverweisung auf allgemeine Normenkomplexe der ZPO.** Abs. 1 regelt als (durch Spezialnormen ergänzte) Grundsatznorm für das Verfahren in **Ehe- und Familienstreitsachen** dessen Anlehnung an den ZPO-Prozess. Dazu werden ausdrücklich einzelne – erkennbar abschließend aufgeführte – **Vorschriften aus dem allgemeinen Teil des FamFG** für **unanwendbar** erklärt, nämlich die §§ 2 bis 22, 23 bis 37, 40 bis 45, 46 Satz 1 u 2 sowie der §§ 47, 48, 76 bis 96 (einschl. des versehentlich nicht genannten § 96a). Dazu gehören der Amtsermittlungsgrundsatz (§ 26), die Regelungen für die Bekanntgabe von Beschlüssen (§ 41; dazu BGH FamRZ 2012, 1287; BGH FamRZ 2012, 106 m. krit. Anm. *Heiter* FamRZ 2012, 206), für die Durchsetzung und Vollstreckung von Entscheidungen (§§ 35, 85 ff.) und für die Kostenentscheidung. Statt der genannten ausgeschlossenen Normen wird durch generelle und flexible (die betreffende Regelung mit ihrem jeweiligen abänderbaren Inhalt inkorporierende) Verweisung die entsprechende Geltung vergleichbarer (korrespondierender) Normenkomplexe der ZPO angeordnet, nämlich der **Allgemeinen Vorschriften (§§ 1 bis 252 ZPO**; vgl. etwa BGH FamRZ 2011, 1138 zu den für die Verfahrenskostenhilfe maßgebenden Vorschriften) und der Vorschriften über das **Verfahren vor den Landgerichten (§§ 253 bis 494a ZPO)**. Die Bezugnahme auf Normenkomplexe bzw. einzelne Vorschriften der ZPO wird fortgeführt in § 117 (**Rechtsmittel**), § 118 (**Wiederaufnahme**), § 119 (**Arrest**) und § 120 (**Vollstreckung**). Die Verweisung in Abs. 1 ist z.T. ergänzungsbedürftig, z.T. ist sie durch Herausnahme einzelner Normen oder Normenbündel zu spezifischen Punkten wieder einzuschränken. Beides dient der sachgerechten Ausformung der in Ehesachen und Familienstreitsachen unterschiedlich starken Anbindung an das ZPO-Verfahren.

5 Die **Kostenentscheidung** richtet sich nicht nach §§ 80 ff., sondern nach **§§ 91 ff. ZPO**, sofern nicht die allgemeinen Vorschriften verdrängende **Spezialregeln** bestehen, insb. in den §§ 132, 150, 243 (vgl. *Büte* FuR 2009, 649; *Zimmermann* FamRZ 2009, 377). **Isolierte Kostenentscheidungen** in Ehe- und Familienstreitsachen, die nach streitloser Hauptsacheregelung erfolgen, sind mit der **sofortigen Beschwerde** nach §§ 567 ff. ZPO anfechtbar (BGH, FamRZ 2011, 1933).

Die Verweisung verzichtet auf eine detaillierte Aufzählung der jeweils ersatzweise anzuwendenden Normen. Es wäre auch kaum möglich, zumindest aber unpraktikabel, in das Gesetz einen vollständigen Katalog in Form einer Gegenüberstellung der ausgeschlossenen FamFG-Normen u. der stattdessen entsprechend anzuwendenden ZPO-Normen aufzunehmen (vgl. die **Synopse** in Keidel/*Weber* § 113 Rn. 4). Die notwendige Rechtsklarheit wird durch die enumerative Auflistung der nicht anwendbaren FamFG-Normen erreicht. Es ist Sache des Rechtsanwenders, jeweils aus den genannten ZPO-Normenkomplexen die passende Einzelvorschrift entsprechend heranzuziehen. 6

2. (Modifizierte) Anwendbarkeit der vom Ausschluss in Abs. 1 nicht erfassten Vorschriften des Allgemeinen Teils. Abs. 1 lässt durch Beschränkung des Anwendungsausschlusses auf ausdrücklich u. abschließend genannte Normen die Geltung der übrigen Vorschriften des Allgemeinen Teils für Ehe- u. Familienstreitsachen unberührt. Die §§ 1, 22a, 38, 39, 46 Satz 3, 49 bis 75 sowie 97 bis 110 sind deshalb grds. – vorbehaltlich der Modifikationen durch Sondervorschriften – auch in Ehe- u. Familienstreitsachen anzuwenden. Das bedeutet im Einzelnen: 7

§ 1 bezeichnet den Anwendungsbereich des FamFG; die Vorschrift muss folglich für alle Familiensachen gelten. 8

§ 22a betrifft **Mitteilungspflichten** und -befugnisse anderer Gerichte und Behörden ggü. den Familien- und Betreuungsgerichten; die Vorschrift ist nachträglich (zur Beseitigung eines Redaktionsversehens) aus der ursprünglichen Aufzählung der nicht anwendbaren Normen herausgenommen worden; sie gilt für alle Verfahren nach dem FamFG. 9

Der in **§ 38 Abs. 1** enthaltene Grundsatz (**Beschluss als generelle Entscheidungsform** für Endentscheidungen; vgl. BT-Drucks. 16/6308, S. 195) wird für Familiensachen allgemein (d.h. einschließlich der Ehe- u. Familienstreitsachen) in § 116 Abs. 1 wiederholt, und zwar ohne Begrenzung auf Endentscheidungen; daraus ist aber nicht abzuleiten, dass jede eine Endentscheidung vorbereitende oder ergänzende Maßnahme in Familiensachen (**Neben- und Zwischenentscheidungen**) in Beschlussform erfolgen muss; insb. sind verfahrensleitende Verfügungen weiterhin zulässig (BT-Drucks. 16/6308, S. 195). 10

Obwohl § 38 nach dem Wortlaut des Abs. 1 Satz 1 für alle Familiensachen gilt, tritt an die Stelle des Erlasses (§ 38 Abs. 3) in Ehe- u. Familienstreitsachen die **Verkündung** der Entscheidung nach § 113 Abs. 1 Satz 2 i.V.m. §§ 310 ff. ZPO (BGH FamRZ 2012, 106; BGH FamRZ 2015, 1006). Endentscheidungen in Ehe- und Familienstreitsachen sind also nach § 113 Abs. 1 Satz 2 i.V.m. § 311 Abs. 2 Satz 1 ZPO durch das Verlesen der Beschlussformel oder Bezugnahme auf die Beschlussformel zu verkünden. Das gilt auch, wenn die Entscheidung nach § 113 Abs. 1 Satz 2 i.V.m. § 128 Abs. 2 ZPO im schriftlichen Verfahren ergeht. Der Nachweis der Verkündung kann nach § 113 Abs. 1 Satz 2 i.V.m. §§ 165 Satz 1, 160 Abs. 3 Nr. 7 ZPO nur durch das Protokoll geführt werden (BGH FamRZ 2012, 1287; BGH FamRZ 2012, 106). Die Verkündung der Beschlüsse erfolgt in Ehe- u. Familienstreitsachen gem. § 173 Abs. 1 GVG in **öffentlicher Sitzung** u. nach § 113 Abs. 1 Satz 2 i.V.m. § 311 Abs. 1 ZPO »im Namen des Volkes« (vgl. BGH FamRZ 2015, 1006; OLG Zweibrücken FamRZ 2012, 471). Die Wirksamkeit der Verkündung einer Endentscheidung in Ehe- u. Familienstreitsachen wird allerdings nicht dadurch berührt, dass sich aus dem Protokoll nicht die vorherige Herstellung der Öffentlichkeit ergibt (OLG Celle NJW 2014, 3458). Die **Zustellung** der Beschlüsse erfolgt nach Maßgabe des § 113 Abs. 1 Satz 2 i.V.m. § 317 ZPO. 11

Dasselbe gilt für **§ 39** (Pflicht zur Erteilung einer **Rechtsbehelfsbelehrung**; vgl. dazu BT-Drucks. 16/6308, S. 196, 224). 12

Die Erteilung von **Rechtskraftzeugnissen** richtet sich in Ehe- u. Familienstreitsachen grds. nicht nach § 46, sondern nach den Normen der ZPO; eine Ausnahme (Erteilung von Ausfertigungen von Amts wegen) ist nach **§ 46 Satz 3** für Ehesachen (nicht für Familienstreitsachen) vorgesehen. 13

Die **§§ 49 bis 57** (einstweilige Anordnung) sind grds. anwendbar; in § 119 Abs. 1 Satz 1 wird die Zulässigkeit einer **einstweiligen Anordnung** in Familienstreitsachen noch einmal klargestellt (BT-Drucks. 16/6308, S. 225) u. durch weitere Regelungen in § 119 Abs. 1 Satz 2 (Schadensersatzpflicht gem. § 945 ZPO in Familienstreitsachen nach § 112 Nrn. 2 u. 3, d.h. nicht in Unterhaltssachen) sowie in den §§ 246 ff. (für Unterhaltssachen) ergänzt; ferner ist in § 119 Abs. 2 zusätzlich der persönliche u. dingliche Arrest vorgesehen entsprechend §§ 916 ff. ZPO. 14

Die **§§ 58 bis 75** (Rechtsmittel) sind grds. anwendbar, werden jedoch in § 117 wesentlich (unter maßgeblicher Verweisung auf die ZPO) modifiziert (vgl. BT-Drucks. 16/6308, S. 224 f.); ferner gelten für das Beschwerdeverfahren in Ehe- u Familienstreitsachen über § 68 Abs. 3 Satz 1 i.V.m. § 113 Abs. 1 Satz 2 grds. die ZPO-Vorschriften. 15

16 Die §§ 97 bis 110 (Verfahren m. **Auslandsbezug**) sind wiederum uneingeschränkt anwendbar.

17 **II. Abs. 2 (Anwendbarkeit weiterer spezifischer Normenkomplexe der ZPO in Familienstreitsachen).** Die Generalverweisung in Abs. 1 erfasst nur Normenkomplexe allgemeiner Art. Zusätzlich ist in **Familienstreitsachen** (§ 112) zur Vereinfachung u. Beschleunigung der Durchsetzung der darunter fallenden (insb. vermögensrechtlichen) Ansprüche die entsprechende Anwendbarkeit des betreffenden ZPO-Instrumentariums geboten. Dies geschieht – wie in Abs. 1 – durch generelle Verweisung (ohne Bezeichnung der einzelnen Normen), hier auf die »passenden« spezifischen Normenkomplexe der ZPO für den **Urkunden- und Wechselprozess** (§§ 592 bis 605a ZPO) und das **Mahnverfahren** (§§ 688 bis 703d ZPO).

18 **III. Abs. 3, 4 (Unanwendbarkeit einzelner Vorschriften oder spezifischer Normenkomplexe der ZPO in Ehe- und Familienstreitsachen).** Abs. 3 u 4 schränken die (zu weitreichende) Generalverweisung in Abs. 1 Satz 2 ein, für Familienstreitsachen geringfügig (Abs. 3; Rdn. 19), für **Ehesachen** zusätzlich in erheblichem Umfang (Abs. 4; Rdn. 20 ff.). Letzteres ist notwendig, weil die Verweisung eine Vielzahl v. Normen erfasst, die zwar für die Familienstreitsachen »passen« und deren verfahrensrechtliche Anlehnung an die ZPO-Normen gerade als »Streitsache« angemessen umsetzen, deren Heranziehung jedoch dem besonderen, für sich wiederum eigenständigen Charakter der Ehesachen widersprechen würde.

19 **Abs. 3** schließt die Anwendung des § 227 Abs. 3 ZPO aus. Danach besteht in Ehe- und Familienstreitsachen (und mangels entsprechender Regelung im allgemeinen Teil des FamFG auch in allen übrigen Familiensachen) kein genereller verfahrensrechtlicher Anspruch auf Terminverlegung in der Haupturlaubszeit vom 01. Juli bis zum 31. August, also in den früheren **Gerichtsferien**. Eine **Terminverlegung** kommt somit auch während dieser Zeit nur unter den Voraussetzungen des § 113 Abs. 1 Satz 2 i.V.m. § 227 Abs. 1 ZPO in Betracht.

20 **Abs. 4** bestimmt die **in Ehesachen nicht anwendbaren Vorschriften** aus praktischen Gründen nicht durch ausdrückliche Auflistung, sondern durch generelle u. flexible Verweisungen auf **spezifische Normenkomplexe der ZPO**. Sie betreffen fast durchweg Vorschriften, die Ausfluss der Dispositionsmaxime sind, Sanktionen bei unzureichenden Erklärungen vorsehen und die richterliche Verfahrensweise strikten Regeln unterwerfen. Das FamFG hat sich insoweit im Wesentlichen darauf beschränkt, die bereits im früheren Recht an verschiedenen Stellen geregelten Ausnahmen in einer übersichtlichen Aufzählung zusammenzufassen (BT-Drucks. 16/6308, S. 223). Im Einzelnen:

21 **Abs. 4 Nr. 1 und Nr. 5 bis 8** entsprechen § 617 ZPO a.F. (BT-Drucks. 16/6308, S. 223). Sie schließen die Anwendung folgender Vorschriften der ZPO in Ehesachen aus: § 138 Abs. 3 ZPO (**Nr. 1**; vgl. ergänzend zur Zulässigkeit verspäteten Vorbringens § 115), § 288 ZPO (**Nr. 5**), § 307 ZPO (**Nr. 6**), § 439 Abs. 3 ZPO (**Nr. 7**), § 452 Abs. 3 ZPO (**Nr. 8 Halbs. 1**) und §§ 391, 402 ZPO (**Nr. 8 Halbs. 2**). Den Beteiligten wird dadurch in Ehesachen jede Möglichkeit genommen, einen Verfahrensgegenstand »unstreitig« zu stellen oder die freie Beweiswürdigung durch das Gericht einzuengen. Zulässig bleiben ein Verzicht (§ 306 ZPO) und **Vergleiche** mit dem Ziel, das Verfahren zu beenden, oder einvernehmliche Erklärungen über die Rücknahme oder den **Verzicht auf ein Rechtsmittel** (auch in Bezug auf einen die Scheidung aussprechenden Beschluss).

22 **Abs. 4 Nr. 2** erlaubt (wie § 611 Abs. 1 ZPO a.F.) abweichend von § 263 ZPO, d.h. ohne Zustimmung des Gegners oder Feststellung der Sachdienlichkeit, eine Antragsänderung. Das gilt auch für die Rechtsmittelinstanz; ein neuer Antrag kann insb. nicht gem. § 115 zurückgewiesen werden (kein Angriffs- und Verteidigungsmittel; vgl. § 115 Rdn. 3).

23 **Abs. 4 Nr. 3** schließt (weitergehend als § 611 Abs. 2 ZPO a.F.; vgl. BT-Drucks. 16/6308, S. 223) die Anwendung der Bestimmungen der ZPO über den frühen ersten Termin (§ 275), das schriftliche Vorverfahren (§ 276) u. die Klageerwiderung (§ 277) insgesamt aus. Sie sind im flexiblen Verfahren in Ehesachen entbehrlich (und ggf. eher hinderlich); die gebotene Beschleunigung kann über die weiterhin anwendbaren §§ 273, 279 Abs. 2 und 282 ZPO erreicht werden (BT-Drucks. 16/6308, S. 223).

24 Nach **Abs. 4 Nr. 4** ist abweichend vom früheren Recht (§ 608 i.V.m. § 278 Abs. 2 ZPO a.F.) in Ehesachen **keine gesonderte Güteverhandlung** mehr vorgeschrieben. Der Gesetzgeber hält sie in Anbetracht der höchstpersönlichen Verfahrensgegenstände in Ehesachen und der bestehenden Sondervorschriften (§§ 128, 135, 136) zu Recht nicht mehr für erforderlich (BT-Drucks. 16/6308, S. 223).

25 **IV. Abs. 5 (einheitliche Terminologie).** Abs. 5 ordnet zwecks Einführung einer einheitlichen Begriffsbildung (BT-Drucks. 16/6308, S. 223) in Nr. 1 bis 5 an, dass die bisher üblichen zivilprozessualen Begriffe (Prozess, Rechtsstreit, Streitwert, Klage, Kläger, Beklagter, Partei, Prozesskostenhilfe, Prozessfähigkeit, Pro-

zessstandschaft etc.) durch entsprechende FamFG-Bezeichnungen (Verfahren, Verfahrenswert, Antrag, Antragsteller, Antragsgegner, Beteiligter, Verfahrenskostenhilfe, Verfahrensfähigkeit, Verfahrensstandschaft etc.; näher dazu *Schael* FamRZ 2009, 7) ersetzt werden. Die Praxis hat sich inzwischen an die neuen Begriffe gewöhnt, so dass sich eine Diskussion darüber weitgehend erübrigt. Das gilt umso mehr, als der Gesetzgeber anfängliche Inkonsequenzen infolge Redaktionsversehen zwischenzeitlich beseitigt hat (§§ 149, 242 FamFG a.F.: »Prozesskostenhilfe«; § 39 FamGKG a.F.: »Widerklage«) und Missachtungen der FamFG-Terminologie ohnehin rechtsfolgenlos bleiben. Grenze für die Bemühungen um einheitliche Begriffe bleibt das sprachlich Vertretbare; wird sie überschritten, sollte man gefälligere Begriffe verwenden (»Gegenantrag« statt »Widerantrag« – sprachlich unbeholfen deshalb § 39 FamGKG n.F.; »Schlussentscheidung« statt »Schlussbeschluss«).

§ 114 Vertretung durch einen Rechtsanwalt; Vollmacht.
(1) Vor dem Familiengericht und dem Oberlandesgericht müssen sich die Ehegatten in Ehesachen und Folgesachen und die Beteiligten in selbständigen Familienstreitsachen durch einen Rechtsanwalt vertreten lassen.
(2) Vor dem Bundesgerichtshof müssen sich die Beteiligten durch einen bei dem Bundesgerichtshof zugelassenen Rechtsanwalt vertreten lassen.
(3) ¹Behörden und juristische Personen des öffentlichen Rechts einschließlich der von ihnen zur Erfüllung ihrer öffentlichen Aufgaben gebildeten Zusammenschlüsse können sich durch eigene Beschäftigte oder Beschäftigte anderer Behörden oder juristischer Personen des öffentlichen Rechts einschließlich der von ihnen zur Erfüllung ihrer öffentlichen Aufgaben gebildeten Zusammenschlüsse vertreten lassen. ²Vor dem Bundesgerichtshof müssen die zur Vertretung berechtigten Personen die Befähigung zum Richteramt haben.
(4) Der Vertretung durch einen Rechtsanwalt bedarf es nicht
1. im Verfahren der einstweiligen Anordnung,
2. in Unterhaltssachen für Beteiligte, die durch das Jugendamt als Beistand, Vormund oder Ergänzungspfleger vertreten sind,
3. für die Zustimmung zur Scheidung und zur Rücknahme des Scheidungsantrags und für den Widerruf der Zustimmung zur Scheidung,
4. für einen Antrag auf Abtrennung einer Folgesache von der Scheidung,
5. im Verfahren über die Verfahrenskostenhilfe,
6. in den Fällen des § 78 Abs. 3 der Zivilprozessordnung sowie
7. für den Antrag auf Durchführung des Versorgungsausgleichs nach § 3 Abs. 3 des Versorgungsausgleichsgesetzes und die Erklärungen zum Wahlrecht nach § 15 Abs. 1 und 3 des Versorgungsausgleichsgesetzes.
(5) ¹Der Bevollmächtigte in Ehesachen bedarf einer besonderen auf das Verfahren gerichteten Vollmacht. ²Die Vollmacht für die Scheidungssache erstreckt sich auch auf die Folgesachen.

Übersicht

	Rdn.		Rdn.
A. Allgemeines	1	II. Abs. 3 und 4 (modifizierte) Ausnahmen vom Anwaltszwang	11
B. Einzelheiten	4	1. Abs. 3 (»Behördenprivileg«)	11
I. Abs. 1 und 2 (sachliche und instanzielle Voraussetzungen des Anwaltszwangs)	4	2. Abs. 4 (Ausnahmen vom Anwaltszwang für bestimmte Verfahren und Verfahrensteile)	14
1. Abs. 2 (instanzieller Anwaltszwang beim BGH)	4	III. Abs. 5 (Vollmacht in Ehe- und Folgesachen)	22
2. Abs. 1 (verfahrensbezogener Anwaltszwang beim FamG und OLG)	6		

A. Allgemeines. Das FamFG regelt an zwei Stellen den **Anwaltszwang.** Grundnorm für **isolierte Familien-** 1 **sachen aus dem Bereich der freiwilligen Gerichtsbarkeit,** die sich in ihren wesentlichen Teilen nicht (durch Verweisung) nach der ZPO, sondern nach der eigenständigen Normierung im FamFG richten, ist § 10 Abs. 4 (Anwaltszwang nur beim BGH). Die Vorschrift gilt gem. § 113 Abs. 1 Satz 1 aber nicht für **Ehesachen** (§ 121) und **Familienstreitsachen** (§ 112); für diese Komplexe bildet § 114 – als **lex specialis** ggü.

§ 114

§ 10 (BGH FamRZ 2010, 1425) – die erforderliche Regelung des Anwaltszwangs; sie wird ferner ausgedehnt auf **Folgesachen** aus dem Gebiet der freiwilligen Gerichtsbarkeit.

2 Im Ergebnis ändert sich – im Vergleich zum Rechtszustand vor dem 01.09.2009 – für Ehesachen, Folgesachen u. isolierte Familiensachen aus dem Bereich der freiwilligen Gerichtsbarkeit nichts. Die wesentlichen Änderungen betreffen **Erweiterungen des Anwaltszwangs** im Bereich der selbständigen Familienstreitsachen (frühere ZPO-Familiensachen) hinsichtlich des erstinstanzlichen Verfahrens,
- vor allem in Unterhaltssachen (§ 231 Abs. 1; einschließlich der entsprechenden Lebenspartnerschaftssachen gem. § 269 Abs. 1 Nr. 8 und 9),
- ferner in den – durch die Schaffung des »Großen Familiengerichts« erstmals den Familiengerichten zugewiesenen – sonstigen Familiensachen (§ 266 Abs. 1; wiederum einschließlich der entsprechenden Lebenspartnerschaftssachen gem. § 269 Abs. 2), soweit hierfür nicht schon früher Anwaltszwang wegen der sachlichen Zuständigkeit der LG bestanden hat.

3 Für die Güterrechtssachen (§ 261 Abs. 1; auch hier einschließlich der entsprechenden Lebenspartnerschaftssachen; § 269 Abs. 1 Nr. 10) bestand schon nach altem Recht Anwaltszwang (§ 78 Abs. 2 i.V.m. §§ 621 Abs. 1 Nr. 8, 661 Abs. 1 Nr. 6 ZPO a.F.).

4 **B. Einzelheiten. I. Abs. 1 und 2 (sachliche und instanzielle Voraussetzungen des Anwaltszwangs). 1. Abs. 2 (instanzieller Anwaltszwang beim BGH).** Die Regelung des Anwaltszwangs ist aus sich heraus verständlich und eindeutig, soweit sie ausschließlich an den Instanzenzug anknüpft: in **allen Verfahren** (unabhängig von der Verfahrensart) vor dem **BGH** müssen sich **alle Beteiligten** (i.S.v. § 7, d.h. auch beteiligte Dritte, die deshalb in § 114, anders als in § 78 Abs. 1 Satz 5, Abs. 2, 3 ZPO a.F., nicht mehr gesondert erwähnt werden) durch einen beim BGH zugelassenen RA vertreten lassen.

5 Dieser Grundsatz wird nur geringfügig eingeschränkt, zum einen sachlich durch Herausnahme bestimmter Nebenverfahren bzw. Verfahrensteile (Abs. 4), zum andern i.R.d. »Behördenprivilegs« (Abs. 3).

6 **2. Abs. 1 (verfahrensbezogener Anwaltszwang beim FamG und OLG).** Abgesehen vom BGH besteht bei den mit Familiensachen befassten Gerichten nur ein **eingeschränkter verfahrensbezogener Anwaltszwang**. Soweit er gilt, ist die **Vertretung durch einen RA** vorgeschrieben, und zwar ohne jede Unterscheidung zwischen den Instanzen, insb. ohne Anknüpfung an die Zulassung bei bestimmten Gerichten.

7 Der Anwaltszwang betrifft zunächst (Abs. 1) die **Ehesachen** (§ 121) und **Folgesachen** (§ 137 Abs. 2, 3); er erfasst nach dem Wortlaut nur die **Ehegatten**, nicht (insb. an Folgesachen) **beteiligte Dritte**; eine Erleichterung der Rechtsverfolgung bedeutet dies für Dritte aber nur für die Ehesache und für Folgesachen aus dem Bereich der freiwilligen Gerichtsbarkeit, nicht für die Familienstreitsachen. Weil die Familienstreitsachen als isolierte Verfahren durchgängig für alle Beteiligten dem Anwaltszwang unterliegen, muss dasselbe auch bei Anhängigkeit als Folgesache gelten (ebenso Zöller/*Philippi* § 114 FamFG Rn. 4; Keidel/*Weber* § 114 Rn. 4); denn der Verbund bewirkt allenfalls eine Erweiterung, aber keine Einschränkung des Anwaltszwangs.

8 Eindeutig geregelt ist in § 137 Abs. 5 die Wirkung der **Abtrennung** einer Folgesache (§ 140). Verfahren i.S.d. **§ 137 Abs. 2** (VA-Sachen; Kindes- und Ehegattenunterhaltssachen mit Ausnahme des vereinfachten Verfahrens; Ehewohnungs- und Haushaltssachen; Güterrechtssachen) bleiben auch nach der Abtrennung aus dem Scheidungsverbund Folgesachen, so dass der Anwaltszwang fortbesteht (BT-Drucks. 16/6308, S. 230). Ein vom Scheidungsverbund abgetrenntes VA-Verfahren bleibt also nach § 137 Abs. 5 Satz 1 grundsätzlich Folgesache (vgl. OLG Oldenburg FamRZ 2013, 649). Das gilt allerdings nicht für **Übergangsfälle**, in denen auf das vor dem 01.09.2009 eingeleitete Scheidungsverfahren noch früheres Recht anwendbar war, die vom Scheidungsverbund abgetrennte Folgesache über den Versorgungsausgleich aber gem. Art. 111 Abs. 4 FGG-RG als selbständige Familiensache nach neuem Recht fortzuführen ist (BGH FamRZ 2011, 635; BGH FamRZ 2011, 1219). In diesen Übergangsfällen fällt der Anwaltszwang aufgrund des Scheidungsverbunds in der abgetrennten und dadurch selbständig gewordenen VA-Sache weg (OLG Brandenburg, Beschl. v. 27.03.2013 – 9 UF 18/13, juris; OLG Brandenburg JurBüro 2012, 586). Die sofortige Beschwerde gegen die **Festsetzung eines Zwangsgeldes** betrifft nicht unmittelbar die Folgesache, sondern die persönlichen Verhältnisse der Beteiligten und ist vom Anwaltszwang ausgenommen (OLG Oldenburg FamRZ 2013, 649). Nach § 137 Abs. 5 Satz 2 entfällt der Anwaltszwang auch, wenn **Kindschaftsfolgesachen i.S.d. § 137 Abs. 3** aus dem Scheidungsverbund abgetrennt und als selbständige Verfahren fortgesetzt werden.

9 Neben den Ehesachen gilt der Anwaltszwang – auch hier für alle Beteiligten – in **selbstständigen Familienstreitsachen** (Abs. 1). In Familienstreitsachen (§ 112) ist also immer anwaltliche Vertretung erforderlich –

nicht nur in Scheidungsfolgesachen. Wird in einer isolierten Familienstreitsache die nach Antragsrücknahme getroffene Kostengrundentscheidung des Familiengerichts mit der sofortigen Beschwerde angefochten, unterliegt das Beschwerdeverfahren dem Anwaltszwang (OLG Zweibrücken FamRZ 2014, 1393).

Dagegen ist bei **ausschließlich dem FamFG unterliegenden** (den früheren FGG-Familiensachen) zu differenzieren: der Anwaltszwang gilt nur für die betreffenden **Folgesachen**, nicht aber bei – von vornherein oder nach Abtrennung – selbständigen Verfahren. 10

II. Abs. 3 und 4 (modifizierte) Ausnahmen vom Anwaltszwang. 1. Abs. 3 (»Behördenprivileg«). Die 11
Vorschrift enthält ein weitreichendes **Behördenprivileg** (zur Rechtsentwicklung BGH FamRZ 2010, 1544). Der teilweise bestehende Anwaltszwang beim FamG und OLG wird für Behörden (zum Begriff »Behörde« vgl. auch § 8 Nr. 3) und die in Abs. 3 genannten juristischen Personen und Zusammenschlüsse aufgehoben; sie können sich stattdessen durch eigene Beschäftigte oder solche anderer Behörden oder der erwähnten weiteren Funktionsträger vertreten lassen; insoweit besteht auch das in § 78 Abs. 4 ZPO a.F. zuletzt enthaltene Erfordernis der Befähigung zum Richteramt nicht mehr (**Abs. 3 Satz 1**). Diese zusätzliche Qualifikation muss nur noch bei Vertretung durch eigene Beschäftigte beim BGH vorliegen (**Abs. 3 Satz 2**), und zwar ausnahmslos und unabhängig von einer vorhandenen besonderen Fachkenntnis (BGH FamRZ 2010, 1544).

Zu den Behörden i.S.d. Abs. 3 zählen insbes. die Jugendämter und die Träger der Sozialhilfe- und Unter- 12
haltsvorschussleistungen, zu den juristischen Personen des öffentlichen Rechts die Träger der Deutschen Rentenversicherung und die weiteren öffentlich-rechtlich organisierten Versorgungsträger.

Der Begriff des Vertretungsrechts ist nicht in einem materiell-rechtlichen Sinne, sondern nur verfahrens- 13
rechtlich zu verstehen. Denn etwas anderes würde eine mit Sinn und Zweck des Abs. 3 nicht zu vereinbarende Beschränkung des behördlichen Selbstvertretungsrechts zur Folge haben, weil sich Behörden oder juristische Personen des öffentlichen Rechts dann nur durch jene zum Richteramt befähigten Beamten und Angestellten vor dem BGH vertreten lassen könnten, die zudem gesetzliche Vertreter dieser Behörden oder juristischen Personen des öffentlichen Rechts sind (BGH FamRZ 2013, 1962). Für die Unterzeichnung einer Rechtsmittelschrift durch Beschäftigte einer Behörde oder juristischen Person des öffentlichen Rechts gilt im familiengerichtlichen Verfahren auch nicht die Rechtsprechung des BGH zur Unwirksamkeit der Unterzeichnung einer Rechtsmittelschrift mit dem Zusatz »im Auftrag« im Anwaltsprozess (BGH FamRZ 2013, 1962 unter Hinweis auf BGH FamRZ 2007, 1638). Zeichnet ein Bediensteter einer Anstalt des öffentlichen Rechts mit dem Zusatz »im Auftrag«, stellt dieser Zusatz keine inhaltliche Distanzierung zum Erklärungsinhalt dar, sondern zeigt lediglich auf, dass der Zeichnende im Rahmen der ihm zugewiesenen Befugnis für die Vertreter der juristischen Person handelt. Seine Bevollmächtigung folgt bereits aus der behördeninternen Zuweisung, wonach ihm die Prüfung und Bearbeitung von Versorgungsausgleichssachen des ihn beschäftigenden Versorgungsträgers zugewiesen sind (OLG Schleswig FamRZ 2014, 789).

2. Abs. 4 (Ausnahmen vom Anwaltszwang für bestimmte Verfahren und Verfahrensteile). Abs. 4 nimmt 14
bestimmte **Verfahren** generell (auch vor dem BGH) vom Anwaltszwang aus (**Nrn. 1, 5 u. 6**). Zusätzlich können einzelne **Verfahrenshandlungen** ohne Vertretung durch einen Anwalt vorgenommen werden (**Nrn. 2 bis 4 u. 7**):

Nr. 1 nimmt **einstweilige Anordnungsverfahren** nach §§ 49 ff. vollständig (einschließlich der Vollstre- 15
ckung aus einer einstweiligen Anordnung) vom Anwaltszwang aus. Diese weitreichende Ausnahme führt dazu, dass die Beteiligten insb. in Unterhaltssachen im einstweiligen Anordnungsverfahren nicht anwaltlich vertreten sein müssen, obwohl anwaltliche Vertretung in diesen Verfahren regelmäßig geboten ist, zumal aufgrund mündlicher Erörterung ergangene einstweilige Anordnungen in Unterhaltssachen unanfechtbar sind (§ 57 Satz 2).

Nr. 2 sieht eine Ausnahme vom Anwaltszwang vor, wenn ein Kind in **Unterhaltssachen** durch das **Jugend-** 16
amt als Beistand (§ 1712 BGB) vertreten wird. Grund dafür ist, dass die Jugendämter über die erforderliche Sachkunde zur Geltendmachung von Unterhaltsansprüchen verfügen. Diese Sachkunde rechtfertigt es, die Jugendämter bzw. die durch sie vertretenen Kinder auch insoweit vom Anwaltszwang zu befreien, als die Vertretung in der Funktion eines **Vormundes** (§ 1773 BGB) oder **Ergänzungspflegers** (§ 1909 BGB) erfolgt. Der Umweg über eine Beistandschaft ist den Jugendämtern in diesen Fällen versperrt, weil sie nicht antragsberechtigt sind (§ 1713 Abs. 1 BGB). Während im Fall der Beistandschaft der Anwaltszwang nach Abs. 1 nur bei Unterhaltssachen relevant ist (§ 1712 Abs. 1 Nr. 2 BGB), können Vormund und – abhängig von seinem Wirkungskreis – Ergänzungspfleger das minderjährige Kind grds. auch in anderen Familiensachen mit Anwaltszwang vertreten – etwa in sonstigen Familiensachen nach § 266 Abs. 1 Nr. 4 und 5. Für

§ 114

diese Verfahren bleibt es bei dem bestehenden Anwaltszwang, weil die Jugendämter insb. nicht auf im Rahmen von Beistandschaften erworbenes Know-how zurückgreifen können. Die Befreiung vom Anwaltszwang ist daher auf Verfahren in Unterhaltssachen beschränkt (BT-Drucks. 17/10490, S. 19).

17 Die in **Nr. 3** genannten Ausnahmen dienen der Erleichterung der Mitwirkung des anderen Ehegatten in Ehesachen und Verbundverfahren, in denen nur eine Seite anwaltlich vertreten ist; der andere soll nicht gezwungen sein, für Verfahrenshandlungen mit begrenzter Zielrichtung einen Anwalt zu beauftragen; das dient auch der Kostenreduzierung (BT-Drucks. 16/6308, S. 224). Vom Anwaltszwang ausgenommen sind die **Zustimmung zur Scheidung** und zur Rücknahme des Scheidungsantrags (§ 134 Abs. 1) sowie der Widerruf der Zustimmung zur Scheidung (§ 134 Abs. 2).

18 Nach Nr. 4 besteht auch für Anträge auf **Abtrennung einer Folgesache** aus dem Scheidungsverbund (§ 140 FamFG) kein Anwaltszwang. Dadurch soll vermieden werden, dass ein Anwalt allein aus diesem Grund hinzugezogen werden muss. Die Möglichkeit des Abtrennungsantrags soll für die Ehegatten, die das Verfahren anwaltsfrei betreiben können, nicht ausgeschlossen sein (BT-Drucks. 16/6308, S. 224).

19 Das **VKH-Prüfungsverfahren** wird nach dem Wortlaut der Nr. 5 uneingeschränkt (d.h. für den gesamten Verlauf) vom Anwaltszwang ausgenommen (vgl. u.a. *Klein* FuR 2009, 241). Das gilt folglich auch für etwaige mündliche Verhandlungen. Der BGH macht jedoch eine Ausnahme für die **Rechtsbeschwerde** in VKH-Sachen (BGH FamRZ 2010, 1425 m. Anm. *Rüntz*; BGH FamRZ 2013, 1214).

20 **Nr. 6** entspricht der Regelung in § 78 Abs. 3 ZPO (früher: § 78 Abs. 5 ZPO a.F.). Danach besteht kein Anwaltszwang für Verfahren vor einem beauftragten oder ersuchten Richter sowie für **Verfahrenshandlungen, die vor dem Urkundsbeamten der Geschäftsstelle** vorgenommen werden können. Zu letzteren zählen Anträge u. Erklärungen im vereinfachten Verfahren über den Unterhalt Minderjähriger (§ 257; vgl. OLG Brandenburg FamRZ 2014, 681; OLG Brandenburg FamRZ 2014, 332; OLG Brandenburg FamRZ 2012, 1894; OLG Oldenburg FamRZ 2011, 917). Nach § 64 Abs. 2 Satz 1 können auch **Beschwerden** zur Niederschrift der Geschäftsstelle eingelegt werden, dies allerdings nicht in Ehe- und Familienstreitsachen (§ 64 Abs. 2 Satz 2). Wird eine Scheidungsverbundentscheidung isoliert hinsichtlich des Anspruchs in einer Folgesache der freiwilligen Gerichtsbarkeit mit der Beschwerde angefochten, besteht dafür Anwaltszwang, denn § 64 Abs. 2 Satz 2 gilt über seinen unmittelbaren Wortlaut hinaus nicht nur in Ehe- und Familienstreitsachen, sondern auch in Folgesachen i.S.d. § 137 Abs. 2 (str.; wie hier OLG Bremen FamRZ 2014, 596 mit überzeugender Begründung; ebenso OLG Saarbrücken FamRZ 2014, 2018; OLG Köln FamRZ 2013, 1604; OLG Brandenburg FamRZ 2014, 2019; OLG Rostock FamRZ 2011, 57; a.A. OLG Frankfurt FamRZ 2014, 681; OLG Brandenburg FamRZ 2014, 1933). In **Ehe- und Familienstreitsachen** sind (durch die Verweisung in § 113 Abs. 1 Satz 2) alle Verfahrenshandlungen, die nach der ZPO vor dem Urkundsbeamten der Geschäftsstelle vorgenommen werden können, vom Anwaltszwang befreit (vgl. die Übersicht in Keidel/*Weber* § 114 Rn. 21).

21 **Nr. 7** stellt klar, dass der Antrag, den **VA trotz kurzer Ehezeit** durchzuführen (§ 3 Abs. 3 VersAusglG), nicht dem Anwaltszwang unterliegt. Dasselbe gilt für die Wahl der Zielversorgung nach § 15 Abs. 1 VersAusglG. Damit wird auch dem anwaltlich nicht vertretenen Ehepartner die Möglichkeit eingeräumt, die **Zielversorgung für eine externe Teilung** zu bestimmen, um so die eigene Altersversorgung zu optimieren u. zu bündeln. Durch Nr. 7 wird außerdem klargestellt, dass die nach § 15 Abs. 3 VersAusglG erforderliche Zustimmung der ausgleichspflichtigen Person zur Wahl der Zielversorgung für den Fall, dass die gewählte Zielversorgung bei ihr zu **steuerpflichtigen Einnahmen** (§ 3 Nr. 55b Satz 2 EStG; vgl. dazu OLG Frankfurt FamRZ 2014, 761) oder zu einer **schädlichen Verwendung** (§ 93 Abs. 1 EStG; eingehend dazu *Bührer* FuR 2012, 574) führt, nicht dem Anwaltszwang unterliegt. Eine weitere Ausnahme vom Anwaltszwang im Hinblick auf die Fälle des § 14 Abs. 2 Nr. 1 VersAusglG ist nicht erforderlich, weil hier der Versorgungsträger des Ausgleichspflichtigen u. der Ausgleichsberechtigte eine ausschließlich materiell-rechtliche Vereinbarung darüber treffen, dass eine externe Teilung stattfinden soll. Die hierfür erforderlichen Erklärungen können zwar im Rahmen des gerichtlichen Verfahrens abgegeben werden, Adressat der Erklärungen ist aber nicht das Gericht; dieses hat nur zu prüfen, ob eine wirksame Abrede vorliegt. Auch das einseitige Wahlrecht des Versorgungsträgers nach § 14 Abs. 2 Nr. 2 VersAusglG unterliegt nicht dem Anwaltszwang, so dass es auch insoweit keiner Regelung bedurft hat (BT-Drucks. 16/10144, S. 93).

22 **III. Abs. 5 (Vollmacht in Ehe- und Folgesachen).** Die Vorschrift hat die früheren Regelungen in §§ 609, 624 Abs. 1 ZPO a.F. übernommen. Danach muss die besondere Vollmacht nach Abs. 5 auf die **konkrete Verfahrensart** bezogen sein. Allgemein anerkannt ist außerdem, dass sich die Vollmacht auf ein konkretes **Verfahrensziel** beziehen muss. Angesichts der Höchstpersönlichkeit der Entscheidung kann ein Wechsel

des Rechtsschutzziels – vom Scheidungsantrag zum Abweisungsantrag oder umgekehrt – nicht dem Verfahrensbevollmächtigten überlassen bleiben (KG Berlin FamRZ 2014, 1482).

Die Vollmacht wird nicht von Amts wegen geprüft, sondern regelmäßig nur auf entsprechende Rüge. Sie 23 kann auch **stillschweigend** (z.B. durch Duldung des Auftretens im Namen des Beteiligten) erteilt werden (dazu Zöller/*Philippi* § 114 FamFG Rn. 7 ff.).

Sieht die Bestellungsurkunde eines **Betreuers** zu einem Aufgabenkreis den Zusatz »Vertretung vor Behör- 24 den und Gerichten« vor, dient das lediglich zur Klarstellung der Vertretungsberechtigung im jeweiligen Aufgabenkreis; den Anforderungen von § 114 Abs. 5 FamFG genügt dies nicht. Die Bevollmächtigung für ein Scheidungsverfahren muss vom Betreuungsgericht gesondert und unter Bezugnahme auf das konkrete Verfahren angeordnet werden (KG Berlin FamRZ 2014, 1482).

Die Vollmacht für die Scheidungssache erstreckt sich zunächst auf die **Folgesachen** (Abs. 5 Satz 2); sie kann 25 aber auf die Scheidung oder einzelne Folgesachen beschränkt werden, nicht dagegen auf **einzelne Verfahrenshandlungen**, insb. den Rechtsmittelverzicht (Zöller/*Philippi* § 114 FamFG Rn. 10).

§ 115 Zurückweisung von Angriffs- und Verteidigungsmitteln.

¹In Ehesachen und Familienstreitsachen können Angriffs- und Verteidigungsmittel, die nicht rechtzeitig vorgebracht werden, zurückgewiesen werden, wenn ihre Zulassung nach der freien Überzeugung des Gerichts die Erledigung des Verfahrens verzögern würde und die Verspätung auf grober Nachlässigkeit beruht. ²Im Übrigen sind die Angriffs- und Verteidigungsmittel abweichend von den allgemeinen Vorschriften zuzulassen.

Die Vorschrift fasst den Inhalt der §§ 615, 621d ZPO a.F. zusammen und bestimmt für **Ehesachen** (§ 121) 1 und **Familienstreitsachen** (§ 112) eine **begrenzte Zulässigkeit der Zurückweisung von Angriffs- und Verteidigungsmitteln**. Die Regelung ist **abschließend** (Satz 2); andere – von der allgemeinen Verweisung in § 113 Abs. 1 Satz 2 erfasste – schärfere Verspätungsvorschriften (vor allem § 296 ZPO) gelten nicht. Die Vorschrift differenziert nicht zwischen erster und Rechtsmittelinstanz; das Beschwerdeverfahren nach dem FamFG ist als volle zweite Tatsacheninstanz konzipiert, weil nach § 65 Abs. 3 die Beschwerde auf neue Tatsachen und Beweismittel gestützt werden kann und § 117 Abs. 2 keine Bezugnahme auf die Präklusionsvorschriften des Berufungsrechts der ZPO enthält. Daher ist eine Zurückweisung von Angriffs- und Verteidigungsmitteln wegen Verspätung auch im Beschwerdeverfahren nur unter den Voraussetzungen des § 115 zulässig (OLG Celle FamRZ 2011, 1671).

Eine § 115 entsprechende Norm fehlt für Verfahren aus dem Bereich der bisherigen **FGG-Familiensachen**, 2 die sich ausschl. nach dem FamFG richten; in diesen Verfahren darf nach dem Grundsatz der **Amtsermittlung** (§ 26) verspätetes Vorbringen, das nur eine Anregung zur Amtsaufklärung darstellt, nicht als verspätet zurückgewiesen werden (vgl. Zöller/*Philippi* § 115 FamFG Rn. 1, 7). Gleiches gilt – auch wenn die Voraussetzungen des § 115 erfüllt sind – im Rahmen der **eingeschränkten Amtsermittlung in Ehesachen** (§ 127) und **Unterhaltssachen** (§ 235 f.).

Angriffs- und Verteidigungsmittel sind im FamFG nicht definiert. Nach der (über § 113 Abs. 1 Satz 2 an- 3 wendbaren) erläuternden Beschreibung in § 282 Abs. 1 ZPO handelt es sich – wie im Zivilprozess – insb. um Behauptungen, Bestreiten, Einwendungen, Einreden, Beweismittel u. Beweiseinreden. Nicht darunter fallen neue Anträge bzw. Verfahrensgegenstände; sie können nicht wegen Verspätung zurückgewiesen werden (Zöller/*Philippi* § 115 FamFG Rn. 2). Allerdings gelten (wiederum gem. § 113 Abs. 1 Satz 2) in Familienstreitsachen die Beschränkungen für eine Klageänderung gem. § 263 ZPO, dessen Anwendung gem. § 113 Abs. 4 Nr. 2 nur für Ehesachen ausgeschlossen ist.

§ 115 stellt für eine Zurückweisung drei **Voraussetzungen** auf: das Angriffs- oder Verteidigungsmittel muss 4 (**1.**) verspätet vorgebracht worden sein, seine Zulassung müsste (**2.**) die Erledigung des Verfahrens verzögern und die Verspätung muss (**3.**) auf grober Nachlässigkeit beruhen. Das Vorbringen erfolgt **nicht rechtzeitig**, wenn es § 282 ZPO nicht entspricht. Als Maßstab für verspätetes Vorbringen ist also die allgemeine Verfahrensförderungspflicht heranzuziehen. Danach sind Angriffs- und Verteidigungsmittel dann *nicht rechtzeitig, wenn sie später vorgebracht werden als es bei sorgfältiger und auf Förderung des Verfahrens bedachter Verfahrensführung notwendig gewesen wäre* (OLG Celle FamRZ 2011, 1671). Eine **Verzögerung der Erledigung** ist gegeben, wenn das Verfahren (im Scheidungsverbund einschließlich aller Folgesachen) entscheidungsreif ist, die Zulassung des verspäteten Vorbringens aber eine Vertagung erfordern würde. Die Verspätung beruht auf **grober Nachlässigkeit**, wenn sich der Beteiligte oder sein Verfahrensbevollmächtigter (§ 113 Abs. 1 Satz 2 i.V.m. § 85 Abs. 2 ZPO) in der konkreten Verfahrenslage besonders sorglos verhalten hat. Grobe Nachlässigkeit erfordert dabei mehr als leichte Fahrlässigkeit, nämlich eine besondere Sorglosigkeit (OLG Hamm NJW 2014, 2966; OLG Köln NJW-RR 2011, 1447). Danach handelt grob nachlässig, wer eine jedermann einleuchtende Maßnahme zur Förderung des Verfahrens unterlässt (OLG Nürnberg Beschl. v. 03.11.2010 – 11 UF 806/10, juris).

5 Nach Feststellung der Voraussetzungen steht die Zurückweisung im **Ermessen** des Gerichts, das die Folgen einer Zulassung oder Zurückweisung für die Beteiligten abwägen muss. Bei Titeln mit Dauerwirkung (Unterhalt) wird i.d.R. eine zurückhaltende Anwendung angebracht sein. Bei beabsichtigter Zurückweisung ist grds. ein **Hinweis** gem. § 113 Abs. 1 Satz 2 i.V.m. § 139 ZPO erforderlich.

6 In isolierten Familienstreitsachen kann das Gericht den Beteiligten nach § 32 FamGKG von Amts wegen eine besondere **Verzögerungsgebühr** auferlegen, wenn durch Verschulden des Beteiligten oder seines Vertreters (§ 113 Abs. 1 Satz 2 i.V.m. § 85 Abs. 2 ZPO) die Erledigung des Verfahrens durch nachträgliches Vorbringen von Angriffs- oder Verteidigungsmitteln, Beweismitteln oder Beweiseinreden, die früher hätten vorgebracht werden können, verzögert wird.

§ 116 Entscheidung durch Beschluss; Wirksamkeit.
(1) Das Gericht entscheidet in Familiensachen durch Beschluss.
(2) Endentscheidungen in Ehesachen werden mit Rechtskraft wirksam.
(3) ¹Endentscheidungen in Familienstreitsachen werden mit Rechtskraft wirksam. ²Das Gericht kann die sofortige Wirksamkeit anordnen. ³Soweit die Endentscheidung eine Verpflichtung zur Leistung von Unterhalt enthält, soll das Gericht die sofortige Wirksamkeit anordnen.

1 Abs. 1 wiederholt den in § 38 Abs. 1 enthaltenen – auch für Ehe- und Familienstreitsachen geltenden – Grundsatz, dass in Familiensachen durch Beschluss zu entscheiden ist; trotz des (abweichend von § 38) uneingeschränkten Wortlauts sind auch hier (nur) Endentscheidungen, nicht dagegen verfahrensleitende Entscheidungen gemeint (abw. offenbar Keidel/*Weber* § 116 Rn. 4).

1a Die Anforderungen an eine Endentscheidung normiert § 38. Obwohl die Vorschrift nach dem Wortlaut des § 113 Abs. 1 Satz 1 für alle Familiensachen gilt, tritt an die Stelle des Erlasses (§ 38 Abs. 3) in Ehe- und Familienstreitsachen die Verkündung der Entscheidung nach § 113 Abs. 1 Satz 2 i.V.m. §§ 310 ff. ZPO (BGH FamRZ 2012, 106; BGH FamRZ 2015, 1006). Endentscheidungen in Ehe- und Familienstreitsachen sind also nach § 113 Abs. 1 Satz 2 i.V.m. § 311 Abs. 2 Satz 1 ZPO durch Verlesen der Beschlussformel oder Bezugnahme auf die Beschlussformel zu verkünden. Das gilt auch, wenn die Entscheidung nach § 113 Abs. 1 Satz 2 i.V.m. § 128 Abs. 2 ZPO im schriftlichen Verfahren ergeht. Der Nachweis der Verkündung kann nach § 113 Abs. 1 Satz 2 i.V.m. §§ 165 Satz 1, 160 Abs. 3 Nr. 7 ZPO nur durch das Protokoll geführt werden (BGH FamRZ 2012, 1287; BGH FamRZ 2012, 106). Die Verkündung der Beschlüsse erfolgt in Ehe- und Familienstreitsachen gem. § 173 Abs. 1 GVG in öffentlicher Sitzung und nach § 113 Abs. 1 Satz 2 i.V.m. § 311 Abs. 1 ZPO »im Namen des Volkes« (vgl. BGH FamRZ 2015, 1006; OLG Zweibrücken FamRZ 2012, 471). Die Wirksamkeit der Verkündung einer Endentscheidung in Ehe- und Familienstreitsachen wird allerdings nicht dadurch berührt, dass sich aus dem Protokoll nicht die vorherige Herstellung der Öffentlichkeit ergibt (OLG Celle NJW 2014, 3458). Die Zustellung der Beschlüsse erfolgt nach Maßgabe des § 113 Abs. 1 Satz 2 i.V.m. § 317 ZPO.

2 **Abs. 2** bestimmt entsprechend dem zumeist rechtsgestaltenden Charakter der Endentscheidungen in Ehesachen, dass sie (abweichend von § 40) erst mit Rechtskraft wirksam werden (ausf. zur Herbeiführung der Rechtskraft durch **Rechtsmittelverzicht** Zöller/*Philippi* § 116 FamFG Rn. 4 ff.). Andere (verfahrensleitende) Entscheidungen werden entsprechend § 329 ZPO wirksam.

3 **Abs. 3 Satz 1** enthält die gleiche Regelung wie Abs. 2 für Endentscheidungen in Familienstreitsachen. Mit dem Wirksamwerden sind die Entscheidungen ohne Weiteres – insb. ohne zusätzliche gerichtliche Anordnung (wie in §§ 708 ff. ZPO) – vollstreckbar (§ 120 Abs. 1; vgl. auch BT-Drucks. 16/6308, S. 224 u. BGH FamRZ 2013, 1731).

4 Nach **Satz 2** kann das Gericht jedoch die **sofortige Wirksamkeit** der Entscheidung anordnen, und zwar auch nachträglich.

5 Bei einer Verpflichtung zur Leistung von *Unterhalt soll* das Gericht nach **Satz 3** die sofortige Wirksamkeit der Entscheidung anordnen. Der Gesetzgeber hat die sofortige Wirksamkeit von Unterhaltstiteln wegen ihrer besonderen *Bedeutung* zur Sicherung des Lebensbedarfs zum Regelfall erklärt. Die Vollstreckungsmög-

lichkeiten aus Titeln, die regelmäßig den Lebensunterhalt des Gläubigers sicherstellen, sollen dadurch gestärkt werden (vgl. OLG Frankfurt Beschl. v. 15.06.2015 – 6 UF 105/15, juris; OLG Frankfurt Beschl. v. 12.08.2014 – 6 UF 205/14, juris). Das bedeutet, dass die sofortige Wirksamkeit der Entscheidung im Hinblick auf den laufenden Unterhalt anzuordnen ist; im Hinblick auf Unterhaltsrückstände besteht dazu regelmäßig kein Anlass.

Hat das FamG die sofortige Wirksamkeit hinsichtlich der Verpflichtung zur Zahlung laufenden Unterhalts nicht angeordnet, kann die Entscheidung nach § 116 Abs. 3 Satz 3 durch das Beschwerdegericht nachgeholt werden (KG Berlin FamRZ 2014, 1934; OLG Bamberg FamRZ 2013, 481; a.A. OLG Karlsruhe FamRZ 2014, 869; OLG Karlsruhe Beschl. v. 28.02.2013 – 18 UF 363/12, juris). 6

Eine **Einstellung der Vollstreckung** kommt nach § 120 Abs. 2 nur in Betracht, wenn der Verpflichtete glaubhaft macht, dass die Vollstreckung ihm einen nicht zu ersetzenden Nachteil bringen würde (vgl. OLG Hamm FamRZ 2011, 589; OLG Hamm FamRZ 2012, 730; OLG Hamm Beschl. v. 06.01.2012 – 10 UF 56/11, juris; OLG Hamm Beschl. v. 16.08.2012 – 3 UF 112/12, juris). Aufgrund des Versorgungscharakters von Unterhaltsleistungen reicht es für die Annahme eines nicht zu ersetzenden Nachteils aber nicht aus, dass die Gefahr besteht, dass der Unterhaltsberechtigte das Geld für sich verbraucht (OLG Brandenburg FamRZ 2015, 165; OLG Brandenburg FamRZ 2014, 866; OLG Brandenburg Beschl. v. 11.02.2015 – 13 UF 250/14, juris; OLG Hamm Beschl. v. 16.04.2013 – 3 UF 9/13, juris). Die Zwangsvollstreckung aus einem Beschluss des FamG kann auf Antrag auch im Beschwerdeverfahren einstweilen bis zur Entscheidung über das Rechtsmittel eingestellt oder beschränkt werden (OLG Düsseldorf FamRZ 2014, 870). 7

§ 117 Rechtsmittel in Ehe- und Familienstreitsachen.

(1) ¹In Ehesachen und Familienstreitsachen hat der Beschwerdeführer zur Begründung der Beschwerde einen bestimmten Sachantrag zu stellen und diesen zu begründen. ²Die Begründung ist beim Beschwerdegericht einzureichen. ³Die Frist zur Begründung der Beschwerde beträgt zwei Monate und beginnt mit der schriftlichen Bekanntgabe des Beschlusses, spätestens mit Ablauf von fünf Monaten nach Erlass des Beschlusses. ⁴§ 520 Abs. 2 Satz 2 und 3 sowie § 522 Abs. 1 Satz 1, 2 und 4 der Zivilprozessordnung gelten entsprechend.

(2) ¹Die §§ 514, 516 Abs. 3, § 521 Abs. 2, § 524 Abs. 2 Satz 2 und 3, die §§ 527, 528, 538 Abs. 2 und § 539 der Zivilprozessordnung gelten im Beschwerdeverfahren entsprechend. ²Einer Güteverhandlung bedarf es im Beschwerde- und Rechtsbeschwerdeverfahren nicht.

(3) Beabsichtigt das Beschwerdegericht von einzelnen Verfahrensschritten nach § 68 Abs. 3 Satz 2 abzusehen, hat das Gericht die Beteiligten zuvor darauf hinzuweisen.

(4) Wird die Endentscheidung in dem Termin, in dem die mündliche Verhandlung geschlossen wurde, verkündet, kann die Begründung auch in die Niederschrift aufgenommen werden.

(5) Für die Wiedereinsetzung gegen die Versäumung der Fristen zur Begründung der Beschwerde und Rechtsbeschwerde gelten die §§ 233 und 234 Abs. 1 Satz 2 der Zivilprozessordnung entsprechend.

Übersicht	Rdn.		Rdn.
A. Allgemeines	1	V. Folgen bei nicht ordnungsgemäßer Beschwerdebegründung	27
B. Verfahrensgrundsätze und Regelungsstruktur	5	D. Entsprechende Anwendung von Rechtsmittelrecht der ZPO	28
C. Beschwerdebegründung	9	I. Versäumnisverfahren	29
I. Regelungsgehalt	9	1. Rechtsmittel gegen Versäumnisentscheidungen erster Instanz	29
II. Antragspflicht	11	2. Versäumnisverfahren in der Beschwerdeinstanz	32
1. Inhaltliche Anforderungen	11	3. Versäumnisverfahren in der Rechtsbeschwerdeinstanz	35
2. Nachträgliche Beschränkung des Beschwerdeantrags	12	II. Folgen der Beschwerderücknahme	36
3. Nachträgliche Erweiterung des Beschwerdeantrags	13	III. Beschwerdeerwiderungsfrist	37
III. Begründungspflicht	17	IV. Zulässigkeit von Anschlussrechtsmitteln	38
1. Funktion	18	V. Vorbereitender Einzelrichter	39
2. Einzelheiten	19		
3. Sonstiger Inhalt der Beschwerdebegründungsschrift	24		
IV. Beschwerdebegründungsfrist	26		

	Rdn.		Rdn.
VI. Bindung an die Beschwerdeanträge	40	1. Sinn und Zweck	45
VII. Aufhebung und Zurückverweisung	41	2. Inhalt	46
E. Entscheidung ohne mündliche Verhandlung	42	3. Fristsetzung	47
I. Regelungsgehalt	42	F. Protokollierung der Entscheidungsgründe	48
II. Unterschiede zwischen den Verfahren nach § 522 Abs. 2 und 3 ZPO und § 117 Abs. 3	43	G. Wiedereinsetzung in den vorigen Stand bei Versäumung von Rechtsmittel- und Rechtsmittelbegründungsfristen	52
III. Hinweispflicht	45		

1 **A. Allgemeines.** Die **Beschwerde** gem. §§ 58 ff. ist im Grundsatz einheitliches Rechtsmittel auch gegen die erstinstanzlichen Endentscheidungen in Ehe-, Familienstreit- und Lebenspartnerschaftssachen (§§ 112, 121, 269 f. FamFG). Die allgemeinen Vorschriften des Rechtsmittelrechts werden für diese Verfahren aufgrund ihres kontradiktorischen Charakters jedoch durch die in § 117 enthaltenen Sonderregelungen und Verweisungen erheblich modifiziert (vgl. dazu *Fischer*, FuR 2015, 28). Im Ergebnis wird so eine weitgehende **Annäherung** der Beschwerde **an das Berufungsrecht der ZPO** erreicht. Abweichend von den Vorschriften der §§ 58 bis 75 FamFG müssen sich die Beteiligten im Beschwerdeverfahren nach § 114 Abs. 1 FamFG anwaltlich vertreten lassen. Die Beschwerde kann also nur von einem Rechtsanwalt eingelegt werden. Weiterhin ist nach § 117 Abs. 1 Satz 2 FamFG zu beachten, dass der Beschwerdeführer seine Beschwerde binnen 2 Monaten nach Bekanntgabe des angegriffenen Beschlusses gegenüber dem Beschwerdegericht begründet und einen bestimmten Sachantrag stellt.

2 Nach der Grundvorstellung des Gesetzgebers (BT-Drucks. 16/6308 S. 224 f.) ist es gerechtfertigt, insb. die Familienstreitsachen trotz ihrer Eigenschaft als Streitsache abweichend von den allgemeinen Zivilsachen zu behandeln, weil die zivilprozessuale Berufung wegen ihrer verfahrensrechtlichen Ausgestaltung als nur eingeschränkte Kontrollinstanz den Bedürfnissen des familiengerichtlichen Verfahrens nicht hinreichend gerecht werde. Den Vorschriften des ZPO-Berufungsrechts liege die Vorstellung zugrunde, dass über einen bereits abgeschlossenen Lebenssachverhalt gestritten wird. Das sei aber mit der Dynamik des Trennungsgeschehens im Fall einer Scheidung häufig nur schwer vereinbar und lasse – insb. in Unterhaltssachen – die Berücksichtigung von Veränderungen der Einkommens- und Vermögensverhältnisse während des Rechtsmittelverfahrens nicht ausreichend zu. Die Rechtsmittelinstanz sei daher wie bei den sonstigen Verfahren der freiwilligen Gerichtsbarkeit auch bei den Ehe- und Familienstreitsachen als **vollwertige zweite Tatsacheninstanz** auszugestalten.

3 Diese sehr klare, dem ursprünglichen Gesetzentwurf zugrunde liegende Ausgangskonzeption ist allerdings im Verlauf des Gesetzgebungsverfahrens durch Vorschriften wie § 115 (Zurückweisung verspäteten Vorbringens) oder die – zunächst nicht vorgesehene – Einführung einer zeitlichen Grenze für die Anschlussbeschwerde (§ 117 Abs. 2 Satz 1 i.V.m. § 524 Abs. 2 Satz 2 und 3 ZPO) z.T. wieder aufgeweicht worden. Im Ergebnis ähnelt das Beschwerderecht für Ehe- und Familienstreitsachen daher nunmehr in weiten Teilen doch dem bisherigen ZPO-Berufungsrecht, wenn auch mit den Besonderheiten für familienrechtliche Verfahren, die dafür auch schon im 6. Buch der ZPO vorgesehen waren.

4 Gegen die Entscheidungen des Beschwerdegerichts findet auch in Ehe- und Familienstreitsachen nach Maßgabe der §§ 70 ff. die **Rechtsbeschwerde** statt. Da diese im Wesentlichen den gleichen inhaltlichen und formellen Voraussetzungen wie die ZPO-Revision unterliegt, kommt es insoweit kaum zu Änderungen ggü. dem bisher geltenden Recht. Die Nichtzulassungsbeschwerde (§ 544 ZPO), die im FamFG nicht mehr vorgesehen ist, war in Familiensachen gem. der – mehrfach verlängerten – Übergangsvorschrift des § 26 Nr. 9 ZPO a.F. (am 01.09.2009 durch Art. 28 Nr. 3 FGG-RG aufgehoben) ohnehin schon seit Längerem außer Kraft gesetzt. Rechtspolitisch wird allerdings aktuell die Einführung der Nichtzulassungsbeschwerde in Familiensachen wieder gefordert, da man sich hiervon insbesondere eine Vereinheitlichung der Rechtsprechung im Familienrecht verspricht. Auch wird auf die große Bedeutung der Familienstreitsachen für die Beteiligten hingewiesen (vgl. dazu FF 2015, 266). Besonderheiten ggü. den allgemeinen Vorschriften bestehen für die Ehe- und Familienstreitsachen nur im Hinblick auf die Wiedereinsetzung bei der Versäumung von Rechtsmittelfristen, die für Beschwerde und Rechtsbeschwerde gemeinsam in § 117 Abs. 5 geregelt ist.

5 **B. Verfahrensgrundsätze und Regelungsstruktur.** Nach der im Ergebnis zum Gesetz gewordenen »Mischkonzeption« wird das Beschwerdeverfahren in Familienstreitsachen wie bisher auch weiterhin als Streitver-

fahren unter Geltung der **Parteimaxime**, des **Beibringungsgrundsatzes** und des Grundsatzes der **mündlichen** Verhandlung geführt. In Ehesachen gilt gem. § 127 wie bisher ein eingeschränkter Amtsermittlungsgrundsatz. Gem. § 68 Abs. 3 finden auf das weitere Verfahren in der Beschwerdeinstanz – also das Verfahren, soweit es nicht das Rechtsmittelrecht, sondern die **allgemeinen Vorschriften** betrifft – die Vorschriften über das Verfahren in erster Instanz Anwendung. In Ehe- und Familienstreitsachen sind das nach näherer Maßgabe des § 113 grds. die Vorschriften der **ZPO**, es sei denn das FamFG enthält hiervon abweichende Sondervorschriften wie z.B. über die Zurückweisung von verspätetem Vorbringen in § 115.

Die Vorschriften des **Berufungsrechts** der ZPO sind dagegen nur anzuwenden, soweit darauf in § 117 **6** Abs. 1 und 2 ausdrücklich verwiesen wird. Ansonsten gelten wie auch sonst die allgemeinen Vorschriften der §§ 58 ff., die z.T. allerdings in § 117 Abs. 1 bis 5 durch Sondervorschriften verdrängt werden. Bei einem Rechtsmittel gegen eine **Verbundentscheidung** (§ 137) ist auf jeden Verfahrensteil das für ihn jeweils geltende Beschwerderecht anzuwenden (Prütting/Helms/*Feskorn* § 117 Rn. 9). Für die Anfechtung der Scheidung selbst oder der Entscheidung in einer Familienstreit-Folgesache gelten also die §§ 58 ff. mit den Modifikationen in § 117 Abs. 1 bis 5. Für die Anfechtung einer sonstigen Folgesache (Versorgungsausgleichs-, Ehewohnungs- und Haushalts- oder Kindschaftssache) gelten diese Modifikationen dagegen nicht.

Anders als nach dem bisherigen Recht besteht damit insb. auch bei Ehe- und Familienstreitsachen **keine** **7** auch nur eingeschränkte **Bindung** des Beschwerdegerichts an die **Tatsachenfeststellungen der ersten Instanz** und auch die Prüfung von **Verfahrensmängeln**, die nicht von Amts wegen zu berücksichtigen sind, ist nicht von einer ausdrücklichen Rüge der Beteiligten abhängig, denn § 117 verweist nicht auf § 529 ZPO. Auch die Vorschriften der §§ 530, 531 oder 571 Abs. 3 Satz 2 ZPO sind mangels Verweisung nicht anzuwenden. Auch findet sich keine Verweisung auf § 522 Abs. 2 ZPO. Dies bedeutet, dass das Beschwerdegericht nicht durch Beschluss eine Beschwerde unverzüglich zurückweisen kann, wenn es einstimmig davon überzeugt ist, dass die Beschwerde offensichtlich keine Aussicht auf Erfolg hat. Allerdings wird in derartigen Fällen das Beschwerdegericht von einer mündlichen Verhandlung absehen, d.h. § 68 Abs. 3 Satz 2 anwenden.

Eine **Präklusion** von verspätetem Vorbringen kommt nur nach § 115 in Betracht (OLG Celle FamRZ 2011, 1671 ff., 1672). Mangels Verweis auf § 533 ZPO ist außerdem eine **Antragsänderung**, eine **Aufrechnung** oder ein **Widerantrag** im Beschwerdeverfahren auch bei den Ehe- und Familienstreitsachen in gleicher Weise wie im sonstigen Anwendungsbereich des FamFG grds. ohne zusätzliche Voraussetzungen möglich (Prütting/Helms/*Feskorn* § 117 Rn. 43). Die allgemeinen, schon gem. § 113 Abs. 1 Satz 2 geltenden Vorschriften – insb. also § 263f ZPO für die Antragsänderung und § 33 ZPO für den Gegenantrag – sind allerdings zu beachten.

Gem. § 117 Abs. 2 Satz 2 bedarf es einer **Güteverhandlung** in der Beschwerdeinstanz auch in Ehe- und Fa- **8** milienstreitsachen nicht.

C. Beschwerdebegründung. I. Regelungsgehalt. § 117 Abs. 1 Satz 1 statuiert für Ehe- und Familienstreit- **9** sachen – abweichend von der bloßen Sollvorschrift des § 65 Abs. 1 – eine allgemeine, an § 520 Abs. 2 Satz 1 ZPO angelehnte **Pflicht zur Begründung der Beschwerde**. Der Grund dafür liegt nach der Vorstellung des Gesetzgebers in der auch in der zweiten Instanz grds. weiter geltenden Parteimaxime (BT-Drucks. 16/6308 S. 224 f.). Eine Überprüfung der angefochtenen Entscheidung findet nicht von Amts wegen statt, sondern der Beschwerdeführer muss durch den obligatorischen Sachantrag angeben, in welchem Umfang und mit welcher Begründung er die erstinstanzliche Entscheidung angreift. Das Gleiche gilt ungeachtet der dort geltenden Einschränkungen der Parteimaxime (§ 113 Abs. 4) auch bei den Ehesachen.

§ 117 Abs. 1 Satz 2 legt ergänzend fest, dass die Begründung der Beschwerde in Ehe- und Familienstreitsa- **10** chen – anders als ihre Einlegung, § 64 Rdn. 1) – zwingend bei dem Beschwerdegericht zu erfolgen hat, denn eine Rechtsmittelbegründung ggü. dem Ausgangsgericht wäre in diesen Verfahren wegen der hier fehlenden Abhilfebefugnis der ersten Instanz wenig sinnvoll (BT-Drucks. 16/12717, S. 71). Eine dennoch beim Ausgangsgericht eingereichte Begründung wahrt nicht die Frist des § 117 Abs. 1 Satz 3. Für ihre Weiterleitung an das Beschwerdegericht gelten die gleichen Grundsätze wie für die Beschwerdeeinlegung bei einem unzuständigen Gericht (§ 64 Rdn. 3 f.; BGH FamRZ 2011, 1389; 2012, 1205, 1206). Der Beschwerdeführer trägt *also das Risiko*, dass die Beschwerdebegründung verspätet beim Beschwerdegericht eingelegt wird. Ein einheitlicher Schriftsatz sollte daher – ungeachtet der Möglichkeit einer Wiedereinsetzung (vgl. dazu BGH NJW 2012, 2814) – in der Regel nicht verfasst werden (Elzer/Gutowski, NZFam 2015, 1045). Wird die Beschwerde sogleich mit ihrer Einlegung begründet, ist § 117 Abs. 1 Satz 2 allerdings im Wege der teleologischen Reduktion dahin gehend auszulegen, dass dann die nochmalige Einreichung der Begründung bei dem Beschwerdegericht nicht erforderlich ist.

11 **II. Antragspflicht. 1. Inhaltliche Anforderungen.** Die Pflicht zur Begründung der Beschwerde in Ehe- und Familienstreitsachen nach § 117 Abs. 1 Satz 1 umfasst zunächst die Verpflichtung des Beschwerdeführers, einen bestimmten Sachantrag zu stellen. Dieser entspricht in der Sache dem Berufungsantrag nach § 520 Abs. 3 Nr. 1 ZPO bei der ZPO-Berufung. Wie dort ist ein förmlicher Antrag auch nach § 117 Abs. 1 Satz 1 nicht notwendig, soweit aus der Beschwerdebegründung zumindest erkennbar ist, in welchem Umfang und mit welchem Ziel die angefochtene Entscheidung angegriffen wird und welche Abänderung der Ausgangsentscheidung angestrebt wird (BGH FuR 2015, 526). Die zur ZPO-Berufung gestellten Anforderungen an den Inhalt und die Bestimmtheit des Rechtsmittelantrages (Zöller/*Heßler* § 520 ZPO Rn. 28 und 32; Musielak/*Ball* § 520 ZPO Rn. 20 f., jeweils m.w.N.) gelten für den Beschwerdeantrag in Ehe- und Familienstreitsachen entsprechend. Der Zweck des § 117 Abs. 1 Satz 1 FamFG ist es, den Beschwerdeführer im Interesse der Beschleunigung des Beschwerdeverfahrens dazu anzuhalten, sich eindeutig über Umfang und Ziel seines Rechtsmittels zu erklären und das Beschwerdegericht sowie den Verfahrensgegner über Umfang und Inhalt seiner Angriffe möglichst schnell und zuverlässig ins Bild zu setzen. Wenn Beschwerde gegen den Scheidungsausspruch eingelegt wird, ist dies nur mit der Begründung möglich, dass der Beschwerdeführer nicht geschieden werden will, oder dass er mit der Beschwerde beanstandet, dass das Familiengericht den Scheidungsverbund zu Unrecht gelöst hat und auf diese Weise eine Wiederherstellung des Verbundes bezweckt wird. Keinesfalls darf die Beschwerde damit begründet werden, dass der Beschwerdeführer nicht geschieden werden will, solange in zweiter Instanz nicht über die Folgesachen entschieden wurde, gegen die ebenfalls Rechtsmittel eingelegt worden ist. Dies beruht darauf, dass der Verbund mit der ersten Instanz endet. Nur die mit der Beschwerde angegriffenen Folgesachen bilden den Verbund weiter.

12 **2. Nachträgliche Beschränkung des Beschwerdeantrags.** Die Beschwerdeanträge können nachträglich auf einen zumindest quantitativ abgrenzbaren Teil des Streitgegenstandes beschränkt werden. Auch in dieser Hinsicht gelten bei den Ehe- und Familienstreitsachen ggü. den bisher anwendbaren Regeln der ZPO-Berufung keine Besonderheiten (zu Einzelheiten vgl. z.B. Zöller/*Heßler* § 520 ZPO Rn. 29; Musielak/*Ball* § 520 ZPO Rn. 22 ff., jeweils m.w.N.).

13 **3. Nachträgliche Erweiterung des Beschwerdeantrags.** Beschwerdeanträge in Ehe- und Familienstreitsachen können bis zur Ausschöpfung der vollen Beschwer des Beschwerdeführers grds. noch bis zum Schluss der mündlichen Verhandlung und, falls eine solche nach § 68 Abs. 3 Satz 2 nicht stattfindet, auch noch darüber hinaus bis zur abschließenden Entscheidung des Beschwerdegerichts erweitert werden. Durch eine derartige Erweiterung kann auch eine Beschwerde, die ursprünglich oder nach einer Teilrücknahme die notwendige Beschwerdesumme (§ 61 Abs. 1) noch nicht erreicht hatte, nachträglich zulässig werden. Der Rechtsmittelführer muss sich eine solche Ausweitung seines Beschwerdebegehrens nicht ausdrücklich vorbehalten. Selbst eine zwischenzeitliche Zurückverweisung durch das Rechtsbeschwerdegericht hindert eine nachträgliche Erweiterung der Beschwerdeanträge nicht.

14 Ist innerhalb der Beschwerdebegründungsfrist des § 117 Abs. 1 Satz 3 nur überhaupt eine Beschwerdebegründung eingereicht worden, die als solche den Mindestanforderungen des Gesetzes genügt, so ist eine solche Ausweitung des Beschwerdebegehrens auch dann noch in zulässiger Weise möglich, wenn sie erst nach dem Ablauf der Beschwerdebegründungsfrist erfolgt. Es kommt dabei nicht darauf an, ob die erweiterten Anträge inhaltlich auch schon durch die fristgerecht eingereichten Beschwerdegründe gedeckt sind (a.A. Prütting/Helms/*Feskorn* § 117 Rn. 27 f.; Eckebrecht/*Große-Boymann* § 1 Rn. 494), denn allein mit der teilweisen Versäumung der Beschwerdebegründungsfrist im Hinblick auf die nachträgliche Erweiterung des Beschwerdebegehrens sind keine Präklusionsfolgen oder sonstigen Sanktionen verbunden. Erst die vollständige Versäumung dieser Frist führt gem. § 117 Abs. 1 Satz 4 i.V.m. § 522 Abs. 1 Satz 2 ZPO zur Verwerfung der Beschwerde als unzulässig. Insb. verweist § 117 auch nicht auf § 533 Nr. 1 ZPO i.V.m. § 529 Abs. 1 Nr. 2 ZPO, sodass sich aus der Anwendung dieser Vorschriften keine Einschränkungen für die nachträgliche Zulässigkeit einer Beschwerdeerweiterung herleiten lassen. Neue Tatsachen und Beweismittel können also zu diesem Zweck auch noch nach dem Ablauf der Beschwerdebegründungsfrist nachgeschoben werden. Dem lässt sich auch nicht entgegenhalten, auch der Vortrag solcher neuen Tatsachen- und Beweismittel müsse nach dem Sinn und Zweck von § 117 Abs. 1 unter dem Vorbehalt stehen, dass er jedenfalls in irgendeiner Weise der Ausfüllung eines zuvor schon fristgerecht erhobenen Beschwerdeangriffs dienen müsse. Bei einem derartigen Verständnis des Gesetzes wäre nämlich das Leitbild des Gesetzgebers von einer vollwertigen zweiten Tatsacheninstanz nicht mehr umzusetzen.

Anders als bisher sind Erweiterungen der Beschwerdeanträge nach Anlauf der Beschwerdebegründungsfrist also nicht nur ausnahmsweise dann zulässig, wenn nach Ablauf dieser Frist noch Umstände eingetreten sind, die einen Abänderungsantrag (§ 238), eine Wiedereinsetzung oder eine Wiederaufnahme des Verfahrens rechtfertigen würden, sondern auch ohne derartige Einschränkungen möglich. Auch ein zwischenzeitlich beschränkter Beschwerdeantrag kann im weiteren Verlauf des Verfahrens wieder ausgeweitet werden, es sei denn der Beschwerdeführer hätte zuvor ausdrücklich oder stillschweigend auf die Beschwerde verzichtet. 15

Von einer nachträglichen Ausweitung der Beschwerdeanträge bis zur Ausschöpfung der vollen Beschwer durch die erstinstanzliche Entscheidung begrifflich zu unterscheiden ist eine erst in zweiter Instanz erfolgende Erweiterung des ursprünglichen Antragsbegehrens. Diese ist keine Anfechtung der Ausgangsentscheidung, sondern setzt eine zulässige Beschwerde zunächst voraus (Eckebrecht/*Große-Boymann* § 1 Rn. 496; BGH NJW 1992, 3243 zur ZPO-Berufung). Die Beschwerdesumme (§ 61 Abs. 1) ist durch eine derartige Antragserweiterung nicht zu erreichen. Dasselbe gilt auch für eine Antragsänderung in zweiter Instanz, wobei aber ansonsten an die Zulässigkeit der Antragserweiterung oder Antragsänderung in der Beschwerdeinstanz zusätzliche Voraussetzungen wegen des Fehlens einer Verweisung auf § 533 ZPO nicht geknüpft sind. 16

III. Begründungspflicht. Weiterer Bestandteil des § 117 Abs. 1 Satz 1 ist die Verpflichtung des Beschwerdeführers, den gestellten Beschwerdeantrag inhaltlich zu begründen. Auf eine nähere Ausgestaltung dieser Begründungspflicht wie in § 520 Abs. 3 Satz 2 Nr. 2–4 ZPO hat der Gesetzgeber allerdings verzichtet. Eine Aufgliederung der Beschwerdegründe macht auch schon wegen der davon abweichenden Ausgestaltung des FamFG-Beschwerdeverfahrens als weitgehend vollwertige zweite Tatsacheninstanz keinen Sinn. 17

1. Funktion. Nach dem Sinn des § 117 Abs. 1 Satz 1, durch den ungeachtet der Einbeziehung in das einheitliche Rechtsmittelrecht des FamFG bei Ehe- und Familienstreitsachen in gleicher Weise wie bisher der Parteimaxime Geltung verschafft werden soll, ist damit aber eine Absenkung der Anforderungen an die Qualität und den Inhalt der Rechtsmittelbegründung in Ehe- und Familienstreitsachen im Verhältnis zur ZPO-Berufung grds. nicht verbunden. Wie dort soll die Rechtsmittelbegründung möglichst eine Konzentration auf den in der Beschwerdeinstanz noch streitigen Verfahrensstoff und so möglichst eine Beschleunigung des Verfahrens ermöglichen. Sie soll aus sich heraus verständlich sein und erkennen lassen, aus welchen rechtlichen oder tatsächlichen Gründen der Beschwerdeführer die Entscheidung der ersten Instanz für unrichtig hält. 18

2. Einzelheiten. Die für die ZPO-Berufung anerkannten Anforderungen an den **Umfang, den Inhalt und die Qualität** einer Rechtsmittelbegründung (Zöller/*Heßler* § 520 ZPO Rn. 27, 33–36, 38; Musielak/*Ball* § 520 ZPO Rn. 29, 40, jeweils m.w.N.) gelten daher entsprechend auch für die Begründung der Beschwerde in einer Ehe- oder Familienstreitsache (BGH FamRZ 2015, 1791; FamRZ 2012, 1205, 1206), allerdings mit den beiden Unterschieden, dass eine Ergänzung und Erweiterung der Beschwerdebegründung – ebenso wie eine Erweiterung der Beschwerdeanträge (Rdn. 14 ff.) – grds. noch bis zum Schluss der mündlichen Verhandlung oder – falls eine solche gem. § 68 Abs. 3 Satz 2 nicht stattfindet, sogar noch darüber hinaus – zulässig ist, ohne dabei einer dem § 530 ZPO vergleichbaren Verspätungsschranke zu unterliegen und dass wegen der Ausgestaltung der Beschwerdeinstanz als vollwertige zweite Tatsacheninstanz auch neue Angriffs- und Verteidigungsmittel, die in der Beschwerdeinstanz erstmals geltend gemacht werden, abweichend von §§ 520 Abs. 2 Nr. 4, 531 ZPO grds. ohne besondere Zusatzbegründung in das Verfahren eingeführt werden können. 19

Die entsprechende Anwendung der für die Berufungsbegründung maßgeblichen Vorschrift des § 520 Abs. 3 Satz 2 ZPO ergibt sich daraus, dass § 117 FamFG keine speziellen Regelungen zum Inhalt der Beschwerdebegründung enthält. Es beurteilt sich daher nach allgemeinen Grundsätzen, ob ein Beschwerdeantrag hinreichend bestimmt und ausreichend begründet ist. Deshalb muss auf § 520 Abs. 3 Satz 2 ZPO zurückgegriffen werden können, auch wenn § 117 Abs. 1 Satz 4 FamFG nicht auf diese Vorschrift verweist. Nach § 520 Abs. 3 Satz 2 Nr. 2 ZPO muss die Beschwerdebegründung die Umstände bezeichnen, aus denen sich nach Ansicht des Beschwerdeführers die Rechtsverletzung und deren Erheblichkeit für die angefochtene Entscheidung ergeben. Dazu gehört eine aus sich heraus verständliche Angabe, welche bestimmten Punkte des angefochtenen Beschlusses der Beschwerdeführer bekämpft und welche tatsächlichen oder rechtlichen Gründe ihnen im Einzelnen entgegensetzt. Hat das Erstgericht die Abweisung eines Antrags auf mehrere voneinander 20 unabhängige und selbständig tragende rechtliche Erwägungen gestützt, muss der Beschwerdeführer mit seiner Beschwerdebegründung jede tragende Erwägung angreifen. Besondere formale Anforderungen bestehen hingegen nicht; für die Zulässigkeit der Beschwerde sind insbesondere ohne Bedeutung, ob die Ausführungen in sich schlüssig oder rechtlich haltbar sind. Jedoch muss die Beschwerdebegründung auf den konkreten Streitfall zugeschnitten sein. Es reicht nicht aus, die Auffassung des Erstgerichts mit formularmäßigen Sätzen oder allgemeinen Redewendungen zu rügen oder lediglich auf das Vorbringen erster Instanz zu verweisen (BGH NJW 2013, 174; Elzer/Gutowski, NZFam 2015, 1045). Notwendig ist dafür ein Schriftsatz, der zur Begründung bestimmt ist, auch wenn er nicht als solcher bezeichnet wurde. Vielmehr kann nach der Rechtsprechung auch eine Eingabe, mit der der Beschwerdeführer um die Einstellung der Zwangsvollstreckung aus dem erstinstanzlichen Beschlusses oder um Bewilligung von Verfahrenskostenhilfe nachsucht, gleichzeitig die Beschwerdebegründung darstellen. Dies muss der Beschwerdeführer nicht ausdrücklich hervorheben, sondern es genügt, dass sich eine entsprechende Bestimmung aus dem Zusammenhang mit den Begleitumständen gibt (BGH FamRZ 2015, 1791, 1792).

21 Eine **Präklusion** wegen Verspätung ist lediglich nach Maßgabe von § 115 Satz 1 möglich. In Ehe und Familienstreitsachen können danach nicht rechtzeitig vorgebrachte Angriffs- und Verteidigungsmittel nur zurückgewiesen werden, wenn ihre Zulassung nach der freien Überzeugung des Gerichts die Erledigung des Verfahrens verzögern würde und die Verspätung auf grober Nachlässigkeit, also besondere Sorglosigkeit beruht. Dies wird etwa angenommen bei Fällen, in denen erstmals im Termin vor dem Beschwerdegericht Beweisanträge – etwa zum Verkehrswert eines Grundstücks oder zu Schenkungen (OLG Celle, FamRZ 2011, 1671) gestellt worden sind. Ausnahmsweise kann auch neues Vorbringen zurückzuweisen sein, welches erstmals im Verlauf des Beschwerdeverfahrens, aber noch vor dem Termin erfolgt, so z.B. bei einem langjährigen Verfahren, wenn erst vor dem Beschwerdetermin erstmalig Verzichtsurkunden vorgelegt werden (OLG Köln, NJW-RR 2011, 1447). Andererseits kann ein erstinstanzlich abgegebenes Anerkenntnis zum Unterhalt trotz § 115 FamFG im Beschwerdeverfahren wegen veränderter Verhältnisse widerrufen werden, selbst wenn der Widerruf bereits vor dem Familiengericht hätte erfolgen können (OLG Hamm, NJW 2014, 2966). Abgesehen davon ist nur zur Begründung eines Antrags auf Wiedereröffnung der mündlichen Verhandlung zwecks Berücksichtigung eines nach § 113 Abs. 1 Satz 2 i.V.m. § 296a ZPO an sich nicht mehr zulässigen Vorbringens eine besondere Begründung erforderlich, warum die verspätet vorgebrachten Tatsachen im Einzelfall doch noch in das Verfahren eingeführt werden dürfen.

22 Für die Anforderungen an eine Beschwerdebegründung bei **mehreren Streitgegenständen** (vgl. Zöller/*Heßler* § 520 ZPO Rn. 37, 37a, Musielak/*Ball* § 520 ZPO Rn. 38f, jeweils m.w.N.) und für die **Zulässigkeit von Bezugnahmen** auf den Vortrag in der ersten Instanz, in einem Parallelverfahren oder auf die Ausführungen Dritter gelten die gleichen Maßstäbe wie bei der ZPO-Berufung (vgl. Zöller/*Heßler* § 520 ZPO Rn. 40; Musielak/*Ball* § 520 ZPO Rn. 42 f., jeweils m.w.N.).

23 Ob **Beweisanträge** aus der ersten Instanz in der Rechtsmittelbegründung ausdrücklich wiederholt werden müssen, ist streitig. Angesichts der Ausgestaltung der Beschwerde als uneingeschränkte zweite Tatsacheninstanz dürfte eine derartige Wiederholung von Beweisantritten aus der Vorinstanz bei Ehe- und Familienstreitsachen nicht zu verlangen sein. Jedenfalls dann, wenn der Beschwerdeführer sein Rechtsmittel nicht ausdrücklich auf bestimmte Streitpunkte beschränkt hat, wirken die Beweisantritte der ersten Instanz im Prinzip auch ohne ausdrückliche Bezugnahme in der Beschwerdeinstanz fort. Dabei ist das Beschwerdegericht allerdings nicht verpflichtet, den Vortrag der ersten Instanz allein aufgrund einer globalen Bezugnahme auf das erstinstanzliche Vorringen umfassend auch auf versteckte Beweisantritte zu durchforschen, sodass sich im Zweifel eine ausdrückliche Wiederholung der für relevant gehaltenen Beweisantritte in der Beschwerdebegründung dennoch empfehlen dürfte. Wendet sich der Beschwerdeführer gegen eine nachteilige **Beweiswürdigung** des erstinstanzlichen Gerichts, so genügte er den Anforderungen an die Zulässigkeit einer Beschwerde, wenn er deutlich macht, dass und aus welchen Gründen er die Beweiswürdigung für unrichtig hält. Eine noch weitergehende Auseinandersetzung mit der Beweiswürdigung durch das Erstgericht ist grundsätzlich nicht erforderlich (BGH NJW 2012, 3581).

24 **3. Sonstiger Inhalt der Beschwerdebegründungsschrift.** Der Gesetzgeber hat auf eine Übernahme der – letztlich nur formalen – Anforderungen des § 520 Abs. 4 ZPO in das FamFG verzichtet. Eine **Wertangabe** ist daher in der Beschwerdebegründung unabhängig von der Art des Streitgegenstandes nicht erforderlich. Ebenso wird in der Beschwerdebegründung auch keine Äußerung zu der Frage erwartet, ob einer Übertragung der Sache auf den **Einzelrichter** Gründe entgegenstehen.

Auch eine dem § 520 Abs. 5 ZPO entsprechende Vorschrift für die Ehe- und Familienstreitsachen ist in das FamFG nicht aufgenommen worden. Eine derartige Regelung ist allerdings auch überflüssig, da die allgemeinen **Vorschriften der ZPO über vorbereitende Schriftsätze** (§§ 129 ff. ZPO) schon gem. § 113 Abs. 1 Satz 2 für die Ehe- und Familienstreitsachen ohnehin gelten, was automatisch auch die Beschwerdebegründungsschrift in solchen Verfahren mit umfasst.

IV. Beschwerdebegründungsfrist. Die – gesetzliche und obligatorische, nicht wie sonst gem. § 65 Abs. 2 nur fakultative, richterliche – Frist zur Begründung der Beschwerde in Ehe- und Familienstreitsachen beträgt gem. § 117 Abs. 1 Satz 3 2 Monate und beginnt mit der schriftlichen Bekanntgabe des angefochtenen Beschlusses gem. § 41, spätestens mit dem Ablauf von 5 Monaten nach Erlass des Beschlusses. »Erlassen« i.d.S. ist der Beschluss bereits unabhängig von seiner Bekanntgabe, sobald er existent ist (§ 63 Rdn. 21 f.; a.A. BLAH/*Hartmann* § 117 Rn. 7). Die Verlängerung der Frist zur Beschwerdebegründung durch den Vorsitzenden des Beschwerdegerichts ist unter den gleichen Voraussetzungen zulässig wie die Verlängerung der Frist zur Begründung einer ZPO-Berufung, § 117 Abs. 1 Satz 4 i.V.m. § 520 Abs. 2 Satz 2 und 3 ZPO. Eine Verlängerung der Frist zur Beschwerdebegründung nach § 117 Abs. 1 Satz 4 FamFG i.V.m. § 520 Abs. 2 Satz 2 und S. 3 ZPO ist ausgeschlossen, wenn das Verlängerungsgesuch erst nach Ablauf der Beschwerdebegründungsfrist beim Beschwerdegericht eingegangen ist (BGH FuR 2015, 668). Wegen aller Einzelfragen zur Berechnung und ordnungsgemäßen Wahrung der Frist sowie zu dem Beginn des Fristlaufs bei ordnungsgemäßer und nicht ordnungsgemäßer Bekanntgabe des angefochtenen Beschlusses wird auf § 63 Rdn. 3–31 Bezug genommen. Zur Wiedereinsetzung bei Versäumung der Beschwerdebegründungsfrist s. Rdn. 52 f.

V. Folgen bei nicht ordnungsgemäßer Beschwerdebegründung. Erfüllt die Beschwerdebegründung in einer Ehe- oder Familienstreitsache nicht die Anforderungen des § 117 Abs. 1, dann ist sie nicht in der gesetzlich vorgeschriebenen Form oder Frist eingelegt und daher gem. § 117 Abs. 1 Satz 4 i.V.m. § 522 Satz 1 und 2 ZPO als unzulässig zu verwerfen. Gegen den Verwerfungsbeschluss findet gem. § 117 Abs. 1 Satz 4 i.V.m. § 522 Satz 4 ZPO die (zulassungsfreie) Rechtsbeschwerde statt (Einzelheiten § 68 Rdn. 32).

D. Entsprechende Anwendung von Rechtsmittelrecht der ZPO. Gem. § 117 Abs. 2 Satz 1 gelten die Vorschriften der §§ 514, 516 Abs. 3, 521 Abs. 2, 524 Abs. 2 Satz 2 und 3, 527; 528, 538 Abs. 2 und 539 ZPO für das Beschwerdeverfahren in Ehe- und Familienstreitsachen entsprechend. Das bedeutet i.E.:

I. Versäumnisverfahren. 1. Rechtsmittel gegen Versäumnisentscheidungen erster Instanz. Als Ausdruck der Parteimaxime und des Grundsatzes der mündlichen Verhandlung findet in Familienstreitsachen gem. § 113 Abs. 1 Satz 2 i.V.m. §§ 330 ff. ZPO und nach Maßgabe des § 130 auch in Ehesachen wie bisher das **Versäumnisverfahren** statt, wobei allerdings die Entscheidungen auch hier nicht als Urteile, sondern als Beschlüsse ergehen, § 116 Abs. 1.
Gegen Beschlüsse, durch die der Antrag auf Erlass einer **Versäumnisentscheidung** aus den Gründen des § 335 ZPO **zurückgewiesen** wird, findet also die **sofortige Beschwerde** entsprechend den §§ 336 Abs. 1 Satz 1, 567 ff. ZPO statt. Gegen **unechte Versäumnisentscheidungen**, die gegen den anwesenden Antragsteller mangels Zulässigkeit oder Schlüssigkeit des Antragsbegehrens ergehen, ist hingegen die **Beschwerde** oder Anschlussbeschwerde nach den allgemeinen Vorschriften der §§ 58 ff., 117 gegeben.
Dem Beteiligten, gegen den eine Versäumnisentscheidung erlassen ist, steht gegen diese entsprechend den §§ 338 ff. ZPO der **Einspruch** zu (BT-Drucks. 16/12717 S. 71). Deshalb kann gem. § 117 Abs. 2 Satz 1 i.V.m. **§ 514 Abs. 1 ZPO** eine in erster Instanz ergangene Versäumnisentscheidung von dem Beteiligten, gegen den sie erlassen ist, grds. mit der Beschwerde oder Anschlussbeschwerde nicht angefochten worden. Entsprechend **§ 514 Abs. 2 Satz 1 ZPO** unterliegt allerdings ein zweiter Versäumnisbeschluss (vgl. § 345 ZPO) der Anfechtung mit der Beschwerde oder Anschlussbeschwerde, wenn er darauf gestützt wird, dass ein Fall der schuldhaften Säumnis nicht vorgelegen habe. Entsprechend **§ 514 Abs. 2 Satz 2 ZPO** ist dabei § 61 nicht anzuwenden. Eine derartige Beschwerde ist also auch in vermögensrechtlichen Angelegenheiten ohne Rücksicht auf den Wert des Beschwerdegegenstandes oder eine Zulassung des Rechtsmittels statthaft.

2. Versäumnisverfahren in der Beschwerdeinstanz. § 117 Abs. 2 Satz 1 verweist auf § 539 ZPO. In Ehe- und Familienstreitsachen findet daher auch im Beschwerderechtszug ein Versäumnisverfahren statt. Bei Rechtsmitteln gegen eine Verbundentscheidung werden davon allerdings andere Folgesachen als Familienstreitsachen nicht erfasst, weil für diese eine Versäumnisentscheidung nach den §§ 58 ff. nicht zulässig ist (Prütting/Helms/*Feskorn* § 117 Rn. 56). Hier muss die Entscheidung daher je nach dem Gegenstand des

Folgeverfahrens teils als streitige und teils als Versäumnisentscheidung ergehen (Horndasch/Viefhues/*Roßmann* § 142 Rn. 16). Sieht das Beschwerdegericht in einer Familienstreitsache von der Durchführung einer mündlichen Verhandlung nach § 68 Abs. 3 Satz 2 FamFG ab und entscheidet im schriftlichen Verfahren, so ist der Erlass eines Versäumnisbeschlusses nicht zulässig. Eine Versäumnisentscheidung kann im Beschwerdeverfahren also nur ergehen, wenn eine mündliche Verhandlung durchgeführt wird.

33 Entsprechend **§ 539 Abs. 1 ZPO** ist eine Beschwerde in einer Ehe- und Familienstreitsache auf Antrag in der Beschwerdeinstanz durch eine Versäumnisentscheidung ohne Sachprüfung zurückzuweisen, wenn der **Beschwerdeführer** im Termin zur mündlichen Verhandlung vor dem Beschwerdegericht trotz ordnungsgemäßer Ladung nicht erscheint. Wahlweise ist entsprechend **§ 539 Abs. 1, 3, 331a ZPO** auch eine Entscheidung nach Aktenlage möglich. In Ehesachen kann eine Versäumnisentscheidung oder eine Entscheidung nach Aktenlage gegen den säumigen Beschwerdeführer auch dann ergehen, wenn es sich um den erstinstanzlichen Antragsteller handelt (Prütting/Helms/*Feskorn* § 117 Rn. 57; a.A. Keidel/*Weber* § 130 Rn. 5 und 7; Musielak/*Borth* § 130 FamFG Rn. 7), denn § 130 Abs. 2 wird für das Beschwerdeverfahren durch die insoweit speziellere Verweisung auf § 539 Abs. 1 ZPO verdrängt (vgl. zum alten Recht OLG München FamRZ 1995, 378).

34 Entsprechend **§ 539 Abs. 2 ZPO** kann in der Beschwerdeinstanz in Familienstreitsachen auf Antrag des Beschwerdeführers auch eine Versäumnisentscheidung gegen den **Beschwerdegegner** ergehen, wenn dieser trotz ordnungsgemäßer Ladung in einem Termin zur mündlichen Verhandlung nicht erscheint (BGH FuR 2015, 232). In diesem Fall ist das zulässige tatsächliche Vorbringen des Beschwerdeführers als zugestanden anzunehmen (§ 539 Abs. 2 Satz 1 ZPO). Soweit dieses den Beschwerdeantrag rechtfertigt, ist nach diesem Antrag zu erkennen; anderenfalls ist die Beschwerde zurückzuweisen. In Ehesachen kann aber eine Versäumnisentscheidung nicht ergehen (Bumiller/Harders, § 117 Rn. 20; Prütting/Helms/*Helms* § 130 Rn. 11 f. m.w.N.), denn ist der Beschwerdegegner der erstinstanzliche Antragsgegner, so gilt § 130 Abs. 2 und ist der Beschwerdegegner der erstinstanzliche Antragsteller, so kann dennoch die Geständnisfiktion des § 539 Abs. 2 Satz 1 ZPO wegen der Sonderregelung des § 113 Abs. 4 Nr. 5 nicht eingreifen (a.A. Prütting/Helms/*Feskorn* § 117 Rn. 57 m.w.N.: Ein Versäumnisbeschluss bleibt möglich, aber nicht auf der Grundlage der Geständnisfiktion, sondern nach einer vollen Sachprüfung).

35 3. Versäumnisverfahren in der Rechtsbeschwerdeinstanz. Gem. § 74 Abs. 4 gelten die Vorschriften über den ersten Rechtszug für die Rechtsbeschwerde entsprechend, für Ehe- und Familienstreitsachen also über § 113 Abs. 1 Satz 2 auch die **§§ 330 ff. ZPO** über das Versäumnisverfahren im ersten Rechtszug. In Ehesachen gelten aber die gleichen Einschränkungen wie in der Beschwerdeinstanz, eine Versäumnisentscheidung kommt also nur bei Säumnis des Rechtsbeschwerdeführers, nicht aber bei Säumnis des Rechtsbeschwerdegegners in Betracht.

36 **II. Folgen der Beschwerderücknahme.** Gem. § 117 Abs. 2 Satz 1 i.V.m. **§ 516 Abs. 3 Satz 1 ZPO** hat die Zurücknahme der Beschwerde in Ehe- und Familienstreitsachen den Verlust des Rechtsmittels und die Verpflichtung zur Folge, dass der Beschwerdeführer die durch das Rechtsmittel entstandenen Kosten zu tragen hat. Gem. § 117 Abs. 2 Satz 1 i.V.m. **§ 516 Abs. 3 Satz 2 ZPO** sind diese Folgen durch Beschluss von Amts wegen auszusprechen. Analog zur ZPO trägt der Beschwerdeführer damit auch die Kosten einer (zulässigen) Anschlussbeschwerde, sofern diese durch die Rücknahme der Beschwerde gem. § 66 Satz 2 ihre Wirkung verloren hat (BGH NJW-RR 2007, 786 m.w.N.) und nicht ausnahmsweise trotz ihrer Wirkungslosigkeit weiter verfolgt wird (BGH NJW 2000, 3215, 3216). In Unterhaltsbeschwerdesachen kommt auch eine Anwendung von § 243 FamFG in Betracht. Bei Rücknahme der Beschwerde aufgrund eines außergerichtlichen Vergleichs und Fehlen einer anderweitigen Kostenregelung der Beteiligten richten sich die Kosten in Ehe- und Familienstreitsachen nach § 113 Abs. 1 Satz 2 FamFG i.V.m. § 98 ZPO. Weitere Einzelheiten zur Beschwerderücknahme in Ehe- und Familienstreitsachen s. § 67 Rdn. 22 f.

37 **III. Beschwerdeerwiderungsfrist.** Durch die Verweisung des § 117 Abs. 2 Satz 1 auf **§ 521 Abs. 2 ZPO** soll dem Beschwerdegericht für Ehe- und Familienstreitsachen nach dem Willen des Gesetzgebers die »Möglichkeit eröffnet werden, dem Beschwerdegegner eine Erwiderungsfrist zu setzen« (BT-Drucks. 16/12717 S. 71). Da diese Möglichkeit allerdings auch außerhalb der Ehe- und Familienstreitsachen ohnehin besteht (§ 68 Rdn. 35), erschöpft sich der Regelungsgehalt der Verweisung im Ergebnis auf die darin über § 521 Abs. 2 Satz 2 ZPO mittelbar ebenfalls enthaltene Bezugnahme auf § 277 ZPO. Entspr § 277 Abs. 1 Satz 1 ZPO trifft den Beschwerdegegner daher die Pflicht zur sorgfältigen und zügigen Prozessführung, entspr § 277 Abs. 2 ZPO ist er über den sich aus § 114 ergebenden Anwaltszwang und über die Folgen einer mög-

lichen Fristversäumung – vor allem gem. § 115 Satz 1 – zu belehren, entspr § 277 Abs. 3 wird man von einer Mindestdauer der Beschwerdeerwiderungsfrist von 2 Wochen auszugehen haben und entspr § 277 Abs. 4 ZPO gelten die Vorschriften über die Beschwerdeerwiderungsfrist auch für eine mögliche Frist zur Replik. Eine Äußerung zur Übertragung auf den Einzelrichter (§ 277 Abs. 1 Satz 2 ZPO) braucht die Beschwerdeerwiderung allerdings nicht enthalten, denn diese wird selbst vom Beschwerdeführer nicht verlangt (Rdn. 24).

IV. Zulässigkeit von Anschlussrechtsmitteln. Gem. § 117 Abs. 2 Satz 1 i.V.m. **§ 524 Abs. 2 Satz 2 ZPO** sind Anschlussbeschwerden in Ehe- und Familienstreitsachen grds. nur bis zum Ablauf einer – allerdings nicht zwingend vorgeschriebenen – Frist zur Beschwerdeerwiderung (§ 68 Rdn. 35) zulässig. Gem. § 117 Abs. 2 Satz 1 i.V.m. § 524 Abs. 2 Satz 3 ZPO gilt dies jedoch nicht, wenn die Anschließung eine Verpflichtung zu wiederkehrenden Leistungen zum Gegenstand hat, insb. also nicht für Unterhaltsverfahren (näher § 66 Rdn. 15). Will der Beschwerdegegner eine eigene **selbstständige Beschwerde** einlegen, hält aber die Monatsfrist nach § 63 Abs. 1 FamFG nicht ein, so ist dieser Vorgang in eine unselbstständige Anschlussbeschwerde i.S.d. §§ 66 FamFG umzudeuten (vgl. *Fischer*, FuR 2015, 31). Über diese ist aber nur dann zu entscheiden, soweit über die Hauptbeschwerde entschieden wird. Nimmt der Beschwerdeführer seine Hauptbeschwerde zurück, wird die unselbstständige Anschlussbeschwerde nämlich aufgrund ihres akzessorischen Charakters gegenstandslos. Die Kosten des Anschlussrechtsmittels hat in diesem Fall nach § 516 Abs. 3 ZPO der Beschwerdeführer zu tragen (streitig). In Unterhaltsbeschwerdeverfahren kommt auch eine Anwendung von § 243 FamFG in Betracht. 38

V. Vorbereitender Einzelrichter. Gem. § 117 Abs. 2 Satz 1 i.V.m. **§ 527 ZPO** ist bei Beschwerdeverfahren in Ehe- und Familienstreitsachen seit dem 01.01.2013 nunmehr auch eine Übertragung auf den vorbereitenden Einzelrichter wieder möglich (§ 68 Rdn. 47). 39

VI. Bindung an die Beschwerdeanträge. § 117 Abs. 2 Satz 1 verweist für Ehe- und Familienstreitsachen auf **§ 528 ZPO**. Danach unterliegen der Prüfung und Entscheidung des Beschwerdegerichts nur die Beschwerdeanträge und die Entscheidung des ersten Rechtszuges darf – zugunsten wie auch zulasten des Beschwerdeführers – nur abgeändert werden, soweit eine Abänderung beantragt ist. Die Bindewirkung dieser Regelung gilt auch nach einer Aufhebung und Zurückverweisung weiter, mit der Folge, dass auch das Gericht der ersten Instanz, an das zurückverwiesen wird, bei seiner neuen Entscheidung keinen weitergehenden Spielraum hat als ihn zuvor i.R.d. Rechtsmittelverfahrens das Beschwerdegericht hatte (Prütting/Helms/*Feskorn* § 117 Rn. 64). 40

VII. Aufhebung und Zurückverweisung. Gem. § 117 Abs. 2 Satz 1 werden schließlich die allgemeinen Vorschriften in § 69 Abs. 1 Satz 2 und 3 (Prütting/Helms/*Feskorn* § 117 Rn. 63) über die Aufhebung und Zurückverweisung in Ehe- und Familienstreitsachen durch die weiter ausdifferenzierte Vorschrift des **§ 538 Abs. 2 ZPO** verdrängt. Insbes. die Fälle des § 538 Abs. 2 Nr. 2, 5 und 6 ZPO betreffen prozessuale Situationen, die nur in solchen Verfahren überhaupt auftreten können. Eine Abweichung zu § 69 Abs. 1 Satz 2 und 3 ergibt sich daraus insb. für den Fall der unzulässigen Teilentscheidung (§ 538 Abs. 2 Nr. 7 ZPO), wo eine Aufhebung und Zurückverweisung entsprechend § 538 Abs. 2 Satz 3 ZPO ausnahmsweise auch weiterhin ohne Antrag eines Beteiligten möglich bleibt. Im **Verbundverfahren** kommt eine Zurückverweisung entsprechend § 538 Abs. 2 ZPO vor allem auch dann in Betracht, wenn das FamG eine Folgesache nach § 140 abgetrennt hat, ohne dass die dafür erforderlichen Voraussetzungen gegeben waren (OLG Koblenz FamRZ 2008, 166). 41

E. Entscheidung ohne mündliche Verhandlung. I. Regelungsgehalt. § 117 Abs. 3 bestimmt, dass das Beschwerdegericht die Beteiligten darauf **hinzuweisen** hat, wenn es beabsichtigt, nach § 68 Abs. 3 Satz 2 von der Durchführung einer mündlichen Verhandlung (oder auch nur von einzelnen Verfahrensschritten) abzusehen, weil aufgrund der Feststellungen der ersten Instanz eine erneute Durchführung der mündlichen Verhandlung nicht geboten erscheint. Diese Vorschrift ist an die durch das ZPO-RG eingeführte Möglichkeit der Zurückweisung von Berufungen im **Beschlussverfahren gem. § 522 Abs. 2 und 3 ZPO** und die bei dieser Verfahrensweise bestehende Hinweispflicht des Gerichts nach § 522 Abs. 2 ZPO angelehnt. Anders als dort muss der Hinweis nach § 117 Abs. 3 aber in jedem Fall durch das »Gericht«, also durch den gesamten zuständigen Spruchkörper, erteilt werden; ein Hinweis allein durch den Vorsitzenden reicht nicht aus (*Maurer* FamRZ 2009, 465, 479; a.A. Zöller/*Feskorn* § 68 Rn. 15). Ein Vorgehen analog § 522 Abs. 2 und 3 ZPO kommt neben dem jetzt vorgesehenen Verfahren nach § 117 Abs. 3 nicht mehr in Betracht (a.A. 42

wohl Musielak/Borth § 117 Rn. 5, 16; zumindest missverständlich auch OLG Karlsruhe, MDR 2010, 1059 und Keidel/*Weber* § 117 Rn. 10), weil es insoweit schon an der für eine solche Analogie erforderlichen Regelungslücke fehlt (*Abramenko*, FGPrax 2010, 217, 219). Weil in Ehe- und Familienstreitsachen im Beschwerdeverfahren wegen § 68 Abs. 3 Satz 2 FamFG keine mündliche Verhandlung vorgeschrieben ist, entsteht bei einer Entscheidung im schriftlichen Verfahren keine anwaltliche Terminsgebühr nach Nummer 3104 Nr. 1 RVG – VV (OLG Celle FF 2013, 168).

43 **II. Unterschiede zwischen den Verfahren nach § 522 Abs. 2 und 3 ZPO und § 117 Abs. 3.** Die gerichtlichen Möglichkeiten der Verfahrensgestaltung gehen im Beschwerdeverfahren weit über die bisherigen Möglichkeiten der Beschlusszurückweisung im ZPO-Verfahren hinaus und unterscheiden sich von dieser in wesentlicher Weise:

44 – Abweichend von § 522 Abs. 2 und 3 ZPO kann auch dann nach § 117 Abs. 3 verfahren werden, wenn die Beschwerde **ganz oder teilweise begründet** ist (*Schürmann* FamRB 2009, 24, 28).
 – Abweichend von § 522 Abs. 2 Nr. 2 und 3 ZPO ist der Verzicht auf eine mündliche Verhandlung nach § 117 Abs. 3 auch dann nicht ausgeschlossen, wenn die Voraussetzungen des § 70 Abs. 2 vorliegen und daher **die Rechtsbeschwerde zuzulassen** ist (Prütting/Helms/*Feskorn* § 117 Rn. 49); generell hat die Vorgehensweise nach § 117 Abs. 3 keine Folgen für die Anfechtbarkeit der Beschwerdeentscheidung, weil ein Rechtsmittel gegen die Beschwerdeentscheidung ohnehin nur bei Zulassung der Rechtsbeschwerde gegeben ist.
 – Eine Entscheidung kann auch bei Verzicht auf eine mündliche Verhandlung nicht nur durch den gesamten Spruchkörper, sondern auch durch den **Einzelrichter** (§ 68 Abs. 4 i.V.m. § 526 ZPO) ergehen (Prütting/Helms/*Feskorn* § 117 Rn. 49).
 – Auch bei Verzicht auf eine mündliche Verhandlung muss die Beschwerdeentscheidung anders als im Fall des § 522 Abs. 2 ZPO **nicht einstimmig** ergehen, sondern es gilt wie auch sonst das Mehrheitsprinzip (§ 196 GVG; Prütting/Helms/*Feskorn* § 117 Rn. 49).
 – Im Verfahren nach § 522 Abs. 2 ZPO ist eine **Änderung des erstinstanzlichen Streitgegenstandes** nicht zulässig (OLG Nürnberg, MDR 2007, 171); in dem Verfahren nach § 117 Abs. 3 i.V.m. § 68 Abs. 3 Satz 2 ist eine Antragsänderung in der Beschwerdeinstanz in dem gleichen Umfang möglich, in dem sie auch bei Durchführung einer mündlichen Verhandlung zulässig ist (Rdn. 7).

45 **III. Hinweispflicht. 1. Sinn und Zweck.** Die Hinweispflicht des Beschwerdegerichts nach § 117 Abs. 3 soll der besonderen Rolle der von der Parteimaxime geprägten Familienstreitsachen Rechnung tragen (BT-Drucks. 16/6308 S. 225). Vor allem aber ist sie notwendig, damit die Beteiligten zu dem beabsichtigten Verzicht auf die mündliche Verhandlung in der gebotenen Weise rechtliches Gehör erhalten und ihnen damit die Möglichkeit eröffnet wird, dem Beschwerdegericht weitere Gesichtspunkte zu unterbreiten, die einem Verzicht auf eine Wiederholung der mündlichen Verhandlung in der Beschwerdeinstanz entgegenstehen.

46 **2. Inhalt.** Anders als im Fall des § 522 Abs. 2 ZPO, wonach auf die Gründe für die beabsichtigte Zurückweisung hinzuweisen und im Zusammenhang damit letztlich die gesamte Sach- und Rechtslage aus der Sicht des Rechtsmittelgerichts schon in dem der eigentlichen Zurückweisungsentscheidung vorausgehenden Hinweisbeschluss darzustellen ist, kann sich der Hinweis nach § 117 Abs. 3 deshalb grds. auch darauf beschränken, dass nur der beabsichtigte Verzicht auf die Durchführung einer mündlichen Verhandlung und die dafür maßgeblichen Gründe vor der Entscheidung mitgeteilt wird (Prütting/Helms/*Feskorn* § 117 Rn. 52). Davon unberührt bleiben allerdings die sonstigen Hinweispflichten des Gerichts gem. § 113 Abs. 1 Satz 2 i.V.m. § 139 ZPO (Prütting/Helms/*Feskorn* § 117 Rn. 52 f.), sodass sich in der Praxis auch bei einem beabsichtigten Vorgehen nach § 117 Abs. 3 i.d.R. ein ähnlich umfassender Hinweisbeschluss wie bei einer beabsichtigten Berufungszurückweisung nach § 522 Abs. 2 ZPO empfehlen dürfte (*Maurer* FamRZ 2009, 465, 479; tendenziell a.A. *Schürmann* FamRB 2009, 24, 28: Hinweis auf die beabsichtigte Entscheidung ohne mündliche Verhandlung reicht i.d.R. schon aus).

47 **3. Fristsetzung.** § 117 Abs. 3 schreibt die Setzung einer Frist, in der den Beteiligten Gelegenheit zur Stellungnahme zu dem beabsichtigten Verzicht auf die Durchführung einer mündlichen Verhandlung gegeben wird, nicht ausdrücklich vor. Da jedoch der Hinweis auf die beabsichtigte Verfahrensweise seinen Sinn verfehlt, wenn die Beteiligten dazu keine hinreichende Gelegenheit zur Stellungnahme erhalten, ist die Setzung einer angemessenen Frist zur Abgabe einer Stellungnahme auch bei einem Vorgehen nach § 117 Abs. 3 i.d.R. nach wie vor notwendig. Während der Hinweis auf die beabsichtigte Vorgehensweise nach

§ 117 Abs. 3 als solcher sich nach dem ausdrücklichen Wortlaut des Gesetzes an sämtliche Verfahrensbeteiligten richtet, wird es allerdings ausreichen, eine solche Frist nur denjenigen Beteiligten zu setzen, die durch die beabsichtigte Vorgehensweise beschwert sein können, jedenfalls im Fall einer vollständigen Zurückweisung der Beschwerde also nur dem Beschwerdeführer (a.A. BLAH/*Hartmann* § 117 Rn. 10: allen Beteiligten i.S.d. § 7). In Anlehnung an die für die Ehe- und Familienstreitsachen über § 113 Abs. 1 Satz 2 anwendbaren Vorschrift des § 277 Abs. 3 ZPO sollte die Dauer der Frist mindestens 2 Wochen betragen (vgl. Zöller/*Heßler* § 522 ZPO Rn. 34; BLAH/*Hartmann* § 117 Rn. 10). Entsprechend zur üblichen Handhabung bei § 522 Abs. 2 ZPO (Zöller/*Heßler* § 522 ZPO Rn. 34) dürfte wegen der Setzung dieser Frist eine förmliche Bekanntgabe des Hinweisbeschlusses in den Formen des § 15 Abs. 2 geboten sein. Eine Verlängerung der Frist ist nach § 113 Abs. 1 Satz 2 i.V.m. § 225 ZPO möglich. Erfolgt der Hinweis formlos ohne einen Beschluss, muss er zumindest aktenkundig gemacht werden (BLAH/*Hartmann* § 117 Rn. 10).

F. Protokollierung der Entscheidungsgründe. § 117 Abs. 4 bestimmt, dass das Beschwerdegericht den gem. § 69 Abs. 2 erforderlichen Inhalt einer Beschwerdeentscheidung in Ehe- und Familiensachen zur Vereinfachung und Verfahrensbeschleunigung ersatzweise auch in das Sitzungsprotokoll aufnehmen kann, wenn es seine Entscheidung in dem Termin, in dem die mündliche Verhandlung geschlossen wird, unmittelbar verkündet. Diese Regelung ist an die Vorschrift des § 540 Abs. 1 Satz 2 ZPO angelehnt. Sie setzt die Anwendbarkeit der Vorschriften über die Durchführung der mündlichen Verhandlung (§ 128 ZPO) sowie der Vorschriften über die Abfassung des Protokolls (§§ 160 ff. ZPO) voraus und ist aus diesem Grunde auf Ehe- und Familienstreitsachen beschränkt. 48

Der restliche Inhalt der Beschwerdeentscheidung, also die nach § 38 Abs. 2 Nr. 1 bis 3 vorgeschriebenen Angaben, kann bei derartigen »**Protokollentscheidungen**« entweder in das Sitzungsprotokoll selbst mit aufgenommen (Zöller/*Heßler* § 540 ZPO Rn. 28) oder es kann eine gesonderte Beschwerdeentscheidung mit dem entsprechenden Inhalt gefertigt werden, die dann allerdings fest mit dem Protokoll verbunden werden muss (BGH NJW 2004, 1666; FamRZ 2007, 1314 zu § 540 Abs. 1 Satz 2 ZPO). Ein zusätzlicher Hinweis auf die in dem Protokoll enthaltenen Entscheidungsgründe in der gesonderten Beschwerdeentscheidung ist nicht erforderlich und vermag auch die notwendige Verbindung mit dem Protokoll nicht zu ersetzen (BGH NJW 2004, 1666; NJW 2006, 1523). Eine derartige Verbindung kann – wie eine Entscheidungsbegründung (§ 72 Rdn. 31) oder eine fehlende richterliche Unterschrift (BGH FamRZ 2006, 858) – nur binnen 5 Monaten ab der Verkündung der Entscheidung noch nachgeholt werden (BGH MDR 2008, 996). Dass das FamFG eine dem § 548 Halbs. 2 ZPO entsprechende Frist von 5 Monaten bei der Rechtsbeschwerde nicht vorsieht (§ 71 Rdn. 3), schadet dabei nicht. Die in dieser Regelung wie auch in § 63 Abs. 3 zum Ausdruck kommende Wertung des Gesetzes, Erinnerungsfehler der an der Entscheidung beteiligten Richter zu vermeiden und damit zur Rechtssicherheit beizutragen (GemS-OGB NJW 1993, 2603, 2604; BGH MDR 2008, 996), gilt dessen ungeachtet auch hier. 49

Eine **Unterschrift** der beisitzenden Richter ist nicht notwendig, denn die Beschwerdeentscheidung ergeht gem. § 116 Abs. 1 auch in Ehe- und Familienstreitsachen durchgängig in Beschlussform. Für Beschlüsse ist aber die Vorschrift des § 315 Abs. 1 ZPO, aus der sich ein Unterschriftserfordernis allein ergeben könnte, auch i.R.d. ZPO nicht anzuwenden (Zöller/*Vollkommer* § 329 ZPO Rn. 36 m.w.N., str.; a.A. Musielak/*Musielak* § 329 ZPO Rn. 3). 50

Eine Beschwerdeentscheidung ist auch dann noch i.S.d. 117 Abs. 4 »in dem Termin, in dem die mündliche Verhandlung geschlossen wurde« verkündet, wenn die Verkündung nicht unmittelbar im Anschluss an die mündliche Verhandlung der Sache erfolgt, sondern am Ende der Sitzung, nachdem dazwischen noch andere Sachen verhandelt worden sind (BGH NJW 2004, 1666). Die dort zu protokollierenden Angaben haben die gleiche Funktion wie eine normale Beschwerdebegründung nach § 69 Abs. 2. An sie sind daher auch die gleichen inhaltlichen Mindestanforderungen zu stellen (BGH NJW 2004, 1389; 2006, 1523). 51

G. Wiedereinsetzung in den vorigen Stand bei Versäumung von Rechtsmittel- und Rechtsmittelbegründungsfristen. Für die Wiedereinsetzung gegen die Versäumung der Fristen zur Einlegung und Begründung der **Beschwerde** in Ehe- und Familienstreitsachen verweisen die §§ 68 Abs. 3 Satz 1, 113 Abs. 1 Satz 2 auf die entsprechende Geltung der **§§ 233 ff. ZPO**. Das Gleiche gilt trotz des Fehlens einer ausdrücklichen Regelung im Gesetz entsprechend auch für die Wiedereinsetzung gegen die Versäumung der Fristen zur Einlegung und Begründung der **Rechtsbeschwerde**. Zusätzlich ist in § 117 Abs. 5 die entsprechende Geltung der §§ 233 und 234 Abs. 1 Satz 2 ZPO für die Wiedereinsetzung bei Versäumung der Fristen zur Begründung der Beschwerde und der Rechtsbeschwerde noch einmal gesondert angeordnet. Da auf diese Weise 52 aber ausdrücklich nur »klargestellt« werden soll, dass eine Wiedereinsetzung auch bei Versäumung der Frist zur Begründung der Beschwerde oder der Rechtsbeschwerde möglich ist und die Wiedereinsetzungsfrist in diesem Fall einen Monat beträgt (BT-Drucks. 16/6308 S. 225; BT-Drucks. 16/12717 S. 71 f.), ist die sich systematisch bereits aus der Verweisung auf die allgemeinen Vorschriften der ZPO gem. §§ 68 Abs. 3 Satz 1, 113 Abs. 1 Satz 2 auch für das Beschwerdeverfahren (§ 68 Rdn. 33) ergebende Geltung der §§ 233 bis 238 ZPO für das Verfahren der Wiedereinsetzung hierdurch aber nicht ausgeschlossen, sodass diese Vorschriften für die Ehe- und Familienstreitsachen auch i.Ü. an die Stelle der §§ 17 ff. für das Wiedereinsetzungsverfahren treten (a.A. BLAH/*Hartmann* § 117 Rn. 12: § 17 Abs. 2 bleibe anwendbar; die Anwendung des § 17 ist aber gem. § 113 Abs. 1 Satz 1 ausdrücklich ausgeschlossen; i.E. wie hier *Maurer* FamRZ 2009, 465, 473). Für die Wiedereinsetzung in die Frist zur **Anschließung** an eine Beschwerde in Ehe- und Familiensachen nach § 117 Abs. 2 Satz 1 i.V.m. § 524 Abs. 2 Satz 2 ZPO gelten die §§ 233 ff. ZPO ebenfalls entsprechend (Prütting/Helms/*Feskorn* § 117 Rn. 75). Auch für die Wiedereinsetzung in die Frist zur Anschließung an eine Rechtsbeschwerde nach § 73 muss in Ehe- und Familienstreitsachen auf diese Vorschriften zurückgegriffen werden, da die §§ 17 ff. hier gem. § 113 Abs. 1 Satz 1 nicht gelten.

53 Dabei ist für die Anwendung von § 234 Abs. 1 Satz 2 ZPO auf die Wiedereinsetzung in den vorigen Stand zugunsten eines **unbemittelten Beteiligten** bei einer Beschwerde in Ehe- und Familienstreitsachen diese Vorschrift wie bei der im Hinblick auf den Fristenlauf vergleichbar ausgestalteten ZPO-Berufung (BGH NJW 2007, 3354, 3355 ff.) und anders als für alle Verfahren nach dem FamFG einschließlich der Ehe- und Familienstreitsachen bei der Rechtsbeschwerde (§ 71 Rdn. 15) dahin gehend auszulegen, dass bei versäumter Frist zur Einlegung der Beschwerde die Frist zu deren Begründung erst ab der Mitteilung der Entscheidung über den Antrag auf Wiedereinsetzung gegen die Versäumung der Beschwerdefrist – und nicht schon ab der Bekanntgabe der Bewilligung der Verfahrenskostenhilfe – zu laufen beginnt.

54 Die Anforderungen an eine schuldlose Versäumung einer Notfrist oder einer Frist zur Begründung der Beschwerde bzw. Rechtsbeschwerde sind hoch. So muss ein Rechtsanwalt auch bei einer unvorhergesehenen Erkrankung alle ihm dann noch möglichen und zumutbaren Maßnahmen zur Wahrung einer Frist ergreifen. An einer schuldhaften Fristversäumung fällt es nur dann, wenn infolge der Erkrankung wieder kurzfristig ein Vertreter eingeschaltet noch ein Fristverlängerungsantrag gestellt werden konnte. Dies muss glaubhaft gemacht werden (BGH FuR 2015, 168).

55 Eine nicht unterzeichnete Beschwerdeschrift lässt eine Wiedereinsetzung in den vorigen Stand zu, wenn der Rechtsanwalt zuverlässigen Bürokräften die Unterschriftenkontrolle übertragen hat zur Vermeidung eines erfahrungsgemäß nicht gänzlich ausschließbaren Anwaltsversehens bei der Unterschriftsleistung (BGH FuR 2015, 44).

56 Wird die Beschwerdebegründung mit der Einlegung der Beschwerde beim Erstgericht verbunden und geht die Beschwerdebegründung erst nach Ablauf der Begründungsfrist beim Beschwerdegericht ein, weil das Erstgericht die Beschwerde nicht unverzüglich dem Beschwerdegericht vorgelegt hat, ist dem Beschwerdeführer von Amts wegen Wiedereinsetzung in den vorigen Stand gegen die Versäumung der Beschwerdebegründungsfrist zu gewähren (BGH NJW 2012, 2814).

§ 118 Wiederaufnahme.
Für die Wiederaufnahme des Verfahrens in Ehesachen und Familienstreitsachen gelten die §§ 578 bis 591 der Zivilprozessordnung entsprechend.

Übersicht

	Rdn.		Rdn.
A. Allgemeines	1	C. Wiederaufnahmeverfahren	4
B. Wiederaufnahmegründe	2		

1 **A. Allgemeines.** Für Ehesachen (§ 121) und Familienstreitsachen (§ 112) gelten nach Maßgabe des § 113 die Vorschriften des 1. Buchs der ZPO sowie des landgerichtlichen Verfahrens. Für das Rechtsmittelverfahren hingegen erfolgt in § 117 keine Verweisung auf die ZPO, sondern eine Modifikation der §§ 58 ff. (§ 117 Rdn. 1 f.). Die Wiederaufnahme des Verfahrens in Ehe- und Familienstreitsachen wird wiederum durch eine Bezugnahme auf die Vorschriften des 4. Buchs der ZPO geregelt (§§ 578 bis 591 ZPO). Für Abstammungssachen ist in § 185 eine Sonderregelung für den Wiederaufnahmegrund eines neuen Gutachtens (BGH FamRZ 2003, 1833) vorgesehen.

B. Wiederaufnahmegründe. Das Wiederaufnahmeverfahren ermöglicht durch einen Nichtigkeitsantrag (§ 579 ZPO) oder einen Restitutionsantrag (§ 580 ZPO) die Fortsetzung eines rechtskräftig abgeschlossenen Verfahrens (§ 578 ZPO) bei schwersten Verstößen gegen die Prozessordnung sowie bei (mit strafrechtlicher Relevanz [§ 581 Abs. 2 ZPO] verbundener) Unrichtigkeit der Entscheidungsgrundlagen. Die Gründe des § 579 Nr. 1 – 4 ZPO, die den absoluten Revisionsgründen des § 547 Nr. 1 – 4 ZPO entsprechen (BGH FamRZ 2007, 1643), rechtfertigen einen Nichtigkeitsantrag ohne Weiteres, während für den Restitutionsantrag zwischen den Gründen des § 580 Nr. 1 – 8 ZPO und der ergangenen Entscheidung ein ursächlicher Zusammenhang bestehen muss (PG/*Meller-Hannich* § 580 Rn. 2). Neben den Tatbeständen des § 579 Abs. 1 Nr. 1 – 3 ZPO ist als praktisch bedeutsamer Nichtigkeitsgrund der **nicht ordnungsgemäß vertretene Beteiligte** (§ 579 Abs. 1 Nr. 4 ZPO) anzuführen, der das Grundrecht auf rechtliches Gehör sichert. Erfasst werden Entscheidungen gegen einen Nichtbeteiligten, einen nicht verfahrensfähigen Beteiligten (§ 10; BGH FamRZ 2005, 200 [zu § 83 ZVG]) sowie einen nicht ordnungsgemäß vertretenen Beteiligten, etwa wenn der Beteiligte nicht durch den gesetzlichen Vertreter (§ 1629 BGB) vertreten wird. Nicht ausreichend ist hingegen, wenn ein Beteiligter infolge einer erschlichenen öffentlichen Zustellung vom Verfahren, von einem Verhandlungstermin oder der Endentscheidung keine Kenntnis erhalten hatte (BGH FamRZ 2003, 672; PG/*Meller-Hannich* § 579 Rn. 15). Erwirkt der Antragsteller im Scheidungsverfahren durch die Behauptung, der Aufenthalt seines Ehegatten sei ihm unbekannt, die **öffentliche Zustellung**, begründet dies keinen Nichtigkeitsgrund; der Restitutionsgrund aufgrund eines zugleich begangenen Prozessbetrugs (§ 580 Nr. 4 ZPO) setzt indes eine strafgerichtliche Verurteilung voraus (§ 581 Abs. 1 ZPO).

Im **Restitutionsverfahren**, das ggü. jedem Rechtsbehelf und Rechtsmittel subsidiär ist (§ 582 ZPO), muss durch den Restitutionsgrund der Entscheidung (ganz oder teilweise) die Grundlage entzogen werden, sodass sie in dieser Weise nicht ergangen wäre, wobei ausreichend ist, dass die Kausalität nicht ausgeschlossen werden kann. § 580 Nr. 4 ZPO erfasst insb. den **Prozessbetrug** eines Beteiligten. Daneben ist § 580 Nr. 7b ZPO praktisch relevant, wonach ein Beteiligter das Wiederaufnahmeverfahren auch darauf stützen kann, dass er eine andere **Urkunde aufgefunden** hat (AG Stuttgart FamRZ 2015, 1717 [zum Versorgungsausgleich]) oder nun benutzen kann, die eine ihm günstige Entscheidung herbeigeführt haben könnte (zur Geburtsurkunde oder zur Anerkennung der Vaterschaft PG/*Meller-Hannich* § 580 Rn. 14). Selbst wenn der Antragsteller Urkunden vorlegt, aus denen sich ein höheres Anfangs- und niedrigeres Endvermögen ergeben könnte, ist der Restitutionsantrag unzulässig, wenn er nicht zugleich vorträgt, dass er ohne sein Verschulden außerstande war, die Urkunden im früheren Verfahren vorzulegen (OLG Hamm FamRZ 2014, 1935). Für das Wiederaufnahmeverfahren ist maßgeblich, wie das Vorverfahren nach dem damaligen Verfahrensstoff unter Berücksichtigung der aufgefundenen Urkunde zu entscheiden gewesen wäre (BGH FamRZ 2007, 896, 898). Die Gründe des § 580 Nr. 1 – 5 ZPO setzen eine strafgerichtliche Verurteilung voraus (§ 581 Abs. 1 ZPO; nicht ausreichend ist eine vorläufige Einstellung gem. § 153a StPO OLG Köln FamRZ 1991, 584; zur Undurchführbarkeit der Strafverfolgung PG/*Meller-Hannich* § 581 Rn. 3). Bisher rechtfertigte ein Urteil des EGMR die Wiederaufnahme eines Verfahrens nicht (BVerfG FamRZ 2004, 1857, 1861 m. Anm. *Rixe* 1863, 1865). Dies wurde durch die Einfügung des § 580 Nr. 8 ZPO geändert (BGH FamRZ 2014, 928 zur Unanwendbarkeit nach § 35 EGZPO [in einem Umgangsverfahren]; BAG FamRZ 2014, 940 [LS]).

C. Wiederaufnahmeverfahren. Das Wiederaufnahmeverfahren ist in **drei Verfahrensabschnitte** unterteilt: Der Nichtigkeits- oder Wiederaufnahmeantrag (§§ 587, 588 ZPO) muss zulässig sein (§ 589 ZPO), insb. die Antragsfrist nach § 586 Abs. 1 oder 2 ZPO wahren (OLG Köln FamRZ 1989, 647; Ausnahme § 185 Abs. 4) und einen Wiederaufnahmegrund geltend machen; ein Wiederaufnahmegrund nach §§ 579, 580 ZPO muss gegeben sein, der die Aufhebung der vorangegangenen Entscheidung rechtfertigt; schließlich die Fortsetzung des abgeschlossenen Verfahrens durch erneute Verhandlung und Entscheidung (§ 590 ZPO). Die Aufhebung einer vorangegangenen rechtskräftigen Entscheidung kann durch einen Zwischenbeschluss oder mit der Endentscheidung erfolgen. Die ausschließliche Zuständigkeit bestimmt sich nach § 584 ZPO (OLG Karlsruhe FamRZ 1996, 301 zur Unanwendbarkeit des § 621 Abs. 2 ZPO a.F.). Durch die Aufhebung eines **Ehescheidungsurteils** wird die geschiedene Ehe wieder von Anfang an wirksam und eine geschlossene zweite Ehe nach §§ 1306, 1314 Abs. 2 BGB aufhebbar (BGH FamRZ 1963, 132; zur unzulässigen Rechtsausübung OLG Frankfurt am Main FamRZ 1978, 922). Nach dem Tod eines Beteiligten ist eine Wiederaufnahme des Scheidungsverfahrens nicht mehr zulässig (OLG Zweibrücken FamRZ 2005, 733). Der Wiederaufnahmeantrag kann auch isoliert gegen eine Entscheidung in einer Folgesache erhoben werden (Prütting/*Helms* § 118 Rn. 4; Zöller/*Greger* vor § 578 Rn. 10).

§ 119 Einstweilige Anordnung und Arrest.
(1) ¹In Familienstreitsachen sind die Vorschriften dieses Gesetzes über die einstweilige Anordnung anzuwenden. ²In Familienstreitsachen nach § 112 Nr. 2 und 3 gilt § 945 der Zivilprozessordnung entsprechend.
(2) ¹Das Gericht kann in Familienstreitsachen den Arrest anordnen. ²Die §§ 916 bis 934 und die §§ 943 bis 945 der Zivilprozessordnung gelten entsprechend.

Übersicht

	Rdn.		Rdn.
A. Allgemeines	1	I. Arrest in Unterhaltssachen	11
B. Einstweilige Anordnung in Familienstreitsachen	3	II. Arrest in Güterrechtssachen	13
		III. Arrestverfahren	19
C. Arrest in Familienstreitsachen	10		

1 **A. Allgemeines.** Die Vorschrift erklärt für den einstweiligen Rechtsschutz in Familienstreitsachen (§ 112) sowohl die Vorschriften des FamFG als auch die Regelungen der ZPO für anwendbar. In den Familienstreitsachen, die grds. der ZPO unterliegen (§ 113 Abs. 1), gelten für einstweilige Anordnungen die §§ 49 ff., 246 ff. Daneben wird die Sicherung der materiell-rechtlichen Individualansprüche über den Arrest nach den Vorschriften der §§ 916 ff. ZPO gewährleistet. Schließlich gilt in unterschiedlichem Umfang die Schadensersatzverpflichtung nach § 945 ZPO. Durch die ausdrückliche gesetzliche Regelung (Abs. 1 Satz 1), den partiellen gesetzlichen Verweis (Abs. 2 Satz 2) und die Betonung in der Gesetzesbegründung (BT-Drucks. 16/6308 S. 226) ist endgültig klargestellt, dass für die **einstweilige Verfügung** (§§ 935, 940 ZPO), deren Anwendungsbereich durch die einstweiligen Anordnungen nach der ZPO a.F. und die Rspr. auf einen schmalen und nahezu unbedeutenden Bereich begrenzt worden war (Musielak/*Borth* § 644 Rn. 5), in allen Familiensachen nicht mehr zulässig ist. Für den einstweiligen Rechtsschutz in **Familienstreitsachen** ist sowohl nach den jeweiligen Verfahrensgegenständen als auch zwischen der konkreten gerichtlichen Regelung oder der Sicherung eines Anspruchs zu differenzieren.

2 Darüber hinaus ist das Verhältnis der nach § 119 in Familienstreitsachen gleichrangig anwendbaren einstweiligen Anordnung zum Arrest zu bestimmen. Eine Konkurrenz entsteht in Fällen, in denen auch mittels der einstweiligen Anordnung eine Sicherung eines Anspruchs erzielt werden kann, wie dies im Wege eines Verfügungsverbots (§ 49 Rdn. 14) erfolgen kann. Für den Schutz güterrechtlicher Ansprüche wird der Ausspruch des vorzeitigen Zugewinnausgleichs und die Zuweisung eines bestimmten Geldbetrags im Wege einstweiliger Anordnung für zulässig gehalten (*Dose* Rn. 350). Der erweiterte Anwendungsbereich der einstweiligen Anordnung führt indes nicht dazu, diese Regelungen als speziellere Rechtsschutzmöglichkeit vorrangig heranzuziehen (so wohl *Gießler/Soyka* Rn. 337, 616). Für die bisherige Abgrenzung von einstweiliger Anordnung und Arrest spricht maßgeblich, dass nach der Gesetzesbegründung (BT-Drucks. 16/6308 S. 226) »wie im geltenden Recht (...) in Familienstreitsachen neben der einstweiligen Anordnung auch der persönliche oder der dingliche Arrest des Schuldners möglich ist.« Würde man einer einstweiligen Sicherungsanordnung den Vorrang einräumen, verbliebe für den Arrest kaum ein praktischer Anwendungsbereich. Schließlich würden die Sicherungsfolgen verändert, weil etwa die 1-monatige Vollziehungsfrist (Rdn. 19) für die Sicherungsanordnung nach § 49 Abs. 2 nicht gilt.

3 **B. Einstweilige Anordnung in Familienstreitsachen. I.** In **Unterhaltssachen** ist die einstweilige Anordnung in den §§ 246 bis 248 gesondert geregelt. Auch wenn bisher außerhalb eines familienrechtlichen Hauptsacheverfahrens der Anspruch auf Prozesskostenvorschuss mittels einstweiliger Verfügung durchgesetzt werden musste, gilt zukünftig ausschließlich die einstweilige Anordnung nach § 246 Abs. 1. In den das Kindergeld betreffenden Unterhaltssachen nach § 231 Abs. 2, die keine Familienstreitsachen sind, wird ein dringendes Bedürfnis zum gerichtlichen Tätigwerden (§ 49 Abs. 1) nicht bestehen. Zur Sicherung durch Arrest Rdn. 11.

4 **II.** Der einstweilige Rechtsschutz in **Güterrechtssachen** nach §§ 112 Nr. 2, 261 erfolgt überwiegend durch Arrest, soweit die Sicherung eines Anspruchs betroffen ist. Gleichwohl verbleibt ein begrenzter Anwendungsbereich für die einstweilige Anordnung:

5 **1. Sicherung des § 1365 BGB:** Nach § 1365 Abs. 1 BGB kann ein Ehegatte nur mit Einwilligung des anderen Ehegatten über sein Vermögen im Ganzen verfügen (zur Verfügungsbeschränkung bei Gütergemeinschaft § 1450 Abs. 1 BGB; für Lebenspartner § 6 Satz 2 LPartG). Gesamtvermögensgeschäfte konnten bisher

durch eine einstweilige Verfügung unterbunden werden; an deren Stelle treten nun die allgemeinen Vorschriften der §§ 49 ff. Besteht die Besorgnis, dass ein Ehegatte über sein Vermögen im Ganzen – etwa sein Grundstück – verfügen wird, kommt während bestehender Ehe ein **Veräußerungsverbot** (§ 49 Abs. 2) in Betracht (AG Nordenham FamRZ 2013, 36; *Gießler/Soyka* Rn. 582, 600; *Giers* Rn. 56), das als Verfügungsbeschränkung im Grundbuch eingetragen werden kann (AG Baden-Baden FamRZ 2009, 1344). Der auf Unterlassung gerichtete Anordnungsanspruch folgt unmittelbar aus § 1365 Abs. 1 BGB, weil die wirtschaftliche Existenzgrundlage der Familiengemeinschaft erhalten werden soll. Das **Regelungsbedürfnis** stützt sich auf die drohende Verfügung über das Gesamtvermögen, z.B. durch die Veräußerung des Grundstücks oder dessen Belastung (BGH FamRZ 2012, 116). Beide Voraussetzungen sind vom antragstellenden Ehegatten **glaubhaft** zu machen. Für das Anordnungsverfahren gelten die allgemeinen Vorschriften, auf die verwiesen wird. Als Sicherungsmaßnahme kann das Gericht ein Veräußerungsverbot anordnen (§ 49 Abs. 2), das in das Grundbuch eingetragen werden kann (OLG Stuttgart FamRZ 2012, 1410 [zum Widerspruch gegen die Richtigkeit des Grundbuchs]). Mit Rechtskraft der Ehescheidung endet das Zustimmungserfordernis des § 1365 BGB für künftige Rechtsgeschäfte (OLG Hamm FamRZ 2006, 1557). Für ein zuvor vorgenommenes Rechtsgeschäft entfällt durch den Eintritt der Scheidungsrechtskraft nicht das Zustimmungserfordernis (BGH FamRZ 1978, 396), sodass eine einstweilige Anordnung nicht auf diesen Zeitpunkt zu befristen ist (AG Nordenham FamRZ 2013, 36). Wird die Folgesache Güterrecht aus dem Scheidungsverbund abgetrennt und die Scheidung rechtskräftig, ist § 1365 analog anzuwenden, weil der andere Ehegatte auch vor einer Gefährdung seines Anspruchs auf Zugewinnausgleich geschützt ist (OLG Celle FamRZ 2004, 625; OLG Köln FamRZ 2001, 176). Ist der Erwerber noch nicht im Grundbuch eingetragen, kann gegen diesen (gem. §§ 1368, 1369 BGB) vorgegangen und ein Erwerbsverbot erwirkt werden (*Gießler/Soyka* Rn. 606; *Ebert* § 10 Rn. 22 ff.), wobei es sich um eine Güterrechtssache i.S.d. § 261 Abs. 1 handelt (§ 261 Rdn. 8). Ist der Erwerber bereits im Grundbuch eingetragen, besteht neben dem auf Grundbuchberichtigung (§ 894 BGB) gerichteten Anspruch aus § 1368 BGB die Möglichkeit, eine Weiterveräußerung durch Eintragung eines Widerspruchs zu verhindern (*Derleder* FuR 1994, 164).

2. In Güterrechtssachen nach § 261 Abs. 2, die keine Familienstreitsachen sind (§ 261 Rdn. 14 ff., §§ 264, 265), kann eine einstweilige Anordnung ergehen. Für Verfahren nach **§ 1382, 1383 BGB** war dies bisher in § 53a Abs. 3 FGG a.F. geregelt, aber praktisch kaum bedeutsam, denn nach Beendigung des Güterstandes müsste für die Stundung der Zugewinnausgleichsforderung oder die Übertragung von Vermögensgegenständen ein Regelungsbedürfnis bestehen, zumal der Antrag im Verfahren um den Zugewinnausgleich gestellt werden kann (§ 1382 Abs. 5 BGB; PWW/*Weinreich* § 1382 Rn. 17).

III. Die **sonstigen Familienstreitsachen** nach § 266 Abs. 1 betreffen eine Vielzahl ganz unterschiedlicher Ansprüche (§ 266 Rdn. 15 ff.). Für den einstweiligen Rechtsschutz stehen die aus der Ehe herrührenden Ansprüche (§ 266 Abs. 1 Nr. 2) im Vordergrund. Sie umfassen alle Ansprüche, die auf die eheliche Lebensgemeinschaft des **§ 1353 BGB** zurückgeführt werden und den Schutz des räumlich-gegenständlichen Ehebereichs zum Gegenstand haben. Die vermögensrechtlichen Ansprüche der (geschiedenen) Eheleute i.S.d. § 266 Abs. 1 Nr. 3 sowie Ansprüche nach § 266 Abs. 1 Nr. 4 u 5 können im hiesigen Zusammenhang vernachlässigt werden. In der familiengerichtlichen Praxis sind folgende Ansprüche für die einstweilige Anordnung von praktischer Bedeutung:

1. Die vermögensrechtlichen Nebenpflichten, die aus § 1353 BGB hergeleitet werden (PWW/*Weinreich* § 1353 Rn. 15 f.), beziehen sich überwiegend auf steuerliche Fragestellungen, für die kein Bedürfnis nach einstweiligem Rechtsschutz besteht. Praktisch bedeutsam ist der kurzfristige Schutz des **räumlich-gegenständlichen Bereichs der Ehe**, der als absolutes Recht i.S.d. § 823 Abs. 1 BGB geschützt ist. Der Anordnungsanspruch folgt aus dem Unterlassungsanspruch des Ehegatten gem. §§ 823 Abs. 1, 1004 BGB (OLG Düsseldorf FamRZ 1991, 705; FamRZ 1988, 1053); bei Miteigentum aus § 743 Abs. 2 BGB. Er ist im Verhältnis zum Dritten auf die Räumung der Wohnung und das Verbot, die Wohnung wieder zu betreten, gerichtet und in Beziehung zum anderen Ehegatten auf dessen Verpflichtung, die dritte Person aus der Wohnung zu weisen und ihr nicht wieder Zutritt zur Wohnung zu gewähren (*Gießler/Soyka* Rn. 633, 642). Ziel des einstweiligen Rechtsschutzes ist es, die Zerrüttung der Ehe oder deren Vertiefung zu verhindern. Daher rechtfertigt sich das Regelungsbedürfnis zumeist aus der bereits erfolgten Störung und die dadurch begründete Wiederholungsgefahr. Hieran fehlt es indes, wenn der Anspruchsberechtigte sich selbst von der Ehe abgewandt hat, aus der Wohnung ausgezogen ist oder bereits einen Scheidungsantrag gestellt hat (FA-FamR/*v. Heintschel-Heinegg* Kap. 1 Rn. 259 ff.; OLG Zweibrücken FamRZ 1989, 55).

9 **2.** Als sonstige Familiensache fallen die Ansprüche auf Herausgabe oder Benutzung der zum persönlichen Gebrauch eines Ehegatten oder eines Kindes (§ 1629 Abs. 2 Satz 2 BGB analog; Schwab/Maurer/*Borth* I Rn. 894) bestimmten Sachen unter § 266 Nr. 3. **Gegenstände des persönlichen Gebrauchs**, die nicht zum Hausrat zählen, umfassen Kleider, Wäsche, Schmuck, Bücher, Medikamente, persönliche Unterlagen (Pass, Krankenversicherung, Zeugnisse) sowie dem Beruf oder Hobby dienende Sachen (Werkzeug, Literatur, Instrumente, Sportgeräte usw.), während Wertpapiere, Sparbücher oder Ähnliches nicht erfasst werden. Der Anordnungsanspruch lässt sich aus §§ 985, 812, 861 BGB, aber auch aus § 1361a BGB analog (AG Weilburg FamRZ 2000, 1071) herleiten. Darüber hinaus kann der Anspruch als Nebenpflicht einer Sorgerechtsregelung oder Herausgabeentscheidung in Bezug auf ein Kind (§ 50d FGG a.F.) verstanden werden (*Gießler/Soyka* Rn. 835). Das Regelungsbedürfnis folgt daraus, dass das Kind oder der Ehegatte auf die Gegenstände für seine Lebensführung angewiesen ist. Zur einstweiligen Anordnung in Haushaltssachen § 49 Rdn. 63 f.

10 **C. Arrest in Familienstreitsachen.** Nach § 119 Abs. 2 kann das Gericht in Familienstreitsachen auf Antrag den Arrest als prozessuales Sicherungsinstrument nach Maßgabe der §§ 916 ff. ZPO anordnen. Im Gegensatz zur einstweiligen Anordnung, bei der in Unterhaltssachen die Gewährleistung des Lebensbedarfs im Vordergrund steht, ist der Arrest allein auf die Sicherung der Zwangsvollstreckung wegen einer Geldforderung gerichtet. Der Arrest kommt zur Sicherung zukünftiger Unterhaltsansprüche sowie zur Sicherung von Ansprüchen in Familienstreitsachen (Rdn. 13 ff.) in Betracht, solange ein Vollstreckungstitel noch nicht besteht. Durch das Gesetz zur Reform des Zugewinnausgleichsrechts ergeben sich gerade im Bereich des einstweiligen Rechtsschutzes nicht unerhebliche Änderungen. Verletzt der Rechtsanwalt seine Pflicht, zur Durchsetzung künftiger Ausgleichsansprüche Sicherungsmaßnahmen einzuleiten, kann dies einen Schadensersatzanspruch begründen, wenn bei Kenntniserlangung von Gefährdungshandlungen noch sicherungsfähiges Vermögen vorhanden ist (OLG Zweibrücken FamRZ 2014, 977).

11 **I. Arrest in Unterhaltssachen. 1.** Während die einstweilige Anordnung auf die vorläufige Titulierung von Unterhaltsansprüchen gerichtet ist, um diese vollstrecken zu können, dient die Anordnung eines Arrests allein deren **Sicherung** (*Cirullies* FamRZ 2012, 1017 ff. [auch zur Gläubigeranfechtung nach dem AnfG]; *Menne* FamRZ 2004, 6 ff.). Der **Arrestanspruch** folgt aus dem jeweiligen Unterhaltsrechtsverhältnis (§ 246 Rdn. 12 – 16) und umfasst den **vollen Unterhalt**. Nachehelicher Unterhalt kann ab Rechtshängigkeit des Scheidungsantrags, mit dessen Klagbarkeit, durch den Arrest gesichert werden (OLG Düsseldorf FamRZ 1994, 111, 113). Der zu sichernde Unterhalt kann auf rückständige wie zukünftig fällig werdende Ansprüche gerichtet sein. Allerdings besteht für den Unterhaltsrückstand kein Arrestgrund, wenn dieser bereits tituliert ist. Für die Höhe der zu sichernden Forderungen ist auf die voraussichtliche Dauer der Verpflichtung abzustellen. Diese kann durch die Volljährigkeit des Kindes, durch eine weiter gehende Erwerbsobliegenheit des Unterhaltsberechtigten oder einen späteren Rentenbezug des Schuldners begrenzt sein. Eine gesetzliche Regelung oder ein allg. Grundsatz, auf welchen **Unterhaltszeitraum** der Arrest zu erstrecken ist, besteht nicht. Im Hinblick auf die mit jeder Prognose verbundenen Unsicherheiten sollten die Ansprüche auf die Dauer von 3 bis 5 Jahren (5 Jahre: OLG Düsseldorf FamRZ 1994, 111, 113; OLG Hamm 1995, 1427; *Dose* Rn. 151; Wendl/Dose/*Schmitz* § 10 Rn. 486; *Prütting/Helms* § 119 Rn. 6; Horndasch/Viefhues/*Roßmann* § 119 Rn. 18; 2 Jahre: OLG Karlsruhe FamRZ 1996, 1429) und für den Kindesunterhalt jedenfalls auf die Zeit bis zur Volljährigkeit (OLG München FamRZ 2000, 965) begrenzt werden (*Menne* FamRZ 2004, 6, 11; *Ebert* Rn. 7, 13).

12 **2.** Der **Arrestgrund** setzt voraus, dass ohne dessen Anordnung die Vollstreckung des Anspruchs vereitelt oder wesentlich erschwert werden würde (§ 917 Abs. 1 ZPO; *Gießler/Soyka* Rn. 413). Daher müssen Anhaltspunkte bestehen, aus denen auf erheblich nachteilige Einwirkungen auf das der zukünftigen Zwangsvollstreckung unterliegende Vermögen des Schuldners geschlossen werden kann (OLG Köln v. 16.02.2011 – 4 W 1/11, nach juris). Vermögensverschiebungen, etwa bei drohendem Wegfall einer Abfindung (*Dose* Rn. 149) oder bei Veräußerung des Hauses durch den geschiedenen Ehemann, der die britische Staatsangehörigkeit besitzt (OLG Hamm FamRZ 2012, 579 [LS]), bei auf Dauer angelegtem Auslandsaufenthalt (OLG Stuttgart FamRZ 1997, 181) bzw. die Aufgabe des bestehenden Wohnsitzes, rechtfertigen grds. die Sicherung durch den Arrest (Rdn. 18), während die Weigerung, Auskunft zu erteilen (OLG München FamRZ 2000, 965), oder die Übertragung von Vermögenswerten in der Vergangenheit, aus der sich keine drohende Verschlechterung der Durchsetzbarkeit des Anspruchs ergibt (OLG Stuttgart FamRZ 2012, 324, 325), nicht ausreichend sind. Einen Arrestgrund hat das OLG Hamm (FamRZ 1995, 1427) bei einem ungeklärten Zusammenbruch einer vom Unterhaltsschuldner betriebenen GmbH angenommen. Die Zwangsvollstreckung

bereits fälliger Ansprüche bedarf keiner Sicherung durch den dinglichen Arrest, wenn der Unterhaltsberechtigte über einen rechtskräftigen oder ohne Sicherheitsleistung vollstreckbaren Titel verfügt (OLG Düsseldorf OLGR 2006, 480; OLG Karlsruhe NJW-RR 1996, 960), während für zukünftig fällige Ansprüche ein Sicherungsbedürfnis bestehen kann (AG Steinfurth FamRZ 1988, 1082). Ist der Unterhaltstitel vorläufig vollstreckbar, bleibt der Arrest statthaft, wobei im Hinblick auf die Sicherungsvollstreckung nach § 720a ZPO zunehmend das Schutzbedürfnis verneint wird (Zöller/*Vollkommer* § 917 Rn. 13). Bei einem rechtskräftigen Titel kann die Möglichkeit der Vorratspfändung nach § 850d Abs. 3 ZPO eine ausreichende Sicherung bieten (*Cirullies* FamRZ 2012, 1017, 1019; *Menne* FamRZ 2004, 6, 8). Der materiell-rechtliche Anspruch auf Sicherheitsleistung nach § 1585a Abs. 1 BGB lässt den Arrestgrund nicht entfallen (*Prütting/Helms* § 119 Rn. 6).

II. Arrest in Güterrechtssachen. Während die Sicherung von weiteren güterrechtlichen Ansprüchen i.S.d. 13 § 261 Abs. 1 und Ansprüchen in sonstigen Familiensachen i.S.d. § 266 Abs. 1 kaum Relevanz erlangt hat (zur Sicherung eines Anspruchs auf Gesamtschuldnerausgleich OLG Koblenz FamRZ 2013, 1602), steht die Sicherung des Zugewinns praktisch ganz im Vordergrund. Für den Schutz des Anspruchsberechtigten ist zwischen der Zeit vor Rechtshängigkeit des Scheidungsantrags, der Zeit bis zur Rechtskraft der Ehescheidung und der Zeit danach zu unterscheiden (*Gießler/Soyka* Rn. 613). Bis zur Rechtshängigkeit des Scheidungsantrags besteht allein über allgemeine Rechtsgrundsätze (§§ 134, 138 BGB [zur Sittenwidrigkeit einer Vermögensübertragung auf den Sohn zum Nachteil der Ehefrau BGH FamRZ 2012, 114]), Verfügungsbeschränkungen (Rdn. 5) und Vermögenszurechnungen (§ 1375 BGB) ein mittelbarer Schutz. Der lange Zeitraum zwischen der Trennung der Eheleute und der Fälligkeit eines eventuellen Anspruchs auf Zugewinnausgleich, der mit der Beendigung des Güterstands gem. § 1378 Abs. 3 Satz 1 BGB entsteht, kann Vermögensmanipulationen des ausgleichspflichtigen Ehegatten ermöglichen. Die Vorverlegung des Stichtags im Fall der Ehescheidung auf die Rechtshängigkeit des Scheidungsantrags (§ 1384 BGB), die Regelung des § 1375 Abs. 2 BGB, wonach bestimmte illoyale Vermögensverschiebungen eines Ehegatten dem Endvermögen hinzugerechnet werden und eine Beweislastumkehr erfolgen kann (Satz 2), und schließlich die Möglichkeit nach bisherigem Recht, auf vorzeitigen Zugewinnausgleich nach §§ 1385, 1386 BGB a.F. klagen zu können, bieten kaum praktischen Schutz vor (unredlichen) Vermögensverschiebungen (FA-FamR/*v. Heintschel-Heinegg* Kap. 1 Rn. 240 ff.). Effektiver Rechtsschutz kann für den ausgleichsberechtigten Ehegatten in einem erleichterten vorzeitigen Zugewinnausgleich sowie in der Sicherung seines zukünftigen Ausgleichsanspruchs bestehen, wie sie im Gesetz zur Änderung des Zugewinnausgleichs- und Vormundschaftsrechts (BR-Drucks. 635/08) geregelt sind.

1. Nach der (bisherigen) Vorschrift des **§ 1389 BGB** a.F. konnte der ausgleichsberechtigte Ehegatte **Sicher-** 14 **heitsleistung** – nach Maßgabe des § 232 BGB – verlangen, wenn zu besorgen war, dass sein Recht auf künftigen Ausgleich des Zugewinns durch das Verhalten des anderen Ehegatten erheblich gefährdet war. Auch wenn die Sicherheitsleistung den Ausgleichsanspruch grds. sichern kann, waren die Voraussetzungen nur ausnahmsweise erfüllt, weil die Klage auf vorzeitigen Zugewinnausgleich erhoben sein musste und diese eine 3-jährige Trennung (§ 1385 BGB a.F.) oder ein wirtschaftlich unredliches bzw. illoyales Verhalten voraussetzte (§ 1386 Abs. 1 u 2 BGB a.F.). Ob (verneinend KG FamRZ 1994, 1478) und wie die im Hauptsacheverfahren durchzusetzende Sicherheitsleistung vorläufig – etwa durch Arrest (OLG Celle FamRZ 1996, 1429; Zöller/*Vollkommer* § 916 Rn. 5) oder einstweilige Verfügung (OLG Hamburg FamRZ 1988, 964) – gesichert werden konnte, war bisher umstritten (*Kohler* FamRZ 1989, 797 ff.). Für die einstweilige Verfügung sprach, dass ein zu sichernder Zahlungsanspruch nicht bestand und der dingliche Arrest dem Gläubiger weiter gehende Rechte einräumte, als im Hauptsacheverfahren zu erzielen waren. Mit der Reform wurde der Anspruch auf Sicherheitsleistung aus § 1389 BGB aufgehoben.

2. Ebenso umstritten war, ob der Anspruch auf **künftigen Zugewinnausgleich** selbst durch **Arrest** gesichert 15 werden konnte (FA-FamR/*v. Heintschel-Heinegg*, Kap. 1 Rn. 240 ff.). Während teilweise darauf abgestellt wurde, dass der zu sichernde Anspruch erst mit Rechtskraft der Ehescheidung entstehe, aus diesem Grund nicht selbstständig einklagbar sei und deswegen die Sicherheitsleistung nach § 1389 BGB gesetzlich als vorrangiges Sicherungsmittel zur Verfügung stehe (OLG Karlsruhe FamRZ 2007, 410; OLG Koblenz FamRZ 1999, 97; OLG Stuttgart FamRZ 1995, 1427), wurde zunehmend die Auffassung vertreten, dass der Anspruch auf künftigen Zugewinnausgleich ab Rechtshängigkeit des Scheidungsantrags im Wege des Arrests zu sichern sei, weil der Anspruch im Scheidungsverbund vor seiner Fälligkeit eingeklagt werden könne und die Einführung des § 1389 BGB eine verfahrensrechtliche Sicherung nicht ausschließen sollte (OLG Bran-

denburg FamRZ 2009, 446; OLG München FamRZ 2007, 1101; OLG Karlsruhe FamRZ 2007, 408; OLG Hamburg FamRZ 2003, 238; OLG Düsseldorf FamRZ 1994, 14 f.; *Ebert* § 12 Rn. 6; *Gießler/Soyka* Rn. 936).

16   3. Die Sicherung des zukünftigen Anspruchs auf Zugewinnausgleich wurde mit dem Gesetz zur **Reform des Zugewinnausgleichs-** und Vormundschaftsrechts (BR-Drucks. 635/08) auf eine vollständig neue Grundlage gestellt. Ziel des Gesetzes ist es u.a., den vorläufigen Rechtsschutz des ausgleichsberechtigten Ehegatten vor Vermögensmanipulationen bei Trennung und Scheidung zu verbessern (BR-Drucks. 635/08 S. 20). Der »frühzeitige und effektive« Schutz des ausgleichsberechtigten Ehegatten soll – neben dem auf den Trennungszeitpunkt bezogenen Auskunftsanspruch (§ 1379 Abs. 1 Satz 1 Nr. 1 BGB) – dadurch herbeigeführt werden, dass die bisherige Wahl zwischen der auf Auflösung des gesetzlichen Güterstandes gerichteten Gestaltungsklage und der weiteren Klage auf die Ausgleichsforderung entfällt. § 1385 BGB regelt jetzt unmittelbar einen Anspruch auf Zahlung des (vorzeitigen) Zugewinnausgleichs, der mit der Aufhebung der Zugewinngemeinschaft verbunden ist (BR-Drucks. 635/08 S. 37; *Krause* ZFE 2008, 406; *v Eichel* ZFE 2008, 206; *Gießler/Soyka* Rn. 615, 337). Zugleich werden die bisherigen Gründe des § 1386 Abs. 2 BGB a.F. in § 1385 Nr. 1 – 4 BGB »maßvoll« erweitert, indem nach § 1385 Nr. 2 BGB ausreichend ist, wenn Handlungen der in § 1365 BGB oder § 1375 Abs. 2 BGB bezeichneten Art zur befürchten sind, während § 1386 Abs. 2 BGB a.F. bisher die Vornahme derselben voraussetzte (*Dose* Rn. 91, 95). Demgegenüber dürften in der Praxis der mindestens 3-jährigen Trennung (§ 1385 Nr. 1 BGB; dazu OLG Brandenburg FamRZ 2014, 1389, 1391), der Verletzung der wirtschaftlichen Verpflichtungen (§ 1385 Nr. 2 BGB) sowie der beharrlichen Weigerung der Unterrichtungspflicht (§ 1385 Nr. 4 BGB; OLG Frankfurt am Main FamRZ 2010, 563 [zur Abgrenzung der Auskunftspflicht nach § 1379 BGB]) deutlich geringere Bedeutung zukommen. Der **Anspruch auf vorzeitigen Zugewinnausgleich** nach § 1385 BGB ist ohne gem. § 1387 BGB vorverlagerten Stichtag ist nach der Gesetzesbegründung im Wege des Arrestes sicherungsfähig (BR-Drucks. 635/08 S. 37; *Brudermüller* FamRZ 2009, 1185, 1189; *Weinreich* FuR 2009, 497, 506). Zugleich wird § 1389 BGB a.F. aufgehoben, um die im vorläufigen Rechtsschutz bestehende erhebliche Rechtsunsicherheit zu beseitigen (BR-Drucks. 635/08 S. 41). Daneben bleibt der Anspruch auf künftigen Zugewinnausgleich im Wege des dinglichen Arrests sicherungsfähig, wenn das Scheidungsverfahren bereits rechtshängig ist (OLG Bremen FamRZ 2016, 129 [zum Anspruch nach deutschem und türkischem Recht]; OLG Celle FamRZ 2015, 160, 161, das ein Wahlrecht bejaht).

17   a) **Arrestanspruch** (§ 916 ZPO): Der Arrestanspruch folgt aus § 1378 BGB, vergleichbaren ausländischen Vorschriften oder aus § 1385 BGB (Krause ZFE 2010, 216). Danach kann der ausgleichsberechtigte Ehegatte den vorzeitigen Zugewinnausgleich alternativ (a.A. wohl *Koch* FamRZ 2008, 1124, 1128) geltend machen, wenn die Ehegatten seit mindestens 3 Jahren getrennt leben (Nr. 1), Handlungen der in § 1365 oder 1375 Abs. 2 BGB bezeichneten Art zu befürchten sind und dadurch eine erhebliche Gefährdung für die Erfüllung der Ausgleichsforderung zu besorgen ist (Nr. 2), der andere Ehegatte längere Zeit die wirtschaftlichen Verpflichtungen, die sich aus dem ehelichen Verhältnis ergeben, schuldhaft nicht erfüllt hat (Nr. 3) oder dieser sich ohne ausreichenden Grund beharrlich weigert, Auskunft über sein Vermögen zu erteilen (Nr. 4). Während die Gründe der Nr. 1, 3 u 4 bereits in § 1386 Abs. 1 u 3 BGB a.F. normiert waren, wurden die Voraussetzungen des § 1386 Abs. 2 BGB dadurch nicht unerheblich erweitert, dass bereits die Besorgnis einer unredlichen bzw. illoyalen Vermögensverschiebung für den Anspruch ausreichend ist. Im Arrestverfahren muss der antragstellende Ehegatte die Voraussetzungen des jeweiligen Tatbestandes sowie die Höhe seines Ausgleichsanspruchs glaubhaft machen. Nach der Gesetzesbegründung (BR-Drucks. 635/08 S. 38 f.) können die Voraussetzungen des § 1385 BGB erfüllt sein, wenn ein Ehegatte Aktien veräußert, Festgeldkonten auflöst und die Beträge ohne wirtschaftlichen Grund auf sein Girokonto überweist, als Alleineigentümer einer vermieteten Eigentumswohnung unmittelbar nach der Trennung den Verkauf der Wohnung inseriert oder ein Ehegatte ungewöhnliche Luxusaufwendungen (Kreuzfahrten oder Ähnliches) tätigt.

18   b) **Arrestgrund:** Nach § 917 Abs. 1 ZPO wurde eine Gefährdung des zu sichernden Anspruchs bisher angenommen, wenn die Veräußerung oder Verschiebung von Vermögenswerten – etwa eines Grundstücks (OLG Celle FamRZ 2015, 160, 161; OLG Dresden FamRZ 2007, 1029; AG Nordenham FamRZ 2013, 35), einer Eigentumswohnung, des Betriebs (OLG Düsseldorf FamRZ 1994, 114; OLG Hamm FamRZ 1995, 1427), eines Schiffs (OLG Celle OLGR 2005, 522) usw. – zu befürchten waren (OLG Karlsruhe FamRZ 1997, 622), oder die Besorgnis eines Rechtsgeschäfts i.S.d. § 1365 BGB (OLG Hamm FamRZ 1992, 430) bzw. einer schädigenden Handlung i.S.d. § 1375 Abs. 2 BGB bestand. Denn mit der Umsetzung von Vermögenswerten in Geld kann die Gefahr verbunden sein, dass der Schuldner den Erlös beiseiteschafft (OLG Bremen FamRZ 2016, 129 [Hausverkauf]). Hat ein Ehegatte bereits sein Grundstück verkauft und stehen

Verfügungen über den Verkaufserlös zu befürchten, kann hieraus nach dem OLG Brandenburg (FamRZ 2014, 1389, 1391 f.) selbst dann ein Arrestgrund hergeleitet werden, wenn höhere Pflegekosten zu finanzieren sind. Ebenso konnte eine verschwenderische Lebensweise (OLG München FamRZ 2011, 746, 748 [nicht bei Vergabe erheblicher Darlehen ohne ausreichende Sicherheiten, wenn eine Betreuung für die Vermögenssorge eingerichtet wurde]; Zöller/*Vollkommer* § 916 Rn. 5), die Aufgabe bzw. der häufige Wechsel des Wohnorts oder die ernsthafte Auswanderungsabsicht (OLG Düsseldorf FamRZ 1994, 114; anders OLG Stuttgart FamRZ 1997, 181 bei hinreichendem Inlandsvermögen), die Eintragung einer Eigentümergrundschuld mit Vorrang zugunsten des der jetzigen Ehefrau bestellten Nießbrauchrechts (KG FamRZ 2014, 148), aber auch die fortgesetzte Vermögensverschleierung durch grob falsche Auskünfte (OLG Frankfurt am Main FamRZ 1996, 749) einen Arrestgrund rechtfertigen. Nach Auffassung des KG (FamRZ 2013, 1673, 1675) ist jedoch auch für die beabsichtigte Veräußerung des einzigen dinglichen Vermögens eine Einzelfallprüfung der dadurch bewirkten Gefährdung der Vollstreckung geboten. Einer konkreten Gefährdung des Ausgleichsanspruchs kann entgegenstehen, wenn die Handlungen längere Zeit zurückliegen (KG FamRZ 2014, 148, 149 [mehr als 2 Jahre]). Die angeführten Fallgestaltungen bleiben für den künftigen Anspruch auf Zugewinnausgleich weiterhin relevant. Als gesetzlicher Arrestgrund gem. § 917 Abs. 2 ZPO kommt die drohende Vollstreckung des Anspruchs im Ausland in Betracht (vgl. OLG Hamm FamRZ 2013, 1602, 1604). Demgegenüber stellt die schlechte Vermögenslage des Ausgleichspflichtigen als solche oder die Konkurrenz zu anderen Gläubigern keinen Arrestgrund dar (BGH NJW 1996, 324). Schließlich besteht ein Arrestgrund nicht mehr, wenn im Hauptsacheverfahren eine rechtskräftige Entscheidung ergangen ist (*Ebert* § 12 Rn. 15). Mit der Formulierung des Arrestanspruchs in **§ 1385 Nr. 2 – 4 BGB** sind wesentliche Anforderungen an den Arrestgrund i.F.d. vorzeitigen Zugewinnausgleichs erfasst, denn die tatbestandlichen Handlungen lassen den Schluss zu, den Ausgleichsanspruch beeinträchtigen zu wollen, sodass der Arrestanspruch den **Arrestgrund indiziert** (zust. *Prütting/Helms* § 119 Rn. 7; *Dose* Rn. 131, 147; einschränkend Musielak/*Borth* § 119 Rn. 8).

III. Arrestverfahren. Verfahren: Für das Arrestverfahren ist das Gericht der Hauptsache zuständig (§§ 119 Abs. 2 Satz 2 FamFG i.V.m. §§ 919, 943 ZPO). Nach § 262 kann dies das Gericht sein, bei dem eine Ehesache anhängig ist (Abs. 1), anderenfalls folgt die **Zuständigkeit** nach dem allgemeinen Gerichtsstand (Abs. 2). Die Antragsschrift muss einen hinreichend bestimmten Antrag enthalten, aus dem der begehrte Rechtsschutz (dinglicher oder persönlicher Arrest) erkennbar sein muss. Wegen der Unsicherheiten über die Höhe des Ausgleichsanspruchs ist eine genaue Bezeichnung der Arrestgegenstände nicht erforderlich (OLG Düsseldorf FamRZ 1991, 351); es genügt die Anordnung des Arrests in das gesamte Vermögen des Schuldners. Im Arrestgesuch sind die Voraussetzungen für den **Arrestanspruch** und **-grund glaubhaft** zu machen (§§ 920 Abs. 2 ZPO). An die Darlegung des Ausgleichsanspruchs sind keine hohen Anforderungen zu stellen (OLG Brandenburg FamRZ 2009, 446; OLG Düsseldorf FamRZ 1994, 114; strengere Anforderungen zum Vorbringen OLG Brandenburg FamRZ 2015, 1225 [LS]), weil die einzelnen Vermögensgegenstände und deren Wert nicht bekannt sind. Soweit für den Ausgleichsanspruch ausländisches Recht zur Anwendung kommt, sind dessen Voraussetzungen auch im Arrestverfahren vorzutragen (OLG Bremen, Beschl. v. 07.05.2015 – 4 WF 52/15, nach juris). Auch wenn Güterrechtssachen nach § 114 Abs. 1 dem Anwaltszwang unterliegen, kann der Arrestantrag von dem ausgleichsberechtigten Ehegatten selbst gestellt werden (§ 920 Abs. 3 ZPO i.V.m. § 114 Abs. 4 Nr. 6). Wird im Arrestverfahren eine mündliche Verhandlung anberaumt, besteht wiederum **Anwaltszwang**, weil die §§ 114 Abs. 4 Nr. 1, 119 zwischen dem einstweiligen Anordnungsverfahren und dem Arrestverfahren bewusst unterscheiden (a.A. Gießler/*Soyka* Rn. 327; Musielak/*Borth* § 119 Rn. 11, allerdings sind die §§ 114 Abs. 4 Nr. 6 FamFG, 78 Abs. 3 ZPO nur auf Prozesshandlungen bezogen, die vor dem Urkundsbeamten der Geschäftsstelle vorgenommen werden können).

Das Arrestgericht entscheidet nach fakultativer mündlicher Verhandlung über die Anordnung des Arrests, die Art des Arrests, die zu sichernde Forderung dem Grund und der Höhe nach sowie über die Höhe der Lösungssumme, mittels derer der Antragsgegner die Vollziehung des Arrests verhindern kann (*Gießler/Soyka* Rn. 329; *Ebert* § 12 Rn. 52, 69; die Anordnung eines Veräußerungsverbots im Wege des Arrests ist nicht möglich OLG Karlsruhe FuR 2010, 705). Nach Anordnung des dinglichen Arrests muss der Antragsteller die **1-monatige Vollziehungsfrist** des § 929 Abs. 2 ZPO beachten, innerhalb derer eine bestimmte Zwangsvollstreckungsmaßnahme nicht erwirkt, wohl aber fristgerecht beantragt werden und daher die Zustellung im Parteibetrieb erfolgen muss (BGH NJW 1990, 122, 124; *Dose* Rn. 152; *Ebert* § 2 Rn. 479 ff.). Lässt der Antragsteller die Vollziehungsfrist verstreichen, ist der Arrest auf den Widerspruch des Antragsgegners

(§ 924 Abs. 1 ZPO) oder im Verfahren nach § 927 ZPO, ggf. im Beschwerdeverfahren oder nach § 926 Abs. 2 ZPO aufzuheben (Zöller/*Vollkommer* § 929 Rn. 21; *Prütting/Helms* § 119 Rn. 9).

21 Für die Rechtsmittel im Arrestverfahren gelten die in Bezug genommenen Vorschriften der ZPO. Danach ist gegen den Beschluss, durch den ein Arrest (ohne mündliche Verhandlung; § 922 Abs. 1 ZPO) angeordnet wird, der Widerspruch statthaft (§ 924 Abs. 1 ZPO), über den nach Maßgabe des § 925 ZPO durch Beschluss zu entscheiden ist. Welches Rechtsmittel eröffnet ist, wenn der Arrestantrag **ohne mündliche Verhandlung zurückgewiesen** wird, ist nach wie vor umstritten. Nach Ansicht des OLG München (FamRZ 2011, 746) sowie des OLG Karlsruhe (FuR 2010, 705 = FamRZ 2011, 234) ist die Beschwerde nach § 58 FamFG statthaft, weil die Rechtsmittel des FamFG zwischen der Beschwerde gegen Endentscheidungen einerseits sowie der sofortigen Beschwerde nach den §§ 567 ZPO gegen Neben- und Zwischenentscheidungen andererseits (BT-Drucks. 16/6308 S. 203) unterscheide, auf die in § 119 nicht verwiesen werde (OLG Brandenburg FamRZ 2014, 1389). Diese Argumentation ist deswegen nicht zwingend, weil aus dem Verweis auf die Arrestvorschriften auch auf die Inbezugnahme der zivilprozessualen Rechtsmittelvorschriften geschlossen werden kann (so *Prütting/Helms* § 119 Rn. 9; OLG Bremen FamRZ 2016, 129; KG FamRZ 2013, 1673, 1674). Es ist nicht ersichtlich, dass der Rechtsschutz im Arrestverfahren in § 119 Abs. 2 abweichend von der zivilprozessualen Konzeption ausgestaltet werden sollte, zumal die zweiwöchige Beschwerdefrist dem Eilcharakter des Arrestverfahrens entspricht (so OLG Oldenburg FamRZ 2012, 1077). Vielmehr sprechen das Bestreben nach einer Harmonisierung des einstweiligen Rechtsschutzes und Beschleunigung des Verfahrens (BT-Drucks. 16/6308 S. 225 f.) dafür, dass der Rechtsschutz im Arrestverfahren vollständig übernommen wurde (FA-FamR/*Geißler* Kap. 1 Rn. 622; *Dose* Rn. 440; *Cirullies* Anm. FamRZ 2011, 748; *ders.* FamRZ 2012, 1017, 1019; Gießler/*Soyka* Rn. 330). Unter Heranziehung der Entscheidung des BGH zur Anfechtung einer isolierten Kostenentscheidung in Familienstreitsachen (FamRZ 2011, 1933) ist nach Auffassung des OLG Frankfurt (FamRZ 2012, 1078, 1079; so auch KG FamRZ 2014, 148; OLG Celle FamRZ 2013, 1917, 1918) und des OLG Koblenz (FamRZ 2013, 1602) teleologisch zu berücksichtigen, dass die Familienstreitsachen weitgehend den Verfahrensmaximen der ZPO unterstellt wurden. I.Ü. werden auch Korrekturen im Beschwerdeverfahren nach §§ 58 ff. für erforderlich gehalten, weil die Beschwerdefrist des § 63 Abs. 2 Nr. 1 gelten soll (Musielak/*Borth* § 119 Rn. 11). Schließlich widerspricht es dem Rechtsmittelverfahren, wenn der Antragsgegner erstmals im Beschwerdeverfahren beteiligt wird, weil der Arrestantrag ohne dessen rechtliches Gehör zurückgewiesen wird (Wendl/Dose/*Schmitz* § 10 Rn. 495; PG/*Fischer* § 924 Rn. 1 zur Ausgestaltung als Widerspruchsverfahren). Hatte das Amtsgericht einen ohne mündliche Verhandlung erlassenen Arrest auf Widerspruch des Antragsgegners aufgehoben, kann das Beschwerdegericht den Arrest neu anordnen, der in diesem Fall der erneuten Vollziehung bedarf (OLG Celle FamRZ 2015, 160, 161). Zu den kostenrechtlichen Folgen der beiden Auffassungen *Schneider* FamRZ 2012, 1782 f.; OLG Celle FamRZ 2013, 1917, 1919 hinsichtlich der Gerichtsgebühren für eine analoge Anwendung von Nr. 1430 KV GKG.

22 Gegen den Arrestbeschluss **nach mündlicher Verhandlung** ist das Rechtsmittel der Beschwerde (§§ 58 ff., 117) gegeben (*Prütting/Helms* § 119 Rn. 9). Wird das Arrestverfahren übereinstimmend für erledigt erklärt, ist die sofortige Beschwerde nach § 91a Abs. 2 ZPO eröffnet (OLG Stuttgart FamRZ 2012, 329). Der Wert des familiengerichtlichen Arrestverfahrens ist mit 1/3 (OLG Brandenburg FamRZ 2011, 758) oder 1/2 (OLG Celle FamRZ 2011, 759) der zu sichernden Hauptforderung zu bemessen.

23 § 119 Abs. 1 Satz 2 u Abs. 2 erklären die Regelung des **§ 945 ZPO** in einstweiligen Anordnungsverfahren über die Familienstreitsachen des § 112 Nr. 2 u 3 sowie in Arrestverfahren für anwendbar. Danach ist der Antragsteller des Arrestverfahrens dem Gegner zum Schadensersatz verpflichtet, wenn sich die einstweilige Anordnung oder der Arrest als von Anfang an unberechtigt erweisen oder nach § 926 Abs. 2 ZPO aufgehoben werden. Nach der ausdrücklichen gesetzlichen Regelung in § 119 Abs. 1 Satz 2 sind einstweilige Anordnungen in Unterhaltssachen von einer Schadensersatzpflicht nach § 945 ZPO ausgenommen (krit. Horndasch/Viefhues/*Roßmann* § 119 Rn. 9). Zu ersetzen ist der Schaden, der dem Antragsgegner aus der Vollziehung der angeordneten Maßnahme oder durch die Sicherheitsleistung zu deren Abwendung entstanden ist. Die **verschuldensunabhängige** Haftung auf **Schadensersatz** gilt für die Arrestanordnung in allen Familienstreitsachen (§ 119 Abs. 2), greift jedoch nicht bei einer Vollstreckung des durch einstweilige Anordnung titulierten Unterhalts nach § 246 i.V.m. § 119 Abs. 1 Satz 2. Denn nach der Rspr. des BGH enthalten die Regelungen des einstweiligen Rechtsschutzes nach §§ 49 ff., 246 (§§ 620 ff. ZPO a.F.) eine abschließendes Regelungskonzept (BGH FamRZ 2000, 751; § 56 Rdn. 18). Der Schadensersatzanspruch nach § 945 ZPO ist als sonstige Familiensache gem. § 266 Abs. 1 Nr. 3 vor dem FamG geltend zu machen (Prütting/

Helms § 119 Rn. 2). Anspruchsvoraussetzung ist, dass der durch Arrest zu sichernde Unterhalts- oder Zugewinnausgleichsanspruch bei Erlass des Arrests oder der Arrestgrund nicht bestand. War er gegeben und fiel später weg, besteht keine Schadensersatzpflicht (Zöller/*Vollkommer* § 945 Rn. 8). Ob im Schadensersatzverfahren das Gericht in der Beurteilung der anfänglichen Berechtigung des Arrests frei oder im Fall der Aufhebung im Widerspruchs- oder Beschwerdeverfahren an dessen Beurteilung gebunden ist, wird unterschiedlich beurteilt (Zöller/*Vollkommer* § 945 Rn. 9 f.).

§ 120 Vollstreckung.
(1) Die Vollstreckung in Ehesachen und Familienstreitsachen erfolgt entsprechend den Vorschriften der Zivilprozessordnung über die Zwangsvollstreckung.
(2) ¹Endentscheidungen sind mit Wirksamwerden vollstreckbar. ²Macht der Verpflichtete glaubhaft, dass die Vollstreckung ihm einen nicht zu ersetzenden Nachteil bringen würde, hat das Gericht auf seinen Antrag die Vollstreckung vor Eintritt der Rechtskraft in der Endentscheidung einzustellen oder zu beschränken. ³In den Fällen des § 707 Abs. 1 und des § 719 Abs. 1 der Zivilprozessordnung kann die Vollstreckung nur unter denselben Voraussetzungen eingestellt oder beschränkt werden.
(3) Die Verpflichtung zur Eingehung der Ehe und zur Herstellung des ehelichen Lebens unterliegt nicht der Vollstreckung.

Übersicht

	Rdn.		Rdn.
A. Anwendungsbereich	1	I. Einstellung/Beschränkung	10
B. Titel	2	J. Ausschluss	17
C. Wirksamwerden	3	I. Eingehung der Ehe	18
D. Vollstreckungsklausel	5	II. Herstellung des ehelichen Lebens	19
E. Zustellung	6	K. Rechtsbehelfe	20
F. Antrag	7	L. Gerichtskosten	21
G. Anwaltszwang	8	M. Gerichtsvollzieherkosten	22
H. Vollstreckungsorgane	9	N. Rechtsanwaltsvergütung	23

A. Anwendungsbereich. Gem. § 120 Abs. 1 erfolgt die Vollstreckung in Ehesachen und Familienstreitsa- 1
chen entsprechend den Vorschriften der ZPO über die Zwangsvollstreckung und somit nach den §§ 704 bis 898 ZPO (vgl. dazu *Schulte-Bunert* FuR 2013, 146 f.). Ehesachen sind Familiensachen nach § 111 Nr. 1 und als solche in § 121 definiert (Scheidung, Aufhebung, Feststellung). Da es sich bei den Ehesachen um rechtsgestaltende Entscheidungen handelt, welche unmittelbar mit Wirksamwerden zu einer Änderung der Rechtslage führen, sind diese einer Vollstreckung nicht zugänglich sondern nur die jeweiligen Kostenentscheidungen. Die Zuordnung zu den Familienstreitsachen erfolgt in § 112 (Unterhaltssachen nach § 231 Abs. 1 wie z.B. im vereinfachten Unterhaltsfestsetzungsverfahren nach § 253, Güterrechtssachen nach § 261 Abs. 1 wie insb. bei Zugewinnausgleichsforderungen, sonstige Familiensachen nach § 266 Abs. 1 bspw. den Gesamtschuldnerausgleich unter Ehegatten sowie die entsprechenden Lebenspartnerschaftssachen nach § 269 Abs. 1 Nr. 8–10, Abs. 2). Gem. § 113 Abs. 1 gelten ohnehin grds. für das Verfahren die Vorschriften der ZPO. Dies ist nach § 120 Abs. 1 auch für die Vollstreckung in Ehesachen und Familienstreitsachen der Fall. Dabei spielt es keine Rolle, ob es sich um eine Hauptsacheentscheidung oder eine einstweilige Anordnung handelt. Sofern ein Unterhaltsversäumnisbeschluss, in welchem die sofortige Wirksamkeit hinsichtlich des laufenden Unterhalts nach § 116 Abs. 3, Satz 2, 3 angeordnet wurde, auf Einspruch aufgehoben wurde, ist die Entscheidung gem. § 717 Abs. 1 ZPO außer Kraft getreten und die Zwangsvollstreckung gem. § 775 Nr. 1 ZPO einzustellen sowie ein bereits ergangener Pfändungs- und Überweisungsbeschluss nach § 776 Satz 1 ZPO aufzuheben, ohne dass der aufhebende Beschluss einer Anordnung der sofortigen Wirksamkeit bedarf (BGH NJW 2013, 3584 f.). Der Zwangsvollstreckung aus einem Unterhaltstitel kann bei Wegfall der Prozessstandschaft nach § 1629 Abs. 3 Satz 1 BGB mit einem Vollstreckungsabwehrantrag nach § 120 Abs. 1 i.V.m. § 767 Abs. 1 ZPO begegnet werden (OLG Thüringen FamRZ 2014, 867, 868). I.Ü. richtet sich die Vollstreckung bezüglich verfahrensleitender gerichtlicher Anordnungen in Familiensachen (z.B. hinsichtlich der Auskunftspflicht i.R.d. Versorgungsausgleichs nach § 220) und in Angelegenheiten der freiwilligen Gerichtsbarkeit (z.B. bezüglich der Anordnung zur Ablieferung von Testamenten nach § 358) nach § 35. Die Vollstreckung verfahrensabschließender Entscheidungen erfolgt bei Personenherausgabeentscheidungen und Umgangsregelungen nach §§ 88 bis 94 und von Entscheidungen gem. §§ 95 bis 96a (wie z.B.

Gewaltschutzanordnungen oder Kostenfestsetzungsbeschlüssen) nach der ZPO (vgl. § 35 Rdn. 2; § 86 Rdn. 3).

2 **B. Titel.** Ein zur Vollstreckung erforderlicher Titel kann sich aus einer Endentscheidung (vgl. Rdn. 4) in Unterhaltssachen – als Folgesache im Verbund oder isoliert – ergeben, insb. bezüglich des Kindesunterhalts (z.B. im vereinfachten Unterhaltsfestsetzungsverfahren nach § 253), des Trennungs- sowie des nachehelichen Unterhalts. Als Vollstreckungstitel kommen ebenso – wenngleich es sich nicht um Endentscheidungen handelt – z.B. gerichtliche Vergleiche (§ 794 Abs. 1 Nr. 1 ZPO), Kostenfestsetzungsbeschlüsse (§§ 794 Abs. 1 Nr. 2, 795a ZPO), notarielle Urkunden (§ 794 Abs. 1 Nr. 5 ZPO) sowie Anwaltsvergleiche (§ 796a ZPO) in Betracht. Die Vollstreckung von Unterhaltstiteln aus EU-Mitgliedstaaten richtet sich seit dem 18.06.2011 grds. nach der EuUnthVO (Verordnung [EG] Nr. 4/2009 des Rates über die Zuständigkeit, das anwendbare Recht, die Anerkennung und Vollstreckung von Entscheidungen und die Zusammenarbeit in Unterhaltssachen vom 18.12.2008).

3 **C. Wirksamwerden.** § 120 Abs. 2 orientiert sich an § 62 Abs. 1 ArbGG (BT-Drucks. 16/6308 S. 226). Nach § 120 Abs. 2 Satz 1 sind Endentscheidungen mit Wirksamwerden vollstreckbar (vgl. i.Ü. hinsichtlich der Vollstreckung zum Wirksamwerden von Beschlüssen § 86 Rdn. 7). Es bedarf somit keiner Vollstreckbarerklärung mehr. Dementsprechend gelten die §§ 708 bis 713 ZPO nicht. Die §§ 714 bis 720a ZPO gelten nur eingeschränkt (BT-Drucks. 16/6308 S. 226); vgl. ausführlicher: Germelmann/Matthes/Müller-Glöge/Prütting/Schlewing/*Germelmann* § 62 Rn. 3). Die Aufhebung der Anordnung der sofortigen Wirksamkeit nach § 116 Abs. 3 über § 120 Abs. 1 i.V.m. § 718 ZPO kommt nicht in Betracht, da § 120 Abs. 2 Satz 3, welcher nur einen Verweis auf die §§ 707 Abs. 1, 719 Abs. 1 ZPO enthält, eine Spezialregelung darstellt (OLG Karlsruhe FamRZ 2014, 869). Das Wirksamwerden von Endentscheidungen richtet sich nicht nach der Bekanntgabe gem. § 40 Abs. 1, da diese Vorschrift gem. § 113 Abs. 1 Satz 1 in Ehesachen und Familienstreitsachen nicht anzuwenden ist. Auch § 41 Abs. 1 Satz 2, wonach ein anfechtbarer Beschluss demjenigen zuzustellen ist, dessen erklärtem Willen er nicht entspricht, ist nicht anwendbar. Entscheidungen in Familienstreitsachen sind nach Ansicht des BGH allerdings nach § 113 Abs. 1 Satz 2 i.V.m. §§ 311 Abs. 2 Satz 1, 329 Abs. 1 Satz 1 ZPO zu verkünden, obwohl in § 329 Abs. 1 Satz 1 ZPO nicht auf § 311 Abs. 2 ZPO verwiesen wird (BGH FamRZ 2012, 106, 107 sowie m. Anm. dazu: *Heiter* FamRZ 2012, 206, 207). Vielmehr werden die Endentscheidungen in Ehesachen nach § 116 Abs. 2 mit Rechtskraft wirksam, ebenso wie solche in Familienstreitsachen nach § 116 Abs. 3 Satz 1, bei Verbundentscheidungen erst mit der Rechtskraft des Scheidungsausspruchs nach § 148. Allerdings kann das Gericht in Familienstreitsachen nach § 116 Abs. 3 Satz 2 die sofortige Wirksamkeit anordnen und soll dies tun nach § 116 Abs. 3 Satz 3, wenn es um Unterhaltszahlungen geht. Da der Unterhalt der Sicherung des Lebensbedarfs dient, ist die Anordnung der sofortigen Wirksamkeit nicht erforderlich, wenn übergeleitete Ansprüche geltend gemacht werden z.B. durch das Jugendamt nach § 33 Abs. 2 Satz 4 SGB II, § 94 Abs. 4 Satz 2 SGB XII oder nach § 7 Abs. 4 Satz 1 UVG sowie bezüglich länger zurückliegender Unterhaltsrückstände (BT-Drucks. 16/6308 S. 224).

4 Der Begriff der **Endentscheidung** wird in § 38 Abs. 1 Satz 1 gesetzlich definiert. Dies ist eine Entscheidung, durch die der Verfahrensgegenstand ganz oder teilweise erledigt wird. Es muss sich um eine Entscheidung handeln, welche die Instanz abschließt. Dies wird i.d.R. die Hauptsacheentscheidung sein. Bei vorheriger Erledigung kann dies aber auch eine Kostenentscheidung sein. In Ehe- und Familienstreitsachen sind insb. die Beschlüsse über Unterhalts- oder Zugewinnausgleichszahlungen von Bedeutung. Nicht darunter fallen jedoch mangels Entscheidung diesbezügliche Vergleiche sowie notarielle Urkunden. Für diese ergibt sich die Vollstreckung nach der ZPO aus § 120 Abs. 1. Dies dürfte auch für entsprechende Kostenfestsetzungsbeschlüsse gelten. Einstweilige Anordnungen sind auch Endentscheidungen. Diese werden demnach ebenso mit Wirksamwerden vollstreckbar. Da in Familienstreitsachen nach § 113 Abs. 1 Satz 1 u.a. die §§ 40, 41 nicht anwendbar sind, kann sich das Wirksamwerden nicht nach der Bekanntgabe der Entscheidung richten. Die Wirksamkeit kann sich auch nicht aus § 116 Abs. 3 Satz 1 ergeben, da einstweilige Anordnungen nicht in Rechtskraft erwachsen. Vielmehr sind einstweilige Anordnungen sofort wirksam (vgl. Keidel/*Giers* § 53 Rn. 2).

5 **D. Vollstreckungsklausel.** Grundsätzlich bedarf es nach § 120 Abs. 1 i.V.m. §§ 724, 725 ZPO einer vollstreckbaren Ausfertigung und somit einer mit einer Vollstreckungsklausel versehenen Ausfertigung der Endentscheidung, welche von dem Urkundsbeamten der Geschäftsstelle erteilt wird. Die Vorschrift des § 86 Abs. 3, welche die Notwendigkeit einer Vollstreckungsklausel nur vorschreibt, sofern die Vollstreckung nicht durch das Gericht erfolgt, das den Titel erlassen hat, ist nach § 113 Abs. 1 Satz 1 nicht anwendbar. Bei

einstweiligen Anordnungen ist die Vollstreckungsklausel allerdings nach § 53 Abs. 1 nur erforderlich, wenn die Vollstreckung für oder gegen einen anderen als den in dem Beschluss bezeichneten Beteiligten erfolgen soll. Diese qualifizierte Klausel wird nach § 20 Nr. 12 RPflG vom Rechtspfleger erteilt. Das ist z.B. der Fall, wenn ein Elternteil in gesetzlicher Verfahrensstandschaft nach § 1629 Abs. 3 Satz 1 BGB Unterhaltsansprüche des Kindes gegen den anderen Elternteil geltend gemacht hat, und nun das mittlerweile volljährige Kind selbst die Vollstreckung betreibt. Es bedarf einer Klausel für das Kind als Rechtsnachfolger gem. § 120 Abs. 1 i.V.m. § 727 ZPO (vgl. auch § 53 Rdn. 6).

E. Zustellung. Ferner darf nach § 120 Abs. 1 i.V.m. § 750 Abs. 1 Satz 1 ZPO die Vollstreckung nur beginnen, wenn die Endentscheidung bereits zugestellt ist oder gleichzeitig zugestellt wird. Ggf. bedarf es nach § 750 Abs. 2 ZPO noch der Zustellung der Vollstreckungsklausel sowie der Abschrift etwaiger Urkunden. § 750 Abs. 3 ZPO ist hingegen nicht zu beachten, da es in Familienstreitsachen keine gegen Sicherheitsleistung vorläufig vollstreckbaren Entscheidungen gibt. Die Vorschrift des § 87 ist nach § 113 Abs. 1 Satz 1 nicht anwendbar. Die Zustellung richtet sich nach den §§ 166 bis 195 ZPO. Entscheidungen, die einen Vollstreckungstitel bilden, sind von Amts wegen zuzustellen, § 113 Abs. 1 Satz 2 i.V.m. §§ 329 Abs. 3, 166 Abs. 2 ZPO. I.R.d. Vollstreckung ist die Zustellung durch den Gläubiger nach § 750 Abs. 1 Satz 2 Halbs. 1 ZPO ausreichend. Die Zustellung von Vergleichen sowie vollstreckbaren Urkunden erfolgt ohnehin durch die Beteiligten. 6

F. Antrag. Die Vollstreckung erfolgt auf Antrag des Gläubigers. Sie wird sodann von Amts wegen bis zur Durchsetzung des Anspruchs durchgeführt. Der Antrag muss spätestens vor dem Beschwerdegericht gestellt werden (BGH FamRZ 2013, 1299; OLG Düsseldorf FamRZ 2014, 870). 7

G. Anwaltszwang. Für das Vollstreckungsverfahren besteht Anwaltszwang, sofern ein solcher für das zugrunde liegende Verfahren bestand und nun das AG als FamG für die Vollstreckung zuständig ist. In Familienstreitsachen besteht nach § 114 Abs. 1 Anwaltszwang. Im Verfahren der einstweiligen Anordnung besteht nach § 114 Abs. 4 Nr. 1 hingegen kein Rechtsanwaltszwang, sodass dies auch für das Vollstreckungsverfahren gilt und bspw. eine sofortige Beschwerde nach § 793 ZPO gem. § 569 Abs. 3 Nr. 1 ZPO ebenso zu Protokoll der Geschäftsstelle eingelegt werden könnte. Vor dem BGH besteht gem. § 114 Abs. 2 ein qualifizierter Anwaltszwang, demzufolge nur ein beim BGH zugelassener Rechtsanwalt postulationsfähig ist. 8

H. Vollstreckungsorgane. Vollstreckungsorgan ist nach § 753 Abs. 1 ZPO grundsätzlich der **Gerichtsvollzieher**. Dieser ist u.a. zuständig bei der Zwangsvollstreckung wegen Geldforderungen in das bewegliche Vermögen für die Pfändung körperlicher Sachen nach § 808 ZPO sowie ggf. für die Versteigerung der Gegenstände nach § 814 ZPO. Ferner nimmt er nach § 802e Abs. 1 ZPO die eidesstattliche Versicherung ab. Das Amtsgericht als **Vollstreckungsgericht** (vgl. § 764 Abs. 1, 2 ZPO) ist z.B. zuständig für den Erlass eines Pfändungs- und Überweisungsbeschlusses gem. §§ 828, 829, 835 ZPO. Das Familiengericht wird als **Verfahrensgericht des ersten Rechtszuges** bspw. gem. § 888 ZPO bei der Vollstreckung einer nicht vertretbaren Handlung wie der Verpflichtung zur Auskunftserteilung tätig. Die Vollstreckung erfolgt durch Zwangsgeld und – für den Fall, dass dieses nicht beigetrieben werden kann – durch Zwangshaft (vgl. dazu § 95 Rdn. 5 sowie *Schulte-Bunert* FuR 2013, 146, 147). Es kommt auch die Vollstreckung in das unbewegliche Vermögen nach §§ 864 ff. ZPO in Betracht. Die Immobiliarvollstreckung kann z.B. erfolgen durch Eintragung einer Sicherungshypothek, § 866 Abs. 1 ZPO. Vollstreckungsorgan ist dann das **Grundbuchamt**. 9

I. Einstellung/Beschränkung. Unter den Voraussetzungen von § 120 Abs. 2 Satz 2 kann die Vollstreckung einer Endentscheidung in der Hauptsache – für die Aussetzung oder Beschränkung der Vollstreckung einer einstweiligen Anordnung gilt § 55 Abs. 1 Satz 1 – **eingestellt oder beschränkt** werden, wenn die Vollstreckung dem Verpflichteten einen **nicht zu ersetzenden Nachteil** bringen würde. Es soll damit der Eintritt eines Schadens verhindert werden, der auch bei einem erfolgreichen Rechtsmittel nicht rückgängig gemacht werden könnte. Die Vorschrift hat nur Relevanz in Bezug auf die Vollstreckung in Familienstreitsachen, da auch die Kostenentscheidung in Ehesachen erst mit Rechtskraft wirksam wird nach § 116 Abs. 2 (vgl. § 120 Rdn. 1). Eine Einstellung gegen Sicherheitsleistung kommt nicht in Betracht (vgl. auch OLG Hamm FamRZ 2011, 589, 590; a.A. OLG Rostock ZFE 2011, 272; *Büte* FuR 2010, 124, 126). Dagegen spricht schon der Wortlaut, der eine Einstellung gegen Sicherheitsleistung nicht vorsieht, sondern nur die Möglichkeit der Einstellung oder Beschränkung der Vollstreckung. Zwar gibt es keine Bestimmung, die ausdrücklich bestimmt, dass die Einstellung so wie im arbeitsgerichtlichen Verfahren nach § 62 Abs. 1 Satz 4 ArbGG ohne 10

Sicherheitsleistung erfolgt. Diese Vorschrift bezieht sich aber nur auf § 62 Abs. 1 Satz 3 ArbGG, welcher § 120 Abs. 2 Satz 3 im familiengerichtlichen Verfahren entspricht. Ferner hatte die Vorschrift ohnehin nur klarstellenden Charakter (Germelmann/Matthes/Müller-Glöge/Prütting/Schlewing/*Germelmann* § 62 Rn. 42a, 46). Zudem sind die §§ 708 bis 713 ZPO ohnehin nicht anwendbar (vgl. § 120 Rdn. 3). Dementsprechend kann die Vollstreckung nicht von einer Sicherheitsleistung abhängig gemacht werden. Zwar hat der Bundesrat gefordert, die Vorschriften auf die Unterhalts- und Güterrechtssachen weiterhin anzuwenden u.a. mit der Begründung, dass das Risiko der Vollstreckung einer unrichtigen Entscheidung in der 1. Instanz dem Vollstreckungsschuldner aufgebürdet werde, ein Bedürfnis für die Vollstreckung in Güterrechtssachen vor Eintritt der Rechtskraft ohne Sicherheitsleistung nicht erkennbar sei und in Kindesunterhaltsverfahren der Minderjährige weitgehend über den Weg des staatlichen Unterhaltsvorschusses abgesichert sei (BT-Drucks. 16/6308 S. 373). Damit konnte sich der Bundesrat aber nicht durchsetzen. In ihrer Gegenäußerung verwies die Bundesregierung darauf, dass § 120 Abs. 2 Satz 1 mit § 116 Abs. 3 abgestimmt sei, wonach zwar in Unterhaltssachen die sofortige Wirksamkeit angeordnet werden solle, das Gericht aber im Rahmen seiner Ermessensprüfung Gläubiger- und Schuldnerinteresse gegeneinander abzuwägen habe und von dieser Anordnung ggf. absehen könne (BT-Drucks. 16/6308 S. 412). § 120 Abs. 2 Satz 2, 3 ergänzten § 116 Abs. 3 zum Schutz des Schuldners in der Vollstreckung, sodass mit dieser flexiblen Regelung das Institut der vorläufigen Vollstreckbarkeit insgesamt entbehrlich sei (BT-Drucks. 16/6308 S. 412).

11 Voraussetzung für die Einstellung oder Beschränkung der Vollstreckung nach § 120 Abs. 2 Satz 2 ist zunächst, dass ein entsprechender **Antrag** gestellt wird. Dieser muss vor Eintritt der Rechtskraft angebracht werden. Er kann auch noch in 2. Instanz gestellt werden (OLG Bremen FamRZ 2011, 322, 323; OLG Rostock ZFE 2011, 272; OLG Frankfurt a.M. FamRZ 2016, 162; a.A. OLG Hamm ZFE 2011, 270; Prütting/Helms/*Helms* § 120 Rn. 10).

12 Ob ein **nicht zu ersetzender Nachteil** die Folge der Vollstreckung wäre, ist mit Zurückhaltung zu beurteilen und wird i.d.R. nicht der Fall sein. Anders als in § 719 Abs. 2 ZPO ist allein auf einen für den Verpflichteten (Schuldner) nicht zu ersetzenden Nachteil abzustellen und nicht ein überwiegendes Interesse des Gläubigers zu berücksichtigen (a.A. und für die Berücksichtigung der Gläubigerinteressen: OLG Hamm FamRZ 2011, 1317; OLG Rostock ZFE 2011, 272 für Maßnahmen des Beschwerdegerichts). Ein nicht zu ersetzender Nachteil ist gegeben, wenn die Wirkungen einer Vollstreckung nicht mehr rückgängig gemacht werden können (Germelmann/Matthes/Müller-Glöge/Prütting/Schlewing/*Germelmann* § 62 Rn. 19). Das könnte z.B. der Fall sein, wenn der Verpflichtete aufgrund einer **Versteigerung** eines beweglichen oder unbeweglichen Gegenstandes sein Eigentum unwiederbringlich verliert (vgl. Zöller/*Lorenz* § 120 Rn. 3). Die **Erfolgsaussicht eines Rechtsmittels** wird zur Feststellung des nicht zu ersetzenden Nachteils grds. nicht geprüft, da es für den nicht zu ersetzenden Nachteil nicht auf den Ausgang des Rechtsmittelverfahrens ankommt, sondern auf die wirtschaftliche Situation des Verpflichteten (vgl. Germelmann/Matthes/Müller-Glöge/Prütting/Schlewing/*Germelmann* § 62 Rn. 20; vgl. auch OLG Hamm FamRZ 2011, 589, 590). Sofern allerdings feststeht, dass ein Rechtsmittel keine Erfolgsaussicht hat, wird angenommen, dass bei der Vollstreckung auch kein nicht zu ersetzender Nachteil für den Verpflichteten eintritt (BGH NJW 1953, 179; NJW-RR 2007, 1138; BAG NJW 1971, 910, 911; OLG Hamm FamRZ 2011, 589, 590; *Büte* FuR 2010, 124, 127 m.w.N.). Insofern kann auch nicht der Rechtsgedanke des § 713 ZPO herangezogen werden (so aber Germelmann/Matthes/Müller-Glöge/Prütting/Schlewing/*Germelmann* § 62 Rn. 41), da die Vorschrift i.R.d. § 120 Abs. 2 schon nicht anwendbar ist (vgl. § 120 Rdn. 3). Die zitierten Entscheidungen können die erwähnte gegenteilige Auffassung hinsichtlich einer Einstellung nach § 120 Abs. 2 Satz 2 nicht stützen, da es sich um grundlegend andere Sachverhalte handelte. Es ging jeweils um Entscheidungen des Revisionsgerichts im Rahmen von § 719 Abs. 2 ZPO. § 120 Abs. 2 Satz 2 geht allerdings von der Einstellung durch das erstinstanzliche Gericht aus. Es handelt sich bei § 719 Abs. 2 ZPO aber gerade um eine Vorschrift zur Entlastung des Revisionsgerichts (BAG NJW 1971, 910, 911). Und die Prüfung, ob ein Rechtsmittel unzulässig ist (vgl. BGH NJW 1953, 179), wird vom Rechtsmittelgericht vorgenommen. I.Ü. wird das Ausgangsgericht i.R.d. zu treffenden Endentscheidung wohl kaum zu dem Ergebnis gelangen, dass ein Rechtsmittel Erfolgsaussicht hat. Grds. ist die Entscheidung über die Einstellung oder Beschränkung der Vollstreckung in der Endentscheidung auszusprechen, welche z.B. dem Verpflichteten Unterhaltszahlungen auferlegt, vgl. § 120 Abs. 2 Satz 2. In einem solchen Fall würde das FamG allerdings wohl eher nicht die sofortige Wirksamkeit der Entscheidung anordnen, wenn es ausnahmsweise der Ansicht ist, dass die Entscheidung dem Verpflichteten einen nicht zu ersetzenden Nachteil bringt. Möglich wäre die Einstellung ggf., wenn nach Erlass *der Endentscheidung* aber vor ihrer Rechtskraft Umstände vom Verpflichteten vorgetragen werden, wo-

nach die Vollstreckung ihm einen nicht zu ersetzenden Nachteil bringen würde (so wohl auch BT-Drucks. 16/6308 S. 412). In Betracht kommt die Annahme eines für den Verpflichteten nicht zu ersetzenden Nachteils, wenn **Schadensersatzansprüche oder Rückzahlungsansprüche nicht durchsetzbar** wären (vgl. OLG Koblenz FamRZ 2005, 468). Die bloße **Vermögenslosigkeit** des Vollstreckungsgläubigers ist grds. nicht ausreichend, also z.B. auch im Fall der Gewährung von **Verfahrenskostenhilfe** (vgl. Germelmann/Matthes/ Prütting/Müller-Glöge/Prütting/Schlewing/*Germelmann* § 62 Rn. 24). Dies gilt im Grundsatz ebenso, falls der Vollstreckungsgläubiger **arbeitslos** ist unabhängig davon, ob es sich um einen In- oder Ausländer handelt (vgl. Germelmann/Matthes/Prütting/Müller-Glöge/*Germelmann* § 62 Rn. 25, 26). Umstritten ist allerdings, ob ein nicht zu ersetzender Nachteil für den Verpflichteten als Unterhaltsschuldner gegeben ist, wenn der Unterhaltsgläubiger die erhaltenen Unterhaltsleistungen wegen **Mittellosigkeit** voraussichtlich nicht zurückzahlen kann (dafür OLG Hamm FamRZ 2011, 1317; ZFE 2011, 270; OLG Bremen FamRZ 2011, 322, 323; nur hinsichtlich Unterhaltsrückständen: OLG Brandenburg FamRZ 2015, 165; nach OLG Stuttgart, sofern auf absehbare Zeit mit einer Rückzahlung nicht gerechnet werden kann, FamRZ 2015, 777; allerdings soll auch nach Ansicht des OLG Hamm dieser Grundsatz nicht mehr zwangsläufig für Unterhaltsforderungen gelten, da die sofortige Wirksamkeit bei Unterhaltsentscheidungen nach § 116 Abs. 3 Satz 3 der Regelfall ist und die Nichtrealisierbarkeit eines Anspruchs auf Rückzahlung überzahlten Unterhalts die normale Folge der Zwangsvollstreckung ist, OLG Hamm FamRZ 2012, 730; vgl. auch hinsichtlich des laufenden Unterhalts: OLG Brandenburg FamRZ 2015, 165; FamRZ 2015, 1741, 1742). Der BGH ging in einer Nichtfamilienzivilsache davon aus, dass der Wortlaut des nicht zu ersetzenden Nachteils nach § 719 Abs. 2 ZPO gegeben sei, da der Verlust einer – unterstellten – nicht geschuldeten Geldsumme ein Nachteil sei, welcher auch unersetzlich sei, wenn der Empfänger wegen Zahlungsunfähigkeit auf Dauer nicht zur Rückerstattung in der Lage sei (BGH NJW-RR 2007, 1138; im Ergebnis ebenso: Thomas/Putzo/*Seiler* § 120 Rn. 6; Zöller/ *Lorenz* § 120 Rn. 3). Diese Entscheidung kann allerdings auf die Vollstreckung von Entscheidungen in Unterhaltssachen nicht ohne Weiteres übertragen werden. Dabei ist zunächst zu berücksichtigen, dass auf diese Vorschrift nicht verwiesen wird – in § 120 Abs. 2 Satz 3 jedenfalls nur auf § 719 Abs. 1 ZPO – und zudem § 719 Abs. 2 ZPO die Einstellung durch das Revisionsgericht regelt, während § 120 Abs. 2 Satz 2 von der Einstellung durch das Gericht 1. Instanz ausgeht. Zudem wird in § 719 Abs. 2 ZPO zusätzlich neben dem nicht zu ersetzenden Nachteil gefordert, dass nicht ein überwiegendes Interesse des Gläubigers entgegensteht. Eine solche Interessenabwägung findet i.R.d. § 120 Abs. 2 Satz 2 jedoch gerade nicht statt. Des Weiteren hat der vom BGH entschiedene Fall kaum Gemeinsamkeiten mit der Vollstreckung von Unterhaltsforderungen. Im konkreten Fall ging es um eine Forderung von ca. 60.000 €. Da hinsichtlich des rückständigen Unterhalts die sofortige Wirksamkeit gem. § 116 Abs. 3 Satz 2 nicht angeordnet werden sollte (vgl. § 120 Rdn. 3), dürfte die Vollstreckung laufenden Unterhalts in dieser Höhe bis zur Rechtskraft der Entscheidung eher die Ausnahme sein. Darüber hinaus ist zu beachten, dass es den BGH zu einer Korrektur der Entscheidung des Berufungsgerichts drängte, da dieses zu Unrecht dem Beklagten keine Abwendungsbefugnis nach § 711 ZPO eingeräumt hat (BGH NJW-RR 2007, 1138). Ferner hatte eine Gläubigerin der Klägerin schon deren Forderung gegen den Beklagten gepfändet. Schließlich dürfte der Verpflichtete in Unterhaltssachen kaum darlegen können, dass die Vollstreckung für ihn einen nicht zu ersetzenden Nachteil bedeutet, da eine entsprechende Endentscheidung auf einem über dem Existenzminimum liegenden Einkommen basiert (vgl. Musielak/Borth § 120 Rn. 4). Die Vollstreckung dürfte von ihm vielmehr hinzunehmen sein (vgl. OLG Hamm FamRZ 1997, 1489; Keidel/*Weber* § 120 Rn. 17). Denkbar ist die Annahme eines nicht zu ersetzenden Nachteils jedoch, sofern die Vollstreckung die **Sperrung des einzigen Geschäftskontos** zur Folge hätte, da dann die konkrete Gefahr bestünde, dass der Schuldner seine Lebensgrundlage verliert (vgl. Germelmann/Matthes/Prütting/Müller-Glöge/*Germelmann* § 62 Rn. 27; so auch OLG Brandenburg FamRZ 2015, 165; FamRZ 2015, 1741, 1742). Dies könnte auch der Fall sein bei einer titulierten Zugewinnausgleichsforderung oder einer entsprechenden Zahlungsverpflichtung aufgrund der Auseinandersetzung einer Gütergemeinschaft, falls der Verpflichtete durch die Vollstreckung die **Basis seiner wirtschaftlichen Tätigkeit verlieren** würde (vgl. Musielak/*Borth* § 120 Rn. 4).

Der Verpflichtete hat die Voraussetzungen **glaubhaft** zu machen. Hierfür kann er sich gem. § 294 Abs. 1 **13** ZPO aller präsenter Beweismittel bedienen. Insbes. ist auch die Abgabe einer entsprechenden eidesstattlichen Versicherung möglich. Für diese reicht jedoch nicht aus, dass einfach die Versicherung erfolgt, dass der Vortrag des Verfahrensbevollmächtigten zutreffend ist. Nötig ist vielmehr eine eigenständige Sachverhaltsdarstellung und Stellungnahme.

14 Auf **einstweilige Anordnungen** in Familienstreitsachen ist § 120 Abs. 2 Satz 2 nicht anwendbar. Diese Entscheidungen sind nicht rechtskraftfähig (vgl. auch § 120 Rdn. 4) und zudem z.B. in Unterhaltssachen nicht anfechtbar nach § 57 Satz 1. Der Gesetzgeber ist allerdings in § 120 Abs. 2 Satz 2 von Endentscheidungen ausgegangen, die rechtskräftig werden können. Dementsprechend kommt insofern nur eine Aussetzung oder Beschränkung der Vollstreckung nach § 55 in Betracht (ebenso Thomas/Putzo/*Seiler* § 120 Rn. 6).

15 Nach § 120 Abs. 2 Satz 3 kann in den Fällen des § 707 Abs. 1 ZPO (Wiedereinsetzung in den vorigen Stand nach § 117 Abs. 5 [vgl. auch § 117 Rdn. 52], Wiederaufnahme des Verfahrens nach § 118 sowie Gehörsrüge nach § 321a ZPO; nicht jedoch die Fortsetzung des Verfahrens nach Verkündung einer Vorbehaltsentscheidung) und § 719 Abs. 1 ZPO (Beschwerde – vgl. § 345 ZPO, § 58 – oder Einspruch nach § 338 ZPO gegen die Entscheidung) die **Einstellung oder Beschränkung** der Vollstreckung ebenfalls nur erfolgen, wenn der Verpflichtete glaubhaft macht, dass ihm die Vollstreckung einen nicht zu ersetzenden Nachteil bringen würde. I.R.d. Beschwerdeverfahrens kann das Beschwerdegericht die Vollziehung des angefochtenen Beschlusses per einstweiliger Anordnung aussetzen nach § 64 Abs. 3. Der Ansicht, dass nach § 707 Abs. 1 ZPO eine Einstellung der Vollstreckung gegen oder ohne Sicherheitsleistung eingestellt werden könne oder nur gegen Sicherheitsleistung stattfinde und die Vollstreckungsmaßregeln gegen Sicherheitsleistung aufzuheben seien (Keidel/*Weber* § 120 Rn. 18, 18a; Thomas/Putzo/*Seiler* § 120 Rn. 7), kann nicht gefolgt werden (vgl. auch OLG Brandenburg FamRZ 2015, 165). Vielmehr hat die einstweilige Einstellung ohne Sicherheitsleistung zu erfolgen (ebenso Büte FuR 2010, 124, 126; vgl. auch § 120 Rdn. 10). § 120 Abs. 2 Satz 3 verweist nur auf die »Fälle« der §§ 707 Abs. 1, 717 Abs. 1 ZPO (Wiedereinsetzung etc.), nicht jedoch auf die Modalitäten der Einstellung der Vollstreckung nach diesen Vorschriften (Einstellung gegen Sicherheitsleistung etc.). Auf einstweilige Anordnungen ist § 120 Abs. 2 Satz 3 nicht anwendbar (vgl. § 120 Rdn. 4, 10).

16 Vor der Entscheidung ist dem Verpflichteten rechtliches Gehör zu gewähren. Die Entscheidung ergeht durch Beschluss gem. §§ 113 Abs. 1 Satz 1, 38 Abs. 1 Satz 1.

17 **J. Ausschluss.** Gem. § 120 Abs. 3 unterliegt die Verpflichtung zur Eingehung der Ehe und zur Herstellung des ehelichen Lebens nicht der Vollstreckung. Diese Regelung war bislang in § 888 Abs. 3 ZPO enthalten. Bei diesen nicht vollstreckbaren Verpflichtungen handelt es sich um sonstige Familiensachen nach § 266 Abs. 1 Nr. 1, 2. Die Vorschrift dürfte in Bezug auf entsprechende Lebenspartnerschaftssachen analog anwendbar sein (vgl. BLAH/*Hartmann* § 120 Rn. 4).

18 **I. Eingehung der Ehe.** Bei Anwendbarkeit deutschen Rechts kann ein entsprechender Titel nach § 1297 Abs. 1 BGB nicht erstritten werden. Denkbar ist dies bei Anwendung ausländischen Rechts. Allerdings würde eine diesbezügliche Entscheidung durch ein inländisches Gericht wohl nicht ergehen, da sie gegen den ordre public nach Art. 6 EGBGB verstoßen würde (s.a. Palandt/*Thorn* EGBGB Art. 13 Rn. 30 m.w.N.). Eine ausländische Entscheidung mit der Verpflichtung zur Eingehung der Ehe würde aus diesem Grund schon nicht anerkannt nach § 109 Abs. 1 Nr. 4, sodass sie dann auch nicht vollstreckbar wäre nach § 110 Abs. 1.

19 **II. Herstellung des ehelichen Lebens.** Sofern deutsches Recht anzuwenden ist, kann ein diesbezüglicher Titel wegen § 1353 Abs. 2 BGB grds. nicht erlangt werden, was wiederum jedoch bei Anwendung ausländischen Rechts möglich ist. Ob eine solche Entscheidung dann auch durch ein inländisches Gericht erfolgen würde, ist grds. zweifelhaft wegen des möglichen Verstoßes gegen den ordre public. Im Fall einer ausländischen Entscheidung dürfte eine Anerkennung ebenfalls i.d.R. nicht erfolgen (s.a. § 120 Rdn. 18). Relevanz kann der Vollstreckungsausschluss allerdings erlangen, wenn mittelbar die Herstellung des ehelichen Lebens vollstreckt werden soll z.B. dergestalt, dass ein freiwillig aus der ehelichen Wohnung ausgezogener Ehegatte nach einiger Zeit wieder Aufnahme in selbige begehrt (Schuschke/*Walker* § 888 Rn. 48).

20 **K. Rechtsbehelfe.** Grds ist gegen Endentscheidungen in Ehesachen und Familienstreitsachen die befristete Beschwerde nach § 117 i.V.m. §§ 58 ff. gegeben. Aufgrund des Verweises in § 120 Abs. 1 hinsichtlich der Vollstreckung auf die Vorschriften der ZPO dürfte dies auch für die Rechtsbehelfe der ZPO im Zwangsvollstreckungsverfahren als Spezialnormen zutreffen. Dies gilt insb. für die Klauselerinnerung nach § 732 ZPO, den Vollstreckungsschutzantrag gem. § 765a ZPO, die Klage gegen die Erteilung der Vollstreckungsklausel nach § 768 ZPO, die Vollstreckungserinnerung gem. § 766 ZPO, die Vollstreckungsabwehrklage (Antrag nach § 113 Abs. 5 Nr. 2) nach § 767 ZPO (vgl. dazu OLG Brandenburg FamRZ 2012, 1233, 1234), die Drittwiderspruchsklage nach § 771 ZPO (Antrag nach § 113 Abs. 5 Nr. 2) und die sofortige Beschwerde nach § 793 ZPO. Sofern es sich um eine Entscheidung des Rechtspflegers i.R.d. vereinfachten Unterhaltsfestsetzungsverfahrens nach § 253 handelt, sind die Rechtsbehelfe über § 11 Abs. 1 RPflG anwendbar. Be-

Abschnitt 1. Allgemeine Vorschriften § 120

schwerdegericht ist das OLG nach § 119 Abs. 1 Nr. 1a) GVG, sofern die Vollstreckung durch das Amtsgericht als FamG erfolgt ist und somit z.B. in den Fällen der §§ 732, 768, 767, 888 ZPO. Das LG ist zuständig nach § 72 Abs. 1 Satz 1 GVG, falls der Gerichtsvollzieher oder das Vollstreckungsgericht tätig geworden sind und dementsprechend bspw. im Rahmen von §§ 765a, 766 ZPO. Gegen die Entscheidung des Beschwerdegerichts ist im Fall der Zulassung die Rechtsbeschwerde zum BGH eröffnet gem. § 574 Abs. 1 Satz 1 Nr. 2 ZPO.

L. Gerichtskosten. Gem. § 1 Satz 1 FamGKG werden u.a. hinsichtlich der Vollstreckung durch das **FamG** 21 Kosten (Gebühren und Auslagen) nur nach dem FamGKG erhoben soweit nichts anderes bestimmt ist. Aufgrund des Zweiten Gesetzes zur Modernisierung des Kostenrechts (2. Kostenrechtsmodernisierungsgesetz – 2. KostRMoG, welches am 01.08.2013 in Kraft getreten ist) wird der Wortlaut des bisherigen § 1 FamFGKG zu dessen Abs. 1. Kosten werden gem. § 3 Abs. 2 FamGKG nach dem Kostenverzeichnis der Anlage 1 erhoben. Dort ist die Vollstreckung im 6. Hauptabschnitt mit den Nr. 1600 bis 1603 geregelt. Nach Satz 1 der entsprechenden Vorbemerkung 1.6 gelten die Vorschriften dieses Hauptabschnitts für die Vollstreckung, nach Buch 1 Abschnitt 8, soweit das FamG zuständig ist. Der 8. Abschnitt beinhaltet die Vorschriften der §§ 86 bis 96a. Diese sind allerdings bei der Vollstreckung von Unterhaltsentscheidungen als Familienstreitsachen nach § 113 Abs. 1 Satz 1 nicht anwendbar. Dementsprechend können bei der Vollstreckung von Unterhaltsentscheidungen durch das FamG über § 120 Abs. 1 – wie bei der Vollstreckung einer nicht vertretbaren Handlung bezüglich der Verpflichtung zur Auskunftserteilung gem. § 888 ZPO – aufgrund des Ausschließlichkeitsanspruchs des FamGKG mangels dortiger Regelung Kosten nicht erhoben werden (wohl aber für die Anordnung von Zwangsmitteln nach § 888 ZPO i.R.d. Vollstreckung einer unvertretbaren Handlung durch das FamG über § 95 Abs. 1 Nr. 3 mit einer Gebühr von 20 € nach Nr. 1602 des Kostenverzeichnisses; durch das 2. KostRMoG ist eine Anhebung um 5 € auf 20 € erfolgt). Dies gilt auch für Beschlüsse nach § 120 Abs. 2 Satz 2, 3, mit denen die Vollstreckung eingestellt oder beschränkt wird (vgl. Prütting/Helms/*Helms* § 120 Rn. 17). Nach der Vorbemerkung 1.6. Satz 2 des Kostenverzeichnisses werden für Handlungen durch das **Vollstreckungsgericht** Gebühren nach dem GKG erhoben. Dies ergibt sich ebenfalls aus § 1 Abs. 1 Nr. 1 GKG. Gem. § 3 Abs. 2 GKG werden Kosten nach dem Kostenverzeichnis der Anlage 1 erhoben. Maßgebend ist Teil 2 Hauptabschnitt 1 mit den Nr. 2110 bis 2124. Danach beträgt bspw. für Verfahren über Anträge auf Erlass eines Pfändungs- und Überweisungsbeschlusses (Nr. 2111) sowie Vollstreckungsschutz nach § 765a ZPO (Nr. 2112) die Gebühr jeweils 20 € (durch das 2. KostRMoG ist eine Anhebung um 5 € erfolgt). Für die Eintragung einer Sicherungshypothek durch das **Grundbuchamt** wurde bislang nach § 62 Abs. 1 KostO die volle Gebühr erhoben. Die Höhe der vollen Gebühr richtete sich nach § 32 KostO und der entsprechenden Gebührentabelle als Anlage. So war z.B. für einen Geschäftswert bis 11.000 € eine Gebühr von 54 € zu entrichten. An die Stelle der KostO ist insofern nach dem 2. KostRMoG dessen Art. 1 getreten, das Gesetz über Kosten der freiwilligen Gerichtsbarkeit für Gerichte und Notare (Gerichts- und Notarkostengesetz – GNotKG). Die Wertgebühren richten sich dann nach § 34 GNotKG und würden bei einer 1,0-Gebühr (nach dem Kostenverzeichnis der Anlage 1 zu § 3 Abs. 2 GNotKG; Nr. 14121) im obigen Beispiel 74 € betragen.

M. Gerichtsvollzieherkosten. Für die Tätigkeiten des Gerichtsvollziehers werden gem. § 1 Abs. 1 GvKostG 22 Kosten nur nach diesem Gesetz erhoben. Die Höhe richtet sich gem. § 9 GvKostG nach dem Kostenverzeichnis der Anlage und dort insb. nach den Nr. 200 f. Die Gebühr beträgt bspw. für die Bewirkung der Pfändung nach § 808 ZPO (Nr. 205) 26 € (durch das 2. KostRMoG ist eine Anhebung um 6 € erfolgt), für die Abnahme der Vermögensauskunft nach den §§ 802c, 802d Abs. 1 oder nach § 807 ZPO (Nr. 260) 33 € (durch das 2. KostRMoG ist eine Anhebung um 8 € auf 33 € erfolgt sowie aufgrund einer neu eingefügten Nr. 262 für die Abnahme der eidesstattlichen Versicherung nach § 836 Abs. 3 oder § 883 Abs. 2 ZPO eine Gebühr von 38 €) und für die Versteigerung von beweglichen Sachen (Nr. 300) 52 € (durch das 2. KostRMoG ist eine Anhebung um 12 € auf 52 € erfolgt).

N. Rechtsanwaltsvergütung. Gem. § 1 Abs. 1 Satz 1 RVG bemisst sich die Vergütung (Gebühren und Auslagen) für anwaltliche Tätigkeiten nach dem RVG. Der Gegenstandswert ergibt sich aus § 25 Abs. 1 RVG und somit i.d.R. nach dem Betrag der zu vollstreckenden Geldforderung einschließlich der Nebenforderungen (Nr. 1). Die Wertgebühren folgen aus § 13 RVG sowie der Gebührentabelle nach Anlage 2. Die Höhe der Vergütung richtet sich gem. § 2 Abs. 2 Satz 1 RVG nach dem Vergütungsverzeichnis der Anlage 1. Maßgebend sind die Bestimmungen in Teil 3 Abschnitt 3 Unterabschnitt 3. Es kann eine 0,3-Verfahrensgebühr in Ansatz gebracht werden (Nr. 3309) und i.F.d. Teilnahme an einem gerichtlichen Termin oder einem Termin zur Abnahme der eidesstattlichen Versicherung eine 0,3-Terminsgebühr (Nr. 3310). Wenn bspw. die zu vollstreckende Unterhaltsforderung 3.000 € beträgt, ergibt sich eine 0,3-Verfahrensgebühr von 56,70 €. Besondere Angelegenheiten – und damit Gebühren auslösend – sind nach § 18 Abs. 1 RVG z.B. alle Vollstreckungsmaßnahmen (Nr. 1) – dabei ist allerdings das Vollstreckungserinnerungsverfahren nach § 766 ZPO eingeschlossen gem. § 19 Abs. 2 Nr. 2 RVG –, jedes Beschwerdeverfahren (Nr. 3), die Klauselerinnerung gem. § 732 ZPO (Nr. 4), Verfahren über Vollstreckungsschutzanträge nach § 765a ZPO (Nr. 6), das Verfahren auf Eintragung einer Zwangshypothek gem. § 867 ZPO (Nr. 11) sowie das Verfahren nach § 888 ZPO (Nr. 13). Gem. § 18 Abs. 2 Nr. 2 RVG gilt § 18 Abs. 1 RVG entsprechend für die Vollstreckung nach dem FamFG. Zum Verfahren gehört allerdings die vorläufige Einstellung oder Beschränkung der Zwangsvollstreckung – und somit auch nach § 120 Abs. 2 Satz 2, 3 –, sodass diesbezüglich grds. keine gesonderte Vergütung geltend gemacht werden kann, § 19 Abs. 1 Satz 2 Nr. 11 RVG. Etwas anderes gilt nur, wenn eine abgesonderte mündliche Verhandlung darüber stattfindet. Dann fällt eine 0,5-Verfahrensgebühr an (Nr. 3328) und eine 0,5-Terminsgebühr (Vorbemerkung 3.3.6 i.V.m. Nr. 3332). Mit dem 2. KostRMoG ergeben sich insofern keine Änderungen der Gebühren.

Abschnitt 2. Verfahren in Ehesachen; Verfahren in Scheidungssachen und Folgesachen

Unterabschnitt 1. Verfahren in Ehesachen

§ 121 Ehesachen. Ehesachen sind Verfahren
1. auf Scheidung der Ehe (Scheidungssachen),
2. auf Aufhebung der Ehe und
3. auf Feststellung des Bestehens oder Nichtbestehens einer Ehe zwischen den Beteiligten.

Übersicht	Rdn.		Rdn.
A. Allgemeines	1	III. Feststellung des Bestehens oder Nichtbestehens einer Ehe	9
B. Anwendungsbereich	3	IV. Auslandsberührung	10
I. Scheidung der Ehe (Scheidungssachen)	3		
II. Aufhebung der Ehe	7		

A. Allgemeines. Die Vorschrift des § 121 enthält die gesetzliche Definition der Ehesachen. 1

Die Bestimmung des § 121 unterscheidet sich von der im früheren § 606 Abs. 1 Satz 1 ZPO enthaltenen Begriffsbestimmung lediglich dadurch, dass Verfahren auf Herstellung des ehelichen Lebens nicht mehr zu den Ehesachen zählen. Die zahlenmäßige und praktische Bedeutung dieser Verfahren war ohnehin gering. Die Herstellungsklage wurde als Anachronismus empfunden. Wegen des früher in § 888 Abs. 3 ZPO geregelten Vollstreckungsverbots, welches sich nunmehr aus § 120 Abs. 3 ergibt, war das Rechtsschutzbedürfnis oftmals zweifelhaft. Dies gilt besonders für die als korrespondierende negative Feststellungsklage angesehene Klage auf Feststellung des Rechts zum Getrenntleben. Die zugrunde liegenden Ansprüche können als sonstige Familiensache (§ 266 Abs. 1 Nr. 2) vor dem FamG weiterhin geltend gemacht werden. Es handelt sich dabei jedoch um eine Familienstreitsache, also um ein Verfahren, für das die Besonderheiten des Verfahrens in Ehesachen, insb. der eingeschränkte Amtsermittlungsgrundsatz (§ 127), nicht gelten. 2

Der Begriff der Ehesache nach § 121 FamFG umfasst nicht die Befreiung von Ehehindernissen.

B. Anwendungsbereich. I. Scheidung der Ehe (Scheidungssachen). Die Scheidungssachen stützen sich materiell-rechtlich auf die §§ 1564 bis 1568 BGB. Das Verfahren wird durch einen Antrag (§ 1564 BGB i.V.m. §§ 124, 133) eingeleitet. Da materiell-rechtlich die Scheidung auf dem Zerrüttungsprinzip beruht, können beide Ehegatten das Verfahren einleiten. Der Scheidungsausspruch stellt einen Gestaltungsbeschluss dar (Palandt/*Brudermüller* BGB § 1564 Rn. 2). Die Ehe ist aufgelöst, sobald der Scheidungsbeschluss rechtskräftig ist (§§ 1564 Satz 2 BGB, 116 Abs. 2). 3

Für Ehesachen gelten die Verfahrensnormen der §§ 121 bis 132, für Verfahren in Scheidungssachen und Folgesachen zudem die §§ 133 bis 150. 4

Beteiligte der Ehesache sind die Ehegatten selbst, in Ausnahmefällen auch die Verwaltungsbehörde (§ 129), bei bigamischer Ehe auch der frühere Ehegatte (vgl. § 1306 BGB i.V.m. § 129 Abs. 1). Beantragt die zuständige Verwaltungsbehörde oder bei Verstoß gegen § 1306 BGB die dritte Person die Aufhebung der Ehe, ist der Antrag nach § 129 Abs. 1 gegen beide Ehegatten zu richten. 5

Nach § 113 Abs. 1 Satz 1 sind wesentliche Vorschriften des ersten Buches des FamFG in Ehesachen nicht anwendbar, nämlich die §§ 2 bis 37, 40 bis 45, 46 Satz 1 und 2 sowie die §§ 47 und 48 sowie 76 bis 96. Es gelten dafür die allgemeinen Vorschriften der ZPO und die Vorschriften der ZPO über das Verfahren vor den Landgerichten entsprechend. Allerdings wird auch diese Verweisung in § 113 Abs. 4 wieder eingeschränkt; so gelten in Ehesachen insbesondere nicht die Vorschriften der Zivilprozessordnung über den frühen ersten Termin (vgl. § 113 Abs. 4 Nr. 3) sowie das Anerkenntnis (vgl. § 113 Abs. 4 Nr. 6). Dies bedeutet, dass die Familiengerichte den Scheidungstermin umfassend vorzubereiten haben, insbesondere durch Einholung der Auskünfte zum Versorgungsausgleich und dann erst terminieren sollen. Weiterhin kann der Zeitpunkt der Trennung nicht vom Antragsgegner anerkannt werden, sondern ist vom Familiengericht zu ermitteln (vgl. dazu Horndasch/Viefhues/*Roßmann* § 113 Rn. 15 ff.). Weiterhin sind das Verfahren in Ehesachen bedeutsam die §§ 114 bis 118 und 120. 6

§ 122

7 II. Aufhebung der Ehe. Materiell-rechtliche Grundlage der Verfahren auf Aufhebung der Ehe sind die §§ 1313 ff. BGB. Aufhebung der Ehe ist deren Auflösung aus Gründen, die bei der Eheschließung bereits bestanden, während die Scheidung aus Gründen erfolgt, die der Eheschließung nachfolgen (vgl. *Horndasch*, Verbundverfahren Scheidung, Rn. 5 und 15). Die Darlegungs- und Beweislast für den Aufhebungsgrund trägt derjenige Beteiligte, der sich darauf im Verfahren beruft (OLG Nürnberg FuR 2011, 587).

8 Die Aufhebung der Ehe wird aufgrund eines entsprechenden Antrags durch Gestaltungsbeschluss mit Wirkung ex nunc ausgesprochen (vgl. § 1313 Abs. 1 BGB). Die Ehe ist aufgelöst, sobald der betreffende Beschluss rechtskräftig ist (vgl. §§ 1313 Satz 2 BGB, 116 Abs. 2). Nach § 126 Abs. 1 kann dieses Verfahren mit einem Antrag auf Scheidung der Ehe verbunden werden. Wird in demselben Verfahren Aufhebung und Scheidung beantragt und sind beide Anträge begründet, ist nach § 126 Abs. 3 nur die Aufhebung der Ehe auszusprechen.

9 III. Feststellung des Bestehens oder Nichtbestehens einer Ehe. Das Verfahren auf Feststellung des Bestehens oder Nichtbestehens einer Ehe stellt einen Sonderfall des § 256 Abs. 1 ZPO dar. Das Verfahren kommt nur infrage, wenn Zweifel über die Wirksamkeit der Eheschließung oder die Auflösung der Ehe bestehen, wenn es also um den Bestand der Ehe als Institution geht. Praktische Bedeutung hat diese Verfahrensart kaum, es kommt v.a. bei ausländischen Ehescheidungen in Betracht, kann aber auch auf die Feststellung gerichtet sein, ob die Ehe in früherer Zeit bestanden hat.

10 IV. Auslandsberührung. Der oben definierte Begriffsinhalt der Ehesache behindert nicht die Zuordnung von Verfahren, in denen ausländisches Recht anzuwenden ist und die qualitativ vergleichbare Lebenssachverhalte der Nr. 1–3 der Norm zum Gegenstand haben (BT-Drucks. 16/6308, S. 226).

§ 122 Örtliche Zuständigkeit. Ausschließlich zuständig ist in dieser Rangfolge:
1. das Gericht, in dessen Bezirk einer der Ehegatten mit allen gemeinschaftlichen minderjährigen Kindern seinen gewöhnlichen Aufenthalt hat;
2. das Gericht, in dessen Bezirk einer der Ehegatten mit einem Teil der gemeinschaftlichen minderjährigen Kinder seinen gewöhnlichen Aufenthalt hat, sofern bei dem anderen Ehegatten keine gemeinschaftlichen minderjährigen Kinder ihren gewöhnlichen Aufenthalt haben;
3. das Gericht, in dessen Bezirk die Ehegatten ihren gemeinsamen gewöhnlichen Aufenthalt zuletzt gehabt haben, wenn einer der Ehegatten bei Eintritt der Rechtshängigkeit im Bezirk dieses Gerichts seinen gewöhnlichen Aufenthalt hat;
4. das Gericht, in dessen Bezirk der Antragsgegner seinen gewöhnlichen Aufenthalt hat;
5. das Gericht, in dessen Bezirk der Antragsteller seinen gewöhnlichen Aufenthalt hat;
6. das Amtsgericht Schöneberg in Berlin.

Übersicht	Rdn.		Rdn.
A. Allgemeines	1	3. Örtliche Zuständigkeit nach § 122 Nr. 2	24
B. Voraussetzungen	5	4. Örtliche Zuständigkeit nach § 122 Nr. 3	26
I. Zuständigkeit in Ehesachen	5	5. Örtliche Zuständigkeit nach § 122 Nr. 4	
II. Örtliche Zuständigkeit in Ehesachen	8	und Nr. 5	27
1. Begriff des »gewöhnlichen Aufenthalts«	9	6. Örtliche Zuständigkeit nach § 122 Nr. 6	28
2. Örtliche Zuständigkeit nach § 122 Nr. 1	18		

1 A. Allgemeines. Die Norm enthält eine feste Rangfolge von Anknüpfungskriterien zur Bestimmung des für die Ehesache örtlich zuständigen Gerichts. Zur Erleichterung der Bezugnahme sind die einzelnen Tatbestände mit Nummern versehen. Die örtliche Zuständigkeit ist weiterhin als eine ausschließliche ausgestaltet, sodass eine Prorogation nach § 40 Abs. 2 ZPO ausscheidet. Die die Zuständigkeit eines Gerichts begründenden Tatsachen sind Sachurteilsvoraussetzungen; es reicht aus, wenn sie in der letzten mündlichen Verhandlung oder einem nach § 128 Abs. 2 ZPO gleichzustellenden Zeitpunkt vorgelegen haben, sodass deren anfängliches Fehlen unschädlich ist. Ändern sich während des laufenden Verfahrens die Voraussetzungen (i.d.R. durch Wechsel des gewöhnlichen Aufenthalts), reicht es nach den Grundsätzen der

perpetuatio fori (§ 261 Abs. 3 Nr. 2 ZPO) aus, dass diese zu irgendeinem Zeitpunkt zwischen Rechtshängigkeit und letzter mündlicher Verhandlung vorgelegen haben.
Stellt ein Gericht seine Unzuständigkeit nach Rechtshängigkeit fest, kann das Verfahren nach § 281 ZPO auf Antrag (bindend) durch Beschluss verwiesen oder, falls ein solcher Antrag (trotz Hinweises nach § 139 Abs. 3 ZPO) nicht gestellt wird, der Antrag als unzulässig abgewiesen werden. 2
Die in § 122 geregelten Gerichtsstände sind hierarchisch aufgebaut; die jeweils folgende Nummer greift nur dann ein, wenn die vorangehende nicht vorliegt. Angeknüpft wird an den Begriff des gewöhnlichen Aufenthalts. Der gewöhnliche Aufenthalt wird von einer auf längere Dauer angelegten sozialen Eingliederung gekennzeichnet und ist allein von der tatsächlichen – d.h. vom Willen unabhängigen – Situation gekennzeichnet, die den Aufenthaltsort als Mittelpunkt der Lebensführung ausweist. 3
Wünschenswert wäre gewesen ist, eine Zuständigkeitsregelung für den häufigen Fall der Geschwistertrennung einzuführen; entsprechend der früheren Regelung des § 36 FGG a.F. hätte könnte man zuständigkeitsbestimmend auf den Aufenthalt des jüngsten Kindes abstellen können. 4

B. Voraussetzungen. I. Zuständigkeit in Ehesachen. Die sachliche Zuständigkeit der AG in Ehesachen ergibt sich aus §§ 23a Abs. 1 Nr. 1 GVG i.V.m. § 111 Nr. 1. 5
Die örtliche Zuständigkeit ist § 122 zu entnehmen, und hängt grds. vom gewöhnlichen Aufenthalt der Ehegatten ab. 6
Die Zuständigkeit in Ehesachen steht nicht zur Disposition der Beteiligten, d.h. es handelt sich sowohl in sachlicher (vgl. § 23a Abs. 1 Satz 2 GVG) als auch in örtlicher Hinsicht um eine ausschließliche Zuständigkeit. 7

II. Örtliche Zuständigkeit in Ehesachen. Die örtliche Zuständigkeit ergibt sich in Ehesachen aus § 122, der hierarchisch aufgebaut ist; dies bedeutet, dass die jeweils nachfolgende Nummer nur in Betracht kommt, wenn die vorangegangenen von den Voraussetzungen nicht erfüllt sind. Maßgeblich für die Bestimmung der Zuständigkeit ist der »gewöhnliche Aufenthalt« der Beteiligten, wobei auf den Zeitpunkt der Rechtshängigkeit (nicht der Anhängigkeit) des Scheidungsantrags abzustellen ist (OLG Hamm FamRZ 2008, 1007, 1008). Ändern sich die zuständigkeitsbegründenden Umstände vor Eintritt der Rechtshängigkeit, ist dies zu berücksichtigen (OLG Saarbrücken FamRZ 2012, 654), d.h. das Verfahren ist nach §§ 113 Abs. 1 Satz 2, 281 ZPO auf Antrag (bindend) durch Beschluss an das zuständige Gericht zu verweisen oder, falls ein solcher Antrag (trotz Hinweises nach § 139 Abs. 3 ZPO) nicht gestellt wird, muss der Antrag als unzulässig abgewiesen werden. 8

1. Begriff des »gewöhnlichen Aufenthalts«. § 122 knüpft in den Nr. 1 bis 5 zuständigkeitsbestimmend an den gewöhnlichen Aufenthalt an. Der gewöhnliche Aufenthalt einer Person ist der – auf längere Dauer angelegte – tatsächliche Mittelpunkt des Lebens, d.h. der Ort, der faktisch (nicht rechtlich) den Schwerpunkt seiner sozialen und familiären Bindungen (Daseinsmittelpunkt) darstellt (BGH FamRZ 2002, 1182; OLG Saarbrücken FamRZ 2012, 654); er unterscheidet sich zum einen vom schlichten Aufenthaltsort und zum anderen vom (gemeldeten) Wohnsitz i.S.d. §§ 7 ff. BGB. Da es sich bei der Begründung des gewöhnlichen Aufenthalts um einen rein tatsächlichen Vorgang handelt, setzt seine Begründung keine Geschäftsfähigkeit voraus (AG Nürnberg FamRZ 2008, 1777, 1778). Der (gemeldete) Wohnsitz und der gewöhnliche Aufenthalt können deshalb auseinanderfallen (Thomas/Putzo/*Hüßtege* § 122 FamFG Rn. 4); die Anmeldung eines Wohnsitzes ist somit zwar ein Indiz, reicht aber nicht aus, um am Meldeort auch den gewöhnlichen Aufenthalt anzunehmen (BGH FamRZ 1996, 171, 172). 9
Voraussetzung für die Annahme eines gewöhnlichen Aufenthalts ist deshalb regelmäßig eine gewisse Dauer der Anwesenheit und die Einbindung in das soziale Umfeld, was durch familiäre, berufliche oder gesellschaftliche Bindungen eintreten kann. Ferner ist der Aufenthaltswille beachtlich. Im Hinblick hierauf kann bereits nach kurzer Zeit ein (neuer) gewöhnlicher Aufenthalt angenommen werden. Dies gilt insb. bei einem vollständigen Umzug an einem anderen Wohnort, bei dem der Wechsel des gewöhnlichen Aufenthalts sofort eintritt (BGH FamRZ 1993, 798). 10
Andererseits hebt eine zeitlich befristete (auch wiederholte) Abwesenheit den gewöhnlichen Aufenthalt nicht auf, sofern eine Rückkehrabsicht besteht. Der Aufenthalt im Frauenhaus begründet deshalb i.d.R. keinen gewöhnlichen Aufenthalt, es sei denn, dass infolge eines längeren Aufenthalts eine Einbindung in die neue Umwelt eintritt und gleichzeitig der bisherige gewöhnliche Aufenthalt aufgegeben wurde (OLG Nürnberg FamRZ 1997, 1400). 11

12 Entsprechendes gilt auch bei der Verbüßung einer Freiheitsstrafe in einer Vollzugsanstalt oder dem Aufenthalt in einer Krankenheilanstalt, da der längere Aufenthalt an einem Ort nicht vom Willen Dritter abhängig sein darf.

13 Die Aufgabe der früheren Wohnung (durch Auflösung des Haushalts) kann ein Indiz für den Wegfall des bisherigen gewöhnlichen Aufenthalts sein.

14 Generell ist ein gewöhnlicher Aufenthalt anzunehmen, wenn der Aufenthalt 6 Monate angedauert hat (AG Nürnberg FamRZ 2008, 1777, 1778). Erforderlich ist dafür aber in jedem Fall eine – wenn auch noch so kleiner – Behausung.

15 Der Aufenthalt in einer Justizvollzugsanstalt im Rahmen von Strafhaft ist, zumindest bei einer Dauer von mehr als 2 Jahren, ein »gewöhnlicher Aufenthalt«. Der gewöhnliche Aufenthalt in diesem Sinne ist von der sozialen Eingliederung gekennzeichnet. Die soziale Eingliederung wird, dem Regelungszweck von § 47 Abs. 1 StGB folgend, grundsätzlich bei einer Strafhaft von mehr als 6 Monaten angenommen werden können. Dass die Inhaftierung gegen oder ohne den Willen erfolgt, ist nicht entscheidend.

16 Der Einzug in ein Frauenhaus ist geeignet, einen gewöhnlichen Aufenthalt zu begründen, wenn die Frau durch ihr Gesamtverhalten zeigt, dass sie dort nicht nur vorübergehend, sondern bis auf Weiteres – gewissermaßen mit einem unbestimmten Ende – bleiben will (OLG Saarbrücken FamRZ 2012, 654).

17 Eine vorübergehende Abwesenheit (v.a. aus beruflichen Gründen) beendet nicht den gewöhnlichen Aufenthalt. Fraglich ist, ob unter besonderen Umständen auch ein mehrfacher gewöhnlicher Aufenthalt begründet werden kann, z.B. wenn sich eine Person sowohl am Ort der beruflichen Tätigkeit als auch an dem Ort des Zusammenlebens mit dem anderen Ehegatten eine feste Wohnung eingerichtet hat und auch jeweils in das soziale Umfeld eingebunden ist. Nach der Definition des Begriffs »gewöhnlicher Aufenthalt« ist dies möglich (Thomas/Putzo/*Hüßtege* § 122 FamFG Rn. 4); regelmäßig wird man aber davon ausgehen können, dass der Lebensmittelpunkt am Ort der Familie besteht und deshalb auch dort der gewöhnliche Aufenthalt i.S.d. § 122 anzunehmen ist. Ein Student hat seinen gewöhnlichen Aufenthalt am Studienort, wenn er diesen als seinen Lebensmittelpunkt ansieht; hierbei verbleibt es auch bei einem vorübergehenden Wechsel des Studienorts. Der wehrpflichtige Soldat behält seinen bisherigen gewöhnlichen Aufenthalt, wenn er seine Wohnung beibehält.

18 **2. Örtliche Zuständigkeit nach § 122 Nr. 1.** Nach § 122 Nr. 1 ist für die Durchführung des Scheidungsverfahrens dasjenige Familiengericht örtlich zuständig, in dessen Bezirk einer der Ehegatten mit den gemeinschaftlichen minderjährigen Kindern seinen gewöhnlichen Aufenthalt hat.

19 Gemeinschaftliche minderjährige Kinder i.S.d. § 122 Nr. 1 sind solche, die entweder von beiden Ehegatten gemeinschaftlich abstammen oder gemeinsam von den Ehegatten als Kind angenommen wurden oder aber von einem Ehegatten abstammen und vom anderen angenommen wurden.

20 Maßgeblich für die Zuständigkeitsbestimmung ist, dass der betreffende Ehegatte im Bezirk des Gerichts seinen gewöhnlichen Aufenthalt hat; dass der gewöhnliche Aufenthalt der Kinder etwa wegen kurzer Dauer oder wegen eines noch offenen Verfahrens zum Aufenthaltsbestimmungsrecht noch zweifelhaft ist, ist hingegen unerheblich (OLG Hamm FamRZ 2012, 654). Ausreichendes in einem solchen Fall, dass die gemeinsamen minderjährigen Kinder im Haushalt des betreffenden Ehegatten wohnen, unabhängig davon, ob dadurch bereits ein gewöhnlicher Aufenthalt der Kinder gegründet worden ist oder nicht (vgl. auch Keidel/*Weber* § 123 Rn. 4).

21 Der gewöhnliche Aufenthalt befindet sich am Ort des tatsächlichen Mittelpunkts des Minderjährigen, der maßgeblich geprägt wird durch familiäre und schulische bzw. berufliche Bindungen. Ein dahin gehender Aufenthaltsbegründungswille ist nicht erforderlich, sodass auch der entgegenstehende Wille des Minderjährigen bzw. eines Elternteils unerheblich ist. Ein abgeleiteter gewöhnlicher Aufenthalt für Minderjährige existiert nicht, sodass auch kleine Kinder einen eigenen gewöhnlichen Aufenthalt haben, der aber praktisch jedenfalls bei sehr kleinen Kindern mit dem der Eltern zusammenfällt (AG Nürnberg FamRZ 2008, 1777, 1778). Seinen gewöhnlichen Aufenthalt hat deshalb jedenfalls ein kleines Kind bei dem Elternteil, in dessen Obhut es sich befindet (OLG Hamm FamRZ 2008, 1007, 1008). Obhut i.d.S. bedeutet die tatsächliche Fürsorge für das Kind, also die Befriedigung der elementaren Bedürfnisse des Kindes durch Pflege, Verköstigung, Gestaltung des Tagesablaufs, Erreichbarkeit bei Problemen und emotionale Zuwendung (Palandt/*Götz* BGB § 1629 Rn. 25).

22 Durch den Wechsel des Wohnsitzes entgegen einer einstweiligen Anordnung des FamG, den Lebensmittelpunkt des Kindes nicht zu verlegen, wird jedenfalls so lange kein neuer gewöhnlicher Aufenthaltsort des

Abschnitt 2. Verfahren in Ehesachen, Scheidungssachen und Folgesachen **§ 123**

Kindes begründet, als mit dessen Rückführung gerechnet werden muss (OLG Zweibrücken FamRZ 2008, 1258).

Nicht anwendbar ist § 122 Nr. 1 im Fall der Geschwistertrennung; der Gesetzgeber hat auch der Möglichkeit, auf den Aufenthalt des jüngsten Kindes abzustellen, aufgrund des klaren Wortlauts der Vorschrift (mit allen gemeinschaftlichen Kindern) eine eindeutige Absage erteilt. 23

3. Örtliche Zuständigkeit nach § 122 Nr. 2. Nach § 122 Nr. 2 ist das FamG, in dessen Bezirk einer der 24 Ehegatten mit einem Teil der gemeinschaftlichen minderjährigen Kinder seinen gewöhnlichen Aufenthalt hat, für die Ehesache zuständig, sofern bei dem anderen Ehegatten keine gemeinschaftlichen minderjährigen Kinder ihren gewöhnlichen Aufenthalt haben.

Die Vorschrift des § 122 Nr. 2 hat zur Folge, dass sich die örtliche Zuständigkeit des Gerichts auch in den 25 Fällen an dem gewöhnlichen Aufenthalt der gemeinschaftlichen minderjährigen Kinder orientiert, in denen nur ein Teil der Kinder bei einem Elternteil, der andere Teil jedoch bei Dritten – Großeltern, sonstigen Verwandten, Pflegepersonen etc. – lebt.

4. Örtliche Zuständigkeit nach § 122 Nr. 3. Ist eine Zuständigkeit aufgrund von § 122 Nr. 1 bzw. Nr. 2 26 nicht festzustellen, richtet sich der Gerichtsstand nach dem letzten gemeinsamen gewöhnlichen Aufenthalt der Ehegatten, wenn ein Ehegatte seinen gewöhnlichen Aufenthalt im Bezirk dieses FamG hat. Nach dem Wortlaut kommt es nicht darauf an, ob dieser Ehegatte zwischenzeitlich seinen Wohnsitz in einem anderen Bezirk hatte; es muss also kein durchgehender Aufenthalt gegeben sein.

5. Örtliche Zuständigkeit nach § 122 Nr. 4 und Nr. 5. Ist eine örtliche Zuständigkeit weder durch § 122 27 Nr. 1 noch durch § 122 Nr. 2 und Nr. 3 zu begründen, ist das Gericht zuständig, in dessen Bezirk sich der gewöhnliche Aufenthalt des Antragsgegners befindet. Ist der Aufenthalt des Beklagten unbekannt und ungewiss, ob sich dieser im Inland aufhält, kann nach dieser Vorschrift kein Gerichtsstand abgeleitet werden. Diese Sachlage ist so zu behandeln, als ob ein gewöhnlicher Aufenthalt im Inland nicht vorläge. Die örtliche Zuständigkeit richtet sich dann gem. § 122 Nr. 5 nach dem gewöhnlichen Aufenthalt des Antragstellers.

6. Örtliche Zuständigkeit nach § 122 Nr. 6. Haben die Ehegatten nie im Inland zusammengelebt und hat 28 keiner der Ehegatten zum Zeitpunkt des Eintritts der Rechtshängigkeit im Inland seinen gewöhnlichen Aufenthalt, ist das FamG beim AG Berlin-Schöneberg ausschließlich zuständig.

§ 123 **Abgabe bei Anhängigkeit mehrerer Ehesachen.** ¹Sind Ehesachen, die dieselbe Ehe betreffen, bei verschiedenen Gerichten im ersten Rechtszug anhängig, sind, wenn nur eines der Verfahren eine Scheidungssache ist, die übrigen Ehesachen von Amts wegen an das Gericht der Scheidungssache abzugeben. ²Ansonsten erfolgt die Abgabe an das Gericht der Ehesache, die zuerst rechtshängig geworden ist. ³§ 281 Abs. 2 und 3 Satz 1 der Zivilprozessordnung gilt entsprechend.

Übersicht

	Rdn.		Rdn.
A. Allgemeines	1	II. Prioritätsprinzip, § 123 Satz 2	9
B. Voraussetzungen der Abgabe	4	III. Anwendung von § 281 ZPO	11
I. Konkurrierende Zuständigkeit, § 123 Satz 1	4		

A. Allgemeines. Die Vorschrift des § 123 sieht eine Zusammenführung sämtlicher gleichzeitig bei einem 1 FamG im ersten Rechtszug anhängiger Ehesachen vor, die dieselbe Ehe betreffen.

Die Abgabe ist unabhängig davon angeordnet, ob die Ehesachen denselben Streitgegenstand haben oder 2 nicht. Früher stand bei Identität des Gegenstands dem zeitlich nachfolgenden Verfahren der Einwand der anderweitigen Rechtshängigkeit entgegen. Dieser Einwand ist freilich aufgrund der Sonderregelung des § 123 in konkurrierenden Ehesachen nicht mehr möglich.

Die Abgabe an das Gericht der Scheidungssache (§ 123 Satz 1) bzw. an das Gericht der Ehesache, die zuerst 3 rechtshängig geworden ist (§ 123 Satz 2), erfolgt v.A.w.

§ 124

4 B. Voraussetzungen der Abgabe. I. Konkurrierende Zuständigkeit, § 123 Satz 1. § 123 Satz 1 setzt voraus, dass Ehesachen, die dieselbe Ehe betreffen, bei verschiedenen Gerichten im ersten Rechtszug anhängig sind.

5 Während bei den ersten drei Gerichtsständen des § 122 die Zuständigkeit nicht davon abhängig ist, welcher Ehegatte den Antrag gestellt hat, richten sich der vierte und fünfte Gerichtsstand nach dem gewöhnlichen Aufenthalt des Antragsgegners oder Antragstellers. Bei unterschiedlichem gewöhnlichen Aufenthalt der Ehegatten kann deshalb eine Konkurrenz der Gerichtsstände eintreten, wenn jeder Ehegatte das Verfahren einleitet.

6 Diese Konkurrenz wird nach § 123 Satz 1 in der Weise gelöst, dass, wenn nur eines der Verfahren eine Scheidungssache ist, die übrigen Ehesachen von Amts wegen an das Gericht der Scheidungssache abzugeben sind.

7 Grund der Regelung ist, dass in diesem Fall im Hinblick auf den Scheidungsverbund dem Scheidungsverfahren stets der Vorrang zukommen soll, unabhängig davon, welches Verfahren zuerst rechtshängig geworden ist.

8 Der Einwand der anderweitigen Rechtshängigkeit kann der Scheidungssache, sollte sie das zeitlich nachfolgende Verfahren sein, nicht entgegenstehen, da die übrigen Ehesachen nicht denselben Streitgegenstand haben.

9 II. Prioritätsprinzip, § 123 Satz 2. Bei unterschiedlichem gewöhnlichen Aufenthalt der Ehegatten kann – wie bereits dargestellt – eine Konkurrenz der Gerichtsstände eintreten, wenn jeder Ehegatte das Verfahren einleitet.

10 Ist keine der dieselbe Ehe betreffenden im ersten Rechtszug bei einem FamG anhängigen Ehesachen eine Scheidungssache, oder ist mehr als eine Scheidungssache in der dargestellten Weise anhängig, ordnet § 123 Satz 2 an, dass die Abgabe von Amts wegen an dasjenige Gericht zu erfolgen hat, bei dem die zuerst rechtshängig gewordene Ehesache noch anhängig ist. Insoweit bleibt es also in der Sache bei dem bekannten Prioritätsprinzip, d.h. zuständig ist das Gericht, bei dem zuerst ein Antrag rechtshängig i.S.v. § 261 ZPO geworden ist. Werden beide Scheidungsanträge am selben Tag zugestellt, ist nach § 36 ZPO das zuständige Gericht zu bestimmen.

11 III. Anwendung von § 281 ZPO. § 123 Satz 3 erklärt § 281 Abs. 2 und 3 Satz 1 ZPO für entsprechend anwendbar. Danach ist die Abgabe nicht anfechtbar und für das Adressatgericht grds. bindend.

§ 124 Antrag.
¹Das Verfahren in Ehesachen wird durch Einreichung einer Antragsschrift anhängig. ²Die Vorschriften der Zivilprozessordnung über die Klageschrift gelten entsprechend.

Übersicht	Rdn.		Rdn.
A. Allgemeines	1	III. Verfahren auf Feststellung des Bestehens oder Nichtbestehens	15
B. Antragsschrift	2	C. Auswirkung der Anhängigkeit bzw. Rechtshängigkeit der Ehesache	17
I. Scheidungsantrag	2		
II. Antrag auf Aufhebung der Ehe	11		

1 A. Allgemeines. § 124 Satz 1 ordnet an, dass Verfahren in Ehesachen durch Einreichung einer Antragsschrift anhängig werden; rechtshängig wird das Verfahren durch Zustellung beim Antragsgegner. § 124 Satz 2 verweist i.Ü. auf § 253 ZPO, weiterhin muss die Antragsschrift in Scheidungssachen den Anforderungen des § 133 gerecht werden.

2 B. Antragsschrift. I. Scheidungsantrag. Das Verfahren in Scheidungssachen wird mit Einreichung der Antragsschrift anhängig und mit dessen Zustellung rechtshängig, vgl. §§ 124 Satz 2 i.V.m. 261 Abs. 1, 253 Abs. 1 ZPO. Der Antrag bedarf nach § 124 der Schriftform. Für das Bestimmtheitserfordernis ist es ausreichend, dass die Scheidung der Ehe beantragt wird. Ferner sind nach § 253 Abs. 2 Nr. 2 ZPO die Voraussetzungen des Scheiterns der Ehe darzulegen. Ein mangelhafter Antrag kann bis zum Schluss der mündlichen Verhandlung korrigiert werden; ansonsten ist er als unzulässig abzuweisen. Zuvor ist ein richterlicher Hinweis nach § 139 ZPO zu geben.

Abschnitt 2. Verfahren in Ehesachen, Scheidungssachen und Folgesachen § 124

Der Scheidungsantrag muss die **ladungsfähige Anschrift** des Antragsgegners angeben. Ist dem Antragsteller die Anschrift nicht bekannt, muss er zumindest darlegen, dass die Voraussetzungen für eine öffentliche Zustellung gem. § 185 ZPO vorliegen (OLG Brandenburg, FamRZ 2014, 412). Gegen die Ablehnung der öffentlichen Zustellung eines Scheidungsantrags findet die sofortige Beschwerde gem. § 567 Abs. 1 Nr. 2 ZPO statt (BGH NJW 2015, 1308). 3

Die inhaltlichen Anforderungen an den Scheidungsantrag sind § 133 zu entnehmen, d.h., anzugeben ist, ob gemeinschaftliche Kinder aus der Ehe hervorgegangen sind, ob die Ehegatten sich über bestimmte Folgen der Trennung und Scheidung i.S.v. § 133 Abs. 1 Nr. 2 einigen konnten und ob weitere Familiensachen anderweitig anhängig sind (vgl. dazu die Kommentierung zu § 133). 4

Auch der »Antragsgegner« kann einen Scheidungsantrag stellen, obwohl Identität des Streitgegenstands besteht. Bedeutung hat ein solcher Gegenantrag, wenn der zuvor gestellte Scheidungsantrag zurückgenommen wird. 5

Am 26.07.2012 ist das sog. Mediationsgesetz in Kraft getreten. Ziel des Gesetzes ist die Förderung der Mediation und anderer Verfahren der außergerichtlichen Konfliktbeilegung. Ergänzend wurde auch § 253 Abs. 3 ZPO geändert, d.h. die Antragsschrift soll nach § 253 Abs. 3 Nr. 1 ZPO künftig ferner die Angabe enthalten, ob der Antragserhebung der Versuch einer Mediation oder eines anderen Verfahrens der außergerichtlichen Konfliktbeilegung vorausgegangen ist, sowie eine Äußerung dazu, ob einem solchen Verfahren Gründe entgegenstehen. Dies ist freilich auf das Scheidungsverfahren nicht übertragbar, d.h. obwohl § 124 Satz 2 auf § 253 ZPO verweist, gilt betreffend die Mediation nur die Sondervorschrift des § 135. Diese Vorschrift beschränkt die Möglichkeit der Mediation auf anhängige Folgesachen; keinesfalls kann eine Mediation betreffend die Scheidung angeordnet werden, da dies der Anordnung einer Eheberatung gleichkäme. 6

Nach § 253 Abs. 3 Nr. 2 ZPO ist der Wert des Streitgegenstandes anzugeben. Dies ist im familiengerichtlichen Verfahren jedoch nicht erforderlich, da es sich nicht auf die sachliche Zuständigkeit auswirkt. Dafür sollte allerdings das monatliche Nettoeinkommen der Beteiligten benannt werden sowie deren Vermögen, da davon nach § 43 Abs. 1 FamGKG der Verfahrenswert abhängt (vgl. dazu auch Keidel/*Weber* § 124 Rn. 9). Maßgeblich für die Bestimmung der Vermögens- und Einkommensverhältnisse ist der Zeitpunkt der Anhängigkeit des Verfahrens. 7

Ein Scheidungsantrag setzt die Vertretung durch einen Rechtsanwalt voraus (s. § 114 Rdn. 2 f.), d.h. der Scheidungsantrag muss vom Verfahrensbevollmächtigten unterzeichnet sein, vgl. § 124 Satz 2 i.V.m. §§ 253 Abs. 4, 130 Nr. 6 ZPO. 8

Auch der Antragsgegner kann innerhalb eines bereits eingeleiteten Verfahrens ebenfalls einen Scheidungsantrag stellen, obwohl Identität des Streitgegenstands besteht. Bedeutung hat ein solcher Gegenantrag, wenn der zuvor von der Gegenseite gestellte Scheidungsantrag zurückgenommen wird. Erfüllt der Gegenantrag in einem solchen Fall die formellen Voraussetzungen einer Antragsschrift, dann ist trotz der Rücknahme des Erstantrags die Scheidung – unterstellt die Ehe ist i.S.d. §§ 1565 ff. BGB gescheitert – zu vollziehen. 9

Der Scheidungsantrag kann bis zur (formellen) Rechtskraft der Scheidung gegenüber dem erstinstanzlichen Gericht zurückgenommen werden. War der Antragsgegner im Verfahren nicht anwaltlich vertreten, stellt seine Zustimmung zur Scheidung kein Verhandeln i.S.d. §§ 113 Abs. 1 FamFG, 269 Abs. 1 ZPO dar, weshalb es seiner Zustimmung zur Rücknahme des Antrags nicht bedarf (OLG Oldenburg FuR 2014, 604). 10

II. Antrag auf Aufhebung der Ehe. Das Verfahren zur Aufhebung der Ehe wird nach § 124 durch einen entsprechenden Antrag eingeleitet (vgl. auch § 1313 BGB). Die Antragsberechtigung ist § 1316 BGB zu entnehmen. Antragsberechtigt sind nach § 1316 Abs. 1 Nr. 1 BGB bei Verstoß gegen die §§ 1303, 1304, 1306, 1307, 1311 BGB sowie in den Fällen des § 1314 Abs. 2 Nr. 1 und Nr. 5 BGB jeder Ehegatte und die zuständige Verwaltungsbehörde. In den Fällen des § 1306 BGB (Bigamie) kann auch die dritte Person den Antrag stellen. 11

Antragsberechtigt ist weiterhin in den Fällen des § 1314 Abs. 2 Nr. 2 bis Nr. 4 der dort erwähnte Ehegatte (Irrtum über Eheschließung, arglistige Täuschung oder widerrechtliche Drohung). 12

Der Antrag kann für einen geschäftsunfähigen Ehegatten nur von seinem gesetzlichen Vertreter gestellt werden, § 1316 Abs. 2 Satz 1 BGB. 13

Ein minderjähriger beschränkt geschäftsfähiger Ehegatte kann den Antrag selbst stellen, ohne dass es der Zustimmung seines gesetzlichen Vertreters bedarf, § 1316 Abs. 2 Satz 2 BGB. 14

15 **III. Verfahren auf Feststellung des Bestehens oder Nichtbestehens.** Mit dem Verfahren auf Feststellung des Bestehens oder Nichtbestehens einer Ehe soll geklärt werden, ob eine Ehe überhaupt geschlossen oder wirksam aufgelöst wurde (fehlende Mitwirkung eines Standesbeamten oder sonstiger Formmangel, Unklarheit über die Wirksamkeit eines Scheidungs- bzw. Aufhebungsbeschlusses zwischen vermeintlichen Ehegatten oder einem fehlenden Nachweis über die Eheauflösung).

16 Das Verfahren findet grds. zwischen Ehegatten bzw. Scheinehegatten statt; eine Beteiligung der Verwaltungsbehörde erfolgt nur i.R.d. § 129 Abs. 2 (s. § 129 Rdn. 3 f.).

17 **C. Auswirkung der Anhängigkeit bzw. Rechtshängigkeit der Ehesache.** Die Anhängigkeit der Ehesache hat eine Zuständigkeitskonzentration zur Folge, d.h. das betreffende Familiengericht ist für folgende Familiensachen der Beteiligten ausschließlich zuständig:
- Kindschaftssachen, § 152,
- Ehewohnungs- und Haushaltssachen, § 201 Nr. 1,
- Versorgungsausgleichssachen, § 218 Nr. 1,
- Unterhaltssachen, § 232 Abs. 1 Nr. 1,
- Güterrechtssachen, § 262 Abs. 1,
- sonstige Familiensachen, § 267 Abs. 1.

18 Die Rechtshängigkeit der Ehesache hat zur Folge, dass das betreffende Familiengericht nunmehr auch für bereits anhängige andere Familiensachen der nämlichen Beteiligten ausschließlich zuständig wird. Die betreffenden Familiensachen sind von Amts wegen an das Gericht der Ehesache abzugeben. Dies betrifft
- Kindschaftssachen betreffend gemeinschaftliche Kinder (vgl. § 153),
- Ehewohnungs- und Haushaltssachen, § 202,
- Unterhaltssachen nach §§ 232 Abs. 1 Nr. 1, 233,
- Güterrechtssachen, § 263,
- sonstige Familiensachen, § 268.

19 Die Rechtshängigkeit der Ehesache wirkt sich weiterhin aus auf die Bestimmung der maßgeblichen Ehezeit für den Versorgungsausgleich aus, da nach § 3 VersAusglG die Ehezeit mit dem ersten Tag des Monats beginnt, in dem die Ehe geschlossen worden ist und am letzten Tag des Monats vor Zustellung des Scheidungsantrags, also der Rechtshängigkeit desselben endet.

20 Ebenso ist es bei der Berechnung eines etwaigen Zugewinnausgleichs, da nach § 1384 BGB im Fall der Ehescheidung für die Berechnung des Zugewinns und für die Höhe der Ausgleichsforderung an die Stelle der Beendigung des Güterstandes der Zeitpunkt der Rechtshängigkeit des Scheidungsantrags tritt.

§ 125 Verfahrensfähigkeit.

(1) In Ehesachen ist ein in der Geschäftsfähigkeit beschränkter Ehegatte verfahrensfähig.

(2) ¹Für einen geschäftsunfähigen Ehegatten wird das Verfahren durch den gesetzlichen Vertreter geführt. ²Der gesetzliche Vertreter bedarf für den Antrag auf Scheidung oder Aufhebung der Ehe der Genehmigung des Familien- oder Betreuungsgerichts.

Übersicht

	Rdn.		Rdn.
A. Allgemeines	1	II. Beschränkung auf Ehesachen	5
B. Beschränkt geschäftsfähiger Ehegatte, § 125 Abs. 1	2	C. Geschäftsunfähiger Ehegatte, § 125 Abs. 2	8
I. Erweiterung der Verfahrensfähigkeit	2	D. Veränderungen während des Verfahrens	14

1 **A. Allgemeines.** Die Vorschrift des § 125 normiert, wer in Ehesachen verfahrensfähig ist, also ein solches Verfahren einleiten und führen kann. § 125 regelt in Abs. 1 die Verfahrensfähigkeit eines nur beschränkt geschäftsfähigen Ehegatten; Abs. 2 betrifft geschäftsunfähige Ehegatten. Die Vorschrift ergänzt für Ehesachen die §§ 52 bis 58 ZPO über die Verfahrensfähigkeit. Die Regelung des § 9 ist in Ehesachen nicht anwendbar, vgl. § 113 Abs. 1 Satz 1 (Keidel/*Weber* § 125 Rn. 1). Falls ein Antrag auf Scheidung oder Aufhebung der Ehe vom gesetzlichen Vertreter einer geschäftsunfähigen Person gestellt werden soll, ist für die erforderliche Genehmigung nach § 125 Abs. 2 Satz 2 das FamG oder das Betreuungsgericht zuständig ist.

B. Beschränkt geschäftsfähiger Ehegatte, § 125 Abs. 1. I. Erweiterung der Verfahrensfähigkeit. Nach 2
§ 113 Abs. 1 Satz 2 i.V.m. § 52 ZPO ist nur verfahrensfähig, wer sich durch Verträge verpflichten kann, d.h.
nach bürgerlichem Recht geschäftsfähig ist. § 125 Abs. 1 erweitert für einen in der Geschäftsfähigkeit beschränkten Ehegatten in Ehesachen die Verfahrensfähigkeit. Hiermit wird dem höchstpersönlichen Charakter der Verfahren in Ehesachen Rechnung getragen.

Minderjährige Kinder sind ab Vollendung des siebten Lebensjahres beschränkt geschäftsfähig (§ 106 BGB); 3
sie können nach § 1303 Abs. 2 BGB eine Ehe schließen, wenn sie das 16. Lebensjahr vollendet haben. Damit
ist die Vorschrift relevant für beschränkt geschäftsfähige Minderjährige, die das 16. Lebensjahr vollendet
haben und verheiratet sind.

Die Erweiterung der Verfahrensfähigkeit nach § 125 Abs. 1 hat zur Folge, dass der minderjährige Ehegatte 4
alle sachdienlichen verfahrensleitenden Maßnahmen zur Einleitung und Führung der Ehesache veranlassen
kann.

II. Beschränkung auf Ehesachen. § 125 Abs. 1 gilt nur für Ehesachen i.S.d. § 121, d.h. ansonsten bleibt es 5
bei der Notwendigkeit einer (gesetzlichen) Vertretung. Insbesondere erfasst § 125 Abs. 1 nicht die Scheidungsfolgesachen nach § 137 Abs. 2 und 3, auch wenn sie im Verbund entschieden werden; insoweit gelten
zur Verfahrensfähigkeit die allgemeinen Vorschriften.

Dies gilt ebenso für den Abschluss einer Scheidungsfolgenvereinbarung über vermögensrechtliche Gegen- 6
stände.

Damit respektiert das Gesetz die Entscheidungsfreiheit des beschränkt Geschäftsfähigen in seinen persönli- 7
chen Angelegenheiten, belässt es im übrigen rechtsgeschäftlichen Bereich aber bei den sachlich gebotenen
Beschränkungen der Geschäftsfähigkeit.

C. Geschäftsunfähiger Ehegatte, § 125 Abs. 2. Für einen geschäftsunfähigen Ehegatten (vgl. § 104 BGB) 8
wird gem. § 125 Abs. 2 das Verfahren durch den gesetzlichen Vertreter geführt. Stellt ein geschäftsunfähiger
Ehegatte einen Scheidungsantrag, kann der gesetzliche Vertreter diesen genehmigen (OLG Hamm FamRZ
1990, 166). Gesetzlicher Vertreter ist der Betreuer gem. § 1896 BGB, bei minderjährigen geschäftsunfähigen
Ehegatten der oder die Inhaber der elterlichen Sorge, ggf. ein Pfleger gem. § 1909 BGB.

Liegen entsprechende Anhaltspunkte vor, sind diese in jeder Phase des Verfahrens nach § 113 Abs. 1 Satz 2 9
i.V.m. § 56 ZPO v.A.w. zu prüfen; bei Vorliegen der Voraussetzungen des § 104 Nr. 2 BGB ist zur Führung
der Ehesache ein gesetzlicher Vertreter notwendig. Dieser kann sämtliche Ehesachen auf der Aktiv- und
Passivseite führen.

Der gesetzliche Vertreter bedarf für einen Scheidungsantrag oder einen Antrag auf Aufhebung der Ehe so- 10
wie entsprechende Gegenanträge der Genehmigung des FamG oder des Betreuungsgerichts (§ 125 Abs. 2
Satz 2), die vom zuständigen Gericht bei Aussichtslosigkeit des Begehrens nicht erteilt wird. Warum die Genehmigung des Familiengerichtes bzw. Betreuungsgerichtes nicht auch für die Einleitung des Verfahrens
auf Feststellung des Bestehens oder Nichtbestehens einer Ehe zwischen den Beteiligten gefordert wird, erschließt sich nicht. Die Feststellung des Bestandes oder Nichtbestandes einer Ehe sind nämlich ebenso gewichtig wie Scheidungssachen und Verfahren auf Aufhebung der Ehe.

Fehlt im Aktivverfahren die Genehmigung des FamG oder Betreuungsgerichts, sind sämtliche Verfahrens- 11
handlungen wirkungslos. Möglich ist die Einholung einer nachträglichen Genehmigung (Musielak/*Borth*
FamFG § 125 Rn. 6).

Die Genehmigung wird vom Familiengericht erteilt, wenn der Vormund eines minderjährigen Beteiligten 12
handelt (Keidel/*Weber* § 125 Rn. 6).

Ist für einen volljährigen geschäftsunfähigen Ehegatten auf dessen Antrag oder von Amts wegen ein Betreu- 13
er bestellt worden, wird die Genehmigung zum Antrag auf Scheidung oder Aufhebung der Ehe durch das
Betreuungsgericht erteilt. Dies folgt aus § 23a Abs. 1 Nr. 2, Abs. 2 Nr. 1 GVG i.V.m. § 23c Abs. 1 GVG.
Nachdem die Vormundschaftsgerichte abgeschafft sind, ist für alle Betreuungssachen das Amtsgericht zuständig und dort die eingerichteten Abteilungen für Betreuungssachen, sog. Betreuungsgerichte. Die funktionelle Zuständigkeit bei den Betreuungsgerichten ist zwischen Betreuungsrichter und Rechtspfleger aufgeteilt und zwar nach der Maßgabe der §§ 3 Nr. 2, 15 RPflG.

D. Veränderungen während des Verfahrens. Wird ein Ehegatte während des Verfahrens geschäftsunfähig, 14
kann der gesetzliche Vertreter nach § 113 Abs. 1 Satz 2 i.V.m. §§ 241, 246 ZPO das Verfahren aufnehmen;
hierdurch werden frühere Mängel geheilt. Bleibt die Geschäftsunfähigkeit während des Verfahrens uner-

§ 126 Mehrere Ehesachen; Ehesachen und andere Verfahren.

kannt, tritt Rechtskraft der Entscheidung ein, jedoch mit der Möglichkeit einer Aufhebung des Verfahrens nach § 579 Abs. 1 Nr. 4 ZPO (BGH NJW 1982, 2449).

§ 126 Mehrere Ehesachen; Ehesachen und andere Verfahren. (1) Ehesachen, die dieselbe Ehe betreffen, können miteinander verbunden werden.
(2) ¹Eine Verbindung von Ehesachen mit anderen Verfahren ist unzulässig. ²§ 137 bleibt unberührt.
(3) Wird in demselben Verfahren Aufhebung und Scheidung beantragt und sind beide Anträge begründet, so ist nur die Aufhebung der Ehe auszusprechen.

Übersicht

	Rdn.		Rdn.
A. Allgemeines	1	III. Trennung unzulässiger Verfahrensverbindungen	9
B. Verbindung von Ehesachen	4	IV. Mehrere Anträge	10
I. Mehrere Ehesachen	4		
II. Andere Verfahren	6		

1 **A. Allgemeines.** § 126 Abs. 1 ermöglicht die Verbindung sämtlicher Ehesachen, die dieselbe Ehe betreffen. Die Verbindungsmöglichkeit bewirkt eine **effektive Verfahrensführung**. Weiterhin ergänzt § 126 die Vorschrift des § 123, welche die örtliche Konzentration von Ehesachen, die sich auf dieselbe Ehe beziehen, anordnet (Keidel/*Weber* § 126 Rn. 1).

2 § 126 Abs. 2 Satz 1 untersagt eine Verbindung von Ehesachen mit anderen Verfahren. Die Vorschrift bezweckt, dass andere Verfahrensgegenstände in das Verfahren einer Ehesache nicht mit einbezogen werden. Hieraus ergibt sich auch, dass ein anderer Verfahrensgegenstand, der, aus welchem Grund auch immer, Teil des Eheverfahrens wurde, nach § 145 ZPO von Amts wegen abzutrennen ist. Abs. 2 Satz 2 macht von dem Verbot des Satzes 1 eine Ausnahme für den Verbund von Scheidungssache und Folgesachen (vgl. § 137).

3 § 126 Abs. 3 räumt der Aufhebung der Ehe ggü. der Scheidung den Vorrang ein.

4 **B. Verbindung von Ehesachen. I. Mehrere Ehesachen.** Die Vorschrift des § 260 ZPO lässt es für den gewöhnlichen Zivilprozess zu, dass der Kläger mehrere Verfahren durch Klagenhäufung verbindet. Auch der Beklagte kann durch Erhebung einer Widerklage nach § 33 ZPO und das Gericht bei bestehendem rechtlichem Zusammenhang durch Beschluss nach § 147 ZPO eine Verbindung mehrerer Verfahren zueinander herstellen.

5 In Ehesachen ist eine solche Verbindung nur eingeschränkt möglich, d.h. grds. können nur Ehesachen i.S.v. § 121 miteinander verbunden werden. Dies hat damit zu tun, dass nur für Ehesachen der eingeschränkte Amtsermittlungsgrundsatz gilt (§ 127 Abs. 1).

6 **II. Andere Verfahren.** Andere Zivilprozesse können nach § 126 Abs. 2 Satz 1 nicht mit Ehesachen verbunden werden. Eine Ausnahme hiervon macht die Regelung des § 126 Abs. 2 Satz 2, die auf § 137 verweist, wonach eine Scheidungssache mit Folgesachen, die für den Fall der Scheidung zu regeln sind, zusammen verhandelt und entschieden werden kann, § 137 Abs. 1.

7 Ihrer Art nach ist diese Zusammenfassung nach § 137, d.h. der Verbund von Scheidungs- und Folgesachen, keine Prozessverbindung im herkömmlichen Sinn, weil verschiedene Verfahrensarten (Scheidung, Familiensachen, Familienstreitsachen) mit inhaltlich gänzlich unterschiedlichen (materiellen) Regelungsbereichen zusammengefasst werden können. Der Anlass ihrer Zusammenfassung ist die Auflösung der Ehe, die zur Klärung ihrer Folgen zwingt (insb. Unterhalt, Versorgungsausgleich, Zugewinnausgleich).

8 Zulässig ist nur die Verbindung der Scheidungssache mit Folgeverfahren, nicht hingegen von anderen Ehesachen mit »Folgesachen«, §§ 126 Abs. 2 Satz 2, 137 (KG FamRZ 2005, 1685). Auch eine Verbindung von Scheidungssachen sowie anderen Ehesachen mit selbstständigen Familiensachen ist nicht möglich, da die selbstständigen Familiensachen nicht (nur) für den Fall der Scheidung einer Klärung bedürfen.

9 **III. Trennung unzulässiger Verfahrensverbindungen.** Liegt eine unzulässige Antragshäufung vor, sind die Verfahren nach §§ 113 Abs. 1 Satz 2 i.V.m. 145 Abs. 1 ZPO zu trennen.

10 **IV. Mehrere Anträge.** Aufhebung der Ehe ist deren Auflösung aus Gründen, die bei der Eheschließung bereits bestanden (vgl. dazu § 1314 BGB), während die Scheidung aus Gründen erfolgt, die der Eheschließung nachfolgen (vgl. *Horndasch*, Verbundverfahren Scheidung, Rn. 5 und 15).

Abschnitt 2. Verfahren in Ehesachen, Scheidungssachen und Folgesachen § 127

§ 126 Abs. 3 begründet ein gesetzliches Eventualverhältnis zugunsten des Aufhebungsantrages, falls zu den 11
Begehren von dem Antragsteller keine Rangfolge festgelegt wurde; allerdings ist der Scheidungsantrag in
diesem Fall nicht abzuweisen, weil dieser ebenfalls auf Auflösung der Ehe gerichtet ist.
Ebenso ist zu verfahren, wenn ein Ehegatte die Scheidung der Ehe, der andere dagegen in demselben Ver- 12
fahren mit Gegenantrag die Aufhebung beantragt. § 126 Abs. 3 ist also nicht nur bei einer Antragshäufung
zu beachten, sondern auch dann, wenn sich Scheidungs- und Aufhebungsantrag als Antrag und Widerantrag bzw. Gegenantrag gegenüberstehen.
Andererseits ist es zulässig, dass ein Ehegatte in erster Linie die Scheidung und lediglich hilfsweise die Auf- 13
hebung der Ehe begehrt. Der Antragsteller kann nämlich bis zum Schluss der mündlichen Verhandlung die
Reihenfolge seiner Anträge bestimmen. Dass hierbei im Aufhebungsverfahren nach § 1318 BGB andere
Rechtsfolgen als bei Scheidung der Ehe eintreten, ändert an der Dispositionsbefugnis des Ehegatten nichts.
Wird Scheidung, hilfsweise Aufhebung begehrt, und liegen die Voraussetzungen zur Scheidung vor, wird 14
dem Scheidungsbegehren stattgegeben. Über die hilfsweise Aufhebung ist als nachrangiges Begehren dann
nicht zu entscheiden.

§ 127 **Eingeschränkte Amtsermittlung.** (1) Das Gericht hat von Amts wegen die zur
Feststellung der entscheidungserheblichen Tatsachen erforderlichen Ermittlungen durchzuführen.
(2) In Verfahren auf Scheidung oder Aufhebung der Ehe dürfen von den Beteiligten nicht vorgebrachte
Tatsachen nur berücksichtigt werden, wenn sie geeignet sind, der Aufrechterhaltung der Ehe zu dienen
oder wenn der Antragsteller einer Berücksichtigung nicht widerspricht.
(3) In Verfahren auf Scheidung kann das Gericht außergewöhnliche Umstände nach § 1568 des Bürgerlichen Gesetzbuchs nur berücksichtigen, wenn sie von dem Ehegatten, der die Scheidung ablehnt, vorgebracht worden sind.

Übersicht	Rdn.		Rdn.
A. Allgemeines	1	IV. Einschränkungen in Scheidungssachen ..	11
B. Umfang der Amtsermittlung.............	5	V. Beschwerdeverfahren..................	12
I. Tatsachenermittlung, § 127 Abs. 1	5	C. Einschränkungen nach § 127 Abs. 2	13
II. Richterliche Hinweise, § 139 ZPO	7	D. Berücksichtigung von § 1568 BGB, § 127	
III. Beweiserhebung.....................	10	Abs. 3	19

A. Allgemeines. § 127 Abs. 1 enthält den Grundsatz der eingeschränkten Amtsermittlung in Ehesachen. 1
Die Formulierung entspricht (dem in Ehesachen aufgrund von § 113 Abs. 1 nicht anwendbaren) § 26.
Der Amtsermittlungsgrundsatz wird nach Abs. 2 gelockert bzw. eingeschränkt für Verfahren auf Scheidung 2
oder Aufhebung der Ehe, d.h. ohne Einschränkung gilt der Amtsermittlungsgrundsatz nur für Verfahren
auf Feststellung zum Bestand der Ehe.
Schließlich ermöglicht Abs. 3 die Berücksichtigung eheerhaltender Tatsachen nach § 1568 BGB (außerge- 3
wöhnliche Umstände) nur dann, wenn diese von dem die Scheidung ablehnenden Ehegatten vorgebracht
werden.
Zweck dieses (eingeschränkten) Amtsermittlungsgrundsatzes ist es, in Statussachen den für die Entschei- 4
dung maßgebenden Sachverhalt so objektiv wie möglich zu klären. Der Status der Ehe unterliegt nicht der
Disposition der Beteiligten. Danach hat das FamG insb. zu klären, ob und wann die Beteiligten geheiratet
haben, wann es zur Trennung kam und ob eheerhaltende Tatsachen gegeben sind. Dies ist regelmäßig für
die FamG mit wenig Aufwand zu bewerkstelligen. Allenfalls in seltenen Fällen muss eine Beweisaufnahme
betreffend den Zeitpunkt der Trennung durchgeführt werden.

B. Umfang der Amtsermittlung. I. Tatsachenermittlung, § 127 Abs. 1. Liegt ein Scheidungsantrag vor, 5
ist zunächst v.A.w. zu ermitteln, ob und wann die Ehe geschlossen wurde. Dieser Nachweis ist regelmäßig
durch Vorlage einer Heiratsurkunde zu führen; zulässig sind aber auch andere Nachweise (OLG Düsseldorf
FamRZ 1992, 1078). Die Feststellung aller entscheidungserheblichen Tatsachen, insb. auch die Dauer der
Trennung, gehört nach § 127 Abs. 1 zu den gerichtlichen Pflichten. Insoweit ist § 127 Abs. 1 die notwendige

Roßmann

Ergänzung zu § 113 Abs. 4, der bereits deutlich macht, dass insb. der Trennungszeitpunkt bzw. die Trennungszeit als Voraussetzung der Scheidung nicht zugestanden werden kann (vgl. § 113 Abs. 4 Nr. 5).

6 Das zuständige Gericht besitzt darüber hinaus Ermessen, wie der Amtsermittlungsgrundsatz im Einzelnen umgesetzt wird. Das gerichtliche Ermessen hat sich daran zu orientieren, sich zu den entscheidungserheblichen Tatsachen eine Überzeugung bilden zu können.

7 **II. Richterliche Hinweise, § 139 ZPO.** Die Pflicht des Gerichts nach § 139 Abs. 1 ZPO zur ordnungsgemäßen Verfahrensleitung besteht ergänzend neben § 127. Nach § 139 ZPO hat das Gericht auf sachdienliche Anträge hinzuwirken, sowie nach § 139 Abs. 2 Satz 1 ZPO zu einem rechtlichen Gesichtspunkt, den ein Beteiligter erkennbar übersehen oder für unerheblich gehalten hat, Gelegenheit zur Stellungnahme zu geben.

8 Der Untersuchungsgrundsatz fordert nicht, den Beteiligten den erhobenen Antrag schlüssig zu machen. Bei unschlüssigem Antrag bedarf es allerdings eines richterlichen Hinweises.

9 Nicht verändert werden durch den Amtsermittlungsgrundsatz die Grundsätze zur Beweislastverteilung, d.h. Beweislastentscheidungen sind generell möglich (Friederici/Kemper FamFG § 127 Rn. 5). Die Beweislast richtet sich auch in Ehesachen nach dem materiellen Recht.

10 **III. Beweiserhebung.** Beweise sind vom Gericht nach pflichtgemäßem Ermessen und unabhängig von den Beweisangeboten der Beteiligten zu erheben. Das Familiengericht kann Tatsachen ermitteln, die die Beteiligten nicht beigebracht haben und wegen sich aus dem Vortrag ergebenden Anhaltspunkten oder Anregungen weitergehende Ermittlungen anstellen, ohne dass förmliche Beweisantritte von den Beteiligten gestellt sein müssen.

11 **IV. Einschränkungen in Scheidungssachen.** Die Tatsachenermittlungen durch das Gericht haben sich an dem durch Antrag und Begründung anhängig gemachten Verfahrensgegenstand zu orientieren. Eine Bindung an den vom Antragsteller vorgetragenen Scheidungstatbestand besteht nicht, d.h. ergibt sich aufgrund der getroffenen Ermittlungen, dass die Ehe nach einem der in §§ 1565, 1566 BGB enthaltenen Tatbestände zu scheiden ist, kann die Scheidung unabhängig von dem vorgetragenen Tatbestand ausgesprochen werden.

12 **V. Beschwerdeverfahren.** Die Pflicht zur Amtsermittlung besteht auch im Beschwerdeverfahren, wird aber durch § 117 Abs. 2, § 528 ZPO (Ermittlung innerhalb der Grenzen des Beschwerdeantrags) begrenzt. Da das Beschwerdeverfahren in Ehesachen (wie überhaupt in allen Familiensachen) eine zweite Tatsacheninstanz ist, ist auch neuer Vortrag und weitere Tatsachenermittlung möglich.

13 **C. Einschränkungen nach § 127 Abs. 2.** § 127 Abs. 2 beschränkt den Amtsermittlungsgrundsatz, in dem das Gericht in Verfahren auf Scheidung oder Aufhebung der Ehe nur eheerhaltende Tatsachen v.A.w. uneingeschränkt ermitteln darf. Diese Beschränkung dient der Aufrechterhaltung der Ehe, da dies einem öffentlichen Interesse entspricht.

14 Eheerhaltende Tatsachen, die eine Scheidung nicht zulassen, können eine zu kurze Trennungszeit sein, konkrete Anhaltspunkte für eine Wiederaufnahme der ehelichen Lebensgemeinschaft oder Belange der Kinder, die für die Aufrechterhaltung der Ehe nach § 1568 BGB sprechen.

15 Im Aufhebungsverfahren kann eine Bestätigung der aufzuhebenden Ehe nach § 1315 BGB als ehefreundliche Tatsache gewertet werden.

16 Ansonsten dürfen ehevernichtende Tatsachen im Scheidungsverfahren nur berücksichtigt bzw. ermittelt werden, wenn der die Ehe aufgebende Ehegatte nicht widerspricht.

17 Der Widerspruch muss im Verfahren ausdrücklich artikuliert werden. Er ist Verfahrenshandlung, unterliegt allerdings nicht dem Anwaltszwang. Dies folgt aus seinem Schutzzweck.

18 Der Widerspruch des Antragstellers macht jegliche auf die Ermittlung solcher Tatsachen gerichtete Maßnahme unzulässig. Der die Scheidung oder Aufhebung der Ehe betreibende Ehegatte soll bestimmen können, aufgrund welchen Sachverhalts die Ehe geschieden oder aufgehoben wird. Damit wird seine Selbstbestimmung und Entscheidungsfreiheit in der Privatsphäre respektiert.

19 **D. Berücksichtigung von § 1568 BGB, § 127 Abs. 3.** Nach § 1568, 2. Alt. BGB soll eine Ehe nicht geschieden werden, obwohl sie gescheitert ist, wenn und solange die Scheidung für den Antragsgegner, der sie ablehnt, aufgrund außergewöhnlicher Umstände eine so schwere Härte bedeuten würde, dass die Aufrechterhaltung der Ehe auch unter Berücksichtigung der Belange des Antragstellers ausnahmsweise geboten erscheint.

Abschnitt 2. Verfahren in Ehesachen, Scheidungssachen und Folgesachen § 128

Das Gericht kann solche Umstände jedoch nach § 127 Abs. 3 nur dann berücksichtigen, wenn sie vom Antragsgegner ins Verfahren vorgebracht wurden, auch wenn es sich um eine eheerhaltende Tatsache handelt. Selbst wenn derartige Gründe offensichtlich vorliegen und vom Gericht ermittelt und festgestellt werden könnten, kann das Gericht sie nur berücksichtigen, wenn sie der betroffene Ehegatte vorgebracht hat. Der dadurch geschützte Ehegatte soll in seinem höchstpersönlichen Bereich frei entscheiden können. 20

Der Antragsgegner kann sich auf die schwere Härte auch ohne anwaltliche Vertretung berufen (Musielak/Borth FamFG § 127 Rn. 10). Bringt ein nicht vertretener Beteiligter einen Sachverhalt i.S.d. § 1568 BGB vor und lehnt er gleichzeitig die Scheidung der Ehe ab, ist von einem Vorbringen i.S.d. Abs. 3 auszugehen. 21

Abs. 3 ist nicht anzuwenden auf die Kinderschutzklausel (§ 1568, 1. Alt. BGB); deren Umstände sind von Amts wegen nach § 127 Abs. 2 zu ermitteln. Die Entscheidungsfreiheit der Ehegatten erfährt in dieser Weise eine sachgerechte Beschränkung durch das Kindeswohl. 22

§ 128 Persönliches Erscheinen der Ehegatten.

(1) ¹Das Gericht soll das persönliche Erscheinen der Ehegatten anordnen und sie anhören. ²Die Anhörung eines Ehegatten hat in Abwesenheit des anderen Ehegatten stattzufinden, falls dies zum Schutz des anzuhörenden Ehegatten oder aus anderen Gründen erforderlich ist. ³Das Gericht kann von Amts wegen einen oder beide Ehegatten als Beteiligte vernehmen, auch wenn die Voraussetzungen des § 448 der Zivilprozessordnung nicht gegeben sind.
(2) Sind gemeinschaftliche minderjährige Kinder vorhanden, hat das Gericht die Ehegatten auch zur elterlichen Sorge und zum Umgangsrecht anzuhören und auf bestehende Möglichkeiten der Beratung hinzuweisen.
(3) Ist ein Ehegatte am Erscheinen verhindert oder hält er sich in so großer Entfernung vom Sitz des Gerichts auf, dass ihm das Erscheinen nicht zugemutet werden kann, kann die Anhörung oder Vernehmung durch einen ersuchten Richter erfolgen.
(4) Gegen einen nicht erschienenen Ehegatten ist wie gegen einen im Vernehmungstermin nicht erschienenen Zeugen zu verfahren; die Ordnungshaft ist ausgeschlossen.

Übersicht

	Rdn.		Rdn.
A. Allgemeines	1	V. Bewertung der Anhörung	26
B. Anhörung der Ehegatten	6	C. Gemeinschaftliche minderjährige Kinder,	
I. Zweck der Regelung	6	§ 128 Abs. 2	27
II. Ladung zum Termin	9	D. Anhörung vor ersuchtem Richter	31
III. Anhörungspflicht	13	E. Ordnungsgeld	32
IV. Durchführung der Anhörung	22		

A. Allgemeines. Das persönliche Erscheinen der Ehegatten ist in Verfahren, die Ehesachen betreffen, grds. erforderlich und soll nach § 128 Abs. 1 Satz 1 vom Gericht angeordnet werden. 1

Die Anhörung eines Ehegatten kann in Abwesenheit des anderen Ehegatten durchgeführt werden, wenn dies zum Schutz des anzuhörenden Ehegatten oder aus anderen Gründen erforderlich erscheint, vgl. § 128 Abs. 1 Satz 2. Diese Regelung ist Ausdruck des Bemühens des Gesetzgebers, die mitunter »spannungsgeladene« Scheidungssituation zu entschärfen. Die Regelung wurde auf Initiative des Bundesrats ergänzend in das FamFG aufgenommen. 2

§ 128 Abs. 1 Satz 3 enthält die Befugnis des Gerichts, die Ehegatten von Amts wegen als Beteiligte zu vernehmen. 3

§ 128 Abs. 2 stellt eine Änderung ggü. dem früheren Recht dar, weil das Gericht in dem Fall, dass gemeinschaftliche minderjährige Kinder vorhanden sind, die Ehegatten nicht nur wie früher zur elterlichen Sorge, sondern auch zum Umgangsrecht anhören muss. Diese Erweiterung entspricht dem Anliegen des Gesetzgebers, die tatsächliche Wahrnehmung von Umgangskontakten zu verbessern. Den Ehegatten soll ihre fortbestehende Verantwortung für die von Trennung und Scheidung betroffenen Kinder deutlich gemacht werden. 4

Auch soll das Gericht auf bestehende Möglichkeiten der Beratung in den Angelegenheiten der gemeinsamen Kinder hinweisen. 5

B. Anhörung der Ehegatten. I. Zweck der Regelung. Die Anordnung des persönlichen Erscheinens der Beteiligten zum Termin und ihre Anhörung bzw. Vernehmung als Beteiligte ermöglicht eine bessere Aufklärung des entscheidungserheblichen Sachverhalts. Insoweit steht die Anhörung der Beteiligten in unmittelbarem Zusammenhang mit dem eingeschränkten Amtsermittlungsgrundsatz des § 127 (OLG Hamm FamRZ 2013, 64).

7 Das FamG hat die Möglichkeit, die Beteiligten aufgrund mündlicher Verhandlung anzuhören oder sie als Beteiligte nach § 448 ZPO zu vernehmen (OLG Brandenburg FamRZ 2000, 897). Es ist nicht erforderlich, dass das persönliche Erscheinen »zum Zwecke der Sachaufklärung« sachdienlich erscheint. Das FamG erlangt durch diese Möglichkeiten einen persönlichen Eindruck von den Eheleuten, i.Ü. können die Ehegatten sich über die Ehesache als höchstpersönliche Angelegenheit äußern, bevor hierüber entschieden wird. Inhaltlich richtet sich die Anhörung bzw. Vernehmung der Beteiligten nach § 127.

8 Nach § 127 Abs. 2 kann der Richter in Scheidungssachen eheerhaltende Tatsachen ohne Beschränkung, ehefeindliche Tatsachen dagegen nur insoweit ermitteln, soweit sie vorgetragen worden sind (s. § 127 Rdn. 11 ff.).

9 **II. Ladung zum Termin.** Grundlage der Anordnung des persönlichen Erscheinens der Beteiligten zum Termin ist § 113 Abs. 1 Satz 2 i.V.m. § 273 Abs. 2 Nr. 3 ZPO. Der Gegenstand der Anhörung ist in der Ladung zu benennen.

10 Die Beteiligten sind auf die Folgen ihres Ausbleibens hinzuweisen, § 128 Abs. 4 i.V.m. §§ 141 Abs. 3 Satz 3, 377 Abs. 2 Nr. 3, 380 Abs. 1 ZPO.

11 Die Ladungsfrist beträgt mindestens 3 Wochen. Die Vorschrift des § 32 Abs. 2 FamFG, die eine angemessene Frist zwischen Ladung und Termin vorsieht, ist in Ehesachen nicht anwendbar, vgl. § 113 Abs. 1 FamFG. Somit gilt die Vorschrift des § 217 ZPO, nach der eine Ladungsfrist von einer Woche genügt. Damit könnte der zuständige Richter die Einreichung von Folgesachenanträgen durch kurze Ladungsfristen unmöglich machen, da nach § 137 Abs. 2 Satz 1 FamFG eine Folgesache unter Einhaltung einer Zweiwochenfrist vor der mündlichen Verhandlung anhängig gemacht werden muss.

12 Der BGH (BGH FamRZ 2012, 863 ff.) hat sich nunmehr dahin gehend erklärt, dass das Familiengericht den Termin in einer Scheidungssache so zu bestimmen hat, dass es den beteiligten Ehegatten nach Zugang der Ladung möglich ist, unter Einhaltung der Zweiwochenfrist nach § 137 Abs. 2 Satz 1 FamFG eine Folgesache anhängig zu machen. Zur Vorbereitung eines Antrags muss den Ehegatten zusätzlich entsprechend der Ladungsfrist des § 217 ZPO eine Woche zur Verfügung stehen. Dies bedeutet m.a.W., dass zwischen der Zustellung der Ladung und dem Termin ein Zeitabstand von mindestens 3 Wochen bestehen muss. Die Beteiligten haben einen Anspruch auf Terminverlegung, wenn die gerichtliche Terminbestimmung den erwähnten Vorgaben nicht gerecht wird. Einer Terminsverlegung bedarf es allerdings nicht, wenn sie – trotz zu kurzer Terminierung – Folgesachen noch bis zur mündlichen Verhandlung anhängig machen. Die Folgesachen werden dann schlichtweg Bestandteil des Scheidungsverbunds.

13 **III. Anhörungspflicht.** Das Gericht soll nach § 128 Abs. 1 Satz 1 das persönliche Erscheinen der Eheleute anordnen. Die Vorschrift des § 128 Abs. 1 steht i.V.m. dem Amtsermittlungsgrundsatz des § 127. Damit ist von einer grundsätzlichen Verpflichtung des Gerichts, beide Ehegatten persönlich anzuhören, auszugehen, zumal den Beteiligten auch rechtliches Gehör zu gewähren ist (OLG Hamm FamRZ 1996, 1156). Es genügt, dass das persönliche Erscheinen und die Anhörung dem Gericht Einsichten zu dem Beziehungs- und Interessengeflecht des Konfliktes vermitteln können, die sachgerechte Lösungen befördern.

14 § 128 Abs. 3 macht darüber hinaus deutlich, dass die Verhinderung am Erscheinen oder große Entfernung vom Sitz des Gerichts keinen ausreichenden Grund darstellen, von dem Anhörungserfordernis abzusehen.

15 Die Anhörung eines Beteiligten mittels Bild- und Tonübertragung (Videokonferenz) ist in Sonderfällen zulässig. Dies ergibt sich aus § 113 Abs. 1 Satz 2 FamFG i.V.m. § 128a ZPO.

16 Die Anhörung mittels Videokonferenz ist insbesondere bei Inhaftierung sachgerecht, um die aufwändige Vorführung mit dem grundsätzlich innewohnenden Fluchtrisiko zur Beantwortung der Frage nach den gesetzlichen Scheidungsvoraussetzungen (Trennungszeitpunkt, Chance der Ehe und Wille zur Scheidung) zu vermeiden. Auch die Kosten der Vorführung eines Inhaftierten lassen sich dadurch vermeiden.

17 Die Anhörung mittels Videokonferenz entspricht den Anforderungen einer »persönlichen Anhörung«. Entscheidend ist, dass sich durch die Anhörung der Sachverhalt aufklärt, die persönliche Sichtweise der Ehegatten geäußert werden kann und das Gericht einen persönlichen Eindruck von den Ehegatten bekommt; *letzteres vor allem auch bzgl. der Verhandlungsfähigkeit*. Die moderne Videokonferenztechnik lässt ein un-

mittelbares Gegenüber zu und ist daher geeignet, die Ziele des § 128 FamFG – die genauere und umfassendere Sachverhaltsaufklärung, deren Anforderung sich aus dem eingeschränkten Amtsermittlungsgrundsatz nach § 127 FamFG ergibt, zu erreichen. Das regelmäßig von einer Videokonferenzanlage übertragene Bild entspricht etwa der Lebenssituation, wie sie in einem Sitzungssaal mit einem in wenigen Metern Entfernung an einem Zeugentisch sitzenden Anzuhörenden, entsteht. Der Stand der heutigen Technik ermöglicht einen unmittelbaren Eindruck des Betroffenen. So werden insbesondere Verhalten, Auftreten, Mimik und Körpersprache des Gegenübers direkt übermittelt. Dem Gericht ist es schließlich mit Hilfe der Videokonferenztechnik möglich, die Tragweite des Eheverfahrens deutlich zu machen und gleichwohl die Chancen für eine eventuelle Versöhnung, für eine Eheberatung oder für eine Mediation zu eruieren. Darüber hinaus haben die Ehegatten die unmittelbare Gelegenheit zur persönlichen Äußerung (so AG Darmstadt, Beschl. v. 12.08.2014 – 50 F 1990/13 = FamRZ 2015, 271 = FuR 2015, 180).

Eine Anhörung ist auch bei Säumnis im Termin nicht entbehrlich, denn für diesen Fall stellt § 128 Abs. 4 die Zwangsmittel der §§ 380, 381 ZPO zur Verfügung (vgl. etwa OLG Hamm FamRZ 1996, 1156; OLG Düsseldorf FamRZ 1986, 1117). **18**

Ist der Antragsgegner aber unbekannten Aufenthalts und wurde der Antrag zur Ehesache öffentlich zugestellt, kann davon ausgegangen werden, dass der Antragsgegner nicht erreichbar ist, sodass auch dessen Anhörung bzw. Vernehmung als Beteiligter ausscheidet. Eine Entscheidung in der Ehesache ist dann auch ohne Anhörung möglich (OLG Hamm FamRZ 1998, 1123). **19**

Die Anhörung ist weiterhin entbehrlich, wenn der Ehegatte die Anhörung durch mehrfaches unentschuldigtes Fernbleiben verhindert (vgl. OLG Hamm FamRZ 1999, 1090; OLG Koblenz FamRZ 2001, 1159) und auch Zwangsmittel nicht weiterführen (etwa weil Ordnungsgeld ohnehin nicht gezahlt werden kann). Ähnlich liegt der Fall, dass ein Ehegatte ausdrücklich und endgültig erklärt hat, zur Aussage nicht bereit zu sein (vgl. OLG Hamburg MDR 1997, 596) bzw. dies sicher vorhersehbar ist, er also durch sein gesamtes Verhalten zu erkennen gegeben hat, dass er Vorladungen des Gerichts nicht Folge leistet und an einer ordnungsgemäßen Durchführung des Verfahrens nicht interessiert ist (vgl. OLG Hamm NJW-RR 1998, 1459). Ausnahmsweise kann auch dann auf die Anordnung des persönlichen Erscheinens verzichtet werden, wenn sie überflüssig erscheint, weil die Beteiligten sich über die Bedeutung ihres Vorgehens bewusst sind, der Sachverhalt klar und unstreitig und eine Aussöhnung aussichtslos ist; so etwa in Scheidungssachen, in denen bereits eine dreijährige Trennungsfrist (§ 1566 Abs. 2 BGB) verstrichen und keine streitige Folgesache anhängig ist. In geeigneten Fällen ist statt der persönlichen zumindest eine schriftliche Anhörung durchzuführen. **20**

Die zu Unrecht unterbliebene Anhörung stellt einen schweren Verfahrensmangel im Sinne von § 117 Abs. 2 FamFG i.V.m. § 538 Abs. 2 ZPO dar, d.h. auf Beschwerde ist der Scheidungsbeschluss aufzuheben und zur erneuten Verhandlung an das Ausgangsgericht zurückzuverweisen (OLG Hamm FamRZ 2013, 65). **21**

IV. Durchführung der Anhörung. Die Anhörung der Beteiligten beginnt mit dem Hinweis, dass es ihnen frei steht, Angaben zu machen; sie müssen sich nicht äußern (OLG Hamburg MDR 1997, 596). Die Anhörung selbst ist kein Verhandeln i.S.d. § 269 Abs. 1 ZPO (OLG Köln FamRZ 1985, 1060), da sie lediglich der Ermittlung der Voraussetzungen des Scheiterns der Ehe dient, sodass der Scheidungsantrag ohne Zustimmung des anderen Beteiligten zurückgenommen werden kann (BGH FamRZ 2004, 1364). Die Beteiligten sollten gemeinsam angehört werden, damit eine schnelle Aufklärung erzielt wird. **22**

Das FamG hat nach § 128 Abs. 1 Satz 2 die Anhörung eines Ehegatten in Abwesenheit des anderen Ehegatten durchzuführen, wenn dies zum Schutz des anzuhörenden Ehegatten oder aus anderen Gründen erforderlich erscheint. Die Vorschrift gebietet in den genannten Fällen die getrennte Anhörung. Das Gericht ist daher verpflichtet aufzuklären, ob die getrennte Anhörung erforderlich ist, insb. um einen Ehegatten zu schützen. Dies kann etwa dann der Fall sein, wenn bereits Gewaltschutzverfahren vorausgegangen sind, die dem Gericht deutlich machen, dass ein Ehegatte auch vor Gewalt ggü. dem anderen Ehegatten nicht zurückschreckt und sich dazu von den Angaben des anderen Ehegatten i.R.d. Anhörung möglicherweise sogar noch provoziert fühlt. Eine Rolle kann auch der Schutz gemeinsamer Kinder spielen, gegen die sich Aggressionen nach der Scheidung entladen. **23**

Nach früherem Recht war umstritten, ob ein Ehegatte gegen den Willen des anderen Ehegatten getrennt angehört werden konnte. Teilw. wurde ein Anwesenheitsrecht des anderen Ehegatten angenommen. Mit der vorliegenden Ergänzung wird nunmehr ausdrücklich klargestellt, dass ein solches Anwesenheitsrecht des anderen Ehegatten bei Vorliegen der in § 128 Abs. 1 Satz 2 bezeichneten Voraussetzungen nicht besteht. **24**

Führt das Gericht eine Beteiligtenvernehmung durch, ist der Beteiligte wie ein Zeuge zu belehren und insb. auf die Pflicht zur Abgabe wahrheitsgetreuer Angaben und die Eidespflicht (§§ 451, 395 Abs. 1 ZPO) hin- **25** zuweisen. Auch in diesem Fall besteht keine Verpflichtung, Angaben zu machen, worauf ebenfalls hinzuweisen ist.

26 **V. Bewertung der Anhörung.** Das Gericht würdigt die Erklärungen der Eheleute, die i.R.d. persönlichen Anhörung abgegeben wurden, entsprechend § 286 ZPO. Sind entscheidungserhebliche Tatsachen streitig geblieben, kann eine Beteiligtenvernehmung durchgeführt werden. Die Beteiligtenvernehmung ist eine Beweisaufnahme, sodass bei deren Anordnung nach Abs. 1 auch nicht die in §§ 445 ff. ZPO genannten Voraussetzungen vorliegen müssen. Dies stellt § 128 Abs. 1 Satz 3 klar, in dem § 448 ZPO für nicht anwendbar erklärt wird.

27 **C. Gemeinschaftliche minderjährige Kinder, § 128 Abs. 2.** Die Anhörung der Eheleute erstreckt sich nach § 128 Abs. 2 auch auf die elterliche Sorge für ihre gemeinschaftlichen Kinder. Grds. sollen die Eheleute auf die bestehenden rechtlichen Möglichkeiten, etwa nach § 1671 BGB einen Antrag zur alleinigen elterlichen Sorge zu stellen, hingewiesen werden.

28 Die Anhörung erstreckt sich auch auf den Umgang mit den gemeinsamen Kindern.

29 Die Eheleute sind ferner auf bestehende Möglichkeiten der Beratung durch die Beratungsstellen und Dienste der Träger der Jugendhilfe (§ 17 Abs. 3 SGB VIII) hinzuweisen.

30 Die **zwingende Anhörung der Eltern zum Sorge- und Umgangsrecht** soll alle Beteiligten am Verfahren für diese Fragestellungen sensibilisieren und schon in einem frühen Stadium die Eltern auf mögliche professionelle Unterstützung bei der Lösung in diesem Bereich auftretender Konflikte hinweisen. Nebeneffekt der zwingenden Anhörung ist, dass das Gericht im Einzelfall Sachverhalte erfährt, die die Einleitung eines Verfahrens von Amtswegen erforderlich machen.

31 **D. Anhörung vor ersuchtem Richter.** § 128 Abs. 3 umreißt die Voraussetzungen, unter denen Anhörung und Vernehmung durch einen **ersuchten Richter** erfolgen kann. Gründe einer Verhinderung können Krankheit, Gebrechlichkeit und mangelnde Reisefähigkeit sein. Große Entfernungen vom Sitz des Gerichts kann eine Anordnung des persönlichen Erscheinens unzumutbar machen. Es muss sich allerdings um extreme Ausnahmesituationen handeln, weil es im Eheverfahren um höchstpersönliche Dinge geht und die Beteiligten dabei die unmittelbarste und sicherste Erkenntnisquelle sind. Das Gericht braucht i.d.R. den persönlichen Eindruck, um seine Entscheidung tragfähig und richtig zu fundamentieren. Dies gebietet schon Art. 6 GG.

32 **E. Ordnungsgeld.** Erscheint ein Beteiligter zum Anhörungstermin nicht, obwohl er ordnungsgemäß geladenen wurde, sind die zulässigen Ordnungsmittel zu verhängen, vgl. § 128 Abs. 4. Das Gericht hat grds. dieselben Ordnungsmittel zur Verfügung wie gegenüber einem zum Vernehmungstermin nicht erschienen Zeugen.

33 Die Verhängung eines Ordnungsgeldes ist hierbei zwingend vorgeschrieben, während die Anordnung der zwangsweisen Vorführung eines Ehegatten durch den Gerichtsvollzieher im Ermessen des Gerichts steht, vgl. § 380 Abs. 2 Halbs. 2 ZPO.

34 Zulässig sind Zwangsmittel aber nur, wenn sie zuvor in der Ladung angedroht wurden, §§ 141 Abs. 3 Satz 3, 377 Abs. 2 Nr. 3 ZPO.

35 Allerdings besteht keine Pflicht, Angaben zur Sache zu machen, sodass ggü. einem Beteiligten keine Zwangsmittel angewandt werden dürfen, der ausdrücklich erklärt hat, nicht aussagen zu wollen (OLG Hamburg MDR 1997, 596). Der betreffende Beteiligte läuft allerdings bei derartigem Verhalten Gefahr, von der Gegenseite ins Verfahren eingeführte Sachverhalte unstreitig zu stellen, § 113 Abs. 1 Satz 2 i.V.m. 138 Abs. 2 ZPO.

36 Dem nicht erschienen Beteiligten sind auch die durch sein Ausbleiben verursachten Kosten aufzuerlegen, § 380 Abs. 1 Satz 1 ZPO.

37 Nicht zulässig ist die Verhängung einer Ordnungshaft, Abs. 4 a.E.

§ 129 Mitwirkung der Verwaltungsbehörde oder dritter Personen.

(1) Beantragt die zuständige Verwaltungsbehörde oder bei Verstoß gegen § 1306 des Bürgerlichen Gesetzbuchs die dritte Person die Aufhebung der Ehe, ist der Antrag gegen beide Ehegatten zu richten.
(2) ¹Hat in den Fällen des § 1316 Abs. 1 Nr. 1 des Bürgerlichen Gesetzbuchs ein Ehegatte oder die dritte Person den Antrag gestellt, ist die zuständige Verwaltungsbehörde über den Antrag zu unterrichten. ²Die zuständige Verwaltungsbehörde kann in diesen Fällen, auch wenn sie den Antrag nicht gestellt hat, das *Verfahren* betreiben, insbesondere selbständig Anträge stellen oder Rechtsmittel einlegen. ³Im

Abschnitt 2. Verfahren in Ehesachen, Scheidungssachen und Folgesachen § 129

Fall eines Antrags auf Feststellung des Bestehens oder Nichtbestehens einer Ehe zwischen den Beteiligten gelten die Sätze 1 und 2 entsprechend.

Übersicht

	Rdn.		Rdn.
A. Allgemeines	1	II. Antragsbefugnis Dritter	11
B. Anwendungsbereich	4	III. Stellung der Verwaltungsbehörde im Verfahren	13
C. Mitwirkung der Verwaltungsbehörde oder einer dritten Person	5	IV. Feststellungsverfahren, § 129 Abs. 2 Satz 3	14
I. Antragsbefugnis der Verwaltungsbehörde	7		

A. Allgemeines. Die Vorschrift regelt die Mitwirkungsmöglichkeiten der Verwaltungsbehörde und dritter 1 Personen in Verfahren, die die Aufhebung einer Ehe oder die Feststellung des Bestehens oder Nichtbestehens einer Ehe betreffen.

Die möglichen **Aufhebungsgründe einer Ehe** sind in § 1314 BGB abschließend aufgezählt. Es handelt sich 2 um fehlende Ehefähigkeit wegen Minderjährigkeit (§ 1303 Abs. 1 BGB), fehlende Ehefähigkeit wegen Geschäftsunfähigkeit (§ 1304 BGB), Doppelehe (§ 1306 BGB), Eheverbot der Verwandtschaft (§ 1307 BGB), Formmangel (§ 1311 BGB), Bewusstlosigkeit oder vorübergehende Störung der Geistestätigkeit (§ 1314 Abs. 2 Nr. 1 BGB), Verkennung der Eheschließung (§ 1314 Abs. 2 Nr. 2 BGB), arglistige Täuschung über solche Umstände, die den Ehegatten bei Kenntnis der Sachlage und bei richtiger Würdigung des Wesens der Ehe von der Eingehung der Ehe abgehalten hätten (§ 1314 Abs. 2 Nr. 3 BGB), widerrechtliche Drohung (§ 1314 Abs. 2 Nr. 4 BGB) oder Scheinehe (§ 1314 Abs. 2 Nr. 5 BGB), etwa Heirat nur, um eine Aufenthaltsberechtigung für den ausländischen Ehegatten zu erwirken.

Die Verfahrensbeteiligung der Verwaltungsbehörde ist damit zu rechtfertigen, dass mit der Einhaltung we- 3 sentlicher Vorschriften des Eherechts der §§ 1303 ff. BGB ein öffentliches Interesse verbunden ist (Keidel/ Weber § 129 Rn. 1).

B. Anwendungsbereich. § 129 ist nur anwendbar, soweit es um das Verfahren der Aufhebung einer Ehe 4 oder die Feststellung des Bestehens oder Nichtbestehens einer Ehe geht.

C. Mitwirkung der Verwaltungsbehörde oder einer dritten Person. Beantragt die zuständige Verwal- 5 tungsbehörde oder, bei Verstoß gegen § 1306 BGB (Doppelehe), die dritte Person die Aufhebung der Ehe, ist der Antrag gegen beide Ehegatten zu richten. Die Eheleute sind als Antragsgegner notwendige Streitgenossen nach § 62 ZPO (OLG Dresden FamRZ 2004, 952; Thomas/Putzo/*Hüßtege* § 129 FamFG Rn. 2 a.E.). Dieser gegen beide Ehegatten zu richtende Antrag setzt zunächst aber voraus, dass ein Antragsrecht besteht; dies bestimmt sich nach § 1316 BGB.

In den Fällen des § 1314 Abs. 2 Nr. 2–4 BGB, in denen es um Irrtum über Eheschließung, arglistige Täu- 6 schung oder widerrechtliche Drohung geht, ist der betroffene **Ehegatte antragsberechtigt**, d.h. kann einen Aufhebungsantrag nach § 124 beim zuständigen Familiengericht stellen.

I. Antragsbefugnis der Verwaltungsbehörde. Das Verfahren zur Aufhebung der Ehe wird nach § 124 7 durch einen entsprechenden Antrag eingeleitet (vgl. auch § 1313 Satz 1 BGB). Die Antragsberechtigung der zuständigen Verwaltungsbehörde ist nach § 1316 Abs. 1 Nr. 1 BGB bei Verstoß gegen die §§ 1303, 1304, 1306, 1307, 1311 BGB sowie in den Fällen des § 1314 Abs. 2 Nr. 1 und Nr. 5 BGB gegeben. Die Verwaltungsbehörde entscheidet nach pflichtgemäßem Ermessen, ob sie von ihrer Antragsbefugnis Gebrauch macht.

Nach § 1316 Abs. 3 BGB soll die zuständige Verwaltungsbehörde den Antrag bei Verstoß gegen die §§ 1304, 8 1306, 1307 BGB sowie in den Fällen des § 1314 Abs. 2 Nr. 1 (Eheschließung im Zustand der Bewusstlosigkeit oder vorübergehender Störung der Geistestätigkeit) und Nr. 5 BGB (Ehegatten wollten keine Pflichten nach § 1353 BGB begründen) stellen, wenn nicht die Aufhebung der Ehe für einen Ehegatten oder für die aus der Ehe hervorgegangenen Kinder eine so schwere Härte darstellen würde, dass die Aufrechterhaltung der Ehe ausnahmsweise geboten erscheint, § 1316 Abs. 3 BGB.

Das Eingreifen der Härteklausel ist vom Gericht eigenständig von Amts wegen zu prüfen. Ist dies zu beja- 9 hen, hat das Gericht den Antrag der Verwaltungsbehörde als unzulässig zurückzuweisen. Auch würde die sachliche Überprüfung eines Eheaufhebungsgrunds aus § 1304 BGB bereits für sich genommen einen belastenden Eingriff in die bestehende Ehe bedeuten, welcher nur gerechtfertigt ist, wenn ein Härtefall, der die Aufrechterhaltung der Ehe als geboten erscheinen lässt, nicht vorliegt (BGH FamRZ 2012, 940, 941).

10 Eine anwaltliche Vertretung für die Verwaltungsbehörde ist nicht erforderlich (s. § 114 Rdn. 19). Die Zuständigkeit der Verwaltungsbehörde richtet sich nach den jeweiligen Rechtsverordnungen der Landesregierungen, § 1316 Abs. 1 Nr. 1 Satz 2 BGB; so ist bspw. zuständige Verwaltungsbehörde für die Beantragung der Aufhebung der Ehe nach § 1316 Abs. 1 Nr. 1 Satz 1 BGB für Baden-Württemberg das Regierungspräsidium Tübingen, für Bayern die Regierung von Mittelfranken sowie die Bezirksregierung Köln bzw. Arnsberg für Nordrhein-Westfalen.

11 **II. Antragsbefugnis Dritter.** Nach § 1316 Abs. 1 Nr. 1, letzter Halbs. BGB kann in den Fällen des § 1306 BGB auch die dritte Person (Ehegatte der zuerst geschlossenen Ehe) den Eheaufhebungsantrag stellen. Das Antragsrecht erlischt in diesem Fall, wenn die beanstandete zweite Ehe geschieden wird (BGH FamRZ 2001, 685 f.).

12 Ansonsten haben »Dritte« keine Antragsbefugnis, können aber bei der Verwaltungsbehörde anregen, einen Aufhebungsantrag zu stellen. Die Verwaltungsbehörde sollte in den Fällen des § 1316 Abs. 3 BGB daraufhin auch tätig werden. Ein Anspruch auf ein Aktivwerden besteht freilich nicht.

13 **III. Stellung der Verwaltungsbehörde im Verfahren.** Stellt die zuständige Verwaltungsbehörde nach § 129 Abs. 1 den Antrag auf Aufhebung der Ehe, ist sie Beteiligte i.S.v. § 7. Weiterhin erweitert § 129 Abs. 2 Satz 2 die Mitwirkungsbefugnis der Verwaltungsbehörde auch in Verfahren, die nicht von ihr eingeleitet wurden. Die zuständige Verwaltungsbehörde kann in diesen Fällen, auch wenn sie den Antrag nicht gestellt hat, das Verfahren betreiben, insb. selbständig Anträge stellen oder Rechtsmittel einlegen. Damit die Verwaltungsbehörde ihre Aufgaben wahrnehmen kann, ist sie in den Fällen des § 1316 Abs. 1 Nr. 1 BGB im Fall des Antrags eines Ehegatten oder der dritten Person (vorangehender Ehegatte) über einen gestellten Eheaufhebungsantrag zu unterrichten, § 129 Abs. 2 Satz 1.

14 **IV. Feststellungsverfahren, § 129 Abs. 2 Satz 3.** Ein aktives Antragsrecht der Verwaltungsbehörde ist für das Verfahren auf Feststellung des Bestehens oder Nichtbestehens einer Ehe nicht vorgesehen, da § 129 Abs. 2 Satz 3 nicht auf Abs. 1 verweist. Eine Beteiligung der Verwaltungsbehörde erfolgt daher nur i.R.d. § 129 Abs. 2 Satz 1 und 2; danach ist die Verwaltungsbehörde über eine derartige Verfahrenseinleitung zu unterrichten. Daraufhin kann die Verwaltungsbehörde dann das Verfahren betreiben, d.h. auch Anträge stellen oder Rechtsmittel einlegen.

§ 130 Säumnis der Beteiligten.
(1) Die Versäumnisentscheidung gegen den Antragsteller ist dahin zu erlassen, dass der Antrag als zurückgenommen gilt.
(2) Eine Versäumnisentscheidung gegen den Antragsgegner sowie eine Entscheidung nach Aktenlage ist unzulässig.

Übersicht	Rdn.		Rdn.
A. Säumnis des Antragstellers	3	B. Säumnis des Antragsgegners	10

1 Die Vorschrift des § 130 regelt die Folgen der Säumnis eines Beteiligten für sämtliche Ehesachen in gleicher Weise. Nach Abs. 1 ist bei Säumnis des Antragstellers die Versäumnisentscheidung dahin zu erlassen, dass der Antrag als zurückgenommen gilt (sog. Rücknahmefiktion). Gem. Abs. 2 ist bei Säumnis des Antragsgegners jede Versäumnisentscheidung sowie auch eine Entscheidung nach Aktenlage (§ 251a ZPO) ausgeschlossen.

2 Etwaige Folgesachen werden von § 130 nicht berührt. Deren weitere Behandlung richtet sich nach §§ 141, 142 Abs. 1 Satz 2 sowie 143.

3 **A. Säumnis des Antragstellers.** § 130 Abs. 1 ordnet bei Säumnis des Antragstellers in Ehesachen die Rücknahme des Antrags an. Diese Rücknahmefiktion zieht der Gesetzgeber einem Versäumnisbeschluss nach § 330 ZPO auf Antragsabweisung vor. Grund dafür ist, dass in Ehesachen ein erhöhtes Interesse an einer materiell richtigen Entscheidung besteht, und deshalb allein aufgrund des Umstands der Säumnis keine der materiellen Rechtskraft fähige Entscheidung ergehen sollte. Die Rücknahmefiktion als Inhalt der Ver-

säumnisentscheidung bei Säumnis des Antragstellers ist daher für alle Ehesachen maßgeblich. Die Vorschrift des § 130 Abs. 1 ist auch anzuwenden, wenn beide Beteiligte zum Termin nicht erscheinen.

Hat das FamFG fehlerhaft einen Fall der Säumnis des Antragstellers angenommen, obwohl es z.B. an einer ordnungsgemäßen Ladung zum Termin gefehlt hat, kann der Antragsteller Einspruch nach §§ 338 ff. ZPO einlegen, sodass das Verfahren in die Lage zurückversetzt wird, in der es sich vor Eintritt der Versäumnis befand. 4

Ist der Antragsteller im Einspruchstermin dann erneut säumig, kommt es zur zweiten Versäumnisentscheidung. Dagegen kann der Antragsteller nur noch mit der Beschwerde vorgehen. Nach §§ 58 ff., 117 Abs. 2 i.V.m. § 514 ZPO kann die Beschwerde nur noch darauf gestützt werden, dass der Fall der schuldhaften Säumnis nicht vorgelegen hat. 5

Akzeptiert hingegen der Antragsteller die Versäumnisentscheidung nach § 130 Abs. 1, muss er zu späterer Zeit einen neuen Scheidungsantrag stellen. Dies ist unproblematisch zulässig, weil aufgrund der Rücknahmefiktion das Verfahren als nicht anhängig geworden anzusehen ist (vgl. § 269 Abs. 3 Satz 1 ZPO). Die Kosten der Versäumnisentscheidung nach § 130 Abs. 1 hat freilich der Antragsteller nach § 150 Abs. 2 entsprechend zu tragen. 6

Kann nicht ausgeschlossen werden, dass das beiderseitige Ausbleiben auf Versöhnung beruht, kommt auch die Anordnung des Ruhens des Verfahrens nach § 113 Abs. 1 Satz 2 i.V.m. § 251a Abs. 3 ZPO in Betracht (Keidel/*Weber* § 130 Rn. 4). 7

Eine Entscheidung nach Aktenlage gem. § 113 Abs. 1 Satz 2 i.V.m. § 331a ZPO ist ebenfalls entsprechend dem Wortlaut des § 130 Abs. 1 zulässig; allerdings setzt dies voraus, dass der Sachverhalt, d.h. die Sach- und Rechtslage dafür ausreichend geklärt ist (a.A. Keidel/*Weber* § 130 Rn. 4). 8

Die erwähnten Grundsätze gelten auch in der Beschwerdeinstanz, da sich nach § 68 Abs. 3 Satz 1 das Beschwerdeverfahren nach den Vorschriften über das Verfahren in erster Instanz richtet. Die Verweisung des § 117 Abs. 2 auf § 539 ZPO ist in diesem Zusammenhang nicht undifferenziert zu übernehmen; maßgeblich für die Anwendung des § 130 ist die Beteiligtenstellung in erster Instanz, d.h. wer den Scheidungsantrag gestellt hat und nicht wer Beschwerdeführer bzw. Beschwerdegegner im Beschwerdeverfahren ist (vgl. dazu Keidel/*Weber* § 130 Rn. 5 ff.). 9

B. Säumnis des Antragsgegners. Nach § 130 Abs. 2 ist auch bei Säumnis des Antragsgegners jede Versäumnisentscheidung ausgeschlossen. Dies gilt konsequenterweise auch für eine Entscheidung nach Aktenlage (§ 251a ZPO). Der Ausschluss eines Versäumnisbeschlusses gegen den Antragsgegner ergibt sich aus der Notwendigkeit, dass Statusverfahren im Interesse der Allgemeinheit nicht der Disposition der Beteiligten überlassen werden können und auch wegen des (eingeschränkten) Amtsermittlungsgrundsatzes nach § 127. 10

Auch wenn der Antragsgegner nicht zum Termin erscheint, ist allerdings eine Scheidung möglich. Zwar darf kein Versäumnisbeschluss erlassen werden, jedoch ist eine streitige Scheidung möglich, wenn der Richter nach Anhörung des Antragstellers von der Zerrüttung der Ehe überzeugt ist. Dies ist insb. von Bedeutung, wenn der Antragsgegner sich im Ausland aufhält und nicht gewillt ist zur Scheidung zu erscheinen. 11

Das FamG hat nach § 127 v.A.w. den Sachverhalt zu klären, d.h. es muss mit dem Antragsteller einseitig streitig verhandeln, und ggf. ist auch v.A.w. Beweis zu erheben. Die Säumnis des Antragsgegners stellt ein konkludentes Bestreiten der Scheidungsvoraussetzungen dar. 12

Die Entscheidung ergeht als kontradiktorischer Beschluss. Erscheint der Antragsgegner im Termin ohne Verfahrensbevollmächtigten, gilt Entsprechendes; er kann aber persönlich angehört und auch vernommen werden (vgl. dazu § 134 Rdn. 3 ff.). 13

Legt der Antragsgegner der ersten Instanz Beschwerde gegen den Scheidungsbeschluss ein, so verdrängt § 117 Abs. 2 i.V.m. § 539 Abs. 1 ZPO die Regelung des § 130 Abs. 2. Grund ist, dass der Beschwerdeführer den Scheidungsausspruch statt durch Säumnis auch durch Beschwerderücknahme rechtskräftig werden lassen kann, dies nunmehr gleichsam seiner Disposition unterliegt. 14

Verfolgt hingegen der Antragsteller seinen in erster Instanz abgewiesenen Scheidungsantrag in zweiter Instanz als Beschwerdeführer weiter und ist der Beschwerdegegner und Antragsgegner in zweiter Instanz säumig, so verdrängt § 130 Abs. 2 die § 117 Abs. 2 i.V.m. § 539 Abs. 1 ZPO. Folglich ist der Sachverhalt nach § 127 vom Beschwerdegericht aufzuklären und – streitig – zu entscheiden (Keidel/*Weber* § 130 Rn. 11). 15

§ 131 Tod eines Ehegatten.
Stirbt ein Ehegatte, bevor die Endentscheidung in der Ehesache rechtskräftig ist, gilt das Verfahren als in der Hauptsache erledigt.

Übersicht

	Rdn.		Rdn.
A. Allgemeines	1	2. Verfahrensübernahme durch die Erben	11
B. Anwendungsbereich der Vorschrift	4	3. Kostenentscheidung	13
I. Tod eines Ehegatten vor Rechtshängigkeit	4	4. Folgesachen	15
II. Tod eines Ehegatten nach Rechtshängigkeit	6	III. Tod eines Ehegatten nach Rechtskraft des Beschlusses	17
1. Erledigung der Ehesache	6	C. Entscheidung durch Beschluss	20

1 **A. Allgemeines.** Die Vorschrift des § 131 regelt den Fall, dass ein Ehegatte während der Rechtshängigkeit einer Ehesache verstirbt. Die Anwendung betrifft ausschließlich Ehesachen nach § 121 (OLG Stuttgart FamRZ 2008, 529). § 131 ist daher nicht anzuwenden, wenn ein Ehegatte nach Rechtskraft des Scheidungsbeschlusses, aber vor rechtskräftiger Entscheidung einer Folgesache stirbt (BGH FamRZ 2011, 31).

2 § 131 ordnet im Fall des Versterbens eines Ehegatten die Hauptsacheerledigung **kraft Gesetzes** an und ist insoweit eine Ausnahme, da »normalerweise« in solchen Fällen das Verfahren nach einer möglichen Unterbrechung (§ 239 ZPO) mit dem Rechtsnachfolger fortgesetzt wird.

3 Einer solchen Fortsetzung bedarf es nicht, da die Ehe durch Tod eines Ehegatten endet, sodass eine Auflösung der Ehe durch Scheidung oder Aufhebung unnötig ist.

4 **B. Anwendungsbereich der Vorschrift. I. Tod eines Ehegatten vor Rechtshängigkeit.** Tritt der Tod des Antragsgegners vor Rechtshängigkeit ein, ist der **Antrag unzulässig**, weil es an einem Beteiligten fehlt; ein Verfahrensrechtsverhältnis kann nicht begründet werden. Der Antrag kann jedoch zurückgenommen werden. Nimmt der Antragsteller den Antrag dennoch nicht zurück, ist dieser als unzulässig abzuweisen. Eine Kostenentscheidung ist entbehrlich, weil ein Gegner, der Kostenerstattung fordern könnte, nicht mehr existiert (OLG Brandenburg FamRZ 1996, 683).

5 Verstirbt der Antragsteller, ist der Antrag nicht mehr zuzustellen; eine Kostenentscheidung ist entbehrlich, weil eine Kostenerstattungspflicht vor Zustellung nicht besteht.

6 **II. Tod eines Ehegatten nach Rechtshängigkeit. 1. Erledigung der Ehesache.** § 131 ist anwendbar, wenn der Tod eines Ehegatten während der Rechtshängigkeit der Ehesache eintritt.

7 Rechtsfolge des Versterbens ist, dass gesetzlich die Erledigung der Hauptsache eintritt. Eine entsprechende Erklärung des überlebenden Beteiligten oder des Verfahrensbevollmächtigten des verstorbenen Beteiligten ist nicht erforderlich.

8 Soweit der überlebende Ehegatte ein rechtliches Interesse daran hat, kann durch Beschluss die Hauptsacheerledigung ausgesprochen werden (OLG Zweibrücken FamRZ 1995, 619).

9 Das FamG kann trotz § 131 auch im Fall des Todes eines Ehegatten den Scheidungsantrag als unzulässig zurückweisen; das Gericht ist durch die Vorschrift nur an einer Sachentscheidung gehindert (Musielak/Borth FamFG § 131 Rn. 2).

10 Verstirbt ein Ehegatte nach verkündetem Scheidungsbeschluss, aber vor dessen Rechtskraft, wird der Beschluss wirkungslos.

11 **2. Verfahrensübernahme durch die Erben.** Die Erben können das Verfahren mit dem Ziel aufnehmen, den Antrag als unzulässig abweisen zu lassen. Möglich ist auch die Rücknahme des Scheidungsantrags, falls noch nicht mündlich verhandelt wurde.

12 Die Rücknahme der Beschwerde gegen einen Scheidungsbeschluss nach dem Tod eines Ehegatten wird den Erben allerdings nicht zugestanden, weil ansonsten nachträglich die Auflösung der Ehe bewirkt würde, was mit dem Zweck des § 131 nicht zu vereinbaren ist (OLG Koblenz FamRZ 1980, 717).

13 **3. Kostenentscheidung.** Trotz Hauptsacheerledigung nach § 131 ist entsprechend § 150 Abs. 1 über die Kosten des Verfahrens durch Beschluss zu entscheiden.

Mitunter wird auch vertreten, dass eine entsprechende Anwendung des § 91a Abs. 1 ZPO geboten sei (vgl. 14
Musielak/*Borth* FamFG § 131 Rn. 4). Dies ist zweifelhaft, da § 91a ZPO beiderseitig prozessuale Erklärungen über die Erledigung erfordert und es i.Ü. auch nicht auf die Erfolgschancen in Ehesachen ankommen kann (OLG Köln FamRZ 2000, 620).

4. Folgesachen. Die Erledigung der Hauptsache wegen des Todes eines Ehegatten erstreckt sich entspre- 15
chend § 142 Abs. 2 auch auf die Folgesachen, d.h. auch bzgl. dieser Verfahren tritt eine Erledigung von Gesetzes wegen ein (Friederici/*Kemper* § 131 Rn. 7).

Folgesachen können aber nach Erklärung eines Vorbehalts nach § 142 Abs. 2 Satz 2 als selbstständige Folge- 16
sache gegen die Erben fortgeführt werden, wenn im Einzelfall ein materiell-rechtlicher Anspruch besteht. Diese Möglichkeit ist allerdings nur wenigen Folgesachen eröffnet. Hatte der überlebende Ehegatte für den Fall der Scheidung von dem Verstorbenen Unterhalt verlangt, so kann ihm nach § 1586b BGB ein Unterhaltsanspruch gegen den/die Erben zustehen. Auch die Folgesache Zugewinnausgleich kann fortgeführt werden, wenn der überlebende Ehegatte vom Verstorbenen Ausgleich verlangt hatte und nicht dessen Erbe oder Vermächtnisnehmer ist. Eine Fortführung kommt nicht in Betracht, wenn der Zugewinnausgleich durch Erhöhung des gesetzlichen Erbes verwirklicht wird.

III. Tod eines Ehegatten nach Rechtskraft des Beschlusses. Tritt dagegen der Tod erst nach Rechtskraft 17
der Entscheidung zur Ehesache ein, ist dies für das Verfahren und etwaige unerledigte Folgesachen bedeutungslos, d.h. § 131 gilt nicht (BGH FamRZ 1985, 1240 f.).

Allerdings erledigen sich Folgesachen in diesem Fall teilweise deshalb, weil eine Regelung nur für Lebende 18
Sinn macht. Dies betrifft etwa die Regelung der elterlichen Sorge (der überlebende Ehegatte erlangt gesetzlich die alleinige elterliche Sorge nach § 1680 Abs. 1 BGB); auch die Umgangsbefugnis und die Herausgabe des Kindes an den anderen Ehegatten haben keine Bedeutung mehr, d.h. erledigen sich.

Ist die Scheidung formell rechtskräftig, war aber vor dem Tod des Ausgleichsberechtigten noch nicht über 19
den Versorgungsausgleich entschieden, so ist das Recht des überlebenden Ehegatten auf Wertausgleich gegen die Erben geltend zu machen. Die Erben haben kein Recht auf Wertausgleich; dieser Anspruch erlischt gesetzlich nach § 31 Abs. 1 Satz 2 VAG, d.h. auch hier tritt Erledigung ein (OLG Nürnberg FamRZ 2006, 959).

C. Entscheidung durch Beschluss. Der überlebende Ehegatte hat ein Rechtsschutzbedürfnis, dass die Wir- 20
kung des § 131 durch gerichtlichen Beschluss festgestellt wird. Zwar tritt die Erledigung in der Hauptsache gem. § 131 – ebenso wie die Rechtskraft – von Gesetzes wegen ein, ohne dass es eines Ausspruchs durch das Gericht bedarf. Ein Beschluss des Gerichts hat dementsprechend ausschließlich deklaratorische Wirkung. Dennoch kann demjenigen, der die Feststellung der Erledigung begehrt, ein Rechtsschutzbedürfnis für einen entsprechenden Ausspruch nicht abgesprochen werden, zumindest wenn der Eintritt der Rechtskraft des Scheidungsausspruchs zweifelhaft ist. Der Frage, ob ein Ehegatte geschieden oder verwitwet ist, kann erhebliche Bedeutung zukommen, etwa für die Versorgung des überlebenden Ehegatten. Dies begründet ein berechtigtes Interesse an einer gerichtlichen Klarstellung.

Deshalb kann auch die Zulässigkeit einer (Rechts-) Beschwerde gegen einen die Erledigung betreffenden 21
Beschluss nicht allein unter Hinweis auf dessen deklaratorischen Charakter verneint werden (BGH FamRZ 2011, 31).

§ 132 Kosten bei Aufhebung der Ehe.

(1) ¹Wird die Aufhebung der Ehe ausgesprochen, sind die Kosten des Verfahrens gegeneinander aufzuheben. ²Erscheint dies im Hinblick darauf, dass bei der Eheschließung ein Ehegatte allein die Aufhebbarkeit der Ehe gekannt hat oder ein Ehegatte durch arglistige Täuschung oder widerrechtliche Drohung seitens des anderen Ehegatten oder mit dessen Wissen zur Eingehung der Ehe bestimmt worden ist, als unbillig, kann das Gericht die Kosten nach billigem Ermessen anderweitig verteilen.

(2) Absatz 1 ist nicht anzuwenden, wenn eine Ehe auf Antrag der zuständigen Verwaltungsbehörde oder bei Verstoß gegen § 1306 des Bürgerlichen Gesetzbuchs auf Antrag des Dritten aufgehoben wird.

Übersicht

	Rdn.		Rdn.
A. Regelungsgehalt	1	C. Aufhebung der Ehe bei Antrag durch Dritte	
B. Kostenfolge bei Aufhebung der Ehe (Abs. 1) .	3	(Abs. 2)	7

	Rdn.		Rdn.
D. Kostenentscheidung bei Abweisung oder anderweitiger Erledigung des Antrags	8	II. Versäumnisverfahren	10
		III. Kostenfolge bei Tod eines Ehegatten	11
I. Allgemeines	8		

1 A. Regelungsgehalt. Die Vorschrift regelt in Abweichung zu den allgemeinen Kostenregel der §§ 91 ff. ZPO, die gem. § 113 Abs. 1 für Ehe- und selbstständige Familiensachen anzuwenden sind, **die Kostenfolge bei Aufhebung einer Ehe** nach den §§ 1313 bis 1318 BGB. Sie übernimmt weitgehend die vormals in § 93a Abs. 3 und 4 ZPO enthaltene Sonderregelung für die Kostenentscheidung bei Aufhebung der Ehe, nach der die Kosten des Verfahrens grds. gegeneinander aufgehoben werden, wenn die Aufhebung von einem der Ehegatten beantragt wurde. Abs. 1 Satz 2 normiert einen Ausnahmetatbestand, bei dessen Vorliegen die Kosten nach billigem Ermessen auch anderweitig zwischen den Ehegatten verteilt werden können. Die wirtschaftliche Härteregelung, die eine abweichende Kostenregelung auch zugunsten des wirtschaftlich schwächeren Ehegatten ermöglicht hatte, wurde mangels praktischer Relevanz nicht in § 132 übernommen (BT-Drucks. 16/6308, S. 233).

2 Die Vorschrift ist gem. Abs. 2 **nicht anzuwenden**, wenn die Aufhebung der Ehe (auch) von einem Dritten oder der Verwaltungsbehörde beantragt wurde, oder wenn der Aufhebungsantrag eines Ehegatten zurückgewiesen wurde bzw. sich auf andere Weise erledigt hat. In diesem Fall richtet sich die Kostenscheidung allein nach der ZPO. Sie gilt auch nicht für die Kostenentscheidung bei Aufhebung einer Lebenspartnerschaft nach § 15 Abs. 2 Satz 2 LPartG, deren Verfahren und damit auch die Kostenentscheidung gem. § 270 Abs. 1 Satz 1 der für die Ehescheidung entspricht (s. Keidel/*Giers* § 269 Rn. 3)

3 B. Kostenfolge bei Aufhebung der Ehe (Abs. 1). Wird die Aufhebung der Ehe ausgesprochen, sind die Kosten des Verfahrens gegeneinander aufzuheben mit der Folge, dass die beteiligten Ehegatten jeweils die Hälfte der gerichtlichen Kosten und ihre außergerichtlichen Kosten vollständig selbst tragen (§§ 92 Abs. 1 Satz 2 ZPO). Der Gegenstandswert sämtlicher Ehesachen bemisst sich wie für die Scheidung nach § 43 FamGKG; zu den Gerichtsgebühren s. § 3 FamGKG Rn. 10.

4 Erscheint die Belastung des einen Ehegatten mit Kosten deshalb **unbillig**, weil nur er bei Eheschließung gutgläubig war oder mit unredlichen Mitteln zur Eingehung der Ehe veranlasst wurde, so erlaubt **Abs. 1 Satz 2** die Verteilung der Kosten nach billigem Ermessen. I.d.R. wird es in diesem Fall der Billigkeit entsprechen, die Kosten ganz oder zum größten Teil dem Ehegatten aufzuerlegen, dessen vorwerfbares Verhalten zur Eheschließung geführt hat (Keidel/*Weber* § 137 Rn. 4)

5 Voraussetzung für die Anwendung der Kostenregel des Abs. 1 ist, dass allein die Ehegatten am Verfahren beteiligt sind und der Aufhebungsantrag Erfolg hat. Sind dagegen Dritte am Verfahren beteiligt (s.u.) oder wird der Aufhebungsantrag abgewiesen oder erledigt er sich auf andere Weise, richtet sich die Kostenentscheidung grds. nach den allgemeinen Regeln für Familienstreitsachen (s. Rdn. 8 ff.).

6 Abs. 1 gilt auch, wenn die Ehe erst in der **Rechtsmittelinstanz** aufgehoben wird (s. zur vergleichbaren Situation im Scheidungsverfahren Keidel/*Weber* § 150 Rn. 14).

7 C. Aufhebung der Ehe bei Antrag durch Dritte (Abs. 2). Wird die Ehe auf **Antrag der zuständigen Verwaltungsbehörde** (s. StAZ 2009, 29 i.V.m. § 1316 Abs. 1 Nr. 1 Satz 2 BGB) oder eines weiteren Ehegatten bzw. Lebenspartners (**dritte Person** i.S.d. § 1306 BGB) aufgehoben, verbleibt es bei den allgemeinen Regeln. D.h., die Kosten des Verfahrens sind gem. § 113 Abs. 1 i.V.m. §§ 91 Abs. 1, 100 Abs. 1 ZPO von den Eheleuten nach Kopfteilen, also je zur Hälfte zu tragen (Keidel/*Weber* § 132 Rn. 6). Zur Kostenfolge, wenn der Antrag abgewiesen wird oder sich das Verfahren ohne Endentscheidung über den Antrag erledigt, s. Rdn. 8 ff.

8 D. Kostenentscheidung bei Abweisung oder anderweitiger Erledigung des Antrags. I. Allgemeines. Wird dem Aufhebungsantrag aus welchen Gründen auch immer nicht entsprochen, richtet sich die Kostenentscheidung gem. §§ 113 Abs. 1, 119 Abs. 2 nach den **allgemeinen zivilprozessualen Regeln** der §§ 91 ff., 269 Abs. 3 und 516 Abs. 3 ZPO. Sie werden ergänzt durch die Sonderregelungen in § 130 für Versäumnisentscheidungen und § 131 für die Verfahrensbeendigung bei Tod eines Ehegatten (s. Rdn. 11). Die sich aus dem Unterliegen in der Hauptsache, der Rücknahme eines Antrags oder Rechtsmittels oder aus einer übereinstimmenden Erledigungserklärung ergebende Kostenfolge trifft nicht nur die Ehegatten oder dritte Personen, *sondern auch die zuständige Behörde*. Ihr sind wie jedem anderen auch die Verfahrenskosten entsprechend dem Verfahrensausgang aufzuerlegen und zwar auch die gerichtlichen Kosten (s.u.). Wird der Antrag zurückgenommen ist zu beachten, dass nach der ab 01.01.2014 geltenden Fassung des § 269 Abs. 4 ZPO das Gericht auch ohne Antrag eine Kostenentscheidung treffen muss, wenn einem der Beteiligten Vkh bewilligt wurde (s. Vor §§ 76 bis 78 FamFG Rdn. 3).

Die **Kostenfreiheit der zuständige Behörde**, die sie nach § 2 FamGKG genießt (s. § 2 FamGKG Rdn. 1), führt nicht dazu, dass ihr keine Gerichtskosten auferlegt werden dürfen (a.A. Keidel/*Weber* § 132 Rn. 7), sondern hindert die Justizkasse nur daran, die gerichtlichen Gebühren und ggf. auch die Auslagen von ihr zu erheben. Soweit der Behörde aber Kosten auferlegt werden, dürfen diese auch nicht von anderen Verfahrensbeteiligten erhoben werden, die sonst als Zweitschuldner haften würden (s. § 2 FamGKG Rdn. 2). 9

II. Versäumnisverfahren. Ist der Antragsteller säumig, kann die Gegenseite eine Versäumnisentscheidung beantragen, die ausspricht, dass der Antrag als zurückgenommen gilt (§§ 130 Abs. 1, 113 Abs. 1 i.V.m. § 330 ZPO). – Bei Säumnis des Antragsgegners ist ein Versäumnisbeschluss gem. § 130 Abs. 2 unzulässig (zu weiteren Ausschlüssen bei wechselseitigen Aufhebungsanträgen oder Mehrheit von Antragstellern s. Keidel/*Weber* § 130 Rn. 4 ff.). – Dem säumigen Antragsteller sind im Versäumnisbeschluss die Verfahrenskosten aufzuerlegen (§§ 113 Abs. 1 i.V.m. § 91 ZPO). Die Kostenentscheidung nach zulässigem Einspruch richtet sich je nach Ausgang des Verfahrens entweder nach §§ 132 oder §§ 91 ff. ZPO, allerdings unter Berücksichtigung von § 344 ZPO. Dem entsprechend sind dem Antragsteller auch bei einem erfolgreichen Einspruch die allein durch seine Säumnis entstandenen Verfahrenskosten in jedem Fall aufzuerlegen. 10

III. Kostenfolge bei Tod eines Ehegatten. Stirbt einer der Ehegatten, bevor die Entscheidung über den Aufhebungsantrag rechtskräftig ist, gilt das Verfahren nach § 131 in der Hauptsache automatisch als erledigt. Eine noch nicht rechtskräftige Entscheidung auch über die Kosten wird wirkungslos. Über die Kosten des Verfahrens ist (ggf. erneut) v.A.w. nach § 91a ZPO zu entscheiden, wobei anstelle des Verstorbenen dessen Erben in das Verfahren eintreten (§§ 113 Abs. 1 i.V.m. § 239 ZPO; s. Keidel/*Weber* § 131 Rn. 11). Waren an dem Verfahren nur die Ehegatten beteiligt und ist der Überlebende der Alleinerbe, so entfällt eine Kostenentscheidung (OLG Hamm FamRZ 2012, 811; Prütting/*Helms* § 131 Rn. 13); für die gerichtlichen Kosten gilt dann allein die Haftung nach dem FamGKG. Ist der Ehegatte vor Rechtshängigkeit des Aufhebungsantrags verstorben, wurde kein Prozessrechtsverhältnis begründet, weshalb eine Kostenentscheidung ebenfalls nicht ergehen darf (s. § 131 Rdn. 2). 11

Unterabschnitt 2. Verfahren in Scheidungssachen und Folgesachen

§ 133 Inhalt der Antragsschrift. (1) Die Antragsschrift muss enthalten:
1. Namen und Geburtsdaten der gemeinschaftlichen minderjährigen Kinder sowie die Mitteilung ihres gewöhnlichen Aufenthalts,
2. die Erklärung, ob die Ehegatten eine Regelung über die elterliche Sorge, den Umgang und die Unterhaltspflicht gegenüber den gemeinschaftlichen minderjährigen Kindern sowie die durch die Ehe begründete gesetzliche Unterhaltspflicht, die Rechtsverhältnisse an der Ehewohnung und an den Haushaltsgegenständen getroffen haben, und
3. die Angabe, ob Familiensachen, an denen beide Ehegatten beteiligt sind, anderweitig anhängig sind.
(2) Der Antragsschrift sollen die Heiratsurkunde und die Geburtsurkunden der gemeinschaftlichen minderjährigen Kinder beigefügt werden.

Übersicht	Rdn.		Rdn.
A. Allgemeines	1	1. Die Angaben nach § 133 Nr. 1	4
B. Inhalt der Antragsschrift in einer Scheidungssache	3	2. Die Angaben nach § 133 Nr. 2	6
		3. Die Angaben nach § 133 Nr. 3	11
I. Allgemeiner Inhalt der Antragsschrift	3	III. Soll-Angaben, § 133 Abs. 2	14
II. Zwingende Angaben, § 133 Abs. 1	4	C. Einvernehmliche Scheidung	16

§ 133

1 **A. Allgemeines.** § 133 Abs. 1 nennt Angaben, die zum notwendigen (zwingenden) Inhalt der Antragsschrift in einer Scheidungssache gehören. Deren Mitteilung bereits in der Antragsschrift macht Nachfragen entbehrlich und dient der Verfahrensbeschleunigung. Nach § 133 Abs. 2, der als Soll-Vorschrift konzipiert ist, sollen dem Scheidungsantrag die Heiratsurkunde und die Geburtsurkunden der gemeinschaftlichen minderjährigen Kinder beigefügt werden.

2 Insoweit ergänzt bzw. konkretisiert § 133 die allgemeine Vorschrift des § 124.

3 **B. Inhalt der Antragsschrift in einer Scheidungssache. I. Allgemeiner Inhalt der Antragsschrift.** Die Antragsschrift in einer Scheidungssache hat dieselbe Funktion wie die Klageschrift, deren Vorschriften entsprechend gelten, vgl. § 124 Satz 2. Sie muss deshalb schriftlich eingereicht werden. Das Bestimmtheitserfordernis gem. § 253 Abs. 2 ZPO ist erfüllt, wenn die Scheidung der Ehe beantragt wird. Auch die Voraussetzungen des Scheiterns der Ehe sind zu benennen (s. § 124 Rdn. 2).

4 **II. Zwingende Angaben, § 133 Abs. 1. 1. Die Angaben nach § 133 Nr. 1.** Die Antragsschrift in einer Scheidungssache muss nach § 133 Abs. 1 Nr. 1 zwingend Angaben zum Namen und zu den Geburtsdaten der gemeinschaftlichen minderjährigen Kinder sowie die Mitteilung ihres gewöhnlichen Aufenthalts enthalten.

5 Dieses Erfordernis besteht, um das Jugendamt gem. § 17 Abs. 3 SGB VIII korrekt benachrichtigen zu können. Die Angabe des persönlichen Aufenthalts der Kinder ermöglicht ein frühzeitiges Erkennen von Problemen bei der örtlichen Zuständigkeit (vgl. § 122).

6 **2. Die Angaben nach § 133 Nr. 2.** Der Scheidungsantrag muss weiterhin nach § 133 Abs. 1 Nr. 2 Angaben dazu enthalten, ob die Ehegatten eine Regelung über die elterliche Sorge, den Umgang und die Unterhaltspflicht ggü. den gemeinschaftlichen minderjährigen Kindern sowie die durch die Ehe begründete gesetzliche Unterhaltspflicht, die Rechtsverhältnisse an der Ehewohnung und an Haushaltssachen getroffen haben. Grund der Regelung ist, dass die Eheleute sich Klarheit über die Folgen ihrer Trennung und beabsichtigten Scheidung verschaffen sollen. Sie werden jedenfalls durch diese Angabepflicht zu einer Stellungnahme insb. zur elterlichen Sorge und zum Umgang gezwungen; dies dient auch dem Interesse der gemeinschaftlichen Kinder. Auch wird dem zuständigen Gericht frühzeitig deutlich, welches Streitpotenzial besteht, um ggf. auf die Beteiligten einwirken zu können, zu den noch offenen Fragen Regelungen zu treffen.

7 Die Formvorschrift des § 133 Abs. 1 Nr. 2 enthält eine zwingende Zulässigkeitsvoraussetzung (vgl. OLG Hamm FuR 2010, 410).

8 Trägt der Antragsteller vor, »Die Beteiligten haben sich bis auf den Versorgungsausgleich über die Folgesachen geeinigt bzw. werden sich bis zur mündlichen Verhandlung geeinigt haben.«, ist dies unzureichend, da das Gericht den Beteiligten keine Hinweise auf Beratungsmöglichkeiten geben kann und auch nicht imstande ist, auf eine ausgewogene Scheidungsfolgenvereinbarung hinzuwirken.

9 Weiterhin ist es unzureichend, dem Familiengericht nur mitzuteilen, dass der Antragsgegner keinen Unterhalt oder Unterhalt in bestimmter Höhe leistet, Umgang stattfindet oder Ähnliches. Das Gesetz verlangt eine Äußerung dazu, ob eine **Regelung** besteht, im Sinne etwa einer gerichtlichen Vereinbarung bzw. einer anderweitigen Titulierung (OLG Brandenburg, FamRZ 2014, 412).

10 Der Scheidungsantrag ist, wenn er auch auf einen richterlichen Hinweis hin nicht konkretisiert wird, als unzulässig abzuweisen. Der Inhalt einer Einigung muss nicht mitgeteilt werden. Umgekehrt schadet es auch nicht, wenn die Beteiligten noch keine Einigung herbeiführen konnten. Ausreichend ist aber dann der Satz: »Regelungen nach § 133 Abs. 1 Nr. 2 haben die Beteiligten nicht getroffen.«

11 **3. Die Angaben nach § 133 Nr. 3.** Weiterhin ist die Angabe erforderlich, ob Familiensachen, an denen beide Ehegatten beteiligt sind, anderweitig anhängig sind, § 133 Abs. 1 Nr. 3. Sinn der Vorschrift ist zum einen, eine Abgabe des anderweitig anhängigen Verfahrens zu veranlassen; so ist etwa eine anhängige Unterhaltssache von Amts wegen nach § 233 Satz 1 an das Gericht der Ehesache abzugeben (s. § 233 Rdn. 4). Dies kann im Einzelfall auch die Herstellung des Verbunds ermöglichen.

12 Zum anderen dient die Angabe der streitigen Familiensachen der frühzeitigen Information des Gerichts über die zwischen den Ehegatten bestehenden Streitpunkte.

13 Enthält der Scheidungsantrag nicht die nach § 133 Abs. 1 notwendigen Angaben, ist er als unzulässig abzuweisen (vgl. auch Friederici/*Kemper* § 133 Rn. 12). Zuvor ist dem Antragsteller nach § 139 ZPO ein richterlicher Hinweis zu geben, sodass er die fehlenden Angaben ergänzen kann.

III. Soll-Angaben, § 133 Abs. 2. § 133 Abs. 2 ist als Soll-Vorschrift konzipiert. Danach sollen die Heiratsurkunde und die Geburtsurkunden der gemeinschaftlichen minderjährigen Kinder der Antragsschrift beigefügt werden. Die Vorschrift stellt eine aus dem eingeschränkten Amtsermittlungsgrundsatz resultierende Ausnahme zu dem über § 113 Abs. 1 anwendbaren § 131 Abs. 3 ZPO dar, wonach dem Gegner bekannte Urkunden im gerichtlichen Verfahren nur genau bezeichnet werden müssen. 14

Diese Vorlageverpflichtung setzt voraus, dass dem Antragsteller die Urkunden auch zugänglich sind, ansonsten kann auch die Vorlage durch den Antragsgegner angeordnet werden. Die Vorlagepflicht ist dadurch zu rechtfertigen, dass der Heiratsurkunde für die korrekte Erfassung der Namen und Geburtsdaten der Ehegatten sowie des Datums der standesamtlichen Eheschließung erhebliche praktische Bedeutung zukommt, zumal inzwischen an zahlreichen Gerichten die Grunddaten bereits bei Anlage der Akte, also zu Beginn des Verfahrens in ein EDV-Programm eingegeben werden müssen. Gleiches gilt für die Geburtsurkunden hinsichtlich der gemeinschaftlichen Kinder, deren Vorlage ggf. weitere Ermittlungen des Gerichts entbehrlich macht. Insoweit dient die Vorlage auch einer Beschleunigung des Verfahrens. 15

C. Einvernehmliche Scheidung. Materiell-rechtlich ist bedeutsam, dass nach § 1566 Abs. 1 BGB i.V.m. §§ 124, 133 jede Ehe – unabhängig von etwaigen anderen familienrechtlichen Streitpunkten der Beteiligten – nach Ablauf des Trennungsjahres geschieden werden kann, wenn die Eheleute dies wollen. Die Zustimmung des Antragsgegners zur Scheidung bedarf nicht einmal einer anwaltlichen Vertretung, vgl. § 114 Abs. 4 Nr. 3. Teilweise wird dies als Verstoß gegen Art. 6 Abs. 1 GG angesehen (vgl. Keidel/*Weber* § 133 Rn. 10). 16

§ 134 Zustimmung zur Scheidung und zur Rücknahme; Widerruf.

(1) Die Zustimmung zur Scheidung und zur Rücknahme des Scheidungsantrags kann zur Niederschrift der Geschäftsstelle oder in der mündlichen Verhandlung zur Niederschrift des Gerichts erklärt werden.

(2) ¹Die Zustimmung zur Scheidung kann bis zum Schluss der mündlichen Verhandlung, auf die über die Scheidung der Ehe entschieden wird, widerrufen werden. ²Der Widerruf kann zur Niederschrift der Geschäftsstelle oder in der mündlichen Verhandlung zur Niederschrift des Gerichts erklärt werden.

Übersicht

	Rdn.		Rdn.
A. Allgemeines	1	1. Anwaltliche Vertretung	6
B. Erklärungen des Antragsgegners in Scheidungssachen	6	2. Einverständliche Scheidung	7
I. Zustimmung zur Scheidung, § 134 Abs. 1 Satz 1, 1. Alt.	6	II. Zustimmung zur Rücknahme des Scheidungsantrags, § 134 Abs. 1, 2. Alt.	10
		III. Widerruf, § 134 Abs. 2	11

A. Allgemeines. Nach § 134 Abs. 1 ist eine anwaltliche Vertretung des Antragsgegners im Scheidungsverfahren nicht erforderlich. Die Regelung gilt für alle Scheidungsverfahren, unabhängig vom Grund der Zerrüttung bzw. der betreffenden Vermutung (vgl. dazu §§ 1569 ff. BGB). 1

Die Norm betrifft die Zustimmung des Antragsgegners zur Scheidung bzw. deren Widerruf, sowie die Zustimmung zur Rücknahme des Scheidungsantrags. Derartige Erklärungen kann der Antragsgegner zur Niederschrift der Geschäftsstelle oder in der mündlichen Verhandlung zur Niederschrift des Gerichts abgeben, sodass eine anwaltliche Vertretung für diese Erklärungen nicht erforderlich ist (vgl. auch § 114 Abs. 4 Nr. 3). 2

Die allgemeine Bedeutung des § 134 besteht darin, dass eine einverständliche Scheidung ohne anwaltliche Vertretung des Antragsgegners möglich ist. Die einverständliche Scheidung ist auch möglich, wenn sich die Beteiligten über Scheidungsfolgen nicht einig sind bzw. noch nicht geeinigt haben. Die einverständliche Scheidung setzt daher keine (titulierte) Einigung der Beteiligten über Scheidungsfolgen mehr voraus, d.h. anders als beim früheren § 630 Abs. 1 ZPO besteht keine Verknüpfung des Verfahrensrechts mit dem materiellen Scheidungsrecht (§ 1566 Abs. 1 BGB) mehr. Dies ergibt sich daraus, dass § 630 Abs. 1 und 3 ZPO (a.F.) ersatzlos aufgehoben wurden bzw. durch die »schwächere« Regelung des § 133 Abs. 1 Nr. 2 ersetzt wurde. 3

4 Dies ist der Unterschied zur früheren Rechtslage, die dieses Prozedere nach § 630 Abs. 2 ZPO nur bei einer einverständlichen Scheidung vorsah. Die gerichtliche Praxis sah freilich anders aus, d.h. die Gerichte ließen eine solche Zustimmung in allen Fällen zu, in denen beide Ehegatten geschieden werden wollten, aber nur einer anwaltlich vertreten war (43,7 % aller Scheidungspaare [2005], Quelle: RegE, S. 507). Diese Praxis wurde zum 01.09.2009 Recht.

5 Die Konsequenz besteht darin, dass die einverständlichen Scheidungen in der Praxis zugenommen haben, und häufig auch nur mit einem Anwalt abgewickelt werden.

6 **B. Erklärungen des Antragsgegners in Scheidungssachen. I. Zustimmung zur Scheidung, § 134 Abs. 1 Satz 1, 1. Alt.. 1. Anwaltliche Vertretung.** § 134 Abs. 1 Satz 1, 1. Alt. regelt die Zustimmung des Antragsgegners zur Scheidung. Die Zustimmung zur Scheidung kann zur Niederschrift der Geschäftsstelle (§ 160 Abs. 3 Nr. 3 ZPO) oder in der mündlichen Verhandlung zur Niederschrift des Gerichts erklärt werden. Eine anwaltliche Vertretung ist dafür also nicht erforderlich, vgl. auch § 114 Abs. 4 Nr. 3. Entsprechendes gilt nach § 134 Abs. 1 Satz 1, 2. Alt. für die Rücknahme des Scheidungsantrags. Die Regelung gilt für alle Scheidungsverfahren, unabhängig vom Grund der Zerrüttung bzw. der betreffenden Vermutung (vgl. dazu §§ 1565 ff. BGB). Damit wird den Ehegatten eine Möglichkeit gegeben, die mit einer Scheidung verbundenen Verfahrenskosten zu reduzieren, in dem der Antragsgegner der Scheidung zu Protokoll der Geschäftsstelle oder in der mündlichen Verhandlung zustimmt.

7 **2. Einverständliche Scheidung.** § 1566 Abs. 1 BGB regelt die sog. »einverständliche Scheidung«. Die Beteiligten müssen beidseitig die Scheidung wollen, indem sie beide den Scheidungsantrag unabhängig voneinander stellen, wobei der in zeitlicher Reihenfolge an zweiter Stelle eingereichte Scheidungsantrag nicht als Widerantrag zu betrachten, sondern inhaltsgleich wie der zuerst eingereichte Antrag auf Scheidung der Ehe gerichtet ist. Bedeutung hat ein solcher zweiter Scheidungsantrag, wenn der zuvor gestellte erste Scheidungsantrag zurückgenommen wird.

8 Die Voraussetzungen des § 1566 Abs. 1 BGB können auch dann gegeben sein, wenn der Antragsgegner dem Scheidungsantrag zustimmt. Der Antragsgegner kann der Scheidung zustimmen, ohne dass darüber hinaus eine Einigung betreffend bestimmte Scheidungsfolgen erforderlich ist. Der Begriff der »einverständlichen Scheidung« wurde somit durch das FamFG neu definiert, weil eine Regelung über bestimmte Scheidungsfolgen nicht mehr Voraussetzung für das Eingreifen der unwiderlegbaren Vermutung für das Scheitern der Ehe gem. § 1566 Abs. 1 BGB ist. Die FamG können in den Fällen, in denen die Ehegatten seit mindestens einem Jahr getrennt leben und beide der Scheidung zustimmen, ohne aber eine Regelung über die Scheidungsfolgen getroffen zu haben, kraft dieser Vermutung das Scheitern der Ehe feststellen und die Scheidung aussprechen. Weitere Feststellungen zum Scheitern der Ehe sind bei beiderseitiger Scheidungswilligkeit nicht erforderlich.

9 Folglich kann nach § 1566 Abs. 1 BGB i.V.m. §§ 124, 133 jede Ehe – unabhängig von etwaigen anderen familienrechtlichen Streitpunkten der Beteiligten – nach Ablauf des Trennungsjahres geschieden werden kann, wenn die Eheleute dies wollen. Die Zustimmung des Antragsgegners zur Scheidung bedarf nicht einmal einer anwaltlichen Vertretung, vgl. §§ 134 Abs. 1, 114 Abs. 4 Nr. 3. Teilweise wird dies als Verstoß gegen Art. 6 Abs. 1 GG angesehen, da das Scheidungsrecht die gebotenen eheerhaltenden Elemente nicht mehr aufweist (vgl. Keidel/*Weber* § 133 Rn. 10).

10 **II. Zustimmung zur Rücknahme des Scheidungsantrags, § 134 Abs. 1, 2. Alt.** Die 2. Alt. erweitert die Regelung auf die Zustimmung des Antragsgegners zu einer Antragsrücknahme des Antragstellers nach §§ 113 Abs. 1 Satz 2 i.V.m. 269 ZPO. Dieser kann – auch wenn er nicht anwaltlich vertreten ist – noch nach Beginn der mündlichen Verhandlung der Antragsrücknahme zustimmen. Hierin drückt sich der Wille des Gesetzgebers aus, die Möglichkeit einer Versöhnung der Ehegatten offen zu halten.

11 **III. Widerruf, § 134 Abs. 2.** Abs. 2 betrifft den Widerruf der Zustimmung zur Scheidung. Diese Erklärung kann der Antragsgegner bis zum Schluss der mündlichen Verhandlung, auf die über die Scheidung der Ehe entschieden wird, abgeben. Nach Satz 2 kann auch der Widerruf zu Protokoll der Geschäftsstelle oder in der mündlichen Verhandlung erfolgen, sodass auch dafür keine anwaltliche Vertretung erforderlich ist.

12 Die Vorschrift des §§ 134 Abs. 2 macht deutlich, dass die Zustimmung zur Scheidung nicht bindend ist. Dies folgt daraus, dass der Gegenstand des Verfahrens höchstpersönlicher Natur ist. Die Verfahrensbeteiligten sind daher in ihrer Entscheidung bis zum Abschluss der mündlichen Verhandlung beim Familiengericht frei.

Die Zustimmung zur Scheidung kann **nur bis zum Schluss der mündlichen Verhandlung widerrufen** 13
werden (§ 134 Abs. 2 FamFG). Dies schließt es freilich nicht von vornherein aus, dass das Gericht einen nach Schluss der mündlichen Verhandlung erklärten Widerruf nach seinem pflichtgemäßen Ermessen zur Vermeidung eines Rechtsmittelverfahrens zum Anlass für die Wiedereröffnung der mündlichen Verhandlung nimmt (§ 113 Abs. Satz 2 FamFG i.V.m. §§ 296a Satz 2, 156 Abs. 1 ZPO). Unter diesem Gesichtspunkt wird eine Wiedereröffnung der mündlichen Verhandlung allerdings nur dann in Betracht kommen, wenn der Widerruf mit dem eindeutigen und vorbehaltlosen Ziel erfolgt, die Ehe aufrechtzuerhalten. Verfolgt der Ehegatte mit seinem Widerruf lediglich das Ziel, Anträge in Folgesachen innerhalb des Scheidungsverbunds möglich zu machen, kann auf den Widerruf der Zustimmung zur Scheidung weder ein Rechtsmittel noch ein Begehren auf Wiedereröffnung der mündlichen Verhandlung gestützt werden (vgl. BGH FamRZ 2013, 1879).

§ 135 Außergerichtliche Konfliktbeilegung über Folgesachen.

¹Das Gericht kann anordnen, dass die Ehegatten einzeln oder gemeinsam an einem kostenfreien Informationsgespräch über Mediation oder eine sonstige Möglichkeit der außergerichtlichen Konfliktbeilegung anhängiger Folgesachen bei einer von dem Gericht benannten Person oder Stelle teilnehmen und eine Bestätigung hierüber vorlegen. ²Die Anordnung ist nicht selbständig anfechtbar und nicht mit Zwangsmitteln durchsetzbar.

Übersicht

	Rdn.		Rdn.
A. Allgemeines	1	III. Ermessensentscheidung des Familiengerichts	10
B. Mediation in Folgesachen	6	IV. Vorschlag des Familiengerichts zur außergerichtlicher Streitbeilegung	11
I. Voraussetzungen	6		
II. Durchsetzbarkeit	7		

A. Allgemeines. Gemäß § 135 soll versucht werden, die außergerichtliche Streitbeilegung über **Folgesachen** zu fördern. Das FamG kann nach § 135 Abs. 1 anordnen, dass die Ehegatten einzeln oder gemeinsam an einem kostenfreien Informationsgespräch über Mediation oder eine sonstige Möglichkeit der außergerichtlichen Streitbeilegung anhängiger Folgesachen bei einer von dem Gericht benannten Person oder Stelle teilnehmen und eine Bestätigung hierüber vorlegen. Die Mediation ist nicht mit einer »Eheberatung« zu verwechseln, d.h. es geht dem Gesetzgeber um die Streitbelegung betreffend Folgesachen (insb. Unterhalt und Zugewinnausgleich). 1

Die Vorschrift des § 135 überträgt den Gedanken einer Schlichtung und Einigung außerhalb des Streitgerichts in das familiengerichtliche Verfahren nach dem Vorbild des § 278 Abs. 5 Satz 2 ZPO. In Familiensachen ergibt sich aus den Besonderheiten der Verfahrensgegenstände, die mitunter ständiger Veränderung ausgesetzt sind, und wegen der persönlichen Beziehung der Beteiligten typischerweise ein besonderes Bedürfnis nach Möglichkeiten zur Förderung einverständlicher Konfliktlösungen, die ggf. auch über den konkreten Verfahrensgegenstand hinausreichen. Es erschien dem Gesetzgeber daher angemessen, den Gesichtspunkt der außergerichtlichen Streitbeilegung in diesem Rechtsbereich noch stärker hervorzuheben als im allgemeinen Zivilprozessrecht. 2

Mittlerweile ist das sog. Mediationsgesetz am 26.07.2012 in Kraft getreten. Ziel des Gesetzes ist die Förderung der Mediation und anderer Verfahren der außergerichtlichen Konfliktbeilegung (vgl. dazu *Zorn*, Gesetz zur Förderung der Mediation und anderer Verfahren der außergerichtlichen Konfliktbeilegung, FamRZ 2012, 1265). Ergänzend wurde etwa § 253 Abs. 3 ZPO geändert, d.h. die Antragsschrift soll künftig ferner die Angabe enthalten, ob der Antragserhebung der Versuch einer Mediation oder eines anderen Verfahrens der außergerichtlichen Konfliktbeilegung vorausgegangen ist, sowie eine Äußerung dazu, ob einem solchen Verfahren Gründe entgegenstehen. Dies ist freilich auf das Scheidungsverfahren nicht übertragbar, d.h. obwohl § 124 Satz 2 auf § 253 ZPO verweist, gilt diesbezüglich nur die Sondervorschrift des § 135. § 135 beschränkt die Möglichkeit der Mediation auf anhängige Folgesachen; keinesfalls kann eine Mediation betreffend die Scheidung angeordnet werden, da dies der Anordnung einer Eheberatung gleichkäme. 3

Es ist bislang noch nicht erkennbar, dass die FamG von der Möglichkeit des § 135 großen Gebrauch machen. Nun gilt es abzuwarten, ob bedingt durch das Mediationsgesetz neue Impulse erkennbar werden. 4

5 Es ist davon auszugehen, dass die FamG mit der Zeit eine zunehmend größere Übersicht über das insb. in ihrem Bezirk vorhandene Angebot an Dienstleistungen der außergerichtlichen Streitbeilegung erhalten. Durch das Erfordernis eines Informationsgesprächs soll die Erörterung über die Möglichkeiten einer außergerichtlichen Streitbeilegung über Folgesachen sichergestellt werden.

6 **B. Mediation in Folgesachen. I. Voraussetzungen.** § 135 Abs. 1 Satz 1 eröffnet im Scheidungsverfahren dem FamG die Möglichkeit, die Ehegatten zunächst darauf zu verweisen, einzeln oder gemeinsam an einem Informationsgespräch über Mediation oder einer sonstigen Form außergerichtlicher Streitbeilegung betreffend Folgesachen teilzunehmen und eine Bestätigung hierüber vorzulegen. Erforderlich ist freilich, dass Folgesachen i.S.v. § 137 bereits anhängig sind.

7 **II. Durchsetzbarkeit.** Die Vorschrift gibt dem Gericht keine Kompetenz, die Beteiligten zur Teilnahme an einem Informationsgespräch oder zur Durchführung einer Mediation zu zwingen. Nach § 135 Abs. 1 Satz 2 ist die Anordnung nicht mit Zwangsmitteln nach § 35 durchsetzbar. Kommt ein Beteiligter der Anordnung des Gerichts zur Teilnahme an einem Informationsgespräch nicht nach, kann dies jedoch nach § 150 Abs. 4 Satz 2 kostenrechtliche Folgen nach sich ziehen.

8 Insoweit ist zumindest ein indirektes Druckmittel für das FamG vorhanden. Die Anordnung zur außergerichtlichen Streitbeilegung ist als **Zwischenentscheidung** nicht selbstständig anfechtbar. Satz 2 bestimmt dies zur Klarstellung ausdrücklich.

9 Die Ehegatten sind und bleiben damit in der Entscheidung, ob sie nach entsprechender Information einer Mediation näher treten wollen oder nicht, vollständig frei. Diese Entscheidung sollte aber in Kenntnis der spezifischen Möglichkeiten eines außergerichtlichen Streitbeilegungsverfahrens getroffen werden.

10 **III. Ermessensentscheidung des Familiengerichts.** Die FamG entscheiden nach freiem Ermessen, ob eine Anordnung i.S.v. § 135 Abs. 1 erteilt wird oder nicht. Voraussetzung ist, dass die Wahrnehmung des – kostenfreien – Informationsgesprächs für die Ehegatten zumutbar ist, was z.B. in Fällen häuslicher Gewalt oder völliger Zerstrittenheit zu verneinen sein kann. Zumutbar muss für beide Ehegatten auch die Anreise zum Informationsgespräch sein, was bei größerer Entfernung ausgeschlossen sein kann. Weiterhin muss ein kostenfreies Angebot für Informationsgespräche oder Informationsveranstaltungen bestehen.

11 **IV. Vorschlag des Familiengerichts zur außergerichtlicher Streitbeilegung.** Nach § 135 Abs. 2 soll das Gericht in geeigneten Fällen den Ehegatten eine außergerichtliche Streitbeilegung anhängiger Folgesachen vorschlagen. Damit folgt die Vorschrift dem Vorbild des § 278 Abs. 5 Satz 2 ZPO und verdrängt diesen in Folgesachen, die Familienstreitsachen sind. Die Norm ist als Soll-Vorschrift ausgestaltet, während es sich bei § 278 Abs. 5 Satz 2 ZPO um eine Kann-Vorschrift handelt.

12 Eine Aussetzung des Verfahrens ist im Unterschied zu § 278 Abs. 5 Satz 3 ZPO nicht vorgesehen; der Gesetzgeber sieht dafür angesichts der Besonderheiten des Verbundverfahrens kein Bedürfnis.

§ 136 Aussetzung des Verfahrens.

(1) ¹Das Gericht soll das Verfahren von Amts wegen aussetzen, wenn nach seiner freien Überzeugung Aussicht auf Fortsetzung der Ehe besteht. ²Leben die Ehegatten länger als ein Jahr getrennt, darf das Verfahren nicht gegen den Widerspruch beider Ehegatten ausgesetzt werden.
(2) Hat der Antragsteller die Aussetzung des Verfahrens beantragt, darf das Gericht die Scheidung der Ehe nicht aussprechen, bevor das Verfahren ausgesetzt war.
(3) ¹Die Aussetzung darf nur einmal wiederholt werden. ²Sie darf insgesamt die Dauer von einem Jahr, bei einer mehr als dreijährigen Trennung die Dauer von sechs Monaten nicht überschreiten.
(4) Mit der Aussetzung soll das Gericht in der Regel den Ehegatten nahelegen, eine Eheberatung in Anspruch zu nehmen.

Übersicht	Rdn.		Rdn.
A. Allgemeines	1	II. Aussetzung auf Antrag, § 136 Abs. 2	16
B. Anwendungsbereich	4	III. Entscheidung durch Beschluss,	
C. Aussetzung des Verfahrens	10	Eheberatung	20
I. Aussetzung von Amts wegen, § 136 Abs. 1	10	IV. Wirkung der Aussetzung	24

A. Allgemeines. Das FamG kann nach § 136 das Verfahren auf Scheidung der Ehe aussetzen, wenn Aussicht auf Fortsetzung der Ehe besteht. 1

Mit der Aussetzung des Scheidungsverfahrens in den Fällen, in denen eine Aussöhnung möglich erscheint, soll den Beteiligten ein Zeitfenster geöffnet werden, in dem sie ohne Druck eines laufenden Verfahrens ausloten können, ob eine einvernehmliche Beilegung des ehelichen Konfliktes möglich ist. Die Aussetzung kann damit der Erhaltung nicht endgültig gescheiterter Ehen dienen. Sie kann einem unüberlegten Scheidungsantrag begegnen und damit überflüssigen Scheidungen vorbeugen. 2

Die Vorschrift hat allerdings bisher in der Praxis kaum Wirkungen gezeigt, was insb. daran liegt, dass eine Versöhnung der Ehegatten, wenn bereits ein Scheidungsantrag gestellt wurde, kaum mehr denkbar ist. 3

B. Anwendungsbereich. Die Vorschrift des § 136 ist ausschließlich anwendbar auf **Scheidungsverfahren**. 4

Dies bedeutet, dass Verfahren auf Aufhebung der Ehe sowie Verfahren auf Feststellung des Bestehens oder Nichtbestehens einer Ehe nicht umfasst sind. Im Aufhebungsverfahren geht es nämlich um Ehen, denen von vornherein Begründungsmängel anhaften, §§ 1303 bis 1307, 1311, 1314 Abs. 1 Nr. 1–5 BGB. Bei dem Verfahren auf Feststellung des Bestehens oder Nichtbestehens einer Ehe zwischen den Beteiligten überwiegt das öffentliche Interesse an der Aufdeckung bloßer Scheinehen und der Klärung der Rechtslage. Dem Verfahren auf Feststellung wohnt keine Tendenz zur Erhaltung von Ehen inne. 5

Die Aussetzung erstreckt sich auf anhängige Folgesachen, da nach § 137 Abs. 1 über diese zusammen mit der Scheidung zu verhandeln und entscheiden ist. 6

Stellt ein Beteiligter während der Zeit der Aussetzung einen Folgeantrag, wird dieser ebenfalls von der Aussetzung nach § 136 erfasst. 7

Die allgemeinen zivilprozessualen Bestimmungen über die Aussetzung des Verfahrens nach §§ 113 Abs. 1 Satz 2 i.V.m. 148, 246 ff. ZPO sowie über das Ruhen des Verfahrens nach §§ 113 Abs. 1 Satz 2 i.V.m. 251, 251a Abs. 2 ZPO sind neben § 136 anwendbar (Musielak/*Borth* FamFG § 136 Rn. 4). 8

Ist der Scheidungsantrag unbegründet, ist er abzuweisen; eine Aussetzung des Verfahrens kommt nicht in Betracht. 9

C. Aussetzung des Verfahrens. I. Aussetzung von Amts wegen, § 136 Abs. 1. Nach § 136 Abs. 1 soll das FamG das Verfahren aussetzen, wenn nach seiner freien Überzeugung Aussicht auf Fortsetzung der Ehe besteht. Eine solche Einschätzung setzt grds. die persönliche Anhörung der Ehegatten voraus. 10

Das FamG muss deutliche Anhaltspunkte für eine Aussöhnung der Eheleute haben (Friederici/*Kemper* § 136 Rn. 6). Es müssen zumindest konkrete Anhaltspunkte dafür vorliegen, dass mindestens ein Ehegatte sich an die Ehe gebunden fühlt und die persönlichen Beziehungen noch nicht so zerstört sind, dass von vorneherein eine Aussöhnung ausscheidet (OLG Saarbrücken FamRZ 2010, 394). 11

Leben die Ehegatten länger als ein Jahr getrennt, darf das Verfahren aber nicht gegen den Widerspruch beider Ehegatten ausgesetzt werden, vgl. § 136 Abs. 1 Satz 2. 12

Der Widerspruch nur eines Ehegatten gegen die Aussetzung ist insoweit bedeutsam, weil dadurch auf den fehlenden Versöhnungswillen geschlossen werden kann. Dennoch kann in diesem Fall – unterstellt, das Gericht nimmt Chancen für eine Fortsetzung der Ehe an – eine Aussetzung auch bei längerem Getrenntleben erfolgen. Die Dauer der Aussetzung des Verfahrens darf nach 3-jähriger Trennungsdauer 6 Monate nicht überschreiten, § 136 Abs. 3 Satz 2; ansonsten ist einschließlich einer möglichen Wiederholung die Aussetzungsdauer auf ein Jahr beschränkt, § 136 Abs. 3 Satz 1 und 2. 13

Wird ein Antrag auf Scheidung vor Ablauf des Trennungsjahres gestützt auf § 1565 Abs. 2 BGB (sog. Härtefallscheidung) gestellt und hält das Gericht die weitere Aufrechterhaltung der Ehe für unzumutbar, scheidet eine Aussetzung des Verfahrens allein schon deshalb aus, weil regelmäßig in solchen Fällen keine verobjektivierbaren Anhaltspunkte gegeben sein dürften, die eine Aussicht auf Aussöhnung begründen. 14

Der Widerspruch gegen die Aussetzung ist eine Verfahrenshandlung, die ausdrücklich erklärt werden muss und auch dem Anwaltszwang unterliegt, da § 114 Abs. 4 insoweit keine Ausnahme macht (Musielak/*Borth* FamFG § 136 Rn. 7). 15

II. Aussetzung auf Antrag, § 136 Abs. 2. Hat der Antragsteller die Aussetzung des Verfahrens beantragt, darf das Gericht die Scheidung der Ehe aufgrund von § 136 Abs. 2 nicht aussprechen, bevor das Verfahren ausgesetzt war. 16

Die Aussetzung auf Antrag ist nicht davon abhängig, ob Aussicht auf Fortsetzung der Ehe besteht. Auch der Antrag nach § 136 Abs. 2 unterliegt als Verfahrenshandlung dem Anwaltszwang, vgl. § 114. 17

18 Mitunter stellen beide Ehegatten den Scheidungsantrag. Dann ist erforderlich, dass jeder Ehegatte den Aussetzungsantrag nach § 136 Abs. 2 stellt (Thomas/Putzo/*Hüßtege* § 136 FamFG Rn. 9); dagegen löst die Zustimmung des Antragsgegners zur Scheidung kein Antragserfordernis aus.

19 Der Antrag nach § 136 Abs. 2 kann rechtsmissbräuchlich sein, wenn er nur gestellt wird, um der Abweisung des Scheidungsantrags zu entgehen, etwa weil das Trennungsjahr noch nicht vollendet ist und die Voraussetzungen einer Härtefallscheidung nach § 1565 Abs. 2 BGB nicht vorliegen (OLG Karlsruhe FamRZ 1998, 1606, 1607). Fordert der Antragsgegner in diesem Fall die Abweisung des Scheidungsantrags, ist entsprechend zu entscheiden.

20 **III. Entscheidung durch Beschluss, Eheberatung.** Das Gericht, bei dem das Scheidungsverfahren anhängig ist, entscheidet über eine etwaige Aussetzung des Verfahrens nach § 136 durch Beschluss.

21 Nach § 136 Abs. 4 soll das Gericht i.d.R. den Ehegatten nahe legen, eine Eheberatung in Anspruch zu nehmen.

22 Die Dauer der Aussetzung ist im Beschluss festzulegen; dabei ist § 136 Abs. 3 zu beachten. Die Aussetzung darf nur einmal wiederholt werden und eine bestimmte Dauer, die abhängig von der Trennungszeit ist, nicht überschreiten.

23 Sollten sich die Annahmen, die dem Aussetzungsbeschluss zugrunde liegen ändern, kann im Fall einer Aussetzung v.A.w. der Aussetzungsbeschluss aufgehoben werden. Erfolgte die Aussetzung aufgrund eines Antrags des Antragstellers, ist dessen Antrag auf Aufhebung der Aussetzung erforderlich; haben beide Beteiligte Scheidungsanträge gestellt und die Aussetzung beantragt, genügt es, dass einer die Aufhebung des Beschlusses beantragt (Thomas/Putzo/*Hüßtege* § 136 FamFG Rn. 12).

24 **IV. Wirkung der Aussetzung.** Die Wirkung der Aussetzung ist §§ 113 Abs. 1 Satz 2 i.V.m. 249 ZPO zu entnehmen. Nach § 249 Abs. 1 ZPO hat die Aussetzung die Wirkung, dass der Lauf einer Frist aufhört und nach Beendigung der Aussetzung die volle Frist von Neuem zu laufen beginnt; nach § 249 Abs. 2 ZPO sind Verfahrenshandlungen, die während der Aussetzung vorgenommen wurden, dem anderen Beteiligten ggü. ohne rechtliche Wirkung.

25 Rechtsmittel sind freilich zulässig, weil sie nicht dem anderen Beteiligten ggü. vorzunehmen, sondern bei Gericht einzulegen sind (BGH NJW 1977, 717, 718).

26 Die genannten Wirkungen des § 249 ZPO enden mit Ablauf der im Beschluss festgelegten Aussetzungsfrist. Das Scheidungsverfahren wird nicht von Amts wegen, sondern auf Antrag der Ehegatten wieder aufgenommen (OLG Karlsruhe FamRZ 1998, 1606).

§ 137 Verbund von Scheidungs- und Folgesachen.

(1) Über Scheidung und Folgesachen ist zusammen zu verhandeln und zu entscheiden (Verbund).

(2) ¹Folgesachen sind
1. Versorgungsausgleichssachen,
2. Unterhaltssachen, sofern sie die Unterhaltspflicht gegenüber einem gemeinschaftlichen Kind oder die durch Ehe begründete gesetzliche Unterhaltspflicht betreffen mit Ausnahme des vereinfachten Verfahrens über den Unterhalt Minderjähriger,
3. Ehewohnungs- und Haushaltssachen und
4. Güterrechtssachen,

wenn eine Entscheidung für den Fall der Scheidung zu treffen ist und die Familiensache spätestens zwei Wochen vor der mündlichen Verhandlung im ersten Rechtszug in der Scheidungssache von einem Ehegatten anhängig gemacht wird. ²Für den Versorgungsausgleich ist in den Fällen der §§ 6 bis 19 und 28 des Versorgungsausgleichsgesetzes kein Antrag notwendig.

(3) Folgesachen sind auch Kindschaftssachen, die die Übertragung oder Entziehung der elterlichen Sorge, das Umgangsrecht oder die Herausgabe eines gemeinschaftlichen Kindes der Ehegatten oder das Umgangsrecht eines Ehegatten mit dem Kind des anderen Ehegatten betreffen, wenn ein Ehegatte vor Schluss der mündlichen Verhandlung im ersten Rechtszug in der Scheidungssache die Einbeziehung in den Verbund beantragt, es sei denn, das Gericht hält die Einbeziehung aus Gründen des Kindeswohls nicht für sachgerecht.

(4) Im Fall der Verweisung oder Abgabe werden Verfahren, die die Voraussetzungen des Absatzes 2 oder des Absatzes 3 erfüllen, mit Anhängigkeit bei dem Gericht der Scheidungssache zu Folgesachen.

Abschnitt 2. Verfahren in Ehesachen, Scheidungssachen und Folgesachen **§ 137**

(5) ¹Abgetrennte Folgesachen nach Absatz 2 bleiben Folgesachen; sind mehrere Folgesachen abgetrennt, besteht der Verbund auch unter ihnen fort. ²Folgesachen nach Absatz 3 werden nach der Abtrennung als selbständige Verfahren fortgeführt.

Übersicht

	Rdn.		Rdn.
A. Allgemeines	1	b) Maßgeblich ist der Termin der »letzten« mündlichen Verhandlung	38
B. Der Scheidungsverbund	5	c) Frist ist Verbundvoraussetzung	42
I. Gemeinsame Verhandlung und Entscheidung, § 137 Abs. 1	6	d) Die Ladungsfrist	45
II. Folgesachen, § 137 Abs. 2	7	9. Verfahrensfragen	47
1. Versorgungsausgleich, § 137 Abs. 2 Nr. 1	12	a) Antragstellung	47
		b) Verfahrenskostenhilfe	54
2. Kindesunterhalt, § 137 Abs. 2 Satz 1 Nr. 2, 1. Alt.	15	III. Kindschaftssachen als Folgesachen, § 137 Abs. 3	58
		1. Antragsverbund	59
3. Scheidungsunterhalt, § 137 Abs. 2 Satz 1 Nr. 2, 2. Alt.	21	2. Kindschaftssachen	66
		3. Abtrennung einer Kindschaftssache	69
4. Ehewohnungs- und Haushaltssachen, § 137 Abs. 2 Satz 1 Nr. 3	23	IV. Abgabe oder Verweisung an das Gericht der Ehesache, § 137 Abs. 4	70
5. Güterrechtssachen, § 137 Abs. 2 Satz 1 Nr. 4	24	V. Abgetrennte Folgesachen, § 137 Abs. 5	72
		1. Fortführung des Restverbunds	75
6. Auskunftsansprüche betreffend Unterhalt, Zugewinn und Versorgungsausgleich	25	2. Verfahren hinsichtlich der abgetrennten Folgesachen	76
7. Nichtverbundfähige Familiensachen	29	VI. Verfahren im Fall des Scheidungsverbunds	79
8. Zeitliche Begrenzung von 2 Wochen	32		
a) Fristberechnung	36		

A. Allgemeines. Das Verbundverfahren nach § 137 ermöglicht die verfahrensmäßige Verbindung der **1** Scheidungssache mit den sich aus der (rechtskräftigen) Auflösung der Ehe ergebenden Folgesachen. Ratio legis des Verfahrensverbunds ist die umfassende Regelung aller im Zusammenhang mit einer Scheidung stehenden Folgen. Dadurch sollen den Ehegatten einerseits die Folgen der Auflösung ihrer Ehe vor Augen geführt, aber auch der Antragsgegner vor einer Vielzahl parallel nebeneinander laufenden Verfahren geschützt werden. Die Verfahrenskonzentration soll auch die FamG von Doppelarbeit entlasten. Der Verbund stärkt in seiner Zielrichtung die materiell-rechtlichen Absicherungen »schwächerer« Ehegatten im Fall einer Scheidung der Ehe (OLG Koblenz NJW 2008, 2929, 2931). Der Ehegatte, der während der Ehe die Kinder betreut und sich um den Haushalt gekümmert hat ohne seine berufliche Zukunft gestalten zu können, soll durch den Verbund abgesichert werden, in dem mit der Scheidung gleichzeitig insb. über Unterhalt und Zugewinnausgleich entschieden wird (OLG Köln FamRZ 1998, 301, 302). Zugleich ergibt sich aus dem Verbund eine **Warnfunktion** für beide Ehegatten, da ihnen durch die Zusammenfassung aller mit der Scheidung zusammenhängenden Regelungsbereiche die persönlichen, wirtschaftlichen und rechtlichen Folgen der Auflösung der Ehe vor Augen geführt werden (BGH FamRZ 1983, 461, 462). Damit kommt dem Verbund auch eine ehebewahrende Wirkung zu; die »Aufklärung« soll insbesondere den Antragsteller vor übereilten, nicht mehr umkehrbaren Entschlüssen schützen.

Schließlich können durch eine Bereinigung aller Folgeverfahren in einem Verfahren deren gegenseitige Ab- **2** hängigkeiten, wie etwa die güterrechtliche Auseinandersetzung und die Bemessung des nachehelichen Unterhaltsanspruchs erfasst werden.

Für andere Ehesachen (vgl. § 121) gelten die Verbundbestimmungen nicht, was sich eindeutig aus dem **3** Wortlaut des § 137 Abs. 1 ergibt.

Im Unterschied zur früheren Rechtslage werden Kindschaftssachen, auch wenn sie gleichzeitig mit der **4** Scheidungssache anhängig sind, *nicht mehr kraft Gesetzes in den Verbund aufgenommen*. Dies ist vernünftig, da *Kindschaftssachen* beschleunigt durchzuführen sind; der früher erforderliche Abtrennungsantrag bleibt dem anwaltlichen Vertreter nunmehr erspart.

B. Der Scheidungsverbund. § 137 Abs. 1 enthält erstmals eine Legaldefinition des Begriffs Verbund. Der **5** »Verbund« besteht danach aus dem Scheidungsverfahren und den sog. Folgesachen. Der Begriff der »Folge-

§ 137 Buch 2. Verfahren in Familiensachen

sache« wird von § 137 Abs. 2 bzw. Abs. 3 definiert. Folgesachen sind danach die Familiensachen des § 137 Abs. 2 Nr. 1 bis Nr. 4, in denen für den Fall der Scheidung eine Entscheidung zu treffen ist, sowie die Familiensachen des § 137 Abs. 3 (z.B. elterliche Sorge) allgemein, wenn ein Ehegatte die Einbeziehung beantragt. Der Verbund besteht auch zwischen den einzelnen Folgesachen; er ist aber keine Verfahrensverbindung i.S.v. § 147 ZPO. Die Regelung des § 137 gestattet über die §§ 257, 258 ZPO hinaus, und dies ist ein entscheidender Aspekt, die gerichtliche Geltendmachung zukünftiger Ansprüche – nämlich von Ansprüchen für den Fall der Scheidung.

6 **I. Gemeinsame Verhandlung und Entscheidung, § 137 Abs. 1.** Mit Eintritt des Verbunds einer Folgesache mit dem Scheidungsantrag ist nach § 137 Abs. 1 über alle verbundenen Verfahren gleichzeitig und zusammen mit der Scheidung zu verhandeln und, sofern der Scheidungsantrag begründet ist, zu entscheiden (sog. Verhandlungs- und Entscheidungsverbund). Diese Bestimmung schließt es aber nicht aus, dass über einzelne Folgesachen umfangreiche Erörterungen zur Sache und die Beweisaufnahme in einem besonderen Termin durchgeführt werden. Dies kann etwa eine güterrechtliche Auseinandersetzung der Eheleute betreffen, insb. wenn bei umfangreichen Beweiserhebungen Gegenstand und Umfang eines einzuholenden Sachverständigengutachtens von der Vernehmung von Zeugen abhängig ist.

7 **II. Folgesachen, § 137 Abs. 2.** § 137 Abs. 2 legt fest, welche Verfahren Folgesachen sein können. Dies sind Versorgungsausgleichssachen, Unterhaltssachen, sofern sie die Unterhaltspflicht ggü. einem gemeinschaftlichen Kind oder die durch Ehe begründete gesetzliche Unterhaltspflicht betreffen, mit Ausnahme des vereinfachten Verfahrens über den Unterhalt Minderjähriger, Ehewohnungs- und Haushaltssachen und letztlich Güterrechtssachen. Von einer Aufnahme weiterer Familiensachen, wie etwa der sonstigen Familiensachen (vgl. § 266), in den Katalog der möglichen Folgesachen wurde abgesehen, da eine ansonsten denkbare Überfrachtung des Verbundverfahrens zu einer übermäßigen Verzögerung der Scheidung führen könnte.

8 Weitere Voraussetzungen für eine Folgesache sind, dass entsprechend dem von einem Ehegatten gestellten Antrag eine Entscheidung **für den Fall der Scheidung** zu treffen ist und dass die Familiensache spätestens 2 Wochen vor der mündlichen Verhandlung im ersten Rechtszug in der Scheidungssache von einem Ehegatten anhängig gemacht wird. Nur für die Durchführung des Versorgungsausgleichs in den Fällen der §§ 6 bis 19 und § 28 VersAusglG bedarf es gem. § 137 Abs. 2 Satz 2 keines Antrags.

9 Ein Zwang, Folgesachen im Verbund geltend zu machen, besteht – mit Ausnahme des Versorgungsausgleichs – nicht. Auch kann für eine Folgesache nicht VKH verweigert werden, wenn diese außerhalb des Verbunds geltend gemacht wird.

10 Wird eine Folgesache aus dem Katalog des § 137 vom erstinstanzlichen Gericht nicht in den Verbund aufgenommen, so ist dies beschwerdefähig (OLG Brandenburg FamRZ 2012, 892).

11 Gibt das Familiengericht einem Scheidungsantrag verfahrensfehlerhaft vor der Entscheidung über eine Folgesache statt, schafft dies eine selbstständige Beschwer, die mit der Beschwerde gegen den Scheidungsbeschluss gerügt werden kann (BGH FamRZ 2013, 1879).

12 **1. Versorgungsausgleich, § 137 Abs. 2 Nr. 1.** Der Wertausgleich bei der Scheidung nach §§ 9 ff. VersAusglG gehört nach § 137 Abs. 2 Satz 2 zum »Zwangsverbund«. Die Bedeutung des Versorgungsausgleichs, gleichsam der Unterhalt im Alter, wird von den Beteiligten oftmals nicht ausreichend ernst genommen. Insoweit will der Gesetzgeber durch die zwangsweise Durchführung des Versorgungsausgleichs den ausgleichsberechtigten Ehegatten vor einem Verlust seiner Ansprüche schützen.

13 Der Wertausgleich bei der Scheidung wird allerdings nicht durchgeführt, wenn die Voraussetzungen des Ausschlusses des Versorgungsausgleichs vorliegen; dies hat das FamG zu prüfen und mit den tragenden Gründen in den Beschluss aufzunehmen. Das FamG hat zu entscheiden, ob der Versorgungsausgleich wegen einer kurzen Ehezeit (§ 3 Abs. 3 VersAusglG), wegen einer wirksamen Vereinbarung der Eheleute über den Versorgungsausgleich (§§ 6 bis 8 VersAusglG), wegen geringfügiger Wertunterschiede oder Ausgleichswerte (§ 18 Abs. 1 oder Abs. 2 VersAusglG) oder wegen grober Unbilligkeit (§ 27 VersAusglG) ganz oder teilweise nicht stattfindet.

14 Eine Regelung des schuldrechtlichen Versorgungsausgleichs nach §§ 20 ff. VersAusglG ist im Scheidungsverbund hingegen regelmäßig nicht möglich (BGH FamRZ 2004, 1024), weil die Voraussetzungen des § 20 Abs. 2 VersAusglG oftmals noch nicht vorliegen werden (die ausgleichsberechtigte Person muss grds. auch bereits eine eigene laufende Versorgung erlangt haben). Sind die Voraussetzungen des schuldrechtlichen Versorgungsausgleichs bei Erlass der Verbundentscheidung jedoch schon gegeben, kann auch der Anspruch aus § 20 Abs. 1 VersAusglG verbundfähig sein, weil eine Entscheidung für den Fall der Scheidung zu treffen

ist. Dass § 137 Abs. 2 Satz 2 lediglich die Durchführung des Wertausgleichs nach §§ 6 bis 19 und § 28 Vers-AusglG erwähnt, steht dem nicht entgegen, weil insoweit nur bestimmt wird, dass es für die Durchführung dieses Wertausgleichs keines Antrags bedarf; ein Antrag auf Durchführung des schuldrechtlichen Versorgungsausgleichs ist somit unverzichtbar (Musielak/*Borth* FamFG § 137 Rn. 18).

2. Kindesunterhalt, § 137 Abs. 2 Satz 1 Nr. 2, 1. Alt. Grundsätzlich wird Kindesunterhalt außerhalb des Scheidungsverbunds beantragt, da Unterhalt nicht erst ab Rechtskraft der Scheidung benötigt wird. Soweit dennoch Unterhalt für ein (eheliches) Kind im Verbund geltend gemacht wird, ist eine Titulierung erst ab Eintritt der Rechtskraft des Scheidungsausspruchs möglich (vgl. § 148). Kindesunterhalt für die Zeit vor Rechtskraft der Scheidung kann nicht als Folgesache gefordert werden (OLG Koblenz FamRZ 2002, 965). 15

Wird die Abänderung eines Unterhaltstitels, der während der Trennungszeit erstritten wurde, nach §§ 238, 239 begehrt, ist dieses Verfahren nur dann eine Folgesache, wenn diese erst ab Eintritt der Rechtskraft verlangt wird. 16

Der Unterhalt minderjähriger Kinder wird, so lange wie die Eltern noch nicht rechtskräftig geschieden sind, durch den Elternteil, der die Obhut nach § 1629 Abs. 2 Satz 2 BGB innehat, im Wege der gesetzlichen Verfahrensstandschaft nach § 1629 Abs. 2 Satz 2, Abs. 3 Satz 1 BGB in eigenem Namen geltend gemacht (Palandt/*Brudermüller* BGB § 1629 Rn. 35). 17

Der Unterhalt für volljährige Kinder ist von diesen dagegen im selbstständigen Unterhaltsverfahren zu verlangen, ist also nicht verbundfähig. Wird das Kind während des laufenden Scheidungsverfahrens volljährig, entfällt zusammen mit der elterlichen Sorge auch die gesetzliche Verfahrensstandschaft. An die Stelle des das Verfahren führenden Elternteils tritt danach automatisch das Kind im Wege des Beteiligtenwechsels in das Unterhaltsverfahren ein, weil die Verfahrensstandschaft des § 1629 Abs. 3 Satz 1 BGB endet (vgl. Palandt/*Brudermüller* BGB § 1629 Rn. 37). Die Vorschrift des § 265 Abs. 2 ZPO ist nicht anwendbar. Nach § 140 Abs. 1 ist dieses Verfahren abzutrennen, da das volljährige Kind als Dritter anzusehen ist. 18

Wird die in einem Verbundbeschluss zugesprochene Unterhaltsverpflichtung mit der Beschwerde angefochten und tritt die Rechtskraft des Scheidungsbeschlusses vor Abschluss des Unterhaltsverfahrens ein, endet zwar die Verfahrensstandschaft nach § 1629 Abs. 3 Satz 1 BGB. In analoger Anwendung des § 265 Abs. 2 Satz 1 ZPO lässt die Rechtsprechung wegen eines unabweisbaren praktischen Bedürfnisses eine Fortsetzung durch den verfahrensführenden Elternteil zu (BGH FamRZ 1990, 283; OLG Koblenz FamRZ 2002, 965). 19

Wird im Beschwerdeverfahren das Kind volljährig, führt es das Verfahren in eigenem Namen gemäß den zuvor genannten Grundsätzen weiter. 20

3. Scheidungsunterhalt, § 137 Abs. 2 Satz 1 Nr. 2, 2. Alt. Der Trennungsunterhalt nach § 1361 Abs. 1 BGB und der Scheidungsunterhalt nach den §§ 1569 ff. BGB sind nicht identisch (s. § 231 Rdn. 5 ff.). Deshalb wird ein Titel nach § 1361 Abs. 1 BGB im Zeitpunkt der Rechtskraft der Scheidung unwirksam; eine etwaige Vollstreckung könnte mit einem Vollstreckungsabwehrantrag nach § 767 ZPO unterbunden werden. Folglich muss der unterhaltsberechtigte Ehegatte nach § 137 Abs. 2 Satz 1 Nr. 2, 2. Alt. den nachehelichen Unterhalt im Verbund geltend machen, um nicht Ansprüche einzubüßen. 21

Verfahren zum Unterhalt sind verbundfähig, wenn mit ihnen nachehelicher Unterhalt verlangt wird (OLG Karlsruhe FamRZ 2002, 965), während Unterhalt für die Zeit vor Rechtskraft der Scheidung nicht als Folgesache geltend gemacht werden kann (BGH FamRZ 1982, 781). Der in Anspruch genommene Unterhaltspflichtige kann unter den Voraussetzungen des § 256 ZPO die Feststellung beantragen, dass er keinen oder nur einen geringeren Unterhalt schuldet, wenn sich der andere Ehegatte eines Unterhaltsanspruchs berühmt (Musielak/*Borth* FamFG § 137 Rn. 15). 22

4. Ehewohnungs- und Haushaltssachen, § 137 Abs. 2 Satz 1 Nr. 3. Verfahren nach § 1568a und § 1568b BGB sind verbundfähig, soweit mit ihnen eine Anordnung für die Zeit nach rechtskräftiger Scheidung der Ehe zu treffen ist, also insb. die Regelung der Rechtsverhältnisse an der ehelichen Wohnung und die (dingliche) Aufteilung des ehelichen Haushalts. 23

5. Güterrechtssachen, § 137 Abs. 2 Satz 1 Nr. 4. Verlangt ein Beteiligter einen vorzeitigen Zugewinnausgleich nach §§ 1385, 1386 BGB, also bezogen auf einen Endstichtag, der sich nicht auf die Zustellung des Scheidungsantrags nach § 1384 BGB bezieht, scheidet eine Verbundentscheidung aus, weil dieser Anspruch unabhängig von der Scheidung der Ehe besteht (OLG Celle FamRZ 2012, 1941; KG FamRZ 2001, 166; Thomas/Putzo/*Hüßtege* ZPO § 137 FamFG Rn. 11). Gleiches gilt, wenn der gesetzliche Güterstand durch Ehevertrag nach § 1410 BGB beendet wurde, ein Ausgleich des Zugewinns aber noch nicht erfolgt ist. Verbund- 24 fähig ist jedoch der Ausgleichsanspruch nach § 1378 Abs. 1 BGB, der die Scheidung der Ehe voraussetzt. Die Auseinandersetzung des Gesamtguts der Gütergemeinschaft kann ebenfalls im Verbund erfolgen, falls sich der Überschuss bereits vor Beendigung des Güterstandes bestimmen lässt. Ansonsten scheidet eine Entscheidung vor Rechtskraft der Scheidung aus.

25 **6. Auskunftsansprüche betreffend Unterhalt, Zugewinn und Versorgungsausgleich.** Auskunftsansprüche nach §§ 1379, 1580, 1605 BGB, § 4 VersAusglG, die die Folgesachen Unterhalt, Zugewinn oder Versorgungsausgleich vorbereiten, können mit den entsprechenden Folgesachen im Verbund als Stufenantrag geltend gemacht werden. Nach § 137 Abs. 1 ist nur erforderlich, dass die letzte Stufe, d.h. der bezifferte Antrag zusammen mit der Scheidung entschieden wird. Über den Antrag auf Auskunft ist durch Teilbeschluss vorweg und nicht für den Fall der rechtskräftigen Scheidung zu entscheiden, weil diese Ansprüche zwar einem einheitlichen Verfahren zugehören, verfahrensmäßig aber selbstständige Teile sind (OLG Brandenburg FamRZ 2007, 410, 411).

26 Wird nach Auskunftserteilung das Verfahren nicht auf der nächsten Stufe fortgesetzt, d.h. der Anspruch insb. nicht beziffert, ist die entsprechende Folgesache entweder nach § 140 Abs. 2 Nr. 5 abzutrennen oder die Folgesache auf Antrag des Gegners abzuweisen.

27 Ein Feststellungsinteresse i.S.d. § 256 ZPO des (vermeintlich) Ausgleichspflichtigen bzw. Schuldners besteht nur dann, wenn sich der andere Ehegatte einer bestimmten Forderung berühmt. Über diesen Antrag ist im Verbund zu entscheiden, weil eine Entscheidung für den Fall der rechtskräftigen Scheidung verlangt wird und die Scheidungsfolgen abschließend geregelt werden.

28 Das reine (isolierte) Auskunftsverfahren ist eine selbstständige Familiensache, die nicht verbundfähig ist (OLG Koblenz FamRZ 2004, 200). Trotz des vorbereitenden Charakters des Auskunftsanspruchs kann i.R.d. Verbunds nicht ein Auskunftsanspruch ohne die entsprechende Hauptsache selbst als Folgesache verlangt werden, weil der Auskunftsanspruch den Streit über die Folgesache nicht erledigt und damit der Zwecksetzung des § 137 Abs. 1 widerspricht (BGH FamRZ 1997, 811). Der Scheidungsverbund regelt und entscheidet nämlich über die Folgen der Scheidung, d.h. beschäftigt sich nicht mit Vorgängen, die dies allenfalls vorbereiten.

29 **7. Nichtverbundfähige Familiensachen.** Familiensachen können nicht in den Verbund nach § 137 aufgenommen werden, wenn die Entscheidung nicht für den Fall der Scheidung zu treffen ist. Aus dem Bereich des Unterhalts sind dies v.a. der Getrenntlebensunterhalt nach § 1361 Abs. 1 Satz 1 BGB sowie der Kindesunterhalt für die Zeit der noch bestehenden Ehe.

30 Hinsichtlich der Regelung zu den Ehewohnungs- und Haushaltssachen sind die Ansprüche aus §§ 1361a, 1361b BGB ausgeschlossen, da sie nur die Trennungszeit betreffen; Entsprechendes gilt für Verfahren nach §§ 1 und 2 GewSchG.

31 Nicht verbundfähig ist auch der Antrag zur Regelung der elterlichen Sorge nach § 1671 BGB und die Regelung der Umgangsbefugnis nach § 1684 Abs. 1 BGB, soweit für die Zeit bis zur rechtskräftigen Scheidung der Ehe eine Regelung begehrt wird. Diese aufgeführten Verfahren sind isoliert zu führen und können parallel zu einem rechtshängigen Scheidungsverfahren geführt werden.

32 **8. Zeitliche Begrenzung von 2 Wochen.** Ein Antrag zu einer Folgesache kann frühestens zusammen mit dem Scheidungsantrag eingereicht werden und muss spätestens 2 Wochen vor der mündlichen Verhandlung im ersten Rechtszug in der Scheidungssache von einem Ehegatten anhängig gemacht worden sein, § 137 Abs. 2 Satz 1 a.E.

33 Die Frist des § 137 Abs. 2 FamFG wird durch einen Antrag auf VKH für einen Folgesachenantrag gewahrt (OLG Bamberg FamRZ 2011, 1416). Insoweit gilt das verfassungsrechtliche Gebot der Gleichbehandlung bedürftiger und nicht bedürftiger Beteiligter. Würde die Einreichung eines Verfahrenskostenhilfeantrags vor Ablauf der Frist des § 137 Abs. 2 nicht ausreichen, um das Begehren im Verbund mit der Ehesache geltend machen zu können, würde die bedürftige Partei erheblich schlechter gestellt als die nicht bedürftige. Denn sie wäre gehalten, ihren Antrag weit vorher zu stellen, um eine Entscheidung des Gerichts über den Verfahrenskostenhilfeantrag zu bewirken, wobei dieses seinerseits in der Lage wäre, die Herstellung des Verbundes durch schnellere und/oder weniger zügige Erledigung zu steuern. Da es aber keinen sachlichen Grund für eine derartige Benachteiligung bedürftiger Beteiligter gibt und der genannte Zweck der Norm eine derartig unterschiedliche Behandlung gleichfalls nicht gebietet, weil das Gericht den Verfahrenskostenhilfeantrag in seine Vorbereitung auf den Termin ebenso einbeziehen kann wie den Antrag in der Hauptsache

selbst, ist das Anhängigmachen eines formal ordnungsgemäßen Verfahrenskostenhilfeantrags zur Wahrung der Frist des § 137 Abs. 2 ausreichend (OLG Oldenburg FamRZ 2012, 656).

Die 2-Wochenfrist gilt nicht, wenn der »Antrag« nach § 3 Abs. 3 VersorgAusglG erst in der mündlichen Verhandlung gestellt wird. § 3 Abs. 3 VersorgAusglG betrifft Ehen von kurzer Dauer (bis zu 3 Jahren); ein VA wird hier nur durchgeführt, wenn ein diesbezüglicher Antrag gestellt wird. Der Antrag nach § 3 Abs. 3 VersorgAusglG ist jedoch ein Sachantrag, während die 2-Wochenfrist sich nur auf Verfahrensanträge bezieht (OLG Dresden FamRZ 2011, 483). 34

Eine Ausnahme gilt für Kindschaftssachen, die die Übertragung oder Entziehung der elterlichen Sorge, das Umgangsrecht oder die Herausgabe eines gemeinschaftlichen Kindes der Ehegatten oder das Umgangsrecht eines Ehegatten mit dem Kind des anderen Ehegatten betreffen. In diesen Fällen genügt es, wenn ein Ehegatte vor Schluss der mündlichen Verhandlung im ersten Rechtszug in der Scheidungssache die Einbeziehung in den Verbund beantragt. 35

a) Fristberechnung. Die 2-Wochen-Frist ist schwierig zu berechnen. Erforderlich ist eine »Rückwärtsrechnung« entsprechend der §§ 113 Abs. 1 Satz 2, 222 ZPO i.V.m. 187 – 192 BGB. Das BGB hat sich für die Zivilkomputation als Methode der Fristenberechnung entschieden. Im Anschluss an das Römische Recht werden die Fristen demnach nur nach ganzen Kalendertagen berechnet (vgl. Staudinger/*Rempken* BGB § 187 BGB Rn. 2). Der Tag der mündlichen Verhandlung zählt bei der Rückwärtsberechnung nach § 187 Abs. 1 BGB nicht mit; der letzte Tag der Frist endet weiterhin nicht erst um 24:00h, sondern bereits um 0:00h. Dies bedeutet bspw., dass im Fall einer Terminierung für den 20.04.2016 die betreffende 2-Wochen-Frist am 19.04.2016 rückwärts anläuft und durch den 06.04.2016 um 0:00h begrenzt wird. Ein fristgerechter Folgesachenantrag muss daher bis spätestens 05.04.2016 24:00h beim Familiengericht eingehen (vgl. dazu § 137 Rdn. 4; *Grandel* FF 2011, 133). 36

§ 193 BGB beeinflusst die »Rückfrist« des § 137 Abs. 2 nicht (OLG Brandenburg FamRZ 2012, 892). 37

b) Maßgeblich ist der Termin der »letzten« mündlichen Verhandlung. Für die Frist nach § 137 Abs. 2 Satz 1 FamFG kommt es nicht auf den Zeitpunkt des Termins zur »ersten« mündlichen Verhandlung an (OLG Hamm NJW-RR 2011, 84). Maßgeblich ist der Termin der »letzten« mündlichen Verhandlung (BGH FamRZ 2012, 863 ff.). Abzulehnen ist daher die Auffassung, die aufgrund der Einheit der mündlichen Verhandlung ausschließlich auf den ersten Verhandlungstermin abstellt (so Prütting/*Helms* FamFG § 137 Rn. 47). 38

Dieses Verständnis entspricht dem gem. § 137 Abs. 1 unverändert gebliebenen Postulat, dass grundsätzlich am Scheidungsverbund festgehalten werden soll, um den wirtschaftlich schwächeren Ehegatten durch eine einheitliche Entscheidung über die Scheidung und den damit in engem Zusammenhang stehenden Folgesachen zu schützen. Zwar kann bei dieser Auslegung die Frist des § 137 Abs. 2 Satz 1 dadurch »unterlaufen« werden, in dem ein Beteiligter zum Termin nicht erscheint, um eine Fortsetzung der mündlichen Verhandlung zu erzwingen mit der Folge, dass nunmehr noch fristgemäß neue Folgesachen anhängig machen können. 39

Dies rechtfertigt es aber nicht, für die Fristbestimmung auf den »ersten« Termin zur mündlichen Verhandlung abzustellen. Die Frist nach § 137 Abs. 2 Satz 1 will nur der Verfahrensverzögerung durch eine zu späte Anhängigmachung von Folgesachen entgegenwirken. Eine Verfahrensverzögerung aus anderen Gründen soll durch diese Frist nicht sanktioniert werden, zumal der unentschuldigt fern gebliebenen Partei die durch das Ausbleiben verursachten Kosten und ein Ordnungsgeld auferlegt werden können, §§ 128 Abs. 4 FamFG, 380 Abs. 1 ZPO. 40

Allerdings sollte beachtet werden, dass gerade im Scheidungsverfahren der erste Termin gleichzeitig auch sehr oft der letzte Termin ist. Das Scheidungsverfahren lässt nämlich den frühen ersten Termin nicht zu, vgl. § 113 Abs. 4 Nr. 3, d.h. die Scheidung ist vom Gericht ausreichend vorzubereiten (insb. durch die Klärung der Rentenanwartschaften) und dann in einem Termin abzuwickeln. 41

c) Frist ist Verbundvoraussetzung. Mit dem Ablauf der 2-Wochen-Frist vor der mündlichen Verhandlung im ersten Rechtszug in der Scheidungssache können Folgesachen nicht mehr im Verbund geltend gemacht werden. Folgesachen können nun nicht mehr in den Verbund eingebracht werden, sondern sind im isolierten Verfahren zu betreiben, da die Verbundvoraussetzung der fristgerechten Anhängigkeit nicht gegeben ist. Hat der Antragsteller den Fristablauf übersehen, ist sein »Folgesacheantrag« nicht als unzulässig abzuweisen, sondern vom FamG selbstständig zu bearbeiten (so auch Keidel/*Weber* § 137 Rn. 20; a.A. AG Erfurt FamRZ 2011, 1416; Musielak/*Borth* FamFG § 137 Rn. 28). 42

43 Eine isolierte Verfahrensführung erfordert in diesem Fall auch keine Antragsänderung, da der Antragsteller nach wie vor Ehegatten- oder Kindesunterhalt bzw. Zugewinnausgleich nach Rechtskraft der Scheidung verlangt. Die Scheidung ist insoweit keine unzulässige außergerichtliche Bedingung (vgl. *Götz* NJW 2010, 900), sondern allenfalls vorgreiflich i.S.v. § 148 ZPO. Deshalb kommt eine Aussetzung des Verfahrens bis zum Scheidungsbeschluss in Betracht. Wird der Scheidungsantrag abgewiesen oder zurückgenommen, so hat der Antragsteller auch den isolierten Verfahrensantrag zurückzunehmen, widrigenfalls auch dieser abgewiesen werden muss.

44 Der Antragsteller hat ein Wahlrecht; so kann er durchaus auch neben dem Verbund einen Antrag zum nachehelichen Unterhalt isoliert einreichen. Das FamG kann freilich dem Antrag frühestens nach Scheidung der Eheleute stattgeben. Die isolierte Verfahrensführung kann auch Sinn machen im Hinblick auf die Kostenentscheidung: Kostenaufhebung beim Scheidungsverbund (§ 150 Abs. 1) bzw. Erfolgsquote im Unterhaltsverfahren (vgl. § 243) oder in der Güterrechtssache.

45 **d) Die Ladungsfrist.** Problematisch ist, dass die Einführung dieser 2-Wochenfrist keine Änderung der Ladungsvorschriften korrespondiert. Die Vorschrift des § 32 Abs. 2, die eine angemessene Frist zwischen Ladung und Termin vorsieht, ist nämlich in Ehesachen nicht anwendbar, vgl. § 113 Abs. 1. Somit gilt die Vorschrift des § 217 ZPO, nach der eine Ladungsfrist von einer Woche genügt. Damit könnte der zuständige Richter die Einreichung von Folgesachenanträgen durch kurze Ladungsfristen unmöglich machen.

46 Der BGH (BGH FamRZ 2012, 863 ff.) hat sich dahin gehend erklärt, dass das Familiengericht den Termin in einer Scheidungssache so zu bestimmen hat, dass es den beteiligten Ehegatten nach Zugang der Ladung möglich ist, unter Einhaltung der Zweiwochenfrist nach § 137 Abs. 2 Satz 1 eine Folgesache anhängig zu machen. Zur Vorbereitung eines Antrags muss den Ehegatten zusätzlich entsprechend der Ladungsfrist des § 217 ZPO eine Woche zur Verfügung stehen. Dies bedeutet m.a.W., dass zwischen der Zustellung der Ladung und dem Termin ein Zeitabstand von mindestens 3 Wochen bestehen muss. Die Beteiligten haben einen Anspruch auf Terminverlegung, wenn die gerichtliche Terminbestimmung den erwähnten Vorgaben nicht gerecht wird. Einer Terminsverlegung bedarf es allerdings nicht, wenn sie – trotz zu kurzer Terminierung – Folgesachen noch bis zur mündlichen Verhandlung anhängig machen. Die Folgesachen werden dann schlichtweg Bestandteil des Scheidungsverbunds.

47 **9. Verfahrensfragen. a) Antragstellung.** Nach der Systematik der Verbundregelung ist zwischen dem Antrags- und dem »Zwangsverbund« zu unterscheiden. Der Zwangsverbund entsteht antragsunabhängig, betrifft aber nur die Durchführung des Versorgungsausgleichs in den Fällen der §§ 6 bis 19 und § 28 VersAusglG.

48 Zur Einleitung eines Antragsverbunds ist nicht ein besonderer verfahrensrechtlicher Antrag erforderlich; es reicht aus, wenn bei einem anhängigen Scheidungsantrag eine isolierte verbundfähige Familiensache anhängig gemacht wird, für die eine Entscheidung für den Fall der Scheidung begehrt wird.

49 Der antragstellende Ehegatte kann durch Rücknahme seines Antrags den Verbund hinsichtlich des Antragsverfahrens des § 137 Abs. 1 wieder aufheben. Auch ist es jedem Ehegatten unbenommen, die sich aus § 137 Abs. 2 Satz 1 ergebende Frist verstreichen zu lassen und erst danach eine selbstständige »Folgesache« einzureichen.

50 Werden Folgeanträge zeitlich gestaffelt beantragt, ohne dass hierfür ein sachlicher Grund gegeben wäre, kann nach § 140 Abs. 2 Nr. 5 vorab über den Scheidungsantrag entschieden werden, wenn hierdurch ersichtlich das Scheidungsverfahren verzögert werden soll.

51 Wird nach Abtrennung einer Folgesache nach § 140 vorab die Ehe geschieden, können danach weitere Folgesachen nicht mehr in den Verbund mit der noch nicht erledigten Folgesache eingebracht werden.

52 Hebt die zweite Instanz einen Beschluss des FamG auf und wird die Sache an das FamG zurückverwiesen (§ 146), können erneut bis spätestens 2 Wochen vor der mündlichen Verhandlung erster Instanz Folgeanträge gestellt werden (OLG Düsseldorf FuR 2010, 700).

53 Mit Ablauf der 2-Wochen-Frist können Folgesachen nicht mehr im Verbund geltend gemacht werden. Ist die Scheidungssache in der Beschwerdeinstanz anhängig, können Folgesachen deshalb nicht in den Verbund eingebracht werden, sondern sind im isolierten Verfahren in erster Instanz zu betreiben.

54 **b) Verfahrenskostenhilfe.** In der Rechtsprechung wird bei der isolierten Geltendmachung einer Folgesache teilweise VKH mit der Begründung versagt, wegen der höheren Kostenlast (Zusammenrechnen der Werte aus Scheidungssache und Folgesachen nur im Verbund, § 44 Abs. 1 FamGKG, §§ 16 Nr. 4, 22 RVG) sei die Rechtsverfolgung insoweit mutwillig. Dem steht jedoch entgegen, dass es durchaus Gründe für eine isolier-

te Geltendmachung einer Folgesache geben kann, so etwa im Zugewinnausgleichsverfahren in den Fällen des § 1378 Abs. 2 BGB (Unklarheit über das Vermögen, welches bei Rechtskraft der Scheidung noch vorhanden ist und begrenzend wirken kann) sowie bei hohen Ausgleichsbeträgen nach § 1378 Abs. 1 BGB, weil der Anspruch auf Verfahrens- sowie Verzugszinsen erst mit Beendigung des gesetzlichen Güterstands entsteht und deshalb bei einer Geltendmachung im Verbund eine erhebliche Verzögerung der Rechtskraft des Scheidungsausspruchs entstehen kann, die zu einem Zinsverlust führt. Entsprechendes gilt im nachehelichen Unterhalt, wenn wegen der Unklarheit über die Höhe anrechenbarer Einkünfte des Berechtigten (aus Vermögen aufgrund der güter- oder vermögensrechtlichen Auseinandersetzung) nach § 1577 Abs. 1 BGB eine Festsetzung des Anspruchs noch nicht erfolgen kann. Ferner ist zu berücksichtigen, dass im Verbund regelmäßig nach § 150 Abs. 1 die Kosten gegeneinander aufgehoben werden, während in selbstständigen Verfahren der unterliegende Beteiligte die Kosten trägt, sodass der obsiegende Beteiligte einen Kostenerstattungsanspruch erlangt. Insoweit ist es kostenmäßig günstiger bei Erfolg versprechender Rechtsverfolgung, die Ansprüche außerhalb des Verbunds geltend zu machen. VKH kann daher nicht mit dem Argument abgelehnt werden, die Rechtsverfolgung hätte im Verbund stattfinden müssen (BGH FamRZ 2005, 786).

Verfahrenskostenhilfe für die Scheidungssache erstreckt sich grds. auch auf den Versorgungsausgleich (§ 149) sowie auf alle anderen im Bewilligungszeitpunkt anhängigen Folgesachen. Eine Beschränkung der Bewilligung muss ausdrücklich angeordnet werden. 55

Die Beiordnung des Rechtsanwalts in einer Scheidungssache umfasst den Abschluss eines gerichtlichen Vergleichs (§ 48 Abs. 3 RVG) betreffend Unterhalt (auch Kindesunterhalt), Sorgerecht, Umgang, Ehewohnungs- und Haushaltssachen sowie eheliches Güterrecht. 56

Die Einreichung eines reinen VKH-Antrags für eine Folgesache führt bereits zur Herstellung des Scheidungsverbunds, auch wenn dadurch die betreffende Folgesache noch nicht rechtshängig ist (OLG Koblenz NJW 2008, 2929 m. zust. Anm. v. *Unger*; a.A. OLG Naumburg FamRZ 2001, 168). 57

III. Kindschaftssachen als Folgesachen, § 137 Abs. 3. Folgesachen sind nach § 137 Abs. 3 auch Kindschaftssachen, die die Übertragung oder Entziehung der elterlichen Sorge, das Umgangsrecht oder die Herausgabe eines gemeinschaftlichen Kindes der Ehegatten oder das Umgangsrecht eines Ehegatten mit dem Kind des anderen Ehegatten betreffen, wenn ein Ehegatte vor Schluss der mündlichen Verhandlung im ersten Rechtszug in der Scheidungssache die Einbeziehung in den Verbund beantragt, es sei denn, das Gericht hält die Einbeziehung aus Gründen des Kindeswohls nicht für sachgerecht. 58

1. Antragsverbund. Die Einbeziehung einer Kindschaftssache in den Verbund erfolgt nur, wenn ein Ehegatte dies vor Schluss der mündlichen Verhandlung im ersten Rechtszug in der Scheidungssache beantragt und Gründe des Kindeswohls nicht gegen eine Einbeziehung sprechen. 59

Damit werden Kindschaftssachen, auch wenn sie gleichzeitig mit der Scheidungssache anhängig sind, nicht kraft Gesetzes in den Verbund aufgenommen. 60

Die Übertragung oder Entziehung der elterlichen Sorge, das Umgangsrecht oder die Herausgabe eines gemeinschaftlichen Kindes der Ehegatten oder das Umgangsrecht eines Ehegatten mit dem Kind des anderen Ehegatten ist unter den Voraussetzungen des § 137 Abs. 3 zusammen mit der Scheidung zu verhandeln und entscheiden. 61

Dies gilt auch für Anträge auf Abänderung einer bereits ergangenen Sorgerechts- bzw. Umgangsrechtsregelung gem. §§ 1666, 1696 Abs. 1 BGB. 62

Auch insoweit bleibt der Gedanke des Verfahrensverbunds erhalten, d.h. die mit der Scheidung zusammenhängenden Folgesachen sollen zusammen mit dieser i.S.e. Gesamtlösung geregelt werden. 63

Bei allen Anträgen zur elterlichen Sorge, zum Umgang und zur Herausgabe ist zu prüfen, ob eine Entscheidung bereits ab Trennung der Eltern oder erst mit Eintritt der Rechtskraft der Scheidung begehrt wird. Ist eine Entscheidung für die Zeit der Trennung zu treffen, liegt kein Verbundverfahren vor (OLG Brandenburg FamRZ 2012, 57); in diesem Fall ist ein in den Verbund durch entsprechenden Antrag eingebrachtes Verfahren abzutrennen. 64

Eine Einbeziehung in den Verbund kann ansonsten vom FamG nur aus Gründen des Kindeswohls abgelehnt werden; nicht sachgerecht ist daher eine Nichteinbeziehung, nur weil das Scheidungsverfahren durch die Kindschaftssache verzögert wird (OLG Brandenburg FamRZ 2012, 57). 65

2. Kindschaftssachen. Kindschaftssachen, die als Folgesachen in Betracht kommen, sind die Übertragung oder Entziehung der elterlichen Sorge, das Umgangsrecht oder die Herausgabe eines gemeinschaftlichen Kindes der Ehegatten oder das Umgangsrecht eines Ehegatten mit dem Kind des anderen Ehegatten. 66

67 Nach § 1671 Abs. 1 BGB ist nur auf Antrag eines Elternteils über die Übertragung der elterlichen Sorge zu entscheiden, weil die Eltern unabhängig von ihrer Trennung oder Scheidung weiterhin die elterliche Sorge für ihre gemeinschaftlichen Kinder behalten. Damit entfällt die Notwendigkeit, mit rechtskräftiger Scheidung eine Entscheidung zur elterlichen Sorge zu treffen. Entsprechend ist es, abgesehen von dem Fall der Gefährdung des Kindeswohls, den Eltern überlassen, ob sie mit rechtskräftiger Scheidung gleichzeitig eine Übertragung der elterlichen Sorge auf ein Elternteil herbeiführen (Antragsverbund) oder an dem Regelfall der gemeinsamen elterlichen Sorge auch nach Scheidung der Ehe festhalten wollen. Ferner ist es ihnen unbenommen, ob sie bereits bei Trennung oder erst einige Zeit nach Scheidung ihrer Ehe eine Sorgeregelung beantragen.

68 Ähnlich liegt es beim Umgang. Nach § 1684 BGB sind die Eltern zum Umgang mit dem Kind berechtigt und sogar verpflichtet. Das FamG wird insoweit nur tätig, wenn die Eltern sich nicht selbst einigen können. Diese Grundsätze gelten ebenfalls bei Herausgabe eines gemeinschaftlichen Kindes der Ehegatten oder beim Umgangsrecht eines Ehegatten mit dem Kind des anderen Ehegatten.

69 **3. Abtrennung einer Kindschaftssache.** Ist eine Kindschaftssache auf Antrag eines Ehegatten in den Scheidungsverbund aufgenommen worden, kommt eine Abtrennung des Verfahrens nur noch nach § 140 Abs. 2 Nr. 3 in Betracht. Die frühere voraussetzungslose Abtrennung lediglich auf Antrag eines Ehegatten ist damit nicht mehr möglich. Folgesachen nach Abs. 3 werden nach der Abtrennung als selbstständige Verfahren fortgeführt, vgl. § 137 Abs. 5 Satz 2.

70 **IV. Abgabe oder Verweisung an das Gericht der Ehesache, § 137 Abs. 4.** Abs. 4 stellt klar, dass es Folgesachen nur beim Gericht der Scheidungssache geben kann. Verfahren, die die Voraussetzungen des Abs. 2 oder Abs. 3 erfüllen, werden also erst mit Anhängigkeit beim Gericht der Scheidungssache zu Folgesachen.

71 Eine solche Abgabe wird z.B. angeordnet für Unterhaltssachen in § 233 oder für sonstige Familiensachen in § 267.

72 **V. Abgetrennte Folgesachen, § 137 Abs. 5.** Die Abtrennung einer Folgesache ist nur in den in § 140 erwähnten Fällen möglich. § 137 Abs. 5 Satz 1 legt fest, dass die Eigenschaft als Folgesache für die Verfahren, die die Voraussetzungen des Abs. 2 erfüllen, auch nach einer Abtrennung fortbesteht; sie sind also nach wie vor keine selbstständige Familiensache, selbst wenn die Scheidung mittlerweile rechtskräftig geworden sein sollte. Diese Rechtsfolge ist sachgerecht, da die Abtrennung nichts daran ändert, dass, vorbehaltlich etwa einer zulässigen Antragsänderung, eine Entscheidung für den Fall der Scheidung zu treffen ist. Bedeutsam ist das Fortbestehen der Eigenschaft als Folgesache auch nach Abtrennung etwa für die Frage des Anwaltszwangs sowie in kostenrechtlicher Hinsicht.

73 Bestehen bleibt auch der Verbund unter mehreren dem Abs. 2 unterfallenden Folgesachen.

74 Für Folgesachen nach Abs. 3 wird abweichend hiervon in Satz 2 angeordnet, dass sie nach einer Abtrennung stets als selbstständige Familiensachen weitergeführt werden. Dies hat kostenrechtliche Bedeutung, da solche Verfahren eigenständig abzurechnen sind.

75 **1. Fortführung des Restverbunds.** Wird eine Folgesache aus dem Verbundverfahren abgetrennt, wird der Verbund zwischen der Scheidungssache und den anderen Folgesachen fortgesetzt. Auch danach beantragte Folgesachen werden gem. § 137 mit der Scheidungssache verhandelt und entschieden. Obwohl der Scheidungsbeschluss der Sache nach ein Teilbeschluss darstellt, ist er nach § 150 mit einer Kostenentscheidung zu versehen. Die vorgenannten Grundsätze gelten auch bei der Abtrennung einer Folgesache in zweiter Instanz.

76 **2. Verfahren hinsichtlich der abgetrennten Folgesachen.** Eine abgetrennte Folgesache wird wie ein selbstständiges Verfahren geführt und ist weiter zu fördern, unabhängig davon, ob die Scheidungssache bereits rechtskräftig geworden ist. Dennoch behält ein abgetrenntes Verfahren den Charakter einer Folgesache, was sich unmittelbar auf die Beibehaltung des Anwaltszwangs nach § 114 sowie der Kostenregelung des § 150 Abs. 1 auswirkt.

77 Ansonsten richtet sich das Verfahren der abgetrennten Folgesachen nach dem jeweils maßgebenden Verfahrensrecht.

78 Wird eine Folgesache vor Eintritt der Rechtskraft des Scheidungsausspruchs unanfechtbar (z.B. Rechtsmittelverzicht), wird diese dennoch nach § 148 erst mit Rechtskraft der Scheidung wirksam, weil eine Entscheidung nur für den Fall der Scheidung der Ehe ergeht. Wird der Scheidungsantrag abgewiesen, gilt § 142

Abs. 2 auch für abgetrennte Folgesachen; sie werden also gegenstandslos. Die Kosten für das Verfahren sind regelmäßig dem Beteiligten aufzuerlegen, dessen Scheidungsantrag abgewiesen wurde.

VI. Verfahren im Fall des Scheidungsverbunds. Soweit eine Familienstreitsache im Verbund zu entscheiden ist, kann ein Versäumnisbeschluss ergehen (vgl. § 142 Abs. 1 Satz 2). 79

Nach § 114 Abs. 1 unterliegen die Scheidungssache und alle verbundenen Folgesachen in allen Rechtszügen für die Ehegatten dem Anwaltszwang. 80

Für das Jugendamt und Träger einer im Versorgungsausgleich auszugleichenden Versorgung besteht auch vor dem BGH kein Anwaltszwang, § 114 Abs. 3. 81

Die für die Scheidungssache erteilte Vollmacht bezieht sich auch auf die Folgesachen (§ 114 Abs. 5 Satz 2). 82

Bei Aussetzung der Scheidungssache nach § 136 werden hiervon auch sämtliche Verbundverfahren erfasst. 83

Nicht zulässig ist eine isolierte Aussetzung einer Folgesache, weil dies gegen den Grundsatz der einheitlichen Verhandlung und Entscheidung verstieße, von dem nur nach § 140 eine Ausnahmeregelung besteht. 84

Die Entscheidung im Verbund erfolgt auch hinsichtlich der Verbundverfahren einheitlich durch Beschluss, § 142 Abs. 1. 85

Anhängig gemachte Familienstreitsachen können durch Vergleich i.S.d. § 794 Abs. 1 Nr. 1 ZPO rechtswirksam beendet werden, sodass über sie nicht mehr im Verbundbeschluss entschieden werden muss. Ein **Anspruch der Beteiligten auf Protokollierung** eines gerichtlichen Vergleichs nach § 127a BGB besteht also insoweit, als die Verfahrensbeteiligten den Verfahrensgegenstand (anhängig gemachte Scheidungsfolgesache – Familienstreitsache) teilweise oder abschließend regeln. 86

Ergibt sich nach Rechtskraft des Verbundbeschlusses, dass der Vergleich nichtig ist, muss das Verbundverfahren weitergeführt werden, und der Antrag ist wie eine nach § 140 abgetrennte Folgesache zu behandeln. 87

Vereinbarungen zu anderen Folgesachen, die keine Familienstreitsache sind, haben keine verfahrensabschließende Wirkung und bedürfen als Vorschlag der Beteiligten der Übernahme durch das Gericht, weil den Beteiligten insoweit die Dispositionsbefugnis entzogen ist. 88

Soweit die Einigung darüber hinausgeht, d.h. nicht anhängige Familiensachen bzw. Familienstreitsachen betrifft (sog. Mehrwertvergleich), aber noch in einem inneren Zusammenhang mit dem Verfahrensgegenstand der Scheidung steht, liegt es demgegenüber im **pflichtgemäßen Ermessen** des Gerichts, ob und in welchem Umfang es die Einigung als gerichtlichen Vergleich im Sinne von § 127a BGB protokolliert (vgl. BGH MDR 2011, 1128). Grundsätzlich darf das Gericht die Protokollierung eines Vergleichs über nicht anhängige Gegenstände nicht ablehnen, wenn der Vergleich einer Gesamterledigung dient. Für einen solchen Mehrwertvergleich ist auch Verfahrenskostenhilfe zu bewilligen (OLG Koblenz, FamRZ 2015, 1518 = NJW 2015, 1316). 89

Nach § 150 wird über die Kosten des Verfahrens einheitlich entschieden. 90

§ 138 Beiordnung eines Rechtsanwalts.

(1) ¹Ist in einer Scheidungssache der Antragsgegner nicht anwaltlich vertreten, hat das Gericht ihm für die Scheidungssache und eine Kindschaftssache als Folgesache von Amts wegen zur Wahrnehmung seiner Rechte im ersten Rechtszug einen Rechtsanwalt beizuordnen, wenn diese Maßnahme nach der freien Überzeugung des Gerichts zum Schutz des Beteiligten unabweisbar erscheint; § 78c Abs. 1 und 3 der Zivilprozessordnung gilt entsprechend. ²Vor einer Beiordnung soll der Beteiligte persönlich angehört und dabei auch darauf hingewiesen werden, dass und unter welchen Voraussetzungen Familiensachen gleichzeitig mit der Scheidungssache verhandelt und entschieden werden können.

(2) Der beigeordnete Rechtsanwalt hat die Stellung eines Beistands.

Übersicht

	Rdn.		Rdn.
A. Allgemeines	1	II. Bedürfnis für Beiordnung	7
B. Voraussetzungen der Beiordnung eines Rechtsanwalts	4	III. Verfahren und Auswahl des Rechtsanwalts	9
I. Scheidungssache und eine Kindschaftssache als Folgesache	4	C. Stellung des beigeordneten Rechtsanwalts	14

§ 138

1 **A. Allgemeines.** § 138 erlaubt die Beiordnung eines Rechtsanwalts, wenn der Antragsgegner in einer Scheidungssache anwaltlich nicht vertreten ist. Das Gericht hat ihm für die Scheidungssache und eine Kindschaftssache als Folgesache von Amts wegen zur Wahrnehmung seiner Rechte im ersten Rechtszug einen Rechtsanwalt beizuordnen, wenn die Beiordnung nach der freien Überzeugung des Gerichts zum Schutz des Antragsgegners unabweisbar erscheint.

2 Die Möglichkeit der Beiordnung eines Rechtsanwalts durch das FamG ohne Antrag des Antragsgegners beruht auf der Absicht des Gesetzgebers, dem Antragsgegner in einer Scheidungssache und einer Kindschaftssache als Folgesache eine rechtliche Beratung zukommen zu lassen, wenn dieser es unterlässt, einen Verfahrensbevollmächtigten zu bestellen oder VKH unter Beiordnung eines Rechtsanwalts zu beantragen.

3 Der beigeordnete Rechtsanwalt hat nur die Stellung eines Beistandes (vgl. dazu §§ 113 Abs. 1 Satz 2 i.V.m. 90 ZPO), d.h. es kann an ihn nicht wirksam zugestellt werden, da er nicht vom Antragsgegner bevollmächtigt ist. Nach §§ 113 Abs. 1 Satz 2 i.V.m. 90 Abs. 2 ZPO gilt das vom Beistand Vorgetragene nur für den Antragsgegner, soweit dieser diesen Vortrag nicht widerruft oder berichtigt. Ist der Antragsgegner nach Beiordnung freilich zur Vollmachtserteilung bereit, so wird der beigeordnete Rechtsanwalt Verfahrensvertreter (vgl. dazu Keidel/*Weber* § 139 Rn. 8).

4 **B. Voraussetzungen der Beiordnung eines Rechtsanwalts. I. Scheidungssache und eine Kindschaftssache als Folgesache.** Die Beiordnung eines Rechtsanwalts ist nur bei Anhängigkeit einer Scheidungssache und der fehlenden Beauftragung eines Verfahrensbevollmächtigten zur Scheidungssache oder zur Regelung einer Kindschaftssache als Folgesache möglich.

5 Kindschaftssachen (vgl. § 151) als Folgesache können die Übertragung oder Entziehung der elterlichen Sorge, das Umgangsrecht oder die Herausgabe eines gemeinschaftlichen Kindes der Ehegatten oder das Umgangsrecht eines Ehegatten mit dem Kind des anderen Ehegatten sein, vgl. § 137 Abs. 3.

6 Hat der Antragsgegner für die Scheidungssache und eine andere Folgesache einen Anwalt beauftragt, gilt § 138 ebenfalls, weil der Zweck der Vorschrift gerade darin besteht, in Kindschaftssachen eine Beratung sicherzustellen.

7 **II. Bedürfnis für Beiordnung.** Erforderlich ist nach freier Überzeugung des Gerichts ein unabweisbares Bedürfnis für eine Beiordnung. Davon ist auszugehen, wenn der Antragsgegner in nicht vertretbarer Weise eine Wahrnehmung seiner Rechte unterlässt (Musielak/*Borth* FamFG § 138 Rn. 3). Der Grund dieser Sorglosigkeit ist dabei unerheblich (OLG Hamm FamRZ 1998, 1123).

8 Die Beiordnung ist unabhängig davon, ob die Rechtsverteidigung oder Rechtsverfolgung Aussicht auf Erfolg hat. Deshalb ist eine Beiordnung auch dann möglich, wenn das Scheidungsbegehren des Antragstellers voraussichtlich erfolgreich ist. Allerdings kann bei einem offensichtlich nicht begründeten und sofort abweisungsreifen Scheidungsantrag von einer Beiordnung abgesehen werden, da der Antragsgegner diesen Schutz nicht benötigt.

9 **III. Verfahren und Auswahl des Rechtsanwalts.** Die Beiordnung eines Rechtsanwalts nach § 138 zum Schutze des Antragsgegners soll nur erfolgen, wenn dieser trotz Belehrung nach § 113 Abs. 1 Satz 2, § 271 Abs. 2 ZPO keinen Rechtsanwalt beauftragt. Erforderlich ist zuvor nach § 138 Abs. 1 Satz 2 die persönliche Anhörung des Antragsgegners, bei der er darauf hinzuweisen ist, dass und unter welchen Voraussetzungen Familiensachen gleichzeitig mit der Scheidungssache verhandelt und entschieden werden können. Erscheint der Antragsgegner zu der gerichtlichen Anhörung nicht, kann nach § 128 Abs. 4 seine Vorführung angeordnet werden. Die Beiordnung eines Rechtsanwalts erstreckt sich auf die Scheidungssache und die Kindschaftssachen als Folgesachen.

10 Nach § 138 Abs. 1 Satz 1 Halbs. 2, wird die Auswahl des Rechtsanwalts vom Gericht entsprechend § 78c Abs. 1 ZPO getroffen. Der durch Beschluss beigeordnete Anwalt ist nach § 48 Abs. 1 Nr. 3 BRAO zur Übernahme der Beiordnung verpflichtet.

11 Der beigeordnete Rechtsanwalt kann seine Beiordnung nicht von der Zahlung eines Vorschusses abhängig machen (§ 39 RVG), weil § 138 Abs. 1 Satz 1 Halbs. 2, nicht auf § 78c Abs. 2 ZPO verweist.

12 Der Rechtsanwalt kann nach § 78c Abs. 3 ZPO sofortige Beschwerde gegen die Beiordnung mit der Begründung einlegen, aus wichtigem Grund sei ihm die Beistandschaft nicht möglich (vgl. § 48 Abs. 2 BRAO).

13 Ein solches Beschwerderecht steht auch dem Antragsgegner zu. Ergeht ein ablehnender Beschluss zur Beiordnung eines Rechtsanwalts, fehlt es dem Antragsgegner für eine sofortige Beschwerde am Rechtsschutzbedürfnis, weil der Antragsgegner jederzeit einen Verfahrensbevollmächtigten beauftragen oder die Bewilligung von VKH unter Beiordnung eines Rechtsanwalts beantragen kann.

Abschnitt 2. Verfahren in Ehesachen, Scheidungssachen und Folgesachen § 139

C. Stellung des beigeordneten Rechtsanwalts. Der beigeordnete Rechtsanwalt hat nach § 138 Abs. 2 die 14
Stellung eines Beistands (§§ 113 Abs. 1 Satz 2 i.V.m. 90 ZPO, § 12). Aufgabe des Beistands ist es, den Antragsgegner zu beraten. Das Vorbringen des beigeordneten Rechtsanwalts gilt als Vorbringen des Antragsgegners, soweit es nicht von diesem sofort widerrufen oder berichtigt wird, §§ 113 Abs. 1 Satz 2 i.V.m. 90 Abs. 2 ZPO, § 12 Satz 5.

Der beigeordnete Anwalt wird Verfahrensbevollmächtigter, wenn er vom Antragsgegner bevollmächtigt 15
wird. Dann hat er die normalen Gebührenansprüche, einschließlich Vorschussanspruch. Wird er nicht bevollmächtigt, hat er gem. § 39 RVG die gleichen Gebührenansprüche gegen den Beteiligten, einschließlich eines Vorschussanspruchs. Zahlt der Beteiligte nicht, hat der Anwalt Ansprüche gegen die Landeskasse gem. § 45 Abs. 2 RVG.

§ 139 Einbeziehung weiterer Beteiligter und dritter Personen.

(1) ¹Sind außer den Ehegatten weitere Beteiligte vorhanden, werden vorbereitende Schriftsätze, Ausfertigungen oder Abschriften diesen nur insoweit mitgeteilt oder zugestellt, als der Inhalt des Schriftstücks sie betrifft. ²Dasselbe gilt für die Zustellung von Entscheidungen an dritte Personen, die zur Einlegung von Rechtsmitteln berechtigt sind.

(2) Die weiteren Beteiligten können von der Teilnahme an der mündlichen Verhandlung insoweit ausgeschlossen werden, als die Familiensache, an der sie beteiligt sind, nicht Gegenstand der Verhandlung ist.

Übersicht

	Rdn.		Rdn.
A. Allgemeines	1	1. Mitteilung von Schriftstücken und Zustellung von Entscheidungen, § 139 Abs. 1	8
B. Einbeziehung weiterer Beteiligter und dritter Personen	4		
I. Weitere Beteiligte und dritte Personen . . .	4	2. Teilnahme an der mündlichen Verhandlung, § 139 Abs. 2	12
II. Beteiligung am Verfahren	8		

A. Allgemeines. § 139 regelt die Einbeziehung weiterer Beteiligter und dritter Personen in das Scheidungs- 1
verfahren mit seinen Folgesachen. Vorbereitende Schriftsätze, Ausfertigungen oder Abschriften werden diesen nach § 139 Abs. 1 nur insoweit mitgeteilt oder zugestellt, als der Inhalt des Schriftstücks sie betrifft. Dasselbe gilt für die Zustellung von Entscheidungen an dritte Personen, die zur Einlegung von Rechtsmitteln berechtigt sind.

Weiterhin besteht nach § 139 Abs. 2 die Möglichkeit, die weiteren Beteiligten von der Teilnahme an der 2
mündlichen Verhandlung im Verbund insoweit auszuschließen, als nicht über die sie betreffenden Familiensachen verhandelt wird. Auf diese Weise sollen die Ehegatten davor geschützt werden, dass andere Personen aufgrund der Besonderheiten des Verbunds in weiter gehendem Umfang, als dies geboten ist, Einblick in die Scheidungssache oder in andere Folgesachen erhalten (BGH FamRZ 1998, 1024, 1025).

Die FamG stellen die eingeschränkte Unterrichtung der weiteren Beteiligten dadurch sicher, dass den Betei- 3
ligten aufgegeben wird, den Sachvortrag zu den Folgesachen in jeweils getrennten Schriftsätzen vierfach einzureichen. Die damit verbundene Anlage von sog. Unterheften erhöht auch die Übersichtlichkeit für das Gericht und die Beteiligten.

B. Einbeziehung weiterer Beteiligter und dritter Personen. I. Weitere Beteiligte und dritte Personen. 4
Scheidungsfolgesachen erfordern mitunter die Einbeziehung weiterer Beteiligter oder Dritter in das Verfahren. So sind die Jugendämter in Kindschaftssachen, d.h. in Sorgerechts-, Umgangs- und Herausgabeverfahren nach § 162 einzubeziehen. Auch kann ein Verfahrensbeistand nach § 158 die Interessen des Kindes vertreten.

Die Träger einer Versorgung sind im Versorgungsausgleichsverfahren nach § 219 Beteiligte. 5
Der Vermieter ist im Verfahren der Ehewohnungszuweisung nach § 204 Beteiligter. 6
Soweit es sich um die Scheidungssache handelt, sind allerdings nur die Eheleute Beteiligte. Auch soweit es 7
sich um Folgesachen i.s.v. Familienstreitsachen nach § 112 (Unterhaltssachen, Güterrechtssachen) handelt, ist eine Drittbeteiligung nicht möglich, da die betreffende Folgesache gesetzlich abzutrennen ist, wenn eine weitere Person Beteiligter des Verfahrens wird, vgl. § 140 Abs. 1.

§ 140

8 **II. Beteiligung am Verfahren. 1. Mitteilung von Schriftstücken und Zustellung von Entscheidungen, § 139 Abs. 1.** Dritten Personen und weiteren Beteiligten werden vorbereitende Schriftsätze, Ausfertigungen oder Abschriften von Entscheidungen insoweit mitgeteilt bzw. zugestellt, als sie hiervon betroffen sind, und sie Kenntnis zur Wahrung des rechtlichen Gehörs benötigen.

9 Dasselbe gilt nach § 139 Abs. 1 Satz 2 für die **Zustellung von Entscheidungen** an dritte Personen, die zur Einlegung von Rechtsmitteln berechtigt sind.

10 Deshalb wird etwa bei der Verbundentscheidung den Trägern einer Versorgung neben dem Rubrum und dem Tenor der Entscheidung nur noch der Teil des Tatbestandes und der Entscheidungsgründe zugeleitet, die den Versorgungsausgleich betreffen. Ähnlich verhält es sich für das nach § 162 beteiligte Jugendamt, falls eine Entscheidung zu Kindschaftssachen ergangen ist.

11 Gemeinsame Kinder werden – soweit eine Kindschaftssache im Verbund zu regeln ist – zwar nach § 159 angehört, ansonsten sind sie aber nicht am Scheidungsverfahren mit seinen Folgesachen beteiligt. Nach § 164 haben Kinder, die bei Verkündung des Beschlusses das 14. Lebensjahr vollendet haben, jedoch ein Recht zur Beschwerde, soweit es die Kindschaftssache betrifft. Nach § 164 ist diesen deshalb der Scheidungsverbundbeschluss zuzustellen, soweit er das Kind betrifft.

12 **2. Teilnahme an der mündlichen Verhandlung, § 139 Abs. 2.** Die weiteren Beteiligten können von der Teilnahme an der mündlichen Verhandlung insoweit ausgeschlossen werden, als die Familiensache, an der sie beteiligt sind, nicht Gegenstand der Verhandlung ist. Auf diese Weise sollen die Ehegatten davor geschützt werden, dass andere Personen aufgrund der Besonderheiten des Verbunds in weiter gehendem Umfang, als dies geboten ist, Einblick in die Scheidungssache oder in andere Folgesachen erhalten.

§ 140 Abtrennung.

(1) Wird in einer Unterhaltsfolgesache oder Güterrechtsfolgesache außer den Ehegatten eine weitere Person Beteiligter des Verfahrens, ist die Folgesache abzutrennen.

(2) ¹Das Gericht kann eine Folgesache vom Verbund abtrennen. ²Dies ist nur zulässig, wenn
1. in einer Versorgungsausgleichsfolgesache oder Güterrechtsfolgesache vor der Auflösung der Ehe eine Entscheidung nicht möglich ist,
2. in einer Versorgungsausgleichsfolgesache das Verfahren ausgesetzt ist, weil ein Rechtsstreit über den Bestand oder die Höhe eines Anrechts vor einem anderen Gericht anhängig ist,
3. in einer Kindschaftsfolgesache das Gericht dies aus Gründen des Kindeswohls für sachgerecht hält oder das Verfahren ausgesetzt ist,
4. seit der Rechtshängigkeit des Scheidungsantrags ein Zeitraum von drei Monaten verstrichen ist, beide Ehegatten die erforderlichen Mitwirkungshandlungen in der Versorgungsausgleichsfolgesache vorgenommen haben und beide übereinstimmend deren Abtrennung beantragen oder
5. sich der Scheidungsausspruch so außergewöhnlich verzögern würde, dass ein weiterer Aufschub unter Berücksichtigung der Bedeutung der Folgesache eine unzumutbare Härte darstellen würde, und ein Ehegatte die Abtrennung beantragt.

(3) Im Fall des Absatzes 2 Nr. 3 kann das Gericht auf Antrag eines Ehegatten auch eine Unterhaltsfolgesache abtrennen, wenn dies wegen des Zusammenhangs mit der Kindschaftsfolgesache geboten erscheint.

(4) ¹In den Fällen des Absatzes 2 Nr. 4 und 5 bleibt der vor Ablauf des ersten Jahres seit Eintritt des Getrenntlebens liegende Zeitraum außer Betracht. ²Dies gilt nicht, sofern die Voraussetzungen des § 1565 Abs. 2 des Bürgerlichen Gesetzbuchs vorliegen.

(5) Der Antrag auf Abtrennung kann zur Niederschrift der Geschäftsstelle oder in der mündlichen Verhandlung zur Niederschrift des Gerichts gestellt werden.

(6) Die Entscheidung erfolgt durch gesonderten Beschluss; sie ist nicht selbständig anfechtbar.

Übersicht	Rdn.		Rdn.
A. Allgemeines	1	1. Unmöglichkeit einer Entscheidung, § 140 Abs. 2 Satz 2 Nr. 1	17
B. Voraussetzungen der Abtrennung	7	2. Aussetzung des Versorgungsausgleichs-	
I. Antrag	7	verfahrens, § 140 Abs. 2 Satz 2 Nr. 2	20
II. Abtrennung nach § 140 Abs. 1	11		
III. Abtrennung nach § 140 Abs. 2	15		

Abschnitt 2. Verfahren in Ehesachen, Scheidungssachen und Folgesachen **§ 140**

	Rdn.		Rdn.
3. Kindschaftssachen, § 140 Abs. 2 Satz 2 Nr. 3	21	IV. Abtrennung einer Unterhaltsfolgesache, § 140 Abs. 3	42
4. Abtrennung der Folgesache Versorgungsausgleich, § 140 Abs. 2 Satz 2 Nr. 4	26	V. Berechnungsmodalitäten, § 140 Abs. 4	45
5. Härtefälle, § 140 Abs. 2 Satz 2 Nr. 5	29	VI. Verfahren	50
a) Außergewöhnliche Verzögerung	32	1. Entscheidung durch Beschluss	50
b) Unzumutbare Härte	34	2. Rechtsfolgen der Abtrennung	51
		3. Rechtsmittel	52
		a) Wiederherstellung des Verbunds	53
		b) Prüfung des Rechtsmittelgerichts	59

A. Allgemeines. § 140 regelt zentral die wesentlichen Möglichkeiten der Abtrennung einer Folgesache. Insoweit ist die frühere Zersplitterung (Abtrennung nach §§ 623 Abs. 2, 627 bzw. 628 ZPO a.F.) überwunden. Zwar ordnet § 137 Abs. 1 an, dass über die Scheidungssache und die Folgesachen zusammen zu verhandeln und auch zu entscheiden ist (vgl. auch § 142 Abs. 1), allerdings müssen im Einzelfall Ausnahmen möglich sein. Dies ist insb. der Fall, wenn eine Folgesache die Scheidung unzumutbar verzögert. Dann kann eine Vorabentscheidung zur Scheidungssache ergehen. Die nicht entscheidungsreife Folgesache wird von dem Verfahrens- und Entscheidungsverbund abgetrennt mit der Folge, dass das abgetrennte Verfahren außerhalb des Verbunds zu entscheiden ist und sich nicht mehr auf den Zeitpunkt des Abschlusses der Scheidungssache und den Eintritt der Rechtskraft des Scheidungsausspruchs auswirkt. 1

Erheblich erleichtert wurde die Abtrennung der Versorgungsausgleichssache bei Einigkeit der Eheleute nach § 140 Abs. 2 Nr. 4. Davon wird Gebrauch gemacht, insb. wenn ausländische Anrechte Bedeutung haben. 2

Konstruktiv ist auch, dass Kindschaftssachen nicht mehr automatisch in den Scheidungsverbund gezogen werden (vgl. § 137 Abs. 3), wenn sie zeitgleich mit einem Scheidungsverfahren rechtshängig werden, sodass der früher obligatorische Abtrennungsantrag dafür entbehrlich geworden ist. 3

Systematisch ist § 140 wie folgt aufzuschlüsseln: Die Abtrennung ist **kraft Gesetzes** vorzunehmen, wenn ein Dritter in einer Unterhaltsfolgesache oder Güterrechtsfolgesache Beteiligter des Verfahrens wird, vgl. § 140 Abs. 1. Alle übrigen Fälle der Abtrennung (§ 140 Abs. 2 Nr. 1 bis 5) stehen im pflichtgemäßen Ermessen des Gerichts. Im Fall der »Ermessensabtrennung« sind weiter die Fälle der Nr. 1–3 von denen der Fälle der Nr. 4 und 5 zu unterscheiden. Die letztgenannten Fälle bedürfen nämlich eines Verfahrensantrags (im Fall der Nr. 4 sogar zweier übereinstimmender Verfahrensanträge) der Beteiligten. 5

Die Entscheidung der Abtrennung erfolgt durch einen gerichtlichen Beschluss, der einer Begründung bedarf (§ 140 Abs. 6). 6

B. Voraussetzungen der Abtrennung. I. Antrag. Die Prüfung der Voraussetzungen der Abtrennung einer Folgesache ist teilweise von Amts wegen vorzunehmen (§ 140 Abs. 1, Abs. 2 Nr. 1 bis 3), hängt aber teilweise auch von dem Antrag eines Beteiligten oder beider Beteiligter ab. So ist ein Antrag in den Fällen der Abtrennung nach § 140 Abs. 2 Nr. 4 und 5 erforderlich. Durch das bei diesen Vorschriften vorgesehene Antragserfordernis wird eine Abtrennung von Amts wegen ausgeschlossen. 7

Der Antrag kann zur Niederschrift der Geschäftsstelle oder in der mündlichen Verhandlung zur Niederschrift des Gerichts gestellt werden, bedarf also nicht der anwaltlichen Vertretung, vgl. § 140 Abs. 5. Dies wird auch durch § 114 Abs. 4 Nr. 4 bestätigt (s. § 114 Rdn. 18). 8

Vor Abtrennung ist den Beteiligten rechtliches Gehör zu gewähren. Liegen mehrere Folgesachen vor, sind die Voraussetzungen der Abtrennung für jede Folgesache gesondert zu prüfen. 9

Die Entscheidung zur Abtrennung erfolgt durch einen Beschluss, der einer Begründung bedarf, vgl. auch § 140 Abs. 6. 10

II. Abtrennung nach § 140 Abs. 1. Das Gericht ist nach § 140 Abs. 1, wenn in einer Unterhaltsfolgesache oder Güterrechtsfolgesache außer den Ehegatten eine weitere Person Beteiligter des Verfahrens wird, zur Abtrennung verpflichtet. 11

Bedeutsam wird diese Bestimmung in erster Linie nur, wenn im Verbund Unterhalt für ein minderjähriges Kind verlangt und im Verlauf des Verbundverfahrens dieses Kind volljährig wird. Die Verfahrensführungsbefugnis des bislang den Unterhalt fordernden Elternteils nach § 1629 Abs. 3 BGB entfällt mit Volljährigkeit des Kindes, d.h. das Verfahren ist nunmehr von dem Kind selbst fortzuführen und somit abzutrennen 12

§ 140

(BGH FamRZ 1985, 471). Das abgetrennte Unterhaltsverfahren wird »selbständig« weitergeführt, sodass eine von § 150 unabhängige Kostenentscheidung ergeht.

13 Dass in einer Güterrechtsfolgesache ein Dritter Beteiligter des Verfahrens werden könnte, ist praktisch selten. Leben die Ehegatten im gesetzlichen **Güterstand der Zugewinngemeinschaft**, können aus den Verfügungsbeschränkungen im gesetzlichen Güterstand güterrechtliche Streitigkeiten erwachsen, an denen Dritte beteiligt sind, vgl. § 1368 BGB. Auch in Fällen, in denen der Zugewinnausgleichspflichtige in Benachteiligungsabsicht unentgeltliche Zuwendungen an einen Dritten gemacht hat, kann der Dritte nach Regeln des Bereicherungsrechtes auf Herausgabe in Anspruch genommen werden, 1390 BGB (vgl. dazu auch Keidel/*Weber* § 140 Rn. 3).

14 Leben die Ehegatten hingegen im **Güterstand der Gütertrennung**, bestehen kraft Gesetzes keine güterrechtlichen Ansprüche zwischen Ehegatten oder Ehegatten und einem Dritten. Ergeben sich nach Auflösung der Ehe Probleme, weil die in Gütertrennung lebenden Ehegatten sich während bestehender Ehe gegenseitig Zuwendungen gemacht oder Vermögen des Anderen durch Mitarbeit im Geschäft vermehrt haben, sind daraus evtl. entstehende Ausgleichsansprüche nicht im einschlägigen Güterrecht Gütertrennung verwurzelt. Vielmehr ist ein möglicher Ausgleich über Institute außerhalb des Güterrechts wie Ehegatteninnengesellschaft, Wegfall der Geschäftsgrundlage oder Bereicherungsrecht zu suchen.

15 **III. Abtrennung nach § 140 Abs. 2.** § 140 Abs. 2 Satz 1 enthält die grds. Befugnis des Gerichts, Folgesachen vom Verbund abzutrennen. Die Folge ist, dass die Scheidung ausgesprochen werden kann und in der Lage ist, Rechtskraft zu erlangen. Es handelt sich hierbei um eine Kann-Bestimmung.

16 Satz 2 enthält die Voraussetzungen, die für eine Abtrennung erfüllt sein müssen.

17 **1. Unmöglichkeit einer Entscheidung, § 140 Abs. 2 Satz 2 Nr. 1.** Nach § 140 Abs. 2 Satz 2 Nr. 1 ist eine Abtrennung möglich, wenn in einer Versorgungsausgleichsfolgesache oder Güterrechtsfolgesache vor der Auflösung der Ehe eine Entscheidung nicht möglich ist. Die Vorschrift greift ein, wenn etwa beim Versorgungsausgleich ein Anrecht erst mit Eintritt der Rechtskraft des Scheidungsausspruchs entsteht oder der Höhe nach bewertet werden kann.

18 Auch im Fall der Übernahme von Gegenständen nach § 1477 Abs. 2 BGB, die der Ehegatte in die Gütergemeinschaft eingebracht hat, ist häufig erst mit Abschluss der Auseinandersetzung, also erst nach Rechtskraft der Scheidung, eine Bewertung der Höhe des Wertersatzes möglich.

19 Der in der Vergangenheit wichtige Anwendungsfall, dass der Zugewinnausgleichsanspruch durch das bei Rechtskraft der Scheidung vorhandene Vermögen begrenzt wird, ist nach Änderung der §§ 1378 Abs. 2, 1384 BGB entfallen.

20 **2. Aussetzung des Versorgungsausgleichsverfahrens, § 140 Abs. 2 Satz 2 Nr. 2.** Mitunter ist eine gerichtliche Klärung des Bestands oder der Höhe eines dem Versorgungsausgleich unterliegenden Anrechts i.S.d. § 2 VersAusglG bei dem für das Versorgungsanrecht zuständigen Fachgericht erforderlich. Nach § 221 Abs. 2 ist in solchen Fällen zur Klärung einer vorgreiflichen Rechtsfrage die Folgesache zum Versorgungsausgleich auszusetzen. § 140 Abs. 2 Satz 2 Nr. 2 unterstellt bei erfolgter Aussetzung eine so erhebliche Verzögerung dieses Folgeverfahrens, dass ohne Prüfung des konkreten Einzelfalles eine Vorwegentscheidung (Ehescheidung) möglich ist.

21 **3. Kindschaftssachen, § 140 Abs. 2 Satz 2 Nr. 3.** Durch Nr. 3 werden die Abtrennungsvoraussetzungen für Kindschaftsfolgesachen ggü. dem früheren Recht vollständig neu geregelt.

22 An erster Stelle steht nunmehr die **Beschleunigung der Kindschaftsfolgesache** im Interesse des Kindeswohls. Besteht aus diesem Grund das Bedürfnis für eine schnelle Entscheidung, an der das Gericht wegen fehlender Entscheidungsreife eines anderen Verfahrensgegenstands im Verbund gehindert ist, kommt danach eine Abtrennung in Betracht. Maßgeblich sind jedoch in jedem Fall die konkreten Umstände des Einzelfalles. Es sind auch Fälle denkbar, in denen ein durch die fehlende Entscheidungsreife einer anderen Folgesache nötig werdendes Zuwarten mit der Entscheidung in der Kindschaftsfolgesache dem Kindeswohl eher nützt, etwa weil Anzeichen dafür bestehen, dass sich dadurch die Chancen für eine einvernehmliche Regelung verbessern, und der Umgang vorläufig durch eine einstweilige Anordnung geregelt ist.

23 Nr. 3 scheint im Widerspruch zu § 137 Abs. 3 letzter Halbs. zu stehen. Denn Kindschaftssachen werden nur dann Folgesachen, wenn ihre Einbeziehung in den Verbund rechtzeitig beantragt wird und, positiv formuliert, die Einbeziehung aus Gründen des Kindeswohles sachgerecht ist. Der scheinbare Widerspruch löst sich auf. Fragen der Übertragung oder Entziehung der elterlichen Sorge, Fragen des Umgangsrechtes oder

der Herausgabe eines gemeinschaftlichen Kindes liegen wandelbare Verhältnisse zugrunde, sodass bei Antrag auf Einbeziehung einer Kindschaftssache als Folgesache es aufgrund der gegebenen Umstände durchaus zunächst sachgerecht sein kann, diese in den Verbund einzubeziehen, während im weiteren Verlauf des Verfahrens sich eine Entwicklung abzeichnen kann, die jetzt eine Abtrennung geradezu fordert.

An zweiter Stelle in Nr. 3 ist das bereits aus dem früheren Recht bekannte Kriterium der **Aussetzung der Kindschaftsfolgesache** genannt. 24

Eine Aussetzung des Verfahrens kommt infrage, wenn die Eltern ihre Bereitschaft erklärt haben, außergerichtliche Beratung in Anspruch zu nehmen oder weil nach freier Überzeugung des Gerichts die Aussicht auf ein Einvernehmen der Beteiligten besteht. 25

4. Abtrennung der Folgesache Versorgungsausgleich, § 140 Abs. 2 Satz 2 Nr. 4. § 140 Abs. 2 Satz 2 Nr. 4 enthält erstmals eine erleichterte Abtrennungsmöglichkeit der Folgesache Versorgungsausgleich. 26

Voraussetzung ist zunächst, dass die Ehegatten in der Versorgungsausgleichssache die erforderlichen Mitwirkungshandlungen vorgenommen haben und übereinstimmend die Abtrennung beantragen. Darüber hinaus muss eine Frist von 3 Monaten abgelaufen sein. 27

Diese beginnt grds. mit Rechtshängigkeit des Scheidungsantrags, im Fall eines verfrühten Scheidungsantrags nach Maßgabe des Abs. 4 jedoch erst mit Ablauf des Trennungsjahres. Die Frist von 3 Monaten ermöglicht die Einholung der erforderlichen Auskünfte im Versorgungsausgleich, insb. die Klärung des Versicherungskontos der Ehegatten. Bei regulärem Verlauf kann somit nach 3 Monaten eine noch offene Versorgungsausgleichsfolgesache abgetrennt und damit die Scheidung selbst entscheidungsreif gemacht werden. 28

5. Härtefälle, § 140 Abs. 2 Satz 2 Nr. 5. Der Scheidungsverbund kann einzelne Folgesachen enthalten, die sehr umfangreich und deshalb langwierig sind. Dennoch kann eine Scheidung grds. erst erfolgen, wenn alle Folgesachen entscheidungsreif sind, es sei denn, eine Abtrennung nach § 140 Abs. 2 Satz 2 Nr. 5 ist möglich. Dies setzt eine außergewöhnliche Verzögerung des Scheidungsausspruchs und eine sich daraus ergebende unzumutbare Härte voraus. Die Regelung gilt für alle Folgesachen und muss bei mehreren Folgesachen jeweils gesondert geprüft werden. 29

Durch das bei dieser Vorschrift erforderliche Antragserfordernis wird eine Abtrennung von Amts wegen ausgeschlossen. 30

Für die Ermittlung der Verfahrensdauer ist die Vorschrift des Abs. 4 heranzuziehen. 31

a) Außergewöhnliche Verzögerung. Eine außergewöhnliche Verzögerung i.S.v. § 140 Abs. 2 Nr. 5 ist zu bejahen, wenn die bei Durchführung der Folgesachen üblicherweise auftretende Verfahrensdauer weitreichend überschritten wird (OLG Hamm FamRZ 1992, 1086). Die Verzögerung muss nicht durch die Erledigung der betreffenden Folgesache im Verbund bedingt sein, es reichen, wenn i.Ü. das Kriterium der unzumutbaren Härte zu bejahen ist, auch andere Verzögerungsgründe, wie etwa eine Überlastung des Gerichts, aus. 32

Die Beurteilung der (voraussichtlichen) Verzögerung setzt – wie sich aus dem Wortlaut ergibt (»[…] verzögern würde«) eine Prognose voraus; sie muss nicht bereits eingetreten, jedoch mit hinreichender Sicherheit zu erwarten sein. Die Rechtsprechung (z.B. BGH FamRZ 1988, 312; OLG Koblenz FamRZ 2008, 166, 167) sieht eine Verfahrensdauer von 2 Jahren als normal für ein Scheidungsverfahren an, d.h. erst nach Ablauf von 2 Jahren ist eine außergewöhnliche Verzögerung vertretbar. Eine außergewöhnliche Verzögerung kann etwa im Versorgungsausgleichsverfahren durch die Einholung von Auskünften bei einem ausländischen Versorgungsträger eintreten; im Güterrecht kann die Verzögerung auf die Einholung von Sachverständigengutachten (z.B. wegen der Bewertung einer Gesellschaft oder eines Gesellschaftsanteils) oder bei mehrfachen gerichtlichen Maßnahmen zur Auskunftserlangung (§§ 1379, 1580, 1605) zurückzuführen sein (Musielak/*Borth* FamFG § 140 Rn. 9). 33

b) Unzumutbare Härte. Allein das Vorliegen einer außergewöhnlichen Verzögerung reicht grundsätzlich nicht aus, um eine Abtrennung einer Folgesache nach § 140 Abs. 2 Satz 2 Nr. 5 zu rechtfertigen (OLG Düsseldorf FamRZ 2008, 1266); erforderlich ist vielmehr darüber hinaus eine für den Antragsteller unzumutbare Härte. 34

Nur bei einer krassen außergewöhnlichen Verzögerung kann diese selbst auch als unzumutbare Härte im Sinne von § 140 Abs. 2 Nr. 5 FamFG zu beurteilen sein. Dies ist der Fall, wenn die übliche Verfahrensdauer von 2 Jahren um mehr als das Doppelte überschritten ist (so auch OLG Brandenburg FamRZ 2014, 232). 35

Die Anforderungen an die Annahme einer unbilligen Härte sinken jedenfalls mit zunehmender Verfahrensdauer (OLG Karlsruhe, NZFam 2016, 38).

36 Die Feststellung der unzumutbaren Härte erfolgt mittels einer Abwägung des Interesses des Antragstellers (entsprechend des Antragsgegners, wenn dieser den Abtrennungsantrag gestellt hat) an einer alsbaldigen Scheidung und des Interesses des Antragsgegners an einer Beibehaltung des Entscheidungsverbunds, d.h. einer mit der Scheidung gleichzeitigen Regelung der abzutrennenden Folgesachen (OLG Koblenz NJW 2008, 2929). Die in der Aufrechterhaltung des Verbunds liegende Härte muss für den die Abtrennung begehrenden Ehegatten umso größer sein, je gewichtiger die abzutrennende Folgesache für den anderen Ehegatten in seiner jeweiligen Lebenssituation ist (OLG Karlsruhe, NZFam 2016, 38).

37 Grundsätzlich ist davon auszugehen, dass § 140 Abs. 2 Satz 2 Nr. 5 eine **Ausnahmeregelung** darstellt, so dass der Schutz des die Folgesachen anhängig machenden Ehegatten es gebietet, dass gleichzeitig mit der Scheidung über die wichtigsten Scheidungsfolgen entschieden wird. Dadurch soll auch vermieden werden, dass sich die Eheleute nach der Scheidung immer wieder wegen ehebedingter Ansprüche gerichtlich auseinandersetzen (OLG Hamm NJW 2013, 1889).

38 Ein überwiegendes Interesse des Antragstellers ist zu bejahen bei begrenzter Lebenserwartung des antragstellenden Ehegatten, der eine Wiederheirat beabsichtigt (OLG Hamm FamRZ 2007, 651). Ähnlich liegt es bei bevorstehender Geburt eines Kindes aus einer neuen Beziehung, insb. wenn gleichzeitig die wirtschaftliche Lage des anderen Ehegatten abgesichert ist und für das Beibehalten des Verbunds nur formale Gesichtspunkte vorgebracht werden (BGH NJW 1987, 1772, 1773). Nicht ausreichend ist es hingegen, dass der Antragsteller in »geordneten« Lebensverhältnissen leben will (a.A. OLG Hamm NJW 2013, 1889).

39 Mitunter wird das Scheidungsverfahren auch aus wirtschaftlichen Erwägungen verzögert, insb. weil Trennungsunterhalt gezahlt wird, der nacheheliche Unterhalt aber dem Grund und der Höhe nach unsicher ist. Dies ist gerade durch die Unterhaltsreform 2008 ein nicht zu unterschätzender Aspekt, der freilich nicht hingenommen werden darf (vgl. auch BGH FamRZ 1991, 2491, 2492). Eine solche **obstruktive Verfahrensverzögerung**, d.h. der Gegner unterlässt seit einem nennenswerten Zeitraum eine Mitwirkung im Scheidungsverbundverfahren (etwa die Bezifferung von Anträgen) ohne erkennbaren Grund, ist i.R.d. Abwägung zu berücksichtigen (so auch OLG Hamm NJW 2013, 1890 = FamRZ 2013, 2002).

40 Umgekehrt sind i.R.d. Interessenabwägung auch die Belange des Antragsgegners, der sich der Abtrennung widersetzt, angemessen zu berücksichtigen. Ist eine Folgesache für den Antragsgegner angesichts dessen konkreter Lebenssituation besonders bedeutsam (z.B. die Sicherung des nachehelichen Unterhalts), muss das Interesse des Antragstellers an einer Aufhebung des Verbunds zurücktreten (OLG Köln FamRZ 2010, 659). Ist die Folgesache hingegen weniger wichtig (Zugewinnausgleich oder Versorgungsausgleich), können die Interessen des Antragsgegners an der Beibehaltung des Verbunds wohl zurücktreten. Letztlich ist der Einzelfall ausschlaggebend, denn auch der Versorgungsausgleich kann für einen bereits Rente beziehenden Ehegatten ähnliche Bedeutung wie eine Unterhaltsregelung haben.

41 Die Zustimmung eines Ehegatten zur Abtrennung kann darauf hinweisen, dass die Folgesache für ihn nur geringe Bedeutung hat. Allerdings ist Vorsicht geboten, da die Abtrennung nicht zur Disposition der Beteiligten steht. Die im gerichtlichen Verfahren getroffene Absprache, die Abtrennung nicht zu beanstanden, ist nicht bindend, d.h. das Beschwerdegericht ist gehalten, die Voraussetzungen der Abtrennung zu überprüfen (BGH FamRZ 1991, 1043, 1044).

42 **IV. Abtrennung einer Unterhaltsfolgesache, § 140 Abs. 3.** Abs. 3 begründet die Möglichkeit, im Fall der Abtrennung einer Kindschaftsfolgesache auch eine Unterhaltsfolgesache abzutrennen. Da die Sorgeentscheidung und der Kindes- sowie nacheheliche Unterhalt nach § 1570 BGB (Betreuungsunterhalt) häufig in einem sachlichen Zusammenhang stehen, d.h. die Entscheidung zum Kindes- und nachehelichen Unterhalt von der Sorgeentscheidung abhängt, ist die Regelung des § 140 Abs. 3, d.h. die erweiterte Abtrennungsmöglichkeit für die unterhaltsrechtlichen Folgesachen, gerechtfertigt.

43 Allerdings wird für diese Möglichkeit der erweiterten Abtrennung das Kriterium des Zusammenhangs der Unterhaltsfolgesache mit der Kindschaftsfolge gefordert, um eine Abtrennung von Unterhaltsfolgesachen, welche nicht durch den Zweck der Vorschrift gedeckt ist, zu vermeiden. Das Erfordernis des Zusammenhangs wird im Regelfall zu verneinen sein, wenn sich die Entscheidung in der Kindschaftsfolgesache nicht auf die konkrete Unterhaltsfolgesache auswirken kann.

44 Hinsichtlich der Folgen einer Abtrennung gilt auch in diesem Fall § 137 Abs. 5, wobei für die Unterhaltsfolgesache dessen Satz 1 und für die Kindschaftssache dessen Satz 2 maßgeblich ist.

Abschnitt 2. Verfahren in Ehesachen, Scheidungssachen und Folgesachen **§ 140**

V. Berechnungsmodalitäten, § 140 Abs. 4. § 140 Abs. 4 Satz 1 bestimmt, dass bei den in Abs. 2 Nr. 4 und 45
Nr. 5 enthaltenen Zeitkriterien der vor Ablauf des ersten Jahres des Getrenntlebens liegende Zeitraum außer Betracht bleibt.

Dies wirkt sich dahin gehend aus, dass im Fall des Abs. 2 Nr. 4 die Frist von 3 Monaten bei einem vorzeitig 46
gestellten Scheidungsantrag nicht ab Rechtshängigkeit des Scheidungsantrags, sondern erst mit Ablauf des
ersten Trennungsjahres beginnt. Im Fall des Abs. 2 Nr. 5 gilt Entsprechendes für das Kriterium der außergewöhnlichen Verzögerung.

Mit einer verfrühten Einreichung des Scheidungsantrags wird nicht selten die Vorverlagerung des insb. für 47
den Versorgungsausgleich und den Zugewinnausgleich maßgeblichen Berechnungsstichtags zum Nachteil
des ausgleichsberechtigten anderen Ehegatten bezweckt.

Wird der Scheidungsantrag eingereicht, ohne dass die Voraussetzungen für eine Ehescheidung vorliegen, 48
soll der Zeitraum, um den der Antrag zu früh eingereicht wurde, nicht zur Begründung einer verfahrensrechtlichen Privilegierung oder der Voraussetzungen einer Abtrennung wegen unzumutbarer Härte herangezogen werden können.

Satz 2 sieht eine Ausnahme von Satz 1 in den Fällen vor, in denen die Voraussetzungen einer Härtefallscheidung (vgl. § 1565 Abs. 2 BGB) vorliegen. 49

VI. Verfahren. 1. Entscheidung durch Beschluss. § 140 Abs. 6 ordnet an, dass die Entscheidung über die 50
Abtrennung in einem gesonderten Beschluss erfolgt. Sie kann also nicht als Teil der Endentscheidung, mit
der die Scheidung ausgesprochen wird, ergehen.

2. Rechtsfolgen der Abtrennung. Die Rechtsfolgen der Abtrennung ergeben sich aus § 137 Abs. 5, d.h. 51
Kindschaftssachen werden nach Abtrennung selbstständig weitergeführt, während andere Folgesachen trotz
Abtrennung ihren Charakter behalten (im Einzelnen dazu § 137 Rdn. 57 ff.).

3. Rechtsmittel. Der Beschluss, der eine Abtrennung anordnet oder ablehnt, ist nicht selbstständig an- 52
fechtbar (BGH FamRZ 2005, 191). Dies ergibt sich bereits aus seinem Charakter als Zwischenentscheidung;
dies wird gleichwohl zur Klarstellung im Gesetz noch einmal ausdrücklich bestimmt.

a) Wiederherstellung des Verbunds. Die Abtrennung einer Folgesache vom Verbund hat zur Folge, dass 53
die betroffenen Ehegatten die Schutzwirkung des Verbundverfahrens einbüßen. Die Abtrennung stellt deshalb eine Beschwer i.R.d. Scheidungsverfahrens dar und kann mit den Rechtsmitteln der Beschwerde oder
Rechtsbeschwerde angefochten werden.

Rechtsschutzziel des Rechtsmittels ist die Wiederherstellung des Verbunds der abgetrennten Folgesache mit 54
der Scheidungssache, sodass ein besonderer Sachantrag nicht erforderlich ist.

Der Antrag beschränkt sich darauf, den Beschluss (zur Scheidungssache) aufzuheben und die Sache an das 55
FamG zurückzuverweisen.

Das Beschwerdegericht muss im Fall der fehlerhaften Abtrennung die Sache unter Aufhebung des angefoch- 56
tenen Beschlusses und des Verfahrens an das Gericht des ersten Rechtszugs nach § 117 Abs. 2 i.V.m. § 538
Abs. 2 ZPO zurückverweisen. Das erstinstanzliche Verfahren leidet an einem wesentlichen Mangel und zur
Entscheidung ist eine umfangreiche oder aufwendige Beweiserhebung notwendig. Nach anderer Auffassung
(OLG Koblenz FamRZ 2008, 166) liegt ein unzulässiger Teilbeschluss vor, der im Beschwerdeverfahren nach
§ 117 Abs. 2 i.V.m. § 538 Abs. 2 Nr. 7 ZPO aufzuheben ist, wenn eine Ehe vor einer Folgesachenentscheidung geschieden wurde, ohne dass die Voraussetzungen nach § 140 ZPO vorlagen.

Ist die abgetrennte Folgesache inzwischen ebenfalls in der Rechtsmittelinstanz anhängig, kann der Verbund 57
nur in dieser hergestellt werden, sodass eine Zurückverweisung entfällt. Wurde das abgetrennte Verfahren
bereits durch Vergleich oder eine rechtskräftige Entscheidung in erster Instanz abgeschlossen, ist eine Zurückverweisung ebenfalls unstatthaft, weil auch ohne Aufhebung der Scheidungssache das Ziel einer einheitlichen Entscheidung erreicht wurde.

Andere Verfahrensbeteiligte (also v.a. die Träger einer Versorgung und das Jugendamt) haben kein Rechts- 58
mittel gegen die Abtrennung einer Folgesache.

b) Prüfung des Rechtsmittelgerichts. Die Abtrennungsentscheidung nach § 140 kann im Rechtsmittelver- 59
fahren über die Scheidungssache in vollem Umfang vom Beschwerdegericht überprüft werden, weil die Entscheidung zur Abtrennung nicht in das Ermessen des Gerichts gestellt ist, sondern die Voraussetzungen der
Abtrennung v.A.w. zu prüfen sind (BGH FamRZ 1991, 1043, 1044).

Die Abtrennung einer Folgesache unterliegt auch nicht der Dispositionsbefugnis der Beteiligten. 60

61 Demgemäß kann ein Beteiligter trotz seiner Zustimmung zur Abtrennung die Verletzung der §§ 137, 140 rügen (OLG Koblenz FamRZ 2008, 166, 167). Erfolgt eine Vorabentscheidung zur Scheidung, muss in der Entscheidung dargelegt werden, dass die abgetrennte Folgesache noch nicht entscheidungsreif ist und die Voraussetzungen des § 140 vorliegen.

§ 141 Rücknahme des Scheidungsantrags.

¹Wird ein Scheidungsantrag zurückgenommen, erstrecken sich die Wirkungen der Rücknahme auch auf die Folgesachen. ²Dies gilt nicht für Folgesachen, die die Übertragung der elterlichen Sorge oder eines Teils der elterlichen Sorge wegen Gefährdung des Kindeswohls auf einen Elternteil, einen Vormund oder Pfleger betreffen, sowie für Folgesachen, hinsichtlich derer ein Beteiligter vor Wirksamwerden der Rücknahme ausdrücklich erklärt hat, sie fortführen zu wollen. ³Diese werden als selbständige Familiensachen fortgeführt.

Übersicht

	Rdn.		Rdn.
A. Allgemeines	1	2. Fortführung als selbstständige Familiensache	13
B. Rücknahme des Scheidungsantrags	6	a) Änderung des Antrags	15
I. Voraussetzungen	6	b) Verfahren	17
II. Wirkungen der Rücknahme auf den Scheidungsantrag	10	c) Wirkung der Fortführungserklärung	19
III. Auswirkungen auf die Folgesachen	11	IV. Kosten bei Rücknahme des Scheidungsantrags	22
1. Die »Sogwirkung«	11		

1 **A. Allgemeines.** § 141 behandelt die Rücknahme des Scheidungsantrags. Dafür gilt gem. § 113 Abs. 1 die allgemeine Vorschrift des § 269 ZPO. Allerdings hat die Rücknahme des Scheidungsantrags auch Auswirkung auf die Folgesachen. § 141 Satz 1 ordnet insofern an, dass sich die Wirkungen einer Rücknahme des Scheidungsantrags auch auf die Folgesachen erstrecken.

2 § 141 Satz 2 nimmt von der Wirkung des Satzes 1 Folgesachen aus, die die Übertragung der elterlichen Sorge oder eines Teils der elterlichen Sorge wegen Gefährdung des Kindeswohls auf einen Elternteil, einen Vormund oder Pfleger betreffen aus. Es kann nicht davon ausgegangen werden, dass das diesbezügliche Regelungsbedürfnis mit einer Rücknahme des Scheidungsantrags automatisch entfällt.

3 Ausgenommen sind weiter solche Folgesachen, hinsichtlich derer ein Beteiligter vor Wirksamwerden der Rücknahme ausdrücklich erklärt hat, sie fortsetzen zu wollen.

4 Die Rechtsfolge der Fortsetzung tritt somit nicht mehr, wie früher, durch eine gerichtliche Entscheidung, sondern durch eine Erklärung des Beteiligten selbst ein, was einfacher und in der Sache ausreichend ist. § 141 Satz 3 ordnet an, dass die nach Satz 2 fortzusetzenden Verfahren selbstständige Familiensachen sind.

5 Kostenrechtlich ist die Rücknahme eines Scheidungsantrags nach § 150 Abs. 2 zu beurteilen, sodass grds. der Antragsteller die Kosten der Scheidungssache und der Folgesachen zu tragen hat.

6 **B. Rücknahme des Scheidungsantrags. I. Voraussetzungen.** § 269 ZPO ist anwendbar und maßgeblich, wenn ein Beteiligter seinen Scheidungsantrag zurücknimmt (vgl. § 113 Abs. 1).

7 Die Rücknahme des Scheidungsantrags ist gegenüber dem Gericht zu erklären; sie unterliegt dem Anwaltszwang (§ 114 Abs. 1). Die Erklärung ist als Verfahrenshandlung bedingungsfeindlich und unanfechtbar (Keidel/*Weber* § 141 Rn. 4). Die Rücknahme kann in jeder Lage des Verfahrens, d.h. sowohl in der mündlichen Verhandlung als auch durch Einreichung eines Schriftsatzes erfolgen.

8 Die Rücknahme des Scheidungsantrags ohne Zustimmung des Antragsgegners ist so lange möglich, wie dieser zur Hauptsache noch nicht mündlich verhandelt hat. Nach Beginn der mündlichen Verhandlung bedarf eine Rücknahme des Scheidungsantrags der Zustimmung des Antragsgegners. Die mündliche Verhandlung beginnt grds., sobald Anträge der Beteiligten gestellt wurden (vgl. § 137 Abs. 1 ZPO). Nach Auffassung des BGH ist ein solcher Sachantrag nicht zwingend erforderlich; es reicht, wenn der Anwalt des Antragsgegners sich in der mündlichen Verhandlung zur Scheidung einlässt (BGH FamRZ 2004, 1364).

9 Ist der Antragsgegner anwaltlich nicht vertreten, d.h. wird lediglich nach § 128 Abs. 1 angehört, liegt kein »Verhandeln« nach §§ 113 Abs. 1 FamFG, 269 Abs. 1 ZPO vor, sodass der Scheidungsantrag bis zur (formellen) Rechtskraft der Scheidung gegenüber dem erstinstanzlichen Gericht ohne Zustimmung des Antragsgegners vom Antragsteller zurückgenommen werden kann (OLG Oldenburg FuR 2014, 604, OLG Stuttgart FamRZ 2005, 286).

II. Wirkungen der Rücknahme auf den Scheidungsantrag. Die Rücknahme des Scheidungsantrags hat 10
zur Folge, dass das Verfahren als nicht rechtshängig geworden anzusehen ist, § 269 Abs. 3 Satz 1 Halbs. 1
ZPO. Ein zuvor ergangener, noch nicht rechtskräftig gewordener Beschluss wird wirkungslos; es bedarf dazu keiner ausdrücklichen Aufhebung, § 269 Abs. 3 Satz 1 Halbs. 2 ZPO.

III. Auswirkungen auf die Folgesachen. 1. Die »Sogwirkung«. Die Wirkung des § 269 Abs. 3 ZPO er- 11
streckt die Vorschrift des § 141 Satz 1 auch auf alle Folgesachen, unabhängig davon, ob diese vom Antragsteller oder Antragsgegner beantragt wurden.

Die Folgesachen werden nämlich nach § 137 Abs. 2 grds. nur für den Fall der (rechtskräftigen) Scheidung 12
der Ehe beantragt und entschieden; sie werden deshalb im Wege eines (unechten) Eventualantrags geltend
gemacht und damit mit Rücknahme des Scheidungsantrags gegenstandslos. Im Hinblick hierauf erstreckt
§ 141 Satz 1 die Wirkung des § 269 Abs. 3 bis 5 auch auf die Folgesachen.

2. Fortführung als selbstständige Familiensache. § 141 Satz 2 und 3 bestimmen aus verfahrensökonomi- 13
schen Gründen, dass eingeleitete Folgesachen als selbstständige Familiensachen fortgeführt werden können,
wenn dies ein Beteiligter beantragt. Dies hat u.a. zur Folge, dass bereits entstandene Verfahrenskosten nicht
erneut entstehen.

Dies gilt entsprechend, jedoch ohne erforderlichen Antrag, für die in § 141 Satz 2 erwähnten Kindschafts- 14
folgesachen. Dies ist dadurch zu begründen, dass das diesbezügliche Regelungsbedürfnis regelmäßig bestehen bleibt, d.h. auch bei Fortsetzung der Ehe ist der Frage einer etwaigen Gefährdung des Kindeswohls
vom FamG nachzugehen.

a) Änderung des Antrags. Erforderlich für eine Fortführung einer Folgesache als selbstständige Familien- 15
sache ist zunächst eine Änderung des Antrags, weil Folgesachen nur für den Fall der Scheidung der Ehe beantragt werden können, mit der Rücknahme des Scheidungsantrags jedoch materiell-rechtlich nur eine Regelung vor rechtskräftiger Scheidung möglich ist. Der jeweilige Antrag muss nunmehr »unbedingt« gestellt
werden, d.h. eine Entscheidung wird nicht nur für den Fall der Scheidung beantragt.

Geeignete Folgesachen, die fortgesetzt werden können, sind z.B. Unterhaltsverfahren, vorzeitiger Zuge- 16
winnausgleich (KG FamRZ 2004, 1044), nicht hingegen der Versorgungsausgleich.

b) Verfahren. Der Fortsetzungsantrag nach § 141 Satz 2, 2. Alt. kann von jedem Ehegatten gestellt werden, 17
der eine Folgesache anhängig gemacht hat, aus prozessökonomischen Gründen auch von dem Antragsgegner (OLG Stuttgart FamRZ 2006, 714). Liegt ein von Amts wegen eingeleitetes Verfahren vor, können diesen Antrag beide Ehegatten stellen. Die Änderung des Antrags, dass keine Entscheidung mehr für den Fall
der Scheidung begehrt wird, ist bei geeigneten Folgesachen nach § 263 ZPO sachdienlich. Der Antrag, die
Fortführung der Folgesache vorzubehalten, kann zusammen mit der Rücknahme des Scheidungsantrags gestellt werden; er muss jedenfalls vor Wirksamwerden der Rücknahme gestellt worden sein.

Der Fortsetzungsantrag nach § 141 Satz 2, 2. Alt. ist eine Verfahrenshandlung; er unterliegt dem Anwalt- 18
szwang.

c) Wirkung der Fortführungserklärung. Aufgrund der Erklärung eines Ehegatten, die Folgesache fortset- 19
zen zu wollen, wird die Folgesache zur selbstständigen Familiensache, wobei nach § 261 Abs. 3 Nr. 2 ZPO
(perpetuatio fori) die Zuständigkeit des Gerichts erhalten bleibt. Die Rechtsfolge der Fortsetzung tritt damit nicht durch eine gerichtliche Entscheidung, sondern durch eine Erklärung des Beteiligten selbst ein,
was einfacher und in der Sache ausreichend ist.

Erklärt ein Beteiligter, mehrere Folgesachen fortsetzen zu wollen, werden diese – jede für sich – als selbst- 20
ständige Familiensache fortgeführt; d.h. auch unter Ihnen setzt sich der Verbund nicht fort.

Die Kosten richten sich für die fortgesetzte Familiensache nach den allgemeinen Bestimmungen, so als ob 21
nie ein Verbundverfahren bestanden hätte, d.h. § 150 ist nicht mehr anzuwenden, vgl. auch § 150 Abs. 5
Satz 2.

IV. Kosten bei Rücknahme des Scheidungsantrags. Nach § 150 Abs. 2 Satz 1 trägt der Antragsteller im 22
Fall der Rücknahme des Scheidungsantrags sämtliche Kosten des Verfahrens; haben beide Ehegatten ihre jeweils gestellten Scheidungsanträge zurückgenommen, erfolgt die Entscheidung über die Kosten nach § 150
Abs. 2 Satz 2, d.h. die Kosten der Scheidungssache und der Folgesachen werden gegeneinander aufgehoben.

§ 142 Einheitliche Endentscheidung; Abweisung des Scheidungsantrags.

(1) ¹Im Fall der Scheidung ist über sämtliche im Verbund stehenden Familiensachen durch einheitlichen Beschluss zu entscheiden. ²Dies gilt auch, soweit eine Versäumnisentscheidung zu treffen ist.

(2) ¹Wird der Scheidungsantrag abgewiesen, werden die Folgesachen gegenstandslos. ²Dies gilt nicht für Folgesachen nach § 137 Abs. 3 sowie für Folgesachen, hinsichtlich derer ein Beteiligter vor der Entscheidung ausdrücklich erklärt hat, sie fortführen zu wollen. ³Diese werden als selbständige Familiensachen fortgeführt.

(3) Enthält der Beschluss nach Absatz 1 eine Entscheidung über den Versorgungsausgleich, so kann insoweit bei der Verkündung auf die Beschlussformel Bezug genommen werden.

Übersicht	Rdn.
A. Allgemeines	1
B. Scheidungsantrag ist begründet	10
I. Einheitlicher Beschluss, § 142 Abs. 1	10
II. Säumnisentscheidung	19
III. Entscheidung über den Versorgungsausgleich, § 142 Abs. 3	24
C. Scheidungsantrag wird abgewiesen	26
I. Folgesachen werden gegenstandslos	26
II. Fortführung als selbstständige Familiensache	27
1. Änderung des Antrags	29
2. Verfahren	30
3. Wirkung der Fortführungserklärung	33
III. Kosten des abgewiesenen Scheidungsantrags	36
IV. Wirkung des Verbunds in der Beschwerdeinstanz	38

1 **A. Allgemeines.** Nach § 142 Abs. 1 Satz 1 ist im Fall der Scheidung hierüber und über sämtliche im Verbund stehenden, also nicht abgetrennten Folgesachen durch einheitlichen Beschluss zu entscheiden. Dies gilt nach § 142 Abs. 1 Satz 2 auch, soweit eine Versäumnisentscheidung zu treffen ist.

2 Umstritten ist die Frage, ob nach der Reform **Beschlüsse in Ehesachen** sowie Familienstreitsachen »Im Namen des Volkes« ergehen. Von der Berufung auf den Souverän ist wiederum abhängig, ob der Scheidungsbeschluss im Sitzen den Beteiligten und ihren Anwälten bekannt gegeben werden kann.

3 *Vogel* (FamRZ 2010, 704) sowie *Metzger* (FamRZ 2010, 703) vertreten die Auffassung, dass Entscheidungen in Ehesachen und Familienstreitsachen nicht »Im Namen des Volkes« ergehen. Entscheidungen in Ehesachen und Familienstreitsachen erfolgten durch Beschluss. Dafür gälten die §§ 38, 39. Die genannten Vorschriften sähen aber die Formulierung »Im Namen des Volkes« nicht vor. I.Ü. verweise § 113 Abs. 1 Satz 2 auf § 329 ZPO. § 329 Abs. 1 Satz 2 ZPO wiederum verweise zwar auf § 311 Abs. 4 ZPO, nicht aber auf § 311 Abs. 1 ZPO, der diese Formulierung für Urteile anordne.

4 Anders sehen es *Kranz* (FamRZ 2010, 85 sowie FamRZ 2010, 705) sowie wohl auch *Borth* (FamRZ 2010, 705). Nach ihrer Auffassung verweist § 113 Abs. 1 Satz 2 nicht auf § 329 ZPO, sondern auf die §§ 310, 311 ZPO, insb. weil die Beschlüsse in Ehesachen und Familienstreitsachen früher als Urteile ergingen. Auch werde § 329 ZPO durch die speziellere Regelung des § 38 ausgeschlossen.

5 Die Streitfrage wird uns erhalten bleiben, es sei denn, der Gesetzgeber beseitigt die nach Auffassung von Borth »wenig weiterführende Diskussion« (*Borth* FamRZ 2010, 705).

6 Scheidungsbeschlüsse werden in der Praxis nach wie vor »Im Namen des Volkes« zugestellt. In der mündlichen Verhandlung ist der anwaltliche Vertreter jeweils gespannt, ob der Richter die Beteiligten aufzustehen bittet oder nicht.

7 Rechtspolitisch sollte berücksichtigt werden, dass Eheleute ähnliche Förmlichkeiten bei einer Scheidung erwarten wie bei einer Eheschließung. Das Aufstehen vor einer vom Richter verkündeten Scheidung sowie die Berufung auf den Souverän werden von den meisten Beteiligten als angemessen empfunden. Dies zu beurteilen ist aber letztlich Aufgabe des Gesetzgebers.

8 § 142 Abs. 2 Satz 1 ordnet an, dass im Fall der Abweisung des Scheidungsantrags die Folgesachen gegenstandslos werden. Eine Ausnahme macht das Gesetz nach Abs. 2 Satz 2 für Kindschaftsfolgesachen sowie für solche Folgesachen, hinsichtlich derer ein Beteiligter vor der Entscheidung ausdrücklich erklärt hat, sie fortsetzen zu wollen. Diese Rechtsfolge tritt nicht durch eine gerichtliche Entscheidung, sondern durch eine Erklärung des Beteiligten selbst ein. Dass sämtliche bisherige Folgesachen, die nach Abs. 2 Satz 2 trotz Ab-

weisung des Scheidungsantrags fortzusetzen sind, daraufhin zu selbstständigen Familiensachen werden, ist in Satz 3 ausdrücklich angeordnet.

§ 142 Abs. 2 entspricht im Wesentlichen der Vorschrift des § 141, die ähnliche Rechtsfolgen für die Rücknahme des Scheidungsantrags anordnet. 9

B. Scheidungsantrag ist begründet. I. Einheitlicher Beschluss, § 142 Abs. 1. § 142 Abs. 1 konkretisiert 10 den Grundsatz des Verfahrens- und Entscheidungsverbunds nach § 137 hinsichtlich der zu treffenden Entscheidung. Die Regelung bestimmt in Abs. 1 Satz 1, dass bei begründetem Scheidungsantrag alle im Verbund eingeleiteten Folgesachen gemeinsam mit der Scheidungssache und einheitlich durch Beschluss zu entscheiden sind. Teilentscheidungen über Folgesachen sind grundsätzlich unzulässig.

Der Beschluss beinhaltet neben dem stattgebenden Scheidungsausspruch alle im Verbund stehenden Folgesachen, soweit sie nicht nach § 140 zuvor abgetrennt worden sind; eine Abtrennung nach § 145 ZPO ist allerdings unzulässig(Keidel/*Weber* § 142 Rn. 4) 11

§ 140 Abs. 6 ordnet i.Ü. an, dass die Entscheidung über die Abtrennung in einem gesonderten Beschluss erfolgt. Sie kann also nicht als Teil der »Verbundentscheidung«, mit der die Scheidung ausgesprochen wird, ergehen. 12

Unterbleibt die Entscheidung über eine Folgesache, obwohl keine wirksame Abtrennung vorliegt, muss Beschwerde mit dem Ziel eingelegt werden, den Verbund wieder herzustellen. Es handelt sich um einen schwerwiegenden Verfahrensfehler (OLG Nürnberg FamRZ 2005, 1497). Die insoweit unzulässige Teilentscheidung ist nach §§ 117 Abs. 2 Satz 1 i.V.m. § 538 Abs. 2 Satz 1 Nr. 7 ZPO – auch ohne Antrag, § 538 Abs. 2 Satz 3 – aufzuheben und die Sache zur erneuten Verhandlung und Entscheidung an das erstinstanzliche Familiengericht zurückzuverweisen (OLG Brandenburg FamRZ 2012, 572). 13

Der Grundsatz der Einheitlichkeit der Verbundentscheidung ist auch in der Beschwerdeinstanz zu beachten. Legt ein Beteiligter Beschwerde sowohl gegen den Scheidungsausspruch als auch gegen die Entscheidung in einer Folgesache (z.B. nachehelicher Unterhalt) ein und ist das Rechtsmittel nur zur Folgesache begründet (Aufhebung und Zurückverweisung der Folgessache), muss aus formellen Gründen auch die Entscheidung zur Scheidung aufgehoben und zurückverwiesen werden zwecks Aufrechterhaltung des Verbunds in erster Instanz (OLG Brandenburg, FamRZ 2013, 302). 14

Der Scheidungsverbundbeschluss enthält nur verfahrensabschließende Entscheidungen. Soweit im Verbundverfahren im Wege des Stufenantrags Auskunftsverfahren zum Unterhalt, Güterrecht oder Versorgungsausgleich enthalten sind, ist über diese Anträge durch Teilbeschluss vorab zu entscheiden (vgl. OLG Brandenburg FamRZ 2007, 410). 15

Eine Begründung des Verbundbeschlusses ist nach § 38 Abs. 3 erforderlich (vgl. auch § 38 Abs. 4 und 5). Hierbei ist bei den verschiedenen Teilen des Verbundverfahrens die Regelung des § 139 Abs. 1 zu berücksichtigen; danach sind die einzelnen Folgesachen jeweils so darzustellen, dass sie bei der Beschlusszustellung an Dritte nur soweit zugestellt werden können, als der Beschluss diese betrifft. 16

Beschlüsse in Ehesachen sind nach § 113 Abs. 1 Satz 2 i.V.m. §§ 311 Abs. 2 Satz 1, 329 Abs. 1 Satz 1 ZPO **zu verkünden**, weil nach § 113 Abs. 1 Satz 1 in Ehesachen die Regelung des § 41 Abs. 1 Satz 2, wonach die Bekanntgabe eines Beschlusses mit der Zustellung bewirkt wird, keine Anwendung findet (BGH FamRZ 2012, 106). 17

Die Rechtsmittelfristen richten sich nach der jeweiligen Zustellung an die Verfahrensbeteiligten (Jugendämter, Träger einer Versorgung, Vermieter, Kinder ab Vollendung des 14. Lebensjahres, Verfahrenspfleger). 18

II. Säumnisentscheidung. Das Scheidungsverfahren lässt eine Versäumnisentscheidung gegen den Antragsgegner nicht zu (§ 130 Abs. 2). Dies gilt aber nicht für Familienstreitsachen, auch wenn sie im Verbund entschieden werden sollen. Deshalb kann eine Säumnisentscheidung in Sachen Unterhalt und/oder Güterrecht im Verbund ergehen (OLG Zweibrücken FamRZ 1996, 1483). 19

Nicht möglich ist dies bei übrigen Familiensachen, die keine Familienstreitsachen sind, da diese Verfahren vom Amtsermittlungsgrundsatz geprägt sind und eine Säumnisentscheidung nicht zulassen. 20

In einer Familienstreitsache kann eine Säumnisentscheidung bei schlüssigem Vortrag des Antragstellers ergehen, wenn der Antragsgegner an der letzten mündlichen Verhandlung nicht teilnimmt bzw. nicht durch einen Verfahrensbevollmächtigten vertreten ist oder trotz anwaltlicher Vertretung kein Antrag gestellt wird. 21

Der Antragsteller kann in solchen Familienstreitsachen einen Versäumnisbeschluss beantragen (§§ 330, 331 Abs. 1 Satz 1 ZPO), dem stattzugeben ist, wenn die Scheidungssache entscheidungsreif ist. 22

23 Die Scheidung ergeht als streitiger Beschluss, die rechtshängigen Familienstreitsachen werden als Versäumnisentscheidung abgeschlossen. Der Beschluss sollte die Teile, die als Versäumnisentscheidung ergangen sind, entsprechend benennen; ausreichend ist es jedoch auch, wenn sich dies nur aus den Gründen ergibt (BGH FamRZ 1988, 943). Rechtsmittel gegen die Versäumnisentscheidung ist der Einspruch.

24 **III. Entscheidung über den Versorgungsausgleich, § 142 Abs. 3.** Wird dem Scheidungsantrag stattgegeben, enthält der Beschluss aufgrund von § 137 Abs. 2 Satz 2 regelmäßig auch eine Entscheidung zum Versorgungsausgleich. Nach § 142 Abs. 3 kann das Gericht bei der Verkündung des Beschlusses nach § 113 Abs. 1 i.V.m. § 329 Abs. 1 ZPO für die Entscheidung zum Versorgungsausgleich auf die Beschlussformel Bezug nehmen.

25 **Hinweis:** Die Regelung des § 142 Abs. 3 ist praxisgerecht. Die Beteiligten sind in Scheidungssachen bei der Verkündung des Beschlusses meistens anwesend. Der Ausspruch zur Scheidung steht dabei im Mittelpunkt des Interesses und ihrer Wahrnehmung. Die »technische« Entscheidungsformel betreffend den Versorgungsausgleich, bestehend aus Wertbeträgen, Kontonummern, Bezeichnungen der Versorgungsträger usw., können und wollen die Beteiligten in diesem Moment typischerweise nicht nachvollziehen. Die Einzelheiten des Versorgungsausgleichs erschließen sich ohnehin nur bei der Erörterung der beabsichtigten Regelung in der mündlichen Verhandlung bzw. bei der Durchsicht der getroffenen Entscheidung. Die Bezugnahme auf die Beschlussformel ist daher bei der Verkündung ausreichend, sodass die Regelung des § 142 Abs. 3 gerechtfertigt ist.

26 **C. Scheidungsantrag wird abgewiesen. I. Folgesachen werden gegenstandslos.** Wird der Scheidungsantrag rechtskräftig abgewiesen, werden die Folgesachen gegenstandslos (Sogwirkung), unabhängig davon, ob diese vom Antragsteller oder Antragsgegner beantragt wurden. Dies ist bedingt dadurch, dass Folgesachen nach § 137 Abs. 2 nur für den Fall der rechtskräftigen Scheidung der Ehe entschieden werden sollen, es handelt sich daher um (unechte) Eventualentscheidungen.

27 **II. Fortführung als selbstständige Familiensache.** § 142 Abs. 2 Satz 2 und 3 bestimmen aus verfahrensökonomischen Gründen, dass eingeleitete Folgesachen als selbstständige Familiensachen fortgeführt werden können, wenn dies ein Beteiligter beantragt. Dies hat u.a. zur Folge, dass bereits entstandene Verfahrenskosten nicht erneut entstehen.

28 Entsprechendes gilt, jedoch ohne erforderlichen Antrag, für Kindschaftsfolgesachen i.S.v. § 137 Abs. 3. Dies ist dadurch zu begründen, dass das diesbezügliche Regelungsbedürfnis mit Abweisung des Scheidungsantrags nicht in jedem Fall automatisch mit entfällt. Letztlich soll das Regelungsbedürfnis dies im jeweiligen Einzelfall besonders vom FamG geprüft werden.

29 **1. Änderung des Antrags.** Erforderlich für eine Fortführung einer Folgesache als selbstständige Familiensache ist zunächst eine Änderung des Antrags, weil Folgesachen nur für den Fall der Scheidung der Ehe beantragt werden können, mit der Abweisung des Scheidungsantrags jedoch materiell-rechtlich nur eine von der Scheidung unabhängige Regelung möglich ist. Geeignete Folgesachen, die fortgesetzt werden können, sind z.B. Unterhaltsverfahren, vorzeitiger Zugewinnausgleich (KG FamRZ 2004, 1044), nicht hingegen der Versorgungsausgleich.

30 **2. Verfahren.** Der Fortsetzungsantrag nach § 142 Abs. 2 Satz 2, 2. Alt. kann von jedem Ehegatten gestellt werden, der eine Folgesache anhängig gemacht hat, aus prozessökonomischen Gründen auch von dem Antragsgegner (OLG Stuttgart FamRZ 2006, 714).

31 Der Antrag, die Fortführung der Folgesache vorzubehalten, ist vor der Entscheidung in der Scheidungssache zu stellen. Dies kann von jedem Ehegatten, unabhängig davon, welcher von ihnen den Scheidungsantrag gestellt hat, bis zum Schluss der mündlichen Verhandlung beantragt werden. Um einer Partei einen entsprechenden Antrag zu ermöglichen, muss das Gericht den Beteiligten die Absicht mitteilen, dass es den Scheidungsantrag nicht für begründet hält und dieser deshalb abzuweisen ist.

32 Da der Antrag eine Verfahrenshandlung darstellt, ist der Antrag durch einen Rechtsanwalt zu stellen.

33 **3. Wirkung der Fortführungserklärung.** Aufgrund der Erklärung eines Ehegatten, die Folgesache fortsetzen zu wollen, wird die Folgesache zur selbstständigen Familiensache, wobei nach § 261 Abs. 3 Nr. 2 ZPO (perpetuatio fori) die Zuständigkeit des Gerichts erhalten bleibt. Die Rechtsfolge der Fortsetzung tritt da-

mit nicht durch eine gerichtliche Entscheidung, sondern durch eine Erklärung des Beteiligten selbst ein, was einfacher und in der Sache ausreichend ist.

Diese Wirkung tritt ab Rechtskraft des Beschlusses ein, mit dem der Scheidungsausspruch abgewiesen wurde. Ab diesem Zeitpunkt entfallen die Verbundregelungen, sodass ein bestehender Anwaltszwang entfällt; ferner ist über die VKH erneut zu entscheiden (z.B. wenn anstelle des nachehelichen Unterhalts gem. §§ 1569 ff. BGB Trennungsunterhalt nach § 1361 Abs. 1 BGB im fortgesetzten Verfahren verlangt wird). 34

Die Kosten richten sich für die fortgesetzte Familiensache nach den allgemeinen Bestimmungen, so als ob nie ein Verbundverfahren bestanden hätte, d.h. § 150 ist nicht mehr anzuwenden, vgl. auch § 150 Abs. 5 Satz 2. 35

III. Kosten des abgewiesenen Scheidungsantrags. Die Kostenentscheidung richtet sich nach § 150 Abs. 1, d.h. im Regelfall sind die Kosten des Scheidungsverfahrens und der Folgesachen gegeneinander aufzuheben. 36

Bei einer Abweisung des Scheidungsantrags trägt der Antragsteller auch die Kosten der Folgesachen, § 150 Abs. 2 Satz 1. § 150 Abs. 4 ermöglicht eine andere Kostenentscheidung, wenn dies unbillig erscheint. 37

IV. Wirkung des Verbunds in der Beschwerdeinstanz. § 142 Abs. 1 gilt auch für die Beschwerdeinstanz, d.h. im Fall der Scheidung ist über sämtliche im Verbund stehenden Familiensachen durch einheitlichen Beschluss zu entscheiden, sofern diese nicht gem. § 140 abzutrennen sind (OLG Brandenburg FamRZ 2013, 302). Dies kann zur Folge haben, dass einer materiell unbegründeten Beschwerde gegen den Scheidungsausspruch aus verfahrensrechtlichen Gründen stattgegeben werden muss, wenn die Beschwerde gegen eine Folgesache (etwa betreffend den nachehelichen Unterhalt) Erfolg hat. Ansonsten wäre die erforderliche Einheitlichkeit der Verbundentscheidung nicht gewährleistet. Die Aufhebung und Zurückverweisung einer Folgesache führt damit in einem solchen Fall zur Aufhebung und Zurückverweisung auch des Scheidungsausspruchs zwecks Aufrechterhaltens des Verbundes in erster Instanz. 38

§ 143 Einspruch.
Wird im Fall des § 142 Abs. 1 Satz 2 gegen die Versäumnisentscheidung Einspruch und gegen den Beschluss im Übrigen ein Rechtsmittel eingelegt, ist zunächst über den Einspruch und die Versäumnisentscheidung zu verhandeln und zu entscheiden.

Übersicht

	Rdn.		Rdn.
A. Allgemeines	1	B. Priorität des Einspruchs	3

A. Allgemeines. Die Regelung des § 143 bezweckt die Aufrechterhaltung des Verbunds, wenn ein Einspruch gegen eine Folgesache, über die eine Versäumnisentscheidung ergangen ist, und gegen den Beschluss i.Ü. ein Rechtsmittel eingelegt wurde. Deshalb ist in solchen Fällen zunächst über den Einspruch und die Versäumnisentscheidung zu verhandeln und zu entscheiden. Eine (Teil-) Versäumnisentscheidung ist nur in Familienstreitsachen als Folgesachen (Unterhalt, Güterrecht) zulässig. 1

Die Vorschrift des § 143 kann (insbesondere auch als taktisches Manöver) eine sehr lange Verzögerung der Scheidung zur Folge haben. Wird nämlich durch Nichtverhandeln eine Versäumnisentscheidung in einer Folgesache provoziert, kann danach der betreffende Beteiligte gegen den einheitlichen Beschluss (mit Scheidungsausspruch) Beschwerde einlegen und gegen die Versäumnisentscheidung Einspruch. Das Beschwerdeverfahren (mit der Scheidungssache) wird durch den Einspruch so lange blockiert, bis über den Einspruch verhandelt und entschieden ist. 2

B. Priorität des Einspruchs. Ein als Versäumnisentscheidung ergangener Beschluss zu einer Folgesache ist mit dem Rechtsbehelf des Einspruchs anzugreifen. Dies gilt selbst dann, wenn die Versäumnisentscheidung nicht zulässig war (OLG Koblenz FamRZ 2001, 1159). Mangels eines Devolutiveffekts des Einspruchs hat dies zur Folge, dass die betroffene Folgesache im Falle der Einlegung dieses Rechtsbehelfs bei dem Ausgangsgericht verbleibt. Gegen den Beschluss i.Ü., d.h. die anderen nicht durch Versäumnisentscheidung abgeschlossenen Folgesachen und die Scheidungssache, bestehen die allgemein zulässigen Rechtsmittel der Beschwerde bzw. Rechtsbeschwerde. 3

4 Wird gegen die Teilversäumnisentscheidung in einer Familienstreitfolgesache Einspruch und gegen den Beschluss im Übrigen Beschwerde eingelegt, wird das Verfahren damit zunächst in zwei getrennten Verfahrensteilen und in unterschiedlichen Instanzen fortgeführt.

5 Wird Einspruch gegen eine Säumnisentscheidung und Beschwerde gegen eine andere Folgesache oder die Scheidungssache eingelegt, ist nach § 143 zunächst über den Einspruch und die Versäumnisentscheidung zu verhandeln und zu entscheiden. Erst danach kann das Rechtsmittelverfahren in der zweiten Instanz fortgesetzt werden.

6 Diese Verhandlungs- und Entscheidungssperre (so Musielak/*Borth* FamFG § 143 Rn. 3) hat die Aufgabe, den Scheidungsverbund abzusichern. Wird auch gegen den Beschluss, der aufgrund des Einspruchs gegen die Versäumnisentscheidung ergangen ist, Beschwerde eingelegt, wird der Verbund in der zweiten Instanz wiederhergestellt.

7 Für die anderen Teile der Verbundentscheidung, die nicht als Säumnisentscheidung ergangen sind, gelten dabei die allgemeinen Rechtsmittelfristen. Wird kein Rechtsmittel eingelegt, werden diese nach Ablauf der Rechtsmittelfristen rechtskräftig; eine Verlängerung dieser Fristen wegen des Einspruchs gegen die Säumnisentscheidung tritt nicht ein (BGH FamRZ 1986, 897).

8 § 143 FamFG entfaltet seine Sperrwirkung also nur, wenn die nicht von der Säumnisentscheidung erfassten Teile des Verbundbeschlusses mit einer zulässigen Beschwerde angegriffen worden sind. Denn steht bereits fest, dass es aus verfahrensrechtlichen Gründen nicht zu einer gemeinsamen Sachentscheidung mit dem zunächst in der ersten Instanz verbliebenen Verfahrensteil kommen kann, ist für die Anwendung des § 143 FamFG – der gerade eine mögliche Wiederherstellung des Entscheidungsverbunds in der Rechtsmittelinstanz absichern soll – kein Raum mehr. Die Beschwerde muss daher fristgerecht erhoben und – bezüglich des Scheidungsausspruchs – in einer den formalen Anforderungen des § 117 Abs. 1 Satz 1 FamFG genügenden Weise begründet werden. Liegen diese Voraussetzungen nicht vor, steht § 143 FamFG einer Verwerfung der Beschwerde nicht entgegen. Ausreichend ist es jedoch, wenn sich der Begründung der Beschwerde hinreichend deutlich entnehmen lässt, dass das Ziel des Rechtsmittels darin besteht, die Möglichkeit der Wiederzusammenführung der in den unterschiedlichen Instanzen anhängigen Verfahrensteile in einen Entscheidungsverbund zu wahren, wenn der durch Einspruch angefochtene Verfahrensteil nach einer Beschwerde gegen die insoweit ergehende Endentscheidung des Ausgangsgerichts ebenfalls in die Rechtsmittelinstanz gelangt (BGH NJW 2015, 2123).

§ 144 Verzicht auf Anschlussrechtsmittel.
Haben die Ehegatten auf Rechtsmittel gegen den Scheidungsausspruch verzichtet, können sie auch auf dessen Anfechtung im Wege der Anschließung an ein Rechtsmittel in einer Folgesache verzichten, bevor ein solches Rechtsmittel eingelegt ist.

Übersicht

	Rdn.		Rdn.
A. Allgemeines	1	1. Voraussetzungen	4
B. Eintritt der Rechtskraft des Scheidungsbeschlusses	4	2. Eintritt der Rechtskraft	8
I. (Einfacher) Rechtsmittelverzicht	4	II. Umfassender Rechtsmittelverzicht	11

1 **A. Allgemeines.** § 144 bezweckt die schnelle Herbeiführung der Rechtskraft einer von beiden Ehegatten einvernehmlich angestrebten Scheidung.

2 Die Vorschrift des § 144 setzt zunächst voraus, dass beide Ehegatten auf Rechtsmittel gegen die Scheidung verzichtet haben. Dies allein ist jedoch zur Herbeiführung der Rechtskraft des Scheidungsausspruchs nicht ausreichend. Deshalb erlaubt die Ausnahmeregelung des § 144 zusätzlich den Verzicht auf Anschlussrechtsmittel noch bevor ein Rechtsmittel gegen den Verbundbeschluss von einem weiteren Verfahrensbeteiligten eingelegt worden ist.

3 Nach den allgemeinen Grundsätzen kann auf ein **Anschlussrechtsmittel** grds. erst nach Einlegung eines Hauptrechtsmittels verzichtet werden. Dies würde an sich auch für Anschlussrechtsmittel in Scheidungs- und Folgesachen gelten (OLG München FamRZ 1993, 1320 f.) § 144 schafft dazu eine **Ausnahmeregelung**. Dadurch sollen Verzögerungen der Scheidung durch Rechtsmittel in Folgesachen verhindert werden.

Abschnitt 2. Verfahren in Ehesachen, Scheidungssachen und Folgesachen § 144

B. Eintritt der Rechtskraft des Scheidungsbeschlusses. I. (Einfacher) Rechtsmittelverzicht. 1. Voraussetzungen. Der Verzicht auf Rechtsmittel gegen den Scheidungsausspruch unterliegt dem Anwaltszwang nach § 114 Abs. 1 (BGH FamRZ 1984, 372) und ist, wenn er ggü. dem Gericht erklärt worden ist, nicht widerrufbar (Ausnahme: Restitutionsgrund nach § 580 ZPO) und auch wegen Willensmängeln nicht anfechtbar (BGH FamRZ 1994, 300, 301; OLG Düsseldorf FamRZ 2006, 966). 4

Der Rechtsmittelverzicht erstreckt sich auch auf die Folgesachen, wenn in einem Scheidungsverbundverfahren mit mehreren Folgesachen in einer mündlichen Verhandlung ohne Einschränkung auf Rechtsmittel verzichtet wird (BGH FamRZ 1986, 1089). Der Verzicht erstreckt sich hingegen nicht auf Anschlussrechtsmittel und das Antragsrecht nach § 147, es sei denn, dies wurde ausdrücklich erklärt. 5

Der Verzicht bedarf der ordnungsgemäßen Protokollierung, vgl. §§ 160 Abs. 3 Nr. 9, 162 Abs. 1 ZPO. Die **Wirksamkeit** eines in der mündlichen Verhandlung im Anschluss an die Verkündung des Beschlusses erklärten Rechtsmittelverzichts ist aber nicht davon abhängig, dass er ordnungsgemäß protokolliert wurde. Sind das Protokoll oder die vorläufige Protokollaufzeichnung unter Verstoß gegen § 162 Abs. 1 ZPO den Beteiligten nicht vorgelesen und von ihnen nicht genehmigt worden, fehlt dem Protokoll insoweit zwar die Beweiskraft einer öffentlichen Urkunde. Auch in einem solchen Fall kann der Rechtsmittelverzicht aber unstreitig sein oder auf andere Weise bewiesen werden (BGH NJW-RR 2007, 1451). 6

Der Rechtsmittelverzicht bedarf der anwaltlichen Vertretung, § 114 Abs. 1. Dies dient dem Schutz des anwaltlich nicht vertretenen Beteiligten, damit dieser nicht im Verfahren »überrumpelt« werden kann. Eine Beschränkung der Vollmacht des Rechtsanwalts dahin, einen Rechtsmittelverzicht nicht erklären zu dürfen, ist dem Gericht und auch dem Gegner gegenüber unwirksam, § 113 Abs. 1 Satz 2 i.V.m. § 83 ZPO. 7

2. Eintritt der Rechtskraft. Haben die Beteiligten ohne jede Einschränkung auf Rechtsmittel gegen den Verbundbeschluss verzichtet – jedoch nicht auch auf Anschlussrechtsmittel –, tritt keine Rechtskraft der Scheidung ein, weil durch einen dritten Beteiligten ein Rechtsmittel in einer Folgesache eingelegt werden kann, z.B. durch das Jugendamt gegen eine Umgangsentscheidung oder die Deutsche Rentenversicherung Bund gegen eine Entscheidung über den Versorgungsausgleich, und für die Eheleute in diesem Fall trotz ihres früher erklärten Rechtsmittelverzichts die Möglichkeit besteht, durch ein Anschlussrechtsmittel (vgl. § 145) auch andere als die bereits angefochtenen Verbundsachen (also auch die Scheidungssache) anzufechten (BGH FamRZ 1998, 1024). 8

Wird durch einen Dritten kein Rechtsmittel in einer Folgesache eingelegt, tritt die Rechtskraft der Scheidung ein, sobald ein Monat nach der letzten Zustellung (d.h. der zuletzt erfolgten Zustellung an einen der Verfahrensbeteiligten) des Scheidungsbeschlusses vergangen ist. 9

Beispiel: *Der Scheidungsbeschluss wird den Anwälten, dem Jugendamt und der Deutschen Rentenversicherung Bund Ende Mai 2016 zugestellt. Die Zustellung an die Deutsche Rentenversicherung Bund erfolgt erst am 02.07.2016. Die Rechtskraft der Scheidung tritt erst mit Ablauf des 02.08.2016 ein.* 10

Das Rechtsmittelrecht in Ehesachen soll aber geändert werden. Um in Ehescheidungsverfahren künftig zu verhindern, dass die Rechtskraft des Scheidungsausspruchs nicht eintritt, weil die Entscheidung einem beteiligten Versorgungsträger fehlerhaft oder gar nicht bekannt gemacht wurde, soll das Anschlussrechtsmittel der Ehegatten bei nur durch Versorgungsträger eingelegten Beschwerden eingeschränkt werden. Der Scheidungsausspruch soll – anders als bisher – daher auch ohne oder bei fehlerhafter Bekanntgabe an die beteiligten Versorgungsträger rechtskräftig werden. In der Vergangenheit hatte die – den Betroffenen nicht bekannte – fehlende Rechtskraft bei erneuter Verheiratung mitunter zu Doppelehen geführt.

II. Umfassender Rechtsmittelverzicht. Haben die Beteiligten jedoch im Scheidungstermin neben dem Rechtsmittelverzicht erklärt, dass sie außerdem auf »eventuelle« Anschlussrechtsmittel gegen den Scheidungsausspruch verzichten, wird die Scheidung sofort rechtskräftig, weil durch § 144 ausdrücklich die Möglichkeit eingeräumt ist, auf das Anschlussrechtsmittel gegen die Scheidung zu einem Zeitpunkt zu verzichten, in dem noch kein Rechtsmittel gegen den Verbundbeschluss eingelegt worden ist. 11

Zur Herbeiführung der Rechtskraft der Scheidung ist es nicht erforderlich, dass die Ehegatten auf das Antragsrecht nach § 147 verzichten (OLG Hamm FamRZ 1995, 943, 944). 12

Der Verzicht auf Rechtsmittel gegen den Scheidungsausspruch bewirkt, dass die Scheidungssache nicht in die Beschwerdeinstanz gelangt; damit kann der BGH den Scheidungsausspruch auch nicht nach § 147 aufheben. 13

14 Ein Verzicht auf das Antragsrecht nach § 147 ist jedoch erforderlich zur Herbeiführung der Rechtskraft, wenn die Scheidungssache im Verbund der Beschwerdeinstanz steht und in einer Folgesache ein Rechtsmittel zum BGH zugelassen wurde.

§ 145 Befristung von Rechtsmittelerweiterung und Anschlussrechtsmittel.

(1) ¹Ist eine nach § 142 einheitlich ergangene Entscheidung teilweise durch Beschwerde oder Rechtsbeschwerde angefochten worden, können Teile der einheitlichen Entscheidung, die eine andere Familiensache betreffen, durch Erweiterung des Rechtsmittels oder im Wege der Anschließung an das Rechtsmittel nur noch bis zum Ablauf eines Monats nach Bekanntgabe der Rechtsmittelbegründung angefochten werden; bei mehreren Bekanntgaben ist die letzte maßgeblich. ²Ist eine Begründung des Rechtsmittels gesetzlich nicht vorgeschrieben, so tritt an die Stelle der Bekanntgabe der Rechtsmittelbegründung die Bekanntgabe des Schriftsatzes, mit dem das Rechtsmittel eingelegt wurde.
(2) ¹Erfolgt innerhalb dieser Frist eine solche Erweiterung des Rechtsmittels oder Anschließung an das Rechtsmittel, so verlängert sich die Frist um einen weiteren Monat. ²Im Fall einer erneuten Erweiterung des Rechtsmittels oder Anschließung an das Rechtsmittel innerhalb der verlängerten Frist gilt Satz 1 entsprechend.

Übersicht

	Rdn.		Rdn.
A. Allgemeines	1	3. Erweiterung auf andere Folgesachen oder die Scheidung	12
B. Anwendbarkeit	3	4. Gegenanschließung	18
C. Rechtsmittelerweiterung und Anschlussrechtsmittel	6	D. Fristberechnung	20
I. Rechtsmittelerweiterung	6	I. Frist des § 145 Abs. 1	21
II. Anschlussrechtsmittel	9	II. Verlängerung nach § 145 Abs. 2 Satz 1	23
1. Selbstständiger Anschluss	9	III. Weitere Verlängerung nach § 145 Abs. 2 Satz 2	26
2. Unselbstständiger Anschluss	10	E. Zusammenfassung	28

1 **A. Allgemeines.** Die Vorschrift des § 145 geht zunächst davon aus, dass die einheitliche Verbundentscheidung eine isolierte Anfechtung (Teilanfechtung) einzelner oder mehrerer Folgesachen zulässt. Zweck der Regelung des § 145 ist es, die durch Rechtsmittel und Anschlussrechtsmittel eintretenden Verzögerungen zu begrenzen, d.h. die Rechtskraft der Scheidung nicht unzumutbar aufzuschieben (vgl. BGH FamRZ 2011, 32). Umgekehrt sollen die Beteiligten sich jedoch gegen Rechtsmittel angemessen verteidigen können.

2 Der Gesetzgeber plant eine Änderung der Vorschrift. Um in Ehescheidungsverfahren künftig zu verhindern, dass die Rechtskraft des Scheidungsausspruchs nicht eintritt, weil die Entscheidung einem beteiligten Versorgungsträger fehlerhaft oder gar nicht bekannt gemacht wurde, soll das Anschlussrechtsmittel der Ehegatten bei nur durch Versorgungsträger eingelegten Beschwerden eingeschränkt werden. Der Scheidungsausspruch soll – anders als bisher – daher auch ohne oder bei fehlerhafter Bekanntgabe an die beteiligten Versorgungsträger rechtskräftig werden können. In der Vergangenheit hatte die – den Betroffenen nicht bekannte – fehlende Rechtskraft bei erneuter Verheiratung mitunter zu Doppelehen geführt (vgl. dazu Burghart, FamRZ 2015, 12).

3 **B. Anwendbarkeit.** Die Vorschrift des § 145 ist im Fall einer Verbundentscheidung sowohl in erster wie auch in zweiter Instanz anwendbar.

4 Erforderlich ist jedoch, dass nur eine **Teilanfechtung** der einheitlichen Verbundentscheidung erfolgt. Die Vorschrift greift also nur für diejenigen Teile der Verbundentscheidung ein, die nicht schon Gegenstand des Hauptrechtsmittels geworden sind.

5 Nicht anwendbar ist die Norm in isolierten Familienverfahren.

6 **C. Rechtsmittelerweiterung und Anschlussrechtsmittel. I. Rechtsmittelerweiterung.** Der Rechtsmittelführer ist berechtigt, im Verbund ein zunächst begrenztes Rechtsmittel nachträglich zu erweitern, d.h. es ist eine Ausdehnung des Rechtsmittels auf eine andere Folgesache möglich. Eine solche Rechtsmittelerweiterung ist allerdings nur in den zeitlichen Grenzen des § 145 möglich; darüber hinaus verlangt die Rechtspre-

chung in diesem Fall, dass sich die Gründe hierfür bereits aus der (früheren) Rechtsmittelbegründungsschrift ergeben (BGH FamRZ 1988, 603 f.).

So kann insb. die Verbundentscheidung zum nachehelichen Unterhalt mit dem Argument fehlender Leistungsfähigkeit vom Unterhaltsschuldner angefochten und dieses Rechtsmittel auf den in erster Instanz mitentschiedenen Kindesunterhalt nach Ablauf der Begründungsfrist ausgedehnt werden (Musielak/*Borth* FamFG § 145 Rn. 2). 7

Nicht Gegenstand der Vorschrift des § 145 ist die nachträgliche Erweiterung eines Rechtsmittelantrags in einer fristgerecht angefochtenen Folgesache, z.B. vollständige Abweisung eines Unterhaltsantrags anstelle der bislang beantragten Teilabweisung. 8

II. Anschlussrechtsmittel. 1. Selbstständiger Anschluss. Die Beteiligten können unabhängig voneinander Beschwerde gegen den Scheidungsbeschluss oder einzelne Folgesachen einlegen. Ein solcher »selbstständiger Anschluss« ist unabhängig von einem Hauptrechtsmittel. Wird im Anschluss an ein bereits von einem Beteiligten eingelegtes Rechtsmittel vom Rechtsmittelgegner innerhalb der noch offenen Rechtsmittelfrist des § 62 ein Rechtsmittel eingelegt, hat dieser innerhalb dieser offenen Frist die Wahl, ein eigenständiges »selbstständiges« Rechtsmittel oder (unselbstständige) Anschlussbeschwerde nach § 66 einzulegen. Im Zweifel ist durch Auslegung zu ermitteln, welche der beiden Möglichkeiten gewollt ist. Der selbstständige Anschluss, d.h. die Erhebung eines Rechtsmittels innerhalb der Rechtsmittelfrist, ist nicht Gegenstand des § 145, sondern beurteilt sich nach den allgemeinen Regelungen. 9

2. Unselbstständiger Anschluss. Die Anschlussbeschwerde nach § 66 setzt keine Beschwer voraus. Sie ist auch möglich, wenn ein Beteiligter in erster Instanz voll obsiegt hat, in zweiter Instanz aber das Verfahren erweitern will. 10

Der unselbstständige Anschluss ist akzessorisch, d.h. sobald das Hauptrechtsmittel zurückgenommen oder als unzulässig verworfen wird, verliert das unselbstständige Anschlussrechtsmittel automatisch seine Wirkung, vgl. § 66. Nur wenn über das Hauptrechtsmittel der Sache nach entschieden wird, kann gleichzeitig auch über das Anschlussrechtsmittel befunden werden. Berechtigt zur Anschlussbeschwerde ist nur der Beschwerdegegner. Ein Beteiligter, der nur im ersten Rechtszug Beteiligter war, gegen den aber keine Beschwerde eingelegt wurde, kann sich deshalb nicht anschließen. 11

3. Erweiterung auf andere Folgesachen oder die Scheidung. Die Scheidungsverbundentscheidung betrifft mitunter mehrere Folgesachen. Wird eine Folgesache oder der Scheidungsausspruch mit einem Hauptrechtsmittel angegriffen, ergibt sich die Möglichkeit, die übrigen Teile des Verbundverfahrens durch eine Anschließung in das Rechtsmittelverfahren einzubeziehen. Dies ist Gegenstand des § 145 bzw. der dafür nach dieser Vorschrift zu beachtenden Fristen. 12

Wird etwa Beschwerde gegen eine Unterhaltsentscheidung eingelegt, kann mit einer Anschlussbeschwerde gegen die Scheidungssache oder eine andere Folgesache »gekontert« werden. 13

Das Anschlussrechtsmittel muss aber den Anforderungen der §§ 61 ff. genügen und ist nach § 145 befristet, wenn es sich gegen einen bisher nicht mit einem Hauptrechtsmittel angegriffenen Teil der Verbundentscheidung richtet. 14

Das nach § 145 befristete Anschlussrechtsmittel ist mit einem Schriftsatz einzulegen und zu begründen; es ist bei nicht fristgerechter Begründung als unzulässig zu verwerfen. 15

Wird das Hauptrechtsmittel als unzulässig verworfen oder zurückgenommen, verliert die (unselbstständige) Anschließung nach § 66 ihre Wirkung. 16

Erforderlich ist, dass Teile der Verbundentscheidung angefochten werden; die Verbundentscheidung kann hierbei sowohl aus der Scheidungssache und einer oder mehreren Folgesachen oder nur aus Folgesachen bestehen. Wird mit dem Hauptrechtsmittel die Verbundentscheidung insgesamt angefochten, gilt § 145 nicht; in diesem Fall greifen die allgemeinen Bestimmungen ein. 17

4. Gegenanschließung. Nach § 145 kann der Gegner des Hauptrechtsmittels fristgebunden andere, noch nicht angegriffene Verfahrensteile des Verbunds durch unselbstständigen Anschluss (s.o.) anfechten. 18

Möglich ist dem Hauptrechtsmittelführer nunmehr eine sog. Gegenanschließung, die verfahrenstechnisch in ihrem Bestand von der Anschließung abhängig ist – ebenso wie die (unselbstständige) Anschließung vom Hauptrechtsmittel. Die Gegenanschließung verliert bedingt durch ihre Akzessorietät ggü. der Anschließung ihre Wirkung, wenn die Anschließung zurückgenommen oder wenn sie als unzulässig abgewiesen wird (BGH FamRZ 1998, 1024, 1026). 19

20 **D. Fristberechnung.** Das Fristensystem des § 145 basiert darauf, dass die einzelnen Zeitstufen selbstständige, einander nachgeordnete Fristen darstellen.

21 **I. Frist des § 145 Abs. 1.** Die nachträgliche Anfechtung der Scheidungsverbundentscheidung muss sich auf eine bislang nicht angefochtene Folgesache oder die Scheidungssache beziehen.

22 Die Anschließungsfrist (Monatsfrist) des § 145 Abs. 1 beginnt mit der **Zustellung der Begründung** des Hauptrechtsmittels. Wird die Begründung mehreren Beteiligten zugestellt, ist nach § 145 Abs. 1 a.E. für die Fristberechnung auf die letzte Zustellung abzustellen. Der Fristbeginn für die Anschließung knüpft sachgerecht an die Zustellung der Rechtsmittelbegründung an, da nur Kenntnis der Begründung ausreichende Grundlage für eine weitere Anfechtung sein kann. Nicht angefochtene Folgesachen werden rechtskräftig, sobald die Monatsfrist des § 145 Abs. 1 verstrichen ist.

23 **II. Verlängerung nach § 145 Abs. 2 Satz 1.** Schließt sich der Rechtsmittelgegner innerhalb der Frist des § 145 Abs. 1 an, d.h. erklärt die Anfechtung einer anderen Folgesache oder der Scheidung, wird die Frist nach § 145 Abs. 1 um einen Monat verlängert (vgl. § 145 Abs. 2 Satz 1). Dies gilt auch im Fall der Rechtsmittelerweiterung.

24 In diesem Fall ist jedoch der Zeitpunkt der Zustellung der ersten Anschließung unerheblich; **der Lauf der weiteren Monatsfrist beginnt mit dem Ende der ersten Monatsfrist** (OLG Karlsruhe FamRZ 1988, 412; Philippi FamRZ 1989, 1257, 1260). Allerdings verlängert sich die Monatsfrist nicht gem. § 145 Abs. 2, wenn ein Anschlussrechtsmittel eingelegt wird, welches den gleichen Gegenstand betrifft, wie das Hauptrechtsmittel; das Anschlussrechtsmittel muss also einen anderen Verfahrensgegenstand als das Hauptrechtsmittel betreffen.

25 Soweit eine weitere Anschließung innerhalb der verlängerten Frist nach § 145 Abs. 2 Satz 1 unterbleibt, tritt hinsichtlich der bis dahin nicht angefochtenen Teile Rechtskraft ein.

26 **III. Weitere Verlängerung nach § 145 Abs. 2 Satz 2.** Wird innerhalb der Verlängerung nach § 145 Abs. 2 Satz 1 eine nachträgliche Anfechtung vorgenommen, gelten die Grundsätze der zweiten Stufe entsprechend. Weitere Verlängerungen entsprechend dieser Grundsätze sind möglich, wenn erneut ein Rechtsmittel erweitert wird oder eine Anschließung stattfindet. Erfolgt innerhalb der Frist des § 145 Abs. 2 Satz 2 keine nachträgliche Anfechtung, werden nicht angegriffene Teile rechtskräftig.

27 **Beispiel:** *Nach Scheidung der Eheleute wurde lediglich gegen die Folgesache Güterrecht Beschwerde eingelegt. Die Beschwerdebegründung wurde dem Gegner am 09.03.2016 zugestellt. Der Gegner oder ein Dritter legen kein Anschlussrechtsmittel ein. Die Scheidung wird mit Ablauf des 11.04.2016 rechtskräftig (der 09.04. fällt auf einen Samstag, sodass sich die Frist verlängert).*

Wird im Ausgangsfall am 04.04.2016 die Folgesache Kindesunterhalt mit Anschlussrechtsmittel angefochten und die Begründung der Anschlussbeschwerde am 25.04.2016 zugestellt, tritt die Rechtskraft der Scheidung mit Ablauf des 09.05.2016 ein.

Wird bei dem vorstehenden Sachverhalt am 02.05.2016 in einer weiteren Folgesache (z.B. Umgangsrecht) ein weiteres Anschlussrechtsmittel eingelegt, tritt eine weitere Fristverlängerung von einem Monat ein (§ 145 Abs. 2 Satz 2), sodass sich die Rechtskraft der Scheidung entsprechend verlängert (nunmehr ist der Ablauf des 09.06.2016 maßgeblich).

Werden weitere Folgesachen angefochten, gilt jedes Mal erneut eine Fristverlängerung von einem Monat gem. § 145 Abs. 2 Satz 2.

28 **E. Zusammenfassung.** Die Regelung des § 145 ist etwas umständlich formuliert. Letztlich ist Folgendes zu beachten:

29 Wird gegen eine Verbundentscheidung, die neben der Scheidung auch einen Ausspruch zum Versorgungsausgleich, Güterrecht, Kindesunterhalt, Ehegattenunterhalt sowie die Kindschaftssache der elterlichen Sorge umfasst, Beschwerde nur gegen die güterrechtliche Entscheidung eingelegt, so ist zu unterscheiden:

– Selbstständiges Rechtsmittel
  Legt der Rechtsmittelgegner ebenfalls ein Rechtsmittel gegen die güterrechtliche Entscheidung bzw. gegen den Scheidungsausspruch oder die Entscheidung zum Versorgungsausgleich ein, handelt es sich um eine »Anschlussbeschwerde«. Diese hat selbstständigen Charakter, wenn die Voraussetzungen der §§ 58 ff., 117 eingehalten wurden; selbst wenn der ursprüngliche Rechtsmittelführer seine Beschwerde zurücknimmt, ist eine Entscheidung des Beschwerdegerichts erforderlich.

– Unselbstständige Anschlussbeschwerde
Legt der Rechtsmittelgegner ebenfalls Beschwerde gegen die güterrechtliche Entscheidung ein und sind lediglich die Anforderungen des § 66 bzw. auch § 117 Abs. 2 i.V.m. § 524 Abs. 2 Satz 2 und 3 ZPO gegeben, nicht aber diejenigen der selbstständigen Beschwerde nach §§ 58 ff., 117, liegt eine unselbstständige Anschlussbeschwerde vor, die aufgrund ihrer Akzessorietät ihre Wirkung verliert, wenn die Hauptbeschwerde zurückgenommen oder als unzulässig verworfen wird.
Die bislang beschriebenen Konstellationen werden von § 145 nicht erfasst!
– Anschließung nach § 145
Zunächst wird Beschwerde vom Rechtsmittelführer nur gegen die güterrechtliche Entscheidung eingelegt. Schließt sich dann der Rechtsmittelgegner der Beschwerde an, indem er die Entscheidung zum Versorgungsausgleich anficht, so ist diese Anschließung, die nunmehr eine andere Folgesache betrifft, nur bis zum Ablauf von einem Monat nach Zustellung der Rechtsmittelbegründung zulässig. Dies ist die von § 145 Abs. 1 geregelte »Anschließung«.
– Gegenanschließung
In Anknüpfung an das vorausgegangene Beispiel ist jetzt wieder dem Rechtsmittelführer eine Gegenanschließung möglich, d.h. er könnte nach § 145 Abs. 2 nunmehr die Folgesache Ehegattenunterhalt anfechten.
– Rechtsmittelerweiterung

Eine Rechtsmittelerweiterung ist nach Ablauf der Frist zur Einlegung der Beschwerde (§ 63) grundsätzlich unzulässig. Nach Ablauf dieser Frist ist eine Erweiterung auf einen anderen Verfahrensgegenstand nur noch zulässig, wenn sich die Gründe dafür bereits aus der zuvor eingelegten fristgerechten Beschwerde herleiten lassen. Dies ist etwa denkbar in Zusammenhang mit einer Beschwerde gegen die Entscheidung zum Ehegattenunterhalt. Der Rechtsmittelführer könnte seine Beschwerde mit fehlender Leistungsfähigkeit begründet haben. Dann kann er innerhalb der Frist nach § 145 Abs. 1 eine Rechtsmittelerweiterung dahin gehend vornehmen, dass er nunmehr die Folgesache Kindesunterhalt anficht. Auch dazu würde die Begründung fehlender Leistungsfähigkeit nämlich passen. Diese Rechtsmittelerweiterung ist durch § 145 befristet.

§ 146 Zurückverweisung.

(1) ¹Wird eine Entscheidung aufgehoben, durch die der Scheidungsantrag abgewiesen wurde, soll das Rechtsmittelgericht die Sache an das Gericht zurückverweisen, das die Abweisung ausgesprochen hat, wenn dort eine Folgesache zur Entscheidung ansteht. ²Das Gericht hat die rechtliche Beurteilung, die der Aufhebung zugrunde gelegt wurde, auch seiner Entscheidung zugrunde zu legen.
(2) Das Gericht, an das die Sache zurückverwiesen wurde, kann, wenn gegen die Aufhebungsentscheidung Rechtsbeschwerde eingelegt wird, auf Antrag anordnen, dass über die Folgesachen verhandelt wird.

Übersicht	Rdn.		Rdn.
A. Allgemeines	1	III. Bindung an die rechtliche Beurteilung, § 146 Abs. 1 Satz 2	23
B. Zurückverweisung nach § 146 Abs. 1 Satz 1	11	C. Rechtsbeschwerde gegen die Aufhebungsentscheidung, § 146 Abs. 2	24
I. Voraussetzungen	11		
II. Ausnahmen	20		

A. Allgemeines. Die Regelung des § 146 Abs. 1 betrifft den Fall, dass gegen die Abweisung des Scheidungsantrags erfolgreich ein Rechtsmittel eingelegt wurde. 1

Dann soll das Rechtsmittelgericht die Sache an das Gericht zurückverweisen, das die Abweisung ausgesprochen hat, wenn dort eine Folgesache zur Entscheidung ansteht. 2

Danach bleibt es, wenn eine Entscheidung, durch die der Scheidungsantrag abgewiesen wurde, aufgehoben wird, zwar im Regelfall dabei, dass die Sache zur Wiederherstellung des Verbunds zurückzuverweisen ist, sofern bei dem Gericht, das die Abweisung ausgesprochen hat, noch eine Folgesache zur Entscheidung ansteht. 3

Ebenso ist zu verfahren, wenn ein Beteiligter noch Folgesachen anhängig machen möchte, da diese (rechtlich zulässige) Möglichkeit nicht durch einen verfrühten Scheidungsantrag ausgeschlossen werden darf. 4

5 Das Gericht kann jedoch nunmehr in begründeten Ausnahmefällen von einer Zurückverweisung auch absehen. Die Möglichkeit, in Ausnahmefällen von einer Zurückverweisung abzusehen, entspricht einem Bedürfnis der Praxis. Auf diese Weise kann in geeigneten Fällen das Verfahren zeitnah zum Abschluss gebracht werden.

6 Die Zurückweisung der Scheidungssache hat zur Folge, dass der Scheidungsverbund in diesen Fällen wiedereintritt und auch die Frist des § 137 Abs. 2 FamFG neu beginnt (OLG Köln, FuR 2015, 486).

7 Die Folgesachen gelangen nämlich bei Abweisung des Scheidungsantrags nicht in die Rechtsmittelinstanz (OLG Naumburg FamRZ 2007, 298; OLG Brandenburg FamRZ 2003, 1192, 1193), da sich die Beschwerde mangels Entscheidung in der Sache nicht auf sie beziehen kann. Andererseits werden die Folgesachen aber erst endgültig gegenstandslos i.S.v. § 142 Abs. 2, wenn die Abweisung des Scheidungsantrags rechtskräftig ist.

8 Damit sichert die Vorschrift des § 146 den Scheidungsverbund, wenn das Rechtsmittelgericht zu dem Ergebnis kommt, dass die Abweisung des Scheidungsantrags fehlerhaft war und deshalb zu korrigieren ist (vgl. Friederici/*Kemper* § 146 Rn. 2).

9 § 146 Abs. 1 Satz 2 ordnet an, dass das FamG, an das die aufgehobene Scheidungssache zurückverwiesen wird, an die rechtliche Beurteilung des Rechtsmittelgerichts gebunden ist.

10 § 146 Abs. 2 betrifft den Fall, dass gegen die Beschwerdeentscheidung, die zur Aufhebung des »Scheidungsbeschlusses« (= Abweisung des Scheidungsantrags) geführt hat, Rechtsbeschwerde zum BGH eingelegt wurde. Das FamG, an das die Sache zurückverwiesen wurde, kann in diesem Fall auf Antrag anordnen, dass über die Folgesachen verhandelt wird. Die Regelung bezweckt die Beschleunigung des Verfahrens.

11 **B. Zurückverweisung nach § 146 Abs. 1 Satz 1. I. Voraussetzungen.** Die Regelung des § 146 Abs. 1 greift ein, wenn gegen die Abweisung des Scheidungsantrags erfolgreich Beschwerde beim OLG eingelegt wurde. Dieser Fall ist insb. gegeben, wenn die Aufhebung deshalb erforderlich wird, weil zwischenzeitlich das Trennungsjahr abgelaufen ist (BGH NJW 1997, 1007; OLG Naumburg FamRZ 2007, 298).

12 § 146 Abs. 1 ist auch anwendbar, wenn der BGH einen den Scheidungsantrag abweisenden Beschluss der zweiten Instanz aufhebt, welcher die Beschwerde gegen einen abweisenden Beschluss des FamG zurückwies (Musielak/*Borth* FamFG § 146 Rn. 2).

13 Eine Zurückverweisung ist aber grundsätzlich nur möglich, wenn bei dem den Scheidungsantrag abweisenden Gericht **eine Folgesache zur Entscheidung ansteht**.

14 Dies wird bedingt durch den öffentlich-rechtlichen Versorgungsausgleich praktisch sehr oft der Fall sein.

15 Die Formulierung des Gesetzgebers »zur Entscheidung anstehen« macht deutlich, dass Anhängigkeit der Folgesache nicht erforderlich ist (vgl. auch OLG Brandenburg FamRZ 2013, 318).

16 Die Auslegung des § 146 Abs. 1 FamFG hat auch die Fristenregelung des § 137 Abs. 2 FamFG zu berücksichtigen (OLG Düsseldorf FuR 2010, 700). Der verfrühte Scheidungsantrag darf nach Ablauf des Trennungsjahres in der Beschwerdeinstanz nicht zur Folge haben, dass es der Antragsgegnerin/dem Antragsgegner unmöglich wird, Folgesachenanträge zu stellen. Erklärt daher der Antragsgegner, es sei beabsichtigt, Folgesachen noch anhängig zu machen, hat das Beschwerdegericht dies zu berücksichtigen. Nach Aufhebung und Zurückverweisung durch das Beschwerdegericht wegen eines erstinstanzlich verfrühten Ehescheidungsantrages beginnt dann die Frist des § 137 Abs. 2 FamFG erneut zu laufen.

17 Erst recht ist nach 146 Abs. 1 Satz 1 die Sache an das Ausgangsgericht zurückzuverweisen, wenn der betreffende Folgesachenantrag (z.B. auf Durchführung des Versorgungsausgleichs bei kurzer Ehe) in der Beschwerdeinstanz gestellt wird.

18 Wird eine Beschwerde sowohl gegen den Scheidungsausspruch als auch gegen Folgesachen gerichtet, so ist die Angelegenheit im Ganzen aufzuheben und an das Familiengericht zurückzuverweisen, falls die Beschwerde zumindest gegen eine im Verbund stehende Familiensache begründet ist (OLG Brandenburg FamRZ 2013, 302). § 142 Abs. 1 gilt nämlich auch für die Beschwerdeinstanz, d.h. im Fall der Scheidung ist über sämtliche im Verbund stehenden Familiensachen durch einheitlichen Beschluss zu entscheiden, sofern diese nicht gem. § 140 abzutrennen sind. Dies kann zur Folge haben, dass einer materiell unbegründeten Beschwerde gegen den Scheidungsausspruch aus verfahrensrechtlichen Gründen stattgegeben werden muss, wenn die Beschwerde gegen eine Folgesache (etwa betreffend den nachehelichen Unterhalt) Erfolg hat. Ansonsten wäre die erforderliche Einheitlichkeit der Verbundentscheidung nicht gewährleistet. Die Aufhebung und Zurückverweisung einer Folgesache führt damit in einem solchen Fall zur Aufhebung und Zurückverweisung auch des Scheidungsausspruchs zwecks Aufrechterhaltens des Verbundes in erster Instanz.

Eine Zurückverweisung ist ausgeschlossen, wenn ein Verbund nicht mehr besteht, weil Folgesachen nach 19
§ 140 abgetrennt wurden.

II. Ausnahmen. Die Zurückverweisung nach § 146 Abs. 1 ist als Sollvorschrift ausgestaltet, sodass das 20
Rechtsmittelgericht in begründeten Fällen von einer Zurückverweisung auch absehen kann.
Danach bleibt es, wenn eine Entscheidung, durch die der Scheidungsantrag abgewiesen wurde, aufgehoben 21
wird, zwar im Regelfall dabei, dass die Sache zur Wiederherstellung des Verbunds zurückzuverweisen ist,
sofern bei dem Gericht, das die Abweisung ausgesprochen hat, noch eine Folgesache zur Entscheidung ansteht.

Das Gericht kann jedoch in begründeten Ausnahmefällen von einer Zurückverweisung auch absehen. 22
Denkbar ist z.B. der Fall, dass die anstehende Folgesache durch Abtrennung vom Verbund ohnehin bereits
gelöst war oder dass die Folgesache durch eine Vereinbarung oder in sonstiger Weise ohne größeren Verfahrensaufwand vor dem Rechtsmittelgericht zum Abschluss gebracht werden kann. Ein Absehen von der Zurückverweisung wird i.d.R. nicht in Betracht kommen, wenn ein Beteiligter auf der Zurückverweisung besteht.

III. Bindung an die rechtliche Beurteilung, § 146 Abs. 1 Satz 2. Nach § 146 Abs. 1 Satz 2 ist die Vor- 23
instanz an die rechtliche Beurteilung des Rechtsmittelgerichts gebunden. Die nach § 146 Abs. 1 Satz 2 bestehende Bindung an die rechtliche Beurteilung bezieht sich aber ausschließlich auf die Scheidungssache;
mit Folgesachen ist in diesen Fällen das Beschwerdegericht nicht befasst und kann daher auch dazu keine
Feststellungen treffen oder die Vorinstanz binden (OLG Naumburg FamRZ 2007, 298; OLG Brandenburg
FamRZ 2003, 1192, 1193).

C. Rechtsbeschwerde gegen die Aufhebungsentscheidung, § 146 Abs. 2. § 146 Abs. 2 geht davon aus, 24
dass gegen die Beschwerdeentscheidung, die zur Aufhebung des »Scheidungsbeschlusses« (= Abweisung des
Scheidungsantrags) geführt hat, Rechtsbeschwerde zum BGH eingelegt wurde.
Die Rechtsbeschwerde zum BGH hat zur Folge, dass der zweitinstanzliche Beschluss hinsichtlich seiner 25
Wirkung gehemmt ist und das FamG zur Scheidungssache und den Folgesachen grds. nicht weiter terminieren kann, bevor der Zurückweisungsbeschluss rechtskräftig ist. § 146 Abs. 2 ist insoweit eine Ausnahme
zu diesen Grundprinzipien; das FamG, an das die Sache zurückverwiesen wurde, kann (Ermessen) trotz
der eingelegten Rechtsbeschwerde auf Antrag anordnen, dass über die Folgesachen verhandelt wird. Die Regelung bezweckt die Beschleunigung des Verfahrens.

§ 147 Erweiterte Aufhebung.

¹Wird eine Entscheidung auf Rechtsbeschwerde teilweise aufgehoben, kann das Rechtsbeschwerdegericht auf Antrag eines Beteiligten die Entscheidung auch insoweit aufheben und die Sache zur anderweitigen Verhandlung und Entscheidung an das Beschwerdegericht zurückverweisen, als dies wegen des Zusammenhangs mit der aufgehobenen Entscheidung geboten erscheint. ²Eine Aufhebung des Scheidungsausspruchs kann nur innerhalb eines Monats nach Zustellung der Rechtsmittelbegründung oder des Beschlusses über die Zulassung der Rechtsbeschwerde, bei mehreren Zustellungen bis zum Ablauf eines Monats nach der letzten Zustellung, beantragt werden.

Übersicht	Rdn.		Rdn.
A. Allgemeines	1	C. Voraussetzungen	10
B. Anwendungsbereich der Vorschrift	4	I. Antrag eines Beteiligten	10
I. Entscheidung des Bundesgerichtshofs . . .	4	II. Frist	14
II. Der erforderliche Zusammenhang	9	III. Verzicht auf das Antragsrecht des § 147 . .	16

A. Allgemeines. Der Scheidungsverbund bezweckt u.a. geordnete und abgestimmte Entscheidungen in 1
den Folgesachen. Dies ist dadurch bedingt, dass familienrechtliche Entscheidungen »Folgewirkung« haben
können. So steht etwa die Regelung der elterlichen Sorge bzw. des Aufenthaltsbestimmungsrechts in Zusammenhang mit der Gewährung von nachehelichem Betreuungsunterhalt nach § 1570 BGB. Die Vorschrift des § 147 will die Abstimmung von Folgesachen auch in der Rechtsbeschwerdeinstanz sicherstellen.
Wird eine Entscheidung auf Rechtsbeschwerde teilweise aufgehoben, kann der BGH auf Antrag eines Betei-

ligten die Entscheidung auch insoweit aufheben und die Sache zur anderweitigen Verhandlung und Entscheidung an das Beschwerdegericht zurückverweisen, als dies wegen des Zusammenhangs mit der aufgehobenen Entscheidung geboten erscheint.

2 Bedeutsam ist § 147, wenn das OLG oder das Kammergericht die Rechtsbeschwerde nur hinsichtlich der Scheidungssache oder einzelner Folgesachen zugelassen haben (§ 70 Abs. 2).

3 Dann scheidet hinsichtlich der weiteren Teile der Verbundentscheidung die Anfechtung mit einem Haupt- oder Anschlussrechtsmittel aus, weil auch eine Anschlussrechtsbeschwerde zugelassen werden muss. § 147 gestattet dem BGH die Aufhebung von nicht mehr anfechtbaren Teilen der Verbundentscheidung, die mit der vom BGH aufgehobenen Folgesache zusammenhängen und schiebt damit den Eintritt der Rechtskraft für solche Folgesachen bzw. die Scheidungssache hinaus.

4 **B. Anwendungsbereich der Vorschrift. I. Entscheidung des Bundesgerichtshofs.** § 147 setzt seinem Wortlaut entsprechend voraus, dass der BGH eine mit der Rechtsbeschwerde angegriffene Verbundentscheidung eines OLG oder des Kammergerichts teilw. aufhebt.

5 Weist also der BGH nach Aufhebung einer Folgesache oder des Scheidungsausspruchs das Verfahren an das OLG oder das Kammergericht zurück, besteht die Notwendigkeit zur Anwendung des § 147, weil die beim OLG oder des Kammergerichts anhängigen Folgesachen ansonsten inzwischen rechtskräftig geworden sind und auch nach § 145 nicht mehr angegriffen werden können. Der Eintritt der Rechtskraft kann nur durch den Antrag nach § 147 verhindert werden.

6 Die Aufhebungsbefugnis des BGH bezieht sich nur auf Teile der Entscheidung des OLG oder des Kammergerichts, nicht dagegen auf Teile der familiengerichtlichen Entscheidung erster Instanz, die nicht in die zweite Instanz gelangt sind.

7 Haben die Beteiligten den gesamten Scheidungsverbund zum Gegenstand der Rechtsbeschwerde gemacht, ist § 147 hingegen ohne Bedeutung, unabhängig davon, wie der BGH entscheidet.

8 Hebt der BGH einen Scheidungsausspruch auf und weist den Scheidungsantrag ab, ist § 147 ebenfalls nicht anwendbar, da nach § 146 sämtliche Folgesachen gegenstandslos werden.

9 **II. Der erforderliche Zusammenhang.** Die Anwendung des § 147 setzt einen Zusammenhang zwischen dem Teil der zweitinstanzlichen Entscheidung, der aufgrund des zugelassenen Rechtsmittels vom BGH aufgehoben wird, und einem anderen Teil, der nach § 147 aufzuheben ist, voraus (BGH FamRZ 1986, 895). Insoweit reicht ein tatsächlicher Zusammenhang aus, wobei jedoch häufig eine rechtliche Abhängigkeit der Folgesachen gegeben sein wird. So steht insb. die Regelung der elterlichen Sorge in Zusammenhang mit der Gewährung von nachehelichem Betreuungsunterhalt nach § 1570 BGB, der Regelung zum Kindesunterhalt, dem Umgangsrecht sowie auch einer Ehewohnungszuweisung. Weitere Beispiele finden sich im Güterrecht und Versorgungsausgleich. Praktisch bedeutungslos ist § 147 für den Scheidungsausspruch; wird er aufgehoben, erledigen sich die Folgesachen, d.h. werden gegenstandslos; wird umgekehrt eine Folgesache aufgehoben, so hat dies regelmäßig keinen Einfluss auf die nicht angegriffene Scheidung.

10 **C. Voraussetzungen. I. Antrag eines Beteiligten.** Die Aufhebung und Zurückverweisung einer nicht mit der Rechtsbeschwerde angegriffenen Folgesache an das OLG oder das Kammergericht nach § 147 erfolgt nur auf Antrag eines Beteiligten.

11 Der Antrag nach § 147 kann nur von den Ehegatten selbst gestellt werden, nicht dagegen von den anderen am Verfahren Beteiligten (Versorgungsträger, Jugendämter und Vermieter).

12 Die Eheleute sind auf ihr Antragsrecht hinzuweisen, wenn der BGH die Entscheidung in einer Folgesache aufheben will.

13 Der Antrag unterliegt dem Anwaltszwang und kann bis zum Schluss der mündlichen Verhandlung gestellt werden, im Verfahren ohne mündliche Verhandlung bis zur Entscheidung.

14 **II. Frist.** Nach § 147 Satz 2 kann der Antrag auf Aufhebung des Scheidungsausspruchs nur innerhalb eines Monats nach Zustellung der Rechtsmittelbegründung oder des Beschlusses über die Zulassung der Rechtsbeschwerde, bei mehreren Zustellungen bis zum Ablauf eines Monats nach der letzten Zustellung gestellt werden. Da die Aufhebung einer Folgesache kaum einen Einfluss auf den Scheidungsausspruch hat, ist § 147 Satz 2 wenig relevant; ursprünglich wollte der Gesetzgeber dem Ehegatten, der mit einer Entscheidung in Folgesachen nicht einverstanden war, ermöglichen, den Scheidungsantrag zurückzunehmen oder seine Zustimmung zur Scheidung zu widerrufen.

§ 147 Satz 2 kann allerdings eine erhebliche Verzögerung der Scheidung zur Folge haben. Die Ehescheidung 15
wird nämlich, sofern ein Antrag auf erweiterte Aufhebung fristgemäß gestellt ist, erst mit der Entscheidung
des BGH rechtskräftig, die der beantragten erweiterten Aufhebung nicht stattgibt. Damit kann auch ein
völlig unbegründeter Antrag die Rechtskraft der Scheidung erheblich aufschieben.

III. Verzicht auf das Antragsrecht des § 147. Die Ehegatten können wirksam auf das Antragsrecht nach 16
§ 147 verzichten, wenn das OLG oder das Kammergericht die Scheidung bestätigt hat. Dadurch wird die
Rechtskraft der Scheidung herbeigeführt.

§ 148 Wirksamwerden von Entscheidungen in Folgesachen. Vor Rechtskraft des Scheidungsausspruchs werden die Entscheidungen in Folgesachen nicht wirksam.

Übersicht	Rdn.		Rdn.
A. Allgemeines	1	II. Wiedereinsetzung in den vorigen Stand . .	10
B. Rechtskraft einer Verbundentscheidung	6	III. Rechtsmittelverzicht	11
I. Grundsätze	6	C. Vollstreckung von Folgesachen	13

A. Allgemeines. Die Vorschrift des § 148 ordnet an, dass vor Rechtskraft des Scheidungsausspruchs die 1
Entscheidungen in Folgesachen nicht wirksam werden.
Eine Entscheidung zu Folgesachen setzt die Scheidung der Ehe voraus. Wird weder gegen den Scheidungs- 2
ausspruch noch gegen die Folgesachen Beschwerde eingelegt, tritt die Rechtskraft hinsichtlich aller Verbundentscheidungen einheitlich ein. Dies ist anders, wenn eine Abtrennung von Folgesachen nach § 140 erfolgt oder nur gegen den Scheidungsausspruch oder einzelne Folgesachen ein Rechtsmittel eingelegt wird.
Da Folgesachen nur für den Fall der Scheidung entschieden werden (§ 137 Abs. 2), dürfen derartige Ent- 3
scheidungen nicht Wirkung vor Rechtskraft des Scheidungsausspruchs entfalten, zumal bei einer Abweisung des Scheidungsantrags Folgesachen nach § 142 Abs. 2 auch gegenstandslos werden.
§ 148 schiebt deshalb die Wirksamkeit solcher Entscheidungen auf, bis die Scheidung selbst rechtskräftig 4
wird; insoweit verdrängt § 148 die allgemeinen Vorschriften der §§ 40, 116 Abs. 3.
Auch eine Vollstreckung der jeweiligen Folgesache kommt erst in Betracht, wenn Wirksamkeit i.S.v. § 148 5
besteht.

B. Rechtskraft einer Verbundentscheidung. I. Grundsätze. Die Wirksamkeit von Folgesachenentschei- 6
dungen hängt von der Rechtskraft des Scheidungsausspruchs ab.
Wird gegen einen Verbundbeschluss kein (rechtzeitiges) Rechtsmittel eingelegt, werden Scheidung und Fol- 7
gesachen zeitgleich nach Ablauf der Rechtsmittelfrist rechtskräftig, d.h. die Folgesachen sind wirksam i.S.v.
§ 148.
Soweit Rechtsmittel gegen einzelne Folgesachen oder den Scheidungsausspruch eingelegt werden, richtet 8
sich der Eintritt der Rechtskraft des Scheidungsausspruchs nach § 145 bzw., falls Rechtsbeschwerde zum
BGH eingelegt wurde, nach § 147 Satz 2.
Scheidungsbeschlüsse des BGH werden mit ihrer Verkündung rechtskräftig. 9

II. Wiedereinsetzung in den vorigen Stand. Die Möglichkeit, einen Antrag auf Wiedereinsetzung in den 10
vorigen Stand zu stellen, hindert den Eintritt der Rechtskraft des Scheidungsausspruchs nicht. Relevant ist
dies insb. dann, wenn über ein VKH-Gesuch zur Einreichung eines Rechtsmittels durch das OLG erst nach
Ablauf der Rechtsmittelfrist entschieden wird. Erst mit der Bewilligung der Wiedereinsetzung ergibt sich
rückwirkend eine Hemmung bzw. Durchbrechung der Rechtskraft (OLG Zweibrücken FamRZ 1995, 619).

III. Rechtsmittelverzicht. Der Eintritt der Rechtskraft erfolgt bereits dann, wenn die Beteiligten vor dem 11
FamG nach Verkündung des Scheidungsbeschlusses nicht nur auf Rechtsmittel, sondern auch auf Anschlussrechtsmittel verzichten. Dies ist nach § 144 zulässig. Die Beteiligten bedürfen dafür allerdings anwaltlicher Vertretung (vgl. § 114 Abs. 1). Die Scheidung ist damit sofort rechtskräftig. Die Rechtskraft der
Folgesachen hängt davon ab, ob etwaige beteiligte *Dritte* Rechtsmittel einlegen (z.B. der Versorgungsträger).
Soweit eine Beteiligung Dritter nicht *möglich ist,* ist auch die Folgesache sofort rechtskräftig (Unterhaltsfolgesache, Güterrechtsfolgesache) und damit vollstreckbar.

§ 149   Buch 2. Verfahren in Familiensachen

12 Der Verzicht auf das Antragsrecht nach § 147 ist nur bei einem Scheidungsbeschluss der Beschwerdeinstanz, d.h. des OLG, erforderlich, um die sofortige Rechtskraft der Scheidung herbeizuführen.
13 **C. Vollstreckung von Folgesachen.** Die Vollstreckung von Folgesachen (insb. Zugewinn, Unterhalt) setzt nach § 148 den Eintritt der Rechtskraft des Scheidungsausspruchs voraus, vgl. § 148.
14 Die Vollstreckungsklausel kann deshalb für Folgesachen erst nach Rechtskraft des Scheidungsausspruchs erteilt werden.
15 Die »Bedingung« des § 148 ist in der Beschlussformel aufzunehmen. Der Beschluss, der Unterhalt oder Zugewinnausgleich tituliert, kann i.Ü. nicht nach § 116 Abs. 3 Satz 2 für sofort wirksam erklärt werden, da Folgesachenentscheidungen vor Rechtskraft der Scheidung einen Vollzug nicht zulassen. Dies ergibt sich bereits aus dem Verfahrensantrag, nach welchem Unterhalt oder Zugewinnausgleich nur für den Fall der Scheidung begehrt wurde. Dies lässt eine vorzeitige Vollstreckung, also noch vor Rechtskraft der Scheidung, nicht zu.
16 Allerdings kommt die Anordnung der sofortigen Wirksamkeit dann in Betracht, wenn die Scheidung bereits rechtskräftig ist, die Folgesache aber noch nicht (z.B. aufgrund einer Abtrennung oder eines eingelegten Rechtsmittels nur gegen die Folgesache).
17 **Formulierungsbeispiel:** Der Antragsgegner wird verpflichtet, ab Rechtskraft des Scheidungsausspruchs an die Antragstellerin zum Zwecke des Zugewinnausgleichs einen Betrag von 25.000 € zu bezahlen.
Der Antragsgegner wird verpflichtet, ab Rechtskraft des Scheidungsausspruchs, zu Händen der Antragstellerin, jeweils monatlich im Voraus, beginnend ab dem Ersten des Monats, der auf den Eintritt der Rechtskraft des Scheidungsbeschlusses folgt, Kindesunterhalt für das Kind … i.H.v. … zu bezahlen. Der Beschluss ist nach Rechtskraft der Scheidung sofort wirksam.

§ 149 Erstreckung der Bewilligung von Verfahrenskostenhilfe. Die Bewilligung der Verfahrenskostenhilfe für die Scheidungssache erstreckt sich auf eine Versorgungsausgleichsfolgesache, sofern nicht eine Erstreckung ausdrücklich ausgeschlossen wird.

Übersicht

	Rdn.		Rdn.
A. Regelungsgehalt...........................	1	II. Anwaltsbeiordnung für das Scheidungsverfahren................................	4
B. Einzelheiten...............................	2	III. Verfahrenskostenhilfe für den Versorgungsausgleich..........................	5
I. Vkh-Bewilligung für das Scheidungsverfahren........................	2	C. Erstreckung der Beiordnung nach § 48 RVG	9

1 **A. Regelungsgehalt.** Die Vorschrift ergänzt die in den §§ 114 ff. ZPO auch i.V.m. § 76 enthaltenen **Regelungen zur Verfahrenskostenhilfe** für das Scheidungsverbundverfahren und entspricht inhaltlich dem bis 31.08.2009 geltenden § 624 Abs. 2 ZPO. Sie erstreckt kraft Gesetzes die Bewilligung von Verfahrenskostenhilfe für die Ehescheidung auch auf den im Verbund mit der Scheidung durchzuführenden Versorgungsausgleich, und zwar einschließlich der auf ihrer Grundlage erfolgten Beiordnung eines Anwalts. Es sei denn, in dem Bewilligungsbeschluss ist die Folgesache Versorgungsausgleich oder die Anwaltsbeiordnung hierfür ausdrücklich ausgenommen. Ist das wie regelmäßig nicht der Fall, muss, anders als für die übrigen Folgesachen (s. § 76 Rdn. 80), Verfahrenskostenhilfe nicht gesondert beantragt werden. Gem. § 270 Abs. 1 gilt dies auch für die Aufhebung einer Lebenspartnerschaft nach § 15 LPartG. Unanwendbar ist § 149 dagegen auf andere Folgesachen sowie Versorgungsausgleichssachen, die erst nach der Scheidung im selbstständigen FG-Verfahren anhängig werden, und für die Bewilligung von Verfahrenskostenhilfe für ein Rechtsmittel.

2 **B. Einzelheiten. I. Vkh-Bewilligung für das Scheidungsverfahren.** Die Regelung des § 149 ergreift sowohl die Bewilligung von Verfahrenskostenhilfe für denjenigen Ehegatten, der den Scheidungsantrag gestellt hat, als auch die Bewilligung für den Antragsgegner. Ihre Voraussetzungen richten sich gem. § 113 Abs. 1 grds. nach den §§ 114 ff. ZPO (s. dazu ausführlich § 76 Rdn. 3 ff.). Hinsichtlich der wirtschaftlichen Verhältnisse ist zu beachten, dass auch der leistungsfähige gegnerische Ehegatte vorrangig auf Zahlung eines Verfahrenskostenvorschusses in Anspruch zu nehmen ist (nicht, wenn ihm selbst Vkh bewilligt wurde,

OLG Celle FamRZ 2010, 53). Bei Scheidung einer Scheinehe unterliegt die Bedürftigkeit der Ehefrau einer verschärften Prüfung (BGH FamRZ 2011, 872; OLG Rostock FamRZ 2007, 1335; Prütting/Helms/*Stößer* § 76 Rn. 38). Wegen Mutwilligkeit oder Rechtsmissbrauch darf dagegen Verfahrenskostenhilfe für eine Scheinehe nicht versagt werden (BGH FamRZ 2011, 872; 2005, 1477).

Die **Erfolgsaussicht** ist auch bei der Verfahrenskostenhilfe für ein Scheidungsverfahren zumindest für den Antrag des Antragstellers zu prüfen. Sie fehlt z.B., wenn das Gericht nicht zuständig ist oder das Trennungsjahr noch nicht abgelaufen ist und Härtegründe für eine vorzeitige Scheidung fehlen (Keidel/*Weber* § 149 Rn. 3). Dem **Antragsgegner**, der dem Scheidungsantrag entgegentreten will, kann Verfahrenskostenhilfe nicht wegen fehlender Erfolgsaussicht verweigert werden (OLG Hamburg FamRZ 2003, 1017; OLG Jena FamRZ 1998, 1179). Dasselbe gilt auch für eine einvernehmliche Scheidung, weil der Antragsgegner sich dem Statusverfahren nicht entziehen kann (Keidel/*Weber* § 149 Rn. 4; Musielak/Borth/*Borth-Grandel* § 149 Rn. 6; Prütting/*Helms* § 149 Rn. 2 m.w.N.). 3

II. Anwaltsbeiordnung für das Scheidungsverfahren. Den Beteiligten eines Scheidungsverfahrens ist mit der Bewilligung von Verfahrenskostenhilfe regelmäßig auch ohne Antrag ein Anwalt beizuordnen, da sie sich grds. durch einen Anwalt vertreten lassen müssen (s. § 114 Abs. 1, § 113 Abs. 1 i.V.m. § 121 Abs. 1 ZPO; s.a. § 78 Rdn. 6 ff.). Vom Anwaltszwang ausgenommen sind gem. § 114 Abs. 4 Nr. 3, 4 und 7 eine Reihe von Verfahrenshandlungen, die es dem Antragsgegner ermöglichen sollen, bei einer einvernehmlichen Scheidung auf einen eigenen Anwalt zu verzichten (BT-Drucks. 16/6308, S. 224, 229; s.a. § 114 Rdn. 19 und die Kritik von Keidel/*Weber* § 133 Rn. 10). Diese Option bleibt auch bei Bewilligung von Verfahrenskostenhilfe eine freiwillige. Zwar ist bei einer einvernehmlichen Scheidung dem Antragsgegner nicht mehr nach § 113 Abs. 1 i.V.m. § 121 Abs. 1 ZPO v.A.w. ein Anwalt beizuordnen. Es bleibt aber das ebenso zwingende Gebot des § 121 Abs. 2 ZPO, demzufolge dem Antragsgegner auf seinen Antrag hin ein Anwalt beigeordnet werden muss, wenn die Gegenseite anwaltlich vertreten ist (Grundsatz der Waffengleichheit). Der Beiordnungsantrag – nicht die Verfahrenskostenhilfe – kann nur abgelehnt werden, wenn er rechtsmissbräuchlich wäre (vgl. OLG Köln FamRZ 2008, 1260 für die Anwaltsbeiordnung in einem einvernehmlichen Eheaufhebungsverfahren). Davon geht die herrschende Meinung in der Literatur wegen der Besonderheiten des Scheidungsverbundverfahrens auch für die einvernehmliche Ehescheidung nach dem FamFG bislang zu Recht nicht aus (s. Keidel/*Weber* § 149 Rn. 4; Musielak/Borth/*Borth-Grandel* § 149 Rn. 6; Prütting/*Helms* § 149 Rn. 2 m.w.N.). 4

III. Verfahrenskostenhilfe für den Versorgungsausgleich. Die Bewilligung von Verfahrenskostenhilfe erfasst regelmäßig nur die Gegenstände, die der Bewilligungsbeschluss ggf. i.V.m. dem Antrag bezeichnet (s. dazu § 76 Rdn. 78 ff.). Danach bestimmt sich grds. auch der gegenständliche Umfang der im Rahmen der Verfahrenskostenhilfe erfolgten Beiordnung eines Anwalts (zu den Ausnahmen s.u. C.). Wird Verfahrenskostenhilfe für die Ehescheidung oder die Aufhebung einer Lebenspartnerschaft bewilligt, sind davon grds. weder Gegenanträge oder Antragserweiterungen noch Folgesachen erfasst (OLG Zweibrücken FamRZ 2006, 133), sodass hierfür Kostenhilfe besonders beantragt und bewilligt werden muss, ohne die auch kein Anwalt beigeordnet werden könnte. Von diesem Grundsatz macht § 149 eine Ausnahme, in dem er die für Scheidung bewilligte Kostenhilfe **automatisch auf die Folgesache Versorgungsausgleich erstreckt**, sofern das Gericht dies nicht ausdrücklich ausschließt (s. Rdn. 7). Die gesetzlich angeordnete Erstreckung der Vkh bezieht sich auf den gesamten Inhalt der Bewilligung und erfasst damit auch die auf der Grundlage des Bewilligungsbeschlusses – nicht notwendig mit ihm – erfolgte **Beiordnung eines Anwalts**. 5

Die automatische Bewilligung von Verfahrenskostenhilfe erstreckt sich auf **sämtliche verbundfähigen Ansprüche** nach § 137 Abs. 2 Nr. 1. Es macht keinen Unterschied, ob es sich um einen v.A.w. einzuleitenden öffentlich rechtlichen Versorgungsausgleich handelt (s. § 137 Abs. 1 Satz 2) oder ob er nur auf Antrag durchzuführen ist (h.M.: MüKoZPO/*Koritz* § 149 FamFG Rn. 3; Keidel/*Weber* § 149 Rn. 6; Johannsen/Henrich/*Markwardt* § 149 FamFG Rn. 6; a.A. für unbegründete oder unzulässige Anträge Musielak/Borth/*Borth-Grandel* § 149 Rn. 2). Auch Auskunftsansprüche nach § 4 VersAusglG werden davon erfasst (OLG Frankfurt am Main FamRZ 2000, 99). Soweit der Gesetzgeber die Antragsverfahren davon ausnehmen wollte, hat sich dies im Wortlaut nicht niedergeschlagen (Prütting/*Helms* § 149 Rn. 3). 6

Das Gericht kann die **Erstreckung** der Bewilligung von Verfahrenskostenhilfe für die Ehescheidung auf den Versorgungsausgleich ganz oder teilweise **ausschließen** (§ 149 Halbs. 2). Dies muss bereits im Bewilligungs- oder Beiordnungsbeschluss für die Ehescheidung erfolgen, da ansonsten der Automatismus wirkt (Keidel/*Weber* § 149 Rn. 6). Er ist zweckmäßig, wenn auch bislang unüblich und in den den Gerichten für den Beschluss zur Verfügung gestellten Formularen oder EDV-Programmen nicht vorgesehen, die Erstreckung auf 7

Anträge zum schuldrechtlichen Ausgleich (§§ 20 ff. VersAusglG) von der Prüfung der Erfolgsaussicht abhängig zu machen oder sie vorläufig auszuschließen (Keidel/*Weber* § 149 Rn. 6; a.A. *Schneider* NZFam 2014, 732). Im Übrigen benötigen die Ehegatten für die Prüfung des Versorgungsausgleichs i.d.R. anwaltlicher Hilfe (BGH FamRZ 2014, 551). Das gilt dem entsprechend und entgegen der in Vorauflage noch vertretenen Meinung auch für die Prüfung, ob im Falle kurzer Ehedauer ein Antrag nach § 3 Abs. 3 VersAusglG gestellt werden soll.

8 Die einmal kraft Gesetzes eingetretene Bewilligung von Verfahrenskostenhilfe für den Versorgungsausgleich und die Beiordnung eines Anwalts hierfür wird von einer **Trennung des Verfahrens aus dem Verbund** nicht berührt. Das gilt nach allg. M. jedenfalls dann, wenn es sich um eine Abtrennung nach § 140 Abs. 2 handelt, bei der der Versorgungsausgleich verfahrens- und kostenrechtlich weiterhin wie eine Folgesache behandelt wird (sog. unechte Trennung s. § 137 Rdn. 9 f.). Anders ist es dagegen, wenn der Versorgungsausgleich ausnahmsweise nach Art. 111 Abs. 4 FGG-RG aus einem noch nach altem Recht geführten Scheidungsverfahren abgetrennt wird. Dann ist er als selbstständige Familiensache fortzuführen (FamRZ 2011, 635; 2012, 98). Mit der Abtrennung hat er (frühestens seit 01.09.2009) nicht nur seinen Charakter als Folgesache verloren, gleichzeitig ist auch die auf § 149 bzw. § 624 Abs. 2 ZPO a.F. beruhende Erstreckung der für den Scheidungsverbund bewilligten Prozess- oder Verfahrenskostenhilfe entfallen (BGH FamRZ 2011, 635, 637). Das führt dazu, dass in diesem Fall für das abgetrennte Verfahren erneut Vkh und ggf. die Beiordnung eines Anwalts beantragt und bewilligt werden muss (OLG Jena FamRZ 2011, 1885). Nach der vorgenannten Entscheidung des BGH folgt dies aber nur aus der Tatsache, dass die automatische Erstreckung der für die Scheidung bewilligten Pkh oder Vkh auf die Folgesache Versorgungsausgleich mit ihrer Verselbstständigung endet. Anders ist dies m.E. zu beurteilen, wenn in dem Bewilligungsbeschluss Vkh ausdrücklich auch für den Versorgungsausgleich bewilligt wurde. In diesem Fall behält der Vkh-Beschluss wie bei der echten Abtrennung und/oder Fortführung sonstiger Folgesachen als selbstständige Familiensache seine Wirkung bis zum Abschluss des Verfahrens (OLG Naumburg OLGR 2002, 117), wenn sich – wie beim Versorgungsausgleich (s. BGH FamRZ 2011, 635 Rn. 24) – der Verfahrensgegenstand nicht ändert. Es besteht insoweit kein Unterschied zu einer Verfahrenstrennung außerhalb des Scheidungsverbunds oder einer Verweisung, bei der nach überwiegender Ansicht die Pkh- oder Vkh-Bewilligung wie andere Entscheidungen auch fortwirkt (Musielak/*Foerste* § 281 Rn. 13 m.w.N.; s.a. § 78 Rdn. 19). Weshalb dies nach h.M. (s. z.B. OLG Hamm FamRZ 2011, 662 m.w.N.; Prütting/*Helms* § 137 Rn. 71; Musielak/Borth/*Borth-Grandel* § 137 Rn. 51) für die Fortführung einer Folgesache als selbstständige Familiensache nicht gelten soll, ist nicht nachvollziehbar; zumal das Verfahren vor und nach der Trennung kostenrechtlich eine Einheit bildet (vgl. § 21 Abs. 3 RVG; s.a. § 6 FamGKG Rdn. 12). Aus der Entscheidung des BGH zu § 149 (FamRZ 2011, 635) folgt dies jedenfalls nicht. Zur Kostenentscheidung bei Abtrennung von Folgesachen vgl. § 150 Rdn. 19 ff.

9 **C. Erstreckung der Beiordnung nach § 48 RVG.** Während § 149 die Bewilligung von Verfahrenskostenhilfe und damit auch die mit ihr erfolgte Beiordnung eines Anwalts auf den Versorgungsausgleich erstreckt, erweitert § 48 Abs. 2 bis 4 RVG den **aus der Beiordnung resultierenden Vergütungsanspruch** des Anwalt gegen die Staatskasse. Für bestimmte Angelegenheiten erstrecken sich die Vergütungsansprüche kraft Gesetzes auf mit dem Gegenstand der Beiordnung zusammenhängende Verfahren oder Verfahrensgegenstände und zwar unabhängig davon, ob für diese Verfahrenskostenhilfe beantragt oder bewilligt ist. Der Begünstigte wird insoweit nicht nur von Anwaltskosten befreit. Obwohl der ausdrückliche Wortlaut dieser Vorschrift lediglich die Beiordnung erweitert, ist nach dem Sinn und Zweck der Regelung damit auch eine Erweiterung der Bewilligung der Vkh verbunden (vgl. OLG Koblenz FamRZ 2015, 785, 786 m.w.N.). Dennoch sollte, um auch eine Befreiung von Gerichtskosten zu erreichen, vorsorglich auch Verfahrenskostenhilfe beantragt werden.

10 § 48 Abs. 2 RVG erstreckt den Vergütungsanspruch des für eine Beschwerde oder Rechtsbeschwerde beigeordneten Anwalts auch auf die Rechtsverteidigung gegen **Anschlussrechtsmittel** sowie auf die Vollziehung oder **Vollstreckung eines Arrests oder einer einstweiligen Anordnung**, wenn er für deren Erwirkung beigeordnet war. Dies gilt nicht, wenn der Beiordnungsbeschluss ausdrücklich etwas anderes bestimmt.

11 In gleicher Weise, aber ohne Ausschlussmöglichkeit, wird die **Beiordnung in einer Ehesache** oder ihr gleichgestellten Aufhebung einer Lebenspartnerschaft auf die Verteidigung gegen einen **Widerantrag** (§ 48 Abs. 4 Nr. 5 RVG) sowie auf **Einigungen über bestimmte Trennungs- oder Scheidungsfolgen** erstreckt, namentlich auf den gegenseitigen Unterhalt der Ehegatten, den Unterhalt ggü. den Kindern im Verhältnis der Ehegatten zueinander, die Sorge für die Person der gemeinschaftlichen minderjährigen Kinder, die Regelung des *Umgangs* mit einem Kind, die Rechtsverhältnisse an der Ehewohnung und den Haushaltsgegen-

ständen sowie Ansprüche aus dem ehelichen Güterrecht (§ 48 Abs. 3 RVG; s. i.E. *Schneider* NZFam 2014, 257). Die Erstreckung auf eine Einigung über Trennungs- und Scheidungsfolgen ist vornehmlich für Einigungen in Eheaufhebungsverfahren u.ä. interessant, die keinen Verbund mit Folgesachen zulassen, und für Einigungen über im Verfahren nicht anhängige Folgesachen. In diesem Fall umfasst der Vergütungsanspruch gem. § 48 Abs. 3 RVG in der durch das 2. KostRMoG geänderten Fassung neben der Einigungsgebühr und der (ermäßigten) Verfahrensgebühr auch eine angefallene Terminsgebühr (s BT-Drucks. 17/11471, S. 270; s. näher § 78 Rdn. 30 auch zur Anwendung auch auf andere sog. Mehrvergleiche). Soweit der Gegenstand der Einigung eine Folgesache betrifft, für die der Anwalt beigeordnet wurde, ergibt sich der Anspruch auf Ersatz der vollen Vergütung gegen die Staatskasse bereits aus der unmittelbaren Geltung der allgemeinen Gebührenvorschriften (§§ 48 Abs. 1 i.V.m. 45 Abs. 1 RVG).

§ 150 Kosten in Scheidungssachen und Folgesachen. (1) Wird die Scheidung der Ehe ausgesprochen, sind die Kosten der Scheidungssache und der Folgesachen gegeneinander aufzuheben.
(2) ¹Wird der Scheidungsantrag abgewiesen oder zurückgenommen, trägt der Antragsteller die Kosten der Scheidungssache und der Folgesachen. ²Werden Scheidungsanträge beider Ehegatten zurückgenommen oder abgewiesen oder ist das Verfahren in der Hauptsache erledigt, sind die Kosten der Scheidungssache und der Folgesachen gegeneinander aufzuheben.
(3) Sind in einer Folgesache, die nicht nach § 140 Abs. 1 abzutrennen ist, außer den Ehegatten weitere Beteiligte vorhanden, tragen diese ihre außergerichtlichen Kosten selbst.
(4) ¹Erscheint in den Fällen der Absätze 1 bis 3 die Kostenverteilung insbesondere im Hinblick auf eine Versöhnung der Ehegatten oder auf das Ergebnis einer als Folgesache geführten Unterhaltssache oder Güterrechtssache als unbillig, kann das Gericht die Kosten nach billigem Ermessen anderweitig verteilen. ²Es kann dabei auch berücksichtigen, ob ein Beteiligter einer richterlichen Anordnung zur Teilnahme an einem Informationsgespräch nach § 135 nicht nachgekommen ist, sofern der Beteiligte dies nicht genügend entschuldigt hat. ³Haben die Beteiligten eine Vereinbarung über die Kosten getroffen, soll das Gericht sie ganz oder teilweise der Entscheidung zugrunde legen.
(5) ¹Die Vorschriften der Absätze 1 bis 4 gelten auch hinsichtlich der Folgesachen, über die infolge einer Abtrennung gesondert zu entscheiden ist. ²Werden Folgesachen als selbständige Familiensachen fortgeführt, sind die hierfür jeweils geltenden Kostenvorschriften anzuwenden.

Übersicht

	Rdn.		Rdn.
A. Allgemeines	1	III. Kostenentscheidung bei Drittbeteiligung (Abs. 3)	12
B. Grundsätze der Kostenentscheidung	5	IV. Rechtsmittelverfahren	13
I. Kostenfolge bei Ausspruch der Scheidung (Abs. 1)	6	C. Abweichende Kostenfolge (Abs. 4)	15
II. Kostenfolge bei anderweitiger Erledigung (Abs. 2)	7	I. Allgemeines	15
1. Entscheidung bei Abweisung oder Rücknahme	7	II. Billigkeitskorrektur (Satz 1)	16
a) Einseitig gestellter Scheidungsantrag	7	III. Kostenstrafe (Satz 2)	17
b) Beidseits gestellte Scheidungsanträge	9	IV. Kostenvereinbarung (Satz 3)	18
2. Entscheidung bei Erledigung der Hauptsache	10	D. Kostenentscheidung bei Abtrennung und Fortführung von Folgesachen (Abs. 5)	19
		E. Rechtsmittel gegen die Kostenentscheidung	21

A. Allgemeines. Die Vorschrift regelt die Kostentragung in Scheidungs- und Folgesachen und geht als **Spezialregelung** den allgemeinen Bestimmungen *der* §§ 91 ff. ZPO i.V.m. § 113 Abs. 1 und auch den Sonderregelungen für einzelne Folgesachen im FamFG, z.B. § 243, vor (BT-Drucks. 16/6308, S. 233). Gem. § 270 Abs. 1 gilt sie auch in Verfahren auf Aufhebung einer Lebenspartnerschaft und zwar auch bei einer Aufhebung nach § 15 Abs. 2 Satz 2 LPartG (s. § 132 Rdn. 2). 1

§ 150   Buch 2. Verfahren in Familiensachen

2   Über die Kosten sämtlicher Verfahrensgegenstände, auch der FG-Folgesachen, wird **einheitlich nach § 150 entschieden**. Es findet insb. im Kostenausspruch keine Trennung zwischen den einzelnen Verfahrensgegenständen statt und im Allgemeinen auch nicht zwischen gerichtlichen und außergerichtlichen Kosten wie in selbstständigen FG-Verfahren. Ausgenommen sind hiervon lediglich die außergerichtlichen Kosten eines Drittbeteiligten (s.u. Rdn. 12) oder Kosten der Säumnis (s. Rdn. 8), über die gesondert, aber i.R.d. Gesamtkostenentscheidung zu befinden ist.

3   Wie den Entscheidungsverbund (§ 137) gibt es auch einen »**Kostenverbund**« (Zöller/*Herget* 27. Aufl. § 93a Rn. 1; OLG Nürnberg FamRZ 2015, 524). Es ergeht grds. keine isolierte Kostenentscheidung über einzelne Folgesachen solange der Verbund besteht. Zu den Auswirkungen bei Abtrennung von Folgesachen s.u. Rdn. 19 f. Der Kostenverbund gilt auch in der Rechtsmittelinstanz, betrifft aber nur die dort anhängigen Folgesachen (BGH FamRZ 1983, 693). Nur wenn in der Rechtsmittelinstanz der Scheidungsausspruch aufgehoben wird, ist über die Kosten des gesamten Verfahrens zu entscheiden, soweit nicht einer Partei die Fortführung einer Folgesache vorbehalten wird (§ 142 Abs. 2).

4   Zu den **Kosten des Verfahrens**, über deren Verteilung auf die Verfahrensbeteiligten zu entscheiden ist, gehören die gerichtlichen Kosten (Gebühren und Auslagen s. dazu § 3 FamGKG Rdn. 11 ff.) und die außergerichtlichen Kosten der Beteiligten (§ 91 ZPO, s. § 80 Rdn. 48 ff.). Der **Gegenstandswert** für die Scheidung bemisst sich nach § 43 FamGKG (s. § 43 FamGKG Rdn. 2 ff. und zum Wert der Folgesachen im Verbund §§ 44 ff. FamGKG).

5   **B. Grundsätze der Kostenentscheidung.** In den Abs. 1 und 2 wird für unterschiedliche Arten der Verfahrenserledigung die **regelmäßige Kostenfolge** zwischen den Ehegatten und in Abs. 3 die Kostenbelastung weiterer Verfahrensbeteiligter geregelt. Von den allgemeinen Regeln kann nach Abs. 4 in allen Fällen abgewichen werden, wenn das Ergebnis unbillig ist, in bestimmten Fällen, u.a. wenn die Beteiligten eine abweichende Kostenvereinbarung getroffen haben, ist eine **Korrektur** regelmäßig angezeigt (s.u. Rdn. 15 ff.). Neben § 150 kommt wie bei § 243 eine unmittelbare Anwendung der §§ 91 ff. ZPO i.V.m. § 113 Abs. 1 oder der §§ 81, 83 in erster Instanz nicht in Betracht, ihre Wertungen können aber bei der streitlosen Erledigung einer Folgesache im Rahmen der Billigkeitsabwägung herangezogen werden (s. Rdn. 16 und zu den Rechtsmittelverfahren Rdn. 13 f.).

6   **I. Kostenfolge bei Ausspruch der Scheidung (Abs. 1).** Bei einem **erfolgreichen Scheidungsantrag** sind die Kosten des Verfahrens einschließlich der Kosten der in den Verbund einbezogenen Folgesachen grundsätzlich, d.h. vorbehaltlich einer Billigkeitskorrektur (s. Rdn. 16), gegeneinander aufzuheben mit der Folge, dass die beteiligten Ehegatten jeweils die Hälfte der gerichtlichen Kosten und ihre außergerichtlichen Kosten vollständig selbst tragen (**Abs. 1** i.V.m. § 113 Abs. 1, § 92 Abs. 1 Satz 2 ZPO). Bei beidseits gestellten Scheidungsanträgen gilt das auch dann, wenn nur dem Scheidungsantrag des einen Ehegatten stattgegeben wird, während der des anderen sich auf andere Weise erledigt hat. Drittbeteiligte müssen sich an den gerichtlichen Kosten grds. nicht beteiligen (zur Tenorierung in diesem Fall s. Rdn. 12).

7   **II. Kostenfolge bei anderweitiger Erledigung (Abs. 2). 1. Entscheidung bei Abweisung oder Rücknahme. a) Einseitig gestellter Scheidungsantrag.** Bei **Abweisung** oder **Rücknahme** des nur von einem Ehegatten gestellten Scheidungsantrags fallen grds. dem Antragsteller die gesamten Verfahrenskosten zur Last, einschließlich der Kosten der Folgesachen, die infolge der Rücknahme gegenstandslos werden. Das gilt auch für die Kosten der Folgesachen, die nach § 140, 137 Abs. 5 Satz 1 abgetrennt sind (s.u. Rdn. 20), aber nicht, wenn sie als selbstständige Familiensachen gem. §§ 141 Satz 3, 142 Abs. 2 Satz 3 fortgeführt werden ((Prütting/*Helms* § 150 Rn. 4; Keidel/*Weber* § 150 Rn. 4; s.a. Rdn. 19). Eine Korrektur nach Abs. 4 (s. Rdn. 16) ist nicht veranlasst, wenn streitig war, ob überhaupt das Trennungsjahr abgelaufen ist (OLG Stuttgart FamRZ 2014, 965) oder wenn die Rücknahme auf Wunsch der gemeinsamen Kinder erfolgt (OLG Brandenburg FamRZ 2016, 490).

8   Die gleiche Kostenfolge wie die Rücknahme ergibt sich bei einer **Säumnisentscheidung** nach §§ 130 Abs. 1, 113 Abs. 1 i.V.m. § 330 ZPO, die ausspricht, dass der Scheidungsantrag als zurückgenommen gilt. – Sie ist nur bei einem einseitig gestellten Scheidungsantrag und nicht bei wechselseitigen Scheidungsanträgen zulässig (Keidel/*Weber* § 130 Rn. 4 und Rn. 5 zur Anwendung der Vorschrift in der Rechtsmittelinstanz). – Die Kostenentscheidung nach erfolgreichem Einspruch richtet sich wieder nach § 150, allerdings unter Berücksichtigung von § 113 Abs. 1 i.V.m. § 344 ZPO. Dem entsprechend sind dem Antragsteller in der Endentscheidung die allein durch seine Säumnis entstandenen Verfahrenskosten (nutzlose Auslagen des Gerichts und *der Verfahrensbeteiligten*) in jedem Fall aufzuerlegen.

b) Beidseits gestellte Scheidungsanträge. Werden die Scheidungsanträge beider Ehegatten **abgewiesen** 9
oder zurückgenommen gilt nach **Abs. 2 Satz 2** Kostenaufhebung wie in Rdn. 6.

2. Entscheidung bei Erledigung der Hauptsache. Erledigt sich das Verfahren in der Hauptsache ohne 10
Scheidungsausspruch auf andere Weise als durch Rückname oder Abweisung des Scheidungsantrags, z.B.
durch übereinstimmende Erledigungserklärung oder durch den Tod eines Ehegatten (s.u.), gilt nach **Abs. 2
Satz 2** ebenfalls Kostenaufhebung wie in Rdn. 6. Damit hat der Reformgesetzgeber auch den Streit darüber
beseitigt, nach welchen Grundsätzen bei einer Erledigung des Scheidungsverfahrens über die Kosten zu entscheiden ist (s. dazu BGH FamRZ 1986, 253; OLG Köln FamRZ 2000, 620).

Stirbt einer der Ehegatten, bevor die Entscheidung über den Scheidungsantrag rechtskräftig ist, gilt das 11
Verfahren nach § 131 in der Hauptsache automatisch als erledigt (zum Eintritt der Rechtskraft bei Anfechtung von Folgesachen s. zum gleichlautenden § 619 ZPO a.F. BGH FamRZ 2011, 31). Eine noch nicht
rechtskräftige Entscheidung auch über die Kosten wird wirkungslos, die Folgesachen gegenstandslos. Über
die Kosten des Verfahrens ist (ggf. erneut) v.A.w. und vorbehaltlich einer Billigkeitsprüfung (s. Rdn. 16)
nach § 150 Abs. 2 Satz 2 zu entscheiden (OLG Frankfurt FamRZ 2015, 1747; Keidel/*Weber* § 131 Rn. 10;
a.A. OLG Naumburg FamRZ 2006, 217: nur auf Antrag), wobei anstelle des Verstorbenen dessen Erben in
das Verfahren eintreten (§§ 113 Abs. 1 i.V.m. § 239 ZPO; s. Keidel/*Weber* § 131 Rn. 10). Ist der Überlebende
der Alleinerbe, so entfällt eine Kostenentscheidung (OLG Hamm FamRZ 2012, 811; Prütting/*Helms* § 131
Rn. 13); für die gerichtlichen Kosten gilt dann allein die Haftung nach dem FamGKG (§§ 21 bis 27 FamGKG
Rdn. 7 ff.). Ist der Ehegatte vor Rechtshängigkeit eines Scheidungsantrags verstorben, wurde kein Prozessrechtsverhältnis begründet, weshalb eine Kostenentscheidung nicht ergehen darf (s. § 131 Rdn. 2).

III. Kostenentscheidung bei Drittbeteiligung (Abs. 3). Gemäß Abs. 3 tragen die weiteren Beteiligten in 12
Folgesachen, z.B. Vermieter, Versorgungsträger oder das Jugendamt, wenn es auf seinen Antrag beteiligt
wurde, ihre außergerichtlichen Kosten grds. selbst. Da sie i.d.R. keine Gerichtskosten tragen und wenn,
nicht aus dem gesamten Verfahrenswert, darf bei Beteiligung Dritter nicht auf schlichte Kostenaufhebung
erkannt werden, sondern es ist zwischen gerichtlichen Kosten und den außergerichtlichen Kosten der Verfahrensbeteiligten zu trennen. Das gilt insb., wenn in einer Kindschaftsfolgesache dem Kind ein Verfahrensbeistand bestellt wurde, denn diesem dürfen nach § 158 Abs. 8 auf keinen Fall Kosten auferlegt werden.
War mit der Scheidung nur der Versorgungsausgleich anhängig, wird auch eine auf Kostenaufhebung lautende Kostenentscheidung allgemein so ausgelegt, dass nur die Ehegatten Gerichtskosten (hälftig) tragen.

IV. Rechtsmittelverfahren. Bei einem **erfolgreichen Rechtsmittel** richtet sich die Kostenentscheidung 13
grundsätzlich ebenfalls nach § 150, und zwar auch wenn es nur teilweise Erfolg hat (OLG Brandenburg
FamRZ 2012, 306; Rahm/Künkel/*Feskorn* 14. Kap. Rn. 59; Johannsen/Henrich/*Markwardt* § 150 Rn. 13)
und/oder nur eine Folgesache ohne den Scheidungsausspruch angegriffen wird (vgl. für den Ehegattenunterhalt: OLG Stuttgart FamRZ 2012, 983, 985; für eine Kindschaftsfolgesache: OLG Köln, 27.07.2010,
14 UF 80/10, JurionRS 2010, 27924, insoweit nicht abgedr. in FamRZ 2011, 490; für den Versorgungsausgleich: OLG Nürnberg FamRZ 2011, 991; OLG Brandenburg FamRZ 2012, 306; OLG Karlsruhe FamRZ
2015, 754; m.w.N. auch zur Gegenansicht). Wurde die Beschwerde eingelegt, weil der Versorgungsträger in
erster Instanz eine falsche Auskunft erteilt hat, sind ihm nach OLG Brandenburg (FamRZ 2012, 306) nur
dann Kosten aufzuerlegen, wenn ihm **grobes Verschulden** anzulasten ist. Wird mit einem erfolgreichen
Rechtsmittel ein **Fehler des Vorgerichts** korrigiert, ist auch daran zu denken, die Gerichtskosten für das
Rechtsmittelverfahren nicht zu erheben oder nach § 20 FamGKG niederzuschlagen (s. OLG Frankfurt
FamRZ 2015, 1747). Wird der in 1. Instanz erfolgreiche **Scheidungsantrag** auf ein Rechtsmittel des Antragsgegners abgewiesen, hat nach allg. Meinung der unterlegene Antragsteller nach § 150 Abs. 2 – vorbehaltlich einer nach Abs. 4 gebotenen Billigkeitskorrektur (s.u. Rdn. 16) – die Kosten sämtlicher Instanzen
des Scheidungsverfahrens einschließlich der nicht fortgeführten Folgesachen zu tragen, z.T. wird dies auch
bei **Erledigung des Antrags oder des Rechtsmittels** befürwortet (Keidel/*Weber* § 150 Rn. 14; Johannsen/
Henrich/*Markwardt* § 150 Rn. 14; und zum alten Recht BGH FamRZ 1983, 683). Wird im umgekehrten
Fall der Scheidungsantrag in 1. Instanz zurückgewiesen und erst auf die Beschwerde hin die Ehe geschieden, sind die Kosten des Rechtsmittelverfahrens gem. § 150 Abs. 1 grds. gegeneinander aufzuheben. Beruht
der Erfolg eines Rechtsmittels gegen den in 1. Instanz abgewiesenen Scheidungsantrag darauf, dass zwischenzeitlich das Trennungsjahr abgelaufen ist, können die Kosten des Beschwerdeverfahrens entweder entsprechend Abs. 4 Satz 1 (s.u.) oder analog § 97 Abs. 2 ZPO dem Beschwerdeführer auferlegt werden (BGH
FamRZ 1997, 347; OLG Düsseldorf FamRZ 2011, 298, 300; OLG Köln FamRZ 2015, 1128). Die Kosten ei-

§ 150

nes **erfolglos** eingelegten Rechtsmittels trägt nach § 113 Abs. 1 i.V.m. § 97 Abs. 1 ZPO der Rechtsmittelführer, bei Rücknahme des Rechtsmittels gilt gem. § 117 Abs. 2 i.V.m. § 516 Abs. 3 ZPO dasselbe. Bei einem nur in einer **FG-Folgesache** eingelegten Rechtsmittel wird teilweise auch § 84 herangezogen (Zöller/*Lorenz* § 150 Rn. 10; Prütting/*Helms* § 150 Rn. 21; anders OLG Nürnberg NJW-Spezial 2011, 485; OLG Karlsruhe FamRZ 2015, 754 m.w.N.). Beides führt i.d.R. zum gleichen Ergebnis (s. § 84 Rdn. 4).

14 **Drittbeteiligte**, z.B. Versorgungsträger, tragen auch in der Rechtsmittelinstanz ihre außergerichtlichen Kosten nach Abs. 3 grds. selbst (Musielak/*Borth* § 150 Rn. 11; s. dazu Rdn. 12). Legt ein Drittbeteiligter erfolgreich Rechtsmittel ein, kann es der Billigkeit entsprechen, davon abzuweichen und dessen Kosten den Ehegatten je zur Hälfte aufzuerlegen (Prütting/*Helms* § 150 Rn. 23). Ist das von einem Drittbeteiligten in einer FG-Folgesache eingelegte Rechtsmittel erfolglos, ist umstritten, ob für die Kostenentscheidung § 97 ZPO (so OLG Nürnberg NJW-Spezial 2011, 485, Keidel/*Weber* § 150 Rn. 13) oder § 84 heranzuziehen ist (so z.B. Prütting/*Helms* § 150 Rn. 21; Zöller/*Lorenz* § 150 FamFG Rn. 10; *Borth* Rn. 1403). Dem Verfahrensbeistand können auch in den Rechtsmittelinstanzen keine Kosten auferlegt werden (s. § 158 Rdn. 28).

15 **C. Abweichende Kostenfolge (Abs. 4). I. Allgemeines.** Abs. 4 ermöglicht eine Korrektur der in Abs. 1 bis 3 normierten Grundregeln zur Kostenentscheidung unter Billigkeitsgesichtspunkten, und zwar in allen Fällen. Der Anwendungsbereich ist dadurch ggü. dem § 93a Abs. 1 Satz 2 ZPO a.F., der auf bestimmte Fallkonstellationen begrenzt war, erheblich ausgeweitet worden. Der Misserfolg in einer Güterrechts- oder Unterhaltsfolgesache (§ 93a Abs. 1 Satz 2 Nr. 2 ZPO a.F.) erscheint nur noch als ein Gesichtspunkt, der »insbesondere« eine Abweichung von der vorgegebenen Kostenfolge rechtfertigen kann. Auf die Übernahme der unverhältnismäßigen Beeinträchtigung der Lebensführung durch die Belastung mit Kosten (sog. Härteklausel, § 93a Abs. 1 Satz 2 Nr. 1 ZPO a.F.) wurde mangels praktischer Relevanz verzichtet (BT-Drucks. 16/6308, S. 233), was jedoch nicht ausschließt, sie i.R.d. Ermessensausübung im Einzelfall zu berücksichtigen (s.u.). Dafür wird als weiterer Gesichtspunkt die Versöhnung der Ehegatten genannt. Eine über die Kosten geschlossene Vereinbarung »kann« nicht nur wie nach § 93a Abs. 1 Satz 3 ZPO a.F., sondern »soll« jetzt berücksichtigt werden. Neu eingeführt wurde eine »Kostenstrafe« ähnlich dem § 81 Abs. 2 Nr. 5 für die Nichtteilnahme an einem angeordneten Informationsgespräch.

16 **II. Billigkeitskorrektur (Satz 1).** Die Billigkeitsregelung in Abs. 4 Satz 1 betrifft die Kostenregelungen in den Abs. 1 bis 3. Erscheint die danach gebotene Kostenverteilung im Ergebnis unbillig, kann das Gericht die Kosten **nach billigem Ermessen** verteilen. Das bedeutet, dass die für den Regelfall vorgegebene Kostenverteilung in jedem Fall auf ihre Billigkeit zu kontrollieren und ggf. zu korrigieren ist und nicht nur in Ausnahmefällen (A.A. OLG Hamm FamRZ 2012, 811). Insoweit unterscheidet sich Abs. 4 von der Billigkeitsklausel, die den festen Gegenstandswerten angefügt ist (s. § 45 FamGKG Rdn. 4). Für den Ermessensgebrauch sind zwei Beispiele vorgegeben, bei denen i.d.R. eine abweichende Kostenverteilung geboten ist. Dies betrifft zum einen den Fall, dass ein Ehegatte in einer Güterrechts- oder Unterhaltsfolgesache deutlich unterlegen ist. Der **Erfolg in einer Familienstreitsache** ist im Rahmen der Ermessensentscheidung stets zu prüfen (BGH FamRZ 2007, 893 Rn. 13) und bei der Kostenverteilung zu berücksichtigen. Die ggf. ausgesonderten Kosten können dem Unterlegenen ganz oder analog § 92 ZPO verteilt auferlegt werden, oder es werden ihm entsprechend § 95 ZPO nur die Mehrkosten auferlegt (OLG Nürnberg FamRZ 2015, 524 mit Berechnung des Erstattungsanspruchs. Erledigt sich die Folgesache durch ein sofortiges Anerkenntnis i.S.d. § 93 ZPO oder Rücknahme des Antrags kann die für diesen Fall nach der ZPO vorgegebene Kostenfolge im Rahmen der Gesamtkostenentscheidung berücksichtigt werden (BGH FamRZ 2007, 893 Rn. 14; FamRZ 2011, 1933, 1936 [zu § 243]; KG FamRZ 2007, 1758;), allerdings nicht schematisch, sondern unter Beachtung der Vorgeschichte (s.a. Prütting/*Helms* § 150 Rn. 10 f.).

Entsprechendes gilt für das zweite in Abs. 4 genannte Regelbeispiel für eine Entscheidung nach billigem Ermessen: wenn sich die **Eheleute versöhnt** haben und daraufhin der einseitig gestellte Scheidungsantrag zurückgenommen wird. In diesem Fall wird es regelmäßig billigem Ermessen entsprechen, von der durch Abs. 2 Satz 1 vorgesehen Kostenfolge (s. Rdn. 7) abzuweichen, es sei denn, es ist zweifelhaft, ob es ohne die Versöhnung zur Scheidung gekommen wäre (OLG Stuttgart FamRZ 2014, 965).

Weitere Gesichtspunkte für eine Unbilligkeit können sich daraus ergeben, dass ein Ehegatte schuldhaft Mehrkosten durch die Versäumung eines Termins oder (entsprechend § 97 ZPO) durch absehbar erfolglose Angriffs- oder Verteidigungsmittel oder (entsprechend § 81 Abs. 2) durch unwahre Angaben eine Beweiserhebung v.A.w. verursacht hat (s.a. Keidel/*Weber* § 150 Rn. 8). Die Auferlegung einer Verzögerungsgebühr *kommt* dagegen im Scheidungsverbundverfahren nicht in Betracht (s. § 32 FamGKG Rdn. 1).

III. Kostenstrafe (Satz 2). Abs. 4 Satz 2 eröffnet dem Gericht die nicht unproblematische Möglichkeit, auf 17
die **Nichtteilnahme** eines Ehegatten an einem nach § 135 angeordneten **Informationsgespräch** »im Rahmen der Kostenentscheidung zu reagieren« (BT-Drucks. 16/6308, S. 233). Das FamG kann von der regelmäßigen Kostenfolge der Abs. 1 und 2 auch allein deshalb zulasten eines Ehegatten abweichen, wenn es seine Teilnahme an einer persönlichen Information über außergerichtliche Konfliktbeilegung in Folgesachen angeordnet hat und er an dem Gespräch nicht teilnimmt, ohne dies genügend zu entschuldigen. – Entschuldigt ist die Nichtteilnahme nur bei Krankheit, Missverstehen der gerichtlichen Anordnung u.ä. (Keidel/*Zimmermann* § 81 Rn. 65). – Obwohl die Teilnahme nicht erzwungen werden darf (s. § 131 Rn. 3; BT-Drucks. 16/6308, S. 229), kann die Nichtteilnahme damit über eine sonst nicht gerechtfertigte Belastung mit Verfahrenskosten geahndet werden, mithin durch eine Kostenstrafe. Die Vorschrift ist dem § 81 Abs. 2 Nr. 5 nachgebildet und genügt als reine Strafvorschrift ebenso wenig dem Bestimmtheitsgebot wie diese (s. § 81 Rdn. 38). Da es jedem Gericht überlassen ist, ob es von dieser Möglichkeit Gebrauch macht und in welchem Umfang, ist die Höhe der Sanktion, anders als bei der Strafvorschrift des § 32 FamGKG, auch nicht ansatzweise vorhersehbar. Von dieser Sanktionsmöglichkeit sollte deshalb nur zurückhaltend Gebrauch gemacht und in Anlehnung an § 95 ZPO auf die Auferlegung der Mehrkosten beschränkt werden, die der Ehegatte durch seine Weigerung verursacht hat (s.a. Prütting/Helms/*Feskorn* § 81 Rn. 26).

IV. Kostenvereinbarung (Satz 3). Haben die Beteiligten eine Vereinbarung über die Kosten getroffen, soll 18
das Gericht diese nach Abs. 4 Satz 3 ganz oder, wenn sie nur Teile regelt, teilweise **der Kostenentscheidung zugrunde legen**. Damit kann das Gericht, anders als nach § 93c ZPO a.F. nur in begründeten Ausnahmefällen von der Vereinbarung abweichen (Keidel/*Weber* § 150 Rn. 9; Prütting/*Helms* § 50 Rn. 13). Eine nachträgliche Vereinbarung kann eine rechtskräftige Kostenentscheidung nicht mehr außer Kraft setzen (BGH NJW-RR 2001, 285) und der Justizkasse nicht entgegengehalten, aber u.U. bei der Kostenfestsetzung berücksichtigt werden (s. § 85 Rdn. 10).

D. Kostenentscheidung bei Abtrennung und Fortführung von Folgesachen (Abs. 5). Die Trennung von 19
Folgesachen vom Scheidungsverfahren hat verfahrensrechtlich unterschiedliche Konsequenzen (s. § 137 Abs. 5 und § 6 FamGKG Rdn. 12 ff.), die sich gem. Abs. 5 auch auf die Kostenentscheidung auswirken. Wird die Folgesache abgetrennt und nach § 137 Abs. 5 Satz 2 als **selbständige Familiensache fortgeführt**, so scheidet sie auch aus dem Kostenverbund des Scheidungsverfahrens aus. Über sämtliche sie betreffenden Kosten wird allein in dem abgetrennten Verfahren und unabhängig von denen des Scheidungsverfahrens unter Anwendung der für sie geltenden Kostenvorschriften entschieden (**Satz 2**). Das Gleiche gilt bei Fortführung von Folgesachen als selbständige Familiensachen nach Rücknahme oder Abweisung des Scheidungsantrags (s. §§ 141 Satz 3, 142 Abs. 2 Satz 2) und ebenso für einen vor dem 01.09.2010 nach Art. 111 Abs. 4 FGG-RG aus einem nach altem Recht geführten Scheidungsverfahren abgetrennten Versorgungsausgleich, der als selbständige Familiensache fortgeführt wurde (vgl. BGH FamRZ 2011, 635, 637). Dieselben Wirkungen zeitigt auch die Abtrennung einer **verspätet beantragten Folgesache**, auch wenn es sich dabei wie bei der Abtrennung einer aus anderen Gründen nicht verbundfähigen Angelegenheit um eine normale Verfahrenstrennung nach § 113 Abs. 1 i.V.m. § 145 ZPO handelt (s.a. § 44 FamGKG Rdn. 2). Ist die selbständig fortgeführte Folgesache eine Unterhaltssache, gilt § 243, wird die sonstige Familienstreitsache selbständig fortgeführt, gelten über § 113 Abs. 1 die zivilprozessualen Bestimmungen. Handelt es sich um eine FG-Familiensache, richtet sich die Kostenentscheidung nach den §§ 81 ff. Dabei sind der in § 150 Abs. 1 enthaltene Grundsatz der Kostenaufhebung zwischen den beteiligten Ehegatten sowie § 150 Abs. 3 hinsichtlich der außergerichtlichen Kosten Drittbeteiligter entsprechend anzuwenden (OLG Jena FamRZ 2012, 638, 640). Abgerechnet wird ebenfalls getrennt; dabei sind die vor der Trennung für den abgetrennten Verfahrensteil angefallenen Gebühren und Auslagen als Teil des fortgeführten Verfahrens zu behandeln (§§ 6 Abs. 2 FamGKG, 21 Abs. 3 RVG; s.a. § 6 FamGKG Rdn. 12 ff.; FA-FamR/*Keske* Kap. 17 Rn. 348 ff.). Zur Abrechnung der Differenz, wenn bereits aus der Kostenentscheidung für das Scheidungsverfahren auch Gebühren für den VA abgerechnet wurden, vgl. OLG Celle NJW 2010, 3791.

Bei den **übrigen Abtrennungen** unterliegen die Folgesachen auch nach der Trennung weiterhin den verfah- 20
rensrechtlichen Vorschriften des Scheidungsverbunds (§ 137 Abs. 5 Satz 1); das gilt gem. **Satz 1** auch für die Kostenentscheidung. Nach allgemeinen kostenrechtlichen Grundsätzen dürfte deshalb wie im Verhältnis von Teilurteilen und Endurteil nach der ZPO nur eine **einheitliche Kostenentscheidung** nach Abschluss sämtlicher Einzelverfahren ergehen (wie früher vom OLG Naumburg FamRZ 2007, 1758 vertreten). Hiervon ist die Rechtsprechung schon früher aus Praktikabilitätsgründen abgewichen (s. OLG Naumburg

FamRZ 2008, 1203; OLG München NJW-RR 1999, 146). Die Regelung in § 150 Abs. 5 lässt dies nunmehr ausdrücklich zu (Keidel/*Weber* § 150 Rn. 10; Prütting/*Helms* § 50 Rn. 3). Danach sind zwei getrennte Kostenentscheidungen zu treffen: die eine im Scheidungsverfahren über die Kosten der Ehescheidung und die mit ihr noch im Verbund stehenden Folgesachen, die andere über den abgetrennten Verfahrensgegenstand oder – wenn mehrere Folgesachen nach § 137 Abs. 5 Satz 1 abgetrennt wurden – über die miteinander in einem kleinen Verbund stehenden Gegenstände (s. § 137 Rdn. 9). Beide Kostenentscheidungen richten sich nach § 150. Anders als bei den selbstständig fortgeführten Folgesachen darf aus beiden Kostengrundentscheidungen zusammen nicht mehr an Kosten abgerechnet werden, als ohne die Verfahrenstrennung angefallen wäre (zur Berechnung s. § 6 FamGKG Rdn. 14 und für die Anwaltsgebühren FA-FamR/*Keske* Kap. 17 Rn. 357 ff. bzw. FormB FA-FamR/*Keske* Kap. 13 Rn. 87). Bei der Kostenfestsetzung kann aus der 2. Kostenentscheidung nur noch der Differenzbetrag ausgeglichen werden (OLG München FamRZ 1999, 1153 m.w.N.).

21 **E. Rechtsmittel gegen die Kostenentscheidung.** Nach den zivilprozessualen Kostenregeln der §§ 91 ff. ZPO, die kraft Verweisung in § 113 Abs. 1 FamFG grds. auch für Ehe- und Familienstreitsachen gelten, kann die Kostenentscheidung nur zusammen mit der Hauptsache gem. §§ 58 ff. angefochten werden (§ 99 Abs. 1 Satz 1 ZPO), mit Ausnahme des § 99 Abs. 2 ZPO (Kostenentscheidung im Anerkenntnisbeschluss) und der nach Erledigung der Hauptsache isoliert zu treffenden Kostenentscheidung (s. §§ 91a, 269 ZPO). Das FamFG hat dagegen dieses früher auch für Verfahren der freiwilligen Gerichtsbarkeit in § 20a FGG normierte **Verbot der isolierten Anfechtung der Kostenentscheidung** als Korrektiv für das dem Gericht nach § 81 eingeräumte Ermessen bei der Kostenentscheidung ausdrücklich nicht übernommen (s. § 82 Rdn. 7). Das gilt auch für die im FamFG direkt geregelten Kostenentscheidungen nach §§ 150 und 243, beide treten nicht insgesamt an die Stelle der Kostenbestimmungen der ZPO, sondern ersetzen als lex specialis lediglich die Vorschriften über die Verteilung der Kosten. Ob überhaupt eine Kostenentscheidung erfolgen kann oder nach welchen Vorschriften sie anzufechten ist ergibt sich für Ehe- und Familienstreitsachen über § 113 Abs. 1 Satz 2 ZPO allein aus den Vorschriften der ZPO (BGH FamRZ 2011. 1933; OLG Hamm FamRZ 2012, 811). Damit sind neben § 150 die §§ 91 ff. ZPO i.V.m. § 113 und damit auch § 99 Abs. 1 ZPO (Verbot der isolierten Anfechtung der Kostenentscheidung) anzuwenden. Das gilt auch dann, wenn das Gericht seine in einem rechtskräftigen Beschuss nicht isoliert getroffene Kostenentscheidung auf Gegenvorstellung nachträglich abändert (BGH FamRZ 2015, 1104). Eine isolierte Anfechtung ist auch ohne Wegfall der Hauptsache nach den Grundsätzen der **Kostenmischentscheidung** jedoch zulässig, wenn das Gericht ein sofortiges Anerkenntnis, die Erledigungserklärung oder Rücknahme in einer unterhalts- oder güterrechtlichen Folgesache bei der Kostenentscheidung nicht beachtet hat (BGH FamRZ 2007, 893; OLG Nürnberg FamRZ 2013, 1919). In Anlehnung an die Rechtsprechung des BGH zur Kostenmischentscheidung ist auch für den Teil der Kostenentscheidung, der auf eine **FG-Folgesache** entfällt, die isolierte Anfechtung – dann nach §§ 58 ff. – möglich (Zöller/*Lorenz* § 150 FamFG Rn. 8). Das gilt erst recht für die nach einer (unechten) Abtrennung einer FG-Folgesache in dem abgetrennten Verfahren ergangene Kostenentscheidung (FA-FamR/*Geißler* Kap. 1 Rn. 687).

22 In Ehe- und Familienstreitsachen ist im Fall der isolierten Anfechtung einer Kostenentscheidung die **sofortige Beschwerde nach § 567 ZPO** i.V.m. § 91a Abs. 2 bzw. §§ 99 Abs. 2 oder 269 Abs. 5 ZPO, § 113 Abs. 1 FamFG das statthafte Rechtsmittel und im Fall ihrer Zulassung die Rechtsbeschwerde nach § 574 Abs. 1 Nr. 2 ZPO (BGH FamRZ 2011, 1933; OLG Saarbrücken FamRZ 2012, 472; OLG Hamm FamRZ 2012, 811 je m.w.N.). Damit ist für das Familiengericht die Möglichkeit zur Abhilfe eröffnet (OLG Oldenburg MDR 2015, 772). Die Beschwerde ist nach § 567 Abs. 2 ZPO nur zulässig, wenn der Rechtsmittelführer durch die Kostenentscheidung mit mehr als 200 € beschwert ist (zur Berechnung s. § 82 Rdn. 10) und die Hauptsache ebenfalls anfechtbar wäre (Zöller/*Herget* § 99 Rn. 6; Rahm/Künkel/*Feskorn* 14. Kap. Rn. 212 f.). Die Rechtsbeschwerde bedarf zwar keiner Beschwer, jedoch muss die vorausgegangene Beschwerde zulässig gewesen sein (BGH NJW-RR 2011, 143). Für den Fall der isolierten Anfechtung der Kosten einer **FG-Folgesache** nach §§ 58 ff. (s.o.) ist, wenn die Hauptsache eine nicht vermögensrechtliche Angelegenheit betrifft, eine Mindestbeschwer nicht erforderlich (BGH FamRZ 2013, 1876, 744; 2014, 372, s.a. § 82 Rdn. 10).

Abschnitt 3. Verfahren in Kindschaftssachen

§ 151 Kindschaftssachen. Kindschaftssachen sind die dem Familiengericht zugewiesenen Verfahren, die
1. die elterliche Sorge,
2. das Umgangsrecht und das Recht auf Auskunft über die persönlichen Verhältnisse des Kindes,
3. die Kindesherausgabe,
4. die Vormundschaft,
5. die Pflegschaft oder die gerichtliche Bestellung eines sonstigen Vertreters für einen Minderjährigen oder für eine Leibesfrucht,
6. die Genehmigung der freiheitsentziehenden Unterbringung eines Minderjährigen (§§ 1631b, 1800 und 1915 des Bürgerlichen Gesetzbuchs),
7. die Anordnung der freiheitsentziehenden Unterbringung eines Minderjährigen nach den Landesgesetzen über die Unterbringung psychisch Kranker oder
8. die Aufgaben nach dem Jugendgerichtsgesetz

betreffen.

Übersicht

	Rdn.		Rdn.
A. Allgemeines	1	F. Pflegschaft, Nr. 5	9
B. Elterliche Sorge, Nr. 1	3	G. Genehmigung der Unterbringung eines	
C. Umgangsrecht, Nr. 2	6	Minderjährigen, Nr. 6	10
D. Kindesherausgabe, Nr. 3	7	H. Anordnung der Unterbringung, Nr. 7	11
E. Vormundschaft, Nr. 4	8	I. Aufgaben nach dem JGG, Nr. 8	12

A. Allgemeines. Die Vorschrift enthält die (neue) **Legaldefinition der Kindschaftssachen.** Verstand man 1 darunter nach altem Recht nur die Verfahren nach § 640 Abs. 2 ZPO, die heute überwiegend als Abstammungssachen in §§ 169 ff. geregelt sind, umfasst der Begriff nunmehr eine Fülle von Angelegenheiten des minderjährigen Kindes. Das sind zunächst alle schon bisher von § 621 Abs. 1 Nr. 1 ZPO umfassten Verfahren, darüber hinaus aber auch noch weitere bislang anderweitig zugeordnete Verfahrensgegenstände. Dies entspricht dem Anliegen des Reformgesetzgebers, das Vormundschaftsgericht abzuschaffen und dessen Aufgaben, soweit sie nicht dem Betreuungsgericht zugewiesen sind, dem Familiengericht zu übertragen. Die Schaffung solch eines »Großen Familiengerichts« ermöglicht Vereinfachungen und Vereinheitlichungen bei den Verfahrensvorschriften und beseitigt die bisherigen Zuständigkeitsabgrenzungen zwischen Vormundschafts- und Familiengericht (BT-Drucks. 16/6308, 233). Durch den Begriff Kindschaftssachen soll der für die überwiegende Zahl der davon umfassten Einzelverfahren gemeinsame Gesichtspunkt, dass das Kind im Zentrum des Verfahrens steht, hervorgehoben werden (BT-Drucks. 16/6308, 233).

Die einzelnen Kindschaftssachen werden in § 151 aufgezählt. Sie betreffen im Wesentlichen die Verantwortung für die Person oder das Vermögen eines Minderjährigen oder dessen Vertretung. Die Aufzählung ist **abschließend.** Darüber hinaus werden lediglich noch Angelegenheiten erfasst, die in engem sachlichen oder verfahrensrechtlichen Zusammenhang mit einer Kindschaftssache stehen, wie etwa zugehörige Zwangsgeld- und Vollstreckungsverfahren (BGH FamRZ 2015, 2147), Kostenfestsetzungsverfahren und Verfahren auf Verfahrenskostenhilfe.

B. Elterliche Sorge, Nr. 1. § 151 Nr. 1 erfasst alle Angelegenheiten und Verfahren der elterlichen Sorge 3 (§ 1626 Abs. 1 BGB), die die Bestimmung der Person des Sorgeberechtigten sowie dessen Rechte und Pflichten betreffen und durch das materielle Recht, vor allem die §§ 1626 ff. BGB, dem Familiengericht zugewiesen sind. Werden zugleich auch die Voraussetzungen einer der nachfolgenden Nummern des § 151 erfüllt, so geht letztere als speziellere Vorschrift vor (BT-Drucks. 16/6308, 234).

Kindschaftssachen nach § 151 Nr. 1 kraft Zuweisung an das FamG im BGB sind: §§ 112 Abs. 2, 113 Abs. 3, 4 1303 Abs. 2 bis 4, 1315 Abs. 1 Satz 1 Nr. 1, 1484, 1491, 1492, 1493, 1617 Abs. 2 Satz 1, 1618, 1626a, 1626c, 1628, 1629 Abs. 2 Satz 3, 1630 Abs. 2 und 3, 1631 Abs. 3, 1639 Abs. 2 i.V.m. 1803 Abs. 2, 1640 Abs. 3, 1643 i.V.m. 1821 ff., 1644, 1645, 1666, 1667, 1671, 1672, 1673 Abs. 2 Satz 3, 1674, 1678 Abs. 2, 1680, 1681, 1682, 1683 Abs. 2 und 3, 1687, 1678a, 1688, 1693, 1696, 1751 Abs. 3, 1764 Abs. 4, 2290 Abs. 3, 2347 BGB.

Kindschaftssachen § 151 FamFG Verfahren auf Feststellung des Bestehens oder Nichtbestehens der elterlichen Sorge unterfallen ebenfalls der Vorschrift des § 151 Nr. 1.

5 Daneben weisen zahlreiche spezialgesetzliche Vorschriften dem FamG eine Entscheidungszuständigkeit über Angelegenheiten der elterlichen Sorge zu. Auch diese unterfallen § 151 Nr. 1. Beispiele hierfür sind: §§ 2 Abs. 3, 3 Abs. 2, 7 RelKErzG, § 2 Abs. 1 NamÄndG, § 16 Abs. 3 VerschG, § 64 Abs. 2 Satz 3 und Abs. 3 Satz 4 EStG.

6 **C. Umgangsrecht, Nr. 2.** § 151 Nr. 2 entspricht weitgehend dem bisherigen § 621 Abs. 1 Nr. 2 ZPO und erfasst alle Verfahren, die den Umgang (§ 1626 Abs. 3 BGB) mit dem Kind betreffen, dem FamG in §§ 1632 Abs. 3, 1684 Abs. 3 und 4, 1685 Abs. 3 BGB zugewiesen sind und das Auskunftsrecht gem. § 1686, 1686a BGB betreffen. Den Streit, ob letztere § 151 Nr. 1 oder Nr. 2 zuzuordnen sind, ist seit der Einfügung des zweiten Satzteils durch das Gesetz zur Stärkung der Rechte des leiblichen, nicht rechtlichen Vaters vom 04.07.2013 (BGBl. I 2176), in Kraft seit 13.07.2013, gelöst.

7 **D. Kindesherausgabe, Nr. 3.** § 151 Nr. 3 entspricht dem bisherigen § 621 Abs. 1 Nr. 3 ZPO und erfasst die Verfahren auf Herausgabe des Kindes und deren Abwehr durch Verbleibensanordnung, die in §§ 1632 Abs. 1, 3 und 4, 1682 BGB dem FamG zugewiesen sind.

8 **E. Vormundschaft, Nr. 4.** § 151 Nr. 4 umfasst sämtliche Verfahren, die die Bestimmung der Person oder der Rechte oder Pflichten des Vormunds betreffen, wie insb. die Anordnung und Aufhebung der Vormundschaft, die Auswahl und Bestellung des Vormunds, die Genehmigungen des Vormundschaftsrechts, die Aufsicht über die Tätigkeit des Vormunds und Entscheidungen über die Vergütung. Im BGB sind diese Verfahren in §§ 112, 113 Abs. 3, 1303 Abs. 2 bis 4, 1315 Abs. 1 Satz 1 Nr. 1, 1774, 1779, 1786, 1789, 1791a, 1791b, 1791c, 1796, 1797, 1798, 1810 ff., 1821 ff., 1835 ff., 1843, 1857, 1884, 1886 ff., 1892 dem FamG zugewiesen. Daneben finden sich Zuweisungen an das FamG, die § 151 Nr. 4 unterfallen, auch in zahlreichen spezialgesetzlichen Vorschriften, wie etwa §§ 2 Abs. 3, 3 Abs. 2, 7 RelKErzG, § 56 SGB VIII, § 2 Abs. 1 NamÄndG, § 16 Abs. 3 VerschG.

9 **F. Pflegschaft, Nr. 5.** § 151 Nr. 5 umfasst alle Verfahren, welche die Pflegschaft oder die Bestellung eines sonstigen Vertreters für eine minderjährige Person oder für eine Leibesfrucht betreffen. Solche sind in §§ 1684 Abs. 3 (Umgangspfleger), 1909 (Ergänzungspfleger), 1912 (Pfleger für Leibesfrucht), 1913 (Pfleger für unbekannten Minderjährigen) und 1915 i.V.m. 1786, 1837 ff., 1886 ff. BGB dem FamG zugewiesen. Die Zuweisung ist umfassend zu verstehen, sodass sämtliche Entscheidungen, die sich auf die Bestimmung der Person des Pflegers oder Vertreters sowie auf dessen Rechte oder Pflichten beziehen, erfasst sind. Außerhalb des BGB finden sich zudem Spezialregelungen, die vor allem die Bestellung eines Vertreters dem FamG zuweisen und ebenfalls unter § 151 Nr. 5 fallen.

10 **G. Genehmigung der Unterbringung eines Minderjährigen, Nr. 6.** § 151 Nr. 6 umfasst die Verfahren über die Genehmigung der mit Freiheitsentziehung verbundenen zivilrechtlichen Unterbringung eines Kindes durch die Eltern, den Vormund oder Pfleger nach §§ 1631b, 1800, 1915 Abs. 1 Satz 1 BGB und weist sie dem FamG zu. Die Regelungsgegenstände entsprechen dem bisherigen § 70 Abs. 1 Nr. 1a FGG. Sollten die Eltern, der Vormund oder Pfleger verhindert oder noch nicht bestellt sein, ist das FamG gem. §§ 1693, 1846, 1915 BGB i.V.m. 1631b BGB ausnahmsweise für die Anordnung der Unterbringung selbst zuständig. Auch die Genehmigung unterbringungsähnlicher Maßnahmen gem. § 1906 Abs. 4 BGB unterfällt § 151 Nr. 6, wenn man richtigerweise auf diese § 1631b BGB entsprechend anwendet (vgl. § 167 Rdn. 3). Das Verfahren richtet sich gem. § 167 weitgehend nach den für das Verfahren in Unterbringungssachen geltenden Vorschriften.

11 **H. Anordnung der Unterbringung, Nr. 7.** § 151 Nr. 7 umfasst Verfahren über die öffentlich-rechtliche Unterbringung Minderjähriger, die in den Gesetzen der Bundesländer über die Unterbringung psychisch Kranker dem FamG zugewiesen sind. Die Regelungsgegenstände entsprechen dem bisherigen § 70 Abs. 1 Nr. 3 FGG. Das Verfahren richtet sich gem. § 167 weitgehend nach den für das Verfahren in Unterbringungssachen geltenden Vorschriften.

12 **I. Aufgaben nach dem JGG, Nr. 8.** § 151 Nr. 8 umfasst die nach dem JGG dem FamG obliegenden Aufgaben. Dies sind vor allem die Festsetzung von Erziehungsmaßregeln gem. § 9 JGG durch das FamG (vgl. §§ 53, 104 Abs. 4 JGG) als Rechtsfolge einer Straftat des Jugendlichen. Daneben kommen bspw. auch Ent-

scheidungen nach § 67 Abs. 4 Satz 3 JGG in Betracht, wonach dem Erziehungsberechtigten oder dem gesetzlichen Vertreter nach dem Entzug ihrer Verfahrensrechte ein Pfleger zu bestellen ist.

§ 152 Örtliche Zuständigkeit.

(1) Während der Anhängigkeit einer Ehesache ist unter den deutschen Gerichten das Gericht, bei dem die Ehesache im ersten Rechtszug anhängig ist oder war, ausschließlich zuständig für Kindschaftssachen, sofern sie gemeinschaftliche Kinder der Ehegatten betreffen.
(2) Ansonsten ist das Gericht zuständig, in dessen Bezirk das Kind seinen gewöhnlichen Aufenthalt hat.
(3) Ist die Zuständigkeit eines deutschen Gerichts nach den Absätzen 1 und 2 nicht gegeben, ist das Gericht zuständig, in dessen Bezirk das Bedürfnis der Fürsorge bekannt wird.
(4) ¹Für die in den §§ 1693 und 1846 des Bürgerlichen Gesetzbuchs und in Artikel 24 Abs. 3 des Einführungsgesetzes zum Bürgerlichen Gesetzbuche bezeichneten Maßnahmen ist auch das Gericht zuständig, in dessen Bezirk das Bedürfnis der Fürsorge bekannt wird. ²Es soll die angeordneten Maßnahmen dem Gericht mitteilen, bei dem eine Vormundschaft oder Pflegschaft anhängig ist.

Übersicht

	Rdn.		Rdn.
A. Allgemeines	1	C. Aufenthaltszuständigkeit, Abs. 2	7
B. Zuständigkeitskonzentration beim Ehesachengericht, Abs. 1	3	D. Fürsorgezuständigkeit, Abs. 3	8
		E. Zusätzliche Eilzuständigkeit, Abs. 4	9

A. Allgemeines. Die Vorschrift regelt die **örtliche Zuständigkeit** für Verfahren in Kindschaftssachen umfassend (vgl. Amtl. Begründung BT-Drucks. 16/6308, 234). Damit werden insb. die bisherigen Regelungen in § 621 Abs. 2 Satz 1 Nr. 1 bis 3 ZPO und §§ 36 Abs. 1, Abs. 3, 43 Abs. 1 i.V.m. § 64 Abs. 3 Satz 2 FGG, § 621a Satz 1 ZPO ersetzt und weitgehend übernommen. Nur in Kindschaftssachen gem. § 151 Nr. 6 und Nr. 7 bestimmt sich die örtliche Zuständigkeit nach § 313 i.V.m. §§ 167 Abs. 1, 312 Nr. 1, Nr. 3 (OLG Brandenburg FamRZ 2010, 2019; OLG Frankfurt am Main, Beschl. v. 18.12.2009 – 1 UFH 15/09; Müko/*Heilmann* § 152 Rn. 9; vgl. auch § 167 Rdn. 2). Die Vorschrift beschränkt sich auf drei Anknüpfungspunkte: Anhängigkeit der Ehesache, gewöhnlicher Aufenthalt des Kindes und Fürsorgebedürfnis. Die **sachliche Zuständigkeit** des AG folgt aus § 23a Abs. 1 Nr. 1 GVG i.V.m. §§ 111 Nr. 2, 151; die Zuständigkeit des Familiengerichts aus der gesetzlichen Geschäftsverteilung in § 23b Abs. 1 GVG. **Funktionell** ist der Rechtspfleger zuständig, falls nicht ein Richtervorbehalt nach §§ 3 Nr. 2a, 14 RPflG besteht. 1

Maßgebender Zeitpunkt für die Bestimmung der örtlichen Zuständigkeit ist der Eingang eines entsprechenden Sachantrags (nicht erst dessen Zustellung) – in Amtsverfahren die gerichtliche Kenntnis von Tatsachen, die Anlass zum Tätigwerden geben (s. § 2 Rdn. 5; Keidel/*Engelhardt* § 152 Rn. 2). Gem. § 2 Abs. 2 bleibt die einmal begründete örtliche Zuständigkeit erhalten (perpetuatio fori). 2

B. Zuständigkeitskonzentration beim Ehesachengericht, Abs. 1. Abs. 1 **konzentriert** die örtliche Zuständigkeit für Kindschaftssachen bei dem Gericht der Ehesache. Dies gilt nur für **gemeinschaftliche Kinder** der Ehegatten. Ob die Kindschaftssachen als Folgesachen in den Scheidungsverbund einzubeziehen sind (Verfahrenskonzentration), richtet sich ausschließlich nach § 137 Abs. 3. 3

Eine **Ehesache** i.S.d. § 121 muss **anhängig** sein (vgl. OLG Hamm FamRZ 2011, 58, 59). Dies ist ab Eingang eines entsprechenden Antrags (§ 124) auf Scheidung, Aufhebung oder Feststellung des Bestehens oder Nichtbestehens einer Ehe der Fall. Die Einreichung eines Prozesskostenhilfeantrags (§ 117 ZPO i.V.m. § 113 Abs. 1) genügt nicht (Müko/*Heilmann* § 152 Rn. 11; *Bumiller/Harders/Schwamb/Bumiller* § 152 Rn. 3; Johannsen/Henrich/*Büte* § 152 Rn. 4). Die Anhängigkeit endet mit rechtskräftigem Beschluss (§ 38 i.V.m. § 116) in der Ehesache, auch wenn noch Folgesachen (§ 137) anhängig sind (BGH FamRZ 1982, 43), sowie mit Antragsrücknahme (§ 269 ZPO i.V.m. § 113 Abs. 1), übereinstimmenden Erledigungserklärungen (§ 91a ZPO i.V.m. § 113 Abs. 1) oder Tod eines Ehegatten (§ 131). Das bloße Nichtbetreiben der Ehesache oder ihr Weglegen nach der Aktenordnung beendet die Anhängigkeit nicht (BGH NJW-RR 1993, 898). Ist die Ehesache in höherer Instanz noch anhängig, bleibt das vorinstanzlich befasste AG auch für die jetzt erst anhängig gemachten Kindschaftssachen örtlich zuständig. 4

§ 153

5 Die örtliche Zuständigkeit für Kindschaftssachen richtet sich nicht nach der tatsächlichen Zuständigkeit für die Ehesache, sondern – nach dem unmissverständlichen Wortlaut der Vorschrift – ausschließlich danach, bei welchem Gericht die Ehesache anhängig ist. Daher begründet auch die Anhängigkeit der Ehesache bei einem örtlich unzuständigen FamG dessen Zuständigkeit für die Kindschaftssachen (a.A. Müko/*Heilmann* § 152 Rn. 14 aus praktischen Überlegungen). Dies gilt jedoch nicht im Fall rechtsmissbräuchlichen Verhaltens (vgl. KG FamRZ 1986, 1105).

6 Die Zuständigkeitskonzentration nach Abs. 1 ist – vorbehaltlich des Abs. 4 – **ausschließlich**. Sie gilt auch im einstweiligen Anordnungsverfahren. Im Vollstreckungsverfahren geht sie der Zuständigkeit nach § 88 Abs. 1 vor (Müko/*Heilmann* § 153 Rn. 5). Einer Verweisung unter Verstoß gegen Abs. 1 kommt wegen des überragenden Grundsatzes der Entscheidungskonzentration – entgegen § 281 Abs. 2 Satz 4 ZPO – ausnahmsweise keine Bindungswirkung zu (vgl. OLG Frankfurt am Main FamRZ 1988, 184, 185; OLG Bremen FamRZ 2013, 1680).

7 **C. Aufenthaltszuständigkeit, Abs. 2.** Ist eine Ehesache nicht anhängig (sonst gilt Abs. 1), richtet sich die örtliche Zuständigkeit für Kindschaftssachen nach dem **gewöhnlichen Aufenthalt** des Kindes in Deutschland. Zum Begriff des gewöhnlichen Aufenthalts s. § 122 Rdn. 3 f. Das minderjährige Kind hat seinen gewöhnlichen Aufenthalt dort, wo sein tatsächlicher Mittelpunkt der Lebensführung liegt (OLG Hamm FamRZ 2012, 726; OLG Stuttgart FamRZ 2012, 1503; KG FamRZ 2014, 787, 788: gewisse Integration in ein soziales und familiäres Umfeld; Keidel/*Engelhardt* § 99 Rn. 44), mithin bei dem Elternteil, in dessen Obhut es sich befindet (vgl. BT-Drucks. 16/6308, 226 f.). Auf das bisherige Kriterium des Wohnsitzes (vgl. §§ 36 Abs. 1 Satz 1, 64 Abs. 3 Satz 2 FGG) wurde vom Reformgesetzgeber aus Vereinfachungsgründen verzichtet, da in diesem Begriff zahlreiche normative Elemente enthalten sind (Amtl. Begründung BT-Drucks. 16/6308, 235). Daher kommt es auf den Wohnsitz des sorgeberechtigten Elternteils gerade nicht an (OLG Hamm FamRZ 2011, 395). Auch wenn dieser mit dem neuen Aufenthalt des Kindes nicht einverstanden ist, kann an dem neuen Aufenthaltsort – sogar in Fällen der Kindesentführung – ein gewöhnlicher Aufenthalt begründet werden, weil der Begriff des gewöhnlichen Aufenthalts faktischer Natur, nicht rechtlich geprägt und auch nicht vom Willen des Sorgeberechtigten abhängig ist, sich auf Dauer niederzulassen (OLG Hamm FamRZ 2012, 726; OLG Stuttgart FamRZ 2012, 1503; Keidel/*Engelhardt* § 99 Rn. 46). Im Fall eines Wechsels des Aufenthaltsortes wird der gewöhnliche Aufenthaltsort ausnahmsweise schon unmittelbar durch die bloße Aufenthaltsnahme begründet, wenn sich aus den Umständen ergibt, dass der Aufenthalt an dem neuen Ort auf längere Zeit angelegt ist und der neue Ort der neue Daseinsmittelpunkt sein soll (OLG Hamm FamRZ 2012, 726; KG FamRZ 2013, 648; Keidel/*Engelhardt* § 99 Rn. 45).

8 **D. Fürsorgezuständigkeit, Abs. 3.** Liegen die Voraussetzungen der Abs. 1 und 2 nicht vor, ist das Gericht örtlich zuständig, in dessen Bezirk das Bedürfnis der **Fürsorge hervortritt**. Dies ist insb. der Fall, wenn das Kind (noch) keinen gewöhnlichen Aufenthalt in Deutschland hat oder ein solcher nicht feststellbar ist. Abs. 3 gilt ferner stets für das noch ungeborene Kind (vgl. Amtl. Begründung BT-Drucks. 16/6308, 235).

9 **E. Zusätzliche Eilzuständigkeit, Abs. 4.** Abs. 4 entspricht dem bisherigen § 44 FGG. Er schafft in Satz 1 eine **zusätzliche** örtliche Zuständigkeit des Gerichts, in dessen Bezirk das Fürsorgebedürfnis hervortritt, für die in Bezug genommenen vorläufigen Eilmaßnahmen. Dabei wird das Gericht anstelle der (auch nur vorübergehend) verhinderten Eltern (§ 1693 BGB) oder des fehlenden oder verhinderten Vormunds (§ 1846 BGB) tätig. Art. 24 Abs. 3 EGBGB betrifft den Fall, dass über einen Ausländer im Inland eine Vormundschaft oder Pflegschaft errichtet werden soll. Als Eilmaßnahmen kommt insb. die Bestellung eines Ergänzungspflegers gem. § 1909 BGB in Betracht, ggf. aber auch ein direktes Handeln in Vertretung des Kindes (Einwilligung in Operation, Vermögensverwahrung). Für Unterbringungsmaßnahmen ist jedoch § 167 Abs. 1 i.V.m. §§ 313 Abs. 2, 334 vorrangig (Müko/*Heilmann* § 152 Rn. 9; Keidel/*Engelhardt* § 152 Rn. 9).

10 Satz 2 bestimmt Mitteilungspflichten im Fall einer anhängigen Vormundschaft oder Pflegschaft.

§ 153 Abgabe an das Gericht der Ehesache. ¹Wird eine Ehesache rechtshängig, während eine Kindschaftssache, die ein gemeinschaftliches Kind der Ehegatten betrifft, bei einem anderen Gericht im ersten Rechtszug anhängig ist, ist diese von Amts wegen an das Gericht der Ehesache abzugeben. ²§ 281 Abs. 2 und 3 Satz 1 der Zivilprozessordnung gilt entsprechend.

1 Die Vorschrift entspricht dem bisherigen § 621 Abs. 3 ZPO und gilt für alle Familiensachen des § 151 Nr. 1 – 5, 8 (vgl. § 152 Rdn. 1), sofern sie ein gemeinschaftliches Kind der Ehegatten betreffen. Sie bewirkt die

Abschnitt 3. Verfahren in Kindschaftssachen § 153

Zuständigkeitskonzentration beim Gericht der Ehesache, wenn – umgekehrt als in den Fällen des § 152 Abs. 1 – zuerst die Kindschaftssache anhängig wird. Ob die Kindschaftssachen als Folgesachen in den Scheidungsverbund einzubeziehen sind (Verfahrenskonzentration), richtet sich ausschließlich nach § 137 Abs. 3.

Eine **Kindschaftssache** muss bereits – sonst gilt § 152 Abs. 1 – und noch erstinstanzlich **anhängig** sein. 2 Dies ist ab Eingang eines entsprechenden Sachantrags (§ 23 Abs. 1) der Fall, in Amtsverfahren ab gerichtlicher Kenntnis von Tatsachen, die Anlass zum Tätigwerden geben (s. § 2 Rdn. 5, Keidel/*Sternal* § 5 Rn. 31; Zöller/*Lorenz* § 153 Rn. 1: mit Ermittlungen durch das Gericht). Ein Antrag auf Verfahrenskostenhilfe ist zwar kein Sachantrag, doch löst er in Amtsverfahren die Anhängigkeit der Kindschaftssache aus. Die erstinstanzliche Anhängigkeit endet mit Wirksamkeit (§ 40) des Beschlusses des AG, der das Verfahren abschließt (§§ 38 Abs. 1, 116 Abs. 1) sowie mit Antragsrücknahme (§ 22 Abs. 1) oder Vergleich (§ 156 Abs. 2), sofern das Verfahren nicht von Amts wegen fortgesetzt wird (vgl. auch § 152 Rdn. 6).

Eine **Ehesache** zwischen den Eltern des Kindes muss – anders als bei § 152 Abs. 1 – nicht nur anhängig, 3 sondern **rechtshängig** geworden sein (vgl. OLG Hamm FamRZ 2011, 58, 59). Dies ist gem. §§ 261 Abs. 1, 253 Abs. 1 ZPO i.V.m. §§ 113 Abs. 1, 124 Abs. 1 erst mit Zustellung der Antragsschrift (§§ 124, 133) der Fall.

Nach Rechtshängigkeit der Ehesache ist die andernorts anhängige Kindschaftssache gemäß **Satz 1** sofort an 4 das Gericht der Ehesache **von Amts wegen abzugeben**. Dies gilt aber nur, wenn zum Zeitpunkt des Eintritts der Rechtshängigkeit der Ehesache die Kindschaftssache **noch in erster Instanz anhängig** ist. Dies ist so lange der Fall, als das AG noch keine abschließende Entscheidung getroffen hat (BGH FamRZ 2001, 618, 619). Danach kommt eine Abgabe an das Ehesachengericht nicht mehr in Betracht, weil der Zweck der Entscheidungskonzentration dann nicht mehr erreicht werden kann, zumal gem. § 68 Abs. 1 Satz 2 keine Abhilfemöglichkeit besteht (vgl. BGH FamRZ 1985, 800, 801 zum früheren § 621 Abs. 3 Satz 1 ZPO bei zivilprozessualer Familiensache m.w.N.). Wird eine Ehesache rechtshängig während sich die Kindschaftssache bereits in der Beschwerdeinstanz befindet, verweist das Beschwerdegericht im Fall des § 69 Abs. 1 Satz 2 und 3 die Sache an das nunmehr zuständige Ehesachengericht zurück (BGH FamRZ 1980, 444; Zöller/*Lorenz* § 153 Rn. 3). Dagegen beendet die Beschwerde gegen eine nicht abschließende Entscheidung des AG die erstinstanzliche Zuständigkeit nicht, weshalb vordringlich nach Satz 1 zu verfahren ist. Unterlässt das mit der Kindschaftssache befasste Gericht stattdessen eine Abgabe an das Ehesachengericht und legt die Beschwerde selbst vor, hebt das Beschwerdegericht die Vorlageentscheidung auf und gibt die Sache unter Abgabe an das zuständige Ehesachengericht zurück (Zöller/*Lorenz* § 153 Rn. 3). Über eine nach Eintritt der Rechtshängigkeit einer Ehesache beim OLG eingegangene Beschwerde gegen eine nicht abschließende Entscheidung des AG hat das dem nunmehr zuständigen Ehesachengericht übergeordnete OLG zu befinden, selbst wenn eine Abgabe gemäß Satz 1 erst später erfolgt (vgl. BGH FamRZ 2001, 618, 619). Ist die Kindschaftssache beim Rechtsbeschwerdegericht (BGH) anhängig, entscheidet gem. § 50 Abs. 1 Satz 2 über den Erlass einstweiliger Anordnungen das Gericht des ersten Rechtszugs (s. § 50 Rdn. 13), im Fall der zwischenzeitlichen Rechtshängigkeit einer Ehesache aber an dessen Stelle gemäß Satz 1 das Gericht der Ehesache (vgl. BGH FamRZ 1980, 444).

Auch das Verfahren auf einstweilige Anordnung und das Vollstreckungsverfahren, die eine Kindschaftssache 5 betreffen, sind gemäß Satz 1 an das Ehesachengericht abzugeben; § 88 Abs. 1 wird verdrängt (vgl. § 152 Rdn. 6).

Vor Abgabe sind die Beteiligten anzuhören (Müko/*Heilmann* § 153 Rn. 9; Zöller/*Lorenz* § 153 Rn. 4). Der 6 **Abgabebeschluss** ist gemäß **Satz 2** i.V.m. § 281 Abs. 2 Satz 2 und 4 unanfechtbar und für das darin bezeichnete Gericht bindend (soweit nicht ohne Bindungswillen, willkürlich oder unter Verletzung des rechtlichen Gehörs abgegeben wurde, vgl. § 3 Rdn. 12 ff.). Jedoch ist eine Weiterabgabe zulässig und veranlasst, wenn die Ehesache ihrerseits verwiesen oder nach Antragsrücknahme bei einem anderen Gericht rechtshängig wird (Zöller/*Lorenz* § 153 Rn. 4). Einer fehlerhaften Verweisung des gemäß Satz 2 zuständigen Ehesachengerichts an ein anderes Gericht, kommt wegen des überragenden Grundsatzes der Entscheidungskonzentration – entgegen § 281 Abs. 2 Satz 4 ZPO – ausnahmsweise keine Bindungswirkung zu (vgl. OLG Frankfurt am Main FamRZ 1988, 184, 185; OLG Hamm FamRZ 2000, 841).

Die vor dem zunächst angegangenen Gericht der Kindschaftssache entstandenen Verfahrenskosten gelten 7 gemäß **Satz 2** i.V.m. § 281 Abs. 3 Satz 1 ZPO als vor dem nunmehr zuständigen Ehesachengericht erwachsen. Die durch die Abgabe entstandenen **Mehrkosten** dürfen dem Antragsteller aber nicht auferlegt werden, da Satz 2 gerade nicht auf § 281 Abs. 3 Satz 2 ZPO verweist.

Ziegler

§ 154 Verweisung bei einseitiger Änderung des Aufenthalts des Kindes.
¹Das nach § 152 Abs. 2 zuständige Gericht kann ein Verfahren an das Gericht des früheren gewöhnlichen Aufenthaltsorts des Kindes verweisen, wenn ein Elternteil den Aufenthalt des Kindes ohne vorherige Zustimmung des anderen geändert hat. ²Dies gilt nicht, wenn dem anderen Elternteil das Recht der Aufenthaltsbestimmung nicht zusteht oder die Änderung des Aufenthaltsorts zum Schutz des Kindes oder des betreuenden Elternteils erforderlich war.

1 Die völlig neu geschaffene Vorschrift trägt der nicht ganz selten zu beobachtenden Praxis Rechnung, dass in Konfliktsituationen ein Elternteil ohne Zustimmung des anderen mit dem gemeinsamen Kind wegzieht und dadurch dessen Kontakt zum anderen Elternteil sowie eine vernünftige **Konfliktlösung** erheblich **erschwert**. Diesem eigenmächtig handelnden Elternteil, soll – sofern er hierfür keine nachvollziehbaren Gründe hat – nicht auch noch der Vorteil eines ortsnahen Gerichts zugutekommen (BT-Drucks. 16/6308, 235). Denn grds. ist es dem trennungswilligen Elternteil zuzumuten, zunächst eine einvernehmliche Lösung und nach deren Scheitern eine umgehende gerichtliche Regelung bei dem für den (derzeitigen) gewöhnlichen Aufenthalt des Kindes zuständigen Gericht zu suchen (BT-Drucks. 16/6308, 235). Dies gilt selbstverständlich nicht, wenn von dem anderen Elternteil Gewalt oder Drohungen ausgehen, was durch Satz 2 Halbs. 2 klargestellt wird.

2 Das zunächst angegangene Gericht muss gem. § 152 Abs. 2 zuständig sein, das Kind also seinen gewöhnlichen Aufenthalt nunmehr in dessen Bezirk haben (s. § 152 Rdn. 7). Liegt ein Fall des § 152 Abs. 1 vor, findet § 154 keine Anwendung. Die Vorschrift greift ferner nicht ein, wenn die Aufenthaltsänderung des Kindes mit – auch nur schlüssig erklärtem – **Einverständnis** des anderen Elternteils erfolgt ist, da dann der Schutzzweck der Norm nicht berührt wird. Dasselbe gilt gemäß **Satz 2 Halbs. 1**, wenn dem anderen Elternteil kein Aufenthaltsbestimmungsrecht zusteht. Schließlich stellt **Satz 2 Halbs. 2** klar, dass eine Verweisung nach Satz 1 auch dann ausgeschlossen ist, wenn der Wegzug zum Schutz von Kind oder betreuendem Elternteil notwendig war. Denn Opfer häuslicher Gewalt müssen effektiv geschützt werden.

3 Die Vorschrift ermöglicht die **Verweisung** an das Gericht, in dessen Bezirk das Kind vor dem eigenmächtigen Handeln des nicht allein aufenthaltsbestimmungsberechtigten Elternteils seinen gewöhnlichen Aufenthalt hatte. Das kann nach Sinn und Zweck der Regelung aber nur gelten, wenn dort der andere Elternteil noch wohnt. Die Verweisung steht – vorbehaltlich Satz 2 – im **pflichtgemäßen Ermessen** des Gerichts des neuen Aufenthalts. I.d.R. wird zu verweisen sein, wenn dies nicht dem Kindeswohl widerspricht (Keidel/Engelhardt § 154 Rn. 6). § 3 findet Anwendung, insb. ist der Verweisungsbeschluss bindend (zu Ausnahmen vgl. § 3 Rdn. 12 ff. und OLG Köln FamRZ 2012, 1406). Die zunächst vorgesehene Ausgestaltung als nicht bindende Abgabe hätte das berechtigte Anliegen der Vorschrift aufs Spiel gesetzt und ist auf Initiative des Rechtsausschusses hin erfreulicherweise nicht Gesetz geworden.

§ 155 Vorrang- und Beschleunigungsgebot.
(1) Kindschaftssachen, die den Aufenthalt des Kindes, das Umgangsrecht oder die Herausgabe des Kindes betreffen, sowie Verfahren wegen Gefährdung des Kindeswohls sind vorrangig und beschleunigt durchzuführen.
(2) ¹Das Gericht erörtert in Verfahren nach Absatz 1 die Sache mit den Beteiligten in einem Termin. ²Der Termin soll spätestens einen Monat nach Beginn des Verfahrens stattfinden. ³Das Gericht hört in diesem Termin das Jugendamt an. ⁴Eine Verlegung des Termins ist nur aus zwingenden Gründen zulässig. ⁵Der Verlegungsgrund ist mit dem Verlegungsgesuch glaubhaft zu machen.
(3) Das Gericht soll das persönliche Erscheinen der verfahrensfähigen Beteiligten zu dem Termin anordnen.
(4) Hat das Gericht ein Verfahren nach Absatz 1 zur Durchführung einer Mediation oder eines anderen Verfahrens der außergerichtlichen Konfliktbeilegung ausgesetzt, nimmt es das Verfahren in der Regel nach drei Monaten wieder auf, wenn die Beteiligten keine einvernehmliche Regelung erzielen.

Übersicht

	Rdn.		Rdn.
A. Allgemeines	1	II. Erhöhte Anforderungen an Terminsverlegung, Abs. 2 Satz 4 und 5	9
B. Grundsatz, Abs. 1	2		
C. Anhörungstermin, Abs. 2 und 3	5	III. Anordnung des persönlichen Erscheinens, Abs. 3	11
I. Persönliche Anhörung binnen Monatsfrist, Abs. 2 Satz 1 bis 3	6		

§ 155

A. Allgemeines. Die Vorschrift übernimmt fast wortgleich den bisherigen § 50e Abs. 1 bis 3 FGG, der erst mit dem Gesetz zur Erleichterung familiengerichtlicher Maßnahmen bei Gefährdung des Kindeswohls vom 04.07.2008 (BGBl. I, S. 1188) in das FGG eingefügt worden und am 12.07.2008 in Kraft getreten war. Insbes. die Verpflichtung zu einem frühen ersten Termin binnen Monatsfrist ist von Praktikern kritisch besprochen worden. So gibt *Jaeger* (FPR 2006, 410, 415) zu bedenken, dass zumindest bei überlasteten Großstadtgerichten und ebenso überlasteten Großstadtjugendämtern die Gefahr bestehe, dass dieser erste Termin nicht sachgerecht vorbereitet werden könne und zu einem hastigen nicht abgewogenen Kompromiss führe (ähnlich *Reichert* ZKJ 2006, 230, 232). Auch liegt es nahe, dass sich durch diese Regelung die Verfahrensdauer verlängert, wenn im ersten Termin keine Einigung zustande kommt (*Schulte-Bunert* Rn. 575). In Kindschaftssachen nach § 151 Nr. 6 und Nr. 7 findet die Vorschrift aufgrund der abschließenden Regelung des § 167 zumindest keine direkte Anwendung (vgl. § 167 Rdn. 2 f.). 1

B. Grundsatz, Abs. 1. Abs. 1 normiert für die genannten Kindschaftssachen ein **Vorrang- und Beschleunigungsgebot**, das § 61a ArbGG nachgebildet wurde. In Unterbringungssachen ist die Vorschrift zwar nicht unmittelbar anwendbar, doch muss das Gebot wegen der Erheblichkeit des Eingriffs aus Gründen des Kindeswohls gleichwohl beachtet werden (Müko/*Heilmann* § 155 Rn. 13). Ziel der Regelung ist es, im Interesse des Kindswohls die Verfahrensdauer zu verkürzen, die der Reformgesetzgeber in Sorge- und Umgangsverfahren im Durchschnitt als zu lang erachtete (Amtl. Begründung BT-Drucks. 16/6308, 235). Damit wird auch der st. Rspr. des BVerfG (vgl. nur FamRZ 2004, 689; 2008, 2258) und des EuGHMR (vgl. nur FamRZ 2011, 533; 1125; 1283) Rechnung getragen, die in Sorge- und Umgangsverfahren wegen der Gefahr irreversibler Folgen infolge Zeitablaufs eine größtmögliche Verfahrensbeschleunigung fordern. 2

Das Vorrang- und Beschleunigungsgebot des Abs. 1 richtet sich an das jeweils mit der Sache befasste Gericht **in allen Rechtszügen** und gilt auch im Verfahren auf Erlass einer einstweiligen Anordnungen sowie im Vollstreckungsverfahren (Müko/*Heilmann* § 155 Rn. 14 f.; Keidel/*Engelhardt* § 155 Rn. 3; Johanssen/Henrich/*Büte* § 155 Rn. 3 f.). Es gilt **in jeder Lage des Verfahrens**, gleich ob es sich um die Terminsbestimmung, die Fristsetzung ggü. Verfahrensbeteiligten und Sachverständigen oder die Bekanntgabe von Entscheidungen handelt (Amtl. Begründung BT-Drucks. 16/6308, 235). Aufgrund des Vorranggebots müssen in der gerichtlichen Praxis notfalls andere anhängige Sachen zurückstehen. Diese Prioritätenbildung zugunsten der benannten Kindschaftssachen nimmt der Reformgesetzgeber bewusst in Kauf (Amtl. Begründung BT-Drucks. 16/6308, 235). 3

Das Beschleunigungsgebot darf aber nicht schematisch gehandhabt werden. Über allem steht auch hier das **Kindeswohl**. Es prägt und begrenzt zugleich das Beschleunigungsgebot (BT-Drucks. 16/6308, 235 f.). Denn nicht immer dient eine beschleunigte Verfahrensweise dem Kindeswohl. Zwar sollte ein erster Anhörungstermin in den genannten Kindschaftssachen fast immer möglichst frühzeitig stattfinden. Doch kann es – insb. in Umgangsrechtsverfahren – für eine dauerhafte Konfliktlösung unter Umständen besser sein, mit einer Entscheidung zuzuwarten (Keidel/*Engelhardt* § 155 Rn. 5; Johanssen/Henrich/*Büte* § 155 Rn. 3, 8). D.h. freilich nicht, dass das Gericht einfach untätig bleibt; vielmehr muss es durch geeignete Maßnahmen – wozu auch weitere Anhörungstermine gehören – versuchen, eine Verständigung der Beteiligten zu fördern (Müko/*Heilmann* § 155 Rn. 31 f.). 4

C. Anhörungstermin, Abs. 2 und 3. Die Abs. 2 und 3 gestalten den Beschleunigungsgrundsatz des Abs. 1 für die dort genannten Kindschaftssachen näher aus, indem sie Regeln für den (ersten) Anhörungstermin aufstellen. 5

I. Persönliche Anhörung binnen Monatsfrist, Abs. 2 Satz 1 bis 3. Gemäß **Abs. 2 Satz 1** muss die Kindschaftssache mit den Beteiligten mündlich in einem Termin erörtert werden. Nach Abs. 3 soll hierzu das persönliche Erscheinen der verfahrensfähigen Beteiligten (vgl. § 9 Abs. 1) angeordnet werden. Der Anhörungstermin soll gem. Abs. 2 Satz 2 spätestens einen Monat nach Verfahrensbeginn stattfinden. Ziel dieser Regelungen ist es, eine in der ersten Trennungszeit drohende Eskalierung des Elternkonflikts zu verhindern. Die Eltern sollen vom Gericht in einem persönlichen Gespräch möglichst schnell wieder zur Übernahme gemeinsamer Verantwortung gebracht werden. 6

Die **Monatsfrist** des **Abs. 2 Satz 2** beginnt – außer bei Amtsverfahren – mit Eingang des Antrags oder der **Anregung** *eines Beteiligten* betreffend eine der in Abs. 1 genannten Kindschaftssachen. Dabei genügt bereits *der Antrag* auf Verfahrenskostenhilfe gem. §§ 76 ff. in einer solchen Sache; deren Voraussetzungen sind dann ebenfalls in dem Termin zu erörtern (BT-Drucks. 16/6308, 236; *Schulte-Bunert* Rn. 575; Johanssen/Henrich/*Büte* § 155 Rn. 6; Keidel/*Engelhardt* § 155 Rn. 8; a.A. *Borth* FamRZ 2007, 1925, 1933 zu § 50e 7

§ 155

FGG: Beginn erst bei Befassung mit konkretem Rechtsbegehren). Die Frist ist grds. verbindlich. Das Gericht darf sie nur in begründeten Ausnahmefällen überschreiten; bei der erforderlichen Einzelfallprüfung hat der Beschleunigungsgrundsatz im Zweifel Vorrang (BT-Drucks. 16/6308, 236). Ausnahmefälle können in der Sphäre des Gerichts liegen – bspw. fehlende Vertretung im Krankheitsfall oder notwendige öffentliche Antragszustellung – oder aber in der Sache selbst begründet sein, wenn etwa bereits ein Termin wegen einer einstweiligen Anordnung vorausgegangen ist (BT-Drucks. 16/6308, 236). Ein Verstoß gegen Abs. 2 Satz 2 kann isoliert in der Rechtsmittelinstanz nur mit der Untätigkeitsbeschwerde geltend gemacht werden, die nur zulässig ist, wenn der Verstoß zur Rechtsschutzverweigerung oder einem erheblichen Rechtsverlust führt (OLG Schleswig FamRZ 2011, 1085). Im Beschwerdeverfahren ist Abs. 2 Satz 2 nicht anzuwenden, da die Monatsfrist nur für den ersten Termin im gesamten Verfahren gilt (Müko/*Heilmann* § 155 Rn. 67; a.A. *Büte* FuR 2008, 361, 363 zu § 50e FGG: Frist beginnt mit Einlegung des Rechtsmittels). Gleichwohl sollte sie Anhaltspunkt für die Terminierung sein, um dem Beschleunigungsgebot Rechnung zu tragen. Inwieweit der Eingang einer Beschwerdebegründung abzuwarten ist, muss im Einzelfall entschieden werden (vgl. dazu *Büte* FuR 2008, 361, 363 zu § 50e FGG).

8 Gemäß **Abs. 2 Satz 3** ist in dem Termin auch ein Vertreter des **Jugendamts anzuhören.** Dies erfordert nicht nur eine gewisse Rücksichtnahme des Gerichts bei der Terminierung, vielmehr muss sich auch das Jugendamt organisatorisch darauf einstellen, um dem Beschleunigungsgebot gerecht zu werden. Die persönliche Teilnahme eines Jugendamtsvertreters hat mehrere Vorteile: Er kann zum aktuellen Sachstand Stellung nehmen, der sich möglicherweise geändert hat. Liegt bereits ein schriftlicher Jugendamtsbericht vor, kann er diesen mündlich erläutern und ergänzen, wodurch insb. auch der Elternteil, der sich als zurückgesetzt empfindet, wieder zur Übernahme gemeinsamer Elternverantwortung gebracht oder zumindest sein weiterer Rückzug vermieden werden kann (BT-Drucks. 16/6308, 236).

9 **II. Erhöhte Anforderungen an Terminsverlegung, Abs. 2 Satz 4 und 5.** Gemäß **Abs. 2 Satz 4** ist eine **Verlegung** des anberaumten Anhörungstermins nur aus **zwingenden Gründen** möglich. Anders als bei § 32 Abs. 1 Satz 2 i.V.m. § 227 Abs. 1 ZPO genügen erhebliche Gründe nicht (Keidel/*Engelhardt* § 155 Rn. 10). Zwingende Gründe sind nur solche, die eine Teilnahme am Termin tatsächlich unmöglich machen, wie etwa eine Erkrankung (BT-Drucks. 16/6308, 236). Insbes. ist eine Terminskollision eines Beteiligtenvertreters kein zwingender Grund. Dieser muss vielmehr in der anderen Sache einen Verlegungsantrag stellen, dem das dortige Gericht nachzukommen hat. Etwas anderes gilt nur, wenn es sich dabei ebenfalls um eine Kindschaftssache i.S.d. Abs. 1 handelt (Amtl. Begründung BT-Drucks. 16/6308, 236).

10 Gemäß **Abs. 2 Satz 5** ist bereits mit dem Verlegungsantrag auch dessen Grund **glaubhaft** zu machen (vgl. § 31), um dem Gericht eine möglichst schnelle Prüfung und Entscheidung zu erlauben.

11 **III. Anordnung des persönlichen Erscheinens, Abs. 3.** Gemäß **Abs. 3** soll das Gericht das **persönliche Erscheinen** der verfahrensfähigen Beteiligten zu dem Termin anordnen. Dies dient der Aufklärung des Sachverhalts und trägt zugleich der Verpflichtung des Gerichts nach § 156 Rechnung, auf eine einvernehmliche Konfliktlösung hinzuwirken, was ohne die persönliche Anwesenheit der Beteiligten wenig Erfolg verspricht. Gem. § 9 Abs. 1 Nr. 3 ist auch das bereits 14 Jahre alte Kind verfahrensfähig, weshalb es zum Termin geladen werden muss.

12 Die Anordnung des persönlichen Erscheinens des noch nicht 14 Jahre alten Kindes (vgl. § 9 Abs. 1 Nr. 3) schreibt Abs. 3 nicht vor. Ob und wann dessen Anhörung gem. § 159 stattzufinden hat, bedarf einer für den Einzelfall zu treffenden Entscheidung des Gerichts. Regelmäßig wird die Teilnahme des Kindes an einem ersten Anhörungstermin i.S.d. Vorschrift seinem Wohl entgegenstehen.

13 Die Ausgestaltung als Sollvorschrift ermöglicht es in begründeten Ausnahmefällen von der Anordnung des persönlichen Erscheinens abzusehen. So kann etwa in Fällen häuslicher Gewalt zumindest zunächst eine getrennte Anhörung der Beteiligten angezeigt sein (BT-Drucks. 16/6308, 236).

14 Kommt ein Beteiligter der Anordnung zum persönlichen Erscheinen nicht nach, kann das Gericht gem. **§ 33 Abs. 3 Ordnungsmittel** ergreifen. Dabei muss aber bedacht werden, dass dies wenig zur Konfliktlösung beiträgt und oftmals den nicht erschienenen Elternteil noch in seiner Abwehrhaltung bestärken wird. Stattdessen sollte daher versucht werden, die Gründe für das Nichterscheinen des Elternteils zu erforschen und ihn notfalls durch eine getrennte Anhörung, die auch telefonisch erfolgen kann, von der Notwendigkeit einer gemeinsamen konstruktiven Erörterung der bestehenden Probleme zu überzeugen. Im Einzelfall können freilich auch einmal Ordnungsmittel helfen, den verfestigten Widerstand eines Elternteils aufzubrechen.

§ 155a Verfahren zur Übertragung der gemeinsamen elterlichen Sorge.

(1) Die nachfolgenden Bestimmungen dieses Paragrafen gelten für das Verfahren nach § 1626a Absatz 2 des Bürgerlichen Gesetzbuchs. Im Antrag auf Übertragung der gemeinsamen Sorge sind Geburtsdatum und Geburtsort des Kindes anzugeben.
(2) § 155 Absatz 1 ist entsprechend anwendbar. Das Gericht stellt dem anderen Elternteil den Antrag auf Übertragung der gemeinsamen Sorge nach den §§ 166 bis 195 der Zivilprozessordnung zu und setzt ihm eine Frist zur Stellungnahme, die für die Mutter frühestens 6 Wochen nach der Geburt des Kindes endet.
(3) In den Fällen des § 1626a Absatz 2 Satz 2 des Bürgerlichen Gesetzbuchs soll das Gericht im schriftlichen Verfahren ohne Anhörung des Jugendamts und ohne persönliche Anhörung der Eltern entscheiden. § 162 ist nicht anzuwenden. Das Gericht teilt dem nach § 87c Absatz 6 Satz 2 des Achten Buches Sozialgesetzbuch zuständigen Jugendamt seine Entscheidung unter Angabe des Geburtsdatums und des Geburtsorts des Kindes sowie des Namens, den das Kind zur Zeit der Beurkundung seiner Geburt geführt hat, zu den in § 58a des Achten Buches Sozialgesetzbuch genannten Zwecken formlos mit.
(4) Werden dem Gericht durch den Vortrag der Beteiligten oder auf sonstige Weise Gründe bekannt, die der gemeinsamen elterlichen Sorge entgegenstehen können, gilt § 155 Absatz 2 mit der Maßgabe entsprechend, dass der Termin nach Satz 2 spätestens einen Monat nach Bekanntwerden der Gründe stattfinden soll, jedoch nicht vor Ablauf der Stellungnahmefrist der Mutter nach Absatz 2 Satz 2. § 155 Absatz 3 und § 156 Absatz 1 gelten entsprechend.
(5) Sorgeerklärungen und Zustimmungen des gesetzlichen Vertreters eines beschränkt geschäftsfähigen Elternteils können auch im Erörterungstermin zur Niederschrift des Gerichts erklärt werden. § 1626d Absatz 2 des Bürgerlichen Gesetzbuchs gilt entsprechend.

Übersicht

	Rdn.		Rdn.
A. Anwendungsbereich, Abs. 1	1	E. Formerleichterungen, Abs. 5 Satz 1	5
B. Verfahrenseinleitung, Abs. 2	2	F. Mitteilungspflichten, Abs. 3 Satz 3, Abs. 5	
C. Vereinfachtes Verfahren, Abs. 3	3	Satz 2	6
D. Normalverfahren, Abs. 4	4		

A. Anwendungsbereich, Abs. 1. Die mit dem Gesetz zur Reform der elterlichen Sorge nicht miteinander 1 verheirateter Eltern vom 16.04.2013 (BGBl. I S. 795) neu eingefügte Vorschrift ist am 19.05.2013 in Kraft getreten. Sie regelt das gerichtliche Verfahren zur Übertragung der gemeinsamen elterlichen Sorge nach § 1626a Abs. 1 Nr. 3, Abs. 2 BGB. Aus Abs. 1 Satz 1 folgt, dass eine vorgeburtliche Entscheidung nicht möglich ist (Keidel/*Engelhardt* § 155a Rn. 1)

B. Verfahrenseinleitung, Abs. 2. Für das Verfahren gilt gem. **Abs. 2 Satz 1** das Vorrang- und Beschleu- 2 nigungsgebot, wie für die anderen in § 155 Abs. 1 erwähnten Verfahrensgegenstände. Gemäß Abs. 2 Satz 2 stellt das Gericht nach Eingang den Antrag auf Übertragung der gemeinsamen elterlichen Sorge dem anderen Elternteil zu. Bei der Bemessung der Stellungnahmefrist für die Mutter hat das Gericht die Karenzfrist in Abs. 2 Satz 2 zu berücksichtigen. Eine Verlängerung der Frist ist gem. § 16 Abs. 2 i.V.m. § 224 Abs. 2 ZPO möglich (Keidel/*Engelhardt* § 155a Rn. 4; Johannsen/Henrich/*Büte* § 155a Rn. 7).

C. Vereinfachtes Verfahren, Abs. 3. Schweigt der andere Elternteil zu dem Antrag oder trägt er keine 3 Gründe vor, die der gemeinsamen Sorge entgegenstehen können, und sind dem Gericht solche Gründe auch nicht anderweitig bekannt (vgl. § 1626a Abs. 2 Satz 2), richtet sich das weitere Verfahren nach **Abs. 3** (BT-Drucks. 17/11048, 16). Dieses **vereinfachte Verfahren** sieht vor, dass die Eltern lediglich schriftlich, nicht persönlich angehört werden (vgl. OLG Brandenburg FamRZ 2014, 760; 2015, 1207, 1208). Das Jugendamt wird über die Einleitung des Verfahrens nicht informiert, es wird nicht angehört und erhält auch nicht die Möglichkeit, sich am Verfahren zu beteiligen oder gegen die Endentscheidung Rechtsmittel einzulegen (BT-Drucks. 17/11048, 16). Unter den Voraussetzungen des § 159 hat das Gericht jedoch das betroffene Kind persönlich anzuhören (BT-Drucks. 17/11048, 16), was bei sehr jungen Kindern regelmäßig entbehrlich sein wird (Johannsen/Henrich/*Büte* § 155 Rn. 13). Die Ausgestaltung als Soll-Regelung ermöglicht es dem Familiengericht, in besonders gelagerten Ausnahmefällen im normalen, aber vorrangig und beschleunigt durchzuführenden Verfahren nach Abs. 4 zu entscheiden. Dies kann etwa dann in Betracht kom-

§ 156

men, wenn der bisherige Vortrag der Mutter zeigt, dass ihr sprachliches Ausdrucksvermögen stark eingeschränkt ist (BT-Drucks. 17/12198). Auch sonst ist die Vermutungsregel des § 1626a Abs. 2 Satz 2 BGB mit Bedacht anzuwenden, da es nach der Rspr. des BVerfG (FamRZ 2009, 399, 400) für jede sorgerechtliche Entscheidung einer hinreichenden Grundlage für eine am Kindeswohl orientierte Entscheidung bedarf (OLG Frankfurt am Main FamRZ 2014, 852, 853).

4 **D. Normalverfahren, Abs. 4.** Tragen die Beteiligten dagegen Gründe vor, die der gemeinsamen elterlichen Sorge entgegenstehen können, oder werden dem Gericht solche Gründe auf sonstige Weise bekannt (vgl. § 1626 Abs. 2 Satz 2 BGB und PWW/*Ziegler* § 1626 Rn. 7 f.; Johannsen/Henrich/*Büte* § 155a Rn. 14 ff.), gilt gem. Abs. 4 ab diesem Zeitpunkt § 155 Abs. 2 und 3 entsprechend. Das Gericht hat dann binnen Monatsfrist einen Termin zu bestimmen, in dem es die Sache mit den Beteiligten erörtert und das Jugendamt anhört. Bei der Terminierung hat es die zum Schutz der Mutter bestehende Karenzfrist von 6 Wochen nach der Geburt zu berücksichtigen (BT-Drucks. 17/11048, 17).
Verfahren zur Übertragung der gemeinsamen elterlichen Sorge § 155a FamFG
Ziegler 3

5 **E. Formerleichterungen, Abs. 5 Satz 1.** Abs. 5 Satz 1 stellt klar, dass Sorgeerklärungen und Zustimmungen des gesetzlichen Vertreters eines beschränkt geschäftsfähigen Elternteils auch im Erörterungstermin zur Niederschrift des Gerichts erklärt werden können (BT-Drucks. 17/11048, 17). Die Vorschrift ergänzt § 1626d Abs. 1 BGB. Hingegen ist eine Ersetzung durch einen gerichtlich gebilligten Vergleich gem § 127a nicht (mehr) möglich (*Hammer* FamRZ 2015, 1977, da BGH FamRZ 2011, 796, 798 mit Inkrafttreten des § 155a FamFG überholt ist; aA AG Ludwigslust FamRZ 2015, 1976).

6 **F. Mitteilungspflichten, Abs. 3 Satz 3, Abs. 5 Satz 2.** Die in Abs. 3 Satz 3 und Abs. 5 Satz 2 geregelten **Mitteilungspflichten** des Gerichts an das Jugendamt bezwecken, dass die Jugendämter am Geburtsort des Kindes, denen die Führung des Sorgeregisters obliegt, informiert werden, wenn sich an der Inhaberschaft der elterlichen Sorge bei einem nicht ehelichen Kind Änderungen ergeben, weil den Eltern die elterliche Sorge gem. § 1626a Abs. 1 Nr. 3, Abs. 2 BGB gemeinsam übertragen wurde. Hierdurch soll die Gefahr reduziert werden, dass unzutreffende Auskünfte aus dem Sorgeregister erteilt werden (BT-Drucks. 17/11048, 17).

§ 156 Hinwirken auf Einvernehmen.

(1) ¹Das Gericht soll in Kindschaftssachen, die die elterliche Sorge bei Trennung und Scheidung, den Aufenthalt des Kindes, das Umgangsrecht oder die Herausgabe des Kindes betreffen, in jeder Lage des Verfahrens auf ein Einvernehmen der Beteiligten hinwirken, wenn dies dem Kindeswohl nicht widerspricht. ²Es weist auf Möglichkeiten der Beratung durch die Beratungsstellen und -dienste der Träger der Kinder- und Jugendhilfe insbesondere zur Entwicklung eines einvernehmlichen Konzepts für die Wahrnehmung der elterlichen Sorge und der elterlichen Verantwortung hin. ³Das Gericht kann anordnen, dass die Eltern einzeln oder gemeinsam an einem kostenfreien Informationsgespräch über Mediation oder über eine sonstige Möglichkeit der außergerichtlichen Konfliktbeilegung bei einer von dem Gericht benannten Person oder Stelle teilnehmen und eine Bestätigung hierüber vorlegen. ⁴Es kann ferner anordnen, dass die Eltern an einer Beratung nach Satz 2 teilnehmen. ⁵Die Anordnungen nach den Sätzen 3 und 4 sind nicht selbständig anfechtbar und nicht mit Zwangsmitteln durchsetzbar.
(2) Erzielen die Beteiligten Einvernehmen über den Umgang oder die Herausgabe des Kindes, ist die einvernehmliche Regelung als Vergleich aufzunehmen, wenn das Gericht diese billigt (gerichtlich gebilligter Vergleich). Das Gericht billigt die Umgangsregelung, wenn sie dem Kindeswohl nicht widerspricht.
(3) ¹Kann in Kindschaftssachen, die den Aufenthalt des Kindes, das Umgangsrecht oder die Herausgabe des Kindes betreffen, eine einvernehmliche Regelung im Termin nach § 155 Abs. 2 nicht erreicht werden, hat das Gericht mit den Beteiligten und dem Jugendamt den Erlass einer einstweiligen Anordnung zu erörtern. ²Wird die Teilnahme an einer Beratung, an einem kostenfreien Informationsgespräch über Mediation oder einer sonstigen Möglichkeit der außergerichtlichen Konfliktbeilegung oder eine schriftliche Begutachtung angeordnet, soll das Gericht in Kindschaftssachen, die das Umgangsrecht betreffen, den Umgang durch einstweilige Anordnung regeln oder ausschließen. ³Das Gericht soll das Kind vor dem Erlass einer einstweiligen Anordnung persönlich anhören.

Abschnitt 3. Verfahren in Kindschaftssachen § 156

Übersicht

	Rdn.		Rdn.
A. Allgemeines	1	II. Erörterungspflicht bei fehlendem Einvernehmen, Abs. 3 Satz 1	8
B. Hinwirken auf Einvernehmen; gerichtliche Hinweispflichten; Anordnungen, Abs. 1	2	III. Regelmäßiger Erlass bei Beratungsanordnung oder Begutachtung, Abs. 3 Satz 2	10
C. Gerichtlich gebilligter Vergleich, Abs. 2	5	IV. Persönliche Kindesanhörung, Abs. 3 Satz 3	12
D. Einstweilige Anordnungen, Abs. 3	7		
I. Allgemeines	7		

A. Allgemeines. Abs. 1 Satz 1 und 2 entspricht weitgehend dem bisherigen § 52 Abs. 1 Satz 1 und 2 FGG. 1
I.Ü. sind die Regelungen neu: **Abs. 1 Satz 3** erweitert die Hinweispflichten und **Abs. 1 Satz 4** ermächtigt das FamG die Eltern zur Teilnahme an Beratungen zu verpflichten; **Abs. 1 Satz 5** klärt Rechtsmittel und Vollstreckungsfragen. **Abs. 2** regelt den Vergleich in Umgangsverfahren und enthält eine Definition des gerichtlich gebilligten Vergleiches. **Abs. 3** ergänzt § 155; er entspricht weitgehend dem bisherigen § 52 Abs. 3 FGG.

B. Hinwirken auf Einvernehmen; gerichtliche Hinweispflichten; Anordnungen, Abs. 1. Abs. 1 Satz 1 2
fordert vom FamG in den genannten Kindschaftssachen grds. eine einvernehmliche Streitbeilegung anzustreben (eingehend Vogel FamRZ 2010, 1870, der auch auf die dahin gehende Verpflichtung der anderen Beteiligten und des Sachverständigen hinweist). Dies gilt in jeder Lage des Verfahrens, mithin auch in allen Tatsacheninstanzen (Keidel/*Engelhardt* § 156 Rn. 2; Müko/*Schumann* § 156 Rn. 6). Nur ausnahmsweise, insb. bei Beeinträchtigung des Kindeswohls, kann dies nicht angezeigt sein, wie etwa in Fällen häuslicher Gewalt (BT-Drucks. 16/6308, 235; ebenso Keidel/*Engelhardt* § 156 Rn. 3; Müko/*Schumann* § 156 Rn. 8). Ausdrücklich verboten ist es nach Abs. 1 Satz 1 Halbs. 2 auf ein Einvernehmen hinzuwirken, wenn dies dem Kindswohl widerspricht. Abs. 1 Satz 1 entspricht weitgehend dem bisherigen § 52 Abs. 1 Satz 1 FGG, der durch das KindRG vom 16.12.1997 eingefügt worden war. Ziel ist es, im Interesse der Kinder eine eigenständige Konfliktlösung durch die Eltern zu fördern (BT-Drucks. 13/4899, 45 zum KindRG). Hierzu sollen die Eltern die Beratungshilfe nach §§ 17, 18 SGB VIII (KJHG) in Anspruch nehmen, worauf das Gericht gem. **Abs. 1 Satz 2** (vormals § 52 Abs. 1 Satz 2 FGG) hinzuweisen hat. Die Streitbeilegung unter Vermittlung der außergerichtlich tätigen Beratungsstellen trägt entscheidend dazu bei, die Belastungen der Kinder – aber auch der Eltern – zu reduzieren. Denn ein »streitiges« gerichtliches Verfahren mit Anhörungen, Sachverständigengutachten und Ermittlungen des Jugendamts kann so vermieden werden (BT-Drucks. 13/4899, 133 zum KindRG; ebenso Keidel/*Engelhardt* § 156 Rn. 1). Neben dem Hinweis auf die Beratung durch die Träger der Jugendhilfe (vgl. § 3 SBG VIII – KJHG) nach Abs. 1 Satz 2 soll das Gericht gem. **Abs. 1 Satz 3** in geeigneten Fällen auch auf andere Möglichkeiten der außergerichtlichen Streitbeilegung hinweisen, namentlich die Mediation.

Gem **Abs. 1 Satz 4** ist das FamG – einer Empfehlung des Arbeitskreises 10 des 16. Familiengerichtstages 3
folgend (vgl. FamRZ 2005, 1962, 1964) – nunmehr in der Lage die Eltern zur Teilnahme an einer Beratung nach Abs. 1 Satz 2 zu verpflichten. Dies kommt immer in Betracht, wenn eine Einigung im ersten gerichtlichen Termin nicht erzielt werden kann. Die Teilnahme an einer Mediation oder sonstiger Verfahren außergerichtlicher Streitbeilegung gem. Abs. 1 Satz 3 kann nicht angeordnet werden, wie sich aus dem Gesetzeswortlaut zweifelsfrei ergibt (BT-Drucks. 16/6308, 237). Das Gericht sollte die Anordnung nach Abs. 1 Satz 4 möglichst konkret fassen und den Eltern unter Fristsetzung eine bestimmte Beratungsstelle vorgeben. Zuvor ist dem Jugendamt Gelegenheit zur Stellungnahme zu geben (so BT-Drucks. 16/6308, 237). Die Verpflichtung zur Beratung darf nicht zu einer Verfahrensverzögerung führen. Daher darf das Verfahren aus diesem Grund auch nicht ausgesetzt werden (anders noch der bisherige § 52 Abs. 2 FGG); eine Aussetzung kann nur bei Vorliegen der Voraussetzungen des § 21 erfolgen (BT-Drucks. 16/6308, 237), die aber in den genannten Kindschaftssachen schon im Hinblick auf § 155 nicht vorliegen werden (vgl. Johannsen/Henrich/*Büte* § 156 Rn. 6). Eine Beratungsanordnung zieht gem. Abs. 3 Satz 2 regelmäßig eine einstweilige Regelung des Umgangs nach sich.

Abs. 1 Satz 5 klärt ergänzende Fragen zur Anordnung nach Abs. 1 Satz 4: Sie ist als Zwischenentscheidung 4
nicht selbstständig anfechtbar und kann nicht erzwungen werden. Die fehlende zwangsweise Durchsetzbarkeit gefährdet das gesetzgeberische Ziel des Abs. 1 Satz 4. Zwar würde die erzwungene Teilnahme an einer Beratung oftmals nicht den gewünschten Erfolg haben, doch hätte andererseits im Einzelfall die bloße Möglichkeit der Verhängung von Zwangsmitteln die Teilnahmebereitschaft entscheidend erhöhen können.

Weigert sich ein Elternteil – ausdrücklich oder stillschweigend, indem er seiner Mitwirkungspflicht nicht ordnungsgemäß nachkommt – an der angeordneten Beratung teilzunehmen, bleibt dem Gericht nur die Möglichkeit die Sache nochmals mit diesem Elternteil und dem Jugendamt zu erörtern, um eine Verhaltensänderung herbeizuführen (BT-Drucks. 16/6308, 237). Dabei wird das Gericht auch auf § 81 Abs. 2 Nr. 5 hinweisen, der gerade für diesen Fall vorsieht, dem sich weigernden Elternteil die Verfahrenskosten allein aufzuerlegen.

5 **C. Gerichtlich gebilligter Vergleich, Abs. 2. Abs. 2** enthält die Legaldefinition des gerichtlich gebilligten Vergleichs, der gem. § 86 Abs. 1 Nr. 2 Vollstreckungstitel ist (vgl. KG FamRZ 2011, 588). Da weder das Umgangsrecht noch die Kindesherausgabe disponibel sind, wäre wegen § 36 Abs. 1 Satz 1 ohne diese Regelung ein Vergleich hierüber unzulässig. Im Gegensatz zum bisherigen § 52a Abs. 4 Satz 3 FGG müssen dem Vergleich alle formell am Verfahren Beteiligten zustimmen, also auch das Jugendamt (gem. §§ 162 Abs. 2, 7 Abs. 2 Nr. 2), die Pflegeperson im Fall des § 161 Abs. 1, das Kind und der Verfahrenspfleger gem. § 158 Abs. 3 Satz 2, auch wenn keine Übertragung nach § 158 Abs. 4 Satz 3 erfolgt ist (a.A. *Bumiller/Harders/Schwamb/Bumiller* § 156 Rn. 10) Wegen des Vorrangs des Elternrechts gem. Art. 6 Abs. 2 GG ist bei verfassungskonformer Auslegung die fehlende Zustimmung des Jugendamts oder des Verfahrenspflegers unschädlich und der Vergleich auch dann zu protokollieren, wenn die Eltern eine einvernehmliche Regelung getroffen haben, die dem Kindeswohl nicht widerspricht (Müko/*Schumann* § 156 Rn. 25; *Vogel* FamRZ 2010, 1870, 1874). Das noch keine 14 Jahre alte Kind wird grds. von seinen Eltern vertreten, nicht vom Verfahrenspfleger, weshalb deren Zustimmung konkludent auch die des Kindes umfasst (AG Ludwigslust FamRZ 2010, 488, 489).

6 Das Gericht muss die einvernehmliche Regelung der Eltern als Vergleich aufnehmen und deren Billigung – im Hinblick auf § 86 Abs. 1 Nr. 2 tunlichst durch Beschluss (KG FamRZ 2011, 588; OLG Nürnberg FamRZ 2011, 1533; OLG Frankfurt am Main FamRZ 2012, 573; Müko/*Schumann* § 156 Rn. 17, 26; Thomas/Putzo/*Hüßtege* § 156 Rn. 10; vgl. auch OLG Schleswig FamRZ 2012, 895) – aussprechen, wenn sie dem Kindeswohl nicht widerspricht. Letzteres wäre nur der Fall, wenn Anhaltspunkte für eine Kindeswohlgefährdung vorlägen (Müko/*Schumann* § 156 Rn. 19). Um dies festzustellen, ist das Kind – wie vor der Sorgerechtsübertragung nach § 1671 Abs. 2 Nr. 1 BGB – gem. § 159 persönlich anzuhören (Müko/*Schumann* § 156 Rn. 19). Sofern dies nicht sofort durchführbar ist, sollte der Vergleich dennoch protokolliert werden; die gerichtliche Billigung kann dann ggf. nach der Kindesanhörung erfolgen. Der Beschluss, der die Billigung ausspricht, hat rein deklaratorischen Charakter und ist nicht anfechtbar (OLG Nürnberg FamRZ 2011, 1533; Müko/*Schumann* § 156 Rn. 27; a.A. OLG Hamm FamRZ 2015, 273; 1988, 1989); doch steht die Erledigung des Amtsverfahrens nicht zur Disposition der Beteiligten, weshalb deren übereinstimmende Erklärungserklärung das Verfahren nur dann beendet, wenn ein gerichtlich gebilligter Vergleich vorliegt (OLG Frankfurt am Main FamRZ 2014, 53; OLG Brandenburg FamRZ 2014, 2019; OLG Hamm FamRZ 2015, 273). Der Vergleich ist nur vollstreckbar, wenn er hinreichend bestimmt ist. Eine Auslegung ist nur dann möglich, wenn der Vergleich aus sich heraus für eine Auslegung genügend bestimmt ist oder jedenfalls sämtliche Kriterien für seine Bestimmbarkeit eindeutig festlegt (KG FamRZ 2011, 588; BGH NJW 2006, 695).

7 **D. Einstweilige Anordnungen, Abs. 3. I. Allgemeines. Abs. 3** setzt die Reihe der Vorschriften fort, deren Ziel es ist, in eilbedürftigen Kindschaftssachen möglichst schnell eine Lösung der bestehenden Konflikte herbeizuführen und einem unbefriedigenden, das Kindeswohl beeinträchtigenden Stillstand entgegenzuwirken. Nach § 155 Abs. 1 und 2 sind die das Kind betreffenden Verfahren wegen Aufenthalts, Umgangs und Herausgabe vorrangig und beschleunigt in einem frühen Termin zu verhandeln, in dem gem. Abs. 1 Satz 1 möglichst Einvernehmen erzielt werden sollte. Gelingt dies nicht schon im ersten Termin, muss bereits eine einstweilige Anordnung in Betracht gezogen werden. Damit soll verhindert werden, dass Verfahrensverzögerungen eine für das Kindeswohl abträgliche Situation herbeiführen oder sogar »vollendete Tatsachen« schaffen (BT-Drucks. 16/6308, 237). Der Reformgesetzgeber hält die Vorschrift vor dem Hintergrund, dass mehr als ein Drittel aller Umgangsverfahren länger als 6 Monate dauern unter Kindeswohlgesichtspunkten, für dringend erforderlich (BT-Drucks. 16/6308, 237). Dem ist zuzustimmen, wenn auch nicht übersehen werden darf, dass gerade in Umgangsverfahren ein staatlicher Hoheitsakt die Probleme nicht lösen wird und daher eine gütliche Einigung oberstes Ziel bleiben muss, das zu erreichen manchmal gewisser Zeit bedarf.

8 **II. Erörterungspflicht bei fehlendem Einvernehmen, Abs. 3 Satz 1.** Der **Anwendungsbereich** des Abs. 3 Satz 1 ist nur eröffnet, wenn eine Kindschaftssache nach § 155 Abs. 1 vorliegt, mit Ausnahme der Verfahren wegen Kindeswohlgefährdung: Für diese gilt § 157. Wird in den bezeichneten Kindschaftssachen im (mög-

lichst frühen) ersten Termin gem. § 155 Abs. 2 keine Einigung erzielt, muss das Gericht gem. Abs. 3 Satz 1 unverzüglich – regelmäßig am Ende dieses Termins – den Erlass einer einstweiligen Anordnung (vgl. § 49) mit den Beteiligten und dem Jugendamt erörtern. Ist eine rasche Einigung nicht absehbar und droht durch die Verzögerung der Konfliktlösung eine Beeinträchtigung des Kindeswohls, wird das Gericht regelmäßig eine einstweilige Anordnung zu erlassen haben, sofern dies von Amts wegen möglich ist oder ein Elternteil es beantragt.

Der Erlass einer einstweiligen Anordnung nach § 49 kann – anders als nach altem Recht – grds. auch **von Amts wegen** erfolgen. Das gilt gem. § 51 Abs. 1 Satz 1 aber dann nicht, wenn das entsprechende Hauptsacheverfahren nur auf **Antrag** eingeleitet werden kann. Im Anwendungsbereich des Abs. 3 sind dies die Verfahren betreffend den Aufenthalt des Kindes, da Entscheidungen nach § 1628 Satz 1 BGB oder § 1671 Abs. 1 BGB eines Antrags bedürfen, und die Verfahren wegen Kindesherausgabe nach § 1632 Abs. 1 und 2 BGB (vgl. § 1632 Abs. 3 BGB). Für die praktisch bedeutsamen Verfahren der Kindesherausgabe gem. § 1632 Abs. 4 BGB sowie in allen Umgangsverfahren (vgl. §§ 1684 Abs. 3 Satz 1, 1685 Abs. 3 BGB) bedarf es dagegen keines Antrags; hier können einstweilige Anordnungen von Amts wegen erlassen werden. 9

III. Regelmäßiger Erlass bei Beratungsanordnung oder Begutachtung, Abs. 3 Satz 2. Um den unvermeidlichen Verfahrensverzögerungen entgegenzuwirken, die durch Beratungsanordnungen nach Abs. 1 Satz 4 oder die Erholung eines schriftlichen Sachverständigengutachtens zwangsläufig eintreten, soll das Gericht gem. **Abs. 3 Satz 2** in diesen beiden Fällen den Umgang durch einstweilige Anordnung regeln. Dadurch soll insb. eine drohende Entfremdung zwischen dem Kind und der den Umgang begehrenden Person so weit wie möglich vermieden werden (Amtl. Begründung BT-Drucks. 16/6308, 237). Die einstweilige Anordnung kann das Gericht von Amts wegen erlassen (s.o. Rdn. 9). Regelmäßig muss das Gericht in den Fällen des Abs. 3 Satz 2 den Umgang auch durch einstweilige Anordnung regeln. Hiervon kann es nur in Ausnahmefällen absehen, etwa wenn bereits absehbar ist, dass nur eine unwesentliche Verzögerung des Verfahrens zu befürchten ist (vgl. BT-Drucks. 16/6308, 237). Im Einzelfall kommt freilich auch der Ausschluss des Umgangsrechts mittels einstweiliger Anordnung in Betracht, was – wie bisher in § 52 Abs. 3 FGG – ausdrücklich klargestellt ist. 10

Abs. 3 Satz 2 ist nicht einschlägig, falls ein Sachverständigengutachten in Auftrag gegeben wird, das nur mündlich zu erstatten ist. Es liegt aber auf der Hand, dass dadurch eine ähnlich lange Verfahrensverzögerung eintreten wird. Denn die Dauer bis zur Fertigstellung des Gutachtens wird weniger durch seine schriftliche Abfassung als durch die notwendigen Explorationen und der sich anschließenden geistigen Arbeit des Gutachters bestimmt. Daher sollte das Gericht auch in diesen Fällen entsprechend Abs. 3 Satz 2 regelmäßig eine einstweilige Anordnung erlassen, zu der es gem. § 49 ohnehin befugt ist. 11

IV. Persönliche Kindesanhörung, Abs. 3 Satz 3. Das Gericht muss das Kind vor Erlass der einstweiligen Anordnung persönlich anhören, um sich einen persönlichen Eindruck zu verschaffen. Hiervon kann nur ausnahmsweise abgesehen werden (vgl. § 159 Rdn. 8 ff.). 12

§ 157 Erörterung der Kindeswohlgefährdung; einstweilige Anordnung.

(1) In Verfahren nach den §§ 1666 und 1666a des Bürgerlichen Gesetzbuchs soll das Gericht mit den Eltern und in geeigneten Fällen auch mit dem Kind erörtern, wie einer möglichen Gefährdung des Kindeswohls, insbesondere durch öffentliche Hilfen, begegnet werden und welche Folgen die Nichtannahme notwendiger Hilfen haben kann.

(2) ¹Das Gericht hat das persönliche Erscheinen der Eltern zu dem Termin nach Absatz 1 anzuordnen. ²Das Gericht führt die Erörterung in Abwesenheit eines Elternteils durch, wenn dies zum Schutz eines Beteiligten oder aus anderen Gründen erforderlich ist.

(3) In Verfahren nach den §§ 1666 und 1666a des Bürgerlichen Gesetzbuchs hat das Gericht unverzüglich den Erlass einer einstweiligen Anordnung zu prüfen.

Übersicht

	Rdn.		Rdn.
A. Allgemeines	1	C. Anordnung des persönliches Erscheinens, Abs. 2	8
B. Erörterung mit den Beteiligten, Abs. 1	2	D. Einstweilige Anordnungen, Abs. 3	9

§ 158

1 **A. Allgemeines.** Die Vorschrift übernimmt fast wortgleich die bisherigen §§ 50e Abs. 4, 50f FGG, die erst mit dem Gesetz zur Erleichterung familiengerichtlicher Maßnahmen bei Gefährdung des Kindeswohls vom 04.07.2008 (BGBl. I, S. 1188) in das FGG eingefügt worden und am 12.07.2008 in Kraft getreten waren.

2 **B. Erörterung mit den Beteiligten, Abs. 1.** Die Erörterung der Kindeswohlgefährdung gem. **Abs. 1 Satz 1** bildet einen eigenen Verfahrensabschnitt (Termin nach § 32), der neben die Pflicht zur persönlichen Anhörung der Eltern nach § 160 Abs. 1 Satz 2 tritt. Diese dient in erster Linie der Feststellung des Sachverhalts und der Gewährung rechtlichen Gehörs, während Abs. 1 eigens die Erörterung der Kindeswohlgefährdung in den Fällen der §§ 1666, 1666a BGB regelt (BT-Drucks. 16/6308, 237; OLG Frankfurt am Main FamRZ 2012, 571). Damit übernimmt das Gericht teilweise Aufgaben des Jugendamts (ablehnend daher, auch unter Hinweis auf den Gewaltenteilungsgrundsatz: *Flügge* FPR 2008, *Schulte-Bunert* Rn. 580: Erziehungsgespräche sind ureigenste Aufgabe der Jugendämter). Die nach § 155 Abs. 2 Satz 1 vorgeschriebene mündliche Erörterung kann mit der nach Abs. 1 verbunden werden (BT-Drucks. 16/6308, 237).

3 **Ziel** der Erörterung nach Abs. 1 ist es vor allem, die Eltern in die Pflicht zu nehmen und sie zur Inanspruchnahme öffentlicher Hilfen und zur Zusammenarbeit mit dem Jugendamt anzuhalten (BT-Drucks. 16/6308, 237). Dabei soll ihnen ganz offen klar gemacht werden, welche Eingriffe in ihre Elternrechte – bis hin zum Sorgerechtsentzug – andernfalls drohen. Dies ist grds. nur in einem persönlichen Gespräch möglich, weshalb Abs. 2 Satz 1 die Anordnung des persönlichen Erscheinens zwingend vorschreibt.

4 In geeigneten Fällen soll auch das **Kind** an der Erörterung **teilnehmen**. Dies kommt insb. in Betracht, wenn eher sein Verhalten – und nicht das der Eltern – im Vordergrund steht und Anlass zur Sorge gibt, wie etwa bei Drogensucht oder Straffälligkeit (ebenso Keidel/*Engelhardt* § 157 Rn. 9).

5 Das **Jugendamt** ist gem. § 162 Abs. 2 Satz 1, Abs. 3 Satz 1 am Verfahren zu beteiligen und von dem Erörterungstermin zu benachrichtigen. Es ist nicht nur sozialpädagogische Fachbehörde, sondern auch Leistungsträger der Hilfemaßnahmen.

6 Eine Gefährdung des Kindeswohls braucht noch nicht sicher festzustehen. Es genügt, dass sie möglich ist. Dadurch wird § 8a Abs. 1, Abs. 3 SGB VIII Rechnung getragen, wonach das Jugendamt das FamG bereits dann anrufen kann, wenn das Gefährdungsrisiko abgeschätzt werden soll und die Eltern hierbei nicht mitwirken wollen (BT-Drucks. 16/6308, 237). Die Erörterungspflicht kann daher auch bereits unterhalb der Schwelle zur Kindeswohlgefährdung einsetzen. Sieht das Gericht von Maßnahmen ab, gilt § 166 Abs. 3 (MüKo/*Schumann* § 157 Rn. 13, dort auch zur stufenweisen Reaktion beim Verdacht auf Kindeswohlgefährdung).

7 Die Ausgestaltung als **Soll-Vorschrift** ermöglicht es dem Gericht ausnahmsweise von der Erörterung abzusehen, was insb. bei offensichtlich unbegründeten Anträgen in Betracht kommt.

8 **C. Anordnung des persönliches Erscheinens, Abs. 2.** Das Ziel der Kindeswohlerörterung (s.o. Rdn. 3) kann am besten in einem persönlichen Gespräch mit den Eltern erreicht werden. Deshalb schreibt Abs. 2 Satz 1 die Anordnung des persönlichen Erscheinens der Eltern zu dem Termin nach § 32 vor. Nur wenn es zum Schutz der Beteiligten erforderlich ist, muss der Elternteil vom gemeinsamen Anhörungstermin ausgeschlossen werden, von dem die Bedrohung ausgeht. Dies betrifft vor allem die Fälle häuslicher Gewalt. Eine Erörterung mit diesem Elternteil sollte aber gleichwohl in einem gesonderten Termin erfolgen. Das unentschuldigte Ausbleiben eines Elternteils kann nach § 33 Abs. 3 sanktioniert werden.

9 **D. Einstweilige Anordnungen, Abs. 3. Abs. 3** verlangt vom FamG unverzüglich den Erlass einer einstweiligen Anordnung zu prüfen (vgl. OLG Brandenburg FamRZ 2010, 1743, 1744). Dadurch soll ein hilfloses Zuwarten zum Nachteil des Kindes vermieden werden. Gelingt es nicht in dem Erörterungstermin befriedigende Lösungen zu finden, muss das Gericht der Kindeswohlgefährdung durch einstweilige Anordnungen entgegenwirken, soweit dies möglich ist. Abs. 3 gilt entgegen seinem Wortlaut für alle Verfahren, die wegen einer Kindeswohlgefährdung eingeleitet werden können, also auch für Verfahren, die eine Verbleibensanordnung gem. §§ 1632 Abs. 4, 1682 zum Gegenstand haben (BT-Drucks. 16/6308, 238; MüKo/*Schumann* § 157 Rn. 14). Vor Erlass der einstweiligen Anordnung sind die erforderliche Anhörungen gem. §§ 159 ff. durchzuführen. Die Erörterung nach Abs. 1, Abs. 2 kann die persönliche Anhörung der Eltern und des Kindes nicht ersetzen (MüKo/*Schumann* § 157 Rn. 15).

§ 158 Verfahrensbeistand.

(1) Das Gericht hat dem minderjährigen Kind in Kindschaftssachen, die seine Person betreffen, einen geeigneten Verfahrensbeistand zu bestellen, soweit dies zur Wahrnehmung seiner Interessen erforderlich ist.

(2) Die Bestellung ist in der Regel erforderlich,
1. wenn das Interesse des Kindes zu dem seiner gesetzlichen Vertreter in erheblichem Gegensatz steht,
2. in Verfahren nach den §§ 1666 und 1666a des Bürgerlichen Gesetzbuchs, wenn die teilweise oder vollständige Entziehung der Personensorge in Betracht kommt,
3. wenn eine Trennung des Kindes von der Person erfolgen soll, in deren Obhut es sich befindet,
4. in Verfahren, die die Herausgabe des Kindes oder eine Verbleibensanordnung zum Gegenstand haben, oder
5. wenn der Ausschluss oder eine wesentliche Beschränkung des Umgangsrechts in Betracht kommt.
(3) ¹Der Verfahrensbeistand ist so früh wie möglich zu bestellen. ²Er wird durch seine Bestellung als Beteiligter zum Verfahren hinzugezogen. ³Sieht das Gericht in den Fällen des Absatzes 2 von der Bestellung eines Verfahrensbeistands ab, ist dies in der Endentscheidung zu begründen. ⁴Die Bestellung eines Verfahrensbeistands oder deren Aufhebung sowie die Ablehnung einer derartigen Maßnahme sind nicht selbständig anfechtbar.
(4) ¹Der Verfahrensbeistand hat das Interesse des Kindes festzustellen und im gerichtlichen Verfahren zur Geltung zu bringen. ²Er hat das Kind über Gegenstand, Ablauf und möglichen Ausgang des Verfahrens in geeigneter Weise zu informieren. ³Soweit nach den Umständen des Einzelfalls ein Erfordernis besteht, kann das Gericht dem Verfahrensbeistand die zusätzliche Aufgabe übertragen, Gespräche mit den Eltern und weiteren Bezugspersonen des Kindes zu führen sowie am Zustandekommen einer einvernehmlichen Regelung über den Verfahrensgegenstand mitzuwirken. ⁴Das Gericht hat Art und Umfang der Beauftragung konkret festzulegen und die Beauftragung zu begründen. ⁵Der Verfahrensbeistand kann im Interesse des Kindes Rechtsmittel einlegen. ⁶Er ist nicht gesetzlicher Vertreter des Kindes.
(5) Die Bestellung soll unterbleiben oder aufgehoben werden, wenn die Interessen des Kindes von einem Rechtsanwalt oder einem anderen geeigneten Verfahrensbevollmächtigten angemessen vertreten werden.
(6) Die Bestellung endet, sofern sie nicht vorher aufgehoben wird,
1. mit der Rechtskraft der das Verfahren abschließenden Entscheidung oder
2. mit dem sonstigen Abschluss des Verfahrens.
(7) ¹Für den Ersatz von Aufwendungen des nicht berufsmäßigen Verfahrensbeistands gilt § 277 Abs. 1 entsprechend. ²Wird die Verfahrensbeistandschaft berufsmäßig geführt, erhält der Verfahrensbeistand für die Wahrnehmung seiner Aufgaben nach Absatz 4 in jedem Rechtszug jeweils eine einmalige Vergütung in Höhe von 350 Euro. ³Im Fall der Übertragung von Aufgaben nach Absatz 4 Satz 3 erhöht sich die Vergütung auf 550 Euro. ⁴Die Vergütung gilt auch Ansprüche auf Ersatz anlässlich der Verfahrensbeistandschaft entstandener Aufwendungen sowie die auf die Vergütung anfallende Umsatzsteuer ab. ⁵Der Aufwendungsersatz und die Vergütung sind stets aus der Staatskasse zu zahlen. ⁶Im Übrigen gilt § 168 Abs. 1 entsprechend.
(8) Dem Verfahrensbeistand sind keine Kosten aufzuerlegen.

Übersicht

	Rdn.
A. Allgemeines	1
B. Voraussetzungen der Bestellung, Abs. 1, Abs. 2, Abs. 5	3
I. Kindschaftssache betreffend die Person	4
II. Erforderlichkeit	5
1. Grundnorm des Abs. 1	5
2. Regelbeispiele des Abs. 2	7
a) Erheblicher Interessengegensatz, Abs. 2 Nr. 1	8
b) Entziehung der Personensorge, Abs. 2 Nr. 2	13
c) Trennung des Kindes von Obhutspersonen, Abs. 2 Nr. 3	15
d) Herausgabe- oder Verbleibensanordnung, Abs. 2 Nr. 4	17
e) Ausschluss oder wesentliche Beschränkung des Umgangsrechts, Abs. 2 Nr. 5	19
III. Fehlende anderweitige Interessenvertretung, Abs. 5	20
C. Gerichtliche Bestellungsentscheidung	21
I. Zeitpunkt der Entscheidung, Abs. 3 Satz 1	21
II. Auswahl des Verfahrensbeistands	22
III. Inhalt der Entscheidung	24
IV. Unanfechtbarkeit der Entscheidung, Abs. 3 Satz 4	27
D. Rechtsstellung des Verfahrensbeistands, Abs. 3 Satz 2, Abs. 4 Satz 5 und 6, Abs. 8	29
E. Aufgaben des Verfahrensbeistands, Abs. 4, Satz 1 bis 3	30

§ 158

		Rdn.			Rdn.
I.	Gesetzliche Aufgabe der Feststellung und Geltendmachung der Interessen des Kindes, Abs. 4 Satz 1	30	III.	Gerichtlich bestimmte Zusatzaufgaben, Abs. 4 Satz 3	35
II.	Gesetzliche Aufgabe der Information des Kindes, Abs. 4 Satz 2	34	F.	Ende der Bestellung, Abs. 6	37
			G.	Aufwendungsersatz und Vergütung, Abs. 7 ..	39

1 **A. Allgemeines.** Die Vorschrift behandelt die Rechtsfigur des Verfahrensbeistandes. Diese ersetzt den im **bisherigen § 50 FGG** vorgesehenen Verfahrenspfleger für minderjährige Kinder. Im Betreuungs- und Unterbringungsrecht gibt es die Verfahrenspflegschaft hingegen weiterhin. Durch die Schaffung eines auch begrifflich verschiedenen Rechtsinstituts wird der unterschiedlichen Ausgestaltung nach den spezifischen Anforderungen in Kindschaftssachen Rechnung getragen, die insb. Art. 6 GG zu berücksichtigen hat. Zudem bringt die Bezeichnung »Verfahrensbeistand« Aufgabe und Funktion im Verfahren deutlicher zum Ausdruck als der Begriff des Verfahrenspflegers. Als ein ausschließlich verfahrensrechtliches Institut handelt es sich auch nicht um eine Beistandschaft nach §§ 1712 ff. BGB. Schließlich verfolgt die Vorschrift auch das Ziel, bestimmte wesentliche Streit- und Zweifelsfragen aus dem Bereich des bisherigen § 50 FGG einer gesetzlichen Klärung zuzuführen (BT-Drucks. 16/6308, 238).

2 Außer in Kindschaftssachen, gibt es die **Figur des Verfahrensbeistands** noch in Abstammungssachen gemäß Verweisung in § 174. In Verfahren betreffend die Unterbringung des Kindes gem. § 151 Nr. 6 und 7 wird zwar weitgehend auf die Vorschiften für Unterbringungssachen verwiesen, doch bestimmt § 167 Abs. 1 Satz 2 ausdrücklich, dass an die Stelle des Verfahrenspflegers der Verfahrensbeistand tritt, wodurch die gesamte Vorschrift des § 158 zur Anwendung kommt.

3 **B. Voraussetzungen der Bestellung, Abs. 1, Abs. 2, Abs. 5.** Gemäß Abs. 1 **muss** das Gericht dem Minderjährigen einen Verfahrensbeistand bestellen, wenn die Kindschaftssache seine Person betrifft (I.) und es zur Wahrnehmung seiner Interessen erforderlich ist (II.). Abs. 2 zählt Konstellationen auf, in denen dies in der Regel der Fall ist. Abs. 5 normiert als Soll-Vorschrift die Subsidiarität der Bestellung (III.). Liegen die Voraussetzungen für eine Bestellung vor, muss sie zwingend erfolgen; ein Ermessen wird dem Gericht nicht eingeräumt.

4 **I. Kindschaftssache betreffend die Person.** Voraussetzung für die Bestellung eines Verfahrensbeistands ist stets, dass das Verfahren die **Person des Kindes** betrifft (OLG Hamm FamRZ 2014, 600). Das ist immer dann der Fall, wenn nicht ausschließlich sein Vermögen betroffen ist (BGH NJW 2012, 685; Keidel/*Engelhardt* § 158 Rn. 4; Thomas/Putzo/*Hüßtege* § 158 Rn. 7). Die Abgrenzung kann im Einzelfall schwierig sein. Zwar ist mit dem Begriff des auf die Person des Kindes bezogenen Verfahrens keine Beschränkung auf Verfahren über die Personensorge verbunden, doch kann auf die Unterscheidung in § 1626 Abs. 1 Satz 2 BGB und die hierzu vertretenen Auffassungen zumindest insoweit zurückgegriffen werden als in einem Verfahren nicht mehr die Person des Kindes betrifft, wenn es ausschließlich Angelegenheiten der Vermögenssorge zum Gegenstand hat (vgl. BGH NJW 2012, 685). Das ist etwa bei einem Verfahren über die Genehmigung der Ausschlagung der Fall (BGH NJW 2012, 685; KG FamRZ 2010, 1171). Die Bestellung des Verfahrensbeistands erstreckt sich auch nicht auf die Verfahren über die Festsetzung seiner Vergütung (BVerfG FamRZ 23004, 1267, 1268). Wird unzulässigerweise ein Verfahrensbeistand für eine ausschließlich vermögensrechtliche Angelegenheit bestellt, ist dies anfechtbar und kann auch nicht deshalb aufrecht erhalten werden, weil das bestellte Jugendamt ohnehin als Ergänzungspfleger werden soll (OLG Hamm FamRZ 2014, 600).

5 **II. Erforderlichkeit. 1. Grundnorm des Abs. 1.** Die Bestellung eines Verfahrensbeistands setzt weiter voraus, dass dies zur Wahrnehmung der Interessen des Kindes **erforderlich** ist. Abs. 2 nennt Fälle, in denen dies in der Regel der Fall ist (s.u. Rdn. 7 ff.). Die Aufzählung ist aber weder abschließend noch stellt sie zusätzliche Voraussetzungen für die Bestellung nach Abs. 1 auf. Die **Grundnorm des Abs. 1** hat vielmehr eine eigenständige Bedeutung (Keidel/*Engelhardt* § 158 Rn. 9). Andererseits können die Regelbeispielen des Abs. 2 auch als Orientierung zur Auslegung des Begriffs der Erforderlichkeit in Abs. 1 dienen (BT-Drucks. 16/6308, 238). Den Regelbeispielen kommt dabei eine zweifache Indizwirkung zu: Droht ein ähnlich schwerer Eingriff in die persönlichen Belange des Kindes, wird in der Regel die Bestellung eines Verfahrensbeistands nach Abs. 1 erforderlich sein. Andererseits wird das Fehlen eines Interessenkonflikts (vgl. Abs. 2

Nr. 1) gegen die Notwendigkeit eines Verfahrensbeistands sprechen; dasselbe gilt, wenn es sich um unterschwelligere Umgangskonflikte handelt als die in Abs. 2 Nr. 5 genannten handelt. Besteht trotz Vorliegens eines Regelbeispiels ausnahmsweise kein Bedürfnis für einen Verfahrensbeistand, ist dieser auch nicht gem. Abs. 1 zu bestellen. In einstweiligen Anordnungsverfahren kann im Hinblick auf die Eilbedürftigkeit unter Umständen von der Bestellung eines Verfahrensbeistands abgesehen werden (OLG Brandenburg FamRZ 2015, 1216, 1218; KG FamRZ 2014, 1790, 1791).

Die Bestellung eines Verfahrensbeistands ist immer dann erforderlich, wenn die verfahrensrechtlichen Bestimmungen, die eine nach materiellem Recht am Kindeswohl zu orientierende Gerichtsentscheidung ermöglichen sollen, dies nicht ausreichend gewährleisten. Solche sind: der Amtsermittlungsgrundsatz gem. § 26, die Anhörung des Kindes gem. § 159 sowie die Mitwirkung der Pflegeperson und des Jugendamts gem. §§ 162 ff., (vgl. BT-Drucks. 13/4899, 129 zu § 50 FGG). Dabei ist zu bedenken, dass die Eltern häufig durch Rechtsanwälte vertreten sind, während das Kind darauf angewiesen ist, seine Vorstellungen und Wünsche bei der richterlichen Anhörung geltend zu machen, was vor allem dann unzureichend erscheint, wenn erhebliche Interessengegensätze zwischen dem Kind und einem oder beiden Elternteilen bestehen (vgl. BT-Drucks. 13/4899, 129 zu § 50 FGG). Der **Bestellung eines Verfahrensbeistands gem. Abs. 1** – unabhängig vom Vorliegen eines Regelbeispiels nach Abs. 2 – bedarf es daher immer dann, wenn in einem schwerwiegenden Interessenkonflikt in einer für das weitere Schicksal des Kindes bedeutsamen Angelegenheit die selbstständige und einseitige Wahrnehmung seiner Interessen erforderlich ist (BT-Drucks. 13/4899, 129 zu § 50 FGG; vgl. auch BGH FamRZ 2010, 1060, 1063). Umgekehrt kann auf einen Verfahrensbeistand verzichtet werden, wenn es sich um eine Angelegenheit von geringer Tragweite handelt, die für das weitere Schicksal des Kindes nicht bedeutsam ist (BT-Drucks. 16/6308, 238; Keidel/*Engelhardt* § 158 Rn. 8; vgl. auch BT-Drucks. 13/4899, 129 zu § 50 FGG). Nach dem Grundsatz der Verhältnismäßigkeit ist bei erheblichem Interessengegensatz der Bestellung eines Verfahrensbeistands der Vorzug vor der eines Ergänzungspflegers zu geben, weil durch letztere in die elterliche Vertretungsbefugnis eingegriffen wird (BGH FamRZ 2011, 1788, 1790).

2. Regelbeispiele des Abs. 2. Abs. 2 nennt – beispielhaft und nicht abschließend – Fallkonstellationen, in denen die Bestellung eines Verfahrensbeistands **in der Regel erforderlich** ist. Soll trotz Vorliegens eines solchen Regelbeispiels von einer Bestellung abgesehen werden, bedarf dies besonderer Gründe, die das Gericht im Einzelnen darzulegen hat (BT-Drucks. 16/6308, 238). Denkbar ist dies insb. bei Entscheidungen von geringer Tragweite, die sich auf die Rechtspositionen der Beteiligten und auf die künftige Lebensgestaltung des Kindes nicht in erheblichem Umfang auswirken. Die Erforderlichkeit kann weiter fehlen, wenn alle beteiligten Personen und Stellen gleichgerichtete Verfahrensziele verfolgen. Aber auch wenn die Interessen des Kindes in anderer Weise ausreichend im Verfahren zur Geltung gebracht werden, kommt ein Absehen von der Bestellung eines Verfahrensbeistands in Betracht. Dies kann z.B. dann der Fall sein, wenn das Kind durch einen Ergänzungspfleger vertreten wird (BT-Drucks. 16/6308, 238). Allerdings ist dem Kind in dem (vorausgehenden) Verfahren auf Bestellung eines Ergänzungspflegers in der Regel gem. § 158 Abs. 2 Nr. 1 ein Verfahrensbeistand zu bestellen, da es sich um ein Kindschaftsverfahren i.S.d. § 151 Nr. 5 FamFG handelt, das vom Anwendungsbereich des § 158 erfasst wird (OLG Schleswig v. 20.11.2012, Az. 10 WF 187/12).

a) Erheblicher Interessengegensatz, Abs. 2 Nr. 1. Nr. 1 entspricht dem bisherigen § 50 Abs. 2 Nr. 1 FGG und bringt den allgemeinen Grundsatz zum Ausdruck, dass ein **erheblicher Interessengegensatz** zwischen dem Kind und seinen gesetzlichen Vertretern in der Regel zur Bestellung eines Verfahrensbeistands führen muss, gleich um welche Angelegenheit es sich handelt. In der Praxis ist ein Konflikt aber selten, bei dem auf der einen Seite das Kind und auf der anderen beide Elternteile stehen. Vielmehr treffen meist unterschiedliche Standpunkte der Eltern aufeinander und das Kind schließt sich mehr oder weniger einem Elternteil an oder nimmt keine erkennbare Haltung ein. Daher stellt sich die Frage, ob Abs. 1 Nr. 1 auch für diese Fälle gilt. Dem Grunde nach einfach ist dies zu beantworten, wenn nur **ein Elternteil sorgeberechtigt** ist. Dann genügt es und ist zugleich erforderlich, dass das Interesse des Kindes zu diesem im Gegensatz steht (OLG Schleswig v. 20.11.2012, Az. 10 WF 187/12). Schwieriger ist die Antwort, wenn **beide Elternteile sorgeberechtigt** sind. Nach richtiger Auffassung muss es aber genügen, wenn ein erheblicher Interessengegensatz nur zu einem der Elternteile und damit einem der gesetzlichen Vertreter besteht (OLG Brandenburg v. 25.07.2012, Az. 15 UF 132/12, FamRB 2012, 343: völlig gegensätzliche Auffassungen der Eltern zum künftigen Aufenthalt des Kindes; OLG Köln FamRZ 2013, 46: Streit um Aufenthaltsbestimmungsrecht; Keidel/*Engelhardt* § 158 Rn. 12; Thomas/Putzo/*Hüßtege* § 158 Rn. 15; a.A. OLG Düsseldorf FamRZ 2000,

§ 158

1298; tendenziell auch MüKo/*Schumann* § 158 Rn. 8). Dem steht auch nicht der Wortlaut des Abs. 2 Nr. 1 entgegen. Denn bei der gemeinsamen Sorge handelt es sich gem. § 1629 Abs. 1 Satz 2 Halbs. 1 BGB um eine Gesamtvertretung, mit der Folge, dass bei Uneinigkeit der Vertreter keine wirksame Vertretung vorliegt. Dann können »die gesetzlichen Vertreter« aber weder ein einheitliches Interesse bilden noch die Interessen des Kindes verfolgen, was notgedrungen einen Interessengegensatz gegenüber diesem begründet.

9 Auch wenn es genügt, dass das Interesse des Kindes im Gegensatz zu nur einem seiner gesetzlichen Vertreter steht (s.o. Rdn. 8), darf nicht übersehen werden, dass dieser Konflikt **erheblich** sein muss. Das kann – im Fall gemeinsamer Sorge – noch nicht daraus gefolgert werden, dass die Eltern kontradiktorische Anträge stellen (OLG Frankfurt FamRZ 1999, 1293; OLG Düsseldorf FamRZ 2000, 1298; Keidel/*Engelhardt* § 158 Rn. 12). Denn dies liegt – insb. bei Anwaltsbeteiligung – im Verfahrenssystem begründet und sagt für sich noch nichts darüber aus, ob das Konfliktpotenzial aus der Sicht des Kindes »erheblich« über dasjenige hinausgeht, das nicht ohnehin mit den durchzuführenden Amtsermittlungen, Anhörungen und Beteiligungen (s.o. Rdn. 6) bewältigt werden kann (OLG Frankfurt FamRZ 1999, 1293). Hätten die Beteiligten keine unterschiedliche Sichtweise des Kindeswohls bzw. ihrer noch nicht aufgearbeiteten Partnerprobleme, hätten sie das Gericht erst gar nicht angerufen (OLG Frankfurt FamRZ 1999, 1293). An der Richtigkeit dieser Auffassung hat auch nichts geändert, dass die Kann-Regelung des § 50 Abs. 2 Nr. 1 FGG durch eine Muss-Regelung ersetzt wurde. Denn dies lässt den auszufüllenden Spielraum bei der Beurteilung des Begriffs der Erheblichkeit unberührt.

10 Ein erheblicher Interessengegensatz nach Abs. 2 Nr. 1 im Fall gemeinsamer Sorge – bei Alleinsorge stellt sich das Problem so nicht – liegt daher in der Regel erst dann vor, wenn der partnerschaftliche Streit der Eltern die **Kindeswohlbelange überlagert** oder sogar verdrängt, sodass die Interessen des Kindes gegen die Interessen der Eltern verteidigt werden müssen (OLG Düsseldorf FamRZ 2000, 1298; vgl. auch OLG Hamm FamRZ 1999, 41). Hierfür sprechen vor allem ein langandauernder Konflikt und erhebliche persönliche Spannungen zwischen den Eltern (vgl. KG FamRZ 2003, 1478). Auch kann zur Beurteilung herangezogen werden, inwieweit sich der geäußerte Wille des Kindes mit dem Anliegen eines Elternteils deckt und von diesem unter Beachtung des Kindeswohls verantwortlich wahrgenommen wird (vgl. Düsseldorf FamRZ 2000, 1298; OLG Hamm FamRZ 1999, 41, wobei hier wegen der Alleinsorge der Mutter ohnehin ein erheblicher Interessengegensatz zu bejahen war).

11 Auch wenn Wünsche oder Anträge der Eltern für die Bestellung eines Verfahrensbeistands nicht ausschlaggebend sind, kann deren **übereinstimmender Verzicht** auf eine solche Bestellung im Rahmen einer Gesamtwürdigung aller Umstände als Indiz dafür herangezogen werden, dass kein erheblicher Gegensatz zwischen den Interessen der Eltern und denen des Kindes besteht (KG MDR 2012, 655).

12 Anders als bei den übrigen Regelbeispielen erfordert Abs. 2 Nr. 1 nach seinem Wortlaut, dass die Interessen bereits **gegenwärtig** in erheblichem Gegensatz stehen. Es genügt aber, wenn die **konkrete Möglichkeit** eines solchen Interessenkonflikts besteht, da andernfalls eine effektive Wahrnehmung der Kindesinteressen nicht gewährleistet wäre (OLG München FamRZ 1999, 667; OLG Hamm FamRZ 1999, 41; Johannsen/Henrich/*Büte* § 158 Rn. 8). Daher reicht es aus, wenn sich ein erheblicher Interessengegensatz abzeichnet, ohne dass die Unüberbrückbarkeit erwiesen sein oder die erhebliche Folge feststehen muss (OLG München FamRZ 1999, 667). Eine frühzeitige Bestellung des Verfahrensbeistands dient dem Interessenausgleich und kann schwere Eingriffe in die Eltern-Kind-Beziehung vermeiden (OLG München FamRZ 1999, 667; OLG Köln FamRZ 201; OLG Köln FamRZ 2013, 46). Nicht zuletzt spricht auch Abs. 3 Satz 1 für diese Auffassung.

13 **b) Entziehung der Personensorge, Abs. 2 Nr. 2. Nr. 2** benennt als weiteres Regelbeispiel für die Erforderlichkeit eines Verfahrensbeistands die Verfahren auf Entzug der Personensorge gem. **§§ 1666, 1666a BGB**, wobei auch ein teilweiser Entzug genügt und es hier auf die Trennung von der Familie nicht ankommt. Eine solche Maßnahme hat für das Kind typischerweise erhebliche Auswirkungen. Gegenstand des Verfahrens ist häufig der Vorwurf eines Fehlverhaltens der Eltern gegenüber dem Kind (Misshandlung, Missbrauch; Vernachlässigung). In einer derartigen Konfliktsituation benötigt das Kind Unterstützung durch eine geeignete dritte Person, um seinen Willen hinreichend deutlich zum Ausdruck bringen zu können (BT-Drucks. 16/6308, 238; vgl. auch BVerfG FamRZ 1999, 85, 89; OLG Köln FamRZ 2001, 845, 846; OLG München FamRZ 1999, 667). Zudem geht die Anregung zum Entzug der Personensorge oftmals vom Jugendamt aus, weshalb es nicht selten vorkommt, dass sich das Kind durch das Jugendamt nicht ausreichend vertreten fühlt, wenn es sich – wie häufig – in einem Loyalitätskonflikt befindet (vgl.

BT-Drucks. 13/4899, 131 zu § 50 FGG). Auch deshalb ist die Bestellung eines Verfahrensbeistands regelmäßig erforderlich.

Ein **Verzicht auf die Bestellung eines Verfahrensbeistands** kommt in Betracht, wenn zwischen den Beteiligten eines Verfahrens nach §§ 1666, 1666a BGB Einigkeit darüber besteht, dass eine andere Maßnahme nicht möglich ist und wenn auch die Anhörung des Jugendamts und des Kindes keine anderen Gesichtspunkte aufzeigt. Dies setzt aber voraus, dass das Kind altersbedingt selbst zur Wahrnehmung seiner Interessen in der Lage ist und bei der Anhörung seine Interessen auch hinreichend wahrnehmen kann und auch von dem Tätigwerden des Verfahrensbeistands die Einbringung zusätzlicher Gesichtspunkte nicht erwartet werden kann (vgl. BT-Drucks. 13/4899, 132 zu § 50 FGG). 14

c) **Trennung des Kindes von Obhutspersonen, Abs. 2 Nr. 3.** Nr. 3 ergänzt Nr. 2, indem ein Verfahrensbeistand auch dann als regelmäßig erforderlich normiert wird, wenn eine **Trennung des Kindes** von der Person erfolgen soll, in deren Obhut es sich befindet, ohne dass es sich dabei um eine Maßnahme gem. §§ 1666, 1666a BGB handelt. Dabei ist »Trennung« so zu verstehen wie in § 1666a Abs. 1 Satz 1 BGB (BT-Drucks. 16/6308, 238). In Betracht kommen etwa Verfahren auf Übertragung des Aufenthaltsbestimmungsrechts (KG FamRZ 2014, 1790, 1791; OLG Brandenburg FamRZ 2015, 1216, 1218). Für die Anwendung der Regelung ist es ohne Belang, wer die Trennung anstrebt, insb. ob es das Kind selbst, das Jugendamt, ein Elternteil oder ein außenstehender Dritter ist, oder ob das Gericht eine derartige Maßnahme in Betracht zieht (BT-Drucks. 16/6308, 238). Bei der Trennung des Kindes von seiner Obhutsperson handelt es sich um einen schwerwiegenden Eingriff, der die Zuordnung des Kindes zu seiner Familie oder Pflegefamilie berührt und daher regelmäßig für das Kind von erheblicher Bedeutung ist (vgl. BVerfG FamRZ 1999, 85, 89). Wie in der Fallkonstellation der Nr. 2 befinde sich das Kind auch hier oftmals in einem Loyalitätskonflikt (s.o. Rdn. 13). 15

Ein **Verzicht auf die Bestellung eines Verfahrensbeistands** kommt in Betracht, wenn zwischen den Beteiligten Einigkeit darüber besteht, dass eine andere Maßnahme als die Trennung von der Obhutsperson nicht möglich ist und wenn auch die Anhörung des Jugendamts und des Kindes keine anderen Gesichtspunkte aufzeigt. Dies setzt aber voraus, dass das Kind altersbedingt selbst zur Wahrnehmung seiner Interessen in der Lage ist und bei der Anhörung seine Interessen auch hinreichend wahrnehmen kann und auch von dem Tätigwerden des Verfahrensbeistands die Einbringung zusätzlicher Gesichtspunkte nicht erwartet werden kann (vgl. BT-Drucks. 13/4899, 132 zu § 50 FGG). Im einstweiligen Anordnungsverfahren auf Übertragung des Aufenthaltsbestimmungsrechts kommt wegen des Eilbedürfnisses ein Absehen von der Bestellung eines Verfahrensbeistands in Betracht (OLG Brandenburg FamRZ 2015, 1216, 1218; KG FamRZ 2014, 1790, 1791). 16

d) **Herausgabe- oder Verbleibensanordnung, Abs. 2 Nr. 4.** Nr. 4 nennt Verfahren, die die Herausgabe des Kindes nach **§ 1632 Abs. 1, 3 BGB** oder eine Verbleibensanordnung nach **§ 1632 Abs. 4 oder § 1682 BGB** zum Gegenstand haben. Auch hierbei geht es um den grundsätzlichen Aufenthalt des Kindes. Da die Zuordnung der genannten Verfahren zu Nr. 3 zweifelhaft sein kann, werden diese Fälle besonders geregelt (BT-Drucks. 16/6308, 239). Auch in dieser Konstellation bestehen fast immer erhebliche Interessenkonflikte des Kindes zu den Verfahrensbeteiligten, die in der Regel die Bestellung eines Verfahrensbeistands erfordern (vgl. BT-Drucks. 13/4899, 131 zu § 50 FGG). 17

Der Bestellung eines **Verfahrensbeistands bedarf es nicht**, wenn die Pflegefamilie selbst nicht mehr zur Fortführung der Pflege bereit ist, weil dann auch kein Konflikt zwischen den Sorgeberechtigten und der Pflegefamilie besteht (BayObLG FamRZ 1999, 1457, 1459). 18

e) **Ausschluss oder wesentliche Beschränkung des Umgangsrechts, Abs. 2 Nr. 5.** Nr. 5 sieht regelmäßig die Bestellung einer Verfahrensbeistands vor, wenn ein Ausschluss oder eine Beschränkung des Umgangsrechts gem. **§ 1684 Abs. 4 Satz 1 und 2 BGB** in Betracht kommt. Dies ist der Fall, wenn eine solche Maßnahme etwa vom Jugendamt oder einem Verfahrensbeteiligten gefordert oder durch das Gericht ernsthaft erwogen wird. Die Situation ist in einem solchen Fall regelmäßig von einem schweren Grundkonflikt oder von Vorwürfen gegenüber dem Umgangsberechtigten geprägt und mit der Konstellation in Nr. 2 vergleichbar (*BT-Drucks. 16/6308, 239*). Betrifft das Verfahren den Umgang mit anderen Personen nach § 1685 BGB ist Abs. 2 Nr. 5 nicht einschlägig; ein Verfahrensbeistand kann dann nur gem. Abs. 1 bestellt werden (OLG Celle FamRZ 2011, 1805). 19

20 III. Fehlende anderweitige Interessenvertretung, Abs. 5. Abs. 5 normiert die **Subsidiarität** der Bestellung eines Verfahrensbeistands. Die Bestellung soll unterbleiben, wenn die Interessen des Kindes durch einen Rechtsanwalt oder anderen geeigneten Verfahrensbevollmächtigten bereits angemessen vertreten werden. Wurde bereits ein Verfahrensbeistand bestellt, soll die Bestellung aufgehoben werden, sobald das Kind einen Interessenvertreter wählt (OLG Stuttgart FamRZ 2014, 1482). Das Gesetz geht davon aus, dass die Interessen des Kindes durch den gewählten Verfahrensbevollmächtigten in der Regel ausreichend wahrgenommen werden, sodass die Bestellung eines Verfahrensbeistands nicht mehr erforderlich ist (BT-Drucks. 13/4899, 132 zu § 50 FGG). Ob dies in den meisten Fällen tatsächlich so zutrifft, muss indes bezweifelt werden. Denn das Kind kann mangels uneingeschränkter Geschäftsfähigkeit ohne Zustimmung seiner gesetzlichen Vertreter keinen Verfahrensbevollmächtigten wirksam beauftragen. Haben aber der oder die gesetzlichen Vertreter den Verfahrensbevollmächtigten ausgewählt und beauftragt, bestehen zumindest in den Fällen erhebliche Zweifel an dessen unparteilicher und unabhängiger Wahrnehmung der Kindesinteressen, wenn das Verfahren – wie häufig – gerade einen Konflikt zwischen dem Kind und seinen gesetzlichen Vertretern zum Gegenstand hat (vgl. Keidel/*Engelhardt* § 158 Rn. 40 m.w.N.). In diesen Fällen ist daher weiterhin die Bestellung eines Verfahrensbeistands durch das Gericht erforderlich und dank der Ausgestaltung des Abs. 5 als Soll-Vorschrift auch rechtlich möglich (BT-Drucks. 13/4899, 132 zu § 50 FGG). Von einer unzureichenden Wahrnehmung der Kindesinteressen wird aber nicht erst dann auszugehen sein, wenn Sorgerechtsinhaber einen Verfahrensbevollmächtigten mit der Zielrichtung beauftragt haben, die Interessen des Kindes in einer bestimmten, ihren eigenen Interessen entsprechenden Weise wahrzunehmen (so BT-Drucks. 13/4899, 132 zu § 50 FGG). Vielmehr ist zum Wohl des Kindes hiervon immer auszugehen, wenn der Sorgerechtsinhaber ein eigenes Interesse am Verfahrensausgang hat.

21 C. Gerichtliche Bestellungsentscheidung. I. Zeitpunkt der Entscheidung, Abs. 3 Satz 1. Gemäß **Abs. 3 Satz 1 muss** die Bestellung des Verfahrensbeistands **so früh wie möglich** erfolgen. Das ist der Zeitpunkt, zu dem feststeht, dass die Voraussetzungen des Abs. 1 vorliegen. Ein weiteres Zuwarten ist dann nicht mehr gerechtfertigt. Denn nur so können der Verfahrensbeistand, bzw. das Kind mit dessen Unterstützung, möglichst weitgehend Einfluss auf die Gestaltung und den Ausgang des Verfahrens nehmen (BT-Drucks. 16/6308, 239). Zunächst sind aber Anfangsermittlungen zu den Voraussetzungen des Abs. 1, also zur Erforderlichkeit der Bestellung, zu führen (BT-Drucks. 16/6308, 239). Es versteht sich von selbst, dass diese Ermittlungen zügig voranzutreiben sind, vor allem in den Verfahren, die dem Beschleunigungsgebot des § 155 unterliegen. Im Zweifel wird vorsorglich ein Verfahrensbeistand zu bestellen sein, wenn sich nicht abzeichnet, dass ohnehin ein weiterer Termin stattfinden muss (Keidel/*Engelhardt* § 158 Rn. 31 m.w.N.).

22 II. Auswahl des Verfahrensbeistands. Die Auswahl des Verfahrensbeistands steht im pflichtgemäßen Ermessen des Gerichts. Das Kind hat kein Recht auf Bestellung einer bestimmten Person. Das Gesetz nennt **keine Kriterien für die Eignung** als Verfahrensbeistand. Es versteht sich aber von selbst, dass nur Personen in Betracht kommen, die hinreichend rechtliche und sozialpädagogische-psychologische Kenntnisse haben und von denen zu erwarten ist, dass sie das nötige Einfühlungsvermögen im Umgang mit dem Kind haben. In Betracht kommen daher in erster Linie Sozialarbeiter (Sozialpädagogen) und Kinderpsychologen einerseits sowie Rechtsanwälte andererseits, sofern sie auch ausreichende Kenntnisse der anderen Berufsgruppe mitbringen. Dabei wird auch den Anforderungen im Einzelfall Rechnung zu tragen sein. So soll das Gericht einen Rechtsanwalt zu bestellen haben, soweit es schwerpunktmäßig auf die Sachkunde auf dem Gebiet des materiellen und des formellen Rechts ankommt (BT-Drucks. 13/4899, 130 zu § 50 FGG). Doch wird gerade hier darauf zu achten sein, dass dieser die notwendigen weiteren nicht fachspezifischen Kenntnisse und Fähigkeiten besitzt. Neben diesen Berufsgruppen kommen auch engagierte Laien als Verfahrensbeistand in Betracht, sofern sie die erforderlichen Kenntnisse und Fähigkeiten mit sich bringen. Dies können zwar auch Verwandte sein (so ausdrücklich (BT-Drucks. 13/4899, 130 zu § 50 FGG), doch werden sie selten die notwendigen fachlichen Voraussetzungen erfüllen; zudem besteht die Gefahr, dass sie andere Konfliktherde in das Verfahren hineintragen (skeptisch auch Keidel/*Engelhardt* § 158 Rn. 32). Schließlich wird das Gericht bei der Auswahl des Verfahrensbeistands in den Fällen, in denen Kinder in den Streit ihrer Eltern hineingezogen werden, darauf zu achten haben, dass das Konfliktpotenzial sich durch die Person des Beistands nicht weiter erhöht; vielmehr wird sich die Auswahl oftmals an dem Interesse des Kindes an einer schnellen und einverständlichen Konfliktlösung zu orientieren haben (BT-Drucks. 13/4899, 130 zu § 50 FGG).

23 Der vom Gericht beauftragte (kinderpsychologische) Sachverständige kann **nicht zum Verfahrensbeistand** *bestellt werden*, da dies zu einem unlösbaren Konflikt mit seiner Sachverständigentätigkeit und der hierfür erforderlichen Neutralität führen würde (Keidel/*Engelhardt* § 158 Rn. 33). Ebenso ist die Bestellung des Jugendamts nicht tunlich, weil es in allen Verfahren, die die Person des Kindes betreffen gem. § 162 bereits eine eigenständige Rolle wahrzunehmen hat, die nicht unbedingt mit der eines Verfahrensbeistands in Einklang stehen muss (Keidel/*Engelhardt* § 158 Rn. 33).

III. Inhalt der Entscheidung. Die Bestellung des Verfahrensbeistands muss **nicht begründet** werden, auch nicht in der Endentscheidung. Da seine Aufgaben in Abs. 4 Satz 1 und 2 gesetzlich geregelt sind, genügt es auszusprechen, dass eine bestimmte Person zum Verfahrensbeistand für das Kind bestellt wird. Nur wenn ihm zusätzliche Aufgaben übertragen werden, müssen diese gem. Abs. **4 Satz 4** konkret benannt und die Übertragung bereits in der Bestellungsentscheidung begründet werden. Die Bestellung kann daher auch konkludent erfolgen; es bedarf keines besonderen Bestellungsaktes (OLG Nürnberg FamRZ 2015, 694). 24

Wegen der vergütungsrechtlichen Folgen im Hinblick auf **Abs. 7 Satz 1 und 2**, soll das Gericht aber sogleich mit der Bestellung immer aussprechen, dass der Verfahrensbeistand sein Amt **beruflich führt**, wenn dies der Fall ist. Eine solche Feststellung ist für die Kostenfestsetzung bindend und wirkt konstitutiv (BGH FamRZ 2011, 203; OLG Schleswig NJW-RR 2009, 79, 80; OLG Stuttgart NJW-RR 2004, 424, 425; OLG Köln FamRZ 2001, 1643, 1644; Keidel/*Engelhardt* § 158 Rn. 34). Sie kann aus Gründen der Rechtsklarheit und Kalkulierbarkeit nicht rückwirkend, sondern nur für die Zukunft aufgehoben werden (BayObLG FamRZ 2000, 1450 für Betreuerbestellung). Unterbleibt die Feststellung der Berufsmäßigkeit, kann sie zwar rückwirkend nachgeholt werden (OLG Naumburg FamRZ 2009, 370), jedoch nur bis zum Zeitpunkt des entsprechenden Antrags (BayObLG FamRZ 2001, 867, 868 für Betreuer; vgl. auch *Zimmermann* FamRZ 1999, 630, 632). 25

Sieht das Gericht von der Bestellung eines Verfahrensbeistands ab, obwohl ein Regelfall nach Abs. 2 vorliegt, muss es dies in der **Endentscheidung**, die das Verfahren in der Instanz abschließt, gem. Abs. **3 Satz 3** begründen (vgl. OLG Saarbrücken FamRZ 2010, 2085). Es ist ratsam das Absehen von der Bestellung eines Verfahrensbeistands auch dann zu begründen, wenn kein Regelfall des Abs. 2 vorliegt, da die Endentscheidung auch insoweit der Nachprüfung unterliegt. 26

IV. Unanfechtbarkeit der Entscheidung, Abs. 3 Satz 4. Die gerichtliche Entscheidung über die Bestellung eines Verfahrensbeistands ist gem. Abs. **3 Satz 4** ausnahmslos **nicht isoliert anfechtbar**, gleich ob ein Beistand bestellt, eine Bestellung abgelehnt oder eine bereits erfolgte Bestellung wieder aufgehoben wird. Dass die Entscheidung nicht selbstständig anfechtbar ist, ergibt sich bereits aus ihrem Charakter als Zwischenentscheidung; die Unanfechtbarkeit wird gleichwohl zur Klarstellung im Gesetz noch einmal ausdrücklich bestimmt, um die frühere Streitfrage endgültig zu entscheiden (BT-Drucks. 16/6308, 239). Der Ausschluss der Anfechtbarkeit ist umfassend und insb. nicht auf eine Anfechtung durch einzelne Personen oder Beteiligte beschränkt (BT-Drucks. 16/6308, 239). Die Unanfechtbarkeit ist dadurch gerechtfertigt, dass sie im Rechtsmittelverfahren gegen die Endentscheidung überprüft werden kann. Denn ein Rechtsmittel gegen die Endentscheidung kann weiterhin auch damit begründet werden, dass das Gericht einen Verfahrensbeistand zu Unrecht bestellt oder abberufen hat oder dass es die Bestellung eines Verfahrensbeistands zu Unrecht unterlassen oder abgelehnt hat (BT-Drucks. 16/6308, 239; vgl. OLG Saarbrücken FamRZ 2010, 2085). 27

Der Ausschluss der selbstständigen Anfechtbarkeit **verhindert Verfahrensverzögerungen** durch entsprechende Rechtsmittel (BT-Drucks. 16/6308, 239). Angesichts der nunmehr gefundenen Ausgestaltung des Rechtsinstituts des Verfahrensbeistands liegt weder in der Bestellung noch im Fall des Unterlassens der Bestellung ein derart schwerwiegender Eingriff in Rechte der Beteiligten vor, dass eine isolierte Anfechtbarkeit geboten wäre (BT-Drucks. 16/6308, 239). Dies gilt insb. für die Eltern des betroffenen Kindes. Diese bleiben im Fall der Bestellung eines Verfahrensbeistands, und anders etwa als bei der Anordnung einer Ergänzungspflegschaft, weiterhin in vollem Umfang zur Vertretung des Kindes berechtigt (BT-Drucks. 16/6308, 239). Der Gesichtspunkt einer möglichen Kostenbelastung rechtfertigt eine Anfechtbarkeit nicht (BT-Drucks. 16/6308, 239; vgl. auch BGH FamRZ 2003, 1275: Unanfechtbarkeit der Bestellung eines Verfahrenspflegers für den Betreuten). 28

D. Rechtsstellung des Verfahrensbeistands, Abs. 3 Satz 2, Abs. 4 Satz 5 und 6, Abs. 8. Gemäß **Abs. 3 Satz 2** wird der Verfahrensbeistand mit dem Akt der Bestellung zum **Beteiligten**. Die Regelung entspricht § 274 Abs. 2 und § 315 Abs. 2. Der Verfahrensbeistand hat die Rechte des Kindes wahrzunehmen, ohne an dessen Weisungen gebunden zu sein (BT-Drucks. 16/6308, 239). Er untersteht nicht der Aufsicht des Gerichts, sondern nimmt seine Aufgaben im Rahmen der Gesetze eigenverantwortlich wahr (KG FamRZ 2013, 46, 47). Damit hat er im Verfahren eine **eigenständige Stellung**, die eine formelle Beteiligung erforderlich 29 macht. Als selbstständiger Verfahrensbeteiligter muss er z.B. einem gerichtlich gebilligten Vergleich nach § 156 Abs. 2 zustimmen (BT-Drucks. 16/6308, 239). Der Verfahrensbeistand ist daher auch nicht gesetzlicher Vertreter des Kindes, was **Abs. 4 Satz 6** ausdrücklich ausspricht. Die Bestellung ändert an den Vertretungsverhältnissen nichts. Der Verfahrensbeistand handelt in eigenem Namen und hat nicht die Funktion, rechtliche Willenserklärungen für das Kind abzugeben oder entgegenzunehmen. Auf diese Weise werden der Eingriff in das Elternrecht möglichst gering gehalten und eine sachwidrige Verlagerung von Aufgaben auf den Verfahrensbeistand vermieden (BT-Drucks. 16/6308, 240). Mit seiner Hinzuziehung erhält der Verfahrensbeistand alle Rechte und Pflichten eines Beteiligten; nur zur Kostentragung ist er – auch im Rechtsmittelverfahren – gem. Abs. 8 nicht verpflichtet, da er allein im Interesse des Kindes tätig wird (BT-Drucks. 16/6308, 239). Die Regelung wird ergänzt durch **Abs. 4 Satz 5**, nach dem der Verfahrensbeistand unabhängig von der Beeinträchtigung eigener materieller Rechte im Interesse des Kindes Rechtsmittel einlegen kann (BT-Drucks. 16/6308, 239). Ein Verfahrensbeistand darf sich als »Kinder- und Jugendanwalt« bezeichnen (OLG Düsseldorf FamRZ 2015, 694).

30 **E. Aufgaben des Verfahrensbeistands, Abs. 4, Satz 1 bis 3. I. Gesetzliche Aufgabe der Feststellung und Geltendmachung der Interessen des Kindes, Abs. 4 Satz 1.** Gemäß **Abs. 4 Satz 1** hat der Verfahrensbeistand zunächst das **Interesse des Kindes zu ermitteln**, da er dieses nur so auch effektiv vertreten kann (BT-Drucks. 16/6308, 239). Dabei ist es unerlässlich, dass der Verfahrensbeistand persönlich zu dem Kind Kontakt aufnimmt. Dies kann nicht nur im Rahmen der gerichtlichen Anhörung geschehen. Vielmehr sollte der Verfahrensbeistand möglichst frühzeitig und vor der gerichtlichen Anhörung eigenständig mit dem Kind Kontakt aufnehmen, um in einem ausführlichen Gespräch eine persönliche Beziehung zu ihm aufzubauen und dessen Vorstellungen, Wünsche und Befindlichkeiten kennenzulernen (zur Frage des Gesprächsorts vgl. § 159 Rdn. 17). Andernfalls besteht die Gefahr, dass dem Gesetz nur formell Genüge getan wird, ohne dass der Verfahrensbeistand für das Kind in dessen schwieriger Lebenssituation zu einer echten Hilfe wird. Leider sind die gesetzlichen Vertreter nicht verpflichtet, dem Verfahrensbeistand eine persönliche Kontaktaufnahme mit dem Kind einzuräumen, sodass er im Weigerungsfall tatsächlich nur bei der gerichtlichen Anhörung mit dem Kind persönlichen Kontakt aufnehmen kann (OLG Brandenburg FamRZ 2000, 1295; Keidel/*Engelhardt* § 158 Rn. 25). Um die Interessen des Kindes erkennen und vertreten zu können, ist es natürlich förderlich, wenn der Verfahrensbeistand auch mit dessen Bezugspersonen Gespräche führt (vgl. OLG München FamRZ 2002, 563). Ohne eine gerichtliche Beauftragung hierzu gem. Abs. 4 Satz 3 stehen dem aber datenschutzrechtliche Hürden entgegen. Mit den Eltern kann und sollte der Verfahrensbeistand aber immer sprechen, wenn sie hierzu bereit sind. Auch können die gesetzlichen Vertreter andere Bezugspersonen von ihrer Verschwiegenheitspflicht entbinden.

31 In einem zweiten Schritt muss der Verfahrensbeistand gem. **Abs. 4 Satz 1** das von ihm ermittelte **Interesse des Kindes auch geltend machen**. Hierzu hat er in erster Linie dessen Willen und nicht etwa den der Eltern in das Verfahren einzuführen (BVerfG FamRZ 2010, 109; OLG Saarbrücken FamRZ 2011, 1153, 1154; vgl. auch BGH FamRZ 2010, 1060, 1063). Der Verfahrensbeistand ist Sprachrohr des Kindes (OLG München FamRZ 2002, 563) und dessen einseitiger Interessenvertreter (BGH FamRZ 2010, 1060, 1063). Dabei macht der Wortlaut des Abs. 4 Satz 1 aber deutlich, dass er dem Interesse des Kindes verpflichtet ist und nicht allein dem von diesem geäußerten Willen (BT-Drucks. 16/6308, 239). Zwar hat der Verfahrensbeistand den Kindeswillen in jedem Fall deutlich zu machen und in das Verfahren einzubringen, es steht ihm jedoch frei, darüber hinaus weitere Gesichtspunkte und auch etwaige Bedenken vorzutragen (BT-Drucks. 16/6308, 239). Der Verfahrensbeistand hat daher bei seiner Stellungnahme sowohl das subjektive Interesse des Kindes (Wille des Kindes) als auch das objektive Interesse des Kindes (Kindeswohl) einzubeziehen, was auch dem im materiellen Recht normierten Kindeswohlbegriff (vgl. etwa in § 1697a BGB) entspricht (BT-Drucks. 16/6308, 239). Zugleich entspricht dies auch der eigenständigen Stellung des Verfahrensbeistands, der – anders als ein in fremdem Namen handelnder Verfahrensbevollmächtigter – selbst Beteiligter ist (BT-Drucks. 16/6308, 239). Gegen den erklärten Willen des insoweit einsichtsfähigen Kindes darf der Verfahrensbeistand dessen Angaben ihm gegenüber nicht weitergeben (Keidel/*Engelhardt* § 158 Rn. 22 m.w.N.; OLG Braunschweig, das dem Verfahrensbeistand in einem Unterhaltsverfahren insoweit zu Recht ein Zeugnisverweigerungsrecht gem. § 383 Abs. 1 Nr. 6 ZPO zugebilligt hat).

32 Der Verfahrensbeistand hat auch auf eine kindgerechte Gestaltung des Verfahrens hinzuwirken, vor allem bei der Anhörung (OLG München FamRZ 2002, 563). Erzieherische, betreuende oder therapeutische Aktivitäten gehören aber **nicht mehr zu seinem Aufgabenkreis** (OLG München FamRZ 2002, 563; Keidel/*Engelhardt* § 158 Rn. 26). Es obliegt ihm auch nicht, gleichsam als minderer Sachverständiger Ermittlungen

über die Feststellung des Kindesinteresses hinaus anzustellen sowie Empfehlungen und Lösungsvorschläge zu erarbeiten und dabei in Konkurrenz zu Gericht, Jugendamt oder Sachverständigem zu treten, die dem Kindeswohl überparteilich verpflichtet sind (OLG München FamRZ 2002, 563). Die Aufgaben des Verfahrensbeistands sind auch strikt auf das konkrete Verfahren beschränkt, für das er bestellt wurde (BT-Drucks. 16/6308, 240). Dass es auch nicht zu seinen Aufgaben gehört, am Jugendgerichtsverfahren teilzunehmen, versteht sich von selbst (OLG München FamRZ 2002, 563).
Die Stellungnahme kann sowohl **schriftlich als auch mündlich** im Termin abgegeben werden. Eine mündliche Stellungnahme wird insb. dann in Betracht kommen, wenn die Bestellung zeitnah zu einem Termin nach § 155 Abs. 2 erfolgt (BT-Drucks. 16/6308, 239 f.). 33

II. Gesetzliche Aufgabe der Information des Kindes, Abs. 4 Satz 2. Gemäß **Abs. 2 muss der** Ver- 34
fahrensbeistand das Kind in geeigneter Weise über das Verfahren informieren. Es hat hierbei um das Gegenstück zur Geltendmachung des Interesses des Kindes (BT-Drucks. 16/6308, 240). Es wäre ohne Unterstützung oftmals nicht in der Lage, die verfahrensmäßigen Abläufe zu verstehen. Eine gemäße Information, ggf. auch über den wesentlichen Inhalt der Verfahrensakten, erleichtert dem Kind die Wahrnehmung der eigenen Position (BT-Drucks. 16/6308, 240). Der Verfahrensbeistand ist daher auch 35 des Kindes im gerichtlichen Verfahren (OLG München FamRZ 2002, 563).

III. Gerichtlich bestimmte Zusatzaufgaben, Abs. 4 Satz 3. Gemäß **Abs. 4 Satz 3** kann das Gericht dem Verfahrensbeistand zusätzlich aufgeben, Gespräche mit den Eltern und weiteren Bezugspersonen des Kindes zu führen sowie am Zustandekommen einer einvernehmlichen Regelung über den Verfahrensgegenstand mitzuwirken. Als weitere Bezugspersonen kommen vor allem Angehörige, Erzieher, Lehrer oder Pflegepersonen in Betracht (vgl. OLG Köln FamRB 2012, 214). Nur die gerichtliche Beauftragung gibt dem Verfahrensbeistand das Recht bei diesen Daten zu erheben und an das Gericht weiterzugeben (Keidel/*Engelhardt* § 158 Rn. 29). Nur die gerichtliche Beauftragung löst die vergütungsrechtliche Folge nach Abs. 7 Satz 3 aus. Macht das Gericht von der Möglichkeit der zusätzlichen Beauftragung des Verfahrensbeistand Gebrauch, 36 hat es nach **Abs. 4 Satz 4** auch Art und Umfang konkret festzulegen und die Beauftragung zu begründen (vgl. OLG Köln FamRB 2012, 214).

F. Ende der Bestellung, Abs. 6. Gemäß **Abs. 6 endet** die Bestellung als Verfahrensbeistand erst mit rechts- 37
kräftigem oder ansonsten endgültigem Abschluss des familiengerichtlichen Verfahrens, für das sie erfolgt ist. Daher erstreckt sich eine erstinstanzliche Bestellung auch auf das Rechtsmittelverfahren. Erfolgt durch das Rechtsmittelgericht weder eine Aufhebung noch eine Abänderung des Bestellungsbeschlusses, so verbleibt es bei der Bestellung des Verfahrensbeistandes zu den Bedingungen des erstinstanzlichen Beschlusses einschließlich etwaiger Übertragung weiterer Aufgaben nach Abs. 4 Satz 3 (OLG Stuttgart FamRZ 2011, 1533; OLG München FamRZ 2012, 728).
Vor dem nach Abs. 6 bestimmten Zeitpunkt endet die Bestellung nur, wenn sie durch das Gericht – auch 38
das Rechtsmittelgericht – **aufgehoben** wird. Da es sich bei der Bestellung um eine verfahrensleitende Zwischenverfügung handelt, kann sie jederzeit abgeändert oder aufgehoben werden (OLG Hamm FamRZ 2007, 2002). Außer aus den in Abs. 5 genannten Gründen, kommt dies in Betracht, wenn der Verfahrensbeistand seiner Aufgabe nicht gerecht wird und deshalb ein ordnungsgemäßes Verfahrens nicht mehr gewährleistet ist (Keidel/*Engelhardt* § 158 Rn. 42). Eine Aufhebung der Bestellung kommt auch bei unüberbrückbaren Differenzen mit den Eltern in Betracht, die eine gedeihliche kindeswohlförderliche Gesprächsführung ausschließen (OLG Karlsruhe FamRZ 2014, 1136, 1137 im Falle einer Strafanzeige gegen einen Elternteil). Der Verfahrensbeistand untersteht aber grundsätzlich nicht der Aufsicht des Gerichts, sondern nimmt seine Aufgaben eigenverantwortlich wahr (KG FamRZ 2013, 46, 47).

G. Aufwendungsersatz und Vergütung, Abs. 7. Abs. 7 enthält die Regelung für den Aufwendungsersatz 39
und die Vergütung des Verfahrensbeistands. Diese Beträge sind nach Abs. 7 Satz 5 von der Staatskasse zu tragen. Damit fallen die Kosten nicht dem ohnehin oftmals mittellosen Kind zur Last, sondern müssen zunächst vom Staat aufgebracht werden, der sie nach Maßgabe der Kostenvorschriften (KV 2013) gegenüber den Verfahrensbeteiligten als Gerichtskosten (*Auslagen*) erhebt (BT-Drucks. 13/4899, 132 zu § 50 FGG).
Der **nicht berufsmäßige (ehrenamtliche) Verfahrensbeistand** erhält gem. Abs. 7 Satz 1 keine Vergütung, 40
sondern nur Ersatz seiner Aufwendungen nach § 1835 Abs. 1 bis 2 BGB i.V.m. § 277 Abs. 1 Satz 1. Sofern es sich bei dem Verfahrensbeistand um eine Behörde oder einen Verein handelt, steht ihm gem. Abs. 7 Satz 1 i.V.m. § 277 Abs. 1 Satz 2 auch kein Aufwendungsersatz zu.

§ 159

41 Der **berufsmäßige Verfahrensbeistand** hat dagegen nur einen Anspruch auf Vergütung. Mit dieser sind gem. Abs. 7 Satz 4 auch seine Aufwendungen, einschließlich der Fahrtkosten, abgegolten (BGH FamRZ 2010, 1893; BGH 2014, 109 f.; BGH 2014, 191 f.). Wird dem Verfahrenspfleger die Beiziehung eines **Dolmetschers** gestattet, so sind die Kosten hierfür aber von der Staatskasse zu erstatten (OLG Frankfurt am Main FamRZ 2014, 1135; a.A. OLG Hamm FamRZ 2014, 2024). Die **Höhe der Vergütung** beträgt gem. Abs. 7 Satz 3 pauschal 350 €, im Fall der Übertragung zusätzlicher Aufgaben gem. Abs. 7 Satz 4 pauschal 550 €. Die Fallpauschale fällt für jede Instanz (OLG München FamRZ 2012, 728 f.), jedes Kind (BGH FamRZ 2010, 1893; BGH 2011, 1896; OLG Stuttgart NJW-RR 2010, 1013) und jedes Verfahren (BGH FamRZ 2011, 467 für Sorge- und Unterbringungsverfahren) gesondert an. Auch bei dem Hauptsacheverfahren einerseits und Eilverfahren andererseits handelt es sich um verschiedene Angelegenheiten, für die der – in bejahung der – Verfahrensbeistand jeweils eine Vergütung beanspruchen kann, ohne dass eine neue Bestellung erfolgt (BGH FamRZ 2011, 199). Dasselbe gilt, wenn verschiedene Angelegenheiten in einem Verfahren behandelt werden, weil es nicht auf die Anzahl der Verfahren, sondern der in ihnen geführten Verfahrensgegenstände ankommt (BGH FamRZ 2012, 1630; OLG München FamRZ 2013, 66). Demzufolge muss die Fallpauschale auch im Verbundverfahren für jede Folgesache gesondert anfallen, für die der Verfahrensbeistand bestellt wurde (a.A. OLG München FamRZ 2013, 318 unter Hinweis auf die Einheitlichkeit des Verfahrens und die Regelung für die Rechtsanwaltsgebühren in § 16 Nr. 4 RVG). Auch wenn in einem Sorgerechtsverfahren der Gegenstand durch förmlichen Gerichtsbeschluss auf die Regelung von Umgangsangelegenheiten erweitert wird, erwirbt der Verfahrensbeistand einen weiteren Vergütungsanspruch (OLG Dresden FamRZ 2013, 1682 f.). Betreffen die Verfahren aber denselben Gegenstand – etwa wechselseitige Anträge auf Übertragung des Aufenthaltsbestimmungsrechts – so besteht nur Anspruch auf eine Vergütung (OLG Naumburg FamRZ 2015, 1218). Wird der Mitarbeiter eines **Betreuungsvereins** zum berufsmäßigen Betreuer bestellt, steht der Vergütungsanspruch gem. § 277 Abs. 4 Satz 1 dem Verein zu (BGH FamRZ 2014, 373).

42 Der **Vergütungsanspruch entsteht** in dem Moment, in dem der Verfahrensbeistand mit der Wahrnehmung seiner Aufgaben nach Abs. 4 begonnen hat. Allein die Entgegennahme des Bestellungsbeschlusses für das Bestehen der Vergütungspauschale genügt noch nicht (OLG Celle FamRZ 2013, 573; OLG Hamm FamRZ 2015, 695). Doch reicht es aus, dass der Verfahrensbeistand in irgendeiner Weise im Kindesinteresse tätig geworden ist (BGH FamRZ 2010, 1896; BGH FamRZ 2012, 1630; BGH FamRZ 2014, 373; OLG Schleswig FamRZ 2014, 1482); etwa durch Kenntnisnahme der Beschwerde mit Begründung (OLG Nürnberg FamRZ 2015, 694; a.A. wohl OLG Naumburg FamRZ 2015, 1219, wonach die bloße Einlegung einer Beschwerde noch nicht genügen soll).

§ 159 Persönliche Anhörung des Kindes.

(1) ¹Das Gericht hat das Kind persönlich anzuhören, wenn es das 14. Lebensjahr vollendet hat. ²Betrifft das Verfahren ausschließlich das Vermögen des Kindes, kann von einer persönlichen Anhörung abgesehen werden, wenn eine solche nach der Art der Angelegenheit nicht angezeigt ist.
(2) Hat das Kind das 14. Lebensjahr noch nicht vollendet, ist es persönlich anzuhören, wenn die Neigungen, Bindungen oder der Wille des Kindes für die Entscheidung von Bedeutung sind oder wenn eine persönliche Anhörung aus sonstigen Gründen angezeigt ist.
(3) ¹Von einer persönlichen Anhörung nach Absatz 1 oder Absatz 2 darf das Gericht aus schwerwiegenden Gründen absehen. ²Unterbleibt eine Anhörung allein wegen Gefahr im Verzug, ist sie unverzüglich nachzuholen.
(4) ¹Das Kind soll über den Gegenstand, Ablauf und möglichen Ausgang des Verfahrens in einer geeigneten und seinem Alter entsprechenden Weise informiert werden, soweit nicht Nachteile für seine Entwicklung, Erziehung oder Gesundheit zu befürchten sind. ²Ihm ist Gelegenheit zur Äußerung zu geben. ³Hat das Gericht dem Kind nach § 158 einen Verfahrensbeistand bestellt, soll die persönliche Anhörung in dessen Anwesenheit stattfinden. ⁴Im Übrigen steht die Gestaltung der persönlichen Anhörung im Ermessen des Gerichts.

Übersicht

	Rdn.		Rdn.
A. Allgemeines	1	C. Pflicht zur persönlichen Anhörung von Kindern unter 14 Jahren, Abs. 2	6
B. Pflicht zur persönlichen Anhörung von Kindern über 14 Jahren, Abs. 1	5		

	Rdn.		Rdn.
D. Absehen von der persönlichen Anhörung, Abs. 3 Satz 1	8	F. Gestaltung der persönlichen Anhörung, Abs. 4	14
E. Nachholung der persönlichen Anhörung bei Gefahr im Verzug, Abs. 3 Satz 2	12		

A. Allgemeines. Die Vorschrift entspricht im Wesentlichen dem bisherigen § 50b FGG. Lediglich der Aufbau der Norm wurde geändert und die Regelungen zur Kindesanhörung präzisiert. Die Bestimmung des § 50b Abs. 4 FGG konnte entfallen, da die Vorschrift nach neuer Gesetzeslage ohnedies auch für Mündel gilt. 1

Die Kindesanhörung dient in erster Linie der **Aufklärung des Sachverhalts** und der Optimierung der richterlichen Entscheidung (§ 26; OLG Bremen FamRZ 2015, 1219); daneben aber auch – vgl. Art. 103 GG – der **Gewährung rechtlichen Gehörs** (BVerfG FamRZ 1987, 786, 789; BGH FamRZ 1985, 169; BayObLG FamRZ 1994, 913, 914; OLG Saarbrücken FamRZ 2010, 1680; Johannsen/Henrich/*Büte* § 159 Rn. 2; vgl. auch MüKo/*Schumann* § 159 Rn. 1; Keidel/*Engelhardt* § 159 Rn. 1). Sie entspricht dem verfassungsrechtlichen Gebot, in Angelegenheiten der Personensorge den Willen des Kindes zu berücksichtigen, soweit dies mit seinem Wohl vereinbar ist. Eine Entscheidung, die den Belangen des Kindes gerecht wird, kann i.d.R. nur ergehen, wenn das Kind in dem gerichtlichen Verfahren die Möglichkeit erhalten hat, seine persönlichen Beziehungen zu den übrigen Familienmitgliedern erkennbar werden zu lassen (BVerfG FamRZ 1981, 124). Grds. schreibt das Gesetz die persönliche (d.h. mündliche, vgl. OLG Naumburg FamRZ 2010, 1919) Anhörung vor, weil das Kind sich vielfach schriftlich nicht ausreichend verständlich machen kann und eine schriftliche Anhörung die erhebliche Gefahr der elterlichen Einflussnahme birgt; zudem kommt dem persönlichen Eindruck, den sich das Gericht so verschaffen kann, regelmäßig erhebliche Bedeutung zu (BayObLG FamRZ 1987, 87, 88; Keidel/*Engelhardt* § 159 Rn. 1). Bei der Kindesanhörung handelt es sich nicht um eine Zeugenbefragung nach ZPO, vielmehr ist es ihr Ziel, mit dem Kind ins Gespräch zu kommen, damit sich das Familiengericht auf diese Weise einen Eindruck vom Kind verschaffen sowie – in Abhängigkeit vom Kindesalter – dessen Auffassung zur Sache, seine Sorgen und Nöte kennen lernen kann, um besser eine am Kindeswohl orientierte Entscheidung treffen zu können (KG FamRZ 2014, 1790). Die Anhörung des Kindes durch einen Sachverständigen macht die richterliche Anhörung nicht entbehrlich. 2

Die Vorschrift gilt für **alle Verfahren in Kindschaftssachen**, auch für solche, die eine einstweilige Anordnung oder die Festsetzung von Zwangs- oder Ordnungsmitteln gem. §§ 35, 89 zum Gegenstand haben. Eine Ausnahme gilt für Unterbringungssachen nach § 151 Nr. 6 und 7; hier wird die persönliche Anhörung des Kindes aufgrund der umfassenden und abschließenden Verweisung in § 167 auch in § 319 vorgeschrieben (vgl. § 167 Rdn. 2, 7). § 159 gilt in beiden Tatsacheninstanzen, also auch im Beschwerdeverfahren (BayObLG FamRZ 1985, 635; 1994, 913, 914; 1995, 500, 501; OLG Stuttgart FamRZ 1989, 1110, 1111; zu Ausnahmen von der persönlichen Anhörungspflicht s.u. Rdn. 8 ff.). 3

Die Anordnung der persönlichen Kindesanhörung kann von den Eltern nicht angefochten werden (OLG Karlsruhe FamRZ 2004, 712; Keidel/*Engelhardt* § 159 Rn. 24; MüKo/*Schumann* § 159 Rn. 10; a.A. OLG Köln FamRZ 1997, 1549 bei Anhörung in Abwesenheit der Eltern wegen Eingriffs in Parteiöffentlichkeit und deren Recht auf rechtliches Gehör). 4

B. Pflicht zur persönlichen Anhörung von Kindern über 14 Jahren, Abs. 1. Gemäß Abs. 1 **muss** das minderjährige Kind ab einem Alter von 14 Jahren (Jugendlicher) persönlich durch den Familienrichter angehört werden, wenn das Verfahren – zumindest auch – die **Person** betrifft (s. § 158 Rdn. 4; Ausnahme vgl. Abs. 3). Grds. ist ein Jugendlicher auch persönlich anzuhören, wenn das Verfahren ausschließlich die Vermögenssorge betrifft; hier kann aber gem. Abs. 1 Satz 2 von der persönlichen Anhörung abgesehen werden, wenn dies nach der Art der Angelegenheit nicht angezeigt ist. In diesem Fall muss aber eine schriftliche Anhörung erfolgen, um rechtliches Gehör zu gewähren (ebenso Keidel/*Engelhardt* § 159 Rn. 4; MüKo/*Schumann* § 159 Rn. 3). Wegen der Vorteile der persönlichen Anhörung (s.o. Rdn. 2, 8) sollte auf sie aber nur verzichtet werden, wenn dies zum Wohl des Kindes notwendig erscheint. 5

C. Pflicht zur persönlichen Anhörung von Kindern unter 14 Jahren, Abs. 2. Gemäß der **1. Alt** des Abs. 2 **muss** auch das noch nicht 14 Jahre alte Kind **persönlich angehört** werden, wenn dessen **Neigungen, Bindungen** oder **Wille** für die Entscheidung von Bedeutung sind. Dies ist i.d.R. bei allen Angelegenheiten der 6

§ 159

Personensorge der Fall, insb. aber bei Verfahren nach §§ 1632, 1666, 1671, 1684, 1685 BGB (BayObLG FamRZ 1982, 640; BGH FamRZ 1984, 1084, 1086; OLG Schleswig FamRZ 2014, 1383, 1384; Keidel/*Engelhardt* § 159 Rn. 8; Johannsen/Henrich/*Büte* § 159 Rn. 5; BVerfG FamRZ 2008, 246; 1983, 872: zwingend in Umgangsverfahren). Dabei ist die persönliche Anhörung umso mehr angezeigt je älter das Kind ist. Doch auch bei kleineren Kindern unter 10 Jahren liefert der stets zu beachtende Kindeswille ein ernst zu nehmendes Indiz für die zu berücksichtigenden persönlichen Bindungen (BGH FamRZ 1990, 392, 393). Nach gefestigter Meinung in Rechtsprechung und Literatur ist eine Anhörung im Allgemeinen vom dritten Lebensjahr an veranlasst (vgl. BayObLG FamRZ 1983, 948; 1984, 312; KG FamRZ 1983, 1159; OLG Frankfurt am Main FamRZ 1997, 571; OLG Brandenburg FamRZ 2003, 624; OLG Schleswig FamRZ 2014, 1383, 1384; MüKo/*Schumann* § 159 Rn. 5; Keidel/*Engelhardt* § 159 Rn. 8; Johannsen/Henrich/*Büte* § 159 Rn. 6). Je nach Entwicklungsstand des Kindes und Gegenstand des Verfahrens kann auch eine persönliche Anhörung unterhalb dieser Altersgrenze sinnvoll sein (vgl. OLG Köln FamRZ 1980, 1153, 1154; Hamburg FamRZ 1983, 527 f.). Denn auch wenn kleine Kinder noch keinen eigenen Willen entwickelt haben, so lassen sich doch Wünsche und Vorlieben feststellen (Keidel/*Engelhardt* § 159 Rn. 8).

7 Gemäß der **2. Alt** des Abs. 2 **muss** das noch nicht 14 Jahre alte Kind ebenfalls **persönlich angehört** werden, wenn dies aus **sonstigen Gründen** angezeigt ist. In Betracht kommen etwa vermögensrechtliche Angelegenheiten (Amtl. Begründung BT-Drucks. 16/6308, 240). Sonstige Gründe liegen aber auch vor, wenn es zur Feststellung des Sachverhalts angezeigt erscheint, dass das Gericht sich von dem Kind einen unmittelbaren Eindruck verschafft. Dass diese Formulierung des bisherigen § 50b Abs. 1 FGG nicht übernommen wurde, steht dem nicht entgegen. Ein unmittelbarer Eindruck kann vor allem bei kleineren Kindern wichtig sein; zudem kann es erforderlich sein, um das Vorliegen der Voraussetzungen für eine Anhörung nach der 1. Alt des Abs. 2 beurteilen zu können (vgl. Keidel/*Engelhardt* § 159 Rn. 9; MüKo/*Schumann* § 159 Rn. 5).

8 **D. Absehen von der persönlichen Anhörung, Abs. 3 Satz 1.** Die persönliche Anhörung des Kindes ist unter den Voraussetzungen des Abs. 1 und 2 **zwingend**. Von ihr darf nur aus schwerwiegenden Gründen abgesehen werden (OLG Frankfurt FamRZ 2015, 1521). Ob **schwerwiegende Gründe** i.S.d. Abs. 3 Satz 1 vorliegen, ist im Wege einer Interessenabwägung festzustellen, deren Maßstab in erster Linie das Kindeswohl ist (OLG Köln FamRZ 1997, 1549; Keidel/*Engelhardt* § 159 Rn. 12; Johannsen/Henrich/*Büte* § 159 Rn. 8). Abzuwägen ist zwischen den mutmaßlichen Belastungen des Kindes durch die Anhörung einerseits und deren voraussichtlichem Beitrag zur Sachverhaltsaufklärung andererseits (vgl. Keidel/*Engelhardt* § 159 Rn. 11). Allgemein lässt sich sagen, dass die Anhörung eine hervorragende Erkenntnisquelle ist, weil es dem Gericht ermöglicht, sich unmittelbar selbst einen persönlichen Eindruck von dem Kind zu verschaffen, um dessen Neigungen, Bindungen und Willen besser beurteilen zu können. Dies liegt gerade auch im Interesse des Kindes an einer bestmöglichen Entscheidung. Daher muss schon eine erhebliche Beeinträchtigung des Wohlbefindens des Kindes zu befürchten sein, um von der Anhörung absehen zu können. Die richterliche Anhörung ist für das Kind immer mit einer gewissen Belastung verbunden, die der Gesetzgeber bewusst in Kauf genommen hat. Sie ist jedenfalls kein Grund, von der gesetzlich vorgeschriebenen Anhörung abzusehen (BayObLG FamRZ 1987, 88; vgl. Johannsen/Henrich/*Büte* § 159 Rn. 8). Anders aber, wenn zu befürchten ist, dass das Kind durch die Anhörung aus seinem seelischen Gleichgewicht gebracht und sein Gesundheitszustand beeinträchtigt wird (OLG Köln FamRZ 1997, 1549; BGH NJW-RR 1986, 1130; Keidel/*Engelhardt* § 159 Rn. 12). Doch zeigt die Erfahrung, dass die Belastung gerade bei Kleinkindern eher von den Eltern als von den Kindern selbst empfunden wird, vorausgesetzt der Familienrichter führt die Anhörung kindgerecht und in einer angstfreien und entspannten Atmosphäre durch. Auch wenn das Kind (mit Elternteil) **unentschuldigt nicht erscheint**, kann nicht ohne Weiteres von der Anhörung abgesehen werden; ggf. sind Kind und Elternteil vorzuführen, zumindest muss für einen Folgetermin gem. § 34 Abs. 3 FamFG auf die Folgen unentschuldigten Ausbleibens hingewiesen worden sein (OLG Celle FamRZ 2013, 1681; OLG Bremen FamRZ 2015, 1219).

9 Daneben kann von der Anhörung aber auch abgesehen werden, wenn sicher feststeht, dass sie **keinen Erkenntnisgewinn** erbringen wird, etwa weil das Kind schon aus tatsächlichen Gründen keine Bindungen und Neigungen zu den Eltern oder einem Elternteil entwickeln konnte (BayObLG FamRZ 1988, 871, 873; a.A. Keidel/*Engelhardt* § 159 Rn. 12, der dies nur im Rahmen von Abs. 2 berücksichtigen will). Gleiches gilt, wenn die Anhörung mit Sicherheit für die Entscheidung **ohne Bedeutung** ist, etwa weil das Gericht bereits seine Zuständigkeit verneinen muss (OLG Düsseldorf FamRZ 1993, 1108) oder das Kind nicht in der Lage ist, die Bedeutung der Entscheidungsgrundlagen zu verstehen (OLG Hamm FamRZ 2015, 1732, 1734: *Pädophile Neigungen des abwesenden Vaters und seine Verurteilung wegen sexuellen Missbrauchs wurde*

dem Kind bislang verschwiegen, um sein positives Vaterbild beizubehalten) . In diesen Fällen ist der voraussichtliche Beitrag der Anhörung zur Sachverhaltsaufklärung und damit zu einer besseren Entscheidung so gering bzw. fehlt völlig, dass bereits die naturgemäße Belastung, mit der Anhörungen regelmäßig verbunden sind, den Ausschlag bei der **Interessenabwägung** zugunsten eines Absehens gibt. Der übereinstimmende Entscheidungsvorschlag der Eltern und des Jugendamts machen dagegen eine Kindesanhörung nicht entbehrlich. Allerdings kann in diesen Fällen eher von der persönlichen Anhörung abgesehen werden, wenn diese das Kind nicht unerheblich belasten würde.

Eine nach § 159 erforderliche persönliche Kindesanhörung muss auch im **Beschwerdeverfahren** (erneut) durchgeführt werden. Allerdings gilt auch hier, dass sie ausnahmsweise unterbleiben kann, wenn ein Erkenntniszuwachs ausgeschlossen ist (OLG Brandenburg FamRZ 2014, 1380; 2015, 1621, 1623). Davon kann auch ausgegangen werden, wenn das Kind kurze Zeit vor der Entscheidung des Beschwerdegerichts im amtsgerichtlichen Verfahren persönlich angehört worden ist, die dabei getroffenen Feststellungen aktenkundig gemacht worden sind und bis zur Entscheidung des Beschwerdegerichts offensichtlich weder neue entscheidungserhebliche Tatsachen bekannt geworden sind noch eine Änderung des rechtlichen Gesichtspunkts eingetreten ist (OLG Zweibrücken FamRZ 1990, 544; vgl. Keidel/*Engelhardt* § 159 Rn. 22; MüKo/*Schumann* § 159 Rn. 3). Wegen der besonderen Bedeutung des persönlichen Eindrucks sollte das Beschwerdegericht aber nur zurückhaltend von dieser Möglichkeit des Absehens von der mündlichen Anhörung Gebrauch machen (vgl. Johannsen/Henrich/*Büte* § 159 Rn. 15); ausnahmsweise kann auch ein Kammermitglied mit der Anhörung beauftragt werden (s.u. Rdn. 18). 10

Unterbleibt die Anhörung zu Unrecht, muss die gerichtliche Entscheidung wegen Verletzung des Anspruchs auf rechtliches Gehör aufgehoben werden, wenn nicht ausnahmsweise auszuschließen ist, dass die Anhörung zur Sachverhaltsklärung beigetragen hätte (BVerfG FamRZ 2002, 229; vgl. auch BVerfG FamRZ 2008, 246; 1983, 872). Eine versäumte Anhörung kann jedoch vom Beschwerdegericht – nicht aber vom Rechtsbeschwerdegericht – nachgeholt werden (BayObLG FamRZ 1980, 1150, 1152); sie rechtfertigt aber auch die Zurückverweisung durch das Beschwerdegericht (OLG Köln FamRZ 1999, 1517; OLG Frankfurt FamRZ 2015, 1521), sofern die Voraussetzungen des § 69 Abs. 1 Satz 2 und 3 vorliegen (MüKo/*Schumann* § 159 Rn. 14). 11

E. Nachholung der persönlichen Anhörung bei Gefahr im Verzug, Abs. 3 Satz 2. Die notwendige persönliche Anhörung des Kindes muss grds. vor der Entscheidung erfolgen. Lediglich bei Gefahr im Verzug kann sie zunächst unterbleiben, muss dann aber gem. Abs. 3 Satz 2 sobald als möglich nachgeholt werden. Aufgrund des Ergebnisses der Anhörung ist die bereits getroffene Entscheidung zu überprüfen und ggf. abzuändern, soweit dies möglich ist. 12

Gefahr im Verzug liegt vor, wenn die zeitliche Verzögerung, die durch die Anhörung zu erwarten ist, die beabsichtigte Wirkung der gerichtlichen Entscheidung gefährden würde und dadurch erhebliche Nachteile für einen Beteiligten, insb. für das Kind, zu befürchten sind. Das Gericht muss aber alles tun, um eine vorherige Anhörung noch zu ermöglichen, insb. ist auch in Betracht zu ziehen, das Kind an seinem Aufenthaltsort aufzusuchen. Je nach Alter und Gegenstand des Verfahrens sollte notfalls zumindest eine telefonische Anhörung erfolgen, die die unverzügliche Nachholung der persönlichen Anhörung jedoch nicht entbehrlich macht. 13

F. Gestaltung der persönlichen Anhörung, Abs. 4. Die Gestaltung der persönlichen Anhörung steht gem. Abs. 4 Satz 4 grds. im Ermessen des Gerichts. Das Gesetz macht lediglich in Abs. 4 Satz 1 bis 3 gewisse Vorgaben. Nach **Abs. 4 Satz 1** soll das Kind in geeigneter Weise über Gegenstand, Ablauf und möglichen Ausgang des Verfahrens informiert werden, soweit dadurch kein Schaden für sein Wohl zu befürchten ist. Daher sollte der Richter zu Beginn der Anhörung – nach einer Zeit der Eingewöhnung – dem Kind in verständlicher Sprache erklären, warum die Anhörung stattfindet und worüber der Anhörende (nicht das Kind!) zu entscheiden hat. Nach **Abs. 4 Satz 2** muss dem Kind Gelegenheit zur Äußerung gegeben werden. Ein bloßes Beobachten des Kindes im Sitzungssaal (BayObLG FamRZ 1997, 223; OLG Karlsruhe, FamRZ 1994, 915) oder durch eine Einwegscheibe (OLG Karlsruhe FamRZ 1994, 915) ist keine Anhörung. Aus Abs. 4 Satz 2 folgt aber auch, dass das Kind sich nicht äußern muss und es dazu auch nicht gezwungen werden sollte. Schließlich soll nach **Abs. 4 Satz 3** der Verfahrensbeistand an der Anhörung teilnehmen, falls ein solcher bestellt wurde. Verzichtet er auf seine Teilnahme, kann die Anhörung rechtsfehlerfrei auch ohne den Verfahrensbeistand stattfinden, da keine Pflicht zur Teilnahme besteht (OLG Naumburg v. 18.10.2011 – 8 UF 204/11). Die Anwesenheit des Verfahrensbeistands soll dem Kind helfen, die für es ungewohnte und 14 möglicherweise als bedrohlich empfundene Anhörungssituation zu meistern und sich den Fragen des Gerichts zu öffnen (Rechtsausschuss BT-Drucks. 16/9733, 367; kritisch dazu unten Rdn. 16).

15 I.Ü. steht die Gestaltung der Anhörung im **Ermessen des Gerichts**. Dies wird durch **Abs. 4 Satz 4** klargestellt. Dadurch soll einer Einflussnahme von Verfahrensbeteiligten auf die Gestaltung der Anhörung entgegengewirkt werden (Amtl. Begründung BT-Drucks. 16/6308, 240). Insbes. entscheidet das Gericht nach seinem Ermessen, das sich in erster Linie am Wohl des Kindes auszurichten hat, wo die Anhörung stattfindet, wer an ihr noch teilnimmt (Eltern, Rechtsanwälte, Sachverständige, Jugendamtsvertreter), wie lange sie dauert, an wie vielen Terminen und wann sie erfolgt (anlässlich einer mündlichen Verhandlung oder gesondert) und ob Geschwister gemeinsam oder getrennt angehört werden (vgl. BVerfG FamRZ 1981, 124). Verbindliche Regeln, wie eine Anhörung am besten durchzuführen ist, lassen sich nicht aufstellen. Dies bestimmt sich nach den Umständen des Einzelfalls, vor allem dem Gegenstand des Verfahrens und dem Entwicklungsstand des Kindes. Je älter das anzuhörende Kind ist, umso mehr kann die Anhörung wie bei einer erwachsenen Person erfolgen. Es lassen sich aber einige Hinweise geben, die in vielen Fällen – gerade bei der Anhörung jüngerer Kinder – Beachtung verdienen:

16 Der Anhörende sollte eine positive und geschützte Gesprächssituation schaffen, die dem Kind ein offenes Artikulieren seiner Wünsche und Bedürfnisse ermöglicht. In aller Regel sollte die Anhörung deshalb in **Abwesenheit** von Eltern und Verfahrensbevollmächtigten erfolgen (vgl. BGH FamRZ 1986, 895, 896; OLG Karlsruhe FamRZ 1994, 915, 916; a.A. MüKo/*Schumann* § 159 Rn. 10 bei kleineren Kindern um die Interaktion zwischen Eltern und Kind beobachten zu können). Denn andernfalls kann das Kind bei wahrheitsgemäßen Angaben in Konflikte mit seinen Eltern kommen, zumindest aber ist seine Unbefangenheit beeinträchtigt (vgl. Johannsen/Henrich/*Büte* § 159 Rn. 12). Aus letzterem Grund ist auch die Anwesenheit sonstiger Personen grds. störend, zumal beim Kind allzu leicht der Eindruck des Beobachtetwerdens entsteht. Dies gilt – entgegen der gesetzgeberischen Vorstellung – auch für den Verfahrensbeistand, zumal wenn dieser – wie häufig in der praktischen Wirklichkeit – kein besonderes Vertrauensverhältnis zum Kind hat. Will der Verfahrensbeistand über eine bloße Beobachterrolle hinaus an der Anhörung mitwirken – wenn auch nur als Betreuer des Kindes – so besteht die Gefahr, dass er dem Richter die Chance nimmt, in einem Vieraugengespräch mit dem Kind dessen Vertrauen zu gewinnen und so zu erreichen, dass es sich ihm im Gespräch öffnet. Wegen der Vorschrift des Abs. 4 Satz 3 wird das Gericht aber nicht umhin können, i.d.R. den bestellten Verfahrensbeistand hinzuzuziehen, will es nicht die Aufhebung seiner Entscheidung aufgrund eines Verfahrensfehlers riskieren.

17 Die Anhörung sollte also **kindgerecht** und in einer angstfreien und entspannten Atmosphäre durchgeführt werden. Dies hängt wesentlich vom Geschick des Richters ab. Grds. sollten die Kinder nicht durch direkte Fragen, die unmittelbar ergebnisorientiert sind, in die Enge getrieben werden. Daher sollte etwa in einem Sorgerechtsverfahren ein Kleinkind im Kindergartenalter nicht direkt gefragt werden, ob es lieber beim Vater oder der Mutter leben möchte. Dagegen ist es grds. geboten, zu Beginn der Anhörung dem Kind in verständlichen Sprache zu erklären, warum die Anhörung stattfindet und dass der Anhörende (nicht das Kind!) etwa darüber zu entscheiden hat, ob es künftig beim Vater oder der Mutter wohnt. Am wertvollsten sind die Äußerungen des Kindes, die nicht auf eine direkte Frage hin erfolgen, sondern die es von sich aus macht, sofern nicht nur Angelerntes abgespult wird. Das Kind zum ungezwungen Plaudern zu bringen, ist deshalb die wichtigste Aufgabe des Anhörenden. Dazu trägt auch der äußere Rahmen der Anhörung einen wesentlichen Teil bei. Kleinkinder können mit einer Aufgabe (Bild malen, Puzzle legen) beschäftigt werden, um die Situation aufzulockern und die zu Beginn der Anhörung häufig zu beobachtende »Erstarrungshaltung« des Kindes aufzulösen. Aber auch bei älteren Kindern, zumindest bis zu 14 Jahren, ist es empfehlenswert die Situation äußerlich entspannt zu gestalten. Ein Spaziergang durch einen nahe gelegenen Park oder an einen anderen ruhigen Ort kann dabei sehr förderlich sein. Dagegen muss sorgfältig geprüft werden, ob eine Anhörung in vertrauter Umgebung für das Kind tatsächlich weniger belastend ist oder ob nicht – wofür vieles spricht – zumindest ein Kleinkind das Eindringen eines Fremden in seine Intimsphäre bedrohlicher empfindet als das Aufsuchen eines fremden Gebäudes mit einer vertrauten Begleitperson (vgl. KG FamRZ 1983, 1159; BayObLG FamRZ 1983, 948). Das Gericht muss sich auch damit zufriedengeben, wenn die Anhörung kein für die Entscheidung verwertbares oder erhebliches Ergebnis erbringt. Gerade jüngere Kinder sind oft nicht in der Lage ihre persönlichen Bindungen zu den Eltern dem Gericht präzise mitzuteilen. Das Kind befindet sich oft auch in dem Konflikt, dass es sich mit der Entscheidung für einen Elternteil notwendig gegen den anderen aussprechen muss; etwas, was es nicht leisten kann (BVerfGE 55, 171, 183 f.

= FamRZ 1981, 124, 127). Es darf auch nicht in den innersten Bereich eines Kindes eingedrungen werden, um etwas zu erfahren, was das Kind erkennbar nicht offenbaren will (KG FamRZ 1990, 1383).

Die Anhörung erfolgt grds. durch alle erkennenden Richter, bei einem Kollegialgericht also durch den vollbesetzten Spruchkörper. Zwar ist die Anhörung durch einen **beauftragten Richter** eines Kollegialgerichts oder den im Rechtshilfeweg **ersuchten Richter** nicht schlechthin ausgeschlossen, sollte aber wegen der besonderen Bedeutung des persönlichen Eindrucks die absolute Ausnahme bilden (vgl. OLG Hamm FamRZ 2014, 1789, 1790; BVerfG FamRZ 2015, 1169: verfassungsrechtlich nicht erforderlich, wenn das Kind seine Haltung nur erneut bestätigt); dies gilt insb. für die Anhörung im Rechtshilfeweg (BGH FamRZ 1985, 169, 172; Keidel/*Engelhardt* § 159 Rn. 21). Denn einen eigenen persönlichen Eindruck kann das Gericht seiner Entscheidung nur zugrunde legen, wenn es die Anhörung selbst in voller Besetzung durchgeführt hat. Andernfalls kann es nur von dem Eindruck des beauftragten oder ersuchten Richters – wie von einem Dritten – sprechen (BGH FamRZ 1985, 169, 172). Ein Rechtshilfeersuchen zur Kindesanhörung darf gleichwohl nicht vom Rechtshilfegericht abgelehnt werden (OLG Düsseldorf FamRZ 1980, 934). 18

Gem. § 28 Abs. 4 hat das Gericht die Ergebnisse der Beweisaufnahme **aktenkundig** zu machen. Dies gilt auch für die Kindesanhörung, die ja in erster Linie der Sachverhaltsaufklärung dient. Mitzuteilen sind – jedenfalls in groben Zügen – der Verlauf und das Ergebnis der Kindesanhörung (BGH FamRZ 1986, 895, 896; BayObLG FamRZ 1994, 913, 914; OLG Saarbrücken FamRZ 2010, 2085; MüKo/*Schumann* § 159 Rn. 13. Dies kann sowohl in einem Protokoll als auch in einem Aktenvermerk oder in den Gründen der Entscheidung geschehen (BayObLG FamRZ 1994, 913, 914; OLG Celle FamRZ 2014, 413, 414). Denn nur so kann die Beweiswürdigung überprüft und festgestellt werden, ob und inwieweit bei der Anhörung entscheidungserhebliche Fragen erörtert wurden (BayObLG FamRZ 1994, 913, 914; OLG Saarbrücken FamRZ 2010, 2085). Sofern der wesentliche Inhalt des Anhörungsergebnisses in der verfahrensabschließenden Entscheidung mitgeteilt wird, sollte dies im tatbestandlichen Teil vollständig, im Zusammenhang und frei von Wertungen des Gerichts geschehen (OLG Saarbrücken FamRZ 2013, 389). Es genügt regelmäßig, das den Beteiligten das Anhörungsergebnis erst in der abschließenden Entscheidung zur Kenntnis gebracht wird (OLG Celle FamRZ 2014, 413, 414). 19

Die Anhörung wird nicht unverwertbar, wenn das Kind von einem Elternteil heimlich mit versteckten Tonaufnahmegeräten ausgestattet wurde; zu prüfen bleibt aber, ob das Kind dadurch in seinem Aussageverhalten beeinflusst wurde (OLG Hamm FamRZ 2014, 1789, 1790). 20

§ 160 Anhörung der Eltern.

(1) ¹In Verfahren, die die Person des Kindes betreffen, soll das Gericht die Eltern persönlich anhören. ²In Verfahren nach den §§ 1666 und 1666a des Bürgerlichen Gesetzbuchs sind die Eltern persönlich anzuhören.
(2) ¹In sonstigen Kindschaftssachen hat das Gericht die Eltern anzuhören. ²Dies gilt nicht für einen Elternteil, dem die elterliche Sorge nicht zusteht, sofern von der Anhörung eine Aufklärung nicht erwartet werden kann.
(3) Von der Anhörung darf nur aus schwerwiegenden Gründen abgesehen werden.
(4) Unterbleibt die Anhörung allein wegen Gefahr im Verzug, ist sie unverzüglich nachzuholen.

Übersicht

	Rdn.		Rdn.
A. Allgemeines	1	D. Absehen von der Anhörung, Abs. 3	8
B. Pflicht zur persönlichen Anhörung der Eltern, Abs. 1	4	E. Nachholung der Anhörung bei Gefahr im Verzug, Abs. 4	13
C. Pflicht zur (schriftlichen) Anhörung der Eltern, Abs. 2	6	F. Gestaltung der persönlichen Anhörung	15

A. Allgemeines. Die Vorschrift entspricht im Wesentlichen dem bisherigen § 50a FGG. Ein Absehen von der persönlichen Anhörung in Verfahren, die die Personensorge betreffen, wird durch Abs. 1 Satz 1 noch stärker auf Ausnahmefälle beschränkt. Gemäß Abs. 2 Satz 1 ist nunmehr in allen Kindschaftssachen zumindest eine schriftliche Anhörung zwingend. Die Regelung des § 50a Abs. 4 FGG konnte entfallen, da die Vorschrift nach neuer Gesetzeslage ohnedies auch für Mündel gilt. 1

Die Anhörung dient in erster Linie der **Aufklärung des Sachverhalts** (vgl. § 26) und dadurch der Optimierung der richterlichen Entscheidung (BayObLG FamRZ 1995, 500, 501), zudem auch der Gewährung 2 rechtlichen Gehörs (MüKo/*Schumann* § 160 Rn. 1; Keidel/*Engelhardt* § 160 Rn. 2), was jedoch auch unabhängig von § 160 stets erfolgen muss.

3 Die Vorschrift gilt für **alle Verfahren in Kindschaftssachen**, auch für solche, die eine einstweilige Anordnung oder die Festsetzung von Zwangs- oder Ordnungsmitteln gem. §§ 35, 89 zum Gegenstand haben. Nur in Unterbringungssachen nach § 151 Nr. 6 und 7 wird die Regelung von § 167 Abs. 4 verdrängt (vgl. § 167 Rdn. 7). § 160 gilt in beiden Tatsacheninstanzen, also auch im Beschwerdeverfahren (BayObLG FamRZ 1985, 635; 1994, 913, 914; 1995, 500, 501; OLG Stuttgart FamRZ 1989, 1110, 1111; zu Ausnahmen von der persönlichen Anhörungspflicht s.u. Rdn. 8 ff.).

4 **B. Pflicht zur persönlichen Anhörung der Eltern, Abs. 1.** Gem **Abs. 1 Satz 1 sollen** die Eltern persönlich durch den Familienrichter angehört werden, wenn das Verfahren – zumindest auch – die **Person des Kindes** betrifft. Damit werden alle Kindschaftssachen erfasst, die nicht ausschließlich vermögensrechtlicher Art sind (Amtl. Begründung BT-Drucks. 16/6308, 241). Ein Elternteil ist auch dann anzuhören, wenn er nicht sorgeberechtigt ist (OLG Naumburg FamRZ 2010, 1351; MüKo/*Schumann* § 160 Rn. 3). Von der Anhörung kann nur in begründeten Ausnahmefällen abgesehen werden. Da es sich um eine Sollvorschrift handelt, können damit aber nicht nur schwerwiegende Gründe i.S.d. Abs. 3 gemeint sein (vgl. auch MüKo/*Schumann* § 160 Rn. 5, 8). Andererseits wird durch den Verzicht auf die Wendung »in der Regel« im bisherigen § 50a Abs. 1 Satz 2 FGG deutlich gemacht, dass sich die Anforderungen erhöht haben und das Gericht von einer Anhörung nur in besonders gelagerten Ausnahmefällen absehen darf (Amtl. Begründung BT-Drucks. 16/6308, 240). Wird von der persönlichen Anhörung ohne Heranziehung des Abs. 3 abgesehen, ist im Hinblick auf die zwingende Regelung in Abs. 2 Satz 1 und das gesetzgeberische Ziel der Stärkung der Anhörungspflicht, eine schriftliche Anhörung stets geboten (*Schulte-Bunert* Rn. 597; MüKo/*Schumann* § 160 Rn. 8).

5 Gem **Abs. 1 Satz 2 müssen** die Eltern durch den Familienrichter angehört werden, wenn das Verfahren – zumindest auch – gerichtliche Maßnahmen bei Gefährdung des Kindeswohls nach § 1666 BGB zum Gegenstand hat. Hiervon kann nur aus schwerwiegenden Gründen i.S.d. Abs. 3 abgesehen werden.

6 **C. Pflicht zur (schriftlichen) Anhörung der Eltern, Abs. 2.** Gem **Abs. 2 Satz 1** sind die Eltern auch in allen anderen Kindschaftssachen anzuhören, die nicht die Person des Kindes betreffen (Angelegenheiten der Vermögenssorge) und daher nicht schon unter Abs. 1 fallen. Die Anhörung muss in diesen Fällen aber nicht persönlich durchgeführt werden, sondern kann auch schriftlich erfolgen. Dies ist zur Gewährung rechtlichen Gehörs immer notwendig. Von der Anhörung kann nur aus schwerwiegenden Gründen i.S.d. Abs. 3 oder gem. Abs. 2 Satz 2 abgesehen werden.

7 Der **Halbs. 1** des **Abs. 2 Satz 2** macht eine Ausnahme von der Pflicht zur Anhörung der Eltern in Kindschaftssachen des Abs. 2 Satz 1, also in Angelegenheiten der Vermögenssorge: Ein Elternteil braucht nicht angehört zu werden, wenn ihm die elterliche Sorge nicht zusteht. Dabei muss es im Hinblick auf den Regelungsbereich ausreichen, wenn dem Elternteil die Vermögenssorge nicht zusteht. Nach dem **Halbs. 2** des **Abs. 2 Satz 2** steht diese Entbindung von der Anhörungspflicht aber unter der Bedingung, dass eine Sachverhaltsaufklärung nicht erwartet werden kann. Die Formulierung zeigt, dass im Zweifel eine (zumindest schriftliche) Anhörung durchzuführen ist (vgl. Keidel/*Engelhardt* § 160 Rn. 6).

8 **D. Absehen von der Anhörung, Abs. 3.** Die Anhörung der Eltern ist nach Maßgabe der Abs. 1 und 2 **zwingend**. Von ihr darf gem. Abs. 3 nur aus **schwerwiegenden Gründen** abgesehen werden (OLG Saarbrücken FamRZ 2010, 1680; OLG Frankfurt FamRZ 2015, 1521). Bei der Prüfung, ob solche vorliegen ist zwischen dem Interesse des Elternteils, von der Anhörung freigestellt zu werden, und deren voraussichtlichem Beitrag zur Sachverhaltsaufklärung abzuwägen (Keidel/*Engelhardt* § 160 Rn. 7). Dabei müssen die Gründe für ein Absehen desto gravierender sein, je strikter das Gesetz die Anhörung durch die abgestuften Regelungen der Abs. 1 und 2 vorschreibt (Keidel/*Engelhardt* § 160 Rn. 7). Kann oder muss von einer persönlichen Anhörung gem. Abs. 3 abgesehen werden, sollte wenigstens eine schriftliche Anhörung erfolgen. Zwar erlaubt das Gesetz grds. auch ein Absehen von der Anhörung überhaupt, also auch der schriftlichen, doch sollte diese immer durchgeführt werden, soweit sie tatsächlich möglich ist (OLG Naumburg FamRZ 2010, 1351; Keidel/*Engelhardt* § 160 Rn. 9; vgl. auch MüKo/*Schumann* § 160 Rn. 8). Denn auf die Gewährung rechtlichen Gehörs kann – soweit tatsächlich möglich – ohnehin nicht verzichtet werden.

9 Schwerwiegende Gründe i.S.d. Abs. 3 sind bspw. in folgenden Fällen anzunehmen: **Auslandsaufenthalt** von längerer, nicht absehbarer Dauer bei erheblich erschwerter Erreichbarkeit (BayObLG FamRZ 1981, 814, 815); **unbekannter Aufenthalt**, wobei sich das Gericht aber nicht mit der Feststellung der Unerreichbarkeit

begnügen darf, sondern zunächst verpflichtet ist, Ermittlungen zum Aufenthalt des Anzuhörenden durchzuführen (BayObLG FamRZ 1987, 1080, 1082; OLG Naumburg FamRZ 2010, 1351); **erhebliche Gesundheitsbeeinträchtigungen**, die über die zwangsläufig mit der Anhörung verbundenen Belastungen hinausgehen (Keidel/*Engelhardt* § 160 Rn. 8; Johannsen/Henrich/*Büte* § 160 Rn. 4; MüKo/*Schumann* § 160 Rn. 9; vgl. auch BGH NJW-RR 1986, 1130 bezüglich Kindesanhörung). Zum unentschuldigten Ausbleiben vgl. § 159 Rdn. 8.

10 Von der Anhörung kann auch abgesehen werden, wenn von vornherein keine ausreichenden tatsächlichen Anhaltspunkte für eine gerichtliche Maßnahme erkennbar sind (BayObLG, FamRZ 1993, 1350, 1352; 1987, 87, 88). Denn insb. unter Berücksichtigung des Rechts der Eltern, die Sorge für ihre Kinder grds. frei von staatlicher Bevormundung auszuüben (BayObLG, FamRZ 1993, 1350, 1352), muss eine Interessenabwägung zum Verzicht auf die Anhörung führen.

11 Eine nach Abs. 1 erforderliche persönliche Anhörung muss auch im **Beschwerdeverfahren** (erneut) durchgeführt werden (BayObLG FamRZ 1995, 500, 501; Keidel/*Engelhardt* § 160 Rn. 15 f.); ausnahmsweise kann auch ein Kammermitglied mit der Anhörung beauftragt werden (s.u. Rdn. 16). Allerdings gilt auch hier, dass die persönliche Anhörung ausnahmsweise unterbleiben kann, wenn ein Erkenntniszuwachs ausgeschlossen ist (OLG Brandenburg FamRZ 2014, 1380). Davon kann auch ausgegangen werden, wenn die Eltern kurze Zeit vor der Entscheidung des Beschwerdegerichts im amtsgerichtlichen Verfahren persönlich angehört worden sind, die dabei getroffenen Feststellungen aktenkundig gemacht worden sind und bis zur Entscheidung des Beschwerdegerichts offensichtlich weder neue entscheidungserhebliche Tatsachen bekannt geworden sind noch eine Änderung der rechtlichen Gesichtspunkts eingetreten ist (BayObLG FamRZ 1991, 214; OLG Zweibrücken FamRZ 1990, 544; Keidel/*Engelhardt* § 160 Rn. 17). Wird von der erneuten persönlichen Anhörung abgesehen, müssen die Eltern stattdessen schriftlich angehört werden; unabhängig von § 160 folgt dies bereits aus der Verpflichtung zur Gewährung rechtlichen Gehörs.

12 **Unterbleibt die Anhörung zu Unrecht**, liegt ein Verfahrensfehler vor, der in aller Regel zur Aufhebung der Entscheidung führt, wenn nicht ausnahmsweise auszuschließen ist, dass die Anhörung zur Sachverhaltsklärung beigetragen hätte (BVerfG FamRZ 2002, 229). Dies gilt insb. bei Verstoß gegen Abs. 1 Satz 2, weil der Anhörungspflicht in Verfahren nach § 1666 BGB besondere Bedeutung zukommt (vgl. OLG Köln FamRZ 1999, 530). Eine versäumte Anhörung kann jedoch vom Beschwerdegericht – nicht aber vom Rechtsbeschwerdegericht – nachgeholt werden (BayObLG FamRZ 1980, 1150, 1152; 1995, 500, 501); sie rechtfertigt aber auch die Zurückverweisung durch das Beschwerdegericht (OLG Köln FamRZ 1999, 1517; OLG Frankfurt FamRZ 2015, 1521), sofern die Voraussetzungen des § 69 Abs. 1 Satz 2 und 3 vorliegen (MüKo/*Schumann* § 160 Rn. 15).

13 **E. Nachholung der Anhörung bei Gefahr im Verzug, Abs. 4.** Die notwendige Anhörung der Eltern muss grds. vor der Entscheidung erfolgen. Lediglich bei **Gefahr im Verzug** kann sie zunächst unterbleiben, muss dann aber gem. Abs. 4 sobald als möglich nachgeholt werden (OLG Naumburg FamRZ 2010, 1351). Aufgrund des Ergebnisses der Anhörung ist die bereits getroffene Entscheidung zu überprüfen und ggf. abzuändern, soweit dies möglich ist.

14 Gefahr im Verzug liegt vor, wenn die zeitliche Verzögerung, die durch die Anhörung zu erwarten ist, die beabsichtigte Wirkung der gerichtlichen Entscheidung gefährden würde und dadurch erhebliche Nachteile für einen Beteiligten, insb. für das Kind, zu befürchten sind. Das Gericht muss aber grds. alles tun, um eine vorherige Anhörung noch zu ermöglichen. Insbes. ist auch eine telefonische Anhörung in Betracht zu ziehen, die allerdings nur die Nachholung der schriftlichen, nicht aber der persönlichen Anhörung (nach Abs. 1) entbehrlich macht.

15 **F. Gestaltung der persönlichen Anhörung.** Die Gestaltung der persönlichen Anhörung steht im **Ermessen des Gerichts**; dies gilt auch ohne ausdrückliche Regelung wie etwa bei der Kindesanhörung in § 159 Abs. 4 Satz 4. Das Gericht entscheidet über Zeit und Ort der Anhörung sowie die Anwesenheit weiterer Personen. I.d.R. werden die Eltern im Sitzungssaal anlässlich einer mündlichen Verhandlung gemeinsam angehört.

16 Die persönliche Anhörung erfolgt grds. durch alle erkennenden Richter, bei einem Kollegialgericht also durch den vollbesetzten Spruchkörper. Die persönliche Anhörung durch einen **beauftragten Richter** eines Kollegialgerichts oder den im Rechtshilfeweg **ersuchten Richter** ist aber nicht schlechthin ausgeschlossen, sollte aber wegen der besonderen Bedeutung des persönlichen Eindrucks die Ausnahme bilden; dies gilt insb. für die Anhörung im Rechtshilfeweg (BGH FamRZ 1985, 169, 172; BayObLG FamRZ 1987, 412, 413; Keidel/*Engelhardt* § 160 Rn. 12). Denn einen eigenen persönlichen Eindruck kann das Gericht seiner Ent-

scheidung nur zugrunde legen, wenn es die Anhörung selbst in voller Besetzung durchgeführt hat. Andernfalls kann es nur von dem Eindruck des beauftragten oder ersuchten Richters – wie von einem Dritten – sprechen (BGH FamRZ 1985, 169, 172). Kommt es entscheidend darauf an, dass sich das erkennende Gericht als solches einen persönlichen Eindruck verschafft, so reicht die Anhörung durch den beauftragten Richter regelmäßig nicht aus (BayObLG FamRZ 1987, 412, 413). Stets ist zu begründen, weshalb eine Anhörung durch die vollbesetzte Kammer nicht für erforderlich erachtet wurde (vgl. BayObLG FamRZ 1987, 412, 413). Ein Rechtshilfeersuchen zur persönlichen Anhörung darf gleichwohl nicht vom Rechtshilfegericht abgelehnt werden (OLG Düsseldorf FamRZ 1980, 934).

17 Gem. § 28 Abs. 4 hat das Gericht die Ergebnisse der Beweisaufnahme **aktenkundig** zu machen. Dies gilt auch für die persönliche Elternanhörung, die der Sachverhaltsaufklärung dient. Mitzuteilen sind – jedenfalls in groben Zügen – der Verlauf und das Ergebnis der Anhörung (BGH FamRZ 1986, 895, 896; BayObLG FamRZ 1994, 913, 914; OLG Saarbrücken FamRZ 2010, 2085; MüKo/*Schumann* § 160 Rn. 14). Dies kann sowohl in einem Protokoll als auch in einem Aktenvermerk oder in den Gründen der Entscheidung geschehen (BayObLG FamRZ 1994, 913, 914). Denn nur so kann die Beweiswürdigung überprüft und festgestellt werden, ob und inwieweit bei der Anhörung entscheidungserhebliche Fragen erörtert wurden (BayObLG FamRZ 1994, 913, 914; OLG Saarbrücken FamRZ 2010, 2085).

§ 161 Mitwirkung der Pflegeperson.

(1) ¹Das Gericht kann in Verfahren, die die Person des Kindes betreffen, die Pflegeperson im Interesse des Kindes als Beteiligte hinzuziehen, wenn das Kind seit längerer Zeit in Familienpflege lebt. ²Satz 1 gilt entsprechend, wenn das Kind auf Grund einer Entscheidung nach § 1682 des Bürgerlichen Gesetzbuchs bei dem dort genannten Ehegatten, Lebenspartner oder Umgangsberechtigten lebt.
(2) Die in Absatz 1 genannten Personen sind anzuhören, wenn das Kind seit längerer Zeit in Familienpflege lebt.

Übersicht

	Rdn.		Rdn.
A. Allgemeines	1	C. Beteiligung der Bezugsperson, Abs. 1 Satz 2	5
B. Beteiligung der Pflegeperson, Abs. 1 Satz 1	3	D. Anhörungspflicht, Abs. 2	6

1 **A. Allgemeines.** Die Vorschrift verbessert die Stellung der Pflege- und Bezugspersonen im Vergleich zum früheren § 50c FGG erheblich, indem diese nun auch formell am Verfahren beteiligt werden können. Nach der Rechtsprechung des BGH zur alten Rechtslage war eine Pflegeperson in Sorgerechtsverfahren mangels unmittelbaren Eingriffs in ein subjektives Recht und mangels entsprechender Ausgestaltung des gerichtlichen Verfahrens grds. weder materiell noch formell verfahrensbeteiligt (BGH FamRZ 2000, 219 ff.; Amtl. Begründung BT-Drucks. 16/6308, 241). Ausnahmen bestanden nur in Verfahren nach § 1630 Abs. 3, § 1632 Abs. 4 sowie § 1688 Abs. 3 und 4 BGB (vgl. BGH FamRZ 2005, 975 ff.). Dies hatte zur Folge, dass sich die Beteiligung der Pflegeperson regelmäßig in der Anhörung erschöpft hat (BT-Drucks. 16/6308, 241). Die formelle Beteiligung stellt nun sicher, dass die Pflegeperson über den Fortgang des Verfahrens und über die Beweisergebnisse informiert wird und aktiv auf den Verlauf des Verfahrens Einfluss nehmen kann (Amtl. Begründung BT-Drucks. 16/6308, 241). In Unterbringungssachen nach § 151 Nr. 6 und 7 wird die Vorschrift durch §§ 167 Abs. 1, 315 Abs. 4 Nr. 1, 167 Abs. 4 verdrängt (vgl. § 167 Rdn. 2, 7).

2 Trotz der Stärkung der Rechte der Pflege- und Bezugspersonen steht diesen – anders als dem Jugendamt gem. § 162 Abs. 3 Satz 2 – keine verfahrensrechtliche **Beschwerdebefugnis** zu. Die Rechtsmittelbefugnis richtet sich – wie nach altem Recht – allein nach einer Beschwer der Pflege- bzw. Bezugsperson (Amtl. Begründung BT-Drucks. 16/6308, 241; MüKo/*Schumann* § 161 Rn. 10). Gegen eine Sorgerechtsentscheidung steht ihnen daher keine Beschwerde zu (BGH FamRZ 2000, 219), wohl aber gegen Entscheidungen in Verfahren nach § 1632 Abs. 4 BGB, die eine Verbleibensanordnung zum Gegenstand haben (BGH FamRZ 2000, 219).

3 **B. Beteiligung der Pflegeperson, Abs. 1 Satz 1.** Die Beteiligung der Pflegeperson ist nur in Verfahren möglich, die – zumindest auch – die Person des Kindes betreffen. Damit werden alle Kindschaftssachen erfasst, die nicht ausschließlich vermögensrechtlicher Art sind (Amtl. Begründung BT-Drucks. 16/6308, 241). *Das Kind muss sich seit längerer Zeit* in **Familienpflege** bei der Pflegeperson befinden. Unter Familienpfle-

ge ist jedes tatsächliche Pflegeverhältnis zu verstehen, nicht nur eines i.S.d. §§ 45 ff. SGB VIII; es ist daher gleichgültig, ob ein Pflegevertrag vorliegt oder eine etwa erforderliche Pflegeerlaubnis (BGH FamRZ 2001, 1449, 1451; MüKo/*Schumann* § 161 Rn. 4). Der Begriff »**längere Zeit**« ist wie in § 1630 Abs. 3 und § 1632 Abs. 4 BGB zu verstehen (BT-Drucks. 16/6308, 241), also nicht absolut im Sinne einer bestimmten Zeitspanne. Auszugehen ist vielmehr vom engeren kindlichen Zeitbegriff und den kindlichen Zeitvorstellungen, die wiederum in Beziehung zum Kindesalter stehen. Je jünger das Kind ist, umso länger wird ihm eine Zeitspanne erscheinen und umso länger ist auch die Zeit in Beziehung zur Dauer seines bisherigen Lebens, sodass es schon einen recht langen Zeitraum darstellt, wenn ein einjähriges Kind seit einem halben Jahr in einer Pflegefamilie gelebt hat. Entscheidend ist vor allem, welche Bindungen sich in diesem Zeitraum zwischen Kind und Pflegeperson entwickelt haben, wobei auch das Verhältnis zu anderen Personen in der Pflegefamilie, wie etwa Pflegegeschwister, von Bedeutung sein kann (BayObLG FamRZ 1991, 1080; OLG Celle FamRZ 1990, 191, 192; OLG Karlsruhe FamRZ 2006, 1501, 1502).

Die Pflegeperson wird von Amts wegen gem. § 7 Abs. 3 als Beteiligte im Verfahren hinzugezogen. Darüber 4 entscheidet das Gericht nach pflichtgemäßem **Ermessen**. Dieses wird aber begrenzt durch das Interesse des Kindes. Ein solches Interesse besteht, wenn die formelle Beteiligung der Pflegeperson dem Kindeswohl dienen kann (OLG Bremen FamRZ 2014, 414; OLG Saarbrücken FamRZ 2014, 598, 599; 2014, 671; Amtl. Begründung BT-Drucks. 16/6308, 241; ebenso Keidel/*Engelhardt* § 161 Rn. 3; Johannsen/Henrich/*Büte* § 161 Rn. 4); auf eine Betroffenheit der Pflegeperson selbst durch die zu treffende Entscheidung kommt es nicht an (OLG Bremen FamRZ 2014, 414). Davon ist i.d.R. auszugehen, wenn es um Angelegenheiten geht, durch die das Pflegeverhältnis berührt wird. Insbes. in Umgangsverfahren wird das Gericht nur ganz ausnahmsweise von einer Hinzuziehung der Pflegeperson absehen können. Wird die Pflegperson in Umgangsverfahren formell beteiligt, kann sie auch unmittelbar in die gerichtliche Entscheidung einbezogen werden (Amtl. Begründung BT-Drucks. 16/6308, 241).

C. Beteiligung der Bezugsperson, Abs. 1 Satz 2. Abs. 1 Satz 2 stellt die Personen, bei denen das Kind auf- 5 grund einer Verbleibensanordnung gem. § 1682 BGB seit längerer Zeit (s.o. Rdn. 3) lebt, den Pflegepersonen in vollem Umfang gleich. Solche Bezugspersonen können der Ehegatte, Lebenspartner oder ein nach § 1685 Abs. 1 BGB umgangsberechtigter Volljähriger sein.

D. Anhörungspflicht, Abs. 2. Gemäß Abs. 2 **müssen** die Pflege- oder Bezugspersonen angehört werden, 6 wenn das Kind seit längerer Zeit (s.o. Rdn. 3) in Familienpflege bzw. im Familienverband lebt. Dies hat vor allem Bedeutung, wenn keine Hinzuziehung nach Abs. 1 erfolgt ist. Die Anhörung dient in erster Linie der **Aufklärung des Sachverhalts** (vgl. § 26), nur hilfsweise auch der Gewährung rechtlichen Gehörs (Johannsen/Henrich/*Büte* § 161 Rn. 6). Die Anhörung kann **mündlich** oder **schriftlich** erfolgen. Von ihr kann – im Gegensatz zum früheren Recht – nicht abgesehen werden. Da eine persönliche Anhörung ohnehin nicht vorgeschrieben ist und eine schriftliche Anhörung immer durchgeführt werden sollte, besteht für eine analoge Anwendung des § 160 Abs. 3 kein Bedürfnis (s. dort Rdn. 8). Nur wenn die Anhörung aus tatsächlichen Gründen nicht möglich ist (s. § 160 Rdn. 9), etwa weil der Anzuhörende nicht erreichbar ist, kann (muss) von ihr abgesehen werden. Abs. 2 gilt auch für das Beschwerdegericht.

Unterbleibt die Anhörung zu Unrecht, liegt ein Verfahrensfehler vor, der in aller Regel zur Aufhebung der 7 Entscheidung führt, wenn nicht ausnahmsweise auszuschließen ist, dass die Anhörung zur Sachverhaltsklärung beigetragen hätte (vgl. BVerfG FamRZ 2002, 229). Eine versäumte Anhörung kann jedoch vom Beschwerdegericht – nicht aber vom Rechtsbeschwerdegericht – nachgeholt werden (vgl. BayObLG FamRZ 1980, 1150, 1152); sie rechtfertigt aber auch die Zurückverweisung durch das Beschwerdegericht (vgl. OLG Köln FamRZ 1999, 1517), sofern die Voraussetzungen des § 69 Abs. 1 Satz 2 und 3 vorliegen (MüKo/*Schumann* § 160 Rn. 15).

Zur Gestaltung der persönlichen Anhörung s. § 160 Rdn. 15 ff. 8

Die Vorschrift enthält keine Regelung zur Nachholung der Anhörung bei Gefahr im Verzug. Da aber nichts 9 anderes als bei der Elternanhörung gelten kann, ist § 160 Abs. 4 analog anzuwenden (s. § 160 Rdn. 13 f.; ebenso Keidel/*Engelhardt* § 161 Rn. 6).

§ 162 Mitwirkung des Jugendamts.
(1) ¹Das Gericht hat in Verfahren, die die Person des Kindes betreffen, das Jugendamt anzuhören. ²Unterbleibt die Anhörung wegen Gefahr im Verzug, ist sie unverzüglich nachzuholen.

§ 162 Buch 2. Verfahren in Familiensachen

(2) ¹In Verfahren nach den §§ 1666 und 1666a des Bürgerlichen Gesetzbuchs ist das Jugendamt zu beteiligen. ²Im Übrigen ist das Jugendamt auf seinen Antrag am Verfahren zu beteiligen.
(3) ¹In Verfahren, die die Person des Kindes betreffen, ist das Jugendamt von Terminen zu benachrichtigen und ihm sind alle Entscheidungen des Gerichts bekannt zu machen. ²Gegen den Beschluss steht dem Jugendamt die Beschwerde zu.

Übersicht	Rdn.		Rdn.
A. Allgemeines	1	D. Beteiligung des Jugendamts, Abs. 2	8
B. Pflicht zur Anhörung des Jugendamts, Abs. 1 Satz 1	4	E. Bekanntmachung gerichtlicher Entscheidungen und Terminsbenachrichtigung, Abs. 3 Satz 1	9
C. Nachholung der Anhörung bei Gefahr im Verzug, Abs. 1 Satz 2	6	F. Beschwerdebefugnis des Jugendamts, Abs. 3 Satz 2	10

1 **A. Allgemeines.** Die Vorschrift erfasst – im Gegensatz zum bisherigen § 49a FGG – lückenlos alle Verfahren, die die Person des Kindes betreffen. Nach Abs. 2 ist das Jugendamt auf seinen Antrag hin formell am Verfahren zu beteiligen, wodurch seine Stellung im Vergleich zur alten Rechtslage gestärkt wurde. Abs. 3 Satz 2 verankert nunmehr eine verfahrensrechtliche Beschwerdebefugnis des Jugendamts. In Unterbringungssachen nach § 151 Nr. 6 und 7 wird die Vorschrift durch §§ 167 Abs. 1, 315 Abs. 3, 320 verdrängt (vgl. § 167 Rdn. 2, 7). Die Verpflichtung des Jugendamts zur Mitwirkung und seine sachliche Zuständigkeit folgt aus § 50 Abs. 1 SGB VIII.

2 Die Anhörung dient der **Aufklärung des Sachverhalts** (vgl. § 26) und der Optimierung der richterlichen Entscheidung (MüKo/*Schumann* § 162 Rn. 1), nicht der Gewährung rechtlichen Gehörs. Das Jugendamt hat als kompetente Fachbehörde die entscheidungserheblichen tatsächlichen Verhältnisse zu ermitteln und darüber zu berichten (BGH FamRZ 1986, 895, 896; Keidel/*Engelhardt* § 162 Rn. 2).

3 Die Vorschrift gilt für alle Verfahren, die die Person des Kindes betreffen, auch für solche, die eine einstweilige Anordnung oder die Festsetzung von Zwangs- oder Ordnungsmitteln gem. §§ 35, 89 zum Gegenstand haben. Sie gilt in beiden Tatsacheninstanzen, also auch im Beschwerdeverfahren. Der Einschränkung der herrschenden Meinung, dass eine (nochmalige) Anhörung des Jugendamts im Beschwerdeverfahren nur erforderlich sei, wenn eine wesentliche Änderung der Verhältnisse zu erwarten ist (so BGH FamRZ 1954, 219, 220; 1985, 895, 896; BayObLG FamRZ 1995, 185, 186; Keidel/*Engelhardt* § 162 Rn. 8; Johannsen/Henrich/*Büte* § 162 Rn. 5; MüKo/*Schumann* § 162 Rn. 10), kann nicht gefolgt werden. Denn die Anhörung dient gerade auch dazu, dies festzustellen.

4 **B. Pflicht zur Anhörung des Jugendamts, Abs. 1 Satz 1.** Gemäß Abs. 1 Satz 1 **muss** das nach §§ 87b, 86 SBG VIII örtlich zuständige Jugendamt angehört werden, wenn das Verfahren die Person des Kindes betrifft. Damit werden alle Kindschaftssachen erfasst, die nicht ausschließlich vermögensrechtlicher Art sind (BT-Drucks. 16/6308, 241). Die Anhörung kann **mündlich** oder **schriftlich** erfolgen (MüKo/*Schumann* § 162 Rn. 5). I.d.R. wird ein Vertreter des Jugendamts an den mündlichen Verhandlungen teilnehmen und dabei auch persönlich angehört werden. Von der Anhörung kann – auch nicht ausnahmsweise – abgesehen werden. Denn schwerwiegende Gründe i.S.d. § 160 Abs. 3, die dies rechtfertigen könnten, sind in Bezug auf das Jugendamt ebenso wenig denkbar wie dessen (andauernde) Unerreichbarkeit. Lediglich bei Gefahr im Verzug darf die Anhörung zurückgestellt werden, ist dann aber gem. Abs. 1 Satz 2 unverzüglich nachzuholen. Das Jugendamt entscheidet in eigener Verantwortung inwieweit es sich über die zwingende Anhörung hinaus in das Verfahren einbringt und ggf. auch eigene Ermittlungen anstellt (MüKo/*Schumann* § 162 Rn. 6).

5 **Unterbleibt die Anhörung**, liegt ein Verfahrensfehler vor, der in aller Regel zur Aufhebung der Entscheidung führt, wenn nicht ausnahmsweise auszuschließen ist, dass die Anhörung zur Sachverhaltsklärung beigetragen hätte (vgl. BVerfG FamRZ 2002, 229). Eine versäumte Anhörung kann jedoch vom Beschwerdegericht – nicht aber vom Rechtsbeschwerdegericht – nachgeholt werden (vgl. BayObLG FamRZ 1980, 1150, 1152; Johannsen/Henrich/*Büte* § 162 Rn. 5); sie rechtfertigt aber auch die Zurückverweisung durch das Beschwerdegericht (vgl. OLG Köln FamRZ 1999, 1517), sofern die Voraussetzungen des § 69 Abs. 1 Satz 2 und 3 vorliegen (MüKo/*Schumann* § 162 Rn. 13). Im Hinblick auf den Beschleunigungsgrundsatz sollte davon aber abgesehen werden (Johannsen/Henrich/*Büte* § 162 Rn. 5).

C. Nachholung der Anhörung bei Gefahr im Verzug, Abs. 1 Satz 2. Die notwendige Anhörung des Jugendamts muss grds. vor der Entscheidung erfolgen. Lediglich bei **Gefahr im Verzug** kann sie zunächst unterbleiben, muss dann aber gem. Abs. 2 Satz 2 unverzüglich nachgeholt werden. Aufgrund des Ergebnisses der Anhörung ist die bereits getroffene Entscheidung zu überprüfen und ggf. abzuändern, soweit dies möglich ist. 6

Gefahr im Verzug liegt vor, wenn die zeitliche Verzögerung, die durch die Anhörung zu erwarten ist, die beabsichtigte Wirkung der gerichtlichen Entscheidung gefährden würde und dadurch erheblich Nachteile für einen Beteiligten, insb. für das Kind, zu befürchten sind. Das Gericht muss aber grds. alles tun, um eine vorherige Anhörung noch zu ermöglichen. Insbes. ist auch eine telefonische Anhörung in Betracht zu ziehen. Da i.d.R. beim Jugendamt ein Notdienst eingerichtet ist, kann die Anhörung selbst abends oder am Wochenende erfolgen. Oftmals wird auch das Jugendamt die Eilfälle an das Gericht herantragen, sodass sich das Problem der rechtzeitigen Anhörung nicht stellt. 7

D. Beteiligung des Jugendamts, Abs. 2. Gemäß Abs. 2 Satz 2 wird das Jugendamt auf seinen Antrag hin nach § 7 Abs. 2 Nr. 2 als Beteiligter in allen Verfahren hinzugezogen, die die Person des Kindes betreffen. In Verfahren nach §§ 1666, 1666a BGB ist das Jugendamt von Amts wegen zu beteiligen, ohne dass es eines Antrags bedarf; dies gilt nach dem Sinnzusammenhang nur, wenn das Verfahren den Entzug der Personensorge oder eines Teils hiervon betrifft. Das Gericht ist zur Beteiligung des Jugendamts auf dessen Antrag oder von Amts wegen verpflichtet; es hat kein Ermessen (»Muss-Beteiligter«, vgl. MüKo/*Schumann* § 162 Rn. 14). Die Anhörung allein macht das Jugendamt noch nicht zum Beteiligten (vgl. § 7 Abs. 6; BGH FamRZ 2014, 375, 376). Ob es sich darüber hinaus nach Satz 2 formell beteiligt, ist eine Frage des Einzelfalls, über die nur das Jugendamt zu befinden hat. Stellt das Jugendamt in einem Antragsverfahren einen Sach- oder Verfahrensantrag, ist es schon deshalb Beteiligter (Amtl. Begründung BT-Drucks. 16/6308, 241; ebenso Johannsen/Henrich/*Büte* § 162 Rn. 7). Die Beteiligung ist nur in Verfahren nach Abs. 1 möglich, also wenn die Person des Kindes (s.o. Rdn. 4) betroffen ist (*Büte* FuR 2013, 81, 82). Im Fall der Ablehnung des Beteiligungsantrags ist gem. § 7 Abs. 5 durch Beschluss zu entscheiden; i.Ü. erfolgt die Beteiligung formlos (Keidel/*Engelhardt* § 162 Rn. 11). 8

E. Bekanntmachung gerichtlicher Entscheidungen und Terminsbenachrichtigung, Abs. 3 Satz 1. Gemäß Abs. 3 Satz 1 ist das Jugendamt von allen Terminen zu benachrichtigen und ihm sind alle Entscheidungen bekannt zu machen, die die Person des Kindes betreffen. Die Bekanntmachung richtet sich nach § 41 und erfolgt im Hinblick auf die Beschwerdebefugnis des Jugendamts nach Abs. 3 Satz 2 durch Zustellung. I.Ü. dient die Bekanntmachung auch der Information des Jugendamts und soll die notwendige vertrauensvolle Zusammenarbeit mit dem Gericht gewährleisten (Keidel/*Engelhardt* § 162 Rn. 16). 9

F. Beschwerdebefugnis des Jugendamts, Abs. 3 Satz 2. Abs. 3 Satz 2 verankert eine verfahrensrechtliche Beschwerdebefugnis des Jugendamts (vgl. § 59 Abs. 3; eingehend MüKo/*Schumann* § 162 Rn. 22 ff.). Diese besteht unabhängig von einer Beschwer des Jugendamts i.S.d. § 59 Abs. 1. 10

§ 163 Fristsetzung bei schriftlicher Begutachtung; Inhalt des Gutachtenauftrags; Vernehmung des Kindes.

(1) Wird schriftliche Begutachtung angeordnet, setzt das Gericht dem Sachverständigen zugleich eine Frist, innerhalb derer er das Gutachten einzureichen hat.
(2) Das Gericht kann in Verfahren, die die Person des Kindes betreffen, anordnen, dass der Sachverständige bei der Erstellung des Gutachtens auch auf die Herstellung des Einvernehmens zwischen den Beteiligten hinwirken soll.
(3) Eine Vernehmung des Kindes als Zeuge findet nicht statt.

Übersicht	Rdn.		Rdn.
A. Pflicht zur Fristsetzung bei Anordnung schriftlicher Begutachtung, Abs. 1	1	C. Verbot der Zeugenvernehmung des Kindes, Abs. 3	5
B. Auftrag zur Konfliktlösung neben dem Gutachten, Abs. 2	4		

§ 163

1 **A. Pflicht zur Fristsetzung bei Anordnung schriftlicher Begutachtung, Abs. 1.** Gemäß Abs. 1 **muss** das Gericht bei Anordnung der schriftlichen Begutachtung in einer Kindschaftssache dem Sachverständigen zugleich eine Frist für die Einreichung des Gutachtens setzen. § 411 Abs. 1 Satz 2 ZPO, der die Fristsetzung in das Ermessen des Gerichts stellt, wird verdrängt. Die Pflicht zur Fristsetzung soll der Verfahrensbeschleunigung dienen und der erheblichen Verlängerung der Verfahrensdauer entgegenwirken, die oftmals mit der Erholung eines schriftlichen Sachverständigengutachtens verbunden ist (BT-Drucks. 16/6308, 241; zur Fristsetzung in der Praxis MüKo/*Schumann* § 163 Rn. 5).

2 Die Fristsetzung muss **zugleich** mit der Anordnung der Begutachtung erfolgen. Dadurch soll dem Sachverständigen Gelegenheit gegeben werden, frühzeitig seine Kapazitäten zu prüfen und dem Gericht mitzuteilen, falls das Gutachten innerhalb der gesetzten Frist voraussichtlich nicht fertiggestellt werden kann (BT-Drucks. 16/6308, 242). Wird die gesetzte Frist nicht eingehalten, kann das Gericht gegen den Sachverständigen ein Ordnungsgeld nach Maßgabe des § 411 Abs. 2 ZPO i.V.m. § 30 Abs. 1 verhängen (ebenso Keidel/*Engelhardt* § 163 Rn. 5). Dies wird nicht in Betracht kommen, wenn die Fristversäumnis auf eine unzureichende Mitwirkung der Beteiligten zurückzuführen ist (BT-Drucks. 16/6308, 242).

3 Die **Eltern** sind gem. § 27 Abs. 1 zur **Mitwirkung** an der Erstellung des Gutachtens verpflichtet (BT-Drucks. 16/6308, 242). Ihre Mitwirkung ist allerdings nicht erzwingbar. Jedoch können ihnen im Weigerungsfall gem. § 81 Abs. 1 und 2 Nr. 4 Kosten auferlegt werden (BT-Drucks. 16/6308, 242).

4 **B. Auftrag zur Konfliktlösung neben dem Gutachten, Abs. 2.** Abs. 2 gibt dem Gericht die Möglichkeit den Sachverständigen über den Gutachtensauftrag hinaus einzusetzen, um eine **Konfliktminderung** zwischen den Beteiligten zu erzielen (eingehend *Vogel* FamRZ 2010, 1870, 1872). Das gilt aber nur für Verfahren, welche – zumindest auch – die Person des Kindes betreffen. Damit werden alle Kindschaftssachen erfasst, die nicht ausschließlich vermögensrechtlicher Art sind (Amtl. Begründung BT-Drucks. 16/6308, 241). Mit der Begutachtung in solchen Verfahren werden i.d.R. Psychologen beauftragt, die nicht selten in der Paar- und Familienberatung (gerade auch bei Trennung und Scheidung) tätig sind oder doch über Erfahrungen auf diesem Gebiet verfügen. Dennoch dürfen und müssen sich die Sachverständigen grds. auf die Beantwortung der im Beweisbeschluss gestellten Fragen beschränken, wie etwa, welcher Elternteil zur Wahrnehmung der elterlichen Sorge besser geeignet ist oder in welchem Umfang ein Umgang des Kindes mit dem anderen Elternteil zu empfehlen ist. Dabei werden die Konflikte zwischen den Beteiligten zwar beschrieben, vielleicht sogar Wege der Lösung aufgezeigt, aber ein direktes Hinwirken auf ein solches Einvernehmen zwischen den Beteiligten findet nicht statt. Gemäß Abs. 2 kann das Gericht aber genau dies anordnen. So kann der Sachverständige die Eltern zunächst über die negativen psychologischen Auswirkungen einer Trennung auf alle Familienmitglieder aufklären und sodann versuchen, bei den Eltern Verständnis und Feinfühligkeit für die von den Interessen der Erwachsenen abweichenden Bedürfnisse und für die psychische Lage des Kindes zu wecken. Gelingt dies, kann er etwa mit den Eltern ein einvernehmliches Konzept zum künftigen Lebensmittelpunkt des Kindes und der Gestaltung des Umgangs erarbeiten (BT-Drucks. 16/6308, 242). Freilich macht sich der Sachverständige durch diese zusätzliche vermittelnde Tätigkeit leichter angreifbar, was bis zur Ablehnung wegen Besorgnis der Befangenheit führen kann (*Schulte-Bunert* Rn. 606; ablehnend wegen des Verstoßes gegen fachliche Standards durch Vermischung der beiden grundlegend verschiedenen Tätigkeiten *Flügge* FPR 2008, 1, 4; kritisch auch MüKo/*Schumann* § 163 Rn. 9 ff. m.w.N. und Hinweisen für die praktische Umsetzung). Doch überwiegen die Vorteile der durch Abs. 2 geschaffenen Möglichkeit (gutheißend auch *Jaeger* FPR 2006, 410, 415). Denn die i.R.d. Gutachtenserstellung gewonnenen Erkenntnisse kann der Sachverständige sogleich für die Vermittlung zwischen den Eltern nutzen, denen sonst kaum so schnell eine so kenntnisreiche Beratung zuteilwerden würde. Damit dient diese Tätigkeit des Sachverständigen in den meisten Fällen auch dem Wohl des Kindes, zumindest ist ein Schaden für das Kind nicht zu besorgen. Nach OLG Naumburg (FamRZ 2012, 657) begründet es die Besorgnis der Befangenheit, wenn der Sachverständige eigenmächtig ohne gerichtliche Anordnung die Begutachtung auf der Grundlage eines lösungsorientierten Ansatzes verfolgt.

5 **C. Verbot der Zeugenvernehmung des Kindes, Abs. 3.** Abs. 3 verhindert, dass die in § 30 Abs. 3 normierte Pflicht zur Durchführung einer förmlichen Beweisaufnahme dazu führt, dass das Kind in Anwesenheit der Eltern und anderer Beteiligter als Zeuge vernommen werden muss und dadurch zusätzlich belastet wird (BT-Drucks. 16/9733, 367). Zur Sachverhaltsaufklärung kann die Kindesanhörung gem. § 159 dienen (Johannsen/Henrich/*Büte* § 163 Rn. 4).

§ 164 Bekanntgabe der Entscheidung an das Kind.
¹Die Entscheidung, gegen die das Kind das Beschwerderecht ausüben kann, ist dem Kind selbst bekannt zu machen, wenn es das 14. Lebensjahr vollendet hat und nicht geschäftsunfähig ist. ²Eine Begründung soll dem Kind nicht mitgeteilt werden, wenn Nachteile für dessen Entwicklung, Erziehung oder Gesundheit zu befürchten sind. ³§ 38 Abs. 4 Nr. 2 ist nicht anzuwenden.

Die Vorschrift entspricht dem bisherigen § 59 Abs. 2 und 3 Satz 1 FGG. Das Beschwerderecht des Kindes bestimmt sich nach § 59 Abs. 1 und 2. Es besteht hinsichtlich aller Entscheidungen, für die § 159 Abs. 1 seine Anhörung vorschreibt, mithin jedenfalls für alle Angelegenheiten der Personen- und Vermögenssorge. Maßgebender Zeitpunkt für die Vollendung des 14. Lebensjahres ist – auch in Anlehnung an § 60 – der Erlass der Entscheidung (vgl. MüKo/*Schumann* § 164 Rn. 4). Die Bekanntgabe gem. § 41 muss nach **Satz 1** ggü. dem bereits 14 Jahre alten Kind selbst erfolgen (vgl. § 41 Rdn. 15 ff.). Die Entscheidung ist stets zu begründen, weshalb gemäß **Satz 3** die Bestimmung des § 38 Abs. 4 Nr. 2 keine Anwendung findet. 1

Unter der Voraussetzung des **Satz 2** muss i.d.R. von der Mitteilung der Begründung – nicht der Entscheidung selbst – abgesehen werden. Hierüber entscheidet der Richter bzw. Rechtspfleger und in der Rechtsmittelinstanz der Vorsitzende. Diese Entscheidung ist dem Kind mitzuteilen; sie ist nicht anfechtbar (Keidel/*Engelhardt* § 164 Rn. 7). 2

§ 165 Vermittlungsverfahren.
(1) ¹Macht ein Elternteil geltend, dass der andere Elternteil die Durchführung einer gerichtlichen Entscheidung oder eines gerichtlich gebilligten Vergleichs über den Umgang mit dem gemeinschaftlichen Kind vereitelt oder erschwert, vermittelt das Gericht auf Antrag eines Elternteils zwischen den Eltern. ²Das Gericht kann die Vermittlung ablehnen, wenn bereits ein Vermittlungsverfahren oder eine anschließende außergerichtliche Beratung erfolglos geblieben ist.

(2) ¹Das Gericht lädt die Eltern unverzüglich zu einem Vermittlungstermin. ²Zu diesem Termin ordnet das Gericht das persönliche Erscheinen der Eltern an. ³In der Ladung weist das Gericht darauf hin, welche Rechtsfolgen ein erfolgloses Vermittlungsverfahren nach Absatz 5 haben kann. ⁴In geeigneten Fällen lädt das Gericht auch das Jugendamt zu dem Termin.

(3) ¹In dem Termin erörtert das Gericht mit den Eltern, welche Folgen das Unterbleiben des Umgangs für das Wohl des Kindes haben kann. ²Es weist auf die Rechtsfolgen hin, die sich ergeben können, wenn der Umgang vereitelt oder erschwert wird, insbesondere darauf, dass Ordnungsmittel verhängt werden können oder die elterliche Sorge eingeschränkt oder entzogen werden kann. ³Es weist die Eltern auf die bestehenden Möglichkeiten der Beratung durch die Beratungsstellen und -dienste der Träger der Kinder- und Jugendhilfe hin.

(4) ¹Das Gericht soll darauf hinwirken, dass die Eltern Einvernehmen über die Ausübung des Umgangs erzielen. ²Kommt ein gerichtlich gebilligter Vergleich zustande, tritt dieser an die Stelle der bisherigen Regelung. ³Wird ein Einvernehmen nicht erzielt, sind die Streitpunkte im Vermerk festzuhalten.

(5) ¹Wird weder eine einvernehmliche Regelung des Umgangs noch Einvernehmen über eine nachfolgende Inanspruchnahme außergerichtlicher Beratung erreicht oder erscheint mindestens ein Elternteil in dem Vermittlungstermin nicht, stellt das Gericht durch nicht anfechtbaren Beschluss fest, dass das Vermittlungsverfahren erfolglos geblieben ist. ²In diesem Fall prüft das Gericht, ob Ordnungsmittel ergriffen, Änderungen der Umgangsregelung vorgenommen oder Maßnahmen in Bezug auf die Sorge ergriffen werden sollen. ³Wird ein entsprechendes Verfahren von Amts wegen oder auf einen binnen eines Monats gestellten Antrag eines Elternteils eingeleitet, werden die Kosten des Vermittlungsverfahrens als Teil der Kosten des anschließenden Verfahrens behandelt.

Übersicht

	Rdn.		Rdn.
A. Allgemeines	1	D. Hinweispflichten im Vermittlungstermin, Abs. 3	7
B. Antrag eines Elternteils; gerichtliche Entscheidung, Abs. 1	3	E. Ergebnis des Vermittlungstermins, Abs. 4	8
C. Anberaumung eines Vermittlungstermins, Abs. 2	6	F. Folgen eines erfolglosen Vermittlungsverfahrens, Abs. 5	9

§ 165

1 **A. Allgemeines.** Die Vorschrift entspricht weitgehend dem bisherigen § 52a FGG. Abs. 1 erweitert den Anwendungsbereich auf gerichtliche Vergleiche. Denn ein Vermittlungsverfahren zwischen den Eltern erscheint auch und gerade dann Erfolg versprechend, wenn sie sich zu einem früheren Zeitpunkt bereits über die Durchführung des Umgangs geeinigt hatten (BT-Drucks. 16/6308, 242). Da der gerichtliche Vergleich nun in § 156 Abs. 2 geregelt ist, konnte Abs. 4 gestrafft werden; Abs. 2 wurde sprachlich klarer gefasst und die Abs. 3 und 5 an die Einführung von Ordnungsmitteln angepasst. Die Beiordnung eines Rechtsanwalts gem. § 78 Abs. 2 ist nicht in jedem Fall erforderlich (OLG Köln JurBüro 2010, 539; OLG Köln, Beschl. v. 01.10.2009 – 25 WF 214/09; Keidel/*Engelhardt* § 165 Rn. 13).

2 Ziel der Vorschrift ist es, eine Vollstreckung der gerichtlichen Entscheidung oder des gerichtlich gebilligten Vergleichs im Interesse des Kindeswohls zu verhindern (OLG Zweibrücken FamRZ 2000, 299; MüKo/*Schumann* § 165 Rn. 1; Keidel/*Engelhardt* § 165 Rn. 1). Daneben ist das Vermittlungsverfahren i.d.R. aber auch für den Antragsteller die bessere Alternative um seinem Umgangsrecht dauerhaft in akzeptabler Weise Geltung zu verschaffen. Denn die Vollstreckung nach §§ 88 ff. markiert oft den Tiefpunkt der Beziehung zwischen den Eltern, von dem aus sie nur schwer wieder zu einer wünschenswerten Normalisierung zurückfinden. Ein konfliktfreies Zusammenwirken auf der Elternebene ist aber die beste Voraussetzung für ein funktionierendes Umgangsrecht. Nach dem Gesetz kommt dem Vermittlungsverfahren jedoch kein Vorrang ggü. der Einleitung der Vollstreckung zu. Es gilt § 92 Abs. 3 (s. dort Rdn. 3). Anders als nach herrschender Meinung zur alten Rechtslage (vgl. OLG Zweibrücken FamRZ 2000, 299; KKW/*Engelhardt* § 52a FGG Rn. 1; Johannsen/Henrich/*Brudermüller* § 52a FGG Rn. 3) steht es im freien Ermessen des Gerichts auch während des Vermittlungsverfahrens Vollstreckungsmaßnahmen zu ergreifen (MüKo/*Schumann* § 165 Rn. 3). Das Vermittlungsverfahren ist auf umgangsberechtigte Eltern eines gemeinschaftlichen Kindes beschränkt (MüKo/*Schumann* § 165 Rn. 3).

3 **B. Antrag eines Elternteils; gerichtliche Entscheidung, Abs. 1.** Gemäß **Abs. 1 Satz 1** wird das Vermittlungsverfahren nur auf Antrag eines Elternteils eingeleitet. Dabei muss er geltend machen, dass die Durchführung des angeordneten oder (mit gerichtlicher Billigung) vereinbarten Umgangsrechts durch den anderen Elternteil vereitelt oder erschwert wird. Dies kann auch durch einen Antrag auf Ausschluss des Umgangsrechts geschehen. Denn ein solcher Sachantrag enthält lediglich die Vorstellung des Antragstellers, wie letztlich eine Einigung der Eltern zum Umgangsrecht aussehen könnte (OLG Hamm FamRZ 1998, 1303).

4 Gem **Abs. 1 Satz 2** kann das Gericht das Vermittlungsverfahren nach seinem freien Ermessen ablehnen, wenn bereits ein (gerichtliches) Vermittlungsverfahren erfolglos geblieben ist. Dasselbe gilt, wenn man sich in dem gerichtlichen Vermittlungsverfahren zwar auf eine außergerichtliche Beratung (etwa nach § 18 Abs. 3 Satz 3 SGB VIII) geeinigt hat, diese aber ohne Erfolg geblieben ist. Lehnt das Gericht den Antrag nicht ab, muss es die Eltern gem. Abs. 2 Satz 1 unverzüglich zum Vermittlungstermin laden.

5 Gegen die Ablehnung des Vermittlungsverfahrens steht dem antragstellenden Elternteil gem. §§ 58 Abs. 1, 59 Abs. 2, 63 Abs. 1 die befristete Beschwerde zu. Denn es handelt sich um eine Endentscheidung (ebenso MüKo/*Schumann* § 165 Rn. 6; Johannsen/Henrich/*Büte* § 165 Rn. 5; a.A. zur alten Rechtslage: KKW/*Engelhardt* § 52a FGG Rn. 7: unbefristete Beschwerde nach § 19 FGG unter Berufung auf BGH FamRZ 1992, 538). Mit der Beschwerde kann aber nicht die Feststellung der Erfolglosigkeit in dem früheren Vermittlungsverfahren überprüft werden. Denn dadurch würde die Unanfechtbarkeit dieser Feststellung gem. Abs. 5 Satz 1 unterlaufen werden (KKW/*Engelhardt* § 52a FGG Rn. 8).

6 **C. Anberaumung eines Vermittlungstermins, Abs. 2.** Lehnt das Gericht den Antrag nicht ab, lädt es die Eltern gem. Abs. **2 Satz 1** unverzüglich zum Vermittlungstermin. Nach **Abs. 2 Satz 2** muss (früher: soll) das persönliche Erscheinen der Eltern angeordnet werden. Denn nur so ist eine ausreichende und unmittelbare Erörterung der Konfliktsituation möglich (BT-Drucks. 13/4899, 134 zu § 52a FGG). Aus Abs. 5 Satz 1 folgt aber, dass das Erscheinen der beiden Elternteile nicht erzwingbar ist. Um der Anordnung dennoch den nötigen Nachdruck zu verleihen, bestimmt **Abs. 2 Satz 3**, dass in der Ladung auf Abs. 5 hinzuweisen ist. Die Beiladung des Jugendamts nach **Abs. 2 Satz 4** wird vor allem dann angezeigt sein, wenn es an dem zugrunde liegenden Umgangsverfahren bereits mitgewirkt hatte oder wenn Möglichkeiten der außergerichtlichen Konfliktlösung über das Jugendamt erörtert werden sollen (BT-Drucks. 13/4899, 134 zu § 52a FGG). Das Kind muss jedenfalls dann gem. § 159 Abs. 1 Satz 1, Abs. 2 persönlich angehört werden, wenn ein Vergleich gem. Abs. 4 Satz 2 i.V.m. § 156 Abs. 2 gerichtlich gebilligt werden soll (vgl. § 156 Rdn. 6; MüKo/*Schumann* § 165 Rn. 10, 16). Das Kind kann auch bereits zu Beginn des Vermittlungsverfahrens gehört werden, *falls dies sachdienlich erscheint* (vgl. Johannsen/Henrich/*Büte* § 165 Rn. 8). I.Ü. besteht aber keine Ver-

pflichtung zur Beteiligung und Ladung des bereits 14 Jahre alten und damit gem. § 9 Abs. 1 Nr. 3 verfahrensfähigen Kindes im Hinblick auf § 7 Abs. 2 Nr. 1 (a.A. MüKo/*Schumann* § 165 Rn. 10). Denn die Regelung des § 165 Abs. 2 ist abschließend. Ermittlungen über die Umgangsrechtsproblematik muss das Gericht grds. nicht anstellen (OLG Hamm FamRZ 1998, 1303), kann dies aber von Amts wegen gem. § 26 tun (MüKo/*Schumann* § 165 Rn. 12).

D. Hinweispflichten im Vermittlungstermin, Abs. 3. Abs. 3 sieht mehrere Hinweispflichten im Vermittlungstermin vor: Das Gericht muss den Eltern die negativen Folgen eines fehlenden Umgangs für das Kindeswohl vor Augen halten, **Abs. 3 Satz 1.** Auf die Rechtsfolgen eines Verstoßes gegen die Wohlverhaltenspflicht ist hinzuweisen, namentlich auf die Möglichkeit der Verhängung von Ordnungsmitteln (§ 89) oder eines (Teil) Sorgerechtsentzugs, **Abs. 3 Satz 2.** Schließlich muss das Gericht auf die (außergerichtlichen) Beratungsmöglichkeiten durch die Träger der Kinder- und Jugendhilfe hinweisen, **Abs. 3 Satz 3.**   7

E. Ergebnis des Vermittlungstermins, Abs. 4. Abs. 4 Satz 1 formuliert das Ziel des Vermittlungsverfahrens (vgl. Rdn. 2). Im Erfolgsfall wird ein Vergleich protokolliert, der dem Kindeswohl zumindest nicht widerspricht und deshalb die gerichtliche Billigung findet (vgl. § 156 Rdn. 6). Er tritt nach **Abs. 4 Satz 2** an die Stelle der bisherigen Regelung und kann daher Grundlage der Vollstreckung gem. §§ 88 ff. sein. Wird keine Einigung erzielt, sind gem. **Abs. 4 Satz 3** die Streitpunkte in einem Vermerk (vgl. § 28 Abs. 4) festzuhalten. Dies geschieht insb. im Hinblick auf nachfolgende Verfahren (Johannsen/Henrich/*Büte* § 165 Rn. 10; MüKo/*Schumann* § 165 Rn. 13).   8

F. Folgen eines erfolglosen Vermittlungsverfahrens, Abs. 5. Einigen sich die Eltern zwar nicht über die Regelung des Umgangs, aber kommen sie überein sich anschließend außergerichtlich beraten zu lassen, ist das Vermittlungsverfahren nicht erfolglos i.S.d. **Abs. 5 Satz 1.** Für einen erneuten Antrag auf Vermittlung gilt dann aber ebenso Abs. 1 Satz 2. Erfolglosigkeit wird auch fingiert, wenn ein Elternteil nicht erscheint.   9

Ist das Vermittlungsverfahren i.S.d. Abs. 5 Satz 1 erfolglos geblieben, muss dies durch (unanfechtbaren) Beschluss festgestellt werden. Ferner hat das FamG dann zu prüfen, ob es die in **Abs. 5 Satz 2** genannten Maßnahmen ergreift. Dies kann auf Antrag oder von Amts wegen noch im selben Termin aufgrund der Erkenntnisse des Vermittlungsverfahrens geschehen (Johannsen/Henrich/*Büte* § 165 Rn. 11; MüKo/*Schumann* § 165 Rn. 20).   10

Das Vermittlungsverfahren ist im Interesse der Förderung einer einvernehmlichen Konfliktlösung gerichtsgebührenfrei (vgl. BT-Drucks. 13/4899, 134 zu § 52a FGG). Wird jedoch seine Erfolglosigkeit festgestellt und ein nachfolgendes Verfahren gem. Abs. 5 Satz 2 eingeleitet, so umfasst dessen Kostenentscheidung gem. **Abs. 5 Satz 3** auch die Kosten des Vermittlungsverfahrens, also insb. gerichtliche Auslagen und außergerichtliche Kosten. Bei Einleitung des Nachverfahrens auf Antrag hin, gilt dies aber nur, wenn der Antrag binnen eines Monats nach der Feststellung des Scheiterns des Vermittlungsverfahrens gestellt wurde. Dadurch soll ein zusätzlicher Anreiz zur Einigung im Vermittlungsverfahren geschaffen werden, weshalb gem. Abs. 2 Satz 3 bereits in der Ladung auf die Bestimmung des Abs. 5 hinzuweisen ist.   11

§ 166 Abänderung und Überprüfung von Entscheidungen und gerichtlich gebilligten Vergleichen.

(1) Das Gericht ändert eine Entscheidung oder einen gerichtlich gebilligten Vergleich nach Maßgabe des § 1696 des Bürgerlichen Gesetzbuchs.
(2) Eine länger dauernde kindschutzrechtliche Maßnahme hat das Gericht in angemessenen Zeitabständen zu überprüfen.
(3) Sieht das Gericht von einer Maßnahme nach den §§ 1666 bis 1667 des Bürgerlichen Gesetzbuchs ab, soll es seine Entscheidung in einem angemessenen Zeitabstand, in der Regel nach drei Monaten, überprüfen.

Übersicht

	Rdn.		Rdn.
A. Allgemeines	1	D. Nochmalige Überprüfung bei Nichtanordnung von Maßnahmen nach §§ 1666 ff. BGB, Abs. 3	5
B. Eingriffsnorm, Abs. 1	2		
C. Regelmäßige Überprüfung bei Anordnung kinderschutzrechtlicher Maßnahmen, Abs. 2	3	E. Verfahren	7

§ 166

1 **A. Allgemeines.** Die Vorschrift hat den verfahrensrechtlichen Gehalt des **§ 1696 BGB a.F.** übernommen (BT-Drucks. 16/6308, 242), der mit Inkrafttreten des FamFG ebenfalls geändert wurde. Abs. 2 entspricht § 1696 Abs. 3 Satz 1 BGB a.F. Abs. 3 entspricht § 1696 Abs. 3 Satz 2 BGB a.F., der erst mit dem Gesetz zur Erleichterung familiengerichtlicher Maßnahmen bei Gefährdung des Kindeswohls vom 04.07.2008 (BGBl. S. 1188), in Kraft seit 12.07.2008, eingefügt wurde. Der Anwendungsbereich der Vorschrift wird durch den des § 1696 BGB beschränkt (vgl. PWW/*Ziegler* § 1696 BGB Rn. 1 ff.). Demnach gilt § 166 nicht, soweit § 1696 Abs. 1 Satz 2 BGB den Vorrang der Abänderungsvorschriften nach §§ 1672 Abs. 2, 1680 Abs. 2 Satz 1, 1681 Abs. 1 und 2 BGB normiert und § 166 Abs. 1 nicht, wenn keine Regelung des Sorge- oder Umgangsrechts (vgl. § 1696 Abs. 1 Satz 1 BGB) vorliegt, wie in den Kindschaftssachen gem. § 151 Nr. 4 bis 8 (MüKo/*Heilmann* § 166 Rn. 5 f.). Insoweit gelten die spezialgesetzlichen Regelungen, für die Unterbringungssachen nach § 151 Nr. 6 und 7 sind die §§ 328 ff. aufgrund der umfassenden und abschließenden Verweisung in § 167 vorrangig; dies gilt auch für Verfahren nach § 1631b BGB, obwohl diese dem § 1696 Abs. 2 BGB unterfallen (MüKo/*Heilmann* § 166 Rn. 12, § 167 Rn. 4).

2 **B. Eingriffsnorm, Abs. 1. Abs. 1** enthält sowohl die Verpflichtung als auch die Ermächtigung gerichtliche Entscheidungen und gerichtlich gebilligte Vergleiche abzuändern. Sie verdrängt als Spezialvorschrift die allgemeine Regelung des § 48. Jedoch bleibt § 54 unberührt, da § 166 nur die Abänderung von Entscheidungen in der Hauptsache betrifft (BT-Drucks. 16/6308, 242; ebenso Keidel/*Engelhardt* § 166 Rn. 1; MüKo/*Heilmann* § 166 Rn. 2).

3 **C. Regelmäßige Überprüfung bei Anordnung kinderschutzrechtlicher Maßnahmen, Abs. 2.** Der Begriff der **kindesschutzrechtlichen Maßnahmen** ist in **§ 1696 Abs. 2 BGB** definiert. Demnach verpflichtet **Abs. 2** das Gericht insb. die nach §§ 1666 bis 1667 BGB getroffenen Maßnahmen, aber auch eine Verbleibensanordnung gem. § 1632 Abs. 4 BGB (OLG Frankfurt am Main FamRZ 2014, 1787) regelmäßig zu überprüfen. Dabei ist in erster Linie festzustellen, ob die Maßnahmen im Hinblick auf die Aufhebungspflicht gem. § 1696 Abs. 2 BGB noch erforderlich sind. Aber auch allen sonstigen Veränderungen, die eine Anpassung der Maßnahmen erfordern, ist gem. § 1696 Abs. 1 BGB Rechnung zu tragen.

4 Der **Umfang der Überprüfung** ist von den Umständen des Einzelfalls abhängig. Keinesfalls ist das Verfahren jedes Mal neu aufzurollen. Regelmäßig genügt eine Anfrage beim Jugendamt. Bei schweren Eingriffen und unzureichender Informationsbereitschaft der Beteiligten kann aber auch eine intensivere Überprüfung erforderlich sein. Dieselben Grundsätze gelten auch für die Bestimmung des **angemessenen Zeitabstands**, der zwischen den Überprüfungen liegen sollte (vgl. MüKo/*Heilmann* § 166 Rn. 20; Keidel/*Engelhardt* § 166 Rn. 4). Als Faustregel kann eine Frist von einem Jahr gelten (vgl. auch EuGHMR FamRZ 2011, 1484, der im entschiedenen Fall aber ausnahmsweise eine längere Frist für konventionskonform erachtete, weil allein durch die Überprüfung des Umgangsrechtsausschlusses das Kindeswohl bereits gefährdet wäre). Haben bereits wiederholt Überprüfungen stattgefunden, ohne dass sich die Notwendigkeit einer Abänderung gezeigt hat, kann der Abstand auch vergrößert werden; über 3 Jahren sollte er jedoch nicht liegen.

5 **D. Nochmalige Überprüfung bei Nichtanordnung von Maßnahmen nach §§ 1666 ff. BGB, Abs. 3.** Das Gericht ist gem. Abs. 3 auch im Fall des Absehens von Maßnahmen nach §§ 1666 bis 1667 BGB (empfehlenswert ist es, dies ausdrücklich so zu formulieren, AG Ludwigslust FamRZ 2010, 490, 491) zur nochmaligen (einmaligen) Überprüfung dieser Entscheidung verpflichtet (vgl. *Schulte-Bunert* Rn. 618; Johannsen/Henrich/*Büte* § 166 Rn. 6; MüKo/*Heilmann* § 166 Rn. 29). Die Prüfpflicht wird nicht nur durch förmlichen Beschluss, sondern auch durch jede andere das Verfahren beendigende Maßnahme ausgelöst (so ausdrücklich Amtl. Begründung BT-Drucks. 16/6815, 15 zu § 1696 Abs. 3 BGB; a.A. MüKo/*Heilmann* § 166 Rn. 25 unter Verweis auf BT-Drucks. 16/6308, 243 zu § 166 Abs. 3, wo aber der Gesetzeswortlaut nicht richtig wiedergegeben wird). Die Pflicht zur nochmaligen Überprüfung soll der Gefahr entgegenwirken, dass es – entgegen der Annahme des Gerichts – nicht gelingt, die Gefährdung für das Kind abzuwenden und das Gericht hiervon nichts erfährt (BT-Drucks. 16/6815, 15). Gerade wenn das Gericht im Hinblick auf Zusagen der Eltern das Verfahren ohne konkrete Maßnahmen abgeschlossen hat oder aber die Schwelle der Kindeswohlgefährdung noch nicht erreicht ist, soll sich das Gericht im Interesse des Kindes nochmals mit der Sache befassen. Damit übernimmt das FamG zumindest teilweise Aufgaben des Jugendamts (a.A. BT-Drucks. 16/6815, 16), was aber im Hinblick auf die Einmaligkeit der Überprüfung hingenommen werden kann (a.A. *Schulte-Bunert* Rn. 618 unter Hinweis auf den Gewaltenteilungsgrundsatz und die ohnehin bis zur Entscheidungsreife bestehende Ermittlungspflicht des Gerichts). Denn dadurch hält sich auch die Mehrbelastung für die Gerichte in vertretbarem Rahmen. Ob durch Abs. 3 tatsächlich eine Verbesserung des Kinderschutzes erreicht werden kann (so *Meysen* NJW 08, 2637, 2677; a.A. *Schulte-Bunert* Rn. 618), wird die Praxis zeigen. Zwar ist Abs. 3 als Soll-Vorschrift ausgestaltet, doch kommt ein völliges Absehen von der nochmaligen Überprüfung kaum in Betracht. In eindeutigen Fällen kann aber die Prüfung kurz ausfallen.

Der **Umfang der Überprüfung** orientiert sich stark an der Entscheidungslage zum Zeitpunkt des Absehens 6 von Maßnahmen (vgl. Johannsen/Henrich/*Büte* § 166 Rn. 4). Das Gericht muss prüfen, inwieweit sich die Verhältnisse geändert und die gehegten Erwartungen erfüllt haben. Eine Nachfrage beim Jugendamt ist unerlässlich. Sie wird aber häufig dann nicht ausreichen, wenn das Jugendamt (weiterhin) Maßnahmen gem. §§ 1666 bis 1667 BGB befürwortet und das Gericht davon absehen will. Die im Gesetz genannte Regelfrist von 3 Monaten bis zur Überprüfung der Entscheidung dient als Anhaltspunkt für einen angemessenen Zeitabstand. In den meisten Fällen dürfte diese Zeitspanne notwendig aber auch ausreichend sein, um erkennen zu lassen, ob die Eltern unter dem Eindruck des gerichtlichen Verfahrens bereit sind notwendige sozialpädagogische Hilfen anzunehmen und mit dem Jugendamt zu kooperieren (BT-Drucks. 16/6815, 16). Doch kann sich auch ein anderer Überprüfungszeitpunkt aufdrängen, etwa wenn die Eltern Zusagen im Hinblick auf bestimmte Termine gemacht haben.

E. Verfahren. Die Abänderung einer Sorgerechtsentscheidung gem. Abs. 1 i.V.m. § 1696 BGB ist ein ggü. 7 der Erstentscheidung **selbstständiges Verfahren**, für das die Zuständigkeit unabhängig vom Erstverfahren zu bestimmen ist (BayObLG FamRZ 2000, 1233). Dies gilt auch, wenn die Maßnahme durch eine höhere Instanz angeordnet wurde (BayObLG FamRZ 1980, 284). Die **örtliche, sachliche und funktionelle Zuständigkeit** richtet sich nach den zum Zeitpunkt der Einleitung des Abänderungsverfahrens für die in Betracht kommende Maßnahme geltenden Vorschriften (BGH FamRZ 1990, 1101). Dasselbe gilt für Verfahren, die nach Überprüfung gem. Abs. 3 erstmalig eingeleitet werden, um eine Maßnahme anzuordnen.

Das Überprüfungsverfahren nach Abs. 2 und 3 ist ein **informelles, selbstständiges Vorverfahren**, das ab- 8 klären soll, ob ein Verfahren auf Abänderung bzw. Anordnung von Maßnahmen eingeleitet werden muss (vgl. MüKo/*Heilmann* § 166 Rn. 21 ff.). Ist dies nicht der Fall, trifft das Gericht keine förmliche Entscheidung; andernfalls mündet das Vorverfahren in ein Abänderungsverfahren nach Abs. 1 bzw. ein Anordnungsverfahren nach §§ 1666 bis 1667 BGB. In dem Abänderungsverfahren muss dann eine förmliche Sachentscheidung getroffen werden, die auch darin bestehen kann, dass keine Veranlassung zur Änderung der Ausgangsentscheidung besteht (OLG Frankfurt FamRZ 2013, 1238). Zuständig für die Überprüfung ist das Gericht, das auch für das Abänderungs- bzw. Anordnungsverfahren zuständig wäre.

§ 167 Anwendbare Vorschriften bei Unterbringung Minderjähriger.

(1) ¹In Verfahren nach § 151 Nr. 6 sind die für Unterbringungssachen nach § 312 Nr. 1, in Verfahren nach § 151 Nr. 7 die für Unterbringungssachen nach § 312 Nr. 3 geltenden Vorschriften anzuwenden. ²An die Stelle des Verfahrenspflegers tritt der Verfahrensbeistand.
(2) Ist für eine Kindschaftssache nach Absatz 1 ein anderes Gericht zuständig als dasjenige, bei dem eine Vormundschaft oder eine die Unterbringung erfassende Pflegschaft für den Minderjährigen eingeleitet ist, teilt dieses Gericht dem für das Verfahren nach Absatz 1 zuständigen Gericht die Anordnung und Aufhebung der Vormundschaft oder Pflegschaft, den Wegfall des Aufgabenbereichs Unterbringung und einen Wechsel in der Person des Vormunds oder Pflegers mit; das für das Verfahren nach Absatz 1 zuständige Gericht teilt dem anderen Gericht die Unterbringungsmaßnahme, ihre Änderung, Verlängerung und Aufhebung mit.
(3) Der Betroffene ist ohne Rücksicht auf seine Geschäftsfähigkeit verfahrensfähig, wenn er das 14. Lebensjahr vollendet hat.
(4) In den in Absatz 1 Satz 1 genannten Verfahren sind die Elternteile, denen die Personensorge zusteht, der gesetzliche Vertreter in persönlichen Angelegenheiten sowie die Pflegeeltern persönlich anzuhören.
(5) Das Jugendamt hat die Eltern, den Vormund oder den Pfleger auf deren Wunsch bei der Zuführung zur Unterbringung zu unterstützen.
(6) ¹In Verfahren nach § 151 Nr. 6 und 7 soll der Sachverständige Arzt für Kinder- und Jugendpsychiatrie und -psychotherapie sein. ²In Verfahren nach § 151 Nr. 6 kann das Gutachten auch durch einen in Fragen der Heimerziehung ausgewiesenen Psychotherapeuten, Psychologen, Pädagogen oder Sozialpädagogen erstattet werden.

§ 167

Übersicht

	Rdn.		Rdn.
A. Allgemeines	1	D. Verfahrensfähigkeit, Abs. 3	6
B. Verweisung auf Unterbringungsvorschriften, Abs. 1	2	E. Anhörungspflichten, Abs. 4	7
		F. Unterstützungspflicht des Jugendamts, Abs. 5	9
C. Gegenseitige Unterrichtungspflichten, Abs. 2	5	G. Auswahl des Sachverständigen, Abs. 6	10

1 **A. Allgemeines.** Abs. 2 entspricht im Wesentlichen dem bisherigen § 70 Abs. 7 FGG, soweit er Minderjährige betrifft. Abs. 3 entspricht dem bisherigen § 70a FGG, Abs. 4 dem bisherigen § 70d Abs. 2 FGG und Abs. 5 dem bisherigen § 70g Abs. 5 Satz 1 FGG.

2 **B. Verweisung auf Unterbringungsvorschriften, Abs. 1.** Gemäß **Abs. 1 Satz 1** sind die Vorschriften für die Unterbringung Erwachsener auch auf Minderjährige anwendbar. Je nach dem ob es sich um die Genehmigung einer zivilrechtlichen (§ 151 Nr. 6) oder die Anordnung einer öffentlich-rechtlichen Unterbringung (§ 151 Nr. 7) handelt, gelten die entsprechenden bei einer erwachsenen Person anzuwendenden Vorschriften der §§ 312 ff. Diese Verweisung regelt das Verfahren hinsichtlich der Unterbringung Minderjähriger **abschließend**, weshalb die §§ 312 ff. an die Stelle der sonstigen Vorschriften für Kindschaftssachen treten (MüKo/*Heilmann* § 167 Rn. 4; Keidel/*Engelhardt* § 167 Rn. 2 ff.). So gilt insb. für die **örtliche Zuständigkeit** § 313 und nicht §§ 152 ff. (OLG Frankfurt am Main, Beschl. v. 18.12.2009 – 1 UFH 15/09; MüKo/*Heilmann* § 167 Rn. 7; Keidel/*Engelhardt* § 167 Rn. 3; a.A. *Bumiller/Harders/Schwamb/Bumiller* § 167 Rn. 5). Die **Beteiligung** des Kindes, der Eltern, Pflegeeltern und des Jugendamts bestimmt sich nach § 315. Doch bleiben die Unterbringungsverfahren Kindschaftssachen, weshalb – anders als bei Erwachsenen – das OLG für die Beschwerden zuständig ist (Keidel/*Engelhardt* § 167 Rn. 1). Abs. 4 ergänzt die §§ 312 ff. (s.u. Rdn. 7). Wegen der erheblichen Grundrechtsrelevanz einer geschlossenen Unterbringung sowie der verfassungsrechtlich gebotenen Gleichstellung der Minderjährigen mit Volljährigen begründet die Verweisung auf die Unterbringungsvorschriften entgegen § 57 auch eine Beschwerdemöglichkeit gegen eine EA (OLG Celle FamRZ 2010, 1167, 1168; 1844; OLG Frankfurt am Main FamRZ 2010, 907, 908; OLG Hamm MDR 2010, 1192; OLG Dresden FamRZ 2010, 1845; OLG Naumburg, Beschl. v. 21.04.2010 – 4 UF 43/10; MüKo/*Heilmann* § 167 Rn. 21; a.A. OLG Koblenz FamRZ 2010, 908).

3 Ein Verweis auf § 312 Nr. 2 betreffend die Genehmigung unterbringungsähnlicher Maßnahmen nach § 1906 Abs. 4 BGB erfolgt nicht, weil es keine materiell-rechtliche Norm gibt, die diese Sachverhalte für Minderjährige regelt. Geht man richtigerweise davon aus, dass unterbringungsähnliche Maßnahmen bei Minderjährigen nicht genehmigungspflichtig sind und § 1906 Abs. 4 BGB keine analoge Anwendung findet (BGH FamRZ 2013, 1646 m. krit. Anm. Salgo FamRZ 2013, 1719; OLG Frankfurt FamRZ 2013, 1225; OLG Oldenburg FamRZ 2012, 39; PWW/*Ziegler* § 1631b BGB Rn. 2; Palandt/*Götz* § 1631b BGB Rn. 2; a.A. Staudinger/*Salgo* § 1631b BGB Rn. 15; MüKo/*Huber* § 1631b BGB Rn. 8;), so sind auch die Verfahrensvorschriften der §§ 312 ff. nicht anzuwenden (MüKo/*Heilmann* § 167 Rn. 4; Keidel/*Engelhardt* § 151 Rn. 14; *Bumiller/Harders/Schwamb/Bumiller* § 167 Rn. 3; a.A. Vorauflage).

4 Abweichend von den Vorschriften betreffend die Unterbringung Erwachsener kommt bei Minderjährigen gem. **Abs. 1 Satz 2** nur die Bestellung eines Verfahrensbeistands in Betracht (ebenso Keidel/*Engelhardt* § 167 Rn. 2). Dies hat immer dann zu erfolgen, wenn nach § 317 dem Erwachsenen ein Verfahrenspfleger zu bestellen wäre. Daneben müssen im Hinblick auf die überragende Bedeutung des Kindeswohls trotz der Abgeschlossenheit der Verweisung auf die Unterbringungsvorschriften (s.o. Rdn. 2) die Wertungen, die in den §§ 155 ff. zum Ausdruck kommen, stets beachtet werden (MüKo/*Heilmann* § 167 Rn. 6).

5 **C. Gegenseitige Unterrichtungspflichten, Abs. 2.** Sind für die Genehmigung oder die Anordnung der Unterbringung eines Minderjährigen nach § 151 Nr. 6 oder Nr. 7 (vgl. Abs. 1 Satz 1) einerseits und die Führung der Vormundschaft oder Pflegschaft mit Unterbringung andererseits, verschiedene Familiengerichte zuständig, so haben beide Gerichte sich gegenseitig über die in **Abs. 2** genannten Maßnahmen zu informieren. Die Vorschrift soll sicherstellen, dass der jeweilige Richter über die Entwicklung seines Falles im Bilde bleibt (Keidel/*Engelhardt* § 167 Rn. 7). Abs. 2 ist entsprechend anzuwenden, wenn zwei Gerichte mit solchen Verfahren befasst sind, ohne dass tatsächlich eine unterschiedliche Zuständigkeit besteht.

6 **D. Verfahrensfähigkeit, Abs. 3.** In Abweichung zu § 316 bestimmt **Abs. 3**, dass Kinder erst ab 14 Jahren verfahrensfähig sind. Der Gesetzgeber hat es (weiterhin) nicht als sachgerecht erachtet jüngeren Kindern die *Verfahrensfähigkeit einzuräumen* (BT-Drucks. 11/4528, 183 zu § 70a FGG). Soweit Minderjährige nach

Abs. 3 verfahrensfähig sind, haben sie die gleiche Rechtsposition wie verfahrensfähige Erwachsene (vgl. dazu § 316 Rdn. 2); gem. Abs. 1 Satz 2 tritt an die Stelle des Verfahrenspflegers der Verfahrensbeistand. Abs. 3 gilt für alle Unterbringungssachen nach § 151 Nr. 6 und Nr. 7 (vgl. Abs. 1 Satz 1).

E. Anhörungspflichten, Abs. 4. Abs. 4 regelt anstelle der §§ 160 Abs. 1 Satz 1, 161 Abs. 2 und in Ergänzung zu §§ 312 ff. i.V.m. Abs. 1 (OLG Naumburg FamRZ 2010, 1919, 1920: Abs. 4 ist lex specialis) die Anhörung der Eltern, gesetzlichen Vertreter und Pflegeeltern in Unterbringungssachen nach § 151 Nr. 6 und Nr. 7. Deren persönliche (mündliche) Anhörung ist unter den genannten Voraussetzungen zwingend. Ein Absehen von der persönlichen Anhörung kommt grds. nicht in Betracht, auch nicht aus schwerwiegenden Gründen, insb. bei Gefahr im Verzug (OLG Naumburg FamRZ 2010, 1919, 1920; MüKo/*Heilmann* § 167 Rn. 42). Persönliche Angelegenheit ist gleichbedeutend mit einer die Person des Kindes betreffenden Sache (s. dazu § 160 Rdn. 4). Durch die persönliche Anhörung sollen Kommunikationsschwierigkeiten vermieden und nicht sogleich ins Auge fallende Entwicklungsstörungen des Kindes dem Gericht vermittelt werden (BT-Drucks. 11/4528, 184 zu § 70d FGG). Der Elternteil, dem die Personensorge nicht – auch nicht teilweise – zusteht, muss nicht persönlich angehört werden; denn § 160 findet wegen der abschließende Regelung des Abs. 4 keine Anwendung (MüKo/*Heilmann* § 167 Rn. 39; a.A. OLG Naumburg FamRZ 2010, 1351, 1352). Im Hinblick auf das verfassungsrechtlich garantierte Elternrecht ist es jedoch geboten, dem nicht sorgeberechtigten Elternteil zumindest rechtliches Gehör zu gewähren (MüKo/*Heilmann* § 167 Rn. 39). Die persönliche Anhörung des Kindes wird durch § 319 i.V.m. Abs. 1 vorgeschrieben; das Jugendamt ist gem. § 320 Satz 2 anzuhören, der an die Stelle des § 162 Satz 1 tritt (MüKo/*Heilmann* § 167 Rn. 14). Abs. 4 gilt grds. auch im Beschwerdeverfahren.

Die Anhörung der Pflegeeltern ist – anders als nach § 161 – auch zwingend, wenn das Kind noch nicht längere Zeit in Familienpflege gelebt hat. Ihre Anhörung ist vorgeschrieben, weil sie häufig über die aktuellsten Erkenntnisse verfügen, die für die Entscheidung erheblich sind (BT-Drucks. 11/4528, 184 zu § 70d FGG). Wie bei § 161 ist es ausreichend, dass ein tatsächliches Pflegeverhältnis besteht (s. dazu § 161 Rdn. 3). Die Begriffe Pflegeeltern und Pflegeperson sind gleichbedeutend.

F. Unterstützungspflicht des Jugendamts, Abs. 5. Abs. 5 betrifft die zivilrechtliche Unterbringung Minderjähriger gem. § 151 Nr. 6. Denn diese wird – im Gegensatz zur öffentlich-rechtlichen Unterbringung nach § 151 Nr. 7 – durch die Eltern, den Vormund oder den Pfleger selbst bewirkt. Das Gericht genehmigt lediglich die Unterbringung. Dem daraus folgenden Bedürfnis, diesem unterbringungsbefugten Personenkreis eine behördliche Anlaufstelle zu geben, trägt Abs. 5 Rechnung (BT-Drucks. 11/4528, 185 zu § 70g FGG). Für die Unterbringung Volljähriger durch den Betreuer findet sich dieselbe Regelung in § 326 Abs. 1. Das Jugendamt unterstützt den gesetzlichen Vertreter aber nur bei der Zuführung zur Unterbringung, nicht bei der Unterbringung selbst; hierfür ist die Anstalt zuständig (BT-Drucks. 11/6949, 84 zu § 70g FGG). Das Jugendamt ist aber behilflich, wenn der gesetzliche Vertreter wegen des Widerstands des Minderjährigen die Unterbringung nicht alleine durchführen kann, weil etwa ein besonderes Fahrzeug oder Fachpersonal erforderlich ist (BT-Drucks. 11/4528, 185 zu § 70g FGG). Gewalt darf das Jugendamt aber nur bei ausdrücklicher gerichtlicher Entscheidung anwenden. Es kann um polizeiliche Unterstützung nachsuchen. Denn die Befugnisse des Jugendamts bei der Zuführung zur Unterbringung richten sich nach Abs. 1 i.V.m. § 326 Abs. 2 (BT-Drucks. 16/6308, 243).

G. Auswahl des Sachverständigen, Abs. 6. Abs. 6 regelt die Qualifikation des Sachverständigen in Unterbringungssachen Minderjähriger abweichend von § 321 Abs. 1 Satz 4. Nach **Abs. 6 Satz 1** soll der ärztliche Gutachter nicht mehr (nur) Arzt für Psychiatrie, sondern speziell für Kinder- und Jugendpsychiatrie und -psychotherapie sein. Soweit nicht Abs. 6 Satz 2 greift, ist der Halbs. 2 des § 321 Abs. 1 Satz 4 entsprechend anzuwenden. Denn die Prüfung der Unterbringungsvoraussetzungen bei Kindern kann nicht hinter der bei erwachsenen Personen zurückbleiben. I.Ü. finden über Abs. 1 die Regelungen zur Gutachtenseinholung bei Erwachsenen nach § 321 Anwendung (s. dazu § 321 Rdn. 3 ff.), insb. auch dessen Abs. 2 (s.o. Rdn. 2).

Abs. 6 Satz 2 enthält eine Ausnahme von der Regel des Abs. 6 Satz 1. Bei der zivilrechtlichen Unterbringung kann das Gutachten auch durch eine der genannten nichtärztlichen Fachleute erstattet werden. Dies kommt aber nur in Betracht, wenn eine psychiatrische Diagnose offensichtlich nicht vorliegt. Denn in der Gesetzesbegründung (BT-Drucks. 16/6308, 243) heißt es hierzu: »Zwar handelt es sich gerade bei stark verhaltensauffälligen Kindern, für die eine geschlossene Unterbringung in Betracht kommt, um eine psychiatrische Hochrisikogruppe, für die im Regelfall eine psychiatrische Begutachtung erforderlich ist. In bestimmten Fällen, etwa bei eindeutigen Erziehungsdefiziten, kann aber unter Umständen von vornherein nur eine Unterbringung in einem Heim der Kinder- und Jugendhilfe in Betracht kommen, ohne dass ein psychiatrischer Hintergrund im Raum ist.« Wurde etwa bereits vorab das Fehlen einer psychiatrischen Diagnose abgeklärt und stehen demnach nur pädagogische Gesichtspunkte im Vordergrund, so kann ein Psychologe, der aufgrund seiner langjährigen Tätigkeit in der Heimerziehung über eine große Erfahrung auf diesem Gebiet verfügt, als Sachverständiger herangezogen werden (OLG Saarbrücken FamRZ 2010, 1920, 1921 f.).

§ 167a Besondere Vorschriften für Verfahren nach § 1686a des Bürgerlichen Gesetzbuchs.

(1) Anträge auf Erteilung des Umgangs- und Auskunftsrechts nach § 1686a des Bürgerlichen Gesetzbuchs sind nur zulässig, wenn der Antragsteller an Eides statt versichert, der Mutter des Kindes während der Empfängniszeit beigewohnt zu haben.

(2) Soweit es in einem Verfahren, das das Umgangs- oder Auskunftsrecht nach § 1686a des Bürgerlichen Gesetzbuchs betrifft, zur Klärung der leiblichen Vaterschaft erforderlich ist, hat jede Person Untersuchungen, insbesondere die Entnahme von Blutproben, zu dulden, es sei denn, dass ihr die Untersuchung nicht zugemutet werden kann.

(3) § 177 Absatz 2 Satz 2 und § 178 Absatz 2 gelten entsprechend.

Übersicht	Rdn.		Rdn.
A. Allgemeines	1	II. Begründetheit	6
B. Antragsvoraussetzungen	3	III. Beweisaufnahme	9
I. Zulässigkeit	3		

1 **A. Allgemeines.** Um die Rechtsstellung des (potenziellen) biologischen Vaters im Abstammungs-, Sorge- und Umgangsrecht wird seit vielen Jahren diskutiert. Weder die Einführung eines Rechts auf Anfechtung einer bestehenden Vaterschaft in § 1600 Abs. 1 Nr. 2 sowie Abs. 2 und 4 BGB noch der Anspruch auf Klärung der Vaterschaft in § 1598a Abs. 1 BGB haben die Kritik am bestehenden Rechtszustand verstummen lassen. Nachdem das BVerfG keinen Nachbesserungsbedarf am geltenden Recht feststellen konnte (FamRZ 2008, 2257), führten eine Reihe von Entscheidungen des EGMR zu weiteren Reformüberlegungen. Diese sollen das Umgangs- und Auskunftsrecht des leiblichen Vaters stärken, ohne den abstammungsrechtlichen Status des Kindes zu berühren. Die materiell-rechtliche Regelung des § 1686a BGB soll verfahrensrechtlich durch § 167a flankiert werden, die mit Gesetz vom 04.07.2013 (BGBl I, S. 2176) zum 13.07.2013 in Kraft getreten sind (*Hoffmann* FamRZ 2013, 1077; *Clausius* MDR 2013, 685; *Lang* FPR 2013, 233; *Grziwotz* FF 2012, 382; *Löhnig/Riege* FamRZ 2015, 9 [zum Adoptionsrecht]). Hierzu stellt Abs. 1 erhöhte Zulässigkeitsvoraussetzungen auf, statuiert eine Duldungspflicht der Verfahrensbeteiligten sowie anderer Personen in Abs. 2 und nimmt in Abs. 3 Regelungen zur Verwertung von Abstammungsgutachten und zum Rechtsschutz von Untersuchungspersonen in Bezug. Gegenüber dem Referentenentwurf (v. 11.05.2012) enthält der Regierungsentwurf (v. 25.01.2013; BT-Drucks. 17/12163) mit der weiteren Zulässigkeitsvoraussetzung in Abs. 1 eine wesentliche inhaltliche Änderungen sowie im Wortlaut des Abs. 2 eine sprachliche Präzisierung (Klärung der Abstammung anstelle der früheren »Feststellung der leiblichen Vaterschaft«). Vor dem Inkrafttreten dieser Regelung bestand keine ausreichende gesetzliche Grundlage für die Erstellung eines Abstammungsgutachtens in einem vom potenziellen biologischen Vater eingeleiteten Umgangsverfahren (BVerfG FamRZ 2013, 1195).

2 Nach der das Sorgerecht des nicht mit der Mutter des Kindes verheirateten Vaters betreffenden Entscheidung in Sachen Zaunegger (FamRZ 2010, 103) hat der EGMR in zwei weiteren Entscheidungen festgestellt, dass die umgangsrechtlichen Regelungen in §§ 1684 und 1685 BGB den (potenziellen) biologischen Vater in seinem Recht auf Familienleben i.S.v. Art. 8 EMRK verletzen, weil eine Entscheidung über den Kontakt zum Kind nicht ohne Berücksichtigung des Kindeswohls im konkreten Einzelfall getroffen werden dürfe (FamRZ 2011, 269 m. Anm. *Rixe*; 2011, 1751 m. Anm. *Helms*). In der Rechtssache Schneider weist der EGMR darauf hin, dass sich die Frage der Feststellung der biologischen Vaterschaft im Umgangsverfahren nur dann stelle, wenn nach den besonderen Umständen des Einzelfalls ein Umgang zwischen dem mutmaßlichen biologischen Vater und dem Kind dem Kindeswohl diene. Aus konventionsrechtlicher Sicht hat der EGMR keine Bedenken, dass die streitige Frage der Abstammung im Umgangsverfahren aufgeklärt wird.

B. Antragsvoraussetzungen. I. Zulässigkeit. Die Vorschrift des § 167a regelt die verfahrensrechtlichen 3
Voraussetzungen für die Durchsetzung des dem leiblichen, nicht rechtlichen Vater zustehenden Anspruchs
auf Umgang und Auskunft aus § 1686a BGB (zur leiblichen, nicht rechtlichen Mutter *Löhnig* FamRZ 2015,
806). Das Verfahren ist gem. § 151 Nr. 2 eine Kindschaftssache und keine Abstammungssache i.S.v. § 169.
Auch wenn nach Abs. 2 Untersuchungen zur Klärung der leiblichen Vaterschaft zu dulden sind, ist die im
Umgangs- bzw. Auskunftsverfahren ggf. zu klärende Frage der Verwandtschaft zwischen dem Kind und
dem Antragsteller allein ein Vorfrage für den geltend gemachten Anspruch, sodass es sich nicht um ein auf
den Status des Kindes bezogenes Abstammungsverfahren handelt. Das Verfahren wird nur auf Antrag eingeleitet, zu dem allein der potenzielle biologische Vater berechtigt ist; weder der rechtliche Vater noch der
anfechtungsberechtigte Mann sind auf das Verfahren nach § 167a angewiesen.

Um unnötige Belastungen für die bestehende Familie zu vermeiden, erhöht Abs. 1 die **Zulässigkeitsvoraus-** 4
setzungen für einen Umgangs- oder Auskunftsantrag des leiblichen Vaters. Die Regelung übernimmt das
2004 für das Anfechtungsrecht des potenziellen biologischen Vaters in § 1600 Abs. 1 Nr. 2 BGB eingeführte
Erfordernis, dass der Antragsteller an Eides statt zu versichern hat, mit der Mutter des Kindes in der gesetzlichen Empfängniszeit (§ 1600d Abs. 3 BGB) eine intime Beziehung unterhalten zu haben. Nach der Gesetzesbegründung (BT-Drucks. 17/12163, S. 13) sollen dadurch zum einen Anträge auf Umgang und Auskunft
»ins Blaue hinein« verhindert und zum anderen dahin gehende Bestrebungen eines Samenspenders ausgeschlossen werden, um so keinen »Unfrieden in die bestehende (soziale) Familie zu tragen.« Die Versicherung an Eides statt ist ausdrücklich als Zulässigkeitsvoraussetzungen und nicht als Bestandteil der Begründetheit des Anspruchs nach § 1686a BGB ausgestaltet. Enthält die Antragsschrift keine entsprechende
Erklärung und wird diese auf gerichtlichen Hinweis nicht nachgeholt, so ist der Antrag als unzulässig abzuweisen (OLG Bremen FamRZ 2015, 266). Nach der Entscheidung des BGH zum Anfechtungsrecht des Samenspenders (FamRZ 2013, 1209) ist auch das Umgangs- und Auskunftsrecht nach § 1686a Abs. 1 BGB
nur im Fall der konsentierten heterologen Insemination ausgeschlossen und das Antragsrecht nur in diesem Fall beschränkt (*Hoffmann* FamRZ 2013, 1077, 1078).

Als Kindschaftssache finden auf das Verfahren über das Umgangs- oder Auskunftsrecht des biologischen 5
Vaters die Vorschriften der §§ 152 ff. mit den Besonderheiten des § 167a Anwendung. An dem Verfahren
sind das Kind selbst sowie dessen rechtliche Eltern beteiligt, weil auch der rechtliche Vater durch ein Umgangsbegehren in seinem Recht unmittelbar betroffen ist. Für das Kind wird wegen des Konflikts zwischen
den rechtlichen Eltern und dem biologischen Vater idR ein Verfahrensbeistand zu bestellen sein (§ 158),
um die äußerst schwierige Situation des Kindes im Verfahren zur Geltung zu bringen. Nur für einen Umgangsantrag, nicht jedoch für einen isolierten Auskunftsantrag gilt das Vorrang- und Beschleunigungsgebot
des § 155 sowie die Regelung des § 156. Hinsichtlich der Anhörung der Verfahrensbeteiligten und der Mitwirkung ergeben sich keine Besonderheiten. Gerade hieraus wird sich das nachhaltige Interesse des Antragstellers ermitteln lassen. Für den Antragsteller, der nicht rechtlicher und noch nicht festgestellter biologischer Vater ist, folgt die Anhörungsverpflichtung des Gerichts nicht unmittelbar aus § 160 Abs. 1, weil es
sich danach um die rechtlichen Eltern handelt. Allerdings wird man den Antragsteller im Wege der Auslegung oder analogen Anwendung über § 160 ebenfalls erfassen können.

II. Begründetheit. Der Antrag im Kindschaftsverfahren soll nach § 23 Abs. 1 begründet werden und die 6
erforderlichen Tatsachen sowie Beweismittel enthalten. Neben den Umständen zur Beziehung des Antragstellers zur Kindesmutter sollten die im materiell-rechtlichen Anspruch nach § 1686a Abs. 1 BGB vorausgesetzten Tatsachen konkret vorgetragen werden. Danach darf der Antragsteller nicht der rechtliche Vater
des Kindes sein. Darüber hinaus muss zum betroffenen Kind die rechtliche Vaterschaft eines anderen Mannes bestehen (hierzu BT-Drucks. 17/12163, S. 9), die auf der Ehe mit der Mutter des Kindes (§ 1592 Nr. 1
BGB) oder auf der Anerkennung (§ 1592 Nr. 2 BGB) beruhen kann. Eine gerichtlich festgestellte Vaterschaft eines anderen Mannes wird i.d.R. aufgrund des dort eingeholten Abstammungsgutachtens die leibliche Vaterschaft des Antragstellers ausschließen. Ist die rechtliche Vaterschaft eines anderen Mannes nicht
etabliert, kann der Antragsteller dies über eine Anerkennung oder ein gerichtliches Verfahren erreichen und
bedarf des Verfahrens nach § 167a nicht.

Auf der Grundlage der Rspr. des EGMR hat der Gesetzentwurf für den materiell-rechtlichen Anspruch als 7
weitere Anspruchsvoraussetzung eines Umgangs- und Auskunftsanspruchs übernommen, dass der leibliche
Vater ein »**nachhaltiges Interesse** an dem Kind gezeigt hat.« Auch hierzu sollte der Antragsteller bereits in
der Antragsschrift substantiierten Vortrag zu seinem aktiven Bemühen um Kontakt zu dem Kind führen,
auch wenn hinsichtlich der genaueren Umstände die Amtsermittlungspflicht des Gerichts besteht. Vor dem

Hintergrund, dass die Abstammung des Kindes von einem Elternteil als »natürliches Band« verstanden und durch Art. 8 EMRK auch das beabsichtigte Familienleben geschützt wird, hat der EGMR den leiblichen Vater, der Interesse an seinem Kind nachhaltig gezeigt hat, in den Schutzbereich des Art. 8 EMRK einbezogen. Aus den entscheidenden Verfahren hat der EGMR exemplarisch einige **Kriterien** herausgearbeitet, die für ein solches nachhaltiges Interesse sprechen können, die in die Gesetzesbegründung, ohne eine abschließende Aufzählung darzustellen, eingeflossen sind (BT-Drucks. 17/12163, S. 13; *Hoffmann* FamRZ 2013, 1077, 1080). Danach kommen u.a. folgende Umstände, für die der Antragsteller im Fall ihrer Nichterweislichkeit die Feststellungslast trägt, in Betracht: Der mutmaßliche biologische Vater

- hat die Mutter des Kindes zu Vorsorgeuntersuchungen begleitet oder jedenfalls Interesse am Ergebnis der ärztliche Untersuchungen gezeigt,
- war bei der Entbindung anwesend oder wollte die Mutter begleiten,
- wollte das Kind zeitnah nach der Geburt kennenlernen und hat sich um weiteren Kontakt mit dem Kind bemüht (OLG Karlsruhe FamRZ 2015, 1624 [auch bei Untersagung durch die rechtlichen Eltern]),
- hat seinen Wunsch nach Umgang wiederholt artikuliert und ggf. Pläne entwickelt, »wie er seinen Kontaktwunsch im Hinblick auf Wohnort und Arbeitszeit realisieren kann«,
- hat sich vor und nach der Geburt zu dem Kind bekannt, z.B. durch eine zeitnahe Bereitschaft zur Anerkennung der Vaterschaft und diese nicht unter Hinweis auf ein noch einzuholendes Abstammungsgutachten infrage gestellt, sowie
- seine Bereitschaft geäußert und gezeigt, für das Kind Verantwortung zu übernehmen, etwa in dem er persönliche oder finanzielle Unterstützung leistet oder dem Kind Krankenversicherungsschutz gewährt.

Die tatsächlichen Umstände variieren – wie bei der sozial-familiären Beziehung (§ 171 Rdn. 20) – nach der Beziehung der Mutter des Kindes zum Antragsteller, der Beziehung der Kindesmutter zu ihrem Ehemann bzw. rechtlichen Vater sowie nach dem Alter des Kindes (BT-Drucks. 17/12163, S. 13). Ob vor diesem Hintergrund der Umgang mit dem Antragsteller vor den konkreten familiären Gegebenheiten dem Wohl des Kindes dient, ist nach den allgemeinen Kriterien – ggf. nach Sachverständigengutachten – zu beurteilen. Bricht der Antragsteller während der Schwangerschaft die Beziehung zur Mutter ab und nimmt erst 7 Jahre später wieder Kontakt auf, ist ein ernsthaftes Interesse nicht erkennbar (OLG Bremen FamRZ 2015, 266 f.).

8 Schließlich setzt der Umgangs- und Auskunftsanspruch voraus, dass der Antragsteller der biologische Vater des Kindes ist. Wenn dies zwischen den Verfahrensbeteiligten, zu denen auch der rechtliche Vater des Kindes gehört, streitig ist, kann im Einzelfall auch insoweit die Einholung eines Sachverständigengutachtens erforderlich werden. Wird die Vaterschaft des Antragstellers von den weiteren Verfahrensbeteiligten nicht in Zweifel gezogen, kann das Gericht unter Würdigung der weiteren Umstände ohne Beweiserhebung von der biologischen Vaterschaft ausgehen (OLG Karlsruhe FamRZ 2015, 1624).

9 **III. Beweisaufnahme.** Der mit der Anordnung und Durchführung einer Abstammungsuntersuchung verbundene Eingriff in das durch Art. 6 Abs. 1 GG geschützte Familienleben der bestehenden Familie ist durch das ebenfalls geschützte Umgangsrecht des leiblichen Vaters begrenzt, sodass der Grundrechtseingriff gerechtfertigt ist (BVerfG FamRZ 2014, 119, 120), auch wenn der mit der Beweisaufnahme verbundene Verdacht eine besonders große Belastung für das Familienleben darstellen kann. Während in der Rechtssache Anayo (EGMR FamRZ 2011, 269) die Vaterschaft des umgangswilligen Mannes unstreitig war, stand diese in der Rechtssache Schneider (FamRZ 2011, 1751) zwischen den Verfahrensbeteiligten im Streit. Die gesetzliche Regelung folgt den Entscheidungen des EGMR auch insoweit, dass im Fall der streitigen Vaterschaft die Abstammung im Umgangsverfahren inzident zu klären ist. Die Regelung verweist nicht pauschal auf die für die Beweisaufnahme in Abstammungsverfahren maßgeblichen Regelungen in den §§ 177, 178, sondern nimmt diese in Abs. 3 nur teilweise in Bezug, während in Abs. 2 die Duldungspflicht nochmals verfahrensbezogen statuiert wird. Dieses Regelungskonzept ist deswegen gerechtfertigt, weil die Einschränkung des Amtsermittlungsgrundsatzes in § 177 Abs. 1 nur für Anfechtungsverfahren gilt und der Verweis auf eine förmliche Beweisaufnahme in § 177 Abs. 2 Satz 1 wiederum Anfechtungs- und Feststellungsverfahren betrifft. In gleicher Weise ist die Duldungs- und Mitwirkungspflicht des § 178 Abs. 1 auf die – in Rechtskraft erwachsende – Feststellung der Vaterschaft ausgerichtet, während im Verfahren nach § 167a das Verwandtschaftsverhältnis lediglich inzident geklärt werden soll. Das Ergebnis der Beweisaufnahme erwächst daher als Vorfrage des materiell-rechtlichen Anspruchs nicht in Rechtskraft.

10 Die Gesetzesbegründung geht auf die für das deutsche Abstammungsrecht nicht unproblematische Klärung *eines* Abstammungsverhältnisses außerhalb eines Statusverfahrens nicht ein. Insoweit hat der BGH in sei-

ner Rspr. zur Inzidentfeststellung betont (§ 169 Rdn. 26 f.), dass diese nur in bestimmten Ausnahmefällen in Betracht komme. Dabei hebt der BGH hervor, dass eine doppelte Vaterschaft zu vermeiden ist. Diese könne jedoch entstehen, wenn inzident die biologische Vaterschaft festgestellt werde, ohne dass zuvor die bestehende rechtliche Vaterschaft angefochten worden sei (BGH FamRZ 2012, 437, 439 [Rn. 31]). Nichts anderes gilt für den Fall, dass außerhalb eines Statusverfahrens trotz der Rechtsausübungssperre des § 1600d Abs. 4 BGB inzident die Vaterschaft zu klären ist, weil dies auf eine doppelte Vaterschaft hinausliefe, die einer für und gegen alle geltenden Vaterschaft zuwiderliefe ([Rn. 29 f.]). Dabei beziehen sich die hier in Rede stehenden Verfahren unmittelbar auf das betroffene Kind, sodass die weitergehende Rspr. zur Inzidentfeststellung im nachehelichen Unterhalt und Versorgungsausgleich einer doppelten Vaterschaft nicht entgegen gehalten werden kann. Ungeklärt bleibt das Verhältnis der rechtlichen Vaterschaft einerseits und der auf das Umgangsrecht bezogenen relativen Vaterschaft andererseits (krit. auch *Lang* FPR 2013, 233, 234).

In welcher **Reihenfolge eine Beweisaufnahme** zu den streitigen Anspruchsvoraussetzungen erfolgen soll, gibt die gesetzliche Regelung nicht vor. Aus der Entscheidung des EGMR (FamRZ 2011, 1751 [Rn. 103 »wird sich nur dann stellen, wenn«]) könnte der Schluss gezogen werden, dass dem Gerichtshof primär die Klärung der Kindeswohldienlichkeit (hierzu OLG Karlsruhe FamRZ 2015, 1624) vor Augen stand, an die sich die »Feststellung der biologischen (...) Vaterschaft« anschließt. Die Gesetzesbegründung (BT-Drucks. 17/12163, S. 13; BVerfG FamRZ 2013, 1195, 1197) stellt es ausdrücklich in das Ermessen des Gerichts, ob vorrangig die biologische Vaterschaft geklärt oder die Kindeswohldienlichkeit des Umgangs geprüft werden sollte. Das BVerfG (FamRZ 2015, 119, 120; auch 2014, 449, 457) hat jedoch hervorgehoben, dass die Abfolge der Ermittlungen nicht im Belieben des Gerichts steht und nicht von Praktikabilitätserwägungen bestimmt sein darf. Es ist vom Gericht eine Prognose vorzunehmen, welche Anspruchsvoraussetzung voraussichtlich mit einem geringeren Aufwand bzw. Eingriff ermittelt werden kann. Daher ist zur Vermeidung unnötiger Eingriffe die Abstammungsklärung erst dann herbeizuführen, wenn die sonstigen Anspruchsvoraussetzungen festgestellt sind. Fehlt es an einem ernsthaften Interesse oder sprechen Gründe des Kindeswohls gegen ein Umgangsrecht, ist eine Klärung der Vaterschaft nicht mehr erforderlich (OLG Bremen FamRZ 2015, 266). Sind mit deren Klärung jedoch größere Belastungen verbunden, kann umgekehrt vorrangig die Abstammungsklärung vorzunehmen sein. Das Gericht kann auch den Umstand berücksichtigen, ob die Möglichkeit der leiblichen Vaterschaft des Antragstellers zwischen den Beteiligten unstreitig ist. Von einem geringeren Eingriff in das Familienleben kann auch dann ausgegangen werden, wenn eine frühere intime Beziehung zwischen dem Antragsteller und der Kindesmutter unstreitig ist. Kann die Abstammung in einem Gutachten nicht erwiesen werden, ist der Antrag ohne weitere Ermittlungen abweisungsreif. Nach der Gesetzesbegründung kann jedoch die Klärung einer streitigen Vaterschaft auch für zukünftige Folgeanträge sinnvoll sein. Einer Klärung der Vaterschaft bedarf es indes nicht, wenn »unschwer« oder offensichtlich das Umgangs- oder Auskunftsrecht nicht mit dem Kindeswohl zu vereinbaren ist oder deswegen nicht gewährt werden kann. Insoweit kann eine Wechselwirkung zwischen dem nachhaltigen Interesse am Kind einerseits und dem Kindeswohl andererseits bestehen. Denn je geringer dieses Interesse in der Vergangenheit ausgeprägt war, umso eher können Aspekte des Kindeswohls einem Umgang entgegenstehen insb., wenn zwischen dem Antragsteller und der Kindesmutter ein nicht unerhebliches Konfliktpotenzial besteht. Schließlich können jedoch die mit einem psychologischen Gutachten zum Kindeswohl verbundenen Belastungen des Kindes und seiner Familie nicht unberücksichtigt bleiben (Prütting/Helms/*Hammer* § 167a Rn. 18; *Hilbig-Lugani* FamRZ 2015, 212, 213).

Da § 167a auf § 177 Abs. 2 Satz 1 nicht verweist, folgt das Erfordernis einer förmlichen Beweisaufnahme allein nach Maßgabe der allgemeinen Regelung des § 30 Abs. 3, wonach eine solche stattfinden soll, wenn das Gericht seine Entscheidung maßgeblich auf die Feststellung dieser Tatsache stützen will. Ist für die gerichtliche Entscheidung das Verwandtschaftsverhältnis zu klären, muss eine förmliche Beweisaufnahme (§ 30 Rdn. 20 ff.) durch Einholung eines Abstammungsgutachtens (§ 177 Rdn. 7 f., 14 f.) erfolgen. Erforderlich ist hierfür ein Beweisbeschluss. Vor Inkrafttreten der Regelung bestand jedoch für die Erstellung eines Abstammungsgutachtens im Umgangsverfahren keine ausreichende gesetzliche Grundlage zur Klärung der Vaterschaft (BVerfG FamRZ 2013, 1195). Weder aus der allgemeinen Amtsermittlungspflicht noch aus § 178 Abs. 1 lässt sich eine entsprechende Mitwirkungspflicht der Verfahrensbeteiligten herleiten. Aus Gründen der Verfahrensvereinfachung kann ein danach erforderliches Sachverständigengutachten auch nach Maßgabe des § 177 Abs. 2 Satz 2 durch die Verwertung eines bereits eingeholten (privaten) Gutachtens ersetzt werden (BT-Drucks. 17/12163, S. 14). Haben die Kindesmutter und der Antragsteller einvernehmlich im Vorfeld des gerichtlichen Verfahrens ein Abstammungsgutachten veranlasst, kann das Gericht dieses seiner Entscheidung zugrunde legen, wenn es keine Zweifel an der Richtigkeit und Vollständigkeit der im Gutachten getroffenen Feststellung hat und die Verfahrensbeteiligten diesem Vorgehen zustimmen (§ 177 Rdn. 19 ff.).

13 Die Duldungspflicht der Untersuchungsperson nach § 178 Abs. 1 ist auf Verfahren zur »Feststellung der Abstammung« bezogen. Darüber hinaus folgt eine Duldungspflicht aus § 1598a Abs. 1 BGB, die jedoch nur für die rechtlichen Eltern und das betroffene Kind gilt und im Gesetzentwurf gerade nicht auf den potenziellen biologischen Vater erstreckt wurde. Der Regierungsentwurf sieht – auch vor dem Hintergrund einer dahin gehenden Stellungnahme des Bundesrates (BT-Drucks. 17/12163 Anlage 3) – ausdrücklich von einer Erweiterung des Klärungsanspruchs nach § 1598a Abs. 1 BGB oder des Anfechtungsrechts nach § 1600 Abs. 1 Nr. 2 BGB ab, weil dies »die Stabilität der sozialen Familie unangemessen gefährden« würde und ein Antragsteller völlig losgelöst von einem Interesse am Kind einen Klärungsanspruch verfolgen könnte (BT-Drucks. 17/12163, S. 9). Die Regelung in Abs. 2 ist – abgesehen vom Bezug auf den materiell-rechtlichen Anspruch nach § 1686a BGB und zur Klärung der leiblichen Vaterschaft – mit der Regelung in § 178 Abs. 1 identisch. Dadurch soll im Kindschaftsverfahren verhindert werden, »dass die Mutter des Kindes oder eine sonstige Person den Umgangs- oder den Auskunftsanspruch des biologischen Vaters vereiteln kann, indem sie und das Kind sich der erforderlichen Untersuchung verweigern« (BT-Drucks. 17/12163, S. 14). Die Untersuchung, die durch einen Mundschleimhautabstrich oder die Entnahme einer Blutprobe erfolgt, muss im konkreten Verfahren erforderlich, geeignet und zumutbar sein (§ 178 Rdn. 2 ff.). Eine Beweisaufnahme ist daher unabhängig vom Amtsermittlungsgrundsatz nicht durchzuführen, wenn die Abstammung des Kindes vom Antragsteller zwischen allen Verfahrensbeteiligten unstreitig ist. Bei übereinstimmenden Erklärungen der rechtlichen Eltern und des Antragstellers wird auch für den Verfahrensbeistand kein Grund für eine abweichende Beurteilung bestehen. Die Einbeziehung des rechtlichen Vaters in das Gutachten wird grundsätzlich nicht erforderlich sein, weil die Abstammung zum Antragsteller unabhängig von seiner Person festgestellt werden kann. Ob die Durchführung einer Abstammungsuntersuchung allein für – den praktisch wohl seltenen – Fall eines isolierten Auskunftsanspruchs zumutbar bzw. unter Abwägung der Belange der Verfahrensbeteiligten verhältnismäßig ist, erscheint eher fraglich.

14 Im Fall der Weigerung einer Untersuchungsperson ist ein Zwischenstreitverfahren durchzuführen, in dem vorab über die Berechtigung der Weigerung zu entscheiden ist (§§ 167a Abs. 3, 178 Abs. 2 Satz 1). Danach kann die Untersuchung der einzubeziehenden Personen bei unberechtigter Weigerung auch zwangsweise durchgesetzt werden (§ 178 Abs. 2 Satz 2).

§ 168 Beschluss über Zahlungen des Mündels.

(1) ¹Das Gericht setzt durch Beschluss fest, wenn der Vormund, Gegenvormund oder Mündel die gerichtliche Festsetzung beantragt oder das Gericht sie für angemessen hält:
1. Vorschuss, Ersatz von Aufwendungen, Aufwandsentschädigung, soweit der Vormund oder Gegenvormund sie aus der Staatskasse verlangen kann (§ 1835 Abs. 4 und § 1835a Abs. 3 des Bürgerlichen Gesetzbuchs) oder ihm nicht die Vermögenssorge übertragen wurde;
2. eine dem Vormund oder Gegenvormund zu bewilligende Vergütung oder Abschlagszahlung (§ 1836 des Bürgerlichen Gesetzbuchs).

²Mit der Festsetzung bestimmt das Gericht Höhe und Zeitpunkt der Zahlungen, die der Mündel an die Staatskasse nach den §§ 1836c und 1836e des Bürgerlichen Gesetzbuchs zu leisten hat. ³Es kann die Zahlungen gesondert festsetzen, wenn dies zweckmäßig ist. ⁴Erfolgt keine Festsetzung nach Satz 1 und richten sich die in Satz 1 bezeichneten Ansprüche gegen die Staatskasse, gelten die Vorschriften über das Verfahren bei der Entschädigung von Zeugen hinsichtlich ihrer baren Auslagen sinngemäß.
(2) ¹In dem Antrag sollen die persönlichen und wirtschaftlichen Verhältnisse des Mündels dargestellt werden. § 118 Abs. 2 Satz 1 und 2 sowie § 120 Abs. 2 bis 4 Satz 1 und 2 der Zivilprozessordnung sind entsprechend anzuwenden. ²Steht nach der freien Überzeugung des Gerichts der Aufwand zur Ermittlung der persönlichen und wirtschaftlichen Verhältnisse des Mündels außer Verhältnis zur Höhe des aus der Staatskasse zu begleichenden Anspruchs oder zur Höhe der voraussichtlich vom Mündel zu leistenden Zahlungen, kann das Gericht ohne weitere Prüfung den Anspruch festsetzen oder von einer Festsetzung der vom Mündel zu leistenden Zahlungen absehen.
(3) ¹Nach dem Tode des Mündels bestimmt das Gericht Höhe und Zeitpunkt der Zahlungen, die der Erbe des Mündels nach § 1836e des Bürgerlichen Gesetzbuchs an die Staatskasse zu leisten hat. ²Der *Erbe ist verpflichtet, dem Gericht* über den Bestand des Nachlasses Auskunft zu erteilen. ³Er hat dem

Gericht auf Verlangen ein Verzeichnis der zur Erbschaft gehörenden Gegenstände vorzulegen und an Eides statt zu versichern, dass er nach bestem Wissen und Gewissen den Bestand so vollständig angegeben habe, als er dazu imstande sei.

(4) ¹Der Mündel ist zu hören, bevor nach Absatz 1 eine von ihm zu leistende Zahlung festgesetzt wird. ²Vor einer Entscheidung nach Absatz 3 ist der Erbe zu hören.

(5) Auf die Pflegschaft sind die Absätze 1 bis 4 entsprechend anzuwenden.

Übersicht

	Rdn.
A. Allgemeines	1
B. Einzelheiten	2
I. Anwendungsbereich	2
II. Festsetzungsverfahren	4
1. Festsetzung auf Antrag bzw. von Amts wegen	5
2. Zuständigkeit, Prüfungsumfang und Entscheidung	7
3. Gegenstand der Festsetzung	9
a) Aufwendungsersatz, -vorschuss und -entschädigung	10
b) Vergütungen	15
4. Mit der Festsetzung verbindbare Entscheidungen	16
a) Bestimmung zumutbarer Zahlungen nach §§ 1836c, 1836e BGB	17
b) Bestimmung zumutbarer Zahlungen unter Einbeziehung von Unterhaltsansprüchen des Mündels nach §§ 1836c, 1836e BGB	18
c) Gesonderte Entscheidung	19
5. Verzicht auf Festsetzungsverfahren	20
a) Keine Festsetzung	21
b) Ansprüche gegen die Staatskasse	23
c) Prüfungsmaßstab	24
6. Wiederholtes Festsetzungsverfahren	25
7. Aussetzung des Festsetzungsverfahrens	26
III. Antrag und gerichtliche Ermittlungen, Abs. 2	27
1. Grundsatz	28
2. Antragsinhalt	29
a) Antragsgegner	30
b) Antragsinhalt und -begründung	31
c) Anspruchszeitraum	37
d) Persönliche und wirtschaftliche Verhältnisse des Mündel	38
e) Angabe von Namen und Anschrift sowie Bankverbindung des (Gegen-) Vormundes	41
3. Antragsform	42
4. Anwendung von PKH-Vorschriften	45
a) § 118 Abs. 2 Satz 1 ZPO	46
b) § 118 Abs. 2 Satz 2 ZPO	47
c) § 120 Abs. 2 ZPO	48
d) § 120 Abs. 3 ZPO	49
e) § 120a Abs. 1 Satz 1 und 2 ZPO	50
f) § 120a Abs. 1 Satz 3 ZPO	51
5. Absehen von weiteren Ermittlungen	52
IV. Rückgriffsansprüche gegen den Erben, Abs. 3	53
1. Festsetzung von Zahlungen, Satz 1	55
2. Auskunftserteilung, Satz 2	56
3. Nachlassverzeichnis und eidesstattliche Versicherung, Satz 3	57
4. Anhörung, Abs. 4	58
V. Zwangsvollstreckung	62
1. Grundsatz	62
2. Materiell-rechtliche Einwendungen	64
VI. Entsprechende Anwendbarkeit, Abs. 5	66
VII. Rechtsbehelf	67
1. Überblick	68
2. Beschwerde, §§ 58 ff.	69
a) Grundsätze	69
b) Beschwerdewert	74
aa) Zulassung der Beschwerde	75
bb) Nichtzulassung, Erinnerungsverfahren	77
c) Beschwerdebefugnis	79
d) Verschlechterung	81
3. Rechtsbeschwerde, §§ 70 ff.	82

A. Allgemeines. § 168 enthält die verfahrensrechtlichen Regelungen für die Festsetzung von Ansprüchen nach §§ 1835 ff. BGB. Normierungen zum statthaften Rechtsmittel und zur Vollstreckung eines Festsetzungsbeschlusses enthalten die §§ 58 ff., 70 ff. und 86 ff. 1

B. Einzelheiten. I. Anwendungsbereich. Die Verfahrensregelungen des § 168 gelten unmittelbar für die Geltendmachung von Ansprüchen auf Aufwendungsersatz und Vergütung von (Gegen-) Vormund und Pfleger sowie über Verweisungen innerhalb des Gesetzes auch für den Verfahrenspfleger bzw. -beistand (§§ 419 Abs. 5, 318, 277 Abs. 5 Satz 2, 158 Abs. 7 Satz 6) sowie den (Gegen-, Mit-, Ergänzungs-) Betreuer (§ 292 Abs. 1), auch für Betreuungsvereine bzw. -behörden, soweit ihnen selbst als Betreuer oder für die 2

§ 168

Tätigkeit ihrer Mitarbeiter solche Ansprüche zustehen. Die Vorschrift regelt die Festsetzung bzw. Zahlung im vereinfachten Verwaltungsverfahren von

- Vorschuss, Ersatz von Aufwendungen und Aufwandsentschädigung (§§ 1835, 1835a BGB), soweit sie aus der Staatskasse verlangt werden oder dem (Gegen-) Vormund nicht die Vermögenssorge zusteht, Abs. 1 Satz 1 Nr. 1,
- Vergütung oder Abschlagszahlung (§ 1836 BGB), also die Ermessensvergütung nach § 1836 Abs. 2; § 8 VBVG, Vergütung nach Zeitaufwand nach §§ 3, 6 VBVG; §§ 158 Abs. 7, 277, 318, 419, Abschlagszahlungen nach § 3 Abs. 4 VBVG, Pauschalvergütungen nach §§ 4, 5, 7 VBVG und Zahlungen von Leistungen aus der Staatskasse, wenn keine Festsetzung erfolgt, Abs. 1 Satz 1 Nr. 2, sowie
- den Rückgriff auf das Einkommen und/oder Vermögen des Mündel (§ 1836e Abs. 1 Satz 1 BGB), Abs. 1 Satz 2 und Satz 3,
- den Rückgriff auf den Nachlass des verstorbenen Mündel (§ 1836e Abs. 1 Satz 3 BGB), Abs. 3,
- die Anhörung des Mündel bzw. seiner Erben, Abs. 4, und
- die Anwendbarkeit auf Pflegschaften, Abs. 5.

3 § 168 findet entsprechende Anwendung für die gerichtliche Festsetzung von Aufwendungsersatz und Vergütung
- des Verfahrensbeistandes des Kindes in Kindschaftssachen, §§ 158 Abs. 7, 277 Abs. 5 Satz 2, in Abstammungssachen, §§ 174, 158 Abs. 7, 277 Abs. 5 Satz 2 und Adoptionssachen, §§ 191, 158 Abs. 7, 277 Abs. 5 Satz 2,
- des Betreuers, § 292 Abs. 1,
- des Verfahrenspflegers in Betreuungssachen, §§ 277 Abs. 5 Satz 2, in Unterbringungssachen, §§ 318, 277 Abs. 5 Satz 2 und in Freiheitsentziehungssachen, §§ 419 Abs. 5 Satz 1, 277 Abs. 5 Satz 2.

4 **II. Festsetzungsverfahren.** In seinem Abs. 1 regelt § 168, unter welchen Voraussetzungen zugunsten eines (Gegen-) Vormundes Ansprüche auf Aufwendungsersatz bzw. Vorschuss und Vergütung gegen die Staatskasse bzw. den vermögenden Mündel festgesetzt werden können.

5 **1. Festsetzung auf Antrag bzw. von Amts wegen.** Eine Festsetzung erfolgt nicht allein auf Antrag des (Gegen-) Vormundes, sondern auch auf Antrag des Mündels sowie durch das Gericht, soweit dieses es für angemessen erachtet. Ein Antragsrecht der Staatskasse besteht nicht, sie kann lediglich eine Festsetzung von Amts wegen anregen (OLG Dresden, FamRZ 2011, 320). Der Antrag ist angesichts der Anforderungen der Rechtsprechung und der §§ 23 Abs. 1, 27 Abs. 1 schriftlich zu stellen. § 292 Abs. 2 Satz 1 ermächtigt zudem die Landesregierungen, durch Rechtsverordnung amtliche Vordrucke für die Abrechnung von Aufwendungsersatz und Vergütung eines Betreuers einzuführen. Sofern solche Formulare eingeführt sind, müssen sich Berufsbetreuer ihrer bedienen und sie als elektronisches Dokument einreichen, wenn dieses für die automatische Bearbeitung durch das Gericht geeignet ist, da anderenfalls keine ordnungsgemäße Geltendmachung der Ansprüche vorliegt, § 292 Abs. 2 Satz 2 und 3.

6 Von Amts wegen dürfte ein Bedarf für eine Festsetzung vorliegen, wenn
- Anhaltspunkte bestehen, dass der im vereinfachten Verwaltungsverfahren (vgl. Abs. 1 Satz 4) zahlbar gemachte Betrag unrichtig errechnet ist,
- die Staatskasse es anregt,
- der (Gegen-) Vormund nur teilweise Ansprüche geltend macht oder diese streitig sind,
- das Mündel verstorben ist und sich der Anspruch gegen den Nachlass richtet oder
- zugleich oder später auf das Vermögen des Mündels Rückgriff genommen werden soll, vgl. Abs. 4.

7 **2. Zuständigkeit, Prüfungsumfang und Entscheidung.** Zuständig ist das AG, dort je nach dem zugrunde liegenden Verfahren das Familien- oder Betreuungsgericht. Im Beschwerdeverfahren ist das OLG bzw. in Betreuungs-, Unterbringungs- und Freiheitsentziehungsverfahren das LG zuständig, und zwar örtlich das Gericht, das für das jeweils zugrunde liegende Verfahren zuständig war oder aufgrund vollzogener Abgabe zuständig geworden war (BayObLG, BtPrax 1997, 114). Funktionell ist beim Gericht der Rechtspfleger zuständig, und zwar auch für ein Festsetzungsverfahren bezüglich von im Unterbringungsverfahren entstandenen Ansprüchen eines Verfahrenspflegers (BGH NJW 2011, 453; a.A. *Damrau/Zimmermann* § 168 FamFG Rn. 30). Der Rechtspfleger hat im Festsetzungsverfahren die Einrede der Verjährung zu beachten, Er hat in diesem Rahmen nicht nur zu prüfen, ob der geltend gemachte Anspruch verjährt ist, sondern auch *ob die Einrede* ggf. treuwidrig erfolgt und ihr somit § 242 BGB entgegensteht (BGH NJW-RR 2015, 193).

Die Entscheidung erfolgt durch Beschluss, der zu begründen ist, § 38 Abs. 1 u 3. Er muss insb. angeben, welche Ansprüche in welcher Höhe und ggf. für welchen Zeitraum Gegenstand der Entscheidung sind. Der Beschluss muss eine Rechtsbehelfsbelehrung enthalten, § 39. Zum Wirksamwerden, zur Bekanntgabe und zur formellen Rechtskraft vgl. §§ 40, 41 und 45. Die Entscheidung über die Bewilligung oder Ablehnung einer Vergütung oder Aufwandsentschädigung ist der materiellen Rechtskraft fähig. Nach rechtskräftiger Entscheidung über einen Vergütungsantrag ist daher eine erneute Sachentscheidung unter denselben Beteiligten über denselben Verfahrensgegenstand unzulässig (Keidel/*Engelhardt* § 168 FamFG Rn. 22). 8

3. Gegenstand der Festsetzung. Gegenstand einer Festsetzung können zulässigerweise Ansprüche gegen die Staatskasse bzw. durch den nicht für die Vermögenssorge bestellten (Gegen-) Vormund auf Vorschuss, Ersatz von Aufwendungen einschließlich der Aufwandspauschale (§§ 1835 und 1835a BGB) sowie auf Vergütung bzw. Abschlagszahlungen auf Vergütungen (§ 1836 BGB) gegen die Staatskasse bzw. den vermögenden Mündel sein. 9

a) Aufwendungsersatz, -vorschuss und -entschädigung. Nach § 168 Abs. 1 Satz 1 Nr. 1 FamFG kann sich die Festsetzung auf die Ansprüche des (Gegen-) Vormunds hinsichtlich eines Vorschusses auf Aufwendungen bzw. des Ersatzes von Aufwendungen nach § 1835 BGB sowie der Aufwendungsentschädigung nach § 1835a BGB beziehen. Eine Festsetzung kommt dann in zwei Fällen in Betracht: 10
Der Anspruch richtet sich gegen die Staatskasse. Dieser Fall ist gegeben, wenn das Mündel mittellos i.S.d. §§ 1836c u 1836d BGB (dazu *Dodegge/Roth* Teil F Rn. 246 ff.) ist. 11
Der Anspruch richtet sich gegen einen vermögenden Mündel, dessen (Gegen-) Vormund die Vermögenssorge nicht oder nicht mehr (etwa nach Tod oder Aufhebung, OLG Hamm FamRZ 2004, 1065 oder Entlassung des Vormundes, BayObLG FamRZ 2005, 393) zusteht. Stünde dem (Gegen-) Vormund die Vermögenssorge zu, könnte er die ihm nach den §§ 1835, 1835a BGB zustehenden Beträge selbst dem Vermögen des Mündels entnehmen. Eine gerichtliche Festsetzung ist dann unzulässig (BayObLG BtPrax 2001, 77). Erweisen sich bewilligte Vorschüsse auf Aufwendungen als zu hoch, hat das Gericht den übersteigenden Betrag aufzuführen und nach § 1837 Abs. 1 BGB auf Rückzahlung zu drängen (BayObLG FGPrax 2003, 173). 12
Da Gegenbetreuern und Verfahrenspflegern niemals die Vermögenssorge zustehen kann, kann zu ihren Gunsten ein Festsetzungsverfahren erfolgen. Soweit der Vormund die ihm zustehenden Beträge dem Vermögen des Mündels entnimmt, hat er dies in seine Rechnungslegung (§ 1840 Abs. 2, 3 BGB) aufzunehmen, ist er davon befreit, in die Schlussrechnung (§ 1892 BGB). Die Kontrolle durch das Gericht erfolgt über §§ 1837, 1843, 1890, 1892 BGB. Steht kein frei verfügbares Vermögen und/oder Einkommen für den (Gegen-) Vormund bereit, hat er Anspruch auf Freigabe des gesperrt angelegten Vermögens durch das Gericht (LG Dortmund Rpfleger 1993, 439). Streitigkeiten über die Berechtigung einer Entnahme zwischen (Gegen-) Vormund und Mündels sind ggf. vor den ordentlichen Gerichten auszutragen. 13
Berufsbetreuer, die seit dem 01.07.2005 eine pauschale Vergütung nach §§ 4, 5 VBVG erhalten, können Aufwendungen nur noch für berufliche bzw. gewerbliche Dienste nach §§ 1835 Abs. 3, 1908i Abs. 1 BGB (vgl. dazu § 277 Rdn. 7) festgesetzt verlangen bzw. dem Vermögen des Mündels entnehmen. 14

b) Vergütungen. Nach § 168 Abs. 1 Satz 1 Nr. 2 kann sich die Festsetzung außerdem auf die Ansprüche des (Gegen-) Vormundes auf Bewilligung einer Vergütung (§§ 1836 Abs. 2 BGB bzw. 1836 BGB i.V.m. §§ 1 ff. VBVG) oder eines Abschlages auf eine Vergütung beziehen. Die Ansprüche können sich gegen die Staatskasse bei mittellosem Mündel, aber auch gegen den vermögenden Mündel selbst richten. 15

4. Mit der Festsetzung verbindbare Entscheidungen. Das Gericht soll mit der Festsetzung bezüglich der in Nr. 1 und 2 genannten Ansprüche des (Gegen-) Vormundes weitere Bestimmungen verbinden. 16

a) Bestimmung zumutbarer Zahlungen nach §§ 1836c, 1836e BGB. Wenn das Mündel aus seinem – nach § 1836c BGB zu bestimmenden – einzusetzenden Einkommen und/oder Vermögen die Ansprüche des (Gegen-) Vormundes z.T. oder in Raten bezahlen kann, kann das Gericht die entsprechende Höhe im Festsetzungsbeschluss bestimmen. Das Gericht kann also im Beschluss z.B. aufnehmen, dass das Mündel auf den festgesetzten Betrag ab dem 01.01.2010 monatlich 50 € an die Staatskasse zu zahlen hat, vgl. § 1836e BGB. Die Höhe des Zahlbetrages und den Zeitpunkt der Zahlungen muss das Gericht im Beschluss ausdrücklich bestimmen (LG Koblenz BtPrax 2012, 263. Zur angemessenen Höhe von Raten, LG Koblenz FamRZ 2009, 371). 17

§ 168

18 **b) Bestimmung zumutbarer Zahlungen unter Einbeziehung von Unterhaltsansprüchen des Mündels nach §§ 1836c, 1836e BGB.** Ein weiterer denkbarer Fall ist, dass das Mündel als mittellos gilt, weil der Unterhaltsverpflichtete nicht freiwillig Unterhalt leistet. Das Gericht kann dann unter Einbeziehung der Unterhaltsschuld – die Ansprüche des Mündels gegen den Unterhaltsschuldner gehen durch Leistung der Staatskasse an den (Gegen-) Vormund insoweit auf die Staatskasse über – die vom Mündel zu leistenden Zahlungen bestimmen.

19 **c) Gesonderte Entscheidung.** Nach § 168 Abs. 1 Satz 3 kann das Gericht die vom Mündel zu leistenden Zahlungen auch gesondert festsetzen, wenn dies zweckmäßig ist. Ein solcher Fall kann vorliegen, wenn zur Ermittlung der Leistungsfähigkeit des Mündels weitere umfangreiche Ermittlungen nötig sind oder sich eine Veränderung der maßgeblichen Einkommens- oder Vermögensverhältnisse abzeichnet.

20 **5. Verzicht auf Festsetzungsverfahren.** § 168 Abs. 1 Satz 4 ermöglicht die Erstattung der vom (Gegen-) Vormund begehrten Ansprüche in einem vereinfachten Verfahren, sofern Vergütung und/oder Auslagenersatz aus der Staatskasse begehrt werden und kein Festsetzungsverfahren erfolgt. Die Verweisung auf das Verfahren bei der Entschädigung von Zeugen hinsichtlich ihrer Barauslagen (dies richtet sich nach dem JVEG) besagt nämlich, dass der Urkundsbeamte der Geschäftsstelle des Gerichts die aus der Staatskasse zu zahlenden Beträge im Verwaltungswege feststellen und zur Anweisung (Auszahlung) bringen kann. Dies ist unter folgenden Voraussetzungen möglich:

21 **a) Keine Festsetzung.** Eine Festsetzung entfällt, wenn sie nicht ausdrücklich beantragt ist und das Gericht sie auch nicht für angemessen erachtet (Abs. 1 Satz 1). Letzteres prüft der Rechtspfleger des Gerichts. Stellt er fest, dass es sich um einen einfach gelagerten Sachverhalt handelt, kann er die Angelegenheit an den Urkundsbeamten der Geschäftsstelle weiterleiten. Der Sachverhalt kann selbst dann einfach gelagert sein, wenn Regressansprüche in Betracht kommen. Sie können ggf. durch gesonderten Beschluss festgesetzt werden, vgl. Abs. 1 Satz 3.

22 Wird eine Vergütung aus der Staatskasse ohne förmliche Festsetzung gezahlt, können überzahlte Beträge zurückverlangt werden (OLG Köln FGPrax 2006, 116). Einer Rückforderung überzahlter Betreuervergütung kann der Vertrauensgrundsatz entgegenstehen. Eine Abwägung muss dann ergeben, dass dem Vertrauen des Berufsbetreuers auf die Beständigkeit der eingetretenen Vermögenslage gegenüber dem öffentlichen Interesse an der Wiederherstellung einer dem Gesetz entsprechenden Vermögenslage der Vorrang einzuräumen ist (BGH NJW-RR 2016, 129; NJW 2014, 1007).

23 **b) Ansprüche gegen die Staatskasse.** Weiterhin müssen sich die Ansprüche gegen die Staatskasse richten.

24 **c) Prüfungsmaßstab.** Der Urkundsbeamte der Geschäftsstelle hat die vorgelegte Abrechnung zu prüfen und kann auch Abstriche machen. Ist der (Gegen-) Vormund damit nicht einverstanden, kann er Festsetzung nach Satz 1 beantragen; ein Feststellungsverfahren nach § 4 JVEG findet nicht statt (BayObLG BtPrax 1999, 195). Das Gericht ist dann nicht an die Feststellungen des Urkundsbeamten der Geschäftsstelle gebunden.

25 **6. Wiederholtes Festsetzungsverfahren.** In Ausnahmefällen kann ein wiederholtes Festsetzungsverfahren in Betracht kommen. Entschieden ist das für den Fall der rechtskräftig erfolgten Ablehnung eines Vergütungsanspruches gegen die Staatskasse mangels Mittellosigkeit. Stellt sich nachträglich heraus, dass der Betroffene bzw. sein Nachlass von Anfang an oder wegen veränderter Umstände nicht über ausreichendes Vermögen verfügt, um die Forderung des (Gegen-) Vormundes zu erfüllen, kann sich ein zweites Festsetzungsverfahren gegen die Staatskasse anschließen. Der (Gegen-) Vormund muss aber alles Mögliche und Zumutbare unternommen haben, um seinen Vergütungsanspruch gegen das Mündel bzw. den Nachlass durchzusetzen (OLG Frankfurt am Main FGPrax 2009, 160; BayObLG FamRZ 2004, 305 und 308).

26 **7. Aussetzung des Festsetzungsverfahrens.** Bei Vorgreiflichkeit eines anhängigen Rechtsstreits, z.B. über die Berechtigung von Aufwendungen, die in der Vergangenheit bereits in gleicher Form angefallen und dem Vermögen des Mündels entnommen worden waren, kann das Festsetzungsverfahren ausgesetzt werden (BayObLG FamRZ 2004, 1323). Gleiches gilt, wenn der Verdacht einer Straftat des (Gegen-) Vormunds besteht und insoweit ein Ermittlungsverfahren der Staatsanwaltschaft anhängig ist (BayObLG FamRZ 2004, 1323).

III. Antrag und gerichtliche Ermittlungen, Abs. 2. In § 168 Abs. 2 finden sich Regelungen zu den inhaltlichen Anforderungen an einen Antrag auf Festsetzung an das Gericht, zur Glaubhaftmachung sowie zum Ermittlungsumfang des Gerichts vor einer Festsetzung. 27

1. Grundsatz. Zwingende Vorgaben zum Inhalt eines Festsetzungsantrages nach Abs. 1 finden sich in § 168 nicht. Nach Abs. 2 Satz 1 sollen die persönlichen und wirtschaftlichen Verhältnisse des Mündels dargestellt werden. Indes lassen sich aus den gesetzlichen Regelungen des Allgemeinen Teils, §§ 23 Abs. 1, 27 Abs. 1, sowie den von der Rechtsprechung entwickelten Vorgaben eine Reihe von inhaltlichen Anforderungen ableiten. 28

2. Antragsinhalt. Die formellen Inhalte eines Antrages regelt § 23 Abs. 1, der sich an §§ 130, 131, 253 ZPO orientiert. Spezielle Regelungen in den jeweiligen Verfahren, z.B. § 292 in Betreuungssachen, sind zusätzlich zu beachten. Es handelt sich bei § 23 Abs. 1 um Soll-Vorschriften, die die Mitwirkungsregelungen des § 27 konkretisieren. Der Antrag sollte demzufolge nachstehende Punkte umfassen: 29

a) **Antragsgegner.** Da sich die Ansprüche gegen das Mündel, ggf. seine Erben, oder die Staatskasse richten können, ist eine entsprechende Klarstellung sinnvoll. Bei unklarer Einkommens- und/oder Vermögenssituation des Mündels kann sich das Verfahren auf Festsetzung der Betreuervergütung auf beide möglichen Vergütungsschuldner, nämlich Mündel und Landeskasse, erstrecken (BGH NJW 2015, 3301). Damit wird auch das Erlöschen der Ansprüche gegen den Mündel und die Staatskasse verhindert, vgl. §§ 1835 Abs. 1 Satz 3, 1835a Abs. 4 BGB, § 2 Satz 1 VBVG. 30

b) **Antragsinhalt und -begründung.** Die Ansprüche (Aufwendungsvorschuss, -ersatz, Aufwendungsentschädigung, Abschlagszahlung auf Vergütung, Vergütung etc.) müssen genau angegeben und beziffert werden, weil der Antrag nur so nachvollziehbar und von anderen oder künftigen Ansprüchen abgrenzbar und für das Gericht überprüfbar ist (OLG Brandenburg FamRZ 2013, 319; OLG Dresden FamRZ 2004, 137). Auch sollte klargestellt werden, dass eine Festsetzung begehrt wird. Weiterhin muss eine Begründung des Anspruches erfolgen, § 23 Abs. 1 Satz 1. 31

Hinsichtlich des Umfanges der Darlegungen zu den getätigten Aufwendungen bzw. des mit der Amtsführung verbundenen Zeitaufwandes ist unter Berücksichtigung des § 23 Abs. 1 Satz 2 danach zu unterscheiden, durch wen im Einzelnen Aufwendungsersatz bzw. Vergütung geltend gemacht wird. 32

Ein ehrenamtlicher (Gegen-) Vormund wird den besonderen Umfang bzw. die besondere Schwierigkeit der Amtsführung, die ausnahmsweise eine Vergütung rechtfertigen, darzulegen haben, wenn er eine Vergütung begehrt. In Bezug auf Aufwendungen nach § 1835 BGB bedarf es nachvollziehbarer Angaben zu Art und Umfang der Aufwendungen. 33

Ein Berufsbetreuer im Regelfall i.R.d. Betreuung (§§ 4, 5 VBVG) wird bei erstmaliger Antragstellung Angaben zur beruflichen Qualifikation zwecks Einstufung in die drei Vergütungsstufen zu machen haben. Weiter sind Angaben zum geltend gemachten Stundenansatz und dem gewöhnlichen Aufenthalt des Betroffenen während des Abrechnungszeitraumes nebst Klarstellung, ob es sich um ein Heim handelt oder nicht, erforderlich. 34

Angaben zu Aufwendungen sind entbehrlich, da sie mit dem Stundensatz als abgegolten gelten. 35

Ein Berufsvormund, Berufsbetreuer in den Sonderfällen der Betreuung und ein berufsmäßiger Verfahrenspfleger bzw. -beistand werden bei der Geltendmachung eines Vergütungs- und Aufwendungsersatzanspruches nachvollziehbare Angaben über den Zeitaufwand sowie von Art und Umfang von Aufwendungen tätigen müssen. Fehlen sie, würde der Antrag die Ansprüche nur dem Grunde nach geltend machen und den Ablauf der Ausschlussfristen nicht verhindern (OLG Frankfurt am Main MDR 2002, 156). Im Einzelfall kann aber ein Antrag auf Bewilligung von Abschlagszahlungen und Entnahme nach Bewilligung ausreichen (BayObLG FamRZ 2003, 1221). Dagegen genügt die Angabe von Stundenzahlen pro Jahr nicht (OLG Schleswig BtPrax 2004, 245). Bei Vergütungsansprüchen empfiehlt es sich, den Zeitaufwand zu erfassen, die einzelnen Tätigkeiten dazu stichwortartig zu beschreiben und zu jeder Tätigkeit die dazugehörenden Aufwendungen, z.B. Telefon, Porto, Kopierkosten etc., festzuhalten (OLG Zweibrücken BtPrax 2000, 220). Diese Anforderungen gelten auch bei einem EDV-unterstützten Nachweis (LG Traunstein BtPrax 1998, 193). Eine detaillierte Aufschlüsselung der Ansprüche führt zudem dazu, dass beim Gericht lediglich eine Plausibilitätsprüfung, z.B. hinsichtlich des Zeitaufwandes und seiner Erforderlichkeit, stattfinden muss (BayObLG BtPrax 2001, 76; OLG Zweibrücken, FamRZ 2002, 627). Erfolgen diese Angaben nicht, steht dem Gericht ein Schätzungsermessen nach § 287 ZPO zu (BayObLG BtPrax 2001, 76; OLG Schleswig FamRZ 36

2001, 1480). Begehrt der Vormund eines vermögenden Betroffenen einen über die Stundensätze des § 3 Abs. 1 VBVG hinausgehenden Stundensatz, muss er darlegen und belegen, welche besonderen Schwierigkeiten (vgl. § 3 Abs. 3 VBVG) dies rechtfertigen (BayObLG BtPrax 2001, 252).

37 c) **Anspruchszeitraum.** Aus dem Antrag muss sich auch ergeben, für welchen Zeitraum die Erstattung von Aufwendungen und Vergütung beantragt wird. Nur so lässt sich eine ausreichende Abgrenzung vornehmen und überprüfen, ob die Ansprüche überhaupt bestehen (z.B. bei der Aufwendungspauschale, bei Abschlagszahlungen oder Zahlung der Pauschale nach §§ 4, 5 VBVG, vgl. § 9 VBVG) bzw. wegen Fristablauf erloschen sind, vgl. § 2 VBVG.

38 d) **Persönliche und wirtschaftliche Verhältnisse des Mündel.** Nach § 168 Abs. 2 Satz 1 soll (nicht muss) der Antrag die persönlichen und wirtschaftlichen Verhältnisse des Mündels darstellen.

39 Zu den persönlichen Verhältnissen gehören Angaben dazu, ob das Mündel ledig, verheiratet, getrennt lebend ist oder einen Lebenspartner i.S.d. § 1 LPartG hat. Diese Angaben sind i.d.R. jedem Vormund möglich, da er persönlichen Kontakt zum Mündel hat und sie im Jahresbericht an das Gericht ohnehin berichten muss. Für das Gericht sind diese Angaben z.B. wichtig i.R.d. Ermittlung der Leistungsfähigkeit des Mündels (vgl. § 1836c Nr. 1 BGB; §§ 82, 85 Abs. 1, 86, 87, 90, 102 SGB XII).

40 Zu den wirtschaftlichen Verhältnissen des Mündels zählen die Einkommens- und Vermögensverhältnisse, Unterhaltsverpflichtete bzw. -berechtigte (LG Kleve BtPrax 1999, 201). Verfügt der (Gegen-) Vormund nicht über den Aufgabenkreis der Vermögenssorge, wird er häufig dazu keine genauen Angaben machen können. Er wird sich im Rahmen seiner Mitwirkungspflichten auf die Mitteilung bekannter Umstände und die Benennung von Auskunftspersonen beschränken können. Das Gericht wird dann im Rahmen seiner Amtsermittlungspflicht die notwendigen Angaben vom Mündel erfragen. Den Mündel treffen dabei ebenfalls Mitwirkungspflichten. Diese werden durch rudimentäre und widersprüchliche Angaben nicht erfüllt (LG Kleve FamRZ 2014, 1943). Ergeben dessen Auskünfte kein ausreichendes Bild zu seinen wirtschaftlichen Verhältnissen, muss das Gericht ggf. Auskünfte von Verwandten des Mündels einholen (OLG Schleswig MDR 2004, 814). Gehört die Vermögenssorge zum Aufgabenkreis des Vormundes, werden sich die Einkommens- und Vermögensverhältnisse regelmäßig aus der Akte ergeben, sofern der (Gegen-) Vormund zur jährlichen Rechnungslegung verpflichtet ist.

41 e) **Angabe von Namen und Anschrift sowie Bankverbindung des (Gegen-) Vormundes.** Ohne diese Angaben kann keine Zahlung erfolgen. Bei einem umsatzsteuerpflichtigen (Gegen-) Vormund bedarf es grds. nicht der Angabe einer laufenden Rechnungsnummer, der Umsatzsteuernummer (bzw. ID-Nummer) und des zuständigen Finanzamtes.

42 **3. Antragsform.** Zur Antragsform vgl. §§ 23 Abs. 1, 25 Abs. 1 und 292 Abs. 2. Der Antrag kann danach schriftlich oder mündlich zur Niederschrift der Geschäftsstelle gestellt werden. Er ist zu begründen und mit den zur Begründung dienenden Tatsachen und Beweismitteln zu versehen. Die Personen, die als Beteiligte in Betracht kommen, sind zu nennen. Wird auf Urkunden Bezug genommen, sind sie in Ur- oder Abschrift beizufügen. Schließlich ist der Antrag zu unterschreiben.

43 § 292 Abs. 2 ermächtigt darüber die Landesregierungen durch Rechtsverordnung, amtliche Vordrucke für die Abrechnung von Betreuervergütungen einzuführen. NRW hat i.R.d. § 292 Abs. 2 Satz 4 die Befugnis zum Erlass einer entsprechenden Rechtsverordnung auf das Justizministerium delegiert (GV NRW 2005, 301).

44 Sofern solche Vordrucke durch das Bundesland eingeführt worden sind, müssen sich Berufsbetreuer ihrer bedienen. Sie sind als elektronisches Dokument einzureichen, wenn dieses für die automatische Bearbeitung durch die Gerichte geeignet ist. Geschieht die Verwendung der Vordrucke nicht, fehlt es an einer ordnungsgemäßen Geltendmachung i.S.d. § 1836 Abs. 2 Satz 2 BGB. Das Gericht könnte dann nur nach § 168 Abs. 1 Satz 1 von Amts wegen die Vergütung festsetzen.

45 **4. Anwendung von PKH-Vorschriften.** In § 168 Abs. 2 Satz 2 finden sich Verweisungen auf Vorschriften des PKH-Verfahrens. Sie bedeuten im Einzelnen Folgendes:

46 a) **§ 118 Abs. 2 Satz 1 ZPO.** Danach kann das Gericht vom (Gegen-) Vormund oder Mündel die Glaubhaftmachung seiner Angaben verlangen. Glaubhaftmachung kann durch eidesstattliche Versicherung der Richtigkeit der Angaben ggü. dem Gericht erfolgen. Sie kann sich auf die Angaben des (Gegen-) Vormun-

des zum Stundenaufwand oder den Anfall von Fahrtkosten oder die Angaben des Mündels zu seinen wirtschaftlichen Verhältnissen beziehen.

b) § 118 Abs. 2 Satz 2 ZPO. Das Gericht muss von Amts wegen die erforderlichen Tatsachen ermitteln 47 und Erhebungen dazu anstellen, insb. die Vorlage von Urkunden (Sparbücher, Darlehensverträge, Mietvertrag) anordnen und Auskünfte einholen und ggf. Zeugen oder Sachverständige vernehmen.

c) § 120 Abs. 2 ZPO. Setzt das Gericht Zahlungen fest, die vom Mündel zu leisten sind, hat die (Rück-) 48 Zahlung an die Landeskasse zu erfolgen.

d) § 120 Abs. 3 ZPO. Das Mündel hat nichts mehr zu zahlen, wenn es voll bezahlt hat (Nr. 1). Das Gericht 49 kann zudem anordnen, dass die Staatskasse nicht mehr an den (Gegen-) Vormund zahlt, wenn das Mündel wegen zwischenzeitlichen Vermögenserwerbs selbst zahlen muss (Nr. 2).

e) § 120a Abs. 1 Satz 1 und 2 ZPO. Bei maßgeblicher Veränderung der persönlichen und wirtschaftlichen 50 Verhältnisse des Mündels kann das Gericht den Beschluss über die vom Mündel zu leistenden Zahlungen abändern. Nimmt das Mündel etwa eine Arbeit mit höherem Einkommen auf, können die Raten erhöht werden. Umgekehrt können sie bei Verlust der Arbeit herabgesetzt werden. Sofern sich die Änderungen der wirtschaftlichen Verhältnisse des Mündels aufgrund einer Erhöhung des Freibetrages wegen einer Heraufsetzung des Eckregelsatzes ergeben, werden diese nur auf Antrag des Mündels bzw. des Vormundes berücksichtigt, § 120a Abs. 1 Satz 2 ZPO.

f) § 120a Abs. 1 Satz 3 ZPO. Das Mündel bzw. der (Gegen-) Vormund mit dem Aufgabenkreis der Ver- 51 mögenssorge haben sich auf Verlangen des Gerichts dazu zu äußern, ob eine Veränderung der persönlichen oder wirtschaftlichen Verhältnisse des Mündels eingetreten ist. Die Nichtbeachtung bleibt wegen des fehlenden Verweises auf § 124 Nr. 2 ZPO folgenlos.

5. Absehen von weiteren Ermittlungen. Steht der Aufwand zur Ermittlung der persönlichen und wirt- 52 schaftlichen Verhältnisse des Mündels in keinem Verhältnis zu den zu erwartenden Regressforderungen der Staatskasse, kann das Gericht auch ohne weitere Ermittlungen (Prüfung) gem. § 168 Abs. 2 Satz 3 den Anspruch festsetzen. Das Gericht muss den voraussichtlich zu erwartenden Rückzahlungsanspruch gegen den Mündel mit den Kosten vergleichen, die aufseiten des Gerichts und des (Gegen-) Vormunds entstehen. Das Gericht darf nicht jede vorherige Prüfung unterlassen. Umfasst die Betreuung die Vermögenssorge nicht, ist beim Mündel nachzufragen, wie es um seine persönlichen und wirtschaftlichen Verhältnisse bestellt ist. U.U. hat das Gericht bei den Angehörigen des Mündels nachzufragen. Nur wenn von vornherein konkrete Anhaltspunkte vorliegen, dass die Kosteneinziehung aussichtslos ist, z.B. bei Bezug von Sozialhilfe, kann auf Ermittlungen verzichtet werden (LG Essen NJWE-FER 2001, 133).

IV. Rückgriffsansprüche gegen den Erben, Abs. 3. § 168 Abs. 3 enthält Regelungen für das Verfahren, 53 wenn nach dem Tod des Mündels Zahlungen gegen den Erben wegen der aus der Staatskasse geleisteten und damit auf sie übergegangenen Ansprüche des (Gegen-) Vormunds gegen den Mündel (vgl. § 1836e BGB) oder die Vergütung direkt gegen den Erben festgesetzt werden sollen, Satz 1.

Der Erbe ist in beiden Fällen zu hören. Abs. 4 Satz 2. I.d.R. geschieht das im schriftlichen Verfahren. Bei 54 der Ermittlung der Erben kann das zuständige Nachlassgericht (s. dazu §§ 343 ff.) um Amtshilfe gebeten werden. Sind die Erben unbekannt, besteht die Möglichkeit, dass das Nachlassgericht einen Nachlasspfleger nach §§ 1960, 1961 BGB bestellt, der dann vom Gericht zu beteiligen ist. Den Erben treffen nach Satz 2 und 3 Mitwirkungspflichten.

1. Festsetzung von Zahlungen, Satz 1. Die Bestimmung, dass der Erbe Zahlungen zu leisten hat, kommt 55 in zwei Fällen in Betracht. Zum einen ist denkbar, dass die Staatskasse Ansprüche des (Gegen-) Vormunds nach §§ 1835 ff. BGB; §§ 1 ff. VBVG durch Zahlung befriedigt hat, das Mündel verstorben ist und einzusetzender Nachlass vorhanden ist (vgl. § 1836e Abs. 1 Satz 3 BGB). War der ursprüngliche Festsetzungsbeschluss vor dem Tod des Mündels rechtskräftig geworden, stehen den Erben insoweit keine Einwendungen mehr zu. Das Gericht kann nach den nötigen Ermittlungen festsetzen, welche Zahlungen die Erben zu erbringen haben. Eine Abänderung ist möglich, soweit sich die wirtschaftlichen und persönlichen Verhältnisse geändert haben, etwa dadurch, dass Schonbeträge, die nur dem Mündel zustanden, entfallen. Zum anderen können Ansprüche des (Gegen-) Vormunds nach §§ 1835 ff. BGB; §§ 1 ff. VBVG bestehen, die vor dem Tod des Mündels noch nicht festgesetzt worden waren. Hier kann die Festsetzung nach dem Tod des

§ 168

Mündels erfolgen (OLG Frankfurt am Main NJW 2004, 373; OLG Hamm JMBlNRW 2003, 237; BayObLG BtPrax 2001, 163), selbst wenn die Ersatzansprüche aus dem Nachlass des vermögenden Mündels zu bewilligen sind (BayObLG FGPrax 1999, 182; OLG Düsseldorf BtPrax 2002, 265).

56 **2. Auskunftserteilung, Satz 2.** § 168 Abs. 3 Satz 2 verpflichtet den Erben, dem Gericht Auskunft über den Bestand des Nachlasses zu erteilen. Ggf. können Zwangsmittel nach § 35 eingesetzt, Rückgriff auf den Inhalt der Nachlassakten genommen oder einfach Rückgriff angeordnet werden.

57 **3. Nachlassverzeichnis und eidesstattliche Versicherung, Satz 3.** Wenn das Gericht es fordert, hat der Erbe ein Nachlassverzeichnis vorzulegen und an Eides statt zu versichern, dass dieses nach bestem Wissen und Gewissen den Bestand so vollständig wiedergibt, wie es ihm möglich ist.

58 **4. Anhörung, Abs. 4.** Abs. 4 sieht die Anhörung des Mündels vor einer Festsetzung einer von ihm zu leistenden Zahlung (Satz 1) bzw. des Erben, gegen den die Zahlung einer Leistung an die Staatskasse bestimmt werden soll (Satz 2), vor. Die Anhörung dient neben der Gewährung rechtlichen Gehörs vor allem der Amtsermittlung des Sachverhaltes, bewirkt aber keine Hemmung der Verjährung des Regressanspruches der Staatskasse (BGH NJW-RR 2015, 257). Richtet sich der Vergütungsanspruch gegen den Betroffenen ist diesem ein Verfahrenspfleger zu bestellen, sofern die Voraussetzungen der §§ 276, 317 bzw. 419 erfüllt sind. Ist dem Betroffenen durch ein sog. Behindertentestament eine Erbschaft unter gleichzeitiger Anordnung einer Testamentsvollstreckung übertragen worden, bedarf es weder der Beteiligung noch der Anhörung des Testamentsvollstreckers in einem Festsetzungsverfahren, das sich gegen den Betroffenen richtet (BGH NJW 2015, 1965).

59 Die Anhörung – schriftlich oder mündlich – ist erforderlich, wenn das Mündel Vergütung und/oder Aufwendungsersatz selbst zu zahlen hat. Sie dient der Gewährung rechtlichen Gehörs. Die Notwendigkeit einer Verfahrenspflegerbestellung im Vergütungsverfahren bemisst sich im Einzelfall danach, ob überhaupt noch eine Verständigung mit dem Mündel möglich ist (OLG Köln FamRZ 2003, 171) bzw. ein Interesse des Mündels an der Verfahrenspflegerbestellung besteht (OLG Karlsruhe FamRZ 2003, 405). Ist der Betreute mittellos, bedarf es einer Anhörung nur, wenn er im Wege des Regresses (§ 1836e BGB) in Anspruch genommen werden soll.

60 Obwohl die Staatskasse nicht ausdrücklich in Abs. 4 genannt ist, ergibt sich aus dem Grundsatz des rechtlichen Gehörs sowie landesrechtlichen Vorschriften, dass sie anzuhören ist, wenn Zahlungen aus der Staatskasse erfolgen sollen.

61 Die Anhörung des Erben, der i.R.d. § 168 Abs. 3 in Anspruch genommen werden soll, erfolgt regelmäßig schriftlich.

62 **V. Zwangsvollstreckung. 1. Grundsatz.** Die Festsetzung des Aufwendungsersatzes bzw. der Vergütung erfolgt durch Beschluss, § 38 Abs. 1 Satz 1, und ist demzufolge ein Vollstreckungstitel, § 86 Abs. 1 Nr. 1. Mit dem Wirksamwerden (dazu § 40 Abs. 1) des Festsetzungsbeschlusses ist dieser vollstreckbar, § 86 Abs. 2. Eine Vollstreckungsklausel ist erforderlich, wenn die Vollstreckung nicht durch das Gericht erfolgt, das den Titel erlassen hat, § 86 Abs. 3. Das ist etwa der Fall, wenn der Vormund die Vollstreckung selbst betreibt. Ansonsten erfolgt die Vollstreckung nach den Regelungen der ZPO, vgl. § 95 Abs. 1 Nr. 1, Abs. 2.

63 Nach dem Tod des Mündels kann der Titel gegen dessen Erben umgeschrieben werden und gegen sie vollstreckt werden. Gem. § 1 Abs. 1 Nr. 4b JBeitrO werden Ansprüche aus § 168 nach der JBeitrO beigetrieben, wenn die Staatskasse ihre Regressansprüche nach gerichtlicher Festsetzung gegen die Erben des Mündels vollstrecken will. Wegen der gesamtschuldnerischen Haftung der Erben, vgl. § 2058 BGB, kann die Leistung von jedem der Miterben ganz gefordert werden, § 421 BGB.

64 **2. Materiell-rechtliche Einwendungen.** Wie materiell-rechtliche Einwendungen des Mündels gegen die Festsetzung von Ansprüchen des (Gegen-) Vormunds nach §§ 1835 ff. BGB; §§ 1 ff. VBVG zu behandeln sind, ist umstritten. Nach zutreffender Meinung ist zu differenzieren. Erhebt das Mündel gegen die Anspruchsgrundlage bzw. die Höhe oder das Erlöschen der Vergütung Einwendungen, wie z.B. Aufwendungen seien nicht angefallen, Tätigkeiten des (Gegen-) Vormunds tatsächlich nicht erbracht worden oder erforderlich gewesen bzw. die Ansprüche seien nach § 2 VBVG erloschen (dazu BGH NJW-RR 2013, 519), verjährt (dazu BGH NJW-RR 2015, 193) oder verwirkt (dazu OLG Hamm NJW-RR 2007, 1081), sind diese vom Gericht im Festsetzungsverfahren zu beachten (BayObLG, BtPrax 2001, 163). Das Gericht darf dabei allerdings keine Zweckmäßigkeitserwägungen anstellen oder pauschale Kürzungen vornehmen (LG Mar-

burg BtPrax 1999, 248). Materiell-rechtliche Einwendungen können wirksam nur vom jeweiligen Schuldner bzw. dessen gesetzlichen Vertreter erhoben werden (BGH NJW 2012, 3509).
Unbeachtlich bleiben dagegen Behauptungen, der (Gegen-) Vormund habe seine Leistung mangelhaft erbracht (BGH NJW-RR 2012, 835). Sie können nur Gegenstand einer Vollstreckungsgegenklage beim zuständigen Prozessgericht nach § 95 Abs. 1 Nr. 1 i.V.m. § 767 ZPO sein. Das gilt auch für die Einwendungen des Erlasses der Ansprüche, der Aufrechnung und des Zurückbehaltungsrechts (BayObLG FamRZ 1999, 1591). 65

VI. Entsprechende Anwendbarkeit, Abs. 5. Nach § 168 Abs. 5 sind die Abs. 1 bis 4 auf Pflegschaften sinngemäß anzuwenden, also etwa auf den Aufwendungsersatz und die Vergütung eines Ergänzungspflegers nach § 1909 BGB oder eines Nachlasspflegers nach §§ 1960, 1961 BGB. 66

VII. Rechtsbehelf. Regelungen zum Rechtsweg gegen Entscheidungen, die nach § 168 vom Gericht getroffen werden, finden sich im Allgemeinen Teil des FamFG. 67

1. Überblick. Gegen Entscheidungen des Gerichts im Festsetzungsverfahren ist regelmäßig die Beschwerde nach §§ 58 ff. bzw. nach § 11 Abs. 2 RPflG die Erinnerung als Rechtsbehelf gegeben. 68

2. Beschwerde, §§ 58 ff.. a) Grundsätze. § 58 sieht den Rechtsbehelf der Beschwerde gegen Endentscheidungen vor, also solche, die die Festsetzung 69

– von Vorschuss, Ersatz von Aufwendungen und Aufwandsentschädigung, soweit der (Gegen-) Vormund sie aus der Staatskasse verlangen kann oder ihm die Vermögenssorge nicht übertragen wurde, betreffen (§§ 1835 Abs. 4, 1835a Abs. 3 BGB), Abs. 1 Satz 1 Nr. 1,
– einer dem (Gegen-) Vormund zu bewilligenden Vergütung oder Abschlagszahlung (§ 1836 BGB) betreffen, Abs. 1 Satz 1 Nr. 2,
– von gleichzeitigen Rückzahlungen des Mündels an die Staatskasse betreffen (§ 1836e Abs. 1 Satz 1 BGB), Abs. 1 Satz 2,
– von gesonderten Rückzahlungen des Mündels an die Staatskasse (§ 1836e Abs. 1 Satz 1 BGB) betreffen, Abs. 1 Satz 3,
– von Ratenänderungen beinhalten, Abs. 2 Satz 2,
– von Rückzahlungen der Erben des Mündels an die Staatskasse betreffen (§ 1836e Abs. 1 Satz 3 BGB), Abs. 3,
– von Aufwendungsersatz und Vergütung für einen Verfahrenspfleger oder Verfahrensbeistand betreffen, vgl. §§ 277, 318, 419 Abs. 5 Satz 1, 158 Abs. 7,
– sowie die Feststellung der anwaltlichen Ausübung einer Verfahrenspflegschaft zum Gegenstand haben (OLG Köln FamRZ 2004, 715), und der Beschwerdewert 600 € übersteigt bzw. bei darunter liegendem Beschwerdewert das Gericht sie wegen grundsätzlicher Bedeutung, zur Fortbildung des Rechts oder zur Sicherung einer einheitlichen Rechtsprechung zugelassen hat, § 61 Abs. 3. Wird die Beschwerde durch den Richter nicht zugelassen, ist die Entscheidung nicht anfechtbar. Bei Nichtzulassung durch den Rechtspfleger kann dagegen die befristete Erinnerung nach § 11 Abs. 2 RPflG eingelegt werden (*Schulte-Bunert* Rn. 252).

Nicht gesondert anfechtbar sind Neben- und Zwischenentscheidungen, etwa die im Festsetzungsverfahren (inzidenter) erfolgte Feststellung der Berufsmäßigkeit der Amtsführung oder die (Nicht-) Feststellung der Notwendigkeit anwaltsspezifischer Tätigkeit bei Bestellung eines anwaltlichen Verfahrenspflegers (zu Einzelheiten § 277 Rdn. 9).

Die im vereinfachten Verwaltungsverfahren vorgenommene Zahlung kann nicht mit der Beschwerde angegriffen werden, hier kann Festsetzung nach § 168 Abs. 1 beantragt werden. 70

Die Beschwerde kann auf die Frage der Höhe des Stundensatzes des Berufs(Gegen-) Vormunds eingeschränkt werden (KG FGPrax 2003, 123; OLG Schleswig FamRZ 2002, 1286). 71

Die Beschwerde ist innerhalb einer Frist von einem Monat einzulegen, § 63 Abs. 1. Die Frist beginnt für jeden Beteiligten – für die Staatskasse ist das der Bezirksrevisor – mit der schriftlichen Bekanntgabe des Beschlusses, spätestens mit Ablauf von 5 Monaten nach Erlass des Beschlusses, § 63 Abs. 3. Die Frist für eine Beschwerde der Staatskasse gegen Festsetzungsentscheidungen in Betreuungssachen (dazu § 271) beträgt nach §§ 59 Abs. 3, 304 Abs. 2 Satz 1 3 Monate und beginnt mit der formlosen Mitteilung der Entscheidung (dazu § 15 Abs. 3) an den Vertreter der Staatskasse. Wird die Zustellung durch Niederlegung bewirkt, läuft die Frist mit diesem Tag. Zur Fristberechnung vgl. § 16 Abs. 2; § 222 ZPO; § 191 BGB. Das Rechtsmittel 72

§ 168

muss innerhalb der Frist beim Gericht eingegangen sein und kann schriftlich oder zur Niederschrift der Geschäftsstelle erfolgen, § 64 Abs. 2 Satz 1.

73 Über die Beschwerde entscheidet das übergeordnete Beschwerdegericht, i.d.R. das OLG. Nach § 119 Abs. 1 Nr. 1a u b GVG ist das OLG zuständig für die Entscheidung über die Rechtsmittel in den von den Familiengerichten entschiedenen Sachen sowie in den Angelegenheiten der freiwilligen Gerichtsbarkeit mit Ausnahme der Freiheitsentziehungssachen und der von den Betreuungsgerichten entschiedenen Sachen. Hier ist das LG zuständiges Beschwerdegericht. Demgemäß ist das LG als Beschwerdegericht z.B. zuständig für die Entscheidung über die Rechtsmittel gegen die erstinstanzliche Festsetzung der Vergütung eines Betreuers oder eines Verfahrenspflegers in Unterbringungs- oder Freiheitsentziehungssachen.

74 **b) Beschwerdewert.** Die Beschwerde ist nur zulässig, wenn der Wert des Beschwerdegegenstandes 600 € übersteigt, § 61 Abs. 1 FamFG. Der Beschwerdewert entspricht dem Betrag, um den der Beschwerdeführer durch die Entscheidung in seinen Rechten verkürzt zu sein behauptet und in dessen Höhe er mit seiner Beschwerde Abänderung der angegriffenen Entscheidung begehrt (BayObLG FamRZ 2001, 379). Will der (Gegen-) Vormund also konkret 1.000 € Vergütung und werden 300 € festgesetzt, beträgt er 700 €. Bei einem Rechtsmittel der Staatskasse bestimmt sich der Beschwerdewert aus dem Betrag, um den der Bezirksrevisor den Festsetzungsbeschluss gekürzt sehen will (BayObLG BtPrax 2001, 86). Übersteigt der so ermittelte Betrag den Wert von 600 € nicht, ist zu unterscheiden:

75 **aa) Zulassung der Beschwerde.** Bei Zulassung ist die Beschwerde trotz des zu geringen Wertes gegeben. Die Zulassung der Beschwerde kann nach zutreffender Auffassung sowohl durch den Rechtspfleger als auch den Richter erfolgen (BayObLG BtPrax 2001, 75; OLG Hamm BtPrax 2000, 219; OLG Frankfurt am Main BtPrax 2000, 131). Enthält die Entscheidung keine Ausführungen zur Zulassung der Beschwerde, entfällt dieses Rechtsmittel (BayObLG FamRZ 2001, 379; OLG Schleswig NJW-RR 2008, 675). Die Zulassung kann nicht nachgeholt werden (OLG Karlsruhe FamRZ 2000, 302; OLG Schleswig FamRZ 2000, 301). Eine Ausnahme gilt für den Fall der Berichtigung der ursprünglichen Entscheidung nach § 42 oder der nachträglichen Zulassung i.R.d. Abhilfeentscheidung des Rechtspflegers nach § 11 Abs. 2 Satz 2 RPflG (OLG Stuttgart NJW-RR 2010, 1013; OLG Saarbrücken NJOZ 2010, 2402).

76 Die Zulassung kann bei grundsätzlicher Bedeutung der Rechtssache, zur Fortbildung des Rechtes oder zur Sicherung der Einheitlichkeit der Rechtsprechung erfolgen. Die Zulassung kann sich auf einzelne – selbstständig abtrennbare – Aspekte der Entscheidung beschränken. Bei unzulässiger Zulassungsbeschränkung gilt die Zulassung als unbeschränkt (OLG Schleswig NJW-RR 2005, 1093).

77 **bb) Nichtzulassung, Erinnerungsverfahren.** Übersteigt der Beschwerdewert 600 € nicht und wird die Beschwerde nicht zugelassen, ist gegen die durch den Rechtspfleger ergangenen Entscheidungen im Festsetzungsverfahren das Rechtsmittel der (befristeten) Erinnerung zulässig, § 11 Abs. 2 RPflG. Für die Einlegung dieses Rechtsmittels gelten die Ausführungen zur Beschwerde. Die Erinnerung ist innerhalb der für die Beschwerde geltenden Frist von einem Monat, §§ 63 Abs. 1 FamFG; 11 Abs. 2 Satz 1 RPflG, nach der schriftlichen Bekanntgabe einzulegen. Ab dem 01.01.2014 gilt gem. § 11 Abs. 2 Satz 1 RPflG n.F. eine Frist von 2 Wochen (vgl. Gesetz zur Einführung einer Rechtsmittelbelehrung im Zivilprozess und zur Änderung anderer Vorschriften vom 05.12.2012, BGBl. I, S. 2418). Es sind in der Sache folgende Entscheidungen möglich. Der Rechtspfleger hilft ab, d.h. er gibt dem Erinnerungsführer Recht, der Rechtspfleger hilft (ganz oder teilweise) nicht ab und legt sie dem Richter des Gerichts zur Entscheidung vor. Dieser kann das dann als Beschwerde geltende Rechtsmittel (ganz oder teilweise) zurückweisen und dabei die Beschwerde zum Beschwerdegericht zulassen oder nicht, dem dann als Beschwerde geltende Rechtsmittel (ganz oder teilweise) stattgeben und dabei wiederum die Beschwerde zum Beschwerdegericht zulassen oder nicht.

78 Wird der Beschwerdewert von 600 € nicht erreicht und die Beschwerde nicht zugelassen, ist eine gleichwohl eingelegte Beschwerde als Erinnerung auszulegen und bei Nichtabhilfe dem Richter vorzulegen (BGH NJW-RR 2012, 1476).

79 **c) Beschwerdebefugnis.** Beschwerdeberechtigt sein können diejenigen, die durch die Entscheidung in ihren Rechten beeinträchtigt sind, § 59 Abs. 1, also

– das Mündel, wenn es zur Zahlung aus seinem Einkommen und/oder Vermögen verpflichtet wird, nicht bei Ablehnung oder Bewilligung der Zahlung aus der Staatskasse (BayObLG BtPrax 2000, 259; OLG Hamm FGPrax 2007, 171; LG Koblenz MDR 2011, 1007),

– der (Gegen-) Vormund, Verfahrenspfleger bzw. -beistand, wenn bei der Bestellung die Feststellung der Berufsmäßigkeit unterbleibt (OLG Brandenburg NJOZ 2009, 513) oder seinem Antrag nicht (in vollem Umfang) entsprochen wird, allerdings nicht, wenn die Vergütung aus dem Vermögen des Mündels bewilligt wird, und stattdessen Zahlung aus der Staatskasse begehrt wird (OLG Hamm FamRZ 2007, 854),
– der Erbe bei Festsetzung von Ansprüchen gegen den Nachlass des verstorbenen Mündels,
– die Staatskasse, vgl. für Betreuungssachen auch §§ 59 Abs. 3, 304 Abs. 1 Satz 1, soweit Zahlungen aus der Staatskasse zu erbringen sind. Sind die Zahlungen aus dem Vermögen des Mündels festgesetzt, steht der Staatskasse kein Beschwerderecht zu. Das gilt auch, wenn sie mit dem Rechtsmittel das Ziel verfolgt, die festgesetzte Vergütung herabzusetzen, um auf den frei werdenden Vermögensbetrag im Wege des Regresses wegen früher geleisteter Zahlungen zurückgreifen zu können (BayObLG BtPrax 2001, 261). Wird die Berufsmäßigkeit der Betreuung festgestellt, steht der Staatskasse dagegen – im Gegensatz zum Mündel – ebenfalls keine Beschwerdebefugnis zu (BayObLG BtPrax 2001, 204).

Im Festsetzungsverfahren, in dem Höhe und Zeitpunkt der Zahlungen bestimmt worden sind, die der Betroffene nach § 1836e BGB der Staatskasse zu erstatten hat, fehlt einem Sozialhilfeträger, der gegen einen Betroffenen Rückforderungsansprüche wegen erbrachter Sozialleistungen geltend macht, die Beschwerdebefugnis (BGH NJW-RR 2014, 961). Gleiches gilt für einen Testamentsvollstrecker, wenn dem Betroffenen durch ein sog. Behindertentestament Vermögen unter gleichzeitiger Anordnung einer Testamentsvollstreckung übertragen worden ist (BGH NJW 2015, 1965).

Ist eine beantragte Festsetzung durch Beschluss zurückgewiesen, steht dagegen nur dem Antragsteller ein Beschwerderecht zu, § 59 Abs. 2.

d) **Verschlechterung.** Im Beschwerdeverfahren gilt das Gebot der reformatio in peius (Verschlechterungsverbot). Demgemäß darf, wenn nur der (Gegen-) Vormund das Rechtsmittel einlegt, die Entscheidung des LG den (Gegen-) Vormund nicht noch schlechter stellen. Etwas anderes gilt, wenn auch oder nur der Betreute bzw. die Staatskasse Rechtsmittel, etwa eine Anschlussbeschwerde nach § 66, eingelegt haben (OLG Schleswig NJW-RR 2005, 1093).

3. Rechtsbeschwerde, §§ 70 ff. Gegen die Entscheidung des Beschwerdegerichts kann die Rechtsbeschwerde, §§ 70 ff., eingelegt werden, wenn das Beschwerdegericht das wegen der grundsätzlichen Bedeutung der zur Entscheidung stehenden Frage, zur Fortbildung des Rechts oder zur Sicherung einer einheitlichen Rechtsprechung zugelassen hat. Die Zulassung kann sich auf einzelne Aspekte der Entscheidung beschränken. Bei unzulässiger Zulassungsbeschränkung gilt die Zulassung als unbeschränkt (OLG Schleswig NJW-RR 2005, 1093). Ohne Zulassung ist die Rechtsbeschwerde nicht zulässig (OLG Schleswig NJW-RR 2008, 675). Grundsätzliche Bedeutung liegt vor, wenn neue oder sonst ungeklärte Rechtsfragen zu entscheiden sind, die aus Sicht des Beschwerdegerichts zweifelhaft sind. Zudem muss die Frage für die Entscheidung bedeutsam sein und nicht nur einen Einzelfall betreffen.

Die Zulassung muss ausdrücklich erfolgen (OLG Stuttgart FGPrax 2009, 114), fehlt sie, gilt sie als nicht erfolgt. Sie kann nicht nachgeholt werden, auch nicht, wenn das Beschwerdegericht versehentlich davon ausgegangen ist, dass die Rechtsbeschwerde gegen seine Vergütungsentscheidung statthaft ist (BGH NJW 2014, 2879). Mit der Zulassung ist die Rechtsbeschwerde statthaft. Über ihre Zulässigkeit, z.B. Beschwerdebefugnis, und Begründetheit sagt sie nichts aus. Rechtsbeschwerdegericht ist der BGH, § 133 GVG.

An die Zulassung ist das Rechtsbeschwerdegericht gebunden, § 70 Abs. 2 Satz 2. Nach § 74a Abs. 1 kann der BGH als Rechtsbeschwerdegericht die vom Beschwerdegericht zugelassene Rechtsbeschwerde durch einstimmigen Beschluss ohne mündliche Verhandlung oder Erörterung im Termin zurückweisen. Voraussetzung ist, dass der BGH davon überzeugt ist, dass die Voraussetzungen für die Zulassung der Rechtsbeschwerde (dazu § 70 Abs. 2) im Zeitpunkt der Entscheidung nicht vorliegen und insgesamt keine Erfolgsaussicht besteht. Zur Sprungrechtsbeschwerde vgl. § 75.

Die Rechtsbeschwerde ist innerhalb einer Frist von einem Monat einzulegen, § 71 Abs. 1 Satz 1. Die Frist beginnt mit der schriftlichen Bekanntmachung, § 71 Abs. 2 Satz 2. Das Rechtsmittel ist beim BGH einzulegen, § 71 Abs. 1 Satz 1. Zum zwingenden Inhalt einer Rechtsbeschwerdeschrift vgl. § 71 Abs. 1 Satz 2, 3 u 4, Abs. 2 und 3. Die Rechtsbeschwerde kann nur darauf gestützt werden, dass die angefochtene Entscheidung auf einer Verletzung des Rechts beruht, § 72 Abs. 1 Satz 1. Nach § 72 Abs. 1 Satz 2 ist das Recht verletzt, wenn eine Rechtsnorm nicht oder nicht richtig angewendet worden ist. Der BGH nimmt nur eine Rechtskontrolle vor, Tatsachen können nicht gerügt und zur Überprüfung gestellt werden. Zu weiteren Einzelhei-

§ 168a   Buch 2. Verfahren in Familiensachen

ten vgl. § 72 Rdn. 3 ff. Zum Verfahren des Rechtsbeschwerdegerichts vgl. § 74 Abs. 4, zu seinem Prüfungsmaßstab, § 74 Abs. 1 bis 3, zu seiner Entscheidung, vgl. § 74 Abs. 5 und 6.

§ 168a   Mitteilungspflichten des Standesamts.

(1) Wird dem Standesamt der Tod einer Person, die ein minderjähriges Kind hinterlassen hat, oder die Geburt eines Kindes nach dem Tod des Vaters oder das Auffinden eines Minderjährigen, dessen Familienstand nicht zu ermitteln ist, angezeigt, hat das Standesamt dies dem Familiengericht mitzuteilen.
(2) Führen Eltern, die gemeinsam für ein Kind sorgeberechtigt sind, keinen Ehenamen und ist von ihnen binnen eines Monats nach der Geburt des Kindes der Geburtsname des Kindes nicht bestimmt worden, teilt das Standesamt dies dem Familiengericht mit.

1   Abs. 1 entspricht inhaltlich dem bisherigen § 48 FGG, wobei an die Stelle des Vormundschaftsgerichts das FamG tritt. **Abs. 2** entspricht inhaltlich dem bisherigen § 64c FGG, der mit Wirkung vom 01.01.2009 durch das Gesetzes zur Reform des Personenstandsrechts vom 19.02.2007 (BGBl. S. 122) eingeführt wurde und den bis dahin geltenden § 21a PStG ersetzte (vgl. weiter MüKo/*Heilmann* § 168a Rn. 3).

2   Die **Mitteilungspflichten** bestehen unabhängig davon, ob im Einzelfall tatsächlich Maßnahmen zu ergreifen sind. Hierüber entscheidet allein das FamG (*Bumiller/Harders/Schwamb/Bumiller* § 168a Rn. 1; MüKo/*Heilmann* § 168a Rn. 5; Johannsen/Henrich/*Büte* § 168a Rn. 1). Das Standesamt richtet die Mitteilung an das **für seinen Sitz zuständige FamG**, das sie ggf. an das für die entsprechenden Maßnahmen zuständige FamG weiterleitet (Keidel/*Engelhardt* § 168a Rn. 4; Johannsen/Henrich/*Büte* § 168a Rn. 2; *Bumiller/Harders/Schwamb/Bumiller* § 168a Rn. 1; a.A. im Hinblick auf Entstehungsgeschichte MüKo/*Heilmann* § 168a Rn. 13: Mitteilung an das gem. § 152 örtlich zuständige FamG).

3   Abs. 1 nennt drei Fallkonstellationen die das Standesamt dem FamG mitteilen muss, weil möglicherweise ein Vormund zu bestellen oder eine andere Maßnahme zu ergreifen ist. Beim **Tod** einer Person, die einen Minderjährigen hinterlässt, kommen Maßnahmen gem. §§ 1680, 1685, 1773, 1791c 1909 BGB in Betracht (*Bumiller/Harders/Schwamb/Bumiller* § 168a Rn. 2; Keidel/*Engelhardt* § 168a Rn. 2). Dies gilt auch bezüglich nicht ehelicher Kinder (Keidel/*Engelhardt* § 168a Rn. 2). Ferner kann bei der **Geburt** eines Kindes nach dem Tod des Vaters wegen §§ 1673, 1791c BGB die Bestellung eines Vormunds erforderlich sein (MüKo/*Heilmann* § 168a Rn. 7). Schließlich ist gem. § 1773 Abs. 2 BGB i.V.m. §§ 24, 25 PStG dem Minderjährigen mit **ungeklärtem Familienstand** (MüKo/*Heilmann* § 168a Rn. 8: »Findelkinder«, »Babyklappenfälle«) stets ein Vormund zu bestellen.

4   Die Mitteilungspflicht nach **Abs. 2** korrespondiert mit § 1617 Abs. 2 BGB, wonach das Gericht einem Elternteil das Namensbestimmungsrecht überträgt, wenn die Eltern binnen eines Monats nach der Geburt keine Bestimmung getroffen haben. Abs. 2 gilt entsprechend, wenn die Eltern einen unzulässigen Namen bestimmen oder der Elternteil, dem das Namensbestimmungsrecht übertragen wurde, hiervon keinen Gebrauch macht (so MüKo/*Heilmann* § 168a Rn. 12).

Abschnitt 4. Verfahren in Abstammungssachen
Vorbem. zu §§ 169–185

Die verwandtschaftliche Beziehung zweier Personen, wie sie durch die Abstammung der einen von der anderen Person bestimmt wird (§ 1589 BGB), ist für das Kind wie für seine Mutter und seinen Vater für die Identitätsfindung und familiäre Einbindung von existenzieller Bedeutung. Die Diskussion um die Verwertbarkeit heimlicher Vaterschaftstests im gerichtlichen Verfahren und Entscheidungen des BVerfG haben zu mehreren materiell-rechtlichen und verfahrensrechtlichen Änderungen geführt. Im FamFG erhalten die Abstammungsverfahren nicht nur eine neue Bezeichnung, sondern eine neue verfahrensrechtliche Konzeption (zu den Auswirkungen auf das Personenstandsrecht *Helms/Krömer* StAZ 2009, 325). Der bisherige Begriff der Kindschaftssachen in § 640 Abs. 1 ZPO a.F. brachte die Verfahrensgegenstände nur unzureichend zum Ausdruck und führte nicht selten zu Verwechselungen mit Verfahren bezüglich der elterlichen Sorge. Dem trägt die Reform durch den Begriff der Abstammungssachen, der den Bezug zum allgemeinen Sprachgebrauch herstellt, Rechnung. 1

Verfahrensrechtlich orientieren sich die Vorschriften des 4. Abschnitts an den bisherigen Regelungen der §§ 640 ff. ZPO a.F., die nach Entscheidungen des BVerfG zum Vaterschaftsanfechtungsverfahren modifiziert wurden. Die konzeptionelle Neuerung der Abstammungssachen besteht darin, dass sämtliche Abstammungsverfahren als **einseitige Antragsverfahren**, wie die postmortalen Abstammungsverfahren nach §§ 1600e Abs. 2 BGB a.F.; 621 Nr. 10, 621a Abs. 1 Satz 1 ZPO a.F., ausgestaltet sind, wodurch eine formale Gegnerschaft von Vater und Mutter bzw. Kind vermieden werden soll (*Zöller/Greger* § 169 FamFG Rn. 1). Für sie gelten neben den §§ 169 ff. – von einigen Verweisungen auf die ZPO abgesehen – die allgemeinen Vorschriften des FamFG. Ein kontradiktorisches Verfahren nach den bisherigen – wenn auch den Verfahrensgegenständen gemäß modifizierten – Regelungen der ZPO findet nicht mehr statt. Von anderen Familiensachen unterscheiden sich die Abstammungssachen ganz wesentlich dadurch, dass ein durch Antrag eingeleitetes Verfahren (§ 171) nicht mehr der Parteiherrschaft, sondern der gerichtlichen **Amtsermittlung** unterliegt (§ 177) und die gerichtliche Statusentscheidung ggü. jedermann wirkt (§ 184 Abs. 2). 2

Die Abstammungsverfahren sind zu Recht nicht den Familienstreitsachen (§ 112) gleichgestellt worden (*Heiter* FPR 2006, 417, 418). Im Gegensatz zu den Familienstreitsachen, bei denen die finanziellen Beziehungen der Beteiligten Verfahrensgegenstand sind, betreffen die Abstammungssachen den **Status** eines Kindes. Dieser wird allein durch die verwandtschaftliche Beziehung (§ 1589 BGB) zu Mutter und Vater bestimmt, während die auf Ehelichkeit oder Nichtehelichkeit bezogene statusrechtliche Einordnung bereits mit dem KindRG abgeschafft wurde. Fallen biologische und rechtliche Vaterschaft auseinander, muss den Familienmitgliedern die Möglichkeit offen stehen, die tatsächliche Abstammung zu klären und darüber hinaus eine rechtliche Beziehung aufzulösen. Hiervon sind nicht nur der rechtliche Elternteil und das Kind betroffen, sondern auch die verfassungsrechtlich geschützten Interessen der biologischen Elternteile. Den Interessen aller Beteiligten müssen die materiell-rechtlichen Regelungen einerseits wie die verfahrensrechtliche Gestaltung andererseits in angemessener Weise Rechnung tragen (BVerfG FamRZ 2007, 441). Sie müssen darüber hinaus bei der Auslegung der Vorschriften Berücksichtigung finden. 3

Hierfür ist das bisherige kontradiktorische Verfahren der ZPO weniger geeignet, weil sich mehrpolige und widerstreitende Interessen verfahrensrechtlich schwieriger abstimmen lassen. Die Beteiligung beider Eltern und ggf. weiterer Personen gem. §§ 172, 7 kann im neuen Beschlussverfahren verfahrensrechtlich integriert werden, ohne die Regelung des § 640e ZPO a.F. über Beiladung, Verfahrensbeitritt oder Streitverkündung (§§ 66 ff. ZPO) bemühen zu müssen. Auch die Interessen des minderjährigen Kindes können durch die Beteiligung des Jugendamts (§ 176) und die Bestellung eines Verfahrensbeistands (§ 174) im Verfahren besser zur Geltung kommen. Ob darüber hinaus aufgrund der Möglichkeiten außergerichtlicher Vaterschaftstests im gerichtlichen Abstammungsverfahren ein »niedrigschwelliger« Verfahrensansatz, der durch ein Verfahren der freiwilligen Gerichtsbarkeit und den Abbau fragwürdiger Hürden besser gewährleistet werde (*Heiter* FPR 2006, 417, 418), sinnvoll erscheint und als Begründung trägt, darf im Hinblick auf die Komplexität der fortbestehenden Verfahrensvorschriften und der Änderungen des RegE bezweifelt werden. 4

In den §§ 1599 Abs. 1 BGB u 1600d Abs. 4 BGB ist die Abstammung materiell-rechtlich in zwei Richtungen geschützt, weil die Rechtswirkungen der Vaterschaft erst vom Zeitpunkt ihrer Feststellung an geltend gemacht werden können (sog. Rechtsausübungssperre) und die bestehende Vaterschaft bis zu ihrer rechtskräftigen Anfechtung Bestand hat. Verfahrensrechtlich korrespondiert hiermit die Exklusivität des Abstam- 5 mungsverfahrens, weil nur nach Maßgabe der besonderen Regelungen der §§ 169 ff. über die Verfahrensgegenstände, dann jedoch mit Wirkung für und gegen alle (§ 182), entschieden werden kann, ohne eine spätere – auf besseren Erkenntnismöglichkeiten beruhende – Änderung der Entscheidung auszuschließen (§ 185).

§ 169 Abstammungssachen. Abstammungssachen sind Verfahren

1. auf Feststellung des Bestehens oder Nichtbestehens eines Eltern-Kind-Verhältnisses, insbesondere der Wirksamkeit oder Unwirksamkeit einer Anerkennung der Vaterschaft,
2. auf Ersetzung der Einwilligung in eine genetische Abstammungsuntersuchung und Anordnung der Duldung einer Probeentnahme,
3. auf Einsicht in ein Abstammungsgutachten oder Aushändigung einer Abschrift oder
4. auf Anfechtung der Vaterschaft.

Übersicht

	Rdn.		Rdn.
A. Allgemeines	1	VI. Isolierte Abstammungsfeststellung	11
B. Feststellung des Bestehens oder Nichtbestehens eines Eltern-Kind-Verhältnisses	3	C. Verfahren nach § 1598a BGB	12
I. Vaterschaftsfeststellung	4	D. Anfechtung der Vaterschaft	14
II. Negativer Feststellungsantrag	5	E. Postmortale Abstammungsverfahren	18
III. Feststellung der Mutterschaft	6	F. Keine Abstammungssachen	19
IV. Weitere Anwendungsfälle	8	G. Exklusivität der Abstammungssachen	25
V. Wirksamkeit oder Unwirksamkeit einer Anerkennung der Vaterschaft	10		

1 **A. Allgemeines.** § 169 definiert die **Verfahrensgegenstände** der Abstammungssachen, in denen über die für die Verwandtschaft i.S.d. § 1589 BGB allein maßgebliche Abstammung zweier Personen voneinander entschieden wird (Rspr. Übersicht bei *Keuter* FamRZ 2014, 517; 2015, 779; zum »unbestimmten Geschlecht« *Sieberichs* FamRZ 2013, 1180; zur vertraulichen Geburt *Helms* FamRZ 2014, 609 ff.; zur Exklusivität des Statusverfahrens Rdn. 25). § 169 übernimmt die Regelung des § 640 Abs. 2 ZPO a.F. mit Ausnahme der Verfahren auf Feststellung des Bestehens oder Nichtbestehens der elterlichen Sorge. Durch das Gesetz zur Klärung der Vaterschaft unabhängig vom Anfechtungsverfahren v. 26.03.2008 (BGBl. I, S. 441) waren die jetzigen Nr. 2 u 3 in § 640 Abs. 2 ZPO a.F. eingefügt worden. § 169 legt **abschließend** fest, auf welche Verfahren die besonderen Vorschriften der §§ 170 bis 185 Anwendung finden, wobei das Wiederaufnahmeverfahren selbst eine Abstammungssache ist. Ob materiell-rechtlich ausländisches Recht zur Anwendung kommt, beurteilt sich kollisionsrechtlich nach Maßgabe der Art. 19 bis 21 EGBGB, wobei Art. 19 Abs. 1 EGBGB für die Abstammung alternativ an den gewöhnlichen Aufenthalt des Kindes, die Staatsangehörigkeit der Eltern oder das Ehewirkungsstatut anknüpft (*Helms/Kieninger/Rittner* Rn. 141 ff.; zum Günstigkeitsprinzip OLG Karlsruhe FamRZ 2015, 1636; NZFam 2016, 192; KG Beschl. v. 05.01.2016 – 1 W 675/15). Da die §§ 169 ff. eng auf das deutsche materielle Abstammungsrecht bezogen sind, können bei Anwendung ausländischen Abstammungsrechts Anpassungen oder Ergänzungen notwendig werden (MünchKommZPO/*Coester-Waltjen/Hilbig* Vor §§ 169 ff. Rn. 4). Die Anerkennung einer ausländischen Abstammungsentscheidung betrifft zwar nicht die Feststellung des Bestehens oder Nichtbestehens eines Eltern-Kind-Verhältnisses, sondern hat die Anerkennungsvoraussetzungen einer gerichtlichen Entscheidung zum Gegenstand. Aufgrund der statusrechtlichen Bedeutung handelt es sich um eine Abstammungssache kraft Sachzusammenhangs (BGH NJWE-FER 1999, 282; FamRZ 1997, 490; OLG Hamm FamRZ 1994, 438; BGH FuR 2009, 682 = FamRZ 2009, 1816 zum Verstoß einer ausländischen Entscheidung gegen den ordre public bei Feststellung der Vaterschaft ohne Einholung eines Sachverständigengutachtens allein auf der Grundlage der Aussage einer Zeugin vom Hörensagen; OLG Naumburg FamRZ 2009, 636). In der gerichtlichen Praxis stehen das Vaterschaftsfeststellungsverfahren und das Vaterschaftsanfechtungsverfahren im Vordergrund. Ob auch die Klärungsverfahren nach Nr. 2 u 3 relevant werden oder durch den Appellcharakter der materiell-rechtlichen Anspruchsgrundlagen in § 1598a Abs. 1 u 4 BGB weitgehend außergerichtliche Wirkung haben, bleibt abzuwarten. Die privatautonome Disposition über die Vaterschaft eines Mannes für ein nach Anhän-

Abschnitt 4. Verfahren in Abstammungssachen § 169

gigkeit des Scheidungsverfahrens geborenes Kind gem. § 1599 Abs. 2 BGB erfolgt außerhalb eines gerichtlichen Abstammungsverfahrens (BGH FamRZ 2013, 945 [zu Form und Frist der Erklärungen; BGH FamRZ 2012, 616 zum anwendbaren Statut i.F.d. sog. scheidungsakzessorischen Statuswechsels).

Ist die Verwandtschaft zwischen den Beteiligten außerhalb eines Abstammungsverfahrens streitig, wird materiell-rechtlich das Kind durch § 1599 Abs. 1 BGB und ein Mann durch § 1600d Abs. 4 BGB geschützt, weil die rechtliche Vaterschaft bis zu deren gerichtlicher Auflösung Bestand hat und Rechte oder Pflichten aus der verwandtschaftlichen Beziehung nur bei Feststellung der Vaterschaft geltend gemacht werden können. Ein gerichtliches Verfahren, in dem die Verwandtschaft bzw. die Abstammung Tatbestandsvoraussetzung ist, muss **ausgesetzt** werden (§ 21 Abs. 1; §§ 153, 154 ZPO), wenn ein rechtlich vorgreifliches Abstammungsverfahren anhängig ist oder wird (OLG München FamRZ 1996, 950, 951; OLG Hamm FamRZ 2014, 1034 [LS]; a.A. OLG Hamm FamRZ 1987, 1188 beim Eilverfahren; BGH FamRZ 1973, 26). Wird in einem Unterhaltsverfahren über die streitige Abstammung des Kindes (unzulässigerweise) Beweis erhoben, so kann das Ergebnis des Gutachtens der Entscheidung zugrunde gelegt werden, weil die Sperrwirkung des § 1599 Abs. 1 BGB sich aus dem materiellen Recht ergibt und das Beweisverfahren als solches nicht berührt (BGH FamRZ 2012, 779, 781). Eine Ausnahme bilden lediglich die einstweiligen Anordnungsverfahren nach §§ 247, 248, in denen Unterhalt trotz ungeklärter Vaterschaft bei Anhängigkeit eines Vaterschaftsfeststellungsverfahrens tituliert werden kann. In Ausnahmefällen lässt der BGH nunmehr die Inzidentfeststellung der Vaterschaft in einem anderen Verfahren zu (Rdn. 25 ff.). Eine Aussetzung eines Verfahrens auf Berichtigung des Geburtenregisters ist nach OLG Karlsruhe (FamRZ 2014, 1561) nicht geboten, wenn ein Vaterschaftsanfechtungsverfahren erst ein Jahr später eingeleitet wird. 2

B. Feststellung des Bestehens oder Nichtbestehens eines Eltern-Kind-Verhältnisses. Von § 169 Nr. 1 werden unterschiedliche Verfahren erfasst, die das Bestehen oder Nichtbestehen eines Eltern-Kind-Verhältnisses zum Gegenstand haben, ohne dass es auf die eheliche oder nicht eheliche Abstammung ankommt. Der umfassende Begriff des Eltern-Kind-Verhältnisses ist erforderlich, weil die Rechtsbeziehung zwischen dem Kind und seiner Mutter betroffen sein kann, auch wenn die Mutterschaft als solche – selbst bei Ei- oder Embryonenspende – nicht angefochten werden kann (§ 1591 BGB). 3

I. Vaterschaftsfeststellung. Besteht keine rechtliche Vaterschaft, bedarf es der **Feststellung der Vaterschaft** gem. § 1600d Abs. 1 BGB, um deren Rechtswirkungen geltend machen zu können (Abs. 4), woraus sich zugleich das erforderliche Feststellungsinteresse begründet (OLG Frankfurt am Main FamRZ 2009, 704). Verfahrensgegenstand ist allein die Feststellung der Vaterschaft als verwandtschaftliche Beziehung und nicht das Bestehen oder Nichtbestehen eines nicht ehelichen Vater-Kind-Verhältnisses. Das Feststellungsbegehren ist auf ein bestimmtes Kind nach dessen Geburt gerichtet. Daher ist ein gerichtliches Verfahren - anders als die pränatale Anerkennung der Vaterschaft nach § 1594 Abs. 4 BGB - vor der Geburt des Kindes unzulässig. Dies gilt auch hinsichtlich der Vaterschaft für im Ausland (hier Kalifornien) kryokonservierter Embryonen (OLG Düsseldorf FamRZ 2015, 1979 m. krit. Anm. *Mankowski* und *Coester-Waltjen*). Die Vaterschaft kann nur festgestellt werden, wenn eine Vaterschaft nach den §§ 1592 Nr. 1 u 2, 1593 BGB nicht besteht (BGH FamRZ 1999, 716; FamRZ 2007, 538, 542; OLG Köln FamRZ 2002, 480; OLG Düsseldorf FamRZ 2003, 1578, 1580). Mangels rechtskräftiger Vaterschaftsanfechtung gilt die rechtliche Vaterschaft eines Mannes für und gegen alle (§ 1599 Abs. 1 BGB), sodass eine gerichtliche Entscheidung hierüber Wirkung weder unmittelbar noch in einer Vorfrage widersprechen darf (BGH FamRZ 2012, 437, 439). Ein Antrag ist daher **unzulässig**, wenn die Mutter zum Zeitpunkt der Geburt verheiratet ist (§ 1592 Nr. 1 BGB) bzw. die Ehe durch Tod aufgelöst wurde und das Kind innerhalb von 300 Tagen nach der Auflösung geboren wird (§ 1593 Satz 1 BGB) oder ein Mann die Vaterschaft wirksam anerkannt hat (§ 1592 Nr. 2 BGB). Dies gilt auch bei bestehender rechtlicher Vaterschaft für einen Antrag auf Feststellung, dass das Kind von einem anderen Mann abstammt (OLG Hamm FamRZ 1999, 1365), weil zuvor die bestehende Vaterschaft angefochten werden muss. Solange ein Vaterschaftsanerkenntnis mangels Zustimmung der Mutter nicht wirksam ist (§ 1595 Abs. 1 BGB), können das Kind und der Mann ein Verfahren zur Feststellung der Vaterschaft einleiten. Ist ausnahmsweise die Zustimmung des Kindes zum Vaterschaftsanerkenntnis erforderlich (§ 1595 Abs. 2 BGB), kann ein Antrag auch dann zulässig sein, wenn der Mann bereit ist, die Vaterschaft anzuerkennen, denn das Kind hat ein schutzwürdiges Interesse an der Feststellung der tatsächlichen biologischen Vaterschaft, die einem Anerkenntnis nicht zugrunde liegen muss (KG FamRZ 1994, 909, 910; OLG Nürnberg FamRZ 1995, 620). Das Rechtsschutzbedürfnis kann fehlen, wenn keinerlei Zweifel an der Vaterschaft des Anerkennenden besteht. Der (positive) Vaterschaftsfeststellungsantrag kann als Ausnahme des Verbots der Verfahrens- 4 verbindung nach § 179 Abs. 1 u 2 mit dem Antrag auf Zahlung des Mindestunterhalts (§ 1612a BGB) verbunden werden (§ 237). Zum Verfahrensantrag § 171 Rdn. 6; zu den Verfahrensbeteiligten § 172 Rdn. 23 f.).

5 **II. Negativer Feststellungsantrag.** Neben dem Ziel, die Vaterschaft festzustellen, kommt ein Antrag über deren Nichtbestehen zu entscheiden, als **negativer Feststellungsantrag** in Betracht, wie sich aus § 182 Abs. 2 ergibt. Der Antrag eines Mannes kann zulässig sein, wenn ein Kind oder dessen Mutter nachdrücklich behaupten, der Antragsteller sei der Vater des Kindes, denn dieser muss nicht ein eventuelles Vaterschaftsfeststellungsverfahren abwarten. Umgekehrt können das Kind oder seine Mutter einen dahin gehenden Antrag stellen, wenn ein Mann – aus deren Sicht – zu Unrecht geltend macht, der leibliche Vater des Kindes zu sein. Auch ein Verfahren über die Unwirksamkeit eines die Vaterschaft feststellenden Urteils, das ein Gericht der ehemaligen DDR gefällt hat, wird hiervon erfasst (BGH FamRZ 1997, 490).

6 **III. Feststellung der Mutterschaft.** Nur in seltenen Ausnahmefällen wird ein Rechtsschutzbedürfnis bestehen, die **Mutterschaft** gerichtlich feststellen zu lassen. Denn gem. § 1591 BGB ist Mutter eines Kindes die Frau, die es geboren hat. Die Möglichkeiten der medizinisch unterstützen Fortpflanzung, durch die die gebärende Frau und die Trägerin des genetischen Erbguts aufgrund der unterschiedlichen Formen der Ei- oder Embryonenspende sowie der Ersatzmutterschaft auseinander fallen können, ändern hieran nichts (*Wanitzek* S. 200 ff.; gegen das Verbot der Eizellenspende *Schewe* FamRZ 2014, 90). Der Antrag einer Frau auf Feststellung ihrer Mutterschaft ist unzulässig, wenn sie sich zu einer Ei- oder Embryonenspende bereit erklärt hatte und das Kind von einer anderen Frau geboren wird (*Musielak/Borth* § 169 FamFG Rn. 2; VG Berlin FamRZ 2013, 738 [zur Leihmutterschaft]). Ebenso ist die Anfechtung der rechtlichen Mutter ausgeschlossen (FA-FamR/*Schwarzer* Kap. 3 Rn. 98 ff.; zur leiblichen, nicht rechtlichen Mutter *Löhnig* FamRZ 2015, 806). Ob neben der das Kind gebärenden Mutter deren Lebenspartnerin als genetische Mutter des Kindes im Geburtsregister eingetragen werden kann, ist streitig (bejahend KG FamRZ 2015, 943; verneinend OLG Köln FamRZ 2015, 156; zur doppelten oder Mitmutterschaft *Frie* FamRZ 2015, 889). Zahlreiche Entscheidungen befassen sich mit den materiell-rechtlichen Statusfolgen bzw. der Anerkennung hierauf bezogener ausländischer Entscheidungen (BGH FamRZ 2015, 40 [kein Verstoß gegen den ordre public bei Zuweisung der Elternschaft an Wunscheltern]; Vorinstanz KG FamRZ 2014, 1563 [LS]; OLG Düsseldorf FamRZ 2015, 1638; EGMR 2014, 1349 mit Übersetzung und Anm. *Frank* 1525 ff.; 2014, 1841 [LS]; LG Frankfurt FamRZ 2013, 644 [zur Adoption]; AG Konstanz FamRZ 2016, 248; AG Regensburg FamRZ 2014, 1556; AG Neuss FamRZ 2014, 1127; AG Friedland FamRZ 2013, 1994; a.A. Schw.Bundesgericht FamRZ 2015, 1912). Neben den Statusfragen sind dabei auch personenstandsrechtliche Fragen zu klären (OLG Düsseldorf FamRZ 2013, 1495 [Nachbeurkundung einer indischen Leihmutter]). Zum Auskunftsanspruch § 169 Rdn. 21.

7 Ein Feststellungsinteresse kann indes bestehen, wenn die Geburt durch die Frau – etwa wegen einer eventuellen. Vertauschung oder Verwechselung der Kinder in der Klinik – zweifelhaft ist (OLG Bremen FamRZ 1995, 1291; BGH FamRZ 1973, 26 f.) oder die Mutterschaft wissentlich falsch beurkundet wurde (OLG Koblenz FamRZ 2010, 481). Ebenso werden hier Fälle erfasst, in denen der Geburtszeitpunkt innerhalb einer Ehe oder deren Bestand (Nichtehe) bei der Geburt streitig sind (MünchKommZPO/*Coester-Waltjen/Hilbig* § 169 FamFG Rn. 6). Ob die Mutter in diesen Fällen ein Klärungsverfahren nach § 1598a Abs. 2 BGB einleiten kann, ist streitig (Rdn. 12). Zum Problem vertauschter Kinder *Frank* FamRZ 2015, 1149; ders. StaZ 2015, 225 [zu den personenstandsrechtlichen Fragen]; *Eckebrecht* FPR 2011, 394; *Veit/Hinz* FamRZ 2010, 505.

8 **IV. Weitere Anwendungsfälle.** Die Abstammung kann auch dann zu klären sein, wenn sich jemand als Kind eines anderen ausgibt (BGH FamRZ 1973, 26). Die Vaterschaft eines Mannes nach § 1593 Satz 3 BGB wird seltener im Feststellungsverfahren als häufiger im Vaterschaftsanfechtungsverfahren geklärt. Die Feststellung der Wirksamkeit einer vor 1977 erfolgten **Adoption** betrifft ebenfalls das Eltern-Kind-Verhältnis, dürfte jedoch praktisch bedeutungslos sein, weil die Aufhebung des Annahmeverhältnisses gem. § 1759 BGB nur in Betracht kommt, wenn die für die Annahme als Kind erforderlichen Erklärungen fehlen (§ 1760 BGB) oder die Aufhebung aus schwerwiegenden Gründen des Kindeswohls erforderlich ist (§ 1763 BGB).

9 Auch die Auflösung der durch **Ehelicherklärung** (§ 1723 BGB a.F.) oder infolge **Legitimation** durch nachfolgende Ehe (§ 1719 BGB a.F.) begründeten Vaterschaft, die bis zur Kindschaftsrechtsreform 1998 möglich waren, ist im Abstammungsverfahren möglich. Beruht die Vaterschaft in beiden Fällen nicht auf einer gerichtlichen Feststellung, sondern auf einer vorherigen Anerkennung, kann der rechtliche Vater die Unwirksamkeit der Vaterschaftsanerkennung geltend machen oder ein Vaterschaftsanfechtungsverfahren einleiten (BGH FamRZ 1995, 225, 226; OLG Düsseldorf FamRZ 1995, 315; FamRZ 1998, 53 f.). Entfällt die Wirkung

des Vaterschaftsanerkenntnisses, ist auch die Legitimationswirkung kraft Gesetzes hinfällig (OLG München FamRZ 1987, 307, 308). Im Fall einer gerichtlichen Feststellung müssen Gründe für die Wiederaufnahme des Verfahrens (§ 185) bestehen.

V. Wirksamkeit oder Unwirksamkeit einer Anerkennung der Vaterschaft. Die Rechtswirkungen einer – 10 auch pränatal zulässigen (OLG München FamRZ 2010, 743) – Anerkennung der Vaterschaft, auch nach Maßgabe des § 1599 Abs. 2 BGB (BGH FamRZ 2013, 944), können erst mit deren Wirksamkeit geltend gemacht werden. Ihre Unwirksamkeit lässt sich gem. § 1598 Abs. 1 BGB nur auf die Nichteinhaltung der Formerfordernisse nach §§ 1594 bis 1597 BGB stützen, während andere Gründe, insb. das bewusst falsche Anerkenntnis, nicht zu dessen Unwirksamkeit führen. Im Feststellungsverfahren nach § 169 Nr. 1 ist allein die von Anfang an bestehende (Un-) Wirksamkeit der Anerkennung der Vaterschaft Verfahrensgegenstand. Der Grund für die Unwirksamkeit kann in der fehlenden Geschäftsfähigkeit (§ 1596, BGH FamRZ 1985, 271), einem Formmangel nach § 1597 BGB, einer fehlenden Zustimmung nach § 1595 BGB liegen oder auf dem Streit über die bestehende Vaterschaft eines anderen Mannes (§ 1594 Abs. 2 BGB, OLG München FamRZ 2008, 2227) beruhen. Die vorgenannten Unwirksamkeitsgründe können im Feststellungsverfahren nicht mehr angeführt werden, wenn seit der Eintragung in ein deutsches Personenstandsregister 5 Jahre vergangen sind (§ 1598 Abs. 2 BGB; OLG München FamRZ 2011, 1309). Der Ablauf dieser Frist heilt jedoch nicht die Unwirksamkeit einer Anerkennung, die während der Vaterschaft eines anderen Mannes erklärt wurde (OLG Rostock FamRZ 2008, 2226). Gegenstand des Feststellungsverfahrens kann auch die Frage sein, ob die im Erörterungstermin (§ 175 Abs. 1) erklärte Anerkennung der Vaterschaft (§ 180) wirksam protokolliert wurde (OLG Brandenburg FamRZ 2004, 471). Da das Feststellungsverfahren allein auf die (Un-) Wirksamkeit des Vaterschaftsanerkenntnisses aufgrund materiell-rechtlich begrenzter Mängel gerichtet ist, ist der Verfahrensgegenstand mit der Vaterschaftsanfechtung (Nr. 4) nicht identisch. Wird die Unwirksamkeit der Anerkennung festgestellt, ist ein Vaterschaftsfeststellungsantrag eines anderen Verfahrensbeteiligten (ggf. in demselben Verfahren) zulässig. Hat der Feststellungsantrag hingegen keinen Erfolg, kann der rechtliche Vater gleichwohl seine Vaterschaft anfechten. Um die 2-jährige Anfechtungsfrist des § 1600b Abs. 1 BGB zu wahren, sollte der Antrag auf Feststellung der Unwirksamkeit der Anerkennung hilfsweise mit einem Anfechtungsantrag (Nr. 4) verbunden werden (§ 179).

VI. Isolierte Abstammungsfeststellung. Nachdem durch §§ 1598a Abs. 2 BGB; § 169 Nr. 2 FamFG ein 11 Abstammungsklärungsverfahren normiert ist, dürfte der Streit um eine »**isolierte Abstammungsfeststellungsklage**« oder eine »statusunabhängige Feststellungsklage« zur Feststellung der Abstammung beendet sein (BVerfG FamRZ 2008, 2257, 2258; Prütting/Helms/*Stößer* § 169 Rn. 9). Überlegungen in diese Richtung erfolgten einerseits nach der Entscheidung des BVerfG zum begrenzten Anfechtungsrecht des volljährigen Kindes nach § 1589 BGB a.F. (FamRZ 1989, 255), um sein verfassungsrechtlich geschütztes Recht auf Kenntnis der eigenen Abstammung realisieren zu können, und andererseits i.R.d. Kindschaftsrechtsreform (BT-Drucks. 13/4899 S. 56 f., 147 u 166), um den begrenzten Rechtsschutz bei gespaltener Elternschaft zu erweitern (*Gaul* FamRZ 1997, 1441, 1464) und die Rechtsstellung des biologischen Vaters, dem bis April 2004 kein Anfechtungsrecht zustand, zu verbessern. I.R.d. Zulässigkeit eines solchen (rechtsfolgenlosen) auf Klärung der Abstammung gerichteten Feststellungsantrags erwiesen sich insb. das festzustellende Rechtsverhältnis in Form der genetischen Abstammung wie auch das Feststellungsinteresse i.S.v. § 256 ZPO als problematisch, wenn aus der gerichtlichen Entscheidung keine Rechtsfolgen gezogen werden können (*Wanitzek* S. 380, 390 ff. m.w.N.; *Gaul* FamRZ 2000, 1461, 1474; Staudinger/*Rauscher* Einl. §§ 1589 ff. BGB Rn. 80 ff.). Die Rechtsprechung hat bisher ein rechtsfolgenloses oder isoliertes Abstammungsfeststellungsverfahren durchgängig als unzulässig angesehen, weil bis zum Inkrafttreten des § 1598a BGB eine statusunabhängige Vaterschaftsfeststellung weder materiell- noch verfahrensrechtlich vorgesehen war (BGH FamRZ 2007, 538, 642; OLG Hamm FamRZ 1999, 1356; OLG Köln FamRZ 2002, 480, 481) und § 1600d Abs. 1 BGB eine abschließende Sonderregelung für das Abstammungsrecht darstellt, die eine gerichtliche Feststellung der Vaterschaft ausschließt, solange die rechtliche Vaterschaft eines anderen Mannes besteht.

C. Verfahren nach § 1598a BGB. Nachdem der BGH (FamRZ 2005, 340 ff., 342 ff., hierzu § 171 Rdn. 15) 12 die Verwertung heimlicher Vaterschaftstests im Vaterschaftsanfechtungsverfahren für unzulässig erklärt hatte, stellte das BVerfG (FamRZ 2007, 441 ff.; 1315; FamRZ 2008, 2257 f.; *Brosius-Gersdorf* NJW 2007, 806 ff.) für den rechtlichen Vater ein verfahrensrechtliches Defizit fest. Er könne sein aus Art. 2 Abs. 1 GG hergeleitetes Recht auf Kenntnis der genetischen Abstammungsverhältnisse im Anfechtungsverfahren, das an strenge Voraussetzungen gebunden ist und seinen evtl. begrenzten Interessen nicht entspreche, nicht durchsetzen. Es besteht jedoch eine grundrechtliche Schutzpflicht des Staates, ein Verfahren vorzusehen, in dem im Einzelfall Zweifel an der Vaterschaft geklärt werden können, ohne daran zwingend weitere rechtliche Folgen zu knüpfen. Mit dem – teilweise heftig kritisierten (*Helms* FamRZ 2008, 1033 ff.; *Schwab* FamRZ 2008, 23 ff.; *Wellenhofer* FamRZ 2008, 1185 ff.; *Zimmermann* FuR 2008, 374 ff.; *Genenger* JZ 2008, 1031 ff.) Gesetz zur **Klärung der Vaterschaft** unabhängig vom Anfechtungsverfahren v. 26.03.2008 (BGBl. I, S. 441 ff.) wurden in § 1598a Abs. 1 u 4 BGB materiell-rechtliche Ansprüche eingeführt und in § 1600b Abs. 5 BGB das Verhältnis zum Vaterschaftsanfechtungsverfahren geregelt. Streitigkeiten über diese Ansprüche sind Abstammungssachen (§ 169 Nr. 2 u 3). Nach § 1598a Abs. 1 BGB können der (rechtliche) Vater jeweils von Mutter (einschränkend im Wege verfassungskonformer Auslegung OLG Brandenburg FamRZ 2010, 1817) und Kind (Nr. 1), die Mutter jeweils von Vater und Kind (Nr. 2) sowie das Kind jeweils von beiden Elternteilen (Nr. 3) verlangen, dass diese (voraussetzungslos) in eine genetische Abstammungsuntersuchung einwilligen und die Entnahme einer für die Untersuchung geeigneten genetischen Probe dulden. Wird die Einwilligung nicht erteilt, hat das FamG diese auf Antrag des Klärungsberechtigten nach § 1598a Abs. 2 BGB zu ersetzen und die Duldung anzuordnen. Folge des Anspruchs auf Einwilligung in eine genetische Untersuchung ist der in § 1598a Abs. 4 BGB geregelte Annexanspruch des Klärungspflichtigen auf Einsicht in ein (außergerichtlich) vom Klärungsberechtigten eingeholtes Abstammungsgutachten oder Aushändigung einer Abschrift. Auch wenn der Gesetzgeber den »Dialog in der Familie und der Gesellschaft fördern« will (BT-Drucks. 16/6561 S. 10; kritisch *Schwab* FamRZ 2008, 23 ff.), werden die Beteiligten in einer Vielzahl von Fällen außergerichtlich die Einwilligung erteilen und so dem Klärungsberechtigten die Einholung eines (gerichtlich verwertbaren) Abstammungsgutachtens ermöglichen. Zum Verfahrensantrag § 171 Rdn. 8; zu den Verfahrensbeteiligten § 172 Rdn. 25.

13 **Verfahrensgegenstände** sind die Ersetzung der Einwilligung und die Duldungsanordnung (Nr. 2) sowie der Anspruch auf Einsicht oder Aushändigung (Nr. 3). Auf die Klärung der genetischen Abstammung selbst ist das Verfahren wegen der materiell-rechtlichen Ansprüche nicht gerichtet. Nur in diesem Umfang ist die Frage relevant, ob eine bestehende rechtliche Zuordnung den genetischen Tatsachen entspricht (*Helms* FamRZ 2008, 1033). Gegenstand des Verfahrens ist weder die Anfechtung der Vaterschaft noch ein Anspruch gegen die weiteren Verfahrensbeteiligten auf Erstattung der Kosten des außergerichtlich vom Klärungsberechtigten einzuholenden Gutachtens, der sich allein aus der Rechtsbeziehung der Beteiligten ergeben kann und eine sonstige Familiensache i.S.d. § 266 ist. Nach dem Wortlaut des § 1598a Abs. 1 BGB ist der Anspruch auf Einwilligung in eine genetische Abstammungsuntersuchung zur Klärung der leiblichen Abstammung gerichtet. Danach ist unabhängig vom Namen des Gesetzes, der allein auf die Klärung der Vaterschaft hindeutet, auch die Abstammung des Kindes von der Mutter erfasst. Dass nach § 1591 BGB die rechtliche Mutter des Kindes die Frau ist, die es geboren hat, steht – auch verfassungsrechtlich – der Klärung der genetischen Abstammung nicht entgegen (FA-FamR/*Schwarzer* Kap. 3 Rn. 101; Prütting/Helms/*Stößer* § 169 Rn. 12; *Wellenhofer* NJW 2008, 1185, 1189; *Helms* FamRZ 2008, 1033; *Hammermann* FamRB 2008, 150, 151; *Schwab* FamRZ 2008, 23, 27; *Borth* FPR 2007, 382; für eine teleologische Reduktion *Rotax* ZFE 2008, 290, 291).

14 **D. Anfechtung der Vaterschaft.** Verfahren auf Anfechtung der Vaterschaft (§§ 1600 ff. BGB) sind darauf gerichtet, die gesetzlich vermutete oder durch Anerkennung begründete Vaterschaft, die durch § 1599 Abs. 1 BGB geschützt wird, aufzuheben, wenn sie nicht mit der biologischen Wirklichkeit in Einklang steht. Verfahrensgegenstand ist die genetische Abstammung des Kindes vom rechtlichen Vater. Da es verfassungsrechtlich nicht zu beanstanden ist, die Vaterschaft ohne Feststellung der biologischen Abstammung an bestimmte Vorgänge der sozialen Wirklichkeit zu knüpfen, wie dies in § 1592 Nr. 1 für in der **Ehe** geborene Kinder geschieht, muss dem rechtlichen Vater ein Verfahren zur Lösung dieser Beziehung zur Verfügung stehen. Demgegenüber kann die nach § 1592 Nr. 3 BGB gerichtlich festgestellte Vaterschaft nicht angefochten, sondern allein im Wiederaufnahmeverfahren (§ 185) überprüft werden. Zum Verfahrensantrag § 171 Rdn. 11; zu den Verfahrensbeteiligten § 172 Rdn. 27). Eine Anfechtung der Mutterschaft ist, wie sich aus § 1591 BGB ergibt, nicht zulässig (MünchKommZPO/*Coester-Waltjen*/*Hilbig* § 169 Rn. 69, 75).

15 Während die Vaterschaft nach § 1592 Nr. 1 BGB allein aufgrund der Ehe gesetzlich vermutet wird, liegt der **Anerkennung der Vaterschaft** nach § 1594 Abs. 1 BGB ein (freiwillig) bekundeter Willensentschluss des Anerkennenden zugrunde. Dieser kann seine Erklärung von der Feststellung seiner biologischen Vaterschaft abhängig machen; muss dies jedoch nicht. Liegt kein »Mangel« der Anerkennung i.S.d. §§ 1594 bis 1598 BGB vor, kann gleichwohl die Vaterschaft angefochten werden. Anfechtungsgrund ist allein die objektive *Unrichtigkeit der Anerkennung* hinsichtlich der Abstammung. Auch wenn der Anerkennende seine Vater-

schaft wider besseren Wissens erklärt hat, kann er diese anfechten (OLG Koblenz FamRZ 2007, 2098). Einem Anfechtungsantrag bei **bewusst unrichtigem Anerkenntnis** steht nicht der Einwand unzulässiger Rechtsausübung entgegen (OLG Naumburg FamRZ 2008, 2146; OLG Koblenz FamRZ 2007, 2098), denn die Vaterschaftsanerkennung ist an keine weiteren Voraussetzungen geknüpft, sodass innerhalb der 2-jährigen Anfechtungsfrist das Vertrauen des Kindes in den Bestand der Anerkennung rechtlich nicht geschützt ist (OLG Köln FamRZ 2002, 629, 630).

Das Anfechtungsverfahren nach **§ 1600 Abs. 1 Nr. 2 BGB**, das allein durch den potenziellen biologischen 16 Vater eingeleitet werden kann, ist vom Verfahrensgegenstand nicht allein auf die Auflösung der bestehenden rechtlichen Vaterschaft gerichtet, sondern erfährt eine Ausweitung des Verfahrensgegenstandes durch die materiell-rechtliche Anfechtungsvoraussetzung und den verfahrensrechtlichen, in Rechtskraft erwachsenden Entscheidungsinhalt nach § 182 Abs. 1. Voraussetzung für das Anfechtungsrecht ist gem. § 1600 Abs. 2 BGB die gerichtliche Feststellung der Vaterschaft des Antragstellers.

Hatte die zuständige Behörde das ihr nach **§ 1600 Abs. 1 Nr. 5 BGB** zustehende – vom BVerfG jedoch für 17 verfassungswidrig erklärte (§ 171 Rdn. 20) – Recht zur Anfechtung einer auf Anerkennung beruhenden Vaterschaft wahrgenommen, war Verfahrensgegenstand nicht die tatsächliche biologische Abstammung, zumal die missbräuchliche Anerkennung der Vaterschaft lediglich den Grund für die Einleitung des Verfahrens darstellt.

E. Postmortale Abstammungsverfahren. Verfahren auf Feststellung oder Anfechtung der Vaterschaft sind 18 auch zulässig, wenn der potenzielle biologische oder der rechtliche Vater oder das Kind bereits verstorben sind (**§ 1600e Abs. 2 BGB a.F.**; DIJuF-Gutachten JAmt 2011, 259). Nach bisherigem Recht handelte es sich in diesem Fall um ein Verfahren der freiwilligen Gerichtsbarkeit (§§ 55b, 56c FGG a.F.), weil ein streitiges Kindschaftsverfahren nach § 640 ZPO nicht durchgeführt werden konnte. Verfahrensrechtliche Besonderheiten ergeben sich nach der Vereinheitlichung des Abstammungsverfahrens künftig nicht mehr. Zu den Verfahrensbeteiligten s. § 172 Rdn. 36 f. Die Beweisaufnahme kann nach der Bestattung eines Verfahrensbeteiligten Probleme bereiten, soweit nicht ausreichendes genetisches Material aus früheren medizinischen Behandlungen vorhanden ist. Hier kann über die Beteiligten am Verfahren hinaus die Einbeziehung weiterer Personen i.R.d. § 178 Abs. 1 erforderlich sein. Zum Problem der Exhumierung des Verstorbenen s. § 177 Rdn. 11. Zur Fortsetzung eines anhängigen Verfahrens bei Tod eines Beteiligten § 181.

F. Keine Abstammungssachen. Aus der abschließenden Definition der Abstammungssachen in § 169 Nr. 1 19 – 4 ergeben sich zugleich die Verfahren, die keine Abstammungssachen sind. Ist die gerichtliche Entscheidung nicht unmittelbar auf die Abstammung zweier Personen voneinander gerichtet, liegt – etwa bei der Berichtigung der deklaratorischen Eintragung im Geburtenregister gem. § 48 PStG – keine Abstammungssache vor. Da der Wiederaufnahmeantrag nach § 185 Abs. 1 zur Fortsetzung des rechtskräftig abgeschlossenen Abstammungsverfahrens führen kann, betrifft das Verfahren eine Abstammungssache i.S.d. § 169 (BGH FamRZ 1994, 237; OLG Hamm FamRZ 1997, 502). Während für das auf Kindesunterhalt bezogene Annexverfahren des § 653 ZPO a.F. streitig war, ob es sich um eine Kindschaftssache oder ein streitiges ZPO-Verfahren handelte, ist diese Frage nunmehr durch die Regelung des § 237 als Unterhaltssache entschieden. Ebenso wenig gelten in den einstweiligen Anordnungsverfahren nach §§ 247, 248 die Regelungen der §§ 169 ff.

Die Auseinandersetzung um eine rechtlich bindende Verpflichtung einer schriftlichen Erklärung über die 20 **Bereitschaft**, sich den erforderlichen ärztlichen Untersuchungen eines **Vaterschaftstests** zu unterziehen, ist keine Abstammungssache und kann nicht als Annex einer Abstammungssache oder als ein dieser vorgeschaltetes Verfahren angesehen werden. Weder ein enger Zusammenhang zur Feststellung bzw. Anfechtung der Vaterschaft oder prozesswirtschaftliche Gründe noch der Bezug zu demselben Lebenssachverhalt rechtfertigen deren Anwendung (BGH FamRZ 2007, 124, 368, 369). Ob materiell-rechtlich ein durchsetzbarer Anspruch bestehen kann (OLG Zweibrücken FamRZ 2005, 735), hat der BGH nicht abschließend entschieden, weil die Auslegung der schriftlichen Erklärung lediglich zu einer Absichtserklärung der künftigen Teilnahme ohne Rechtsbindungswillen führte (BGH FamRZ 2007, 359 f.). Das Verfahren über den Regressanspruch des Scheinvaters (§ 1607 Abs. 3 BGB) ist ebenso wenig eine Abstammungssache (BGH FamRZ 2008, 1424) wie ein evtl. ihm zustehender Schadensersatzanspruch (LG Saarbrücken FamRZ 2009, 124 f.). Einen solchen kann der (frühere) Ehemann im Fall eines Ehebruchs zwar nicht auf die Verletzung der Ehe als sonstigem Recht i.S.v. § 823 Abs. 1 BGB stützen (BGH FamRZ 1990, 367). Allerdings kann die Verletzung eines Auskunftsanspruchs (Rdn. 21) zum Schadensersatz aus § 280 BGB verpflichten, wobei für den Schaden die Höhe des Unterhaltsanspruchs des Kindes gegen den biologischen Vater darzulegen ist (BGH FamRZ 2013, 939).

21 Aus dem Recht auf Kenntnis der Abstammung, das das BVerfG für das Kind (FamRZ 1989, 147) und für den rechtlichen Vater (FamRZ 2007, 441, 443) verfassungsrechtlich aus dem allgemeinen Persönlichkeitsrecht (Art. 2 Abs. 1 i.V.m. Art. 1 Abs. 1 GG) hergeleitet hat, folgt ein **Auskunftsanspruch** (FA-FamR/ *Schwarzer* 3. Kap. Rn. 112 ff.), den das Kind gem. § 1618a BGB oder der rechtliche Vater (OLG Schleswig FamRZ 2009, 1924; anders, wenn ein Regressanspruch nach Abweisung des Vaterschaftsanfechtungsantrags nicht mehr geltend gemacht werden kann [OLG Saarbrücken FamRZ 2011, 648] oder solange dieser mangels Vaterschaftsanfechtung rechtlicher Vater ist [OLG Jena FamRZ 2011, 649]) gegen die Mutter auf Benennung des leiblichen Vaters geltend machen kann (BVerfG FamRZ 1997, 869 ff.; *Frank/Helms* FamRZ 1997, 1258 ff.; *Neumann* FPR 2011, 366). Dem im Wege einer heterologen Insemination gezeugten Kind steht altersunabhängig gegen den behandelnden Arzt aus § 242 BGB bzw. aus dem Behandlungsvertrag als Vertrag mit Schutzwirkung für Dritte ein Auskunftsanspruch über die Person des Samenspenders zu, auch wenn im Behandlungsvertrag mit den Eltern dessen Anonymität vereinbart worden war (BGH FamRZ 2014, 642; OLG Hamm FamRZ 2013, 637; *Wellenhofer* FamRZ 2013, 825; *Leeb/Weber* ZKJ 2013, 277); zur Erfüllung des Anspruchs s. Rdn. 22. Dem potenziellen biologischen Vater soll (zur Vorbereitung eines Vaterschaftsanfechtungsverfahrens nach § 1600 Abs. 1 Nr. 2 BGB) aus § 242 BGB ein Auskunftsanspruch gegen die Mutter auf Benennung des Mannes, der die Vaterschaft anerkannt hat, zustehen (OLG Oldenburg FamRZ 2010, 1819). Dem Samenspender als rechtlichen Vater steht nach § 1686 BGB gegen die Mutter ein Auskunftsanspruch über das Kind zu (OLG Hamm FamRZ 2014, 1386). Das auf Auskunft gerichtete Verfahren ist auch aus dem Sachzusammenhang mit einem späteren Vaterschaftsfeststellungsverfahren keine Abstammungssache, sondern eine sonstige Familiensache i.S.d. § 266 Abs. 1 Nr. 4 (OLG Hamm FamRZ 2000, 38).

22 Im Vorfeld eines Regressverfahrens gegen den biologischen Vater hatte der BGH in gefestigter Rspr. (zuletzt FamRZ 2014, 1440) dem Scheinvater aus Treu und Glauben (§ 242 BGB) einen Auskunftsanspruch gegen die Mutter des Kindes zuerkannt, wobei der BGH die erforderliche Rechtsbeziehung aus der Anerkennung der Vaterschaft und erst recht aus einer (früheren) Ehe herleitet, die die Eltern in vielfältiger Weise verbunden hat. Der unantastbare Bereich des Persönlichkeitsrechts werde dadurch nicht verletzt (BGH FamRZ 2012, 200, FamRZ 2013, 939; OLG München FamRZ 2013, 823; OLG Brandenburg FamRZ 2014, 223 jeweils auh zum [verneinten] Schadensersatzverpflichtung der Mutter). Die Auskunftspflicht bezog sich nicht allein auf den rechtlich anerkannten Vater. War eine Vaterschaft nicht etabliert, hatte die Kindesmutter auch die Personen zu benennen, die zum Kind eine Vaterposition einnehmen oder zu denen sie in der gesetzlichen Empfängniszeit eine intime Beziehung unterhalten hatte. Allein die Einlassung der Kindesmutter, sich nicht mehr an den tatsächlichen Vater erinnern zu können, ist auch nach längerer Zeit – auch nach mehreren Jahrzehnten – nicht ausreichend, weil substantiierter Vortrag erforderlich war, warum sie sich angesichts des einschneidenden Ereignisses einer Schwangerschaft nicht mehr an den möglichen Vater erinnern könne (BGH FamRZ 2013, 939, 942; 2014, 1440, 1441 f. [zur Abgrenzung von Erfüllung und Unmöglichkeit]). Der titulierte Auskunftsanspruch konnte i.d.R. unter Abwägung der betroffenen Interessen im Wege der Zwangsvollstreckung durchgesetzt werden (BGH FamRZ 2008, 1751 ff. m.w.N.). Dieser richterrechtlich entwickelte Auskunftsanspruch verletzt nach der – überraschenden – Entscheidung des BVerfG (FamRZ 2015, 729; 2014, 1097 [zur Aussetzung der Vollstreckung einer hierauf gerichteten Entscheidung]; *Fröschle* FamRZ 2015, 1858; *Erbarth* FamRZ 2015, 1944; *Neuner* JuS 2015, 961) die durch das allgemeine Persönlichkeitsrecht geschützte Privat- und Intimsphäre der Kindesmutter, weil es für den schwach ausgestalteten Regressanspruch des Scheinvaters an ausreichenden Anknüpfungspunkten für eine Rechtsfortbildung fehle. Eine entsprechende Auskunftsverpflichtung ist daher verfassungswidrig. Darauf gerichtete Anträge können nur zurückgenommen und ergangene Entscheidungen nicht mehr vollstreckt werden. Zur Durchsetzung des Regressanspruchs des Scheinvaters bedarf es daher einer Entscheidung des Gesetzgebers, ob und ggf. in welcher Weise ein Auskunftsanspruch ausdrücklich gesetzlich normiert wird.

23 Dies gilt auch für den Auskunftsanspruch einer Frau ggü. dem Betreiber eines Internetportals, wenn sie an einer »anonymen Sex-Auktion« teilgenommen hatte und nach Kontakten zu diesen Männern infolge ihrer Schwangerschaft deren Namen erfahren will (LG Stuttgart FamRZ 2008, 1648). Dass in einem anderen Verfahren ausnahmsweise die Abstammung oder Vaterschaft als Vorfrage geklärt wird (§ 167 Rdn. 3), wie etwa beim Anspruch auf Umgang oder Auskunft des leiblichen, nicht rechtlichen Vaters aus § 1686a BGB i.V.m.

Abschnitt 4. Verfahren in Abstammungssachen § 169

§ 167a führt nicht dazu, dass es sich um eine Abstammungssache handelt, denn über die Verwandtschaft wird nicht mit Rechtskraftwirkung inter omnes entschieden.

Ebenfalls keine Abstammungssachen sind solche gerichtlichen Verfahren, die auf die statusbezogenen Registereintragungen, die keine konstitutive, sondern nur deklaratorische Wirkung haben, gerichtet sind. Soweit eine Berichtigung nach § 47 PStG nicht erfolgen kann oder abgelehnt wird, kommen gerichtliche Verfahren auf Berichtigung eines abgeschlossenen Registereintrags auf Anordnung des Gerichts (§ 48 PStG; OLG Hamburg FamRZ 2014, 1563 [zum Vaterschaftseintrag]) oder auf Anweisung des Gerichts, wenn das Standesamt die Vornahme einer Amtshandlung ablehnt (§ 39 PStG), in Betracht. Zwar findet nach § 51 Abs. 1 Satz 1 PStG auf diese Verfahren das FamFG Anwendung, gleichwohl handelt es sich nicht um eine Familiensache, die im Katalog des § 111 FamFG abschließend aufgeführt sind (§ 111 Rdn. 2). 24

G. Exklusivität der Abstammungssachen. Die Abstammung eines Kindes ist grds. im Verfahren der §§ 169 ff. zu klären (Prütting/Helms/*Stößer* § 169 Rn. 3). Diese Vorschriften enthalten **Sonderregelungen**, die durch den Kreis der Verfahrensbeteiligten und den Grundsatz der Amtsermittlung die Gewähr für die Richtigkeit der Entscheidung bieten und die materiell-rechtliche Schutzwirkung verfahrensrechtlich durch die Rechtskrafterstreckung umsetzen. Wird – fälschlicherweise – über die Vaterschaft außerhalb eines Abstammungsverfahrens entschieden, so führt dieser Beschluss keine Statuswirkung – Begründung oder Aufhebung der Vaterschaft – herbei (BGH FamRZ 2012, 437, 439), sodass auch die Eintragung eines Randvermerks nicht erfolgen kann. 25

Nach der Rspr. des BGH (FamRZ 1993, 696 ff.; zum Unterhalt OLG Köln FamRZ 2003, 1751) war eine **Inzidentfeststellung** der Vaterschaft im Regressverfahren des Scheinvaters ausgeschlossen, solange die Vaterschaft des biologischen Vaters nicht festgestellt war. Zur Begründung führte der BGH die Rechtsausübungssperre des § 1600d Abs. 4 BGB, die speziellen Vorschriften für die gerichtliche Vaterschaftsfeststellung in den §§ 640 ff. ZPO a.F. sowie deren Entstehungsgeschichte an, sodass die Feststellung der Vaterschaft dem Anerkenntnis oder der gerichtlichen Feststellung vorbehalten sei. Aus diesem Grund war es auch dem Ehemann versagt, sich im Scheidungsverfahren auf den Ehebruch der Frau (BGH FamRZ 1966, 502) bzw. im Versorgungsausgleich auf eine unbillige Härte i.S.v. § 1587c BGB (BGH FamRZ 1983, 267 ff.) zu berufen, weil die Abstammung des Kindes nicht unter einem beliebigen Gesichtspunkt zum Gegenstand eines gewöhnlichen Rechtsstreits gemacht werden könne. Durchbrechungen der Rechtsausübungssperre hatte der BGH nur ausnahmsweise in einem Regressverfahren des Scheinvaters gegen seinen früheren Rechtsanwalt, der die Vaterschaftsanfechtungsfrist versäumt hatte (FamRZ 1979, 112 ff.), und in einem Unterhaltsverfahren zugelassen, weil die Ehefrau ihren Mann von der rechtzeitigen Vaterschaftsanfechtung abgehalten hatte (FamRZ 1985, 51). 26

Im Wege der teleologischen Reduktion des **§ 1600d Abs. 4 BGB** hat der BGH (FamRZ 2008, 1424, 1425; 2009, 32; 2012, 200 ff.; 437 ff.; BVerfG FamRZ 2010, 1235; Prütting/Helms/*Stößer* § 169 Rn. 4) für den **Scheinvaterregress** (*Schwonberg* FuR 2006, 395, 448, 501; *Heukamp* FamRZ 2007, 606 ff.; krit. *Peschel-Gutzeit* FPR 2011, 392) sowie für andere Verfahren (BGH FamRZ 2008, 1836, 1838 f.; 2012, 845, 846 [zur groben Unbilligkeit des Versorgungsausgleichs]; 2012, 779, 781 m. Anm. *Löhnig* [zu § 1579 Nr. 7 BGB]; BGH FamRZ 2012, 1363, 1623 [leibliche Abstammung des Kindes als Geschäftsgrundlage einer Zuwendung]; *Wever* FamRZ 2012, 1601) weitere Ausnahmen zugelassen, wenn das gesetzliche Bestreben nach Übereinstimmung von rechtlicher und biologischer Vaterschaft aufgrund besonderer Umstände faktisch auf längere Zeit nicht erreicht werden kann. Hintergrund der Rechtsprechungsänderung waren die Abschaffung der gesetzlichen Amtspflegschaft und die Einführung der freiwilligen Beistandschaft, die die Feststellung der Vaterschaft allein vom Willen der Mutter des Kindes abhängig machte (OLG Celle FuR 2006, 574 ff.; OLG Hamm FamRZ 2007, 1764 ff.; zur Problematik *Schwonberg* FamRZ 2008, 449 ff.) sowie die Einführung des Abstammungsklärungsverfahrens nach § 1598a BGB. Die Klärung der Vaterschaft außerhalb eines Abstammungsverfahrens ist weiterhin – zur Vermeidung einer »doppelten Vaterschaft« (BGH FamRZ 2012, 437, 439) – nur unter engen Voraussetzungen ausnahmsweise zulässig, insb. wenn ein Vaterschaftsfeststellungsverfahren auf längere Zeit, wovon nach Ablauf von 1 3/4 Jahren auszugehen ist (BGH FamRZ 2009, 32, 33), nicht stattfinden wird und konkrete Umstände, an die § 1600d Abs. 2 BGB die Vermutung der Vaterschaft knüpft, vorgetragen werden (vgl. *Schwonberg* FamRZ 2008, 449, 455). Über diese Tatsachen kann ggf. vor Einholung eines Vaterschaftsgutachtens Beweis zu erheben sein. Einer Beweisaufnahme über die Abstammung bedarf es nicht, wenn diese zwischen den Parteien des Regressverfahrens unstreitig ist oder nach dem Vorbringen des Antragstellers hiervon aufgrund der Vermutung des § 1600d Abs. 2 BGB auszugehen ist. Im Regressverfahren ist jedoch ein Abstammungsgutachten einzuholen, wenn der Antragsgegner die Ver- 27 mutung entkräften will (BGH FamRZ 2009, 32, 33). Die Inzidentfeststellung der Vaterschaft erwächst als Vorfrage des Regressanspruchs weder in Rechtskraft, noch kommt ihr die inter-omnes-Wirkung des § 184 Abs. 2 zu (BGH FamRZ 2008, 1424, 1426). Schützenswerte Interessen des Kindes wird das Gericht von Amts wegen zu berücksichtigen haben und hierbei den Gedanken des § 1600 Abs. 5 BGB heranziehen können. Eine Inzidentfeststellung der biologischen Vaterschaft kommt jedoch nicht in Betracht, wenn die rechtliche Vaterschaft (etwa wegen Versäumung der Anfechtungsfrist) weiterhin besteht (BGH FamRZ 2012, 437, 439; OLG Dresden FamRZ 2011, 649), weil eine anderweitige Feststellung im Regressverfahren eine »doppelte Vaterschaft« zufolge hätte.

28 Für **weitere Verfahren** zwischen den Eltern eines Kindes, die deren rechtliche Beziehungen untereinander betreffen, ist eine Ausnahme vom Schutz des **§ 1599 Abs. 1 BGB** in Betracht zu ziehen, wenn der Umstand der Nichtabstammung des Kindes zwischen den Verfahrensbeteiligten oder Parteien des Rechtsstreits unstreitig ist (BGH FamRZ 2008, 1836, 1838 f. [zu § 1587c BGB a.F.]). Auch wenn ein deliktischer Schutz der Ehe grundsätzlich nicht besteht (BGH FamRZ 2013, 939), erweist sich das Verschweigen der möglichen Vaterschaft eines anderen Mannes als Eingriff der Ehefrau in die elementaren Fragen der persönlichen Lebensplanung und -gestaltung ihres Ehemannes, sodass dieses Verhalten sowohl ein offensichtlich schwerwiegendes Fehlverhalten i.S.v. § 1579 Nr. 7 BGB darstellt und zur Verwirkung des Anspruchs auf nachehelichen Unterhalt führen (BGH FamRZ 2012, 779) als auch den Ausschluss des Versorgungsausgleichs wegen grober Unbilligkeit gem. § 27 VersAusglG begründen kann (BGH FamRZ 2012, 845; OLG Köln FamRZ 2013, 1910). Darüber hinaus kann die Abstammung des Kindes Geschäftsgrundlage für finanzielle Zuwendungen unter den Ehegatten bedeutsam sein. Die Verletzung ihrer Offenbarungspflicht (krit. *Wever* FamRZ 2012, 1601) ermöglicht dann die Anfechtung wegen arglistiger Täuschung (BGH FamRZ 2012, 1363 sowie 1623; OLG München FamRZ 2013, 823). Im Rahmen einer **umfassenden Interessenabwägung** ist zu prüfen, ob eine Ausnahme von der Rechtsausübungssperre gerechtfertigt ist, wobei die Beeinträchtigung der schutzwürdigen Interessen des Kindes und des Familienfriedens besonders zu berücksichtigen sind (BGH FamRZ 2008, 1836, 1839). Eine Inzidentfeststellung der Abstammung hat das OLG Koblenz (FuR 2013, 294) für eine Klage des Erben gegen den Pflichtteilsberechtigten wegen der statusrechtlichen Sperrwirkung nicht zugelassen.

29 Dass die eheliche Abstammung eines Kindes als Geschäftsgrundlage für eine unbenannte Zuwendung eines Ehegatten in Betracht kommt (OLG München FamRZ 2009, 1831), rechtfertigt indes keine Inzidentfeststellung. Dies gilt auch für eine erbrechtliche Auseinandersetzung (OLG Koblenz FamRZ 2009, 1929), die nicht zwischen den Eltern des Kindes geführt wird. Zur zulässigen Inzidentfeststellung der Vaterschaft im angloamerikanischen Rechtskreis MünchKommZPO/*Coester-Waltjen/Hilbig* § 169 Rn. 13; KG IPrax 1985, 48 (zur Feststellung der Nichtehelichkeit nach englischem Recht).

§ 170 Örtliche Zuständigkeit.

(1) Ausschließlich zuständig ist das Gericht, in dessen Bezirk das Kind seinen gewöhnlichen Aufenthalt hat.
(2) Ist die Zuständigkeit eines deutschen Gerichts nach Absatz 1 nicht gegeben, ist der gewöhnliche Aufenthalt der Mutter, ansonsten der des Vaters maßgebend.
(3) Ist eine Zuständigkeit nach den Absätzen 1 und 2 nicht gegeben, ist das Amtsgericht Schöneberg in Berlin ausschließlich zuständig.

1 Die Vorschrift bestimmt allein die **örtliche Zuständigkeit** in allen Abstammungssachen des § 169 einheitlich – auch für postmortale Verfahren – in einer abgestuften Regelung nach dem **gewöhnlichen Aufenthalt** des Kindes, der Mutter, des Vaters sowie hilfsweise beim AG Schöneberg in Berlin und orientiert sich nicht mehr am Wohnsitz eines Beteiligten. Anders als die bisherige Regelung des § 640a ZPO a.F., der in Abs. 2 die internationale Zuständigkeit erfasste, ist diese in § 100 wahlweise an die deutsche Staatsangehörigkeit oder den gewöhnlichen Aufenthalt eines Beteiligten im Inland angeknüpft. Das ggf. anzuwendende ausländische materiell-rechtliche Abstammungsrecht folgt aus Art. 19, 20 EGBGB. Die **sachliche Zuständigkeit** des AG – FamG – in allen Abstammungssachen ergibt sich aus § 23a Abs. 1 Nr. 1 GVG i.V.m. § 111 Nr. 3. Für Beschwerden gegen dessen Entscheidungen ist das OLG gem. § 119 Abs. 1 Nr. 1a GVG i.V.m. § 111 Nr. 3 zuständig.

2 Die örtliche Zuständigkeit in Abstammungsverfahren ist eine **ausschließliche Zuständigkeit**, die auch durch eine Zuständigkeitsvereinbarung, rügeloses Einlassen oder die Anhängigkeit einer Ehesache nicht beeinflusst wird. Die primäre Anknüpfung an den gewöhnlichen Aufenthalt des Kindes führt zu einer Verfahrens*konzentration* bei dem danach zuständigen Gericht, das – bei unverändertem Aufenthalt des Kindes –

sowohl für ein Vaterschaftsanfechtungsverfahren als auch ein daran anschließendes Vaterschaftsfeststellungsverfahren zuständig ist, auch wenn mehrere Männer als biologischer Vater in Betracht kommen. Die Zuständigkeit gilt auch für postmortale Abstammungsverfahren, in denen ein Beteiligter bereits vor Anhängigkeit des Verfahrens verstorben war. Der gewöhnliche Aufenthalt des Kindes ist auch in anderen Familiensachen vorrangiges Zuständigkeitskriterium – in Ehesachen (§ 122 Nr. 1 u 2), in Kindschaftssachen (§ 152 Abs. 2) oder in Unterhaltssachen (§ 232 Abs. 1 Nr. 2) –, und führt zu einer weiteren Konzentration der eine Familie betreffenden Verfahren. Für Anträge im selbstständigen Unterhaltsverfahren nach § 237 und in einstweiligen Anordnungsverfahren nach §§ 247, 248 ist dasselbe Gericht örtlich zuständig.

Die **örtliche Zuständigkeit** regelt § 170 Abs. 1 in erster Linie nach dem **gewöhnlichen Aufenthalt des Kindes**. Sie ist von der Verfahrensstellung des Kindes unabhängig, sodass es nicht darauf ankommt, ob das Kind – verheirateter oder nicht verheirateter Eltern – Antragsteller (§ 7 Abs. 1) oder weiterer Beteiligter nach § 171 Nr. 1 ist. Der gewöhnliche Aufenthalt eines (minderjährigen) Kindes bestimmt sich nach seinem tatsächlichen Lebensmittelpunkt bzw. dem Ort, an dem es sich überwiegend aufhält (s. § 98 Rdn. 24 ff.). Asylbewerber und dessen Kind haben einen gewöhnlichen Aufenthalt in Deutschland während des Asylverfahrens und für die Dauer ihrer Aufenthaltsduldung (OLG Schleswig FamRZ 2016, 321 [unter Bezug auf § 30 SGB I]). Der gewöhnliche Aufenthalt ist nicht der Ort eines vorübergehenden Verweilens, sondern der Ort, an dem der Schwerpunkt der Bindungen einer Person insb. in familiärer und sozialer Hinsicht, mithin ihr Daseinsmittelpunkt, liegt (BGH FamRZ 2002, 1182; EuGH FamRZ 2009, 843, 845 zu Art. 8 Abs. 1 Brüssel IIa-VO, wonach eine gewisse Integration in ein soziales und familiäres Umfeld erforderlich ist FamRZ 2011, 617 [beim Säugling]). Auf den gemeldeten Wohnsitz kommt es nicht an. Auch wenn das minderjährige Kind üblicherweise den gewöhnlichen Aufenthalt mit seinen sorgeberechtigten Eltern teilt, leitet sich dieser nicht automatisch vom Aufenthalt oder Wohnsitz des Sorgeberechtigten ab, sondern ist selbstständig zu bestimmen (BGH FamRZ 1997, 1070; OLG Frankfurt am Main FamRZ 2006, 883 m.w.N.). Der gewöhnliche Aufenthalt ist – ggf. auch aufgrund einer Prognose – auf eine gewisse Dauer ausgerichtet. Auf das gemeinsame oder alleinige Sorgerecht der Eltern kommt es für den eher durch faktische als rechtliche Verhältnisse geprägten Begriff nicht an. Während bei Kleinkindern für den gewöhnlichen Aufenthalt die tatsächliche Betreuung und Versorgung im Vordergrund steht, sind bei älteren Kindern auch deren soziale Beziehungen (Schule, Lehrstelle, Freunde usw.) zu berücksichtigen (OLG Schleswig FamRZ 2000, 1426; OLG Karlsruhe FamRZ 2005, 287). Wird den sorgeberechtigten Elternteilen vor oder unmittelbar nach der Geburt die elterliche Sorge wegen einer Kindeswohlgefährdung entzogen (§ 1666 BGB) und das Kind bei Pflegeeltern in einem anderen Gerichtsbezirk untergebracht, leitet sich der gewöhnliche Aufenthalt des Kindes allein nach dem vom Vormund vorgegebenen Lebensmittelpunkt des Kindes ab (BGH FamRZ 1992, 170).

Kommt die Zuständigkeit eines deutschen Gerichts nach Abs. 1 nicht in Betracht, weil das Kind seinen gewöhnlichen Aufenthalt nicht in Deutschland hat, ist für Abstammungsverfahren das Gericht am **gewöhnlichen Aufenthalt der Mutter** zuständig. Ist die örtliche Zuständigkeit nach § 170 Abs. 2 Halbs. 1 gegeben, begründet dies zugleich die internationale Zuständigkeit nach § 100. Einen nach § 640a Abs. 1 Satz 1 u 2 ZPO a.F. vorgesehenen Wahlgerichtsstand nach dem Wohnsitz des Kindes oder der Mutter sieht die Neuregelung, die eine Zuständigkeitsrangfolge enthält, nicht mehr vor.

Im dritten Rang bestimmt sich die Zuständigkeit nach dem **gewöhnlichen Aufenthalt des rechtlichen oder potenziellen Vaters** (*Helms/Kieninger/Rittner* Rn. 215; OLG Schleswig FamRZ 2016, 321; a.A. MünchKommZPO/*Coester-Waltjen/Hilbig* § 171 Rn. 6), wenn eine Zuständigkeit nach dem gewöhnlichen Aufenthalt des Kindes und dessen Mutter nicht gegeben ist. Eine im Hinblick auf Art. 3 Abs. 2 GG verfassungsrechtlich bedenkliche Regelung (*Schulte-Bunert* Rn. 637) besteht nicht, denn im Vaterschaftsfeststellungsverfahren sind i.d.R. die Angaben der allein sorgeberechtigten Mutter des Kindes maßgeblich. Soweit nach dem gewöhnlichen Aufenthalt der Verfahrensbeteiligten nach § 172 Abs. 1 eine Zuständigkeit eines deutschen Gerichts nicht begründet ist, folgt schließlich aus § 170 Abs. 3 die ausschließliche Zuständigkeit des AG Berlin Schöneberg, wie sie bereits nach bisherigem Recht bestand.

Eine Änderung der die örtliche Zuständigkeit begründenden Umstände nach Anhängigkeit des Abstammungsverfahrens berührt gem. § 2 Abs. 2 die Zuständigkeit des angerufenen Gerichts nicht (Prütting/Helms/*Stößer* § 170 Rn. 4; Keidel/*Engelhardt* § 170 Rn. 5). Eine Abgabe des Verfahrens an ein anderes Gericht kommt allein unter den Voraussetzungen des § 4 in Betracht.

§ 171 **Antrag.** (1) Das Verfahren wird durch einen Antrag eingeleitet.
(2) ¹In dem Antrag sollen das Verfahrensziel und die betroffenen Personen bezeichnet werden. ²In einem Verfahren auf Anfechtung der Vaterschaft nach § 1600 Abs. 1 Nr. 1 bis 4 des Bürgerlichen Gesetzbuchs sollen die Umstände angegeben werden, die gegen die Vaterschaft sprechen, sowie der Zeitpunkt, in dem diese Umstände bekannt wurden. ³In einem Verfahren auf Anfechtung der Vaterschaft nach § 1600 Abs. 1 Nr. 5 des Bürgerlichen Gesetzbuchs müssen die Umstände angegeben werden, die die Annahme rechtfertigen, dass die Voraussetzungen des § 1600 Abs. 3 des Bürgerlichen Gesetzbuchs vorliegen, sowie der Zeitpunkt, in dem diese Umstände bekannt wurden.

Übersicht

	Rdn.		Rdn.
A. Allgemeines	1	II. Anwaltszwang	28
B. Antragserfordernis	2	III. Verfahrenskostenhilfe	29
C. Antragsinhalt	5	1. Verfahrenskostenvorschuss	30
I. Vaterschaftsfeststellung	6	2. Rechtsanwaltsbeiordnung	31
II. Abstammungsklärungsverfahren	8	3. Vaterschaftsfeststellungsverfahren	33
III. Vaterschaftsanfechtung	11	4. Vaterschaftsanfechtungsverfahren	35
D. Verfahrensfragen	25	5. Abstammungsklärungsverfahren	37
I. Allgemeine Verfahrensregelungen	26	E. Wirkung des Antrags	38

1 **A. Allgemeines.** Sämtliche Abstammungsverfahren sind als einseitige Verfahren der freiwilligen Gerichtsbarkeit ausgestaltet und werden nur auf Antrag (§ 23) eingeleitet. Neben dem Antragserfordernis nach Abs. 1 werden die inhaltlichen Anforderungen in Abs. 2 für alle Abstammungssachen (Satz 1) und darüber hinaus für alle Vaterschaftsanfechtungsverfahren (Satz 2 u 3) geregelt. Die im Zusammenhang mit der Diskussion um die Verwertbarkeit heimlicher Vaterschaftstests geäußerte Kritik an der Rspr. des BGH zum Anfangsverdacht (*Wellenhofer* FamRZ 2005, 665 m.w.N.; *Schlosser* JZ 1999, 43) wollte die Reform ursprünglich auf verfahrensrechtlichem Weg aufnehmen, hat jedoch nach der Entscheidung des BVerfG zum Vaterschaftsanfechtungsverfahren und nach Einführung des Abstammungsklärungsverfahrens hiervon wieder Abstand genommen.

2 **B. Antragserfordernis.** Abstammungsverfahren sind **reine Antragsverfahren**. Das Gericht kann nicht von Amts wegen ein solches Verfahren einleiten, auch wenn es von der Scheinehelichkeit eines Kindes etwa i.R.d. Scheidungsverfahrens Kenntnis erlangt. Selbst ein erheblicher Gegensatz zwischen den Interessen der Mutter und denen des Kindes, die Vaterschaftsfeststellung nicht zu betreiben, rechtfertigt es nicht, dem sorgeberechtigten Elternteil die Vertretung des Kindes insoweit zu entziehen (AG Fürth FamRZ 2001, 1089; a.A. noch AG Biberach JAmt 2001, 303), solange nicht eine Gefährdung des Kindeswohls i.S.v. § 1666 BGB zu befürchten ist (PWW/*Ziegler* § 1629 Rn. 12; MünchKommBGB/*Huber* § 1629 Rn. 69). Eine Sonderstellung bildet nunmehr die Anfechtung durch die zuständige Behörde im Fall einer missbräuchlichen Anerkennung der Vaterschaft nach § 1600 Abs. 1 Nr. 5 BGB, obwohl auch hier die Entscheidung über die Verfahrenseinleitung der Verwaltungsbehörde allein obliegt.

3 Nach § 640c ZPO a.F. konnte während der Anhängigkeit eines Abstammungsverfahrens ein entsprechendes Verfahren anderweitig nicht anhängig gemacht werden (BGH FamRZ 2002, 880 zur Vaterschaftsanfechtung). Durch die Zuständigkeitsregelung des § 170 und die Regelung zur Verfahrensverbindung in § 179 besteht keine Notwendigkeit für die Fortführung der bisherigen Regelung. Dass verschiedene Antragsberechtigte an unterschiedlichen Gerichtsständen Abstammungsverfahren anhängig machen, wird durch die Verfahrenskonzentration des § 170 Abs. 1 verhindert. Mehrere beim zuständigen Gericht anhängige Anträge bezüglich der Abstammung eines Kindes können nach Maßgabe des § 179 verbunden werden.

4 Die Abstammungsverfahren nach § 169 Nr. 1 u 4 sind Verfahren, die ihrem Antrag nach auf die Feststellung gerichtet sind, dass ein Eltern-Kind-Verhältnis besteht oder nicht besteht. Das **Rechtsschutzbedürfnis** folgt aus dem schutzwürdigen Interesse an der Feststellung der verwandtschaftlichen Beziehung aufgrund der damit verbundenen Rechtsfolgen und kann evtl. im Fall einer Berichtigung des Personenstandsregisters nach § 48 PStG fraglich sein. Auf ein **besonderes Feststellungsinteresse** kommt es nicht an (hierzu BGH FamRZ 1973, 26; *Habscheid/Habscheid* FamRZ 1999, 480, 482 m.w.N.), zumal § 256 ZPO im Abstammungsverfahren keine Anwendung findet. Am Rechtsschutzbedürfnis kann es fehlen, wenn eine außergerichtliche Aufforderung zur Anerkennung der Vaterschaft oder Einwilligung in eine genetische Unter-

suchung geboten ist. Im einseitigen Abstammungsverfahren kann jeder Beteiligter Anträge stellen, soweit er hierzu materiell-rechtlich berechtigt ist. Die Anträge müssen nicht im Gegensatz zum verfahrenseinleitenden Antrag stehen, sondern können auch im Hinblick auf eine jederzeit zulässige Antragsrücknahme gleichgerichtet sein (§ 179 Rdn. 3). Für die Verfahren nach § 169 Nr. 2 u 3 folgt das Rechtsschutzbedürfnis aus dem Interesse an der Klärung der Abstammung.

C. Antragsinhalt. Für den verfahrenseinleitenden Sachantrag gilt die allgemeine Vorschrift des § 23. Daher ist der Antrag zu begründen und hierzu die Tatsachen sowie Beweismittel anzugeben. Darüber hinaus enthält § 171 Abs. 2 spezifische **Antragserfordernisse**. Diese beziehen sich in allen Abstammungssachen auf die Angabe des Verfahrensziels und die hiervon betroffenen Personen (§ 172 Abs. 2 Satz 1 BGB). Daher ist klarzustellen, ob die Feststellung der Vaterschaft oder die Klärung bzw. Anfechtung einer bestehenden Vaterschaft angestrebt wird. Für die Anfechtungsverfahren nach § 1600 Abs. 1 BGB konkretisieren Abs. 2 Satz 2 u 3 die inhaltlichen Anforderungen an die Darstellung des Anfangs- bzw. Anfechtungsverdachts. 5

I. Vaterschaftsfeststellung. Im **Vaterschaftsfeststellungsverfahren** können die nach materiellem Recht Antragsberechtigten, die mit den Beteiligten nach § 172 Abs. 1 übereinstimmen, beantragen festzustellen, dass der Antragsteller oder beteiligte Mann der Vater des beteiligten oder antragstellenden Kindes ist (zur Entscheidungsformel § 182 Rdn. 3). Dem früheren rechtlichen Vater (Scheinvater) steht ein Antragsrecht nicht zu (BGH FamRZ 2012, 437, 439; § 1600e Abs. 1 BGB a.F.). Die Vaterschaft eines Samenspenders für die in Kalifornien eingefrorenen Embryonen kann nicht festgestellt werden (OLG Düsseldorf FamRZ 2015, 1979). Über die allgemeinen Angaben nach Abs. 2 Satz 1 zum Verfahrensziel und die Beteiligten hinaus muss der Antrag weiteren Vortrag enthalten, aus dem sich Anhaltspunkte dafür ergeben, die eine Vaterschaft möglich erscheinen lassen. Ohne diese Angaben ist der **Antrag unzulässig** und in eine Beweisaufnahme darf das Gericht nicht eintreten (BGH FamRZ 2015, 39, 40 [12]). Grundsätzlich sind daher Angaben zur intimen Beziehung der Kindesmutter mit dem als Vater in Anspruch genommenen Mann erforderlich. Es können jedoch auch Sekundärtatsachen genügen, aus denen sich »eine gewisse Wahrscheinlichkeit für die vorgetragene Beiwohnung in der Empfängniszeit« ergibt. Ein Antrag ist nur dann unzulässig, wenn ohne Anhaltspunkte eine Vermutung ausgesprochen oder »diese ersichtlich ins Blaue hinein erfolgt« (BGH FamRZ 2015, 39, 40 [17]). Der Feststellungsantrag ist – anders als im Anfechtungsverfahren – nicht fristgebunden. Daher war auch ein Antrag einer 1944 geborenen Frau, der im Jahre 2011 verstorbene Mann sei ihr Vater, auch postmortal unabhängig davon zulässig, dass hierfür auch vermögens- bzw. erbrechtliche Interessen leitend waren (BGH FamRZ 2015, 39, 42 [41 f.]). Auch wenn das 1967 ehelich geborene Kind erst nach einer im Jahr 2002 erfolgten Vaterschaftsanfechtung Vaterschaftsfeststellungsklage erhebt, ist diese **nicht rechtsmissbräuchlich** (BGH FamRZ 2007, 1731, 1733; OLG Saarbrücken FamRZ 2006, 565; OLG München FamRZ 2012, 57, 59 [»nach jahrzehntelangem Zuwarten«]). Der als Vater in Anspruch genommene Mann kann im Feststellungsverfahren nicht einwenden, er sei im vorangegangenen Anfechtungsverfahren nicht beteiligt worden oder die Anfechtungsfrist sei bereits verstrichen gewesen (OLG Koblenz FamRZ 2015, 1121; s. § 172 Rdn. 31). Unabhängig davon, welche Person Antragsteller ist, sollten Angaben zum Beginn und zur Dauer der intimen Beziehung der Mutter zum potenziellen biologischen Vater sowie ggf. zu anderen Männern in der gesetzlichen Empfängniszeit gemacht werden, weil dies für die nach § 175 Abs. 1 gebotene gerichtliche Erörterung sowie für eine etwaige Beweisaufnahme von Bedeutung ist. Schließlich sollte der Antrag den Hinweis enthalten, dass der Mann zur Anerkennung der Vaterschaft beim Jugendamt (§ 59 Abs. 1 Nr. 1 SGB VIII) vor dem Verfahren erfolglos aufgefordert wurde. 6

Ein Antrag auf Feststellung der **Unwirksamkeit der Anerkennung** der Vaterschaft gem. § 1594 BGB sollte die vollständigen Angaben und Kopien der erfolgten Beurkundung enthalten. Fehlen diese, wird das Gericht unter Mitwirkung der Beteiligten (§ 27) die entsprechenden Ermittlungen beim Standesamt und Jugendamt vornehmen müssen. Darüber hinaus sind die geltend gemachten Unwirksamkeitsgründe i.S.v. § 1598 BGB anzugeben. Da keine Anfechtungsfrist zu beachten, ein Abstammungsgutachten nicht einzuholen und die Kostenentscheidung nicht an § 183 gebunden ist, bestehen verfahrensrechtliche Vorteile ggü. dem Vaterschaftsanfechtungsverfahren. 7

II. Abstammungsklärungsverfahren. Der Antrag im **Abstammungsklärungsverfahren** zielt darauf, die Einwilligung der Klärungsverpflichteten in eine genetische Abstammungsuntersuchung zu ersetzen und die Entnahme einer für die Untersuchung geeigneten Probe zu dulden (s. § 169 Rdn. 13). Formal handelt es sich um zwei Verfahrensgegenstände, nämlich Einwilligungsersetzung und Duldungsanordnung. Für beide muss ein Rechtsschutzbedürfnis bestehen. Auch wenn allein aus der Verweigerung der Einwilligung in die 8 genetische Untersuchung nicht notwendig auf die Weigerung einer Probeentnahme geschlossen werden kann, ist es aus verfahrensökonomischen Gründen einer abschließenden Regelung gerechtfertigt, beide Anträge zu verbinden und die Duldungspflicht nicht in einem nachfolgenden Verfahren geltend zu machen. Der Anspruch selbst ist an **keine Frist** gebunden, – den Vorgaben des BVerfG folgend (FamRZ 2007, 441, 444) – »bewusst niederschwellig« ausgestaltet (BT-Drucks. 16/6561 S. 12) und an keine weiteren Voraussetzungen geknüpft (OLG Koblenz FamRZ 2014, 406; PWW/*Friederici* § 1598a Rn. 1; *Wellenhofer* NJW 2008, 1185, 1186), sodass es keines weiteren Vortrags zu etwaigen Zweifeln an der Vaterschaft oder zu einem Anfangs- bzw. Anfechtungsverdacht (OLG Karlsruhe FamRZ 2012, 1734; Rdn. 12 ff.) bedarf. Eine Abgeltungsklausel in einem Vergleich erfasst den Anspruch auf Einwilligung nicht ohne Weiteres bzw. nur dann, wenn dieser ausdrücklich genannt ist (OLG Nürnberg FamRZ 2014, 1214). Die bestehende rechtliche Abstammung sollte durch einen Auszug aus dem Geburtenbuch oder die Urkunde über die Vaterschaftsanerkennung nachgewiesen werden. Der Antrag ist auch dann zulässig, wenn bereits eine Entscheidung zur Vaterschaftsanfechtung ohne Beweisaufnahme zur Abstammung ergangen ist. Als Schranke des materiell-rechtlichen Anspruchs führt die Gesetzesbegründung allein die **missbräuchliche Rechtsausübung** an (BT-Drucks. 16/6561 S. 12). Sie kommt etwa im Fall wiederholter Antragstellung oder nach rechtskräftiger Entscheidung über die Vaterschaftsanfechtung mit Sachverständigengutachten in Betracht (OLG Stuttgart FamRZ 2010, 53; *Helms* FamRZ 2008, 1033, 1035; OLG München FPR 2011, 405 [nicht bei Erbstreitigkeiten]). Zur Aussetzung des Verfahrens gem. § 1598a Abs. 3 BGB s. Rdn. 27. Allerdings ist die Ersetzung der Einwilligung in eine genetische Abstammungsuntersuchung nur erforderlich, wenn die weiteren Beteiligten vom Antragsteller zu entsprechenden Erklärungen vor Einleitung des Verfahrens aufgefordert wurden. Anderenfalls fehlt es am Rechtsschutzbedürfnis bzw. ein Antrag auf Verfahrenskostenhilfe erweist sich als mutwillig (§ 76 Abs. 1, §§ 76 Rdn. 38). Neben dem Antragsteller sind am Verfahren die beiden klärungsverpflichteten Personen beteiligt (§ 172 Rdn. 25), die im Antrag namentlich mit ladungsfähiger Anschrift benannt werden sollen (Abs. 2 Satz 1). Die Durchführung der außergerichtlichen Abstammungsuntersuchung ist Angelegenheit des Antragstellers (zu den Kosten § 183 Rdn. 21). Ihm ist nach der Regelung des § 1598a BGB freigestellt, welches Labor er beauftragt und welche Untersuchungsmethode dort verwandt wird. Nach dem Wortlaut des § 1598a Abs. 1 Satz 1 BGB muss allein die Probe nach den anerkannten Grundsätzen der Wissenschaft entnommen werden. Angaben hierzu sind im Antrag nicht erforderlich (a.A. *Borth* FPR 2008, 381, 382), auch wenn sie für die Beteiligten hilfreich sein können. Ausreichenden Rechtsschutz gewährt insoweit § 96a Abs. 1, denn eine Untersuchung ist nicht zumutbar, wenn sie nicht den Anforderungen der Richtlinien des Beirats der Bundesärztekammer (§ 177 Rdn. 15) entspricht.

9 Das Abstammungsklärungsverfahren ist nicht auf die Auflösung der verwandtschaftlichen Beziehung gerichtet, kann aber einem Vaterschaftsanfechtungsverfahren vorausgehen. Damit die – von Amts wegen zu beachtende – 2-jährige Anfechtungsfrist nicht infolge des Klärungsverfahrens verstreicht, wird gem. **§ 1600b Abs. 5 BGB** diese Frist durch die Einleitung des Vaterschaftsklärungsverfahrens gehemmt. Durch die Bezugnahme auf § 204 Abs. 2 BGB endet die **Hemmung der Anfechtungsfrist** des § 1600b Abs. 1 BGB 6 Monate nach der rechtskräftigen Entscheidung oder anderweitigen Beendigung des Abstammungsklärungsverfahrens.

10 Eine ausdrückliche Regelung dazu, ob das Verfahren nach § 1598a Abs. 2 BGB auch nach dem Tod eines Klärungsberechtigten bzw. -verpflichteten eingeleitet werden kann, enthalten weder § 1598a BGB noch die Vorschriften des Abstammungsverfahrens. Einen Vorrang des postmortalen Vaterschaftsanfechtungsverfahrens wird man wegen der unterschiedlichen Interessen der Beteiligten nicht ohne Weiteres begründen können. Ist die klärungsberechtigte Person verstorben, geht der Anspruch aus § 1598a Abs. 1 BGB nicht auf die Erben oder Angehörigen über. Der Tod eines Klärungspflichtigen steht hingegen der Durchführung eines **postmortalen Klärungsverfahrens** nicht entgegen (*Helms* FamRZ 2008, 1033, 1034; *Wellenhofer* FamRZ 2008, 1185, 1189).

11 **III. Vaterschaftsanfechtung.** Über die Anforderungen an den Antrag nach § 172 Abs. 2 Satz 1 (Nennung des Verfahrensziels und der betroffenen Personen) hinaus sind für **Vaterschaftsanfechtungsverfahren** in den Sätzen 2 u 3 **besondere Erfordernisse** normiert. Danach sollen einerseits die Umstände angegeben werden, die gegen die Vaterschaft sprechen, sowie andererseits der Zeitpunkt, in dem diese Umstände dem Antragsteller bekannt wurden. Die Vorschrift knüpft an die Rspr. des BGH seit 1998 (Rdn. 12) an, obwohl im Gesetzgebungsverfahren ursprünglich im Hinblick auf die Unverwertbarkeit heimlicher Vaterschaftstests eine abweichende Konzeption verfolgt worden war. Der Sachantrag wie auch dessen Begründung orientieren sich an der angestrebten und in Rechtskraft erwachsenden gerichtlichen Entscheidung, die auf die Auf-

lösung der personenrechtlichen Beziehung zwischen rechtlichem Vater und Kind gerichtet ist, ohne die wahre genetische Abstammung zu klären.

1. Anfechtung nach § 1600 Abs. 1 Nr. 1, 3 u 4 BGB: Nach der gefestigten Rspr. des BGH (FamRZ 1998, 955; FamRZ 2003, 155; FamRZ 2005, 340, 342; FamRZ 2006, 686, 687; FamRZ 2008, 501) ist im Vaterschaftsanfechtungsverfahren der Vortrag, nicht der biologische Vater des Kindes zu sein, nicht ausreichend. Vielmehr muss der Antragsteller Umstände vortragen und ggf. beweisen, die bei objektiver Betrachtung geeignet sind, Zweifel an der Abstammung des Kindes zu wecken und die Möglichkeit einer anderweitigen Abstammung als nicht ganz fernliegend erscheinen lassen. Trotz des in Abstammungsverfahren geltenden Untersuchungsgrundsatzes (§ 177 Abs. 1) hat der BGH diesen »**Anfangsverdacht**« (oder Anfechtungsverdacht) mit der nur dann in sich schlüssigen Gesamtregelung des Anfechtungsrechts und der Anfechtungsfrist des § 1600b Abs. 1 BGB begründet. Diese Rspr. war und ist erheblicher Kritik ausgesetzt, weil sie die Anforderungen an die vom rechtlichen Vater mögliche Kenntnis von einer anderweitigen Vaterschaft überspanne und daher die Durchsetzung eines Rechts durch verfahrensrechtliche Hürden erschwere (*Wellenhofer* FamRZ 2005, 665, 666; diff. *dies/Schellahn* FPR 2011, 360, 363 f.; *Knoche* FuR 2005, 348; *Ohly* JZ 2005, 626; *Schlosser* JZ 1999, 43; *Wolf* NJW 2005, 2417, 2419).

12

Dieser Kritik wollte der RefE des FamFG in § 180 dadurch Rechnung tragen, dass auf ein Begründungserfordernis insgesamt verzichtet und das Abstammungsverfahren als streitiges Verfahren der freiwilligen Gerichtsbarkeit ausgestaltet werden sollte (Begr. S. 510 zu § 180 RefE). Eine Schlüssigkeit des Antrags sollte im Hinblick auf die umfassende gerichtliche Aufklärungspflicht, die durch die individuelle und generelle Bedeutung der Abstammungssachen als Statusverfahren gerechtfertigt sei, nicht mehr erforderlich sein. Nach der Entscheidung des BVerfG zum heimlichen Vaterschaftstest (FamRZ 2007, 441) wurde an der ursprüngliche Konzeption nicht mehr aufrecht erhalten, denn das BVerfG hatte die Rspr. des BGH zur Auslegung der Anfechtungsvorschriften sowie zu den sich hieraus ergebenden verfahrensrechtlichen Anforderungen ausdrücklich für verfassungsgemäß erklärt. Die praktischen Schwierigkeiten des rechtlichen Vaters, einen Anfangs- bzw. Anfechtungsverdacht darlegen zu können, verkannte das BVerfG nicht und löste die Problematik aus einer grundrechtlichen Schutzpflicht des Staates, die verfahrensrechtliche Vorschriften zur Klärung der Vaterschaft unabhängig von deren Anfechtung erfordere (§ 169 Rdn. 12).

13

Die Regelung des § 171 Abs. 2 Satz 2 knüpft unter ausdrücklicher Bezugnahme auf die vorgenannten Entscheidungen in der Gesetzesbegründung (BT-Drucks. 16/6308 S. 244) an die Rspr. zum **Anfangs- bzw. Anfechtungsverdacht** an und hebt diese verfahrensrechtlich zur **gesetzlichen Antragsvoraussetzung** (Prütting/Helms/*Stößer* § 171 Rn. 16; Keidel/*Engelhardt* § 171 Rn. 5). Die gesetzliche Formulierung, wonach die Umstände angegeben werden sollen, die gegen die Vaterschaft sprechen, beruht auf dem Anfangs- bzw. Anfechtungsverdacht, ohne dass aufgrund der vorgetragenen Tatsachen die Nichtvaterschaft wahrscheinlicher oder gar überwiegend wahrscheinlich sein muss. Vor diesem Hintergrund sind Gerüchte (BGHZ 61, 195, 198; BGH FamRZ 1984, 80; OLG Koblenz FamRZ 2007, 1675; OLG Brandenburg FamRZ 2014, 1129 [LS]), Mutmaßungen (OLG Celle OLGR 2000, 8) oder ein bloßer Verdacht etwa aufgrund anonymer Anrufe (BGH FamRZ 2008, 501; OLG Köln NJW-RR 2004, 1081; AG Heidelberg FamRZ 2015, 865), die fehlende Ähnlichkeit mit Ausnahme erheblicher Abweichungen bei charakteristischen Erbmerkmalen wie etwa der Hautfarbe (BGH FamRZ 2005, 501, 502; OLG Jena FamRZ 2010, 1822; FamRZ 2003, 944 f.) oder die laienhaft falsche Bewertung naturwissenschaftlich unrichtiger Zusammenhänge (OLG Frankfurt am Main FamRZ 2008, 805 f. zur Blutgruppenvererbung) **nicht ausreichend**, um einen Antrag auf Anfechtung der Vaterschaft zu begründen und den Lauf der Anfechtungsfrist auszulösen. Allerdings dürfen keine zu hohen Anforderungen an die Darlegung der bei objektiver Beurteilung geeigneten Zweifel an der Abstammung gestellt werden (BT-Drucks. 16/6308 S. 244). Insoweit hat der BGH wiederholt mögliche Erleichterungen für den Anfangsverdacht in Erwägung gezogen (FamRZ 2005, 340, 342; FamRZ 2006, 686, 687). Folgende **Umstände** werden als Anfangs- bzw. Anfechtungsverdacht anerkannt (PWW/*Pieper* § 1600b Rn. 4 ff.; *Grün* Rn. 269 ff.; Helms/Kieninger/*Rittner* Rn. 107 ff.): fehlende intime Beziehung in der gesetzlichen Empfängniszeit mit dem rechtlichen Vater (*Grün* Rn. 271) bzw. seine sichere Kenntnis oder das Eingeständnis einer intimen Beziehung zu einem anderen Mann (BGH FamRZ 1989, 169; OLG Karlsruhe FamRZ 2016, 249 [zur Anfechtung der Mutter bei einmaligem außerehelichen Geschlechtsverkehr mit evtl. zeugungsfähigem Mann]; OLG Brandenburg FamRZ 2014, 1215; OLG Karlsruhe FamRZ 2013, 555; OLG Brandenburg FamRZ 2010, 1174; OLG Karlsruhe FamRZ 2001, 702; die Verwendung von Kondomen steht dem nicht entgegen BGH FamRZ 2014, 463 [unter Hinweis auf den sog. »Pearl-Index«]; 2006, 771; OLG Karlsruhe FamRZ 2013, 555), Mitteilung der Mutter, der rechtliche Vater sei nicht der leibliche (OLG Bremen FamRZ 2012, 1736);

14

Kenntnis einer bestehenden Partnerschaft (OLG Brandenburg FamRZ 2002, 1055) oder der Prostitution in der Empfängniszeit (BGH FamRZ 2006, 771; OLG Frankfurt am Main FamRZ 2000, 108 »Sextourismus«), der Reifegrad des Kindes (BGH FamRZ 1990, 507, 510) und die eigene absolute Zeugungsunfähigkeit (BGH FamRZ 1989, 169). Zur begrenzten Rechtskraft abweisender Beschlüsse § 184 Rdn. 4 f.).

15 Nach der vom BVerfG (FamRZ 2007, 441) bestätigten Rspr. des BGH (FamRZ 2005, 340, 342; FamRZ 2008, 501, 502; so auch OLG Thüringen FamRZ 2012, 1737; OLG Celle FamRZ 2004, 481; OLG Jena FamRZ 2003, 944; a.A. OLG Dresden FamRZ 2005, 1491; hierzu *Schwonberg* JAmt 2005, 265; *Braun* FPR 2011, 386) sind das **heimlich**, ohne Einwilligung des Kindes oder seines gesetzlichen Vertreters eingeholte **DNA-Gutachten oder ein heimlicher Vaterschaftstest** rechtswidrig und weder als Beweismittel noch als Parteivortrag für den Anfangs- bzw. Anfechtungsverdacht verwertbar. Auch die Weigerung der Mutter, an einem solchen Test mitzuwirken, begründet diesen nicht (BGH FamRZ 2008, 501, 502), sondern berechtigt zur Einleitung eines Abstammungsklärungsverfahrens nach § 1598a Abs. 2 BGB. Räumt die Mutter nach Vorlage eines heimlichen Vaterschaftstests eine intime Beziehung zu einem anderen Mann ein, begründet dies einen schlüssigen Antrag (OLG Stuttgart FamRZ 2011, 382, OLG Koblenz FamRZ 2006, 808). Die Untersuchung und Verwendung der DNA-Identifizierungsmuster stellt einen Eingriff in das durch Art. 2 Abs. 1 i.V.m. Art. 1 Abs. 1 GG geschützte Persönlichkeitsrecht bzw. Recht auf informationelle Selbstbestimmung dar, der unter Abwägung der betroffenen Grundrechtspositionen und Interessen mangels höherwertiger Interessen des Scheinvaters nicht gerechtfertigt ist. Nach § 17 Abs. 1 Satz 1 des Gesetzes über genetische Untersuchungen bei Menschen (Gendiagnostikgesetz GenDG; v. 31.07.2009, BGBl. I, S. 2529; dazu *Genenger* NJW 2010, 113; *Braun* MDR 2010, 482) darf eine genetische Untersuchung zur Klärung der Abstammung (*Rittner/Rittner* Rechtsmedizin 2011, 144) nur vorgenommen werden, wenn die betroffene Person hierüber aufgeklärt wurde und in die Untersuchung eingewilligt hat (BT-Drucks. 16/10532 S. 33). Ordnungswidrig handelt nach § 26 Abs. 1 Nr. 6 u 7 GenDG, wer eine genetische Untersuchung ohne Einwilligung vornimmt oder vornehmen lässt. Auch wenn ein ausreichender Anfangsverdacht mit einem heimlichen Vaterschaftstest nicht dargelegt wurde, wird der Anfechtungsantrag durch ein gleichwohl gerichtlich eingeholtes Abstammungsgutachten, das sich der Antragsteller stillschweigend zu eigen macht, schlüssig, ohne dass dem ein verfahrensrechtliches Verwertungsverbot entgegensteht (BGH FamRZ 2006, 686, 687). In der Praxis werden sich die Probleme häufig durch eine dem Anfechtungsverfahren vorgeschaltete (außergerichtliche) Klärung der Vaterschaft relativieren. Denn zum einen kann der Antragsteller seinen Antrag auf das Ergebnis des Abstammungsgutachtens stützen, das mit erklärter oder ersetzter Einwilligung im Verfahren verwertbar ist, und zum anderen wird nach § 1600b Abs. 5 BGB die 2-jährige Anfechtungsfrist durch die Einleitung des Ersetzungsverfahrens nach § 1598a Abs. 2 BGB gehemmt. Hat der Antragsteller hingegen unabhängig von einem Vaterschaftstest sichere Kenntnis von Umständen, die einen Anfangsverdacht begründen, beginnt die Frist mit dem Zeitpunkt dieser Kenntniserlangung.

16 Der Antrag des anfechtungsberechtigten Kindes auf Anfechtung der Vaterschaft (§ 1600 Abs. 1 Nr. 4 BGB) setzt nach der Rspr. des BGH (FamRZ 2009, 861) die Entscheidung der insoweit sorgeberechtigten Person über die Ausübung des materiellen Gestaltungsrechts voraus, weil zwischen diesem und der Einleitung eine Anfechtungsverfahrens durch das Kind zu unterscheiden ist. Die Entscheidung über das »ob« eines Vaterschaftsanfechtungsverfahrens ist Teil der elterlichen Sorge und steht – unabhängig von einem verfahrensrechtlichen Vertretungshindernis (s § 172 Rdn. 13 ff.) – den sorgeberechtigten Eltern gemeinsam zu. Bei gemeinsamer elterlicher Sorge kann ein Elternteil allein eine solche Entscheidung für das Kind nicht treffen. In diesem Fall ist der Antrag des Kindes als **unzulässig** abzuweisen. Auch die Bestellung eines Ergänzungspflegers für das Kind zur Vertretung im Anfechtungsverfahren umfasst nicht die konkludente Entziehung des elterlichen Entscheidungsrechts insoweit.

17 Neben dem Anfangs- bzw. Anfechtungsverdacht sowie der Angabe der betroffenen Personen sollte die rechtliche Vaterschaft urkundlich nachgewiesen werden. Erfolgt die Anfechtung – wie häufig – durch das geschäftsunfähige oder beschränkt geschäftsfähige Kind gem. **§ 1600a Abs. 3 BGB** durch den gesetzlichen Vertreter, muss im Antrag dargetan werden, dass die Anfechtung dem Wohl des Kindes entspricht (OLG Köln FamRZ 2001, 245 f.; zur Abwägung nach § 1597 BGB a.F. BayObLG FamRZ 1991, 185, 186). Insoweit sind das Interesse an der Klärung der Abstammung, die familiäre Situation und das Persönlichkeitsrecht der Mutter maßgeblich (OLG Schleswig FamRZ 2003, 51). Ein gutes und vertrauensvolles Verhältnis des Kindes zum rechtlichen Vater kann gegen ein Anfechtungsrecht sprechen. In anderen Anfechtungsverfahren ist eine Kindeswohlprüfung nicht erforderlich (OLG Köln FamRZ 2002, 629, 631).

2. Anfechtung nach § 1600 Abs. 1 Nr. 2 BGB: Ein **Recht auf Anfechtung** der durch Ehe oder Anerkenntnis bestehenden Vaterschaft steht dem **biologischen Vater** nach der Entscheidung des BVerfG (FamRZ 2003, 816) und der hierauf beruhenden gesetzlichen Regelung des § 1600 Abs. 1 Nr. 2, Abs. 2 BGB nur in eingeschränktem Umfang zu, wenn er an Eides statt versichert, der Mutter des Kindes während der Empfängniszeit beigewohnt zu haben, eine sozial-familiäre Beziehung zwischen dem rechtlichen Vater und dem Kind nicht besteht oder zum Zeitpunkt seines Todes nicht bestanden hat und der Anfechtende der leibliche Vater des Kindes ist. Die eidesstattliche Versicherung stellt eine formelle Hürde gegenüber einer Anfechtung »ins Blaue hinein« dar (BT-Drucks. 15/2253/10). Dem **Samenspender** war als (potentiellem) biologischem Vater – wie dem Mann und der Mutter, die in die künstliche Befruchtung eingewilligt hatten (§ 1600 Abs. 5 BGB; BGH FamRZ 2015, 2134) – nach der bisher h.M. (so noch BGH FamRZ 2005, 612, 614) eine Anfechtung versagt, weil dieser mangels Beiwohnung die Voraussetzungen des § 1600 Abs. 1 Nr. 2 BGB nicht darlegen kann. Nach der Rspr. des BGH (FamRZ 2013, 1209 m. Anm. *Heiderhoff*) ist die Beiwohnung nicht Voraussetzung eines erfolgreichen Anfechtungsantrags. Die Vorschrift ist aus teleologischen und verfassungsrechtlichen Erwägungen dahin auszulegen, das Anfechtungsrecht auch »auf eine ohne Geschlechtsverkehr mögliche genetische Vaterschaft des Anfechtenden zu erstrecken, wenn der Zeugung des Kindes keine auf eine (ausschließliche) Vaterschaft eines Dritten als Wunschvater gerichtete Vereinbarung i.s.v. § 1600 Abs. 5 BGB« vorausgegangen ist. Daher ist der Anfechtungsausschluss auf die »konsentierte heterologe Insemination« bezogen. In dem vom BGH entschiedenen Fall hatte eine in gleichgeschlechtlicher Partnerschaft lebende Frau Sperma des anfechtenden Mannes erhalten. Auf Antrag kann seine Vaterschaft unter den Voraussetzungen des § 1600d Abs. 1 BGB festgestellt werden.

§ 1600 Abs. 4 BGB definiert eine sozial-familiäre Beziehung dahin, dass der rechtliche Vater für das Kind tatsächliche Verantwortung trägt oder getragen hat, wovon i.d.R. auszugehen ist, wenn er mit der Mutter des Kindes verheiratet ist oder mit dem Kind längere Zeit in häuslicher Gemeinschaft zusammengelebt hat. Bei Abwägung der Interessen des Kindes, des rechtlichen Vaters, der Mutter sowie des biologischen Vaters kann der Gesetzgeber verfassungsrechtlich dem Erhalt eines bestehenden sozialen Familienverbandes den Vorrang vor dem Interesse des potenziellen biologischen Vaters einräumen (BVerfG FamRZ 2003, 816, 820 f.; ebenso Österr VGH FamRZ 2008, 537; BGH FamRZ 2007, 538; OLG Frankfurt FamRZ 2007, 1674; OLG Nürnberg FamRZ 2013, 227 f.; KG FamRZ 2015, 1119, 1120 f.; krit. *Coester-Waltjen* FamRZ 2013, 1693). Auch dann, wenn der mutmaßliche biologische Vater behauptet, vor und in den Monaten nach der Geburt eine sozial-familiäre Beziehung zum Kind aufgebaut zu haben, ist der Ausschluss des Anfechtungsrechts durch den Schutz der bestehenden sozial-familiären Beziehung gerechtfertigt (BVerfG FamRZ 2014, 191, 277 m. krit. Anm. *Helm*). Der Schutz überwiegt die Interessen des unstreitig leiblichen Vaters auch dann, wenn dieser mit der Mutter seit der Geburt des Kindes 6 Jahre zusammengewohnt hat und in der Folge Umgangskontakte stattgefunden hatten, weil er bis zur Anerkennung der Vaterschaft durch einen anderen Mann die Möglichkeit gehabt hatte, die Vaterstellung zu erhalten (BVerfG FamRZ 2015, 817; so auch OLG Bremen FamRZ 2013, 1824). Demgegenüber sieht der EGMR (FamRZ 2011, 269 = JAmt 2011, 215) in dem ebenfalls durch eine sozial-familiäre Beziehung eingeschränkten Umgangsrecht des biologischen Vaters, das nach § 1685 Abs. 2 BGB nur besteht, wenn eine sozial-familiäre Beziehung zum Kind besteht und der Umgang dem Kindeswohl dient (KG FamRZ 2012, 647 f.), dessen Recht auf Familienleben aus Art. 8 EMRK verletzt. Da auch die potenzielle Beziehung des biologischen Vaters zu seinem Kind geschützt ist, kommt es auf das erkennbare Interesse und seine Verantwortungsbereitschaft für das Kind an. Auch wenn die bestehende familiäre Beziehung zwischen den Eltern und den Kindern, die unstreitig vom potenziellen biologischen Vater abstammten und zu keinem Zeitpunkt mit ihm zusammengelebt hatten, schutzwürdig ist, sei das Interesse der Kinder an einem Kontakt zum potenziellen biologischen Vater zu berücksichtigen. In zwei weiteren Entscheidungen hat der EGMR (FamRZ 2012, 691 f. = FamRB 2012, 243; bestätigt FamRZ 2014, 1257; *Wellenhofer* FamRZ 2012, 828, 832; *Löhnig/Preisner* FamRZ 2012, 489) in der Einschränkung des Rechts auf Anfechtung der Vaterschaft keine Verletzung des Art. 8 EMRK erkannt, weil an den direkten Kontakt zum Kind einerseits und die Auflösung einer bestehenden abstammungsrechtlichen Zuordnung andererseits unterschiedliche Anforderungen zu stellen sind. Der Gestaltungsspielraum des nationalen Gesetzgebers ist dabei größer, wenn in den Mitgliedsstaaten des Europarates kein Konsens besteht. Einer gelebten sozial-familiären Beziehung zwischen dem rechtlichen Vater und dem Kind kann der Vorrang vor einem Anfechtungsrecht oder Anspruch auf Klärung der Abstammung des potenziellen biologischen Vaters eingeräumt werden.

20 Der potenzielle biologische Vater muss – auch in Ansehung des Amtsermittlungsgrundsatzes – im Verfahren **darlegen**, dass eine **sozial-familiäre Beziehung** des rechtlichen Vaters zum Kind im Zeitpunkt der letzten mündlichen Verhandlung (OLG Karlsruhe FamRZ 2010, 1174 [bei rechtsmissbräuchlicher Verzögerung des Anfechtungsverfahrens ist auf den Verfahrensbeginn abzustellen, m kritischer Anm. *Helms* ZKJ 2010, 244; a.A. OLG Düsseldorf FamRZ 2013, 1825) nicht besteht (BGH FamRZ 2007, 538, 539; KG FamRZ 2015, 1119, 1120 [allein die »aktuellen Verhältnisse« und die »derzeit gelebte soziale Wirklichkeit«). Der Antragsteller hat im Rahmen seiner Wahrnehmungsmöglichkeiten die nach außen in Erscheinung tretenden Umstände und Indizien darzulegen, um die für die rechtlichen Eltern streitende gesetzliche Vermutung bzw. »Regelannahme« zu widerlegen (OLG Celle FamRZ 2012, 564, 565). Diejenigen Tatsachen, auf denen die gesetzliche Regelannahme des § 1600 Abs. 4 Satz 2 BGB gründet (Heirat oder längere häusliche Gemeinschaft), sind von den rechtlichen Eltern des Kindes darzulegen und im Rahmen ihrer sekundären Darlegungslast haben sie zur sozial-familiären Beziehung vorzutragen (OLG München StAZ 2012, 338; weitergehend OLG Brandenburg FamRZ 2012, 44 f.). Ist danach positiv vom Bestehen einer sozial-familiären Beziehung auszugehen, ist das Anfechtungsrecht des potenziellen biologischen Vaters auch dann ausgeschlossen, wenn das Kind ihn als Teil der Familie erlebt hat (OLG Bremen JAmt 2013, 210).

Das einfache Bestreiten einer sozial-familiären Beziehung durch den Antragsteller ist nicht ausreichend (KG FamRZ 2015, 1119, 1120 [insb. bei einer durch Jugendamt und Verfahrensbeistand bestätigten Ausübung elterlicher Verantwortung]; OLG Celle FamRZ 2012, 564, 565). Insoweit kommt es nicht auf die Beziehung des rechtlichen Vaters zur Kindesmutter, der aber indizielle Bedeutung zukommen kann (OLG Celle FPR 2011, 407), sondern auf dessen Beziehung zum Kind an (OLG Nürnberg FamRZ 2011, 383, 384). Dabei ist nach der Rspr. des BGH nach § 1600 Abs. 4 Satz 1 BGB unwiderleglich von einer sozial-familiären Beziehung auszugehen, wenn der rechtliche Vater für das Kind Verantwortung trägt (BGH FamRZ 2008, 1821). Hiervon ist die widerlegliche Regelannahme für die Übernahme von Verantwortung nach Satz 2 aufgrund der Ehe oder einer längeren häuslichen Gemeinschaft zu unterscheiden, die indes für den Fortbestand im maßgeblichen Zeitpunkt der letzten mündlichen Verhandlung nicht ausreichend ist. Auch wenn diese Voraussetzung – verfassungsrechtlich zulässig – als negatives Tatbestandsmerkmal ausgestaltet ist, was im Fall einer non-liquet Situation zulasten des Anfechtenden geht (BGH FamRZ 2007, 538, 540), ist es ihm nicht faktisch unmöglich, die Regelannahme zu entkräften. Wann von einer **längeren häuslichen Gemeinschaft** auszugehen ist, wird unterschiedlich beantwortet, wobei Fristen von 3 Monaten (bei Kleinkindern) bis zu 2 Jahren genannt werden (*Helms/Kieninger/Rittner* Rn. 125; KG FamRZ 2012, 1739 f.). Dass der potenzielle biologische Vater unmittelbar oder kurze Zeit nach der Geburt einen Anfechtungsantrag stellt, steht einer sozial-familiären Beziehung nicht unbedingt entgegen (a.A. OLG Bremen [4. Senat] FamRZ 2010, 1822 = FamRB 2010, 302; AG Holzminden FamRZ 2011, 1077), weil auch ein kürzeres Zusammenleben ausreichend sein kann, wenn die Beziehung noch andauert und der rechtliche Vater die tatsächliche Verantwortung in einer Weise trägt, die auf Dauer angelegt erscheint (BGH FuR 2007, 167 = FamRZ 2007, 538, 540; OLG Bremen [5. Senat] FamRZ 2010, 1821; *van Els* FPR 2011, 380 f.). Daher muss der potenzielle biologische Vater auch für ein Neugeborenes oder Kleinkind Umstände, die gegen eine sozial-familiäre Beziehung sprechen, darlegen. Der Antragsteller, aber auch die weiteren Verfahrensbeteiligten können die nach außen in Erscheinung tretenden Umstände und Indizien, die für oder gegen eine sozial-familiäre Beziehung sprechen können, anführen wie etwa (*Helms/Kieninger/Rittner*, Rn. 126; *Grün* Rn. 233 f.; *Helms* FamRZ 2010, 1, 5):

– Getrenntleben der Eheleute (BGH FamRZ 2997, 538, 541; OLG Bremen OLGR 2007, 99 f. auch zum substantiierten Bestreiten des rechtlichen Vaters)
– Übertragung des Sorge- oder Aufenthaltsbestimmungsrechts für das Kind auf den rechtlichen Vater (OLG Celle v. 02.08.2010 – 15 UF 123/10)
– Zusammenleben der Mutter mit einem neuen Partner,
– weiteres Kind aus einer anderen Beziehung und Zusammenleben mit dem Kindesvater (OLG Nürnberg FamRZ 2011, 383, 384)
– aus Besuchskontakten gewonnene Einblicke in die Beziehung des Vaters zu seinem Kind oder zwischen den Eltern (BGH FamRZ 2008, 1821, 1822),
– Dauer eines Zusammenlebens mit dem Antragsteller bzw. leiblichen Vater, wobei die Regelung durch den zeitlichen Bezug grundsätzlich der aktuellen Beziehung größere Bedeutung beimisst als einer vergangenen (OLG Celle FamRZ 2012, 564 f.; *Helms* FamRZ 2010, 1, 5),
– *bereits vor der Geburt* bestehende Beziehung zwischen dem rechtlichem Vater und der Mutter,

– Begleitung der Mutter und/oder des Kindes zu Vorsorgeuntersuchungen oder Arztterminen (OLG Brandenburg FamRZ 2012, 44 f.)
– Einbeziehung des leiblichen Vaters in das Leben des Kindes (AG Herford FamRZ 2008, 1270),
– der Zeitpunkt der Vaterschaftsanerkennung (OLG Stuttgart FamRZ 2008, 629; OLG Celle FPR 2011, 407)
– Bestehen einer gemeinsamen elterlichen Sorge (§ 1626a Abs. 1 Nr. 1 BGB),
– Wahrnehmung typischer Elternrechte und -pflichten mit gewisser Nachhaltigkeit (OLG Stuttgart FamRZ 2011, 1310 [LS]),
– Art und Umfang von Umgangskontakten; vereinzelte Besuche des rechtlichen Vaters sind indes nicht ausreichend (BGH FamRZ 2005, 705; OLG Oldenburg FamRZ 2009, 1925 zum behördlichen Anfechtungsrecht; wohl aber bei regelmäßigen Wochenendkontakten, anders OLG Brandenburg FamRZ 2014, 1717 f. [zu § 1685 Abs. 2 BGB])
– Unterhaltszahlungen durch den rechtlichen Vater stellen keine auf eine persönliche Beziehung bezogene Pflege- und Erziehungsanteile dar (BVerfG FamRZ 2003, 816, 820), können aber in eine Gesamtschau – ebenso wie ein Antrag auf Auszahlung des Kindergeldes an die Mutter sowie Krankenversicherungsschutz für das Kind – einbezogen werden (OLG Brandenburg FamRZ 2012, 44 f.)
– der vom Kind geäußerte Wunsch nach Beziehung zum rechtlichen Vater
– Begegnung und Verhalten von rechtlichem Vater und Kind im Erörterungstermin vor Gericht (OLG Brandenburg FamRZ 2012, 44, 46; OLG Naumburg FamRZ 2011, 383 f.),
– ausländerrechtliche Beschränkungen der Freizügigkeit der Kindesmutter, die einen intensiveren Kontakt zwischen dem Kind und dem rechtlichen Vater erschwert oder unterbunden haben (OLG Nürnberg FamRZ 2011, 383, 384)

Der Antragsteller muss dabei nicht die gesetzliche Vermutung des Abs. 4 Satz 2 widerlegen, weil diese nicht auf den Fortbestand der von Verantwortung getragenen Vater-Kind-Beziehung bezogen ist. Der Antragsteller kann sich jedoch insoweit nicht auf das Bestreiten einer solchen Beziehung mit Nichtwissen beschränken oder auf die Darlegungslast des rechtlichen Vaters verweisen. Hat der Anfechtende hingegen keinerlei Anhaltspunkte dafür, dass der rechtliche Vater tatsächlich keine Verantwortung mehr wahrnimmt, ist sein Antrag nicht begründet (BGH FamRZ 2007, 538, 539). Die bisher insoweit zum behördlichen Anfechtungsrecht nach § 1600 Abs. 1 Nr. 5 BGB (Rdn. 22) ergangene Rspr. kann allerdings nicht ohne weiteres auf das Anfechtungsrecht des potentiellen biologischen Vaters übertragen werden.

Nach der bisherigen Regelung des § 1600e Abs. 1 Satz 1 BGB a.F. musste der potenzielle biologische Vater 21 seine Anfechtungsklage gegen das Kind und den rechtlichen Vater richten und ihnen ggü. die 2-ährige Anfechtungsfrist wahren. Hieraus hat der BGH (FamRZ 2008, 1921, 1922) die Konsequenz gezogen, dass die Anfechtungsfrist nur bei Erhebung der Klage gegen beide Beklagten gewahrt ist, denn das Verfahren ist sowohl auf die Feststellung der eigenen Vaterschaft wie auch auf die Anfechtung der bestehenden Vaterschaft gerichtet. Nach neuem Recht ist allein die Anhängigkeit des Antrags zur Wahrung der Anfechtungsfrist ausreichend.

3. **Anfechtung nach § 1600 Abs. 1 Nr. 5 BGB**: Eine wesentliche Änderung hat das Abstammungsrecht dadurch erfahren, dass das mit Gesetz zur Ergänzung des Rechts zur Anfechtung der Vaterschaft (BGBl. I 2008, 313 ff.) eingeführte Anfechtungsrecht der zuständigen (anfechtungsberechtigten) Behörde in Fällen einer (missbräuchlich) anerkannten Vaterschaft (BT-Drucks. 16/3291; Zimmermann FuR 2008, 569; 2009, 21; *Löhnig* FamRZ 2008, 1130; *Helms* StAZ 2007, 69) vom BVerfG (FamRZ 2014, 449) für verfassungswidrig erklärt wurde. Das behördliche Anfechtungsrecht, das eine nicht unerhebliche praktische Bedeutung erlangt hatte und konzeptionell an das Anfechtungsrecht des biologischen Vaters angelehnt war, setzte nach der bisherigen Regelung in § 1600 Abs. 3 BGB voraus, dass die rechtliche Vaterschaft auf einer Anerkennung beruhte, zwischen dem Anerkennenden und dem Kind keine sozial-familiäre Beziehung bestand und durch die Anerkennung ausländerrechtliche Vorteile für eine Einreise oder den Aufenthalt (BT-Drucks. 16/3291, 14) entstanden waren. Die Verfassungsmäßigkeit des behördlichen Anfechtungsrechts war neben einer unzulässigen Rückwirkung (AG Hamburg-Altona FamRZ 2010, 1176; a.A. OLG Oldenburg FamRZ 2009, 1925; OLG Naumburg FamRZ 2011, 383) wegen eines Verstoßes gegen Art. 6 Abs. 5 GG in Zweifel gezogen worden. In seiner Vorlageentscheidung hatte der BGH (FamRZ 2012, 1489; 2014, 732) – dem OLG Bremen folgend (FamRZ 2011, 1073) – in der Regelung eine nicht gerechtfertigte Ungleichbehandlung nichtehelich und scheinehelich geborener Kinder, deren Vaterschaft von der Behörde nicht angefochten werden konnte, gesehen. Das BVerfG hat dies dahinstehen lassen und einen Verstoß gegen Art. 16 GG sowie 22

Art. 6 Abs. 2 GG bejaht. Dass die erfolgreiche Anfechtung der Vaterschaft zum Verlust der Staatsangehörigkeit des Kindes führen könne, stellt einen nicht gerechtfertigten Eingriff in Art. 16 Abs. 1 GG dar. Ein solcher ist jedoch nur zulässig, wenn sich die Eltern der Vaterschaftsanerkennung bedienen, um unter Umgehung der gesetzlichen Vorschriften aufenthaltsrechtliche Vorteile herbeizuführen. Die gesetzlichen Voraussetzungen für ein behördliches Anfechtungsrecht müssen jedoch zum Nachweis einer spezifisch ausländerrechtlich veranlassten Vaterschaftsanerkennung hinreichend aussagekräftig sein. Dies ist beim Fehlen einer sozial-familiären Beziehung nicht der Fall.

23 Die bis zur Entscheidung des BVerfG anhängigen und noch nicht abgeschlossenen Verfahren mussten durch Antragsrücknahme beendet werden (§ 22 Abs. 1 FamFG), die nicht zwingend die Kostenregelung vorgibt (§ 81 FamFG; § 183 Rdn. 8, 12). Für rechtskräftig abgeschlossene Verfahren stellt die Entscheidung des BVerfG keinen Restitutionsgrund i.S.v. §§ 118 FamFG, 580 ZPO dar, weil deren Folgen abschließend in § 79 BVerfGG geregelt sind (BGH FamRZ 2006, 1188) und § 580 Nr. 8 ZPO nur auf Entscheidungen des EGMR bezogen ist. Die bisher zum behördlichen Anfechtungsrecht ergangene Rspr. zur sozial-familiären Beziehung kann allerdings nicht ohne weiteres auf das Anfechtungsrecht des potentiellen biologischen Vaters übertragen werden. Vor dem Hintergrund der vom BVerfG konkretisierten Anforderungen hat der Freistaat Bayern im Bundesrat einen Gesetzentwurf für ein behördliches Anfechtungsrecht eingebracht (BR-Drucks. 330/14). Über die bisherigen Voraussetzungen hinaus soll danach die Anfechtung nur möglich sein, wenn »die Anerkennung der Vaterschaft darauf abzielt, aufenthaltsrechtliche Vorteile rechtsmissbräuchlich zu erlangen oder zu verschaffen« (§ 1600 Abs. 3 Nr. 3 BGB-E). Hierzu führt die Gesetzesbegründung exemplarisch die Anerkennung mehrerer Kinder verschiedener ausländischer Mütter oder Geldzahlungen anlässlich der Anerkennung an (BR-Drucks. 330/14, S. 9).

24 **4. Anfechtungsfrist**: In allen Anfechtungsverfahren soll der Antragsteller den **Zeitpunkt**, in dem ihm die Umstände seines Anfechtungsrechts bekannt wurden, angeben. Damit wird dem Gericht ermöglicht, den Fristbeginn bzw. -ablauf, der von Amts wegen zu beachtenden Anfechtungsfrist ist, zu überprüfen (BT-Drucks. 16/6308 S. 244). Angaben für den Lauf der. 2-jährigen Frist (§ 1600b Abs. 1 BGB; zur Verfassungsmäßigkeit der Anfechtungsfrist OLG Karlsruhe FamRZ 2013, 555; BVerfG FamRZ 2007, 441, 445; EGMR FamRZ 2014, 823 [LS]) sind nur in Vaterschaftsanfechtungsverfahren erforderlich, während das Vaterschaftsklärungs- und das Vaterschaftsfeststellungsverfahren keiner Frist unterliegen. Die **Beweislast** für den Beginn (BGH FamRZ 2012, 1489, 1491 f. [zur Kenntnis der zuständigen Behörde]) und damit für den Ablauf der **Anfechtungsfrist** trifft, wenn nach Ausschöpfen der verfügbaren Beweismittel Zweifel verbleiben, denjenigen Beteiligten, der sich hierauf beruft (BGH FamRZ 1990, 507, 509; FamRZ 1998, 955, 956; Prütting/Helms/*Stößer* § 169 Rn. 19; Keidel/*Engelhardt* § 171 Rn. 7; BT-Drucks. 16/6308 S. 244), d.h. regelmäßig nicht den Antragsteller, der jedoch die Feststellungslast für die eine Hemmung der Anfechtungsfrist begründenden Tatsachen trägt. Für den Lauf der Anfechtungsfrist ist für alle anfechtungsberechtigten Männer neben dem Anfangsverdacht (Rdn. 14) und der Geburt des Kindes (§ 1600b Abs. 2 BGB) die Kenntnis von der Geburt des Kindes erforderlich. Zum Ausschluss des Anfechtungsrechts im Fall der Einwilligung des Mannes in die künstliche Befruchtung mittels Samenspende eines Dritten OLG Karlsruhe FamRZ 2012, 1150.

25 **D. Verfahrensfragen.** Genügen die Angaben des Antragstellers in seiner Antragsschrift nicht den Erfordernissen des § 171 Abs. 2, ist der Antrag nicht ohne Weiteres unzulässig. Es obliegt dem Gericht gem. § 28 Abs. 1 darauf hinzuwirken, dass der Antragsteller sich zu allen erheblichen Tatsachen erklärt und ungenügende tatsächliche Angaben ergänzt. Die gesetzliche **Hinweispflicht** besteht nicht nur für den verfahrenseinleitenden Antrag, sondern im gesamten Verfahren (§ 28 Rdn. 5 ff.). Da im Antrag lediglich das Verfahrensziel und die beteiligten Personen bzw. im Anfechtungsverfahren die Anfechtungsgründe angeführt werden sollen, wird der Antrag bei fehlenden Angaben nicht unzulässig sein. Kommt der Antragsteller einem gerichtlichen Hinweis nicht nach, kann ihm jedoch Verfahrenskostenhilfe zu versagen sein. Der Ablauf des Abstammungsverfahrens ist überwiegend in den §§ 169 bis 185 geregelt. Ergänzend sind die allgemeinen Verfahrensregelungen oder materiell-rechtliche Vorschriften heranzuziehen.

26 **I. Allgemeine Verfahrensregelungen.** Spezielle **Verfahrensregelungen** in Abstammungssachen enthalten § 175 Abs. 1 für den Erörterungstermin, §§ 175 Abs. 2, 176 für die Anhörung der Eltern und des Kindes sowie des Jugendamts im Abstammungsklärungs- sowie verschiedenen Anfechtungsverfahren, §§ 177, 178 für den Umfang der Ermittlungen und die Durchführung der Beweisaufnahme, § 179 für die Verbindung von *Verfahrensgegenständen*, § 180 für die Protokollierung der Vaterschaftsanerkennung zur Niederschrift des

Gerichts sowie schließlich § 181 zu den Folgen des Todes eines Verfahrensbeteiligten. Der Antragsteller kann seinen **Antrag**, der das Verfahren einleitet, bis zum rechtskräftigen Abschluss des Verfahrens jederzeit **zurücknehmen**. Mit der Zurücknahme des Antrags endet das Verfahren, ohne dass darin ein Verzicht auf das Antragsrecht zu sehen ist. Daher kann der Antrag später wieder gestellt werden.

Das Abstammungsverfahren kann auf verfahrens- oder materiell-rechtlicher Grundlage ausgesetzt werden. Nach § 640f ZPO a.F. kam dies in Betracht, wenn wegen des Alters des Kindes ein Gutachten nicht erstattet werden konnte. Nach § 21 Abs. 1 Satz 1 kann das Gericht das Verfahren aus wichtigem Grund aussetzen. Im Rahmen der Ermessensentscheidung ist die mit der Aussetzung verbundene Verfahrensverzögerung einerseits mit den den Beteiligten entstehenden Nachteilen andererseits abzuwägen (BGH FamRZ 2013, 118, 119 f.). Eine Aussetzung des von der zuständigen Behörde eingeleiteten Vaterschaftsanfechtungsverfahrens ist nach Auffassung des OLG Karlsruhe (FamRZ 2012, 59) nicht gerechtfertigt, wenn die Untersuchungsperson (der Anerkennungsvater) nicht auffindbar ist, weil ein wichtiger Grund i.S.v. § 21 auf vorübergehende, zeitlich eingrenzbare Sachverhalte bezogen ist, bei denen die Beseitigung des Hindernisses gewiss ist (§ 177 Rdn. 9). Ein wichtiger Grund ist indes gegeben, wenn bereits eine Verfassungsbeschwerde oder Richtervorlage beim BVerfG anhängig ist und das Gericht sich keine abschließende Überzeugung von der Verfassungswidrigkeit der entscheidungserheblichen Norm gebildet hat (§ 21 Rdn. 19; BGH FamRZ 2013, 118 ff. [Rn. 11 ff.]; OLG Brandenburg FamRZ 2012, 563, 564). Bei der Abwägung ist die zügige Erledigung des Verfahrens ebenso zu berücksichtigen wie das durch ein Abstammungsgutachten tangierte Recht auf informationelle Selbstbestimmung aller Verfahrensbeteiligten bzw. Untersuchungspersonen. Das Aussetzungsermessen wird durch die von einem übergeordneten Fachgericht gewonnene Überzeugung von der Verfassungswidrigkeit einer entscheidungserheblichen Rechtsnorm mitbestimmt (Rdn. 22). Darüber hinaus folgt aus der materiell-rechtlichen Regelung des **§ 1598a Abs. 3 BGB**, dass das Gericht das **Verfahren aussetzt** (§ 21 Abs. 1), wenn und solange die Klärung der leiblichen Abstammung eine erhebliche Beeinträchtigung des Wohls des minderjährigen Kindes begründet. Dabei ist der Gesetzgeber den Vorgaben des BVerfG (FamRZ 2007, 441, 447) gefolgt, um den Schutz des minderjährigen Kindes in bestimmten Lebens- und Entwicklungsphasen zu gewährleisten. Die Kinderschutzklausel führt verfahrensrechtlich allein zu einer späteren Entscheidung des Verfahrens und ist auf besondere Ausnahmesituationen bezogen, die über die mit einem Abstammungsverfahren allgemein verbundenen Beeinträchtigungen hinausgehen müssen. Das Ergebnis des später einzuholenden Abstammungsgutachtens muss für das Kind zu besonders gravierenden psychischen oder physischen Beeinträchtigungen führen, wobei in der Gesetzesbegründung die Suizidgefahr und die gravierende Verschlechterung einer bestehenden schweren Krankheit (etwa Magersucht) angeführt sind (BT-Drucks. 16/6561 S. 13). Nach OLG Koblenz (FamRZ 2014, 406) kommen nur außergewöhnliche Umstände in Betracht, die »atypische, besonders schwerwiegende Folgen für das Kind auslösen«, sodass Irritationen des Kindes nicht genügen (so auch OLG Karlsruhe FamRZ 2012, 1734). Ob insoweit die Maßstäbe des § 1568 BGB zum Scheidungsverfahren herangezogen werden sollten (*Wellenhofer* NJW 2008, 1185, 1187) oder die Aussetzung des Verfahrens aus Gründen des Kindeswohls auf extreme Ausnahmefälle zu begrenzen ist (*Helms* FamRZ 2008, 1033, 1036), scheint fraglich. Über das Alter des Kindes hinaus sind verallgemeinerungsfähige Kriterien nicht ersichtlich. Maßgeblich sind die konkreten Umstände der individuellen Entwicklung des Kindes. Eine analoge Anwendung auf volljährige Kinder ist nach der ausdrücklichen gesetzlichen Regelung ausgeschlossen (*Wellenhofer* NJW 2008, 1185, 1188). Zur Aussetzung anderer Verfahren wegen streitiger Vaterschaft § 169 Rdn. 2.

II. Anwaltszwang. Im Abstammungsverfahren müssen sich die Verfahrensbeteiligten nicht durch einen Rechtsanwalt vertreten lassen. Es gilt der allg. Grundsatz des § 10 Abs. 1, wonach die Beteiligten das Verfahren selbst betreiben können, soweit eine Vertretung durch einen Rechtsanwalt nicht geboten ist. § 114 Abs. 1 sieht den **Anwaltszwang** nur für die Verfahren vor dem FamG und dem OLG in Ehe- und Folgesachen (§§ 121, 137) sowie in selbstständigen Familienstreitsachen (§ 112) vor. Eine anwaltliche Vertretung ist danach weder in erster Instanz noch im Beschwerdeverfahren vor dem OLG, sondern allein im Rechtsbeschwerdeverfahren vor dem BGH (§ 114 Abs. 2) vorgeschrieben.

III. Verfahrenskostenhilfe. Die am Abstammungsverfahren Beteiligten können einen Antrag auf **Verfahrenskostenhilfe** stellen. Durch den Verweis in § 76 Abs. 1 auf die Vorschriften der ZPO gelten für die Verfahrenskostenhilfebewilligung die Grundsätze der §§ 114, 115, 117 ZPO, insb. die hinreichende Erfolgsaussicht und Bedürftigkeit, die auch im einseitigen Abstammungsverfahren für jeden Verfahrensbeteiligten gesondert festzustellen sind (*Büte* FPR 2011, 356). Die restriktive Rspr. zur Bewilligung von Pkh für die dem Verfahren beitretende Person (OLG Düsseldorf FamRZ 2001, 1467; FamRZ 1995, 1506; OLG Karlsruhe FamRZ 1998, 485) unter dem Gesichtspunkt »eigener sachdienlicher Beiträge« (a.A. zum bisherigen Recht BGH FuR 2010, 511 = FamRZ 2010, 1243) kann für die Verfahrensbeteiligten nach § 172 nicht mehr fortgeführt werden.

30 **1. Verfahrenskostenvorschuss.** Steht einem Beteiligten ein Anspruch auf **Verfahrenskostenvorschuss** zu (§ 246 Rdn. 18 ff.), schließt dies seine Bedürftigkeit aus. Beantragt das Kind die **Feststellung der Vaterschaft** eines Mannes, ist sein Anspruch auf Kostenvorschuss gegen seine leistungsfähige Mutter zu berücksichtigen. Ein Anspruch gegen den potenziellen biologischen Vater besteht nicht, weil seine Vaterschaft und damit die die Unterhaltsverpflichtung begründende Verwandtschaft nicht festgestellt ist (OLG Koblenz FamRZ 1999, 241; OLG Karlsruhe FamRZ 2008, 2042; *Grün* Rn. 157). Etwas anderes ergibt sich auch nicht aus § 248 Abs. 1, wonach eine auf Unterhalt und Kostenvorschuss gerichtete einstweilige Anordnung ergehen kann (so OLG Düsseldorf FamRZ 1995, 1426; *Helms/Kieninger/Rittner* Rn. 266; § 248 Rdn. 8), denn der Anspruch besteht nur i.R.d. Billigkeit. Für das **Vaterschaftsanfechtungsverfahren** ist je nach Antragsteller zu differenzieren: Ficht das Kind die Vaterschaft an, entspricht es regelmäßig nicht der Billigkeit, den rechtlichen Vater auf einen Verfahrenskostenvorschuss in Anspruch zu nehmen (OLG Hamburg FamRZ 1996, 224; *Helms/Kieninger/Rittner* Rn. 265; *Grün* Rn. 261; a.A. OLG Koblenz FamRZ 1997, 679; OLG Karlsruhe FamRZ 1996, 872). Ist der rechtliche Vater Antragsteller, besteht grds. eine Vorschusspflicht, weil sich das Kind dem Verfahren nicht entziehen kann (OLG Celle NJW-RR 1995, 6).

31 **2. Rechtsanwaltsbeiordnung.** Nach § 78 Abs. 2 wird dem Beteiligten ein **Rechtsanwalt beigeordnet**, wenn wegen der Schwierigkeit der Sach- und Rechtslage die Vertretung durch einen Rechtsanwalt erforderlich erscheint. Nach der bisherigen Rspr. des BGH (FuR 2007, 564 = FamRZ 2007, 1968; ebenso OLG Karlsruhe FamRZ 2009, 900 m. Anm. *Kemper* 1614; OLG Frankfurt am Main NJW 2007, 230; OLG Schleswig JAmt 2001, 141; OLG Dresden FamRZ 1999, 600, 601; a.A. KG FamRZ 2007, 1472) war in Abstammungssachen unabhängig vom Amtsermittlungsgrundsatz wegen der existenziellen Bedeutung für den jeweiligen Beteiligten und der (bisher) vom allgemeinen Zivilprozess stark abweichenden Verfahrensvorschriften die Beiordnung eines Anwalts erforderlich. Der BGH (FuR 2010, 568 = FamRZ 2010, 1427) stellt nunmehr im Rahmen des § 78 Abs. 2 auf eine am konkreten Einzelfall orientierte Notwendigkeitsprüfung ab, die den Umfang und die Schwierigkeit der konkreten Sache und die Fähigkeit des Beteiligten, sich mündlich oder schriftlich auszudrücken, berücksichtigt und den nicht mehr geregelten Grundsatz der Waffengleichheit (OLG Bremen FamRZ 2010, 1362) einbezieht. Allerdings hat der BGH die (bisher betonte) existenzielle Bedeutung des Abstammungsverfahrens nicht mehr herangezogen, sondern für das Vaterschaftsanfechtungsverfahren die verfahrensrechtlichen Besonderheiten, die aus den Anforderungen an den Anfangsverdacht (Rdn. 12 ff.), dem eingeschränkten Untersuchungsgrundsatz sowie der inhaltlichen Prüfung des regelmäßig einzuholenden Abstammungsgutachtens herrühren, hervorgehoben (FamRZ 2012, 1290, 1291 f.), die eine Anwaltsbeiordnung für die antragstellende Person rechtfertigen. Diese Grundsätze hat der BGH (Beschl. v. 27.1.2016 – XII ZB 639/14) auch auf die weiteren am Anfechtungsverfahren beteiligten Personen erstreckt, weil der »generellen Schwierigkeit des Verfahrens« Rechnung zu tragen sei und allen Beteiligten – unabhängig von ihrer Verfahrensbeteiligung und evtl. gleichgerichteten Interessen – die Möglichkeit zur rechtlichen Einschätzung sowie zur Einflussnahme auf die Verfahrensführung des Gerichts eröffnet werden müsse. Ob diese über das Anfechtungsverfahren hinaus gültigen Gesichtspunkte neben der Vertretung des minderjährigen Kindes und den allgemeinen Beweisanforderungen, die das Anfechtungsverfahren als ein »Verfahren eigener Art« auszeichnen, auf das Vaterschaftsfeststellungsverfahren zu übertragen sind, hat der BGH weiterhin offen gelassen. Die bisher zum neuen Recht ergangene Rspr. ist gleichwohl uneinheitlich. Das OLG Saarbrücken (FamRZ 2010, 1001) hatte die Beiordnung im **Vaterschaftsanfechtungsverfahren** abgelehnt, wenn die Beteiligten gleichgerichtete Interessen verfolgen und daher keine rechtlichen Schwierigkeiten bestehen (ebenso *Grün* Rn. 265; OLG Schleswig FamRZ 1991, 1074). Im **Vaterschaftsfeststellungsverfahren** ist die Beiordnung eines Rechtsanwalts regelmäßig aufgrund der widerstreitenden Interessen geboten (OLG Brandenburg FuR 2012, 667; OLG Hamm FamRZ 2010, 1363 f.; OLG Schleswig FamRZ 2011, 388, das die Schwere des Eingriffs betont; OLG Hamm FamRZ 2010, 1368 sowie OLG Koblenz FamRZ 2011, 914, die auf die Schwierigkeiten bei der Beurteilung von Abstammungsgutachten abstellen; a.A. OLG Oldenburg FamRZ 2011, 914). Darüber hinaus kommt der vom BGH bisher hervorgehobenen existenziellen Bedeutung einer Abstammungsentscheidung weiterhin besondere Bedeutung zu (OLG Dresden FamRZ 2010, 2007 f.; *OLG Celle FamRZ 2012*, 467; OLG Hamburg FamRZ 2011, 129; a.A. OLG Stuttgart FamRZ 2011,

1610), die sowohl im Vaterschaftsfeststellungs- wie im Vaterschaftsanfechtungsverfahren eine Anwaltsbeiordnung rechtfertigt (OLG Brandenburg FamRZ 2014, 586; *Helms/Kieninger/Rittner* Rn. 264; *Grün* Rn. 162 f.). Auch die nicht absehbare Verfahrensentwicklung – etwa bei Nichterscheinen einer Untersuchungsperson – erfordert besondere verfahrensrechtliche Kenntnisse. Demgegenüber hat das OLG Karlsruhe (FamRZ 2015, 686) die Beiordnung eines Rechtsanwalts für die am Verfahren beteiligte Mutter des Kindes abgelehnt, wobei jedoch die außereheliche Beziehung unstreitig und bereits ein Abstammungsgutachten eingeholt worden war. Eine vergleichbare und angemessene Vertretung des Kindes ist durch die Tätigkeit des Jugendamts als Beistand im Vaterschaftsfeststellungsverfahren oder als Ergänzungspfleger in anderen Abstammungssachen regelmäßig gewährleistet, sodass die Beiordnung eines Rechtsanwalts nicht erforderlich ist (OLG Brandenburg FamRZ 2011, 1311; OLG Zweibrücken FamRZ 2003, 1936; OLG Jena FamRZ 1996, 418; OLG Köln FamRZ 1994, 1126 [LS]). Eine Obliegenheit zur Inanspruchnahme der Beistandschaft besteht indes nicht (OLG Rostock FamRZ 2010, 56; OLG Karlsruhe FamRZ 2009, 901; OLG Köln FamRZ 2005, 530). Im Fall der Vertretung durch das Jugendamt kann bei widerstreitenden Anträgen der Grundsatz der Waffengleichheit für weitere Beteiligte zu berücksichtigen sein. Sind sich die Beteiligten im Vaterschaftsanfechtungsverfahren darüber einig, dass der rechtliche Vater nicht der biologische Vater ist, bedarf es einer Beiordnung eines Rechtsanwalts nur für den Antragsteller.

Für die Bewilligung von Verfahrenskostenhilfe ist i.Ü. zwischen den Abstammungssachen wie folgt zu differenzieren: 32

3. Vaterschaftsfeststellungsverfahren. Hinreichende Erfolgsaussichten bestehen im **Vaterschaftsfeststellungsverfahren**, wenn der Antragsteller die Voraussetzungen (Rdn. 6) schlüssig darlegt, auch wenn danach mehrere Männer als Vater des Kindes in Betracht kommen, wobei auch der am Verfahren beteiligten Mutter Verfahrenskostenhilfe zu bewilligen und ein Rechtsanwalt beizuordnen ist (OLG Brandenburg FamRZ 2014, 586). Über Verfahrenskostenhilfe für einen Antrag auf Zahlung des Mindestunterhalts (§ 1612a BGB) nach § 237 wird regelmäßig vor einer möglichen Verbindung der selbstständigen Verfahren (§ 179 Abs. 1 Satz 2) zu entscheiden sein. Der Aufenthalt eines Beteiligten im Ausland, eine dort erforderliche Beweisaufnahme oder Vollstreckung stehen der Bewilligung nicht entgegen. Eine hinreichende Erfolgsaussicht für die Rechtsverfolgung der Beteiligten besteht nicht mehr, wenn der vollständige Verfahrenskostenhilfeantrag erst nach Vorlage des Abstammungsgutachtens gestellt wird; dies gilt auch für dessen Rechtsverteidigung, wenn das antragstellende Kind sodann einen Antrag nach § 237 Abs. 1 stellt (OLG Naumburg FamRZ 2014, 587). Dies gilt sowohl für das Kind oder die Mutter, falls die Vaterschaft ausgeschlossen ist, als auch für den (potenziellen) Vater, wenn seine Vaterschaft praktisch erwiesen ist oder er die Vaterschaft im laufenden Verfahren anerkennt (OLG Karlsruhe FamRZ 1995, 1163). Die Beteiligten können nicht auf die vorrangige Einholung eines außergerichtlichen Gutachtens verwiesen werden (OLG Hamm FamRZ 2004, 549). Das Feststellungsbegehren des potenziellen biologischen Vaters ist nicht deswegen mutwillig, weil die Mutter bereit ist, einer Vaterschaftsanerkennung zuzustimmen, dieser jedoch die genetische Abstammung geklärt wissen will (OLG Hamburg FF 2011, 112). Ebenso wenig ist die Rechtsverfolgung der Kindesmutter als Antragstellerin mutwillig, wenn sie der Vaterschaftsanerkennung wegen anderer als Vater in Betracht kommender Männer nicht zustimmt (OLG Hamburg FamRZ 2012, 1156). 33

Dass im Feststellungsverfahren regelmäßig eine Beweisaufnahme erforderlich ist (§ 177 Rdn. 4 ff.), steht der Gewährung von Verfahrenskostenhilfe nicht entgegen, sondern rechtfertigt gerade den Anspruch (OLG Dresden FamRZ 2010, 2007). Für den auf Vaterschaft in Anspruch genommenen Mann kann Verfahrenskostenhilfe nur bewilligt werden, wenn seine Rechtsverteidigung hinreichende Aussicht auf Erfolg hat. Diese ist anzunehmen, wenn der Mann die intime Beziehung bestreitet oder substantiiert Mehrverkehr einwendet (OLG Hamm FamRZ 2010, 1363). Hält der Mann anderweitige Beziehungen der Mutter zu Männern für möglich, werden die Erfolgsaussichten unterschiedlich beurteilt. Während teilweise (OLG Naumburg FamRZ 2006, 960; OLG Nürnberg FamRZ 2004, 547; OLG Köln FamRZ 2003, 1018; OLG Hamburg FamRZ 2000, 1587; *Grün* Rn. 160) die Widerlegung der Vaterschaftsvermutung aus § 1600d Abs. 2 BGB durch ernsthafte Zweifel verlangt wird, soll andererseits allein die Vermutung anderer Beziehungen genügen (wohl *Helms/Kieninger/Rittner* Rn. 266). Zunehmend wird im Einzelfall danach differenziert, ob vom Mann aufgrund einer längeren Lebensgemeinschaft konkrete Angaben erwartet werden können oder ob diese nach einer nur flüchtigen Begegnung nicht zumutbar sind (OLG Brandenburg FamRZ 2007, 151; OLG Stuttgart FamRZ 2005, 1266, 1267; FamRZ 2006, 797). Auch der am Verfahren beteiligten Mutter des Kindes ist Verfahrenskostenhilfe zu bewilligen und kann nicht mit der Begründung als mutwillig versagt wer- 34 den, die Vertretung des Kindes durch das Jugendamt als Beistand (§§ 1712 BGB, 173) sei kostengünstiger (OLG Celle FamRZ 2012, 467 f.).

35 **4. Vaterschaftsanfechtungsverfahren.** Im **Vaterschaftsanfechtungsverfahren** kann dem Antragsteller Verfahrenskostenhilfe nur bewilligt werden, wenn er einen Anfangs- bzw. Anfechtungsverdacht (Rdn. 12) konkret darlegt. Wird der Antrag den Anforderungen des § 171 Abs. 2 Satz 2 gerecht, ist im Verfahren regelmäßig Beweis durch Einholung eines Abstammungsgutachtens zu erheben, sodass auch den weiteren Verfahrensbeteiligten Verfahrenskostenhilfe zu bewilligen ist. Die Bewilligung ist – anders als die Beiordnung eines Rechtsanwalts – nicht davon abhängig, ob die Beteiligten dem Antrag entgegen treten (OLG Naumburg v. 19.07.2012 – 4 WF 59/12, nach juris; *Grün* Rn. 264). Denn wie im Scheidungsverfahren können die weiteren Beteiligten nicht über den Verfahrensgegenstand verfügen oder dem Antrag durch außergerichtliche Erklärungen entsprechen (OLG Karlsruhe FamRZ 1999, 1286; OLG Koblenz FamRZ 2002, 1194; OLG Hamm FamRZ 2007, 1753). Dem rechtlichen Vater, der die Vaterschaft wider besseren Wissens anerkannt hat, kann Verfahrenskostenhilfe nicht wegen Mutwilligkeit versagt werden (OLG Naumburg FamRZ 2008, 2146; OLG Köln FamRZ 2002, 629), weil die Rspr. des BGH zur Verfahrenskostenhilfe im Fall einer Scheinehe (FamRZ 2005, 1477) hierauf nicht übertragbar ist. Der Mutter des Kindes kann diese ebenso wenig mit der Begründung versagt werden, sie habe dem bewusst falschen Vaterschaftsanerkenntnis zugestimmt (OLG Köln FamRZ 2006, 1280; OLG Rostock MDR 2007, 958).

36 Grundsätzlich steht den Beteiligten ein Wahlrecht zu, auf welchem für sie sichersten Weg sie das angestrebte Verfahrensziel erreichen können. Deswegen kann der rechtliche Vater nicht auf das Abstammungsklärungsverfahren verwiesen werden. Umstritten ist, ob den Beteiligten vorrangig die privatautonome Disposition der Vaterschaft durch Erklärungen nach § 1599 Abs. 2 BGB zuzumuten ist. Besteht zwischen der Mutter des Kindes, dem rechtlichen Vater und dem potenziellen biologischen Vater Einigkeit, dass das nach Anhängigkeit des Scheidungsverfahrens geborene Kind nicht vom Ehemann der Mutter abstammt, können sie unabhängig von einem gerichtlichen Verfahren einen Wechsel der Vaterschaft herbeiführen. Im Hinblick auf die laufende Anfechtungsfrist kann der rechtliche Vater jedoch nicht auf eine zukünftige Anerkennung eines anderen Mannes verwiesen werden (OLG Karlsruhe FamRZ 2001, 232; OLG Köln FamRZ 2005, 743; OLG Brandenburg FamRZ 2008, 68). Haben die Mutter und der Dritte indes entsprechende wirksame Erklärungen abgegeben, hängt die Auflösung seiner Vaterschaft allein von der außergerichtlichen Erklärung des rechtlichen Vaters ab (OLG Naumburg FamRZ 2008, 432 f.).

37 **5. Abstammungsklärungsverfahren.** Für das Abstammungsklärungsverfahren ergeben sich für die Bewilligung von Verfahrenskostenhilfe aufgrund der materiell- und verfahrensrechtlichen Regelungen Besonderheiten. Während dem rechtlichen Vater bei schlüssigem Antrag Verfahrenskostenhilfe zu bewilligen ist, kann die Rechtsverfolgung der Mutter des Kindes, die ihre Einwilligung verweigert, nur dann Erfolg versprechend sein, wenn Gründe des Kindeswohls eine Aussetzung des Verfahrens (§ 1598a Abs. 3 BGB) rechtfertigen (Rdn. 27); andere Gründe kann sie dem Einwilligungsbegehren – vom Rechtsmissbrauch abgesehen – nicht entgegenhalten (OLG Karlsruhe FamRZ 2012, 1148 [LS]; OLG Koblenz FamRZ 2014, 406, 407 f.). Das OLG Brandenburg (FamRZ 2010, 1817, 1819) neigt zu einer verfassungskonformen Auslegung der Vorschrift dahin, dass eine Verpflichtung der Mutter nur dann besteht, wenn nach Untersuchung der genetischen Proben von Vater und Kind noch erhebliche Unsicherheiten hinsichtlich der Abstammung verbleiben. Das minderjährige Kind kann im Verfahren von beiden Eltern nicht vertreten werden (§ 1629 Abs. 2a BGB), sodass ein Ergänzungspfleger zu bestellen ist. Dieser kann im Verfahren die Einwilligung erklären. In diesem Fall wie auch unter den Voraussetzungen einer Verfahrensaussetzung ist dem Kind Verfahrenskostenhilfe zu bewilligen. Einer Beiordnung eines Rechtsanwalts bedarf es bei der Vertretung durch einen Ergänzungspfleger nicht.

38 **E. Wirkung des Antrags.** Der Eingang eines Antrags in einer Abstammungssache bei Gericht führt zu dessen Anhängigkeit, durch die etwaige Fristen gewahrt werden. Für das Vaterschaftsfeststellungs- und das Vaterschaftsklärungsverfahren sind gesetzliche Fristen nicht zu beachten. Die Verfahren können durch entsprechende Anträge jederzeit eingeleitet werden, ohne dass sich andere Verfahrensbeteiligte auf eine Verwirkung des Rechts oder einen Rechtsmissbrauch berufen können (BGH FamRZ 1973, 26 f.; Ausnahme Rdn. 8). Durch die Einreichung eines Antrags auf **Klärung der Abstammung** nach § 1598a Abs. 2 BGB i.V.m. § 169 Nr. 2 wird der Lauf der 2-jährigen Anfechtungsfrist nach Maßgabe des § 1600b Abs. 5 gehemmt.

Im **Vaterschaftsanfechtungsverfahren** muss der Antragsteller die von Amts wegen zu beachtende 2- bzw. 39
1-jährige Anfechtungsfrist des § 1600b Abs. 1 u 1a BGB wahren, wobei die Frist frühestens mit der Geburt des Kindes bzw. mit dem Zeitpunkt, in dem der Anfechtungsberechtigte von den Umständen erfährt, die gegen die Vaterschaft sprechen, beginnt (§ 1600b Abs. 1 Satz 2 BGB). Die **Frist** wird durch den rechtzeitigen Eingang des Antrags bei Gericht gewahrt (Prütting/Helms/*Stößer* § 171 Rn. 3; Musielak/*Borth* § 171 FamFG Rn. 2; *Horndasch/Viefhues* § 171 Rn. 4), während nach bisherigem Recht die Erhebung der Klage, d.h. die Zustellung der Klagschrift, maßgeblich war. Zur Fristwahrung war eine demnächst bewirkte Zustellung gem. § 167 ZPO (BGH FamRZ 1995, 1484) oder der rechtzeitig gestellte Antrag auf Bewilligung von PKH ausreichend. Darüber hinaus konnte der Fristablauf durch höhere Gewalt gehemmt sein (§§ 1600b Abs. 6 Satz 2, 206 BGB), wobei es sich jedoch um eine materiell-rechtliche Frage der Begründetheit des Antrags handelt (FA-FamR/*Pieper* Kap. 3 Rn. 149). Nach neuem Recht kommt es im einseitigen Abstammungsverfahren auf die Zustellung des Antrags, d.h. die Bekanntgabe des Schriftsatzes an die weiteren Verfahrensbeteiligten nicht mehr an, weil allein der **rechtzeitige Eingang des Antrags** beim **zuständigen Gericht** maßgeblich ist. Der Antragseingang bei einem unzuständigen Gericht wahrt die Frist nicht, wenn der Antrag beim zuständigen Gericht nicht mehr fristgerecht eingeht (BT-Drucks. 16/6308 S. 244). Denn nach § 25 Abs. 3 Satz 2 tritt die Wirkung einer Verfahrenshandlung nicht ein, bevor der Schriftsatz beim zuständigen Gericht eingeht (§ 25 Rdn. 23 ff.; a.A. Zöller/*Greger* § 171 FamFG Rn. 1 unter Hinweis auf BGH NJW 1998, 3648). Für Verzögerungen beim unzuständigen Gericht, mit denen der Antragsteller nicht rechnen musste, gilt dies nicht. Für die Wahrung der Anfechtungsfrist ist die Adressierung des Antrags an das unzuständige Gericht nicht mehr ursächlich, wenn die Frist bei pflichtgemäßem Weiterleiten des Schriftstücks noch gewahrt worden wäre (Zöller/*Greger* § 233 Rn. 22b; BGH NJW 1999, 1170).

§ 172 Beteiligte. (1) Zu beteiligen sind
1. das Kind,
2. die Mutter,
3. der Vater.

(2) Das Jugendamt ist in den Fällen des § 176 Abs. 1 Satz 1 auf seinen Antrag zu beteiligen.

Übersicht

	Rdn.		Rdn.
A. Allgemeines	1	2. Abstammungsklärung	25
B. Verfahrensbeteiligte	4	3. Vaterschaftsanfechtung	27
I. Bisherige Rechtslage	5	4. Unwirksamkeit des Vaterschaftsanerkenntnisses	34
II. Minderjährige Beteiligte	9	5. Postmortale Abstammungsverfahren	35
1. Eltern	9	C. Beteiligung des Jugendamts	37
2. Kind	10	D. Folgen der fehlerhaften Beteiligung	39
III. Abstammungsverfahren	22	E. Übersicht der Verfahrensbeteiligten	40
1. Vaterschaftsfeststellung	23		

A. Allgemeines. Die Vorschrift regelt, welche Personen zum Abstammungsverfahren hinzuzuziehen sind. 1
Sie stellt eine Konkretisierung bzw. Ergänzung der allgemeinen Bestimmung der Verfahrensbeteiligten in § 7 dar, sodass neben den in Abs. 1 Nr. 1 – 3 genannten Beteiligten (§ 7 Abs. 2 Nr. 2) weitere Personen nach Maßgabe des § 7 Abs. 2 u 3 in Betracht kommen können. Der Antragsteller ist nach § 7 Abs. 1 am Verfahren beteiligt, sodass der potenzielle biologische Vater und die zuständige Behörde in den jeweiligen Anfechtungsverfahren sowie das Jugendamt nach § 172 Abs. 2 auf seinen Antrag am Verfahren beteiligt sind. Neu in Abstammungssachen wurde der Verfahrensbeistand, der für einen minderjährigen Beteiligten bestellt werden kann, als eigenständiger Verfahrensbeteiligter, jedoch nicht gesetzlicher Vertreter des Kindes (§§ 174, 158 Abs. 3 Satz 2, Abs. 4 Satz 6), eingeführt. Während nach bisherigem Recht die Aktiv- und Passivlegitimation in Abstammungssachen in § 1600e Abs. 1 BGB geregelt war, gilt nach dessen Aufhebung (Art. 50 Nr. 25 FGG-RG) die spezielle Regelung des § 172 i.V.m. § 7. Aus diesem Grund wurde im Gesetzgebungsverfahren die Regelung des RefE in § 172 Abs. 1 Nr. 4, die sich auf den biologischen Vater und die zuständige anfechtungsberechtigte Behörde bezogen hatte, gestrichen (BT-Drucks. 16/9733).

§ 172

2 In allen Abstammungsverfahren sind die in § 172 Nr. 1 – 3 genannten Personen als Muss-Beteiligte zwingend zu beteiligen (BT-Drucks. 16/6308 S. 367). Dass darüber hinaus ihre Beteiligtenstellung aus § 7 hergeleitet werden kann – für den Antragsteller aus § 7 Abs. 1, für das betroffene Kind aus § 7 Abs. 2 Nr. 1 – ist unerheblich. Ob oder in welchem Umfang die rechtliche Stellung der Mutter des Kindes (Art. 6 Abs. 2 GG) vom Abstammungsverfahren betroffen ist (§ 7 Abs. 2 Nr. 1), bedarf aufgrund der ausdrücklichen Regelung in Abs. 1 Nr. 2 keiner Entscheidung. Die **weiteren** zum Verfahren **hinzuzuziehenden Personen** sind nach § 7 Abs. 2 u 3 zu bestimmen (BGH NJW 2015, 2891). Allerdings ist zwischen der Sachaufklärung durch die Anhörung bestimmter Personen, deren Beteiligung am Verfahren sowie deren eventuellem Beschwerderecht zu unterscheiden. Neben der Gewährung rechtlichen Gehörs dient die Regelung dazu, die »sachnächsten Personen in das Verfahren einzubinden« und ihre Tatsachenkenntnisse nutzbar zu machen (MünchKomm-ZPO/*Coester-Waltjen/Hilbig* § 172 Rn. 6). Nach § 7 Abs. 2 Nr. 1 kommt es allein darauf an, ob durch das Verfahren ein **Recht** der Person **unmittelbar betroffen** ist. Für das Abstammungsverfahren ist indes nicht jedes betroffene Recht; verwandtschaftliche oder sonstige rechtliche oder vermögensrechtliche Beziehungen zum Kind ausreichend. Diese erweisen sich nur als Reflex des Verwandtschaftsverhältnisses, nicht aber als ein unmittelbares Recht und sind daher nicht ausreichend (BGH NJW 2015, 2888; FamRZ 2005, 1067 f.). Vielmehr ist die statusrechtliche Beziehung der Person maßgeblich. Stellt man auf die **unmittelbare statusrechtliche Betroffenheit** ab, gelangt man zu einer sachlich gerechtfertigten und angemessenen Begrenzung der am Verfahren beteiligten Personen, auch wenn ein weitaus größerer Personenkreis ein Interesse am Ausgang des Verfahrens haben wird (*Heiter* FPR 2006, 417, 419). Darüber hinaus kann das Gericht gem. § 7 Abs. 2 u 3 von Amts wegen oder auf Antrag Personen zum Verfahren hinzuziehen, sodass für das postmortale Abstammungsverfahren weitere Beteiligte in Betracht kommen. Die Eltern eines Mussbeteiligten sind weder am Verfahren beteiligt noch zu diesem gem. § 7 Abs. 2 Nr. 1 hinzuzuziehen. Nach den gesetzlichen Regelungen soll die »Klärung der Abstammungsfragen auf den Kernbereich verwandtschaftlicher Beziehungen beschränkt werden« (BGH FamRZ 2015, 1787 [zu § 181]).

3 Die Begriffe des § 172 Abs. 1 sind dahin gehend zu präzisieren, dass mit der Mutter die rechtliche Mutter des Kindes i.S.v. § 1591 BGB und mit dem Vater der rechtliche Vater, wie er sich aus § 1592 Nr. 1 – 3 ergibt, gemeint ist. Besteht keine rechtliche Vaterschaft, ist der Mann als potenzieller biologischer Vater nach § 7 Abs. 2 Nr. 1 zum Verfahren hinzuziehen.

4 B. Verfahrensbeteiligte. Durch die Neugestaltung der Abstammungsverfahren als einseitige Verfahren mit Beteiligten entfällt das frühere kontradiktorische ZPO-Verfahren, auch wenn die Beteiligten weiterhin widerstreitende Interessen verfolgen können. Die Personen des § 172 Abs. 1 sind Muss-Beteiligte i.S.v. § 7 Abs. 2 Nr. 2. Ggü. dem bisherigen Recht (Rdn. 5) ergeben sich Änderungen in der Vertretung des Kindes einerseits sowie durch den Wegfall der Beiladung, der Streitverkündung und des Verfahrensbeitritts für die weiteren Beteiligten andererseits.

5 I. Bisherige Rechtslage. Bisher war die Aktiv- und Passivlegitimation in Abstammungsverfahren in § 1600e Abs. 1 BGB a.F. und die Beiladung des anderen Elternteils oder des Kindes in § 640e ZPO a.F. geregelt.

6 1. Klagte das minderjährige Kind gegen den Vater (oder umgekehrt) auf Feststellung oder Anfechtung der Vaterschaft, konnte die nicht verheiratete allein sorgeberechtigte Mutter oder die geschiedene Ehefrau, der die alleinige elterliche Sorge übertragen worden war, das Kind vertreten (BGH FamRZ 1972, 498; OLG Karlsruhe FamRZ 1991, 1337, 1338). Einer Beiladung der Mutter nach § 640e Abs. 1 ZPO a.F. bedurfte es als gesetzlicher Vertreterin des Kindes nicht. Nur im Fall eines erheblichen Interessenkonflikts zwischen Mutter und Kind musste für das Kind nach §§ 1629 Abs. 2 Satz 3, 1796 Abs. 2 BGB ein Ergänzungspfleger bestellt werden. Waren die Eltern des Kindes hingegen verheiratet, konnte der Vater als Anfechtungskläger das Kind nicht vertreten (§ 181 BGB), während für die Mutter ein gesetzliches Vertretungshindernis aus §§ 1629 Abs. 2 Satz 1, 1795 Abs. 1 Nr. 3 BGB folgte (BGH FamRZ 1972, 498 f.; OLG Celle DAVorm 1993, 86), sodass für das Kind ebenfalls ein Ergänzungspfleger zu bestellen war (OLG Brandenburg FamRZ 2010, 472). Konnte die Mutter das Kind im Verfahren nicht vertreten, war sie gem. § 640e ZPO a.F. beizuladen.

7 2. Anders war die Rechtslage zu beurteilen, wenn nicht das Kind selbst Partei des Vaterschaftsanfechtungsverfahrens war, sondern die Mutter gegen den Vater klagte. In diesem Fall war das Kind nach § 640e Abs. 1 ZPO a.F. zum Verfahren beizuladen. Unabhängig von einem konkret bestehenden Interessengegensatz war nach der Rspr. des BGH (FamRZ 2002, 880, 882) die Bestellung eines Ergänzungspflegers erforderlich, weil die Mutter des Kindes aus ihrer Prozessstellung an der Vertretung des Kindes gehindert war (§§ 1629 Abs. 2, 1795 Abs. 1 Nr. 3 BGB). Das Kind musste im Statusverfahren seine Interessen an einer sozialen Bin-

Abschnitt 4. Verfahren in Abstammungssachen § 172

dung und einem Unterhaltsschuldner, die denen seiner Mutter auf Anfechtung der Vaterschaft ggü. standen, unabhängig von ihrer Person vertreten können.

3. Im Anfechtungsverfahren des potenziellen biologischen Vaters war ein Ausschluss der Vertretungsbefugnis der Eltern nicht gegeben, sodass beide Eltern das Kind gemeinsam vertreten konnten, solange ihnen nicht wegen eines erheblichen Interessengegensatzes die Vertretungsbefugnis entzogen war (BGH FamRZ 2007, 538, 539). 8

II. Minderjährige Beteiligte. 1. Eltern. Nach § 172 Abs. 1 sind **Vater** und **Mutter** in allen Abstammungsverfahren zum Verfahren hinzuzuziehen. Dies gilt auch, wenn sie minderjährig sind. Materiell-rechtlich sichert § 1600a Abs. 2 BGB, dass die Entscheidung über die **Anfechtung der Vaterschaft** nur von ihnen selbst getroffen werden kann, und erweitert damit partiell ihre Geschäftsfähigkeit. Der minderjährige, beschränkt geschäftsfähige Elternteil bedarf der Zustimmung seines gesetzlichen Vertreters insoweit nicht (§ 1600a Abs. 2 Satz 2 BGB). Nur für einen geschäftsunfähigen Elternteil kann allein der gesetzliche Vertreter die Vaterschaft anfechten (§ 1600a Abs. 2 Satz 3 BGB). Ein unter Betreuung stehender Elternteil ist geschäftsfähig und kann gem. § 1600a Abs. 5 BGB seine Vaterschaft nur selbst anfechten. Die partielle Geschäftsfähigkeit eines Elternteils wird für das gerichtliche Verfahren auf ihre Verfahrensfähigkeit mit der Folge erstreckt, dass minderjährige, beschränkt geschäftsfähige Elternteile gem. § 9 Abs. 1 Nr. 2 verfahrensfähig sind (MünchKommZPO/*Coester-Waltjen/Hilbig* § 172 Rn. 30). In **anderen Abstammungssachen** ist eine Ausweitung der Verfahrensfähigkeit nicht geregelt. Die minderjährige Mutter des Kindes wird durch ihre Eltern vertreten und ist selbst an der Vertretung ihres Kindes gem. § 1673 Abs. 2 Satz 2 BGB bei beschränkter Geschäftsfähigkeit rechtlich gehindert, sodass für das Kind ein Vormund zu bestellen ist (§ 1773 BGB). Der minderjährige (potenzielle) Vater wird ebenfalls durch seine Eltern vertreten. 9

2. Kind. Das nach § 172 Nr. 1 am Verfahren zu beteiligende **Kind** wird nur in Ausnahmefällen volljährig und damit verfahrensfähig (§ 9 Abs. 1 Nr. 1) sein. In der überwiegenden Zahl der Verfahren ist das Kind minderjährig. Dann ist es zwar nach § 8 Nr. 1 **beteiligtenfähig** (nicht jedoch das ungeborene Kind *Helms/Kieninger/Rittner* Rn. 223; a.A. MüKoZPO/*Coester-Waltjen/Hilbig* § 172 Rn. 24), aber nicht nach § 9 Abs. 1 Nr. 1 u 2 i.V.m. § 1600a Abs. 3 BGB verfahrensfähig (*Helms/Balzer* ZKJ 2009, 348, 349 f.), weil die danach für Anfechtungsverfahren erweiterte Geschäftsfähigkeit sich allein auf minderjährige Elternteile bezieht und nicht das minderjährige Kind erfasst. Die Verfahrensfähigkeit des minderjährigen, mindestens 14 Jahre alten Kindes ließe sich dem Wortlaut nach (teilweise) aus **§ 9 Abs. 1 Nr. 3** herleiten (*Heiter* FamRZ 2009, 85 ff.). Nach dieser Vorschrift sind verfahrensfähig die nach bürgerlichem Recht beschränkt Geschäftsfähigen über 14 Jahre, soweit sie in einem Verfahren, das ihre Person betrifft, ein ihnen nach bürgerlichem Recht zustehendes Recht geltend machen. Es besteht indes Einigkeit (*Grün* Rn. 120 f.; *Helms/Kieninger/Rittner* Rn. 224; MüKoZPO/*Coester-Waltjen/Hilbig* § 172 Rn. 24; Keidel/*Engelhardt* § 172 Rn. 2; DIJuF-Gutachten JAmt 2010, 20 f.), dass diese Regelung für Abstammungsverfahren nicht herangezogen werden kann. Eine Abstammungssache, in der über die verwandtschaftliche Beziehung entschieden wird, betrifft unzweifelhaft die Person des Kindes (*Heiter* FamRZ 2009, 85, 87). Sein individuelles Recht nach bürgerlichem Recht folgt aus dem Antragsrecht der §§ 1600 Abs. 1 Nr. 4, 1598a Abs. 1 Nr. 3 BGB und besteht für die Vaterschaftsfeststellung auch ohne ausdrückliche gesetzliche Regelung. Weil das Kind das Anfechtungsrecht nicht selbstständig, sondern allein durch seinen gesetzlichen Vertreter geltend machen kann (§ 1600a Abs. 3 BGB), müsste es in diesen Verfahren durch die gem. § 9 Abs. 2 nach bürgerlichem Recht dazu befugten Personen handeln, während es i.Ü. als verfahrensfähig anzusehen wäre. In § 10 Abs. 1 des RefE (S. 180) war die Regelung des § 9 Abs. 1 Nr. 3 noch nicht vorgesehen und ist im Gesetzgebungsverfahren auf die Beschlussempfehlung des Rechtsausschusses aufgenommen worden (BT-Drucks. 16/9733 S. 352). Nach der dortigen Begründung soll die Vorschrift dem Kind die eigenständige Geltendmachung materieller Rechte im kindschaftsrechtlichen Verfahren, das seine Person betrifft, ohne Mitwirkung seiner gesetzlichen Vertreter ermöglichen und ein verfahrensrechtliches Korrelat zu bestehenden Widerspruchs- und Mitwirkungsrechten schaffen (zur restriktiven Auslegung und Beschränkung der Verfahrensfähigkeit *Heiter* FamRZ 2009, 85, 87; *Schael* FamRZ 2009, 265, 267; Prütting/Helms/*Stößer* § 172 Rn. 7). Eine Begrenzung auf Personensorge- und Umgangsverfahren nach diesem Verständnis entspricht zwar nicht dem bisherigen Anwendungsbereich des § 59 Abs. 1 FGG a.F. zur Beschwerdeberechtigung (jetzt § 60), der umfassender in allen die Person des Kindes mittelbar oder unmittelbar betreffenden Angelegenheiten Anwendung fand (KWW/*Engelhardt* § 59 Rn. 13). Gleichwohl lässt sich vor diesem Hintergrund eine einschränkende Auslegung der Ausnahmevorschrift (*Grün* Rn. 121; *Heiter* FamRZ 2009, 85, 86 f.) oder deren teleologische Re- 10

§ 172

duktion auf Kindschaftssachen rechtfertigen (§ 9 Rdn. 8; *Schulte-Bunert* Rn. 92). Die Bedeutung der Verfahrensgegenstände und deren Relevanz in bestimmten Entwicklungsphasen des Kindes sprechen ebenfalls nach dem Sinn und Zweck gegen eine Erweiterung der Verfahrensfähigkeit des Kindes.

11 Danach sind **minderjährige Kinder nicht verfahrensfähig** und werden im gerichtlichen Verfahren grundsätzlich durch ihre Eltern gemeinschaftlich vertreten (§§ 9 Abs. 2 FamFG; 1629 Abs. 1 Satz 2 BGB; zur Vertretung eines Kindes mit Wohnsitz im Ausland OLG München FamRZ 2012, 1505), soweit nicht einem Elternteil die elterliche Sorge allein zusteht (§ 1629 Abs. 1 Satz 3 i.V.m. §§ 1626a Abs. 2, 1628, 1671 BGB). Bisher waren die Eltern in verschiedenen Verfahrenskonstellationen von der Vertretung ihres Kindes als Prozessgegner (§§ 1629 Abs. 2, 1795 Abs. 2, 181 BGB) oder aufgrund eines gesetzlich vermuteten Interessenkonflikts von der Vertretung in einem Rechtsstreit bzw. einer Kindschaftssache (§ 640 ZPO a.F.) kraft Gesetzes ausgeschlossen (§§ 1629 Abs. 2, 1795 Abs. 1 Nr. 3 BGB; BGH FamRZ 1972, 498; FamRZ 2002, 880, 882; für eine Fortgeltung der bisherigen Erwägungen DIJuF-Gutachten JAmt 2010, 20, 22). Bis zum Beschluss des BGH vom 21.03.2012 (FamRZ 2012, 859 ff. m. Anm. *Stößer*; *Keuter* FuR 2013, 249 ff.) war die Frage, wie das minderjährige Kind im einseitigen Abstammungsverfahren nach dem FamFG – durch die sorgeberechtigten Elternteile, einen Ergänzungspfleger (KG FamRZ 2010, 1171 [für Erbausschlagung gem. § 1796 BGB] m. Anm. *Helms* ZKJ 2010, 271), den Beistand oder einen Verfahrensbeistand – vertreten wird bzw. wie seine Interessen wahrgenommen werden, umstritten. Der Deutsche Familiengerichtstag 2009 (AK 7) hatte für eine Klarstellung und Abstimmung der verfahrens- und materiell-rechtlichen Aspekte plädiert.

12 Unter der Geltung des FamFG werden hierzu unterschiedliche Auffassungen vertreten, wobei davon auszugehen ist, dass der Gesetzgeber die konkreten Folgen aus der individuellen Beteiligung des Kindes gem. § 172 Abs. 1 Nr. 1 FamFG bei der Neugestaltung der Abstammungssachen nicht bedacht hat: Einerseits wird eine gemeinschaftliche Vertretung des Kindes durch die sorgeberechtigten Eltern postuliert, weil über die Abstammung in einem nicht streitigen Verfahren zu entscheiden sei, sodass die Vertretungsbefugnis nur bei einem erheblichen Interessengegensatz (§ 1796 BGB) im Einzelfall ausgeschlossen ist (*Helms/Balzer* ZKJ 2009, 348, 350; *Helms/Kieninger/Rittner* Rn. 76 f.; FA-FamR/*Schwarzer*, Kap. 3 Rn. 245 ff.; Keidel/*Engelhardt* § 172 Rn. 2; *Horndasch/Viefhues* § 172 Rn. 4; DIJuF-Gutachten JAmt 2010, 20, 21; 357, 358). Andererseits wird die Fortgeltung der bisherigen Rechtslage befürwortet, weil es sich »um ein im Grundsatz streitiges Verfahren« handele (MüKZPO/*Coester-Waltjen/Hilbig* § 172 Rn. 32, 34; *Helms/Kieninger/Rittner* Rn. 226 f.; *Musielak/Borth* § 172 Rn. 6 f.; Prütting/Helms/*Stößer* § 172 Rn. 4; *ders.* FamRZ 2009, 629; *Löhnig* FamRZ 2009, 1798, 1799; *Vogel* FPR 2011, 358, 354; KG FamRZ 2011, 739 [LS] = RPfl 2011, 157; OLG Düsseldorf JAmt 2010, 505, 506). Während die erste Auffassung (vom Abstammungsklärungsverfahren abgesehen) generell die Bestellung eines Ergänzungspflegers erübrigt, führt die zweite Auffassung dazu, dass in allen Abstammungsverfahren ein solcher zur Vertretung des Kindes erforderlich wird, und geht damit deutlich über die bisherige Rechtslage hinaus. Schließlich werden vermittelnde, nach Verfahrenskonstellationen (*Grün* Rn. 122 ff., 209 ff.) oder zwischen der antragstellenden Person und den weiteren Beteiligten differenzierende (*Schwonberg* FuR 2010, 441, 446; dazu Vorauf. Rn. 13 ff.) Positionen vertreten.

13 In einem die Anfechtung der Vaterschaft durch den potenziellen biologischen Vater betreffenden Verfahren hat der BGH (FamRZ 2012, 859 ff. m. Anm. *Stößer*; Beschl. v. 27.1.2016 – XII ZB 639/14 [zur Anfechtung durch den Ehemann]; FA-FamR/*Schwarzer* Kap. 3 Rn. 246 ff. in einer ausführlich begründeten Entscheidung zur Vertretung des Kindes über die konkret zu beurteilende Konstellation hinaus Stellung genommen, weil die Vertretung des Kindes von der »allgemeinen Beurteilung« der Auswirkungen des neuen Verfahrensrechts abhänge. Den dogmatischen Ausgangspunkt bilden dabei zwei Überlegungen: 1. Der Gesetzgeber hat die gesetzliche Vertretung in Abstammungssachen nicht geändert. 2. Aus der Neuregelung des Verfahrensrechts ergeben sich nur in solchen Fällen Änderungen, in denen die Vertretung des Kindes und dessen Ausschluss nach dem bis August 2009 geltenden Recht auf den Besonderheiten des früheren Rechts beruhten (Rdn. 11). Vor diesem Hintergrund differenziert der BGH zwischen beiden Elternteilen dahin gehend, dass der Vater des Kindes nach dem in §§ 1795 Abs. 2, 181 BGB zum Ausdruck kommenden Rechtsgedanken von der Vertretung ausgeschlossen ist, wenn das Verfahren auf die Beseitigung des zum Kind bestehenden Statusverhältnisses gerichtet ist (Rdn. 12). Den Vertretungsausschluss der Mutter des Kindes knüpft der BGH nicht an deren Beteiligung am Verfahren allgemein, sondern an den Umstand, dass sie mit dem Vater des Kindes verheiratet ist (§ 1795 Abs. 1 Nr. 3 BGB [Rdn. 22]; so auch OLG Koblenz FamRZ 2015, 1122).

14 Den Vertretungsausschluss des Kindesvaters stützt der BGH weiter darauf, dass die Anfechtung der Vaterschaft »*unverändert* durch den abstrakten Interessengegensatz von Kind und rechtlichem Vater gekenn-

zeichnet« ist (Rdn. 12), da die Beseitigung der Statusbeziehung für das Kind mit dem Verlust »elementarer subjektiver Rechte wie Unterhalt und Erbrecht« verbunden ist. Dieser Interessengegensatz wird durch das neue Verfahrensrecht nicht aufgehoben, auch wenn eine »formale Gegnerschaft von Vater und Kind« entfallen ist. Denn mit der geänderten verfahrensrechtlichen Konzeption ist eine Modifikation des allein materiell-rechtlich zu beurteilenden Vertretungsausschlusses nicht einhergegangen, wie die – unveränderten – Regelungen in §§ 1629 Abs. 2 Satz 3 und Abs. 2a BGB zeigen. Darüber hinaus führt der BGH die Passivlegitimation im Anfechtungsverfahren des potenziellen biologischen Vaters nach § 1600e Abs. 1 BGB a.F. an, wonach Vater und Kind verklagt werden mussten, während die Abstammungssachen in ein Verfahren ohne förmlichen Antragsgegner überführt worden sind, zu dem die betroffenen Personen als Beteiligte hinzuziehen sind (Rdn. 16). Dies rechtfertige es, von der bisherigen Rspr. (FamRZ 2007, 538) abzuweichen und den Kindesvater **in allen Anfechtungsverfahren** unabhängig von der Stellung des Kindes als Antragsteller oder Beteiligter von der Vertretung auszuschließen (Rdn. 17).

In seiner Argumentation nimmt der BGH zu verschiedenen, bisher kontrovers diskutierten Gesichtspunkten keine Stellung: Dies betrifft bereits die Frage, ob § 1795 BGB in seinem verfahrensrechtlichen Bezug auf das neu konzipierte Abstammungsverfahren anwendbar ist, wenn diese Regelungen auf einen Rechtsstreit bzw. ein Rechtsgeschäft bezogen sind (*Grün* Rn. 125; a.A. Prütting/Helms/*Stößer* § 172 Rn. 4). Die Entscheidungsgründe lassen eine analoge Anwendung erkennen, weil sowohl im Verhältnis des Kindes zum Vater wie zur Mutter auf den in § 1795 Abs. 1 und 2 BGB zum Ausdruck gebrachten Rechtsgedanken eines abstrakten Interessengegensatz abgestellt wird (KG FamRZ 2011, 739 [LS] = RPfl 2011, 157; OLG Hamburg FamRZ 2010, 1825 unter Hinweis auf das Antragsprinzip, den Strengbeweis, die Rechtskrafterstreckung und durch § 1796 bewirkte Verzögerungen). Auch die zweite Ausgangsthese des BGH, dass sich die verfahrensrechtlichen Neuerungen nur insoweit auswirken sollen, als die Vertretung des Kindes auf den Besonderheiten des früheren Verfahrensrechts beruhte, hätte einer argumentativen Vertiefung bedurft, zumal in den Entscheidungsgründen für diese These keine konkreten Belege angeführt werden. Die Gesetzesbegründung hebt als »eine wesentliche Neuerung gegenüber dem geltenden Recht« hervor, dass die Verfahren »künftig ausnahmslos Verfahren der freiwilligen Gerichtsbarkeit« sind (BT-Drucks. 16/6308 S. 169). Diese Ausgestaltung führt zu einem Antragsverfahren »ohne formalen Gegner«, sodass die Beteiligten nicht ohne Not in die Position von Gegnern gebracht werden; dies gilt insb. für das Kind im Verhältnis zum anfechtenden Vater (BT-Drucks. 16/6308 S. 243 f.). Dass die Annäherung von Abstammungs- und Kindschaftssachen als einem einseitigen, gegnerfreien Antragsverfahren kaum Auswirkungen haben soll, erschließt sich auch unter Hinweis auf einen »abstrakten Interessengegensatz« und die unveränderten Regelungen in § 1629 Abs. 2 und 2a BGB nicht ohne Weiteres. Auch der Hinweis auf die unterschiedliche Stellung des Verfahrensbeistands in beiden Verfahren (Rdn. 18) wird der Neukonzeption nicht gerecht. Denn auf das vom BGH angeführte eigene Antragsrecht des Kindes kommt es für die gesetzliche Vertretung in einer Vielzahl von Anfechtungsverfahren nicht an. Von einem abstrakten Interessengegensatz kann ebenso in Kindschaftssachen ausgegangen werden, auch wenn Bezugspunkt der Regelung und Entscheidung das Kindeswohl ist. Schließlich ist der Ausschluss beider (verheirateter) Eltern in allen Anfechtungsverfahren mit der Position des Verfahrensbeistands nur schwer in Einklang zu bringen. Denn nach der Gesetzesbegründung zu § 174 (BT-Drucks. 16/6308 S. 245) kann »insbesondere im Fall einer Interessenkollision in der Person des gesetzlichen Vertreters ein Bedürfnis (für die Bestellung eines Verfahrensbeistands) bestehen.« Ist generell ein Ergänzungspfleger zu bestellen, tritt diese Interessenkollision im Anfechtungsverfahren nicht mehr zutage, sodass konkrete Anwendungsbereiche kaum vorstellbar erscheinen (§ 174 Rdn. 6). Die Bestellung eines Verfahrensbeistands stellt ggü. einem generellen Vertretungsausschluss eine mildere und ebenso geeignete Maßnahme dar, um einem Interessenkonflikt gerecht zu werden (OLG Stuttgart FamRZ 2010, 1166; *Grün* Rn. 212), auch wenn der Verfahrensbeistand nicht als gesetzlicher Vertreter des Kindes in dessen Namen Anträge stellen oder Rechtsmittel einlegen kann.

Für die **gerichtliche Praxis** ist die Vertretung des Kindes in allen Vaterschaftsanfechtungsverfahren durch eine klare und praktikable Lösung entschieden, sodass – trotz der dargestellten Kritikpunkte – an der in der Vorauflage vertretenen Auffassung (dort Rn. 13 ff.) nicht mehr vollständig festgehalten wird. Daher ist der Vater in allen Anfechtungsverfahren von der Vertretung des Kindes ausgeschlossen, wobei es nicht darauf ankommt, ob der Vater oder das Kind Antragsteller oder weitere Beteiligte sind. Zugleich ist die verheiratete Mutter – ebenfalls unabhängig von der Verfahrensstellung – von der Vertretung ihres Kindes ausgeschlossen. Üben die nicht verheirateten Eltern die **gemeinsame Sorge** aus, ist auch die Mutter von der Vertretung des Kindes ausgeschlossen (OLG Oldenburg FamRZ 2013, 1671; zust. *Keuter* FuR 2013, 249).

Seit der Entscheidung des BGH FamRZ 1972, 498, 499 wird aus der Gesamtvertretung des Kindes durch beide Eltern gem. § 1629 Abs. 1 BGB und dem Vertretungsausschluss nach Abs. 2 der Vorschrift gefolgert, dass der Ausschluss der Vertretung eines Elternteils aus rechtlichen Gründen nicht zum Alleinvertretungsrecht des anderen Elternteils führt, sondern auch diesen erfasst. Nach diesem Urteil besteht der Vertretungsausschluss bei bestehender gemeinsamer elterlicher Sorge über die Ehescheidung hinaus fort. Dass der BGH mit der Hervorhebung, dass der Rechtsgedanke des § 1795 Abs. 1 Nr. 3 BGB für die verheiratete Frau gelte, hiervon Abstand nehmen wollte, lässt sich den Entscheidungsgründen nicht entnehmen. Kann das betroffene Kind nicht von seinen Eltern vertreten werden, ist für das Kind ein **Ergänzungspfleger** zu bestellen.

17 Für **nicht verheiratete Eltern** führt der BGH (FamRZ 2012, 859, 861 f. m. insoweit krit. Anm. *Stößer*) nicht aus, ob die allein sorgeberechtigte Mutter das Kind im Anfechtungsverfahren vertreten kann (FA-FamR/*Schwarzer* Kap. 3 Rn. 249). Verschiedene Argumente in dieser Entscheidung weisen darauf hin, dass ein Vertretungsausschluss der nicht verheirateten Mutter nicht begründet ist, zumal dieser nicht aus der Verfahrensbeteiligung überhaupt hergeleitet werden kann. Als gesetzliche Wertungen, die gegen einen Vertretungsausschluss der Mutter sprechen, führt der BGH an (Rdn. 21), dass ihr nach § 1629 Abs. 2 Satz 3 BGB für die Feststellung der Vaterschaft nicht die Vertretung entzogen werden könne und daher von einer den Kindesinteressen entsprechenden Vertretung auszugehen sei. Hierfür spreche auch § 173, wonach der sorgeberechtigte Elternteil von der Vertretung nur ausgeschlossen ist, wenn das Kind durch das Jugendamt als Beistand vertreten wird. Schließlich lasse sich aus der Regelung zur Entscheidungsformel i.F.d. Anfechtung durch den potenziellen biologischen Vater (§ 182) herleiten, dass zwischen einem Feststellungs- und Anfechtungsverfahren nicht unterschieden werden könne, weil zugleich die Vaterschaft des Anfechtenden festzustellen sei (§ 182 Rdn. 9). Dann ist die alleinsorgeberechtigte Mutter nur nach Maßgabe des § 1796 BGB im Fall eines festgestellten erheblichen Interessengegensatzes von der Vertretung ihres Kindes ausgeschlossen (FA-FamR/*Schwarzer* 3. Kap. Rn. 224; MünchKomm/*Wellenhofer* § 1600a Rn. 9). Hier besteht eine argumentative Schieflage, weil i.F.d. Verfahrenseinleitung durch die (nicht verheiratete) Mutter auch zwischen dieser und ihrem Kind eine – vom BGH im Verhältnis zum Vater herangezogene – Gegnerstellung aufgrund eines abstrakten Interessengegensatzes bestehen kann, sodass für das Vaterschaftsanfechtungsverfahren der Rechtsgedanke des §§ 1795 Abs. 2, 181 BGB auch insoweit Geltung beansprucht (OLG Hamburg FamRZ 2016, 69, 71; OLG Stuttgart FamRZ 2014, 1868). Anderenfalls könnte die nicht verheiratete Mutter in dem von ihr eingeleiteten Anfechtungsverfahren zugleich das betroffene Kind vertreten. Darüber hinaus besteht ein Wertungswiderspruch zum Vertretungsausschluss im Abstammungsklärungsverfahren nach § 1629 Abs. 2a BGB. Ein Vertretungsausschluss wäre für die nicht verheiratete Mutter auch i.F.d. Anfechtung durch den potenziellen biologischen Vater oder die zuständige Behörde nicht gegeben. Dass die vom BGH insoweit angeführten Wertungen zum Vaterschaftsfeststellungsverfahren auf die Vertretung des Kindes durch die Mutter im Anfechtungsverfahren zu übertragen bzw. analog anzuwenden sind, erscheint eher fraglich. Bei Ausübung des eigenen Anfechtungsrechts hielt der BGH (FamRZ 2002, 880) bereits nach altem Recht eine verfahrensrechtliche Trennung der Beteiligten und damit eine Ergänzungspflegschaft für das Kind für erforderlich (*Keuter* FuR 2013, 249, 252). Allerdings muss die Anfechtung des minderjährigen Kindes durch dessen allein sorgeberechtigte, nicht verheiratete Mutter nicht generell den Interessen des Kindes entsprechen (a.A. *Keuter* FuR 2013, 249, 253), weswegen die Anfechtung an das Kindeswohl gebunden ist (§ 1600a Abs. 4 BGB).

18 Zu Recht geht der BGH davon aus, dass im **Vaterschaftsanfechtungsverfahren** die Gefahr eines Interessenkonflikts, wie sie § 181 BGB zugrunde liegt, zwischen dem **rechtlichen Vater** und dem Kind bestehen kann. Denn in diesem Verfahren kann die Auflösung der verwandtschaftlichen Beziehung den materiellen bzw. finanziellen Interessen sowie sozialen und familiären Bindungen des Kindes entgegenstehen. Für die **verheiratete Mutter** des Kindes leitet der BGH (Rdn. 21, 22) den Vertretungsausschluss gerade nicht aus deren Stellung als Verfahrensbeteiligte ab (so Helms/Rittner/*Kieninger* Rn. 229), sondern stützt diesen auf den in der materiell-rechtlichen Regelung des § 1795 Abs. 1 Nr. 3 BGB enthaltenen Rechtsgedanken. Das Interesse der Mutter an der Auflösung der Vaterschaft kann mit den Belangen des Kindes an der Aufrechterhaltung der Vater-Kind-Beziehung in Konflikt geraten, wie der BGH für ein von der Mutter des Kindes eingeleitetes Anfechtungsverfahren betont und daher für die Beiladung des Kindes gem. § 640e ZPO a.F. die Bestellung eines Ergänzungspflegers gefordert hatte (FamRZ 2002, 880, 882). Für das minderjährige Kind als Antragsteller stellt sich die Vertretungsproblematik nicht in gleicher Weise, weil der Einleitung des Verfahrens bei *gemeinsamer elterlicher Sorge* die Klärung der Entscheidungskompetenz in einem Verfahren nach § 1628

BGB vorgeschaltet ist (BGH FamRZ 2009, 861, 861; OLG Dresden FamRZ 2009, 1330, OLG Celle FamRZ 2013, 230; demgegenüber geht das OLG Brandenburg FamRZ 2010, 472 von einem Vertretungsausschluss beider Eltern aus). Überträgt das Gericht einem Elternteil diese für die Einleitung des Anfechtungsverfahrens, ist dadurch zugleich die gesetzliche Vertretung gegeben. Darüber hinaus soll das Gericht nach § 176 Abs. 1 Satz 1 FamFG das Jugendamt anhören, wodurch die Kindeswohlgesichtspunkte (§ 1600a Abs. 4 BGB) im Verfahren zusätzlich gewährleistet sind.

Anders ist die Rechtslage im **Vaterschaftsfeststellungsverfahren** zu beurteilen. Will die Mutter des Kindes die Vaterschaft feststellen lassen, ist auch abstrakt kein Interessengegensatz zu ihrem Kind denkbar (BGH FamRZ 2015, 570 [zu § 81 Abs. 1 Satz 2]); ebenso FA-FamR/*Schwarzer* Kap. 4 Rn. 217; a.A. MüKoZPO/*Coester-Waltjen*/*Hilbig* § 172 Rn. 32, 34; *Helms/Kieninger/Rittner* Rn. 228), weil die Klärung und Feststellung der biologischen Abstammung dem Wohl des Kindes dienen. Für diese Fallkonstellation ist ein Ausschluss der gesetzlichen Vertretung des Kindes durch seine Mutter gem. § 181 BGB als Antragstellerin nicht gerechtfertigt und lässt sich im Wege einer teleologischen Reduktion begründen, zumal der Mutter die Vertretung in diesem Fall nicht gem. §§ 1629 Abs. 2 Satz 3, 1796 BGB entzogen werden kann (*Grün* Rn. 123). 19

Nach der Entscheidung des BGH kann für die Abstammungsverfahren wie folgt differenziert werden: 20

– Im Abstammungsklärungsverfahren nach §§ 169 Nr. 2 FamFG, 1598a Abs. 2 BGB ist ein Ergänzungspfleger zu bestellen, weil beide Eltern von der gesetzlichen Vertretung gem. § 1629 Abs. 2a BGB ausgeschlossen sind.

– Im Vaterschaftsfeststellungsverfahren kann die Mutter das Kind unabhängig davon vertreten, ob sie als Antragstellerin das Verfahren einleitet oder ob sie auf Antrag des durch sie vertretenen Kindes Verfahrensbeteiligte ist. Mangels bestehenden Eltern-Kind-Verhältnisses kommt der potenzielle biologische Vater nicht als gesetzlicher Vertreter des Kindes in Betracht.

– In allen Vaterschaftsanfechtungsverfahren können der Kindesvater und die mit ihm verheiratete Mutter das beteiligte Kind nicht vertreten. Will das Kind selbst als Antragsteller die Vaterschaft anfechten, bedarf es bei Uneinigkeit über die Frage der Ausübung des Gestaltungsrechts einer sorgerechtlichen Entscheidung, die zugleich die Vertretung im Abstammungsverfahren umfasst. Auch in den Anfechtungsverfahren nach § 1600 Abs. 1 Nr. 2 BGB sind die verheirateten Eltern von der Vertretung des Kindes ausgeschlossen (OLG Düsseldorf JAmt 2010, 505 = FamRZ 2011, 232 [LS]; a.A. OLG Oldenburg FamRZ 2009, 1925; OLG Hamburg FamRZ 2010, 745;).

Ist hiernach eine Vertretung des Kindes durch beide Elternteile ausgeschlossen, muss ein Ergänzungspfleger (§ 1909 BGB) bestellt werden. Für den Beginn der Anfechtungsfrist in der Person des Kindes ist auf die Kenntnis der im Anfechtungsverfahren vertretungsberechtigten Person abzustellen (OLG Koblenz FamRZ 2015, 1122).

Ein Widerspruch zur speziellen Regelung der Vertretung des Kindes im **Abstammungsklärungsverfahren** besteht nicht. Bereits nach bisherigem Recht war das Verfahren als (damalige) Kindschaftssache gem. § 621a Abs. 1 Satz 1 BGB a.F. dem Verfahren der freiwilligen Gerichtsbarkeit unterstellt (§ 56 FGG a.F.). Zugleich wurde in § 1629 Abs. 2a BGB die Vertretungsbefugnis der Eltern im gerichtlichen Verfahren nach § 1598a Abs. 2 BGB ausgeschlossen. Nach der Gesetzesbegründung (BT-Drucks. 16/6561 S. 15) tritt diese Regelung an die Stelle der §§ 1629 Abs. 2 i.V.m. 1795, 1796 BGB und trägt dem Umstand Rechnung, dass die Eltern neben den Interessen ihres Kindes zugleich in eigenen Interessen betroffen sind. Daher soll von vornherein eine Interessenkollision vermieden und durch die Bestellung eines Ergänzungspflegers im Klärungsverfahren gewährleistet werden, dass die Interessen des Kindes im Verfahren zur Geltung kommen. Zwar könnten diese Erwägungen zum Klärungsverfahren und die Rspr. des BGH (FamRZ 2002, 880, 882) auf alle Abstammungsverfahren übertragen werden (*Schwab* FamRZ 2008, 23, 24 Fn 8), auch wenn § 1629 Abs. 2a BGB mit dem FamFG nicht erweitert wurde (Art. 50 Nr. 25, 26 FGG-RG). Die bestehenden Unterschiede rechtfertigen eine differenzierte verfahrensrechtliche Ausgestaltung. Denn die Feststellung der Vaterschaft dient dem Wohl des Kindes, sodass ein gesetzlicher Ausschluss der Vertretungsbefugnis nicht gerechtfertigt ist und in Widerspruch zu § 1629 Abs. 2 Satz 3 BGB stünde. Für die Anfechtung der Vaterschaft führt die Rspr. des BGH (Rdn. 13) für verheiratete Eltern zur Rechtsfolge des § 1629 Abs. 2a BGB. 21

III. Abstammungsverfahren. Aus den vorgenannten allgemeinen Grundsätzen ergeben sich für die jeweiligen Abstammungsverfahren folgende Konsequenzen für die Verfahrensbeteiligten: 22

1. Vaterschaftsfeststellung. Am Verfahren auf **Feststellung der Vaterschaft** ist die den verfahrenseinleitenden Antrag stellende Person beteiligt. Sie muss materiell-rechtlich antragsberechtigt sein (a.A. *Helms/Kie*- 23 *ninger/Rittner* Rn. 207 für Ableitung aus der Beteiligtenstellung). Nach Aufhebung des § 1600e Abs. 1 BGB (Art. 25 FGG-RG) fehlt eine gesetzliche Vorschrift. Das Antragsrecht folgt für den Mann und das Kind aus dem Recht auf Kenntnis der Abstammung und für die Mutter aus Art. 6 Abs. 2 GG (*Grün* Rn. 102). Besteht eine Beistandschaft, ist das Kind Verfahrensbeteiligter und wird vom Beistand im Verfahren vertreten (§ 174). Nehmen mehrere Männer die Vaterschaft für sich in Anspruch oder räumt die Mutter des Kindes eine intime Beziehung in der gesetzlichen Empfängniszeit zu mehreren Männern ein, sind diese nach § 7 Abs. 2 Verfahrensbeteiligte. Denn einem Vaterschaftsprätendenten ist rechtliches Gehör zu gewähren, weil von der zu treffenden Entscheidung sein durch Art. 6 Abs. 2 GG verfassungsrechtlich geschütztes Interesse an der rechtlichen Vaterposition betroffen ist (BGH FamRZ 2007, 1731, 1733 f.). Über mehrere Anträge kann in einem Verfahren entschieden werden (§ 179), wenn eine rechtliche Vaterschaft bisher nicht besteht. Anderenfalls verbleibt dem potenziellen biologischen Vater allein der Weg über das Anfechtungsrecht nach § 1600 Abs. 1 Nr. 2 BGB.

24 **Weitere Personen** können keinen Antrag auf Feststellung der Vaterschaft stellen. Auch dem Scheinvater steht nach erfolgreicher Anfechtung seiner rechtlichen Vaterschaft kein Antragsrecht auf Feststellung der Vaterschaft eines anderen Mannes zu (BGH FamRZ 2012, 437, 439). Zwar kann auch ein Drittrechtsverhältnis in einem Verfahren festgestellt werden. Voraussetzung hierfür ist, dass dieses Drittrechtsverhältnis zugleich für die Rechtsbeziehung der Verfahrensbeteiligten untereinander von Bedeutung ist und der Antragsteller ein rechtliches Interesse an der alsbaldigen Feststellung hat (BGH NJW 1993, 2539, 2540). Rechtlich geschützte Interessen oder eine unmittelbare Betroffenheit von der zu treffenden Entscheidung bestehen für die Eltern der Mutter oder des potenziellen Vaters sowie weiter entfernte Verwandte nicht.

25 **2. Abstammungsklärung.** Die Beteiligten an einem Verfahren nach **§ 1598a Abs. 2 u 4 BGB** sind durch die materiell-rechtliche Rechtsbeziehung des § 1598a Abs. 1 BGB begrenzt. Neben der klärungsberechtigten Person sind am **Abstammungsklärungsverfahren** die beiden klärungsverpflichteten Personen beteiligt. Einen Anspruch auf Einwilligung in eine genetische Abstammungsuntersuchung haben nur der rechtliche Vater, die Mutter (einschränkend zu deren Verpflichtung OLG Brandenburg FamRZ 2010, 1817) und das Kind, die entweder Antragsteller oder weitere Beteiligte sein können. Im Klärungsverfahren kann das minderjährige Kind weder durch seine Eltern gemeinschaftlich noch durch einen Elternteil allein vertreten werden (§ 1629 Abs. 2a BGB; Rdn. 21), sodass für das Kind ein **Ergänzungspfleger** gem. § 1909 BGB zu bestellen ist. Der Vertretungsausschluss ist auf das gerichtliche Verfahren beschränkt. Vor Einleitung des Verfahrens vertreten die Eltern das Kind bis zu einer anderweitigen gerichtlichen Regelung gemeinschaftlich (§ 1626a Abs. 1 Nr. 1 oder 2 BGB). Aus diesem Grund wird das minderjährige Kind in der Praxis das Verfahren kaum selbst einleiten können. Allein der Umstand, dass ein Jugendlicher einen Antrag auf Abstammungsklärung bei Gericht stellt, führt nicht dazu, ihm von Amts wegen einen Ergänzungspfleger zu bestellen oder von einem erheblichen Interessengegensatz auszugehen (so aber *Rotax* ZFE 2008, 290, 292).

26 Weitere Beteiligte sieht die gesetzliche Regelung nicht vor. Insbes. der **potenzielle biologischen Vater** (kritisch *Grün* Rn. 344; *Helms* FamRZ 2010, 1, 7 f.; FamRZ 2008, 1033; *Wellenhofer* NJW 2008, 1185, 1188 f.; ausführlich *Genenger* JZ 2008, 1031, 1033; MüKoZPO/*Coester-Waltjen/Hilbig* § 169 Rn. 47) ist am Verfahren nicht beteiligt. Ihm steht – auch unter den Voraussetzungen des § 1600 Abs. 1 Nr. 2 BGB – kein materiell-rechtlicher Anspruch aus § 1598a Abs. 1 oder 4 BGB zu, sodass er – verfassungsrechtlich unbedenklich (BVerfG FamRZ 2008, 2257 f.) – nicht antragsberechtigt ist (OLG Karlsruhe FamRZ 2010, 221; s. § 171 Rdn. 18). Eine Verletzung des durch Art. 8 EMRK gewährten Rechts auf Achtung des Familienlebens hat der EGMR hierin nicht gesehen (FamRZ 2012, 691 f. = FamRB 2012, 243). Ebenso wenig ist er klärungsverpflichtet und kann weder vom Kind noch von dessen Mutter in Anspruch genommen werden (BVerfG FamRZ 2013, 605 [zur gerichtlichen Vorlage wegen Schutzpflichtverletzung]; OLG Nürnberg FamRZ 2014, 404). Weil seine Rechte durch den Ausgang des Verfahrens nicht unmittelbar betroffen sind, ist er auch nicht nach § 7 Abs. 2 Nr. 1 am Verfahren zu beteiligen. Nach der Gesetzesbegründung werden seine Rechte ausreichend durch die Antragsrechte im Vaterschaftsfeststellungs- und -anfechtungsverfahren gewahrt, wodurch zugleich eine Beeinträchtigung der funktionierenden sozialen Familie verhindert werden soll (BT-Drucks. 16/6561 S. 12). **Angehörige** der Beteiligten sind weder klärungsberechtigt noch -verpflichtet und von der Entscheidung nicht unmittelbar in ihren Rechten betroffen.

27 **3. Vaterschaftsanfechtung.** Nach § 1600 Abs. 1 BGB ist der (durch Ehe oder Anerkennung) **rechtliche Vater** anfechtungsberechtigt. Auch der **potenzielle biologische Vater**, der an Eides statt versichert, der Mutter *des Kindes* während der Empfängniszeit beigewohnt zu haben, ist während bestehender rechtlicher Vater-

schaft nach § 1600 Abs. 1 Nr. 2 BGB zur Anfechtung der Vaterschaft berechtigt (anders noch BGH FamRZ 1999, 716). Weiterhin kann nach § 1600 Abs. 1 Nr. 3 BGB die **Mutter** selbst die Vaterschaft anfechten (OLG Frankfurt am Main FamRZ 2000, 548). Vor der Geburt des Kindes besteht für eine Anfechtung keine Rechtsgrundlage (OLG Rostock FamRZ 2007, 1675). Das **Anfechtungsrecht** der Mutter und des Vaters ist nach § 1600 Abs. 4 BGB **ausgeschlossen**, wenn das Kind mit Einwilligung des Mannes und der Mutter durch künstliche Befruchtung mittels Samenspende eines Dritten gezeugt wurde (OLG Hamburg FamRZ 2013, 228 f.; OLG Karlsruhe FamRZ 2012, 1150; OLG Hamm FamRZ 2008, 630 auch im Fall der Selbstvornahme; zuvor BGH FamRZ 1995, 1272; FamRZ 1993, 695; OLG Celle FamRZ 2001, 700; zum Unterhaltsanspruch bei abredewidriger in vitro Fertilisation BGH FamRZ 2001, 541). Dem Samenspender selbst steht ein Anfechtungsrecht nur i.R.d. § 1600 Abs. 1 Nr. 2 BGB zu, wenn eine sozial-familiäre Beziehung zum rechtlichen Vater nicht besteht. I.Ü. kann auf das Anfechtungsrecht nicht wirksam verzichtet werden. Stellen der rechtliche Vater oder die Mutter den Antrag auf Vaterschaftsanfechtung, sind neben ihnen die weiteren Personen nach § 172 Abs. 1 am Verfahren beteiligt.

Schließlich kann das **Kind** die Vaterschaft anfechten (§ 1600 Abs. 1 Nr. 4 BGB). Für das volljährige und geschäftsfähige Kind gilt dies ohne Einschränkung auf bestimmte Anfechtungsgründe (BVerfG FamRZ 1989, 255). Das geschäftsunfähige oder in der Geschäftsfähigkeit beschränkte Kind kann nach § 1600a Abs. 3 BGB nur durch den gesetzlichen Vertreter anfechten, wobei nach Abs. 4 der Vorschrift die Anfechtung dem Wohl des Kindes als Vertretenen dienen muss. Zwischen der Ausübung des materiellen Gestaltungsrechts der Anfechtung, die den sorgeberechtigten Eltern bis zu einer anderweitigen Entscheidung zusteht, und der prozessualen Verfahrenshandlung ist dabei zu unterscheiden (BGH FamRZ 2009, 861, 863; OLG Celle FamRZ 2013, 230; OLG Hamm FamRZ 2008, 1646, 1647). Sind sich die Eltern nicht einig, müssen sie für die Entscheidung über die Vaterschaftsanfechtung einerseits sowie für die Vertretung im Anfechtungsverfahren andererseits eine Sorgerechtsentscheidung herbeiführen (§§ 1628, 1666, 1671 BGB; OLG Brandenburg FamRZ 2008, 1270; FamRZ 2010, 472 für Vertretungsausschluss; KG FamRZ 2011, 739). Die Bestellung eines Ergänzungspflegers für das Vaterschaftsanfechtungsverfahren ist für den hierauf bezogenen Entzug der elterlichen Sorge nicht ausreichend (BGH FamRZ 2009, 861, 864). Stellen der Vater oder die Mutter einen Anfechtungsantrag, ist nach der Rspr. des BGH (Rdn. 13) für das Kind ein Ergänzungspfleger zu bestellen. Eine Vertretung durch das Jugendamt als Beistand kommt im Vaterschaftsanfechtungsverfahren nicht in Betracht (§ 1712 Abs. 1 Nr. 1 BGB; OLG Nürnberg FamRZ 2001, 705). 28

Weitere Personen, insb. die Eltern des Vaters (§ 1595a Abs. 1 BGB a.F.) oder der Mutter, sind nicht antragsberechtigt. Sie sind wie auch andere Personen keine weiteren Verfahrensbeteiligten, weil ihre Rechte durch die Entscheidung nicht unmittelbar betroffen sind (§ 7 Abs. 2 Nr. 1). Dies gilt auch für den **potenziellen biologischen Vater** (OLG München FamRZ 2012, 1825 f.), dessen Interessen sehr unterschiedlich sein können. Einerseits mag ihm an der Anfechtung einer bestehenden Vaterschaft gelegen sein, um seine eigene Vaterschaft anerkennen oder feststellen lassen zu können. Andererseits kann er die Anfechtung der rechtlichen Vaterschaft – etwa durch Hinweis auf die bereits verstrichene Anfechtungsfrist – zu verhindern suchen, um die Feststellung seiner Vaterschaft bereits im Vorfeld abzuwenden. Unabhängig hiervon ist das Anfechtungsverfahren nicht darauf gerichtet, mittels der Einbeziehung eines anderen Mannes die wahre Abstammung des Kindes zu klären, weil dies nicht Gegenstand des Anfechtungsverfahrens ist (BVerfG NJW 2009, 425; BGH FamRZ 1994, 694, 695; § 169 Rdn. 14 ff.). Das Gericht ist aus diesem Grund auch nicht gehalten, ihn von einem anhängigen Verfahren zu verständigen (a.A. *Wieser* MDR 2009, 61), um durch seine Beteiligung und die Anwendung des § 182 Abs. 2 weitere Anfechtungsverfahren zu vermeiden. 29

Zum bisherigem Recht war streitig, ob der potenzielle biologische Vater gem. § 640e Abs. 1 ZPO a.F. im Vaterschaftsanfechtungsverfahren von Amts wegen beizuladen war. Dies wurde teilweise mit der Begründung bejaht, dass ihm bereits in diesem Verfahren rechtliches Gehör zu gewähren sei und seine Rechtsverteidigung in einem späteren Feststellungsverfahren nicht verkürzt werden dürfe (Zöller/*Philippi* § 640e Rn. 2). Mit der herrschenden Meinung hat der BGH diese Auffassung nicht geteilt (FamRZ 2007, 1731, 1732), weil der potenzielle biologische Vater kein Elternteil i.S.d. § 640e ZPO a.F. ist und er durch die Entscheidung im Anfechtungsverfahren nur mittelbar wie jede andere Person (OLG Jena FamRZ 2006, 1602) dadurch betroffen ist, dass nunmehr gegen ihn die Vaterschaftsfeststellung betrieben werden konnte. In diesem Verfahren kann er seine biologische Vaterschaft bestreiten. Schließlich dient weder die Anfechtungsfrist dem Interesse des potenziellen biologischen Vaters, einer Inanspruchnahme durch das Kind zu entgehen, noch war ein solches Interesse durch den Beitritt zum Verfahren geschützt (OLG Frankfurt am Main FamRZ 2009, 704, 705). Auch die Verletzung des Anspruchs auf rechtliches Gehör des potenziellen biologischen Vaters, 30 der dem Verfahren beigetreten war, vermochte im bisher kontradiktorisch ausgestalteten Anfechtungsverfahren dessen Berufung nicht zu begründen (BGH FamRZ 2009, 1404, 1406). Unabhängig von der Beiladung konnte der potenzielle biologische Vater dem Anfechtungsverfahren als (**einfacher**) **Streitgenosse** aufseiten einer Partei beitreten (§ 66 ZPO). Allerdings war seine verfahrensrechtliche Stellung dadurch beschränkt, dass er sich mit seinen Erklärungen und Handlungen zu denen der Hauptpartei nicht in Widerspruch setzen durfte. Aus diesem Grund war eine Berufung des potenziellen biologischen Vaters, die er gegen das Urteil im Anfechtungsprozess eingelegt hatte, unzulässig, wenn die Hauptpartei das Urteil nicht anfechten wollte (BGH FamRZ 2009, 1404, 1405; FamRZ 2007, 1729, 1731, 1734; OLG Oldenburg FamRZ 2005, 1841; FamRZ 2004, 1985). Eine streitgenössische Nebenintervention bestand hingegen – anders als beim Beitritt des beigeladenen Elternteils oder Kindes (BGH FamRZ 2009, 861; FamRZ 1984, 164) – nicht, weil die mit der Rechtskraftwirkung des § 640h ZPO a.F. versehene Anfechtungsentscheidung keine unmittelbaren Auswirkungen auf ein bestehendes Rechtsverhältnis zwischen dem potenziellen biologischen Vater und dem Kind hat.

31 Die nach bisherigem Recht angeführten Gründe für die eingeschränkte Rechtsstellung des biologischen Vaters im Anfechtungsverfahren gelten fort und führen dazu, dass er an diesem künftig nicht zu beteiligen ist (MüKoZPO/*Coester-Waltjen/Hilbig* § 172 Rn. 12 ff.; *Grün* Rn. 202; *Helms/Balzer* ZKJ 2009, 348, 350). Erlangt der potenzielle biologische Vater Kenntnis von dem Vaterschaftsanfechtungsverfahren kann er gem. § 7 Abs. 5 beantragen, zum Verfahren nach § 7 Abs. 2 Nr. 1 hinzugezogen zu werden. Dieser Antrag ist zurückzuweisen, weil der Mann kein rechtlich geschütztes Interesse daran hat, auf die Rechtsbeziehung zwischen dem rechtlichen Vater und dem Kind einzuwirken. Dies gilt auch dann, wenn das Verstreichen der – von Amts wegen zu beachtenden – Anfechtungsfrist von keinem Beteiligten im Anfechtungsverfahren problematisiert oder durch kollusives Zusammenwirken der dortigen Beteiligten verschwiegen wird. Denn die Anfechtungsfrist dient dem Familien- sowie Rechtsfrieden und damit dem Wohl des Kindes; hingegen nicht dem Schutz des mutmaßlichen Erzeugers vor Feststellung seiner Vaterschaft (BGH FamRZ 2007, 1729, 1730; FamRZ 2007, 36 [zur Amtshaftung]; OLG Koblenz FamRZ 2015, 1121). Lehnt das FamG die Hinzuziehung des potenziellen biologischen Vaters durch Beschluss ab, ist nach § 7 Abs. 5 Satz 2 die sofortige Beschwerde eröffnet.

32 Stellt der potenzielle biologische Vater gem. **§ 1600 Abs. 1 Nr. 2 BGB** einen Antrag, so ist er gem. § 7 Abs. 1 an diesem Verfahren beteiligt. Neben ihm sind am Verfahren die Eltern des Kindes und dieses selbst, das durch seine Eltern nicht vertreten werden kann, beteiligt.

33 Hatte die zuständige Behörde nach der für verfassungswidrig erklärten Regelung in **§ 1600 Abs. 1 Nr. 5 BGB** die Anfechtung der durch Anerkenntnis begründeten Vaterschaft beantragt, war die Behörde als Antragstellerin (§ 7 Abs. 1) am Verfahren beteiligt. Behörden sind gem. § 8 Nr. 3 beteiligtenfähig, ohne dass es darauf ankommt, dass diese selbst rechtsfähig sind (BGH FamRZ 2012, 1489, 1490 [Rdn. 12 f., 28 ff.]). Daneben waren die Personen des § 172 Abs. 1 Nr. 1 – 3 zum Verfahren hinzuziehen, wobei das minderjährige Kind wiederum nicht durch seine Eltern vertreten werden kann. Zum Parteiwechsel vom Land auf das Bezirksamt als zuständige Behörde BGH FamRZ 2012, 1489, 1490 [Rn. 11 f.].

34 **4. Unwirksamkeit des Vaterschaftsanerkenntnisses.** Am Verfahren auf Feststellung der (**Un-**) **Wirksamkeit einer Anerkennung der Vaterschaft** (§ 169 Rdn. 10) sind sowohl der rechtliche Vater als auch die Mutter und das Kind zu beteiligen, weil sie sich auf die Unwirksamkeitsgründe des § 1598 BGB berufen können. Eine Begrenzung des Antragsrechts auf den Anerkennenden besteht nicht. Weitere Personen sind mangels unmittelbarer Betroffenheit nicht hinzuzuziehen. Dies gilt auch, wenn der Antrag hilfsweise mit der Vaterschaftsanfechtung verbunden ist.

35 **5. Postmortale Abstammungsverfahren.** Durch das einseitige Abstammungsverfahren werden die bisher in §§ 1600e Abs. 2 BGB a.F., 55b, 56c FGG a.F. geregelten Verfahren auf Feststellung oder Anfechtung der Vaterschaft erfasst, in denen der rechtliche Vater oder das Kind vor Einleitung des Verfahrens bereits verstorben waren. Die **Antragsberechtigung** entspricht den dargestellten Grundsätzen für das Vaterschaftsfeststellungs- oder -anfechtungsverfahren. Ist der potenzielle biologische Vater verstorben, sind die Mutter und das Kind, beim Tod des Kindes die Mutter und der Vater antragsberechtigt (§ 7 Abs. 1).

36 Neben dem Antragsteller ist die weitere Person nach § 172 Abs. 1 Nr. 1 – 3 am Verfahren beteiligt. Im Vaterschaftsfeststellungsverfahren waren als **weitere Beteiligte** nach § 55b Abs. 1 FGG a.F. die Ehefrau, der Lebenspartner sowie die Eltern und Kinder des verstorbenen Mannes am Verfahren zu beteiligen. Ob darüber *hinaus* weitere Personen im Verfahren anzuhören oder zu beteiligen sind, hat der BGH in seiner Entschei-

dung zur Beschwerdeberechtigung nach § 55b Abs. 3 FGG a.F. ausdrücklich offen gelassen (FamRZ 2005, 1067). Die dortigen Erwägungen können auch für die Bestimmung der Verfahrensbeteiligten herangezogen werden. Nicht nur für die Beschwerdeberechtigung sondern auch für die Beteiligtenstellung ist eine Begrenzung des Personenkreises erforderlich. Aus diesem Grund sind weiterhin anstelle des verstorbenen Mannes seine **engsten Angehörigen** (**Ehefrau**, **Lebenspartner**, **Eltern** und **Kinder**; OLG Stuttgart v. 01.03.2011 – 11 UF 286/10 –; OLG Frankfurt am Main FamRZ 2009, 704; OLG Düsseldorf, FamRZ 1990, 316, 317; OLG Hamm FamRZ 1982, 1239, 1240; *Helms/Kieninger/Rittner* Rn. 255; Musielak/*Borth* § 172 Rn. 2; Zöller/*Greger* § 172 FamFG Rn. 1; a.A. MüKoZPO/*Coester-Waltjen/Hilbig* § 172 Rn. 16 a.E.) zum Verfahren hinzuzuziehen, ohne dass es auf eine unmittelbare Rechtsbeziehung durch die statusrechtliche Entscheidung (so *Heiter* FPR 2006, 417, 419) oder jedes rechtlich geschützte Interesse, etwa eine erbrechtliche Beziehung (so KKW/*Engelhardt* § 55b Rn. 9) ankommt. Der BGH (FamRZ 2015, 1787) hat diese – vom Recht, die Fortsetzung eines Abstammungsverfahrens gem. § 181 Satz 1 verlangen zu können, zu trennende – Frage weiterhin offen gelassen. Ob nächste Angehörige zum Verfahren hinzuzuziehen sind, wenn ein Beteiligter während des Verfahrens verstorben ist, stellt sich erst dann, wenn einer der »übrigen Beteiligten« gem. § 181 Satz 1 die Fortsetzung des Verfahrens verlangt hat (BGH FamRZ 2015, 1787). Weitere Personen sind im Verfahren weder anzuhören noch zu beteiligen. Dies gilt auch für den potenziellen biologischen Vater (BayObLG FamRZ 1992, 984). Im postmortalen Anfechtungsverfahren sind die vorgenannten Personen nicht zu beteiligen.

C. Beteiligung des Jugendamts. Die Stellung des Jugendamtes in Abstammungsverfahren wurde an die geänderte Verfahrenskonzeption zur Vertretung des Kindes angepasst. Die Beteiligung des Jugendamts kann dem Gericht weitere Erkenntnisse verschaffen, die für das Bestehen einer sozial-familiären Beziehung oder ggf. für die Bestellung eines Verfahrensbeistands (§ 174) von Bedeutung sein können. Das Jugendamt soll nach § 176 Abs. 1 in verschiedenen Anfechtungsverfahren angehört werden. In diesen Verfahren eröffnet § 172 Abs. 2 dem Jugendamt die **verfahrensrechtliche Option**, auf seinen Antrag hin die formale Stellung eines Verfahrensbeteiligten zu erhalten. Eine Anhörungspflicht besteht bei der Vaterschaftsanfechtung durch den potenziellen biologischen Vater (§ 1600 Abs. 1 Nr. 2 BGB), durch die zuständige Behörde (§ 1600 Abs. 1 Nr. 5 BGB) sowie bei der Anfechtung durch den gesetzlichen Vertreter des Kindes (§ 1600 Abs. 1 Nr. 4; § 1600a Abs. 4 BGB). Hört das Gericht das Jugendamt allein deswegen an, weil ein Verfahrensbeteiligter minderjährig ist, begründet dies kein Beteiligungsrecht. 37

Durch die gerichtliche Anhörung in den vorgenannten Verfahren erlangt das Jugendamt zwar Kenntnis vom Vaterschaftsanfechtungsverfahren, wird dadurch jedoch nicht Verfahrensbeteiligter. In dem zu erstellenden Bericht kann das Jugendamt ausdrücklich den Antrag auf Beteiligung am Verfahren stellen. Der entsprechende Wille kann sich auch aus dem Bericht selbst ergeben. Unabhängig von der Beteiligtenoption steht das durch § 176 Abs. 2 Satz 2 dem Jugendamt eingeräumte Beschwerderecht. Übersieht das Gericht die Anhörungsverpflichtung nach § 176 Abs. 1, kann das Jugendamt, sofern es vom Verfahren anderweitig Kenntnis erlangt, ebenfalls beantragen, am Verfahren beteiligt zu werden. 38

D. Folgen der fehlerhaften Beteiligung. In den verschiedenen Verfahrenskonstellationen kann es vorkommen, dass ein Beteiligter irrtümlich zum Verfahren entgegen der gesetzlichen Regelung nicht hinzugezogen wird. Die Person, die nach §§ 172, 7 Abs. 2 am Abstammungsverfahren zu beteiligen gewesen wäre, kann gegen den ergangenen Beschluss gem. § 184 Abs. 3 Beschwerde einlegen. Die 1-monatige Beschwerdefrist des § 63 Abs. 1 läuft mangels Bekanntgabe der schriftlichen Entscheidung ggü dieser Person nicht (§ 63 Abs. 3). Eines Antrags auf Wiedereinsetzung in den vorigen Stand bedarf es daher nicht. Eines Nichtigkeitsantrags (§ 579 Abs. 1 Nr. 4 ZPO) aufgrund mangelnder Beteiligung am Verfahren bedarf es wegen des statthaften Rechtsmittels nicht. 39

E. Übersicht der Verfahrensbeteiligten. Auf der Grundlage der Rechtsprechung des BGH (FamRZ 2012, 859 ff.) ergeben sich folgende Verfahrensbeteiligte: 40

1. Im **Abstammungsklärungsverfahren** (§ 169 Nr. 2 und 3):
    a) Vater,
    b) Mutter,
    c) minderjähriges Kind vertreten durch einen zu bestellenden Ergänzungspfleger, weil beide Eltern von der Vertretung ausgeschlossen sind (§ 1629 Abs. 2a BGB).
2. **Vaterschaftsfeststellungsverfahren** (§ 169 Nr. 1):
    a) Antrag der Mutter des Kindes:

- Mutter des Kindes als Antragstellerin,
- potenzieller biologischer Vater,
- minderjähriges Kind, vertreten durch seine Mutter, für die kein Vertretungsausschluss besteht,
- ggf. andere Männer, die als biologischer Vater in Betracht kommen.

b) Antrag des Kindes:
- Minderjähriges Kind, vertreten durch seine Mutter oder durch das Jugendamt als Beistand, als Antragsteller,
- Mutter des Kindes,
- potenzieller biologischer Vater,
- ggf. andere Männer, die als biologischer Vater in Betracht kommen.

c) Antrag des potenziellen biologischen Vaters:
- Potenzieller biologischer Vater als Antragsteller,
- Mutter des Kindes,
- minderjähriges Kind vertreten durch seine Mutter,
- ggf. andere Männer, die als biologischer Vater in Betracht kommen.

3. **Vaterschaftsanfechtungsverfahren:**

a) Antrag des rechtlichen Vaters:
- Rechtlicher Vater als Antragsteller (§ 1600 Abs. 1 Nr. 1 BGB),
- Mutter des Kindes,
- minderjähriges Kind, vertreten durch einen zu bestellenden Ergänzungspfleger, wenn die Eltern verheiratet sind und (wohl auch) bei gemeinsamer elterlicher Sorge,
- **nicht** der potenzielle biologische Vater.

b) Antrag des potenziellen biologischen Vaters (§ 1600 Abs. 1 Nr. 2 BGB):
- Potenzieller biologischer Vater als Antragsteller,
- Mutter des Kindes,
- rechtlicher Vater des Kindes,
- minderjähriges Kind, vertreten durch einen zu bestellenden Ergänzungspfleger, da der BGH seine frühere Rechtsprechung nicht aufrechterhalten hat,
- Jugendamt antragsabhängig (§§ 172 Abs. 2, 176 Abs. 1 Satz 1),
- ggf. andere Männer, die als biologischer Vater in Betracht kommen.

c) Antrag der Mutter (§ 1600 Abs. 1 Nr. 3 BGB):
- Mutter als Antragstellerin,
- rechtlicher Vater,
- minderjähriges Kind, vertreten durch einen zu bestellenden Ergänzungspfleger, wenn die Eltern verheiratet sind und (wohl auch) bei gemeinsamer elterlicher Sorge,
- nicht der potenzielle biologische Vater.

d) Antrag des Kindes (§§ 1600 Abs. 1 Nr. 4, 1600a Abs. 4 BGB):
- Minderjähriges Kind als Antragsteller, vertreten durch den Elternteil, dem die elterliche Sorge für die Entscheidung über die Anfechtung der Vaterschaft zusteht oder gerichtlich übertragen wurde; bisher vom BGH hinsichtlich der Vertretung des Kindes jedoch insoweit nicht ausdrücklich entschieden, oder vertreten durch einen zu bestellenden Ergänzungspfleger,
- Mutter des Kindes,
- rechtlicher Vater,
- Jugendamt antragsabhängig (§§ 172 Abs. 2, 176 Abs. 1 Satz 1),
- nicht der potenzielle biologische Vater.

e) Antrag der anfechtungsberechtigten Behörde (§ 1600 Abs. 1 Nr. 5 BGB):
- Anfechtungsberechtigte Behörde als Antragstellerin,
- rechtlicher Vater,
- Mutter des Kindes,
- Kind, vertreten durch einen zu bestellenden Ergänzungspfleger, da die Rechtsprechung des BGH zum Anfechtungsrecht des potenziellen biologischen Vaters insoweit zu übertragen sein dürfte,

Jugendamt antragsabhängig (§§ 172 Abs. 2, 176 Abs. 1 Satz 1),

§ 173 Vertretung eines Kindes durch einen Beistand.
Wird das Kind durch das Jugendamt als Beistand vertreten, ist die Vertretung durch den sorgeberechtigten Elternteil ausgeschlossen.

Die Regelung entspricht – auf Abstammungssachen beschränkt – der Vorschrift des § 53a ZPO, die für Unterhaltssachen minderjähriger Kinder in § 234 entsprechend übernommen wird. Sie dient der Klarheit der verfahrensrechtlichen Vertretung des minderjährigen Kindes im Abstammungsverfahren und regelt die verfahrensrechtlichen Folgen aus dem materiell-rechtlichen Nebeneinander von elterlicher Sorge und Beistandschaft. Nur durch die eindeutige Vertretung des Kindes wird eine **widerspruchsfreie Verfahrensführung** ermöglicht. 1

Bestandteil der zum 01.07.1998 erfolgten Kindschaftsrechtsreform war u.a. das Beistandschaftsgesetz. Mit diesem wurde die gesetzliche Amtspflegschaft für ein minderjähriges Kind einer nicht verheirateten Mutter (§§ 1705 ff. BGB a.F.) abgeschafft. An ihre Stelle trat die **Beistandschaft** des Jugendamts. Die Beistandschaft ist abhängig vom Willen des sorgeberechtigten Elternteils, weil sie nur auf seinen Antrag bestellt wird (§ 1714 BGB) und auf sein Verlangen hin jederzeit endet (§ 1715 Abs. 1 BGB; *Meysen* JAmt 2008, 120). Der Aufgabenbereich des Jugendamts als Beistand umfasst die **Feststellung der Vaterschaft** und/oder die Geltendmachung von Unterhaltsansprüchen des minderjährigen Kindes (§ 1712 Abs. 1 Nr. 1 u 2 BGB). I.R.d. Aufgabenbereiche ist das Jugendamt gesetzlicher Vertreter des Kindes (§§ 1716 Satz 2, 1915 Abs. 1, 1793 Abs. 1 Satz 1 BGB), ohne die gesetzliche Vertretung des sorgeberechtigten Elternteils zu verdrängen (§ 1716 Abs. 1 Satz 1 BGB). 2

Auch wenn die Vertretungsbefugnis des Elternteils materiell-rechtlich fortbesteht, ordnet § 173 an, dass im Abstammungsverfahren das Kind **allein** durch den **Beistand** vertreten wird und insoweit die Vertretung durch den sorgeberechtigten Elternteil ausgeschlossen ist (OLG Naumburg FamRZ 2006, 1223). Das Jugendamt kann als Beistand des Kindes nur im **Vaterschaftsfeststellungsverfahren** tätig werden. Verfahrensbeteiligter ist das nicht verfahrensfähige Kind (§ 9 Abs. 1), das als Antragsteller (§ 7 Abs. 1) oder als weiterer Verfahrensbeteiligter durch das Jugendamt, das nicht selbst zum Verfahrensbeteiligten wird, vertreten ist. Die Vertretung des Kindes durch das Jugendamt berührt die Stellung des sorgeberechtigten Elternteils im Verfahren als Beteiligter nach § 172 Abs. 1 nicht. Der sorgeberechtigte Elternteil kann mit seinem Antrag auf Einrichtung einer Beistandschaft den Aufgabenbereich des Jugendamts auf die Vaterschaftsfeststellung begrenzen, hingegen nicht dem Jugendamt Weisungen für die Durchführung der Vaterschaftsfeststellung erteilen, etwa dahin gehend, dass nur gegen einen bestimmten Mann vorgegangen werden soll (str. PWW/*Friederici* § 1712 Rn. 8). Der Aufgabenbereich der gesetzlichen Vertretung des Kindes erstreckt sich **nicht** auf ein **Vaterschaftsanfechtungsverfahren** (OLG Nürnberg FamRZ 2001, 705) oder das **Abstammungsklärungsverfahren** nach § 1598a BGB (PWW/*Friederici* § 1712 Rn. 2; *Borth* FPR 2008, 381, 384). 3

Der Beginn und das Ende der Beistandschaft sind vom Jugendamt dem Gericht schriftsätzlich mitzuteilen. Soweit und solange die Beistandschaft, deren Einrichtung auf gerichtliches Verlangen nachzuweisen ist, besteht, kann nur das Jugendamt als alleiniger gesetzlicher Vertreter im Feststellungsverfahren für das Kind wirksam Erklärungen abgeben. Schriftsätze anderer Beteiligter, gerichtliche Verfügungen oder Beschlüsse sind dem Jugendamt zur Kenntnis zu bringen oder es ist Zustellungen an dieses zu bewirken. Hat das Kind, vertreten durch seine Mutter, den Antrag auf Feststellung der Vaterschaft gestellt und beantragt die Mutter zu einem späteren Zeitpunkt die Beistandschaft, erfolgt mit dem Beginn der Beistandschaft ein Wechsel in der gesetzlichen Vertretung des Kindes im laufenden Verfahren, ohne dass dies einen Wechsel des Verfahrensbeteiligten darstellt. Die bisherigen verfahrensrechtlichen Erklärungen des sorgeberechtigten Elternteils bleiben wirksam, soweit sie nicht in Widerspruch zu denen des Jugendamts stehen. Endet die Beistandschaft aufgrund eines entsprechenden außergerichtlichen Verlangens des sorgeberechtigten Elternteils (§ 1715 Abs. 1 BGB), entfallen die Vertretung des Kindes durch das Jugendamt im Verfahren und die Beschränkungen des § 173 für den sorgeberechtigten Elternteil. Wird das bei Verfahrensbeginn minderjährige Kind im laufenden Verfahren volljährig, endet die Beistandschaft (§ 1715 Abs. 2 BGB) und das verfahrensfähige Kind führt das Verfahren fort (OLG Karlsruhe JAmt 2001, 302). 4

§ 174 Verfahrensbeistand.

§ 174 Verfahrensbeistand. ¹Das Gericht hat einem minderjährigen Beteiligten in Abstammungssachen einen Verfahrensbeistand zu bestellen, sofern dies zur Wahrnehmung seiner Interessen erforderlich ist. ²§ 158 Abs. 2 Nr. 1 sowie Abs. 3 bis 8 gilt entsprechend.

Übersicht

	Rdn.		Rdn.
A. Allgemeines	1	C. Erheblicher Interessengegensatz	8
B. Bestellung in Abstammungssachen	2	D. Bestellung und Aufgabenbereich	9

1 **A. Allgemeines.** Die Regelung des § 174 stellt eine Neuerung in Abstammungssachen dar und stärkt die Stellung minderjähriger Beteiligter im Verfahren. Die Voraussetzungen für die Bestellung des Verfahrensbeistands sowie seine Rechtsstellung folgen aus dem Verweis auf § 158 in Kindschaftssachen. Die Bestellung des Verfahrensbeistands muss zur Wahrnehmung der Interessen des Kindes erforderlich sein und setzt einen erheblichen Interessengegensatz zum sorgeberechtigten Elternteil voraus (§ 158 Abs. 2 Nr. 1). Nach der Gesetzesbegründung (BT-Drucks. 16/6308 S. 245) besteht für die Bestellung eines Verfahrensbeistands »insbesondere im Fall einer Interessenkollision in der Person des gesetzlichen Vertreters ein Bedürfnis.« Der BGH geht im Abstammungsverfahren von den materiell-rechtlichen Regelungen für die Vertretung des Kindes durch seine Eltern und deren Ausschluss aus (§ 172 Rdn. 13 ff.), wonach der Vater des Kindes und die mit ihm verheiratete Mutter das Kind nicht vertreten können. Von der Bestellung eines Ergänzungspflegers könne indes nicht deswegen abgesehen werden, weil dem Kind ein Verfahrensbeistand bestellt werden könne (BGH FamRZ 2012, 859, 861 [Rn. 18]). Die Rspr. zum Kindschaftsverfahren (BGH FamRZ 2011, 1788) könne auf das Abstammungsverfahren nicht übertragen werden, weil das Kind für die Stellung eines eigenen Antrags eines gesetzlichen Vertreters bedarf (§ 1600a Abs. 3 BGB) und i.Ü. in Abstammungssachen eine andere Ausgangslage gegeben sei. In der gerichtlichen Praxis wird ein Anwendungsbereich für die Bestellung eines Verfahrensbeistands aufgrund des erheblichen Interessengegensatzes (Rdn. 8) danach kaum verbleiben (zur Einbeziehung des Verfahrensbeistands in eine abweichende Verfahrenskonzeption in der Vorauflage). Unabhängig davon ist die verfahrensrechtliche Situation in Abstammungssachen – schon wegen der unterschiedlichen Verfahrensgegenstände – mit der in Kindschaftssachen nicht ohne Weiteres vergleichbar, weil das Kind im Sorge- und Umgangskonflikt zwischen beiden Eltern stehen kann, während im Abstammungsverfahren der Interessengegensatz zum vertretungsberechtigten Elternteil maßgeblich ist. Nach Art. 6 Nr. 18 des Gesetzes »… zur Einführung einer Rechtsbehelfsbelehrung im Zivilprozess (…)« BGBl I, 2418 ff. wurde in Satz 2 die Inbezugnahme auf die Regelung in § 158 Abs. 8 erweitert, sodass dem Verfahrensbeistand keine Kosten aufzuerlegen sind.

2 **B. Bestellung in Abstammungssachen.** Für die Bestellung ist primär darauf abzustellen, ob eine von dem sorgeberechtigten Elternteil unabhängige Verfahrensvertretung des Kindes zur Wahrnehmung seiner Interessen erforderlich ist (Haußleiter/*Fest* § 174 Rn. 3 ff.). Der Verweis in Satz 2 auf § 158 Abs. 2 Nr. 1 konkretisiert dies für den Fall eines erheblichen Interessengegensatzes zum gesetzlichen Vertreter. Auch wenn dadurch in der Praxis der Anwendungsbereich im Wesentlichen erfasst ist, kann das Gericht hiervon unabhängig die Voraussetzung des § 158 Abs. 1 bejahen (§ 158 Rdn. 5 ff.). Durch den Interessengegensatz zum vertretungsberechtigten Elternteil scheidet die Bestellung eines Verfahrensbeistandes in allen Verfahren aus (*Grün* Rn. 200; MüKoZPO/*Coester-Waltjen/Hilbig* § 174 Rn. 2 f.), in denen das Kind durch eine andere Person vertreten wird (§ 158 Abs. 5), mithin bei der Bestellung eines **Ergänzungspflegers** (§ 172 Rdn. 16) oder der Einrichtung einer **Beistandschaft** (§ 173). Für volljährige Beteiligte ist die Bestellung bereits nach dem Wortlaut der Vorschrift nicht möglich.

3 Die Bestellung eines Verfahrensbeistands ist nicht auf das **minderjährige Kind**, dessen Vaterschaft festgestellt oder angefochten werden soll, begrenzt. Der Verfahrensbeistand kann im Fall eines erheblichen Interessengegensatzes auch für **andere minderjährige Beteiligte,** sei es die Mutter des Kindes oder der potenzielle biologische Vater des Kindes, bestellt werden, die als Antragsteller oder Beteiligte durch ihre Eltern oder einen Vormund vertreten werden (§ 172 Rdn. 9).

4 Im **Vaterschaftsfeststellungsverfahren** kann das Kind durch seine sorgeberechtigte Mutter oder einen Beistand nach § 173 vertreten werden. Im Fall der Beistandschaft nimmt das Jugendamt die Interessen des Kindes allein wahr. Stellt das minderjährige Kind, vertreten durch seine Mutter, oder die Mutter selbst den *Antrag,* werden die Voraussetzungen für einen Verfahrensbeistand regelmäßig nicht vorliegen, weil das

Kind ein Interesse an der Feststellung der Vaterschaft hat. Selbst eine Verfahrensverzögerung oder -erschwerung wird nur selten ausreichend sein (*Grün* Rn. 113). Schließlich werden Anhaltspunkte für eine nicht den Kindesinteressen entsprechende Vertretung i.d.R. nicht gegeben sein, wenn der potenzielle rechtliche Vater das Feststellungsverfahren einleitet.

Von der gesetzlichen Vertretung ihres Kindes sind im **Abstammungsklärungsverfahren** nach § 1598a Abs. 2 BGB beide Eltern gem. § 1629 Abs. 2a BGB kraft Gesetzes ausgeschlossen (§ 172 Rdn. 25 f.). Für das Kind ist daher ein Ergänzungspfleger zu bestellen (§ 1909 BGB), der das Kind im Verfahren vertritt. 5

Im **Vaterschaftsanfechtungsverfahren** wird im Regelfall ein Ergänzungspfleger zu bestellen sein. Ein Interessengegensatz wird sich nur noch in Verfahren ergeben, in denen die allein sorgeberechtigte Mutter von der Vertretung des Kindes nicht ausgeschlossen, aber zugleich ein erheblicher Interessengegensatz im Einzelfall festzustellen ist. Dabei ist als Beurteilungsmaßstab § 158 Abs. 1 und 2 heranzuziehen und nicht die engeren Voraussetzungen des § 1796 BGB. Da nach der Rspr. des BGH sowohl bei bestehender Ehe als auch bei gemeinsamen Sorgerecht ein Vertretungsausschluss besteht (§ 172 Rdn. 13, 16), kommen Fälle der Alleinsorge der Mutter in Betracht, die ihr eigenes Anfechtungsrecht wahrnimmt, während nach der hier vertretenen Auffassung ein Vertretungsausschluss nach §§ 1795 Abs. 2, 181 BGB gegeben wäre (§ 172 Rdn. 17). Die alleinige Sorge kann darauf beruhen, dass der Kindesmutter diese originär zusteht (§ 1626a BGB) oder ihr diese gem. § 1671 BGB übertragen wurde. 6

Anders ist die Situation zu beurteilen, wenn der potenzielle biologische Vater oder die zuständige Behörde die bestehende rechtliche Vaterschaft gem. § 1600 Abs. 1 Nr. 2 u 5 BGB anfechten. Die Eltern können das Kind weiterhin vertreten und ihnen kann gemeinsam an der Abwehr des Antrags gelegen sein. Nur ausnahmsweise wird dann ein Interessengegensatz bestehen. 7

C. Erheblicher Interessengegensatz. Zur Bestimmung der Kriterien eines erheblichen Interessengegensatzes kann auf die Grundsätze der vergleichbaren Vorschrift des § 1796 BGB zurückgegriffen werden. Nach einer sehr allgemein gehaltenen Definition liegt ein solcher Gegensatz vor, wenn die Interessen einer Person nur auf Kosten der anderen Person durchgesetzt werden können (PWW/*Bauer* § 1795 Rn. 2) oder die konkrete Gefahr besteht, dass der Elternteil die Interessen des Kindes im konkreten Einzelfall nicht ausreichend berücksichtigt, wobei bloße Meinungsverschiedenheiten nicht ausreichen. Der in Abstammungssachen geltende Amtsermittlungsgrundsatz, aufgrund dessen der Sachverhalt in alle Richtungen zu erforschen ist und die Belange des Kindes zu berücksichtigen sind, schmälert den Anwendungsbereich des Verfahrensbeistands in Abstammungssachen ebenso wenig wie in Kindschaftssachen (so aber wohl Keidel/*Engelhardt* § 174 Rn. 4), zumal die Interessenabwägung im Mehrpersonenverhältnis komplizierter ist. Bei der Abwägung in Abstammungssachen ist von dem natürlichen Interesse des Kindes an der Kenntnis seiner Abstammung aufgrund der Bedeutung für die Persönlichkeitsentwicklung auszugehen (OLG Schleswig FamRZ 2003, 51; BGH FamRZ 1972, 498), soweit diese überhaupt möglich ist (BayObLG FamRZ 1995, 185, 186). Darüber hinaus ist neben dem Alter des Kindes seine aktuelle Lebenssituation zu berücksichtigen (OLG Karlsruhe FamRZ 1991, 1337, 1338). Bei Kleinkindern kann das Interesse an der Klärung der Abstammung von untergeordneter Bedeutung sein, insb. wenn mit der Volljährigkeit ein eigenes Anfechtungsrecht besteht (BayObLG FamRZ 1999, 737, 739). Lebt das Kind mit seiner Mutter und dem rechtlichen Vater zusammen oder bestehen intensive Bindungen zum Scheinvater, können dies beachtliche Gründe gegen eine Vaterschaftsanfechtung sein, während eine Gemeinschaft mit dem biologischen Vater für eine Anfechtung sprechen kann. Wirtschaftlichen Umständen, wie dem Erhalt von Unterhaltsansprüchen, kommt eine geringere Bedeutung zu. Auch die Lebensumstände der Mutter, die Auswirkungen auf ihre Ehe oder die Offenbarung einer außerehelichen Beziehung können zu berücksichtigen sein. 8

D. Bestellung und Aufgabenbereich. Für die **Bestellung** und die Ausgestaltung des **Aufgabenbereichs** gelten die Regelungen in § 158 Abs. 3 bis 7 entsprechend. Der Verfahrensbeistand ist auch im Abstammungsverfahren so früh wie möglich zu bestellen (§ 158 Abs. 3 Satz 1), um eine zeitliche Verzögerung, die Interessen des Kindes in das Verfahren möglichst vor einer ggf. anzuordnenden Beweisaufnahme einbringen zu können, zu vermeiden. Besteht ein Interessenkonflikt, muss das Gericht seine Entscheidung, von der Bestellung eines Verfahrensbeistands abzusehen, in der Endentscheidung begründen (§ 158 Abs. 3 Satz 2). Die Bestellung des Verfahrensbeistands erfolgt durch nicht selbstständig anfechtbaren Beschluss (§ 158 Abs. 3 Satz 3). Der Verfahrensbeistand ist Verfahrensbeteiligter, ohne gesetzlicher Vertreter des Kindes zu sein (§ 158 Rdn. 26), und kann selbstständig Beschwerde einlegen. 9

10 **Aufgabe** des Verfahrensbeistands ist es, das Interesse des Kindes festzustellen und im gerichtlichen Verfahren zur Geltung zu bringen (§ 158 Abs. 4 Satz 1; § 158 Rdn. 18). Der gesetzliche Auftrag nach § 158 Abs. 4 ist auf die Besonderheiten des Abstammungsverfahrens abzustimmen, sodass Einschätzungen i.R.d. Kindeswohls im Vordergrund stehen (MüKoZPO/*Coester-Waltjen/Hilbig* § 174 Rn. 10), wie sie bei der Aussetzung des Verfahrens gem. § 1598a Abs. 3 BGB, der Anfechtung der Vaterschaft durch das Kind (§ 1600a Abs. 3 BGB) oder der Feststellung einer sozial-familiären Beziehung eine Rolle spielen. Die Mitwirkung an einer einvernehmlichen Regelung (§ 158 Abs. 4 Satz 3) scheidet bei Statusfragen mit Ausnahme des Abstammungsklärungsverfahrens von vornherein aus. Eine besondere gerichtliche Anordnung für die Beauftragung kann für Gespräche mit den Eltern erforderlich sein (§ 158 Abs. 4 Satz 4). Aufgabe des Verfahrensbeistands ist es, die nach den vorgenannten Grundsätzen (Rdn. 8) relevanten (objektiven) Interessen des Kindes im Verfahren darzustellen und auf besondere Belastungen für das Kind hinzuweisen. Abhängig vom Alter des Kindes wird der Verfahrensbeistand in Absprache mit dem sorgeberechtigten Elternteil das Kind über den Gegenstand, den Ablauf und den möglichen Ausgang des Verfahrens informieren (§ 158 Abs. 4 Satz 2).

11 Die Bestellung des Verfahrensbeistands endet alternativ mit einer gerichtlichen Entscheidung über die Aufhebung der Bestellung, mit der rechtskräftigen, das Verfahren abschließenden Entscheidung oder einem sonstigen Verfahrensabschluss (§ 158 Abs. 6). Dem Verfahrensbeistand steht für seine Tätigkeit bei ehrenamtlicher Ausübung ein Aufwendungsersatz entsprechend § 277 oder im Fall der berufsmäßigen Tätigkeit eine pauschale Vergütung von 350 € zu (§ 158 Abs. 7 Satz 2). Durch die Änderung von Satz 2 der Vorschrift wurde ein bisheriges Redaktionsversehen (*Helms/Balzer* ZKJ 2009, 348, 351) beseitigt, weil seit dem 01.01.2013 auch auf § 158 Abs. 8 mit der Folge verwiesen wird, dass dem Verfahrensbeistand keine Kosten auferlegt werden können.

§ 175 Erörterungstermin; persönliche Anhörung.

(1) ¹Das Gericht soll vor einer Beweisaufnahme über die Abstammung die Angelegenheit in einem Termin erörtern. ²Es soll das persönliche Erscheinen der verfahrensfähigen Beteiligten anordnen.

(2) ¹Das Gericht soll vor einer Entscheidung über die Ersetzung der Einwilligung in eine genetische Abstammungsuntersuchung und die Anordnung der Duldung der Probeentnahme (§ 1598a Abs. 2 des Bürgerlichen Gesetzbuchs) die Eltern und ein Kind, das das 14. Lebensjahr vollendet hat, persönlich anhören. ²Ein jüngeres Kind kann das Gericht persönlich anhören.

Übersicht

	Rdn.		Rdn.
A. Allgemeines	1	C. Anhörung im Abstammungsklärungs-	
B. Erörterungstermin	2	verfahren	5
		D. Folgen des Ausbleibens	6

1 **A. Allgemeines.** Die Vorschrift regelt das Verfahren vor einer Beweisaufnahme in allen Abstammungsverfahren. An die Stelle der mündlichen Verhandlung im bisherigen ZPO-Verfahren tritt der Erörterungstermin, der im Regelfall durchzuführen ist. Nur in Ausnahmefällen kann hiervon abgesehen werden, wenn von einer Erörterung für die zu treffende Entscheidung keinerlei verfahrensrelevante Erkenntnisse zu erwarten sind. Zugleich wird die bisherige Regelung des § 56 FGG a.F. in Abs. 2 übernommen. Die Vorschrift unterscheidet zwischen der **Erörterung** rechtlicher und tatsächlicher Aspekte nach Abs. 1 und der **Anhörung** nach Abs. 2, bei der im Abstammungsklärungsverfahren nach § 1598a Abs. 2 BGB die persönlichen Beziehungen der Familienmitglieder untereinander sowie die Verweigerung der Einwilligung im Vordergrund stehen.

2 **B. Erörterungstermin.** Im bisherigen ZPO-Verfahren entsprach es einer häufigen gerichtlichen Handhabung, einen Beweisbeschluss gem. § 358a ZPO vor einer mündlichen Verhandlung zu erlassen, sodass teilweise erst nach Vorlage des Abstammungsgutachtens die Einhaltung der Anfechtungsfrist problematisiert wurde. Dieser Verfahrensverlauf entsprach und entspricht nicht der Rspr. des BGH (FamRZ 1998, 955, 956; OLG Köln FamRZ 1990, 761). Fehlt es – trotz gerichtlichen Hinweises – an einem zulässigen Antrag, insb. an hinreichendem Vorbringen zum Anfechtungsverdacht (§ 171 Rdn. 14), muss ein Erörterungstermin nicht anberaumt werden (AG Heidelberg FamRZ 2015, 865, 866). Aufgrund der im Rahmen des Erörterungstermins gewonnenen Erkenntnisse soll geklärt werden, ob die mit einem Grundrechtseingriff verbundene *Beweiserhebung* durch Sachverständigengutachten erforderlich ist (BGH FamRZ 2015, 39, 40).

Zum einen ist für eine Beweisaufnahme durch eine DNA-Analyse zu klären, ob die Mutter der Kindes zu anderen Männern eine intime Beziehung hatte, weil hierdurch evtl. die biostatistische Berechnung beeinflusst sein kann (BGH FamRZ 1990, 615). Zum anderen sind nach dieser Rspr. im Fall einer Anfechtungsklage des rechtlichen Vaters dem beklagten Kind und seiner Mutter die Unannehmlichkeiten der ärztlichen Untersuchungen nur zuzumuten, wenn ein Anfangs- bzw. Anfechtungsverdacht (§ 171 Rdn. 12 ff.) schlüssig vorgetragen und hierüber ggf. zuvor Beweis erhoben wurde. Auch wenn ein erheblicher körperlicher Eingriff mit der Entnahme einer Probe zumeist nicht mehr verbunden ist, wird in das Persönlichkeitsrecht der Beteiligten eingegriffen (BT-Drucks. 16/6561 S. 16).

In dem Termin hat das Gericht die Probleme des jeweiligen Abstammungsverfahrens mit den (verfahrensfähigen) Beteiligten, deren persönliches Erscheinen nach Satz 2 angeordnet werden soll, zu erörtern. Im **Vaterschaftsfeststellungsverfahren** wird das Gericht mit den Beteiligten die Beziehung der Mutter zum potenziellen biologischen Vater in der gesetzlichen Empfängniszeit ansprechen. Unabhängig von einem substantiierten Vortrag des Mannes wird die Mutter Angaben zu eventuellen weiteren intimen Kontakten während des maßgeblichen Zeitraums zu machen haben. In Betracht kommt auch, die Tatsachen für eine evtl. nach ausländischem Recht bereits bestehende Vaterschaft weiter aufzuklären und ggf. Beweis zu erheben (OLG Düsseldorf FamRZ 2008, 630). Im Termin können der als Vater in Anspruch genommene Mann die Vaterschaft zur Niederschrift des Gerichts anerkennen (§ 180) und die Mutter ihre Zustimmung erklären (§ 180 Rdn. 2). Im **Vaterschaftsanfechtungsverfahren** steht der schlüssige Anfangs- bzw. Anfechtungsverdacht (§ 171 Rdn. 12) im Vordergrund der Erörterungen, wobei sich die Problematik relativiert, wenn dem Verfahren eine außergerichtliche Vaterschaftsklärung (§ 1598a BGB) vorausgegangen ist. Darüber hinaus wird ggf. die Einhaltung der Anfechtungsfrist zu erörtern sein. Bei hinreichendem Vortrag der Beteiligten kann in dem Termin ggf. über den Beginn der Anfechtungsfrist Beweis erhoben werden (§ 177 Rdn. 7). Weiterhin kann das Gericht mit der Ladungsverfügung der Mutter ggf. aufgeben, den Mutterpass im Termin vorzulegen, um den Zeitpunkt der Empfängnis bei mehreren Intimkontakten präziser eingrenzen zu können. Stellt der potenzielle biologische Vater nach § 1600 Abs. 1 Nr. 2 BGB oder die zuständige Behörde gem. § 1600 Abs. 1 Nr. 5 BGB einen Antrag auf Anfechtung der Vaterschaft, sind die Voraussetzungen einer **sozial-familiären Beziehung** (§ 171 Rdn. 18 f.; OLG Naumburg FamRZ 2011, 383) zu erörtern. Von dem Erörterungstermin soll nur ausnahmsweise abgesehen werden (BT-Drucks. 16/6308 S. 245), weil regelmäßig entscheidungserhebliche Fragestellungen geklärt werden können. Haben sich die Beteiligten zum Verfahrensgegenstand ausreichend geäußert und sind keine Anhaltspunkte für tatsächliche oder rechtliche Probleme zutage getreten (Anhaltspunkte für Mehrverkehr beim Vaterschaftsfeststellungsverfahren oder für eine Fristversäumung beim Anfechtungsverfahren; Prütting/Helms/*Stößer* § 175 Rn. 4), kann das Gericht vom **Erörterungstermin absehen**.

Da sich die Beteiligten im Abstammungsverfahren durch einen Bevollmächtigten (§ 10 Abs. 2) vertreten lassen können, soll das Gericht das **persönliche Erscheinen** der Beteiligten anordnen. Diese Befugnis sieht bereits § 33 Abs. 1 als Kann-Bestimmung vor und wird durch § 175 Abs. 1 Satz 2 zur Soll-Vorschrift verstärkt. Die persönliche Anhörung dient sowohl der weiteren Sachaufklärung als auch der zweckdienlichen Ergänzung des Beteiligtenvorbringens (BGH FamRZ 1990, 507, 509; § 32 Rdn. 17). Die Anhörung der Beteiligten ist nicht Teil der förmlichen Beweisaufnahme i.S.v. § 177 Abs. 2 Satz 1. Sie dient vielmehr der Klärung der Frage, ob die Voraussetzungen für weitere gerichtliche Ermittlungen vorliegen (BGH FamRZ 2015, 39). Über den Erörterungstermin ist gem. § 28 Abs. 4 Satz 1 ein Vermerk zu fertigen, in dem die wesentlichen Vorgänge und die persönliche Anhörung festzuhalten sind. Eine umfassende Protokollierung ist nicht erforderlich. Sieht das Gericht entgegen seiner verfahrensrechtlichen Verpflichtung von einem Erörterungstermin oder einer Anhörung ab und ordnet unmittelbar eine Beweisaufnahme an, können die Beteiligten einen Antrag auf Anberaumung eines solchen Termins stellen oder i.R.d. Beweisaufnahme die Rechte gem. §§ 386 ff. ZPO geltend machen (§ 178 Rdn. 8), weil die Beweisaufnahme (noch) nicht erforderlich oder zumutbar ist (§ 178 Rdn. 3) und eine hinreichende Grundlage für einen Beweisbeschluss nicht besteht (*Helms/Kieninger/Rittner* Rn. 236; Prütting/Helms/*Stößer* § 175 Rn. 2).

C. Anhörung im Abstammungsklärungsverfahren. Für das **Abstammungsklärungsverfahren** nach § 1598a Abs. 2 BGB trifft § 175 Abs. 2 eine weitere Verfahrensregelung, die in § 177 des RefE nicht vorgesehen war und durch das Abstammungsklärungsverfahren aus § 56 Abs. 1 FGG a.F. übernommen wurde. Da dem Anspruch auf Einwilligung in die genetische Abstammungsuntersuchung keine Einwendungen in der Sache entgegen gehalten werden können, stehen die familiären Beziehungen im Vordergrund, zu denen die Beteiligten gehört werden sollen. Im Gegensatz zu anderen Abstammungssachen ist im Vaterschaftsklärungsverfahren eine **einvernehmliche Lösung** denkbar, auf die das Gericht im Termin hinwirken kann (Keidel/*Engelhardt* § 175 Rn. 5). Zugleich kann es einen persönlichen Eindruck von den Beteiligten gewinnen (BT-Drucks. 16/6561 S. 16). Das Gericht **soll** beide Eltern und ein Kind, das älter als 14 Jahre ist, anhören. Bereits bei der Anordnung der Anhörung eines 14-jährigen Kindes sind die Erwägungen des § 1598a Abs. 3 BGB zu berücksichtigen, weil die Anhörung zu einer Beeinträchtigung des Kindeswohls führen kann. Die Anhörung jüngerer Kinder wird in das pflichtgemäße Ermessen des Gerichts gestellt (Abs. 2 Satz 2). In einem Verfahren nach § 1598a Abs. 4 BGB muss das Gericht keinen Anhörungstermin anberaumen.

6 **D. Folgen des Ausbleibens.** Für die ZPO-Kindschaftssachen waren die Folgen, wenn eine Partei zur mündlichen Verhandlung nicht erschien, für das erst- und zweitinstanzliche Verfahren dahin geregelt, dass die Klage – unter Ausschluss eines Versäumnisurteils – als zurückgenommen galt oder als unbegründet zurückgewiesen werden konnte (§§ 640, 632 Abs. 4 ZPO a.F.). Im einseitigen Abstammungsverfahren hat das Ausbleiben eines Beteiligten keine unmittelbaren verfahrensrelevanten Auswirkungen (zur Verhängung eines Ordnungsgeldes nach § 33 Abs. 3 § 33 Rdn. 15 ff.). Selbst aus dem Nichterscheinen des Antragstellers kann nicht geschlossen werden, dass der (ggf. fristgebundene) Antrag nicht mehr aufrechterhalten wird. Der Termin kann mit den erschienenen Beteiligten durchgeführt werden, denn nach § 34 Abs. 3 kann das Verfahren ohne seine persönliche Anhörung beendet werden. Ebenso kommt die Anberaumung eines neuen Erörterungstermins in Betracht. Sodann hat das Gericht eine Entscheidung nach Lage der Akten und ggf. unter Berücksichtigung der Erkenntnisse der Erörterung mit den anwesenden Beteiligten treffen.

§ 176 Anhörung des Jugendamts.

(1) ¹Das Gericht soll im Fall einer Anfechtung nach § 1600 Abs. 1 Nr. 2 und 5 des Bürgerlichen Gesetzbuchs sowie im Fall einer Anfechtung nach § 1600 Abs. 1 Nr. 4 des Bürgerlichen Gesetzbuchs, wenn die Anfechtung durch den gesetzlichen Vertreter erfolgt, das Jugendamt anhören. ²Im Übrigen kann das Gericht das Jugendamt anhören, wenn ein Beteiligter minderjährig ist.
(2) ¹Das Gericht hat dem Jugendamt in den Fällen einer Anfechtung nach Absatz 1 Satz 1 sowie einer Anhörung nach Absatz 1 Satz 2 die Entscheidung mitzuteilen. ²Gegen den Beschluss steht dem Jugendamt die Beschwerde zu.

Übersicht

	Rdn.		Rdn.
A. Allgemeines	1	C. Anhörung	3
B. Anwendungsbereich	2	D. Mitteilungspflicht und Beschwerderecht	5

1 **A. Allgemeines.** Die Anhörung des Jugendamts in bestimmten Abstammungssachen als weitere Möglichkeit der Sachaufklärung stellt eine Ergänzung zur Erörterung und Anhörung nach § 175 dar und ist Bestandteil der Amtsermittlung des Gerichts (§ 177 Abs. 1; BGH FamRZ 2007, 538, 541; einschränkend BGH FamRZ 2008, 1821, 1822). Die Regelung knüpft an die durch das Gesetz zur Ergänzung des Rechts zur Anfechtung der Vaterschaft geänderte Vorschrift des § 640d Abs. 2 ZPO a.F. an und erweitert zugleich dessen ursprünglichen Anwendungsbereich. Das Jugendamt ist im Regelfall in den aufgeführten Anfechtungsverfahren anzuhören, während im Fall eines minderjährigen Beteiligten dessen Anhörung im pflichtgemäßen Ermessen des Gerichts steht. Über das Optionsrecht des § 172 Abs. 2 hinaus (§ 172 Rdn. 37) ist nach Abs. 2 dem Jugendamt die Endentscheidung mitzuteilen, dem zugleich ein Beschwerderecht eingeräumt ist.

2 **B. Anwendungsbereich.** Der Anwendungsbereich der Vorschrift beschränkt sich auf bestimmte, ausdrücklich und abschließend aufgeführte **Vaterschaftsanfechtungsverfahren**. Eine Ausweitung auf das Vaterschaftsfeststellungs- oder das Abstammungsklärungsverfahren ist aufgrund der differenzierten Regelung nicht geboten, zumal eine Anhörung nach Abs. 1 Satz 2 in Betracht kommt. Das Jugendamt soll in dem vom potenziellen biologischen Vater nach **§ 1600 Abs. 1 Nr. 2 BGB** sowie in dem von der zuständigen Behörde gem. **§ 1600 Abs. 1 Nr. 5 BGB** betriebenen Anfechtungsverfahren vom Gericht angehört werden. In beiden Verfahren steht die sozial-familiäre Beziehung zwischen dem rechtlichen Vater und dem Kind im Vordergrund (*Beinkinstadt* JAmt 2007, 342, 344). Darüber hinaus soll das Jugendamt angehört werden, wenn das **nicht verfahrensfähige Kind** (§ 9 Abs. 1) das Vaterschaftsanfechtungsverfahren betreibt, in dem der gesetzliche Vertreter für das Kind handelt (§ 172 Rdn. 10 ff.). Hintergrund ist die Regelung des § 1600a Abs. 4 BGB, wonach die Anfechtung durch den gesetzlichen Vertreter nur zulässig ist, wenn diese dem Wohl

des Kindes dient (§ 171 Rdn. 17). Eine Anhörung im Fall der Anfechtung durch einen minderjährigen oder geschäftsunfähigen Elternteil (§ 1600a Abs. 2 Satz 3 BGB) ist nach Abs. 1 Satz 2 nicht vorgesehen. Denn die Anhörung des Jugendamts steht in allen anderen Abstammungssachen nach § 176 Abs. 1 Satz 2 im pflichtgemäßen Ermessen des Gerichts, wenn ein **Beteiligter minderjährig** ist (kritisch MüKoZPO/*Coester-Waltjen/Hilbig* § 176 Rn. 5 [als nicht legitimierte Einmischung]). Für Abstammungsklärungsverfahren war eine entsprechende Regelung in § 49a Abs. 2a FGG a.F. vorgesehen (krit. *Helms* FamRZ 2008, 1033, 1035).

C. Anhörung. Die **Anhörung** des Jugendamts, dessen Zuständigkeit sich aus § 87b Abs. 1 SGB VIII ergibt, 3 ist eine besondere Form der Sachaufklärung des Gerichts. Durch die Anhörung wird das Jugendamt nicht zum Verfahrensbeteiligten (§ 7 Abs. 6), kann jedoch von seinem Optionsrecht nach § 172 Abs. 2 Gebrauch machen. Die gerichtliche Anhörungspflicht ist an § 49a FGG a.F. angelehnt (BT-Drucks. 16/3291 S. 18). Die rechtliche Verpflichtung des Jugendamts zur Unterstützung des Gerichts folgt aus der Änderung des § 50 Abs. 1 Satz 2 Nr. 2 SGB VIII, wonach das Jugendamt in Verfahren nach § 176 mitzuwirken hat. In seiner fachlichen Stellungnahme hat das Jugendamt die ihm bekannten Tatsachen mitzuteilen und zum Abstammungsverfahren Stellung zu nehmen. In den von § 176 Abs. 1 erfassten Verfahren wird die Anhörung des Jugendamts regelmäßig schriftlich erfolgen; eine Stellungnahme kann auch im Rahmen eines Erörterungstermins nach § 175 Abs. 1 abgegeben werden. Diese muss vor der gerichtlichen Entscheidung eingeholt und den Verfahrensbeteiligten zur Kenntnis und eventuellen Stellungnahme gegeben werden. Ist die Anhörung unterblieben, stellt dies einen schweren Verfahrensfehler dar, der eine Zurückverweisung durch das Beschwerdegericht rechtfertigen kann, wenn die Anhörung nicht im Beschwerdeverfahren nachgeholt wird. Eine erneute Anhörung im Beschwerdeverfahren ist nicht zwingend, jedoch bei Änderung der Verhältnisse oder ggf. bei Zeitablauf geboten.

Inhaltlich ist die Anhörung darauf gerichtet, über das Jugendamt für das jeweilige Verfahren entscheidungs- 4 erhebliche Tatsachen zu erfahren. Bei den Anfechtungsverfahren nach Abs. 1 Satz 1 stehen die familiären Verhältnisse im Vordergrund. Da das Jugendamt einer unverheirateten Mutter unverzüglich Beratung und Unterstützung über den Umfang einer möglichen Beistandschaft anzubieten hat (§ 52 Abs. 1 SGB VIII), können ihm die familiären Verhältnisse bereits bekannt sein. Nach der Gesetzesbegründung kann das Jugendamt »seine Bewertung der vorhandenen Fakten gemäß seinem Aufgabenverständnis in das Gerichtsverfahren einbringen« (BT-Drucks. 16/3291 S. 18; zur Abgrenzung des Jugendamts als Ergänzungspfleger bzw. Beistand DIJuF Gutachten JAmt 2011, 258). Ob zwischen der Mitteilung und Bewertung von Fakten in der Praxis hinreichend unterschieden werden kann, scheint fraglich. Die vom Gesetzgeber vermuteten bereits bekannten Tatsachen über familiäre Verhältnisse werden bei der Anfechtung nach § 1600 Abs. 1 Nr. 2 BGB seltener vorliegen, sodass hier auf Feststellungen und Bewertungen des Jugendamts aus aktuellen Kontakten anlässlich des Verfahrens abzustellen sein dürfte. Bei der Anfechtung des minderjährigen Kindes (§ 1600 Abs. 4 BGB) soll das Jugendamt zu den möglichen Auswirkungen auf den Familienfrieden und auf die persönlichen Beziehungen zwischen Mutter und Kind (BT-Drucks. 13/4899 S. 87) Stellung nehmen (§ 174 Rdn. 8).

D. Mitteilungspflicht und Beschwerderecht. In welchen Fällen das Gericht dem Jugendamt seine **Ent-** 5 **scheidung mitzuteilen** hat, damit dieses beurteilen kann, ob es seine Beschwerdebefugnis nach Abs. 2 Satz 2 der Vorschrift wahrnimmt, regelt Abs. 2 Satz 1. Hat das Jugendamt sein Optionsrecht nach § 172 Abs. 2 ausgeübt, wird ihm der Beschluss als Verfahrensbeteiligter zugestellt. Darüber hinaus kommt Abs. 2 Satz 1 zur Anwendung. In den Anfechtungsverfahren durch den potenziellen biologischen Vater, die zuständige Behörde sowie das gesetzliche vertretene Kind (Abs. 1 Satz 1) ist die Entscheidung in jedem Fall dem Jugendamt mitzuteilen. Die Mitteilungspflicht besteht auch dann, wenn das Gericht von der Anhörung nach Abs. 1 Satz 1 ausnahmsweise abgesehen hat. Bei der Beteiligung eines Minderjährigen kommt es indes auf die konkrete durchgeführte Anhörung des Jugendamts an. Sieht das Gericht hiervon ab, ist die Entscheidung dem Jugendamt nicht mitzuteilen. Begrifflich ist die Mitteilung auf eine formlose Übersendung gerichtet. Da die Anhörung keine Beteiligtenstellung begründet, ist eine Bekanntgabe nach § 41 Abs. 1 nicht vorgeschrieben. Das Erfordernis einer Zustellung folgt jedoch daraus, dass dem Jugendamt nach Abs. 2 Satz 2 eine fristgebunden Beschwerdeberechtigung eingeräumt ist (§ 184 Abs. 3).

Über die **Beschwerdeberechtigung** des § 59 Abs. 1 räumt § 176 Abs. 2 Satz 2 dem Jugendamt ein Be- 6 schwerderecht (i.S.v. § 59 Abs. 3; § 59 Rdn. 44 ff.; *Maurer* FamRZ 2009, 465, 470) ein, das aus der Funktion des Jugendamts erwächst, die Interessen des Kindes bzw. die Aspekte des Kindeswohls in der gerichtlichen Entscheidung zu sichern.

§ 177 Eingeschränkte Amtsermittlung; förmliche Beweisaufnahme.

(1) Im Verfahren auf Anfechtung der Vaterschaft dürfen von den beteiligten Personen nicht vorgebrachte Tatsachen nur berücksichtigt werden, wenn sie geeignet sind, dem Fortbestand der Vaterschaft zu dienen, oder wenn der die Vaterschaft Anfechtende einer Berücksichtigung nicht widerspricht.
(2) ¹Über die Abstammung in Verfahren nach § 169 Nr. 1 und 4 hat eine förmliche Beweisaufnahme stattzufinden. ²Die Begutachtung durch einen Sachverständigen kann durch die Verwertung eines von einem Beteiligten mit Zustimmung der anderen Beteiligten eingeholten Gutachtens über die Abstammung ersetzt werden, wenn das Gericht keine Zweifel an der Richtigkeit und Vollständigkeit der im Gutachten getroffenen Feststellungen hat und die Beteiligten zustimmen.

Übersicht

	Rdn.		Rdn.
A. Allgemeines	1	III. Einschränkung der Amtsermittlung	12
B. Amtsermittlungsgrundsatz	2	C. Beweisaufnahme	13
I. Verfahrensrechtliche Folgen der Amtsermittlung	3	I. Förmliche Beweisaufnahme	14
II. Umfang der Amtsaufklärung	4	II. Verwertung eines außergerichtlichen Gutachtens	19

1 **A. Allgemeines.** Die Abstammungssachen unterlagen bereits im Parteiprozess nach bisherigem Recht dem Amtsermittlungsgrundsatz (§§ 640 Abs. 1, 616 Abs. 1 ZPO a.F.), der nur im Anfechtungsverfahren eingeschränkt war (§ 640d ZPO a.F.). Im einseitigen Abstammungsverfahren folgt diese Pflicht aus § 26, wonach das Gericht von Amts wegen die zur Feststellung der entscheidungserheblichen Tatsachen erforderlichen Ermittlungen durchzuführen hat. Hiervon macht Abs. 1 für Anfechtungsverfahren weiterhin eine Ausnahme und ordnet in Abs. 2 an, dass in Verfahren nach § 169 Nr. 1 u 4 eine förmliche Beweisaufnahme (§ 30) zu erfolgen hat, bei der u.U. ein privat eingeholtes Sachverständigengutachten mit Zustimmung der anderen Beteiligten verwertet werden kann.

2 **B. Amtsermittlungsgrundsatz.** Die besondere Bedeutung einer gerichtlichen Entscheidung in Statusverfahren für die Beteiligten selbst, das öffentliche Interesse an der Richtigkeit der Entscheidung wie auch die Wirkung des Beschlusses für und gegen alle (§ 184 Abs. 2) rechtfertigen den Amtsermittlungsgrundsatz, auch wenn den Beteiligten die Mitwirkung obliegt (§ 30).

3 **I. Verfahrensrechtliche Folgen der Amtsermittlung.** Aus der gerichtlichen Amtsermittlung ergeben sich Konsequenzen für die Durchführung und den Abschluss des Verfahrens. Die Untersuchungsmaxime gilt nicht uneingeschränkt, weil ansonsten die biologische Abstammung des Kindes bei Geburt von Amts wegen festzustellen wäre. Hiervon hat der Gesetzgeber bewusst abgesehen und die Mutterschaft an die Geburt und die Vaterschaft an bestimmte sozialtypische Sachverhalte oder Erklärungen gebunden (BVerfG FamRZ 2003, 816, 820). Dem entspricht die Ausgestaltung der Abstammungssachen als Antragsverfahren und die Begrenzung der Amtsermittlung in Anfechtungsverfahren. Die **Amtsermittlung** hat zur Folge, dass den Beteiligten in weitem Umfang die Herrschaft über das Verfahren entzogen ist, sieht man von der Verfahrenseinleitung und der Antragsrücknahme ab. Verfahrensrechtlich findet sie ihren Ausdruck im Ausschluss des verfahrensrechtlichen Anerkenntnisses (BGH FamRZ 2005, 514; OLG Brandenburg FamRZ 2009, 59), der jedoch die materiell-rechtliche Anerkennung nicht berührt (§ 180), im Ausschluss eines Geständnisses sowie einer Säumnisentscheidung (OLG Brandenburg FamRZ 1994, 1044) in beiden Instanzen, in der Berücksichtigung sämtlichen Vorbringens der Beteiligten, auch wenn dies spät erfolgt, sowie schließlich im Umfang der Ermittlungen im Wege der förmlichen Beweisaufnahme.

4 **II. Umfang der Amtsaufklärung.** Der Amtsermittlungsgrundsatz verpflichtet das Gericht, alle zur Aufklärung des Sachverhalts **erforderlichen Beweise** zu erheben. Dabei ist es an den Sachvortrag der Beteiligten und an die von ihnen benannten Beweismittel, die Anregungen darstellen, nicht gebunden (BayObLG FamRZ 1999, 1363, 1365). Aus diesem Grund sind an den Umfang der Ermittlungen hohe Anforderungen zu stellen, sodass alle Aufklärung versprechenden und erreichbaren Beweismittel vom Gericht zu nutzen sind (BGH FamRZ 1994, 506 f., FamRZ 1996, 1001). Zur Beweisaufnahme im Ausland § 178 Rdn. 11; zur Rangfolge der Beweisaufnahme § 178 Rdn. 4.

5 Inhaltlich ist die Beweiserhebung im Vaterschaftsfeststellungsverfahren von der im Vaterschaftsanfechtungsverfahren zu unterscheiden. Während sie im ersten Fall auf die **Feststellung** der biologischen Abstam-

mung und wahren Vaterschaft gerichtet ist, bezieht sie sich im zweiten Fall »nur« auf den **Ausschluss** der Vaterschaft. Da auf den Vaterschaftsanfechtungsantrag des biologischen Vaters dessen Vaterschaft festzustellen ist (§ 182 Abs. 1 i.V.m. § 1600 Abs. 1 Nr. 2 BGB), ist die Beweisaufnahme hierauf gerichtet. Das Gericht muss nach dem Ergebnis der Beweisaufnahme die volle Überzeugung von der festzustellenden Tatsache erlangen. Erst wenn dieses Ziel nicht erreichbar ist, greifen die unterschiedlichen **gesetzlichen Vermutungen**. Für das Feststellungsverfahren wird nach § 1600d Abs. 2 Satz 1 BGB als Vater vermutet, wer der Mutter während der Empfängniszeit beigewohnt hat, woraus auf die Zeugung des Kindes geschlossen wird. Nur schwerwiegende Zweifel können diese Vermutung entkräften. Demgegenüber wird im Anfechtungsverfahren nach § 1600c Abs. 1 BGB vermutet, dass das Kind vom rechtlichen Vater abstammt, es sei denn, dieser beweist im Fall seiner Anerkennung einen Willensmangel (§ 1600c Abs. 2 BGB). Aufgrund der weitreichenden naturwissenschaftlichen bzw. genetischen Erkenntnismöglichkeiten kann in nahezu allen Fällen der unmittelbare Beweis zur Feststellung oder zum Ausschluss der Vaterschaft durch ein DNA-Gutachten geführt werden, ohne dass persönlichkeitsrelevante Erbinformationen erhoben werden. Die gesetzlichen Vermutungen erhalten daher im vorläufigen Rechtsschutz (§§ 247, 248) für den Erlass einer einstweiligen Unterhaltsanordnung Bedeutung. Zu den Untersuchungen durch die PCR/STR-Methode und die RFLP-Analyse *Grün* Rn. 383 ff.; sehr anschaulich *Helms/Kieninger/Rittner* Rn. 285 ff., 295 ff.; MüKo/*Seidel* § 1600d Rn. 65 f.; Staudinger/*Rauscher* Vorbem. § 1591 Rn. 92 ff., 162 ff. Praktisch haben diese die serologischen Untersuchungen nahezu vollständig verdrängt, denen lange Zeit aufgrund geringerer Mutationsraten der verschiedenen System (Antigene, Serumproteine, Enzyme und HLA-Systeme) eine größere Zuverlässigkeit zugeschrieben wurde.

Mit Ausnahme der Abstammungsklärungsverfahren (§ 169 Nr. 2 u 3) wird die Frage der genetischen Abstammung durch die Einholung eines Sachverständigengutachtens positiv oder negativ zu entscheiden sein. Auf übereinstimmende jedoch unsichere Angaben der Beteiligten und eventuelle Zeugen kann eine Entscheidung über die Abstammung nicht gestützt werden; vielmehr ist eine DNA-Untersuchung unerlässlich (BayObLG FamRZ 1999, 1363, 1365). Ob hiervon in analoger Anwendung des § 1599 Abs. 2 BGB bei übereinstimmenden Angaben der Mutter, des rechtlichen Vaters und des (potenziellen) biologischen Vaters sowie einer langen Trennungszeit eine Ausnahme zu machen ist (Prütting/Helms/*Stößer* § 177 Rn. 26; AG Hannover FamRZ 2001, 245), ist umstritten. Gleichwohl kommt dem **Zeugenbeweis** nicht unerhebliche Bedeutung zu. Die Angaben der Beteiligten oder eventueller Zeugen können für Tatbestandsvoraussetzungen, als Vorfrage für die Einbeziehung in die Begutachtung sowie ggf. für die statistische Bewertung der genetischen Untersuchung erforderlich sein. 6

Im **Vaterschaftsfeststellungsverfahren** können weitere intime Beziehungen der Mutter in der gesetzlichen Empfängniszeit eine wesentliche Bedeutung haben, sodass hierüber **Zeugen** zu vernehmen sind. Denn hierdurch kann sich insb. bei nahen Verwandten die Beurteilung bzw. Bewertung der statistischen Berechnung ändern. Nach der Rspr. des BGH ist eine Zeugenvernehmung im Vaterschaftsfeststellungsverfahren nicht wegen der durch die Paternitätsbegutachtung erreichbaren hohen Wahrscheinlichkeit der genetischen Abstammung entbehrlich (BGH FamRZ 2006, 1745, 1746). Zeugenaussagen können als Entscheidungsgrundlage dienen, wenn die genetische Abstammung nicht festgestellt werden kann (Rdn. 10). Hiervon abgesehen kann eine Vaterschaftsfeststellung allein aufgrund der Angaben der Mutter grds. nicht erfolgen (BGH FamRZ 1986, 665, 667; BGH FuR 2009, 682 = FamRZ 2009, 1816 [zu Zeugen vom Hörensagen]). Größere Bedeutung kommt der Zeugenvernehmung regelmäßig im **Anfechtungsverfahren** zu, wenn über streitige Tatsachen, die den Anfangs- bzw. Anfechtungsverdacht, den Beginn der Anfechtungsfrist durch Kenntniserlangung oder das Bestehen einer sozial-familiären Beziehung (BGH FamRZ 2008, 1821; FamRZ 2007, 538; OLG Saarbrücken NJW 2015, 2740; OLG Naumburg FamRZ 2011, 383, 384; § 171 Rdn. 18 f.) belegen sollen, Beweis zu erheben ist. Soweit die Glaubwürdigkeit der Zeugen oder die Widersprüchlichkeit ihrer Angaben substantiiert angegriffen wird, kommt auch eine Beweisaufnahme durch hierzu benannte Zeugen in Betracht. Angaben der Zeugen vom Hörensagen mögen mit besonderen Unsicherheiten verbunden sein. Sie können jedoch andere Zeugenaussagen im Kernbereich bei konkreten Anhaltspunkten erschüttern (BGH FamRZ 2006, 1745, 1746). Die Einigkeit der Beteiligten, dass die biologische Vaterschaft ausgeschlossen ist, macht im Vaterschaftsanfechtungsverfahren ein Sachverständigengutachten regelmäßig nicht entbehrlich (BGH FamRZ 1999, 778, 780), allerdings kann das Gericht von dem Erörterungstermin absehen. Ob im Fall des nach Trennung, aber vor Rechtshängigkeit des Scheidungsantrags geborenen Kindes § 1599 Abs. 2 BGB analog anwendbar ist, ist umstritten (AG Hannover FamRZ 2001, 245). Das **Abstammungsklärungsverfahren** selbst ist nicht auf eine Beweisaufnahme gerichtet. Allerdings kann sie in Ausnahmefällen 7 für die Entscheidung über die Aussetzung des Verfahrens gem. **§ 1598a Abs. 3 BGB** wegen der Beeinträchtigung des Kindeswohls erforderlich sein. Dabei bedarf es einer Abwägung, ob das Wohl des minderjährigen Kindes durch eine Beweisaufnahme über die Folgen der (außergerichtlichen) Abstammungsklärung nicht in stärkerem Maße beeinträchtigt wird als durch ein später festzustellendes Ergebnis (*Wellenhofer* NJW 2008, 1185, 1187 f.). Da die Abstammung des Kindes vom rechtlichen Vater bereits aus dem Abgleich ihrer genetischen Erbinformationen erfolgen kann, verneint das OLG Brandenburg (FamRZ 2010, 1817) bereits einen Anspruch gegen die Kindesmutter auf Einwilligung und Duldung in eine Abstammungsuntersuchung.

8 **DNA-Untersuchungen** stellen ggü. jedem anderen Beweismittel die zuverlässigste Erkenntnismöglichkeit zur Bestimmung der Abstammung dar. Aus diesem Grund hält der BGH in stRspr die Einholung eines naturwissenschaftlichen Abstammungsgutachtens für erforderlich (BGH FamRZ 1997, 490, 492; *Grün* Rn. 358). Ist die Vaterschaft danach nicht ausgeschlossen, wird jedenfalls bei einer Wahrscheinlichkeit von 99,9 % von der erwiesenen Vaterschaft ausgegangen. Dies schließt eine ergänzende Beweisaufnahme durch ein serologisches Gutachten nicht aus, insb. wenn es zur weiteren Aufklärung erheblicher Umstände geeignet ist und Indizien gegen die Vaterschaft sprechen (BGH FamRZ 2006, 1745, 1746). Wird von einem Beteiligten geltend gemacht, die Mutter habe weitere intime Beziehungen gehabt, ist auch dieser Behauptung durch Anhörung der Beteiligten und Zeugenvernehmung nachzugehen (BGH FamRZ 1988, 1037, 1038 [bei 99,9996 %]; OLG Karlsruhe NJWE-FER 1999, 252 zur pauschalen Behauptung der Prostitution bei 99,91 %). Allerdings muss das Gericht nicht alle denkbaren Beweismöglichkeiten ausschöpfen, wenn etwa aufgrund einer DNA-Analyse eine sehr hohe Vaterschaftswahrscheinlichkeit von mehr als 99,9999 % berechnet ist und keine gegen die Vaterschaft sprechenden Umstände vorliegen (BGH FamRZ 1994, 506, 507; OLG Hamm FamRZ 1993, 472). Zweifel an den Feststellungen des Sachverständigen hat das Gericht nachzugehen. Diese können sich aus den zugrunde gelegten Vergleichsdaten der Allelfrequenz der europäischen Bevölkerung ergeben, wenn in das Gutachten auch Personen aus der afrikanischen oder amerikanischen Bevölkerung einbezogen wurden (BGH FamRZ 2006, 1745, 1747; OLG Hamm FamRZ 2004, 897). Die biostatistische Berechnung kann dadurch beeinflusst werden, dass eine andere Person (BGH FamRZ 1990, 615), insb. ein naher Blutsverwandter (z.B. Bruder oder Vater) des potenziellen biologischen Vaters mit der Kindesmutter in der gesetzlichen Empfängniszeit Geschlechtsverkehr hatte (BGH FamRZ 1982, 691; OLG Karlsruhe NJWE-FER 1999, 252). In Verfahren vor dem OLG Hamm (FamRZ 2009, 707 zur Vaterschaftsanfechtung) und dem OLG Celle (v. 04.03.2009 – 15 UF 51/06 – n.v. [zur Vaterschaftsfeststellung]) konnte die Vaterschaft trotz genetischer Untersuchung von mehr als 1.000 nach neuesten wissenschaftlichen Erkenntnissen ausgesuchten Genloci nicht bestimmt werden, weil die Mutter des Kindes in der gesetzlichen Empfängniszeit zu **monozygoten Zwillingsbrüdern** eine intime Beziehung hatte, sodass eine gerichtliche Entscheidung auf der Grundlage der gesetzlichen Vaterschaftsvermutungen (§§ 1600c Abs. 1, 1600d Abs. 2 Satz 1 BGB) erging. Das BVerfG (FamRZ 2010, 1879) hat hierin eine Verletzung des Rechts auf Kenntnis der eigenen Abstammung des Kindes erkannt. Unabhängig von der Kostenfrage (weil im konkreten Fall Anhaltspunkte für die Möglichkeit der kostenfreien Inanspruchnahme kommerzieller Anbieter gegeben waren) besteht danach ggf. die Verpflichtung, die Abstammung im Wege des »whole genom sequencing« klären zu lassen. Da das menschliche Genom rund 25.000 bis 30.000 Gene bei rund 3,2 Mrd. Basenpaaren enthält, müssen durch die genetische Analyse die Mutationen im Genom beider Zwillinge festgestellt werden. In seiner erneuten Entscheidung stellt das OLG Celle (FamRZ 2013, 1669) nach Einholung weiterer Sachverständigengutachten fest, dass nach dem heutigen Stand der Wissenschaft die Vaterschaft durch ein genetisches Abstammungsgutachten nicht mit dem erforderlichen Wahrscheinlichkeitswert von mind. 99,9 % zu klären sei, auch wenn dabei das Verfahren des **whole genome sequencing** zur Anwendung kommt. Bisher werden in den Abstammungsgutachten allein die nicht codierenden Abschnitte der DNA untersucht (*Helms/Kieninger/Rittner* Rn. 296 ff.). Durch die Einbeziehung des gesamten Genom und damit auch der codierenden Abschnitte wird sich die Frage nach dem Schutz des verfassungsrechtlich geschützten Persönlichkeitsrechts der Untersuchungspersonen in ganz anderer Bedeutung stellen (*Rittner* FPR 2011, 372), ohne dass das BVerfG auf diesen Gesichtspunkt eingegangen ist. Wegen der geringeren Mutationsrate müsste das genetische Material in diesen Ausnahmefällen möglichst aus Keimzellen (Spermien) der Untersuchungsperson gewonnen werden. Die Abgabe einer Spermaprobe ist einer Untersuchungsperson auch bei Einbeziehung des codierenden Bestandteils ihrer aus Blut gewonnenen DNA in die genetische Abstammungsuntersuchung nicht zumutbar (Art. 1 Abs. 1 und Art. 2 GG; § 178 Abs. 1), wenn die genetische Analyse nicht den anerkannten Grundsätzen der Wissenschaft entspricht oder gar eher »experimentellen Charakter« hätte (OLG Celle FamRZ 2013, 1669). Kann von dem potenziellen biologischen Vater genetisches

Material nicht erlangt werden, können seine nahen Verwandten in das Gutachten einbezogen werden (sog. Defizienzgutachten; dazu *Helms/Kieniger/Rittner* Rn. 324; Staudinger/*Rauscher* Vorbem § 1591 Rn. 77 f.). Eine Verfahrensaussetzung, wie sie § 640f ZPO a.F. bei der Untersuchung von Säuglingen und Kleinkindern ermöglicht hatte, ist bei den heutigen Erkenntnismethoden regelmäßig nicht erforderlich. Die vorgenannten Grundsätze gelten auch für das postmortale Abstammungsverfahren, weil Blutproben oder genetisches Material des Verstorbenen untersucht werden können.

Das Gericht hat alle Beweise zu erheben, die zur Klärung der Vaterschaft geeignet sind, ohne dass es gehalten ist, alle denkbaren Beweismöglichkeiten auszuschöpfen. Die Unauffindbarkeit einer Untersuchungsperson rechtfertigt nach OLG Karlsruhe (FamRZ 2012, 59 = FuR 2011, 583) keine Aussetzung des Verfahrens gem. § 21, denn der hierfür erforderliche wichtige Grund ist auf vorübergehende, zeitlich eingrenzbare Sachverhalte bezogen, bei denen die Beseitigung des Hindernisses gewiss sei. Ob die vom OLG gezogene Konsequenz einer Fristsetzung gem. § 356 zur Beibringung des Beweismittels vorrangig ist, erscheint fraglich, zumal die Einbeziehung weiterer Verwandter der Untersuchungsperson zu erwägen ist. Eine Fristsetzung könnte auch mit dem geltenden Amtsermittlungsgrundsatz in Widerspruch geraten, wobei zwischen der Vaterschaftsfeststellung und -anfechtung mit den jeweiligen gesetzlichen Vermutungsregelungen zu unterscheiden ist. Es muss aufgrund seiner Ermittlungen zu der vollen Überzeugung von der (Nicht-) Vaterschaft des Mannes gelangen und hierzu alle zur Verfügung stehenden und Aufklärung versprechenden Beweismittel nutzen (BGH FamRZ 1990, 615). Auch unter Geltung des Amtsermittlungsgrundsatzes findet die gerichtliche Verpflichtung zur Aufklärung des Sachverhalts durch eine weitere Beweisausnahme dort ihre Grenzen, wo sie in anderen Verfahren in entsprechender Anwendung des § 244 StPO abgelehnt werden kann. Dies ist namentlich dann der Fall, wenn das Beweismittel bedeutungslos, als solches ungeeignet oder unerreichbar ist (BGH FamRZ 1988, 1037, 1038). In mehreren Entscheidungen hat sich der BGH mit der Frage befasst, wann der Tatrichter von einer weiteren Beweisaufnahme absehen darf und dabei strenge Maßstäbe angelegt. Eine unerhebliche bzw. **bedeutungslose Beweisaufnahme** ist vom Gericht nicht durchzuführen. Im Anfechtungsverfahren sind Mehrverkehrszeugen aufgrund des Verfahrensgegenstandes nicht in das Abstammungsgutachten einzubeziehen. Darauf beruhende Kosten sind von den Verfahrensbeteiligten nicht zu tragen, weil sie auf einer unrichtigen Sachbehandlung beruhen (§ 20 FamGKG; OLG Celle OLGR 1995, 224). Ebenso wenig müssen Zeugen über die Modalitäten der Blutentnahme vernommen werden, wenn der Weg des Blutes bis zum Eintreffen beim Sachverständigen dadurch nicht aufgeklärt werden kann (BGH FamRZ 1993, 691, 693). Ein **ungeeigneter Beweis** muss ebenfalls nicht erhoben werden. Dass die Beweisaufnahme voraussichtlich erfolglos bleiben werde, darf nicht aufgrund einer Würdigung vorweggenommen werden (BGH FamRZ 1994, 506, 508), etwa für die Vernehmung eines Zeugen, weil von ihm keine zuverlässigen Angaben zu erwarten seien. Bestehen keine konkreten Anhaltspunkte für einen Geschlechtsverkehr in der gesetzlichen Empfängniszeit und erfolgt der Vortrag »ins Blaue hinein«, ist dem Zeugenbeweis nicht nachzugehen (OLG Brandenburg FamRZ 2000, 1581, 1582). Ein Zeuge ist nur dann **unerreichbar**, wenn das Gericht unter Beachtung seiner Aufklärungspflicht alle der Bedeutung des Zeugnisses entsprechenden Bemühungen zur Beibringung des Zeugen, ggf. auch mit Zwangsmitteln, vergeblich entfaltet hat und keine Aussicht besteht, das Beweismittel auf absehbare Zeit beizubringen (BGH FamRZ 2006, 1745, 1746). Da DNA-Analysen ausreichenden Beweis über die Abstammung erbringen, stellt sich die frühere Problematik, ob zusätzlich zu einem bereits erstatteten serologischen Gutachten eine DNA-Analyse durchzuführen ist (OLG Brandenburg FamRZ 2000, 1581, 1583), nicht mehr in diesem Umfang. Ein Beweisangebot kann nicht mit der Begründung, das Gegenteil stehe für das Gericht aufgrund anderer Beweise bereits fest, abgelehnt werden. Hiervon zu unterscheiden ist die zulässige Zurückweisung des Antrags wegen Ungeeignetheit, wenn es um die Feststellung bestimmter Indizien geht. Dann kann das Gericht unter Berücksichtigung des bisherigen Beweisergebnisses darauf abstellen, ob eine weitere Aufklärung erheblicher Umstände zu erwarten ist, die als ernst zu nehmende Indizien gegen die Vaterschaft sprechen. Dies ist nicht der Fall, wenn allein eine Relativierung des bisherigen Beweisergebnisses angestrebt ist (BGH FamRZ 1994, 506, 508; Rdn. 8), ohne dass sonst Umstände dargetan sind, die zu einem Vaterschaftsausschluss führen können.

Kann der Beweis über die Vaterschaft durch Einholung eines Abstammungsgutachtens aufgrund des Verhaltens des potenziellen biologischen Vaters nicht eingeholt werden, kann die gerichtliche Entscheidung auf die **Grundsätze der Beweisvereitelung** gestützt werden. Hierfür müssen – nach der bisher nur in Feststellungsverfahren ergangenen Rspr. – folgende Voraussetzungen vorliegen (*Grün* Rn. 181 ff.; *Helms/Kieniger/Rittner* Rn. 244): Der in Anspruch genommene Mann hatte – unstreitig oder nach dem bisherigen Beweisergebnis – während der Empfängniszeit allein (etwa auch weil andere in Betracht kommende Männer durch Gutachten ausgeschlossen sind) eine intime Beziehung mit der Mutter des Kindes, sodass keine schwerwiegenden Zweifel an seiner Vaterschaft bestehen. Er ist zu den bisher vom Sachverständigen zur Untersuchung angesetzten Terminen nicht erschienen. Seine Teilnahme an der Begutachtung konnte durch gerichtliche Zwangsmaßnahme (§ 178 Rdn. 11) – etwa bei einem Aufenthalt im Ausland – nicht herbeigeführt werden. Will das Gericht das Verfahren auf der Grundlage der bisherigen Beweisergebnisse und nach den Grundsätzen der Beweisvereitelung entscheiden, muss es den Beteiligten über die Folgen seiner Weigerung durch Hinweisbeschluss belehren und ihm eine Frist nach §§ 30 Abs. 1 FamFG; 356 ZPO setzen, innerhalb derer er zur Untersuchung zu erscheinen hat. Verweigert der Beteiligte weiterhin die Untersuchung, kann bei einer hinreichenden Grundlage für die Vaterschaft die Entscheidung nicht an seinem unberechtigten Verhalten scheitern. Daher kann der Mann sich nach Treu und Glauben nicht darauf berufen, das Gericht habe von einer weiteren Beweiserhebung abgesehen (BGH FamRZ 1986, 663, 664 f.; FamRZ 1993, 691, 693 f.). Die Feststellung der Vaterschaft beruht dann nicht auf einer Beweislastregel, sondern knüpft an die unberechtigte Weigerung zur Mitwirkung an einer weiteren Untersuchung an, wonach sich keine schwerwiegenden Zweifel an der Vaterschaft ergeben. Eine nach diesen Grundsätzen erfolgte Feststellung der Vaterschaft verstößt nicht gegen Art. 8 EMRK, wenn der Mann sich weigert, sich einem DNA-Test zu unterziehen, und aus weiteren Indizien (z.B. gemeinsame Hotelübernachtungen, Zeugenaussagen) auf die Abstammung geschlossen werden kann (EGMR FamRZ 2015, 1365 [LS]). Nach Belehrung und Fristsetzung in erster Instanz müssen diese im Beschwerdeverfahren nicht wiederholt werden (BGH FamRZ 1993, 691, 693 f.). Vor einer hierauf gestützten Entscheidung sind jedoch andere nahe Verwandte des potenziellen biologischen Vaters in das Gutachten einzubeziehen. Eine Entscheidung nach Beweislastgrundsätzen bzw. nach der gesetzlichen Vermutung des § 1600d Abs. 2 BGB ist indes nicht möglich, wenn die Mutter des Kindes eine intime Beziehung mit zwei Männern in der Empfängniszeit einräumt, sich jedoch der im Ausland wohnende Mann weigert, an einer Blutentnahme mitzuwirken, und der andere, sich ebenfalls im Ausland aufhaltende Mann vom Gericht nicht ermittelt werden kann (OLG Karlsruhe FamRZ 2001, 931; Prütting/Helms/*Stößer* § 177 Rn. 28).

11 Im **postmortalen Abstammungsverfahren** kann die Beweisaufnahme dadurch erschwert werden, dass genetisches Material des Verstorbenen nicht zur Verfügung steht und weitere Personen nicht oder nicht Erfolg versprechend in ein Defizienzgutachten einbezogen werden können. Im Abstammungsverfahren ist dann ggf. die Zulässigkeit einer **Exhumierung** des Verstorbenen zur Entnahme von Gewebeproben oder Knochenmaterial für eine DNA-Untersuchung zu klären. Weil eine ausdrückliche Regelung fehlt, ist § 178 als Maßstab heranzuziehen. Danach hat der totenfürsorgeberechtigte Angehörige die Exhumierung und Probenentnahme zu dulden, wenn die Abstammungsuntersuchung erforderlich und zumutbar ist (BGH FamRZ 2015, 39, 40 [20]; 2015, 1687 [kein Rechtsschutzbedürfnis nach erfolgter Exhumierung und Feststellung der Vaterschaft]). Für die Zumutbarkeitsprüfung geht der BGH davon aus, dass das Recht des Kindes auf Kenntnis der Abstammung ggü der Achtung der Totenruhe Vorrang genießt, ohne dass den Rechten des Totenfürsorgeberechtigten insoweit eine eigenständige Bedeutung zukommt. Im Rahmen einer Abwägung muss der Antragsteller sein Interesse an der verwandtschaftlichen Beziehung zum Verstorbenen nachhaltig unter Beweis stellen, während den Angehörigen des Verstorbenen keine beachtlichen Gründe für eine Verweigerung der Exhumierung und Probeentnahme zur Seite stehen dürfen (EGMR FamRZ 2006, 1354). Die Berechtigten der sog. Totenfürsorge haben den Eingriff durch eine Exhumierung grds. zu dulden (OLG München FamRZ 2001, 126, 127; OLG Naumburg FPR 2002, 570; *Helms/Kieninger/Rittner* Rn. 256; *Grün* Rn. 376 f.). Vor einem solchen Eingriff sind die Möglichkeiten der Einbeziehung weiterer Verwandter in das Abstammungsgutachten zu prüfen (OLG Köln FamRZ 2001, 930 f.; OLG Naumburg FamRZ 2001, 168). Die Beweisaufnahme muss in einem zulässigen Verfahren erforderlich sein, in deren Rahmen die Beteiligten nach § 178 eine Untersuchung dulden müssen. Hieran fehlt es, wenn durch die Exhumierung erst das für ein Wiederaufnahmeverfahren nach § 185 Abs. 1 erforderliche neue Gutachten erstellt werden soll (OLG Celle FamRZ 2000, 1510, 1512).

12 **III. Einschränkung der Amtsermittlung.** Die vorgenannten Anforderungen an die gerichtliche Sachverhaltsaufklärung sind allein im Verfahren auf Anfechtung der Vaterschaft eingeschränkt (OLG Brandenburg FamRZ 2004, 471, 472). Weil ein öffentliches Interesse an der Auflösung der rechtlichen Vaterschaft nicht besteht, sind Tatsachen, die die Beteiligten nicht vorgebracht haben, nur zu berücksichtigen, wenn sie dem Erhalt der Vaterschaft dienen oder der Antragsteller der Berücksichtigung nicht widerspricht (BGH FamRZ 1979, 1007, 1009). Keidel/*Engelhardt* (§ 177 Rn. 3) kritisiert, dass durch die alternative Formulierung

(»oder«) der bisherige (§ 640d ZPO a.F.) Bezug beider Voraussetzungen zueinander nicht zum Ausdruck komme. Allerdings konnten nach der Rspr. des BGH (FamRZ 1990, 507, 508) für das Anfechtungsrecht günstige Tatsachen gegen den Widerspruch des Anfechtenden nicht berücksichtigt werden. Weil dem Anfechtungsbegehren günstige Tatsachen bereits dann nicht berücksichtigt werden können, wenn sie mit dem Tatsachenvortrag des Antragstellers nicht vereinbar sind, hängt es von seinem Verhalten ab, ob die relevanten Umstände der Entscheidung zugrunde gelegt werden dürfen (BGH FamRZ 2012, 1290, 1291). Eine gerichtliche Hinweispflicht besteht insoweit nicht. Daher ist die (alternative) Unterscheidung in vaterschaftserhaltende Umstände, die von Amts wegen in die Entscheidung einbezogen werden können, und anfechtungsgünstigen Tatsachen, die nicht gegen den Widerspruch des Anfechtenden zugrunde gelegt werden dürfen, gerechtfertigt. Wie der verfahrenseinleitende Antrag steht die Berücksichtigung anfechtungsbegründender bzw. anfechtungsfreundlicher Tatsachen (etwa z.B. der Mehrverkehr der Mutter) zur Disposition des Antragstellers. Die Wahrung der Anfechtungsfristen nach § 1600b Abs. 1 u 1a BGB – als anfechtungsfeindliche Tatsache – ist indes von Amts wegen zu beachten (Prütting/Helms/*Stößer* § 177 Rn. 5). Die Begrenzung des § 177 Abs. 1 bezieht sich nur auf Tatsachen und bindet das Gericht für die Beweiserhebung nicht. Ein **Widerspruch** i.S.d. Vorschrift liegt vor, wenn der Antragsteller Tatsachen behauptet, die mit den vom Gericht oder anderen Beteiligten eingeführten Tatsachen unvereinbar sind. Im Allgemeinen wird man davon ausgehen können, dass der Antragsteller sein Begehren auf alle ihm günstigen Tatsachen stützen will, sodass sein Widerspruch ausdrücklich erklärt oder anderweitig erkennbar sein muss (MüKoZPO/*Coester-Waltjen/Hilbig* § 177 Rn. 4). Weniger strenge Anforderungen stellt der BGH (FamRZ 1990, 507, 508), wenn das Gericht für den Anfechtungsantrag günstige Tatsachen nicht berücksichtigen darf, soweit sie zu dem in sich eindeutigen und widerspruchsfreien Tatsachenvortrag des Antragstellers in Widerspruch stehen.

C. Beweisaufnahme. § 177 Abs. 2 regelt die Voraussetzungen der Beweisaufnahme in den Verfahren des § 169 Nr. 1 u 4 und ermöglicht unter bestimmten Bedingungen die Verwertung eines außergerichtlich eingeholten Gutachtens über die Abstammung. Nur in seltenen Fällen wird eine Sicherung der Beweisaufnahme im Wege der einstweiligen Anordnung nach § 49 in Betracht kommen (*Schuschke* FS Schneider S. 179 ff.; OLG Köln FamRZ 1995, 369; § 49 Rdn. 51 f.). 13

I. Förmliche Beweisaufnahme. Das Gericht kann gem. §§ 29, 30 nach pflichtgemäßen Ermessen entscheiden, ob es die entscheidungserheblichen Tatsachen im Wege des Freibeweises oder durch eine förmliche Beweisaufnahme feststellen will (zu Darlegungs- bzw. Feststellungslast § 171 Rdn. 24; *Helms/Kieninger/Rittner* Rn. 248 ff.). Für die Verfahren nach **§ 169 Nr. 1 u 4** regelt § 177 Abs. 2 Satz 1, dass allein eine förmliche Beweisaufnahme zulässig und der Freibeweis ausgeschlossen ist (§ 30 Rdn. 9; OLG München StAZ 2012, 338 [zum Freibeweis]). Wegen der Bedeutung des Statusverfahrens für die Beteiligten, des mit einem Abstammungsgutachten verbundenen Grundrechtseingriffs (BT-Drucks. 16/6308 S. 189) und des öffentlichen Interesses an der Richtigkeit der Entscheidung ist die Begrenzung auf den Strengbeweis gerechtfertigt (BT-Drucks. 16/6308 S. 245). Wie bisher sind für die Voraussetzungen der Beweisaufnahme die Vorschriften der ZPO maßgeblich (§ 30 Rdn. 20 ff.). Für die Anordnung der Beweisaufnahme ist der Erlass eines **Beweisbeschlusses** i.S.v. §§ 358 ff. ZPO erforderlich, der den Beteiligten bekannt zu machen ist. Die Beweisaufnahme und der mit der Erstellung eines Abstammungsgutachtens verbundene Eingriff in das informationelle Selbstbestimmungsrecht bedürfen einer ausreichenden gesetzlichen Grundlage, die in § 178 Abs. 1 für Abstammungssachen sowie durch die Bezugnahme in § 167a Abs. 2 für das Umgangsrecht nach § 1686a BGB ausdrücklich geregelt sind, während die allgemeine Amtsermittlungspflicht hierfür nicht ausreichend ist (BVerfG FamRZ 2013, 1195, 1197). In dem Beweisbeschluss müssen die Art des Sachverständigengutachtens sowie die einzubeziehenden Personen konkret bezeichnet werden (OLG Celle OLGR 1995, 224), anderenfalls kann die Mitwirkung an der Untersuchung verweigert werden. In dem Beschluss können dienende oder ergänzende Anordnungen getroffen werden, die einen Bezug zu der zu treffenden Statusentscheidung aufweisen müssen. Dies ist bzgl. einer auf das Sorgerecht eines Elternteils oder den Aufenthalt des Kindes bezogenen Anordnung jedoch nicht der Fall (OLG Celle FamRZ 2012, 567). Der Beweisbeschluss selbst ist **unanfechtbar**, weil es sich um eine verfahrensleitende Zwischenentscheidung handelt (BGH FamRZ 2007, 529, 1728). Gegen eine Beweisanordnung ohne jegliche gesetzliche Grundlage – etwa die Klärung der Abstammungsverhältnisse in einem Umgangsverfahren vor Inkrafttreten des § 167a – kann eine Untersuchungsperson Verfassungsbeschwerde einlegen (BVerfG FamRZ 2013, 1195; 2015, 119). Allerdings ist diese grundsätzlich subsidiär gegenüber dem Zwischenstreitverfahren nach §§ 178 Abs. 2, 386 ZPO, in dem alle Aspekte der Beweisaufnahme überprüft werden können (BVerfG FamRZ 2014, 460; 14

FuR 2014, 708; § 178 Rdn. 8 ff.; zur Befangenheit OLG Schleswig FamRZ 2014, 1313). Für die Durchführung der Beweisaufnahme gilt der Unmittelbarkeitsgrundsatz des § 355, von dem Abs. 2 Satz 2 bei Einverständnis der Beteiligten eine Ausnahme zulässt (zur Reihenfolge der Beweisaufnahme § 178 Rn. 3; BVerfG FamRZ 2015, 119, 120). Für das Abstammungsverfahren sind die Regelungen über den **Zeugenbeweis** (§§ 373 ff. ZPO) sowie den Beweis durch **Sachverständige** (§§ 402 ff. ZPO) von besonderer Bedeutung (§ 30 Rdn. 41 ff.). Denkbar ist auch der Urkundenbeweis, etwa für die rechtliche Vaterschaft oder für den Todeszeitpunkt im postmortalen Abstammungsverfahren. Ein Bedürfnis für eine (zu beeidende) Vernehmung von Beteiligten nach den §§ 445 ff. ZPO wird ggü. der Anhörung der Beteiligten i.R.d. Erörterungstermins nach § 175 Abs. 1 kaum bestehen. Das Ergebnis der Beweisaufnahme hat das Gericht nach freier Überzeugung zu würdigen. Gerade im Bereich der Vaterschaftsfeststellung, der eine statistische Wahrscheinlichkeitsberechnung zugrunde liegt, bedarf es keiner absoluten Gewissheit; ausreichend und erforderlich ist die volle Überzeugung von der Richtigkeit der vom Gericht ermittelten Tatsachen. Für das Beschwerdeverfahren findet § 398 ZPO mit der Folge Anwendung, dass bei einer vom erstinstanzlichen Gericht abweichenden Würdigung der Glaubwürdigkeit eines Zeugen, dieser erneut zu vernehmen ist.

15 Die mit der Entschlüsselung des menschlichen Genoms und der Genomforschung verbundenen Gefahren haben den Gesetzgeber veranlasst, verbindliche Regelungen über genetische Untersuchungen beim Menschen im **Gendiagnostikgesetz** (v. 31.07.2009, BGBl I, 2529 ff.; dazu BT-Drucks. 16/10532, 16/3233; *Braun* FPR 2011, 386, 389; GenDG) zu treffen. Eine genetische Untersuchung zur Klärung der Abstammung darf nach § 17 Abs. 1 und 3 GenDG nur vorgenommen werden, wenn die Person, deren Probe untersucht werden soll, zuvor durch die verantwortliche Person über Wesen, Bedeutung und Tragweite der genetischen Untersuchung (§ 9 Abs. 1 GenDG) aufgeklärt worden ist und in diese Untersuchung eingewilligt hat. Eine Einwilligung, die bis zur Kenntnisnahme des Untersuchungsergebnisses frei widerrufbar ist, ist nach Maßgabe der §§ 8 und 17 Abs. 3 GenDG wirksam. Darüber hinaus sind nur die zur Klärung der Abstammung erforderlichen Untersuchungen gestattet und Feststellungen über andere Tatsachen untersagt (§ 17 Abs. 1 Satz 2 und 3 GenDG). Die generationsübergreifende Bedeutung rechtfertigt eine 30-jährige Aufbewahrungsfrist (§ 17 Abs. 5 GenDG). Nach der klarstellenden Regelung in § 17 Abs. 7 Satz 3 GenDG bleiben die Vorschriften über die Feststellung der Abstammung im Rahmen eines gerichtlichen Verfahrens unberührt (*Rittner* Rechtsmedizin 2011, 144). Für die Durchführung der Abstammungsuntersuchung ist der gerichtliche Beweisbeschluss gem. § 177 Abs. 2 ausreichend, der die Untersuchungspflicht der Verfahrensbeteiligten und ggf. weiterer Personen begründet und deren Einwilligung in die Untersuchung ersetzt. Gleichwohl ist die Untersuchungsperson aufzuklären.

16 Darüber hinaus sieht § 5 GenDG Regelungen für die Qualitätssicherung genetischer Analysen sowie § 23 GenDG die Einrichtung einer interdisziplinär zusammengesetzten, unabhängigen **Gendiagnostik-Kommission** (GEKO) vor. Diese hat gem. § 23 Abs. 2 Nr. 4 GenDG eine »**Richtlinie** ... für die Anforderungen an die Durchführung **genetischer Analysen zur Klärung der Abstammung** ...« verabschiedet, die am 26.07.2012 in Kraft getreten ist (RL; s. Anhang zu § 177; abrufbar unter www.rki.de; s.a. GEKO-Richtlinie zur Aufklärung bei genetischen Untersuchungen mit Mustern zu Aufklärungs- und Einwilligungsbogen; zur Durchführung von Probenentnahmen durch Jugendämter, JAmt 2013, 243) und die bisherige vom Wissenschaftlichen Beirat der Bundesärztekammer in Zusammenarbeit mit dem Robert-Koch-Institut erstellten »Richtlinien für die Erstattung von Abstammungsgutachten« aus dem Jahr 2002 ablöst (FamRZ 2002, 1159 ff.; *Helms/Kieninger/Rittner* Rn. 310 ff.; *Geserick* FPR 2011, 369; *Mutschler* FamRZ 1995, 841; *Orgis* FamRZ 2001, 1157). Die Richtlinie legt nach dem »allgemein anerkannten Stand der Wissenschaft und Technik« die Anforderungen an die Durchführung genetischer Analysen, an die Eignung und Zuverlässigkeit der Analysemethoden, die Verlässlichkeit der Analyseergebnisse und den Befundbericht fest. Maßnahmen zur Qualitätssicherung und Qualifikation der ärztlichen und nichtärztlichen Sachverständigen enthalten die Nr. 11 und 12 RL.

17 Im Beweisbeschluss und dem Abstammungsgutachten sind die zu untersuchenden Personen mit vollständigem Namen und Geburtsdatum zu bezeichnen. Die RL geht in Nr. 6.1 und der Begründung davon aus, dass die Kindesmutter in die Untersuchung einzubeziehen ist. Hierauf »soll nur dann verzichtet werden, wenn diese für die Untersuchung nicht zur Verfügung steht.« Ihre Einbeziehung dient einer »verbesserten Identitätssicherung der kindlichen genetischen Proben« und sei wegen »einer deutlich höheren Ergebnissicherheit in Bezug auf die erkennbaren Ausschlusskonstellationen ... angemessen.« Für die Richtigkeit des Gutachtenergebnisses ist die **Identität der Untersuchungspersonen** zentral. Diese haben sich bei der Untersuchung bzw. Probeentnahme durch (gültige) amtliche Ausweise mit Lichtbild zu legitimieren (Nr. 4 Satz 1 RL). Die zu dokumentierende Identitätsprüfung soll durch ein angefügtes – möglichst bei der Probenent-

nahme gefertigtes – Lichtbild und/oder einen Fingerabdruck ergänzt werden (Nr. 4 Satz 3 RL). Dies entspreche gängiger Praxis und stelle ein unverzichtbares Hilfsmittel dar, »um Versuche zur Vortäuschung falscher Identitäten aufzuklären.« Die Bedeutung der Aufklärung der Untersuchungsperson und ihrer Einwilligung hebt Nr. 3.1 RL hervor. Im Gegensatz zur RL 2002 (Nr. 2.3.1) sieht die RL 2012 in Nr. 5.1 vor, dass i.d.R. ein Mundschleimhautabstrich bzw. eine Blutprobe entnommen werden soll, wodurch das Regel-Ausnahme-Verhältnis geändert wird. (Nr. 2.3.1 RL 2002). Die Probe ist durch die verantwortliche Person oder eine von dieser beauftragten Person zu entnehmen (Nr. 5.1). **Private Vaterschaftstests** erfüllen diese Voraussetzungen häufig nicht, weil es nach Nr. 5.1 Satz 3 RL unzulässig ist, dass die zu untersuchende Person selbst oder eine ihr nahestehende Person die Probenentnahme und Identitätsfeststellung vornimmt.

In Nr. 6.1. RL sind die »hinreichend evaluierten« Analyseverfahren aufgeführt, wobei die STR-Systeme 18
(Nr. 6.2.1 RL) am häufigsten, hingegen die RFLP sowie HLA-Systeme nur noch selten eingesetzt werden (Nr. 6.2.5. RL). Die genetische Analyse umfasst nach Nr. 7.2.1 bei autosomalen STR-Systemen mindestens 15 voneinander unabhängige Polymorphismen. Von einem Ausschluss der Abstammung kann ausgegangen werden (Nr. 9.1. RL), wenn nach der Untersuchung mindestens vier oder mehr Ausschlusskonstellationen auf verschiedenen Chromosomen vorliegen (nach Nr. 2.6.1. RL 2002 bisher drei oder mehr Ausschlüsse). Ist ein Vaterschaftsausschluss danach nicht gegeben, wird die Wahrscheinlichkeit der Vaterschaft durch eine biostatistische Berechnung (Nr. 9.5 RL) ermittelt. Eine Wahrscheinlichkeit von mehr als **99,9 %** entspricht im Regelfall dem Prädikat »**Verwandtschaftshypothese** praktisch erwiesen« Nr. 9.5 RL, während die Richtlinie 2002 allein auf die Vaterschaft bezogen war (Nr. 2.6.2. RL). Darüber hinaus bestehen z.Zt. keine gesetzlichen Anforderungen an Abstammungsgutachten. **§ 1598a Abs. 1 Satz 2 BGB** schreibt für das Klärungsverfahren allein vor, dass die Probe nach den anerkannten Grundsätzen der Wissenschaft entnommen werden muss. Die Gesetzesbegründung nimmt insoweit auf die Richtlinien 2002 Bezug (BT-Drucks. 16/6561 S. 13).

II. Verwertung eines außergerichtlichen Gutachtens. Von dem **Unmittelbarkeitsgrundsatz** des § 355 19
Abs. 1 Satz 1 ZPO macht § 177 Abs. 2 Satz 2 für Abstammungsverfahren eine Ausnahme, sodass unter bestimmten Voraussetzungen ein einverständlich außergerichtlich eingeholtes privates Abstammungsgutachten der gerichtlichen Entscheidung zugrunde gelegt werden kann. Ein solches Gutachten ist grds. als substantiiertes Beteiligtenvorbringen im Verfahren verwertbar. Aufgrund des Amtsermittlungsgrundsatzes müsste das Gericht sowohl im Vaterschaftsfeststellungs- wie auch im -anfechtungsverfahren ein gerichtliches Abstammungsgutachten einholen (Rdn. 8). Liegt beiden Gutachten das genetische Material der Verfahrensbeteiligten zugrunde, werden identische Fragen beantwortet. Aus diesem Grund ist es sachgerecht, unter den weiteren Voraussetzungen von einer förmlichen Beweisaufnahme ausnahmsweise absehen zu können, zumal die Verfahrensweise der Prozessökonomie dient (BT-Drucks. 16/6308 S. 245) und den Beteiligten bzw. der Landeskasse nicht unerhebliche Kosten erspart. Die Vorschrift, die vorrangig nach einem Abstammungsklärungsverfahren und einem sich hieran anschließenden Anfechtungsverfahren praktische Bedeutung erlangen wird, ist hierauf nicht begrenzt, sondern findet auf Anfechtungsverfahren des potenziellen biologischen Vaters oder der zuständigen Behörde sowie auf das Vaterschaftsfeststellungsverfahren Anwendung. Darüber hinaus kann das Gericht gem. §§ 177 Abs. 2 Satz 1, 30 Abs. 1; 411a ZPO die Einholung eines Abstammungsgutachtens durch die Verwertung eines entsprechenden in einem anderen gerichtlichen Verfahren oder staatsanwaltschaftlichen Ermittlungsverfahren eingeholten Sachverständigengutachtens ersetzen. Dies kommt dann in Betracht, wenn in einem Ermittlungsverfahren wegen Verstoßes gegen ausländerrechtliche Vorschriften ein Abstammungsgutachten eingeholt wurde (OLG Celle v. 06.08.2008 – 15 UF 42/08). Zu einem derartigen gerichtlichen Vorgehen ist den Beteiligten rechtliches Gehör zu gewähren (§ 30 Rdn. 79).

Ein Verfahrensbeteiligter, nicht notwendig der Antragsteller, muss bereits ein privates Gutachten über die 20
Abstammung – ein solches über die Zeugungsunfähigkeit ist nicht ausreichend – in Auftrag gegeben haben, dessen Verwertung nun begehrt wird. Während der Anspruch nach § 1598a Abs. 1 BGB auf die Einwilligung, d.h. vorherige Zustimmung (§ 183 Satz 1 BGB) in eine genetische Untersuchung gerichtet ist, genügt für die Verwertbarkeit nach Abs. 2 Satz 2 die Zustimmung, d.h. auch die Genehmigung als nachträgliche Zustimmung (§ 184 Abs. 1 BGB; *Helms/Kieninger/Rittner* Rn. 242). Zwar heißt es in der Gesetzesbegründung (BT-Drucks. 16/6308 S. 245) (untechnisch) »Einverständnis der Beteiligten«. Deren Rechtspositionen werden durch eine nachträgliche Zustimmung nicht beeinträchtigt, weil die Verwertung allein von ihrer Entscheidung abhängt. Mit seinem Antrag auf Verwertung des Gutachtens hat der Beteiligte die Zustimmungserklärungen darzulegen. Ein heimlicher Vaterschaftstest kann schon aus diesem Grund keine Grundlage der ge-

richtlichen Entscheidung bilden. Um ein nicht verwertbares, weil rechtswidrig eingeholtes Gutachten handelt es sich bei nachträglich erklärter Zustimmung, die in der freien Entscheidung der Beteiligten steht, nicht mehr (Haußleiter/*Fest* § 177 Rn. 15; a.A. aufgrund eines absoluten Verwertungsverbots *Musielak/Borth* § 640 Rn. 10; MüKoZPO/*Coester-Waltjen*/*Hilbig* § 177 Rn. 12; Prütting/Helms/*Stößer* § 177 Rn. 10). Die Verwertung eines für einen Beteiligten erstatteten privaten Gutachtens ist verfahrensrechtlich nur dann gerechtfertigt, wenn die strengen Anforderungen an dessen Richtigkeit gewährleistet sind. Daher knüpft Satz 2 die Verwertung an die weitere **Zustimmung** aller Verfahrensbeteiligten (auch des Jugendamts im Fall des § 172 Abs. 2) und setzt deren Kenntnis von diesem Gutachten voraus. Die Zustimmung jedes Beteiligten ist ein Indiz, dass diese in das außergerichtlich erstattete Gutachten einbezogen waren, eine ordnungsgemäße Untersuchung erfolgte und sie Kenntnis von dessen Ergebnis haben. Hat der Beteiligte die Zustimmung der anderen nicht belegt, hat das Gericht sie zu einer Erklärung über die Verwertung aufzufordern. Die Zustimmung zur Verwertung im Verfahren muss **ausdrücklich** erfolgen. Im Hinblick auf den Verfahrensgegenstand gilt das Schweigen eines Beteiligten als deren Verweigerung (§ 177 Abs. 2 Satz 2 BGB). Jeder Beteiligte kann der Verwertung ohne Begründung widersprechen.

21 Liegen die Zustimmungen aller Verfahrensbeteiligten vor, ist das Gericht nicht zur Verwertung des privaten Gutachtens verpflichtet. Als Element der Entscheidungsfindung muss das Gericht von der Richtigkeit und Vollständigkeit der im Gutachten getroffenen Feststellungen überzeugt sein, denn nur in diesem Fall ist ein gerichtliches Gutachten entbehrlich. Haben die Beteiligten ihre Zustimmungen erklärt, hat das Gericht das privat eingeholte Gutachten darauf hin zu prüfen, ob die für die Erstattung von Abstammungsgutachten maßgeblichen Anforderungen erfüllt sind (Rdn. 15). Die Identitätsfeststellung der untersuchten Personen und Verfahrensbeteiligten ist von besonderer Wichtigkeit und nach Maßgabe der vorgenannten Richtlinie der GEKO für die Anforderungen an genetische Untersuchungen (Rdn. 15 f.; Ziff 4 Satz 1) sorgfältig zu überprüfen. Darüber hinaus müssen die Probenentnahme und deren Untersuchung den fachlichen Standards entsprechen und dokumentiert sein. Schließlich sind die Untersuchungsergebnisse zum Ausschluss wie zu einer eventuellen Feststellung der Vaterschaft einschließlich der biostatistischen Berechnung im privaten Gutachten darzustellen. Verbleiben Zweifel, wird einem gerichtlichen Gutachten der Vorrang zu geben sein. Seine evtl. abweichende Auffassung hat das Gericht den Beteiligten in einem unanfechtbaren (Hinweis- oder Beweis-) Beschluss darzulegen.

Anhang zu § 177
Auszüge: Richtlinie der Gendiagnostik-Kommission (GEKO) für die Anforderungen an die Durchführung genetischer Analysen zur Klärung der Abstammung und an die Qualifikation von ärztlichen und nichtärztlichen Sachverständigen gemäß § 23 Abs. 2 Nr. 4 und Nr. 2b GenDG

in der Fassung vom 17.07.2012 veröffentlicht und in Kraft getreten am 26.07.2012

Übersicht

	Rdn.		Rdn.
A. Einleitung	1	VII. Anforderungen an die Analytik	19
B. Anforderungen	3	VIII. Dokumentation durch die verantwortliche Person	24
I. Auftraggeber und Fragestellung	3	IX. Beurteilung und Interpretation der Analyseergebnisse (Gutachten)	26
II. Die »verantwortliche Person« bei genetischen Untersuchungen zur Klärung der Abstammung	5	X. Maßnahmen zum Qualitätsmanagement	33
III. Aufklärung und Einwilligung	6	XI. Maßnahmen zur internen und externen Qualitätssicherung	34
IV. Feststellung und Dokumentation der Identität der zu untersuchenden Personen	8	XII. Qualifikation zur Tätigkeit als ärztliche(r) oder nichtärztliche(r) Sachverständige(r) für die Abstammungsbegutachtung gem. § 23 Abs. 2 Nr. 2b GenDG	37
V. Probenentnahme	9		
VI. Anzahl und Art der Analysesysteme und analysierten Loci	16	C. Begründung	42

A. Einleitung. Das GenDG grenzt die Abstammungsuntersuchungen eindeutig von den genetischen Untersuchungen zu medizinischen Zwecken ab. Für erstere gilt eine Akkreditierungspflicht ab dem 01.02.2011. Die Akkreditierung erfolgt gemäß der Verordnung (EG) Nr. 765/2008 des Europäischen Parlaments und des Rates über die Anforderungen an Akkreditierung und Marktüberwachung bei der Vermarktung von Produkten vom 09.07.2008 durch die Deutsche Akkreditierungsstelle (DAkkS).[1] Die Akkreditierung erfolgt auf der Grundlage bestehender DIN-Normen in ihrer jeweils gültigen Fassung.[2]

Für die Abstammungsbegutachtung hat die Bundesärztekammer (BÄK) unter Mitwirkung des Robert Koch-Institutes (RKI) im Jahr 2002 eine Richtlinie (1) erlassen, deren Einhaltung auch bisher schon im Rahmen der Begutachtung für ein freiwilliges Akkreditierungsverfahren überprüft wurde. Ergänzende und aktualisierte Leitlinien (letzter Stand vom 13.06.2008) wurden von der Deutschen Gesellschaft für Abstammungsbegutachtung (DGAB) erstellt (2). Ebenso waren Kriterien für die persönliche Qualifikation der Sachverständigen durch Kap. 4 der BÄK-Richtlinie von 2002 festgelegt worden, deren Erfüllung durch die auf der Grundlage von Kap. 4.1 gegründeten »Kommission zur Feststellung der Qualifikation von Abstammungsgutachtern« (KFQA)[3] im Rahmen eines freiwilligen Verfahrens geprüft und beurkundet wurde. Die GEKO hat die oben genannten Richtlinien und Leitlinien in ihre Richtlinienerstellung zu den spezifischen Anforderungen an die Durchführung genetischer Analysen im Rahmen genetischer Untersuchungen zur Klärung der Abstammung sowie an die Qualifikation von Abstammungsgutachtern mit einbezogen. Diese Richtlinie der GEKO umfasst den gesamten Prozess einer Abstammungsuntersuchung von der Probenentnahme und der Sicherstellung des Identitätsnachweises über die analytische Phase bis zur Erstellung und Mitteilung des schriftlichen Gutachtens sowie der Qualitätssicherung in der Analytik in den Abschnitten III.1. bis III.11. sowie die besonderen Anforderungen an die persönliche Qualifikation der ärztlichen und nichtärztlichen Sachverständigen für Abstammungsgutachten in Abschnitt III.12.

B. Anforderungen. I. Auftraggeber und Fragestellung

1.1. Auftraggeber für ein Abstammungsgutachten sind Gerichte, Behörden oder Privatpersonen, die einen konkreten Untersuchungsauftrag erteilen.

1.2. Im Untersuchungsauftrag müssen die zu untersuchenden Personen mit Familien- und Vornamen und, wenn verfügbar und mit dem Persönlichkeitsschutz vereinbar, mit Geburtsdatum und ihrer Anschrift bezeichnet sein.

II. Die »verantwortliche Person« bei genetischen Untersuchungen zur Klärung der Abstammung. Während genetische Untersuchungen zu medizinischen Zwecken nur Ärztinnen und Ärzten vorbehalten sind (sog. verantwortliche ärztliche Person; vgl. § 7 und § 3 Nr. 5 GenDG), gestattet das GenDG die Vornahme genetischer Untersuchungen zur Klärung der Abstammung nicht nur ärztlichen, sondern auch nichtärztlichen Sachverständigen (vgl. § 17 Abs. 4 und § 23 Abs. 2 Nr. 2b GenDG) und bezeichnet beide als »für die Vornahme der Untersuchung verantwortliche Person« (§ 17 Abs. 1 Satz 2 Halbs. 1 GenDG). Die Rolle der verantwortlichen Person bei der genetischen Untersuchung zur Klärung der Abstammung entspricht daher der Rolle, die die verantwortliche ärztliche Person bei der genetischen Untersuchung zu medizinischen Zwecken einnimmt (vgl. § 17 Abs. 4 GenDG). Nach § 17 Abs. 4 GenDG (mit Verweis auf § 7 Abs. 2 GenDG) sind dies ebenfalls Personen, die einen Untersuchungsauftrag erhalten, jedoch selbst keine genetischen Analysen vornehmen, sondern die entnommenen genetischen Proben durch von ihnen beauftragte andere Personen oder Einrichtungen analysieren lassen und anschließend die Untersuchungsergebnisse an die Auftraggeber mitteilen.

III. Aufklärung und Einwilligung

3.1. Die Aufklärung der zu untersuchenden Personen und die Einwilligung in die geplante genetische Untersuchung zur Klärung der Abstammung erfolgt gemäß der »Richtlinie der Gendiagnostik-Kommission (GEKO) zu den Anforderungen an die Inhalte der Aufklärung gemäß § 23 Abs. 2 Nr. 3 GenDG bei genetischen Untersuchungen zur Klärung der Abstammung« (3).

3.2. Die verantwortliche Person, die die genetische Untersuchung zur Klärung der Abstammung vornimmt, *ist für die Durchführung der Aufklärung nach § 17 Abs. 1 GenDG und ihre inhaltliche Dokumentation* sowie die Einholung der Einwilligung verantwortlich.

---

1 http://www.dakks.de/(letzter Zugriff: 29.06.2012).
2 Publiziert von der International Organization for Standardisation (http://www.iso.org, letzter Zugriff: 29.06.2012).
3 http://www.kfqa.de/(letzter Zugriff: 29.06.2012).

Anhang zu § 177

8 **IV. Feststellung und Dokumentation der Identität der zu untersuchenden Personen.** Die zu untersuchenden Personen müssen sich durch amtliche Ausweise mit Lichtbild (bei Kindern gegebenenfalls Geburtsurkunde) legitimieren. Ausnahmen sind zu dokumentieren. Die Identitätssicherung soll durch Anfügung von möglichst bei der Probenentnahme angefertigten Lichtbild(ern) und Fingerabdruck(en) ergänzt werden. Die Identitätsprüfung ist schriftlich zu dokumentieren und durch Unterschriften der zu untersuchenden Personen sowie durch Stempel und Unterschrift der für die Probenentnahme verantwortlichen Person zu bestätigen. Zweifel an der Identität eines Beteiligten müssen dokumentiert werden.

9 **V. Probenentnahme**

5.1. Die genetischen Proben (in der Regel Mundschleimhautabstriche bzw. Blutproben) müssen durch die verantwortliche Person selbst oder durch eine von dieser beauftragten ärztlichen Person oder durch eine andere sachverständige Person gemäß Abschnitt III.2. entnommen werden. Im Ausnahmefall kann die verantwortliche Person eine andere sachkundige und im Verfahren neutrale Person mit der Entnahme der genetischen Probe beauftragen. Es ist nicht zulässig, dass die Probenentnahme und Identitätsfeststellung durch die zu untersuchende Person selbst oder eine ihr nahestehende oder nicht sachkundige Person durchgeführt wird.

10 5.2. Bei Entnahme von genetischen Proben ist sicherzustellen, dass von jeder Person mindestens zwei Proben oder im Fall von Blutproben zwei Aliquots zu gewinnen oder herzustellen sind, um eine unabhängige Kontrolle der Ergebnisse zu gewährleisten.

11 5.3. Die Probengefäße bzw. die Stieltupfer sind in Gegenwart der zu untersuchenden Person eindeutig und unverwechselbar zu beschriften.

12 5.4. Die mit der Entnahme der genetischen Probe beauftragte sachkundige Person muss:
 – die Technik der Probenentnahme beherrschen,
 – Maßnahmen der Identitätsprüfung und -sicherung treffen,
 – etwaige Auffälligkeiten bei der Identitätsprüfung und im Zusammenhang mit relevanten medizinischen Sachverhalten (z.B. eine Stammzelltransplantation) dokumentieren. Über die Eignung des Untersuchungsguts, insbesondere nach Stammzelltransplantation, entscheidet im Einzelfall die verantwortliche Person.

13 5.5. Werden die genetischen Proben gemäß Abschnitt III.5.1. extern entnommen, so müssen diese von der mit der Probenentnahme beauftragten Person zusammen mit den Identitätsnachweisen direkt zur verantwortlichen Person versandt werden.

14 5.6. Wird eine andere Person oder Einrichtung von der verantwortlichen Person (gemäß Abschnitt III.2.) mit der Durchführung der genetischen Analysen beauftragt, so muss dem Auftragnehmer für jede Probe ein Nachweis vorliegen, dass diese unter Einhaltung der Bestimmungen der vorliegenden Richtlinie zu Aufklärung und Einwilligung (gemäß Abschnitt III.3.) sowie zu den Anforderungen an die Probenentnahme (gemäß Abschnitt III.4.) gewonnen wurde.

15 5.7. Die entnommenen genetischen Proben dürfen nur für die Zwecke verwendet werden, für die sie gewonnen worden sind; sie sind nach § 13 Abs. 1 GenDG unverzüglich zu vernichten, wenn sie für diese Zwecke nicht mehr benötigt werden. Die Vernichtung ist zu dokumentieren. Eine Verwendung zu anderen Zwecken ist nur möglich, soweit dies nach anderen gesetzlichen Vorschriften zulässig ist (z.B. zur Verfolgung einer Straftat bzw. Ordnungswidrigkeit nach §§ 25 und 26 GenDG[4]), oder wenn die Person, von der die Probe stammt, vorher, nach entsprechender Information über die anderen Zwecke (wie z.B. eine Verwendung in der Forschung), ausdrücklich und schriftlich eingewilligt hat (§ 13 Abs. 2 GenDG).

16 **VI. Anzahl und Art der Analysesysteme und analysierten Loci**

6.1. Die kombinierte Allgemeine Vaterschafts-Ausschließungs-Chance (AVACH) der für ein Gutachten zur Auswertung herangezogenen Systeme muss sowohl im Terzetten-Fall (Mutter, Kind und Putativvater) als auch im Duo-Fall (Kind und Putativvater) mindestens 99,999 % betragen. Auf die Einbeziehung der Kindesmutter soll nur dann verzichtet werden, wenn diese für die Untersuchung nicht zur Verfügung steht.

17 6.2. Folgende Analyseverfahren sind derzeit hinreichend evaluiert und damit bedarfsgerecht für die Begutachtung verwendbar:

---

4 BT-Drucks. 16/10532, S. 30.

6.2.1. Autosomale Mikrosatelliten-Polymorphismen (mindestens Trimere) (STR).
6.2.2. Gonosomale Mikrosatelliten-Polymorphismen (mindestens Trimere) (X-, Y-STR) (4, 5).
6.2.3. Diallele Einzelbasen- oder Insertions-/Deletions-Polymorphismen (SNP/InDel) (6).
6.2.4. Sequenzpolymorphismen der Hypervariablen Regionen des D-Loops der mitochondrialen DNA (mtDNA HV 1–3) (7).
6.2.5. Restriktions-Fragment-Längen-Polymorphismen (RFLP), HLA-System und »klassische« Blutgruppen-, Enzym- sowie Serumprotein-Polymorphismen: Diese Analyseverfahren werden nur noch selten eingesetzt bzw. sind Spezialfällen vorbehalten (z.B. wenn bei einem verstorbenen Putativvater nur noch entsprechende Ergebnisse aus Vorgutachten zur Verfügung stehen). Der Einsatz dieser Verfahren in der Abstammungsbegutachtung ist im Einzelfall weiterhin zulässig, wenn die Typisierungsverfahren durch das anwendende Labor umfassend validiert wurden und im Qualitätsmanagement-System des Labors erfasst sind.

6.3. Es sollen nur Polymorphismen mit bekannten chromosomalen Positionen untersucht werden, deren paternale und maternale Mutationsraten begründet geschätzt sind. Diese geschätzten Mutationsraten können der publizierten Literatur entnommen sein, oder aufgrund einer eigenen, hinreichend großen Stichprobe geschätzt werden.

VII. Anforderungen an die Analytik

7.1. Für die in Standardfällen (Terzetten- und Duo-Fälle) anwendbaren Systeme muss bei vorliegendem Kopplungsungleichgewicht dieses in der Berechnung berücksichtigt werden. Bei komplexen Stammbaumhypothesen (z.B. Defizienzfälle) ist zusätzlich der Einfluss der Rekombinationsfrequenz zu berücksichtigen.

7.2. Umfang der genetischen Analysen

7.2.1. Autosomale STR-Systeme: mindestens 15 voneinander unabhängige Polymorphismen (kein Kopplungsungleichgewicht, freie Rekombination); dabei muss die Kombination der jeweils eingesetzten Systeme die Anforderungen des unter Abschnitt III.6.1. genannten AVACH-Wertes erfüllen.
7.2.2. Bei Verwendung dialleler Polymorphismen (allein oder in Kombinationen mit STRs) muss sich die Anzahl an dem unter Abschnitt III.6.1. genannten AVACH-Wert orientieren (8, 9).
7.2.3. Für gonosomale STR-Systeme und mtDNA wird kein Mindestumfang der Analysen vorgegeben, da diese nur bei besonderen Fragestellungen oder in Ergänzung zu autosomalen Systemen sinnvoll eingesetzt werden können.

7.3. Bei der Analyse mittels Polymerasekettenreaktion (PCR) untersuchter Polymorphismen müssen die verwendeten Primer bzw. käuflichen Kits angegeben werden. Die international vereinbarten Empfehlungen zur Nomenklatur der ISFG[5] sind einzuhalten (10, 11).

7.4. Bei unzureichenden Ergebnissen (vgl. Abschnitt III.9.) müssen im Bedarfsfall weitere Polymorphismen untersucht werden.

7.5. Der Ausschluss einer der postulierten Verwandtschaftshypothesen (z.B. Ausschluss der Vaterschaft) erfordert grundsätzlich eine Bestätigungsanalyse an der zweiten Probe bzw. dem zweiten Aliquot des ursprünglich entnommenen Untersuchungsmaterials.

VIII. Dokumentation durch die verantwortliche Person

8.1. Die erforderliche Dokumentation umfasst neben den Inhalten der Aufklärung sowie der Einwilligung gemäß Richtlinie der GEKO (3):
- Namen der an der Untersuchung beteiligten Personen[6]
- Identität der zu untersuchenden Personen
- Art sowie Ort und Datum der Entnahme des Untersuchungsguts
- Art und Datum der durchgeführten genetischen Analysen
- Ergebnisse der durchgeführten genetischen Analysen
- biostatistische Auswertung (Populationsbezug, Softwareprodukte, Tabellen etc.)
- Beurteilung der Ergebnisse gemäß Abschnitt III.9. (Gutachten)

---

5 International Society for Forensic Genetics (www.isfg.org/, letzter Zugriff: 29.06.2012).
6 Einschließlich der Person, die die Probenentnahme durchgeführt hat.

25 8.2. Die Ergebnisse der genetischen Untersuchung zur Klärung der Abstammung sind nach § 17 Abs. 5 GenDG generationsübergreifend für 30 Jahre aufzubewahren und anschließend unverzüglich zu vernichten.

26 **IX. Beurteilung und Interpretation der Analyseergebnisse (Gutachten)**
    9.1. Ausschluss
    Bei einem Umfang der genetischen Analysen von 15 STR-Systemen (gemäß Abschnitt III.7.2.1.) erlaubt das Vorliegen von vier und mehr Ausschlusskonstellationen auf verschiedenen Chromosomen die Aussage, dass die Abstammung vom Putativvater ausgeschlossen ist. Bei weniger als vier Ausschlusskonstellationen muss eine biostatistische Würdigung unter Einbeziehung von möglichen Mutationen oder stummen Allelen erfolgen.

27 9.2. Nichtausschluss
    Der Nichtausschluss erfordert die Quantifizierung der Ergebnisse im Hinblick auf ihren Beweiswert durch geeignete statistische Maßzahlen. Voraussetzung ist die Kenntnis der verlässlich abgeschätzten genetischen Parameter wie Allelfrequenzen, Haplotypfrequenzen, Rekombinationsfrequenzen und Mutationsraten.

28 9.3. Die Basis der Likelihood-Berechnung ist eine exakte Hypothesenformulierung (Terzettenfall und Defizienzfall) im Hinblick auf postulierte Verwandtschaftsbeziehungen und die ethnische Zugehörigkeit. Als statistische Maßzahlen werden angegeben und bewertet:
    – Wahrscheinlichkeitswert W (unter Angabe der a-priori-Wahrscheinlichkeit), ergibt sich aus Y/X (Likelihood-Quotient L) bzw. X/Y (Paternity Index PI) (12),
    – gegebenenfalls die individuelle Ausschlusschance A.

29 9.4. Sämtliche Besonderheiten (mögliche Mutationen, stumme Allele etc.) wie auch die Verwendung von genetischen Systemen in enger Nachbarschaft oder mit möglichem Kopplungsungleichgewicht sind mit geeigneten Verfahren in die statistische Auswertung einzubeziehen und zu erläutern.

30 9.5. Ein W-Wert $\geq 99{,}9\,\%$ (bei einer a priori-Wahrscheinlichkeit von 50 %) oder analoge statistische Maßzahlen entsprechen dem verbalen Prädikat »Verwandtschaftshypothese praktisch erwiesen«.

31 9.6. In Fällen, bei denen dieser W-Wert nicht erreicht werden kann, soll das Ergebnis in verständlicher und nachvollziehbarer Form erläutert werden.

32 9.7. Das schriftliche Gutachten muss mindestens die folgenden Angaben enthalten:
    – Namen der untersuchten Personen
    – Art sowie Ort und Datum der Entnahme des Untersuchungsgutes
    – Art der durchgeführten Analysen einschließlich Angabe der Untersuchungsmittel (z.B. verwendete Typisierungskits)
    – Auflistung der typisierten Polymorphismen sowie der Ergebnisse der genetischen Analysen in tabellarischer Form
    – Beurteilung der Analysenergebnisse gemäß der Abschnitte III.9.1. bis 9.6.
    – Erklärung der verantwortlichen Person, dass bei der Abfassung des Gutachtens die vorliegenden Richtlinien beachtet wurden.

33 **X. Maßnahmen zum Qualitätsmanagement.** Gemäß § 5 Abs. 1 GenDG gilt eine Akkreditierungspflicht für Einrichtungen, die genetische Analysen im Rahmen genetischer Untersuchungen zur Klärung der Abstammung durchführen.

34 **XI. Maßnahmen zur internen und externen Qualitätssicherung**
    11.1. Für alle Analyseverfahren hat die Einrichtung Maßnahmen zur internen Qualitätssicherung zu etablieren, die geeignet sind, die Validität jedes Untersuchungsansatzes zu überprüfen. Insbesondere soll die interne Qualitätssicherung in der Lage sein zu erkennen, ob die Ergebnisse durch technische Unzulänglichkeiten oder mangelhafte Qualität des Probenmaterials beeinflusst worden sind.

35 11.2. Die Einrichtung muss für alle eingesetzten Analyseverfahren regelmäßig und mindestens zweimal jährlich an externen Qualitätssicherungsmaßnahmen (Ringversuchen) teilnehmen, die von durch Fachgesellschaften anerkannten Institutionen angeboten werden.

36 11.3. Darüber hinaus ist die Kompetenz der sachverständigen Person gemäß Abschnitt III.12. in der biostatistischen Interpretation genetischer Analyseergebnisse bei Abstammungsfällen durch Teilnahme an regelmäßigen und mindestens einmal im Jahr stattfindenden externen Qualitätssicherungsmaßnah-

XII. Qualifikation zur Tätigkeit als ärztliche(r) oder nichtärztliche(r) Sachverständige(r) für die Abstammungsbegutachtung gem. § 23 Abs. 2 Nr. 2b GenDG

12.1. Zugang für die Qualifikation zur Tätigkeit als Sachverständige(r) für die Abstammungsbegutachtung gemäß Abschnitt III.2. dieser Richtlinie haben ärztliche Personen oder Personen mit Abschluss eines naturwissenschaftlichen Studienganges.

12.2. Qualifikationsziel

Nach Erlangung der Qualifikation soll die sachverständige Person in der Lage sein, Auftraggeber unter Beachtung der gesetzlichen Rahmenbedingungen zu beraten und Möglichkeiten und Grenzen der Untersuchung zu erkennen. Dazu soll sie eine geeignete Methodenauswahl treffen, die erforderlichen Laboranalysen unter den Bedingungen eines Qualitätsmanagementsystems durchführen, Ergebnisse auch unter Würdigung besonderer genetischer Bedingungen bewerten, die erforderlichen biostatistischen Verfahren anwenden und deren Ergebnisse interpretieren können. Sie soll in der Lage sein, die Untersuchungsergebnisse in einem qualifizierten Gutachten zusammenzufassen und die Feststellungen in nachvollziehbarer Form zu erläutern. Sie soll über fundierte theoretische Kenntnisse verfügen, um die sachgerechte Anwendung der Analytik im Laboratorium zu ermöglichen. Hierzu gehören u.a. die Etablierung und Validierung neuer Analyseverfahren, die Bearbeitung populationsgenetischer Fragestellungen, die Auseinandersetzung mit genetischen Sonder- und Problemfällen sowie der angemessene Einsatz besonderer genetischer Systeme wie z.B. geschlechtschromosomaler Marker, SNPs oder der mtDNA. Die Einzelheiten der Qualifikationsinhalte sind in einem Anforderungskatalog als Anhang 1 dieser Richtlinie beigefügt.

12.3. Praktische Ausbildung

Die praktische Ausbildung soll sowohl die Tätigkeiten der Abstammungsbegutachtung als auch die theoretische Auseinandersetzung in der Breite des Anforderungskataloges beinhalten. Sie kann erst nach Abschluss des Hochschulstudiums beginnen. Die Ausbildung soll einen Zeitraum von mindestens 2 Jahren umfassen und kann nur in Einrichtungen erfolgen, die gemäß den nachfolgend beschriebenen Kriterien qualifiziert sein müssen.

Diese Ausbildung erfolgt a) für mindestens ein Jahr in einem Laboratorium, das während der Ausbildungszeit für die Abstammungsbegutachtung akkreditiert ist, und b) für die an 2 Jahren fehlende Zeit in einem Laboratorium, in dem umfassende theoretische Kenntnisse und praktische Fertigkeiten im Umgang mit molekular- und humangenetischen Verfahren vermittelt werden. In der Ausbildungszeit soll die praktische Qualifikation durch mindestens 50 selbstständig erstellte Abstammungsgutachten nachgewiesen werden.

12.4. Theoretische Ausbildung

Neben der praktischen Ausbildung nach Abschnitt III.12.3. soll die Teilnahme an mindestens drei ganztägigen theoretischen Fortbildungsveranstaltungen nachgewiesen werden, die sich vertiefend mit speziellen Themen der Abstammungsbegutachtung einschließlich der Biostatistik befassen. Dabei muss sichergestellt sein, dass die Fortbildung unter Beteiligung einer/eines qualifizierten Sachverständigen für Abstammungsbegutachtung durchgeführt wird.

Sachverständige, die bereits die Qualifikationsanforderungen gemäß der Abschnitte III.12.1. bis 12.3. erfüllen, aber noch keine Teilnahme an Fortbildungsveranstaltungen nachweisen können, haben innerhalb von 2 Jahren nach Inkrafttreten dieser Richtlinie übergangsweise die Gelegenheit, ihre Teilnahme an diesen Veranstaltungen nachzuholen.

12.5. Nachweis bestehender Qualifikation

Sachverständige für Abstammungsbegutachtung, die in einem Labor tätig sind, das zum Zeitpunkt des Inkrafttretens dieser Richtlinie für die Abstammungsbegutachtung akkreditiert ist, können ihre persönliche Qualifikation durch die KFQA-Urkunde (vgl. Abschnitt II.) oder die Erfüllung der Anforderungen gemäß der Abschnitte III.12.1. bis III.12.3. belegen. Generell besteht für alle Sachverständigen eine Verpflichtung zur kontinuierlichen fachwissenschaftlichen Fortbildung.

C. Begründung. Die vorliegende Richtlinie beschreibt zunächst den Prozess einer genetischen Untersuchung zur Klärung der Abstammung von der Probenentnahme und der Identitätssicherung über die analytische Phase bis zur Erstellung und Mitteilung des schriftlichen Gutachtens (Abschnitte III.1. bis III.9.).

sowie der Qualitätssicherung in der Analytik (Abschnitte III.10. bis III.11.). In § 5 Abs. 1 GenDG wird für Einrichtungen, die genetische Analysen zur Klärung der Abstammung durchführen, eine Akkreditierung durch eine hierfür allgemein anerkannte Stelle verlangt. Damit wird für diese Art der Untersuchung im Vergleich zu genetischen Analysen zu medizinischen Zwecken eine strengere Vorgabe an die Qualitätssicherung gemacht. Wie in der Begründung zu § 17 GenDG ausgeführt,[7] ist die Gefahr einer Untersuchung »ohne Kenntnis und ohne Einverständnis der betroffenen Personen« einer der maßgeblichen Gründe für die Einführung klarer Regelungen in diesem Zusammenhang.

43 Personen, die Untersuchungsaufträge annehmen sowie Probenentnahmen veranlassen und die Ergebnisse in Form eines Gutachtens mitteilen oder übersenden, unterliegen nach § 17 Abs. 4 GenDG den Anforderungen des GenDG. Damit sind sie verantwortliche Personen im Sinne von Abschnitt III.2. dieser Richtlinie und müssen alle Anforderungen an die Qualifikation gemäß Abschnitt III.12. erfüllen.

44 Wesentlicher Bestandteil einer qualitätsgesicherten und umfassend dokumentierten genetischen Analyse ist die zur Präanalytik gehörende dokumentierte Entnahme des Untersuchungsgutes. Daher stellt die objektive Feststellung der Identität der Personen und genetischen Proben einen unverzichtbaren Bestandteil einer sachgerechten Abstammungsuntersuchung dar. Das dazu notwendige Verfahren ist dementsprechend auch unter Berücksichtigung der möglichen rechtlichen Folgen einer Fehlbegutachtung an nicht korrekt identitätsgesichertem Probenmaterial unter Abschnitt III.4. und III.5. festgelegt worden. Die Anfertigung von Lichtbildern und Fingerabdrücken der zu untersuchenden Personen ist gängige Praxis (vgl. BÄK-Richtlinien von 2002 [1] sowie frühere Richtlinien des RKI [13]) und ein unverzichtbares Hilfsmittel, um Versuche zur Vortäuschung falscher Identitäten aufzuklären.

45 Als im Ausnahmefall bei der Entnahme tätig werdende sachkundige und im Verfahren neutrale Personen können von der verantwortlichen Person z.B. auch Mitarbeiterinnen und Mitarbeiter von Gesundheitsämtern oder Jugendämtern beauftragt werden. Die verantwortliche Person hat in diesen Fällen sicher zu stellen, dass die mit der Entnahme beauftragte Person eine ausreichende Sachkunde gemäß Abschnitt III.5.4. besitzt.

46 Die Forderung, möglichst die Kindesmutter immer mit in die Untersuchung einzubeziehen, dient einerseits dem Ziel einer verbesserten Identitätssicherung der kindlichen genetischen Probe und ist andererseits auch aufgrund einer deutlich höheren Ergebnissicherheit in Bezug auf die erkennbaren Ausschlusskonstellationen im Vergleich zum Duo-Fall angemessen (vgl. auch Begründung zu § 17 GenDG[8]).

47 Die in Abschnitt III.11. geforderten Ringversuche werden in Deutschland derzeit von der Deutschen Gesellschaft für Abstammungsbegutachtung (DGAB-Ringversuche) sowie der Gemeinsamen Spurenkommission der rechtsmedizinischen und kriminaltechnischen Institute (GEDNAP-Ringversuche) angeboten.

48 Die Richtlinie enthält in Abschnitt III.12. konkretisierende Aussagen zu den spezifischen Qualifikationen, die § 17 Abs. 4 Satz. 1 GenDG vorsieht. Die für die Durchführung von Abstammungsuntersuchungen zugelassene Personengruppe ergibt sich direkt zunächst aus dem dort genannten akademischen Kreis (Ärzte und Naturwissenschaftler), der zudem auf dem Gebiet der Abstammungsuntersuchung erfahren sein muss. Die konkreten sachlichen Qualifikationsanforderungen umfassen das spezifische theoretische Wissen und spezifische praktische Erfahrungen, die z.B. für ein forensisches Begutachtungsniveau *lege artis* erforderlich sind, auf dem allgemein anerkannten Stand der Wissenschaft und Technik. Dabei hat sich die GEKO von folgendem Anforderungsmaßstab leiten lassen: unabhängig davon, ob die oder der ärztliche oder nichtärztliche Sachverständige aktuell selbst Laboruntersuchungen durchführt, werden aktuelles Fachwissen und fundierte Methodenkenntnis erwartet, um ihr bzw. ihm ein eigenes, volles fachliches Urteilsvermögen über Umfang und Grenzen der Aussagekraft der Methoden und Grenzen der fachlichen Beurteilung in Standard- und Sonderfällen mit spezifischen Konstellationen zu erlauben.

49 Im Rahmen des Akkreditierungsverfahrens überprüft und beurkundet die Deutsche Akkreditierungsstelle (DAkkS) als zuständige Stelle die Kompetenz von Einrichtungen. Die Überprüfung der Qualifikation einer/eines in dieser Einrichtung tätigen ärztlichen oder nichtärztlichen Sachverständigen erfolgt im Rahmen des Audits der Akkreditierung.

---

7 BT-Drucks. 16/10532, S. 33.
8 BT-Drucks. 16/10532, S. 33.

§ 178 Untersuchungen zur Feststellung der Abstammung. (1) Soweit es zur Feststellung der Abstammung erforderlich ist, hat jede Person Untersuchungen, insbesondere die Entnahme von Blutproben, zu dulden, es sei denn, dass ihr die Untersuchung nicht zugemutet werden kann.
(2) ¹Die §§ 386 bis 390 der Zivilprozessordnung gelten entsprechend. ²Bei wiederholter unberechtigter Verweigerung der Untersuchung kann auch unmittelbarer Zwang angewendet werden, insbesondere die zwangsweise Vorführung zur Untersuchung angeordnet werden.

Übersicht

	Rdn.		Rdn.
A. Allgemeines	1	I. Weigerungsrecht	9
B. Voraussetzungen	2	II. Zwischenstreitverfahren	10
C. Rechtsschutzmöglichkeiten	8		

A. Allgemeines. Die Vorschrift entspricht – von sprachlichen Änderungen abgesehen – der Regelung des 1 § 372a ZPO und statuiert die Verpflichtung der Verfahrensbeteiligten sowie jeder anderen Person an Untersuchungen in Abstammungsverfahren mitzuwirken und körperliche Eingriffe nebst der erforderlichen (genetischen) Analyse zu dulden. Die Regelung ist allein auf Verfahren anwendbar, in denen die Abstammung positiv oder negativ festzustellen ist. Auch wenn es an einer solchen (rechtskraftfähigen) Feststellung in Verfahren außerhalb des § 169 fehlt, kann die Klärung der Abstammung in anderen Verfahren (etwa bei Erbauseinandersetzungen) gleichwohl erforderlich sein. Allerdings findet § 178 in Unterhaltsverfahren keine Anwendung (a.A. Keidel/*Engelhardt* § 178 Rn. 2), denn zum einen könnte die Vaterschaft nur ausnahmsweise inzident als Vorfrage geklärt werden (§ 169 Rdn. 26 f.) und zum anderen wird für diese Familienstreitsachen über § 113 Abs. 1 auf die Regelung in § 372a ZPO verwiesen. Im Abstammungsklärungsverfahren nach § 169 Nr. 2 u 3 ist dies nicht Verfahrensgegenstand. Über die Verfahren nach § 169 Nr. 1 u 4 hinaus greift § 178 nicht nur ein, wenn die Vaterschaft mit Rechtskraftwirkung (§ 184 Abs. 2) festgestellt wird, sondern auch dann, wenn sie als Vorfrage ausnahmsweise in einem anderen Verfahren, das keine Familienstreitsache ist, inzident zu klären ist (§ 169 Rdn. 25 ff.). Die Vorschrift ist auch auf Ersuchen eines ausländischen Gerichts, im Wege der Rechtshilfe eine Blutentnahme durchzuführen, anwendbar (OLG Frankfurt am Main NJW-RR 1988, 714). Ggü. der Regelung des § 372a Abs. 1 ZPO ist die Vorschrift sprachlich gestrafft, als u.a. die anerkannten Grundsätze der Wissenschaft entfallen sind (BT-Drucks. 16/6308 S. 246). Der mit der Untersuchung verbundene Eingriff in das Recht auf informationelle Selbstbestimmung ist verfassungsgemäß (BVerfG FamRZ 2007, 441, 444; BVerfG FamRZ 2013, 1195; BVerfG FamRZ 2015, 119, 120 [zu § 167a]; 1956, 215; OLG Düsseldorf FamRZ 2008, 630, 632; kritisch und rechtsvergleichend *Frank* FamRZ 1995, 975) und Ergebnis einer Abwägung der entgegenstehenden Grundrechtspositionen. Einer allgemeinen Abwägung der Belange der Untersuchungspersonen bedarf es daher nicht (OLG Nürnberg FamRZ 1996, 1155).

B. Voraussetzungen. Die Erstellung eines Abstammungsgutachtens ist mit einem (geringfügigen) Eingriff 2 in die körperliche Integrität einerseits und mit einem Eingriff in das Recht auf informationelle Selbstbestimmung der zu untersuchenden Person (BGH FamRZ 2006, 686, 688; zum weitreichenden Eingriff beim »whole genom sequencing« BVerfG FamRZ 2010, 1879; § 177 Rdn. 8) andererseits verbunden. Diese Eingriffe sind nur gerechtfertigt, wenn sie zur Entscheidung im Abstammungsverfahren erforderlich sind. Daher setzt eine Beweisanordnung nach § 178 Abs. 1 voraus, dass die Feststellung der Abstammung entscheidungserheblich und beweisbedürftig ist. Ist der Antrag in der Abstammungssache unzulässig oder unschlüssig, ist dies nicht der Fall (BGH FamRZ 2006, 686, 688; FamRZ 2007, 1728 f.). Einer Beweisaufnahme durch ein Abstammungsgutachten bedarf es auch dann nicht, wenn eine materiell-rechtliche Voraussetzung (z.B. das Bestehen oder Nichtbestehen einer sozial-familiären Beziehung) nicht gegeben ist (*Grün* Rn. 372 f.). Um in einem solchen Fall einen nicht gerechtfertigten Eingriff in Grundrechte abwehren zu können, steht der *Untersuchungsperson* das Weigerungsrecht nach den §§ 386 bis 389 ZPO zu, das auch mit dem Fehlen der Erforderlichkeit der Abstammungsfeststellung begründet und im Rahmen eines Zwischenstreits nach § 387 ZPO geltend gemacht werden kann. Ein ohne jede Tatsachengrundlage angeordnetes Abstammungsgutachten kann einen Befangenheitsantrag (§ 6 Abs. 1) begründen (OLG Schleswig FamRZ 2014, 1313). In seinem Beweisbeschluss ordnet das Gericht an, welche Personen in das Abstam-

§ 178

mungsgutachten einzubeziehen sind (OLG Celle OLGR 1995, 224). Da der Beweisbeschluss selbst unanfechtbar ist, können die Erforderlichkeit, Geeignetheit sowie Zumutbarkeit der Untersuchung nur im Rechtsschutzverfahren nach Abs. 2 überprüft werden.

3 I. Die **Erforderlichkeit** des medizinisch/naturwissenschaftlichen Gutachtens folgt aus der Beweiserheblichkeit der Abstammungsklärung und den Unsicherheiten der weiteren Beweismittel. Grds. bzw. vorrangig sind die Verfahrensbeteiligten vor anderen, näherstehende Personen vor entfernteren Verwandten in die Begutachtung einzubeziehen (MüKoZPO/*Coester-Waltjen/Hilbig* § 178 Rn. 5). Allerdings kann die konkrete Untersuchung oder Einbeziehung bestimmter Personen nicht erforderlich sein. Dies ist etwa dann der Fall, wenn im vom rechtlichen Vater eingeleiteten Unterhaltsregressverfahren die biologische Vaterschaft des in Anspruch genommenen Mannes inzident (§ 169 Rdn. 25 ff.) festgestellt werden soll, obwohl die Frist zur Vaterschaftsanfechtung bereits verstrichen ist (BGH FamRZ 2012, 437; OLG Dresden FamRZ 2011, 649). Ist nach 2 Jahren von einer sozial-familiären Beziehung auszugehen, ist eine Beweisaufnahme über die Vaterschaft des potenziellen biologischen Vaters nicht mehr erforderlich (KG FamRZ 2012, 1739). Nach Auffassung des OLG Brandenburg (FamRZ 2011, 397) ist die Untersuchung des als Vater in Anspruch genommenen Mannes nicht erforderlich, wenn ein anderer von der Kindesmutter zunächst als biologischer Vater benannter Mann nicht in das Gutachten einbezogen werden soll. Nach einer anderen Entscheidung des OLG Brandenburg (FamRZ 2010, 1817) soll die Einbeziehung der Kindesmutter in die Abstammungsklärung nach § 1598a Abs. 1 BGB für einen genetischen Abgleich nicht erforderlich sein. Ob diese Auffassung für die gerichtlich angeordnete Abstammungsgutachten zu verallgemeinern ist, erscheint im Hinblick auf die geringere allgemeine Vaterschaftsausschlusschance (AVACH) fraglich (*Helms/Kieninger/Rittner* Rn. 324, 310). Sie steht jedenfalls im Gegensatz zur Richtlinie der GEKO (§ 177 Rdn. 15 ff.), nach der die Kindesmutter in die Untersuchung einzubeziehen ist (Nr. 6.1 RL), weil dies einer »verbesserten Identitätssicherung der kindlichen genetischen Proben« diene und wegen »einer deutlich höheren Ergebnissicherheit in Bezug auf die erkennbaren Ausschlusskonstellationen ... angemessen« sei. Die Einbeziehung des potenziellen biologischen Vaters in ein Gutachten im Anfechtungsverfahren des rechtlichen Vaters ist nicht erforderlich, solange die Beteiligten nach § 172 Nr. 1 – 3 für eine Probeentnahme zur Verfügung stehen, weil die Klärung der wahren Abstammung nicht Gegenstand des Anfechtungsverfahrens ist (BGH FamRZ 1994, 694, 695; OLG Düsseldorf FamRZ 2008, 630 [zur fehlenden anderweitigen Vaterschaft]). Andererseits kann der (geschiedene) Ehemann der Mutter des Kindes zur Duldung einer (erneuten) Untersuchung in einem späteren Feststellungsverfahren verpflichtet sein, weil die gerichtliche Feststellung zur biologischen Abstammung im vorangegangenen Anfechtungsverfahren nicht in Rechtskraft erwächst (§ 184 Rdn. 4; BGH FamRZ 2007, 1731, 1733). Unter dem Gesichtspunkt der Erforderlichkeit einer Abstammungsuntersuchung ist auch die Fragestellung der **Rangfolge der Beweisaufnahme** zu beurteilen. Diese stellt sich im Abstammungsverfahren immer dann, wenn die begehrte Rechtsfolge von mehreren Voraussetzungen abhängig ist. Beim Anfechtungsrecht des potenziellen biologischen Vaters (§ 1600 Abs. 1 Nr. 2 BGB) ist vorrangig das (Nicht-) Bestehen einer sozial-familiären Beziehung des rechtlichen Vaters zum Kind zu klären, bevor über die biologische Abstammung Beweis erhoben wird (KG FamRZ 2015, 1119, 1120; OLG Brandenburg FamRZ 2012, 563; OLG Celle FamRZ 2012, 564, 565). Kann die Bedingung des Nichtbestehens einer solchen Beziehung nicht erwiesen werden oder besteht insoweit eine »non-liquet-Situation«, ist die Einholung eines Abstammungsgutachtens nicht erforderlich (OLG Naumburg FamRZ 2012, 1148, 1149). Diese Reihenfolge der Beweisaufnahme entspricht der Rspr. des BVerfG (FamRZ 2014, 119, 120; 2015, 449, 457; § 167a Rdn. 9), wonach eine Prognose vorzunehmen ist, welche Anspruchsvoraussetzung voraussichtlich mit einem geringeren Aufwand bzw. Eingriff ermittelt werden kann. Hierbei kann das Gericht auch den Umstand berücksichtigen, ob die Möglichkeit der leiblichen Vaterschaft des Antragstellers zwischen den Beteiligten unstreitig ist.

4 Die Untersuchung einer Person ist nicht erforderlich, wenn – ggf. nach Durchführung einer Zeugenvernehmung – keinerlei Anhaltspunkte für eine intime Beziehung in der Empfängniszeit bestehen (KG FamRZ 1987, 294 [sehr weitgehend für eine Wohngemeinschaft]) oder der Geschlechtsverkehr erwiesenermaßen erst nach Feststellung der Schwangerschaft erfolgt ist. Stehen der potenzielle biologische Vater oder Scheinvater bzw. die Mutter des Kindes für eine Untersuchung nicht zur Verfügung, kann die Einbeziehung ihrer nahen Verwandten (Eltern, Geschwister usw.) für die Erstellung eines sog. **Defizienzgutachtens** gerechtfertigt sein (OLG Dresden FamRZ 1999, 448), bevor eine Entscheidung des Verfahrens nach den Grundsätzen der Beweisvereitelung (§ 177 Rdn. 10) zu erwägen ist. Die Einbeziehung naher Verwandter ist – auch im postmortalen Verfahren – nicht erforderlich, wenn eine Exhumierung des Verstorbenen in Betracht kommt

(OLG Nürnberg FamRZ 2005, 728; § 177 Rdn. 11); eine Exhumierung ist nicht erforderlich, wenn genetisches Material anderweitig beschafft werden kann (OLG Saarbrücken OLGR 2005, 297). Ebenso ist im postmortalen Vaterschaftsanfechtungsverfahren die Untersuchung von Proben des potenziellen biologischen Vaters oder dessen Abkömmlingen nicht notwendig (OLG Hamm FamRZ 2005, 1192). Vor diesem Hintergrund kommt dem einem Abstammungsgutachten vorgeschalteten Erörterungstermin (§ 175 Abs. 1) große Bedeutung zu, um die Sachaufklärung insoweit nicht in den Zwischenstreit zu verlagern. Das BVerfG (FamRZ 2008, 1507 f.) hat den Vollzug eines Zwischenurteils, mit dem die Weigerung zur Mitwirkung am Gutachten für unbegründet erklärt wurde, außer Vollzug gesetzt (zur Folgenabwägung BVerfG FamRZ 2011, 787), weil der Mann den Ablauf der Anfechtungsfrist, fehlende Anhaltspunkte für eine andere Vaterschaft und eine unzulässige Ausforschung geltend gemacht hatte. In seiner Hauptsacheentscheidung hat das BVerfG (NJW 2009, 425 ff.) hervorgehoben, dass i.R.d. Erforderlichkeit der Untersuchung auch die von einem Beteiligten dem Feststellungsbegehren entgegen gehaltenen Einwände Berücksichtigung finden müssen. Weil das Vaterschaftsanfechtungsverfahren nicht vorrangig der Verwirklichung des Rechts auf Kenntnis der Abstammung, sondern der Herstellung einer Übereinstimmung von biologischer und rechtlicher Vaterschaft diene, sei in die Abwägung auch einzubeziehen, ob ein anderer Mann als leiblicher Vater für die Übernahme der Elternverantwortung in Betracht komme oder das Kind nur den rechtlichen Vater verlieren könne.

II. Die Untersuchung muss **geeignet** sein, die Abstammung feststellen zu können, und daher den anerkannten wissenschaftlichen Methoden entsprechen. Die DNA-Analyse ist eine verlässliche und allg. anerkannte Abstammungsuntersuchung. Die früher verwandten Methoden des Blutgruppengutachtens, des erbbiologischen Gutachtens sowie des Tragezeitgutachtens (MünchKomm/*Seidel* § 1600d Rn. 59 ff.) haben praktisch eine nur noch untergeordnete Bedeutung. I.R.d. DNA-Analyse werden lediglich Informationen des nicht-codierten Erbguts untersucht, sodass Erkenntnisse über Krankheiten usw. nicht möglich sind (*Grün* Rn. 315; *Helms/Kieninger/Rittner* Rn. 296; Staudinger/*Rauscher* Vorbem. § 1591 Rn. 163 f.). Entspricht eine Untersuchungsmethode zur Feststellung der Vaterschaft nicht den anerkannten Grundsätzen der Wissenschaft oder hat sie experimentellen Charakter, ist diese auch im Hinblick auf eine geringere Vaterschaftswahrscheinlichkeit bzw. Verwandtschaftshypothese bereits nicht geeignet.

III. Schließlich darf die angeordnete Untersuchung in der Durchführung und deren Folgen für die Person nicht **unzumutbar** sein. Die gesetzlich statuierte Duldungspflicht setzt nicht die positive Feststellung der Zumutbarkeit voraus, vielmehr ist die Unzumutbarkeit ein Ausschlussgrund, für dessen Voraussetzungen der Beteiligte die Feststellungslast trägt (Hausleiter/*Fest* § 178 Rn. 16). Dabei ist zwischen der Art der Untersuchung und den Folgen des Untersuchungsergebnisses zu unterscheiden. Nach dem Wortlaut der Regelung in Abs. 1 ist die Unzumutbarkeit auf die Untersuchung bezogen, während § 372a Abs. 1 ZPO a.F. sprachlich auf die Art der Untersuchung, die Folgen ihres Ergebnisses oder einen Nachteil für die Gesundheit abstellte. Eine substantielle Änderung des Regelungsgehalts bewirkt die verkürzte Fassung nach ganz h.M. nicht, zumal nach der Gesetzesbegründung die Vorschrift »sprachlich deutlich vereinfacht und damit besser verständlich« sein sollte (BT-Drucks. 16/6308 S. 246). Demgegenüber vertritt das OLG München (FamRZ 2012, 57, 58 f.) die Auffassung, dass der Prüfungsmaßstab durch den Wegfall dieser Formulierungen »im Wesentlichen auf die Art der Untersuchung« reduziert sei. Eine inhaltliche Änderung lässt sich jedoch weder der Gesetzesbegründung entnehmen, noch ist sie nach dem Wortlaut geboten. Die Einschränkung der Duldungspflicht i.F.d. Unzumutbarkeit liefe ins Leere, wenn sie allein auf die Durchführung der Probenentnahme gestützt werden könnte. Zur Zumutbarkeit einer Exhumierung § 177 Rdn. 11.

Da eine ausreichende Menge genetischen Materials für eine DNA-Analyse über einen Mundschleimhautabstrich zu erhalten ist, sind gesundheitliche Schäden für die Person nicht zu befürchten. Selbst bei einem mit einer Blutprobe verbundenen körperlichen Eingriff ist hiermit nicht zu rechnen. Die Abgabe einer Spermaprobe, die zur Feststellung der Vaterschaft eineiiger Zwillinge in Betracht kommen kann (§ 177 Rdn. 8), ist einer Untersuchungsperson auch wegen der Einbeziehung des codierenden Bestandteils ihrer aus Blut gewonnenen DNA in die genetische Abstammungsuntersuchung nicht zumutbar (Art. 1 Abs. 1 und Art. 2 GG; § 178 Abs. 1), wenn die genetische Analyse nicht den anerkannten Grundsätzen der Wissenschaft entspricht oder gar eher »experimentellen Charakter« hätte (OLG Celle v. 30.01.2013 – 15 UF 51/06, FuR 2013, 286). Allein das psychische Unbehagen der Untersuchungsperson stellt keinen Verweigerungsgrund dar. Auch weltanschauliche oder religiöse Einstellungen rechtfertigen keine Unzumutbarkeit (BVerfG FamRZ 2015, 1687 [jüdische Glaubensregeln]; OLG Düsseldorf FamRZ 1976, 51 [zu Zeugen Jehovas]). Einer Aussetzung des Verfahrens, wie sie in § 640f ZPO a.F. vorgesehen war und nach § 21 Abs. 1 weiterhin möglich ist, bedarf es i.d.R. nicht. Die Exhumierung (§ 177 Rdn. 11) für eine DNA-Analyse ist den Angehörigen i.d.R. zumutbar (OLG München FamRZ 2001, 126, 127; OLG Nürnberg FamRZ 2005, 728), dem auch ein jahrzehntelanges Zuwarten nicht entgegensteht (OLG München FamRZ 2012, 57, 59). Gravierender können die Folgen der Abstammungsuntersuchung sein. Allein der Schutz der Privatsphäre der Mutter des Kindes (OLG Jena FamRZ 2007, 1676) oder die Wahrung des Familienfriedens (OLG Nürnberg FamRZ 1996, 1155) führen indes nicht zur Unzumutbarkeit. Soweit die Untersuchungsperson als biologischer Vater in Betracht kommt oder ausgeschlossen sei kann, begründen die finanziellen Folgen durch Unterhaltsansprüche und Ähnliches ebenfalls kein Weigerungsrecht (OLG Frankfurt NJW 1979, 1257). Auch eine Vernehmung einer Mitarbeiterin des Jugendamts, die die frühere Kenntnis von der Nichtvaterschaft bezeugen könnte, kann selbst bei fehlender Schweigepflichtsentbindung zumutbar sein (OLG Saarbrücken NJW 2015, 2740). Das Ergebnis des Abstammungsgutachtens kann Ausgangspunkt für ein strafrechtliches Ermittlungsverfahren gegen die Untersuchungsperson selbst oder gegen dessen Angehörigen werden. Das Risiko der Strafverfolgung (Keidel/*Engelhardt* § 178 Rn. 14; *Grün* Rn. 375) wegen einer unrichtigen Zeugenaussage und eines durch das Gutachten aufgedeckten Inzests führt nicht zur Unzumutbarkeit (OLG Hamm FamRZ 1993, 76, 77; OLG Karlsruhe FamRZ 1992, 334 [bei einer Vergewaltigung der Mutter]), weil das verfassungsrechtlich geschützte Interesse des Kindes ggü. dem Schutz des Mannes, dem eine massive Rechtsverletzung vorgeworfen werden könnte, vorrangig ist. Im Einzelfall kann bei der Abwägung zwischen einem Verfahrensbeteiligten einerseits und einer anderen Person zu unterscheiden sein (*Helms/Kieninger/Rittner* Rn. 247). Schließlich steht ein Zeugnisverweigerungsrecht (§§ 383 bis 385 ZPO) der Einbeziehung in das Gutachten nicht entgegen (OLG München FamRZ 2012, 57, 59; wohl auch Keidel/*Engelhardt* § 178 Rn. 12).

8 **C. Rechtsschutzmöglichkeiten.** Der BGH hat in jüngster Zeit wiederholt auf die Rechtsschutzmöglichkeiten der Verfahrensbeteiligten wie auch anderer Personen durch die §§ 386 bis 390 ZPO hingewiesen, die ein Korrektiv der weit reichenden Eingriffsnorm darstellen (zur Befangenheit OLG Schleswig FamRZ 2014, 1313). Die Untersuchungspersonen haben die Möglichkeit, die Erforderlichkeit und Zumutbarkeit ihrer Einbeziehung sowie der Untersuchung in einem gerichtsförmigen Verfahren überprüfen zu lassen (*Kieninger* FPR 2011; zum Zeugnisverweigerungsrecht eines Jugendamtsmitarbeiters OLG Saarbrücken NJW 2015, 2740). Dadurch ist ausreichender und rechtzeitiger Rechtsschutz eröffnet, weil bis zum Abschluss des **Zwischenstreitverfahrens** die Anordnung von Zwangsmitteln ausgeschlossen ist (BGH FamRZ 2007, 1728, 1729). Daher rechtfertigt die Weigerung der Mutter für ihr minderjähriges Kind, an der Untersuchung mitzuwirken, keine sorgerechtlichen Maßnahmen (OLG Karlsruhe FamRZ 2007, 738). Eine Verfassungsbeschwerde ist daher i.d.R. unzulässig, weil das Zwischenstreitverfahren ausreichenden Rechtsschutz gewährt (BVerfG FamRZ 2014, 460 [LS]) oder nach Umsetzung der einstweiligen Anordnung ein Rechtsschutzbedürfnis nicht mehr fortbesteht (BVerfG FamRZ 2015, 1688 [zur Exhumierung]). Keine Aussetzung des Verfahrens gem. § 21 FamFG bei Unauffindbarkeit (OLG Karlsruhe FuR 2011, 583).

9 **I. Weigerungsrecht.** Gegen einen unberechtigten Eingriff in seine Rechte kann sich die zu untersuchende Person nach Maßgabe der §§ 386 bis 389 ZPO wenden. Im Zwischenstreitverfahren wird über die Rechtmäßigkeit der Weigerung nach Anhörung der Beteiligten entschieden (§ 387 ZPO), bevor Zwangsmittel gegen die Untersuchungsperson festgesetzt werden können (OLG Brandenburg FamRZ 2011, 397). Die Testperson kann geltend machen, dass die Feststellung der Abstammung nicht erforderlich bzw. entscheidungserheblich, nicht geeignet oder unzumutbar ist. Während bisher streitig war, in welchem Umfang die Beweisanordnung vom Beschwerdegericht im Zwischenstreit überprüft werden kann (BGH FamRZ 1993, 691), hat der BGH eine **umfassende Prüfung** auch bei einem unschlüssigen Vaterschaftsanfechtungsantrag zugelassen (BGH FamRZ 2006, 686, 688; FamRZ 2007, 1728, 1729). Das am Verfahren beteiligte **minderjährige Kind** kann über das Weigerungsrecht nur selbst entscheiden, wenn es – vergleichbar einer ärztlichen Behandlung – die erforderliche Verstandesreife hat. Ob diese im Alter ab etwa 14 Jahren unterstellt werden kann (Prütting/Helms/*Stößer* § 178 Rn. 14; OLG Jena FamRZ 2007, 1676 für 5-jähriges Kind verneint; OLG München FamRZ 1997, 1170 für 7-jähriges Kind verneint; OLG Karlsruhe FamRZ 1998, 563 für 15-jähriges Kind bejaht), ist vom Gericht unter Berücksichtigung der mit der Untersuchung verbundenen Folgen im Einzelfall festzustellen (Keidel/*Engelhardt* § 178 Rn. 18 unter Hinweis auf § 81c Abs. 3 Satz 2 StPO). Kann das Kind über sein Weigerungsrecht nicht selbst entscheiden, ist hierzu der gesetzliche Vertreter berufen, soweit dessen Vertretung nicht wegen eines erheblichen Interessengegensatzes ausgeschlossen ist (*§ 1796 BGB*), sodass ein Ergänzungspfleger zu bestellen ist. Die praktische Relevanz des Weigerungs-

rechts wird künftig durch das Abstammungsklärungsverfahren und die Regelung des § 177 Abs. 2 Satz 2 an Bedeutung verlieren.

II. Zwischenstreitverfahren. Die Testperson muss nach § 386 Abs. 1 ZPO unter Angabe seiner Gründe die Weigerung, an der Untersuchung teilzunehmen, im Untersuchungstermin oder zuvor ggü. dem Gericht erklären. Allein der Umstand, dass die zu untersuchende Person nicht zu dem vom Sachverständigen anberaumten Termin erscheint, genügt weder für die Erklärung des Weigerungsrechts noch für die Anordnung von Zwangsmaßnahmen (OLG Brandenburg FamRZ 2001, 1010). Über die Rechtmäßigkeit der Weigerung ist durch das Gericht im Zwischenstreitverfahren, für das Verfahrenskostenhilfe bewilligt werden kann (OLG Hamburg FamRZ 2009, 1232), durch zu begründenden Beschluss nach Anhörung der Beteiligten zu entscheiden (§ 387 Abs. 1 ZPO; nicht in der Endentscheidung OLG Brandenburg FamRZ 2007, 1755 f.). Gegen diese Entscheidung ist die **sofortige Beschwerde** gem. §§ 387 Abs. 3, 567 ff. ZPO (a.A. OLG Dresden FamRZ 2011, 649, 650 über § 58, das allerdings im Unterhaltsverfahren für die Inzidentfeststellung der Vaterschaft [§ 169 Rdn. 25 ff.] den Rechtsschutz nach §§ 112 Nr. 1, 113 Abs. 1 FamFG i.V.m. § 372a Abs. 2 ZPO insoweit nicht heranzieht) eröffnet. Das Beschwerdegericht hat ggf. die Rechtsbeschwerde zuzulassen (BGH FamRZ 2006, 686, 688; zur Verfassungsbeschwerde BVerfG FamRZ 2008, 1507; 2011, 787 f.; 1925 zu § 1600 Abs. 1 Nr. 5 BGB). Bis zur rechtskräftigen Entscheidung über den Zwischenstreit ist die Person nicht verpflichtet, an der Untersuchung mitzuwirken (§ 386 Abs. 3 ZPO). Die Kosten des Zwischenstreitverfahrens trägt bei unberechtigter Weigerung die Testperson. Da die Beweisaufnahme i.R.d. Amtsermittlung des Gerichts erfolgt, handelt es sich bei den Auslagen der Testperson in dem für diese erfolgreichen Zwischenstreit um Kosten der Hauptsache (zur Kostentragung durch den Antragsteller OLG Celle OLGR 1997, 82). Erst wenn über den Zwischenstreit rechtskräftig entschieden ist oder die Weigerung nicht erklärt wird, kann die Teilnahme der Testperson an dem gerichtliche angeordneten Untersuchungstermin (§ 377 Abs. 2 ZPO) durch Anordnung der **Zwangsmittel** nach § 390 ZPO erzwungen werden (OLG Brandenburg FamRZ 2011, 397). Ein Ordnungsgeld kann nicht festgesetzt werden, wenn die Untersuchungsperson im Beweisbeschluss nicht namentlich benannt ist (OLG Celle v. 12.11.2010 – 15 WF 277/10; § 178 Rdn. 2). Allerdings kann die Person auch nachträglich ein Weigerungsrecht geltend machen oder sein Ausbleiben entschuldigen (§ 381 ZPO analog). Gegen die Anordnung von Zwangsmitteln ist ebenfalls die sofortige Beschwerde eröffnet (§ 87 Abs. 4). Bei wiederholter unberechtigter Verweigerung der Untersuchung kann das Gericht die Anwendung unmittelbaren Zwangs, insb. die **zwangsweise Vorführung** der Person zur Untersuchung (LG Regensburg DGVZ 1980, 171) und Probeentnahme (§ 96a Rdn. 2) anordnen (**§ 178 Abs. 2 Satz 2**). Für die zwangsweise Durchsetzung einer Duldungspflicht ggü einer sich im Ausland aufhaltenden Untersuchungsperson ist nach Art. 13 Abs. 1 EG-Bew-VO das Recht des ersuchten Staates maßgeblich (OLG Bremen FamRZ 2009, 802 m. Anm. *Knöfel* 1339, 1340, wonach eine dem § 178 Abs. 1 vergleichbare Vorschrift nur in Dänemark, Norwegen, Österreich, Schweden, der Schweiz und Ungarn besteht; DIJuF-Gutachten JAmt 2011, 260 f.). Kann diese – ggf. auch mit polizeilicher Hilfe – nicht durchgesetzt werden, kommt eine Entscheidung nach den Grundsätzen zur Beweisvereitelung in Betracht (§ 177 Rdn. 10), sofern nicht vorrangig andere Verwandte einbezogen werden können.

§ 179 Mehrheit von Verfahren.

(1) ¹Abstammungssachen, die dasselbe Kind betreffen, können miteinander verbunden werden. ²Mit einem Verfahren auf Feststellung des Bestehens der Vaterschaft kann eine Unterhaltssache nach § 237 verbunden werden.
(2) Im Übrigen ist eine Verbindung von Abstammungssachen miteinander oder mit anderen Verfahren unzulässig.

Übersicht

	Rdn.		Rdn.
A. Allgemeines	1	C. Unzulässige Verfahrensmehrheit	6
B. Zulässige Verfahrensmehrheit	2		

A. Allgemeines. Die Vorschrift regelt in Anlehnung an den bisherigen § 640c ZPO a.F. die Verbindung mehrerer Abstammungssachen und einer solchen mit anderen Verfahren. Nach dem Grundsatz in Abs. 1 Satz 1, der eine wesentliche Änderung zum bisherigen Recht darstellt, können nur Abstammungssachen im Sinne von § 169, die dasselbe Kind betreffen, miteinander verbunden werden, wobei Satz 2 für eine auf den

Mindestunterhalt (§ 1612a BGB) gerichtete Unterhaltssache des § 237 eine Ausnahme – wie § 653 ZPO a.F. – zulässt. Abs. 2 regelt als zweiten Grundsatz, dass andere Abstammungssachen miteinander und andere Verfahren mit einer Abstammungssache nicht verbunden werden dürfen. Seine Rechtfertigung erfährt das Verbindungsverbot daraus, dass Verfahren mit unterschiedlichen Verfahrensgrundsätzen nicht gemeinsam behandelt und entschieden werden sollen, um zugleich Verfahrensverzögerungen zu vermeiden (BGH FamRZ 2007, 124, FamRZ 2007, 368, 369).

2   B. **Zulässige Verfahrensmehrheit.** In einem Abstammungsverfahren können mehrere, auch widerstreitende, auf die Abstammung eines Kindes gerichtete Anträge gestellt und gemeinsam entschieden werden. Das **Rechtsschutzbedürfnis** muss für jeden von einem Beteiligten gestellten Antrag gesondert geprüft und bejaht werden (OLG Brandenburg FamRZ 2004, 471). Zulässig ist die Mehrheit von Verfahrensgegenstände nur dann, wenn sie auf **dasselbe Kind** gerichtet sind (bei Geschwistern Rdn. 6). Der **Antragsteller** kann seine Anträge im Verhältnis von **Haupt- und Hilfsantrag** stellen (OLG Celle FamRZ 2012, 564, 566). Dies ist wegen der laufenden Anfechtungsfrist insb. dann sinnvoll, wenn er primär die Feststellung der Unwirksamkeit seiner Vaterschaftsanerkennung geltend macht und hilfsweise die Anfechtung der Vaterschaft begehrt. Zulässig sind mehrere **gleichrangige Hauptanträge** eines Beteiligten, etwa wenn das Kind als Antragsteller in der Antragsschrift mehrere Männer als Vater (jedoch nicht in einem Rangverhältnis) in Anspruch nimmt (*Musielak/Borth* § 179 Rn. 3; DIJuF-Gutachten JAmt 2010, 359, 360). Seinen Antrag auf Anfechtung der Vaterschaft kann das Kind mit dem Antrag auf Feststellung der Vaterschaft eines anderen Mannes verbinden, auch wenn dieser erst nach Entscheidung über den Erstantrag zulässig wird. Der rechtliche wie der potenzielle biologische Vater können einen Anfechtungsantrag (§ 1600 Abs. 1 Nr. 2 BGB) hilfsweise mit einem Antrag auf Ersetzung der Einwilligung in eine genetische Untersuchung zur Klärung der Abstammung nach § 1598 Abs. 2 BGB verbinden (OLG Celle FamRZ 2012, 564, 566).

3   Auch wenn das einseitige Abstammungsverfahren nicht von dem Gegeneinander von Antragsteller und Antragsgegner gekennzeichnet ist, können die **Beteiligten** ihrerseits auf die Abstammung gerichtete Anträge stellen. Auf den Anfechtungsantrag des Scheinvaters, dem das Kind nicht entgegen treten will, kann es mit einem Feststellungsantrag gegen einen anderen Mann reagieren. Trotz identischer Verfahrensgegenstände der Vaterschaftsanfechtung können auf den verfahrenseinleitenden Antrag des Scheinvaters sowohl das Kind und die Mutter als auch der potenzielle biologische Vater (*Grün* Rn. 219) ihrerseits wegen der ggf. laufenden Anfechtungsfristen einen gleichlautenden Antrag stellen, um nicht bei Rücknahme oder Abweisung des Antrags eines anderen Verfahrensbeteiligten ihr Anfechtungsrecht durch Fristversäumung zu verlieren. Für diesen Antrag ist Verfahrenskostenhilfe zu bewilligen (OLG Celle FamRZ 1991, 978). Ein Anfechtungsantrag des rechtlichen Vaters (§ 1600 Abs. 1 Nr. 1 BGB) schließt einen Antrag des potenziellen biologischen Vaters nach § 1600 Abs. 1 Nr. 2 BGB nicht aus (*Wieser* MDR 2009, 61). Insoweit handelt es sich um unterschiedliche Verfahren, für die jedoch aus den vorgenannten Gründen ebenfalls ein Rechtsschutzbedürfnis besteht.

4   Im Gegensatz zu § 640c Abs. 1 Satz 2 ZPO a.F. sieht § 179 eine Regelung zu einer Widerklage nicht mehr vor. Dies schließt **widerstreitende Anträge** verschiedener Beteiligter im Abstammungsverfahren nicht aus, wenn sie dasselbe Kind betreffen und auf eine Abstammungssache i.S.d. § 169 gerichtet sind. Beantragt der gem. § 1592 Nr. 2 rechtliche Vater die Feststellung, dass seine Anerkennung unwirksam ist (§ 169 Rdn. 10), können die Mutter und/oder das Kind ihrerseits im Verfahren den Antrag auf Feststellung der Vaterschaft stellen (OLG München DAVorm 1989, 632). Dem negativen Feststellungsantrag eines Mannes, nicht der Vater zu sein (§ 169 Rdn. 6), kann das Kind mit einem Vaterschaftsfeststellungsantrag entgegen treten, weil eine rechtliche Vaterschaft noch nicht besteht und Unterhaltsanträge nach §§ 248 oder 237 zulässig werden (*Musielak/Borth* § 179 Rn. 4). Für den widerstreitenden Antrag muss ein Rechtsschutzbedürfnis bestehen. Hieran fehlt es, wenn das Kind auf den Vaterschaftsanfechtungsantrag seinerseits mit einem Antrag auf Feststellung der Vaterschaft des Antragstellers reagiert. Ebenso wenig besteht dieses, wenn der auf Vaterschaftsfeststellung in Anspruch genommene Mann einen Antrag auf Feststellung der Unwirksamkeit einer erstinstanzlich erklärten Anerkennung stellt, weil dies inzidenter festzustellen ist (OLG Brandenburg FamRZ 2004, 471, 472). Für die Verbindung eines Vaterschaftsanfechtungsverfahrens mit einem Abstammungsklärungsverfahren (§ 1598a Abs. 1 oder 2 BGB) wird regelmäßig kein Bedürfnis bestehen. Allerdings kann ein Antrag nach § 1598a Abs. 2 BGB mit einer Verpflichtung zur Einsicht bzw. Aushändigung einer Ausfertigung des Abstammungsgutachtens (§ 1598a Abs. 4 BGB) verbunden werden (*Musielak/Borth* § 179 Rn. 2).

5   Nach den jeweiligen Anträgen bestimmt sich der Kreis der Verfahrensbeteiligten. Das Gericht kann isoliert gestellte Anträge zu einem gemeinsamen Verfahren verbinden oder mehrere verbundene Anträge – nach entsprechendem gerichtlichen Hinweis (BGH FamRZ 2007, 124) – abtrennen, soweit es dies gem. § 20 für

sachdienlich hält. Bei Anträgen auf Vaterschaftsanfechtung und Vaterschaftsfeststellung – nicht jedoch nach § 1600 Abs. 1 Nr. 2 BGB – wird eine Trennung in Erwägung zu ziehen sein, weil über die Vaterschaft des potenziellen biologischen Vaters erst entschieden werden kann, wenn das Nichtbestehen der rechtlichen Vaterschaft festgestellt ist (AG Schwerin FamRZ 2005, 381). Im Fall der Abtrennung ist das Feststellungsverfahren für die Dauer des Anfechtungsverfahrens nach § 21 Abs. 1 aus wichtigem Grund auszusetzen. Bei der Anfechtung durch den rechtlichen und den potenziellen biologischen Vater sprechen verfahrensrechtliche Gründe für eine Verbindung der Verfahren, weil die Feststellung des anfechtungsberechtigten biologischen Vaters zum Ausschluss des Scheinvaters führt. Eine Verpflichtung des Gerichts zur Verfahrensverbindung lässt sich aufgrund der unterschiedlichen Verfahrensziele aus Gründen der Rechtskrafterstreckung nicht herleiten (a.A. *Wieser* MDR 2009, 61).

C. Unzulässige Verfahrensmehrheit. Nach dem unter Rdn. 2 dargestellten Grundsatz, dass die Abstammungssache nur auf dasselbe Kind bezogen sein darf, ist über die Abstammung von **Geschwistern** nicht in einem Verfahren, sondern in getrennten Verfahren zu entscheiden. Anträge auf Vaterschaftsanfechtung oder -feststellung bezüglich mehrerer Kinder sind unabhängig vom Antragsteller nicht in einem Verfahren zulässig (anders noch OLG Köln FamRZ 2005, 1765) und daher von Amts wegen – nach entsprechendem gerichtlichen Hinweis (BGH FamRZ 2007, 124) – abzutrennen (OLG Celle FamRZ 2012, 467, 468). 6

Andere Verfahrensgegenstände (Ausnahme Rdn. 8) können mit einer Abstammungssache nicht verbunden werden (Abs. 2). Dies gilt für andere Familiensachen ebenso wie für andere Verfahrensgegenstände der Freiwilligen Gerichtsbarkeit und erst recht für Familienstreitsachen bzw. Verfahren nach der ZPO – etwa auf Mitwirkung am Vaterschaftsgutachten (BGH FamRZ 2007, 124, 359; § 169 Rdn. 20; MüKoZPO/*Coester-Waltjen/Hilbig* § 179 Rn. 2). Eine auf das Sorgerecht der Eltern oder den Aufenthalt des Kindes gerichtete Anordnung des Gerichts ist im Abstammungsverfahren unzulässig. Dahin gehende Regelungen können ggf. nur in einem von Amts wegen einzuleitenden einstweiligen Anordnungsverfahren ergehen (OLG Celle FamRZ 2012, 567). Auch Unterhaltssachen (§ 231) können grds. nicht mit einer Abstammungssache in einem Verfahren entschieden werden. Ein bezifferter Unterhaltsanspruch des Kindes oder ein Unterhaltsantrag dessen nicht verheirateter Mutter (§ 1615l BGB) sind im Abstammungsverfahren unzulässig. Ebenso wenig kann mit dem Anfechtungsantrag ein Unterhaltsabänderungsantrag (§§ 238, 239), ein Vollstreckungsabwehrantrag (§ 767 ZPO), ein Bereicherungsanspruch (§ 812 BGB) oder ein Regressanspruch gegen den biologischen Vater (OLG Hamm FamRZ 2005, 476) verbunden werden. Diese Anträge sind abzutrennen (OLG Hamm FamRZ 1988, 1317, 1318) und die Unterhaltssache ist bis zur Entscheidung der Abstammungssache gem. §§ 113 Abs. 1; 153, 154 Abs. 2 ZPO auszusetzen. Aufgrund der Abtrennungs- und Aussetzungsmöglichkeit sind die Anträge nicht durch Teilbeschluss als unzulässig abzuweisen (BGH FamRZ 1974, 249). Entsprechend ist zu verfahren, wenn mit dem Antrag auf Vaterschaftsfeststellung ein Unterhaltsstufenantrag (§ 254 ZPO) verbunden ist (OLG Brandenburg FamRZ 1996, 369, 370). Das Verbindungsverbot gilt auch für den Fall, dass der rechtliche Vater auf Unterhalt in Anspruch genommen wird und nunmehr die biologische Vaterschaft bestreitet. Über sein Anfechtungsbegehren ist in einem Abstammungsverfahren vorab zu entscheiden und die Unterhaltssache ist auszusetzen (§ 169 Rdn. 2). 7

Eine gesetzlich zugelassene **Ausnahme des Verbindungsverbots** stellt das **Unterhaltsverfahren nach § 237** dar (**§ 179 Abs. 1 Satz 2**). Bei Anhängigkeit eines Verfahrens auf Feststellung der Vaterschaft kann in einem selbstständigen Hauptsacheverfahren ein Antrag auf Zahlung von Unterhalt für ein minderjähriges Kind i.H.d. Mindestunterhalts nach § 1612a BGB gestellt werden (§ 237 Abs. 1 u 3). Die Gründe des Verbindungsverbots stehen dem nicht entgegen, weil aufgrund der Darlegungs- und Beweislast sowie der begrenzten Verteidigungsmöglichkeiten des potenziellen biologischen Vaters (§ 237 Rdn. 5) nicht mit einer Verfahrensverzögerung zu rechnen ist. Hat der in Anspruch genommene Mann die Vaterschaft gem. § 180 oder außergerichtlich anerkannt, verbleibt es bei dem begrenzten Unterhaltsantrag nach § 237 (BGH FamRZ 1974, 249). Zur einheitlichen Kostenentscheidung und deren Anfechtung § 183 Rdn. 17 und 19a; KG FamRZ 2016, 319). 8

Die Verfahrenswerte verschiedener Abstammungssachen sind zu addieren (OLG Köln FamRZ 2005, 1765). 9

§ 180 Erklärungen zur Niederschrift des Gerichts.

¹Die Anerkennung der Vaterschaft, die Zustimmung der Mutter sowie der Widerruf der Anerkennung können auch in einem Erörterungstermin zur Niederschrift des Gerichts erklärt werden. ²Das Gleiche gilt für die etwa erforderliche Zustimmung des Mannes, der im Zeitpunkt der Geburt mit der Mutter des Kindes verheiratet ist, des Kindes oder eines gesetzlichen Vertreters.

§ 181

1 Die Vorschrift findet primär im Vaterfeststellungsverfahren (§ 1600d Abs. 1 BGB) Anwendung und regelt die Beurkundung der Anerkennung der Vaterschaft. Eine außergerichtliche Anerkennung der Vaterschaft des nicht mit der Mutter verheirateten Mannes ist bei den zuständigen Stellen (Jugendamt [§ 59 Abs. 1 Satz 1 Nr. 1 SGB VIII], Notar [§ 20 Abs. 1 Satz 1 BNotO], jedem AG [§ 62 Abs. 1 Nr. 1 BeurkG] sowie beim Standesamt [§ 29a Abs. 1 BeurkG]) möglich, vgl. *Zimmermann* FuR 2009, 21, 25). Während eines anhängigen Abstammungsverfahrens kann der Mann dies jederzeit nachholen oder aber im Erörterungstermin (§ 175 Abs. 1) die Anerkennung der Vaterschaft zur Niederschrift des Gerichts erklären, denn in Abstammungssachen kann eine Statusentscheidung aufgrund eines verfahrensrechtlichen Anerkenntnisses (BGH FamRZ 1994, 694; OLG Brandenburg FamRZ 2005, 1843) oder der Säumnis eines Beteiligten nicht ergehen. Die Erklärungen können jedoch nicht zur Niederschrift des Gerichts im Scheidungsverfahren erklärt werden, weil die Beurkundung nur im Rahmen eines Abstammungsverfahrens erfolgen kann (OLG Frankfurt FamRZ 2012, 1735; BGH FamRZ 2013, 944).

2 Die materiell-rechtliche **Erklärung** über die Anerkennung der Vaterschaft im Sinne von § 1594 Abs. 1 BGB kann der Mann nur persönlich (§ 1596 Abs. 3 u 4 BGB) und daher nicht durch seinen Rechtsanwalt als Bevollmächtigten im Verfahren erster oder zweiter Instanz abgeben. Nach § 1597 Abs. 1 BGB müssen die Anerkennung und weiteren Erklärungen öffentlich beurkundet werden. Im Abstammungsverfahren ist die Erklärung des Mannes nach entsprechender Belehrung über die Bedeutung und Folgen der Anerkennung der Vaterschaft in dem nach Maßgabe des § 28 Abs. 4 zu fertigenden Vermerk (Prütting/Helms/*Stößer* § 180 Rn. 3) gerichtlich zu **protokollieren** (§ 160 Abs. 3 Nr. 3 ZPO), vorzulesen oder vorzuspielen und zu genehmigen (§ 162 Abs. 1 ZPO; OLG Hamm FamRZ 1988, 101, 102; offen gelassen von BGH FamRZ 2013, 944; Musielak/*Borth* § 180 Rn. 1; Horndasch/*Viefhues* § 180 Rn. 4; a.A. OLG Brandenburg FamRZ 2000, 548). Die ordnungsgemäße Protokollierung der Erklärung ersetzt die Form des § 1597 Abs. 1 BGB. Werden die formalen Voraussetzungen nicht eingehalten, ist die Erklärung wegen Formmangels nichtig (§§ 125, 1598 Abs. 1 BGB), sofern nicht die 5-Jahres-Frist seit Eintragung in ein deutsches Personenstandsregister verstrichen ist (§ 1598 Abs. 2 BGB). Dass die Anerkennung im Rahmen eines Unterhaltsvergleichs erklärt wird, ist unschädlich, wenn die Erklärung als solche den formalen Voraussetzungen genügt. Zur Wirksamkeit der Anerkennung sind die **Zustimmungen** nach §§ 1595, 1596 BGB erforderlich. Deren Protokollierung kann nach § 180 Satz 2 unter den vorgenannten Voraussetzungen ebenfalls im gerichtlichen Verfahren erfolgen wie auch der Widerruf der Anerkennung der Vaterschaft gem. § 1597 Abs. 3 BGB, wenn diese ein Jahr nach der Protokollierung nicht wirksam geworden ist.

3 In einem **Vaterschaftsanfechtungsverfahren** können im Erörterungstermin auch die Erklärungen gem. **§ 1599 Abs. 2 Satz 2 BGB** – Anerkennung der Vaterschaft eines (nicht am Verfahren beteiligten) Dritten sowie die Zustimmungen der Mutter und des rechtlichen Vaters – zur Niederschrift des Gerichts abgegeben werden, wenn nach Anhängigkeit des Scheidungsverfahrens das Kind geboren wurde. Hingegen kann der potenzielle biologische Vater in dem von ihm eingeleiteten Anfechtungsverfahren (§ 1600 Abs. 1 Nr. 2 BGB) nicht wirksam die Vaterschaft anerkennen (MüKoZPO/*Coester-Waltjen/Hilbig* § 180 Rn. 5).

4 Beglaubigte Abschriften des gerichtlichen Protokolls sind dem Standesamt und den Verfahrensbeteiligten nach § 1597 Abs. 2 BGB zu übersenden. Hat der Mann die Anerkennung der Vaterschaft wirksam erklärt, kann der Antrag auf Feststellung der Vaterschaft in der Hauptsache übereinstimmend für erledigt erklärt werden (OLG Brandenburg FamRZ 2004, 471, 472), sodass allein über die Kosten des Verfahrens (KG FamRZ 1994, 909; § 183 Rdn. 2, 5) oder ggf. über einen verbundenen Antrag nach § 237 (als Unterhaltssache a.A. Musielak/*Borth* § 180 Rn. 3; MüKoZPO/*Coester-Waltjen/Hilbig* § 180 Rn. 11) zu entscheiden ist (OLG Brandenburg FamRZ 2003, 617). Hat das Gericht irrtümlich durch einen »Anerkenntnisbeschluss« entschieden, ist dies zwar verfahrensfehlerhaft (§ 177 Rdn. 3). Gleichwohl ist der Beschluss wirksam und erwächst in materielle Rechtskraft (BGH FamRZ 1994, 694). Ein Wiederaufnahmeverfahren nach § 185 Abs. 1 kann in diesem Fall auf ein späteres (neues) Gutachten gestützt werden. Darüber hinaus können Formmängel in der Niederschrift der Anerkennungs- oder Zustimmungserklärung mit einem Antrag auf Feststellung der Unwirksamkeit der Anerkennung geltend gemacht werden (OLG Hamm FamRZ 1988, 101, 102).

§ 181 Tod eines Beteiligten.

¹Stirbt ein Beteiligter vor Rechtskraft der Endentscheidung, hat das Gericht die übrigen Beteiligten darauf hinzuweisen, dass das Verfahren nur fortgesetzt wird, wenn ein Beteiligter innerhalb einer Frist von einem Monat dies durch Erklärung gegenüber dem Gericht verlangt. ²Verlangt kein Beteiligter innerhalb der vom Gericht gesetzten Frist die *Fortsetzung des Verfahrens*, gilt dieses als in der Hauptsache erledigt.

Abschnitt 4. Verfahren in Abstammungssachen § 181

Die Vorschrift regelt die Folgen des Todes eines Beteiligten im anhängigen Abstammungsverfahren ggü. 1
dem bisherigen § 640g ZPO a.F. neu und einheitlich für alle Beteiligten. Weil materiell-rechtlich das Kind
und dessen Mutter nach § 1600e Abs. 1 BGB a.F. sowohl im Anfechtungs- wie Feststellungsverfahren klagebefugt waren, sah § 640g Satz 1 ZPO a.F. vor, dass beim Tod der Mutter das Kind und beim Tod des Kindes die Mutter das Verfahren aufnehmen konnten. In den übrigen Fallkonstellationen war nach bisherigem
Recht das Kindschaftsverfahren in der Hauptsache als erledigt anzusehen (§§ 640 Abs. 1, 619 ZPO a.F.).
Durch die Beteiligung dieser Personen am einseitigen Abstammungsverfahren können die Folgen einheitlich geregelt werden (für eine Erweiterung des Personenkreises i.S.d. §§ 172, 7, nicht jedoch im Hinblick
auf den Verfahrensbeistands MüKoZPO/*Coester-Waltjen*/*Hilbig* § 181 Rn. 5).

§ 181 findet auf alle anhängigen Abstammungssachen im Sinne von § 169 Anwendung, die noch n.rk. 2
abgeschlossen sind, wenn ein Beteiligter stirbt. Es kommt nicht darauf an, ob der Antragsteller oder ein anderer Beteiligter nach § 172 gestorben ist. Sachlich ist es nicht gerechtfertigt zwischen diesen zu unterscheiden, weil das Interesse am Bestehen oder Nichtbestehen der Vaterschaft auch mit dem Tod des Antragstellers fortbestehen kann und das postmortale Abstammungsverfahren denselben Verfahrensregelungen
unterliegt (§ 169 Rdn. 18). Der Tod eines Beteiligten führt weder zur Erledigung des Verfahrens in der
Hauptsache kraft Gesetzes (§ 619 ZPO a.F.) noch zur Unterbrechung des Abstammungsverfahrens. Erlangt
das Gericht vom Tod eines Beteiligten Kenntnis, hat es die übrigen Beteiligten des bisherigen Verfahrens
durch ihnen bekannt zu gebenden Beschluss (§ 41 Abs. 1) auf die Rechtsfolgen nach § 181 hinzuweisen.
Der gerichtliche Hinweis ist darauf gerichtet, dass das Verfahren nur fortgesetzt wird, wenn ein Beteiligter
dies innerhalb einer Frist von einem Monat durch Erklärung ggü. dem Gericht verlangt. Die Zustellung des
Hinweisbeschlusses ist erforderlich, um den Beginn und den Ablauf der **Monatsfrist** für das **Fortsetzungsverlangen** eines Beteiligten bestimmen zu können. Jedem Beteiligten steht es frei, die Fortsetzung des anhängigen Abstammungsverfahrens zu verlangen. Das Verlangen muss ausdrücklich oder konkludent aus
der Erklärung des Beteiligten hervorgehen; hierbei handelt es sich um eine unabdingbare und zwingende
verfahrensrechtliche Voraussetzung. Die Berechtigung zum Fortsetzungsverlangen ist von der jeweiligen
Rolle des Beteiligten – z.B. als Antragsteller – abgekoppelt (BGH FamRZ 2015, 1787). Das Schweigen eines
Beteiligten auf den gerichtlichen Hinweis kann nicht als solches ausgelegt werden. Das Fortsetzungsverlangen muss innerhalb der Monatsfrist bei dem zuständigen Gericht, sei es das FamG, Beschwerdegericht oder
Rechtsbeschwerdegericht, eingehen. Entgegen dem missverständlichen Wortlaut, der in § 181 Satz 2 von
der vom Gericht gesetzten Frist spricht, die kürzer oder länger als ein Monat sein könnte, gilt für das Fortsetzungsverlangen der Beteiligten grds. die Monatsfrist nach Satz 1. Setzt das Gericht in dem Hinweisbeschluss eine längere Frist, ist diese für die Beteiligten maßgeblich; ggü einer kürzeren gerichtlichen Frist
können sich die Beteiligten auf die längere gesetzliche Frist berufen. Während der laufenden Frist befindet
sich das Verfahren in einem »Schwebezustand«, in dem keine weiteren Personen zum Verfahren hinzuzuziehen sind (BGH FamRZ 2015, 1786).

Ein Antragsrecht nach § 181 Satz 1 steht den »übrigen Beteiligten«, d.h. bisher am Verfahren Beteiligten zu 3
und darüber hinaus jenen Personen, die hieran gem. § 172 zu beteiligen oder nach § 7 Abs. 2 Nr. 1 hinzuziehen sind. Die nächsten Angehörigen des Verstorbenen, insbes. dessen Eltern, zählen indes nicht zu
den Personen, die die Fortsetzung des Verfahrens verlangen können (so auch OLG Nürnberg FamRZ 2015,
687). Hierfür stellt der BGH (FamRZ 2015, 1787) auf den Wortlaut sowie auf die Gesetzgebungsgeschichte
der Vorschrift ab. Der Gedanke der Rechtsklarheit in Statusfragen spricht gegen umfassende Ermittlungen
möglicher Antragsberechtigter, ohne dass dadurch in deren verfassungsrechtliche geschützte Rechte eingegriffen wird (BGH FamRZ 2015, 1787). Wird der Antrag einer hierzu nicht berechtigten Person auf Fortsetzung des Verfahrens zurückgewiesen, ist sie gem. § 59 Abs. 2 gleichwohl beschwerdeberechtigt, weil insoweit auf die formelle und nicht auf die Antragsberechtigung abzustellen ist (BGH FamRZ 2015, 1787; a.A.
OLG Nürnberg FamRZ 2015, 770). Macht ein Beteiligter von seinem Recht auf Fortführung des Verfahrens
Gebrauch, ist dieses nach den allgemeinen Regelungen fortzusetzen. Die Beteiligten am postmortalen Abstammungsverfahren sind dann ggf. neu hinzuzuziehen (§ 172 Rdn. 35 f.). Verlangt kein Beteiligter die
Fortsetzung des Verfahrens, gilt dieses als in der Hauptsache erledigt.

Gilt das Abstammungsverfahren in der Hauptsache nach Satz 2 als erledigt, tritt diese Rechtsfolge kraft Ge- 4
setzes ein. Es bedarf keines dahin gehenden feststellenden Beschlusses. Hinsichtlich der zu treffenden **Kostenentscheidung**, die nur auf Antrag eines Beteiligten ergeht (OLG Naumburg FamRZ 2006, 217), bleibt
das Abstammungsverfahren anhängig (*Gottwald* FamRZ 2006, 868). Ist eine erstinstanzliche Entscheidung
in Unkenntnis des Todes eines Verfahrensbeteiligten ergangen, ist diese – mit Ausnahme der weiterhin an-

fechtbaren Kostenentscheidung – wirkungslos (BGH FamRZ 1981, 245). Stirbt ein Beteiligter nach Bekanntgabe der erstinstanzlichen Entscheidung und vor deren Rechtskraft, ist die Entscheidung ebenfalls wirkungslos. Im Beschwerdeverfahren kann auch bezüglich der erstinstanzlichen Entscheidung keine klarstellende Entscheidung ergehen (BGH FamRZ 1981, 245, 246). Während i.R.d. § 619 ZPO a.F. ein Rechtsmittel mit dem Ziel, die Wirkungslosigkeit der Erstentscheidung festzustellen, unzulässig war, kann die Einlegung und/oder Begründung der Beschwerde als Fortsetzungsverlangen des Beteiligten auszulegen sein.

§ 182 Inhalt des Beschlusses.

(1) ¹Ein rechtskräftiger Beschluss, der das Nichtbestehen einer Vaterschaft nach § 1592 des Bürgerlichen Gesetzbuchs infolge der Anfechtung nach § 1600 Abs. 1 Nr. 2 des Bürgerlichen Gesetzbuchs feststellt, enthält die Feststellung der Vaterschaft des Anfechtenden. ²Diese Wirkung ist in der Beschlussformel von Amts wegen auszusprechen.
(2) Weist das Gericht einen Antrag auf Feststellung des Nichtbestehens der Vaterschaft ab, weil es den Antragsteller oder einen anderen Beteiligten als Vater festgestellt hat, spricht es dies in der Beschlussformel aus.

Übersicht	Rdn.		Rdn.
A. Allgemeines	1	C. Vollstreckung	13
B. Entscheidungsformel	2		

1 **A. Allgemeines.** Die §§ 182 bis 184 regeln den Inhalt der Entscheidungsformel, die für Vaterschaftsanfechtungsverfahren verbindliche Kostenteilung, die Wirksamkeit und Rechtskraft des Beschlusses sowie eine erweiterte Beschwerdeberechtigung. Sie nehmen die verschiedenen Regelungen der §§ 640h, 641h ZPO a.F. sowie 55b FGG a.F. inhaltlich auf. Die Entscheidungsformel im Anfechtungsverfahren des biologischen Vaters ist in Abs. 1 sowie für das negative Vaterschaftsfeststellungsverfahren in Abs. 2 ausdrücklich gesetzlich geregelt und von Amts wegen zu berücksichtigen. I.Ü. gilt für die inhaltlichen Anforderungen des Beschlusses § 38 Abs. 2 bis 5.

2 **B. Entscheidungsformel.** In der Entscheidungsformel ist je nach Verfahrensgegenstand über den oder die im Verfahren vom Antragsteller oder den weiteren Beteiligten gestellten Anträge zu befinden. Die Abstammungssachen nach § 169 Nr. 1 u 4 sind auf die positive oder negative Feststellung eines Eltern-Kind Verhältnisses bzw. der Vaterschaft gerichtet, während im Abstammungsklärungsverfahren eine Willenserklärung ersetzt und die Duldung der Untersuchung angeordnet wird. Dem Antrag ist im Erfolgsfall stattzugeben, anderenfalls ist er zurückzuweisen. Das Gericht entscheidet nach seiner freien, aus dem gesamten Inhalt des Verfahrens gewonnenen Überzeugung (§ 37 Abs. 1). Dabei hat es die durch die förmliche Beweisaufnahme im Wege des Abstammungsgutachtens sowie der Zeugenvernehmung gewonnenen Erkenntnisse zugrunde zu legen. Der Antrag auf Vaterschaftsanfechtung (§ 169 Nr. 4) gestaltet die Rechtsbeziehung, weil die bestehende rechtliche Zuordnung zwischen dem Kind und dem rechtlichen Vater aufgelöst wird. Ob das auf Feststellung der Vaterschaft gerichtete Verfahren allein feststellende oder darüber hinaus gestaltende Wirkung hat, ist streitig (Zöller/*Philippi* § 640 Rn. 4), jedoch ohne praktische Auswirkung.

3 I. Hat der Antrag keinen Erfolg, ist zur Klarstellung des Verfahrensgegenstandes und dessen Rechtskraft wie folgt zu erkennen:

4 **Vaterschaftsfeststellungsverfahren:** Der Antrag festzustellen, dass der Beteiligte zu … der Vater des Beteiligten zu … ist, wird zurückgewiesen.

5 **Vaterschaftsanfechtungsverfahren:** Der Antrag festzustellen, dass der Beteiligte zu … nicht der Vater des Beteiligten zu … ist, wird zurückgewiesen.

6 Bei **erfolgreichem Antrag** ist festzustellen, dass der Beteiligte zu … (beim Anfechtungsantrag: nicht) der Vater des Beteiligten zu … ist. Für den Anfechtungsantrag der zuständigen Behörde nach § 1600 Abs. 1 Nr. 5 BGB gilt dies gleichermaßen. Aus der Entscheidungsformel ist nicht ersichtlich, ob der zurückweisende Beschluss auf einem fehlenden Anfangs- bzw. Anfechtungsverdacht, der Versäumung der Anfechtungsfrist oder schwerwiegenden Zweifeln an der Vaterschaft beruht. Hat das Kind im Wege der Antragshäufung die rechtliche Vaterschaft angefochten und einen anderen Mann als Vater in Anspruch genommen, handelt es sich um verschiedene Verfahrensgegenstände, die nicht § 182 Abs. 1 unterfallen (MüKoZPO/*Coester-Waltjen/Hilbig* § 182 Rn. 4); dies ist bei Einlegung eines Rechtsmittels von Bedeutung.

II. Im **Klärungsverfahren** nach § 1598a Abs. 2 kann die Entscheidungsformel wie folgt lauten: 7
Die Beteiligten zu ... und ... werden verpflichtet, in die genetische Abstammungsuntersuchung einzuwil- 8
ligen und die Entnahme einer für die Untersuchung geeigneten Probe zu dulden, die nach den anerkannten
Grundsätzen der Wissenschaft entnommen werden muss (zur Bestimmtheit des Beschlusses *Hammermann*
FamRB 2008, 150, 152).

III. Für das **Anfechtungsverfahren** des **biologischen Vaters** nach § 1600 Abs. 1 Nr. 2 BGB legt **§ 182 Abs. 1** 9
fest, dass mit der Auflösung der bisher bestehenden rechtlichen Vaterschaft zugleich über die tatsächliche
biologische Vaterschaft zu entscheiden ist (BGH FamRZ 2008, 1921, 1922), um zu verhindern, dass das
Kind infolge des Verfahrens vaterlos wird. Ist der Anfechtende hingegen nicht der biologische Vater des
Kindes, wird sein Antrag (mit Rechtskraftwirkung) abgewiesen (MüKoZPO/*Coester-Waltjen/Hilbig* § 182
Rn. 5). Die verfahrensrechtliche Regelung folgt der materiell-rechtlichen Bestimmung (§ 1600 Abs. 2 BGB;
§ 171 Rdn. 18). Mit der Feststellung der Vaterschaft des Anfechtenden aufgrund eines DNA-Vaterschafts-
gutachtens geht der Ausschluss des rechtlichen Vaters einher. Ist die biologische Vaterschaft des Antragstellers erwiesen, ist sie gem. § 182 Abs. 1 Satz 1 festzustellen, sofern der Anfechtende die Vaterschaft nicht
bereits zuvor anerkannt hat (*Höfelmann* FamRZ 2004, 745, 750). Diese Feststellung erfolgt unabhängig
vom Antrag in der Beschlussformel aus Publizitätsgründen von Amts wegen (§ 182 Abs. 1 Satz 2). Die Entscheidungsformel kann lauten:

I. Es wird festgestellt, dass der Beteiligte zu ... (bisherige rechtliche Vater) nicht der Vater des Beteiligten
zu ... (Kind) ist.
II. Es wird festgestellt, dass der Beteiligte zu ... (Antragsteller) der Vater des Beteiligten zu ... (Kind) ist.
III. Kostenentscheidung gem. § 183.

Fehlt der Ausspruch zur Vaterschaftsfeststellung kann der Beschluss nach § 42 Abs. 1 wegen einer offen- 10
baren Unrichtigkeit berichtigt werden. Ob die Wirkung des § 182 Abs. 1 auch dann eintritt, wenn der Ausspruch hierzu fehlt, jedoch aus den Gründen ersichtlich ist (Thomas/Putzo/*Hüßtege* § 641h Rn. 14; Prütting/
Helms/*Stößer* § 182 Rn. 3; Musielak/*Borth* § 182 Rn. 2), erscheint im Hinblick auf § 30 PStG zweifelhaft.

IV. **§ 182 Abs. 2** ist allein auf den – praktisch seltenen – Antrag der **Feststellung des Nichtbestehens der** 11
Vaterschaft anwendbar. Das Verfahren, das auch von der Mutter oder dessen Kind eingeleitet werden kann,
kommt ua in Betracht, wenn ein Mann, gegen den bereits rechtlicher Vater ist, ein Rechtsschutzbedürfnis
hat, sich vorbeugend (Zöller/*Philippi* § 641h Rn. 1) gegen die Inanspruchnahme als Vater zu wenden (§ 169
Rdn. 5). Die Vorschrift findet auf die Feststellung der Unwirksamkeit einer Anerkennung der Vaterschaft
oder das Vaterschaftsanfechtungsverfahren (§ 169 Nr. 4; OLG Hamm FamRZ 1993, 472, 473; FamRZ 1994,
649) **keine Anwendung**, weil es bei Zurückweisung des Antrags bei der bestehenden rechtlichen Vaterschaft
verbleibt. Die positive Feststellung der rechtlichen und biologischen Vaterschaft ist in diesem Fall nicht
Aufgabe des § 182 Abs. 2, um ein weiteres Anfechtungsverfahren zu verhindern (so *Wieser* MDR 2009, 61,
62). Darüber hinaus kann die Regelung in den Verfahren nicht gelten, in denen die Vaterschaft des Antragstellers oder eines Beteiligten wegen ungeklärter Abstammung nicht festgestellt werden kann. Schließlich
greift sie nicht, wenn sich im Verfahren antragsgemäß erweist, dass der beteiligte Mann nicht der biologische Vater des Kindes ist. Allein für den Fall, dass auf den negativen Feststellungsantrag durch die Beweisaufnahme seine Vaterschaft erwiesen wird, ist nicht allein der Antrag als unbegründet zurückzuweisen,
sondern zugleich von Amts wegen – ggf. auch im Beschwerdeverfahren – die Vaterschaft des beteiligten
Mannes mit Wirkung des § 184 Abs. 2 festzustellen. Denn aus der Abweisung des Antrags wäre anderenfalls
das Beweisergebnis z.B. für den Standesbeamten, der nur die Beschlussformel erhält, nicht ersichtlich. Eines
Vaterschaftsfeststellungsantrags des Kindes oder der Mutter bedarf es hierzu nicht. Der Mann kann als Antragsteller der Entscheidung nur durch die Rücknahme seines Antrags entgehen, wenn nicht ein anderer
Beteiligter einen Feststellungsantrag gestellt hat.

Zur Kostenentscheidung im Vaterschaftsfeststellungsverfahren § 183 Rdn. 15; im Vaterschaftsanfechtungs- 12
verfahren § 183 Rdn. 8 ff.; im Abstammungsklärungsverfahren § 183 Rdn. 20; zur Kostenentscheidung in
Abstammungssachen allgemein § 183 Rdn. 4 ff.

C. Vollstreckung. *Endentscheidungen in Abstammungssachen bedürfen grds. keiner Vollstreckung*, weil 13
sie auf Feststellung oder Gestaltung gerichtet sind. Ausnahmen ergeben sich nur in wenigen Fällen: Für
einen mit einem Vaterschaftsfeststellungsverfahren verbundenen Unterhaltsantrag nach § 237 gilt die Vorschrift des § 120. Die Untersuchung zur Feststellung der Abstammung kann ggü jeder Person nach Maßgabe des § 178 Abs. 2 zwangsweise durchgesetzt werden (§ 178 Rdn. 11). Für das Abstammungsklärungs-

verfahren bedarf die Einwilligung als Abgabe einer Willenserklärung keiner Vollstreckung, weil die gerichtliche Entscheidung als solche wirkt bzw. diese ersetzt (BT-Drucks. 16/6561 S. 13). Die Vollstreckung, eine genetische Probe durch Blutentnahme oder Mundschleimhautabstrich zu dulden, erfolgt ebenfalls nach den allgemeinen Vorschriften der §§ 95 ff. Für den Fall, dass die Probenentnahme der zu untersuchenden Person nicht zugemutet werden kann, sieht § 96a Abs. 1, der dem bisherigen § 56 Abs. 4 FGG a.F. entspricht, vor, dass eine Vollstreckung nicht erfolgt. In Betracht kommen hier gesundheitliche Schädigungen des Verfahrensbeteiligten (BT-Drucks. 16/6561 S. 16). Bleibt ein Ordnungsgeld, das gem. §§ 95 Abs. 1 Nr. 4 FamFG i.V.m. § 890 ZPO festgesetzt werden kann, erfolglos und verweigert der Beteiligte wiederholt unberechtigt die Untersuchung, kann auch nach § 96a Abs. 2 unmittelbarer Zwang, insb. die zwangsweise Vorführung zur Untersuchung angeordnet werden (§ 96a Rdn. 2).

§ 183 Kosten bei Anfechtung der Vaterschaft.
Hat ein Antrag auf Anfechtung der Vaterschaft Erfolg, tragen die Beteiligten, mit Ausnahme des minderjährigen Kindes, die Gerichtskosten zu gleichen Teilen; die Beteiligten tragen ihre außergerichtlichen Kosten selbst.

Übersicht

	Rdn.		Rdn.
A. Regelungsgehalt	1	D. Kostenentscheidung bei Feststellung der Vaterschaft und anderen Abstammungsverfahren	15
B. Allgemeines zur Kostenentscheidung in Abstammungsverfahren	4	I. Allgemeines	15
I. Pflicht zur Kostenentscheidung	4	II. Kostenentscheidung bei Feststellung der Vaterschaft	16
II. Mögliche Kostenpflichtige	5	III. Kostenentscheidung im Abstammungsklärungsverfahren	20
III. Kosten	7		
C. Kostenentscheidung in Anfechtungsverfahren	8		
I. Entscheidung bei erfolgreicher Anfechtung	8	E. Anfechtung der Kostenentscheidung	22
II. Kostenentscheidung bei sonstiger Verfahrenserledigung	12		

1 **A. Regelungsgehalt.** Die Vorschrift regelt in Abweichung zu den allgemeinen Kostenregeln für selbstständige Familiensachen der freiwilligen Gerichtsbarkeit, denen das FGG-RG die früheren Kindschaftssachen als Abstammungsverfahren unterstellt hat (s. Vorbem zu §§ 169 bis 185 Rdn. 1 ff.), die **Kostenfolge bei einer erfolgreichen Anfechtung der Vaterschaft.** Nach ihr tragen die gerichtlichen Kosten sämtliche Verfahrensbeteiligte, mit Ausnahme des minderjährigen Kindes, nach Kopfteilen und außergerichtliche Kosten werden nicht erstattet. Dies entspricht inhaltlich dem früheren § 93c Satz 1 ZPO (BT-Drucks. 16/6308, S. 246), der durch das NEhelG (BGBl. 1969 I, S. 1243) als Ausnahme von der zwingenden Kostenfolge des § 91 ZPO eingefügt wurde um die Beklagten des kontradiktorischen Verfahrens vor einer unbilligen Kostenbelastung zu schützen (vgl. BR-Drucks. 624/106, S. 3; Keidel/*Engelhardt* § 183 Rn. 1 m.w.N. Zur Verfehlung dieses Zwecks s.u. Rdn. 3). Eine dem § 93c Satz 2 ZPO a.F. entsprechende Regelung, nach der in entsprechender Anwendung des § 96 ZPO die Kosten eines erfolglosen Verteidigungsmittels davon abweichend verteilt werden konnten, wurde im Hinblick auf den Amtsermittlungsgrundsatz (s. § 177 Rdn. 4 ff., 12) zu Recht nicht übernommen.

2 Anwendbar ist die Kostenregel des § 183 nur, wenn das Nichtbestehen der Vaterschaft **durch gerichtliche Entscheidung festgestellt** wird, dann aber auch in der Rechtsmittelinstanz, wenn sie erst diese Entscheidung trifft (s.u. Rdn. 9). Wird der Antrag (oder das Rechtsmittel) abgewiesen oder erledigt er sich auf andere Weise, z.B. durch eine zu Protokoll des Gerichts oder des Jugendamts erklärte Anerkennung der Vaterschaft, gelten die allgemeinen Regeln zur Kostenentscheidung in FG-Sachen.

3 Der in § 183 normierte **Zwang zur gleichmäßigen Heranziehung** sämtlicher Verfahrensbeteiligter (außer dem Kind) zu den Gerichtskosten und der strikte Ausschluss jeglicher Kostenerstattung steht im Widerspruch zu dem flexiblen und auf Vermeidung unbilliger Kostenbelastung gerichteten System der allgemeinen Kostenregeln für Verfahren der freiwilligen Gerichtsbarkeit (§§ 80 ff.) und wird dem ursprünglich mit § 93c ZPO a.F. verfolgten Ziel der Kostengerechtigkeit (s.o. Rdn. 1) nicht in allen Fällen gerecht. Verfehlt wird es z.B. in Verfahren, in denen sich das Jugendamt nach § 172 Abs. 2 am Verfahren beteiligt, und in *sein Gegenteil* verkehrt in Verfahren, in denen die zuständige Behörde ein missbräuchlich abgegebenes Va-

terschaftsanerkenntnis nach § 1600 Abs. 1 Nr. 5 BGB (s. dazu § 171 Rdn. 22) anficht. Der Reformgesetzgeber hat die kostenrechtlichen Auswirkungen (s.u. Rdn. 6) des erst im Laufe des Gesetzgebungsverfahrens entstandenen Antragsrechts der zuständigen Behörde (Gesetz v. 18.03.2008, BGBl. I, S. 313) offensichtlich ebenso übersehen wie die der Erweiterung des Kreises der Verfahrensbeteiligten durch § 172 Abs. 2 und § 7 Abs. 2 und 3 (s.u. Rdn. 5 und zu den kostenrechtlichen Folgen Rdn. 7). Deshalb ist § 183 mE einschränkend als **lex specialis nur zu § 81 Abs. 1** auszulegen, wodurch die Möglichkeit eröffnet wird, die gerichtlichen Kosten und die außergerichtlichen Kosten der übrigen Beteiligten unter der Voraussetzung des § 81 Abs. 2 Nr. 1 (s. § 81 Rdn. 33) allein dem oder den schuldhaft handelnden Veranlasser(n) des Anfechtungsverfahrens aufzuerlegen (s.a. Prütting/Helms/*Stößer* § 183 Rn. 5).

B. Allgemeines zur Kostenentscheidung in Abstammungsverfahren. I. Pflicht zur Kostenentscheidung. 4
Für die Fälle der erfolgreichen Vaterschaftsanfechtung schreibt § 183 zwingend eine Entscheidung über die Kosten in der Endentscheidung vor. Für die übrigen Verfahren ergibt sich dasselbe aus § 81 Abs. 1 Satz 3, nach dem **in Familiensachen stets** über die gerichtlichen und außergerichtlichen Kosten zu entscheiden ist; und zwar gem. § 82 regelmäßig zusammen mit der Entscheidung in der Hauptsache. Erledigt sich das Verfahren auf andere Weise, steht die dann isoliert zu treffende Kostenentscheidung der Endentscheidung gleich (s. § 82 Rdn. 1). In den nicht von § 183 erfassten Fällen hat das Gericht die Kosten gem. § 81 Abs. 1 nach billigem Ermessen zu verteilen, wobei das Unterliegen eines Beteiligten nicht ohne Weiteres die Verpflichtung zur Kostenerstattung nach sich zieht (MüKoZPO/*Schindler* § 81 Rn. 12). Im Gegensatz zu den früher kontradiktorisch geführten Kindschaftssachen (§ 640 ZPO a.F.) entspricht die einseitige Kostenlast eines Familienangehörigen nicht dem Regelfall (Prütting/Helms/*Feskorn* § 81 Rn. 13, 14a), zumal § 81 Abs. 2 hierfür Regelbeispiele im Fall groben Verschuldens (§ 81 Rdn. 31) aufführt. Fehlen Anhaltspunkte dafür, dass einem Beteiligten die Kosten ganz oder teilweise aufzuerlegen sind, entspricht es der Billigkeit, dass jeder Verfahrensbeteiligte seine außergerichtlichen Kosten selbst trägt. Eine unterschiedliche Handhabung für Abstammungssachen und Kindschaftssachen ist nicht gerechtfertigt (a.A. *Knittel* JAmt 2010, 497, 499). Die Entscheidung ist insb. dann zu begründen, wenn Kostentragung in das billige Ermessen des Gerichts gestellt ist; in diesem Fall muss das Gericht die Erwägungen, von denen es sich bei der Ermessensausübung hat leiten lassen, nachvollziehbar darlegen (OLG Saarbrücken Beschl. v. 19.07.2012, 6 WF 360/12, OLG Report Mitte 42/2012 Anm. 1 = JurionRS 2012, 24355). Enthält der erstinstanzliche Beschluss keine Ausführungen zur Ermessensausübung kann das Beschwerdegericht diese Entscheidung – unabhängig von der Frage, ob die (begründete) Ermessensentscheidung nur auf Ermessensfehler (Nichtgebrauch, Fehlgebrauch oder Überschreitung) überprüft werden kann (OLG Frankfurt MDR 2013, 530; Rdn. 22, § 82 Rdn. 13), selbst ausüben. Über die Verteilung der gerichtlichen Kosten und über die Erstattung der außergerichtlichen Kosten sollte getrennt befunden werden. Die Verfahrensbeteiligten können über die Kosten auch eine Vereinbarung schließen, die, sofern sie einen vollstreckbaren Titel schafft, die Kostenentscheidung ersetzt und ansonsten bei der gerichtlichen Kostenentscheidung zu berücksichtigen ist (s. § 83 Rdn. 3).

II. Mögliche Kostenpflichtige. In sämtlichen Abstammungsverfahren können wie in sonstigen FG-Verfahren die gerichtlichen Gebühren und Auslagen sowie ggf. die außergerichtlichen Aufwendungen anderer Verfahrensbeteiligter (Kosten i.S.d. § 80, s.u. Rdn. 7) grds. nur den am Verfahren **formell Beteiligten** auferlegt werden; allein die Einbeziehung in das einzuholende Abstammungsgutachten ist hierfür nicht ausreichend (OLG Stuttgart FamRZ 2011, 1321 m.w.N.). Zweifelhaft erscheint die Auffassung des OLG Frankfurt (MDR 2013, 530), wonach der Kindesmutter Kosten auch dann auferlegt werden können, wenn sie nicht im Rubrum als Beteiligte genannt ist, ihr weder die Antragsschrift noch das Abstammungsgutachten übersandt wurden – sie jedoch hiervon als gesetzliche Vertreterin des Kindes Kenntnis erlangt hatte – und ihr die erstinstanzliche Entscheidung erst im Beschwerdeverfahren zugestellt wurde. Von der Kostenlast **ausgenommen** sind gem. § 174 Satz 2 i.V.m. § 158 Abs. 8 der für das Kind bestellte **Verfahrensbeistand** und gem. § 183 bei einer erfolgreichen Anfechtung der Vaterschaft auch das **minderjährige Kind** selbst. In allen anderen Fällen ist das minderjährige Kind nicht mehr vor der Auferlegung von Kosten geschützt (OLG Oldenburg, FamRZ 2013, 971; *Keuter* FamRZ 2013, 923; anders noch die Vorauflage und z.B. OLG Stuttgart *FamRZ 2011, 1751*). Denn seit 01.01.2013 gilt das Verbot, Minderjährigen in Angelegenheiten, die ihre Person betreffen, Verfahrenskosten aufzuerlegen, ausdrücklich nur noch in Kindschaftssachen (s. § 81 Rdn. 39), sodass die Rspr. zur bisherigen Rechtslage (OLG Celle FamRZ 2010, 1840, 1841; OLG Stuttgart FamRZ 2011, 1321) insoweit nicht mehr herangezogen werden kann. Gleichwohl entspricht es regelmäßig nicht der Billigkeit, das am Vaterschaftsfeststellungsverfahren beteiligte minderjährige Kind zur Kostentragung heranzuzie-

§ 183 Buch 2. Verfahren in Familiensachen

hen (OLG Oldenburg FamRZ 2013, 971; OLG Frankfurt FamRZ 2013, 1922, 1923; a.A. OLG Hamm FamRZ 2015, 1747). Der Kreis der formell Verfahrensbeteiligten beschränkt sich nicht auf die in § 172 Abs. 1 genannten Personen; neben dem betroffenen Kind sind dies die Mutter, der rechtliche Vater und der potenzielle Erzeuger, wenn er an Eides statt versichert, der Mutter während der Empfängniszeit beigewohnt zu haben (s. § 172 Rdn. 27 auch zum Ausschluss des Anfechtungsrechts bei künstlicher Insemination). Gem. § 7 Abs. 1 Nr. 1 gehört dazu jeder Antragsteller, in Anfechtungsverfahren mithin auch die anfechtende Behörde (§ 172 Rdn. 33) und das Jugendamt, wenn es gem. § 172 Abs. 2 beteiligt wurde. Weiterhin kommt als Kostenschuldner jeder infrage, den das Gericht nach § 7 Abs. 2 und 3 hinzuzieht bzw. in postmortalen Abstammungsverfahren anstelle des verstorbenen Mannes hinzuziehen muss (s. § 172 Rdn. 36). In der **Rechtsmittelinstanz** wird außerdem jede sonstige Person oder Institution, die ein Rechtsmittel einlegt, unabhängig von ihrer formellen Berechtigung zum Verfahrensbeteiligten (s. § 7 Abs. 1). Unter den besonderen Voraussetzungen des § 81 Abs. 4 können auch **Dritte** zu den Verfahrenskosten herangezogen werden (s. § 81 Rdn. 42), z.B. ein Nichtbeteiligter – das kann auch ein Zeuge sein –, der durch eine absichtlich falsche Behauptung den Anfechtungsantrag veranlasst hat. Die Kostenfolgen haben auch Bedeutung für die gerichtliche Hinweispflicht und behördliche Beratung insoweit, als auf die Kostenlast und einen Antrag auf Bewilligung von Verfahrenskostenhilfe hingewiesen werden sollte.

6 Die **Gebühren- und Auslagenbefreiung**, die die zuständige Behörde oder das Jugendamt **nach § 2 Abs. 2 FamGKG** genießen (s. § 2 FamGKG Rdn. 1), führt nicht dazu, dass ihnen, wenn sie am Verfahren formell beteiligt sind, keine Kosten auferlegt werden dürfen, sondern hindert die Justizkasse nur daran, die gerichtlichen Gebühren und ggf. auch die Auslagen von ihnen zu erheben. Soweit den von Gerichtskosten befreiten Behörden die Kosten auferlegt werden, dürfen sie auch nicht von anderen Verfahrensbeteiligten erhoben werden (§ 2 FamGKG Rdn. 2) und schmälern damit deren Kostenlast (*Finke* FPR 2010, 331, 334).

7 **III. Kosten.** Welche Kosten von der Kostenentscheidung erfasst und von den Verpflichteten zu tragen oder zu erstatten sind, ergibt sich aus § 80 i.V.m. mit den Kostengesetzen (s. § 81 Rdn. 4 ff.). Die **gerichtlichen Kosten** setzen sich zusammen aus den Gebühren und den Auslagen. Für sämtliche Abstammungsverfahren werden in allen Instanzen allgemeine Verfahrensgebühren erhoben (s. § 80 Rdn. 6; § 3 FamGKG Rdn. 11 und Nr. 1320–1328 KV FamGKG Rdn. 4 ff.), die sich nach dem **Gegenstandswert** richten. Für die Feststellung der Vaterschaft und ihre Anfechtung sowie für die weiteren von § 169 Nr. 1 erfassten Verfahren (s. § 169 Rdn. 5 ff.) bestimmt § 47 FamGKG einen Wert von 2000 € und für die übrigen Abstammungssachen (§ 169 Nr. 2 und 3) von 1000 €, der jeweils nur bei Vorliegen besonderer Umstände herauf- oder herabgesetzt werden kann (*Vogel* FPR 2010, 313; s. § 47 FamGKG Rdn. 3 ff. auch zur Wertberechnung bei Verbindung mehrerer Anträge). Eine Wertaddition bei mehreren Kindern ist durch die Regelung des § 179 Abs. 1 Satz 1 ausgeschlossen. Daneben können Auslagen erhoben werden, insb. für die Vergütung und Entschädigung von Zeugen, Sachverständigen und den Verfahrensbeistand (s. § 80 Rdn. 38 ff.; Nr. 2000–2015 KV FamGKG Rdn. 1 ff.). Da in den meisten Fällen ein Sachverständigengutachten einzuholen und in besonders gelagerten Einzelfällen ein Verfahrensbeistand zu bestellen ist, entstehen regelmäßig nicht unerhebliche Auslagen. Bei den **außergerichtlichen Kosten** handelt es sich um die zur Durchführung des Verfahrens notwendigen Aufwendungen iSv § 80, zu denen in erster Linie die Anwaltskosten und die Reisekosten der Verfahrensbeteiligten einschließlich der Entschädigung für Zeitversäumnisse und Verdienstausfall zählen (vgl. im Einzelnen § 80 Rdn. 48 ff.). Ihre Erstattung kann nach allgM nur einem im entgegengesetzten Sinn am Verfahren Beteiligten auferlegt werden. Entscheidet das Gericht ohne einen Erörterungstermin anzuberaumen (§ 175), so entsteht eine Terminsgebühr nach Nr. 3104 Abs. 1 Nr. 1 VV RVG nicht, weil für Abstammungssachen eine »mündliche Verhandlung« nicht vorgeschrieben ist (OLG Karlsruhe FamRZ 2013, 487 [auch für den Fall eines anberaumten Termins, an dem der Verfahrensbevollmächtigte nicht teilgenommen hat]). Eine Einigungsgebühr entsteht im Vaterschaftsfeststellungsverfahren auch bei außergerichtlichem Privatgutachten und späterem Vaterschaftsanerkenntnis nicht (OLG München FamRZ 2011, 246).

8 **C. Kostenentscheidung in Anfechtungsverfahren. I. Entscheidung bei erfolgreicher Anfechtung.** Stellt das Gericht gem. § 1599 Abs. 1 BGB das Nichtbestehen der Vaterschaft fest, hat es gem. § 183 die gerichtlichen Kosten sämtlichen Verfahrensbeteiligten regelmäßig zu gleichen Teilen aufzuerlegen, grds. auch wenn es sich dabei um eine Behörde handelt (s. aber Rdn. 10). Davon auszunehmen sind das betroffene Kind, wenn es noch minderjährig ist, und ein nach § 174 bestellter Verfahrensbeistand, denen Kosten nicht auferlegt werden dürfen (s. Rdn. 5). Eine Erstattung außergerichtlicher Kosten ist ausgeschlossen, und zwar auch die dem minderjährigen Kind evtl. entstandenen Anwaltskosten (vgl. Musielak/*Borth* § 183 Rn. 7).

Beides muss im **Tenor** der Kostenentscheidung berücksichtigt werden, der wie folgt lauten könnte: »Die Verfahrensbeteiligten, ausgenommen die Beteiligten zu x (Kind) und y (Verfahrensbeistand), tragen die Gerichtskosten zu gleichen Teilen; ihre außergerichtlichen Kosten tragen die Beteiligten selbst.«

Entsprechendes gilt in der **Rechtsmittelinstanz**, wenn der Anfechtungsantrag erst in ihr Erfolg hat (a.A. wohl Musielak/*Borth* § 183 Rn. 8). Wird dagegen ein in der Vorinstanz erfolgreicher Antrag unter Aufhebung der Entscheidung vom Rechtsmittelgericht abgewiesen, richtet sich die Kostenentscheidung nach § 81 (s. § 84 Rdn. 9 ff. sowie unten Rdn. 12 f.); die auf § 183 beruhende Kostenentscheidung der Vorinstanz(en) ist nach § 81 (s.u. Rdn. 12) neu zu beurteilen und ggf. abzuändern. Nur wenn ein Rechtsmittel erfolglos bleibt, d.h. bei Verwerfung, Zurückweisung oder Rücknahme, trägt der Rechtsmittelführer – ausgenommen der Verfahrensbeistand – nach § 84 i.d.R. sowohl die gerichtlichen Kosten als auch die außergerichtlichen der übrigen Verfahrensbeteiligten (s. § 84 Rdn. 4 ff.). Ob dies in gleicher Weise für das minderjährige Kind gilt, das ohne Erfolg ein Rechtsmittel eingelegt hat, kann nach der Änderung des § 81 Abs. 3 FamFG (s.o. Rdn. 5) nicht mehr von vornherein verneint werden. 9

Nur wenn die durch § 183 vorgegebene Kostenfolge in eklatanter Weise der Kostengerechtigkeit widerspricht, besteht uU die Möglichkeit unter **Anwendung der Billigkeitsregel des § 81 Abs. 2 Nr. 1** von ihr abzuweichen und z.B. bei einer erfolgreichen Anfechtung eines missbräuchlichen Vaterschaftsanerkenntnisses dem Scheinvater und der Mutter die gesamten Gerichtskosten und die außergerichtlichen Auslagen der anderen Beteiligten aufzuerlegen (s.o. Rdn. 3). 10

Wurde mit der Feststellung des Nichtbestehens der Vaterschaft über **weitere Anträge** entschieden (s. zu den Möglichkeiten der Verbindung mehrerer Anträge im selben Verfahren § 179 Rdn. 2 ff.) oder waren weitere Anträge Gegenstand des Verfahrens und haben sich auf andere Weise als durch Abtrennung erledigt, ist zwar eine einheitliche, aber **gemischte Kostenentscheidung** (s.u. Rdn. 15) nach den §§ 81 ff. und § 183 zu treffen. Dazu muss der Wert des erfolgreichen Anfechtungsverfahrens ins Verhältnis zu den Werten sämtlicher Verfahrensgegenstände gesetzt werden. Mindestens bis zu dem sich daraus ergebenden Bruchteil müssen die gerichtlichen Kosten unter den Kostenpflichtigen des Anfechtungsverfahrens gleichmäßig verteilt und dürfen ihnen Kosten nicht erstattet werden. 11

II. Kostenentscheidung bei sonstiger Verfahrenserledigung. Soweit der Anfechtungsantrag zurückgewiesen oder zurückgenommen wird oder das Verfahren sich auf andere Weise erledigt, gelten die allgemeinen Kostenvorschriften der §§ 81 ff. Liegt kein Fall des § 81 Abs. 2 vor (s.u.) sind die Kosten nach § 81 Abs. 1 Satz 1 i.V.m. § 83 Abs. 2 **nach billigem Ermessen** den Beteiligten ganz oder z.T. aufzuerlegen, wobei auch von der Erhebung der gerichtlichen Kosten ganz abgesehen werden kann (§ 81 Abs. 1 Satz 2; so OLG Bamberg Beschl. v. 31.05.2012 – 2 UF 136/12 – n.v., zur Antragsrücknahme bei eingeräumtem Mehrverkehr; vgl. zu den vielfältigen Entscheidungsmöglichkeiten und -kriterien § 81 Rdn. 13 ff.). Damit kann auch auf die Fallkonstellationen angemessen reagiert werden, in denen die Rspr. früher § 93c ZPO a.F. analog herangezogen hat, z.B. wenn während des Verfahrens die Anerkennung der Vaterschaft durch einen Dritten gem. § 1599 Abs. 2 BGB wirksam wird (OLG Köln FamRZ 2006, 54). Schon wegen der in § 183 enthaltenen Vorgabe für die Kostenfolge im Erfolgsfall dürfte es auch bei anderweitiger Verfahrenserledigung grds. der Billigkeit entsprechen, von einer Erstattung außergerichtlicher Kosten abzusehen. – Bei der Verteilung der gerichtlichen Kosten dürfte es vielfach der Billigkeit entsprechen, neben dem Verfahrensbeistand im Regelfall auch das minderjährige Kind und das Jugendamt, wenn es sich nach § 172 Abs. 2 beteiligt hat, auszunehmen. 12

Davon muss selbst bei **Ablehnung des Antrags** nicht zwangsläufig abgewichen werden, weil das Verhältnis von Obsiegen oder Unterliegen nur eines von mehreren Kriterien bei der Ausübung des Ermessens ist (s. § 81 Rdn. 17 ff. und zur Kostenentscheidung bei Antragsrücknahme § 83 Rdn. 5). Hat allerdings der Antragsteller oder ein anderer Beteiligter durch grobes Verschulden das Verfahren veranlasst (s. § 81 Abs. 2 Nr. 1 und 2), entspricht es regelmäßig der Billigkeit, ihm nicht nur die Gerichtskosten ganz oder zu einen größeren Teil aufzuerlegen, sondern zumindest teilweise auch die außergerichtlichen Kosten der im entgegengesetzten Sinn am Verfahren Beteiligten. Das gilt auch zulasten der zuständigen Behörde. Unter ähnlichen Voraussetzungen kann nach § 81 Abs. 4 auch ein nicht am Verfahren beteiligter Dritter zu den Kosten herangezogen werden (s.o. Rdn. 5 und § 81 Rdn. 42). 13

Zur Kostenentscheidung in der **Rechtsmittelinstanz** s.o. Rdn. 9. 14

D. Kostenentscheidung bei Feststellung der Vaterschaft und anderen Abstammungsverfahren. I. Allgemeines. Für die Kostenentscheidung in Verfahren nach § 169 Nr. 1 bis 3 gelten die allgemeinen Vorschriften der §§ 81 ff. (OLG München FamRZ 2011, 923; OLG Stuttgart FamRZ 2012, 1966). Im ersten 15

Rechtszug ist über die Verteilung der gerichtlichen Kosten und die Erstattung außergerichtlicher Kosten **regelmäßig nach billigem Ermessen** unter Berücksichtigung der gesetzlichen Vorgaben in § 81 Abs. 2 zu entscheiden (s. § 81 Rdn. 17 ff.). Das gilt auch im Fall der Antragsrücknahme oder sonstiger Erledigung (§ 83 Rdn. 5 ff.). Wenn Verfahren nach § 169 Nr. 2 und 3 durch gerichtlich protokollierten oder bestätigten **Vergleich** ohne Regelung der Kosten beendet wird, tragen die Beteiligten die gerichtlichen Kosten zu gleichen Teilen und ihre außergerichtlichen Aufwendungen selbst (§ 83 Rdn. 1). In der **Rechtsmittelinstanz** richtet sich die Kostenentscheidung ebenfalls nach den §§ 81 bis 83, es sei denn, das Rechtsmittel wird verworfen, zurückgewiesen oder zurückgenommen. In diesem Fall sollen dem Rechtsmittelführer die gesamten Verfahrenskosten zur Last fallen (s. dazu § 84 Rdn. 1 ff. auch zu den Möglichkeiten einer davon abweichenden Entscheidung).

16 II. **Kostenentscheidung bei Feststellung der Vaterschaft.** Bisher war umstritten, woran sich die Kostenentscheidung bei **Feststellung der Vaterschaft** zu orientieren hat. Der BGH (FamRZ 2014, 744; 2015, 570) hat entschieden, dass für die Kostentragung zivilprozessuale Grundsätze nicht heranzuziehen sind, auch wenn er zuvor in anderem Zusammenhang auf die gegensätzlichen Interessen der Beteiligten abgestellt hatte (BGH FamRZ 2012, 859). Für die Kostenentscheidung ist dem Gericht ein weiter Ermessensspielraum eröffnet, sodass auch für die erfolgreiche Vaterschaftsfeststellung kein Regel-Ausnahme-Verhältnis zur Kostentragung anzuerkennen ist. Mögliche Ermessensgesichtspunkte hat der BGH nicht konkretisiert, jedoch festgehalten, dass das Obsiegen oder Unterliegen keinen geeigneten Maßstab bildet, zumal das Verfahren nicht mehr als streitiges Verfahren, sondern als einseitiges Antragsverfahren ausgestaltet ist. Ob ein Beteiligter Anlass für die Durchführung des Verfahrens gegeben hat, ist demgegenüber in die Abwägung einzubeziehen. Neben dem weiten Gestaltungsspielraum nimmt der BGH aus die Gesetzesbegründung Bezug, wonach zwischen den außergerichtlichen Kosten einerseits und den Gerichtskosten andererseits differenziert werden kann. Je nach Verfahrenskonstellation und -ausgang werden unterschiedliche Auffassungen zur Kostenentscheidung in Vaterschaftsfeststellungsverfahren vertreten, wobei Einigkeit besteht, das minderjährige Kind nicht mit Kosten zu belasten (OLG Oldenburg FamRZ 2013, 971; OLG Frankfurt MDR 2013, 530); *Knittel* JAmt 2013, 275, 276). Darüber hinaus wird nur in wenigen Konstellationen Anlass bestehen, von der Erhebung der Gerichtskosten nach § 81 Abs. 1 Satz 1 insgesamt abzusehen (OLG Bamberg Beschl. v. 31.05.2012, n.v., wiedergegeben in OLG Bamberg FamRZ 2013, 1059, 1060). Dies kann in Betracht kommen, wenn für das antragstellende Kind in einem Feststellungsverfahren ein Ergänzungspfleger (s. § 172 Rdn. 19) bestellt wird. Im Beschluss ist in diesem Fall auch die – neben § 20 FamGKG tretende – Möglichkeit, von einer Kostenerhebung abzusehen, zu erwägen (BGH FamRZ 2015, 570, 572)

17 erfolgreiche Vaterschaftsfeststellung:
Nach dem vom BGH hervorgehobenen **Veranlassungsaspekt** gewinnt der Gesichtspunkt Bedeutung, ob die Kindesmutter vor oder während des Verfahrens einen Mehrverkehr eingeräumt hat oder dieser erwiesen ist und daher dem Mann eine Anerkennung der Vaterschaft nicht zuzumuten ist (BGH FamRZ 2014, 774, 746; OLG Naumburg FamRZ 2012, 734). Danach hat die teilweise bisher in der Rspr. vertretene Auffassung, die den Interessengegensatz und den Verfahrensausgang betont und dem festgestellten Vater die gesamten Kosten auferlegt hatte (OLG München FamRZ 2011, 923; JAmt 2013, 274 m. zust. Anm. *Knittel*; OLG Stuttgart FamRZ 2012, 1966), keinen Bestand mehr.
Im Rahmen des auszuübenden Ermessens ist zwischen den außergerichtlichen Kosten und den Gerichtskosten zu differenzieren (OLG Frankfurt FamRZ 2013, 1922; OLG Celle FamRZ 2010, 1840). Letztere kann jeder Beteiligte selbst tragen. Für die Verteilung der Gerichtskosten wird man regelmäßig auf die gemeinsame Verantwortung der Eltern für das Kind abzustellen haben (OLG Bamberg FamRZ 2013, 1059; OLG Brandenburg FamRZ 2012, 1966; OLG Düsseldorf FamRZ 2011, 991; OLG Celle FamRZ 2010, 1840; AG Sinsheim FamRZ 2010, 1931), wenn und weil ein grobes Verschulden i.S.v. § 81 Abs. 2 Nr. 1 FamFG nicht festgestellt werden kann. Daher sind weder die Gerichtskosten noch die allein durch das Abstammungsgutachten veranlassten Kosten (OLG Frankfurt MDR 2013, 530) »dem unterlegenen Vater« aufzuerlegen (OLG Stuttgart FamRZ 2012, 1966; OLG Oldenburg FamRZ 2012, 733; OLG München FamRZ 2013, 1925; 2011, 923). Das OLG Hamm (FamRZ 2015, 1747 [LS]) hat die Gerichtskosten den Beteiligten zu je einem Drittel auferlegt.
Für die **Ermessensausübung** wird maßgeblich darauf abzustellen sein, dass beide Eltern infolge ihrer intimen Beziehung Verantwortung für die Klärung der Vaterschaft tragen, die im eigenen sowie im Interesse des Kindes festzustellen ist. Allein die Möglichkeit der außergerichtlichen Anerkennung der Vaterschaft rechtfertigt es nicht, dem festgestellten Vater die Kosten insgesamt aufzuerlegen. Zumindest dann, wenn

Abschnitt 4. Verfahren in Abstammungssachen § 183

die Eltern des Kindes während der Empfängniszeit nicht ständig und ohne Störung der Beziehung zusammengelebt haben, kann es dem als Vater festgestellten Mann nicht zum Nachteil gereichen, dass er vorgerichtlich die Vaterschaft nicht anerkannt hat (KG FamRZ 2016, 319, 320 [bei Angebot eines Vaterschaftstest und Tätigkeit der Mutter als Protituierte]; OLG Naumburg FamRZ 2012, 734 [LS] = FuR 2012, 387 [Kostenteilung bei Unsicherheit über Ergebnis eines Abstammungsgutachtens]; OLG Düsseldorf FamRZ 2011, 991 [LS] = JAmt 2010, 497 m. Anm. *Knittel* S. 500; differenzierend OLG Celle FamRZ 2010, 1840). Das OLG Frankfurt (FamRZ 2013, 1922) lässt insoweit auch »recht allgemein gehaltene« Zweifel ausreichen. Berechtigte Zweifel können nach dem OLG Brandenburg (FamRZ 2014, 1728) auch darauf beruhen, dass der festgestellte Vater mit der Mutter verabredet hatte, keine Kinder zu bekommen. Demgegenüber hat das OLG Celle (FamRZ 2015, 524 [LS]) dem Kindesvater, der bei einer Beziehung an zwei Wochenenden keine konkreten Anhaltspunkte für einen Mehrverkehr vortragen konnte, gleichwohl die Verfahrenskosten insgesamt auferlegt. Den Vorwurf, das Verfahren iSv § 81 Abs. 2 Nr. 1 durch grobes Verschulden verursacht zu haben, rechtfertigt dies ebensowenig wie das Vertrauen des Mannes auf die Rückrechnung des Empfängniszeitpunkts durch den Frauenarzt. Denn wegen der fundamentalen Bedeutung, die die Abstammungsfrage für den potenziellen Vater hat, kann ihm – ebenso wie der Mutter – ein berechtigtes Interesse, diese in einem gerichtlichen Feststellungsverfahren möglichst zweifelsfrei zu klären, nicht abgesprochen werden (OLG Brandenburg FamRZ 2012, 1966; s.a. § 171 Rdn. 33). Dann werden Zweifel an der Vaterschaft, die im Einzelnen (etwa zu einer weiteren intimen Beziehung der Mutter) konkretisiert werden müssen, für eine Teilung der Gerichtskosten nicht erforderlich sein (a.A. OLG Celle, 15 UF 177/10; *Knittel* JAmt 2010, 497, 499). Auch die Ablehnung, einen privaten Vaterschaftstest durchführen zu lassen, wurde nicht als ausreichender Grund für eine alleinige Kostenlast angesehen (OLG Bamberg FamRZ 2013, 1059). Die Kosten des Gutachtens dem festgestellten Vater mit der Begründung aufzuerlegen, er hätte auch die Kosten für einen außergerichtlichen Vaterschaftstest zu tragen, unterstellt, dass insoweit ein Erstattungsanspruch gegen die Mutter nicht besteht (OLG Frankfurt MDR 2013, 530). Betont man demgegenüber die gemeinsame Verantwortung und die zwischen den Eltern bestehende Sonderverbindung, aus der der BGH (FamRZ 2012, 200) Auskunftsansprüche ableitet, kommt auch ihre gemeinsame finanzielle Verpflichtung für die Klärung der Abstammung in Betracht.

Antragsrücknahme, Erledigungserklärung oder Abweisung des Antrags: 18
Auch für den Fall der Rücknahme des Feststellungsantrags wird die Kostenentscheidung unterschiedlich beurteilt. Der Antrag wird häufig nach Vorlage des Abstammungsgutachtens, das den in Anspruch genommenen Mann nicht als Vater des Kindes erweist, mit der Folge zurückgenommen, dass nur noch über die Kosten zu entscheiden ist. Während bisher häufig das Ermessen dahingehend ausgeübt wurde, die Kosten des Verfahrens der Mutter aufzuerlegen, weil die Verfahrenseinleitung auf ihren Angaben beruht (OLG Schleswig SchlHA 2012, 352; DIJuf-Rechtsgutachten JAmt 2011, 576), wird zunehmend auch in dieser Konstellation eine Kostenteilung für angemessen gehalten (OLG Oldenburg FamRZ 2013, 971; OLG Düsseldorf Beschl. v. 24.05.2011 – 1 WF 260/10, nach juris), weil im einseitigen Antragsverfahren bei nicht bestrittener intimer Beziehung mit der Kindesmutter auch der Putativvater Anlass für das Verfahren gegeben hat (OLG Saarbrücken FamRZ 2015, 1746). Allein auf den nach dem Gutachtenergebnis voraussehbaren Verfahrensausgang abzustellen, wird der gemeinsamen intimen Beziehung und dem dadurch begründeten beiderseitigen Interesse an der Klärung der Vaterschaft nicht gerecht. Zu Recht wird daher die bei Verfahrenseinleitung bestehende (mitverursachte) Unsicherheit als wesentlicher Umstand für eine Kostenteilung herangezogen. Dass die Kindesmutter in diesem Fall bei ihrer Anhörung oder Vernehmung als Beteiligte Mehrverkehr bestritten hatte, wirkt sich auf die Kostenentscheidung nicht aus, weil ein Sachverständigengutachten unabhängig hiervon eingeholt werden musste (OLG Saarbrücken FamRZ 2015, 1746).
Wird die Hauptsache von den Verfahrensbeteiligten nach dem Ergebnis des Abstammungsgutachtens oder nach Anerkennung der Vaterschaft übereinstimmend für erledigt erklärt, gelten ebenfalls die §§ 83 Abs. 2, 81 Abs. 1, sodass die Teilung der Gerichtskosten ohne Kostenerstattung i.d.R. der Billigkeit entsprechen wird (OLG Bamberg FamRZ 2013, 1059), sofern nicht Gründe nach § 81 Abs. 2 vorliegen.
Wird mit einem Verfahren auf Feststellung der Vaterschaft ein **Unterhaltsantrag** nach §§ 237, 179 Abs. 1 19
Satz 2 **verbunden, ist über die Kosten einheitlich zu entscheiden**, auch wenn es sich beim Unterhalt nicht um eine FG-Sache, sondern um eine Familienstreitsache handelt, für die auch im Fall der Verbindung mit dem Abstammungsverfahren die für das Unterhaltsverfahren geltenden Vorschriften weiterhin anzuwenden sind (BT-Drucks. 16/6308, S. 257; s.a. § 237 Rdn. 2). Anders als noch in den Vorauflagen vertreten, richtet sich deshalb auch die Kostenentscheidung in Bezug auf den Verfahrensgegenstand »Unterhalt« nach § 243

(vgl. Keidel/*Weber* § 237 Rn. 1; s.a. § 237 Rdn. 11). Damit ist eine **gemischte Kostenentscheidung** zu treffen (s. dazu allg. BGH FamRZ 2007, 893), und zwar nach § 243 zu dem Anteil, der dem Verhältnis des Werts der Unterhaltssache zum Wert der Abstammungssache(n) entspricht und im Übrigen nach den §§ 81 ff. (OLG Schleswig SchlHA 2012, 352; KG FamRZ 2016, 319). Dabei ist zu beachten, dass an der Unterhaltssache nur das Kind als Antragsteller und der potenzielle Vater als Antragsgegner beteiligt sind, aber nicht die Mutter. Soweit ihr für das Abstammungsverfahren Kosten auferlegt werden sollen, darf sie deshalb mit Gerichtsgebühren oder außergerichtlichen Kosten des Antragsgegners höchstens mit der auf die Abstammungssache(n) entfallenden Quote belastet werden. Die Abstammungssache hat einen (relativen) Festwert von 2.000 € (s.o. Rdn. 7), während der Unterhaltsantrag nach § 51 Abs. 1 und 2 FamGKG zu bewerten ist. Sein Wert liegt regelmäßig höher und bestimmt deshalb gem. § 33 Abs. 1 Satz 2 FamGKG den Verfahrenswert (s. § 47 FamGKG Rdn. 5). Die Auslagen für ein Abstammungsgutachten entstehen nach allgM auch in der Unterhaltssache (OLG Naumburg FamRZ 2008, 1645; a.A. KG FamRZ 2016, 319).

20 **III. Kostenentscheidung im Abstammungsklärungsverfahren.** Auch im Verfahren über einen Antrag auf Ersetzung der Einwilligung in ein außergerichtliches Abstammungsgutachten ist mit der Endentscheidung über die Kosten zu entscheiden. Da der Ersetzung der Einwilligung in eine genetische Abstammungsuntersuchung regelmäßig keine rechtlich erheblichen Einwände entgegen gehalten werden können (OLG Karlsruhe FamRZ 2012, 1148 [LS]), hat der sich weigernde Elternteil durch grobes Verschulden Anlass für das Verfahren gegeben, sodass diesem regelmäßig die Kosten aufzuerlegen sind (§ 81 Abs. 2 Nr. 1 und 2). Etwas anderes gilt, wenn der Antrag rechtsmissbräuchlich ist oder aus Kindeswohlgesichtspunkten eine Aussetzung des Abstammungsklärungsverfahrens möglich erscheint (§ 1598a Abs. 3 BGB). Da das minderjährige Kind i.d.R. über seine Weigerung nicht selbst entscheidet, sind ihm keine Kosten aufzuerlegen. Gerichtlich Auslagen fallen in diesen Verfahren regelmäßig nicht an, weil ein Sachverständigengutachten nicht eingeholt wird und ein Verfahrenbeistand nicht zu bestellen ist.

21 Den außergerichtlichen Auftrag zur Erstellung eines Gutachtens hat der Klärungsberechtigte zu erteilen, so dass von ihm die Kosten aufzubringen sind, auf die sich eine bewilligte Verfahrenskostenhilfe ebensowenig erstreckt wie die Kostenentscheidung. Die Aufwendungen für dieses Gutachten sind keine Kosten des Abstammungsklärungsverfahrens, die nach § 85 FamFG festgesetzt werden können. Ob dem Antragsteller gegen die klärungspflichtige Person ein Erstattungsanspruch zusteht (DIJuF-Rechtsgutachten JAmt 2012, 148), wurde bisher nicht entschieden. Allerdings könnten für ein sich anschließendes Vaterschaftsanfechtungsverfahren die im Rahmen des § 91 ZPO entwickelten Grundsätzen zur Erstattungsfähigkeit der Kosten eines vor dem Verfahren eingeholten Privatgutachtens herangezogen werden (Zöller/*Herget* § 91 Rz. 13 Stichwort: Privatgutachten). Danach sind hierdurch veranlasste Aufwendungen erstattungsfähig, wenn eine ausreichende Klagegrundlage nur durch einen Sachverständigen beschafft werden konnte und das Gutachten für die Rechtsverfolgung erforderlich war. Das Privatgutachten ist »prozessbezogen« bzw. verfahrensbezogen, wenn die Partei bzw. der Beteiligte infolge fehlender Sachkenntnis zu einem sachgerechten Vortrag nicht in der Lage ist (BGH NJW 2013, 1823; 2006, 2415; OLG Brandenburg FamRZ 2008, 528). Das OLG Köln (FamRZ 2013, 319 [LS]) hat die Erstattungsfähigkeit eines in einem Kindschaftsverfahren vorgelegten Privatgutachtens mit der Begründung verneint, dass wegen des Amtsermittlungsgrundsatzes vom Gericht der Sachverhalt zu ermitteln sei (anders OLG Köln FamRZ 2015, 1742 für Detektivkosten im Unterhaltsverfahren). Allerdings gilt dies für den vom Antragsteller darzulegenden Anfangsverdacht (§ 171 Rdn. 14) nicht. Unabhängig von einem Anfechtungsverfahren ist zu erwägen, ob im Fall eines Vaterschaftsausschlusses ein Erstattungs- bzw. Schadensersatzanspruch gem. § 280 BGB aus einem zwischen den Eheleuten oder Eltern bestehenden und nachwirkenden Schuldverhältnis, auf das der BGH (FamRZ 2013, 939) im Rahmen eines Regressanspruchs gegen die Mutter des Kindes hingewiesen hat, hergeleitet werden kann.

22 **E. Anfechtung der Kostenentscheidung.** Kostenentscheidungen in Abstammungssachen können wie in allen FG-Verfahren mit der Beschwerde und Rechtsbeschwerde nach §§ 58 ff. bzw. 70 ff. angefochten werden, und zwar **auch isoliert**, d.h. ohne Anfechtung der mit entschiedenen Hauptsache (s. im Einzelnen § 82 Rdn. 7 ff.). Die bisher umstrittene Frage, ob der Beschwerdewert von mehr als 600 € erreicht sein muss (OLG Stuttgart FamRZ 2010, 664; OLG München FamRZ 2010, 1465 einerseits; OLG Düsseldorf JAmt 2010, 497; FamRZ 2012, 1827 andererseits), hat der BGH (FamRZ 2013, 1876; 2014, 372) dahingehend entschieden, dass die Mindestbeschwer des § 61 Abs. 1 FamFG auf eine Kostenbeschwerde in einer nichtvermögensrechtlichen Angelegenheit keine Anwendung findet, weil die Vorschrift nur auf vermögensrechtliche Angelegenheiten (s. § 82 Rdn. 10), die sich nach der jeweiligen Hauptsache bestimmen, bezogen sei und anderenfalls

Abschnitt 4. Verfahren in Abstammungssachen § 184

systemwidrige Ergebnisse im Verhältnis zur Kostenentscheidung in Familienstreitsachen mit einer Beschwer von lediglich 200 € nicht zu vermeiden wären. Allerdings kann im Beschwerdeverfahren die Ermessensausübung nur eingeschränkt im Fall des Ermessensnichtgebrauchs, Ermessensfehlgebrauchs oder einer Ermessensüberschreitung überprüft werden (BGH FamRZ 2014, 744, 746; OLG Frankfurt FamRZ 2013, 1922; s. § 82 Rdn. 13). Dies setzt jedoch voraus, dass die Ausübung des Ermessens in den Entscheidungsgründen zum Ausdruck gebracht ist.

Bei einer **gemischten Kostenentscheidung**, die teilweise auf § 243 beruht (s.o. Rdn. 19), wirken sich die 23 unterschiedlichen Verfahrensregeln für die Verfahrensgegenstände auch auf die Anfechtbarkeit aus (vgl. OLG Schleswig SchlHA 2012, 352), ohne dass die Aufgliederung der Verfahrensgegenstände mit unterschiedlichen Rechtsmitteln dem entgegensteht, weil bei abweichender Beurteilung des anfechtbaren Teils der Kostenentscheidung vom Beschwerdegericht eine neue einheitliche Entscheidung zu treffen ist (BGH FamRZ 2007, 893): Eine isolierte Beschwerde gegen die Kostenentscheidung nach § 58 ist auf den Teil der Entscheidung beschränkt, der auf das Abstammungsverfahren entfällt (KG FamRZ 2016, 319); während der Teil, der die Unterhaltssache betrifft, entweder nur zusammen mit der Entscheidung in der Hauptsache nach § 58 angefochten werden kann oder nach streitloser Hauptsacheregelung (z.B. § 269 Abs. 5 ZPO) mit der sofortigen Beschwerde nach §§ 567 ff. ZPO (BGH FamRZ 2011, 1933).

§ 184 Wirksamkeit des Beschlusses; Ausschluss der Abänderung; ergänzende Vorschriften über die Beschwerde. (1) ¹Die Endentscheidung in Abstammungssachen wird mit Rechtskraft wirksam. ²Eine Abänderung ist ausgeschlossen.
(2) Soweit über die Abstammung entschieden ist, wirkt der Beschluss für und gegen alle.
(3) Gegen Endentscheidungen in Abstammungssachen steht auch demjenigen die Beschwerde zu, der an dem Verfahren beteiligt war oder zu beteiligen gewesen wäre.

Übersicht	Rdn.		Rdn.
A. Allgemeines	1	C. Rechtskraftwirkung	3
B. Wirksamkeit und Abänderungsausschluss	2	D. Rechtsmittel	8

A. Allgemeines. Die Vorschrift bestimmt für alle Abstammungssachen in Abweichung der allgemeinen Re- 1 gelungen den Zeitpunkt der Wirksamkeit nebst Ausschluss der Abänderungsmöglichkeit (Abs. 1), die materielle Rechtskraft einer Endentscheidung (Abs. 2) sowie die – in den Beratungen des Rechtsausschusses eingefügte Klarstellung zur – Beschwerdeberechtigung aller Verfahrensbeteiligten (Abs. 3).

B. Wirksamkeit und Abänderungsausschluss. Entscheidungen in Kindschaftssachen, die nach § 704 Abs. 2 2 ZPO a.F. nicht für vorläufig vollstreckbar erklärt werden durften, wurden gem. § 705 ZPO mit Ablauf der Rechtsmittelfrist formell rechtskräftig. Für postmortale Abstammungsverfahren nach § 1600e Abs. 2 BGB a.F. folgte die Wirksamkeit aus §§ 55b Abs. 2, 56c Abs. 1 FGG a.F. Diese Rechtslage schreibt § 184 Abs. 1 in Abweichung von § 40 Abs. 1 fort, sodass die Endentscheidung in allen Abstammungssachen des § 169 Nr. 1 – 4 wegen der weitreichenden Wirkung erst mit ihrer **Rechtskraft** wirksam wird (§ 40 Rdn. 21; *Schulte-Bunert* Rn. 195; zum Rechtskraftzeugnis § 46 Satz 3). Die formelle Rechtskraft einer Abstammungsentscheidung setzt jedoch voraus, dass am Verfahren zu beteiligende Kind wirksam vertreten ist (BGH Beschl. v. 27.1.2016 - XII ZB 639/14; § 172 Rdn. 13). Die Abänderung einer Endentscheidung in einer Kindschaftssache nach § 18 Abs. 1 FGG a.F. war für die bisherigen ZPO-Verfahren und postmortalen Abstammungsverfahren ausgeschlossen, weil sie nach den §§ 621a Abs. 1, 621e Abs. 1 ZPO a.F. allein mit der befristeten Berufung oder Beschwerde angefochten werden konnten. Eine Änderung der Rechtslage hat sich durch § 184 Abs. 1 Satz 2 nicht ergeben.

C. Rechtskraftwirkung. I. Eine wirksame Entscheidung über die Abstammung liegt erst mit der Rechts- 3 kraft des *Beschlusses* vor (Abs. 1). Ein (formell) **rechtskräftiger Beschluss** wirkt unabhängig davon, ob dem Antrag stattgegeben oder dieser zurückgewiesen wird, über die Verfahrensbeteiligten hinaus **für und gegen alle**. Die **materielle Rechtskraft** geht aufgrund der Statuswirkungen über die Verfahrensbeteiligten hinaus – auch bei einer Anfechtung nach § 1600 Abs. 1 Nr. 2 u 5 BGB – und erstreckt sich auf jedermann. Auf eine bestehende rechtliche Vaterschaft können am Verfahren nicht beteiligte Dritte nur i.R.d. §§ 1600 Abs. 1 BGB bzw. 185 einwirken (*Musielak/Borth* § 184 Rn. 3). Erforderlich ist eine **Entscheidung über die**

§ 184

Abstammung, sodass die Zurückweisung eines Antrags als unzulässig oder mangels Anfechtungsverdachts als unbegründet und Beschlüsse in Abstammungssachen nach § 169 Nr. 2 u 3 i.V.m. § 1598a Abs. 2 und 4 BGB nur die dortigen Verfahrensbeteiligten binden (*Helms/Kieninger/Rittner* Rn. 260). Auch eine im Abstammungsverfahren nicht ordnungsgemäß ergangene Endentscheidung, etwa ein unzulässiger Anerkenntnisbeschluss (BGH FamRZ 2005, 514) oder ein Versäumnisbeschluss (OLG Bamberg FamRZ 1994, 1044) oder eine unter Anwendung falscher Verfahrensvorschriften ergangene Entscheidung (LG Traunstein StAZ 2006, 329), ist wirksam und erwächst in **materielle Rechtskraft** (zur Beschwer Rdn. 10). Die rechtskräftige Feststellung der biologischen Vaterschaft oder Auflösung der rechtlichen Vaterschaft bindet die Gerichte in anderen Verfahren (§ 169 Rdn. 2), so etwa im Unterhaltsverfahren, im Strafverfahren wegen Verletzung der Unterhaltspflicht (BGH NJW 1975, 1232; OLG Hamm NJW 2004, 2461), im Verwaltungsverfahren (BVerwG NJW 1971, 2336), aber auch den Standesbeamten (§§ 29 ff. PStG), während eine Entscheidung im sozialgerichtlichen Verfahren keine Rechtskraftwirkung für ein späteres Abstammungsverfahren entfaltet (LG Hamburg DAVorm 1980, 298, 299). In materielle Rechtskraft erwächst nur der Entscheidungssatz des jeweiligen Beschlusses, wobei die Gründe der Entscheidung zu deren Bestimmung herangezogen werden können. Dagegen erstreckt sich die Rechtskraftwirkung nicht auf die der Entscheidung zugrunde liegenden, vom Gericht festgestellten Tatsachen (Zöller/*Vollkommer* Vor § 322 Rn. 31). Für Abstammungssachen ergeben sich folgende Konsequenzen:

4 II. Die Feststellung im **Anfechtungsverfahren**, dass der Scheinvater nicht der leibliche Vater des Kindes ist, erwächst nur hinsichtlich der rechtlichen Vaterschaft, nicht jedoch in Bezug auf die biologische Abstammung in materielle Rechtskraft. Daher kann der in einem späteren Verfahren als Vater in Anspruch genommene Mann nach der Rspr. des BGH (FamRZ 2007, 1731, 1733) weiterhin behaupten, das Kind stamme vom (früheren) Scheinvater ab (weiter gehend OLG Saarbrücken NJW-RR 2005, 1672 unter Berufung auf BGH FamRZ 1994, 694, 695). Die eher theoretischen Erwägungen des BGH zur begrenzten Rechtskraft helfen dem potenziellen biologischen Vater praktisch kaum, weil durch ein DNA-Vaterschaftsgutachten i.d.R. die Abstammung positiv wie negativ festgestellt werden kann (MüKoZPO/*Coester-Waltjen/Hilbig* § 184 Rn. 10). Als Tatsachenfeststellung und Beschlusselement nimmt das Beweisergebnis über die biologische Abstammung nicht an der Rechtskraftwirkung teil. Stellt sich in einem späteren Feststellungsverfahren aufgrund eines neuen Gutachtens die leibliche Abstammung vom Ehemann der Mutter des Kindes heraus, können Kind und Mutter im vorangegangenen Anfechtungsverfahren einen Wiederaufnahmeantrag nach § 185 Abs. 1 stellen (BGH FamRZ 1994, 694, 696).

5 Durch das Abstammungsklärungsverfahren nach § 1598a Abs. 2 BGB kann der rechtliche Vater künftig einen Anfangs- bzw. Anfechtungsverdacht schlüssig darlegen (§ 171 Rdn. 12 ff.). Die Reichweite der Rechtskraft einer nach einem DNA-Vaterschaftsgutachten den Vaterschaftsanfechtungsantrag zurückweisenden Entscheidung wird künftig eine geringere Bedeutung zukommen. Für frühere (klagabweisende) Urteile bzw. Beschlüsse bleibt die Problematik der Rechtskraftwirkung indes relevant. Wurde ein Anfechtungsantrag mit der Begründung abgewiesen, der Anfangs- bzw. Anfechtungsverdacht sei nicht dargelegt, ist eine Entscheidung über die biologische Abstammung nicht ergangen und kann insoweit nicht in Rechtskraft erwachsen. Diese Entscheidung steht einem erneuten Anfechtungsverfahren, das der Scheinvater auf neue, nach der letzten mündlichen Verhandlung des Vorverfahrens hervorgetretene Umstände stützt, nicht entgegen (BGH FamRZ 1998, 955, 957). Bei den neuen Tatsachen muss es sich um einen **neuen selbstständigen Lebenssachverhalt** handeln. Hierfür genügt die ggü. dem Vorverfahren lediglich abgewandelte, ergänzte oder korrigierte Sachverhaltsdarstellung – durch einen neuen Zeugen unter Beweis gestellte Behauptung einer intimen Beziehung – nicht (BGH FamRZ 2003, 155, 156). Die Vorlage eines außergerichtlich mit Zustimmung der weiteren Beteiligten eingeholten Abstammungsgutachtens erfüllt die Voraussetzungen an einen neuen Lebenssachverhalt. Der potenzielle biologische Vater oder die zuständige Behörde können innerhalb der Anfechtungsfrist einen erneuten Anfechtungsantrag auf neue Erkenntnisse und Tatsachen zur sozial-familiären Beziehung zwischen rechtlichem Vater und Kind stützen. Die Rechtskraft eines den Anfechtungsantrag abweisenden Beschlusses steht einem Anfechtungsantrag eines anderen Verfahrensbeteiligten nicht entgegen.

6 III. Rechtskräftige Beschlüsse über das Bestehen oder Nichtbestehen eines Eltern-Kind-Verhältnisses erwachsen ebenfalls mit Wirkung für und gegen alle in Rechtskraft. Die **Feststellung der Vaterschaft** führt die Rechtswirkungen der positiven und negativen Rechtsausübungssperre des § 1600d Abs. 4 BGB nicht nur zwischen den Verfahrensbeteiligten, sondern auch ggü Dritten herbei. Wird ein Antrag auf Feststellung *der Vaterschaft* abgewiesen, ist die Reichweite der Rechtskraft davon abhängig, ob aufgrund des eingeholten

Sachverständigengutachtens die Nichtvaterschaft erwiesen ist oder ob die Vaterschaft nicht geklärt werden konnte (a.A. *Musielak/Borth* § 184 Rn. 4 [nur für die Verfahrensbeteiligten bindend]). Aus der Abweisung des Feststellungsantrags wegen schwerwiegender Zweifel (§ 1600d Abs. 2 Satz 2 BGB) kann nicht darauf geschlossen werden, ob die Vaterschaft des beteiligten Mannes offenbar unmöglich ist oder einem Vaterschaftsausschluss gleichsteht.

IV. Eine Einschränkung der Inter-omnes-Wirkung der Statusentscheidung ist nicht gerechtfertigt, wenn über die Abstammung ausnahmsweise aufgrund einer **gesetzlichen Vermutung** entschieden werden muss (*Zöller/Philippi* § 640h Rn. 9 f.; *Gaul* FS Bosch, 241, 247 ff.; zu deren verfahrensrechtlicher Relevanz § 177 Rdn. 5). Der Antrag im Anfechtungsverfahren ist abzuweisen (§ 1600c Abs. 1 BGB), wenn die Vaterschaft nicht ausgeschlossen werden kann. Im Vaterschaftsfeststellungsverfahren bleibt der Antrag des Kindes oder der Mutter erfolglos, wenn die intime Beziehung in der Empfängniszeit nicht bewiesen werden kann (§ 1600d Abs. 2 Satz 1 BGB). Dem unmittelbaren Vaterschaftsnachweis oder -ausschluss kann ausnahmsweise entgegenstehen, dass die Mutter des Kindes in der gesetzlichen Empfängniszeit auch mit einem nahen Verwandten des potenziellen biologischen Vaters eine Intimbeziehung hatte. Insbes. bei Zwillingsbrüdern können derart hohe genetische Übereinstimmungen bestehen, dass die eindeutige genetische Abstammung mit vertretbarem Aufwand auch i.R.d. Amtsermittlungsgrundsatzes nicht bestimmt werden kann (§ 177 Rdn. 8; OLG Hamm JAmt 2008, 378). In diesem Fall kann die gerichtliche Überzeugungsbildung auf Zeugenbeweis über die intimen Beziehungen der Kindesmutter sowie auf die gesetzlichen Vermutungen gestützt werden.

D. Rechtsmittel. Gegen Endentscheidungen in Abstammungsverfahren sind als Rechtsmittel die Beschwerde zum OLG (§§ 58 ff.) und die Rechtsbeschwerde zum BGH (§§ 70 ff.) eröffnet. Insoweit erweitert § 184 Abs. 3 die Beschwerdeberechtigung auf alle Verfahrensbeteiligten.

I. Die **Beschwerde** in Abstammungsverfahren ist grds. nur gegen Endentscheidungen **statthaft**. Daher sind als Zwischenentscheidung weder die Bestellung eines Verfahrensbeistands nach §§ 174, 158 Abs. 3 Satz 3 noch die verfahrensleitenden Verfügungen, zu denen u.a. die Anberaumung eines Erörterungstermins nach § 175 sowie die Beweisaufnahme (BGH FamRZ 2007, 1728) gehören, selbstständig anfechtbar (§ 58 Rdn. 48 ff., 58). Gegen einen Beschluss, durch den ein Antrag auf Hinzuziehung zum Verfahren (§ 7 Abs. 3) zurückgewiesen wird, ist jedoch die sofortige Beschwerde eröffnet (§ 7 Abs. 5 Satz 2). Zum Zwischenstreitverfahren § 178 Rdn. 10. Für Beschwerden gegen Entscheidungen des Familiengerichts ist nach § 119 Abs. 1 Nr. 1a GVG das **OLG funktionell zuständig**. Hat das FamG das Vaterschaftsfeststellungsverfahren mit dem Antrag auf Unterhalt nach § 237 verbunden (§ 179 Abs. 1 Satz 2), gilt die Zuständigkeit für beide Verfahrensgegenstände. Die Rechtsbeschwerde zum BGH (§ 133 GVG) ist nur bei deren Zulassung statthaft (§ 70). Auf die nicht vermögensrechtlichen Angelegenheiten des § 169 findet § 61 keine Anwendung. Hinsichtlich der Frist und Form der Beschwerde sowie des Beschwerdeverfahrens gelten die allgemeinen Vorschriften der §§ 63 ff.

II. Ob für das Rechtsmittelverfahren in Abstammungssachen eine **formelle Beschwer** erforderlich ist, war umstritten. Nach der bisherigen Rspr. des BGH konnte jedenfalls nicht in allen Kindschaftssachen der ZPO auf die **Rechtsmittelbeschwer** verzichtet werden (FamRZ 1994, 694, 695). Z.T. wurde aufgrund eines Erstrecht-Schlusses aus der Regelung des § 641i Abs. 2 ZPO a.F. (jetzt § 185 Abs. 2) darauf geschlossen, dass es einer formellen Beschwer als Zulässigkeitsvoraussetzung nicht bedarf (BGH FamRZ 2009, 861, 863 [unter Hinweis auf 184 Abs. 3] als Revisionsentscheidung zu OLG Hamm FamRZ 2008, 1646, 1647 [für die Berufung der Mutter als streitgenössische Nebenintervenientin im Anfechtungsverfahren des Kindes]; OLG Brandenburg FamRZ 2001, 1630 [aufgrund materieller Beschwer]; KG DAVorm 1985, 412). Demgegenüber wurde eine entsprechende Anwendung des § 641i Abs. 2 ZPO a.F. wegen des spezifischen Regelungszusammenhangs für den Wiederaufnahmeantrag verneint (*Zöller/Philippi* § 641i Rn. 12; *Musielak/Borth* § 641i Rn. 6). Die Rechtslage hat sich durch die Neukonzeption des einseitigen Abstammungsverfahrens geändert. Die **Beschwerdeberechtigung** ist nach § 59 zu bestimmen. Wird ein Beteiligter durch den Beschluss in seinen Rechten beeinträchtigt oder in Antragsverfahren der Antrag ganz oder teilweise zurückgewiesen, ist der Beteiligte bzw. der Antragsteller nach § 59 Abs. 1 oder 2 beschwerdeberechtigt. Insoweit ergibt sich eine Änderung zur bisherigen Rechtslage nicht. Dem Antragsteller ist darüber hinaus die Beschwerde nunmehr auch dann eröffnet, wenn zwar seinem Antrag stattgegeben wurde, er jedoch durch die ergangene Entscheidung in seinen Rechten beeinträchtigt ist. Dies kann im Abstammungsverfahren in Betracht kommen, wenn der potenzielle biologische Vater die Feststellung der Vaterschaft begehrt und ein entsprechender Beschluss ergeht. Im nichtstreitigen Abstammungsverfahren bedarf es einer formellen Beschwer nicht mehr. Der Antragsteller ist beschwerdebefugt, wenn er durch die ergangene Entscheidung **materiell beschwert** ist.

Für Verfahren der freiwilligen Gerichtsbarkeit war dies i.R.d. § 20 FGG a.F. anerkannt (KKW/*Kahl* § 20 Rn. 52 m.w.N.; BGH FamRZ 2007, 1729, 1731 [zu § 1600e Abs. 2 BGB a.F.]) und gilt nunmehr in Abstammungssachen für die Beschwerdeberechtigung nach § 59 (§ 59 Rdn. 38 f.). Darüber hinaus erweitert **§ 184 Abs. 3**, der erst im Gesetzgebungsverfahren auf Empfehlung des Rechtsausschusses in die Vorschrift aufgenommen wurde (BT-Drucks. 16/6308 S. 368), die Beschwerdebefugnis, um sicherzustellen, dass alle Verfahrensbeteiligten nach § 172, insb. die Mutter des Kindes, rechtsmittelbefugt sind. Auch diese Regelung spricht dafür, dass eine formelle Beschwer für alle Verfahrensbeteiligten nicht vorausgesetzt wird. Ob hieraus zu schließen ist, dass für alle Verfahrensbeteiligten weder eine formelle noch eine materielle Beschwer Voraussetzungen ihrer Beschwerdeberechtigung sind (Prütting/Helms/*Stößer* § 184 Rn. 11; Keidel/*Engelhardt* § 184 Rn. 4; MüKoZPO/*Coester-Waltjen/Hilbig* § 184 Rn. 13; *Helms/Kieninger/Rittner* Rn. 262), erscheint deswegen zweifelhaft, weil jedenfalls für den (rechtlichen oder biologischen) Vater und das Kind in der anzufechtenden Entscheidung eine formelle oder materielle Beschwer regelmäßig gegeben sein wird. I.Ü. beschränken sich die Ausführungen des BGH in FamRZ 2009, 861, 863 auf die formelle Beschwer. Im postmortalen Abstammungsverfahren sind neben den Personen nach § 172 Abs. 1 auch die weiteren Verfahrensbeteiligten (§ 172 Rdn. 35) beschwerdeberechtigt. Dass über den Vaterschaftsfeststellungsantrag unzulässigerweise durch Anerkenntnis- oder Versäumnisbeschluss (§ 177 Rdn. 2) entschieden wurde (BGH FamRZ 2005, 514; FamRZ 1994, 694; OLG Bamberg FamRZ 1994, 1044), begründet die Beschwerdebefugnis auch zukünftig nicht, wenn mit der Entscheidung keine materielle Beschwer verbunden ist. IE gilt für die Beschwerdeberechtigung Folgendes (*Maurer* FamRZ 2009, 465, 470):

11 a) Der potenzielle biologische oder der rechtliche **Vater** ist als Antragsteller oder als Person, dessen Rechte beeinträchtigt sind, beschwerdeberechtigt. Dies gilt unabhängig von einer formellen Beschwer. Der biologische Vater wird durch die Entscheidung im Vaterschaftsanfechtungsverfahren des rechtlichen Vaters nicht in seinen Rechten beeinträchtigt (OLG München FamRZ 2012, 1825 f.).

12 b) Das minderjährige **Kind** erlangt seine Beschwerdeberechtigung ebenfalls aus der Beteiligung am Verfahren als Antragsteller oder weil seine Rechte beeinträchtigt sind. Das Kind kann sein Beschwerderecht jedoch nicht gem. § 60 neben dem und unabhängig von seinem gesetzlichen Vertreter (Elternteil, Ergänzungspfleger oder Beistand [§ 173 Rdn. 4]; § 60 Rdn. 10 ff.) ausüben, sondern wird in der Beschwerdeinstanz von diesem vertreten (§ 172 Rdn. 10).

13 c) Die **Mutter** des Kindes ist als Antragstellerin nach § 59 Abs. 2 beschwerdeberechtigt. Ob sich ihr Beschwerderecht als weitere Beteiligte auch aus § 59 Abs. 1 herleiten lässt, weil evtl. ihre Rechte aus Art. 6 Abs. 2 Satz 1 GG durch die Statusentscheidung beeinträchtigt sind, bedarf keiner Entscheidung. Denn ihre Beschwerdeberechtigung folgt unmittelbar aus § 184 Abs. 3.

14 d) Das **Jugendamt** ist auf seinen Antrag hin gem. §§ 172 Abs. 2, 176 Abs. 1 am Abstammungsverfahren zu beteiligen und in diesem Fall gem. § 184 Abs. 3 beschwerdeberechtigt. Auch wenn das Jugendamt keinen Antrag auf Beteiligung am Verfahren stellt, folgt aus § 176 Abs. 2 Satz 2 für die aufgeführten Anfechtungsverfahren sowie im Fall der Anhörung bei Beteiligung eines Minderjährigen die Beschwerdeberechtigung (§ 176 Rdn. 5 f.; § 58 Rdn. 64 f.). Schließlich ist das Jugendamt gem. § 184 Abs. 3 zur Beschwerde berechtigt, wenn es an dem Verfahren zu beteiligen gewesen wäre.

15 e) Hat das Gericht in einer Abstammungssache einem minderjährigen Beteiligten einen **Verfahrensbeistand** bestellt (§ 174), steht diesem als Beteiligten, der zum Verfahren hinzugezogen wird (§ 158 Abs. 3 Satz 2), ein eigenständiges Beschwerderecht nach § 184 Abs. 3 zu.

16 f) Sind **weitere Personen** am Verfahren beteiligt, sind sie nach der Regelung des § 184 Abs. 3 zur Beschwerde berechtigt. Es bedarf keiner konkreten Feststellung, ob eigene Rechte durch die Entscheidung unmittelbar betroffen sind.

17 g) Hatte die **zuständige Verwaltungsbehörde** von ihrem Anfechtungsrecht nach § 1600 Abs. 1 Nr. 5 BGB Gebrauch gemacht, folgte die Beschwerdeberechtigung allein aus der Beteiligung am Verfahren als Antragsteller, soweit der Antrag zurückgewiesen wurde (§ 59 Abs. 2).

18 h) Hat das Gericht irrtümlich **Personen** oder **Behörden** am Verfahren **nicht beteiligt**, die nach § 172 zu beteiligen waren, sind diese beschwerdeberechtigt, was § 184 Abs. 3 ausdrücklich klarstellt. Die für sie geltende Beschwerdefrist (§ 63 Abs. 1) beginnt nicht, weil ihnen ggü. der Beschluss nicht schriftlich bekannt gegeben wurde (§ 63 Abs. 3). Kann der Beschluss nicht zugestellt werden, beginnt die Beschwerdefrist spätestens 5 Monate nach Erlass des Beschlusses (§ 63 Abs. 3 Satz 2). Da auch eine Wiedereinsetzung nach Ablauf eines Jahres nach Ablauf der versäumten Beschwerdefrist nicht mehr möglich ist (§ 18 Abs. 4), kann

der nicht beteiligte Dritte nur nach Maßgabe des § 185 die Wiederaufnahme anstreben (MüKoZPO/*Coester-Waltjen*/*Hilbig* § 184 Rn. 14).

i) **Anderen Personen**, auf die sich die Entscheidung nur mittelbar auswirkt, steht ein Beschwerderecht 19 nicht zu. Verwandte der Beteiligten, wie etwa (Groß-) Eltern oder Geschwister, bzw. Dritte, die über das Umgangsrecht, Unterhaltsansprüche oder erbrechtliche Positionen nur mittelbar betroffen sind, sind nicht beschwerdeberechtigt (BT-Drucks. 16/6308 S. 368; § 58 Rdn. 7 f.; Prütting/Helms/*Stößer* § 184 Rn. 11; Keidel/*Engelhardt* § 184 Rn. 4).

§ 185 Wiederaufnahme des Verfahrens.

(1) Der Restitutionsantrag gegen einen rechtskräftigen Beschluss, in dem über die Abstammung entschieden ist, ist auch statthaft, wenn ein Beteiligter ein neues Gutachten über die Abstammung vorlegt, das allein oder in Verbindung mit den im früheren Verfahren erhobenen Beweisen eine andere Entscheidung herbeigeführt haben würde.
(2) Der Antrag auf Wiederaufnahme kann auch von dem Beteiligten erhoben werden, der in dem früheren Verfahren obsiegt hat.
(3) ¹Für den Antrag ist das Gericht ausschließlich zuständig, das im ersten Rechtszug entschieden hat; ist der angefochtene Beschluss von dem Beschwerdegericht oder dem Rechtsbeschwerdegericht erlassen, ist das Beschwerdegericht zuständig. ²Wird der Antrag mit einem Nichtigkeitsantrag oder mit einem Restitutionsantrag nach § 580 der Zivilprozessordnung verbunden, ist § 584 der Zivilprozessordnung anzuwenden.
(4) § 586 der Zivilprozessordnung ist nicht anzuwenden.

Übersicht

	Rdn.		Rdn.
A. Allgemeines	1	3. Andere Entscheidung	11
B. 3-stufiger Prüfungsumfang	3	II. Wiederaufnahmegrund	12
I. Zulässigkeit des Restitutionsantrags	4	III. Wiederaufnahmeentscheidung	13
1. Anwendungsbereich	5	C. Wiederaufnahmeverfahren	14
2. Neues Gutachten	8		

A. Allgemeines. Endentscheidungen in Abstammungsverfahren erwachsen in formelle und gem. § 184 1 Abs. 2 über die Verfahrensbeteiligten hinaus in materielle Rechtskraft. Durch die Wiederaufnahme eines abgeschlossenen Verfahrens kann die Aufhebung einer rechtskräftigen Entscheidung und eine anderweitige gerichtliche Beurteilung herbeigeführt werden. Im Zivilverfahren verfolgen die Nichtigkeits- und die Restitutionsklage diese Ziele (§ 578 Abs. 1 ZPO), wobei die Nichtigkeitsklage unabhängig von der Kausalität auf schwere Verfahrensverstöße (§ 579 Abs. 1 Nr. 1 – 4 ZPO) und die Restitutionsklage auf fehlerhafte sowie kausale Entscheidungsgrundlagen bezogen ist. In Kindschaftssachen i.S.v. § 640 Abs. 2 ZPO a.F. erweiterte § 641i ZPO a.F. die Restitutionsgründe des § 580 ZPO um die Vorlage eines neuen Gutachtens. Die Regelungen in § 185 Abs. 1 bis 3 entsprechen dem bisherigen § 641 Abs. 1 bis 3 ZPO a.F. Daneben kann nach § 48 Abs. 2, da § 118 die entsprechende Geltung der §§ 578 bis 591 ZPO nur für Ehesachen und Familienstreitsachen anordnet, ein rechtskräftig beendetes Verfahren in entsprechender Anwendung der Vorschriften des Buches 4 der ZPO wieder aufgenommen werden, sodass in Abstammungssachen neben § 185 die §§ 578 bis 591 ZPO anwendbar sind.

Durch den Wiederaufnahmeantrag nach § 185 Abs. 1 wird den Verfahrensbeteiligten die Möglichkeit eröff- 2 net, für den positiven oder negativen Nachweis der Abstammung neue wissenschaftliche Erkenntnisse zu nutzen (BGH FamRZ 1994, 237, 238 f.; OLG Hamm FamRZ 1986, 1026). Zukünftig können das Abstammungsklärungsverfahren nach § 1598a BGB und die zuverlässige genetische Abstammungsanalyse den Anwendungsbereich des Wiederaufnahmeverfahrens erweitern.

B. 3-stufiger Prüfungsumfang. Das Wiederaufnahmeverfahren ist in drei Stufen gegliedert. In der **ersten** 3 **Stufe** ist die Zulässigkeit des Wiederaufnahmeverfahrens festzustellen, für die der Antragsteller ein neues Gutachten über die Abstammung vorlegen und einen abweichenden Verfahrensausgang oder -verlauf behaupten muss (Rdn. 4 ff.). Im **zweiten Verfahrensabschnitt** ist zu klären, ob die Behauptung schlüssig ist und das neue Gutachten die frühere Entscheidung zu erschüttern vermag (Rdn. 12). Ist die Wiederaufnahme des Abstammungsverfahrens danach zulässig und begründet, ist in der **dritten Verfahrensstufe** in die Neuverhandlung und -entscheidung des Verfahrens einzutreten (Rdn. 13).

4   **I. Zulässigkeit des Restitutionsantrags.** Die Wiederaufnahme eines rechtskräftig abgeschlossenen Abstammungsverfahrens ist nach § 185 Abs. 1 zulässig, wenn über die Abstammung eines Kindes im Vorverfahren mit Rechtskraftwirkung entschieden wurde und ein neues Gutachten vorgelegt wird.

5   **1. Anwendungsbereich.** In **Vaterschaftsfeststellungs- und Vaterschaftsanfechtungsverfahren** (OLG Hamm FamRZ 1986, 1026) wird eine (feststellende oder gestaltende) gerichtliche Entscheidung über die Abstammung eines Kindes unabhängig davon getroffen, ob dem Antrag stattgegeben oder dieser zurückgewiesen wird (BGH FamRZ 2003, 1833; OLG Köln FamRZ 2002, 673). Ob im Vorverfahren mit dem Antrag auf Feststellung der Vaterschaft ein Unterhaltsantrag nach § 237 (bisher Annexverfahren nach § 653 ZPO a.F.) verbunden war, ist unerheblich (BGH FamRZ 1993, 943 f.). Auch die Feststellung der (Un-) Wirksamkeit der **Anerkennung der Vaterschaft** (§ 169 Rdn. 10; *Braun* FamRZ 1989, 1129, 1132) führt zu einer Entscheidung über die Abstammung des Kindes. Nach einer Entscheidung über die Abstammung kann das Wiederaufnahmeverfahren auch postmortal betrieben werden (OLG Hamm FamRZ 1986, 1026). Schließlich ist die Wiederaufnahme zulässig, wenn im Vorverfahren verfahrenswidrig über die Abstammung durch Anerkenntnisurteil bzw. -beschluss entschieden wurde (BGH FamRZ 1994, 696).

6   Weil der Restitutionsantrag auf die Fortsetzung des abgeschlossenen Abstammungsverfahrens gerichtet ist, sind an diesem Verfahren keine anderen bzw. weiteren Personen zu beteiligen. Aus diesem Grund ist der Restitutionsantrag des potenziellen biologischen Vaters in einem vom rechtlichen Vater betriebenen Vaterschaftsanfechtungsverfahren unzulässig. Der Beschluss in diesem Verfahren stellt keine Rechtsbeziehung zwischen dem potenziellen biologischen Vater und dem Kind her und verkürzt seine Rechtsverteidigung im nachfolgenden Feststellungsverfahren nicht. Ein dahin gehendes Interesse wird nach dem Zweck des Restitutionsantrags nicht geschützt (OLG Celle v. 29.07.2010 – 15 UF 162/10).

7   § 185 findet hingegen **keine Anwendung** auf Abstammungsklärungsverfahren nach § 169 Nr. 2 u 3, weil diese nur die Einwilligung in eine genetische Abstammungsuntersuchung bzw. die Einsicht in ein daraufhin erstelltes Abstammungsgutachten zum Gegenstand haben (missverständlich BT-Drucks. 16/6561 S. 16 [zu § 641i ZPO a.F.]). Mit einem Restitutionsantrag kann ebenfalls nicht ein Vaterschaftsanfechtungsverfahren wieder aufgenommen werden, in dem der Antrag wegen **Versäumung der Anfechtungsfrist** zurückgewiesen wurde (BGH FamRZ 1982, 48), denn auch insoweit erfolgt keine Entscheidung des Gerichts über die Abstammung des Kindes. Auch wenn ein Verfahrensbeteiligter nach § 1598a Abs. 1 oder 2 BGB mit Einwilligung der Beteiligten oder nach deren gerichtlicher Ersetzung ein neues Abstammungsgutachten außergerichtlich eingeholt hat, kann er auf dieses Gutachten einen Restitutionsantrag nicht stützen, wenn eine frühere Anfechtungsklage wegen Fristablaufs abgewiesen worden war (Art. 229 § 17 EGBGB; *Wellenhofer* NJW 2008, 1185, 1188). Schließlich treffen Verfahren oder Rechtsstreitigkeiten, in denen die Abstammung eines Kindes ausnahmsweise als Vorfrage inzident geklärt wurde (§ 169 Rdn. 27 ff.), keine insoweit in Rechtskraft erwachsende Entscheidung.

8   **2. Neues Gutachten.** Ein Verfahrensbeteiligter muss ein neues Gutachten über die Abstammung vorlegen, das allein oder i.V.m. den im früheren Verfahren erhobenen Beweisen eine andere Entscheidung herbeigeführt haben würde (BGH FamRZ 2003, 1833, 1834). Die Vorlage eines neuen Gutachtens über die Abstammung ist **Zulässigkeitsvoraussetzung** des Restitutionsantrags. Das Erfordernis eines neuen Gutachtens für das Wiederaufnahmeverfahren verstößt nicht gegen Art. 8 EMRK (EGMR FamRZ 2012, 357 [LS, zur Wiederaufnahme eines Vaterschaftsanfechtungsverfahrens nach türkischem Recht]). Bei einem neuen Gutachten handelt es sich um eine schriftliche Ausarbeitung auf der Grundlage der sachverständig beurteilten naturwissenschaftlichen Erkenntnisse, die die Abstammung eines Verfahrensbeteiligten von einem anderen Beteiligten zum Gegenstand hat. Diese Erkenntnisse müssen auf den konkreten Sachverhalt des Vorverfahrens bezogen sein (BGH FamRZ 1989, 1067) und dürfen sich nicht in abstrakten wissenschaftlichen Auseinandersetzungen zu Nachweismöglichkeiten oder der Vererblichkeit genetischer Merkmale erschöpfen. Die sachverständige Beurteilung, die sowohl in einem Privatgutachten (OLG Brandenburg FamRZ 2009, 1931) als auch in einem Gutachten eines anderen – beizuziehenden – gerichtlichen Verfahren erfolgt sein kann, muss sich auf ein DNA- oder Blutgruppengutachten, ein anthropologisch-erbbiologisches Gutachten, ein Gutachten über die Tragezeit oder über die Zeugungsfähigkeit beziehen (BGH FamRZ 2003, 1833). Ein Gutachten, das offensichtlich das Ergebnis des im Vorverfahren eingeholten Gutachtens bestätigt, genügt diesen Anforderungen nicht (OLG Hamm OLGR 1997, 92, 93; offen gelassen BGH FamRZ 2003, 1833,

1834). Der Antragsteller kann sich auch auf ein Gutachten beziehen, das in einem anderen Verfahren erstattet wurde und in das er nicht einbezogen war (BGH FamRZ 1994, 694, 695). Selbst wenn im Vorverfahren kein Gutachten eingeholt und unter Verstoß gegen die Verpflichtung zur Amtsermittlung – etwa aufgrund eines Anerkenntnisses (§ 177 Rdn. 3) – entschieden wurde, ist ein Wiederaufnahmeantrag nach § 185 möglich (BGH FamRZ 1994, 694, 696). Auf einen – nicht verwertbaren (§ 171 Rdn. 15) – heimlichen Vaterschaftstest kann der Restitutionsantrag nicht gestützt werden. Die Vorlage eines neuen Gutachtens kann nicht durch einen Antrag auf Einholung eines Gutachtens oder einen anderen Beweisantritt ersetzt werden (OLG Celle FamRZ 2000, 1510, 1512). Ein Verfahrensbeteiligter oder Dritter kann auch nicht durch das Wiederaufnahmeverfahren zur Teilnahme an einer Abstammungsuntersuchung nach § 178 gezwungen werden (OLG Zweibrücken FamRZ 2005, 735; OLG Celle, FamRZ 2000, 1510, 1512 m.w.N.; s. § 169 Rdn. 20). Künftig werden sich die Probleme eines neuen Gutachtens für die Verfahrensbeteiligten durch das **Abstammungsklärungsverfahren** für die dort Anspruchsberechtigten relativieren. Mit Einwilligung oder nach deren gerichtlicher Ersetzung (§ 1598a Abs. 1 u 2 BGB) haben die Berechtigten die Möglichkeit, das außergerichtlich eingeholte genetische Abstammungsgutachten, das auf neueren Erkenntnissen beruhen und ggf. zu anderen Ergebnissen führen kann, für ihren Wiederaufnahmeantrag zu verwenden.

Das neue Gutachten muss mit dem Restitutionsantrag vorgelegt werden, anderenfalls ist der Antrag unzulässig (BGH FamRZ 1989, 1067; OLG Zweibrücken FamRZ 2005, 735). Ist das mit dem Antrag vorgelegte Gutachten nicht ausreichend, kann es im Verfahren **ergänzt werden** und einen bis dahin unzulässigen Antrag zulässig machen (BGH FamRZ 2003, 1833). Für die früheren ZPO-Kindschaftssachen galt der Schluss der mündlichen Verhandlung oder der nach § 128 Abs. 2 ZPO gleichgestellte Zeitpunkt. Im einseitigen Abstammungsverfahren ist eine mündliche Verhandlung nicht vorgeschrieben, auch wenn ein Erörterungstermin nach § 175 Abs. 1 vor einer Beweisaufnahme erfolgen soll. Damit besteht keine Frist, innerhalb derer der Antragsteller ein neues Gutachten inhaltlich ergänzen kann. Das Gericht hat den Antragsteller jedoch auf Mängel des Gutachtens hinzuweisen, um ihm Gelegenheit zur Ergänzung zu geben. 9

Das Gutachten ist **neu**, wenn es im vorangegangenen Verfahren nicht vorlag und daher nicht verwertet werden konnte. War es bereits vor Abschluss des Vorverfahrens erstellt, ist es gleichwohl neu, wenn der Antragsteller schuldlos außerstande war, dieses in das Vorverfahren – ggf. im Beschwerdeverfahren – einzuführen oder sich hierauf zu berufen (BGH FamRZ 1989, 374, 375). Das neue Gutachten muss nicht auf (neuen) Befunden beruhen, sondern kann auch nach Aktenlage erstattet worden sein (BGH FamRZ 1989, 374, 375). Neue wissenschaftliche Erkenntnisse oder Untersuchungsmethoden sind nicht zwingend, weil auch die Darstellung von Fehlern im Gutachten des Erstverfahrens aufgrund eigenständiger und neuer Auswertung sowie Beurteilung (BGH FamRZ 2003, 1833, 1834) ausreichend ist (BGH FamRZ 1993, 943, 944). 10

3. Andere Entscheidung. Der Antragsteller muss geltend machen, im Vorverfahren wäre – möglicherweise – unter Berücksichtigung des vorgelegten neuen Gutachtens eine andere Entscheidung ergangen (BGH FamRZ 2003, 1833, 1834). Hierfür genügt die Behauptung, dass das neue Gutachten auf der Grundlage der aktuellen Erkenntnisse sowie einer im Wiederaufnahmeverfahren einzuholenden DNA-Analyse die sehr hohe Wahrscheinlichkeit für oder gegen die Vaterschaft belege. 11

II. Wiederaufnahmegrund. Im **zweiten Verfahrensabschnitt** ist zu prüfen, ob die Behauptung des Antragstellers schlüssig ist und insoweit zutrifft, dass das neue Gutachten die Feststellungen und die Richtigkeit der Entscheidung im Vorverfahren zu erschüttern geeignet ist. In Betracht kommt, dass das Verfahren bei Einbeziehung des neuen Gutachtens noch nicht entscheidungsreif gewesen wäre und weitere Beweiserhebungen erfordert hätte (BGH FamRZ 1980, 880) oder anders hätte entschieden werden müssen. Für diese Feststellung ist – anders als im Regressverfahren – nicht darauf abzustellen, wie im damaligen Verfahren richtigerweise hätte entschieden werden müssen, sondern wie das Gericht des Vorverfahrens unter Berücksichtigung der Erkenntnisse aus dem neuen Gutachten hypothetisch geurteilt hätte (BGH FamRZ 2003, 1833, 1834). Erhöht das neue Gutachten die Vaterschaftswahrscheinlichkeit lediglich von 91,5 % auf 93,6 % kann unter Berücksichtigung widersprüchlicher Aussagen der Mutter in vorangegangenen Vaterschaftsfeststellungsverfahren zu ihren intimen Beziehungen in der gesetzlichen Empfängniszeit die Annahme *gerechtfertigt sein, dass die geringfügig* höhere Wahrscheinlichkeit nicht zu einer anderen Entscheidung im Vorverfahren geführt hätte (BGH FamRZ 2003, 1833, 1835). 12

III. Wiederaufnahmeentscheidung. Wird die Zulässigkeit des Antrags oder das Vorliegen eines Wiederaufnahmegrundes verneint, weist das Gericht den Antrag zurück. Kommt das Gericht zu dem Ergebnis, dass der Restitutionsantrag zulässig und der Restitutionsgrund begründet ist, ist das vorangegangene Ver- 13 fahren fortzusetzen. Nach der Rspr. des BGH (FamRZ 1993, 943, 945; FamRZ 1989, 374, 376) ist hierüber durch einen selbstständig anfechtbaren Beschluss als Zwischenentscheidung zu befinden und die Entscheidung des Vorverfahrens aufzuheben. Nach a.A. kann dies auch zusammen mit der Endentscheidung in der Hauptsache erfolgen (Zöller/*Philippi* § 641i Rn. 15). In der **dritten Stufe** des Wiederaufnahmeverfahrens ist das Vorverfahren fortzusetzen, indem die Abstammung erneut erörtert (§ 175), die i.R.d. § 177 erforderlichen Ermittlungen veranlasst sowie Beweise erhoben werden und schließlich erneut über die Abstammung entschieden wird.

14 **C. Wiederaufnahmeverfahren.** I. Nach § 185 Abs. 3 ist für den (isolierten) Wiederaufnahmeantrag nach Abs. 1 **ausschließlich** das Gericht **zuständig**, das über die Abstammung im Vorverfahren rechtskräftig entschieden hat. Da das Abstammungsverfahren in der Hauptsache fortzusetzen ist, hat das FamG oder das Beschwerdegericht über die Wiederaufnahme zu entscheiden. Bei einer Entscheidung des Rechtsbeschwerdegerichts verbleibt die Zuständigkeit beim Beschwerdegericht (§ 185 Abs. 3 Satz 1 2 Halbs.). Will der Antragsteller den Wiederaufnahmeantrag nach § 185 Abs. 1 mit einem Nichtigkeitsantrag (§ 579 ZPO) oder einem Restitutionsantrag nach § 580 ZPO verbinden (§ 48 Abs. 2), bestimmt sich die Zuständigkeit nach § 584 ZPO.

15 II. Einen an keine Frist gebundenen Wiederaufnahmeantrag, für den die vorgenannten und allgemeinen Voraussetzungen (§ 23) gelten, können alle Verfahrensbeteiligten des Vorverfahrens stellen, auch wenn sie in diesem Verfahren obsiegt hatten (§ 185 Abs. 2; MüKoZPO/*Coester-Waltjen/Hilbig* § 185 Rn. 11 [zu am Vorverfahren nicht beteiligten Dritten]). Einer **Beschwer** bedarf es für die **Antragsberechtigung** nach § 185 nicht (BGH FamRZ 1994, 694, 696). Für die Beschwerde gegen die Entscheidung im Wiederaufnahmeverfahren gelten die allgemeinen Voraussetzungen des Beschwerdeverfahrens (§ 184 Rdn. 8). Ist ein Verfahrensbeteiligter verstorben, können seine Erben den Restitutionsantrag nicht erheben (OLG Stuttgart FamRZ 1982, 193).

16 III. Der Wiederaufnahmeantrag nach § 185 ist an **keine Antragsfrist** gebunden, denn nach Abs. 4 findet § 586 ZPO, der eine Notfrist von einem Monat vorschreibt, keine Anwendung. Werden Nichtigkeits- oder Restitutionsgründe nach §§ 579, 580 ZPO i.V.m. § 48 Abs. 2 geltend gemacht, gilt indes insoweit § 586 ZPO (OLG Düsseldorf FamRZ 2002, 1268). Ein Anwaltszwang besteht für das Wiederaufnahmeverfahren gem. § 114 Abs. 1 in beiden Instanzen nicht. Das Restitutionsverfahren kann als postmortales Abstammungsverfahren von den Antragsberechtigten geführt werden, wenn ein früherer Verfahrensbeteiligter verstorben ist (OLG Celle FamRZ 2000, 1510 ff.; KG FamRZ 1998, 382).

Abschnitt 5. Verfahren in Adoptionssachen
Vorbem. zu §§ 186–199

Übersicht

	Rdn.		Rdn.
A. Reform	1	III. Gesetzliche Geschäftsverteilung; funktionale Zuständigkeit	6
B. Zuständigkeit	4	C. Anwaltszwang	12
I. Sachliche Zuständigkeit	4	D. Öffentlichkeit, Akteneinsicht	13
II. Internationale und örtliche Zuständigkeit	5	E. Gebühren	15

A. Reform. Das gerichtliche Verfahren der Annahme als Kind war bisher unter den Vormundschaftssachen in den §§ 43b, 55c, 56d bis 56f FGG geregelt. Das FamFG führte den neuen Gesetzesbegriff der »Adoptionssache« ein, weist ihm einen eigenen Abschnitt zu und definiert ihn in § 186. Auch die Verfahren, die die Annahme als Kind betreffen, fallen nach § 186 Nr. 1 darunter. Daneben sind die Ersetzung der Einwilligung zur Annahme als Kind (§ 186 Nr. 2), die Aufhebung des Annahmeverhältnisses (§ 186 Nr. 3) und die Befreiung vom Eheverbot des § 1308 Abs. 1 BGB (§ 186 Nr. 4) Adoptionssachen i.S.d. Legaldefinition. 1

Die wichtigste Neuerung besteht sicherlich darin, dass die in § 111 enthaltene Aufzählung der einzelnen Arten von Familiensachen auch die Adoptionssachen nennt (§ 111 Nr. 4). Die mit dem FamFG verbundene Auflösung des Vormundschaftsgerichts und Einführung des Großen Familiengerichts bewirkt für Adoptionsverfahren mithin eine »Umwidmung« von Vormundschafts- zu Familiensachen und überträgt sie auf das FamG. Dies rechtfertigt sich aus den vielfältigen Bezügen der Adoptionssachen zu den klassischen Familiensachen (BT-Drucks. 16/6308 S. 246). Dementsprechend wurde auch in den materiell-rechtlichen Adoptionsvorschriften (§§ 1741 ff. BGB) jeweils der Begriff »Vormundschaftsgericht« durch »Familiengericht« ersetzt. Die Zuständigkeit des Familiengerichts bezieht auch die Adoption Volljähriger ein (*Schulte-Bunert* Rn. 668). 2

I.Ü. unterliegen die Adoptionssachen aber weiterhin dem Verfahrensrecht der freiwilligen Gerichtsbarkeit (BT-Drucks. 16/6308 S. 169). Die verfahrensrechtlichen Sonderbestimmungen der §§ 55c, 56d bis 56f FGG wurden inhaltlich weitgehend übernommen (vgl. BT-Drucks. 16/6308 S. 169). 3

B. Zuständigkeit. I. Sachliche Zuständigkeit. Die sachliche Zuständigkeit für Adoptionssachen verbleibt wie bisher beim AG. Mit der Unterordnung der Adoptionssachen unter die Familiensachen durch § 111 (Nr. 4) gehören sie auch zur Zuständigkeit der AG für Familiensachen nach § 23a Abs. 1 Nr. 1 GVG. 4

II. Internationale und örtliche Zuständigkeit. Die örtliche Zuständigkeit in Adoptionssachen hat in § 187 eine umfassende Regelung erfahren; die internationale Zuständigkeit in § 101. 5

III. Gesetzliche Geschäftsverteilung; funktionale Zuständigkeit. Im Hinblick auf die gesetzliche Geschäftsverteilung ist die Zuweisung von Familiensachen, und damit auch Adoptionssachen, an die Abteilungen für Familiensachen (Familiengerichte) beachtlich. Für die Adoptionssachen nach § 186 Nr. 4 entspricht dies der bisherigen Rechtslage; für die in § 186 Nr. 1 bis 3 genannten Adoptionssachen war dies neu. 6

Innerhalb der Abteilung für Familiensachen wären die Adoptionssachen grds. aufgrund der Neuregelung des § 3 Nr. 2a) RPflG dem Rechtspfleger übertragen. Dies ist allerdings nur gesetzessystematisch der Grundsatz. Entsprechend dem Ziel des Gesetzgebers, die bisherige Aufgabenverteilung zwischen Richter und Rechtspfleger in diesem Bereich unverändert zu belassen (BT-Drucks. 16/6308 S. 321), sehen § 14 Abs. 1 Nr. 15, 16 RPflG weitgehende Vorbehalte zugunsten des Richters vor, die dazu führen, dass die Aufgaben, die er bisher wahrgenommen hat, auch weiterhin ihm verbleiben (vgl. § 14 Abs. 1 Nr. 3 f.) und Nr. 18, 3. Alt. RPflG a.F. sowie BT-Drucks. 16/6308 S. 321). Die Entscheidung durch den Richter bereits im ersten Rechtszug ist insb. hinsichtlich des *Beschlusses* über die Annahme als Kind auch verfassungsrechtlich durch Art. 19 Abs. 4 GG geboten, da in die elterliche Sorge und somit ein Grundrecht nach Art. 6 GG eingegriffen wird und außerdem der Annahmebeschluss unanfechtbar nach § 197 Abs. 3 ist (MüKoBGB/*Maurer* § 1752 Rn. 11). 7

§ 14 Abs. 1 Nr. 15 RPflG behält, soweit darin eine richterliche Entscheidung enthalten ist, folgende Adoptionssachen dem Richter vor: 8

Vorbem. zu §§ 186–199   Buch 2. Verfahren in Familiensachen

– Die Entscheidung über die Annahme als Kind einschließlich der Entscheidung über den Namen des Kindes nach §§ 1742, 1768, 1757 Abs. 4 BGB (Adoptionssachen gem. § 186 Nr. 1)
– Die Genehmigung der Einwilligung des Kindes zur Annahme nach § 1746 Abs. 1 Satz 4 BGB (Adoptionssache gem. § 186 Nr. 1)
– Die Ersetzung der Einwilligung oder der Zustimmung zu einer Annahme als Kind nach §§ 1746 Abs. 3, 1748, 1749 Abs. 1 BGB (Adoptionssachen gem. § 186 Nr. 2)
– Die Aufhebung des Annahmeverhältnisses nach §§ 1760, 1763, 1771 BGB samt einer etwaigen Entscheidung zur Namensführung nach § 1765 Abs. 2 BGB (Adoptionssachen gem. § 186 Nr. 3)

9   § 14 Abs. 1 Nr. 16 RPflG behält dem Richter die Befreiung vom Eheverbot der durch die Annahme als Kind begründeten Verwandtschaft in der Seitenlinie nach § 1308 Abs. 2 BGB vor (Adoptionssache gem. § 186 Nr. 4).

10   In der Zuständigkeit des Rechtspflegers bleiben danach nur folgende Verfahren (MüKoFamFG/*Maurer* vor §§ 186 ff. Rn. 9):
– die Erteilung der Bescheinigung über den Eintritt der Vormundschaft des Jugendamtes im Fall des § 190
– die Anordnung des Verbots der Offenbarung oder Ausforschung der Adoptionsumstände nach § 1758 Abs. 2 Satz 2 BGB, es sei denn die Anordnung ergeht mit der Entscheidung über die Ersetzung
– die Entscheidung über Gesuche um Akteneinsicht (§ 13 Abs. 2 Satz 2), soweit sie im Zusammenhang mit dem Offenbarungs- und Ausforschungsverbot stehen
– die Anordnung nach § 1765 Abs. 3 BGB, als Ehe- oder Lebenspartnerschaftsnamen den Geburts- statt des durch die Annahme als Kind erworbenen Namens zu führen; regelmäßig wird in diesem Fall allerdings der Richter die Entscheidung (mit-)übernehmen, da dies sachdienlich i.S.d. § 6 RPflG ist.

Da der Rechtspfleger grds. zuständig ist, kann er über die Abgabe an ein anderes Gericht entscheiden, auch wenn dort nur richterliche Aufgaben wahrzunehmen sind (KG Rpfleger 1979, 135; Jansen/*Müller-Lukoschek* § 43b Rn. 67).

11   Die Einordnung der Adoptionssachen in § 111 Nr. 4 bewirkt allgemein, dass die für Verfahren vor dem FamG einschlägigen gerichtsverfassungsrechtlichen Regelungen anzuwenden sind (BT-Drucks. 16/6308 S. 246). Rechtsmittelgericht ist deshalb nicht mehr das LG, sondern nach § 119 Abs. 1 Nr. 1a) GVG das OLG (BT-Drucks. 16/6308 S. 246 f.; *Schulte-Bunert* Rn. 668; *Reinhardt* JAmt 2009, 162, 163). Rechtsbeschwerdegericht ist der BGH (§ 133 GVG).

12   **C. Anwaltszwang.** Vor dem FamG wie auch vor dem OLG als Rechtsmittelgericht ist eine Vertretung durch einen Rechtsanwalt, im Ergebnis wie bisher, nicht geboten (arg e § 114 Abs. 1, 2).

13   **D. Öffentlichkeit, Akteneinsicht.** Die Anwendung der gerichtsverfassungsrechtlichen Regelungen für Familiensachen (s. Rdn. 11) führt auch für Adoptionssachen zunächst zum Grundsatz der Öffentlichkeit nach § 169 GVG. Indes verkehrt § 170 Satz 1 GVG diesen Grundsatz für Familiensachen ins Gegenteil; sie sind nicht öffentlich. Nach § 170 Satz 2 GVG kann das Gericht zwar die Öffentlichkeit zulassen, aber nicht gegen den Willen eines Beteiligten. In Adoptionssachen wird ein Zulassen der Öffentlichkeit schon wegen des hohen Stellenwertes des Adoptionsgeheimnisses (vgl. § 1358 BGB) kaum in Betracht kommen. Unberührt hiervon ist das grundsätzliche Recht der Beteiligten, an den Erörterungen und Anhörungen teilzunehmen (Beteiligtenöffentlichkeit; MüKoFamFG/*Maurer* vor §§ 186 ff. Rn. 32).

14   Das Adoptionsgeheimnis wird i.Ü. durch die Versagung der Akteneinsicht nach Art. 13 Abs. 2 Satz 2 verfahrensrechtlich abgesichert.

15   **E. Gebühren.** Adoptionsverfahren, die die Annahme eines **Minderjährigen** als Kind betreffen, sind – wie nach bisherigem Recht – gebührenfrei (BT-Drucks. 16/6308 S. 312). Adoptionssachen, die einen **Volljährigen** betreffen, lösen eine (2,0-) Gebühr nach Nr. 1320 KV FamGKG aus. Für Verfahren auf Ersetzung einer Einwilligung zur Adoption werden gemäß 1.3.2 Abs. 2 KV FamGKG neben dem Verfahren über die Annahme als Kind keine gesonderten Gebühren erhoben, damit in Adoptionssachen, die einen Volljährigen betreffen, nur eine Gebühr anfällt (vgl. BT-Drucks. 16/6308 S. 312; Jurgeleit/*Rass* § 7 Rn. 84). Wird der Adoptionsantrag zurückgenommen, so ermäßigt sich die Gebühr nach Nr. 1321 Nr. 2 KV FamGKG auf 0,5, wenn die Zurücknahme vor Ablauf des Tages, an dem die Endentscheidung der Geschäftsstelle übermittelt wird, erfolgt und die Endentscheidung nicht bereits durch Vorlesen der Entscheidungsformel bekannt gegeben worden ist. Der Verfahrenswert in Adoptionssachen Volljähriger richtet sich nach § 42 Abs. 2 und 3 FamGKG. Den Wert der Gebühr bestimmt das Gericht nach

§ 42 Abs. 2 FamGKG unter Berücksichtigung aller Umstände des Einzelfalls, insb. des Umfangs und der Bedeutung der Sache und der Vermögens- und Einkommensverhältnisse der Beteiligten nach billigem Ermessen, jedoch nicht über 500.000 € (vgl. bspw. – allerdings zum alten Recht – LG Darmstadt ZEV 2009, 46). Nach OLG Bamberg (FamRZ 2012, 737) ist die wirtschaftliche Situation des Annehmenden und des Anzunehmenden derart zu berücksichtigen, dass jeweils 25 % des jeweiligen Vermögens in die Bewertung einzustellen sind. Nur wenn es keine genügenden Anhaltspunkte für eine solche Wertbestimmung hat, soll es nach § 42 Abs. 3 FamGKG von 5.000,00 € ausgehen (OLG Celle FamRZ 2013, 2008; OLG Düsseldorf NJW-RR 2010, 1661; HK-FamGKG/*Thiel* § 42 FamGKG Rn. 101).

§ 186 Adoptionssachen.
Adoptionssachen sind Verfahren, die
1. die Annahme als Kind,
2. die Ersetzung der Einwilligung zur Annahme als Kind,
3. die Aufhebung des Annahmeverhältnisses oder
4. die Befreiung vom Eheverbot des § 1308 Abs. 1 des Bürgerlichen Gesetzbuchs

betreffen.

Übersicht

	Rdn.		Rdn.
A. Allgemeines	1	2. Einleitung des Verfahrens	20
B. Annahme als Kind (Nr. 1)	2	3. Prüfung durch das Gericht	22
I. Begriff	2	4. Entscheidung des Gerichts	25
II. Gang des Verfahrens	3	D. Aufhebung des Annahmebeschlusses (Nr. 3)	26
1. Einleitung des Verfahrens	3	I. Begriff	26
2. Prüfung durch das Gericht	8	II. Verfahren	27
a) Amtsermittlungsgrundsatz	8	1. Einleitung des Verfahrens	27
b) Prüfungsgegenstand	9	2. Prüfung durch das Gericht	31
3. Entscheidung des Gerichts	17	3. Entscheidung des Gerichts	34
C. Ersetzung der Einwilligung zur Annahme als Kind (Nr. 2)	18	E. Befreiung vom Eheverbot des § 1308 Abs. 1 BGB (Nr. 4)	35
I. Begriff	18	I. Begriff	35
II. Verfahren	19	II. Verfahren	36
1. Rechtsnatur des Verfahrens	19	F. Keine Adoptionssachen	38

A. Allgemeines. Die Vorschrift führt den Begriff der Adoptionssache als neuen Gesetzesbegriff ein und zählt die darunter fallenden Verfahren auf, nämlich das Verfahren auf Annahme als Kind (Nr. 1) sowie bestimmte weitere Einzelverfahren mit Bezug zur Adoption (Nr. 2 bis 4). Die Legaldefinition der Adoptionssache gilt über das FamFG hinaus, bspw. für den entsprechenden Begriff in §§ 3 Nr. 2a, 14 Abs. 1 RPflG. 1

B. Annahme als Kind (Nr. 1). I. Begriff. Mit Verfahren, die die Annahme als Kind betreffen, meint § 186 Nr. 1 sowohl die Annahme Minderjähriger als auch die Annahme Volljähriger (BT-Drucks. 16/6308 S. 247; *Krause* FamRB 2009, 221). Erfasst ist das gesamte Verfahren einschließlich seiner unselbstständigen Teile. Es gehören dazu alle Verrichtungen, die im Verfahren anfallen oder anfallen können, etwa die Entgegennahme von Anträgen und Einwilligungen sowie Zustimmungen, die Einholung von Gutachten und Anhörungen (so zum alten Recht Jansen/*Müller-Lukoschek* § 43b Rn. 46), weiterhin z.B. der Ausspruch zur Namensführung nach § 1757 BGB oder die gerichtliche Genehmigung nach § 1746 Abs. 1 Satz 4 BGB (BT-Drucks. 16/6308 S. 247; *Schulte-Bunert* Rn. 669). 2

II. Gang des Verfahrens. 1. Einleitung des Verfahrens. Das gerichtliche Annahmeverfahren wird durch Einreichung eines Antrags (vgl. §§ 1752, 1768 BGB) eingeleitet, den bei der Minderjährigenadoption der Annehmende (§ 1752 Abs. 1 BGB), bei der Volljährigenadoption der Annehmende und der Anzunehmende (§§ 1768 Abs. 1 Satz 1, 1772 Abs. 1 Satz 1 BGB) zu stellen haben. Dem Antrag geht bei der Minderjährigenadoption regelmäßig ein Adoptionsvermittlungsverfahren voraus, das von Adoptionsvermittlungsstellen, häufig dem Jugendamt, durchgeführt wird (vgl. dazu insb. die Bestimmungen des AdVermiG). In jedem Fall geht dem gerichtlichen Verfahren ein notarielles Beurkundungsverfahren voraus, da der Antrag nach § 1752 Abs. 2 Satz 2 BGB (ggf. i.V.m. § 1767 Abs. 2 Satz 1 BGB) notarieller Beurkundung bedarf. 3

4 Adressat des Antrags ist das FamG, vgl. §§ 1752 Abs. 1, 1768 Abs. 1 Satz 1 BGB. Ihm muss der Antrag zugehen, und zwar in Ausfertigung; beglaubigte Abschrift reicht nicht (Müller/Sieghörtner/Emmerling de Oliveira/*Sieghörtner* Rn. 175). Der Antrag wird i.d.R. vom beurkundenden Notar eingereicht, was zulässig ist, arg § 1753 Abs. 2 BGB (*Dodegge* FPR 2001, 321, 322). Er kann bis zur Wirksamkeit des Annahmebeschlusses (s. § 197 Rdn. 9 ff.) zurückgenommen werden, arg § 1750 Abs. 4 Satz 1 BGB (Beck'sches Notarhandbuch/*Grziwotz* B V Rn. 49). Die Rücknahmeerklärung unterliegt, wie auch der Annahmeantrag selbst (§ 1752 Abs. 2 Satz 1 BGB), dem Gebot der Höchstpersönlichkeit sowie der Bedingungs- und Befristungsfeindlichkeit (Beck'sches Notarhandbuch/*Grziwotz* B V Rn. 49). Ob sie formgebunden ist, ist umstritten (BayObLGZ 1982, 318, 321 f.: formfrei; Erman/*Saar* § 1752 Rn. 4 m.w.N.: öffentliche Beurkundung). Das Recht auf Rücknahme ist unvererblich (BayObLG NJW-RR 1996, 1092; Zschiebsch FPR 2009, 493). Durch die Rücknahme wird das Adoptionsverfahren beendet (*Wuppermann* Rn. 128).

5 Ist ein Antrag auf Adoption eines minderjährigen Kindes gestellt und wird dieses im Lauf des Verfahrens volljährig, so kann der Antrag nicht entsprechend umgedeutet werden, sondern es ist den Beteiligten Gelegenheit zur Stellung eines Antrags auf Volljährigenadoption – ggf. mit den Wirkungen der Minderjährigenadoption (vgl. insb. § 1772 Abs. 1 Satz 1 Buchst. d) BGB) – zu geben (OLG Hamm NJWE-FER 2001, 95; OLG Karlsruhe FamRZ 2000, 768; LG Düsseldorf FamRZ 2010, 1261, 1262; *Dodegge* FPR 2001, 321, 322). Tritt die Volljährigkeit während des Rechtsbeschwerdeverfahrens ein, so ist hierfür an das FamG (OLG Karlsruhe FamRZ 2000, 768; Staud/*Frank* § 1752 Rn. 5) zurück zu verweisen.

6 Neben dem Adoptionsantrag und den notwendigen Einwilligungen, die ebenfalls in Ausfertigungen einzureichen sind, sollten dem Gericht bei der Minderjährigenadoption vor allem folgende Unterlagen (vgl. ausführlich *Zschiebsch* FPR 2009, 493, 494) zugeleitet werden, wobei insoweit beglaubigte Abschriften genügen und zu beachten ist, dass die Gerichte nach pflichtgemäßem Ermessen (§ 26 FamFG) handeln und daher die Handhabung unterschiedlich ist:

– Geburtsurkunden des Annehmenden und des Anzunehmenden
– Geburtsurkunden der leiblichen Kinder oder der Adoptivkinder des Annehmenden und des Anzunehmenden
– ggf. Heiratsurkunden bzw. Scheidungsurkunden des Annehmenden bzw. Anzunehmenden
– ggf. Sterbeurkunden der Personen, deren Einwilligung erforderlich wäre, sowie von Ehepartnern und Kindern des Annehmenden und Anzunehmenden
– Nachweise der Staatsangehörigkeit des Annehmenden und der Staatsangehörigkeit des Anzunehmenden; hierbei genügen i.d.R. Auskünfte der Ortspolizeibehörden
– Meldebescheinigung für Annehmenden, wobei auch die Vorlage des Personalausweises, auf dessen Rückseite die gemeldete Wohnanschrift steht, ausreichend ist
– Ärztliche Zeugnisse über den Annehmenden und den Anzunehmenden; teilweise wird auch ein AIDS-Test verlangt (so LG Berlin FamRZ 1989, 427 für Annehmenden und Anzunehmenden; KG FamRZ 1991, 1101 für Anzunehmenden; s.u. Rdn. 12)
– Polizeiliches Führungszeugnis des Annehmenden.

7 Soweit schon vorhanden, kann zweckmäßigerweise auch sogleich die fachliche Äußerung nach § 189 mit vorgelegt werden (*Grauel* ZNotP 2001, 185, 188).

8 **2. Prüfung durch das Gericht. a) Amtsermittlungsgrundsatz.** Das Gericht hat alle formellen und materiellen Voraussetzungen (§§ 1741 ff. BGB) für die Annahme zu prüfen (ausf. *Zschiebsch* FPR 2009, 493). Es gilt der Grundsatz der Amtsermittlung, § 26. Das Gericht entscheidet grds. nach der Lage des Einzelfalls nach seinem pflichtgemäßen Ermessen über Art und Umfang der Ermittlungen und der Beweiserhebung. Dieses Ermessen ist aber im Verfahren über die Annahme als Kind durch spezielle Ermittlungsvorschriften teilweise gebunden (vgl. BayObLG FamRZ 1993, 1480). § 189 schreibt als notwendige Erkenntnisquelle bei der Minderjährigenadoption eine fachliche Äußerung einer Adoptionsvermittlungsstelle vor. §§ 192 bis 195 statuieren bestimmte Anhörungspflichten.

9 **b) Prüfungsgegenstand.** Neben der Zuständigkeit wird das Gericht zunächst das Vorliegen des Annahmeantrags und der notwendigen Einwilligungen, jeweils samt ihrer (formellen und sonstigen) Wirksamkeit, prüfen.

10 In die Annahme müssen bei der Minderjährigenadoption ggf. einwilligen:

– das über vierzehnjährige Kind, § 1746 Abs. 1 Satz 1 BGB, wobei es der Zustimmung des gesetzlichen Vertreters bedarf, § 1746 Abs. 1 Satz 3 Halbs. 2 BGB

- der gesetzliche Vertreter, wenn das Kind noch nicht 14 Jahre alt oder geschäftsunfähig ist, § 1746 Abs. 1 Satz 2 BGB
- die leiblichen Eltern des Kindes, § 1747 BGB
- bei Annahme durch einen Ehegatten bzw. Lebenspartner allein der andere Ehegatte bzw. Lebenspartner, § 1749 Abs. 1 BGB bzw. § 9 Abs. 6 LPartG
- bei Annahme eines Verheirateten dessen Ehegatte, § 1749 Abs. 2 BGB

Für die Volljährigenadoption gilt Entsprechendes. Allerdings entfällt die Einwilligung des Anzunehmenden, da er in diesem Verfahren Antragsteller ist, § 1768 Abs. 1 Satz 1 BGB, und auch die Einwilligung seiner Eltern ist nicht erforderlich, § 1768 Abs. 1 Satz 2 i.V.m. § 1747 BGB. Führt der Annehmende eine Lebenspartnerschaft, so ist auch die Einwilligung seines Lebenspartners erforderlich (§ 1767 Abs. 2 Satz 3 BGB). 11

Die Einwilligungen bedürfen der notariellen Beurkundung (§ 1750 Abs. 1 Satz 2 BGB). Sie unterliegen den Geboten der Höchstpersönlichkeit (§ 1750 Abs. 3 Satz 1 BGB), der Bedingungs- und der Befristungsfeindlichkeit (§ 1750 Abs. 2 Satz 1 BGB). Ihr Empfänger ist nach § 1750 Abs. 1 Satz 1 BGB das FamG. Erforderlich ist insoweit die Übersendung von Ausfertigungen an das Gericht, beglaubigte Abschriften genügen nicht (OLG Hamm NJW 1982, 1002; BayObLG DNotZ 1979, 348; *Krause* NotBZ 2006, 221, 229), da nach § 47 BeurkG nur die Ausfertigung die Urschrift der notariellen Urkunde im Rechtsverkehr ersetzt. Mit dem Zugang beim Gericht, und zwar grds. beim örtlich zuständigen (§ 187; vgl. dort Rdn. 16) Gericht (Erman/ *Saar* § 1750 Rn. 3), wird die Einwilligung nach § 1750 Abs. 1 Satz 3 BGB wirksam. 12

I.Ü. geht es bei der Minderjährigenadoption vor allem darum, die Prognose stellen zu können, dass sich ein Eltern-Kind-Verhältnis entwickelt und die Adoption dem Wohl des Kindes dient (§ 1741 Abs. 1 Satz 1 BGB). Dabei ist Eltern-Kind-Verhältnis ein Verhältnis, das einem zwischen natürlichen Eltern und Kindern bestehenden Verhältnis entspricht (BGHZ 35, 75, 79 f.). Dem Wohl des Kindes dient die Annahme, wenn sie »dessen Lebensbedingungen im Vergleich zu seiner gegenwärtigen Lage so ändert, dass eine merklich bessere Entwicklung der Persönlichkeit des Kindes zu erwarten ist« (BayObLG FamRZ 1997, 839, 840; Soergel/*Liermann* § 1741 Rn. 7). Die Überprüfung der regelmäßig erforderlichen Probezeit (Adoptionspflege, § 1744 BGB) dient ebenso wie die Beachtung der Geschäftsfähigkeits- (§ 1741 Abs. 2 Satz 4 BGB) und Alterserfordernisse (§ 1743 BGB). Abgeklärt werden ferner die Einkommensverhältnisse des Annehmenden, sein gesundheitlicher Zustand wie auch die Existenz von Vorstrafen (*Röchling* S. 107). Entsprechende Nachweise sind zu erbringen z.B. durch Steuerbescheide, Gesundheitszeugnisse, polizeiliche Führungszeugnisse oder Strafregisterauskünfte. Die Beibringung ärztlicher Zeugnisse über den Gesundheitszustand wird regelmäßig auf der Basis der amtsgerichtlichen Aufklärungspflicht verlangt. Eine Zwischenverfügung, die die Beibringung anordnet, ist regelmäßig nicht anfechtbar (KG FamRZ 1991, 1101; anders LG Berlin FamRZ 1989, 427). Gesetzliche Grundlagen, dies bei Weigerung der Beteiligten auch zu erzwingen, bestehen allerdings nicht. Die Adoption darf in einem solchen Fall auch nicht einfach abgelehnt werden, sondern das Verhalten der Beteiligten ist i.R.d. Entscheidung des Gerichts zu würdigen (KG FamRZ 1991, 1101 für die Weigerung, einen AIDS-Test beizubringen). 13

Bei der Annahme Volljähriger geht es in materieller Hinsicht vor allem darum, den unbestimmten Rechtsbegriff der »sittlichen Rechtfertigung« nach § 1767 Abs. 1 BGB im Einzelfall zu würdigen, wobei nach Rechtsprechung und herrschender Meinung zur Ablehnung des Adoptionsantrags bereits begründete Zweifel reichen (BGH NJW 1957, 673; BayObLG FGPrax 2000, 25, 26; FamRZ 1997, 638, 639; NJW 1985, 2094; OLG Karlsruhe NJW-RR 1991, 713; OLG Köln FamRZ 2003, 1870; LG Augsburg MittBayNot 1995, 396, 397; MüKoBGB/*Maurer* § 1767 Rn. 17 m.w.N.; *Müller* MittBayNot 2011, 16, 22). 14

Schutzwerte Interessen vorhandener Kinder des Annehmenden wie auch des Anzunehmenden werden bei der Annahme Minderjähriger nach § 1745 BGB berücksichtigt. Die Interessen aller Kinder sind gegeneinander abzuwägen (*Firsching/Schmid* Rn. 1345). Allerdings sollen vermögensrechtliche Gesichtspunkte im Hintergrund bleiben (§ 1745 Satz 2 BGB). Bei der Volljährigenadoption hindern überwiegende Interessen vorhandener Kinder des Annehmenden oder des Anzunehmenden nach § 1769 BGB die Annahme, wobei vermögensrechtliche Interessen ausschlaggebend sein können (*Dodegge* FPR 2001, 321, 326). Zur Anhörung der Kinder s. § 193. 15

Zu den Feststellungen des Gerichts gehört auch, ob die Geburts-, Heiratsurkunden und Staatsangehörigkeitszeugnisse der Betroffenen vorliegen (*Röchling* S. 107 f.). 16

3. Entscheidung des Gerichts. Das Gericht entscheidet über die Annahme durch Beschluss (Einzelheiten s.u. § 197). 17

18 C. Ersetzung der Einwilligung zur Annahme als Kind (Nr. 2). I. Begriff. § 186 Nr. 2 behandelt folgende Verfahren:
- das Verfahren zur Ersetzung der Einwilligung oder Zustimmung des Vormunds oder Pflegers nach § 1746 Abs. 3 Satz 1 Halbs. 1 BGB
- das Verfahren zur Ersetzung der Einwilligung eines Elternteils (oder beider Elternteile) nach § 1748 BGB
- das Verfahren zur Ersetzung der Einwilligung des Ehegatten bzw. des Lebenspartners des Annehmenden nach § 1749 Abs. 1 Satz 2 und 3 BGB (bei Lebenspartnerschaft i.V.m. § 9 Abs. 6 Satz 2 LPartG).

19 II. Verfahren. 1. Rechtsnatur des Verfahrens. Die Ersetzung erfolgt in einem gesonderten Verfahren vor demselben FamG, das zur Entgegennahme des Annahmeantrags, der Einwilligungen, wie auch zum Erlass des Adoptionsdekrets zuständig ist (*Firsching/Schmid* Rn. 1340). Dabei kann das FamG in einem Zwischenverfahren zum Annahmeverfahren, aber auch in einem selbstständigen Verfahren über die Ersetzung entscheiden (vgl. OLG Celle ZfJ 1998, 262 mit dem Hinweis, dass der Beginn des Adoptionsverfahrens nicht Voraussetzung für das Ersetzungsverfahren ist; OLG Zweibrücken FGPrax 2001, 113, 114; MüKoFamFG/*Maurer* § 198 Rn. 2). Vor der Reform war umstritten, ob es sich um eine Streitsache der freiwilligen Gerichtsbarkeit handelte (dafür OLG Zweibrücken FGPrax 2001, 113 – für Ersetzung nach § 1748 BGB). Im Hinblick auf die nunmehr in § 112 enthaltene Definition der »Familienstreitsache«, welche § 186 Nr. 2 nicht erwähnt, dürfte für eine solche Qualifizierung kein Raum (mehr) sein.

20 2. Einleitung des Verfahrens. Das Ersetzungsverfahren bedarf in den Fällen der §§ 1748, 1749 Abs. 1 Satz 2 BGB (ggf. i.V.m. § 9 Abs. 6 Satz 2 LPartG) eines Antrags. Im Fall des 1749 Abs. 1 Satz 2 BGB (ggf. i.V.m. § 9 Abs. 6 Satz 2 LPartG) ist der Antrag durch den Annehmenden zu stellen. Für das Ersetzungsverfahren nach § 1748 BGB bedarf es eines Antrags des Kindes, ggf. vertreten durch seinen gesetzlichen Vertreter. Ist der Elternteil, dessen Einwilligung ersetzt werden soll, oder sein Ehegatte noch gesetzlicher Vertreter, so ist entweder nach § 1666 BGB die Vertretungsmacht zu entziehen oder ein Pfleger wegen §§ 1629 Abs. 2 Satz 3 Halbs. 1, 1796 BGB zu bestellen (MüKoBGB/*Maurer* § 1748 Rn. 68). Nach § 9 Abs. 1 Nr. 3 kann das Kind auch selbst den Antrag stellen, wenn es das 14. Lebensjahr bereits vollendet hat und nicht geschäftsunfähig ist (vgl. § 9 Rdn. 5 sowie zum alten Recht OLG Braunschweig FamRZ 1964, 323; vgl. auch OLG Hamm FamRZ 1976, 462, 464; Staud/*Frank* § 1748 Rn. 64; RGRK/*Dickescheid* § 1748 Rn. 23; a.A. Erman/*Saar* § 1748 Rn. 19). Dem Antrag auf Ersetzung nach § 1748 BGB fehlt das Rechtsschutzbedürfnis auch dann nicht, wenn die Voraussetzungen des § 1747 Abs. 4 BGB vorliegen (BayObLG FamRZ 1999, 1688, 1689; Erman/*Saar* § 1748 Rn. 19).

21 Das Ersetzungsverfahren nach § 1746 Abs. 3 Satz 1 Halbs. 1 BGB bedarf keines Antrags (OLG Hamm NJW-RR 1991, 905; MüKoBGB/*Maurer* § 1746 Rn. 24).

22 3. Prüfung durch das Gericht. Das Gericht – funktionell zuständig ist der Richter (s. Einführung zu Vor § 58 Rdn. 8) – prüft vor allem, ob die Voraussetzungen der Ersetzung gegeben sind. Im Fall des § 1748 BGB kommen insoweit in Betracht: anhaltende grobe Pflichtverletzungen, besonders schwere einmalige Pflichtverstöße, Gleichgültigkeit, schwere psychische Störungen, bei der Ersetzung der Einwilligung des nicht ehelichen Vaters nach § 1748 Abs. 4 BGB schließlich unverhältnismäßige Nachteile für das Kind (Palandt/*Götz* § 1748 Rn. 1). Bei der Ersetzung nach § 1749 Abs. 1 Satz 2 und 3 BGB hat das Gericht möglicherweise entgegenstehende berechtigte Interessen des anderen Ehegatten und der Familie zu prüfen. Im Verfahren zur Ersetzung nach § 1746 Abs. 3 Satz 1 Halbs. 1 BGB kommt es darauf an, ob der Vormund oder Pfleger seine Erklärung ohne triftigen Grund verweigert hat.

23 Die Ersetzungsgründe sind ohne Beschränkung auf die Antragsbegründung von Amts wegen (§ 26) zu ermitteln (BayObLG FamRZ 1984, 201, 202).

24 Im Ersetzungsverfahren gelten die in §§ 192 Abs. 2 und 3, 194 f. niedergelegten Anhörungspflichten.

25 4. Entscheidung des Gerichts. Die Entscheidung über die Ersetzung ergeht durch Beschluss (vgl. § 198 Abs. 1; Näheres s. dort – auch zu Rechtsmittelmöglichkeiten und den Wirkungen; Formulierungsbeispiel bei *Firsching/Schmid* Rn. 1341).

26 D. Aufhebung des Annahmebeschlusses (Nr. 3). I. Begriff. Die Aufhebung des Annahmeverhältnisses regelt das materielle Recht für die Minderjährigenadoption in §§ 1759 ff. BGB, für die Volljährigenadoption in § 1771 BGB. Es handelt sich um die einzige Möglichkeit zur Beseitigung der Adoption. § 186 Nr. 3 erfasst solche Aufhebungsverfahren einschließlich ihrer unselbstständigen Teile, wie etwa die Entscheidung zur Namensführung (BT-Drucks. 16/6308 S. 247; *Krause* FamRB 2009, 221, 222). Leidet die Annahme an einem besonders schweren, offensichtlichen Mangel, so ist sie nichtig und nicht bloß aufhebbar (ausführlich zur Nichtigkeit des Annahmebeschlusses s. § 197 Rdn. 17 ff.). In der Praxis sind Aufhebungsverfahren selten (*Krause* NotBZ 2007, 276; Statistik bei Müller/Sieghörtner/Emmerling de Oliveira/*Müller* Rn. 159).

II. Verfahren. 1. Einleitung des Verfahrens. Im Fall des § 1763 BGB kann das FamG das Annahmeverhältnis von Amts wegen aufheben. Voraussetzung ist hier, dass die Aufhebung aus schwerwiegenden Gründen zum Wohl des Kindes erforderlich ist. 27

In den anderen Fällen bedarf es zur Einleitung des Aufhebungsverfahrens eines Antrags (vgl. §§ 1760, 1762, 1771 BGB). 28

Die Antragsberechtigung steht bei der Minderjährigenadoption nach § 1762 Abs. 1 Satz 1 BGB demjenigen zu, ohne dessen Antrag oder Einwilligung die Annahme erfolgte (zur Stellvertretung bei Antragstellung s. § 1762 Abs. 1 Satz 2 bis 4 BGB). Das gilt allerdings nicht für den Ehegatten des Angenommenen. Mängel bzw. das Fehlen seiner Einwilligung berechtigen nach § 1760 Abs. 1 BGB nicht zur Aufhebung. Das Antragsrecht ist fristgebunden, s. § 1762 Abs. 2 BGB. In formeller Hinsicht bedarf der Aufhebungsantrag der notariellen Beurkundung (§ 1762 Abs. 3 BGB). Er muss dem FamG als Antragsempfänger in Ausfertigung eingereicht werden (*Krause* NotBZ 2007, 276, 279). Die Einreichung kann auch durch einen Dritten geschehen (BaRoth/*Enders* § 1762 Rn. 8). Auf das Antragsrecht kann verzichtet werden (Palandt/*Götz* § 1762 Rn. 1). Vererblich ist es nicht (BayObLG FamRZ 1986, 719; OLG München ZErb 2007, 233 – für Aufhebungsantrag einer Volljährigenadoption; Staud/*Frank* § 1762 Rn. 6). 29

Die Aufhebung der Volljährigenannahme erfordert einen entsprechenden Antrag des Annehmenden wie auch des Angenommenen (§ 1771 Satz 1 BGB). Das gilt auch dann, wenn sie die Adoption durch Täuschung des Gerichts erschlichen haben (*Krause* NotBZ 2007, 276, 283). Eine Aufhebung auf einseitigen Antrag gibt es nicht (BGH NJW 1988, 1139; OLG München ZErb 2007, 233, 234; OLG Karlsruhe FamRZ 1988, 979; OLG Stuttgart FamRZ 2010, 1999: das gilt auch nach dem Tod des Annehmenden; str). Bei Willensmängeln i.S.d. § 1771 Satz 2 BGB reicht dagegen ein einseitiger Antrag (OLG Stuttgart FamRZ 2010, 1999; Palandt/*Götz* § 1771 Rn. 1). Die leiblichen Eltern des Adoptierten haben kein Antragsrecht (BayObLG FamRZ 2001, 122; *Krause* NotBZ 2007, 276, 283). 30

2. Prüfung durch das Gericht. Bei der Minderjährigenadoption ist für die Aufhebung gefordert, dass bestimmte wesentliche Grundvoraussetzungen der Annahme gefehlt haben, wie etwa der (wirksame) Adoptionsantrag oder die (wirksame) Einwilligung des Kindes oder eines Elternteils (vgl. im Einzelnen – insb. zu relevanten Unwirksamkeitsgründen und Heilungsmöglichkeiten – §§ 1760f BGB). Entsprechendes gilt bei der Volljährigenadoption, wobei dort auch ein (sonstiger) wichtiger Grund genügen kann (vgl. § 1771 BGB). Liegen die gesetzlichen Aufhebungsgründe vor, so hat das FamG die Adoption aufzuheben, ohne dass ihm ein Ermessen zustünde (BT-Drucks. 7/3061 S. 6; 7/5087 S. 19). Bei § 1763 BGB haben sich die Ermittlungen auf die persönlichen Beziehungen zwischen Annehmendem und Angenommenem zu erstrecken (BayObLG FamRZ 1995, 1210, 1211). 31

Die Minderjährigenadoption ist nicht mehr nach § 1763 BGB aufhebbar, nachdem der Angenommene die Volljährigkeit erreicht hat (vgl. OLG Stuttgart FamRZ 1988, 1096; OLG Hamm FamRZ 1981, 498, 500; BayObLG FamRZ 1990, 204, 205; OLG Zweibrücken FamRZ 1997, 577, 578; OLG Karlsruhe FamRZ 1996, 434), und zwar auch nicht nach § 1771 BGB (OLG Zweibrücken FGPrax 1997, 66; LG Düsseldorf NJWE-FER 2001, 9; *Krause* NotBZ 2007, 276, 279; a.A. *Bosch* FamRZ 1986, 1149 f.). Für das Alter entscheidet der Zeitpunkt der letzten Tatsacheninstanz (OLG Karlsruhe FamRZ 1996, 434, 435; *Liermann* FuR 1997, 266, 269). Die Möglichkeit der Aufhebung nach § 1760 BGB kommt hingegen auch nach Eintritt der Volljährigkeit in Betracht. 32

Im Aufhebungsverfahren gelten die Anhörungsgebote der §§ 192 Abs. 2 und 3, 194, ebenso das Gebot, einem Minderjährigen ggf. einen Beistand nach § 191 zu bestellen. Das FamG wird die Beteiligten (§ 188 Abs. 1 Nr. 3, Abs. 2) zu einem Termin laden und in diesem die Sache mit ihnen erörtern. Dabei wird es neben den Aufhebungsvoraussetzungen auch etwaige Möglichkeiten, Mängel bei der Begründung des Annahmeverhältnisses zu heilen, klären (BT-Drucks. 7/3061 S. 59). Ist ein leiblicher Elternteil Antragsteller, so ist bei einer Inkognito-Adoption das Inkognito zu wahren und der Antragsteller getrennt zu hören (MüKoBGB/*Maurer* § 1759 Rn. 28). 33

3. Entscheidung des Gerichts. Die Entscheidung über die Ersetzung ergeht durch Beschluss (vgl. § 198 Abs. 2; Näheres s. dort – auch zu Rechtsmittelmöglichkeiten und den Wirkungen). 34

35 **E. Befreiung vom Eheverbot des § 1308 Abs. 1 BGB (Nr. 4). I. Begriff.** Das (bestehende) Annahmeverhältnis führt nach § 1308 Abs. 1 BGB zu einem Eheverbot zwischen Personen, die durch die Adoption in gerader Linie verwandt oder zu Geschwistern wurden. Nach § 1308 Abs. 2 BGB kann davon unter bestimmten Voraussetzungen zwischen Adoptivgeschwistern Befreiung erteilt werden. Dieses Verfahren war schon durch das EheSchlRG vom 04.05.1998 (BGBl. I, S. 833) dem FamG zugewiesen worden. § 186 Nr. 4 ordnet es nun den Adoptionssachen unter, weil es zu den Adoptionsverfahren die größte Sachnähe aufweist (BT-Drucks. 16/6308 S. 247; Jansen/*Müller-Lukoschek* § 43b Rn. 82: sinnvoll).

36 **II. Verfahren.** Das Verfahren bedarf zur Einleitung eines Antrags (§ 1308 Abs. 2 Satz 1 BGB), wobei es ausreicht, wenn einer der Verlobten ihn stellt (Jansen/*Müller-Lukoschek* § 44a Rn. 27). Das Gericht hat nach § 1308 Abs. 2 Satz 2 BGB zu prüfen, ob der Eheschließung ein wichtiger Grund entgegensteht. Einen Ermessensspielraum hat der Richter dabei nicht (NK-BGB/*Kleist/Friederici* § 1308 Rn. 2). »Soll« in § 1308 Abs. 2 Satz 2 BGB gibt kein Ermessen, sondern bringt zum Ausdruck, dass eine Verletzung nicht zur Unwirksamkeit führt (Jansen/*Müller-Lukoschek* § 44a Rn. 31). Die Befreiung ist die Regel, ihre Verweigerung die Ausnahme (OLG Frankfurt am Main FamRZ 1984, 582; KG FamRZ 1986, 993, 994; PWW/*Friederici* § 1308 Rn. 2). Liegt ein wichtiger Grund vor (z.B. KG FamRZ 1984, 582, 583: empfindliche Störung des Familienverbandes), so ist die Befreiung zu versagen. Es gilt der Amtsermittlungsgrundsatz (§ 26; Jansen/*Müller-Lukoschek* § 44a Rn. 27). Es sind alle für den Einzelfall bedeutsamen Tatsachen zu ermitteln (Keidel/*Engelhardt* § 198 Rn. 21). Anzuhören sind nach § 192 Abs. 2 (i.V.m. § 188 Abs. 1 Nr. 4) die beteiligten Verlobten. Nach § 9 Abs. 1 Nr. 3 ist auch ein minderjähriger Verlobter im Verfahren nach § 186 Nr. 4 selbstständig verfahrensfähig (vgl. zum alten Recht Jansen/*Müller-Lukoschek* § 44a Rn. 29).

37 Die Entscheidung ergeht durch Beschluss (vgl. § 198 Abs. 3; Näheres s. dort – auch zu Rechtsmittelmöglichkeiten).

38 **F. Keine Adoptionssachen.** Nicht zu den Adoptionssachen i.S.d. § 186 gehören:
   – das dem gerichtlichen Annahmeverfahren vorgelagerte Adoptionsvermittlungsverfahren nach dem AdVermiG
   – das Verfahren nach dem Haager Übereinkommen über den Schutz von Kindern und die Zusammenarbeit auf dem Gebiet der internationalen Adoption vom 29.05.1993 (BGBl. II 2001, S. 1034). Es betrifft das Verfahren im Vorfeld »grenzüberschreitender Adoptionen« (vgl. Art. 2 des Übereinkommens) wie auch die Anerkennung und gewisse Wirkungen solcher Adoptionen
   – das Verfahren nach dem AdWirkG (s. dazu § 199; OLG Köln FamRZ 2012, 1234; StAZ 2012, 339; OLG Hamm NJW-RR 2012, 582; a.A. OLG Schleswig FamRZ 2014, 498; OLG Düsseldorf FamRZ 2012, 1233; 2013, 714; ausf. *Maurer* FamRZ 2013, 90 ff.: Behandlung als Adoptions- und Familiensachen sachgerecht), so dass ggf. ein Abhilfeverfahren nach § 68 erforderlich ist.
   – das gesonderte Verfahren auf Rückübertragung der elterlichen Sorge nach § 1751 Abs. 3 BGB, wenn die Einwilligung eines Elternteils ihre Kraft verloren hat; hierbei handelt es sich, wie auch sonst bei Verfahren auf Übertragung der elterlichen Sorge, um eine Kindschaftssache (BT-Drucks. 16/6308 S. 247; MüKoFamFG/*Maurer* § 186 Rn. 7)
   – dasselbe gilt für das selbstständige Verfahren nach § 1764 Abs. 4 BGB auf Rückübertragung der elterlichen Sorge bzw. Bestellung eines Vormunds oder Pflegers nach Aufhebung einer Minderjährigenadoption (BT-Drucks. 16/6308 S. 247; MüKoFamFG/*Maurer* § 186 Rn. 7)

Streitigkeiten zwischen dem anzunehmenden Kind und dem bzw. den Adoptionsbewerber(n) über die Verpflichtung zur Zahlung von Unterhalt nach § 1751 Abs. 4 BGB (MüKoFamFG/*Maurer* § 186 Rn. 7)

§ 187 Örtliche Zuständigkeit.

(1) Für Verfahren nach § 186 Nr. 1 bis 3 ist das Gericht ausschließlich zuständig, in dessen Bezirk der Annehmende oder einer der Annehmenden seinen gewöhnlichen Aufenthalt hat.
(2) Ist die Zuständigkeit eines deutschen Gerichts nach Absatz 1 nicht gegeben, ist der gewöhnliche Aufenthalt des Kindes maßgebend.
(3) Für Verfahren nach § 186 Nr. 4 ist das Gericht ausschließlich zuständig, in dessen Bezirk einer der Verlobten seinen gewöhnlichen Aufenthalt hat.
(4) Kommen in Verfahren nach § 186 ausländische Sachvorschriften zur Anwendung, gilt § 5 Abs. 1 Satz 1 und Abs. 2 des Adoptionswirkungsgesetzes entsprechend.

Abschnitt 5. Verfahren in Adoptionssachen § 187

(5) ¹Ist nach den Absätzen 1 bis 4 eine Zuständigkeit nicht gegeben, ist das Amtsgericht Schöneberg in Berlin zuständig. ²Es kann die Sache aus wichtigem Grund an ein anderes Gericht verweisen.

Übersicht

	Rdn.		Rdn.
A. Allgemeines	1	III. Maßgeblicher Zeitpunkt	10
B. Der Begriff des gewöhnlichen Aufenthalts	5	IV. Örtliche Unzuständigkeit des angegangenen Gerichts	15
C. Die örtliche Zuständigkeit nach Abs. 1 und 2 (Verfahren nach § 186 Nr. 1 bis 3)	6	D. Die örtliche Zuständigkeit nach Abs. 3 (Verfahren nach § 186 Nr. 4)	17
I. Gewöhnlicher Aufenthalt des oder eines Annehmenden (Abs. 1)	6	E. Zuständigkeitskonzentration nach Abs. 4 i.V.m. § 5 Abs. 1 Satz 1 und 2 AdWirkG	20
II. Gewöhnlicher Aufenthalt des Kindes (Abs. 2)	9	F. Auffangzuständigkeit nach Abs. 5	21

A. Allgemeines. Die Vorschrift ersetzt die bisherigen Regeln über die örtliche Zuständigkeit in §§ 43b Abs. 2 bis 4, 44a Abs. 1 FGG. 1

Dabei betreffen § 187 Abs. 1, 2, 4 u 5 die Verfahren nach § 186 Nr. 1–3, also die Annahme als Kind, die Ersetzung von Einwilligungen dazu bzw. die Aufhebung einer Adoption. In erster Linie entscheidet dabei der gewöhnliche Aufenthalt des bzw. eines der Annehmenden (Abs. 1), wenn danach keine Anknüpfungsmöglichkeit besteht, gilt in zweiter Linie der gewöhnliche Aufenthalt des Kindes (Abs. 2). Die Zuständigkeitskonzentration nach Abs. 4 i.V.m. § 5 Abs. 1 Satz 1, Abs. 2 AdWirkG ist zu beachten. Subsidiär greift die Auffangzuständigkeit des AG Berlin-Schöneberg (Abs. 5). 2

§ 187 Abs. 3, 4 u 5 regeln die örtliche Zuständigkeit für Verfahren über die Befreiung vom Eheverbot des § 1308 Abs. 1 BGB (§ 187 Nr. 4). Hier ist zuständig das FamG, in dessen Bezirk einer der Verlobten seinen gewöhnlichen Aufenthalt hat (Abs. 3), ggf. greift die Zuständigkeitskonzentration nach Abs. 4 u subsidiär auch hier die Auffangzuständigkeit des AG Schöneberg in Berlin (Abs. 5). 3

Inhaltlich entsprechen diese Regeln in weiten Teilen dem bisherigen Recht. Auffällig ist jedoch, dass anstelle des früher in erster Linie entscheidenden Wohnsitzes nunmehr der gewöhnliche Aufenthalt das einzig maßgebliche Kriterium darstellt (zum Begriff s. Rdn. 5). Weiterhin sind die Zuständigkeiten nach § 187 Abs. 1 bis 3 nun als ausschließliche ausgestaltet, das gilt auch für die hilfsweise Anknüpfung in Abs. 2 (MüKo-FamFG/*Maurer* § 187 Rn. 2). 4

B. Der Begriff des gewöhnlichen Aufenthalts. Der gewöhnliche Aufenthalt, der in § 187 Abs. 1 bis 3 eine tragende Rolle spielt, ist vor allem im Internationalen Privatrecht als Anknüpfungspunkt gebräuchlich. Er ist allerdings im EGBGB nicht legal definiert, ebenso wenig im FamFG oder BGB. Die Begriffsbestimmung aus dem Internationalen Privatrecht kann grds. übernommen werden, da es hier wie dort um die Einbettung des Betroffenen in ein bestimmtes Umfeld geht; dies schließt freilich eine Abweichung der Begriffe in Randbereichen nicht aus. Der gewöhnliche Aufenthalt bestimmt sich demnach über eine auf längere Dauer angelegte soziale Eingliederung u ist allein von der tatsächlichen – ggf. vom Willen unabhängigen – Situation gekennzeichnet, die den Aufenthaltsort als Mittelpunkt der Lebensführung ausweist (BT-Drucks. 16/6308 S. 226). Mit anderen Worten geht es um den Ort, an dem die Person ihren tatsächlichen Daseinsmittelpunkt hat (vgl. BGHZ 78, 293, 295; BGH NJW 1993, 2047, 2048; 1975, 1068; Erman/*Hohloch* Art. 5 EGBGB Rn. 47). Entscheidend ist regelmäßig die Einbindung in Familie u Beruf (PWW/*Mörsdorf-Schulte* Art. 5 EGBGB Rn. 29). Eine Mindestdauer ist zwar nicht generell zu fordern, jedoch wird der Aufenthalt regelmäßig ab ca. 6–12 Monaten zum gewöhnlichen werden (PWW/*Mörsdorf-Schulte* Art. 5 EGBGB Rn. 29). Auch subjektive Elemente können bedeutsam sein, sodass etwa ein neuer gewöhnlicher Aufenthalt unmittelbar dadurch begründet werden kann, dass der Aufenthaltswechsel auf einen längeren Zeitraum angelegt ist (BGHZ 78, 293, 295). 5

C. Die örtliche Zuständigkeit nach Abs. 1 und 2 (Verfahren nach § 186 Nr. 1 bis 3). I. Gewöhnlicher Aufenthalt des oder eines Annehmenden (Abs. 1). Nach § 187 Abs. 1 ist für Verfahren nach § 186 Nr. 1 bis 3 das FamG örtlich zuständig, in dessen Bezirk der Annehmende seinen gewöhnlichen Aufenthalt hat. Dahinter steht, zumindest auch, die Überlegung, dass der Annahme regelmäßig eine Adoptionspflegezeit (§ 1744 BGB) vorausgeht u das Gericht am Wohnsitz des Annehmenden damit sachnäher ist, als das am 6

§ 187

Wohnsitz des Kindes (*Röchling* S. 97). Der dauerhafte gewöhnliche Aufenthaltswechsel des Annehmenden und des Anzunehmenden ist regelmäßig ein wichtiger Grund für die Abgabe des Verfahrens nach § 4 (vgl. OLG Köln FamRZ 2011, 318).

7 Es ist nach materiellem Recht unproblematisch, wenn eine Einwilligung (§§ 1746 ff. BGB) erklärt wird, bevor überhaupt ein Antrag auf Adoption vorliegt (PWW/*Friederici* § 1750 Rn. 3). Auch kann verfahrensrechtlich über die Wirksamkeit einer solchen Einwilligung bereits entschieden werden (OLG Hamm NJW-RR 1987, 260). In diesen Fällen gelten die potenziellen Adoptierenden als Annehmende, u es ist für die Zuständigkeit an ihre Verhältnisse anzuknüpfen (KG FamRZ 1981, 1111; Jansen/*Müller-Lukoschek* § 43b Rn. 56). Das Gericht, bei dem die Einwilligungserklärung eingeht, muss von Amts wegen prüfen, ob es i.S.d. § 1750 Abs. 1 Satz 1 BGB der richtige Empfänger ist (vgl. auch OLG Hamm NJW-RR 1987, 260; PWW/*Friederici* § 1750 Rn. 2).

8 Bei mehreren Annehmenden, also im Fall der Adoption durch Ehegatten (§ 1741 Abs. 2 Satz 2 BGB, ggf. i.V.m. § 1767 Abs. 2 BGB) genügt es, dass ein Annehmender im Gerichtsbezirk den gewöhnlichen Aufenthalt hat. Der Fall, dass die annehmenden Ehegatten in verschiedenen Amtsgerichtsbezirken ihren jeweiligen gewöhnlichen Aufenthalt haben, wird praktisch am ehesten dann vorkommen, wenn es um ein Verfahren nach § 186 Nr. 3 geht, also um die Aufhebung einer Adoption. In diesem Fall kommt es zu einer Doppelzuständigkeit, welche m § 2 Abs. 1 zu lösen ist. Zuständig ist danach das Gericht, das zuerst m der Adoptionssache befasst ist. Die Zuständigkeit des anderen Gerichts ist gesperrt (vgl. zum alten Recht KG FamRZ 1995, 440, 441 m. Anm. *Bosch*). Da Adoptionssachen meist Antragsverfahren sind, entscheidet der Zeitpunkt des Eingangs des Antrags (BT-Drucks. 16/6308 S. 175). In Verfahren von Amts wegen, vor allem also bei amtswegigen Adoptionsaufhebungen (§ 1763 BGB), kommt es, soweit ein Antrag nicht eingeht, auf die Kenntnisnahme der Umstände an, die die Verpflichtung des Gerichts, das Verfahren einzuleiten, begründen (BT-Drucks. 16/6308 S. 175).

9 **II. Gewöhnlicher Aufenthalt des Kindes (Abs. 2).** § 187 Abs. 2 regelt die Zuständigkeit in Verfahren nach § 186 Nr. 1–3 für den Fall, dass sich aus § 187 Abs. 1 kein örtlich zuständiges deutsches Gericht ergibt. Das ist dann der Fall, wenn der Annehmende keinen, bzw. bei mehreren Annehmenden keiner von ihnen, gewöhnlichen Aufenthalt im Inland hat. I.d.R. hat ein minderjähriges Kind seinen gewöhnlichen Aufenthalt bei dem Elternteil, in dessen Obhut es sich befindet (BT-Drucks. 16/6308 S. 226 f.). Zu beachten bleibt aber insoweit, dass der gewöhnliche Aufenthalt des Kindes sich nicht von dem seiner Eltern ableitet, sondern selbstständig zu bestimmen ist (Keidel/*Engelhardt* § 187 Rn. 3).

10 **III. Maßgeblicher Zeitpunkt.** In zeitlicher Hinsicht entscheiden die Aufenthaltsverhältnisse zu dem Zeitpunkt, in dem das Gericht m der Sache befasst wird (BT-Drucks. 16/6308 S. 247 i.V.m. 234). Da Adoptionssachen meist Antragsverfahren sind, kommt es daher auf den Eingang des Antrags beim FamG an (BT-Drucks. 16/6308 S. 247 i.V.m. 234; so auch bisher § 43b Abs. 2 Satz 2 Halbs. 2 FGG). In den – seltenen – Fällen, in denen eine Adoptionseinwilligung bereits vor dem Antrag beim Gericht eingeht (s. Rdn. 7), entscheidet der Zeitpunkt des Zugangs dieser Einwilligungserklärung (KG FamRZ 1981, 1111; Jansen/*Müller-Lukoschek* § 43b Rn. 57; so auch bisher § 43b Abs. 2 Satz 2 Halbs. 2 FGG; a.A. MüKoFamFG/*Maurer* § 187 Rn. 6).

11 Das Aufhebungsverfahren nach § 1763 BGB u das Ersetzungsverfahren nach § 1746 Abs. 3 Satz 1 Halbs. 1 BGB bedürfen keines Antrags. In derartigen Amtsverfahren ist ein Gericht m der Sache befasst, wenn es amtlich von Tatsachen Kenntnis erlangt, die Anlass zu den entsprechenden gerichtlichen Maßnahmen (Aufhebung bzw. Ersetzung) sein können (BT-Drucks. 16/6308 S. 247 i.V.m. 234 unter Hinweis auf KKW/*Sternal* § 5 Rn. 40 f.; vgl. auch KG FamRZ 1995, 440 m. Anm. *Bosch*).

12 § 1753 Abs. 2, 2. Alt. BGB eröffnet die Möglichkeit, dass das Gericht durch Eingang eines Annahmeantrags erst nach dem Tod des Annehmenden m der Adoptionssache befasst wird u das Verfahren durchzuführen hat. Hier ist auf den Zeitpunkt abzustellen, zu dem der Annehmende den Notar damit betraut hat, den Antrag einzureichen (so auch bisher § 43b Abs. 2 Satz 2 Halbs. 2 FGG; Keidel/*Engelhardt* § 187 Rn. 5; Prütting/Helms/*Krause* § 187 Rn. 12; a.A. MüKoFamFG/*Maurer* § 187 Rn. 5: Einreichung des Antrags durch den Notar; vgl. auch OLG München MittBayNot 2010, 319: der Antrag an den Notar darf nicht an eine Bedingung geknüpft sein). Dies widerspricht zwar der Gesetzesbegründung, da es sich nicht um den Zeitpunkt handelt, zu dem das Gericht m der Sache befasst wird (s. Rdn. 10). Es ist aber sachgerecht. Alternativ könnte man auf den letzten gewöhnlichen Aufenthalt des verstorbenen Annehmenden abstellen, was aber regelmäßig zu keinem anderen Ergebnis führen wird, oder nach Abs. 2 auf den gewöhnlichen Aufenthalt des Kindes Rückgriff nehmen.

Ändert sich nach dem maßgeblichen Zeitpunkt der gewöhnliche Aufenthalt, der die Zuständigkeit begründet hat, so ändert sie sich selbst nicht mehr (§ 2 Abs. 2, perpetuatio fori). § 4 eröffnet aber die Möglichkeit, das Verfahren aus wichtigem Grund an ein anderes FamG abzugeben. In Adoptionssachen kann ein wichtiger Grund gerade dann vorliegen, wenn der Annehmende u das Kind ihren gewöhnlichen Aufenthalt in den Bezirk eines anderen Gerichts verlegt haben (BT-Drucks. 16/6308 S. 176, wo allerdings noch vom »Wohnsitz« die Rede ist, unter Hinweis auf KKW/*Engelhardt* § 46 Rn. 7). 13

Im Wege der Abgabe nach § 4 dürfte auch die denkbare Konstellation zu lösen sein, dass nach einem relevanten Aufenthaltswechsel beim Gericht des neuen Aufenthalts ein Antrag auf Ersetzung einer Einwilligung (Adoptionssache nach § 186 Nr. 2) gestellt wird, während das betreffende Annahmeverfahren selbst (Adoptionssache nach § 186 Nr. 1) bereits beim Gericht des früheren Aufenthaltes eingeleitet wurde. Beide Verfahren beim selben Gericht zu führen, begründet wegen des gemeinsamen Bezugs zur selben Adoption einen wichtigen Grund i.S.d. § 4. 14

IV. Örtliche Unzuständigkeit des angegangenen Gerichts. Ist das angegangene Gericht unzuständig, so ist dies über eine Verweisung nach § 3 zu lösen. Im Rechtsmittelverfahren kann die örtliche Unzuständigkeit des Familiengerichts nicht gerügt werden (§§ 65 Abs. 4, 72 Abs. 2). 15

Wird eine für die Adoption relevante Einwilligungserklärung nicht bei dem örtlich zuständigen Gericht eingereicht, sondern bei einem örtlich unzuständigen Gericht, so hat dieses die Erklärung an das zuständige Gericht weiterzuleiten (*Krause* NotBZ 2006, 221, 229; NK-BGB/*Dahm* § 1750 Rn. 5). Wirksam nach § 1750 Abs. 1 Satz 3 BGB wird sie dabei erst dann, wenn sie dem örtlich zuständigen Gericht zugeht (PWW/*Friederici* § 1750 Rn. 2; Erman/*Saar* § 1750 Rn. 3: Einwilligung gilt wegen § 2 Abs. 3 als wirksam, wenn Gericht die Unzuständigkeit nicht erkennt oder trotz Kenntnis untätig bleibt; für Wirksamkeit mit Eingang beim unzuständigen Gericht NK-BGB/*Dahm* § 1750 Rn. 5). 16

D. Die örtliche Zuständigkeit nach Abs. 3 (Verfahren nach § 186 Nr. 4). § 187 Abs. 3 stellt für Verfahren auf Befreiung vom Eheverbot des § 1308 Abs. 1 BGB auf den Gerichtsbezirk ab, in dem einer der Verlobten seinen gewöhnlichen Aufenthalt hat. Haben sie ihren gewöhnlichen Aufenthalt jeweils in verschiedenen Gerichtsbezirken, so besteht ein entsprechendes Wahlrecht des antragstellenden Verlobten. Werden in einem solchen Fall beide Gerichte m der Sache befasst, so ist dies m § 2 Abs. 1 zu lösen. Zuständig ist das Gericht, das zuerst m der Adoptionssache befasst ist, d.h. bei dem zuerst ein entsprechender Antrag eingeht (BT-Drucks. 16/6308 S. 175). Die Zuständigkeit des anderen Gerichts ist gesperrt (s.a. Rdn. 8). 17

In zeitlicher Hinsicht entscheidet der Zeitpunkt des Zugangs des Antrags beim zuständigen Gericht (s. i.E. Rdn. 10, 13). 18

Ist einer der Verlobten minderjährig, so bedarf es zusätzlich einer Befreiung nach § 1303 Abs. 2 BGB. Für dieses Verfahren gilt Abs. 3 nicht, sodass durchaus beim Zusammentreffen der Ehehindernisse des § 1303 BGB u des § 1308 BGB unterschiedliche Gerichte zuständig sein können (vgl. zum bisherigen Recht Jansen/*Müller-Lukoschek* § 44a Rn. 28). 19

E. Zuständigkeitskonzentration nach Abs. 4 i.V.m. § 5 Abs. 1 Satz 1 und 2 AdWirkG. Sind auf ein Verfahren i.S.d. § 186 ausländische Sachvorschriften anzuwenden, so ist entsprechend § 5 Abs. 1 Satz 1 u 2 AdWirkG die dort enthaltene Zuständigkeitskonzentration zu beachten. Danach ist das AG – FamG für den Bezirk eines OLG zuständig, in dessen Bezirk das OLG seinen Sitz hat, für den Bezirk des KG das AG Schöneberg, (§ 5 Abs. 1 Satz 1 AdWirkG) oder gemäß Bestimmung der Landesregierung bzw. -justizverwaltung ein anderes »zentrales« AG (§ 5 Abs. 2 AdWirkG). Unklar ist, ob diese Konzentration nur gilt, wenn der Anzunehmende zum Zeitpunkt der Annahme das 18. Lebensjahr noch nicht erreicht hat. Gegen eine solche Beschränkung auf Minderjährigenadoptionen spricht der allgemein auf »Verfahren nach § 186« sich beziehende Wortlaut wie auch die praktische Erwägung, alle Adoptionssachen, bei denen ausländische Vorschriften eine Rolle spielen, zu konzentrieren (ebenso OLG Köln StAZ 2006, 234, 235 – allerdings aufgegeben durch OLG Köln FamRZ 2011, 311, 312; a.A. OLG Düsseldorf StAZ 2010, 333; OLG Rostock FGPrax 2007, 174; OLG Stuttgart FamRZ 2007, 839; 2012, 658; *Althammer* IPRax 2009, 381, 384; Bumiller/Harders/*Bumiller* § 187 Rn. 10). Die Zuständigkeitskonzentration greift nicht nur, wenn in der Adoptionssache insgesamt (so aber z.B. OLG Bremen FamRZ 2006, 1142; OLG Schleswig FamRZ 2006, 1462) ausländische Sachnormen zur Anwendung gelangen, sondern es reicht vielmehr, dass nur für einzelne Fragen, 20 etwa die Erforderlichkeit u Erteilung von Zustimmungen ausländisches Recht zu prüfen ist (z.B. OLG Frankfurt StAZ 2011, 333; OLG Stuttgart FamRZ 2004, 1124, 1125; BayObLG StAZ 2005, 297, 298; OLG Karlsruhe FamRZ 2005, 2095, 2096; OLG Hamm RNotZ 2006, 492, 493; OLG Köln StAZ 2006, 76; *Althammer* IPRax 2009, 381, 384; str). Sie gilt auch, wenn das ausländische Recht auf deutsches Recht zurückverweist (OLG Karlsruhe Rpfleger 2005, 428; *Althammer* IPRax 2009, 381, 384; Bumiller/Harders/*Bumiller* § 187 Rn. 11).

21 **F. Auffangzuständigkeit nach Abs. 5.** Findet sich auf der Grundlage der Abs. 1 bis 4 kein örtlich zuständiges Gericht, so beruft Abs. 5 ersatzweise das AG Berlin-Schöneberg (10823 Berlin, Grunewaldstr. 66–67; Postanschrift: 10820 Berlin). Dies betrifft in Verfahren i.S.d. § 186 Nr. 1–3 die Konstellation, in der weder der bzw. die Annehmende(n) noch das Kind gewöhnlichen Aufenthalt in Deutschland haben. In Verfahren nach § 186 Nr. 4 greift die Ersatzzuständigkeit, wenn keiner der Verlobten gewöhnlichen Aufenthalt im Inland hat. Da stets vorrangig die internationale Zuständigkeit deutscher Gerichte zu prüfen ist, kommt Abs. 5 dann zum Tragen, wenn trotz solcher »Defizite« des gewöhnlichen Aufenthalts die internationale Zuständigkeit auf der Basis der deutschen Staatsangehörigkeit nach § 101 Nr. 1 gegeben ist.

22 Auf Vorschlag des Bundesrates (vgl. BT-Drucks. 16/6308 S. 380, 417) ist in den Abs. 5 dessen Satz 2 aufgenommen worden. Danach kann das AG Berlin-Schöneberg die Sache aus wichtigem Grund an ein anderes Gericht verweisen. Dies entspricht im Ergebnis der bisherigen Rechtslage (vgl. §§ 43b Abs. 3 Satz 2, 44a Abs. 1 Satz 3 FGG). Der Unterschied zu § 5 Satz 1 besteht darin, dass sich das Gericht, an das abgegeben werden soll, nicht zur Übernahme bereit erklärt haben muss (*Reinhardt* JAmt 2009, 162, 163). Durch die Verwendung des Begriffs der »Verweisung« ist außerdem klargestellt, dass dieses Gericht durch die Entscheidung gebunden ist (vgl. § 3 Abs. 3 Satz 2; BT-Drucks. 16/6308 S. 417 i.V.m. 414).

23 Den Begriff des »wichtigen Grundes« wird man wie in § 4 Satz 1 zu interpretieren haben. Entscheidend ist, ob das Verfahren leichter u zweckmäßiger bei dem anderen Gericht geführt werden kann (stRspr zu Art. 46 FGG; vgl. z.B. BayObLG FamRZ 2001, 1536, 1537; Jansen/*Müller-Lukoschek* § 43b Rn. 66). Angemessen wird dabei etwa die Verweisung an ein FamG sein, in dessen Bezirk ein oder mehrere Beteiligte der Adoptionssache den schlichten Aufenthalt im Inland haben oder in dessen Bezirk sie früher ihren gewöhnlichen Aufenthalt hatten (Jansen/*Müller-Lukoschek* § 44a Rn. 18 für die heutigen Adoptionssachen nach § 186 Nr. 4, auch m dem Vorschlag, hier das Gericht, in dessen Bezirk die Ehe geschlossen werden soll, in Betracht zu ziehen).

§ 188 Beteiligte.

(1) Zu beteiligen sind
1. in Verfahren nach § 186 Nr. 1
   a) der Annehmende und der Anzunehmende,
   b) die Eltern des Anzunehmenden, wenn dieser entweder minderjährig ist und ein Fall des § 1747 Abs. 2 Satz 2 oder Abs. 4 des Bürgerlichen Gesetzbuchs nicht vorliegt oder im Fall des § 1772 des Bürgerlichen Gesetzbuchs,
   c) der Ehegatte des Annehmenden und der Ehegatte des Anzunehmenden, sofern nicht ein Fall des § 1749 Abs. 3 des Bürgerlichen Gesetzbuchs vorliegt;
2. in Verfahren nach § 186 Nr. 2 derjenige, dessen Einwilligung ersetzt werden soll;
3. in Verfahren nach § 186 Nr. 3
   a) der Annehmende und der Angenommene,
   b) die leiblichen Eltern des minderjährigen Angenommenen;
4. in Verfahren nach § 186 Nr. 4 die Verlobten.

(2) Das Jugendamt und das Landesjugendamt sind auf ihren Antrag zu beteiligen.

Übersicht	Rdn.		Rdn.
A. Beteiligte nach Abs. 1	1	2. Eltern des Anzunehmenden in den Fällen des Abs. 1 Nr. 1 Buchst. b)	4
I. Bedeutung	1		
II. Verfahren auf Annahme als Kind (Abs. 1 Nr. 1)	2	3. Ehegatten des Annehmenden und des Anzunehmenden (Abs. 1 Nr. 1 Buchst. c))	7
1. Annehmender und Anzunehmender (Abs. 1 Nr. 1 Buchst. a))	3		

	Rdn.		Rdn.
III. Verfahren auf Ersetzung einer Einwilligung (Abs. 1 Nr. 2)	9	V. Verfahren auf Befreiung vom Eheverbot des § 1308 Abs. 1 BGB (Abs. 1 Nr. 4)	14
IV. Verfahren auf Aufhebung des Annahmeverhältnisses (Abs. 1 Nr. 3)	10	B. Jugendamt und Landesjugendamt (Abs. 2)...	16
		C. Minderjährige Beteiligte	17

A. Beteiligte nach Abs. 1. I. Bedeutung. § 188 regelt erstmals detailliert den Beteiligtenbegriff für Adoptionssachen. Dabei bestimmt Abs. 1 diejenigen, die jedenfalls als Beteiligte zum Verfahren hinzuzuziehen sind (BT-Drucks. 16/6308 S. 247). Soweit dort genannte Personen bereits in der Adoptionssache Antragsteller sind, sind sie bereits nach § 7 Abs. 1 Beteiligte kraft Gesetzes. Ein besonderer Hinzuziehungsakt ist dann entbehrlich (BT-Drucks. 16/6308 S. 247). Andernfalls sind sie sog. Muss-Beteiligte und vom Gericht zwingend von Amts wegen nach § 7 Abs. 2 Nr. 2 zum Verfahren hinzuzuziehen. Dabei ist zu beachten, dass die Aufzählung in Abs. 1 nicht abschließend ist und unter den Voraussetzungen des § 7 Abs. 2 Nr. 1 im Einzelfall weitere Personen heranzuziehen sein können (BT-Drucks. 16/6308 S. 247; *Krause* FamRB 2009, 221, 222). Minderjährige Kinder des Annehmenden gehören in Verfahren zur Adoption weiterer minderjähriger Kinder aber nicht zu den Beteiligten nach §§ 7, 188 und können deshalb zur Wahrnehmung ihrer Rechte nach § 193 Verfahrenskostenhilfe nicht beanspruchen (OLG Düsseldorf FamRZ 2011, 925).

II. Verfahren auf Annahme als Kind (Abs. 1 Nr. 1). Abs. 1 Nr. 1 betrifft Verfahren nach § 186 Nr. 1. 2

1. Annehmender und Anzunehmender (Abs. 1 Nr. 1 Buchst. a)). Die Beteiligung des Adoptierenden wie 3 auch des Kindes erscheint selbstverständlich. Da der Annehmende auch immer Antragsteller ist, bedarf es jedenfalls bei ihm keines weiteren Hinzuziehungsaktes.

2. Eltern des Anzunehmenden in den Fällen des Abs. 1 Nr. 1 Buchst. b). Abs. 1 Nr. 1 Buchst. b) bezieht 4 die Eltern des Kindes grds. in den Fällen ein, in denen die Verwandtschaft zu ihnen durch die Adoption erlöschen wird. Hier werden nämlich ihre rechtlichen Interessen tangiert und sie müssen daher von dem Annahmeverfahren in Kenntnis gesetzt werden (BVerfG FamRZ 2008, 243). Das betrifft zum einen den Fall der Volljährigenannahme mit den Wirkungen einer Minderjährigenadoption nach § 1772 BGB (Abs. 1 Nr. 1 Buchst. b), 2. Alt.). Zum anderen geht es um die Minderjährigenannahme selbst (Abs. 1 Nr. 1 Buchst. b), 1. Alt.). Hier wird jedoch in zwei Fällen auf die Beteiligung der Kindeseltern verzichtet. Einmal dann, wenn es sich um eine sog. Inkognitoadoption nach § 1747 Abs. 2 Satz 2 BGB handelt. Und zum anderen, wenn nach § 1747 Abs. 4 BGB die Einwilligung eines Elternteils nicht erforderlich ist, weil er zur Abgabe einer Erklärung dauernd außerstande oder sein Aufenthalt dauernd unbekannt ist. Diese Variante beeinträchtigt nicht die Beteiligung des anderen Elternteils, bei dem diese Hindernisse nicht bestehen.

Den Elternbegriff definieren §§ 186 ff. nicht eigenständig, sodass die Einordnung des biologischen Vaters, 5 der mit der Mutter nicht verheiratet ist und dessen rechtliche Verwandtschaft auch nicht durch Anerkennung oder Feststellung der Vaterschaft (§ 1592 BGB) begründet wurde, nicht explizit geregelt erscheint. Hier ist § 1747 Abs. 1 Satz 2 BGB zu berücksichtigen und auch für die Beteiligung nach § 188 Abs. 1 Nr. 1b) derjenige als Vater zu behandeln, der glaubhaft macht, dass er der Mutter in der gesetzlichen Empfängniszeit beigewohnt hat (vgl. BGH NJW 2015, 1820, 1821: der mögliche leibliche Vater ist nur zu beteiligen, wenn er dem Verfahren unter Berufung auf seine mögliche Vaterschaft beitritt; MüKoFamFG/*Maurer* § 188 Rn. 8). Selbst wenn man dem nicht folgen würde, sondern für § 188 Abs. 1 Nr. 1b) an der rechtlichen Vaterschaft festhielte, müsste ein Mann, der Vorstehendes glaubhaft macht, doch zumindest nach § 7 Abs. 2 Nr. 1 beteiligt werden. Das FamG hat einen möglichen leiblichen Vater entsprechend § 7 Abs. 4 FamFG vom Verfahren zu benachrichtigen, um ihm eine Beteiligung am Verfahren zu ermöglichen (BGH NJW 2015, 1820, 1822 Anm. *Heiderhoff*). Davon kann ausnahmsweise abgesehen werden, wenn er auf Grund der umfassend aufgeklärten Umstände unzweifelhaft auf sein grundrechtlich geschütztes Interesse, die Rechtsstellung als Vater einzunehmen, von vornherein verzichtet hat, was bei der so genannten anonymen Samenspende regelmäßig der Fall ist (BGH NJW 2015, 1820, 1821 f. Anm. *Heiderhoff*).

Gibt die Kindesmutter keine zur Identifizierung ausreichende Auskunft über den nicht ehelichen leiblichen 6 Vater, weil sie nicht will oder nicht kann, – und hat das Gericht auch keine anderen Amtsaufklärungsmöglichkeiten (§ 26) – so gibt es keinen Vater, den das Gericht nach § 188 Abs. 1 Nr. 1b) im Annahmeverfahren beteiligen könnte bzw. müsste (vgl. LG Freiburg FamRZ 2002, 1647, welches auch ausführt, die Amtsaufklärungspflicht zur Ermittlung des Vaters werde dadurch eingeschränkt, dass § 1747 Abs. 1 Satz 2 BGB davon ausgehe, der leibliche Vater werde selbst tätig, um seine Rechte zu wahren).

7 **3. Ehegatten des Annehmenden und des Anzunehmenden (Abs. 1 Nr. 1 Buchst. c)).** Beteiligt sind der Ehegatte des Annehmenden wie auch der Ehegatte des Anzunehmenden, es sei denn die Einwilligung des Ehegatten ist nach § 1749 Abs. 3 BGB entbehrlich, weil er zur Abgabe der Erklärung dauernd außerstande oder sein Aufenthalt dauernd unbekannt ist.

8 § 188 Abs. 1 Nr. 1c) dürfte entsprechend auch für einen etwaigen eingetragenen Lebenspartner des Annehmenden bzw. des Anzunehmenden gelten.

9 **III. Verfahren auf Ersetzung einer Einwilligung (Abs. 1 Nr. 2).** Die Vorschrift betrifft Verfahren nach § 186 Nr. 2, also nach § 1746 Abs. 3 Halbs. 1, § 1748 und § 1749 BGB. Beteiligter ist hier, wessen Einwilligung ersetzt werden soll. Bedarf das Ersetzungsverfahren eines Antrags zur Eröffnung (s. § 186 Rdn. 19), so ist nach § 7 Abs. 1 auch der Antragsteller Beteiligter. I.Ü. ist auch hier zu beachten, dass für die Frage, ob weitere Personen hinzuziehen sind, ergänzend § 7 Abs. 2 Nr. 1 gilt (BT-Drucks. 16/6308 S. 247). Demgemäß sind hinzuziehen die Annehmenden und auch das anzunehmende Kind (MüKoFamFG/*Maurer* § 188 Rn. 12).

10 **IV. Verfahren auf Aufhebung des Annahmeverhältnisses (Abs. 1 Nr. 3).** In Verfahren nach § 186 Nr. 3 sind Beteiligte der Annehmende und der Angenommene (Abs. 1 Nr. 3a).

11 Da ihre Interessen durch die Aufhebung ebenfalls unmittelbar berührt werden, sind bei einem minderjährigen Angenommenen außerdem seine leiblichen Eltern zu beteiligen (Abs. 1 Nr. 3b). Für den Fall der Aufhebung kommt nämlich eine Rückübertragung der elterlichen Sorge auf sie in Betracht (BT-Drucks. 16/6308 S. 247). Die Beteiligtenstellung kommt ihnen unabhängig davon zu, ob sie nach § 1762 BGB antragsberechtigt sind und einen solchen Antrag gestellt haben (KG FamRZ 1993, 1359; Jansen/*Sonnenfeld* § 56f Rn. 26). Dass in Verfahren, die die Aufhebung einer Volljährigenadoption betreffen, nur der Annehmende und der Angenommene Beteiligte sind, entspricht der bisherigen Rechtslage (vgl. BayObLG FamRZ 1990, 1392).

12 Wenn eine nicht in Abs. 1 Nr. 3 genannte Person den Aufhebungsantrag nach § 1762 BGB stellt, ist auch diese als Antragsteller beteiligt (§ 7 Abs. 1).

13 I.Ü. richtet sich die Beteiligtenstellung weiterer Personen nach § 7 Abs. 2 Nr. 1. Gefordert ist also eine unmittelbare rechtliche Betroffenheit durch das Aufhebungsverfahren. Gemeint ist eine direkte Auswirkung auf eigene materielle, rechtlich geschützte Positionen (BT-Drucks. 16/6308 S. 178). Eine nur mittelbare Berührung durch nur mögliche Unterhaltspflichten genügt ebenso wenig wie Beeinträchtigungen des Erbrechts, da wegen § 1764 Abs. 1 Satz 1 BGB nur künftige Erbrechte berührt werden können (Jansen/*Sonnenfeld* § 56f Rn. 27). Folglich sind Ehegatten bzw. Lebenspartner eines leiblichen Elternteils und des Kindes wie auch entferntere Verwandte, z.B. die Kinder des Annehmenden, nicht Beteiligte (vgl. BayObLG NJW-RR 1986, 872; Jansen/*Sonnenfeld* § 56f Rn. 27; a.A. Soergel/*Liermann* § 1759 Rn. 9; Ehegatten des Annehmenden und des Anzunehmenden, denen ein Einwilligungsrecht in die Adoption zustand, will beteiligen MüKoFamFG/*Maurer* § 188 Rn. 14). Allerdings sind die leiblichen Verwandten dann zu beteiligen, wenn sie, z.B. wegen des Todes der leiblichen Eltern, unmittelbar unterhaltspflichtig werden (Keidel/*Engelhardt* § 188 Rn. 8).

14 **V. Verfahren auf Befreiung vom Eheverbot des § 1308 Abs. 1 BGB (Abs. 1 Nr. 4).** Abs. 1 Nr. 4 regelt die Hinzuziehung beider Verlobter in Verfahren nach § 186 Nr. 4. Es sind notwendig beide Verlobten beteiligt, da es sich bei § 1308 Abs. 1 BGB um ein zweiseitiges Ehehindernis handelt (Jansen/*Müller-Lukoschek* § 44a Rn. 28).

15 Ist ein Verlobter minderjährig, d.h. liegt zusätzlich das Ehehindernis des § 1303 BGB vor, so ist er nach § 9 Abs. 1 Nr. 3 dennoch im Verfahren nach § 186 Nr. 4 selbstständig verfahrensfähig, da wegen der Höchstpersönlichkeit der Eheschließung (§ 1311 BGB) die Ausübung der Rechte durch den gesetzlichen Vertreter nicht in Betracht kommt (vgl. zum alten Recht Jansen/*Müller-Lukoschek* § 44a Rn. 29).

16 **B. Jugendamt und Landesjugendamt (Abs. 2).** § 188 Abs. 2 regelt einen Fall der Muss-Beteiligung auf Antrag i.S.d. § 7 Abs. 2 Nr. 2. Jugendamt und Landesjugendamt sind zwingend hinzuzuziehen, wenn sie dies beantragen. Ein Ermessensspielraum des Gerichts besteht nicht (*Krause* FamRB 2009, 221, 223). Sie haben also die Wahl, ob sie nur i.R.d. fachlichen Äußerung bzw. Anhörung (§§ 189, 194, 195) am Verfahren teilnehmen wollen oder als Beteiligte aktiv mitwirken. Daraus erhellt auch, dass sie allein durch die Anhörung

nicht die Stellung eines Beteiligten erhalten (vgl. MüKoFamFG/*Maurer* § 189 Rn. 5). Im Fall ihrer Beteiligung haben sie dann alle Verfahrensrechte, können aber auch mit Verfahrenskosten belastet werden (BT-Drucks. 16/6308 S. 179). Die Beschwerdebefugnisse nach §§ 194 Abs. 2 Satz 2, 195 Abs. 2 Satz 2 (jeweils i.V.m. § 59 Abs. 3) stehen den Behörden unabhängig davon zu, ob sie von ihrem Beteiligungsrecht Gebrauch machen oder nicht. Dadurch soll vermieden werden, dass sie sich nur zur Wahrung ihrer Beschwerdeberechtigung stets am Verfahren erster Instanz beteiligen (BT-Drucks. 16/6308 S. 179, 204). § 188 Abs. 2 gilt allerdings nur in Minderjährige betreffende Annahme- und Aufhebungsverfahren (MüKoFamFG/*Maurer* § 188 Rn. 20).

C. Minderjährige Beteiligte. Im Fall minderjähriger Beteiligter ist die etwaige Pflicht zur Bestellung eines Verfahrensbeistands nach § 191 zu beachten. Ggf. wird der Verfahrensbeistand durch seine Bestellung als Beteiligter zum Verfahren hinzugezogen (§ 191 Satz 2 i.V.m. § 158 Abs. 3 Satz 2). 17

§ 189 Fachliche Äußerung einer Adoptionsvermittlungsstelle. ¹Wird ein Minderjähriger als Kind angenommen, hat das Gericht eine fachliche Äußerung der Adoptionsvermittlungsstelle, die das Kind vermittelt hat, einzuholen, ob das Kind und die Familie des Annehmenden für die Annahme geeignet sind. ²Ist keine Adoptionsvermittlungsstelle tätig geworden, ist eine fachliche Äußerung des Jugendamts oder einer Adoptionsvermittlungsstelle einzuholen. ³Die fachliche Äußerung ist kostenlos abzugeben.

Übersicht

	Rdn.		Rdn.
A. Allgemeines	1	E. Zweck und Inhalt der fachlichen Äußerung	11
B. Anwendungsbereich	2	F. Anhörung der Beteiligten	16
C. Pflicht des Gerichts zur Einholung der fachlichen Äußerung	3	G. Verhältnis zur Anhörung des Jugendamts nach § 194	18
D. Ersteller der fachlichen Äußerung	6		

A. Allgemeines. Die Norm entspricht nahezu wortgleich dem bisherigen § 56d FGG, sodass Änderungen ggü. der bisherigen Rechtslage nicht erfolgt sind (Jansen/*Sonnenfeld* § 56d Rn. 21). Auf Empfehlung des Rechtsausschusses des BT wurde allerdings der Begriff der »gutachtlichen Äußerung« durch den der »fachlichen Äußerung« ersetzt (vgl. BT-Drucks. 16/9733 S. 368 f.). Es sollte nicht der Eindruck erweckt werden, als ob es sich um eine förmliche Beweisaufnahme handeln würde (*Schulte-Bunert* Rn. 676). Inhaltlich regelt die Vorschrift die Einholung der für ein Verfahren über eine Minderjährigenadoption zentralen fachlichen Äußerung einer Adoptionsvermittlungsstelle über die Eignung des Kindes und der Familie des Annehmenden. 1

B. Anwendungsbereich. § 189 gilt nur für solche Adoptionssachen i.S.d. § 186 Nr. 1, die eine Minderjährigenadoption (§§ 1741 ff. BGB) betreffen. Für die Annahme Volljähriger (§§ 1767 ff. BGB) gilt die Norm auch dann nicht, wenn sie mit den Wirkungen der Minderjährigenannahme nach § 1772 BGB ausgesprochen werden soll (MüKoFamFG/*Maurer* § 189 Rn. 2). Sie betrifft ebenfalls nicht die in § 186 Nr. 2–4 geregelten Adoptionssachen. Ob in Verfahren auf Ersetzung einer Einwilligung (§ 186 Nr. 2) oder in Aufhebungsverfahren (§ 186 Nr. 3) eine fachliche Äußerung eingeholt wird, entscheidet der Grundsatz der Amtsermittlung (§ 26), der dies oft gebieten wird (MüKoFamFG/*Maurer* § 189 Rn. 4). 2

C. Pflicht des Gerichts zur Einholung der fachlichen Äußerung. § 189 konkretisiert den Amtsermittlungsgrundsatz (§ 26) dahin gehend, dass das FamG vor der Entscheidung über eine Minderjährigenannahme zwingend verpflichtet ist, die fachliche Äußerung einzuholen. Ein Ermessen hat es nicht (Jansen/*Sonnenfeld* § 56d Rn. 13). 3

Verstößt das Gericht gegen diese Pflicht, so begründet dies einen Verfahrensfehler, der im Fall der Zurückweisung des Adoptionsantrags mit der Beschwerde gerügt werden kann. Im gegenteiligen Fall jedoch, in dem die Annahme ausgesprochen wird, führt der Verfahrensfehler weder zur Nichtigkeit oder Anfechtbarkeit (vgl. § 197 Abs. 3) noch bildet er einen Aufhebungsgrund nach § 1760 BGB (MüKoFamFG/*Maurer* § 189 Rn. 26). 4

5 Zur Notwendigkeit und zum Umfang der i.R.d. Vorbereitung der fachlichen Äußerung anzustellenden Ermittlungen enthält § 189 keine Aussage, sondern dies richtet sich nach den Grundsätzen des § 26 (BayObLG FamRZ 2001, 647; Jansen/*Sonnenfeld* § 56d Rn. 12).

6 **D. Ersteller der fachlichen Äußerung.** Die fachliche Äußerung soll in erster Linie von der Adoptionsvermittlungsstelle, die das Kind vermittelt hat, erstellt werden (Satz 1). Das ist sachgerecht, weil sie infolge ihrer Vorbefassung am ehesten dem Gericht eine fundierte Entscheidungshilfe zur Verfügung stellen kann (vgl. BT-Drucks. 7/5087 S. 24).

7 Ist keine Adoptionsvermittlungsstelle tätig geworden, so ist die fachliche Äußerung des Jugendamtes oder einer Adoptionsvermittlungsstelle einzuholen (Satz 2). Im ersten Fall ist dabei einzuschalten das Jugendamt, das nach §§ 87b, 50, 86 Abs. 1 bis 4 SGB VIII zuständig ist (MüKoFamFG/*Maurer* § 189 Rn. 9).

8 Adoptionsvermittlungsstellen sind mit der Adoptionsvermittlung befasste Fachbehörden, über die Näheres im AdVermiG geregelt ist. Es handelt sich um die Adoptionsvermittlungsstellen der Jugendämter und die zentralen Adoptionsstellen der Landesjugendämter; außerdem die örtlichen und zentralen Stellen des Diakonischen Werks, des Deutschen Caritasverbandes, der Arbeiterwohlfahrt, die diesen Verbänden angeschlossenen Fachverbände sowie sonstige Organisationen mit Sitz im Inland, jeweils soweit sie von der zentralen Adoptionsstelle des Landesjugendamtes als Adoptionsvermittlungsstelle anerkannt sind (§ 2 AdVermiG). Das Gesetz legt dabei Wert darauf, dass in der Stelle Fachkräfte tätig sind, die aufgrund ihrer Persönlichkeit, Ausbildung und beruflichen Erfahrung zur Adoptionsvermittlung auch geeignet sind (§ 3 Abs. 1 Satz 1 AdVermiG), meist Sozialpädagogen und Sozialarbeiter, da diese komplexe Aufgabe Kenntnisse des sozialen, psychologischen, pädagogischen und juristischen Bereichs verlangt (Müller/Sieghörtner/Emmerling de Oliveira/*Sieghörtner* Rn. 169).

9 Satz 3 stellt ausdrücklich klar, dass die fachliche Äußerung kostenlos zu erstatten ist (zur Mitwirkungspflicht des Jugendamtes s. § 194 Rdn. 5).

10 Allein durch die Abgabe der fachlichen Äußerung wird die abgebende Stelle nicht zum Verfahrensbeteiligten (s. § 188 Rdn. 16).

11 **E. Zweck und Inhalt der fachlichen Äußerung.** Die fachliche Äußerung ist die wichtigste Erkenntnisquelle für das Gericht, um beurteilen zu können, ob die Annahme dem Kindeswohl dient (§ 1741 Abs. 1 Satz 1 BGB; BT-Drucks. 7/3061 S. 58). Da der Richter regelmäßig nicht über die besondere Sachkunde bzw. Erfahrung der Mitarbeiter der Adoptionsvermittlungsstellen verfügen wird, soll deren fachliche Kompetenz dienstbar gemacht werden (*Röchling* S. 101). Die inneren Bindungen, Neigungen und der Wille der Beteiligten müssen aufgeklärt werden, um beurteilen zu können, ob ein Eltern-Kind-Verhältnis vorhanden oder seine Entstehung zu erwarten ist (vgl. BayObLG FamRZ 1993, 1480; Jansen/*Sonnenfeld* § 56d Rn. 8). Zur Ermittlung der tatsächlichen Umstände für die fachliche Äußerung hat die abgebende Stelle mit allen Beteiligten, insb. mit den Annehmenden und, soweit altersbedingt möglich, dem Kind Gespräche zu führen und sich auch Gewissheit über die Lebensverhältnisse des Kindes zu verschaffen (MüKoFamFG/*Maurer* § 189 Rn. 15).

12 Inhaltlich verlangt Satz 1 daher, dass sich die gutachtliche Äußerung darüber verhalten muss, ob das Kind und die Familie des Annehmenden für die Annahme geeignet sind. Die Äußerung muss dabei ausführlich sein und darf sich nicht mit Floskeln, etwa das Kind habe sich gut eingelebt, es sei eine echte Eltern-Kind-Beziehung entstanden, begnügen (Jansen/*Sonnenfeld* § 56d Rn. 10; *Arndt/Oberloskamp* ZfJ 1977, 273 mit praktischen Beispielen und Vorschlägen). Zusammenzutragen sind für den Richter alle Fakten aufgrund einer psychosozialen Beurteilung samt eines Entscheidungsvorschlags (Keidel/*Engelhardt* § 189 Rn. 2).

13 Die der Annahme regelmäßig vorangehende Probezeit nach § 1744 BGB dient der Erleichterung der von § 1741 Abs. 1 Satz 1 BGB geforderten Prognose und die Erfahrungen aus ihr haben deshalb in die fachliche Äußerung Eingang zu finden. Wurde die Probezeit für entbehrlich gehalten, so sind die Gründe hierfür in der fachlichen Äußerung darzulegen (MüKoBGB/*Maurer* § 1752 Rn. 21; RGRK/*Dickescheid* § 1752 Rn. 16).

14 Vor allem dann, wenn das Kind nicht bereits seit längerer Zeit in der Familie des Annehmenden lebt, kann zusätzlich ein psychologisches Gutachten eingeholt werden (vgl. *Dodegge* FPR 2001, 321, 322).

15 Das BayObLG (FamRZ 2001, 647; dagegen MüKoFamFG/*Maurer* § 189 Rn. 13) hat eine Äußerung des Jugendamts schon darin gesehen, wenn dieses mitteilt, eine gutachtliche Äußerung könne nicht abgegeben werden. Im konkreten Fall wurde dies damit begründet, dass die Mutter des Kindes erklärt habe, dieses wisse nicht, dass es nicht das leibliche Kind des Annehmenden sei und werde durch ein Gespräch mit dem Jugendamt zu sehr belastet. Jedenfalls darf der Adoptionsantrag allein deswegen nicht zurückgewiesen wer-

den, sonst könnte das Jugendamt eine Adoption dadurch unmöglich machen, dass es die Voraussetzungen für eine fachliche Äußerung in der Sache verneint. Das Gericht muss dann die Ermittlungen selbst anstellen (BayObLG FamRZ 2001, 647; MüKoBGB/*Maurer* § 1752 Rn. 21 Fn 63; *Frank* StAZ 2010, 324, 330 schlägt i.Ü. vor, dass das Jugendamt jedenfalls bei dieser Situation von seinem Beteiligungsrecht nach § 188 Abs. 2 Gebrauch machen sollte).

F. Anhörung der Beteiligten. Zu der fachlichen Äußerung ist den Beteiligten, wie zu allen Ermittlungsergebnissen, rechtliches Gehör zu gewähren (Art. 103 Abs. 1 GG; Keidel/*Engelhardt* § 189 Rn. 3). Das Gericht muss den Verfahrensbeteiligten aber nicht den Inhalt der fachlichen Äußerung in allen Einzelheiten mitteilen, soweit damit eine Gefährdung der Inkognitoadoption (vgl. § 1747 Abs. 2 Satz 2 BGB) verbunden wäre (§ 1758 BGB; § 13; BVerfG NJW 1989, 519, 521; Jansen/*Sonnenfeld* § 56d Rn. 16). Dies kann z.B. den Fall betreffen, in dem die Einwilligung eines leiblichen Elternteils nach § 1748 BGB ersetzt wurde (Jansen/*Sonnenfeld* § 56d Rn. 16). 16

Die persönliche Anhörung des Kindes nach § 192 Abs. 1, 3 ist nicht deshalb entbehrlich, weil i.R.d. Erstellung der fachlichen Äußerung bereits vom Jugendamt persönlich angehört wurde (BayObLG FamRZ 1993, 1480). Dasselbe gilt für die Anhörung der übrigen Beteiligten (MüKoFamFG/*Maurer* § 189 Rn. 21). 17

G. Verhältnis zur Anhörung des Jugendamts nach § 194. § 194 Abs. 1 verpflichtet das Gericht, das Jugendamt im Rahmen einer Minderjährigenadoption anzuhören, es sei denn das Jugendamt hat bereits nach § 189 die fachliche Äußerung abgegeben. Daraus ergeben sich im Wesentlichen zwei Möglichkeiten: 18

Erstens, das Jugendamt hat die fachliche Äußerung abgegeben, und zwar entweder nach § 189 Satz 1, weil es die Adoptionsvermittlungsstelle war, oder nach § 189 Satz 2, weil keine Adoptionsvermittlungsstelle tätig geworden war und das Jugendamt zur Abgabe der fachlichen Äußerung vom Gericht aufgefordert worden war. Dann muss es vom Gericht nicht noch zusätzlich angehört werden (§ 194 Abs. 1 Satz 2). Das Gericht hat dem Jugendamt aber seine Entscheidung mitzuteilen (§ 194 Abs. 2 Satz 1). 19

Zweitens, das Jugendamt hat die fachliche Äußerung nicht erstellt, sondern diese ist entweder von einer anderen Adoptionsvermittlungsstelle, die das Kind vermittelt hat, nach § 189 Satz 1 erstellt worden, oder es war insoweit keine Adoptionsvermittlungsstelle tätig geworden und nach § 189 Satz 2 ist aber nicht das Jugendamt, sondern eine andere Adoptionsvermittlungsstelle zur Erstellung der fachlichen Äußerung aufgefordert worden. Dann ist zusätzlich zur fachlichen Äußerung der anderen Adoptionsvermittlungsstelle das Jugendamt nach § 194 Abs. 1 anzuhören. 20

Zur (zusätzlichen) Anhörung des Landesjugendamts s. § 195. 21

§ 190 Bescheinigung über den Eintritt der Vormundschaft.

Ist das Jugendamt nach § 1751 Abs. 1 Satz 1 und 2 des Bürgerlichen Gesetzbuchs Vormund geworden, hat das Familiengericht ihm unverzüglich eine Bescheinigung über den Eintritt der Vormundschaft zu erteilen; § 1791 des Bürgerlichen Gesetzbuchs ist nicht anzuwenden.

Übersicht	Rdn.		Rdn.
A. Allgemeines	1	C. Zuständigkeit	5
B. Regelungsgehalt	2	D. Entscheidung, Rechtsbehelfe	6

A. Allgemeines. Die Vorschrift entspricht, mit der Ausnahme des Zuständigkeitswechsels vom Vormundschafts- auf das FamG, dem bisherigen § 1751 Abs. 1 Satz 4 BGB. Sie regelt die Pflicht des Gerichts, eine Bescheinigung über die Vormundschaft zu erteilen, wenn das Jugendamt nach § 1751 Abs. 1 Satz 2 BGB Vormund geworden ist. Dieser verfahrensrechtliche Charakter begründet den systematischen Wechsel der Stellung der Norm aus dem BGB in das FamFG (BT-Drucks. 16/6308 S. 247). Der Gesetzgeber erhofft sich durch die Einbettung der Regelung in einer eigenen Vorschrift außerdem eine stärkere Beachtung in der Praxis (BT-Drucks. 16/6308 S. 247). 1

B. Regelungsgehalt. § 1751 BGB beschreibt bestimmte Vorwirkungen der Minderjährigenadoption, welche bereits mit der Einwilligungserklärung der leiblichen Eltern bzw. eines leiblichen Elternteils eintreten. Dazu gehört nach § 1751 Abs. 1 Satz 1 Halbs. 1 BGB, dass mit der wirksamen Einwilligung eines Elternteils in die Adoption die elterliche Sorge dieses Elternteils ruht. In der Folge wird nach § 1751 Abs. 1 Satz 2 BGB 2

§ 191 Buch 2. Verfahren in Familiensachen

(vgl. auch § 55 Abs. 1 SGB VIII) das Jugendamt Vormund, es sei denn der andere Elternteil übt die Sorge allein aus oder es ist bereits ein Vormund bestellt. Wirksam wird die elterliche Einwilligung mit ihrem Zugang beim FamG (§ 1750 Abs. 1 Satz 3 BGB). Die Amtsvormundschaft tritt als Rechtsfolge der wirksamen Einwilligung automatisch ein (PWW/*Friederici* § 1751 Rn. 4). Einer Bestellung bedarf es nicht (LG Kassel FamRZ 1993, 234, 235 m. Anm. *Henrich*). Demgemäß erhält das Jugendamt auch keine Bestallungsurkunde i.S.d. § 1791 BGB; die Vorschrift ist nicht anwendbar (§ 190 Halbs. 2). Dasjenige Jugendamt wird Vormund, welches nach §§ 85 ff. SGB VIII zuständig ist. Es weist seine Stellung als Amtsvormund ausschließlich durch die (deklaratorische) Bescheinigung des Familiengerichts nach (PWW/*Friederici* § 1751 Rn. 4). Diese ist ihm unverzüglich (d.h. ohne schuldhaftes Zögern, § 121 Abs. 1 Satz 1 BGB) und von Amts wegen – d.h. ohne dass es eines Antrags bedarf – zu erteilen. Sie dient auch dazu, dem Jugendamt frühzeitig Kenntnis von der elterlichen Einwilligung zu verschaffen und ihm die Möglichkeit zu geben, noch rechtzeitig auf die Notwendigkeit der Pflegeerlaubnis gem. § 44 SGB VIII hinzuweisen bzw. sie zu versagen, wenn das Wohl des Kindes es erfordert (BT-Drucks. 7/5087 S. 14; Palandt/*Götz* § 1751 Rn. 4). Das Jugendamt ist nicht selbst gesetzlicher Vertreter des Kindes, sondern einer seiner Beamten oder Angestellten, dem es die Aufgaben des Amtsvormunds überträgt (§ 55 Abs. 2 SGB VIII).

3 Die vorstehenden Grundsätze gelten entsprechend, wenn die elterliche Einwilligung wirksam nach § 1748 BGB ersetzt wurde (KG FamRZ 1978, 210; Palandt/*Götz* § 1751 Rn. 1; a.A. AG Münster DAVorm 1977, 271).

4 Verliert die elterliche Einwilligung nach § 1750 Abs. 4 BGB ihre Kraft, so endet die Amtsvormundschaft des Jugendamtes nicht automatisch, sondern das FamG hat gem. § 1751 Abs. 3 BGB über die Übertragung der elterlichen Sorge zu entscheiden.

5 **C. Zuständigkeit.** Die Bescheinigung wird von dem nach § 187 zuständigen FamG erteilt (vgl. zum alten Recht BayObLG FamRZ 1978, 65, 66; Jansen/*Müller-Lukoschek* § 43b Rn. 46). Funktionell zuständig ist der Rechtspfleger (§ 3 Nr. 2a) RPflG; vgl. Einführung zu Vor § 58 Rdn. 10).

6 **D. Entscheidung, Rechtsbehelfe.** Die Entscheidung über die Erteilung der Bescheinigung ergeht durch Beschluss, durch den festgestellt wird, dass Vormundschaft eingetreten ist (MüKoFamFG/*Maurer* § 190 Rn. 6). Die Bescheinigung wird in Form einer Ausfertigung des Beschlusses erteilt (MüKoFamFG/*Maurer* § 190 Rn. 6). Bei einer zu Unrecht erteilten Bescheinigung können die Eltern die Beschwerde (§ 11 Abs. 1 RPflG, §§ 58 ff.) einlegen (vgl. zum alten Recht BayObLG StAZ 1979, 122, 124), gegen die Verweigerung der Bescheinigung das Jugendamt wie auch die Annehmenden (MüKoFamFG/*Maurer* § 190 Rn. 17).

§ 191 Verfahrensbeistand.
¹Das Gericht hat einem minderjährigen Beteiligten in Adoptionssachen einen Verfahrensbeistand zu bestellen, sofern dies zur Wahrnehmung seiner Interessen erforderlich ist. ²§ 158 Abs. 2 Nr. 1 sowie Abs. 3 bis 8 gilt entsprechend.

Übersicht

	Rdn.		Rdn.
A. Allgemeines	1	E. Bestellung	9
B. Anwendungsbereich	4	F. Ende der Beistandschaft, § 191 Satz 2 i.V.m.	
C. Voraussetzungen der Bestellung	5	§ 158 Abs. 5 und 6	11
D. Zuständigkeit	8	G. Rechtsbehelfe	13

1 **A. Allgemeines.** Für das Verfahren zur Aufhebung einer Adoption erhielt ein minderjähriges oder geschäftsunfähiges Kind nach § 56f Abs. 2 FGG einen Verfahrenspfleger, wenn der Annehmende sein gesetzlicher Vertreter war. Daneben konnte nach § 50 FGG, dem ggü. § 56f Abs. 2 FGG nur »lex specialis« war (Jansen/*Sonnenfeld* § 56f Rn. 36), einem minderjährigen Kind ein Verfahrenspfleger bestellt werden, wenn dies zur Wahrnehmung seiner Interessen erforderlich war (§ 50 Abs. 1 FGG). Die Bestellung war i.d.R. erforderlich, wenn das Kindesinteresse zu dem seiner gesetzlichen Vertreter in erheblichem Gegensatz stand (§ 50 Abs. 2 Satz 1 Nr. 1 FGG).

2 § 191 Satz 1 verpflichtet das Gericht nun allgemein in Adoptionssachen, einem minderjährigen Beteiligten einen Verfahrensbeistand (diese Rechtsfigur ersetzt den bisherigen Verfahrenspfleger) zu bestellen, wenn dies zur Wahrnehmung seiner Interessen erforderlich ist, da Interessenkollisionen nicht auf die bisher in § 56f Abs. 2 FGG geregelte Konstellation beschränkt sind (BT-Drucks. 16/6308 S. 248). Diese Ausweitung

Abschnitt 5. Verfahren in Adoptionssachen § 191

wird in der Literatur sehr begrüßt (Jansen/*Müller-Lukoschek* § 43b Rn. 87). Der Gesetzgeber kommt mit der Verfahrensbeistandschaft auch der sich aus Art. 6 Abs. 2 Satz 2 und Art. 2 Abs. 1 GG ergebenden Schutzpflicht zugunsten des von einem Konflikt seiner (Adoptiv-) Eltern betroffenen Kindes nach (vgl. BVerfG NJW 2003, 3544; Jansen/*Sonnenfeld* § 56f Rn. 35).

Der BR sah für die umfassende Regelung in § 191 kein Bedürfnis und schlug ihre Streichung vor samt einer Schaffung eines neuen § 1910 BGB, in den die im bisherigen § 56f Abs. 2 FGG enthaltenen Bestimmungen als Ergänzungspflegschaft bei Aufhebung der Adoption aufgenommen werden sollten (BT-Drucks. 16/6308 S. 380 f.). Die BReg. stimmte dem nicht zu, u.a. weil ein Interessenwiderstreit zwischen Kind und Sorgeberechtigtem nicht nur im Aufhebungsverfahren vorliegen könne (BT-Drucks. 16/6308 S. 417). 3

B. Anwendungsbereich. Das Gebot zur Bestellung eines Verfahrensbeistands bezieht sich auf alle in § 186 genannten Adoptionssachen und kann daher in jedem der dort erwähnten Verfahren zum Tragen kommen. Hauptanwendungsfeld wird aber sicher der Fall des Aufhebungsverfahrens (Adoptionssache nach § 186 Nr. 3) bleiben. In Verfahren auf Annahme eines Minderjährigen (Adoptionssache nach § 186 Nr. 1) ist ohnehin das gesamte Verfahren auf sein Wohl und seine Interessen ausgerichtet. Außerdem werden sich schon wegen der Adoptionsfreigabe oder nach Ersetzung der elterlichen Einwilligung (§§ 1747, 1748 BGB), weil dann i.d.R. Vormundschaft des Jugendamts eingetreten ist (§ 1751 Abs. 1 Satz 2 Halbs. 1 BGB), regelmäßig keine Anhaltspunkte für Interessengegensätze ergeben (MüKoFamFG/*Maurer* § 191 Rn. 6). Die Minderjährigkeit eines Annehmenden kommt hier schon infolge der nach materiellem Recht gebotenen Altersgrenzen nicht in Betracht (vgl. § 1743 BGB). Minderjährige Eltern (Beteiligte nach § 188 Abs. 1 Nr. 1b)), deren Interessen nicht schon durch das Einwilligungserfordernis gewahrt erscheinen, dürften eher selten sein. Dasselbe gilt für minderjährige Ehegatten (Beteiligte nach § 188 Abs. 1 Nr. 1c)) im Hinblick auf das Einwilligungserfordernis nach § 1749 BGB. Auch in Verfahren nach § 186 Nr. 2 und 4 dürften minderjährige Beteiligte (vgl. § 188 Abs. 1 Nr. 2 und 4), die zur Wahrnehmung ihrer Interessen eines Beistands bedürfen, eher die Ausnahme sein. 4

C. Voraussetzungen der Bestellung. Voraussetzung der Beistandsbestellung ist nach § 191 Satz 1, dass dies zur Wahrnehmung der Interessen eines minderjährigen Beteiligten erforderlich ist. Minderjährige Beteiligte (vgl. dazu § 188) werden in Adoptionssachen (§ 186) grds. durch ihren gesetzlichen Vertreter vertreten, soweit sie nicht etwa nach § 9 Abs. 1 Nr. 3 selbst als verfahrensfähig anzusehen sind (vgl. z.B. § 186 Rdn. 36, § 188 Rdn. 15). Hier kann es zu einem erheblichen Gegensatz zwischen dem Interesse des minderjährigen Beteiligten und dem seines gesetzlichen Vertreters kommen, was nach § 191 Satz 2 i.V.m. § 158 Abs. 2 Nr. 1 i.d.R. die Bestellung eines Verfahrensbeistands gebietet. § 191 Satz 2 i.V.m. § 158 Abs. 2 Nr. 1 enthält insoweit ein Regelbeispiel für das Tatbestandsmerkmal der Erforderlichkeit zur Wahrnehmung der Interessen des Minderjährigen i.S.d. § 191 Satz 1. Allerdings wird es für das anzunehmende Kind schon wegen der Adoptionsfreigabe in aller Regel keine Anhaltspunkte für Interessengegensätze zu seinen leiblichen Eltern geben (*Zschiebsch* FPR 2009, 493, 494). Ein Interessengegensatz wäre anzunehmen und ein Verfahrensbeistand zu bestellen für Kinder des Annehmenden oder Anzunehmenden, wenn bereits genügend sichere Anhaltspunkte dafür ersichtlich sind, dass ihre schutzwürdigen Interessen durch die beantragte Annahme verletzt werden, ohne dass es auf die bisherige Anhörung durch das Jugendamt ankäme (*Zschiebsch* FPR 2009, 493, 494). 5

Nach § 191 Satz 2 i.V.m. § 158 Abs. 5 soll die Beistandsbestellung unterbleiben oder aufgehoben werden, wenn die Interessen des minderjährigen Beteiligten von einem Rechtsanwalt oder anderen geeigneten Verfahrensbevollmächtigten angemessen vertreten werden. Dies bedarf freilich vor allem dann sorgfältiger Prüfung, wenn der Verfahrensbevollmächtigte gerade durch den gesetzlichen Vertreter des Minderjährigen beauftragt und bevollmächtigt wurde (Jansen/*Sonnenfeld* § 56f Rn. 36). 6

Nach dem insoweit eindeutigen Wortlaut räumt § 191 dem Gericht kein Ermessen ein, sondern begründet eine Verpflichtung des Gerichts zur Bestellung (vgl. BT-Drucks. 16/6308 S. 238 zum insoweit gleichlautenden § 158 Abs. 1). Flexibilität ermöglichen insoweit die Tatbestandsmerkmale der »Erforderlichkeit zur Wahrnehmung seiner Interessen« in § 191 Satz 1 sowie »in der Regel« in § 191 Satz 2 i.V.m. § 158 Abs. 2 Nr. 1. 7

D. Zuständigkeit. Es ist das FamG für die Bestellung zuständig, das auch mit der betreffenden Adoptionssache befasst ist. Erfolgt die Bestellung im Beschwerderechtszug, ist funktionell zuständig der betreffende Familienrechtssenat des OLG (MüKoFamFG/*Maurer* § 191 Rn. 21). Da die Aufgabenverteilung zwischen Richter und Rechtspfleger auch nach Inkrafttreten des FamFG unverändert bleiben sollte (vgl. BT-Drucks. 8

Sieghörtner

16/6308 S. 322), ist für die Bestellung weiterhin der Richter funktionell zuständig (MüKoFamFG/*Maurer* § 191 Rn. 21: im Verfahren auf Erteilung der Bescheinigung nach § 190, wo die Bestellung allerdings kaum je in Betracht kommen wird, jedoch der Rechtspfleger). Allerdings bleiben hier insofern Zweifel aus dem Gesetzeswortlaut, als § 14 Abs. 1 Nr. 15 RPflG den § 191 nicht erwähnt, wohingegen § 14 Abs. 1 Nr. 3 f.) a.F. RPflG den § 56f Abs. 2 FGG ausdrücklich nannte, was eine Übertragung auf den Rechtspfleger nahe legen würde.

9 **E. Bestellung.** Obwohl § 191 Satz 1 von »Verfahrensbeistand« und nicht wie § 158 Abs. 1 von »geeigneten Verfahrensbeistand« spricht, soll auch hier nur eine Person zum Beistand bestimmt werden, die persönlich und fachlich geeignet ist, das Interesse des minderjährigen Beteiligten festzustellen und sachgerecht in das Verfahren einzubringen (vgl. BT-Drucks. 16/6308 S. 338 zu § 158 Abs. 1). Die Bestellung hat möglichst früh zu erfolgen (§ 191 Satz 2 i.V.m. § 158 Abs. 3 Satz 1). Will das FamG trotz Vorliegen der Voraussetzungen des § 191 Satz 2 i.V.m. § 158 Abs. 2 Nr. 1 keinen Beistand bestellen, so bedarf dies besonderer Gründe, die im Einzelnen in der Endentscheidung darzulegen sind (§ 191 Satz 2 i.V.m. § 158 Abs. 3 Satz 3; vgl. BT-Drucks. 16/6308 S. 238 zu § 158 Abs. 2).

10 Der Beistand wird für das gesamte Verfahren der Adoptionssache einschließlich eines etwaigen Rechtsmittelverfahrens bestellt. Als ausschließlich verfahrensrechtliches Institut handelt es sich bei der Beistandschaft nicht um eine solche nach §§ 1712 ff. BGB (vgl. BT-Drucks. 16/6308 S. 238 zu § 158 Abs. 2). Ein besonderer Aufgabenkreis muss in der Bestellung nicht angegeben werden (vgl. zum alten Recht Jansen/*Sonnenfeld* § 56f Rn. 38). Die Aufgaben des Beistands sind in § 191 Satz 2 i.V.m. § 158 Abs. 4 im Einzelnen genannt. Er hat nach § 191 Satz 2 i.V.m. § 158 Abs. 3 Satz 2 die Stellung eines Beteiligten. Dies schließt die Teilnahme an einer Kindesanhörung grds. ein (vgl. zum alten Recht KG FamRZ 2000, 1300; OLG Brandenburg FamRZ 2003, 256; MüKoFamFG/*Maurer* § 191 Rn. 14). Zu Aufwendungsersatz und Vergütung vgl. § 191 Satz 2 i.V.m. § 158 Abs. 7.

11 **F. Ende der Beistandschaft, § 191 Satz 2 i.V.m. § 158 Abs. 5 und 6.** Nach § 191 Satz 2 i.V.m. § 158 Abs. 6 endet die Beistandschaft automatisch mit der Rechtskraft der das Verfahren abschließenden Entscheidung (Nr. 1) oder einem sonstigen Abschluss des Verfahrens (Nr. 2). Aus Nr. 1 erhellt, dass die Beistandschaft auch für das Beschwerdeverfahren gilt. Nr. 2 hat Bedeutung für abschließende Entscheidungen, die nicht in formelle Rechtskraft erwachsen.

12 I.Ü. kann das Gericht in den Fällen des § 191 Satz 2 i.V.m. § 158 Abs. 5 die Beistandschaft auch schon vorher aufheben.

13 **G. Rechtsbehelfe.** Anordnung der Beistandschaft und Bestellung des Beistands erfolgen durch Beschluss. Die Ablehnung bedarf keiner ausdrücklichen Entscheidung, jedoch wird auch hier zu einem Beschluss geraten (MüKoFamFG/*Maurer* § 191 Rn. 25). Die Bestellung wie auch die Ablehnung oder Aufhebung der Beistandschaft sind nicht selbstständig anfechtbar (§ 191 Satz 2 i.V.m. § 158 Abs. 3 Satz 4). Das Bestellungsverfahren ist ein unselbstständiges Zwischenverfahren (MüKoFamFG/*Maurer* § 191 Rn. 20). Ein etwaiger Verstoß gegen § 191 muss daher mit der Beschwerde gegen die Endentscheidung geltend gemacht werden, vorausgesetzt freilich sie ist überhaupt der Beschwerde zugänglich (vgl. dazu unter §§ 197 und 198). Außerdem muss die angefochtene Entscheidung auf der etwaigen Verletzung des § 191 beruhen (§ 72 Abs. 1 Satz 1; OLG Frankfurt am Main FamRZ 1982, 848; MüKoFamFG/*Maurer* § 191 Rn. 27).

§ 192 Anhörung der Beteiligten.
(1) Das Gericht hat in Verfahren auf Annahme als Kind oder auf Aufhebung des Annahmeverhältnisses den Annehmenden und das Kind persönlich anzuhören.
(2) Im Übrigen sollen die beteiligten Personen angehört werden.
(3) Von der Anhörung eines minderjährigen Beteiligten kann abgesehen werden, wenn Nachteile für seine Entwicklung, Erziehung oder Gesundheit zu befürchten sind oder wenn wegen des geringen Alters von einer Anhörung eine Aufklärung nicht zu erwarten ist.

Übersicht

	Rdn.		Rdn.
A. Allgemeines	1	I. Anwendungsbereich	4
B. Persönliche Anhörung des Annehmenden		II. Inhalt und Ausgestaltung der Anhörung	5
und des Kindes, Abs. 1	4	C. Anhörung der Beteiligten i.Ü., Abs. 2	10

Abschnitt 5. Verfahren in Adoptionssachen § 192

	Rdn.		Rdn.
I. Anwendungsbereich	10	I. Nachteile für Entwicklung, Erziehung	
II. Inhalt und Ausgestaltung der Anhörung	11	oder Gesundheit, 1. Alt.	13
D. Absehen von der Anhörung Minderjähriger, Abs. 3	12	II. Geringes Alter, 2. Alt.	14
		E. Beschwerde(verfahren)	16

A. Allgemeines. Die Norm, die die Anhörung der Beteiligten regelt, entspricht, soweit es um die Anhörung des minderjährigen Kindes geht (Abs. 1 und 3), weitgehend dem bisherigen § 55c i.V.m. § 50b Abs. 1, 2 Satz 1 und Abs. 3 FGG. 1

Grds. entscheidet das Gericht über Art und Umfang der Ermittlungen, § 192 schränkt dieses Ermessen jedoch ein (vgl. zum alten Recht BayObLG FamRZ 1993, 1480; Jansen/*Sonnenfeld* § 55c Rn. 1). Die Vorschrift bezweckt dabei zunächst die Sachaufklärung, insb. Abs. 1 durch die Vermittlung eines persönlichen Eindrucks von dem Kind. Die Anhörung versetzt das Gericht auch in die Lage, die fachliche Äußerung nach § 189 der gebotenen Prüfung zu unterziehen. In zweiter Linie dient sie aber auch der Gewährung rechtlichen Gehörs und der Stärkung der Rechtsstellung der Beteiligten (vgl. zu § 55c FGG BayObLG NJW-RR 2001, 722, 723). 2

Dabei verpflichtet § 192 Abs. 1 zur persönlichen Anhörung des Kindes und des Annehmenden bei Annahme- und Aufhebungsverfahren. Abs. 2 gebietet i.Ü. die Anhörung der Beteiligten. Abs. 3 erlaubt es von der Anhörung Minderjähriger abzusehen, wenn Nachteile für Entwicklung, Gesundheit oder Erziehung zu befürchten sind oder wegen geringen Alters keine Aufklärung zu erwarten ist. 3

B. Persönliche Anhörung des Annehmenden und des Kindes, Abs. 1. I. Anwendungsbereich. § 192 Abs. 1 betrifft Verfahren auf Annahme als Kind und solche auf Aufhebung des Annahmeverhältnisses, also Adoptionssachen nach § 186 Nr. 1 und 3, nicht aber nach § 186 Nr. 2 und 4. Unerheblich ist es, ob es sich um eine Minderjährigen- oder eine Volljährigenadoption handelt. Persönlich anzuhören (§ 34) sind dabei der Annehmende und das Kind, also die Beteiligten nach § 188 Abs. 1 Nr. 1a) bzw. Nr. 3a). Die Einschränkung des Abs. 1 auf Annahme- und Aufhebungsverfahren schließt freilich nicht aus, auch in Zwischenverfahren nach § 186 Nr. 2 den Annehmenden und insb. das Kind persönlich anzuhören. Vor allem bei Verfahren auf Ersetzung der elterlichen Einwilligung nach § 1748 BGB kann die persönliche Anhörung des Kindes geboten sein, um die Voraussetzungen einer solchen Ersetzung aufzuklären (vgl. BVerfG FamRZ 2002, 229). 4

II. Inhalt und Ausgestaltung der Anhörung. Bei der persönlichen Anhörung im Rahmen eines Annahmeverfahrens bezüglich eines Erwachsenen, geht es vor allem darum, dass die Beteiligten ihre Beweggründe schildern. Auch bei der Minderjährigenannahme geht es darum, dass der Richter sich einen ausreichenden Eindruck über das Vorliegen der materiellen Adoptionsvoraussetzungen verschaffen kann, insb. auch durch die Anhörung des Annehmenden (*Dodegge* FPR 2001, 321, 322). Die persönliche Anhörung des Kindes richtet sich hier auf seine Neigungen, Bindungen und auch seinen etwaigen Willen ebenso wie die Verschaffung eines unmittelbaren Eindrucks des Richters vom Kind (BayObLG FamRZ 1993, 1480; *Dodegge* FPR 2001, 321, 322). Neigungen, Bindungen, Wille und Glaubwürdigkeit der Beteiligten sind wesentlich für die Herstellung oder das Bestehen eines Eltern-Kind-Verhältnisses (BayObLG FamRZ 1993, 1480; Jansen/*Sonnenfeld* § 55c Rn. 6). 5

§ 192 Abs. 1 gebietet anders als Abs. 2 eine persönliche, also mündliche Anhörung (vgl. OLG Düsseldorf FamRZ 1995, 1294, 1295). Bei jüngeren Kindern rechtfertigt sich dies schon aus der Erwägung, dass sie sich regelmäßig nicht hinreichend schriftlich werden äußern können (vgl. Jansen/*Zorn* § 50b Rn. 1 zu § 50b FGG). Die persönliche Anhörung ist zwingend. Nur aus schwerwiegenden Gründen (Abs. 3) darf bei minderjährigen Beteiligten von ihr abgesehen werden. Eine bestimmte Altersgrenze hat der Gesetzgeber auch bei ihnen nicht vorgesehen, da auch aus dem unmittelbaren Eindruck vom Verhalten kleiner Kinder Anhaltspunkte für das Kindeswohl gewonnen werden können. 6

Eine Bezugnahme auf ein Gespräch des Jugendamtes mit dem Kind kann die persönliche Anhörung ebenso wenig ersetzen (BayObLG FamRZ 1993, 1480; Müller/Sieghörtner/Emmerling de Oliveira/*Sieghörtner* Rn. 184) wie die Anhörung des gesetzlichen Vertreters des Kindes (BayObLG FamRZ 1995, 1210, 1211; Jansen/*Sonnenfeld* § 55c Rn. 5). Wird die nach § 1746 Abs. 1 Satz 3 BGB gebotene Einwilligung eines mindestens 14 Jahre alten, nicht geschäftsunfähigen Kindes nicht vorgelegt, so dürfte die Anhörung dieses Kindes 7 regelmäßig entbehrlich sein (von BayObLG FamRZ 1997, 576 allerdings nur für den Fall entschieden, dass es vor dem ersuchten Richter ausdrücklich die Einwilligung verweigert).

8 Die Ausgestaltung der persönlichen Anhörung, auch hinsichtlich der Anwesenheit Dritter (OLG Köln FamRZ 1997, 1549; OLG Bamberg FamRZ 1994, 1045 – jeweils für Sorgerechtsverfahren; s.a. Rdn. 9), steht i.Ü. grds. im pflichtgemäßen Ermessen des Gerichts. Ein Erörterungstermin wie ihn § 56f Abs. 1 FGG für das Aufhebungsverfahren vorsah, ist in §§ 186 ff. nicht vorgeschrieben. Freilich kann das Gericht grds. einen Termin zur Erörterung anberaumen (vgl. § 32). Das Gesetz lässt auch offen, wo das Gericht die persönliche Anhörung durchzuführen hat (BT-Drucks. 16/6308 S. 192 zu § 34). Die Anhörung hat durch den erkennenden Richter zu erfolgen. Die Anhörung durch den ersuchten Richter reicht grds. nicht, im Beschwerderechtszug kann der Familiensenat des OLG aber die Anhörung einem Senatsmitglied gem. § 30, §§ 451, 375 ZPO als beauftragtem Richter übertragen (MüKoFamFG/*Maurer* §§ 192 bis 195 Rn. 7).

9 Die persönliche Anhörung minderjähriger Kinder sollte altersgerecht ausgestaltet werden (vgl. OLG Karlsruhe FamRZ 1994, 915, 916 zu § 50b FGG) und geprägt sein durch Vermittlung von Verständnis und Nähe zwischen Gericht und Kind, Aufgeschlossenheit ggü. kindlichem oder jugendlichem Verhalten und Sprachgebrauch und insgesamt eine positive menschliche Haltung für die anstehende wichtige Entscheidung (*Röchling* S. 105). Um Konflikte zu vermeiden und die Unbefangenheit des minderjährigen Kindes zu gewährleisten, wird seine persönliche Anhörung häufig in Abwesenheit der Eltern und deren Verfahrensbevollmächtigter stattfinden (OLG München FamRZ 2007, 745; Keidel/*Engelhardt* § 159 Rn. 16). Der entsprechende Anhörungstermin ist ihnen daher auch nicht mitzuteilen, wohl aber das Ergebnis der Anhörung bekannt zu geben (OLG München FamRZ 2007, 745; Keidel/*Engelhardt* § 159 Rn. 16). Anders kann es bei Kleinkindern sein (Jansen/*Zorn* § 50b Rn. 20). Hinzuziehen ist hingegen grds. der Verfahrensbeistand des Kindes nach § 191 (s. § 191 Rdn. 10).

10 **C. Anhörung der Beteiligten i.Ü., Abs. 2. I. Anwendungsbereich.** § 192 Abs. 2, der nach dem ausdrücklichen Willen des Gesetzgebers nur eine Soll-Vorschrift darstellt (vgl. BT-Drucks. 16/6308 S. 248) und daher die Anhörung in das pflichtgemäße Ermessen des Gerichts stellt (MüKoFamFG/*Maurer* §§ 192 bis 195 Rn. 5), betrifft alle Adoptionssachen, also insb. auch Verfahren nach § 186 Nr. 2 und 4 (*Schulte-Bunert* Rn. 680; *Krause* FamRB 2009, 221, 224). Geregelt wird die Anhörung aller Beteiligten (§ 188), also auch derjenigen Personen in Verfahren nach § 186 Nr. 1 und 3, die nicht schon nach Abs. 1 persönlich anzuhören sind. Anders als in § 50c FGG ist die Anhörung von Pflegepersonen (die nicht zugleich Annehmender sind) nicht explizit vorgesehen, da sie nicht Beteiligte sind. Ihre Anhörung wird aber regelmäßig über die allgemeine Amtsaufklärungspflicht (§ 26) geboten sein (vgl. *Röchling* S. 106). Bei der einfachen Volljährigenadoption sind die Eltern des Anzunehmenden zwar grds. keine Beteiligten im Verfahren (vgl. § 188 Abs. 1 Nr. 1b). Hier wird allerdings ebenfalls die Amtsermittlungspflicht (§ 26) regelmäßig eine Anhörung gebieten, da sie zur sittlichen Rechtfertigung (§ 1767 Abs. 1 BGB) Aussagen treffen könnten (vgl. auch *Müller* MittBayNot 2011, 16, 21; *Zschiebsch* FPR 2009, 493, 494: ihre materiellen Rechte können möglicherweise durch die beabsichtigte Adoption beeinträchtigt werden). Ist ein Elternteil oder ein Ehegatte zur Abgabe einer Erklärung dauernd außerstande oder sein Aufenthalt dauernd unbekannt, so ist er gem. § 188 Abs. 1 Nr. 1b) i.V.m. § 1747 Abs. 4 BGB bzw. § 188 Abs. 1 Nr. 1c) i.V.m. § 1749 Abs. 3 BGB schon nicht Beteiligter und unterfällt deshalb nicht der Anhörungspflicht.

11 **II. Inhalt und Ausgestaltung der Anhörung.** § 192 Abs. 2 fordert anders als Abs. 1 keine persönliche Anhörung, sodass auch eine schriftliche Anhörung genügen kann (nach *Schulte-Bunert* Rn. 680 dürfte eine persönliche Anhörung aber i.d.R. angebracht sein; jedenfalls ist sie durch die Amtsermittlungspflicht geboten, wenn der persönliche Eindruck von dem Beteiligten für die Entscheidung von maßgebender Bedeutung ist; MüKoFamFG/*Maurer* §§ 192 bis 195 Rn. 8). Wie unter dem alten Recht wird man davon ausgehen können, dass in Annahmeverfahren Minderjähriger die leiblichen Eltern bereits ausreichend über die Erteilung ihrer Einwilligung angehört sind (vgl. *Dodegge* FPR 2001, 321, 322; Müller/Sieghörtner/Emmerling de Oliveira/*Sieghörtner* Rn. 185). Bei der Aufhebung einer Inkognito-Adoption ist möglichst lange das Inkognito zu wahren, sodass die leiblichen Eltern und der Annehmende nicht etwa in einem Termin zu hören sind und ein Termin des einen dem anderen auch nicht bekannt zu geben ist (Jansen/*Sonnenfeld* § 56f Rn. 32; RGRK/*Dickescheidt* § 1759 Rn. 8).

12 **D. Absehen von der Anhörung Minderjähriger, Abs. 3.** § 192 Abs. 3 enthält die vor allem wegen der fundamentalen Bedeutung der persönlichen Anhörung des Kindes in Adoptionssachen nach § 186 Nr. 1–3 äußerst praxisrelevante *Einschränkung* für das Erfordernis der Anhörung minderjähriger Beteiligter. Hier hat

die Norm ihr eindeutiges Hauptanwendungsfeld. Sie gilt aber im Ausgangspunkt für alle minderjährigen Beteiligten und auch die »einfache« Anhörung nach Abs. 2. Sie ist von der Sorge um das Wohl des Minderjährigen einerseits (1. Alt.) und vom Aufklärungsziel der Anhörung andererseits (2. Alt.) geleitet. Will das Gericht danach von der nach Abs. 1 zwingenden persönlichen Anhörung des Kindes absehen, so muss es die leitenden Gründe darlegen (BGH FamRZ 1984, 1084, 1086; OLG Hamm FamRZ 1996, 421, 422; OLG Brandenburg FamRZ 2003, 624, 625 – jeweils zu § 50b Abs. 3 FGG). § 192 Abs. 3 ist lex specialis ggü. § 34 Abs. 2. Jene Vorschrift bleibt aber anwendbar, wenn entgegen § 192 Abs. 1 von der persönlichen Anhörung eines volljährigen Beteiligten abgesehen werden soll.

I. Nachteile für Entwicklung, Erziehung oder Gesundheit, 1. Alt. § 192 Abs. 3, 1. Alt. kodifiziert insb. die bisherige Rechtsprechung, wonach das Absehen von der persönlichen Anhörung gerechtfertigt ist, wenn das Kind durch die Anhörung aus dem seelischen Gleichgewicht gebracht würde und eine Gesundheitsbeeinträchtigung zu besorgen wäre (vgl. z.B. BGH NJW-RR 1986, 1130 zu § 50b Abs. 3 FGG; BayObLG FamRZ 2001, 647, 648; LG Freiburg FamRZ 2002, 1647, 1648). Allerdings ist zunächst zu beachten, dass die Anhörung für den Minderjährigen stets mit einer gewissen Belastung verbunden sein kann und der Gesetzgeber das bewusst in Kauf genommen hat (vgl. BayObLG FamRZ 1987, 87, 88 zu § 50b Abs. 3 FGG; Jansen/*Sonnenfeld* § 55c Rn. 9). Außerdem hat das Gericht vorrangig zu versuchen, den in Abs. 1 niedergelegten Anliegen durch angemessene, schonende Gestaltung der Anhörung Rechnung zu tragen, etwa im Fall der 1. Alt. durch Anhörung des Kindes ohne Offenbarung der Abstammungsverhältnisse (vgl. zum alten Recht BayObLG FamRZ 2001, 647, 648; Jansen/*Sonnenfeld* § 55c Rn. 16). Ob die in der 1. Alt. genannten Nachteile zu befürchten sind, wird das Gericht zunächst durch entsprechende ärztliche Gutachten bzw. Atteste klären (vgl. LG Freiburg FamRZ 2002, 1647, 1648; *Röchling* S. 105). 13

II. Geringes Alter, 2. Alt. Auch die Bestimmung, wegen geringen Alters des Kindes auf die persönliche Anhörung zu verzichten, entspricht bisheriger Rechtsprechung. Eine feste Altersgrenze sieht das Gesetz nicht vor. Entscheidend ist bei Kleinkindern, ob man zumindest einen für die Aufklärung bedeutsamen unmittelbaren Eindruck gewinnen kann (*Dodegge* FPR 2001, 321, 322). Das dürfte bei einem zweijährigen Kind regelmäßig nicht der Fall sein (OLG Oldenburg NJW-RR 1996, 709; Jansen/*Sonnenfeld* § 55c Rn. 8), wohl aber bei einem drei- oder vierjährigen (BayObLG FamRZ 1984, 312; FamRZ 1988, 871, 873; vgl. auch *Schulte-Bunert* Rn. 681: Aufklärung nicht zu erwarten i.d.R. bei Kindern bis zum 3. Lebensjahr). Hier können bereits Erkenntnisse über Bindungen, Beziehungen und Wünsche gewonnen werden. 14

Angesichts des abschließenden Wortlauts des Abs. 3 dürfte an der bisherigen Rechtsprechung, wonach das Kind nicht angehört werden muss, wenn es aus tatsächlichen Gründen keine Bindungen oder Neigungen zu den leiblichen Eltern oder einem leiblichen Elternteil entwickeln konnte (BayObLG FamRZ 1984, 312: dreijähriges Kind hatte seinen Vater nur bei vereinzelten, sehr kurzen Besuchen gesehen; ähnlich BayObLG FamRZ 1988, 871, 873; 2001, 647, 648), nicht festzuhalten sein (a.A. MüKoFamFG/*Maurer* §§ 192 bis 195 Rn. 13). 15

E. Beschwerde(verfahren). § 192 gilt auch im Beschwerdeverfahren (BayObLG FamRZ 1993, 1480; 1984, 933 zu § 50b Abs. 3 FGG; OLG Bremen FamRZ 2007, 930 zu § 55c FGG), ggf. ist eine in erster Instanz unterlassene Anhörung in der Beschwerdeinstanz nachzuholen. Vorrangig ist freilich zu beurteilen, ob die Entscheidung des Familiengerichts überhaupt anfechtbar ist (s. §§ 197 Abs. 3; 198 Abs. 3). Nach § 68 Abs. 3 Satz 2 kann das Beschwerdegericht von der erneuten Anhörung absehen, wenn von ihr keine zusätzlichen Erkenntnisse zu erwarten sind. Das ist der Fall, wenn weder neue entscheidungserhebliche Tatsachen vorgetragen werden, noch eine Änderung des rechtlichen Gesichtspunkts vorliegt und auch nicht der Zeitablauf oder sonstige Gründe die nochmalige Anhörung gebieten (so die bisherige Rspr. OLG Koblenz FamRZ 2001, 515; OLG Zweibrücken FamRZ 1990, 544 – jeweils zu § 50b FGG; Jansen/*Sonnenfeld* § 55c Rn. 19). 16

Vor allem das Unterlassen der persönlichen Anhörung nach Abs. 1 stellt einen wesentlichen Verfahrensmangel dar (vgl. BayObLG FamRZ 1993, 1480 für unterlassene Anhörung des elfjährigen Kindes im Adoptionsverfahren). Er führt in der Rechtsbeschwerdeinstanz zur Aufhebung und Zurückverweisung, jedenfalls wenn nicht auszuschließen ist, dass die Verletzung der Anhörungspflicht die angefochtene Entscheidung beeinflusst hat (§ 74 Abs. 2; vgl. zum alten Recht OLG Düsseldorf FamRZ 1995, 1294, 1295). Eine Nachholung der Anhörung in der Rechtsbeschwerdeinstanz ist nicht möglich (vgl. BayObLG NJW-RR 2001, 722; OLG Düsseldorf FamRZ 1995, 1294, 1295). 17

18 Wurde eine unanfechtbare Entscheidung (s. §§ 197 Abs. 3; 198 Abs. 3) ohne gebotene Abhörung ausgesprochen, so greift die Gehörsrüge (§ 44).

19 Die gerichtliche Verfügung, das Kind in Abwesenheit der Eltern anzuhören bzw. ihnen diesen Termin nicht mitzuteilen, ist nicht mit der Beschwerde anfechtbar (OLG München FamRZ 2007, 745; Jansen/Zorn § 50b Rn. 21; a.A. OLG Köln FamRZ 1997, 1549).

§ 193 Anhörung weiterer Personen.
¹Das Gericht hat in Verfahren auf Annahme als Kind die Kinder des Annehmenden und des Anzunehmenden anzuhören. ²§ 192 Abs. 3 gilt entsprechend.

1 Die Norm betrifft Verfahren auf Annahme als Kind (Adoptionssachen nach § 186 Nr. 1). Dort sind die Kinder (eine entsprechende Anwendung auf Enkel ist geboten; vgl. MüKoBGB/*Maurer* § 1745 Rn. 4) des Anzunehmenden und des Annehmenden anzuhören. Sie sind keine Beteiligten nach § 188 Abs. 1 Nr. 1 und im Regelfall auch nicht nach der allgemeinen Vorschrift des § 7 (BT-Drucks. 16/6308 S. 248; anders OLG Stuttgart FamRZ 2012, 145: Kinder des Annehmenden sind bei Volljährigenadoption nach § 7 Abs. 2 Nr. 1 zu beteiligen; de lege ferenda auch *Socha* FamRZ 2015, 1602, 1604), unterfallen daher nicht schon § 192. Ihre Interessen werden jedoch im materiellen Recht durch § 1745 bzw. § 1769 BGB gewahrt und sind demgemäß bei der Annahmeentscheidung zu berücksichtigen. Die Notwendigkeit ihrer Anhörung war trotz Fehlens einer entsprechenden Vorschrift schon unter dem alten Recht anerkannt (vgl. BVerfG NJW 1995, 316, 317; 1996, 1053; 2009, 138; BayObLG FamRZ 2001, 121, 122; *Dodegge* FPR 2001, 321, 323). Das FamG muss der Frage nachgehen, ob Kinder vorhanden sind (BVerfG NJW 1995, 316). Ein Adoptionsantrag, der mit der Einschränkung gestellt wurde, die Kinder nicht anzuhören, ist als unzulässig abzuweisen (BayObLG FamRZ 2001, 121, 122; *Krause* NotBZ 2007, 43, 46).

2 § 193 Satz 1 schreibt keine persönliche Anhörung vor; sie kann sich aber aus der allgemeinen Amtsaufklärungspflicht ergeben (§ 26) – so i.d.R. bei Minderjährigen wie auch bei solchen Volljährigen, bei denen Anlass zu Zweifeln an der schriftlichen Ausdrucksfähigkeit besteht (MüKoFamFG/*Maurer* §§ 192 bis 195 Rn. 20). § 193 Satz 2 i.V.m. § 192 Abs. 3 erlaubt in den dort genannten Fällen (s. § 192 Rdn. 13 f.) das Absehen von der Anhörung. Darüber hinaus wird man von ihr auch dann absehen können, wenn der Anzuhörende zur Abgabe einer Erklärung dauernd außerstande oder sein Aufenthaltsort unbekannt ist (*Dodegge* FPR 2001, 321, 323).

3 Hinsichtlich von Verstößen gegen die Anhörungspflicht sowie die Beschwerde und ihr Verfahren gelten die Ausführungen zu § 192 Rdn. 17 ff. entsprechend. Auch hier ist in Fällen einer unanfechtbaren Entscheidung (s. § 197 Abs. 3) auf die Gehörsrüge (§ 44) hinzuweisen. Den Adoptionsbeschluss selbst erhalten die nach § 193 Angehörten nicht, aber eine Mitteilung, dass die Adoption ausgesprochen wurde (*Socha* FamRZ 2015, 1602, 1604).

§ 194 Anhörung des Jugendamts.
(1) ¹In Adoptionssachen hat das Gericht das Jugendamt anzuhören, sofern der Anzunehmende oder Angenommene minderjährig ist. ²Dies gilt nicht, wenn das Jugendamt nach § 189 eine fachliche Äußerung abgegeben hat.
(2) ¹Das Gericht hat dem Jugendamt in den Fällen, in denen dieses angehört wurde oder eine fachliche Äußerung abgegeben hat, die Entscheidung mitzuteilen. ²Gegen den Beschluss steht dem Jugendamt die Beschwerde zu.

Übersicht

	Rdn.		Rdn.
A. Allgemeines	1	C. Mitteilungspflicht, Abs. 2 Satz 1	8
B. Anhörungspflicht, Abs. 1	3	D. Beschwerderecht, Abs. 2 Satz 2	9

1 **A. Allgemeines.** § 194 regelt zusammen mit § 189 (und § 190) die Einbeziehung des Jugendamtes in Adoptionssachen. Neu ist das Beschwerderecht in Abs. 2 Satz 2. Die in § 49 Abs. 4 FGG niedergelegte Regelung über einstweilige Anordnungen bei Gefahr im Verzug ohne vorherige Anhörung findet sich nicht mehr wieder. Eine entsprechende Gefahr ist ohnehin bei Adoptionssachen nur schwer vorstellbar (vgl. Jansen/*Zorn* § 49 Rn. 25).

Die Vorschrift beansprucht nach dem Wortlaut Anwendung in allen Adoptionssachen des § 186, sofern der 2
Anzunehmende bzw. Angenommene minderjährig ist. Die Minderjährigkeit muss im gegenwärtigen Verfahren bestehen, d.h. es besteht keine Pflicht, das Jugendamt einzubeziehen, wenn der Angenommene zwar bei der Adoption minderjährig war, inzwischen aber volljährig ist und es nun um das Aufhebung der Annahme (Adoptionssache nach § 186 Nr. 3) oder die Befreiung vom Ehehindernis des § 1308 Abs. 1 BGB (Adoptionssache nach § 186 Nr. 4) geht.

B. Anhörungspflicht, Abs. 1. Die Anhörung des Jugendamtes dient zum einen der Sachaufklärung, zum 3
anderen aber auch dazu, dem Gericht für die eigene Entscheidungsfindung die besondere Erfahrung des Jugendamtes als kompetenter Fachbehörde nutzbar zu machen (OLG Schleswig FamRZ 1994, 1129; Jansen/*Zorn* § 49 Rn. 5, 9). Die Anhörung entbindet das Gericht freilich nicht von eigenen Ermittlungen (OLG Frankfurt am Main FamRZ 1979, 70 für Sorgerechtsverfahren; BayObLG FamRZ 1975, 223, 226; Jansen/*Zorn* § 49 Rn. 11).

Die Anhörung ist für das FamG verpflichtend (kein Ermessen), unabhängig von der Staatsangehörigkeit 4
des Kindes wie auch von der Anwendbarkeit deutschen oder ausländischen Adoptionsrechts (OLG Hamm FamRZ 1972, 309) und auch ohne Rücksicht darauf, ob das Jugendamt mit dem Kind bisher schon Berührung hatte (Jansen/*Zorn* § 49 Rn. 6). Die Anhörung ist auch durchzuführen, wenn das Gericht die Maßnahme, die Gegenstand der Adoptionssache ist, ablehnen will (OLG Hamm FamRZ 1974, 29, 30 für Sorgerechtsverfahren; Jansen/*Zorn* § 49 Rn. 6). Die Anhörungspflicht gilt dann nicht, wenn das Jugendamt ohnehin schon die fachliche Äußerung nach § 189 abgegeben hat (Satz 2). Dies verwehrt es dem Gericht aber nicht, in Ausübung seiner Amtsermittlungspflicht das Jugendamt um ergänzende Erläuterungen zu bitten oder den Sachbearbeiter zur Erörterung oder Anhörung zu einem Termin zu laden (MüKoFamFG/ *Maurer* §§ 192 bis 195 Rn. 28). Die Anhörung ist außerdem entbehrlich, wenn von vornherein keine tatsächlichen Anhaltspunkte dafür bestehen, dass die Maßnahme, die Gegenstand der Adoptionssache ist, überhaupt in Betracht kommt (BayObLG FamRZ 1987, 87, 88; 1993, 1350, 1352 – jeweils für Sorgerechtsverfahren; Keidel/*Engelhardt* § 194 Rn. 3).

Welches Jugendamt örtlich zuständig ist, bestimmt sich nach § 87b (i.V.m. § 86 Abs. 1 bis 4) SGB VIII. Das 5
gilt auch, wenn ein anderes Jugendamt die Vormundschaft führt (OLG Schleswig SchlHA 1969, 94). Unberührt bleibt aber die aus § 26 ggf. folgende Pflicht, noch ein anderes Jugendamt zu hören (BayObLGZ 1987, 17; 1995, 22, 25 – für Kindesherausgabe- bzw. Sorgerechtsverfahren: Jugendamt am Wohnsitz der leiblichen Eltern). Korrespondierend zur Anhörungspflicht des Gerichts ist das Jugendamt gem. § 50 Abs. 1 Satz 2 Nr. 3 SGB VIII zur entsprechenden Mitwirkung in der Adoptionssache verpflichtet. Erzwungen werden nach § 35 kann sie allerdings nicht (OLG Schleswig FamRZ 1994, 1129; *Oberloskamp* DAVorm 1993, 373, 377; offen lassend OLG Oldenburg NJW-RR 1996, 650; a.A. MüKoFamFG/*Maurer* § 189 Rn. 12 und §§ 192 bis 195 Rn. 29). Durch die Anhörung allein wird das Jugendamt nicht Beteiligter des Verfahrens (s.a. § 188 Abs. 2).

Eine bestimmte Form der Anhörung ist nicht vorgeschrieben, regelmäßig wird sie schriftlich erfolgen (Kei- 6
del/*Engelhardt* § 194 Rn. 5), schon um die Beteiligten von dem Ergebnis umfassend in Kenntnis setzen zu können (vgl. *Oberloskamp* FamRZ 1992, 1241, 1244). Das Jugendamt hat die erforderlichen Ermittlungen anzustellen (geboten ist dabei grds. ein Hausbesuch bei beiden Elternteilen; OLG Köln FamRZ 1999, 1517; 2001, 1535 – jeweils für Sorgerechtsverfahren; empfehlen kann sich ggf. auch die Teilnahme an einem Gerichtstermin; OLG Köln NJW-RR 1995, 1410, 1411 für Sorgerechtsverfahren) und deren Ergebnis dem Gericht samt einer Stellungnahme zu den beabsichtigten Maßnahmen einschließlich eines Entscheidungsvorschlags mitzuteilen (BGH FamRZ 1954, 219, 220; OLG Köln NJW-RR 1995, 1410; Keidel/*Engelhardt* § 194 Rn. 4).

Für die Frage, ob in der Beschwerdeinstanz die Anhörung zu wiederholen ist, gilt § 68 Abs. 3 Satz 2. Haben 7
sich die Verhältnisse seit dem Verfahren vor dem FamG nicht geändert, so werden zusätzliche Erkenntnisse von einer Wiederholung regelmäßig nicht zu erwarten sein (vgl. zum alten Recht BGH NJW 1987, 1024, 1025; BayObLG NJW-RR 1995, 387, 388 für Sorgerechts- bzw. Ehelichkeitsanfechtungsverfahren). Das Unterlassen der Anhörung stellt einen schweren Verfahrensfehler dar, der zur Aufhebung der Entscheidung führen kann und in der Rechtsbeschwerdeinstanz regelmäßig auch wird (BGH NJW 1987, 1024, 1026; OLG Bremen BeckRS 2007, 03255; BayObLG FamRZ 1987, 87, 88; OLG Köln NJW-RR 1995, 1410; Keidel/*Engelhardt* § 194 Rn. 7).

8 **C. Mitteilungspflicht, Abs. 2 Satz 1.** Die Entscheidung in der Adoptionssache ist dem Jugendamt in jedem Fall mitzuteilen, unabhängig davon, ob es nach Abs. 1 gehört wurde, nach § 189 eine fachliche Äußerung abgegeben hat oder die gebotene Anhörung bzw. Einholung der Äußerung unterlassen wurde (Letzteres ergibt sich zwar nicht aus dem Wortlaut des § 194 Abs. 2 Satz 1, entspricht aber der Gesetzesbegründung und einem Gleichlauf mit § 195 Abs. 2 Satz 1, ausf. MüKoFamFG/*Maurer* Vor §§ 186 ff. Rn. 49 Fn. 109). Zweck der Vorschrift dürfte neben der bloßen Informationsverschaffung sowie der Förderung der Zusammenarbeit zwischen Gericht und Jugendamt (Jansen/*Zorn* § 49 Rn. 24) auch die Unterstützung der in Abs. 2 Satz 2 eingeräumten Beschwerdebefugnis sein, jedenfalls soweit es sich um eine anfechtbare Entscheidung handelt.

9 **D. Beschwerderecht, Abs. 2 Satz 2.** Der Gesetzgeber hat nun dem Jugendamt ein eigenes ausdrückliches Beschwerderecht zugewiesen. Dies jedoch nur, soweit nach §§ 197, 198 ein Beschluss überhaupt anfechtbar ist (MüKoFamFG/*Maurer* §§ 192 bis 195 Rn. 32). Diese Beschwerdeberechtigung steht ihm unabhängig von § 59 zu (BT-Drucks. 16/6308 S. 248). Die allgemeinen Voraussetzungen einer Beschwerdeberechtigung müssen also nicht vorliegen. Wurde dem Jugendamt die Entscheidung nicht mitgeteilt, verstreicht die Beschwerdefrist auch für dieses mit Ablauf der Frist für den Beteiligten, dem der Beschluss zuletzt bekannt gemacht worden ist. Ein Fall des § 63 Abs. 3 Satz 2 liegt insoweit nicht vor (MüKoFamFG/*Maurer* §§ 192 bis 195 Rn. 32).

§ 195 Anhörung des Landesjugendamts.

(1) ¹In den Fällen des § 11 Abs. 1 Nr. 2 und 3 des Adoptionsvermittlungsgesetzes hat das Gericht vor dem Ausspruch der Annahme auch die zentrale Adoptionsstelle des Landesjugendamts anzuhören, die nach § 11 Abs. 2 des Adoptionsvermittlungsgesetzes beteiligt worden ist. ²Ist eine zentrale Adoptionsstelle nicht beteiligt worden, tritt an seine Stelle das Landesjugendamt, in dessen Bereich das Jugendamt liegt, das nach § 194 Gelegenheit zur Äußerung erhält oder das nach § 189 eine fachliche Äußerung abgegeben hat.
(2) ¹Das Gericht hat dem Landesjugendamt alle Entscheidungen mitzuteilen, zu denen dieses nach Absatz 1 anzuhören war. ²Gegen den Beschluss steht dem Landesjugendamt die Beschwerde zu.

Übersicht	Rdn.		Rdn.
A. Allgemeines	1	D. Mitteilungspflicht und Beschwerderecht, Abs. 2	5
B. Anwendungsbereich	2		
C. Anhörungspflicht, Abs. 1	4		

1 **A. Allgemeines.** Abs. 1 und Abs. 2 Satz 1 der Vorschrift ersetzen den bisherigen § 49 Abs. 2 und 3 FGG. Abs. 2 Satz 2 enthält mit dem eigenständigen Beschwerderecht eine sachliche Neuerung.

2 **B. Anwendungsbereich.** Der zentralen Adoptionsstelle des Landesjugendamtes obliegt nach § 11 Abs. 1 Nr. 2 und 3 AdVermiG die Mitwirkung bei sog. Auslandsadoptionen, d.h. solchen Adoptionen, bei denen ein Adoptionsbewerber oder das Kind ausländischer Staatsangehöriger oder staatenlos ist oder ein Adoptionsbewerber oder das Kind seinen Wohnsitz oder gewöhnlichen Aufenthalt im Ausland hat. Hier ist die zentrale Adoptionsstelle bereits ab dem Beginn der Adoptionsvermittlung zu beteiligen (§ 11 Abs. 2 Satz 1 AdVermiG). Hintergrund dafür ist die besondere Schwierigkeit und die erforderliche besondere Sachkunde in solchen Fällen.

3 Die Norm regelt die Einbeziehung des Landesjugendamtes »vor dem Ausspruch der Annahme«, bezieht sich also nur auf Verfahren nach § 186 Nr. 1 (MüKoFamFG/*Maurer* §§ 192 bis 195 Rn. 23). Allerdings wird auch in entsprechenden Aufhebungsverfahren (Adoptionssache i.S.d. § 186 Nr. 3) eine Anhörung des Landesjugendamtes aus der allgemeinen Amtsaufklärungspflicht (§ 26) regelmäßig geboten sein (Keidel/*Engelhardt* § 195 Rn. 4). Dasselbe kann sich im Ersetzungsverfahren (Adoptionssache i.S.d. § 186 Nr. 2) aus § 26 vergeben (MüKoFamFG/*Maurer* §§ 192 bis 195 Rn. 23).

4 **C. Anhörungspflicht, Abs. 1.** Anzuhören ist die zentrale Adoptionsstelle, die bereits im Adoptionsvermittlungsverfahren beteiligt war (Abs. 1 Satz 1). Ist entgegen § 11 Abs. 2 Satz 1 AdVermiG keine zentrale Adoptionsstelle beteiligt worden, so ist das Landesjugendamt anzuhören, in dessen Bereich das Jugendamt liegt, das nach § 194 anzuhören ist oder das die fachliche Äußerung nach § 189 abgegeben hat (Abs. 1 Satz 2).

Die Anhörung der zentralen Adoptionsstelle des Landesjugendamts erfolgt zusätzlich zur Anhörung bzw. fachlichen Äußerung des »einfachen« Jugendamtes. I.Ü. gelten mutatis mutandis dieselben Regeln wie bei der Anhörung des Jugendamtes nach § 194 (s. § 194 Rdn. 3–7).

D. Mitteilungspflicht und Beschwerderecht, Abs. 2. Ebenso wie dem Jugendamt nach § 194 Abs. 2 ist auch dem Landesjugendamt die Entscheidung mitzuteilen (Einzelheiten s. § 194 Rdn. 8) und es hat ebenso eine eigene Beschwerdebefugnis (Einzelheiten s. § 194 Rdn. 9). Auch diese Beschwerdeberechtigung besteht unabhängig von § 59 (BT-Drucks. 16/6308 S. 248).

§ 196 Unzulässigkeit der Verbindung. Eine Verbindung von Adoptionssachen mit anderen Verfahren ist unzulässig.

§ 20 eröffnet dem Gericht die Möglichkeit, Verfahren zu verbinden, soweit es dies für sachdienlich hält. Davon macht § 196 eine Ausnahme und schließt eine Verbindung von Adoptionssachen (§ 186) mit anderen Verfahren explizit aus. Hintergrund dafür sind die Besonderheiten der Adoptionssachen, nicht zuletzt das in § 1758 BGB niedergelegte Offenbarungs- und Ausforschungsverbot (BT-Drucks. 16/6308 S. 248) sowie die Höchstpersönlichkeit des Verfahrens (*Schulte-Bunert* Rn. 687). Der Wortlaut der Norm bezieht sich zwar nur auf das Verhältnis von Adoptionssachen zu anderen Verfahren, also »Nicht-Adoptionssachen«. Der Zweck der Regelung, insb. der vom Gesetzgeber in Bezug genommene § 1758 BGB, dürfte grds. aber auch die Verbindung von Adoptionssachen untereinander verbieten (ebenso MüKoFamFG/*Maurer* § 196 Rn. 3), etwa die Annahmeverfahren bezüglich mehrerer Kinder.
Folgende Ausnahmen vom Verbindungsverbot sind anzuerkennen (MüKoFamFG/*Maurer* § 196 Rn. 4):
– Annahmeverfahren, in denen die Annehmenden mehrere Kinder derselben leiblichen Eltern gleichzeitig annehmen, es sei denn es handelt sich um ein minderjähriges und ein volljähriges Kind
– Feststellung der Wirksamkeit einer Einwilligung mit dem Annahmeverfahren
– Verfahren auf Ersetzung einer Einwilligung oder Zustimmung mit dem Annahmeverfahren
– Verfahren auf Bestellung eines Verfahrensbeistands (§ 191)
– Anordnung des Offenbarungs- und Ausforschungsverbots im Verfahren auf Ersetzung einer Einwilligung eines leiblichen Elternteils (§ 1758 Abs. 2 Satz 2 BGB)
– Entscheidung über den Vor- und Familiennamen des Anzunehmenden als Folge der Annahme (§ 1757 Abs. 4 BGB)
– In Verfahren auf Aufhebung des Annahmeverhältnisses Anordnungen zum Familien- und Ehenamen des angenommenen Kindes (§ 1765 Abs. 2, 3 BGB)

Verfahren auf Befreiung vom Erfordernis der Ehemündigkeit mit dem Verfahren auf Befreiung vom Eheverbot des § 1308 BGB.

§ 197 Beschluss über die Annahme als Kind.
(1) ¹In einem Beschluss, durch den das Gericht die Annahme als Kind ausspricht, ist anzugeben, auf welche gesetzlichen Vorschriften sich die Annahme gründet. ²Wurde die Einwilligung eines Elternteils nach § 1747 Abs. 4 des Bürgerlichen Gesetzbuchs nicht für erforderlich erachtet, ist dies ebenfalls in dem Beschluss anzugeben.
(2) In den Fällen des Absatzes 1 wird der Beschluss mit der Zustellung an den Annehmenden, nach dem Tod des Annehmenden mit der Zustellung an das Kind wirksam.
(3) ¹Der Beschluss ist nicht anfechtbar. ²Eine Abänderung oder Wiederaufnahme ist ausgeschlossen.

Übersicht	Rdn.		Rdn.
A. Allgemeines	1	VI. Nichtigkeit	17
B. Annahmebeschluss	2	C. Zurückweisungsbeschluss	20
I. Grundsätzliches	2	I. Inhalt	20
II. Inhalt	5	II. Wirksamkeit	21
III. Wirksamkeit, Abs. 2	9	III. Rechtsbehelf	22
IV. Wirkungen	12	IV. Abänderung, Wiederaufnahme	26
V. Unanfechtbarkeit, Abänderungs- und Wiederaufnahmeausschluss, Abs. 3	13		

§ 197

1 **A. Allgemeines.** Die Norm betrifft die Endentscheidung in Adoptionssachen nach § 186 Nr. 1 (Annahmeverfahren), und diese auch nur wenn sie die Annahme als Kind ausspricht. Sie findet auch Anwendung auf Entscheidungen des Beschwerdegerichts, durch die unter Aufhebung der die Annahme versagenden Entscheidung des Familiengerichts die Annahme ausgesprochen wird (Jansen/*Sonnenfeld* § 56e Rn. 2). Ein den Adoptionsantrag ablehnender Beschluss wird von § 197 nicht erfasst.

2 **B. Annahmebeschluss. I. Grundsätzliches.** Die Annahme als Kind erfolgt durch Beschluss des Familiengerichts (vgl. auch § 1752 Abs. 1 BGB; Formulierungsbeispiele bei *Firsching/Schmid* Rn. 1347, 1355 ff.; Verfahrenshandbuch Familiensachen/*Gutjahr* § 9 Rn. 50 ff.; Prütting/Helms/*Krause* § 197 Rn. 49a f.). Dies entspricht dem seit 1977 geltenden Dekretsystem (Adoption durch staatlichen Hoheitsakt). Der Beschluss ist zu erlassen, wenn alle formellen und materiellen Voraussetzungen für die Annahme gegeben sind (s. § 186 Rdn. 8 ff.). Sind Zwischenverfahren notwendig, insb. die gerichtliche Ersetzung von Einwilligungen oder Zustimmungen (§§ 1746 Abs. 3, 1748, 1749 Abs. 1 Satz 2 BGB; Adoptionssachen nach § 186 Nr. 2), so darf der Annahmebeschluss nicht vor der rechtskräftigen Abschluss des Ersetzungsverfahrens (§§ 198 Abs. 1, 45) erlassen werden (OLG Hamm FamRZ 1991, 1230, 1232; *Lüderitz* NJW 1976, 1865, 1869; *Bischof* JurBüro 1976, 1569, 1593). Hatte bei der Minderjährigenadoption der nicht eheliche Vater einen Antrag auf Übertragung der alleinigen elterlichen Sorge nach § 1672 Abs. 1 BGB gestellt, so darf die Adoption ebenfalls erst nach abschlägiger Entscheidung über diesen Antrag erfolgen (§ 1747 Abs. 3 Nr. 2 BGB). Wird im Annahmeverfahren die Unwirksamkeit von Einwilligungen oder Zustimmungen behauptet, so ist auch insoweit zunächst über den formgerechten Feststellungsantrag zu entscheiden und vor dem Ausspruch der Annahme der Eintritt der formellen Rechtskraft dieser Entscheidung abzuwarten (OLG Celle ZfJ 1998, 262; MüKoFamFG/*Maurer* § 197 Rn. 8). Eine solche im Zwischenverfahren ergangene Entscheidung ist selbstständig anfechtbar (MüKoFamFG/*Maurer* § 197 Rn. 8; a.A. LG Duisburg DAVorm 1980, 227).

3 Wurde Antrag auf Annahme eines minderjährigen Kindes gestellt und wird dieses während des Verfahrens noch vor dem Beschluss volljährig, so darf die Annahme nicht ausgesprochen werden, denn bei der Minderjährigenadoption muss das Kind bei Erlass des Beschlusses minderjährig sein (Staud/*Frank* § 1741 Rn. 12). Den Beteiligten ist hier Gelegenheit zur Stellung eines Antrages auf Volljährigenadoption zu geben (OLG Karlsruhe FamRZ 2000, 768; Müller/Sieghörtner/Emmerling de Oliveira/*Sieghörtner* Rn. 193; eine entsprechende Umdeutung des Antrages ist nicht möglich).

4 Wurde bei der Erwachsenenadoption Antrag auf Volladoption nach § 1772 BGB gestellt, so darf das FamG, wenn es dessen Voraussetzungen nicht als gegeben erachtet, nicht ohne Weiteres eine Annahme mit schwächeren Wirkungen aussprechen (KG FamRZ 1996, 240, 241; *Krause* NotBZ 2007, 43, 47). Die Antragsteller können aber hilfsweise einen Ausspruch der Annahme nach § 1770 BGB beantragen. Wird diesem Hilfsantrag stattgegeben unter Ablehnung des Antrags auf Volladoption, so kann letzterer mit der Beschwerde weiter verfolgt werden (*Krause* NotBZ 2007, 43, 47; Erman/*Saar* § 1772 Rn. 5).

5 **II. Inhalt.** § 197 Abs. 1 enthält Vorgaben für den Inhalt des Adoptionsbeschlusses, welche allerdings nicht abschließend sind (Jansen/*Sonnenfeld* § 56e Rn. 1), sodass darüber hinaus die allgemeinen Vorschriften in § 38 Beachtung verlangen. Die in Abs. 1 vorgeschriebenen Angaben können nach dem Ermessen des Gerichts sowohl in den Tenor als auch in die Gründe des Beschlusses aufgenommen werden (BT-Drucks. 7/3061 S. 78 f.; 7/5087 S. 24; Bassenge/Roth/*Wagner* § 197 Rn. 1). Der Adoptionsbeschluss muss im Hinblick auf die unterschiedlichen Wirkungen der Adoption zur Verdeutlichung im Rechtsverkehr angeben, auf welche Vorschriften er sich stützt (Abs. 1 Satz 1). Anzugeben sind die Vorschriften, die die Rechtsgrundlage der Annahme darstellen (OLG Karlsruhe DAVorm 1978, 787), nicht erforderlich ist die Angabe der Normen, die die Wirkungen regeln (Jansen/*Sonnenfeld* § 56e Rn. 11; a.A. MüKoFamFG/*Maurer* § 197 Rn. 11). Zu unterscheiden sind insoweit:

- die normale Minderjährigenadoption (ggf. als Stiefkindadoption), §§ 1754 Abs. 1, 2, 1755 Abs. 1, 2 BGB
- die Verwandtenadoption i.S.d. § 1756 Abs. 1 BGB
- die Stiefkindadoption des verwitweten Ehegatten, § 1756 Abs. 2 BGB
- die normale Volljährigenadoption, § 1767 BGB
- die Volljährigenadoption mit gesteigerter Wirkung, § 1772 BGB.

6 Der Beschluss muss außerdem aufführen, wenn eine elterliche Einwilligung nach § 1747 Abs. 4 BGB für nicht erforderlich gehalten wurde (Abs. 1 Satz 2), weil eine falsche Beurteilung dieser Frage für eine Aufhebung des Annahmeverhältnisses von Bedeutung ist (s. § 1760 Abs. 5 BGB; BT-Drucks. 7/3061 S. 38, 48;

7/5087 S. 19; Keidel/*Engelhardt* § 197 Rn. 14). Dies ist vorzugsweise in den Tenor aufzunehmen; Aufnahme in die Gründe würde aber ausreichen (MüKoFamFG/*Maurer* § 197 Rn. 10).

Der Annahmebeschluss ist grds. zu begründen (§ 38 Abs. 3 Satz 1), es sei denn die Voraussetzungen des § 38 Abs. 4 Nr. 2 sind gegeben. 7

Eine Entscheidung über den Namen des Adoptierten muss streng genommen grds. nicht in den Beschluss aufgenommen werden, da dies gesetzlich nicht vorgeschrieben ist und die namensrechtlichen Folgen sich ohnehin aus dem Gesetz ergeben (*Frank* StAZ 2008, 1, 4; vgl. auch LG Freiburg FamRZ 2002, 1647, 1648: Namensänderung nach § 1757 Abs. 1 BGB kann zur Klarstellung in den Tenor aufgenommen werden). Die Aufnahme in den Beschluss ist jedoch praxisüblich (*Frank* StAZ 2008, 1, 4; Verfahrenshandbuch Familiensachen/*Gutjahr* § 9 Rn. 51). Er muss allerdings im Tenor aufführen und begründen, wenn eine Änderung des Vornamens erfolgt (§ 1757 Abs. 4 Nr. 1 BGB) und/oder der bisherige Familienname zusätzlich fortgeführt wird (§ 1757 Abs. 4 Nr. 2 BGB), da diese Entscheidungen nur auf entsprechenden Antrag ausgesprochen werden dürfen und ihnen konstitutive Wirkung zukommt (Jansen/*Sonnenfeld* § 56e Rn. 7). 8

III. Wirksamkeit, Abs. 2. Der Annahmebeschluss wird wirksam mit der (förmlichen) Zustellung (§ 15 Abs. 2, §§ 166 bis 195 ZPO) an den Annehmenden (Abs. 2 Halbs. 1). Bei der Annahme durch Eheleute wird er erst mit Zustellung an den letzten Ehegatten wirksam (Soergel/*Liermann* § 1752 Rn. 14; *Krause* FamRB 2009, 221, 225). Im Fall des Todes des Annehmenden kann unter den Voraussetzungen des § 1753 Abs. 2 BGB dennoch die Annahme ausgesprochen werden. Dann entscheidet die Zustellung an den Angenommenen bzw. – wenn er das 14. Lebensjahr noch nicht vollendet hat oder geschäftsunfähig ist – dessen gesetzlichen Vertreter (Abs. 2 Halbs. 2). Erfolgt die Annahme nach dem Tod eines der annehmenden Ehegatten, tritt die Wirksamkeit mit der Zustellung an den überlebenden Ehegatten ein (Jansen/*Sonnenfeld* § 56e Rn. 25; MüKoBGB/*Maurer* § 1753 Rn. 15). 9

Die Wirksamkeit tritt mit der Zustellung auch für bzw. gegen alle anderen Beteiligten ein. Ihnen ist der Beschluss durch förmliche Zustellung oder einfache Aufgabe zur Post bekannt zu geben (§§ 15 Abs. 2 Satz 1, 41 Abs. 1 Satz 1). Bei der Inkognito-Adoption sind Name und Anschrift der Annehmenden in den Ausfertigungen des Beschlusses für andere Empfänger als die Annehmenden, das anzunehmende Kind und das Jugendamt bzw. Landesjugendamt wegzulassen und durch die Nummer in der Bewerberliste der Adoptionsvermittlungsstelle zu ersetzen (MüKoFamFG/*Maurer* § 197 Rn. 10, 14; weitergehend *Rüntz/Viefhues* FamRZ 2010, 1285, 1293: ggü. den leiblichen Eltern kann die Bekanntgabe des Beschlusses auch durch eine bloße Mitteilung über die vollzogene Adoption ersetzt werden). Für den Eintritt der Wirksamkeit des Beschlusses ist diese Bekanntmachung an die weiteren Beteiligten unbedeutend (Jansen/*Sonnenfeld* § 56e Rn. 21). Zu beachten sind weiter die Mitteilungspflichten an das Jugendamt (§ 194 Abs. 2 Satz 1) sowie ggf. das Landesjugendamt (§ 195 Abs. 2 Satz 1). 10

Der Beschluss ist auch dem Standesamt, das die Geburt des Kindes beurkundet hat, durch Übersendung einer beglaubigten Abschrift mitzuteilen (§ 56 Abs. 1 Nr. 1 Buchst. c) PStV). Die Mitteilung muss eine Erklärung über die Wirksamkeit des Beschlusses enthalten und datiert und unterschrieben sein. Die Personenstandsregister sind entsprechend zu berichtigen (vgl. §§ 27 Abs. 3 Nr. 1 PStG). Der Standesbeamte ist an den Beschluss gebunden, es sei denn er wäre nichtig (BayObLG FamRZ 2005, 1010, 1011; StAZ 2003, 42, 43; OLG Hamburg StAZ 2011, 334; *Frank* StAZ 2008, 1, 4 f.). 11

IV. Wirkungen. Der Beschluss hat gestaltende Wirkung für die Zukunft (Soergel/*Liermann* § 1752 Rn. 14). Es treten die in §§ 1754 bis 1758, 1770, 1772 BGB vorgesehenen familien- und namensrechtlichen Folgen ein, welche z.B. auch ausstrahlen auf das Erb-, Straf-, Sozialversicherungs-, Beamten- und Steuerrecht (Jansen/*Müller-Lukoschek* § 43b Rn. 20). Auch die Staatsangehörigkeit des Kindes kann sich ändern (§§ 6, 27 StAG; ausführlich Müller/Sieghörtner/Emmerling de Oliveira/*Sieghörtner* Rn. 321 ff.). Weiterhin entsteht das in § 1308 BGB vorgesehene Eheverbot. 12

V. Unanfechtbarkeit, Abänderungs- und Wiederaufnahmeausschluss, Abs. 3. Zur Absicherung der Rechtsstellung des Kindes (vgl. BT-Drucks. 7/3061 S. 58) ist der Annahmebeschluss unanfechtbar und auch Abänderung und Wiederaufnahme sind ausgeschlossen (Abweichung von § 48). Die Beschwerde ist demnach nicht statthaft (§ 58 Abs. 1 a.E.), auch wenn die Entscheidung falsch ist (z.B. auch wenn ein Elternteil seine erforderliche Einwilligung verweigert hat und sie nicht ersetzt wurde). Eine Anfechtbarkeit kann auch nicht mittelbar dadurch geschaffen werden, dass man dem Beschluss einen entsprechenden Vorbescheid vorangehen lässt, da ein solcher die Einführung eines eben durch Abs. 3 Satz 1 ausgeschlossenen Rechtsmittel- 13

§ 197

zuges bedeuten würde (BayObLGZ 58, 171, 174; MüKoBGB/*Maurer* § 1752 Rn. 28; das gilt auch für die Namensentscheidung nach § 1757 Abs. 4 BGB; KG OLGZ 1978, 135; Bassenge/Roth/*Wagner* § 197 Rn. 1).

14 Infolge der Unanfechtbarkeit tritt sofort mit der Wirksamkeit des Beschlusses auch die Rechtskraft ein (§ 45). Willensmängel und Verfahrensmängel sind dadurch geheilt (Palandt/Götz § 1752 Rn. 2). Nur im Wege des Aufhebungsverfahrens kann ggf. nach den Bestimmungen der §§ 1760 bis 1765, 1771 BGB die Annahme rückgängig gemacht werden, wenn die dort genannten besonderen Voraussetzungen einschlägig sind. Die Unabänderbarkeit, die dem Beschluss Bestandsschutz auch ggü. dem entscheidenden Gericht verleiht, tritt mit dessen Erlass (vgl. die Legaldefinition in § 38 Abs. 3 Satz 3) ein (BayObLG NJW-RR 1999, 1379; OLG Düsseldorf FamRZ 1997, 117). Hingegen ist eine Berichtigung wegen offenbarer Unrichtigkeit nach § 42 ebenso zulässig wie eine Ergänzung nach § 43, z.B. hinsichtlich der Angaben, die nur deklaratorische Bedeutung haben (Jansen/*Sonnenfeld* § 56e Rn. 38). Nicht durch die Unanfechtbarkeit ausgeschlossen ist außerdem die Anhörungsrüge nach § 44 (vgl. zum alten Recht hinsichtlich der Nichtanhörung der Kinder des Annehmenden bzw. Anzunehmenden [vgl. §§ 1745, 1769 BGB] BVerfG NJW 1995, 316; 1994, 1053; 1988, 1963; BayObLG NJW-RR 1999, 1379, 1380 und zum neuen Recht BVerfG NJW 2014, 2635 – vor allem zum Problem der Anhörungsrüge durch das am Annahmeverfahren nicht formal beteiligte leibliche Kind des Annehmenden). Beim Verstoß gegen andere gravierende Verfahrensgrundsätze bleibt ggf. nur die Verfassungsbeschwerde (vgl. dazu und zur Diskussion über eine außerordentliche Beschwerde – welche das FamFG jedoch nicht vorsieht – LG Koblenz NJW-RR 2000, 959; Jansen/*Sonnenfeld* § 56e Rn. 31 f.). Hat sie Erfolg, so führt sie nicht zur Aufhebung des Adoptionsbeschlusses, sondern zur Beseitigung seiner Rechtskraft, damit das FamG die versäumte oder fehlerhafte Handlung nachholen und entscheiden kann, ob es den Beschluss rückwirkend aufhebt oder aufrechterhält (vgl. BVerfG NJW 1994, 1053; FamRZ 2008, 243).

15 Von der Unanfechtbarkeit und Unabänderbarkeit wird die Gesamtentscheidung erfasst (AG Kaiserslautern StAZ 1983, 17, 18). Teil des Adoptionsbeschlusses ist dabei auch die Namensregelung, wenn sie in ihm enthalten ist (vgl. BayObLG FamRZ 1980, 501; vgl. auch OLG Karlsruhe MDR 1999, 485). Wurde vor dem Wirksamwerden des Beschlusses kein Antrag auf Namensregelung nach § 1757 Abs. 4 BGB gestellt, so ist ein späterer Antrag unstatthaft (BayObLG FamRZ 2003, 1773; *Frank* StAZ 2008, 1, 6), eine entsprechende Namensregelung also nicht mehr möglich, weil dem die Unabänderbarkeit des Beschlusses entgegensteht. Eine Änderung des Vornamens kann bei einem Kind, das durch die Adoption die deutsche Staatsangehörigkeit erworben hat, danach auch nicht im Wege der Angleichung nach Art. 47 EGBGB erreicht werden (AG Nürnberg StAZ 2009, 82). In gleicher Weise kann eine »einfache« Volljährigenadoption nach Wirksamkeit des Beschlusses nicht mehr zu einer solchen mit den gesteigerten Wirkungen des § 1772 BGB »hochgestuft« werden, wenn erst jetzt ein entsprechender Antrag gestellt wird (OLG Frankfurt am Main FamRZ 2009, 356; AG Kaiserslautern StAZ 1983, 17, 18; BaRoth/*Enders* § 1772 Rn. 2; Palandt/*Götz* § 1772 Rn. 3).

16 Allerdings kann das Gericht eine Namensänderung nachholen, wenn diese rechtzeitig beantragt worden war, aber unterblieben ist, weil das Gericht sie übersehen hat (OLG Hamm StAZ 1983, 200, 201). Insoweit wird man nun die Bestimmungen über die Ergänzung nach § 43 anwenden können (vgl. MüKoFamFG/ *Maurer* § 197 Rn. 27). Dasselbe wird gelten, wenn ein Antrag auf Volladoption nach § 1772 BGB zwar gestellt wurde, eine Entscheidung darüber aber unterblieben ist (vgl. zum alten Recht Jansen/*Sonnenfeld* § 56e Rn. 40). Zulässig ist auch eine nachträgliche klarstellende Ergänzung, dass es mangels Anschließung der Ehefrau (§ 1757 Abs. 3 BGB) beim gemeinsamen Ehenamen des Angenommenen bleibt (OLG Zweibrücken StAZ 2012, 54). Spricht das FamG die Volljährigenadoption aus und lehnt zugleich den Antrag ab, die Wirkungen der Minderjährigenadoption auszusprechen, so ist diese Ablehnung anfechtbar (OLG München StAZ 2011, 183). Es ist sehr umstritten, ob die in einem Adoptionsdekret enthaltene (fehlerhafte) Namensbestimmung selbstständig, d.h. isoliert, angefochten werden kann (dagegen BayObLG StAZ 1980, 65; OLG Hamm StAZ 1983, 200, 201). Die vordringende Ansicht tendiert nunmehr dazu, die selbstständige Anfechtung zuzulassen (OLG Köln FamRZ 2003, 1773; OLG Zweibrücken StAZ 2001, 140; LG Braunschweig StAZ 1999, 336; *Frank* StAZ 2008, 1, 6). Anfechtbar ist in jedem Fall die Ablehnung einer nach § 1757 Abs. 4 BGB beantragten Namensregelung (*Frank* StAZ 2008, 1, 6). Zur Beschwerdeberechtigung s. Rdn. 23. Die Fortführung des bisherigen Familiennamens kann nach dem Adoptionsbeschluss nicht über das Namensänderungsgesetz mit der Begründung verlangt werden, es sei verfassungswidrig, dass das BGB dies nicht vorsieht (VG Berlin StAZ 2011, 374).

17 **VI. Nichtigkeit.** Der Annahmebeschluss entfaltet dann keine Wirkungen, wenn er nichtig ist, sodass sich hier die Frage der Anfechtbarkeit nicht stellt. In einem solchen Fall kann das FamG die Wirkungslosigkeit

der Entscheidung durch Verfügung klarstellen (*Krause* NotBZ 2006, 221, 233). Außerdem kann sie im Wege der Statusklage nach § 169 Nr. 1 geltend gemacht werden (vgl. zum alten Recht OLG Düsseldorf FamRZ 1997, 117). Ob ein Fehler des Beschlusses derart gravierend ist, dass er zur Nichtigkeit führt, ist im Einzelfall zu prüfen, wobei ein sehr strenger Maßstab anzulegen ist, weil durch die Annahme ein dauerhaftes Verhältnis begründet werden soll (OLG Düsseldorf NJW-RR 2008, 231, 232; OLG Hamburg StAZ 2011, 335; LG Bremen FamRZ 2011, 1413; *Liermann* FamRZ 2000, 722). Außerdem zeigen die in § 1760 BGB normierten Aufhebungsgründe, dass selbst schwerste Verstöße gegen materielles Recht nicht die Nichtigkeit, sondern nur die Aufhebbarkeit begründen (OLG Düsseldorf NJW-RR 2008, 231, 232; BayObLG FamRZ 2000, 768, 770).

Nichtig ist die Annahmeentscheidung z.B. dann, 18
— wenn sie trotz des Todes des Kindes (§ 1753 Abs. 1 BGB) ausgesprochen wird (BayObLG FamRZ 1996, 1034, 1035; *Krause* NotBZ 2006, 221, 233; Erman/*Saar* 1753 Rn. 1),
— wenn sie nach dem Tod des Annehmenden erfolgt, obwohl die Voraussetzungen des § 1753 Abs. 2 BGB nicht vorliegen (a.A. MüKoFamFG/*Maurer* § 197 Rn. 19),
— wenn sie durch den Rechtspfleger ausgesprochen wird (*Krause* NotBZ 2007, 276, 277; Jansen/*Sonnenfeld* § 56e Rn. 41),
— wenn sie durch ein anderes Gericht als das FamG ausgesprochen wird (MüKoFamFG/*Maurer* § 197 Rn. 20; str),
— wenn sie die Annahme durch Personen ausspricht, die nicht verheiratet sind (Jansen/*Sonnenfeld* § 56e Rn. 41; a.A. MüKoFamFG/*Maurer* § 197 Rn. 19),
— soweit sie entgegen § 1757 Abs. 1 BGB die Weiterführung des bisherigen Namens des Angenommenen vorsieht (OLG Karlsruhe FamRZ 2000, 115; *Liermann* FamRZ 2000, 722; *Krause* NotBZ 2007, 276, 277; a.A. OLG Düsseldorf StAZ 2013, 288; LG Münster StAZ 2010, 113; AG Münster StAZ 2010, 79; vgl. auch BayObLG StAZ 2003, 42, 43),
— wenn das eigene Kind adoptiert wurde (BayObLG FamRZ 1996, 1034, 1035; Palandt/*Götz* § 1759 Rn. 1).

Wirksam ist sie hingegen, wenn sie 19
— eine Minderjährigenadoption ausspricht, obwohl das Kind zwischenzeitlich das 18. Lebensjahr vollendet hat (BayObLG FamRZ 1996, 1034 Anm. *Liermann*; 1997, 112; AG Kempten StAZ 1990, 108),
— eine Adoption ohne vorherige Adoptionspflege (§ 1744 BGB) ausspricht (*Krause* NotBZ 2006, 221, 223),
— die in Abs. 1 geforderten Angaben nicht enthält, da sie ohnehin nur deklaratorisch sind (Bassenge/Roth/*Wagner* § 197 Rn. 1),
— gegen das Verbot der Zweitadoption (§ 1742 BGB) verstößt (BayObLG FamRZ 1985, 201, 203; Jansen/*Sonnenfeld* § 56e Rn. 43),
— die Adoption durch einen Ehegatten allein unter Zustimmung des anderen ausspricht (OLG Düsseldorf NJW-RR 2008, 231),
— die Annahme ausspricht, obwohl der Adoptionsantrag zurückgenommen worden war (BT-Drucks. 7/3061 S. 74, 85; 7/5087 S. 15; OLG Düsseldorf FamRZ 1997, 117: aber Aufhebungsgrund nach § 1760 Abs. 1 BGB),
— die auf Antrag vorzunehmenden Bestimmungen nach § 1757 Abs. 4 bzw. § 1772 BGB nicht enthält (Bassenge/Roth/*Wagner* § 197 Rn. 1); dann treten zwar ihre Wirkungen nicht ein, die Wirksamkeit der Annahme selbst bleibt aber unberührt (Keidel/*Engelhardt* § 197 Rn. 16).
— eine Volladoption nach § 1772 BGB ausspricht, obwohl nur eine einfache nach § 1770 BGB beantragt war (LG Bremen FamRZ 2011, 1413).

C. Zurückweisungsbeschluss. I. Inhalt. Der den Annahmeantrag zurückweisende Beschluss wird von 20
§ 197 nicht erfasst. Für ihn gelten die allgemeinen Regeln (§§ 38 ff.; vgl. zum alten Recht Jansen/*Sonnenfeld* § 56e Rn. 48). Sein Tenor lautet auf Zurückweisung des Antrags auf Ausspruch der Annahme (Soergel/*Liermann* § 1752 Rn. 10 Fn. 46). Er ist insb. zu begründen (§ 38 Abs. 3 Satz 1), wobei die Zurückweisungsgründe darin liegen können, dass der Antrag unzulässig oder unbegründet ist (ausführlich Soergel/*Liermann* § 1752 Rn. 10). Zur erforderlichen Rechtsmittelbelehrung vgl. § 39.

II. Wirksamkeit. Die Wirksamkeit des Zurückweisungsbeschlusses richtet sich nach § 40 Abs. 1, sodass sie 21
eintritt mit der Bekanntgabe an den Antragsteller, im Fall seines zwischenzeitlichen Todes mit der Bekanntgabe an das Kind bzw. dessen gesetzlichen Vertreter (MüKoFamFG/*Maurer* § 197 Rn. 37). Auch den übrigen Beteiligten ist er bekannt zu machen (§ 41 Abs. 1 Satz 1). Dabei ist der Beschluss nach § 41 Abs. 1

§ 198

Satz 2 jedem förmlich zuzustellen, dessen erklärtem Willen er nicht entspricht. Das ist in jedem Fall der Antragsteller. Jedoch auch Beteiligte, die in die Annahme eingewilligt haben, fallen dem Wortlaut nach darunter. Das können auch das Jugendamt (vgl. §§ 189, 194) bzw. das Landesjugendamt (vgl. § 195) sein, wenn sie sich positiv zur Annahme geäußert haben. Bei ihnen sind i.Ü. auch die Mitteilungspflichten nach §§ 194 Abs. 2 Satz 1, 195 Abs. 2 Satz 1 zu beachten.

22 **III. Rechtsbehelf.** Gegen den zurückweisenden Beschluss ist die Beschwerde zum OLG statthaft (§ 58 Abs. 1; § 119 Abs. 1 Nr. 1a) GVG). Das FamG hat gem. § 68 Abs. 1 Satz 2 keine Abhilfebefugnis. Die Beschwerdefrist beträgt einen Monat (§ 63 Abs. 1) und beginnt mit der schriftlichen Bekanntgabe des Beschlusses, spätestens mit Ablauf von 5 Monaten nach Erlass des Beschlusses (§ 63 Abs. 3). Mit Ablauf der Frist erwächst, wenn nicht rechtzeitig Beschwerde eingelegt wurde, der Beschluss in formelle Rechtskraft (§ 45). Mit dem Eintritt der formellen Rechtskraft des ablehnenden Beschlusses verlieren Einwilligungen von Kind, Eltern und Ehegatten ihre Kraft (§ 1750 Abs. 4 Satz 1 BGB).

23 Nach § 59 Abs. 2 steht die Beschwerdeberechtigung dem Antragsteller zu, bei mehreren Antragstellern jedem von ihnen einzeln (MüKoFamFG/*Maurer* § 197 Rn. 41), nicht jedoch bei der Minderjährigenadoption dem Kind, da dieses hier nicht Antragsteller ist (*Krause* NotBZ 2006, 221, 232). Zur Einlegung der Beschwerde kann auch der Notar bevollmächtigt werden, der den Antrag beurkundet hat (vgl. § 10 Abs. 2 Satz 2 Nr. 3). Ist der Annehmende während des Verfahrens über eine Minderjährigenadoption verstorben (vgl. § 1753 Abs. 2 BGB), so steht weder dem Kind noch dem Erben ein Anfechtungsrecht zu (LG Kassel NJW-RR 2006, 511; a.A. Soergel/*Liermann* § 1753 Rn. 4; MüKoBGB/*Maurer* § 1752 Rn. 37). Stirbt er dagegen erst während des laufenden (Rechts-) Beschwerdeverfahrens, ist entsprechend § 1753 Abs. 2 BGB die Beschwerdeberechtigung des Annehmenden bis zur Entscheidung über das von ihm eingelegte Rechtsmittel als fortwirkend anzunehmen (OLG Braunschweig DAVorm 1978, 784; Keidel/*Engelhardt* § 197 Rn. 30).

24 Jugendamt bzw. Landesjugendamt haben ein Beschwerderecht nach §§ 59 Abs. 3 i.V.m. 194 Abs. 2 Satz 2 bzw. 195 Abs. 2 Satz 2.

25 Spricht das OLG als Beschwerdegericht die Annahme aus (vgl. § 69 Abs. 1 Satz 1), so ist diese Entscheidung unanfechtbar (§ 197 Abs. 3 Satz 1). Weist es die Beschwerde zurück oder hebt es die angefochtene Entscheidung auf und verweist die Sache an das FamG zurück (vgl. § 69 Abs. 1 Satz 2–4), so ist dagegen die Rechtsbeschwerde zum BGH (§ 133 GVG) statthaft, wenn das OLG sie zugelassen hat (§ 70). Dabei ist eine vom Rechtsbeschwerdegericht in vollem Umfang nachprüfbare Rechtsfrage z.B., ob die vom Tatrichter festgestellten Umstände den Rechtsbegriff der »sittlichen Rechtfertigung« nach § 1767 Abs. 1 BGB erfüllen (BayObLG MittBayNot 2003, 140).

26 **IV. Abänderung, Wiederaufnahme.** Für die Abänderung und Wiederaufnahme gilt im Ausgangspunkt § 48. Allerdings verlieren nach § 1750 Abs. 4 BGB mit Rechtskraft des ablehnenden Beschlusses die erteilten Einwilligungen ihre Kraft (s. Rdn. 22). Ab diesem Zeitpunkt wird eine Abänderung (die vom ursprünglichen Antragsteller zu beantragen wäre, § 48 Abs. 1 Satz 2) nicht mehr in Betracht kommen (vgl. zur Diskussion unter dem alten Recht KKW/*Engelhardt* § 56e Rn. 31; Jansen/*Sonnenfeld* § 56e Rn. 59), sondern es wird ein neues Adoptionsverfahren zu beantragen sein, wenn sich die Sach- bzw. Rechtslage wesentlich geändert haben sollte. Ein Wiederaufnahmeverfahren (§§ 48 Abs. 2 i.V.m. 578 ff. ZPO) dürfte daher ebenfalls ausscheiden, da es Rechtskraft voraussetzt.

§ 198 Beschluss in weiteren Verfahren. (1) ¹Der Beschluss über die Ersetzung einer Einwilligung oder Zustimmung zur Annahme als Kind wird erst mit Rechtskraft wirksam. ²Bei Gefahr im Verzug kann das Gericht die sofortige Wirksamkeit des Beschlusses anordnen. ³Der Beschluss wird mit Bekanntgabe an den Antragsteller wirksam. ⁴Eine Abänderung oder Wiederaufnahme ist ausgeschlossen.
(2) Der Beschluss, durch den das Gericht das Annahmeverhältnis aufhebt, wird erst mit Rechtskraft wirksam; eine Abänderung oder Wiederaufnahme ist ausgeschlossen.
(3) Der Beschluss, durch den die Befreiung vom Eheverbot nach § 1308 Abs. 1 des Bürgerlichen Gesetzbuchs erteilt wird, ist nicht anfechtbar; eine Abänderung oder Wiederaufnahme ist ausgeschlossen, wenn die Ehe geschlossen worden ist.

Abschnitt 5. Verfahren in Adoptionssachen   § 198

Übersicht

	Rdn.		Rdn.
A. Allgemeines	1	I. Aufhebungsbeschluss, Abs. 2	8
B. Beschluss in Ersetzungsverfahren nach § 186 Nr. 2	2	II. Die Aufhebung ablehnender Beschluss	11
I. Ersetzungsbeschluss, Abs. 1	2	D. Beschluss in Aufhebungsverfahren nach § 186 Nr. 4	13
II. Zurückweisungsbeschluss	6	I. Vom Eheverbot befreiender Beschluss, Abs. 3	13
C. Beschluss in Aufhebungsverfahren nach § 186 Nr. 3	8	II. Die Befreiung versagender Beschluss	14

A. Allgemeines. Die Regelungen in § 198 entsprechen der früheren Rechtslage nach dem FGG (Jansen/ 1
Müller-Lukoschek § 43b Rn. 89).

B. Beschluss in Ersetzungsverfahren nach § 186 Nr. 2. I. Ersetzungsbeschluss, Abs. 1. Die (von der 2
Adoptionsentscheidung gesonderte) Entscheidung, die eine Einwilligung oder Zustimmung zur Annahme
als Kind ersetzt (Adoptionssache nach § 186 Nr. 2), ergeht durch Beschluss (Formulierungsbeispiel bei *Firsching/Schmid* Rn. 1341). Für diesen Beschluss enthält Abs. 1 Vorgaben hinsichtlich Wirksamkeit, Abänderung und Wiederaufnahme.

Der Beschluss ist zu begründen (§ 38 Abs. 3 Satz 1). Er ist den Beteiligten (s. § 188 Rdn. 9, 15) bekannt zu 3
geben (§ 41 Abs. 1 Satz 1); demjenigen, dessen erklärtem Willen die Entscheidung nicht entspricht, also
insb. demjenigen, dessen Einwilligung bzw. Zustimmung ersetzt wird, ist er förmlich zuzustellen (§ 41
Abs. 1 Satz 2). In Abweichung von § 40 Abs. 1 wird er erst mit Rechtskraft (§ 45) wirksam (Abs. 1 Satz 1).
Dies bestätigt § 40 Abs. 3 Satz 2 nochmals. Erst nach Rechtskraft kann daher die Adoption ausgesprochen
werden (*Lüderitz* NJW 1976, 1865, 1869; *Bischof* JurBüro 1976, 1569, 1593). Für die in § 40 Abs. 3 Satz 3
vorgesehene Möglichkeit der Anordnung der sofortigen Wirksamkeit bei Gefahr in Verzug besteht im vorliegenden Zusammenhang kein Bedürfnis (so ausdrücklich der Gesetzgeber in BT-Drucks. 16/6308 S. 248).
Nach der Rechtskraft eines Beschlusses, der die elterliche Einwilligung nach § 1748 Abs. 3 BGB ersetzt,
kann eine Aufhebung der Adoption nicht mehr gem. § 1760 Abs. 1 BGB darauf gestützt werden, dass die
Voraussetzungen des § 1747 Abs. 4 BGB zu Unrecht angenommen worden waren (Jansen/*Sonnenfeld* § 56e
Rn. 18).

Gegen den Ersetzungsbeschluss ist die Beschwerde gegeben (§ 58 Abs. 1). Beschwerdeberechtigt ist nach 4
§ 59 Abs. 1 derjenige, dessen Einwilligung bzw. Zustimmung ersetzt wird.

§ 198 Abs. 1 Satz 2 und 3 (Abs. 1 Satz 3 bezieht sich nur auf den Beschluss nach Abs. 1 Satz 2; MüKo- 5
FamFG/*Maurer* § 198 Rn. 5) ermöglichen die Anordnung der sofortigen Wirksamkeit von Amts wegen
(MüKoFamFG/*Maurer* § 198 Rn. 5) bei Gefahr im Verzug; die Anordnung liegt im Ermessen des Gerichts
(Keidel/*Engelhardt* § 198 Rn. 5; a.A. MüKoFamFG/*Maurer* § 198 Rn. 5). Abs. 1 Satz 4 schließt, wie bisher
(BT-Drucks. 16/6308 S. 248), die Abänderung des Beschlusses und Wiederaufnahme des Verfahrens (§ 48)
aus.

II. Zurückweisungsbeschluss. Der Beschluss, der die Ersetzung ablehnt, wird von Abs. 1 nicht erfasst (vgl. 6
Keidel/*Engelhardt* § 198 Rn. 3; MüKoFamFG/*Maurer* § 198 Rn. 1). Es gelten die allgemeinen Regeln. Er ist
nach § 41 Abs. 1 Satz 1 den Beteiligten bekannt zu geben und wird mit der Bekanntmachung nach § 40
Abs. 1 wirksam. Abänderung und Wiederaufnahme (§ 48) sind nicht ausgeschlossen.

Gegen den Beschluss ist die Beschwerde statthaft (§ 58 Abs. 1). Beschwerdeberechtigt ist in den Fällen der 7
§§ 1748, 1749 Abs. 1 Satz 2 BGB der Antragsteller (§ 59 Abs. 2), bei § 1748 BGB also das Kind, nicht aber
der Annehmende (vgl. zum alten Recht BayObLG FamRZ 1984, 935; 2002, 1282), bei 1749 Abs. 1 Satz 2
BGB umgekehrt der Annehmende, nicht aber das Kind (*Krause* NotBZ 2006, 221, 228). In Ersetzungsverfahren nach § 1746 Abs. 3 Satz 1 Halbs. 1 BGB bedarf es keines Antrags. Hier ist nach § 59 Abs. 1 der Annehmende und der Anzunehmende beschwerdeberechtigt.

C. Beschluss in Aufhebungsverfahren nach § 186 Nr. 3. I. Aufhebungsbeschluss, Abs. 2. Die Entschei- 8
dung über die Aufhebung der Annahme erfolgt durch Beschluss, der erst mit Rechtskraft (§ 45) wirksam
wird (Abs. 2 Halbs. 1). Er ist den Beteiligten (s. § 188 Rdn. 10 ff., 15) bekannt zu geben (§ 41 Abs. 1 Satz 1).
Für das Erfordernis förmlicher Zustellung gilt § 41 Abs. 1 Satz 2 (anders MüKoFamFG/*Maurer* § 198
Rn. 14: förmliche Zustellung an alle Beteiligten). Die Mitteilungspflicht an das Jugendamt nach § 194
Abs. 2 Satz 1 ist zu beachten. Der rechtskräftige Beschluss ist außerdem dem Standesamt durch Übersen-

Sieghörtner

dung einer beglaubigten Abschrift mitzuteilen (§ 56 PStV). Der Beschluss unterliegt nicht der Abänderung oder Wiederaufnahme nach § 48 (§ 198 Abs. 2 Halbs. 2).

9 Mit der Wirksamkeit des Beschlusses treten seine Wirkungen ein, welche in §§ 1764, 1765 (ggf. i.V.m. 1767 Abs. 2 Satz 1) BGB geregelt sind, allerdings nur für die Zukunft (§ 1764 Abs. 1 Satz 1 BGB; Ausnahme: § 1764 Abs. 1 Satz 2 BGB), d.h. ohne Rückwirkung. Die namensrechtlichen Folgen regelt § 1765 BGB, wobei die in § 1765 Abs. 2 und 3 BGB enthaltenen besonderen Namensbestimmungen, welche einen entsprechenden Antrag voraussetzen, in den Aufhebungsbeschluss aufzunehmen sind (Jansen/*Sonnenfeld* § 56f Rn. 43). Die Rückübertragung der elterlichen Sorge bzw. Bestellung eines Vormunds oder Pflegers nach Aufhebung einer Minderjährigenadoption nach § 1764 Abs. 4 BGB erfolgt in einem gesonderten Verfahren (a.A. MüKoFamFG/*Maurer* § 198 Rn. 11: Entscheidung zugleich im Aufhebungsbeschluss, wenn die dazu maßgeblichen Erkenntnisse bereits vorliegen), welches wie auch sonst bei Verfahren auf Übertragung der elterlichen Sorge (§ 151 Nr. 1) eine Kindschaftssache darstellt (BT-Drucks. 16/6308 S. 247; Jansen/*Müller-Lukoschek* § 43b Rn. 81).

10 Gegen den Aufhebungsbeschluss ist die Beschwerde statthaft (§ 58 Abs. 1). Beschwerdeberechtigt ist jeder, der durch die Aufhebung in seinen Rechten beeinträchtigt ist (§ 59 Abs. 1). Das können sein bei der Aufhebung einer Minderjährigenadoption oder einer Volladoption nach § 1772 BGB vor allem der Annehmende, der Angenommene, deren Ehegatten, die leiblichen Eltern des Angenommenen und ggf. seine Abkömmlinge und deren Ehegatten (*Krause* NotBZ 2007, 276; Erman/*Saar* § 1759 Rn. 6). Zum Beschwerderecht des über 14 Jahre alten, nicht geschäftsunfähigen Kindes s. § 60, zum Beschwerderecht des Jugendamtes § 194 Abs. 2 Satz 2.

11 **II. Die Aufhebung ablehnender Beschluss.** Für den Beschluss, der die Aufhebung ablehnt, gilt Abs. 2 nicht. Für seine Bekanntgabe und Zustellung gilt § 41. Die Wirksamkeit richtet sich nach § 40 Abs. 1. Wurde die Aufhebung beantragt, entscheidet damit die Bekanntgabe an den Antragsteller, handelte es sich um ein amtswegiges Verfahren (§ 1763 BGB), die an das Kind und den Annehmenden (Bassenge/Roth/*Wagner* § 198 Rn. 2). Der Beschluss unterliegt gem. § 48 der Abänderung und Wiederaufnahme.

12 Der Beschluss unterliegt der Beschwerde (§ 58 Abs. 1). Beschwerdeberechtigt sind die Antragsteller, wenn das Verfahren auf Antrag eingeleitet wurde (§ 59 Abs. 2), bei mehreren jeder von ihnen (MüKoFamFG/ *Maurer* § 198 Rn. 16). Verstirbt der Antragsteller während des durch den Aufhebungsantrag eingeleiteten Verfahrens, so wird dieses zwar bis zur Entscheidung über den Antrag fortgesetzt. Gegen die den Antrag ablehnende Entscheidung kann jedoch weder der Erbe des Antragstellers noch der Nachlasspfleger Rechtsmittel einlegen mit dem Ziel, die Aufhebung der Adoption zu erreichen (OLG München ZErb 2007, 233 für Aufhebungsantrag einer Volljährigenadoption). Beim Ablehnungsbeschluss im amtswegigen Verfahren (§ 1763 BGB) gilt § 59 Abs. 1. Beschwerdeberechtigt ist das Kind (vgl. dabei auch § 60), nicht aber der Annehmende, da § 1763 BGB nicht seinen Interessen, sondern dem Schutz des Kinds dient (zum alten Recht BayObLG FamRZ 2000, 768; 1980, 498; OLG Oldenburg FamRZ 2004, 399; Jansen/*Sonnenfeld* § 56f Rn. 50).

13 **D. Beschluss in Aufhebungsverfahren nach § 186 Nr. 4. I. Vom Eheverbot befreiender Beschluss, Abs. 3.** Der Beschluss, der vom Eheverbot des § 1308 Abs. 1 BGB befreit, ist den Verlobten bekannt zu geben (§ 41 Abs. 1, § 188 Abs. 1 Nr. 4) und wird mit dieser Bekanntgabe wirksam (§ 40 Abs. 1). Er beseitigt das Ehehindernis und bindet den Standesbeamten (Keidel/*Engelhardt* § 198 Rn. 23). Er ist nicht anfechtbar (Abs. 3 Halbs. 1). Weist erst das OLG als Beschwerdegericht das FamG zur Erteilung der Befreiung an, so ist die Entscheidung des Beschwerdegerichts unanfechtbar (Jansen/*Müller-Lukoschek* § 44a Rn. 34). Nach Abs. 3 Halbs. 2 ist die Abänderung oder Wiederaufnahme (§ 48) erst ausgeschlossen, wenn die Ehe geschlossen worden ist. Vorher ist also beides möglich (MüKoFamFG/*Maurer* § 198 Rn. 18).

14 **II. Die Befreiung versagender Beschluss.** Für den Beschluss, der die Befreiung versagt, gilt Abs. 3 nicht. Für die Wirksamkeit gilt § 40 Abs. 1, wobei die Bekanntgabe bzw. Zustellung (§ 41 Abs. 1) an beide Verlobten entscheidet (so zum alten Recht bereits Bassenge/Roth/*Bassenge* § 54 Rn. 7; a.A. damals allerdings Jansen/*Müller-Lukoschek* § 44a Rn. 33; KKW/*Engelhardt* § 44a Rn. 16: Bekanntmachung an den Antragsteller). Auch diese Entscheidung bindet den Standesbeamten (Jansen/*Müller-Lukoschek* § 44a Rn. 33).

15 Gegen den versagenden Beschluss ist die Beschwerde gegeben (§ 58 Abs. 1). Beschwerdeberechtigt ist nach § 59 Abs. 2 der Antragsteller. Für Minderjährige ist § 60 zu beachten. Der »wichtige Grund« nach § 1308 Abs. 2 Satz 2 BGB ist ein vom (Rechts-) Beschwerdegericht nachprüfbarer unbestimmter Rechtsbegriff (Jansen/*Müller-Lukoschek* § 44a Rn. 31).

§ 199 Anwendung des Adoptionswirkungsgesetzes. **Die Vorschriften des Adoptionswirkungsgesetzes bleiben unberührt.**

Das AdWirkG regelt spezielle familiengerichtliche Verfahren, um die Anerkennung und die Wirkungen einer Annahme verbindlich zu klären, die im Ausland durchgeführt wurde oder auf ausländischen Sachvorschriften beruht (vgl. § 1 Satz 1 AdWirkG). Sein Anwendungsbereich erfasst sowohl Volladoptionen als auch solche Annahmeverhältnisse, die lediglich schwache Wirkungen entfalten oder allein rechtsgeschäftlicher Natur sind (Staudinger/*Winkelsträter* FamRBint 2006, 10). Er ist allerdings beschränkt auf Adoptionen von Personen, die z.Zt. der Annahme noch nicht das 18. Lebensjahr vollendet haben (§ 1 Satz 2 AdWirkG). 1

Nach § 2 AdWirkG stellt das FamG auf Antrag fest, ob eine (Dekret-) Adoption anzuerkennen oder eine (Vertrags-) Adoption wirksam ist und ob das Eltern-Kind-Verhältnis zu den bisherigen Eltern erloschen ist. Die rechtlichen Maßstäbe für die Anerkennungs- und Wirksamkeitsprüfung regelt das AdWirkG nicht, sondern insoweit gelten ggf. vorrangig staatsvertragliche Regelungen (insb. Art. 23, 24 des Haager Adoptionsübereinkommens von 1993), andernfalls bei Dekretadoptionen §§ 108 ff. bzw. bei Vertragsadoptionen Art. 22 f. EGBGB. Ist das Eltern-Kind-Verhältnis zu den bisherigen Eltern erloschen, stellt das Gericht zusätzlich fest, dass das Annahmeverhältnis einem nach den deutschen Sachvorschriften begründeten gleichsteht, andernfalls dass es hinsichtlich der elterlichen Sorge und der Unterhaltspflicht des Annehmenden einem nach den deutschen Sachvorschriften begründeten Annahmeverhältnis gleichsteht (§ 2 Abs. 2 AdWirkG). Sind die Wirkungen der Adoption schwächer als diejenigen des deutschen Sachrechts, ermöglicht § 3 AdwirkG auf Antrag einen Umwandlungsausspruch, wodurch das Kind die Rechtsstellung eines nach deutschem Sachrecht angenommenen Kindes erhält. 2

Die Verfahren nach AdWirkG setzen einen entsprechenden Antrag voraus (zur Antragsberechtigung s. § 4 AdWirkG) und sind Verfahren der freiwilligen Gerichtsbarkeit (§ 5 Abs. 3 Satz 1 AdWirkG). §§ 186 ff. gelten für sie unmittelbar nicht. Es handelt sich nicht um Adoptionssachen i.S.d. § 186 (s. § 186 Rdn. 38 – auch zur Gegenansicht). § 199 stellt klar, dass das AdWirkG unberührt bleibt. Seine Vorschriften gehen als Spezialvorschriften denjenigen des FamFG vor (BT-Drucks. 16/6308 S. 248). § 199 ergänzt § 97 Abs. 2, da das AdWirkG über die Umsetzung und Ausführung von Rechtsakten nach § 97 Abs. 1 hinausgeht (MüKo-FamFG/*Maurer* § 199 Rn. 1). Das AdWirkG ist zwar mit den Ausführungsregeln zum Haager Adoptionsübereinkommen von 1993 erlassen worden, ist aber inhaltlich eigenständig und findet auch Anwendung bei Adoptionen, die nicht in den Geltungsbereich des Übereinkommens fallen (Jansen/*Müller-Lukoschek* § 43b Rn. 41). 3

Die Zuständigkeit für Verfahren nach dem AdWirkG ist auf höchstens ein FamG in jedem OLG-Bezirk beschränkt (§ 5 Abs. 1 Satz 1, Abs. 2 AdWirkG). Für die internationale und örtliche Zuständigkeit gelten §§ 101 und 187 Abs. 1, 2 und 4 entsprechend (§ 5 Abs. 1 Satz 2 AdWirkG). Die meisten Entscheidungen nach dem AdWirkG genießen, ähnlich wie ein Adoptionsbeschluss, erhöhten Bestandsschutz entsprechend § 197 Abs. 2 und 3 (§ 5 Abs. 4 Satz 1 AdWirkG). 4

Abschnitt 6. Verfahren in Ehewohnungs- und Haushaltssachen

Vorbem. zu §§ 200–209

1 Der 6. Abschnitt des FamFG umfasst die §§ 200 bis 209 und enthält Vorschriften für die Verfahren in Ehewohnungs- und Haushaltssachen. Dabei sind die verfahrensrechtlichen Normen der früheren HausratsVO, nämlich die §§ 1 und 11 ff., weitgehend übernommen worden, während es zu den Vorschriften der §§ 1, 7, 11, 13 bis 17, 18a, 20 und 23 HausratsVO keine entsprechenden Regelungen mehr gibt. Die materiellen Vorschriften der HausratsVO sind mit dem Inkrafttreten des Gesetzes zur Änderung des Zugewinnausgleichs- und Vormundschaftsrechts v. 06.07.2009 (BGBl. I, S. 1696) durch §§ 1568a und b BGB ersetzt worden. Zugleich ist die Güterrechtsreform mit einer Änderung der Terminologie verbunden: der »Hausrat« wird nun als »Haushaltsgegenstände« bezeichnet.

2 Gegenüber der HausratsVO begründet das FamFG weitergehende Mitwirkungspflichten der Ehegatten. Während außerdem § 13 Abs. 4 HausratsVO nur eine Benachrichtigung des Jugendamtes von der Entscheidung dann vorsah, wenn ein Kind in einer Wohnung lebt, die Gegenstand einer Wohnungszuweisung war, begründet § 204 Abs. 2 die Verpflichtung der förmlichen Beteiligung des Jugendamtes auf dessen Antrag.

3 Die Regelungen finden Anwendung auf Ehewohnungs- und Haushaltssachen, die in § 200 definiert werden und die ihre materielle Rechtsgrundlage in §§ 1361a und b BGB sowie in §§ 1568a und b BGB finden.

4 Ehewohnungs- und Haushaltssachen sind Familiensachen (§ 111 Nr. 5), jedoch keine Familienstreitsachen i.S.d. § 112, sodass für das Verfahren vorrangig auf §§ 200 ff. und – soweit diese keine speziellen Regelungen enthalten – auf §§ 111 ff. sowie schließlich die allgemeinen Vorschriften der §§ 1 ff. abzustellen ist. Es sind **privatrechtliche Streitsachen der freiwilligen Gerichtsbarkeit** (*Erbarth* NZFam 2014, 515). Das bedeutet, dass der ansonsten in Angelegenheiten der freiwilligen Gerichtsbarkeit geltende Untersuchungsgrundsatz eingeschränkt ist (§ 203), dass das Verfahren nur auf Antrag der beteiligten Eheleute eingeleitet werden kann und dass diese sich im Verfahren als Gegner gegenüberstehen. Für das Verfahren besteht außerhalb des Verbunds kein Anwaltszwang (§ 114 Abs. 1). Gegen Entscheidungen ist die Beschwerde nach § 58 als das einschlägige Rechtsmittel gegeben, wobei dies im Fall einer Entscheidung durch einstweilige Anordnung nur eingeschränkt gilt (§ 57 Satz 2 Nr. 5). Geändert werden kann eine Entscheidung unter den Voraussetzungen des § 48 Abs. 1, wobei dies auch dann gilt, wenn ein erster Antrag zurückgewiesen worden ist und die Verhältnisse sich seither geändert haben (OLG Stuttgart NJW-RR 2011, 507).

5 Haben sich die Beteiligten bereits außergerichtlich über die weitere Nutzung der Ehewohnung oder der Haushaltssachen geeinigt, führt dies nicht mehr – wie nach § 1 Abs. 1 HausratsVO – zur Unzulässigkeit des Verfahrensantrages. Wenn und soweit eine Einigung vorliegt, entfällt vielmehr das Regelungsinteresse für ein gerichtliches Verfahren (BT-Drucks. 16/6308 S. 249). Streiten sich die Eheleute aber trotz einer teilweisen oder gar vollständigen Einigung über die Ehewohnung oder die Haushaltsgegenstände, so ändert das an der Zuständigkeit des Familiengerichts nichts. Diese ist dagegen nicht gegeben, wenn der Tatsachenvortrag des Antragstellers nicht erkennen lässt, dass es sich bei der streitgegenständlichen Wohnung um eine Ehewohnung handelt (OLG Frankfurt FamRZ 2015, 1898).

6 Da das Verfahren in Ehewohnungs- und Haushaltssachen keine Familienstreitsache ist, besteht für das Verfahren kein Anwaltszwang (§ 114), sofern es nicht im Verbund geführt wird. Der Antrag kann allein durch einen Verfahrensantrag eingeleitet werden, der nicht den Anforderungen des § 253 ZPO genügen muss. Auch gilt der Grundsatz der Amtsermittlung (vgl. allerdings §§ 203, 206). Der Inhalt der Antragsschrift bestimmt sich grundsätzlich nach §§ 23 ff., wobei allerdings die §§ 200 ff. abweichende Regelungen enthalten.

7 Aus dem Umstand, dass das Haushalts- und Ehewohnungsverfahren kein Familienstreitverfahren ist, folgt, dass eine Verbindung etwa einer Ehewohnungssache mit Verfahren, die den Regeln des Zivilprozesses folgen, nicht möglich ist. Insbesondere können deshalb einem Anspruch auf Zahlung einer Nutzungsentschädigung keine zur Aufrechnung gestellten Ansprüche zivilrechtlicher Art entgegengehalten werden (OLG Brandenburg FamRZ 2013, 1980 [LS]). Denn im Zivilprozess gilt der Grundsatz der Parteiherrschaft, während im Verfahren der freiwilligen Gerichtsbarkeit trotz der Einschränkungen durch die §§ 26 ff. der Amtsermittlungsgrundsatz gilt. Behandelt ein Familiengericht eine Familienstreitsache gleichwohl gemeinsam mit einem Verfahren, das den speziellen Vorschriften der freiwilligen Gerichtsbarkeit unterlag, obwohl eine Abtrennung geboten gewesen wäre, so führt eine gegen diese Entscheidung gerichtete Beschwerde nur dann zum Erfolg, wenn sich dieser Fehler negativ auf das Verfahrensergebnis ausgewirkt hat (OLG Frankfurt NJW 2015, 2346).

Abschnitt 6. Verfahren in Ehewohnungs- und Haushaltssachen **§ 200**

In **Lebenspartnerschaftssachen** gelten die §§ 200 ff. über §§ 269 Abs. 1 Nr. 5, 270 Abs. 1 Satz 2, 111 Nr. 5 entsprechend.

Ehewohnungs- und Haushaltssachen können, soweit sie ihre Grundlage in den §§ 1568a und b BGB finden, nach § 137 Abs. 2 Nr. 3 im Verbund geltend gemacht werden. Das gilt allerdings nicht für Verfahren nach den §§ 1361a oder b BGB.

Der **Verfahrenswert** bestimmt sich nach § 48 FamGKG (OLG Bamberg FamRZ 2011, 1424). Das gilt auch dann, wenn die Eheleute mittlerweile geschieden sind (OLG Hamm FamRZ 2013, 1421). Er beträgt regelmäßig in Verfahren nach § 1361b BGB 3.000,- €, in Verfahren nach § 1568a BGB 4.000,- €, in Verfahren nach § 1361a BGB 2.000,- € und in Verfahren nach § 1568b BGB 3.000,- €. Diese Werte sind auch in Verfahren betreffend die Zahlung einer Nutzungsentschädigung maßgeblich (OLG Brandenburg FamRZ 2013, 1980 [LS]). Im Einzelfall können Billigkeitsgesichtspunkte gem. § 48 Abs. 3 FamGKG auch die Festsetzung abweichender Werte rechtfertigen. Dies sind neben dem besonderen Umfang des Verfahrens auf Grund aufgeworfener tatsächlich oder rechtlich besonders schwieriger Fragestellungen insbesondere auch die besondere Bedeutung der Sache für die Beteiligten oder deren besonders gute wirtschaftliche Verhältnisse, nicht jedoch die Höhe der begehrten Ausgleichszahlung (OLG Celle JurBüro 2014, 187). In Ehewohnungssachen kann der Regelwert zu erhöhen sein, wenn Gegenstand des Verfahrens eine besonders teure Wohnung ist (OLG Köln ZMR 2014, 807 bei Grundstück von 976 m^2 und Wohnfläche von 250 m^2 Erhöhung um 50 %).

Für die Rechtsanwälte fällt eine Gebühr nach Nr. 3104 VV zum RVG sowie, falls eine mündliche Verhandlung stattgefunden hat, eine Terminsgebühr nach Nr. 3104 VV zum RVG an. Die Gerichtsgebühren richten sich im selbständigen Verfahren nach Hauptabschnitt 3, Abschnitt 2 der Anlage 1 zu § 3 Abs. 2 FamGKG, im Verbundverfahren nach Hauptabschnitt 1.

Das Verfahren und damit die Zuständigkeit des Familiengerichts endet mit der Regelung der (vorläufigen) Nutzung. Kehrt also etwa der aus der Ehewohnung ausgezogene geschiedene Ehegatte nach der Einigung über die weitere Nutzung der Ehewohnung widerrechtlich in diese zurück, ist für den notwendigen Rechtsschutz die Besitzschutzklage nach § 861 BGB gegeben, während es für einen Antrag auf Wohnungszuweisung nach § 1568a am Rechtsschutzinteresse fehlt (AG Tempelhof-Kreuzberg NJW 2010, 2445).

Die **Vollstreckung** in Ehewohnungs- und Haushaltssachen richtet sich nach den §§ 86, 87, 95 und 96 FamFG.

§ 200 Ehewohnungssachen; Haushaltssachen.

(1) Ehewohnungssachen sind Verfahren
1. nach § 1361b des Bürgerlichen Gesetzbuchs,
2. nach § 1568a des Bürgerlichen Gesetzbuchs.

(2) Haushaltssachen sind Verfahren
1. nach § 1361a des Bürgerlichen Gesetzbuchs,
2. nach § 1568b des Bürgerlichen Gesetzbuchs.

Übersicht	Rdn.		Rdn.
A. Allgemeines	1	C. Haushaltssachen	12
B. Ehewohnungssachen	2		

A. Allgemeines. § 200 bestimmt den Umfang der Anwendbarkeit des Verfahrens in Wohnungs- und Hausratszuweisungssachen und enthält die Definitionen der Begriffe der Ehewohnungssachen (Abs. 1) sowie der Haushaltssachen (Abs. 2).

B. Ehewohnungssachen. Ehewohnungssachen sind nach Abs. 1 solche Verfahren, die ihre materielle Rechtsgrundlage in § 1361b BGB sowie in § 1568a BGB haben. Der Begriff der Ehewohnung ist in beiden Fällen weit auszulegen. Die Ehewohnung umfasst – unabhängig von den eigentums- und güterrechtlichen Verhältnissen – alle Räume, in denen die Ehegatten während der Ehe wohnen, gewohnt haben oder bestimmungsgemäß wohnen wollten (OLG Hamm NJW 2015, 2349; FAKomm-FamR/*Weinreich* § 1361b BGB Rn. 9 ff.). Hierzu zählen außer der eigentlichen Wohnung auch die zu ihr zu rechnenden Nebenräume (OLG Jena NJW-RR 2004, 435) wie der Dachboden, der Keller oder die Garage, Sport- und Fitnessräume sowie der Hausgarten (BGH FamRZ 1990, 987).

3 Ferienwohnung und Wochenendhaus können Ehewohnung sein, wenn sie nur häufig genug genutzt werden, um den räumlichen Mittelpunkt der Ehe darzustellen. (OLG Brandenburg OLGR 2008, 542; OLG Naumburg FamRZ 1994, 389; OLG München FamRZ 1994, 1331). Ausreichend ist dafür, dass sie wenigstens zeitweise neben der Hauptwohnung wie diese genutzt worden sind (OLG Frankfurt FamRZ 1982, 398; a.A. KG FamRZ 1986, 1010). Das ist etwa bei einer nur für wenige Wochen im Jahr genutzten Ferienwohnung im Ausland nicht der Fall (OLG Bamberg FamRZ 2001, 1316).

4 Auch Gartenlauben können die Ehewohnung darstellen, wenn sie zu Wohnzwecken genutzt wurden (OLG Hamm FamRZ 2009, 1225; OLG Naumburg FamRZ 2005, 1269). Unerheblich ist, ob diese Räume nach öffentlichem Recht überhaupt entsprechend genutzt werden dürfen, da auch i.Ü. nur auf die tatsächliche Nutzung und die Absicht zur Nutzung abgestellt wird (*Rauscher* Rn. 715; *Gottwald* FamRZ 2005, 1269; a.A. OLG Naumburg FamRZ 2005, 1269).

5 Die von der nicht ehelichen Lebensgemeinschaft genutzte Wohnung ist keine Ehewohnung (OLG Hamm FamRZ 2005, 2085; FAKomm-FamR/*Weinreich* § 1361b BGB Rn. 7). Die §§ 1361b und 1568a BGB finden auf sie keine analoge Anwendung, weshalb auch die die Zuweisung dieser Wohnung betreffenden Verfahren jedenfalls dann nicht in die Zuständigkeit der Familiengerichte fallen, wenn die Anspruchsgrundlage für die Zuweisung nicht im GewSchG zu suchen ist. Für die Zuweisung der Wohnung von Lebenspartnern verweist § 270 Abs. 1 Satz 2 auf § 111 Nr. 5, weshalb das Wohnungszuweisungsverfahren insoweit entsprechende Anwendung findet.

6 Nicht Ehewohnung sind ausschließlich oder überwiegend beruflich genutzte Räume wie die Werkstatt oder Praxisräume.

7 Verlässt ein Ehegatte die eheliche Wohnung freiwillig, ändert dies an deren Qualifikation zur Ehewohnung nichts, solange das Verlassen allein den aktuellen Erfordernissen der Trennungssituation geschuldet ist und ihr nicht schon eine endgültige Nutzungsüberlassung zu Grunde liegt (OLG Hamm NJW 2015, 2349; OLG Jena NJW-RR 2004, 435). Hat der die Wohnung verlassende Ehegatte zu erkennen gegeben, dass er die Wohnung nicht mehr für sich beansprucht, kann insoweit eine Einigung vorliegen (OLG Köln FamRZ 2005, 1993), die das Regelungsinteresse entfallen lässt. Dabei kann von einem Verlassen der Ehewohnung regelmäßig erst dann ausgegangen werden, wenn der weichende Ehegatte seinen Lebensmittelpunkt verlegt hat (OLG Koblenz FamRZ 2006, 1207).

8 Die Frage, ob zur Entscheidung von Streitigkeiten über Ansprüche auf eine Nutzungsentschädigung bei freiwilligem Auszug eines Miteigentümers die Zuständigkeit der allgemeinen Zivilgerichte oder der Familiengerichte gegeben ist (zum Streitstand vgl. OLG Brandenburg FamRZ 2008, 1930; KG FamRZ 2009, 1933; OLG Jena FamRZ 2008, 1934; OLG Hamm, FamRZ 2008, 1935, 1637 die jeweils die Zuständigkeit des Familiengerichts annehmen) stellt sich nicht mehr, da die Familiengerichte auch zuständig sind, wenn man die Anspruchsgrundlage in § 745 Abs. 2 BGB sieht, §§ 266 Abs. 1 Nr. 3, 112, 111 Nr. 10. Von Bedeutung ist die Problematik aber noch im Fall der vorläufigen Nutzungszuweisung nach § 1361b, weil der Gesetzgeber in § 1568a BGB von der Regelung einer Nutzungsentschädigung abgesehen hat.

9 Streitig ist das Verhältnis zwischen § 1361b Abs. 3 Satz 2 BGB und § 745 Abs. 2 BGB. Nach herrschender Rechtsprechung erfolgt die Zuweisung der im Miteigentum stehenden Wohnung als solche zwar nach § 1361b BGB, während eine Nutzungsvergütung unter Miteigentümern jedoch nur als Folge einer Neuregelung der Verwaltung und Nutzungsänderung durch Beschluss nach § 745 Abs. 2 BGB angeordnet werden kann (BGH FamRZ 2010, 1630 i.F.d. freiwilligen Überlassung; OLG Stuttgart FamRZ 2012, 33; OLG Brandenburg FamRZ 2008, 1603; KG FamRZ 2007, 908). Nach einer insb. in der Literatur im Vordringen befindlichen Gegenmeinung ist § 1361b BGB dagegen innerhalb seines Anwendungsbereichs lex specialis gegenüber § 745 Abs. 2 BGB, weshalb der Anspruch auf Nutzungsentschädigung allein nach § 1361b BGB geltend zu machen wäre. Während demnach nach der wohl noch herrschenden Rechtsprechung die Nutzungsentschädigung nur als sonstige Familiensache im Verfahren nach § 266 geltend gemacht werden kann, ist sie, folgt man der Gegenmeinung, im Verfahren der Ehewohnungs- und Haushaltssachen geltend zu machen.

10 Im Fall eigenmächtiger Änderung der Nutzungsverhältnisse sind Ansprüche aus § 985 BGB ausgeschlossen, weil § 1361b BGB zum Ausdruck bringt, dass die Eigentumsverhältnisse an der Ehewohnung während bestehender Ehe nicht die ausschlaggebende Rolle für die Entscheidung spielen. Deshalb kommen neben Ansprüchen aus § 1361b BGB Ansprüche aus § 985 BGB (BGH FamRZ 1976, 691; OLG Hamm FamRZ 1998, 1172) oder solche aus dem Eigentümer-Besitzverhältnis (OLG Frankfurt FamRZ 1992, 677; Staudinger/*Voppel* [2000] § 1361b Rn. 85; a.A. OLG Brandenburg FamRZ 2008, 542) nicht in Betracht. Demgegenüber

geht die herrschende Meinung davon aus, dass § 1361b BGB den **Besitzschutzvorschriften** nicht vorgeht, weshalb i.F.d. Beantragung der Wiedereinräumung des Besitzes die Wahl besteht, den Anspruch als sonstige Familiensache oder im Verfahren der Ehewohnungs- und Haushaltssachen nach § 1361b BGB geltend zu machen.

Das Verfahren nach § 1361b BGB kann immer nur isoliert vom Ehescheidungsverfahren geführt werden. Denn § 1361b BGB gibt nur die Möglichkeit einer Regelung für die Dauer des Getrenntlebens, also bis zur Rechtskraft der Ehescheidung, sodass als Folgesache gem. § 137 Abs. 2 Nr. 2 nur die endgültige Regelung nach § 1568a BGB geltend gemacht werden kann.

C. Haushaltssachen. Haushaltssachen sind solche, die ihre materielle Rechtsgrundlage in § 1361a BGB sowie in § 1568b BGB haben. Die mit der Güterrechtsreform einhergehende neue Terminologie hat nicht zu einer inhaltlichen Änderung des Begriffes geführt.

Zu den Haushaltssachen gehören alle beweglichen Gegenstände, die nach den Vermögens- und Lebensverhältnissen der Eheleute und ihrer Kinder üblicherweise für die Wohnung, die Hauswirtschaft und das Zusammenleben der Familie einschließlich der Freizeitgestaltung bestimmt sind, also der gemeinsamen Lebensführung dienen (BGH FamRZ 1984, 144, 146; FamRZ 1984, 575). Anschaffungsmotiv (OLG Düsseldorf FamRZ 1986, 1132) und Wert des Gegenstandes sind ohne Belang (BGH FamRZ 1984, 575). Haushaltsgegenstände sind nicht solche Dinge, die nur einem Ehegatten zu dessen persönlichem Gebrauch im Rahmen von dessen individuellen Interessen, zu dessen Berufsausbildung oder der Kapitalbildung dienen (zur Begriffsbestimmung im Einzelnen vgl. *Neumann* NZFam 2014, 481).

Zu den Haushaltssachen gehören danach Möbel, Teppiche, Herde, Kühlschränke, Küchen- und Haushaltsgeräte, Lampen, Bilder und Wandschmuck, Gardinen, Vorhänge, Bett- und Tischwäsche, Rundfunk, Fernseh- und Videogeräte sowie Tonträger, Filme, Bücher, Gartenmöbel, Nähmaschinen und Klaviere. Etwas anderes gilt dann, wenn die Gegenstände der Berufsausübung eines der Ehegatten oder beider dienen.

Das Kfz rechnet grds. nicht zu den Haushaltssachen, es sei denn, es ist unabhängig von den Eigentumsverhältnissen kraft Widmung dazu bestimmt gewesen, dem gemeinsamen Haushalt zum Zweck der Haushalts- und privaten Lebensführung insb. zum Einkauf, zur Betreuung der gemeinsamen Kinder oder zu Schul- und Wochenendfahrten zu dienen (BGH FamRZ 1991, 43; OLG Köln FamRZ 2002, 322, 323; OLG Karlsruhe FamRZ 2001, 760; *Müller* NZFam 2014, 490). Wird er neben der beruflichen Nutzung auch für Familienzwecke verwendet, ist er Haushaltsgegenstand (OLG Frankfurt NJW 2015, 2346). Hat jeder Ehegatte seinen eigenen Wagen, spricht das regelmäßig gegen die Zugehörigkeit zu den Haushaltssachen; haben sie beide nur ein gemeinsames Fahrzeug, spricht das für die Zugehörigkeit zu den Haushaltsgegenständen (OLG Frankfurt NJW 2015, 2346)

Wohnwagen und Wohnmobil sind regelmäßig Haushaltssachen, da sie bestimmungsgemäß mehr als der Pkw während der Ehezeit von der Familie genutzt worden sind (OLG Koblenz NJW-RR 1994, 516; OLG Düsseldorf FamRZ 1992, 60; OLG Köln FamRZ 1992, 696; OLG Celle FamRZ 1992, 1300). Dasselbe gilt unabhängig von ihrem Wert auch für die von der Familie genutzte Segel- (LG Ravensburg FamRZ 1995, 1585) oder Motoryacht (OLG Dresden OLGR 2003, 232), nicht aber für das auf einem gepachteten Gartengrundstück stehende Gartenhaus (OLG Hamm FamRZ 2009, 1225).

Kunstgegenstände und Antiquitäten sind dann Haushaltssachen, wenn sie nach ihrer Zweckbestimmung und dem Lebenszuschnitt der Eheleute der Möblierung oder Ausschmückung der ehelichen Wohnung dienen (BGH FamRZ 1984, 575; OLG Brandenburg FamRZ 2003, 532; OLG Bamberg FamRZ 1997, 378). Sind sie dagegen vorrangig zum Zweck der Kapitalanlage erworben worden, unterliegen sie dem Zugewinnausgleich.

Einbauküchen, Einbaumöbel und Badezimmereinrichtung sind dann keine Haushaltssachen, wenn sie Zubehör (OLG Nürnberg FamRZ 2003, 156) oder wesentlicher Bestandteil des Gebäudes und damit des Grundstücks sind, § 94 Abs. 2 BGB (OLG Zweibrücken FamRZ 1993, 82; OLG Hamm FamRZ 1990, 54). Ob dies der Fall ist, bestimmt sich danach, ob sie dem Baukörper besonders angepasst sind und deshalb mit ihm eine Einheit bilden (BGH FamRZ 1984, 2277; NJW-RR 1990, 914). Letztlich ist dies eine Frage des *Einzelfalls*, deren Beantwortung sich auch nach regionalen Besonderheiten richtet (OLG Hamm FamRZ 1998, 1028). Die Höhe der Montagekosten stellt jedoch kein maßgebliches Kriterium dar (OLG Zweibrücken FamRZ 1993, 82).

Haustiere gehören nicht zu den Haushaltssachen, doch sind die Vorschriften über die Haushaltssachen auf sie entsprechend anzuwenden (OLG Hamm FamRZ 2011, 893; OLG Zweibrücken FamRZ 1998, 1432), sofern mit dem Halten der Tiere nicht die Absicht der Gewinnerzielung verbunden ist (OLG Naumburg FamRZ 2001, 481).

20 Nicht zu den Haushaltssachen zählen alle Gegenstände, die ausschließlich beruflichen Zwecken eines oder beider Ehegatten zu dienen bestimmt sind. Dasselbe gilt für solche Gegenstände, die lediglich den individuellen Bedürfnissen oder persönlichen Interessen nur eines Ehegatten oder eines anderen Familienmitgliedes dienen, wie die Briefmarken- (OLG Hamm FamRZ 1980, 683) oder Münzsammlung (OLG Düsseldorf FamRZ 1986, 1134), der dem Hobby oder der Berufsausübung dienende Computer (OLG Hamburg FamRZ 1990, 1118; anders AG Amberg NJW-RR 2009, 2 für den von der Familie genutzten Computer) oder das Musikinstrument des Musiklehrers.

21 Unerheblich sind die Eigentumsverhältnisse, weshalb Haushaltssachen auch geliehen (OLG Hamm FamRZ 1990, 531) oder geleast (OLG Stuttgart FamRZ 1995, 1275) sein oder sich im Sicherungseigentum Dritter befinden können.

22 Stellt der streitige Gegenstand keine Haushaltssache dar, dürfte der um sie geführte Rechtsstreit regelmäßig eine sonstige Familiensache i.S.d. § 266 Abs. 1 Nr. 3 sein, so im Fall der Forderung der Herausgabe persönlicher Gegenstände. Damit hängt von der Qualifizierung eines Gegenstandes ab, ob seine Herausgabe im Verfahren nach §§ 200 ff. oder in dem nach §§ 266 ff. verlangt werden kann. Da im Haushaltsverteilungsverfahren der Grundsatz der Amtsermittlung gilt, während das Verfahren nach § 266 als Familienstreitsache der Parteiherrschaft unterliegt, sind beide Verfahren nicht kompatibel, weshalb eine Verbindung beider ausscheidet (Zöller/*Lorenz* § 200 Rn. 4).

23 Zu den Verfahren in Haushaltssachen zählen somit zusammenfassend Streitigkeiten um die Herausgabe im gemeinsamen Eigentum stehender Haushaltsgegenstände sowohl zur vorübergehenden Nutzung (§ 1361a BGB) als auch zur endgültigen Zuweisung (§ 1568b BGB), über die vorläufige Zuweisung von Haushaltsgegenständen, die im Eigentum des anderen stehen sowie die Herausgabe von Haushaltsgegenständen, deren Alleineigentümer der antragstellende Ehegatte ist (§ 1361a BGB). Dasselbe gilt schließlich für Streitigkeiten über Ausgleichszahlungen, Schadensersatz oder Herausgabe des Erlöses nach unberechtigter Verfügung über einen Haushaltsgegenstand.

24 Wird Herausgabe eigenmächtig entnommener Haushaltsgegenstände verlangt, so stehen § 1361a BGB einerseits und §§ 858 ff. BGB andererseits in echter Anspruchskonkurrenz. Begehrt ein Ehegatte die sofortige Rückverschaffung der von dem anderen eigenmächtig entnommenen Haushaltsgegenstände, so will er nicht die Aufteilung des Haushalts, sondern lediglich die Wiedereinräumung des Mitbesitzes. Da der possessorische Besitzanspruch schon wegen der unterschiedlichen Zielrichtungen beider Ansprüche durch § 1361a BGB nicht ausgeschlossen ist (OLG Koblenz FamRZ 2008, 63; OLG Frankfurt FamRZ 2003, 47; KG FamRZ 1987, 1147; OLG Hamburg FamRz 1980, 250), kommt es für das Verfahren auf die Zielrichtung des Begehrens des antragstellenden Ehegatten an. Will er nur die Wiedereinräumung des Mitbesitzes, kann er seinen Anspruch auf §§ 858 ff. BGB stützen. Will er die vorläufige Teilung des Haushalts, wird er sich auf § 1361a BGB stützen.

25 Im Verfahren besteht, solange dieses nicht im Verbund geführt wird, gem. § 114 Abs. 1 kein Anwaltszwang. Aufhebung und Änderung der Entscheidung regelt sich nach § 48 Abs. 1 FamFG. Das gilt auch für den Beschluss, durch den die Zuweisung der Ehewohnung abgelehnt worden ist (OLG Stuttgart FamRZ 2011, 976). Der Wert der Verfahren bestimmt sich nach § 48 Abs. 1 FamGKG (OLG Bamberg FamRZ 2011, 1424), wobei der für die einstweilige Anordnung gem. § 41 FamGKG i.d.R. der Hälfte des Wertes der Hauptsache entspricht. Im Fall einer Einigung über die Verteilung des Haushalts im Hauptsacheverfahren kann der Wert mit 1.000 € bemessen werden (OLG Saarbrücken MDR 2012, 919). Die Vollstreckung erfolgt in Verfahren zur Verteilung der Haushaltsgegenstände über § 95 nach den Vorschriften der ZPO, in Ehewohnungssachen nach § 96.

§ 201 Örtliche Zuständigkeit. Ausschließlich zuständig ist in dieser Rangfolge:
1. während der Anhängigkeit einer Ehesache das Gericht, bei dem die Ehesache im ersten Rechtszug anhängig ist oder war;
2. das Gericht, in dessen Bezirk sich die gemeinsame Wohnung der Ehegatten befindet;
3. das Gericht, in dessen Bezirk der Antragsgegner seinen gewöhnlichen Aufenthalt hat;
4. das Gericht, in dessen Bezirk der Antragsteller seinen gewöhnlichen Aufenthalt hat.

Abschnitt 6. Verfahren in Ehewohnungs- und Haushaltssachen § 202

Übersicht

	Rdn.		Rdn.
A. Allgemeines	1	I. Bei Anhängigkeit einer Ehesache (Nr. 1)	3
B. Die örtliche Zuständigkeit im Besonderen	2	II. Im isolierten Verfahren (Nr. 2 – 4)	6

A. Allgemeines. § 201 regelt die örtliche Zuständigkeit der Familiengerichte. Die Norm bezweckt eine Konzentration der Zuständigkeit auf ein Gericht. Die sachliche Zuständigkeit der Familiengerichte folgt aus §§ 23a Nr. 1 GVG, 111 Nr. 5. Funktionell zuständig ist der Richter. Wird ein Antrag bei einem unzuständigen Gericht gestellt, ist das Verfahren an das örtlich zuständige zu verweisen, § 3. 1

B. Die örtliche Zuständigkeit im Besonderen. Hinsichtlich der örtlichen Zuständigkeit sind folgende Fallgruppen zu unterscheiden: 2

I. Bei Anhängigkeit einer Ehesache (Nr. 1). Ist eine Ehesache i.S.d. § 121 anhängig, also ein Verfahren auf Scheidung der Ehe (§ 121 Nr. 1), auf Aufhebung der Ehe (§ 121 Nr. 2) oder auf Feststellung des Bestehens oder Nichtbestehens einer Ehe (§ 121 Nr. 3), ist ausschließlich das Gericht der Ehesache zuständig, gleich in welcher Instanz die Ehesache schwebt. Damit soll erreicht werden, dass über Wohnungszuweisungs- und Hausratssachen grds. im Verbund mit der Ehescheidung entschieden wird. 3

Gem. § 124 Satz 1 tritt die Anhängigkeit der Ehesache mit der Einreichung der Antragsschrift ein, nicht schon mit dem Eingang eines Verfahrenskostenhilfeantrages (*Keidel/Giers* § 201 Rn. 4). Endet die Anhängigkeit der Ehesache, bleibt die Zuständigkeit des Gerichts für eine bis dahin anhängig gewordene Ehewohnungs- oder Haushaltssache bestehen, was unmittelbar aus dem Gesetzestext folgt (»… oder war«). 4

Die Anhängigkeit endet mit der Rücknahme des Antrages, mit der Erklärung der Hauptsache als erledigt (§ 22 Abs. 3) sowie mit dem Tod eines der Ehegatten während des laufenden Verfahrens (§ 208). 5

II. Im isolierten Verfahren (Nr. 2 – 4). Ist eine Ehesache nicht anhängig, also während der Dauer des Getrenntlebens oder nach der Rechtskraft der Ehescheidung, ist vorrangig dasjenige FamG örtlich zuständig, in dessen Bezirk sich die gemeinsame Wohnung der Ehegatten befindet, die Eheleute ihren gewöhnlichen Aufenthalt haben (Nr. 2). Diese Variante ist insb. für den Fall der Wohnungszuweisung nach § 1361b BGB von Bedeutung. 6

Haben die Eheleute keine gemeinsame Wohnung, ist nach Nr. 3 dasjenige Gericht örtlich zuständig, in dessen Bezirk der Antragsgegner seinen gewöhnlichen Aufenthalt hat. Das gilt nach dem insoweit eindeutigen Wortlaut sowohl für den Fall, dass die Eheleute keinen gemeinsamen Wohnsitz gehabt haben, als auch dann, wenn die gemeinsame Wohnung als Folge der Trennung aufgegeben worden ist. Sind in diesem Fall von beiden Eheleuten Anträge auf Zuweisung der Wohnung oder der Haushaltsgegenstände gestellt, ist dasjenige Gericht zuständig, das zuerst angerufen worden ist, § 2 Abs. 1. 7

Ist schließlich auch danach eine örtliche Zuständigkeit nicht festzustellen, ist nach Nr. 4 das Gericht zuständig, in dessen Bezirk der Antragsteller seinen gewöhnlichen Aufenthalt hat. 8

Im Fall der nachträglichen Rechtshängigkeit einer Ehesache ist nach § 202 zu verfahren. 9

§ 202 Abgabe an das Gericht der Ehesache. ¹Wird eine Ehesache rechtshängig, während eine Ehewohnungs- oder Haushaltssache bei einem anderen Gericht im ersten Rechtszug anhängig ist, ist diese von Amts wegen an das Gericht der Ehesache abzugeben. ²§ 281 Abs. 2 und 3 Satz 1 der Zivilprozessordnung gilt entsprechend.

§ 202 dient wie auch § 201 oder weitere Normen der Zuständigkeitskonzentration bei dem Gericht der Ehesache. Dies gilt auch für Verfahren auf Erlass einer einstweiligen Anordnung (vgl. § 50 Rdn. 9). 1

Nach dieser Norm ist die Ehewohnungs- oder Haushaltssache an das Gericht der Ehesache abzugeben, wenn die Ehesache bei einem anderen Gericht rechtshängig wird. Die Rechtshängigkeit wird durch Zustellung begründet (§§ 124, 253 Abs. 1, 261 Abs. 1 ZPO). 2

Die Abgabe erfolgt von Amts wegen, also ohne entsprechenden Antrag eines der Beteiligten. Allerdings soll den Beteiligten vor dem Beschluss rechtliches Gehör gewährt werden (§ 4 Satz 2). Der Abgabebeschluss ist nicht anfechtbar und für das Gericht, an das abgegeben worden ist, bindend, was aus der Bezugnahme auf § 281 Abs. 2 ZPO folgt. Die im Verfahren vor dem angerufenen Gericht angefallenen Kosten werden als Teil der Kosten behandelt, die bei dem Gericht erwachsen, an das abgegeben worden ist. 3

4 Eine Abgabe kommt nicht mehr in Betracht, wenn die isolierte Ehewohnungs- oder Haushaltssache zum Zeitpunkt der Rechtshängigkeit der Ehesache bereits in der Rechtsmittelinstanz schwebt (BGH NJW 1986, 2058 zu § 11 HausratsVO). Im Fall der Zurückweisung der Sache an die erste Instanz hat das Rechtsmittelgericht dagegen an das jetzt zuständige Gericht der Ehesache zu verweisen.

§ 203 Antrag.
(1) Das Verfahren wird durch den Antrag eines Ehegatten eingeleitet.
(2) ¹Der Antrag in Haushaltssachen soll die Angabe der Gegenstände enthalten, deren Zuteilung begehrt wird. ²Dem Antrag in Haushaltssachen nach § 200 Abs. 2 Nr. 2 soll zudem eine Aufstellung sämtlicher Haushaltsgegenstände beigefügt werden, die auch deren genaue Bezeichnung enthält.
(3) Der Antrag in Ehewohnungssachen soll die Angabe enthalten, ob Kinder im Haushalt der Ehegatten leben.

Übersicht

	Rdn.		Rdn.
A. Allgemeines	1	I. Präzisierung des Verfahrensziels	8
B. Verfahrensantrag (Abs. 1)	3	II. Bestimmung des Umfangs des Haushalts	10
C. Der Antrag in Haushaltssachen (Abs. 2)	6	III. Der Antrag in Ehewohnungssachen	18

1 **A. Allgemeines.** § 203 bestimmt, dass das Verfahren nur auf Antrag, also nicht von Amts wegen, eingeleitet wird und entspricht insoweit der früheren Regelung des § 1 Abs. 1 HausratsVO. Abs. 2 begründet darüber hinaus besondere Anforderungen an den Inhalt des Antrages. Auf diese Weise werden die Mitwirkungspflichten der Beteiligten stärker als bislang betont und konkretisiert (BT-Drucks. 16/6308 S. 249). Indem die Regelungen der Abs. 2 und 3 jedoch nur als Sollvorschrift ausgestaltet sind, führt die Nichtbeachtung der Mitwirkungspflichten nicht sogleich zur Unbegründetheit oder gar Unzulässigkeit des Antrages. Da in dem Verfahren in Ehewohnungs- und Haushaltssachen der Grundsatz der Amtsermittlung gilt (§ 26), ist das Gericht vielmehr weiterhin verpflichtet, auf eine Nachbesserung des Antragsinhalts hinzuwirken (§ 28). Ergänzt wird die Norm i.Ü. aber durch § 206.

2 Abs. 3 bestimmt für das Verfahren auf Zuweisung der Ehewohnung, dass Angaben zu den im Haushalt lebenden Kindern gemacht werden sollen. Auf diese Weise soll die in § 205 begründete Anhörung des Jugendamtes gewährleistet werden.

3 **B. Verfahrensantrag (Abs. 1).** Das Ehewohnungs- und Haushaltsverfahren wird nur auf Antrag eines der beteiligten Ehegatten eingeleitet. Die sonstigen Beteiligten wie bspw. der Vermieter der Ehewohnung (vgl. § 204), die Kinder oder das Jugendamt sind nach dem insoweit eindeutigen Wortlaut der Norm nicht selbst antragsberechtigt.

4 Der Verfahrensantrag bildet die Grundlage des gerichtlichen Verfahrens, ohne dass das Gericht an ihn wie an einen Sachantrag nach § 253 ZPO gebunden wäre (MünchKomm/*Erbarth* ZPO § 203 Rn. 5; a.A. *Keidel/Giers* § 203 Rn. 2; *Johannsen/Henrich/Götz* § 203 Rn. 2). Außerhalb des Verbundes kann der Antrag auch zu Protokoll der Geschäftsstelle gestellt werden (§ 25).

5 Während das Fehlen einer Einigung nach § 1 Abs. 1 HausratsVO Zulässigkeitsvoraussetzung war (OLG Zweibrücken FamRZ 2003, 131), stellt die Einigung jetzt kein Verfahrenshindernis mehr dar. Allerdings fehlt es am Regelungsinteresse für ein gerichtliches Verfahren, wenn und soweit zwischen den Beteiligten Einigkeit über die Verteilung von Haushalt und Ehewohnung besteht.

6 **C. Der Antrag in Haushaltssachen (Abs. 2).** § 203 Abs. 2 bestimmt hinsichtlich des Antrages in Haushaltssachen zum einen, dass der den Antrag stellende Ehegatte angibt, welche Ziele er mit seinem Antrag verfolgt. Dies ist auch Folge der Ausgestaltung des § 1568b BGB als Anspruchsnorm. Überdies kann auf diese Weise der Umfang des Streitstoffs eingegrenzt werden. Daneben ist der Antragsteller im Verfahren nach § 1568b BGB gehalten, den genauen Umfang des gesamten Haushalts zu nennen, weil nur auf diese Weise eine ausgewogene Verteilung möglich ist. Die Norm ist eine Präzisierung der nach § 27 Abs. 1 allgemein bestehenden Mitwirkungspflicht. Daneben gilt die allgemeine Vorschrift des § 23, die ebenfalls vorgibt, dass der Antrag begründet werden soll.

7 Indem die Norm als Sollvorschrift ausgestaltet ist, führt die Nichtbeachtung der Mitwirkungspflichten *nicht sogleich zur Unzulässigkeit* des Antrages. Das Gericht ist nach § 28 jedoch verpflichtet, darauf hinzuwirken, dass die Beteiligten sich über alle wesentlichen Umstände erklären. § 206 Abs. 2 und Abs. 3 begründen überdies nachteilige Rechtsfolgen für die säumigen Parteien, wenn das Gericht ihnen zuvor entsprechende Auflagen erteilt hat.

I. Präzisierung des Verfahrensziels. Nach Abs. 2 Satz 1 soll der Antrag die Angabe derjenigen Gegenstände enthalten, deren Zuteilung der Antragsteller begehrt. Durch diese Präzisierung des Verfahrensziels wird zwar nicht der Entscheidungsspielraum des Gerichts eingeengt, doch wird auf diese Weise die Begrenzung des Verfahrensstoffs auf die streitigen Punkte erreicht, was der Verfahrensökonomie dient (BT-Drucks. 16/6308 S. 249). 8

Diese Regelung hat nur dann Bedeutung, wenn der Antragsteller die Zuweisung bestimmter Haushaltsgegenstände begehrt, nicht dann, wenn er sonstige Regelungen wie z.B. die Zahlung einer Nutzungsentschädigung anstrebt (BT-Drucks. 16/6308 S. 249). Auch in diesem Fall erscheint es aber sinnvoll und geboten, das Gericht auf dieses Begehren hinzuweisen. 9

II. Bestimmung des Umfangs des Haushalts. Dem Antrag in Haushaltssachen nach § 200 Abs. 2 Nr. 2 soll zudem nach Abs. 2 Satz 2 eine Aufstellung sämtlicher Haushaltsgegenstände beigefügt werden, die auch deren genaue Bezeichnung enthält. Die Bestimmung gilt ausdrücklich nur in den Verfahren auf endgültige Zuweisung von Haushaltsgegenständen nach § 1568b BGB für die Zeit nach Scheidung der Ehe. Im Verfahren auf deren vorläufige Zuweisung nach § 1361a BGB gilt sie hingegen nicht, da es hier auch nicht zu einer endgültigen Verteilung des Haushalts kommt. Ziel der Haushaltsverteilung bei Getrenntleben ist nicht zwingend die Herstellung einer insgesamt ausgewogenen Regelung. Auch diese Regelung ist wiederum nur als Sollvorschrift ausgestaltet, die aber ggf. nach § 206 durchgesetzt werden kann. 10

Auch schon nach altem Recht bestand eine Aufklärungs- und Ermittlungspflicht des Gerichts nur so lange, wie der Vortrag der Beteiligten oder der Sachverhalt als solcher sowie die aufzuklärenden Tatbestandsmerkmale bei sorgfältiger Überlegung dazu Anlass gaben. Deshalb wurde auch nach altem Recht eine Verpflichtung der Beteiligten angenommen, durch eingehende Darstellung des Sachverhalts an der Aufklärung des Sachverhalts mitzuwirken (OLG Brandenburg FamRZ 2003, 532). Diese Pflicht ist jetzt lediglich präzisiert worden. Dass eine Aufstellung über den gesamten Haushalt verlangt wird, ist deshalb sinnvoll, weil nur in Kenntnis des gesamten Haushalts dessen billige Verteilung vorgenommen werden kann. Durch die Verstärkung der Mitwirkungspflicht der Beteiligten bei fortbestehender Pflicht zur Amtsermittlung wird zudem der Umfang vorzunehmender Ermittlungen verringert, was sich positiv auf die Verfahrensdauer auswirken dürfte. 11

Die Verpflichtung zur Auflistung besteht auch dann, wenn ein Teil der Haushaltsgegenstände bereits einvernehmlich verteilt worden ist. Denn Ziel der Haushaltsverteilung ist auch danach, eine insgesamt ausgewogene Verteilung vorzunehmen, ggf. auch durch Anordnung von Ausgleichszahlungen, die aber auch die Kenntnis vom Umfang des Gesamthaushalts und über den bereits verteilten Teil voraussetzt. 12

Gibt der Vortrag der Beteiligten Anlass zu konkreten Zweifeln an der Vollständigkeit oder Richtigkeit der Auflistung und hat das Gericht von der ihm nach § 206 gegebenen Möglichkeit keinen Gebrauch gemacht, ist es ggf. gehalten, den Bestand des Haushalts von Amts wegen durch eine Augenscheinseinnahme aufzuklären (OLG Naumburg FamRZ 2007, 565), zumindest aber auf die Zweifel hinzuweisen und auf die Vervollständigung des Vortrages und die Klärung von Widersprüchen zu drängen (OLG Zweibrücken FamRZ 1993, 82, 84). 13

Die zu fordernde Aufstellung über den Haushalt muss die genaue Bezeichnung der Haushaltsgegenstände enthalten. Wegen der Ausfüllung dieses Kriteriums kann auf die Anforderungen an die Bestimmtheit eines Vollstreckungstitels zurückgegriffen werden (BT-Drucks. 16/6308 S. 249). Danach ist erforderlich, dass die Haushaltsgegenstände so weit wie möglich individualisiert und mit der für die Zwangsvollstreckung nötigen Bestimmtheit bezeichnet werden (OLG Brandenburg FamRZ 2003, 532 LS; FamRZ 2000, 1102; OLG Köln FamRZ 2001, 1174). 14

Die Vorschrift ist als Sollvorschrift ausgestaltet, was zum einen zur Folge hat, dass Anträge ohne gesonderte Auflistung des Haushalts nicht allein deshalb unzulässig oder auch nur unbegründet sind. Darüber hinaus sind atypische Ausnahmefälle denkbar, in denen auf eine Auflistung ohnehin verzichtet werden kann (BT-Drucks. 16/6308 S. 249). Ein derartiger Ausnahmefall wäre etwa dann gegeben, wenn einer der Ehegatten ohne eigenes Verschulden keine Kenntnis über die Zusammensetzung des Haushalts hat, was z.B. nach längerer Strafhaft der Fall sein kann. 15

§ 204 Buch 2. Verfahren in Familiensachen

16 Unter der Geltung der HausratsVO war streitig, ob ein Anspruch auf **Auskunft** über den Bestand des Haushalts anzuerkennen war (zum Streitstand vgl. FAKomm-FamR/*Weinreich* 3. Aufl. § 1 HausratsVO Rn. 8). Nach den durch das FamFG eingeführten Änderungen wird man einen Auskunftsanspruch nicht mehr annehmen können, weil insb. § 206 ausreichend Möglichkeiten gibt, die Beteiligten zu umfassenden Erklärungen zu bewegen.

17 Wegen der Formulierung von Anträgen auf Zuweisung der Ehewohnung oder von Haushaltssachen vgl. FormBFA-FamR/*Schick* Kap. 6.

18 **III. Der Antrag in Ehewohnungssachen.** Abs. 3 bestimmt zum Antrag in Ehewohnungssachen lediglich, dass er die Angabe enthalten soll, ob Kinder im Haushalt der Ehegatten leben. Der Sinn dieser Regelung besteht darin, die nach § 205 vorgesehene Beteiligung des Jugendamtes in Ehewohnungssachen zu gewährleisten und sicherzustellen, dass das Wohl der Kinder bei der zu treffenden Entscheidung berücksichtigt werden kann. Auch diese Vorschrift ist wiederum als Sollvorschrift ausgestaltet, weshalb ein Verstoß hiergegen den Antrag nicht unzulässig macht. Im Übrigen gilt auch hier die allgemeine Vorschrift des § 23, weshalb der Antrag auch insoweit begründet werden soll. Dazu gehört auch die genaue Bezeichnung der Wohnung, deren Zuweisung begehrt wird.

§ 204 Beteiligte.
(1) In Ehewohnungssachen nach § 200 Abs. 1 Nr. 2 sind auch der Vermieter der Wohnung, der Grundstückseigentümer, der Dritte (§ 1568a Absatz 4 des Bürgerlichen Gesetzbuchs) und Personen, mit denen die Ehegatten oder einer von ihnen hinsichtlich der Wohnung in Rechtsgemeinschaft stehen, zu beteiligen.
(2) Das Jugendamt ist in Ehewohnungssachen auf seinen Antrag zu beteiligen, wenn Kinder im Haushalt der Ehegatten leben.

Übersicht

	Rdn.		Rdn.
A. Allgemeines	1	4. Personen, mit denen die Ehegatten oder einer von ihnen hinsichtlich der Wohnung in Rechtsgemeinschaft stehen	10
B. Beteiligte	6		
I. Die Beteiligten im Einzelnen	7		
1. Der Vermieter	7		
2. Der Grundstückseigentümer	8	5. Sonstige	11
3. Der Dritte (§ 1568a Abs. 4 BGB)	9	II. Beteiligung des Jugendamtes (Abs. 2)	12

1 **A. Allgemeines.** § 204 Abs. 1 entspricht dem früheren § 7 HausratsVO. Die ggü jener Regelung vorgenommenen Änderungen stellen lediglich sprachliche Anpassungen dar. Anwendung findet die Vorschrift allein in Ehewohnungsverfahren und hier auch wiederum nur in solchen nach § 200 Abs. 1 Nr. 2, also solchen nach § 1568a BGB. In den übrigen Haushalts- und Ehewohnungsverfahren bedarf es einer Beteiligung Dritter nicht, da weder durch die Verteilung der Haushaltsgegenstände noch durch die nur vorläufige Regelung der Nutzung der ehelichen Wohnung für die Dauer des Getrenntlebens nach § 1361b BGB in deren Rechte eingegriffen wird.

2 Die nach Abs. 1 vorgesehene Beteiligung soll sicherstellen, dass den Dritten das ihnen grundgesetzlich zustehende Recht auf rechtliches Gehör gewährt wird. Außerdem dient die Beteiligung Dritter auch der Sachaufklärung.

3 Die Aufzählung in Abs. 1 ist keine abschließende. Abgesehen von dem in Abs. 2 genannten Jugendamt kann sich eine Beteiligung insb. nach § 7 Abs. 2 Nr. 1 ergeben. Danach sind als Beteiligte diejenigen hinzuziehen, deren Recht durch das Verfahren unmittelbar betroffen wird. Wird also durch eine Entscheidung in einer Ehewohnungssache unmittelbar in Rechte Dritter eingegriffen, die nicht in Abs. 1 genannt sind, sind auch diese zu beteiligen.

4 Abs. 2 gilt – anders als Abs. 1 – dagegen für alle Ehewohnungssachen, also auch für solche nach § 1361b BGB und stellt sicher, dass das Jugendamt auf seinen Antrag zu beteiligen ist.

5 Das Unterlassen der Beteiligung eines Berechtigten an der Ehewohnungssache stellt einen Verfahrensfehler dar. Über die Beteiligung ist ggf. durch anfechtbaren Beschluss zu entscheiden, § 7 Abs. 5.

6 **B. Beteiligte.** Beteiligte können nicht nur natürliche, sondern auf juristische Personen sein.

I. Die Beteiligten im Einzelnen. 1. Der Vermieter. Zu beteiligende Vermieter sind nicht nur die Vertragspartner i.R.d. eigentlichen Mietverhältnisses. Die Norm gilt auch für ähnlich gelagerte Vertragsverhältnisse, wie die Leihe oder die Pacht, weshalb auch Verleiher oder Verpächter zu beteiligen sind. Dasselbe gilt für die Wohnungsbaugenossenschaft, wenn die Ehewohnung als Genossenschaftswohnung zugeteilt war. Ist die Wohnung von einer Erbengemeinschaft oder einer GbR gemietet, ist die Gemeinschaft bzw. die Gesellschaft zu beteiligen.

2. Der Grundstückseigentümer. Dem Grundstückseigentümer gleich stehen der Erbbauberechtigte, der Nießbraucher und alle sonst dinglich Berechtigten an der Wohnung. Das folgt daraus, dass der Wortlaut der Norm ggü. dem des § 7 HausratsVO unverändert geblieben ist und eine Änderung auch vom Gesetzgeber nicht geplant war (BT-Drucks. 16/6308 S. 249). Deshalb besteht kein Anlass § 204 enger auszulegen als § 7 HausratsVO (*Keidel/Giers* FamFG § 204 Rn. 2; *Thomas/Putzo/Hüßtege* ZPO § 204 Rn. 3; a.A. MünchKomm/*Erbarth* ZPO § 204 Rn. 6).

3. Der Dritte (§ 1568a Abs. 4 BGB). Dritter i.S.d. § 1568a Abs. 4 BGB ist der Dienstherr, wenn die Wohnung aufgrund eines Dienst- oder Arbeitsverhältnisses zur Verfügung gestellt worden ist. Zumeist wird er allerdings ohnehin schon als Grundstückseigentümer oder Vermieter zu beteiligen sein. Andererseits besteht die Pflicht zur Beteiligung auch dann, wenn er nicht Grundstückseigentümer ist und die Wohnung seinerseits angemietet hat, um sie an Betriebsangehörige weiter zu geben.

4. Personen, mit denen die Ehegatten oder einer von ihnen hinsichtlich der Wohnung in Rechtsgemeinschaft stehen. Hierunter fallen solche Personen, die eigene dingliche oder schuldrechtliche Ansprüche an der Wohnung erworben haben. Das sind Miteigentümer oder Mitmieter der ehelichen Wohnung, Untermieter in der Wohnung oder auch nahe Angehörige, die mit beiden oder einem Ehegatten bezüglich der Wohnung in Rechtsgemeinschaft stehen. Die allein tatsächliche Beeinträchtigung durch die Zuweisungsentscheidung begründet das Erfordernis der Beteiligung dagegen noch nicht, sodass minderjährige Kinder, die die Wohnung aufgrund eines Eltern/Kind-Verhältnisses bewohnen, nicht zu beteiligen sind (BayObLG FamRZ 1977, 467). Dasselbe gilt für ohne eigene Rechtsposition in die Wohnung aufgenommene Angehörige eines Ehegatten oder dessen neuer Partner. Nicht zu beteiligen ist auch der Insolvenzverwalter über das Vermögen eines Ehegatten, da die den Gegenstand des Verfahrens auf Zuweisung der Ehewohnung bildenden Rechte an der Wohnung nicht der Pfändung unterworfen sind und damit auch von der Insolvenz des Ehegatten nicht erfasst werden (OLG Celle MDR 1962, 416).

5. Sonstige. Die Aufzählung in Abs. 1 ist nicht abschließend (BT-Drucks. 16/6308 S. 250). Deshalb sind neben den in Abs. 1 genannten all solche Personen zu beteiligen, deren Rechte durch das Wohnungszuweisungsverfahren sonst unmittelbar betroffen sind (§ 7 Abs. 2 Nr. 1).

II. Beteiligung des Jugendamtes (Abs. 2). Nach Abs. 2 ist das Jugendamt am Verfahren zu beteiligen, wenn Gegenstand des Verfahrens die Zuweisung der Ehewohnung ist und Kinder im Haushalt der Ehegatten leben. Anders als Abs. 1 gilt Abs. 2 für alle Ehewohnungssachen, also auch für solche nach § 1361b BGB.
Auch in Ehewohnungssachen ist aber weitere Voraussetzung, dass das Jugendamt einen entsprechenden Antrag stellt. Durch diese Regelung soll flexibel auf das Erfordernis der Beteiligung reagiert werden können, wodurch unnötiger Verwaltungsaufwand dadurch vermieden wird, dass eine Beteiligung unterbleibt, wenn sie sich als nicht notwendig erweist. Diese sog. »Zugriffslösung« (BT-Drucks. 16/6308 S. 250) korrespondiert mit der Regelung des § 205, der die Anhörung des Jugendamtes durch das Gericht regelt, wobei die Anhörung die Beteiligung nicht ersetzt.

§ 205 Anhörung des Jugendamts in Ehewohnungssachen.

(1) ¹In Ehewohnungssachen soll das Gericht das Jugendamt anhören, wenn Kinder im Haushalt der Ehegatten leben. ²Unterbleibt die Anhörung allein wegen Gefahr im Verzug, ist sie unverzüglich nachzuholen.
(2) ¹Das Gericht hat in den Fällen des Absatzes 1 Satz 1 dem Jugendamt die Entscheidung mitzuteilen. ²Gegen den Beschluss steht dem Jugendamt die Beschwerde zu.

§ 206

Übersicht	Rdn.		Rdn.
A. Allgemeines	1	C. Mitteilung der Entscheidung an das Jugendamt (Abs. 2 Satz 1)	5
B. Anhörung des Jugendamtes (Abs. 1)	2	D. Rechtsmittel (Abs. 2 Satz 2)	6

1 **A. Allgemeines.** Die Regelung des § 205 betrifft nur die Ehewohnungssachen und ergänzt die Vorschrift des § 204 Abs. 2. Sie ersetzt den früheren § 49a Abs. 2 FGG, der gleichfalls eine Anhörung des Jugendamtes in Wohnungszuweisungsverfahren vorsah. Anders als in jener Regelung ist die Anhörung aber unabhängig vom voraussichtlichen Ausgang des Verfahrens vorgesehen. Allerdings ist die Norm – anders als andere entsprechende Vorschriften des 2. Buches – nur als Sollvorschrift ausgestaltet. Sie trägt dem Umstand Rechnung, dass die Zuweisung der Wohnung im Regelfall erhebliche Auswirkungen auf das Wohl der betroffenen Kinder hat (BT-Drucks. 16/6308 S. 250) und entspricht der sich aus § 50 Abs. 1 Satz 2 SGB VIII ergebenden Unterstützungs- und Mitwirkungspflicht des Jugendamtes bei allen Maßnahmen, die die Personensorge betreffen.

2 **B. Anhörung des Jugendamtes (Abs. 1).** Angehört werden soll das Jugendamt, in dessen Bezirk die Eltern ihren gewöhnlichen Aufenthalt haben (§§ 87 Abs. 1 Satz 1, 86 SGB VIII). Eine einmal begründete Zuständigkeit bleibt bis zum Abschluss des Verfahrens bestehen (§ 87b Abs. 2 Satz 2 SGB VIII). Haben die Eltern ihren gewöhnlichen Aufenthalt in verschiedenen Jugendamtsbezirken, sind alle Jugendämter zu hören, in deren Bezirken sich Eltern und Kinder aufhalten (*Büte* Rn. 33 m.w.N.). Angehört werden sollen die Jugendämter in allen Verfahren, also auch bei einstweiligen Anordnungen (OLG Düsseldorf DAVorm 1996, 531).

3 Unterbleibt die Anhörung allein deshalb, weil Gefahr im Verzug besteht, mithin besonderer Eilbedarf gegeben ist, ist sie unverzüglich nachzuholen. Diese Regelung ist insb. vor Erlass einstweiliger Anordnungen von Bedeutung, wenn durch die Anhörung des Jugendamtes ein nicht vertretbarer Zeitverlust entstehen würde. Findet eine Anhörung aus sonstigen Gründen nicht statt, sollte der Grund hierfür dokumentiert werden, weil die grundlos unterbliebene Anhörung einen Verfahrensfehler darstellt, der mit der Beschwerde gerügt werden kann (Keidel/*Giers* § 205 Rn. 2).

4 Eine erneute Anhörung in der Beschwerdeinstanz ist grds. nicht erforderlich (BGH FamRZ 1986, 895; BayObLG 1997, 688).

5 **C. Mitteilung der Entscheidung an das Jugendamt (Abs. 2 Satz 1).** Nach Abs. 2 hat das Gericht dem Jugendamt die Entscheidung mitzuteilen, wenn ein Fall des Abs. 1 Satz 1 vorliegt. Dieser Formulierung ist zu entnehmen, dass die Mitteilung der Entscheidung auch dann zwingend ist, wenn die Anhörung des Jugendamtes unterblieben ist. Dies ist auch deshalb zwingend, weil andernfalls nicht gewährleistet wäre, dass das Jugendamt von seiner ihm nach Abs. 2 Satz 2 zustehenden Beschwerdebefugnis Gebrauch machen kann. Die Mitteilung hat wegen der Beschwerdebefugnis des Jugendamtes förmlich zu erfolgen.

6 **D. Rechtsmittel (Abs. 2 Satz 2).** Nach § 59 Abs. 3 bestimmt sich die Beschwerdeberechtigung von Behörden nach den besonderen Vorschriften dieses Gesetzes. Abs. 2 Satz 2 ist eine derartige Vorschrift, durch die dem Jugendamt ein eigenständiges Beschwerderecht gegen die Entscheidung auf Zuweisung der Ehewohnung dann zusteht, wenn Kinder im Haushalt der Ehegatten leben. Wegen Einzelheiten zur Ausgestaltung der Beschwerde wird auf §§ 59 ff. verwiesen. Das Beschwerderecht besteht unabhängig davon, ob das Jugendamt beteiligt worden ist. Eine Beschwer ist nicht erforderlich. Das Jugendamt nimmt insoweit die Interessen der betroffenen Kinder wahr.

§ 206 Besondere Vorschriften in Haushaltssachen.

(1) Das Gericht kann in Haushaltssachen jedem Ehegatten aufgeben,
1. die Haushaltsgegenstände anzugeben, deren Zuteilung er begehrt,
2. eine Aufstellung sämtlicher Haushaltsgegenstände einschließlich deren genauer Bezeichnung vorzulegen oder eine vorgelegte Aufstellung zu ergänzen,
3. sich über bestimmte Umstände zu erklären, eigene Angaben zu ergänzen oder zum Vortrag eines anderen Beteiligten Stellung zu nehmen oder
4. bestimmte Belege vorzulegen

und ihm hierzu eine angemessene Frist setzen.

(2) Umstände, die erst nach Ablauf einer Frist nach Absatz 1 vorgebracht werden, können nur berücksichtigt werden, wenn dadurch nach der freien Überzeugung des Gerichts die Erledigung des Verfahrens nicht verzögert wird oder wenn der Ehegatte die Verspätung genügend entschuldigt.
(3) Kommt ein Ehegatte einer Auflage nach Absatz 1 nicht nach oder sind nach Absatz 2 Umstände nicht zu berücksichtigen, ist das Gericht insoweit zur weiteren Aufklärung des Sachverhalts nicht verpflichtet.

Übersicht

	Rdn.		Rdn.
A. Allgemeines	1	III. Erklärung über besondere Umstände (Nr. 3)	13
B. Substantiierungs- und Mitwirkungspflicht	6	IV. Belegpflicht (Nr. 4)	14
I. Angabe der begehrten Haushaltsgegenstände (Nr. 1)	8	C. Verspätungsregelung (Abs. 2)	15
II. Aufstellung über den gesamten Haushalt (Nr. 2)	11	D. Einschränkung des Amtsermittlungsprinzips (Abs. 3)	19

A. Allgemeines. Die Norm konkretisiert die schon in § 27 begründete Mitwirkungspflicht der Beteiligten. 1
Sie gilt nur für das Verfahren in Haushaltssachen, hier aber unabhängig davon, ob die nur vorläufige Regelung der Verteilung nach § 1361a oder die endgültige nach § 1568b BGB beansprucht wird. Während § 203 nur den Antragsteller berührende Regelungen aufstellt, betreffen die dem Gericht nach § 206 gegebenen Möglichkeiten auch den Antragsgegner.

§ 27 bestimmt ganz allgemein für das Verfahren in Familiensachen und in Angelegenheiten der freiwilligen 2
Gerichtsbarkeit, dass die Beteiligten bei der Ermittlung des Sachverhalts mitzuwirken und ihre Erklärungen über tatsächliche Umstände vollständig und der Wahrheit gemäß abzugeben haben. Durch Abs. 1 wird die in § 27 allgemein geregelte Mitwirkungspflicht der Beteiligten im Einzelfall für das Verfahren in Haushaltssachen konkretisiert. Die Nichteinhaltung der gebotenen Mitwirkung hat in Abs. 2 und 3 näher genannten Folgen für die nicht hinreichend mitwirkungsbereiten Beteiligten.

Das Bedürfnis, die Beteiligten zur Mitwirkung anzuhalten, ist in Haushaltssachen besonders groß, da es 3
sich dabei typischerweise um Verfahren handelt, die eine Vielzahl von Einzelgegenständen betreffen, wobei jeweils hinsichtlich jedes Einzelgegenstandes wiederum mehrere Punkte, nämlich der Verbleib, die Eigentumslage, die Umstände der Anschaffung und der Wert streitig sein können (BT-Drucks. 16/6308 S. 250). Andererseits betrifft das Haushaltsverfahren vermögensrechtliche Angelegenheiten, hinsichtlich derer kein 4
gesteigertes öffentliches Interesse besteht. Das Verfahren hat außerdem gewisse Ähnlichkeiten mit dem Zivilprozess, sodass es sachgerecht ist, nicht allein das Gericht, sondern die Beteiligten für die Beibringung des Tatsachenstoffs verantwortlich sein zu lassen (BT-Drucks. 16/6308 S. 250).

Die Abs. 2 und 3 knüpfen an die mangelnde oder verspätete Mitwirkung der Beteiligten für diese negative 5
Rechtsfolgen an, die dem Haushaltsverteilungsverfahren bislang unbekannt waren.

B. Substantiierungs- und Mitwirkungspflicht. Während Abs. 1 dem Gericht die Befugnis gibt, den Beteiligten – Antragsteller wie Antragsgegner – als verfahrensleitender Maßnahme aufzugeben, den Antrag näher 6
zu substantiieren, sich über bestimmte Umstände zu erklären oder Belege vorzulegen, beinhaltet Abs. 2 eine Verspätungsregelung. Abs. 3 schränkt die Pflicht zur Amtsermittlung durch das Gericht im Fall mangelhafter Mitwirkung durch die Beteiligten folgerichtig ein.

Nach Abs. 1 hat das Gericht die Möglichkeit, den Beteiligten zur Erledigung der aufgegebenen Substantiie- 7
rungen eine angemessene Frist zu setzen. Wird diese Frist versäumt, greifen die Verspätungsregelungen der Abs. 2 und 3. Eine Frist von 2 Wochen dürfte wegen der weitreichenden Verpflichtungen der Beteiligten zu kurz sein (so auch: Keidel/*Giers* § 206 Rn. 3).

I. Angabe der begehrten Haushaltsgegenstände (Nr. 1). Nach Abs. 1 Nr. 1 kann das Gericht den Beteilig- 8
ten aufgeben, eine Auflistung derjenigen Haushaltsgegenstände vorzulegen, deren Zuweisung sie begehren. Zwar ist das Gericht auch nach der Gesetzesänderung an die Anträge der Beteiligten nicht gebunden. Diese stellen eine Verfahrensvoraussetzung dar (§ 23) und beinhalten i.Ü. Vorschläge der beteiligten Eheleute (BGH FamRZ 1992, 531 zur alten Rechtslage; vgl. i.Ü. zum Streitstand oben § 203 Rdn. 4). Sie zeigen daneben jedoch, welche Verteilung der Haushaltssachen die Eheleute selbst als billig empfinden. Die Verpflichtung ermöglicht sodann auch eine Beschränkung des Streitstoffs (BT-Drucks. 16/6308 S. 250), wobei aller-

dings zu bemerken ist, dass eine billige Verteilung des Haushalts erst dann möglich ist, wenn dessen genauer Umfang bekannt ist (vgl. Abs. 1 Nr. 2).

9 Die Auflage richtet sich an diejenigen Beteiligten, die ihrer aus § 203 Abs. 2 ohnehin folgenden Verpflichtung nicht nachgekommen sind. Da diese Norm eine Sollvorschrift ist, deren Nichtbeachtung nicht zur Unzulässigkeit des Antrages führt (vgl. § 203 Rdn. 7), ist Abs. 1 Nr. 1 die Ergänzung, deren Nichtbeachtung nunmehr negative Folgen auslöst.

10 Daneben ist die Möglichkeit der Erteilung von Auflagen auch insoweit von Bedeutung, als mit ihr entsprechende Verpflichtungen auch für die jeweiligen Antragsgegner begründet werden können, die, da sie keinen Antrag stellen, von der Regelung des § 203 Abs. 2 nicht erfasst sind.

11 **II. Aufstellung über den gesamten Haushalt (Nr. 2).** Nach Abs. 1 Nr. 2 kann das Gericht anordnen, dass die Beteiligten eine Aufstellung sämtlicher Haushaltsgegenstände unter deren genauer Bezeichnung vorlegen oder eine bereits vorgelegte Aufstellung ergänzen. Nur dann, wenn der genaue Umfang des gesamten Haushalts bekannt ist, kann sachgerecht die Verteilung durchgeführt werden. Abs. 1 Nr. 2 gibt dem Gericht somit die Möglichkeit, sich die tatsächliche Grundlage für eine interessengerechte Abwägung zu schaffen. Die Aufstellung über den gesamten Haushalt beinhaltet auch diejenigen Gegenstände, die einer der Ehegatten bereits vorab erhalten hat, da diese in die Abwägung mit einfließen. Die Aufstellung kann nicht verlangt werden, wenn sie für das Gericht nicht erforderlich ist (BT-Drucks. 16/6308 S. 250), weil z.B. nur eine Nutzungsentschädigung beansprucht wird.

12 Die genaue Bezeichnung der Haushaltsgegenstände ist erforderlich, um deren Wert abschätzen zu können. Durch sie kann aber auch erst erreicht werden, dass der zu schaffende Titel so präzise gefasst wird, dass er vollstreckbar wird. Ist die bis dahin vorgelegte Aufstellung unvollständig, kann das Gericht den Beteiligten aufgeben, die Aufstellung zu ergänzen.

13 **III. Erklärung über besondere Umstände (Nr. 3).** Abs. 1 Nr. 3 ermöglicht es dem Gericht, den Beteiligten eine Ergänzung ihres Vortrages aufzuerlegen. Die besonderen Umstände können etwa die Modalitäten der Anschaffung oder die Art und Weise der Nutzung des Haushaltsgegenstandes sein. Gefordert werden kann nach dieser Vorschrift sowohl die Ergänzung eigenen Vortrages als auch die Stellungnahme zu dem Vortrag des anderen Beteiligten.

14 **IV. Belegpflicht (Nr. 4).** Abs. 1 Nr. 4 begründet die Verpflichtung, auf Verlangen Belege vorzulegen. In Betracht kommen hier z.B. Unterlagen über den Kauf von Haushaltsgegenständen, die über den Zeitpunkt der Anschaffung, die Person des Käufers und den Anschaffungspreis Auskunft geben können (BT-Drucks. 16/6308 S. 250).

15 **C. Verspätungsregelung (Abs. 2).** Abs. 2 stellt eine Präklusionsregelung für den Fall dar, dass ein Beteiligter die ihm gesetzte Frist nach Abs. 1 versäumt. Eine derartige Regelung war dem auf dem Amtsermittlungsgrundsatz aufbauenden FGG oder der HausratsVO fremd. Sie ist der des § 296 Abs. 1 ZPO angeglichen und notwendig, um die Mitwirkung der Beteiligten sicherzustellen. Eine Fristsetzung ohne entsprechende Sanktionsmöglichkeit für den Fall der Fristversäumung wäre sinnlos.

16 Die Präklusionsregelung erfasst nur »Umstände«. Dies sind Sachvortrag und Beweisangebote für bestimmte Tatsachenbehauptungen, nicht dagegen das Verfahrensziel als solches. Den Beteiligten bleibt es also unbenommen, die Angaben zu den Haushaltsgegenständen, die sie zugeteilt erhalten möchten (Abs. 1 Nr. 1), auch nach Fristablauf noch zu ändern (BT-Drucks. 16/6308 S. 250).

17 Voraussetzung für die Nichtberücksichtigung ist stets, dass die Erledigung des Verfahrens im Fall der Berücksichtigung des Vortrages verzögert wird oder der Ehegatte die Verspätung nicht genügend entschuldigt. Maßgeblich ist für die Verzögerung allein, ob das Verfahren bei Berücksichtigung des Vortrages länger dauern würde, was etwa bei unstreitigem Vortrag nicht der Fall ist. Eine Verzögerung liegt auch nicht vor, wenn das Verfahren ohnehin noch nicht entscheidungsreif ist und verspätet vorgebrachte Beweismittel durch verfahrensleitende Maßnahmen herbeigeschafft werden könnten.

18 Indem der verspätet vortragende Beteiligte sich entschuldigen muss, geht das Gesetz grds. vom Verschulden des Beteiligten aus. Der Entschuldigungsgrund ist auf Verlangen des Gerichts glaubhaft zu machen. War die gesetzte Frist unangemessen kurz, ist die Fristversäumnis stets entschuldigt.

19 **D. Einschränkung des Amtsermittlungsprinzips (Abs. 3).** Für das Verfahren in Ehewohnungs- und Haushaltssachen gilt auch nach dem FamFG der Grundsatz der Amtsermittlung. Danach hat das FamG die objektive Wahrheit von Amts wegen zu ergründen.

Durch Abs. 3, der eine Ergänzung der Präklusionsregelung des Abs. 2 beinhaltet, wird dieser Grundsatz erheblich eingeschränkt. Kommt nämlich ein Beteiligter ihm nach Abs. 1 erteilten Auflagen nicht nach oder ist er mit seinem Vortrag nach Abs. 2 präkludiert, besteht keine weitere Verpflichtung des Gerichts mehr, diese Umstände von Amts wegen aufzuklären. 20

Ohne diese Regelung wäre eine Nichtbeachtung erteilter Auflagen oder verspäteter Vortrag folgenlos geblieben. Denn in jenem Fall hätte das Gericht die nicht vorgetragenen Umstände ohnehin von Amts wegen klären müssen. Aus diesem Grunde verhilft erst Abs. 3 den durch Abs. 1 und 2 erheblich erweiterten Mitwirkungspflichten zur Wirksamkeit. 21

Nach Sinn und Zweck der Regelung erfasst die Präklusionswirkung nur solche Umstände, die für denjenigen Beteiligten, gegen den sich die Auflage nach Abs. 1 richtet, günstig sind. Betrifft sie hingegen für ihn nachteilige Umstände, ist die Pflicht des Gerichts zur Amtsermittlung nicht eingeschränkt (BT-Drucks. 16/6308 S. 250). 22

§ 207 Erörterungstermin.
¹Das Gericht soll die Angelegenheit mit den Ehegatten in einem Termin erörtern. ²Es soll das persönliche Erscheinen der Ehegatten anordnen.

Übersicht

	Rdn.		Rdn.
A. Allgemeines	1	C. Anordnung des persönlichen Erscheinens	4
B. Erörterung in einem Termin	2		

A. Allgemeines. Die Norm gilt für alle Ehewohnungs- und Haushaltssachen und stellt klar, dass die mündliche Verhandlung den Regelfall darstellt und nur ausnahmsweise von ihr abgesehen werden kann. Anders als der frühere § 13 Abs. 2 HausratsVO bestimmt sie allerdings nicht, dass das Gericht darauf hinwirken soll, dass die Beteiligten sich gütlich einigen. Dessen bedarf es aber auch nicht, da die entsprechende Verpflichtung des Gerichts sich bereits aus § 36 Abs. 1 Satz 2 ergibt. 1

B. Erörterung in einem Termin. Die Norm sieht die mündliche Verhandlung und Erörterung mit den Beteiligten als Regelfall vor. Deshalb kann nur ausnahmsweise nach pflichtgemäßem Ermessen von ihr abgesehen werden, wenn etwa die Sach- und Rechtslage geklärt ist und keine Aussicht auf eine vergleichsweise Regelung besteht. Die Norm gilt auch für das Beschwerdeverfahren (OLG Braunschweig FamRZ 1980, 568). 2

Die mündliche Verhandlung ist nicht öffentlich (§ 170 GVG), die Beweisaufnahme parteiöffentlich. 3

C. Anordnung des persönlichen Erscheinens. Nach Satz 2 soll das persönliche Erscheinen der Ehegatten angeordnet werden. Diese Formulierung lässt zum einen erkennen, dass die Anordnung des persönlichen Erscheinens der Regelfall ist. Von ihr kann dann abgesehen werden, wenn das Erscheinen sehr aufwendig und kostenträchtig ist und in keinem Verhältnis zum Wert der zu verteilenden Haushaltssachen steht (OLG Frankfurt FamRZ 2011, 372; Keidel/*Giers* § 207 Rn. 3). Darüber hinaus bezieht sie sich nur auf die Ehegatten, nicht auf sonstige Beteiligte (§ 204). Wegen weiterer Einzelheiten hinsichtlich der Anordnung des persönlichen Erscheinens und deren Durchsetzung wird auf § 33 verwiesen. 4

§ 208 Tod eines Ehegatten.
Stirbt einer der Ehegatten vor Abschluss des Verfahrens, gilt dieses als in der Hauptsache erledigt.

Mit dem Tod eines der Ehegatten vor dem Abschluss des Verfahrens gilt dieses als in der Hauptsache erledigt. Denn dem laufenden Verfahren ist die Grundlage für eine Entscheidung entzogen. Wie schon für das Verfahren nach der HausratsVO anerkannt, ist eine Fortsetzung des Verfahrens nur wegen der Kosten zulässig, während das Gericht Wohnung oder Haushaltsgegenstände nicht etwa einem Dritten, z.B. den Kindern des Verstorbenen, zuweisen kann (OLG München MDR 1951, 623 zur HausratsVO). 1

Eine entsprechende Vorschrift war in der HausratsVO nicht enthalten. Diese Norm lehnt sich an die für Ehesachen geltende des § 131 an und trägt dem Umstand Rechnung, dass die Rechte der Ehegatten aus den Vorschriften über die Zuweisung der Wohnung und von Haushaltsgegenständen höchstpersönlich und nicht vererblich sind. 2

Die Grundsätze der Kostenentscheidung richten sich gem. § 83 Abs. 2 nach § 81. 3

§ 209 Durchführung der Entscheidung, Wirksamkeit.

(1) Das Gericht soll mit der Endentscheidung die Anordnungen treffen, die zu ihrer Durchführung erforderlich sind.
(2) ¹Die Endentscheidung in Ehewohnungs- und Haushaltssachen wird mit Rechtskraft wirksam. ²Das Gericht soll in Ehewohnungssachen nach § 200 Abs. 1 Nr. 1 die sofortige Wirksamkeit anordnen.
(3) ¹Mit der Anordnung der sofortigen Wirksamkeit kann das Gericht auch die Zulässigkeit der Vollstreckung vor der Zustellung an den Antragsgegner anordnen. ²In diesem Fall tritt die Wirksamkeit in dem Zeitpunkt ein, in dem die Entscheidung der Geschäftsstelle des Gerichts zur Bekanntmachung übergeben wird. ³Dieser Zeitpunkt ist auf der Entscheidung zu vermerken.

Übersicht

	Rdn.		Rdn.
A. Allgemeines	1	D. Anordnung der sofortigen Wirksamkeit	11
B. Anordnungen, die zur Durchführung der Entscheidung erforderlich sind (Abs. 1)	4	E. Zulässigkeit der Vollstreckung vor der Zustellung an den Antragsgegner	13
C. Wirksamkeit der Endentscheidung (Abs. 2 Satz 1)	9		

1 **A. Allgemeines.** Die Norm schafft in Abs. 1 die Möglichkeit, Maßnahmen zu treffen, die die Vollstreckung der Entscheidung in der Ehewohnungs- und Haushaltssache erleichtern und sichern sollen. Auch nach § 209 gibt es keine vorläufige Vollstreckbarkeit von Entscheidungen. Doch kann nach Abs. 2 Satz 2 in bestimmten Fällen nunmehr die sofortige Wirksamkeit der Entscheidung angeordnet werden. Damit ist eine Gleichbehandlung mit den in § 2 GewSchG geregelten Fällen hergestellt, die wegen der Vergleichbarkeit der Sachverhalte auch geboten war.

2 Abs. 3, der sich auf Abs. 2 Satz 2 bezieht und somit Bedeutung nur für Ehewohnungssachen hat, gibt die Möglichkeit, zum Schutz des begünstigten Ehegatten weitergehend die Zulässigkeit der Vollstreckung aus der Entscheidung in der Ehewohnungssache noch vor der Zustellung an den Antragsgegner anzuordnen. Insoweit wird eine Parallele zu der nach § 216 Abs. 2 gegebenen Möglichkeit in Gewaltschutzverfahren geschaffen. Verheiratete Opfer von Gewalt sind jetzt somit nicht mehr darauf angewiesen, die Wohnungszuweisung nach dem GewSchG zu betreiben. Sie können vielmehr auch nach § 1361b BGB oder § 1568a BGB vorgehen, was wegen des teilweise streitigen Verhältnisses zwischen § 1361b BGB und § 2 GewSchG (vgl. dazu FAKommFamR/*Weinreich* § 1361b Rn. 61) von praktischer Bedeutung sein kann.

3 Zur Vollstreckbarkeit in Gewaltschutz- und Ehewohnungssachen stellt § 96 eigenständige Regeln auf.

4 **B. Anordnungen, die zur Durchführung der Entscheidung erforderlich sind (Abs. 1).** Die nach Abs. 1 möglichen Maßnahmen sind solche, die die Vollstreckung der Entscheidungen erleichtern und sichern sollen. Sie können von Amts wegen angeordnet werden, doch ist ein entsprechender Antrag der Beteiligten als Hinweis auf das Erfordernis begleitender Anordnungen sinnvoll.

5 Werden die **Haushaltsgegenstände** verteilt, kann im Rahmen von Abs. 1 dem zur Leistung einer Ausgleichszahlung verpflichteten Ehegatten nachgelassen werden, diese in Raten oder Zug um Zug gegen im Einzelnen zu bestimmenden Gegenleistungen zu erbringen. Weiter kann einem Ehegatten aufgegeben werden, es zu unterlassen, Haushaltsgegenstände zu entfernen oder eigenmächtig aus dem Haushalt entfernte Gegenstände zurückzugeben (OLG Düsseldorf FamRZ 1984, 1095). Generell ist zu beachten, dass die Zuweisungsentscheidung so gefasst wird, dass sie vollstreckbar ist. Es ist insbesondere wichtig, die zugewiesenen Gegenstände möglichst genau zu individualisieren. Eine Zuweisung »soweit vorhanden« ist ebenso unzulässig wie eine nur bedingte. Weiter ist die Entscheidung mit einer **Herausgabeanordnung** zu versehen, die Voraussetzung für die Vollstreckbarkeit ist (vgl. im Einzelnen: *Weinreich* NZFam 2014, 486, 489).

6 Im Fall der Zuweisung der **Ehewohnung** können Räumungs- und Herausgabeanordnungen getroffen werden. Dabei ist zu beachten, dass die Wohnungszuweisung als solche noch nicht den für die Vollstreckung, die sich nach § 95 Abs. 1 Nr. 2 i.V.m. § 885 ZPO vollzieht, erforderlichen Räumungstitel darstellt. Erforderlich ist deshalb zusätzlich die Anordnung der Räumung und Herausgabe an den anderen Ehegatten (vgl. FAKommFamR/*Weinreich* § 1361b Rn. 34; BGH FamRZ 1994, 98, 101; a.A. MünchKomm/*Erbarth* § 209 Rn. 5). Sinnvoll ist auch die Anordnung, die persönlichen Gegenstände mitzunehmen (Keidel/*Giers* § 209 Rn. 4). Besteht ein Untermietverhältnis, kann es geboten sein, dessen Kündigung anzuordnen (Prütting/Helms/Neumann § 209 Rn. 4).

Da die §§ 721 oder 765a ZPO i.F.d. Zuweisung der Ehewohnung nicht anwendbar sind, weil sie nur für Räumungsurteile Geltung haben (OLG Hamburg FamRZ 1983, 1151; OLG Stuttgart FamRZ 1980, 467), können begleitend auch Räumungsfristen eingeräumt werden. Bei der Bemessung der Räumungsfrist ist auf die Verhältnisse am Wohnungsmarkt und den für den Umzug erforderlichen Aufwand abzustellen (OLG München FamRZ 1995, 1205, 1206). Dabei sollte beachtet werden, dass die Räumungsfrist erst mit dem Wirksamwerden der Entscheidung zu laufen beginnt (vgl. Abs. 2).

Zu den weiteren möglichen Anordnungen zählen auch Verbote und Gebote, die zu einer sachgerechten Nutzung erforderlich sind (OLG Dresden FamRZ 1997, 183; OLG Karlsruhe FamRZ 1994, 1185; KG FamRZ 1991, 467), wie etwa die Anordnung eines Betretungsverbotes zulasten des Lebensgefährten des räumungspflichtigen Ehegatten. Ist der räumende Ehegatte Alleinmieter oder Alleineigentümer, kommt auch die Anordnung eines Verfügungsverbotes in Betracht (*Coester* FamRZ 1993, 249, 253) oder, falls es sich bei der Ehewohnung um eine Mietwohnung handelt, das Verbot, das Mietverhältnis zu kündigen oder auf andere Weise zu beenden (Prütting/Helms/Neumann § 209 Rn. 4). Eine entsprechende Befugnis folgt bei einer Entscheidung durch einstweilige Anordnung aus § 49 Abs. 2 Satz 2 FamFG (*Giers* NZFam 2014, 496, 499).

C. Wirksamkeit der Endentscheidung (Abs. 2 Satz 1). Abs. 2 Satz 1 entspricht dem früheren § 16 Abs. 1 Satz 1 HausratsVO. Die Regelungen des § 16 Abs. 1 Satz 2 sowie Abs. 2 HausratsVO sind dagegen nicht übernommen worden, weil dazu auch keine Notwendigkeit mehr bestand. Die Bindung von Gerichten und Verwaltungsbehörden an die Entscheidungen des Gerichts sind selbstverständlich; notwendige Genehmigungen der Begründung von Mietverhältnissen durch andere sind, da es eine Wohnraumbewirtschaftung nicht mehr gibt, nicht vorgesehen.

Entscheidungen in Haushalts- oder Ehewohnungssachen werden mit der Rechtskraft der Entscheidung wirksam. Eine vorläufige Vollstreckbarkeit gibt es nicht. Der Eintritt der formellen Rechtskraft bestimmt sich nach § 45. Daneben erwachsen Haushalts- und Ehewohnungssachen aber auch in materielle Rechtskraft (BGHZ 6, 258), wobei deren Bedeutung angesichts der Abänderungsmöglichkeit nach § 48 Abs. 1 nur gering ist.

D. Anordnung der sofortigen Wirksamkeit. Entscheidungen in Haushalts- und Ehewohnungssachen sind nicht vorläufig vollstreckbar. Für Ehewohnungssachen i.S.d. § 200 Abs. 1 Nr. 1 sieht Abs. 2 Satz 2 aber vor, dass das Gericht die sofortige Wirksamkeit der Entscheidung anordnen kann. Da die Vorschrift als Sollvorschrift ausgestaltet ist, stellt diese Anordnung den Regelfall dar.

Aus der Verweisung auf § 200 Abs. 1 Nr. 1 folgt, dass die sofortige Wirksamkeit der Entscheidung nur in Fällen der vorläufigen Wohnungszuweisung nach § 1361b BGB erfolgen soll. Da über § 270 Abs. 2 in Lebenspartnerschaftssachen die in Familiensachen nach § 111 Nr. 5 geltenden Vorschriften Anwendung finden, gilt dasselbe auch für die Zuweisung der Wohnung nach § 14 LPartG. In diesen Fällen kann jedoch nur in begründeten Ausnahmefällen von der Anordnung der sofortigen Wirksamkeit abgesehen werden.

E. Zulässigkeit der Vollstreckung vor der Zustellung an den Antragsgegner. Abs. 3 gibt über die Anordnung der sofortigen Wirksamkeit hinaus noch die Möglichkeit, die Vollstreckung noch vor der Zustellung an den Antragsgegner anzuordnen. Diese Regelung entspricht der nach § 216 Abs. 2. Durch sie wird eine Gleichstellung mit den Verfahren nach dem GewSchG hergestellt.

Die Anordnung steht im Ermessen des Gerichts. Von ihr wird Gebrauch gemacht werden, wenn mit der vorherigen Bekanntgabe an den Antragsgegner Gefahren für den antragstellenden Ehegatten verbunden sind, was insb. bei der Zuweisung wegen Gewalttätigkeiten der Fall sein kann. In Fällen ohne Gewalthintergrund wird regelmäßig kein Anlass für eine derart einschneidende Maßnahme gegeben sein. Zu beachten ist dabei allerdings, dass in Eilfällen regelmäßig im Wege einstweiliger Anordnung vorgegangen werden wird. Hier richtet sich die Möglichkeit der Vollstreckung noch vor der Zustellung der Entscheidung nach § 53 Abs. 2. Aus diesem Grund dürfte der Vorschrift des Abs. 3 keine große praktische Bedeutung zukommen.

Die Anordnung kann auch ohne vorherige Antragstellung von Amts wegen erfolgen. Allerdings wird eine entsprechende Anregung durch die Beteiligten sinnvoll sein.

Im Fall der Anordnung nach Abs. 3 tritt die Wirksamkeit in dem Zeitpunkt der Übergabe der Entscheidung an die Geschäftsstelle zur Bekanntmachung ein. Mit diesem in der Akte zu vermerkenden Zeitpunkt wird die Entscheidung in Abweichung von den allgemeinen Regeln wirksam.

Abschnitt 7. Verfahren in Gewaltschutzsachen

Vorbem. zu §§ 210–216a

1   Der 7. Abschnitt im Verfahren der Familiensachen befasst sich mit dem Verfahren in Gewaltschutzsachen. Diese sind in den §§ 210 bis 216a geregelt. Das **FamG ist für alle Verfahren nach dem GewSchG zuständig** (Großes FamG). Dies war früher nur der Fall, wenn die Beteiligten einen auf Dauer angelegten gemeinsamen Haushalt führen oder innerhalb von 6 Monaten vor Antragstellung geführt haben. Die sachliche Zuständigkeit des AG als FamG ergibt sich aus §§ 23, 23b Abs. 1 GVG i.V.m. §§ 111 Nr. 6, 210. Die früheren Zuständigkeitsstreitigkeiten sind somit obsolet, was somit auch in einer geringen Anzahl von Fällen zu einer Verfahrensbeschleunigung beiträgt und i.Ü. mehr Rechtssicherheit schafft, da Gewissheit besteht, welches Gericht zuständig ist. Als Kehrseite der Medaille kann es dazu kommen, dass das FamG sich mit Angelegenheiten beschäftigen muss, die kein familienrechtliches Verhältnis aufweisen, wenn also z.B. eine Person ohne ein solches Näheverhältnis ggü. einer anderen eine Gewalttat begeht. Schließlich bleibt es bei der streitwertabhängigen Zuständigkeit der Zivilgerichte, sofern Schadensersatz (§ 823 Abs. 1, 2 BGB, § 1 GewSchG) oder Schmerzensgeld (§ 823 Abs. 1, 2 BGB, § 1 GewSchG i.V.m. § 253 BGB) geltend gemacht wird. Sofern es sich allerdings um Schadensersatzansprüche aufgrund häuslicher Gewalt zwischen Ehegatten handelt, soll es sich um sonstige Familiensachen nach § 266 Abs. 1 Nr. 3 FamFG handeln (OLG Frankfurt am Main FamRZ 2014, 1481, 1482). Zu begrüßen ist die Vereinheitlichung des Verfahrens, welches sich nach dem FamFG richtet und nicht nach der ZPO – mit Ausnahme der Vollstreckung (vgl. §§ 95 Abs. 1, 96). Das flexiblere Verfahren der freiwilligen Gerichtsbarkeit erleichtert die Anforderungen an die Einleitung des Verfahrens, sodass ein Antrag nicht den Voraussetzungen des § 253 ZPO genügen muss. Ferner kommt dem Antragsteller der nach § 26 bestehende Amtsermittlungsgrundsatz zugute und die grds. Geltung des Freibeweises führt ggf. zu einer Beschleunigung des Verfahrens. Es besteht kein Anwaltszwang (vgl. § 214 Rdn. 1). Die Verhandlung ist nach § 170 Satz 1 GVG nicht öffentlich.

Im Falle des Vorliegens von Auslandselementen und somit insbesondere aufgrund einer fremden Staatsangehörigkeit eines Beteiligten ist zunächst zu ermitteln, ob das deutsche Sachrecht anwendbar ist oder ggf. eine andere Rechtsordnung, vgl. Art. 3 EGBGB aE. Dies ist die Aufgabe des IPR, besser Kollisionsrecht genannt, da der Konflikt zwischen mehreren Rechtsordnungen gelöst wird. Dabei geht der deutsche Rechtsanwender vom deutschen Kollisionsrecht aus. Die Prüfung erfolgt im gerichtlichen Verfahren von Amts wegen. Entsprechend der Rangfolge der Rechtsquellen ist zunächst auf das supranationale Recht einzugehen und mangels staatsvertraglicher Regelungen im Übrigen auf das autonome (nationale) Recht. Der grenzüberschreitende Gewaltschutz in der Europäischen Union durch die EuGewSchVO, die EUGewSchRL sowie das EUGewSchVG, welche alle seit dem 11.01.2015 Anwendung finden, enthält hingegen kein IPR, sondern ist Teil des Internationalen Zivilverfahrensrechts. Dabei regelt die EuGewSchVO die Anerkennung von Schutzmaßnahmen in Zivilsachen und die EUGewSchRL in Strafsachen. Das EUGewSchVG ist das nationale Ausführungsgesetz hinsichtlich dieser beiden Rechtsakte. Gem. § 1 EUGewSchVG handelt es sich insofern um Familiensachen und es sind die Vorschriften des FamFG anzuwenden (vgl. zum grenzüberschreitenden Gewaltschutz: Dutta FamRZ 2015, 85 f.).

§ 210 Gewaltschutzsachen.
Gewaltschutzsachen sind Verfahren nach den §§ 1 und 2 des Gewaltschutzgesetzes.

Übersicht

	Rdn.		Rdn.
A. Allgemeines	1	C. § 2 GewSchG	3
B. § 1 GewSchG	2		

1   **A. Allgemeines.** Gem. § 210 sind Gewaltschutzsachen Verfahren nach den §§ 1, 2 GewSchG (vgl. dazu: *Barth* S. 59 f.; *Schulte-Bunert* RpflStud 2003, 129 f.; FuR 2011, 202 f., 263 f.; FA-FamR/*Weinreich* 8. Kap. Rn. 420 f.; entsprechende Antragsmuster finden sich bei: Jüdt/Kleffmann/Weinreich/*Schulte-Bunert* 7. Kap.). Das Gesetz zur Verbesserung des zivilgerichtlichen Schutzes bei Gewalttaten und Nachstellungen sowie zur *Erleichterung* der Überlassung der Ehewohnung bei Trennung ist am 01.01.2002 in Kraft getreten. In Art. 1

ist das Gesetz zum zivilrechtlichen Schutz vor Gewalttaten und Nachstellungen (GewSchG) geregelt, welches wiederum aus vier Paragrafen besteht. In § 1 GewSchG sind gerichtliche Schutzmaßnahmen geregelt, in § 2 GewSchG die Überlassung einer gemeinsam genutzten Wohnung, in § 3 GewSchG der persönliche Anwendungsbereich sowie die Konkurrenzen zu anderen Vorschriften und § 4 GewSchG enthält eine Strafandrohung bei Verstoß gegen eine Schutzanordnung nach § 1 GewSchG. Zu beachten ist dabei, dass eine Zuwiderhandlung gegen einen Vergleich nicht nach § 4 GewSchG strafbar ist (OLG München ZFE 2008, 234). Auf den Abschluss eines Vergleiches soll das Gericht in Gewaltschutzsachen auch nicht hinwirken nach § 36 Abs. 1 Satz 2. Dennoch ist der Abschluss eines Vergleichs möglich (vgl. *Schulte-Bunert* Rn. 181). Es gibt mit § 238 StGB einen eigenen Straftatbestand der Nachstellung, wobei es sich um ein Antragsdelikt handelt (vgl. dazu: BGH FamRZ 2010, 289; *Mitsch* NJW 2007, 1237 f.; *Krüger* FPR 2011, 219 f.).

B. § 1 GewSchG. Bei den **gerichtlichen Schutzmaßnahmen** nach § 1 GewSchG handelt es sich um eine verfahrensrechtliche Regelung zur Durchsetzung von materiell-rechtlichen Unterlassungsansprüchen gem. §§ 823, 1004 BGB analog (BT-Drucks. 14/5429 S. 12, 17, 27, 28, 41). Maßnahmen können ergriffen werden, wenn eine Person vorsätzlich den Körper, die Gesundheit oder die Freiheit einer anderen Person widerrechtlich verletzt (§ 1 Abs. 1 Satz 1 GewSchG) oder damit droht (§ 1 Abs. 2 Satz 1 Nr. 1 GewSchG) oder in die Wohnung etc. einer anderen Person eindringt (§ 1 Abs. 2 Satz 1 Nr. 2a) GewSchG) oder eine andere Person dadurch unzumutbar belästigt, dass sie ihr gegen den ausdrücklich erklärten Willen wiederholt nachstellt oder sie unter Verwendung von Fernkommunikationsmitteln verfolgt (§ 1 Abs. 2 Satz 1 Nr. 2b) GewSchG). Das allgemeine Persönlichkeitsrecht als solches wird hingegen durch das GewSchG nicht geschützt, sodass diesbezügliche Verletzungen nach allgemeinem Deliktsrecht mit Schadensersatz- und Unterlassungsansprüchen nach § 823 und § 1004 BGB analog geahndet werden können (OLG Hamm FamRZ 2012, 645). Wenn es aufgrund einer psychischen Gewalteinwirkung an einer konkreten körperlichen oder gesundheitlichen Auswirkung mangelt, sind die Voraussetzungen des § 1 Abs. 1 Satz 1 GewSchG nicht gegeben (OLG Celle FamRZ 2012, 1950, 1951). Maßgeblich für die Erforderlichkeit des Vorliegens der Voraussetzungen des § 1 Abs. 1, 2 GewSchG ist der Zeitpunkt der Entscheidungsreife (vgl. OLG Köln FamRZ 2012, 645). Einzelne mögliche gerichtliche Maßnahmen bei erfolgter oder angedrohter Gewaltanwendung und Nachstellungen (»stalking«; vgl. dazu: *v. Pechstaedt* NJW 2007, 1233 f.) sind beispielhaft in § 1 Abs. 1 Satz 3 GewSchG aufgeführt, wobei stets der Verhältnismäßigkeitsgrundsatz zu wahren ist und insofern eine Befristung zu erfolgen hat. Es sind dies:

(1) Wohnungsbetretungsverbot (§ 1 Abs. 1 Satz 3 Nr. 1 GewSchG),
(2) Näherungsverbot hinsichtlich Wohnung (»Bannmeile«; § 1 Abs. 1 Satz 3 Nr. 2 GewSchG),
(3) Verbot, Orte aufzusuchen, an denen sich die verletzte Person regelmäßig aufhält (z.B. Arbeitsplatz; Schule der Kinder; § 1 Abs. 1 Satz 3 Nr. 3 GewSchG),
(4) Kontaktverbot (auch per Telefon, E-Mail etc.; § 1 Abs. 1 Satz 3 Nr. 4 GewSchG),
(5) Verbot, Zusammentreffen mit der verletzten Person herbeizuführen (§ 1 Abs. 1 Satz 3 Nr. 5 GewSchG).

C. § 2 GewSchG. § 2 GewSchG stellt eine Anspruchsgrundlage für die **Überlassung einer gemeinsam genutzten Wohnung** dar. Zu beachten ist der grds. Vorrang eines Wohnungszuweisungsverfahrens nach § 1361b BGB (Ehewohnungssache nach § 200 Abs. 1 Nr. 1), wenn es sich um Ehegatten handelt, die getrennt leben oder sofern Trennungsabsicht besteht, ggü. einem Wohnungsüberlassungsverfahren nach § 2 GewSchG (BT-Drucks. 14/5429 S. 21). Nach Ansicht des OLG Bamberg (FamRZ 2011, 1419, 1420) ist ein Antrag, der sich auf eine angebliche Gewalttätigkeit stützt, als Antrag nach § 2 GewSchG auszulegen und bleibt es dem Opfer unbenommen, ein weiteres Verfahren nach § 1361b BGB einzuleiten (dagegen: *Götz/Brudermüller* FamRZ 2011, 1840, 1841). § 2 Abs. 1 GewSchG setzt voraus, dass die verletzte Person zum Zeitpunkt der Tat mit dem Täter einen **auf Dauer angelegten gemeinsamen Haushalt** geführt hat. Hierunter ist eine Lebensgemeinschaft zu verstehen, die auf Dauer angelegt ist, keine weiteren Bindungen gleicher Art zulässt und sich durch innere Bindungen auszeichnet, die ein gegenseitiges Füreinandereinstehen begründen und über eine reine Wohn- und Wirtschaftsgemeinschaft hinausgehen (wie bei § 563 Abs. 2 Satz 4 BGB; BT-Drucks. 14/5429 S. 30; vgl. zur Zuweisung der Ehewohnung nach beiden Vorschriften: *Weinreich* FuR 2007, 145 f.). Damit entspricht der Begriff den Kriterien zur »eheähnlichen Gemeinschaft«, ohne dass es allerdings auf das Vorliegen geschlechtlicher Beziehungen zwischen den Partnern ankommt. Sowohl die hetero- oder homosexuelle Partnerschaft wie auch das dauerhafte Zusammenleben alter Menschen als Alternative zum Alters- oder Pflegeheim, die ihr gegenseitiges Füreinandereinstehen z.B. durch gegenseitige Vollmachten dokumentieren, können daher grds. diese Kriterien erfüllen (BR-Drucks. 439/00 S. 92 f.). Ei-

nen auf Dauer angelegten gemeinsamen Haushalt führen i.d.R. Eheleute, Lebenspartner, Personen in eheähnlichen und lebenspartnerschaftsähnlichen Beziehungen, nicht jedoch minderjährige Kinder mit ihren
Eltern, da es sich hierbei um ein »bloßes Mitwohnen« handelt (*Schulte-Bunert* RpflStud 2003, 129, 131 mit
weiteren Beispielen). Das Führen eines Haushalts setzt demgegenüber die Übernahme von Verantwortung
für die Erledigung der anfallenden finanziellen, rechtlichen und tatsächlichen Angelegenheiten voraus (*Schumacher* FamRZ 2002, 645, 650, 651).

§ 211 Örtliche Zuständigkeit. Ausschließlich zuständig ist nach Wahl des Antragstellers
1. das Gericht, in dessen Bezirk die Tat begangen wurde,
2. das Gericht, in dessen Bezirk sich die gemeinsame Wohnung des Antragstellers und des Antragsgegners befindet oder
3. das Gericht, in dessen Bezirk der Antragsgegner seinen gewöhnlichen Aufenthalt hat.

Übersicht

	Rdn.		Rdn.
A. Internationale Zuständigkeit............	1	C. Örtliche Zuständigkeit...........	3
B. Sachliche Zuständigkeit...............	2	D. Funktionelle Zuständigkeit...........	7

1 **A. Internationale Zuständigkeit.** Die internationale Zuständigkeit in Gewaltschutzsachen richtet sich
mangels spezialgesetzlicher Regelungen nach § 105 und somit nach der Theorie der Doppelfunktionalität.
Demnach sind deutsche Gerichte zuständig, wenn ein deutsches Gericht örtlich zuständig ist (s.a. *Schulte-
Bunert* Rn. 397, 401).

2 **B. Sachliche Zuständigkeit.** Sachlich zuständig ist für alle Gewaltschutzsachen das AG als FamG nach
§§ 23a, 23b Abs. 1 GVG i.V.m. §§ 111 Nr. 6, 210 (s.a. Einl. v. § 210).

3 **C. Örtliche Zuständigkeit.** Die örtliche Zuständigkeit nach § 211 ist **ausschließlich**. Unter den aufgeführten Gerichtsständen hat der Antragsteller die **Wahl**. Die getroffene Wahl ist endgültig (BLAH/*Hartmann*
§ 211 Rn. 1). Durch das Aufsuchen der Rechtsantragstelle eines Gerichts zwecks Protokollierung des erforderlichen Antrags wird kein Wahlrecht bezüglich dieses Gerichts ausgeübt, sondern des Gerichts, an welches die Niederschrift nach § 25 Abs. 3 Satz 1 zu übermitteln ist (OLG Brandenburg FamRZ 2011, 56, 57;
vgl. auch § 214 Rdn. 1).
Örtlich zuständig ist:
1. das Gericht, in dessen Bezirk die Tat begangen wurde,
2. das Gericht, in dessen Bezirk sich die gemeinsame Wohnung des Antragstellers und des Antragsgegners
befindet oder
3. das Gericht, in dessen Bezirk der Antragsgegner seinen gewöhnlichen Aufenthalt hat.

4 Früher wurde in § 64b Abs. 1 FGG i.V.m. § 32 ZPO auf den Ort abgestellt, an dem die Handlung begangen
wurde. In § 211 **Nr. 1** wird auf den Ort abgestellt, an dem die Tat begangen wurde. Inhaltliche Unterschiede
ergeben sich nicht. Tatort i.S.v. Nr. 1 ist sowohl der Handlungs- als auch Erfolgsort (BT-Drucks. 16/6308
S. 251). Dies kann z.B. beim sog. Telefonterror von Bedeutung sein. Ruft der Täter aus München das Opfer
in Köln an, kann dieses einen Gewaltschutzantrag in Köln stellen. Tatort kann auch der Urlaubsort sein.

5 Wie sich aus dem Wortlaut ergibt, muss es sich im Fall von **Nr. 2** um eine gemeinsame Wohnung handeln.
Der Begriff deckt sich nicht mit dem des auf Dauer angelegten gemeinsamen Haushalts nach § 2 Abs. 1
GewSchG (vgl. dazu § 210 Rdn. 3; ebenso Johannsen/Henrich/*Götz* § 211 Rn. 4; a.A. Keidel/*Giers* § 211
Rn. 4). Die Eigentumsverhältnisse bzw. die mietvertraglichen Regelungen sind insofern nicht ausschlaggebend, sondern der Wille der Beteiligten, die Wohnung gemeinsam zu nutzen. Diese Voraussetzung ist
nicht erfüllt, wenn es sich z.B. um zwei separate Miet- oder Eigentumswohnungen innerhalb desselben Gebäudes handelt, wohl aber, sofern Antragsteller und Antragsgegner innerhalb der gemeinsamen Wohnung
getrennt leben, jedoch einige Einrichtungen wie z.B. Bad und Küche noch gemeinsam genutzt werden,
wenn auch zu unterschiedlichen Zeiten. Falls jedoch z.B. ein Haus zusätzlich über eine Einliegerwohnung
verfügt und somit über einen in sich abgeschlossenen Wohnbereich und ein Beteiligter im Haus und der
andere davon getrennt in der Einliegerwohnung lebt, handelt es sich nicht um eine gemeinsame Wohnung.

Abschnitt 7. Verfahren in Gewaltschutzsachen §§ 212, 213

Die Anrufung des Gerichts der Ferienwohnung – sofern die Kriterien einer gemeinsamen Wohnung erfüllt werden – dürfte rechtsmissbräuchlich sein, wenn kein Bezug zum konkreten Verfahrensgegenstand besteht (Zöller/*Lorenz* § 211 Rn. 8).

Schließlich wird in **Nr. 3** an den gewöhnlichen Aufenthalt (Daseinsmittelpunkt) des Antragsgegners angeknüpft (vgl. § 88 Rdn. 1). Früher wurde über § 64b Abs. 1 FGG auf die Vorschriften der §§ 12 bis 16 ZPO verwiesen. Dies führte i.d.R. zum allgemeinen Gerichtsstand des Wohnsitzes nach §§ 12, 13 ZPO i.V.m. § 7 Abs. 1 BGB, wobei die Begründung des Wohnsitzes einen entsprechenden Willen voraussetzt (BGH NJW 1952, 1251, 1252; BVerwG FamRZ 1963, 441). Ob mit dem Aufenthalt in einem Frauenhaus ein gewöhnlicher Aufenthalt begründet wird, ist eine Frage des Einzelfalls und ist jedenfalls bei einem nur vorübergehend gewollten Aufenthalt (i.d.R. bis zu 6 Monaten) nicht zu bejahen (vgl. auch Zöller/*Lorenz* § 211 Rn. 10). 6

D. Funktionelle Zuständigkeit. Funktionell zuständig für die Entscheidungen in der Hauptsache oder im einstweiligen Anordnungsverfahren ist der Richter. Im RPflG findet sich weder eine Voll-, Vorbehalts- noch Einzelübertragung auf den Rechtspfleger. 7

§ 212 Beteiligte.
In Verfahren nach § 2 des Gewaltschutzgesetzes ist das Jugendamt auf seinen Antrag zu beteiligen, wenn ein Kind in dem Haushalt lebt.

Gem. § 212 ist das Jugendamt in Verfahren nach § 2 GewSchG auf seinen Antrag zu beteiligen, wenn ein Kind in dem Haushalt lebt. Dann handelt es sich um einen Muss-Beteiligten nach § 7 Abs. 2 Nr. 2. Gemeint sein dürften nur die minderjährigen Kinder (vgl. auch § 7 Abs. 2 SGB VIII). Nicht vorausgesetzt wird, dass das Kind einen auf Dauer angelegten gemeinsamen Haushalt mit Antragsteller und Antragsgegner führt, was auch nicht der Fall ist (vgl. § 210 Rdn. 3). Dies ist nach § 2 Abs. 1 GewSchG nur notwendig für die Ansprüche dieser untereinander. Voraussetzung für die antragsweise Beteiligung des Jugendamts ist lediglich, dass das Kind in dem Haushalt lebt. Insofern ist ein »bloßes Mitwohnen« ausreichend. Wenn das Jugendamt keinen Antrag stellt, kann es nicht von Amts wegen nach § 7 Abs. 3 zum Verfahren hinzugezogen werden (BT-Drucks. 16/6308 S. 179; Zöller/*Lorenz* § 212 Rn. 1; Keidel/*Giers* § 212 Rn. 2; a.A. Thomas/Putzo/*Hüßtege* § 212 Rn. 2; Johannsen/Henrich/*Götz* § 212 Rn. 5). Mit den weiteren Personen in § 7 Abs. 3 sind vielmehr z.B. solche nach § 274 Abs. 4, § 315 Abs. 4, § 345 Abs. 1 Satz 2 gemeint. 1

Wer i.Ü. Beteiligter eines Verfahrens in Gewaltschutzsachen ist, richtet sich nach § 7. Der Antragsteller ist Beteiligter nach § 7 Abs. 1 (vgl. auch § 7 Rdn. 7). Die Beteiligtenstellung des Antragsgegners ergibt sich aus § 7 Abs. 2 Nr. 1 aufgrund seiner unmittelbaren Betroffenheit (vgl. § 7 Rdn. 17). In Verfahren auf Überlassung einer gemeinsam genutzten Wohnung nach § 2 GewSchG sind hingegen Vermieter, Grundstückseigentümer, Dritte (z.B. der Dienstherr) oder Personen, mit denen der Antragsgegner hinsichtlich der Wohnung in Rechtsgemeinschaft steht (z.B. Mitmieter) nicht Beteiligte nach § 7 Abs. 2 Nr. 1, da diese in ihren Rechten durch das Verfahren nicht unmittelbar betroffen werden, denn es wird nur eine vorübergehende Nutzungsregelung für die Wohnung getroffen, nicht aber in die bestehenden Rechtsverhältnisse eingegriffen (vgl. auch Zöller/*Lorenz* § 212 Rn. 2, 3; Keidel/*Giers* § 212 Rn. 3; Bumiller/Harders/Schwamb § 212 Rn. 1). Hierfür spricht auch der Vergleich mit § 204 Abs. 1, welcher eine Beteiligung dieser Personen in Ehewohnungssachen nach § 200 Abs. 1 Nr. 2 (Überlassung der Ehewohnung anlässlich der Scheidung gem. § 1568a BGB) vorsieht, weil dann in deren Rechte eingegriffen wird, dies i.Ü. aber nicht der Fall ist (s.a. § 204 Rdn. 1).

§ 213 Anhörung des Jugendamts.
(1) ¹In Verfahren nach § 2 des Gewaltschutzgesetzes soll das Gericht das Jugendamt anhören, wenn Kinder in dem Haushalt leben. ²Unterbleibt die Anhörung allein wegen Gefahr im Verzug, ist sie unverzüglich nachzuholen.
(2) ¹Das Gericht hat in den Fällen des Absatzes 1 Satz 1 dem Jugendamt die Entscheidung mitzuteilen. ²Gegen den Beschluss steht dem Jugendamt die Beschwerde zu.

Übersicht

	Rdn.		Rdn.
A. Anhörung	1	C. Rechtsbehelfe	3
B. Mitteilung	2		

§ 214 Buch 2. Verfahren in Familiensachen

1 **A. Anhörung.** Die Vorschrift ist wie § 205 aufgebaut. Nach § 213 Abs. 1 Satz 1 soll das Gericht in Verfahren nach § 2 GewSchG das Jugendamt anzuhören, wenn Kinder in dem Haushalt leben. Dies gilt auch, wenn das Jugendamt keinen Antrag zwecks Beteiligung nach § 212 gestellt hat. Die Anhörungspflicht des Jugendamts war früher nach § 49a Abs. 2 FGG nur i.F.d. ablehnenden Entscheidung vorgesehen. Mit der Änderung wird der Tatsache Rechnung getragen, dass die Wohnungszuweisung i.d.R. erhebliche Auswirkungen auf das Wohl des Kindes bzw. der Kinder hat (BT-Drucks. 16/6308 S. 251; s.a. § 205 Rdn. 1). Es soll das Jugendamt angehört werden, in dessen Bezirk die Eltern ihren gewöhnlichen Aufenthalt haben (s. § 205 Rdn. 2). Die Soll-Bestimmung ermöglicht jedoch in begründeten Ausnahmefällen ein Absehen von der Anhörung, was allerdings nur selten der Fall sein dürfte. Nach § 213 Abs. 1 Satz 2 ist eine Anhörung, die allein wegen Gefahr im Verzug unterblieben ist, unverzüglich nachzuholen.

2 **B. Mitteilung.** Nach § 213 Abs. 2 Satz 1 ist dem Jugendamt die Entscheidung des Gerichts mitzuteilen. Dies gilt sowohl für die ablehnende als auch stattgebende Entscheidung. Die Mitteilung ist auch erforderlich, wenn das Jugendamt keinen Antrag auf Beteiligung nach § 212 gestellt hat und nicht nach § 213 Abs. 1 angehört wurde.

3 **C. Rechtsbehelfe.** In § 213 Abs. 2 Satz 2 ist das Beschwerderecht des Jugendamts normiert, §§ 58, 59 Abs. 3. Dieses steht dem Jugendamt auch dann zu, wenn es nicht am Verfahren beteiligt war. Die Beschwerdefrist beträgt in Hauptsacheverfahren einen Monat nach § 63 Abs. 1 und im einstweiligen Anordnungsverfahren 2 Wochen gem. § 63 Abs. 2 Nr. 1. Dabei beginnt die Frist nach § 63 Abs. 3 Satz 1 mit der schriftlichen Bekanntgabe ggü. dem Jugendamt.

§ 214 Einstweilige Anordnung. (1) ¹Auf Antrag kann das Gericht durch einstweilige Anordnung eine vorläufige Regelung nach § 1 oder § 2 des Gewaltschutzgesetzes treffen. ²Ein dringendes Bedürfnis für ein sofortiges Tätigwerden liegt in der Regel vor, wenn eine Tat nach § 1 des Gewaltschutzgesetzes begangen wurde oder auf Grund konkreter Umstände mit einer Begehung zu rechnen ist.
(2) Der Antrag auf Erlass der einstweiligen Anordnung gilt im Fall des Erlasses ohne mündliche Erörterung zugleich als Auftrag zur Zustellung durch den Gerichtsvollzieher unter Vermittlung der Geschäftsstelle und als Auftrag zur Vollstreckung; auf Verlangen des Antragstellers darf die Zustellung nicht vor der Vollstreckung erfolgen.

Übersicht	Rdn.		Rdn.
A. Allgemeines	1	D. Auftrag zur Zustellung und Vollstreckung	10
B. Voraussetzungen	6	E. Kosten	12
C. Anordnung	9	F. Rechtsbehelfe	15

1 **A. Allgemeines.** Gem. § 214 Abs. 1 Satz 1 kann das Gericht auf Antrag durch einstweilige Anordnung eine vorläufige Regelung nach §§ 1, 2 GewSchG treffen. Im Unterschied zum alten Recht ist das Verfahren nunmehr **hauptsacheunabhängig**. Dementsprechend muss weder ein Hauptsacheverfahren anhängig noch ein Antrag auf Verfahrenskostenhilfe für ein entsprechendes Verfahren gestellt sein. Dies entspricht der Systematik der nunmehr in §§ 49 ff. geregelten einstweiligen Anordnung. I.d.R. wird ein Hauptsacheverfahren nicht mehr erfolgen. Das Verfahren der einstweiligen Anordnung ist aber auch dann ein selbstständiges Verfahren gem. § 51 Abs. 3 Satz 1, wenn zugleich eine Hauptsache anhängig ist.

2 **Verfahrenskostenhilfe** kann nach § 76 Abs. 1 i.V.m. § 114 f. ZPO auch für die Hauptsache bewilligt werden, wenn ein entsprechender Antrag sowohl dafür als auch für ein einstweiliges Anordnungsverfahren gestellt wird. Die Rechtsverfolgung ist nicht mutwillig und es fehlt auch nicht das Rechtsschutzbedürfnis, da die einstweilige Anordnung nur eine vorläufige Regelung zum Gegenstand hat und die Hauptsacheentscheidung eine endgültige (vgl. OLG Hamm NJW 2010, 539, 540; OLG Stuttgart FamRZ 2010, 1266; OLG München FamRZ 2012, 1234, 1235; *Büte* FuR 2010, 361, 363; a.A. OLG Zweibrücken NJW 2010, 540, 541; *Rüntz/Viefhues* FamRZ 2010, 1285, 1290). Mutwilligkeit ist nicht gegeben, wenn für das Hauptsacheverfahren nach einer erlassenen einstweiligen Anordnung die Notwendigkeit besteht, eine bindende Entscheidung herbeizuführen, was der Fall ist, solange nicht festgestellt werden kann, dass sich der Streit umfassend erledigt hat, sofern z.B. feststeht, dass der Antragsgegner die ergangene Entscheidung im einstweiligen Anord-

nungsverfahren ohne Weiteres hinnimmt (OLG München FamRZ 2012, 1234, 1235). Nach Ansicht des OLG Frankfurt am Main (FamRZ 2012, 144, 145) müsse der Antragsteller zumindest abwarten, ob er mit dem einstweiligen Anordnungsverfahren sein Rechtsschutzziel erreicht und ist insofern Mutwilligkeit bezüglich des gleichzeitig gestellten Hauptsacheantrags gegeben.

Nach § 78 Abs. 2 wird einem Beteiligten auf seinen Antrag ein zur Vertretung bereiter **Rechtsanwalt** seiner Wahl **beigeordnet**, wenn wegen der Schwierigkeit der Sach- und Rechtslage die Vertretung durch einen Rechtsanwalt erforderlich erscheint. Nicht aufgenommen wurde allerdings der in § 121 Abs. 2 letzter Halbs. ZPO normierte Grundsatz der Waffengleichheit, wonach jemandem ein Rechtsanwalt beizuordnen ist, wenn der Gegner anwaltlich vertreten ist, da die Grundsätze des kontradiktorischen ZPO-Verfahrens nicht auf das FamFG-Verfahren übertragbar sind (vgl. BT-Drucks. 16/6308 S. 214). Die Erforderlichkeit der Rechtsanwaltsbeiordnung richtet sich danach, ob ein bemittelter Rechtssuchender in der Lage des unbemittelten vernünftigerweise einen Rechtsanwalt mit der Wahrnehmung seiner Interessen beauftragt hätte. Der BGH (FuR 2010, 568 f.) hat nunmehr klargestellt, dass insofern eine einzelfallbezogene Prüfung erforderlich ist, allein die Schwierigkeit der Sachlage oder der Rechtslage ausreichend sein kann, die subjektiven Fähigkeiten des betroffenen Beteiligten zu berücksichtigen sind – wie insb. die Fähigkeit, sich schriftlich und mündlich auszudrücken – und auch der Umstand der anwaltlichen Vertretung anderer Beteiligter ein Kriterium für die Erforderlichkeit der Beiordnung eines Rechtsanwalts sein kann. So wurde die Erforderlichkeit bei wiederholtem Wohnungszuweisungsbegehren verneint (OLG Celle FPR 2010, 579, 580). Allein die bloße Angst vor weiteren Gewalttätigkeiten dürfte nicht ausreichend sein (a.A. *Ehinger* FPR 2010, 567, 572). Bejaht wurde das Erfordernis hingegen bei einem Antragsgegner mit Migrationshintergrund, der Leistungen nach SGB II bezog, auch wenn nach Erlass der einstweiligen Anordnung und vor der mündlichen Verhandlung eine Versöhnung der Beteiligten erfolgt ist (OLG Saarbrücken FamRZ 2011, 1609, 1610). Ferner soll einem Beteiligten ein Rechtsanwalt hinsichtlich der Vollstreckung der in einem Vergleich aufgenommenen Verpflichtung zur Abgabe einer Willenserklärung beigeordnet werden (OLG München FamRZ 2014, 587, 588). Nach Ansicht des OLG Brandenburg (FamRZ 2015, 353) soll sogar stets im einstweiligen Anordnungsverfahren die Beiordnung eines Rechtsanwalts geboten sein, da der Antragsteller dem Eilbedürfnis nur dann wirklich gerecht werden könne.

Die **§§ 210 ff.** sind in Gewaltschutzsachen **vorrangig** anzuwenden. Wenn sie jedoch keine verdrängenden Spezialregelungen enthalten, kann auf die Vorschriften des 1. Buchs (Allgemeiner Teil) zurückgegriffen werden. Dies ist insb. i.R.d. einstweiligen Anordnungen relevant in Bezug auf die §§ 49 ff. Unterschiede zu § 49 Abs. 1 ergeben sich daraus, dass ein **Antrag** erforderlich ist (Verfahren nach §§ 1, 2 GewSchG sind Antragsverfahren), als maßgebende Vorschriften im Sinne eines **Anordnungsanspruchs** die §§ 1, 2 GewSchG festgelegt sind und als Regelbeispiele für ein dringendes Bedürfnis im Sinne eines **Anordnungsgrundes** werden aufgeführt eine Tatbegehung nach § 1 GewSchG oder der Fall, wenn aufgrund konkreter Umstände mit einer solchen zu rechnen ist (vgl. Rdn. 6).

Für das Verfahren in Gewaltschutzsachen besteht **kein Anwaltszwang**. Dies ergibt sich aus § 10 Abs. 1, wonach die Beteiligten das Verfahren selbst betreiben können, wenn eine Vertretung durch Rechtsanwälte nicht geboten ist. Gewaltschutzsachen unterfallen nicht § 114 Abs. 1, sodass sich daraus kein Rechtsanwaltszwang ergeben kann. I.Ü. besteht auch dort in Verfahren der einstweiligen Anordnung kein Anwaltszwang nach § 114 Abs. 4 Nr. 1. Dementsprechend kann der Antrag nach § 25 Abs. 1 auch schriftlich oder zur Niederschrift der Geschäftsstelle abgegeben werden. Funktionell zuständig für die Protokollierung ist der Rechtspfleger nach §§ 3 Nr. 3e, 24 Abs. 2 Nr. 3 RPflG. Erfolgt die Niederschrift bei einem Gericht, welches nicht für die Entscheidung in der Sache zuständig ist, muss die Sache von diesem an das zuständige Gericht unverzüglich übermittelt werden, § 25 Abs. 2, 3.

B. Voraussetzungen. Voraussetzung ist zunächst, dass nach § 214 Abs. 1 Satz 1 ein **Antrag** auf Erlass einer einstweiligen Anordnung gestellt wird. Es handelt sich um einen Verfahrensantrag und nicht um einen Sachantrag. Eine Bindung des Gerichts erfolgt durch den Antrag nicht und das Gericht kann auch eine andere als die beantragte Regelung treffen. Aus § 23 Abs. 1 ergibt sich, dass der Antrag begründet werden soll, die Tatsachen und Beweismittel angegeben und mögliche Beteiligte benannt, Urkunden beigefügt werden sollen und der Antrag unterschrieben werden soll. Hierbei handelt es sich um eine Konkretisierung der Mitwirkungspflicht des Antragstellers i.S.v. § 27. Ein Verstoß kann nicht zur Zurückweisung als unzulässig führen. Nach § 51 Abs. 1 Satz 2, welcher in Bezug auf § 23 lex specialis ist, ist die Begründung allerdings zwingend, sodass ein Unterbleiben zur Zurückweisung führen kann (vgl. *Schulte-Bunert* FuR 2011, 202,

206). Eine E-Mail ist grds. nicht schriftlich i.S.v. § 23, wohl aber i.F.d. Ausdrucks durch die Posteingangs- oder Geschäftsstelle (OLG Karlsruhe FamRZ 2013, 238, 239).

7 Ein **dringendes Bedürfnis für ein sofortiges Tätigwerden** (= Anordnungsgrund; wie in § 49 Abs. 1) liegt nach § 214 Abs. 1 Satz 2 i.d.R. vor, wenn eine Tat nach § 1 GewSchG begangen wurde oder aufgrund konkreter Umstände mit einer Begehung zu rechnen ist. Letzteres ist nur selten der Fall. Da eine Drohung als Tat nach § 1 Abs. 2 Satz 1 Nr. 1 GewSchG nur hinsichtlich der Verletzung des Lebens, des Körpers, der Gesundheit oder der Freiheit vorgesehen ist, nicht aber bezüglich des Eindringens in die Wohnung oder das befriedete Besitztum nach § 1 Abs. 2 Satz 1 Nr. 2a GewSchG und nicht in Bezug auf eine unzumutbare Belästigung durch wiederholtes Nachstellen (stalking) der Verfolgung unter Verwendung von Fernkommunikationsmitteln gem. § 1 Abs. 2 Satz 2 Nr. 2b GewSchG, ist § 214 Abs. 1 Satz 2 dahin auszulegen, dass die Alternative »auf Grund konkreter Umstände mit einer Begehung zu rechnen ist« nur auf eine Drohung nach § 1 Abs. 2 Satz 1 Nr. 1 GewSchG zu beziehen ist (vgl. Stellungnahme Bundesrat BT-Drucks. 16/6308 S. 382; Bumiller/Harders/Schwamb § 214 Rn. 5; Keidel/*Giers* § 214 Rn. 3, 4). Ein dringendes Bedürfnis für ein sofortiges Tätigwerden dürfte nicht vorliegen, wenn die Tatbegehung schon einige Wochen zurückliegt.

8 Der Antragsteller muss die Voraussetzungen für die Anordnung **glaubhaft** machen nach § 51 Abs. 1 Satz 2. Das bedeutet, dass ein nicht zu vernachlässigender Grad an Wahrscheinlichkeit für das Vorliegen der behaupteten Anordnungsgründe gegeben sein muss (OLG Köln FamRZ 2011, 1080). Für die Glaubhaftmachung ist neben den sonstigen Beweismitteln die Abgabe der Versicherung an Eides statt ausreichend nach § 31 Abs. 1. § 31 Abs. 2 erfordert allerdings präsente Beweismittel, sodass z.B. Zeugen mitgebracht werden müssen und die bloße Bezugnahme in der Antragsschrift nicht ausreichend für die Glaubhaftmachung ist. Auch im Beschwerdeverfahren bedarf es zur Glaubhaftmachung des Antragsgegners, er habe in Notwehr gehandelt, präsenter Beweismittel, sodass die Benennung von Zeugen nicht ausreichend ist, wohl aber die Vorlage von schriftlichen Zeugenerklärungen (OLG Bremen NJW-RR 2011, 1511, 1512). Bei erfolgten Gewalttätigkeiten empfiehlt es sich, ärztliche Zeugnisse und polizeiliche Dokumentationen – soweit möglich – beizufügen. Videoaufzeichnungen, die von einem Hausanwesen zur Klärung von Belästigungen gemacht werden, stellen keinen unzulässigen Eingriff in das allgemeine Persönlichkeitsrecht des Täters dar, unterliegen keinem Beweisverwertungsverbot und können zur Glaubhaftmachung verwandt werden (OLG Saarbrücken FamRZ 2011, 985, 986).

9 **C. Anordnung.** Nach § 214 Abs. 1 Satz 1 kann das Gericht eine vorläufige Regelung treffen. Ob vor einer Entscheidung eine mündliche Verhandlung durchgeführt wird, liegt im Ermessen des Gerichts, vgl. § 51 Abs. 2 Satz 2. Eine Versäumnisentscheidung ist nach § 51 Abs. 2 Satz 3 ausgeschlossen. Die Entscheidung ergeht als Endentscheidung durch Beschluss gem. § 38 Abs. 1 Satz 1 und ist zu begründen nach § 38 Abs. 3 Satz 1. Grds. ist eine Befristung vorzunehmen nach § 1 Abs. 1 Satz 2 GewSchG (vgl. auch OLG Saarbrücken FamRZ 2011, 1087 f.). Die Entscheidung ist auch ohne entsprechende Anordnung – anders als beim Hauptsacheverfahren nach § 216 Abs. 1 – sofort wirksam (OLG Hamm FPR 2011, 232). Bei der Verlängerung einer Anordnung nach § 1 GewSchG ist die Rechtmäßigkeit der ursprünglichen Anordnung nicht zu überprüfen (OLG Nürnberg FamRZ 2011, 646).

10 **D. Auftrag zur Zustellung und Vollstreckung.** Nach § 214 Abs. 2 gilt der Antrag auf Erlass der einstweiligen Anordnung – wenn diese ohne mündliche Verhandlung erlassen wird – zugleich als Auftrag zur:

– Zustellung durch den Gerichtsvollzieher unter Vermittlung der Geschäftsstelle und
– Vollstreckung.

Gemeint ist die Geschäftsstelle des FamG als Prozessgericht i.S.d. § 192 Abs. 2 ZPO und nicht des Vollstreckungsgerichts (Keidel/*Giers* § 214 Rn. 5; a.A. MüKo/*Erbarth* § 214 Rn. 9).

11 Sofern es der Antragsteller verlangt, darf die Zustellung nicht vor der Vollstreckung erfolgen. Dies dient dem Schutz des Antragstellers und ist ihm zu raten. Die einstweilige Anordnung wird dann mit der Zustellung, welche mit dem Beginn der Vollstreckung erfolgt, wirksam (Keidel/*Giers* § 214 Rn. 7; a.A. und für Erlass Bumiller/Harders/Schwamb § 214 Rn. 7). Wenn ein entsprechendes Verlangen des Antragstellers nicht vorliegt, kann das FamG gleichwohl nach § 53 Abs. 2 Satz 1 anordnen, dass die Vollstreckung der einstweiligen Anordnung vor der Zustellung zulässig ist. Hierbei handelt es sich um eine Ermessensentscheidung des Gerichts. Dann wird die einstweilige Anordnung mit Erlass wirksam nach § 53 Abs. 2 Satz 2. Eine Vollstreckungsklausel ist grds. nicht erforderlich, vgl. §§ 53 Abs. 1, 86 Abs. 3. Nach altem Recht wurde sie teilweise für notwendig gehalten (vgl. OLG Karlsruhe FamRZ 2008, 291; *Looff* FamRZ 2008, 1391 f. m.w.N.; a.A. Jansen/*Wick* § 64b Rn. 16, 17).

Abschnitt 7. Verfahren in Gewaltschutzsachen § 215

E. Kosten. Für die Kosten des Verfahrens der einstweiligen Anordnung gelten nach § 51 Abs. 4 die allgemeinen Vorschriften. Damit wird auf die §§ 80 ff. verwiesen. Das bedeutet, dass nach § 81 Abs. 1 das Gericht die Kosten (Gerichtskosten und außergerichtliche Kosten) nach **billigem Ermessen** verteilen kann, in Familiensachen jedoch stets eine Kostenentscheidung erforderlich ist. In Gewaltschutzsachen sollten dem Antragsgegner die Kosten des Verfahrens auferlegt werden, wenn dieser durch grobes Verschulden Anlass für das Verfahren gegeben hat, § 81 Abs. 2 Nr. 1. Ggf. kann nach § 81 Abs. 1 Satz 2 auch angeordnet werden, dass von der Erhebung der Kosten abzusehen ist. Das kommt in Betracht, wenn die Belastung der Beteiligten mit den Gerichtskosten aufgrund des Verfahrensverlaufs oder des Verfahrensausgangs unbillig erscheint. 12

Der **Verfahrenswert** beträgt in Gewaltschutzsachen für das **Hauptsacheverfahren** 2.000 € für das Verfahren nach § 1 GewSchG und 3.000 € für das Verfahren nach § 2 GewSchG, § 49 Abs. 1 FamGKG (früher 3.000 € nach §§ 100a Abs. 2, 30 Abs. 2 Satz 1 KostO). Im Verfahren der **einstweiligen Anordnung** beträgt der Verfahrenswert in Gewaltschutzsachen 1.000 € für das Verfahren nach § 1 GewSchG (früher 500 €, vgl. § 53 Abs. 2 Satz 2 GKG, § 24 RVG) und 1.500 € für Verfahren nach § 2 GewSchG (früher 2.000 € nach § 53 Abs. 2 Satz 2 GKG, § 24 Satz 1, 2 RVG). Sofern mehrere Personen Antragtragsteller sind –subjektive Antragshäufung–, erfolgt ebenfalls eine Wertaddition gem. § 33 Abs. 1 S. 1 FamGKG (OLG F.a.M. Beschl. v. 04.01.2016 – 5 WF 299/15). 13

Für einstweilige Anordnungen in Gewaltschutzsachen liegt der **Gebührensatz** bei 1,5 und in Hauptsacheverfahren bei 2,0. Die **Gerichtskosten** in einem Gewaltschutzhauptsacheverfahren betragen nach dem am 01.08.2013 in Kraft getretenen 2. KostRMoG bei 2,0 Gebühren 160 € für Verfahren nach § 1 GewSchG (Verfahrenswert 2.000 €) und 194 € für Verfahren nach § 2 GewSchG (Verfahrenswert 3.000 €). Im Rahmen eines einstweiligen Anordnungsverfahrens hinsichtlich einer Gewaltschutzsache betragen die Gerichtskosten bei 1,5 Gebühren 75 € für Verfahren nach § 1 GewSchG (Verfahrenswert 1.000€) und 97,50 € für Verfahren nach § 2 GewSchG (Verfahrenswert 1.500 €). 14

F. Rechtsbehelfe. § 57 sieht die begrenzte Anfechtbarkeit von Entscheidungen vor, die per einstweiliger Anordnung ergangen sind. So stellt § 57 Satz 1 den Grundsatz auf, dass solche Entscheidungen in Familiensachen nicht anfechtbar sind. Dies ist auch nicht zu beanstanden, da es den Beteiligten offen steht, zur Überprüfung der Entscheidung ein Hauptsacheverfahren einzuleiten – direkt oder über § 52, wobei Gericht i.S.d. Vorschrift dasjenige ist, welches die einstweilige Anordnung erlassen hat (OLG München FamRZ 2011, 1078, 1079). Hiervon macht § 57 Satz 2 jedoch Ausnahmen für Angelegenheiten, in denen in besonderem Maße die grundrechtlich geschützten Rechtspositionen der Beteiligten betroffen sind. Dies gilt aber nur, wenn eine Entscheidung aufgrund mündlicher Erörterung ergangen ist. War dies nicht der Fall, muss zunächst die Durchführung einer mündlichen Verhandlung gem. § 54 Abs. 2 beantragt werden. § 57 Satz 2 regelt in übersichtlicher Weise, in welchen Fällen die Beschwerde nach § 58 eröffnet ist, wobei die Frist dann nach § 63 Abs. 2 Nr. 1 2 Wochen beträgt. Dies trifft u.a. zu auf Entscheidungen über einen Antrag nach §§ 1, 2 GewSchG. Insofern spielt es keine Rolle, ob es sich um eine stattgebende oder ablehnende Entscheidung handelt (so schon KG NJW-RR 2011, 1228, 1229). Dies ist nunmehr klargestellt durch den aufgrund des Gesetzes zur Einführung einer Rechtsbehelfsbelehrung im Zivilprozess und zur Änderung anderer Vorschriften geänderten § 63 Abs. 2 Nr. 1 (in Kraft seit dem 01.01.2013), wonach die Beschwerde sich jetzt gegen eine Endentscheidung im Verfahren der einstweiligen Anordnung richten muss. Dabei beginnt die Frist nach § 63 Abs. 3 Satz 1 mit der schriftlichen Bekanntgabe ggü. den Beteiligten. Grds. steht dem AG als FamG keine Abhilfebefugnis zu nach § 68 Abs. 1 Satz 2. Diese Vorschrift soll jedoch im Verfahren der einstweiligen Anordnung nicht anwendbar sein, sodass das FamG zunächst eine Entscheidung über die Abhilfe treffen muss (OLG Hamm NJW 2010, 3246, 3247). Wenn sich ein Beteiligter mit der Beschwerde nur gegen die Kostenentscheidung wendet, handelt es sich insofern um eine vermögensrechtliche Streitigkeit, sodass die Beschwerde nach § 61 Abs. 1 nur zulässig ist, wenn der Wert des Beschwerdegegenstandes den Betrag von 600 € übersteigt (vgl. OLG Hamburg ZFE 2010, 156). Beschwerdegericht ist das OLG nach § 119 Abs. 1 Nr. 1a GVG. Auch das Beschwerdeverfahren unterliegt keinem Anwaltszwang, § 10 Abs. 1. Nur im Rahmen einer Rechtsbeschwerde vor dem BGH (§ 133 GVG) müssen sich die Beteiligten durch einen beim BGH zugelassenen Rechtsanwalt vertreten lassen, § 10 Abs. 4 Satz 2. 15

§ 215 **Durchführung der Endentscheidung.** In Verfahren nach § 2 des Gewaltschutzgesetzes soll das Gericht in der Endentscheidung die zu ihrer Durchführung erforderlichen Anordnungen treffen.

§ 216

1 Nach § 215 soll das Gericht in der Endentscheidung in Verfahren nach § 2 GewSchG (Überlassung einer gemeinsam genutzten Wohnung) die zu ihrer Durchführung erforderlichen Anordnungen treffen – wie in § 209 Abs. 1. Sowohl bei der einstweiligen Anordnung als auch bei der Hauptsacheentscheidung handelt es sich um eine Endentscheidung. Bezweckt wird mit der Norm die Sicherung und Erleichterung der Vollstreckung. Die Anordnungen erfolgen von Amts wegen. Es kann sich dennoch empfehlen, einen entsprechenden Antrag im Sinne einer Anregung zu stellen.
Da die Wohnungszuweisung allein noch keinen Räumungstitel darstellt, ist die Anordnung der Räumung und Herausgabe der Wohnung inklusive der Wohnungsschlüssel etc. an den Antragsteller unter Fristsetzung geboten. Ferner können Anordnungen nach § 2 Abs. 4 GewSchG getroffen werden, wonach der Täter alles zu unterlassen hat, was geeignet ist, die Ausübung des Nutzungsrechts zu erschweren oder zu vereiteln. Ggü. dem Täter als Antragsgegner könnte z.B. ein Veräußerungsverbot verhängt werden, sofern er Alleineigentümer der Wohnung ist. Dabei handelt es sich um ein relatives Veräußerungsverbot nach §§ 136, 135 Abs. 1 Satz 2 BGB. Dieses dient nur dem Schutz des Antragstellers. Ein gutgläubiger Erwerb durch Dritte wäre nach §§ 136, 135 Abs. 2, 892 Abs. 1 BGB nicht ausgeschlossen. Insofern sollte die Eintragung der Verfügungsbeschränkung im Grundbuch beantragt werden, um einen gutgläubigen Erwerb zu verhindern, vgl. § 892 Abs. 1 Satz 2 BGB. Ist der Antragsgegner alleiniger Mieter der Wohnung, kann ihm verboten werden, die Kündigung des Mietverhältnisses zu erklären. Ein etwaiges Kündigungsrecht des Vermieters bleibt unberührt. Zu den weiteren möglichen Anordnungen zählen auch die nach § 1 Abs. 1 Satz 3 GewSchG und somit insb. ein Wohnungsbetretungsverbot, welches i.d.R. ohnehin nach dieser Vorschrift angeordnet wird und nur dann im Fall einer Zuwiderhandlung nach § 4 GewSchG strafbewehrt ist. I.Ü. kommen Anordnungen in Betracht, welche die sachgerechte Nutzung der Wohnung ermöglichen wie z.B. ein Betretungsverbot ggü. dem Lebensgefährten des Antragsgegners (vgl. § 209 Rdn. 8). Die Festsetzung einer Nutzungsvergütung nach § 2 Abs. 5 GewSchG setzt hingegen einen Antrag des Täters voraus und kann nicht von Amts wegen erfolgen.

§ 216 Wirksamkeit; Vollstreckung vor Zustellung.

(1) ¹Die Endentscheidung in Gewaltschutzsachen wird mit Rechtskraft wirksam. ²Das Gericht soll die sofortige Wirksamkeit anordnen.
(2) ¹Mit der Anordnung der sofortigen Wirksamkeit kann das Gericht auch die Zulässigkeit der Vollstreckung vor der Zustellung an den Antragsgegner anordnen. ²In diesem Fall tritt die Wirksamkeit in dem Zeitpunkt ein, in dem die Entscheidung der Geschäftsstelle des Gerichts zur Bekanntmachung übergeben wird; dieser Zeitpunkt ist auf der Entscheidung zu vermerken.

Übersicht	Rdn.		Rdn.
A. Wirksamwerden..................	1	I. Hauptsache.....................	3
B. Vollstreckung vor Zustellung	3	II. Einstweilige Anordnung	4

1 **A. Wirksamwerden.** Während § 214 Regelungen zur einstweiligen Anordnung enthält, erfasst § 216 das Hauptsacheverfahren. Gem. § 216 Abs. 1 Satz 1 wird die Endentscheidung mit **Rechtskraft** wirksam. Eine vorläufige Vollstreckbarkeit (wie bei §§ 708 ff. ZPO) gibt es nicht. Die formelle Rechtskraft tritt nach § 45 Satz 1 (wie bei § 705 Satz 1 ZPO) ein, sobald die Rechtsbehelfsfristen abgelaufen sind. Die Beschwerdefrist beträgt bei Entscheidungen in der Hauptsache einen Monat nach § 63 Abs. 1 und 2 Wochen bei einstweiligen Anordnungen nach § 63 Abs. 2 Nr. 1, wobei die Frist grds. mit der schriftlichen Bekanntgabe an die Beteiligten beginnt (s.a. § 214 Rdn. 15). Ferner wird die Entscheidung rechtskräftig, wenn alle Beteiligten einen Rechtsmittelverzicht erklärt haben. Dies ist auch der Fall, sofern das Beschwerdegericht (OLG) abschließend in der Sache entschieden hat (ohne Zulassung der Rechtsbeschwerde) oder das Rechtsbeschwerdegericht endgültig eine Entscheidung getroffen hat – sei es, dass das Beschwerdegericht die Rechtsbeschwerde nach § 70 zugelassen hat oder Sprungrechtsbeschwerde nach § 75 eingelegt wurde. Mit Wirksamwerden sind nach § 86 Abs. 2 die Beschlüsse vollstreckbar.

2 Nach § 216 Abs. 1 Satz 2 soll das Gericht die **sofortige Wirksamkeit** anordnen. Dies dient dem Schutz des Opfers, welchem es bei erfolgten bzw. angedrohten Gewaltanwendungen und Nachstellungen nicht zuzumuten ist, die Rechtskraft der Entscheidung abzuwarten und sich bis dahin ggf. weiteren Gewalttaten etc. ausgesetzt zu sehen. Von der Anordnung der sofortigen Wirksamkeit kann in Ausnahmefällen abgesehen werden. Dies dürfte der Fall sein, wenn das Gericht der Auffassung ist, dass eine akute Gefährdungslage aufgrund der jetzigen Umstände nicht mehr gegeben ist. Die Entscheidung im einstweiligen Anordnungsverfahren ist hingegen – anders als beim Hauptsacheverfahren – sofort wirksam (OLG Hamm FPR 2011, 232).

B. Vollstreckung vor Zustellung. I. Hauptsache. Grds. sieht § 87 Abs. 2 vor, dass die Vollstreckung nur beginnen darf, wenn der Beschluss bereits zugestellt ist oder gleichzeitig zugestellt wird (vgl. zu Zustellungsproblemen in Gewaltschutzsachen: *Cirullies* FamRZ 2012, 1854 f.). Hiervon macht § 216 Abs. 2 Satz 1 eine Ausnahme für den Fall der Anordnung der sofortigen Wirksamkeit. Dann kann das Gericht auch die Zulässigkeit der Vollstreckung vor der Zustellung an den Antragsgegner anordnen. Dies ist wiederum zum Schutz des Antragstellers sinnvoll, da ansonsten die Gefahr besteht, dass der Antragsgegner in dem Zeitraum zwischen Zustellung und Vollstreckung weitere Gewalttaten etc. begeht. Dann tritt nach § 216 Abs. 2 Satz 2 Halbs. 1 die Wirksamkeit in dem Zeitpunkt ein, in dem die **Entscheidung der Geschäftsstelle des Gerichts zur Bekanntmachung übergeben** wird. Dabei muss die Entscheidung den Anforderungen des § 38 entsprechen und somit insb. Rubrum, Tenor, Begründung und Unterschrift enthalten. Gem. § 216 Abs. 2 Satz 2 Halbs. 2 ist der Zeitpunkt der Übergabe an die Geschäftsstelle auf der Entscheidung zu vermerken. Maßgebend ist also der Eingang auf der Geschäftsstelle (BLAH/*Hartmann* § 216 Rn. 2). Dementsprechend muss die Geschäftsstelle Tag, Stunde und Minute des Eingangs auf der Entscheidung vermerken. Geschieht dies nicht korrekt, steht ggf. der Straftatbestand der Falschbeurkundung im Amt nach § 348 Abs. 1 StGB im Raum. Eine dem früheren § 64b Abs. 4 FGG entsprechende Bestimmung fehlt im § 216. Der Verweis auf die Vorschriften der ZPO zum Zwecke der Zwangsvollstreckung ergibt sich nunmehr aus § 96. 3

II. Einstweilige Anordnung. In Gewaltschutzsachen sowie in sonstigen Fällen, in denen hierfür ein besonderes Bedürfnis besteht, kann das Gericht nach § 53 Abs. 2 Satz 1 – wie in § 216 Abs. 2 Satz 1 – anordnen, dass die Vollstreckung der einstweiligen Anordnung vor Zustellung an den Verpflichteten zulässig ist. Mit den sonstigen Fällen sind z.B. Entscheidungen auf Kindesherausgabe gemeint oder bei der Freiheitsentziehung nach § 427. Gem. § 53 Abs. 2 Satz 2 wird die einstweilige Anordnung dann stets mit ihrem **Erlass** wirksam. Nach altem Recht war dies gem. § 64b Abs. 3 Satz 4 FGG nur mit Übergabe an die Geschäftsstelle der Fall, wenn die einstweilige Anordnung ohne mündliche Verhandlung erlassen wurde. Erlass ist nach der Legaldefinition des § 38 Abs. 3 die Übergabe des Beschlusses an die Geschäftsstelle oder die Bekanntgabe durch Verlesen der Beschlussformel. 4

§ 216a Mitteilung von Entscheidungen. ¹Das Gericht teilt Anordnungen nach den §§ 1 und 2 des Gewaltschutzgesetzes sowie deren Änderung oder Aufhebung der zuständigen Polizeibehörde und anderen öffentlichen Stellen, die von der Durchführung der Anordnung betroffen sind, unverzüglich mit, soweit nicht schutzwürdige Interessen eines Beteiligten an dem Ausschluss der Übermittlung, das Schutzbedürfnis anderer Beteiligter oder das öffentliche Interesse an der Übermittlung überwiegen. ²Die Beteiligten sollen über die Mitteilung unterrichtet werden.

Übersicht

	Rdn.		Rdn.
A. Mitteilungspflicht	1	B. Unterrichtungspflicht	2

A. Mitteilungspflicht. § 216a Satz 1 statuiert eine bundeseinheitliche Mitteilungspflicht hinsichtlich der Anordnungen – im Rahmen eines einstweiligen Anordnungsverfahrens oder eines Hauptsacheverfahrens – nach §§ 1, 2 GewSchG sowie deren Änderung oder Aufhebung. Dies gilt nicht i.F.d. Abweisung eines Antrags nach §§ 1, 2 GewSchG. Die Mitteilungspflicht besteht ggü. den (örtlich) zuständigen Polizeibehörden und anderen öffentlichen Stellen, die von der Durchführung der Anordnung betroffen sind. Nach § 2 Abs. 2 BDSG sind öffentliche Stellen der Länder die Behörden, die Organe der Rechtspflege und andere öffentlich-rechtlich organisierte Einrichtungen eines Landes, einer Gemeinde, eines Gemeindeverbandes und sonstiger der Aufsicht des Landes unterstehender juristischer Personen des öffentlichen Rechts sowie deren Vereinigungen ungeachtet ihrer Rechtsform. Hierbei kann es sich ggf. um Schule, Kindergarten oder eine Jugendhilfeeinrichtung in öffentlicher Trägerschaft handeln (vgl. BT-Drucks. 16/9733 S. 369). Dem Wortlaut nach sind entsprechende Einrichtungen in privater Trägerschaft nicht erfasst (ebenso *Giers* FPR 2011, 1

224, 225; a.A. BLAH/*Hartmann* § 216a Rn. 3). Dem Sinn und Zweck nach, einen effektiven Schutz mittels Überwindung von Informationsdefiziten zu erreichen, sollte de lege ferenda eine Einbeziehung von solchen Einrichtungen erfolgen. Eine daneben ggü. dem Jugendamt bestehende Mitteilungspflicht ergibt sich aus § 213 Abs. 2 Satz 1 (s. § 213 Rdn. 2). Die Mitteilung muss unverzüglich erfolgen, also ohne schuldhaftes Zögern (vgl. § 121 Abs. 1 Satz 1 BGB). Sie hat ausnahmsweise zu unterbleiben, wenn schutzwürdige Interessen eines Beteiligten an dem Ausschluss der Übermittlung das Schutzbedürfnis anderer Beteiligter oder das öffentliche Interesse an der Übermittlung überwiegen. Dies dürfte wohl kaum jemals der Fall sein, da z.B. die Mitteilungspflicht ggü. der Polizei insb. deshalb besteht, um Verstöße gegen § 1 GewSchG (Straftat nach § 4 GewSchG; Offizialdelikt) oder § 2 GewSchG (Straftat nach § 123 StGB; Antragsdelikt) besser vermeiden bzw. sanktionieren zu können.

2 **B. Unterrichtungspflicht.** Gem. § 216a Satz 2 sollen die Beteiligten grds. über die Mitteilung unterrichtet werden. Wenn jedoch z.B. die Aufenthaltsorte des Antragstellers und/oder betroffener Kinder zu deren Schutz nicht bekannt gemacht werden sollen, kann die Mitteilung an den Antragsgegner unterbleiben. Die Art und Weise der Mitteilung wurde nicht festgeschrieben. Eine entsprechende Regelung ist in die Anordnung über Mitteilungen in Zivilsachen (MiZi) aufgenommen worden. Dabei ist der Mitteilungspflicht ggü. der Polizei entsprechend dem Vorschlag des Bundesrates durch die Übermittlung einer abgekürzten Ausfertigung der Entscheidung ohne Gründe durch den Urkundsbeamten der Geschäftsstelle genüge getan.

Abschnitt 8. Verfahren in Versorgungsausgleichssachen

§ 217 Versorgungsausgleichssachen. Versorgungsausgleichssachen sind Verfahren, die den Versorgungsausgleich betreffen.

Die Vorschrift enthält eine »**Definition**« des Begriffs »Versorgungsausgleichssache« (BT-Drucks. 16/6308, S. 252). Die Norm ist sprachlich misslungen und ohne jede Aussagekraft (ähnlich Keidel/*Weber* § 217 Rn. 1). Sie ist dem Aufbau des FamFG geschuldet, das zu Beginn eines jeden Abschnitts den Regelungsbereich der nachfolgenden Vorschriften beschreibt. Anders als §§ 121, 151, 169, 186, 200, 231, 261 und 266 verzichtet § 217 aber auf eine Aufzählung der verschiedenen VA-Verfahren. 1

VA-Sachen sind ausschließlich Verfahren, die als **Familiensachen** (§ 111 Nr. 7, § 23b GVG) den FamG zugewiesen sind. Dazu zählen keine Streitigkeiten des oder der Ehegatten mit Versorgungsträgern aus den – von der Ehe unabhängigen – Versicherungs-/Versorgungsverhältnissen, die anderen als den FamG zugewiesen sind, etwa den Sozial-, Verwaltungs-, Zivil- oder Arbeitsgerichten (vgl. OLG München FamRZ 2011, 1406; BT-Drucks. 16/6308, S. 252 f.). 2

In VA-Sachen (und den entspr. Lebenspartnerschaftssachen; § 269 Abs. 1 Nr. 7; § 270 Abs. 1 Satz 2) gelten – mangels Zuordnung zu den Familienstreitsachen (§ 112) oder Ehesachen (§ 121) – die **allgemeinen Vorschriften** des FamFG (Buch 1, §§ 1 bis 110). Sonderregelungen enthalten die §§ 114 Abs. 4 Nr. 7, 137 Abs. 2 und 5, 140 Abs. 2 sowie die §§ 218 bis 229. 3

Eine inhaltliche Bestimmung der VA-Sachen ergibt sich aus dem materiellen Recht, insb. also aus den Vorschriften des Versorgungsausgleichsgesetzes (VersAusglG). Die in der Praxis häufigsten VA-Sachen sind Verfahren über den **Wertausgleich bei der Scheidung** nach den §§ 9 bis 19 VersAusglG, über die i.d.R. von Amts wegen im Scheidungsverbundverfahren entschieden wird (§ 137 Abs. 2 Satz 2), in Ausnahmefällen – etwa nach Abtrennung der Folgesache VA aus dem Scheidungsverbund oder vorausgegangener Auslandsscheidung – durch Beschluss im isolierten Verfahren. Die Verfahren sind auch dann VA-Sachen, wenn (ganz oder teilweise) nach §§ 3 Abs. 3, 6 ff., 18, 27 VersAusglG vom Ausgleich der Anrechte abgesehen wird oder nach § 19 VersAusglG der Wertausgleich nach der Scheidung vorbehalten bleibt. 4

Zu den VA-Sachen gehören außerdem Verfahren über den **Wertausgleich nach der Scheidung**, also Verfahren zur Durchsetzung der Ansprüche auf eine schuldrechtliche Ausgleichsrente (§ 20 VersAusglG) und deren Abtretung (§ 21 VersAusglG), auf Ausgleich von Kapitalversorgungen (§ 22 VersAusglG), auf Zahlung einer Abfindung (§ 23 VersAusglG) und auf Teilhabe an einer Hinterbliebenenversorgung (§§ 25, 26 VersAusglG). Hinzu kommt der Anspruch auf Ausgleich einer laufenden privaten Invaliditätsversorgung nach § 28 VersAusglG. 5

VA-Sachen sind auch Verfahren zur **Abänderung** bereits rechtskräftiger Entscheidungen über den VA nach §§ 225 bis 227. Dasselbe gilt für die Abänderung von Alttiteln nach §§ 51, 52 VersAusglG. 6

Im Hinblick auf die **Anpassungsverfahren** nach §§ 32 ff. VersAusglG ist zu differenzieren: Verfahren zur Aussetzung der Versorgungskürzung gem. §§ 33, 34 VersAusglG wegen der Zahlung nachehelichen Unterhalts sind VA-Sachen. Das gilt auch für Abänderungsanträge bei bereits angeordneter Anpassung infolge Änderung der Unterhaltszahlungen (§ 34 Abs. 6 Satz 2 VersAusglG). Dagegen entscheidet über die Beendigung der Aussetzung aus den in § 34 Abs. 5 VersAusglG genannten Gründen nicht das FamG, sondern der zuständige Versorgungsträger (§ 34 Abs. 6 Satz 1 VersAusglG). Ebenfalls keine VA-Sachen i.S.d. § 217 sind Anpassungen wegen Invalidität des Ausgleichspflichtigen oder einer für ihn geltenden besonderen Altersgrenze nach §§ 35, 36 VersAusglG u. Anpassungen wegen Todes des Ausgleichsberechtigten nach § 37, 38 VersAusglG, denn auch insoweit sind die betroffenen Versorgungsträger für die Entscheidung zuständig (§§ 36 Abs. 1, § 38 Abs. 1 Satz 1 VersAusglG). 7

Als weitere VA-Sachen kommen die Durchsetzung der **Auskunftsansprüche** aus § 4 VersAusglG oder Streitigkeiten über die Wirksamkeit einer **Vereinbarung nach §§ 6 bis 8 VersAusglG** in Betracht. 8

§ 218 Örtliche Zuständigkeit. Ausschließlich zuständig ist in dieser Rangfolge:
1. während der Anhängigkeit einer Ehesache das Gericht, bei dem die Ehesache im ersten Rechtszug anhängig ist oder war;
2. das Gericht, in dessen Bezirk die Ehegatten ihren gemeinsamen gewöhnlichen Aufenthalt haben oder zuletzt gehabt haben, wenn ein Ehegatte dort weiterhin seinen gewöhnlichen Aufenthalt hat;

§ 218

3. das Gericht, in dessen Bezirk ein Antragsgegner seinen gewöhnlichen Aufenthalt oder Sitz hat;
4. das Gericht, in dessen Bezirk ein Antragsteller seinen gewöhnlichen Aufenthalt oder Sitz hat;
5. das Amtsgericht Schöneberg in Berlin.

1 Die Vorschrift regelt die örtliche Zuständigkeit für VA-Sachen als **ausschließliche Zuständigkeit** und in **verbindlicher Rangfolge**. Sie ist lex specialis gegenüber § 2. Die Regelung gilt nach § 50 Abs. 2 Satz 1 auch in einstweiligen Anordnungsverfahren.

2 Nr. 1 entspricht inhaltlich § 621 Abs. 2 Satz 1 ZPO a.F. und den Regelungen in §§ 152 Abs. 1, 201 Nr. 1, 232 Abs. 1 Nr. 1, 262 Abs. 1 u. 267 Abs. 1. Wie dort wird eine Zuständigkeitskonzentration beim **Gericht der Ehesache** bewirkt. Die **Anhängigkeit beginnt** mit der Einreichung der Antragsschrift in der Ehesache beim FamG. Ein Antrag auf Bewilligung von **Verfahrenskostenhilfe** genügt nicht, wenn der gleichzeitig eingereichte Antrag in der Ehesache ausdrücklich nur unter der Bedingung der VKH-Bewilligung eingereicht wird; in diesem Fall kommt es auf den Zeitpunkt der Bewilligung der VKH an. Die **Anhängigkeit endet** mit der Rechtskraft der Entscheidung in der Ehesache (zur »Anhängigkeit« der Ehesache s. § 124 Satz 1 nebst Erläuterungen; vgl. auch Zöller/*Lorenz* § 218 FamFG Rn. 3). Bei Anhängigkeit mehrerer Ehesachen gilt § 123. Die einmal nach Nr. 1 begründete Zuständigkeit bleibt bestehen, wenn die Anhängigkeit der Ehesache endet. Nr. 1 greift auch dann ein, wenn die Ehesache erstinstanzlich abgeschlossen, aber noch im Beschwerdeverfahren anhängig ist.

3 Wird die Zuständigkeit – mangels Anhängigkeit der Ehesache – nicht nach Nr. 1 begründet, ist nach Nr. 2 das Gericht örtlich zuständig, in dessen Bezirk die Ehegatten ihren **gemeinsamen gewöhnlichen Aufenthalt** haben oder zuletzt gehabt haben, **wenn** ein Ehegatte dort weiterhin seinen gewöhnlichen Aufenthalt hat. Maßgebend ist der Aufenthalt zum Zeitpunkt des Eingangs der Antragsschrift beim Familiengericht (vgl. OLG Hamm FamRZ 2011, 1414). Der gewöhnliche Aufenthalt ist dabei wie in § 606 ZPO a.F., § 45 FGG a.F. zu verstehen. Er wird von einer auf längere Dauer angelegten sozialen Eingliederung gekennzeichnet und ist allein von der tatsächlichen – ggf. vom Willen unabhängigen – Situation gekennzeichnet, die den Aufenthaltsort als Mittelpunkt der Lebensführung ausweist (BT-Drucks. 16/6308, S. 226). Von einem solchen Daseinsmittelpunkt ist i.d.R. erst nach einem Aufenthalt für die Dauer von mehreren Monaten auszugehen; vorübergehende Abwesenheit lässt den gewöhnlichen Aufenthalt nicht entfallen. Ein »**gemeinsamer**« gewöhnlicher Aufenthalt setzt einen (früheren) gemeinsamen Mittelpunkt des ehelichen Lebens voraus, also das Leben in der Ehewohnung, nicht lediglich ein Wohnen im Bezirk desselben Gerichts. Nr. 2 setzt zusätzlich voraus, dass ein Ehepartner seinen gewöhnlichen Aufenthalt noch innerhalb des Gerichtsbezirks hat, in dem die Eheleute sich zuletzt gemeinsam gewöhnlich aufgehalten haben. Dazu muss nicht notwendig ein Ehepartner in der früheren Ehewohnung verblieben sein; es genügt, wenn nach der Trennung ein Ehegatte in einer (anderen) Wohnung innerhalb desselben Bezirks lebt.

4 Liegen auch die Voraussetzungen der Nr. 2 nicht vor, kommt es nach Nr. 3 auf den gewöhnlichen **Aufenthalt oder Sitz des Antragsgegners** an. Die Anknüpfung an den »Sitz« eines Antragsgegners soll Beteiligte erfassen, die anstelle eines »gewöhnlichen Aufenthalts« einen »Sitz« haben, also die Versorgungsträger (vgl. Zöller/*Lorenz* § 218 FamFG Rn. 5). »Antragsgegner« ist – in Scheidungsverfahren wie in isolierten VA-Sachen – i.d.R. der (geschiedene) Ehepartner des Antragstellers. Im Hinblick auf **Anpassungsverfahren** nach §§ 33, 34 VersAusglG wird allerdings die Auffassung vertreten, der Sitz des betroffenen Versorgungsträgers bestimme die örtliche Zuständigkeit, weil dieser – und nicht der andere Ehegatte – in Anpassungsverfahren der Antragsgegner sei (OLG Hamm FamRZ 2013, 1595; OLG Frankfurt FamRZ 2010, 916). Das entspricht der kontradiktorischen Stellung des Versorgungsträgers in solchen Verfahren, denn die Aussetzung der Versorgungskürzung findet beim Versorgungsträger statt, während der andere Ehegatte nur mittelbar, nämlich insoweit betroffen ist, als die Höhe der auszuzahlenden Rente für den nach Rentenbezug geschuldeten Unterhalt maßgeblich ist. Dadurch fallen die Zuständigkeiten für das Anpassungsverfahren und ein vorangegangenes, parallel anhängiges oder nachfolgendes Unterhaltsverfahren aber in vielen Fällen auseinander, weil eine Ehesache zum Zeitpunkt des Anpassungsverfahrens regelmäßig nicht mehr anhängig ist (Nr. 1) und der gewöhnliche Aufenthalt der geschiedenen Eheleute nach Nr. 2 einerseits und § 232 Abs. 3 Satz 1 i.V.m. §§ 12 ff. ZPO andererseits zu unterschiedlichen Zuständigkeiten führen kann. Liegen die Voraussetzungen der Nr. 2 nicht vor, wäre für das Anpassungsverfahren nach Nr. 3 das FamG am Sitz des Versorgungsträgers zuständig, wodurch den geschiedenen Eheleuten die Durchführung des Anpassungsverfahrens u.U. erheblich erschwert würde. Hinzu kommt, dass die Zuständigkeitsbestimmung nach der vorgenannten *Auffassung* problematisch wird, wenn zwei anpassungsfähige Anrechte betroffen sind und sich die Sitze der

Abschnitt 8. Verfahren in Versorgungsausgleichssachen § 219

betroffenen Versorgungsträger in unterschiedlichen Bezirken befinden; dann kann nicht festgestellt werden, welches Gericht (ausschließlich) zuständig ist. Dasselbe gilt, wenn man den zu beteiligenden Ehegatten und den Versorgungsträger als Antragsgegner betrachtet (so aber OLG Düsseldorf Beschl. v. 24.01.2013 – 7 UF 150/12, juris). Vorzugswürdig ist deshalb die Auffassung, auch in Anpassungsverfahren gem. §§ 33, 34 VersAusglG (nur) den zu beteiligenden (geschiedenen) Ehepartner als Antragsgegner i.S.d. Nr. 3 anzusehen, nicht dagegen die beteiligten Versorgungsträger (so OLG Frankfurt FamRZ 2014, 1116; ohne nähere Ausführungen auch: BGH FamRZ 2014, 461; OLG Karlsruhe FamRZ 2012, 452; OLG Zweibrücken FamRZ 2014, 775).

Nr. 4 knüpft ersatzweise an den **gewöhnlichen Aufenthalt des Antragstellers** an. Diese Anknüpfung ist unproblematisch, weil der »Antragsteller« unschwer zu ermitteln ist, werden doch alle isolierten VA-Verfahren nur auf Antrag eingeleitet (insoweit wird auf die Kommentierung zu § 223 verwiesen). 5

Nr. 5 enthält (wie § 45 Abs. 4 FGG a.F. und §§ 122 Nr. 5, 170 Abs. 3, 187 Abs. 4) eine Auffangzuständigkeit des **AG Schöneberg** in Berlin für den Fall, dass keiner der (geschiedenen) Eheleute den gewöhnlichen Aufenthalt im Inland hat. Das AG Berlin-Schöneberg ist nicht zur Abgabe aus wichtigem Grund nach § 4 befugt (HK-VersAusglR/*Götsche* § 218 Rn. 20). 6

Eine einmal begründete örtliche Zuständigkeit bleibt erhalten (§ 2 Abs. 2; Grundsatz der **perpetuatio fori**, vgl. OLG Hamm FamRZ 2011, 1414). Auch die Regelung des Art. 111 Abs. 4 FGG-RG ändert nichts daran, dass es sich bei vor dem Inkrafttreten des FamFG ausgesetzten bzw. abgetrennten VA-Sachen auch nach dem 01.09.2009 um Folgesachen handelt, für die grds. das FamG zuständig bleibt, bei dem das Verbundverfahren anhängig ist oder war. Bei Wiederaufnahme eines nach altem Recht aus dem Scheidungsverbund abgetrennten VA-Verfahrens als selbständige VA-Sache nach neuem Recht ist also keine erneute Prüfung der örtlichen Zuständigkeit notwendig; denn die Wiederaufnahme des Verfahrens ist, was die Zuständigkeit des FamG angeht, lediglich als Fortsetzung der bereits eingeleiteten VA-Sache anzusehen (KG Berlin FamRZ 2011, 319; OLG Jena FamRZ 2011, 1677; OLG Naumburg Beschl. v. 03.02.2011 – 8 AR 5/11 (Zust), juris; OLG Naumburg Beschl. v. 02.02.2011 – 8 AR 3/11 (Zust), juris; OLG Naumburg Beschl. v. 04.02.2011 – 8 AR 2/11 (Zust), juris). 7

Ein **Verweisungsbeschluss**, mit dem ein – entgegen § 218 – angerufenes Gericht die Sache an das örtlich zuständige Gericht verweist, ist nach § 3 Abs. 3 unanfechtbar und für das als zuständig bezeichnete Gericht bindend. Die Bindungswirkung entfällt – wie auch für § 281 ZPO anerkannt ist – nur, wenn der Verweisungsbeschluss auf der Verletzung rechtlichen Gehörs beruht oder jeder gesetzlichen Grundlage entbehrt und daher als willkürlich zu bezeichnen ist (OLG Frankfurt FamRZ 2010, 916, vgl. auch OLG Hamm FamRZ 2011, 1414). Sofern zwischen den Eheleuten ein Unterhaltsverfahren anhängig und dafür nach § 232 ein anderes FamG örtlich zuständig ist, soll nach der Gesetzesbegründung eine Abgabe der Unterhaltssache an das für den VA zuständige Gericht nach § 4 in Betracht kommen (BT-Drucks. 16/10144, S. 73). Dagegen bestehen allerdings Bedenken, weil § 4 in Unterhaltssachen wegen §§ 112 Nr. 1, 113 Abs. 1 Satz 1, 231 Abs. 1 nicht anzuwenden ist (jurisPK-BGB/*Breuers* § 34 VersAusglG Rn. 10). 8

§ 219 Beteiligte. Zu beteiligen sind
1. die Ehegatten,
2. die Versorgungsträger, bei denen ein auszugleichendes Anrecht besteht,
3. die Versorgungsträger, bei denen ein Anrecht zum Zweck des Ausgleichs begründet werden soll, und
4. die Hinterbliebenen und die Erben der Ehegatten.

§ 219 ergänzt (neben anderen Vorschriften) § 7 Abs. 2 Nr. 2 durch ausdrückliche gesetzliche Bezeichnung der »**Muss-Beteiligten**« (dazu BT-Drucks. 16/6308, S. 178) in VA-Verfahren gem. § 217; weitere Beteiligte können sich aus § 7 Abs. 2 Nr. 1 (unmittelbare Betroffenheit eines Rechts) ergeben. Kann- oder Antragsbeteiligte i.S.v. § 7 Abs. 3 und 4 sind in § 219 nicht vorgesehen. Hauptbeteiligte im VA sind neben den Eheleuten (**Nr. 1**) alle Versorgungsträger, bei denen auszugleichende Anrechte bestehen (**Nr. 2**) und die Versorgungsträger, bei denen Anrechte zum Zweck des Ausgleichs begründet werden sollen (**Nr. 3**). Daneben kann die Beteiligung von Hinterbliebenen oder Erben erforderlich sein (**Nr. 4**; s.a. BT-Drucks. 16/10144, S. 93). 1

Die (geschiedenen) **Ehegatten** sind – im Anschluss an die Generalnormen in § 1587 BGB n.F. und § 1 Abs. 1 VersAusglG (VA »zwischen den geschiedenen Ehegatten«) – an allen VA-Verfahren beteiligt. Das gilt für den Wertausgleich bei der Scheidung (§§ 9 bis 19 VersAusglG) und den Wertausgleich nach der Schei- 2 dung (§§ 20 bis 26 VersAusglG) ebenso wie für Anpassungsverfahren nach §§ 33, 34 VersAusglG oder Abänderungsverfahren nach §§ 225 ff., § 51 VersAusglG. Der **Insolvenzverwalter** eines Ehegatten ist weder im Ehescheidungsverfahren noch im VA-Verfahren Beteiligter i.S.d. § 219 (OLG Brandenburg NJW-RR 2015, 386).

3 Nach Nr. 2 sind außerdem die Versorgungsträger am Verfahren zu beteiligen, bei denen auszugleichende Anrechte bestehen. Beteiligt sind nur **inländische Versorgungsträger**, nicht dagegen – mangels entsprechender Hoheitsbefugnis der deutschen Gerichte – ausländische Versorgungsträger oder Versorgungsträger zwischenstaatlicher Organisationen. Die »auszugleichenden Anrechte« ergeben sich aus der Legaldefinition des § 2 VersAusglG. Versorgungsträger, bei denen solche Anrechte bestehen, sind am Verfahren beteiligt, wenn die Anrechte durch die gerichtliche Entscheidung betroffen werden.

4 Das sind beim **Wertausgleich bei der Scheidung** alle Versorgungsträger, bei denen Anrechte bestehen, die intern (§§ 10 ff. VersAusglG) oder extern (§§ 14 ff. VersAusglG) geteilt werden (OLG Brandenburg FamRZ 2011, 38). Wird der VA wegen kurzer Ehezeit (§ 3 Abs. 3 VersAusglG), aufgrund einer Vereinbarung der Eheleute (§ 6 bis 8 VersAusglG) oder wegen grober Unbilligkeit **insgesamt ausgeschlossen**, sind die Versorgungsträger nicht zu beteiligen; denn die Versorgungsträger haben keinen Anspruch auf Durchführung des VA und sind dementsprechend auch nicht beschwerdebefugt (BGH FamRZ 2013, 612; OLG Bamberg FamRZ 2011, 1232). Dagegen ist ein – nach Nr. 2 am Verfahren zu beteiligender – Versorgungsträger beschwerdeberechtigt, wenn er rügt, dass ein bei ihm bestehendes, die **Geringfügigkeitsgrenze** nicht übersteigendes Anrecht entgegen § 18 VersAusglG ausgeglichen worden ist, oder wenn er sich mit seinem Rechtsmittel gegen einen Ausschluss des Ausgleichs von Anrechten nach § 18 VersAusglG wendet und das Fehlen der gesetzlichen Voraussetzungen dieser Vorschrift rügt (BGH FamRZ 2013, 612; OLG Bamberg FamRZ 2011, 1232; OLG Stuttgart FamFR 2011, 346; OLG Celle FamRZ 2012, 717; OLG Karlsruhe FamRZ 2012, 1306; OLG Frankfurt FamRZ 2012, 1308; OLG Frankfurt FamFR 2012, 254; OLG Saarbrücken FamRZ 2012, 306; einschränkend OLG Stuttgart FamRZ 2012, 303; a.A. OLG Schleswig FamRZ 2012, 379), ohne dass es dabei auf eine finanzielle Mehrbelastung des Versorgungsträgers ankommt (BGH FamRZ 2013, 610; BGH FamRZ 2013, 207; vgl. auch jurisPK-BGB/*Breuers* § 18 VersAusglG Rn. 116 ff.). Nicht zu beteiligen sind Versorgungsträger, bei denen **nicht ausgleichsreife Anrechte** i.S.d. § 19 VersAusglG bestehen (vgl. OLG Nürnberg MDR 2012, 717; OLG Celle FamRZ 2012, 717; a.A. wohl OLG Köln FamRZ 2013, 1042; offen gelassen v. OLG Köln FamRZ 2011, 721). Das ergibt sich schon daraus, dass solche Anrechte, für die der Wertausgleich nach der Scheidung vorbehalten bleibt, zwar in den Gründen der Entscheidung über den VA zu nennen sind (§ 224 Abs. 4), die Beschlussformel wegen dieser Anrechte aber keinen Ausspruch enthält. Stellt sich erst im Lauf des Verfahrens heraus, dass der Ausgleich einzelner Anrechte auszuschließen ist oder dem Wertausgleich nach der Scheidung vorbehalten bleibt, kann die zunächst eingetretene Beteiligung des betroffenen Versorgungsträgers wegfallen, so dass letztlich erst durch das Rubrum der Endentscheidung klargestellt wird, welche Versorgungsträger (noch) am Verfahren beteiligt sind (HK-VersAusglR/*Götsche* § 219 Rn. 8).

5 Nach dem Wortlaut der Nr. 2 sind die Versorgungsträger auch in Verfahren über den **Wertausgleich nach der Scheidung** nach §§ 20 ff. VersAusglG zu beteiligen. Die Versorgungsträger werden von der Entscheidung über die Ausgleichsansprüche zwischen den (geschiedenen) Eheleuten aber nicht betroffen, so dass es keinen Sinn macht, sie am Verfahren zu beteiligen. Wird allerdings die Teilhabe an einer Hinterbliebenenversorgung nach § 25 VersAusglG gegen den Versorgungsträger geltend gemacht, ist dieser am Verfahren beteiligt.

6 Nr. 3 regelt die Beteiligung der **Zielversorgungsträger** in den Fällen der externen Teilung v. Anrechten nach §§ 14 ff. VersAusglG. Zu beteiligen sind die Versorgungsträger, bei denen zugunsten des Ausgleichberechtigten ein Anrecht begründet wird, sei es durch Begründung einer neuen oder den Ausbau einer bereits vorhandenen Versorgung. Unerheblich ist, ob es sich um eine vom Ausgleichsberechtigten gewählte Zielversorgung (§ 15 Abs. 1 VersAusglG) oder die Deutsche Rentenversicherung bzw. die Versorgungsausgleichskasse als Auffangzielversorgungsträger (§ 15 Abs. 5 VersAusglG) handelt. In der Praxis ist zu beobachten, dass insbesondere die Beteiligung der **Versorgungsausgleichskasse** vergessen wird, weil diese im Verfahren in der Regel erst in der Endentscheidung in Erscheinung tritt. Darüber hinaus werden der Versorgungsausgleichskasse Entscheidungen häufig unter der Anschrift ihres Sitzes in Stuttgart zugestellt; die Zustelladresse lautet aber: Versorgungsausgleichskasse Pensionskasse VVaG, 10850 Berlin. In den Fällen des § 16 VersAusglG ist die Deutsche Rentenversicherung zu beteiligen, soweit sie nicht ohnehin schon nach Nr. 2 beteiligt ist.

Nr. 4 erfasst die Fälle der Beteiligung v. **Hinterbliebenen** (Witwe/Witwer in Verfahren gem. § 227, §§ 25, 7
26 VersAusglG) und **Erben** (§§ 225, 226; §§ 31 Abs. 1 Satz 1, 34 Abs. 4 VersAusglG) in Verfahren nach
Rechtskraft der Ehescheidung. Die Erben oder Hinterbliebenen sind v. Amts wegen zu ermitteln (§ 26).
Stirbt ein Ehegatte nach Rechtskraft der Scheidung, aber vor Rechtskraft der Entscheidung über den Wertausgleich und ist kein Wertausgleich vorzunehmen, weil der überlebende Ehegatte in der Ehe insgesamt die
höheren Anrechte erworben hat (§ 31 Abs. 1 Satz 2 VersAusglG), kann das VA-Verfahren beendet werden,
ohne die Erben des verstorbenen Ehegatten zu beteiligen und mit Kosten zu belasten (AG Ludwigslust
FamRZ 2013, 704).
Die Frage, welche Versorgungsträger nach § 219 Nr. 2 oder Nr. 3 FamFG am VA-Verfahren zu beteiligen – 8
und Zustellungsadressaten – sind, ist umsichtig **von Amts wegen** zu prüfen, zumal die rechtsfehlerhaft unterlassene Beteiligung eines Versorgungsträgers für die Ehegatten erhebliche, insbesondere aus einem zeitlich späteren Eintritt der Rechtskraft folgende Nachteile haben kann (OLG Saarbrücken FamRZ 2011,
1733). Hat das Gericht einen Versorgungsträger entgegen Nr. 2 oder 3 nicht am Verfahren beteiligt, ist für
diesen Versorgungsträger die Beschwerdefrist nach § 63 Abs. 1 nicht in Gang gesetzt worden, so dass er innerhalb der **Fünfmonatsfrist** des § 63 Abs. 3 Satz 2 Beschwerde gegen die Entscheidung einlegen kann
(BGH FamRZ 2015, 839; BGH FamRZ 2013, 1566).

§ 220 **Verfahrensrechtliche Auskunftspflicht.** (1) Das Gericht kann über Grund und
Höhe der Anrechte Auskünfte einholen bei den Personen und Versorgungsträgern, die
nach § 219 zu beteiligen sind, sowie bei sonstigen Stellen, die Auskünfte geben können.
(2) ¹Übersendet das Gericht ein Formular, ist dieses bei der Auskunft zu verwenden. ²Satz 1 gilt nicht
für eine automatisiert erstellte Auskunft eines Versorgungsträgers.
(3) Das Gericht kann anordnen, dass die Ehegatten oder ihre Hinterbliebenen oder Erben gegenüber
dem Versorgungsträger Mitwirkungshandlungen zu erbringen haben, die für die Feststellung der in
den Versorgungsausgleich einzubeziehenden Anrechte erforderlich sind.
(4) ¹Der Versorgungsträger ist verpflichtet, die nach § 5 des Versorgungsausgleichsgesetzes benötigten
Werte einschließlich einer übersichtlichen und nachvollziehbaren Berechnung sowie der für die Teilung maßgeblichen Regelungen mitzuteilen. ²Das Gericht kann den Versorgungsträger von Amts wegen
oder auf Antrag eines Beteiligten auffordern, die Einzelheiten der Wertermittlung zu erläutern.
(5) Die in dieser Vorschrift genannten Personen und Stellen sind verpflichtet, gerichtliche Ersuchen
und Anordnungen zu befolgen.

Übersicht	Rdn.		Rdn.
A. Allgemeines	1	3. Abs. 3: Mitwirkungshandlungen	9
B. Einzelheiten	4	II. Abs. 4: Spezifische Auskunftspflicht der	
I. Abs. 1 bis 3: Allgemeine Auskunfts-		Versorgungsträger	13
und Mitwirkungspflicht	4	1. Prüfungsumfang und -probleme	13
1. Abs. 1: Auskunftspflicht	4	2. Prüfmittel	17
2. Abs. 2: Modifizierter Formularzwang . .	8	III. Abs. 5: Befolgungspflicht	18

A. Allgemeines. Die Vorschrift regelt – als wichtiges Hilfsmittel i.R.d. gerichtlichen Amtsermittlung – die 1
»verfahrensrechtliche Auskunftspflicht« (zur materiellen Auskunftspflicht vgl. § 4 VersAusglG) unter zwei
unterschiedlichen Aspekten. Die **Abs. 1 bis 3 und 5** fassen die früher in §§ 53b Abs. 2 Satz 2, 3 FGG a.F.
und § 11 Abs. 2 VAHRG a.F. enthaltenen Bestimmungen über die **allgemeine Auskunftspflicht der Beteiligten und sonstigen Stellen** zusammen und erweitern (konkretisieren) sie durch Verpflichtungen zur Benutzung von Formularen (Abs. 2) und zu Mitwirkungshandlungen (Abs. 3).
Gänzlich neu gestaltet (wenn auch inhaltlich als Teil der generellen Auskunftspflicht) ist die **spezifische** 2
Auskunftspflicht der Versorgungsträger in Abs. 4; sie knüpft an die nach neuem materiellen VA-Recht
wesentlich gestärkte Funktion der Versorgungsträger nach § 5 VersAusglG an.
Der Ablauf eines VA-Verfahrens wird in der Praxis maßgeblich geprägt durch die konkrete Anwendung des 3
Abs. 4 durch die Gerichte und sonstigen Verfahrensbeteiligten (als Antragsberechtigte gem. Abs. 4 Satz 2).
Familienrichter und Anwälte können sich die Arbeit »bequem« machen, indem sie die Auskünfte der Versorgungsträger weitgehend ungefragt übernehmen; dies würde der Vereinfachung des Bewertungs- und Tei-

§ 220

lungsvorgangs (als einem wesentlichen Ziel der VA-Reform; vgl. BT-Drucks. 16/10144 S. 31, 44) dienen. Umgekehrt kann das Verfahren – je nach angestrebter Kontrolldichte – erheblich komplexer, vor allem zeitaufwendiger als bisher gestaltet werden, z.B. durch Auflagen für die Versorgungsträger, Anträge auf Einholung von Gutachten oder Anträge auf Vernehmung von Sachbearbeitern der Versorgungsträger). Es kommt deshalb darauf an, zwischen einfacher Gestaltung eines Massenverfahrens und angemessener Kontrolle abzuwägen und dafür Maßstäbe zu entwickeln. Eine **schlichte (nicht hinterfragte) Übernahme der Auskünfte** der Versorgungsträger erfüllt die Pflichten verantwortlich handelnder Familienrichter und Anwälte nicht. Letztere sind zudem bei unvollständiger Sachaufklärung erheblichen größeren **Haftungsrisiken** ausgesetzt.

4 **B. Einzelheiten. I. Abs. 1 bis 3: Allgemeine Auskunfts- und Mitwirkungspflicht. 1. Abs. 1: Auskunftspflicht.** Die Auskunftspflicht nach Abs. 1 setzt die **Anhängigkeit eines VA-Verfahrens** voraus. Sie besteht auch, wenn streitig ist, ob die Voraussetzungen für eine Ehescheidung vorliegen (OLG Oldenburg FamRZ 2012, 55).

5 **Auskunftspflichtig** sind nicht nur die **Beteiligten** gem. § 219 (also die Eheleute oder deren Hinterbliebene oder Erben sowie die Versorgungsträger), sondern auch »sonstige« zu einer (sinnvollen, verfahrensfördernden) Auskunft fähige »**Stellen**«; das können frühere Arbeitgeber, die Arbeitsverwaltung in Bezug auf Rentenanwartschaften und die Verbindungsstellen der gesetzlichen Rentenversicherung bei der Klärung ausländischer Anrechte sein. Die »sonstigen Stellen« werden durch die Auskunftserteilung nicht zu Beteiligten gem. § 7 (vgl. § 7 Abs. 5 und BT-Drucks. 16/10144 S. 93).

6 Die Auskunftspflicht besteht **ggü. dem Gericht**; ein Beteiligter kann und sollte jedoch (in Wahrnehmung seiner Mitwirkungspflicht aus § 27, Anwälte auch wegen ihres Haftungsrisikos) bei Klärungsbedarf auf ein Auskunftsverlangen des Gerichts hinwirken.

7 Das Gericht kann Auskunft über **Grund und Höhe** der Anrechte verlangen. Dazu gehört auch die **unentgeltliche Berechnung des Ehezeitanteils** der Anrechte.

8 **2. Abs. 2: Modifizierter Formularzwang.** Die – aus anderen Vorschriften bekannte; z.B. § 117 Abs. 4 ZPO – Verpflichtung zur Benutzung amtlicher Formulare fördert eine vollständige und EDV-gerechte Erteilung der Auskünfte. Der Zwang gilt nach Satz 2 nicht für **automatisiert erstellte Auskünfte** v. Versorgungsträgern. Diese Ausnahme von Satz 1 gilt für den Fall, dass große Versorgungsträger (insb. die Träger der gesetzlichen Rentenversicherung, größere betriebliche und berufsständische Versorgungswerke, Zusatzversorgungskassen und Versicherungsunternehmen für die Erteilung der Auskunft elektronische Datenverarbeitungssysteme einsetzen. In diesen Fällen entstünde ein vermeidbarer zusätzlicher Aufwand, wenn die Versorgungsträger gezwungen wären, die vom Gericht übersandten Vordrucke zu benutzen. Bei automatisierter Auskunftserteilung entfällt deshalb die Pflicht zur Verwendung der amtlichen Vordrucke. Mittelfristig ist ohnehin davon auszugehen, dass die Kommunikation zwischen den FamG und den Versorgungsträgern vollständig über einen elektronischen Datenaustausch erfolgen wird (vgl. BT-Drucks. 16/10144 S. 94 und die Erläuterungen zu § 229).

9 **3. Abs. 3: Mitwirkungshandlungen.** Abs. 3 begründet eine generelle, abstrakte **Mitwirkungspflicht** (ohne Regelbeispiele). Die Vorschrift stellt klar, dass die Beteiligten i.S.v. § 219 Nr. 1 u. 4 – also die (geschiedenen) Eheleute bzw. deren Hinterbliebene oder Erben – auf Anordnung des FamG verpflichtet sind, die für die Feststellung der in den VA einzubeziehenden Anrechte (vgl. insb. § 5 VersAusglG) durch bestimmte Mitwirkungshandlungen zu unterstützen. Diese Mitwirkungspflicht umfasst das Stellen von Anträgen (Kontenklärungsantrag, Antrag auf Feststellung von Kindererziehungs-/Zurechnungszeiten etc.), die Mitteilung von Tatsachen (Beschäftigungs-/Ausbildungszeiten etc.) und die Vorlage von Urkunden (Entgeltbescheinigungen, Zeugnisse, Personenstandsurkunden etc.).

10 Die Auskunfts- bzw. Mitwirkungspflicht besteht auch, wenn streitig ist, ob die **Voraussetzungen für eine Ehescheidung** vorliegen (OLG Oldenburg FamRZ 2012, 55); bei **vertraglichem Ausschluss des VA** besteht sie nur, wenn ein Beteiligter die Unwirksamkeit der Vereinbarung rügt oder tatsächliche Anhaltspunkte dafür vorliegen (OLG Rostock FamRZ 2015, 410).

11 Die mit einem Hinweis auf die Folgen der Zuwiderhandlung verbundene gerichtliche Anordnung zur Mitwirkung ist **nicht isoliert anfechtbar** (OLG Zweibrücken FamRZ 2011, 1089).

12 Sofern der Beteiligte die verlangte Mitwirkung nicht erbringt, kann der Versorgungsträger die gewünschte Handlung dem Gericht mitteilen; dieses wird – sofern erforderlich – eine entsprechende Anordnung treffen u. ggf. m. **Zwangsmitteln** durchsetzen (§ 35; zur Beiordnung eines Rechtsanwalts in solchen Fällen: OLG

Hamm FamRZ 2012, 1659; zu den Kosten des Zwangsgeldverfahrens: OLG Schleswig FamRZ 2012, 729). Dazu muss das FamG aber hinreichend **konkret mitteilen, welche Mitwirkung erforderlich** ist; die Auflage, »Fehlzeiten aufzuklären« oder »vom Versorgungsträger bereits mitgeteilte Fehlzeiten aufzuklären«, stellt keine hinreichend bestimmte gerichtliche Verfügung i.S.d. § 35 dar (OLG Schleswig FamRZ 2015, 1221; OLG Hamm FamRZ 2014, 1658). Wirken beide Ehegatten an der Klärung der Anrechte nicht mit, kann das Gericht anstelle der Festsetzung von Zwangsmitteln – nach entsprechendem Hinweis – von einem **Nichtbetrieb des Verfahrens** ausgehen und die Sache nach Maßgabe der AktO weglegen. Dasselbe gilt, wenn nur der Antragsteller einen Scheidungsantrag gestellt hat und nicht an der Klärung seiner Anrechte mitwirkt.

II. Abs. 4: Spezifische Auskunftspflicht der Versorgungsträger. 1. Prüfungsumfang und -probleme. In dem seit der Strukturreform des VA (d.h. seit dem 01.09.2009) geltenden materiellen Recht hat § 5 VersAusglG eine zentrale Funktion. Gegenstand des Ausgleichs sind die Ehezeitanteile der v. den Ehegatten erworbenen Anrechte; die Hälfte des Wertes der einzelnen Ehezeitanteile bildet den jeweiligen Ausgleichswert (§ 1 Abs. 1, 2 VersAusglG). Die **Berechnung** des Wertes der **Ehezeitanteile** (und darauf aufbauend die Ermittlung eines Wertunterschiedes als Grundlage des Ausgleichsanspruchs gem. § 1587a Abs. 1 BGB a.F.) war **bis zur Reform des VA Sache des Familienrichters**; die Versorgungsträger (die häufig, etwa die Träger der gesetzlichen Rentenversicherung, auch ohne entsprechende Verpflichtung bereits m. der Auskunft eine Berechnung des Ehezeitanteils übermittelt haben) wurden in die Wertermittlung einbezogen, aber nach den vom Familienrichter vorgegebenen einheitlichen Kriterien, mithin unter Wahrung seiner allein verantwortlichen Verfahrenssteuerung.

§ 5 VersAusglG hat insoweit (zumindest formal) eine wesentliche Änderung gebracht: wegen der besseren Sachkenntnis in Bezug auf die eigenen Versorgungsregelungen legt das Gesetz die **Ermittlung des Ehezeitanteils** jetzt generell in die Hand des Versorgungsträgers (BT-Drucks. 16/10144 S. 49); sie wird damit **originäre Aufgabe der Versorgungsträger**.

Den **FamG** bleibt die Verantwortung, die **Auskünfte zu prüfen und den Ausgleichswert festzusetzen** (BT-Drucks. 16/10144 S. 50). Diese Aufgabe kann allerdings (jedenfalls derzeit noch) mangels einheitlicher Bewertungskriterien in vielen Fällen deutlich komplizierter sein als bisher. Nach altem VA-Recht war es grds. Aufgabe des Richters, (künftige) in den Auskünften der Versorgungsträger angegebene Leistungen im Versorgungsfall zu bewerten, nicht aber deren im Einzelfall evtl. differierende Rechnungs- u. Kalkulationsgrundlagen. Nach neuem Recht ist dies jedenfalls dann anders, wenn der Ehezeitanteil nicht in Form eines Rentenbetrages, sondern einer anderen Bezugsgröße ermittelt wird (§ 5 Abs. 1 VersAusglG). Denn der (korrespondierende) Kapitalwert (§ 47 VersAusglG) ist nur verständlich i.V.m. den zugrunde liegenden Rechengrößen (firmeninterne Rechengrößen, satzungsrechtliche Regelungen, versicherungsmathematische Grundsätze, gesetzliche Berechnungsvorschriften etc.). Dementsprechend können sich für strukturell (insb. leistungsmäßig) vergleichbare Anrechte unterschiedliche Kapitalwerte ergeben.

Es wird deshalb vermehrt Fälle geben, in denen sich die Familienrichter (und Rechtsanwälte) intensiv m. den Rechnungsgrundlagen befassen müssen. Dabei kann die gebotene Überprüfung des vorgeschlagenen Ausgleichswerts zu weiteren **Problemen** führen. So kann bei der umfassenden Prüfung einer firmeninternen Bewertung des Ehezeitanteils in Form eines Kapitalwerts die Aufdeckung spezifischer **Kalkulationsgrundlagen** geboten sein – etwa im Zusammenhang mit der ohne Erläuterung kaum nachvollziehbaren Kalkulation von in der Praxis verbreiteten **Kompensationszuschlägen nach § 11 Abs. 1 Satz 2 Nr. 3 VersAusglG** (vgl. Wick FuR 2011, 555; BGH FamRZ 2015, 911); dies erfordert u.U. eine Abgrenzung ggü. nicht offenbarungspflichtigen **Geschäftsgeheimnissen** (vgl. BT-Drucks. 16/10144 S. 94). Vergleichbare Fragen können bei der Prüfung des **Teilungskostenabzugs gem. § 13 VersAusglG** auftreten, der von den Versorgungsträgern beim Vorschlag zum Ausgleichswert ausgewiesen werden soll (vgl. BT-Drucks. 16/10144 S. 50, 57); wenn Bedenken hinsichtlich der Höhe der geltend gemachten pauschalierten Teilungskosten bestehen, sind die FamG nach Abs. 4 berechtigt und im Hinblick auf den Amtsermittlungsgrundsatz (§ 26) verpflichtet, sich die vom Versorgungsträger mitgeteilten Werte näher erläutern zu lassen (BGH FamRZ 2012, 1546; OLG Koblenz FamRZ 2013, 1901; OLG Köln FamRZ 2011, 1795).

2. Prüfmittel. Abs. 4 stellt dem FamG ein der Komplexität der Prüfung **adäquates Instrumentarium** zur Verfügung, ergänzt durch die Befolgungspflicht aus Abs. 5. Das FamG kann **sämtliche relevanten Informationen** (u.a. auch zum finanziellen Ausgleich für wegfallenden Risikoschutz; BT-Drucks. 16/10144 S. 56), etwa zum angewandten Berechnungsverfahren einschließlich seiner Grundlagen wie Zinssatz und Sterbetafeln, zu vertraglichen (evtl. auch individuell ausgestalteten; BT-Drucks. 16/11903 S. 118) Bestimmungen und Satzungsrecht (BT-Drucks. 16/10144 S. 94) in Form einer »**übersichtlichen und nachvollziehbaren Berechnung**« beschaffen und erg. **Erläuterungen anfordern**. Das Problem sind i.d.R. nicht die (vorhandenen) rechtlichen Möglichkeiten (abgesehen von den Grenzen bei Geschäftsgeheimnissen), sondern ihre verantwortliche (d.h. auch faktisch mögliche) und sachgerechte Nutzung. Angesichts der Vielfalt unterschiedlicher (insb. betrieblicher) Versorgungssysteme mit (ggf.) spezifischen (nicht notwendig erkennbaren) Versorgungsregelungen, ist im »Massengeschäft VA« die Ersetzung einer Detailprüfung durch eine bloße **Plausibilitätskontrolle** (im Regelfall) unvermeidbar. Die Familienrichter werden nur dann Anlass sehen, die vorgeschlagenen Ausgleichswerte (mit in vielen Fällen notwendiger sachverständiger Hilfe) genau zu überprüfen, wenn die entsprechenden Auskünfte offensichtlich unzureichend oder fehlerhaft sind, insb. aber dann, wenn die beteiligten Eheleute bzw. ihre Verfahrensbevollmächtigten die Auskünfte beanstanden; das wiederum erhöht die Verantwortung und gleichzeitig die **Haftungsrisiken** der Rechtsanwälte.

18 III. **Abs. 5: Befolgungspflicht.** Abs. 5 wiederholt die sich bereits aus den Einzelnormen zur Auskunftserteilung (Abs. 1 bis 4) ergebende Pflicht, den gerichtlichen Ersuchen und Anordnungen Folge zu leisten. Dadurch wird insb. klargestellt, dass sich die Versorgungsträger in VA-Sachen nicht auf ihre Verpflichtung zur **Amtsverschwiegenheit** oder etwaige **Zeugnisverweigerungsrechte** berufen können (vgl. § 29; Keidel/Weber § 220 Rn. 13). Bei Nichterfüllung der Auskunftspflicht (nach gerichtlicher Anordnung; vgl. OLG Hamm FamRZ 2011, 1682) können **Zwangsmittel** festgesetzt werden (§ 35).

19 Nach Abs. 5 sind die Versorgungsträger zwar verpflichtet, gerichtliche Ersuchen und Anordnungen zu befolgen, dies bedeutet aber **nicht**, dass sie jedes **gerichtliche Ersuchen** bzw. jede Anordnung **kostenfrei zu erfüllen** haben. Denn die – vom Wortlaut her zu weit gefasste – Regelung ist im Kontext m. den Abs. 1 bis 4 zu lesen, die den Rahmen der Pflicht zur Auskunftserteilung abstecken. M. der **Neuberechnung** unter Berücksichtigung eines vom FamG konkret für angemessen gehaltenen Rechnungszinses, kann das Gericht – neben einen Sachverständigen – auch den Versorgungsträger, der die Funktion eines sachverständigen Zeugen einnimmt (gegen entsprechende Kostenübernahme) beauftragen (OLG Hamm FamRZ 2015, 1220). Ein Versorgungsträger verletzt seine Verpflichtung zur Auskunftserteilung auch dann nicht, wenn er der Auflage des Gerichts, Auskunft über die Höhe des Ausgleichswertes unter der fiktiven Annahme einer internen Teilung zu erteilen, nicht nachkommt (OLG Frankfurt BetrAV 2014, 197).

§ 221 Erörterung, Aussetzung.
(1) Das Gericht soll die Angelegenheit mit den Ehegatten in einem Termin erörtern.
(2) Das Gericht hat das Verfahren auszusetzen, wenn ein Rechtsstreit über Bestand oder Höhe eines in den Versorgungsausgleich einzubeziehenden Anrechts anhängig ist.
(3) ¹Besteht Streit über ein Anrecht, ohne dass die Voraussetzungen des Abs. 2 erfüllt sind, kann das Gericht das Verfahren aussetzen und einem oder beiden Ehegatten eine Frist zur Erhebung der Klage setzen. ²Wird diese Klage nicht oder nicht rechtzeitig erhoben, kann das Gericht das Vorbringen unberücksichtigt lassen, das mit der Klage hätte geltend gemacht werden können.

1 Abs. 1 knüpft an die Regelung in § 53b Abs. 1 FGG a.F. an; die dazu entwickelten Rechtsgrundsätze gelten im Wesentlichen fort. Die als Sollvorschrift ausgestaltete Pflicht ist **lex specialis** ggü. § 32 Abs. 1 Satz 1. Damit trägt der Gesetzgeber dem Umstand Rechnung, dass der reformierte VA die Gestaltungsspielräume der Beteiligten erweitert und mehr Raum für Ermessens-/Billigkeitsentscheidungen des Gerichts bietet (BT-Drucks. 16/10144, S. 94). Die Vorschrift gilt für alle VA-Verfahren – auch im **Beschwerdeverfahren** vor dem OLG, das allerdings nach Maßgabe des § 68 Abs. 3 Satz 2 von einem Erörterungstermin absehen kann. Die Sache ist grds. m. allen Verfahrensbeteiligten einschließlich der Versorgungsträger zu erörtern (vgl. etwa AG Duisburg FamRZ 2011, 1149: mündliche Erörterung der Angemessenheit v. Teilungskosten nach § 13 VersAusglG mit dem Versorgungsträger); in der Praxis wird die Anwendung der Vorschrift aber meist auf die **Erörterung mit den Ehegatten** beschränkt. Damit wird zum einen dem – regelmäßig geäußerten – Wunsch der Versorgungsträger nach Befreiung v. der Teilnahme an einem Termin entsprochen; zum anderen kommt zum Ausdruck, dass die mündliche Verhandlung vorrangig der Erörterung aller die Interessen der Ehegatten berührenden Gesichtspunkte dient; das betrifft die Möglichkeiten einer Vereinbarung der Eheleute (§§ 6 ff. VersAusglG), aber auch die Anwendung v. Ermessens- und Billigkeitsregeln (§§ 18 Abs. 1 u. 2, 19 Abs. 3, 27, 31 Abs. 2 Satz 2, 33 Abs. 4 VersAusglG), ferner ggf. die Anwendung/Ausübung v. Sollvorschriften oder Wahlrechten (§ 3 Abs. 3, § 14 Abs. 2 Nr. 1, § 15 Abs. 1 und 3 VersAusglG; vgl. BT-Drucks.

16/10144, S. 94). Zum Zweck der Erörterung ist regelmäßig das persönliche Erscheinen der (geschiedenen) Eheleute anzuordnen (§ 33 Abs. 1) und nötigenfalls mit Ordnungsmitteln durchzusetzen (§ 33 Abs. 1).
Besteht im Einzelfall kein Erörterungsbedarf, kann das Gericht davon absehen, einen Erörterungstermin zu bestimmen. Ein Verstoß gegen die Sollvorschrift des Abs. 1 führt nur dann zu einem **Verfahrensfehler**, wenn das Gericht dadurch seine Pflicht zur Amtsaufklärung (§ 26), seine Hinweispflicht (§ 28 bzw. § 113 Abs. 1 Satz 2 i.V.m. § 139 Abs. 1 Satz 2 ZPO) oder den Anspruch der Beteiligten auf rechtliches Gehör verletzt. Seiner **Hinweispflicht** kann das FamG in vielen Fällen aber dadurch genügen, dass es den Beteiligten rechtzeitig vor dem Scheidungstermin bzw. der schriftlichen Endentscheidung in einem isolierten VA-Verfahren eine Berechnung des VA mit einem Entwurf der beabsichtigten Beschlussformel zuleitet (vgl. zur Hinweispflicht in Fällen der externen Teilung BGH FamRZ 2013, 773; jurisPK-BGB/*Breuers* § 15 VersAusglG Rn. 48). 2

Eine **Termingebühr** für den Anwalt entsteht nicht, wenn das Gericht v. der Erörterung in einem Termin abgesehen hat. Nr. 3104 Abs. 1 Nr. 1 RVG-VV ist in (isolierten) VA-Sachen, in denen keine Erörterung stattgefunden hat, nicht anwendbar. Denn das FamFG sieht keine notwendige mündliche Verhandlung vor. Nach Abs. 1 »soll« das Gericht die Angelegenheit m. den Ehegatten in einem Termin erörtern; eine notwendige mündliche Verhandlung im Sinne v. § 128 Abs. 1 ZPO ist das nicht (OLG Köln AGS 2015, 67; OLG Nürnberg MDR 2014, 1265; OLG Schleswig AGS 2013, 168; OLG Bremen MDR 2012, 1315; OLG Dresden AGS 2012, 459; OLG Brandenburg FamRZ 2012, 1581; KG Berlin FamRZ 2011, 1978; OLG Rostock FamRZ 2012, 1581; OLG Jena FamRZ 2012, 329). 3

Abs. 2 und 3 regeln (ähnlich wie § 53c FGG a.F.) die **Aussetzung** des VA-Verfahrens bei einem **Streit über Bestand oder Höhe eines in den VA einzubeziehenden Anrechts**. Mit der (jetzt durchgängig) zwingenden Regelung wird die Verwertung des Fachwissens des für das jeweilige Anrecht zuständigen Spezialgerichts sichergestellt; darüber hinaus verhindert die Vorschrift divergierende Entscheidung von Fachgericht und FamG; das FamG soll vielmehr auf die Entscheidung des für das jeweilige Anrecht zuständigen Fachgerichts zurückgreifen können (BT-Drucks. 16/10144, S. 94). 4

Die Regelungen in Abs. 2 und 3 gelten für den VA als **Folgesache** und als **isolierte Familiensache**; bei einer Aussetzung als Folgesache (ohne gleichzeitige Aussetzung der Ehesache gem. § 136) wird regelmäßig eine Abtrennung gem. § 140 Abs. 2 Nr. 1 oder 2 zu prüfen sein. 5

Neben § 221 gelten die allgemeine (weitergehende) Vorschrift des § 21 und – für Ehesachen und ggf. mittelbar den VA als Folgesache – § 136. Eine **Aussetzung nach § 21** kommt insb. in Betracht, wenn für die Bewertung eines Anrechts oder den VA maßgebliche Vorschriften für verfassungswidrig erklärt oder gehalten werden. Das war in den Fällen der wegen **Verfassungswidrigkeit** nicht anwendbaren Übergangsvorschriften betr. die **Startgutschriften** rentenferner Versicherter in der Zusatzversorgung des öffentlichen Dienstes der Fall (vgl. OLG Rostock FamRZ 2011, 1653; OLG Brandenburg FamRZ 2012, 128; *Borth* FamRZ 2011, 1923), hat sich aufgrund der Neufassung der VBL-Satzung v. 30.11.2011 allerdings erledigt. Auch Verfahrensaussetzungen im Hinblick auf die für verfassungswidrig gehaltene Beschränkung der **Anpassung nach § 33 VersAusglG** auf Anrechte aus den Regelsicherungssystemen i.S.d. § 32 VersAusglG (vgl. BGH FamRZ 2013, 1888; OLG Frankfurt FamRZ 2014, 1116) sind aufgrund der zwischenzeitlichen Entscheidung des BVerfG nicht mehr veranlasst (BVerfG FamRZ 2014, 1259). § 148 ZPO ist auf den VA als Familiensache aus dem Bereich der freiwilligen Gerichtsbarkeit nicht (mehr) anzuwenden. 6

Abs. 2 sieht die **obligatorische Aussetzung** des VA-Verfahrens vor, wenn ein **Rechtsstreit bei einem Fachgericht** über Bestand oder Höhe eines in den VA einzubeziehenden Anrechts **anhängig** ist oder wird, die Beteiligten also ein **vorgreifliches Verfahren** bei einem Verwaltungs-, Sozial-, Arbeits- oder Zivilgericht führen. Gemeint sind – trotz des weiter gefassten Wortlauts des Abs. 2 – ausschließlich Verfahren zwischen einem Ehepartner und dem für sein Anrecht zuständigen Versorgungsträger, nicht dagegen Auseinandersetzungen zwischen den Eheleuten über die Bewertung des Anrechts durch den Versorgungsträger bzw. die von ihm vorgenommene Ermittlung des Ausgleichswerts; für die Entscheidung darüber ist (nach wie vor) das FamG zuständig (BT-Drucks. 16/10144, S. 95). 7

Wenn ein für das VA-Verfahren relevanter Streit über ein Anrecht besteht, ohne dass die engeren Voraussetzungen des Abs. 2 (anhängiger Rechtsstreit) vorliegen, kann das Gericht nach **Abs. 3 Satz 1 die (geschiedenen) Ehegatten – nicht aber die Versorgungsträger – auffordern,** innerhalb einer – wegen der Ausschlusswirkung des Abs. 3 Satz 2 angemessen lang zu bemessenden – Frist **Klage beim zuständigen Fachgericht** zu erheben. Kommt der betroffene Beteiligte dieser Aufforderung nicht oder nicht rechtzeitig nach, kann das Gericht selbst **in der Sache entscheiden**; dabei kann es nach Abs. 3 Satz 2 den streitigen Vortrag, der 8 mit der unterlassenen Klage hätte geltend gemacht werden können, unberücksichtigt lassen. Alternativ dazu kann das FamG, wenn die Klage verspätet erhoben worden ist, vorerst von einer eigenen Entscheidung absehen und es bei der Aussetzung bis zur fachgerichtlichen Entscheidung belassen.

9 Die Aussetzung ist entsprechend § 21 Abs. 2 (i.V.m. §§ 567 bis 572 ZPO) mit der **sofortigen Beschwerde** anfechtbar. Dasselbe gilt, wenn das FamG die v. einem Beteiligten in erster Instanz angeregte Aussetzung oder die Wiederaufnahme eines ausgesetzten Verfahrens durch Beschluss abgelehnt hat (OLG Karlsruhe FamRZ 2011, 727; OLG Nürnberg FamRZ 2010, 1462). Die Entscheidung des AG ist im Beschwerdeverfahren allerdings nur auf **Ermessensfehler** zu überprüfen (OLG Nürnberg MDR 2011, 1044). Hat das FamG, statt das Verfahren auszusetzen, in der Sache entschieden, ist die unterbliebene Aussetzung mit der Beschwerde (§§ 58 ff.) gegen die **Endentscheidung** zu rügen; im Beschwerdeverfahren kann die Endentscheidung des FamG in einen Aussetzungsbeschluss abgeändert werden mit der Folge, dass das Verfahren wieder in erster Instanz anhängig ist; dadurch bleibt den Beteiligten die erste Tatsacheninstanz erhalten. Eine Aufhebung und Zurückverweisung des Verfahrens nur zum Zweck der Aussetzung kommt nicht in Betracht (OLG Karlsruhe FamRZ 2011, 727).

§ 222 Durchführung der externen Teilung.

(1) Die Wahlrechte nach § 14 Abs. 2 und § 15 Abs. 1 des Versorgungsausgleichsgesetzes sind in den vom Gericht zu setzenden Fristen auszuüben.
(2) Übt die ausgleichsberechtigte Person ihr Wahlrecht nach § 15 Abs. 1 des Versorgungsausgleichsgesetzes aus, so hat sie in der nach Absatz 1 gesetzten Frist zugleich nachzuweisen, dass der ausgewählte Versorgungsträger mit der vorgesehenen Teilung einverstanden ist.
(3) Das Gericht setzt in der Endentscheidung den nach § 14 Abs. 4 des Versorgungsausgleichsgesetzes zu zahlenden Kapitalbetrag fest.
(4) Bei einer externen Teilung nach § 16 des Versorgungsausgleichsgesetzes sind die Abs. 1 bis 3 nicht anzuwenden.

Übersicht

	Rdn.		Rdn.
A. Allgemeines	1	III. Abs. 3: Gerichtliche Festsetzung des Kapitalbetrags gem. § 14 Abs. 4 VersAusglG	10
B. Einzelheiten	5		
I. Abs. 1: Ausübung der Wahlrechte gem. §§ 14 Abs. 2, 15 Abs. 1 VersAusglG, Fristsetzung und Folgen der Nichteinhaltung	5	IV. Abs. 4: Unanwendbarkeit bei externer Teilung gem. § 16 VersAusglG	15
II. Abs. 2: Zustimmung des Trägers der Zielversorgung; Nachweis	9		

1 **A. Allgemeines.** Das materielle VA-Recht sieht für den Wertausgleich bei der Scheidung als Regelausgleichsform die interne Teilung vor (§ 9 Abs. 2 VersAusglG). Die **externe Teilung** (als Form der Anrechtsbegründung in einem anderen Versorgungssystem verbunden m. entsprechendem Kapitaltransfer zwischen den beteiligten Versorgungsträgern) ist nur ausnahmsweise in den in § 9 Abs. 3 VersAusglG abschließend genannten Fällen zulässig.

2 Abgesehen von den obligatorischen **Sonderfällen des § 16 VersAusglG** erfolgt die externe Teilung nicht von Amts wegen, sondern nur fakultativ nach Ausübung eines an weitere Voraussetzungen geknüpften »**Wahlrechts**« (so der einheitliche Terminus gem. § 222 Abs. 1): es kann gem. §§ 14 Abs. 2 Nr. 2, 17 VersAusglG **einseitig** v. Versorgungsträger des Ausgleichspflichtigen (im Rahmen bestimmter Wertgrenzen) oder gem. § 14 Abs. 2 Nr. 1 VersAusglG (als Wahlrecht im weiteren Sinne) zweiseitig, d.h. im Wege einer **Vereinbarung** zwischen dem Ausgleichsberechtigten und dem Versorgungsträger des Ausgleichspflichtigen (insoweit ohne wertmäßige Begrenzung) ausgeübt werden.

3 Nach der Entscheidung für die externe Teilung hat der Ausgleichsberechtigte in allen Fällen (auch bei vorherigem einseitigem Verlangen des Versorgungsträgers) gem. § 15 Abs. 1 VersAusglG ein weiteres – ebenfalls an bestimmte Voraussetzungen gebundenes – **Wahlrecht** hinsichtlich der konkreten Form der Durchführung, nämlich hinsichtlich der **Zielversorgung**. Dieses Wahlrecht muss er nicht ausüben; bei fehlender Zielversorgungswahl erfolgt die externe Teilung durch Begründung eines Anrechts in der gesetzlichen Rentenversicherung (§ 15 Abs. 5 Satz 1 VersAusglG) oder – beim Ausgleich v. Anrechten i.S.d. Betriebsrenten-

gesetzes (BetrAVG) – in der Versorgungsausgleichskasse (§ 15 Abs. 5 Satz 2 VersAusglG) als sog. Auffangzielversorgungsträger.

Spätestens bis zur Entscheidung des FamG über den Wertausgleich muss klargestellt sein, ob und ggf. wie 4
das betroffene Anrecht extern zu teilen ist. **Abs. 1** gibt dem Gericht die entsprechenden verfahrensrechtlichen Befugnisse durch die Möglichkeit, eine zeitliche Grenze für die Ausübung der Wahlrechte zu bestimmen. **Abs. 2** regelt zusätzlich eine erg. Voraussetzung für das Wahlrecht gem. § 15 Abs. 1 VersAusglG (Zustimmung des Trägers der Zielversorgung nebst entsprechendem Nachweis). Ferner wird in **Abs. 3** der Kapitaltransfer zwischen den beteiligten Versorgungsträgern als betragsmäßig zu bestimmender Teil der Beschlussformel der familiengerichtlichen Entscheidung festgelegt. **Abs. 4** stellt klar, dass Abs. 1 bis 3 nicht für die Fälle der externen Teilungen beamtenrechtlicher Versorgungsanrechte nach § 16 VersAusglG gilt.

B. Einzelheiten. I. Abs. 1: Ausübung der Wahlrechte gem. §§ 14 Abs. 2, 15 Abs. 1 VersAusglG, Fristsetzung und Folgen der Nichteinhaltung. Die Ausübung des »Wahlrechts« nach § 14 Abs. 2 VersAusglG ist 5 **keine Verfahrenshandlung**, sondern die **materiell-rechtliche Erklärung** des Versorgungsträgers und (im Fall des § 14 Abs. 2 Nr. 1 VersAusglG) des Ausgleichsberechtigten zur Art der Teilung. Dafür gelten die Vorschriften für verfahrensrechtliche Handlungen nicht; insb. besteht **kein Anwaltszwang**. Die Wahlrechte gem. § 14 Abs. 2 VersAusglG können **formfrei** ausgeübt werden. Die Vereinbarung nach § 14 Abs. 2 Nr. 1 VersAusglG ist keine Vereinbarung i.S.d. § 6 VersAusglG, weil sie nicht zwischen den Eheleuten getroffen wird, sondern zwischen dem Versorgungsträger des Ausgleichspflichtigen und dem Ausgleichsberechtigten; die Formanforderungen des § 7 VersAusglG gelten deshalb nicht. In der Regel teilen die Versorgungsträger zusammen mit den **Auskünften gem. § 220 Abs. 4 Satz 1** mit, ob und aus welchen Gründen ein Anrecht ausnahmsweise extern zu teilen ist. Geschieht dies nicht, kann das Gericht dem Versorgungsträger nach Abs. 1 eine **Frist** zur Ausübung seines Wahlrechts setzen.

Auch das **Wahlrecht gem. § 15 Abs. 1 VersAusglG** in Bezug auf die Zielversorgung hat **materiell-rechtlichen Charakter**; es dient der Konkretisierung der externen Teilung. **Verfahrensrechtliche Bedeutung** hat 6
die Wahl der Zielversorgung insoweit, als durch Einbeziehung eines neuen Versorgungsträgers ein weiterer Beteiligter i.S.v. § 219 Nr. 3 hinzuziehen ist. Durch § 114 Abs. 4 Nr. 7 wird klargestellt, dass für die Ausübung des Wahlrechts **keine anwaltliche Vertretung** erforderlich ist. Das Wahlrecht kann **formlos** ausgeübt werden.

Für die **Wahl der Zielversorgung** kann (muss nicht) das Gericht gem. Abs. 1 eine (angemessen lange) **Frist** 7
setzen; das FamG sollte im Regelfall diese Frist setzen, um das Verfahren zu beschleunigen. Nach Meinung des BGH muss das FamG, wenn es keine Frist nach Abs. 1 setzt, jedenfalls mit Blick auf seine **Hinweispflicht** nach § 28 Abs. 1 bzw. (§ 113 Abs. 1 Satz 2 i.V.m. § 139 Abs. 1 Satz 2 ZPO) den ausgleichsberechtigten Ehegatten dazu auffordern, sich zur Wahl einer Zielversorgung zu erklären (BGH FamRZ 2013, 773). Die Aufforderung, einen Zielversorgungsträger zu benennen, dürfte aber entbehrlich sein, wenn der Ausgleich des Anrechts nach § 18 VersAusglG auszuschließen ist. Seiner Hinweispflicht kann das FamG in diesen Fällen dadurch genügen, dass es den Beteiligten rechtzeitig vor der Entscheidung eine Berechnung des VA zuleitet, die den beabsichtigten Bagatellausschluss erkennen lässt. Den Beteiligten ist es dann – auch ohne entsprechende Aufforderung durch das FamG – unbenommen, das Wahlrecht aus § 15 Abs. 1 VersAusglG auszuüben (jurisPK-BGB/*Breuers* § 15 VersAusglG Rn. 48). Die **Frist kann** nach § 16 Abs. 2 i.V.m. § 224 Abs. 2 ZPO bzw. § 113 Abs. 1 Satz 2 i.V.m. § 224 Abs. 2 ZPO **auf Antrag verlängert werden**. Wiedereinsetzung in den vorigen Stand nach § 17 Abs. 1 bzw. § 113 Abs. 1 Satz 2 i.V.m. § 233 ZPO kommt nicht in Betracht, weil diese Vorschriften nur für die Versäumung gesetzlicher Fristen gelten.

Abs. 1 regelt nur die Möglichkeit der Fristsetzung als solcher, nicht (ausdrücklich) eine etwaige **Sanktion bei** 8
Versäumung der Frist. Nach (wohl) überwiegender Auffassung ist die Frist zur Benennung einer Zielversorgung eine **rein verfahrensrechtliche Handlungsfrist, nicht dagegen materiell-rechtliche Ausschlussfrist**; der Ausgleichsberechtigte verliert sein Wahlrecht also nicht, wenn er innerhalb der Frist keinen Zielversorgungsträger benannt hat (str.; wie hier KG Berlin FamRZ 2014, 1114 m. ausf. Darstellung des Meinungsstands; jurisPK-BGB/*Breuers* § 15 VersAusglG Rn. 51; a.A. etwa HK-VersAusglR/*Götsche* § 222 FamFG Rn. 14; Zöller/*Lorenz* § 222 FamFG Rn. 6; Keidel/*Weber* § 222 Rn. 4). Denn die Frist soll dazu dienen, einer Verfahrensverzögerung durch die Beteiligten entgegenzuwirken (BT-Drucks. 16/10144, S. 95); für eine materiell-rechtliche Ausschlusswirkung besteht kein Bedürfnis.

II. Abs. 2: Zustimmung des Trägers der Zielversorgung; Nachweis. Voraussetzung für die wirksame Aus- 9
übung des Wahlrechts des Ausgleichsberechtigten gem. § 15 Abs. 1 VersAusglG ist insb. die **Zustimmung**

des **Trägers der Zielversorgung** (weitere Voraussetzung: § 15 Abs. 3 VersAusglG). Der Ausgleichsberechtigte muss nachweisen, dass der gewählte Zielversorgungsträger mit der beabsichtigten Teilung, insb. mit der Aufnahme des Kapitalbetrages gem. § 14 Abs. 4 VersAusglG einverstanden ist. Für diese sog. **Bereiterklärung** bestehen keine besonderen Formanforderungen. Im Regelfall wird der Ausgleichsberechtigte eine schriftliche Erklärung des Zielversorgungsträgers vorlegen, die alle zur Durchführung der externen Teilung notwendigen Daten enthält. Fehlt die Bereiterklärung, ist nach § 15 Abs. 5 VersAusglG zu verfahren; dasselbe gilt, wenn der gewählte Zielversorgungsträger seine Zustimmung zu der externen Teilung verweigert. (vgl. OLG Brandenburg FamRZ 2011, 1231).

10 **III. Abs. 3: Gerichtliche Festsetzung des Kapitalbetrags gem. § 14 Abs. 4 VersAusglG.** Abs. 3 ergänzt § 14 Abs. 4 VersAusglG. Der v. Versorgungsträger der ausgleichspflichtigen Person an den Zielversorgungsträger zu leistende **Kapitalbetrag** entspricht dem Ausgleichswert i.S.d. § 1 Abs. 2 i.V.m. § 5 Abs. 3 VersAusglG (BT-Drucks. 16/11903, S. 104); wenn dieser nicht als Kapitalwert ausgedrückt wird, ist auf den korrespondierenden Kapitalwert abzustellen (BT-Drucks. 16/10144, S. 95; zur notwendigen **Verzinsung** vgl. BGH FamRZ 2014, 1182; BGH FamRZ 2013, 773; BGH FamRZ 2013, 777; BGH FamRZ 2013, 1019; BGH FamRZ 2011, 1785). Bei externer Teilung eines beamtenrechtlichen Versorgungsanrechts nach § 16 Abs. 2 VersAusglG ist keine Festsetzung des zu zahlenden Kapitalbetrages veranlasst, ebenso wenig die Anordnung einer Verzinsung (OLG Nürnberg Beschl. v. 12.04.2013 – 11 UF 382/13, juris).

11 Der betr. Teil der **Beschlussformel** der familiengerichtlichen Entscheidung bildet (nach Rechtskraft; § 224) bei fehlender Zahlung einen Vollstreckungstitel für den Träger der Zielversorgung; die **Zahlungspflicht** sollte in der Beschussformel zum Ausdruck kommen. Die pauschale Feststellung, dass der eine Versorgungsträger an den anderen »den Ausgleichswert« oder »den korrespondierenden Kapitalwert« zu zahlen hat, genügt nicht. Vielmehr ist der im Einzelfall zu zahlende Betrag in der Beschlussformel anzugeben, weil die Entscheidung anderenfalls keinen vollstreckbaren Inhalt hätte (jurisPK-BGB/*Breuers* § 15 VersAusglG Rn. 63 m.w.N.).

12 Aus demselben Grund muss in der Beschlussformel eindeutig bestimmt werden, welches Anrecht in welcher Höhe gekürzt wird (OLG Stuttgart FamRZ 2013, 467). Außerdem ist die gewählte **Zielversorgung konkret in der Beschlussformel zu bezeichnen** (OLG Koblenz FamRZ 2014, 309). Dagegen müssen – anders als bei der internen Teilung – die **Rechtsgrundlagen** der Versorgung und die für die Teilung maßgebliche Teilungsordnung in der Beschlussformel nicht genau bezeichnet werden (BGH FamRZ 2013, 611; BGH FamRZ 2013, 1546).

13 Bei der externen Teilung fondgebundener Anrechte besteht für eine sog. »**offene Beschlussformel**«, die den beteiligten Versorgungsträger verpflichtet, Wertänderungen bis zum Vollzug der externen Teilung zu berücksichtigen, im Gesetz keine Grundlage; sie wäre mangels hinreichender Bestimmtheit auch **nicht vollstreckbar** (BGH FamRZ 2012, 694; OLG Nürnberg FamRZ 2013, 460; OLG München FamRZ 2011, 377; a.A. OLG Düsseldorf Beschl. v. 07.05.2015 – 8 UF 23/14, juris; OLG Frankfurt FamRZ 2013, 1806; *Gutdeutsch/Hoenes/Norpoth* FamRZ 2012, 597). Das gilt erst recht, wenn der Wert der Fondsanteile keiner Veröffentlichungspflicht unterliegt (vgl. OLG Frankfurt FamRZ 2015, 1112). Auch der Anspruch auf die Beteiligung an den Bewertungsreserven einer privaten Rentenversicherung kann bei der externen Teilung nicht »offen« tenoriert werden, sondern ist mit dem Wert bei Ehezeitende anzusetzen (OLG Nürnberg FamRZ 2014, 39). Sind die **Fondsanteile** dagegen die nach § 5 Abs. 1 VersAusglG **maßgebende Bezugsgröße** der Versorgung, können die Anrechte auch in dieser Bezugsgröße extern geteilt werden; dann genügt es, wenn der nach § 14 Abs. 4 VersAusglG zusätzlich zu schaffende Zahlungstitel einen Kapitalbetrag enthält, der sich aus dem korrespondierenden Kapitalwert des auf das Ehezeitende bezogenen Ausgleichswerts ableitet (OLG Celle FamRZ 2013, 468; OLG Frankfurt FamRZ 2014, 761).

14 Die **Gestaltungswirkung** einer gerichtlichen Entscheidung zur externen Teilung (insb. die Begründung des neuen Anrechts beim Träger der Zielversorgung) tritt grds. bereits m. Rechtskraft ein (*Gutdeutsch/Hoenes/ Norpoth* FamRZ 2012, 597 m.w.N.); zur Begründung eines Anrechts in der gesetzlichen Rentenversicherung muss allerdings der Zahlungseingang hinzukommen.

15 **IV. Abs. 4: Unanwendbarkeit bei externer Teilung gem. § 16 VersAusglG.** Abs. 4 stellt ausdrücklich klar, dass Abs. 1 bis 3 bei der externen Teilung nach § 16 VersAusglG unanwendbar sind (BT-Drucks. 16/11903, S. 118; BT-Drucks. 16/10144 S. 95); das ergibt sich im Übrigen bereits aus der Reihenfolge der §§ 14 bis 16 VersAusglG. Bei der externen Teilung beamtenrechtlicher Versorgungsanrechte werden zugunsten des Aus-

gleichberechtigten immer gesetzliche Rentenanrechte begründet; der Ausgleichsberechtigte hat kein Wahlrecht.

§ 223 Antragserfordernis für Ausgleichsansprüche nach der Scheidung.
Über Ausgleichsansprüche nach der Scheidung nach den §§ 20 bis 26 des Versorgungsausgleichsgesetzes entscheidet das Gericht nur auf Antrag.

Der Wertausgleich nach der Scheidung gem. §§ 20 bis 26 VersAusglG erfordert einen Antrag. 1

Die Regelung in § 223 ist irreführend, weil sie das **Antragserfordernis im VA** nur für den Wertausgleich 2
nach der Scheidung regelt. Sie hat (begrenzte) Bedeutung zur Klarstellung u. Abgrenzung zu § 137 Abs. 2 Satz 2. Das Rechtsschutzsystem weicht im VA nicht v. dem allg. Grundsatz ab, dass gerichtliche Verfahren m. dem Ziel der Durchsetzung vermögensrechtlicher Ansprüche (hierzu zählt der VA) durch einen Antrag eingeleitet werden. Hiervon macht **§ 137 Abs. 2 Satz 2** nur eine **Ausnahme** für den (praktisch wichtigsten) Fall, dass der Wertausgleich bei der Scheidung nach den §§ 6 bis 19 VersAusglG oder der Ausgleichsanspruch gem. § 28 VersAusglG im Verbund geltend gemacht wird. Diese Ausnahme gilt, weil die §§ 20 ff. VersAusglG in § 137 Abs. 2 Satz 2 nicht aufgeführt sind, nicht für die – bei Vorliegen der Fälligkeitsvoraussetzungen mögliche – Durchsetzung des schuldrechtlichen VA im Verbund. Hierfür bleibt es bei dem genannten Grundsatz, was durch § 223 klargestellt wird. Das Antragserfordernis gilt darüber hinaus – systematisch folgerichtig – für alle VA-Verfahren außerhalb des Scheidungsverbunds. Dazu zählen insb. Abänderungsverfahren nach § 51 VersAusglG, §§ 225 ff. und Anpassungsverfahren nach §§ 33, 34 VersAusglG. Das Antragserfordernis ergibt sich insoweit aus § 225 Abs. 2, §§ 33 Abs. 1, 51 Abs. 1 VersAusglG.

Das Antragserfordernis nach § 223 gilt für Verfahren zur Durchsetzung der Ansprüche auf eine schuld- 3
rechtliche Ausgleichsrente (§ 20 VersAusglG) und deren Abtretung (§ 21 VersAusglG), auf Ausgleich von Kapitalversorgungen (§ 22 VersAusglG), auf Zahlung einer Abfindung (§ 23 VersAusglG) und auf Teilhabe an einer Hinterbliebenenversorgung (§§ 25, 26 VersAusglG), nicht aber für den Ausgleichsanspruch nach § 28 VersAusglG, soweit darüber im Rahmen der Folgesache VA im Verbund zu entscheiden ist (§ 137 Abs. 2 Satz 2).

Der Antrag nach § 223 ist **Verfahrensvoraussetzung**; er leitet das Verfahren ein. Als Sachantrag ist er nur 4
insoweit anzusehen, als klargestellt werden muss, welche Form des Wertausgleichs nach der Scheidung geltend gemacht wird. Ein **bestimmter (bezifferter) Leistungsantrag ist nicht erforderlich**. Ein gleichwohl gestellter und der Höhe nach zu geringer Zahlungsantrag ist unschädlich, denn das Gericht ist nicht an einen bestimmten Sachantrag gebunden (OLG Brandenburg FamRZ 2013, 1039). Anträgen auf Feststellung, dass ein Anrecht dem Wertausgleich nach der Scheidung unterliegt, fehlt i.d.R. das notwendige Feststellungsinteresse (OLG Köln FamRZ 2014, 764). Der Antrag nach § 223 kann m. einem Auskunftsantrag (§ 4 VersAusglG) verbunden werden (HK-VersAusglR/*Götsche* § 223 FamFG Rn. 10).

Der Antrag auf Durchführung des Wertausgleichs nach der Scheidung kann nicht erstmals im **Beschwerde-** 5
verfahren gestellt werden, wenn Gegenstand des erstinstanzlichen Verfahrens ausschließlich der Wertausgleich bei der Scheidung war (OLG Brandenburg FamRZ 2015, 772), es sei denn, der Anspruch auf Zahlung einer schuldrechtlichen Ausgleichsrente ist erst nach Abschluss des erstinstanzlichen Verfahrens fällig geworden. Der Antrag auf schuldrechtlichen VA ist auch nicht als »Minus« in einem Abänderungsantrag enthalten (OLG Saarbrücken, Beschl. v. 09.04.2015 – 6 UF 126/14, juris). Der Anspruch auf Abtretung nach § 21 VersAusglG kann dagegen erstmals in der Beschwerdeinstanz geltend gemacht werden (OLG Oldenburg Beschl. v. 29.02.2012 – 11 UF 31/11, juris). Möglich ist auch ein Wechsel v. Anspruch auf Zahlung einer schuldrechtlichen Ausgleichsrente (§ 20 VersAusglG) zum Anspruch auf Zahlung einer Abfindung (§ 23 VersAusglG).

Antragsberechtigt ist der ausgleichsberechtigte (geschiedene) Ehegatte, nicht aber dessen Hinterbliebener 6
(§ 31 Abs. 3 Satz 1 VersAusglG). Anwaltszwang besteht nicht, es sei denn, der Antrag wird ausnahmsweise im Scheidungsverbund gestellt.

§ 224 Entscheidung über den Versorgungsausgleich.
(1) Endentscheidungen, die den Versorgungsausgleich betreffen, werden erst mit Rechtskraft wirksam.
(2) **Die Endentscheidung ist zu begründen.**
(3) Soweit ein Wertausgleich bei der Scheidung nach § 3 Abs. 3, den §§ 6, 18 Abs. 1 oder Abs. 2 oder § 27 des Versorgungsausgleichsgesetzes nicht stattfindet, stellt das Gericht dies in der Beschlussformel fest.

§ 224

(4) Verbleiben nach dem Wertausgleich bei der Scheidung noch Anrechte für Ausgleichsansprüche nach der Scheidung, benennt das Gericht diese Anrechte in der Begründung.

1 **Abs. 1** bestimmt (mit Rücksicht auf die rechtsgestaltende Wirkung des VA), dass Entscheidungen über den VA abw. von § 40 Abs. 1 nicht schon mit der Bekanntgabe an die Beteiligten, sondern – wie nach § 53g Abs. 1 FGG a.F. – erst mit Eintritt der **Rechtskraft** wirksam werden.

2 Die Vorschrift betrifft nur **Endentscheidungen**, durch die der jeweilige Verfahrensgegenstand ganz oder teilweise erledigt wird (§ 38 Abs. 1 Satz 1). Der VA bei der Scheidung ist – auch nach dem seit 01.09.2009 geltenden Recht – auf den Ausgleich sämtlicher ausgleichsreifer Anrechte der Ehegatten gerichtet, die einen einheitlichen Verfahrensgegenstand bilden (BGH FamRZ 2014, 1614). **Teilentscheidungen** über aussonderbare Teile des Verfahrensgegenstands, über die unabhängig von der Entscheidung über den restlichen Verfahrensgegenstand entschieden werden kann, sind aber möglich (§ 38 Abs. 1: »ganz oder teilweise«); sie sind i.d.R. geboten, wenn ein beteiligter Ehegatte laufende Rentenleistungen bezieht oder der Rentenfall zumindest zeitnah bevorsteht (BGH FamRZ 2009, 950; OLG Düsseldorf FamRZ 2011, 719). Eine **bewusste Teilentscheidung** über den VA liegt allerdings nur vor, wenn in der Entscheidung oder in den Begleitumständen zum Ausdruck kommt, dass das Gericht nur über einen Teil des Verfahrensgegenstands vorab entscheiden und die Entscheidung über konkret bezeichnete weitere Anrechte später treffen will; sofern keine bewusste Teilentscheidung vorliegt, steht einem späteren Ausgleich eines fehlerhaft nicht ausgeglichenen Anrechts in einem neuen Verfahren die Rechtskraft der Ausgangsentscheidung entgegen (BGH FamRZ 2014, 1614).

3 In isolierten VA-Verfahren tritt **Rechtskraft** mit **Ablauf der Beschwerdefrist** des § 63 Abs. 1 bzw. der Rechtsbeschwerdefrist gem. § 71 Abs. 1 ein. Dasselbe gilt, wenn nach Rechtskraft der Ehescheidung über die zuvor abgetrennte Folgesache VA entschieden wird. Hat das FamG im Scheidungsverbund über den VA entschieden, wird die Entscheidung mit **Rechtskraft des Scheidungsausspruchs** rechtskräftig (§ 148). Der Eintritt der Rechtskraft der verschiedenen Verbundsachen kann auseinanderfallen, wenn nur einzelne Folgesachen angefochten werden und keine Erweiterung oder Anschließung nach § 145 erfolgt. Bei (zulässiger) **isolierter Anfechtung einzelner Teile der VA-Entscheidung** konnte früher (ohne Rechtsmittelverzicht) wegen der unbefristet möglichen Anschlussbeschwerde der beteiligten Ehegatten keine Rechtskraft in Bezug auf die anderen Teile eintreten (§§ 66, 145 a.F.; vgl. dazu OLG Oldenburg FamRZ 2013, 136). Seit dem 01.01.2013 gilt allerdings auch für eine (nicht zu begründende) Anschließung i.R.d. Verbundes die Befristung gem. § 145 Abs. 1 Satz 2 n.F. (G. zur Einf. einer Rechtsbehelfsbelehrung im Zivilprozess und zur Änderung anderer Vorschriften v. 05.12.2012; BGBl. I, S. 2418, Art. 6 Nr. 14, Art. 21 Satz 2) mit der Folge, dass **Teilrechtskraft** nach Fristablauf möglich ist. Unabhängig davon fällt ohne Einlegung eines Anschlussrechtsmittels dem Beschwerdegericht nur die Prüfung des angegriffenen (abtrennbaren) Teils an (ausf. *Borth* FamRZ 2013, 94; ebenso OLG Schleswig FamRZ 2012, 146; OLG Köln FamRZ 2012, 302; a.A. OLG Oldenburg FamRZ 2013, 136).

4 Nach **Abs. 2** sind Endentscheidungen (auch Teilentscheidungen) über den VA **zwingend** zu begründen; die Vorschrift ist lex specialis ggü. § 38, so dass von der Begründung nicht nach § 38 Abs. 4 abgesehen werden kann. Die **tragenden Gründe** für den Ausspruch zum VA müssen dargestellt werden; insb. im Hinblick auf Art und Umfang des Ausgleichs der einzelnen Anrechte. Dazu gehört eine **nachvollziehbare Berechnung** des VA; bloße Verweise auf die von den Versorgungsträgern erteilten Auskünfte genügen nicht. Besteht für die Entscheidung ein richterliches Ermessen, müssen die Gründe für den Ermessensgebrauch mitgeteilt werden. Die Begründungspflicht erstreckt sich auch auf den (vollständigen oder teilweisen) **Ausschluss** des VA. Findet wegen § 3 Abs. 3 VersAusglG kein VA statt, sind (wenn auch kurze) Ausführungen zur Ehezeit veranlasst. Haben die Eheleute den VA durch Vereinbarung gem. § 6 VersAusglG ganz oder teilweise ausgeschlossen oder modifiziert, müssen der Inhalt der Vereinbarung und die formelle (§ 7 VersAusglG) und materielle (§ 8 VersAusglG) Wirksamkeit dargestellt werden. Dasselbe gilt für Härtegründe i.S.d. § 27 VersAusglG. Werden Anrechte mit geringem Ausgleichswert oder geringer Ausgleichswertdifferenz aufgrund des von § 18 VersAusglG eingeräumten Ermessens ausgeglichen, sind die dafür tragenden Gründe in den Entscheidungsgründen darzulegen (BGH FamRZ 2015, 313).

5 **Abs. 3** verpflichtet das Gericht, in der Beschlussformel festzustellen, ob und inwieweit (»soweit«) kein Wertausgleich stattfindet, und zwar aus den in der Vorschrift abschließend (BT-Drucks. 16/10144 S. 96) genannten Gründen, d.h. wegen § 3 Abs. 3 VersAusglG (kurze Ehezeit), aufgrund einer Vereinbarung gem. § 6 *VersAusglG* (zu Teilvereinbarungen vgl. *Wick* FuR 2010, 377), wegen der Bagatellregelung des § 18 Vers-

AusglG oder wegen eines Härtefalls i.S.d. § 27 VersAusglG. Ergibt die Auskunft des Versorgungsträgers, dass schon kein auszugleichendes Anrecht i.S.d. § 2 VersAusglG vorliegt, ist keine entsprechende Feststellung in der Beschlussformel veranlasst (a.A. HK-VersAusglR/*Götsche* § 224 Rn. 34). Dasselbe gilt, wenn wegen Art. 17 Abs. 3 EGBGB kein VA durchzuführen ist.

Die Entscheidung erwächst auch **hinsichtlich des Ausschlusses** des Wertausgleichs in **Rechtskraft**, und zwar unabhängig davon, welcher Ausschlussgrund eingreift (vgl. etwa OLG Karlsruhe FamRZ 2011, 669). 6

Bei Ausschluss des Ausgleichs einzelner Anrechte sollten die betroffenen Anrechte in der Beschlussformel (hilfsweise zwingend in den Gründen) angegeben werden, damit die Reichweite des Teilausschlusses hinreichend bestimmt ist. 7

Abs. 4 schreibt vor, dass in der Begr. der Endentscheidung über den Wertausgleich bei der Scheidung **nicht ausgeglichene Anrechte**, deren Ausgleich dem Wertausgleich nach der Scheidung gem. §§ 20 ff. VersAusglG vorbehalten bleibt, ausdrücklich in den Gründen der Entscheidung benannt werden müssen; dabei kann es sich um nicht ausgleichsreife Anrechte i.S.d. § 19 VersAusglG oder solche Anrechte handeln, die aufgrund einer Vereinbarung der Eheleute dem Wertausgleich nach der Scheidung überlassen werden. Der **Hinweis** auf diese Anrechte in den Entscheidungsgründen dient der Erinnerung der (geschiedenen) Eheleute an einen noch nicht geregelten (Teil-) Ausgleich in Bezug auf konkrete Anrechte. 8

Der Hinweis ist allerdings rein deklaratorisch. Sein Fehlen stellt einen **Verfahrensfehler** dar, begründet aber kein Rechtsmittel gegen die Entscheidung. Erst recht führt der unterbliebene Hinweis nach § 224 Abs. 4 FamFG nicht dazu, dass die Anrechte später nicht mehr ausgeglichen werden können. Werden die noch auszugleichenden Anrechte in der Begründung genannt, ergibt sich daraus allerdings keine Bindungswirkung für spätere Verfahren (BT-Drucks. 16/10144, S. 96). 9

In der **Beschlussformel** müssen die nach der Scheidung noch auszugleichenden Anrechte nicht genannt werden; ein klarstellender Hinweis auf den Vorbehalt des Wertausgleichs nach der Scheidung ist allerdings unschädlich (und in der Praxis durchaus üblich). Die Beschlussformel darf aber nicht die Feststellung enthalten, dass im Hinblick auf nicht ausgleichsreife Anrechte »kein Ausgleich stattfindet«, weil nach dieser Formulierung entgegen § 19 Abs. 4 VersAusglG auch der Wertausgleich nach der Scheidung ausgeschlossen wäre. Vorsicht ist geboten, wenn neben Anrechten i.S.d. Abs. 4 auch solche Anrechte vorhanden sind, die wegen § 3 Abs. 3 VersAusglG, §§ 6 ff. VersAusglG, § 18 VersAusglG oder § 27 VersAusglG überhaupt nicht ausgeglichen werden. Im Hinblick auf diese Anrechte muss nach Abs. 3 FamFG in der Beschlussformel ausdrücklich festgestellt werden, dass kein Ausgleich erfolgt; enthält die Beschlussformel deswegen im Anschluss an die Teilung einzelner Anrechte die gängige Formulierung, dass »im Übrigen kein VA stattfindet«, sind davon auch die Anrechte i.S.d. § 19 VersAusglG umfasst. Die FamG sollten deshalb auch die nach der Scheidung auszugleichenden Anrechte in die Beschlussformel aufnehmen und klarstellen, dass wegen dieser Anrechte »ein Wertausgleich bei der Scheidung nicht stattfindet« und/oder »der Wertausgleich nach der Scheidung vorbehalten bleibt« (jurisPK-BGB/*Breuers* § 19 VersAusglG Rn. 62). 10

§ 225 Zulässigkeit einer Abänderung des Wertausgleichs bei der Scheidung.

(1) Eine Abänderung des Wertausgleichs bei der Scheidung ist nur für Anrechte im Sinne des § 32 des Versorgungsausgleichsgesetzes zulässig.

(2) Bei rechtlichen oder tatsächlichen Veränderungen nach dem Ende der Ehezeit, die auf den Ausgleichswert eines Anrechts zurückwirken und zu einer wesentlichen Wertänderung führen, ändert das Gericht auf Antrag die Entscheidung in Bezug auf dieses Anrecht ab.

(3) Die Wertänderung nach Absatz 2 ist wesentlich, wenn sie mindestens 5 Prozent des bisherigen Ausgleichswerts des Anrechts beträgt und bei einem Rentenbetrag als maßgeblicher Bezugsgröße 1 Prozent, in allen anderen Fällen als Kapitalwert 120 Prozent der am Ende der Ehezeit maßgeblichen monatlichen Bezugsgröße nach § 18 Abs. 1 des Vierten Buches Sozialgesetzbuch übersteigt.

(4) Eine Abänderung ist auch dann zulässig, wenn durch sie eine für die Versorgung der ausgleichsberechtigten Person maßgebende Wartezeit erfüllt wird.

(5) Die Abänderung muss sich zugunsten eines Ehegatten oder seiner Hinterbliebenen auswirken.

Übersicht	Rdn.		Rdn.
A. Allgemeines	1	I. Abs. 1 (Begrenzung der Abänderung auf die Regelversorgungen des § 32 VersAusglG)	5
B. Einzelheiten	5		

§ 225

	Rdn.		Rdn.
II. Abs. 2 (Voraussetzungen für eine Abänderung)	6	IV. Abs. 4 (Wartezeiterfüllung)	10
III. Abs. 3 (Wesentlichkeit der Wertänderung)	9	V. Abs. 5 (Auswirkung zugunsten eines Ehegatten oder seiner Hinterbliebenen)	11

1 **A. Allgemeines.** § 225 regelt die **Abänderung** als Teil des Verfahrensrechts zum VA i.R.d. **FamFG**. Dadurch wird der verfahrensrechtliche Charakter der Abänderung hervorgehoben, nämlich die Zulässigkeit einer nachträglichen Änderung einer rechtskräftigen Entscheidung.

2 Die Regelung gilt nur für die Abänderungen von Entscheidungen, die nach Inkrafttreten des VAStrRefG am 01.09.2009 auf der Grundlage des VersAusglG ergangen sind. **Alttitel** aus der Zeit davor sind nach §§ 51, 52 VersAusglG abzuändern, die allerdings teilweise auf §§ 225, 226 verweisen (ausf. zur Abänderung v. Alttiteln: jurisPK-BGB/*Breuers* § 51 VersAusglG Rn. 1 ff.).

3 § 225 enthält ggü. der früheren Abänderungsmöglichkeit nach § 10a VAHRG a.F. gravierende Änderungen, insb. erhebliche Einschränkungen. Sie ist nach Abs. 1 nur (noch) zulässig bei **Anrechten aus den Regelsicherungssystemen i.S.d. § 32 VersAusglG**. Ferner ist die Änderung nach dem Wortlaut des Abs. 2 Halbs. 1 begrenzt auf Fälle rechtlicher oder tatsächlicher, auf den Ausgleichswert eines Anrechts zurückwirkender **Veränderungen nach dem Ende der Ehezeit**; damit ist eine **Fehlerkorrektur grds. ausgeschlossen**. Schließlich erfolgt die **Abänderung** nicht als Totalrevision des Gesamtausgleichs, sondern **nur in Bezug auf das jeweilige** (von der Änderung des Ausgleichswerts betroffene) **Anrecht** (Abs. 2 Halbs. 2); dies korrespondiert mit der Struktur des Wertausgleichs bei der Scheidung, nämlich der Teilung jedes einzelnen Anrechts (§§ 1, 9 VersAusglG).

4 Wegen der genannten Einschränkungen ist § 225 für verfassungswidrig gehalten worden (*Rehme* FamRZ 2008, 738; *Rehme* FuR 2008, 474; *Born* NJW 2008, 2289; vgl. auch OLG Schleswig FamRZ 2012, 1388, Vorlage gem. Art. 100 GG zur Beschränkung der Anpassungsmöglichkeiten durch § 32 VersAusglG; a.A. BGH FamRZ 2013, 189 m. ausf. abl. Bespr. von *Bergner/Borth* FamRZ 2013, 589; zust. Anm. von *Hauß* NJW 2013, 228 u. *Gutdeutsch* FamRB 2013, 40; vgl. auch BGH NJW-RR 2015, 711; BGH FamRZ 2015, 50). Aufgrund der Entscheidung des BVerfG zu § 32 VersAusglG (BVerfG FamRZ 2014, 1259) ist allerdings davon auszugehen, dass auch **§ 225 mit dem Grundgesetz vereinbar** ist (a.A. *Borth* FamRZ 2014, 1264). Von der erneuten Wiedergabe der ausf. verfassungsrechtlichen Erörterung von *Rehme* in der Vorauflage wird deshalb abgesehen.

5 **B. Einzelheiten. I. Abs. 1 (Begrenzung der Abänderung auf die Regelversorgungen des § 32 VersAusglG).** Abs. 1 stellt klar, dass eine Abänderung des Wertausgleichs bei der Scheidung (zur Abänderung des Wertausgleichs nach der Scheidung: § 227) nur in Bezug auf **Anrechte aus den Regelsicherungssystemen i.S.d. § 32 VersAusglG** möglich ist. Die **abänderungsfähigen Anrechte** sind in § 32 Nr. 1 bis 5 VersAusglG abschließend aufgeführt. Auf Anrechte aus betrieblicher oder privater Altersvorsorge u. Anrechte aus der Zusatzversorgung des öffentlichen oder kirchlichen Dienstes sind die §§ 225, 226 nicht – auch nicht entsprechend – anwendbar. Danach kommt eine Abänderung insb. bei Anrechten in der **gesetzlichen Rentenversicherung** (einschl. der Höherversicherung), bei **beamtenrechtlichen Versorgungsanrechten** (einschl. der Versorgungen der satzungsgemäßen Mitglieder geistlicher Genossenschaften sowie Versorgungen nach beamtenrechtlichen Grundsätzen bei Körperschaften, Anstalten oder Stiftungen bzw. deren Verbänden, die zur Versicherungsfreiheit nach § 5 Abs. 1 SGB VI führen), bei Anrechten aus **berufsständischen Versorgungen** (i.S.d. § 6 Abs. 1 Nr. 1 SGB VI), bei Anrechten aus der Alterssicherung der Landwirte u. bei Anrechten in den Versorgungssystemen der Abgeordneten u. der Regierungsmitglieder im Bund und in den Ländern in Betracht.

6 **II. Abs. 2 (Voraussetzungen für eine Abänderung).** Die Abänderung setzt nach Abs. 2 **rechtliche oder tatsächliche Veränderungen nach dem Ende der Ehezeit** voraus, die auf den Ausgleichswert eines Anrechts **zurückwirken** u. zu einer wesentlichen Wertänderung führen. Umstände, die bereits bei der Erstentscheidung hätten berücksichtigt werden können, rechtfertigen keine Abänderung. Im Gegensatz zu § 10a Abs. 1 und 2 VAHRG a.F. kommt es nicht darauf an, ob sich der gesamte Wertunterschied nach Saldierung der Ehezeitanteile geändert hat; entscheidend ist allein, ob sich der **Ausgleichswert eines einzigen Anrechts** wesentlich geändert hat.

In der Praxis geben (als rechtliche Veränderung) insb. die **Absenkung des Ruhegehaltssatzes** auf 71,75 % 7
bei beamtenrechtlichen Versorgungsanrechten sowie die Reduzierung der Sonderzahlungen für Beamte
(vgl. OLG Hamm FamRZ 2012, 551; OLG Hamm FamRZ 2012, 551) und die Neubewertung der Kindererziehungszeiten aufgrund des am 01.07.2014 in Kraft getretenen RV-Leistungsverbesserungsgesetzes (sog.
»**Mütterrente**«) Anlass zu Abänderungsverfahren; ebenso (als tatsächliche Veränderung) die Versetzung eines Beamten in den **vorzeitigen Ruhestand** oder das Ausscheiden eines Ehegatten aus dem Beamtenverhältnis nach Ehezeitende mit der Konsequenz der **Nachversicherung** in der gesetzlichen Rentenversicherung (OLG Oldenburg FF 2012, 409).

Bloße **Fehler der Ausgangsentscheidung** (Rechen- und Methodenfehler, ungenügende Berechnungsgrund- 8
lagen, fehlerhafte Bestimmung der Ehezeit oder unrichtige Auskünfte der Versorgungsträger) eröffnen das
Abänderungsverfahren nach § 225 nicht (BGH FamRZ 2015, 1279; vgl. auch BGH FamRZ 2013, 1548 u.
BGH FamRZ 2015, 125 jew. zu § 51 VersAusglG). Rechen- oder Rechtsanwendungsfehler im Ausgangsverfahren können auch nicht zusammen mit tatsächlich eingetretenen Wertänderungen, die für sich genommen unwesentlich sind, eine Abänderung eröffnen (BGH FamRZ 2015, 125). Hat sich der ehezeitbezogene
Wert eines Anrechts dagegen durch nachträglich eingetretene Umstände rechtlicher oder tatsächlicher Art
rückwirkend wesentlich verändert und findet unter diesen Voraussetzungen in Bezug auf dieses Anrecht ein
Abänderungsverfahren statt, sind in der Ausgangsentscheidung enthaltene Fehler bei der Berechnung des
Anrechts mit zu korrigieren (BGH FamRZ 2015, 1279).

III. Abs. 3 (Wesentlichkeit der Wertänderung). Die **Wertänderung muss wesentlich sein.** Das ist nach 9
Abs. 3 der Fall, wenn die Wertänderung mindestens 5 % des bisherigen Ausgleichswerts des Anrechts beträgt (**relative Wertgrenze**) und bei einem Rentenbetrag als maßgeblicher Bezugsgröße 1 % der am Ende
der Ehezeit gültigen monatlichen Bezugsgröße nach § 18 SGB IV, in allen anderen Fällen 120 % der am Ende der Ehezeit gültigen monatlichen Bezugsgröße nach § 18 SGB IV übersteigt (**absolute Wertgrenze**). Die
Bezugsgröße nach § 18 Abs. 1 SGB IV ist durch § 2 Abs. 1 Sozialversicherungs-Rechengrößenverordnung
2016 v. 30.11.2015 (BGBl I 2015, 2137) **ab dem 01.01.2016** auf 2.905 € monatlich erhöht worden. Bei Ehezeitende im Jahr 2016 betragen die Wertgrenzen nach Abs. 3 deshalb **3.486 € (Kapitalwert)** bzw. **29,05 €**
(**Rentenbetrag**; Tabellen der Wertgrenzen ab 1977: jurisPK-BGB/*Breuers* § 51 VersAusglG Rn. 16; HK-VersAusglR/*Götsche* § 51 VersAusglG Rn. 37; Keidel/*Weber* § 225 Rn. 7).

IV. Abs. 4 (Wartezeiterfüllung). Nach Abs. 4 ist – wie schon nach § 10a Abs. 2 Nr. 2 VAHRG a.F. – eine Ab- 10
änderung auch bei (tatsächlicher, nicht nur weiter angenäherter) **Wartezeiterfüllung** zulässig. Wird durch
die Erhöhung des Ausgleichsanspruchs und der daraus folgende Wartezeitgutschrift gem. § 52 SGB VI eine
Wartezeit erfüllt, ist die Abänderung unabhängig davon möglich, ob eine wesentliche Wertänderung eingetreten ist. Die erforderliche **Kausalität** für eine Abänderung fehlt aber, wenn der Berechtigte durch eine weitere Abänderung zum VA aus einer früheren Ehe bereits die erforderlichen Wartezeitvoraussetzungen erreicht
(OLG Celle FamRZ 2014, 479).

V. Abs. 5 (Auswirkung zugunsten eines Ehegatten oder seiner Hinterbliebenen). Mit Rücksicht auf das 11
Antragsrecht der Versorgungsträger (§ 226 Abs. 1) stellt Abs. 5 sicher, dass eine Abänderung nur in Betracht
kommt, wenn sie sich zugunsten eines Ehegatten oder seiner Hinterbliebenen auswirkt. Die günstigen Auswirkungen müssen feststehen, nicht nur voraussichtlich möglich sein (vgl. § 10a Abs. 2 Nr. 3 VAHRG a.F.).

§ 226 Durchführung einer Abänderung des Wertausgleichs bei der Scheidung.
(1) Antragsberechtigt sind die Ehegatten, ihre Hinterbliebenen und die von der Abänderung betroffenen Versorgungsträger.
(2) Der Antrag ist frühestens sechs Monate vor dem Zeitpunkt zulässig, ab dem ein Ehegatte voraussichtlich eine laufende Versorgung aus dem abzuändernden Anrecht bezieht oder dies auf Grund der
Abänderung zu erwarten ist.
(3) § 27 des Versorgungsausgleichsgesetzes gilt entsprechend.
(4) Die Abänderung wirkt ab dem ersten Tag des Monats, der auf den Monat der Antragstellung folgt.
(5) ¹Stirbt der Ehegatte, der den Abänderungsantrag gestellt hat, vor Rechtskraft der Endentscheidung,
hat das Gericht die übrigen antragsberechtigten Beteiligten darauf hinzuweisen, dass das Verfahren
nur fortgesetzt wird, wenn ein antragsberechtigter Beteiligter innerhalb einer Frist von einem Monat
dies durch Erklärung gegenüber dem Gericht verlangt. ²Verlangt kein antragsberechtigter Beteiligter

§ 226

innerhalb der Frist die Fortsetzung des Verfahrens, gilt dieses als in der Hauptsache erledigt. ³Stirbt der andere Ehegatte, wird das Verfahren gegen dessen Erben fortgesetzt.

1   Die Vorschrift trifft über die Durchführung der Abänderung insb. verfahrensrechtliche Regelungen, die früher in § 10a Abs. 3 bis 5, 7 Satz 1, 10 VAHRG a.F. enthalten waren (der Regelung in § 10a Abs. 7 Satz 2 VAHRG a.F. entspricht jetzt § 30 VersAusglG, der in § 10a Abs. 9 VAHRG a.F. entspricht § 227 Abs. 2). Die Bestimmungen des § 226 sind nach § 52 Abs. 1 VersAusglG auch bei der Abänderung von Alttiteln gem. § 51 VersAusglG anzuwenden.

2   Die Abänderung erfolgt gem. § 226 FamFG nur auf Antrag. Ein bestimmter Sachantrag ist nicht erforderlich (HK-VersAusglR/*Götsche* § 226 Rn. 7).

3   Antragsberechtigt sind nach **Abs. 1** (wie schon nach § 10a Abs. 4 VAHRG a.F.) die (geschiedenen) Ehegatten, ihre Hinterbliebenen u. die Versorgungsträger, die von der Abänderung betroffen sind. Dies sind in erster Linie die **Ehegatten** selbst; ihr Recht, Abänderung der Entscheidung zu verlangen, ist deshalb selbstverständlich (jurisPK-BGB/*Breuers* § 52 VersAusglG Rn. 11). Im Fall des Todes eines Ehegatten sind dessen **Hinterbliebene** antragsberechtigt. In Betracht kommen die Kinder des Verstorbenen und der überlebende Ehepartner, sofern sie abgeleitete Ansprüche aus dem vom VA betroffenen Versorgungsverhältnis herleiten können. Die Hinterbliebenen haben ein eigenständiges Antragsrecht, das unabhängig davon besteht, ob der verstorbene Ehegatte Abänderung verlangt hat oder hätte verlangen können. Das Antragsrecht des Hinterbliebenen besteht also auch dann, wenn der Hinterbliebene ein von dem Ehegatten bereits eingeleitetes Verfahren nicht innerhalb der Frist des Abs. 5 aufgenommen hat (BGH FamRZ 1998, 1504 zu § 10 Abs. 10 VAHRG a.F.). Die **Erben** eines geschiedenen Ehegatten sind am Abänderungsverfahren nach den §§ 51, 52 VersAusglG dagegen nicht bzw. nur dann beteiligt, wenn sie gleichzeitig Hinterbliebene sind, also Angehörige, auf deren Hinterbliebenenversorgung sich die Abänderungsentscheidung auswirken kann (OLG Celle FamFR 2011, 180). Ferner antragsberechtigt sind die betroffenen **Versorgungsträger**. Dadurch sollen Manipulationen der Ehegatten zu Lasten der Versorgungsträger vermieden werden. Die Abänderung darf sich aber wegen § 225 Abs. 5 nicht ausschließlich zugunsten des Versorgungsträgers auswirken, sondern muss zumindest auch für einen Ehepartner oder Hinterbliebenen vorteilhaft sein (jurisPK-BGB/*Breuers* § 52 VersAusglG Rn. 14).

4   **Abs. 2** bestimmt den **frühesten Zeitpunkt**, zu dem ein (zulässiger) **Abänderungsantrag** gestellt werden kann. Im Gegensatz zu § 10a Abs. 5 VAHRG a.F. knüpft die Vorschrift nicht mehr alternativ an das Lebensalter der Ehegatten oder den Leistungsbeginn, sondern ausschließlich an den **bevorstehenden Leistungsbezug** an. Anders als früher kann der Abänderungsantrag deshalb nicht (unabhängig von laufenden oder zu erwartenden Leistungen) gestellt werden, wenn ein Ehegatte das 55. Lebensjahr vollendet hat. Abänderungsverlangen sind jetzt – in Anlehnung an § 120d Abs. 1 SGB VI – frühestens 6 Monate vor dem Zeitpunkt zulässig, ab dem ein Ehegatte voraussichtlich Leistungen aus einem abzuändernden Anrecht bezieht oder dies aufgrund der Abänderung zu erwarten ist. Durch die Verschiebung der Abänderungsmöglichkeit bis zum bevorstehenden Eintritt des Leistungsfalls wird sichergestellt, dass sämtliche bis zu diesem Zeitpunkt eintretenden Änderungen in einem Verfahren berücksichtigt werden können; dadurch verhindert die Regelung wiederholte Abänderungsverfahren (BT-Drucks. 16/10144, S. 98). Frühester Zeitpunkt für den Abänderungsantrag ist damit der zu erwartende erstmalige **Bezug der Altersrente** aus einem von der Abänderung betroffenen Anrecht oder der Zeitpunkt, zu dem der Antragsteller durch die Abänderung die Erfüllung einer Leistungsvoraussetzung erwarten kann, etwa die **Erfüllung der Wartezeit** infolge der Erhöhung des Ausgleichsanspruchs und der daraus folgenden Wartezeitgutschrift gem. § 52 SGB VI. Im Fall einer **Invaliditätsrente** ist ein Abänderungsantrag regelmäßig erst ab Beginn des Leistungsbezugs zulässig; denn der Eintritt der Invalidität ist i.d.R. nicht konkret vorhersehbar (ebenso HK-VersAusglR/*Götsche* § 226 Rn. 11 unter Hinweis auf BT-Drucks. 16/10144, S. 88).

5   Für **Härtefälle** im Abänderungsverfahren verweist **Abs. 3** auf § 27 VersAusglG. Die Regelung tritt an die Stelle des § 10a Abs. 3 VAHRG a.F. Sie versetzt das FamG in die Lage, im Einzelfall v. einer schematischen Abänderung abzusehen, wenn eine **Gesamtbetrachtung** der für die Versorgung der Eheleute maßgebenden Umstände unter Berücksichtigung ihrer wirtschaftlichen Verhältnisse zu dem Ergebnis führt, dass die Abänderung unbillig wäre. Zu berücksichtigen sind dabei insbesondere der **nacheheliche Erwerb von Anrechten oder Vermögen**, die jeweilige Bedürftigkeit u. die Gründe für die Veränderung des Ehezeitanteils u. damit des Ausgleichswerts (BT-Drucks. 16/10144, S. 98). Die im Rahmen einer Abänderungsentscheidung vorzunehmende **Billigkeitsprüfung** ist allerdings nicht auf die wirtschaftlichen Verhältnisse der Ehe-

gatten beschränkt (OLG Oldenburg FF 2012, 409). Zu den Gründen, die zu einem Wegfall oder einer Beschränkung des Versorgungsausgleichs führen, kann auch ein **persönliches Fehlverhalten** des Ausgleichsberechtigten gehören. Hat dieses Fehlverhalten aber keinen Einfluss mehr auf den Fortbestand der Ehe, kommt ein Ausschluss oder eine Kürzung i.d.R. nur bei Verbrechen u. schweren vorsätzlichen Vergehen gegen den Verpflichteten oder einen nahen Angehörigen in Betracht (OLG Oldenburg FF 2012, 409). Darlegung u. Beweis der Härtegründe obliegen dem Ehegatten, zu dessen Gunsten sie eingreifen (HK-VersAusglR/*Götsche* § 226 Rn. 13). Im Rahmen der Härtefallprüfung dürfen nur solche Umstände berücksichtigt werden, die **nachträglich** entstanden sind; außergewöhnliche Umstände, die bereits im Ausgangsverfahren hätten berücksichtigt werden können, bleiben im Abänderungsverfahren außer Betracht (BT-Drucks. 16/10144, S. 98). Über die Verweisung in Abs. 3 FamFG hinaus gelten auch im Abänderungsverfahren die **Ausschlusstatbestände** des § 3 Abs. 3 VersAusglG (**kurze Ehe**), des § 18 VersAusglG (**Bagatellwerte**); außerdem ist § 19 VersAusglG (**fehlende Ausgleichsreife**) zu beachten (jurisPK-BGB/*Breuers* § 52 VersAusglG Rn. 21).

Abs. 4 bestimmt den Wirkungszeitpunkt der Abänderung; die Regelung entspricht § 10a Abs. 7 Satz 1 VAHRG a.F. Danach wirkt die Abänderung ab dem ersten Tag des Monats, der auf den Monat der Antragstellung folgt. Unter »**Antragstellung**« ist der Eingang des Antrags beim FamG zu verstehen, also die **Anhängigkeit**; wann der Abänderungsantrag dem Antragsgegner bekannt gemacht wird, ist unerheblich (OLG Oldenburg, Beschl. v. 15.04.2015 – 13 UF 30/15, juris). Ein abweichender Wirkungszeitpunkt ergibt sich auch nicht aus der – in Abänderungsverfahren grundsätzlich anwendbaren (BT-Drucks. 16/10144, S. 70) – Sonderregelung in **§ 30 Abs. 1 Satz 1 VersAusglG**, nach der ein Versorgungsträger, wenn er innerhalb einer bisher bestehenden Leistungspflicht an die bisher berechtigte Person leistet, für eine Übergangszeit – die in § 30 Abs. 2 VersAusglG näher bestimmt wird – gegenüber der nunmehr auch berechtigten Person von der Leistungspflicht befreit ist (VG Regensburg FamRZ 2015, 414; VG München FamRZ 2012, 1809; zu den Auswirkungen der Abänderung beim Bezug laufender Renten in der gesetzlichen Rentenversicherung vgl. § 101 Abs. 3 Satz 3 SGB VI). 6

Abs. 5 regelt (entspr. § 10a VAHRG Abs. 10) die Folgen des Todes des Antragstellers (**Satz 1 und 2**) bzw. des Antragsgegners (**Satz 3**) nach Einleitung des Abänderungsverfahrens und vor dessen rechtskräftigem Abschluss. 7

Wenn der **Antragsteller** vor Rechtskraft der Entscheidung über den Antrag stirbt, können die nach Abs. 1 antragsberechtigten Hinterbliebenen oder Versorgungsträger das Verfahren fortsetzen. Darauf muss das FamG die Beteiligten **ausdrücklich hinweisen** (Satz 1). Die **Frist für das Fortsetzungsverlangen** beträgt (anders als nach § 10a Abs. 10 VAHRG a.F.) nicht mehr 3 Monate, sondern nur noch **einen Monat**. Es handelt sich um eine **Ausschlussfrist** (HK-VersAusglR/*Götsche* § 226 Rn. 22 unter Hinweis auf BGH FamRZ 1998, 1504 zu § 10a Abs. 10 VAHRG a.F.). Die Frist muss den Beteiligen bekanntgegeben werden (§ 15 Abs. 1). Sie beginnt für jeden Beteiligten mit der **Bekanntgabe** (§ 16 Abs. 1; unscharf: BT-Drucks. 16/10144, S. 98). Die Frist kann – als gesetzliche Frist – **nicht verlängert** werden (§ 16 Abs. 2 i.V.m. § 224 Abs. 2 ZPO). Lassen alle antragsberechtigten Beteiligten die Frist verstreichen, gilt das Verfahren als in der **Hauptsache erledigt**. 8

Stirbt der Antragsgegner, ist das Verfahren gegen dessen **Erben als Verfahrensstandschafter** fortzusetzen (Satz 3). 9

§ 227 Sonstige Abänderungen.

(1) Für die Abänderung einer Entscheidung über Ausgleichsansprüche nach der Scheidung nach den §§ 20 bis 26 des Versorgungsausgleichsgesetzes ist § 48 Abs. 1 anzuwenden.
(2) Auf eine Vereinbarung der Ehegatten über den Versorgungsausgleich sind die §§ 225 und 226 entsprechend anzuwenden, wenn die Abänderung nicht ausgeschlossen worden ist.

Die Vorschrift enthält Sonderregelungen für die Abänderung von Entscheidungen über den Wertausgleich nach der Scheidung (Abs. 1) und die Abänderung von Vereinbarungen zum VA (Abs. 2). Während Abs. 1 für Ausgleichsansprüche nach der Scheidung die allgemeine Regelung des § 48 Abs. 1 zur Abänderung rechtskräftiger Endentscheidungen mit Dauerwirkung für anwendbar erklärt, verweist Abs. 1 für die Abänderung von Vereinbarungen auf die §§ 225, 226. 1

Nach § 48 Abs. 1 sind rechtskräftige **Endentscheidungen mit Dauerwirkung** aus dem Bereich der freiwilligen Gerichtsbarkeit – vorbehaltlich etwaiger Sonderregelungen (vgl. BT-Drucks. 16/6308, S. 198) – abänderbar, wenn sich die zugrunde liegende Sach- oder Rechtsgrundlage nachträglich wesentlich geändert hat. Das gilt nach **Abs. 1** auch für die Abänderung v. Entscheidungen über Ausgleichsansprüche nach der Schei- 2 dung gem. §§ 20 ff. VersAusglG. Die Regelung gilt – ihrem Wortlaut zufolge – für alle Formen des Wertausgleichs nach der Scheidungen, also für Entscheidungen über Ansprüche auf eine schuldrechtliche Ausgleichsrente (§ 20 VersAusglG) und deren Abtretung (§ 21 VersAusglG), über den Ausgleich von Kapitalversorgungen (§ 22 VersAusglG), über die Zahlung einer Abfindung (§ 23 VersAusglG) und über die Teilhabe an einer Hinterbliebenenversorgung (§§ 25, 26 VersAusglG). Für den Ausgleich von Kapitalversorgungen und die Zahlung einer Abfindung hat die Vorschrift allerdings – mangels Dauerwirkung der entsprechenden Entscheidungen – keine Bedeutung (vgl. *Norpoth* FamRB 2009, 288; *Zöller/Lorenz* § 227 FamFG Rn. 2).

3 Die Abänderung nach Abs. 1 ist (anders als gem. § 225 Abs. 1) in Bezug auf **alle Anrechte** möglich, also nicht auf anpassungsfähige Anrechte i.S.d. § 32 VersAusglG beschränkt. Abs. 1 gilt – weil die Überleitungsvorschrift des § 51 VersAusglG nur die Abänderung des öffentlich-rechtlichen VA regelt – auch für **Altentscheidungen zum schuldrechtlichen VA** aus der Zeit vor dem 01.09.2009 (vgl. OLG Stuttgart, FamRZ 2010, 1987). Die Abänderung erfolgt nur **auf Antrag** (§§ 48 Abs. 1 Satz 2, 223).

4 Die Abänderung gem. Abs. 1 i.V.m. § 48 Abs. 1 setzt nach dem **Wortlaut** eine nachträgliche Änderung voraus; eine reine **Fehlerkorrektur** ist ebenso wie gem. § 225 ausgeschlossen. Erforderlich ist vielmehr eine **wesentliche Änderung** der der abzuändernden Entscheidung zugrunde liegenden Sach- und Rechtslage. § 48 enthält keine konkrete Wesentlichkeitsgrenze. Die absoluten u. relativen Wesentlichkeitsgrenzen nach § 225 Abs. 3 gelten aufgrund der Verweisung des Abs. 1 auf § 48 nicht (auch nicht entsprechend). Eine wesentliche Veränderung dürfte i.d.R. bei einer Wertänderung des Anrechts um 10 % anzunehmen sein (HK-VersAusglR/*Götsche* § 227 Rn. 3 m.w.N.). Ist danach eine wesentliche Änderung eingetreten, die das Abänderungsverfahren eröffnet, können im Rahmen der Abänderungsentscheidung auch Rechtsanwendungs- und Rechenfehler in der Ausgangsentscheidung korrigiert werden.

5 **Abs. 2** bestimmt, dass die §§ 225, 226 über die Abänderung v. Entscheidungen entspr. gelten für die **Abänderung von Vereinbarungen** der Ehegatten zum VA, sofern die Abänderung nicht ausgeschlossen ist. Gemeint sind Vereinbarungen i.S.d. § 6 bis 8 VersAusglG. Die Regelung gilt allerdings nur für Vereinbarungen über den Wertausgleich bei der Scheidung nach §§ 9 ff. VersAusglG; für die Abänderung einer Vereinbarung über schuldrechtliche Ausgleichsansprüche ist Abs. 1 i.V.m. § 48 Abs. 1 maßgebend. Die Vorschrift gilt auch für **Altvereinbarungen**, die vor dem 01.09.2009 getroffen worden sind.

6 Abänderbar sind nur Vereinbarungen, die positive Regelungen zur Durchführung des VA enthalten – etwa Modifikationen des gesetzlich vorgesehenen Ausgleichs. Hat das Familiengericht den VA aufgrund einer Vereinbarung der Ehegatten ausgeschlossen (§ 224 Abs. 3), ist dagegen keine Abänderung möglich; die (geschiedenen) Eheleute können den VA also nach rechtskräftigem Ausschluss nicht nachträglich durch eine Vereinbarung herbeiführen (HK-VersAusglR/*Götsche* § 227 Rn. 8 m.w.N.).

7 Durch die Verweisung auf §§ 225, 226 wird klargestellt, dass nur Wertänderungen **anpassungsfähiger Anrechte** i.S.d. § 32 VersAusglG eine Abänderung ermöglichen (§ 225 Abs. 1). Außerdem gelten die absoluten und relativen Wesentlichkeitsgrenzen des § 225 Abs. 3.

8 Die Eheleute können die Abänderungsmöglichkeit nach Abs. 2 in der Vereinbarung ausdrücklich oder konkludent **ausschließen** (vgl. OLG Schleswig, FamRZ 2013, 887).

§ 228 Zulässigkeit der Beschwerde. In Versorgungsausgleichssachen gilt § 61 nur für die Anfechtung einer Kostenentscheidung.

1 Die Vorschrift regelt, dass die allgemeine Rechtsmittelbeschränkung in § 61 für Beschwerden in vermögensrechtlichen Streitigkeiten (Mindestbeschwer von mehr als 600,00 €) in VA-Sachen nur für die **Anfechtung von Kostenentscheidungen** gilt. Die Norm dient nicht etwa der Erweiterung des Anwendungsbereichs des § 61 auf Kostenentscheidungen in VA-Verfahren. Besonderheit der Regelung ist vielmehr – umgekehrt –, dass eine **Mindestbeschwer** für die Hauptsache in VA-Sachen, die an sich vermögensrechtliche Angelegenheiten darstellen, nicht gelten soll, weil dies nicht sachgerecht wäre (BGH FamRZ 2013, 1876). Das gilt insb. für Rechtsmittel der Rentenversicherungsträger, weil diese im Ergebnis die Interessen der Versichertengemeinschaft wahrnehmen und sich wegen der Ungewissheit des künftigen Versicherungsverlaufs regelmäßig zunächst nicht feststellen lässt, ob sich die getroffene Entscheidung zum Nachteil für den Versorgungsträger auswirkt (BT-Drucks. 16/10144, S. 99). Darüber hinaus genießt das Interesse der Allgemeinheit an einer korrekten Entscheidung des VA Vorrang vor der Einhaltung einer Mindestwertgrenze.

2 § 228 schließt in VA-Sachen – soweit es nicht allein um die Beschwerde gegen eine Kostenentscheidung geht – nur die Anwendung des § 61 aus, nicht aber die des § 59 Abs. 1. Das bedeutet, dass zwar der Wert

der Beschwer des Beschwerdeführers 600,00 € nicht übersteigen muss, heißt aber nicht, dass eine Beschwer überhaupt entbehrlich wäre (OLG Köln, FamRZ 2014, 1642). Ein Versorgungsträger ist durch eine Entscheidung über den VA zu einem bei ihm bestehenden Anrecht allerdings schon dann beschwert und nach § 59 Abs. 1 FamFG beschwerdebefugt, wenn der VA in einer mit der Gesetzeslage nicht übereinstimmenden Weise durchgeführt worden ist, unabhängig davon, ob die Entscheidung zu einer finanziellen Mehrbelastung des Versorgungsträgers führt oder nicht (BGH FamRZ 2013, 612; BGH FamRZ 2012, 851; BGH FamRZ 2013, 207).

Auch die übrigen Zulässigkeitsvoraussetzungen für die Beschwerde nach §§ 58 ff. werden durch § 228 nicht ausgeschlossen (ausf. zur Beschwerde gegen Entscheidungen in VA-Verfahren: HK-VersAusglR/*Götsche* § 228 FamFG Rn. 5 ff.). 3

Im Umkehrschluss folgt aus § 228 FamFG, dass Kostenentscheidungen in VA-Sachen isoliert mit der Beschwerde angefochten werden können. 4

Die Vorschrift gilt nicht nur für Kostenentscheidungen, sondern auch für die Anfechtung von Auslagenentscheidungen (BT-Drucks. 16/10144, S. 99). 5

§ 229 Elektronischer Rechtsverkehr zwischen den Familiengerichten und den Versorgungsträgern.

(1) ¹Die nachfolgenden Bestimmungen sind anzuwenden, soweit das Gericht und der nach § 219 Nr. 2 oder Nr. 3 beteiligte Versorgungsträger an einem zur elektronischen Übermittlung eingesetzten Verfahren (Übermittlungsverfahren) teilnehmen, um die im Versorgungsausgleich erforderlichen Daten auszutauschen. ²Mit der elektronischen Übermittlung können Dritte beauftragt werden.
(2) Das Übermittlungsverfahren muss
1. bundeseinheitlich sein,
2. Authentizität und Integrität der Daten gewährleisten und
3. bei Nutzung allgemein zugänglicher Netze ein Verschlüsselungsverfahren anwenden, das die Vertraulichkeit der übermittelten Daten sicherstellt.
(3) ¹Das Gericht soll dem Versorgungsträger Auskunftsersuchen nach § 220, der Versorgungsträger soll dem Gericht Auskünfte nach § 220 und Erklärungen nach § 222 Abs. 1 im Übermittlungsverfahren übermitteln. ²Einer Verordnung nach § 14 Abs. 4 bedarf es insoweit nicht.
(4) Entscheidungen des Gerichts in Versorgungsausgleichssachen sollen dem Versorgungsträger im Übermittlungsverfahren zugestellt werden.
(5) ¹Zum Nachweis der Zustellung einer Entscheidung an den Versorgungsträger genügt die elektronische Übermittlung einer automatisch erzeugten Eingangsbestätigung an das Gericht. ²Maßgeblich für den Zeitpunkt der Zustellung ist der in dieser Eingangsbestätigung genannte Zeitpunkt.

Die Regelung hat Pilotcharakter (BT-Drucks. 16/11903, S. 121). Sie enthält Rechtsgrundlagen für den **elektronischen Rechtsverkehr** zwischen den FamG und den Versorgungsträgern. Die Vorschrift gilt nur für den elektronischen Rechtsverkehr zwischen den FamG und den Versorgungsträgern, nicht dagegen für den Rechtsverkehr zwischen den FamG und den beteiligten Eheleuten bzw. ihren Verfahrensbevollmächtigten. 1

Abs. 1 Satz 1 eröffnet für die FamG und die nach § 219 Nr. 2 und 3 beteiligten Versorgungsträger die Teilnahme an einem **elektronischen Übermittlungsverfahren**, für das spezielle Regelungen in Abs. 2 bis 5 gelten. Die Teilnahme am Übermittlungsverfahren ist für beide Seiten freiwillig. Eine förmliche Teilnahmeerklärung ist nicht vorgesehen; die Teilnahme wird vielmehr durch die faktische Nutzung des Verfahrens begründet. Der Beitritt zu dem Verfahren kann auf beiden Seiten sukzessive erfolgen (BT-Drucks. 16/11903, S. 118). Übermittelt werden können alle für den VA erforderlichen Daten; die Übermittlung ist also nicht nur in Form eines lesbaren elektronischen Dokuments möglich, sondern auch durch Übersendung v. Datensätzen, die maschinell verarbeitet werden können. 2

Nach **Abs. 1 Satz 2** können Dritte mit der elektronischen Übermittlung beauftragt werden. Wie im allgemeinen Zustellungsrecht (§ 15 Abs. 2 FamFG i.V.m. § 168 Abs. 1 ZPO) können also beliehene Unternehmer die Ausführung der Übermittlung übernehmen. Der Dritte kann als technischer Dienstleister den hoheitlichen Akt der Zustellung bewirken u. Eingangsstelle für Übermittlungen an das Gericht sein (BT-Drucks. 16/11903, S. 119). 3

Nach **Abs. 2 Nr. 1** darf für das Übermittlungsverfahren nur ein einziger bundeseinheitlicher Standard gelten. Dieser einheitliche Standard soll durch Übermittlung der Daten über das sog. **EGVP** (Elektronisches 4

§ 229

Gerichts- u. Verwaltungspostfach) gewährleistet werden. (s.a. www.egvp.de). Eine flächendeckende Nutzung des Übermittlungsverfahrens für alle Gerichte oder alle Versorgungsträger setzt Abs. 2 Nr. 1 nicht voraus. Die technischen Einzelheiten werden v. der Arbeitsgruppe »Elektronischer Rechtsverkehr« der »Bund-Länder-Kommission für Datenverarbeitung und Rationalisierung in der Justiz« im Einvernehmen mit den Versorgungsträgern festgelegt. Das Übermittlungsverfahren muss nach **Abs. 2 Nr. 2** die **Authentizität und die Integrität der Daten** gewährleisten. Die Richtlinien des EGVP genügen diesen Anforderungen. Nach **Abs. 2 Nr. 3** sind die Daten bei Nutzung allgemein zugänglicher Netze zu **verschlüsseln**. Welches Verfahren dafür angewendet wird, kann der Betreiber des Übermittlungsverfahrens verbindlich vorgeben (BT-Drucks. 16/11903, S. 119).

5   Abs. 3 begründet eine **Verpflichtung der FamG und der Versorgungsträger** zur Nutzung des Übermittlungsverfahrens. Wenn das Verfahren technisch verfügbar ist u. das FamG daran teilnimmt, ist das gerichtliche Ermessen im Hinblick auf den Übermittlungsweg eingeschränkt. Die Übermittlung eines gerichtlichen Auskunftsersuchens auf dem Papierweg trotz technischer Verfügbarkeit des Übermittlungsverfahrens ist unzulässig; sie wäre aber nicht unwirksam, weil es sich bei **Abs. 3 Satz 1** lediglich um eine **Ordnungsvorschrift** handelt (BT-Drucks. 16/11903, S. 119 f.). Umgekehrt besteht auch für Versorgungsträger, die an dem Verfahren teilnehmen, bei technischer Verfügbarkeit des Systems die Pflicht, das Übermittlungsverfahren zu nutzen. Ein Verstoß gegen den vorgeschriebenen Übermittlungsweg oder die vorgeschriebene Form der Übermittlung führt allerdings auch hier nicht zur Unwirksamkeit der Erklärungen oder Auskünfte des Versorgungsträgers (BT-Drucks. 16/11903, S. 120). **Abs. 3 Satz 2** fällt aufgrund Art. 2 Nr. 5 des Gesetzes zur Förderung des elektronischen Rechtsverkehrs mit den Gerichten v. 10.10.2013 (BGBl. I, S. 3786) ab dem 01.01.2018 weg. Die Regelung stellt klar, dass das Übermittlungsverfahren nach § 229 Abs. 3 Satz 1 unabhängig vom Erlass einer Rechtsverordnung genutzt werden kann, wie sie § 14 Abs. 4 für die Einreichung elektronischer Dokumente vorsieht. Die Verordnungsermächtigung für die Einreichung elektronischer Dokumente fällt aber ab dem 01.01.2018 weg, so dass auch das Bedürfnis für die klarstellende Regelung in § 229 Abs. 3 Satz 2 entfällt.

6   Nach **Abs. 4** ist für die **Zustellung von Entscheidungen an die Versorgungsträger** das Übermittlungsverfahren zu nutzen. Die Vorschrift schränkt insoweit das Ermessen der Geschäftsstelle, wie die Bekanntgabe einer Entscheidung zu bewirken ist, ein; sie ist bei technischer Verfügbarkeit und Teilnahme des Versorgungsträgers am Übermittlungsverfahren verpflichtet, für die Zustellung das elektronische Verfahren zu nutzen. Hat das FamG eine Entscheidung auf andere Weise als im elektronischen Übermittlungsverfahren zugestellt, hat dies allerdings nicht die Unwirksamkeit der Zustellung zur Folge, weil es sich auch bei Abs. 4 nur um eine **Ordnungsvorschrift** handelt (BT-Drucks. 16/11903, S. 120). Die Formvorschriften für die zu übermittelnden elektronischen Dokumente bleiben v. Abs. 4 unberührt.

7   **Abs. 5** erleichtert den Nachweis der Zustellung bei elektronischer Übermittlung an den Versorgungsträger. Im Gegensatz zum elektronischen Empfangsbekenntnis (§ 15 Abs. 1 FamFG i.V.m. § 174 Abs. 3 Satz 2 ZPO), einem mit einer qualifizierten elektronischen Signatur versehenen Textdokument, das manuell ausgewertet werden muss, lässt Abs. 5 eine automatisiert erzeugte Eingangsbestätigung des elektronischen Postfachs des Versorgungsträgers als **Zustellungsnachweis** genügen. Der Nachweis wird also nicht mehr an einen Willensakt des Empfängers gebunden. Das technische System garantiert, dass fehlgeschlagene Übermittlungen den Gerichten sofort angezeigt werden u. fehlerhafte Eingangsbestätigungen praktisch ausgeschlossen sind (BT-Drucks. 16/11903 S. 121).

§ 230   *(weggefallen)*

1   Die Vorschrift enthielt i.d.F. des FGG-RG Bestimmungen über die Abänderung von Entscheidungen und Vereinbarungen. Dies ist jetzt in den §§ 225 bis 227 geregelt. § 230 ist deshalb entbehrlich und wieder (vor Inkrafttreten) aufgehoben worden.

Abschnitt 9. Verfahren in Unterhaltssachen

Unterabschnitt 1. Besondere Verfahrensvorschriften

Vorbem. zu §§ 231–245
Verfahren in Unterhaltssachen (§§ 231 ff.)

Der 9. Abschnitt des 2. Buchs des FamFG regelt in §§ 231 bis 260 – gegliedert in drei Unterabschnitte – die 1
Verfahren in Unterhaltssachen:
- **Unterabschnitt 1:** Besondere Verfahrensvorschriften (§§ 231 bis 245),
- **Unterabschnitt 2:** Einstweilige Anordnung (§§ 246 bis 248),
- **Unterabschnitt 3:** Das vereinfachte Verfahren über den Unterhalt Minderjähriger (§§ 249 bis 260).

Der Gesetzgeber hat mit dem »Gesetz zur Reform des Verfahrens in Familiensachen und in den Angelegen- 2
heiten der freiwilligen Gerichtsbarkeit« (FGG-Reformgesetz – FGG-RG) v. 17.12.2008 die für Unterhaltsverfahren bislang geltenden Regeln der ZPO neu strukturiert sowie inhaltlich teilweise verändert. Dieses
Gesetz ist am 01.09.2009 in Kraft getreten. Für Unterhaltsstreitigkeiten ist nunmehr insb. Art. 1 dieses Gesetzes maßgebend; er enthält das Gesetz über das Verfahren in Familiensachen und in den Angelegenheiten
der freiwilligen Gerichtsbarkeit (FamFG). Für Unterhaltsverfahren vermischen sich nunmehr die bisherigen
Verfahrensabläufe aus der ZPO mit den neuen Regeln des FamFG, was sicherlich die »Fehleranfälligkeit begünstigen« (*Rasch* FPR 2006, 426, 427) wird.

Es verbleibt in der Sache bei der grundsätzlichen Anwendbarkeit der Vorschriften der ZPO (§ 113); Modifi- 3
kationen ergeben sich insb. dadurch, dass das Urteil durch die Entscheidungsform »Beschluss« ersetzt wird,
und dass an die Stelle der Rechtsmittel der ZPO diejenigen des FamFG treten. Eine wesentliche Veränderung ggü. dem vormaligen Rechtszustand besteht darin, dass das Gericht künftig unter bestimmten Voraussetzungen zur Einholung von für die Unterhaltsberechnung erforderlichen Auskünften von den Beteiligten
und ggf. auch von Dritten verpflichtet ist. Das bisherige Recht (§ 643 ZPO) stellte ein solches Vorgehen
noch in das Ermessen des Gerichts.

Die neuen speziellen Vorschriften für die Abänderung von Entscheidungen und sonstigen Titeln in Unter- 4
haltssachen (insb. §§ 238, 239) orientieren sich an der bisherigen Fassung des § 323 ZPO, wurden jedoch
im Hinblick auf die hierzu ergangene Rspr. und die Bedürfnisse der Praxis überarbeitet, ebenso wie § 323
ZPO n.F. (s. nunmehr auch § 323a ZPO). Auf Unterhaltsverfahren, die bis zum Inkrafttreten des FamFG
eingeleitet worden sind, sind weiterhin die vormals geltenden Vorschriften der ZPO anzuwenden (Art. 111
Abs. 1 Satz 1 FGG-RG). Verfahren in diesem Sinne ist nicht nur das Verfahren bis zum Abschluss einer Instanz, sondern bei Einlegung eines Rechtsmittels auch das mehrere Instanzen umfassende gerichtliche Tätigkeit in einer Sache, wobei sich auch bei einer in zulässiger Weise erhobenen Widerklage das nach
Art. 111 Abs. 1 FGG-RG anwendbare Verfahrensrecht einheitlich nach dem durch die Klage eingeleiteten
Verfahren richtet (BGH FamRZ 2011, 100 = FuR 2011, 93 m.w.N.; grundlegend BGHZ 183, 197 = FamRZ
2010, 111 = FuR 2010, 164).

§ 231 Unterhaltssachen.
(1) Unterhaltssachen sind Verfahren, die
1. die durch Verwandtschaft begründete gesetzliche Unterhaltspflicht,
2. die durch Ehe begründete gesetzliche Unterhaltspflicht,
3. die Ansprüche nach § 1615l oder § 1615m des Bürgerlichen Gesetzbuchs
betreffen.
(2) ¹Unterhaltssachen sind auch Verfahren nach § 3 Abs. 2 Satz 3 des Bundeskindergeldgesetzes und
§ 64 Abs. 2 Satz 3 des Einkommensteuergesetzes. ²Die §§ 235 bis 245 sind nicht anzuwenden.

Übersicht

	Rdn.		Rdn.
A. Struktur der Norm	1	I. Definition »Familienstreitsache«	3
B. Unterhaltssachen als Familienstreitsachen	2		

§ 231

	Rdn.		Rdn.
II. Grundsätzliche Anwendbarkeit der ZPO-Vorschriften (§ 113 Abs. 1 und 2)	5	8. Rechtsmittel der Beschwerde	20
		a) Beschwer	21
III. Wesentliche Änderungen (§§ 38, 58, 63, 113)	7	b) Beschwerdefrist	23
		c) Beschwerdegericht	24
1. Wesentliche Änderungen im Überblick	8	d) Beschwerdebegründungsfrist	25
		e) Gang des Beschwerdeverfahrens	29
2. Antragsverfahren	9	f) Beschwerdeentscheidung	31
3. Besondere Verfahrensregeln	10	9. Rechtsmittel der Rechtsbeschwerde	33
4. Beschlussverfahren	11	10. Anwaltspflicht (§ 114)	37
5. Kostenentscheidung	13	11. Verfahrenskostenhilfe in Unterhaltssachen	41
6. Begründung und Rechtsbehelfsbelehrung	15	C. Familienstreitsachen (§ 231 Abs. 1)	44
7. Wirksamkeit von Beschlüssen	17	D. Unterhaltssachen der freiwilligen Gerichtsbarkeit (§ 231 Abs. 2)	47

1 **A. Struktur der Norm.** § 231 hat die Bezeichnung »Unterhaltssachen« als **Gesetzesbegriff** eingeführt und diesen Begriff gleichzeitig definiert. Nunmehr sind **zwei Gruppen** von »Unterhaltssachen« zu unterscheiden:
- **Abs. 1:** Die in Abs. 1 (vormals: § 621 Abs. 1 Nr. 4, 5 u 11 ZPO) genannten Unterhaltsverfahren gehören mit den »Güterrechtssachen« (§ 261 Abs. 1) und den »sonstigen Familiensachen« (§ 266 Abs. 1) zur Kategorie der sog. **Familienstreitsachen** (§ 112 Nr. 1). Für sie sind unverändert die Vorschriften der ZPO maßgebend (s. die Regelungen in §§ 113 ff.); sie treten an die Stelle der entsprechenden Regeln des FamFG (§ 113 Abs. 1 Satz 2), soweit keine spezielleren Vorschriften eingreifen, **und**
- **Abs. 2:** Unterhaltssachen der freiwilligen Gerichtsbarkeit nach § 3 Abs. 2 Satz 3 BKGG und § 64 Abs. 2 Satz 3 EStG, also Kindergeldverfahren wegen Bestimmung des Bezugsberechtigten, wenn mehrere Personen die Anspruchsvoraussetzungen für den Bezug von Kindergeld erfüllen. Der direkte Bezug der Verfahren wegen Bestimmung des Bezugsberechtigten zum Unterhalt und ihre verfahrensrechtliche Zuordnung ergeben sich aus der bedarfsdeckenden Funktion des Kindergeldes (§ 1612b BGB). Diese bisher den Vormundschaftsgerichten zugewiesenen »Bestimmungs-« Verfahren sind jedoch keine Streitverfahren, sodass hierfür überwiegend die Vorschriften des 1. Buches des FamFG gelten, ergänzt um §§ 232 bis 234. Für diese Verfahren ist der Rechtspfleger zuständig (§§ 3, 25 RPflG).

Aus **Lebenspartnerschaften** resultierende **Unterhaltsverfahren** (§ 269 Abs. 1 Nr. 8 – die gesetzliche Unterhaltspflicht für ein gemeinschaftliches minderjähriges Kind der Lebenspartner und § 269 Abs. 1 Nr. 9 – die durch die Lebenspartnerschaft begründete gesetzliche Unterhaltspflicht) sind zwar ebenfalls Familienstreitsachen (§ 112 Nr. 1); das Gesetz bezeichnet solche Verfahren allerdings in § 269 als Lebenspartnerschaftssachen, nicht als Unterhaltssachen. Die Vorschriften über Unterhaltssachen sind jedoch entsprechend anzuwenden (§§ 270 Abs. 1 Satz 2, 111 Nr. 8).

2 **B. Unterhaltssachen als Familienstreitsachen.** »Familienstreitsachen« sind mit den bisherigen »ZPO-Familiensachen« weitgehend, aber nicht vollständig identisch. Unterhaltssachen sind auch alle Verfahren, die mit den in Abs. 1 genannten Unterhaltsansprüchen in Sachzusammenhang stehen (BGH FamRZ 1978, 582, 584 noch zu § 621 Abs. 1 ZPO a.F.), insb. aus dem Unterhaltsrecht resultierende Neben-, Ersatz- und Ausgleichsansprüche. Sachlich Zusammenhängendes soll nicht auseinandergerissen, Sachfremdes jedoch von den Familiengerichten ferngehalten werden (OLG Hamm NJW-RR 1991, 1349 [Ls]). Orientierungshilfe für die Abgrenzung bietet nunmehr § 266 (das sog. »Große Familiengericht«).

3 **I. Definition »Familienstreitsache«.** Die Definitionsnormen für Unterhaltssachen (§ 231), Güterrechtssachen (§ 261) und sonstige Familiensachen (§ 269) sind jeweils zweigeteilt: In diesen Normen sind in Abs. 1 jeweils diejenigen Verfahren genannt, die zur Kategorie der Familienstreitsachen gehören, in Abs. 2 die Verfahren, bei denen dies nicht der Fall ist, da sie Verfahren der freiwilligen Gerichtsbarkeit sind. Die den Unterhaltssachen, Güterrechtssachen und sonstigen Familienstreitsachen jeweils entsprechenden Lebenspartnerschaftssachen sind den einzelnen Ziffern zugeordnet.

Abschnitt 9. Verfahren in Unterhaltssachen § 231

Unterhaltssachen sind als Familienstreitsachen nach § 231 Abs. 1 Verfahren, welche die 4
- (Nr. 1) durch Verwandtschaft begründete gesetzliche Unterhaltspflicht (§§ 1601 ff. BGB, vormals § 621 Abs. 1 Nr. 4 ZPO),
- (Nr. 2) durch Ehe begründete gesetzliche Unterhaltspflicht (§§ 1360 ff. BGB [Familienunterhalt], § 1361 BGB [Trennungsunterhalt] und §§ 1569 ff. BGB [nachehelicher Unterhalt], vormals § 621 Abs. 1 Nr. 5 ZPO) **und**
- (Nr. 3) Ansprüche nach § 1615l BGB (Unterhaltsanspruch zwischen nicht verheirateten Eltern aus Anlass der Geburt eines gemeinsamen Kindes) oder § 1615m BGB (Beerdigungskosten für die nicht verheiratete Mutter) (vormals § 621 Abs. 1 Nr. 11 ZPO).

betreffen. Eine Familienstreitsache i.S.d. § 231 Abs. 1 Nr. 2 kann auch dann vorliegen, wenn die Ehegatten über eine von ihnen als **eigenständig** gewollte **vertragliche Unterhaltsregelung** streiten; entscheidend ist allein, ob die vertragliche Regelung hinsichtlich der Voraussetzungen, des Umfangs und des Erlöschens des Anspruchs die im gesetzlichen Unterhaltsrecht vorgegebenen Grundsätze aufnimmt und – wenn auch unter vielleicht erheblicher Modifikation – abbildet (BGH FamRZ 2009, 219 = FuR 2009, 105 noch zu § 621 Abs. 1 Nr. 5 ZPO). Eine Besprechung der Rechtsanwälte zur Verfahrensbeendigung in Unterhaltssachen (§ 231 Abs. 1) löst eine Terminsgebühr gem. Teil 3 Vorbem. 3 Abs. 3 RVG-VV aus, weil in den Familienstreitsachen (§ 112), zu denen auch Unterhaltssachen (§ 231 Abs. 1) gehören, erstinstanzlich gem. § 113 Abs. 1 Satz 2 i.V.m. § 128 Abs. 1 ZPO grds. eine mündliche Verhandlung stattzufinden hat (OLG Hamm AGS 2011, 172).

II. Grundsätzliche Anwendbarkeit der ZPO-Vorschriften (§ 113 Abs. 1 und 2). § 113 ordnet in Abs. 1 5 für Ehe- und Familienstreitsachen die entsprechende Anwendung der Allgemeinen Vorschriften der ZPO (§§ 1 bis 252 ZPO) und der dortigen Vorschriften über das Verfahren vor den LGen (§§ 253 bis 494a ZPO) an, in Abs. 2 für Familienstreitsachen die Anwendung der ZPO-Vorschriften über den Urkunden- und Wechselprozess (§§ 592 bis 605a ZPO) sowie über das Mahnverfahren (§§ 688 bis 703d ZPO); diese Normen treten an die Stelle der entsprechenden, ausdrücklich genannten Vorschriften des FamFG. Da gem. § 113 Abs. 1 Satz 1 in Ehe- und Familienstreitsachen die §§ 2 bis 37, 40 – 48, 76 – 96 nicht anzuwenden sind, verbleiben aus dem 1. Buch des FamFG somit nur
- §§ 1 (Anwendungsbereich),
- § 38 (Entscheidung durch Beschluss),
- § 39 (Rechtsbehelfsbelehrung),
- §§ 49 bis 75 (EA, Beschwerde, Rechtsbeschwerde),
- §§ 97 bis 110 (Internationale Zuständigkeit, Anerkennung und Vollstreckbarkeit ausländischer Entscheidungen).

Somit kann auch in einer Unterhaltssache ein Mahnbescheid beantragt werden. In dem Mahnantrag ist das 6 FamG anzugeben (§ 690 Abs. 1 Nr. 5 ZPO). Es besteht keine Begrenzung auf Ansprüche bis zu 5.000 € (§ 23 Nr. 1 GVG), weil die AGe ohne Rücksicht auf den Streitwert erstinstanzlich u.a. für Familiensachen und Angelegenheiten der freiwilligen Gerichtsbarkeit zuständig sind (§ 23a Abs. 1 GVG). § 227 ZPO (Terminsänderung) gilt nach § 113 Abs. 3 in Familienstreitsachen nicht. Zunächst sind die speziellen Regelungen der §§ 232 ff. anzuwenden, aufgrund Verweisung und/oder ergänzend die Vorschriften der ZPO.

III. Wesentliche Änderungen (§§ 38, 58, 63, 113). Das Verfahren in Unterhaltssachen (§§ 231 ff.) hat 7 durch das FamFG bedeutende Neuerungen erfahren, die für die familienrechtliche Praxis kurz in den Strukturen vorgestellt werden (s. vertiefende Kommentierungen bei den jeweiligen Normen).

1. Wesentliche Änderungen im Überblick. § 113 Abs. 5 führt die wesentlichen Änderungen ggü. dem Ver- 8 fahren in gewohnter Weise – insb. §§ 253, 261 ZPO (Inhalt der Antragsschrift, Rechtshängigkeit), §§ 272 ff. ZPO (Terminsbestimmung, Einlassungsfristen, mündliche Verhandlung) und §§ 355 ff. ZPO (Beweisaufnahme) – auf:
- Bezeichnung der Beteiligten (außer in Ehesachen; vgl. § 113 Abs. 5 Nr. 3 – 5),
- Bezeichnung der Verfahren und Anträge (vgl. § 113 Abs. 5 Nr. 1, 2),
- Entscheidung durch Beschluss und nicht mehr durch Urteil (vgl. §§ 113 Abs. 1 Satz 1, 38 Abs. 1 Satz 1),
- Rechtsmittel der **befristeten** Beschwerde und nicht der Berufung (vgl. §§ 113 Abs. 1 Satz 1, 58 Abs. 1, 63 Abs. 1),

und stellt die jeweiligen Bezeichnungen klar, wenn ZPO-Vorschriften anzuwenden sind; dann tritt an die Stelle der ZPO-Bezeichnung

§ 231

- Prozess oder Rechtsstreit die Bezeichnung Verfahren,
- Klage die Bezeichnung Antrag,
- Kläger die Bezeichnung Antragsteller,
- Beklagter die Bezeichnung Antragsgegner,
- Partei die Bezeichnung Beteiligter.

9 **2. Antragsverfahren.** Ein Unterhaltsverfahren wird – gleichgültig ob Familienstreitsache oder Verfahren der freiwilligen Gerichtsbarkeit – nur mehr mit einem »Antrag« (§ 113 Abs. 5 Nr. 2) eingeleitet. Dementsprechend wechseln auch die Parteibezeichnungen in Antragsteller und Antragsgegner. Da i.Ü. die Vorschriften der ZPO entsprechend anzuwenden sind (Verweisung für die Familienstreitsachen über § 113 Abs. 1 Satz 2 auf die Vorschriften der ZPO über das Verfahren vor den LGen, §§ 253 bis 494a ZPO), muss der Antrag den Anforderungen einer Klageschrift genügen (§ 253 ZPO). Dementsprechend sind auch Stufenanträge (in Stufenverfahren) nach § 254 ZPO möglich, und es kann desgleichen ein Antrag auf wiederkehrende Leistungen nach § 258 ZPO gestellt werden, wenn der Anspruch noch nicht fällig ist. Vollstreckungsabwehr nach § 767 ZPO wird künftig durch einen Vollstreckungsabwehrantrag geltend gemacht; eine Widerklage heißt nunmehr Widerantrag.

10 **3. Besondere Verfahrensregeln.** Für Familienstreitsachen sind insb. folgende besonderen Verfahrensregeln zu beachten:
- Anders als bislang ist das Gericht nunmehr gem. §§ 235, 236 unter bestimmten Voraussetzungen zur Einholung der für die Unterhaltsberechnung erforderlichen Auskünfte bei Beteiligten und/oder Dritten **verpflichtet**; das bisherige Recht (§ 643 ZPO) stellte ein solches Vorgehen noch in das richterliche Ermessen.
- Es gibt nunmehr spezielle Regelungen über die **Abänderung** von **Unterhaltstiteln** (§§ 238, 239), die sich zwar an § 323 ZPO orientieren, jedoch nach der Art des abzuändernden Titels stärker aufgliedern. Bei der Zeitgrenze (s. vormals § 323 Abs. 3 ZPO) ist der auf Herabsetzung gerichtete Abänderungsantrag mit dem Antrag auf Erhöhung des Unterhaltsbetrages nunmehr im Wesentlichen gleichgestellt.

Veränderte Sondervorschriften über EA in Unterhaltssachen ergänzen das neu geordnete Anordnungssystem der §§ 43 ff. (zur Reform des einstweiligen Rechtsschutzes ausführlich *Klein* FuR 2009, 241 ff.; 2009, 321 ff.; *Roßmann* ZFE 2010, 86 ff.; s.a. *Bömelburg* FF 2011, 355 ff.; *Finger* MDR 2012, 1197 ff.; *Christl* NJW 2012, 3334 ff.).

11 **4. Beschlussverfahren.** In allen **Unterhaltsverfahren**, die bereits dem neuen Verfahrensrecht unterfallen, darf nur mehr einheitlich durch **Beschluss** entschieden werden (§§ 113 Abs. 1 Satz 1, 116, 38 Abs. 1 Satz 1), allerdings nicht im Namen des Volkes (s. § 311 Abs. 1 ZPO), da der Verweis in § 113 Abs. 1 Satz 2 auf die ZPO für Beschlüsse u.a. auf die Vorschrift des § 329 Abs. 1 ZPO verweist, welcher seinerseits jedoch keine Verweisung auf § 311 Abs. 1 ZPO enthält. Da alle Bezeichnungen anzupassen sind, ergehen Versäumnis- bzw. Anerkenntnis-»**beschlüsse**« (§ 38 Abs. 6). § 38 bestimmt Form und Inhalt des Beschlusses: Es können dieselben Regelungen wie vormals in einem Urteil getroffen werden.

12 Der Beschluss wird aufgrund der Generalverweisung in § 113 Abs. 1 ZPO nach den Regeln der ZPO schriftlich bekannt gegeben; insoweit gilt § 329 ZPO, der wiederum auf die für Urteile geltenden Normen verweist. Der Beschluss wird durch Übergabe an die Geschäftsstelle oder per Bekanntgabe durch Verlesen der Beschlussformel (§ 38 Abs. 3 Satz 3) erlassen. Die Beschlussformel ersetzt den Urteilstenor (§ 38 Abs. 2 Nr. 3); der Tenor muss dementsprechend vor Erlass stets schriftlich fixiert sein. Der aufgrund mündlicher Verhandlung erlassene Beschluss muss im Termin oder einem sofort anzusetzenden zeitnahen Verkündungstermin verkündet werden (§ 310 ZPO). Einschlägig sind in Unterhaltsverfahren §§ 317, 329 ZPO. Erst mit der Zustellung des schriftlich begründeten Beschlusses beginnt die Rechtsmittelfrist (§ 63 Abs. 3).

13 **5. Kostenentscheidung.** Jeder Unterhaltsbeschluss muss eine Kostenentscheidung enthalten. Nunmehr sind die **Kosten** eines Unterhaltsverfahrens immer nach **billigem Ermessen** zu verteilen (§ 243), wobei das Gericht »**insbesondere**« zu berücksichtigen hat
- das Verhältnis von Obsiegen und Unterliegen der Beteiligten einschließlich der Dauer der Unterhaltsverpflichtung,
- den Umstand, dass ein Beteiligter vor Beginn des Verfahrens einer Aufforderung des Gegners zur Erteilung der Auskunft und Vorlage von Belegen über das Einkommen nicht oder nicht vollständig nachgekommen ist, es sei denn, dass eine Verpflichtung hierzu nicht bestand,

— den Umstand, dass ein Beteiligter einer Aufforderung des Gerichts nach § 235 Abs. 1 innerhalb der gesetzten Frist nicht oder nicht vollständig nachgekommen ist, sowie
— ein sofortiges Anerkenntnis nach § 93 ZPO.

In Unterhaltssachen i.S.d. § 231 Abs. 1 verdrängt die Spezialvorschrift des § 243 die Kostenvorschriften der §§ 91 ff. ZPO (OLG Oldenburg FamRZ 2010, 1831 = FuR 2010, 531; OLG Hamm FamRZ 2011, 582). Wird im vereinfachten Verfahren über den Unterhalt Minderjähriger der Antrag auf Festsetzung des Kindesunterhalts zurückgenommen, ist die Kostenverteilung gem. § 243 nach billigem Ermessen vorzunehmen, wobei sowohl die prozessuale Handlung des Antragstellers als auch ein etwaiges Aufklärungsverschulden des Antragsgegners zu berücksichtigen sind (OLG Köln FamRZ 2012, 1164). Auch eine Kostenentscheidung nach § 243 ist nicht selbstständig anfechtbar (OLG Stuttgart FamRZ 2011, 751; s.a. *Finke* FPR 2010, 331 – Die Kostenentscheidung in Familiensachen nach dem FamFG im Überblick; zu den Kosten in Unterhaltssachen nach § 231 Abs. 2 FamFG N. Schneider, NZFam 2014, 834 f.). 14

6. Begründung und Rechtsbehelfsbelehrung. Ein Beschluss in Unterhaltssachen ist grds. zu **begründen** (§ 38 Abs. 3). Das Gesetz sieht bewusst davon ab, die inhaltlichen Anforderungen zu konkretisieren (BT-Drucks. 16/608 S. 195). Künftig muss nicht mehr förmlich zwischen Tatbestand und Entscheidungsgründen (vgl. § 313 ZPO) differenziert werden; das Gericht ist generell in Form und Inhalt der Begründung freier. In Versäumnisentscheidungen und bei nichtstreitigen Anträgen der Beteiligten kann das Gericht von einer Begründung absehen (§ 38 Abs. 4). 15

Alle einen Beteiligten beschwerenden Entscheidungen müssen eine **Rechtsbehelfsbelehrung** enthalten (§ 39). Über die in § 39 ausdrücklich bezeichneten Rechtsbehelfe hinaus gilt dies auch für andere Formen, so etwa bei der EA für den Antrag auf mündliche Verhandlung (§ 54 Abs. 2) und für den Antrag auf Einleitung des Verfahrens zur Hauptsache (§ 52; BT-Drucks. 16/6308, S. 196: »sonstige ordentliche Rechtsbehelfe«). Aus der Rechtsbehelfsbelehrung müssen hervorgehen: der jeweils statthafte Rechtsbehelf, das für die Einlegung zuständige Gericht einschließlich der Ortsbezeichnung, sowie Form und Frist. § 17 unterstreicht die Bedeutung der Rechtsbehelfsbelehrung: Danach wird vermutet, dass eine Frist unverschuldet nicht eingehalten wurde, wenn eine Rechtsbehelfsbelehrung fehlte oder fehlerhaft war (BT-Drucks. 16/6308 S. 196: »sonstige ordentliche Rechtsbehelfe«). Allerdings ist § 17 in Familienstreitsachen nicht anzuwenden (§ 113 Abs. 1); an ihre Stelle ist die allg. Verweisung auf die ZPO getreten. Für die Versäumung der Beschwerde- bzw. der Begründungsfrist verweist § 117 Abs. 5 zusätzlich auf § 233 u § 234 Abs. 1 Satz 2 ZPO. 16

7. Wirksamkeit von Beschlüssen. Beschlüsse in FG-Familiensachen werden grds. mit der Bekanntgabe an den Beteiligten, für den er seinem wesentlichen Inhalt nach bestimmt ist, **wirksam** (§ 40 Abs. 1). Für die Bekanntgabe ist grds. die einfache schriftliche Übermittlung per Post ausreichend (vgl. § 15 Abs. 2). Nur sofern der Beschluss dem erklärten Willen eines Beteiligten nicht entspricht, ist er diesem nach § 41 Abs. 1 Satz 2 zuzustellen. Anwesenden kann der Beschluss nach § 41 Abs. 2 Satz 1 auch durch Verlesen der Beschlussformel bekannt gegeben werden; er wird damit wirksam. Allerdings ist der Beschluss dann noch zusätzlich schriftlich bekannt zu geben (§ 41 Abs. 2 Satz 3); erst mit Zugang der Entscheidung beginnt die Beschwerdefrist nach § 63 Abs. 3 Satz 1. Unterhaltsverfahren kennen keinen Streit- oder Gegenstandswert mehr, sondern nunmehr einen Verfahrenswert (vgl. § 3 Abs. 1 FamGKG). 17

Beschlüsse in **Ehesachen** und in **Familienstreitsachen** als **Endentscheidungen** werden erst mit ihrer **Rechtskraft wirksam** (§ 116 Abs. 2 u 3). Das Gericht kann die **sofortige Wirksamkeit anordnen** (§ 116 Abs. 3 Satz 2) und **soll** sie sogar anordnen, soweit die Endentscheidung eine Verpflichtung zur **Leistung** von Unterhalt enthält (§ 113 Abs. 3 Satz 3). Mit dieser Anordnung kann aus der Entscheidung sofort vollstreckt werden; besondere Regeln zur vorläufigen Vollstreckbarkeit gibt es nicht mehr. Die Anordnung der sofortigen Wirksamkeit kann auf Teile der Entscheidung beschränkt werden: So kann etwa die sofortige Wirksamkeit nur für den laufenden Unterhalt angeordnet werden, während Unterhaltsrückstände von der sofortigen Wirksamkeit ausgenommen bleiben. Insbes. bei Ansprüchen, deren Vollstreckung nicht besonders dringlich ist – etwa wenn die bürgerlich-rechtlichen Ansprüche auf einen Sozialleistungsträger übergegangen sind – soll von der Anordnung sofortiger Wirksamkeit eher abgesehen werden (BT-Drucks. 16/6308 S. 224 – »kann« abgesehen werden). 18

Beschlüsse sind mit Wirksamwerden bereits kraft Gesetzes vollstreckbar, ohne dass es hierzu einer Vollstreckbarerklärung bedarf (§ 120 Abs. 2 Satz 1). Ein Beschluss ist nach § 120 Abs. 1 entsprechend den Zwangsvollstreckungsvorschriften der ZPO zu vollstrecken, wobei jedoch §§ 708 bis 713 ZPO nicht und §§ 714 bis 720a ZPO nur eingeschränkt anwendbar sind (BT-Drucks. 16/6308 S. 226). Auf Antrag des Un- 19 terhaltsschuldners ist die Vollstreckung nach Maßgabe des § 120 Abs. 2 Satz 2 u 3 einzustellen oder zu beschränken (s. hierzu ausführlich *Griesche* FamRB 2009, 258).

20 **8. Rechtsmittel der Beschwerde.** Gegen einen Unterhalts**beschluss** kann als statthafter Rechtsbehelf grds. nur noch die **befristete Beschwerde** nach §§ 58 ff. eingelegt werden, die in Ehe- und Familienstreitsachen nunmehr an die Stelle der Berufung getreten ist (s. die Verweisung in § 117; OLG Dresden FamRZ 2011, 649). Da die Beschwerde in Familiensachen stets befristet ist, unterscheidet das FamFG bei den die Instanz abschließenden Entscheidungen nicht mehr zwischen einfacher und sofortiger Beschwerde. Neben der Beschwerde sind für Zwischenentscheidungen unverändert noch die sofortige Beschwerde nach §§ 567 bis 572 ZPO und die Erinnerung nach § 11 Abs. 2 RPflG bestehen geblieben (s.a. OLG Dresden FamRZ 2011, 649 zu § 387 Abs. 3 ZPO).

21 **a) Beschwer.** Beschwer gegen eine Unterhaltsentscheidung ist nur dann anzunehmen, wenn sie den **Beschwerdewert** von **600 €** übersteigt (§ 61 Abs. 1). Dieser aus § 511 Abs. 2 ZPO übernommene Wert gilt einheitlich für alle Verfahren. Wird der Beschwerdewert in Unterhaltsverfahren **nicht** erreicht, kann das **erstinstanzliche Gericht** die **Beschwerde zulassen** (§ 61 Abs. 3). Hierzu ist es verpflichtet, wenn die Rechtssache grundsätzliche Bedeutung hat oder eine Entscheidung des Beschwerdegerichts zur Sicherung einer einheitlichen Rechtsprechung erforderlich ist. Das Beschwerdegericht ist an die Zulassung gebunden.

22 Der Wert des Beschwerdegegenstands ist selbständig, insbesondere unabhängig von dem in § 51 Abs. 3 FamFG vorgegebenen Verfahrenswert, zu bestimmen (OLG Hamm FamRZ 2014, 595).
Bei laufenden Unterhaltsansprüchen ist zur Festsetzung der Beschwer § 9 ZPO (3 ½-facher Jahreswert) heranzuziehen (BGH FamRZ 1997, 546; EzFamR ZPO § 9 Nr. 5), da weder das FamFG noch das FamGKG eine eigene Regelung zur Bemessung der Beschwer bei laufenden Rentenzahlungen enthalten. Nach § 54 FamGKG ist die Festsetzung des Beschwerdewertes auch für die **Festsetzung** der Rechtsanwaltsgebühren maßgeblich, sofern sich nicht – in Unterhaltssachen s. § 51 FamGKG – nach den allgemeinen Vorschriften ein abweichender Wert ergibt.
Bei einem Verfahren auf Bestimmung der Bezugsberechtigung für das Kindergeld nach § 64 Abs. 2 Satz 3 EStG handelt es sich um eine sonstige Unterhaltssache nach § 231 Abs. 2 FamFG und zugleich um eine vermögensrechtliche Angelegenheit, die dennoch nicht als Familienstreitsache zu führen ist, sondern als Verfahren der freiwilligen Gerichtsbarkeit (OLG Hamm FamRZ 2014, 595). Der Wert des Beschwerdegegenstands übersteigt daher in der Regel den Betrag von 600 € nicht (OLG Köln AGS 2015, 135 = FamRZ 2015, 1751 [Ls]); einen wirtschaftlichen Nachteil von mehr als 600 € hat der Beschwerdeführer schlüssig und substantiiert darzulegen (OLG Thüringen AGS 2013, 144; OLG Frankfurt FamRZ 2014, 594; OLG Hamm FamRZ 2014, 595; a.A. KG FamRZ 2011, 494). Aus der Ablehnung eines Antrages auf Bestimmung zum Bezugsberechtigten für das Kindergeld ergibt sich für den Antragsteller in der Regel kein über 600 € hinausgehender Wert des Beschwerdegegenstands (BGH FamRZ 2014, 646).

23 **b) Beschwerdefrist.** Die **Beschwerdefrist** beträgt i.d.R. **einen Monat**; lediglich bei Beschwerden gegen eine **einstweilige Anordnung** und in Verfahren zur Genehmigung von Rechtsgeschäften ist die Frist auf **2 Wochen** abgekürzt (§ 63 Abs. 1 u 2). Die Beschwerdefrist beginnt mit der schriftlichen Bekanntgabe der Entscheidung (§ 63 Abs. 3); eine mündliche Bekanntgabe setzt die Frist noch nicht in Gang. Kann die Entscheidung einem Beteiligten nicht schriftlich bekannt gegeben werden, dann beginnt die Beschwerdefrist spätestens 5 Monate nach Erlass der entsprechenden Entscheidung (§ 63 Abs. 3 Satz 2). Dies betrifft nicht diejenigen Fälle, in denen ein materiell-rechtlich Beteiligter versehentlich nicht zum Verfahren hinzugezogen worden ist (BT-Drucks. 16/9733 S. 289). Das Wort »jeweils« stellt klar, dass der Fristablauf für jeden Beteiligten individuell zu bestimmen ist.

24 **c) Beschwerdegericht.** Die Beschwerde ist innerhalb der Beschwerdefrist **ausschließlich** beim **erstinstanzlichen Gericht** einzulegen (§ 64 Abs. 1). Diese unverzichtbare Zulässigkeitsvoraussetzung kann nicht durch Einlegung des Rechtsmittels beim Beschwerdegericht umgangen werden. Die Einlegung der Beschwerde beim OLG oder einem anderen Gericht wahrt die Beschwerdefrist nur dann, wenn die Beschwerdeschrift innerhalb der Beschwerdefrist beim zuständigen Gericht eingeht. Das unzuständige Gericht ist zwar zur Weiterleitung (§ 25 Abs. 2 Satz 1), nicht aber zu deren besonderer Beschleunigung verpflichtet. Trotz dieser gerichtlichen Fürsorgepflicht, ein beim Beschwerdegericht eingegangenes Rechtsmittel unverzüglich an das erstinstanzliche Gericht weiterzuleiten, verbleibt es jedoch für die Wahrung der Beschwerdefrist bei dem *Zeitpunkt* des Eingangs beim Erstgericht als maßgeblichem Zeitpunkt. Damit behält das erstinstanzliche

Gericht die Kontrolle über alle Rechtsmittel und kann ohne bürokratischen Aufwand die Rechtskraft einer Entscheidung feststellen (BT-Drucks. 16/6308 S. 206).

Das erstinstanzliche Gericht ist in Familiensachen nicht zur Abhilfe befugt (§ 68 Abs. 1 Satz 2). Die Beschwerde kann auch zur Niederschrift bei der Geschäftsstelle des erstinstanzlichen Gerichts eingelegt werden (§ 64 Abs. 2); ein an einem Unterhaltsverfahren Beteiligter kann somit Beschwerde auch persönlich einlegen (s. § 114 Abs. 4 Nr. 6 i.V.m. § 78 Abs. 3 ZPO n.F.). Für das weitere Verfahren bedarf er dann allerdings wieder anwaltlicher Vertretung. Gegen isoliert anfechtbare Kostenentscheidungen in Familienstreitsachen ist als Rechtsmittel die sofortige Beschwerde statthaft; abweichend von den anderen Familiensachen ist damit für das erstinstanzliche Gericht die Möglichkeit der Abhilfe eröffnet. Es hat daher die Erfolgsaussichten der sofortigen Beschwerde zu prüfen und über die Abhilfe zu entscheiden, bevor es die Sache dem Beschwerdegericht vorlegt (OLG Oldenburg FamRZ 2015, 1996).

d) Beschwerdebegründungsfrist. Der Beschwerdeführer muss zur Begründung der Beschwerde einen bestimmten **Sachantrag** stellen und diesen **begründen** (§ 117 Abs. 1). Die **Frist** zur **Begründung** der Beschwerde beträgt **2 Monate**; sie beginnt mit der schriftlichen Bekanntgabe des Beschlusses, spätestens jedoch mit Ablauf von 5 Monaten nach Erlass des Beschlusses (§ 117 Abs. 1 Satz 2). Ausdrücklich ordnet § 117 Abs. 1 Satz 3 an, dass folgende ZPO-Vorschriften entsprechend gelten: 25

- § 520 Abs. 2 Satz 2 u 3: Die Frist kann auf Antrag von dem Vorsitzenden verlängert werden, wenn der Gegner einwilligt; ohne Einwilligung kann die Frist um bis zu einem Monat verlängert werden, wenn nach freier Überzeugung des Vorsitzenden das Verfahren durch die Verlängerung nicht verzögert wird, oder wenn der Berufungskläger erhebliche Gründe darlegt.
- § 522 Abs. 1 Satz 1, 2 u 4: Das Berufungsgericht hat von Amts wegen zu prüfen, ob die Berufung an sich statthaft, und ob sie in der gesetzlichen Form und Frist eingelegt und begründet ist. Mangelt es an einem dieser Erfordernisse, ist die Berufung als unzulässig zu verwerfen. Die Entscheidung kann durch Beschluss ergehen; gegen den Beschluss ist die Rechtsbeschwerde statthaft.

Ausdrücklich erklärt § 117 Abs. 2 Satz 1 folgende ZPO-Vorschriften für Rechtsmittelverfahren in Ehe- und Familienstreitsachen für entsprechend anwendbar: 26

- § 514 (Versäumnisurteile),
- § 528 (Bindung an die Berufungsanträge),
- § 538 Abs. 2 (Voraussetzungen für Aufhebung der Erstentscheidung und Zurückverweisung an das Gericht des ersten Rechtszuges) und
- § 539 (Versäumnisverfahren)

und weist in Abs. 2 Satz 2 darauf hin, dass es einer Güteverhandlung im Beschwerde- und Rechtsbeschwerdeverfahren nicht bedarf.

Geht die Begründung nicht fristgerecht ein, ist die Beschwerde als unzulässig zu verwerfen. 27

Mangels Verweisung in § 117 Abs. 1 Satz 3 auf § 520 Abs. 3 ZPO wird aus dem Gesetz nicht hinreichend deutlich, bei welchem Gericht die Beschwerdebegründung einzureichen ist. Aus dem Zusammenhang mit der Prüfungs- und Entscheidungskompetenz erschließt sich aber, dass Adressat der Begründungsschrift das Beschwerdegericht ist; dies ist in allen von den Familiengerichten entschiedenen Sachen das OLG (§ 119 Abs. 1 Nr. 1a GVG). 28

e) Gang des Beschwerdeverfahrens. Das Beschwerdeverfahren ist ebenfalls Tatsacheninstanz (BT-Drucks. 16/6308 S. 225). Die Verfahrensvorschriften erster Instanz gelten grds. auch im Beschwerdeverfahren. Eine enge Bindung an die erstinstanzlich getroffenen Feststellungen – wie sie § 529 ZPO für das zivilprozessuale Verfahren vorschreibt – besteht nicht (mehr). Das Beschwerdegericht kann unabhängig davon, ob es das Rechtsmittel ganz oder teilweise für begründet hält, in Unterhaltssachen auch im schriftlichen Verfahren entscheiden, muss jedoch nach § 117 Abs. 3 darauf hinweisen, wenn es von einzelnen Verfahrensschritten gem. § 68 Abs. 3 Satz 2 absehen will. Anders als § 522 ZPO enthält § 117 Abs. 3 keine besondere Anforderungen an den Inhalt dieses Hinweises. 29

Eine § 522 Abs. 2 ZPO vergleichbare Norm (Zurückweisung eines offensichtlich unbegründeten Rechtsmittels) gibt es im FamFG nicht; allerdings kann das Beschwerdegericht »von der Durchführung eines Termins, einer mündlichen Verhandlung oder einzelner Verfahrenshandlungen« absehen, wenn hiervon keine neuen Erkenntnisse zu erwarten sind (§ 68 Abs. 3). Damit erhält das Beschwerdegericht auch in den Familien- 30

§ 231

streitverfahren einen weit über die Regeln der ZPO hinausgehenden Spielraum bei der Gestaltung des Verfahrens (s. BT-Drucks. 16/6308 S. 372, 412; kritisch mit beachtlichen Gründen *Rasch* FPR 2006, 426, 427). § 522 Abs. 1 Satz 4 ZPO gilt in Ehe- und Familienstreitsachen entsprechend (§ 117 Abs. 1 Satz 4). Die Norm erfasst allerdings nur diejenigen Fälle, in denen die Berufung im schriftlichen Verfahren verworfen wurde. Wurde die Berufung aufgrund mündlicher Verhandlung verworfen, ist demgegenüber durch Urteil zu entscheiden; § 522 Abs. 1 Satz 4 ZPO ist somit nicht anwendbar. Wird die Beschwerde durch Beschluss verworfen, kommt dies einem die Berufung verwerfenden Urteil gleich; dann gebietet eine Auslegung der Verweisung in § 117 Abs. 1 Satz 4 nach ihrem Sinn und Zweck sowie unter Beachtung des Willens des Gesetzgebers eine entsprechende Anwendung des § 522 Abs. 1 Satz 4 ZPO (BGH NZFam 2016, 130).

31 f) **Beschwerdeentscheidung.** Grundsätzlich hat das Beschwerdegericht über eine Beschwerde gegen eine Endentscheidung selbst – und zwar der Senat in voller Besetzung – zu entscheiden (§ 69 Abs. 1 Satz 1). Der Senat kann jedoch durch Beschluss das Verfahren einem seiner Mitglieder als Einzelrichter sowohl zur Vorbereitung als auch zur endgültigen Entscheidung übertragen (§ 68 Abs. 4; § 30 Abs. 1 Satz 3 FGG ließ die Übertragung auf den allein entscheidenden Einzelrichter nur für das LG als Beschwerdegericht zu, vgl. BGH FamRZ 2008, 1341). Angesichts des Stellenwertes, den die – endgültige – Entscheidung für die Beteiligten in Unterhaltsverfahren hat, sollte hiervon aber nur zurückhaltend Gebrauch gemacht werden (so zutr. *Schürmann* FuR 2008, 183 unter Hinweis auf *Bergerfurth* FamRZ 2001, 1493, 1495 f.).

32 Die Befugnis, unter Aufhebung der angefochtenen Entscheidung die Sache an das erstinstanzliche Gericht zurückzuverweisen, ist in gleicher Weise wie im Berufungsverfahren eingeschränkt. In den Unterhaltsverfahren ist § 538 Abs. 2 ZPO entsprechend anzuwenden (§ 117 Abs. 2). Selbst wenn die Sache an einem schweren Verfahrensfehler leidet und noch einer aufwendigen Sachaufklärung bedarf, ist eine Zurückverweisung nur statthaft, wenn dies einer der Beteiligten beantragt.

33 **9. Rechtsmittel der Rechtsbeschwerde.** I.d.R. entscheidet das Beschwerdegericht in allen Familiensachen endgültig. Eine Rechtsbeschwerde ist nur statthaft, wenn sie vom Beschwerdegericht zugelassen wird (§ 70 Abs. 1). Ohne ausdrückliche Zulassung bleibt die Rechtsbeschwerde unzulässig. Eine **Ausnahme** gilt in Ehe- und Familienstreitsachen für Beschlüsse, durch die eine Beschwerde als **unzulässig** verworfen worden ist: In diesen Fällen ist die Rechtsbeschwerde ohne besondere Zulassung gegeben (§ 117 Abs. 1 Satz 3 i.V.m. § 522 Abs. 1 Satz 2, 4 ZPO; die nur Ehe- und Familienstreitsachen betreffende Verweisung ist auf Vorschlag des Bundesrates in das Gesetz aufgenommen worden, um Brüche zum Berufungsverfahren zu vermeiden, BT-Drucks. 16/6308 S. 372). Ist eine Beschwerde in FG-Familiensachen als unzulässig verworfen worden, findet auch keine Rechtsbeschwerde statt (BGH FamRZ 2008, 1245 = FuR 2008, 340 zu § 621 Abs. 1 Nr. 7 ZPO).

34 Die Rechtsbeschwerde ist unter denselben Voraussetzungen wie bisher zuzulassen: Sie muss von grundsätzlicher Bedeutung oder eine Entscheidung des Rechtsbeschwerdegerichts muss zur Fortbildung des Rechts bzw. der Sicherung einer einheitlichen Rechtsprechung erforderlich sein. Liegen diese Voraussetzungen vor, muss das Beschwerdegericht die Rechtsbeschwerde von Amts wegen zulassen (BT-Drucks. 16/6308, S. 209). Das Rechtsbeschwerdegericht ist an die Zulassung gebunden (§ 70 Abs. 2).

35 Die Rechtsbeschwerde ist weiterhin beim Rechtsbeschwerdegericht – dem BGH (§ 133 GVG) – einzulegen. Das Verfahren der Rechtsbeschwerde entspricht formal dem Revisionsverfahren (anwaltliche Vertretung, Rechtsbeschwerdeschrift, Begründung, s. §§ 71 Abs. 1 u 2, 114 Abs. 2).

36 Die Entscheidung des BGH ergeht ebenfalls einheitlich durch Beschluss. Als Erleichterung kann der BGH jedoch von einer Begründung absehen, wenn ein Gericht die Beschwerde zugelassen hat, obwohl nach seiner Auffassung die Voraussetzungen nicht gegeben waren (§ 74 Abs. 7). § 74a eröffnet die Möglichkeit, die Rechtsbeschwerde in einem den §§ 552a, 522 ZPO nachgebildeten Verfahren durch einstimmigen Beschluss zurückzuweisen, wenn es an den Zulassungsvoraussetzungen fehlt, und die Rechtsbeschwerde keine Aussicht auf Erfolg hat. Hierauf hat das Rechtsbeschwerdegericht die Beteiligten zuvor mit einem begründeten Beschluss hinzuweisen (§ 74a).

37 **10. Anwaltspflicht (§ 114).** Ab 01.09.2008 müssen sich die Beteiligten nunmehr wie in allen anderen Familienstreitsachen auch in Unterhaltsverfahren – selbst in einfach gelagerten Verfahren – durch einen Rechtsanwalt vertreten lassen (§ 114 Abs. 1). Ist der Antragsgegner anwaltlich nicht vertreten, führt dies zum »Versäumnisbeschluss«.

38 Dieser Anwaltszwang dient dem Schutz der Beteiligten (BT-Drucks. 16/6308 S. 223 f.). Ein anwaltlich nicht vertretener Beteiligter kann vor Gericht keinen wirksamen Vergleich (mehr) schließen; vom Anwaltszwang unberührt bleibt jedoch das Recht der Beteiligten, sich außergerichtlich über die Zahlung von Unterhalt zu

einigen. Solche Vereinbarungen sind in den durch das materielle Recht gesetzten Grenzen formfrei zulässig (s. §§ 1361 Abs. 4, 1360a Abs. 4, 1614 Abs. 1, 1585c BGB).

Behörden und juristische Personen des öffentlichen Rechts einschließlich der von ihnen zur Erfüllung ihrer öffentlichen Aufgaben gebildeten Zusammenschlüsse sind privilegiert (§ 114 Abs. 3). Der Vertretung durch einen Rechtsanwalt bedarf es ferner nicht 39

– im Verfahren der einstweiligen Anordnung (§ 114 Abs. 4 Nr. 1),
– wenn ein Beteiligter durch das Jugendamt als Beistand vertreten wird (§ 114 Abs. 4 Nr. 2), also eine Vertretung durch den sorgeberechtigten Elternteil nach § 234 ausgeschlossen ist,
– im Verfahren über die Verfahrenskostenhilfe (§ 114 Abs. 4 Nr. 5),
– in den Fällen des § 78 Abs. 3 ZPO (§ 114 Abs. 4 Nr. 6).

Ist zunächst ein Verfahrenskostenhilfeantrag gestellt worden, bleibt den Beteiligten bis zur Zustellung des Antrages zur Hauptsache die Option, das Verfahren ohne anwaltliche Vertretung zu beenden, da es im Verfahren wegen Verfahrenskostenhilfe weiterhin keinen Anwaltszwang gibt (§ 114 Abs. 4 Nr. 5): Durch die Generalverweisung (§ 113) gilt § 118 Abs. 1 Satz 3 ZPO uneingeschränkt. In einem nach dieser Vorschrift anberaumten Termin kann innerhalb der Grenzen des materiellen Rechts (s. etwa § 1585c BGB betreffend den nachehelichen Unterhalt) unverändert ein Vergleich ohne anwaltliche Mitwirkung geschlossen werden. 40

11. Verfahrenskostenhilfe in Unterhaltssachen. Nachdem die Bezeichnungen »Prozess« bzw. »Rechtsstreit« durch die Bezeichnung »Verfahren« ersetzt worden sind (s. § 113 Abs. 5 Nr. 1), ist an die Stelle des Begriffs »Prozesskostenhilfe« [PKH] nunmehr der Begriff »Verfahrenskostenhilfe« [VKH] getreten. Die Verweisung des § 113 Abs. 1 auf die unmittelbare Anwendung der Vorschriften der ZPO in den Familienstreitsachen schließt die unmittelbare Anwendung der Vorschriften zur PKH (§§ 114 bis 127 ZPO) ein; daher richtet sich die Verfahrenskostenhilfe aufgrund dieser Verweisung nach §§ 114 ff. ZPO, nicht nach §§ 76 ff. 41

Im Bewilligungsverfahren besteht auch dann kein Anwaltszwang, wenn in der Hauptsache anwaltliche Vertretung vorgeschrieben ist (§ 114 Abs. 4 Nr. 5). Die Beteiligten können den Antrag persönlich stellen, und sie können nach dessen Zurückweisung selbst sofortige Beschwerde einlegen. Aufgrund des Anwaltszwangs in Unterhaltsverfahren, ist den Beteiligten bei Bewilligung von Verfahrenskostenhilfe stets ein Rechtsanwalt beizuordnen (§ 121 Abs. 1 ZPO). Ein außerhalb des Gerichtsbezirks niedergelassener Rechtsanwalt darf, nur dann beigeordnet werden wenn hierdurch keine weiteren Kosten entstehen (§ 121 Abs. 3 ZPO; zum konkludenten Einverständnis mit einer Beiordnung »zu den Bedingungen eines am Prozessgericht zugelassenen Rechtsanwalts« s. BGH FamRZ 2007, 37). 42

Abweichend von der vormaligen Rechtslage dürfen in Unterhaltssachen im Rahmen eines Verfahrenskostenhilfe-Prüfungsverfahrens der Gegenpartei nunmehr die **Erklärung** zu den **persönlichen** und **wirtschaftlichen Verhältnissen** und die **entsprechenden Belege** zugänglich gemacht werden, wenn diese gegen den Antragsteller **materiell-rechtlich** einen **Anspruch** auf **Auskunft** über **Einkünfte** und **Vermögen** hat (BT-Drucks. 16/6308 S. 325). Die materiell-rechtlichen Ansprüche sind normiert in §§ 1361 Abs. 4 Satz 4, 1605 BGB für den Trennungsunterhalt, in §§ 1580, 1605 BGB für den nachehelichen Unterhalt, in § 1605 BGB für den Verwandtenunterhalt und in §§ 1615l Abs. 3, 1605 BGB für Unterhaltsansprüche nicht miteinander verheirateter Eltern aus Anlass der Geburt ihres Kindes. Dem Antragsteller ist vor der Übermittlung seiner Erklärung an den Gegner Gelegenheit zur Stellungnahme zu geben, und er ist über die Übermittlung seiner Erklärung zu unterrichten (§ 117 Abs. 2 ZPO). Mit dieser Neuregelung erhofft sich der Gesetzgeber durch die Information der Gegenseite eine größere Gewähr der Richtigkeit der Angaben zu den wirtschaftlichen Voraussetzungen (§§ 115, 117 Abs. 2 ZPO; BT-Drucks. 16/6308 S. 325), indem der/die andere Beteiligte diese kontrolliert und damit ggf. eine frühzeitige Korrektur der entsprechenden Angaben. 43

C. Familienstreitsachen (§ 231 Abs. 1). Eine »gesetzliche Unterhaltspflicht« i.S.v. § 231 Abs. 1 Nr. 1 ist auch dann anzunehmen, wenn ein Elternteil von seinem Kind eine Unterhaltsrente verlangt, die ihre Grundlage in einem Vertrag über eine Grundstücksschenkung zwischen ihnen hat, in dem das Kind sich für den Fall, dass dieser Elternteil »in eine finanzielle Notlage gerät« oder aber seine Einkünfte zur Aufrechterhaltung *seines bisherigen angemessenen Lebensstandards* nicht mehr ausreichen, zur Zahlung von Unterhalt verpflichtet hat (OLG Frankfurt FamFR 2012, 400 m. Anm. *Bastian-Holler*). 44

Familienrechtliche Ausgleichsansprüche stellen Unterhaltssachen i.S.v. § 231 dar. Betreffen sie die Unterhaltspflicht für ein minderjähriges oder ein nach § 1603 Abs. 2 Satz 2 BGB gleichgestelltes volljähriges Kind i.S.v. § 232 Abs. 1 Nr. 2, dann ist gem. § 232 Abs. 1 Nr. 2 dasjenige Familiengericht zuständig, in dessen Bezirk das Kind oder der Elternteil, der aufseiten des minderjährigen Kindes zu handeln befugt ist bzw. im 45

Fall der zwischenzeitlichen Volljährigkeit oder des Wechsels des Sorgerechts befugt war, seinen gewöhnlichen Aufenthalt hat, soweit nicht das Kind oder ein Elternteil seinen gewöhnlichen Aufenthalt im Ausland hat (OLG Köln FamRZ 2012, 574).

46 Zur Entscheidung über einen Schadensersatzanspruch wegen vorsätzlicher Verletzung der Unterhaltspflicht (§ 823 BGB, § 170 StGB) ist das Familiengericht in entsprechender Anwendung der §§ 111 Nr. 8, 231 Abs. 1 Nr. 1 sachlich zuständig, weil der Anspruch seine Wurzel in dem unterhaltsrechtlichen Verhältnis zwischen Unterhaltsschuldner und Unterhaltsgläubiger hat (OLG Hamm FamRZ 2012, 1741 betr. ein Verfahren gem. § 302 Nr. 1 InsO; OLG Köln FamRZ 2012, 1836; OLG Celle FamRZ 2012, 1838; OLG Hamm FamRZ 2013, 67). Dies gilt auch für das Feststellungsbegehren, dass ein zur Insolvenztabelle festgestellter Anspruch auf Unterhalt entgegen dem vom Unterhaltsschuldner erhobenen Widerspruch i.S.v. § 174 Abs. 2 InsO auch auf unerlaubter Handlung beruht (sog. »Attributsklage«), insb. wenn die Unterhaltsforderung bereits gerichtlich tituliert ist (KG FamRZ 2012, 138; OLG Celle FamRZ 2012, 1838). Auch der Feststellungsantrag, der Widerspruch des Unterhaltsschuldners gegen die Eigenschaft der im Insolvenzverfahren über dessen Vermögen zur Insolvenztabelle angemeldeten Forderung als »Forderung aus vorsätzlich begangener unerlaubter Handlung« sei unbegründet, handelt es sich im Kern um eine Unterhaltssache, sodass – auch wenn der Schadensersatzanspruch nach § 823 BGB i.V.m. § 170 StGB ein eigener Anspruch des Unterhaltsgläubigers ist – ein in die Zuständigkeit der Familiengerichte fallender wesentlicher Bezug zum Unterhaltsrecht anzunehmen ist (OLG Köln FamRZ 2012, 1836).

47 **D. Unterhaltssachen der freiwilligen Gerichtsbarkeit (§ 231 Abs. 2).** Nach Abs. 2 Satz 1 sind die nach dem Bundeskindergeldgesetz (§ 3 Abs. 2 Satz 3) und dem Einkommensteuergesetz (§ 64 Abs. 2 Satz 3) vorgesehenen Verfahren zur **Bestimmung** der für das **Kindergeld bezugsberechtigten Person** ebenfalls Unterhaltssachen, jedoch keine Familienstreitsachen, sondern Verfahren der freiwilligen Gerichtsbarkeit, für die das FamG zuständig ist. Maßgebend hierfür ist der enge tatsächliche und rechtliche Zusammenhang mit Verfahren, die den Unterhalt des Kindes betreffen: Nach § 1612b BGB hat das Kindergeld und damit auch die Frage, wer hierfür bezugsberechtigt ist, unmittelbaren Einfluss auf die Höhe des geschuldeten Unterhalts.

48 § 64 EStG weist die Bestimmung des Kindergeldberechtigten ausdrücklich lediglich in zwei spezifischen Konstellationen dem Familiengericht zu: Zum einen in § 64 Abs. 2 Satz 3 EStG dann, wenn das Kind in den gemeinsamen Haushalt der Eltern (bzw. anderer Kindergeldberechtigter) aufgenommen ist, und die beiden Elternteile keine Bestimmung des Auszahlungsberechtigten getroffen haben, zum anderen in § 64 Abs. 3 EStG dann, wenn das Kind nicht in den Haushalt eines Berechtigten aufgenommen ist. Liegt keine der beiden Fallgestaltungen vor, dann ist über den Wortlaut von § 64 Abs. 2 EStG hinaus für eine solche den Familiengerichten zur Entscheidung zugewiesene dritte Fallgruppe § 64 Abs. 2 Satz 2 bis 4 EStG analog anzuwenden, insb. in den vom Gesetz nicht geregelten Fällen, in denen das Kind annähernd gleichwertig in die Haushalte beider getrennt lebenden Elternteile aufgenommen ist (sog. Wechselmodell, s. BFHE 209, 338 = FamRZ 2005, 1173 f.; vgl. auch OLG Frankfurt FamRZ 2012, 1886; *Finke* FPR 2012, 155, 157).

49 Streiten die Eltern jedoch lediglich über die tatsächlichen Voraussetzungen des Obhutsprinzips, also in wessen Haushalt das Kind aufgenommen ist, dann haben hierüber die Familienkassen in eigener Zuständigkeit zu entscheiden (OLG Nürnberg FamRZ 2011, 1243; OLG Thüringen AGS 2011, 307 = FamRZ 2011, 1534 [Ls] – Streit um die tatsächliche Obhut im Haushalt der Kindesmutter oder des Großvaters; OLG München NJW-RR 2011, 1082 – Streit der Eltern über die Bestimmung der Bezugsberechtigung bei nicht gleichgewichtiger Aufnahme in die Haushalte beider Elternteile bei Internatsbesuch des Kindes; OLG Celle FamRZ 2012, 1963 m. Anm. *Elden* FamFR 2012, 294). Der Einwand, annähernd gleiche Betreuungsanteile lägen tatsächlich nicht vor, ist daher nicht vom Familiengericht, sondern allein von der Familienkasse und im nachfolgenden finanzgerichtlichen Verfahren zu klären (OLG Celle FamRZ 2012, 1963). Die Beurteilung, ob eine gleichwertige Betreuung durch beide Elternteile tatsächlich existiert, erfordert im Einzelfall schwierige tatsächliche Feststellungen und rechtliche Bewertungen; einem beteiligten Elternteil ist daher gem. § 78 Abs. 2 ein Rechtsanwalt beizuordnen (OLG Frankfurt FamRZ 2012, 1886).

50 Bei der nach § 231 Abs. 2 erfolgenden Bestimmung des Kindergeldberechtigten gem. § 64 Abs. 2 Satz 3 EStG durch das Familiengericht handelt es sich zugleich um eine vermögensrechtliche Angelegenheit; gegen einen entsprechenden amtsgerichtlichen Beschluss ist gem. § 61 Abs. 1 die Beschwerde nur dann eröffnet, wenn der Wert des Beschwerdegegenstands 600 € übersteigt (OLG Celle FamRZ 2011, 1616; 2012, 1963 zur Bestimmung des Wertes des Beschwerdegegenstands bei gegen die familiengerichtliche Bestimmung des Kindergeldberechtigten gerichteter Beschwerde; OLG Thüringen AGS 2013, 144).

Das Bestimmungsverfahren nach § 1612 BGB ist ein Verfahren der freiwilligen Gerichtsbarkeit; daher gelten 51
hierfür nur §§ 232 bis 234 (örtliche Zuständigkeit, Abgabe an das Gericht der Ehesache, Vertretung eines
Kindes durch den Beistand), nicht aber die auf eine Familienstreitsache i.S.d. § 112 zugeschnittenen §§ 235
bis 245. Satz 2 nimmt daher §§ 235 bis 245, die für ZPO-Verfahren typische Regelungen enthalten, von
der Anwendbarkeit für Unterhaltssachen nach § 231 Abs. 2 aus. Das Verfahren in Unterhaltssachen nach § 231
Abs. 2 richtet sich in erster Linie nach den Vorschriften des Buches 1 (§§ 1 bis 110); hinzukommen die
Vorschriften der §§ 232 bis 234. Für diese Verfahren ist der Rechtspfleger nach §§ 3 Nr. 3g, 25 Nr. 2a RPflG zuständig. Gegen Entscheidungen des Rechtspflegers in Unterhaltssachen zur Bestimmung des Berechtigten
für das Kindergeld findet nicht die Erinnerung (§ 11 RPflG), sondern die Beschwerde (§ 58 Abs. 1) statt
(KG Rpfleger 2010, 664).

§ 232 Örtliche Zuständigkeit.
(1) Ausschließlich zuständig ist
1. für Unterhaltssachen, die die Unterhaltspflicht für ein gemeinschaftliches Kind der Ehegatten betreffen, mit Ausnahme des vereinfachten Verfahrens über den Unterhalt Minderjähriger, oder die die durch die Ehe begründete Unterhaltpflicht betreffen, während der Anhängigkeit einer Ehesache das Gericht, bei dem die Ehesache im ersten Rechtszug anhängig ist oder war;
2. für Unterhaltssachen, die die Unterhaltspflicht für ein minderjähriges Kind oder ein nach § 1603 Abs. 2 Satz 2 des Bürgerlichen Gesetzbuchs gleichgestelltes Kind betreffen, das Gericht, in dessen Bezirk das Kind oder der Elternteil, der auf Seiten des minderjährigen Kindes zu handeln befugt ist, seinen gewöhnlichen Aufenthalt hat; dies gilt nicht, wenn das Kind oder ein Elternteil seinen gewöhnlichen Aufenthalt im Ausland hat.
(2) Eine Zuständigkeit nach Absatz 1 geht der ausschließlichen Zuständigkeit eines anderen Gerichts vor.
(3) ¹Sofern eine Zuständigkeit nach Absatz 1 nicht besteht, bestimmt sich die Zuständigkeit nach den Vorschriften der Zivilprozessordnung mit der Maßgabe, dass in den Vorschriften über den allgemeinen Gerichtsstand an die Stelle des Wohnsitzes der gewöhnliche Aufenthalt tritt. ²Nach Wahl des Antragstellers ist auch zuständig
1. für den Antrag eines Elternteils gegen den anderen Elternteil wegen eines Anspruchs, der die durch Ehe begründete gesetzliche Unterhaltspflicht betrifft, oder wegen eines Anspruchs nach § 1615l des Bürgerlichen Gesetzbuchs das Gericht, bei dem ein Verfahren über den Unterhalt des Kindes im ersten Rechtszug anhängig ist;
2. für den Antrag eines Kindes, durch den beide Eltern auf Erfüllung der Unterhaltspflicht in Anspruch genommen werden, das Gericht, das für den Antrag gegen einen Elternteil zuständig ist;
3. das Gericht, bei dem der Antragsteller seinen gewöhnlichen Aufenthalt hat, wenn der Antragsgegner im Inland keinen Gerichtsstand hat.

Übersicht

	Rdn.		Rdn.
A. Struktur der Norm	1	II. § 232 Abs. 1 Nr. 2 – Gerichtsstand Kindesunterhalt	11
B. § 232 Abs. 1 – ausschließliche Zuständigkeiten	8	C. § 232 Abs. 2 – Konkurrenz ausschließlicher Zuständigkeiten	14
I. § 232 Abs. 1 Nr. 1 – Gericht der Ehesache	9	D. § 232 Abs. 3	15

A. Struktur der Norm. § 232 bestimmt die **örtliche Zuständigkeit** der Gerichte für bestimmte **Unter** 1
haltssachen und regelt gleichzeitig **Zuständigkeitskonkurrenzen**.
Abs. 1 Nr. 1 enthält einen ausschließlichen Gerichtsstand für Unterhaltssachen, welche die Unterhalts 2
pflicht für ein gemeinschaftliches Kind der Ehegatten betreffen, sowie für Unterhaltssachen, die die durch
die Ehe begründete Unterhaltspflicht betreffen. Zuständig ist während der Anhängigkeit einer Ehesache das
Gericht der Ehesache. Die Vorschrift entspricht inhaltlich weitgehend dem bisherigen Recht (s. § 621 ZPO).
Unterhaltssachen, die die durch die Ehe begründete Unterhaltspflicht betreffen (§ 231 Abs. 1 Nr. 2), sind
neben den gesetzlichen Ansprüchen auch Ansprüche aus Verträgen, welche die gesetzliche Unterhaltspflicht
gestalten, daneben auch die im Sachzusammenhang stehenden Neben-, Schadensersatz- und Ausgleichs-

§ 232 Buch 2. Verfahren in Familiensachen

ansprüche sowie Ansprüche bei Rechtsnachfolge. Die Norm erstreckt sich auf alle Antragsarten, insb. auf Anträge auf Leistung, Feststellung, Abänderung und/oder Vollstreckung und deren Abwehr.

3 **Abs. 1 Nr. 2** sieht für Verfahren, die den Kindesunterhalt betreffen, und hinsichtlich derer eine Zuständigkeit nach Nr. 1 nicht gegeben ist, (wie bisher § 642 Abs. 1 ZPO) die Zuständigkeit des Gerichts vor, in dessen Bezirk das Kind oder der zuständige Elternteil seinen gewöhnlichen Aufenthalt hat, jedoch mit **zwei Veränderungen**:
- Nunmehr sind auch die nach § 1603 Abs. 2 Satz 2 BGB privilegierten volljährigen Kinder in diese Zuständigkeitsregelung einbezogen, **und**
- bei der Bezeichnung des Elternteils wird nicht mehr auf die gesetzliche Vertretung, sondern allg. auf die **Handlungsbefugnis** in der Unterhaltssache abgestellt; damit werden auch die Fälle der Verfahrensstandschaft nach § 1629 Abs. 3 Satz 1 BGB mit erfasst.

4 **Abs. 2** ordnet den Vorrang der in Abs. 1 vorgesehenen ausschließlichen Zuständigkeit ggü. anderen ausschließlichen Gerichtsständen an.

5 **Abs. 3 Satz 1** verweist für den Fall, dass eine Zuständigkeit nach Abs. 1 nicht gegeben ist, auf die Vorschriften der ZPO zur örtlichen Zuständigkeit. Aus Gründen der Vereinheitlichung ist in den Vorschriften über den allgemeinen Gerichtsstand der **gewöhnliche Aufenthalt** an die Stelle des Wohnsitzes getreten.

6 **Abs. 3 Satz 2** hat weitgehend die Regelung des § 642 Abs. 3 ZPO übernommen und des Weiteren die bislang verstreuten weiteren Sondervorschriften zur örtlichen Zuständigkeit aus der ZPO zusammengefasst:
- **Nr. 1** entspricht dem bisherigen § 642 Abs. 3 ZPO,
- **Nr. 2** dem bisherigen § 35a ZPO **und**
- **Nr. 3** dem bisherigen § 23a ZPO.

7 Neben dem Wahlrecht nach den allgemeinen Zuständigkeitsregeln wird eine weitere Wahlmöglichkeit für den Antragsteller begründet, jedoch keine Rangfolge der Zuständigkeiten.

8 **B. § 232 Abs. 1 – ausschließliche Zuständigkeiten.** Die **örtliche Zuständigkeit** nach § 232 **Abs. 1** hat **Vorrang** vor allen anderen Zuständigkeiten, auch i.R.d. Vollstreckungsabwehr, weil ein entsprechender Antrag nunmehr nicht mehr bei dem Gericht des ersten Rechtszugs (vgl. BGH FamRZ 2001, 1705, 1706), sondern ausschließlich bei dem örtlich zuständigen Gericht einzureichen ist (BT-Drucks. 16/6308 S. 255; eine entsprechende Vorschrift enthält § 262 für Güterrechtssachen).

9 **I. § 232 Abs. 1 Nr. 1 – Gericht der Ehesache. Nr. 1** bestimmt die ausschließliche örtliche Zuständigkeit des Gerichts der Ehesache (s. §§ 121, 122) für Streitigkeiten um Kindes- oder Ehegattenunterhalt: Für Unterhaltssachen, die die Unterhaltspflicht für ein gemeinschaftliches Kind der Ehegatten oder die durch die Ehe begründete Unterhaltspflicht betreffen, ist während der Anhängigkeit einer Ehesache das Gericht, bei dem die Ehesache im ersten Rechtszug anhängig ist oder war, ausschließlich zuständig. Wie bisher wird die gerichtliche Zuständigkeit in erster Linie davon bestimmt, ob eine **Ehesache anhängig** ist oder nicht:
- Während der Anhängigkeit einer Ehesache ist für den Antrag auf Unterhalt für die gemeinschaftlichen Kinder und den Ehegatten das Gericht der Ehesache zuständig.
- In allen anderen Fällen bestimmt sich die Zuständigkeit für Unterhaltsansprüche minderjähriger sowie nach § 1603 Abs. 2 BGB privilegierter volljähriger Kinder nach dem Gerichtsbezirk, in dem das Kind (bzw. während der Trennungszeit »der Elternteil, der auf Seiten des minderjährigen Kindes zu handeln befugt ist« – vgl. § 1629 Abs. 2 BGB) seinen gewöhnlichen Aufenthalt hat (§ 232 Abs. 1 Nr. 2). Das Kind selbst kann wiederum bei Ansprüchen gegen beide Eltern jedes Gericht anrufen, welches für **einen** Elternteil zuständig ist (§ 232 Abs. 3 Nr. 2, bisher § 35a ZPO) (zum Begriff der Anhängigkeit i.S.d. § 232 Abs. 1 Nr. 1 *Rose* FuR 2012, 638).

10 Für ein vereinfachtes Verfahren über den Unterhalt Minderjähriger (§§ 249 ff.) vor dem Rechtspfleger (§ 20 Nr. 10a RPflG) ist auch bei Anhängigkeit einer Ehesache das Aufenthaltsgericht zuständig. Wird das Verfahren auf Antrag eines Beteiligten gem. §§ 254, 255 jedoch als streitiges Verfahren vor dem Richter des Aufenthaltsgerichts fortgeführt, hat dieser – wenn zu diesem Zeitpunkt eine Ehesache anhängig ist oder später wird – die Unterhaltssache an das vorrangige, ausschließlich zuständige Gericht der Ehesache abzugeben (§ 233).

11 **II. § 232 Abs. 1 Nr. 2 – Gerichtsstand Kindesunterhalt. Nr. 2** begründet für Unterhaltssachen, die die Unterhaltspflicht für ein gemeinschaftliches minderjähriges Kind oder ein ihm nach § 1603 Abs. 2 Satz 2 BGB

gleichgestelltes volljähriges Kind (das sind unverheiratete Kinder bis zur Vollendung des 21. Lebensjahres, solange sie im Haushalt der Eltern oder eines Elternteils leben und sich in der allgemeinen Schulausbildung befinden) betreffen, **nachrangig** – wenn also eine Zuständigkeit nach Nr. 1 nicht gegeben ist – die ausschließliche Zuständigkeit des Gerichts, in dessen Bezirk das Kind oder der aufseiten des minderjährigen Kindes handlungsbefugte Elternteil seinen **gewöhnlichen Aufenthalt** hat, sofern dieser nicht im Ausland liegt (dann ergibt sich die örtliche Zuständigkeit aus § 232 Abs. 3). Aus Gründen der Vereinheitlichung im FamFG wird die örtliche Zuständigkeit nicht mehr durch den Wohnsitz (§§ 3 ff. BGB; §§ 13, 642 Abs. 1 ZPO) bestimmt, sondern das Gesetz knüpft nunmehr an den Bezirk des Gerichts an, in dem das Kind oder der zuständige Elternteil seinen **gewöhnlichen Aufenthalt** hat. Der gewöhnliche Aufenthalt wird durch den Ort bestimmt, an dem sich jemand tatsächlich längere Zeit aufhält, auch wenn er vorübergehend abwesend ist, der seinen Daseinsmittelpunkt namentlich in familiärer und beruflicher Hinsicht darstellt, also den Schwerpunkt seiner sozialen und wirtschaftlichen Beziehungen. Auf einen hierauf gerichteten Willen kommt es ebenso wenig an wie auf die Anmeldung eines Wohnsitzes beim Einwohnermeldeamt. Diese Aufenthaltszuständigkeit gilt auch für das vereinfachte Verfahren solange, bis es als streitiges Verfahren an das Ehegericht abzugeben ist.

Nunmehr sind auch die nach § 1603 Abs. 2 Satz 2 BGB privilegierten volljährigen Kinder in diesen Schutz mit einbezogen. Will ein unterhaltspflichtiger Elternteil gegen mehrere Kinder, die unterschiedliche Gerichtsstände haben, Herabsetzung des titulierten Unterhalts beantragen, wird das zuständige Gericht entsprechend § 36 Abs. 1 Nr. 3 ZPO von dem im Rechtszug zunächst höheren Gericht bestimmt. Ist dieses der BGH, wird das zuständige Gericht durch das OLG bestimmt, zu dessen Bezirk das zuerst mit der Sache befasste Gericht gehört (§ 36 Abs. 2 ZPO). 12

Dieser **ausschließliche** Gerichtsstand gilt für alle Unterhaltsverfahren minderjähriger wie auch volljähriger privilegierter Kinder: Leistungs-, Stufen- und Abänderungsklagen sowie vereinfachte Verfahren, für Anträge Dritter, auf die der Unterhaltsanspruch des Kindes übergegangen ist (z.B. nach § 33 SGB II; § 94 SGB XII; § 7 Abs. 1 UVG, OLG Brandenburg FamRZ 2014, 1731 [Ls]), und für Erstattungs- oder Schadensersatzansprüche Dritter im Zusammenhang mit dem Kindesunterhalt. Die sachliche Zuständigkeit des Familiengerichts hinsichtlich der Unterhaltspflicht ggü. einem gemeinschaftlichen ehelichen oder außerehelich geborenen minderjährigen Kind ergibt sich aus § 111 i.V.m. § 23b GVG. Auch Unterhaltsansprüche minderjähriger Kinder gegen ihre Großeltern nach § 1607 Abs. 1 BGB (Ersatzhaftung) sind nach § 232 Abs. 1 Nr. 2 vor dem Amtsgericht geltend zu machen, in dessen Bezirk der gewöhnliche Aufenthalt des Kindes liegt (OLG Hamm JAmt 2013, 52; zur Zuständigkeitskonzentration für isolierte Unterhaltsverfahren bei internationaler Zuständigkeit deutscher Gerichte s. OLG Frankfurt FamRZ 2012, 1508; zur verfahrensrechtlichen Behandlung von Unterhaltsstreitverfahren mit Auslandsbezug nach dem FamFG s. *Riegner* FPR 2013, 4; zur Zuständigkeitskonzentration bei Unterhaltsverfahren nach der EG-UntVO s. *Rauscher* FamFR 2012, 216; s.a. *Hau* FamRBint 2012, 19 – Fallstudie zur internationalen Durchsetzung von Unterhaltsforderungen). Wird das Mahnverfahren betrieben, ist auf den Zeitpunkt der Rechtshängigkeit gem. § 696 Abs. 3 ZPO abzustellen OLG Brandenburg FamRZ 2014, 1731 [Ls]). 13

C. § 232 Abs. 2 – Konkurrenz ausschließlicher Zuständigkeiten. Die Vorschrift ordnet den **Vorrang** der in Abs. 1 vorgesehenen ausschließlichen Zuständigkeit ggü. anderen ausschließlichen Gerichtsständen an. Die Kollision mehrerer ausschließlicher Gerichtsstände hat in Unterhaltssachen insb. im Fall eines Vollstreckungsgegenantrages praktische Bedeutung, für den nach §§ 767 Abs. 1, 802 ZPO das Verfahrens-(Prozess-)gericht des ersten Rechtszugs ausschließlich zuständig ist. Der Gesetzgeber (BT-Drucks. 16/6398 S. 255) hielt es für sachgerecht, angesichts des Gewichts der nach Abs. 1 Nr. 1 u 2 maßgeblichen Anknüpfungskriterien der hierauf gegründeten ausschließlichen Zuständigkeit den Vorrang einzuräumen: Die Fallkenntnis des Vordergerichts sei insb. nach Ablauf einer längeren Zeitspanne oder im Fall eines Richterwechsels nicht mehr von ausschlaggebender Bedeutung; maßgeblich sei vielmehr in erster Linie der Inhalt der Akten, die von dem zuständigen anderen Gericht ohne Weiteres beigezogen werden können. Der nunmehrige Vorrang des Gerichts der Ehesache auch für einen Vollstreckungsabwehrantrag ist daher sachgerecht. Die gleichen Überlegungen gelten auch für den Vorrang des Aufenthaltsgerichts, zumal erfahrungsgemäß mit dem Ortswechsel oftmals auch eine Veränderung der für die Unterhaltsbemessung maßgeblichen Umstände einhergeht. Aus Gründen der Zweckmäßigkeit kann bei einem sich aus § 232 ergebenden ausschließlichen Gerichtsstand, der mit einem sich aus einer anderen Bestimmung ergebenden ausschließlichen Gerichtsstand konkurriert, die Bestimmung eines gemeinsamen örtlichen Gerichtsstands nach § 36 ZPO in Betracht kommen, nicht aber, wenn die Ansprüche verschiedenen Verfahrensordnungen unterfallen (OLG Rostock FamRZ 2010, 1264). 14

15 **D. § 232 Abs. 3.** Ist kein Gericht nach § 232 Abs. 1 zuständig (etwa Anträge gegen Großeltern oder Rechtsnachfolger/Erben, rein vertragliche Unterhaltsansprüche), bestimmt sich die örtliche Zuständigkeit nach § 232 Abs. 3.

16 Satz 1 verweist zur örtlichen Zuständigkeit auf die Vorschriften der ZPO über den allgemeinen Gerichtsstand (§§ 12 ff. ZPO), wobei jedoch zum Zwecke der Verfahrensvereinheitlichung in den Vorschriften über den allgemeinen Gerichtsstand nunmehr der **gewöhnliche Aufenthalt** des **Schuldners** an die Stelle des Wohnsitzes getreten ist. Satz 2 eröffnet einen Wahlgerichtsstand für sachlich zusammenhängende Unterhaltsansprüche von Kindern und Eltern (Nr. 1 u 2) sowie bei fehlendem Inlandsgerichtsstand des Antragsgegners (Nr. 3).

17 **Satz 2 Nr. 1** entspricht inhaltlich § 642 Abs. 3 ZPO (BT-Drucks. 16/6308 S. 255). Hängt die Höhe eines Unterhaltsanspruchs von derjenigen eines anderen Unterhaltsanspruchs ab, und haben unterschiedliche Gerichte über die Ansprüche zu entscheiden, will diese Vorschrift die Gefahr voneinander abweichender Entscheidungen durch **Zuständigkeitskonzentration** vermeiden. Deshalb ist das FamG, bei dem ein den Kindesunterhalt betreffendes Verfahren anhängig ist, auch für Anträge zuständig, die die durch Ehe begründete Unterhaltspflicht betreffen (§ 231 Abs. 1 Satz 2), weiter für Unterhaltsansprüche nach § 1615l BGB. § 232 Abs. 3 Satz 2 Nr. 1 ist – wie bereits die Vorgängervorschrift des § 642 Abs. 3 ZPO – analog anzuwenden, wenn neben minderjährigen Kindern auch ihnen gleichgestellte, in § 1603 Abs. 2 Satz 2 BGB privilegierte Geschwister auf Unterhalt klagen (OLG Stuttgart FamRZ 2002, 1044; OLG Hamm FamRZ 2003, 1126; OLG Oldenburg FamRZ 2005, 1846), nicht aber zugunsten nicht privilegierter volljähriger Kinder (BT-Drucks. 16/6308 S. 418; OLG Hamm FamRZ 2003, 1126). Der Wahlzuständigkeit nach § 232 Abs. 3 Satz 2 Nr. 1 unterfallen auch vereinfachte Verfahren (§§ 249 ff.), auch bei Anhängigkeit nach § 260, sowie Unterhaltsanträge oder Anordnungsverfahren (§ 247) wegen den Unterhalts nach § 1615l BGB bei Anhängigkeit eines Verfahrens, auch eines Anordnungsverfahrens (§ 247), wegen Kindesunterhalts.

18 Anhängigkeit eines Verfahrens wegen Kindesunterhalts genügt, um den Wahlgerichtsstand nach Abs. 3 Satz 2 Nr. 1 zu begründen. Ein Verfahrenskostenhilfegesuch mit einem bedingt für den Fall der Verfahrenskostenhilfebewilligung gestellten Unterhaltsantrag bewirkt noch keine Anhängigkeit eines Verfahrens wegen Kindesunterhalts. Betrifft ein Antrag die durch Ehe begründete Unterhaltspflicht, kann der Antragsteller zwischen dem Gerichtsstand nach Abs. 3 (gewöhnlicher Aufenthalt des Kindes) und den Gerichtsständen nach §§ 12 ff. ZPO (gewöhnlicher Aufenthalt des Antragsgegners) wählen. Das für den Antragsgegner zuständige Gericht kann das Verfahren auf Antrag gem. § 233 an das Gericht des Kindesunterhaltsverfahrens abgeben.

19 Wird ein Antrag auf Ehegattenunterhalt bei demjenigen Gericht gestellt, bei dem bereits ein Antrag auf Kindesunterhalt anhängig ist, können beide Verfahren nach § 147 ZPO miteinander verbunden werden, nachdem vielfach die Höhe des einen Unterhaltsanspruchs von derjenigen des anderen abhängt. Diese mit Einreichung einer Antragsschrift zur Hauptsache bzw. eines Antrages auf Verfahrenskostenhilfe eröffnete konzentrierte Zuständigkeit endet mit dem endgültigen Abschluss des Verfahrens durch Endentscheidung, Abschluss eines gerichtlichen Vergleichs, beiderseitige Erledigungserklärung oder Wirksamwerden einer Antragsrücknahme (§ 269 Abs. 1 u 2 ZPO).

20 **Satz 2 Nr. 2** ersetzt die Vorgängervorschrift § 35a ZPO. Das Kind kann den Antrag auf Unterhalt gegen beide Eltern gleichzeitig und gemeinsam vor dem Gericht erheben, bei dem der Vater oder die Mutter einen Gerichtsstand hat. Ist ein Elternteil allein gesetzlicher Vertreter eines minderjährigen Kindes, gilt für die Zuständigkeit Abs. 1 Nr. 2. Diese Regelung ist vor allem von Bedeutung für Unterhaltsanträge minderjähriger und ihnen nach § 1603 Abs. 2 Satz 2 BGB gleichgestellter volljähriger Kinder, wenn sich einer ihrer Elternteile gewöhnlich im Ausland aufhält, ferner für die in der Obhut eines Dritten lebenden minderjährigen Kinder, wenn sie von ihren an getrennten Orten lebenden Eltern Barunterhalt verlangen, des Weiteren für Unterhaltsanträge volljähriger, nicht gem. § 1603 Abs. 2 Satz 2 BGB privilegierter Kinder. Hier ermöglicht der Wahlgerichtsstand eine einheitliche Bestimmung des Haftungsumfangs der Teilschuldner (§ 1606 Abs. 3 Satz 1 BGB).

21 **Satz 2 Nr. 3** entspricht inhaltlich § 23a ZPO. Für Anträge in Unterhaltssachen gegen eine Person, die im Inland keinen Gerichtsstand (auch nicht den des Vermögens, § 23 ZPO) hat, kann das Gericht angerufen werden, bei dem der Antragsteller im Inland seinen allgemeinen Gerichtsstand, also seinen gewöhnlichen Aufenthalt, hat. Dieser Hilfsgerichtsstand bezweckt nicht nur den verfahrensrechtlichen Schutz Minderjähriger, sondern dient allg. der erleichterten Geltendmachung und Durchsetzung von Ansprüchen in Unter-

haltssachen (BGH FamRZ 1989, 603 ff.). Im Geltungsbereich der EuGVVO ist diese Vorschrift jedoch nicht anzuwenden (OLG Jena FamRZ 2000, 631; OLG Nürnberg FamRZ 2005, 1691).

Der ausschließlichen Zuständigkeit des Verfahrensgerichts des ersten Rechtszuges gehen in **Vollstreckungsabwehrverfahren** (§§ 767 Abs. 1, 802 ZPO) nach § 232 Abs. 2 nur die ausschließlichen Zuständigkeiten des Gerichts der Ehesache bzw. des Aufenthalts, nicht aber der Wahlgerichtsstand des § 232 Abs. 3 vor. Der Wahlgerichtsstand tritt auch in **Arrestverfahren** zurück: Vorrang hat das Gericht der belegenen Sache (§ 942 ZPO), das Gericht der Hauptsache (§ 943 ZPO) oder das Gericht, in dessen Bezirk sich der mit Arrest zu belegende Gegenstand oder die in ihrer Freiheit zu beschränkende Person befindet (§ 919 ZPO), weil dem Gläubiger dort schneller Zugriff zu verschaffen ist, wo sich der Schuldner oder dessen Vermögen befindet. 22

§ 232 Abs. 1 u 3 Satz 2 Nr. 1 u 2 setzen nicht voraus, dass das Kind und der unterhaltspflichtige Elternteil selbst **Beteiligte** sind; beide Regelungen gelten auch dann, wenn ein Elternteil in Verfahrensstandschaft für das Kind (§ 1629 Abs. 3 BGB) Unterhalt beantragt, oder wenn Rechtsnachfolger des unterhaltsberechtigten Kindes oder des ursprünglich unterhaltspflichtigen Elternteils beteiligt sind, oder wenn es um Ansprüche aus Unterhaltsverträgen oder auf Ausgleich oder Erstattung von Unterhalt geht: Auch dann ist dasjenige Gericht zuständig, bei dem das Kind oder der für das Kind handlungsbefugte Elternteil seinen gewöhnlichen Aufenthalt hat. 23

§ 233 Abgabe an das Gericht der Ehesache. ¹Wird eine Ehesache rechtshängig, während eine Unterhaltssache nach § 232 Abs. 1 Nr. 1 bei einem anderen Gericht im ersten Rechtszug anhängig ist, ist diese von Amts wegen an das Gericht der Ehesache abzugeben. ²§ 281 Abs. 2 und 3 Satz 1 der Zivilprozessordnung gilt entsprechend.

Übersicht

	Rdn.		Rdn.
A. Struktur der Norm	1	C. Abgabeverfahren	8
B. Zulässigkeit der Abgabe des Unterhaltsverfahrens	3	D. Wirkungen der Abgabe	9

A. Struktur der Norm. Die Vorschrift hat sog. Konzentrationsprinzip des bisherigen § 621 Abs. 3 ZPO übernommen: Wird eine Ehesache bei einem anderen deutschen Gericht rechtshängig, muss das deutsche Gericht erster Instanz die bei ihm anhängige Unterhaltssache gem. § 232 Abs. 1 Nr. 1 **von Amts wegen** an das Gericht der Ehesache **abgeben**; beide Verfahren sind also aus Zweckmäßigkeitsgründen örtlich beim Gericht der Ehesache zu konzentrieren. Unterhaltssache i.S.d. § 232 Abs. 1 Nr. 1 ist auch das vereinfachte Verfahren über den Unterhalt Minderjähriger, sobald es nach §§ 254, 255 in das streitige Verfahren vor den Richter gelangt ist. Unterhaltsverfahren werden nunmehr einheitlich nur mehr abgegeben, nicht mehr (wie vormals nach der ZPO) verwiesen. Führendes Gericht in Familiensachen ist grds. das Gericht der Ehesache, an das andere Familiensachen abzugeben sind (vgl. etwa §§ 123, 153, 202, 263, 268). Die ausschließliche Zuständigkeit des Gerichts der Ehesache geht allen anderen ausschließlichen Zuständigkeiten (s. etwa §§ 887 ff., 767 Abs. 1, 802 ZPO) vor (§ 232 Abs. 2). 1

Die örtliche Zusammenführung laufender Verfahren bei einem FamG durch Abgabe lässt nicht notwendig auch den »Verbund« entstehen; vielmehr fällt – wenn auch in der anderen Familiensache eine Entscheidung für die Zeit nach der Scheidung begehrt wird – das Unterhaltsverfahren nach §§ 1601 ff. BGB in den Scheidungsverbund, weil es seiner Rechtsnatur nach Scheidungsfolgesache sein kann. Trifft dies nicht zu, ist das Verfahren als isolierte Familiensache vor dem Gericht der Ehesache fortzuführen. Die vorrangige Zuständigkeit des Gerichts der Ehesache wird begründet, um in Scheidungssachen den Verbund zu ermöglichen und in Verfahren wegen der durch Verwandtschaft begründeten Unterhaltspflicht aus Gründen des Sachzusammenhangs die Erledigung durch den Richter der Ehesache sicherzustellen. Aufgrund der ausschließlichen Zuständigkeit ist die Begründung der Zuständigkeit eines anderen Gerichts durch Prorogation oder rügelose Einlassung ausgeschlossen. 2

B. Zulässigkeit der Abgabe des Unterhaltsverfahrens. Die Abgabe eines Unterhaltsverfahrens an das Gericht der Ehesache ist nur dann zulässig, wenn die Ehesache rechtshängig geworden, die Antragsschrift also zugestellt worden ist (§§ 261 Abs. 1, 253 Abs. 1 ZPO). Wird in einem Verfahrenskostenhilfeverfahren der 3

Entwurf einer Antragsschrift der Gegenseite zur Stellungnahme übersandt, wird der Antrag dadurch nicht rechtshängig. Wird ein Unterhaltsverfahren während der Rechtshängigkeit der Ehesache bei einem anderen deutschen Gericht anhängig gemacht, ist die Unterhaltssache auf Antrag des Antragstellers, nicht jedoch von Amts wegen an das FamG der Ehesache zu verweisen; § 233 ist nicht analog anzuwenden. Wird die Verweisung nicht beantragt, ist der Unterhaltsantrag als unzulässig abzuweisen (zu den Mehrkosten s. § 281 Abs. 3 Satz 2 ZPO).

4 Die abzugebende Unterhaltssache muss (nur) anhängig, nicht aber rechtshängig sein. Sie ist mit dem Eingang der Antragsschrift für das Unterhaltsverfahren bei Gericht anhängig, nicht jedoch mit Eingang nur eines Verfahrenskostenhilfegesuchs im Unterhaltsverfahren. Die Unterhaltssache ist so lange in erster Instanz anhängig, als dort noch keine abschließende Entscheidung ergangen ist; eine bereits entschiedene Unterhaltssache darf nicht mehr an das Gericht der Ehesache abgegeben werden (BGH FamRZ 1985, 800; FamRZ 2001, 618 f. = FuR 2001, 368; OLG Oldenburg FamRZ 2008, 1269 – jeweils zur vormaligen Rechtslage nach § 621 Abs. 2 ZPO).

5 Liegt eine abschließende Entscheidung in einer Unterhaltssache vor, und geht beim Gericht erster Instanz eine Beschwerde (§ 58) ein, während gleichzeitig bei einem anderen FamG eine Ehesache derselben Parteien rechtshängig wird, darf das FamG, bei dem das Unterhaltsverfahren rechtshängig ist, weder der Beschwerde abhelfen noch sie dem Beschwerdegericht vorlegen (§ 68 Abs. 1), sondern es muss die Unterhaltssache an das FamG der Ehesache abgeben.

6 In der Rechtsmittelinstanz anhängige Unterhaltssachen sind hingegen nicht an das Gericht der Ehesache abzugeben (BGH FamRZ 1985, 800 m.w.N. – zur vormaligen Rechtslage nach § 621 Abs. 3 ZPO). Wird eine erstinstanzliche Entscheidung in der Rechtsmittelinstanz mit dem Ziel der Zurückverweisung aufgehoben, hat das Beschwerdegericht dieses Unterhaltsverfahren direkt an das inzwischen zuständige Gericht der Ehesache abzugeben (BGH FamRZ 1980, 444 – zur vormaligen Rechtslage nach § 621 Abs. 2 ZPO; s.a. OLG Hamburg NJW-RR 1993, 1286 f.).

7 Hat das FamG eine sofortige Beschwerde gegen einen Verfahrenskostenhilfe – auch teilweise – versagenden Beschluss (§ 76 Abs. 2) dem Beschwerdegericht vorgelegt, und wird sodann eine Ehesache bei einem anderen FamG rechtshängig, ist die Unterhaltssache gleichwohl noch »im ersten Rechtszug anhängig«, so dass über die Beschwerde nicht zu entscheiden, sondern das Unterhaltsverfahren an das Gericht der Ehesache abzugeben ist (BGH FamRZ 2001, 618 f. = FuR 2001, 368 – noch zur vormaligen Rechtslage nach § 621 ZPO). Über die sofortige Beschwerde hat zwar das dem Gericht der Ehesache übergeordnete OLG zu entscheiden; aus Gründen der Prozessökonomie hat das Gericht der Ehesache jedoch Abhilfe zu prüfen.

8 **C. Abgabeverfahren.** Das Gericht der Unterhaltssache muss über die Abgabe nicht mündlich verhandeln (§ 128 Abs. 4 ZPO); es hat jedoch vor Abgabe des Verfahrens den Beteiligten rechtliches Gehör in schriftlicher Form zu gewähren. Der Abgabebeschluss ist unanfechtbar und für das Gericht der Ehesache bindend (§ 233 Satz 2; § 281 Abs. 2 Satz 2 ZPO). Das Gericht der Ehesache bleibt für das mit bindender Wirkung abgegebene Unterhaltsverfahren auch dann zuständig, wenn der Antrag in der Ehesache nicht weiterverfolgt wird, ruht, zurückgenommen oder abgewiesen wird (perpetuatio fori). Verweist das Gericht der Ehesache diese an ein anderes Gericht (§ 281 Abs. 1 ZPO), hat es die bei ihm befindliche Unterhaltssache an das neue Gericht der Ehesache abzugeben. Wird ein Scheidungsantrag abgewiesen, und wird später bei einem anderen Gericht erneut die Scheidung beantragt, ist eine noch anhängige/rechtshängige Unterhaltssache ebenfalls an das (neue) Gericht der Ehesache abzugeben.

9 **D. Wirkungen der Abgabe.** Hat das Gericht der Ehesache rechtsfehlerhaft eine Unterhaltssache an ein anderes FamG abgegeben, ist die Abgabe zwar unanfechtbar; das andere Gericht ist jedoch nicht an die Abgabe gebunden und darf daher die Sache gem. § 233 aus Gründen der Prozessökonomie und der ratio legis (Konzentration der Verfahren aller Beteiligten) an das abgebende Gericht zurückgeben.

10 Erfüllt die abgegebene Unterhaltssache die Voraussetzungen des § 137 Abs. 2, wird sie automatisch zu einer Folgesache im Scheidungsverbund. Gleiches gilt dann, wenn der Antragsteller der übergeleiteten Unterhaltssache erklärt, dass er eine Entscheidung für den Fall der Scheidung begehrt. Handelt es sich bei der rechtshängigen Ehesache nicht um ein Scheidungsverfahren (s. § 121 Nr. 2 u 3), kann das Gericht beide Verfahren nach § 20 verbinden; ein Verbund i.S.d. § 137 Abs. 1 kann nicht entstehen.

11 Die bis zur Abgabe der Unterhaltssache entstandenen Kosten sind als Teil der Kosten beim Gericht der Ehesache zu behandeln (§ 233 Satz 2; § 281 Abs. 3 Satz 1 ZPO). § 281 Abs. 3 Satz 2 ZPO ist nicht anzuwenden, *sofern der Antragsteller* nicht ein zunächst unzuständiges Gericht angerufen hat.

§ 234 Vertretung eines Kindes durch einen Beistand. Wird das Kind durch das Jugendamt als Beistand vertreten, ist die Vertretung durch den sorgeberechtigten Elternteil ausgeschlossen.

Auf schriftlichen Antrag eines Elternteils hat das Jugendamt dem Kind Beistand zu leisten für die Feststellung der Vaterschaft und/oder die Geltendmachung von Unterhaltsansprüchen sowie die Verfügung über diese Ansprüche, wobei der Antrag auf einzelne der bezeichneten Aufgaben beschränkt werden kann (§§ 1712 ff. BGB, zu allem näher *Friederici* in: Weinreich/Klein, FA-Komm/FamR § 1712 Rn. 1 ff.). Die Beistandschaft schränkt die elterliche Sorge nicht ein. Auch bei getrenntlebenden, verheirateten und gemeinsam sorgeberechtigten Eltern ist eine Vertretung des Kindes durch das Jugendamt als Beistand zur gerichtlichen Geltendmachung von Kindesunterhalt zulässig (BGH FamRZ 2015, 130 = FuR 2015, 167 m.w.N.). Die Verfahrensvorschrift des § 234 (vormals § 53a ZPO) verdrängt (wie § 173) die materiell-rechtliche Regelung der gesetzlichen Vertretung des Kindes zu dem Zweck, eine widerspruchsfreie Verfahrensführung zu gewährleisten (vgl. BT-Drucks. 13/892 S. 47). Wird das Kind durch das Jugendamt als Beistand vertreten, dann schließt § 234 die Vertretungsmacht des sorgeberechtigten Elternteils aus, um widersprüchliche Erklärungen im Verfahren zu vermeiden (so vormals auch § 53a ZPO). § 234 gilt auch für Passivverfahren, etwa Abwehr eines Abänderungsantrages, nicht aber für die Anfechtung eines Vaterschaftsanerkenntnisses (OLG Nürnberg FamRZ 2001, 705). I.R.d. Prüfung der gesetzlichen Vertretung (§ 56 ZPO) von Amts wegen genügt die Vorlage einer Bestätigung durch das Jugendamt über den Antrag des sorgeberechtigten Elternteils auf Errichtung einer Beistandschaft und die damit verbundenen Rechtsfolgen (BR-Stellungnahme in BT-Drucks. 13/892 S. 50).

Muss ein Elternteil Unterhaltsansprüche des Kindes im Falle des Getrenntlebens der Eltern bzw. bei anhängiger Ehesache in Verfahrensstandschaft (§ 1629 Abs. 3 BGB) geltend machen, ist auch in diesem Unterhaltsverfahren Vertretung des Kindes durch das Jugendamt als Beistand zur gerichtlichen Geltendmachung von Kindesunterhalt zulässig (BGH FamRZ 2015, 130 = FuR 2015, 167 m.w.N. zu dem Verhältnis von § 1629 Abs. 3 Satz 1 BGB zu den §§ 1712 ff. BGB; so auch OLG Stuttgart JAmt 2007, 40; OLG Oldenburg, FamRZ 2014, 1652; OLG Schleswig FamRZ 2014, 1712; a.A. noch OLG Celle FamRZ 2013, 53; s.a. OLG Thüringen FamRZ 2014, 965). Dies ist Sinn und Zweck der gesetzlichen Verfahrensbeistandschaft nach § 1629 Abs. 3 BGB zu entnehmen: Die Vorschrift will zum einen bis zum Zeitpunkt der rechtskräftigen Scheidung Partei- bzw. Beteiligtenidentität gewährleisten, zum anderen jedoch eine Konfliktsituation für das Kind während der Trennungszeit und der Dauer des Scheidungsverfahrens seiner Eltern verhindern.

Das verfahrensunfähige (§ 52 ZPO) Kind ist im Unterhaltsverfahren Beteiligter. Durch die Beistandschaft wird das Jugendamt nicht zum Verfahrensbeteiligten; die Beteiligung regelt sich allein nach §§ 172 Abs. 2, 176 Abs. 1. Das Jugendamt hat als Beistand verfahrensrechtlich die Stellung eines alleinigen gesetzlichen Vertreters des Kindes (§§ 1716 Satz 2, 1915 Abs. 1, 1793 Satz 1 BGB), ggf. bereits vor der Geburt (§ 1714 Satz 2 BGB; s. dazu OLG Schleswig NJW 2000, 1271 m. zust. Anm. *Born* MDR 2000, 398). Der sorgeberechtigte Elternteil ist im Unterhaltsverfahren zwar Dritter, die Beistandschaft schränkt jedoch seine elterliche Sorge – und damit auch seine gesetzliche Vertretungsmacht (vgl. § 1629 Abs. 1 Satz 1 BGB) – materiellrechtlich auch während des Verfahrens nicht ein (vgl. § 1716 Satz 1 BGB); das Kind verfügt daher während einer Beistandschaft über zwei gesetzliche Vertreter. Die Beistandschaft (und damit die alleinige Vertretung im Verfahren) endet durch einfache schriftliche Erklärung des antragstellenden Elternteils ggü. dem Jugendamt (vgl. §§ 1715, 1714 BGB). Damit gewährleistet das Gesetz, dass das Verfahren im Einverständnis mit dem Elternteil und nicht gegen seinen Willen geführt wird. Die Vertretung durch das Jugendamt genügt regelmäßig zur Wahrung der Waffengleichheit i.S.v. § 121 Abs. 2 letzter Halbs. ZPO (OLG Zweibrücken FamRZ 2003, 1936).

Reicht das Jugendamt als Beistand der Kindes für das Kind einen Unterhaltsantrag bei Gericht ein, ist das Jugendamt in diesem Verfahren von Anfang an alleiniger gesetzlicher Vertreter des Kindes; alle Zustellungen sind daher ausschließlich an das Jugendamt zu richten. Hat ein Elternteil als gesetzlicher Vertreter des Kindes ein Unterhaltsverfahren eingeleitet und wird sodann rechtswirksam – also außerhalb der Fälle gesetzlicher Verfahrensstandschaft (§ 1629 Abs. 3 BGB) – eine Beistandschaft des Jugendamtes errichtet, tritt das Jugendamt in dieses Verfahren ein; es kommt damit zu einem Wechsel in der Person des gesetzlichen Vertreters. Der Eintritt erfolgt durch zuzustellenden Schriftsatz gem. § 250 ZPO; damit ist keine Unterbrechung des Verfahrens (vgl. § 241 ZPO) verbunden, da durch den gleichen Rechtsakt die gesetzliche Vertretung des bisherigen Vertreters endet und die des neuen Vertreters (Jugendamt als Beistand) begründet wird.

Endet die Beistandschaft (und damit die gesetzliche Vertretung des Jugendamts) durch außergerichtliche Erklärung des Elternteils ggü. dem Jugendamt gem. §§ 1715, 1714 BGB, entfällt die Beschränkung des § 234; der sorgeberechtigte Elternteil ist (wieder) alleiniger gesetzlicher Vertreter. Die Aufnahme des unterbrochenen Verfahrens (§ 241 ZPO) erfolgt nach den allgemeinen Vorschriften.

5 Mit der Volljährigkeit des Kindes endet die Beistandschaft des Jugendamts, da mit Eintritt der Volljährigkeit die Voraussetzung für die mit der Beistandschaft implizierte gesetzliche Vertreterstellung entfallen ist. Der Mangel der Aktivlegitimation des Jugendamts ist gem. § 56 Abs. 1 ZPO von Amts wegen bis zum Abschluss des Verfahrens zu berücksichtigen (OLG Karlsruhe OLGR 2001, 150).

§ 235 Verfahrensrechtliche Auskunftspflicht der Beteiligten.

(1) ¹Das Gericht kann anordnen, dass der Antragsteller und der Antragsgegner Auskunft über ihre Einkünfte, ihr Vermögen und ihre persönlichen und wirtschaftlichen Verhältnisse erteilen sowie bestimmte Belege vorlegen, soweit dies für die Bemessung des Unterhalts von Bedeutung ist. ²Das Gericht kann anordnen, dass der Antragsteller und der Antragsgegner schriftlich versichern, dass die Auskunft wahrheitsgemäß und vollständig ist; die Versicherung kann nicht durch einen Vertreter erfolgen. ³Mit der Anordnung nach Satz 1 oder Satz 2 soll das Gericht eine angemessene Frist setzen. ⁴Zugleich hat es auf die Verpflichtung nach Absatz 3 und auf die nach den §§ 236 und 243 Satz 2 Nr. 3 möglichen Folgen hinzuweisen.
(2) Das Gericht hat nach Absatz 1 vorzugehen, wenn ein Beteiligter dies beantragt und der andere Beteiligte vor Beginn des Verfahrens einer nach den Vorschriften des bürgerlichen Rechts bestehenden Auskunftspflicht entgegen einer Aufforderung innerhalb angemessener Frist nicht nachgekommen ist.
(3) Antragsteller und Antragsgegner sind verpflichtet, dem Gericht ohne Aufforderung mitzuteilen, wenn sich während des Verfahrens Umstände, die Gegenstand der Anordnung nach Absatz 1 waren, wesentlich verändert haben.
(4) Die Anordnungen des Gerichts nach dieser Vorschrift sind nicht selbständig anfechtbar und nicht mit Zwangsmitteln durchsetzbar.

Übersicht	Rdn.		Rdn.
A. Anordnung und ihr Umfang (§ 235 Abs. 1) ..	1	IV. § 235 Abs. 1 Satz 4 (Hinweispflicht des Gerichts)	9
I. § 235 Abs. 1 Satz 1 (Auskunft und Belegvorlage).....................	3	B. Pflicht zur Anordnung (§ 235 Abs. 2).......	10
II. § 235 Abs. 1 Satz 2 (schriftliche Versicherung)	5	C. Pflicht zur unverlangten Information (§ 235 Abs. 3)	14
III. § 235 Abs. 1 Satz 3 (Fristsetzung).......	8	D. Anfechtbarkeit und Durchsetzbarkeit der Anordnung (§ 235 Abs. 4)...............	16

1 **A. Anordnung und ihr Umfang (§ 235 Abs. 1).** Schon bislang konnte ein Gericht in Unterhaltsstreitigkeiten – auch in der Rechtsmittelinstanz – von den Beteiligten Auskunft über ihr Einkommen sowie die Vorlage von Belegen verlangen und im Falle der Verweigerung entsprechende Auskünfte bei Arbeitgebern, Sozialleistungsträgern und – bei Streit um den Unterhalt minderjähriger Kinder – auch den Finanzämtern einholen (s. § 643 ZPO). § 235 Abs. 1 hat diese Auskunftspflichten im laufenden Verfahren erweitert und ermächtigt nunmehr das Gericht darüber hinaus auch noch in § 235 Abs. 1 Satz 2, von den Beteiligten **persönlich** (!) eine schriftliche Versicherung zu verlangen, dass die von ihnen gemachten Angaben wahrheitsgemäß und vollständig sind. Das Gesetz will mit der Neuregelung der zuvor in § 643 Abs. 1 ZPO normierten verfahrensrechtlichen Auskunftspflichten eine sachlich richtige Entscheidung in Unterhaltsverfahren sicherstellen und die zeitintensiven Stufenverfahren möglichst weitgehend entbehrlich machen (BT-Drucks. 16/6308 S. 255 f., »Einschränkung des zivilprozessualen Beibringungsgrundsatzes«, s. *Roessink* FamRB 2009, 119). Auskünfte können daher in jedem Verfahren eingeholt werden, das die gesetzliche Unterhaltspflicht i.S.d. § 231 Abs. 1 betrifft, auch im Scheidungsverbund (§ 137) und in Stufenverfahren, ferner auch bei auf Ersatz entgangenen Unterhalts bzw. auf Rückzahlung von zu viel gezahltem Unterhalt gerichteten Anträgen, schließlich auch bei Abänderungsanträgen und Anträgen aufgrund von Legalzessionen (s. etwa § 1607 BGB; § 33 SGB II; § 94 SGB XII; § 7 UVG; § 37 BAföG). Auskünfte dürfen jedoch nicht in vereinfachten *Verfahren nach §§ 249 ff.* und in *Verfahren der EA nach §§ 246 ff.* eingeholt werden: Beide Verfahrensarten

sind auf schnelle Entscheidungen ausgerichtet. Die gerichtliche Anordnung bedarf keiner speziellen Form; sie kann als verfahrensleitende Verfügung oder in Beschlussform ergehen.

Ob und in welchem Umfang das Gericht von Anordnungen nach § 235 Abs. 1 Gebrauch macht, steht in seinem pflichtgemäßen Ermessen. Nach Abs. 2 ist es jedoch unter bestimmten Voraussetzungen verpflichtet, nach Abs. 1 vorzugehen. Kein Verfahrensbeteiligter kann gezwungen werden, Auskunft zu erteilen und/oder Belege vorzulegen (Abs. 4), Versäumnisse können zur Einholung der Auskünfte bei Dritten (§ 236) und/oder zu Nachteilen bei der Kostenentscheidung (§ 243 Satz 2 Nr. 3) führen (zu den verfahrensrechtlichen Auskunftspflichten nach dem FamFG ausführlich *Klein* FPR 2011, 9; *Viefhues* FPR 2010, 162; FuR 2013, 20; zur Auskunft im Unterhalts[stufen]verfahren *Roßmann* ZFE 2009, 444; s.a. *Sarres* FuR 2010, 390 – Auskunftsregeln im FamFG und Verfahrensbeschleunigung).

I. § 235 Abs. 1 Satz 1 (Auskunft und Belegvorlage). Satz 1 entspricht inhaltlich im Wesentlichen dem bisherigen § 643 Abs. 1 ZPO: Das Gericht kann anordnen, dass der Antragsteller und der Antragsgegner **Auskunft** über ihre Einkünfte, ihr Vermögen und ihre persönlichen und wirtschaftlichen Verhältnisse zu erteilen sowie bestimmte **Belege** vorzulegen haben. Gleichzeitig wird deutlich gemacht, dass vermögensbezogene Auskunft bzw. Belegvorlage nur insoweit angeordnet werden darf, als sie für die Bemessung des Unterhalts von Bedeutung ist (§ 235 Abs. 1 Satz 1; diese Einschränkung ist bewusst in das Gesetz aufgenommen worden, BT-Drucks. 16/6398 S. 255). Auskünfte sind etwa dann für die Bemessung des Unterhalts nicht von Bedeutung, wenn evident feststeht, dass sie den Unterhaltsanspruch oder die Unterhaltspflicht unter keinem Gesichtspunkt beeinflussen können (vgl. BGH FamRZ 1994, 1169, 1170, und FamRZ 2005, 1987 = FuR 2006, 25, jeweils m.w.N.; s.a. OLG Rostock FamRZ 2009, 2014). Die materiell-rechtlichen Voraussetzungen müssen bei einer verfahrensrechtlichen Anordnung nach § 235 Abs. 1 nicht vorliegen.

Beide Verfahrensbeteiligte haben dem Gericht auf entsprechende Anforderung bezüglich aller Einkommensquellen und sämtlicher Vermögensmassen eine systematische, in sich geschlossene Zusammenstellung der erforderlichen Angaben in Form eines Bestandsverzeichnisses nach § 260 BGB zu übermitteln, wobei auch Auskunft über alle sonstigen unterhaltsrelevanten Umstände zu geben ist. Eine Auskunft nach § 260 Abs. 1 BGB erfordert eine eigene und schriftlich verkörperte Erklärung des Schuldners, die jedoch nicht die gesetzliche Schriftform i.S.d. § 126 BGB erfüllen muss und auch durch einen Boten, z.B. einen Rechtsanwalt, an den Gläubiger übermittelt werden darf (BGH FamRZ 2008, 600 = FuR 2008, 410). Verlangt das Gericht neben der Auskunft auch Vorlage entsprechender Belege, muss es die vorzulegenden Belege genau bezeichnen. Das Gericht darf nur vorhandene Belege anfordern, nicht aber die Herstellung von Belegen verlangen (etwa Vorlage einer noch nicht verfertigten Einkommensteuererklärung).

II. § 235 Abs. 1 Satz 2 (schriftliche Versicherung). Satz 2 ermöglicht es dem Gericht (nunmehr), von jedem Verfahrensbeteiligten eine **schriftliche Versicherung** anzufordern, dass er die Auskunft wahrheitsgemäß und vollständig erteilt hat. Diese Möglichkeit, von einem Beteiligten eine ausdrückliche eigenhändige Versicherung über die Richtigkeit der von ihm erteilten Auskunft zu verlangen, kannte das vormalige Verfahrensrecht nicht. Mit dieser Neuregelung, die teilweise die Funktion der zweiten Stufe (eidesstattliche Versicherung) einer Stufenklage erfüllt, sollen die bisherigen zeitintensiven Stufenklagen (jetzt: Stufenanträge) in möglichst weitgehendem Umfang entbehrlich werden (BT-Drucks. 16/6308 S. 255; s.a. *Borth* FamRZ 2007, 1925, 1934). Daher gibt das Gesetz dem Gericht ein Instrumentarium an die Hand, das – wenigstens z.T. – die Funktion der zweiten Stufe (eidesstattliche Versicherung) eines Stufenverfahrens erfüllt. Da diese zweite Stufe in Unterhaltssachen allerdings oftmals nicht beschritten wird, erscheint es ausreichend, dass das Gericht zunächst eine schriftliche Versicherung verlangen kann.

Seinem Wortlaut nach bezieht das Gesetz die Pflicht zur schriftlichen Versicherung in § 235 Abs. 1 Satz 2 nur auf die nach § 235 Abs. 1 Satz 1 zu erteilende Auskunft. Dafür spricht auch die Begründung (s. BT-Drucks. 16/6908 S. 255: »Satz 2 ermöglicht es dem Gericht, vom Antragsteller oder dem Antragsgegner eine schriftliche Versicherung anzufordern, dass er die **Auskunft** wahrheitsgemäß und vollständig erteilt hat.«). Bereits nach der ratio legis muss allerdings diese Pflicht zur Abgabe einer Versicherung auch für eine außergerichtlich erteilte Auskunft gelten: Wenn der Gesetzgeber vor allem mit der Eindämmung von der Hauptsache vorgelagerten Annexstreitigkeiten (insb. Auskunft und Belegvorlage) eine beschleunigte Abwicklung von Unterhaltsstreitigkeiten vor Gericht erreichen will, müssen die entsprechenden Verfahrensregeln zwingend auch die beschleunigte Abwicklung vorgerichtlicher, vorbereitender Maßnahmen beinhalten.

Anders als innerhalb der bürgerlich-rechtlichen Auskunftsschuldverhältnisse (anders noch BGH FamRZ 2008, 600 = FuR 2008, 410 – eine Auskunft nach § 260 Abs. 1 BGB dürfe auch durch einen Boten, z.B. einen Rechtsanwalt, an den Gläubiger übermittelt werden), muss der Beteiligte diese schriftliche Versicherung **eigenhändig** abgeben; er kann sich – wie bei der eidesstattlichen Versicherung – **weder** eines **Vertreters** noch seines **Verfahrensbevollmächtigten** bedienen (§ 235 Abs. 1 Satz 2; BT-Drucks. 16/6908 S. 255). Eine solche Versicherung hat zwar eine ähnliche Funktion wie die eidesstattliche Versicherung nach § 260 Abs. 2 BGB; sie ist aber ohne weitere Voraussetzungen abzugeben.

8 **III. § 235 Abs. 1 Satz 3 (Fristsetzung).** Das Gericht soll nach § 235 Abs. 1 Satz 3 Auskunft (Satz 1) und/oder Belegvorlage (Satz 2) wie auch schriftliche Versicherung **regelmäßig** mit angemessener **Fristsetzung** anordnen, um eine übermäßige Verzögerung des Verfahrens zu vermeiden, und **zugleich** auch auf die Informationspflicht nach § 235 Abs. 3, auf die Möglichkeit einer Ersatzvornahme (s. § 236) und auf Kostennachteile (§ 243 Satz 2 Nr. 3) hinweisen. Auch diese Regelung soll die oft sehr schwerfälligen und langwierigen Stufenverfahren entbehrlich machen (BT-Drucks. 16/6308 S. 256). Angemessen ist eine Frist, die den Zeitaufwand zur Erstellung der Auskunft und Sammlung der Belege einerseits und andererseits die Bedeutung der Auskunft für das Verfahren berücksichtigt. Die Fristsetzung ist insb. für die Rechtsfolgen des § 236 für den Fall der Nichterfüllung der Auflagen von Bedeutung. Von der Fristsetzung kann **ausnahmsweise** abgesehen werden, etwa wenn feststeht, dass der Beteiligte, an den sich die Auflage richtet, bestimmte Informationen oder Belege ohne eigenes Verschulden nicht kurzfristig erlangen kann (BT-Drucks. 16/6308 S. 255 f.).

9 **IV. § 235 Abs. 1 Satz 4 (Hinweispflicht des Gerichts).** § 235 Abs. 1 Satz 4 verpflichtet das Gericht, in der gerichtlichen Anordnung auf die
- Verpflichtung nach Abs. 3 (Pflicht zur ungefragten Information bei wesentlicher Veränderung der Umstände; s. hierzu auch BGH FamRZ 2008, 1325 = FuR 2008, 401),
- Folgen nach § 236 (Auskunftseinholung bei Dritten durch das Gericht) **und**
- nachteilige Kostenentscheidung (243 Satz 2 Nr. 3)

hinzuweisen. Die Hinweispflicht ist wegen der geänderten Struktur der Vorschriften über die Auskunftspflicht ggü. der früheren Regelung des § 643 Abs. 2 Satz 2 ZPO etwas erweitert: Insbes. durch den Hinweis auf § 236 soll – wie schon bei § 643 Abs. 2 Satz 2 ZPO (s. BT-Drucks. 13/7338 S. 36) – die Aussagebereitschaft derjenigen erhöht werden, die eine gerichtliche Anfrage des Gerichts, insb. bei ihrem Arbeitgeber, vermeiden wollen.

10 **B. Pflicht zur Anordnung (§ 235 Abs. 2).** Im Verlaufe eines Unterhaltsverfahrens müssen die Beteiligten zunächst außergerichtlich Auskunft und/oder Belege einholen (Anspruchsgrundlagen für den Familienunterhalt §§ 1360a Abs. 4, 1605 BGB, für den Trennungsunterhalt §§ 1361 Abs. 4, 1360a Abs. 4, 1605 BGB, für den nachehelichen Unterhalt §§ 1580, 1605 BGB und für den Verwandtenunterhalt § 1605 BGB). Erst wenn dieses Auskunfts- bzw. Belegvorlageverlangen teilweise oder insgesamt erfolglos war, ist die gerichtliche Unterstützung nach § 235 Abs. 2 zu erreichen. Dies setzt allerdings voraus, dass in dem vorprozessualen Auskunftsverlangen der jeweilige Unterhaltsberechtigte und der genaue Unterhaltsanspruch, für den die Auskunft verlangt wird, genau bezeichnet wird; auch muss der Zeitraum genau bestimmt werden, für den die Auskunft erteilt werden soll. Hierzu muss sowohl das Anfangsdatum als auch das Enddatum angegeben werden (vgl. OLG Saarbrücken ZFE 2002, 166). Eine entsprechende Aufforderung zur Vorlage von Belegen verlangt das Gesetz hingegen nicht; ebenso wenig ist erforderlich, dass sich der Zeitraum, für den gem. § 235 Abs. 1 Auskünfte verlangt werden sollen, mit demjenigen der vorprozessualen Aufforderung deckt. Gerichtliche Anordnung, Fristsetzung und Hinweise sind dem Verfahrensbeteiligten, an den die Aufforderung gerichtet ist, zuzustellen (§ 329 Abs. 2 Satz 2 ZPO i.V.m. § 113 Abs. 1; s.a. *Obermann* ZFE 2010, 460 – »Das Gericht als Detektiv« – Antrag auf gerichtliche Einkommensermittlung).

11 Stellt ein Beteiligter sodann einen entsprechenden **Antrag** auf Erlass einer Anordnung gem. 235 Abs. 1, weil der/die andere Beteiligte vor Beginn des Verfahrens einer nach den Vorschriften des bürgerlichen Rechts bestehenden Auskunfts-/Belegvorlagepflicht entgegen einer Aufforderung innerhalb angemessener Frist nicht nachgekommen ist, ist das Gericht nach § 235 Abs. 2 **verpflichtet**, entsprechende Anordnungen nach § 235 Abs. 1 zu erlassen: Es hat den anderen Verfahrensbeteiligten förmlich unter angemessener Fristsetzung zur Auskunft und/oder zur Vorlage von Belegen aufzufordern. Auf diese Weise wird für den Auskunftsgläubiger ein zusätzlicher Anreiz geschaffen, um die benötigten Informationen von der Gegenseite zunächst außergerichtlich zu erhalten. Allerdings dürfte ein Antrag iSv Abs. 2 im Hinblick auf die fehlende Möglichkeit zur zwangsweisen Durchsetzung (s. Abs. 4) nur dann sinnvoll sein, wenn die erforderliche Auskunft über Dritte nach § 236 beschafft werden kann. Ist damit nicht zu rechnen, sollte ein eigenständiger Auskunfts- bzw. ein

Stufenantrag, ggf. verbunden mit der Ankündigung, einen Antrag auf Abgabe einer strafbewehrten eidesstattlichen Versicherung zu stellen, vorzuziehen sein; es besteht insoweit Wahlfreiheit für den Auskunftsgläubiger.

Auch mit dieser Regelung bestrebt das Gesetz, die zeitaufwendigen Stufenverfahren möglichst weitgehend entbehrlich zu machen; i.Ü. bestehe angesichts der oftmals existenziellen Bedeutung der Unterhaltsleistungen für den Berechtigten und angesichts dessen, dass ungenügende Unterhaltszahlungen zu einem erhöhten Bedarf an öffentlichen Leistungen führen können, über das private Interesse des Unterhaltsgläubigers hinaus auch ein öffentliches Interesse an einer sachlich richtigen Entscheidung in Unterhaltsangelegenheiten. 12

Auf die gerichtliche Anforderung hin eingegangene Informationen sind nunmehr vom Antragsteller zu prüfen; etwaigen schlüssig und substantiiert vorgetragenen Einwänden hat das Gericht nachzugehen. Dies alles geschieht in einem schriftlichen Verfahren, in dem jeweils beiden Seiten rechtliches Gehör zu gewähren ist. Dabei können sich dieselben Meinungsverschiedenheiten über den Umfang der Auskunftspflicht und die Vollständigkeit der Angaben wie bei einem Stufenantrag ergeben. 13

C. Pflicht zur unverlangten Information (§ 235 Abs. 3). § 235 Abs. 3 verpflichtet den Adressaten einer Auflage nach § 235 Abs. 1, das Gericht während des laufenden Verfahrens **ungefragt** und **unaufgefordert** über wesentliche Veränderungen derjenigen Umstände zu **informieren**, die Gegenstand der **Auflage** waren. Eine solche ausdrückliche Verpflichtung zu ungefragter Information, die der Beschleunigung des Unterhaltsverfahrens dienen soll, enthielt das Gesetz vormals nicht. Voraussetzung ist aber, dass das Gericht eine förmliche Anordnung nach § 235 Abs. 1 erlassen hat. Die inhaltliche Anknüpfung an eine dem Beteiligten bereits gerichtlich erteilte konkrete Auflage begrenzt den Umfang der Informationspflicht (BT-Drucks. 16/6308 S. 256). Die Verfahrensbeteiligten müssen also nicht pauschal ungefragt über Änderungen von Einkommens- und Vermögensverhältnissen informieren, sondern nur über solche Veränderungen, die sich konkret auf die gerichtliche Anordnung beziehen. 14

Für alle anderen Fälle begründet das FamFG keine eigenständige Offenbarungspflicht. Das Fehlen einer weiter gehenden verfahrensrechtlichen Verpflichtung lässt die prozessuale Wahrheitspflicht nach § 138 Abs. 1 ZPO jedoch unberührt; zudem gelten die in besonderen Fällen aus § 242 BGB herzuleitenden, auch ohne ausdrückliche Nachfrage bestehenden materiell-rechtlichen Informationspflichten (BGH FamRZ 2008, 1325 = FuR 2008, 401; *Borth* FamRZ 2007, 1925, 1935; zu den Offenbarungspflichten im Unterhaltsrecht ausführlich *Bömelburg* FF 2012, 240). 15

D. Anfechtbarkeit und Durchsetzbarkeit der Anordnung (§ 235 Abs. 4). Abs. 4 erklärt die Entscheidungen des Gerichts nach § 235 Abs. 2 für nicht selbstständig anfechtbar; sie können auch nicht mit Zwangsmitteln durchgesetzt werden (§ 235 Abs. 4). Die mangelnde selbstständige Anfechtbarkeit einer Anordnung nach § 235 Abs. 2 ergibt sich zwar bereits aus ihrem Charakter als Zwischenentscheidung; gleichwohl hat der Gesetzgeber noch einmal ausdrücklich klargestellt, dass Anordnungen nach § 235 Abs. 2 – wie vormals Anordnungen nach § 643 ZPO – weder selbstständig anfechtbar noch mit Zwangsmitteln nach § 35 durchsetzbar sind (BT-Drucks. 16/6308 S. 256). Mangels Rechtsmittels gegen die Auskunftsanordnung iSv Abs. 1 als solche können die Verfahrensbeteiligten die Rechtmäßigkeit der Anordnung allenfalls inzident im Rechtsmittelzug, d.h. zusammen mit der Endentscheidung, überprüfen lassen (§ 58 Abs. 2). Die Nichtanwendbarkeit von Zwangsmitteln beruht auf der überwiegenden Anwendung der ZPO-Vorschriften nach § 113 Abs. 1 – die Anwendung des § 35 ist ausgeschlossen – aufgrund des kontradiktorischen Charakters des Unterhaltsverfahrens, ist jedoch kontraproduktiv zu dem bestehenden öffentlichen Interesse an einer richtigen Entscheidung. 16

Auch wenn das Gesetz keine direkten Zwangsmittel vorsieht (§ 235 Abs. 4), wird in der Praxis regelmäßig doch die mit den entsprechenden Hinweisen nach § 235 Abs. 1 Satz 3 verbundene Aufforderung des Gerichts mit einer Belehrung über die Folgen eines aus grober Nachlässigkeit verspäteten Vorbringens (§ 115, entsprechend § 621d ZPO) genügen, um das Verfahren zu beschleunigen. Wird die gerichtliche Anordnung nach § 235 Abs. 2 nämlich nicht befolgt, ist das Gericht berechtigt, Auskünfte von Dritten einzuholen (§ 236). Diese sind verpflichtet, dem Ersuchen Folge zu leisten. Während es bislang (nur) im Ermessen des Gerichts stand, ob es von den ihm nach § 643 ZPO eingeräumten Befugnissen Gebrauch machte, ist es künftig auf Antrag einer der Beteiligten **verpflichtet**, förmliche Anordnungen nach §§ 235 Abs. 1, 236 Abs. 1 zu treffen, wenn eine Partei keine oder eine nur unvollständige Auskunft erteilt bzw. Belege nicht oder nur unvollkommen vorgelegt hat. 17

§ 236 Verfahrensrechtliche Auskunftspflicht Dritter.

(1) Kommt ein Beteiligter innerhalb der hierfür gesetzten Frist einer Verpflichtung nach § 235 Abs. 1 nicht oder nicht vollständig nach, kann das Gericht, soweit dies für die Bemessung des Unterhalts von Bedeutung ist, über die Höhe der Einkünfte Auskunft und bestimmte Belege anfordern bei
1. Arbeitgebern,
2. Sozialleistungsträgern sowie der Künstlersozialkasse,
3. sonstigen Personen oder Stellen, die Leistungen zur Versorgung im Alter und bei verminderter Erwerbsfähigkeit sowie Leistungen zur Entschädigung und zum Nachteilsausgleich zahlen,
4. Versicherungsunternehmen oder
5. Finanzämtern.

(2) Das Gericht hat nach Absatz 1 vorzugehen, wenn dessen Voraussetzungen vorliegen und der andere Beteiligte dies beantragt.

(3) Die Anordnung nach Absatz 1 ist den Beteiligten mitzuteilen.

(4) ¹Die in Absatz 1 bezeichneten Personen und Stellen sind verpflichtet, der gerichtlichen Anordnung Folge zu leisten. ²§ 390 der Zivilprozessordnung gilt entsprechend, wenn nicht eine Behörde betroffen ist.

(5) Die Anordnungen des Gerichts nach dieser Vorschrift sind für die Beteiligten nicht selbständig anfechtbar.

1 Abs. 1 entspricht – jedoch mit einigen Veränderungen – der aufgehobenen Norm des § 643 Abs. 2 Satz 1 ZPO. Unverändert darf das Gericht, wenn einer der Verfahrensbeteiligten innerhalb der hierfür gesetzten Frist einer nach § 235 Abs. 1 bestehenden Verpflichtung nicht oder nicht vollständig nachgekommen ist, bei den im Gesetz genannten Dritten die benötigten Auskünfte über die Höhe der Einkünfte und/oder bestimmte Belege anfordern. § 236 soll als Ergänzung der allgemeinen Regelungen über vorbereitende Maßnahmen (§ 273 ZPO), die schriftliche Beantwortung von Beweisfragen (§ 377 Abs. 3 ZPO) und die Einholung amtlicher Auskünfte (§ 358a Satz 1 Nr. 2 ZPO) über die mit § 235 verfolgten Zwecke hinaus in möglichst vielen Fällen eine sonst erforderliche Beweiserhebung durch Zeugeneinvernahme entbehrlich machen und so Gerichte und zeugnispflichtige Personen wie etwa die sachkundigen Beschäftigten der Arbeitgeber oder Versorgungsträger entlasten (vgl. BT-Drucks. 13/7338 S. 35 zu § 643 ZPO). Die in § 236 Abs. 1 aufgeführten Personen oder Stellen entsprechen denen des § 643 Abs. 2 Nr. 1, 3 ZPO. Angefordert werden können die Auskünfte bei:

1. privat- und öffentlich-rechtlichen Arbeitgebern im funktionalen Sinne, also Arbeitgeber nach § 2 ArbGG und öffentlich-rechtliche Dienstherren,
2. Sozialleistungsträgern i.S.v. § 12 SGB I (z.B. Krankenkassen, Kreise und kreisfreie Städte für Kinder- und Jugendhilfe und Sozialhilfe) sowie der Künstlersozialkasse (§§ 37 ff. KSVG), wobei sich das Auskunftsersuchen sowohl auf die Sozialleistung als auch auf einzelne Berechnungselemente der (künftigen) Sozialleistung oder ihr zugrunde liegende tatsächliche Verhältnisse (vornehmlich Arbeitsentgelt oder -einkommen) beziehen kann, soweit diese für die Bemessung eines Unterhaltsanspruchs von Bedeutung sind,
3. sonstigen Personen oder Stellen, unabhängig von ihrer Organisationsform, die Leistungen zur Versorgung im Alter und bei verminderter Erwerbsfähigkeit sowie Leistungen zur Entschädigung und zum Nachteilsausgleich zahlen, im Wesentlichen die in § 69 Abs. 2 Nr. 1, 2 SGB X genannten Einrichtungen (insb. öffentlich-rechtliche, private, betriebliche und berufsständische Einrichtungen bzw. Versorgungswerke, Träger der Altersversorgung nach dem BetrAVG, z.B. Träger der Zusatzversorgung des öffentlichen Dienstes und sonstige Unterstützungskassen),
4. Versicherungsunternehmen (z.B. hinsichtlich einer Kapitallebensversicherung) oder
5. Finanzämtern (mit der Neuregelung ist die im früheren § 643 Abs. 2 Satz 1 Nr. 3 ZPO enthaltene Beschränkung der Auskunftspflicht der Finanzämter auf Rechtsstreitigkeiten, die den Unterhaltsanspruch eines minderjährigen Kindes betreffen, aufgegeben worden).

Dieser in den Nr. 1 – 5 aufgeführte Kreis der verfahrensrechtlich auskunftspflichtigen Dritten ist vollzählig und abschließend.

2 Die Formulierung des einleitenden Satzteils ist teilweise an § 235 Abs. 1 Satz 1 angeglichen, stellt jedoch nunmehr abweichend fest, dass das Auskunftsrecht des Gerichts ggü. Dritten deren Vermögen wie auch deren persönliche und wirtschaftliche Verhältnisse nicht umfasst. Das Gesetz will damit, auch vor dem Hin-

tergrund des Antragsrechts nach Abs. 2, eine Ausforschung verhindern und den Umfang der Inanspruchnahme der an dem Verfahren nicht beteiligten Dritten begrenzen (so BT-Drucks. 16/6308 S. 256). Der Bestand des Vermögens zu einem bestimmten Stichtag ist für die Berechnung des Unterhalts nur von untergeordneter Bedeutung; Erträge des Vermögens werden vom Begriff der Einkünfte umfasst.

Die in § 643 ZPO noch enthaltene Beschränkung der Auskunftspflicht der Finanzämter auf Rechtsstreitigkeiten, die den Unterhaltsanspruch eines minderjährigen Kindes betreffen, wurde – weil nicht sachgerecht – nicht aufrechterhalten. Der Steuerpflichtige ist i.d.R. aufgrund materiellen Rechts zur Auskunftserteilung über seine Einkünfte ggü. dem Gegner verpflichtet. Wird die Auskunft nicht erteilt, verhält er sich pflichtwidrig und ist daher in geringerem Maße schutzwürdig. Auch das öffentliche Interesse daran, dass der Steuerpflichtige ggü. den Finanzbehörden alle für die Besteuerung erheblichen Umstände wahrheitsgemäß und umfassend offenbart, damit keine Steuerausfälle eintreten, wird nicht stärker beeinträchtigt als bisher, da der Pflichtige bereits derzeit damit rechnen muss, dass das Finanzamt Auskünfte erteilt. Zudem werden zum einen vielfach Unterhaltsansprüche eines Elternteils mit denen minderjähriger Kinder in dem gleichen Verfahren geltend gemacht, zum anderen Unterhaltsansprüche des Kindes in einer Vielzahl von Fällen durch einen Elternteil in Vertretung des Kindes oder in Verfahrensstandschaft, so dass dieser von dem Ergebnis einer gerichtlichen Anfrage beim Finanzamt regelmäßig Kenntnis erhielt. 3

Die Einholung der Auskünfte steht im pflichtgemäßen Ermessen des Gerichts und erfolgt wie bei § 273 Abs. 2 ZPO durch verfahrensleitende Verfügung; ein förmlicher Beweisbeschluss ist nicht veranlasst. Das Gericht hat den Inhalt des an den jeweiligen Dritten gerichteten Auskunftsverlangens ebenso konkret wie im Rahmen von § 235 Abs. 1 zu formulieren. Der Dritte hat seinerseits die geforderte Auskunft entsprechend den gerichtlichen Vorgaben in Form einer systematischen Aufstellung mit den angeforderten Belegen zu leisten. 4

Abs. 2 verpflichtet das Gericht, gem. Abs. 1 bestimmte Auskünfte bei Dritten anzufordern, sofern die Voraussetzungen des Abs. 1 erfüllt sind, und der andere Beteiligte des Unterhaltsverfahrens einen entsprechenden Antrag stellt. Es handelt sich hierbei um eine Parallelregelung zu § 235 Abs. 2 (s. die dortigen entsprechenden Erläuterungen). 5

Abs. 3 bestimmt – vergleichbar der in § 273 Abs. 4 ZPO geregelten Benachrichtigung –, dass eine Anordnung nach Abs. 1 den Beteiligten mitzuteilen ist: Die Einholung von Auskünften und Belegen bei Dritten soll nicht ohne gleichzeitige Kenntniserlangung der Beteiligten erfolgen. Diese Mitteilungspflicht dient der Wahrung rechtlichen Gehörs: Die Beteiligten sollen möglichst frühzeitig und gleichzeitig (BT-Drucks. 16/6308 S. 256) mit einer Anordnung nach Abs. 1 von dieser in Kenntnis gesetzt werden, etwa durch Übersendung einer Kopie der Auskunftsanforderung. 6

Abs. 4 orientiert sich an dem bisherigen § 643 Abs. 3 ZPO: Alle bezeichneten Personen und/oder Stellen sind verpflichtet, der gerichtlichen Anordnung Folge zu leisten. **Satz 1** entspricht dem bisherigen § 643 Abs. 3 Satz 1 ZPO, **Satz 2** im Wesentlichen dem bisherigen § 643 Abs. 3 Satz 2 ZPO. Die Norm stellt klar, dass insb. Aussage- bzw. Zeugnisverweigerungsrechte einer Auskunftserteilung nicht entgegengehalten werden können (BT-Drucks. 16/6308), ebenfalls nicht eine vertraglich vereinbarte Verschwiegenheitspflicht, das Steuergeheimnis oder Gründe des Datenschutzes: Dem Unterhaltsinteresse gebührt ggü. dem jeweiligen Geheimhaltungsinteresse der Vorrang (BGHZ 164, 63 = FamRZ 2005, 1986). Die Sanktionen des § 390 Abs. 1 u 2 ZPO (Auferlegung von Kosten, Festsetzung von Ordnungsgeld, ersatzweise Ordnungshaft, bei wiederholter Weigerung Anordnung von Beugehaft) gelten gem. § 236 Abs. 4 Satz 2 für den auskunftspflichtigen Dritten entsprechend. Handelt es sich bei dem Adressaten einer Aufforderung nach Abs. 1 um eine Behörde, besteht im Hinblick auf die bei der Mitwirkung anderer staatlicher Stellen zu beachtende Zuständigkeitsordnung keine Möglichkeit, Ordnungsgeld oder Ordnungshaft festzusetzen, so dass § 390 ZPO nicht ggü. Behörden anzuwenden ist; vielmehr muss bei einer Nichtbefolgung ggf. die jeweils übergeordnete Behörde eingeschaltet werden. 7

Abs. 5 entspricht hinsichtlich der Beteiligten § 235 Abs. 5: Die Anordnungen sind gem. § 236 Abs. 5 nicht isoliert anfechtbar. Ein Rechtsmittel gegen die Auskunftsanordnung i.S.v. Abs. 1 als solche steht den Verfahrensbeteiligten nicht zu; sie können die Rechtmäßigkeit der Anordnung allenfalls inzident im Rechtsmittelzug, d.h. zusammen mit der Endentscheidung, überprüfen lassen (§ 58 Abs. 2). Dies folgt aus dem Charakter der Auskunftsanordnung als Zwischenentscheidung (vgl. § 58 Abs. 1) und ist in Abs. 5 zur Klarstellung ausdrücklich bestimmt. 8

Der Ausschluss der Anfechtbarkeit gilt jedoch ausdrücklich nicht für nicht am Verfahren beteiligte Dritte (BT-Drucks. 16/6308 S. 257), da diese nicht die Möglichkeit haben, die Rechtmäßigkeit einer Anordnung 9 nach Abs. 1 inzident im Rechtsmittelzug überprüfen zu lassen. Der Dritte ist zwar – ebenfalls – nicht berechtigt, den Anordnungsbeschluss direkt anzufechten. Ist er jedoch nicht bereit, der gerichtlichen Aufforderung zur Auskunftserteilung bzw. Belegvorlage zu folgen, hat das Gericht nach fruchtlosem Fristablauf ein Ordnungsgeld oder eine andere Sanktion entsprechend § 390 Abs. 1 bzw. 2 zu verhängen, gegen das bzw. die sich der Dritte mit dem Rechtsmittel der sofortigen Beschwerde (§ 390 Abs. 3 ZPO) zur Wehr setzen kann. Der Beurteilung des Beschwerdegerichts unterliegt sodann inzidenter auch die Rechtmäßigkeit der dem angefochtenen Beschluss vorausgegangenen Auskunftsanordnung.

§ 237 Unterhalt bei Feststellung der Vaterschaft.

(1) Ein Antrag, durch den ein Mann auf Zahlung von Unterhalt für ein Kind in Anspruch genommen wird, ist, wenn die Vaterschaft des Mannes nach § 1592 Nr. 1 und 2 oder § 1593 des Bürgerlichen Gesetzbuchs nicht besteht, nur zulässig, wenn das Kind minderjährig und ein Verfahren auf Feststellung der Vaterschaft nach § 1600d des Bürgerlichen Gesetzbuchs anhängig ist.
(2) Ausschließlich zuständig ist das Gericht, bei dem das Verfahren auf Feststellung der Vaterschaft im ersten Rechtszug anhängig ist.
(3) ¹Im Fall des Absatzes 1 kann Unterhalt lediglich in Höhe des Mindestunterhalts und gemäß den Altersstufen nach § 1612a Abs. 1 Satz 3 des Bürgerlichen Gesetzbuchs und unter Berücksichtigung der Leistungen nach § 1612b oder § 1612c des Bürgerlichen Gesetzbuchs beantragt werden. ²Das Kind kann einen geringeren Unterhalt verlangen. ³Im Übrigen kann in diesem Verfahren eine Herabsetzung oder Erhöhung des Unterhalts nicht verlangt werden.
(4) Vor Rechtskraft des Beschlusses, der die Vaterschaft feststellt, oder vor Wirksamwerden der Anerkennung der Vaterschaft durch den Mann wird der Ausspruch, der die Verpflichtung zur Leistung des Unterhalts betrifft, nicht wirksam.

Übersicht

	Rdn.		Rdn.
A. Allgemeines............................	1	D. Verfahren............................	6
B. Vaterschaftsfeststellungsverfahren.........	3	E. Gebühren............................	12
C. Unterhaltsanspruch.....................	4		

1 **A. Allgemeines.** Ein Unterhaltsrechtsverhältnis im Sinne von § 1601 BGB besteht allein aufgrund der Verwandtschaft, die nach § 1589 Satz 1 BGB voraussetzt, dass eine Person von der anderen abstammt. Einen Unterhaltsanspruch kann das Kind gegen seinen Vater erst geltend machen, wenn dessen Vaterschaft aufgrund der Ehe mit der Mutter des Kindes zum Zeitpunkt der Geburt (§§ 1592 Nr. 1, 1593 BGB) oder aufgrund der Anerkennung der Vaterschaft (§ 1592 Nr. 2 BGB) oder nach gerichtlicher Feststellung (§ 1592 Nr. 3 BGB) feststeht. Anderenfalls steht die Rechtsausübungssperre des § 1600d Abs. 4 BGB dem Begehren des Kindes entgegen. Um die rechtliche und finanzielle Situation des Kindes zu verbessern, sehen die Regelungen der §§ 237, 247 u 248 Ausnahmen bzw. Durchbrechungen dieses Grundsatzes für Unterhaltsansprüche vor. Während die §§ 247, 248 einstweilige Anordnungen bereits vor der Geburt des Kindes bzw. bei Anhängigkeit eines Verfahrens auf Feststellung der Vaterschaft betreffen, ermöglicht § 237 ab diesem Zeitpunkt ein **Hauptsacheverfahren** zum Kindesunterhalt.

2 Die Vorschrift dient dazu, dem minderjährigen Kind in einem einfachen und schnellen Verfahren einen ersten Vollstreckungstitel gegen seinen (potenziellen) Vater zu verschaffen. Aus diesem Grund soll das Verfahren nicht mit den komplexen Unterhaltsfragen des Einzelfalls belastet werden, sodass die individuellen Angriffs- und Verteidigungsmittel des Unterhaltspflichtigen limitiert sind und der durchsetzbare Unterhaltsanspruch des Kindes auf den Mindestunterhalt (§ 1612a BGB) begrenzt ist. Die Vorschrift übernimmt die Regelungsstrukturen des § 653 ZPO a.F. Eine wesentliche verfahrensrechtliche Änderung besteht darin, dass das Unterhaltsverfahren nach § 237 ein **selbstständiges Hauptsacheverfahren** ist und nicht mehr als Annexverfahren zur Vaterschaftsfeststellung geführt wird (BT-Drucks. 16/6308 S. 257; OLG Hamm FamRZ 2012, 146 [LS]; Prütting/Helms/*Bömelburg* § 237 Rn. 3). Etwas anderes gilt auch dann nicht, wenn beide Anträge bereits bei Verfahrenseinleitung verbunden werden, wie dies häufig im Fall einer Beistandschaft (§ 1712 BGB) geschieht (a.A. Keidel/*Weber* § 237 Rn. 3; DIJuF-Gutachten JAmt 2010, 433). Mit der Regelung als Unterhaltssache im Abschnitt 9 ist klargestellt, dass die Verfahrensvorschriften der §§ 231 ff. Anwendung finden, was für das Verfahren nach § 653 ZPO a.F. umstritten war (OLG Brandenburg FamRZ

2003, 617). Ob mit der Ausgestaltung als selbstständiges Hauptsacheverfahren wesentliche Vorteile verbunden sind, erscheint im Hinblick auf die Anbindung an das Vaterschaftsfeststellungsverfahren fraglich. Die Zuständigkeit für dieses Unterhaltsverfahren bestimmt sich nach der des Vaterschaftsfeststellungsverfahrens (Abs. 2), wodurch nach der Gesetzesbegründung (BT-Drucks. 16/6308 S. 257) die Verbindung beider Verfahren – trotz unterschiedlicher Prinzipien (BGH FamRZ 2008, 368, 369) – ermöglicht werden soll. War der Regelungszweck des § 653 ZPO a.F. darin gesehen worden, dem Kind einen zweiten Prozess über den Unterhalt zu ersparen, wenn es den Mindestunterhalt geltend machte, werden zukünftig zwei selbstständige Hauptsacheverfahren eingeleitet, die nach §§ 20, 179 Abs. 1 Satz 2 verbunden werden können. Als Alternative kann das Kind erwägen, seinen Mindestunterhalt oder den vollen Unterhaltsbedarf durch eine einstweilige Anordnung nach § 248 zu verfolgen.

B. Vaterschaftsfeststellungsverfahren. Das Unterhaltsverfahren nach § 237 ist nur zulässig, wenn eine rechtliche Vaterschaft für das Kind noch nicht oder nicht mehr begründet und ein Verfahren auf Feststellung der Vaterschaft (§ 169 Nr. 1) anhängig ist. Gleichgestellt ist ein Antrag auf Bewilligung von Verfahrenskostenhilfe für ein solches Verfahren. Es kommt nicht darauf an, ob im Abstammungsverfahren das Kind oder dessen Mutter Antragsteller ist, zumal in der Unterhaltssache das Kind den Anspruch nur durch seinen gesetzlichen Vertreter bzw. einen Beistand (§ 1712 Abs. 1 Nr. 1 BGB) geltend machen kann. Das Verfahren nach § 237 ist für das Kind auch dann eröffnet, wenn ein Mann einen negativen Vaterschaftsfeststellungsantrag (§ 169 Rdn. 5) gestellt hat und das Kind seinerseits in diesem Abstammungsverfahren beantragt, die Vaterschaft dieses Mannes festzustellen (§ 179 Rdn. 4). Nur in erster Instanz kann das Kind den Antrag auf Zahlung des Mindestunterhalts bis zum Abschluss des Vaterschaftsfeststellungsverfahrens stellen, weil eine erstmalige Zuständigkeit des Beschwerdegerichts nicht begründet ist (Rdn. 6). Das Kind hat ein **Wahlrecht**, ob es seinen Unterhaltsanspruch nach §§ 237, 247, 248 verfolgen oder diesen nach Abschluss des Abstammungsverfahrens im vereinfachten Verfahren (§§ 249 ff.), in einem Anordnungsverfahren (§ 246) oder in einem Hauptsacheverfahren geltend machen will. Für ein Verfahren nach § 237 ist es nicht ausreichend, dass der Scheinvater seinen Regressanspruch gegen den bisher noch nicht festgestellten potenziellen biologischen Vater nach einer noch durchzuführenden Inzidenterfeststellung (§ 169 Rdn. 25 ff.) durchsetzen will (OLG Dresden Beschl. v. 14.09.2010 – 24 UF 647/10).

C. Unterhaltsanspruch. Nach § 237 Abs. 3 kann das minderjährige Kind seinen Unterhaltsanspruch nur i.H.d. **Mindestunterhalts** nach § 1612a Abs. 1 BGB, vermindert um das nach § 1612b Abs. 1 BGB anzurechnende Kindergeld bzw. die nach § 1612c BGB anzurechnenden kindbezogenen Leistungen verfolgen. Volljährige und privilegierte volljährige Kinder können ihren Unterhaltsanspruch, den beide Eltern anteilig schulden (§ 1606 Abs. 3 Satz 1 BGB), nicht über § 237 geltend machen und müssen die rechtskräftige Vaterschaftsfeststellung abwarten (MüKoZPO/*Dötsch* § 237 Rn. 6; krit. Wendl/*Schmitz* § 10 Rn. 115). Der Unterhaltsantrag ist durch den Mindestunterhalt auf einen dynamischen Titel gerichtet. Ein bezifferter (und damit statischer) Unterhaltsanspruch kann dem Kind nach dem Wortlaut der Regelung nicht zuerkannt werden (OLG Naumburg FamRZ 2002, 838; a.A. *Grün* Rn. 143; Bork/Jacoby/Schwab/*Kodal* § 237 Rn. 8). Ein höherer Anspruch als 100 % des Mindestunterhalts ist ebenso wenig durchsetzbar wie ein Sonder- oder Mehrbedarf. Die Beschleunigung des Verfahrens nach § 237 wird dadurch erreicht, dass Feststellungen zur Leistungsfähigkeit des Unterhaltspflichtigen nicht zu treffen sind, denn die gerichtliche Auseinandersetzung über den individuellen Unterhalt erscheint wenig sinnvoll (BT-Drucks. 13/7338 S. 42 f.). Zugunsten des Kindes wird ein Unterhaltsanspruch i.H.d. Mindestbedarfs gesetzlich vermutet. Das Kind kann aufgrund der vorgelegten Unterlagen seinen Anspruch reduzieren und einen geringeren Prozentsatz des Mindestbedarfs beantragen (Abs. 3 Satz 2). Der Antragsgegner kann nach Abs. 3 Satz 3 hingegen nicht geltend machen, nur einen geringeren Betrag zahlen zu können (OLG Brandenburg FamRZ 2000, 1044). Insoweit verbleibt den Beteiligten allein das Abänderungsverfahren nach § 240 (KG ZKJ 2010, 290). Zeitlich ist der Unterhaltsanspruch nicht auf die Zukunft beschränkt, sodass der gesamte **rückständige Unterhalt** ab dem Tag der Geburt des Kindes verlangt werden kann. Das Kind kann Unterhalt für den zurückliegenden Zeitraum beanspruchen, weil es aus rechtlichen Gründen an der Geltendmachung des Anspruchs gehindert war (§ 1613 Abs. 2 Nr. 2a BGB; PWW/*Soyka* § 1613 Rn. 10). Vor diesem Hintergrund kann das Abänderungs- bzw. Korrekturverfahren, in dem der Antragsgegner seine unterhaltsrechtlichen Einwendungen erstmals geltend machen kann, insoweit keiner zeitlichen Begrenzung unterliegen (s. Rdn. 10; Bork/Jacoby/Schwab/*Kodal* § 237 Rn. 10).

5 Die zweite Besonderheit des Verfahrens nach § 237 besteht darin, dass der (festzustellende) unterhaltspflichtige Vater mit **Einwendungen** gegen den Unterhaltsanspruch in weitem Umfang **ausgeschlossen** ist. Mit der ganz herrschenden Meinung hat der BGH (FamRZ 2003, 1095) zu § 653 ZPO a.F. die für § 237 fortgeltende Auffassung vertreten, dass die Angriffs- und Verteidigungsmöglichkeiten limitiert sind, weil dem Kind schnell ein Vollstreckungstitel zur Verfügung stehen soll. Zur Begründung hat er den Wortlaut des § 653 Abs. 1 Satz 3 ZPO a.F. (jetzt § 237 Abs. 3 Satz 3), die Funktion des (früheren) Annexverfahrens sowie systematische Erwägungen zum vereinfachten Verfahren und zur Korrekturklage nach § 654 ZPO a.F. (BGH FamRZ 2003, 304) herangezogen. Der Antragsgegner ist mit dem Einwand

- der (auch offenkundig) **fehlenden Leistungsfähigkeit** (§ 237 Abs. 3 Satz 3; BGH FamRZ 2003, 1095, 1096; OLG München FamRZ 2015, 1814; OLG Dresden FamRZ 2003, 161, 162; OLG Köln FamRZ 2003, 1018; OLG Celle OLGR 2002, 154; OLG Bremen FamRZ 2000, 1164; a.A. noch OLG Brandenburg FamRZ 2000, 1581, 1583; *Grün* Rn. 144),
- der **Barunterhaltspflicht** beider Eltern infolge der Drittbetreuung des (minderjährigen) Kindes,
- der **Erfüllung** (BGH FamRZ 2003, 1095 f.; OLG Düsseldorf FamRZ 2001, 1620),
- der **Begrenzung** oder **Stundung** des »rückständigen« Unterhalts wegen einer unbilligen Härte im Sinne von § 1613 Abs. 3 BGB,
- des **Forderungsübergangs** aufgrund subsidiärer Sozialleistungen (§§ 33 Abs. 2 SGB II; 94 Abs. 1 SGB XII; 7 Abs. 1 UVG; OLG Naumburg FamRZ 2006, 1395; OLG Nürnberg FamRZ 2015, 277 [zum Forderungsübergang auf den Scheinvater gem. § 1607 Abs. 3 BGB]; *Grün* Rn. 145; a.A. zu § 643 ZPO a.F. BGH FamRZ 1981, 32),
- der **Verjährung** (OLG Brandenburg FamRZ 2005, 1843, 1844),
- der **Verwirkung** gem. § 242 wegen verspäteter Rechtsausübung (OLG Karlsruhe FamRZ 2002, 1262; OLG Brandenburg FamRZ 2000, 1044, 1045),

im Verfahren nach § 237 ausgeschlossen. Die individuellen Verhältnisse sowie die vorgenannten Gesichtspunkte können die Beteiligten nur im Verfahren nach § 240 wirksam einbringen, wobei dessen Monatsfrist nach Abs. 2 zu beachten ist (BGH FamRZ 2003, 1095, 1096; OLG Celle OLGR 2002, 154, 155; OLG Naumburg FamRZ 2014, 333 [LS]). Vom **Einwendungsausschluss** des § 237 Abs. 3 Satz 3 hat der BGH (FamRZ 2003, 1095, 1096) dann eine **Ausnahme** erwogen, wenn etwa die vom Antragsgegner geltend gemachte Leistungsunfähigkeit oder Erfüllung unstreitig ist. In diesem Fall ist zu prüfen, ob für einen dennoch gestellten Antrag des Kindes wegen einer **missbräuchlichen** Ausnutzung des Einwendungsausschlusses das Rechtsschutzbedürfnis fehlt (Prütting/Helms/*Bömelburg* § 237 Rn. 8). Dass hierfür kein praktisches Bedürfnis bestehe, weil der Unterhaltsgläubiger seine Verfahrenserklärungen hieran durch Antragsrücknahme, Erledigungsklärung oder Verzicht auf Rechte orientieren werde (OLG Dresden FamRZ 2003, 161, 162; Zöller/*Lorenz* § 237 FamFG Rn. 7), entspricht trotz des bestehenden Kostenrisikos in einem Abänderungsverfahren (§ 240) nicht den tatsächlichen Erfahrungen. Ein Fall des Rechtsmissbrauchs liegt nicht vor, wenn entweder die Zeiträume oder die Aufteilung von Unterhaltszahlungen auf das Kind und dessen Mutter zweifelhaft sind.

6 **D. Verfahren. I. Zuständigkeit**: Für das Verfahren nach § 237 ist nach Abs. 2 das Gericht ausschließlich zuständig, bei dem das Verfahren auf Feststellung der Vaterschaft im ersten Rechtszug anhängig ist. Wegen der übereinstimmenden Anknüpfung der örtlichen Zuständigkeit an den gewöhnlichen Aufenthalt des Kindes (§§ 170 Abs. 1, 232 Abs. 1 Nr. 2) folgt dies in der Mehrzahl der Fälle bereits aus den jeweiligen Einzelregelungen, denen jedoch § 237 Abs. 2 vorgeht. Ob das Abstammungsverfahren bei dem nach § 170 örtlich zuständigen Gericht anhängig ist, an dessen Zuständigkeit die des Unterhaltsverfahrens nach § 237 gebunden ist, ist für die Zulässigkeit des Unterhaltsverfahrens unerheblich. Hat ein Beteiligter gegen die Entscheidung im Vaterschaftsfeststellungsverfahren Beschwerde eingelegt, ist für den erstmaligen Antrag nach § 237 nicht das Beschwerdegericht zuständig, weil es sich um ein selbstständiges Hauptsacheverfahren handelt (Wendl/*Schmitz* § 10 Rn. 117; Musielak/*Borth* § 237 Rn. 5), das ausschließlich bei dem Gericht des ersten Rechtszugs eingeleitet werden kann. Der Antrag nach § 237 wird hingegen nicht unzulässig, wenn die Abstammungssache in der Beschwerdeinstanz anhängig ist (so Musielak/*Borth* § 237 Rn. 5). Die Regelung in Abs. 2 ist allein auf die örtliche Zuständigkeit bezogen, um auf diese Weise eine Verbindung beider Verfahren zu ermöglichen (BT-Drucks. 16/6308 S. 257). Sie soll – trotz des missverständlichen Wortlauts – nicht zu einer Verschlechterung der verfahrensrechtlichen Möglichkeiten führen, den Unterhaltsanspruch in einem schnellen Verfahren durchsetzen zu können, wenn über die Vaterschaftsfeststellung in der Beschwerdeeinstanz zu entscheiden ist (Bork/Jacoby/Schwab/*Kodal* § 237 Rn. 4). Für die Dauer des Beschwerdeverfah-

rens bestimmt sich die Zuständigkeit in der Unterhaltssache nach dem Gericht des Vaterschaftsfeststellungsverfahrens, um ein Auseinanderfallen der (Rechtsmittel-) Zuständigkeiten zu verhindern (*Grün* Rn. 138). Hat der Mann gegen die Vaterschaftsfeststellung Beschwerde eingelegt, ist das Kind nicht gehindert, einen erstinstanzlich begrenzten Unterhaltsantrag (§ 237 Abs. 3 Satz 2) im Wege der Anschlussbeschwerde (§ 66) bis zur Höhe des Mindestunterhalts zu erweitern. Zur internationalen Zuständigkeit s. Art. 5 Nr. 2 EuGVO; Art. 10 EuUntVO. Wird während des laufenden Unterhaltsverfahrens vor einer Verfahrensverbindung (Rdn. 8) die Vaterschaft rechtskräftig festgestellt, bleibt das Verfahren weiterhin zulässig und ist nicht von Amts wegen, sondern allenfalls auf Antrag in ein allg. Unterhaltsverfahren überzuleiten. Demgegenüber ist das OLG Hamm (FamRZ 2012, 146 [LS]) der Auffassung, dass die Einschränkungen des § 237 Abs. 3 mit rechtskräftiger Feststellung der Vaterschaft entfallen.

II. Der Antrag auf Unterhalt nach § 237 Abs. 1 u 3 kann isoliert während des anhängigen Verfahrens auf Feststellung der Vaterschaft verfolgt werden. Das Kind ist nicht gehindert, bereits in der Antragsschrift zur Vaterschaftsfeststellung beide Anträge zu verbinden (DIJuF-Gutachten JAmt 2010, 433, 434). Wird die Verfahrenseinleitung vom unterhaltsberechtigten Kind ausdrücklich von der Bewilligung von Verfahrenskostenhilfe abhängig gemacht und erkennt der in Anspruch genommene Mann vor der Bewilligungsentscheidung die Vaterschaft außergerichtlich an, besteht für die Abstammungssache kein Rechtsschutzbedürfnis mehr. Da nunmehr der Verfahrenskostenhilfeantrag teilweise zurückzunehmen ist, wird der Vaterschaftsfeststellungsantrag mit der Folge nicht mehr anhängig, dass ein Antrag nach § 237 nicht mehr zulässig und daher insgesamt Verfahrenskostenhilfe zu versagen ist (DIJuF-Gutachten JAmt 2010, 433, 435 f.). Auf das Unterhaltsverfahren nach § 237 finden die Verfahrensvorschriften der §§ 231 ff. für das **streitige Unterhaltsverfahren** mit den vorgenannten Einschränkungen (Rdn. 5) Anwendung. Der für die Vaterschaftsfeststellung geltende Amtsermittlungsgrundsatz (§ 177) ist nicht heranzuziehen, weil gem. §§ 112 Nr. 1, 113 Abs. 1 die Vorschriften der ZPO gelten. Im Hinblick auf die nur sehr begrenzt zulässigen Einwendungen des Antragsgegners kommt dem Beibringungsgrundsatz geringe Bedeutung zu. Weder die Rechte aus § 235 noch die gerichtliche Kompetenz nach § 236 zur Ermittlung der Einkünfte kommen zur Geltung, weil die Leistungsfähigkeit des Antragsgegners nicht zu beurteilen ist. Für das Unterhaltsverfahren nach § 237 besteht unabhängig von der Möglichkeit der Verfahrensverbindung nach § 179 Abs. 1 Satz 2 **Anwaltszwang** für alle Beteiligten (§§ 114 Abs. 1, 112 Nr. 1), soweit das Kind nicht durch das Jugendamt als Beistand vertreten wird (§ 114 Abs. 4 Nr. 2; *Grün* Rn. 140; *Rüntz/Viefhues* FamRZ 2010, 1285, 1293; zur Anwaltsbeiordnung in Abstammungssachen § 171 Rdn. 28 ff.). Die Beteiligten können – im Gegensatz zur Abstammung – über den Verfahrensgegenstand disponieren und in der Unterhaltssache im isolierten oder verbundenen Verfahren einen **Vergleich** schließen, der nicht den Begrenzungen des § 237 Abs. 3 unterliegt. Sie können sich bei eingeschränkter Leistungsfähigkeit auf einen geringeren Anspruch, bei höheren Einkünften des Antragsgegners auf einen höheren Zahlungsanspruch als dynamisierten Titel oder als Festbetrag einigen. Schließlich kann der Antragsgegner den Unterhaltsanspruch **anerkennen** (OLG Brandenburg FamRZ 2005, 1843). Auch eine Entscheidung aufgrund **Säumnis** ist möglich (Zöller/*Lorenz* § 237 FamFG Rn. 1).

Die selbstständigen Verfahren auf Feststellung der Vaterschaft (§ 169 Nr. 1) und Titulierung des Mindestunterhalts (§ 237) können vom Gericht, wenn sie zeitgleich anhängig sind, gem. **§ 20** verbunden werden (§ 179 Abs. 1 Satz 2). Da die Verfahrensgegenstände in einem engen sachlichen Zusammenhang stehen, ist eine **Verbindung** regelmäßig sachdienlich, wovon auch die Gesetzesbegründung (BT-Drucks. 16/6308 S. 257) ausgeht, zumal aus dem Beschluss zum Unterhalt gem. § 237 Abs. 4 erst vollstreckt werden kann, wenn die Vaterschaft rechtskräftig festgestellt (§ 184 Abs. 1) oder wirksam anerkannt ist. Dass an den Verfahren unterschiedliche Personen beteiligt sein können, steht einer Verbindung nicht entgegen (*Schulte-Bunert* Rn. 131). Auch die unterschiedlichen Verfahrensgrundsätze sprechen nicht notwendig gegen eine Verbindung der Verfahren (s. aber BGH FamRZ 2008, 368, 369). Wird das Kind für die Vaterschaftsfeststellung vom Jugendamt als Beistand vertreten, wird dieser Antrag in der Praxis häufig mit dem Unterhaltsbegehren nach § 237 im Weg der Antragshäufung verbunden (§ 179 Abs. 1 Satz 2). Das antragstellende Kind kann zur Reduzierung des Kostenrisikos ein Verfahren nach § 237 auch erst dann einleiten, wenn im Vaterschaftsfeststellungsverfahren das Abstammungsgutachten vorliegt (*Grün* Rn. 139).

III. Über den Unterhaltsanspruch *ist durch Beschluss*, ggf. aufgrund Anerkenntnisses oder Säumnis, zu entscheiden. Die **Beschlussformel** kann lauten:

»Der Beteiligte zu ... (biologische Vater) wird verpflichtet, dem Kind (Beteiligten zu ...) 100 % (oder auf Antrag des Kindes ggf. einen geringeren Satz) des Mindestunterhalts entsprechend der jeweiligen Altersstufe abzüglich des hälftigen Kindergeldes für ein erstes Kind zu zahlen.«

11 Ist das Abstammungsverfahren mit der Unterhaltssache verbunden worden, ergeben sich für die zwei Verfahrensgegenstände regelmäßig unterschiedliche Beteiligte. Der Beschluss bedarf hinsichtlich der Feststellung der Vaterschaft in jedem Fall einer Begründung, während diese für die Unterhaltsregelung entbehrlich sein kann (§ 113 Abs. 1 Satz 1 i.V.m. §§ 313a, 313b ZPO). Bei einer Verfahrensverbindung ist über die Kosten beider Verfahrensgegenstände einheitlich zu entscheiden (§ 183 Rdn. 19 f.), wobei die unterschiedlichen Regelungsgrundsätze und Verfahrensbeteiligten (§§ 81 ff. einerseits und § 243 andererseits) zu beachten sind (anders OLG München FamRZ 2015, 1814; zum Zusammenhang bei einer nachfolgenden Korrektur nach § 240 *Schneider* ZKJ 2009, 444). Die gerichtliche Regelung zum Unterhalt wird – wie nach § 653 Abs. 2 ZPO a.F. – entgegen der Regelung des § 120 Abs. 1 nach der besonderen Vorschrift des § 237 Abs. 4 erst mit der Rechtskraft der gerichtlichen Vaterschaftsfeststellung oder der Wirksamkeit einer Anerkennung der Vaterschaft wirksam. Aus diesem Grund ist in der Beschlussformel zum Mindestunterhalt auszusprechen, dass eine **Vollstreckung** erst mit Rechtskraft der Vaterschaftsfeststellung stattfindet (OLG Brandenburg FamRZ 2003, 617, 618). Hieraus wird der Schluss gezogen, dass es der Anordnung der **sofortigen Wirksamkeit** zum Unterhaltsausspruch nicht bedürfe (Prütting/Helms/*Bömelburg* § 237 Rn. 11). Die Notwendigkeit für eine Anordnung nach § 116 Abs. 3 Satz 2 besteht jedoch für den Fall, dass der als Vater in Anspruch genommene Mann sich nicht gegen seine festgestellte Vaterschaft wendet, jedoch hinsichtlich der Unterhaltsanordnung Rechtsmittel einlegt (Wendl/*Schmitz* § 10 Rn. 121). Einer Vollstreckung des Mindestunterhalts stünde dann § 237 Abs. 4 nicht entgegen, gleichwohl könnte bis zur rechtskräftigen Entscheidung über den Unterhaltsanspruch eine Vollstreckung ohne Anordnung der sofortigen Wirksamkeit nicht erfolgen (§§ 116 Abs. 3 Satz 1, 120 Abs. 2 Satz 1). Eine einstweilige Anordnung nach § 248 ist nach rechtskräftiger Vaterschaftsfeststellung nicht mehr zulässig (Zöller/*Lorenz* § 237 FamFG Rn. 9 für ein fortbestehendes Regelungsbedürfnis), und eine einstweilige Anordnung nach § 246 aufgrund des vollstreckungsfähigen Titels nicht erforderlich. Hat das AG über die Vaterschaftsfeststellung und den Mindestunterhalt einheitlich entschieden und legt der beteiligte Mann hiergegen **Beschwerde** ein, ist zu beachten, dass für beide Verfahrensgegenstände unterschiedliche Beschwerdevorschriften zu Anwendung gelangen, weil in der Abstammungssache die §§ 58 ff. und in der Unterhaltssache diese Vorschriften mit den Modifikationen des § 117 gelten. Gegen den Beschluss nach § 237 kann, auch wenn das Verfahren mit der Vaterschaftsfeststellung verbunden war, isoliert Beschwerde eingelegt werden. Im Beschwerdeverfahren wirkt der Einwendungsausschluss (Rdn. 5) fort (Bork/Jacoby/Schwab/*Kodal* § 237 Rn. 12). Eine Anpassung des auf der Grundlage von § 237 erlassenen Unterhaltstitels an die individuellen (Einkommens) Verhältnisse erfolgt im **Abänderungs- bzw. Korrekturverfahren** nach § 240. Ein Ausschluss der rückwirkenden Änderung für die Zeit von mehr als einem Jahr vor der Rechtshängigkeit des Abänderungsantrag, wie sie aus dem Verweis in § 240 Abs. 2 Satz 4 auf die Regelung des § 238 Abs. 3 Satz 4 folgt, ist für Unterhaltsverfahren nach § 237, in denen der Anspruch ab Geburt tituliert werden kann, nicht gerechtfertigt und kann im Weg der teleologischen Reduktion erreicht werden (OLG Nürnberg FamRZ 2012, 1242 f. [zu § 253]; KG ZKJ 2010, 290 unter Hinweis auf die beiderseitige Interessenlage; *Hütter*/*Kodal* FamRZ 2009, 917, 921 [für Gesetzesänderung]). Dabei ist für den Unterhaltspflichtigen für eine rückwirkende Abänderung die Monatsfrist des § 240 Abs. 2 (ab Rechtskraft des Beschlusses nach § 237) zu beachten, weil anderenfalls eine Abänderung nur für die Zeit ab Rechtshängigkeit des Abänderungsantrags zulässig ist.

12 E. Gebühren. Wie im gewöhnlichen Unterhaltsverfahren, auch nach Verbindung.

13 Streitwert: Für das selbstständige Unterhaltsverfahren gilt § 51 FamGKG. Werden die Verfahren auf Feststellung der Abstammung und auf Unterhalt verbunden, ist nach § 33 Abs. 2 allein der höhere Wert beider Verfahrensgegenstände maßgeblich, weil ein nichtvermögensrechtlicher Anspruch (Vaterschaftsfeststellung) mit einem aus diesem hergeleiteten vermögensrechtlichen Anspruch (Unterhalt) verbunden ist. Daher ist regelmäßig von dem Wert der Unterhaltssache auszugehen, weil der Streitwert nach dem Mindestunterhalt für die ersten 12 Monate nach Einreichung des Antrags abzüglich der nach §§ 1612b u 1612c BGB anzurechnenden Beträge zuzüglich der bei Einreichung des Antrags fälligen Beträge (§ 51 Abs. 1 u 2 FamGKG; OLG Naumburg FamRZ 2008, 1645; OLG München FamRZ 2005, 1766 m.w.N. zu § 48 Abs. 4 GKG a.F.) zu berechnen ist. Dieser Betrag liegt regelmäßig über dem Wert von 2.000 € für die Vaterschaftsfeststellung nach § 47 Abs. 1 Satz 1 FamGKG. Zur Kostenentscheidung nach § 243 Nr. 2 (§ 93d ZPO a.F.) OLG Frankfurt am Main FamRZ 2008, 1643.

§ 238 **Abänderung gerichtlicher Entscheidungen.** (1) ¹Enthält eine in der Hauptsache ergangene Endentscheidung des Gerichts eine Verpflichtung zu künftig fällig werdenden wiederkehrenden Leistungen, kann jeder Teil die Abänderung beantragen. ²Der Antrag ist zulässig, sofern der Antragsteller Tatsachen vorträgt, aus denen sich eine wesentliche Veränderung der der Entscheidung zugrunde liegenden tatsächlichen oder rechtlichen Verhältnisse ergibt.
(2) Der Antrag kann nur auf Gründe gestützt werden, die nach Schluss der Tatsachenverhandlung des vorausgegangenen Verfahrens entstanden sind und deren Geltendmachung durch Einspruch nicht möglich ist oder war.
(3) ¹Die Abänderung ist zulässig für die Zeit ab Rechtshängigkeit des Antrags. ²Ist der Antrag auf Erhöhung des Unterhalts gerichtet, ist er auch zulässig für die Zeit, für die nach den Vorschriften des bürgerlichen Rechts Unterhalt für die Vergangenheit verlangt werden kann. ³Ist der Antrag auf Herabsetzung des Unterhalts gerichtet, ist er auch zulässig für die Zeit ab dem Ersten des auf ein entsprechendes Auskunfts- oder Verzichtsverlangen des Antragstellers folgenden Monats. ⁴Für eine mehr als ein Jahr vor Rechtshängigkeit liegende Zeit kann eine Herabsetzung nicht verlangt werden.
(4) Liegt eine wesentliche Veränderung der tatsächlichen oder rechtlichen Verhältnisse vor, ist die Entscheidung unter Wahrung ihrer Grundlagen anzupassen.

Übersicht	Rdn.		Rdn.
A. Neuordnung des Abänderungssystems in Unterhaltssachen	1	D. § 238 Abs. 3 (Zeitschranke)	9
		I. § 238 Abs. 3 Satz 1	10
B. § 238 Abs. 1	3	II. § 238 Abs. 3 Satz 2	11
I. § 238 Abs. 1 Satz 1 (Anwendungsbereich der Norm)	4	III. § 238 Abs. 3 Satz 3	12
		IV. § 238 Abs. 3 Satz 4	14
II. § 238 Abs. 1 Satz 2 (Wesentlichkeitsschwelle)	5	E. § 238 Abs. 4	15
		F. Darlegungs- und Beweislast	16
C. § 238 Abs. 2 (Präklusion)	6	G. Auslandsbezug	17

A. Neuordnung des Abänderungssystems in Unterhaltssachen. Die **Abänderung von Unterhaltstiteln** 1 ist seit Inkrafttreten des FamFG in **drei Vorschriften** geregelt. Der Gesetzgeber des FamFG hat davon abgesehen, sämtliche diversen Abänderungsmöglichkeiten – wie vormals in § 323 ZPO – wieder in eine einzige Norm einzuarbeiten; er hat vielmehr aus Gründen der Übersichtlichkeit die jeweils verschiedenen Anpassungsregeln für die verschiedenen Arten von Unterhaltstiteln auf mehrere Vorschriften verteilt und mit dieser Entzerrung das Abänderungssystem insgesamt übersichtlich gestaltet. Nunmehr ergibt sich die Rechtslage (klarer als bisher) unmittelbar aus dem Wortlaut der drei Normen (§§ 238, 239, 240) selbst, die als **leges speciales** zu **§§ 323, 323a ZPO** anzusehen sind:

– § 238 betrifft die in einem Hauptsacheverfahren ergangenen gerichtlichen Entscheidungen zu künftig fällig werdenden wiederkehrenden Leistungen (bisher: § 323 Abs. 1 bis 3 ZPO),
– § 239 übernimmt aus § 323 Abs. 4 ZPO die Regelung über die Abänderung von Verpflichtungen aus gerichtlichen Vergleichen und vollstreckbaren Urkunden, **und**
– § 240 enthält (in Abweichung von § 323 Abs. 5 ZPO; die Vorschrift des § 655 ZPO wurde nicht übernommen) die Möglichkeit einer Abänderung von gerichtlichen Entscheidungen in Vaterschaftsfeststellungsverfahren nach § 237 (bisher § 653 ZPO) und im vereinfachten Unterhaltsfestsetzungsverfahren nach § 253 (bisher § 649 ZPO).

Die zu diesen Vorgängernormen ergangene Rechtsprechung kann im Wesentlichen unverändert herangezogen werden (zur Abänderung von Unterhaltstiteln nach dem FamFG ausführlich *Finger* FuR 2009, 656 ff.; *Schober* FamRB 2009, 384 ff.; *Borth* FamRZ 2009, 2097 f.; *Kindermann* FF 2009, FamFG spezial, 18 ff.; *Reinken* ZFE 2010, 206 ff.; *Graba* FPR 2011, 158 ff.; *Bißmaier* FF 2012, 102 ff.; *Finke* FPR 2013, 134 ff.; zur Abgrenzung Abänderungs- bzw. Vollstreckungsgegenantrag ausführlich *Jüdt* FuR 2009, 387 ff.; 439 ff.; *Graba* FF 2012, 387 ff. – insb. zur Sicherung der Halbteilung einer Abfindung; zur Abänderung einer Jugendamtsurkunde nach § 239 *Graba* FF 2009, 235 ff.; FamFR 2011, 169 ff.; NJW 2011, 1854 ff.; zur Abänderung von Unterhaltsvergleichen *Graba* NJW 2009, 2411 ff.; *Reinecke* ZFE 2011, 131 ff.; *Graba* FF 2013, 388 ff.; 2014, 274 ff.; zu Besonderheiten des Verfahrens zur Abänderung von Unterhaltsbeschlüssen und -urteilen *Ehinger* NJW 2014, 3352 ff.; zu den Grundsätzen des Abänderungsverfahrens *Born* NZFam 2014, 394 ff. und 2014,

§ 238

443 ff.; zu Vollstreckungsabwehranträgen in Unterhaltssachen *Roßmann* FuR 2015, 130 ff.; zur Abänderung vorläufiger Unterhaltsentscheidungen *Pasche* NJW-Spezial 2015, 388 f.; zur Abänderung oder Vollstreckungsabwehr bei ungleichem Gerichtsstand *Kasenbacher* NJW-Spezial 2014, 324 ff.

2   § 238 orientiert sich als Spezialregelung für die Abänderung gerichtlicher Entscheidungen in Unterhaltssachen an der Grundstruktur des § 323 ZPO a.F. Geregelt ist die Abänderung gerichtlicher Endentscheidungen (nicht aber Beschlüsse in Anordnungsverfahren, s. BT-Drucks. 16/6308 S. 257), die zu künftig fällig werdenden wiederkehrenden Leistungen verpflichten. Die Vorschrift ist in vier Absätze gegliedert: Abs. 1 u 3 betreffen die Zulässigkeit des Abänderungsantrages, Abs. 2 die Präklusion für den Antragsteller und Abs. 4 die Begründetheit des Antrags. Bei rechtskräftigen Unterhaltsfestsetzungen im vereinfachten Verfahren nach §§ 249, 253 und im Vaterschaftsfeststellungsverfahren nach § 237 gehen das Abänderungsverfahren gem. § 240 und das streitige Verfahren nach § 255 vor, wobei es dort – anders als bei § 238 – auf eine wesentliche Veränderung der Verhältnisse nicht ankommt. Der Gesetzgeber hat den bisherigen § 655 ZPO nicht in das FamFG übernommen (BT-Drucks. 16/6308 S. 261); Änderungen bei der Anrechnung von Kindergeld oder vergleichbarer kindbezogener Leistungen sind nunmehr mit den sonst zur Verfügung stehenden Rechtsbehelfen (§§ 238, 239, 240) geltend zu machen. Für die Frage der Zulässigkeit eines Abänderungsantrages kommt es darauf an, welche tatsächlichen oder rechtlichen Verhältnisse der Entscheidung zugrunde liegen, und ob insoweit eine wesentliche Veränderung vorgetragen ist. Ein die Zahlung von Unterhalt betreffendes prozessuales Anerkenntnis kann widerrufen werden, wenn die Voraussetzungen einer Abänderungsklage vorliegen (BGH FamRZ 2002, 88). Auch der eingeschränkte Widerruf eines prozessualen Anerkenntnisses über laufenden Unterhalt mit dem Ziel der Anpassung i.S.d. § 323 ZPO, § 238 ist zulässig und kann ggf. auch in der Rechtsmittelinstanz geltend gemacht werden (OLG Hamm FuR 2014, 671).

3   **B. § 238 Abs. 1.** Jeder Beteiligte kann Abänderung einer Entscheidung über laufende Unterhaltsleistungen beantragen (Satz 1), wenn er Tatsachen vorträgt, aus denen sich eine wesentliche Veränderung der der Entscheidung seinerzeit zugrunde liegenden tatsächlichen oder rechtlichen Verhältnisse ergibt (Satz 2; s. etwa OLG Köln FamRZ 2014, 136 = FuR 2013, 599 – Erreichen der Volljährigkeit; OLG Hamm FuR 2014, 671 – Geburt eines zweiten Kindes). Die Grundlagen der Ausgangsentscheidung sind im Abänderungsverfahren zu wahren; eine Fehlerkorrektur ist wegen der Rechtskraft der Ausgangsentscheidung nicht zulässig: Das Abänderungsverfahren ermöglicht weder eine freie, von der bisherigen Höhe unabhängige Neufestsetzung des Unterhalts noch eine abweichende Beurteilung derjenigen Verhältnisse, die bereits in der Erstentscheidung bewertet worden sind; vielmehr besteht die Abänderungsentscheidung in einer unter Wahrung der bindenden (BGH FamRZ 2010, 111) Grundlagen des Unterhaltstitels vorzunehmenden Anpassung desselben an veränderte Verhältnisse. Für das Ausmaß der Abänderung kommt es darauf an, welche Umstände für die Bemessung der Unterhaltsrente seinerzeit maßgebend waren, und welches Gewicht ihnen dabei zugekommen ist. Auf dieser Grundlage ist im Abänderungsverfahren unter Berücksichtigung der neuen Verhältnisse festzustellen, welche Veränderungen in diesen Umständen eingetreten sind, und welche Auswirkungen sich daraus für die Höhe des Unterhalts ergeben (vgl. etwa BGH FamRZ 1994, 1100; 2003, 848; 2008, 1911). Die rechtliche Bindung des Gerichts der Abänderungsklage an die Grundlagen der früheren Entscheidung erfasst diejenigen unverändert gebliebenen tatsächlichen Verhältnisse, die im ersten Verfahren festgestellt worden sind, und denen das Erstgericht Bedeutung für die Unterhaltsbemessung beigelegt hat (BGH FamRZ 1984, 374; 1987, 259; zu allem ausführlich BGH FamRZ 2010, 1150; 2010, 1318; 2010, 1884; s.a. OLG Saarbrücken FamFR 2011, 153 = FamRZ 2011, 1657 [Ls] – Abänderung eines auf fiktiven Einkommens beruhenden Unterhaltstitels wegen Erreichen der Regelaltersgrenze des Unterhaltsschuldners). In einem Abänderungsverfahren wegen nachehelichen Unterhalts müssen die eine Abänderung des bestehenden Titels rechtfertigenden Tatsachen für eine Befristung oder Herabsetzung – anders im Ausgangsverfahren, in dem das Gericht grds. auch für die Zukunft den Zeitpunkt für eine Befristung oder Herabsetzung des Anspruchs prognostizieren darf – zum Zeitpunkt der letzten mündlichen Verhandlung aktuell vorliegen (OLG Hamm FamFR 2012, 487).

Wird ein Antrag auf Abänderung sofort anerkannt, dann muss der Antragsgegner zudem einen verbindlichen Vollstreckungsverzicht erklärt haben, damit dem Antragsteller die Kosten gem. § 243 Satz 2 Nr. 4, § 93 ZPO auferlegt werden können. Ein Unterhaltsschuldner muss sich insoweit nicht mit einem Vollstreckungsverzicht des Gläubigers zufrieden zu geben, der widerruflich erteilt worden ist und ungültig werden soll, wenn sich die zugrunde liegenden Verhältnisse ändern. Sein Rechtsschutzinteresse für ein Abänderungsverfahren entfällt erst dann, wenn eine Zwangsvollstreckung nach den Umständen des Falles unzweifelhaft nicht mehr droht (OLG Brandenburg FamRZ 2014, 1732 [Ls]).

Abschnitt 9. Verfahren in Unterhaltssachen § 238

I. § 238 Abs. 1 Satz 1 (Anwendungsbereich der Norm). Satz 1 lehnt sich an § 323 Abs. 1 ZPO a.F. an und 4
übernimmt im Wesentlichen dessen Funktion; die insoweit ergangene Rechtsprechung bleibt daher gültig.
§ 238 Abs. 1 Satz 1 unterscheidet sich von § 323 ZPO a.F. neben der abweichenden Terminologie (§§ 113
Abs. 2 u 5, 116 Abs. 1) nur durch die Möglichkeit einer rückwirkenden Abänderung des Unterhaltstitels
nach Abs. 3 Satz 2 – 4. Die Norm bezeichnet diejenigen gerichtlichen Entscheidungen, die einer **Abänderung zugänglich** sind. Anstelle des Begriffs »Urteil« verwendet das Gesetz nunmehr den Begriff »**Endentscheidung**« und stellt zudem ausdrücklich klar, dass Entscheidungen in einstweiligen Anordnungsverfahren
nicht der Abänderung nach § 238 unterliegen, sondern dass derartige Entscheidungen nach § 54 Abs. 1 abzuändern sind. Endentscheidungen in der Hauptsache mit der Verpflichtung zu künftig fällig werdenden
wiederkehrenden Leistungen betreffen regelmäßig Unterhaltsansprüche nach §§ 1360 ff., 1361, 1570 ff.,
1601 ff., 1615l BGB in der Form von (nicht notwendig rechtskräftigen) End-, Anerkenntnis- und Säumnisbeschlüssen, (rechtskräftigen) Abänderungsbeschlüssen sowie ausländischen Entscheidungen, soweit sie im
Inland anerkannt worden sind oder werden (s. §§ 108, 109). Keine Endentscheidungen i.S.d. § 238 sind Beschlüsse im vereinfachten Verfahren nach §§ 249, 253 (Abänderung im Verfahren nach § 240), Urteile über
künftig fällig werdende wiederkehrende Ansprüche, die nicht unter das FamFG fallen (Abänderung nach
§ 323 ZPO), Entscheidungen zur Kindergeldberechtigung nach § 231 Abs. 2 sowie Entscheidungen über
den Versorgungsausgleich (Abänderung gem. §§ 227, 225 f., 48). Für die Abänderung eines Versäumnisurteils ist nicht auf die Änderung der fingierten, sondern der tatsächlichen Verhältnisse abzustellen: Nur eine Abänderung der tatsächlichen Verhältnisse kann eine Abänderung des Versäumnisurteils unter Wahrung
seiner Grundlagen rechtfertigen und dabei zugleich die Rechtskraft der abzuändernden Entscheidung wahren (BGH FamRZ 2010, 1318 im Anschluss an BGHZ 185, 322 = FamRZ 2010, 1150 = FuR 2010, 512 m.
Anm. *Graba* FamRZ 2010, 1152 ff., und Klose NJ 2010, 433 f.; i.Ü. ausführlich *Bömelburg* FF 2010, 410 ff.;
Norpoth NJW 2010, 2440, und *Obermann* ZFE 2010, 404 ff.).

II. § 238 Abs. 1 Satz 2 (Wesentlichkeitsschwelle). Satz 2 hat die **Wesentlichkeitsschwelle** des § 323 Abs. 1 5
ZPO mit leichten sprachlichen Modifizierungen übernommen: Für die Zulässigkeit des Antrages muss eine
wesentliche Veränderung der zugrunde liegenden Verhältnisse dargelegt werden. In Umsetzung der Rspr.
des BGH (s. etwa BGH FamRZ 1984, 353, 355 – ein Abänderungsantrag ist nur dann zulässig, wenn der
Antragsteller Tatsachen vorträgt, aus denen sich eine wesentliche Veränderung ergibt, wobei nur Tatsachen
berücksichtigt werden dürfen, die nicht nach Abs. 2 ausgeschlossen sind) stellt das Gesetz nunmehr ausdrücklich klar, dass auch eine Veränderung der zugrunde liegenden **rechtlichen Verhältnisse** wie etwa der
höchstrichterlichen Rspr. für die Zulässigkeit eines Abänderungsverfahrens, ausreicht. Die Vorschrift behandelt das Wesentlichkeitskriterium nur unter dem Gesichtspunkt der Zulässigkeit des Abänderungsantrages; für die Begründetheit ist es in Abs. 4 nochmals gesondert erwähnt. Wird ein Abänderungsverlangen
auf eine Änderung der Bedarfssätze einer Unterhaltstabelle gestützt, liegt darin zugleich auch die Behauptung des Antragstellers, dass sich die dem abzuändernden Titel zugrunde liegenden wirtschaftlichen Verhältnisse geändert haben. Sowohl der Wechsel des Unterhaltsstatus als auch das Erreichen der nächsten Altersstufe der Düsseldorfer Tabelle begründen eine wesentliche Änderung i.S.v. § 238 (BGH FamRZ 1995,
223; OLG Koblenz OLGR 2003, 339; FamRZ 2015, 1618).
Allerdings gibt es keine allgemeine Wesentlichkeitsschwelle; die in der Praxis häufig angenommenen 10 %
stellen nur einen Richtwert dar. Eine wesentliche Veränderung der tatsächlichen und rechtlichen Verhältnisse i.S.d. § 238 Abs. 1 ist daher nicht schon deshalb ausgeschlossen, weil der Unterhaltsgläubiger eine Erhöhung seines Unterhalts um weniger als 10 % verlangt. Dieser Richtwert kann zum einen deshalb zu unterschreiten sein, weil die Erhöhung eines Unterhaltsbedarfssatzes in aller Regel darauf hindeutet, dass die
zugrunde liegenden wirtschaftlichen Veränderungen wesentlich sind (so ausdrücklich BGH FamRZ 1995,
221), zum anderen kommt eine Unterschreitung des Richtwertes insb. auch bei beengten wirtschaftlichen
Verhältnissen in Betracht, etwa wenn der Bedarfssatz eines auswärtig lebenden volljährigen minderjährigen
Kindes erheblich unter dem – bereits nur das Existenzminimum sichernden – notwendigen Eigenbedarf eines nicht erwerbstätigen Unterhaltsschuldners liegt (OLG Hamm FamRZ 2012, 53). Die Wesentlichkeitsschwelle des § 238 Abs. 1 Satz 2, Abs. 4 für einen Abänderungsantrag des Kindes auf erhöhten Unterhalt ist
auch dann überschritten, wenn sich die Bedarfssätze geändert haben, und im Wege der Abänderung nicht
mehr als das unterhaltsrechtliche Existenzminimum verlangt wird (OLG Naumburg FamFR 2010, 260 =
FamRZ 2011, 754 [Ls] – Abänderung von Regelbetrag auf Mindestunterhalt). Wurde in einem Unterhaltsvergleich eine spätere Befristung des Unterhalts vorbehalten, diese jedoch in einem nach Veröffentlichung
des Urteils des BGH vom 12.04.2006 (FamRZ 2006, 1006) verhandelten Abänderungsverfahren nicht gel-

tend gemacht, so ergibt sich weder aus der anschließenden Rechtsprechung des BGH noch aus dem Inkrafttreten des § 1578b BGB am 01.01.2008 eine wesentliche Änderung der rechtlichen Verhältnisse (BGH FamRZ 2012, 1284 = FuR 2012, 542, im Anschluss an BGH FamRZ 2010, 1884; hierzu auch OLG Brandenburg FamRZ 2012, 985 zur Vorhersehbarkeit von Gründen i.S.v. § 1578b BGB bei vor dem 01.01.2008 errichteten Unterhaltstiteln über Aufstockungsunterhalt).

6 **C. § 238 Abs. 2 (Präklusion).** § 238 Abs. 2 hat inhaltlich – sprachlich nur präzisiert und klarstellend – die Funktion des § 323 Abs. 2 ZPO übernommen (»**Tatsachenpräklusion**«; hierzu ausführlich *Klein* FPR 2002, 600 ff.): Ein Abänderungsantrag kann nur auf Gründe gestützt werden, die nach Schluss der Tatsachenverhandlung – der mündlichen Verhandlung, auf die die Sachentscheidung ergangen ist – des vorausgegangenen Verfahrens entstanden sind. Der Antragsteller muss daher im Abänderungsverfahren entsprechende Tatsachen vortragen, aus denen sich eine wesentliche Veränderung ergibt (»Abänderungsbilanz«), sofern sie nicht nach Abs. 2 ausgeschlossen sind (BGH FamRZ 1984, 353, 355). Die Verhandlung in der Berufungs-/Beschwerdeinstanz ist nur dann maßgeblich, wenn das zweitinstanzliche Gericht in der Sache entschieden hat, nicht hingegen, wenn die Berufung/Beschwerde – vor oder nach mündlicher Verhandlung – zurückgenommen wird: Durch die Rücknahme wird der Schluss der mündlichen Verhandlung in der ersten Instanz wieder zum maßgebenden Zeitpunkt i.S.v. § 323 Abs. 2 (BGHZ 96, 205, 211 = FamRZ 1986, 43, 44; FamRZ 2000, 1499; 2012, 288 zur Präklusion von Tatsachen, nachdem eine Abänderungsklage gegen ein Urteil über laufenden nachehelichen Unterhalt abgewiesen wurde; s.a. *Campbell* NJW-Spezial 2012, 68 f. zu den Möglichkeiten wiederholter Unterhaltsabänderungsverfahren).
Die Erstentscheidung kann grds. auch die eine vorausgegangene Abänderungsklage abweisende Entscheidung sein. § 323 kann auch bei verfahrensabweisenden Entscheidungen zur Anwendung kommen, wenn diese – i.R.d. Überprüfung der ursprünglichen Prognose – die künftige Entwicklung der Verhältnisse vorausschauend berücksichtigen. Ein späterer Abänderungsantrag stellt dann abermals die Geltendmachung einer von der (letzten) Prognose abweichenden Entwicklung der Verhältnisse dar, für die das Gesetz die Abänderungsklage vorsieht, um die (erneute) Anpassung an die veränderten Urteilsgrundlagen zu ermöglichen (BGH FamRZ 2012, 288 unter Hinweis auf BGH FamRZ 2007, 983, 984; 2008, 872, 873). Die Präklusion geht dann aber nicht weiter als die Rechtskraftwirkung der Entscheidung, zu deren Ermittlung auch die Entscheidungsgründe heranzuziehen sind (vgl. BGH FamRZ 2012, 288 unter Hinweis auf BGH 2005, 101, 102 f.; 2008, 872, 873).
Erschöpft sich eine gerichtliche Entscheidung über den Unterhalt auf die Festsetzung des Unterhaltsanspruchs für einen begrenzten Zeitraum, und entfaltet die Entscheidung somit keine in die Zukunft wirkende Rechtskraft, sind Einwendungen der Parteien zu veränderten rechtlichen oder tatsächlichen Verhältnissen, die den streitgegenständlichen Zeitraum nicht betroffen hatten, nicht präkludiert (OLG Karlsruhe FuR 2015, 247).

7 Weiterhin können Tatsachen berücksichtigt werden, sofern deren Geltendmachung durch Einspruch nicht möglich ist oder war, wenn also die Einspruchsfrist gegen ein Versäumnisurteil gem. § 339 Abs. 1 ZPO verstrichen ist, und die entsprechenden Gründe danach entstanden sind. Ausdrücklich erwähnt ist nunmehr auch die Veränderung der rechtlichen Verhältnisse und somit insb. die Änderung der höchstrichterlichen Rspr. Wurde ein Anspruch auf Aufstockungsunterhalt (§ 1573 Abs. 2 BGB) nach Veröffentlichung des Urteils des BGH v. **12.04.2006** (FamRZ 2006, 1006) durch Urteil festgelegt, ergibt sich sowohl aus der anschließenden Rspr. des BGH als auch aus dem Inkrafttreten des § 1578b BGB am 01.01.2008 auch dann keine wesentliche Änderung der rechtlichen Verhältnisse, wenn aus der Ehe Kinder hervorgegangen sind, die vom Unterhaltsgläubiger betreut wurden; auch § 36 Nr. 1 EGZPO bietet in diesem Fall keine eigenständige Abänderungsmöglichkeit (BGH FamRZ 2010, 1884 = FuR 2011, 39 im Anschluss an BGHZ 183, 197 = FamRZ 2010, 111; s. hierzu auch OLG Hamm FamRZ 2012, 1312 [Ls]; zu allem ausführlich auch *Bosch* FF 2012, 396 ff.).

8 Die Nachforderung »vergessenen« Altersvorsorgeunterhalts rechtfertigt kein Abänderungsverfahren: Hat der Unterhaltsgläubiger im Erstverfahren lediglich Elementarunterhalt geltend gemacht, hängt die Zulässigkeit einer Nachforderung von Vorsorgeunterhalt im Wege eines neuen Leistungsantrages davon ab, ob sich der Berechtigte diese Nachforderung im Erstverfahren vorbehalten hat (BGH FamRZ 2015, 309 = FuR 2015, 157, Fortführung von BGHZ 94, 145 = FamRZ 1985, 690). Dies gilt vor allem, wenn der Ausgleich ehebedingter Nachteile im Erstverfahren übersehen wurde: Ein ehebedingter Nachteil, der darin besteht, dass der unterhaltsberechtigte Ehegatte nachehelich geringere Versorgungsanrechte erwirbt als dies bei hinweggedachter Ehe der Fall wäre, ist grundsätzlich als ausgeglichen anzusehen, wenn er Altersvorsorgeunterhalt erlangt hat

oder hätte erlangen können (BGH FamRZ 2013, 109 = FuR 2013, 214; 2014, 823 = FuR 2014, 426; 2014, 1276 = FuR 2014, 523).

D. § 238 Abs. 3 (Zeitschranke). § 238 hat (ggü. § 323 ZPO a.F.) die rückwirkende Abänderung gerichtlicher Unterhaltsentscheidungen in mehrfacher Hinsicht neu geregelt. Unverändert knüpft die **Zeitschranke** des § 238 Abs. 3 Satz 1 an die Bestimmung des § 323 Abs. 3 ZPO a.F. an: Die Abänderung einer Entscheidung ist **grds.** nur zulässig für die Zeit ab Rechtshängigkeit des Abänderungsverlangens (vgl. §§ 253 Abs. 1, 261 ZPO analog); **Ausnahmen** regeln jedoch nunmehr die Sätze 2 u 3 hinsichtlich der auf die Rechtshängigkeit abstellenden Zeit. 9

I. § 238 Abs. 3 Satz 1. Satz 1 entspricht weitgehend § 323 Abs. 2 Satz 1 ZPO, bestimmt aber nunmehr ausdrücklich, dass der Abänderungsantrag hinsichtlich eines vor dem maßgeblichen Zeitpunkt – Zustellung des Antrages an den Gegner – liegenden Teils unzulässig ist (bislang wurde an die Zeit nach Erhebung des Antrages angeknüpft). Inhaltlich ergeben sich keine Änderungen, da nach § 261 Abs. 1 ZPO durch die Einreichung des Antrages die Rechtshängigkeit begründet wird, und die Erhebung des Antrages durch die Zustellung der Antragsschrift an den Gegner nach § 253 Abs. 1 ZPO erfolgt. Nunmehr ist allerdings eindeutig klargestellt, dass weder die Einreichung des Abänderungsantrages noch eines entsprechenden Antrages auf Bewilligung von Verfahrenskostenhilfe im Sinne einer Vorwirkung für die Wahrung der Frist nach § 167 ZPO ausreichend ist (so bereits BGH NJW 1982, 1050, 1051). 10

II. § 238 Abs. 3 Satz 2. Satz 2 entspricht der Sache nach § 323 Abs. 3 Satz 2 ZPO. Der Gesetzgeber hat anstelle des Verweises auf zahlreiche Gesetzesbestimmungen nunmehr eine zusammenfassende Formulierung gewählt. Die rückwirkende **Erhöhung** des Unterhalts – also ein Recht, welches der Unterhaltsgläubiger geltend macht – richtet sich nach den Vorschriften des materiellen Unterhaltsrechts. Damit materielle Rechtslage und prozessuale Durchsetzbarkeit nicht auseinanderfallen, ist dies somit (auch) für denjenigen Zeitraum zulässig, für den nach den Vorschriften des bürgerlichen Rechts Unterhalt für die Vergangenheit verlangt werden kann (s. insb. etwa die Vorschriften der §§ 1360a Abs. 3 BGB [Familienunterhalt], 1361 Abs. 4 Satz 4, 1360a Abs. 3 BGB [Trennungsunterhalt], 1585b Abs. 2 BGB [nachehelicher Unterhalt], jeweils i.V.m. § 1613 BGB, und § 1613 Abs. 1 BGB [Verwandtenunterhalt]). Abänderung für die Vergangenheit ist insb. bereits ab dem Zeitpunkt möglich, zu welchem der Unterhaltsschuldner zum Zwecke der Geltendmachung des Unterhaltsanspruchs aufgefordert worden ist, Auskunft über Einkünfte und Vermögen zu erteilen, oder aber er mit Unterhaltsleistungen in Verzug gekommen ist. 11

III. § 238 Abs. 3 Satz 3. Satz 3 bestimmt entgegen der vormaligen Rechtslage, dass im Wege der Abänderung gerichtlicher Entscheidungen für die Zeit vor Rechtshängigkeit des Abänderungsverfahrens Unterhalt rückwirkend nicht mehr nur heraufgesetzt, sondern auch **herabgesetzt** werden kann. Anträge auf **Herabsetzung** des **Unterhalts** – also ein Recht, welches der Unterhaltsschuldner geltend macht – unterliegen nunmehr spiegelbildlich denjenigen Voraussetzungen, für die nach den Vorschriften des bürgerlichen Rechts Unterhalt für die Vergangenheit verlangt werden kann, also (auch) für die Zeit ab dem Ersten des auf ein entsprechendes Auskunfts- oder Verzichtsverlangen des Antragstellers folgenden Monats, jedoch im Regelfall nach § 238 Abs. 3 Satz 4 max. bis zu einem Jahr vor Rechtshängigkeit (s. insoweit auch die Rspr. des BGH zur Verwirkung von Unterhaltsforderungen, zuletzt FamRZ 2007, 453; 2010, 1888 = FuR 2011, 49 m.w.N.). Damit hat das Gesetz Gläubiger und Schuldner gleichgestellt. 12

Diese Voraussetzungen ergeben sich einheitlich aus § 1613 Abs. 1 BGB und den hierauf verweisenden Bestimmungen: Entweder durch ein **Auskunftsverlangen** mit dem Ziel der **Herabsetzung** des Unterhalts ggü. dem Unterhaltsgläubiger oder durch eine sog. »**negative Mahnung**«, also die Aufforderung an den Unterhaltsgläubiger, teilweise oder vollständig auf den titulierten Unterhalt zu verzichten; ein entsprechendes Verlangen muss dem Unterhaltsgläubiger zugegangen sein. Für ein Verzichtsverlangen i.S.v. §§ 238 Abs. 3 Satz 3, 240 Abs. 2 genügt eine Mitteilung des Unterhaltsschuldners an den Unterhaltsgläubiger, in der der Unterhaltsschuldner schlüssig darlegt, dass er nunmehr nur noch geringeren Unterhalt schulde, und den Unterhaltsgläubiger ernsthaft zu der Erklärung auffordert, die Herabsetzung des Unterhalts zu akzeptieren; *die Vorlage von Belegen dafür, dass das Herabsetzungsverlangen begründet sei, ist nicht erforderlich* (OLG Hamburg MDR 2013, 160; OLG Brandenburg FamRZ 2014, 1216 = FuR 2014, 306). Die bloße Bitte um Neuberechnung des Unterhalts durch das Jugendamt reicht für ein Verzichtsverlangen nicht aus (OLG Koblenz FuR 2015, 486). Ein Antrag auf rückwirkende Abänderung eines Unterhaltstitels gem. § 238 für die Zeit vor Einreichung des Abänderungsantrages bzw. Verfahrenskostenhilfegesuchs für ein Abänderungsver- 13

§ 238

fahren ist jedoch mutwillig i.S.d. § 114 ZPO, soweit durch die Gegenstandswerterhöhung gem. § 51 Abs. 2 FamGKG erhebliche Mehrkosten dadurch entstehen, dass der Antragsteller ohne nachvollziehbaren Grund nicht zeitnah nach einem Auskunfts- oder Verzichtsverlangen einen verfahrenseinleitenden Antrag bei Gericht gestellt hat (OLG Celle FamRZ 2011, 50).

14 **IV. § 238 Abs. 3 Satz 4.** Aus Gründen der Rechtssicherheit hat der Gesetzgeber das Herabsetzungsverlangen zeitlich begrenzt (BT-Drucks. 16/6308 S. 258). **Satz 4** enthält daher eine **zeitliche Einschränkung** für die Geltendmachung eines **rückwirkenden Herabsetzungsverlangens** und ist § 1585b Abs. 3 BGB nachgebildet: Höchstens bis zu einem Jahr vor Rechtshängigkeit des Abänderungsverfahrens. Während sich die rückwirkende Erhöhung des Unterhalts nach Satz 2 nach dem materiellen Recht richtet, ist das Herabsetzungsverlangen rein verfahrensrechtlich ausgestaltet, sodass sich etwa die Frage der Verjährung nicht stellen kann. Unter engen Voraussetzungen kann auch die Verwirkung eines prozessualen Rechts in Betracht kommen (vgl. BVerfGE 32, 305 ff.; BAGE 61, 258 ff.). Wurde der Unterhaltsschuldner im Verfahren nach § 237 neben der Vaterschaftsfeststellung zugleich auch zur Zahlung des Mindestunterhalts verpflichtet, so ist im Hinblick auf §§ 240 Abs. 2 Satz 4, 238 Abs. 3 Satz 4 eine teleologische Reduktion dahingehend vorzunehmen, dass der Unterhaltsschuldner in einem von ihm nicht mehr als einen Monat nach der Rechtskraft der Unterhaltsverpflichtung im Vaterschaftsfeststellungsverfahren gestellten Abänderungsantrag eine Herabsetzung der Unterhaltsverpflichtung auch für Zeiträume verlangen kann, die mehr als ein Jahr vor Rechtshängigkeit seines Abänderungsverlangens liegen (KG ZKJ 2010, 290).

15 **E. § 238 Abs. 4.** § 238 Abs. 4 normiert – inhaltlich zu § 323 ZPO unverändert –, dass ein Abänderungsantrag nur dann begründet ist, wenn eine **wesentliche Veränderung** der **tatsächlichen** oder **rechtlichen Verhältnisse** vorliegt. Im Vergleich zu § 323 Abs. 1 ZPO hebt § 238 Abs. 4 den Gesichtspunkt der **Bindung** an die **Erstentscheidung** deutlicher hervor (Formulierung des § 323 Abs. 1 ZPO: »eine entsprechende Abänderung«), wonach eine Anpassung nur unter Wahrung ihrer (übrigen) Grundlagen erfolgen darf. Die Formulierung »anzupassen« soll den Bezug an den Wegfall der Geschäftsgrundlage nach § 313 BGB herstellen (s. hierzu etwa OLG Frankfurt FuR 2015, 420 = FamRZ 2014, 1787 [Ls]).
Im Rahmen einer Entscheidung über eine Anpassung des Unterhalts nach § 33 VersAusglG darf der Unterhalt nicht unabhängig von einem bereits bestehenden vollstreckbaren Unterhaltstitel, der den gesetzlich geschuldeten Unterhalt konkretisiert, neu berechnet werden; vielmehr stellt der titulierte Unterhalt grds. auch den gesetzlich geschuldeten Unterhalt dar, sofern sich die dem Unterhaltstitel zugrunde liegenden Verhältnisse nicht wesentlich geändert haben, so dass der Unterhaltsschuldner den Titel nach §§ 238, 239 abändern oder die weitere Vollstreckung nach § 767 ZPO abwehren könnte (OLG Hamm FamRZ 2011, 815).
Hat das Erstgericht dem Unterhaltsschuldner im Vorprozess fiktives Einkommen aus vollschichtiger Berufstätigkeit zugerechnet, weil er unterhaltsbezogen vorwerfbar Altersteilzeit in Anspruch genommen hat, so ist ihm – wenn und soweit ihm dadurch Rentennachteile entstehen, die nicht durch versorgungswirksame Entschädigungen des Arbeitgebers kompensiert werden – im Abänderungsverfahren ab Erreichen der Regelaltersgrenze für den Bezug von Altersrente fiktiv ein Renteneinkommen in derjenigen Höhe zuzurechnen, in der er es bezöge, wenn er nicht Altersteilzeit in Anspruch genommen hätte (OLG Saarbrücken FamFR 2011, 153).

16 **F. Darlegungs- und Beweislast.** Wer die Abänderung einer Entscheidung begehrt, trägt die Darlegungs- und Beweislast für die Abänderungsvoraussetzungen; er hat auch die wesentlichen Umstände, die für die Ersttitulierung maßgebend waren, darzulegen und ggf. zu beweisen (BGH FamRZ 1995, 665; 2007, 200). Zieht der Antragsteller zur Begründung seines Begehrens auch Tatsachen heran, die objektiv bereits in die abzuändernde Entscheidung hätten miteinbezogen werden können/müssen, trifft ihn die Darlegungs- und Beweislast für solche Umstände, die die Annahme der Unbilligkeit des Fortbestands der Präklusionswirkungen begründen könnten (OLG Düsseldorf FamRZ 2011, 1953).

17 **G. Auslandsbezug.** Die (Inzident-) Anerkennung einer vor dem 18.06.2011 ergangenen und ursprünglich in den Anwendungsbereich der Brüssel I-Verordnung fallenden ausländischen Unterhaltsentscheidung richtet sich in einem nach dem 18.06.2011 eingeleiteten Abänderungsverfahren nach den Vorschriften der Europäischen Unterhaltsverordnung über die Anerkennung und Vollstreckung exequaturbedürftiger Titel (Art. 75 Abs. 2 i.V.m. Art. 23 ff. EuUnthVO). Kann die Verfahrensführungsbefugnis eines Kindes in einem Verfahren zur Abänderung einer ausländischen Entscheidung zum Kindesunterhalt nicht an dessen formelle *Parteistellung* im Erstverfahren angeknüpft werden (etwa weil die Ausgangsentscheidung in einem Ver-

fahren zwischen seinen Eltern ergangen ist), hängt diese davon ab, ob die abzuändernde ausländische Unterhaltsentscheidung für und gegen das Kind wirkt; diese Frage ist nach dem Recht des Entscheidungsstaates zu beurteilen.
In einem nach dem 18.06.2011 eingeleiteten Unterhaltsverfahren mit Auslandsbezug ist das maßgebliche Kollisionsrecht dem Haager Unterhaltsprotokoll zu entnehmen. Dies gilt im Verhältnis der durch das Haager Unterhaltsprotokoll gebundenen EU-Staaten auch, soweit das Verfahren Unterhaltszeiträume vor dem Inkrafttreten des Haager Unterhaltsprotokolls am 18.06.2011 umfasst. Das einem abzuändernden ausländischen Unterhaltstitel zugrundeliegende Sachrecht kann in einem in Deutschland betriebenen Abänderungsverfahren grundsätzlich nicht ausgetauscht werden, sondern bleibt für Art und Höhe der anzupassenden Unterhaltsleistung weiterhin maßgeblich; dies gilt nicht, wenn nach Erlass der abzuändernden Entscheidung infolge eines Aufenthaltswechsels der unterhaltsberechtigten Person ein vom deutschen Kollisionsrecht beachteter Statutenwechsel (Art. 3 Abs. 2 HUP) eingetreten ist (BGHZ 203, 372 = FamRZ 2015, 479 = FuR 2015, 238).

§ 239 Abänderung von Vergleichen und Urkunden.
(1) ¹Enthält ein Vergleich nach § 794 Abs. 1 Nr. 1 der Zivilprozessordnung oder eine vollstreckbare Urkunde eine Verpflichtung zu künftig fällig werdenden wiederkehrenden Leistungen, kann jeder Teil die Abänderung beantragen. ²Der Antrag ist zulässig, sofern der Antragsteller Tatsachen vorträgt, die die Abänderung rechtfertigen.
(2) Die weiteren Voraussetzungen und der Umfang der Abänderung richten sich nach den Vorschriften des bürgerlichen Rechts.

Übersicht

	Rdn.		Rdn.
A. Struktur der Norm	1	C. Begründetheit des Abänderungsbegehrens	
B. Zulässigkeit des Abänderungsbegehrens		(§ 239 Abs. 2)	44
(§ 239 Abs. 1)	3	I. Ausschluss von Abänderungsregelungen	
I. Abänderungstitel (§ 239 Abs. 1 Satz 1)	4	im Ausgangstitel	45
1. Vergleich	4	II. Abänderungslage	49
2. Vollstreckbare Urkunde	10	1. Änderung der Rechtslage	49
3. Titel mit Besonderheiten	13	2. Änderung der tatsächlichen	
4. Jugendamtsurkunden	16	Verhältnisse	52
5. Vollstreckbarkeit des Ausgangstitels	21	3. Eintritt vereinbarter Abänderungs-	
II. Abänderungsgrund (§ 239 Abs. 1 Satz 2)	24	gründe	53
1. Vergleich	25	III. Umfang des Abänderungsanspruchs	55
2. Vollstreckbare Urkunde	31	1. Anpassung	56
a) Einseitiges Rechtsgeschäft	32	2. Neubemessung	59
b) Zweiseitiges Rechtsgeschäft	35	3. Zumutbarkeit	60
3. Präklusion	36	D. Darlegungs- und Beweislast	63
4. Rückwirkende Abänderung von Titeln	40		

A. Struktur der Norm. § 239 **Abs. 1 Satz 1** beschreibt den **Anwendungsbereich** der Vorschrift (»Vergleich nach § 794 Abs. 1 Nr. 1 ZPO oder vollstreckbare Urkunde«, jeweils mit einer »Verpflichtung zu künftig fällig werdenden wiederkehrenden Leistungen«), § 239 **Abs. 1 Satz 2** die **Zulässigkeit** eines **Abänderungsantrages**: Dieser ist nur dann zulässig, wenn und soweit der Antragsteller die Abänderung rechtfertigende Tatsachen vorträgt. § 239 **Abs. 2** stellt klar, dass für die **weiteren Voraussetzungen** der Abänderung und deren **Umfang** (materiell-rechtlich) das **bürgerliche Recht** maßgebend ist. 1

§ 239 enthält eine **eigenständige Regelung** für die Abänderung gerichtlicher Vergleiche oder sonstiger vollstreckbarer Urkunden, die zu laufenden Unterhaltsleistungen (s. § 231 Abs. 1) verpflichten. Der Gesetzgeber hat bei Schaffung dieser Norm im Wesentlichen die Regelung des § 323 Abs. 4 ZPO aufgegriffen, orientiert an der Rspr. des BGH, wonach § 323 Abs. 1, 2 und 3 ZPO (Wesentlichkeitsschwelle bzw. Zeitgrenze) bei der Abänderung von gerichtlichen Vergleichen und/oder vollstreckbaren Urkunden grds. nicht anzuwenden sind. 2

3 B. Zulässigkeit des Abänderungsbegehrens (§ 239 Abs. 1). Ein Abänderungsantrag ist nur dann zulässig, wenn in den tatsächlichen und/oder rechtlichen Verhältnissen des Titels eine wesentliche Veränderung vorgetragen ist (BGH FamRZ 2013, 274 = FuR 2013, 165). **Vorrangig** ist daher zu prüfen, welche Umstände die Beteiligten zur Grundlage und zu den möglichen Abänderungen in dem Titel gemacht haben, und **nachrangig** die Abänderung nach den materiell-rechtlichen Vorschriften, insb. Störung bzw. Wegfall der Geschäftsgrundlage (§ 313 BGB) neben den Grundsätzen über das Schuldanerkenntnis (»Vertrag vor Gesetz«).

4 I. Abänderungstitel (§ 239 Abs. 1 Satz 1). 1. Vergleich. Der Vergleich muss in einem zwischen den verfahrensfähigen sowie nach materiellem Recht sachbefugten **Beteiligten** eines anhängigen Verfahrens nach Maßgabe von §§ 160 Abs. 3 Nr. 1, 162 Abs. 1, 163 ZPO protokolliert oder im schriftlichen Verfahren nach § 113 Abs. 1 Satz 2 i.V.m. § 278 Abs. 6 Satz 1 und 2 ZPO geschlossen worden sein. Er muss einen selbstständigen Teil des Verfahrens oder aber dieses insgesamt beendet haben, wobei das Unterhaltsschuldverhältnis nicht alleiniger Verfahrensgegenstand sein musste.

5 Ein wirksamer, zu künftig fällig werdenden (Unterhalts-) Leistungen verpflichtender gerichtlicher Vergleich kann nur dann abgeändert werden, wenn er einen **Vollstreckungstitel** nach § 794 Abs. 1 Nr. 1 ZPO darstellt und einen **vollstreckungsfähigen Inhalt** hat, nicht jedoch, wenn (nur) die Unterhaltspflicht als solche und/oder die Bemessung des Unterhalts oder allein rückständiger Unterhalt geregelt werden, oder wenn eine auf künftigen Unterhalt bezogene Abfindungszahlung tituliert ist (BGHZ 79, 187 = NJW 1981, 818 zu § 843 BGB), auch wenn der Abfindungsbetrag in Raten gezahlt werden sollte (BGH FamRZ 2005, 1662 = FuR 2005, 508).

6 Ein im **einstweiligen Anordnungsverfahren** (§§ 49 ff.) geschlossener Vergleich stellt nur dann einen Titel i.S.d. § 239 dar, wenn er nach dem Willen der Beteiligten nicht nur eine vorläufige, auf Beendigung des Anordnungsverfahrens gerichtete Regelung zu künftig fällig werdenden wiederkehrenden Unterhaltsleistungen enthält (sog. **Interimsvergleich**), sondern wenn ihm die Parteien eine über die Erledigung des summarischen Anordnungsverfahrens hinausreichende Wirkung im Sinne einer endgültigen Unterhaltsregelung (sog. **Gesamtvergleich**) beigemessen haben (OLG Brandenburg FamRZ 2000, 1377). Gegen einen Anordnungsbeschluss kann der Unterhaltsschuldner nur (jedoch wahlweise) im Anordnungsverfahren nach § 54 Abs. 1 oder 2 oder in einem Hauptsacheverfahren mit einem Antrag auf negative Feststellung, dass eine Unterhaltspflicht nicht oder nicht in dieser Höhe besteht, vorgehen (OLG Thüringen FamRZ 2012, 54 = FuR 2012, 48; OLG Hamm FuR 2013, 52).

7 Der Wortlaut des § 239 erfasst einen durch ein Gericht oder durch einen Notar nach § 113 Abs. 1 Satz 2 i.V.m. §§ 794 Abs. 1 Nr. 4b, 796 a) – c) ZPO für vollstreckbar erklärten **Anwaltsvergleich** zwar nicht; § 239 ist jedoch **entsprechend** anzuwenden. Vollstreckungstitel ist jedoch nicht der Anwaltsvergleich, sondern der die Vollstreckbarerklärung enthaltende Beschluss (BGHZ 165, 223 = FamRZ 2006, 261 = FuR 2006, 125).

8 An einem einen gerichtlichen **Vergleich** betreffenden **Abänderungsverfahren** können grds. nur die Beteiligten des durch ihn beendeten Verfahrens und ihre Rechtsnachfolger sowie dem Vergleich beigetretene Dritte mitwirken (BGH FamRZ 1982, 587 zur Passivlegitimation für ein Abänderungsverfahren eines Vergleichs der Eltern über den Unterhalt für ihre Kinder). Rechtsnachfolge kommt insb. beim gesetzlichen Übergang der titulierten Unterhaltsforderungen in Betracht (s. etwa § 33 SGB II, § 94 SGB XII, § 7 UVG, § 37 BAföG, § 1607 BGB, s. OLG Karlsruhe FamRZ 2005, 1756). Andere Dritte können nur dann einen Abänderungsantrag stellen, wenn für sie in dem Vergleich ausnahmsweise ein eigenes Recht begründet worden ist (§ 328 BGB).

9 Haben die Eltern eines Kindes im Scheidungsverfahren einen Vergleich über den Unterhalt des Kindes geschlossen, dann ist nach Rechtskraft der Scheidung und damit nach dem **Ende der Prozessstandschaft** (§ 1629 Abs. 3 BGB) das Kind in einem Abänderungsverfahren auf Erhöhung des Unterhalts selbst aktivlegitimiert: Nach § 1629 Abs. 3 Satz 2 BGB wirkt der Vergleich unmittelbar für und gegen das Kind. In einem Abänderungsverfahren des Unterhaltsschuldners ist das Kind auch dann passivlegitimiert, wenn der Titel noch nicht auf das Kind umgeschrieben worden ist (OLG Brandenburg FamRZ 2002, 1270): Regeln Eltern vor rechtskräftiger Scheidung in einer notariell beurkundeten Scheidungsfolgenvereinbarung (§ 1585c BGB) auch die Zahlung von Kindesunterhalt zu Händen eines Elternteils, vertritt dieser Elternteil das Kind nicht, wenn sich ein Vertretungswille weder aus dem Wortlaut der Vereinbarung noch aus den ihr zugrunde liegenden Umständen ergibt: Dann sind nur die Eltern Vertragspartner in eigener Sache, weshalb nur sie – auch nach Rechtskraft der Scheidung – an einem Abänderungsverfahren beteiligt sind (BGH FamRZ 1997,

811), sofern nicht in der Vereinbarung deutlich zum Ausdruck kommt, dass sie nach § 328 BGB dem Kind eigene Forderungsrechte eingeräumt haben (BGH NJW-RR 1986, 428 = FamRZ 1986, 254 [Ls]).

2. Vollstreckbare Urkunde. Statt des vormals in § 323 Abs. 4 ZPO enthaltenen Begriffs »Titel nach § 794 Abs. 1 Nr. 5 ZPO« verwendet § 239 nunmehr den Begriff »**vollstreckbare Urkunde**«, jedoch mit dem materiellen Gehalt des § 794 Abs. 1 ZPO. Die Urkunde muss ein deutsches Gericht (§ 62 Abs. 1 Nr. 2 und/oder 3 BeurkG für Kindesunterhalt nach §§ 1601 ff. BGB und/oder für Unterhalt nach § 1615l BGB) oder ein deutscher Notar (vgl. § 56 Abs. 4 BeurkG für alle Unterhaltspflichten) aufgenommen haben. 10

Sie muss (zumindest auch) die **Verpflichtung** zu **künftig fällig werdenden laufenden Unterhaltsleistungen** enthalten, **vollstreckbar** (also mit einer Vollstreckungsklausel nach §§ 795 Satz 1, 724, 725 ZPO versehen) und **vollstreckungsfähig** sein, und der Schuldner muss sich in der Urkunde insoweit wegen einer bestimmten Geldforderung der **sofortigen Zwangsvollstreckung unterworfen** haben (zu allem BGHZ 118, 229 = NJW 1992, 2160; 1995, 1162; 1997, 2887). Eine vor einem Jugendamt errichtete Urkunde (§ 59 Abs. 1 Satz 1 SGB VIII [= KJHG]) steht nach § 60 SGB VIII in ihrer vollstreckungsrechtlichen Wirkung einer von einem Gericht ausgefertigten oder vor einem Notar errichteten Urkunde gleich. 11

Privatschriftliche, also nicht beurkundete **Unterhaltsvereinbarungen** (s. OLG Zweibrücken FamRZ 1982, 303 – noch zu § 323 ZPO) sind auch dann nicht nach § 239 abänderbar, wenn die Vertragspartner in ihrer Vereinbarung ein solches Abänderungsverfahren vorgesehen haben. Eine solche Regelung ist aber nach §§ 133, 157 BGB grds. so zu verstehen, dass die vereinbarten Leistungen nach Maßgabe des materiellen Rechts, auf das § 239 Bezug nimmt, abänderbar sein sollen (BFH NJW 2004, 2997). Bleibt eine vereinbarte Anpassung außergerichtlich streitig, dann kann der Unterhaltsgläubiger seinen Unterhalt erstmals in Form eines Leistungsantrages geltend machen, und zwar auch dann, wenn ein formunwirksamer gerichtlicher Vergleich nach dem Willen der Vertragsparteien als außergerichtlicher materiell-rechtlicher Vergleich (§ 779 BGB) anzusehen ist (a.A. OLG Köln FamRZ 1986, 1018 – die Regeln des Abänderungsverfahrens seien entsprechend anwendbar). 12

3. Titel mit Besonderheiten. Hat sich der Unterhaltsschuldner in einem gerichtlichen Vergleich oder in einer vollstreckbaren Urkunde verpflichtet, dem Unterhaltsgläubiger über eine freiwillig geleistete Zahlung hinaus (**Sockelbetrag**) eine bestimmte weitere Unterhaltsrente zu zahlen, so stellt ein solcher Titel i.d.R. nur i.H.d. Spitzenbetrages einen Vollstreckungstitel dar, den der **Unterhaltsschuldner** nur dann mit einem Abänderungsverlangen angreifen kann, wenn die erstrebte Herabsetzung des Gesamtunterhalts den freiwillig geleisteten Sockelbetrag übersteigt (BGH NJW 1993, 1995), selbst wenn eine einseitige Verpflichtungserklärung zugrunde liegt (BGH FamRZ 2009, 314 = FuR 2009, 162). Der **Unterhaltsgläubiger** kann im Wege der Abänderung nur dann Unterhalt nachfordern (§ 113 Abs. 1 Satz 2 i.V.m. § 258 ZPO), wenn sich der Unterhaltstitel eindeutig auf einen Teilbetrag des geschuldeten Gesamtunterhalts beschränkt. Begehrt ein Kind, zu dessen Gunsten einseitig eine Jugendamtsurkunde errichtet wurde, die nicht seinen gesamten Unterhaltsanspruch erfasst, höheren Unterhalt bzw. Mehrbedarf, dann kann es zwischen einem auf den vollen Unterhalt gerichteten Abänderungsantrag und der Geltendmachung der Mehrforderung durch Leistungsantrag wählen (OLG Zweibrücken NJOZ 2011, 1125), sofern der Urkunde keine (auch schlüssige) Vereinbarung über den Gesamtunterhalt zugrunde liegt (BGH FamRZ 2008, 1152 = FuR 2008, 350). 13

Verpflichtet ein Titel nur für einen **gewissen Zeitraum** bis zum Eintritt eines bestimmten Ereignisses zu laufenden Unterhaltsleistungen, etwa weil die Beteiligten davon ausgegangen sind, für die Zeit danach werde der Unterhaltsanspruch entfallen, dann ist ein für einen späteren Zeitraum behaupteter Unterhaltsanspruch im Leistungsverfahren (Erstantrag) geltend zu machen, denn dann beschränkt sich der Titel auf den bestehenden materiellen Anspruch und erfasst nicht sein künftiges Nichtbestehen. Bei der Entscheidung hierüber sind jedoch die dem Titel zugrunde liegenden Regelungen weiterhin von Bedeutung, soweit sie nicht wegen Wegfalls ihrer Geschäftsgrundlage an die veränderten Verhältnisse anzupassen sind (BGHZ 172, 22 = FamRZ 2007, 983). Nach Eintritt dieses Ereignisses kann der Titel allerdings nicht mehr abgeändert werden (OLG Zweibrücken FamRZ 2000, 681). Haben die Beteiligten vereinbart, dass sich Unterhaltsansprüche ab einem bestimmten Zeitpunkt nach den gesetzlichen Vorschriften richten sollen, dann *fehlt dem Vergleich unter Beachtung dieser modifizierenden Regelung* ab diesem Zeitpunkt eine bindende Regelung, weshalb er insoweit frei abänderbar ist (BGH FamRZ 2013, 274 = FuR 2013, 165). 14

Hat der Unterhaltsgläubiger auf seinen titulierten Unterhaltsanspruch **verzichtet**, muss er ein erneutes Unterhaltsbegehren im Wege eines Leistungsverfahrens (Erstantrag) verfolgen, auch wenn dieser Verzicht Gegenstand eines gerichtlichen Vergleichs ist, der zur Beendigung eines vom Schuldner angestrengten Abän- 15 derungsverfahrens geschlossen wurde (OLG Hamm FamRZ 2000, 907), und zwar auch dann, wenn der Gläubiger auf den in einem gerichtlichen Vergleich oder einer beurkundeten Scheidungsfolgenvereinbarung (§ 1585c Satz 2 BGB) titulierten nachehelichen Unterhalt wirksam verzichtet hat, die Berufung des Unterhaltsschuldners darauf jedoch wegen veränderter Umstände nunmehr gegen Treu und Glauben (§ 242 BGB) verstößt (a.A. OLG Zweibrücken FamRZ 2008, 1453 zu einer Vereinbarung, mit welcher der geschiedene ausländische Ehegatte vor dem Hintergrund auf nachehelichen Unterhalt verzichtet hatte, dass er wieder in sein Heimatland verzieht und sodann dauerhaft nach Deutschland zurückgekehrt war – Geltendmachung erneuten Unterhalts im Abänderungsverfahren). Wurde durch Jugendamtsurkunde titulierter Unterhalt auf den Abänderungsantrag des Unterhaltsschuldners hin auf **Null reduziert**, dann muss das Kind ein erneutes Unterhaltsbegehren durch erneuten Abänderungsantrag geltend machen, weil dem (letzten) Abänderungsbeschluss eine Prognose zugrunde liegt (OLG Zweibrücken FamRZ 2007, 1032). Wird im Vaterschaftsanfechtungsverfahren festgestellt, dass eine Vaterschaft nicht besteht, so entfällt die Barunterhaltspflicht gegenüber dem minderjährigen Kind mit der Folge, dass der bestehende Unterhaltstitel (Jugendamtsurkunde) im Wege des Abänderungsverfahrens aufzuheben ist (OLG Karlsruhe FamRZ 2014, 313).

16 **4. Jugendamtsurkunden.** Nach §§ 59 Abs. 1 Nr. 3, 60 SGB VIII errichtete Jugendamtsurkunden begründen keine materielle Rechtskraft, weshalb sie auch nicht den Beschränkungen des § 238 unterliegen, die auf der Rechtskraft eines abzuändernden Unterhaltstitels beruhen (BGH FamRZ 2011, 1041 = FuR 2011, 458). Gem. § 239 Abs. 1 kann daher jeder Teil Abänderung einer Jugendamtsurkunde beantragen (OLG Saarbrücken FamRB 2015, 453). Diese ist zulässig, sofern der Antragsteller Tatsachen vorträgt, die die Abänderung rechtfertigen. Waren weder die antragstellenden Kinder noch deren gesetzlicher Vertreter an der Errichtung einer Jugendamtsurkunde beteiligt, dann kommt eine materiell-rechtliche Bindung an eine Geschäftsgrundlage nicht in Betracht, so dass sie im Wege des Abänderungsantrages einen höheren Unterhalt verlangen können (OLG Köln NZFam 2015, 719). § 239 stellt die einzige verfahrensrechtliche Möglichkeit dar, eine Jugendamtsurkunde formell wirksam abzuändern, d.h., dass die Herabsetzung des in einer Jugendamtsurkunde titulierten Unterhaltsanspruchs nicht durch eine neue Jugendamts- bzw. Abänderungsurkunde, sondern nur durch Einreichung eines Abänderungsantrages erfolgen kann (OLG Köln NZFam 2015, 719). Ein über eine Jugendamtsurkunde hinausgehendes Titulierungsinteresse steht dem Unterhaltsberechtigten nur zu, soweit der geschuldete Unterhaltsbetrag über den in der Urkunde bereits titulierten Betrag hinausgeht und ggf. hinsichtlich geltend gemachter Verzugszinsen. OLG Brandenburg NZFam 2015, 720).

17 Der durch eine Jugendamtsurkunde zur Zahlung von Kindesunterhalt verpflichtete rechtliche Vater kann sich in einem auf Abänderung der Jugendamtsurkunde gerichteten Verfahren nicht darauf berufen, er sei nach Treu und Glauben nicht mehr zu Unterhaltszahlungen verpflichtet, weil er nicht der leibliche Vater des Antragsgegners sei (OLG Hamm FamFR 2013, 395; NZFam 2014, 139 = FamRZ 2014, 1034 [Ls]).

18 Eine vor einem Jugendamt errichtete Urkunde (§ 59 Abs. 1 Satz 1 SGB VIII) kann eine Unterhaltsverpflichtung als **zweiseitiges** Rechtsgeschäft der Beteiligten des Unterhaltsschuldverhältnisses oder ein **einseitiges** Rechtsgeschäft des Unterhaltsschuldners enthalten: Entspricht sie dem übereinstimmenden Willen von Unterhaltsgläubiger und Unterhaltsschuldner, dann steht sie in ihren Wirkungen einem Vergleich gleich. Eine vom Unterhaltsschuldner von dem Begehren des Unterhaltsgläubigers abweichende, also einseitig errichtete Urkunde steht einem Schuldanerkenntnis gleich, dem jedoch auch eine Vereinbarung zugrunde liegen kann. Ein Abänderungsbegehren nach § 239 ist bereits dann zulässig, wenn der Unterhaltsgläubiger Titulierung seines Anspruchs in dynamischer Form verlangt, der Unterhaltsschuldner den Titel jedoch nur in statischer Form errichten lässt (OLG Dresden FamRB 2011, 144 = FamRZ 2011, 1407 [Ls]; s. näher Rn. 32 ff).

19 Eine Abänderung einer auf die Verpflichtung zum Mindestunterhalt lautenden Jugendamtsurkunde ist regelmäßig möglich, wenn sich aufgrund einer Stufenklage ein höheres Einkommen des Unterhaltspflichtigen ergibt (OLG Brandenburg FamRZ 2014, 219).

20 Wie andere während der Minderjährigkeit eines Kindes errichtete Titel über dessen Unterhalt wirkt auch eine Jugendamtsurkunde über die Zahlung von Kindesunterhalt über den Eintritt der Volljährigkeit hinaus fort (§ 244), wenn und soweit sie nicht entsprechend befristet ist und somit nur eine Teiltitulierung vorliegt, da der Unterhaltsanspruch eines minderjährigen und derjenige eines volljährigen Kindes rechtlich identisch sind, auch wenn ihnen unterschiedliche Tatbestandsvoraussetzungen zugrunde liegen: Grund der Unterhaltspflicht ist die Verwandtschaft in gerader Linie (§ 1601 BGB; s. BGH NJW 1984, 1613; OLG Zweibrücken FamRZ 2000, 907; OLG Saarbrücken FamRB 2015, 453). Die Tatsache, dass das Kind volljährig geworden ist, ist daher im Abänderungsverfahren geltend zu machen (OLG Hamm FamRZ 2008, 291;

FamFR 2012, 33; OLG Köln FamFR 2012, 439). Bei einem Antrag des Unterhaltsverpflichteten auf Abänderung einer Jugendamtsurkunde über Kindesunterhalt infolge Eintritts der Volljährigkeit ist das volljährige Kind sowohl dafür, dass ein Unterhaltsanspruch fortbesteht, als auch für den Umfang der Mithaftung des anderen Elternteils darlegungs- und beweispflichtig (OLG Köln FamRZ 2014, 136 = FuR 2013, 599; OLG Naumburg FuR 2015, 178 = FamRZ 2015, 1425 [Ls]; KG NJW 2015, 3726). Es stellt keine schwerwiegende Veränderung i.S.d. § 313 BGB dar, wenn die Berechtigung eines volljährigen behinderten Kindes zum Bezug von SGB XII-Leistungen grundsätzlich besteht, diese Berechtigung jedoch bereits bei Errichtung des vorherigen Unterhaltstitels bestand und dort nicht berücksichtigt wurde (OLG Düsseldorf FamRZ 2014, 1471).

5. Vollstreckbarkeit des Ausgangstitels. Ein Titel hat nur dann einen vollstreckungsfähigen Inhalt, wenn er den zu vollstreckenden Anspruch des Unterhaltsgläubigers betragsmäßig festlegt oder dieser sich aus dem Titel ohne Weiteres errechnen lässt sowie Inhalt und Umfang der vereinbarten Leistungspflicht konkret bezeichnet (grundlegend BGHZ 88, 62 = NJW 1983, 2262). Ob und inwieweit der Titel einen – auf die laufende Unterhaltspflicht bezogen – genügend bestimmten oder wenigstens bestimmbaren und deshalb vollstreckungsfähigen Inhalt besitzt, ist dem Wortlaut des Ausgangstitels zu entnehmen. Die einseitige verfahrensrechtliche Erklärung des Unterhaltsschuldners, sich der Zwangsvollstreckung zu unterwerfen, ist ausschließlich auf das Zustandekommen des Vollstreckungstitels gerichtet; sie wirkt somit unabhängig von einer materiellen Einigung der Urkundsbeteiligten (BGH NJW-RR 2008, 1075) und kann daher nur im Wege eines Vollstreckungsabwehrantrages (§ 113 Abs. 1 Satz 2 i.V.m. §§ 795 Satz 1, 797 Abs. 4, 767 Abs. 1 ZPO) beseitigt werden (BGH NJW 1985, 2423). 21

Wird ein Titel den an einen Vollstreckungstitel zu stellenden Bestimmtheitsanforderungen nicht gerecht, dann ist er zunächst auszulegen, wenn sein Inhalt aus sich heraus eine Auslegung ermöglicht und sich die titulierte Leistungspflicht mithilfe offenkundiger, in der Urkunde konkret in Bezug genommener Daten oder aus zugänglichen und sicher feststellbaren Umständen leicht und zuverlässig errechnen lässt (BGH FamRZ 1986, 45). I.R.d. Auslegung des Titels ist nicht entscheidend auf den übereinstimmenden Willen der Beteiligten abzustellen, sondern darauf, wie das Vollstreckungsorgan den Titel verständigerweise zu verstehen hat (BGH NJW 1993, 1995). Genügt der Titel nicht dem Bestimmtheitserfordernis, etwa weil der Titel eine Anrechnungsklausel enthält, der mangels Konkretisierung und Bezifferung nicht zu entnehmen ist, unter Abzug welcher Beträge der monatliche Unterhaltsanspruch zu vollstrecken ist, dann ist das Gericht berechtigt und verpflichtet, den auf Abänderung eines Unterhaltstitels (§ 323 ZPO) dringenden Schuldner gem. § 139 Abs. 1 Satz 2 ZPO auf die Möglichkeit der prozessualen Gestaltungsklage nach § 767 ZPO analog hinzuweisen (BGH FamRZ 2004, 531 = FuR 2004, 226 – Anpassung des Unterhalts nach einer Wertsicherungsklausel; BGHZ 165, 223 = FamRZ 2006, 261 = FuR 2006, 125 – Anrechnungsklausel »unter Anrechnung bereits gezahlter Beträge«). 22

I.R.d. Kindesunterhalts muss vereinbart sein, dass sich die jeweilige Höhe nach einem konkret ausgewiesenen Prozentsatz des Mindestunterhalts (§ 1612a BGB) oder nach einer ausdrücklich genannten Einkommensgruppe der Düsseldorfer Tabelle richten soll. 23

II. Abänderungsgrund (§ 239 Abs. 1 Satz 2). § 239 Abs. 1 Satz 2 setzt bereits für die **Zulässigkeit** eines auf Abänderung eines Vergleichs oder einer vollstreckbaren Urkunde gerichteten Antrages voraus, dass Tatsachen vorgetragen werden, die – ihre Richtigkeit unterstellt – eine Abänderung nach materiellem Recht – den Regeln über die Störung bzw. den Wegfall der Geschäftsgrundlage (§ 313 BGB) – rechtfertigen (ausführlich hierzu *Münch* MittBayNot 2010, 212 ff.); insoweit entspricht § 239 Abs. 1 Satz 2 dem § 238 Abs. 1 Satz 2. Auch wenn letztlich nicht substantiiert dargelegt wird, auf welcher Grundlage ein Titel errichtet worden ist, und warum es dem Antragsteller nicht zumutbar sein soll, an diesem Titel festgehalten zu werden, kann der Abänderungsantrag dennoch als (noch) zulässig angesehen werden, wenn die Behauptung von Änderungstatsachen, deren Richtigkeit unterstellt, die Abänderung rechtfertigt; dies genügt grundsätzlich für die Zulässigkeit eines Abänderungsantrages (OLG Thüringen NJW-RR 2015, 1475). Ein ausdrücklich mit »Abänderungsantrag nach § 239 FamFG« überschriebener Antrag kann allerdings nicht als solcher nach § 54 Abs. 1 Satz 2 *ausgelegt werden: Selbst* wenn man jedoch eine Antragsänderung und damit einen *Wechsel der* Verfahrensart für zulässig erachten wollte, ist dies jedenfalls nicht in der Weise zulässig, dass der Antrag nach § 54 Abs. 1 Satz 2 lediglich hilfsweise gestellt wird (OLG Köln FamRZ 2015, 598). 24

1. Vergleich. Sind die **Grundlagen** eines **Vergleichs** nicht bereits ohne Weiteres vollständig aus dem Vergleichstext ersichtlich, dann muss der Antragsteller diese und sodann die neuen Verhältnisse, also diejeni- 25 gen Tatsachen, aus denen er die Notwendigkeit einer Abänderung des Titels herleitet, vortragen, die ihm aus seiner Sicht aufgrund einer schwerwiegenden Veränderung (§ 313 Abs. 1 BGB) der nach dem Willen beider Vertragspartner zur materiellen Vergleichsgrundlage gewordenen Umstände das Festhalten an dem unveränderten Vergleich unzumutbar erscheinen lassen (OLG Hamburg FamRZ 2002, 465; OLG Köln FamRZ 2005, 1755); dabei sind alle für die Unterhaltsbemessung im Vergleich maßgeblich gewesenen Tatsachen und deren Veränderung darzulegen (OLG Zweibrücken FamRZ 2007, 1998).

26 Für die Abänderung eines gerichtlichen Vergleichs über nachehelichen Unterhalt wegen dessen Begrenzung (§ 1578b BGB) kommt es vorrangig darauf an, inwiefern der **Vergleich** insoweit eine **bindende Regelung** enthält. Mangels klarer Regelungen ist durch interessengerechte Auslegung (§§ 133, 157 BGB) dieses Vergleichs zu prüfen, ob die Beteiligten dort im Hinblick auf eine spätere Befristung ausdrücklich oder konkludent eine bindende vertragliche Regelung getroffen haben. Ist dies nicht der Fall, dann ist jedenfalls bei der erstmaligen Festsetzung des nachehelichen Unterhalts im Zweifel davon auszugehen, dass die Parteien die spätere Begrenzung des Unterhalts offen halten wollen; eine Abänderung des Vergleichs ist insoweit auch ohne Änderung der tatsächlichen Verhältnisse und ohne Bindung an den Vergleich möglich (BGHZ 186, 1 = FamRZ 2010, 1238 = FuR 2010, 579 m. Anm. *Borth* FamRZ 2010, 1316; *Bömelburg* FF 2010, 457; *Born* NJW 2010, 2353 – Fortführung von BGHZ 183, 197 = FamRZ 2010, 111 = FuR 2010, 164).

27 Das Abänderungsbegehren darf aber im Hinblick auf die bisherige Dauer der Unterhaltsvereinbarung **nicht treuwidrig** (§ 242 BGB) erscheinen, wozu maßgeblich auf den geltend gemachten Befristungszeitpunkt abzustellen ist. Die Darlegungs- und Beweislast dafür, dass eine spätere Befristung nach dem Willen der Beteiligten nicht ausgeschlossen sein sollte, trägt grds. der Antragsteller des Abänderungsverfahrens (zu allem BGHZ 186, 1 = FamRZ 2010, 1238 = FuR 2010, 579).

28 Allerdings genügt allein die im Vorverfahren thematisierte Geltendmachung des Begrenzungseinwands nach § 1578b BGB nicht, die Zulässigkeitsvoraussetzungen eines Verfahrens auf Abänderung eines Vergleichs nach § 239 zu erfüllen; dieses ist vielmehr nur dann eröffnet, wenn der Antragsteller rechtliche oder tatsächliche Änderungen geltend macht, die – ihre Richtigkeit unterstellt – eine Abänderung des Titels nach den materiell-rechtlichen Regeln über die Störung oder den Wegfall der Geschäftsgrundlage (§ 313 BGB) rechtfertigen (OLG Celle FamRZ 2012, 891; s.a. OLG Frankfurt FamFR 2012, 496 zu den Voraussetzungen einer nachträglichen Befristung eines in einem vor dem 12.04.2006 geschlossenen Prozessvergleich titulierten Anspruchs auf Aufstockungsunterhalt nach § 1573 Abs. 2 BGB).

29 Eine Herabsetzung oder Befristung eines vor dem 01.01.2008 geschlossenen Unterhaltsvergleichs nach § 1578b BGB ist ausgeschlossen, wenn die für die **Begrenzung angeführten Umstände** schon im Zeitpunkt der Urkundenerrichtung **vorlagen** oder ihr zukünftiger Eintritt zumindest mit Sicherheit **vorhersehbar** war. Ändert sich die höchstrichterliche Rechtsprechung (s. etwa BGH FamRZ 2006, 1006 = FuR 2006, 374), kommt es i.R.d. Vorhersehbarkeit von Umständen für die Herabsetzung oder Befristung von Aufstockungsunterhalt auf die Kenntniserlangung von der Rechtsprechung an; maßgeblicher Zeitpunkt ist der Zeitpunkt der Erstveröffentlichung in der Fachpresse (OLG Brandenburg FamRZ 2012, 985 – ausführlich zur Vorhersehbarkeit von Gründen i.S.v. § 1578b BGB bei vor dem 01.01.2008 errichteten Unterhaltstiteln).

30 Die Übergangsregelung des § 36 Nr. 1 EGZPO regelt lediglich die Abänderung solcher Unterhaltstitel und -vereinbarungen, deren Grundlagen sich durch das Unterhaltsrechtsänderungsgesetz vom 21.12.2007 geändert haben. Die Norm gilt auch für gerichtliche Vergleiche und vollstreckbare Urkunden aus der Zeit vor dem 01.01.2008 entsprechend. Die dort geforderte wesentliche Änderung der Unterhaltsverpflichtung ist nach den Regeln über die Störung bzw. den Wegfall der Geschäftsgrundlage (§ 313 BGB) zu beurteilen. Der Einwand der Befristung ist im Abänderungsverfahren ausgeschlossen, wenn sich seit Schluss der mündlichen Verhandlung in dem vorausgegangenen Verfahren die für eine Befristung wesentlichen tatsächlichen und rechtlichen Verhältnisse nicht geändert haben; dies kann bei der Abänderung einer vor dem 01.01.2008 geschlossenen Vereinbarung zum Aufstockungsunterhalt der Fall sein (BGHZ 186, 1 = FamRZ 2010, 1238 = FuR 2010, 579 m. Anm. *Borth* FamRZ 2010, 1316; *Bömelburg* FF 2010, 457 und *Born* NJW 2010, 2353 zur Befristung des Aufstockungsunterhalts; Fortführung von BGHZ 183, 197 = FamRZ 2010, 111 = FuR 2010, 164; s.a. BGH FamRZ 2001, 905; 2004, 1357).

31 **2. Vollstreckbare Urkunde.** An den Vortrag des Antragstellers, der die Abänderung einer vollstreckbaren Urkunde begehrt, sind unterschiedliche Anforderungen zu stellen, je nachdem, ob die Urkunde eine Unterhaltsvereinbarung als **zweiseitiges** Rechtsgeschäft der Beteiligten des Unterhaltsschuldverhältnisses oder ein **einseitiges** Rechtsgeschäft des Unterhaltsschuldners enthält, dem keine Vereinbarung zugrunde liegt.

a) Einseitiges Rechtsgeschäft. Beruht eine sog. einseitige Verpflichtungserklärung nicht auf einer Vereinbarung der Beteiligten über die Grundlagen der Unterhaltsbemessung, dann kann der **Unterhaltsgläubiger** mangels für ihn bestehender rechtsgeschäftlicher Bindung an die bei Errichtung der Urkunde gegebenen Verhältnisse eine Neubemessung, d.h. eine Erhöhung des Unterhalts nach den gesetzlichen Vorschriften und den danach maßgeblichen Tatsachen verlangen; diese muss er vortragen, und er muss außerdem darlegen, dass sich auf dieser Grundlage ein anderer Unterhaltsanspruch ergibt als der titulierte. Die vom ihm begehrte Abänderung einer einseitig erstellten Urkunde setzt daher keine Änderung der ihr zugrunde liegenden Umstände voraus (BGHZ 189, 284 = FamRZ 2011, 1041 = FuR 2011, 458 im Anschluss an BGH FamRZ 2004, 24 = FuR 2004, 33; 2007, 715 = FuR 2007, 216; 2009, 314 = FuR 2009, 162 – jeweils betr. eine Jugendamtsurkunde; OLG Düsseldorf FamRZ 2006, 1212 betr. eine einseitige notarielle Urkunde). 32

Der **Unterhaltsschuldner** hingegen kann keine freie Abänderung der von ihm einseitig errichteten Jugendamtsurkunden ohne Berücksichtigung von deren Bindungswirkung verlangen. Fehlt es an einer Vereinbarung der Beteiligten bei der Errichtung der Jugendamtsurkunde, da diese einseitig erstellt wurde; er ist an seine einseitige Verpflichtungserklärung – das in der Urkunde liegende Schuldanerkenntnis – und damit zugleich an die ihr nach Grund und Höhe zugrunde liegenden Umstände rechtsgeschäftlich gebunden, so dass er geänderte Umstände seit Abgabe des Schuldanerkenntnisses darlegen muss (BGHZ 189, 284 = FamRZ 2011, 1041 = FuR 2011, 458 im Anschluss an BGH FamRZ 2007, 715 = FuR 2007, 216; OLG Saarbrücken FamRB 2015, 453). Er kann sich von seiner in der Jugendamtsurkunde titulierten Unterhaltspflicht nur dann lösen, wenn sich eine nachträgliche Änderung der zugrunde liegenden Umstände – Änderung der Rechtslage oder tatsächlicher Umstände – auf die Höhe seiner Unterhaltspflicht auswirken, muss also auch die seiner damaligen Verpflichtung nach Grund und Höhe zugrunde liegenden Umstände darlegen (OLG Hamm FamFR 2012, 61; NJW 2012, 543), des weiteren, dass die bisherige Unterhaltsleistung für ihn wegen Änderung der Verhältnisse nach § 242 BGB unzumutbar geworden ist. Zur Darlegung mangelnder Leistungsfähigkeit hat er also nicht nur sein derzeitiges Einkommen, sondern auch das seinerzeit gegebene vorzutragen und auszuführen, warum er dieses nicht mehr erzielt (OLG München FamRZ 2002, 1271; OLG Hamm FamFR 2012, 33). Lag bereits zur Zeit der Errichtung der Jugendamtsurkunde eine Unterschreitung des Selbstbehalts vor, ist der Unterhaltsschuldner hieran auch bei einer Anpassung an geänderte Verhältnisse festzuhalten (OLG Hamm FamFR 2012, 33). Hat sich der Unterhaltsschuldner in einer Jugendamtsurkunde trotz aktuell nicht ausreichender Leistungsfähigkeit zu künftig steigenden Unterhaltsbeträgen verpflichtet, dann liegt in diesem Anerkenntnis regelmäßig eine Prognose dahin gehend, dass er zur Zahlung der aufgrund der Titulierung zukünftig fälligen Unterhaltsbeträge in der Lage sein werde. Ändern sich jedoch die tatsächlichen Verhältnisse entgegen der prognostizierten Erwartung nicht mit der Folge, dass für zukünftige Zeiträume eingegangene höhere Unterhaltsverpflichtungen nicht geleistet werden können, so erweist sich die Prognose als nicht mehr tragfähig; in einem solchen Falle ist eine Bindungswirkung an die für deutlich erst in der Zukunft liegende Zeiträume eingegangene Unterhaltsverpflichtung nicht mehr gegeben (OLG Hamm FamFR 2012, 33; 2013, 442). 33

Ergibt sich jedoch nach den Erklärungen in der eine einseitige Verpflichtungserklärung enthaltenden Urkunde oder aus den Umständen ihrer Errichtung, dass sie auf einer **Vereinbarung** der Beteiligten beruht, die auf Abgabe eines deklaratorischen, d.h. den Unterhaltsanspruch bestätigenden oder zur Beendigung eines Streits darüber bestimmten Schuldanerkenntnisses gerichtet ist (sog. **kausaler Anerkenntnisvertrag**, s. BGH NJW 1995, 960; NJW-RR 2007, 530), dann sind wegen der Ähnlichkeit mit einer Unterhaltsvereinbarung wie dort sowohl bei einem Abänderungsantrag des Unterhaltsschuldners wie bei einem solchen des Unterhaltsgläubigers die Grundsätze über die Störung bzw. den Wegfall der Geschäftsgrundlage (§ 313 BGB) anzuwenden; die Vortragslast entspricht den Anforderungen an die Vortragslast betr. die Abänderung eines gerichtlichen Vergleichs (BGH FamRZ 2003, 304 = FuR 2003, 285). 34

b) Zweiseitiges Rechtsgeschäft. Voraussetzung und Umfang der Abänderung einer Unterhaltsvereinbarung ist allein der dort zum Ausdruck gebrachte oder ihrem Zustandekommen zugrunde liegende **einvernehmliche Wille** der Beteiligten maßgeblich, weil nur dieser Geltungsgrund der Vereinbarung ist und darüber entscheidet, welche Verhältnisse zu deren Grundlage gehören, und wie die Beteiligten diese Verhältnisse bewertet haben (BGH FamRZ 1995, 665). Der für die Zulässigkeit eines Abänderungsantrages erforderliche Tatsachenvortrag entspricht daher den Anforderungen an den Tatsachenvortrag wie bei der Abänderung eines gerichtlichen Vergleichs. 35

§ 239

36 **3. Präklusion.** § 238 Abs. 2 darf in Abänderungsverfahren nach § 239 nicht entsprechend angewendet werden: Der **Tatsachenvortrag** in einem **ersten Abänderungsverfahren** unterliegt keiner zeitlichen Einschränkung, weil gerichtlichen Vergleichen und/oder vollstreckbaren Urkunden keine materielle Rechtskraft zukommt, und die Präklusion nur die Wirkung der Rechtskraft gerichtlicher Entscheidungen sichern soll. Grds. können daher auch Tatsachen geltend gemacht werden, die bereits im Zeitpunkt der Errichtung des Titels vorgelegen haben (BGHZ 186, 1 = 2010, 1238 = FuR 2010, 579). Der Antragsgegner eines Abänderungsverfahrens kann sich zur **Verteidigung** des Titels daher auf bei Abschluss eines Prozessvergleichs bereits tatsächlich vorhandene, jedoch nicht berücksichtigte Alttatsachen berufen, nicht jedoch für die **Erhöhung** des titulierten Unterhalts (OLG Celle FamRZ 2012, 891 – ausführlich zur Beachtlichkeit bislang nicht berücksichtigter Alttatsachen im Unterhaltsabänderungsverfahren).

37 Wollten die Parteien die spätere Begrenzung des Unterhalts in einem Titel offen halten, wovon mangels einer entgegenstehenden ausdrücklichen oder konkludenten vertraglichen Regelung im Zweifel auszugehen ist, dann entfaltet der Titel insoweit keine Bindungswirkung für die Zukunft, sondern eröffnet den Parteien – vergleichbar mit einer Entscheidung, durch die über eine spätere Begrenzung ausweislich der Entscheidungsgründe noch nicht entschieden sein soll – eine spätere Abänderung auch ohne Änderung der zugrunde liegenden tatsächlichen Verhältnisse. Anders als bei Tatsachen, die unmittelbar für die Bemessung des Unterhalts maßgeblich sind, besteht bei der Befristung des Unterhalts nach § 1578b Abs. 2 BGB die Besonderheit, dass sie von der Unbilligkeit einer weitergehenden Unterhaltsleistung abhängt, und dieser Umstand jedenfalls bei der erstmaligen Festlegung des nachehelichen Unterhalts im Zusammenhang mit der Scheidung regelmäßig erst in der Zukunft eintritt. Es liegt daher nahe, dass der Unterhaltsschuldner, wenn im Titel nicht sogleich eine Regelung zur Dauer der Unterhaltsgewährung getroffen oder aber eine Befristung ausgeschlossen worden ist, mit einem Ausschluss des Befristungseinwands regelmäßig nicht einverstanden ist, und auch der Unterhaltsgläubiger nach Treu und Glauben die Zahlungsbereitschaft des Unterhaltsschuldners nur als eine in diesem Sinne eingeschränkte verstehen kann (BGHZ 186, 1 = 2010, 1238 = FuR 2010, 579).

38 Haben die Beteiligten eines (auch) den laufenden Unterhalt betreffenden Verfahrens in der **Beschwerdeinstanz** einen gerichtlichen **Vergleich** geschlossen, in dem sie den Unterhalt zwar anderweitig, aber im Ergebnis in derselben Höhe bemessen haben wie der angefochtene Beschluss, und deshalb im Vergleich Rechtsmittelrücknahme erklärt, bleibt der erstinstanzliche Ausspruch über den Unterhaltsanspruch bestehen und erwächst in Rechtskraft; ein Abänderungsantrag ist dann gegen diesen Beschluss zu richten, weshalb dann § 238 Abs. 2 zu beachten ist (BGH FamRZ 1990, 269).

39 Wurde der einen gerichtlichen Vergleich betreffende Abänderungsantrag, mit der die Reduzierung einer Unterhaltsverpflichtung erstrebt wird, abgewiesen, kann dies nicht materiell als Verpflichtung zu künftigen Unterhaltsleistungen durch Beschluss angesehen werden; andernfalls hätte es ein Vergleichsbeteiligter in der Hand, dem anderen die Berufung auf eine bisher eingetretene Veränderung der Verhältnisse abzuschneiden, indem er einen unbegründeten Abänderungsantrag stellt (BGH FamRZ 1995, 221; s.a. OLG Hamm FamRZ 1995, 1152; OLG Karlsruhe FamRZ 1995, 893). Abzuändernder Titel bleibt deshalb der Vergleich (a.A. OLG Koblenz NJW-RR 1999, 1680; offen gelassen in BGH FamRZ 1995, 221). Wird bei einem durch Vergleich titulierten Unterhalt der Abänderungsantrag des Unterhaltsschuldners durch gerichtliche Entscheidung in vollem Umfange zurückgewiesen, hindert die Rechtskraft dieser Entscheidung ein späteres Erhöhungsverlangen des Unterhaltsgläubigers nicht (BGH FamRZ 2013, 1215 = FuR 2013, 530 im Anschluss an BGH FamRZ 1995, 221 – hierzu auch Anm. *Graba* FamFR 2013, 313 ff.; *Hoppenz* FamRZ 2013, 1217 f.; *Finke* FF 2013, 452 ff.; *Soyka* FuR 2013, 531 f.; *Born* NJW 2013, 2360 ff.)

40 **4. Rückwirkende Abänderung von Titeln.** Da sich die Abänderung eines gerichtlichen Vergleichs oder einer vollstreckbaren Urkunde allein nach den Regeln des materiellen Rechts richtet, bestehen hinsichtlich des Zeitpunkts, ab dem eine Abänderung begehrt werden kann, keine verfahrensrechtlichen Einschränkungen; § 238 Abs. 3 ist auch nicht entsprechend anwendbar. Ein gerichtlicher Vergleich oder eine vollstreckbare Urkunde können somit grds. auch für die **Zeit vor Erhebung** des **Abänderungsantrages** abgeändert werden; ein solcher Titel schafft keinen einer rechtskräftigen Entscheidung gleichkommenden Vertrauenstatbestand (BGHZ 85, 64 = FamRZ 1983, 22; OLG Brandenburg FamRZ 2004, 210). Allerdings setzt ein Abänderungsbegehren naturgemäß voraus, dass die Änderung der Verhältnisse bereits eingetreten ist, denn erst ab diesem Zeitpunkt wird das Unterhaltsverhältnis der Beteiligten durch die veränderten Umstände bestimmt (BGHZ 80, 389 = FamRZ 1981, 862). Eine Abänderung kommt daher mit Wirkung auf denjenigen Zeitpunkt in Betracht, in dem der Abänderungsgrund eingetreten ist. Besteht dieser in einer Änderung der

Rechtslage, ist auf das Inkrafttreten des entsprechenden Gesetzes oder auf den Erlass (§ 38 Abs. 3 Satz 3) der die höchstrichterliche Rechtsprechung ändernden Entscheidung abzustellen (BGH FamRZ 2003, 518 = FuR 2003, 248; BGHZ 171, 206 = FamRZ 2007, 793 = FuR 2007, 276).

Der Gläubiger wird durch § 818 Abs. 3 BGB ausreichend davor geschützt, für die Vergangenheit Unterhalt **41** zurückzahlen zu müssen. Diese Vorschrift dient dem **Schutze des gutgläubig Bereicherten**, der das rechtsgrundlos Empfangene im Vertrauen auf das Fortbestehen des Rechtsgrundes verbraucht hat und daher nicht über den Betrag der bestehen gebliebenen Bereicherung hinaus zur Herausgabe oder zum Wertersatz verpflichtet werden soll. Bei der Überzahlung von Unterhalt kommt es daher darauf an, ob der Unterhaltsgläubiger die Beträge restlos für seinen Lebensbedarf verbraucht oder sich noch in seinem Vermögen vorhandene Werte – auch in Form anderweitiger Ersparnisse, Anschaffungen oder Tilgung eigener Schulden – verschafft hat. Insoweit hat die Rspr. Beweiserleichterungen geschaffen, wenn aus der Überzahlung in der fraglichen Zeit keine besonderen Rücklagen oder Vermögensvorteile gebildet wurden: Insbes. bei unteren und mittleren Einkommen spricht dann nach der Lebenserfahrung eine Vermutung dafür, dass das Erhaltene für eine Verbesserung des Lebensstandards ausgegeben wurde, ohne dass der Bereicherte einen besonderen Verwendungsnachweis erbringen müsste (zu allem BGHZ 118, 383, 386 = FamRZ 1992, 1152 m.w.N.; OLG Brandenburg FamRZ 2006, 1856 m.w.N.).

Es ist nicht notwendig, dass der Schuldner den Gläubiger wegen eines Verzichts auf seine Rechte aus dem **42** Titel in **Verzug** gesetzt hat (BGH FamRZ 1991, 542). Allerdings kann die rückwirkende Abänderung eines Titels i.R.d. Begründetheit materiell-rechtlich eingeschränkt sein, etwa wenn das Abänderungsbegehren hinsichtlich eines vor der Antragstellung liegenden Unterhaltszeitraums gegen Treu und Glauben verstößt (§ 242 BGB), insb. wenn aufgrund der Umstände des Einzelfalles dem Schuldner die Zahlung höheren Unterhalts für die Vergangenheit nicht zugemutet werden kann, oder aber wenn das den materiell-rechtlichen Voraussetzungen des § 1613 Abs. 1 BGB (OLG Naumburg NJW-RR 2010, 655) unterliegende, jedoch danach zulässige rückwirkende Erhöhungsverlangen des Gläubigers hinsichtlich der Vergangenheit als rechtsmissbräuchlich anzusehen ist (§ 242 BGB). Die Vergleichsparteien können allerdings aufgrund ihrer Vertragsautonomie rückwirkende Abänderung ausschließen oder von frei vereinbarten Voraussetzungen abhängig machen. Es ist jedoch mutwillig und steht der Bewilligung von Verfahrenskostenhilfe entgegen, wenn der Schuldner titulierten Kindesunterhalt gerichtlich herabsetzen lassen will, ohne zuvor gegenüber dem gesetzlichen Vertreter des Kindes mit dem Ziel einer außergerichtlichen Einigung verminderte Leistungsfähigkeit geltend zu machen (OLG München ZFE 2011, 111 = FamRZ 2011, 386 [Ls]).

Grds. kann jeder Teil – auch rückwirkend ab Änderung der Verhältnisse, die zeitliche Sperrwirkung des **43** § 238 Abs. 3 Satz 4 gilt bei der Abänderung von Jugendamtsurkunden nicht (OLG Hamm FamFR 2012, 61) – für die Zeit vor einem Auskunfts- oder Verzichtsverlangen Abänderung einer einseitig in einer **Jugendamtsurkunde** titulierten Unterhaltsverpflichtung verlangen, soweit sich die zugrunde liegenden Umstände seit der Titulierung der Unterhaltspflicht wesentlich geändert haben (BGH FamRZ 1989, 172; 1990, 989; OLG Köln FamRZ 2000, 905; FamFR 2012, 439; OLG Nürnberg FamRZ 2004, 212; OLG Brandenburg FamRZ 2006, 1856). Grenzen der rückwirkenden Abänderung können sich aus § 242 BGB ergeben (OLG Naumburg FuR 2015, 178 = FamRZ 2015, 1425 [Ls]).

C. Begründetheit des Abänderungsbegehrens (§ 239 Abs. 2). § 239 Abs. 2 verweist in Übernahme der zu **44** § 323 ZPO a.F. ergangenen Rechtsprechung (BGH FamRZ 1986, 790; 1997, 811 zur Abänderung einer notariellen Unterhaltsvereinbarung) wegen der übrigen Voraussetzungen der Anpassung des Titels an veränderte Umstände und wegen des Umfangs des mit dem Antrag geltend gemachten Abänderungsanspruchs auf die **Vorschriften** des **bürgerlichen Rechts** (st.Rspr. seit BGH GSZ FamRZ 1983, 22, und ständig, zuletzt FamRZ 2012, 525; 2012, 951 = FuR 2012, 372); bedeutsam sind insb. Störung bzw. Wegfall der Geschäftsgrundlage sowie die Grundsätze über das Schuldanerkenntnis. Die Abänderung eines Vergleichs bzw. einer zweiseitigen vollstreckbaren Urkunde richtet sich bereits deshalb allein nach **materiellem Recht**, da die Vertragspartner die Kriterien der Abänderbarkeit autonom bestimmen können. Maßgebend sind demnach allein der Inhalt der getroffenen Vereinbarung, welche Voraussetzungen die Beteiligten für eine Abänderung vereinbart haben, sowie die Regeln zur Anpassung der Geschäftsgrundlage (§ 313 BGB). Liegt einer beurkundeten einseitigen Unterhaltsverpflichtung eine Vereinbarung zugrunde, dann ist der Titel nach den für einen Vergleich geltenden Grundsätzen anzupassen.

I. Ausschluss von Abänderungsregelungen im Ausgangstitel. Die Abänderung eines Prozessvergleichs **45** richtet sich allein nach materiell-rechtlichen Kriterien; dabei ist – vorrangig gegenüber einer Störung der

Geschäftsgrundlage – durch Auslegung zu ermitteln, ob und mit welchem Inhalt die Parteien eine insoweit bindende Regelung getroffen haben (BGHZ 186, 1 = FamRZ 2010, 1238; FamRZ 2013, 274 = FuR 2013, 165). Der Abänderung eines Prozessvergleichs darf daher nicht der Inhalt der Vereinbarung selbst entgegenstehen, da die Parteien einer Unterhaltsvereinbarung befugt sind, die Änderung der Vereinbarung abweichend von den gesetzlichen Regeln zu gestalten und insb. insgesamt auszuschließen.

46 Die Abänderung eines Vergleichs oder einer vollstreckbaren Urkunde scheidet daher von vornherein bereits dann aus, wenn die Vertragsparteien mit jegliche Zweifel ausschließender Deutlichkeit die **Abänderung** des **Titels vertraglich ausgeschlossen** haben, und zwar auch dann, wenn sie ganz bestimmte Abänderungsgründe übereinstimmend aufgenommen, im Übrigen jedoch die Nichtabänderbarkeit vereinbart haben (OLG Hamm FamFR 2012, 106; *Heinemann* FamRB 2010, 184 ff., insb. zur Anordnung bzw. zum Ausschluss der Abänderbarkeit nach § 239). Ein Unterhaltsschuldner, der die Abänderbarkeit einer Vereinbarung über nachehelichen Unterhalt vertraglich ausgeschlossen hat, kann sich zur Abwehr des Unterhaltsanspruchs nur dann auf den Grundsatz von Treu und Glauben berufen, wenn die Zahlung des vereinbarten Unterhaltsbetrags seine wirtschaftliche Existenz gefährden würde. Dies ist dann der Fall, wenn ihm bei Zahlung des vereinbarten Unterhaltsbetrags weniger als der notwendige Selbstbehalt verbliebe (KG FamRB 2016, 91).

47 Die Möglichkeit vertraglicher Begrenzung einer Abänderung trifft auch auf die Möglichkeit einer nachträglichen Herabsetzung und Befristung des Unterhaltsanspruchs zu: So kann die Herabsetzung/Befristung oder ihr Ausschluss im Einzelfall Verhandlungsgegenstand und Bestandteil der Äquivalenzvorstellungen der Beteiligten geworden sein, indem sie etwa die Höhe des Unterhalts und die Befristung gegeneinander abgewogen haben. Dies hätte zur Folge, dass die Befristung in die Unterhaltsbemessung eingeflossen wäre, und eine spätere Abänderung an der Bindungswirkung des Vergleichs scheitern würde (BGH FamRZ 2010, 1238; OLG Brandenburg FamRZ 2012, 985).

48 Wird eine bis dahin nicht vollstreckbare ehevertragliche Unterhaltsregelung auf eine Leistungsklage hin ohne Veränderung der Grundlagen durch gerichtliche Entscheidung tituliert, dann ist i.R.d. dann einschlägigen § 238 auch § 313 BGB zu beachten, wobei – vorrangig ggü. einer Störung der Geschäftsgrundlage – durch Auslegung des Vergleichs zu ermitteln ist, ob und mit welchem Inhalt die Parteien eine **bindende Regelung** zur **Möglichkeit** einer **Abänderung** getroffen haben (vgl. BGHZ 186, 1 = FamRZ 2010, 1238 = FuR 2010, 579; 2012, 197 = FuR 2012, 131; 2012, 525; 2013, 274 = FuR 2013, 165). Haben die Parteien in einem Ehevertrag eine lebenslange Unterhaltsverpflichtung vereinbart, und hat sich die Rechtslage danach geändert (etwa Möglichkeit der Befristung), dann bleibt es dem Unterhaltsschuldner im Zweifel unbenommen, sich auf eine Störung der Geschäftsgrundlage zu berufen (BGH FamRZ 2015, 824 = FuR 2015, 352 im Anschluss an BGH FamRZ 2012, 525 = FuR 2012, 254). Bei einer nach § 313 i.V.m. § 1578b Abs. 1 Satz 1 BGB gebotenen Herabsetzung des Unterhalts auf den angemessenen Lebensbedarf ist die ehevertragliche Regelung, wonach eine Anrechnung von Erwerbseinkommen nicht erfolgt, dann grundsätzlich auch weiterhin zu berücksichtigen (BGH FamRZ 2015, 824 = FuR 2015, 352 m. Anm. *Witt* FamRZ 2015, 827 f. und Reinecke NZFam 2015, 459 f.). Haben die Parteien in einem Scheidungsfolgevergleich hingegen die Zahlung eines unbefristeten Ehegattenunterhalts vereinbart, kann sich der Unterhaltsschuldner nicht auf eine Störung der Geschäftsgrundlage durch spätere Änderungen der Rechtslage berufen, wenn die Parteien in der Ausgangsvereinbarung auf das Recht zur Abänderung des Vergleichs ausdrücklich verzichtet haben (BGH FamRZ 2015, 734 = FuR 2015, 474 – Fortführung von BGHZ 186, 1 = FamRZ 2010, 1238 = FuR 2010, 579; FamRZ 2010, 192 = FuR 2010, 160; FamRZ 2012, 197 = FuR 2012, 131; FamRZ 2012, 525 = FuR 2012, 254 m. Anm. *Bergschneider* FamRZ 2015, 737 f.; *Soyka* FuR 2015, 476 f.; *Schwab* MittBayNot 2015, 408 f.; *Born* NJW 2015, 1245 f.; *Kleyling* NotBZ 2015, 365; so auch OLG Saarbrücken NZFam 2015, 1015).

49 **II. Abänderungslage. 1. Änderung der Rechtslage.** Von einer Störung bzw. einem Wegfall der Geschäftsgrundlage (§ 313 BGB) ist auszugehen, wenn der Geschäftswille der Beteiligten (auch) auf der gemeinschaftlichen Erwartung vom Fortbestand einer bestimmten Rechtslage beruht (BGH FamRZ 1983, 569; 1994, 562). Die Geschäftsgrundlage kann bei einem beiderseitigen Irrtum über die Rechtslage bei Abschluss einer Vereinbarung oder bei Errichtung einer vollstreckbaren Urkunde fehlen, wenn der Titel ohne diesen Rechtsirrtum nicht oder nicht mit diesem Inhalt errichtet worden wäre, aber auch dann, wenn der Geschäftswille der Parteien auf der gemeinschaftlichen Erwartung vom Fortbestand einer bestimmten Rechtslage aufgebaut war (BGHZ 58, 355, 362 ff.; FamRZ 1983, 569, 573; 1994, 562, 564; 1995, 665, 666). Weist der Titel keine eindeutigen Regelungen aus, dann ist im Wege der Auslegung zu ermitteln, welche Verhält-

nisse die Parteien zur Grundlage ihrer Einigung gemacht haben, und von welcher Rechtslage sie ausgegangen sind.

Eine Änderung der Gesetzeslage und die ihr gleichkommende verfassungskonforme Auslegung einer Norm durch das Bundesverfassungsgericht erlauben nicht nur Abänderung von Entscheidungen, sondern auch von Vergleichen und auch von vollstreckbaren Urkunden, wenn ihnen eine Vereinbarung zugrunde liegt (BGHZ 148, 368 = FamRZ 2001, 1687 = FuR 2001, 494 unter Hinweis auf BGH FamRZ 1990, 1091, 1094; s.a. BGH FamRZ 1991, 542). 50

Die **Änderung** einer **gefestigten höchstrichterlichen Rechtsprechung** kann auch bei Titeln über Dauerschuldverhältnisse zu Störungen vertraglicher Vereinbarungen führen, die nach den Grundsätzen über den Wegfall der Geschäftsgrundlage im Wege der Anpassung bereinigt werden können, wenn sie eine andere Rechtslage schafft und damit in ihren Auswirkungen einer Gesetzesänderung oder Änderung der Rechtslage durch die Rspr. des Bundesverfassungsgerichts vergleichbar ist. Das kommt grds. nur für die Änderung einer gefestigten höchstrichterlichen Rechtsprechung, nicht aber einer Rechtsprechung der **Instanzgerichte** in Betracht, da die Parteien bei der Regelung von Dauerschuldverhältnissen im Zweifel von derjenigen Rechtslage ausgehen, die sie aufgrund höchstrichterlicher Rechtsprechung als gefestigt ansehen. Ausnahmen hiervon sind allenfalls denkbar, wenn die Parteien erkennbar eine bestimmte, nur in ihrem Oberlandesgerichtsbezirk vertretene und jetzt aufgegebene Rechtsauffassung zugrunde legen, die – mit erheblichen Auswirkungen für die getroffene Dauerregelung – aufgegeben wird, so dass ein weiteres Festhalten hieran gegen Treu und Glauben verstieße. Haben die Parteien ihre Vereinbarung auf der Grundlage der höchstrichterlichen Rechtsprechung getroffen, kann folglich die bloße Änderung der Rechtsprechung von Instanzgerichten noch nicht zu einer Abänderung des Prozessvergleichs führen (zu allem BGHZ 148, 368 = FamRZ 2001, 1687 = FuR 2001, 494). 51

2. Änderung der tatsächlichen Verhältnisse. Sowohl bei einem gerichtlichen Vergleich als auch bei einer vollstreckbaren Urkunde kann – ebenso wie bei einer Entscheidung zu laufendem Unterhalt – eine Abänderung wegen einer **Änderung** der **allgemeinen und/oder individuellen Verhältnisse** begründet sein, etwa wegen Änderung der persönlichen Lebensverhältnisse eines der Vertragspartner (etwa BGH FamRZ 2014, 912 = FuR 2014, 413 m. Anm. *Borth* FamRZ 2014, 915 ff.; *Kleinwegener* FF 2014, 321 f.; *Soyka* FuR 2014, 414 f.; *Graba* NJW 2014, 1593; *Maurer* notar 2014, 340 ff.; *Theile* NZFam 2014, 693 zur Anpassung einer Vereinbarung zum nachehelichen Unterhalt und zum Kindesunterhalt bei späterem Hinzutreten weiterer Unterhaltspflichten - Kindesunterhalt und Ehegattenunterhalt; BGH FamRZ 2013, 853 = FuR 2013, 390 m. Anm. *Hoppenz* FamRZ 2013, 858 ff.; *Soyka* FuR 2013, 392 f.; *Graba* FamFR 2013, 241 ff. zur Anpassung einer auf der für verfassungswidrig erklärten Dreiteilung des Gesamteinkommens bei Wiederverheiratung des Unterhaltsschuldners beruhenden Unterhaltsvereinbarung; hierzu nachgehend OLG Zweibrücken FF 2014, 371; zur Abänderung des Unterhaltsanspruchs einer geschiedenen Frau nach Wiederheirat und Geburt eines weiteren Kindes auf Seiten des Unterhaltsschuldners – Dreiteilung des gesamten Einkommens im Rahmen der Leistungsfähigkeit – OLG Hamm FuR 2013, 724 = FamRZ 2013, 1988 [Ls]). Der Abänderung eines Unterhaltsvergleichs steht es nicht schon entgegen, dass das vom Unterhaltsschuldner geschilderte Krankheitsbild dem vor Abschluss eines Vergleichs dargestellten weitgehend entspricht; vielmehr kann ein Abänderungsgrund vorliegen, wenn der Unterhaltsschuldner erst nach dem Vergleichsabschluss seine Erwerbstätigkeit mit Rücksicht auf seinen schlechten Gesundheitszustand reduziert hat (OLG Hamm FuR 2013, 116). Ein Grund für die Abänderung eines Vergleichs zum Kindesunterhalt liegt regelmäßig vor, wenn die unterhaltspflichtige Mutter aufgrund der Geburt eines weiteren Kindes ihrer Berufstätigkeit zurzeit nicht nachgeht und deshalb nicht mehr über das dem Vergleich zugrundeliegende Erwerbseinkommen verfügt (OLG Brandenburg NJW 2014, 1248 = FamRB 2014, 287). Allein der Zeitablauf von mehr als 5 Jahren seit Abschluss eines Vergleichs führt nicht ohne weiteres zum Wegfall einer in diesem Vergleich vorgenommenen Einkommensfiktion; erst wenn sich der Unterhaltsschuldner ernsthaft und intensiv ohne Erfolg um eine Arbeitsstelle bemüht hat, ist ihm das fiktive Einkommen nicht mehr zuzurechnen, was in einem Abänderungsverfahren geltend gemacht werden kann (OLG Hamm FamRZ 2014, 333 = FuR 2013, 664). 52

3. Eintritt vereinbarter Abänderungsgründe. Die Beteiligten können in einem gerichtlichen Vergleich oder in einer vollstreckbaren Urkunde im Rahmen ihrer Vertragsautonomie **besondere Regelungen** über die **Abänderbarkeit** des Titels treffen. Danach kann zunächst Abänderung verlangt werden, wenn die Vergleichsbeteiligten insoweit bestimmte Voraussetzungen vereinbart haben, und diese tatsächlich eintreten. 53

Gegenstand von Vereinbarungen ist in der familiengerichtlichen Praxis vielfach die sog. »begrenzte Nichtanrechnungsklausel« (Abrede, dass der Unterhaltsgläubiger ein bestimmtes monatliches Einkommen »anrechnungsfrei« hinzuverdienen darf). Nach Überschreiten dieser Grenze entsteht ein Abänderungsanspruch des Unterhaltsschuldners mit der Maßgabe, dass der Unterhalt unter Berücksichtigung der weiteren relevanten Faktoren neu zu bemessen ist. In einem solchen Fall trifft den Unterhaltsgläubiger eine vertragliche Pflicht zur unaufgeforderten Information über die Erzielung höherer Einkünfte, um dem anderen Teil die Wahrnehmung seines Rechts auf Abänderung zu ermöglichen (BGH NJW 1997, 1439; OLG Hamm NJW-RR 1994, 772 = FamRZ 1994, 1265 [Ls]; grundlegend zur Informationspflicht des Unterhaltsgläubigers hinsichtlich eines erheblichen Anstiegs des eigenen Einkommens s. BGH FamRZ 2008, 1325 = FuR 2008, 401).

54 Eine Regelung, nach der einem Beteiligten die Geltendmachung einer Abänderung vorbehalten ist, ohne dass insoweit ein bestimmter Abänderungsgrund aufgeführt wird, rechtfertigt hingegen allein kein Abänderungsbegehren (OLG Karlsruhe FamRZ 2010, 1253). Enthält ein Unterhaltsvergleich lediglich eine allgemein gefasste Bestimmung zur Abänderung des Vergleichs bei Änderung der Verhältnisse, sind damit andere Änderungsgründe – insbesondere eine Befristung des Unterhaltsanspruchs – nicht ausgeschlossen (OLG Köln FamRZ 2014, 1207 im Anschluss an BGH FamRZ 2010, 1238 = FuR 2010, 579). Auch der Bestand von Individualregelungen ist aber an den Grundsätzen über die Störung bzw. den Wegfall der Geschäftsgrundlage (§ 313 BGB) zu messen. Das trifft insb. auf Bestimmungen zu, die eine Abänderbarkeit einschränken oder gar ausschließen. Aus der bloßen Festlegung eines Pauschalbetrages, d.h. aus dem Fehlen einer Berechnungsgrundlage im Vergleichstext ergibt sich ein vereinbarter Ausschluss der Abänderbarkeit regelmäßig nicht; vielmehr setzt dieser eine eindeutig als endgültig aufzufassende Regelung voraus (BGH FamRZ 2010, 192 = FuR 2010, 160 zu einem pauschalen Unterhaltsvergleich ohne Niederlegung der Geschäftsgrundlage). Haben die Eltern in einer Abänderungsklausel für einen (Prozess-) Vergleich über Kindesunterhalt eine Abänderbarkeit sowohl für den Fall der wesentlichen Änderung der Vergleichsgrundlagen als auch für den Fall eines Zahlungsrückstands von mehr als einem Monat vereinbart, so kann die Auslegung der Klausel ergeben, dass eine Anpassung im Falle eines Zahlungsrückstands unabhängig von einer wesentlichen Änderung der Vergleichsgrundlage erfolgen soll (OLG Karlsruhe FamRZ 2014, 1852).

55 **III. Umfang des Abänderungsanspruchs.** Fehlt es an solchen autonomen Regelungen, kommt ein Abänderungsanspruch nach § 313 BGB (Störung bzw. Wegfall der Geschäftsgrundlage) dann in Betracht, wenn die **maßgeblichen** behaupteten und die im Abänderungsverfahren unstreitigen und/oder festgestellten **neuen Verhältnisse** es **unzumutbar** machen, den Antragsteller unverändert an dem angefochtenen Titel festzuhalten (BGH FamRZ 1988, 156 zur Veränderung der Vergleichsgrundlagen eines Unterhaltsvergleichs bei Nebentätigkeit; 1992, 539; 2004, 1357 = FuR 2004, 548).

56 **1. Anpassung.** Haben sich Umstände, welche die Parteien zur Grundlage ihres Titels gemacht haben, nach Vertragsschluss schwerwiegend verändert, und hätten die Parteien den Titel nicht oder mit anderem Inhalt errichtet, wenn sie diese Veränderungen vorausgesehen hätten, so kann Anpassung des Titels an die veränderten Umstände verlangt werden, wenn soweit ein Teil unter Berücksichtigung aller Umstände des Einzelfalles, insb. der vertraglichen oder gesetzlichen Risikoverteilung, das Festhalten an dem unveränderten Titels nicht zugemutet werden kann (§ 313 Abs. 1 BGB).

57 Ein Vergleich oder eine vollstreckbare Urkunde dürfen nicht frei und beliebig abgeändert werden; vielmehr entfaltet ein solcher Titel **Bindung** mit der Maßgabe, dass er nur unter Wahrung des der Errichtung des Titels zugrunde liegenden Willens der Beteiligten und der ihm entsprechenden Grundlagen der Unterhaltsbemessung an die veränderten Verhältnisse angepasst werden darf. Daher entscheidet der in einem gerichtlichen Vergleich oder in einer vollstreckbaren Urkunde niedergelegte **Wille** der **Beteiligten** darüber, welche tatsächlichen Verhältnisse und welche Rechtslage sie zur Grundlage ihrer rechtsgeschäftlichen Einigung gemacht und wie sie diese seinerzeit bewertet haben. Mangels klarer Festschreibung in der Vereinbarung ist dieser Vertragswille durch Auslegung nach §§ 133, 157 BGB zu ermitteln (BGH FamRZ 1989, 150). Daher sind grds. bereits die Grundlagen des Ausgangstitels einer Korrektur entzogen, solange sich solche Umstände nicht so weit fortentwickelt haben, dass dem hierdurch benachteiligten Beteiligten ein Festhalten an dieser vertraglichen Vorgabe schlechterdings nicht mehr zugemutet werden kann (OLG Hamm FamFR 2012, 84).

58 Im Rahmen einer Entscheidung über eine Anpassung des Unterhalts nach **§ 33 VersAusglG** darf der Unterhalt nicht unabhängig von einem bereits bestehenden vollstreckbaren Unterhaltstitel, der den gesetzlich ge-

schuldeten Unterhalt konkretisiert, neu berechnet werden; vielmehr stellt der titulierte Unterhalt grds. auch den gesetzlich geschuldeten Unterhalt dar, sofern sich die dem Unterhaltstitel zugrunde liegenden Verhältnisse nicht wesentlich geändert haben, so dass der Unterhaltsschuldner den Titel nach §§ 238, 239 abändern oder die weitere Vollstreckung nach § 767 ZPO abwehren kann (OLG Hamm FamRZ 2011, 815).

2. Neubemessung. Haben die Vertragsparteien für den Fall eines Abänderungsverfahrens eine **Neubemessung** des Unterhalts vereinbart, dann betrifft dies allein die materiell-rechtliche Bewertung des Unterhaltsanspruchs, nicht aber die prozessuale Verfahrensweise (s. OLG Zweibrücken FamRZ 2004, 1884). Haben die Beteiligten vereinbart, dass sich die Unterhaltsansprüche ab einem bestimmten Zeitpunkt nach den gesetzlichen Vorschriften richten sollen, dann fehlt dem Vergleich unter Beachtung dieser modifizierenden Regelung ab diesem Zeitpunkt eine bindende Regelung, weshalb er insoweit frei abänderbar ist; einer Darlegung der Änderung der tatsächlichen Verhältnisse – wie etwa der Einkommensverhältnisse – bedarf es dann nicht mehr (BGH FamRZ 2013, 274 = FuR 2013, 165). Lässt sich die Bemessung des in einem gerichtlichen Vergleich oder in einer vollstreckbaren Urkunde titulierten Unterhalts unter Zugrundelegung der dort herangezogenen Kriterien nicht (mehr) nachvollziehen, und ist deshalb eine Anpassung an zwischenzeitlich geänderte Verhältnisse nicht möglich, dann ist der Unterhalt wie bei einer Erstfestsetzung nach den gesetzlichen Vorschriften neu zu bemessen (BGH FamRZ 2001, 1140 = FuR 2001, 314). Haben sich die Grundlagen eines gerichtlichen Vergleichs oder einer vollstreckbaren Urkunde so tiefgreifend geändert, dass dem Willen der Beteiligten kein hinreichender Anhaltspunkt für die Abänderung zu entnehmen ist, kann diese ausnahmsweise ohne Bindung an die dann unbrauchbar gewordenen Grundlagen des abzuändernden Titels vorgenommen werden (BGH FamRZ 1994, 696). 59

3. Zumutbarkeit. Haben Parteien gerade auch im Hinblick auf eine voraussichtlich lange Dauer der Unterhaltsverpflichtung eine konkrete Regelung zum Umfang und zu den Voraussetzungen einer möglichen Abänderung des Unterhaltstitels getroffen, erscheint es unbillig, allein die Neuregelungen zum Unterhaltsrecht ausreichen zu lassen, um nach den Grundsätzen der Änderung bzw. des Fortfalls der Geschäftsgrundlage eine Änderung verlangen zu können (OLG Köln FamRZ 2012, 987 = FuR 2012, 616; s.a. OLG Koblenz FuR 2014, 672 = FamRZ 2014, 2005 [Ls] zur Anrechnung von überobligatorischen Einkünften im Alter). 60

Ob und in welcher Weise ein Titel mit vertraglichen Grundlagen abgeändert werden darf, bedarf einer sorgfältigen Prüfung unter Berücksichtigung der **Interessen beider Parteien**: Es genügt nicht, dass ein weiteres Festhalten am Vereinbarten nur für einen der Vertragspartner unzumutbar erscheint; hinzukommen muss vielmehr, dass eine Abänderung auch der anderen Partei zuzumuten ist (BGHZ 58, 355, 363). Dabei ist auch zu beachten, ob die in einem Vergleich insgesamt getroffenen Regelungen noch in einem **ausgewogenen Verhältnis** zueinanderstehen, was insb. für Scheidungsfolgenvereinbarungen gilt, die mehrere Punkte (etwa Vermögensausgleich, Unterhalt, Versorgungsausgleich) enthalten (BGH FamRZ 2004, 1357 = FuR 2004, 548). Rechtfertigen Umstände, die erstmals durch das UÄndG vom 21.12.2007 (BGBl. I, Satz 3189) bedeutsam geworden sind, eine Änderung des Unterhaltsanspruchs, können Titel nach § 239 nur dann abgeändert werden, wenn die Abänderung dem anderen Teil zumutbar ist (§ 36 Nr. 1 EGZPO). 61

Ausschlaggebend können Aspekte des Vertrauensschutzes sein, etwa wenn und soweit sich der Unterhaltsgläubiger darauf eingerichtet hat, zur Sicherstellung seines eigenen Lebensbedarfs keine weiteren Einkünfte erzielen zu müssen; dann kann im Rahmen eines Abänderungsverfahrens gem. § 239 ein Vertrauenstatbestand hinsichtlich der Höhe des im Vergleich zugrunde gelegten fiktiven Erwerbseinkommens gerechtfertigt sein (OLG Hamm FamFR 2013, 394 = FamRZ 2013, 1812 [Ls]). Dies kann auch dann gelten, wenn der Unterhaltsanspruch der Ehefrau tituliert war, und der Ehemann in einer notariellen Vereinbarung ausdrücklich erklärt hat, er erwarte keine Erwerbstätigkeit der Ehefrau (KG FamRZ 2014, 776 [Ls] – Berücksichtigung der nachehelichen Solidarität und des Vertrauensschutzes nach 32-jähriger Ehe ohne Erwerbstätigkeit der Ehefrau und langjähriger Trennungszeit mit Unterhaltszahlungen des Ehemannes; der bloße Zeitablauf genügte nicht, um das Vertrauen der Ehefrau auf einen Fortbestand ihres Unterhaltsanspruchs zu erschüttern). 62

D. Darlegungs- und Beweislast. In Unterhaltsabänderungsverfahren nach § 239 gilt der Beibringungsgrundsatz (OLG Brandenburg NZFam 2014, 568): Jeder Beteiligte eines Abänderungsverfahrens, der sich auf die Störung oder den Wegfall der Geschäftsgrundlage beruft, trägt die **Darlegungs- und Beweislast** für die insoweit notwendigen tatsächlichen Voraussetzungen, mithin jeweils für diejenigen Tatsachen, die eine wesentliche Änderung der Unterhaltspflicht materiell-rechtlich begründen. Entsprechendes gilt für denjenigen Beteiligten, der einen vereinbarten Abänderungsgrund oder einen vereinbarten Ausschluss der Abän- 63 derbarkeit geltend macht. Der Antragsteller eines Abänderungsverfahrens hat deshalb sowohl die für die Errichtung des abzuändernden Titels maßgebenden Umstände darzulegen und zu beweisen wie auch deren Veränderung, aus der sich verfehlte Vorstellungen und/oder Erwartungen beider Beteiligten ergeben soll (sog. **Abänderungsbilanz**, s. BGH FamRZ 1995, 665; OLG Hamburg FamRZ 2002, 465). Der Unterhaltsschuldner hat, um einen zulässigen Antrag zu stellen, vollständig darzulegen, welche Einkommens- und Vermögensverhältnisse zu dem Inhalt der Urkunde geführt haben, deren Abänderung er begehrt (OLG Brandenburg NZFam 2015, 720). Der die Abänderung seiner durch Jugendamtsurkunde titulierten Unterhaltspflicht begehrende Unterhaltsschuldner trägt die Beweislast für die Höhe seines Einkommens auch nach Eintritt der Volljährigkeit des Unterhaltsberechtigten (OLG Karlsruhe NZFam 2015, 1014 – anhängig BGH XII ZB 422/15).

§ 240 Abänderung von Entscheidungen nach den §§ 237 und 253. (1) Enthält eine rechtskräftige Endentscheidung nach § 237 oder § 253 eine Verpflichtung zu künftig fällig werdenden wiederkehrenden Leistungen, kann jeder Teil die Abänderung beantragen, sofern nicht bereits ein Antrag auf Durchführung des streitigen Verfahrens nach § 255 gestellt worden ist.
(2) ¹Wird ein Antrag auf Herabsetzung des Unterhalts nicht innerhalb eines Monats nach Rechtskraft gestellt, so ist die Abänderung nur zulässig für die Zeit ab Rechtshängigkeit des Antrags. ²Ist innerhalb der Monatsfrist ein Antrag des anderen Beteiligten auf Erhöhung des Unterhalts anhängig geworden, läuft die Frist nicht vor Beendigung dieses Verfahrens ab. ³Der nach Ablauf der Frist gestellte Antrag auf Herabsetzung ist auch zulässig für die Zeit ab dem Ersten des auf ein entsprechendes Auskunfts- oder Verzichtsverlangen des Antragstellers folgenden Monats. ⁴§ 238 Abs. 3 Satz 4 gilt entsprechend.

Übersicht

	Rdn.		Rdn.
A. § 240 Abs. 1	1	B. § 240 Abs. 2	4

1 **A. § 240 Abs. 1.** Da Beschlüsse nach § 237 (bisher § 653 ZPO, Unterhaltsfestsetzung im Rahmen eines Vaterschaftsfeststellungsverfahrens) ebenso wie solche nach § 253 (bisher § 649 ZPO, vereinfachtes Verfahren) den Unterhalt des Kindes nur pauschal regeln, ermöglicht § 240 den Beteiligten solcher Verfahren in einem Nachverfahren Anpassung des Pauschalunterhalts an den konkreten Einzelfall; ein Abänderungsantrag nach § 240 ist jedoch nicht auf die Herabsetzung oder Erhöhung des Unterhalts beschränkt: Antragsgegenstand kann auch der Wegfall einer aufschiebenden Bedingung sein (OLG Düsseldorf FamRZ 2015, 276). Enthält eine rechtskräftige Endentscheidung in einem pauschalierten Verfahren nach § 237 oder § 253 eine Verpflichtung zu künftig fällig werdenden wiederkehrenden Leistungen, kann jeder Teil Abänderung beantragen, wobei allerdings ein streitiges Verfahrens über den festgesetzten Unterhalt (§ 255) stets Vorrang vor dem Abänderungsantrag nach § 240 Abs. 1 hat. Es ist dann auch denjenigen Einwendungen nachzugehen, die bei der Festsetzung des Pauschalunterhalts gem. § 237 Abs. 3 Satz 3 bzw. nach Maßgabe der §§ 252 ff. nicht berücksichtigt werden konnten (BGH FamRZ 2003, 304 = FuR 2003, 285). Da in Verfahren über den Unterhalt bei Feststellung der Vaterschaft dem minderjährigen Kind bei festgestellter Vaterschaft ein sofort wirksamer Unterhaltstitel verschafft werden soll (§ 237), bleibt die Geltendmachung bestehender Einwendungen und Einreden, insbesondere der Einwand der mangelnden Leistungsfähigkeit, dem Korrekturverfahren nach § 240 vorbehalten OLG Brandenburg FamRZ 2000, 1044, und OLG München FamRZ 2015, 1814, jeweils für den Einwand der fehlenden Leistungsfähigkeit).

2 Auf in Vaterschaftsfeststellungsverfahren vor dem 01.09.2009 ergangene Unterhaltstitel (sog. Alttitel) ist für einen nach dem 31.08.2009 erhobenen Korrekturantrag das seit 01.09.2009 geltende Verfahrensrecht und damit § 240 anzuwenden (OLG Naumburg FamRZ 2014, 333 [Ls]).

3 Die Norm entspricht inhaltlich in weiten Teilen dem früheren § 654 Abs. 1 ZPO, jedoch mit der Einschränkung, dass ein streitiges Verfahren nach § 255 (bisher § 651 ZPO) vorgeht, welches dann durchzuführen ist, wenn nicht zurückzuweisende oder zulässige Einwendungen nach §§ 254, 252 Abs. 1 Satz 3, Abs. 2 (bisher §§ 650, 648 Abs. 1 Satz 3, Abs. 2 ZPO) erhoben worden sind, und ein Beteiligter die Durchführung des streitigen Verfahrens beantragt. Abänderung kann demnach sowohl Erhöhung als auch Herabsetzung bedeuten. Der Charakter der Norm entspricht dem eines Erstantrages auf Festsetzung des Unterhalts. Eine Abänderung nach § 240 unterliegt weder den Beschränkungen des § 238 Abs. 2 (vgl. OLG Naumburg FamRZ 2006, 1395), noch müssen sich die tatsächlichen und/oder rechtlichen Verhältnisse i.S.v. § 238

Abs. 1 Satz 2 wesentlich geändert haben (BGH FamRZ 2003, 304 = FuR 2003, 285; OLG Hamm FamRZ 2004, 1588).
Die Darlegungs- und Beweislast hinsichtlich der materiellen Voraussetzungen des Unterhaltsanspruchs entspricht ebenfalls derjenigen eines auf Ersttitulierung gerichteten Unterhaltsverfahrens (OLG Karlsruhe FamRZ 2003, 1672). Bei einer begehrten Abänderung für die Zeit vor Rechtshängigkeit des Abänderungsantrages sind die Einschränkungen in § 240 Abs. 2 zu beachten (OLG Celle FamRZ 2013, 1829). Verlangt ein Kind mehr als den Mindestunterhalt i.S.d. § 1612a Abs. 1 BGB, ist es für die Spanne zum 1,2-fachen des Mindestunterhalts (vgl. § 249 Abs. 1) darlegungs- und beweispflichtig, wenn ein Beschluss nach § 253 abzuändern ist. Die örtliche Zuständigkeit für einen Antrag nach § 240 richtet sich nach denselben Regelungen, die bereits für die örtliche Zuständigkeit in den jeweiligen Ausgangsverfahren maßgebend waren.

B. § 240 Abs. 2. Bezüglich der Zulässigkeitsfristen ist zwischen § 240 Abs. 2 Satz 1 u Satz 2 zu differenzieren: § 240 Abs. 2 **Satz 1** regelt die **Herabsetzung**, Satz 2 die **Erhöhung** des Unterhalts; das Kind hat dabei die Wahl, ob es den Unterhalt als Prozentsatz des Mindestunterhalts (§ 1612a Abs. 1 BGB) oder eine bezifferte Unterhaltsrente verlangt. Ist der Vater nach § 237 oder § 253 zum Unterhalt i.H.d. Mindestunterhalts verpflichtet, kann er nur die Herabsetzung des Unterhalts auf einen geringeren Prozentsatz verlangen, jedoch keine Herabsetzung auf einen bezifferten Betrag, anderenfalls würde die dem Kind zustehende Wahl zwischen einem vom jeweiligen Mindestunterhalt abhängigen Unterhaltstitel und einem bezifferten Unterhaltstitel vereitelt. Im Rahmen eines Verfahrens auf **Herabsetzung** des Unterhalts ist für die Zeit vor Rechtshängigkeit dieses Antrages eine Abänderung gem. § 240 Abs. 2 Satz 1 grds. nur dann zulässig, wenn der Antrag innerhalb von einem Monat nach Rechtskraft der abzuändernden Entscheidung »gestellt« worden ist. Ist ein Antrag auf **Erhöhung** des Unterhalts gerichtet, kommt es für eine rückwirkende Heraufsetzung allein auf die materiell-rechtliche Rechtslage, insb. die Voraussetzungen des § 1613 BGB, an. In einem Verzichtsverlangen nach §§ 238 Abs. 3, 240 Abs. 2 muss der Unterhaltsschuldner schlüssig darlegen, dass nunmehr nur noch ein geringerer Unterhalt geschuldet sei, und den Unterhaltsgläubiger ernsthaft zu der Erklärung auffordern, die Herabsetzung des Unterhalts zu akzeptieren (OLG Hamburg MDR 2013, 160; OLG Brandenburg FamRZ 2014, 1216). Die bloße Bitte um Neuberechnung des Unterhalts durch das Jugendamt reicht hierfür nicht aus (OLG Koblenz FuR 2015, 486).

Satz 1, wonach die Abänderung nur für die Zeit ab Rechtshängigkeit des Antrages zulässig ist, wenn ein Antrag auf Herabsetzung des Unterhalts nicht innerhalb eines Monats nach Rechtskraft gestellt worden ist, entspricht inhaltlich dem bisherigen § 654 Abs. 2 Satz 1 ZPO und hat dessen Zeitgrenze übernommen. Für eine rückwirkende Herabsetzung reicht die Zustellung des Verfahrenskostenhilfeantrages nicht aus (str., so OLG Hamm FamRZ 2008, 1540, 1541). Ob der Antrag betreffend Herabsetzung des Unterhalts oder nur der Verfahrenskostenhilfeantrag mit dem entsprechenden Antragsentwurf zugestellt wird, richtet sich nach der Zustellungsverfügung des Richters und dessen Zustellungsabsicht, nicht nach der Ausführung durch den Urkundsbeamten der Geschäftsstelle (OLG Hamm FamRZ 2008, 1540, 1541).

Satz 2, wonach die Frist nicht vor Beendigung des entsprechenden Verfahrens abläuft, wenn innerhalb der Monatsfrist ein Antrag des anderen Beteiligten auf Erhöhung des Unterhalts anhängig geworden ist, entspricht inhaltlich dem bisherigen § 654 Abs. 2 Satz 2 ZPO, wobei die Verständlichkeit der Formulierung verbessert worden ist. Die in einem pauschalen Verfahren erfolgte Festsetzung kann durch eine »Korrekturklage« (§ 654 Abs. 2 ZPO) individuell angepasst werden; hierfür gilt die Frist von einem Monat ab Rechtskraft des Beschlusses. Die Monatsfrist des § 240 Abs. 2 Satz 1 gilt jedoch nach Satz 2 dieser Vorschrift für rückwirkende Herabsetzungsanträge ausnahmsweise dann nicht, wenn innerhalb der Monatsfrist ein Antrag des anderen Beteiligten auf Unterhaltserhöhung anhängig gemacht worden ist: Dann läuft die Frist für den rückwirkenden Herabsetzungsantrag nicht vor Beendigung des auf Heraufsetzung gerichteten Verfahrens ab (§ 240 Abs. 2 Satz 2), und zwar auch dann, wenn die Beendigung durch Antragsrücknahme eintritt. Die Ausnahmeregelung soll den jeweiligen Unterhaltsschuldner schützen, der im Interesse des Rechtsfriedens zunächst davon abgesehen hat, seinerseits Rechte mit einem Abänderungsantrag geltend zu machen (vgl. BT-Drucks. 13/7338 S. 43 f. zu § 654 Abs. 2 Satz 2 ZPO).

Satz 3 normiert eine modifizierte Zeitschranke für auf Herabsetzung gerichtete Abänderungsanträge entsprechend § 238 Abs. 3 Satz 3. Der nach Ablauf der Frist gestellte Antrag auf **Herabsetzung** ist auch für die Zeit ab dem Ersten des auf ein entsprechendes Auskunfts- oder Verzichtsverlangen des Antragstellers folgenden Monats zulässig. Die Norm stellt ausnahmsweise für die Herabsetzung auf einen früheren Zeitpunkt ab, allerdings nach § 240 Abs. 2 Satz 4 nur bis zu einem Jahr vor Rechtshängigkeit, wie sich aus dem Verweis auf § 238 Abs. 3 Satz 4 ergibt. Zudem ermöglicht § 240 Abs. 2 Satz 3, 4 eine rückwirkende Abände-

§ 240

rung unter denselben Voraussetzungen wie in § 238 Abs. 3. Es kann nicht ohne Weiteres davon ausgegangen werden, dass mit der Verweisung auf § 238 Abs. 3 Satz 4 in § 240 Abs. 2 Satz 3 die Abänderung eines Titels i.S.d. § 240 Abs. 1 auch dann auf den Zeitraum bis ein Jahr vor Rechtshängigkeit des Abänderungsantrages beschränkt ist, wenn die in § 240 Abs. 2 Satz 1 genannte Monatsfrist für einen Herabsetzungsantrag eingehalten ist (OLG Nürnberg FamRZ 2012, 1242). Für ein Verzichtsverlangen i.S.v. § 240 Abs. 2 Satz 3 (bzw. § 238 Abs. 3 Satz 3) genügt eine Mitteilung des Unterhaltsschuldners an den Unterhaltsgläubiger, in der der Unterhaltsschuldner schlüssig darlegt, dass nunmehr nur noch ein geringerer Unterhalt geschuldet sei, und den Unterhaltsgläubiger ernsthaft zu der Erklärung auffordert, die Herabsetzung des Unterhalts zu akzeptieren. Die Vorlage von Belegen dafür, dass das Herabsetzungsverlangen begründet sei, ist nicht erforderlich. Es ist mutwillig i.S.v. § 76 Abs. 1, § 114 Satz 1 ZPO, wenn der Unterhaltsschuldner Verfahrenskostenhilfe für einen Antrag auf Herabsetzung des Unterhalts nach § 240 erstrebt, nachdem der Unterhaltsgläubiger ihm mitgeteilt hat, künftig nur noch den reduzierten Unterhalt zu verlangen (OLG Hamburg MDR 2013, 160).

8 **Satz 4** führt über die Verweisung auf § 238 Abs. 3 Satz 4 eine zeitliche Einschränkung für die Geltendmachung eines rückwirkenden Herabsetzungsverlangens im Sinne einer generellen Begrenzung ein. Die Vorschrift ist – wie auch § 238 Abs. 3 Satz 4 – § 1585b Abs. 3 BGB nachgebildet. Während sich die rückwirkende Erhöhung des Unterhalts nach materiellem Recht richtet, ist das Herabsetzungsverlangen rein verfahrensrechtlich ausgestaltet. Obwohl auch prozessuale Rechte verwirkt werden können (vgl. BVerfGE 32, 305 ff.; BAGE 61, 258 ff.), erschien es dem Gesetzgeber dennoch notwendig, aus Gründen der Rechtssicherheit diese Zeitschranke zu errichten (zu den rechtsstaatlichen Bedenken gegen die Einschränkungen der Abänderung nach unten s. *Hütter/Kodal* FamRZ 2009, 917, 922). Wurde der Unterhaltsschuldner im Verfahren nach § 237 neben der Vaterschaftsfeststellung zugleich auch zur Zahlung des Mindestunterhalts verpflichtet, so ist im Hinblick auf die Bestimmungen der §§ 240 Abs. 2 Satz 4, 238 Abs. 3 Satz 4 eine teleologische Reduktion dahingehend vorzunehmen, dass er in einem von ihm nicht mehr als einen Monat nach der Rechtskraft der Unterhaltsverpflichtung im Vaterschaftsfeststellungsverfahren gestellten Abänderungsantrag eine Herabsetzung der Unterhaltsverpflichtung auch für Zeiträume verlangen kann, die mehr als ein Jahr vor Rechtshängigkeit seines Abänderungsverlangens liegen (KG ZKJ 2010, 290).

9 Soll ein Beschluss im vereinfachten Verfahren (s. § 253) abgeändert werden, ist zunächst zu prüfen, ob nicht ein Antrag nach § 255 gestellt worden ist. Ist dies der Fall, sind etwaige Abänderungsgründe in diesem Verfahren abzuhandeln, da ein streitiges Verfahren nach § 255 einem Antrag nach § 240 »vorgeht« (BT-Drucks. 16/6308 S. 258). Ein Antrag nach § 240 ist dann nicht statthaft.

10 Der Abänderung nach § 240 unterliegen nur rechtskräftige Endentscheidungen im Sinne von § 237 oder § 253, die eine Verpflichtung zu künftig fällig werdenden wiederkehrenden Leistungen enthalten. Hat der Unterhaltsschuldner seinem Kind in einem Vergleich dynamischen Unterhalt (Unterhalt i.H.e. Prozentsatzes des Mindestunterhalts) zugesagt, ist nicht § 240, sondern § 239 heranzuziehen, denn im Vergleich konnten die individuellen Verhältnisse der Beteiligten berücksichtigt werden (OLG Naumburg FamRZ 2006, 211). Sind Jugendamtsurkunden nicht aufgrund einer Vereinbarung errichtet worden, sondern einseitig bestimmt, dann kommt eine materiell-rechtliche Bindung aufgrund einer Geschäftsgrundlage nicht in Betracht. Für Unterhaltsgläubiger, die an der Erstellung der Jugendamtsurkunde nicht mitgewirkt haben, scheidet auch eine sonstige Bindung aus; sie können im Wege der Abänderungsklage folglich ohne Bindung an die vorliegende Urkunde einen höheren Unterhalt verlangen. Die vom Unterhaltsgläubiger begehrte Abänderung einer einseitig erstellten Jugendamtsurkunde setzt daher keine Änderung der ihr zugrunde liegenden Umstände voraus; Kinder können daher ohne Bindungswirkung Abänderung eines solchen Titels begehren.

11 Obwohl die Voraussetzungen des § 323 Abs. 2 und 3 ZPO nicht vorliegen müssen, kann der Unterhaltsschuldner einseitig errichtete Jugendamtsurkunden über Kindesunterhalt jedoch nicht ohne Berücksichtigung der Bindungswirkung frei abändern: Hier ist die Wirkung eines in der Urkunde liegenden Schuldanerkenntnisses zu berücksichtigen, was geänderte Umstände seit Abgabe des Schuldanerkenntnisses voraussetzt (hierzu ausführlich BGHZ 189, 284 = FamRZ 2011, 1041 = FuR 2011, 458). Er muß im Wege des Abänderungsverfahrens eine Herabsetzung seiner Unterhaltsschuld verlangen. Auch dann liegt der Urkunde aber keine Geschäftsgrundlage zugrunde, deren Wegfall oder Änderung dargelegt werden müßte. Weil die einseitig erstellte Jugendamtsurkunde regelmäßig zugleich zu einem Schuldanerkenntnis nach § 781 BGB führt, muß eine spätere Herabsetzung der Unterhaltspflicht die Bindungswirkung dieses Schuldanerkenntnisses beachten. Der Unterhaltspflichtige kann sich von dem einseitigen Anerkenntnis seiner lau-

fenden Unterhaltspflicht also nur dann lösen, wenn sich eine nachträgliche Änderung der tatsächlichen Umstände, des Gesetzes oder der höchstrichterlichen Rechtsprechung auf die Höhe seiner Unterhaltspflicht auswirken. Das Kind ist hingegen an die ohne seine Mitwirkung entstandene Urkunde nicht gebunden und kann ohne Weiteres zusätzlichen Unterhalt beantragen; einer Abänderung bedarf es nicht (zu allem BGH FamRZ 2011, 1041 = FuR 2011, 458 im Anschluss an BGH FamRZ 2009, 314 = FuR 2009, 162 Tz. 14 mit teilweise krit. Anm. *Hoppenz*; eingehend hierzu auch *Graba*, NJW 2011, 1954; s.a. OLG Zweibrücken FamRZ 2011, 1529). Anträge und Erklärungen im Verfahren nach § 240 können nicht vor dem Urkundsbeamten der Geschäftsstelle abgegeben werden: Es besteht grds. Anwaltszwang (s. § 231).

Unterlässt es der Antragsgegner in einem vereinfachten Unterhaltsfestsetzungsverfahren ohne triftigen 12
Grund, in einer rechtzeitigen Stellungnahme Einwendungen geltend zu machen, mit denen er ohne weiteren Aufwand eine Unterhaltsfestsetzung verhindern könnte, so ist ein anschließend von ihm gem. §§ 240, 253 eingeleitetes Abänderungsverfahren als verfahrenskostenhilferechtlich mutwillig i.S.v. § 114 ZPO, § 113 Abs. 1 insbesondere dann zu beurteilen, wenn er materiell-rechtlich zu entsprechender Auskunft verpflichtet ist, deren Verletzung der Gesetzgeber – wie etwa in § 243 Satz 2 Nr. 2 – ausdrücklich im Rahmen der Kostenentscheidung sanktioniert (OLG Celle FamRZ 2013, 1592 = FuR 2014, 52).

§ 241 Verschärfte Haftung.
Die Rechtshängigkeit eines auf Herabsetzung gerichteten Abänderungsantrags steht bei der Anwendung des § 818 Abs. 4 des Bürgerlichen Gesetzbuchs der Rechtshängigkeit einer Klage auf Rückzahlung der geleisteten Beträge gleich.

Diese im Jahre 2009 neu in das Verfahrensrecht eingeführte Vorschrift entschärft eine bislang sehr missliche 1
Situation, vereinfacht gewisse Unterhaltsverfahren und trägt in gewissem Umfang – soweit bislang für einen zusätzlichen Leistungsantrag Verfahrenskostenhilfe zu bewilligen war – auch zur Kostenersparnis bei (BT-Drucks. 16/6308 S. 259). Die in § 241 enthaltene materiell-rechtliche Regelung – ein »Fremdkörper« im Verfahrensrecht (*Roßmann* ZFE 2008, 245, 249) – erweitert den Anwendungsbereich von § 818 Abs. 4 BGB (s. i.e. *Schober* FamRB 2009, 384 ff.).

Nach alter Rechtslage führten weder Anhängigkeit noch Rechtshängigkeit einer auf Herabsetzung bzw. 2
Wegfall des Unterhalts gerichteten negativen Feststellungs-, Abänderungs- oder Vollstreckungsgegenklage des Unterhaltsschuldners (als Bereicherungsgläubiger) bei Rückforderung überzahlten Unterhalts per se zu einer verschärften Haftung des Unterhaltsgläubigers (als Bereicherungsschuldner) des überzahlten Unterhalts. Sofern der zur Rückzahlung Verpflichtete nicht verschärft haftete, wurde vielfach erfolgreich der Entreicherungseinwand nach § 818 Abs. 3 BGB erhoben, zumal oftmals auf den Erfahrungssatz zurückgegriffen wurde, insb. bei unteren und mittleren Einkommen spreche eine Vermutung dafür, dass erhaltener Unterhalt für die Verbesserung des Lebensstandards ausgegeben wurde, ohne dass der Bereicherte einen besonderen Verwendungsnachweis erbringen musste (BGHZ 143, 65, 69 = FamRZ 2000, 751; BGH FamRZ 2008, 1911 = FuR 2008, 542). Der Abänderungsantragsteller musste somit, um die verschärfte Haftung des Unterhaltsgläubigers herbeizuführen, sodass dieser sich nicht mehr auf den Entreicherungseinwand des § 818 Abs. 3 BGB berufen konnte, zusätzlich zum Hauptsacheantrag einen gesonderten (bereicherungsrechtlichen) Leistungsantrag stellen (sog. Bereicherungs- oder Rückforderungsklage; s. zuletzt BGH FamRZ 2008, 1911 = FuR 2008, 542 m.w.N.). Auch wenn dieser Antrag bereits als Hilfsantrag Bösgläubigkeit voraussetzte, war es doch immer ein kompliziertes und aufgeblähtes Verfahren.

Nunmehr ist kein zweigleisiges, sondern nur noch ein einziges Verfahren notwendig: Bereits die Rechtshängigkeit eines auf Herabsetzung gerichteten Abänderungsantrages genügt, um die verschärfte Haftung nach 3
§ 818 Abs. 4 BGB auszulösen, sodass der Unterhaltsgläubiger bereits mit der Rechtshängigkeit eines auf Herabsetzung gerichteten Abänderungsantrages gem. § 818 Abs. 4 BGB nach den allgemeinen Vorschriften haftet, womit insb. § 291 (Verfahrenszinsen) und § 292 BGB (Haftung bei Herausgabepflicht) gemeint sind, und er sich also nicht mehr auf den Wegfall der Bereicherung nach § 818 Abs. 3 BGB berufen kann. Es bedarf also keines zusätzlichen Leistungsantrages mehr (so zum bisherigen Recht BGH in st.Rspr., zuletzt FamRZ 2008, 1911, 1919 = FuR 2008, 542).

Das gleiche Problem stellt sich, wenn eine **Unterhaltsanordnung** (als vorläufige Vollstreckungsmöglichkeit) 4
im Rahmen eines Hauptsacheverfahrens bekämpft wird. Wurde per einstweiliger Anordnung Unterhalt tituliert, und verlangte der Unterhaltsschuldner überzahlten Unterhalt zurück, da er nur die Einleitung des Hauptsacheverfahrens nach § 52 oder die Aufhebung bzw. Abänderung nach § 54 anstreben konnte, musste er nach wie vor einen Antrag (vgl. § 113 Abs. 5 Nr. 2) auf Rückzahlung stellen, um die verschärfte Haftung

des Unterhaltsgläubigers nach § 818 Abs. 4 BGB herbeizuführen. In solchen Fällen sollte aus Gründen der Verfahrensökonomie § 241 **analog** angewendet werden (so auch *Roßmann* ZFE 2008, 245, 249, 250; 2010, 86 ff.; *Rüntz/Viefhues*, FamRZ 2010, 1285 ff.; *Schlünder* FamRZ 2010, 2038 ff.; *Bömelburg* in Prütting/Helms, FamFG § 241 Rn. 19; Musielak/Borth, FamFG § 54 Rn. 17; *Büte* in Johannsen/Henrich, Familienrecht § 54 FamFG Rn. 15; a.A. OLG Karlsruhe FamRZ 2014, 1387; *Dose*, Einstweiliger Rechtsschutz in Familiensachen, Rn. 529 f.; FA-FamR/Gerhardt, Kap. 6 Rn. 834; *Hüßtege* in Thomas/Putzo, ZPO § 241 FamFG Rn. 1; s.a. *Götsche* ZFE 2009, 124, 134; Götz, NJW 2010, 897, 900). *Lorenz* (in Zöller, § 241 FamFG Rn. 4) will die Vorschrift wegen ihres Sinnes und Zwecks auch auf Anträge anwenden, mit denen eine einstweilige Anordnung i.S.d. §§ 246 ff. abgeändert oder aufgehoben werden soll; er hält daher eine analoge Anwendung nicht für erforderlich.

5 Der Schutz des § 241 verlangt in beiden Fällen **Rechtshängigkeit** eines auf Herabsetzung einer titulierten Unterhaltspflicht gerichteten Abänderungsantrages; bloße Anhängigkeit genügt ebenso wenig wie die Einreichung eines kongruenten Verfahrenskostenhilfegesuchs. Mit Zustellung des auf Herabsetzung gerichteten Abänderungsantrages i.S.d. §§ 238 bis 240 bzw. § 54 haftet der Unterhaltsgläubiger bzw. -empfänger gem. § 818 Abs. 4 BGB »nach den allgemeinen Vorschriften«; für die davorliegende Zeit bleibt ihm der Entreicherungseinwand erhalten. Leistet der Unterhaltsschuldner trotz des Abänderungsverfahrens den titulierten Unterhalt unverändert weiter, muss sich der Titelgläubiger selbst dann auf ein später aussichtsreiches Rückzahlungsverlangen des Unterhaltsschuldners einrichten, wenn er den gezahlten Unterhalt vollständig verbraucht hat; allerdings steht einer Rückzahlung der zwischen Herabsetzungsverlangen und Rechtshängigkeit geleisteten oder im Wege der Zwangsvollstreckung beigetriebenen Beträge i.d.R. die Leistungsunfähigkeit des Unterhaltsgläubigers entgegen (s.a. *Heiß* FamFR 2010, 172 ff.; *Bömelburg* FF 2010, 96 ff.).

§ 242 Einstweilige Einstellung der Vollstreckung.
¹Ist ein Abänderungsantrag auf Herabsetzung anhängig oder hierfür ein Antrag auf Bewilligung von Verfahrenskostenhilfe eingereicht, gilt § 769 der Zivilprozessordnung entsprechend. ²Der Beschluss ist nicht anfechtbar.

1 Mit § 242 hat der Gesetzgeber die bisherige Rspr. des BGH (FamRZ 1986, 793 f.) zur Möglichkeit der einstweiligen Einstellung der Zwangsvollstreckung (analoge Anwendung des § 769 ZPO auf Abänderungsklagen i.S.d. § 323 ZPO a.F.) aufgegriffen und die entsprechende Anwendung des § 769 ZPO für Verfahren nach §§ 238 bis 240 nunmehr ausdrücklich angeordnet (BT-Drucks. 16/6308 S. 326; s.a. *Frauenknecht* NJW-Spezial 2012, 132). **Satz 1** bestimmt, dass der Unterhaltsschuldner bei einem bestehenden Unterhaltstitel die Einstellung der Zwangsvollstreckung nur dann erreichen kann, wenn ein auf Herabsetzung des Unterhalts gerichteter Abänderungsantrag **anhängig** ist oder wenn er für ein solches Verfahren Verfahrenskostenhilfe beantragt. **Satz 2** normiert in Übereinstimmung mit der Rspr. des BGH (FamRZ 2004, 1191 ff.) die Unanfechtbarkeit eines diesbezüglichen Beschlusses.

2 Voraussetzung für die analoge Anwendbarkeit des § 769 ZPO ist die Anhängigkeit eines auf Herabsetzung des Unterhalts gerichteten Abänderungsantrages i.S.d. §§ 238 bis 240 oder der Eingang eines kongruenten Verfahrenskostenhilfeantrages bei Gericht. Da für die einstweilige Einstellung der Zwangsvollstreckung gem. § 242 Satz 1 die Rechtshängigkeit des Abänderungsantrages auf Herabsetzung in der Hauptsache nicht erforderlich ist, sondern insoweit die Anhängigkeit oder die Einreichung eines Verfahrenskostenhilfeantrages ausreicht, kommt auch die Bewilligung von Verfahrenskostenhilfe für die Verteidigung gegen den Antrag auf einstweilige Anordnung vor Rechtshängigkeit der Hauptsache in Betracht. Demgegenüber kann Verfahrenskostenhilfe für die Rechtsverteidigung in der Hauptsache erst dann bewilligt werden, wenn der Abänderungsantrag nicht nur anhängig, sondern rechtshängig ist (OLG Hamm FamRZ 2011, 1317 [Ls]).

3 Zuständig ist das Gericht – erster oder zweiter Instanz – der Hauptsache. Für einen mit einem Abänderungsantrag verbundenen Antrag auf einstweilige Einstellung der Zwangsvollstreckung verbleibt es bei der Zuständigkeit des mit der Hauptsache befassten AG, auch wenn die Sache wegen einer sofortigen Beschwerde im Verfahrenskostenhilfeverfahren in die Beschwerdeinstanz gelangt ist (OLG Hamm FamFR 2011, 90 m. Anm. *Leipold* = FamRZ 2011, 1170 [Ls]). In dringenden Fällen kann auch das Vollstreckungsgericht die einstweilige Einstellung der Zwangsvollstreckung anordnen (§ 242 Satz 1 i.V.m. § 769 Abs. 2 ZPO). Der Antragsteller hat die seinen Antrag begründenden Behauptungen glaubhaft (§ 294) zu machen (§ 242 Satz 1 i.V.m. § 769 Abs. 1 Satz 2 ZPO); dem Unterhaltsgläubiger ist rechtliches Gehör zu gewähren. Das Gericht hat nach pflichtgemäßem Ermessen zu entscheiden, wobei es insb. die Erfolgsaussichten des Abänderungsantrages *zu berücksichtigen und sodann die Schutzbedürfnisse von Unterhaltsgläubiger und Unterhaltsschuldner*

gegeneinander abzuwägen hat (s. etwa OLG Zweibrücken FamRZ 2002, 556 m.w.N.). Die Einstellung der Zwangsvollstreckung ist allerdings dann von vornherein ausgeschlossen, wenn die beabsichtigte Rechtsverfolgung keine hinreichende Aussicht auf Erfolg bietet und mutwillig erscheint (Maßstab des § 114 ZPO).

Eine einstweilige Einstellung der Zwangsvollstreckung kommt nur in Frage, wenn der Verpflichtete glaubhaft macht, dass die Vollstreckung ihm einen nicht zu ersetzenden Nachteil bringen würde (§ 120 Abs. 2 Satz 2). Der BGH (NJW-RR 2007, 1238) hat für die Vollstreckung außerhalb des Unterhaltsrechts entschieden, dass nach dem klaren Wortlaut des § 719 Abs. 2 ZPO die Vollstreckung grundsätzlich zu einem nicht zu ersetzenden Nachteil führt, wenn der dauerhafte Verlust einer geschuldeten Geldsumme droht, wobei es allerdings nicht als ausreichend angesehen wird, dass die Rückforderung längere Zeit in Anspruch nehmen und mit nicht unerheblichen Mühen verbunden sein könnte; vielmehr sei erforderlich, dass mit einer Rückzahlung auf absehbare Zeit nicht gerechnet werden könne. 4

In Unterhaltssachen wird weitverbreitet eine restriktive Ansicht vertreten (s. etwa OLG Hamm FamRZ 2012, 263; 2012, 730; OLG Hamburg FamRZ 2012, 279; OLG Hamm Streit 2015, 79): Die Wahrscheinlichkeit, dass der von dem Gläubiger beigetriebene Unterhalt angesichts der Vermögenslage später von diesem nicht zurückverlangt werden kann, stelle den Regelfall dar, da Unterhalt nur bei Bedürftigkeit geschuldet ist. Durch § 116 Abs. 3 Satz 3 habe der Gesetzgeber die sofortige Wirksamkeit von Unterhaltstiteln wegen der besonderen Bedeutung der Sicherung des Lebensunterhalts zum Regelfall erklärt. Die Nichtrealisierbarkeit zuviel bezahlten Unterhalts sei eine normale Folge der Zwangsvollstreckung und müsse von dem Unterhaltsschuldner hingenommen werden (a.A. OLG Rostock FamFR 2011, 306; zutr. differenzierend nach laufendem Unterhalt und Unterhaltsrückständen OLG Brandenburg FamRZ 2014, 866; 2015, 165; 2015, 1741). Das Gericht kann die Zwangsvollstreckung gegen oder ohne Sicherheitsleistung einstellen, ihre Fortsetzung von einer Sicherheitsleistung abhängig machen oder die Aufhebung der Zwangsvollstreckung gegen Sicherheit anordnen. 5

Im übrigen wird auf Schulte-Bunert, Die Vollstreckung von Unterhaltsentscheidungen nach § 120 FamFG in FuR 2013, 146 ff. sowie auf die Kommentierung zu § 120 zu verwiesen. 6

Die Entscheidung ergeht durch Beschluss, der begründet werden soll. Die gerichtliche Anordnung nach § 242 wirkt, sofern sie nicht befristet ist, bis zur Verkündung der Hauptsacheentscheidung (Abänderungsantrag). Das Gericht kann seine Anordnung jederzeit ändern oder aufheben. Der Beschluss nach § 242 ist unanfechtbar, sei es, dass er einem Antrag auf Einstellung der Zwangsvollstreckung stattgibt, sei es ein sie ablehnender Beschluss, und zwar auch dann, wenn und soweit der Beschluss im Rahmen einer Vollstreckungsabwehrklage gem. § 95 Abs. 1 Nr. 1, § 767 ZPO ergangen ist: Insoweit ist § 242 entsprechend anwendbar (OLG Zweibrücken FuR 2010, 480 = FamRZ 2010, 1003 [Ls]). Eine Beschwerde wegen greifbarer Gesetzeswidrigkeit ist nicht statthaft (BGH NJW 2004, 2224; NJW-RR 2005, 1009). Über eine unzulässige Beschwerde hat das Beschwerdegericht nicht durch den Einzelrichter, sondern in voller Besetzung zu entscheiden (KG FamFR 2011, 90 = FamRZ 2011, 1170 [Ls]). Eine Kostenentscheidung ist nicht veranlasst: Die Kosten sind regelmäßig solche des anhängigen (Hauptsache- oder Vollstreckungs-) Verfahrens. 7

Der Antrag auf einstweilige Einstellung der Zwangsvollstreckung löst für den Rechtsanwalt keinen (zusätzlichen) Vergütungsanspruch aus, sofern darüber nicht eine abgesonderte mündliche Verhandlung stattfindet (OLG Karlsruhe FamRZ 2013, 325). 8

§ 243 Kostenentscheidung. ¹Abweichend von den Vorschriften der Zivilprozessordnung über die Kostenverteilung entscheidet das Gericht in Unterhaltssachen nach billigem Ermessen über die Verteilung der Kosten des Verfahrens auf die Beteiligten. ²Es hat hierbei insbesondere zu berücksichtigen:

1. das Verhältnis von Obsiegen und Unterliegen der Beteiligten, einschließlich der Dauer der Unterhaltsverpflichtung,
2. den Umstand, dass ein Beteiligter vor Beginn des Verfahrens einer Aufforderung des Gegners zur Erteilung der Auskunft und Vorlage von Belegen über das Einkommen nicht oder nicht vollständig nachgekommen ist, es sei denn, dass eine Verpflichtung hierzu nicht bestand,
3. den Umstand, dass ein Beteiligter einer Aufforderung des Gerichts nach § 235 Abs. 1 innerhalb der gesetzten Frist nicht oder nicht vollständig nachgekommen ist, sowie
4. ein sofortiges Anerkenntnis nach § 93 der Zivilprozessordnung.

§ 243

Übersicht

	Rdn.		Rdn.
A. Strukturen der Norm	1	E. Nr. 4: Überflüssige Inanspruchnahme des Gerichts (§ 93 ZPO)	11
B. Nr. 1: Erfolg im Verfahren (Obsiegen/Unterliegen)	4	F. Kostenentscheidungen nach streitloser Regelung der Hauptsache	20
C. Nr. 2: Mangelnde Mitwirkung vor Beginn des Verfahrens	7	G. Rechtsmittel gegen Kostenentscheidungen	23
D. Nr. 3: Mangelnde Mitwirkung im Verfahren	9		

1 **A. Strukturen der Norm.** Jeder Unterhaltsbeschluss muss eine Kostenentscheidung enthalten. In Unterhaltsstreitverfahren (§ 231 Abs. 1), in Verfahren wegen einstweiliger Unterhaltsanordnungen (§§ 49 ff.) sowie im vereinfachten Verfahren (§§ 249 ff.) verdrängt § 243 als **Sonderregelung** hinsichtlich der **Kostenverteilung** die allgemeinen zivilprozessualen Kostenvorschriften, nicht jedoch in einem in einer Unterhaltssache beantragten Arrestverfahren. In Unterhaltssachen nach § 231 Abs. 2 sind hingegen die Kostenvorschriften der §§ 80 ff. anzuwenden.

Die **Kosten** eines Unterhaltsverfahrens i.S.d. § 231 Abs. 1, §§ 49 ff., 249 ff. sind grds. nach **billigem Ermessen** zu verteilen; es soll flexibel und weniger formal als vor Inkrafttreten des FamFG entschieden werden (BT-Drucks. 16/6308 S. 259), wobei das Gericht »**insbesondere**« zu berücksichtigen hat

– das Verhältnis von Obsiegen und Unterliegen der Beteiligten einschließlich der Dauer der Unterhaltsverpflichtung (**Erfolg**),
– den Umstand, dass ein Beteiligter vor Beginn des Verfahrens einer Aufforderung des Gegners zur Erteilung der Auskunft und Vorlage von Belegen über das Einkommen nicht oder nicht vollständig nachgekommen ist, es sei denn, dass eine Verpflichtung hierzu nicht bestand (**mangelnde Mitwirkung vor Beginn des Verfahrens**),
– den Umstand, dass ein Beteiligter einer Aufforderung des Gerichts nach § 235 Abs. 1 innerhalb der gesetzten Frist nicht oder nicht vollständig nachgekommen ist (**mangelnde Mitwirkung im Verfahren**), sowie
– ein sofortiges Anerkenntnis nach § 93 ZPO (**überflüssige Inanspruchnahme des Gerichts**).

Da es sich bei der Entscheidung nach § 243 um eine Ermessensentscheidung handelt, ist diese grds. zu begründen. Das Fehlen einer Begründung ist ein Verfahrensmangel (OLG München FamFR 2010, 255).

2 Das Wort »insbesondere« stellt klar, dass die in Nr. 1 – 4 normierten Kriterien nicht abschließend aufgezählt sind. Im Rahmen des § 243 hat eine Gesamtabwägung zu erfolgen, die nicht nur die in § 243 Satz 2 Nrn. 1 bis 4 genannten Kriterien erfassen soll, sondern alle Umstände des Einzelfalles (OLG Brandenburg FamRZ 2014, 1731 [Ls]), wobei die in den Kostenvorschriften der ZPO enthaltenen Rechtsgrundsätze bei der Billigkeitsabwägung herangezogen werden können (OLG Karlsruhe FamRZ 2013, 1508 – zu den Rechtsgedanken der § 93 und § 98 ZPO; OLG Brandenburg FamRZ 2014, 1731 [Ls]). Im Scheidungsverbund (§ 137) verdrängt § 150 (Regelfall: Kostenaufhebung) § 243; die Kriterien dieser Vorschrift können und sollen aber in die Entscheidung nach § 150 einfließen (§ 150 Abs. 4 Satz 1; zur Kostengrundentscheidung nach § 150 s. *Caspary* FPR 2009, 303 f.; zur Kostenverteilung in Familiensachen *Fölsch* SchlHA 2011, 264 ff.; zu Kostenentscheidungen in Familiensachen einschließlich Rechtsmittel *Giers* FPR 2012, 250 ff.; zur Verzögerungsgebühr und anderen Sanktionsmöglichkeiten mittels der Kostenentscheidung *Krause* FPR 2010, 336 ff.; ausführlich zu Kostenentscheidungen im Unterhaltsrecht *Bömelburg* FPR 2010, 153 ff.).

3 Dem Umstand, dass sich Teilanerkenntnis, Teilerledigung und/oder Teilrücknahme lediglich auf die Quote der einheitlichen Kostenentscheidung auswirken, ist dadurch Rechnung zu tragen, dass der anfechtbare Teil von dem übrigen Teil der einheitlichen Kostenentscheidung abgegrenzt und eine ggf. abweichende Bewertung des anfechtbaren Teils bei der Bemessung einer neuen einheitlichen Kostenentscheidung berücksichtigt wird (OLG Saarbrücken AGS 2011, 99 im Anschluss an BGH FamRZ 2007, 893 = FuR 2007, 275 zu einer Kostenentscheidung im Scheidungsverbund). Im Falle eines erfolgreichen Antrages auf Abänderung muss der sofort anerkennende Antragsgegner zudem einen verbindlichen Vollstreckungsverzicht erklärt haben, damit dem Antragsteller die Kosten gem. § 243 Satz 2 Nr. 4, § 93 ZPO auferlegt werden können (OLG Brandenburg FamRZ 2014, 1732 [Ls]).

4 **B. Nr. 1: Erfolg im Verfahren (Obsiegen/Unterliegen).** Auch bei Streit um Unterhalt (Geldbeträge) wurde vormals das Verhältnis Obsiegen/Unterliegen als das objektivste Kriterium für die Kostenentscheidung herangezogen. Bei der Festsetzung des Verfahrenswertes in Unterhaltssachen wird zwar den aufgelaufenen

Unterhaltsrückständen Rechnung getragen, dem laufenden Unterhalt jedoch in aller Regel nur begrenzt auf max. 12 Monate. Vielfach liegt das Interesse jedoch in der Begrenzung des Unterhalts auf einen Zeitraum nach Ablauf dieser 12 Monate (s. etwa OLG Nürnberg FamRZ 2000, 687; OLG Brandenburg FamRZ 2007, 67).

Betreffen Unterhaltssachen als Familienstreitsachen wiederkehrende Leistungen, ist der für die ersten 12 Monate nach Einreichung des Unterhaltsantrages geforderte Betrag maßgeblich, höchstens jedoch der Gesamtbetrag der geforderten Leistung (§ 51 Abs. 1 Satz 1 FamGKG), wobei die bei Einreichung des Unterhaltsantrages fälligen Beträge (»Rückstände«) diesem Wert hinzugerechnet werden (§ 51 Abs. 2 Satz 1 FamGKG). Die Kostenentscheidung nach § 243 hat jedoch auch der Dauer der Unterhaltspflicht als wichtigem Kriterium Rechnung zu tragen, weil die Quoten der Kostenentscheidung nicht an § 51 FamGKG gebunden sind. Wird Unterhalt in vollem Umfange zugesprochen und gleichzeitig einem Begrenzungsantrag stattgegeben, kann dies i.R.d. Ermessensentscheidung zu einer Kostenquotelung bis hin zur Kostenaufhebung führen (OLG Stuttgart FamRZ 2013, 2007 = FuR 2013, 470 zu den Grundsätze der Ermessensausübung bei einer Kostenentscheidung in Unterhaltssachen in Fällen der Befristung oder Herabsetzung des Unterhaltsanspruchs). Fehlt in einem Unterhaltsverfahren aufgrund der Leistungsunfähigkeit des Unterhaltsschuldners von Beginn an die Erfolgsaussicht, kann es der Billigkeit entsprechen, dass der Antragsteller die Kosten des Verfahrens zu tragen hat (OLG Köln JurBüro 2013, 101).

Wird im vereinfachten Verfahren über den Unterhalt Minderjähriger der Antrag auf Festsetzung des Kindesunterhalts zurückgenommen, ist die Kostenverteilung gem. § 243 nach billigem Ermessen vorzunehmen, wobei sowohl die prozessuale Handlung des Antragstellers als auch ein etwaiges Aufklärungsverschulden des Antragsgegners zu berücksichtigen sind (OLG Köln FamRZ 2012, 1164 m. Anm. *Strasser* FamFR 2012, 135). Hat die Kindesmutter einen eingereichten Antrag zur Abänderung eines bestehenden Unterhaltstitels über Kindesunterhalt vor der Zustellung zurückgenommen, während der Antragsgegner zwischenzeitlich beim zuständigen Jugendamt einen Antrag entsprechenden Unterhaltstitel erstellen lassen hatte, sind dem Antragsgegner gem. § 269 Abs. 3 Satz 3 ZPO die Kosten des Verfahrens aufzuerlegen (KG FamRZ 2015, 1228). Beruht der Erfolg der Beschwerde gegen einen im vereinfachten Verfahren über die Festsetzung des Unterhalts Minderjähriger ergangenen Unterhaltsfestsetzungsbeschluss auf dem zwischenzeitlich erfolgten Obhutwechsel des Kindes, sind dem Beschwerdeführer regelmäßig die Kosten des Beschwerdeverfahrens aufzuerlegen, wenn keine Bedenken gegen Zulässigkeit und Begründetheit des Festsetzungsantrages zum Zeitpunkt der erstinstanzlichen Entscheidung bestehen (OLG Koblenz FamRZ 2015, 1514). Der Unterhaltsschuldner hat die Kosten eines übereinstimmend für erledigt erklärten Verfahrens zum Kindesunterhalt zu tragen, wenn er der vorgerichtlichen Aufforderung zur kostenfreien Titulierung des Unterhaltsanspruchs durch Errichtung einer Jugendamtsurkunde erst im laufenden Verfahren nachgekommen ist, weil die zur Ermittlung seiner eigenen Einkünfte erforderlichen Unterlagen im Zeitpunkt der Einleitung des gerichtlichen Verfahrens noch nicht vorlagen (OLG Hamm FamRZ 2013, 1510 = FuR 2013, 344).

C. Nr. 2: Mangelnde Mitwirkung vor Beginn des Verfahrens. Die vormals in § 93d ZPO a.F. im Wege einer »Kostenstrafe« (BGH NJW-RR 2005, 1662, 1663; OLG Schleswig FamRZ 2000, 1513) sanktionierte Verletzung der Auskunftspflicht wurde in § 243 Satz 2 Nr. 2 übernommen und um die Belegvorlagepflicht erweitert. Unverändert wird nicht das Ergebnis des Verfahrens, sondern das vorgerichtliche Verhalten bewertet: Materiell-rechtlich geschuldete, jedoch unterlassene bzw. nicht vollständig erfüllte Auskunfts-/Belegvorlagepflichten (s. etwa OLG Brandenburg FamRZ 2005, 643) führen zur Kostenstrafe, wenn und soweit der Schuldner seine Unterlassung nicht hinreichend und nachweisbar entschuldigen kann (OLG Naumburg FamRZ 2003, 239). Dies gilt nunmehr auch für Verletzungen unterhaltsrelevanter Auskunftspflichten über Erwerbsbemühungen (anders noch KG KGR 2008, 61 zu § 93d ZPO a.F.). Hat sich der Unterhaltsschuldner vorprozessual geweigert, vollständig Auskunft über sein Einkommen und das seines Ehegatten zu erteilen, dann erfüllt er den Tatbestand des § 243 Satz 2 Nr. 2. Das Gericht hat diesen Umstand bei seiner Ermessensentscheidung über die Kosten zu berücksichtigen und kann dem Unterhaltsschuldner die Verfahrenskosten auferlegen, obwohl er in der Sache obsiegt hat (OLG Celle FamRZ 2012, 1744).

Die Vorschrift ist im Sinne einer alleinigen Kostenbelastung des Auskunfts-/Belegvorlageschuldners insb. dann anzuwenden, wenn sich aufgrund nachträglicher Auskunft erst ergibt, dass keine Unterhaltspflicht besteht (OLG Frankfurt FamRZ 2000, 1516; NJW-RR 2008, 1684; OLG Naumburg FamRZ 2001, 844, jeweils zur Antragsrücknahme; OLG Nürnberg JurBüro 2001, 265; OLG Brandenburg NJW-RR 2003, 795; OLG Naumburg FamRZ 2008, 1201, jeweils zur Erledigung der Hauptsache; OLG Celle FamRZ 2009, 72 zur Erledigung bereits im PKH-Verfahren; i.Ü. zum Auskunftsanspruch nach § 235 sehr ausführlich *Klein*

§ 243 Buch 2. Verfahren in Familiensachen

FPR 2011, 9 ff. unter Hinweis auf *Roßmann* ZFE 2009, 444 ff. – Auskunft im Unterhalts[stufen]verfahren; *Sarres* FuR 2010, 390 ff. – Auskunftsregeln im FamFG und Verfahrensbeschleunigung, und *Viefhues* FPR 2010, 162 ff., jeweils m.w.N.). Unterlässt es der Antragsgegner anlässlich der Prüfung der Bewilligung von Verfahrenskostenhilfe zugunsten des Antragstellers ohne triftigen Grund, in einer rechtzeitigen Stellungnahme Einwendungen geltend zu machen, mit denen er ohne weiteren Aufwand ein Hauptsacheverfahren verhindern könnte, so ist seine spätere entsprechende Rechtsverteidigung als verfahrenskostenhilferechtlich mutwillig i.S.v. § 114 ZPO, § 113 Abs. 1 zu beurteilen, insb. dann, wenn er materiell-rechtlich zu entsprechender Auskunft verpflichtet ist, oder ihm ggü. einer Inanspruchnahme eine Darlegungslast obliegt, deren Verletzung das Gesetz – wie etwa in § 243 Satz 2 Nr. 2 oder in § 93d ZPO a.F. – ausdrücklich i.R.d. Kostenentscheidung sanktioniert (OLG Celle FamRZ 2012, 47 = FuR 2012, 42). Bei der für die Bewilligung von Verfahrenskostenhilfe anzustellenden Beurteilung der Mutwilligkeit der Rechtsverteidigung im Hinblick auf unterlassene rechtzeitige Auskunftserteilung durch den Unterhaltsverpflichteten ist das Rechtsmittelgericht nach dem vom BGH (FamRZ 2012, 964 ff.) entwickelten Grundsatz auch an die inzwischen eingetretene Rechtskraft der nach Erledigung der Hauptsache ergangenen isolierten Kostenentscheidung gebunden, die dem Antragsgegner gem. § 243 Satz 2 Nr. 2 die gesamten Verfahrenskosten auferlegt (OLG Celle FamRZ 2013, 1754).

9   **D. Nr. 3: Mangelnde Mitwirkung im Verfahren.** Ignoriert ein Verfahrensbeteiligter eine gerichtliche Aufforderung zur Auskunft/Belegvorlage oder kommt er ihr nicht vollständig nach, soll er ebenfalls mit einer Kostenstrafe belegt werden. Während solche außergerichtlichen Pflichtverletzungen zu einem an sich unnötigen Verfahren führen (Nr. 2), sanktioniert die Kostenbelastung in Nr. 3 das nicht kooperative Betreiben des Verfahrens selbst. Verhaltenskausale und ausscheidbare Mehrkosten sind regelmäßig dem Pflichtverletzter aufzuerlegen; ansonsten hat sich das rechtswidrige Verhalten jeweils im Einzelfall in einer zu begründenden Kostenquote niederzuschlagen (sehr ausführlich hierzu *Klein* FPR 2011, 9 ff. m.w.N.; a.A. *Lorenz* in Zöller, § 243 FamFG Rn. 4 – Rechtssicherheit durch feste Quote, »z.B. pauschal 10 %, anstatt Einzelfallgerechtigkeit anzustreben, die sich ohnehin nicht mathematisch in einen Prozentwert übersetzen lässt«).

10   Voraussetzung für die Eröffnung des Anwendungsbereichs des § 243 Satz 2 Nr. 2 ist zum einen die Aufforderung zur Mitwirkung – Erteilung der Auskunft und der Vorlage von Belegen über das Einkommen – und zum anderen die Ursächlichkeit der unzureichenden Erfüllung des Auskunftsverlangens in dem späteren Verfahren (OLG Schleswig FamRZ 2014, 963). Einem Unterhaltsverpflichteten können jedoch nach § 243 nicht schon deshalb teilweise die Verfahrenskosten auferlegt werden, weil er den Unterhaltsberechtigten nicht bereits vorgerichtlich auf die Unzulässigkeit des Antrages aufmerksam gemacht hat (OLG Saarbrücken FamRZ 2014, 1731 = FuR 2014, 433 – hier: wegen anderweitiger Rechtshängigkeit).

11   **E. Nr. 4: Überflüssige Inanspruchnahme des Gerichts (§ 93 ZPO).** Nr. 4 beinhaltet eine reine Verweisungsnorm auf die Kostenfolgen bei einem sofortigen Anerkenntnis (§ 93 ZPO), wobei § 93 ZPO nicht unmittelbar anzuwenden, sondern nur i.R.d. Billigkeitsentscheidung zu berücksichtigen ist (OLG München AGS 2010, 409; OLG Köln FamRZ 2011, 579); maßgebend ist die materiell-rechtliche Leistungspflicht zur Errichtung eines Unterhaltstitels. Da die beiden Voraussetzungen des § 93 ZPO kumulativ vorliegen müssen, ist bei der Billigkeitsentscheidung nach § 243 nicht auf den Rechtsgedanken aus § 93 ZPO abzustellen, wenn der Antragsgegner Veranlassung zur Klageerhebung gegeben hat (OLG Köln FamRZ 2011, 579). Allerdings ist nach § 243 Satz 2 Nr. 4 eine zusätzliche Billigkeitskontrolle geboten. Im Falle eines erfolgreichen Antrages auf Abänderung muss der sofort anerkennende Antragsgegner zudem einen verbindlichen Vollstreckungsverzicht erklärt haben, damit dem Antragsteller die Kosten gem. § 243 Satz 2 Nr. 4, § 93 ZPO auferlegt werden können (OLG Brandenburg FamRZ 2014, 1732).

12   Hat der Unterhaltsschuldner bis zur mündlichen Verhandlung stets Abweisung des Unterhaltsantrages beantragt und den gerichtlich geltend gemachten Unterhaltsanspruch bestritten, obwohl der Unterhaltsantrag schlüssig vorgetragen ist, ist nach der Beweisaufnahme kein sofortiges Anerkenntnis mehr möglich (OLG München FamFR 2010, 255 – Antrag auf Abänderung des geschuldeten Kindesunterhalts). Ein sofortiges Anerkenntnis liegt auch dann nicht vor, wenn der Gläubiger eines titulierten Unterhalts dem Antrag des Unterhaltsschuldners im Verfahrenskostenhilfe-Prüfungsverfahren für einen Vollstreckungsgegenantrag zunächst entgegen getreten und erst nach Bewilligung von Verfahrenskostenhilfe und Zustellung des Vollstreckungsgegenantrages ein Anerkenntnis zum Verzicht auf die Rechte aus dem Unterhaltstitel abgegeben hat, auch wenn der Unterhaltsschuldner vor Stellung des Verfahrenskostenhilfegesuchs den Unterhaltsgläubiger *nicht aufgefordert hatte,* auf die Rechte aus dem titulierten Unterhaltsanspruch zu verzichten und den Titel

herauszugeben, wenn gleichzeitig aufgrund des bestehenden Unterhaltstitels ein Pfändungs- und Überweisungsbeschluss beantragt wurde (OLG Stuttgart FamRZ 2012, 809).

Ein Unterhaltsgläubiger gibt hingegen noch keinen Anlass zur Einleitung eines Abänderungsverfahrens, wenn er sich mit der – vorübergehenden – Herabsetzung des titulierten Betrages einverstanden erklärt. Besteht der Unterhaltsschuldner gleichwohl auf einer Änderung des Titels, muss er den Gläubiger vor der Inanspruchnahme gerichtlicher Hilfe auffordern, an einer Anpassung des Titels mitzuwirken; andernfalls sind ihm bei einem sofortigen Anerkenntnis die Kosten des Verfahrens aufzuerlegen (OLG Oldenburg NJW-RR 2011, 661 = FamRZ 2011, 1090 [Ls]; s.a. OLG Hamm FamRZ 2011, 1245 zur Veranlassung eines Verfahrens, wenn eine außergerichtliche Aufforderung auf Herabsetzung des titulierten Unterhalts abgelehnt wird). Klageveranlassung i.S.d. § 93 ZPO liegt im Fall eines Abänderungsantrages nur dann vor, wenn die Abänderungsvoraussetzungen vollständig und nachvollziehbar vorgetragen und belegt werden (OLG Hamm FamRZ 2011, 1749). Gibt er dagegen durch seine Antragstellung zu erkennen, nicht zur Unterhaltszahlung bereit zu sein, dann hat er das Entstehen vermeidbarer Gebühren provoziert, sodass § 93 ZPO nicht mehr zu seinen Gunsten angewendet werden kann (OLG Thüringen FamRZ 2011, 491 = FuR 2011, 115). **13**

Der Unterhaltsgläubiger hat grds. auch dann ein Rechtsschutzinteresse an der vollständigen **Titulierung** seines **Unterhaltsanspruchs** (»**Titulierungsinteresse**«), wenn der Unterhaltsschuldner den Unterhalt bisher stets freiwillig regelmäßig, rechtzeitig und vollständig bezahlt hat. Der Grund liegt darin, dass der Unterhaltsschuldner seine freiwilligen Zahlungen jederzeit einstellen kann, der Unterhaltsgläubiger jedoch auf laufende pünktliche Unterhaltsleistungen angewiesen ist und für diesen Fall einen Titel über den vollen Unterhalt benötigt. Der Antrag gem. § 258 ZPO – Möglichkeit einer Klage auf künftige wiederkehrende Leistungen – setzt keine Besorgnis der Nichterfüllung voraus (BGH FamRZ 1998, 1165 = FuR 1998, 418; FamRZ 2010, 195 = FuR 2010, 157; OLG München FamRZ 1990, 778; OLG Düsseldorf FamRZ 1991, 1207; OLG Karlsruhe FamRZ 1991, 468; OLG Hamm FamRZ 1992, 831; zum Anspruch auf Titulierung des freiwillig gezahlten Unterhalts ausführlich *Grün* FF 2003, 235 ff.). Ein Rechtsschutzinteresse auf Errichtung eines Unterhaltstitels auf wiederkehrende, künftig fällig werdende Leistungen ist selbst dann gegeben, wenn keine Besorgnis besteht, dass der Schuldner versuchen könnte, sich der rechtzeitigen Leistung zu entziehen. **14**

Allerdings gibt ein Unterhaltsschuldner, der den vollen geschuldeten Unterhalt regelmäßig zahlt, dem Unterhaltsgläubiger keinen Anlass zur Erhebung einer Klage i.S.v. § 93 ZPO. Der Unterhaltsgläubiger muss deswegen, wenn er die Rechtsfolgen eines sofortigen Anerkenntnisses nach § 243 Nr. 4 i.V.m. § 93 ZPO vermeiden will, den Unterhaltsgläubiger in solchen Fällen zunächst zur außergerichtlichen Titulierung des Unterhaltsanspruchs auffordern (OLG Naumburg FamRZ 2006, 1052; zum Inhalt einer Titulierungsaufforderung s. OLG Stuttgart FamRZ 1990, 1368). Zahlt der Unterhaltsschuldner den vollen geschuldeten Unterhalt in vereinbarter Höhe, und wurde er vor Einleitung eines gerichtlichen Verfahrens nicht ordnungsgemäß zur Titulierung aufgefordert, bleibt ihm im Rechtsstreit die Möglichkeit eines sofortigen Anerkenntnisses mit der Kostenfolge des § 93 ZPO (KG FamRZ 2011, 1319 = FuR 2011, 531). **15**

Ist ein Unterhaltsschuldner allerdings nur zu **Teilleistungen** auf den geschuldeten Unterhalt bereit, scheidet die Möglichkeit eines sofortigen Anerkenntnisses in einem Rechtsstreit auf den vollen Unterhalt aus (OLG Stuttgart FamRZ 1990, 1368; OLG Düsseldorf FamRZ 1991, 1207; OLG Hamm FamRZ 1992, 577; OLG München FamRZ 1994, 313 – erfolglose Aufforderung genüge; OLG Nürnberg FuR 2002, 280; a.A. OLG Stuttgart FamRZ 2001, 1381; s.a. OLG Köln NJW-RR 2004, 297). Ein Unterhaltsschuldner, der nur Teilleistungen auf den geschuldeten Unterhalt erbringt, gibt auch dann Veranlassung zu einer Klage auf den vollen Unterhalt, wenn er zuvor nicht zur Titulierung des freiwillig gezahlten Teils aufgefordert worden ist (BGH FamRZ 2010, 195 = FuR 2010, 157 m. Anm. *Thiel* AGS 2010, 151 f., *A. Schmidt* FamRZ 2010, 447 f.; ausführlich auch *Roßmann* ZAP Fach 11, 1099 ff.). Hinsichtlich des nicht gezahlten Teils des Unterhalts ist ein Titel schon deswegen erforderlich, weil erst dieser dem Unterhaltsgläubiger die Vollstreckung ermöglicht. Ein Titulierungsinteresse besteht allerdings auch, wie im Fall der Zahlung des vollen Unterhalts, hinsichtlich eines gezahlten Teilbetrages. Das Titulierungsinteresse unterscheidet sich also nicht von den Fällen, in denen der Unterhaltsschuldner regelmäßig den vollen Unterhalt zahlt. Damit gibt der Unterhaltsschuldner dem Unterhaltsgläubiger Anlass zur gerichtlichen Geltendmachung des **gesamten** Unterhalts, ohne dass es auf eine vorherige Aufforderung zur außergerichtlichen Titulierung ankommt. **16**

Der Unterhaltsschuldner ist in solchen Fällen – wie sich schon aus den gezahlten Teilleistungen ergibt – gerade nicht freiwillig bereit, den **gesamten** geschuldeten Unterhalt zu leisten. Dem Unterhaltsgläubiger ist nicht zuzumuten, dass er um sog. »**Spitzenbeträge**« streiten und nach Abschluss des Verfahrens Verrechnung mit den nicht titulierten »Grundbeträgen« befürchten muss. Eine außergerichtliche Titulierung wür- **17** de deswegen lediglich zu einem Titel über den freiwillig gezahlten Teil des geschuldeten Unterhalts führen. Ein weitergehender Unterhaltsanspruch wäre auch dann nicht vollstreckbar, und der Unterhaltsgläubiger wäre auf einen weiteren Antrag hinsichtlich des nicht freiwillig titulierten Unterhalts angewiesen. Dabei wäre er im Regelfall auf eine Leistungsklage nach § 258 ZPO verwiesen und müsste seinen Unterhaltsanspruch aus zwei verschiedenen Titeln vollstrecken, wobei es dem Unterhaltsschuldner freistünde, auf welchen Titel er freiwillig zahlt (BGH FamRZ 2010, 195 = FuR 2010, 157; so auch schon OLG Koblenz FamRZ 1986, 826; OLG Düsseldorf FamRZ 1991, 1207; OLG Karlsruhe FamRZ 2003, 102 = FuR 2002, 542; FamRZ 2009, 361; OLG Köln NJW-RR 1998, 1703 = FuR 1998, 414; OLGR 2002, 384; OLG Zweibrücken FamRZ 2002, 1130; s.a. OLG Hamm FamRZ 2006, 627; OLG Koblenz FamRZ 2006, 1611).

18 Hat der Unterhaltsschuldner mit einem außergerichtlichen Titel lediglich einen Sockelbetrag als Teilunterhalt anerkannt, ist der restliche Unterhalt nicht im Wege der Abänderungsklage nach §§ 238 ff., sondern zusätzlich mit der Leistungsklage nach § 258 ZPO geltend zu machen. Ein solches zweigleisiges Verfahren mit den Folgen der unterschiedlichen späteren Abänderbarkeit der beiden Titel nach § 313 für den außergerichtlichen Titel einerseits und nach § 238 für den ergänzenden gerichtlichen Titel mit materieller Rechtskraft andererseits ist dem Unterhaltsgläubiger nicht zumutbar. Deswegen gibt der Unterhaltsschuldner, der nicht den vollen Unterhalt leistet, grds. Anlass zur gerichtlichen Geltendmachung des **gesamten** geschuldeten Unterhalts, ohne dass er zunächst zur außergerichtlichen Titulierung aufgefordert werden muss. In solchen Fällen kommt ein sofortiges Anerkenntnis i.S.d. § 93 ZPO also nicht mehr in Betracht (zu allem BGHZ 172, 22 = BGH FamRZ 2007, 983; s.a. BGH FamRZ 1991, 320; FamRZ 2005, 101 = FuR 2005, 178; FamRZ 2010, 195 = FuR 2010, 157).

19 Im Verfahrenskostenhilfeverfahren ist ein Anerkenntnis zur Vermeidung von Kostenbelastungen nicht möglich; der Unterhaltsschuldner hat vielmehr den Unterhaltstitel zu erstellen, ihn vorzulegen und kann erst dann beantragen, Verfahrenskostenhilfe zu versagen. Gibt er dagegen durch seine Antragstellung zu erkennen, dass er zur Unterhaltszahlung nicht bereit ist, hat er vermeidbare Kosten provoziert, sodass § 93 ZPO nicht mehr zu seinen Gunsten angewendet werden kann (s. OLG Thüringen FamRZ 2011, 491 = FuR 2011, 115; ähnlich OLG Karlsruhe FamRZ 2004, 1659).

20 **F. Kostenentscheidungen nach streitloser Regelung der Hauptsache.** Auch wenn § 243 sich nur auf die »Vorschriften der ZPO über die Kostenverteilung« bezieht, also nicht auf § 98 ZPO, ist die Vorschrift doch dann anzuwenden, wenn nach Abschluss eines **Vergleichs** eine gerichtliche Kostenentscheidung erlassen werden muss. Schließen die Beteiligten in einer Unterhaltssache einen Vergleich ohne Kostenregelung, ist die gesetzliche Wertung des § 98 ZPO (Kostenaufhebung nach einem durch Vergleich erledigten Rechtsstreit bei Fehlen anderslautender Hinweise) bei der gem. § 243 Satz 2 nach billigem Ermessen zu treffenden Kostenentscheidung neben den weiteren, in § 243 Satz 2 als Regelbeispiele aufgeführten Gesichtspunkten zu berücksichtigen (BGH FamRZ 2011, 1933 = FuR 2012, 88; OLG Zweibrücken FamRZ 2012, 392; ähnlich auch OLG Karlsruhe FamRZ 2011, 749 –§ 98 Satz 2 ZPO direkt anwendbar; OLG Dresden FamRZ 2011, 1322; zum Wegfall des Anlasses zur Antragseinreichung und der Erledigung in der Hauptsache in Unterhaltsstreitsachen vor dem Hintergrund des § 243 s. Neumann FPR 2013, 163 ff.).

21 Da § 243 im Einleitungssatz alle Kostenvorschriften der ZPO für Entscheidungen des Gerichts pauschal ausschließt (also auch § 269 ZPO), ist nach **Rücknahme** eines **Unterhaltsantrages** und damit Beendigung des Unterhaltsverfahrens ebenfalls § 243 anzuwenden, wobei das Gericht in diesen Fällen den allgemeinen Rechtsgedanken des § 269 Abs. 3 ZPO »insbesondere zu berücksichtigen« hat (Kostenpflicht der Klagepartei). Ein Verfahren, das von der vorherigen Bewilligung der Verfahrenskostenhilfe abhängig gemacht wird, wird nach der Bewilligung und Hereinnahme der Antragsschrift in den Prozess- oder allgemeinen Verfahrensbetrieb anhängig (BGH FamRZ 1995, 729). Erlischt die verfahrensgegenständliche Forderung vor diesem Zeitpunkt, dann hat der Antragsteller bei Kenntnis hiervon seinen Antrag zur Vermeidung von Kosten zeitnah zurückzunehmen. Ein Beteiligter, der Anträge auf Zahlung erloschener Forderungen anhängig macht, hat nach Antragsrücknahme regelmäßig die Kosten des Verfahrens zu tragen (OLG Brandenburg FamRZ 2014, 236).

22 Auch bei übereinstimmender **Erledigterklärung** eines Unterhaltsverfahrens ersetzt § 243 die allg. Kostennorm des § 91a Abs. 1 Satz 1 ZPO (BT-Drucks. 16/12717 S. 71); daher hat sich auch die Kostenregelung nach einer übereinstimmenden Erledigungserklärung an § 243 zu orientieren (OLG Stuttgart FamRZ 2013, 2007 = FuR 2013, 470); insoweit darf nicht auf die allgemeinen Kostenvorschriften der ZPO mit der Begründung zurückgegriffen werden, § 243 enthalte hierzu keine Regelung (so aber OLG Köln FamRZ 2013, 1059). Enthält ein gerichtlicher Vergleich keine Kostenregelung, wohl aber eine übereinstimmende Erledi-

gungserklärung, so spricht dies dafür, dass die Beteiligten der Auffassung sind, dass die Kosten nicht nach § 98 ZPO zu verteilen sind, sondern nach billigem Ermessen (OLG Saarbrücken FamRZ 2013, 1419).

G. Rechtsmittel gegen Kostenentscheidungen. § 243 erklärt in seinem Einleitungssatz die ZPO nur für 23
die Entscheidung über die »Kostenverteilung« für unanwendbar, nicht aber deren **Anfechtbarkeit**; insoweit verbleibt es also bei den Regelungen der ZPO (s. § 113 Abs. 1 Satz 2; s. KG NJW 2010, 3588; OLG Oldenburg, FamRZ 2011, 578 = FuR 2011, 112; a.A. OLG Oldenburg FamRZ 2010, 1831 = FuR 2010, 531 m. Anm. *Götz* FamRZ 2010, 1832 ff. – § 243 sei zugleich eine allgemein dem Kostenrecht der ZPO vorgehende Spezialvorschrift, die Zulässigkeit der Beschwerde richte sich daher nach §§ 58, 61, 117; zum Wert der Beschwer von mehr als 600 € nach § 61 Abs. 1 s. OLG Stuttgart FamRZ 2010, 664; OLG Hamburg FamRZ 2010, 665; ausführlich zur Statthaftigkeit von Beschwerde und sofortiger Beschwerde *Schael* FPR 2009, 11 ff.; zur Anfechtbarkeit von Kostenentscheidungen in Familiensachen *Büte* FamFR 2013, 505 ff.).

Ein Rechtsmittel gegen die Hauptsache erfasst die Kostenentscheidung ohne Besonderheiten; die isolierte 24
Anfechtung der Kostenentscheidung ist ausgeschlossen (§ 99 Abs. 1 ZPO; s.a. OLG Nürnberg MDR 2005, 151; OLG Zweibrücken FamRZ 2007, 749; OLG Oldenburg, FamRZ 2011, 578 = FuR 2011, 112; OLG Stuttgart, FamRZ 2011, 751). Im Verfahren über eine einstweilige Anordnung nach dem FamFG sind selbstständige Kostenentscheidungen nur dann anfechtbar, wenn sie in einer unter den Katalog des § 57 Satz 2 Nr. 1 bis 5 fallenden Sache ergangen sind, also nicht in Unterhaltssachen (OLG Zweibrücken FamRZ 2012, 50 = FuR 2011, 706).

Isolierte Kostenentscheidungen in Familienstreitsachen nach streitloser Hauptsacheregelung sind jedoch 25
mit der sofortigen Beschwerde nach §§ 567 ff. ZPO (nicht nach §§ 58 ff.) anfechtbar (BGH FamRZ 2011, 1933 = FuR 2012, 88; so auch OLG Frankfurt FamRZ 2010, 1696; OLG Hamm FamRZ 2011, 989; 2011, 1749; 2011, 1245; FuR 2012, 614 = FamRZ 2012, 1829 [Ls] unter Aufgabe der Senatsrechtsprechung, etwa FamRZ 2011, 582; FamRZ 2012, 811; KG NJW 2010, 3588 = FamRZ 2011, 497 [Ls]; OLG Karlsruhe FamRZ 2011, 749; OLG Oldenburg FamRZ 2011, 578 = FuR 2011, 112; OLG Saarbrücken FamRZ 2012, 472; OLG Zweibrücken FamRZ 2011, 1614; 2012, 392; anders noch OLG Bremen FamRZ 2011, 1615; OLG Hamm FamRZ 2011, 582; KG FamRZ 2011, 1319 = FuR 2011, 531; OLG Oldenburg FamRZ 2010, 1831 = FuR 2010, 531; OLG Stuttgart FamRZ 2012, 50).

Isolierte Kostenentscheidungen in Unterhaltssachen können jedoch nach (auch teilweiser) Erledigung der 26
Hauptsache gem. § 91a Abs. 2 Satz 1 ZPO, nach (auch teilweiser) Rücknahme eines Unterhaltsantrages gem. § 269 Abs. 5 ZPO und nach einem (auch teilweisen) Anerkenntnis gem. § 99 Abs. 2 ZPO angefochten werden. Wird die Hauptsache nur teilweise durch Anerkenntnis oder übereinstimmende Erledigungserklärungen oder Klagerücknahme abgeschlossen, dann ist eine einheitlich auf der Grundlage von § 243 getroffene, sog. gemischte Kostenentscheidung mit der sofortigen Beschwerde nach § 113 Abs. 1 i.V.m. mit §§ 567 ff. ZPO insoweit isoliert anfechtbar, als sie auf einer teilweisen Erledigung oder einem teilweisen Anerkenntnis oder einer teilweisen Rücknahme beruht, auch wenn sich diese prozessuale Erklärung lediglich auf die Quote einer einheitlichen Kostenentscheidung ausgewirkt hat. Insoweit ist die Begründung der Entscheidung, nicht ihre äußere Form maßgebend; es ist daher belanglos, wenn das Familiengericht seine Entscheidung nicht ausdrücklich als Teilanerkenntnis- und Schlussentscheidung bezeichnet. Ist die angefochtene Kostenentscheidung insoweit aufzugliedern, dann ist der anfechtbare Teil von dem übrigen Teil der einheitlichen Kostenentscheidung abzugrenzen und eine ggf. abweichende Bewertung des anfechtbaren Teils bei der Bemessung einer neuen einheitlichen Kostenentscheidung zu berücksichtigen (OLG Saarbrücken AGS 2011, 99 – übereinstimmende Teilerledigungserklärung der Beteiligten und Teilanerkenntnis des Unterhaltsschuldners, unter Hinweis auf BGH FamRZ 2007, 893 = FuR 2007, 275 m.w.N.).

Das Familiengericht hat in Unterhaltssachen »nach billigem Ermessen über die Verteilung der Kosten des 27
Verfahrens auf die Beteiligten« zu entscheiden (§ 243); die Ausübung billigen Ermessens ist tragender Grundsatz der Kostenentscheidung in Unterhaltssachen. Das Beschwerdegericht darf daher eine in erster Instanz ergangene Ermessensentscheidung nur daraufhin überprüfen, ob das Familiengericht von dem ihm eingeräumten Ermessen fehlerfrei Gebrauch gemacht hat. Eine eigene Ermessensentscheidung des *Beschwerdegerichts ist nur dann zulässig*, wenn dem erstinstanzlichen Gericht Ermessensfehler unterlaufen sind (OLG Schleswig FamRZ 2014, 963). Ermessensfehler in Form des Ermessensfehlgebrauchs oder der Ermessensüberschreitung können insb. dann vorliegen, wenn das Erstgericht für die Ermessensentscheidung maßgebliche Tatsachen verfahrensfehlerhaft nicht ermittelt oder sonst unberücksichtigt gelassen hat (BGH FamRZ 2007, 893 = FuR 2007, 275; OLG Hamm FuR 2012, 614 = FamRZ 2012, 1829 [Ls]; FamFR 2013, 41 – Kostenentscheidung nach Antragsrücknahme; OLG Saarbrücken FamRZ 2012, 472).

§ 244 Buch 2. Verfahren in Familiensachen

28 § 243 schließt auch für die **Kostenentscheidung** eines Unterhaltsverfahrens in der **Rechtsmittelinstanz** die Anwendung der ZPO-Vorschriften über die Kostenverteilung (§§ 91 ff., 97 ZPO) aus. Daher ist die Kostenentscheidung in einer Unterhaltssache auch in der Beschwerdeinstanz nach § 243 zu treffen, wobei der Rechtsgedanke des § 97 Abs. 2 ZPO zu beachten ist (BT-Drucks. 16/6308 S. 259, so auch KG NJW 2010, 3588). Bei Rücknahme eines Rechtsmittels in einer Unterhaltssache richtet sich die Kostenentscheidung nach § 117 Abs. 2 i.V.m. § 516 Abs. 3 ZPO. Es entspricht regelmäßig billigem Ermessen i.S.v. § 243, die Kosten einer unzulässigen Beschwerde dem Beschwerdeführer aufzuerlegen (KG NJW 2010, 3588 = FamRZ 2011, 497 [Ls]; s.a. OLG Frankfurt FamRZ 2010, 1696 – Kostenaufhebung nach Klagerücknahme; ausführlich zur Kostenentscheidung in Familiensachen *Büte* FuR 2009, 649 ff. und *Finke* FPR 2010, 331 ff.).

§ 244 Unzulässiger Einwand der Volljährigkeit.
Wenn der Verpflichtete dem Kind nach Vollendung des 18. Lebensjahres Unterhalt zu gewähren hat, kann gegen die Vollstreckung eines in einem Beschluss oder in einem sonstigen Titel nach § 794 der Zivilprozessordnung festgestellten Anspruchs auf Unterhalt nach Maßgabe des § 1612a des Bürgerlichen Gesetzbuchs nicht eingewandt werden, dass die Minderjährigkeit nicht mehr besteht.

1 § 244 entspricht als sprachlich verbesserte Nachfolgenorm dem aufgehobenen § 798a ZPO. § 244 normiert den **Grundsatz** der **Identität** im Verwandtenunterhaltsrecht: Da der Unterhaltsanspruch eines Kindes – sowohl des Minderjährigen als auch des Volljährigen – immer auf §§ 1601 ff. BGB beruht, stellen Minderjährigen- und Volljährigenunterhalt keine verschiedenen Streitgegenstände dar, sodass es mit Eintritt der Volljährigkeit auch keiner neuen Titulierung des Unterhalts bedarf (BGH FamRZ 2006, 99, 100 = FuR 2006, 76). § 244 stellt daher sicher, dass ein Kind nicht gezwungen ist, sich nach Eintritt der Volljährigkeit einen neuen Titel zu beschaffen (BT-Drucks. 13/7338 S. 23). Hat der Unterhaltsschuldner dem Kind also auch noch über dessen Vollendung des 18. Lebensjahres hinaus Unterhalt zu gewähren, kann er gegen den in einer Entscheidung oder in einem sonstigen Schuldtitel festgestellten dynamisierten Unterhaltsanspruch (§ 1612a BGB) nicht einwenden, das Kind sei nunmehr volljährig. Das Kind kann daher die Zwangsvollstreckung aus solchen Unterhaltstiteln), wenn sie nicht bis zum Eintritt der Volljährigkeit begrenzt sind (sog. »geschlossene« Titulierung), über das 18. Lebensjahr hinaus betreiben, soweit nach Eintritt der Volljährigkeit materiell-rechtlich noch ein Unterhaltsanspruch besteht. Insoweit sind auch Vollstreckungsgegenanträge (§ 767 bzw. §§ 795, 797 Abs. 3 u 4 i.V.m. § 767 ZPO) ausgeschlossen; unberührt bleiben jedoch die Korrekturmöglichkeiten nach §§ 238 bis 240.

2 Die sprachliche Neufassung stellt klar, dass § 244 nur den Einwand der Volljährigkeit gegen die Vollstreckung aus einem entsprechenden Titel ausschließen will, nicht aber die Einwände gegen den Anspruch als solchen (vgl. BT-Drucks. 16/6308 S. 259). Die Norm bezweckt gleichzeitig, die Zwangsvollstreckung aus einem Titel über Unterhalt i.S.d. § 1612a BGB, der über das 18. Lebensjahr fortwirkt, zu erleichtern (BGH NJW-RR 2006, 217, 218; OLG Saarbrücken NJW-RR 2007, 1307, 1308): Ein Titel auf Unterhalt als Prozentsatz des jeweiligen Mindestunterhalts nach § 1612a BGB kann auch dann noch vollstreckt werden, wenn das Kind mit 18 Jahren volljährig geworden ist. § 1612a Abs. 1 Satz 3 Nr. 3 BGB spricht lediglich von der Zeit vom 13. Lebensjahr an, sieht aber keine Begrenzung bis zum 18. Lebensjahr vor. Da der Regelunterhalt gemäß der 4. Altersstufe der Düsseldorfer Tabelle einem Kind nach Erreichen des 18. Lebensjahres nicht automatisch zusteht, kann in dieser Höhe auch keine Zwangssicherungshypothek eingetragen werden; zur Erlangung eines geeigneten Vollstreckungstitels ist daher zunächst die Abänderung des bisherigen Unterhaltstitels zu beantragen OLG München FamRZ 2015, 1815).

3 § 244 gilt nur für dynamisierte (s. § 1612a BGB), nicht aber für nicht dynamisierte (sog. statische) Unterhaltstitel, da solche Titel, wenn sie nicht befristet sind, ohnehin über den Zeitpunkt der Volljährigkeit hinaus gelten. § 244 ist auch nicht anwendbar auf nach früherem (vor dem 01.07.1998 geltenden) Recht ergangene (bis zur Vollendung des 18. Lebensjahres begrenzte) Unterhaltstitel, die nicht nach Art. 5 § 3 KindUG an das neue Recht angepasst worden sind (BGH FamRZ 2005, 2066). Allerdings kann die Titulierung des Kindesunterhalts – auch über die Volljährigkeit des Kindes hinaus – ungeachtet der Frage, ob es sich um statischen oder dynamisierten Unterhalt handelt, verlangt werden (OLG Hamm FamRZ 2012, 993 m. Anm. *Niepmann* FamFR 2012, 129).

4 Ein zum Minderjährigenunterhalt ergangener Titel gilt bis zu seiner Abänderung fort, auch wenn das Kind volljährig wird, weil sich hierdurch am Grund der Unterhaltsverpflichtung, nämlich der Verwandtschaft in *gerader Linie* (§ 1601 BGB), *nichts* ändert. Es bleibt dem Unterhaltsschuldner aber unbenommen, die

durch die Volljährigkeit des Kindes eintretenden Änderungen der Verhältnisse im Wege der Abänderungsklage geltend zu machen. Im Hinblick auf die seit Volljährigkeit erhöhte Erwerbsobliegenheit des Kindes und die seither bestehende Mithaftung des anderen Elternteils für den Barunterhalt ist das volljährig gewordene Kind in diesem Verfahren darlegungs- und beweispflichtig sowohl dafür, dass der Unterhaltsanspruch fortbesteht, als auch für den Umfang der Teilhaftung des anderen Elternteils (OLG Köln FamFR 2012, 438).

§ 245 Bezifferung dynamisierter Unterhaltstitel zur Zwangsvollstreckung im Ausland.

(1) Soll ein Unterhaltstitel, der den Unterhalt nach § 1612a des Bürgerlichen Gesetzbuchs als Prozentsatz des Mindestunterhalts festsetzt, im Ausland vollstreckt werden, ist auf Antrag der geschuldete Unterhalt auf dem Titel zu beziffern.
(2) Für die Bezifferung sind die Gerichte, Behörden oder Notare zuständig, denen die Erteilung einer vollstreckbaren Ausfertigung des Titels obliegt.
(3) Auf die Anfechtung der Entscheidung über die Bezifferung sind die Vorschriften über die Anfechtung der Entscheidung über die Erteilung einer Vollstreckungsklausel entsprechend anzuwenden.

Übersicht

	Rdn.		Rdn.
A. § 245 Abs. 1	2	C. § 245 Abs. 3	4
B. § 245 Abs. 2	3		

§ 245 entspricht dem bisherigen § 790 ZPO i.d.F. des Gesetzes zur Änderung des Unterhaltsrechts (BT-Drucks. 16/1830): Die Anerkennungs- und Vollstreckungschancen für dynamisierte Unterhaltstitel (§ 1612a BGB) im Ausland sollen verbessert werden. Bei dynamisierten Titeln ist der Unterhalt als Prozentsatz des Mindestunterhalts fixiert, nicht aber im Tenor als bezifferte Größe. Um der Gefahr, dass die Vollstreckung dieser Titel im Ausland wegen Unbestimmtheit des Titels abgelehnt wird, zu begegnen, eröffnet § 245 die Möglichkeit, auf dem dynamisierten Unterhaltstitel den zu zahlenden Unterhalt genau zu beziffern (ausführlich zur Durchsetzung von Unterhaltstiteln mit Auslandsbezug nach dem AUG *Hess/Spancken* FPR 2013, 27; zur verfahrensrechtlichen Behandlung von Unterhaltsstreitverfahren mit Auslandsbezug nach dem FamFG s.a. *Riegner* FPR 2013, 4). 1

A. § 245 Abs. 1. Nach § 245 Abs. 1 (bisher § 790 Abs. 1 ZPO) ist ein Titel über Unterhalt nach § 1612a BGB, der als Prozentsatz des Mindestunterhalts festgesetzt wird, auf Antrag zu beziffern, wenn er im Ausland vollstreckt werden soll. Dies dient der erleichterten Zwangsvollstreckung im Ausland. Dies hat zugleich den Vorteil, dass der Titel als Europäischer Vollstreckungstitel nach Art. 9 Abs. 1 (gerichtliche Titel außer Vergleiche), Art. 24 Abs. 1 (gerichtliche Vergleiche), Art. 25 Abs. 1 (öffentliche Urkunden) VO (EG) 805/2004 bestätigt werden kann. Es muss sich um einen Titel über eine unbestrittene Forderung handeln (vgl. Art. 3 VO [EG] 805/2004), wie z.B. Anerkenntnisentscheidung, Versäumnisentscheidung, Vergleich, notarielle Urkunde, Jugendamtsurkunde, und die Forderung muss auf Zahlung einer bestimmten Geldsumme gerichtet sein (Art. 4 Nr. 2 VO [EG] 805/2004). Der Antrag muss nicht beziffert sein, auch wenn es um die Anrechnung des Kindergeldes (§ 1612b BGB) geht. Die Bezifferung wird auf dem Titel vermerkt; damit soll schon der Anschein der Schaffung eines weiteren Vollstreckungstitels vermieden werden (BT-Drucks. 15/5222 S. 12). 2

B. § 245 Abs. 2. Zuständig für die Bezifferung ist nach § 245 Abs. 2 (bisher: § 790 Abs. 2 ZPO) das Gericht, die Behörde (z.B. das Jugendamt nach § 60 Satz 3 Nr. 1 SGB VIII) oder der Notar (§ 797 Abs. 2 Satz 1 ZPO), also eine Stelle, der sonst die Erteilung einer vollstreckbaren Ausfertigung des Titels obliegt. Für ein gerichtliches Verfahren ist der Rechtspfleger nach §§ 3 Nr. 3g, 25 Nr. 2b RPflG (bisher §§ 3 Nr. 3a, 20 Nr. 11 RPflG; s.a. § 1079 ZPO) funktionell zuständig, i.Ü. der Notar (§ 797 Abs. 2) bzw. das Jugendamt (§ 60 Satz 3 Nr. 1 SGB VIII). 3

C. § 245 Abs. 3. Die Entscheidung ist nach § 245 Abs. 3 mit der Klauselerinnerung nach § 732 ZPO anfechtbar. Dagegen besteht die Möglichkeit der sofortigen Beschwerde nach § 11 Abs. 1 RPflG, § 567 Abs. 1 Nr. 2 ZPO, sodass der Rechtspfleger nach § 572 Abs. 1 Satz 1 Halbs. 1 ZPO abhelfen kann; anderenfalls muss er die Sache dem OLG als Beschwerdegericht vorlegen (§ 567 Abs. 1 Satz 1 Halbs. 2 ZPO; § 119 Abs. 1 Nr. 1a GVG). Neben § 732 ZPO ist für einen Antrag nach § 731 oder § 768 ZPO kein Raum. Bei Beziffe- 4

Unterabschnitt 2. Einstweilige Anordnung

§ 246 Besondere Vorschriften für die einstweilige Anordnung. (1) Das Gericht kann durch einstweilige Anordnung abweichend von § 49 auf Antrag die Verpflichtung zur Zahlung von Unterhalt oder zur Zahlung eines Kostenvorschusses für ein gerichtliches Verfahren regeln.
(2) Die Entscheidung ergeht auf Grund mündlicher Verhandlung, wenn dies zur Aufklärung des Sachverhalts oder für eine gütliche Beilegung des Verfahrens geboten erscheint.

Übersicht

	Rdn.		Rdn.
A. Allgemeines	1	4. Eltern- und Verwandtenunterhalt	16
B. Anspruch auf Unterhalt	2	VII. Abänderbarkeit von Vollstreckungstiteln	17
I. Umfang des Unterhalts	3	C. Anspruch auf Kostenvorschuss	18
II. Zeitliche Reichweite des Unterhalts	7	I. Allgemeines	18
III. Anspruchsübergang	9	II. Anspruchsberechtigte	19
IV. Auslandsbezug	10	III. Anspruchsvoraussetzungen	24
V. Kein Regelungsbedürfnis	11	IV. Umfang des Anspruchs	31
VI. Unterhaltsrechtliche Rechtsverhältnisse	12	V. Rückforderungsanspruch	34
1. Kindesunterhalt	12	D. Besonderheiten des Anordnungsverfahrens	35
2. Ehegattenunterhalt	14		
3. Unterhalt der nicht verheirateten Mutter	15		

1 **A. Allgemeines.** Dem einstweiligen Rechtsschutz in Unterhaltssachen kommt eine erhebliche praktische Bedeutung zu, weil durch eine kurzfristige Titulierung des Unterhaltsanspruchs ein wesentlicher Teil der **Existenzsicherung** der unterhaltsberechtigten Person gewährleistet werden kann. Bei der Ausgestaltung des Eilverfahrens sind dem Interesse des Unterhaltsberechtigten an einer baldigen Entscheidung bzw. Titulierung und dem Interesse des Unterhaltspflichtigen an einer Minimierung unberechtigter Inanspruchnahme (§ 818 Abs. 3 BGB) Rechnung zu tragen. Vor diesem Hintergrund enthält § 246 Sonderregelungen für das einstweilige Anordnungsverfahren, soweit dieses auf Zahlung von Unterhalt oder Zahlung eines Kostenvorschusses für ein gerichtliches Verfahren gerichtet ist (*Bömelburg* FF 2011, 355 ff.; *Fest* NJW 2012, 428 ff.; *Christl* NJW 2012, 3334 ff.; zu den Risiken aus anwaltlicher Sicht *Viefhues* FuR 2015, 558, 631; *Jüdt* FuR 2012, 570, 625). Auch wenn für Unterhaltssachen als Familienstreitsachen die Anwendung der allgemeinen Regelungen des FamFG in § 113 Abs. 1 ausgenommen ist und grds. auf die Verfahrensvorschriften der ZPO verwiesen wird, sind hiervon die Regelungen der einstweiligen Anordnung in den §§ 49 ff. ausgenommen. Zugleich stellt § 119 Abs. 1 Satz 1 für Familienstreitsachen die Anwendung der Vorschriften über die einstweilige Anordnung ausdrücklich klar. § 246 wird für die Unterhaltssachen durch die §§ 247, 248 für den Kindesunterhalt und den Unterhaltsanspruch nach § 1615l BGB ergänzt, soweit die Vaterschaft für das Kind rechtlich nicht feststeht. I.Ü. gelten für das Anordnungsverfahren die §§ 49 ff., sodass es sich um ein vom Unterhaltsverfahren in der Hauptsache selbstständiges Anordnungsverfahren handelt, das den Erlass einer einstweiligen Verfügung nach allg. Meinung ausschließt. Ggü. dem allgemeinen Anordnungsverfahren weist § 246 zwei wesentliche **Unterschiede** auf: Zum einen ist ein Bedürfnis für ein sofortiges Tätigwerden i.S.d. § 49 Abs. 1 nicht erforderlich (*Gießler* FPR 2006, 421, 424), weil sich dieses regelmäßig als (widerlegliche) **gesetzliche Vermutung** aus dem nicht erfüllten Unterhaltsanspruch sowie dessen Zweck zur Existenzsicherung ergibt (vgl. BVerfG FamRZ 2016, 30; Prütting/Helms/*Bömelburg* § 246 Rn. 7). Ob für alle Aspekte des geltend gemachten Anspruchs auf ein Regelungsbedürfnis im Sinne eines besonderen Rechtsschutzbedürfnisses verzichtet werden kann (so BT-Drucks. 16/6308 S. 259), scheint indes fraglich (Rdn. 11). Zum anderen entfällt auf der Rechtsfolgenseite die Begrenzung auf vorläufige Maßnahmen, weil im Anordnungsverfahren nach § 246 Abs. 1 gerichtliche Entscheidungen über die Sicherung eines An-

spruchs hinausgehen und auf die (teilweise) **Erfüllung** der bestehenden Unterhaltsverpflichtung gerichtet sind. Insoweit handelt es sich um eine Ausnahme vom sog. Vorwegnahmeverbot (§ 49 Rdn. 7). Schließlich wird für den Verfahrensablauf die Bedeutung der mündlichen Verhandlung in Abs. 2 besonders hervorgehoben, indem eine solche regelmäßig anzuberaumen ist, soweit dies zur gütlichen Einigung oder Sachaufklärung geboten erscheint. Zum Verhältnis zu §§ 247, 248 s. dort jeweils Rdn. 1.

B. Anspruch auf Unterhalt. Für alle einstweiligen Anordnungen ist die **materiell-rechtliche Grundlage** den Vorschriften des jeweiligen Unterhaltsrechtsverhältnisses zu entnehmen (§§ 1360 ff., 1361, 1569 ff., 1601 ff. u 1615l BGB). Aus der Unterhaltsrechtsbeziehung folgende Nebenansprüche – mit Ausnahme der Auskunft (Rdn. 6) – unterfallen der allgemeinen Regelung des § 49 (Zöller/*Lorenz* § 246 FamFG Rn. 13). Durch den Bezug zum materiell-rechtlichen und ggf. vertraglich ausgestalteten Anspruch (§§ 49 Abs. 1, 51 Abs. 2) sind die Rechtswirkungen einer einstweiligen Anordnung begrenzt und gehen, soweit sie die Trennungszeit betreffen, nicht (mehr) über den Zeitpunkt der Rechtskraft der Ehescheidung bzw. die Entscheidung im Hauptsacheverfahren hinaus (§ 51 Rdn. 6 m.w.N.; *Dose* Rn. 25, 469; *Roßmann* ZFE 2010, 86, 90; a.A. Prütting/Helms/*Bömelburg* § 246 Rn. 26; Wendl/*Schmitz* § 10 Rn. 398, 450). Dass durch diese **materiell-rechtliche Akzessorietät** ein regelungsloser Zeitraum entstehen kann, beruht auf der Selbstständigkeit des Anordnungsverfahrens sowie dessen Herauslösung aus dem Scheidungsverbund. Die Beteiligten können durch entsprechende Vereinbarungen, aber auch im Wege entsprechender Verfahrensanträge etwa für die Zeit nach Rechtskraft der Ehescheidung bei bestehendem Regelungsbedürfnis insoweit Vorsorge treffen. Keine Frage des Rechtsschutz- bzw. Regelungsbedürfnisses stellt der Umstand dar, dass der Unterhalt bereits teilweise tituliert ist (Gießler/*Soyka* Rn. 358). Denn in diesem Fall handelt es sich um die Abänderung einer einstweiligen oder endgültigen Regelung, wobei ein Unterhaltsbeschluss im Hauptsacheverfahren nicht durch eine einstweilige Anordnung abgeändert werden kann (§ 51 Rdn. 7).

I. Umfang des Unterhalts. 1. Der **Unterhaltsbedarf**, der sich materiell-rechtlich aus den ehelichen Lebensverhältnisse (§§ 1578 Abs. 1, 1361 Abs. 1) oder der Lebensstellung des Unterhaltsberechtigten (§ 1610 Abs. 1 BGB) ableitet, ist im Anordnungsverfahren in vollem Umfang und grds. zeitlich unbegrenzt (s. Rdn. 7) zu gewähren. Im Gegensatz zur einstweiligen Verfügung, mit der nur ein auf den Notunterhalt begrenzter und für die Dauer von 6 Monaten befristeter Unterhaltsanspruch im Wege der sog. Leistungsverfügung zugesprochen werden konnte (*Ebert* § 2 Rn. 415, 417; OLG Karlsruhe FamRZ 1995, 1424), ist für die einstweilige Anordnung allg. anerkannt, dass die Zahlung des nach materiellem Recht geschuldeten vollen Unterhalts angeordnet werden kann (OLG Jena FuR 2011, 115 = FamRZ 2011, 491; OLG Zweibrücken FamRZ 1999, 662; *Dose* Rn. 331; Zöller/*Lorenz* § 246 Rn. 10; einschränkend Gießler/*Soyka* Rn. 372 [für Begrenzung auf den Notbedarf bzw. das Existenzminimum, wenn dem Antragsgegner kein rechtliches Gehör gewährt werden kann]; a.A. OLG Hamm FamRZ 2000, 964), zumal dadurch der Bedarf gesichert und weitere Auseinandersetzungen vermieden werden können (Musielak/*Borth* § 246 Rn. 5, 15). Das Regelungsbedürfnis entfällt nicht deswegen, weil die unterhaltsberechtigte Person über Einkünfte verfügt, mit denen sie ihren Lebensunterhalt bestreiten kann (so aber AG Kandel FamRZ 2011, 1611 m. abl. Anm. *Borth*). Eine Begrenzung erfolgt nur insoweit, als die Voraussetzungen des Unterhaltsanspruchs glaubhaft zu machen sind. Weder die Festlegung auf den vollen Unterhaltsanspruch noch eine Begrenzung auf den Notunterhalt werden den Interessen der Beteiligten gerecht und sind durch die Unterschiede des einstweiligen Verfügungsverfahrens einerseits und des einstweiligen Anordnungsverfahrens andererseits nicht begründet. Für die gerichtliche Regelung ist von der **Wechselwirkung** zwischen Unterhaltsanspruch und Glaubhaftmachung auszugehen, sodass der Unterhalt **bis zum vollen Anspruch** zugesprochen werden kann. Je höher der begehrte Unterhalt ist, umso weiter gehende Anforderungen sind an dessen Glaubhaftmachung zu stellen (Wendl/*Schmitz* § 10 Rn. 397). Unsicherheiten aufgrund der summarischen Beurteilung in tatsächlicher (Erwerbsobliegenheit, Verwirkung oder Ähnliches) oder rechtlicher Hinsicht kann durch eine zeitliche oder betragsmäßige Begrenzung des Anspruchs Rechnung getragen werden.

Beim **Kindesunterhalt** kann der Mindestunterhalt nach § 1612a Abs. 1 BGB durch eine einstweilige Anordnung regelmäßig festgesetzt werden, weil den Unterhaltspflichtigen die Darlegungs- und Beweislast für *seine eingeschränkte Leistungsfähigkeit* trifft. Ergibt sich aufgrund der glaubhaft gemachten Einkünfte eine begrenzte oder weiter gehende unterhaltsrechtliche Leistungsfähigkeit, ist auf den entsprechend niedrigeren oder höheren Betrag zu erkennen. Beim **Ehegattenunterhalt** kann zwar auch die Zahlung eines Unterhalts in erheblicher Höhe angeordnet werden (AG München FamRZ 1998, 1583 [15.000 DM]). An die Glaubhaftmachung eines Bedarfs, der oberhalb des angemessenen Lebensbedarfs (derzeit 1.050 €) liegt, sind höhere Anforderungen zu stellen als an einen niedrigeren Betrag oder einen nach der Rspr. des BGH nunmehr auch für den Ehegattenunterhalt anerkannten Mindestbedarf von 770 € (BGH FuR 2010, 401 = FamRZ 2010, 802, 357; NJW 2011, 303). Für den Anspruch der nicht verheirateten Mutter auf Betreuungsunterhalt nach § 1615l Abs. 2 BGB gelten die vorgenannten Grundsätze entsprechend, wobei hier für deren aus der bisherigen Lebensstellung abgeleiteten Bedarf zu differenzieren ist (BGH FamRZ 2010, 357). Beim Unterhaltsanspruch des **volljährigen Kindes** sind nicht nur die Einkünfte des Antragsgegners, sondern auch das Einkommen des anderen Elternteils und die sich danach ergebenden beiderseitigen Haftungsquoten darzulegen, während für den **Elternunterhalt** regelmäßig ein Regelungsbedürfnis, insb. bei übergegangenen Unterhaltsansprüchen, nicht bestehen wird. Für Unterhaltsansprüche von gleichgeschlechtlichen Lebenspartnern findet § 246 über die Verweisung in §§ 269 Abs. 1 Nr. 8 und 9, 270 Abs. 1 Satz 2, 111 Nr. 8 Anwendung.

5 2. In allen Unterhaltsrechtsbeziehungen kann ein Anspruch auf **Sonderbedarf** im Anordnungsverfahren beansprucht werden, sofern ein **Regelungsbedürfnis** glaubhaft gemacht wird. Als Sonderbedarf kommen Aufwendungen für einen unregelmäßigen außergewöhnlich hohen Betrag, der nicht mit Wahrscheinlichkeit voraussehbar war und bei der Bemessung des laufenden Unterhalts nicht berücksichtigt werden konnte, in Betracht (BGH FamRZ 2006, 612, FamRZ 2001, 1603; BVerfG FamRZ 1999, 1342 zur Säuglingserstausstattung). Im Vordergrund stehen hier die Kosten für nicht durch die Krankenversicherung gedeckte ärztliche oder medizinische Behandlungen, einen Umzug, Klassenfahrten oder Nachhilfestunden, jedoch nicht für die Konfirmation (FA-FamR/*Gerhardt* Kap. 6 Rn. 191). Auch ein Beitrag zu den notwendigen Umzugskosten stellt Sonderbedarf (OLG München FamRZ 1996, 1411) dar, deren Zahlung im Einzelfall angeordnet werden kann, während dies für die Erbringung von Naturalunterhalt nach dem Wortlaut des § 246 Abs. 1 nicht gilt (Zöller/*Lorenz* § 246 FamFG Rn. 16). Ob für einen unterhaltsrechtlichen **Mehrbedarf** (etwa die Kindergartenbeiträge [BGH FamRZ 2009, 962]) ein Regelungsbedürfnis besteht, ist im Einzelfall zu entscheiden (*Musielak/Borth* § 246 Rn. 5, 15). Allein nach Maßgabe des § 49 Abs. 1 kann ein Anspruch auf Naturalunterhalt oder (als Nebenverpflichtung) ein Anspruch auf Aushändigung einer Versicherungskarte durchgesetzt werden (Zöller/*Lorenz* § 246 FamFG Rn. 16; OLG Düsseldorf FamRZ 1986, 78).

6 3. Unterschiedlich wird beurteilt, ob im einstweiligen Anordnungsverfahren ein Anspruch auf **Auskunft** geltend gemacht werden kann. Für einen isolierten Auskunftsantrag wird regelmäßig das Regelungsbedürfnis i.S.v. § 49 Abs. 1 FamFG fehlen (OLG Düsseldorf FamRZ 1983, 514; OLG Hamm 1983, 515). Eine gerichtliche Auflage zur Vorlage von Einkommensunterlagen nach § 235 Abs. 1 oder ein Vorgehen nach § 236 Abs. 1 kann auch im Anordnungsverfahren erfolgen (Johannsen/Henrich/*Büte* § 51 Rn. 6a; *Giers* Rn. 169) und ein Regelungsbedürfnis für eine Auskunft beseitigen. Benötigt der insoweit darlegungs- und beweispflichtige Unterhaltsberechtigte die Auskunft, um seinen Unterhaltsanspruch beziffern zu können, steht einer einstweiligen Anordnung im Rahmen eines Stufenantrags weder das sog. Vorwegnahmeverbot noch eine zeitliche Verzögerung des Verfahrens entgegen (*Musielak/Borth* § 246 Rn. 7; Schwab/*Streicher* I Rn. 961; *Dose* Rn. 112 [nach Maßgabe des § 49 bei gegebenem Anordnungsgrund]; wohl auch Zöller/*Lorenz* § 246 FamFG Rn. 13; a.A. *Gießler/Soyka* Rn. 371; Wendl/*Schmitz* § 10 Rn. 401; Prütting/Helms/*Bömelburg* § 246 Rn. 10; Keidel/*Giers* § 246 Rn. 2). Die Realität einstweiliger Anordnungsverfahren zeigt, dass diese – mit Ausnahme des Kindesunterhalts – i.d.R. nicht innerhalb weniger Tage, sondern eher nach einigen Wochen, wenn nicht Monaten entschieden werden. Berücksichtigt man weiter, dass nach § 246 Abs. 2 der mündlichen Verhandlung in Unterhaltssachen besondere Bedeutung für eine gütliche Einigung und zur Sachaufklärung zukommt, ist nicht erkennbar, dass durch eine gerichtliche Auflage (§ 235 Abs. 1) zur Vorlage der maßgeblichen Einkommensunterlagen eine wesentliche zeitliche Verzögerung eintreten wird. Selbst Auskünfte von Arbeitgebern können, soweit die Voraussetzungen des § 236 vorliegen, innerhalb relativ kurzer Zeit eingeholt werden (Wendl/*Schmitz* § 10 Rn. 402; Eschenbruch/Klinkhammer/*Klinkhammer* Kap. 5 Rn. 250; *Fest* NJW 2012, 428, 430 f.). Daher ist auch im Anordnungsverfahren ein Stufenantrag auf Auskunft und Unterhalt zulässig. Eine höhere Richtigkeitsgewähr im Hinblick auf die begrenzten Rechtsschutzmöglichkeiten des Unterhaltspflichtigen erhält auch die nur vorläufige Regelung, wenn die Einkünfte durch Nachweise belegt sind. Zugleich kann diese Verfahrensgestaltung dem Anliegen, ein Hauptsacheverfahren entbehrlich zu machen, gerecht werden.

7 **II. Zeitliche Reichweite des Unterhalts. 1.** Als zukunftsbezogener Anspruch ist die Unterhaltsanordnung nach bisher herrschender Meinung grds. nicht zeitlich zu befristen, während dies bei der Leistungsverfügung nach § 940 ZPO für eine Dauer von 6 Monaten allg. angenommen wurde. Für die Unterhaltsanordnung nach § 246 gilt etwas anderes nur dann, wenn der Antragsteller seinen Sachantrag zeitlich befristet

oder eine **Befristung** aus dem Unterhaltsrechtsverhältnis folgt. Eine solche ist dem Anspruch auf Betreuungsunterhalt nach §§ 1570 Abs. 1 Satz 1, 1615l Abs. 2 Satz 3 BGB nicht mehr zu entnehmen (BGH FuR 2009, 391 = FamRZ 2009, 770 [Tz 41]; PWW/*Kleffmann* § 1570 Rn. 15). Allerdings kann sich eine Befristung aus bei Erlass der einstweiligen Anordnung bereits absehbaren Umständen des Einzelfalls ergeben (*Gießler/Soyka* Rn. 377 ff.; *Musielak/Borth* § 246 Rn. 17). Hier kommen Aspekte aus dem jeweiligen Unterhaltstatbestand dem Grunde nach in Betracht wie etwa die Aufnahme oder Beendigung einer (befristeten) Erwerbstätigkeit oder einer Ausbildung des Kindes oder des Ehegatten, die Reduzierung oder der Wegfall der Betreuungsbedürftigkeit eines Kindes i.R.d. §§ 1570 Abs. 1, 1615l Abs. 2 BGB, eine kurze Ehedauer (§ 1579 Nr. 1 BGB) oder die wirksame Befristung des Ehegattenunterhalts in einem Ehevertrag, nicht jedoch die Volljährigkeit des Kindes. Auch eine Befristung der auf Trennungsunterhalt bezogenen Anordnung bis zur Rechtskraft der Ehescheidung wird befürwortet (*Christl* NJW 2012, 3334, 3336). Die Befristung oder Begrenzung des nachehelichen Unterhalts nach Maßgabe des § 1578b BGB erfordert eine umfassende Billigkeitsabwägung, die i.d.R. im Anordnungsverfahren nicht vorgenommen werden kann. Liegen die Voraussetzungen einer verfestigten Lebensgemeinschaft (§ 1579 Nr. 2 BGB) unstreitig vor, kann diese eine Versagung, Kürzung oder Befristung des Unterhaltsanspruchs rechtfertigen.

Darüber hinaus können die Höhe des Unterhaltsanspruch einerseits sowie das berechtigte Sicherungsbedürfnis des Unterhaltspflichtigen andererseits eine (verfahrensrechtliche) Befristung der Unterhaltsanordnung begründen (OLG Jena FuR 2011, 115 = FamRZ 2011, 491, 492; *Giers* Rn. 39; a.A. wohl Wendl/*Schmitz* § 10 Rn. 398). Hierbei wird zu berücksichtigen sein, ob der Unterhaltsberechtigte einen eventuellen Rückzahlungsanspruch wird erfüllen können. In § 258 Abs. 3 u 4 des RefE war vorgesehen, dass das Gericht bei einer Verpflichtung zur Zahlung eines monatlichen Unterhaltsbetrags den Zeitpunkt des Außerkrafttretens bestimmen sollte. Ohne eine solche gerichtliche Befristung sollte die Unterhaltsanordnung auf Antrag des Verpflichteten aufzuheben sein, wenn die Verpflichtung länger als 12 Monate angedauert hatte und ein Hauptsacheverfahren nicht anhängig war. Mit dieser – nicht Gesetz gewordenen – Regelung sollte die Vorläufigkeit der einstweiligen Anordnung im Unterhaltsrecht betont und der begrenzten Anfechtbarkeit (§ 57 Satz 1) Rechnung getragen werden. Auch wenn der Unterhaltspflichtige die Möglichkeit hat, über einen Antrag nach § 52 Abs. 2 auf die Einleitung eines Hauptsacheverfahrens hinzuwirken, kann die gerichtlich verfügte Befristung einer Unterhaltsanordnung einen wichtigen Aspekt zur Sicherung der Belange des Unterhaltspflichtigen darstellen, zumal ein Rechtsmittel nach § 57 Satz 1 nicht eröffnet ist.

2. Das Anordnungsverfahren soll den aktuellen Lebensbedarf der unterhaltsberechtigten Person gewährleisten. Ein Regelungsbedürfnis besteht daher i.d.R. nicht für **rückständigen Unterhalt**, der vor Antragstellung fällig geworden ist. Unterhalt für die Vergangenheit kann im Anordnungsverfahren daher grds. nicht festgesetzt werden, auch wenn die materiell-rechtlichen Verzugsvoraussetzungen (§§ 1613 Abs. 1, 1585b Abs. 2 BGB) gegeben sind (OLG Düsseldorf FamRZ 1987, 611; Prütting/Helms/*Bömelburg* § 246 Rn. 8; *Klein* FuR 2009, 241, 244; Horndasch/Viefhues/*Roßmann* § 246 Rn. 18; Schwab/*Streicher* I Rn. 976; bei eiligem Regelungsbedürfnis *Dose* Rn. 108; *Musielak/Borth* § 246 Rn. 6; a.A. AG Rosenheim FamRZ 2013, 1244 [erst ab dem Zeitpunkt der Entscheidung]). Ein Regelungsbedürfnis wird auch in Ausnahmefällen nicht bestehen, wenn in der Vergangenheit wegen ausgebliebener Unterhaltszahlungen Verbindlichkeiten (für Mietschulden oder Darlehen) entstanden sind (a.A. *Gießler/Soyka* Rn. 374 f.; *van Els* FamRZ 1990, 581; Wendl/*Schmitz* § 10 Rn. 403; Keidel/*Giers* § 246 Rn. 4), weil das Anordnungsverfahren nicht der Bewältigung oder Bereinigung zurückliegender Zeiträume dient, zumal das Eilverfahren zusätzlich belastet würde. Daher kommt für rückständigen Unterhalt allein eine einvernehmliche Regelung (§ 51 Rdn. 33) oder ein Hauptsacheverfahren in Betracht. Während der Trennungszeit besteht i.d.R. kein Regelungsbedürfnis für den Erlass einer einstweiligen Anordnung auf nachehelichen Unterhalt, auch wenn eine auf den Trennungsunterhalt gerichtete Unterhaltsanordnung mit Rechtskraft der Scheidung außer Kraft tritt (§ 56 Abs. 1). Ist die Scheidung der Ehe absehbar, kann jedoch für den **zukünftigen Unterhalt** ein Regelungsbedürfnis bereits dann bestehen, wenn der Unterhaltspflichtige auch bisher nur titulierten Unterhalt gezahlt hat.

III. Anspruchsübergang. Bleiben nach der Trennung von Ehegatten Unterhaltszahlungen aus, beziehen die Unterhaltsberechtigten häufig **Sozialleistungen**. Diese sind ggü. den Unterhaltspflichten subsidiär. Der Nachrang wird durch den gesetzlichen Forderungsübergang gem. §§ 33 Abs. 1 SGB II (BGH FuR 2011, 152 = FamRZ 2011, 197); 94 Abs. 1 Satz 1 SGB XII sowie § 7 Abs. 1 UVG gewährleistet. Verfahrensrechtlich ergeben sich für das Anordnungsverfahren keine Besonderheiten ggü dem Hauptsacheverfahren. Aus diesem Grund ist die fortbestehende Aktivlegitimation auch im Eilverfahren durch eine Rückübertragung (§§ 33 Abs. 2 SGB II; 94 Abs. 5 SGB XII; 7 Abs. 4 Satz 2 UVG) nachzuweisen. Sind Unterhaltsansprüche auf den

Sozialleistungsträger infolge des Leistungsbezugs übergegangen, werden hiervon allein Ansprüche in der Vergangenheit erfasst, die im Anordnungsverfahren regelmäßig nicht durchgesetzt werden können (*Bömelburg* FF 2011, 355, 357). Daher kann für die Ansprüche zwischen Anhängigkeit des Anordnungsverfahrens und mündlicher Verhandlung oder Entscheidung des Anordnungsverfahrens die Zahlung i.H.d. erbrachten Leistungen an den Sozialleistungsträger beantragt werden (§§ 113 Abs. 1; 265 ZPO; *Ebert* Rn. 71; Göppinger/Wax/*van Els* Rn. 1725 ff.; Wendl/*Schmitz* § 10 Rn. 415; OLG Düsseldorf FamRZ 1994, 840; a.A. *Soyka/ Gießler* Rn. 347). Allein der Bezug subsidiärer Sozialleistungen lässt das Regelungsbedürfnis für die Zeit ab Antragstellung nicht entfallen (BVerfG FamRZ 2016, 30 [zur ungeklärten Rechtslage bei einer Berufsausbildungsbeihilfe nach § 56 SGB III als Vorauszahlung oder bei endgültiger Bewilligung]). Hat ein unterhaltsberechtigter Leistungsempfänger eine einstweilige Anordnung erwirkt, kann der Sozialleistungsträger als Rechtsnachfolger gem. § 727 ZPO eine Vollstreckungsklausel im Umfang der erbrachten Leistungen beantragen (OLG Zweibrücken FamRZ 2000, 964; § 53 Rdn. 2).

10 **IV. Auslandsbezug.** Sowohl für den Kindes- wie für den Ehegattenunterhalt können sich Besonderheiten durch einen Auslandsbezug ergeben, denn auch im Anordnungsverfahren ist das kollisionsrechtlich berufene materielle Recht anzuwenden, das staatsvertraglich begründet sein kann (BGH FamRZ 1986, 345) oder nach Art. 18 EGBGB zu bestimmen ist (Eschenbruch/Klinkhammer/*Dörner* Kap. 7 Rn. 5 ff.; zur internationalen Zuständigkeit §§ 50 Rdn. 4; Zöller/*Geimer* § 98 FamFG Rn. 44), wonach i.d.R. das Recht am gewöhnlichen Aufenthaltsort des Berechtigten maßgeblich ist. Aufgrund der jeweiligen Lebensverhältnisse kann eine Bedarfskorrektur durch Zu- bzw. Abschläge geboten sein (zur Verbrauchergeldparität sowie zur steuerrechtlichen Ländergruppeneinteilung s. Wendl/*Dose* § 9 Rn. 37 ff.).

11 **V. Kein Regelungsbedürfnis.** Auch wenn nach § 246 Abs. 1 vom Regelungsbedürfnis für eine Unterhaltsanordnung bei Streit über Grund oder Höhe eines Anspruchs regelmäßig auszugehen ist (BVerfG FamRZ 2016, 30; OLG Karlsruhe FamRZ 2009, 361 bei freiwilliger Zahlung eines Teilbetrages; a.A. AG Kandel FamRZ 2011, 1611 in abl. Anm. *Borth* bei für den Lebensbedarf ausreichenden Eigeneinkünften), kann auf diese verfahrensrechtliche Voraussetzung nicht vollständig verzichtet werden. Zahlt der Unterhaltspflichtige den beanspruchten oder vereinbarten Unterhalt bisher regelmäßig und zuverlässig und sind Anhaltspunkte für eine Änderung nicht erkennbar, besteht keine Veranlassung für ein gerichtliches Eilverfahren (*Dose* Rn. 108). Vor Einleitung eines Anordnungsverfahrens muss der Unterhaltspflichtige zur Zahlung oder Titulierung vergeblich aufgefordert worden sein. Hat das minderjährige Kind bereits einen Antrag im vereinfachten Verfahren zur Unterhaltsfestsetzung (§§ 249 ff.) gestellt, schließt dies ein Regelungsbedürfnis aufgrund der formalisierten Einwendungen (§§ 251, 252) und möglichen weiteren Verfahrensdauer nicht generell aus (Zöller/*Lorenz* § 246 FamFG Rn. 3; *Gießler/Soyka* Rn. 383). Für eine einstweilige Anordnung mit dem Inhalt, dass Unterhalt nicht geschuldet wird, besteht kein Regelungsbedürfnis. Die Rückforderung gezahlten Unterhalts oder eines Prozesskostenvorschusses kann im Anordnungsverfahren nicht durchgesetzt werden. Sind Unterhaltsansprüche auf den Sozialleistungsträger oder Dritte (§ 1607 BGB) übergegangen, besteht für diese kein Bedürfnis, den Anspruch kurzfristig durchsetzen zu können. Zum Unterhaltsrückstand Rdn. 8. Ein Regelungsbedürfnis besteht nicht, wenn aufgrund der beiderseitigen Einkommensdifferenz nur ein geringer Aufstockungsunterhalt geschuldet wird. Soweit ein vollstreckungsfähiger Titel bereits besteht, bedarf es für das betreffenden Zeitraum keines Eilverfahrens. Die Funktion des Anordnungsverfahrens, dem Gläubiger schnell einen vollstreckungsfähigen Titel zur Verfügung zu stellen und für die Zukunft Unterhaltsrückstände zu verhindern (OLG Naumburg FamRZ 2004, 478; OLG Frankfurt am Main FamRZ 2002, 401), kann die gerichtliche Anordnung nicht erfüllen, wenn der Unterhaltspflichtige offensichtlich über kein vollstreckungsfähiges Vermögen oder Einkommen verfügt. Dies kann insb. in den nicht seltenen Fällen fiktiver Einkünfte des Antragsgegners der Fall sein. Aus diesem Grund wird teilweise ein Regelungsbedürfnis verneint, wenn keinerlei **Vollstreckungsmöglichkeit** besteht (OLG Hamm FamRZ 1986, 919; KG FamRZ 1987, 840, 842; Schwab/*Streicher* I Rn. 976), weil dann die Durchführung des Hauptsacheverfahrens zumutbar ist. Bei der Einschränkung des Anwendungsbereichs der einstweiligen Anordnung unter dem Gesichtspunkt fehlender Vollstreckbarkeit ist Zurückhaltung – vergleichbar zur Verfahrenskostenhilfe (Zöller/ *Philippi* § 114 Rn. 29) – geboten, zumal sich dieser Umstand bei Einleitung des Anordnungsverfahrens häufig nicht hinreichend beurteilen lässt. Das Regelungsbedürfnis wird daher nur dann zu verneinen sein, wenn Vollstreckungsmöglichkeiten offensichtlich nicht gegeben sind. Zum Regelungsbedürfnis bei bestehendem Unterhaltstitel (Rdn. 2, § 51 Rdn. 7 ff.).

VI. Unterhaltsrechtliche Rechtsverhältnisse. 1. Kindesunterhalt. Nach § 246 Abs. 1 können einstweilige 12
Anordnungen zum Unterhalt minderjähriger sowie (privilegierter) volljähriger Kinder ergehen (anders
§§ 620 Nr. 4 a.F.). Materiell-rechtlich sind die §§ 1601 ff. BGB maßgeblich. Während für den Barunterhaltsanspruch minderjähriger Kinder regelmäßig allein auf das Einkommen des nicht betreuenden Elternteils abzustellen ist, muss auch im einstweiligen Anordnungsverfahren für den Anspruch des (privilegierten) volljährigen Kindes die – sich aus den Einkünften beider Eltern ergebende – Haftungsquote (BGH
FamRZ 2002, 815; Eschenbruch/Klinkhammer/*Wohlgemuth* Kap. 3 Rn. 569 ff.) konkret dargelegt und
glaubhaft gemacht werden. Kann der Kindesunterhalt durch den nicht betreuenden Elternteil nicht gewährleistet werden, kommt grds. auch ein Anspruch des Kindes gegen seine Großeltern in Betracht. Der Antrag
auf Unterhalt muss hinreichend bestimmt sein (§§ 113 Abs. 1; 253 Abs. 2 Nr. 2 ZPO) und kann sowohl auf
konkrete Beträge oder den dynamisierten Mindestunterhalt gerichtet sein (*Gießler/Soyka* Rn. 344).

Nach der Trennung der Eltern steht ihnen die elterliche Sorge ohne gerichtliche Entscheidung gemeinsam 13
zu. In dieser Situation kann der Elternteil, in dessen Obhut (BGH FamRZ 2006, 1015) sich das Kind befindet, gem. § 1629 Abs. 2 Satz 2 BGB Unterhaltsansprüche gegen den anderen Elternteil geltend machen. Darüber hinaus begründet § 1629 Abs. 3 Satz 1 BGB eine gesetzliche **Verfahrensstandschaft**. Sind die Eltern
verheiratet, kann ein Elternteil während des Getrenntlebens oder bei Anhängigkeit einer Ehesache die Ansprüche auf Kindesunterhalt auch im Anordnungsverfahren nur im eigenen Namen gerichtlich verfolgen.
Wechselt das Kind vom allein sorgeberechtigten Elternteil zum nicht sorgeberechtigten Elternteil, ist ein Ergänzungspfleger zu bestellen (OLG Koblenz FamRZ 2007, 412). Die von einem Elternteil erwirkte einstweilige Anordnung und ein zwischen den Elternteilen geschlossener gerichtlicher Vergleich wirken für und gegen das Kind (§ 1629 Abs. 3 Satz 2 BGB; BGH FamRZ 1986, 878, 879; OLG Zweibrücken FamRZ 2000,
694). In dieser Konstellation kann ein Elternteil als Vollstreckungsgläubiger die Zwangsvollstreckung im eigenen Namen auch nach Rechtskraft der Ehescheidung betreiben (OLG Nürnberg FamRZ 1987, 1172; OLG
Schleswig FamRZ 1990, 189). Eine Umschreibung des Titels auf das anspruchsberechtigte Kind ist erst mit
Volljährigkeit erforderlich. Da die Unterhaltsansprüche für minderjährige und volljährige Kinder identisch
sind, wirkt eine erlassene einstweilige Anordnung auch über die Volljährigkeit des Kindes hinaus (BGH
FamRZ 1994, 696, 697). Einwendungen sind vom Unterhaltspflichtigen mit dem Vollstreckungsgegenantrag
geltend zu machen (OLG München FamRZ 1990, 653). Wird das – bisher durch einen Elternteil vertretene –
minderjährige Kind nach Erlass einer einstweiligen Anordnung volljährig, ist ein Abänderungs- oder Aufhebungsantrag, für den bereits durch die Quotenhaftung beider Eltern (§ 1606 Abs. 3 BGB) Anlass bestehen
kann, im Verfahren nach § 54 gegen das volljährige Kind zu richten (OLG Hamm FamRZ 1990, 1375). Eine
Entscheidung in dem vom volljährigen Kind betriebenen Hauptsacheverfahren führt die Wirkungen des
§ 56 auch für eine in Verfahrensstandschaft erwirkte einstweilige Anordnung herbei. Wurde einem Elternteil das Sorgerecht übertragen, vertritt er das Kind nach § 1629 Abs. 1 Satz 3 BGB allein. Die gesetzliche
Vertretung und Verfahrensführungsbefugnis bleiben auch im Fall eines Obhutswechsels zum anderen Elternteil bestehen, allerdings entfällt für die Zukunft die Barunterhaltspflicht des nunmehr betreuenden Elternteils (§ 1606 Abs. 3 Satz 2 BGB). Hat der allein sorgeberechtigte Elternteil eine einstweilige Anordnung
zum Kindesunterhalt erwirkt, besteht kein Rechtsschutzbedürfnis für einen negativen Feststellungsantrag,
wenn der sorgeberechtigte Elternteil erklärt, er werde aus dem Titel keine Rechte herleiten (OLG Koblenz
FamRZ 2002, 562). Wird für das in gesetzlicher Verfahrensstandschaft betriebenes Anordnungsverfahren
Verfahrenskostenhilfe beantragt, ist auf die wirtschaftlichen Verhältnisse des Elternteils und nicht auf die
des Kindes abzustellen (BGH FamRZ 2005, 1164 f., FamRZ 2006, 32). Hat der sorgeberechtigte Elternteil
einen Unterhaltstitel für das von ihm vertretene minderjährige Kind (anders bei Verfahrensstandschaft) erwirkt und betreibt hieraus nach Volljährigkeit des Kindes die Zwangsvollstreckung, kann der Unterhaltspflichtige dem mit der Erinnerung nach § 766 ZPO wegen der Art und Weise der Vollstreckung nicht jedoch mit einem Vollstreckungsabwehrantrag entgegen treten (OLG Nürnberg FuR 2010, 297).

2. Ehegattenunterhalt. Materiell rechtliche Grundlage für Unterhaltssachen nach § 231 Abs. 1 Nr. 2, die 14
die durch Ehe begründete Unterhaltspflicht betreffen, sind §§ 1361, 1569 ff. BGB. Bei bestehender Lebensgemeinschaft sind für den Anspruch auf Familienunterhalt die §§ 1360, 1360a BGB maßgeblich, wenn die
Beteiligten um Haushalts- bzw. Wirtschaftsgeld (OLG Celle FamRZ 1999, 162), um das nach dem Familieneinkommen zu bestimmende Taschengeld (BGH FamRZ 1998, 608) sowie um einen Prozesskostenvorschuss (Rdn. 18) streiten. Einer Feststellung des Bedarfs des unterhaltsberechtigten Ehegatten nach den
vom BGH (BGH FamRZ 2010, 869) i.R.d. § 1578 Abs. 1 BGB zur sog. Dreiteilung aufgestellten Grundsätzen bedarf es nach der Entscheidung des BVerfG (FuR 2011, 220 = FamRZ 2011, 437) nicht mehr. Zukünf-

tig wird der Unterhaltsanspruch bei mehreren unterhaltsberechtigten Ehegatten nach den hierzu zu entwickelnden Maßstäben auch im Anordnungsverfahren zu bestimmen sein, wenn die Beteiligten die hierfür erforderlichen Tatsachen glaubhaft machen. Bis zur Scheidung der Ehe wird i.d.R. der Krankenversicherungsschutz durch die Familienversicherung nach § 10 Abs. 2 SGB IV gewährleistet, anderenfalls besteht ein Anspruch auf angemessene Krankenversicherung. Ab Rechtshängigkeit des Scheidungsantrags kann der Unterhaltsberechtigte **Altersvorsorgeunterhalt** geltend machen (§§ 1361 Abs. 2, 1578 Abs. 2 BGB). Diese Bedarfspositionen können auch im Anordnungsverfahren verfolgt werden, unabhängig davon, dass nach § 246 Abs. 1 ein Regelungsbedürfnis nicht erforderlich ist, denn im Gegensatz zur einstweiligen Verfügung ist eine Notlage nicht erforderlich (*Dose* Rn. 24; a.A. *Musielak/Borth* § 246 Rn. 15; *Giers* Rn. 36). Hingegen besteht ein Regelungsbedürfnis für den Anspruch auf Zustimmung zum begrenzten Realsplitting, auf Mitwirkung an der gemeinschaftlichen Steuererklärung oder für einen familienrechtlichen Ausgleichsanspruch nicht (*Giers* Rn. 34). Eine einstweilige Anordnung zum Ehegattenunterhalt, bei der gesamtschuldnerische Verbindlichkeiten berücksichtigt wurden, soll mangels rechtskräftiger Regelung keine anderweitige Bestimmung i.S.d. § 426 Abs. 1 BGB darstellen (OLG Düsseldorf FamRZ 2009, 1834). Ob dies auch dann gilt, wenn der durch die Unterhaltsanordnung titulierte Anspruch erfüllt wurde, erscheint fraglich.

15 **3. Unterhalt der nicht verheirateten Mutter.** Unterhaltssachen im Sinne von § 231 Abs. 1 Nr. 3 sind die Ansprüche aus §§ 1615l u 1615m BGB, wobei Beerdigungskosten im Anordnungsverfahren unbeachtlich sind. Ist die Vaterschaft des Antragsgegners noch nicht festgestellt, kann die Mutter des Kindes ihren Unterhaltsanspruch für die Mutterschutzfristen nach § 1615l Abs. 1 Satz 1 BGB im Anordnungsverfahren des § 247 und darüber hinaus während eines anhängigen Vaterschaftsfeststellungsverfahrens gem. § 248 geltend machen. § 1615l BGB regelt unterschiedliche Ansprüche der nicht verheirateten Mutter: Praktisch relevant sind die Ansprüche gem. § 1615l Abs. 1 Satz 2 BGB für die Kosten, die infolge der Schwangerschaft oder der Entbindung entstehen, sowie gem. § 1615l Abs. 2 Satz 1 BGB für eine schwangerschaftsbedingte Erwerbsunfähigkeit nicht. Für das Anordnungsverfahren ist allein der Betreuungsunterhalt nach § 1615l Abs. 2 Satz 2 BGB bedeutsam, der hinsichtlich der Voraussetzungen und Dauer dem nachehelichen Anspruch entspricht. Zum Unterhaltsbedarf BGH FamRZ 2010, 357; FamRZ 2008, 139, 1741. Während ein Anspruch auf Altersvorsorge nicht besteht, sind die Kosten für die Kranken- und Pflegeversicherung zu tragen (FAKomm-FamR/*Klein* § 1615l Rn. 10). Die Erstausstattung des Säuglings als Sonderbedarf (BVerfG FamRZ 1999, 1342) kann mit der einstweiligen Anordnung als Bedarfsposition des Kindes beansprucht werden. Betreut die unterhaltsberechtigte Mutter auch ein ehelich geborenes Kind, kann sie im Anordnungsverfahren nur eine Haftungsquote vom Vater des Kindes beanspruchen (BGH FamRZ 2007, 1303; FamRZ 2008, 1839, 1744; Eschenbruch/Klinkhammer/*Menne* Kap. 4 Rn. 73 ff.), die sie konkret darzulegen hat.

16 **4. Eltern- und Verwandtenunterhalt.** Der Anspruch auf Elternunterhalt bestimmt sich nach den §§ 1601 ff. BGB, der grds. im einstweiligen Rechtsschutz durchgesetzt werden kann. Praktisch ist dieser jedoch bedeutungslos, weil die Sozialhilfeträger in Vorleistung treten und der Anspruch auf Elternunterhalt im Regressverfahren zu klären ist, sodass es am Regelungsbedürfnis fehlt.

17 **VII. Abänderbarkeit von Vollstreckungstiteln.** Dem Unterhaltsberechtigten steht es grds. frei, seinen Unterhaltsanspruch alternativ oder kumulativ im Anordnungsverfahren oder Hauptsacheverfahren geltend zu machen (§ 51 Rdn. 3). Eine erwirkte Unterhaltsanordnung tritt mit Rechtskraft einer entsprechenden Hauptsacheentscheidung gem. § 56 Abs. 1 außer Kraft. Besteht aus einem vorangegangenen Hauptsacheverfahren bereits ein Unterhaltstitel, kann dieser aufgrund der Rechtskraftwirkung nicht durch eine spätere Unterhaltsanordnung abgeändert werden. Dies gilt auch dann, wenn die unterhaltsberechtigte Person Tatsachen vorträgt, die eine Abänderung des Titels in der Hauptsache rechtfertigen (a.A. Zöller/*Feskorn* § 246 FamFG Rn. 4, 11; *Bißmaier* JAmt 2010, 209, 211; *Swieykowski-Trzaska* FPR 2010, 167, 169). Entfaltet eine Hauptsacheentscheidung zwischen den Beteiligten noch Rechtskraftwirkung, kann im Wege einstweiligen Rechtsschutzes höherer oder niedrigerer Unterhalt nur geltend gemacht werden, wenn zeitgleich ein Abänderungsverfahren in der Hauptsache anhängig gemacht wird (§ 51 Rdn. 7, 9).

18 **C. Anspruch auf Kostenvorschuss. I. Allgemeines.** Ein **realisierbarer Anspruch** auf Kostenvorschuss schließt als einzusetzendes Vermögen die Bedürftigkeit für die Bewilligung von Verfahrenskostenhilfe aus (§ 76 Rdn. 32) und ist daher von praktischer Bedeutung. Dass ein solcher Anspruch nicht besteht, hat der Verfahrenskostenhilfe begehrende Beteiligte darzulegen (BGH FamRZ 2008, 1842; OLG Brandenburg FamRZ 2002, 1414; OLG Zweibrücken FamRZ 2011, 1603 [Mutwillen bei Nichtgeltendmachen des Anspruchs];

ebenso OLG Hamm FamRZ 2014, 2106). Auf einen Kostenvorschuss kann der Berechtigte nicht verwiesen werden, wenn dieser nicht zeitnah durchgesetzt werden kann. Hiervon kann nach OLG Nürnberg (FamRZ 2013, 1325) ausgegangen werden, wenn Verfahrenskostenhilfe zur Rechtsverteidigung in dem vom vorschusspflichtigen Vater eingeleiteten Verfahren begehrt wird. Beruft sich die vorschusspflichtige Person auf die Verwirkung des Unterhaltsanspruchs sowie des Vorschussanspruchs, steht dieser Einwand i.d.R. einer zeitnahen Realisierbarkeit entgegen (OLG Brandenburg FamRZ 2014, 784; OLG Brandenburg FamRZ 2014, 2108 [LS]). Die – wegen noch vorzulegender Unterlagen – nachträgliche Bewilligung von Verfahrenskostenhilfe kann jedoch nicht mit der Begründung versagt werden, es bestehe ein – ggf. ratenweise – zu leistender Vorschussanspruch, weil dieser nur für ein künftiges oder noch anhängiges Verfahren geschuldet wird (OLG Stuttgart FamRZ 2012, 319 f.). Als unterhaltsrechtliche Verpflichtung kann das Gericht durch einstweilige Anordnung die Verpflichtung zur Zahlung eines Kostenvorschusses für ein gerichtliches Verfahren regeln. Die unterschiedlichen Vorschriften nach bisherigem Recht (§§ 620 Nr. 10, 621 f., 127a ZPO a.F.) sind nunmehr einheitlich in § 246 Abs. 1 zusammengeführt. Der Anspruch auf Kostenvorschuss ist nicht mehr in einem Nebenverfahren des jeweiligen Hauptsacheanspruchs, sondern von diesem unabhängig in einem selbstständigen Anordnungsverfahren durchzusetzen. Die einstweilige Anordnung nach § 246 Abs. 1 verdrängt auch die einstweilige Verfügung für einen Kostenvorschuss in einer Nichtfamiliensache. Unabhängig vom einstweiligen Anordnungsverfahren besteht ein Rechtsschutzbedürfnis des Anspruchsberechtigten im Hauptsacheverfahren ebenso fort wie ein solches des Antragsgegners für einen negativen Feststellungsantrag, einen Kostenvorschuss nicht oder nicht in dieser Höhe zu schulden.

II. Anspruchsberechtigte. Ein Anspruch auf Kostenvorschuss ergibt sich für verschiedene unterhaltsrechtliche Beziehungen in unterschiedlichem Umfang. Gesetzlich geregelt ist der Anspruch auf Verfahrenskostenvorschuss allein in § 1360a Abs. 4 Satz 1 BGB für den Familienunterhalt (§ 1360 BGB) und wird als Bestandteil einer Unterhaltsverpflichtung verstanden. Für den Trennungsunterhalt nimmt § 1361 Abs. 4 BGB und für eine eingetragene Lebenspartnerschaft § 5 Satz 2 LPartG hierauf Bezug. Über diese unterhaltsrechtlichen Beziehungen hinaus und aufgrund des darin verankerten Gedankens der **personalen Mitverantwortung** wird die Verpflichtung zum Kostenvorschuss auf vergleichbare Unterhaltsrechtsverhältnisse erstreckt. Hingegen lässt sich der Anspruch als Sonderregelung nicht aus dem Unterhaltsbedarf allg. aus §§ 1361, 1578, 1610 BGB herleiten (Schwab/*Borth* IV Rn. 64). 19

1. Leben die **Ehegatten** in häuslicher Gemeinschaft, folgt der Anspruch auf Kostenvorschuss – im Rahmen der Billigkeit (Rdn. 27) – unmittelbar aus §§ 1360, 1360a Abs. 4 BGB und für getrennt lebende Ehegatten aus § 1361 Abs. 4 Satz 4 BGB (a.A. OLG Karlsruhe FamRZ 2011, 1235 [LS] wegen Halbteilungsgrundsatz). Rechtskräftig geschiedene Eheleute schulden einander keinen Kostenvorschuss, weil § 1578 BGB eine entsprechende Verpflichtung nicht enthält, der Kostenvorschuss keinen Sonderbedarf darstellt und die unterhaltsrechtliche Beziehung nicht in gleichem Umfang Ausdruck einer besonderen Verantwortung des Verpflichteten für den Berechtigten ist, wie sie die Grundlage der Regelung des § 1360a Abs. 4 BGB bildet (BGH FamRZ 1984, 148; FamRZ 1990, 280, 282; FamRZ 2005, 883, 885). Allerdings ist für den Anspruch ausreichend, dass der unterhaltspflichtige Ehegatte mit der Zahlung des Vorschusses in Verzug geraten ist, der berechtigte Ehegatte einen Antrag auf Erlass einer einstweiligen Anordnung gestellt hat und vor der Entscheidung über diesen die Ehescheidung rechtskräftig wird (OLG Schleswig FamRZ 2008, 614; OLG Frankfurt am Main FamRZ 1993, 1465; OLG München FamRZ 1997, 1542). Für eingetragene Lebenspartner gilt dies entsprechend. 20

2. Nach § 1603 Abs. 2 BGB sind Eltern ihren **minderjährigen und privilegierten volljährigen Kindern** (§ 1603 Abs. 2 Satz 2 BGB) verpflichtet, alle verfügbaren Mittel zu ihrem und der Kinder Unterhalt gleichmäßig zu verwenden. Aufgrund dieser gesteigerten Unterhaltspflicht und der dadurch begründeten besonders engen unterhaltsrechtlichen Beziehung schulden Eltern ihren Kindern i.S.d. § 1603 Abs. 2 Satz 2 BGB einen Kostenvorschuss für Erfolg versprechende Rechtsstreitigkeiten in persönlichen Angelegenheiten (BGH FamRZ 2005, 883, 885; FamRZ 2004, 1633). Eine Kostenvorschusspflicht besteht indes nicht, wenn der notwendige Selbstbehalt dadurch gefährdet wäre. Kann der Elternteil den Vorschuss nur in Raten zahlen, ist dem Kind Verfahrenskostenhilfe mit der Anordnung einer entsprechenden Ratenzahlungsanordnung zu bewilligen (BGH FamRZ 2004, 1633). Neben dem barunterhaltspflichtigen Elternteil ist auch der betreuende (leistungsfähige) Elternteil vorschusspflichtig, weil die Befreiung vom Barunterhalt gem. § 1606 Abs. 3 Satz 2 BGB nur für den normalen Lebensbedarf und nicht für einen eventuellen Sonderbedarf gilt (OLG Koblenz FamRZ 2001, 632; OLG München FamRZ 1991, 347; OLG Karlsruhe FamRZ 1996, 1100 [über § 1607 Abs. 2 BGB]). 21

22   3. Ein **volljähriges Kind** hat einen Anspruch auf Kostenvorschuss gegen seine Eltern, wenn deren angemessener Unterhalt gewahrt ist, nur dann, wenn es sich noch in der Ausbildung befindet und keine selbstständige Lebensstellung erreicht hat (BGH FamRZ 2005, 883, 885). Die dem gesetzlichen Zweck des § 1360a Abs. 4 BGB vergleichbare Situation ist nicht auf den Unterhaltsanspruch minderjähriger Kinder beschränkt, sondern im Wesentlichen darauf zurückzuführen, dass die Kinder wegen ihres Alters und Ausbildungsbedarfs noch keine eigene Lebensstellung erreicht haben und sich deswegen nicht selbst unterhalten können (OVG Saarland FamRZ 2011, 1162). Eine Vorschusspflicht wurde für einen volljährigen Musikstudenten (OLG Stuttgart FamRZ 1988, 758) ebenso wie für die erwerbslose volljährige Tochter nach Abschluss einer Ausbildung (OLG Hamburg FamRZ 1990, 1141) oder für ein Vaterschaftsfeststellungsverfahren (OLG Düsseldorf FamRZ 1990, 420) verneint. Ein Vorschussanspruch steht einem verheirateten volljährigen Kind (Studenten) wegen der selbstständigen gesellschaftlichen Stellung für sein Scheidungsverfahren nicht mehr zu (OLG Düsseldorf FamRZ 1992, 1320).

23   4. § 1615l Abs. 3 Satz 1 BGB verweist für die Unterhaltspflicht **ggü. dem nicht verheirateten Elternteil** auf die Vorschriften zum Verwandtenunterhalt. Eine besondere Mitverantwortung oder ein unterhaltsrechtliches Näheverhältnis besteht danach nicht, sodass ein Kostenvorschuss nicht geschuldet wird (*Musielak/Borth* § 246 Rn. 26; a.A. OLG München FamRZ 2002, 1219; *Gießler/Soyka* Rn. 528). Da der Betreuungsunterhalt dem Anspruch nach § 1570 Abs. 1 BGB entsprechend ausgestaltet wurde, ist die rechtliche Beziehung mehr derjenigen der geschiedenen als der getrennt lebenden Ehefrau vergleichbar (*Ehinger/Griesche/Rasch* Rn. 331). Aus den Grundgedanken des Kostenvorschusses als Ausdruck einer besonderen unterhaltsrechtlichen Verantwortung und eines besonderen Näheverhältnisses folgt, dass Kinder ihren **Eltern** (OLG München FamRZ 1993, 821, 822; *Zöller/Lorenz* § 246 FamFG Rn. 20; a.A. BSG NJW 1970, 352) und **Großeltern** ihren Enkelkindern (*Gießler/Soyka* Rn. 527; a.A. OLG Koblenz FamRZ 1997, 681; *Schwab/Borth* IV Rn. 74) keinen Kostenvorschuss schulden. Mangels gesetzlicher Unterhaltspflicht besteht ein Anspruch auf Kostenvorschuss zwischen Partnern einer **nichtehelichen Lebensgemeinschaft** nicht (*Schwab/Borth* IV Rn. 77).

24   **III. Anspruchsvoraussetzungen.** Der Anspruch auf Kostenvorschuss besteht nach § 1360a Abs. 4 BGB für einen Rechtsstreit, der eine persönliche Angelegenheit des Anspruchsberechtigten betrifft, der Billigkeit entspricht und i.Ü. zumutbar ist (BGH FamRZ 2001, 1363).

25   1. Eine gesetzliche Definition der **persönlichen Angelegenheit** besteht nicht, sodass Fallgruppen zur Konkretisierung gebildet wurden (BGH FuR 2010, 159 = FamRZ 2010, 189). Von den persönlichen Angelegenheiten sind die geschäftlichen Angelegenheiten des Anspruchsberechtigten abzugrenzen. Auch die wirtschaftliche und soziale Bedeutung des Verfahrens begründen für sich keine persönliche Angelegenheit. Vielmehr muss das gerichtliche Verfahren, insb. wenn der geltend gemachte vermögensrechtliche Anspruch sich gegen einen Dritten richtet, in einem Zusammenhang mit den aus der Rechtsbeziehung der Beteiligten erwachsenen engen persönlichen und wirtschaftlichen Bindungen und Beziehungen stehen (BGH FamRZ 2003, 1651). In diesem Rahmen werden vermögensrechtliche, nicht vermögensrechtliche, familienrechtliche und personenbezogene Ansprüche bzw. Streitigkeiten erfasst (BGH FamRZ 1964, 167, 199; *Dose* Rn. 50; *Schwab/Borth* IV Rn. 79 f.), wenn deren Wurzel in der familienrechtlichen Beziehung der Beteiligten liegt. Ein **Strafverfahren** betrifft die Person des Unterhaltsberechtigten und ist in § 1360 Abs. 4 Satz 2 BGB ausdrücklich genannt. Der Kostenvorschuss kann nur für einen Rechtsstreit, d.h. ein **gerichtliches Verfahren**, beansprucht werden. Damit scheidet die allein außergerichtliche Tätigkeit (OLG München FamRZ 1990, 312, 313) ebenso aus wie die außergerichtliche Mediation. Wegen der Anrechnung der vorgerichtlichen Kosten auf die gerichtlichen Rechtsanwaltsgebühren sollen sachdienliche Kosten einer außergerichtlichen Rechtsberatung auch erfasst werden (*Dose* Rn. 60; *Schwab/Borth* IV Rn. 93; a.A. *Göppinger/Wax/Vogel* Rn. 2620). Danach sind als persönliche Angelegenheiten, die ihren Charakter als solche nicht durch eine Eheschließung des Anspruchsinhabers verlieren, anerkannt (*Giers* Rn. 47):

– alle Verfahren in Familiensachen des § 111, Ansprüche aus der ehelichen Lebensgemeinschaft, auf Unterhalt (BGH FamRZ 2005, 883, 885), Vermögensauseinandersetzung oder Auskunft; Ehesachen und Folgesachen; ggü. dem neuen Ehegatten zur Herabsetzung oder Beseitigung des Unterhaltsanspruchs des geschiedenen Ehegatten (OLG Celle FamRZ 2008, 2219 m.w.N.; a.A. BGH FamRZ 1984, 388), gegen den neuen Ehegatten ebenso für einen Anspruch auf Zugewinnausgleich gegen den geschiedenen Ehegatten (BGH FuR 2010, 159 = FamRZ 2010, 189); zu Abstammungsverfahren s. § 171 Rdn. 30;
– für ein Verfahren des **volljährigen Kindes** auf Feststellung des Fortbestands des Ausbildungsverhältnisses (LAG Rheinland-Pfalz FamRZ 2013, 1324); für einen Räumungsrechtsstreit gegen den volljährigen, nicht

erwerbstätigen Unterhaltsberechtigten zu der von ihm bewohnten Wohnung (LG Koblenz FamRZ 2013, 139);
- Schadensersatzansprüche wegen Eingriffe in Leben, Körper, Gesundheit, Freiheit usw. (OLG Köln FamRZ 1994, 1409; LG Koblenz FamRZ 2000, 761 [Schmerzensgeld]), Verletzung des Persönlichkeitsrechts, Arzthaftung (OLG Schleswig OLGR 2009, 511); Schadensersatz wegen arglistiger Täuschung aus einem Grundstückskaufvertrag (OLG Celle FamRZ 2015, 1420);
- Insolvenzverfahren mit Restschuldbefreiung, soweit nicht vorwiegend voreheliche Schulden betroffen sind (BGH FamRZ 2003, 1651; AG Dresden ZVI 2008, 120; AG Koblenz FamRZ 2007, 571; BGH FamRZ 2007, 722); jedoch keine Stundung der Verfahrenskosten nach § 4a InsO unabhängig davon, ob die Verbindlichkeiten im Zusammenhang mit der ehelichen Lebensgemeinschaft stehen (LG Duisburg FamRZ 2013, 1058);
- Verwaltungsgerichtliche Verfahren (Göppinger/Wax/*Vogel* Rn. 2606; VG Sigmaringen FamRZ 2004, 1653; OVG Hamburg FamRZ 1991, 960; OVG Nordrhein-Westfalen FamRZ 2000, 21; OVG Saarland FamRZ 2011, 1162; OVG Berlin-Brandenburg FamRZ 2016, 313 [Ausbildungsförderung]; FamRZ 2012, 390 [Studienplatz]; OVG Sachsen FamRZ 2013, 1756 [Anordnung erkennungsdienstlicher Maßnahmen]; OVG Sachsen FamRZ 2015, 1813 [Studienplatz]);
- Sozialgerichtliche Verfahren (BSG NJW 1960, 502; NJW1 970, 352);
- Arbeitsgerichtliche Verfahren (BAG FamRZ 2006, 1117 [für Kündigungsschutzverfahren]; LAG Berlin-Brandenburg FamRZ 2010, 143; Schwab/*Borth* IV Rn. 81; a.A. Göppinger/Wax/*Vogel* Rn. 2607).

Keine persönlichen Angelegenheiten, weil sie primär vermögensrechtliche oder allg. wirtschaftliche Interessen betreffen, sind hingegen (BGH FuR 2010, 159 = FamRZ 2010, 189): 26
- Mietrechtliche Streitigkeit zwischen Eheleuten (OLG Frankfurt am Main FamRZ 2001, 1148);
- Erbrechtliche Ansprüche (OLG Köln FamRZ 1979, 178);
- Gesellschaftsrechtliche Streitigkeiten (BGH FamRZ 1964, 197, 198 f.);
- Mithaftung ggü. Dritten (OLG Düsseldorf FamRZ 1984, 388).

2. Billigkeit: Der Vorschusspflichtige hat die Kosten nur vorzuschießen, soweit dies der Billigkeit entspricht 27 (zur zeitnahen Realisierbarkeit Rdn. 18). Nach der Rspr. des BGH besteht ein Anspruch aus Gründen der Rechtsklarheit und Gleichbehandlung nur, wenn die (beabsichtigte) Rechtsverfolgung oder Rechtsverteidigung nach den entsprechend anwendbaren Grundsätzen des § 114 ZPO **hinreichende Aussicht auf Erfolg** bietet und **nicht mutwillig** ist (BGH FamRZ 2001, 1363), zumal ein Rückforderungsanspruch nur in engen Grenzen besteht und nur selten durchgesetzt werden kann. Für Statusverfahren (Ehe- und Abstammungssachen), in denen das Interesse der Beteiligten und die öffentliche Belange an der Feststellung des Status eines Beteiligten im Vordergrund stehen, sind die Erfolgsaussichten indes nicht maßgeblich. Die Rechtsverfolgung des volljährigen Kindes zur Erlangung eines auswärtigen Studienplatzes ist nicht mutwillig, weil er einen Rechtsstreit bei Wahl eines anderen Studienortes hätte vermeiden können (OVG Berlin-Brandenburg FamRZ 2012, 390). Durch den unterhaltsrechtlichen Bezug des Anspruchs sind die persönlichen Beziehungen und wirtschaftlichen Verhältnisse der Beteiligten i.R.d. Billigkeit zu berücksichtigen. Daher besteht ein Anspruch nur, wenn der Antragsteller die Verfahrens- oder Prozesskosten nicht selbst tragen (Bedürftigkeit) und der Antragsgegner diese aufbringen kann (Leistungsfähigkeit). Neben dem Einkommen hat der Vorschussberechtigte vorhandenes **Vermögen** – über die unterhaltsrechtlichen Obliegenheiten des § 1577 Abs. 3 BGB hinausgehend – zu **verwerten** (OLG Zweibrücken FamRZ 1999, 1149; *Gießler/Soyka* Rn. 514). Etwas anderes kann bei sehr guten wirtschaftlichen Verhältnissen des Vorschusspflichtigen gelten.

Nach einer neuerdings vertretenen Auffassung soll eine Verpflichtung zum Verfahrenskostenvorschuss nicht 28 der Billigkeit entsprechen, wenn der Vorschusspflichtige dem Berechtigten ein Angebot für ein zinsloses **Darlehen** i.H.d. Kostenvorschusses unterbreitet, dessen Annahme zumutbar ist (AG Marburg FamRZ 2013, 308 [LS]; AG Kassel FuR 2010, 710 f. m kritischer Anm. *Soyka*). Auf diesem Weg soll das Risiko für den in Anspruch genommenen Ehegatten reduziert werden, dass er beim Obsiegen im Verfahren den Vorschuss nicht zurück erhält. Denn die Rückzahlung des Darlehens soll geschuldet sein, wenn hinsichtlich der bevorschussten Gebühren eine rechtskräftige Kostenfestsetzung zugunsten des Darlehensgebers erfolgt ist (*Herr* FuR 2010, 658, 661). Die Übernahme der Darlehenskonstruktion, die der BGH zum Schutz des Schuldners vor überzahltem Unterhalt anführt (§ 56 Rdn. 16), entspricht den wirtschaftlichen Interessen des leistungsfähigen Ehegatten, wird jedoch der gesetzlichen Risikoverteilung nicht gerecht und ist auf deren Umgehung gerichtet (OLG Frankfurt MDR 2014, 230). Denn der Anspruch besteht für eine Erfolg versprechende Rechtsverfolgung nur bei Bedürftigkeit des einen sowie Leistungsfähigkeit des anderen Ehegatten und

§ 246 Buch 2. Verfahren in Familiensachen

schließt eine Rückzahlungsverpflichtung weitgehend aus (Rdn. 34). Darüber hinaus obliegt es dem bedürftigen Ehegatten für die Bewilligung von Verfahrenskostenhilfe nicht, eine (erfolglose) Darlehensaufnahme nachzuweisen (OLG Karlsruhe FamRZ 2004, 1499; Prütting/Gehrlein/*Völker/Zempel* § 114 Rn. 62).

29 Der in Anspruch genommene Unterhaltspflichtige muss i.H.d. Kostenvorschusses **leistungsfähig** sein (Schwab/*Borth* IV Rn. 76), wobei die **Selbstbehaltssätze** der unterhaltsrechtlichen Leitlinien maßgeblich sind. Im Verhältnis von Ehegatten zu volljährigen Kindern muss der angemessene Selbstbehalt (§§ 1581, 1603 Abs. 1 BGB; derzeit 1.300 €) gewahrt sein (BGH FamRZ 1990, 491; OLG Köln FamRZ 1999, 792). Im Verhältnis zu minderjährigen und privilegierten volljährigen Kindern zieht der BGH nach Abzug der vorrangigen Verpflichtungen den notwendigen Selbstbehalt (von derzeit 1.080 €) heran (BGH FamRZ 2004, 1633, 1635; a.A. Wendl/Staudigl/*Scholz* § 6 Rn. 27). Wenn der Vorschusspflichtige selbst Verfahrenskostenhilfe ohne Ratenzahlung erhalten würde, besteht eine Vorschusspflicht nicht, weil dieser Anspruch nicht weiter reichen kann, als die Einstandspflicht in eigenen Angelegenheiten. Zwischen Ehegatten ist der ehenangemessene Selbstbehalt (von derzeit 1.200 €) zu wahren. Die Beachtung des Halbteilungsgrundsatzes kann einem Anspruch entgegenstehen, wenn die beiderseitigen Einkünfte in etwa gleich hoch sind (OLG Köln FamRZ 2013, 393 [LS]). Unter diesem Aspekt wird ein Vorschussanspruch i.d.R. auch dann ausscheiden, wenn der Trennungsunterhalt nach einer Quote bemessen wird, weil dadurch die beiderseitigen Einkünfte ausgeglichen werden (OLG München FamRZ 2006, 791; AG Göttingen FamRZ 2016, 378). Stehen dem Unterhaltspflichtigen indes weitere, nicht prägende Einkünfte oder Vermögen zur Verfügung, kann eine Vorschusspflicht bestehen (Wendl/Dose/*Klinkhammer* § 6 Rn. 31). Ob eine Verpflichtung besteht, einen **Kostenvorschuss** bei eingeschränkter Leistungsfähigkeit **in Raten** zu erbringen, war lange Zeit umstritten. Während einige OLG eine Ratenzahlung an den Vorschussberechtigten, die dieser im Rahmen seiner Prozesskostenhilfebewilligung an die Landeskasse zu zahlen habe, als unbillig ansahen (OLG Brandenburg FamRZ 2002, 1414; OLG Naumburg FamRZ 2000, 1095; OLG Oldenburg FamRZ 99, 1148), vertraten andere OLG die Auffassung, dass die Vorschusspflicht durch Ratenzahlung für den »Sonderbedarf« Prozesskosten nicht unzumutbar sei (OLG Köln FamRZ 2003, 102; OLG Dresden FamRZ 2002, 1412; Schwab/*Borth* IV Rn. 87 f.). Der BGH (FamRZ 2004, 1633, 1635; OLG Schleswig FamRZ 2009, 897; OLG Dresden FamRZ 2013, 1597; OLG Koblenz FamRZ 2014, 846; *Dose* Rn. 114; a.A. LSG Baden-Württemberg FamRZ 2011, 1235) begründet seine Auffassung eines ratenweise geschuldeten Kostenvorschusses damit, dass die monatlichen Zahlungen Vermögen des verfahrenskostenhilfebedürftigen Vorschussberechtigten i.S.d. § 76 Abs. 1 i.V.m. § 115 Abs. 3 ZPO sind. Beide Beteiligte werden durch die Ratenzahlung nicht belastet, weil der notwendige Selbstbehalt des Vorschusspflichtigen gewährleistet bleibt und dem Berechtigten die Ratenzahlung auf die (zu bewilligende und mit einem angemessenen Einsatzzeitpunkt versehene) Verfahrenskostenhilfe ermöglicht wird (OLG Celle FamRZ 2014, 783). Eine Begrenzung der Ratenzahlungsverpflichtung auf die Dauer des Verfahrens (Schwab/*Streicher* I Rn. 960) wird dem Vorschusscharakter und der fortbestehenden Leistungsfähigkeit nicht gerecht. Muss der Vorschusspflichtige auf seine eigene Verfahrenskostenhilfebewilligung monatliche Raten zahlen, ist dadurch seine Leistungsfähigkeit erschöpft, sodass ein Kostenvorschuss nicht mehr geschuldet wird (Zöller/*Geimer* § 115 Rn. 70). Ob die praktischen Konsequenzen auch für den Fall, dass einzelne Ratenzahlungen des Vorschusspflichtigen ausfallen, hinreichend bedacht sind, und die Ratenzahlung auch beim Trennungsunterhalt gilt, wird z.T. kritisch beurteilt (FA-FamR/*Geißler* Kap. 16 Rn. 209).

30 Schließlich sind in die Beurteilung der Billigkeit auch die **persönlichen Beziehungen** einzubeziehen (Göppinger/Wax/*Vogel* Rn. 2615 ff.). Allein aus dem Umstand, dem Verfahrensgegner die Verfahrenskosten vorschießen zu müssen, folgt keine Unbilligkeit. Ist ein Unterhaltsanspruch aus Billigkeitsgründen (§§ 1579, 1611 BGB) zu versagen, besteht auch keine Vorschusspflicht (a.A. OLG Zweibrücken FamRZ 2001, 1149). Ebenso kann es unbillig sein, den zweiten Ehegatten mit Verfahrenskosten für einen Rechtsstreit gegen einen früheren Ehegatten zu belasten (Wendl/Staudigl/*Scholz* § 6 Rn. 30). Zum Kostenvorschuss in Abstammungssachen § 171 Rdn. 30.

31 **IV. Umfang des Anspruchs. 1.** Die Höhe des Vorschussanspruchs ergibt sich aus den durch das gerichtliche Verfahren entstehenden notwendigen (§ 80; § 91 ZPO) und fälligen Kosten der Rechtsverfolgung oder Rechtsverteidigung. Diese bestehen aus den Gerichts- und Rechtsanwaltsgebühren sowie den Kosten eines etwaigen Anordnungsverfahrens. Der Vorschussanspruch besteht bis zum **Abschluss des Verfahrens** bzw. Rechtsstreits, auch wenn die anwaltliche Tätigkeit bereits erbracht ist (BGH FamRZ 1985, 802; OLG Zweibrücken OLGR 2002, 179). Wie für die Verfahrenskostenhilfe kann der Kostenvorschuss nach Abschluss der Instanz oder nach Beendigung des Rechtsstreits nicht mehr beansprucht werden (OLG Brandenburg

FamRZ 2011, 54; OLG Köln FamRZ 2007, 158). Da der Kostenvorschuss kein Sonderbedarf ist, greift § 1613 BGB nicht. Hat der Unterhaltsberechtigte den Vorschusspflichtigen zuvor in Verzug gesetzt (§ 286 BGB), kann er die Verfahrenskosten als Schadensersatz geltend machen (OLG Köln FamRZ 1991, 842, 843; a.A. Schwab/*Borth* IV Rn. 94). Da unter Eheleuten die Vorschusspflicht mit Rechtskraft der Ehescheidung endet, kann für eine noch nicht beendete Folgesache ein Kostenvorschuss nicht mehr beansprucht werden (OLG München FamRZ 1997, 1542; a.A. OLG Nürnberg FamRZ 1990, 421). Hat der Vorschussberechtigte eine einstweilige Anordnung erwirkt, kann er aus dieser nach Beendigung des Rechtsstreits die **Zwangsvollstreckung** betreiben, auch wenn er in der Hauptsache die Kosten zu tragen hat (BGH FamRZ 1985, 802), weil die Kostenpflicht nach §§ 81 ff.; 91 ff. ZPO den Vorschussanspruch nicht berührt (BGH FamRZ 1986, 40, 42). Eine Aufrechnung mit einem Kostenerstattungsanspruch ist nicht zulässig, da anderenfalls ein Anreiz zur Nichtzahlung des Vorschusses bestünde (BGH FamRZ 1985, 802).

2. Für die Einbeziehung des Kostenvorschusses im **Kostenfestsetzungsverfahren** (§ 85; § 104 ZPO) ist nach der Kostenentscheidung im Hauptsacheverfahren zu unterscheiden, soweit der Vorschusspflichtige auch Antragsgegner war. Allerdings steht ein etwaiger Rückzahlungsanspruch (Rdn. 34) in keinem Zusammenhang zur Kostenentscheidung im Hauptsacheverfahren und kann dadurch nicht ausgeweitet werden (BGH FamRZ 2010, 452). Da nach § 113 Abs. 1 in Familienstreitsachen die Vorschriften der §§ 91 ff. ZPO anzuwenden sind, ist in diesen Verfahren weiterhin i.R.d. Ermessens das Verhältnis des Obsiegens und Unterliegens von Bedeutung. Wurde der Antrag abgewiesen, begründet dies keinen Rückzahlungsanspruch, denn der Vorschuss sollte dem Berechtigten die Durchführung des Verfahrens ermöglichen. Eine Verrechnung kann daher nur insoweit erfolgen, als der Vorschuss die eigenen Kosten übersteigt.

Wird in der Kostengrundentscheidung im Hauptsachverfahren eine **Kostenquotelung** angeordnet oder haben die Beteiligten eine solche vereinbart, werden drei Ansichten vertreten, ob bzw. in welchem Umfang ein unstreitig gezahlter Verfahrenskostenvorschuss – als materiell-rechtliche Einwendung – berücksichtigt werden kann: Kein Problem stellt sich dann, wenn der auf den Vorschussempfänger entfallende Kostenanteil höher ist als der erhaltene Vorschuss (BGH FamRZ 2010, 452). Einige OLG lehnen eine teilweise Verrechnung des Kostenvorschusses mit dem Argument ab, dass dieser dem Berechtigten für die ihm entstandenen Verfahrenskosten verbleiben müsse und anderenfalls einer Rückzahlung, die sich allein nach materiellem Recht richtet, gleichkäme (OLG Oldenburg FamRZ 1998, 445; OLG Düsseldorf FamRZ 1996, 1409 m.w.N.). Nach a.A. ist der Vorschuss in vollem Umfang auf den Erstattungsanspruch anzurechnen (OLG Braunschweig FamRZ 2005, 1190; OLG München FamRZ 1994, 1605; OLG Stuttgart FamRZ 1992, 1460), ohne dass dies zu einem Erstattungsanspruch des Vorschussgebers führen dürfe. Eine dritte Auffassung hält eine Verrechnung des Vorschusses ebenfalls grds. für zulässig. Aufgrund des unterhaltsrechtlichen Charakters der Leistung einerseits und der begrenzten Rückforderungsmöglichkeit andererseits, sind vorrangig sämtliche Kosten des Vorschussberechtigten, auch soweit sie nicht erstattet werden, vorab in Abzug zu bringen. Nur ein danach verbleibender Überschuss ist zugunsten des Vorschusspflichtigen im Kostenfestsetzungsverfahren zu verrechnen (OLG Nürnberg FuR 2002, 287; OLG Nürnberg FamRZ 1999, 1217; OLG Hamm FamRZ 1999, 728; OLG Bamberg FamRZ 1999, 724). Dieser Auffassung ist der BGH (FamRZ 2010, 452 [Tz 21]) mit der Begründung gefolgt, dass die Verrechnung des Vorschusses mit einem anteiligen Kostenerstattungsanspruch nicht zu einer weiter gehenden Rückzahlungsverpflichtung (Rdn. 34) führen dürfe, sodass eine Anrechnung des geleisteten Vorschusses nur erfolgen kann, wenn und soweit der Vorschuss und ein bestehender Kostenerstattungsanspruch des Vorschussempfängers zusammen die diesem Beteiligten entstandenen Kosten übersteigen.

V. Rückforderungsanspruch. Für den Erlass einer einstweiligen Anordnung auf Kostenvorschuss ist die Möglichkeit, diesen zurück fordern zu können, nicht entscheidend. Die fortbestehende Vollstreckungsmöglichkeit sowie die unzulässige Aufrechnung lassen indes die Frage nach der Rückforderung des Kostenvorschusses praktisch relevant werden. Grds. kann der Kostenvorschuss vom Unterhaltspflichtigen nicht zurück gefordert werden (*Dose* Rn. 62), denn dieser soll die Erfolg versprechende Verfahrensführung ermöglichen und ist nicht vom Ausgang dieses Verfahrens abhängig. Eine Pflicht zur Rückzahlung des Kostenvorschusses besteht nur in **Ausnahmefällen**, wenn sich herausstellt, dass die Voraussetzungen der Bewilligung von Anfang an nicht vorgelegen haben oder sich die wirtschaftlichen Verhältnisse des Anspruchsberechtigten wesentlich verbessert haben (KG FamRZ 2008, 2201). Grundlage des Rückforderungsanspruchs ist der Vorschusscharakter der Leistung einerseits sowie seine unterhaltsrechtliche Natur als **familienrechtlicher Anspruch eigener Art** andererseits (BGH FamRZ 1990, 491), sodass die §§ 812 ff., 814, 818 Abs. 3 BGB keine Anwendung finden. Ein Anspruch auf Rückzahlung entspricht der Billigkeit, wenn die einstweilige

Anordnung aufgrund falscher Angaben des Vorschussberechtigten zur Leistungsfähigkeit des Verpflichteten, der hierzu nicht gehört wurde, erging und sich nachträglich als falsch erwiesen (BGH FamRZ 1990, 491, 492). Entsprechendes gilt für die Bedürftigkeit des Vorschussberechtigten. Ein Rückzahlungsanspruch kommt auch dann in Betracht, wenn die berechtigte Person nach Erlass der Entscheidung erhebliche finanzielle Mittel erhalten hat, die eine Vorschusspflicht als unbillig erscheinen lassen. Dies kann der Fall sein, wenn der berechtigte Ehegatte aus dem vom anderen gezahlten erheblichen Zugewinnausgleich die Verfahrenskosten ohne Weiteres aufbringen kann (BGH FamRZ 2005, 1974, 1978). Unabhängig von der Regelung des § 814 BGB kann das berechtigte Vertrauen des Vorschussberechtigten dadurch geschützt werden, dass der Vorschuss nur teilweise zurück zu zahlen ist (OLG Hamm FamRZ 1992, 672). Werden die Verfahrenskosten dem Berechtigten vom Verfahrensgegner erstattet, besteht ebenfalls ein Rückzahlungsanspruch (Schwab/*Borth* IV Rn. 89). Zum Darlehensangebot des Vorschusspflichtigen Rdn. 27.

35 **D. Besonderheiten des Anordnungsverfahrens.** Das auf Zahlung von Unterhalt oder eines Kostenvorschusses gerichtete Eilverfahren ist ein selbstständiges Anordnungsverfahren, auf das die Vorschriften der §§ 49 ff. Anwendung finden (zum Rechtsschutz gegen Unterhaltsanordnungen *Langheim* FamRZ 2014, 1413; *Vießhues* FuR 2015, 631). Dem Unterhaltsberechtigten steht aufgrund seiner Verfahrensautonomie ein Wahlrecht zu, ob er seinen Anspruch neben einem einstweiligen Anordnungsverfahren auch im Hauptsacheverfahren verfolgen will (OLG Jena FuR 2011, 115 = FamRZ 2011, 491, 492; § 51 Rdn. 3). Über die dargestellten Aspekte der Unterhaltsansprüche (insb. Bedürftigkeit und Leistungsfähigkeit), die durch eidesstattliche Versicherung oder Urkunden glaubhaft zu machen sind (§§ 113 Abs. 1; 294 ZPO; BGH NJW 2003, 3558 zur Abgrenzung der Glaubhaftmachung vom allgemeinen Beweisverfahren; s. § 51 Rdn. 23), das vermutete Regelungsbedürfnis und die auf Leistung gerichtete Anordnung (Rdn. 1, 11) hinaus, bestehen für das Anordnungsverfahren in Unterhaltssachen nur wenige weitere Besonderheiten, von denen die mündliche Verhandlung in § 246 Abs. 2 geregelt ist.

Die gerichtliche **Zuständigkeit** bestimmt sich grds. nach § 50 i.V.m. § 232, 233 und richtet sich nach dem fiktiven oder tatsächlich anhängigen Unterhaltsverfahren in der Hauptsache. Während der Anhängigkeit einer Ehesache ist auch für das Anordnungsverfahren gem. § 232 Nr. 1 das Gericht zuständig, bei dem die Ehesache im ersten Rechtszug anhängig ist (§ 50 Rdn. 8). Ist der Unterhaltsstreit in der zweiten Instanz anhängig, entscheidet das Beschwerdegericht über den Erlass einer Unterhaltsanordnung (§ 50 Abs. 1 Satz 2). Auf die Notfallzuständigkeit nach § 50 Abs. 2 wird es in Unterhaltssachen regelmäßig nicht ankommen. Zur internationalen Zuständigkeit § 50 Rdn. 4; § 98 Rdn. 28 ff.). Die Regelungsgegenstände des zuständigkeitsbegründenden Hauptsacheverfahrens und des Anordnungsverfahrens können trotz dessen Selbstständigkeit auseinander fallen. Ist eine Unterhaltssache im Wege des **Stufenantrags** anhängig und wurde gegen die Entscheidung zur Auskunftsstufe Beschwerde eingelegt, verbleibt der nicht bezifferte Leistungsantrag in erster Instanz anhängig. Nach dem Grundsatz der größeren Sachnähe, wie er zu § 620a Abs. 4 Satz 1 ZPO a.F. angeführt wurde (Wendl/*Schmitz* § 10 Rn. 410), ist für eine Unterhaltsanordnung weiterhin das FamG zuständig (§ 50 Rdn. 13).

36 Eine vergleichbare Problematik ergibt sich für eine einstweilige Anordnung auf **Kostenvorschuss**. Das (fiktive) Hauptsacheverfahren i.S.d. § 50 Abs. 1 wäre ein (erstinstanzliches) Unterhaltsverfahren, in dem der Anspruch gem. § 1360a Abs. 4 BGB geltend gemacht wird (Zöller/*Feskorn* § 49 FamFG Rn. 15; *Musielak/ Borth* § 246 Rn. 28). Der verfahrensrechtliche Gleichlauf des auf Kostenvorschuss gerichteten Anordnungsverfahrens und des Hauptsacheverfahrens, für das der Kostenvorschuss begehrt wird, kann in beiden Instanzen, aber auch in den Rechtswegen (OVG Saarland FamRZ 2011, 1162) auseinanderfallen. Für das FamG ist dies der Fall, wenn die Zuständigkeit des Hauptsacheverfahrens nicht mit der des § 231 übereinstimmt. In der Beschwerdeinstanz bestünde keine Zuständigkeit nach § 50 Abs. 1 Satz 2, wenn die Verfahrensgegenstände nicht identisch sind. Weil sich der Anspruch auf laufenden Unterhalt zur Deckung des Lebensbedarfs und der Verfahrenskostenvorschuss als konkreter Mehrbedarf nicht entsprechen, wird die Zuständigkeit des Beschwerdesenats, die auch nicht durch die Sachnähe und die einzubeziehende Erfolgsprognose ausreichend begründet werde, im Hinblick auf den vollständigen Systemwechsel im Anordnungsverfahren verneint (OLG Oldenburg FamRZ 2012, 390 f.; Johannsen/Henrich/*Büte* § 50 Rn. 5). Weist das danach zuständige Amtsgericht – unanfechtbar (§ 57 Satz 1) – einen Antrag auf Kostenvorschuss im Anordnungsverfahren zurück, kann der Senat im Beschwerdeverfahren einem Verfahrenskostenhilfeantrag nicht vorrangig einzusetzendes Vermögen entgegen halten (*Többen* FuR 2012, 602, 604). Mit dem FamFG wurde die 1986 eingeführte Regelung des § 620a Abs. 4 Satz 2 und 3 ZPO a.F., wonach ausdrücklich die Zuständigkeit des Berufungs- bzw. Beschwerdegerichts für einen Anspruch auf Kostenvorschuss bestimmt

wurde, nicht übernommen. Aus Gründen des Sachzusammenhangs (Erfolgsaussicht, Kosten usw.) und der Verfahrensökonomie heraus ist es gleichwohl gerechtfertigt, dass – wie nach bisherigem Recht – in beiden Instanzen das Gericht der Hauptsache, für die ein Kostenvorschuss begehrt wird und bei der es sich auch um ein Anordnungsverfahren handeln kann, über einen Antrag auf Erlass einer einstweiligen Anordnung auf Kostenvorschuss entscheidet, zumal dieses auch für die Bewilligung von Verfahrenskostenhilfe zuständig ist (*Gießler/Soyka* Rn. 543). Der DFGT hat sich 2011 (AK 10 III 4) dafür ausgesprochen, die einheitliche Zuständigkeit des Beschwerdegerichts gesetzlich klarzustellen.

Der für die Einleitung des Anordnungsverfahrens erforderliche Antrag auf Erlass einer einstweiligen Anordnung gem. § 246, für den kein Anwaltszwang besteht (§ 114 Abs. 4 Nr. 1; s. § 51 Rdn. 18), muss einen **bestimmten Sachantrag** i.S.d. § 253 Abs. 2 Nr. 2 ZPO i.V.m. §§ 112 Nr. 1, 113 Abs. 2 enthalten. Dabei ist der geltend gemachte Unterhalt nach Personen, Zeiträumen und individueller Höhe zu konkretisieren und der Anspruch auf Kostenvorschuss zu beziffern. I.Ü. gelten im Anordnungsverfahren die verfahrensrechtlichen Vorschriften des Hauptsacheverfahrens entsprechend (§§ 51 Abs. 2 Satz 1, 231 ff.). Aus diesem Grund bestehen auch keine verfahrensrechtlichen Bedenken gegen die Anwendung der §§ 235, 236 für Auskünfte über das Einkommen (Rdn. 6; § 51 Rdn. 31). Eine Begrenzung der gerichtlichen Prüfungspflicht auf »einfach zu lesende Einkommensbelege« (*Swieykowski-Trzaska* FPR 2010, 167, 169) besteht nicht, weil das Einkommen auch im Eilverfahren für den jeweiligen Bedarf festzustellen ist. Einschränkungen wird man für die Einkünfte Selbstständiger machen können. Auch wenn der Antragsgegner grds. seine Rechte im einstweiligen Anordnungsverfahren auch durch eine Schutzschrift sichern kann (§ 51 Rdn. 27), wird hierfür in Unterhaltssachen selten ein Bedürfnis bestehen, weil eine Unterhaltsanordnung i.d.R. nach mündlicher Verhandlung ergehen soll. Dem Antragsgegner ist rechtliches Gehör zu gewähren, sodass ihm der Antrag mit der Möglichkeit zur Stellungnahme binnen einer angemessenen Frist von etwa 2 Wochen zuzustellen ist (*Bömelburg* FF 2011, 355, 359).

§ 246 Abs. 2 hebt die Bedeutung der **mündlichen Verhandlung**, die nach § 170 Abs. 1 Satz 1 GVG nicht öffentlich ist, in Anordnungsverfahren für Unterhaltssachen besonders hervor. Die Entscheidung soll aufgrund mündlicher Verhandlung ergehen, wenn diese zur Aufklärung des Sachverhalts oder für eine gütliche Beilegung des Verfahrens geboten erscheint. Nach der Gesetzesbegründung (BT-Drucks. 16/6308 S. 260) wird das Ziel der Verfahrensbeschleunigung im einstweiligen Rechtsschutz für Unterhaltssachen relativiert und in Verhältnis zur materiellen Richtigkeit der Entscheidung gesetzt (Prütting/Helms/*Bömelburg* § 246 Rn. 12). Für das Gericht besteht die Möglichkeit, unklare Tatsachen aufzuklären sowie problematische Rechtsfragen und »Einschätzungsfragen«, wie sie sich aus jedem Unterhaltsanspruch ergeben können, zu erörtern (BT-Drucks. 16/6308 S. 260; Zöller/*Lorenz* § 246 FamFG Rn. 7). Die Richtigkeit der Anordnungsentscheidung, die maßgeblich von der glaubhaft gemachten Tatsachengrundlage abhängt, kann durch die in einer mündlichen Verhandlung gewonnenen Erkenntnisse erhöht werden und zugleich die Möglichkeit einer einvernehmlichen Regelung eröffnen (Wendl/*Schmitz* § 10 Rn. 418). Dies gilt nicht nur für den Unterhaltsanspruch selbst, sondern auch für das Vorschussverfahren, weil in einer mündlichen Verhandlung auch der in der Hauptsache geltend gemachte Anspruch hinsichtlich seiner Erfolgsaussicht erörtert werden muss. Gleichwohl steht die Durchführung einer mündlichen Verhandlung weiterhin im **Ermessen des Gerichts**, soweit nicht ein Beteiligter einen Antrag nach § 54 Abs. 2 gestellt hat. Im Hinblick auf die vorgenannten Erwägungen und zur Vermeidung eines Verfahrens auf erneute Entscheidung gem. § 54 Abs. 2 ist es regelmäßig geboten, vor Erlass eines Beschlusses eine mündliche Verhandlung durchzuführen. Auch wenn »nur« der Mindestunterhalt nach § 1612a Abs. 1 BGB beansprucht wird, kann die Erwerbsobliegenheit oder die Leistungsfähigkeit umstritten sein. Im Hinblick auf die Komplexität unterhaltsrechtlicher Fragestellungen wird nur selten ein einfach gelagerter Sachverhalt oder eine besonders eilbedürftige Sache vorliegen (*Dose* Rn. 258). Wesentliche Erkenntnisse für die Entscheidung können nur die Beteiligten in das Verfahren einbringen, sodass die Anordnung ihres persönlichen Erscheinens (§§ 113 Abs. 1; 141 ZPO) zweckmäßig ist. Erscheint der Antragsgegner nicht zum Verhandlungstermin, ergeht die Entscheidung nicht wegen der Säumnis sondern auf der Grundlage der zur Verfügung stehenden Informationen bzw. nach »Aktenlage« (§ 51 Abs. 2 Satz 3), während bei Ausbleiben des Antragstellers eine Beschlussfassung nicht erfolgt (s. § 51 Rdn. 41).

In Unterhaltssachen gilt der Amtsermittlungsgrundsatz des § 26 nicht, sondern es verbleibt bei den zivilprozessualen **Verfahrensgrundsätzen** (§§ 112 Nr. 1, 113 Abs. 1; zum Verfahrensgang § 51 Rdn. 26 ff.; *Fest* NJW 2012, 428, 429), die durch die Auskunftspflichten nach §§ 235, 236 modifiziert werden. Die Einkünfte der Beteiligten können durch entsprechende Nachweise glaubhaft gemacht werden, die ggü. einer eidesstattliche Versicherung eine größere Verlässlichkeit bieten (§ 51 Rdn. 23). Zum Auskunftsanspruch s. Rdn. 6. Im Anordnungsverfahren kann sowohl hinsichtlich des Unterhaltsanspruchs wie auch in Bezug auf den Kostenvorschuss ein **Vergleich** geschlossen werden (§ 51 Rdn. 33), wobei für die Unterhaltsansprüche klargestellt werden sollte, ob die Beteiligten eine vorläufige Vereinbarung treffen wollten, die an die Stelle eines Anordnungsbeschlusses tritt, oder ob die Regelung auch in der Hauptsache gelten soll. Eine dauerhafte vorläufige Regelung steht einem Hauptsacheverfahren nicht entgegen (OLG Karlsruhe FamRZ 2009, 1840).

40 In dem zu begründenden (§ 38) und nach mündlicher Verhandlung gem. §§ 113 Abs. 1; 329 Abs. 1 Satz 1 ZPO zu verkündenden **Beschluss**, der nicht in materielle Rechtskraft erwächst (§ 51 Rdn. 2), sind die Unterhaltsansprüche wie in einer Hauptsacheentscheidung konkret nach Person, Zeitraum und Höhe (auch für die Vergangenheit) zu beziffern. Auch wenn ein Rechtsmittel gegen die Unterhaltsanordnung nicht eröffnet ist (§ 57 Satz 1), ist in der nach § 39 erforderlichen Belehrung auf die Rechtsbehelfe nach §§ 54 und das Antragsrecht nach § 52 hinzuweisen (§ 51 Rdn. 40). Die auf Trennungsunterhalt gerichtete einstweilige Anordnung tritt aufgrund der materiell-rechtlichen Akzessorietät mit Rechtskraft der Ehescheidung außer Kraft (Rdn. 2; § 51 Rdn. 6). Eine Zurückweisung des Antrags führt nicht dazu, dass die Verzugswirkung entfällt (BGH NJW 1995, 2032), weil hierfür die besonderen Voraussetzungen eines Erlassvertrags erforderlich sind (BGH FamRZ 2007, 453, 456). Über die Kosten (§ 51 Abs. 4) ist im Anordnungsbeschluss nach Maßgabe des § 243 zu erkennen, wobei dem Umstand, dass der Antragsgegner seiner Auskunftspflicht vor Beginn des Verfahrens nicht nachgekommen ist (Satz 2 Nr. 2), in der Praxis große Bedeutung zukommt. Im Gegensatz zu dem bis August 2009 geltenden Recht sind im Anordnungsverfahren auf Verfahrenskostenvorschuss die **außergerichtlichen Kosten** nicht Bestandteil des Vorschussanspruchs, sondern werden durch die Kostenentscheidung erfasst, sodass eine doppelte Tenorierung zu vermeiden ist (AG Schöneberg FamRZ 2012, 734). Wie der **Verfahrenswert** (§ 49 Rdn. 79) für das Anordnungsverfahren zum Kostenvorschuss zu bestimmen ist, wird im Hinblick auf den vollstreckbaren Zahlungsanspruch einerseits und die kostenrechtliche Regelung des § 41 Satz 2 FamGKG andererseits unterschiedlich beurteilt (*Schneider* NZFam 2014, 640). Ausgangspunkt ist der Wert der Hauptsache, der mangels einer wiederkehrenden Leistung nicht nach § 51 Abs. 1 FamGKG, sondern gem. § 35 FamGKG nach der bezifferten Geldforderung zu bemessen ist. Da das Anordnungsverfahren zum Verfahrenskostenvorschuss nicht nur regelmäßig, sondern faktisch – auch wegen der Vollstreckungsmöglichkeit (OLG Bremen FamRZ 2015, 526) – die Hauptsache vorwegnimmt, ist die Ermäßigung des Wertes auf die Hälfte nicht gerechtfertigt, die maßgeblich auf der geringeren Bedeutung des Anordnungsverfahrens beruht (OLG Frankfurt FamRZ 2014, 689; OLG Frankfurt FamRZ 2015, 527; OLG Köln FamRZ 2015, 526; OLG Düsseldorf NZFam 2014, 469; OLG Bamberg FamRB 2011, 343). Demgegenüber wird die fehlende materielle Rechtskraft der Entscheidung betont, die vom Amtsgericht nach § 54 geändert werden kann und unter dem »immanenten Vorbehalt einer Hauptsacheentscheidung« steht (OLG Celle FamRZ 2014, 690; OLG Frankfurt FamRZ 2016, 163; 2014, 1801; OLG Celle FamRZ 2016, 164).

41 Für die **Vollstreckung** der einstweiligen Anordnung, die gem. § 120 Abs. 1 nach den Vorschriften der ZPO (§§ 704 – 915f) erfolgt, wird auf die allgemeinen Vorschriften verwiesen (§§ 53, 55). Für Unterhaltsanordnungen bedarf es der Anordnung der sofortigen Wirksamkeit nicht (§ 53 Rdn. 3), weil ein Rechtsmittel nicht statthaft ist (§ 57 Satz 1), sodass sie mit Erlass formell rechtskräftig werden (§§ 120 Abs. 2 Satz 1, 116 Abs. 3 Satz 1; *Ehinger* FPR 2010, 150, 152). Die Vollziehungsfrist des § 929 Abs. 2 ZPO findet auf die Unterhaltsanordnung keine Anwendung (§ 53 Rdn. 7; *Giers* Rn. 341; a.A. AG Herford FamRZ 2013, 970). Das **Außerkrafttreten** einer Unterhaltsanordnung bestimmt § 56 Abs. 1 u 2, wobei insb. eine anderweitige privatautonome oder rechtskräftige gerichtliche Regelung (§ 56 Rdn. 4 ff.) bedeutsam ist (Prütting/Helms/*Bömelburg* § 246 Rn. 26 f.; zur Kostenentscheidung § 56 Rdn. 25; zum Verfahrenswert § 49 Rdn. 80).

42 Gegen eine Unterhaltsanordnung können die **Rechtsbehelfe** des § 54 Abs. 1 u 2 erhoben werden, sodass danach zu unterscheiden ist, ob eine mündliche Verhandlung gem. § 246 Abs. 2 durchgeführt worden ist, während § 238 allein auf in der Hauptsache ergangene Endentscheidungen gerichtet ist (zum Rechtsschutz gegen Unterhaltsanordnungen *Langheim* FamRZ 2014, 1413; *Viefhues* FuR 2015, 631):

– Hat das AG ausnahmsweise die Unterhaltsanordnung **ohne mündliche Verhandlung** erlassen, wird der Antragsgegner primär einen – an keine Frist gebundenen – Antrag auf erneute Entscheidung aufgrund mündlicher Verhandlung nach § 54 Abs. 2 (§ 54 Rdn. 14) verbunden mit einem Antrag auf Aussetzung der Vollstreckung nach § 55 in Betracht ziehen. Nach der hier vertretenen Auffassung ist darüber hinaus ein Antrag nach § 54 Abs. 1 zulässig (§ 54 Rdn. 6; Schwab/*Streicher* I Rn. 1023 a.A. Wendl/*Schmitz* § 10 Rn. 426). Darüber hinaus kann der unterhaltspflichtige Antragsgegner einen Antrag nach § 52 Abs. 2

stellen, der künftig zunehmend Bedeutung erlangen wird und die verfahrensrechtliche Stellung bei ausgeschlossenem Rechtsmittel stärken soll. Hierdurch wird der Unterhaltsberechtigte gezwungen, seinerseits ein Hauptsacheverfahren einzuleiten, will er nicht Gefahr laufen, dass die erlassene Anordnung nach Ablauf der gem. § 52 Abs. 2 Satz 1 gerichtlich zu bestimmenden Frist ohne weitere inhaltliche Prüfung aufgehoben wird (§ 52 Rdn. 11 ff.). Schließlich kann der Unterhaltsschuldner ein Hauptsacheverfahren mit einem negativen Feststellungsantrag einleiten (zur Konkurrenz zu § 52 Abs. 2 s. § 56 Rdn. 9). Mit der rechtskräftigen Entscheidung in diesem Verfahren tritt die einstweilige Anordnung außer Kraft (§ 56 Rdn. 9). Wurde der Antrag ganz oder teilweise zurückgewiesen, stehen dem Antragsteller der Abänderungsantrag nach § 54 sowie die Einleitung eines Hauptsacheverfahrens offen.

– **Nach mündlicher Verhandlung** können beide Beteiligte einen Antrag nach § 54 Abs. 1 stellen, der jedoch auf neue Tatsachen oder Beweismittel oder eine geänderte Rechtslage gestützt werden muss (§ 54 Rdn. 6), oder jeweils ein Hauptsacheverfahren einleiten. Daneben steht dem Antragsgegner das Antragsrecht nach § 52 Abs. 2 zu.

Die Bedeutung einer einstweiligen Anordnung in Unterhaltssachen wird dadurch verstärkt, dass diese **nicht** 43 mit der **Beschwerde** nach § 57 Satz 2 zur Überprüfung durch das Rechtsmittelgericht gestellt werden kann (§ 57 Rdn. 10 ff.). Ein Fall der außerordentlichen Beschwerde kommt nur bei der Verkennung der eigenen Entscheidungs- und Regelungskompetenz in Betracht (§ 57 Rdn. 7). Die baldige Einleitung eines Hauptsacheverfahrens über § 52 Abs. 2 oder einen eigenen Antrag auf negative Feststellung (§ 56 Rdn. 9) und eine zügige Entscheidung in erster Instanz wird für den Unterhaltspflichtigen deshalb drängend, weil er anderenfalls nicht zu einer Überprüfung durch das Beschwerdegericht gelangen kann. Denn einem – nicht anfechtbaren – Antrag auf Einstellung der Zwangsvollstreckung wird das FamG nicht entsprechen, wenn Rechtsbehelfe nach § 54 erfolglos geblieben sind. Darüber hinaus besteht häufig unabhängig vom Entreicherungseinwand (§ 818 Abs. 3 BGB) oder einer verschärften Haftung praktisch keine realisierbare Chance, gezahlte Unterhaltsbeträge zurück erhalten zu können (zum Rechtsschutzdefizit Vorbem. zu § 49 Rdn. 9). Ein verschuldensunabhängiger Schadensersatzanspruch gem. § 945 ZPO besteht nicht, weil diese Vorschrift in § 119 Abs. 1 für Unterhaltssachen vom Verweis ausdrücklich ausgenommen ist (§ 56 Rdn. 18; Prütting/Helms/*Bömelburg* § 246 Rn. 4).

§ 247 **Einstweilige Anordnung vor Geburt des Kindes.** (1) Im Wege der einstweiligen Anordnung kann bereits vor der Geburt des Kindes die Verpflichtung zur Zahlung des für die ersten drei Monate dem Kind zu gewährenden Unterhalts sowie des der Mutter nach § 1615l Abs. 1 des Bürgerlichen Gesetzbuchs zustehenden Betrags geregelt werden.
(2) ¹Hinsichtlich des Unterhalts für das Kind kann der Antrag auch durch die Mutter gestellt werden. § 1600d Abs. 2 und 3 des Bürgerlichen Gesetzbuchs gilt entsprechend. ²In den Fällen des Absatzes 1 kann auch angeordnet werden, dass der Betrag zu einem bestimmten Zeitpunkt vor der Geburt des Kindes zu hinterlegen ist.

Übersicht

	Rdn.		Rdn.
A. Allgemeines	1	C. Verfahrensbeteiligte	3
B. Regelungszeitraum	2		

A. Allgemeines. Ein Unterhaltsanspruch gem. § 1601 BGB setzt die verwandtschaftliche Beziehung bzw. 1 Abstammung der Beteiligten i.S.d. § 1589 BGB voraus. Steht die rechtliche Vaterschaft nicht fest, hindert die Rechtsausübungssperre des § 1600d Abs. 4 BGB, wonach die Rechtswirkungen der Vaterschaft erst vom Zeitpunkt ihrer Feststellung an geltend gemacht werden können, soweit sich nicht etwas anderes aus dem Gesetz ergibt, die Durchsetzung eines Unterhaltsanspruchs. Die Verfahren nach §§ 247, 248 durchbrechen die Rechtsausübungssperre, um eine Titulierung des Anspruchs auf Unterhalt für das Kind und für dessen *nicht verheiratete Mutter* (§ *1615l BGB*) zu ermöglichen. Für den begrenzten Zeitraum von 3 Monaten für den Kindesunterhalt und von 14 Wochen für den Unterhalt der Mutter des Kindes stellt § 247 ein Eilverfahren zu Verfügung, weil nach der Gesetzesbegründung (BT-Drucks. 16/6308 S. 260) davon auszugehen sei, dass weiterhin ein praktisches Bedürfnis nach einstweiligem Rechtsschutz bestehe. Hieran wird man aufgrund des zeitlich begrenzten Anwendungsbereichs, der sozialrechtlichen Leistungen für Mutter und Kind (nach dem SGB II, SGB XII und UVG) und der bisherigen praktischen Bedeutungslosigkeit der Vorgängerregelung in § 1615o BGB a.F. ernstlich zweifeln können. Allerdings verdeutlichen die Normen die kurzfristige Durchsetzbarkeit glaubhaft gemachter Unterhaltsansprüche »in einem beschleunigten und möglichst einfach zu betreibenden Verfahren« (BT-Drucks. 16/6308 S. 260). Verfahrensrechtlich wurde die einstweilige Verfügung nach § 1615o Abs. 1 BGB a.F. in eine einstweilige Anordnung überführt. Ergänzt wird der Rechtsschutz durch § 248 für eine einstweilige Anordnung während der Anhängigkeit eines Vaterschaftsfeststellungsverfahrens sowie durch § 246 nach Feststellung der Vaterschaft.

2 **B. Regelungszeitraum.** Der verfahrensrechtlich auf **3 Monate** begrenzte Anspruch auf Kindesunterhalt kann bereits **vor der Geburt** des Kindes (Prütting/Helms/*Bömelburg* § 247 Rn. 4) gerichtlich geltend gemacht werden, sodass sein Lebensbedarf in den ersten Lebensmonaten frühzeitig gewährleistet oder gesichert werden kann, weshalb auch die Hinterlegung des Unterhalts in Betracht kommt (§ 247 Abs. 2 Satz 2 BGB). Dementsprechend kann im letzten Abschnitt der Schwangerschaft auch die wirtschaftliche Situation der Mutter des Kindes geregelt werden. Einer zeitlichen Begrenzung bedarf es insoweit nicht, weil der Unterhaltsanspruch nach § 1615l Abs. 1 Satz 1 BGB allein auf die Dauer der Mutterschutzfristen (§§ 3 Abs. 2, 6 Abs. 1 MuSchG), d.h. 6 Wochen vor und 8 Wochen nach der Geburt des Kindes, bezogen ist. Ein Gleichlauf der unterhaltsrechtlichen Zeiträume wird dadurch nicht erreicht, weil der Unterhaltsanspruch der Mutter nur für 2 Monate nach der Geburt geltend gemacht werden kann. Da § 247 Abs. 1 nur den Anspruch nach § 1615l Abs. 1 BGB, der eine Kausalität zwischen Schwangerschaft, Entbindung und Erwerbstätigkeit nicht voraussetzt (BGH FamRZ 1998, 541, 542; FAKomm-FamR/*Schwolow* § 1615l BGB Rn. 2 ff.), erfasst, erstreckt sich das Verfahren nicht auf die weiter gehenden Ansprüche nach § 1615l Abs. 2 BGB. Für die Kosten der Schwangerschaft und der Entbindung wird zumeist durch die Leistungen der Krankenversicherung ein unterhaltsrechtlicher Bedarf der Mutter nicht bestehen.

3 **C. Verfahrensbeteiligte.** Ist das **Kind** geboren, kann dieses, vertreten durch seine Mutter, den Anspruch im Anordnungsverfahren für den 3-Monatszeitraum verfolgen. Ist das Kind noch nicht geboren, müsste für das Verfahren eine Pflegschaft für die Leibesfrucht (§ 1912 BGB) bestellt werden. Um diesen Weg zu vermeiden, wird der **Mutter der Kindes** im Wege der gesetzlichen Prozessstandschaft (§ 247 Abs. 2 Satz 1) ein Antragsrecht eingeräumt (Prütting/Helms/*Bömelburg* § 247 Rn. 6 [Handlungsbefugnis]). Hat die Mutter einen Antrag auf Einrichtung einer Beistandschaft gestellt, der bereits vor der Geburt des Kindes möglich ist, kann auch das Jugendamt als **Beistand** vorgeburtlich den Kindesunterhalt durchsetzen (§§ 1712 Abs. 1 Nr. 2, 1714 Satz 2, 1716 BGB). Schließlich kann für eine (minderjährige) Schwangere bzw. Mutter der Vormund die Ansprüche geltend machen (PWW/*Soyka* § 1615o Rn. 4; § 1713 Abs. 2 BGB). **Antragsgegner** ist der unterhaltspflichtige Vater des Kindes. Vor der Geburt des Kindes steht die Vaterschaft des Kindes nur im Fall einer zuvor anerkannten Vaterschaft rechtlich fest (§ 1594 Abs. 4 BGB). Liegt eine Vaterschaftsanerkennung nicht vor, greift durch den für entsprechend anwendbar erklärten § 1600d Abs. 2 u 3 BGB die gesetzliche Vaterschaftsvermutung (§ 247 Abs. 2), wenn die Mutter des Kindes durch konkrete Angaben glaubhaft macht (§ 294 ZPO), dass sie mit dem Antragsgegner während der nach § 1600d Abs. 3 zu berechnenden Empfängniszeit eine intime Beziehung hatte und keine schwerwiegenden Zweifel (§ 248 Rdn. 5) an der Vaterschaft bestehen. Der ab Anhängigkeit eines Vaterschaftsfeststellungsverfahrens geltende § 248 Abs. 3 kann in dieser Situation nicht herangezogen werden (BT-Drucks. 16/6308 S. 260).

4 Das Anordnungsverfahren richtet sich nach den Vorschriften der §§ 49 ff., 246, sodass ein bestimmter Antrag i.S.d. § 253 Abs. 2 Nr. 2 ZPO erforderlich ist. Die Ansprüche des Kindes und der Mutter sind – im Gegensatz zur einstweiligen Verfügung nach § 1615o BGB a.F. – nicht auf den Notunterhalt begrenzt (§ 246 Rdn. 3 ff.), umfassen auch deren **Sonderbedarf** (z.B. Säuglingserstausstattung) und werden nicht durch freiwillige Leistungen von Verwandten oder Dritten ausgeschlossen (a.A. Prütting/Helms/*Bömelburg* § 247 Rn. 8). Die anspruchsbegründenden Tatsachen zur Bedürftigkeit und Leistungsfähigkeit für die Ansprüche aus §§ 1601 ff., 1615 Abs. 1 BGB sind mit Ausnahme des Kindesunterhalts i.H.d. Mindestunterhalts (§ 1612a BGB) glaubhaft zu machen (§§ 246 Rdn. 3 ff., 12, 15).

5 Vor der Geburt des Kindes ist allein ein Verfahren nach § 247 eröffnet. Nach der Geburt des Kindes sind die bereits fälligen Beträge **rückständiger Unterhalt**, der jedoch aufgrund ausdrücklicher gesetzlicher Regelung für den kurzen Zeitraum von max. 3 Monaten im Anordnungsverfahren festgesetzt werden kann (§ 246 Rdn. 8). Die Unterhaltsverpflichtung des Mannes vor der gerichtlichen Feststellung der Vaterschaft beruht – wie in § 248 Abs. 3 – auf der Vaterschaftsvermutung des § 1600d Abs. 2 BGB. Daher tritt die einstweilige Anordnung nach § 247 nicht nur nach Maßgabe des § 56, sondern auch unter den Voraussetzungen des § 248 Abs. 5 Satz 1 außer Kraft. Sind seit der Geburt mehr als 3 Monate vergangen, ist ein Anordnungs-

antrag nach § 247 nicht mehr zulässig (Zöller/*Lorenz* § 247 FamFG Rn. 2). Nach der Geburt des Kindes ist das Verfahren nach § 248 vorrangig, wenn ein Vaterschaftsfeststellungsverfahren anhängig ist (*Bernreuther* FamRZ 1999, 69, 73). Ist ein Verfahren nach § 247 anhängig und wird ein Vaterschaftsfeststellungsverfahren eingeleitet, geht das Verfahren nach § 248 wegen des weiter gehenden Regelungsumfangs dem Verfahren nach § 247 vor (Keidel/*Giers* § 247 Rn. 2; Prütting/Helms/*Bömelburg* § 247 Rn. 2). Ein Antrag gem. § 247 kann entsprechend umgestellt werden. Der tatsächlichen Zahlung räumt § 247 Abs. 1 durch die Regelung des Unterhalts den Vorrang ein, während dessen Hinterlegung (§§ 49 Abs. 2, 247 Abs. 2 Satz 2) einen Ausnahmefall bilden soll (BT-Drucks. 16/6308 S. 260; Horndasch/Viefhues/*Roßmann* § 247 Rn. 14). Zum Anordnungsverfahren § 246 Rdn. 35 ff.

§ 248 Einstweilige Anordnung bei Feststellung der Vaterschaft.

(1) Ein Antrag auf Erlass einer einstweiligen Anordnung, durch den ein Mann auf Zahlung von Unterhalt für ein Kind oder dessen Mutter in Anspruch genommen wird, ist, wenn die Vaterschaft des Mannes nach § 1592 Nr. 1 und 2 oder § 1593 des Bürgerlichen Gesetzbuchs nicht besteht, nur zulässig, wenn ein Verfahren auf Feststellung der Vaterschaft nach § 1600d des Bürgerlichen Gesetzbuchs anhängig ist.
(2) Im Fall des Absatzes 1 ist das Gericht zuständig, bei dem das Verfahren auf Feststellung der Vaterschaft im ersten Rechtszug anhängig ist; während der Anhängigkeit beim Beschwerdegericht ist dieses zuständig.
(3) § 1600d Abs. 2 und 3 des Bürgerlichen Gesetzbuchs gilt entsprechend.
(4) Das Gericht kann auch anordnen, dass der Mann für den Unterhalt Sicherheit in bestimmter Höhe zu leisten hat.
(5) ¹Die einstweilige Anordnung tritt auch außer Kraft, wenn der Antrag auf Feststellung der Vaterschaft zurückgenommen oder rechtskräftig zurückgewiesen worden ist. ²In diesem Fall hat derjenige, der die einstweilige Anordnung erwirkt hat, dem Mann den Schaden zu ersetzen, der ihm aus der Vollziehung der einstweiligen Anordnung entstanden ist.

Übersicht

	Rdn.		Rdn.
A. Allgemeines	1	IV. Verfahrensbeteiligte	7
B. Verfahrensrechtliche Besonderheiten	2	V. Regelungsumfang	8
I. Anordnungsverfahren	2	VI. Sachliche und örtliche Zuständigkeit	9
II. Antragsberechtigung	4	VII. Abänderbarkeit	11
III. Glaubhaftmachung	5		

A. Allgemeines. Zur gesetzlichen Konzeption des einstweiligen Rechtsschutzes vor und nach der Geburt des Kindes s. § 247 Rdn. 1. Steht die Vaterschaft des Antragsgegners nach § 1592 BGB fest, können die Unterhaltsansprüche des Kindes und dessen Mutter allein im Anordnungsverfahren nach § 246 durchgesetzt werden. Anderenfalls ist die Anhängigkeit eines Verfahrens auf Feststellung der Vaterschaft (§ 169 Nr. 1) Zulässigkeitsvoraussetzung für ein Anordnungsverfahren nach § 248. Wie § 247 durchbricht § 248 die Rechtsausübungssperre des § 1600d Abs. 4 BGB (BT-Drucks. 16/6308 S. 260 f.; Prütting/Helms/*Bömelburg* § 248 Rn. 3). Die Vorschrift ist dem bisherigen § 641d ZPO a.F. nachgebildet. Das Anordnungsverfahren ist kein Nebenverfahren des Vaterschaftsfeststellungsverfahrens, sondern ein selbstständiges (§ 51 Abs. 3 Satz 1) Anordnungsverfahren, das neben einem Hauptsacheverfahren nach § 237 eingeleitet werden kann. Ggü. dem einstweiligen Rechtsschutz nach §§ 49, 246, 247 erfährt der Antragsgegner durch den Schadensersatzanspruch nach § 248 Abs. 5 Satz 2 zusätzlichen Schutz. 1

B. Verfahrensrechtliche Besonderheiten. I. Anordnungsverfahren. Das Anordnungsverfahren nach § 248 ist nur zulässig, wenn ein **Verfahren auf Feststellung der Vaterschaft** oder ein Antrag auf Verfahrenskostenhilfe für ein solches Verfahren (*Grün* Rn. 149; Prütting/Helms/*Bömelburg* § 248 Rn. 5) **anhängig** ist, unabhängig davon, wer dieses Verfahren eingeleitet hat. Aus dem Wortlaut der Regelung ist nicht zu schließen, dass ein Antrag auf Verfahrenskostenhilfe nicht ausreichend ist (so aber Zöller/*Lorenz* § 248 FamFG Rn. 2; Horndasch/Viefhues/*Roßmann* § 248 Rn. 1). Die Regelungen in §§ 247, 248 sowie 237 zielen auf einen möglichst frühzeitigen und umfassenden Schutz des Kindes und der Mutter hinsichtlich der ihnen zuste- 2 henden Unterhaltsansprüche (*Dose* Rn. 38), zumal nicht von einer Verschlechterung der Rechtsposition nach § 641d Abs. 1 ZPO a.F. auszugehen ist (Keidel/*Giers* § 248 Rn. 3). Für diese Verfahren besteht ein Rechtsschutzbedürfnis erst mit der Geburt des Kindes. Nicht ausreichend ist ein Antrag auf Vaterschaftsanfechtung oder auf Feststellung der Unwirksamkeit einer Vaterschaftsanerkennung (Prütting/Helms/*Bömelburg* § 248 Rn. 6), weil in diesen Fällen eine rechtliche Vaterschaft als Voraussetzung einer Anordnung nach § 246 besteht (*Ebert* § 2 Rn. 325). Der Antrag auf einstweilige Anordnung kann frühestens mit dem Antrag im Statusverfahren gestellt werden; er ist nicht mehr zulässig, wenn dieses rechtskräftig abgeschlossen ist, der Vaterschaftsfeststellungsantrag zurückgenommen oder übereinstimmend für erledigt erklärt worden ist. Das Hauptsacheverfahren zum Anordnungsverfahren stellt mangels rechtlicher Vaterschaft allein das Verfahren nach § 237 dar. Den Bezugspunkt für beide Verfahren bildet das Abstammungsverfahren nach § 169 Nr. 1. Entsprechend erweitert § 248 Abs. 5 die Gründe, aufgrund derer eine einstweilige Anordnung nach Abs. 1 außer Kraft tritt (§ 56). Wird im Vaterschaftsfeststellungsverfahren Beschwerde eingelegt, bleibt ein Anordnungsverfahren vor dem Beschwerdesenat zulässig (§ 248 Abs. 2).

3 Grundsätzlich kann die unterhaltsberechtigte Person zwischen dem Hauptsache- und Anordnungsverfahren frei wählen und diese alternativ oder kumulativ einleiten (§ 51 Rdn. 3). Daher kann das Kind seinen Unterhaltsanspruch im selbstständigen Hauptsacheverfahren nach § 237 i.H.d. Mindestunterhalts verfolgen und zur vorläufigen Titulierung seiner Ansprüche das Anordnungsverfahren nach § 248 einleiten, zumal die Entscheidung nach § 237 erst mit der rechtskräftigen Feststellung der Vaterschaft wirksam wird (§ 237 Abs. 4). Nach Abschluss des Verfahrens gem. § 237 ist eine einstweilige Anordnung nach § 248 nicht mehr zulässig, weil diese eine Hauptsacheentscheidung zum Unterhalt im Verfahren nach § 237 nicht abändern kann (§ 51 Rdn. 9 f.). Darüber hinaus ist dann über die Vaterschaft mit Rechtskraft entschieden. Hat das Gericht den Antrag nach § 248 zurückgewiesen, steht dies einem Hauptsacheantrag nach § 237 nicht entgegen. Für die unterhaltsberechtigte Mutter steht mangels festgestellter Vaterschaft ein dem § 237 vergleichbares Hauptsacheverfahren nicht zur Verfügung, sodass sie ihren Anspruch nur vorläufig regeln lassen kann.

4 **II. Antragsberechtigung.** Für den **Antrag**, der vom Kind oder dessen Mutter gestellt werden kann, gelten die Ausführungen zu § 246 entsprechend. Anwaltszwang besteht im Anordnungsverfahren nicht (§ 114 Abs. 4 Nr. 1). Der Antragsteller muss einen bestimmten, d.h. einen bezifferten Antrag auf Zahlung von Unterhalt oder Sicherheitsleistung stellen (§§ 113 Abs. 1; 253 Abs. 2 Nr. 2 ZPO). Während zu § 641d ZPO a.F. teilweise ein in das Ermessen des Gerichts gestellter Betrag als zulässig angesehen wurde (Zöller/*Philippi* § 641d Rn. 8), ist für die Unterhaltssache des § 248 am Bestimmtheitserfordernis festzuhalten, ohne dass aus dem Bezug zum Vaterschaftsfeststellungsverfahren und der allein dort maßgeblichen Amtsermittlung etwas anderes herzuleiten wäre (a.A. MüKo-ZPO/*Coester-Waltjen* § 641d Rn. 13).

5 **III. Glaubhaftmachung.** Wie im Verfahren nach § 247 hat der Antragsteller die **Vaterschaft** des Antragsgegners darzulegen und glaubhaft zu machen, wobei dieser sich zur intimen Beziehung der Mutter mit dem Antragsgegner in der gesetzlichen Empfängniszeit der eidesstattlichen Versicherung (§ 294 ZPO) bedienen kann. Ist eine intime Beziehung glaubhaft gemacht oder wird diese vom Antragsgegner eingeräumt, greift die **Vaterschaftsvermutung** des § 1600d Abs. 2 BGB (OLG Düsseldorf FamRZ 1994, 840). Da das Verfahren nach § 248 auf eine Unterhaltssache i.S.d. Abs. 1 bezogen ist und § 1600d Abs. 2 Satz 1 BGB nur im Verfahren auf gerichtliche Feststellung der Vaterschaft unmittelbar gilt, ist dessen entsprechende Anwendung in **§ 248 Abs. 3** ausdrücklich angeordnet. Die Vaterschaftsvermutung kann nur durch schwerwiegende, vom Antragsgegner darzulegende und glaubhaft zu machende Zweifel an der Vaterschaft entkräftet werden (OLG Düsseldorf FamRZ 1995, 1425). Insoweit ist der allg. Vortrag eines Mehrverkehrs der Kindesmutter nicht ausreichend (*Grün* Rn. 151; a.A. wohl Prütting/Helms/*Bömelburg* § 248 Rn. 9), wohl aber die unstreitige Beziehung zu mehreren Männern in der gesetzlichen Empfängniszeit (OLG Karlsruhe FamRZ 2001, 931). Durch das Ergebnis einer im Abstammungsverfahren eingeholten und von einem Beteiligten in das Anordnungsverfahren eingeführten DNA-Analyse ist die Vaterschaft – von seltenen Ausnahmefällen abgesehen – erwiesen oder ausgeschlossen. Ob das Gericht vor der Erstellung eines Sachverständigengutachtens im Vaterschaftsfeststellungsverfahren eine einstweilige Anordnung erlässt oder hiervon ggf. im Einvernehmen mit den Beteiligten absieht (Prütting/Helms/*Bömelburg* § 248 Rn. 9; Zöller/*Lorenz* § 248 FamFG Rn. 5), steht in seinem Ermessen, schränkt jedoch den praktischen Anwendungsbereich der einstweiligen Anordnung unter Berücksichtigung eines Verfahrens nach § 237 ein.

Darüber hinaus hat der Antragsteller die Voraussetzungen der geltend gemachten **Unterhaltsansprüche** **6** **glaubhaft** zu machen (§ 246 Rdn. 3 ff.). § 248 Abs. 1 eröffnet den einstweiligen Rechtsschutz sowohl für den Kindesunterhalt gem. §§ 1601 ff. BGB als auch für den Anspruch der nicht verheirateten Mutter nach § 1615l Abs. 1 und 2 BGB und unterliegt weder den zeitlichen noch inhaltlichen Beschränkungen des § 247 (MüKoZPO/*Dötsch* § 248 Rn. 4 [Mehr- und Sonderbedarf sowie Verfahrenskostenvorschuss]; für eine Begrenzung auf den Mindestunterhalt analog § 237 Abs. 3; Keidel/*Giers* § 248 Rn. 11). Der Antragsteller hat den Bedarf, die Bedürftigkeit, die Leistungsfähigkeit des Antragsgegners und den Anspruch der Höhe nach darzulegen und glaubhaft zu machen. Das **Regelungsbedürfnis** wird nach § 246 Abs. 1 vermutet und durch eigene Einkünfte oder Vermögen, freiwillige Leistungen Dritter oder den Bezug subsidiärer sozialstaatlicher Leistungen nicht ausgeschlossen (OLG Düsseldorf FamRZ 1994, 111, 840, 841; a.A. OLG Karlsruhe FamRZ 1990, 422; teilweise Prütting/Helms/*Bömelburg* § 248 Rn. 10). Die ältere zu § 641d ZPO a.F. ergangene und auf der Anlehnung an die einstweilige Verfügung beruhende Rspr. ist überholt. Wenn das OLG Koblenz (FamRZ 2006, 1137) der Auffassung war, dass an den Anordnungsgrund des § 641d ZPO a.F. im Verhältnis zu § 620 ZPO a.F. aufgrund der Ungewissheit über den Anspruch dem Grunde nach strengere Anforderungen zu stellen seien, kann hieran nach der einheitlichen Ausgestaltung des einstweiligen Rechtsschutzes nicht mehr festgehalten werden. Die durch die rechtlich nicht begründete Vaterschaft bestehenden Unsicherheiten über den Anordnungsanspruch sind vorrangig i.R.d. glaubhaft zu machenden Vaterschaftsvermutung zu berücksichtigen.

IV. Verfahrensbeteiligte. Die Verfahrensbeteiligten des Hauptsacheverfahrens, das auf Feststellung der Vaterschaft gerichtet ist (§ 172), und des Anordnungsverfahrens stimmen nur dann überein, wenn sowohl das Kind als auch dessen Mutter ihre Unterhaltsansprüche gegen den Antragsgegner geltend machen. Wird das Kind im Vaterschaftsfeststellungsverfahren durch einen Beistand vertreten (§ 1712 Abs. 1 Nr. 1 BGB), ist die Vertretung im Unterhaltsverfahren durch den sorgeberechtigten Elternteil nach § 234 ausgeschlossen, soweit sich die Beistandschaft auch auf die Geltendmachung des Unterhaltsanspruchs bezieht. Zwar kann den Anspruch auf Betreuungsunterhalt nach § 1615l Abs. 2 BGB auch der Vater des Kindes gem. § 1615l Abs. 4 BGB geltend machen. Gleichwohl sieht § 248 nach seinem eindeutigen und einer erweiternden Auslegung nicht zugänglichen Wortlaut den Erlass einer einstweiligen Unterhaltsanordnung nicht vor, auch wenn das Verfahren auf Feststellung der Vaterschaft von ihm eingeleitet wurde (MüKoZPO/*Dötsch* § 248 Rn. 3). Ein Bedürfnis könnte hierfür nur dann bestehen, wenn die Mutter des Kindes der Anerkennung der Vaterschaft durch den Mann nicht zustimmt (§ 1595 Abs. 1 BGB) und sich das Kind in seiner Obhut befindet bzw. von ihm betreut wird.

V. Regelungsumfang. Die zu § 641d Abs. 1 Satz 2 ZPO a.F. vertretene Differenzierung, wonach ein Bedürfnis für eine auf Unterhaltszahlung gerichtete Anordnung bei Vermögen oder beim Bezug von Sozialleistungen nicht bestand und eine Sicherheitsleistung genügen sollte (so wohl Zöller/*Lorenz* § 248 FamFG Rn. 6; MüKo-ZPO/*Coester-Waltjen* § 641d Rn. 18), kann nach der Regelung des § 248 nicht fortgeführt werden. Denn aus der Systematik des § 248 (BT-Drucks. 16/6308 S. 260) folgt die Abstufung zwischen der **primär** gebotenen **Zahlungsanordnung** (Abs. 1) und einer nur **sekundär** gebotenen **Sicherheitsleistung** (Abs. 4). Für die Regelung der Unterhaltszahlung gelten die Ausführungen zu § 246 entsprechend (§ 246 Rdn. 7 ff.). Neben dem vollen monatlichen Unterhaltsbedarf käme gegen den Antragsgegner ein Anspruch auf **Kostenvorschuss** für das Kind in Betracht. Eine solch weitgehende Verpflichtung entspricht im Hinblick auf die ungeklärte Vaterschaft jedoch nicht der Billigkeit (§ 171 Rdn. 30; OLG Koblenz FamRZ 1998, 761; OLG Koblenz FamRZ 1999, 241; a.A. OLG Düsseldorf FamRZ 1995, 1426). Ggü. der nicht verheirateten Mutter besteht eine solche Verpflichtung bereits dem Grunde nach nicht (§ 246 Rdn. 23; a.A. *Ebert* § 2 Rn. 331; Wendl/*Schmitz* § 10 Rn. 247). Eine **Sicherheitsleistung**, deren Modalitäten sich aus §§ 232 ff. BGB ergeben (PWW/*Kesseler* § 232 Rn. 2), bezweckt, den Sicherungsnehmer vor drohenden Rechtsnachteilen zu schützen (Prütting/Helms/*Bömelburg* § 248 Rn. 15; für eine Begrenzung auf rückständigen Unterhalt Keidel/ *Giers* § 248 Rn. 7), sodass auch die Einzahlung auf ein Sperrkonto des Jugendamts oder des Kindes in Betracht kommt (OLG Düsseldorf FamRZ 1994, 111). Sie kann für die ab Antragstellung fällig werdenden Unterhaltsansprüche nicht erst bei der Befürchtung, die Unterhaltsansprüche könnten in Zukunft nicht zu realisieren sein, angeordnet werden. Ausreichend ist bereits der Umstand, dass die während des Anordnungsverfahrens fälligen Ansprüche vom Antragsgegner nicht erfüllt werden. Dass die Sicherheitsleistung bei gesetzlichem Forderungsübergang (§ 246 Rdn. 9) auch Dritten zugutekommen kann, steht dem Siche-

7

8

rungsaspekt des § 248 Abs. 4 nicht entgegen (OLG Düsseldorf FamRZ 1994, 111, 840; Zöller/*Lorenz* § 248 FamFG Rn. 6; a.A. OLG Nürnberg FamRZ 1990, 422).

9 **VI. Sachliche und örtliche Zuständigkeit.** Für das Anordnungsverfahren gelten die allgemeinen Regelungen der §§ 49 ff., soweit sich aus § 246 u § 248 keine Besonderheiten ergeben. Die **sachliche und örtliche Zuständigkeit** ist in § 248 Abs. 2 abweichend von § 50 geregelt. Während nach § 50 Abs. 1 das Gericht der Hauptsache für die geltend gemachten Unterhaltsansprüche nach § 232 zu bestimmen wäre, ist es durch den Bezug der einstweiligen Anordnung nach § 248 zum Vaterschaftsfeststellungsverfahren gerechtfertigt, die Zuständigkeit an die anhängige Abstammungssache aus verfahrensökonomischen Gründen (BT-Drucks. 16/6308 S. 260) unabhängig davon zu koppeln, dass § 170 Abs. 1 u § 232 auf den gewöhnlichen Aufenthalt des Kindes abstellen. Das FamG ist mit Anhängigkeit der Abstammungssache oder eines Verfahrenskostenhilfeantrags für den Erlass einer einstweiligen Anordnung nach § 248 zuständig. Die Zuständigkeit geht mit Einlegung einer Beschwerde gegen die erstinstanzliche Entscheidung über die Vaterschaftsfeststellung auf das Beschwerdegericht über (§ 248 Abs. 2 Halbs. 2), wenn nicht der Antrag auf Erlass einer einstweiligen Anordnung zuvor bereits beim AG gestellt, aber noch nicht beschieden worden war (Zöller/*Lorenz* § 248 FamFG Rn. 3). Während eines Rechtsbeschwerdeverfahrens ist für einstweilige Anordnungen das FamG zuständig (§ 50 Rdn. 13).

10 Während nach § 641d Abs. 2 Satz 3 ZPO a.F. die Entscheidung nur aufgrund **mündlicher Verhandlung** erging, sieht § 248 eine solche obligatorische Regelung nicht vor. Gleichwohl gelangt man über § 246 Abs. 2 dazu, dass i.d.R. eine mündliche Verhandlung, in der auch ein (vorläufiger) Vergleich geschlossen werden könnte, erfolgen soll. Diese kann mit einem im Vaterschaftsfeststellungsverfahren vor einer Beweisaufnahme gem. § 175 Abs. 1 durchzuführenden Erörterungstermin verbunden werden, sodass von dieser mangels Aussicht auf eine gütliche Einigung nicht abgesehen werden sollte (a.A. *Grün* Rn. 152; Keidel/*Giers* § 248 Rn. 10). Steht die Vaterschaft aufgrund der Beweisaufnahme im Abstammungsverfahren noch nicht fest, hat das Gericht auf der Grundlage der glaubhaft gemachten Tatsachen und der gesetzlichen Vaterschaftsvermutung zu entscheiden. Für den Erlass einer Unterhaltsanordnung muss die Vaterschaft des Antragsgegners wahrscheinlicher sein als dessen Nichtvaterschaft (OLG Düsseldorf FamRZ 1995, 1425). Aus der Bindung an den Antrag folgt, dass bei beantragter Sicherheitsleistung nicht auf Unterhalt, wohl aber umgekehrt erkannt werden kann. Der Unterhaltsanspruch kann als monatlicher Betrag und nur für das Kind als am Mindestunterhalt orientierter dynamischer Betrag tituliert werden. Die Höhe einer Sicherheitsleistung, bei der es sich nicht um eine prozessuale Sicherheit im Sinne von § 108 ZPO handelt, bestimmt das Gericht nach freiem Ermessen. Das Gericht kann die Zahlung auf ein Sperrkonto des Kindes (OLG Celle FamRZ 1971, 197) oder ein Konto des Jugendamts anordnen. Die **Kostenentscheidung** folgt im Gegensatz zu § 641d Abs. 4 ZPO a.F. aus § 51 Abs. 4 nach Maßgabe der §§ 91 ff. ZPO. Für die Vollstreckung ergeben sich keine Besonderheiten (§ 53).

11 **VII. Abänderbarkeit.** Die einstweilige Anordnung nach § 248 kann, wie die Unterhaltsanordnung nach § 246, auf Antrag nach der allgemeinen Regelung in § 54 Abs. 1u 2 (ganz oder teilweise) ggf. nach mündlicher Verhandlung aufgehoben oder abgeändert werden. Für einen entsprechenden Antrag kann nach Vorlage des Gutachtens im Vaterschaftsfeststellungsverfahren Anlass bestehen, weil die einstweilige Anordnung nach Maßgabe der §§ 248 Abs. 5 Satz 1, 56 außer Kraft tritt (Zöller/*Lorenz* § 248 FamFG Rn. 11). Darüber hinaus steht dem Antragsgegner das Antragsrecht nach § 52 Abs. 2 zu, das allein auf Einleitung eines Hauptsacheverfahrens über den Anspruch auf Kindesunterhalt gem. § 237 gerichtet sein kann, weil die rechtliche Vaterschaft noch nicht festgestellt ist (Keidel/*Giers* § 248 Rn. 15; *Grün* Rn. 152). Eine einstweilige Anordnung nach § 248 Abs. 1 u 4 könnte nach der allgemeinen Regelung des § 56 Abs. 1 u 2 nur **außer Kraft treten**, wenn in einer entsprechenden Unterhaltssache die Voraussetzungen erfüllt wären. Damit würde der spezifische Zusammenhang der Unterhaltsanordnung zum Vaterschaftsfeststellungsverfahren außer Acht gelassen. Allerdings kann der Bestand einer einstweiligen Unterhaltsanordnung nicht allein nach Maßgabe des Vaterschaftsfeststellungsverfahrens beurteilt werden, sondern muss für künftige Hauptsacheverfahren nach Feststellung der Vaterschaft offen bleiben. Aus diesem Grund ist neben § 248 Abs. 5 Satz 1 die allg Regelung des § 56 mit dem Bezug zu einer Unterhaltssache als Hauptsacheverfahren anwendbar. Zutreffend heißt es in der Gesetzesbegründung, dass die einstweilige Anordnung »auch außer Kraft« tritt nach Maßgabe des § 248 Abs. 5 Satz 1 (§ 641 f. ZPO a.F.). Diese Regelung stellt den unmittelbaren Bezug zur Ab-

stammungssache als Hauptsacheverfahren her (Prütting/Helms/*Bömelburg* § 248 Rn. 19; Keidel/*Giers* § 248 Rn. 12). Danach tritt die einstweilige Anordnung sowohl hinsichtlich des Kindesunterhalts als auch in Bezug auf den Anspruch der Mutter des Kindes außer Kraft, wenn der Antrag auf Feststellung der Vaterschaft zurückgenommen oder rechtskräftig zurückgewiesen worden ist (BT-Drucks. 16/6308 S. 260). Dies muss auch dann gelten, wenn einem negativen Feststellungsantrag eines Mannes stattgegeben wird (MüKoZPO/*Dötsch* § 248 Rn. 10). Wurde die Vaterschaft des Antragsgegners festgestellt, gilt die Unterhaltsanordnung fort, sofern der Unterhalt nicht in einem Hauptsacheverfahren (nach § 237 oder nach § 231 Abs. 1) tituliert wird (*Grün* Rn. 149). Hat das Kind im Anordnungsverfahren nach § 248 Aussicht, dass ihm ein höherer Betrag als der Mindestunterhalt zugesprochen wird, kann die Rücknahme des Antrags im Verfahren nach § 237 zweckmäßig sein. Darüber hinaus kommt auch § 56 Abs. 1 u 2 zur Anwendung. Erklären die Parteien das Abstammungsverfahren in der Hauptsache mangels biologischer Vaterschaft für erledigt, tritt die Unterhaltsanordnung gem. § 56 Abs. 2 Nr. 3 außer Kraft; nicht jedoch, wenn die Vaterschaft nach Vorlage des Abstammungsgutachtens vom Mann anerkannt wird. Nach Abschluss des Vaterschaftsfeststellungsverfahrens können die Beteiligten im Hinblick auf die Unterhaltsverpflichtung ein Hauptsachverfahren anhängig machen. Die Entscheidung in diesem Verfahren führt die Wirkungen des § 56 Abs. 1 oder 2 herbei. **Rechtsmittel**: I.R.d. familiengerichtlichen einstweiligen Rechtsschutzes stellte die Vorschrift des § 641d Abs. 3 ZPO a.F. eine Ausnahme dar, weil hiernach im Gegensatz zu § 620c ZPO a.F. die sofortige Beschwerde statthaft war. Diese Regelung ist in dem insoweit einheitlich ausgestalteten Anordnungsverfahren entfallen, sodass es bei der allgemeinen Regelung in § 57 Satz 1 verbleibt, wonach die Beschwerde im Anordnungsverfahren nicht statthaft ist (Prütting/Helms/*Bömelburg* § 248 Rn. 17; Keidel/*Giers* § 248 Rn. 15 zum Antrag nach § 52 Abs. 2; zu Ausnahmen § 57 Rdn. 6 ff.).

Neben der begrenzten Instanzenzug ist der einstweilige Rechtsschutz in Unterhaltssachen dadurch gekennzeichnet, dass dem Antragsgegner **Schadensersatzansprüche** gegen den Antragsteller nicht zustehen (§ 119 Abs. 1 Satz 2), wenn dieser die Vollstreckung aus einer sich im Hauptsacheverfahren als unrichtig erweisenden einstweiligen Anordnung betrieben hat (§ 56 Rdn. 18). Insoweit enthält **§ 248 Abs. 5 Satz 2** – wie § 641g ZPO a.F. – eine **Ausnahmevorschrift** insoweit, als der Antragsteller (materiell-rechtlich) dem Antragsgegner verschuldensunabhängig zum Ersatz des Schadens verpflichtet ist, der diesem aus der Vollziehung der einstweiligen Anordnung (nach Zöller/*Lorenz* § 248 FamFG Rn. 13 auch aus einem vorläufigen Vergleich) entstanden ist, wenn der Antrag auf Feststellung der Vaterschaft zurückgenommen oder rechtskräftig zurückgewiesen worden ist. Auf ein späteres Außerkrafttreten gem. § 56 Abs. 1 u 2 infolge eines Unterhaltshauptsacheverfahrens erstreckt sich die Schadensersatzverpflichtung nicht. § 248 Abs. 5 Satz 2 erfasst nicht nur die Zahlung von Unterhalt infolge der Unterhaltsanordnung, sondern auch den Schaden durch Anordnung einer Sicherheitsleistung. Den Schadensersatzanspruch kann der Antragsgegner gegen den oder die Antragsteller des Anordnungsverfahrens nach § 248 Abs. 1 geltend machen. Damit ist der Anspruch primär auf Rückzahlung geleisteter Unterhaltszahlungen gerichtet. Konnte der Antragsgegner im Wege des Scheinvaterregresses vom biologischen Vater für erbrachte Unterhaltszahlungen Ersatz erhalten (§ 1607 Abs. 3 BGB), mindert dies seinen Schaden (Prütting/Helms/*Bömelburg* § 248 Rn. 20).

Unterabschnitt 3. Vereinfachtes Verfahren über den Unterhalt Minderjähriger

§ 249 Statthaftigkeit des vereinfachten Verfahrens. (1) Auf Antrag wird der Unterhalt eines minderjährigen Kindes, das mit dem in Anspruch genommenen Elternteil nicht in einem Haushalt lebt, im vereinfachten Verfahren festgesetzt, soweit der Unterhalt vor Berücksichtigung der Leistungen nach § 1612b oder § 1612c des Bürgerlichen Gesetzbuchs das 1,2fache des Mindestunterhalts nach § 1612a Abs. 1 des Bürgerlichen Gesetzbuchs nicht übersteigt.
(2) Das vereinfachte Verfahren ist nicht statthaft, wenn zum Zeitpunkt, in dem der Antrag oder eine Mitteilung über seinen Inhalt dem Antragsgegner zugestellt wird, über den Unterhaltsanspruch des Kindes entweder ein Gericht entschieden hat, ein gerichtliches Verfahren anhängig ist oder ein zur Zwangsvollstreckung geeigneter Schuldtitel errichtet worden ist.

§ 249 Buch 2. Verfahren in Familiensachen

Übersicht

	Rdn.		Rdn.
A. Das vereinfachte Verfahren im Allgemeinen..	1	IV. Rechtsnachfolger	17
I. Begründung des Gesetzgebers	3	V. Unterhalt für die Vergangenheit	18
II. Wesentliche Änderungen	5	C. Unzulässigkeit des vereinfachten Verfahrens (§ 249 Abs. 2)	19
III. Inkrafttreten der Gesetzesänderungen: 01.01.2017	8	D. Vereinfachtes Verfahrens und Verfahrenskostenhilfe	22
B. Zulässigkeitsvoraussetzungen und Betragsbegrenzung (§ 249 Abs. 1)	10	E. Kostenentscheidung im vereinfachten Verfahren	23
I. Regelungsgegenstand: Minderjährigenunterhalt	12	F. Übertitulierter Unterhalt im vereinfachten Verfahren	24
II. Keine Haushaltsgemeinschaft	13		
III. Anderweitige Titulierung	16		

1 A. Das vereinfachte Verfahren im Allgemeinen. Das FamFG hat in Abschnitt 9, Unterabschnitt 3 das Festsetzungsverfahren über den Unterhalt Minderjähriger (das sog. vereinfachte Verfahren) aus den bisherigen §§ 645 ff. ZPO i.d.F. des Unterhaltsrechtsänderungsgesetzes (BT-Drucks. 16/1830) – jedoch mit Ausnahme der bisherigen § 655 u § 656 ZPO – in §§ 249 bis 260 übernommen, materiell-rechtlich im Wesentlichen unverändert, jedoch zur Vereinheitlichung des Sprachgebrauchs mit geringfügig angepassten Formulierungen (ausführlich hierzu *Lucht* FuR 2010, 197 ff.; *Büte* FuR 2012, 585 ff.; ZFE 2011, 204 ff.; *Giers* FamRB 2009, 247 ff., und *Vogel* FF 2009, 285 ff.). Anstelle der entfallenen Abänderungsnormen der §§ 655, 656 ZPO kommt jetzt nur mehr ein »normales« Abänderungsverfahren nach §§ 238 bis 240 in Betracht. Da die Festsetzung des Unterhalts im vereinfachten Verfahren auf das 1,2-fache des Mindestunterhalts nach § 1612a Abs. 1 BGB (vor Berücksichtigung der Leistungen nach § 1612b oder § 1612c BGB) begrenzt ist, müssen überschießende Unterhaltsansprüche in einem normalen Unterhaltsverfahren geltend gemacht werden. Das bislang in § 653 ZPO geregelte Verfahren über den Unterhalt bei Vaterschaftsfeststellung hat nunmehr einen Standort außerhalb dieses Unterabschnitts erhalten (vgl. § 237). Endentscheidungen i.S.d. § 767 ZPO sind auch Beschlüsse im vereinfachten Verfahren über den Unterhalt Minderjähriger, da sie den Verfahrensgegenstand des vereinfachten Verfahrens erledigen (OLG Brandenburg FamRZ 2012, 1223). Für das Verfahren ist der Rechtspfleger nach §§ 3 Nr. 3a, 25 Nr. 2c RPflG (bisher §§ 3 Nr. 3a, 20 Nr. 10a RPflG) funktionell zuständig.

2 Mit dem »Gesetz zur Änderung des Unterhaltsrechts und des Unterhaltsverfahrensrechts sowie zur Änderung der Zivilprozessordnung und kostenrechtlicher Vorschriften« (BGBl I 2015 S. 2018 ff.) hat der Gesetzgeber (auch) das vereinfachte Verfahren über den Unterhalt Minderjähriger (§§ 249 ff.) umgestaltet.

3 I. Begründung des Gesetzgebers. Zur Existenzsicherung minderjähriger Kinder sollte deren Unterhalt anstelle eines langwierigen mehrstufigen Verfahrens durch ein einfaches und schnelles gerichtliches Verfahren vollstreckungsfähig festgesetzt werden können (Einführung des vereinfachten Verfahrens über den Unterhalt Minderjähriger mit dem Kindesunterhaltsgesetz vom 06.04.1998 [BGBl I 666] in §§ 645 ff. ZPO, seit 01.09.2009 Übernahme des vereinfachten Unterhaltsverfahrens in das FamFG (§§ 249 bis 260) und in die Kindesunterhalt-Formularverordnung (FGG-Reformgesetz [FGG-RG] – BGBl I 2586). Der Anteil der vereinfachten Verfahren an den vereinfachten Verfahren habe im Jahre 2013 laut Angaben des Statistischen Bundesamtes 36 % betragen; es bestehe jedoch struktureller und praktischer Änderungsbedarf.

Das vereinfachte Unterhaltsverfahren werde nicht – wie ursprünglich vorgesehen – von den gesetzlichen Vertretern minderjähriger Kinder, sondern vor allem von den örtlichen Jugend- bzw. Sozialbehörden im Rahmen der Beistandschaft für das Kind oder im Wege des Unterhaltsregresses geführt; dadurch seien die verfahrensrechtlichen Positionen der Beteiligten (Behörde als Antragsteller und Naturalbeteiligter als Antragsgegner) nicht mehr ausgewogen. Die behördlichen Antragsteller unterlägen nicht dem Formularzwang; der Antragsgegner müsse hingegen das durch Rechtsverordnung vorgegebene Einwendungsformular mit der Folge verwenden, dass nicht formularmäßig erhobene Einwendungen unzulässig sind. Für den Antragsgegner habe sich der bestehende Formularzwang insgesamt negativ ausgewirkt. Die Vielzahl der im Formular vorgesehenen Angaben, die der Komplexität des materiellen Unterhaltsrechts geschuldet sind, könnten von dem Antragsgegner ohne entsprechende Rechtskenntnisse kaum erbracht werden. Das Ausfüllen des Formulars werde zudem durch seine kleinteilige und schwer verständliche Struktur erschwert, die ebenfalls auf *materiell-rechtliche* Vorgaben zurückzuführen ist sei. In Fällen mit Auslandsbezug habe sich das vereinfachte Verfahren auf Grund seiner formularmäßigen Durchführung, verbunden mit aufwendigen Übersetzungen, nicht bewährt.

Im Rahmen der grenzüberschreitenden Geltendmachung von Unterhaltsansprüchen (s. hierzu das Auslandsunterhaltsgesetz [AUG]) sei es nach Forderungen der Praxis wie auch nach der Rechtsprechung des Europäischen Gerichtshofs notwendig, einzelne überwiegend technische Anpassungen vorzunehmen, etwa im Bereich der örtlichen Zuständigkeit der deutschen Familiengerichte.

II. Wesentliche Änderungen. Das Reformgesetz hat das vereinfachte Unterhaltsverfahren effizienter und anwenderfreundlicher ausgerichtet, wozu auch die Neuregelungen zur elektronischen Antragstellung beitragen sollen. Mit der Neubestimmung der Verfahrensrechte der Beteiligten wurden vor allem die in § 252 geregelten Einwendungsmöglichkeiten des Antragsgegners offener und übersichtlicher gestaltet; der strenge Formularzwang für den Unterhaltspflichtigen wurde aufgehoben.

Gemäß § 252 Abs. 4 Satz 3 sind bei Einkünften aus selbständiger Arbeit, Gewerbebetrieben sowie Land- und Forstwirtschaft als Belege der letzte Einkommensteuerbescheid und für das letzte Wirtschaftsjahr die Gewinn- und Verlustrechnung oder die Einnahmen-Überschussrechnung als Teil der Bilanz i.S.d. § 242 Abs. 2 HGB i.V.m. § 4 Abs. 1 EStG, also ohne die Darstellung von Aktiva und Passiva eines Betriebes, vorzulegen.

Die Kindesunterhalt-Formularverordnung [KindUFV] stellt nunmehr anstelle des Einwendungsformulars untergesetzlich ein Merkblatt und ein fakultativ zu verwendendes Datenblatt für die Einwendungen des Antragsgegners zur Verfügung, die unter der Führung des BMJV mit den Landesjustizverwaltungen bis zum Inkrafttreten der Änderungen des vereinfachten Verfahrens zum 01.01.2017 (Art. 10 Abs. 3 des Gesetzes) erarbeitet werden. § 4 dieser Verordnung bestimmt demnach, daß für bis zum 01.01.2017 eingeleitete Verfahren die bis dahin geltenden Formulare zu verwenden sind.

III. Inkrafttreten der Gesetzesänderungen: 01.01.2017. Die geänderten Vorschriften zum vereinfachten Verfahren treten erst ab 01.01.2017 in Kraft, um den Landesjustizverwaltungen vor allem die Neufassung der Formulare und des Merkblatts sowie die verwaltungstechnische Umstellung des Verfahrens zu ermöglichen. Entsprechend wurde die Übergangsvorschrift gem. § 493 Abs. 2 an diesen Zeitpunkt angepaßt: Auf vereinfachte Verfahren über den Unterhalt Minderjähriger nach den §§ 249 bis 260, die bis zum 31.12.2016 beantragt wurden, sind die §§ 249 bis 260 in der bis dahin geltenden Fassung weiter anzuwenden.

Die neu gestalteten bzw. veränderten Vorschriften werden in diesem Kommentar jeweils nach der noch bis Ende 2016 geltenden Norm abgedruckt (zu den Neuregelungen s.a. *Borth*, FamRZ 2015, 1154 ff.; 2015, 2013 ff.; *Burghart*, NZFam 2015, 946 ff.; *N. Schneider*, NZFam 2015, 1000 ff.; *Nickel*, MDR 2015, 1389 ff.).

B. Zulässigkeitsvoraussetzungen und Betragsbegrenzung (§ 249 Abs. 1). Der Antrag auf Einleitung eines vereinfachten Verfahrens nach §§ 249 ff. ist unter folgenden Voraussetzungen statthaft:
– Regelungsgegenstand ist der Unterhalt für ein minderjähriges Kind,
– das betreffende Kind lebt mit dem in Anspruch genommenen Elternteil nicht in einem Haushalt,
– der Unterhalt übersteigt vor Berücksichtigung der Leistungen nach § 1612b oder § 1612c BGB das 1,2-fache des Mindestunterhalts nach § 1612a Abs. 1 BGB nicht, und
– es besteht keine Sperre nach § 249 Abs. 2

(zur Unzulässigkeit des vereinfachten Verfahrens s.a. *Giers* FamFR 2013, 284).

Das vereinfachte Verfahren kann, sofern der Unterhalt als statischer Betrag (d.h. ohne Anwendung des § 1612a BGB) verlangt wird, auch durchgeführt werden, um einen auf ausländischem Sachrecht beruhenden Unterhaltsanspruch durchzusetzen (OLG Karlsruhe FamRZ 2006, 1393). Hat der Zahlvater die Vaterschaft anerkannt (§ 1594 BGB), folgt seine rechtliche Vaterschaft aus § 1592 Nr. 2 BGB und ist zwingende Zulässigkeitsvoraussetzung des vereinfachten Unterhaltsfestsetzungsverfahrens nach § 249 Abs. 1. Die beabsichtigte Vaterschaftsanfechtung ist Gegenstand eines eigenständigen Abstammungsverfahrens (vgl. § 169 Nr. 1) und vermag keine Aussetzung des vereinfachten Unterhaltsfestsetzungsverfahrens zu rechtfertigen (OLG Brandenburg FamRZ 2015, 1511). Wird ein Kind im vereinfachten Unterhaltsverfahren vom Jugendamt als *Beistand* vertreten, und wechselt es in dem laufenden Verfahren in die Obhut des bisher barunterhaltspflichtigen Elternteils, führt dies zur Unzulässigkeit des Festsetzungsverfahrens von Anfang an. Ein dennoch ergangener Festsetzungsbeschluss ist im Beschwerdeverfahren aufzuheben und der Festsetzungsantrag zurückzuweisen, auch wenn das Kind in dem Beschwerdeverfahren nicht ordnungsgemäß vertreten ist (OLG Bamberg FamRZ 2014, 2014).

§ 249

12 **I. Regelungsgegenstand: Minderjährigenunterhalt.** Regelungsgegenstand des vereinfachten Verfahrens ist der Unterhalt für ein minderjähriges Kind. Für die Unterhaltsfestsetzung im vereinfachten Verfahren genügt es grds., wenn das Kind im Zeitpunkt der Antragstellung noch minderjährig ist und rückständigen sowie laufenden Unterhalt verlangt (OLG Koblenz OLGR 2006, 632). Eine Sachentscheidung im vereinfachten Verfahren über den Unterhalt Minderjähriger ist auch dann zulässig, wenn der Antragsteller nach Anhängigkeit volljährig wird (BGH FamRZ 2006, 402; KG KGR 2003, 225). Die Unterhaltsfestsetzung im vereinfachten Verfahren darf auch in diesen Fällen nicht auf den Zeitpunkt der Vollendung des 18. Lebensjahres des minderjährigen Kindes befristet werden (s. hierzu § 244; OLG Brandenburg FamRZ 2007, 484). Allerdings kann mit der Beschwerde nicht gerügt werden, das Gericht habe entgegen § 1612a Abs. 3 BGB die Titulierung des Kindesunterhalts im Unterhaltsfestsetzungsbeschluss auf die Vollendung des 18. Lebensjahres begrenzt (OLG Stuttgart FamRZ 2000, 1161 – Hinweis auf die Erinnerung nach § 11 Abs. 2 Satz 1 RPflG).

13 **II. Keine Haushaltsgemeinschaft.** Die Unterhaltsfestsetzung im vereinfachten Verfahren ist nur dann zulässig, wenn das Kind nicht im Haushalt des in Anspruch genommenen Elternteils lebt, weil das vereinfachte Verfahren allein auf den Barunterhalt gerichtet ist. Bei dem Einwand des Zusammenlebens des im vereinfachten Verfahren auf Unterhalt in Anspruch genommenen Elternteils mit einem Kind, für das Unterhalt begehrt wird, handelt es sich um eine die Zulässigkeit des vereinfachten Verfahrens betreffende Einwendung i.S.v. § 256 Satz 1 i.V.m. § 252 Abs. 1 Nr. 1 (KG FamRZ 2009, 1847; OLG Saarbrücken FamFR 2012, 493; OLG Köln NZFam 2015, 473). Das vereinfachte Verfahren über den Unterhalt Minderjähriger ist unzulässig, wenn das Kind bei keinem Elternteil lebt und daher beide Eltern barunterhaltspflichtig sind (OLG Stuttgart FamRZ 2014, 1473 = FuR 2014, 492), auch dann, wenn das Kind zumindest **auch** bei dem barunterhaltspflichtigen Elternteil lebt (OLG Celle FamRZ 2003, 1475). Dies gilt erst recht, wenn der in Anspruch genommene Elternteil die alleinige Personensorge innehat (OLG Karlsruhe FamRZ 2001, 767). Der Unterhalt darf im vereinfachten Verfahren auch nicht für Zeiten festgesetzt werden, in denen die Beteiligten in einem Haushalt gelebt haben (OLG Stuttgart JAmt 2003, 322).

14 § 1629 Abs. 3 BGB ist auch im vereinfachten Unterhaltsverfahren zu beachten. Die Antragstellung durch das Kind selbst – anstelle des nach § 1629 Abs. 3 BGB berufenen Verfahrenstandschafters – führt daher zur Unzulässigkeit des vereinfachten Verfahrens (OLG Karlsruhe FamRZ 2013, 1501). Macht der Antragsgegner im vereinfachten Unterhaltsfestsetzungsverfahren geltend, dass das antragstellende Kind im Rahmen eines sog. Wechselmodells betreut wird, stellt er zum einen das Vorliegen der allgemeinen Verfahrensvoraussetzungen (ordnungsgemäße Vertretung des Antragstellers) in Frage, und erhebt zum anderen einen Einwand, der die Statthaftigkeit des vereinfachten Unterhaltsfestsetzungsverfahrens betrifft; dann ist der Träger der Obhut i.S.v. § 1629 Abs. 2 Satz 2 BGB festzustellen, also derjenige Elternteil, bei dem ein eindeutig feststellbares, aber nicht notwendigerweise großes Übergewicht der tatsächlichen Fürsorge für das Kind vorliegt (zu allem BGH FamRZ 2014, 917 = FuR 2014, 419; 2015, 236 = FuR 2015, 164). Bei einem 2 Jahre alten Kind genügt es für die Annahme des Schwerpunkts der Betreuung, wenn – bei hälftiger Aufteilung der Wochenenden zwischen den Eltern – ein Elternteil das Kind 14 Stunden pro Tag betreut; dabei kommt der Verteilung der Tageszeiten keine entscheidende Bedeutung zu (OLG Karlsruhe FamRZ 2015, 423 zu § 249). Bei einem Wechsel der Obhut wird das vereinfachte Verfahren erst mit Wirkung ab dem Zeitpunkt der Aufnahme des betroffenen Kindes in den Haushalt des bisher Unterhaltspflichtigen unzulässig, während es für den Zeitraum davor zulässig bleibt, sodass der Mindestunterhalt im vereinfachten Verfahren für den Zeitraum bis zum Obhutswechsel jedenfalls dann festgesetzt werden kann, wenn die Antragsberechtigung nicht durch den Obhutswechsel des Kindes entfällt (OLG Köln NZFam 2015, 473).

15 Die auf diese Einwendungen gestützte Rüge der Unzulässigkeit des vereinfachten Verfahrens kann auch erstmals in der Beschwerde erhoben werden (KG FuR 2006, 132; OLG Karlsruhe FamRZ 2015, 423). Erhebt der Unterhaltsschuldner mit der sofortigen Beschwerde gegen einen im vereinfachten Verfahren ergangenen Unterhaltsbeschluss den Einwand, die Voraussetzungen des § 249 ZPO träfen nicht mehr zu, weil das Kind inzwischen mit ihm in einem Haushalt lebe, kommt es für die Entscheidung darüber, ob diese Einwendung durchgreift, allein auf die Verhältnisse bei Erlass des angefochtenen Beschlusses an (OLG Brandenburg FamRZ 2004, 273 [LS]).

16 **III. Anderweitige Titulierung.** Wird vor Titulierung im vereinfachten Verfahren Kindesunterhalt anderweitig tituliert, ist ein vereinfachtes Verfahrens unzulässig (OLG Naumburg FamRZ 2000, 431; FamRZ 2003, 160); auf die Höhe des anderweit titulierten Unterhalts kommt es nicht an (OLG Naumburg FamRZ

2002, 1045). Die Frage der Vollstreckbarkeit eines Titels kann nicht im vereinfachten Verfahren geklärt werden (OLG München FamRZ 2011, 48 zu einem gerichtlichen Vergleich). Wird erst nach Einleitung des vereinfachten Verfahrens ein Unterhaltstitel wegen eines Teilbetrages errichtet, hindert dies die weitere Durchführung des vereinfachten Verfahrens wegen des noch nicht titulierten Spitzenbetrages nicht. Erhebt der Unterhaltsschuldner diesbezüglich im weiteren Verfahren keine die Unterhaltsfestsetzung im vereinfachten Verfahren hindernden Einwände, kann der überschießend verlangte Unterhalt noch im vereinfachten Verfahren festgesetzt werden; es ist dann wie bei einem Zusatzantrag zu tenorieren (OLG Zweibrücken FamRZ 2000, 1160 = FuR 2001, 519).

IV. Rechtsnachfolger. Nicht nur das Kind, sondern auch Dritte, auf die der Unterhaltsanspruch des Kindes 17 übergegangen ist (etwa nach § 33 SGB II; § 94 SGB XII; § 7 UVG oder § 1607 BGB), können Festsetzung des Unterhalts im vereinfachten Verfahren beantragen (OLG Brandenburg FamRZ 2002, 545, und OLG Hamm, FamRZ 2011, 409, jeweils zu § 7 UVG). Beantragt ein Land, das einem Kind Unterhaltsvorschuss gewährt hat, und auf das der Unterhaltsanspruch übergegangen ist, Unterhalt im vereinfachten Verfahren, ist es ohne Belang, ob die Sozialleistung zu Recht erfolgt ist (OLG Köln FamRZ 2006, 431). Soweit sich aus dem Einwand der Unrechtmäßigkeit der Hilfegewährung Bedenken gegen die Aktivlegitimation des Antragstellers herleiten lassen und damit Bedenken gegen die materielle Berechtigung des Landes, Ansprüche im eigenen Namen geltend zu machen, liegt eine Einwendung i.S.v. § 252 Abs. 2 vor, die der Antragsgegner nur erheben kann, wenn er zugleich erklärt, inwieweit er zur Unterhaltsleistung bereit ist, und dass er sich zur Erfüllung des Unterhaltsanspruchs verpflichtet (OLG Köln FamRZ 2006, 431). Im vereinfachten Verfahren können Unterhaltsvorschussleistungen auch wegen künftig übergehender Unterhaltsansprüche (s. etwa § 7 UVG) festgesetzt werden, allerdings nur auf die voraussichtliche gesetzliche Leistungsdauer begrenzt (OLG Zweibrücken FamRZ 2008, 289; anders noch JAmt 2001, 374; OLG Stuttgart FamRZ 2006, 1769 – auch zum Rechtsmittel der Beschwerde gegen die Aufnahme dieser Bedingung; a.A. OLG Karlsruhe FamRZ 2004, 1796). Eine Klausel für Titel im vereinfachten Unterhaltsverfahren darf auch für künftig fällig werdenden Unterhalt erteilt werden (s. etwa OLG Schleswig OLGR 2008, 242).

V. Unterhalt für die Vergangenheit. Auch im vereinfachten Verfahren kann Unterhalt für die Vergangenheit verlangt werden, jedoch nur unter den Voraussetzungen des § 1613 BGB (OLG Brandenburg FamRZ 18 2001, 1078; FuR 2001, 45); allerdings ist die sofortige Beschwerde des Antragstellers, der Unterhaltsfestsetzung im vereinfachten Verfahren begehrt hat, unzulässig, wenn er mit dem Rechtsmittel lediglich erstmals rückständigen Unterhalt geltend macht (OLG Brandenburg FamRZ 2002, 1263).

C. Unzulässigkeit des vereinfachten Verfahrens (§ 249 Abs. 2). § 249 Abs. 2 (bisher § 645 Abs. 2 ZPO) 19 normiert, dass das vereinfachte Verfahren **nur** für die **Erstfestsetzung** von **Unterhalt** in Betracht kommt. Es ist daher nicht statthaft, wenn zu dem Zeitpunkt, in dem der Antrag oder eine Mitteilung über seinen Inhalt dem Antragsgegner zugestellt wird,

(1) in einem gerichtlichen Verfahren – sei es positiv oder negativ – über den Anspruch auf Zahlung von Unterhalt für das Kind entschieden worden ist, oder
(2) ein gerichtliches Verfahren – nicht aber ein (auch) vereinfachtes Verfahren gegen den anderen Elternteil (keine Identität auf Antragsgegner-/Beklagtenseite!) – anhängig ist, oder
(3) bereits ein anderer zur Zwangsvollstreckung geeigneter Unterhaltstitel vorhanden ist.

Hingegen kann ein (dann erneutes) vereinfachtes Verfahren eingeleitet werden, wenn ein (erster) Antrag 20 im vereinfachten Verfahren zur Festsetzung von Regelunterhalt nach § 250 Abs. 2 zurückgewiesen worden ist, weil er den Zulässigkeitsvoraussetzungen nicht entsprochen hat. Dem vereinfachten Verfahren steht weiterhin (auch) ein (anhängiges oder bereits entschiedenes) Auskunftsverfahren nicht entgegen. In beiden Fällen liegt keine Entscheidung über den Unterhaltsanspruch i.S.d. § 249 vor. Ein vereinfachtes Verfahrens ist auch dann statthaft, wenn ein Titel zugunsten der Unterhaltsvorschusskasse vorliegt: Sinn und Zweck des vereinfachten Unterhaltsverfahrens ist es, dem minderjährigen Kind auf möglichst schnellem Weg einen Titel für den Kindesunterhalt zu verschaffen. Diesem Zweck würde es zuwiderlaufen, wenn sich das minderjährige Kind darauf verweisen lassen müsste, zunächst über ggf. mehrere Instanzen zu versuchen, eine Titelumschreibung gem. § 727 ZPO zu erhalten. Demgegenüber erscheint es vertretbar, dass der Unterhaltsschuldner dann, wenn der wenig wahrscheinliche Antrag auf Titelumschreibung vom Unterhaltsgläubiger doch gestellt werden sollte, bereits im Klauselverfahren, spätestens aber im Verfahren gem. § 767 ZPO den Einwand des bereits bestehenden Titels erhebt und mit einem Antrag auf vorläufige Einstellung der

Zwangsvollstreckung die doppelte Inanspruchnahme aus zwei Unterhaltstiteln verhindert. Daher steht ein weder zeitlich befristeter noch durch die Bedingung der selbst an das Kind erbrachten Leistungen nach UVG erstrittenen Unterhaltstitel der Unterhaltsvorschusskasse dem vereinfachten Verfahren entgegen (OLG Stuttgart JAmt 2012, 533).

21 Neben dem vereinfachten Verfahren ist für eine **einstweilige Verfügung** während der Dauer des vereinfachten Verfahrens auf Kindesunterhalt regelmäßig kein Raum, sofern nicht ausnahmsweise nach Antragstellung im vereinfachten Verfahren Umstände entstehen, mit denen der Antragsteller nicht rechnen konnte, etwa eine nicht vorhersehbare überlange Verfahrensdauer von mehr als 3 Monaten (OLG München FamRZ 2000, 1580).

22 **D. Vereinfachtes Verfahrens und Verfahrenskostenhilfe.** Auch im vereinfachten Verfahren kann ein Anspruch auf Beiordnung eines Rechtsanwalts gem. § 78 Abs. 2 bestehen (OLG Hamm FamRZ 2011, 1745). Es spricht sogar eine generelle Vermutung dafür, dass der auf Verfahrenskostenhilfe angewiesene Antragsgegner ohne anwaltliche Hilfe nicht in der Lage sein wird, seine Verfahrensrechte sachgemäß und wirksam wahrzunehmen; die eingeführten Formulare verweisen den Antragsgegner zu Recht auf die dringende Notwendigkeit fachkundiger Beratung (OLG Brandenburg NJW 2015, 2741 = FamRZ 2015, 1923 [Ls]). Für einen juristischen Laien, der als Antragsgegner im vereinfachten Verfahren über den Unterhalt Minderjähriger den Einwand eingeschränkter oder fehlender Leistungsfähigkeit (Einwand »G« im Formular »Einwendungen gegen den Antrag auf Festsetzung von Unterhalt«) erhebt, ist die Vertretung durch einen Rechtsanwalt i.S.v. § 121 Abs. 2 ZPO daher erforderlich (OLG Oldenburg FamRZ 2011, 917).

23 **E. Kostenentscheidung im vereinfachten Verfahren.** Wird im vereinfachten Verfahren über den Unterhalt Minderjähriger der Antrag auf Festsetzung des Kindesunterhalts zurückgenommen, ist die Kostenverteilung gem. § 243 nach billigem Ermessen vorzunehmen; dabei ist sowohl die prozessuale Handlung des Antragstellers als auch ein etwaiges Aufklärungsverschulden des Antragsgegners zu berücksichtigen (OLG Köln FamRZ 2012, 1164). Grundsätzlich sind die Kosten des gesamten Verfahrens dem antragstellenden Beteiligten aufzuerlegen, weil er sich mit der Antragsrücknahme in die Rolle des Unterlegenen begeben hat. Abweichend von diesem Grundsatz sind die Kosten des Beschwerdeverfahrens in Anwendung des § 97 Abs. 2 ZPO dem Antragsgegner aufzuerlegen, wenn er zu seiner Verteidigung erstmals in der Beschwerdeinstanz in erheblicher Weise hat vortragen lassen, das vereinfachte Verfahren sei unzulässig, da das unterhaltsberechtigte Kind bei ihm lebe, und er nicht dargetan und auch nicht ersichtlich ist, dass er zu diesem Vorbringen nicht bereits im ersten Rechtszug imstande gewesen wäre (OLG Köln FamRZ 2015, 1748 [Ls]). Beruht der Erfolg einer Beschwerde gegen einen im vereinfachten Verfahren ergangenen Unterhaltsfestsetzungsbeschluss auf dem zwischenzeitlichen Obhutwechsel des Kindes, sind dem Beschwerdeführer die Kosten des Beschwerdeverfahrens i.d.R. gem. § 243 aufzuerlegen, wenn Bedenken gegen Zulässigkeit und Begründetheit des Festsetzungsantrages zum Zeitpunkt der erstinstanzlichen Entscheidung nicht bestehen (OLG Koblenz FamRZ 2015, 1514).

Gegen die Ablehnung einer Kostenentscheidung ist die sofortige Beschwerde das statthafte Rechtsmittel (OLG Oldenburg JAmt 2012, 532).

24 **F. Übertitulierter Unterhalt im vereinfachten Verfahren.** Der Unterhaltspflichtige kann im Wege der Eingriffskondiktion von der Unterhaltsvorschusskasse Rückzahlung der Beträge verlangen, die diese im Wege der Aufrechnung nach § 226 AO oder der Abzweigung nach § 48 SGB I erlangt hat, wenn sie den bestehenden Unterhaltsanspruch des Unterhaltsberechtigten gegen den Unterhaltspflichtigen übersteigen. Das Familiengericht darf den Unterhaltspflichtigen nicht auf die Geltendmachung seiner Rechte vor dem Finanz- oder Sozialgericht verweisen. Dem Verweis auf einen Übergang in das streitige Verfahren nach § 255 dürfte das Titulierungsinteresse des Unterhaltspflichtigen entgegenstehen (OLG Celle FamRZ 2014, 252).

§ 250 Antrag.
(1) Der Antrag muss enthalten:
1. die Bezeichnung der Beteiligten, ihrer gesetzlichen Vertreter und der Verfahrensbevollmächtigten;
2. die Bezeichnung des Gerichts, bei dem der Antrag gestellt wird;
3. die Angabe des Geburtsdatums des Kindes;
4. die Angabe, ab welchem Zeitpunkt Unterhalt verlangt wird;
5. für den Fall, dass Unterhalt für die Vergangenheit verlangt wird, die Angabe, wann die Voraussetzungen des § 1613 Abs. 1 oder Abs. 2 Nr. 2 des Bürgerlichen Gesetzbuchs eingetreten sind;

6. die Angabe der Höhe des verlangten Unterhalts;
7. die Angaben über Kindergeld und andere zu berücksichtigende Leistungen (§ 1612b oder § 1612c des Bürgerlichen Gesetzbuchs);
8. die Erklärung, dass zwischen dem Kind und dem Antragsgegner ein Eltern-Kind-Verhältnis nach den §§ 1591 bis 1593 des Bürgerlichen Gesetzbuchs besteht;
9. die Erklärung, dass das Kind nicht mit dem Antragsgegner in einem Haushalt lebt;
10. die Angabe der Höhe des Kindeseinkommens;
11. eine Erklärung darüber, ob der Anspruch aus eigenem, aus übergegangenem oder rückabgetretenem Recht geltend gemacht wird;
12. die Erklärung, dass Unterhalt nicht für Zeiträume verlangt wird, für die das Kind Hilfe nach dem Zwölften Buch Sozialgesetzbuch, Sozialgeld nach dem Zweiten Buch Sozialgesetzbuch, Hilfe zur Erziehung oder Eingliederungshilfe nach dem Achten Buch Sozialgesetzbuch, Leistungen nach dem Unterhaltsvorschussgesetz oder Unterhalt nach § 1607 Abs. 2 oder Abs. 3 des Bürgerlichen Gesetzbuchs erhalten hat, oder, soweit Unterhalt aus übergegangenem Recht oder nach § 94 Abs. 4 Satz 2 des Zwölften Buches Sozialgesetzbuch, § 33 Abs. 2 Satz 4 des Zweiten Buches Sozialgesetzbuch oder § 7 Abs. 4 Satz 1 des Unterhaltsvorschussgesetzes verlangt wird, die Erklärung, dass der beantragte Unterhalt die Leistung an oder für das Kind nicht übersteigt;
13. die Erklärung, dass die Festsetzung im vereinfachten Verfahren nicht nach § 249 Abs. 2 ausgeschlossen ist.

(2) ¹Entspricht der Antrag nicht den in Absatz 1 und den in § 249 bezeichneten Voraussetzungen, ist er zurückzuweisen. ²Vor der Zurückweisung ist der Antragsteller zu hören. ³Die Zurückweisung ist nicht anfechtbar.

(3) Sind vereinfachte Verfahren anderer Kinder des Antragsgegners bei dem Gericht anhängig, hat es die Verfahren zum Zweck gleichzeitiger Entscheidung zu verbinden.

Übersicht

	Rdn.		Rdn.
A. Formalitäten des Antrages und Prüfung durch das Gericht (§ 250 Abs. 1)	2	C. Verbindung mehrerer vereinfachter Verfahren (§ 250 Abs. 3)	8
B. Zurückweisung des Antrages aufgrund gerichtlicher Vorprüfung (§ 250 Abs. 2)	4		

§ 250 regelt die Einzelheiten des Antrages und seine Prüfung durch das Gericht; die Norm entspricht im Wesentlichen dem bisherigen § 646 ZPO. **1**

A. Formalitäten des Antrages und Prüfung durch das Gericht (§ 250 Abs. 1). § 250 Abs. 1 entspricht im Wesentlichen dem bisherigen § 646 Abs. 1 ZPO. Die Vorschrift schreibt in 13 Ziffern vor, welche Angaben der Antrag auf Einleitung eines vereinfachten Verfahrens zwingend enthalten muss (ausführlich auch DIJuF-Rechtsgutachten JAmt 2014, 141 ff. zu den Voraussetzungen der Durchführung eines vereinfachten Verfahrens zur Geltendmachung von Kindesunterhalt): **2**

Nr. 1: Die **Bezeichnung** der **Beteiligten** muss so bestimmt sein, dass Zustellung und Vollstreckung von Entscheidungen ohne Schwierigkeiten möglich ist (s. § 313 Abs. 1 Nr. 1 ZPO); es muss auch die **Anschrift** des **antragstellenden Kindes** bekannt gegeben werden. An die Anerkennung eines schutzwürdigen Geheimhaltungsinteresses sind strenge Anforderungen zu stellen; allein die Angabe, dass beim Einwohnermeldeamt eine Auskunftssperre vermerkt sei, reicht nicht aus (OLG Hamm FamRZ 2001, 107).

Nr. 2: **Bezeichnung** des **Gerichts** (diese Regelung entspricht der des § 690 Abs. 1 Nr. 2 ZPO für das Mahnverfahren).

Nr. 3: Mit der **Angabe** des **Geburtsdatums** des **Kindes** soll dem Gericht die Festsetzung des Unterhalts entsprechend den Altersstufen des § 1612a Abs. 2 BGB ermöglicht werden.

Nr. 4: Verlangt die Angabe, ab welchem **Zeitpunkt** Unterhalt verlangt wird, und normiert damit (i.V.m. Nr. 5), dass auch rückständiger Unterhalt (§ 1613 BGB) im vereinfachten Verfahren geltend gemacht werden kann, damit nicht allein wegen rückständigen Unterhalts ein zusätzlicher

Nr. 5:	Bezieht sich nur auf die Geltendmachung von **Unterhalt** für die **Vergangenheit**: Es ist dann anzugeben, ab wann die Voraussetzungen des § 1613 Abs. 1 oder 2 Nr. 2 BGB vorgelegen haben, damit der Antragsgegner prüfen kann, ob auch zu Recht Unterhalt für die Vergangenheit verlangt wird.
Nr. 6:	Die **Höhe** des verlangten **Unterhalts** ist dann anzugeben, wenn der Antragsteller einen anderen Unterhalt – höher oder niedriger – als den Mindestunterhalt verlangt.
Nr. 7:	Verlangt die Angabe der nach §§ 1612b, 1612c BGB auf den Unterhalt anzurechnenden Leistungen, damit das Gericht den anzurechnenden Betrag dieser Leistungen bestimmen kann (OLG Dresden FamRZ 2015, 951).
Nr. 8:	Fordert die Erklärung, dass zwischen den Beteiligten ein Eltern-Kind-Verhältnis nach §§ 1591 bis 1593 BGB besteht. Das nicht in einer Ehe geborene Kind hat demnach bei Inanspruchnahme seines Vaters dessen Vaterschaftsanerkenntnis oder die gerichtliche Vaterschaftsfeststellung darzulegen.
Nr. 9:	Verlangt die Erklärung, dass der Unterhaltsgläubiger nicht mit dem Antragsgegner in einem **gemeinsamen Haushalt** lebt (nach § 1606 Abs. 3 Satz 2 BGB erfüllt derjenige, der das Kind betreut, i.d.R. damit seine Unterhaltspflicht, sodass ein weiterer Barunterhaltsanspruch nicht besteht).
Nr. 10:	Nunmehr ist (neu) auch die **Höhe** des **Kindeseinkommens** anzugeben.
Nr. 11:	Setzt eine Erklärung darüber voraus, ob der Anspruch aus **eigenem**, aus **übergegangenem** oder **rückabgetretenem Recht** geltend gemacht wird.
Nr. 12:	Soll ausschließen, dass das Kind Unterhaltsansprüche im vereinfachten Verfahren geltend macht, die bereits auf Dritte (§ 33 SGB II; § 94 SGB XII; § 7 UVG oder § 1607 Abs. 2 u 3 BGB) übergegangen sind. Es ist daher zu erklären, dass Unterhalt nicht für Zeiträume verlangt wird, für die staatliche Transferleistungen nach den Sozialgesetzen bzw. durch die in § 1607 BGB bezeichneten Dritten erbracht worden sind. Wegen der zahlreichen Fälle des Übergangs der Unterhaltsansprüche gilt das vereinfachte Verfahren jedoch auch für diesen Kreis der Dritten, die – wenn sie Unterhalt im vereinfachten Verfahren verlangen – zu erklären haben, dass der beantragte Unterhalt nicht höher ist als die dem Kind gewährten Leistungen (OLG Thüringen FamRB 2013, 361 = FamRZ 2013, 1412 [Ls]).
Nr. 13:	Der Antragsteller hat im vereinfachten Verfahren zu erklären, dass die Festsetzung des Unterhalts in dieser Verfahrensart nicht nach § 249 Abs. 2 ausgeschlossen ist. Kann der Antragsteller diese Erklärung nicht wahrheitsgemäß abgeben, ist der Antrag unzulässig.

3 Das vereinfachte Verfahren ist unzulässig, wenn die Angaben in dem Antrag nicht der Wahrheit entsprechen, und der wahre Sachverhalt die Festsetzung von Unterhalt im vereinfachten Verfahren nicht rechtfertigt (OLG Thüringen FamRB 2013, 361 = FamRZ 2013, 1412 [Ls]).

4 B. Zurückweisung des Antrages aufgrund gerichtlicher Vorprüfung (§ 250 Abs. 2). § 250 Abs. 2 entspricht dem bisherigen § 646 Abs. 2 ZPO. Das Gericht muss den Antrag zurückweisen, wenn bereits ohne Beteiligung des Antragsgegners festzustellen ist, dass die Voraussetzungen für das vereinfachte Verfahren nicht vorliegen (Verweisung auf § 249: »den in § 249 bezeichneten Voraussetzungen«), oder das Verfahren nach § 249 nicht statthaft ist. Gleiches gilt nach der zweiten Alternative dieser Norm, wenn der Antrag nicht die erforderlichen Angaben enthält (»Entspricht der Antrag nicht diesen ... Voraussetzungen«), und wenn der Antragsteller den mangelhaften Antrag nicht nachbessert. Ein offensichtlich unzulässiger Antrag ist dem Antragsgegner nicht zuzustellen, um dem Gericht Mehrarbeit und dem Gegner die Einlassung auf den unzulässigen Antrag zu ersparen.

Das Gericht muss jedoch vor der Zurückweisung des Antrages auf Einleitung des vereinfachten Verfahrens 5
den Antragsteller hören (§ 250 Abs. 2 Satz 1 und 2) und ihm dadurch Gelegenheit geben, die Beanstandungen zu beheben und die Zurückweisung des Antrages zu verhindern.

Der den Festsetzungsantrag **insgesamt** zurückweisende Beschluss kann nicht angefochten werden (§ 250 6
Abs. 2 Satz 3). Bei einer Teilzurückweisung muss dem Antragsteller (unter den besonderen Zulässigkeitsvoraussetzungen des § 256) die Möglichkeit der Beschwerde offen stehen, um der Gefahr widersprüchlicher Entscheidungen vorzubeugen, sofern einerseits eine befristete Erinnerung des Antragstellers nach § 11 Abs. 2 Satz 1 RPflG eingelegt wird, über die im Falle der Nichtabhilfe das Familiengericht nach § 11 Abs. 2 Satz 3 RPflG abschließend entscheidet, und andererseits der Antragsgegner Beschwerde einlegt, über welche das OLG entscheidet (BGH FamRZ 2008, 1428, 1429 = FuR 2008, 391, noch zu §§ 645 ff. ZPO).

Wird der Antrag auf Festsetzung von Unterhalt im vereinfachten Verfahren zurückgewiesen, darf das ver- 7
einfachte Verfahren erneut eingeleitet werden: Ggü einem neuen (verbesserten) Antrag kann sich der Antragsgegner weder auf den Einwand der »res iudicata« noch auf § 249 Abs. 2 berufen (die Zurückweisung eines Antrages ist keine – wie in dieser Norm vorausgesetzt – materielle »Entscheidung« über den Unterhaltsanspruch).

C. Verbindung mehrerer vereinfachter Verfahren (§ 250 Abs. 3). § 250 Abs. 3 entspricht dem bisherigen 8
§ 646 Abs. 3 ZPO: Im Interesse einer Geringhaltung der Kosten sind vereinfachte Verfahren zum Zwecke gleichzeitiger Entscheidung zu verbinden, wenn mehrere Kinder des Antragsgegners die Festsetzung ihres Unterhalts betreiben. § 250 Abs. 3 gilt auch für parallele vereinfachte Verfahren, in denen die Unterhaltsvorschusskasse übergegangene Unterhaltsansprüche von Geschwistern ggü. dem nämlichen Elternteil verfolgt. Ist die Verbindung derartiger paralleler vereinfachter Verfahren unterblieben, ist gem. § 20 Abs. 1 Satz 1 FamGKG die Nichterhebung der durch die getrennte Verfahrensführung bedingten Mehrkosten anzuordnen (OLG Celle FamFR 2011, 254 m. Anm. *Hennemann* = FamRZ 2011, 1414 [Ls]).

§ 251 Maßnahmen des Gerichts. (1) ¹Erscheint nach dem Vorbringen des Antragstellers das vereinfachte Verfahren zulässig, verfügt das Gericht die Zustellung des Antrags oder einer Mitteilung über seinen Inhalt an den Antragsgegner. ²Zugleich weist es ihn darauf hin,
1. ab welchem Zeitpunkt und in welcher Höhe der Unterhalt festgesetzt werden kann; hierbei sind zu bezeichnen:
   a) die Zeiträume nach dem Alter des Kindes, für das die Festsetzung des Unterhalts nach dem Mindestunterhalt der ersten, zweiten und dritten Altersstufe in Betracht kommt;
   b) im Fall des § 1612a des Bürgerlichen Gesetzbuchs auch der Prozentsatz des jeweiligen Mindestunterhalts;
   c) die nach § 1612b oder § 1612c des Bürgerlichen Gesetzbuchs zu berücksichtigenden Leistungen;
2. dass das Gericht nicht geprüft hat, ob der verlangte Unterhalt das im Antrag angegebene Kindeseinkommen berücksichtigt;
3. dass über den Unterhalt ein Festsetzungsbeschluss ergehen kann, aus dem der Antragsteller die Zwangsvollstreckung betreiben kann, wenn er nicht innerhalb eines Monats Einwendungen in der vorgeschriebenen Form erhebt;
4. welche Einwendungen nach § 252 Abs. 1 und 2 erhoben werden können, insbesondere dass der Einwand eingeschränkter oder fehlender Leistungsfähigkeit nur erhoben werden kann, wenn die Auskunft nach § 252 Abs. 2 Satz 3 in Form eines vollständig ausgefüllten Formulars erteilt wird und Belege über die Einkünfte beigefügt werden;
5. dass die Einwendungen, wenn Formulare eingeführt sind, mit einem Formular der beigefügten Art erhoben werden müssen, das auch bei jedem Amtsgericht erhältlich ist.

³Ist der Antrag im Ausland zuzustellen, bestimmt das Gericht die Frist nach Satz 2 Nr. 3.
(2) § 167 der Zivilprozessordnung gilt entsprechend.

Übersicht	Rdn.		Rdn.
A. Beteiligung des Antragsgegners am vereinfachten Verfahren (§ 251 Abs. 1)............	1	B. Rückwirkung der Zustellung (§ 251 Abs. 2).. C. Neufassung des § 251 ab 01.01.2017.........	4 5

1 **A. Beteiligung des Antragsgegners am vereinfachten Verfahren (§ 251 Abs. 1).** § 251 **Abs. 1** entspricht im Wesentlichen dem bisherigen § 647 Abs. 1 ZPO: Die Norm regelt die Beteiligung des Antragsgegners am vereinfachten Verfahren, wenn das Gericht die Zulässigkeit des Antrages auf Einleitung des vereinfachten Unterhaltsfestsetzungsverfahrens bejaht hat. Das Gericht hat die Zustellung des Antrages oder einer Mitteilung über dessen Inhalt an den Antragsgegner zu verfügen (§ 251 Abs. 1 Satz 1) und zugleich – also zusammen mit dem Antrag oder der Mitteilung seines Inhalts – nach § 251 Abs. 1 Satz 2 dem Antragsgegner bestimmte, in den Nr. 1 – 4 der Norm aufgeführte Hinweise zu erteilen (§ 251 Abs. 1 Satz 2 Nr. 1 – 4). Diesen Hinweisen muss der Antragsgegner entnehmen können:

Nr. 1: Ab welchem Zeitpunkt und in welcher Höhe der Unterhalt festgesetzt werden kann; hierbei sind zu bezeichnen:

die Zeiträume nach dem Alter des Kindes, für die die Festsetzung des Unterhalts nach dem Mindestunterhalt der ersten, zweiten oder dritten Altersstufe in Betracht kommt (§ 251 Abs. 1 Satz 2 Nr. 1a),

im Fall des § 1612a BGB auch der Prozentsatz des jeweiligen Mindestunterhalts (§ 251 Abs. 1 Satz 2 Nr. 1b), und

mit welchem Betrag Kindergeld (§ 1612b BGB) bzw. sonstige regelmäßig wiederkehrende kindbezogene Leistungen (§ 1612c BGB) anzurechnen sind (§ 251 Abs. 1 Satz 2 Nr. 1c),

Nr. 2: dass das Gericht nicht geprüft hat, ob der verlangte Unterhalt das im Antrag angegebene Kindeseinkommen berücksichtigt,

Nr. 3: dass ein zur Vollstreckung geeigneter Festsetzungsbeschluss ergehen kann, wenn nicht innerhalb eines Monats, im Fall einer Auslandszustellung innerhalb einer gerichtlich zu bestimmenden Frist (§ 251 Abs. 1 Satz 2 Nr. 5 Satz 2), Einwendungen in der vorgeschriebenen Form erhoben werden,

Nr. 4: dass und welche Einwendungen er nach § 252 Abs. 1 u 2 erheben kann; das Gericht muss hervorheben, dass Leistungsunfähigkeit oder eingeschränkte Leistungsfähigkeit nach § 252 Abs. 2 Satz 3 nur eingewendet werden kann, wenn Auskunft über die Einkünfte, das Vermögen und die persönlichen und wirtschaftlichen Verhältnisse in Form eines vollständig ausgefüllten amtlichen Vordrucks erteilt wird und – damit der Unterhaltsgläubiger derartige Einwendungen sachlich überprüfen kann – entsprechende Belege über seine Einkünfte (nicht über das Vermögen!) vorgelegt werden,

Nr. 5: dass er die Einwendungen – soweit Vordrucke eingeführt sind – mit dem vom Gericht beigefügten Vordruck, der i.Ü. bei jedem AG erhältlich sei, geltend machen muss.

2 Die Hinweise, die das Gericht nach § 251 Abs. 1 Satz 2 Nr. 1 zu erteilen hat, entsprechen inhaltlich der in den Festsetzungsbeschluss aufzunehmenden Bezeichnung der Unterhaltsleistungen. Der Einwand eingeschränkter Leistungsfähigkeit ist nicht gehörig erhoben, wenn allein drei Entgeltabrechnungen vorgelegt werden, ohne das eingeführte Formular zu verwenden bzw. Angaben zu Vermögen und den persönlichen und wirtschaftlichen Verhältnissen zu machen (OLG Brandenburg FamRZ 2014, 332).

3 Ist der Antrag im Ausland zuzustellen, soll das Gericht – es muss nicht! – die Frist des § 251 Abs. 1 Satz 2 Nr. 3 (Erhebung von Einwendungen) entsprechend den jeweiligen Gegebenheiten verlängern. Innerhalb dieser Frist hat der im Ausland wohnende Antragsgegner einen Zustellungsbevollmächtigten gem. § 175 zu benennen. Unterlässt er dies, kann künftig in der vereinfachten Form der Aufgabe zur Post zugestellt werden (§ 175 Abs. 1 Satz 2, s.a. DIJuF-Rechtsgutachten JAmt 2015, 205 ff. zur Zustellung eines Antrages im vereinfachten Unterhaltsverfahren an einen im Ausland lebenden Unterhaltsschuldner sowie zu dem Erfordernis einer Übersetzung des Antrages in eine für den Schuldner verständlichen Sprache).

4 **B. Rückwirkung der Zustellung (§ 251 Abs. 2).** § 251 Abs. 2 entspricht dem bisherigen § 647 Abs. 2 ZPO: Soll durch die Zustellung eine Frist gewahrt werden oder die Verjährung neu beginnen oder nach § 204 BGB gehemmt werden, tritt diese Wirkung bereits mit Eingang des Antrages oder der Erklärung ein, wenn die Zustellung demnächst erfolgt. Daher wird die Verjährung der zur Festsetzung beantragten Unterhaltsansprüche bereits durch die Einreichung des Festsetzungsantrages unterbrochen, wenn die Zustellung demnächst erfolgt (Verweisung des § 251 Abs. 2 auf § 167 ZPO).

C. Neufassung des § 251 ab 01.01.2017

§ 251 Maßnahmen des Gerichts

(1) Erscheint nach dem Vorbringen des Antragstellers das vereinfachte Verfahren zulässig, verfügt das Gericht die Zustellung des Antrags oder einer Mitteilung über seinen Inhalt an den Antragsgegner. Zugleich weist es ihn darauf hin,
1. ab welchem Zeitpunkt und in welcher Höhe der Unterhalt festgesetzt werden kann; hierbei sind zu bezeichnen:
    a) die Zeiträume nach dem Alter des Kindes, für das die Festsetzung des Unterhalts nach dem Mindestunterhalt der ersten, zweiten und dritten Altersstufe in Betracht kommt;
    b) im Fall des § 1612a des Bürgerlichen Gesetzbuchs auch der Prozentsatz des jeweiligen Mindestunterhalts;
    c) die nach § 1612b oder § 1612c des Bürgerlichen Gesetzbuchs zu berücksichtigenden Leistungen;
2. dass das Gericht nicht geprüft hat, ob der verlangte Unterhalt das im Antrag angegebene Kindeseinkommen berücksichtigt;
3. dass über den Unterhalt ein Festsetzungsbeschluss ergehen kann, aus dem der Antragsteller die Zwangsvollstreckung betreiben kann, wenn er nicht innerhalb eines Monats Einwendungen erhebt;
4. welche Einwendungen nach § 252 erhoben werden können, insbesondere, daß der Einwand eingeschränkter oder fehlender Leistungsfähigkeit nur erhoben werden kann, wenn die Auskunft nach § 252 Absatz 4 erteilt wird und Belege über die Einkünfte beigefügt werden.

(2) § 167 der Zivilprozessordnung gilt entsprechend.

§ 252 Einwendungen des Antragsgegners.

(1) ¹Der Antragsgegner kann Einwendungen geltend machen gegen
1. die Zulässigkeit des vereinfachten Verfahrens;
2. den Zeitpunkt, von dem an Unterhalt gezahlt werden soll;
3. die Höhe des Unterhalts, soweit er geltend macht, dass
    a) die nach dem Alter des Kindes zu bestimmenden Zeiträume, für die der Unterhalt nach dem Mindestunterhalt der ersten, zweiten und dritten Altersstufe festgesetzt werden soll, oder der angegebene Mindestunterhalt nicht richtig berechnet sind,
    b) der Unterhalt nicht höher als beantragt festgesetzt werden darf,
    c) Leistungen der in § 1612b oder § 1612c des Bürgerlichen Gesetzbuchs bezeichneten Art nicht oder nicht richtig berücksichtigt worden sind.

²Ferner kann er, wenn er sich sofort zur Erfüllung des Unterhaltsanspruchs verpflichtet, hinsichtlich der Verfahrenskosten geltend machen, dass er keinen Anlass zur Stellung des Antrags gegeben hat. ³Nicht begründete Einwendungen nach Satz 1 Nr. 1 und 3 weist das Gericht mit dem Festsetzungsbeschluss zurück, ebenso eine Einwendung nach Satz 1 Nr. 2, wenn ihm diese nicht begründet erscheint.

(2) ¹Andere Einwendungen kann der Antragsgegner nur erheben, wenn er zugleich erklärt, inwieweit er zur Unterhaltsleistung bereit ist und dass er sich insoweit zur Erfüllung des Unterhaltsanspruchs verpflichtet. ²Den Einwand der Erfüllung kann der Antragsgegner nur erheben, wenn er zugleich erklärt, inwieweit er geleistet hat und dass er sich verpflichtet, einen darüber hinausgehenden Unterhaltsrückstand zu begleichen. ³Den Einwand eingeschränkter oder fehlender Leistungsfähigkeit kann der Antragsgegner nur erheben, wenn er zugleich unter Verwendung des eingeführten Formulars Auskunft über
1. seine Einkünfte,
2. sein Vermögen und
3. seine persönlichen und wirtschaftlichen Verhältnisse im Übrigen

erteilt und über seine Einkünfte Belege vorlegt.

(3) Die Einwendungen sind nur zu berücksichtigen, solange der Festsetzungsbeschluss nicht verfügt ist.

Übersicht

	Rdn.		Rdn.
A. Einwendungen des § 252 Abs. 1 (formeller Natur).....................	2	B. Einwendungen des § 252 Abs. 2 (materieller Natur).....................	7

§ 252 Buch 2. Verfahren in Familiensachen

	Rdn.		Rdn.
C. Einwand der Erfüllung (§ 252 Abs. 2 Satz 2)	12	II. Belegvorlage	20
D. Einwendungen zur Leistungsfähigkeit (§ 252 Abs. 2 Satz 3)	13	E. Maßgeblicher Zeitpunkt für die Beachtung von Einwendungen (§ 252 Abs. 3)	22
I. Verwendung des eingeführten Formulars	16	F. Neufassung des § 252 ab 01.01.2017	24

1 § 252 entspricht im Wesentlichen dem bisherigen § 648 ZPO: Der Antragsgegner kann im vereinfachten Verfahren **Einwendungen** unter **unterschiedlichen Voraussetzungen** geltend machen. § 252 unterscheidet die möglichen Einwendungen des Antragsgegners nach **formeller** (§ 252 Abs. 1) bzw. nach **materieller** (§ 252 Abs. 2) Natur. Nach § 252 Abs. 3 sind Einwendungen im vereinfachten Verfahren zu berücksichtigen, »solange der Festsetzungsbeschluss nicht verfügt ist«. Die Beschwerde kann gem. § 256 Satz 2 auf Einwendungen nach § 252 nur gestützt werden, wenn diese Einwendungen jeweils bereits erhoben waren, bevor der Festsetzungsbeschluss verfügt war (OLG Saarbrücken FamRZ 2011, 49). Der vom Beschwerdeführer erstmals im Beschwerdeverfahren erhobene Einwand, er sei nicht leistungsfähig, ist gem. §§ 252 Abs. 3, 256 Satz 2 daher nicht (mehr) zu berücksichtigen. Ist eine Beschwerde unzulässig, findet gegen den angefochtenen Beschluss die Rechtspflegererinnerung gem. § 11 Abs. 2 Satz 1 RPflG statt (OLG Frankfurt FamRZ 2012, 465). Hat der Unterhaltsschuldner bis zur Verfügung des Festsetzungsbeschlusses keine Einwendungen nach § 252 Abs. 2 vorgetragen, kommt eine Wiedereinsetzung in die Monatsfrist nach § 251 Abs. 1 Satz 2 Nr. 3 nicht in Betracht (OLG Bremen JAmt 2012, 535).

2 **A. Einwendungen des § 252 Abs. 1 (formeller Natur).** Die Einwendungen des § 252 Abs. 1 beziehen sich auf

(1) die **Zulässigkeit** des **Verfahrens** (§ 252 Abs. 1 Satz 1 Nr. 1): Ggf. ist zu rügen, dass die allgemeinen Verfahrensvoraussetzungen und/oder die in §§ 249, 250 geregelten besonderen Voraussetzungen des vereinfachten Verfahrens fehlen,

(2) den **Zeitpunkt** des **Beginns** der verlangten Unterhaltszahlungen (§ 252 Abs. 1 Satz 1 Nr. 2), insb. wenn die Festsetzung von Unterhalt für die Vergangenheit beantragt wird: Insoweit kann der Antragsgegner einwenden, dass die Voraussetzungen, unter denen nach § 1613 BGB Unterhalt für die Vergangenheit verlangt werden kann, zu dem im Antrag angegebenen Zeitpunkt noch nicht vorgelegen haben,

(3) die **Höhe** des **Unterhalts**, jedoch nur im **formalen Bereich** (§ 252 Abs. 1 Satz 1 Nr. 3a – c); diese Einwendungen sind abschließend aufgezählt:

- **Nr. 3a:** Fehlerhafte Angaben zu den Altersstufen und/oder zu den Mindestbeträgen und/oder fehlerhafte Berechnungen,
- **Nr. 3b:** Keine höhere Festsetzung des Unterhalts als beantragt (Grundsatz des § 308 Abs. 1), wobei alle – nicht unter Buchst. a) oder c) fallenden – Berechnungs- und Übertragungsfehler, die unberichtigt zu einer höheren Festsetzung des Unterhalts als beantragt führen würden, zu beachten sind,
- **Nr. 3c:** Rüge unzutreffender Berechnung der nach §§ 1612b, 1612c BGB anzurechnenden Leistungen (s. etwa OLG Brandenburg FamRZ 2002, 1263).

3 Enthält ein im vereinfachten Verfahren ergangener Unterhaltsfestsetzungsbeschluss eine aufschiebende Bedingung hinsichtlich der Leistung eines Unterhaltsvorschusses, so handelt es sich hierbei nicht um eine anfechtbare zeitliche Beschränkung i.S.d. § 252 Abs. 1 Nr. 2 (OLG Düsseldorf FamRZ 2013, 1915).

4 § 252 Abs. 1 Satz 2 schützt den leistungswilligen Unterhaltsschuldner vor **Verfahrenskosten**: Verpflichtet er sich sofort zur Erfüllung des Unterhaltsanspruchs, kann er hinsichtlich der Verfahrenskosten einwenden, er habe keinen Anlass zur Stellung des Antrages gegeben. Normzweck ist es neben dem Schutz des Schuldners allerdings auch, eine Inanspruchnahme der Gerichte zu vermeiden, wenn eine gütliche Einigung möglich ist.

5 Das Gericht darf nur überprüfen und darüber entscheiden, ob die Einwendungen in zulässiger Form und damit also zulässig erhoben worden sind (§ 252 Abs. 1 Satz 3). Bezüglich des gerichtlichen Entscheidungs- und/oder Beurteilungsspielraums ist zu beachten: Einwendungen nach § 252 Abs. 1 Satz 1 Nr. 1 u 3 sind zurückzuweisen, wenn sie nicht begründet sind; das Gericht hat keinerlei Ermessensspielraum, sondern nur einen Beurteilungsspielraum. Über Einwendungen nach § 252 Abs. 1 Satz 1 Nr. 2 (Zeitpunkt des Beginns der verlangten Unterhaltszahlungen), die nicht begründet erscheinen, hat das Gericht nach pflichtgemäßem Ermessen (sorgfältige Prüfung des Sach- und Streitstands, wie er sich nach dem Vorbringen beider Beteiligten sowie aufgrund etwaiger präsenter Beweismittel darstellt), zu entscheiden.

6 Erachtet das Gericht die Einwendungen als teilweise oder insgesamt zulässig erhoben, hat es insoweit nicht gesondert zu entscheiden, sondern die Zulässigkeit der Einwendungen wird inzident durch teilweisen oder

gesamten Nichterlass des Festsetzungsbeschlusses und die in § 254 Abs. 2 vorgeschriebene Mitteilung festgestellt, die teilweise oder vollständige Unzulässigkeit der Einwendungen konkludent durch Erlass des Festsetzungsbeschlusses. Der Antragsteller kann im vereinfachten Unterhaltsverfahren jedoch mit der Beschwerde rügen, dass das Gericht den Einwand der Erfüllung oder der Leistungsunfähigkeit zu Unrecht als zulässig behandelt hat (OLG Frankfurt FamRZ 2012, 1821).

B. Einwendungen des § 252 Abs. 2 (materieller Natur). Der Antragsgegner kann gem. § 252 Abs. 2 bereits im Festsetzungsverfahren auch **materielle** – also alle nicht gegen die Zulässigkeit des vereinfachten Verfahrens (vgl. § 252 Abs. 1) gerichteten – **Einwendungen** erheben; allerdings muss er hierbei die in § 252 Abs. 2 vorgeschriebene **Form** wahren. Diese Formerfordernisse bezwecken zum einen, ein streitiges Verfahren zu vermeiden oder doch wenigstens – soweit dies nicht gelingt – den Streitstoff zur Frage der Leistungsfähigkeit des Unterhaltsschuldners weitgehend abzuklären, zum anderen wird der Antragsgegner angehalten, sich über die Berechtigung des Unterhaltsanspruchs Klarheit zu verschaffen und sich insoweit ggf. rechtlich beraten zu lassen. Mit – teilweise oder insgesamt – erfolgreichen Einwendungen kann der Unterhaltsschuldner den beantragten Festsetzungsbeschluss – ähnlich wie im Mahnverfahren durch Widerspruch der Vollstreckungsbescheid verhindert wird – teilweise oder insgesamt abwenden. Über die Begründetheit der unter § 252 Abs. 2 fallenden Einwendungen darf allerdings im Festsetzungsverfahren nicht entschieden werden. 7

Im Gegensatz zum Mahnverfahren schreibt § 252 Abs. 2 **Substantiierung** der **Einwendungen** vor. Werden die Einwendungen nicht oder nicht hinreichend substantiiert vorgetragen, muss der Einlassung des Antragsgegners wenigstens zu entnehmen sein, ob er überhaupt einen rechtlich relevanten Einwand vorträgt. Unsinnige, erkennbar unbegründete oder offensichtlich nicht begründbare Einwendungen können den Festsetzungsbeschluss ebenso wenig abwenden wie eine nicht als Einwendung anzusehende Erwiderung, die lediglich allgemein, ohne jeden Hinweis auf den Rechtsgrund, den geltend gemachten Anspruch bestreitet oder das Bestehen von Einwendungen behauptet. 8

Der Antragsgegner kann alle materiellen Einwendungen des § 252 Abs. 2 nur dann wirksam erheben, wenn er **zugleich** 9

– erklärt, inwieweit er zu Unterhaltsleistungen bereit ist, **und**
– eine entsprechende Verpflichtungserklärung abgibt.

Diesen Erfordernissen genügt auch die Erklärung des Antragsgegners, dass er keinen Unterhalt leisten kann/will, wenn er meint, keinen solchen zu schulden. Macht ein Unterhaltsschuldner daher im vereinfachten Verfahren geltend, er sei nicht leistungsfähig, muss er keine weitergehende Erklärung abgeben, inwieweit er zur Unterhaltsleistung bereit ist (OLG Rostock FamRZ 2002, 836; OLG Brandenburg FamRZ 2004, 475). Als Erklärung i.S.d. § 252 Abs. 2 reicht es demnach aus, wenn aus den sonstigen Erklärungen des Antragsgegners hervorgeht, dass er aufgrund seiner wirtschaftlichen Situation nicht in der Lage ist, den begehrten Unterhalt zu zahlen (OLG Brandenburg FamRZ 2001, 766). Daher sind auch fehlende Angaben zu § 252 Abs. 2 unbeachtlich, wenn der Unterhaltsschuldner mit seinen sonstigen Erklärungen kundgetan hat, dass er aufgrund seiner wirtschaftlichen Situation nicht in der Lage ist, den begehrten Unterhalt zu zahlen (OLG Brandenburg FamRZ 2004, 1587). Hat der Unterhaltsschuldner im vereinfachten Verfahren vergessen, im Abschnitt »G« des amtlichen Formulars anzugeben, dass er nicht bereit sei, Unterhalt zu zahlen, so ist das dann unschädlich, wenn er zuvor ordnungsgemäß Auskunft über seine Einkünfte erteilt und zu erkennen gegeben hat, dass er zu Unterhaltsleistungen nicht in der Lage ist (OLG Oldenburg FamRZ 2012, 997). 10

Es genügt daher den Anforderungen des § 252 Abs. 2, wenn der in Anspruch Genommene außerhalb des Formulars ausdrücklich erklärt hat, zur Unterhaltszahlung überhaupt nicht fähig zu sein, und dies durch vollständige Auskünfte über seine Einkünfte und sein Vermögen belegt. Da eine Verpflichtungserklärung des Unterhaltsschuldners nur erwartet werden kann, wenn er sich imstande sieht, wenigstens teilweise den Unterhaltsanspruch zu erfüllen, entfällt bei insgesamt fehlender Leistungsfähigkeit die Notwendigkeit, in das Formular nachträglich eine Erklärung nach § 252 über die völlige Leistungsunfähigkeit einzufügen (OLG Frankfurt FamRZ 2002, 835). Eine gesonderte Erklärung des Unterhaltsschuldners ist auch dann entbehrlich, wenn er seine Einkommens- und Vermögensverhältnisse im vereinfachten Verfahren bereits umfassend offengelegt und hierdurch seinen Einwand fehlender Leistungsfähigkeit nachvollziehbar begründet hat (OLG Hamm FamRZ 2006, 211). Erklärt der Unterhaltsschuldner in den amtlichen Vordrucken, dass er nur zur Zahlung eines bestimmten Betrages in der Lage sei, ist dies als Zahlungszusage zu verstehen (OLG Naumburg FamRZ 2007, 1027). 11

12 **C. Einwand der Erfüllung (§ 252 Abs. 2 Satz 2).** Wendet der Antragsgegner Erfüllung ein, muss er nach § 252 Abs. 2 Satz 2 **gleichzeitig** erklären, inwieweit er bereits Unterhalt geleistet hat. Bestehen Unterhaltsrückstände, dann muss er sich gleichzeitig dazu verpflichten, diese zu begleichen (s. hierzu § 271 BGB). Bei dem Einwand der Erfüllung handelt es sich um eine Einwendung gem. § 252 Abs. 2, auf deren erstmalige Erhebung im Beschwerdeverfahren die Beschwerde gem. § 256 Satz 2 nicht gestützt werden kann (OLG Hamm FamRB 2011, 377 = FamRZ 2011, 1414 [Ls]). Die Einwendung des Unterhaltsschuldners, dass Leistungen nach dem UVG nicht mehr erbracht werden, unterfällt weder § 252 Abs. 1 noch § 252 Abs. 2; hierauf kann daher die Beschwerde gem. § 256 nicht gestützt werden (OLG Hamm FamRB 2011, 377 = FamRZ 2011, 1414 [Ls]).

13 **D. Einwendungen zur Leistungsfähigkeit (§ 252 Abs. 2 Satz 3).** Am häufigsten wird der Einwand der eingeschränkten Leistungsfähigkeit oder der Leistungsunfähigkeit erhoben. § 252 Abs. 2 Satz 3 verlangt daher **zusätzlich** zu der Erklärung nach § 252 Abs. 2 Satz 1, dass der Antragsgegner in einem **besonderen Vordruck** (§ 259) **Auskunft** über seine Einkünfte, sein Vermögen und seine persönlichen und wirtschaftlichen Verhältnisse i.Ü. erteilt und über seine Einkünfte **Belege** vorlegt, damit der Antragsteller die Richtigkeit der erteilten Auskunft überprüfen kann (hierzu ausführlich OLG Brandenburg FamRZ 2004, 273). Der Einwand, dass die Einkommensverhältnisse des Unterhaltsschuldners einen im vereinfachten Verfahren geltend gemachten Unterhaltsbedarf von mehr als 100 % des Mindestunterhalts nicht rechtfertigen, stellt keinen zulässigen Einwand zur Unterhaltshöhe i.S.v. § 252 Abs. 1 Satz 3, sondern einen materiell-rechtlichen Einwand i.S.v. § 252 Abs. 2 dar; er kann deshalb nicht erstmals im Beschwerdeverfahren angebracht werden (OLG Celle FamRZ 2012, 141 m. Anm. *Hennemann* FamFR 2011, 511).

14 Diese Auskunfts- und Belegvorlagepflicht soll
- den Antragsteller in die Lage versetzen, sich trotz des laufenden Verfahrens (noch) außergerichtlich mit dem Antragsgegner zu einigen,
- falls eine Einigung nicht gelingt, dem Antragsteller die Prüfung ermöglichen, wie die Aussichten einer weiteren Rechtsverfolgung einzuschätzen sind,
- das streitige Verfahren beschleunigen, wenn der Antragsteller seine Durchführung beantragt, und
- verhindern, dass sich der unterhaltspflichtige Antragsgegner der Festsetzung des Unterhalts im vereinfachten Verfahren mit einem pauschalen Hinweis auf seine eingeschränkte oder fehlende Leistungsfähigkeit entziehen kann.

15 Beruft sich der Antragsgegner auf eingeschränkte Leistungsfähigkeit oder Leistungsunfähigkeit, und kommt er seiner Auskunfts- und Belegvorlagepflicht nicht pünktlich und/oder vollständig form- und fristgerecht nach, ist der Unterhalt im vereinfachten Verfahren antragsgemäß festzusetzen. Insoweit ist lediglich formal zu prüfen, ob die Einwendungen in der zulässigen Form geltend gemacht worden sind. Eine materiell-rechtliche Prüfung, ob die Angaben den Einwand begründen, ist – sofern Rechtsmissbrauch auszuschließen ist – im Interesse eines einfachen Verfahrens nicht vorgesehen.
Erklärt der im Rahmen des »vereinfachten Verfahrens über den Unterhalt Minderjähriger« in Anspruch genommene Elternteil ausdrücklich durch Ankreuzen des entsprechenden Feldes in dem Formular, den geforderten »Unterhalt nicht entrichten« zu können, und legt er als Beleg für seine begrenzte Leistungsfähigkeit gleichzeitig eine Kopie des aktuellen SGB II-Bescheids bei, dann steht einer Zulässigkeit der Einwendung »G« (Einwand fehlender Leistungsfähigkeit) im Formular »Einwendungen gegen den Antrag auf Festsetzung von Unterhalt« nicht entgegen, dass im dritten Abschnitt des Vordrucks nicht ausdrücklich eingetragen ist, zur Leistung von Unterhalt i.H.v. »0 €« bereit zu sein (OLG Oldenburg FamRZ 2012, 997; OLG Celle FamRZ 2012, 1820; KG FamRZ 2014, 1474). Hat der Antragsgegner in den Einwendungsbögen jeweils den Einwand »G« (Einwand fehlender Leistungsfähigkeit) angekreuzt, im 3. Abschnitt jedoch keine Erklärung darüber abgegeben, in welcher Höhe er sich zur Unterhaltszahlung verpflichtet, insoweit auch nicht »Null €« eingetragen, kann dies unschädlich sein, wenn er durch den Hinweis auf Einkommen in Form von Leistungen zur Sicherung des Lebensunterhalts nach SGB II und die teilweise Vorlage entsprechender Bescheide zu erkennen gegeben hat, dass er sich für überhaupt nicht leistungsfähig hält (OLG Brandenburg FF 2015, 175 [Ls]). Die Einwendung »G« (Einwand fehlender Leistungsfähigkeit) im Vordruck »Einwendungen gegen den Antrag auf Festsetzung von Unterhalt« ist dagegen unzulässig, wenn der in Anspruch genommene Elternteil den zweiten Abschnitt des Vordrucks über die persönlichen und wirtschaftlichen Verhältnisse nicht vollständig oder offenkundig unzutreffend ausfüllt und nicht die jeweils im Vordruck ausdrücklich *geforderten* Unterlagen beifügt (OLG Celle FamRZ 2012, 1820).

I. Verwendung des eingeführten Formulars. Im vereinfachten Verfahren kann der Unterhaltsschuldner 16
seine begrenzte Leistungsfähigkeit bzw. Leistungsunfähigkeit zur Zahlung von Kindesunterhalt nur dann
wirksam einwenden, wenn der hierfür vorgesehene Vordruck (s. § 259, Formularzwang!) ausgefüllt vorgelegt
wird (OLG Karlsruhe FamRZ 2001, 107; 2006, 1548); die Darstellung der Einkünfte in einem Schriftsatz
unter Beifügung von Belegen kann die Vorlage des eingeführten Vordrucks nicht ersetzen (OLG Nürnberg
FamRZ 2004, 475 = FuR 2004, 363). Das Gericht ist allerdings aufgrund seiner verfahrensrechtlichen
Fürsorgepflicht gehalten, darauf hinzuweisen, dass Einwendungen nur berücksichtigt werden können, wenn
der amtliche Vordruck verwendet wird (OLG Frankfurt DAVorm 2000, 1132). Eine Beschwerde des Antragsgegners
gegen den Festsetzungsbeschluss des Amtsgerichts unter Berufung auf eine im ersten Rechtszug ohne
Verwendung des Formulars vorgebrachte Einwendung ist gem. § 256 Satz 2 unzulässig (OLG Köln FamRZ
2012, 1822). Der Einwand eingeschränkter Leistungsfähigkeit ist daher nicht gehörig erhoben, wenn allein
drei Entgeltabrechnungen vorgelegt werden, ohne dass das eingeführte Formular verwendet wird bzw. Angaben
zu Vermögen und den persönlichen und wirtschaftlichen Verhältnissen gemacht werden (OLG Brandenburg
FamRZ 2014, 332).

Bezeichnet sich ein Unterhaltsschuldner insgesamt als nicht leistungsfähig, kann er diese Erklärung auch 17
außerhalb des amtlichen Vordrucks abgeben (OLG Düsseldorf FamRZ 2001, 765; OLG Bamberg FamRZ
2001, 108).

Die vorgeschriebene Verwendung des Vordrucks für den Fall des Vortrags einer nur eingeschränkten Leis- 18
tungsfähigkeit stellt keinen unnötigen Formalismus dar, sondern soll der Tatsache gerecht werden, dass es
sich beim vereinfachten Verfahren um ein summarisches Verfahren handelt, dessen Ziel es nicht ist, den
Grad der Leistungsfähigkeit zu prüfen, sondern in dafür geeigneten Fällen eine rasche Entscheidung durch
den Rechtspfleger zu ermöglichen, der die in rechter Form erhobenen Einwendungen nur auf ihre Zulässigkeit,
nicht jedoch auf ihre Begründetheit zu prüfen hat (OLG Stuttgart JAmt 2003, 212).

Auch ggü. einem im Ausland lebenden ausländischen Unterhaltsschuldner ist im vereinfachten Verfahren 19
der Vordruck zu seiner Leistungsfähigkeit, jedoch mit einer Übersetzung in seine Muttersprache, zu verwenden.
Fraglich ist allerdings, ob das vereinfachte Verfahren ggü. einem der deutschen Sprache nicht mächtigen
und im Ausland lebenden Unterhaltsschuldner selbst bei Beifügung des erforderlichen Vordrucks geeignet ist,
oder ob in solchen Fällen nicht besser das normale Unterhaltsverfahren beschritten werden sollte (OLG
Frankfurt JAmt 2001, 244; s.a. DIJuF-Rechtsgutachten JAmt 2015, 205 ff. zur Zustellung eines Antrages im
vereinfachten Unterhaltsverfahren an einen im Ausland lebenden Unterhaltsschuldner sowie zu dem Erfordernis
einer Übersetzung des Antrages in eine für den Schuldner verständliche Sprache).

II. Belegvorlage. Im vereinfachten Verfahren kann der Unterhaltsschuldner mit dem Einwand einge- 20
schränkter oder fehlender Leistungsfähigkeit nicht durchdringen, wenn er zwar den Vordruck über Einwendungen
vollständig ausgefüllt, aber nicht alle notwendigen Belege, wie sie sich aus dem Vordruck selbst ergeben,
beigefügt hat. Legt ein Beteiligter trotz Androhung gem. § 142 Abs. 3 ZPO keine Unterlagen vor, ist dies
grds. wie eine Verweigerung der Belegvorlage zu behandeln.

Einnahmen aus Arbeitslosengeld oder -hilfe sind durch Vorlage der Bescheide des laufenden und des vergan- 21
genen Jahres zu belegen; Vorlage nur aktueller Belege genügt nicht (OLG Brandenburg FamRZ 2004, 273).
Schwärzt der Unterhaltsschuldner auf dem Vordruck gem. § 259 beigefügten Unterlagen vermögensrelevante
Angaben, ist seine Einwendung nicht ordnungsgemäß erhoben (OLG Brandenburg FamRZ 2004, 1587
– Kontoauszüge). Erklärt der Unterhaltsschuldner, er habe Einnahmen aus nichtselbstständiger Tätigkeit, ist
er von der Bezifferung und Belegpflicht nicht durch den Hinweis auf ein eröffnetes Verbraucherinsolvenzverfahren
befreit, da dort das laufende Einkommen, soweit es gem. § 850c ZPO unpfändbar ist, nicht umfasst
wird, während und weil es zur Erfüllung laufenden Unterhalts herangezogen werden kann (OLG Koblenz
FamRZ 2005, 915). Der im Ausland lebende Elternteil darf die angeforderten Belege zur Auskunft
über sein Einkommen in der jeweiligen Landessprache vorlegen (OLG München FamRZ 2005, 381).
Kommt er allerdings einer gerichtlichen Anordnung zur Vorlage von Übersetzungen nicht nach, hat er seine
mangelnde Leistungsfähigkeit nicht ordnungsgemäß i.S.v. § 252 Abs. 2 Satz 3 nachgewiesen (OLG Brandenburg
FamRZ 2005, 1842 zu Belegen in *dänischer Sprache*).

E. Maßgeblicher Zeitpunkt für die Beachtung von Einwendungen (§ 252 Abs. 3). Nach § 252 Abs. 3 sind 22
die Einwendungen (solange) zu berücksichtigen, solange der Festsetzungsbeschluss nicht verfügt ist (s.
OLG Köln FamRB 2012, 314; OLG Karlsruhe FamRZ 2013, 1501). Der Gesetzgeber hat davon abgesehen,
die Frist für die Geltendmachung der Einwendungen als Ausschlussfrist auszugestalten. Diese Regelung ver-

meidet unnütze Abänderungsanträge. Eine Verkürzung der Erklärungsfrist ist unzulässig (OLG Saarbrücken JAmt 2001, 94).

23 Ein noch nicht verkündeter Beschluss wird nicht bereits mit Unterzeichnung, sondern erst dann existent, wenn er erstmals zur Zustellung an die Beteiligten aus dem inneren Geschäftsbetrieb des Gerichts herausgegeben worden ist, regelmäßig dann, wenn der Urkundsbeamte der Geschäftsstelle ihn zum Zwecke der Zustellung an den Empfänger der Post übergibt (OLG Frankfurt FamRZ 2001, 109; OLG Hamm FamRZ 2006, 44 = FuR 2005, 461; 2007, 836; KG FamRZ 2007, 2088; a.A. OLG Hamm FamRZ 2000, 901; OLG Brandenburg FamRZ 2001, 1078 – ein Beschluss sei dann verfügt, wenn er vom Rechtspfleger unterzeichnet worden ist). Bis zu diesem Zeitpunkt eingehende Schriftsätze sind daher zu berücksichtigen. Ist nicht auszuschließen, dass der Festsetzungsbeschluss zum Zeitpunkt des Eingangs von Einwendungen des Unterhaltsschuldners noch nicht i.S.d. § 252 Abs. 3 verfügt worden ist, hat das FamG inhaltlich über die Einwendungen des Unterhaltsschuldners zu entscheiden.

24 **F. Neufassung des § 252 ab 01.01.2017**

§ 252 Einwendungen des Antragsgegners

(1) Der Antragsgegner kann Einwendungen gegen die Zulässigkeit des vereinfachten Verfahrens geltend machen. Bei begründeten Einwendungen weist das Gericht den Antrag zurück. Unbegründete Einwendungen weist das Gericht mit dem Festsetzungsbeschluss nach § 253 zurück.
(2) Andere als die in Absatz 1 Satz 1 genannten Einwendungen, insbesondere Einwendungen nach den Absätzen 3 und 4, sind nur zulässig, wenn der Antragsgegner zugleich erklärt, inwieweit er zur Unterhaltsleistung bereit ist und dass er sich insoweit zur Erfüllung des Unterhaltsanspruchs verpflichtet.
(3) Der Einwand der Erfüllung ist nur zulässig, wenn der Antragsgegner zugleich erklärt, inwieweit er Unterhalt geleistet hat und entsprechende Belege vorlegt.
(4) Der Einwand eingeschränkter oder fehlender Leistungsfähigkeit ist nur zulässig, wenn der Antragsgegner zugleich Auskunft über seine Einkünfte und sein Vermögen erteilt und für die letzten zwölf Monate seine Einkünfte belegt. Ein Antragsgegner, der Leistungen zur Sicherung des Lebensunterhalts nach dem Zweiten Buch Sozialgesetzbuch oder dem Zwölften Buch Sozialgesetzbuch bezieht, muss den aktuellen Bewilligungsbescheid darüber vorlegen.
Bei Einkünften aus selbständiger Arbeit, Gewerbebetrieb sowie Land- und Forstwirtschaft sind als Belege der letzte Einkommensteuerbescheid und für das letzte Wirtschaftsjahr die Gewinn- und Verlust-Rechnung oder die Einnahmenüberschussrechnung vorzulegen.
(5) Die Einwendungen sind nur zu berücksichtigen, solange der Festsetzungsbeschluss nicht erlassen ist.

§ 253 Festsetzungsbeschluss. (1) ¹Werden keine oder lediglich nach § 252 Abs. 1 Satz 3 zurückzuweisende oder nach § 252 Abs. 2 unzulässige Einwendungen erhoben, wird der Unterhalt nach Ablauf der in § 251 Abs. 1 Satz 2 Nr. 3 bezeichneten Frist durch Beschluss festgesetzt. ²In dem Beschluss ist auszusprechen, dass der Antragsgegner den festgesetzten Unterhalt an den Unterhaltsberechtigten zu zahlen hat. ³In dem Beschluss sind auch die bis dahin entstandenen erstattungsfähigen Kosten des Verfahrens festzusetzen, soweit sie ohne weiteres ermittelt werden können; es genügt, wenn der Antragsteller die zu ihrer Berechnung notwendigen Angaben dem Gericht mitteilt.
(2) In dem Beschluss ist darauf hinzuweisen, welche Einwendungen mit der Beschwerde geltend gemacht werden können und unter welchen Voraussetzungen eine Abänderung verlangt werden kann.

Übersicht	Rdn.		Rdn.
A. Voraussetzungen der Festsetzung (§ 253 Abs. 1 Satz 1)	1	C. Entscheidung ohne mündliche Verhandlung (§ 253 Abs. 2)	5
B. Inhalt des Beschlusses (§ 253 Abs. 1 Satz 2 und 3)	2	D. Rechtsmittelbelehrung (§ 253 Abs. 2)	6
		E. Neufassung des § 253 ab 01.01.2017	10

1 **A. Voraussetzungen der Festsetzung (§ 253 Abs. 1 Satz 1).** Das Gericht – Rechtspfleger, s. § 20 Nr. 10a RPflG n.F. – setzt den beantragten Unterhalt durch Beschluss fest, wenn folgende Voraussetzungen vorliegen (s. § 253 Abs. 1 Satz 1):

(1) Die Monatsfrist nach § 251 Abs. 1 (bzw. bei Auslandszustellungen § 251 Abs. 1 Satz 2 Nr. 5) muss verstrichen sein, **und**
(2) der Antragsgegner hat entweder keine oder nur solche Einwendungen erhoben, die nach § 252 zurückzuweisen oder als unzulässig zu erachten sind. Der Unterhalt ist auch dann festzusetzen, wenn ein Einwand zwar (zunächst) zulässig ist, der Antragsteller jedoch (sodann) seinen Antrag entsprechend diesem Einwand berichtigt hat.

Hat das Gericht den beantragten Beschluss erlassen, dann ist es an diese getroffene (End-) Entscheidung (§ 38 Abs. 3 Satz 3) auch dann gebunden, wenn sich nachträglich herausstellt, dass ein rechtzeitig eingegangener Schriftsatz nicht berücksichtigt worden ist: Endentscheidung ist gem. § 38 Abs. 1 Satz 1 jede Entscheidung, durch die der Verfahrensgegenstand ganz oder teilweise erledigt wird. Um eine solche Entscheidung handelt es sich bei dem Beschluss nach § 253, da mit ihm über den Festsetzungsantrag entschieden und das Festsetzungsverfahren abgeschlossen wird (KG FamRZ 2011, 394). Setzt das Gericht im vereinfachten Unterhaltsfestsetzungsverfahren nach einer Mitteilung gem. § 254 Satz 1 seine Ermittlungen zur Berücksichtigungsfähigkeit der Einwendungen des Antragsgegners fort, muss es nach deren Abschluss erneut nach §§ 253, 254 vorgehen (OLG Nürnberg FamRZ 2015, 952).

B. Inhalt des Beschlusses (§ 253 Abs. 1 Satz 2 und 3). Das Gericht hat in dem Beschluss auszusprechen, 2
dass der Antragsgegner den festgesetzten Unterhalt an den Unterhaltsgläubiger zu zahlen hat (§ 253 Abs. 1 Satz 2). Mit dieser Vorschrift stellt das Gesetz klar, dass der Feststellungsbeschluss einen Zahlungsausspruch enthalten muss und damit einen Zahlungstitel darstellt. Gleichzeitig sind in dem Beschluss auch die bis dahin entstandenen erstattungsfähigen Kosten des Verfahrens festzusetzen, soweit sie ohne Weiteres ermittelt werden können (wobei es genügt, wenn der Antragsteller die zu ihrer Berechnung notwendigen Angaben dem Gericht mitteilt, § 253 Abs. 1 Satz 3; § 253 Abs. 1 Satz 3 entspricht dem bisherigen § 641p Abs. 1 Satz 4 ZPO a.F.). Diese Norm will ein zusätzliches Kostenfestsetzungsverfahren vermeiden, lässt dieses aber – damit der Festsetzungsbeschluss nicht verzögert wird – unberührt, wenn sich die erstattungsfähigen Kosten nicht ohne Weiteres feststellen lassen.

Da Unterhaltsschulden bei Schuldnerverzug gem. § 288 Abs. 1 BGB wie andere Geldschulden zu verzinsen 3
sind, können auch im vereinfachten Verfahren ab dem Zeitpunkt der Zustellung des Festsetzungsantrages (§ 251 Abs. 1 Satz 1) gesetzliche Verzugszinsen auf den zu dieser Zeit rückständigen Unterhalt festgesetzt werden; die Festsetzung künftiger Verzugszinsen ist hingegen ausgeschlossen (BGH FamRZ 2008, 1428 = FuR 2008, 391). Wenn die Möglichkeit der Eintragung von Verzugszinsen auf dem Formular noch nicht vorgesehen ist, kann folgender zusätzlicher Antrag gestellt werden:
»Es wird entsprechend dem Beschluss des Bundesgerichtshofes vom 28.5.2008 (FamRZ 2008, 1428 = 4
FuR 2008, 391) zusätzlich beantragt, den bei Zustellung dieses Festsetzungsantrages vorhandenen Unterhaltsrückstand in Höhe von ... € ab diesem Zeitpunkt mit fünf Prozentpunkten über dem Basiszinssatz gem. § 247 BGB zu verzinsen« (ähnlich *Vossenkämper* FamRZ 2008, 1431, 1432).

C. Entscheidung ohne mündliche Verhandlung (§ 253 Abs. 2). Nach § 253 Abs. 2 kann der Beschluss ohne mündliche Verhandlung ergehen. 5

D. Rechtsmittelbelehrung (§ 253 Abs. 2). Nach § 253 Abs. 2 hat das Gericht den Antragsgegner in dem 6
Unterhaltsfestsetzungsbeschluss darauf hinzuweisen,
(1) welche Einwendungen er mit der Beschwerde geltend machen, und
(2) unter welchen Voraussetzungen er eine Abänderung verlangen kann.

Diese Hinweispflicht des Gerichts soll unzulässige Rechtsmittel vermeiden. 7
Die im vereinfachten Verfahren auf Festsetzung des Unterhalts mit einer nicht ordnungsgemäßen Erklärung 8
des Antragsgegners verbundenen schwerwiegenden Folgen erfordern vom Gericht eine genaue Beachtung der vorgeschriebenen Belehrung einschließlich der Übersendung des amtlichen Vordrucks (OLG Oldenburg FamRZ 2001, 1078). Der Hinweis auf die zulässigen Einwendungen muss konkret sein, den Gesetzestext des § 253 Abs. 2 erfassen und sich hinsichtlich der Kostenfestsetzung darauf erstrecken, dass auch deren Unrichtigkeit *angefochten* werden kann. Unterbleibt die gem. § 253 gebotene Belehrung bzw. lässt sich die genaue Beachtung der Vorschrift nicht feststellen, liegt darin ein Verfahrensmangel, der auf die Beschwerde zur Aufhebung des Unterhaltsfestsetzungsbeschlusses zusammen mit dem zugrunde liegenden Verfahren und zur Zurückverweisung des Verfahrens nach § 575 ZPO an das FamG führt (OLG Naumburg OLGR 2001, 466; FamRZ 2001, 1464; OLG Schleswig OLGR 2003, 252).

§§ 254, 255 Buch 2. Verfahren in Familiensachen

9 Darüber hinaus besteht auch im vereinfachten Verfahren grds. eine gerichtliche Hinweispflicht entsprechend § 139 Abs. 2 ZPO; dies gebietet das Gebot des fairen Verfahrens (OLG Karlsruhe FamRZ 2006, 1548). Wird im vereinfachten Verfahren schriftsätzlich die mangelnde Leistungsfähigkeit geltend gemacht, ist das Gericht aufgrund seiner verfahrensrechtlichen Fürsorgepflicht gehalten, darauf hinzuweisen, dass Einwendungen nur berücksichtigt werden können, wenn der amtliche Vordruck verwendet wird (OLG Frankfurt DAVorm 2000, 1132).

10 **E. Neufassung des § 253 ab 01.01.2017**

§ 253 Festsetzungsbeschluss

(1) Ist der Antrag zulässig und werden keine oder keine nach § 252 Absatz 2 bis 4 zulässigen Einwendungen erhoben, wird der Unterhalt nach Ablauf der in § 251 Abs. 1 Satz 2 Nr. 3 bezeichneten Frist durch Beschluss festgesetzt. Die Festsetzung durch Beschluss erfolgt auch, soweit sich der Antragsgegner nach § 252 Absatz 2 zur Zahlung von Unterhalt verpflichtet hat. In dem Beschluss ist auszusprechen, dass der Antragsgegner den festgesetzten Unterhalt an den Unterhaltsberechtigten zu zahlen hat. In dem Beschluss sind auch die bis dahin entstandenen erstattungsfähigen Kosten des Verfahrens festzusetzen, soweit sie ohne weiteres ermittelt werden können; es genügt, wenn der Antragsteller die zu ihrer Berechnung notwendigen Angaben dem Gericht mitteilt.
(2) In dem Beschluss ist darauf hinzuweisen, welche Einwendungen mit der Beschwerde geltend gemacht werden können und unter welchen Voraussetzungen eine Abänderung verlangt werden kann.

§ 254 **Mitteilungen über Einwendungen.** ¹Sind Einwendungen erhoben worden, die nach § 252 Abs. 1 Satz 3 nicht zurückzuweisen oder die nach § 252 Abs. 2 zulässig sind, teilt das Gericht dem Antragsteller dies mit. ²Es setzt auf seinen Antrag den Unterhalt durch Beschluss fest, soweit sich der Antragsgegner nach § 252 Abs. 2 Satz 1 und 2 zur Zahlung von Unterhalt verpflichtet hat. ³In der Mitteilung nach Satz 1 ist darauf hinzuweisen.

1 § 254 (vormals § 650 ZPO) regelt den Fortgang des Verfahrens, wenn der Antragsgegner Einwendungen erhoben hat, die nicht nach § 252 Abs. 1 Satz 3 zurückgewiesen werden dürfen, und/oder die nach § 252 Abs. 2 als zulässig anzusehen sind. Setzt das Gericht im vereinfachten Unterhaltsfestsetzungsverfahren nach einer Mitteilung gem. § 254 Satz 1 seine Ermittlungen zur Berücksichtigungsfähigkeit der Einwendungen des Antragsgegners fort, muss es nach deren Abschluss erneut nach §§ 253, 254 vorgehen (OLG Nürnberg FamRZ 2015, 952).

2 In der nach § 254 Satz 1 vorgeschriebenen Mitteilung an den Antragsteller, der Antragsgegner habe zulässige oder für zulässig erachtete Einwendungen erhoben, hat das Gericht den Antragsteller darauf hinzuweisen, dass der Unterhalt (nur) in der unstreitigen Höhe festgesetzt werden kann (in der sich der Antragsgegner zur Zahlung verpflichtet hat), und dass der Restanspruch im streitigen Verfahren weiter zu verfolgen ist. Nach § 254 Satz 1 hat das Gericht dem Antragsteller diese **Einwendungen mitzuteilen** und nach § 254 Satz 2 auf Antrag den **Unterhalt** insoweit durch Beschluss **festzusetzen**, als sich der Antragsgegner nach § 252 Abs. 2 Satz 1 u 2 zur Zahlung verpflichtet hat. § 254 stellt damit sicher, dass der Antragsteller im vereinfachten Verfahren einen Vollstreckungstitel zumindest über den unstreitigen Teil seines geltend gemachten Anspruchs erwirken kann; der darüber hinausgehende Anspruch ist dann im streitigen Verfahren (§ 255) weiter zu verfolgen.

3 **Neufassung des § 254 ab 01.01.2017**

§ 254 Mitteilungen über Einwendungen

Hat der Antragsgegner zulässige Einwendungen (§ 252 Absatz 2 bis 4) erhoben, teilt das Gericht dem Antragsteller dies mit und weist darauf hin, dass das streitige Verfahren auf Antrag eines Beteiligten durchgeführt wird.

§ 255 **Streitiges Verfahren.** (1) ¹Im Fall des § 254 wird auf Antrag eines Beteiligten das streitige Verfahren durchgeführt. ²Darauf ist in der Mitteilung nach § 254 Satz 1 hinzuweisen.
(2) ¹Beantragt ein Beteiligter die Durchführung des streitigen Verfahrens, ist wie nach Eingang eines Antrags in einer Unterhaltssache weiter zu verfahren. ²Einwendungen nach § 252 gelten als Erwiderung.
(3) Das Verfahren gilt als mit der Zustellung des Festsetzungsantrags (§ 251 Abs. 1 Satz 1) rechtshängig geworden.

Abschnitt 9. Verfahren in Unterhaltssachen § 255

(4) Ist ein Festsetzungsbeschluss nach § 254 Satz 2 vorausgegangen, soll für zukünftige wiederkehrende Leistungen der Unterhalt in einem Gesamtbetrag bestimmt und der Festsetzungsbeschluss insoweit aufgehoben werden.
(5) Die Kosten des vereinfachten Verfahrens werden als Teil der Kosten des streitigen Verfahrens behandelt.
(6) Wird der Antrag auf Durchführung des streitigen Verfahrens nicht vor Ablauf von sechs Monaten nach Zugang der Mitteilung nach § 254 Satz 1 gestellt, gilt der über den Festsetzungsbeschluss nach § 254 Satz 2 oder die Verpflichtungserklärung des Antragsgegners nach § 252 Abs. 2 Satz 1 und 2 hinausgehende Festsetzungsantrag als zurückgenommen.

Übersicht	Rdn.		Rdn.
A. Antragsprinzip (§ 255 Abs. 1)............	2	E. Kosten des streitigen Verfahrens	
B. Verfahrensfortgang nach Überleitung in das		(§ 255 Abs. 5)........................	6
streitige Verfahren (§ 255 Abs. 2)	3	F. Fiktion der Antragsrücknahme (§ 255 Abs. 6)	7
C. Eintritt der Rechtshängigkeit beim Übergang		G. Neufassung des § 255 ab 01.01.2017	8
in das streitige Verfahren (§ 255 Abs. 3)	4		
D. Erleichterung der Zwangsvollstreckung durch			
einheitlichen Titel (§ 255 Abs. 4)	5		

§ 255 entspricht dem bisherigen § 651 ZPO. 1

A. Antragsprinzip (§ 255 Abs. 1). Erhebt der Antragsgegner im materiellen Recht begründete Einwendun- 2
gen in der nach § 252 vorgeschriebenen Form, kann der Unterhalt nicht im vereinfachten Verfahren festgesetzt werden. In diesem Fall können die Beteiligten beantragen, das **streitige Verfahren** durchzuführen (§ 255 Abs. 1). Die Vorschrift sieht einen automatischen Übergang des vereinfachten Verfahrens oder seine Überleitung von Amts wegen in das streitige Verfahren nicht vor; dieses wird vielmehr nur auf Antrag eines Beteiligten eingeleitet (§ 256 Abs. 1 Satz 1, so auch das Verfahren nach dem Widerspruch im Mahnverfahren § 696 Abs. 1 ZPO). Das Antragsprinzip bezweckt einerseits, den Beteiligten Gelegenheit zu einer außergerichtlichen Einigung zu geben, anderseits, dem Antragsteller, der – etwa aufgrund der Einwendungen des Antragsgegners – den Unterhaltsanspruch ganz oder teilweise nicht weiter verfolgen will, zusätzliche Kosten zu ersparen. Auf das Antragsprinzip (insb. das Antragsrecht) ist in der Mitteilung nach § 255 Satz 1 i.V.m. Satz 3 hinzuweisen (§ 255 Abs. 1 Satz 2). Als raschere Alternative zur Titulierung des Mindestunterhalts steht das vereinfachte Verfahren wahlweise neben dem Unterhaltsantrag zur Verfügung. Kinder nicht miteinander verheirateter Eltern können außerdem i.R.d. Kindschaftsverfahrens (zugleich) die Verurteilung zum Unterhalt gem. § 237 (bisher § 653 ZPO) betreiben. Betreibt ein Minderjähriger nach Erhebung von Einwendungen gegen die beantragte Unterhaltsfestsetzung im vereinfachten Verfahren seine Unterhaltsforderung im streitigen Verfahren weiter, so ist als »Einreichung des Antrages« i.S.v. § 51 Abs. 1 und 2 FamGKG die Antragstellung auf Unterhaltsfestsetzung maßgeblich, nicht erst diejenige auf Durchführung des streitigen Verfahrens (OLG Celle FamRZ 2014, 1810).

B. Verfahrensfortgang nach Überleitung in das streitige Verfahren (§ 255 Abs. 2). Hat ein Beteiligter die 3
Überleitung des vereinfachten in das streitige Verfahren beantragt, ist weiter wie nach Eingang eines Antrages zu verfahren (§ 255 Abs. 2 Satz 1). Dabei gelten nach § 255 Abs. 2 Satz 2 die erhobenen Einwendungen nach § 252 als Antragserwiderung. Das Gericht soll die ggf. noch weiter notwendigen Ermittlungen im Wege vorbereitender Maßnahmen (etwa nach §§ 235, 236 oder nach § 273 ZPO) veranlassen. Sollten der Antrag und/oder die Einwendungen nicht oder nicht genügend substantiiert sein, hat das Gericht nach § 139 Abs. 1 Satz 1 ZPO darauf hinzuwirken, dass sich die Beteiligten über alle erheblichen Tatsachen vollständig erklären und sachdienliche Anträge stellen.

C. Eintritt der Rechtshängigkeit beim Übergang in das streitige Verfahren (§ 255 Abs. 3). § 255 Abs. 3 4
regelt den Eintritt der Rechtshängigkeit beim Übergang in das streitige Verfahren. Maßgeblicher Zeitpunkt, zu dem die Rechtshängigkeit des Unterhaltsverfahrens als eingetreten gilt, ist die Zustellung des Antrages im vereinfachten Verfahren (§ 251 Abs. 1 Satz 1). Diese Fiktion gilt jedoch nur dann, wenn der Antrag auf Durchführung des streitigen Verfahrens innerhalb einer **Frist** von **6 Monaten** nach Zugang der Mitteilung nach § 254 gestellt wird. Das Gesetz hat diese Frist großzügig bemessen, damit der Antragsteller im Hin-

blick auf eine mögliche außergerichtliche Einigung nicht zu einem Übergang in das streitige Verfahren gedrängt wird.

5 **D. Erleichterung der Zwangsvollstreckung durch einheitlichen Titel (§ 255 Abs. 4).** § 255 Abs. 4 sieht zur Erleichterung der Zwangsvollstreckung vor, dass ein **einheitlicher Unterhaltstitel** über zukünftige wiederkehrende Leistungen geschaffen wird, wenn vor Beginn des streitigen Verfahrens bereits ein Festsetzungsbeschluss nach § 254 ergangen ist: Der Unterhalt soll regelmäßig in einem Gesamtbetrag bestimmt und der bereits erlassene Festsetzungsbeschluss insoweit aufgehoben werden. Ausnahmsweise ist die Festsetzung in einem Gesamtbetrag dann nicht notwendig, wenn nach dem Zweck der Norm (Erleichterung der Zwangsvollstreckung) die Festsetzung eines Gesamtbetrages nicht sinnvoll erscheint (z.B., wenn der bereits vorliegende Festsetzungsbeschluss nur rückständigen Unterhalt umfasst).

6 **E. Kosten des streitigen Verfahrens (§ 255 Abs. 5).** Geht das vereinfachte in das streitige Verfahren über, dann sind – insb. aus Vereinfachungsgründen – die Kosten des vereinfachten Verfahrens als Teil der Kosten des streitigen Verfahrens zu behandeln (§ 255 Abs. 5). Diese Regelung lehnt sich an § 281 Abs. 3 Satz 1 und § 696 Abs. 1 Satz 5 ZPO an.

7 **F. Fiktion der Antragsrücknahme (§ 255 Abs. 6).** § 255 Abs. 6 fingiert die Rücknahme des Antrages auf Durchführung eines vereinfachten Verfahrens nach Ablauf einer großzügig bemessenen Frist: Wird der Antrag auf Durchführung des streitigen Verfahrens nicht vor Ablauf von **6 Monaten** nach Zugang der Mitteilung nach § 254 Satz 1 gestellt, gilt der über den Festsetzungsbeschluss nach § 254 Satz 2 oder die Verpflichtungserklärung des Antragsgegners nach § 252 Abs. 2 Satz 1 u 2 hinausgehende Festsetzungsantrag als zurückgenommen; weiterhin gewechselte Schriftsätze über die sachliche Richtigkeit der Einwendungen haben auf den Lauf dieser Frist keinen Einfluss (OLG Oldenburg JAmt 2012, 532 – Einwendung »Zusammenleben in einem Haushalt«). Bringt der Antragsgegner gegen die Zulässigkeit des vereinfachten Verfahrens substantiierte Einwendungen vor, die nicht durch Beschluss zurückgewiesen werden können, dann beginnt die 6-Monatsfrist des § 255 Abs. 6 mit Zugang der Einwendungen beim Antragsteller. Der Festsetzungsantrag kann jedoch erst dann als zurückgenommen gelten, wenn der Antragsteller nach einer erneuten Mitteilung nach § 254 Satz 1 vor Ablauf von 6 Monaten keinen Antrag auf Durchführung des streitigen Verfahrens gestellt hat (OLG Nürnberg FamRZ 2015, 952).

8 **G. Neufassung des § 255 ab 01.01.2017**

§ 255 Streitiges Verfahren

(1) Im Fall des § 254 wird auf Antrag eines Beteiligten das streitige Verfahren durchgeführt.
(2) Beantragt ein Beteiligter die Durchführung des streitigen Verfahrens, ist wie nach Eingang eines Antrags in einer Unterhaltssache weiter zu verfahren. Einwendungen nach § 252 gelten als Erwiderung.
(3) Das Verfahren gilt als mit der Zustellung des Festsetzungsantrags (§ 251 Abs. 1 Satz 1) rechtshängig geworden.
(4) Ist ein Festsetzungsbeschluss nach § 253 Absatz 1 Satz 2 vorausgegangen, soll für zukünftige wiederkehrende Leistungen der Unterhalt in einem Gesamtbetrag bestimmt und der Festsetzungsbeschluss insoweit aufgehoben werden.
(5) Die Kosten des vereinfachten Verfahrens werden als Teil der Kosten des streitigen Verfahrens behandelt.
(6) Wird der Antrag auf Durchführung des streitigen Verfahrens nicht vor Ablauf von sechs Monaten nach Zugang der Mitteilung nach § 254 gestellt, so gilt der Festsetzungsantrag, der über den Festsetzungsbeschluss nach § 253 Absatz 1 Satz 2 hinausgeht, oder der Festsetzungsantrag, der über die Verpflichtungserklärung des Antragsgegners nach § 252 Absatz 2 hinausgeht, als zurückgenommen.

§ 256 Beschwerde. ¹Mit der Beschwerde können nur die in § 252 Abs. 1 bezeichneten Einwendungen, die Zulässigkeit von Einwendungen nach § 252 Abs. 2 sowie die Unrichtigkeit der Kostenentscheidung oder Kostenfestsetzung, sofern sie nach allgemeinen Grundsätzen anfechtbar sind, geltend gemacht werden. ²Auf Einwendungen nach § 252 Abs. 2, die nicht erhoben waren, bevor der Festsetzungsbeschluss verfügt war, kann die Beschwerde nicht gestützt werden.

Übersicht

	Rdn.		Rdn.
A. Präklusion	1	III. Unrichtigkeit der Kostenentscheidung	14
B. Statthaftigkeit der sofortigen Beschwerde	6	IV. Erinnerungsverfahren nach § 11 Abs. 2 Satz 1 RPflG	15
I. Beschwerde des Antragstellers	9	C. Neufassung des § 256 ab 01.01.2017	16
II. Beschwerde des Antragsgegners	11		

A. Präklusion. Mit der Beschwerde nach § 256 können nur die in § 252 Abs. 1 bezeichneten Einwendungen, die Zulässigkeit von Einwendungen nach § 252 Abs. 2 sowie die Unrichtigkeit der Kostenentscheidung oder Kostenfestsetzung, sofern sie nach allgemeinen Grundsätzen anfechtbar sind, geltend gemacht werden; auf Einwendungen nach § 252 Abs. 2, die nicht erhoben waren, bevor der Festsetzungsbeschluss verfügt war, kann die Beschwerde nicht gestützt werden. Die Norm entspricht dem bisherigen § 652 Abs. 2 ZPO. Eine Nachfolgevorschrift für § 652 Abs. 1 ZPO ist entfallen, da nunmehr generell die befristete Beschwerde nach §§ 58 ff. gegeben ist. Der Regelungsgehalt der bisherigen §§ 655 u § 656 ZPO wurde nicht übernommen. Rechtsmittel gegen Entscheidungen im vereinfachten Verfahren können grundsätzlich auch von einer Partei selbst vor dem Urkundsbeamten der Geschäftsstelle eingelegt werden (OLG Brandenburg FamRZ 2014, 681). 1

Die Rechtsfolgen, die mit dem verspäteten Vortrag von Einwendungen gegen die Begründetheit des Festsetzungsantrages erst im Beschwerdeverfahren verbunden sein sollen, sind umstritten. 2

Einerseits wird eine Beschwerde, die sich erstmals gegen die Begründetheit des Antrages (insbesondere und zumeist Einwand der mangelnden Leistungsfähigkeit) wendet, als unzulässig angesehen; verspätete Einwendungen seien dann im Erinnerungsverfahren (§ 11 Abs. 2 RPflG) abschließend durch das Familiengericht zu überprüfen (OLG Hamm FamRB 2011, 377 = FamRZ 2011, 1414 [Ls] zu weggefallenen Leistungen nach dem UVG; OLG Frankfurt FamRZ 2012, 465; OLG Naumburg FamFR 2013, 451 = FamRZ 2014, 59 [Ls]; OLG Bremen FamRZ 2013, 560; OLG Brandenburg FamRZ 2014, 332; OLG Brandenburg FamRZ 2014, 681 [jedoch aufgegeben in FamRZ 2015, 1512]; OLG Naumburg FamRZ 2014, 1053 [Ls]; OLG Frankfurt FamRZ 2015, 1993. 3

Dagegen steht die (zutreffende) Auffassung, die Zulässigkeitsvoraussetzungen der Beschwerde seien abschließend in §§ 58 ff., 117 geregelt; § 256 betreffe seinem Wortlaut nach allein die Präklusion bestimmter Einwendungen im zweiten Rechtszug und bestimme damit nur, was allein Gegenstand der Prüfung im Beschwerdeverfahren sein könne. Eine gegen die Begründetheit des Antrages gerichtete Beschwerde sei daher gem. § 117 Abs. 1 Satz 4 i.V.m. § 522 Abs. 1 als unzulässig zu verwerfen; eine Erinnerung i.S.d. § 11 Abs. 2 Satz 1 RPflG sei insoweit ausgeschlossen (OLG Brandenburg Rpfleger 2015, 74 = FamRZ 2015, 953 [Ls]; 2015, 1512 – Aufgabe von OLG Brandenburg FamRZ 2014, 681; OLG Frankfurt NZFam 2015, 1023). Gegen den Verwerfungsbeschluss ist die Rechtsbeschwerde statthaft (§ 117 Abs. 1 Satz 4 i.V.m. § 522 Abs. 1 Satz 4 ZPO, OLG Thüringen FamRZ 2015, 1513). 4

Nach § 256 n.F. (2017) ist die Beschwerde unzulässig, wenn sie sich auf Einwendungen nach § 252 Abs. 2 – 4 n.F. stützt, die nicht erhoben waren, bevor der Festsetzungsbeschluß erlassen war. Damit stellt der Gesetzgeber klar, dass sich der Antragsgegner nicht erstmals mit der Beschwerde gegen die Begründetheit des Antrages wenden darf. Der bisherige Regelungsinhalt von § 254 ist nunmehr teilweise in die Änderungen in § 252 und § 253 – jeweils nF. – eingeflossen. Systematisch neu zugeordnet ist der Hinweis des Gerichts zur Durchführung des streitigen Verfahrens auf Antrag eines Beteiligten, der bislang noch in § 255 Abs. 1 Satz 2 geregelt ist. Dieser Verfahrenshinweis wird zusammen mit der Mitteilung über Einwendungen und unter Beifügung der von dem Antragsteller übersandten Erklärungen, Auskünfte und Belege nach § 252 Abs. 2 bis 4 n.F. an den Antragsteller verschickt. Der Regelungsgehalt des bisherigen Satzes 2 wurde nach § 253 n.F. verschoben. 5

B. Statthaftigkeit der sofortigen Beschwerde. Nach § 256 können **beide** Beteiligte des vereinfachten Verfahrens den dort ergangenen Festsetzungsbeschluss (§ 253) mit der **sofortigen Beschwerde** anfechten, wobei sie im **Beschwerdeverfahren** jedoch nur **bestimmte Einwendungen** erheben dürfen: 6

– Die in § 252 Abs. 1 bezeichneten (Zulässigkeit des vereinfachten Verfahrens, unzutreffender Unterhaltszeitraum, unrichtige Berechnung des Unterhalts, kein Anlass zur Einleitung des vereinfachten Verfahrens),
– die fehlerhafte Beurteilung einer (nach Ansicht des Beschwerdeführers zulässigen) Einwendung i.S.d. § 252 Abs. 2 als unzulässig,

– die Unrichtigkeit der Kostenentscheidung oder Kostenfestsetzung, sofern sie nach allgemeinen Grundsätzen anfechtbar sind.

7 Wird eine Beschwerde gegen einen im vereinfachten Verfahren ergangenen Unterhaltsfestsetzungsbeschluss nicht auf einen oder mehrere dieser Anfechtungsgründe gestützt, ist sie unzulässig (OLG Celle FamRZ 2012, 141). Eine in dem Unterhaltsfestsetzungsbeschluss enthaltene Bestimmung, nach der die Festsetzung unter einer Bedingung steht und bis zu einem bestimmten Zeitpunkt befristet ist, stellt daher keinen zulässigen Einwand i.S.d. § 256 dar (BGH FamRZ 2008, 1433 = FuR 2008, 389 – noch zu § 652 ZPO).

8 Erlässt das FamG im vereinfachten Verfahren einen Unterhaltsfestsetzungsbeschluss in der irrtümlichen Annahme, der Antragsgegner habe einen Unterhaltsbetrag in bestimmter Höhe anerkannt, steht diesem in teleologischer Erweiterung des § 256 ein außerordentliches Beschwerderecht zu (OLG Stuttgart FamRZ 2002, 329). Beruht der Festsetzungsbeschluss ganz oder teilweise auf einem durch den Antragsgegner erklärten Anerkenntnis, können Einwendungen gegen die Wirksamkeit eines im vereinfachten Verfahren erklärten Anerkenntnisses zulässigerweise im Beschwerdeverfahren des § 256 geltend gemacht werden (OLG Brandenburg FamRZ 2007, 837).

9 **I. Beschwerde des Antragstellers.** Auch der Antragsteller des vereinfachten Verfahrens ist nach § 256 beschwerdebefugt; die Beschränkungen der Zulässigkeit der Beschwerde nach § 256 gelten auch für das Kind oder seinen Rechtsnachfolger. Wird ein zulässiger Antrag auf Festsetzung des Unterhalts im vereinfachten Verfahren teilweise zurückgewiesen, weil die Voraussetzungen der §§ 249, 250 Abs. 1 fehlen, ist der Antragsteller durch die insoweit unterbliebene Unterhaltsfestsetzung in der Sache beschwert und kann unter den Voraussetzungen des § 256 gegen den erlassenen Festsetzungsbeschluss sofortige Beschwerde einlegen (OLG Zweibrücken FamRZ 2008, 289); § 250 Abs. 2 Satz 3 steht der Statthaftigkeit der sofortigen Beschwerde bei einer Teilzurückweisung jedenfalls dann nicht entgegen, wenn ansonsten bei einer Aufsplitterung der Kompetenzen zur Entscheidung über ein Rechtsmittel des Antragstellers (Erinnerung) und des Antragsgegners (Beschwerde) in der gleichen Sache die Gefahr widersprüchlicher Entscheidungen besteht (BGH FamRZ 2008, 1428 = FuR 2008, 391 – Fortführung von BGH FamRZ 2008, 1433 = FuR 2008, 389; s.a. OLG München FamRZ 2002, 547). Der Antragsteller ist auch dann beschwert, wenn das Gericht den Unterhalt der Höhe nach unrichtig berechnet oder Unterhaltszeiträume nicht berücksichtigt hat (OLG Zweibrücken FamRZ 2000, 1160 = FuR 2001, 519; OLG Karlsruhe OLGR 2001, 90). Die sofortige Beschwerde des Antragstellers im vereinfachten Verfahren ist hingegen unzulässig, wenn er mit dem Rechtsmittel lediglich erstmals rückständigen Unterhalt geltend macht (OLG Brandenburg FamRZ 2002, 1263).

10 Der Antragsteller kann im vereinfachten Verfahren mit der Beschwerde die unrichtige Beurteilung einer Einwendung des § 252 Abs. 1 Satz 1 Nr. 1 – 3 rügen, gleichfalls, das Gericht habe den Einwand der Erfüllung oder der Leistungsunfähigkeit zu Unrecht als zulässig behandelt (OLG Frankfurt FamRZ 2012, 1821).

11 **II. Beschwerde des Antragsgegners.** Der Antragsgegner kann im Beschwerdeverfahren gegen den Unterhaltsfestsetzungsbeschluss im vereinfachten Verfahren Einwendungen nach § 252 Abs. 2 nicht erstmals erheben; auf solche Einwendungen kann er die Beschwerde vielmehr nur dann stützen, wenn sie bereits erhoben waren, bevor der Festsetzungsbeschluss verfügt war (OLG Hamm NJWE-FER 2000, 97; OLG Celle JAmt 2001, 92, OLG Saarbrücken FamRZ 2011, 49; s. aber OLG Stuttgart DAVorm 2000, 1130; OLG Koblenz OLGR 2001, 317; KG FamRZ 2002, 546; OLG Koblenz JAmt 2005, 100; OLG Saarbrücken, FamRZ 2011, 49). Dies gilt auch hinsichtlich der unterbliebenen Vorlage von Unterlagen (OLG Köln FamRZ 2000, 680; OLG Brandenburg FamRZ 2001, 1078). Maßgeblich sind allein die Umstände bei Erlass der Entscheidung (OLG Brandenburg FamRZ 2004, 273 [LS]). Der Einwand, nicht Vater des unterhaltsbedürftigen Kindes zu sein, kann im Beschwerdeverfahren erstmalig erhoben werden, da er sich gegen die Zulässigkeit des vereinfachten Verfahrens gem. §§ 250, 252 richtet (OLG Brandenburg FamRZ 2002, 545). Die Einwendung des Antragsgegners im Beschwerdeverfahren, er habe »kein Kind mit diesem Geburtsdatum«, ist zulässig, weil die Zulässigkeit des vereinfachten Verfahrens gerügt wird (OLG Brandenburg FamRZ 2005, 1905). Der Einwand des Antragsgegners in der Beschwerde, er sei in dem Festsetzungsbeschluss nicht mit seiner zutreffenden Anschrift aufgeführt, ist keine zulässige Einwendung, ebenso die Einwendung, der Antragsteller wohne bereits an einem anderen Ort als im Festsetzungsbeschluss angegeben, und insoweit liege ein Verstoß gegen das Meldegesetz vor (OLG Brandenburg FamRZ 2002, 1345). Eine Beschwerde des Antragsgegners gegen den Festsetzungsbeschluss des Amtsgerichts unter Berufung auf eine im ersten Rechtszug ohne Verwendung des Formulars vorgebrachte Einwendung ist unzulässig (OLG Köln FamRZ 2012, 1822).

Im erstinstanzlichen Verfahren unterbliebene Einwendungen können jedoch im Beschwerdeverfahren nach- 12
geholt werden, wenn der Antragsgegner keine Möglichkeit hatte, seine Einwendungen rechtzeitig vorzubringen (Art. 103 GG). Werden solche Einwendungen zulässig vorgebracht, dann ist der angefochtene
Beschluss aufzuheben und das Verfahren an das AG zurückzuverweisen; das Beschwerdegericht darf den
Unterhaltsfestsetzungsantrag nicht zurückweisen (OLG Brandenburg FamRZ 2001, 766 – keine ordnungsgemäße Zustellung), auch wenn gerügt wird, das Gericht habe die vom Antragsgegner rechtzeitig in erster
Instanz erhobenen Einwendungen unzutreffend behandelt (OLG Brandenburg FamRZ 2002, 545).

Insbes. der erstmals erhobene Einwand eingeschränkter bzw. fehlender Leistungsfähigkeit ist im Beschwer- 13
deverfahren gegen den Unterhaltsfestsetzungsbeschluss im vereinfachten Verfahren gem. §§ 252 Abs. 3, 256
Satz 2 unzulässig (OLG Naumburg FuR 2000, 295; 2002, 561; OLG Brandenburg JAmt 2003, 502; OLG Koblenz JAmt 2003, 502; OLG Hamm FamRB 2011, 377; OLG Köln FamRB 2012, 314; OLG Frankfurt FamRZ
2012, 465). Der Einwand, dass die Einkommensverhältnisse des Unterhaltsschuldners einen im vereinfachten Unterhaltsfestsetzungsverfahren geltend gemachten Unterhaltsbedarf von mehr als 100 % des Mindestunterhalts nicht rechtfertigen, stellt keinen zulässigen Einwand zur Unterhaltshöhe i.S.v. § 252 Abs. 1
Satz 3, sondern einen materiell-rechtlichen Einwand i.S.v. § 252 Abs. 2 dar; er kann deshalb nicht erstmals
im Beschwerdeverfahren angebracht werden (OLG Celle FamRZ 2012, 141). Die Einwendung, dass Leistungen nach dem UVG nicht mehr erbracht werden, unterfällt weder § 252 Abs. 1 noch § 252 Abs. 2; hierauf
kann daher die Beschwerde gem. § 256 daher ebenfalls nicht gestützt werden (OLG Hamm FamRB 2011,
377). Erhebt der Unterhaltsschuldner im Beschwerdeverfahren zulässig den Einwand eingeschränkter bzw.
fehlender Leistungsfähigkeit i.S.d. § 252 Abs. 2 Satz 3, muss er zugleich Auskunft i.S.d. § 252 Abs. 2 Satz 3
Nr. 1 – 3 erteilen und den nach § 259 eingeführten Vordruck beifügen, sofern er ihn nicht bereits in dem Verfahren vor dem Rechtspfleger vorgelegt hat (OLG Zweibrücken OLGR 2001, 17; OLG Brandenburg FamRZ
2002, 1345). Für die Rechtzeitigkeit nach § 252 Abs. 3 kommt es auf den Eingang bei Gericht, nicht auf die
Kenntnisnahme durch den Rechtspfleger an (OLG Köln FamRZ 2001, 1464). Bei dem Einwand der Erfüllung
handelt es sich um eine Einwendung gem. § 252 Abs. 2, auf deren erstmalige Erhebung im Beschwerdeverfahren die Beschwerde gem. § 256 Satz 2 nicht gestützt werden kann (OLG Hamm FamRB 2011, 377 = FamRZ
2011, 1414).

III. Unrichtigkeit der Kostenentscheidung. Die im vereinfachten Verfahren bei Einlegung der sofortigen 14
Beschwerde zulässige Einwendung unrichtiger Kostenfestsetzung eröffnet beiden Beteiligten (auch) die
Möglichkeit, die im Festsetzungsbeschluss getroffene Kostengrundentscheidung anzufechten (OLG Bran-
denburg FuR 2001, 45). Macht der Antragsgegner hinsichtlich der Verfahrenskosten geltend, er habe keinen
Anlass zur Stellung des Antrages gegeben, trifft ihn die Darlegungs- und Beweislast für das Vorliegen der
Voraussetzungen des § 93 ZPO. Kommt der Unterhaltsschuldner einer berechtigten Aufforderung, einen
Unterhaltstitel zu errichten, nicht nach, hat er Anlass zur Stellung eines Antrages auf Unterhaltsfestsetzung
im vereinfachten Verfahren gegeben (OLG Brandenburg FuR 2001, 45).

IV. Erinnerungsverfahren nach § 11 Abs. 2 Satz 1 RPflG. Ist eine Beschwerde unzulässig, dann ist gegen 15
den angefochtenen Beschluss die Rechtspflegererinnerung gem. § 11 Abs. 2 Satz 1 RPflG (vgl. BGH FamRZ
2008, 1433 = FuR 2008, 389; OLG Frankfurt FamRZ 2012, 465) nur dann statthaft, wenn sich die Unzulässigkeit des an sich statthaften Rechtsmittels i.S.d. § 11 Abs. 2 RPflG daraus ergibt, dass dieses Rechtsmittel
aufgrund ausdrücklicher gesetzlicher, von der betroffenen Partei nicht beeinflussbarer Beschränkungen
nicht gegeben ist (OLG Bremen JAmt 2012, 535). Über die Erinnerung hat gem. § 11 Abs. 2 Satz 3 RPflG
der Familienrichter des Amtsgerichts zu entscheiden, wenn der Rechtspfleger ihr nicht abgeholfen hat
(OLG Frankfurt FamRZ 2012, 465; OLG Köln FamRB 2012, 314).

C. Neufassung des § 256 ab 01.01.2017 16

§ 256 Beschwerde

*Mit der Beschwerde können nur Einwendungen gegen die Zulässigkeit oder die Unzulässigkeit des vereinfachten
Verfahrens, die Zulässigkeit von Einwendungen nach § 252 Abs. 2 bis 4 sowie die Unrichtigkeit der Kostenentscheidung oder Kostenfestsetzung, sofern sie nach allgemeinen Grundsätzen anfechtbar sind, geltend gemacht
werden. Die Beschwerde ist unzulässig, wenn sie sich auf Einwendungen nach § 252 Abs. 2 bis 4 stützt, die nicht
erhoben waren, bevor der Festsetzungsbeschluss erlassen war.*

§ 257 Besondere Verfahrensvorschriften.
¹In vereinfachten Verfahren können die Anträge und Erklärungen vor dem Urkundsbeamten der Geschäftsstelle abgegeben werden. ²Soweit Formulare eingeführt sind, werden diese ausgefüllt; der Urkundsbeamte vermerkt unter Angabe des Gerichts und des Datums, dass er den Antrag oder die Erklärung aufgenommen hat.

1 § 257 entspricht dem bisherigen § 657 ZPO. Ist der Unterhaltsschuldner insgesamt nicht leistungsfähig, entfällt im vereinfachten Verfahren die Pflicht zur Erklärung über Einwendungen nach § 252 Abs. 2; dementsprechend ist in den zu verwendenden amtlichen Vordrucken auch keine entsprechende Erklärung vorgesehen (OLG Düsseldorf FamRZ 2001, 765). Wendet sich ein im vereinfachten Verfahren in Anspruch genommener Unterhaltsschuldner an das Amtsgericht oder an das Jugendamt, um dort die von ihm verlangten Erklärungen abzugeben, sind diese Stellen nach § 257 verpflichtet, die amtlich eingeführten Formulare selbst auszufüllen. Dem Unterhaltsschuldner können daher Mängel beim Ausfüllen des Formulars nicht entgegengehalten werden, wenn das Amtsgericht seiner ihm nach § 257 obliegenden Verpflichtung nicht entsprochen hat (OLG Oldenburg MDR 2012, 1418). Für einen juristischen Laien, der als Antragsgegner im vereinfachten Verfahren den Einwand eingeschränkter oder fehlender Leistungsfähigkeit (Einwand »G« im Formular »Einwendungen gegen den Antrag auf Festsetzung von Unterhalt«) erhebt, ist die Vertretung durch einen Rechtsanwalt i.S.v. § 121 Abs. 2 ZPO erforderlich (OLG Oldenburg FamRZ 2011, 917).

2 Der Anwaltszwang gem. § 114 Abs. 1 gilt nicht für die Beschwerde gegen eine Festsetzung des Unterhalts im vereinfachten Verfahren: § 257 sieht von dem in § 114 Abs. 1 vorgesehenen Anwaltszwang eine Ausnahme für das vereinfachte Verfahren dahingehend vor, dass Anträge und Erklärungen vor dem Urkundsbeamten der Geschäftsstelle abgegeben werden können. § 257 Satz 1 ist gegenüber § 64 Abs. 2 Satz 2 lex specialis, so dass im vereinfachten Verfahren die Beschwerde auch gegenüber dem Urkundsbeamten der Geschäftsstelle eingelegt werden kann (OLG Brandenburg FamRZ 2012, 1894; 2014, 332; 2014, 681).

§ 258 Sonderregelungen für maschinelle Bearbeitung.
(1) ¹In vereinfachten Verfahren ist eine maschinelle Bearbeitung zulässig. ²§ 690 Abs. 3 der Zivilprozessordnung gilt entsprechend.
(2) Bei maschineller Bearbeitung werden Beschlüsse, Verfügungen und Ausfertigungen mit dem Gerichtssiegel versehen; einer Unterschrift bedarf es nicht.

1 § 258 Abs. 1 entspricht dem bisherigen § 658 Abs. 1 ZPO, § 258 Abs. 2 dem bisherigen § 658 Abs. 2 ZPO.

§ 259 Formulare.
(1) ¹Das Bundesministerium der Justiz wird ermächtigt, zur Vereinfachung und Vereinheitlichung der Verfahren durch Rechtsverordnung mit Zustimmung des Bundesrates Formulare für das vereinfachte Verfahren einzuführen. ²Für Gerichte, die die Verfahren maschinell bearbeiten, und für Gerichte, die die Verfahren nicht maschinell bearbeiten, können unterschiedliche Formulare eingeführt werden.
(2) Soweit nach Absatz 1 Formulare für Anträge und Erklärungen der Beteiligten eingeführt sind, müssen sich die Beteiligten ihrer bedienen.

1 § 259 Abs. 1 entspricht dem bisherigen § 659 Abs. 1 ZPO, § 259 Abs. 2 dem bisherigen § 659 Abs. 2 ZPO.

2 Da im vereinfachten Verfahren Einwendungen des Antragsgegners gegen den Unterhaltsfestsetzungsantrag gem. § 252 vom Amtsgericht nur zu berücksichtigen sind, wenn sie unter Verwendung der gem. § 259 bereitgestellten Formulare vorgebracht werden, ist eine Beschwerde des Antragsgegners gegen einen Festsetzungsbeschluss des Amtsgerichts unter Berufung auf eine im ersten Rechtszug ohne Verwendung des Formulars vorgebrachte Einwendung gem. § 256 Satz 2 unzulässig (OLG Köln FamRZ 2012, 1822).

3 Der gem. § 259 Abs. 2 zwingend zu verwendende amtliche Vordruck sieht seit 01.01.2002 auch die Möglichkeit der Erklärung vollständiger Leistungsunfähigkeit und vollständig fehlender Leistungsbereitschaft vor. Unter Geltung des Formulars in der bis 31.12.2001 geltenden Fassung wurde die Angabe vollständiger Leistungsunfähigkeit und vollständig fehlender Leistungsbereitschaft außerhalb des amtlichen Formulars für ausreichend erachtet, und zwar ganz überwiegend unter Hinweis darauf, dass das Formular die Möglichkeit einer Erklärung, zu keiner Zahlung bereit zu sein, gar nicht vorsah (s. zu allem etwa OLG Düsseldorf FamRZ 2001, 765, 766; OLG Frankfurt FamRZ 2002, 835, 836; OLG Rostock FamRZ 2002, 836; OLG Bamberg

FamRZ 2001, 108, 109; OLG Hamm FamRZ 2000, 360; FamRZ 2000, 901; zum Formular in der seit 01.01.2002 geltenden Fassung OLG Brandenburg FamRZ 2004, 1587; OLG Karlsruhe FamRZ 2006, 1548).

§ 260 Bestimmung des Amtsgerichts.
(1) ¹Die Landesregierungen werden ermächtigt, die vereinfachten Verfahren über den Unterhalt Minderjähriger durch Rechtsverordnung einem Amtsgericht für die Bezirke mehrerer Amtsgerichte zuzuweisen, wenn dies ihrer schnelleren und kostengünstigeren Erledigung dient. ²Die Landesregierungen können die Ermächtigung durch Rechtsverordnung auf die Landesjustizverwaltungen übertragen.
(2) Bei dem Amtsgericht, das zuständig wäre, wenn die Landesregierung oder die Landesjustizverwaltung das Verfahren nach Absatz 1 nicht einem anderen Amtsgericht zugewiesen hätte, kann das Kind Anträge und Erklärungen mit der gleichen Wirkung einreichen oder anbringen wie bei dem anderen Amtsgericht.

§ 260 Abs. 1 entspricht dem bisherigen § 660 Abs. 1 ZPO. 1
§ 260 Abs. 2 entspricht dem bisherigen § 660 Abs. 2 ZPO. 2

Anhang zu § 260
Verordnung zur Einführung von Vordrucken für das vereinfachte Verfahren über den Unterhalt minderjähriger Kinder (Kindesunterhalt-Formularverordnung - KindUFV)

Gesetz vom 20.11.2015 (BGBl 2015 I 2018), gültig ab 01.01.2017

§ 1 - Formulare

(1) Im vereinfachten Verfahren zur Festsetzung des Unterhalts für ein minderjähriges Kind wird das in der Anlage bestimmte Formular für den Antrag auf Festsetzung des Unterhalts nach den §§ 249 und 250 des Gesetzes über das Verfahren in Familiensachen und in den Angelegenheiten der freiwilligen Gerichtsbarkeit verwendet.
(2) Absatz 1 gilt nicht, soweit Unterhalt
1. für Zeiträume, für die das Kind Hilfe nach dem Zwölften Buch Sozialgesetzbuch, Sozialgeld nach dem Zweiten Buch Sozialgesetzbuch, Hilfe zur Erziehung oder Eingliederungshilfe nach dem Achten Buch Sozialgesetzbuch, Leistungen nach dem Unterhaltsvorschussgesetz oder Unterhalt nach § 1607 Abs. 2 oder 3 des Bürgerlichen Gesetzbuchs erhalten hat, von dem Träger der Sozialhilfe, des Sozialgeldes, der öffentlichen Jugendhilfe, dem Land oder dem Dritten aus übergegangenem Recht oder
2. nach § 94 Absatz 4 Satz 2 des Zwölften Buches Sozialgesetzbuch, § 33 Absatz 1 Satz 2 und Absatz 3 Satz 2 des Zweiten Buches Sozialgesetzbuch oder nach § 7 Abs. 4 Satz 1 des Unterhaltsvorschußgesetzes
verlangt wird.
Wird das Formular nach § 3 Nummer 2 so angepasst, dass dem Gericht die Angaben als strukturierter Datensatz übermittelt werden können, sollen die nach Satz 1 Nummer 1 und 2 antragsberechtigten Behörden dieses Formular nutzen.

§ 2 - Ausführung der Formulare

Das in Anlage bestimmte Formular für den Antrag auf Festsetzung von Unterhalt soll in der erforderlichen Stückzahl als Durchschreibesatz ausgeführt werden, der insbesondere die für die Zustellung erforderliche Abschrift des Antrags mit einem Formular der Mitteilung des Gerichts nach § 251 des Gesetzes über das Verfahren in Familiensachen und in den Angelegenheiten der freiwilligen Gerichtsbarkeit enthält.

§ 3 - Zulässige Abweichungen

Folgende Abweichungen von dem in der Anlage bestimmten Formular sind zulässig:
1. Berichtigungen, die auf einer Änderung von Rechtsvorschriften beruhen;
2. Anpassungen, Änderungen oder Ergänzungen, die es, ohne den Inhalt des Formulars zu verändern oder das Verständnis des Formulars zu erschweren, den Gerichten ermöglichen, die Verfahren maschinell zu bearbeiten, für die Bearbeitung technische Entwicklungen nutzbar zu machen oder vorhandene technische Einrichtungen weiter zu nutzen;

Anhang zu § 260

Buch 2. Verfahren in Familiensachen

3. Verringerung oder Erweiterung der notwendigen Ausfüllfelder für Fälle, in denen Unterhalt für weniger oder mehr Kinder geltend gemacht wird oder aus anderen Gründen Ausfüllfelder für weitere Angaben notwendig sind.

§ 4 – Übergangsvorschrift

Für Verfahren, die bis zum 31. Dezember 2016 beantragt wurden, sind die bis dahin geltenden Formulare zu verwenden.

Abschnitt 10. Verfahren in Güterrechtssachen

§ 261 **Güterrechtssachen.** (1) Güterrechtssachen sind Verfahren, die Ansprüche aus dem ehelichen Güterrecht betreffen, auch wenn Dritte an dem Verfahren beteiligt sind.
(2) Güterrechtssachen sind auch Verfahren nach § 1365 Abs. 2, § 1369 Abs. 2 und den §§ 1382, 1383, 1426, 1430 und 1452 des Bürgerlichen Gesetzbuchs sowie nach § 1519 des Bürgerlichen Gesetzbuchs in Verbindung mit Artikel 5 Absatz 2, Artikel 12 Absatz 2 Satz 2 und Artikel 17 des Abkommens vom 4. Februar 2010 zwischen der Bundesrepublik Deutschland und der Französischen Republik über der Güterstand der Wahl-Zugewinngemeinschaft.

Übersicht	Rdn.		Rdn.
A. Allgemeines	1	C. Sonstige Verfahren	14
B. Ansprüche aus dem ehelichen Güterrecht	5		

A. Allgemeines. Die Norm definiert den Begriff der Güterrechtssachen, der von dem früher in § 621 Abs. 1 Nr. 8 ZPO a.F. verwendeten Begriff der »Ansprüche aus dem ehelichen Güterrecht« abweicht. Er ist weiter gehend gefasst, da sowohl Rechtsstreitigkeiten im Zusammenhang mit Gesamtvermögensgeschäften als auch Verfahren nach §§ 1382 und 1383 BGB mit einbezogen sind. Während die Güterrechtssachen nach Abs. 1 **Familienstreitsachen** sind (§ 112 Nr. 2), sind solche nach Abs. 2 Verfahren der **freiwilligen Gerichtsbarkeit** (BT-Drucks. 16/6308 S. 262). 1

Innerhalb des Begriffs der Güterrechtssachen werden in Abs. 1 und 2 somit zwei Gruppen von Verfahren unterschieden. Abs. 1 übernimmt die schon nach § 621 Abs. 1 Nr. 8 ZPO a.F. bekannten »Ansprüche aus dem ehelichen Güterrecht«, während Abs. 2 die der freiwilligen Gerichtsbarkeit zuzuordnenden Verfahren dem gleichen Oberbegriff zuordnet. 2

Keine Güterrechtssachen, sondern sonstige Familiensachen i.S.d. § 266 Abs. 1 Nr. 3 sind dagegen die Verfahren betreffend die vermögensrechtlichen Ansprüche außerhalb des Güterrechts, also insb. vermögensrechtliche Auseinandersetzungen nach **Gütertrennung**. 3

Güterrechtssachen, die die Zeit ab Rechtskraft der Ehescheidung betreffen, können Folgesachen sein und im Verbund mit der Ehescheidung geltend gemacht werden (§ 137 Abs. 1 Satz 1 Nr. 4). Hierzu gehören neben den eigentlichen Ausgleichsverfahren grds. auch die Verfahren nach Abs. 2, die allerdings zumeist – wie etwa solche auf Zustimmung zu einem Gesamtvermögensgeschäft nach § 1365 Abs. 2 BGB oder auf Zustimmungsersetzung nach §§ 1426, 1430 BGB – nicht die Zeit nach Rechtskraft der Ehescheidung betreffen. Ist die Güterrechtssache Folgesache, ist sie zwingend abzutrennen, sobald ein Dritter am Verfahren beteiligt ist (§ 140 Abs. 1). 4

B. Ansprüche aus dem ehelichen Güterrecht. Güterrechtssachen sind zunächst solche Verfahren, die Ansprüche aus dem ehelichen Güterrecht betreffen, auch wenn Dritte an dem Verfahren beteiligt sind. Hierzu zählen grds. alle Ansprüche, die aus den §§ 1363 bis 1563 BGB hergeleitet werden, also insb. der Anspruch auf Ausgleich des Zugewinns einschließlich des Anspruchs auf Auskunft über das Anfangs-, das Endvermögen oder das Vermögen im Trennungszeitpunkt, Ansprüche aus der Gütergemeinschaft und deren Auflösung mit Ausnahme der in Abs. 2 genannten (Ersetzung der Zustimmung nach §§ 1426, 1430 u 1452 BGB) sowie auch solche aus der Eigentums- und Vermögensgemeinschaft nach § 39 FGB-DDR (BGH FamRZ 1991, 794). Dasselbe gilt für Vollstreckungsabwehrklagen nach § 767 ZPO, die sich gegen einen Titel aus einer Güterrechtssache richten (BGH FamRZ 1981, 19) oder für Verfahren nach ausländischem Güterrecht (Keidel/*Giers* § 261 Rn. 6a), einschließlich solcher aus dem deutsch-französischen Wahlgüterstand (BT-Drucks. 17/5126). 5

Entscheidend ist immer die Begründung des Anspruchs (BGH FamRZ 1990, 851; OLG Rostock FamRZ 2004, 650), nicht die Verteidigung dagegen (OLG Köln FamRZ 2004, 1584), weshalb i.F.d. Aufrechnung mit einem güterrechtlichen Anspruch das allgemeine Zivilgericht zuständig bleibt (BGH FamRZ 1989, 166), während die Aufrechnung mit einer nicht familienrechtlichen Gegenforderung gegen den Zugewinnausgleichsanspruch nichts an der Zuständigkeit des Familiengerichts ändert (OLG Köln FamRZ 1992, 450). 6

Zu den Güterrechtssachen zählen auch Rechtsstreitigkeiten aus Eheverträgen, durch die die Eheleute ihre güterrechtlichen Verhältnisse abweichend vom gesetzlichen Güterstand der Zugewinngemeinschaft geregelt 7 haben und die Rechtsfolgen auslösen, die durch eine Änderung des bestehenden Güterstandes ausgelöst werden können (BGH NJW 1978, 1923). Erforderlich ist allerdings, dass mit dem Vertrag die Durchführung des Zugewinnausgleichs oder die Auseinandersetzung der Gütergemeinschaft geregelt wird, sei es auch nur neben der Vereinbarung über die sonstigen vermögensrechtlichen Ansprüche, während ein bloßer güterrechtlicher Bezug, also beispielsweise der Ausschluss des Zugewinnausgleichs, nicht ausreichend ist (Keidel/*Giers* Rn. 9).

8 An den Güterrechtssachen können auch Dritte beteiligt sein. Dies gilt etwa für die Geltendmachung der Unwirksamkeit eines Rechtsgeschäfts gegen einen Dritten nach §§ 1368, 1369 Abs. 4 BGB, bei Ansprüchen nach § 1371 Abs. 4 BGB oder nach § 1390 BGB.

9 Anders als Zugewinnausgleichsansprüche aus § 1371 Abs. 2 und 3 BGB stellen solche aus § 1371 Abs. 1 BGB keine Güterrechtssache dar, obwohl der erhöhte Erbteil des überlebenden Ehegatten ein pauschalierter Zugewinnausgleich ist (BGH FamRZ 1991, 43, 49).

10 Güterrechtssachen gehören zu den Familienstreitsachen nach § 112. In diesen Verfahren sind grds. die Vorschriften der ZPO über das erstinstanzliche Verfahren vor den Landgerichten anzuwenden (§ 113). Für die güterrechtlichen Verfahren nach Abs. 1 ist stets die Zuständigkeit des Richters gegeben.

11 Die Regelungen zum Verfahren in Güterrechtssachen gelten für die Lebenspartnerschaft entsprechend (§§ 269 Abs. 1 Nr. 10–12, 270 Abs. 1 Satz 2).

12 Die Frage der Sicherung zukünftiger güterrechtlicher Ansprüche war bis zur Reform des Güterrechts zum 01.09.2009 streitig (vgl. dazu PWW/*Weinreich* 8. Aufl. § 1389 Rn. 20 ff.). Seither ist gem. § 119 Abs. 2 FamFG, § 916 ZPO allein der Arrest das zulässige Mittel für die Sicherung der zukünftigen Ausgleichsforderung. Die einstweilige Verfügung ist dagegen nicht zulässig (BT-Drucks. 16/6308 S. 500).

13 Keine Güterrechtssachen sind solche Verfahren, die Ansprüche aus der ehelichen Lebensgemeinschaft nach § 1353 BGB betreffen. Dasselbe gilt für Ansprüche aus der Mitverpflichtung des anderen Ehegatten nach § 1357 Abs. 1 BGB sowie vermögensrechtliche Streitigkeiten außerhalb des Güterrechts.

14 **C. Sonstige Verfahren.** Durch Abs. 2 werden weitere Verfahren in den Katalog der Güterrechtssachen mit einbezogen, nämlich Auseinandersetzungen wegen Gesamtvermögensgeschäften im gesetzlichen Güterstand der Zugewinngemeinschaft (§§ 1365 Abs. 2, 1369 Abs. 2 BGB), Verfahren mit dem Ziel der Stundung von Zugewinnausgleichsansprüchen (§ 1382 BGB) oder der Übertragung von Vermögensgegenständen (§ 1383 BGB) sowie Verfahren auf Ersetzung von Zustimmungen i.R.d. Gütergemeinschaft nach den §§ 1426, 1430 oder 1452 BGB.

Für die Verfahren nach §§ 1365 Abs. 2, 1369 Abs. 2 und 1426, 1430 BGB ist der Richter des Familiengerichts funktionell zuständig, da § 3 Nr. 1 RPflG keine Vollübertragung auf den Rechtspfleger beinhaltet und von einer Einzelübertragung für Geschäfte auf dem Gebiet der Familiensachen abgesehen wurde (§ 25 Nr. 3a RPflG). Für Verfahren nach § 1452 BGB ist die Zuständigkeit des Rechtspflegers gegeben. Bei Stundungs- und Ersetzungsverfahren nach §§ 1382, 1383 BGB ist zu differenzieren: Werden die Anträge isoliert geltend gemacht, ist die Zuständigkeit des Rechtspflegers gegeben, werden sie dagegen im Verbund oder in einem Verfahren über die Ausgleichsforderung geltend gemacht, entscheidet der Familienrichter.

15 Diese Verfahren sind – anders als die nach Abs. 1 – keine Familienstreitsachen, sondern Verfahren der freiwilligen Gerichtsbarkeit (BT-Drucks. 16/6308 S. 262).

16 Nicht zu den Güterrechtssachen zählen Verfahren nach den §§ 1411, 1491 Abs. 3, 1492 Abs. 3 und 1493 Abs. 2 BGB. Bei diesen Verfahren steht das Wohl von Minderjährigen oder Betreuten im Vordergrund, sodass diese Angelegenheiten als Kindschaftssachen oder Betreuungssachen zu definieren sind (BT-Drucks. 16/6308 S. 261).

17 Im Verfahren nach Abs. 1 fallen Gerichtsgebühren nach Hauptabschnitt 2, Abschnitt 2 der Anlage 1 zu § 3 Abs. 2 FamGKG an, sofern das Verfahren selbstständig betrieben wird. Ist es Teil des Verbundverfahrens, entstehen Gerichtsgebühren nach Hauptabschnitt 1. An Rechtsanwaltsgebühren entstehen eine Verfahrens- und ggf. eine Terminsgebühr (Nr. 3100 und 3104 VV RVG). Im Verfahren nach Abs. 2 fallen dagegen im selbstständigen Verfahren Gerichtsgebühren nach Hauptabschnitt 3 Abschnitt 2 der Anlage 1 zu § 3 Abs. 2 FamGKG und im Verbund solche nach Hauptabschnitt 1 an. Rechtsanwaltsgebühren entstehen wiederum nach Nr. 3100 VV RVG und dann, wenn auf Grund mündlicher Verhandlung entschieden wird, nach Nr. 3104 VV RVG.

§ 262 Örtliche Zuständigkeit.

(1) ¹Während der Anhängigkeit einer Ehesache ist das Gericht ausschließlich zuständig, bei dem die Ehesache im ersten Rechtszug anhängig ist oder war. ²Diese Zuständigkeit geht der ausschließlichen Zuständigkeit eines anderen Gerichts vor. (2) Im Übrigen bestimmt sich die Zuständigkeit nach der Zivilprozessordnung mit der Maßgabe, dass in den Vorschriften über den allgemeinen Gerichtsstand an die Stelle des Wohnsitzes der gewöhnliche Aufenthalt tritt.

Übersicht

	Rdn.		Rdn.
A. Allgemeines	1	C. Zuständigkeit i.Ü. (Abs. 2)	5
B. Zuständigkeit während der Anhängigkeit einer Ehesache (Abs. 1)	2		

A. Allgemeines. Die Zuständigkeitsregeln des § 262 gelten sowohl für die Güterrechtssachen nach § 261 Abs. 1 als auch für solche nach § 261 Abs. 2. Sie bezwecken die Zuständigkeitskonzentration beim Gericht der Ehesache und bestimmen i.Ü. nach Abs. 2 die örtliche Zuständigkeit auch in dem Fall, in dem eine Ehesache nicht anhängig ist. Über § 50 Abs. 1 Satz 1 begründet die Norm auch die Zuständigkeit für das Verfahren der einstweiligen Anordnung und auf Erlass des Arrestes. Denn nach der genannten Norm ist für die Maßnahmen des einstweiligen Rechtsschutzes das Gericht zuständig, das für die Hauptsache im ersten Rechtszug zuständig wäre. 1

B. Zuständigkeit während der Anhängigkeit einer Ehesache (Abs. 1). Abs. 1 Satz 1 verwirklicht die Konzentration der Zuständigkeit bei dem für die Ehesache zuständigen Gericht. Getragen wird die Regelung von dem Grundgedanken, dass Ehesachen und andere Familiensachen, an denen Ehegatten und ihre Kinder beteiligt sind, oft miteinander zusammenhängen und von einem Gericht sachgerechter und rationeller bearbeitet werden können als von mehreren Gerichten (BT-Drucks. 13/4899 S. 120). Durch die Zuständigkeitskonzentration werden auch widersprüchliche Entscheidungen vermieden. 2

Die Zuständigkeitsregelung setzt die Anhängigkeit der Ehesache voraus, die mit der Einreichung der Antragsschrift in der Ehesache beginnt (§ 124 Satz 1). Die Einreichung eines Antrages auf Bewilligung von Verfahrenskostenhilfe steht dem nicht gleich. Die Anhängigkeit der Ehesache endet mit dem Tod eines Ehegatten (§ 131), der Rücknahme des Scheidungsantrags (§ 141) oder mit der Rechtskraft des Beschlusses in der Ehesache. Ist die Güterrechtssache jedoch schon vor Beendigung der Anhängigkeit der Ehesache rechtshängig geworden, bleibt die Zuständigkeit des Gerichts der Ehesache bestehen. Auf die Zuständigkeit des Gerichts, bei dem die Ehesache anhängig ist, kommt es nicht an (Keidel/*Giers* § 262 Rn. 3). Wegen des Begriffs der Ehesachen vgl. § 121. 3

Nach Abs. 1 Satz 2 geht die ausschließliche Zuständigkeit nach Abs. 1 Satz 1 anderen ausschließlichen Zuständigkeiten ggü. vor. Dies gilt insb. auch für die durch §§ 767 Abs. 1, 802 ZPO begründete ausschließliche Zuständigkeit für Vollstreckungsgegenklagen. 4

C. Zuständigkeit i.Ü. (Abs. 2). Ist eine Ehesache nicht, noch nicht oder nicht mehr anhängig, richtet sich die örtliche Zuständigkeit nach den Vorschriften der ZPO, hier also §§ 12 ff. ZPO. Allerdings tritt in den Vorschriften über den allgemeinen Gerichtsstand an die Stelle des Wohnsitzes der gewöhnliche Aufenthaltsort. Dies ist der Ort, an dem der Schwerpunkt der sozialen und wirtschaftlichen Beziehungen, der Daseinsmittelpunkt namentlich in familiärer und beruflicher Hinsicht liegt (BGH FamRZ 2002, 1182). Von mehreren Aufenthaltsorten ist es derjenige, an dem der Schwerpunkt der Lebensführung liegt, wofür das Vorliegen einer Wohnung oder Schlafstelle spricht (Keidel/*Sternal* § 3 Rn. 8). 5

Außer dem Gerichtsstand des gewöhnlichen Aufenthaltsorts können auch die Gerichtsstände nach §§ 15 und 16 (Fehlen einen gewöhnlichen Aufenthalts im In- oder Ausland), 23 bis 29 (Gerichtsstand des Vermögens, dinglicher Gerichtsstand oder der des Erfüllungsortes), 33 (Gerichtsstand der Widerklage), 38 und 39 (Gerichtsstandsvereinbarung oder Zuständigkeit infolge rügeloser Verhandlung) ZPO in Betracht kommen. 6

Abs. 2 gilt somit in erster Linie für das isolierte Zugewinnausgleichsverfahren oder das vor der Anhängigkeit der Ehesache geltend gemachte Auskunftsverlangen bezogen auf den Zeitpunkt der Trennung sowie den Antrag auf vorzeitigen Zugewinnausgleich. 7

8 Wird der Antrag bei dem unzuständigen Gericht gestellt, erfolgt die Verweisung in Güterrechtssachen der freiwilligen Gerichtsbarkeit, also solchen nach § 261 Abs. 2, nach § 3, in solchen nach § 261 Abs. 1, also den Familienstreitsachen, gem. § 113 Abs. 1 i.V.m. § 281 ZPO. Soweit auch die Auffassung vertreten wird, § 262 Abs. 2 verdränge als speziellere Norm alle die örtliche Zuständigkeit betreffenden Regelungen des FamFG, sodass das Verfahren der Verweisung sich in jedem Fall nach § 262 Abs. 2, § 281 ZPO richte, kann dem nicht gefolgt werden (so: Prütting/Helms/*Heiter* § 262 Rn. 10; Zöller/*Lorenz* ZPO § 262 Rn. 7). Denn weder der Gesetzestext noch die Gesetzesbegründung geben Anlass zu einer derart weitgehenden Auslegung der Norm. In dieser ist ausdrücklich nur von der Bestimmung der Zuständigkeit, nicht auch vom Verfahren der Verweisung die Rede (so auch: Horndasch/Viefhues/*Boden/Cremer* § 262 Rn. 24).

§ 263 Abgabe an das Gericht der Ehesache.

¹Wird eine Ehesache rechtshängig, während eine Güterrechtssache bei einem anderen Gericht im ersten Rechtszug anhängig ist, ist diese von Amts wegen an das Gericht der Ehesache abzugeben. ²§ 281 Abs. 2 und 3 Satz 1 der Zivilprozessordnung gilt entsprechend.

1 Die Norm sichert die durch § 262 geschaffene Zuständigkeitskonzentration bei dem Gericht der Ehesache. Sie begründet i.F.d. nachfolgenden Rechtshängigkeit der Ehesache die verpflichtende Abgabe an das für diese zuständige Gericht von Amts wegen. Dies gilt für alle Güterrechtssachen, also sowohl für die Familienstreitsachen nach § 261 Abs. 1 als auch die der freiwilligen Gerichtsbarkeit zuzuordnenden Verfahren nach § 261 Abs. 2. Entsprechendes gilt schließlich über § 50 auch für Arrest und einstweilige Anordnung. Die Abgabe an das Gericht der Ehesache erfolgt von Amts wegen, ohne dass dem Gericht ein Ermessensspielraum eingeräumt worden wäre.

2 Voraussetzung für die Verpflichtung zur Abgabe ist die Anhängigkeit der Ehesache, die mit der Einreichung des Antragsschriftsatzes beginnt (§ 124 Satz 1) und mit der Verkündung oder Zustellung der Endentscheidung in der Ehesache endet. Auf die Zuständigkeit des Gerichts kommt es nicht an (Prütting/*Helms/Heiter* § 263 Rn. 4).

3 Die Verpflichtung zur Abgabe entfällt schon nach dem Wortlaut der Norm, wenn die Ehesache oder die Güterrechtssache bereits in der Rechtsmittelinstanz anhängig sind (Keidel/*Giers* § 263 Rn. 2), da der fortgeschrittene Verfahrensstand einen Zuständigkeitswechsel verbietet (Horndasch/Viefhues/*Boden/Cremer* § 263 Rn. 11). Verweist allerdings das Rechtsmittelgericht das Verfahren unter Aufhebung der erstinstanzlichen Entscheidung zurück, hat das Rechtsmittelgericht die Zurückverweisung an das Gericht der Ehesache vorzunehmen (BGH FamRZ 1980, 444).

4 Aus der Verweisung auf § 281 Abs. 2 ZPO folgt, dass der Verweisungsantrag auch zu Protokoll der Geschäftsstelle gestellt werden kann, mithin formlos möglich ist, dass der Verweisungsbeschluss nicht angefochten werden kann und dass dieser für das Gericht, an das abgegeben wird, bindend ist. Die allgemeine Regelung des § 4 findet wegen der für alle Güterrechtssachen geltenden speziellen Regelung des § 263 hier keine Anwendung (a.A. Keidel/*Giers* § 263 Rn. 3).

5 Soweit auf § 281 Abs. 3 Satz 1 ZPO verwiesen wird, wird klargestellt, dass die im Verfahren vor dem angegangenen Gericht angefallenen Kosten als ein Teil der Kosten behandelt werden, die bei dem Gericht, an das abgegeben wurde, erwachsen. Dieses Gericht hat also auch über die Kosten zu entscheiden, die vor dem zunächst angegangenen Gericht angefallen sind.

6 § 281 Abs. 3 Satz 2 ZPO, nach dem die Kosten dem Kläger auch dann aufzuerlegen sind, wenn er in der Hauptsache obsiegt, wird dagegen nicht in Bezug genommen. Deshalb sind die durch die Anrufung des unzuständigen Gerichts anfallenden Kosten gerade nicht ohne Weiteres dem Antragsteller aufzuerlegen. Das ist auch sachgerecht, da das angerufene Gericht – weil eine Ehesache bei Antragstellung im Güterrechtsverfahren noch nicht rechtshängig war – anfangs nicht unzuständig war und die nachfolgende Unzuständigkeit nicht auf von dem Antragsteller zu verantwortenden Umständen beruht.

§ 264 Verfahren nach den §§ 1382 und 1383 des Bürgerlichen Gesetzbuchs.

(1) ¹In den Verfahren nach den §§ 1382 und 1383 des Bürgerlichen Gesetzbuchs wird die Entscheidung des Gerichts erst mit der Rechtskraft wirksam. ²Eine Abänderung oder Wiederaufnahme ist ausgeschlossen.

(2) In dem Beschluss, in dem über den Antrag auf Stundung der Ausgleichsforderung entschieden wird, kann das Gericht auf Antrag des Gläubigers auch die Verpflichtung des Schuldners zur Zahlung der Ausgleichsforderung aussprechen.

Übersicht

	Rdn.		Rdn.
A. Allgemeines	1	D. Verpflichtung zur Zahlung der Ausgleichsforderung (Abs. 2)	7
B. Wirksamwerden der Entscheidung (Abs. 1 Satz 1)	4	E. Verfahrensrechtliche Besonderheiten	9
C. Ausschluss der Abänderung oder Wiederaufnahme (Abs. 1 Satz 2)	6		

A. Allgemeines. In § 264 werden Teile des früheren § 53a FGG übernommen. Die Regelung betrifft das 1 Verfahren nach § 1382 oder § 1383 BGB. Während § 1382 BGB zum Schutz des Ausgleichsschuldners die Möglichkeit vorsieht, die Stundung der Ausgleichsforderung anzuordnen, wenn die sofortige Leistung des Zugewinns auch unter Berücksichtigung der Interessen des Ausgleichsberechtigten zur Unzeit erfolgen würde, eröffnet § 1383 BGB dem Ausgleichsberechtigten die Chance, ausnahmsweise unter Anrechnung auf die Ausgleichsforderung einen bestimmten Gegenstand aus dem Vermögen des anderen Ehegatten zugewiesen zu erhalten, wenn dies dem Ausgleichsschuldner zuzumuten ist.

Das Verfahren, für das stets ein Antrag erforderlich ist, fällt in die sachliche Zuständigkeit des Familien- 2 gerichts und hier – solange es isoliert betrieben wird – des Rechtspflegers (§§ 3 Nr. 3g, 25 Nr. 3 RPflG). Es handelt sich bei den Verfahren nicht um Familienstreitsachen, da § 112 Nr. 2 sich nur auf Güterrechtssachen i.S.d. § 261 Abs. 1 bezieht, während Verfahren nach §§ 1382, 1383 BGB Güterrechtssachen i.S.d. § 261 Abs. 2 sind.

Die Regelung ist gem. § 17 HöfeO im Verfahren über die Stundung, Verzinsung und Sicherung eines Abfin- 3 dungsanspruchs nach § 12 Abs. 2 HöfeO entsprechend anwendbar.

B. Wirksamwerden der Entscheidung (Abs. 1 Satz 1). Nach Abs. 1 Satz 1 wird die gerichtliche Entschei- 4 dung – anders als nach der allgemeinen Regelung des § 40 Abs. 1 – nicht schon mit ihrer Bekanntgabe, sondern erst mit ihrer Rechtskraft wirksam. Eine vorläufige Vollstreckbarkeit gibt es nicht. Die formelle Rechtskraft regelt sich nach § 45. Mit ihrer Wirksamkeit ist die Entscheidung vollstreckbar (§ 86 Abs. 2).

Ergeht die Entscheidung nach §§ 1382, 1383 BGB im Verbund mit der Ehescheidung, tritt Wirksamkeit 5 nach § 148 erst mit der Rechtskraft des Scheidungsausspruchs ein. Ergeht sie i.R.d. Entscheidung über den Zugewinnausgleich als solcher, die eine Familienstreitsache ist, tritt die Wirksamkeit mit deren Rechtskraft ein (§ 116 Abs. 3 Satz 1).

C. Ausschluss der Abänderung oder Wiederaufnahme (Abs. 1 Satz 2). Nach Abs. 1 Satz 2 ist eine Abän- 6 derung oder die Wiederaufnahme des Verfahrens ausgeschlossen. Dessen bedarf es für die Stundungsentscheidung auch nicht, da § 1382 Abs. 6 BGB dem FamG ohnehin die Möglichkeit gibt, eine rechtskräftige Entscheidung auf Antrag zu ändern oder aufzuheben, wenn sich die Verhältnisse nach der Entscheidung geändert haben. Das gilt auch dann, wenn ein Stundungsantrag zurückgewiesen worden ist. Dann ist ein neuer Antrag nur dann möglich, wenn sich die tatsächlichen Verhältnisse seit der letzten mündlichen Verhandlung wesentlich verändert haben (OLG Stuttgart FamRB 2013, 310). Diese Möglichkeit ist insb. durch Abs. 1 Satz 2 nicht ausgeschlossen (BT-Drucks. 16/6308 S. 262). Entsprechendes ist für das Verfahren nach § 1383 BGB mangels Verweisung auf § 1382 Abs. 6 BGB nicht vorgesehen. Ein Bedürfnis hierfür besteht nicht.

D. Verpflichtung zur Zahlung der Ausgleichsforderung (Abs. 2). Nach Abs. 2 kann das Gericht dann, 7 wenn die Zugewinnausgleichsforderung als solche nicht streitig ist, auf Antrag des ausgleichsberechtigten Ehegatten auch zugleich mit der Stundungsentscheidung die Verpflichtung des Schuldners zur Zahlung aussprechen, also einen entsprechenden Zahlungstitel schaffen.

Voraussetzung für die Titulierung ist dem Wortlaut der Norm entsprechend eine Sachentscheidung über 8 den Stundungsantrag, die jedoch nicht zwingend eine stattgebende sein muss (Keidel/*Giers* § 264 Rn. 7; Horndasch/Viefhues/*Boden/Cremer* § 264 Rn. 27). Mit der Titulierung wird ein ansonsten im Fall späterer Leistungsverweigerung evtl. notwendig werdendes weiteres Verfahren vermieden.

9 E. Verfahrensrechtliche Besonderheiten. Mit der Entscheidung in den Verfahren nach §§ 1382, 1383 BGB trifft das Gericht auch eine Entscheidung über die Kosten, die sich im isolierten Verfahren nach §§ 80 ff. richten. Gegen die Entscheidung ist – gleich, ob sie der Richter oder der Rechtspfleger getroffen hat – die Beschwerde nach §§ 58 ff. sowie ggf. die Rechtsbeschwerde nach §§ 70 ff. gegeben. Damit ist eine Abhilfe durch das erstinstanzliche Gericht ausgeschlossen (§ 68 Abs. 1 Satz 2). Die Möglichkeiten des einstweiligen Rechtsschutzes folgen aus §§ 49 ff.

§ 265 Einheitliche Entscheidung.
Wird in einem Verfahren über eine güterrechtliche Ausgleichsforderung ein Antrag nach § 1382 Abs. 5 oder § 1383 Abs. 3 des Bürgerlichen Gesetzbuchs gestellt, ergeht die Entscheidung durch einheitlichen Beschluss.

1 Die Norm betrifft die Verfahren nach §§ 1382 oder 1383 BGB und zwar dann, wenn sie nicht isoliert, sondern im Rahmen eines Zugewinnausgleichsverfahrens geführt werden.

2 Geregelt wird damit der Fall, dass ein Ehegatte im Zugewinnausgleichsverfahren die Übertragung von Vermögensgegenständen unter Anrechnung auf die Ausgleichsforderung nach § 1383 BGB geltend macht oder hilfsweise die Stundung seiner Ausgleichsschuld nach § 1382 BGB begehrt. Wenngleich der Antrag auf Ausgleich des Zugewinns eine Familienstreitsache (§§ 261 Abs. 1, 112 Nr. 2) und das Verfahren nach §§ 1382 oder 1383 BGB ein solches der freiwilligen Gerichtsbarkeit ist (vgl. § 261 Rdn. 15), hat die Entscheidung in diesem Fall einheitlich und zwar durch Beschluss (§ 38) zu ergehen.

3 Die Vorschrift ist also in solchen Verfahren anwendbar, in denen die güterrechtliche Ausgleichsforderung als solche streitig ist. Sie stellt klar, dass in diesen Fällen zwar Familienstreitsache und Verfahren der freiwilligen Gerichtsbarkeit miteinander konkurrieren, jedoch gleichwohl eine einheitliche Entscheidung zu ergehen hat.

4 Die einheitliche Entscheidung enthält auch eine einheitliche, die Kosten beider Verfahrensbestandteile umfassende, Kostenentscheidung (Prütting/*Helms/Heiter* § 265 Rn. 5). Gegen die Entscheidung ist nach §§ 58 ff. die Beschwerde statthaft, ggf. auch die Rechtsbeschwerde (§§ 70 ff.).

Abschnitt 11. Verfahren in sonstigen Familiensachen

§ 266 **Sonstige Familiensachen.** (1) Sonstige Familiensachen sind Verfahren, die
1. Ansprüche zwischen miteinander verlobten oder ehemals verlobten Personen im Zusammenhang mit der Beendigung des Verlöbnisses sowie in den Fällen der §§ 1298 und 1299 des Bürgerlichen Gesetzbuchs zwischen einer solchen und einer dritten Person,
2. aus der Ehe herrührende Ansprüche,
3. Ansprüche zwischen miteinander verheirateten oder ehemals miteinander verheirateten Personen oder zwischen einer solchen und einem Elternteil im Zusammenhang mit Trennung oder Scheidung oder Aufhebung der Ehe,
4. aus dem Eltern-Kind-Verhältnis herrührende Ansprüche oder
5. aus dem Umgangsrecht herrührende Ansprüche

betreffen, sofern nicht die Zuständigkeit der Arbeitsgerichte gegeben ist oder das Verfahren eines der in § 348 Abs. 1 Satz 2 Nr. 2 Buchstabe a bis k der Zivilprozessordnung genannten Sachgebiete, das Wohnungseigentumsrecht oder das Erbrecht betrifft und sofern es sich nicht bereits nach anderen Vorschriften um eine Familiensache handelt.

(2) Sonstige Familiensachen sind auch Verfahren über einen Antrag nach § 1357 Abs. 2 Satz 1 des Bürgerlichen Gesetzbuchs.

Übersicht

	Rdn.		Rdn.
A. Allgemeines	1	b) Nr. 2 (Ehe)	16
B. Einzelheiten	5	c) Nr. 3 (Trennung, Scheidung,	
I. Abs. 1	5	Aufhebung der Ehe)	17
1. Aufbau (subsidiäre Auffangvorschrift)	5	d) Nr. 4 (Eltern-Kind-Verhältnis)	18
2. Einzelfälle	15	e) Nr. 5 (Umgangsrecht)	19
a) Nr. 1 (Verlöbnis)	15	II. Abs. 2	20

A. Allgemeines. Mit § 266 hat der Gesetzgeber den Zuständigkeitsbereich der Familiengerichte deutlich erweitert (»**Großes Familiengericht**«). Damit sollen Zivilrechtsstreitigkeiten, die eine besondere Nähe zu familienrechtlich geregelten Rechtsverhältnissen aufweisen oder in engem Zusammenhang mit der Auflösung eines solchen Rechtsverhältnisses stehen, ebenfalls Familiensachen werden. Ordnungskriterium ist dabei allein die Sachnähe des Familiengerichts zum Verfahrensgegenstand. Im Interesse aller Beteiligten soll es dem Familiengericht möglich sein, alle durch den sozialen Verband von Ehe und Familie sachlich verbundenen Rechtsstreitigkeiten zu entscheiden (vgl. dazu BT-Drucks. 16/6308, S. 168 ff.; BGH FamRZ 2013, 281 m. Anm. *Heiter*). 1

Die Schaffung des »Großen Familiengerichts« wird in § 266 komplettiert durch die Zuweisung der »sonstigen Familiensachen«, die – abgesehen von den praktisch kaum bedeutsamen Verfahren der freiwilligen Gerichtsbarkeit nach Abs. 2 – in Abs. 1 (Familienstreitsachen) m. weiten Tatbestandsmerkmalen (Verwendung generalklauselartiger Begriffe) und offenen Anknüpfungen (»herrühren«, »betreffen«, »im Zusammenhang mit«) umschrieben werden. Diese Regelungstechnik in Verbindung m. dem angestrebten Ziel einer umfassenden Regelung des Verfahrens in Familiensachen indiziert die Zulässigkeit einer insgesamt weiten Anwendung des § 266. Dessen Voraussetzungen sind danach immer gegeben, wenn das Verfahren durch die bezeichneten **familienrechtlichen Verhältnisse** oder – bei Einbeziehung Dritter – eine **spezifische Nähe** dazu **nicht unwesentlich mitgeprägt** ist, nicht dagegen, wenn der familienrechtliche Einschlag völlig untergeordnet ist, so dass eine Entscheidung durch das FamG sachfremd erscheint (BGH FamRZ 2013, 281; vgl. auch *Burger* FamRZ 2009, 1017). 2

Der Katalog der sonstigen Familiensachen in Abs. 1 ist abschließend. 3

§ 266 ist im Zusammenhang m. § 112 zu sehen. Abs. 1 betrifft ausschließlich Familienstreitsachen. Für sie sind aufgrund zahlreicher Verweisungen (insb. § 113 Abs. 1 Satz 2) in weitem Umfang die Vorschriften der ZPO anwendbar; der eigenständige Komplex der allgemeinen FamFG-Vorschriften gilt (als Ganzer) nur für die in Abs. 2 bezeichneten Verfahren. 4

§ 266 Buch 2. Verfahren in Familiensachen

5 **B. Einzelheiten. I. Abs. 1. 1. Aufbau (subsidiäre Auffangvorschrift).** Abs. 1 m. seiner offenen Umschreibung sonstiger Familiensachen zwecks möglichst umfassender Begründung der Zuständigkeit der FamG für alle entsprechenden Streitigkeiten soll die früher als Fehlzuordnung (insb. im Bereich der ZPO-Verfahren) empfundene Defizite beseitigen, nicht aber sachgerechte und bewährte, vor allem durch spezielle Rechtskenntnisse geprägte Zuständigkeiten ändern oder Doppelzuweisungen vornehmen. Abs. 1 ist deshalb als subsidiäre **Auffangvorschrift** aufgebaut; sie greift nur ein, wenn keine der in Halbs. 2 genannten **zahlreichen Ausnahmen** besteht.

6 Die Abgrenzung innerhalb des FamFG ist einfach: wenn es sich bereits **nach anderen Vorschriften** um eine **Familiensache** (vgl. § 111) oder um ein damit im Sachzusammenhang stehendes Verfahren handelt, ist keine ergänzende Zuweisung durch Abs. 1 notwendig; das Verfahren richtet sich dann alleine nach den Regeln für diese (primäre) Familiensache (Zöller/*Lorenz* § 266 FamFG Rn. 26); sie sind u.a. maßgebend für die Zuordnung zu den Familienstreitsachen (§ 112) oder den Angelegenheiten der freiwilligen Gerichtsbarkeit.

7 Problematischer ist die Abgrenzung, wenn inhaltlich eine Zuordnung zu den sonstigen Familiensachen nach Nr. 1 bis 5 möglich ist, sie jedoch m. Rücksicht auf den Gesichtspunkt der **Spezialität der erforderlichen Rechtskenntnisse** (vgl. BT-Drucks. 16/6308, S. 263) ausgeschlossen wird mit der Folge, dass überhaupt keine Familiensache vorliegt. Dies ist vorgesehen für die Fälle, in denen die ArbG zuständig sind u. wenn das Verfahren die in § 348 Abs. 1 Satz 2 Nr. 2a) – k) ZPO genannten Sachgebiete, das Wohnungseigentumsrecht oder das Erbrecht »betrifft«. Die **Aufzählung dieser Ausnahmen ist abschließend** (BGH FamRZ 2013, 281).

8 Danach liegt keine »sonstige Familiensache« vor, wenn nach § 2 ArbGG die **Arbeitsgerichte** zuständig sind. Das ist insb. der Fall bei Streitigkeiten aus zwischen Eheleuten geschlossenen Arbeitsverträgen. Der Rechtsweg zu den ArbG ist auch dann eröffnet, wenn bei einem Ehegatten-Arbeitsvertrag der Arbeitnehmer den Anspruch auf den schriftlich abgeschlossenen Arbeitsvertrag stützt, der Arbeitgeber wegen Scheingeschäfts für nichtig nach § 117 BGB hält (LAG Hamm Beschl. v. 24.07.2013 – 2 Ta 81/13 – juris).

9 Ausnahmen bei Verfahren i.S.d. § 348 Abs. 1 Satz 2 a) – k) ZPO sind in der Praxis selten. Zu denken ist insb. an **Handelssachen** i.S.d. § 95 GVG (§ 348 Abs. 1 Satz 2 f.) ZPO) – etwa bei der Auseinandersetzung eines Handelsgeschäfts oder einer Handelsgesellschaft (Keidel/*Giers* § 266 Rn. 21). Auseinandersetzungen um die Rückzahlung von Darlehen zwischen (geschiedenen) Eheleuten sind keine Streitigkeiten aus **Bank- und Finanzgeschäften** gem. § 348 Abs. 1 Satz 2 Nr. 2b) ZPO (OLG München FamRZ 2015, 277).

10 Verfahren, die das Wohnungseigentum betreffen, sind solche i.S.d. § 43 WEG. Weist ein Verfahren nach § 43 WEG allerdings nur geringen Bezug zum Sachgebiet des **Wohnungseigentumsrechts** auf u. liegt der Schwerpunkt bei den familienrechtlichen Bezügen, ist eine Familiensache anzunehmen. Dies gilt auch in Zweifelsfällen immer dann, wenn das Verfahren durch familienrechtliche Verhältnisse nicht unwesentlich mitgeprägt wird. Maßgeblich für die Zuordnung ist nicht der Gegenstand der Zuwendung oder der Gegenstand der Gesellschaft, sondern der Grund der Zuwendung oder das Vorhandensein einer Ehegatteninnengesellschaft (OLG Schleswig FamRZ 2014, 1727).

11 Das **Erbrecht** betreffen Verfahren wegen der Wirksamkeit eines Widerrufs nach § 2271 Abs. 1 BGB, wegen eines gemeinschaftlichen Vermächtnisses oder wegen der Auseinandersetzung einer Erbengemeinschaft zwischen Eheleuten (Keidel/*Giers* § 266 Rn. 22).

12 Unklar ist die **Reichweite des unbestimmten Rechtsbegriffs »betreffen«**. Dieses Merkmal ist zu konkretisieren, u. zwar aus Gründen der Rechtsklarheit m. weitgehender Beschränkung auf die Fälle einer rechtskraftfähigen (Teil-) Entscheidung über die genannten Spezialmaterien. Für den Ausschluss aus den »sonstigen Familiensachen« genügt es – außerhalb des Bereichs der Vorgreiflichkeit nach § 113 Abs. 1 i.V.m. § 148 ZPO – nicht, dass in einem (möglichen) Verfahren nach Abs. 1 Nr. 1 bis 5 eine **Vorfrage** aus einem der genannten Sachgebiete zu klären ist. Eine Einschränkung der (als Voraussetzung der umfassenden Entscheidungszuständigkeit gem. § 17 Abs. 2 Satz 1 GVG notwendigen) Vorfragenkompetenz würde dem Normzweck des § 266 widersprechen u. ist deshalb ohne ausdrückliche gesetzliche Regelung nicht anzunehmen. Dagegen liegt ein hinreichender, die Zuständigkeit des Familiengerichts insoweit ausschließender »Betreff« vor, wenn ein **abgrenzbarer Teil des Verfahrensgegenstands** eines der genannten Sachgebiete betrifft – etwa als Gegenstand eines Gegenantrags im Sinne einer **Widerklage**. Dasselbe gilt für den Fall der **Aufrechnung** m. einer familienrechtsfremden Forderung. Dabei kann offenbleiben, ob sich bei Anwendung des § 17 Abs. 2 Satz 1 GVG die umfassende Kompetenz auf die Aufrechnung m. sämtlichen (auch rechtswegfremden) Gegenforderungen erstreckt; denn der in § 266 selbst hervorgehobene Gesichtspunkt der Spezialität *greift vorher ein*, indem bereits bei der Definition der »sonstigen Familiensachen« (und der darauf beru-

henden Zuständigkeit der FamG) hinreichend deutlich zum Ausdruck kommt, dass eine rechtskraftfähige Entscheidung in den aufgezählten Sachgebieten (in jeder Form) nicht vom FamG getroffen werden soll. Wird allerdings ein verfahrensrechtlich einheitlicher Anspruch auf **mehrere Anspruchsgrundlagen** gestützt, entscheidet das FamG über die Sache insgesamt, es sei denn, die Anspruchsgrundlagen, die zu den genannten Spezialgebieten gehören, bilden den rechtlichen **Schwerpunkt des Verfahrens** (vgl. auch Keidel/ Giers § 266 Rn. 23; Zöller/*Lorenz* § 266 FamFG Rn. 23).

Lässt sich ein Anspruch unter mehreren Gesichtspunkten den sonstigen Familiensachen zuordnen, besteht kein Anlass, unter den Nr. 1 bis 5 ein **Rangverhältnis** aufzustellen. Rechtliche Konsequenzen fehlen: das Verfahren ist in allen Fällen als Familienstreitsache, d.h. nach den (modifizierten) Vorschriften der ZPO zu behandeln. Deshalb genügt es festzustellen, dass ein geltend gemachter Anspruch (vollständig) unter eine bestimmte Nummer des Abs. 1 fällt, unabhängig davon, ob noch eine weitere Nummer einschlägig sein könnte; die Begründetheit richtet sich ohnehin nach materiellen Recht. 13

Verfahren nach Abs. 1 sind zumeist, aber nicht notwendig **vermögensrechtlicher Art**; eine Rechtsnachfolge ändert nicht die Zuständigkeit des FamG (dazu *Burger* FamRZ 2009, 1017). 14

2. Einzelfälle. a) Nr. 1 (Verlöbnis). Nr. 1 betrifft Verfahren zwischen (ehemaligen) **Verlobten** (nicht bei gescheiterter **nicht ehelicher Lebensgemeinschaft** ohne Verlobung; vgl. *Burger* FamRZ 2009, 1017; Keidel/ *Giers* § 266 Rn. 4) bzw. – in den Fällen der §§ 1298, 1299 BGB – zwischen diesen und Dritten. Die genannten Vorschriften betreffen Ersatzansprüche bei **Rücktritt vom Verlöbnis**. Dazu gehören **Ersatzansprüche der Eltern** für Aufwendungen in Erwartung der Ehe (z.B. unnötiger Vorbereitungskosten für eine geplante Hochzeit) u. **Schadensersatzansprüche eines Verlobten** aufgrund von (Vermögens-)Dispositionen, die dieser in Erwartung der Ehe vorgenommen hat. Von den Ansprüchen aus §§ 1298, 1299 BGB abgesehen fallen unter Nr. 1 ausschließlich Streitigkeiten zwischen den (ehemals) Verlobten, nicht aber zwischen diesem und einem Dritten (BT-Drucks. 16/6308, S. 262). In Betracht kommen Ansprüche aus § 1301 BGB (**Rückgabe der Verlobungsgeschenke**), außerdem Ansprüche auf Herausgabe während der Verlobungszeit angeschaffter Gegenstände (vgl. LG Mainz FamRZ 2013, 68), Ansprüche aus Bereicherungsrecht, unerlaubter Handlung sowie Ansprüche aus Gesellschaftsverhältnissen. Wesentlich ist der »**Zusammenhang mit der Beendigung des Verlöbnisses**«. Darin liegt eine (notwendige) inhaltliche Begrenzung; denn nicht jede Auseinandersetzung zwischen Verlobten hat familienrechtliche Bezüge. Ein **zeitlicher Zusammenhang** mit der Beendigung des Verlöbnisses ist dagegen nicht erforderlich (wie bei Nr. 3; vgl. Rdn. 17). 15

b) Nr. 2 (Ehe). Nach Nr. 2 sind sonstige Familiensachen auch Verfahren, die **aus der Ehe herrührende Ansprüche** betreffen. Diese Voraussetzung ist erfüllt, wenn der Anspruch in der Ehe selbst seine Grundlage findet. Ein bloßer Zusammenhang des geltend gemachten Anspruchs mit einer Ehe genügt nicht (BGH FamRZ 2014, 746; Zöller/*Lorenz* ZPO, § 266 FamFG Rn. 13; *Burger* FamRZ 2009, 1017; *Heiter* FamRB 2010, 121; BT-Drucks. 16/6308, S. 263). Unter Nr. 2 fallen vor allem **Ansprüche aus § 1353 BGB**, insb. der Anspruch auf Mitwirkung am **steuerlichen Realsplitting** bzw. der **steuerlichen Zusammenveranlagung** (BGH FamRZ 2010, 269), der Anspruch auf **Übertragung des Schadenfreiheitsrabatts** in der Kfz-Versicherung (AG Olpe FamRZ 2010, 919) oder der Anspruch auf **Zustimmung zur Zielversorgungswahl** nach § 15 Abs. 3 VersAusglG (vgl. jurisPK-BGB/*Breuers* § 15 VersAusglG Rn. 35; HK-VersAusglR/*Breuers* § 15 VersAusglG Rn. 57). Daneben erfasst Nr. 2 (insoweit als typische Auffangvorschrift) auch einen etwaigen Antrag auf **Herstellung des ehelichen Lebens**, der – anders als früher (vor dem 01.09.2009) – keine Ehesache mehr darstellt. Hinzu kommen Ansprüche, die dem Schutz der ehelichen Lebensgemeinschaft vor Störungen dienen. Dazu zählen insb. die sich aus §§ 823 Abs. 1, 1004 BGB i.V.m. Art. 6 Abs. 1 GG ergebenden **Unterlassungs- und Beseitigungsansprüche bei Störungen des räumlich-gegenständlichen Bereichs der Ehe**, auch wenn sie sich gegen einen Dritten richten (ausf. Keidel/*Giers* § 266 Rn. 9 ff.; vgl. auch BGH FamRZ 2014, 746; BT-Drucks. 16/6308, S. 262). Dasselbe gilt für sich daraus ergebende **Schadensersatzansprüche** aus § 823 Abs. 1 BGB (*Wever* FF 2008, 399). Ein Verfahren, in dem die Unterlassung einer von einem Dritten getätigten Äußerung begehrt wird, die geeignet ist, die persönliche Beziehung zwischen Ehegatten zu beeinträchtigen, ist dagegen keine sonstige Familiensache (BGH FamRZ 2014, 746). 16

c) Nr. 3 (Trennung, Scheidung, Aufhebung der Ehe). Nr. 3 erfasst Ansprüche zwischen (ehemals) miteinander verheirateten Personen oder zwischen einer solchen u. einem Elternteil. Dadurch wird insb. die vermögensrechtliche Auseinandersetzung zwischen den Ehegatten außerhalb des Güterrechts (sog. **Nebengüterrecht**) den FamG zugewiesen (BT-Drucks. 16/6308, S. 263). Erforderlich ist (wie bei Nr. 1) ein **inhaltlicher Zusammenhang** mit der Beendigung der Verbindung. Ein solcher liegt vor, wenn das Verfahren vor 17

§ 266

allem die wirtschaftliche Entflechtung der (vormaligen) Ehegatten betrifft (BGH FamRZ 2013, 281; OLG Stuttgart FamRZ 2011, 1420; OLG Zweibrücken FamRZ 2012, 1410). Im Hinblick auf die gewünschte möglichst umfassende Zuständigkeit der FamG ist der Begriff des »Zusammenhangs« mit der Beendigung der ehelichen Gemeinschaft großzügig zu beurteilen. Eine sonstige Familiensache i.S.d. Nr. 3 ist immer dann anzunehmen, wenn das Verfahren durch die bezeichneten **familienrechtlichen Verhältnisse nicht unwesentlich mitgeprägt** ist (BGH FamRZ 2013, 281). Auszuscheiden sind die Fälle, in denen der familienrechtliche Bezug völlig untergeordnet ist, so dass eine Entscheidung durch das FamG sachfremd erscheint (OLG Stuttgart FamRZ 2011, 1420). Ein inhaltlicher Zusammenhang ist vor allem bei naheliegenden und häufig vorkommenden Folgen oder Begleiterscheinungen der Beendigung einer Ehe gegeben (OLG Frankfurt FamRZ 2011, 1421). Der erforderliche inhaltliche **Zusammenhang kann rechtlicher oder wirtschaftlicher Art** sein. Trennung, Scheidung oder Aufhebung der Ehe müssen jedenfalls in tatsächlicher oder rechtlicher Hinsicht für die geltend gemachte Rechtsfolge **ursächlich** sein. Dass die Ansprüche ihren Grund unmittelbar in der Ehe haben oder aus diesem Rechtsverhältnis herrühren, ist nicht erforderlich (BGH FamRZ 2013, 281). Nr. 3 erfordert auch keinen besonderen **zeitlichen Zusammenhang** mit der Trennung oder Scheidung bzw. Aufhebung der Ehe (OLG Zweibrücken FamRZ 2012, 1410; OLG Braunschweig FamRZ 2012, 1816; OLG Hamm FamRZ 2011, 392; OLG Stuttgart NJW-RR 2011, 867; OLG Frankfurt NJW 2010, 3173; LG Osnabrück FamRZ 2011, 1090; *Wever* FamRZ 2012, 416 m.w.N.; a.A. AG Holzminden FamRZ 2010, 1758; offen gelassen in BGH FamRZ 2013, 281; OLG München FamRZ 2015, 277). Sonstige Familiensachen sind insb. Streitigkeiten zwischen Eheleuten wegen der Nutzung oder Instandhaltung des Familieneigenheims (vgl. LG Stralsund FamRZ 2011, 1673) einschließlich der Zahlung einer **Nutzungsvergütung** (OLG Frankfurt FamRZ 2014, 1732; OLG Frankfurt FamRZ 2013, 1681; OLG Nürnberg FamRZ 2013, 1506) u. wegen der **Auseinandersetzung des Miteigentums**. In Betracht kommen außerdem die **Rückforderung von Zuwendungen** (vgl. OLG München FamRZ 2015, 277; OLG Nürnberg FamRZ 2012, 896; OLG Dresden Beschl. v. 29.11.2013 – 20 W 1094/13, juris) u. **Schenkungen** zwischen den Ehegatten u. seitens der Eltern (LG Bonn FamRZ 2010, 1686), Streitigkeiten wegen eines **Gesamtschuldnerausgleichs** einschließlich möglicher **Freistellungsansprüche** wegen gemeinsamer Verbindlichkeiten (OLG Celle FamRZ 2014, 1728; OLG Jena FamRZ 2012, 372; OLG Hamm FamRZ 2011, 1421) oder die Auseinandersetzung von **BGB-Innengesellschaften** (OLG Stuttgart FamRZ 2011, 1420) u. **Kooperationsverträgen** sowie Streit um **Kontoguthaben** oder Kapitalanlagen (KG Berlin FamRZ 2013, 68), ein **Gesamtgläubigerausgleich** (OLG Celle FamRZ 2014, 66), ferner Herausgabe- und Aufwendungsersatzansprüche (LG Kiel ZMR 2014, 452; LG Konstanz FamRZ 2013, 1157), Streitigkeiten aus **Mietverträgen** (einschließlich gewerblicher Mietverträge), die die Eheleute untereinander geschlossen haben (BGH FamRZ 2013, 281; ausf. zu diesen und weiteren Anwendungsbereichen *Wever* FamRZ 2011, 413; *ders.* FamRZ 2012, 416; Keidel/*Giers* § 266 Rn. 14 ff.). Kein inhaltlicher Zusammenhang besteht bei der Klage auf Rückzahlung eines wegen Zahlungsverzuges gekündigten **Darlehens** gegen den früheren Schwiegersohn (OLG Frankfurt FamRZ 2011, 1421; vgl. aber LG Saarbrücken FamRZ 2013, 1415).

18 **d) Nr. 4 (Eltern-Kind-Verhältnis).** Nr. 4 betrifft Ansprüche aus einem Eltern-Kind-Verhältnis. Neben Verlöbnis u. Ehe handelt es sich bei dem Eltern-Kind-Verhältnis um ein weiteres spezifisch familienrechtliches Rechtsverhältnis. Als Ergänzung zur Zuständigkeit für Kindschaftssachen soll das FamG auch für sonstige **zivilrechtliche Ansprüche aus dem Eltern-Kind-Verhältnis** zuständig sein (BT-Drucks. 16/6308, S. 263). Das Tatbestandsmerkmal »herrühren« ist dahingehend zu konkretisieren, dass der Anspruch im Eltern-Kind-Verhältnis seine »**Grundlage**« haben muss; ein bloßer Zusammenhang m. einem Eltern-Kind-Verhältnis genügt nicht (BT-Drucks. 16/6308, S. 263). Inhaltlich erfasst Nr. 4 insb. Streitigkeiten wegen **Herausgabe oder Verwaltung des Kindesvermögens** (vgl. OLG Dresden FamRZ 2012, 146: Anspruch des volljährigen Kindes gegen den vormals sorgeberechtigten Elternteil aus § 1698 BGB) einschließlich etwaiger **Schadensersatzansprüche** (BT-Drucks. 16/6308, S. 263; LG Koblenz FamRZ 2011, 1090 zu § 1833 BGB; OLG Karlsruhe FamRZ 2015, 860; LG Ellwangen FamRZ 2011, 739 jeweils zu § 1664 BGB u. deliktischen Ansprüchen aufgrund von Pflichtverletzungen bei Ausübung der elterlichen Sorge), wohl auch **familienrechtliche Ausgleichsansprüche**, sofern man sie verfahrensrechtlich nicht schon als Unterhaltsansprüche ansieht (so OLG Köln FamRZ 2012, 574), hingegen – mangels unmittelbarer Rechtsgrundlage im genannten Verhältnis – nicht der **Streit über Kindergeldanteile**; a.A. Keidel/*Giers* § 266 Rn. 18). Nicht primär familienrechtlich geprägte, **schuld- oder erbrechtliche Ansprüche** fallen nicht unter Nr. 4 (OLG Zweibrücken NJW-RR 2011, 584; OLG Koblenz FamRB 2014, 252; OLG Hamm FamRZ 2013, 574), auch nicht der Anspruch auf **Räumung und Herausgabe einer Immobilie** aus § 985 BGB (LG Wiesbaden Urt. v. 18.10.2012 – 9 O 104/12,

Abschnitt 11. Verfahren in sonstigen Familiensachen §§ 267, 268

juris). Dasselbe gilt für Schadensersatzansprüche eines Betreuten gegen den Betreuer, die im **Betreuungsverhältnis** wurzeln; sie sind auch dann keine Familiensachen nach Nr. 4, wenn der Betreuer ein Elternteil des Betreuten ist (OLG Frankfurt Beschl. v. 05.01.2010 – 6 UFH 4/09, juris).

e) Nr. 5 (Umgangsrecht). Nr. 5 umfasst insb. Schadensersatzansprüche wegen Nichteinhaltens einer Umgangsregelung (BT-Drucks. 16/6308, S. 263), nicht dagegen Verfahren zur Regelung oder Durchsetzung des Umgangsrechts selbst (Kindschaftssachen gem. § 151 Nr. 2; vgl. BT-Drucks. 16/6308, S. 263). 19

II. Abs. 2. Abs. 2 betrifft als Einzelregelung ausschließlich das **Verfahren gem. § 1357 Abs. 2 Satz 1 BGB**. Danach kann ein Ehegatte die Berechtigung des anderen Ehegatten, Geschäfte mit Wirkung für ihn zu besorgen, beschränken oder ausschließen; besteht für die Beschränkung oder Ausschließung kein ausreichender Grund, hat das FamG sie auf Antrag aufzuheben. Die Regelung behandelt eine allgemeine Ehewirkung; sie ist güterstandsunabhängig, so dass die Verfahren nicht den Güterrechtssachen zuzuordnen sind (BT-Drucks. 16/6308, S. 263). Das Verfahren gehört nicht zu den in Abs. 1 geregelten Familienstreitsachen, sondern zum Bereich der freiwilligen Gerichtsbarkeit (BT-Drucks. 16/6308, S. 263). 20

§ 267 Örtliche Zuständigkeit. (1) ¹**Während der Anhängigkeit einer Ehesache ist das Gericht ausschließlich zuständig, bei dem die Ehesache im ersten Rechtszug anhängig ist oder war.** ²**Diese Zuständigkeit geht der ausschließlichen Zuständigkeit eines anderen Gerichts vor.**
(2) Im Übrigen bestimmt sich die Zuständigkeit nach der Zivilprozessordnung mit der Maßgabe, dass in den Vorschriften über den allgemeinen Gerichtsstand an die Stelle des Wohnsitzes der gewöhnliche Aufenthalt tritt.

Die Vorschrift bewirkt eine **Zuständigkeitskonzentration** beim Gericht der Ehesache (§ 121), wie sie auch für andere Familiensachen vorgesehen ist (vgl. §§ 152 Abs. 1, 201 Nr. 1, 232 Abs. 1 Nr. 1, 262 Abs. 1). Die Regelung in Abs. 1 entspricht § 621 Abs. 2 Satz 1 ZPO a.F, in Abs. 2 § 621 Abs. 2 Satz 2 ZPO a.F. 1

Nach Abs. 1 Satz 1 ist für sonstige Familiensachen i.S.d. § 266 während der Anhängigkeit der Ehesache das Gericht zuständig, bei dem die Ehesache in erster Instanz anhängig (gewesen) ist. Die **Anhängigkeit beginnt** m. der Einreichung der Antragsschrift in der Ehesache beim FamG. Ein Antrag auf Bewilligung von **Verfahrenskostenhilfe** genügt nicht, wenn der gleichzeitig eingereichte Antrag in der Ehesache ausdrücklich nur unter der Bedingung der VKH-Bewilligung eingereicht wird; in diesem Fall kommt es auf den Zeitpunkt der Bewilligung der VKH an. Die **Anhängigkeit endet** m. der Rechtskraft der Entscheidung in der Ehesache (zur »Anhängigkeit« der Ehesache vgl. auch § 124 Satz 1 nebst Erläuterungen; ferner Zöller/ *Lorenz* § 267 FamFG Rn. 2). 2

Abs. 1 Satz 2 bestimmt den **Vorrang** der in Satz 1 festgelegten Zuständigkeit vor anderen ausschließlichen Zuständigkeiten (etwa gem. §§ 767 Abs. 1, 802 ZPO). 3

Abs. 2 verweist bei fehlender (früherer) Anhängigkeit einer Ehesache, auf die Vorschriften der ZPO mit der Maßgabe, dass in den Vorschriften über den **allgemeinen Gerichtsstand** (§ 12, 13 ZPO) an die Stelle des Wohnsitzes der gewöhnliche Aufenthalt tritt. Der **gewöhnliche Aufenthalt** ist dabei wie in § 606 ZPO a.F., § 45 FGG a.F. zu verstehen. Er wird von einer auf längere Dauer angelegten sozialen Eingliederung gekennzeichnet u. ist allein von der tatsächlichen – ggf. vom Willen unabhängigen – Situation gekennzeichnet, die den Aufenthaltsort als Mittelpunkt der Lebensführung ausweist (BT-Drucks. 16/6308, S. 226). Im Übrigen wird wegen der Kriterien für einen »gewöhnlichen Aufenthalt« auf die Kommentierung zu § 122 verwiesen. Neben dem allgemeinen Gerichtsstand nach §§ 12, 13 ZPO können die besonderen Gerichtsstände nach §§ 15, 16, 23, 29, 31, 32, 33 ZPO gegeben sein. 4

§ 268 Abgabe an das Gericht der Ehesache. Wird eine Ehesache rechtshängig, während eine sonstige Familiensache bei einem anderen Gericht im ersten Rechtszug anhängig ist, ist diese von Amts wegen an das Gericht der Ehesache abzugeben. § 281 Abs. 2 und 3 Satz 1 der Zivilprozessordnung gilt entsprechend.

Die Vorschrift stimmt (abgesehen vom Begriff »sonstige Familiensache«) wörtlich überein mit §§ 153, 202, 233, 263. Wie dort und entsprechend § 621 Abs. 3 ZPO a.F. wird eine Zuständigkeitskonzentration beim Gericht der Ehesache (vgl. § 267 Rdn. 2) erreicht, und zwar durch von Amts wegen vorzunehmende Abgabe der sonstigen Familiensache. Erforderlich ist (abw. von § 267 Abs. 1) die Rechtshängigkeit der Ehesache. 1

Breuers

§ 268

2 Durch die Verweisung auf § 281 Abs. 2 ZPO wird klargestellt, dass der Abgabebeschluss unanfechtbar ist (§ 281 Abs. 2 Satz 2 ZPO); er bedarf also keiner Rechtsbehelfsbelehrung. Für das Gericht der Ehesache ist die Abgabe bindend (§ 281 Abs. 2 Satz 4 ZPO).

3 Außerdem stellt Satz 2 durch Verweisung auf § 281 Abs. 3 Satz 1 ZPO klar, dass die im Verfahren vor dem zunächst angerufenen Gericht entstandenen Kosten Teil der Kosten des Verfahrens beim Gericht der Ehesache sind.

Abschnitt 12. Verfahren in Lebenspartnerschaftssachen

§ 269 Lebenspartnerschaftssachen. (1) Lebenspartnerschaftssachen sind Verfahren, welche zum Gegenstand haben:
1. die Aufhebung der Lebenspartnerschaft auf Grund des Lebenspartnerschaftsgesetzes,
2. die Feststellung des Bestehens oder Nichtbestehens einer Lebenspartnerschaft,
3. die elterliche Sorge, das Umgangsrecht oder die Herausgabe in Bezug auf ein gemeinschaftliches Kind,
4. die Annahme als Kind und die Ersetzung der Einwilligung zur Annahme als Kind,
5. Wohnungszuweisungssachen nach § 14 oder § 17 des Lebenspartnerschaftsgesetzes,
6. Haushaltssachen nach § 13 oder § 17 des Lebenspartnerschaftsgesetzes,
7. den Versorgungsausgleich der Lebenspartner,
8. die gesetzliche Unterhaltspflicht für ein gemeinschaftliches minderjähriges Kind der Lebenspartner,
9. die durch die Lebenspartnerschaft begründete gesetzliche Unterhaltspflicht,
10. Ansprüche aus dem lebenspartnerschaftlichen Güterrecht, auch wenn Dritte an dem Verfahren beteiligt sind,
11. Entscheidungen nach § 6 des Lebenspartnerschaftsgesetzes in Verbindung mit § 1365 Abs. 2, § 1369 Abs. 2 und den §§ 1382 und 1383 des Bürgerlichen Gesetzbuchs,
12. Entscheidungen nach § 7 des Lebenspartnerschaftsgesetzes in Verbindung mit den §§ 1426, 1430 und 1452 des Bürgerlichen Gesetzbuchs oder mit § 1519 des Bürgerlichen Gesetzbuchs und Artikel 5 Absatz 2, Artikel 12 Absatz 2 Satz 2 oder Artikel 17 des Abkommens vom 4. Februar 2010 zwischen der Bundesrepublik Deutschland und der Französischen Republik über den Güterstand der Wahl-Zugewinngemeinschaft.

(2) Sonstige Lebenspartnerschaftssachen sind Verfahren, welche zum Gegenstand haben:
1. Ansprüche nach § 1 Abs. 4 Satz 2 des Lebenspartnerschaftsgesetzes in Verbindung mit den §§ 1298 bis 1301 des Bürgerlichen Gesetzbuchs,
2. Ansprüche aus der Lebenspartnerschaft,
3. Ansprüche zwischen Personen, die miteinander eine Lebenspartnerschaft führen oder geführt haben, oder zwischen einer solchen Person und einem Elternteil im Zusammenhang mit der Trennung oder Aufhebung der Lebenspartnerschaft,

sofern nicht die Zuständigkeit der Arbeitsgerichte gegeben ist oder das Verfahren eines der in § 348 Abs. 1 Satz 2 Nr. 2 Buchstabe a bis k der Zivilprozessordnung genannten Sachgebiete, das Wohnungseigentumsrecht oder das Erbrecht betrifft und sofern es sich nicht bereits nach anderen Vorschriften um eine Lebenspartnerschaftssache handelt.

(3) Sonstige Lebenspartnerschaftssachen sind auch Verfahren über einen Antrag nach § 8 Abs. 2 des Lebenspartnerschaftsgesetzes in Verbindung mit § 1357 Abs. 2 Satz 1 des Bürgerlichen Gesetzbuchs.

§ 269 Abs. 1 enthält den Begriff der Lebenspartnerschaftssachen. Lebenspartnerinnen oder Lebenspartner 1 sind nach § 1 Abs. 1 Satz 1 LPartG zwei Personen gleichen Geschlechts, die ggü. dem Standesbeamten persönlich und bei gleichzeitiger Anwesenheit erklären, miteinander eine Partnerschaft auf Lebenszeit führen zu wollen. Hierunter fallen auch Lebenspartnerschaften, die im Ausland registriert sind. Dies trifft ebenfalls zu auf im Ausland geschlossene gleichgeschlechtliche Ehen (vgl. Thomas/Putzo/*Hüßstege* § 269 Rn. 2; OLG Zweibrücken NJW-RR 2011, 1156, 1157; KG StAZ 2011, 181). Im Wesentlichen erfolgte die Übernahme des früheren § 661 Abs. 1, 2 ZPO. Es handelt sich um Verfahren, die zum Gegenstand haben:

(1) die Aufhebung der Lebenspartnerschaft aufgrund des LPartG (die Lebenspartnerschaft wird nach § 15 Abs. 1 LPartG auf Antrag durch richterliche Entscheidung aufgehoben. Voraussetzung ist nach § 15 Abs. 2 Satz 1 LPartG bei einer Trennung von 1 Jahr entweder die einverständlich begehrte Aufhebung *oder die positive Feststellung*, dass die Wiederherstellung der partnerschaftlichen Lebensgemeinschaft nicht erwartet werden kann, ein Getrenntleben seit 3 Jahren – es sei denn die Härteklausel des § 15 Abs. 3 LPartG greift ein – oder bei einer kürzeren Trennungszeit als 1 Jahr das Vorliegen einer unzumutbaren Härte. Nach § 15 Abs. 5 Satz 1 LPartG leben die Lebenspartner getrennt, wenn zwischen ihnen keine häusliche Gemeinschaft besteht und ein Lebenspartner sie erkennbar nicht herstellen will, weil er die lebenspartnerschaftliche Gemeinschaft ablehnt. I.Ü. wird in § 15 Abs. 5 Satz 2 LPartG auf

§ 1567 Abs. 1 Satz 2, Abs. 2 BGB verwiesen. Schließlich kann die Lebenspartnerschaft nach § 15 Abs. 2 Satz 2 LPartG auch bei Vorliegen eines Aufhebungsgrundes nach § 1314 Abs. 2 Nr. 1–4 BGB aufgehoben werden),
(2) die Feststellung des Bestehens oder Nichtbestehens einer Lebenspartnerschaft,
(3) die elterliche Sorge, das Umgangsrecht oder die Herausgabe in Bezug auf ein gemeinschaftliches Kind (gemeinschaftlich kann das Kind sein aufgrund der Stiefkindadoption nach § 9 Abs. 7 LPartG),
(4) die Annahme als Kind und die Ersetzung der Einwilligung zur Annahme als Kind (vgl. § 9 Abs. 6 LPartG),
(5) Wohnungszuweisungssachen nach § 14 oder 17 LPartG (die Wohnungszuweisung bei Getrenntleben wird von § 14 LPartG erfasst und anlässlich der Aufhebung der Lebenspartnerschaft wird in § 17 LPartG auf § 1568a BGB verwiesen),
(6) Haushaltssachen nach § 13 oder § 17 LPartG (die Verteilung der Haushaltsgegenstände bei Getrenntleben wird von § 13 LPartG geregelt und anlässlich der Aufhebung der Lebenspartnerschaft wird in § 17 LPartG auf § 1568b BGB verwiesen),
(7) den Versorgungsausgleich der Lebenspartner (vgl. § 20 LPartG),
(8) die gesetzliche Unterhaltspflicht für ein gemeinschaftliches minderjähriges Kind der Lebenspartner (nach §§ 1601 ff. BGB),
(9) die durch die Lebenspartnerschaft begründete gesetzliche Unterhaltspflicht (§ 5 LPartG erfasst die Unterhaltsverpflichtung während intakter Lebenspartnerschaft unter Verweis auf §§ 1360 Satz 2, 1360a, 1360b, 1609 BGB, § 12 LPartG den Unterhalt bei Getrenntleben, wobei die §§ 1361, 1609 BGB entsprechend gelten und § 16 LPartG den nachpartnerschaftlichen Unterhalt, wobei auf die §§ 1570 bis 1586 b, 1609 BGB verwiesen wird),
(10) Ansprüche aus dem lebenspartnerschaftlichen Güterrecht, auch wenn Dritte an dem Verfahren beteiligt sind (vgl. §§ 6 bis 8 LPartG; gem. § 6 LPartG leben die Lebenspartner im Güterstand der Zugewinngemeinschaft, wenn sie nicht durch Lebenspartnerschaftsvertrag nach § 7 LPartG etwas anderes vereinbaren und insofern wird auf die §§ 1363 Abs. 2, 1364 bis 1390 BGB verwiesen. Für den Lebenspartnerschaftsvertrag gelten nach § 7 LPartG die §§ 1409 bis 1563 BGB entsprechend),
(11) Entscheidungen nach § 6 LPartG i.V.m. den §§ 1365 Abs. 2, 1369 Abs. 2, 1382, 1383 BGB (die §§ 1365, 1369 BGB sind aufgrund des Wegfalls des Vormundschaftsgerichts hinzugekommen),
(12) Entscheidungen nach § 7 LPartG i.V.m. den §§ 1426, 1430, 1452 BGB (ebenfalls hinzugefügt aufgrund des Wegfalls des Vormundschaftsgerichts) oder nach § 1519 BGB und Art. 5 Abs. 2, Art. 12 Abs. 2 Satz 2 oder Art. 17 des deutsch-französischen Staatsvertrages über den Güterstand der Wahl-Zugewinngemeinschaft.

2 Im Fall eines Auslandsbezuges wie insb. der ausländischen Staatsangehörigkeit eines Lebenspartners richtet sich die internationale Zuständigkeit vorrangig nach supranationalem Recht (Unionsrecht), dann nach Staatsverträgen und schließlich nach (autonomem) nationalen Recht und somit § 103. In Unterhaltssachen kann sich die internationale Zuständigkeit aus der Verordnung (EG) Nr. 44/2001 des Rates über die gerichtliche Zuständigkeit und die Anerkennung und Vollstreckung von Entscheidungen in Zivil- und Handelssachen v. 22.12.2000 (ABl EG 2001 Nr. L 12 S. 1, in Kraft seit dem 01.03.2002) ergeben und seit dem 18.06.2011 aus der Verordnung (EG) Nr. 4/2009 des Rates über die Zuständigkeit, das anwendbare Recht, die Anerkennung und Vollstreckung von Entscheidungen und die Zusammenarbeit in Unterhaltssachen v. 18.12.2008 (ABl EU 2009 Nr. L 7 S. 1; vgl. Art. 76). Im Bereich der Staatsverträge kommt die Anwendung des Luganer Übereinkommens über die gerichtliche Zuständigkeit und die Vollstreckung gerichtlicher Entscheidungen in Zivil- und Handelssachen v. 16.09.1988 (BGBl. II 1994, S. 2660, in Kraft seit dem 01.03.1995) in Betracht. Es hat noch Bedeutung im Verhältnis zu Island, Norwegen und der Schweiz (vgl. zum EuGVÜ: Schulte-Bunert Rn. 389). Die Verfahren auf Aufhebung oder Feststellung des Bestehens oder Nichtbestehens der Lebenspartnerschaft werden nicht von Art. 3 f. Verordnung (EG) Nr. 2201/2003 des Rates über die Zuständigkeit und die Anerkennung und Vollstreckung von Entscheidungen in Ehesachen und in Verfahren betreffend die elterliche Verantwortung und zur Aufhebung der Verordnung (EG) Nr. 1347/2000 v. 27.11.2003 (ABl. EG 2003 Nr. L 338 S. 1, in Kraft seit dem 01.03.2005, auch Brüssel II a, EheVO oder EuEheVO genannt) erfasst. Wenn keine vorrangigen Regelungen eingreifen, wird in Lebenspartnerschaftssachen, die die Aufhebung der Lebenspartnerschaft aufgrund des LPartG (§ 269 Abs. 1 Nr. 1) oder die Feststellung des Bestehens oder Nichtbestehens einer Lebenspartnerschaft zum Gegenstand haben (§ 269 Abs. 1 Nr. 2), *die internationale Zuständigkeit* in § 103 Abs. 1 an die Staatsangehörigkeit (Nr. 1), den gewöhnli-

chen Aufenthalt (Nr. 2) oder die Begründung vor einer zuständigen deutschen Stelle (Nr. 3; Standesamt) angeknüpft (vgl. i.Ü. § 103 Rdn. 5 f. sowie *Schulte-Bunert* Rn. 392).
Lebenspartnerschaftssachen sind nach § 111 Nr. 11 Familiensachen, sodass das AG als FamG gem. § 23a Abs. 1 Satz 1 Nr. 1 GVG sachlich zuständig ist.
Die örtliche Zuständigkeit ergibt sich aus den über § 270 jeweils anwendbaren Vorschriften wie z.B. bei der Aufhebung der Lebenspartnerschaft nach § 122.
Funktionell zuständig ist der Rechtspfleger nach § 3 Nr. 2a RPflG für die den Kindschafts- und Adoptionssachen entsprechenden Lebenspartnerschaftssachen. Demnach ist i.Ü. wie z.B. hinsichtlich der Aufhebung der Lebenspartnerschaft, Wohnungszuweisungs- und Haushaltssachen und Unterhaltssachen grds. der Richter zuständig. Klargestellt wird die Richterzuständigkeit für die Genehmigung des Antrags auf Aufhebung der Lebenspartnerschaft durch den gesetzlichen Vertreter eines geschäftsunfähigen Lebenspartners aufgrund des Gesetzes zur Einführung einer Rechtsbehelfsbelehrung im Zivilprozess und zur Änderung anderer Vorschriften – insoweit in Kraft seit dem 01.01.2013 – durch den neu eingefügten § 14 Abs. 1 Nr. 17 RPflG in Bezug auf Minderjährige (zuständig ist das FamG) und den ebenfalls neu eingefügten § 15 Abs. 1 Nr. 10 RPflG hinsichtlich Volljähriger (zuständig ist das BetrG; vgl. zu diesen Neuregelungen: *Rellermeyer* Rpfleger 2013, 61, 64). In Kindschaftssachen ist der Rechtspfleger z.B. zuständig hinsichtlich familiengerichtlichen Genehmigungen von Rechtsgeschäften im Bereich der Vermögenssorge nach §§ 1643 Abs. 1, 1821, 1822 BGB. Zu beachten sind die zahlreichen Richtervorbehalte in § 14 RPflG wie z.B. für Verfahren nach § 1666 BGB im Bereich der Personensorge, Umgangsregelungen oder die Entscheidung über einen Anspruch auf Herausgabe des Kindes. Im Wege der Einzelübertragung sind dem Rechtspfleger nach §§ 3 Nr. 3g, 25 RPflG die Bestimmung des Kindergeldbezugsberechtigten nach § 231 Abs. 2, das vereinfachte Unterhaltsfestsetzungsverfahren nach §§ 249 ff. oder die Ersetzung der Zustimmung eines Lebenspartners nach § 1452 BGB übertragen.
Bei den Verfahren nach § 269 Abs. 1 Nr. 8, 9 handelt es sich um Familienstreitsachen nach § 112 Nr. 1 und bei den Verfahren nach § 269 Abs. 1 Nr. 10 gem. § 112 Nr. 2. Auf diese sind grds. die ZPO-Vorschriften nach § 113 anzuwenden.

3 § 269 Abs. 2 enthält (wie § 266 Abs. 1 für sonstige Familiensachen; vgl. dazu § 266 Rdn. 1 f.) eine Definition von sonstigen Lebenspartnerschaftssachen, die ebenfalls nach § 112 Nr. 3 Familienstreitsachen sind. Die Fälle des § 269 Abs. 2 Nr. 1–3 entsprechen insoweit denen des § 266 Abs. 1 Nr. 1–3 ebenso wie die Ausnahmen. Die Verfahren nach dem früheren § 661 Abs. 1 Nr. 3 ZPO sind nicht in § 269 Abs. 1 aufgeführt, sondern fallen nunmehr unter § 269 Abs. 2 Nr. 2.

4 § 269 Abs. 3 bestimmt (wie § 266 Abs. 2) Verfahren über einen Antrag nach § 8 Abs. 2 LPartG i.V.m. § 1357 Abs. 2 Satz 1 BGB zu sonstigen Lebenspartnerschaftssachen. Hierbei handelt es sich um Verfahren der freiwilligen Gerichtsbarkeit.

§ 270 Anwendbare Vorschriften.

(1) ¹In Lebenspartnerschaftssachen nach § 269 Abs. 1 Nr. 1 sind die für Verfahren auf Scheidung geltenden Vorschriften, in Lebenspartnerschaftssachen nach § 269 Abs. 1 Nr. 2 die für Verfahren auf Feststellung des Bestehens oder Nichtbestehens einer Ehe zwischen den Beteiligten geltenden Vorschriften entsprechend anzuwenden. ²In den Lebenspartnerschaftssachen nach § 269 Abs. 1 Nr. 3 bis 12 sind die in Familiensachen nach § 111 Nr. 2, 4, 5 und 7 bis 9 jeweils geltenden Vorschriften entsprechend anzuwenden.
(2) In sonstigen Lebenspartnerschaftssachen nach § 269 Abs. 2 und 3 sind die in sonstigen Familiensachen nach § 111 Nr. 10 geltenden Vorschriften entsprechend anzuwenden.

1 § 270 bestimmt, welche Vorschriften entsprechend anwendbar sind. Dabei greift § 270 Abs. 1 die Lebenspartnerschaften auf, wobei in der zunächst verabschiedeten Fassung versehentlich § 269 Abs. 1 Nr. 12 nicht aufgenommen wurde. Dieses redaktionelle Versehen hat der Gesetzgeber erkannt und i.R.d. sog. Reparaturgesetzes berücksichtigt.
Gem. § 270 Abs. 1 Satz 1 sind in Lebenspartnerschaftssachen nach § 269 Abs. 1 **Nr. 1** (Aufhebung der Lebenspartnerschaft) die für Verfahren auf Scheidung geltenden Vorschriften und somit die §§ 121 bis 150 anzuwenden. I.Ü. sind über § 113 Abs. 1 Satz 1 – wie bei den Familienstreitsachen der § 269 Nr. 8–10 – die §§ 1 (Anwendungsbereich), 38 (Entscheidung durch Beschluss), 39 (Rechtsbehelfsbelehrung), 46 Satz 3, 4 (Rechtskraftzeugnis), 49 bis 75 (einstweilige Anordnung, Beschwerde, Rechtsbeschwerde), 97 bis 110 (internationale Zuständigkeit, Anerkennung und Vollstreckbarkeit ausländischer Entscheidungen) anwendbar

§ 270

und über § 113 Abs. 1 Satz 2 die Vorschriften der ZPO über das Verfahren vor den LG (§§ 253 bis 494a ZPO). Zudem wird in § 124 Satz 2 auf die Vorschriften der ZPO über die Klageschrift verwiesen (vgl. zu den Erfordernissen der Antragsschrift: *Schulte-Bunert* Rn. 489, 509 f.). Aufgrund des Gesetzes zur Einführung einer Rechtsbehelfsbelehrung im Zivilprozess und zur Änderung anderer Vorschriften wurde auch § 113 Abs. 1 Satz 1 dergestalt geändert – in Kraft seit dem 01.01.2013 –, dass die Vorschrift über die Mitteilungen an die FamG und BetrG gem. § 22a ebenfalls Anwendung findet.

In Lebenspartnerschaftssachen nach § 269 Abs. 1 **Nr. 2** (Feststellung des Bestehens oder Nichtbestehens einer Lebenspartnerschaft) sind nach § 270 Abs. 1 Satz 1 die für Verfahren auf Feststellung des Bestehens oder Nichtbestehens einer Ehe zwischen den Beteiligten geltenden Vorschriften entsprechend anzuwenden und somit die §§ 121 bis 132.

Gem. § 270 Abs. 1 Satz 2 sind in Lebenspartnerschaftssachen nach § 269 Abs. 1 Nr. 3–12 die in Familiensachen nach § 111 Nr. 2, 4, 5 und 7–9 jeweils geltenden Vorschriften entsprechend anzuwenden. Demnach sind auf Lebenspartnerschaftssachen nach § 269 Abs. 1 **Nr. 3** (elterliche Sorge, Umgangsrecht, Herausgabe) über § 111 Nr. 2 die Vorschriften über Kindschaftssachen nach §§ 151 bis 168a anzuwenden.

Auf Lebenspartnerschaftssachen nach § 269 Abs. 1 **Nr. 4** (Adoption) sind über § 111 Nr. 4 die auf Adoptionssachen anwendbaren Vorschriften der §§ 186 bis 199 heranzuziehen.

Auf die Lebenspartnerschaftssachen nach § 269 Abs. 1 **Nr. 5, 6** (Wohnungszuweisungs- und Haushaltssachen) sind über § 111 Nr. 5 die Vorschriften der §§ 200 bis 209 entsprechend anwendbar.

Die Lebenspartnerschaftssachen nach § 269 Abs. 1 **Nr. 7** (Versorgungsausgleich) richten sich über § 111 Nr. 7 nach §§ 217 bis 229.

Auf die Lebenspartnerschaftssachen des § 269 Abs. 1 **Nr. 8** (Unterhalt für minderjähriges Kind) sind über § 111 Nr. 8 die §§ 231 bis 260 und des § 269 Abs. 1 **Nr. 9** (Lebenspartnerunterhalt) die §§ 231 bis 248 anzuwenden. Hierbei handelt es sich um Familienstreitsachen nach § 112 Nr. 1, sodass sich das Verfahren i.Ü. nach der ZPO richtet (vgl. die Erläuterungen zu Nr. 1).

Auf die Lebenspartnerschaftssachen nach § 269 Abs. 1 **Nr. 10** (Güterrecht) sind über § 111 Nr. 9 die §§ 261 bis 265 anwendbar. Auch hierbei handelt es sich um Familienstreitsachen nach § 112 Nr. 2, demzufolge sich das Verfahren ansonsten nach den Regelungen der ZPO bestimmt (vgl. die Erläuterungen zu Nr. 1).

Hinsichtlich der Lebenspartnerschaftssachen der § 269 Abs. 1 **Nr. 11, 12** (insb. Ersetzungsentscheidungen im Güterrecht) sind über § 111 Nr. 9 die §§ 261 bis 265 anwendbar. Hierbei handelt es sich allerdings um Verfahren der freiwilligen Gerichtsbarkeit.

2 § 270 Abs. 2 regelt die entsprechend anwendbaren Vorschriften für die sonstigen Lebenspartnerschaftssachen nach § 269 Abs. 2, 3. Entsprechend anwendbar sind danach §§ 266 bis 268. Dabei sind Verfahren nach § 269 Abs. 2 Familienstreitsachen nach § 112 Nr. 3 und Verfahren nach § 269 Abs. 3 Verfahren der freiwilligen Gerichtsbarkeit (vgl. die Erläuterungen zu § 270 Abs. 1 Nr. 1 sowie § 269 Rdn. 3, 4).

Buch 3. Verfahren in Betreuungs- und Unterbringungssachen

Abschnitt 1. Verfahren in Betreuungssachen

§ 271 Betreuungssachen. Betreuungssachen sind
1. Verfahren zur Bestellung eines Betreuers und zur Aufhebung der Betreuung,
2. Verfahren zur Anordnung eines Einwilligungsvorbehalts sowie
3. sonstige Verfahren, die die rechtliche Betreuung eines Volljährigen (§§ 1896 bis 1908i des Bürgerlichen Gesetzbuchs) betreffen, soweit es sich nicht um eine Unterbringungssache handelt.

Übersicht	Rdn.		Rdn.
A. Normzweck	1	B. Regelungen	2

A. Normzweck. Mit der Vorschrift steht den Verfahrensregelungen in Betreuungssachen nunmehr eine 1
exakte **Definition** der diesen unterfallenden Sachverhalte voran. Durch einen anwenderfreundlichen Gesetzesaufbau und eine klare Gesetzessprache soll eine hinreichend verständliche und deutliche Abgrenzung ermöglicht (BT-Drucks. 16/6308 S. 163 f.) und zugleich die Bedeutung der jeweiligen betreuungsrechtlichen Verfahren hervorgehoben werden (*Schulte-Bunert* Rn. 898). Die Vorschrift verweist deswegen abschließend auf die materiell-rechtlich geregelten Fälle originärer betreuungsrechtlicher Relevanz, die Gegenstand der nachfolgenden verfahrensrechtlichen Vorschriften sind. Zu den Betreuungssachen i.S.d. FamFG gehört dabei die Genehmigung in Unterbringungssachen nach § 1906 BGB **nicht**, deren Verfahren in §§ 312 ff. speziell geregelt ist. Davon zu unterscheiden ist die Bestellung eines Betreuers (unter anderem) mit dem Aufgabenkreis der Entscheidung über freiheitsentziehende Maßnahmen i.S.v. § 1906 Abs. 1 u 4, die Betreuungssache ist.

B. Regelungen. Nr. 1 erklärt das Verfahren zur Bestellung eines Betreuers und zur Aufhebung der Betreu- 2
ung nach §§ 1896 bis 1901a BGB zur Betreuungssache. Dies betrifft die Fälle, in denen die Bestellung eines oder mehrerer rechtlicher (§ 1901 Abs. 1 BGB) Betreuer für einen **Volljährigen** zu prüfen ist, wenn dieser aufgrund einer psychischen Krankheit oder einer körperlichen, geistigen oder seelischen Behinderung seine Angelegenheiten ganz oder teilweise nicht besorgen kann (§ 1896 Abs. 1 BGB). Die Bestellung kann auch nur für bestimmte Aufgabenkreise erfolgen, in denen die Betreuung erforderlich ist (§ 1896 Abs. 2 BGB), also konkreter Regelungsbedarf besteht. Hieran fehlt es, wenn das Auftreten eines Betreuungsbedürfnisses lediglich wahrscheinlich ist. Eine Betreuerbestellung »auf Vorrat« – auch bei einem Psychosekranken, bei dem phasenweise Krankheitsschübe drohen – ist ausgeschlossen (BT-Drucks. 15/2494 S. 17; OLG Köln FamRZ 2000, 908 f.). Ein Betreuer darf schließlich ohne Zustimmung des Betroffenen nur bestellt werden, wenn dieser aufgrund seiner psychischen Erkrankung seinen Willen nicht frei bestimmen kann (§ 1896 Abs. 1a BGB) und deswegen die Notwendigkeit einer bestimmten Maßnahme oder einer Änderung seiner Lebensverhältnisse nicht erkennt (PWW/*Bauer* § 1896 Rn. 16). Spiegelbildlich gehört, wie die Vorschrift klar stellt, auch das Verfahren über die (teilweise) **Aufhebung** der Betreuung hierhin.

Als **Unterfälle** des Verfahrens über die Anordnung oder Aufhebung der Betreuung i.S.v. § 1896 BGB sind 3
die gerichtlichen Maßnahmen betreffend die Erweiterung des Aufgabenkreises des Betreuers (§ 293), der Einschränkung der Betreuung (§ 298) sowie der Verlängerung der Betreuung (§ 295) zu verstehen. Die (isolierte) Entlassung des Betreuers (§ 296) ist selbstverständlich auch eine Angelegenheit, die dem Verfahren der §§ 271 ff. unterfällt. Die Entlassung des bisherigen Betreuers nach § 1908b Abs. 1 BGB berührt jedoch nicht den Fortbestand der Betreuung als solche. Nach Auffassung des BGH wird dieses Verfahren deshalb auch nicht von Nr. 1 erfasst, sondern fällt vielmehr unter die Auffangnorm des Nr. 3 (BGH FamRZ 2011, 1393). Faktisch wirkt sich dies bei dem isolierten Betreuerwechsel und unverändert fortbestehender Betreuung allein auf die Anwendung von § 70 Abs. 3 Satz 1 Nr. 1 aus (vgl. BGH BtPrax 2012, 207; § 70 Rdn. 28).

4 Unter **Nr. 1** fällt auch das Verfahren zur vorsorglichen Betreuerbestellung für einen 17-jährigen **Minderjährigen** nach § 1908a BGB, wenn zu erwarten ist, dass er auch bei Eintritt der Volljährigkeit betreuungsbedürftig sein wird. Zur Verfahrensfähigkeit s. § 275; s. i.Ü. § 279 Rdn. 7.

5 **Nr. 2** bestimmt das Verfahren zur Anordnung eines Einwilligungsvorbehalts zur Betreuungssache. Nach § 1903 BGB kann zur Abwendung einer erheblichen Gefahr für die Person oder das Vermögen des Betroffenen, dessen Geschäftsfähigkeit durch die Bestellung eines Betreuers nicht eingeschränkt wird, zusätzlich ein Einwilligungsvorbehalt für Willenserklärungen oder rechtsgeschäftsähnliche Handlungen angeordnet werden. Dies gilt nicht für die § 1903 Abs. 2 und 3 BGB genannten Erklärungen sowie auch nicht, soweit die Aufenthaltsbestimmung betroffen ist (ganz h.M.: Bienwald/Sonnenfeld/Hoffmann/*Bienwald* § 1903 BGB Rn. 18; jurisPK-BGB/*Bieg/Jaschinski* § 1903 Rn. 41 f. m.w.N.). Vom Einwilligungsvorbehalt können nur Willenserklärungen umfasst sein, die zum Aufgabenkreis des Betreuers gehören.

6 **Nr. 3** stellt klar, dass mit Ausnahme der Unterbringungssachen (s. dazu Rdn. 1 a.E.) auch alle übrigen, die rechtliche Betreuung von Volljährigen betreffenden Verfahren nach §§ 1896 bis 1908i BGB Betreuungssachen i.S.d. Vorschrift sind. Hierhin gehören, soweit sich dies nicht bereits aus Nr. 1 ergibt,
- die (isolierte) Entlassung des Betreuers nach § 1908b Abs. 1 BGB (s. Rdn. 3)
- die Bestellung eines Ergänzungsbetreuers nach § 1899 Abs. 4 BGB (BGH FuR 2013, 212)
- die Bestellung eines Kontrollbetreuers nach § 1896 Abs. 3 BGB
- die Genehmigung gefährlicher medizinischer Eingriffe nach § 1904 BGB
- die Genehmigung der Sterilisation nach § 1905 BGB
- die Genehmigung des Abbruchs lebenserhaltender Maßnahmen (s. dazu näher § 298 Rdn. 12 ff.)
- die Genehmigung der Kündigung des Mietverhältnisses über Wohnraum nach § 1907 BGB
- die Genehmigung des Versprechens oder der Gewährung einer Ausstattung nach §§ 1908, 1624 BGB
- die sich aus den Einzelverweisungen des § 1908i BGB ergebenden Verfahren, so unter anderem nach § 1632 BGB der Anspruch auf Herausgabe des Betreuten und Bestimmung seines Umgangs, nach § 1784 BGB die Bestellung eines Beamten oder Religionsdieners zum Betreuer, nach §§ 1792, 1799, 1895 BGB das Verfahren bei Bestellung eines Gegenbetreuers, nach § 1797 Abs. 1 Satz 2 BGB die Angelegenheiten bei gemeinschaftlicher Führung der Betreuung, die Angelegenheiten der Vermögensverwaltung für den Betreuten nach §§ 1809 ff. BGB oder nach §§ 1828 ff. die Erteilung vormundschaftsgerichtlicher Genehmigungen (vgl. i.Ü. die Darstellung bei *Jürgens* § 1908i Rn. 8), nicht jedoch die Ersetzung des Antrags des Betroffenen zu seiner Annahme als Kind (Prütting/Helms/*Fröschle* § 271 Rn. 14). Vgl. auch BGH FuR 2011, 521.

Zu den Betreuungssachen nach Nr. 1 bis 3 zählen auch die vorläufige Betreuerbestellung, die vorläufige Erweiterung dessen Aufgabenkreises, seine vorläufige Entlassung oder die vorläufige Anordnung oder Erweiterung eines Einwilligungsvorbehalts im Wege **einstweiliger Anordnung**. Das weitere Verfahren regeln §§ 300 ff.

7 **Keine Betreuungssachen** sind Verfahren, in denen Ansprüche geltend gemacht werden, die lediglich im Betreuungsrecht ihren Boden haben. Es handelt sich dabei um **Zivilsachen**, wie etwa eine Schadensersatz- oder Herausgabeprozess gegen den Betreuer oder die Geltendmachung des Anspruchs auf ordnungsgemäße Erteilung der Schlussrechnung (§ 1908i Abs. 1 i.V.m. §§ 1833, 1834 oder 1890 BGB). Hingegen ist gem. §§ 292, 168 das Verfahren über die Festsetzung des Aufwendungsersatzes und der Vergütung des Betreuers Betreuungssache, es sei denn, der Anspruch des Betreuers resultiert aus einer eigenständigen Honorarvereinbarung oder GoA (§ 292 Rdn. 1 ff.; Prütting/Helms/*Fröschle* § 271 Rn. 15 ff.).

8 Kraft gesetzlicher Anordnung sind auch die sog. **betreuungsgerichtlichen Zuweisungssachen** dem Verfahren nach §§ 271 ff. unterworfen. S. dazu im Einzelnen die Anmerkungen zu § 340 f.
Zur sachlichen Zuständigkeit s. § 272 Rdn. 14 f., zur internationalen Zuständigkeit s. § 272 Rdn. 31, zur funktionellen Zuständigkeit s. § 272 Rdn. 16 ff.

§ 272 Örtliche Zuständigkeit.
(1) Ausschließlich zuständig ist in dieser Rangfolge:
1. das Gericht, bei dem die Betreuung anhängig ist, wenn bereits ein Betreuer bestellt ist;
2. das Gericht, in dessen Bezirk der Betroffene seinen gewöhnlichen Aufenthalt hat;
3. das Gericht, in dessen Bezirk das Bedürfnis der Fürsorge hervortritt;
4. das Amtsgericht Schöneberg in Berlin, wenn der Betroffene Deutscher ist.

Abschnitt 1. Verfahren in Betreuungssachen § 272

(2) ¹Für einstweilige Anordnungen nach § 300 oder vorläufige Maßregeln ist auch das Gericht zuständig, in dessen Bezirk das Bedürfnis der Fürsorge bekannt wird. ²Es soll die angeordneten Maßregeln dem nach Absatz 1 Nr. 1, 2 oder Nr. 4 zuständigen Gericht mitteilen.

Übersicht

	Rdn.		Rdn.
A. Örtliche Zuständigkeit................	1	C. Funktionelle Zuständigkeit............	16
B. Sachliche Zuständigkeit................	14	D. Internationale Zuständigkeit..........	31

A. Örtliche Zuständigkeit. Regelungssystematik
Die Vorschrift beschreibt aus Gründen der Klarheit und des anwenderfreundlichen Gesetzesaufbaus (BT-Drucks. 16/6308 S. 163 f., 264) die Reihenfolge der Zuständigkeitsvoraussetzungen und benennt dabei die örtliche Zuständigkeit ausdrücklich als ausschließliche. 1
Abs. 1
Allem voran richtet sich nach **Nr. 1** die örtliche Zuständigkeit des Betreuungsgerichts danach, ob bereits ein solches Gericht einen Betreuer bestellt hat (Folgeentscheidungen). Dieses bleibt dann auch für alle weiteren die Betreuung betreffenden Angelegenheiten **fortdauernd zuständig**, selbst wenn es zunächst örtlich unzuständig gewesen sein sollte (OLG München OLGR 2007, 893 f.). Dabei kommt es nicht nur angesichts des klaren Wortlauts der Vorschrift auf den Zeitpunkt der Betreuerbestellung und nicht schon auf die Anhängigkeit des Betreuungsverfahrens an. Denn Sinn und Zweck der Zuständigkeitsfortdauer ist auch, die beim Erstgericht ermittelten und zu einer Entschließung gewordenen Erkenntnisse zur Grundlage weiterer Befassung durch dieses Gericht zu machen. Die Abgabe nach § 273 schließt dies nicht aus. Bestellt ist in Anbetracht dessen ein Betreuer schon dann, wenn der Beschluss erlassen ist, nicht erst, wenn er nach § 287 wirksam geworden ist (*Jürgens* § 272 Rn. 3; Prütting/Helms/*Fröschle* § 272 Rn. 15). Die Bestellung eines vorläufigen Betreuers gem. § 300 Abs. 1 reicht insoweit allerdings nicht aus (s. Rdn. 12). Ist das **Verfahren abgeschlossen**, endet die Zuständigkeit nach Abs. 1 Nr. 1. Wird später die Neueinrichtung der Betreuung betrieben, ist dies ein neues Verfahren, dessen Zuständigkeit nach Abs. 1 Nr. 2 ff. zu beurteilen ist (Prütting/Helms/*Fröschle* § 272 Rn. 16). 2

Grundlegende und bei der Erstbefassung des Betreuungsgerichts mit einer Betreuungssache i.S.v. § 271 praktisch bedeutsamste Regelung ist diejenige in **Nr. 2**, wonach für die örtliche Zuständigkeit an den **gewöhnlichen Aufenthalt** – und nicht etwa an den Wohnsitz – des Betroffenen anzuknüpfen ist. Die Begründung des Aufenthalts ist ein rein tatsächlicher Vorgang ist. Es bedarf lediglich der Feststellung, wo der tatsächliche Lebensmittelpunkt des Betroffenen liegt, also der Ort, an dem er sich hauptsächlich (nicht unbedingt ständig) aufzuhalten pflegt. Auf den melderechtlichen Status komm es nicht an. Bei einem Aufenthaltswechsel (z.B. Umzug in ein Altenpflegeheim) muss der Verbleib auf längere Zeit – i.d.R. mehr als 6 Monate – angelegt sein (KK-FamR/*Rausch* Vor 606a ZPO Rn. 10; Bienwald/Sonnenfeld/Hoffmann/*Sonnenfeld* § 65 FGG Rn. 16). Hingegen setzte die Wohnsitzbegründung einen rechtsgeschäftlichen Willen voraus, was in Fällen, in denen die Voraussetzungen des § 1896 Abs. 1 BGB vorliegen, zu Schwierigkeiten führen kann. Diese werden bei einer Anknüpfung an den gewöhnlichen Aufenthalt vermieden. I.Ü. wird hiermit sichergestellt, dass das Gericht zum Betroffenen ortsnah liegt und so dem Bemühungen um persönlichen Kontakt zwischen Betroffenem, Betreuer und dem Gericht am ehesten Rechnung getragen wird (BT-Drucks. 11/4528 S. 169). Es kommt auch nicht etwa darauf an, welcher der **Belegenheitsort** einer dem Vermögen des Betroffenen zuzuordnenden Immobilie ist (vgl. Kümmerle, GPR 2014, 170, 173). 3

Schwierigkeiten bereitet die Abgrenzung zwischen vorübergehendem Aufenthalt und tatsächlichem Lebensmittelpunkt in den Fällen, in denen sich Betroffene für eine bestimmte Dauer in **besonderen Einrichtungen** wie **Kliniken** o.ä. befinden, die nicht ohne Weiteres den Lebensmittelpunkt darstellen. Hierzu gilt: 4

Der vorübergehende, auch längere Aufenthalt in einer **Klinik** oder einem **Krankenhaus** begründet grds. keinen gewöhnlichen Aufenthalt, da er nicht von vornherein auf Dauer angelegt ist (LG Koblenz FamRZ 2007, 2009 LS; Bienwald/Sonnenfeld/Hoffmann/*Bienwald* § 65 FGG Rn. 17 m.w.N.). Gleichwohl kann ein Betroffener seinen Daseinsmittelpunkt und damit seinen gewöhnlichen Aufenthalt ausnahmsweise in einer Klinik begründen. Entscheidend sind die Gesamtumstände des Einzelfalles, wozu neben der schlichten Dauer (OLG Köln NJW-RR 2007, 517 f.: mindestens 9 Monate; OLG Zweibrücken OLGR 2007, 903 f. = Rpfleger 2007, 545 f.: 12 Monate) insb. gehört, dass der Betroffene durch die Einrichtung seiner Lebensverhältnisse erkennen lässt, dass ein anderer Aufenthaltsort für ihn weniger Bedeutung bekommen hat (OLG 5

Zweibrücken OLGR 2007, 903 f.). Dies ist etwa auch dann der Fall, wenn (z.B. wegen der langen Zeitdauer) mangels persönlicher oder sozialer Bindungen ein Ort des gewöhnlichen Aufenthalts nicht mehr festzustellen ist. Diese Feststellung sollte allerdings nur in **begründeten Ausnahmefällen** getroffen werden, um wegen der in der Praxis häufigen Befassung der Betreuungsgerichte mit Klinikinsassen Unsicherheiten bei der Anwendung von Abs. 1 Nr. 2 zu vermeiden. Herangezogen kann in diesen Fällen ggf. die Ersatzzuständigkeit nach Nr. 3 (s. dazu Rdn. 9), wenn die Rückkehr des Betroffenen an seinen bisherigen gewöhnlichen Aufenthaltsort aus medizinischen und/oder sozialen Gründen ausgeschlossen ist und darüber hinaus auch keine Angehörigen vorhanden sind, mit denen er an seinem bisherigen Lebensmittelpunkt zusammenleben kann, sodass ein gewöhnlicher Aufenthalt nicht feststellbar ist (OLG Stuttgart FamRZ 1997, 438 = NJWE-FER 1997, 111; Bork/Jacoby/Schwab/*Heiderhoff* § 272 Rn. 4).

6 Der Aufenthalt in einer **Maßregelunterbringung** nach den Vorschriften der §§ 63 (psychiatrisches Krankenhaus), 64 (Entziehungsanstalt) oder 66 StGB (Sicherungsverwahrung) bzw. einer Therapieeinrichtung i.S.v. §§ 35, 36 BtMG sowie in einer **Justizvollzugsanstalt** beruht regelmäßig auf einer zwangsweisen Verbringung dorthin und begründet deswegen keinen gewöhnlichen Aufenthalt (OLG Köln FamRZ 1996, 946; FGPrax 2007, 83; OLG Koblenz OLGR 1998, 193 f. = NJWE-FER 1998, 207). Etwas anderes kann unter besonderen betreuungsrechtlichen Verfahrensgesichtspunkten dann gelten, wenn der Betroffene keinen anderen Daseinsmittelpunkt als den Ort der zwangsweisen Unterbringung (mehr) hat. Es kommt darauf an zu ermitteln, ob der Schwerpunkt der Lebensbeziehungen des Betroffenen mangels hinreichender Bezüge i.Ü. am Ort seiner Unterbringung liegt (BayObLG BtPrax 2003, 132; OLG München OLGR 2007, 125 = BtPrax 2007, 29 f.; Bork/Jacoby/Schwab/*Heiderhoff* § 272 Rn. 4; wohl auch OLG Köln NJW-RR 2007, 517).

7 Der Aufenthalt in einem **Internat** oder einem **Studentenwohnheim** ist nach Maßgabe der Rdn. 3 zu beurteilen, wobei es entscheidend auf die konkreten Lebensverhältnisse des Betroffenen ankommt. So kann ein Internataufenthalt, wenn der Betroffene i.Ü. noch im Haushalt der Eltern wohnt und als Haushaltsmitglied geführt wird, nicht als Lebensmittelpunkt angesehen werden. Besteht der Umzug in eine solche Einrichtung, insb. etwa in eine Studentenwohnung oder auch in ein Internat, indessen in dem Loslösen vom elterlichen Haushalt und der Begründung eines eigenen – wenn auch noch unselbstständigen – Haushalts, wird bereits vom gewöhnlichen Aufenthalt im geforderten Sinne auszugehen sein (vgl. OLG Hamm FamRZ 1989, 1331). Soweit in der Rspr. bisher ein Internataufenthalt nicht als ausreichend angesehen worden ist (BGH NJW 1975, 1068 f.; OLG Karlsruhe, Beschl. v. 18.01.2004 – 18 UF 138/03), betraf dies Minderjährige. Deren Lebensumstände sind nicht ohne Weiteres auf diejenigen volljähriger Betroffener (s. § 271 Rdn. 2) übertragbar.

8 Sofern ein Betroffener während des **Wehr- oder Zivildienstes** kaserniert oder vergleichbar untergebracht ist, gilt das zu Rdn. 7 Gesagte grds. entsprechend. Den gewöhnlichen Aufenthalt anzunehmen, wird allerdings in diesen Fällen nur ausnahmsweise, etwa bei besonderer sozialer Integration am Stationierungsort, in Betracht kommen (OLG Frankfurt am Main NJW 1961, 1586; *Jürgens* § 272 Rn. 4).

9 Nr. 3 regelt die **Ersatzzuständigkeit** für den Fall, dass ein gewöhnlicher Aufenthalt des Betroffenen im Inland nicht festzustellen ist. Dies ist etwa bei Obdachlosigkeit, bei einem Reisenden (§ 24 Abs. 1 Satz 2 EGBGB) oder auch dann gegeben, wenn wegen seines Zustands eine Ermittlung des gewöhnlichen Aufenthalts des Betroffenen zunächst nicht möglich ist. In diesen Fällen soll nicht allein sein zufälliger Aufenthalt über die Zuständigkeit entscheiden, sondern der Ort, an dem das **Bedürfnis der Fürsorge** konkret hervortritt. Das kann z.B. bei Grundstücksangelegenheiten der Gerichtsbezirk sein, in dem das Grundstück liegt, in anderen vermögensrechtlichen Angelegenheiten der Ort, an dem eine Angelegenheit zu regeln ist (Geschäft, Fabrik, Geldinstitut), und in personensorgerechtlichen Fragen auch der Ort des Aufenthalts (Krankenhaus, Unterbringungsanstalt, vorübergehende Wohnung) zum Zeitpunkt der Regelungsbedürftigkeit (BT-Drucks. 11/4528 S. 169; BayObLG Rpfleger 1996, 287 = FamRZ 1996, 1341). Ist die fehlende Rechtsmacht eines Bevollmächtigten durch eine ersetzende Betreuung zu ergänzen, kann das Fürsorgebedürfnis auch nach dem gewöhnlichen Aufenthalt des Bevollmächtigten zu bestimmen sein, vor allem dann, wenn mehrere Grundstücke des Betroffenen in verschiedenen Gerichtsbezirken belegen sind (OLG München FamRZ 2011, 399; Sonnenfeld FamRZ 2012, 1525, 1527). Zur Abgabe s. § 273 Rdn. 7.

Ein Fürsorgebedürfnis ist stets gegeben, wenn eine Prüfung von Maßnahmen der in § 271 genannten Art. veranlasst ist (s. dazu § 271 Rdn. 2 ff.). Die Bestellung eines Betreuers durch das nach Nr. 3 zuständige Gericht begründet ihrerseits die fortdauernde Zuständigkeit nach Nr. 1 (LG Stuttgart BWNotZ 2007, 15 f.).

10 Nach **Nr. 4** gilt die **Auffangzuständigkeit** des AG Schöneberg (Grunewaldstraße 66–67, 10823 Berlin), *wenn der Betroffene Deutscher*, eine Zuständigkeit nach den Nr. 1 bis 3 aber nicht gegeben ist. Die betrifft

im Grunde nur die im Ausland lebenden Deutschen, und zwar auch, wenn sie Doppelstaatler sind, Art. 5 Abs. 1 Satz 2 EGBGB (Bienwald/Sonnenfeld/Hoffmann/*Sonnenfeld* § 65 FGG Rn. 26). Bei Fällen mit **Auslandsberührung** sind weiterhin die §§ 104 Abs. 2, 99 Abs. 2 und 3 beachten. Die Regelung verzichtet i.Ü. auf den – selbstverständlichen – Verweis darauf, dass die Anhörung bei im Ausland lebenden Betroffenen im Wege internationaler Rechtshilfe erfolgt. Es kommt damit nicht darauf an, welcher der **Belegenheitsort** einer dem Vermögen des Betroffenen zuzuordnenden Immobilie ist (vgl. Kümmerle, GPR 2014, 170, 173).

Für alle Fälle ist der **Zeitpunkt** maßgebend, in dem das Gericht **mit der Sache befasst** wird. Beim Amtsverfahren ist dies der Fall, wenn das Gericht amtlich von Sachverhalten Kenntnis erlangt, die es veranlassen, ein Betreuungsverfahren einzuleiten (LG Stuttgart BWNotZ 2007, 15 f.). Andernfalls ist der Eingang eines Antrags maßgebend. Ist bei mehreren Gerichten die örtliche Zuständigkeit gegeben, ist nach § 2 Abs. 1 dasjenige zuständig, das nach Maßgabe dessen als Erstes mit der Sache befasst ist. Eine spätere Änderung der die Zuständigkeit begründenden Umstände lässt die Zuständigkeit unberührt. I.Ü. gilt § 273. 11

Abs. 2

In Fällen, in denen über eine Eilmaßnahme i.S.v. § 300 (Bestellung eines vorläufigen Betreuers oder die Einrichtung eines vorläufigen Einwilligungsvorbehalts im Wege einstweiliger Anordnung), eine vorläufige Maßregel i.S.v. § 1908i BGB i.V.m. § 1846 BGB (vorläufige Anordnung der Unterbringung oder unterbringungsähnlicher Maßnahmen durch das Gericht) oder eine vorläufige Maßregel i.S.v. Art. 24 Abs. 3 EGBGB zu entscheiden ist, tritt nach **Satz 1** neben die Zuständigkeit nach Abs. 1 eine zusätzliche und subsidiäre **Eilzuständigkeit**. Sie besteht – wie im Fall des Abs. 1 Nr. 3 (Rdn. 9) – dort, wo das Fürsorgebedürfnis hervortritt (BT-Drucks. 16/9733 S. 371). Der Unterschied besteht darin, dass bei gegebener Eilzuständigkeit weiterhin eine ordentliche Zuständigkeit begründet ist und durch das Tätigwerden des nach Abs. 2 zuständigen Gerichts keine (Fortdauer der) Zuständigkeit i.S.v. Abs. 1 Nr. 1 (Rdn. 2) ausgelöst wird. Die Zuständigkeit des Eilgerichts soll, ohne die allgemeine Zuständigkeitsregelung zu verdrängen, lediglich eine schnelle Hilfestellung für den Betroffenen gewährleisten (OLG Hamm NJW-RR 2007, 157 ff.). Nach § 51 Abs. 3 ist das Verfahren der **einstweiligen Anordnung** ohnehin ein **selbstständiges Verfahren**, auch wenn eine Hauptsache anhängig ist. Das Hauptsachegericht kann allerdings gewisse Ermittlungserkenntnisse aus dem Eilverfahren übernehmen, § 51 Abs. 2 Satz 2. Das Eilgericht hat nach **Satz 2** die angeordneten Maßregeln dem nach Abs. 1 zuständigen Gericht **mitzuteilen**. Das insofern hauptzuständige Gericht kann seinerseits eigene Maßnahmen treffen, die – anders als jene des eilzuständigen Gerichts, so sie sich auf dieselbe Regelung beziehen – deswegen nicht unwirksam sind (*Jürgens* § 272 Rn. 8). Allerdings endet die Eilzuständigkeit, wenn das konkrete Fürsorgebedürfnis erfüllt oder entfallen ist. Die Sache ist dann, ohne dass es eines Abgabeverfahrens nach § 273 bedarf, an das hauptzuständige Gericht abzugeben. Dieses ist zwar nicht verpflichtet, das Verfahren fortzuführen (Prütting/Helms/*Fröschle* § 272 Rn. 22; anders noch zu § 65 Abs. 5 FGG BayObLG FamRZ 2000, 1442 f., OLG Hamm NJW-RR 2007, 157 ff.); es wird die getroffenen Eilmaßnahmen und die entsprechenden Erkenntnisse jedoch zum Anlass nehmen, die Einleitung eines Hauptsacheverfahrens zu prüfen und ggf. weiter gehende oder andere Regelungen zu treffen. Etwas Anderes gilt nur dann, wenn sich das tätig gewordene Gericht nicht auf die Anordnung einer der genannten vorläufigen Maßnahmen beschränkt hat, es etwa einen Betreuer endgültig – wenn auch nur für kurze Zeit – bestellt hat. Es wird dann nach Abs. 1 Nr. 1 dauerhaft zuständig (OLG München OLGR 2007, 893 f.). 12

Über die **Beschwerde** gegen die Entscheidung des Eilgerichts entscheidet bis zur Übernahme durch das hauptzuständige Gericht gem. § 72 Abs. 1 Satz 2 GVG das LG, dem das eilzuständige Betreuungsgericht zugeordnet ist. Danach wechselt die Beschwerdezuständigkeit (Bienwald/Sonnenfeld/Hoffmann/*Sonnenfeld* § 65 FGG Rn. 34; Bork/Jacoby/Schwab/*Heiderhoff* § 272 Rn. 10; *Jürgens* § 272 Rn. 9). 13

B. Sachliche Zuständigkeit. Sachlich zuständig in allen Betreuungssachen ist nach § 23a Abs. 1 Nr. 2, Abs. 2 Nr. 1 GVG, der die Zuständigkeiten in diesen Angelegenheiten einheitlich und abschließend regelt (BT-Drucks. 16/6308 S. 319), das **AG**. Dort werden nach § 23c Abs. 1 GVG Abteilungen für Betreuungssachen, Unterbringungssachen und betreuungsgerichtliche Zuweisungssachen gebildet, das **Betreuungsgericht**. Über **Beschwerden** in Betreuungssachen entscheidet gem. § 72 Abs. 1 Satz 2 GVG das **LG**. Der Instanzenzug weicht insoweit von demjenigen in Familiensachen und anderen Angelegenheiten der freiwilligen Gerichtsbarkeit ab, was insb. der örtlichen Nähe der LG zum gewöhnlichen Aufenthalt des Betroffenen Rechnung tragen soll (BT-Drucks. 16/6309 S. 319). Für die Entscheidung über die **Rechtsbeschwerde** (§ 70) und die **Sprungrechtsbeschwerde** (§ 75) im Fall deren Zulassung ist der **BGH** zuständig, § 133 GVG. 14

Im **Württembergischen Rechtsgebiet** (OLG Stuttgart, AG Maulbronn, Bezirksnotariat Schwenningen) ist Vormundschaftsgericht gem. § 36 LFGG (i.d.F. des LJKG- und LFGG-ÄndG vom 28.07.2005) das AG oder 15 das Notariat. Dabei ist in Betreuungssachen grds. das Notariat zuständig, soweit bestimmte Angelegenheiten nicht nach § 37 LFGG dem AG vorbehalten sind. Hierzu zählen im Wesentlichen die mit Freiheitsentziehungen zusammenhängenden Maßnahmen, solche die erhebliche medizinische Eingriffe betreffen (§§ 1904, 1905 BGB, § 6 KastrationsG) sowie die Entscheidung über den Einwilligungsvorbehalt (§ 37 Abs. 1 Nr. 5 bis 8 und 11 LFGG). Es gilt auch insoweit § 272 mit der Maßgabe, dass sich im Fall einer dem AG vorbehaltenen Folgesache i.S.v. Abs. 1 Nr. 1 dessen Zuständigkeit nach dem Sitz des erstbefassten Notariats richtet (Prütting/Helms/*Fröschle* § 272 Rn. 25).

16 **C. Funktionelle Zuständigkeit.** Die Betreuungsgerichte werden gem. § 23c Abs. 2 Satz 1 GVG mit **Betreuungsrichtern** besetzt. Der **Proberichterausschluss** im ersten Berufsjahr, mit dem für ein Mindestmaß an richterlicher Erfahrung bei der Befassung mit Betreuungssachen gesorgt werden soll, findet sich in Satz 2 der Vorschrift.

17 I.Ü. erfolgt in Betreuungssachen wie auch in den anderen Bereichen freiwilliger Gerichtsbarkeit eine **Aufteilung** der funktionellen Zuständigkeit zwischen **Richter** und **Rechtspfleger** nach Maßgabe der §§ 3 Nr. 2, 15 RPflG. Dabei sind nach § 3 Nr. 2b) RPflG grds. *alle* Geschäfte in Betreuungs- sowie Betreuungszuweisungssachen (§§ 271 bis 311, 340 f.) dem Rechtspfleger übertragen (dies betrifft insb. die Genehmigungsverfahren nach § 1908i Abs. 1 Satz 1 i.V.m. §§ 1821 ff. BGB), wovon nach **§ 15 Abs. 1 RPflG** jedoch die folgenden Angelegenheiten **dem Richter *vorbehalten*** bleiben:

18 Nr. 1: Die **Bestellung** eines Betreuers (§ 1896 BGB) einschließlich der Bestimmung des Aufgabenkreises und die Auswahl des Betreuers (§ 1897 BGB); die Bestellung mehrerer (weiterer) Betreuer (§ 1899 BGB) einschließlich der Entscheidung über deren Aufgabenkreis und Auswahl (§ 1899 Abs. 1, 3 BGB); die Bestellung eines besonderen Betreuers für die Einwilligung in die Sterilisation (§ 1899 Abs. 2 BGB); die gleichzeitige oder nachträgliche Bestellung eines Ersatz- bzw. Ergänzungsbetreuers (§ 1899 Abs. 4 BGB); und zwar auch, wenn der Erstbetreuer gem. §§ 1908i Abs. 1 Satz 1, 1795, 1796 BGB von der Vertretung ausgeschlossen ist (vgl. BT-Drucks. 11/4528 S. 131, wonach die denkbaren Fälle der Verhinderung des Betreuers nicht eingegrenzt sind; so auch *Jürgens* § 15 RPflG Rn. 16; MüKo/*Schwab* § 1899 Rn. 22. Ggf. hat der Rechtspfleger die Sache dem Richter vorzulegen, wenn diesem vorbehaltene Maßnahmen geboten erscheinen, BT-Drucks. 11/4528, S. 165); die vorsorgliche Bestellung eines Betreuers und die Anordnung eines Einwilligungsvorbehalts für einen Minderjährigen (§ 1908a BGB); die **Entlassung** des Betreuers bei mangelnder Eignung oder aus anderem wichtigen Grund (§ 1908b Abs. 1, 2 und 5 BGB), nämlich des Berufsbetreuers (§ 1897 Abs. 6 BGB), falls Betreuung durch geeignete ehrenamtlich tätige Personen durchgeführt werden kann, die Entlassung auf Verlangen des Betreuers, wenn ihm die Betreuung nicht mehr zugemutet werden kann und die Entlassung des Vereins oder der Behörde als Betreuer, wenn eine natürliche Person die Betreuung übernehmen kann (§ 1908b Abs. 5 BGB), jeweils einschließlich der anschließenden **Neubestellung** eines Betreuers (§ 1908c BGB). Hierzu zählt nach richtiger Ansicht als Teilentlassung auch die Entziehung der Vertretungsmacht für einzelne Angelegenheiten (§§ 1908i Abs. 1 Satz 1, 1796 BGB). Eine Ausnahme ist nach dem durch das 2. BtÄndG eingefügten **§ 19 Abs. 1 Nr. 1 RPflG** insoweit möglich, als dass durch Landesrecht der Richtervorbehalt teilweise, nämlich insb. zur Auswahl und Bestellung des Betreuers, aufgehoben werden kann (s. im Einzelnen Bienwald/Sonnenfeld/Hoffmann/*Sonnenfeld* § 65 FGG Rn. 5 ff.). Von der Ermächtigung ist bisher nur in geringfügigem Umfang Gebrauch gemacht worden (Ergänzungsbetreuer oder neuer Betreuer, VO v. 15.03.2006, BayGVBl, 170, vgl. dazu im Einzelnen Bassenge/*Roth* § 19 Rpflg Rn. 1 f.; Prütting/Helms/*Fröschle* § 271 Rn. 29 f.).

19 Bei der **Rechtspflegerzuständigkeit** bleibt es nach § 3 Nr. 2b RPflG hingegen, wenn der Betroffene eine gleich geeignete Person als Betreuer vorschlägt (§ 1908b Abs. 3 BGB), der Vereinsbetreuer auf Antrag des Vereins entlassen werden soll oder der Vereinsbetreuer die Betreuung als Privatperson weiterführen soll (§ 1908b Abs. 4 BGB; vgl. auch Dodegge/Firsching, Handbuch Rn. 460).

20 **Nicht** dem Richter **vorbehalten** ist indessen die Bestellung eines Betreuers nach § 1896 Abs. 3 BGB (Vollmachts- oder **Kontrollbetreuung**), was mit dem reinen Fürsorgecharakter dieser Maßnahme begründet wird (BT-Drucks. 11/4528 S. 164; s.a. PWW/*Bauer* § 1896 Rn. 19). Dass diese Ausnahme in der Neufassung des § 15 RPflG nicht ebenfalls in Nr. 1, sondern nur in Nr. 3 (s. Rdn. 24) ausdrücklich erwähnt ist, beruht ersichtlich auf einem redaktionellen Versehen. Zum Bestellungsverfahren s. § 293 Rdn. 11.

21 Zu der streitigen Frage, wer die Bestellung eines **Gegenbetreuers** (§§ 1908i Abs. 1 Satz 1, 1792 BGB) vorzunehmen hat, findet sich auch nach der Neufassung des § 15 RPflG keine ausdrückliche Regelung (zum Meinungsstand s. *Jürgens* § 15 RPflG Rn. 16 und MüKo/*Schwab* § 1908i Rn. 11). Angesichts dessen und vor *dem Hintergrund* der grundsätzlichen Entscheidung in § 3 Nr. 2b) RPflG einschließlich der dem Rechts-

pfleger überlassenen Zuständigkeit in Fällen der Kontrollbetreuung (Rdn. 20) muss dies jedenfalls dann, wenn über die Bestellung des Gegenbetreuers nicht ohnehin im Zusammenhang mit einer dem Richter vorbehaltenen Entscheidung zu befinden ist, auch dem Rechtspfleger möglich sein (im Ergebnis ähnlich Prütting/Helms/*Fröschle* § 271 Rn. 31). Ggf. findet § 8 RPflG Anwendung.

Zur Bestellung des Betreuers i.S.d. Nr. 1 gehört nach § 286 Abs. 1 Nr. 4 auch die Feststellung der **berufsmäßigen Führung** der Betreuung (§ 1836 Abs. 1 Satz 2 BGB i.V.m. § 1 VBVG), und zwar auch bei deren nachträglicher Feststellung (s. hierzu BayObLG FamRZ 2001, 867 f. = Rpfleger 2001, 300; OLG Brandenburg FamRZ 2004, 1403 f.). Diese bisher streitige Frage (vgl. dazu BayObLG FamRZ 2001, 1484 = Rpfleger 2001, 418 f.) ist durch den Gesetzgeber nunmehr klar gestellt (BT-Drucks. 16/6308, S. 268 f.). 22

Nr. 2: Die Bestellung eines neuen Betreuers nach dem **Tode** des früheren Betreuers (§ 1908c BGB). 23

Nr. 3: Die **Verlängerung** (§ 295) und die **Aufhebung** der Betreuung; die **Änderung** des Umfangs der Betreuung (§ 1908d BGB) sowie die gerichtliche Entscheidung über einen Antrag des Betroffenen i.S.v. § 291 auf Überprüfung der Auswahl des Vereins- oder Behördenbetreuers (§ 1900 Abs. 2, 4 BGB). 24

Nr. 4: Die Anordnung eines **Einwilligungsvorbehalts** (§ 1903 BGB) sowie dessen Verlängerung, Aufhebung, Einschränkung oder Erweiterung (§ 1908d Abs. 4 BGB); die **Genehmigung** der Einwilligung des Betreuers in gefährliche ärztliche Maßnahmen (§ 1904 Abs. 1 BGB) sowie den Abbruch lebenserhaltender Maßnahmen (§ 1904 Abs. 2 BGB; s. § 298 Rdn. 12 ff.); die Genehmigung der Einwilligung des Bevollmächtigten i.S.v. § 1904 Abs. 5 BGB; die Genehmigung der Einwilligung durch den besonderen Betreuer (§ 1899 Abs. 2 BGB) in die Sterilisation des Betroffenen (§ 1905 BGB). 25

Nr. 5: die Bestellung eines Betreuers für den **Angehörigen eines fremden Staates** einschließlich vorläufiger Maßregeln (Art. 24 Abs. 1 Satz 2, Abs. 3 EGBGB); dies gilt, da sich diese Ausnahme anders als im Fall der Nr. 1 bis 3 nach dem Gesetzeswortlaut hierauf nicht bezieht (s. Rdn. 20), auch für die Bestellung eines Vollmacht- oder Kontrollbetreuers (*Jürgens* § 15 RPflG Rn. 24; Jurgeleit/*Bućić*, Handbuch § 16 Rn. 9 a.E.). 26

Nr. 6: die Bestellung eines Betreuers oder Pflegers aufgrund dienstrechtlicher Vorschriften, wie etwa im Disziplinarverfahren gegen Soldaten bei dessen Verhandlungsunfähigkeit (§ 85 WDO). 27

Nr. 7: die Entscheidung über den **Umgang** des Betreuten mit Dritten (§§ 1908i Abs. 1 Satz 1, 1632 Abs. 2, 3 BGB) und die Entscheidung bei **Meinungsverschiedenheiten** zwischen mehreren Betreuern (§§ 1908i Abs. 1 Satz 1, 1797 Abs. 1 Satz 2, 1798 BGB). Soweit dies bislang aus einer entsprechenden Anwendung des Richtervorbehalts nach § 14 Abs. 1 Nr. 5 RPflG a.F. hergeleitet worden ist, ist dies wegen der entsprechend übernommenen Regelung nicht mehr nötig. Allein die **Herausgabe** des Betreuten (§§ 1908i Abs. 1 Satz 1, 1632 Abs. 1 BGB) wird von Nr. 7 nicht in Bezug genommen. Da aber mit der neuen Regelung eine Änderung der Aufgabenverteilung zwischen Richter und Rechtspfleger nicht intendiert ist (BT-Drucks. 16/6308 S. 322) und diese Entscheidung den übrigen vorbezeichneten Angelegenheiten an Bedeutung nicht nachsteht, wird dies auf einem redaktionellen Versehen beruhen. Der Richtervorbehalt aus § 15 Abs. 1 Nr. 7 RPflG ist daher weiterhin auf die Betreuungssachen nach § 1632 BGB jedenfalls entsprechend anzuwenden (vgl. Firsching/Dodegge, Handbuch Rn. 394; Jurgeleit/*Bućić*, Handbuch § 16 Rn. 9; *Jürgens* § 15 RPflG Rn. 26; Jürgens/Kröger/Marschner/*Winterstein* Rn. 323; anders Prütting/Helms/*Fröschle* § 271 Rn. 28: fakultative Richtersache). 28

Nr. 8, 9 und 10 betreffen Entscheidungen in betreuungsrechtlichen Zuweisungsgesetzen (§ 340): die Genehmigung der Einwilligung des Betroffenen nach § 6 des Gesetzes über die freiwillige Kastration und andere Behandlungsmethoden (BGBl. I, S. 1143), Genehmigungen der Erklärungen des gesetzlichen Vertreters eines Geschäftsunfähigen zu Maßnahmen nach dem Transsexuellengesetz (BGBl. I, S. 1654) sowie eherechtliche Genehmigungen bei geschäftsunfähigen Ehegatten oder Lebenspartnern (§ 125 Abs. 2 Satz 2, § 270 Abs. 1 Satz 1). 29

§ 15 Abs. 2 RPflG sieht einen Richtervorbehalt für die gem. §§ 6 ff. ErwSÜAG – nach dessen Inkrafttreten – zu treffenden Anordnungen vor (vgl. dazu im Einzelnen Jürgens/Kröger/Marschner/*Winterstein* Rn. 315b ff.; *Schulte-Bunert* Rn. 903).

Dem Richter bzw. dem Rechtspfleger obliegen jeweils die **Durchführung des Verfahrens** und die verfahrensrechtlichen Nebenentscheidungen (§§ 23 ff.) in den Sachen, wie dies sich nach der Aufteilung der dafür geltenden funktionellen Zuständigkeit ergibt (BT-Drucks. 11/4528 S. 165). Dies betrifft auch Verfahren über den Erlass einstweiliger Anordnungen nach §§ 300 ff., die Entscheidung über die Hinzuziehung nach § 274 sowie über die Bestellung eines Verfahrenspflegers nach § 276 (Jansen/*Sonnenfeld* § 67 FGG Rn. 46; Jurgeleit/*Bućić*, Handbuch § 16 Rn. 9; s.a. § 276 Rdn. 16), nicht allerdings die Anordnung der Vorführung des Betroffenen (s. § 278 Rdn. 11). Zur funktionellen Zuständigkeit betreffend die **Abgabe** oder Übernah- 30 me des Verfahrens s. § 273 Rdn. 8. Zur Festsetzung von Zwangsgeld s. § 285 Rdn. 3. Zur Durchführung des Verpflichtungsgesprächs s. § 289 Rdn. 3.

31 **D. Internationale Zuständigkeit.** Die internationale Zuständigkeit in Betreuungssachen richtet sich nach §§ 97, 104 (s. die Anmerkungen dort). Soweit ausländische Gerichte bereits Maßnahmen vorbereiten oder getroffen haben, wird, soweit dies im Interesse des Betroffenen liegt, regelmäßig der Bedarf an Einrichtung einer Betreuung in Deutschland nicht bestehen (Bork/Jacoby/Schwab/*Heiderhoff* § 272 Rn. 8; Firsching/Dodegge, Handbuch Rn. 112). Art. 24 EGBG regelt das bei gegebener Zuständigkeit des Betreuungsgerichts anwendbare Recht.

§ 273 Abgabe bei Änderung des gewöhnlichen Aufenthalts.
¹Als wichtiger Grund für eine Abgabe im Sinne des § 4 Satz 1 ist es in der Regel anzusehen, wenn sich der gewöhnliche Aufenthalt des Betroffenen geändert hat und die Aufgaben des Betreuers im Wesentlichen am neuen Aufenthaltsort des Betroffenen zu erfüllen sind. ²Der Änderung des gewöhnlichen Aufenthalts steht ein tatsächlicher Aufenthalt von mehr als einem Jahr an einem anderen Ort gleich.

Übersicht

	Rdn.		Rdn.
A. Allgemeines	1	B. Besonderheiten in Betreuungssachen	2

1 **A. Allgemeines.** Die Regelungen zur **Abgabe** des Verfahrens finden sich im allgemeinen Teil in § 4. Diese Vorschrift sieht in allen FamFG-Verfahren die Möglichkeit vor, ein Verfahren unter bestimmten Voraussetzungen an ein anderes Gericht abzugeben. Es kann dabei insb. zweckmäßig sein, das Verfahren an das Gericht abzugeben, in dessen Nähe sich die vom Verfahren betroffene Person zwischenzeitlich befindet (BT-Drucks. 16/6308, S. 175). Von der Abgabe ist die bindende Verweisung im Fall der örtlichen oder sachlichen Unzuständigkeit des Gerichts nach § 3 zu unterscheiden (*Diekmann* BtPrax 2009, 149). S. i.Ü. die Anmerkungen zu § 4.

2 **B. Besonderheiten in Betreuungssachen.** Die Vorschrift verlangt einen wichtigen Grund für die Abgabe und formuliert ein Regelbeispiel. Sie füllt damit die nach Maßgabe des § 4 zu beurteilenden Voraussetzungen für die Abgabe in einem in Betreuungssachen besonders relevanten Gesichtspunkt aus. Nach Satz 1 liegt dem entsprechend ein wichtiger Grund vor, wenn sich der **gewöhnliche Aufenthalt** des Betroffenen **geändert** hat *und* – kumulativ – die Aufgaben des Betreuers im Wesentlichen dort zu erfüllen sind. Dabei ist die Begründung des neuen Aufenthalts ein rein tatsächlicher Vorgang. Es bedarf lediglich der Feststellung, wo der tatsächliche Lebensmittelpunkt des Betroffenen nunmehr liegt, also wo er sich hauptsächlich (nicht unbedingt ständig) aufzuhalten pflegt. Auf den melderechtlichen Status kommt es nicht an. Auch der Wille, den Aufenthaltsort zum Mittelpunkt oder Schwerpunkt der Lebensverhältnisse zu machen, ist nicht erforderlich (OLG Köln Rpfleger 2015, 26). Bei einem Aufenthaltswechsel (z.B. Umzug in ein Altenpflegeheim) muss der Verbleib gleichwohl auf längere Zeit angelegt sein (KK-FamR/*Rausch* Vor 606a ZPO Rn. 10; Bienwald/Sonnenfeld/Hoffmann/*Sonnenfeld* § 65 FGG Rn. 16; vgl. auch BT-Drucks. 11/4528 S. 169). Der vorübergehende, auch längere Aufenthalt in einer **Klinik** oder einem **Krankenhaus** begründet grds. keinen gewöhnlichen Aufenthalt, da er nicht von vornherein auf Dauer angelegt ist (LG Koblenz FamRZ 2007, 2009 LS; Bienwald/Sonnenfeld/Hoffmann/*Bienwald* § 65 FGG Rn. 17 m.w.N.). Gleichwohl kann ein Betroffener seinen Daseinsmittelpunkt und damit seinen gewöhnlichen Aufenthalt ausnahmsweise in einer Klinik begründen. Entscheidend sind die Gesamtumstände des Einzelfalles, wozu neben der schlichten Dauer (OLG Köln NJW-RR 2007, 517 f.: mindestens 9 Monate; OLG Zweibrücken OLGR 2007, 903 f. = Rpfleger 2007, 545 f.: 12 Monate) aber vor allem gehört, dass der Betroffene durch die Einrichtung seiner Lebensverhältnisse erkennen lässt, dass ein anderer Aufenthaltsort für ihn weniger Bedeutung bekommen hat (OLG Zweibrücken OLGR 2007, 903 f.; OLG Stuttgart FGPrax 2011, 326; OLG Oldenburg FGPrax 2014, 212). Dies ist etwa auch dann der Fall, wenn (z.B. wegen der langen Zeitdauer) mangels persönlicher oder sozialer Bindungen ein Ort des gewöhnlichen Aufenthalts nicht mehr festzustellen ist, insb. wenn die Rückkehr des Betroffenen an seinen bisherigen gewöhnlichen Aufenthaltsort aus medizinischen und/oder sozialen Gründen ausgeschlossen ist (OLG Stuttgart FamRZ 1997, 438 = NJWE-FER 1997, 111). Dem Aufenthaltswechsel – da Regelbeispiel – steht die erstmalige Feststellung eines gewöhnlichen Aufenthalts an anderer Gerichtsstelle gleich Prütting/Helms/*Fröschle* § 273 Rn. 7). Zur Bedeutung weiterer Aufenthaltswechsel, z.B.

bei Unterbringung im Maßregelvollzug oder bei Aufenthalten in Wohnheimen, s. § 272 Rdn. 6 ff. Zur Dauer des Aufenthalts s.u. Rdn. 4.

Die weitere Voraussetzung des Regelbeispiels des Satzes 1, dass die **Aufgaben** des Betreuers im Wesentlichen **am neuen Aufenthaltsort zu erfüllen** sind, ist an den Umständen des Einzelfalls orientiert. Regelmäßig werden die Belange des Betroffenen dort zu regeln sein, wo er sich aufhält. Insoweit kommt der Bestimmung des Aufgabenkreises des Betreuers erhebliche – insb. in Gesundheitsangelegenheiten und solchen der Aufenthaltsbestimmung –, wenn auch nicht ausschlaggebende Bedeutung zu. Es kommt neben Zweckmäßigkeitserwägungen – auch die **Interessen des Betreuers** betreffend (OLG Köln FamRZ 1998, 840 LS: Kontakt zum AG durch persönliche mündliche Vorsprachen) – allem voran auf das **Wohl des Betroffenen** an (§ 1901 BGB; vgl. auch Bienwald/Sonnenfeld/Hoffmann/*Sonnenfeld* § 65a FGG Rn. 9). Dies gilt selbst dann, wenn zwischen Betreuer und Betreuungsgericht ein Verhältnis vertrauensvoller Zusammenarbeit besteht (BayObLG BtPrax 2002, 271 LS), wohingegen ein besonderes Vertrauensverhältnis zwischen Betroffenem und Betreuungsgericht einer Abgabe entgegenstehen kann (BayObLG FamRZ 2000, 1299). Werden die Interessen des Betroffenen sowie des Betreuers nicht beeinträchtigt, können schließlich **Zweckmäßigkeitserwägungen** aus Sicht des Betreuungsgerichts – wie etwa häufige persönliche Anhörungen – die Abgabe begründen (Bienwald/Sonnenfeld/Hoffmann/*Sonnenfeld* § 65a FGG Rn. 11 m.w.N.). Die hierdurch bedingte Notwendigkeit eines Betreuerwechsels steht der Zulässigkeit der Abgabe nicht entgegen (Prütting/Helms/*Fröschle* § 273 Rn. 10). Für die Zuständigkeit am Aufenthaltsort des Betroffenen kommt es auf die **Zugehörigkeit zum Gerichtsbezirk**, nicht auf die tatsächliche Entfernung des nächsten Betreuungsgerichts an (OLG Hamm FGPrax 2010, 214).

Nach **Satz 2** steht ein tatsächlicher Aufenthalt von **mehr als einem Jahr** einer Änderung des Aufenthalts i.S.d. Satzes 1 gleich. Hiermit soll die Feststellung des Vorliegens eines wichtigen Grundes erleichtert werden, dem Gericht mithin die (zuweilen mühevolle) Prüfung des tatsächlichen Lebensmittelpunkts des Betroffenen (s. Rdn. 2) abgenommen werden (BT-Drucks. 15/2494 S. 18, 40). Da es sich indessen nach wie vor um eine Regelfallprüfung zum Vorliegen eines wichtigen Grundes handelt, ist bei einem solchen, mehr als ein Jahr dauernden Aufenthalt die Abgabe nicht immer veranlasst, etwa wenn wenige Zeit nach Überschreiten des Zeitpunkts eine Rückverlegung des Betroffenen an seinen ursprünglichen Wohnort ansteht.

Die früher in § 65a Abs. 1 Satz 3 FGG vorgesehene Möglichkeit, das nur einen Betreuer betreffende Verfahren bei Vorliegen eines wichtigen Grundes abzugeben, wenn mehrere Betreuer für **unterschiedliche Aufgabenkreise** bestellt sind, ist bewusst *nicht* übernommen worden. Zwar ist denkbar, dass eine **Aufspaltung des Verfahrens** im Einzelfall vertretbar erscheint, wenn etwa im Fall eines Umzugs des Betroffenen seine vermögensrechtlichen Angelegenheiten weiterhin an seinem bisherigen Aufenthaltsort geregelt werden können. Wegen der Gefahr widerstreitender Entscheidungen soll nach dem Willen des Gesetzgebers jedoch die Konzentration des Betreuungsverfahrens bei einem einzigen Gericht Vorrang haben (Keidel/*Budde* § 273 Rn. 6; BT-Drucks. 16/6308 S. 264).

Die **Abgabe** an ein anderes Gericht ist auch bereits **vor der Bestellung** eines Betreuers möglich. Ergab sich dies in der vor Inkrafttreten des 2. BtÄndG geltenden Fassung des § 65a Abs. 1 Satz 1 FGG aus dessen Verweis auf § 46 Abs. 1 Satz 1 Halbs. 2 FGG, wonach es der Zustimmung des Betreuers zur Abgabe nur bedurfte, wenn er bereits bestellt war, hat sich dies durch den Wegfall des Zustimmungserfordernisses mit dem 2. BtÄndG nicht geändert. Denn der Gesetzgeber wollte die Abgabe ausschließlich weiter erleichtern (BT-Drucks. 15/2494 S. 18), sodass mit dem Entfall des Verweises auf § 46 Abs. 1 Satz 1 Halbs. 2 FGG eine solche Einschränkung keinesfalls einhergehen kann. Dies erschließt sich i.Ü. auch aus dem Zweck der Abgabe i.S.v. §§ 4, 273 (s. Rdn. 1), dessen Erreichung in jedem Stadium des Verfahrens geboten sein kann (OLG Köln Rpfleger 2014, 26). Dass § 272 Abs. 1 Nr. 1 die Fortdauer der Zuständigkeit des Gerichts, das den Betreuer bestellt hat, vorsieht, steht dem, sofern es allein um eine Zuständigkeitsbegründung geht, nicht entgegen (s. § 272 Rdn. 2). Andererseits ist ein Verfahren erst **abgabereif**, wenn das bisher zuständige Gericht alle Verfügungen getroffen hat, die zum Zeitpunkt der Abgabe auf Antrag oder von Amts wegen ergehen müssen. Grds. ist es dem übernehmenden Gericht nicht zuzumuten, Verrichtungen vorzunehmen, die das abgebende Gericht bereits hätte erledigen müssen und können. Steht die Entscheidung über Festsetzungsanträge *des Betreuers* noch aus, ist dies prinzipiell der Fall. Vergütungsfragen sind Teil des Verfahrens selbst, wofür stets das gegenwärtig mit der Sache befasste Gericht zuständig ist (OLG Stuttgart BtPrax 2011, 271). Allerdings geht das objektive Interesse des Betroffenen an der Führung der Betreuung durch das ortsnahe Gericht vor (Keidel/*Budde* § 273 Rn. 5). Die Abgabe muss unter Abwägung beider Gesichtspunkte **zweckmäßig** sein (vgl. auch OLG München OLGR 2007, 83 f.). Es handelt sich nicht um eine Frage der

§ 273

verfahrensrechtlichen Zulässigkeit, sondern um die Beurteilung des wichtigen Grundes im Zeitpunkt der Abgabe. Deswegen stehen noch ausstehender Schlussbericht des entlassenen Betreuers oder ausstehende Rechnungslegung der Abgabe ebenso wenig entgegen (KG FGPrax 2012, 19; OLG Oldenburg FGPrax 2014, 212) wie ggf. das Interesse des um Übernahme angegangenen Gerichts, keine Aufgaben übernehmen zu müssen, die das andere Gericht – weil bereits sachkundig – mit weniger Arbeitsaufwand erledigen könnte (OLG Köln Rpfleger 2014, 26, 27). Entsprechendes gilt im **Beschwerdeverfahren** gegen die Bestellung eines Betreuers, das die Abgabe an ein anderes Betreuungsgericht jedenfalls dann nicht verhindert, wenn der Betroffene in den dortigen Bezirk verzogen und der im Beschwerdeverfahren zu betreibende Aufwand zur Klärung des Sachverhalts für das bisherige Betreuungs- oder Beschwerdegericht nicht wesentlich geringer ist als für die Gerichte am Ort des neu begründeten gewöhnlichen Aufenthalts (KG OLG Report Ost 8/2014 Anm. 3).

7 Soweit **selbstständige Verfahren** neben der Hauptsache geführt werden – Folgeverfahren, Eilverfahren (z.B. zur Einrichtung eines Einwilligungsvorbehalts) –, sind sie gesondert abzugeben und hindern die Abgabereife z.B. des Erstverfahrens nicht (Prütting/Helms/*Fröschle* § 273 Rn. 14). Soweit das Eilgericht sämtliche durch die Dringlichkeit des Falles gebotenen Maßnahmen erledigt hat, endet das Fürsorgebedürfnis und zugleich die Zuständigkeit des Eilgerichts. Damit ist zugleich für eine Abgabe des Verfahrens nach §§ 4, 273 kein Raum, da diese Regelungen eine fortbestehende Zuständigkeit des abgebenden Gerichts voraussetzen. Insoweit kommt auch eine Zuständigkeitsbestimmung gem. § 5 Abs. 1 Nr. 5 nicht in Betracht (OLG Frankfurt FamRZ 2012, 1240). Ebenso wenig kann ein durch Zeitablauf beendetes vorläufiges Betreuungsverfahren an das für den Wohnsitz des Betroffenen zuständige Gericht abgegeben werden, wenn dieses Betreuungsgericht das von ihm eingeleitete Verfahren bereits durch die Feststellung beendet hat, dass dort ein Betreuer nicht zu bestellen ist (OLG Frankfurt BtPrax 2013, 161). Zweckmäßigerweise ist die Akte des erledigten Verfahrens zu den Hauptakten nachzusenden.

Zur Bedeutung des **Verfahrenspflegers** im Verfahren über die Abgabe s. § 276 Rdn. 2.

8 Für die Abgabe des Verfahrens ist – mit Ausnahme der Bestellung eines Kontrollbetreuers nach § 1896 Abs. 2 BGB (s. dazu § 293 Rdn. 11) – der Richter **funktionell zuständig**. Es handelt sich um eine dem Richter gem. § 15 RPflG vorbehaltenen Aufgabe, da sich die Abgabeentscheidung maßgeblich auf alle betreuungsgerichtlichen Maßnahmen auswirkt. Insb. die in § 15 RPflG detailliert aufgezählten richterlichen Aufgaben würden andernfalls faktisch einer Kontrolle durch den zuständig gewesenen, mit der Sache befassten Richter entzogen. So muss der Richter unter anderem ständig überwachen, ob Umstände bekannt geworden sind, die eine Änderung des Umfangs der Betreuung oder eine Entlassung des Betreuers erfordern (BayObLG FuR 1993, 109 = FamRZ 1993, 448; OLG Düsseldorf NJW-RR 1998, 1704; OLG Zweibrücken Rpfleger 2010, 368 = FamRZ 2010, 1371; Bork/Jacoby/Schwab/*Heiderhoff* § 273 Rn. 6; Damrau/*Zimmermann* § 65a FGG Rn. 1; Jürgens/Kröger/Marschner/*Winterstein* Rn. 319; Jurgeleit/*Bučić*, Handbuch § 16 Rn. 13; *Kayser* FGPrax 2001, 1). Dies übersieht die Gegenansicht, die die Zuständigkeit jener für das gerade anhängige Verfahren folgen lässt, da dies der Grundstruktur der Arbeitsteilung zwischen Richter und Rechtspfleger entspreche. Dem Rechtspfleger obliege die allgemeine Aufsicht über die gesamte Tätigkeit des Betreuers, den Richter träfen keine laufenden Überwachungspflichten. Dass der Rechtspfleger dem Richter durch eine Abgabe eine unmittelbar anstehende Entscheidung entziehe, sei bei korrekter Verfahrensweise ausgeschlossen. Sei ein Verfahren, das unter Richtervorbehalt stehe, bereits anhängig oder stelle der Rechtspfleger im Zuge der laufenden Aufsicht fest, dass Anlass zu richterlichen Maßnahmen bestehe, habe er vorzulegen (OLG Köln FamRZ 2001, 939; Bienwald/Sonnenfeld/Hoffmann/*Sonnenfeld* § 65 FGG Rn. 11; HK-BUR/*Bauer* § 65 FGG Rn. 3; *Jürgens* § 15 RPflG Rn. 30; Prütting/Helms/*Fröschle* § 273 Rn. 15). Die Abgabe durch den unzuständigen Rechtspfleger ist **unwirksam** (BayObLG FuR 1993, 109 = FamRZ 1993, 448).

9 Für das **Verfahren** der Abgabe gelten i.Ü. §§ 4 ff. Das Gericht, an das abgegeben werden soll, sowie die übrigen Beteiligten sind zu hören. Eine Zuständigkeitsbestimmung nach § 5 Abs. 1 Nr. 4 setzt dabei förmliche Beschlüsse der streitenden Gerichte voraus. Hierzu reicht nicht aus, dass das eine Gericht die Verfahrensakten unter Hinweis auf seine fehlende Zuständigkeit abgibt und das andere Gericht unter Zurücksendung der Verfahrensakten die Übernahme ablehnt (OLG Celle FamRZ 2011, 1755 Ls.). Kommt es trotz fehlender Voraussetzungen nach §§ 4, 273 zu einer einvernehmlichen Abgabe an ein anderes Gericht, ist diese wirksam und als reine Zwischenentscheidung auch **nicht anfechtbar** (§ 4 Rdn. 27; Bork/Jacoby/Schwab/*Heiderhoff* § 273 Rn. 5; vgl. auch *Diekmann* BtPrax 2009, 149).

§ 274 Beteiligte.

(1) Zu beteiligen sind
1. der Betroffene,
2. der Betreuer, sofern sein Aufgabenkreis betroffen ist,
3. der Bevollmächtigte im Sinne des § 1896 Abs. 2 Satz 2 des Bürgerlichen Gesetzbuchs, sofern sein Aufgabenkreis betroffen ist.

(2) Der Verfahrenspfleger wird durch seine Bestellung als Beteiligter zum Verfahren hinzugezogen.

(3) Die zuständige Behörde ist auf ihren Antrag als Beteiligte in Verfahren über
1. die Bestellung eines Betreuers oder die Anordnung eines Einwilligungsvorbehalts,
2. Umfang, Inhalt oder Bestand von Entscheidungen der in Nummer 1 genannten Art
hinzuzuziehen.

(4) Beteiligt werden können
1. in den in Absatz 3 genannten Verfahren im Interesse des Betroffenen dessen Ehegatte oder Lebenspartner, wenn die Ehegatten oder Lebenspartner nicht dauernd getrennt leben, sowie dessen Eltern, Pflegeeltern, Großeltern, Abkömmlinge, Geschwister und eine Person seines Vertrauens,
2. der Vertreter der Staatskasse, soweit das Interesse der Staatskasse durch den Ausgang des Verfahrens betroffen sein kann.

Übersicht

	Rdn.		Rdn.
A. Normzweck	1	B. Regelungen	3

A. Normzweck. Die Vorschrift enthält in Ergänzung zu der Generalklausel des § 7 eine **gesetzliche Definition des Beteiligtenbegriffs in Betreuungssachen**. Dies stellt ggü. der früheren Regelung betreffend die Beteiligung am Verfahren eine entscheidende Neuerung dar. Früher wurde in der freiwilligen Gerichtsbarkeit nach damals herrschender Meinung (s. dazu KKW/*Zimmermann* § 6 FGG Rn. 18 m.w.N.) zwischen formell und materiell Beteiligten unterschieden, nämlich anhand der Frage, ob Rechte und Pflichten von Personen durch das Verfahren und durch die darin zu erwartende oder getroffene Entscheidung unmittelbar betroffen sein können (materiell Beteiligter), oder ob die Beteiligung mangels Wahrnehmung eigener Interessen allein auf antragsgemäßer Hinzuziehung bzw. solcher als Folge der amtswegigen Ermittlungen des Gerichts beruht (formell Beteiligter). Mit der Vorschrift hat der Gesetzgeber die Mitwirkungsfunktionen der Beteiligten weit gehend an das formelle Recht angelehnt. Es wird ausschließlich zwischen Beteiligten kraft Gesetzes und kraft Hinzuziehung unterschieden (BT-Drucks. 16/6308, S. 165 f., 177 f.).

Nach der **Systematik** der Generalklausel des § 7 ist der **Antragsteller** gesetzlich Beteiligter (§ 7 Abs. 1). Bei den hinzuzuziehenden Beteiligten ist zwischen den sog. **Muss-Beteiligten** (§ 7 Abs. 2), und den **Kann-Beteiligten** (§ 7 Abs. 3) zu unterscheiden. Diejenigen, deren Recht durch das Verfahren unmittelbar betroffen wird bzw. die aufgrund einer sonstigen Vorschrift des FamFG oder eines anderen Gesetzes von Amts wegen oder auf Antrag zwingend zu beteiligen sind, sind Muss-Beteiligte. I.Ü. sehen das FamFG oder andere Gesetze vor, dass weitere Personen beteiligt werden können, und zwar solche, die nicht oder nicht zwingend in ihren Rechten betroffen werden, deren **Hinzuziehung** jedoch geboten sein kann, weil sie etwa als Angehörige ein schützenswertes ideelles Interesse haben. Bei der Hinzuziehung dieser Kann-Beteiligten, steht dem Gericht ein (überprüfbares) Ermessen zu (Rdn. 13; s.a. § 279 Rdn. 5). Soweit diese Personen unmittelbar in einem Recht betroffen sind, reduziert sich das gerichtliche Ermessen im Fall der Antragstellung auf Null (BT-Drucks. 16/6308 S. 179, 265). Sie sind dann wie Muss-Beteiligte zu behandeln. Gegen eine Ablehnung ihres Antrags ist nach § 7 Abs. 3 Satz 3 die sofortige Beschwerde möglich. Wegen der Einzelheiten wird i.Ü. auf die Erläuterungen zu § 7 verwiesen.

B. Regelungen. Der Betroffene ist, sofern er einen **Antrag** auf Einleitung des Betreuungsverfahrens nach § 1896 Abs. 1 Satz 1, 2 BGB stellt, nach § 7 Abs. 1 **gesetzlicher Beteiligter.** Dies gilt auch für spätere Anträge. I.Ü. sieht das Gesetz Antragsrechte, die zu einer gesetzlichen Beteiligung führen, nicht vor. Denn der Begriff des Antrags in § 7 Abs. 1 knüpft i.V.m. § 23 ausschließlich an die materielle Antragsbefugnis an (BT-Drucks. 16/6308 S. 178, 185). Diese steht nur dem Betroffenen selbst, nicht hingegen Dritten zu, selbst wenn sie verfahrenseinleitende Erklärungen abgeben. Diese sind als schlichte Anregungen zu verstehen (Jürgens/Kröger/Marschner/*Winterstein* Rn. 341), es sei denn, für diese Dritten steht die Geltendmachung von Rechten gegen den Betroffenen in Frage (Firsching/Dodegge, Handbuch Rn. 389).

§ 274   Buch 3. Verfahren in Betreuungs- und Unterbringungssachen

4   Die **Muss-Beteiligten** nach der Generalklausel des § 7 Abs. 2 Nr. 1, also jene Personen, die in einem Betreuungsverfahren in ihren Rechten betroffen sein können, bedürfen in § 274 keiner Erwähnung. Dies sind regelmäßig der Betroffene, der Betreuer, soweit sein Aufgabenkreis Gegenstand des Verfahrens ist, und der Bevollmächtigte i.S.v. § 1896 Abs. 2 Satz 2 BGB. Obschon diese Personen zugleich in Abs. 1, der allein die Muss-Beteiligung nach § 7 Abs. 2 Nr. 2 betrifft, aufgeführt werden (s. Rdn. 5), kann sich die Notwendigkeit ihrer Hinzuziehung daher bereits auch aus § 7 Abs. 2 Nr. 1 ergeben.

5   **Abs. 1** bestimmt entsprechend der Systematik der gesetzlichen Beteiligtendefinition (s. Rdn. 1) die **Muss-Beteiligten i.S.v. § 7 Abs. 2 Nr. 2.**
Muss-Beteiligter nach **Nr. 1** ist zunächst der **Betroffene**.

6   Obligatorisch zu beteiligen nach **Nr. 2** ist außerdem der **Betreuer**, jedoch nur soweit sein Aufgabenkreis betroffen ist. Eine derartige Einschränkung kommt bspw. dann in Betracht, wenn mehrere Betreuer für verschiedene Aufgabenkreise bestellt sind (1899 Abs. 1 Satz 2 BGB) und im konkreten Verfahren der einem bestimmten Betreuer zugewiesene Aufgabenkreis nicht berührt ist. Denn jeder Betreuer kann, sofern die Aufgabenkreise entsprechend abgegrenzt sind, grds. selbstständig in seinem Aufgabenkreis handeln (*Jürgens* § 1899 BGB Rn. 2). Kommt aber eine Überschneidung infrage, etwa wegen uneindeutiger Zuweisung der Aufgabenkreise, oder aber in den Fällen der Ersatz- oder Verhinderungsbetreuung (§ 1899 Abs. 4 BGB), liegt eine Beteiligung i.S.v. Abs. 1 vor. Dies gilt auch für den besonderen Betreuer für die Einwilligung in die Sterilisation (§§ 1899 Abs. 2, 1905 BGB), obschon insoweit der Aufgabenkreis des mit der Gesundheitsfürsorge befassten Betreuers im Grunde nicht betroffen ist (*Jürgens* § 1899 BGB Rn. 5). Allerdings betrifft die Sterilisation einen wesentlichen Eingriff in die Gesundheit des Betroffenen, sodass sich dieser in materieller Hinsicht nicht von der Entscheidung über medizinische Maßnahmen trennen lässt. I.Ü. spricht der Umstand, dass nach Abs. 1 auch nicht bereits von § 7 Abs. 2 Nr. 1 erfasste Muss-Beteiligungen infrage kommen können, für einen weiteren Anwendungsbereich dieser Alternative. Zu diesem gehören weiterhin jegliche Erweiterung oder Einschränkung des Aufgabenkreises eines Betreuers.
Die Beteiligung eines **künftigen Betreuers**, dessen mögliche Bestellung den Gegenstand des Verfahrens bildet, folgt hingegen bereits aus § 7 Abs. 2 Nr. 1. Seine Beteiligung kann etwa erforderlich sein, wenn die Notwendigkeit einer Betreuerbestellung bereits feststeht und sich die Betreuerauswahl auf eine bestimmte Person konzentriert (BT-Drucks. 16/6308 S. 265).

7   Muss-Beteiligter ist nach **Nr. 3** der **Bevollmächtigte** i.S.d. § 1896 Abs. 2 Satz 2 BGB im Rahmen seines Aufgabenkreises. In einem Betreuungsverfahren wird ein solcher Bevollmächtigter, sofern sein Aufgabenkreis erfasst ist (Rdn. 6), nicht unerheblich in seinen Rechten betroffen sein, sei es, dass der Widerruf seiner Bevollmächtigung droht, sei es, dass Gegenstand des Verfahrens zunächst die Bestellung eines Kontrollbetreuers nach § 1896 Abs. 3 BGB ist. Hierzu gehören schließlich die Fälle, in denen die erteilte Vollmacht nicht mehr ausreicht, sodass es der Vollbetreuung bedarf (BayObLG BtPrax 2001, 163, 164), sich der Bevollmächtigte an deren Gebrauch weigert (BayObLG FamRZ 2004, 1403) oder sich wegen der Tragweite der Entscheidung des Bevollmächtigten in medizinischen Angelegenheiten die Notwendigkeit der Bestellung eines Betreuers ergibt (OLG Düsseldorf NJW-RR 1997, 903; zur Problematik der Genehmigung beim Abbruch lebenserhaltender Maßnahmen s. § 298 Rdn. 15 f.).

8   Mit **Abs. 2** wird die Beteiligung des **Verfahrenspflegers** klar gestellt. Sofern er nach § 276 Abs. 1 im Interesse des Betroffenen bestellt ist (s. dort Rdn. 5), ist er zugleich Beteiligter. Ein weiterer Hinzuziehungsakt ist nicht notwendig. Auch wenn die verfahrensrechtliche Stellung des Verfahrenspflegers derjenigen nach dem FGG entsprechen soll (BT-Drucks. 16/6308 S. 265), wirkt sich die Vereinheitlichung des Begriffs der Beteiligung (Rdn. 1) insoweit aus. Denn der Verfahrenspfleger ist als gesetzlicher Vertreter des Betroffenen zwar grds. mit allen Rechten und Pflichten eines Beteiligten, etwa dem Akteneinsichtsrecht nach § 13 oder der Mitwirkungspflicht i.S.v. § 27, ausgestattet. Auch ist seine Beteiligung an allen Verfahrenshandlungen notwendig. Allerdings ist er nach wie vor Pfleger eigener Art (BT-Drucks. 16/6308 S. 265) und hat nach § 303 Abs. 3 neben der Befugnis, im Interesse des Betroffenen Beschwerde einzulegen (vgl. Jürgens/Kröger/Marschner/*Winterstein* Rn. 451), ein eigenes Beschwerderecht nur, wenn er i.S.v. § 59 Abs. 1 in eigenen Rechten verletzt ist (BT-Drucks. 16/6308 S. 272; s.a. § 303 Rdn. 7, 10). Ebenso trifft ihn keine Pflicht zur Kostentragung (§ 276 Abs. 7). Im Hinblick auf diese besondere verfahrensrechtliche Ausgestaltung der Rolle des Verfahrenspflegers galt er in Ermangelung entsprechender Regelungen im FGG nicht als Beteiligter im eigentlichen Sinne (KKW/*Kayser* § 67 FGG Rn. 15; Jürgens/Kröger/Marschner/*Winterstein* Rn. 348).

9   Nach **Abs. 3** ist auch die zuständige **Betreuungsbehörde** Muss-Beteiligter i.S.v. § 7 Abs. 2 Nr. 2. Auf ihren *Antrag ist sie in den in Nr. 1 und 2* genannten Fällen zum Verfahren hinzuzuziehen. Durch das Antragser-

fordernis sollen unnötige Beteiligungen und dadurch bedingte Zustellungen, Anhörungen oder sonstige Verfahrenshandlungen vermieden werden (BT-Drucks. 16/6308 S. 265). Unberührt bleibt hiervon die i.R.d. Amtsermittlung des Gerichts nach § 26 bestehende, in § 279 Abs. 1 konkretisierte Pflicht, die zuständige Behörde anzuhören, wenn dies im Einzelfall geboten erscheint (s. § 279 Rdn. 4).

Im Einzelnen bedarf es unter Berücksichtigung von § 7 Abs. 4 (Unterrichtung) auf ihren Antrag der **Hinzuziehung** der Behörde im Verfahren über die Bestellung eines Betreuers und die Anordnung eines Einwilligungsvorbehaltes, Abs. 3 **Nr. 1**. Gleiches gilt bei Entscheidungen über Umfang, Inhalt und Bestand der Bestellung eines Betreuers bzw. der Anordnung eines Einwilligungsvorbehaltes, Abs. 3 **Nr. 2**. Hierzu gehören die Aufhebung der Betreuung, die Einschränkung des Aufgabenkreises des Betreuten, die Aufhebung eines Einwilligungsvorbehaltes oder des Kreises der einwilligungsbedürftigen Willenserklärungen (§ 294), die Bestellung eines neuen Betreuers (§ 1908c BGB, § 296), ferner im Fall der Erweiterung des Aufgabenkreises die Bestellung eines weiteren Betreuers (§ 1899 BGB, § 293 Abs. 3). Als Entscheidung über den Bestand der Betreuerbestellung ist darüber hinaus die Entlassung des Betreuers (§ 1908b BGB, § 296) anzusehen. Auch die Verlängerung der Betreuung oder eines Einwilligungsvorbehaltes (§ 295) ist eine Entscheidung über den Bestand einer solchen Maßnahme – im Gleichlauf mit § 303 Abs. 1, der der Behörde in eben diesen Fällen ein Recht zur Beschwerde gibt. Die vorstehende Aufzählung ist dabei nicht abschließend. Als Entscheidung über Umfang, Inhalt und Bestand der Bestellung eines Betreuers und die Anordnung eines Einwilligungsvorbehaltes kommen grds. weitere Verfahrensgegenstände in Betracht, etwa die gleichzeitige oder nachträgliche Bestellung eines Ergänzungsbetreuers (§ 1899 Abs. 4 BGB) oder eines Gegenbetreuers (§§ 1908i Abs. 1 Satz 1, 1792 BGB). **10**

Die Zuständigkeit der Betreuungsbehörde ergibt sich aus §§ 1 ff. **Betreuungsbehördengesetz** (BtBG, BGBl. 1990 I 2002) i.V.m. den hierzu erlassenen Ausführungsgesetzen der Länder. S. zu diesen die Aufstellung bei Jürgens/Kröger/Marschner/Winterstein Anhang 1. Die örtliche Zuständigkeit knüpft (wie § 272 Abs. 1 Nr. 2) an den gewöhnlichen Aufenthalt des Betroffenen an (s. dazu § 272 Rdn. 3 ff.). **11**

Abs. 4 zählt die Kann-Beteiligten i.S.v. § 7 Abs. 3 auf. Dies sind nach **Nr. 1** die dort genannten **Angehörigen** des Betroffenen. Es sind dies – abschließend – der nicht dauernd getrennt lebende Ehegatte oder Lebenspartner i.S.v. § 1 LPartG, die Eltern des Betroffenen, dessen Pflegeeltern, Großeltern, Abkömmlinge sowie die Geschwister. Auf den Zeitpunkt der rechtskräftigen Scheidung der Ehe bzw. der Aufhebung der Lebenspartnerschaft (vgl. LG München I BtPrax 2000, 135) kommt es nicht mehr an. Auch verschwägerte Angehörige sowie in der Seitenlinie Verwandte gehören nicht zum Kreis der Kann-Beteiligten. Hingegen kann auch eine **Person des Vertrauens** des Betroffenen am Verfahren beteiligt werden. Diese Regelung ermöglicht es dem Gericht, im Einzelfall trotz der vorgenannten Einschränkungen auch entferntere Angehörige, einen getrennt lebenden Ehegatten oder Lebenspartner sowie sonstige Personen hinzuzuziehen, wenn sie mit dem Betroffenen eng verbunden sind (BT-Drucks. 16/6308 S. 266). Hierzu bedarf es der Feststellung besonderer, über die partner- oder verwandtschaftliche Verbindung hinausgehender Umstände, die die Nähe zum Betroffenen belegen. Im Hinblick darauf, dass die Hinzuziehung im Interesse des Betroffenen liegen muss (Rdn. 13), sollte dem Gericht insofern ein weiter Beurteilungsspielraum zustehen. **12**

Die in Abs. 4 Nr. 1 genannten Personen sind, was bereits im Zeitpunkt der Hinzuziehung zu prüfen ist, nur **im Interesse des Betroffenen** zu beteiligen. Dabei ist das Interesse des Betroffenen aus seiner Sicht zu beurteilen, wozu allem voran die Feststellung seiner Wünsche und Vorstellungen im Hinblick auf die zu entscheidende betreuungsrechtliche Frage gehört (BT-Drucks. 16/6308 S. 265). Insoweit wird der Betroffene insb. dazu anzuhören sein, welche Personen das Gericht hinzuzuziehen beabsichtigt. Hiernenben steht die sich aus § 26 ergebende Pflicht des Gerichts, sich zum Zustand des Betroffenen und der Notwendigkeit sowie Zweckmäßigkeit von Maßnahmen ein eigenes und möglichst umfassendes Bild zu machen. Es ist deswegen auch nach objektiven Kriterien zu beurteilen, inwiefern die Beteiligung einer der in Nr. 1 genannten Personen dem wohlverstandenen Interessen des Betroffenen im Verfahren dient. Erfahrungsgemäß können die Kenntnisse von nahe stehenden Personen wesentlich zu interessengerechten Entscheidungen beitragen, wie etwa zur Auswahl eines bestimmten Betreuers oder der Ausgestaltung von Ersatzbetreuungen. Wie schon der die Anhörung betreffende § 68a FGG eine Ergänzung der Ermittlungsvorschrift des § 12 FGG darstellte (Bienwald/Sonnenfeld/Hoffmann/*Bienwald* § 68a FGG Rn. 22), kommt dieses objektive Element auch bei der Beurteilung der Hinzuziehung nach der Vorschrift des Abs. 4 Nr. 1 zum Zuge, und zwar auch dann, wenn – was sorgfältiger Abwägung bedarf – der subjektive Wille des Betroffenen seinen objektiven Interessen zuwider läuft (BT-Drucks. 16/608 S. 266; ähnlich Keidel/*Budde* § 274 Rn. 10). Dies gilt umso mehr in Fällen, in denen sich der Betroffene selbst nicht äußern kann. Insoweit erlangt auch die Betreu- **13** ungsvorsorge i.S.v. § 1901a BGB maßgebliche Bedeutung (vgl. § 285 Rdn. 1). Dass in einem solchen Fall die Ermittlung eines Vertrauensverhältnisses jedoch grundsätzlich ausscheidet (so AG Frankfurt FamRZ 2012, 1411), ist wegen der Bedeutung der Interessenwahrung i.S.d. Betroffenen nicht ersichtlich. Die Entscheidung über die Hinzuziehung von Angehörigen oder Vertrauten ist vielmehr in **das pflichtgemäße Ermessen des Gerichts** gestellt. Sie kann im Rechtsbeschwerdeverfahren deshalb nur eingeschränkt darauf überprüft werden, ob die Grenzen des Ermessens überschritten sind oder ob das Ermessen sonst fehlerhaft ausgeübt worden ist (BGH FamRZ 2012, 960).

14 Unbeachtlich bleiben hingegen die Interessen derjenigen Verwandten oder Vertrauenspersonen, die nicht auch in eigenen Rechten betroffen sind. Denn es handelt sich nach der Ausgestaltung der Vorschrift um eine **altruistische Beteiligung** dieser Personen, wodurch vermieden werden soll, dass diese auch dann Einfluss auf das Verfahren nehmen können, wenn dies den Interessen des Betroffenen zuwiderläuft. Es ist bereits von vornherein eine entsprechende Interessenfeststellung (s. dazu Rdn. 13) vorzunehmen. Die Beteiligung muss sachgerecht und verfahrensfördernd im wohlverstandenen Interesse des vom Verfahren betroffenen Beteiligten sein (BGH FamRZ 2012, 960). Eines Widerspruchsrechts des Betroffenen bedarf es nicht (BT-Drucks. 16/6308 S. 265 f.). Allerdings werden jedenfalls der Ehegatte und nicht selten auch Eltern oder Kinder des Betroffenen im Hinblick auf die sich aus Art. 6 Abs. 1 und 2 GG ergebenden Schutzbereiche, etwa die Bestimmung des gemeinsamen Wohnortes von Ehegatten oder das Fürsorge- und Erziehungsrecht der Eltern, unmittelbar und damit subjektiv betroffen i.S.v. § 7 Abs. 2 Nr. 1 sein. In diesem Fall ergibt sich ihre Beteiligung bereits aus diesem Grund (Rdn. 4). Einer Abwägung der Interessen von Angehörigen mit den Belangen des Betroffenen (so noch nach dem BtG, vgl. BT-Drucks. 11/4528 S. 174) bedarf es in dieser Form nicht. **Verfahrenskostenhilfe** steht den auf diese Weise Beteiligten **nicht** zu (BGH MDR 2015, 175, 176).

15 Die Hinzuziehung der Angehörigen nach Abs. 4 Nr. 1 betrifft nur Verfahren über die in Abs. 3 genannten Gegenstände (s. dazu im Einzelnen Rdn. 10). Bezüglich der Verfahrensgegenstände, in denen auch die zuständige Behörde auf ihren Antrag zu beteiligen ist, sind stets Dritte im Hinblick auf ihre Beteiligung privilegiert.

16 Die Möglichkeit der Hinzuziehung nach Abs. 4 Nr. 1 ist **verfahrensrechtlich** in mehrfacher Hinsicht **bedeutsam:** Zunächst hat das Gericht zu entscheiden, ob es – nach pflichtgemäßem Ermessen – bereits von Amts wegen eine ihm bekannte Person i.S.v. Abs. 4 hinzuzieht, oder ob es die Person von der Einleitung des Verfahrens lediglich **unterrichtet** und belehrt (§ 7 Abs. 4). Im zweiten Fall wird es vor einer Entscheidung eine der beteiligungsfähigen Person gesetzte angemessene Frist (1 bis 3 Wochen) abwarten müssen (Keidel/*Budde* § 274 Rn. 12). Die Hinzuziehung der Person, die auch **konkludent** erfolgen kann – etwa durch das Übersenden von Schriftstücken oder die Ladung zu Terminen – (BGH MDR 2015, 231), hat schließlich zur Folge, dass diese Beteiligter und damit als solches beschwerdebefugt wird. Denn ohne in eigenen Rechten betroffen zu sein, kann diesen Personen gem. § 303 Abs. 2 Halbs. 2 das **Recht zur Beschwerde** gegen amtswegige Entscheidungen nur dann zustehen, wenn sie im ersten Rechtszug beteiligt worden sind (s. § 303 Rdn. 9). Die durch Hinzuziehung in erster Instanz begründete Beteiligtenstellung besteht dabei ohne Weiteres in der Beschwerdeinstanz fort. Das Beschwerdegericht hat über die Hinzuziehung der bereits erstinstanzlich Beteiligten, insbesondere nicht abermals nach §§ 7 Abs. 3, 274 Abs. 4 Nr. 1 zu entscheiden und kann diese daher auch nicht ablehnen (BGH FamRZ 2012, 1049). Indessen kann nach § 76 Abs. 2 den nur in fremdem Interesse Beteiligten **Verfahrenskostenhilfe** nicht bewilligt werden. Gegen die Ablehnung der Hinzuziehung steht der jeweiligen Person gem. § 7 Abs. 5 Satz 2 die sofortige Beschwerde nach §§ 567 ff. ZPO zu. § 303 Abs. 2 ist i.Ü. verfassungskonform dahin auszulegen, dass die Beschwerde eines nahen Angehörigen, der ohne sein Verschulden von dem AG nicht an dem Verfahren beteiligt worden ist, gleichzeitig einen **Antrag auf Beteiligung** am Betreuungsverfahren beinhaltet, über den vorab im Zwischenverfahren nach § 7 Abs. 5 zu entscheiden ist (LG Saarbrücken FamRZ 2010, 1371; LG Verden BtPrax 2010, 242; i.E. ähnlich LG Landau/Pfalz, Beschl. v. 15.06.2010 – 3 T 42/10; einschränkend LG Frankenthal, Beschl. v. 06.01.2010 – 1 T 2/10). Der Beschluss, mit dem der Antrag auf Beteiligung abgelehnt wird, kann mit der **sofortigen Beschwerde** entsprechend §§ 567 ff. ZPO angefochten werden. Die **Rechtsbeschwerde** ist gem. § 574 Abs. 1 Satz 4 ZPO nur bei ihrer Zulassung durch das LG statthaft (BGH FuR 2011, 226 f.).

17 **Abs. 4 Nr. 2** nennt weiter den Vertreter der **Staatskasse** als fakultativen Beteiligten i.S.d. § 7 Abs. 3 Satz 1. Er verfolgt fiskalische Interessen. Seine Hinzuziehung kommt nur in Betracht, wenn die Belange der Staatskasse betroffen sein können. Dies kommt etwa bei Entscheidungen nach § 307 oder aber in Betracht, wenn

gem. § 1836 Abs. 1 BGB i.V.m. § 1 VBVG die Feststellung der Berufsmäßigkeit der Betreuung getroffen wird. Mit dieser klar stellenden Regelung wird das dem Gericht in Abs. 4 eingeräumte Ermessen konkretisiert. Unnötige Beteiligungen und damit verbundener zusätzlicher Verfahrensaufwand sollen vermieden werden (BT-Drucks. 16/6308 S. 266).

Zur **funktionellen** Zuständigkeit für die Entscheidung über die Hinzuziehung eines Beteiligten s. § 272 Rdn. 30.

§ 275 Verfahrensfähigkeit.
In Betreuungssachen ist der Betroffene ohne Rücksicht auf seine Geschäftsfähigkeit verfahrensfähig.

Übersicht

	Rdn.		Rdn.
A. Normzweck	1	C. Regelung	5
B. Anwendungsbereich	3		

A. Normzweck. Die **Verfahrensfähigkeit** ist für alle dem FamFG unterliegenden Verfahren einheitlich geregelt. Dies findet sich in **§ 9**, der die Fähigkeit eines Beteiligten, selbst oder durch einen selbst gewählten Vertreter wirksam Erklärungen im Verfahren abzugeben, regelt. Die Verfahrensfähigkeit setzt dabei die Beteiligtenfähigkeit nach § 8 voraus. Wer Beteiligter ist, ergibt sich aus § 7 und – für Betreuungssachen speziell – aus § 274 (s. § 274 Rdn. 1 ff.). S. hierzu i.Ü. die Anmerkungen zu § 9. 1

Da in Betreuungssachen über die Regelung des § 9 Abs. 1 Nr. 1, Abs. 2 hinaus auch der **geschäftsunfähige Betroffene** verfahrensfähig ist, bedarf es einer entsprechenden Bestimmung durch die Vorschrift. Der Betroffene soll nach dem gesetzgeberischen Willen als eigenständiger Beteiligter angesehen werden und nicht nur »Verfahrensobjekt« sein. Auf eine solche von Achtung getragene Behandlung haben alle Betroffenen Anspruch und werden hierdurch in die Lage versetzt, ihren Willen nach Kräften im Betreuungsverfahren selbst zu vertreten, ohne auf andere, insb. gesetzliche Vertreter, angewiesen zu sein (BT-Drucks. 11/4528 S. 89). Dies trägt insb. den Grundsätzen der Konvention der Vereinten Nationen über die Rechte von Menschen mit Behinderungen (für Deutschland in Kraft seit 26.03.2009) Rechnung (vgl. Bochum FamRZ 2010, 1741, 1472). I.Ü. aber sind geschäftsfähige Volljährige bereits nach § 9 verfahrensfähig. 2

B. Anwendungsbereich. Die Vorschrift gilt für **alle Verfahren in Betreuungssachen** i.S.v. § 271. Hierzu gehören auch alle im Zusammenhang mit der Betreuung stehenden weiteren Verfahren und Verfahrensabschnitte (s. dazu § 271 Rdn. 2 ff.) einschließlich der Kostenentscheidungen, sofern es um Handlungen des Betroffenen geht, die von der Betreuung noch erfasst sind. So wird es insb. bei der nicht in unmittelbarem Zusammenhang mit einem Verfahren erfolgten Bevollmächtigung eines Dritten durch den Betroffenen hingegen auf dessen Geschäftsfähigkeit ankommen (Bienwald/Sonnenfeld/Hoffmann/*Sonnenfeld* § 66 FGG Rn. 3; anders aber bei der Bestimmung eines Verfahrensbevollmächtigten, s. dazu Rdn. 5). In **Unterbringungsverfahren** gilt die eigenständige Regelung des **§ 316**. 3

Die Prozessfähigkeit i.S.v. § 51 ZPO wird durch die Vorschrift nicht erfasst, sodass in **Zivilrechtsstreiten** diese Voraussetzung selbstständig zu ermitteln ist (Bienwald/Sonnenfeld/Hoffmann/*Sonnenfeld* § 66 FGG Rn. 3; *Jürgens* § 275 Rn. 8). Insofern kommt – von der Verfahrensfähigkeit in Betreuungssachen unabhängig – allenfalls dem Betreuer als gesetzlichem Vertreter i.S.v. § 51 Abs. 1 ZPO bzw. dem Bevollmächtigten i.S.v. § 51 Abs. 3 ZPO Bedeutung zu. Zu beachten ist aber § 53 ZPO, wonach eine an sich prozessfähige Person, die durch einen Betreuer oder Pfleger vertreten, für den Rechtsstreit einer nicht prozessfähigen Person gleich steht. Im **Strafverfahren** oder Sicherungsverfahren nach der StPO ist der Angeklagte bzw. Betroffene stets Hauptbeteiligter. Für die Wirksamkeit seiner Prozesshandlung kommt es auf den Erhalt seiner Verhandlungsfähigkeit, nämlich die Fähigkeit, in oder außerhalb der Hauptverhandlung seine Interessen vernünftig wahrzunehmen, an. Dies setzt nicht Geschäftsfähigkeit, sondern allein einen genügenden Reifegrad sowie Freiheit und Fähigkeit der Willensentschließung voraus. Insb. bei Einschränkungen der geistigen, psychischen oder körperlichen Fähigkeiten können deren Auswirkungen auf die tatsächliche Wahrnehmung der Verfahrensrechte durch strafverfahrensrechtliche Hilfen regelmäßig hinreichend ausgeglichen werden (BVerfG NJW 1995, 1951 f.). Insofern werden die Interessen des Betroffenen als Beschuldigter im Strafverfahren ausschließlich durch den Verteidiger geschützt; auch der Betreuer hat hier keine eigene Rechtsstellung (BGH NStZ 2008, 524 f.). Rdn. 5 gilt hier nicht. 4

5 **C. Regelung. Verfahrensfähigkeit** bedeutet das Recht des Betroffenen, in allen Verfahren (s. Rdn. 3) Anträge stellen, Angriffs- und Verteidigungsmittel vorbringen, Richter und Sachverständige ablehnen, von Rechtsmitteln Gebrauch machen, sonstige verfahrensrelevante Äußerungen abgeben (z.B. nach § 278 Abs. 1 Satz 3, 279 Abs. 2, Abs. 3) und Empfänger von Bekanntmachungen und Mitteilungen sein zu können (s. insb. § 280 Rdn. 81 ff.). **Zustellungen** sind stets (auch) an ihn zu richten; eine solche an den Betreuer wirkt – abgesehen von der grundsätzlichen Regelung des § 287 Abs. 1 – nicht gegen ihn (BGH FamRZ 2011, 1049; näher dazu § 287 Rdn. 5). Ebenso ist ein **Sachverständigengutachten** mit seinem vollen Wortlaut grundsätzlich auch dem Betroffenen persönlich im Hinblick auf dessen Verfahrensfähigkeit zur Verfügung zu stellen. Davon kann nur unter den Voraussetzungen des § 288 Abs. 1 abgesehen werden (BGH NZFam 2015, 26). Diese Verfahrensfähigkeit gilt auch für die Erteilung einer **Verfahrensvollmacht**, zu deren Wirksamkeit es eines »natürlichen Willens« (d.h. Sinn und Folge seiner Erklärungen erkennen oder sich eine wenigstens ungefähre Vorstellung von seiner Lage machen können) nicht bedarf (BGH MDR 2014, 297 m. zust. Anm. Heiderhoff, FamRZ 2014, 112; Bassenge/*Roth* § 275 Rn. 1; a.A. AG Mannheim BtPrax 2012, 219 Ls.; OLG Saarbrücken FGPrax 1999, 108 f. = BtPrax 1999, 153 ff.). Denn diese Einschränkung ist mit dem Zweck, dem Betroffenen unabhängig von seiner Geschäftsfähigkeit eine eigene Stellung im Verfahren zu sichern (s. Rdn. 2), nicht vereinbar. Insbesondere droht andernfalls ignoriert zu werden, dass sich der Betroffene überhaupt zu dem Wunsch nach Hilfestellung und Vertretung im Verfahren geäußert hat. Die Beurteilung des Vorliegens eines natürlichen Willens könnte diese Äußerung ersetzen. Sollte der so bestellte Bevollmächtigte nicht im Interesse des Betroffenen handeln, kann dem i.R.d. gerichtlichen Aufklärungspflicht sowie durch die Bestellung eines Verfahrenspflegers Rechnung getragen werden. § 276 Abs. 4, der auf das konkrete Bedürfnis des Betroffenen abzielt, steht nicht entgegen (OLG Schleswig FGPrax 2007, 130 f. = FamRZ 2007, 1126; Keidel/*Budde* § 275 Rn. 4). Es muss allerdings wenigstens eine entsprechende, dem Betroffenen zuzurechnende Willenserklärung vorliegen (Jürgens/Kröger/Marschner/*Winterstein* Rn. 345; Firsching/Dodegge, Handbuch Rn. 390).

6 Das Recht des Betroffenen umfasst auch für ihn **nachteilige Verfahrenshandlungen** wie die Rücknahme von und den Verzicht auf Rechtsmittel sowie die wirksame Entgegennahme von Zustellungen (§ 14 Abs. 2). Dies ist die Konsequenz aus der Entscheidung des Gesetzgebers, dem Betroffenen eine eigenständige Stellung im Verfahren zu geben, hinsichtlich derer eine im Einzelfall nicht eindeutig zu beurteilende Vorteil- oder Nachteilhaftigkeit nicht über die Wirksamkeit seiner Verfahrenshandlungen zu entscheiden vermag (Firsching/Dodegge, Handbuch Rn. 390; Keidel/*Budde* § 275 Rn. 4). Etwas Anderes gilt nur dann, wenn der Betroffene die Bedeutung dieser Verfahrenshandlung – insb. im Fall des Rechtsmittelverzichts – offensichtlich nicht versteht und das Gericht einen Verfahrenspfleger nicht bestellt hat (s. § 276 Rdn. 4; ebenso Damrau/*Zimmermann* § 66 FGG Rn. 4; Jansen/*Sonnenfeld* § 66 FGG Rn. 8 a.E.; ähnlich Bork/Jacoby/Schwab/*Heiderhoff* § 275 Rn. 4 f.; a.A. Bassenge/*Roth* § 275 Rn. 2).

7 Die Bestellung eines **Verfahrenspflegers** nach § 276 ergänzt die Rechtsposition des Betroffenen und schränkt sie nicht ein (BT-Drucks. 11/4528 S. 89). Deswegen können beide in derselben Angelegenheit Verfahrenshandlungen wirksam vornehmen, welchen das Gericht im Rahmen seiner Pflicht zur Amtsermittlung nachzugehen hat. Widersprechen sich die Verfahrenshandlungen oder auch jeweils selbstständig eingelegte Rechtsmittel des Betroffenen und des Verfahrenspflegers, gilt nichts Anderes. Alle erhobenen Rechtsmittel müssen wie als solche von Einzelberechtigten behandelt werden und sind jeweils für sich zu bescheiden. Und das Gericht hat allen Anregungen, wie auch sonst bei sich widersprechenden Handlungen mehrerer am Verfahren Beteiligter, nachzugehen (BT-Drucks. 11/4528 S. 170 f.). Der Verfahrenspfleger kann deswegen gegen den Willen des Betroffenen von diesem eingelegte Rechtsmittel auch nicht zurücknehmen (BGH FamRZ 2003, 1275, 1276 = FuR 2003, 416; Keidel/*Budde* § 275 Rn. 3, Bienwald/Sonnenfeld/Hoffmann/*Sonnenfeld* § 66 FGG Rn. 17 m.w.N.).

§ 276 Verfahrenspfleger.
(1) ¹Das Gericht hat dem Betroffenen einen Verfahrenspfleger zu bestellen, wenn dies zur Wahrnehmung der Interessen des Betroffenen erforderlich ist. ²Die Bestellung ist in der Regel erforderlich, wenn
1. von der persönlichen Anhörung des Betroffenen nach § 278 Abs. 4 in Verbindung mit § 34 Abs. 2 abgesehen werden soll oder
2. Gegenstand des Verfahrens die Bestellung eines Betreuers zur Besorgung aller Angelegenheiten des Betroffenen oder die Erweiterung des Aufgabenkreises hierauf ist; dies gilt auch, wenn der Gegen-

stand des Verfahrens die in § 1896 Abs. 4 und § 1905 des Bürgerlichen Gesetzbuchs bezeichneten Angelegenheiten nicht erfasst.

(2) ¹Von der Bestellung kann in den Fällen des Absatzes 1 Satz 2 abgesehen werden, wenn ein Interesse des Betroffenen an der Bestellung des Verfahrenspflegers offensichtlich nicht besteht. ²Die Nichtbestellung ist zu begründen.

(3) Wer Verfahrenspflegschaften im Rahmen seiner Berufsausübung führt, soll nur dann zum Verfahrenspfleger bestellt werden, wenn keine andere geeignete Person zur Verfügung steht, die zur ehrenamtlichen Führung der Verfahrenspflegschaft bereit ist.

(4) Die Bestellung eines Verfahrenspflegers soll unterbleiben oder aufgehoben werden, wenn die Interessen des Betroffenen von einem Rechtsanwalt oder einem anderen geeigneten Verfahrensbevollmächtigten vertreten werden.

(5) Die Bestellung endet, sofern sie nicht vorher aufgehoben wird, mit der Rechtskraft der Endentscheidung oder mit dem sonstigen Abschluss des Verfahrens.

(6) Die Bestellung eines Verfahrenspflegers oder deren Aufhebung sowie die Ablehnung einer derartigen Maßnahme sind nicht selbständig anfechtbar.

(7) Dem Verfahrenspfleger sind keine Kosten aufzuerlegen.

Übersicht	Rdn.		Rdn.
A. Normzweck	1	I. Bestellung des Verfahrenspflegers	4
B. Anwendungsbereich	2	II. Rolle des Verfahrenspflegers	17
C. Regelungen	3		

A. Normzweck. Die Vorschrift bestimmt, dass dem Betroffenen, ohne dass diese dessen Verfahrensfähigkeit berührt, ein Helfer zur Seite gestellt werden kann. Es soll der gesundheitliche Mangel des Betroffenen, sich selbst im Betreuungsverfahren angemessen vertreten zu können, ausgeglichen werden. Dies entspricht dem verfassungsrechtlichen Gebot auf Gewährung rechtlichen Gehörs aus Art. 103 Abs. 1 GG (BT-Drucks. 15/2494 S. 18). Die Bestellung ergänzt ausschließlich die Rechtsposition des Betroffenen, sie schränkt sie nicht ein (BT-Drucks. 11/4528 S. 89). Zur Entwicklung der erstmals mit dem BtG eingeführten gesetzlichen Regelungen nach dem FGG s. im Einzelnen Bienwald/Sonnenfeld/Hoffmann/*Bienwald* § 67 FGG Rn. 1 ff., zur Wirkung der Pflegerbestellung s. hier Rdn. 17. 1

B. Anwendungsbereich. Die Vorschrift gilt für **alle Verfahren in Betreuungssachen** i.S.v. § 271. Hierzu gehören auch die im Zusammenhang mit der Betreuung stehenden weiteren Verfahren und Verfahrensabschnitte (s. dazu § 271 Rdn. 2 ff.) einschließlich der Kostenentscheidungen, des Vergütungsfestsetzungsverfahrens gegen den Betroffenen sowie des Beschwerdeverfahrens (s. dazu Rdn. 12). Soweit allein die **Abgabe** nach §§ 4, 273 Gegenstand des Verfahrens ist, kommt zu diesem Zweck die Bestellung eines Verfahrenspflegers grds. nicht in Betracht (vgl. Keidel/*Budde* § 273 Rn. 7 sowie zur Vorgängerregelung Jürgens/*Mertens* § 65a FGG Rn. 9; Damrau/*Zimmermann* § 67 FGG Rn. 7). Dies ist aber letztlich eine Frage der Erforderlichkeit (s. dazu Rdn. 4). Ist ein Verfahrenspfleger bestellt, ist er im Abgabeverfahren nach Maßgabe des § 4 Satz 2 selbstverständlich zu beteiligen. In **Unterbringungsverfahren** gilt die eigenständige Regelung des § 317. 2

C. Regelungen. Die Abs. 1 und 2 betreffen die Voraussetzungen der Bestellung des Verfahrenspflegers. Dabei definiert Abs. 1 Satz 1 im Sinne einer **Generalklausel** die Voraussetzungen, unter denen in einer einzelfallorientierten Entscheidung die Bestellung vorzunehmen ist (»erforderlich«). Abs. 1 Satz 2 führt die in den Nr. 1 und 2 aufgeführten **Regelbeispiele** an, bei deren Vorliegen die Erforderlichkeit der Bestellung als gegeben anzusehen, eine Ausnahme aber zulässig ist. Hierzu stellen Abs. 2 und Abs. 4 bestimmte Anforderungen, insb. den Begründungszwang nach Abs. 2 Satz 2 im Fall der Abweichung vom Regelfall. Abs. 3 sieht den Vorrang der **ehrenamtlichen Führung** der Verfahrenspflegschaft vor. Abs. 5 bestimmt als **Ende der Verfahrenspflegschaft** den rechtskräftigen Verfahrensabschluss. Dies steht im Einklang mit den durch das FGG-Reformgesetz vorgenommenen Änderungen im Rechtsmittelverfahren. Abs. 6 entzieht die Entscheidung über die Bestellung eines Verfahrenspflegers der **Anfechtbarkeit**. Abs. 7 bestimmt, dass der Verfahrenspfleger nicht an den **Verfahrenskosten** zu beteiligen ist. 3

4 I. Bestellung des Verfahrenspflegers. Nach **Abs. 1 Satz 1** ist ein Pfleger zu bestellen, wenn es nach der allgemeinen Verfahrenssituation **erforderlich** ist. Ob und wann dies der Fall ist, ist aufgrund aller Umstände des Einzelfalles vom Gericht zu entscheiden. Dabei kommt es u.a. auf den Grad der Behinderung und die Bedeutung des jeweiligen Verfahrensgegenstandes an (BT-Drucks. 11/4528 S. 171). Wie auch die in Satz 2 aufgeführten Regelbeispiele verdeutlichen, spielen bei dieser **Einzelfallbeurteilung** stets zwei grundsätzliche Aspekte eine Rolle, nämlich einerseits die Fähigkeit des Betroffenen zur eigenen Wahrnehmung seiner Interessen und andererseits das Gewicht des im Verfahren konkret drohenden Eingriffs in seine Rechte. Ergibt eine **Gesamtschau** dieser Aspekte, dass dem Betroffenen die Beteiligung am Verfahren ohne Unterstützung nicht zuzumuten ist, bedarf es der Bestellung des Verfahrenspflegers. Dies wird eher dann der Fall sein, wenn sich der Betroffene – was insb. auch aus der gutachterlichen Stellungnahme (§ 280) hervorgehen kann – zu seiner Lage nicht oder nur schlecht äußern kann, eine Verständigung schwierig ist oder – mit Rücksicht auf § 1896 Abs. 1a BGB – wenn erkennbar wird, dass er Wesen und Wirkung einer Betreuung nicht versteht (s. aber Rdn. 8). Indessen kommt es auch insoweit auf den Umfang der Maßnahmen an (BtKomm/*Roth* Abschn. A Rn. 138; Keidel/*Budde* § 276 Rn. 3). Etwa bei der Genehmigung überschaubarer Rechtsgeschäfte nach bereits eingerichteter Betreuung drängt sich selbst bei stark eingeschränkter Interessenwahrnehmung eine Bestellung nicht auf (Jürgens/Kröger/Marschner/*Winterstein* Rn. 352). Beim Verfahren auf Aufhebung der Betreuung ist dies grds. nur geboten, wenn tatsächliche Ermittlungen anzustellen sind. Das setzt wiederum greifbare Anhaltspunkte für eine Veränderung der tatsächlichen Umstände voraus, die der Betreuerbestellung zugrunde lagen (BGH FamRZ 2011, 1577). Ebenfalls kein Grund für eine Bestellung besteht, wenn der Betroffene mit einer bestimmten Maßnahme, etwa der Anordnung eines Einwilligungsvorbehalts (§ 1903 BGB), nicht einverstanden ist und dieser vehement und nachvollziehbar widerspricht. Denn in diesem Fall ist seine Fähigkeit zur eigenen Rechtswahrnehmung ersichtlich gegeben (BGH, Beschl. v. 28.05.2014 – XII ZB 705/13 –, Rn. 4, juris; vgl. auch Damrau/*Zimmermann* § 67 FGG Rn. 9; Jansen/*Sonnenfeld* § 67 FGG Rn. 11 ff.). Diese kann wiederum eingeschränkt sein, wenn erkennbar wird, dass weitere Beteiligte (s. § 274 Rdn. 12 f.) – eigene Interessen in das Verfahren mit einbringen und der Betroffene zum Spielball dieser Interessen zu werden droht (Bienwald/Sonnenfeld/Hoffmann/*Bienwald* § 67 FGG Rn. 30 f.; *Jürgens* § 276 Rn. 2). Nach denselben Erwägungen wird auch i.R.d. Bestellung eines Kontrollbetreuers nach § 1896 Abs. 3 BGB (s. § 272 Rdn. 20) die Bestellung infrage kommen, da der Kontrollbetreuer in die vom Betroffenen privatgeschäftlich geschaffene Sphäre zum Bevollmächtigten bis hin zum Widerruf eingreifen (PWW/*Bauer* § 1896 Rn. 26) und dies eine Rechtswahrnehmung für den Betroffenen erfordern kann (a.A. Jürgens/Kröger/Marschner/*Winterstein* Rn. 352).

5 Das Regelbeispiel des **Abs. 1 Satz 2 Nr. 1** sieht i.V.m. Abs. 2 in einem nicht zwingenden, aber grds. zu beachtenden Regel-Ausnahme-Verhältnis die Notwendigkeit der Bestellung vor, wenn von der persönlichen **Anhörung** des Betroffenen nach § 278 Abs. 4 i.V.m. § 34 Abs. 2 **abgesehen** werden soll (s. dazu § 278 Rdn. 10). Denn in diesem Fall fehlt es andernfalls an der nötigen Gewährung rechtlichen Gehörs. Dem entsprechend ist Nr. 1 auch anzuwenden, wenn nach § 288 Abs. 1 von der Bekanntgabe der Entscheidungsgründe abgesehen werden soll (Keidel/*Budde* § 276 Rn. 4; *Jürgens* § 276 Rn. 5; BtKomm/*Roth* Abschn. A Rn. 139; Firsching/Dodegge, Handbuch Rn. 416) oder auch nur von der Übergabe des schriftlichen Sachverständigengutachtens (BGH FuR 2011, 565; FamRZ 2014, 648; OLG München BtPrax 2005, 231 ff. = FamRZ 2006, 440 f.). Hingegen gilt das Regelbeispiel mangels Verweises nicht für die in §§ 296 Abs. 2, 298 Abs. 1 Satz 1, 299 vorgesehenen Fälle persönlicher Anhörung, was auch im Hinblick auf den Normzweck (s. Rdn. 1) unbedenklich ist. Denn entweder ist in den genannten Sonderfällen die Anhörung ohnehin zwingend, oder aber die Voraussetzungen für ein Absehen sind weniger hoch (so auch Prütting/Helms/*Fröschle* § 276 Rn. 30 f.; Jansen/*Sonnenfeld* § 67 FGG Rn. 20). Zur besonderen Regelung im Fall des unansprechbaren Betroffenen s. Rdn. 8; zur Notwendigkeit der Bestellung, wenn von der persönlichen Anhörung nach § 296 Abs. 1 abgesehen werden soll, s. § 296 Rdn. 3.

6 Das Regelbeispiel des **Abs. 1 Satz 2 Nr. 2** sieht i.V.m. Abs. 2 wiederum in dem grds. zu beachtenden Regel-Ausnahme-Verhältnis die Notwendigkeit der Bestellung vor, wenn Gegenstand des Verfahrens die Bestellung eines Betreuers zur Besorgung **aller Angelegenheiten** des Betroffenen oder die Erweiterung des Aufgabenkreises hierauf ist. Hier steht das Gewicht des dem Betroffenen drohenden (nicht des schlussendlich erfolgten) Eingriffs in seine Rechte im Vordergrund. Denn aufgrund der Bedeutung des Verfahrensgegenstands ist die Bestellung in der Regel schon dann erforderlich, wenn der Verfahrensgegenstand eine Anordnung einer Betreuung in allen Angelegenheiten als möglich erscheinen lässt (BGH, Beschl. v. 28.05.2014 – XII ZB 705/13 –, Rn. 4, juris). Nach dem Willen des Gesetzgebers ist der Eingriff auch dann hinreichend er-

heblich, wenn sich das Verfahren nicht auf die Entscheidung über den Fernmeldeverkehr und die Postkontrolle (§ 1896 Abs. 4 BGB) oder die Sterilisation (§ 1905 BGB) erstreckt. Weitere Einschränkungen des Verfahrensgegenstands führen zwar zu einer Nichtanwendbarkeit dieses Regelbeispiels, lassen aber die Prüfung der Erforderlichkeit i.S.v. Abs. 1 Satz 1 nicht entfallen. Liegt ein dem Regelbeispiel angenäherter Sachverhalt vor, wird deswegen gleichwohl regelmäßig die Bestellung in Betracht zu ziehen sein. Dass die Bestellung sich wörtlich auf alle Angelegenheiten bezieht, ist jedenfalls nicht erforderlich. Vielmehr ist entscheidend, ob der Verfahrensgegenstand die Anordnung einer umfassenden Betreuung als möglich erscheinen lässt. Entscheidend ist, ob der Betreuer in allen wesentlichen Lebensbereichen maßgeblichen Einfluss auf die Lebensgestaltung des Betroffenen hat (BGH FamRZ 2010, 1648; FamRZ 2011, 1866). Ein Absehen von der Bestellung erfordert in diesen Fällen eine aus sich heraus hinreichende **Begründung**, ohne die die Feststellung des entscheidungserheblichen Sachverhalts verfahrensfehlerhaft wäre. Folge ist die Aufhebbarkeit der Entscheidung, sofern der Mangel im Beschwerdeverfahren nicht geheilt wird (BayObLG FamRZ 2003, 1044 f.). Eine derartige Fallkonstellationen entspricht deswegen im Grunde der des Abs. 1 Satz 2 Nr. 2 (vgl. OLG München OLGR 2005, 379 f. = Rpfleger 2005, 429 f.; LG Zweibrücken BtPrax 1999, 244 f. m. abl. Anm. *Hellmann* BtPrax 1999, 229 ff.; Jansen/*Sonnenfeld* § 67 FGG Rn. 69)

Nach § 297 Abs. 5 ist die Bestellung eines Verfahrenspflegers im Verfahren über die Genehmigung der Einwilligung in die **Sterilisation** (§ 1905 Abs. 2 GBG) stets erforderlich, sofern sich der Betroffene nicht von einem Rechtsanwalt oder einem anderen geeigneten Verfahrensbevollmächtigten vertreten lässt. Dies ist einheitlich in § 297 zusammengefasst (BT-Drucks. 16/6308 S. 270). Für das Verfahren über die Bestellung des hierzu nach § 1899 Abs. 2 BGB notwendigen besonderen Betreuers gilt § 297 Abs. 5 nicht (Prütting/Helms/*Fröschle* § 297 Rn. 2; wohl auch Bienwald/Sonnenfeld/Hoffmann/*Bienwald* § 67 FGG Rn. 29), wenngleich insoweit die Erforderlichkeit i.S.v. Abs. 1 Satz 1 nicht ausgeschlossen ist. Im Hinblick auf das Gewicht des von § 297 erfassten Eingriffs stellt sich die Frage, ob es – sei es in entsprechender Anwendung von § 297 Abs. 5, sei es aus Abs. 1 Satz 1 i.V.m. Satz 2 Nr. 2 – in für den Betroffenen **vergleichbar existenziellen Fällen** (Genehmigung nach § 1904 Abs. 1 BGB) die Bestellung des Verfahrenspflegers ebenso zwingend ist. Allerdings fehlt es für § 1904 Abs. 1 BGB in § 298 Abs. 1 an einer § 297 Abs. 5 vergleichbaren Regelung. Der Gesetzgeber lässt hier also – zu Recht – eine einzelfallorientierte Betrachtung nach Abs. 1 Satz 1 ausreichen, wohingegen er in § 298 Abs. 2 für den Fall der Genehmigung einer **Entscheidung** des Betreuers **gegen die Lebenserhaltung** stets die Bestellung des Verfahrenspflegers vorschreibt (s. § 298 Rdn. 20 sowie zu diesem Verfahren i.E. § 298 Rdn. 12 ff.).

7

Abs. 2 definiert, wann dem Regelbeispiel des Abs. 1 Satz 2 nicht gefolgt werden muss. Dies soll möglich sein, wenn ein Interesse des Betroffenen an der Bestellung des Verfahrenspflegers offensichtlich nicht besteht. Obschon von dem Wortlaut dieser Definition zahlreiche Sachverhalte abgedeckt wären, hatte der Gesetzgeber hier vornehmlich den **unansprechbaren** Betroffenen im Blick (BT-Drucks. 13/7158 S. 18, 36), also den Fall, dass sich der Betroffene weder zu äußern in der Lage sieht noch ansonsten eine Entgegennahme seines Willens möglich scheint. Da es aber gerade in dieser Situation im wohlverstandenen Interesse des Betroffenen liegt (s. dazu § 274 Rdn. 13), durch den Verfahrenspfleger vertreten zu werden, ist bei **verfassungskonformer Auslegung** mit Rücksicht auf Art. 103 Abs. 1 GG und den Normzweck (Rdn. 1) der Anwendungsbereich von Abs. 2 abweichend zu definieren. Denn auch in den von den Regelbeispielen des Abs. 1 Satz 2 erfassten Fällen – etwa aufgrund vorweggenommener Anhörung oder Äußerungen durch den Betroffenen (z.B. § 1901a BGB) – kann ein solches Interesse ausscheiden. In solchen oder sich ähnlich auswirkenden Konstellationen (BT-Drucks. 13/7158 S. 36: rein formaler Charakter) zwingt Abs. 2 Satz 2 das Gericht wenigstens zu einer Begründung für das Absehen von der Bestellung. Hiermit erfüllt die Definition des Abs. 2 Satz 1 ihren Zweck. Die Verfassungskonformität der Vorschrift wird i.Ü. allgemein in Zweifel gezogen (so Bienwald/Sonnenfeld/Hoffmann/*Bienwald* § 67 FGG Rn. 43 f.; BtKomm/*Roth* Abschn. A Rn. 140; Jansen/*Sonnenfeld* § 67 FGG Rn. 26; Keidel/*Budde* § 276 Rn. 5; krit. auch Jürgens/Kröger/Marschner/*Winterstein* Rn. 356; *Schulte-Bunert* Rn. 912).

8

Abs. 3 stellt klar, dass der **ehrenamtlichen Verfahrenspflegschaft** Vorrang ggü. der Bestellung eines Rechtsanwalts oder Berufsverfahrenspflegers gebührt. Der Gesetzeber geht – nicht zuletzt aufgrund fiskalischer Erwägungen – davon aus, dass eine dem Betroffenen nahe stehende Person zu einer wenigstens gleich effizienten Interessenvertretung in der Lage ist wie der Berufsverfahrenspfleger, da sie im Regelfall mit den persönlichen Verhältnissen und Wünschen des Betroffenen in stärkerem Maße vertraut ist (BT-Drucks. 15/2494 S. 18; kritisch dazu die Stellungnahme des Vormundschaftsgerichtstags, *Brill* S. 56).

9

10 Abs. 3 untersteht indessen wie auch die Entscheidung der Auswahl des Verfahrenspflegers überhaupt dem ungeschriebenen (s. aber § 8 Satz 3 BtBG) Tatbestandsmerkmal der **Eignung**. Hiernach kann grds. jede volljährige natürliche Person, aber auch die Betreuungsbehörde oder ein Betreuungsverein bzw. deren Mitarbeiter (s. § 277 Abs. 4) Verfahrenspfleger sein. Dabei richtet sich die Eignung wie auch schon die Frage der Erforderlichkeit (Abs. 1 Satz 1) nach den Umständen des Einzelfalls, sodass sowohl je nach persönlicher, familiärer und sozialer Konstellation als auch mit Rücksicht auf die benötigte Sachkunde, bezogen auf das jeweilige Verfahren, ein geeigneter Pfleger auszuwählen ist. Erfordert der Sachverhalt besondere Kenntnisse (etwa in medizinischer oder juristischer Hinsicht), wird dies für die Auswahl einer entsprechend kompetenten Person sprechen. Soweit derartiges Sonderwissen oder eine derartige Erfahrung nicht erforderlich ist, wird hingegen die Bestellung einer dem Betroffenen nahe stehenden Person in Betracht kommen (BT-Drucks. 15/2494 S. 18). Gegen eine Eignung spricht die Gefahr von Interessenkollisionen, die für jede Person anzunehmen ist, die das Verfahren angeregt hat oder unmittelbar davon betroffen ist. Für die Betreuungsbehörde droht dies dann, wenn sie einen Antrag auf Hinzuziehung nach § 274 Abs. 3 gestellt hat (vgl. Firsching/Dodegge, Handbuch Rn. 417; Prütting/Helms/*Fröschle* § 276 Rn. 49; Jürgens/Kröger/Marschner/*Winterstein* Rn. 351), und für die Person des Betreuers, wenn die Genehmigung seines Handelns (§§ 297 ff.) Gegenstand des Verfahrens ist (Jansen/*Sonnenfeld* § 67 FGG Rn. 40). Im Hinblick auf die Kontrollfunktion des Verfahrenspflegers dürfte die Bestellung von Verein oder Behörde nur in Ausnahmefällen, etwa wegen besonderer Eilbedürftigkeit oder besonderer Sachkunde in Einzelfall, in Betracht kommen (ähnlich Damrau/*Zimmermann* § 67 FGG Rn. 25; BtKomm/*Roth* Abschn. A Rn. 141). Ein Rechtsanwalt, der den Betroffenen im Betreuungsverfahren als Verfahrensbevollmächtigter vertritt, kann auch auf dessen Wunsch nicht zum Betreuer bestellt werden, da er durch die Übernahme der Betreuung gegen ein Tätigkeitsverbot nach § 45 BRAO verstieße (LG Kleve, Beschl. v. 17.03.2015 – 4 T 62/15 –, juris).

11 **Abs. 4** soll klar stellen, dass es für den bereits durch einen Rechtsanwalt oder **Bevollmächtigen** Betroffenen i.d.R. eines (weiteren) Verfahrenspflegers nicht bedarf. Hingegen genügt die bloße Ankündigung des Betroffenen, einen Rechtsanwalt hinzuzuziehen, nicht (BGH NJW-RR 2015, 65). Da denkbar ist, dass der jeweilige Vertreter nicht im Interesse des Betroffenen handelt (KG KGR 2004, 344 = FGPrax 2004, 117; LG Bochum FamRZ 2010, 1471), oder auch, dass der Betroffene von seinem Recht, einen Bevollmächtigen zu benennen, in nicht mehr hinnehmbarer Weise Gebrauch macht, lässt die Vorschrift gleichwohl im Einzelfall die Bestellung zu. Sie stellt auf das konkrete Bedürfnis des Betroffenen ab. Der Verfahrensbevollmächtigte ist zwingend vom Anhörungstermin zu unterrichten (BGH FamRZ 2012, 104). Zur Verfahrenskostenhilfe s. Rdn. 15.

12 Nach **Abs. 5** endet die Bestellung spätestens mit, aber ohne Aufhebung auch nicht vor rechtskräftigem **Abschluss** des gesamten Verfahrens. Nach dem früheren § 67 Abs. 2 FGG war der Verfahrenspfleger für jeden Rechtszug gesondert zu bestellen, so dass seine Bestellung mit der das Verfahren abschließenden Entscheidung endete. Das **Ende der Bestellung** zum Verfahrenspfleger musste auch deshalb (förmlich) festgestellt werden, um dem Verfahrenspfleger die Geltendmachung einer etwaigen Vergütung oder eines Aufwendungsersatzes ab einem bestimmten Zeitpunkt zu ermöglichen (BT-Drucks. 16/6308 S. 266; Bienwald/Sonnenfeld/Hoffmann/*Bienwald* § 67 FGG Rn. 62). Da das Rechtsmittel der Beschwerde nunmehr gem. §§ 58, 63 grds. befristet ist, bedarf es keiner zeitlichen Begrenzung der Bestellung zum Verfahrenspfleger mehr. Im Beschwerdeverfahren ist es nicht notwendig, einen Verfahrenspfleger in einem gesonderten Beschluss erneut, wohl aber erstmals, zu bestellen (BGH NJW-RR 2015, 65; unklar Firsching/Dodegge, Handbuch Rn. 417). I.Ü. endet die Bestellung mit ihrer **Aufhebung**, entweder nach Abs. 4, oder weil das Erfordernis i.S.v. Abs. 1 Satz 1 entfällt. Hierzu zählt auch der Tod des Betroffenen. Rückwirkung zeigt die Aufhebung nicht (vgl. Jansen/*Sonnenfeld* § 67 FGG Rn. 29).

13 **Abs. 6** regelt nunmehr ausdrücklich, dass die **Bestellung** des Verfahrenspflegers sowie die **Aufhebung** oder die **Ablehnung** einer Verfahrenspflegerbestellung als den Rechtszug nicht abschließende Zwischenentscheidungen, die auch nicht in einem hinreichende Maße in die Rechtssphäre des Betroffenen eingreifen, nicht anfechtbar sind. Dies betrifft damit zugleich die Auswahl des Verfahrenspflegers sowie nach dem klaren Wortlaut auch die Fälle, in denen der Rechtspfleger die Entscheidung über die Bestellung des Verfahrenspflegers getroffen hat. Der Gesetzgeber ist unter Erledigung des vormaligen Meinungsstreits (s. dazu Bienwald/Sonnenfeld/Hoffmann/*Bienwald* § 67 FGG Rn. 49 f.; Jansen/*Sonnenfeld* § 67 FGG Rn. 62 ff.) der höchstrichterlichen Rechtsprechung gefolgt, wonach jedenfalls für die Bestellung eines Verfahrenspflegers die **Anfechtung ausgeschlossen** war (BGH FamRZ 2003, 1275, 1276 = FuR 2003, 416 ff.; KG KGR 2006,

Abschnitt 1. Verfahren in Betreuungssachen § 276

962 = FGPrax 2006, 261; OLG Frankfurt am Main OLGR 2006, 85 f.). Eine Überprüfung kann aber mit der Beschwerde gegen die Endentscheidung veranlasst werden (*Sonnenfeld* BtPrax 2009, 167, 168).

Abs. 7 bestimmt, dass der Verfahrenspfleger nicht mit **Verfahrenskosten** belegt werden kann. Da er zwar 14 selbstständiger Verfahrensbeteiligter ist, jedoch allein im Interesse des Betroffenen tätig wird und dessen Rechte wahrnimmt, soll er nach dem Willen des Gesetzgebers auch in den von § 81 erfassten Fällen hieran nicht beteiligt werden. Verursacht ein Verfahrenspfleger im Einzelfall wider Erwarten nicht gerechtfertigte Kosten, kann das Gericht reagieren und ihn als Pfleger entlassen (BT-Drucks. 16/6308, S. 266). Zu den Kosten in Betreuungssachen s. i.Ü. die Anmerkungen zu § 307.

Die Möglichkeit, einen Verfahrenspfleger zu bestellen, schließt für den Betroffenen die Bewilligung von 15 **Verfahrenskostenhilfe** sowie ggf. die Beiordnung eines Rechtsanwalts nach §§ 76 ff. nicht aus. Gem. § 76 Abs. 2 ist dieses Recht ausdrücklich nur den Kann-Beteiligten i.S.v. § 274 Abs. 4, die nicht in eigenen Rechten betroffen sind, verwehrt (BT-Drucks. 16/6308 S. 212 f.), wird ansonsten aber neben § 276 für anwendbar erachtet (BT-Drucks. 11/4528 S. 171 f.). Ob die Beiordnung im Sinne von § 78 Abs. 2 erforderlich ist, hängt davon ab, ob ein Bemittelter in der Lage des Unbemittelten vernünftigerweise einen Rechtsanwalt mit der Wahrnehmung seiner Interessen beauftragt hätte (LG Kleve NJW 2015, 176). Dies führt jedoch, sollte bereits ein Verfahrenspfleger bestellt sein, grds. zum Wegfall der Bestellungsvoraussetzungen und damit zur Aufhebung der Bestellung nach Abs. 4 (Jansen/*Sonnenfeld* § 67 FGG Rn. 31 f.; *Jürgens* § 276 Rn. 17).

Das **Verfahren** zur Entscheidung über die Bestellung des Verfahrenspflegers oder deren Aufhebung ist ein 16 **formloses Zwischenverfahren**, das auf Antrag oder – so regelmäßig – von Amts wegen durch den mit dem konkreten Betreuungsverfahren i.Ü. befassten Entscheider durchzuführen ist. Dies kann je nach funktioneller Zuständigkeit der Richter oder der Rechtspfleger sein (s. dazu § 272 Rdn. 17 ff.), aber auch im Fall erstmaliger Bestellung dort die Beschwerdekammer, und zwar entweder in voller Besetzung oder nach erfolgter Übertragung auf den Einzelrichter (§ 68 Abs. 4) durch diesen (die gegenteilige Auffassung u.a. bei Firsching/Dodegge, Handbuch Rn. 417, und Bienwald/Sonnenfeld/Hoffmann/*Bienwald* § 67 FGG Rn. 45 ist überholt). Vor der Entscheidung ist der Betroffene **anzuhören**, es sei denn, hiervon soll i.S.v. Abs. 1 Satz 2 Nr. 1 abgesehen werden. Die Bestellung erfolgt durch Verfügung oder – zweckmäßiger Weise – durch Beschluss, der nur dann zu begründen ist, wenn von dem Vorschlag des Betroffenen zur Auswahl des Verfahrenspflegers abgewichen, einem sonstigen Petitum nicht stattgegeben oder die Bestellung abgelehnt wird (Prütting/Helms/*Fröschle* § 276 Rn. 78). Begründungspflicht besteht daneben im Fall des Abs. 2 sowie in den zu Rdn. 8 genannten übrigen Fällen. Wirksamkeit erlangt die Bestellung mit Bekanntgabe des Beschlusses oder der Verfügung an den Verfahrenspfleger, wobei dies formlos erfolgen kann, § 15. Führen **Fehler** im Verfahren zu einer Verletzung des Betroffenen in dessen Recht auf rechtliches Gehör nach Art. 103 Abs. 1 GG, kann die in der Sache getroffene Entscheidung (nicht die unterlassene Zwischenentscheidung i.S.v. § 276, s. § 303 Rdn. 1) aufhebbar sein (s. Rdn. 6, 13).

II. Rolle des Verfahrenspflegers. Der Verfahrenspfleger soll die Belange des Betroffenen im Verfahren wahren. 17 Er hat seinen Willen zu beachten, ist aber nicht an seine Weisungen gebunden, sondern hat die objektiven Interessen des Betroffenen wahrzunehmen. Er ist ein Pfleger bzw. **Vertreter eigener Art** (Prütting/Helms/*Fröschle* § 274 Rn. 29; Jansen/*Sonnenfeld* § 67 FGG Rn. 54). Mit seiner Hinzuziehung zum Verfahren erhält er deswegen alle Rechte und Pflichten eines Beteiligten, etwa ein Akteneinsichtsrecht nach § 13, eine Mitwirkungspflicht i.S.d. § 27 und das Beteiligungsrecht i.S.d. § 279 (s.a. § 278 Rdn. 5, 7). Gem. § 15 Abs. 1 sind ihm gerichtliche Entscheidungen sowie ein Sachverständigengutachten bekannt zu geben. Korrespondierend zu seiner Beteiligung in erster Instanz steht dem Verfahrenspfleger nach § 303 Abs. 3 im Interesse des Betroffenen ein Recht zur **Beschwerde** zu (BT-Drucks. 16/6308 S. 265). Da die Bestellung eines Verfahrenspflegers die Rechtsposition des Betroffenen ergänzt und nicht einschränkt (BT-Drucks. 11/4528 S. 89), können beide in derselben Angelegenheit Verfahrenshandlungen wirksam vornehmen, welchen das Gericht im Rahmen seiner Pflicht zur Amtsermittlung nachzugehen hat. Widersprechen sich die Verfahrenshandlungen oder auch jeweils selbstständig eingelegte Rechtsmittel des Betroffenen und des Verfahrenspflegers, gilt nichts Anderes. Alle erhobenen Rechtsmittel müssen wie als solche von Einzelberechtigten behandelt werden und sind jeweils für sich zu bescheiden. Und das Gericht hat allen Anregungen, wie auch sonst bei sich widersprechenden Handlungen mehrerer am Verfahren Beteiligter, nachzugehen (BT-Drucks. 11/4528, S. 170 f.). Der Verfahrenspfleger ist nicht gesetzlicher Vertreter des Betroffenen (LG Braunschweig FamRZ 2011, 675 Ls.) und kann deswegen gegen den Willen des Betroffenen das von diesem eingelegte Rechtsmittel auch nicht zurücknehmen (BGH FamRZ 2003, 1275, 1276 = FuR 2003, 416; Keidel/*Budde* § 276 Rn. 13; Bienwald/Sonnenfeld/Hoffmann/*Sonnenfeld* § 66 FGG Rn. 17 m.w.N.; keine Einrede der Verjährung für

§ 277 Buch 3. Verfahren in Betreuungs- und Unterbringungssachen

den Betroffenen, BGH NJW 2012, 3509; keine Befugnis zur Stellung eines Strafantrags gem. § 77 StGB für den Betroffenen, vgl. OLG Celle NStZ 2012, 702). Notwendigerweise müssen alle gerichtlichen Verfahrenshandlungen damit ggü. dem Betroffenen und dem Verfahrenspfleger vorgenommen werden. Die Bekanntgabe einer Entscheidung des Betreuungsgerichts erfolgt nach §§ 287 ff. Im Fall eines Interessenskonflikts zwischen Betreuer und Betroffenem besteht somit Anlass zur Bestellung eines Ergänzungsbetreuers; sie kann grds. nicht durch Zustellung an den Verfahrenspfleger ersetzt werden (vgl. LG Braunschweig FamRZ 2011, 675 Ls.).

§ 277 Vergütung und Aufwendungsersatz des Verfahrenspflegers. (1) ¹Der Verfahrenspfleger erhält Ersatz seiner Aufwendungen nach § 1835 Abs. 1 bis 2 des Bürgerlichen Gesetzbuchs. ²Vorschuss kann nicht verlangt werden. ³Eine Behörde oder ein Verein erhält als Verfahrenspfleger keinen Aufwendungsersatz.
(2) ¹§ 1836 Abs. 1 und 3 des Bürgerlichen Gesetzbuchs gilt entsprechend. ²Wird die Verfahrenspflegschaft ausnahmsweise berufsmäßig geführt, erhält der Verfahrenspfleger neben den Aufwendungen nach Absatz 1 eine Vergütung in entsprechender Anwendung der §§ 1, 2 und 3 Abs. 1 und 2 des Vormünder- und Betreuervergütungsgesetzes.
(3) ¹Anstelle des Aufwendungsersatzes und der Vergütung nach den Absätzen 1 und 2 kann das Gericht dem Verfahrenspfleger einen festen Geldbetrag zubilligen, wenn die für die Führung der Pflegschaftsgeschäfte erforderliche Zeit vorhersehbar und ihre Ausschöpfung durch den Verfahrenspfleger gewährleistet ist. ²Bei der Bemessung des Geldbetrags ist die voraussichtlich erforderliche Zeit mit den in § 3 Abs. 1 des Vormünder- und Betreuervergütungsgesetzes bestimmten Stundensätzen zuzüglich einer Aufwandspauschale von 3 Euro je veranschlagter Stunde zu vergüten. ³In diesem Fall braucht der Verfahrenspfleger die von ihm aufgewandte Zeit und eingesetzten Mittel nicht nachzuweisen; weitergehende Aufwendungsersatz- und Vergütungsansprüche stehen ihm nicht zu.
(4) ¹Ist ein Mitarbeiter eines anerkannten Betreuungsvereins als Verfahrenspfleger bestellt, stehen der Aufwendungsersatz und die Vergütung nach den Absätzen 1 bis 3 dem Verein zu. ²§ 7 Abs. 1 Satz 2 und Abs. 3 des Vormünder- und Betreuervergütungsgesetzes sowie § 1835 Abs. 5 Satz 2 des Bürgerlichen Gesetzbuchs gelten entsprechend. ³Ist ein Bediensteter der Betreuungsbehörde als Verfahrenspfleger für das Verfahren bestellt, erhält die Betreuungsbehörde keinen Aufwendungsersatz und keine Vergütung.
(5) ¹Der Aufwendungsersatz und die Vergütung des Verfahrenspflegers sind stets aus der Staatskasse zu zahlen. ²Im Übrigen gilt § 168 Abs. 1 entsprechend.

Übersicht

	Rdn.			Rdn.
A. Allgemeines	1	IV.	Pauschalierung von Aufwendungsersatz und Vergütung, Abs. 3	21
B. Einzelheiten	2		1. Fester Geldbetrag	22
I. Überblick	2		2. Vorhersehbarkeit der erforderlichen Zeit	23
II. Aufwendungsersatz für Verfahrenspfleger, Abs. 1	4		3. Gewähr der Ausschöpfung des prognostizierten Zeitaufwandes	24
1. Grundsatz	4		4. Höhe der Pauschale, Abs. 3 Satz 2	25
2. Berufsspezifischer Auslagenersatz	7		5. Nachweisung und Nachforderung, Abs. 3 Satz 3	26
a) Grundsatz	8	V.	Anspruchsberechtigte, Abs. 4	28
b) Einzelfälle	10	VI.	Anspruchsverpflichteter, Abs. 5	29
III. Vergütung für Verfahrenspfleger, Abs. 2	13	VII.	Erlöschen	31
1. Berufsmäßiger Verfahrenspfleger	14	VIII.	Verfahrensrechtliches	33
2. Ehrenamtlicher Verfahrenspfleger	19			
3. Abschlag auf die Vergütung	20			

1 A. Allgemeines. Die Vorschrift regelt die Vergütung und den Aufwendungsersatz eines Verfahrenspflegers. Für das Verfahren auf Festsetzung der Vergütung und des Aufwendungsersatzes verweist Abs. 5 auf § 168 Abs. 1. Wie bisher sind die Vergütung und der Aufwendungsersatz eines Verfahrenspflegers betragsmäßig beschränkt. Nach § 61 Abs. 1 besteht über einem Wert von 600 € generell eine Beschwerdemöglichkeit. Bei einem Beschwerdewert von weniger als 600 € kann die Beschwerde nach § 61 Abs. 3 wegen grundsätzlicher Bedeutung, zur Fortbildung des Rechts oder zur Sicherung einer einheitlichen Rechtsprechung zugelassen werden.

B. Einzelheiten. I. Überblick. Die Fragen des Aufwendungsersatzes und der Vergütung für Verfahrenspfleger waren bis Ende 1998 stark umstritten (*Dodegge* NJW 1996, 2405, 2413), insb. hinsichtlich der Frage, ob anwaltliche Verfahrenspfleger ihre Dienste nach den Sätzen des RVG über § 1835 Abs. 3 BGB als Aufwendungsersatz abrechnen können. Durch das 1. BtÄndG hat der Gesetzgeber den Streit dahin gelöst, dass eine Vergütung anwaltlicher (oder anderer beruflicher oder gewerblicher) Dienste als Aufwendungsersatz nach § 1835 Abs. 3 BGB für Verfahrenspfleger ausgeschlossen wird. Auf der anderen Seite wurde durch die Bestimmung, dass Auslagenerstattung und Vergütung immer (auch bei vermögenden Betreuten) aus der Staatskasse erfolgen, eine erleichterte Abrechnungsmöglichkeit geschaffen. Die Staatskasse konnte ihrerseits den an den Verfahrenspfleger geleisteten Betrag bei leistungsfähigen Betreuten (vgl. § 1836c BGB) als Auslagen in Rechnung stellen, §§ 137 Nr. 16, 128b Satz 2, 93a Abs. 2 KostO. Nach der Rechtsprechung des BVerfG (FamRZ 2000, 1280, 1284) können allerdings anwaltliche Verfahrenspfleger in Ausnahmefällen die Abrechnungsmöglichkeit über § 1835 Abs. 3 BGB i.V.m. dem RVG geltend machen. Mit dem 2. BtÄndG stellte der Gesetzgeber ergänzend klar, dass ein beruflicher Verfahrenspfleger nur noch ausnahmsweise bestellt werden soll, vgl. § 277 Abs. 2 Satz 2. Wird ein Verfahrenspfleger gleichzeitig für mehrere Verfahren bestellt, kann er für jedes Verfahren gesondert Aufwendungsersatz und Vergütung abrechnen (BGH NJW 2012, 3728). Es kommt dabei nicht darauf an, ob die Verfahren Gegenstand mehrerer formal getrennter Verfahren sind (BGH NJW 2012, 3100).

Die Vorschrift des § 277 gilt für Betreuungsverfahren, über § 318 für Unterbringungsverfahren, über § 419 Abs. 5 Satz 1 für Freiheitsentziehungsverfahren sowie über § 158 Abs. 7 für den Verfahrensbeistand des Kindes. Aus Abs. 4 ergibt sich ausdrücklich, dass auch ein Mitarbeiter eines anerkannten Betreuungsvereines bzw. ein Mitarbeiter der Betreuungsbehörde als Verfahrenspfleger bestellt werden kann.

II. Aufwendungsersatz für Verfahrenspfleger, Abs. 1. 1. Grundsatz. Aufwendungsersatz steht sowohl ehrenamtlichen als auch berufsmäßigen Verfahrenspflegern zu. Erstattet werden nach Abs. 1 Satz 1 die Aufwendungen gem. § 1835 Abs. 1 u 2 BGB. Vorschuss auf Aufwendungen kann nicht verlangt werden, Satz 2. Ein Betreuungsverein bzw. eine Betreuungsbehörde als Verfahrenspfleger kann keinen Aufwendungsersatz erhalten, Abs. 1 Satz 3. Der Verein kann allerdings bei Bestellung eines Vereinsmitarbeiters als Verfahrenspfleger Ersatz von dessen Aufwendung verlangen, Abs. 4 Satz 1. Kosten einer angemessenen Versicherung (dazu § 1835 Abs. 2 BGB) und allgemeine Verwaltungskosten können nicht geltend gemacht werden, vgl. Abs. 4 Satz 2 u § 1835 Abs. 2 Satz 2 BGB. Die Betreuungsbehörde kann auch bei Bestellung eines ihrer Mitarbeiter keinen Ersatz für dessen Aufwendungen verlangen, vgl. Abs. 4 Satz 3.

Die Ansprüche erlöschen innerhalb von 15 Monaten nach ihrer Fälligkeit, Abs. 1 Satz 1 i.V.m. § 1835 Abs. 1 Satz 3 BGB.

Der Verfahrenspfleger kann grds. weder die Auslagenpauschale (§ 1835a BGB) geltend machen noch für berufliche oder gewerbliche Dienste (dazu § 1835 Abs. 3 BGB) die festgelegte bzw. übliche Vergütung verlangen. Die Vergütung von beruflichen Diensten, z.B. die eines Rechtsanwaltes, richtet sich daher allgemein nach § 1836 Abs. 1 und 3 BGB; §§ 1 bis 3 Abs. 2 VBVG; § 277 Abs. 2 Satz 1 und 2.

2. Berufsspezifischer Auslagenersatz. Nach der Konzeption des Gesetzgebers ist die Verfahrenspflegschaft keine anwaltsspezifische oder dem Anwaltsberuf vorbehaltene Tätigkeit (BVerfG FamRZ 2000, 1280, 1281 sowie 1284), sodass eine Vergütung nach dem RVG nur in Ausnahmefällen in Betracht kommt.

a) Grundsatz. Bei anwaltlichen Verfahrenspflegern gebietet eine am Grundgedanken des § 1835 Abs. 3 BGB orientierte Auslegung des § 277 eine Vergütung nach dem RVG nur für solche Tätigkeiten zuzulassen, bei denen üblicherweise ein Rechtsanwalt zugezogen zu werden pflegt oder bei denen ein Laie in vergleichbarer Lage vernünftigerweise einen Rechtsanwalt zuziehen würde, weil gerade anwaltsspezifische Tätigkeiten anfallen (BGH NJW-RR 2015, 643 und 66; NJW 2014, 3360; NJW 2012, 3307 und 2011, 453). Dabei kann es sich sowohl um eine gerichtliche als auch außergerichtliche Tätigkeit handeln.

Eine nach dem RVG zu vergütende Tätigkeit liegt vor, wenn die zu bewältigende Aufgabe besondere rechtliche Tätigkeiten erfordert und daher eine originär anwaltliche Dienstleistung darstellt. Es muss sich um eine Aufgabe handeln, für die ein anderer Verfahrenspfleger in vergleichbarer Lage vernünftigerweise einen Rechtsanwalt herangezogen hätte. Abzustellen ist darauf, ob gerade auch ein Verfahrenspfleger mit einer

Qualifikation, die ihm Anspruch auf Honorierung seiner Tätigkeit nach der höchsten Vergütungsstufe gibt, im konkreten Fall einen Rechtsanwalt zurate gezogen hätte. Das ist (nur) zu bejahen bei gerichtlicher Geltendmachung oder Abwehr von Ansprüchen sowie außergerichtlicher Vertretung in rechtlich besonders schwierig gelagerten Fällen oder Verhandlungen (BayObLG BtPrax 2002, 121). Die Gerichte sollen bei der Bestellung eines Verfahrenspflegers klarstellen, ob die Auswahl des anwaltlichen Verfahrenspflegers gerade im Hinblick darauf erfolgt, dass im konkreten Fall die Zuziehung eines Rechtsanwaltes wegen rechtlicher Schwierigkeiten für nötig erachtet wird. Der Rechtsanwalt darf dann auf den (richterlichen) Hinweis zur rechtlichen Schwierigkeit einer Verfahrenspflegschaft vertrauen (OLG Stuttgart NJW-RR 2004, 424; OLG Hamm JMBlNRW 2003, 237). Die Erwartung, nach dem RVG vergütet zu werden, ist in diesem Fall geschützt und für das Festsetzungsverfahren nach § 168 bindend (BGH NJW 2012, 3728; 2011, 453). Das gilt selbst dann, wenn das Gericht lediglich – ohne Benennung eines entsprechenden Sachverhaltes – mitteilt, dass anwaltsspezifische Tätigkeiten zu erwarten sind (BGH NJW 2011, 453; a.A. BayObLG BtPrax 2002, 121). Ein Begründungsmangel kann nicht zulasten des berufsmäßigen Verfahrenspflegers gehen, er hat keine eigene Prognose anzustellen. Sieht sich das Gericht mangels hinreichender Tatsachengrundlage nicht in der Lage, über die Notwendigkeit anwaltsspezifischer Tätigkeit zu entscheiden, muss es dies offen legen. Dem Rechtsanwalt bleibt es dann überlassen, ob er trotz ungeklärter Vergütungsfrage die Verfahrenspflegschaft übernimmt. Die (Nicht-) Feststellung der Notwendigkeit anwaltsspezifischer Tätigkeit ist nicht gesondert angreifbar. Dies folgt schon daraus, dass eine Verfahrenspflegerbestellung in §§ 276 Abs. 6, 317 Abs. 6 als nicht anfechtbare Nebenentscheidung qualifiziert wird (offen gelassen in BGH NJW 2011, 453).

Kann der anwaltliche Verfahrenspfleger die Tätigkeit als anwaltstypische Tätigkeit abrechnen, bestimmt sich der Geschäftswert für die Berechnung der anwaltlichen Gebühren nach § 23 Abs. 3 Satz 1 RVG i.V.m. §§ 37, 38, 42 bis 45 sowie 99 bis 102 GNotKG (BGH NJW-RR 2015, 643). Eine Umsatzsteuer fällt für die Tätigkeit nicht an (OLG Frankfurt FamRZ 2015, 1119). Den anwaltlichen Verfahrenspfleger trifft die Pflicht zur kostensparenden Amtsführung. Er kann deshalb keine höheren Gebühren geltend machen als diejenigen, die ein beigeordneter Rechtsanwalt gem. § 49 RVG erhält (BGH NJW 2014, 865).

10 **b) Einzelfälle.** Im Betreuungsverfahren ist die Zuziehung eines Rechtsanwaltes regelmäßig nicht üblich. Hier ist zu fragen, ob im konkreten Einzelfall ein gleich qualifizierter Betreuer einen Rechtsanwalt hinzugezogen hätte (OLG Frankfurt am Main NJOZ 2005, 3616; OLG Köln NJWE-FER 2001, 290). Dies wird nur bei tatsächlichen, vor allem aber rechtlichen Schwierigkeiten und nicht in typischen Routinesachen zu bejahen sein. Wird in einem Betreuungsverfahren ein Antrag auf betreuungsgerichtliche Genehmigung, z.B. eines umfangreichen Vertragswerkes mit komplexen Rechtsfragen (etwa im Rahmen der Überprüfung einer beabsichtigten Veräußerung von Grundbesitz, BGH NJW-RR 2015, 66, der Überprüfung eines Mietvertrages in einem Genehmigungsverfahren, BGH NJW-RR 2015, 643 oder der Prüfung einer Scheidungsfolgenvereinbarung, LG Limburg FamRZ 2009, 1006), ggf. aus unterschiedlichsten Rechtsbereichen, gestellt, wird i.d.R. die Zuziehung anwaltlichen Sachverstandes unabdingbar sein. Allein der Umstand als Berufsverfahrenspfleger bestellt worden zu sein, rechtfertigt nicht die Erwartung, eine Vergütung nach RVG zu erhalten (LG Saarbrücken, FamRZ 2014, 235).

Maßgeblicher Zeitpunkt zur Beurteilung ist der Zeitpunkt der Bestellung zum Verfahrenspfleger, ggf. ein späterer Zeitpunkt, wenn erst im Verlaufe des Verfahrens Schwierigkeiten auftreten.

11 Die Rechtsprechung hat eine Abrechnung beruflicher Dienste auch im Verfahren auf Bewilligung einer Vergütung für den Betreuer (OLG Frankfurt am Main NJOZ 2005, 3616 f.; a.A. LG München I BtPrax 2001, 175) oder in einem Zwangsversteigerungsverfahren (LG Leipzig FamRZ 2001, 864) zugelassen.

12 Zwar ist die Verteidigung gegen eine Freiheitsentziehung ureigenste Aufgabe von Rechtsanwälten (BayObLG FamRZ 2000, 566), trotzdem kann ein anwaltlicher Verfahrenspfleger im Unterbringungsverfahren seine beruflichen Dienste nicht immer nach dem RVG abrechnen (BGH NJW 2014, 3036; OLG München BtPrax 2008, 219; NJW-RR 2009, 355: Beurteilung einer in der Anhörung abgegebenen Freiwilligkeitserklärung). Sofern der anwaltliche Verfahrenspfleger seine Tätigkeit in Freiheitsentziehungssachen nach § 415, in Unterbringungssachen nach § 312 und bei Unterbringungsmaßnahmen nach § 151 Nr. 6 und 7 in Bezug auf Minderjährige nach dem RVG abrechnen kann, berechnet sich die Verfahrensgebühr nach RVG Nr. 6300 VV (BGH NJW 2012, 3728).

13 **III. Vergütung für Verfahrenspfleger, Abs. 2.** Zu unterscheiden ist, ob der Verfahrenspfleger sein Amt berufsmäßig oder ehrenamtlich ausübt.

1. Berufsmäßiger Verfahrenspfleger. Ein Vergütungsanspruch besteht nur, wenn das Gericht bei der Bestellung des Verfahrenspflegers feststellt, dass das Amt berufsmäßig ausgeübt wird, Abs. 2 Satz 1 i.V.m. § 1836 Abs. 1 Satz 2 BGB; 1 Abs. 1 VBVG. 14

Unterbleibt bei der Bestellung des Verfahrenspflegers die Feststellung der Berufsmäßigkeit der Amtsführung versehentlich, kann sie im Wege der Beschlussberichtigung nach § 42 nachgeholt werden (OLG Hamm FGPrax 2008, 106; OLG Naumburg NJW-RR 2011, 737 und FamRZ 2009, 370) und wirkt dann auf den Zeitpunkt der Bestellung zurück (KG NJW 2011, 1824). Unterbleibt die Feststellung der Berufsmäßigkeit aus anderen Gründen, kann eine Überprüfung nur im Wege der Beschwerde gem. § 58 herbeigeführt werden, Zulässig ist aber eine nachträgliche Feststellung der Berufsmäßigkeit mit Wirkung für die Zukunft. Sie kann ab dem Zeitpunkt des auf sie gerichteten Antrags – nicht erst ab dem Zeitpunkt der Feststellung – erfolgen, wenn der Verfahrenspfleger ab diesem Zeitpunkt die Voraussetzungen für eine berufsmäßige Führung der Betreuung erfüllt (BGH NJW 2014, 863 im Rahmen einer Betreuerbestellung). 15

Der berufsmäßige Verfahrenspfleger erhält den aufgewandten und erforderlichen Zeitaufwand nach Stunden, multipliziert mit dem – nach der jeweiligen Qualifikation des Verfahrenspflegers zu bestimmenden – Stundensatz des § 3 Abs. 1 VBVG. Im Interesse einer problemlosen Handhabbarkeit wird die Qualifikation des Verfahrenspflegers von seiner Ausbildung abhängig gemacht (BGH NJW-RR 2015, 141; OLG Düsseldorf, FGPrax 2016, 28). 16

Die Stundensätze des § 3 Abs. 1 VBVG sind verbindlich. Anfallende USt wird zusätzlich erstattet, § 3 Abs. 1 Satz 3 VBVG. Der Grundbetrag der Vergütung beträgt 19,50 € pro Stunde. Verfügt der Verfahrenspfleger über besondere Kenntnisse, die für die Führung der Vormundschaft nutzbar sind so erhöht sich der Stundensatz auf 25 €, wenn diese Kenntnisse durch eine abgeschlossene Lehre oder eine vergleichbare abgeschlossene Ausbildung erworben sind, bzw. auf 33,50 €, wenn diese Kenntnisse durch eine abgeschlossene Ausbildung an einer Hochschule oder durch eine vergleichbare abgeschlossene Ausbildung erworben sind. Die Stundensätze können bei besonderer Schwierigkeit der Geschäfte des Verfahrenspflegers auch dann nicht erhöht werden, wenn der Betroffene vermögend ist, da nicht auf § 3 Abs. 3 VBVG verwiesen wird. 17

Betreuungsvereine und -behörden erhalten als Verfahrenspfleger keine Vergütung vgl. Abs. 2 Satz 1; § 1836 Abs. 3 BGB. Während aber ein Betreuungsverein nach Abs. 4 Satz 1 für den Vereinsverfahrenspfleger eine Vergütung geltend machen kann, schließt Abs. 4 Satz 3 dies in Bezug auf die Betreuungsbehörde für deren Mitarbeiter als Verfahrenspfleger aus. 18

2. Ehrenamtlicher Verfahrenspfleger. Erfüllt ein Verfahrenspfleger nicht die Voraussetzungen der §§ 1836 Abs. 1 Satz 2, 3 BGB; 1 Abs. 1 VBVG, sodass er das Amt ehrenamtlich ausübt, kommt eine Vergütung nicht in Betracht. Abs. 2 Satz 1 verweist nicht auf den § 1836 Abs. 2 BGB, der ausnahmsweise bei ehrenamtlicher Amtsführung eine Vergütung ermöglicht. 19

3. Abschlag auf die Vergütung. Ein Abschlag auf die Vergütung kann nicht verlangt werden, da Abs. 2 Satz 2 die entsprechende Regelung in § 3 Abs. 4 VBVG von der Anwendung auf die Verfahrenspflegervergütung ausschließt. 20

IV. Pauschalierung von Aufwendungsersatz und Vergütung, Abs. 3. Anstelle von Aufwendungsersatz und Vergütung im Wege der Einzelabrechnung kann der berufsmäßige Verfahrenspfleger eine Pauschale geltend machen, Abs. 3. 21

1. Fester Geldbetrag. Die Entscheidung des Betreuungsgerichts muss auf einen bestimmten Betrag lauten und den gesamten Tätigkeitszeitraum umfassen. 22

2. Vorhersehbarkeit der erforderlichen Zeit. Der erforderliche Zeitaufwand muss im konkreten Verfahren hinreichend sicher zu prognostizieren sein, etwa aufgrund von Erfahrungswerten. Insbes. in durchschnittlich gelagerten Fällen der Verfahrenspflegschaft, z.B. in Genehmigungsverfahren bei einer Wohnungsauflösung nach § 1907 BGB, einer Unterbringung nach § 1906 BGB oder im Verfahren auf Bewilligung einer Vergütung aus dem Vermögen des Betroffenen bieten sich Pauschalierungen an. Ist die Verfahrenspflegschaft bereits (durch den Tod des Betroffenen) beendet, kommt die Bewilligung einer Pauschale nicht mehr in Betracht (OLG Frankfurt am Main FGPrax 2008, 152). 23

3. Gewähr der Ausschöpfung des prognostizierten Zeitaufwandes. Weiter muss gewährleistet sein, dass der Verfahrenspfleger den prognostizierten Zeitaufwand tatsächlich aufwenden muss. Es darf keine Anhaltspunkte dafür geben, dass der Zeitaufwand im Einzelfall aufgrund besonderer tatsächlicher oder recht- 24 licher Gründe niedriger ausfallen könnte. Zudem muss der einzelne Verfahrenspfleger die persönliche Gewähr dafür bieten, den prognostizierten Zeitaufwand auch tatsächlich auszuschöpfen. Dabei ist es nicht ausreichend, wenn der Verfahrenspfleger in Einzelfällen die Zeit nicht ausfüllt, sie in der Summe der von ihm geführten Verfahrenspflegschaften aber einhält.

25 **4. Höhe der Pauschale, Abs. 3 Satz 2.** Die Höhe des festen Geldbetrages errechnet sich aus der voraussichtlich erforderlichen Zeit, sprich Stundenzahl, multipliziert mit dem nach § 3 Abs. 1 VBVG zu ermittelnden Stundensatz zuzüglich einer Aufwendungspauschale von 3 € je veranschlagter Stunde, Abs. 3 Satz 2. USt wird – soweit sie anfällt – zusätzlich erstattet, § 3 Abs. 1 Satz 3 VBVG.

26 **5. Nachweisung und Nachforderung, Abs. 3 Satz 3.** Abs. 3 Satz 3 stellt klar, dass der Verfahrenspfleger die in der konkreten Verfahrenspflegschaft aufgewandte Zeit nicht nachweisen muss. Umgekehrt können die Staatskasse bzw. der Pflegling keinen Zeitnachweis vom Verfahrenspfleger verlangen.

27 Darüber hinaus schließt Abs. 3 Satz 3 Halbs. 2 weitergehende Aufwendungsersatz- und Vergütungsansprüche des Verfahrenspflegers aus.

28 **V. Anspruchsberechtigte, Abs. 4.** Neben dem berufsmäßigen (Einzel-) Verfahrenspfleger ist auch der anerkannte Betreuungsverein berechtigt, für den von ihm beschäftigten Mitarbeiter Aufwendungsersatz und Vergütung zu verlangen, wenn er zum Vereinsverfahrenspfleger bestellt wird, Abs. 4 Satz 1. Der Vereinsverfahrenspfleger übt das Amt immer berufsmäßig aus, Abs. 4 Satz 2 i.V.m. § 7 Abs. 1 Satz 2 VBVG. Der Vereinsverfahrenspfleger hat selbst keinen Anspruch auf Aufwendungsersatz und Vergütung, Abs. 4 Satz 2 i.V.m. § 7 Abs. 3 VBVG. Allgemeine Verwaltungskosten und Kosten einer angemessenen Versicherung (§ 1835 Abs. 2 BGB) werden nicht erstattet, vgl. Abs. 4 Satz 2 mit seinem Verweis auf § 1835 Abs. 5 Satz 2 BGB und Abs. 1 Satz 1, § 1835 Abs. 2 Satz 2 BGB. Für den zum Verfahrenspfleger bestellten Mitarbeiter der Betreuungsbehörde kann die Betreuungsbehörde keinen Aufwendungsersatz bzw. Vergütung beanspruchen, Abs. 4 Satz 3.

29 **VI. Anspruchsverpflichteter, Abs. 5.** Wie nach früherer Rechtslage sind Aufwendungsersatz und Vergütung generell aus der Staatskasse zu zahlen, Abs. 5 Satz 1.

30 Die von der Staatskasse erstatteten Aufwendungen – sie stellen Auslagen des Gerichts dar, vgl. Nr. 31015 KV GNotKG – werden dem vermögenden Betreuten in Rechnung gestellt, vgl. § 23 Nr. 1 GNotKG i.V.m. Vorbem. 3.1 und Nr. 31015 KV GNotKG. Über § 26 Abs. 3 GNotKG gilt das auch für Verfahrenspflegschaften im Unterbringungsverfahren.

31 **VII. Erlöschen.** Aufwendungsersatzansprüche des Verfahrenspflegers erlöschen, wenn sie nicht binnen 15 Monaten nach ihrer Entstehung gerichtlich geltend gemacht werden, Abs. 1 Satz 1; § 1835 Abs. 1 Satz 3 BGB.

32 Der Vergütungsanspruch des berufsmäßigen Verfahrenspflegers erlischt, wenn er nicht binnen 15 Monaten nach seiner Entstehung beim Familien- bzw. Betreuungsgericht geltend gemacht wird, § 2 VBVG. Der Anspruch entsteht mit der jeweiligen Ausübung der einzelnen Tätigkeit.

33 **VIII. Verfahrensrechtliches.** Das Verfahren bestimmt sich nach § 168 Abs. 1, auf den Abs. 5 Satz 2 Bezug nimmt. Ein Antrag des anwaltlichen Betreuers auf Festsetzung pauschaler Vergütung schließt die nachträgliche Geltendmachung von Aufwendungsersatz nach §§ 1835 Abs. 3, 277 FamFG für in dem betreffenden Zeitraum erbrachte anwaltliche Dienste nicht aus (BGH NJW-RR 2014, 1224). Der Anspruch auf pauschale Vergütung und Aufwendungsersatz für berufsspezifische Tätigkeiten bestehen grds. unabhängig nebeneinander. Das gilt nur dann nicht, wenn der Aufgabenkreis der Betreuung und die berufsspezifische Tätigkeit deckungsgleich sind.

34 Eine Beschwerdemöglichkeit ist unter den Voraussetzungen des § 61 Abs. 1 (Mindestbeschwerdewert 600,01 €) bzw. des § 61 Abs. 3 (Zulassung der Beschwerde bei einem Wert unter 600,01 €) gegeben. Zu Einzelheiten vgl. § 61 Rdn. 7 ff.

§ 278 Anhörung des Betroffenen.

(1) ¹Das Gericht hat den Betroffenen vor der Bestellung eines Betreuers oder der Anordnung eines Einwilligungsvorbehalts persönlich anzuhören. ²Es hat sich einen persönlichen Eindruck von dem Betroffenen zu verschaffen. ³Diesen persönlichen Eindruck soll sich das Gericht in dessen üblicher Umgebung verschaffen, wenn es der *Betroffene* verlangt oder wenn es der Sachaufklärung dient und der Betroffene nicht widerspricht.

(2) ¹Das Gericht unterrichtet den Betroffenen über den möglichen Verlauf des Verfahrens. ²In geeigneten Fällen hat es den Betroffenen auf die Möglichkeit der Vorsorgevollmacht, deren Inhalt sowie auf die Möglichkeit ihrer Registrierung bei dem zentralen Vorsorgeregister nach § 78a Abs. 1 der Bundesnotarordnung hinzuweisen. ³Das Gericht hat den Umfang des Aufgabenkreises und die Frage, welche Person oder Stelle als Betreuer in Betracht kommt, mit dem Betroffenen zu erörtern.
(3) Verfahrenshandlungen nach Absatz 1 dürfen nur dann im Wege der Rechtshilfe erfolgen, wenn anzunehmen ist, dass die Entscheidung ohne eigenen Eindruck von dem Betroffenen getroffen werden kann.
(4) Soll eine persönliche Anhörung nach § 34 Abs. 2 unterbleiben, weil hiervon erhebliche Nachteile für die Gesundheit des Betroffenen zu besorgen sind, darf diese Entscheidung nur auf Grundlage eines ärztlichen Gutachtens getroffen werden.
(5) Das Gericht kann den Betroffenen durch die zuständige Behörde vorführen lassen, wenn er sich weigert, an Verfahrenshandlungen nach Absatz 1 mitzuwirken.
(6) ¹Gewalt darf die Behörde nur anwenden, wenn das Gericht dies ausdrücklich angeordnet hat. ²Die zuständige Behörde ist befugt, erforderlichenfalls um Unterstützung der polizeilichen Vollzugsorgane nachzusuchen.
(7) ¹Die Wohnung des Betroffenen darf ohne dessen Einwilligung nur gewaltsam geöffnet, betreten und durchsucht werden, wenn das Gericht dies zu dessen Vorführung zur Anhörung ausdrücklich angeordnet hat. ²Bei Gefahr im Verzug kann die Anordnung nach Satz 1 durch die zuständige Behörde erfolgen. ³Durch diese Regelung wird das Grundrecht auf Unverletzlichkeit der Wohnung aus Artikel 13 Absatz 1 des Grundgesetzes eingeschränkt.

Übersicht

	Rdn.		Rdn.
A. Normzweck	1	C. Regelungen	5
B. Anwendungsbereich	2	D. Verfahren	13

A. Normzweck. Die Vorschrift konkretisiert die Amtsermittlungspflicht des Gerichts nach § 26 in Betreuungssachen dahin, dass eine Entscheidung grds. nicht ohne Verschaffung eines unmittelbaren Eindrucks durch das Gericht selbst stattfinden darf. Hiermit wird zum einen dem **Anspruch auf Gewährung rechtlichen Gehörs** sowie zum anderen der in Betreuungssachen gesteigerten Relevanz eines **persönlichen Kontaktes** zwischen den Verfahrensbeteiligten in besonderer Weise Rechnung getragen. Eine angemessene Sachverhaltsaufklärung und damit einhergehend die nötige Kontrolle durch das Gericht ist ohne die aus einer persönlichen Anhörung gewonnene Erkenntnis regelmäßig nicht möglich, weshalb die Anhörung nach Abs. 1 Satz 3 zweckmäßiger Weise in der üblichen Umgebung des Betroffenen durchzuführen ist (BT-Drucks. 16/6308 S. 267; BtKomm/*Roth* Abschn. A Rn. 147 f.; Firsching/Dodegge, Handbuch Rn. 398; Prütting/Helms/*Fröschle* § 278 Rn. 7, 17).   1

B. Anwendungsbereich. § 278 gilt unmittelbar für die in Abs. 1 Satz 1 genannten Verfahren, nämlich die Entscheidung über die **Bestellung** eines **Betreuers** (§ 1896 Abs. 1 BGB) sowie die **Anordnung** eines **Einwilligungsvorbehalts** (§ 1903 Abs. 1 BGB), auch bei einem Eigenantrag des Betroffenen auf Betreuungseinrichtung (BGH MDR 2014, 612). Die Vorschrift findet gem. § 293 Abs. 1 bei Verfahren betreffend die Erweiterung des Aufgabenkreises des Betreuers oder die Erweiterung des Kreises der einwilligungsbedürftigen Willenserklärungen **entsprechende Anwendung**, weiterhin gem. § 293 Abs. 3 bei der Bestellung eines weiteren Betreuers (§ 1899 BGB), sofern damit eine Erweiterung des Aufgabenkreises verbunden ist, sowie gem. § 295 Abs. 1 bei Verlängerung der Bestellung eines Betreuers oder der Anordnung eines Einwilligungsvorbehalts. Wird ein Einwilligungsvorbehalt angeordnet, nachdem ein zuvor bestehender (anderer) Einwilligungsvorbehalt bereits aufgehoben war, handelt es sich nicht um eine Erweiterung des Einwilligungsvorbehalts, sondern um dessen erneute Anordnung, so dass die §§ 278, 280 unmittelbar anzuwenden sind; § 293 Abs. 2 ist in diesen Fällen nicht einschlägig (BGH FamRZ 2012, 1633). § 296 regelt die Anhörung für den Fall der Entlassung und der Neubestellung eines Betreuers eigenständig, ebenso § 297 Abs. 1 für den Fall der Entscheidung über die Sterilisation; § 298 Abs. 1 Satz 1 für den Fall der Genehmigung der Einwilligung in eine der in § 1904 BGB genannten Maßnahmen sowie in eine Entscheidung des Betreuers über le-   2

benserhaltende Maßnahmen; § 299 für Genehmigungsverfahren i.Ü.; §§ 300 Abs. 1 Nr. 4, Satz 2, 301 Abs. 1 für einstweilige Anordnungen. In **Unterbringungssachen** gilt § 319.
Im Verfahren über die **Aufhebung** der Betreuung gilt § 278 Abs. 1 nicht. Es verbleibt insoweit bei den allgemeinen Verfahrensregeln und den Grundsätzen der Amtsermittlung (BGH FamRZ 2014, 1917).

3 Im **Beschwerdeverfahren** gelten gem. § 68 Abs. 3 Satz 1 grds. dieselben Regelungen wie im erstinstanzlichen Verfahren, wovon in Bezug auf die Anhörung abgesehen werden kann, wenn von einer erneuten Durchführung keine zusätzlichen Erkenntnisse zu erwarten sind (§ 68 Abs. 3 Satz 2). Von dieser Möglichkeit ist jedoch im Hinblick auf den Normzweck (Rdn. 1) mit Augenmaß Gebrauch zu machen, zumal der persönliche Eindruck auch die zweitinstanzliche Entscheidung maßgeblich zu beeinflussen in der Lage ist (vgl. zum »Alter« von Erkenntnissen Bienwald/Sonnenfeld/Hoffmann/*Sonnenfeld* § 68a FGG Rn. 6; zur Klärung der Fähigkeit der eigenen Willensbildung BGH FamRZ 2014, 1626). Werden in der Beschwerdeinstanz neue Tatsachen vorgebracht oder wird der durch das Betreuungsgericht gewonnene persönliche Eindruck nicht hinreichend in den Akten vermittelt, ist die Anhörung nach Maßgabe von § 278 zwingend (OLG Hamm FamRZ 2000, 494 ff. = BtPrax 1999, 238 ff.; ähnlich BGH NJW 2015, 693). Gleiches gilt, wenn Anhaltspunkte dafür vorliegen, dass der Betroffene nicht mehr an seinem bei der erstinstanzlichen Anhörung geäußerten Wunsch, eine bestimmte Person zum Betreuer zu bestellen, festhält und die Bestellung eines Berufsbetreuers vorzieht (BGH, Beschl. v. 21.11.2012, Az. XII ZB 384/12, Juris); ebenso, wenn das Gericht des ersten Rechtszugs zwingende Verfahrensvorschriften bei der Anhörung verletzt hat (BGH FamRZ 2012, 104). Das Absehen ist zu begründen (Bienwald/Sonnenfeld/Hoffmann/*Sonnenfeld* § 69g FGG Rn. 76) und nur ausnahmsweise dann entbehrlich, wenn aus den übrigen Gründen ohne Weiteres ersichtlich ist, dass eine Anhörung keine weitere Aufklärung erwarten lässt (BGH FamRZ 2012, 968). Fehlt eine solche Begründung, ist die Anhörung nachzuholen (BGH FamRZ 2014, 828).

4 Soll von den zu Rdn. 2 genannten Maßnahmen **abgesehen** werden oder stehen weniger bedeutsame Entscheidungen (z.B. nach § 1 Satz 1 VBVG) im Raum, bedarf es der Anhörung nach § 278 nicht; ebenso bei Bestellung eines Gegenbetreuers ohne Erweiterung des Aufgabenkreises (BayObLG FamRZ 1994, 325, 326; Damrau/*Zimmermann* § 1908i BGB Rn. 5; *Diekmann* BtPrax 2009, 149, 151). Es gilt aber weiterhin § 26, der eine Anhörung, wenn es auf den persönlichen Eindruck von dem Betroffenen ankommt, gleichwohl im Einzelfall erforderlich machen kann (BGH FuR 2011, 326 f.; Bassenge/*Roth* § 278 Rn. 1; Jansen/*Sonnenfeld* § 68 FGG Rn. 3), insbesondere bei einem Eigenantrag des Betroffenen auf Betreuungserrichtung. Wird dieser ohne die erforderlichen Ermittlungen, zu denen regelmäßig auch eine persönliche Anhörung gehören wird, abgelehnt, wird dem Betroffenen der ihm durch das Betreuungsrecht gewährleistete Erwachsenenschutz ohne ausreichende Grundlage entzogen (BGH MDR 2014, 612).

5 **C. Regelungen. Abs. 1 Satz 1 und Satz 2** schreiben vor, dass das Gericht den Betroffenen vor seiner Entscheidung sowohl **anzuhören** als auch sich einen **persönlichen Eindruck** zu verschaffen hat. Durch diesen Zweiklang werden die mit der Vorschrift verfolgten Zwecke, nämlich Gewährung rechtlichen Gehörs und bestmögliche Sachaufklärung (s. Rdn. 1), erreicht (vgl. Bassenge/*Roth* § 278 Rn. 5 f.; Keidel/*Budde* § 278 Rn. 3). Eine nicht unmittelbare, z.B. telefonische oder schriftliche Anhörung erfüllt diesen Zweck nicht (Prütting/Helms/*Fröschle* § 278 Rn. 11), was insb. in den Fällen evident ist, wo sich der Kontakt des Gerichts mit dem Betroffenen aufgrund dessen Zustands weit gehend in einer Eindrucksverschaffung erschöpft (s. aber Rdn. 10). Nach **Satz 3** soll jedenfalls die Verschaffung des persönlichen Eindrucks möglichst in der **Umgebung** des Betroffenen, also in dessen Wohnung, dem Krankenhaus, dem Wohnheim oder seinem sonstigen Aufenthalt, stattfinden. Denn nur dort ergeben sich regelmäßig für das Gericht die notwendigen Eindrücke, die i.R.d. Aufklärung zu einer sachgerechten Entscheidung führen. Dem trägt der Halbs. 2 Rechnung, der dem Gericht insoweit ein einzelfallorientiertes Ermessen einräumt, das sich zugleich am Willen des Betroffenen auszurichten hat. Widerspricht der Betroffene, scheidet ein Aufsuchen der üblichen Umgebung aus (BGH FamRZ 2013, 31). Wünscht er es hingegen, steht dem Gericht – auch und gerade in Eilfällen – ein Ermessensspielraum nicht zu. Da Anhörung und Verschaffung des persönlichen Eindrucks in der Praxis meist zugleich erfolgen, kann – im Gleichlauf zu § 1896 Abs. 1a BGB – ein Widerspruch des Betroffenen nach Satz 3 Halbs. 2 im Einzelfall dazu führen, dass ein Betreuer nicht bestellt werden kann (*Jürgens* § 278 Rn. 4). Der **Verfahrenspfleger** bzw. der **Verfahrensbevollmächtigte** ist zur Anhörung hinzuziehen (BGH FamRZ 2012, 104 m. Anm. *Fröschle* FamRZ 2012, 88, 89; Bassenge/*Roth* § 278 Rn. 17; s.a. § 276 Rdn. 17). Hierneben kann auch der **Sachverständige** zum Anhörungstermin hinzugezogen werden (s. § 280 Rdn. 22, 26 ff.).

Abschnitt 1. Verfahren in Betreuungssachen § 278

Nach **Abs. 2 Satz 1 und Satz 2** ist der Betroffene über den möglichen Verlauf des Verfahrens zu **unterrich-** 6
ten und, wenn dies tunlich ist, auf die Möglichkeit der Erteilung einer Vorsorgevollmacht hinzuweisen.
Satz 2 sieht ferner den fakultativen Hinweis auf deren Registrierung nach § 78a Abs. 1 BNotO vor. Die Regelung schreibt **Form** und **Zeitpunkt**, an dem die Unterrichtung vorzunehmen ist, nicht vor. Da es hierbei
bereits vom Ansatz her um eine der Durchführung weiterer Verfahrensschritte vorgelagerte Informierung
geht, kann sie nicht erst i.R.d. Anhörung nach Abs. 1, in welcher regelmäßig auch die Erörterung des Ergebnisses der gerichtlichen Ermittlungen stattfindet (s. Rdn. 7), erfolgen. Deswegen bieten sich in der Praxis hierfür je nach Fallgestaltung entweder – beim verständigen Betroffenen – die schriftliche Unterrichtung
oder eine vermittelte Unterrichtung durch hierzu ersuchte Verfahrensbeteiligte (Betreuungsbehörde, Verfahrenspfleger, künftiger Betreuer) an (vgl. Prütting/Helms/*Fröschle* § 278 Rn. 24; Jansen/*Sonnenfeld* § 68
FGG Rn. 56; Bienwald/Sonnenfeld/Hoffmann/*Bienwald* § 68 FGG Rn. 23; *Jürgens* § 278 Rn. 6). Dies ergibt
sich auch aus dem Ziel der Unterrichtung, wonach der Betroffene in die Lage versetzt werden soll, frühzeitig alle Gesichtspunkte vorzubringen, die für die Regelung seiner Probleme entscheidungserheblich sein
können (BT-Drucks. 141/4528 S. 172). Hierzu gehören in erster Linie sachliche Fragen wie die Vorstellungen und Wünsche des Betroffenen oder das Vorhandensein von Angehörigen und Vertrauenspersonen
(Firsching/Dodegge, Handbuch Rn. 399), weniger aber verfahrensrechtliche Belehrungen (so aber Jansen/
Sonnenfeld § 68 FGG Rn. 57). Der Hinweis auf die Möglichkeit der **Vorsorgevollmacht** spielt nur bei gegebener Geschäftsfähigkeit eine Rolle (Bassenge/*Roth* § 278 Rn. 8; Keidel/*Budde* § 278 Rn. 8) und ist nicht
mit der nach § 26 i.V.m. § 1896 Abs. 2 Satz 2 BGB notwendigen Prüfung zu verwechseln, ob bereits eine
wirksame Bevollmächtigung vorliegt.

Nach **Abs. 2 Satz 3** hat das Gericht das Ergebnis seiner Ermittlungen mit dem Betroffenen zu **erörtern**, wo- 7
von die Vorschrift den als nötig erachteten Umfang des Aufgabenkreises sowie die Person bzw. Stelle, die
als Betreuer in Betracht kommt (§§ 1897, 1900 BGB), hervorhebt. Diese Pflicht ergibt sich in allgemeiner
Form bereits aus § 37 Abs. 2 und wird durch die Vorschrift für die Entscheidung über die Bestellung eines
Betreuers konkretisiert. Sehen die allgemeinen Vorschriften insoweit die persönliche Anhörung des Betroffenen nicht zwingend vor, ergibt sich dies jedoch aus der als solches formulierten Notwendigkeit der Erörterung. Zweckmäßiger Weise – und in der Praxis üblich – kann diese Erörterung in dem Termin der Anhörung nach Abs. 1 stattfinden. Denn zu diesem Zeitpunkt wird das Gericht regelmäßig die notwendigen
Erkenntnisse zusammengetragen haben, die Inhalt und Umfang der beabsichtigten Entscheidung konkretisieren und zu denen als letzte notwendige Ermittlungshandlung die umfassende Anhörung und Erörterung
hinzutritt. Hieraus ergibt sich, dass die für ein Schlussgespräch notwendigen Inhalte, insb. auch das **Gutachten**, zu erörtern sind (§ 280 Rdn. 28 f.). Das Gutachten muss dem Betroffenen nach aller Möglichkeit
vorher in schriftlicher Form zur Kenntnis gelangt sein (OLG Düsseldorf BtPrax 1996, 188 f. = FamRZ 1997,
1361 ff.; OLG München BtPrax 2005, 231 ff. = FamRZ 2006, 440 f.; Diekmann BtPrax 2009, 149, 151; *Jürgens* § 278 Rn. 8, 11; i.E. auch Keidel/*Budde* § 278 Rn. 7 a.E.). Im Grunde untersteht dies bereits der sich
aus § 37 Abs. 2 ergebenden Beurteilung. Insb. kann in einfach gelagerten Fällen oder solchen, in denen bereits i.R.d. Exploration eine hinreichende Verständigung mit dem Betroffenen erfolgt ist, rechtliches Gehör
ausreichend in der Erörterung nach Satz 3 stattfinden. Der **Verfahrenspfleger** ist zu beteiligen (Bassenge/
Roth § 278 Rn. 17; s.a. § 276 Rdn. 17). Von der förmlichen Regelung eines Schlussgesprächs hat der Gesetzgeber bewusst abgesehen (BT-Drucks. 16/6308 S. 267; Firsching/Dodegge, Handbuch Rn. 399). Soweit von
der Erörterung ganz abgesehen werden soll, gilt Abs. 4 (s. Rdn. 10). Zum ersuchten Richter s. Rdn. 8.

Abs. 3 stellt als Voraussetzung für die Zulässigkeit der Anhörung des Betroffenen durch den **ersuchten** 8
Richter darauf ab, dass es nach einer Vorausschau des mit dem Verfahren befassten Gerichts auch ohne
dessen eigenen Eindruck zu einer sicheren Entscheidung kommen kann. Diese Bewertung kann nicht ohne
das Vorliegen anderer Erkenntnisse wie der Stellungnahme von Beteiligten und insb. des Gutachtens getroffen werden. Welche Kriterien auf dem Boden dieser Erkenntnisse sodann heranzuziehen sind, ist vom Gesetzgeber offen gelassen. Anerkannt ist aber, dass die räumliche Entfernung zum Aufenthalt des Betroffenen, die überhaupt zu einem Ersuchen Anlass gibt, durchaus eine Rolle spielt (BT-Drucks. 11/4528 S. 172;
BayObLG EzFamR aktuell 2003, 247 LS – Juris Volltext). I.Ü. aber ist unter der Prämisse, dass es sich um
eine Ausnahme handelt, darauf abzustellen, inwiefern der vom ersuchten Gericht vermittelbare Eindruck
von der Person des Betroffenen ausreichen wird. Dies dürfte gerade in anspruchsvolleren Konstellationen
(wechselhaftes Verhalten des Betroffenen, schwierige soziale oder familiäre Verhältnisse, sonstiges Konfliktpotenzial) fraglich sein. Die gilt auch bei erstmaliger Anordnung einer Betreuung, obschon dort dem unmittelbaren persönlichen Eindruck besondere Bedeutung zukommt (zu eng OLG Stuttgart BWNotZ 2007,

39 f.: Fehlgebrauch des eingeräumten Ermessens). Ergibt sich erst aus dem – zweckmäßiger Weise wörtlich abgefassten – Anhörungsprotokoll des ersuchten Gerichts, dass der vermittelte Eindruck nicht ausreicht, ist die Anhörung durch das zuständige Gericht nachzuholen (Bassenge/*Roth* § 278 Rn. 9; Prütting/Helms/ *Fröschle* § 278 Rn. 28; Jansen/*Sonnenfeld* § 68 FGG Rn. 51 ff.; Keidel/*Budde* § 278 Rn. 6). Im Fall des § 30 Abs. 2, 3 sind §§ 361, 375 ZPO zu beachten (*Fröschle* FamRZ 2012, 88, 89). Das **Rechtshilfeverfahren** richtet sich nach §§ 156 ff. GVG, die für die Angelegenheiten der Freiwilligen Gerichtsbarkeit unmittelbar gelten. Das ersuchte Gericht kann die Anhörung des Betreuten demnach nicht **verweigern** (§ 159 GVG), insb. nicht aus Zweckmäßigkeitserwägungen, es sei denn, das Ersuchen ist offensichtlich rechtsmissbräuchlich (OLG Köln FamRZ 2004, 818; OLG München BtPrax 2005, 199 Ls. – Juris Volltext). Erleichterte Voraussetzungen gelten gem. § 300 Abs. 1 Satz 2 im Verfahren einer einstweiligen Anordnung (§ 300 Rdn. 9 f.). Das ersuchte Gericht hat die Anhörungsvorschriften wie das originär zuständige Gericht zu beachten. Dazu gehört auch die Benachrichtigung des Verfahrensbevollmächtigten vom Anhörungstermin (BGH FamRZ 2012, 104).

9 Die Anhörung eines im **Ausland** aufhältigen Betroffenen (§ 272 Rdn. 10) ist nur im Wege der internationalen Rechtshilfe möglich. Es gilt im Verhältnis zu zahlreichen Staaten das Haager Übereinkommen vom 18.03.1970 über die Beweisaufnahme im Ausland in Zivil- oder Handelssachen (BGBl. II 54, S. 1472) und das entsprechende Ausführungsgesetz (BGBl. I 1977, S. 3105).

10 Abs. 4 verweist wegen der Möglichkeit, von der persönlichen Anhörung **abzusehen**, auf § 34 Abs. 2. Es gelten deswegen die alternativen Voraussetzungen, dass die persönliche Anhörung eines Beteiligten entweder zu erheblichen Nachteilen für die Gesundheit des Betroffenen führen kann oder der Beteiligte offensichtlich nicht in der Lage ist, seinen Willen kundzutun. Für den ersten Fall stellt die Vorschrift die Pflicht auf, diese Entscheidung nur auf Grundlage eines ärztlichen Gutachtens zu treffen. Zweckmäßiger Weise wird deswegen – wie in der Praxis üblich – dieser Aspekt i.R.d. Gutachtenauftrags mitzuerwähnen sein. Wann solche Nachteile drohen, ist Frage des Einzelfalls. Sie müssen aber länger dauernd sein und nicht nur eine vorübergehende Beeinträchtigung des Wohlbefindens betreffen (Prütting/Helms/*Fröschle* § 278 Rn. 31). Kommt in Betracht, dass der Betroffene nicht in der Lage ist, seinen Willen kundzutun, bedarf es einer Verschaffung des persönlichen Eindrucks des Betroffenen durch das Gericht, auf dessen Grundlage die Entscheidung über das Absehen von der Anhörung zu treffen ist (Jürgens/Kröger/Marschner/*Winterstein* Rn. 364), auch wenn diese Voraussetzung in § 34 Abs. 2 nicht erwähnt ist. Denn eine inhaltliche Neuausrichtung ist mit der nunmehr im Allgemeinen Teil des FamFG getroffenen Regelung nicht verbunden (BT-Drucks. 16/6308 S. 267). I.d.R. wird das Gericht bei dieser Gelegenheit, soweit es möglich ist, einen Anhörungsversuch vornehmen, sodass diese Alternative auf Fälle beschränkt bleibt, in denen die persönliche Anhörung zu einem späteren Zeitpunkt (erneut) ansteht. Aufgrund eines bloßen vorab geäußerten **Verzichts** des Betroffenen darf von der persönlichen Anhörung nicht abgesehen werden. Erscheint er allerdings in dem gem. § 34 Abs. 1 bestimmten Anhörungstermin unentschuldigt nicht und hat das Gericht zuvor sämtliche nicht mit Zwang verbundenen Versuche unternommen, um ihn zu befragen oder sich von ihm einen persönlichen Eindruck zu verschaffen, kann – erscheint die Vorführung (Rdn. 11) nicht angemessen – ohne Anhörung entschieden werden (BGH NJW 2015, 693; FamRZ 2010, 1650 m. Anm. *Fröschle*). Zu diesen Möglichkeiten gehört auch das Aufsuchen des Betroffenen, um ihn in seiner üblichen Umgebung anzuhören (BGH FamRZ 2014, 2788). Entfallen die Gründe, aus denen von der Anhörung abgesehen worden ist, im Laufe des Verfahrens bis zur Endentscheidung, ist sie **nachzuholen** (Bassenge/*Roth* § 278 Rn. 12; Jürgens/Kröger/Marschner/ *Winterstein* Rn. 365). Um die nach Abs. 4 i.V.m. § 34 Abs. 2 angestellten Erwägung nachprüfbar zu machen, ist die Entscheidung auch insoweit zu **begründen** (Bassenge/*Roth* § 278 Rn. 10; *Jürgens* § 278 Rn. 16). Fehlt eine solche Begründung, ist die Anhörung ebenfalls nachzuholen (BGH FamRZ 2014, 828). Für die Bestellung des Verfahrenspflegers gilt § 276 Abs. 1 Satz 2 Nr. 1 (s. § 276 Rdn. 5).

11 Zu bestimmten Verfahrenshandlungen kann der Betroffene im Fall seiner Weigerung **vorgeführt** werden. Nach **Abs. 5** gilt dies auch für seine Mitwirkung an den in Abs. 1 genannten Verfahrenshandlungen (Anhörung und Verschaffung eines persönlichen Eindrucks). Denn nach Maßgabe des § 26 handelt es sich insoweit um unverzichtbare Erkenntnisquellen, die nicht zur Disposition des Betroffenen stehen. Allerdings wird die Weigerung jedenfalls insoweit beachtlich sein, als dass hierin auch der Widerspruch gegen das Aufsuchen in seiner persönlichen Umgebung (s. Rdn. 5) liegen wird. Unter welchen Voraussetzungen die Vorführung erforderlich ist, liegt unter Beachtung der **Verhältnismäßigkeit** im Ermessen des Gerichts. Die Vorführung des Betroffenen oder deren zwangsweise Vollziehung darf nicht außer Verhältnis zum Verfahrensgegenstand stehen. Ggf. ist auch die Anwendung unmittelbaren Zwanges anzuordnen; die schlichte

Vorführungsanordnung umfasst diesen noch nicht. Im Fall zunächst erklärter Weigerung werden grds. Versuche – ggf. unter Einschaltung der Betreuungsbehörde oder des in Aussicht genommenen Betreuers – unternommen werden müssen, um den Betroffenen zur Not behutsam dazu zu bringen, die Durchführung einer Anhörung zu ermöglichen. Hieraus ergibt sich, dass diese dann auch nicht stets in den Räumen des Gerichts stattfinden muss. Insoweit wird dem Betroffenen die Vorführung auch zunächst anzudrohen sein (vgl. BGH FamRZ 2014, 2788; Bienwald/Sonnenfeld/Hoffmann/*Bienwald* § 68 FGG Rn. 57; Firsching/Dodegge, Handbuch Rn. 412; Keidel/*Budde* § 278 Rn. 11). Zuständig für das Vorführungsverfahren ist in allen Fällen der Richter (Prütting/Helms/*Fröschle* § 278 Rn. 43; Jansen/*Sonnenfeld* § 68 FGG Rn. 39; Keidel/*Budde* § 278 Rn. 10). Die Vorführung wird durch die zuständige Betreuungsbehörde vollzogen (s. dazu § 274 Rdn. 11). Ihre Anordnung ist **nicht anfechtbar** (s. Rdn. 14).

Abs. 6 und **Abs. 7** sind aufgrund des Gesetzes zur Einführung einer Rechtsbehelfsbelehrung im Zivilprozess vom 05.12.2012 (BGBl. I 2012, S. 2418) der Vorschrift hinzugefügt worden. Durch Beschluss vom 21.08.2009 hat das BVerfG § 68b Abs. 3 Satz 1 FGG, nach dem das Gericht unanfechtbar anordnen konnte, dass der Betroffene zur Vorbereitung eines Gutachtens untersucht und durch die zuständige Behörde zu einer Untersuchung vorgeführt wird, als nicht ausreichende Rechtsgrundlage für das gewaltsame Öffnen und Betreten der Wohnung zum Zwecke der Vorführung zu einer Begutachtung im Betreuungsverfahren erachtet. Auch wenn diese Maßnahmen nicht zum Zwecke einer Durchsuchung erfolgten, fehle es gemessen an Art. 13 Abs. 7 GG an einer speziellen gesetzlichen Ermächtigungsgrundlage (FamRZ 2009, 1814). Dem trägt die Ergänzung Rechnung. Die nunmehr in Abs. 5 geregelte Vorführung zur Anhörung entspricht dem Eingriff der in § 283 vorgesehenen Vorführung zur Untersuchung. Es soll eine ausreichende Rechtsgrundlage für die Anwendung unmittelbaren Zwangs und für Eingriffe in das Grundrecht der Unverletzlichkeit der Wohnung geschaffen werden (BT-Drucks. 17/10490 S. 20). Abs. 6 entspricht § 283 Abs. 2 (s. dazu § 283 Rdn. 2). Abs. 7 Satz 1 stellt klar, dass gerichtliche Betretens- und Durchsuchungsanordnungen nur zu dem Zweck erfolgen dürfen, den Betroffenen aufzufinden, um ihn zu einer Anhörung vorzuführen. Aufgrund des mit einer Durchsuchungsanordnung verbundenen erheblichen Eingriffs in Art. 13 Abs. 1 GG ist die Angabe des Zwecks der Durchsuchung im Wortlaut der Vorschrift geboten. Zugleich wird dem Gesetzesvorbehalt für Durchsuchungen in Art. 13 Abs. 2 GG entsprochen. Abs. 7 Satz 3 trägt dem Zitiergebot Rechnung (BT-Drucks. 17/10490 S. 20). Siehe im Übrigen hierzu § 283 Rdn. 6 ff.

D. Verfahren. Anhörung und Erörterung sind **nicht öffentlich**. Es gilt § 170 GVG. Auf Verlangen des Betroffenen ist jedoch einer (so Bassenge/*Roth* § 278 Rn. 15; Firsching/Dodegge, Handbuch Rn. 410) oder mehreren (so richtigerweise HK-BUR/*Bauer* § 68 FGG Rn. 174; ähnlich Bork/Jacoby/Schwab/*Heiderhoff* § 278 Rn. 9) Personen des Vertrauens die Anwesenheit zu gestatten, § 170 Satz 3 GVG. Das Gericht ist an dieses Begehren des Betroffenen gebunden, die Nichtbeachtung oder Versagung ist anfechtbar. Einer Belehrung bedarf es allerdings nicht. Der Begriff der Vertrauensperson ist dabei nicht deckungsgleich mit dem in § 274 Abs. 4 Nr. 1 (s. dort Rdn. 12 f.). Denn ob es sich bei der vom Betroffenen gewünschten Person um eine solche handelt, die im auch objektiv zu beurteilenden Interesse des Betroffenen zu beteiligen ist, ist keineswegs gewiss (ähnlich Bienwald/Sonnenfeld/Hoffmann/*Bienwald* § 68 FGG Rn. 31). Die Anhörung kann ggf. mit jener nach § 279 Abs. 3 verbunden werden. Hierneben kann das Gericht die Öffentlichkeit zulassen, allerdings nicht gegen den Willen eines Beteiligten, § 170 Satz 2 GVG. Diese Regelung trägt Art. 6 Abs. 1 Satz 2 EMRK Rechnung (BT-Drucks. 16/6308 S. 320). In Rechtsbeschwerdeverfahren vor dem BGH soll nach § 170 Abs. 2 GVG auch gegen den Willen eines Beteiligten wegen des regelmäßig größeren öffentlichen Interesses die Öffentlichkeit zuzulassen sein, soweit nicht das Interesse des Beteiligten überwiegt (BT-Drucks. 16/9733, S. 380). Die Pflicht der Anhörung Dritter nach § 279, die nicht im Termin der Anhörung des Betroffenen stattfinden muss, betrifft die Frage der Öffentlichkeit nicht. Wie die Anhörung durch das Gericht innerhalb eines **aus mehreren Richtern zusammengesetzten Spruchkörpers** wahrzunehmen ist, bestimmt sich nach der Aufklärungspflicht gem. § 26 (BGH NVwZ 2010, 1318). Daher kommt auch eine Anhörung durch den beauftragten Richter in Betracht, es sei denn, wegen der Besonderheiten des Falles kommt es auf den Eindruck der gesamten Kammer an (BGH FamRZ 2012, 104). Über die Anhörung ist ein **Vermerk** zu fertigen, § 28 Abs. 4. Das **Verfahren** über die Einrichtung der Betreuung **i.Ü.** richtet sich, sofern sich aus der Vorschrift sowie den diese ergänzenden nachfolgenden Regelungen nichts Besonderes ergibt, nach §§ 27 ff. S. hierzu auch § 279 Rdn. 8.

Die **Nichtbeachtung** der Vorschriften über die Anhörung und Erörterung ist ein **Verfahrensfehler**, der in der Beschwerde in aller Regel zur Aufhebung der Entscheidung des Betreuungsgerichts drängt (OLG Köln OLGR 2007, 594; OLG Frankfurt am Main, Beschl. v. 04.12.2007 – AZ 20 W 331/07, [JURIS]; Bienwald/

§ 279 Buch 3. Verfahren in Betreuungs- und Unterbringungssachen

Sonnenfeld/Hoffmann/*Sonnenfeld* § 68 Rn. 41). Die Androhung der Vorführung nach Abs. 5 sowie ihre Anordnung sind **nicht** selbstständig **anfechtbar** (*Diekmann* BtPrax 2009, 149, 150; *Jürgens* § 278 Rn. 23; Keidel/*Budde* § 278 Rn. 11; a.A. Prütting/Helms/*Fröschle* § 278 Rn. 33).

§ 279 Anhörung der sonstigen Beteiligten, der Betreuungsbehörde und des gesetzlichen Vertreters.

(1) Das Gericht hat die sonstigen Beteiligten vor der Bestellung eines Betreuers oder der Anordnung eines Einwilligungsvorbehalts anzuhören.
(2) ¹Das Gericht hat die zuständige Behörde vor der Bestellung eines Betreuers oder der Anordnung eines Einwilligungsvorbehalts anzuhören. ²Die Anhörung vor der Bestellung eines Betreuers soll sich insbesondere auf folgende Kriterien beziehen:
1. persönliche, gesundheitliche und soziale Situation des Betroffenen,
2. Erforderlichkeit der Betreuung einschließlich geeigneter anderer Hilfen (§ 1896 Absatz 2 des Bürgerlichen Gesetzbuchs),
3. Betreuerauswahl unter Berücksichtigung des Vorrangs der Ehrenamtlichkeit (§ 1897 des Bürgerlichen Gesetzbuchs) und
4. diesbezügliche Sichtweise des Betroffenen.
(3) Auf Verlangen des Betroffenen hat das Gericht eine ihm nahestehende Person anzuhören, wenn dies ohne erhebliche Verzögerung möglich ist.
(4) Das Gericht hat im Fall einer Betreuerbestellung oder der Anordnung eines Einwilligungsvorbehalts für einen Minderjährigen (§ 1908a des Bürgerlichen Gesetzbuchs) den gesetzlichen Vertreter des Betroffenen anzuhören.

Übersicht	Rdn.		Rdn.
A. Normzweck	1	C. Regelungen	3
B. Anwendungsbereich	2	D. Verfahren	8

1 **A. Normzweck.** Die Vorschrift konkretisiert wie auch § 278 den Amtsermittlungsgrundsatz nach § 26 dahin, dass das Gericht neben der Anhörung des Betroffenen und der Einholung der für die Entscheidung erforderlichen Sachkunde auch die Anhörung bestimmter Dritter vorzunehmen hat. Es sollen nach Möglichkeit alle Erkenntnisquellen ausgeschöpft werden (Jansen/*Sonnenfeld* § 68a FGG Rn. 1; Keidel/*Budde* § 279 Rn. 2).

2 **B. Anwendungsbereich.** § 279 gilt unmittelbar für die in Abs. 1 genannten Verfahren, nämlich die Entscheidung über die **Bestellung** eines **Betreuers** (§ 1896 Abs. 1 BGB) sowie die **Anordnung** eines **Einwilligungsvorbehalts** (§ 1903 Abs. 1 BGB). Die Vorschrift findet gem. § 293 Abs. 1 bei Verfahren betreffend die **Erweiterung des Aufgabenkreises des Betreuers** oder die Erweiterung des Kreises der einwilligungsbedürftigen Willenserklärungen **entsprechende Anwendung**, ebenso gem. § 293 Abs. 3 bei der Bestellung eines weiteren Betreuers (§ 1899 BGB), sofern damit eine Erweiterung des Aufgabenkreises verbunden ist, gem. § 295 Abs. 1 bei Verlängerung der Bestellung eines Betreuers oder der Anordnung eines Einwilligungsvorbehalts sowie gem. Für die Anhörung der Betreuungsbehörde gelten die Sonderregelungen des Abs. 2 sowie des § 293 Abs. 1 Satz 2. § 296 Abs. 2 Satz 3 bei der Bestellung eines neuen Betreuers. § 297 enthält für den Fall der Entscheidung über die Sterilisation eine eigenständige Regelung; § 298 Abs. 1 und 2 regeln den Fall der Genehmigung der Einwilligung in eine der in § 1904 BGB genannten Maßnahmen sowie in eine Entscheidung des Betreuers über lebenserhaltende Maßnahmen. **Nicht anwendbar** ist § 279 in sonstigen Genehmigungsverfahren (§ 299) sowie bei der Entlassung des Betreuers (vgl. BT-Drucks. 16/6308 S. 267; zu § 68a FGG BayObLG BtPrax 2003, 220 f.; Jansen/*Sonnenfeld* § 68a FGG Rn. 3). Dies bedeutet aber nicht, dass es i.R.d. Aufklärungspflicht sowie wegen Art. 103 Abs. 1 GG im Einzelfall dennoch der entsprechenden Anhörung Dritter bedarf. Gleiches gilt für einstweilige Anordnungen, in deren Fällen i.Ü. §§ 300 Abs. 1 Nr. 4, Satz 2, 301 Abs. 1 maßgeblich sind (Bienwald/Sonnenfeld/Hoffmann/*Bienwald* § 68a FGG Rn. 4). In **Unterbringungssachen** gilt § 320. Im **Beschwerdeverfahren** gelten gem. § 68 Abs. 3 Satz 1 grds. dieselben Regelungen wie im erstinstanzlichen Verfahren, wovon in Bezug auf die Anhörung abgesehen werden kann, wenn von einer erneuten Durchführung keine zusätzlichen Erkenntnisse zu erwarten sind (§ 68 Abs. 3 Satz 2). S. hierzu auch § 278 Rdn. 2 a.E.

C. Regelungen. Abs. 1 verpflichtet das Gericht zur **Anhörung** der nach Maßgabe des § 274 zum Verfahren 3
hinzugezogenen **Beteiligten**. Dies sind stets der Betreuer bzw. der Bevollmächtigte, sofern der jeweilige
Aufgabenkreis betroffen ist (§ 274 Abs. 1 Nr. 2, 3), – soweit bestellt – der Verfahrenspfleger (§ 274 Abs. 2)
sowie – soweit hinzugezogen – die Angehörigen oder Vertrauenspersonen des Betroffenen (§ 274 Abs. 4
Nr. 1, § 7 Abs. 2 Nr. 1). Zu den diesbezüglichen Einzelheiten s. § 274 Rdn. 12 ff. Ein Widerspruchsrecht gegen die Anhörung der Angehörigen steht dem Betroffenen nicht zu. Seine Rechte sind insofern durch die
bei der Hinzuziehung dieser Personen zu beachtenden Voraussetzungen, insb. die Beachtung des Interesses
des Betroffenen (s. § 274 Rdn. 13 f.), gewahrt (BT-Drucks. 16/6308 S. 267). Sind nahe Angehörige nicht in
diesem Sinne beteiligt, kann die Amtsermittlungspflicht aus § 26 gleichwohl ihre Anhörung gebieten, etwa
wenn sich das Gutachten auf Äußerungen Dritter stützt und deren Gehalt fraglich ist (*Jürgens* § 279 Rn. 2
a.E.; vgl. auch BGH FuR 2011, 326 f.). Für die Betreuungsbehörde gilt Abs. 2 (s. Rdn. 4).

Abs. 2 regelt die Anhörung der **Betreuungsbehörde**. Mit dem Gesetz zur Stärkung der Funktionen der Betreuungsbehörde vom 28.08.2013 (BGBl. I 2013, S. 3393) ist ihre **obligatorische** Anhörung eingeführt worden, **Satz 1**. Die frühere Maßgabe, dass der Betroffene deren Anhörung verlangt oder dass sie der Sachaufklärung dient, ist weggefallen. Hiermit soll die besondere Fachkompetenz der Betreuungsbehörde in jedem 4
Verfahren vor der Bestellung eines Betreuers oder der Anordnung eines Einwilligungsvorbehalts nutzbar gemacht werden, um insbesondere die ausweitende Bestellung von Betreuern zu vermeiden (BT-Drucks.
17/13419, S. 9). Der Betreuungsbehörde wird als Schnittstelle zwischen dem medizinisch-sozialpädagogischen Bereich und dem justiziellen System der rechtlichen Betreuung eine gewisse Filterfunktion beigemessen (Abschlussbericht der interdisziplinären Arbeitsgruppe zum BetrR v. 20.10.2011, S. 18). Dies bedeutet,
dass der Behörde Gelegenheit zur Äußerung zu geben ist, die sie nicht wahrnehmen muss. Eine bestimmte
Form ist nicht vorgesehen (s. aber Satz 2). Da die Betreuungsbehörde nach § 8 BtBG indessen auch zur Unterstützung des Betreuungsgerichts verpflichtet (obligatorischer Sozialbericht) ist und entsprechend beauftragt werden kann, wird sich die Anhörung i.d.R. auch auf die Entgegennahme der sich hieraus ergebenden
Erkenntnisse erstrecken, was im Hinblick auf die vorerwähnte Unterstützungspflicht häufig der Fall sein
wird (*Jürgens* § 279 Rn. 4; Firsching/Dodegge, Handbuch Rn. 415). Nach Abs. 2 kommt es für die Anhörung der Betreuungsbehörde nicht darauf an, ob sie Beteiligte nach § 274 Abs. 3 ist. Denn dann gilt ohnehin Abs. 1. Ihre Beschwerdeberechtigung besteht in allen Fällen (§ 303 Rdn. 7; Keidel/*Budde* § 279 Rn. 4).
Satz 2 gilt nur für Verfahren zur **erstmaligen Betreuerbestellung** und listet – nicht abschließend – die vorgesehenen Inhalte der Anhörung auf. Es geht in allen Fällen um eine möglichst vollständige Informierung
des Betreuungsgerichts über den Sachverhalt mit dem Ziel, mögliche Alternativen zur Betreuerbestellung
aufzuzeigen (BT-Drucks. 17/13419, S. 9; Abschlussbericht der interdisziplinären Arbeitsgruppe zum BetrR
v. 20.10.2011, S. 19 f.).

Hinsichtlich der sonstigen, dem Betroffenen **nahe stehenden Personen** spricht **Abs. 3** diesem das Recht zu, 5
deren Anhörung zu verlangen. Dies kommt nur dann zum Zuge, wenn diese Person, zumeist ein Angehöriger oder ein Vertrauter, nicht bereits nach § 274 Abs. 4 Nr. 1 anzuhören ist (Rdn. 3). Ist dies nicht der Fall,
etwa weil es das Gericht auch unter dem Gebot der Amtsermittlung nicht für erforderlich hält (s. § 274
Rdn. 1 a.E.), bedarf es der schlichten Benennung durch den Betroffenen. Im Unterschied zu § 274 Abs. 4
Nr. 1 kommt es dabei auf ein wirkliches Nahestehen oder darauf, ob die Anhörung auch im objektiven Interesse des Betroffenen liegt, nicht an (Damrau/*Zimmermann* § 68a FGG Rn. 21). Zur Anhörung dieser
Person ist das Gericht nicht verpflichtet, wenn mit dieser eine erhebliche, nach der Eilbedürftigkeit im Einzelfall zu beurteilende Verzögerung des Verfahrens verbunden wäre. Das Gericht muss die Anschrift der benannten Person nicht selbst ermitteln. Die Möglichkeit, dass Angehörigen i.d.R. Gelegenheit zur Äußerung
zu geben ist, sofern der Betroffene nicht mit erheblichen Gründen widerspricht, ist in der Regelung des
Abs. 1 i.V.m. § 274 Abs. 4 Nr. 1 enthalten (BT-Drucks. 16/6308 S. 267 f.). Zur Verfahrensfähigkeit s. § 275
Rdn. 5; zur Anwesenheit einer Vertrauensperson bei der Anhörung des Betroffenen s. § 278 Rdn. 13.

Zur **Hinzuziehung** eines Angehörigen s. die Erläuterungen zu § 274 Rdn. 12 ff. Zu beachten ist insofern, 6
dass die Beschwerde eines nahen Angehörigen, der ohne sein Verschulden vom Betreuungsgericht nicht an
dem Verfahren beteiligt worden ist, gleichzeitig einen **Antrag auf Beteiligung** am Betreuungsverfahren beinhaltet, *über den vorab im Zwischenverfahren nach § 7 Abs. 5 zu entscheiden ist* (LG Saarbrücken FamRZ
2010, 1371; LG Verden BtPrax 2010, 242; i.E. ähnlich LG Landau/Pfalz, Beschl. v. 15.06.2010 – 3 T 42/10;
einschränkend LG Frankenthal, Beschl. v. 06.01.2010 – 1 T 2/10).

In den Fällen, in denen gem. **§ 1908a BGB** bereits vor Erreichen des 18. Lebensjahres des Betroffenen das 7
Verfahren gem. Abs. 1 durchzuführen ist, schreibt **Abs. 4** die Anhörung auch des **gesetzlichen Vertreters**

vor. Dies ist insofern neben Abs. 1 erforderlich, da Eltern und sonstige Sorgeberechtigte (§§ 1794, 1915, 1794 BGB) im Zeitpunkt des Wirksamwerdens der Entscheidung ihre Stellung als gesetzlicher Vertreter verlieren und damit auch nicht mehr nach § 7 Abs. 2 Nr. 1 zwingend zu beteiligen sind. Umfasst das Sorgerecht des gesetzlichen Vertreters nicht den künftigen Aufgabenkreis des Betreuers, kann von seiner Anhörung abgesehen werden (Jansen/*Sonnenfeld* § 68a FGG Rn. 12); da die Vorschrift aber neben der Gewährung rechtlichen Gehörs auch der Sachaufklärung dient (Damrau/*Zimmermann* § 68a FGG Rn. 15), sollte dies nur ausnahmsweise der Fall sein.

8 **D. Verfahren.** Die Anhörung in an **keine Form** gebunden und kann daher auch mündlich oder schriftlich erfolgen. Sie ist **Auskunftsmittel**, sodass die in ihr gewonnenen Erkenntnisse der Entscheidung im Betreuungsverfahren zugrunde gelegt werden können (Bienwald/Sonnenfeld/Hoffmann/*Bienwald* § 68a FGG Rn. 2, s.a. oben Rdn. 8 a.E.). Da es im Verfahren der freiwilligen Gerichtsbarkeit auch weiterhin im pflichtgemäßen Ermessen des Gerichts steht zu entscheiden, ob es sich mit formlosen Ermittlungen (»**Freibeweis**«) begnügt oder eine förmliche Beweisaufnahme (»**Strengbeweis**«) durchführt, kommt neben der Anhörung auch die förmliche Vernehmung Dritter als Zeugen in Betracht. Dies ist stets dann erforderlich, wenn durch formlose Ermittlungen eine genügende Sachaufklärung nicht zu erreichen ist, es insb. eines Eindrucks von deren Glaubwürdigkeit bedarf (OLG Zweibrücken NJW-RR 1988, 1211; OLG Schleswig BtPrax 2006, 191 f.); dies gilt nach § 30 Abs. 3 auch dann, wenn eine Tatsache, die für die zu treffende Entscheidung von maßgeblicher Bedeutung ist, im Freibeweisverfahren streitig geblieben ist (BT-Drucks. 16/6308 S. 166).
Zum **Verstoß** gegen die Verfahrensregeln des § 279 s. § 278 Rdn. 14.

§ 280 Einholung eines Gutachtens.

(1) ¹Vor der Bestellung eines Betreuers oder der Anordnung eines Einwilligungsvorbehalts hat eine förmliche Beweisaufnahme durch Einholung eines Gutachtens über die Notwendigkeit der Maßnahme stattzufinden. ²Der Sachverständige soll Arzt für Psychiatrie oder Arzt mit Erfahrung auf dem Gebiet der Psychiatrie sein.
(2) ¹Der Sachverständige hat den Betroffenen vor der Erstattung des Gutachtens persönlich zu untersuchen oder zu befragen. ²Das Ergebnis einer Anhörung nach § 279 Absatz 2 Satz 2 hat der Sachverständige zu berücksichtigen, wenn es ihm bei Erstellung seines Gutachtens vorliegt.
(3) Das Gutachten hat sich auf folgende Bereiche zu erstrecken:
1. das Krankheitsbild einschließlich der Krankheitsentwicklung,
2. die durchgeführten Untersuchungen und die diesen zugrunde gelegten Forschungserkenntnisse,
3. den körperlichen und psychiatrischen Zustand des Betroffenen,
4. den Umfang des Aufgabenkreises und
5. die voraussichtliche Dauer der Maßnahme.

Übersicht

	Rdn.		Rdn.
A. Normzweck	1	C. Regelungen	10
B. Anwendungsbereich	5		

1 **A. Normzweck.** Die Vorschrift regelt, in welchen Fällen die Einholung eines Gutachtens erforderlich ist; sie benennt die Anforderungen an die Person des Sachverständigen, die Art und Weise der Gutachtenerstellung und den Inhalt des Gutachtens.

2 § 280 übernimmt bestimmt in Abs. 1 Satz 1, dass vor der Bestellung eines Betreuers oder der Anordnung eines Einwilligungsvorbehalts ein Sachverständigengutachten über die Notwendigkeit der Maßnahme einzuholen ist. Die Regelung stellt klar, dass die Einholung des Sachverständigengutachtens durch förmliche Beweisaufnahme zu erfolgen hat (§ 30).

3 Danach gelten die Vorschriften der ZPO über den Beweis durch Sachverständige entsprechend. Eine entsprechende Anwendung der ZPO erfordert keine schematische Übertragung aller Beweisregelungen und -grundsätze, sondern es verbleibt Spielraum im Einzelfall. So wird z.B. eine im Zivilprozess übliche mündliche Erörterung des Sachverständigengutachtens auf das Betreuungsverfahren nicht ohne Weiteres übertragbar sein (BT-Drucks. 16/6308 S. 268).

4 Gesetzlich geregelt werden in Abs. 1 Satz 2 und Abs. 3 allerdings die Anforderungen an die Qualifikation *des* Sachverständigen und die erweiterten Anforderungen an den Inhalt des Gutachtens. Die Vorschriften

dienen der Sicherung der Qualität der Gutachten, die der Anordnung der Betreuung zugrunde gelegt werden. Mit diesen Regelungen werden die von der Rspr. entwickelten Maßstäbe zur Qualifikation des Sachverständigen und zu den inhaltlichen Anforderungen an die Gutachten aufgegriffen und systematisiert (BT-Drucks. 16/9733 S. 371 f.).

B. Anwendungsbereich. Die §§ 280 bis 284 gelten nur für Verfahren, die die Bestellung eines Betreuers oder die Anordnung eines Einwilligungsvorbehalts zum Gegenstand haben. § 280 verlangt die Einholung eines Sachverständigengutachtens vor Bestellung einer Betreuung und Anordnung eines Einwilligungsvorbehalts unabhängig vom Aufgabenbereich. Das Gutachten hat sich zur Notwendigkeit der Bestellung eines Betreuers oder der Anordnung eines Einwilligungsvorbehalts zu verhalten. 5

Die Regelung gilt im Grundsatz entsprechend bei der Erweiterung der Betreuung und des Einwilligungsvorbehalts (§ 293 Abs. 1), der Einschränkung der Betreuung oder des Einwilligungsvorbehalts (§ 294 Abs. 1) und der Verlängerung der Betreuung oder des Einwilligungsvorbehalts (§ 295 Abs. 1 Satz 1). Zudem sind dort Sonderregelungen zur Erforderlichkeit der Einholung eines Gutachtens oder dem Absehen eines Gutachtens normiert. Nach § 293 Abs. 2 bedarf es der Einholung eines Gutachtens nicht, wenn ein Gutachten zur Anordnung der Betreuung nicht länger als 6 Monate zurückliegt oder die beabsichtigte Erweiterung nach Abs. 1 nicht wesentlich ist. Im Verfahren über die **Aufhebung** der Betreuung gelten §§ 278 Abs. 1, 280 nicht. Es verbleibt insoweit bei den allgemeinen Verfahrensregeln und den Grundsätzen der Amtsermittlung. Wenn aber ein Sachverständigengutachten eingeholt wird und das Gericht seine Entscheidung darauf stützt, so muss dieses den formalen Anforderungen des § 280 genügen (BGH FamRZ 2014, 1917; 2015, 486). 6

Sonderregelungen sehen § 297 für eine Sterilisation nach § 1905 Abs. 2 BGB und § 298 für die Genehmigung der Einwilligung des Betreuers zu Heilmaßnahmen nach § 1904 BGB vor. Für die vorläufige Betreuerbestellung oder die vorläufige Anordnung eines Einwilligungsvorbehalts gelten die Sonderregelungen der §§ 300 bis 302. In Unterbringungssachen sind Spezialregelungen in den §§ 321 und 329 Abs. 2 bestimmt. Danach ist vor der Anordnung oder Verlängerung einer Unterbringungsmaßnahme ein Sachverständigengutachten einzuholen. 7

Im Beschwerderecht ist keine Sonderregelung vorgesehen, vgl. §§ 303 bis 305. Es gelten die allgemeinen Vorschriften. Das Beschwerdeverfahren bestimmt sich nach den Vorschriften über das Verfahren im ersten Rechtszug (§ 58 Abs. 3 Satz 1). Auch im Beschwerdeverfahren gilt also § 280 i.V.m. § 30. 8

In der Beschwerdeinstanz muss auch eine persönliche Anhörung des Betroffenen erfolgen und ein Gutachten eines Sachverständigen über die Notwendigkeit der Betreuung eingeholt werden. Das Beschwerdegericht kann aber von der Beweisaufnahme absehen, wenn diese bereits im ersten Rechtszug vorgenommen wurde, ein Gutachten in unmittelbarer zeitlicher Nähe vorliegt und von einer erneuten Vornahme der Begutachtung keine zusätzlichen Erkenntnisse zu erwarten sind (OLG Köln FamRZ 2000, 1440). Im Beschwerdeverfahren ist ein bis dahin nicht eingeholtes Sachverständigengutachten nachzuholen (BGH NJW-RR 2011, 649). Sie dazu i.Ü. § 278 Rdn. 3. 9

C. Regelungen. Abs. 1 Satz 1 normiert zwingend die Einholung eines Sachverständigengutachtens. Ausnahmen sind in den §§ 281 und 282 geregelt. Danach genügt unter bestimmten Voraussetzungen die Vorlage eines ärztlichen Zeugnisses (§ 281). Von der Einholung eines Gutachtens kann das Gericht auch dann absehen, wenn ein ärztliches Gutachten des Medizinischen Dienstes verwendet werden kann (§ 282). Diese Ausnahmen gelten nicht bei der Anordnung eines Einwilligungsvorbehalts. 10

Abs. 1 Satz 2 enthält als Sollvorschrift die Qualifikationsanforderungen an den Sachverständigen. Er soll Arzt für Psychiatrie oder Arzt mit Erfahrung auf dem Gebiet der Psychiatrie sein. 11

Abs. 2 bestimmt, dass der Sachverständige den Betroffenen vor der Erstattung des Gutachtens persönlich zu untersuchen oder zu befragen hat. Außerdem soll er den Bericht der Betreuungsbehörde mit einbeziehen. 12

Abs. 3 normiert die inhaltlichen Voraussetzungen des Gutachtens. War bislang gesetzlich nur vorgesehen, dass das Gutachten sich auch zum Umfang des Aufgabenkreises und zur voraussichtlichen Dauer der Maßnahme zu verhalten hat, muss es nun Angaben zum Krankheitsbild einschließlich der Krankheitsentwicklung, zu den durchgeführten Untersuchungen und die diesen zugrunde gelegten Forschungserkenntnissen, zum körperlichen und psychiatrischen Zustand des Betroffenen, zum Umfang des Aufgabenkreises und zu der voraussichtlichen Dauer der Maßnahme enthalten. 13

14 Nach § 1896 Abs. 1 BGB bestellt das Gericht einen Betreuer, wenn ein Volljähriger aufgrund einer psychischen Krankheit oder einer körperlichen, geistigen oder seelischen Behinderung seine Angelegenheiten ganz oder teilweise nicht besorgen kann. Die Betreuung muss erforderlich sein, § 1896 Abs. 2 BGB. Soweit dies zur Abwendung einer erheblichen Gefahr für die Person oder das Vermögen des Betreuten erforderlich ist, ordnet das Gericht einen Einwilligungsvorbehalt an (§ 1903 Abs. 1 BGB).

15 Die **Einholung eines Sachverständigengutachtens** erfolgt nach **Abs. 1 Satz 1** zur Beurteilung der Notwendigkeit dieser Maßnahmen. Sie steht nicht im Ermessen des Gerichts. Die vorgesehene förmliche Beweisaufnahme hat stattzufinden (§ 30 Abs. 2). Es gelten die Vorschriften der ZPO zum Beweis durch Sachverständige, also die §§ 402 bis 414 ZPO, soweit es im Betreuungsverfahren angezeigt ist (vgl. BT-Drucks. 16/6308 S. 268). Die Verfahrenshandlung kann in der Beschwerdeinstanz nachgeholt werden.

16 Damit ist klargestellt, dass die Einholung eines Sachverständigengutachtens auch dann nicht entbehrlich ist, wenn der Richter aufgrund eigenen Sachverstands, langjähriger Erfahrung oder durch eine persönliche Anhörung des Betroffenen oder aus sonstigen Gründen der Überzeugung ist, die Betreuungsanordnung bzw. Anordnung eines Einwilligungsvorbehalts sei notwendig. Dies gilt auch bei eindeutiger Hilfebedürftigkeit (Jansen/*Sonnenfeld* § 68b FGG Rn. 4; Bienwald/Sonnenfeld/Hoffmann/*Sonnenfeld* § 68b Rn. 11; OLG Düsseldorf FamRZ 1993, 1224, 1225; OLG Stuttgart FamRZ 1993, 1365; kritisch dazu Damrau/*Zimmermann* § 280 Rn. 2).

17 Auch bei eindeutig erscheinenden Erkrankungen (z.B. Demenz) ist eine Abgrenzung zu körperlich bedingten Ausfallerscheinungen wie Stoffwechselstörungen oder Mangelernährungsfolgen nur durch ärztliche Diagnose möglich. Auch die Neuregelungen des FamFG haben den Ruf der Praxis auf Verzicht teurer Gutachten bei eindeutigen Krankheitsbildern nicht aufgegriffen (vgl. Jurgeleit/*Bučić* § 280 Rn. 2).

18 Die Einholung eines Gutachtens ist aber **entbehrlich**, wenn das Gericht von der Betreuerbestellung oder der Anordnung eines Einwilligungsvorbehalts **absehen** oder den Aufgabenkreis oder den Kreis der einwilligungsbedürftigen Willenserklärung einschränken will. Schließlich wird ein Rechtseingriff dadurch gerade aufgehoben oder abgewiesen. Die Vorschrift verpflichtet deswegen das Gericht nur dann zur Einholung eines Sachverständigengutachtens, wenn das Verfahren mit einer Betreuerbestellung oder der Anordnung eines Einwilligungsvorbehalts endet. Es hat daher vor der Anordnung der Gutachtenerstattung zu prüfen, ob es das Verfahren im Hinblick auf eine Betreuerbestellung oder die Anordnung eines Einwilligungsvorbehaltes weiter betreiben will. Dies setzt hinreichende Anhaltspunkte voraus, dass Betreuungsbedarf besteht oder die Anordnung eines Einwilligungsvorbehalts in Betracht kommt, zumal bereits die Beauftragung eines Sachverständigen zur Prüfung einer möglichen Betreuungsbedürftigkeit eine stigmatisierende Wirkung haben kann, wenn Dritte von ihr Kenntnis erlangen (BGH FamRZ 2015, 844; Jurgeleit/*Bučić* § 280 Rn. 4; Keidel/*Budde* § 280 Rn. 3; s. aber Rdn. 6 a.E.).

19 Ein Gutachten ist aber einzuholen, wenn die Bestellung des Betreuers auf Antrag des Betroffenen erfolgte, und insoweit ausnahmsweise ein ärztliches Zeugnis ausreichend war (§ 281) und nun ein Antrag des Betroffenen auf Aufhebung der Betreuung erstmals abgelehnt werden soll, § 294 Abs. 2 (KG FGPrax 2006, 260).

20 Das Gericht kann auch bei Entbehrlichkeit des Gutachtens gem. § 26 nach **pflichtgemäßem Ermessen** entscheiden, ob es ein Gutachten einholt (Jurgeleit/*Bučić* § 280 Rn. 4); vgl. zum zusammenfassenden Überblick, in welchen Fällen die Erstattung eines Gutachtens und/oder die Beteiligung eines Sachverständigen notwendig ist (Bienwald/Sonnenfeld/Hoffmann/*Sonnenfeld* § 68b FGG Rn. 64; HK-BUR/*Rink* § 68b FGG Rn. 3 ff.). Denn dem erkennenden Gericht ist die Entscheidung darüber vorbehalten, welchen Weg es innerhalb der ihm vorgegebenen Verfahrensordnung für geeignet hält, um zu den für seine Entscheidung notwendigen Erkenntnissen zu gelangen. Dem Rechtsbeschwerdegericht obliegt lediglich die Kontrolle auf Rechtsfehler, insbesondere die Prüfung, ob alle maßgeblichen Gesichtspunkte in Betracht gezogen wurden und die Würdigung auf einer ausreichenden Sachaufklärung beruht (BGH FamRZ 2015, 844; so bei Grenzfällen BGH FamRZ 2014, 737). Wenn es ein Gutachten einholt und seine Entscheidung darauf stützt, so muss dieses den formalen Anforderungen des § 280 genügen (BGH FamRZ 2014, 1917; 2015, 486).

21 Die **Auswahl des Sachverständigen** obliegt dem Gericht (§ 30 Abs. 1, § 404 Abs. 1 ZPO analog). Es trifft sie nach pflichtgemäßem Ermessen (Jansen/*Sonnenfeld* § 68b FGG Rn. 17; Firsching/Dodegge, Handbuch Rn. 423). Im Ermessen des Gerichts stehen die Auswahl des Sachverständigen sowie die Entscheidung, ob es mehr als einen Sachverständigen bestellt und zu welcher (Teil) Frage sich der jeweilige Sachverständige äußern soll (BT-Drucks. 11/4528 S. 174).

Das Gericht hat eine natürliche Person, nicht eine Klinik oder Institution zu beauftragen (Bienwald/Sonnenfeld/Hoffmann/*Sonnenfeld* § 68b FGG Rn. 47). Die Heranziehung von Hilfspersonen ist zulässig. Der Sachverständige hat aber zu versichern, dass die gutachterlichen Feststellungen auf seinen eigenen Wahrnehmungen und Beurteilungen beruhen, er also insoweit die Verantwortung übernimmt (Firsching/Dodegge, Handbuch Rn. 425; Keidel/*Budde* § 280 Rn. 6, 8; OLG Brandenburg FamRZ 2001, 40; zur Delegation näher MüKoZPO/*Schmidt-Recla* § 280 Rn. 13, 14). 22

Das Gericht hat die Auswahl des Sachverständigen im Bestellungsbeschluss nachvollziehbar darzulegen (BayObLG FamRZ 1997, 901). Die Entscheidung ist der betroffenen Person und dem Verfahrenspfleger bzw. Verfahrensbevollmächtigten vor Begutachtung bekannt zu geben (KG FamRZ 1995, 1379). 23

Der Gesetzeswortlaut sieht für das Gutachten eine bestimmte **Qualifikation des Sachverständigen** vor. In Abs. 1 Satz 2 – wie i.Ü. auch in § 321 Abs. 1 – ist durch Gesetz ausdrücklich vorgesehen, dass der Sachverständige Arzt für Psychiatrie oder Arzt mit Erfahrung auf dem Gebiet der Psychologie sein soll. Nur bei psychischen Krankheiten oder geistig-seelischen Behinderungen »ist grundsätzlich« ein Facharzt für Psychiatrie oder Neurologie zu beauftragen, zumindest aber ein in der Psychiatrie erfahrener Arzt. Der Gesetzgeber hat insoweit zwar eine Sollvorschrift gewählt, um anderen Erkrankungen Rechnung zu tragen, die nicht lediglich aus psychiatrischer Sicht beurteilt werden können. In solchen Fällen sind deswegen eine Facharztausbildung oder Erfahrungen auf dem Gebiet der Psychiatrie nicht zwingend erforderlich. Dabei unterscheidet sich § 280 von § 321 Abs. 1 Satz 4 (BGH FGPrax 2011, 119). Grundsätzlich verlangt die Rspr. aber die einschlägige Sachkunde des Arztes iSv Abs. 1 Satz 2, die erforderlichenfalls vom Gericht zu prüfen und in der Entscheidung darzulegen ist (BGH FamRZ 2013, 1800; 2015, 44; s.a. Rdn. 26). 24

Soweit neurologische Erkrankungen zu untersuchen sind, wurde auch auf der Grundlage früher geltenden Rechts davon ausgegangen, dass als Sachverständiger regelmäßig ein Facharzt für Psychiatrie oder Neurologie bestellt werden soll; jedenfalls sollte der Sachverständige ein in der Psychiatrie erfahrener Arzt sein (BT-Drucks. 16/9733 S. 371; BayObLG NJW-RR 1997, 1501 f.; BayObLG FamRZ 1993, 851 m.w.N.; OLG Schleswig FamRZ 2008, 77; OLG Naumburg FamRZ 2008, 186). Ein Facharzt für Allgemeinmedizin ist damit kein psychiatrischer Sachverständiger (OLG Schleswig BeckRS 2007, 15899). 25

Die Anforderungen an die Qualifikation des Sachverständigen richten sich auch nach gesetzlicher Konkretisierung immer noch nach der Art der Erkrankung oder Behinderung (Firsching/Dodegge, Handbuch Rn. 423; Keidel/*Budde* § 280 Rn. 6). Bei psychischen Erkrankungen wird zur Feststellung des medizinischen Befundes zwingend ein Facharzt der Psychiatrie oder zumindest ein in der Psychiatrie erfahrener Arzt (mindestens einjährige Erfahrung in einem entsprechenden Tätigkeitsfeld, nicht hingegen bloß als Gerichtsgutachter) verlangt. Fehlt diese Voraussetzung, darf das Gutachten nicht verwertet werden (Bienwald FamRZ 2015, 723, 724; Bienwald/Sonnenfeld/Hoffmann/*Sonnenfeld* § 68b FGG Rn. 47; s.a. Rdn. 24). 26

Der Wortlaut des § 280 lässt es als Soll-Vorschrift aber auch zu, dass als Sachverständiger ein Facharzt aus einem anderen Fachgebiet oder ein Arzt mit Erfahrung auf einem anderen Fachgebiet als Sachverständiger bestellt wird, wenn gerade nicht neurologische Erkrankungen zu beurteilen sind (BT-Drucks. 16/9733 S. 371). Arzt ist auch insoweit nur ein approbierter Arzt (§§ 1, 2 BÄO). 27

Grds möglich bleibt danach auch, dass ein Gutachten von nicht medizinischen/ärztlichen Sachverständigen wie Diplom-Psychologen, Diplom-Sozialpädagogen, Diplom-Sozialarbeitern erstattet wird. Aufgrund derartiger Gutachten darf eine Betreuung aber nur angeordnet werden, wenn daneben auch ein ärztliches Gutachten eingeholt wurde (HK-BUR/*Rink* § 68b FGG Rn. 97). Ein nichtärztliches Gutachten reicht als einzige Beurteilungsgrundlage nicht aus. 28

Ein Sozialarbeiter kann nie Gutachter für die klinischen Voraussetzungen sein. Das obligatorische einzige Gutachten kann daher nie von einem Sozialarbeiter stammen (*Holzhauer* NZS 1996, 255, 259; a.A. Oberloskamp BtPrax 1998, 18). 29

Bei bereits bekannten Diagnosen kann eine erneute ärztliche Begutachtung dann als überflüssig angesehen werden, wenn die Auswirkungen der Erkrankung oder Behinderung, also das Maß der Betreuungsbedürftigkeit, im Vordergrund stehen (HK-BUR/*Rink* § 68b FGG Rn. 98 unter Bezug auf Bienwald/Sonnenfeld/Hoffmann/*Sonnenfeld* § 68b FGG Rn. 7). 30

Wenn es also ausschließlich um die Feststellung des objektiven Betreuungsbedarfs geht, kann im Einzelfall – also bei Nachweis der subjektiven Betreuungsbedürftigkeit durch ärztliches Zeugnis – auch ein nichtmedizinisches Gutachten ausreichen (Jansen/*Sonnenfeld* § 68b FGG Rn. 14 f.). Für die Feststellung des objektiven Betreuungsbedarfs kommt in diesem Fall auch ein Sozialarbeiter oder Sozialpädagoge in Betracht (Jansen/*Sonnenfeld* § 68b FGG Rn. 15). 31

32 Wenn aufgrund von ärztlichen Vorgutachten eine erneute ärztliche Begutachtung als überflüssig anzusehen ist und die Auswirkungen der Erkrankung oder Behinderung im Vordergrund stehen, kann also ein nichtärztliches psychologisches oder sozialpädagogisches Gutachten ausreichend sein (HK-BUR/*Rink* § 68b FGG Rn. 98; ähnlich Bienwald/Sonnenfeld/Hoffmann/*Sonnenfeld* § 68b FGG Rn. 15; anders wohl Firsching/Dodegge, Handbuch Rn. 423).

33 Für die Qualifikation als Arzt kommt es auf die Approbation sowie ggf. die Anerkennung als Facharzt, nicht dagegen auf die Niederlassung als Arzt, kassenärztliche Anerkennung oder ein bestimmtes Anstellungsverhältnis an (Bienwald/Sonnenfeld/Hoffmann/*Sonnenfeld* § 68b FGG Rn. 50; zu den Anforderungen bei Assistenzärzten MüKoZPO/*Schmidt-Recla* § 280 Rn. 8).

34 Das Gutachten kann auch von dem Arzt erstattet werden, der über die Folgen der Anhörung nach § 34 Abs. 2 i.V.m. § 278 Abs. 4 ein Gutachten erstattet hat. Zweckmäßigerweise kann also der nach § 280 beauftragte Gutachter mit diesem identisch sein (HK-BUR/*Rink* § 68b FGG Rn. 22).

35 Als Gutachten können nur ärztliche Stellungnahmen Verwendung finden, die das Gericht selbst in **Auftrag** gegeben hat. Das Gericht muss den Sachverständigen selbst auswählen und ihm die Tatsachen mitteilen, auf deren Feststellung es für die Beurteilung der Notwendigkeit einer Betreuung ankommt. Qualitativ muss ein Gutachten die aktuelle Ausprägung der Erkrankung bzw. Behinderung erfassen und die Notwendigkeit einer Betreuung nachvollziehbar machen (KG NJOZ 2006, 3162 = FGPrax 2006, 260).

36 Eine Bindung an den Willen des Betroffenen besteht auch im Antragsverfahren nicht, § 404 Abs. 4 ZPO (HK-BUR/*Rink* § 68b FGG Rn. 21).

37 Das Gericht kann etwaigen Wünschen des Betroffenen Rechnung tragen, ist aber nicht verpflichtet, diesen nachzukommen. Dies gilt auch, wenn der Betroffene sich weigert, sich von einem bestimmten Sachverständigen untersuchen bzw. befragen zu lassen oder wenn er sich nur von einem bestimmten Sachverständigen untersuchen lassen will (HK–BUR/*Rink* § 68b FGG Rn. 21).

38 Das einem Antrag beigefügte ärztliche Gutachten ist zunächst ein Privatgutachten. Das Gericht kann aber den Aussteller des Gutachtens mit dem gerichtlichen Gutachten beauftragen (Damrau/Zimmermann § 68b FGG Rn. 9). Andererseits sollte der langjährig behandelnde Arzt nicht zum Sachverständigen bestellt werden (OLG München FGPrax 2008, 110).

39 Die Einholung **mehrerer** Gutachten unterschiedlicher Sachverständiger kann im Ausnahmefall sinnvoll und im Einzelfall geboten sein. Der Wortlaut der Norm begrenzt nicht auf ein Gutachten. Die Anordnung eines neuen Gutachtens (Obergutachten) liegt im pflichtgemäßen Ermessen des Gerichts und dürfte ua bei Zweifeln der Sachkunde, bei Widersprüchen oder wenn der Sachverständige von unzutreffenden Voraussetzungen ausgeht, geboten sein (BayObLG FamRZ 1998, 921). Regelmäßig dürfte sich der Arzt, der mit dem medizinischen Beweisthema befasst ist, auch zum Betreuungsbedarf äußern können (Jansen/*Sonnenfeld* § 68b FGG Rn. 16). Ist der Arzt mit dem Gutachten beauftragt, so hat er sich auch zum Betreuungsbedarf zu äußern.

40 Der Umfang der Erfahrungen des Sachverständigen ist vom Gericht durch Rückfrage beim Sachverständigen zu klären und in seiner Entscheidung darzulegen (OLG Schleswig FamRZ 2008, 77). Die Sachkunde zur Erstellung von Gutachten über die Voraussetzungen einer Betreuung ist bei Ärzten des höheren öffentlichen Gesundheitsdienstes der Staatlichen Gesundheitsämter in Bayern vom Tatrichter im Einzelfall darzulegen (BayObLG NJW-RR 1997, 1501, 1502 – ausführlich hierzu HK-BUR/*Rink* § 68b FGG Rn. 100).

41 Wird ein Gutachter beauftragt, dessen Sachkunde sich nicht ohne Weiteres aus seiner Berufsbezeichnung oder aus der Art seiner Berufstätigkeit ergibt, hat der Tatrichter dessen Sachkunde in seiner Entscheidung nachvollziehbar darzulegen (BGH FamRZ 2013, 1800; 2015, 44; zu § 321 FamRZ 2010, 1726; BayObLG BtPrax 2002, 37, 38).

42 **Abs. 3** legt den **Inhalt des Gutachtens** zwingend fest. Neben dem Umfang des Aufgabenkreises und der voraussichtlichen Dauer der Betreuungsbedürftigkeit werden Angaben zum Krankheitsbild einschließlich der Krankheitsentwicklung, zu den durchgeführten Untersuchungen und die diesen zugrunde gelegten Forschungserkenntnissen und zu dem körperlichen und psychiatrischen Zustand des Betroffenen verlangt. Diese Anforderungen an den Inhalt des Sachverständigengutachtens sollen gewährleisten, dass das Gericht seiner Pflicht, das Gutachten auf seine wissenschaftliche Begründung, seine innere Logik und seine Schlüssigkeit hin zu überprüfen, nachkommen kann. Das Gutachten muss Art und Ausmaß der Erkrankung im Einzelnen anhand der Vorgeschichte, der durchgeführten Untersuchungen und sonstigen Erkenntnisse darstellen und wissenschaftlich begründen (BGH NJW-RR 2011, 649; BGH NJW 2012, 317).

Was im Rahmen dieser Angaben im Gutachten ausgeführt werden muss, hängt von den materiellen Voraussetzungen der Betreuungsanordnung oder der Anordnung eines Einwilligungsvorbehalts ab. Die Notwendigkeit und der Inhalt des Gutachtens korrespondieren mit der Erforderlichkeit i.S.d. § 1896 Abs. 2 BGB oder § 1903 Abs. 1 BGB (Jansen/*Sonnenfeld* § 68b FGG Rn. 6). 43

Aus § 1896 Abs. 1 BGB folgt eine subjektive Betreuungsbedürftigkeit aufgrund der Krankheit oder Behinderung und ein objektiver Betreuungsbedarf, der bestimmt, in welchem Umfang der Betroffene nicht in der Lage ist, seine Angelegenheiten ganz oder teilweise selbst zu besorgen (zu Begrifflichkeit und Inhalt von Betreuungsbedürftigkeit und -bedarf vgl. BVerfG NJW-RR 1999, 1593, 1594; BVerfG FuR 2002, 241 f.; OLG Zweibrücken FamRZ 2005, 748). 44

Das Gutachten muss sich grds. zur subjektiven Betreuungsbedürftigkeit und zum objektiven Betreuungsbedarf verhalten. Was zur Notwendigkeit der Maßnahme iE ausgeführt werden muss, hängt von den Umständen des Einzelfalls ab. 45

Dies gilt insb. für den **Umfang des Gutachtens**, der sich nach dem Schwierigkeitsgrad und der Fragestellung richtet (zu den an den Sachverständigen mit dem Gutachtenauftrag im Wesentlichen zu stellenden Fragen vgl. Damrau/Zimmermann § 68b FGG Rn. 4 f.; ähnlich Bienwald/Sonnenfeld/Hoffmann/*Sonnenfeld* § 280 Rn. 35). 46

Die Angaben zum Krankheitsbild, zu den Untersuchungen und zum Zustand des Betroffenen (Abs. 3 Nr. 1–3) dienen der Begründung und Nachvollziehbarkeit der gutachterlichen Stellungnahme zum Umfang des Aufgabenkreises und der voraussichtlichen Dauer der Maßnahme (Abs. 3 Nr. 4 und 5). 47

Angaben zum Sachverhalt, zur Vorgeschichte, zu den Untersuchungsergebnissen, zur Beurteilung und zur Prognose gehörten ebenfalls zum Inhalt des Gutachtens (vgl. ausführlich Jürgens/Kröger/Marschner/Winterstein Rn. 383 ff.; Firsching/Dodegge, Handbuch Rn. 424). 48

Das Gutachten muss erkennen lassen, von welchen Anknüpfungstatsachen es ausgeht, welche Tests und Forschungsergebnissen angewandt wurden und welcher Befund erhoben wurde. Diese Anforderungen hatte bereits die Rspr. gestellt (BayObLG FamRZ 2001, 1403 f.). Der Gesetzgeber hält an diesen Qualitätsanforderungen nun ausdrücklich fest (BT-Drucks. 16/9733 S. 371 f.). 49

Sie sind erforderlich, damit der Richter in eigener verantwortlicher Prüfung feststellen kann, ob die Ausführungen des Sachverständigen wissenschaftlich fundiert, logisch und in sich schlüssig sind. Deshalb muss das Gutachten auch erkennen lassen, dass der Sachverständige die sich ihm bietenden wissenschaftlichen Erkenntnisquellen ausgeschöpft und sich soweit erforderlich, mit beachtlichen wissenschaftlichen Meinungen auseinandergesetzt hat. 50

Der Sachverständige muss den Untersuchungsbefund, aus dem er seine Diagnose ableitet, iE mitteilen und die Folgerungen aus den einzelnen Befundtatsachen auf die Diagnose oder die ihm sonst gestellte Beweisfrage für den Richter nachvollziehbar darstellen (Bienwald/Sonnenfeld/Hoffmann/*Sonnenfeld* § 68b FGG Rn. 35 m.w.N.). 51

Anhand des medizinischen Gutachtens muss der Richter die aktuelle Ausprägung der Erkrankung oder Behinderung des Betroffenen erfassen und die derzeit bestehende Notwendigkeit seiner Betreuung nachvollziehen können. Hierzu ist erforderlich, dass der Sachverständige ein deutliches Bild der derzeitigen Verfassung des Betroffenen vermittelt, indem er die durchgeführte Untersuchung oder Befragung darstellt sowie die aus den Befundtatsachen gezogenen Schlussfolgerungen iE begründet (KG FGPrax 2006, 260). 52

Eine besonders herausragende Bedeutung hat die Bezeichnung des **Umfangs des Aufgabenkreises:** 53

Regelmäßig sind dabei Erkenntnisse des sozialen Umfelds des Betroffenen mit einzubeziehen, um die erforderlichen Hilfen auf die Bedürfnisse des Betroffenen abzustimmen. Das Gutachten hat sich zu der Frage zu äußern, ob der Betroffene einen Bevollmächtigten nicht mehr selbst beauftragen und/oder kontrollieren kann und ob Hilfen i.S.d. § 1896 Abs. 2 BGB nicht oder nicht gleichwertig zur Verfügung stehen. 54

Im Hinblick auf § 1896 Abs. 1a BGB muss sich das Gutachten sich auch zum freien Willen des Betroffenen verhalten müssen. Der Sachverständige hat die Tatsachen darzulegen, aus denen auf eine unfreie Willensbildung geschlossen werden kann, wobei pauschal wertende Feststellungen nicht ausreichen (BT-Drucks. 15/2494 S. 28). Die Klärung, ob der Betroffene seinen Willen frei bestimmen kann, dient der Prüfung, ob der Betroffene in den in Aussicht genommenen Aufgabenkreisen der einzurichtenden Betreuung zu eigenverantwortlicher Entscheidung in der Lage ist. Wird ein medizinischer oder psychologischer Sachverständiger beauftragt, so hat er auch Ausführungen zu der Frage zu machen, ob und inwieweit der Betroffene infolge seiner Krankheit oder Behinderung die Erforderlichkeit seiner Betreuung nicht einzusehen vermag (BGH FamRZ 2014, 1626; *Holzhauer* NZS 1996, 255, 259). 55

§ 280　Buch 3. Verfahren in Betreuungs- und Unterbringungssachen

56　Bei einem körperlich Behinderten ist eine Betreuungsbedürftigkeit erst dann festzustellen, wenn er selbst einen Antrag nicht stellt und seinen Willen nicht kundtun kann. Darüber hat sich das Gutachten zu verhalten.

57　Die Prognose über die **Dauer der Betreuung** muss die gesamte Situation des Betroffenen, die weitere Entwicklung seines Zustandes und auch erforderliche Rehabilitationsmaßnahmen berücksichtigen.

58　Ob der Gutachter auch Angaben zur **Geschäftsfähigkeit** machen soll, wird unterschiedlich beurteilt (dafür Damrau/Zimmermann § 68b FGG Rn. 5, dagegen die herrschende Meinung, vgl. Bienwald/Sonnenfeld/Hoffmann/*Sonnenfeld* § 68b FGG Rn. 29; zutreffend differenzierend Firsching/Dodegge, Handbuch Rn. 424). Zur Frage der Geschäftsfähigkeit soll sich das Gutachten grds. nicht verhalten. Bei der Bestellung eines Betreuers und bei der Anordnung eines Einwilligungsvorbehalts findet also grundsätzlich keine Geschäftsfähigkeitsprüfung statt, es sei denn, die Frage ist entscheidungserheblich (Rdn. 59). Einer Prüfung der Geschäftsfähigkeit bedarf es auch nicht zur Gewährung eines persönlichen Budgets. Mit dem persönlichen Budget ist ein neuer Aufgabenbereich für den Betreuer im Vormundschaftsrecht nicht geschaffen worden (*Bienwald* FamRZ 2005, 254).

59　Sobald die Prüfung der Wirksamkeit einer Vorsorgevollmacht i.R.d. Erforderlichkeit der Betreuungsbestellung Beweisthema wird, hat sich der Sachverständige unter Umständen jedoch auch zur Geschäftsfähigkeit zu äußern (Firsching/Dodegge, Handbuch Rn. 424).

60　Wenn auch das Gesetz – mit Ausnahme der persönlichen Untersuchung und Befragung vor Erstattung des Gutachtens – keine Vorschriften über die **Art und Weise des zu erstellenden Gutachtens** enthält, muss es dennoch in jedem Fall die Qualität eines medizinischen Sachverständigengutachtens haben. Der Sachverständige muss darlegen, von welchen Tatsachen er ausgegangen ist, welche Befragungen und Untersuchungen er vorgenommen hat und welche Tests und Forschungsergebnisse er angewandt und welchen Befund er erhoben hat (OLG Brandenburg NJWE-FER 2000, 322 m.w.N.; zu den Anforderungen an eine psychiatrische Untersuchung OLG Hamm FGPrax 2009, 90).

61　Die Anordnung der Gutachtenerstellung erfolgt durch förmliche Beweisaufnahme. Es gelten gem. § 30 die Regeln der ZPO, also die §§ 402 ff. ZPO. Ein förmlicher **Beweisbeschluss** ist aber nicht zwingend nötig (vgl. § 358 ZPO). Die Ernennung des Sachverständigen ist aber formlos mitzuteilen (BGH FamRZ 2010, 1726 zu § 321; *Müther* FamRZ 2010, 857; a.A. Keidel/*Budde*, § 280 Rn. 4).

62　Nach § 30 Abs. 2 i.V.m. § 280 ist aber zwingend eine förmliche Beweisaufnahme vorgeschrieben. § 280 ist Spezialregelung zur Ermessensvorschrift des § 30 Abs. 1 (BT-Drucks. 16/6308 S. 189). Die Beweiserhebung kann nicht nur (verfahrensleitend) angeordnet werden. Der Beweisbeschluss sollte die für die Beurteilung des Beweisthemas wichtigen Fragen nennen (vgl. dazu Firsching/Dodegge, Handbuch Rn. 432).

63　Der Richter ist im Regelfall für die Einholung des Gutachtens, mithin die Auswahl des Sachverständigen und die Benennung des Beweisthemas, zuständig (§ 404 Abs. 1 ZPO analog; Ausnahme: Kontrollbetreuer, §§ 14, 4 RPflG, s. dazu § 293 Rdn. 11). Bei der Anordnung eines Einwilligungsvorbehalts ist nur der Richter zuständig.

64　Der **Zeitpunkt des Beweisbeschlusses und der Auftragserteilung** kann unterschiedlich sein. Das Gericht kann für die Erstanhörung die Einholung des Gutachtens anordnen oder diese erst abwarten. Für beides gibt es gute Gründe (Jansen/*Sonnenfeld* § 68b FGG Rn. 20 f.). Zweifelhaft ist, inwieweit hier Kosteninteressen mit zu berücksichtigen sind.

65　Liegt die Gutachtenerstattung längere Zeit zurück oder haben sich die tatsächlichen Verhältnisse geändert, ist ein neues Gutachten einzuholen (BayObLG FamRZ 2003, 115).

66　Durch die Einführung der Beweiserhebung durch förmliche Beweisaufnahme ist klargestellt, dass das Gericht die Erstattung des Gutachtens veranlassen muss und in diesem Zusammenhang den Gutachter nach pflichtgemäßem Ermessen selbst auswählen muss (KG FGPrax 2006, 260).

67　**Abs. 2** normiert die **Pflichten des Sachverständigen** vor Gutachtenerstellung. Das Gesetz verpflichtet den Gutachter, den Betroffenen vor Erstattung des Gutachtens persönlich zu untersuchen oder zu befragen. Das Gutachten muss aufgrund eigener Erkenntnisse des Sachverständigen zeitnah erstellt werden (BT-Drucks. 11/4528 S. 174). Es darf nicht nur aufgrund von Akten, Berichten anderer Ärzte oder Krankenhäuser, Angaben von Dritten (z.B. Ehegatte) erstellt werden (Jürgens/Kröger/Marschner/Winterstein Rn. 381; OLG Brandenburg FamRZ 2001, 40). Eine Begutachtung nach Lage der Akten genügt auch dann nicht, wenn das Gericht aufgrund der persönlichen Anhörung von der Erforderlichkeit der Betreuung überzeugt ist (Jansen/*Sonnenfeld* § 68b FGG Rn. 23 m.w.N.).

Vielmehr muss es nach **Abs. 2 Satz 1** zwischen Sachverständigem und Betroffenem einen **persönlichen** 68
Kontakt vor Gutachtenerstellung gegeben haben (BayObLG NJWE-FER 2000, 43). Eine Begutachtung nach Aktenlage darf nicht erfolgen (OLG Brandenburg FamRZ 2001, 40; OLG Hamm FamRZ 2009, 812; s.a. BT-Drucks. 16/6308 S. 267). Ein ohne die erforderliche persönliche Untersuchung erstattetes Sachverständigengutachten ist grundsätzlich nicht verwertbar. Die Weigerung des Betroffenen, einen Kontakt mit dem Sachverständigen zuzulassen, ist kein hinreichender Grund, von einer persönlichen Untersuchung durch den Sachverständigen abzusehen. Wirkt der Betroffene an einer Begutachtung nicht mit, so kann das Gericht gem. § 283 Abs. 1 und Abs. 3 seine Vorführung anordnen (BGH FamRZ 2014, 1917; FuR 2015, 234).
Nicht zu beanstanden ist, wenn der Tatrichter zur Aufklärung, ob eine Betreuung weiterhin erforderlich ist, 69
ein Sachverständigengutachten in Auftrag gibt, weil das letzte Gutachten mehr als eineinhalb Jahre zurückliegt und aus Schreiben des Betroffenen Anhaltspunkte für paranoide Vorstellungen erkennbar sind (OLG München NJW-RR 2006, 512). Keine ordnungsgemäße Begutachtung liegt vor, wenn der Sachverständige einen Eindruck nur aufgrund eines Gesprächs wiedergibt, das der Betroffene aus völlig anderem Anlass mit dem Gutachter geführt hat (OLG Köln FamRZ 1999, 873). Auch eine »Kurzexploration am Fenster« genügt nicht (OLG Köln FamRZ 2001, 310).
Der Ort der Befragung ist gesetzlich nicht geregelt. Eine Befragung in der üblichen Umgebung kommt in 70
Betracht und ergibt sich aus der Pflicht des Gutachtenauftrages, wenn der Betroffene aus gesundheitlichen Gründen nicht in der Lage ist, in der Praxis oder Dienststelle des Sachverständigen zu erscheinen. Im gerontologischen Bereich empfiehlt sich eine Befragung in der üblichen Umgebung, da nur dort die tatsächlich bedeutsamen Defizite in der Lebensgestaltung festgestellt werden können (HK-BUR/*Rink* § 68b FGG Rn. 37).
Abs. 2 Satz 2 sieht vor, dass der Sachverständige den **Bericht der Betreuungsbehörde** bei der Gutachten- 71
erstellung mit einbezieht. Er soll bei seiner gutachterlichen Stellungnahme zu den Auswirkungen der Krankheit des Betroffenen auch auf dessen soziale Situation eingehen und hierzu nach Möglichkeit den Bericht der Behörde im Erkenntnisprozess verwerten (vgl. § 279 Rdn. 4). Der Gesetzgeber hat davon abgesehen, eine feste zeitliche Reihenfolge für den Bericht der Behörde und das medizinische Gutachten vorzugeben, um dem Richter eine flexible Handhabung des Verfahrens im Einzelfall zu ermöglichen. Außerdem soll nur ein dem Sachverständigen rechtzeitig vorgelegter Bericht zu berücksichtigen sein (BT-Drucks. 17/13419, S. 10).
Vor der Begutachtung muss der Sachverständige seine Kompetenz prüfen, § 407a ZPO. Zur Untersuchung 72
darf der Betroffene mit Anwalt oder sonstigem Verfahrensbevollmächtigtem erscheinen, § 13.
Eine **Ablehnung des Sachverständigen** ist nach Maßgabe von § 406 ZPO möglich. Der Sachverständige 73
kann etwa die Erstellung des Gutachtens verweigern bei Verwandtschaft, § 383 Nr. 1–3 ZPO.
Wurde der Sachverständige vom Amtsgericht bestellt, ist für die Entscheidung über den Ablehnungsantrag 74
das Amtsgericht zuständig; die Zurückweisung des Ablehnungsantrags ist mit der sofortigen Beschwerde angreifbar, § 406 Abs. 5 ZPO.
Bei Nichterstattung des Gutachtens ohne Verweigerungsgrund oder bei nicht rechtzeitiger Erstattung ohne 75
Entschuldigungsgrund hat der Sachverständige die verursachten Kosten zu tragen (§ 409 ZPO) und kann mit Ordnungsgeld belegt werden (§§ 409, 411 Abs. 2 ZPO).
Ist der Sachverständige der behandelnde Arzt oder Psychologe, so ist für die Gutachtenerstellung die Ent- 76
bindung von der **Verschwiegenheitspflicht** erforderlich. Diese kann nur durch den Betroffenen oder seinen gesetzlichen Vertreter mit entsprechendem Aufgabenkreis erteilt werden (Firsching/Dodegge, Handbuch Rn. 425).
Verweigert der Betroffene – insb. bei der Einholung eines Verlängerungsgutachtens – die Entbindung seines 77
behandelnden Arztes von der Schweigepflicht, so geht sein Wille der anders lautenden Entscheidung des Betreuers vor, da auch der geschäftsunfähige Betreute nach § 275 als uneingeschränkt verfahrensfähig gilt. Die fehlende Entbindung von der Verschwiegenheitspflicht steht aber der Verwertung des Sachverständigengutachtens nicht entgegen (BGH FamRZ 2010, 1726 zu § 321).
Das Gesetz sieht eine besondere **Form des Gutachtens** nicht vor. § 280 verlangt keine schriftliche Abfas- 78
sung des Gutachtens. Dies folgt aus § 284 Abs. 1 Satz 1 (Jansen/*Sonnenfeld* § 68b FGG Rn. 22). Wird das Gutachten nur mündlich erteilt, so sind in einem Protokoll, in einem Vermerk oder in den Entscheidungsgründen die wesentlichen Grundlagen des Gutachtens niederzulegen, insb. von welchen Tatsachen der Gutachter ausgegangen ist, welche Befragungen und Untersuchungen er vorgenommen, welche Tests und Forschungsergebnisse er angewandt und welchen Befund er erhoben hat (OLG Brandenburg NJWE-FER 2000,

322). Aufgrund des Protokolls muss eine Überprüfung der Begutachtung durch das Rechtmittelgericht möglich sein. Es ist daher anzuraten, im Regelfall die Schriftform zu wahren (BGH FamRZ 2010, 1726 zu § 321).

79 Nach Begutachtung und vor Anordnung der Betreuung ist der Betroffene **anzuhören**. Das Gericht hat sich von dem Betroffenen einen unmittelbaren Eindruck zu verschaffen und ihn persönlich anzuhören. In einem solchen Gespräch ist auch das vorliegende Gutachten (und die ärztlichen Zeugnisse iSv § 281) sowie das Ergebnis der Beweiserhebung zu erörtern. Siehe dazu im Einzelnen § 278 Rdn. 7 ff.

80 Die **Bekanntgabe des Gutachtens** ist unerlässlich. Das Gutachten muss dem Betroffenen vollständig, schriftlich und rechtzeitig vor seiner Anhörung bekannt gegeben werden (OLG München FamRZ 2006, 440, 441 = BtPrax 2006, 151; OLG Stuttgart FGPrax 2007, 47). Eine Ausnahme hiervon ist nicht schon dann zulässig, wenn der Gutachter, der zugleich der behandelnde Arzt des Betroffenen ist, aufgrund der Gutachtenkenntnis dessen mangelnde Mitwirkungsbereitschaft bei der weiteren Behandlung (»Compliance«) befürchtet (OLG München FamRZ 2006, 440, 441).

81 Die Übersendung an den **Verfahrenspfleger** reicht grundsätzlich nicht aus (HK-BUR/*Rink* § 68b FGG Rn. 47; Firsching/Dodegge, Handbuch Rn. 431). Der Betroffene kann Einwendungen gegen das Gutachten erheben, die unter Umständen zu einem Ergänzungsgutachten Anlass geben (Jansen/*Sonnenfeld* § 68b FGG Rn. 25 f.). Andererseits muss in Fällen, in denen die Bekanntgabe des Gutachtens die Gesundheit der Betroffenen schädigen oder zumindest ernsthaft gefährden könnte, ein Verfahrenspfleger bestellt, diesem das Gutachten übergeben werden und die Erwartung gerechtfertigt sein, dass er mit der Betroffenen über das Gutachten spricht (BGH FamRZ 2014, 648).

82 Die Bekanntgabe des Gutachtens dient dazu, dem Betroffenen **rechtliches Gehör** zum Gutachten zu gewähren. Es ist mit seinem vollen Wortlaut auch diesem im Hinblick auf dessen Verfahrensfähigkeit zur Verfügung zu stellen. Davon kann nur unter den Voraussetzungen des § 288 Abs. 1 abgesehen werden (BGH NZFam 2015, 26).

83 Der Anspruch auf rechtliches Gehör ergibt sich aus § 278 und § 34, der Anhörung des Betroffenen. Da nach § 34 Abs. 2 eine persönliche Anhörung unterbleiben soll, wenn hiervon erhebliche Nachteile für die Gesundheit des Betroffenen zu besorgen sind und diese Entscheidung nur auf der Grundlage eines ärztlichen Gutachtens getroffen werden darf (§ 278 Abs. 4), soll das Beweisthema auch diese Frage erfassen. Bei Vorliegen der Voraussetzungen des § 34 Abs. 2 ist ein Verfahrenspfleger zu bestellen, der das dem Betroffenen zustehende rechtliche Gehör wahrnimmt (OLG München RPfleger 2006, 16). Ist von der schriftlichen Bekanntgabe des Gutachtens ggü. dem Betroffenen abgesehen worden, ist das Gutachten dem Verfahrenspfleger zu übergeben, der allein zu diesem Zweck bestellt werden muss (s. Rdn. 81).

84 Für die Beschwerdeinstanz gilt nichts anderes (zur Ausnahme in einem Verfahren zur Bestellung eines Betreuers, das von der Rechtsanwaltskammer nach §§ 16 Abs. 3, 224a BRAO beantragt wurde, vgl. OLG Stuttgart FGPrax 2007, 47 ff.).

85 Der Betroffene und alle anderen Beteiligten haben das Recht, in die Gerichtsakten und mithin in das Gutachten Einsicht zu nehmen, wenn nicht schwer wiegende Interessen eines Beteiligten oder eines Dritten entgegenstehen, § 13 Abs. 1.

86 Im Grundsatz ist das Gutachten mündlich zu erläutern, § 411 Abs. 3 ZPO. In den Gesetzesmaterialien wird jedoch klargestellt, dass eine mündliche Erörterung des Sachverständigengutachtens im Zivilprozess nicht ohne Weiteres übertragbar ist (BT-Drucks. 16/6308 S. 268). Wenn auch ein Schlussgespräch nicht stattfindet, wird aber der Anspruch auf rechtliches Gehör nicht verkürzt (MüKoZPO/*Schmidt-Recla* § 280 Rn. 24).

87 § 30 sieht denn auch vor, dass den Beteiligten Gelegenheit zu geben ist, zum Ergebnis einer förmlichen Beweisaufnahme Stellung zu nehmen, soweit dies zur Aufklärung des Sachverhalts oder zur Gewährung rechtlichen Gehörs erforderlich ist.

88 Das Gutachten unterliegt der **richterlichen Beweiswürdigung**. Der Richter hat das Gutachten kritisch zu würdigen und darf es nicht kritiklos übernehmen (Jansen/*Sonnenfeld* § 68b FGG Rn. 27; Firsching/Dodegge, Handbuch Rn. 431; HK-BUR/*Rink* § 68b FGG Rn. 114 ff.). I.R.d. Würdigung ist zur Sachkunde des Sachverständigen auszuführen. An das Ergebnis und die Gründe des Gutachtens ist der Richter nicht gebunden.

89 Hat der vom Gericht beauftragte Gutachter – ggf. wegen fehlender Kooperationsbereitschaft des Betroffenen – ohne dessen Untersuchung aufgrund seines Eindrucks und von Drittinformationen lediglich den »dringenden Verdacht« einer psychischen Erkrankung festgestellt, so rechtfertigt dies nicht allein die Anordnung einer Betreuung. Dem einzuholenden Sachverständigengutachten muss mit hinreichender Sicherheit zu

entnehmen sein, dass die Voraussetzungen für die Anordnung einer Betreuung nach § 1896 BGB vorliegen; eine **Verdachtsdiagnose** genügt nicht. Der Tatrichter hat in einem solchen Fall eine ergänzende Begutachtung zu veranlassen und ggf. Anordnungen nach § 284 Abs. 1 zu erlassen (BGH FamRZ 2015, 44; OLG Köln FamRZ 2006, 505).

Die freie richterliche Beweiswürdigung ist im Rechtsbeschwerdeverfahren nur eingeschränkt nachprüfbar. 90
Es darf nur überprüft werden, ob der maßgebliche Sachverhalt erforscht wurde, bei der Erörterung des Beweisstoffes alle wesentlichen Umstände berücksichtigt wurden, die Beweisanforderungen vernachlässigt oder überzogen wurden, die Beweiswürdigung widerspruchsfrei und frei von Verstößen gegen die Denkgesetze oder allgemeinen Erfahrenssätze erfolgt ist.

Vereinzelt kann auch die Einholung eines weiteren Gutachtens gem § 412 Abs. 1 ZPO erforderlich sein. Die 91
Einholung kommt aber nur bei besonders schwierigen Fragen oder groben Mängeln vorliegender Gutachten in Betracht (Damrau/Zimmermann § 280 Rn. 9).

Gegen die Anordnung der Begutachtung durch Beweisbeschluss selbst ist ein **Rechtsmittel** nicht statthaft. 92
§ 58 Abs. 1 stellt klar, dass die Beschwerde (nur) gegen die im ersten Rechtszug ergangenen Endentscheidungen der Amts- und LG statthaft ist, sofern nichts Anderes bestimmt ist. Die ergänzenden Vorschriften über die Beschwerde in § 303 sehen insoweit nichts Abweichendes vor. § 58 Abs. 2 bestimmt, dass der Beurteilung des Beschwerdegerichts auch die nicht selbstständig anfechtbaren Entscheidungen, die der Endentscheidung vorausgegangen sind, unterliegen. 93

Die Vorschrift schreibt die bereits auf der Grundlage des geltenden Rechts vertretene Auffassung, die Fehlerhaftigkeit von Zwischenentscheidungen könne noch mit der Endentscheidung gerügt werden, ausdrücklich gesetzlich fest (BT-Drucks. 16/6308 S. 203). Der Endentscheidung vorausgegangen und mit ihr anfechtbar sind Beweisbeschlüsse (BT-Drucks. 16/6308 S. 204). 94

Lange war in Rspr. und Lit. streitig, ob die Beweisanordnung selbst mit der Beschwerde anfechtbar ist. 95
Während die herrschende Meinung weder die Einleitung eines Verfahrens zur Anordnung einer Betreuung noch die Beauftragung eines (medizinischen) Sachverständigen mit Rechtsmitteln für anfechtbar hielt (OLG Stuttgart FGPrax 2003, 72, 73; OLG Brandenburg NJOZ 2004, 2152), hielt eine M.M. in Einzelfällen eine Anfechtung für zulässig (KG FGPrax 2002, 63 – Begutachtung über Bestehen einer psychischen Krankheit).

Noch vor Inkrafttreten des FamFG hat der BGH diesen Meinungsstreit geklärt. Beschränkt sich der Beweisbeschluss darauf, einen Sachverständigen mit der Erstellung eines medizinischen Gutachtens über die Betreuungsbedürftigkeit zu beauftragen, und verpflichtet den Betroffenen nicht, sich zum Zwecke der Begutachtung untersuchen zu lassen, ist der Beschluss nicht mit der Beschwerde anfechtbar (BGH NJW-RR 2008, 737, 738 – zu §§ 19, 68b FGG). 96

Bei Verstoß gegen § 280 ist die unterbliebene Maßnahme nachzuholen. Andernfalls kann i.R.d. Überprüfung der Endentscheidung nicht festgestellt werden, ob die Voraussetzungen für die Anordnung der Betreuung bestanden haben bzw. noch bestehen und welche weiteren Maßnahmen ggf. noch zu veranlassen sind (OLG Brandenburg NJWE-FER 2000, 322 f.). 97

Ein Verstoß gegen § 280 stellt einen Verfahrensfehler dar, der das Rechtsbeschwerdegericht i.d.R. zur Aufhebung der Beschwerdeentscheidung nötigt (Jürgens/Kröger/Marschner/Winterstein Rn. 377; OLG Schleswig FamRZ 2008, 77). 98

Die **Kosten des Sachverständigen** richten sich nach den allgemeinen Grundsätzen der Entschädigung für 99
Sachverständige. Der Entschädigungsanspruch ergibt sich aus § 8 Abs. 1 JVEG (Einzelheiten Jurgeleit/*Bučić* § 280 Rn. 8).

§ 281 **Ärztliches Zeugnis; Entbehrlichkeit eines Gutachtens.** (1) Anstelle der Einholung eines Sachverständigengutachtens nach § 280 genügt ein ärztliches Zeugnis, wenn
1. der Betroffene die Bestellung eines Betreuers beantragt und auf die Begutachtung verzichtet hat und die Einholung des Gutachtens insbesondere im Hinblick auf den Umfang des Aufgabenkreises des Betreuers unverhältnismäßig wäre oder
2. ein Betreuer nur zur Geltendmachung von Rechten des Betroffenen gegenüber seinem Bevollmächtigten bestellt wird.
(2) § 280 Abs. 2 gilt entsprechend.

§ 281

Übersicht

	Rdn.		Rdn.
A. Normzweck	1	C. Regelungen	8
B. Anwendungsbereich	4		

1 **A. Normzweck.** Die Vorschrift normiert in Abs. 1 die Ausnahme vom in § 280 genannten Grundsatz der Erforderlichkeit einer Sachverständigenbegutachtung vor der Bestellung eines Betreuers. Die Ausnahme gilt nicht für die Anordnung eines Einwilligungsvorbehalts. Die Vorlagemöglichkeit eines ärztlichen Zeugnisses soll das Verfahren vereinfachen und beschleunigen. Das ist Regelungszweck des § 281.

2 Als Ausnahme von der Notwendigkeit der Durchführung einer förmlichen Beweisaufnahme durch Einholung eines Sachverständigengutachtens nach § 280 benennt § 281 die Fälle, in denen ein ärztliches Zeugnis ausreichend ist (BT-Drucks. 16/6308 S. 268).

3 Über den Verweis des Abs. 2 auf § 280 Abs. 2 wird die vorherige Untersuchung bzw. Befragung des Betroffenen vorausgesetzt (Jurgeleit/*Bučić* § 281 Rn. 1).

4 **B. Anwendungsbereich.** Ein ärztliches Zeugnis reicht als Voraussetzung für die Bestellung eines Betreuers in zwei Fällen aus:

5 Nach Abs. 1 Nr. 1 genügt bei Bestellung eines Betreuers auf Antrag des Betroffenen ein ärztliches Zeugnis, wenn der Betroffene auf die Begutachtung verzichtet hat und die Einholung des Gutachtens insb. im Hinblick auf den Umfang des Aufgabenkreises des Betreuers unverhältnismäßig wäre. Diese Voraussetzungen müssen kumulativ vorliegen.

6 Nach Abs. 1 Nr. 2 genügt ein ärztliches Zeugnis, wenn nur ein Betreuer zur Geltendmachung von Rechten des Betroffenen ggü. seinem Bevollmächtigten bestellt wird. Damit ist der Fall des Kontrollbetreuers gemeint, der der Sache nach in § 1896 Abs. 3 BGB geregelt ist (s dazu § 293 Rdn. 11).

7 Damit sind gesetzlich abschließend die Ausnahmefälle geregelt (zu anderen Fällen des Verzichts auf die Begutachtung vgl. § 280 Rdn. 18).

8 **C. Regelungen.** Die Einholung eines Sachverständigengutachtens geschieht in einem förmlichen Beweisverfahren. Das ärztliche Zeugnis unterliegt nicht den Regeln des Beweisrechts der §§ 402 ff. ZPO. Die Schlussfolgerungen aus dem ärztlichen Zeugnis zieht das Gericht in freier Beweiswürdigung im Rahmen seiner Amtsermittlungen (HK-BUR/*Rink* § 68b FGG Rn. 52; Bienwald/Sonnenfeld/Hoffmann/*Sonnenfeld* § 68b FGG Rn. 20).

9 Im Fall der **Betreuerbestellung auf Antrag** (Abs. 1 Nr. 1) des Betroffenen hat der Richter zu prüfen, ob der Betroffene wirksam auf eine Begutachtung verzichtet hat und ob die Einholung des Gutachtens insb. im Hinblick auf den Umfang des vorgesehenen Aufgabenkreises unverhältnismäßig ist.

10 Den Antrag auf Betreuerbestellung kann der Betroffene nur selbst stellen. § 1896 Abs. 1 Satz 1 BGB sieht die Betreuerbestellung auf eigenen Antrag vor. Auch der geschäftsunfähige Betroffene ist antragsberechtigt. Allerdings dürfte nur bei Betroffenen, die noch erkennen können, worum es geht, der Verzicht auf das Gutachten infrage kommen (Damrau/Zimmermann § 281 Rn. 8).

11 Der Betroffene kann den Antrag auch bei Geschäftsunfähigkeit stellen, da auch der Geschäftsunfähige im Betreuungsverfahren verfahrensfähig ist, § 275. Bei Geschäftsunfähigkeit kann der Betroffene auch einem Rechtsanwalt oder einer sonst zur Rechtsberatung befugten Person eine Verfahrensvollmacht erteilen. Der Verfahrensbevollmächtigte kann sodann im Namen des Betroffenen den Antrag auf Betreuung stellen. Dies gilt nicht für den Verfahrenspfleger. Er kann auf das ausführliche Gutachten nicht verzichten, weil er kein gesetzlicher Vertreter des Betroffenen ist.

12 Regelmäßig dürfte jedoch bei Anhaltspunkten für eine Geschäftsunfähigkeit ein Gutachten nach § 280 nicht entbehrlich sein. In solchen Fällen dürfte vielmehr der Umfang der Aufgabenkreise so weitreichend sein, dass die Einholung eines Gutachtens stets verhältnismäßig ist (Jansen/*Sonnenfeld* § 68b FGG Rn. 32).

13 Für die Prüfung der **Verhältnismäßigkeit** gibt es keinen konkreten Maßstab. Einziges Kriterium ist der Umfang des Aufgabenkreises des Betreuers. Je mehr Aufgaben und je bedeutender die Aufgaben sind, desto eher wird Verhältnismäßigkeit zu bejahen sein (hierzu Jansen/*Sonnenfeld* § 68b FGG Rn. 33 f.). Unverhältnismäßigkeit dürfte insb. anzunehmen sein, wenn es sich um die Bestellung eines Betreuers für einzelne beschränkte Aufgabengebiete handelt, wie die Geltendmachung von Renten- und Unterhaltsansprüchen.

14 Weitere Gesichtspunkte für eine Unverhältnismäßigkeit können sich aus der Begutachtung selbst (z.B. durch Verzögerung und Belastung infolge Begutachtung) ergeben.

Das Gericht kann nur zur Verfahrenserleichterung und Beschleunigung den Antrag stellenden Betroffenen aufforden, ein ärztliches Zeugnis vorzulegen. Das ärztliche Zeugnis kann darüber hinaus auch von Dritten etwa Gesundheitsamt, sozialpsychiatrischer Dienst oder im Fall der Schweigepflichtentbindung auch vom Hausarzt oder Angehörigen des Betroffenen vorgelegt werden (Jurgeleit/*Bučić* § 281 Rn. 11). Das Gericht hat keine Befugnis, einen Arzt zu beauftragen, ein ärztliches Zeugnis auszustellen. Reicht die Vorlage des ärztlichen Zeugnisses nicht aus, kann das Gericht nur die Einholung eines Sachverständigengutachtens beschließen (Bienwald/Sonnenfeld/Hoffmann/*Sonnenfeld* § 68b FGG Rn. 23; HK-BUR/*Rink* § 68b FGG Rn. 60). 15

Im Fall des § 1896 Abs. 3 BGB, sog. **Kontrollbetreuung**, genügt ein ärztliches Zeugnis nach Abs. 1 Nr. 2. Die Herabsetzung der Anforderungen wird hier damit begründet, dass die Aufgaben des Betreuers nicht in die Rechte des Betroffenen eingreifen, dem Betreuer vielmehr nur eine Kontrollfunktion obliegt (BT-Drucks. 11/4528 S. 174; kritisch dazu Jansen/*Sonnenfeld* § 68b FGG Rn. 35; s.a. § 293 Rdn. 11). 16

Inhalt und **Anforderungen an das ärztliche Zeugnis** sind im Gesetz nicht näher geregelt. Nach Sinn und Zweck der Regelung hat das ärztliche Zeugnis die Funktion, aus fachlicher Sicht zu den materiellen Voraussetzungen für die Bestellung eines vorläufigen Betreuers einschließlich der Notwendigkeit der Betreuung Stellung zu nehmen (vgl. BT-Drucks. 11/4528 S. 178). 17

Durch den Verweis von Abs. 2 auf § 280 Abs. 2 ist aber klargestellt, dass insoweit das ärztliche Zeugnis dem Gutachten entsprechen muss, ohne Gutachtenqualität zu haben. Auch das ärztliche Zeugnis muss auf der persönlichen Untersuchung oder Befragung des Betroffenen beruhen. Eine fehlende Untersuchung verringert den Beweiswert. 18

Das ärztliche Zeugnis hat die Anknüpfungstatsachen und eine nachvollziehbare Beurteilung zu nennen. Es hat, wenn auch in verkürzter Form, Angaben zum Sachverhalt, zur Vorgeschichte und zum Untersuchungsergebnis zu machen und damit den Inhalt eines Gutachtens in Kurzform zu bezeichnen (Damrau/Zimmermann § 281 Rn. 1). Auf Angaben zu Untersuchungsmethoden und wissenschaftlichen Erfahrungssätzen kann aber verzichtet werden (Jansen/*Sonnenfeld* 68b FGG Rn. 36; OLG Hamm FamRZ 2000, 494, 496). Das ärztliche Zeugnis darf sich aber nicht auf die Wiedergabe von Erklärungen Dritter, bloßer Vermutungen oder einer Verdachtsdiagnose beschränken. 19

Die ordnungsgemäße Erstellung eines ärztlichen Attestes verlangt, dass der Arzt den Betroffenen zuvor zeitnah persönlich befragt bzw. untersucht hat, da andernfalls eine zuverlässige Beurteilungsgrundlage nicht gegeben ist. Diesen Anforderungen genügt ein telefonisches Gespräch mit dem Ziel der Vereinbarung eines Untersuchungstermins nicht (OLG Frankfurt am Main FGPrax 2005, 23, 24 m.w.N.). Soll eine Betreuung gegen den ausdrücklich erklärten Willen eingerichtet werden, hat sich das ärztliche Zeugnis auch zu der hierfür erforderlichen Voraussetzung des krankheitsbedingten Fehlens der Fähigkeit zur freien Willensbestimmung zu äußern (vgl. OLG Frankfurt am Main FGPrax 2005, 23, 24). 20

Das ärztliche Zeugnis hat den Grad der Behinderung bzw. Erkrankung und die Auswirkung auf die vom Betroffenen wahrzunehmenden Tätigkeiten anzugeben. Der erforderliche Aufgabenkreis und die Dauer der Maßnahme unter Angabe einer kurzen Prognose sind aufzuführen (Jürgens/Kröger/Marschner/Winterstein Rn. 390). 21

Der Hausarzt kann das ärztliche Zeugnis ausstellen, es muss kein Zeugnis eines Amtsarztes sein. Der Arzt muss nicht die ärztliche Qualifikation eines Sachverständigen iSv § 280 haben. 22

Das ärztliche Zeugnis muss aber zwingend von einem Arzt ausgestellt sein. Dies ergibt sich aus dem Wortlaut und einer Abgrenzung zu § 280 Abs. 1 Satz 2, wonach der Sachverständige Arzt für Psychiatrie oder Arzt mit Erfahrung auf dem Gebiet der Psychiatrie sein »soll«. Der Sachverständige muss damit nicht zwingend Arzt sein, näheres bei § 280. 23

Zur Vorbereitung und Erstellung eines ärztlichen Zeugnisses kann die **Untersuchung** und die **Vorführung** des Betroffenen vom Gericht nicht angeordnet werden. Entsprechendes gilt für die Entscheidung über die Unterbringung und Beobachtung des Betroffenen zwecks Vorbereitung eines Gutachtens (§§ 283, 284). Streitig ist, ob das Gericht befugt ist, einen Arzt mit der Ausstellung eines ärztlichen Zeugnisses zu beauftragen (dagegen Bienwald/Sonnenfeld/Hoffmann/*Sonnenfeld* § 68b FGG Rn. 23). Unabhängig von der Vorlage eines ärztlichen Zeugnisses kann das Gericht die Einholung eines Sachverständigengutachtens beschließen, wenn es dies zur Entscheidung über die Betreuerbestellung für erforderlich hält. 24

Ergeben sich im Laufe des Verfahrens Anhaltspunkte dafür, dass die von dem Betroffenen beantragte Bestellung eines Betreuers in weiterem Umfang als im Antrag erforderlich wird, muss das Gericht von Amts wegen (§ 26) weitere Ermittlungen anstellen und ist an den Antrag des Betroffenen nicht gebunden. Soweit 25 das Gericht einen Betreuer mit einem erweiterten Aufgabenkreis bestellen will, muss es nach § 280 das Gutachten eines Sachverständigen einholen.

26 Nach § 294 Abs. 2 hat das Gericht ein entsprechendes Gutachten ebenfalls einzuholen, wenn es in der ersten Entscheidung nach § 281 Abs. 1 Nr. 1 von der Einholung eines Gutachtens abgesehen hat und einen Antrag des Betroffenen auf Aufhebung der Betreuung oder auf Einschränkung des Aufgabenkreises erstmals ablehnen will.

§ 282 Vorhandene Gutachten des Medizinischen Dienstes der Krankenversicherung.

(1) Das Gericht kann im Verfahren zur Bestellung eines Betreuers von der Einholung eines Gutachtens nach § 280 Abs. 1 absehen, soweit durch die Verwendung eines bestehenden ärztlichen Gutachtens des Medizinischen Dienstes der Krankenversicherung nach § 18 des Elften Buches Sozialgesetzbuch festgestellt werden kann, inwieweit bei dem Betroffenen infolge einer psychischen Krankheit oder einer geistigen oder seelischen Behinderung die Voraussetzungen für die Bestellung eines Betreuers vorliegen.

(2) ¹Das Gericht darf dieses Gutachten einschließlich dazu vorhandener Befunde zur Vermeidung weiterer Gutachten bei der Pflegekasse anfordern. ²Das Gericht hat in seiner Anforderung anzugeben, für welchen Zweck das Gutachten und die Befunde verwandt werden sollen. ³Das Gericht hat übermittelte Daten unverzüglich zu löschen, wenn es feststellt, dass diese für den Verwendungszweck nicht geeignet sind.

(3) ¹Kommt das Gericht zu der Überzeugung, dass das eingeholte Gutachten und die Befunde im Verfahren zur Bestellung eines Betreuers geeignet sind, eine weitere Begutachtung ganz oder teilweise zu ersetzen, hat es vor einer weiteren Verwendung die Einwilligung des Betroffenen oder des Pflegers für das Verfahren einzuholen. ²Wird die Einwilligung nicht erteilt, hat das Gericht die übermittelten Daten unverzüglich zu löschen.

(4) Das Gericht kann unter den Voraussetzungen der Absätze 1 bis 3 von der Einholung eines Gutachtens nach § 280 insgesamt absehen, wenn die sonstigen Voraussetzungen für die Bestellung eines Betreuers zur Überzeugung des Gerichts feststehen.

Übersicht	Rdn.		Rdn.
A. Normzweck	1	C. Regelungen	6
B. Anwendungsbereich	4		

1 **A. Normzweck.** § 282 regelt die Fälle, in denen das Gericht von der Einholung eines Gutachtens iSv § 280 nach seinem Ermessen absehen und ein bereits vorhandenes ärztliches Gutachten des Medizinischen Dienstes der Krankenkasse verwenden kann.

2 Die Vorschrift dient in erster Linie dazu, dem Gericht in einem möglichst frühen Stadium des Betreuungsverfahrens Kenntnisse über die Erkrankung des Betroffenen zu verschaffen, um so die Ermittlungen über die Voraussetzungen der Betreuerbestellung von vornherein effektiver gestalten zu können (BT-Drucks. 15/4874 S. 29).

3 Damit bezweckt die Regelung eine Erleichterung bei Anfangsermittlungen und hilft als Weichenstellung für das weitere Vorgehen. Mittelbar dient die Norm also unter Umständen der Vermeidung kostenintensiver Gutachten, der erleichterten Begründung der Entscheidung über die Notwendigkeit der Bestellung eines Verfahrenspflegers und der Vermeidung belastender weiterer Begutachtungen (vgl. Jürgens/Kröger/Marschner/Winterstein Rn. 389a).

4 **B. Anwendungsbereich.** § 282 gilt nur in den Verfahren zur Anordnung einer Betreuung oder Erweiterung des Aufgabenkreises. Die Norm gilt nicht für das Verfahren über die Anordnung der Erweiterung eines Einwilligungsvorbehalts. Im Fall des § 1903 BGB besteht nach wie vor Begutachtungspflicht.

5 Die Regelung gilt auch nicht für Verfahren, deren Gegenstand die Bestellung eines Betreuers aufgrund körperlicher Behinderung ist. In diesem Fall reicht ohnehin ein ärztliches Attest aus, da die Betreuerbestellung grds. nur auf eigenen Antrag in Betracht kommt, § 281 (vgl. BT-Drucks. 15/4874 S. 29).

6 **C. Regelungen.** Nach **Abs. 1** kann von der Einholung eines Gutachtens abgesehen werden, soweit durch ein bereits **bestehendes ärztliches Gutachten** des Medizinischen Dienstes der Krankenkassen festgestellt

werden kann, inwieweit bei der betroffenen Person infolge einer psychischen Krankheit oder einer geistigen oder seelischen Behinderung die Voraussetzungen für die Bestellung eines Betreuers vorliegen. Verwertbar sind nur Gutachten des Medizinischen Dienstes der Krankenversicherung nach § 18 SGB XI.

Die Gutachten des Medizinisches Dienstes nach § 18 SGB XI entsprechen in ihrer Qualität aufgrund der sozialrechtlichen Anforderungen weitgehend den Gutachten iSv § 280. Es kann davon ausgegangen werden, dass sie von weisungsunabhängigen Gutachtern erstellt wurden, eine vorherige Untersuchung des Betroffenen stattgefunden hat und eine umfassende Sachverhaltsermittlung erfolgt ist (vgl. Jurgeleit/*Bučić* § 282 Rn. 4). Anforderungen, Inhalt und Ausgestaltung dieser Begutachtung sind von den Grundsätzen des Betreuungsrechts nicht verschieden. Mit der Einschaltung des Medizinischen Dienstes ist gewährleistet, dass auf dem Gebiet der Sozialmedizin erfahrene Ärzte die medizinischen Voraussetzungen für die Feststellung der Pflegebedürftigkeit treffen (BT-Drucks. 15/2494 S. 41). 7

Inhaltlich sind diese Gutachten auf die Frage beschränkt, ob ein den in § 1896 Abs. 1 BGB genannten Erkrankungen und Behinderungen vergleichbares Gebrechen vorliegt und Maßnahmen der Vorbeugung und Rehabilitation erforderlich sind. Diese Gutachten werden eingeholt, um die Voraussetzungen der Pflegebedürftigkeit zu prüfen. Der Medizinische Dienst untersucht nur, ob der Versicherte tatsächliche Verrichtungen des täglichen Lebens bewältigen kann. Damit kann das Gericht darauf verzichten, vorzeitig ohne genauere Kenntnisse über die Erkrankung oder Behinderung des Betroffenen eine Erstanhörung durchzuführen, ein Gutachten »ins Blaue« hinein einzuholen oder einen Verfahrenspfleger zu bestellen (BT-Drucks. 15/4874 S. 29). 8

Der Gesetzgeber ging davon aus, dass die Auswahl des Sachverständigen und die konkrete Umschreibung seines Gutachtenauftrags davon bestimmt würde, welche Behinderung bei dem Betroffenen vorliege. Dies setzt voraus, dass das Gericht bereits aus anderen Quellen in Erfahrung gebracht hat, welche Art von Krankheit oder Behinderung (voraussichtlich) vorliegen (BT-Drucks. 15/2494 S. 41). 9

Das Gutachten muss relativ aktuell sein. Teilweise wird die Grenze der zeitlichen Verwertbarkeit entsprechend § 293 Abs. 2 Nr. 1 mit 6 Monaten angesetzt (Jurgeleit/*Bučić* § 282 Rn. 5). Abgesehen von irreversiblen Krankheitsbildern mag man diese Zeitvorgabe mittragen. Bei medizinisch zweifelloser Irreversibilität sind je nach Einzelfall sehr großzügige Zeiträume denkbar, in denen eine Verwertung des Gutachtens möglich ist. Voraussetzung dafür ist, dass sich der Umstand der Irrevisibilität deutlich aus dem Gutachten ergibt. 10

Aufgrund der beschränkten Prüfung des Medizinischen Dienstes reicht die Verwertung der Gutachten allein nur in wenigen Fällen aus. Das Gericht kann aber mit zusätzlichen Angaben wie Äußerungen von Angehörigen und dem Sozialbericht der zuständigen Behörde unter Umständen die Betreuungsbedürftigkeit feststellen. 11

Die Verwertung des Gutachtens erfolgt nicht nach den Regeln der förmlichen Beweisaufnahme, sondern gem § 29 Abs. 1 »in geeigneter Form«. Damit ist der Grundsatz des Freibeweises gemeint (BT-Drucks. 16/6308 S. 188). Nach § 30 Abs. 2 erfolgt eine förmliche Beweisaufnahme nur, wenn es das FamFG vorsieht. Wenn auch § 280 für die Einholung des Gutachtens eine förmliche Beweisaufnahme bestimmt, so fehlt in § 282 ein entsprechender Bezug. Dass der Gesetzgeber insoweit eine Änderung der früheren Rechtslage beabsichtigt hatte, kann nicht festgestellt werden. Von der amtlichen Begründung der Verwertung i.R.d. Freibeweises gem. § 12 FGG (vgl. BT-Drucks. 15/2494 S. 42) ist der Gesetzgeber nicht abgewichen. 12

Abs. 2 regelt die **Erhebungsbefugnis** des Gerichts. Gem § 94 Abs. 2 Satz 2 SGB XI hat die Pflegekasse auf Ersuchen des Gerichts das Gutachten und dazu erstellte Befunde dem Gericht als Abschrift oder als elektronischen Datensatz zu übermitteln. Die datenschutzrechtliche Befugnis ist in § 76 Abs. 2 Nr. 3 SGB X normiert. Diese mit der Erhebungsbefugnis korrespondierende Übermittlungsbefugnis der Pflegekasse ist durch Art. 10 und 11 des 2. BtÄndG eingefügt worden. 13

Nach **Abs. 2 Satz 2** hat das Gericht aus Gründen des Datenschutzes zugunsten des Betroffenen in seiner Anforderung anzugeben, für welchen Zweck das Gutachten und die Befunde verwendet werden sollen. Als Zweck kommt nur die Vermeidung der Einholung weiterer Gutachten in Betracht. Dadurch soll gewährleistet werden, dass die Gutachten nur für diesen Zweck und nicht für andere außerhalb des Verfahrens liegende Zwecke Verwendung finden (BT-Drucks. 15/4874 S. 66). 14

Abs. 3 regelt den Fall, dass das Gericht nach erfolgter Prüfung zu der Überzeugung kommt, dass das Gutachten für das weitere Verfahren geeignet ist und es dieses für das weitere Verfahren verwenden will. Liegen diese Voraussetzungen vor, muss das Gericht die **Einwilligung des Betroffenen** oder seines Verfahrenspfle- 15 gers **einholen**. Ein Verfahrenspfleger ist dann zu bestellen, wenn der Betroffene nicht einwilligungsfähig ist. In diesem Fall ersetzt seine Einwilligung die des Betroffenen.

16 Die Einwilligung des Betroffen setzt keine Geschäftsfähigkeit voraus und ist daher stets zu beachten. Das ergibt sich aus § 275. Allerdings setzt auch die Einwilligung voraus, dass der Betroffene in der Lage ist, die Reichweite seiner Entscheidung in Grundzügen intellektuell zu erfassen und nach dieser Einsicht handeln zu können. Bei Zweifeln wird man von einer unwirksamen Einwilligung ausgehen müssen.

17 Die Einwilligung ist ausdrücklich zu erteilen. Andernfalls ist das Gutachten unverwertbar. Eine konkludente Einwilligung ergibt sich auch nicht aus dem Umstand, dass der Betroffene sich als Versicherter im Verfahren zur Feststellung der Pflegebedürftigkeit nach § 17 SBG XI hat begutachten lassen (Jurgeleit/*Bučić* § 282 Rn. 11). Die Einwilligung kann auch ohne Angaben von Gründen verweigert werden. Hierfür sind unterschiedliche Gründe denkbar.

18 Kommt es auf die Einwilligung des Verfahrenspflegers an, hat dieser ein Einsichtsrecht in das beigezogene Gutachten, um eine Grundlage für seine Entscheidung hinsichtlich der Einwilligung zu haben (Firsching/Dodegge, Handbuch Rn. 430; kritisch zur Einwilligung des Verfahrenspflegers, der nicht die Stellung eines gesetzlichen Vertreters habe, Bumiller/Harders § 282 Rn. 2).

19 Abs. 2 Satz 3 und Abs. 3 Satz 2 sehen Regelungen zur **Löschungspflicht** des Gerichts vor: Aus Gründen des Datenschutzes hat das Gericht weiterhin die übermittelten Daten (elektronische Daten, Abschriften oder Kopien der Gutachten einschließlich Befunde) unverzüglich zu löschen, wenn diese nach seiner Einschätzung keine Aussage darüber treffen, inwieweit bei dem Betroffenen infolge einer psychischen Krankheit oder einer geistigen oder seelischen Behinderung die Voraussetzungen für die Bestellung eines Betreuers vorliegen (Abs. 2 Satz 3).

20 Darüber hinaus hat das Gericht die übermittelten Daten auch dann unverzüglich zu löschen, wenn die Einwilligung zur Verwendung nicht erteilt wird (Abs. 3 Satz 2). Originale sind in Papierform zurückzusenden. Damit soll gewährleistet werden, dass die Daten nicht ohne Grund beim Gericht verbleiben (vgl. BT-Drucks. 15/4874 S. 29).

21 Abs. 4 regelt den Fall, dass die Einwilligung des Betroffenen oder des Verfahrenspflegers erteilt wird. In diesem Fall kann das Gericht auf eine **Begutachtung** insgesamt **verzichten**, wenn die sonstigen Voraussetzungen für die Betreuerbestellung zweifellos festgestellt werden können. Da sich aus dem Gutachten des Medizinischen Dienstes nur Erkenntnisse im Hinblick auf die bestehende Erkrankung oder Behinderung ergeben, hat das Gericht die weiteren Voraussetzungen der Betreuerbestellung zu ermitteln. Nur wenn diese nach Überzeugung des Gerichts feststehen, kann es von einer weiteren Begutachtung absehen (BT-Drucks. 15/4874 S. 29 f.). Bestehen ganz oder teilweise Zweifel, so wird ein weiteres Gutachten einzuholen sein.

22 Kann sich das Gericht zweifelsfrei – nach eigener fester Überzeugung – von der Erforderlichkeit der Betreuerbestellung auch auf anderem Wege überzeugen, etwa auf der Grundlage von Auskünften Dritter (persönliche Anhörung des Betroffenen, Anhörung von Angehörigen und Zeugen) oder des Sozialberichts der zuständigen Behörde, so kann es von der weiteren Begutachtung (Einholung weiterer Gutachten) insgesamt absehen (Jurgeleit/*Bučić* § 282 Rn. 14).

23 Da der Medizinische Dienst grds. nur untersucht, ob der Versicherte tatsächliche Verrichtungen des täglichen Lebens zu bewältigen in der Lage ist, wird nicht geprüft, ob er zur Wahrnehmung rechtlicher Angelegenheiten imstande ist. Insoweit mag die Erkenntnisquelle beschränkt sein auf die Feststellung eines Gebrechens i.S.d. § 1896 Abs. 1 BGB oder auf einfach gelagerte Fälle. Andere Erkenntnismöglichkeiten wird das Gericht unter Umständen weiterhin in Anspruch nehmen müssen.

24 Nach Abs. 4 dürfte daher künftig nur dann auf eine weitere Begutachtung verzichtet werden können, wenn es sich um eindeutige Fälle handelt, bei denen aus der im Gutachten dargestellten Erkrankung bzw. Behinderung und den weiteren Ermittlungsergebnissen eindeutige Rückschlüsse auf den Ausprägungsgrad der Erkrankung bzw. Behinderung und die Auswirkung auf die Fähigkeit des Betroffenen, seine Angelegenheiten zu besorgen, möglich sind. Das ist zu begründen. Aus der Begründung muss sich die entsprechende Sachkunde des Gerichts erschließen, nur so können die Verfahrensbeteiligten und das Beschwerdegericht die Entscheidung nachvollziehen und überprüfen (Jürgens/Kröger/Marschner/Winterstein Rn. 389).

§ 283 Vorführung zur Untersuchung.

(1) ¹Das Gericht kann anordnen, dass der Betroffene zur Vorbereitung eines Gutachtens untersucht und durch die zuständige Behörde zu einer Untersuchung vorgeführt wird. ²Der Betroffene soll vorher persönlich angehört werden.

(2) ¹Gewalt darf die Behörde nur anwenden, wenn das Gericht dies ausdrücklich angeordnet hat. ²Die zuständige Behörde ist befugt, erforderlichenfalls die Unterstützung der polizeilichen Vollzugsorgane nachzusuchen.
(3) ¹Die Wohnung des Betroffenen darf ohne dessen Einwilligung nur gewaltsam geöffnet, betreten und durchsucht werden, wenn das Gericht dies zu dessen Vorführung zur Untersuchung ausdrücklich angeordnet hat. ²Vor der Anordnung ist der Betroffene persönlich anzuhören. ³Bei Gefahr im Verzug kann die Anordnung durch die zuständige Behörde ohne vorherige Anhörung des Betroffenen erfolgen. ⁴Durch diese Regelung wird das Grundrecht auf Unverletzlichkeit der Wohnung aus Artikel 13 Absatz 1 des Grundgesetzes eingeschränkt.

Übersicht	Rdn.		Rdn.
A. Normzweck	1	C. Regelungen	6
B. Anwendungsbereich	5		

A. Normzweck. Die Norm sieht die Untersuchung und Vorführung des Betroffenen zur Vorbereitung eines Gutachtens vor und ermöglicht damit die Gutachtenerstellung auch für den Fall, dass der Betroffene nicht freiwillig bereit ist, zur Untersuchung zu erscheinen. 1

Nach **Abs. 1** kann die Vorführung zur Untersuchung kann angeordnet werden, wenn der Betroffene nicht bereits freiwillig zum Untersuchungstermin erscheint. Im Gegensatz zur Untersuchung selbst kann sie gegen den Willen des Betroffenen erfolgen. Die Anwendung unmittelbaren Zwangs kann dabei mit ihr einhergehen. Zur Sicherung der Verfahrensrechte des Betroffenen soll er vor der Vorführung persönlich angehört werden. **Abs. 2 Satz 1** stellt nun sicher, dass die Anwendung von Gewalt in jedem Fall einer Entscheidung des Gerichts bedarf. Die Vorschrift entspricht § 326 Abs. 2, der für die Zuführung zur Unterbringung unter Gewaltanwendung ebenfalls eine eigene richterliche Entscheidung verlangt. Bislang war nicht erklärlich, wieso bei einer Zuführung zur Unterbringung die Anwendung von Gewalt nur im Fall richterlicher Anordnung zulässig war, während die Vorführung zur Untersuchung und die Unterbringung zur Begutachtung im Betreuungsverfahren bereits ohne richterliche Prüfung mittels Gewalt vollzogen werden konnten. Dieser Widerspruch wird nun beseitigt. Zur Schonung des Betroffenen soll die Vorführung zur Untersuchung von der zuständigen Betreuungsbehörde vorgenommen werden. Es ist anzunehmen, dass diese über hinreichend geschultes Personal verfügt. Die Unterstützung durch polizeiliche Vollzugsorgane nach **Abs. 2 Satz 2** ist nur als Ultima Ratio zulässig (BT-Drucks. 16/6308 S. 268; s.a. § 278 Rdn. 11 f.). 2

Abs. 3 regelt, unter welchen Voraussetzungen das Betreten der Wohnung des Betroffenen gestattet ist und stellt klar, dass das Gericht hierzu eine ausdrückliche Anordnung zu treffen hat. Nur bei Gefahr im Verzug kann auf eine richterliche Anordnung verzichtet werden. Damit wird Art. 13 Abs. 2 GG Rechnung getragen (BVerfG FamRZ 2009, 1814). 3

Die Einführung geht zurück auf den Vorschlag der Stellungnahme des Bundesrates (BT-Drucks. 16/9733 S. 372). Im Zusammenhang mit den Zwangsmaßnahmen ist auch eine Durchsuchung der Wohnung des Betroffenen – also ein Öffnen und Betreten – zulässig. § 283 Abs. 1 ermächtigt dazu, die Anordnungen zu treffen, die zur Durchführung der Vorführung erforderlich sind. Wegen der besonderen Eingriffsschwere (Art. 13 Abs. 2 GG) ist aus rechtsstaatlichen Gründen eine ausdrückliche Klarstellung geboten (s.a. § 278 Rdn. 11 f.). 4

B. Anwendungsbereich. Die Vorschrift soll sicherstellen, dass das erforderliche Gutachten tatsächlich erstattet werden kann. Entsprechend dem Verhältnismäßigkeitsgrundsatz darf von den Zwangsmaßnahmen nur dann Gebrauch gemacht werden, wenn eine Begutachtung sonst nicht möglich ist. Vor Anordnung der Zwangsmaßnahmen ist daher der Sachverhalt umfassend aufzuklären und zu prüfen, ob und inwiefern andere Gutachten verwandt werden können (zur Nutzung von Sachverständigengutachten aus Strafverfahren vgl. OLG Zweibrücken FGPrax 2007, 49, 50). 5

C. Regelungen. Nach **Abs. 1** kann das Gericht anordnen, dass der Betroffene zur Vorbereitung eines Gutachtens untersucht und durch die zuständige Behörde zu einer Untersuchung vorgeführt wird. 6

Es gilt der Verhältnismäßigkeitsgrundsatz (Jansen/*Sonnenfeld* § 68b FGG Rn. 46). Die Untersuchungs- und Vorführungsanordnung muss erforderlich sein. Das ist der Fall, wenn der Betroffene seine freiwillige Teilnahme verweigert. Von einer Verweigerung ist auszugehen, wenn der Betroffene zum ersten, vom Sachver- 7 ständigen bestimmten Untersuchungstermin unentschuldigt nicht erscheint oder den Sachverständigen nicht in seine Wohnung lässt und das Gutachten auf andere Weise nicht erstellt werden kann, ein Absehen von der Gutachteneinholung nicht möglich ist und eine freiwillige Teilnahme des Betroffenen auch nicht durch Hinzuziehung einer oder mehrerer Vertrauenspersonen, des Hausarztes oder eines Beistandes iSv § 12 erreicht werden kann.

8 Ein Verstoß gegen den Verhältnismäßigkeitsgrundsatz liegt vor, wenn vor dem Versuch des Gerichts, den Betroffenen und ggf. seine Familienmitglieder persönlich anzuhören, um sich im Rahmen einer solchen Anhörung einen unmittelbaren Eindruck zu verschaffen, eine mit Gewalt durchgesetzte Vorführung zu einer ärztlichen Untersuchung erfolgen soll (OLG Hamm FamRZ 2007, 167, 168).

9 Eine Vorführung zur Anhörung kommt nicht in Betracht, wenn die Rechtsanwaltskammer ein Verfahren zur Bestellung eines Betreuers für einen Rechtsanwalt angeregt hat (hierzu OLG Stuttgart FGPrax 2007, 47).

10 Das Gericht kann anordnen, dass der Betroffene zur Vorbereitung eines Gutachtens untersucht wird. Zur Untersuchung kann bei psychischen Erkrankungen auch die Befragung des Betroffenen durch einen Sachverständigen zum Zwecke der Gutachtenvorbereitung gehören (Jurgeleit/*Bučić* § 283 Rn. 35).

11 Das Gericht kann generell Mitwirkungshandlungen nicht erzwingen. Weder die Anordnung des Gutachtens noch die der Vorführung verpflichten den Betroffenen, sich aktiv untersuchen und befragen zu lassen. Dazu bedarf es stets seiner Einwilligung bzw. freiwilligen Mitwirkung (Jansen/*Sonnenfeld* § 68b FGG Rn. 49).

12 Die Verpflichtung erstreckt sich nur darauf, eine passive und gewaltfreie Untersuchung über sich ergehen zu lassen. Der Betroffene ist nicht verpflichtet, körperliche Eingriffe hinzunehmen oder aktiv an Tests teilzunehmen. Dies kann nicht erzwungen werden (Firsching/Dodegge, Handbuch Rn. 426). Auch die Beantwortung von Fragen kann nicht erzwungen werden (Bienwald/Sonnenfeld/Hoffmann/*Sonnenfeld* § 68b FGG Rn. 79).

13 Steht bereits fest, dass sich der Betroffene jeder Untersuchung widersetzen wird, kommt nur eine Unterbringungsanordnung nach § 284 in Betracht (Jansen/*Sonnenfeld* § 68b FGG Rn. 49). Dies ist i.R.d. Verhältnismäßigkeitsprüfung zu berücksichtigen.

14 Für das Betreten der Wohnung sieht Abs. 3 nun klarstellend vor, dass es hierzu einer ausdrücklichen Entscheidung des Gerichts bedarf, wenn die Wohnung des Betroffenen ohne dessen Einwilligung betreten werden soll. Allein die Anordnung der Vorführung zur Untersuchung reicht nicht mehr aus.

15 Das Gericht hat vielmehr ausdrücklich anzuordnen, dass der Betreuungsbehörde gestattet ist, zum Zwecke der Vorführung die Wohnung des Betroffenen zu öffnen und zu betreten. Bei der Anordnung iSv Abs. 3 handelt es sich um eine nach Art. 13 Abs. 2 GG erforderliche richterliche Durchsuchungsanordnung (KG NJW 1997, 400, 401). Unter einer Durchsuchung iSv Art. 13 Abs. 2 GG ist das gewaltsame Eindringen staatlicher Organe in eine Wohnung zur ziel- und zweckgerichteten Suche nach Personen oder Sachen oder zur Ermittlung eines Sachverhalts zu verstehen, insb. auch zum Zwecke der Vollziehung gerichtlicher Entscheidungen. Um eine solche ziel- und zweckgerichtete Suche handelt es sich, wenn die Betreuungsbehörde zum Zwecke der Vorführung des Betroffenen zur Untersuchung die Wohnung des Betroffenen betritt. Diese Maßnahme dient allein dem Ziel, die Person des Betroffenen aufzufinden, um ihn der Untersuchung zuzuführen.

16 Die Anordnung kann sich auch gegen Dritte richten, mit denen der Betroffene zusammenlebt, der Vollzug setzt deren Einverständnis nicht voraus (Jansen/*Sonnenfeld* § 68b FGG Rn. 48).

17 Mit der Untersuchungsanordnung sollte die erforderliche Androhung der Vorführung verbunden werden, vgl. § 33 Abs. 4 (Jurgeleit/*Bučić* § 283 Rn. 9).

18 Vor der Anordnung der Vorführung soll dem Betroffenen Gelegenheit zur Äußerung gegeben werden (Art. 103 Abs. 1 GG).

19 Während in § 284 Abs. 3 Satz 2 ausdrücklich geregelt wird, dass gegen Unterbringungsbeschlüsse die sofortige Beschwerde statthaft ist, fehlt eine solche Regelung in § 283. § 283 verzichtet auf eine Regelung zur **Anfechtbarkeit der Anordnung der Untersuchung und Vorführung** zur Untersuchung.

20 Sie wird als überflüssig angesehen (BR-Drucks. 309/07 S. 64 f.; BT-Drucks. 16/9733 S. 372). Ausgehend von der allgemeinen Regelung des § 58 Abs. 1 ist die Beschwerde nur gegen die im ersten Rechtszug ergangenen Endentscheidungen statthaft. Rechtsmittel gegen Nebenentscheidungen in Verfahrensfragen sind grds. nicht vorgesehen, es sei denn die Vorschriften über die sofortige Beschwerde der ZPO, §§ 567 ff. ZPO, werden für ausdrücklich anwendbar erklärt. Die Untersuchungs- und Vorführungsanordnung – wie auch die daran

anknüpfenden Nebenentscheidungen – zur Vorbereitung eines Sachverständigengutachtens folgt danach der allgemeinen Regel und ist somit unanfechtbar (MüKoZPO/Schmidt-Recla § 283 Rn. 11).

Die in der Anordnung liegende Beeinträchtigung wird für den Betroffenen grds. als hinnehmbar angesehen 21 und dieser wird darauf verwiesen, bis zum Abschluss des Verfahrens zuzuwarten (s.a. § 303 Rdn. 1). Nach § 58 Abs. 1 erfolgt eine Überprüfung nur i.R.d. Anfechtbarkeit der Endentscheidung.

Dies galt – nach überwiegender Meinung in der Rspr. – auch für die Anordnung einfacher Gewalt, also 22 wenn die Vorführung mittels einfacher körperlicher Gewalt erfolgt oder erst durch die Gestattung des gewaltsamen Öffnens und Betretens der Wohnung möglich ist (BayObLG FamRZ 2003, 60; OLG Hamm FamRZ 1997, 440; KG FamRZ 1997, 442; BayObLG BtPrax 1994, 108) oder der Betroffene im Anschluss an die Vorführung in eine Klinik verbracht wird (BayObLG FamRZ 2002, 419).

Diese Auffassung ist jedoch nicht unumstritten geblieben: Teilweise wurde § 68b Abs. 3 Satz 2 FGG verfas- 23 sungskonform so ausgelegt, dass zumindest in denjenigen Fällen eine gesonderte Anfechtbarkeit besteht, in denen mit der Untersuchungs- und Vorführungsanordnung gleichzeitig die Befugnis zur Anwendung einfacher Gewalt gegen den Betroffenen und/oder die Erlaubnis zum gewaltsamen Zutritt zur Wohnung des Betroffenen erteilt wird (OLG Celle FamRZ 2007, 167). Zur Begründung wird auf die tief greifenden Eingriffe in den grundrechtlich geschützten Bereich der Betroffenen hingewiesen, die nicht ohne Möglichkeit der Überprüfung gestattet sein dürfe (so auch Jansen/*Sonnenfeld* § 68b FGG Rn. 51). Der vom Gesetzgeber beabsichtigte Zweck, Rechtsmittel in Nebenverfahren zu beschränken (BT-Drucks. 11/4528 S. 215, 232) rechtfertige keinen schwer wiegenden Grundrechtseingriff ohne Gewährung effektiven Rechtsschutzes (OLG Celle FamRZ 2007, 167, 168).

In ähnlicher Weise argumentiert der BGH – auf Vorlage des OLG Celle – mit der Zulassung der Anfechtung 24 einer Untersuchungsanordnung in krassen Ausnahmefällen gegen die bislang herrschende Meinung. Eine Überprüfungsmöglichkeit der richterlichen Maßnahme müsse gegeben sein, wenn diese in existenzieller Weise in höchstpersönliche Rechte des Betroffenen eingreife und sich als objektiv willkürlich darstelle.

Das ist nicht schon bei einer zweifelsfrei fehlerhaften Rechtsanwendung der Fall. Vielmehr muss diese unter 25 Berücksichtigung des Schutzzwecks von Art. 3 Abs. 1 und Art. 103 Abs. 1 GG nicht mehr verständlich sein und sich daher der Schluss aufdrängen, dass sie auf sachfremden Erwägungen beruht. Dies ist dann gegeben, wenn ein (jetzt) Betreuungsgericht die psychiatrische Untersuchung eines Betroffenen anordnet, ohne diesen vor der Entscheidung persönlich gehört oder sonstige Feststellungen, die die Annahme einer Betreuungsbedürftigkeit des Betroffenen rechtfertigen könnten, getroffen zu haben. In einem solchen Ausnahmefall ist es dem Betroffenen nicht zuzumuten, sich zunächst einer psychiatrischen Untersuchung zu unterziehen, die mit deren Anordnung und Durchführung möglicherweise einhergehenden gravierenden Auswirkungen in seinem sozialen Umfeld hinzunehmen und mit einer rechtlichen Klärung der Notwendigkeit einer solchen Begutachtung bis zur endgültigen Entscheidung des Gerichts über die Betreuerbestellung abzuwarten (BGH NJW 2007, 3575, 3577 = FamRZ 2007, 1002; zur Anfechtungsmöglichkeit bei »falscher Entscheidung« auch OLG Zweibrücken FGPrax 2000, 109).

Mit der im Grundsatz beibehaltenen alten Rechtslage in § 283 Abs. 1 können nach Maßgabe der bisherigen 26 Rspr. in Ausnahmefällen die Anordnungen in § 283 mit der Beschwerde überprüft werden. Dabei wird man angesichts der klaren Neuregelung die Zulässigkeit einer Beschwerde auf objektiv willkürliche und krass rechtsfehlerhafte Entscheidungen beschränken müssen.

Darüber hinaus ist die Androhung, dass der Betroffenen zwangsweise zur Untersuchung vorgeführt werden 27 könne, anfechtbar, wenn das Verfahren nur die Aufhebung einer Betreuung oder einen Betreuerwechsel zum Gegenstand hat. In diesem Verfahren ist die Anordnung der zwangsweisen Vorführung nicht zulässig (BayObLG FamRZ 1996, 499).

Gegen Zwischenentscheidungen, die mit Zwangsmaßnahmen verbunden sind, die das Grundrecht der Frei- 28 heit (Art. 2 Abs. 1 GG) und der Unverletzbarkeit der Wohnung (Art. 13 GG) betreffen, kann die Verfassungsbeschwerde statthaft sein (Jansen/*Sonnenfeld* § 68b FGG Rn. 52).

Die Entscheidung über die Vorführung und über die Untersuchung des Betroffenen ergeht durch Beschluss. 29 Funktionell zuständig zur Anordnung der Untersuchung und Vorführung durch die zuständige Behörde ist ausschließlich der Richter, § 19 Abs. 1 Satz 1 Nr. 1 RPflG (Jurgeleit/*Bučić* § 283 Rn. 4).

Die Vorführung soll von der zuständigen Behörde vorgenommen werden. Der Betroffene soll geschont wer- 30 den, daher hat die Vorführung von im Umgang mit Kranken geschultem Personal zu erfolgen (BT-Drucks. 11/4528 S. 175).

31 Die zuständige Behörde kann zur Unterstützung die Polizei hinzuziehen (Jansen/*Sonnenfeld* § 68b FGG Rn. 48). Ausdrücklich ist dies nun in Abs. 2 Satz 2 mit der Maßgabe der Erforderlichkeit normiert. Die Vorführung als solche ist nicht durch die Polizei durchzuführen. Die Hinzuziehung der Polizei bleibt ultima ratio (BT-Drucks. 16/6308 S. 268).

32 Die Kosten, die der Betreuungsbehörde bei der Durchführung einer Vorführung des Betroffenen zum Sachverständigen bzw. zur richterlichen Anhörung entstehen, sind von den Gerichten als Auslagenersatz (§ 137 Nr. 11 b, 14 KostO) zu erstatten (OLG Köln FamRZ 2005, 237).

§ 284 Unterbringung zur Begutachtung.

(1) ¹Das Gericht kann nach Anhörung eines Sachverständigen beschließen, dass der Betroffene auf bestimmte Dauer untergebracht und beobachtet wird, soweit dies zur Vorbereitung des Gutachtens erforderlich ist. ²Der Betroffene ist vorher persönlich anzuhören.

(2) ¹Die Unterbringung darf die Dauer von sechs Wochen nicht überschreiten. ²Reicht dieser Zeitraum nicht aus, um die erforderlichen Erkenntnisse für das Gutachten zu erlangen, kann die Unterbringung durch gerichtlichen Beschluss bis zu einer Gesamtdauer von drei Monaten verlängert werden.

(3) ¹§ 283 Abs. 2 und 3 gilt entsprechend. ²Gegen Beschlüsse nach den Absätzen 1 und 2 findet die sofortige Beschwerde nach den §§ 567 bis 572 der Zivilprozessordnung statt.

Übersicht

	Rdn.		Rdn.
A. Normzweck	1	C. Regelungen	6
B. Anwendungsbereich	5		

1 **A. Normzweck.** Die Norm sieht eine befristete Unterbringung und Beobachtung des Betroffenen vor, soweit dies zur Vorbereitung des Gutachtens erforderlich ist.

2 Durch den Verweis auf § 283 ist sichergestellt, dass die Anwendung von Gewalt bei der Unterbringung zur Begutachtung nur aufgrund richterlicher Entscheidung zulässig ist. Auf die Begründung zu § 283 Abs. 2 wird verwiesen (BT-Drucks. 16/6308 S. 268).

3 In Abs. 3 Satz 1 wird klar gestellt, dass auch für die Unterbringungsanordnung die Vorschriften zur Gewaltanwendung und zum Betreten der Wohnung des Betroffenen bei der Vorführung zur Untersuchung gelten (vgl. dazu § 283).

4 Der Gesetzgeber hat zudem in Satz 2 geregelt, dass gegen Beschlüsse, mit denen die Unterbringung angeordnet oder verlängert wird, die sofortige Beschwerde nach den §§ 567 bis 572 ZPO statthaft ist. Nach dem FamFG ist dies erforderlich, weil nach § 58 Abs. 1 nur Endentscheidungen anfechtbar und Verfahrensfragen nur dann überprüfbar sind, wenn im FamFG die Vorschriften über die sofortige Beschwerde der ZPO für anwendbar erklärt werden (BT-Drucks. 16/9733 S. 372 verweist auf Stellungnahme des Bundesrates BR-Drucks. 309/07 S. 64 f.).

5 **B. Anwendungsbereich.** Die Regelung ermöglicht eine befristete Unterbringung des Betroffenen, soweit dies zur Vorbereitung des Gutachtens erforderlich ist. Der Anordnung sind enge Grenzen gesetzt. Voraussetzung ist eine strenge Verhältnismäßigkeitsprüfung. Zunächst sind alle anderen ärztlichen Maßnahmen, insb. eine Vorführung zur Untersuchung oder zu einem Erörterungstermin, zu versuchen. In Anbetracht der Schwere des Grundrechtseingriffs ist weitere Voraussetzung für eine derartige Unterbringung ein konkreter Verdacht auf Betreuungsbedürftigkeit. Es müssen also tatsächliche Anhaltspunkte von erheblichem Gewicht auf eine Betreuungsbedürftigkeit hindeuten (vgl. dazu § 300 Rdn. 6 f.); bloße Vermutungen reichen nicht aus (BayObLG FGPrax 2004, 250, 251).

6 **C. Regelungen.** Vor der Entscheidung über die Anordnung der Unterbringung ist nach § 284 Abs. 1 Satz 1 der Sachverständige darüber anzuhören, ob und wie lange eine Unterbringung voraussichtlich erforderlich sein wird. Für die Unterbringung ist nach Abs. 1 die Anhörung des Sachverständigen unerlässlich. Der Sachverständige ist zur Frage der Erforderlichkeit und Dauer der Unterbringung anzuhören (BayObLG Beschl. v. 30.03.2001 – 3Z BR 80/01, BeckRS 2001, 30171747).

7 Seine Stellungnahme kann der Sachverständige aufgrund einer persönlichen Untersuchung des Betroffenen aber auch nach Lage der Akten – schriftlich oder mündlich – geben (Jansen/*Sonnenfeld* § 68b FGG Rn. 55; Damrau/Zimmermann § 284 Rn. 4; a.A. HK-BUR/*Rink* § 68b FGG Rn. 84 nicht nach Aktenlage).

Der Sachverständige muss nicht mit demjenigen identisch sein, der das Gutachten zu erstellen hat. Er muss aber über dieselbe Qualifikation verfügen (vgl. auch bei ärztl Zeugnis OLG Zweibrücken BtPrax 2003, 80). 8

§ 284 Abs. 1 Satz 2 stellt klar, dass der Betroffene vorher persönlich anzuhören ist. Dabei hat sich die Anhörung auch auf das Ergebnis der Anhörung des Sachverständigen zu beziehen (Jurgeleit/*Bučić* § 68b FGG Rn. 43). 9

Streitig ist, ob eine **Anhörung** in den Fällen des § 34 Abs. 2 unterbleiben kann (dafür Damrau/Zimmermann § 284 Rn. 5; dagegen HK-BUR/*Rink* § 68b FGG Rn. 86). Für den Verzicht sprechen die der Regelung des § 34 Abs. 2 zugrunde liegenden Überlegungen (vgl. dazu § 34). Beeinträchtigt die Anhörung die Gesundheit des Betroffenen oder ist der Betroffene offensichtlich nicht in der Lage, seinen Willen kundzutun, so ist auch auf die Anhörung vor Anordnung der Unterbringung zu verzichten. Soll eine persönliche Anhörung nach § 34 Abs. 2 unterbleiben, darf diese Entscheidung nur auf der Grundlage eines ärztlichen Gutachtens getroffen werden, § 278 Abs. 4. Keine Bedenken gegen die Anwendbarkeit des § 34 Abs. 2 ergeben sich aus dem Verfahrensrecht in Unterbringungssachen. Danach ist zwar in § 319 Abs. 1 die Anhörung des Betroffenen vorgesehen; Abs. 3 enthält aber eine dem § 278 Abs. 4 entsprechende Regelung. 10

Weigert sich der Betroffene zur Teilnahme an der persönlichen Anhörung, so gilt § 278 Abs. 5 (s. dazu § 278 Rdn. 11 f.). Das Gericht kann den Betroffenen durch die zuständige Behörde vorführen lassen. Diese Regelung gilt analog für die Anhörung nach § 284 Abs. 1 Satz 2. 11

Die persönliche Anhörung nach § 284 Abs. 1 Satz 2 gilt nicht nur für die erstmalige Anordnung, sondern auch für die Verlängerung der Unterbringungsmaßnahme (Bienwald/Sonnenfeld/Hoffmann/*Sonnenfeld* § 68b FGG Rn. 68; HK-BUR/*Rink* § 68b FGG Rn. 90; a.A. Jurgeleit/*Bučić* § 68b FGG Rn. 43). Ein Vergleich zum Verfahrensrecht in Unterbringungssachen zeigt, dass nach § 329 Abs. 2 Satz 1 auch für die Verlängerung der Genehmigung oder Anordnung einer Unterbringungsmaßnahme die Vorschriften für die erstmalige Anordnung oder Genehmigung entsprechend gelten. 12

Vor der Anordnung einer Unterbringung sind zunächst tatsächliche Anhaltspunkte festzustellen, auf die der konkrete Verdacht der Betreuungsbedürftigkeit gestützt werden kann. Darüber hinaus müssen diese Anknüpfungstatsachen in der Entscheidung iE genannt werden, damit sie einer rechtlichen Überprüfung zugänglich sind. 13

Nach Anhörung eines Sachverständigen und des Betroffenen kann das Gericht anordnen, dass der Betroffene auf bestimmte Dauer untergebracht und beobachtet wird, soweit dies zur Vorbereitung des Gutachtens erforderlich ist. Der Anordnung sind enge Grenzen gesetzt. Voraussetzung ist eine strenge **Verhältnismäßigkeitsprüfung**. Zunächst sind alle anderen ärztlichen Maßnahmen, insb. eine Vorführung zur Untersuchung oder zu einem Erörterungstermin, zu versuchen. In Anbetracht der Schwere des Grundrechtseingriffs ist weitere Voraussetzung für eine derartige Unterbringung ein konkreter Verdacht auf Betreuungsbedürftigkeit. Es müssen also tatsächliche Anhaltspunkte von erheblichem Gewicht auf eine Betreuungsbedürftigkeit hindeuten; bloße Vermutungen reichen nicht aus. Nicht entscheidend ist hingegen, ob es später aufgrund des während der Unterbringung erstellten Gutachtens tatsächlich zu einer Betreuerbestellung für den Betroffenen kommt. Der Richter trifft eine Prognoseentscheidung (BayObLG FGPrax 2004, 250, 251 – auch zum nachträglichen Rechtsschutz der erledigten Freiheitsentziehung; BayObLG FamRZ 2001, 1559). 14

Eine Unterbringung kommt erst in Betracht, wenn eine Begutachtung durch Vorführung zur Untersuchung nicht ausreicht. Die Anordnung hat zur Unterbringung und zur Beobachtung zu erfolgen, andernfalls handelt es sich um eine unzulässige Verwahrung (Bienwald/Sonnenfeld/Hoffmann/*Sonnenfeld* § 68b FGG Rn. 81). 15

Die Unterbringungsanordnung ist unzulässig, wenn sich der Betroffene freiwillig in dem erforderlichen Zeitraum untersuchen und beobachten lässt. 16

Die Unterbringung darf die **Dauer** von 6 Wochen nicht überschreiten. Sie kann aber bis zu einer Gesamtdauer von 3 Monaten verlängert werden, wenn der Zeitraum nicht ausgereicht hat, um die zur Begutachtung erforderlichen Erkenntnisse zu erlangen. Erst wenn feststeht, dass der Zeitraum von zunächst zulässigen 6 Wochen nicht ausreicht, um die erforderlichen Erkenntnisse für das Gutachten zu erhalten, kann die Unterbringung bis zu einer Gesamthöchstdauer von 3 Monaten verlängert werden. Dies bedeutet zugleich, dass die 3-Monats-Frist nicht von Anfang an ausgeschöpft werden darf, auch dann nicht, wenn schon zu Beginn abzusehen ist, dass die 6 Wochen nicht ausreichen werden (Jansen/*Sonnenfeld* § 68b FGG Rn. 59). 17

Vor der Verlängerung hat der Sachverständige die Erforderlichkeit darzulegen, dem Betroffenen ist rechtliches Gehör zu gewähren; eine persönliche Anhörung ist nicht vorgeschrieben, dürfte aber i.d.R. geboten sein (Jansen/*Sonnenfeld* § 68b FGG Rn. 59). 18

19 Der Sachverständige hat sich zur Notwendigkeit der Unterbringung aus medizinischen Gründen zu äußern. Soziale Gründe rechtfertigen die Beobachtungsunterbringung nicht (HK-BUR/*Rink* § 68b FGG Rn. 83).
20 Die Anordnung erfolgt durch Beschluss. Zuständig für die Anordnung der Unterbringung ist nach Art. 104 Abs. 2 Satz 1 GG, § 4 Abs. 2 Nr. 2 RPflG der Richter (zu den Kosten der Unterbringung bei richterlicher Anordnung vgl. OLG Frankfurt am Main FGPrax 2008, 275).
21 Der schriftliche Beschluss des Richters (§ 38) hat die Bezeichnung des Betroffenen, die nähere Bezeichnung der Unterbringungsmaßnahme, den Hinweis, dass die Unterbringung zur Beobachtung nur zur Vorbereitung des Gutachtens erfolgt, den Zeitpunkt, die Art der Anstalt, die Befristung und die Entscheidungsgründe zu enthalten (HK-BUR/*Rink* § 68b FGG Rn. 88; Damrau/Zimmermann § 284 Rn. 10).
22 Für die Begründung der Anordnung kommt es auf die Erforderlichkeit der Gutachtenerstellung an und damit nur mittelbar auf das Wohl des Betroffenen nicht aber auf eine unmittelbar drohende gewichtige Gesundheitsschädigung (kritisch dazu HK-BUR/*Rink* § 68b FGG Rn. 79 f.).
23 Die Einholung eines »Obergutachtens« kann im Einzelfall unter Beachtung des Grundsatzes der Verhältnismäßigkeit unterbleiben, wenn rechtlich zwar die Möglichkeit der zwangsweisen Vorführung oder Unterbringung in der geschlossenen Abteilung einer psychiatrischen Klinik besteht, der Betroffene jedoch trotz wiederholter Überzeugungsversuche eine erneute Begutachtung wegen der damit verbundenen psychischen Belastung ablehnt und Befunde, fachärztliche Stellungnahmen sowie Gutachten von Sachverständigen vorliegen (LG München FamRZ 2007, 2008).
24 Bei der Beobachtungsunterbringung handelt es sich um eine Freiheitsentziehung iSv Art. 104 GG. Das Gericht hat dem Betroffenen einen Verfahrenspfleger zu bestellen, soweit dies zur Wahrnehmung der Interessen des Betroffenen erforderlich ist (§ 276 Abs. 1 Satz 1).
25 Vor der Beobachtungsunterbringung ist die Zwangsvorführung zu prüfen. Die Beobachtungsunterbringung ist ausdrücklich vorher anzudrohen. Die Anordnung der Unterbringung rechtfertigt nicht die zwangsweise Zuführung des Betroffenen zur Unterbringung. Er kann aber nach § 284 Abs. 3 Satz 1 nach § 283 Abs. 2 und 3 vorgeführt werden.
26 Gegen die Beschlüsse zur Anordnung und Verlängerung der Unterbringung ist die **sofortige Beschwerde** nach den §§ 567 bis 572 ZPO statthaft. Dies gilt nicht für die Maßnahmen zur zwangsweisen Durchsetzung der Unterbringung nach Abs. 3 i.V.m. § 283 Abs. 2 und 3. Gegen die Beschwerdeentscheidung findet die zulassungsfreie Rechtsbeschwerde statt, da es sich um eine Betreuungssache nach § 70 Abs. 3 Nr. 1 handelt.
27 Im Grundsatz ist nach § 58 Abs. 1 nur die Beschwerde gegen Endentscheidungen statthaft. Das sind nach § 38 die Entscheidungen, die über den Verfahrensgegenstand in der Instanz ganz oder teilweise abschließend entscheiden (s iE § 303 Rdn. 1). Zwischen- und Nebenentscheidungen sind dagegen grds. nicht selbstständig anfechtbar. Sie sind entweder überhaupt nicht oder aber nur zusammen mit der Hauptsacheentscheidung anfechtbar. Soweit der Gesetzgeber hiervon abweichen wollte, hat er die sofortige Beschwerde in entsprechender Anwendung der §§ 567 bis 572 ZPO vorgesehen (BT-Drucks. 16/6308 S. 203). In **§ 284 Abs. 3 Satz 2** ist von dieser Möglichkeit Gebrauch gemacht worden. Die Anordnung oder Verlängerung der Unterbringung kann demnach innerhalb der kurzen, 14-tägigen Beschwerdefrist vom originären Einzelrichter überprüft werden lassen. Neue Tatsachen und Beweismittel können dabei berücksichtigt werden (vgl. auch § 58). Insoweit ist das Recht der **Anfechtbarkeit** hiermit geregelt.
28 Das Recht der Beschwerde gegen die ergangene Anordnungen steht im Interesse des Betroffenen auch dessen Ehegatten oder Lebenspartner, wenn die Ehegatten oder Lebenspartner nicht dauernd getrennt leben, sowie den Eltern, Großeltern, Pflegeeltern, Abkömmlingen und Geschwistern des Betroffenen sowie einer Person seines Vertrauens zu, wenn sie im ersten Rechtszug beteiligt worden sind. Das Recht der Beschwerde steht weiterhin dem Verfahrenspfleger und dem Betreuer zu. Die Regelung des § 303 Abs. 2 bis 4 ist entsprechend anwendbar. Für den Fall einer statthaften Beschwerde in Betreuungssachen sind hier ergänzende Vorschriften für das Beschwerderecht normiert. Da in den Regelungen der §§ 567 bis 577 ZPO hierzu vergleichbare Regelungen fehlen, für die sofortige Beschwerde nach § 284 Abs. 3 Satz 2 ein in der Sache erweiterter Kreis von Beschwerdeberechtigten aber geboten ist, kommt eine analoge Anwendung der Regelungen zur unbefristeten Beschwerde in Betracht.
29 Die Beschwerde wird unzulässig, wenn sich der Betroffene freiwillig untersuchen lässt. Sie kann aber auch bei prozessualer Erledigung der Anordnung mit dem Ziel der Feststellung der Rechtswidrigkeit der Anordnung zulässig bleiben.
30 Die Kosten der Unterbringung sind Auslagen des Sachverständigen, § 8 Abs. 1 Nr. 4, 12 JVEG. Sind daneben auch medizinische Gründe gegeben, die einen stationären Krankenhausaufenthalt zur Erkennung oder

Behandlung einer Krankheit erfordern, so wird die Leistungspflicht der Krankenkasse oder des Sozialhilfeträgers durch die richterliche Anordnung der Unterbringung nicht ausgeschlossen (OLG Frankfurt am Main FGPrax 2008, 275).

§ 285 Herausgabe einer Betreuungsverfügung oder der Abschrift einer Vorsorgevollmacht.
In den Fällen des § 1901c des Bürgerlichen Gesetzbuchs erfolgt die Anordnung der Ablieferung oder Vorlage der dort genannten Schriftstücke durch Beschluss.

Übersicht	Rdn.		Rdn.
A. Normzweck	1	B. Verfahren	2

A. Normzweck. Die Vorschrift ergänzt das in § 35 grds. geregelte Verfahren zur **Erzwingung der Herausgabe oder Vorlage** von verfahrensrelevanten Unterlagen für die **im gerichtlichen Betreuungsverfahren relevanten** Schriftstücke. Dabei geht es zum einen um **Betreuungsverfügungen** nach § 1901c Satz 1 BGB als vom Betroffenen für den Fall späterer Betreuungsbedürftigkeit getroffene Regelungen und Wünsche (§ 1901 Abs. 3 BGB), die dem Betreuungsgericht abzuliefern sind. Hierzu gehören auch Patientenverfügungen, sofern diese im Zusammenhang mit der Betreuungsverfügung stehen (vgl. dazu im Einzelnen PWW/*Bauer* § 1901c Rn. 1 ff. sowie § 298 Rdn. 16). Zum anderen ist eine **Vorsorgevollmacht** (§ 1901c Satz 2 BGB) vorzulegen, d.h. eine i.S.v. § 164 BGB für den Fall erteilte Ermächtigung, dass der Vollmachtgeber aufgrund einer psychischen Krankheit oder einer körperlichen, geistigen oder seelischen Behinderung seine Angelegenheiten ganz oder teilweise nicht selbst besorgen kann. Beides soll, soweit vorhanden, möglichst rechtzeitig und vor dessen Entscheidung in der Sache dem Betreuungsgericht zur Verfügung stehen bzw. zur Kenntnis gelangen. Dem trägt § 1901c BGB durch die unverzügliche Ablieferungspflicht von Betreuungsverfügungen bzw. Unterrichtungspflicht bezüglich der Vorsorgevollmachten Rechnung (*Jürgens* § 1901c BGB Rn. 16 ff.).
§ 285 stellt klar, dass die gerichtliche Anordnung einer solchen Herausgabe- oder Vorlagepflicht durch **Beschluss** zu erfolgen hat. 1

B. Verfahren. Das von der Vorschrift erfasste **Verfahren** erschöpft sich in der Beschlussfassung, die die Herausgabe oder Vorlage der Schriftstücke anordnet und den jeweiligen Schuldner bestimmt. Es genügt die Kenntnis des Gerichts, dass jemand im Besitz eines entsprechenden Schriftstücks ist (vgl. Bienwald/Sonnenfeld/Hoffmann/*Sonnenfeld* § 69e FGG Rn. 32). Die **Durchsetzung** dieser Anordnung richtet sich nach § **35**. Damit stehen dem Betreuungsgericht die Festsetzung von Zwangsgeld, die Anordnung von (auch originärer) Zwangshaft (§ 35 Abs. 1 bis 3), die Ersatzvornahme und die Anwendung unmittelbaren Zwangs (§ 35 Abs. 4 i.V.m. §§ 883, 892 ZPO) zur Verfügung. Der Androhung der Zwangsmittel bedarf es mit Rücksicht auf die Beschleunigung des Verfahrens nicht (BT-Drucks. 16/6308 S. 193). Die Entscheidung steht im **pflichtgemäßem Ermessen** des Gerichts und bedarf keines Antrags. Auch die Anordnung mehrerer Zwangsmittel nebeneinander ist möglich (BT-Drucks. 16/6308 S. 193). Bestehen allerdings nur Anhaltspunkte für den Besitz entsprechender Schriftstücke, kann die betreffende Person gem. § 35 Abs. 4 i.V.m. § 883 Abs. 2 ZPO zur Abgabe einer eidesstattlichen Versicherung über deren Verbleib bzw. den Umstand herangezogen werden, dass sie sie nicht habe und auch nicht wisse, wo sie sich befinde (*Jürgens* § 285 Rn. 4; Prütting/Helms/*Fröschle* § 285 Rn. 5; s.a. Rdn. 5). S. i.Ü. die Anmerkungen zu § 35. 2

Die **funktionelle Zuständigkeit** für den Beschluss richtet sich nach derjenigen für das konkrete Verfahren (s. dazu § 272 Rdn. 30). Sofern Zwangsmaßnahmen anzuordnen sind, kann Zwangsgeld sowohl durch den Richter als auch den Rechtspfleger festgesetzt werden kann (BT-Drucks. 16/6308 S. 193; Bienwald/Sonnenfeld/Hoffmann/*Sonnenfeld* § 69e FGG Rn. 46; Fröschle/*Locher* § 69e FGG Rn. 5). Gleiches gilt für die Vollstreckung nach § 35 Abs. 4, allerdings ist § 758a ZPO zu beachten. Soll dagegen ersatzweise oder originäre *Zwangshaft* angeordnet werden, so ist diese Anordnung der Zuständigkeit des Richters vorbehalten (§ 4 Abs. 2 Nr. 2 RPflG). S. hierzu im Einzelnen die Anmerkungen zu § 35. 3

Die **Beschwerde** ist gegen den die Herausgabe oder Vorlage als solches anordnenden Beschluss als schlichte Zwischenentscheidung nicht statthaft (BT-Drucks. 16/6308 S. 203; § 303 Rdn. 1). Anfechtbar ist gem. § 35 Abs. 5 mit der sofortigen Beschwerde in entsprechender Anwendung von §§ 567 ff. ZPO hingegen der Beschluss, durch den Zwangsmaßnahmen angeordnet worden sind. 4

5 Gem. §§ 78c ff. BNotO führt die BNotK ein zentrales **Vorsorgeregister**, in welches auf Antrag des Vollmachtgebers bestimmte Inhalte der erteilten Vorsorgevollmacht eingetragen werden können (www.zvr-online.de). Die Unterrichtungs- oder Vorlagepflicht nach § 1901c Satz 2, 3 BGB entfällt bei erfolgter Eintragung zwar nicht; allerdings kann dies Einfluss auf die Ermessensentscheidung des Gericht betreffend Zwangsmaßnahmen haben. Eine vergleichbare zentrale Verwahrstelle für Betreuungsverfügungen gibt es, abgesehen von in einigen Ländern getroffenen Sonderregelungen (z.B. Art. 34a BayAGGVG), nicht (näher dazu *Jürgens* § 1901c BGB Rn. 20 f.).

§ 286 Inhalt der Beschlussformel.

(1) Die Beschlussformel enthält im Fall der Bestellung eines Betreuers auch
1. die Bezeichnung des Aufgabenkreises des Betreuers;
2. bei Bestellung eines Vereinsbetreuers die Bezeichnung als Vereinsbetreuer und die des Vereins;
3. bei Bestellung eines Behördenbetreuers die Bezeichnung als Behördenbetreuer und die der Behörde;
4. bei Bestellung eines Berufsbetreuers die Bezeichnung als Berufsbetreuer.
(2) Die Beschlussformel enthält im Fall der Anordnung eines Einwilligungsvorbehalts die Bezeichnung des Kreises der einwilligungsbedürftigen Willenserklärungen.
(3) Der Zeitpunkt, bis zu dem das Gericht über die Aufhebung oder Verlängerung einer Maßnahme nach Absatz 1 oder Absatz 2 zu entscheiden hat, ist in der Beschlussformel zu bezeichnen.

Übersicht

	Rdn.		Rdn.
A. Normzweck	1	C. Regelungen	3
B. Anwendungsbereich	2	D. Mängel des Beschlussinhalts	11

1 **A. Normzweck.** Da die Anordnung der Betreuung nicht abstrakt erfolgt, sondern vielmehr in einer **Einheitsentscheidung** sowohl über die Notwendigkeit der Betreuung als auch den Aufgabenkreis, ggf. die Anordnung eines Einwilligungsvorbehalts mit der Bezeichnung des Kreises der einwilligungsbedürftigen Willenserklärungen sowie über die Bestellung eines bestimmten Betreuers zu befinden ist (BT-Drucks. 11/4528 S. 175; Prütting/Helms/*Fröschle* Vor §§ 271 bis 341 Rn. 9; *Zimmermann* NJW 1991, 538, 543), legt die Vorschrift den hiernach notwendigen **Entscheidungsinhalt**, wie er in den **Tenor** aufzunehmen ist, fest. Sie knüpft dabei an § 38 Abs. 2 an, der für alle nach dem Gesetz zu treffenden Beschlüsse bereits als Mindestinhalt die Bezeichnung der Beteiligten nebst Vertretern (Nr. 1), die Bezeichnung des Gerichts und die Namen der Entscheider (Nr. 2) sowie die Beschlussformel (Nr. 3) nennt. Vgl. hierzu im Einzelnen die Anmerkungen zu § 38.

2 **B. Anwendungsbereich.** Die Vorschrift gilt für alle Entscheidungen, durch die **Betreuung** angeordnet und ein Betreuer bestellt (Abs. 1) oder ein **Einwilligungsvorbehalt** angeordnet wird (Abs. 2), mithin auch solche im Wege einstweiliger Anordnung nach §§ 300 ff. oder durch das Beschwerdegericht (Bassenge/*Roth* § 286 Rn. 1 f.; *Jürgens* § 286 Rn. 1). Nach § 293 Abs. 1 ist sie bei **Erweiterung** des Aufgabenkreises des Betreuers oder Erweiterung des Kreises der einwilligungsbedürftigen Willenserklärungen entsprechend anzuwenden, nach § 295 Abs. 1 Satz 1 gleichfalls bei **Verlängerung** dieser Anordnungen. Wird ein weiterer Betreuer gem. § 1899 BGB bestellt, gilt Abs. 1 unmittelbar; auf eine Erweiterung des Aufgabenkreises (§ 295 Abs. 3) kommt es nicht an (BT-Drucks. 16/6308 S. 268; vgl. Bassenge/*Roth* § 286 Rn. 2; Prütting/Helms/*Fröschle* § 286 Rn. 3). Im Fall der Ablehnung von Maßnahmen oder der Entlassung eines Betreuers gilt die Aufzählung nicht (Bienwald/Sonnenfeld/Hoffmann/*Sonnenfeld* § 69 FGG Rn. 4). Hingegen unterliegt die Entscheidung des **Beschwerdegerichts**, sofern es die vorbezeichneten Anordnungen trifft, gem. § 69 Abs. 3 den Anforderungen der Vorschrift. Für Unterbringungsverfahren gilt § 323.

3 **C. Regelungen. Abs. 1** enthält die Aufzählung der in die Beschlussformel (§ 38 Abs. 2 Nr. 3) aufzunehmenden Inhalte. Dies sind nach **Nr. 1** zunächst der bzw. die **Aufgabenkreise**. Das Gesetz sieht für die Beschreibung der Aufgabenkreise keine festgelegten Bezeichnungen vor, auch wenn mittlerweile bestimmte – regelmäßig an den notwendigen Angelegenheiten orientierte – Beschreibungen üblich sind. Im Interesse des Rechtsverkehrs ist der Aufgabenkreis aber je nach Einzelfall so konkret und eindeutig wie möglich anzugeben. Denn nach § 1896 Abs. 2 BGB darf ein Betreuer nur für Aufgabenkreise bestellt werden, in denen *die Betreuung* erforderlich ist. Ihr Umfang muss aus dem Entscheidungssatz selbst bestimmt werden kön-

nen, zumal der Betreuerausweis nur die Aufgabenkreise in ihrer konkreten Formulierung nennt (BayObLG FamRZ 1994, 1059 f.; *Keidel* § 286 Rn. 3 f.). Die Formulierung »alle Angelegenheiten« umfasst wegen § 1896 Abs. 4 BGB nicht die Entscheidung über den Fernmeldeverkehr und das Anhalten und Öffnen der Post. Zu den möglichen Bezeichnungsvarianten s. im Einzelnen Bienwald/Sonnenfeld/Hoffmann/*Bienwald* § 1896 BGB Rn. 133. Soll der Betreuer das Recht haben, für den Betroffenen **Strafantrag** gem. § 77 StGB zu stellen, muss der Aufgabenkreis ausdrücklich hierauf erweitert sein. Weder der allgemeine Aufgabenkreis der Vermögenssorge noch der der Vertretung gegenüber Behörden enthalten dieses höchstpersönliche Recht (OLG Celle NStZ 2012, 702). Gleiches gilt für die Bestellung zur Vertretung im Scheidungsverfahren (KG, Beschl. v. 13.02.2014, Az. 25 WF 150/13, Juris). Nr. 1 umfasst trotz seines einschränkenden Wortlauts hierneben auch die **Bezeichnung des Betreuers** (vgl. BT-Drucks. 16/6308 S. 268). Hierzu gehören die notwendigen Identifizierungspersonalien, also Vor- und Nachname, Geburtsdatum und -ort sowie Anschrift. Bei Bestellung eines Betreuungsvereins (§ 1900 Abs. 1 BGB) oder der Betreuungsbehörde (§ 1900 Abs. 4 BGB) bedarf es der Bezeichnung von Name und Sitz bzw. der zugehörigen Körperschaft.

Nr. 2 verlangt bei der Bestellung eines **Vereinsbetreuers** (§ 1897 Abs. 2 Satz 1 BGB) die zusätzliche Bezeichnung »als Vereinsbetreuer« sowie die Bezeichnung des Vereins. Dies ist wegen der Geltung besonderer Vorschriften (1908b Abs. 4) und in Vergütungsfragen von Bedeutung (§ 7 VBVG; s.a. Jansen/*Sonnenfeld* § 69 FGG Rn. 5). 4

Bei der Bestellung eines **Behördenbetreuers** (§ 1897 Abs. 2 Satz 1 BGB) schreibt **Nr. 3** dessen Bezeichnung »als Behördenbetreuer« sowie die Bezeichnung der Behörde vor. S. hierzu Rdn. 3 a.E. und Rdn. 4. 5

Nach § 1836 Abs. 1 BGB i.V.m. § 1 Abs. 1 Satz 1 VBVG ist die Feststellung der berufsmäßigen Betreuung Voraussetzung für die Vergütung des **Berufsbetreuers**. **Nr. 4** zählt deswegen in diesem Fall als weiteren notwendigen Inhalt der Beschlussformel die Bezeichnung »als Berufsbetreuer« auf. Dies dient insb. der Klarstellung des Vorliegens der Voraussetzungen der Berufsmäßigkeit (BT-Drucks. 16/6308 S. 268), ist aber auch im Verfahren von Bedeutung, § 289 Abs. 1 Satz 2. Die unterbliebene Feststellung kann zwar nachgeholt werden. Die Vergütung kann dann aber erst ab dem Zeitpunkt der Feststellung der Berufsmäßigkeit verlangt werden. Eine mit Rückwirkung erfolgende nachträgliche Änderung des dem Betreuer zuerkannten Status von ehrenamtlich in berufsmäßig hätte zur Folge, dass diejenigen Umstände, die der im Rahmen der ursprünglichen Entscheidung vorgenommenen Betreuerbestellung zugrunde lagen, im Nachhinein überholt wären. Damit könnte, entgegen dem Gesetzeswortlaut und der gesetzgeberischen Intention, durch die Entscheidung auch hinsichtlich der Betreuervergütung Rechtssicherheit und – klarheit zu gewährleisten, ohne zeitliche Schranke in den vom Betreuungsgericht geschaffenen Regelungszusammenhang mit Wirkung für die Vergangenheit eingegriffen werden. Sie ist deswegen auch dann unzulässig, wenn sie bei der Bestellung des Betreuers versehentlich unterblieben ist (BGH FamRZ 2014, 468 u. 653; *Jürgens* VBVG § 1 Rn. 9 m.w.N.). Zur Zuständigkeit s. § 272 Rdn. 22. 6

Nach **Abs. 2** ist der Umfang eines angeordneten **Einwilligungsvorbehalts** im Tenor so genau wie möglich zu bezeichnen. Dies gilt insb., sofern er sich auch auf geringfügige Angelegenheiten des täglichen Lebens (§ 1903 Abs. 3 Satz 2 BGB), einen festen Geldbetrag oder ganz bestimmte Geschäfte bezieht. Er kann nicht weiter reichen als die bestimmten Aufgabenkreise (*Dodegge* FuR 2008, 382 f.). In diesem Fall oder bei nicht hinreichender Bezeichnung ist die Anordnung **unwirksam** (Fröschle/*Fröschle* § 69 FGG Rn. 15; HK-BUR/ *Rink* § 69 Rn. 19). Soll der Einwilligungsvorbehalt ausnahmsweise »alle Angelegenheiten« betreffen, umfasst dies wegen § 1896 Abs. 4 BGB nicht die Entscheidung über den Fernmeldeverkehr und das Anhalten und Öffnen der Post (Bienwald/Sonnenfeld/Hoffmann/*Sonnenfeld* § 69 FGG Rn. 11). Zu beachten ist, dass sich der Einwilligungsvorbehalt **nur auf Willenserklärungen oder rechtsgeschäftliche Handlungen** beziehen kann, nicht hingegen auf bloß tatsächliche Gestattungen wie etwa die Entscheidung über den konkreten Aufenthaltsort. Ein pauschaler Einwilligungsvorbehalt für Gesundheitsvorsorge oder Aufenthaltsbestimmung ist deswegen für den Betreuer keine Hilfe (*Dodegge* FuR 2008, 382, 383 f.). Unzulässig ist es, im Tenor festzustellen, der Betroffene sei geschäftsunfähig (Keidel/*Budde* § 286 Rn. 6). Die Anordnung des Einwilligungsvorbehalts ist, da eigene Maßnahme nach § 1903 BGB, nicht notwendiger Bestandteil der Einheitsentscheidung i.S.v. Abs. 1 (Rdn. 1). Sie kann deswegen auch **später** erfolgen oder im Fall ihrer Unwirksamkeit **nachgeholt** werden. 7

Zum Inhalt des Beschlusstenors gehört nach **Abs. 3** stets der **Überprüfungszeitpunkt** (nicht die Zeitspanne) hinsichtlich der Betreuerbestellung (Abs. 1) sowie der Anordnung eines Einwilligungsvorbehalts (Abs. 2). In beiden Fällen ist gem. § 294 Abs. 3 bzw. § 295 Abs. 2 spätestens nach 7 Jahren (ausgenommen sind die bis zum 01.07.2005 ergangenen Entscheidungen, Art. 5 Nr. 8 2. BtÄndG, BGBl. I 1077) über Aufhebung oder 8

Verlängerung der Maßnahme zu entscheiden; die Frist richtet sich aber nach den Umständen des Einzelfalls und ist ansonsten entsprechend kürzer zu bemessen. Anhaltpunkt ist grds. der im eingeholten Gutachten für erforderlich erachtete Überprüfungszeitraum, der sowohl hinsichtlich der Betreuerbestellung einerseits als auch der Anordnung des Einwilligungsvorbehalts andererseits verschieden sein kann. Ebenso kann dies hinsichtlich verschiedener Aufgabenkreise in Betracht kommen (Firsching/Dodegge, Handbuch Rn. 437; Fröschle/*Fröschle* § 69 FGG Rn. 16 ff.). Will der Tatrichter von der gutachterlichen Stellungnahme abweichen, indem er die Überprüfungsfrist zum Nachteil des Betroffenen über die vom Sachverständigen als erforderlich bezeichnete Dauer hinaus ausdehnt, muss er die hierfür tragenden Gründe im Beschluss darlegen (BGH, Beschl. v. 14.11.2012 – XII ZB 344/12, Juris). Bei schubweise verlaufenden (meist psychotischen) Erkrankungen darf ein Betreuer nur für den Zeitraum bestellt werden, in welchem der Betroffene seinen Willen nicht frei bestimmen kann. Eine **Vorratsbetreuung** bei fehlendem akutem Betreuungsbedarf ist **unzulässig** (BayObLG NJW-RR 1995, 1274, 1275 = FGPrax 1995, 63; OLG Zweibrücken FamRZ 2005, 748 f.). Sind nur bestimmte, in sich abgeschlossene Angelegenheiten Gegenstand der Betreuerbestellung, ist dies nach Abs. 3 im Tenor zum Ausdruck zu bringen. Eine nachträgliche Änderung der Überprüfungsfrist ist nur unter Beachtung der Verfahrensvorschriften der §§ 294 ff. zulässig (*Bienwald* FamRZ 2006, 1430).

9 Eine **Kostenentscheidung** enthält der Beschluss (ausnahmsweise) nur in den Fällen der §§ 81 Abs. 2, 307.

10 Die Pflicht, die Entscheidung zu **begründen** und mit einer **Rechtsbehelfsbelehrung** zu versehen, ergibt sich bereits aus §§ 38, 39. Für die Einheitsentscheidung i.S.v. Abs. 1 bedeutet dies, dass unabhängig von der Art der Einleitung des Verfahrens jede in ihr getroffene oder abgelehnte Maßnahme für sich zu begründen ist (§ 38 Abs. 5 Nr. 3, Abs. 4). Dies gilt auch für das Beschwerdegericht (BayObLG, Beschl. v. 03.06.1994 – AZ 3Z BR 67/96, Juris). Begründet werden muss deswegen auch die Auswahl des Betreuers, insb. im Fall der Bestellung eines Berufsbetreuers oder der Betreuungsbehörde (Bienwald/Sonnenfeld/Hoffmann/*Sonnenfeld* § 69 FGG Rn. 33; Firsching/Dodegge, Handbuch Rn. 437). Die Möglichkeit, von der Begründung abzusehen, besteht nicht (*Diekmann* BtPrax 2009, 149, 151). Dies ist davon zu unterscheiden, dass gem. § 288 Abs. 1 von der Bekanntgabe der Gründe an den Betroffenen abgesehen werden kann. Zu den inhaltlichen Anforderung an die Begründung s. i.E. § 38 Rdn. 72 ff. Zur Rechtsbehelfsbelehrung s.a. Rdn. 12. Zur Anordnung der sofortigen Wirksamkeit s. § 278 Rdn. 6 ff.

11 **D. Mängel des Beschlussinhalts.** Fehlt es an einer hinreichenden **Bezeichnung** des Betroffenen, des Betreuers oder der Aufgabenkreise, ist die Anordnung der Betreuung wegen der mit ihr verbundenen weitreichenden Wirkungen **unwirksam** (Bassenge/*Roth* § 286 Rn. 3; Bienwald/Sonnenfeld/Hoffmann/*Sonnenfeld* § 69 FGG Rn. 38; HK-BUR/*Rink* § 69 FGG Rn. 17; ebenso, aber differenzierend BtKomm/*Roth* Abschn. A Rn. 175; Prütting/Helms/*Fröschle* § 286 Rn. 8, und *Jürgens* § 286 Rn. 5; a.A. zum alten Recht Damrau/*Zimmermann* § 69 FGG Rn. 3; KKW/*Kayser* § 69 FGG Rn. 8). Ist nur die **Überprüfungsfrist** nicht bestimmt, ist von der Höchstfrist auszugehen, es sei denn, aus der Begründung des Beschlusses ergibt sich ein Anderes. Ihre Bestimmung ist ebenso wie die Anordnung oder Konkretisierung des Einwilligungsvorbehalts **nachholbar** (s. Rdn. 7). Bei Überschreitung der Höchstfrist verliert die Betreuerbestellung nicht ihre Wirksamkeit, ebenso wenig die der Anordnung des Einwilligungsvorbehalts (BayObLG FamRZ 1998, 1183, 1185). Damit besteht aufgrund der nach wie vor gültigen Betreuung – auch wenn diese als formell rechtswidrig anzusehen ist – auch kein dringendes Bedürfnis i.S.v. § 300 Abs. 1 Nr. 1 an einer vorläufigen Regelung (ähnlich *Jürgens* § 286 Rn. 9; a.A. Prütting/Helms/*Fröschle* § 274 Rn. 22). Zur fehlenden Bezeichnung »als Berufsbetreuer« s. Rdn. 6. Die fehlerhaft nicht begründete Entscheidung leidet an einem Verfahrensmangel, die gleichwohl die Beschwerdefrist in Lauf setzt (Keidel/*Budde* § 286 Rn. 9). S. i.Ü. die Anmerkungen zu § 38.

12 Das Fehlen der stets notwendigen **Rechtsbehelfsbelehrung** betrifft nicht die Wirksamkeit des Beschlusses. Zum Lauf der Rechtsmittelfrist in diesen Fällen s. § 63 Rdn. 19 ff. Auf die fehlerhafte Rechtsmittelbelehrung kann sich der anwaltlich vertretene Betroffene nicht berufen (*Sonnenfeld* FamRZ 2012, 1525, 1531). Eine Rechtsmittelbelehrung, die fälschlicherweise darauf hinweist, dass gegen den Beschluss das Rechtsmittel der Rechtsbeschwerde stattfinde, stellt keine Entscheidung über die Zulassung der Rechtsbeschwerde dar (BGH FamRZ 2011, 1728). Siehe i.Ü. die Anm. zu § 39.

§ 287 Wirksamwerden von Beschlüssen.
(1) Beschlüsse über Umfang, Inhalt oder Bestand der Bestellung eines Betreuers, über die Anordnung eines Einwilligungsvorbehalts oder über den Erlass einer einstweiligen Anordnung nach § 300 werden mit der Bekanntgabe an den Betreuer wirksam.

(2) ¹Ist die Bekanntgabe an den Betreuer nicht möglich oder ist Gefahr im Verzug, kann das Gericht die sofortige Wirksamkeit des Beschlusses anordnen. ²In diesem Fall wird er wirksam, wenn der Beschluss und die Anordnung seiner sofortigen Wirksamkeit
1. dem Betroffenen oder dem Verfahrenspfleger bekannt gegeben werden oder
2. der Geschäftsstelle zum Zweck der Bekanntgabe nach Nummer 1 übergeben werden.
³Der Zeitpunkt der sofortigen Wirksamkeit ist auf dem Beschluss zu vermerken.
(3) Ein Beschluss, der die Genehmigung nach § 1904 Absatz 2 des Bürgerlichen Gesetzbuchs zum Gegenstand hat, wird erst zwei Wochen nach Bekanntgabe an den Betreuer oder Bevollmächtigten sowie an den Verfahrenspfleger wirksam.

Übersicht

	Rdn.		Rdn.
A. Normzweck	1	C. Regelungen	5
B. Anwendungsbereich	2		

A. Normzweck. Die Vorschrift **konkretisiert** die Grundregel des **§ 40**, nach der Beschlüsse grds. mit Bekanntgabe an den Beteiligten, für den sie bestimmt sind, wirksam werden, für das Betreuungsverfahren. Es sollen insoweit abweichend von dieser Grundregel die Beschlüsse regelmäßig (bereits) mit Bekanntgabe an den Betreuer wirksam werden, um etwa bei Krankheiten oder Behinderungen des Betroffenen **Zweifel am Eintritt der Wirksamkeit auszuschließen** (BT-Drucks. 16/6308 S. 269). Sofern Entscheidungen der Vorschrift nicht unterfallen (s. dazu Rdn. 2 f.), gelten die Grundregeln nach § 40 Abs. 1 und 2. I.Ü. soll Abs. 2 den Eintritt der Wirksamkeit sicherstellen, wenn eine Bekanntgabe an den Betreuer nicht abgewartet werden kann. 1

B. Anwendungsbereich. Die Beschlüsse, deren Wirksam werden in **Abs. 1** geregelt ist, sind dort **aufgezählt**. Genannt sind die **das Verfahren abschließenden Entscheidungen** über Umfang, Inhalt oder Bestand der Bestellung des Betreuers, über die Anordnung eines Einwilligungsvorbehalts sowie über den Erlass einer einstweiligen Anordnung. Dies betrifft mithin alle Entscheidungen, durch die im Wege der Einheitsentscheidung (§ 286 Abs. 1) die Betreuung angeordnet und ein Betreuer bestellt oder ein Einwilligungsvorbehalt angeordnet wird; ferner die die Entscheidungen ändernden oder aufhebenden Beschlüsse i.S.v. §§ 293, 294, 295 und 296 (s.a. OLG Köln OLGR 2007, 410 f.; Prütting/Helms/*Fröschle* § 287 Rn. 7). Sofern die Entscheidung nur die Ablehnung der Betreuung zum Gegenstand hat, verbleibt es, da sie keinem Betreuer bekannt gegeben werden kann, bei § 40 Abs. 1 mit der Bekanntgabe an den Betroffenen (Prütting/Helms/*Fröschle* § 287 Rn. 9). Gleiches muss in den Fällen gelten, in denen aufgrund einer nach § 19 Abs. 1 Nr. 1 RPflG getroffenen landesrechtlichen Regelung (s. dazu § 272 Rdn. 18 a.E.) die richterliche Betreuungsanordnung noch nicht die Auswahl und Bestellung eines Betreuers enthält (Jansen/*Sonnenfeld* § 69a FGG Rn. 15). 2

Von der Vorschrift werden **Zwischenentscheidungen** und **Genehmigungsbeschlüsse** des Betreuungsgerichts grds. **nicht** erfasst. Vorführens- und Unterbringungsanordnungen nach §§ 283 ff. erlangen gem. § 40 Abs. 1 mit Bekanntgabe an den Betroffenen Wirksamkeit. Genehmigungen von Rechtsgeschäften, die nach § 3 Nr. 2 b) RPflG durch den Rechtspfleger erfolgen, werden gem. § 40 Abs. 2 erst mit Rechtskraft wirksam (BT-Drucks. 16/6308 S. 196; *Schulte-Bunert* Rn. 951; s.a. die Anmerkungen zu § 40). Ersetzungsentscheidungen betreffend Einwilligung oder Zustimmung in Adoptionssachen (§§ 1748, 1749 Abs. 1, 1746 Abs. 3, 1727 BGB) werden nach Maßgabe des § 40 Abs. 3 wirksam, der nunmehr umfänglich auch im Betreuungsverfahren gilt (BT-Drucks. 16/6308 S. 196). Für die richterliche Genehmigung der Einwilligung des besonderen Betreuers in die Sterilisation (§ 1905 BGB) gilt § 297 Abs. 7 und 8. Die richterliche **Genehmigung** der Einwilligung des Betreuers oder des Bevollmächtigten (§ 1904 Abs. 5 BGB) in einen gefährlichen medizinischen Eingriff nach **§ 1904 Abs. 1 BGB** wird bereits nach § 40 Abs. 1 mit Bekanntgabe an diesen wirksam (BT-Drucks. 16/6308 S. 269). Soweit in den letztgenannten Fällen die Wirksamkeit bereits vor der Einlegung einer Beschwerde, ohnehin aber vor der Entscheidung des Beschwerdegerichts eintreten kann, stellt sich die Frage nach einem wirkungsvollen **Schutz des Betroffenen**. Aufschiebende Wirkung kommt der Einlegung der Beschwerde nicht zu, denn der Eintritt der Wirksamkeit wird nur in den Fällen gehemmt, in denen – so in § 40 Abs. 2 – die Entscheidung kraft ausdrücklicher gesetzlicher Vorschrift erst mit Rechtskraft wirksam wird (Bumiller/*Winkler* § 19 FGG Rn. 1) oder – so in §§ 35 Abs. 5, 87 Abs. 4 für Vollstre- 3 ckungsmaßnahmen – durch den Verweis auf §§ 567 ff. ZPO die dort vorgesehene aufschiebende Wirkung gilt. Insofern kann – ggf. auf entsprechenden Antrag des Beschwerdeführers – auf **§ 64 Abs. 3** zurückgegriffen werden. Dies ist in **entsprechender Anwendung** auch dem erstinstanzlichen Betreuungsgericht möglich, etwa indem es (in Anlehnung an die Regelung des Abs. 3 bzw. in § 1905 Abs. 2 Satz 2 BGB) anordnet, dass seine Entscheidung erst wirksam wird, wenn nicht innerhalb von 2 Wochen nach Zustellung Beschwerde eingelegt wird. Je nach Bedeutung der Angelegenheit wird hierzu Veranlassung bestehen, was vor Inkrafttreten des 3. BetreuungsrechtsänderungsG (BGBl. I 2009, S. 2286) insb. bei der Zustimmung zur Einwilligung des Betreuers in den Abbruch einer lebenserhaltenden Maßnahme angenommen wurde (vgl. LG Essen NJW 2008, 1170, 1172; Bienwald/Sonnenfeld/Hoffmann/*Hoffmann* § 1904 Rn. 211; s.a. Bumiller/*Winkler* § 19 FGG Rn. 10 sowie im Einzelnen § 298 Rdn. 12 ff.). Für diese, nunmehr in **§ 1904 Abs. 2 BGB** vorgesehene Genehmigungsentscheidung trifft Abs. 3 eine eigene Regelung (s. Rdn. 12).

4 Die Vorschrift gilt auch im **Beschwerdeverfahren**, § 68 Abs. 3. Ihr Anwendungsbereich **endet** mit Aufhebung der Betreuung. Zustellungen, die vor Aufhebung unter einem Zustellungsmangel gelitten haben, werden insofern geheilt. Denn eine an den Betreuten bewirkte Zustellung wird jedenfalls rechtsgültig, wenn und sobald die Betreuung aufgehoben ist und der Zustellungsempfänger von dem Schriftstück Kenntnis hat oder erhält (VG Düsseldorf BtPrax 2012, 130 Ls.).

5 **C. Regelungen.** Abs. 1 enthält die **Grundregel**, nach der es für das Wirksam werden der Entscheidung, also den Eintritt deren rechtlicher Wirkungen (Damrau/*Zimmermann* § 69a FGG Rn. 15), auf den Zeitpunkt der **Bekanntgabe an den Betreuer** ankommt. Dies ist bei vorausgegangener einstweiliger Anordnung – falls personenverschieden – der endgültige Betreuer (Prütting/Helms/*Fröschle* § 287 Rn. 10). Zu den diesbezüglichen Praktikabilitätserwägungen vgl. Keidel/*Budde* § 287 Rn. 3. Die **Form der Bekanntgabe** ist in §§ 15, 41 geregelt. Danach ist sowohl schriftliche (§ 15 Abs. 1) als auch ggü. dem anwesenden Betreuer mündliche (§ 41 Abs. 2 Satz 1) Bekanntgabe möglich. Im letzteren Fall ist die unverzügliche Nachholung der Begründung erforderlich (§ 41 Abs. 2 Satz 2). Ob der schriftliche Beschluss förmlich zuzustellen oder per Aufgabe zur Post bekannt zu geben ist (§ 15 Abs. 2) richtet sich nach den Umständen des Einzelfalls und liegt im pflichtgemäßen Ermessen des Gerichts (BT-Drucks. 16/6308 S. 182). Wegen der grundsätzlichen Befristung der Beschwerde kommt für die in Abs. 1 genannten Entscheidungen eine formlose Bekanntgabe per E-Mail oder per Telefon nicht in Betracht (BT-Drucks. 16/6308 S. 183). Wegen der weitreichenden Wirkungen der Entscheidungen in Betreuungssachen empfiehlt es sich vor diesem Hintergrund, grds. förmlich zuzustellen; für Eilfälle gilt Abs. 2 (Rdn. 7). Hat der Betroffenen einen Verfahrensbevollmächtigten i.S.v. § 276 Abs. 4 (s. dort Rdn. 11), hat die Bekanntmachung diesem ggü. zu erfolgen (§ 172 Abs. 1 ZPO). In diesem Fall muss nicht – sollte aber – auch zusätzlich dem Betroffenen bekannt gemacht werden (Keidel/*Budde* § 288 Rn. 3). Dass gem. § 15 Abs. 1 die Entscheidung auch den übrigen Beteiligten, insb. dem Verfahrenspfleger (s. § 274 Rdn. 7 ff.), bekannt zu geben ist, hindert den Eintritt der Wirksamkeit mit der Bekanntgabe an den Betreuer nicht (missverständlich insofern BGH FamRZ 2011, 1049: für den Lauf der Beschwerdefrist des Betroffenen ist der Zeitpunkt der Zustellung an diesen maßgeblich). Auf die Regelung nach § 15 Abs. 2 Satz 2 kann nur zurückgegriffen werden, wenn sich der Zeitpunkt der Bekanntgabe nicht feststellen lässt (BGH NJW-RR 2012, 1475). Im Fall eines Interessenkonflikts zwischen Betreuer und Betroffenem besteht Anlass zur Bestellung eines Ergänzungsbetreuers; die Bekanntgabe kann grundsätzlich nicht durch Zustellung an den Verfahrenspfleger ersetzt werden (vgl. LG Braunschweig FamRZ 2011, 675 Ls.). Nur für die Genehmigung der Einwilligung des besonderen Betreuers in die Sterilisation bzw. des Betreuers oder Bevollmächtigten in den Abbruch einer lebensverlängernden Maßnahme bestimmen § 297 Abs. 7 sowie hier Abs. 3 (Rdn. 12) eine Ausnahme. In diesen Fällen ist wegen der für das Wirksamwerden abzuwartenden 2-Wochen-Frist stets die Bekanntgabe eines schriftlichen Beschlusses durch förmliche Zustellung tunlich.

6 Für **Genehmigungsbeschlüsse** des Betreuungsgerichts gelten, sofern sie Rechtsgeschäfte betreffen, §§ 40 Abs. 2, 41 Abs. 3; für richterliche Genehmigungen nach §§ 297, 298 gelten §§ 40 Abs. 1, 41 Abs. 1 und 2 (s. Rdn. 3). Die Form der Bekanntgabe entspricht der der von Abs. 1 erfassten Beschlüsse (s. Rdn. 5).

7 **Abs. 2** erlaubt es dem Gericht, die **sofortige Wirksamkeit** des Beschlusses anzuordnen mit der Folge, dass es nicht auf die **Bekanntgabe** an den Betreuer ankommt, sondern entweder (ohne besonderen Vorrang) auf eine solche **an den Betroffenen** selbst bzw. den Verfahrenspfleger (**Satz 2 Nr. 1**) oder aber auf den Zeitpunkt der **Übergabe des Beschlusses an die Geschäftsstelle** zum Zwecke der Bekanntmachung (**Satz 2 Nr. 2**). Ist der Betroffene unansprechbar – fehlerhafterweise – auch kein Verfahrenspfleger bestellt (s. dazu § 276 Rdn. 8) oder kein Verfahrensbevollmächtigter vorhanden, scheidet eine Bekanntgabe nach Nr. 1 aus (Bienwald/Sonnenfeld/Hoffmann/*Sonnenfeld* § 69a FGG Rn. 31 a.E.). Ist die mündliche Bekanntgabe

Abschnitt 1. Verfahren in Betreuungssachen § 288

der Entscheidung erforderlich, werden die schriftlich niedergelegte Beschlussformel in vollem Wortlaut durch den Richter einem anwesenden Beteiligten verkündet und die Verkündung und die Anwesenheit der Beteiligten in den Akten vermerkt (Firsching/Dodegge, Handbuch Rn. 442). Alternative **Voraussetzungen** für die Anordnung der sofortigen Wirksamkeit sind hiernach:

– Die **Bekanntgabe** an den Betreuer ist **nicht möglich**. Hiermit sind tatsächliche Hinderungsgründe im Sinne mangelnder Erreichbarkeit (wie Krankheit oder Urlaubswesenheit) gemeint, nicht aber der Fall der Entlassung des Betreuers i.S.v. § 296 Abs. 1 (s. hierzu Rdn. 2). Ist der Betreuer allerdings schon entlassen worden oder verstorben und steht nur eine weitere Entscheidung i.S.v. Abs. 1 an, etwa die Aufhebung der Betreuung, ist die Anordnung möglich (BT-Drucks. 11/4258 S. 175; zur Vorgängerregelung Fröschle/ *Fröschle* § 69a FGG Rn. 14). Sofern die mangelnde Erreichbarkeit des Betreuers im vorstehenden Sinne nicht zu einer Gefährdung des Wohls des Betroffenen führt (etwa bei kurzer geplanter Abwesenheit), bedarf es der Anordnung, die lediglich eine Ausnahme von dem Grundsatz des Abs. 1 darstellt, nicht (so auch Jansen/*Sonnenfeld* § 69a FGG Rn. 18). Kein Fall der Verhinderung ist es, wenn aufgrund einer nach § 19 Abs. 1 Nr. 1 RPflG getroffenen landesrechtlichen Regelung die richterliche Betreuungsanordnung noch nicht die Auswahl und Bestellung eines Betreuers enthält (s. dazu Rdn. 2; a.A. Bienwald/Sonnenfeld/Hoffmann/*Sonnenfeld* § 69a FGG Rn. 29); insofern kommt jedoch Gefahr im Verzug in Betracht. 8

oder

– Es besteht **Gefahr im Verzug**. Dies ist immer dann gegeben, wenn das Abwarten der Bekanntgabe an den Betreuer zu konkreten erheblichen Nachteilen für den Betroffenen führt. Dies betrifft insb. Fallgestaltungen, in denen ein Einwilligungsvorbehalt für Rechtsgeschäfte angeordnet ist und in dem Zeitraum bis zur Bekanntgabe nach Abs. 1 weitere Selbstschädigung des Betroffenen droht. 9

In den Fällen einer Genehmigung der Einwilligung des besonderen Betreuers in die Sterilisation bzw. des Betreuers oder Bevollmächtigten in den Abbruch einer lebensverlängernden Maßnahme (§ 297 Abs. 7 sowie hier Abs. 3) ist die Anordnung der sofortigen Wirksamkeit ausgeschlossen.

Ob die Anordnung der sofortigen Wirksamkeit in der Hauptentscheidung mit enthalten oder in einem gesonderten Beschluss (auch nachträglich) getroffen ist, ist ohne Belang (Bassenge/*Roth* § 287 Rn. 7; a.A. Prütting/Helms/*Fröschle* § 287 Rn. 20). Sie ist gem. § 38 Abs. 5 Nr. 3, Abs. 4 zu **begründen** (zuletzt str., ebenso Bassenge/*Roth* § 287 Rn. 7; *Jürgens* § 287 Rn. 5; a.A. Jansen/*Sonnenfeld* § 69a FGG Rn. 23). Sie ist als Zwischenentscheidung **nicht** selbständig **anfechtbar**, kann aber i.R.d. Beschwerde in der Hauptsache überprüft werden (BT-Drucks. 16/6308 S. 203; Damrau/*Zimmermann* § 69a FGG Rn. 23; Jürgens/*Mertens* § 287 Rn. 5). Es gilt § 64 Abs. 3 (s. dazu Rdn. 3 sowie § 64 Rdn. 30 ff.). 10

Im Interesse der Rechtssicherheit schreibt **Satz 3** vor, den **Zeitpunkt** der sofortigen Wirksamkeit, also den der Bekanntgabe nach Satz 2 Nr. 1 bzw. der Übergabe nach Satz 2 Nr. 2, **auf dem Beschluss zu vermerken**, was je nach Fallgestaltung durch Richter oder Geschäftsstelle geschehen kann (Damrau/*Zimmermann* § 69a FGG Rn. 22; Jürgens/Kröger/Marschner/*Winterstein* Rn. 411). Der Vermerk ist Gegenstand des Beschlusses und deshalb in alle Ausfertigungen aufzunehmen. Sein Fehlen hindert, da er der Klarstellung dient, das Wirksamwerden des Beschlusses nicht (Bassenge/*Roth* § 287 Rn. 8, HK-BUR/*Hoffmann* § 69a FGG Rn. 41). 11

Abs. 3 schiebt den Zeitpunkt des Wirksamwerdens einer Genehmigung, die die Nichteinwilligung oder den Widerruf der Einwilligung des Betreuers oder Bevollmächtigten in eine lebensnotwendige medizinische Behandlung zum Gegenstand hat (§ 1904 Abs. 2 BGB), **um 2 Wochen hinaus**. Damit wird von dem allgemeinen Grundsatz in Verfahren der Freiwilligen Gerichtsbarkeit, wonach die Verfügung des Gerichts mit Bekanntgabe an den jeweiligen Beteiligten wirksam wird (s. Rdn. 1 ff.), in Ansehung des Umstands abgewichen, dass die bei einer Genehmigung des Gerichts in den **Abbruch** oder die **Nichteinleitung lebenserhaltender** oder -verlängernder **Maßnahmen** gebotenen ärztlichen Handlungen regelmäßig nicht reversibel sind. So soll ein **effektiver Rechtsschutz** für die am Verfahren Beteiligten gewährleistet werden (BT-Drucks. 16/8422 S. 19; Keidel/*Budde* § 298 Rn. 10; s.a. Rdn. 3; a.A. Prütting/Helms/*Fröschle* § 298 Rn. 37: § 40 Abs. 1). Für die Berechnung der 2-Wochen-Frist ist das Erfordernis kumulativer Bekanntgabe an den Betreuer/Bevollmächtigten sowie an den Verfahrenspfleger (§ 298 Abs. 3) zu beachten; maßgeblicher Zeitpunkt für ihren Beginn ist mithin die letzte Bekanntgabe. Zur **Form** der Bekanntgabe s. Rdn. 5 a.E. Zu den Einzelheiten des Verfahrens betreffend den Abbruch lebensverlängernder Maßnahmen s. § 298 Rdn. 12 ff. 12

§ 288   **Bekanntgabe.** (1) Von der Bekanntgabe der Gründe eines Beschlusses an den Betroffenen kann abgesehen werden, wenn dies nach ärztlichem Zeugnis erforderlich ist, um erhebliche Nachteile für seine Gesundheit zu vermeiden.

§ 288 Buch 3. Verfahren in Betreuungs- und Unterbringungssachen

(2) ¹Das Gericht hat der zuständigen Behörde den Beschluss über die Bestellung eines Betreuers oder die Anordnung eines Einwilligungsvorbehalts oder Beschlüsse über Umfang, Inhalt oder Bestand einer solchen Maßnahme stets bekannt zu geben. ²Andere Beschlüsse sind der zuständigen Behörde bekannt zu geben, wenn sie vor deren Erlass angehört wurde.

Übersicht

	Rdn.		Rdn.
A. Normzweck	1	C. Regelungen	4
B. Anwendungsbereich	2	D. Verfahren	6

1   **A. Normzweck.** Die Vorschrift konkretisiert die in § 41 getroffenen allgemeinen Regelungen zur Bekanntgabe von Entscheidungen für das Verfahren in Betreuungssachen. Im Hinblick auf die nach § 41 Abs. 1 vorgesehene Pflicht zur umfänglichen Bekanntgabe an alle Beteiligte (§ 274) beschränkt sich diese Konkretisierung dabei auf die **Sonderfälle** des Absehens der Bekanntgabe der Gründe an den Betroffenen (Abs. 1) sowie **der Bekanntgabe** von Entscheidungen im Verhältnis zur Betreuungsbehörde (Abs. 2). Hierdurch soll dem Betreuungsgericht zum einen, wenn es Schwierigkeiten bei der Bekanntmachung erwartet, ein fester Regelungsrahmen vorgegebenen werden. Zum anderen soll die umfassende Information der Betreuungsbehörde zwecks Erleichterung deren Aufgabenerfüllung sichergestellt werden (BT-Drucks. 11/4528 S. 175). I.Ü. aber verbleibt es, insb. zur Art der Bekanntgabe, bei den allgemeinen Regelungen der §§ 15 und 41 (s. dazu auch § 287 Rdn. 5).

2   **B. Anwendungsbereich.** Es werden **alle Entscheidungen** des Betreuungsgerichts erfasst, die dem Betroffenen **begründet bekannt zu geben** sind (**Abs. 1**). Dies sind Beschlüsse, durch die Betreuung angeordnet und ein (weiterer) Betreuer bestellt oder ein Einwilligungsvorbehalt angeordnet bzw. abgelehnt wird, mithin auch solche im Wege einstweiliger Anordnung nach §§ 300 ff. Auch soweit ein Sachverständigengutachten mit seinem vollen Wortlaut grundsätzlich dem Betroffenen persönlich zur Verfügung zu stellen ist, kann davon nur unter den Voraussetzungen des § 288 Abs. 1 abgesehen werden (BGH NZFam 2015, 26.). Nach § 293 Abs. 1 ist die Vorschrift bei Erweiterung des Aufgabenkreises des Betreuers oder Erweiterung des Kreises der einwilligungsbedürftigen Willenserklärungen entsprechend anzuwenden, nach § 295 Abs. 1 Satz 1 gleichfalls bei Verlängerung dieser Anordnungen. Auch im Fall der Ablehnung von Maßnahmen oder der Entlassung eines Betreuers kommt eine Anwendung in Betracht, ebenso bei betreuungsgerichtlichen Genehmigungen (Jansen/*Sonnenfeld* § 69a FGG Rn. 1; Prütting/Helms/*Fröschle* § 288 Rn. 3). Nur für die Genehmigung der Einwilligung des besonderen Betreuers in die Sterilisation trifft § 297 Abs. 8 eine Sonderregelung.

3   **Abs. 2** differenziert hinsichtlich der der **Betreuungsbehörde** bekannt zu gebenden Entscheidungen. Nach Satz 1 sind dies – wie schon nach Abs. 1 – alle die Betreuung oder einen Einwilligungsvorbehalt anordnenden oder diese Anordnungen verändernden Beschlüsse (§ 294 Abs. 1), nicht hingegen die sonstigen Entscheidungen wie etwa Genehmigungen. Für die Genehmigung der Einwilligung des besonderen Betreuers in die Sterilisation gilt § 297 Abs. 8 Satz 3. Alle übrigen Beschlüsse unterfallen Satz 2.

4   **C. Regelungen. Abs. 1** ermöglicht die Entscheidung des Betreuungsgerichts, unter bestimmten Voraussetzungen **von der Bekanntgabe der Gründe** eines Beschlusses (nur) an den Betroffenen **abzusehen**. Dazu, wann eine Begründung grds. erforderlich ist, s. § 286 Rdn. 10. Es ist sodann im Sinne einer **Abwägung** des Informationsrechtes des Betroffenen mit seinen gesundheitlichen Belangen nach pflichtgemäßem **Ermessen** zu überprüfen, ob deren Mitteilung an den Betroffenen zur Vermeidung erheblicher Nachteile für dessen Gesundheit zu unterbleiben hat. Damit sind solche Nachteile gemeint, die über die üblicherweise mit dem bekannt Werden einschneidender Maßnahmen persönlicher naturverbundenen Beeinträchtigungen (wie etwa Aufregung, vorübergehender Bluthochdruck, Unwohlsein) hinausgehen. Hierzu wird vielmehr bei depressiven oder hochpsychotischen Betroffenen Anlass bestehen; nicht jedoch bei nur zu erwartender Verärgerung oder zur Vermeidung bloß unkooperativen Verhaltens (Firsching/Dodegge, Handbuch Rn. 441; Prütting/Helms/*Fröschle* § 288 Rn. 7). Ggf. sind abgestufte (mildere) Varianten einer Begründung in Betracht zu ziehen (Damrau/*Zimmermann* § 69a FGG Rn. 7). Erforderlich ist in jedem Fall ein **ärztliches Zeugnis** (Gutachten oder Attest), das sich konkret und im Einzelnen zu den gesundheitlichen Gefahren im Fall der Mitteilung der Gründe verhält (*Jürgens* § 288 Rn. 5). Die – oft anzutreffende – pauschale Formulierung, von der Bekanntmachung der Entscheidungsgründe solle unter Verweis auf das Gutachten abgesehen wer-

den, reicht keinesfalls aus. Von der Bekanntgabe des **Tenors** der Entscheidung kann nicht abgesehen werden. Deswegen kommt es für die Abwägung nach Abs. 1 auch nur auf die möglichen Auswirkungen der Kenntnisnahme der Begründung an, nicht auf jene der Sachentscheidung als solcher (Bork/Jacoby/Schwab/ *Heiderhoff* § 288 Rn. 3). Hat der Betroffene einen **Verfahrensbevollmächtigten** i.S.v. § 276 Abs. 4 (s. dort Rdn. 11), hat die Bekanntmachung diesem ggü. zu erfolgen (§ 172 Abs. 1 ZPO). In diesem Fall muss nicht auch zusätzlich dem Betroffenen bekannt gemacht werden (§ 287 Rdn. 5).

Abs. 2 enthält die ausdrückliche Anordnung, der **zuständigen Behörde** die dort in **Satz 1** aufgeführten Beschlüsse (s. Rdn. 2 f.) bekannt zu geben. Denn gegen solche Entscheidungen steht ihr gem. §§ 59 Abs. 3, 303 Abs. 1 ein Recht zur Beschwerde zu. Die Bekanntgabepflicht soll sicherstellen, dass die Frist zur Einlegung der Beschwerde der zuständigen Behörde ggü. auch dann zu laufen beginnt, wenn sie in erster Instanz mangels dahin gehenden Antrags nicht beteiligt wurde (BT-Drucks. 16/6308 S. 269). Dies bedingt es auch, dass der Betreuungsbehörde die Beschlüsse in Gänze, nicht etwa nur der Tenor, zur Kenntnis gelangen müssen (so für die frühere Regelung Jansen/*Sonnenfeld* § 69a FGG Rn. 8). Ist die Betreuungsbehörde Beteiligte nach § 274 Abs. 3 oder ist sie nach § 279 Abs. 4 angehört worden (s. dazu § 279 Rdn. 4), sind nach **Satz 2** auch die nicht von Satz 1 erfassten Entscheidungen ihr ggü. bekannt zu geben, damit sie erforderliche Maßnahmen besser beurteilen und ggf. in die Wege leiten kann (Bienwald/Sonnenfeld/Hoffmann/ *Sonnenfeld* § 69a FGG Rn. 19). 5

D. Verfahren. Die Entscheidung kann im Tenor des Hauptsachebeschlusses oder gesondert getroffen werden (Jansen/*Sonnenfeld* § 69a FGG Rn. 7); sie ist als **Nebenentscheidung** nicht zwingend in Beschlussform zu fassen (vgl. BT-Drucks. 16/6308 S. 195). **Zuständig** ist entsprechend der Aufteilung funktioneller Zuständigkeit entweder der Richter oder der Rechtspfleger (s. § 272 Rdn. 30). Im Beschwerdeverfahren kann die Kammer oder, im Fall der Übertragung nach § 68 Abs. 4 auf den Einzelrichter, dieser zuständig sein. Grds. führt die Anwendung von Abs. 1 zum Erfordernis der Bestellung eines **Verfahrenspflegers** (s. § 276 Rdn. 5). Die Entscheidung ist zu **begründen**, da sie i.R.d. Überprüfung der Endentscheidung durch das Beschwerdegericht gem. § 58 Abs. 2 ihrerseits der Überprüfung unterliegt. Sie kann als Nebenentscheidung jedoch **nicht selbstständig angefochten**, sondern nur i.R.d. Anfechtung der instanzabschließenden Hauptentscheidung mitüberprüft werden (BT-Drucks. 16/6308 S. 203; ähnlich Keidel/*Budde* § 288 Rn. 11; anders wohl *Jürgens* § 288 Rn. 5). Es kommt allenfalls die Gehörsrüge nach § 44 bei einem Verstoß gegen die Anhörungspflicht des § 278 in Betracht, wobei dann i.d.R. jedoch auch die Entscheidung in der Hauptsache angefochten sein dürfte. 6

Zur **Form** der Bekanntgabe s. § 287 Rdn. 5. 7

§ 289 Verpflichtung des Betreuers. (1) ¹Der Betreuer wird mündlich verpflichtet und über seine Aufgaben unterrichtet. ²Das gilt nicht für Vereinsbetreuer, Behördenbetreuer, Vereine, die zuständige Behörde und Personen, die die Betreuung im Rahmen ihrer Berufsausübung führen, sowie nicht für ehrenamtliche Betreuer, die mehr als eine Betreuung führen oder in den letzten zwei Jahren geführt haben.
(2) In geeigneten Fällen führt das Gericht mit dem Betreuer und dem Betroffenen ein Einführungsgespräch.

Übersicht

	Rdn.		Rdn.
A. Normzweck	1	C. Regelungen	3
B. Anwendungsbereich	2		

A. Normzweck. Da die Betreuerbestellung gem. § 287 Abs. 1 bereits mit der Bekanntgabe an diesen wirksam wird, bedarf es keines weiteren konstitutiven Aktes für das Tätigwerden des Betreuers (Firsching/Dodegge, Handbuch Rn. 448). Gleichwohl soll insb. der **nicht professionelle Betreuer** gleich zu Beginn seiner Tätigkeit mit dem Ziel gewissenhafter und richtiger Amtsführung über den Umfang seiner Aufgabe **umfassend informiert** werden. Zwischen ihm und dem Gericht soll von vornherein ein persönliches Verhältnis hergestellt, eventuell bestehende Hemmschwellen sollen abgebaut werden (BT-Drucks. 11/4258 S. 176; Bassenge/*Roth* § 289 Rn. 2). Diesem Anliegen trägt das Gesetz mit der mündlichen Verpflichtung **zu Beginn der Amtsgeschäfte** (Abs. 1) sowie der Möglichkeit, ein Einführungsgespräch unter Beteiligung auch des 1

§ 289 Buch 3. Verfahren in Betreuungs- und Unterbringungssachen

Betroffenen zu führen (Abs. 2), Rechnung. Soll verhindert werden, dass der Betreuer vor der Verpflichtung nach Abs. 1 tätig werden kann, kann ihm der Beschluss über seine Bestellung erst i.R.d. Verpflichtungsgesprächs bekannt gemacht werden (Damrau/*Zimmermann* § 69b FGG Rn. 1).

2 **B. Anwendungsbereich.** Die Vorschrift gilt für alle Fälle, in denen ein (auch weiterer oder neuer) **Betreuer bestellt** wird i.S.v. §§ 1896, 1899, 1908c BGB, und zwar auch im Wege einstweiliger Anordnung nach § 300 (OLG Frankfurt am Main FGPrax 2004, 287). Denn hier besteht jeweils der angesichts der Tragweite der dem Betreuer zustehenden Befugnisse (gesetzlicher Vertreter) vom Gesetzgeber gesehene Bedarf an Information und Aufklärung (Rdn. 1). Ob dies auch erforderlich ist, wenn lediglich der **Aufgabenkreis** des Betreuers **erweitert** oder die Betreuung **verlängert** wird, ist – dem entsprechend – nach dem Sinn und Zweck der jeweiligen Verpflichtung zu beurteilen. Es wird Fälle geben, in denen bei einer Erweiterung des Aufgabenkreise (z.B. neben Vermögensangelegenheiten nunmehr auch solche der Wohnungsauflösung) der Bedarf an zusätzlicher Information derart gering ist, dass die erneute Verpflichtung bloße Förmelei wäre. Dass § 293 Abs. 1 für die Erweiterung des Aufgabenkreises des Betreuers die Vorschriften über die Anordnung dieser Maßnahmen entsprechend gelten lässt, steht mit Rücksicht auf die Ausnahmen nach § 293 Abs. 2 für nicht wesentliche Erweiterungen gerade nicht entgegen. Diese bisher streitige Frage (wie hier i.E. Bassenge/*Roth* § 289 Rn. 1; Keidel/*Budde* § 289 Rn. 1; keine Anwendung Prütting/Helms/*Fröschle* § 289 Rn. 4; a.A. Jansen/*Sonnenfeld* § 69b FGG Rn. 3) ist auch mit der Neuregelung in § 289 nicht entschieden. Die Verlängerung der Betreuung, für die § 294 Abs. 1 Satz 1 ebenfalls auf die Vorschrift verweist, gibt hiernach ohnehin keinen Anlass zu einer erneuten Verpflichtung, es sei denn, in diesem Zusammenhang wird ein neuer Betreuer bestellt (s. dazu § 296 Rdn. 4).

3 **C. Regelungen. Abs. 1 Satz 1** sieht die Verpflichtung des neuen Betreuers durch ein **mündliches** Gespräch vor. **Zuständig** ist stets der **Rechtspfleger** (§ 3 Nr. 2b) RPflG), was insb. im Hinblick auf den regelmäßigen Inhalt des Verpflichtungsgesprächs auch zweckmäßig ist. Denn der Rechtspfleger überwacht die Erfüllung der den Betreuer unter anderem nach § 1908i BGB i.V.m. §§ 1802, 1806 ff., 1840 f. BGB treffenden Pflichten und erteilt die betreuungsgerichtlichen Genehmigungen, sofern es nicht um die Fälle der §§ 1904 ff. BGB geht. Dem entsprechend erstreckt sich der **Inhalt** des Gesprächs auf die Vermittlung der nötigen Kenntnisse der Betreuerpflichten und -rechte sowie das zugehörige Prozedere. Im Fall der Bestellung eines vorläufigen Betreuers durch das nach § 272 Abs. 2 eilzuständige Gericht hat dieses die Verpflichtung vor Abgabe an das hauptzuständige Gericht selbst durchzuführen (OLG Frankfurt am Main FGPrax 2004, 287). Eine besondere **Form** der Verpflichtung ist (abgesehen von der Mündlichkeit) nicht vorgeschrieben. Allerdings sollte sie nicht auf fernmündlichem Wege vorgenommen werden (ähnlich Firsching/Dodegge, Handbuch Rn. 448 a.E.; weiter jedoch Bienwald/Sonnenfeld/Hoffmann/*Sonnenfeld* § 69b FGG Rn. 5; Bork/Jacoby/Schwab/*Heiderhoff* § 289 Rn. 2; Damrau/*Zimmermann* § 69b FGG Rn. 3), da auf diese Weise – so der Aufklärungs- und Informationsbedarf besteht (s. Rdn. 2) – die vom Gesetzgeber gewollte Amtseinführung nicht gewährleistet ist (KG FamRZ 1994, 1600 f. = FGPrax 1995, 53 f.; Bassenge/*Roth* § 289 Rn. 2; Prütting/Helms/*Fröschle* § 289 Rn. 9; *Jürgens* § 289 Rn. 1). In den Fällen, in denen dem Betreuer das Erscheinen beim Betreuungsgericht etwa wegen weiter Entfernung nicht zumutbar ist, ist die Vornahme der Verpflichtung durch ein **ersuchtes** Gericht möglich (Firsching/Dodegge, Handbuch En. 448; Jürgens/Kröger/Marschner/*Winterstein* Rn. 413). I.Ü. wird durch die Ausnahmen in Satz 2 (s. Rdn. 4) die Zahl der so vorzunehmenden Verpflichtungsgespräche auf das notwendige Maß beschränkt. Eine Stellvertretung in der Verpflichtung kommt nicht in Betracht (Bienwald/Sonnenfeld/Hoffmann/*Sonnenfeld* § 69 FGG Rn. 6).

4 **Abs. 1 Satz 2** nimmt von der Notwendigkeit der Führung des Verpflichtungsgesprächs die Bestellung solcher Personen zum Betreuer aus, bei denen die für die Übernahme der Betreuung erforderliche Sachkunde unterstellt werden kann. Dies für alle »**professionell**« **tätigen Betreuer**, also Vereins- und Behördenbetreuer (§ 1897 Abs. 2 Satz 1 BGB), die Betreuungsvereine (§ 1900 Abs. 1 BGB), die Betreuungsbehörde (§ 1900 Abs. 4 BGB) sowie den Berufsbetreuer (§ 1836 Abs. 1 BGB). Rechtsanwälte zählen hierzu, sofern sie die Betreuung berufsmäßig führen (BT-Drucks. 16/6308 S. 269). Eine grundsätzliche Erweiterung auf alle Rechtsanwälte (so *Schulte-Bunert* Rn. 955) drängt sich nicht auf, da betreuungsrechtliches Spezialwissen und entsprechende Erfahrung nicht ohne Weiteres zu unterstellen ist. Schließlich soll auch der erfahrene ehrenamtliche Betreuer nicht mehr besonders verpflichtet werden müssen.

5 **Abs. 2** sieht neben der mündlichen Verpflichtung des Betreuers (Rdn. 3) auch vor, dass das Gericht (der Rechtspfleger) in Anwesenheit des/der Betreuer/s. sowie des Betroffenen ein **Einführungsgespräch** führt. *Dessen Zweckrichtung ist von derjenigen des Verpflichtungsgesprächs verschieden. Es soll die Basis für eine*

vertrauensvolle Zusammenarbeit zwischen Betreuer, Betroffenem und Gericht geschaffen werden (BT-Drucks. 11/4528 S. 176), wobei nicht unbedingt der informative, sondern durchaus auch der **kommunikative Charakter** im Vordergrund steht. Das Einführungsgespräch ersetzt deswegen nicht die Verpflichtung, andererseits sind auch die nach Abs. 1 Satz 2 ausgenommenen Betreuer (Rdn. 4) an der Teilnahme hieran verpflichtet (Bienwald/Sonnenfeld/Hoffmann/*Sonnenfeld* § 69b FGG Rn. 24 ff.; Prütting/Helms/*Fröschle* § 289 Rn. 14). § 278 Abs. 5 gilt allerdings nicht. Das Gespräch kann für den Berufsbetreuer insb. im Zusammenhang mit der Erstellung eines Betreuungsplans (§ 1901 Abs. 4 BGB) hilfreich sein oder hierzu Anlass geben (Harm BtPrax 2014, 68; Jansen/*Sonnenfeld* § 69b FGG Rn. 20). Nach Maßgabe dessen sind auch die vom Gesetz gesehenen **geeigneten Fälle**, in denen das Gespräch anzuberaumen ist, zu beurteilen. Es muss eine hinreichende Verständigung mit dem Betroffenen möglich und der Austausch an Information in diesem Rahmen sinnvoll sein. Dies ist jedenfalls dann gegeben, wenn der Betroffene oder der Betreuer hierum bitten und es nicht nur um wenig bedeutsame Aufgaben des Betreuers oder dasjenige geht, was bereits im Rahmen einer Anhörung nach § 278 erörtert worden ist (vgl. Jürgens/Kröger/Marschner/*Winterstein* Rn. 419; krit. Damrau/*Zimmermann* § 69 FGG Rn. 11). Der Betreuer ist für die Teilnahme nach Maßgabe der §§ 1835 ff. i.V.m. § 1908i Abs. 1 Satz 1 BGB und des VBVG zu entschädigen.

Das **Fehlen** von Verpflichtungsgespräch nach Abs. 1 oder Einführungsgespräch nach Abs. 2 ist für den Bestand oder die Führung der Betreuung **unschädlich** (s. Rdn. 1). Beides kann erforderlichenfalls nachgeholt werden. **6**

§ 290 Bestellungsurkunde.

¹Der Betreuer erhält eine Urkunde über seine Bestellung. ²Die Urkunde soll enthalten:
1. die Bezeichnung des Betroffenen und des Betreuers;
2. bei Bestellung eines Vereinsbetreuers oder Behördenbetreuers diese Bezeichnung und die Bezeichnung des Vereins oder der Behörde;
3. den Aufgabenkreis des Betreuers;
4. bei Anordnung eines Einwilligungsvorbehalts die Bezeichnung des Kreises der einwilligungsbedürftigen Willenserklärungen;
5. bei der Bestellung eines vorläufigen Betreuers durch einstweilige Anordnung das Ende der einstweiligen Maßnahme.

Übersicht

	Rdn.		Rdn.
A. Normzweck	1	C. Regelungen	3
B. Anwendungsbereich	2		

A. Normzweck. Zum **Nachweis seiner Vertretungsbefugnis** im Rechtsverkehr erhält der Betreuer einen **1** Betreuerausweis, auch Bestallung oder – wie es das Gesetz formuliert – Bestellungsurkunde genannt. Deren Ausstellung kommt, was sich aus § 287 ergibt, für die Vertretungsmacht des Betreuers keinerlei konstitutive Wirkung zu, sodass bei Abweichungen zwischen ihr und dem bestellenden Beschluss allein der Inhalt des letzteren maßgeblich ist (Bassenge/*Roth* § 290 Rn. 1; *Jürgens* § 290 Rn. 4; zur Vorlage beim Grundbuchamt s. KG BtPrax 2012, 123). Die Bestellungsurkunde dokumentiert die dem Betreuer zustehende Vertretungsmacht, ist aber **keine Vollmachtsurkunde** i.s.v. §§ 172 ff. BGB (BGH BtPrax 2010, 125) und genießt auch **keinen öffentlichen Glauben** (Keidel/*Budde* § 290 Rn. 1; Prütting/Helms/*Fröschle* § 290 Rn. 13).

B. Anwendungsbereich. Die Vorschrift erfasst grds. **alle Fälle**, in denen ein **Betreuer** i.s.v. §§ 1896 ff. BGB **2** **bestellt** wird. Deswegen erhalten wegen der Ausweisfunktion auch der Ergänzungsbetreuer (§§ 1908i Abs. 1 Satz 1, 1795, 1796 BGB), der Nebenbetreuer (§ 1899 Abs. 1 BGB), der Ersatzbetreuer (§ 1899 Abs. 4), der Kontrollbetreuer (§ 1896 Abs. 3 BGB) und der Gegenbetreuer (§ 1908i Abs. 1 Satz 1 i.V.m. § 1799 BGB) eine Bestellungsurkunde, ebenso der besondere Betreuer (§ 1899 Abs. 2 BGB) für die Einwilligung in die Sterilisation (Jansen/*Sonnenfeld* § 69b FGG Rn. 15). Dabei müssen die **Besonderheiten** der jeweiligen Bestellungen in der Urkunde Niederschlag finden, insb. eine ggf. angeordnete Beschränkung in der Vertretungsmacht, Beginn und Ende besonderer Betreuerbestellungen, die Tatsache der Mitbetreuung im Fall des § 1899 Abs. 3 BGB sowie die Voraussetzung der Verhinderung im Fall des § 1899 Abs. 4 BGB (Prütting/

Helms/*Fröschle* § 290 Rn. 5 ff.; zur Bestellung zur Vertretung im Scheidungsverfahren vgl. KG, Beschl. v. 13.02.2014 – 25 WF 150/13, Juris).

3 **C. Regelungen.** Die in die Bestellungsurkunde **aufzunehmenden Angaben** sind in **Satz 2** Nr. 1 bis 5 im Einzelnen aufgeführt. Sie entsprechen im Wesentlichen dem nach § 286 Abs. 1 und 2 vorgeschriebenen Inhalt der Beschlussformel. Insofern wird auf die Anmerkungen zu § 286 Rdn. 3 bis 5 und 7 verwiesen. Satz 2 Nr. 5 sieht darüber hinaus im Fall der Bestellung eines **vorläufigen** Betreuers nach § 300 die Angabe der **Dauer** dessen Bestellung vor. Hierfür besteht im Hinblick auf die Ausweisfunktion der Bestellungsurkunde (s. Rdn. 1) ein Bedürfnis, da die einstweilige Anordnung zu dem vom Gericht bestimmten Zeitpunkt, spätestens aber nach 6 Monaten außer Kraft tritt (§ 302). Die Aufnahme der Überprüfungsfrist (§ 294 Abs. 3) i.Ü. sollte im Interesse der Sicherheit des Rechtsverkehrs indessen nicht erfolgen, da ihre Überschreitung keine Auswirkungen auf die Vertretungsbefugnis des Betreuers hat (s. § 286 Rdn. 11).

4 Bei **Beendigung** der Bestellung ist die Bestellungsurkunde an das Betreuungsgericht **zurückzugeben** (§ 1908i i.V.m. § 1893 Abs. 2 Satz 1 BGB), was von diesem zu überwachen ist. Eine bestimmte Form der Rückgabe ist nicht vorgeschrieben (Prütting/Helms/*Fröschle* § 290 12 f.). Im Fall der **Änderung** des Betreuungsumfangs oder der erneuten Bestellung des Betreuers ist der Ausweis entweder abzuändern oder neu auszustellen (HK-BUR/*Bauer* § 69b FGG Rn. 39). Hierzu zählt auch die Abgabe der Betreuung an ein anderes Gericht (§§ 4, 273).

5 Für die **Zuständigkeit** gelten keine Besonderheiten. Diesbezüglich ist insb. auf die Anmerkungen zu § 272 Rdn. 17 und § 272 Rdn. 30 verwiesen.

§ 291 Überprüfung der Betreuerauswahl.

¹Der Betroffene kann verlangen, dass die Auswahl der Person, der ein Verein oder eine Behörde die Wahrnehmung der Betreuung übertragen hat, durch gerichtliche Entscheidung überprüft wird. ²Das Gericht kann dem Verein oder der Behörde aufgeben, eine andere Person auszuwählen, wenn einem Vorschlag des Betroffenen, dem keine wichtigen Gründe entgegenstehen, nicht entsprochen wurde oder die bisherige Auswahl dem Wohl des Betroffenen zuwiderläuft. ³§ 35 ist nicht anzuwenden.

Übersicht	Rdn.		Rdn.
A. Normzweck	1	C. Regelungen	3
B. Anwendungsbereich	2		

1 **A. Normzweck.** Grundsätzlich ist nach § 1897 Abs. 1 BGB eine geeignete natürliche Person zum Betreuer zu bestellen, wozu ebenso Vereins- und Behördenbetreuer (§ 1897 Abs. 2 Satz 1 BGB) zählen. Nur wenn der Volljährige durch eine oder mehrere natürliche Personen nicht hinreichend betreut werden kann, etwa wenn wegen der Art der Erkrankung oder der Behinderung eines Betroffenen die Zuordnung konkreter Einzelpersonen unzweckmäßig ist, bestellt das Betreuungsgericht einen anerkannten Betreuungsverein zum Betreuer (§ 1900 Abs. 1 Satz 1 BGB); und kann er auch durch einen Verein nicht hinreichend betreut werden (s. dazu näher PWW/*Bauer* § 1900 Rn. 2 f.), bestellt das Gericht die zuständige Behörde zum Betreuer (§ 1900 Abs. 4 Satz 1 BGB). Verein oder Behörde haben bei der erstmaligen **Auswahl der konkreten Betreuungsperson** wegen des gleichwohl geltenden Vorrangs der Bestellung natürlicher Personen den Vorschlägen des Betroffenen zu entsprechen. Die Vorschrift soll dem Betroffenen in diesen Fällen einen **verfahrensrechtlich gesicherten Einfluss** auf die Auswahl der die Betreuung wahrnehmenden Person geben (BT-Drucks. 11/4528 S. 176; Bienwald/Sonnenfeld/Hoffmann/*Sonnenfeld* § 69c FGG Rn. 2; Bumiller/*Harders* § 291 Rn. 3; Jürgens/Kröger/Marschner/*Winterstein* Rn. 421). Sie enthält das **Antragsrecht** des Betroffenen für eine nachträgliche **gerichtliche Entscheidung** über die Auswahl der Betreuungsperson.

2 **B. Anwendungsbereich.** Die Vorschrift greift nur ein, wenn ein **Betreuungsverein** oder die **Betreuungsbehörde** als solche **zum Betreuer bestellt** werden (§ 1900 Abs. 1, 4 BGB). Sie gilt nicht bei der Bestellung einer natürlichen Person als Vereins- und Behördenbetreuer i.S.v. § 1897 Abs. 2 Satz 1 BGB (s. Rdn. 1). Zur Anwendung kommt sie dabei nicht bereits bei der Betreuerbestellung im Wege der Einheitsentscheidung (§ 286 Rdn. 1, 3), sondern erst i.R.d. auf die Bestellung folgenden Auswahl des konkreten Vereinsmitglieds oder Mitarbeiters als die die Betreuung ausübende Person. Diese Auswahl ist dem Betreuungsgericht von Verein oder der zuständigen Behörde alsbald mitzuteilen.

C. Regelungen. Es bedarf eines **Antrags** des Betroffenen bzw. des für diesen handelnden Verfahrenspflegers 3
oder -bevollmächtigen, mit dem die Auswahl der Betreuungsperson beanstandet wird (**Satz 1**), wobei eine
bestimmte **Form nicht vorgeschrieben** ist. Insb. werden »Beschwerden« des Betroffenen über Probleme in
der Zusammenarbeit mit der Betreuungsperson als derartiger Antrag auszulegen sein (s. aber Rdn. 5 a.E.).
Im Hinblick auf den klaren Wortlaut kommt eine Antragstellung durch andere Beteiligte i.S.v. § 274 nicht
in Betracht. Es gelten die **allgemeinen Verfahrensvorschriften** und § 26; zu einer Beweisaufnahme wird
sich das Gericht jedoch grds. nicht gedrängt sehen. Insb. ist das Verfahren nicht mit demjenigen der Einrichtung der Betreuung zu vergleichen (s. dazu § 278 Rdn. 13 8, § 279 Rdn. 8), es handelt sich auch nicht
um die Entlassung des Betreuers i.S.v. § 296; ein vormaliges Bestellungsverfahren erstreckt sich nicht hierauf (Bassenge/*Roth* § 291 Rn. 2; Prütting/Helms/*Fröschle* § 291 Rn. 4 ff.). Die ausgewählte Betreuungsperson ist nach § 7 Abs. 2 Nr. 1 Beteiligter. Ihr, dem Verein bzw. der Behörde sowie dem Betroffenen ist Gelegenheit zur Äußerung zu geben. Eine persönliche Anhörung kann im Ausnahmefall geboten sein. Der
Antrag hat keine aufschiebende Wirkung (Damrau/*Zimmermann* § 69c FGG Rn. 2; Bienwald/Sonnenfeld/
Hoffmann/*Sonnenfeld* § 69c FGG Rn. 3, 6).

Das Gericht **prüft** die **Beanstandung** der Auswahl der Betreuungsperson daraufhin, ob einem **Vorschlag** 4
des Betroffenen, dem wichtige Gründe (insb. Kapazitätszwänge) nicht entgegenstehen, nicht entsprochen
wurde oder die bisherige Auswahl dem **Wohl des Betroffenen** zuwiderläuft (**Satz 2**). Letzteres betrifft im
Wesentlichen die fehlende Eignung der Betreuungsperson im konkreten Fall und kommt gerade bei Interessenkollisionen und (ohnehin) in den von § 1908b BGB erfassten Konstellationen in Betracht (Prütting/
Helms/*Fröschle* § 291 Rn. 9; vgl. auch § 276 Rdn. 10 und § 274 Rdn. 13). Ist der Antrag nach dem Ergebnis
dieser Prüfung nicht zurückzuweisen, teilt das Gericht dem Verein oder der Behörde dies mit, verbunden
mit der Aufforderung, die Auswahl der Betreuungsperson nach Maßgabe dessen abzuändern. Dass das Gericht eine bestimmte Person als Betreuungsperson nennt (so Prütting/Helms/*Fröschle* § 291 Rn. 10), scheint
im Hinblick auf den Wortlaut der Vorschrift und aus Praktikabilitätserwägungen zweifelhaft (Bork/Jacoby/
Schwab/*Heiderhoff* § 291 Rn. 3; Keidel/*Budde* § 291 Rn. 4; wohl auch Bumiller/*Harders* § 291 Rn. 4). Im
Einzelfall mag sich aufgrund der Anforderungen des Betroffenen die Auswahl auf eine mögliche Betreuungsperson beschränken. Eine bindende, insb. durchsetzbare Anordnung ist jedoch nicht vorgesehen
(**Satz 3**). Ggf. kann der Verein oder die Behörde selbst als Betreuer entlassen werden.

Der Beschluss des Betreuungsgerichts ist mit der **Beschwerde** anfechtbar. Es handelt sich nicht lediglich 5
um eine nicht selbstständig anfechtbare Nebenentscheidung (BT-Drucks. 16/6308 S. 203; s.a. § 288 Rdn. 6).
Denn in Bezug auf das durch die Vorschrift eröffnete Antragsverfahren ist er Endentscheidung i.S.v. § 58
Abs. 1. Beschwerdeberechtigt ist entweder nach § 59 Abs. 2 der Betroffene oder – bei stattgebender Entscheidung – der Verein bzw. die Behörde, § 59 Abs. 1. § 59 Abs. 3 und § 303 Abs. 1 sind insofern nicht einschlägig. Da die Entscheidung der Rechtskraft fähig ist, kann der Antrag nach Satz 1 nur **erneut gestellt**
werden, wenn er auf veränderte Umstände oder neue Tatsachen gestützt wird.

§ 292 Zahlungen an den Betreuer. (1) In Betreuungsverfahren gilt § 168 entsprechend.
(2) ¹Die Landesregierungen werden ermächtigt, durch Rechtsverordnung für Anträge
und Erklärungen auf Ersatz von Aufwendungen und Bewilligung von Vergütung Formulare einzuführen. ²Soweit Formulare eingeführt sind, müssen sich Personen, die die Betreuung im Rahmen der Berufsausübung führen, ihrer bedienen und sie als elektronisches Dokument einreichen, wenn dieses für
die automatische Bearbeitung durch das Gericht geeignet ist. ³Andernfalls liegt keine ordnungsgemäße
Geltendmachung im Sinne von § 1836 Abs. 1 Satz 2 des Bürgerlichen Gesetzbuchs in Verbindung mit
§ 1 des Vormünder- und Betreuungsvergütungsgesetzes vor. ⁴Die Landesregierungen können die Ermächtigung nach Satz 1 durch Rechtsverordnung auf die Landesjustizverwaltungen übertragen.

Übersicht	Rdn.		Rdn.
A. Normzweck	1	B. Regelungen	2

A. Normzweck. Die Vorschrift erschöpft sich wegen des Verfahrens zur Festsetzung von Vergütung und 1
Aufwendungsersatz des Betreuers oder Gegenbetreuers in dem **Verweis auf § 168**. Sie ist auch auf entsprechende Rechtsverhältnisse bei betreuungsrechtlichen Zuweisungssachen (§ 340) anzuwenden (Prütting/
Helms/*Fröschle* § 292 Rn. 3). Weiterhin enthält sie in Abs. 2 die **Ermächtigung** zur Einführung von Vordru-

§ 293 Buch 3. Verfahren in Betreuungs- und Unterbringungssachen

cken für die Berufsbetreuerentschädigung, die der Verfahrensvereinheitlichung und -erleichterung dienen sollen.

2 **B. Regelungen.** Die Vorschriften des materiellen Vormundschaftsrechts über den **Aufwendungsersatz** und die **Vergütung** von Vormündern einschließlich der Inanspruchnahme des Mündels und seiner Erben (§§ 1835 ff. BGB) sind nach § 1908i Abs. 1 Satz 1 BGB im materiellen Betreuungsrecht sinngemäß anzuwenden. Der Verweis in **Abs. 1** auf § 168 stellt sicher, dass die zugehörigen **Verfahrensvorschriften** in Betreuungssachen ebenfalls entsprechend gelten (BT-Drucks. 13/7158 S. 39). Wegen der Einzelheiten s. die Anmerkungen zu § 168.

3 Wegen der Frage, ob sich der **Vergütungsanspruch des Betreuers** gegen den Betroffenen oder bei dessen Mittellosigkeit gem. § 1836a BGB gegen die Staatskasse richtet, unterliegt die Prüfung der Mittellosigkeit zwar dem Amtsermittlungsgrundsatz des § 26. Dies enthebt den Betreuer, dem die Vermögenssorge zusteht und der seinen Vergütungsanspruch gegen die Staatskasse geltend macht, jedoch nicht davon, von sich aus oder auf gerichtliche Aufforderung an der Aufklärung der Frage der **Mittellosigkeit** – sei sie tatsächlich oder fiktiv – **mitzuwirken**. Er hat durch nachvollziehbare Angaben die gerichtliche Prüfung der persönlichen und wirtschaftlichen Verhältnisse des Betreuten zu ermöglichen (OLG Köln FGPrax 2009, 268). Ist die Betreuung unterdessen aufgehoben, trifft die Mitwirkungspflicht auch den Betroffenen selbst (LG Kleve, Beschl. v. 19.03.2014, Az. 4 T 218/13 – Juris). Im Vergütungsfestsetzungsverfahren nach § 168 können **Gegenansprüche**, die darauf gestützt werden, der Betreuer habe sein Amt mangelhaft geführt, nicht berücksichtigt werden. Die Kompetenz des funktionell zuständigen Rechtspflegers umfasst zwar die Entscheidung über Grund und Höhe des Vergütungsanspruchs und damit auch die Frage dessen Verjährung (BGH NJW-RR 2015, 193; MDR 2015, 727), nicht jedoch die Entscheidung über Gegenansprüche wegen mangelhafter Amtsführung (BGH NJW-RR 2012, 835).

4 **Abs. 2 Satz 1** ermächtigt die Landesregierungen, durch **Rechtsverordnung** Vordrucke für Anträge und Erklärungen betreffend Aufwendungsersatz und Vergütung der Berufsbetreuer einzuführen. In diesem Fall sind die Berufsbetreuer nach **Satz 2** zur Verwendung der **elektronischen Vordrucke** verpflichtet, andernfalls eine ordnungsgemäße Geltendmachung i.S.v. § 2 Abs. 1 Satz 1 VBVG nicht vorliegt (richtigerweise müsste der Verweis auf § 1836 Abs. 1 Satz 3 BGB lauten). Von der in **Satz 3** vorgesehenen Möglichkeit, die Ermächtigung zu delegieren, haben bisher die Länder Hamburg (Weiterübertragungsverordnung – elektronischer Rechtsverkehr bei Gerichten und der Staatsanwaltschaft v. 01.08.2006), Nordrhein-Westfalen (Delegations-VO – § 69e Abs. 2 FGG v. 12.10.2004), Brandenburg (Justiz-Zuständigkeitsübertragungsverordnung – JuZÜV v. 28.11.2006), Sachsen (Zuständigkeitsübertragungsverordnung Justiz – ZustÜVOJu v. 07.11.2007), Sachsen-Anhalt (Verordnung zur Übertragung von Verordnungsermächtigungen im Bereich der Justiz v. 28.03.2008) sowie Thüringen (Thüringer Ermächtigungsübertragungsverordnung Justiz – ThürErmÜVJ – v. 25.10.2004) Gebrauch gemacht.

§ 293 Erweiterung der Betreuung oder des Einwilligungsvorbehalts.

(1) Für die Erweiterung des Aufgabenkreises des Betreuers und die Erweiterung des Kreises der einwilligungsbedürftigen Willenserklärungen gelten die Vorschriften über die Anordnung dieser Maßnahmen entsprechend. ²Das Gericht hat die zuständige Behörde nur anzuhören, wenn es der Betroffene verlangt oder es zur Sachaufklärung erforderlich ist.
(2) ¹Einer persönlichen Anhörung nach § 278 Abs. 1 sowie der Einholung eines Gutachtens oder ärztlichen Zeugnisses (§§ 280 und 281) bedarf es nicht,
1. wenn diese Verfahrenshandlungen nicht länger als sechs Monate zurückliegen oder
2. die beabsichtigte Erweiterung nach Absatz 1 nicht wesentlich ist.
²Eine wesentliche Erweiterung des Aufgabenkreises des Betreuers liegt insbesondere vor, wenn erstmals ganz oder teilweise die Personensorge oder eine der in § 1896 Abs. 4 oder den §§ 1904 bis 1906 des Bürgerlichen Gesetzbuchs genannten Aufgaben einbezogen wird.
(3) Ist mit der Bestellung eines weiteren Betreuers nach § 1899 des Bürgerlichen Gesetzbuchs eine Erweiterung des Aufgabenkreises verbunden, gelten die Absätze 1 und 2 entsprechend.

Übersicht

	Rdn.		Rdn.
A. Normzweck	1	C. Regelungen	5
B. Anwendungsbereich	2		

A. Normzweck. Da neben der erstmaligen Einrichtung der Betreuung, der Bestellung eines Betreuers sowie der Anordnung eines Einwilligungsvorbehalts (§§ 1896, 1903 BGB) auch die **nachträgliche Änderung** solcher getroffener Entscheidungen in Betracht kommt (§ 1908d Abs. 3 u 4 BGB), sieht die Vorschrift in Ergänzung zu den die erstmalige Entscheidung betreffenden §§ 278 ff. für diese Fälle **spezielle Verfahrensregelungen** vor. Die verfahrensrechtlichen Besonderheiten betreffen maßgeblich die in Abs. 2 geregelten **Verfahrensvereinfachungen**. Andererseits stellt die Vorschrift aber auch klar, dass es bei der Verlängerung der Betreuerbestellung der Einhaltung der genannten Verfahrensregelungen bedarf. So kann in einer betreuungsgerichtlichen Genehmigung deswegen nicht auch die nachträgliche Erweiterung des Aufgabenkreises des Betreuers gesehen werden, wenn dabei das einzuhaltende Verfahren nicht beachtet wurde (OLG Frankfurt am Main FamRZ 2010, 1762). Schließlich grenzt die Vorschrift in Abs. 3 diejenigen Fälle (weiterer) Betreuerbestellung ab, für welche die Beachtung der für die Erstbestellung geltenden Regelungen ebenfalls als nicht erforderlich erachtet wird (BT-Drucks. 16/6308 S. 269).

B. Anwendungsbereich. Die Vorschrift gilt für alle Entscheidungen, durch die eine nach Maßgabe des § 1896 BGB eingerichtete **Betreuung** nebst Bestellung eines Betreuers bzw. ein aufgrund § 1903 BGB angeordneter **Einwilligungsvorbehalt** im Wege der **Erweiterung** geändert wird. Ob diese Erweiterung wesentlich ist, spielt für die Anwendbarkeit als solches keine Rolle. Denn hierzu trifft die Vorschrift selbst entsprechende Regelungen (s. Rdn. 7). Wird ein Einwilligungsvorbehalt angeordnet, nachdem ein zuvor bestehender (anderer) Einwilligungsvorbehalt bereits aufgehoben war, handelt es sich nicht um eine Erweiterung des Einwilligungsvorbehalts, sondern um dessen erneute Anordnung, so dass die §§ 278, 280 unmittelbar anzuwenden sind; die Vorschrift ist in diesen Fällen nicht einschlägig (BGH FamRZ 2012, 1633).

Nach Abs. 3 gilt sie auch, wenn die Bestellung eines **weiteren Betreuers** gem. § 1899 BGB zu prüfen ist. Das ist entweder der Fall, wenn ein weiterer Aufgabenkreis hinzukommt, für den ein anderer Betreuer bestellt wird, wenn für die bestehenden Aufgabenkreise nur ein zusätzlicher Betreuer mit (teilweise) deckungsgleichen Aufgaben hinzubestellt wird oder ein **Ersatzbetreuer** (Eventualbetreuer) bestimmt wird. Hierzu kann grds. auch der **Ergänzungsbetreuer** zählen, der dann zu bestellen ist, wenn der Betreuer für ein bestimmtes Geschäft von der Vertretung ausgeschlossen ist (Bassenge/*Roth* § 293 Rn. 5 f.; Bienwald/Sonnenfeld/Hoffmann/*Sonnenfeld* § 69i FGG Rn. 3; Damrau/*Zimmermann* § 69i FGG Rn. 14). Zur Frage, ob mit der Bestellung des weiteren Betreuers auch eine **Erweiterung des Aufgabenkreises** verbunden ist, s.u. Rdn. 10; ebenso zum Verfahren bei Bestellung eines Gegenbetreuers.

Die Vorschrift gilt für alle Entscheidungen über die Erweiterung der Betreuung im vorgenannten Sinne. Sie findet deswegen auch (sinngemäß, eines Gutachtens bedarf es dann ohnehin nicht) bei Erlass einer **einstweiligen Anordnung** nach § 300 – sei es, dass eine vorläufige Bestellung erweitert wird, sei es, dass die nur Erweiterung durch einstweilige Anordnung erfolgt – (Keidel/*Budde* § 293 Rn. 2) sowie im **Beschwerdeverfahren** Anwendung (§ 69 Abs. 3). Für die Genehmigung im Unterbringungsverfahren gilt indessen § 329 (s. aber hier Rdn. 7 a.E.). Die Fälle der Aufhebung der Betreuung, der Einschränkung von Aufgabenkreis oder Einwilligungsvorbehalt, deren Verlängerung sowie der Entlassung des Betreuers sind gesondert in §§ 294 bis 296 geregelt; bei zugleich auf Erweiterung und Verlängerung gerichtetem Verfahren wird jedoch § 295 ebenfalls anwendbar sein (Prütting/Helms/*Fröschle* § 293 Rn. 3).

C. Regelungen. Abs. 1 Satz 1 lässt für die dort genannten Entscheidungen die für die erstmalige Einrichtung der Betreuung, die Bestellung eines Betreuers und die Anordnung eines Einwilligungsvorbehalts geltenden Verfahrensvorschriften (nämlich die Pflicht zu Anhörung nach §§ 278 ff., zur Gutachteneinholung nach §§ 280 bis 284, die Regelung des Beschlussverfahrens nach §§ 286 bis 288 und der Betreuerverpflichtung nach § 289 f.) entsprechend gelten. **Abs. 1 Satz 2** entspricht dem vormaligen § 279 Abs. 2, gilt aber mit dem Gesetz zur Stärkung der Funktionen der Betreuungsbehörde vom 28.08.2013 (BGBl. I 2013, S. 3393) nicht mehr Allgemein, sondern unter anderem für die Fälle der Erweiterung der Betreuung oder – über den Wortlaut des Satzes 1 hinaus – der erstmaligen Anordnung bzw. der Erweiterung des Einwilligungsvorbehalts (vgl. BT-Drucks. 17/13419, S. 9). Die Pflicht zur Anhörung der Betreuungsbehörde besteht einerseits, wenn es der **Betroffene verlangt** (1. Alt). Hierauf muss er nicht hingewiesen werden, wenngleich hierzu die Unterrichtung nach § 278 Abs. 2 Gelegenheit gibt (s. § 278 Rdn. 6; vgl. auch Jansen/*Sonnenfeld* § 68a FGG Rn. 9). Andererseits ist die Anhörung zwingend geboten, wenn es der **Sachaufklärung** dient (2. Alt), was im Hinblick auf die Unterstützungspflicht aus § 8 BtBG häufig der Fall sein wird (Jürgens § 279 Rn. 4; Jürgens/Kröger/Marschner/Winterstein Rn. 400 f.).

Abs. 2 sieht in gewissen Konstellation **verfahrensrechtliche Erleichterungen** vor. Nach **Satz 1** entfällt dabei die Pflicht zur **persönlichen Anhörung** (§ 278 Abs. 1) sowie zur **Einholung eines Gutachtens** bzw. ärztlichen Zeugnisses (§§ 280 f.), wenn

6 – die genannten Verfahrenshandlungen **nicht länger als 6 Monate zurückliegen** (**Nr. 1**). Sind die im Wesentlichen den Zustand des Betroffenen betreffenden Ermittlungen, wozu auch der persönliche Eindruck des Gerichts gehört (vgl. § 278 Rdn. 5), noch so aktuell, dass ihre erneute Vornahme einen entbehrlichen Verfahrensaufwand darstellt, kann bei der Erweiterung der Betreuung i.S.v. Abs. 1 und Abs. 3 hiervon abgesehen werden. Darauf, ob die vormaligen Verfahrenshandlungen ausdrücklich auch die Bereiche der nunmehrigen Erweiterung zum Gegenstand hatten (so Bork/Jacoby/Schwab/*Heiderhoff* § 293 Rn. 6; Keidel/*Budde* § 293 Rn. 4), kommt es nach richtiger Auffassung nicht an. Denn entscheidend ist, dass das Gericht aus der bisherigen Befassung nach §§ 278 ff. hinreichende Kenntnisse zum Zustand des Betroffenen erhalten hat, die auch zur Grundlage der Erweiterungsentscheidung gemacht werden können (BT-Drucks. 13/7158 S. 40; Prütting/Helms/*Fröschle* § 293 Rn. 6). Ob die Erweiterung wesentlich ist, ist in diesem Fall ohne Belang, kann aber i.R.d. nach wie vor bestehenden Aufklärungspflicht nach § 26 von Bedeutung sein. Liegen etwa Hinweise darauf vor, dass sich der Zustand des Betroffenen ggü. demjenigen im noch nicht mehr als 6 Monate zurückliegenden Anhörungstermin stark verändert hat, wird sich das Gericht gleichwohl zu einer erneuten Anhörung gedrängt sehen (vgl. BGH FuR 2011, 326 f.; *Jürgens* § 293 Rn. 3). Das medizinische Gutachten ist erstattet nach § 280 Abs. 2, wenn es dem Gericht zur Kenntnis gelangt ist (s. im Einzelnen § 280 Rdn. 1, 29).

oder

7 – die beabsichtigte Erweiterung i.S.v. Abs. 1 **nicht wesentlich** ist (**Nr. 2**). Abgesehen von der Aufzählung der **Regelbeispiele** in Satz 2, die stets als wesentliche Erweiterung anzusehen sind, richtet sich die Unterscheidung nach der rechtlichen Reichweite sowie dem tatsächlichen Umfang des jeweiligen Eingriffs im Einzelfall. Ist also erstmals ein neuer Rechtskreis betroffen (z.B. Vermögensangelegenheiten, ggf. auch nur teilweise durch Erweiterung der Betreuung auf die Geltendmachung der Rechte am Nachlass eines Dritten, BGH FamRZ 2014, 1626) oder wird der Aufgabenkreis von einzelnen Ausschnitten auf die gesamte Vermögenssorge erweitert, ist grds. eine wesentliche Erweiterung anzunehmen, nicht jedoch bei der Übertragung einzelner zusätzlicher Befugnisse (BtKomm/*Roth* Abschn. A Rn. 183; Prütting/Helms/*Fröschle* § 293 Rn. 7 f.). Entsprechend gilt dies für den Kreis der einwilligungsbedürftigen Willenserklärungen, insb. das Maß des Eingriffs in die wirtschaftliche und finanzielle Betätigungsfreiheit des Betroffenen (s. dazu § 286 Rdn. 7). Eine nur unwesentliche Erweiterung liegt nach Satz 2 insb. dann nicht vor, wenn erstmals ganz oder teilweise die Personensorge (Gesundheitsangelegenheiten, Aufenthaltsbestimmung, Umgangsregelung) in den Aufgabenkreis einbezogen wird (BayObLG FamRZ 2003, 402), dem Betreuer die Entscheidung über den Fernmeldeverkehr oder die Postkontrolle (§ 1896 Abs. 4 BGB), die Einwilligung in die Sterilisation (besonderer Betreuer, §§ 1905, 1899 Abs. 2 BGB) oder die Entscheidung über freiheitsentziehende Maßnahmen (§ 1906 BGB) übertragen wird. Die Anwendung von Nr. 2 setzt aber zumindest voraus, dass der Betroffene vor der erstmaligen Betreuerbestellung verfahrensfehlerfrei angehört worden ist (BGH FamRZ 2014, 828).

Die Erleichterung, ein früheres Gutachten zu verwerten, gilt allerdings nicht, wenn es sich dabei lediglich um das eines Medizinischen Dienstes i.S.v. § 282 handelt. Abs. 2 verweist – zu Recht – nicht auf diese Vorschrift (Keidel/*Budde* § 293 Rn. 2).

8 Liegen die Voraussetzungen des Abs. 2 vor, **entfallen**, obschon nicht ausdrücklich genannt, auch die § 278 Abs. 1 nachstehenden **weiteren Verfahrenshandlungen** wie der **Unterrichtung** über den Verfahrensverlauf nach § 278 Abs. 2. Gleiches gilt für die **Anhörungspflicht Dritter** nach § 279, die ihrerseits eine Ausprägung der sich aus § 26 ergebenden Amtsermittlungspflicht ist und nach der ratio der Vorschrift als zusätzliche Erkenntnisquelle in den von Abs. 2 erfassten Fällen von nachrangiger Bedeutung ist (so zur Vorgängerregelung des § 69i Abs. 1 FGG Bienwald/Sonnenfeld/Hoffmann/*Sonnenfeld* § 69i FGG Rn. 16; HK-BUR/*Hoffmann* § 69i FGG Rn. 12) und trotz zur Neuregelung abweichender Ansicht (*Jürgens* § 293 Rn. 3; Prütting/Helms/ *Fröschle* § 293 Rn. 6, 8; Bassenge/*Roth* § 293 Rn. 1; Damrau/*Zimmermann* § 69i FGG Rn. 11) auch bleibt. Zwar soll die Erweiterung auch in diesen Fällen **nicht ohne** das **Anhörungsverfahren** des § 34 erfolgen (BT-Drucks. 16/6308 S. 269). Dieser Aspekt geht indessen ebenfalls in § 26 auf; es dürfte die Gewährung rechtlichen Gehörs gemeint sein (so wohl auch Keidel/*Budde* § 293 Rn. 2; Prütting/Helms/*Fröschle* § 293 Rn. 9).

Abs. 3 erlaubt die Verfahrenserleichterungen (s. Rdn. 5, 8) auch dann, wenn ein **weiterer Betreuer** bestellt 9 wird (§ 1899 BGB) und damit eine Erweiterung des Aufgabenkreises einhergeht, die aber nicht wesentlich ist (Abs. 2 Satz 1 Nr. 2, s. Rdn. 7) oder Anhörung und Gutachtenerstattung noch nicht länger als 6 Monate zurückliegen (Abs. 2 Satz 1 Nr. 1). Ist mit der **Bestellung des weiteren Betreuers** eine **Erweiterung** des Aufgabenkreises **nicht verbunden** (Rdn. 10), ist die Beachtung der **Verfahrensregelungen** der §§ 278 ff. **insgesamt nicht erforderlich**. Ob der Betroffene oder Dritte anzuhören sind, richtet sich dann nach §§ 26, 34. Insb. die Hinzuziehung des medizinischen oder psychiatrischen Sachverständigen ist grds. entbehrlich, da in diesen Fällen die weitere Betreuerbestellung regelmäßig nicht auf dem Zustand des Betroffenen beruht.

Keine Erweiterung des Aufgabenkreises i.S.v. Abs. 3 liegt vor, wenn für bereits bestehende Aufgabenkreise 10 nur ein zusätzlicher Betreuer mit (teilweise) deckungsgleichen Aufgaben oder ein **Ersatzbetreuer** (Eventualbetreuer) hinzubestellt wird. Zur ersten Gruppe zählt auch der **Ergänzungsbetreuer**, der dann zu bestellen ist, wenn der Betreuer für ein bestimmtes Geschäft von der Vertretung ausgeschlossen ist. Denn die Hinzuziehung des weiteren Betreuers in diesem Fall beruht auf materiell-rechtlichen Erwägungen und ist i.d.R. nicht einer Veränderung des Zustands des Betroffenen geschuldet. Dann aber wird den Belangen der Beteiligten durch die allgemeinen Verfahrensregelungen in §§ 26, 34 hinreichend Rechnung getragen (vgl. Damrau/*Zimmermann* § 69i FGG Rn. 14). Gleiches gilt für die Bestellung eines **Gegenbetreuers** (§ 1908i i.V.m. 1792, 1799 BGB), so dass auch dieser als weiterer Betreuer ohne Erweiterung des Aufgabenkreises (nur Kontrolle des Betreuers bei größerem Verwaltungsaufwand) anzusehen ist, selbst wenn das Verfahrensrecht für dessen Bestellung nach wie vor keine eigene Regelung enthält. § 1792 Abs. 4 BGB, der auf die Vorschriften für die Erstbestellung des Vormunds verweist, wird von der Verweisung in § 1908i BGB jedenfalls in dieser Konsequenz nicht erfasst (vgl. BayObLG FamRZ 1994, 325, 326; wie hier BtKomm/*Roth* Abschn. A Rn. 184; Jürgens/Kröger/Marschner/*Winterstein* Rn. 459; Firsching/Dodegge, Handbuch Rn. 454; Keidel/ *Budde* § 293 Rn. 6; Prütting/Helms/*Fröschle* § 293 Rn. 29; a.A. Bienwald/Sonnenfeld/Hoffmann/*Sonnenfeld* § 69i FGG Rn. 32; *Jürgens* § 293 Rn. 9). Zur Zuständigkeit bei der Bestellung des Gegenbetreuers s. § 272 Rdn. 21. Hingegen ist im Fall des § 1899 Abs. 2 i.V.m. § 1905 BGB (Bestellung eines weiteren Betreuers für die Einwilligung in die Sterilisation) **stets** eine wesentliche Erweiterung gegeben.

Nicht unter Abs. 3 fällt das Verfahren zur Bestellung eines **Kontrollbetreuers** (Vollmachtsbetreuers) i.S.v. 11 § 1896 Abs. 3 BGB. Dieser ist eigenständiger Betreuer, dessen Bestellung nicht etwa neben einem anderen Betreuer, sondern erstmalig zur Überwachung der Vollmachtsausübung durch den vom Betroffenen Bevollmächtigten erfolgt (s. dazu PWW/*Bauer* § 1896 Rn. 19). Es gelten die allgemeinen Vorschriften des Betreuungsverfahrens, sodass **§§ 278 ff.** zu beachten sind. Abweichend davon bedarf es nach **§ 281 Abs. 1 Nr. 2** nicht der Einholung eines medizinischen Gutachtens, sondern nur eines Attests, es sei denn, der Aufgabenkreis des Betreuers geht über die reine Überwachung hinaus (s. § 281 Rdn. 8). Dann ist er als Betreuer nach § 1896 Abs. 1 BGB zu bestellen (vgl. *Jürgens* § 1896 BGB Rn. 38; MüKoBGB/*Schwab* § 1896 BGB Rn. 253). Auch die Bestellung eines **vorläufigen** Kontrollbetreuers nach § 300 kommt in Betracht (s. § 300 Rdn. 3). Außerdem ist der Rechtspfleger für die Kontrollbetreuerbestellung zuständig (s. § 272 Rdn. 20).

Zum **Beschwerdeverfahren** bei Erweiterung von Aufgabenkreis oder Umfang der einwilligungsbedürftigen 12 Willenserklärungen sowie bei Bestellung eines weiteren Betreuers s. § 303 Rdn. 1 ff.

§ 294 Aufhebung und Einschränkung der Betreuung oder des Einwilligungsvorbehalts.

(1) Für die Aufhebung der Betreuung oder der Anordnung eines Einwilligungsvorbehalts und für die Einschränkung des Aufgabenkreises des Betreuers oder des Kreises der einwilligungsbedürftigen Willenserklärungen gelten die §§ 279 und 288 Abs. 2 Satz 1 entsprechend. ²Das Gericht hat die zuständige Behörde nur anzuhören, wenn es der Betroffene verlangt oder es zur Sachaufklärung erforderlich ist.
(2) Hat das Gericht nach § 281 Abs. 1 Nr. 1 von der Einholung eines Gutachtens abgesehen, ist dies nachzuholen, wenn ein Antrag des Betroffenen auf Aufhebung der Betreuung oder Einschränkung des Aufgabenkreises erstmals abgelehnt werden soll.
(3) Über die Aufhebung der Betreuung oder des Einwilligungsvorbehalts hat das Gericht spätestens sieben Jahre nach der Anordnung dieser Maßnahmen zu entscheiden.

§ 294

Übersicht

	Rdn.		Rdn.
A. Normzweck	1	C. Regelungen	3
B. Anwendungsbereich	2		

1 **A. Normzweck.** Die Vorschrift fasst die zu Aufhebung oder Einschränkung von Betreuung bzw. Einwilligungsvorbehalt relevanten Regelungen zusammen. Dies sind
- die in Abs. 1 vorgesehenen **Verfahrenserleichterungen**,
- die **Verfahrenseinschränkung** in Abs. 2, die aus der im vorangegangenen Bestellungsverfahren zur Gutachteneinholung möglichen Verfahrenserleichterung resultiert,
- die Bestimmung der **Überprüfungshöchstfrist** in Abs. 3.

2 **B. Anwendungsbereich.** Es werden alle Fälle erfasst, in denen eine nach Maßgabe des § 1896 BGB eingerichtete **Betreuung** nebst Bestellung eines Betreuers bzw. ein aufgrund § 1903 BGB angeordneter **Einwilligungsvorbehalt** entweder **eingeschränkt** (Wegfall oder Verkleinerung von Aufgabenkreisen bzw. des Kreises der einwilligungsbedürftigen Willenserklärungen) oder **aufgehoben** wird (§ 1908d Abs. 1, Abs. 4 BGB), und zwar auch durch das Beschwerdegericht (§ 69 Abs. 3). Verfahrensrechtlich sind insofern drei Konstellationen relevant: 1. das Gericht beabsichtigt aufgrund eines bestimmten Anlasses von Amts wegen zu entscheiden; 2. das Gericht wird auf Antrag des Betroffenen oder eines Dritten tätig und beabsichtigt, dem Antrag stattzugeben; 3. das Gericht wird auf Antrag des Betroffenen tätig und beabsichtigt, den Antrag abzulehnen. In den ersten beiden Fällen, die nicht zu einer Beschränkung der Rechte des Betroffenen führen, greift die Vorschrift mit Abs. 1 und den darin vorgesehenen Verfahrenserleichterungen ein, Abs. 2 kommt nicht in Betracht. Im dritten Fall gilt Abs. 1 nicht, denn eine Änderung der bestehenden Anordnungen soll nicht erfolgen. Das Verfahren bestimmt sich dann ausschließlich nach § 26; wohl aber kann Abs. 2 zur Anwendung kommen (OLG München NJW-RR 2006, 512; KG FamRZ 2007, 81). Bei im Wege einstweiliger Anordnung zu treffenden Maßnahmen liefe die Vorschrift wegen der spezielleren Regelungen in § 300 indessen leer. Sie gilt deswegen **nicht im Eilverfahren** (Bienwald/Sonnenfeld/Hoffmann/*Sonnenfeld* § 69i FGG Rn. 22).

3 **C. Regelungen.** **Abs. 1 Satz 1** erklärt für die Fälle von Aufhebung oder Einschränkung der getroffenen Maßnahmen (s. Rdn. 2) ausschließlich §§ 279 und 288 Abs. 2 Satz 1 für entsprechend anwendbar. Damit sind die **sonstigen Beteiligten**, die Betreuungsbehörde und auf Verlangen des Betroffenen eine nahestehende Person **anzuhören** (s. im Einzelnen dazu § 279 Rdn. 3 ff.), nicht jedoch der Betroffene selbst. § 278 gilt nicht. Ferner muss die **Bekanntgabe** des Beschlusses an die Betreuungsbehörde erfolgen, damit diese ihr Beschwerderecht aus §§ 59 Abs. 3, 303 Abs. 1 geltend machen kann (s. § 288 Rdn. 5). **Abs. 1 Satz 2** entspricht dem vormaligen § 279 Abs. 2, gilt aber mit dem Gesetz zur Stärkung der Funktionen der Betreuungsbehörde vom 28.08.2013 (BGBl. I 2013, S. 3393) nicht mehr allgemein, sondern unter anderem für die Fälle des Abs. 1 (vgl. BT-Drucks. 17/13419, S. 9). Die Pflicht zur Anhörung der Betreuungsbehörde besteht einerseits, wenn es der **Betroffene verlangt** (1. Alt). Hierauf muss er nicht hingewiesen werden, wenngleich hierzu die Unterrichtung nach § 278 Abs. 2 Gelegenheit gibt (s. § 278 Rdn. 6; vgl. auch Jansen/*Sonnenfeld* § 68a FGG Rn. 9). Andererseits ist die Anhörung zwingend geboten, wenn es der **Sachaufklärung** dient (2. Alt), was im Hinblick auf die Unterstützungspflicht aus § 8 BtBG häufig der Fall sein wird (Jürgens § 279 Rn. 4; Jürgens/Kröger/Marschner/Winterstein Rn. 400 f.).

4 Aus der **Amtsermittlungspflicht** des Gerichts nach § 26 kann jedoch auch bei diesen Verfahrensgegenständen die Notwendigkeit einer **persönlichen Anhörung** des Betroffenen resultieren (BT-Drucks. 16/6308 S. 270). Dies wird regelmäßig in Betracht zu ziehen sein, wenn nicht seinem Antrag auf Aufhebung der Betreuung ohne Weiteres stattzugeben ist oder wenn sich sein Antrag nicht von vornherein als zweifelsfrei sinnlose, lediglich querulatorische Eingabe darstellt, und zwar auch in der Beschwerdeinstanz (OLG Zweibrücken BtPrax 1998, 150). Grds. ist die Einholung eines Gutachtens nicht vorgesehen (Bork/Jacoby/Schwab/*Heiderhoff* § 294 Rn. 1). Ein **Gutachten** kann jedoch dann einzuholen sein, wenn ein zeitnahes Gutachten nicht vorliegt oder aus sonstigen Gründen der Zustand des Betroffenen näherer Ermittlungen zum (teilweisen) Wegfall des Betreuungsbedürfnisses bedarf (OLG München NJW-RR 2006, 512; Bienwald/Sonnenfeld/Hoffmann/*Sonnenfeld* § 69i FGG Rn. 23; Keidel/*Budde* § 274 Rn. 3). Wenn das Gericht seine Entscheidung darauf stützt, muss das Gutachten den formalen Anforderungen des § 280 genügen (BGH FamRZ 2012, 104). Insgesamt bedarf es für die Durchführung weiterer Ermittlungen **greifbarer Anhaltspunkte** für eine Veränderung der der Betreuerbestellung zugrunde liegenden Umstände (BGH FuR 2011,

326 f.). Da die Untersuchung betreffende Zwangsmaßnahmen nach §§ 283 ff. mangels Verweises nicht zulässig sind, muss es, wenn sich die Erkenntnisse nicht auf anderem Wege gewinnen lassen (Anhörung), bei dem Umfang der eingerichteten Betreuung bzw. des Einwilligungsvorbehalts verbleiben. Das Verfahren ist insoweit auszusetzen (so auch zur Vorgängerregelung Fröschle/*Locher* § 69i FGG Rn. 13). Hingegen bedarf es wiederholter Ermittlungen nicht bereits wenige Monate nach Erlass des die Betreuung bzw. den Einwilligungsvorbehalt anordnenden Beschlusses, sofern nicht greifbare Anhaltspunkte dafür bestehen, dass eine wesentliche Veränderung des Zustands des Betroffenen eingetreten ist (OLG Hamm NJWE-FER 2001, 326; *Jürgens* § 294 Rn. 8). Lediglich wiederholende Anträge auf Aufhebung der Betreuung können regelmäßig ohne weitere Ermittlungen abgelehnt werden (Keidel/*Budde* § 274 Rn. 3).

Die Pflicht, die Entscheidung zu **begründen** und mit einer **Rechtsbehelfsbelehrung** zu versehen, ergibt sich aus §§ 38, 39. 5

Abs. 2 zwingt zur **nachträglichen Einholung** eines Gutachtens, wenn der Aufhebungsantrag des Betroffenen abgelehnt, die Betreuung also aufrechterhalten werden soll und noch kein Gutachten vorliegt. Dies betrifft die Fälle, in denen das Gericht bei Betreuerbestellung auf Antrag des Betroffenen nach § 281 Abs. 1 Nr. 1 festgestellt hat, dass dieser wirksam auf eine Begutachtung verzichtet hat und die Einholung des Gutachtens insb. im Hinblick auf den Umfang des vorgesehenen Aufgabenkreises unverhältnismäßig ist (s. dazu im Einzelnen § 281 Rdn. 5 f.). Es bedarf zur Sicherung der Verfahrensrechte des Betroffenen, ohne dessen Verzicht das Gutachten bereits im Bestellungsverfahren einzuholen gewesen wäre, der Nachholungspflicht (Jürgens/Kröger/Marschner/*Winterstein* Rn. 458). Dem entsprechend gilt dies aber nur bei **erstmalig** abzulehnendem Aufhebungsantrag; i.Ü. verbleibt es bei § 26 (s. Rdn. 4). Abs. 2 gilt nicht unmittelbar für den Fall, dass die Einholung eines Gutachtens aus anderen Gründen (ggf. verfahrensfehlerhaft) unterblieben ist (Keidel/*Budde* § 274 Rn. 4). Der Gedanke der Vorschrift wird aber i.R.d. Amtsermittlungspflicht (s. Rdn. 4) besonders zu berücksichtigen sein. Wenn ein Sachverständigengutachten eingeholt wird und das Gericht seine Entscheidung darauf stützt, so muss dieses den formalen Anforderungen des § 280 genügen (BGH FamRZ 2014, 1917; 2015, 486). 6

Abs. 3 legt den längsten Zeitraum bis zur **Überprüfung** der Betreuerbestellung sowie der Anordnung eines Einwilligungsvorbehalts fest. Grundsätzlich ist ein Verfahren, das die Prüfung des Fortbestands einer laufenden Betreuung zum Gegenstand hat, bereits dann einzuleiten, wenn ein besonderer Anlass hierzu besteht. Im Übrigen ist spätestens nach 7 Jahren (ausgenommen sind die bis zum 01.07.2005 ergangenen Entscheidungen, Art. 5 Nr. 8 2. BtÄndG, BGBl. I 1077) über Aufhebung oder Verlängerung der Maßnahme zu entscheiden; die Frist richtet sich aber nach den Umständen des Einzelfalls und ist ansonsten entsprechend kürzer zu bemessen. Es ist auf jeden Fall ein bestimmter Zeitpunkt, nicht die Frist, anzugeben. Anhaltspunkt ist grds. der im eingeholten Gutachten für erforderlich erachtete Überprüfungszeitraum, der sowohl hinsichtlich der Betreuerbestellung einerseits als auch der Anordnung des Einwilligungsvorbehalts andererseits verschieden sein kann. Ebenso kann dies hinsichtlich verschiedener Aufgabenkreise in Betracht kommen (Bienwald/Sonnenfeld/Hoffmann/*Sonnenfeld* § 69 FGG Rn. 23). Bei schubweise verlaufenden (meist psychotischen) Erkrankungen darf ein Betreuer nur für den Zeitraum bestellt werden, in welchem der Betroffene seinen Willen nicht frei bestimmen kann. Eine **Vorratsbetreuung** bei fehlendem akutem Betreuungsbedarf ist **unzulässig** (BayObLG NJW-RR 1995, 1274, 1275 = FGPrax 1995, 63; OLG Zweibrücken FamRZ 2005, 748 f.). Das **Verfahren** zur Überprüfung der Betreuerbestellung ist so rechtzeitig vor Ablauf der Frist einzuleiten, dass es bei normalem Ablauf innerhalb der Frist abgeschlossen werden kann. Ist dies trotz Einleitung des Überprüfungsverfahrens vor Fristablauf nicht der Fall, bedarf es der Anordnung vorläufiger Maßnahmen i.S.v. §§ 300 ff. nicht. Bei Überschreitung der Höchstfrist verliert die Betreuerbestellung nicht ihre Wirksamkeit, ebenso wenig die der Anordnung des Einwilligungsvorbehalts (BayObLG FamRZ 1998, 1183, 1185). Damit besteht aufgrund der nach wie vor gültigen Betreuung – auch wenn diese als formell rechtswidrig anzusehen ist – kein dringendes Bedürfnis an einer vorläufigen Regelung (ähnlich *Jürgens* § 286 Rn. 9; a.A. Prütting/Helms/*Fröschle* § 274 Rn. 22). 7

Für **einstweilige Anordnungen** gilt ausschließlich § 302, wonach ein bestimmter Zeitraum deren Gültigkeit festzulegen ist. Mit dem Überprüfungszeitraum nach Abs. 3, vor dessen Ablauf jederzeit eine Änderung möglich ist und der theoretisch auch verlängert werden kann (Prütting/Helms/*Fröschle* § 295 Rn. 21 ff.) hat dies nichts gemein. Zu **Fehlern** bei der Bestimmung des Überprüfungszeitraums s. § 286 Rdn. 11. 8

§ 295 Verlängerung der Betreuung oder des Einwilligungsvorbehalts.

(1) ¹Für die Verlängerung der Bestellung eines Betreuers oder der Anordnung eines Einwilligungsvorbehalts gelten die Vorschriften über die erstmalige Anordnung dieser Maßnahmen entsprechend. ²Von der erneuten Einholung eines Gutachtens kann abgesehen werden, wenn sich aus der persönlichen Anhörung des Betroffenen und einem ärztlichen Zeugnis ergibt, dass sich der Umfang der Betreuungsbedürftigkeit offensichtlich nicht verringert hat. ³Das Gericht hat die zuständige Behörde nur anzuhören, wenn es der Betroffene verlangt oder es zur Sachaufklärung erforderlich ist
(2) Über die Verlängerung der Betreuung oder des Einwilligungsvorbehalts hat das Gericht spätestens sieben Jahre nach der Anordnung dieser Maßnahmen zu entscheiden.

Übersicht

	Rdn.		Rdn.
A. Normzweck	1	C. Regelungen	3
B. Anwendungsbereich	2		

1 **A. Normzweck.** Die Vorschrift legt die **Verfahrensweise** bei der **Verlängerung** von Betreuung und/oder Einwilligungsvorbehalt fest und enthält dabei neben dem allgemeinen Verweis auf die für die Anordnungen geltenden Regelungen eine **Verfahrenserleichterung** in Bezug auf das Erfordernis der Einholung eines Gutachtens (Abs. 1 Satz 2). Der Betroffene erhält grds. die vollen Verfahrensgarantien für die Entscheidung über die Fortsetzung der jeweiligen Maßnahmen (BayObLG 1999, 873). Die Vorschrift stellt damit auch klar, dass es sich bei einer Verlängerungsentscheidung der Sache nach um die erneute Anordnung einer Betreuung einschließlich der Entscheidung über die Person des Betreuers handelt, auch wenn der bisherige Betreuer wieder bestellt wird (vgl. BGH FamRZ 2010, 1897. I.Ü. legt Abs. 2 den längstmöglichen **Überprüfungszeitraum** fest, nach dessen Ablauf spätestens über die Verlängerung (bzw. Aufhebung) der Maßnahme zu entscheiden ist. Sie fasst damit die für die von ihr betroffenen Sachverhalte (s. Rdn. 2) notwendigen Regelungen zusammen.

2 **B. Anwendungsbereich.** Von der Regelung werden insgesamt die Fallgestaltungen erfasst, in denen eine nach Maßgabe des § 1896 BGB eingerichtete **Betreuung** nebst Bestellung eines Betreuers bzw. ein aufgrund § 1903 BGB angeordneter **Einwilligungsvorbehalt verlängert**, also die zeitliche Erstreckung ausgedehnt wird, und zwar auch durch das **Beschwerdegericht** (§ 69 Abs. 3). Nicht hierunter fällt die Erweiterung von Aufgabenkreisen oder des Kreises der einwilligungsbedürftigen Willenserklärungen; hierfür gilt § 293 (s. dort Rdn. 2 ff.). Auch eine Anwendung auf im **Eilverfahren** vorläufig getroffene Anordnungen scheidet aus; insofern ist nach §§ 302, 300 stets eine neue Entscheidung im Wege einstweiliger Anordnung zu treffen (BT-Drucks. 16/6308 S. 271; s.a. § 302 Rdn. 3). Entsprechend ist das auf die Bestellung eines vorläufigen Betreuers folgende Verfahren zur dauerhaften Einrichtung der Betreuung unmittelbar nach §§ 278 ff. und nicht unter Rückgriff auf § 295 durchzuführen (s. dazu auch § 296 Rdn. 2 a.E.). Hingegen findet die Vorschrift Anwendung, wird nach erst Ablauf der Überprüfungshöchstfrist des Abs. 3 das Verfahren zur Verlängerung der Betreuung geführt (Keidel/*Budde* § 295 Rn. 1; s. i.Ü. dazu Rdn. 6).

3 **C. Regelungen.** Abs. 1 Satz 1 erklärt die zur **erstmaligen Einrichtung** einer Betreuung oder der Anordnung eines Einwilligungsvorbehaltes geltenden **Regelungen** (nämlich die Pflicht zu Anhörung nach §§ 278 ff., zur Bestellung eines Verfahrenspflegers nach § 276, zur Gutachteneinholung nach §§ 280 bis 284 und die Regelung des Beschlussverfahrens nach §§ 286 bis 288) für **entsprechend anwendbar** (zur Betreuerverpflichtung nach § 289 s. dort Rdn. 2 a.E.). Insofern unterscheidet sich die verfahrensrechtliche Stellung des Betroffenen grds. nicht von derjenigen zu Beginn des betreuungsgerichtlichen Verfahrens. Insb. ist die persönliche Anhörung des Betroffenen unabdingbar, und zwar auch, wenn die Beschwerdekammer die Anhörung des Betroffenen als Erkenntnisquelle für ihre selbstständig zu treffenden Feststellungen benötigt (BayObLG FamRZ 1999, 873, 874). Auch ist § 1897 BGB nach wie vor Maßstab der Betreuerauswahl, da die Verlängerungsentscheidung als erneute vollständige Einheitsentscheidung über die Betreuung anzusehen ist (BGH 2015, 725).

4 Als **Verfahrenserleichterung** sieht **Abs. 1 Satz 2** indessen vor, dass anstelle der Einholung eines Gutachtens diejenige eines ärztlichen **Attests** (zu den diesbezüglichen Anforderungen s. § 281 Rdn. 9 ff.) **ausreicht**, wenn sich die Betreuungsbedürftigkeit **offensichtlich** nicht verringert hat. Diese Erkenntnis muss das Gericht **aus dem Attest und der persönlichen Anhörung** des Betroffenen gewonnen haben. Hierzu muss auf der *Grundlage des zur Einrichtung der Betreuung zuletzt festgestellten Zustands* anhand spezifischer Äuße-

rungen im ärztlichen Zeugnis und dem vom Betroffenen gewonnenen aktuellen Eindruck ein hinreichend sicherer Schluss auf den Fortbestand der Betreuungsbedürftigkeit möglich sein. Die Aussagekraft des Attests hat das Gericht dabei sorgfältig zu würdigen, wobei grds. – nicht nur fern liegende – Umstände betreffend die mögliche Verbesserung des Zustands des Betroffenen angesprochen sein müssen. Auch die Befassung des jeweiligen Arztes mit dem Betroffenen sowie der Zeitablauf sind zu berücksichtigen (vgl. BayObLG BtPrax 2004, 148 f.). Ob ein unzureichendes Gutachten jedenfalls als Attest verwertet werden kann (so *Fröschle* FamRZ 2012, 88, 89), hängt von den Umständen des Einzelfalls ab. Der Arzt muss den Betroffenen persönlich untersucht und befragt haben (Jürgens/Kröger/Marschner/*Winterstein* Rn. 460). Die Anordnung der Gutachteneinholung trotz möglichen Vorliegens der Voraussetzungen von Abs. 2 Satz 2 ist als Nebenentscheidung nicht selbstständig anfechtbar (BT-Drucks. 16/6308 S. 203; vgl. auch Bienwald/Sonnenfeld/Hoffmann/*Sonnenfeld* § 69i FGG Rn. 34); sie führt (a maiore ad minus) insb. nicht zu einer Verkürzung der Rechte des Betroffenen. Wenn das Gericht seine Entscheidung darauf stützt, muss das Gutachten den formalen Anforderungen des § 280 genügen (BGH FamRZ 2012, 104).

Abs. 1 Satz 3 entspricht dem vormaligen § 279 Abs. 2, gilt aber mit dem Gesetz zur Stärkung der Funktionen der Betreuungsbehörde vom 28.08.2013 (BGBl. I 2013, S. 3393) nicht mehr Allgemein, sondern unter anderem für die Fälle des Abs. 1 Satz 1 (vgl. BT-Drucks. 17/13419, S. 9). Die Pflicht zur Anhörung der **Betreuungsbehörde** besteht einerseits, wenn es der **Betroffene verlangt** (1. Alt). Hierauf muss er nicht hingewiesen werden, wenngleich hierzu die Unterrichtung nach § 278 Abs. 2 Gelegenheit gibt (s. § 278 Rdn. 6; vgl. auch Jansen/*Sonnenfeld* § 68a FGG Rn. 9). Andererseits ist die Anhörung zwingend geboten, wenn es der **Sachaufklärung** dient (2. Alt), was im Hinblick auf die Unterstützungspflicht aus § 8 BtBG häufig der Fall sein wird (Jürgens § 279 Rn. 4; Jürgens/Kröger/Marschner/Winterstein Rn. 400 f.). 5

Abs. 2 bestimmt den längsten **Zeitraum** bis zur **Überprüfung** der Betreuerbestellung sowie der Anordnung eines Einwilligungsvorbehalts. In beiden Fällen ist spätestens nach 7 Jahren (ausgenommen sind die bis zum 01.07.2005 ergangenen Entscheidungen, Art. 5 Nr. 8 2. BtÄndG, BGBl. I 1077) über Aufhebung oder Verlängerung der Maßnahme zu entscheiden; die Frist richtet sich aber nach den Umständen des Einzelfalls und ist ansonsten entsprechend kürzer zu bemessen. Es ist auf jeden Fall ein bestimmter Zeitpunkt, nicht die Frist anzugeben. Anhaltspunkt ist grds. der im eingeholten Gutachten für erforderlich erachtete Überprüfungszeitraum, der sowohl hinsichtlich der Betreuerbestellung einerseits als auch der Anordnung des Einwilligungsvorbehalts andererseits verschieden sein kann. Ebenso kann dies hinsichtlich verschiedener Aufgabenkreise in Betracht kommen (Bienwald/Sonnenfeld/Hoffmann/*Sonnenfeld* § 69 FGG Rn. 23). Bei schubweise verlaufenden (meist psychotischen) Erkrankungen darf ein Betreuer nur für den Zeitraum bestellt werden, in welchem der Betroffene seinen Willen nicht frei bestimmen kann. Eine **Vorratsbetreuung** bei fehlendem akutem Betreuungsbedarf ist **unzulässig** (BayObLG NJW-RR 1995, 1274, 1275 = FGPrax 1995, 63; OLG Zweibrücken FamRZ 2005, 748 f.). 6

Das **Verfahren** (es gelten die Anmerkungen zu § 278 Rdn. 13 ff.) zur Überprüfung der Betreuerbestellung ist so **rechtzeitig** vor Ablauf der Frist einzuleiten, dass es bei normalem Ablauf innerhalb der Frist abgeschlossen werden kann (Rdn. 2). Ist dies trotz Einleitung des Überprüfungsverfahrens vor Fristablauf nicht der Fall, bedarf es der Anordnung vorläufiger Maßnahmen i.S.v. §§ 300 ff. nicht. Bei Überschreiten der Höchstfrist verliert die Betreuerbestellung nicht ihre Wirksamkeit, ebenso wenig wie der die Anordnung des Einwilligungsvorbehalts (BayObLG FamRZ 1998, 1183, 1185). Damit besteht aufgrund der nach wie vor gültigen Betreuung – auch wenn diese als formell rechtswidrig anzusehen ist – kein dringendes Bedürfnis an einer vorläufigen Regelung (ähnlich *Jürgens* § 286 Rn. 9; a.A. Prütting/Helms/*Fröschle* § 274 Rn. 22). Zur **Beschwerde** s. die Anmerkungen zu § 303. Gegen die Beschwerdeentscheidung ist die zulassungsfreie Rechtsbeschwerde gem. § 70 Abs. 3 Satz 1 Nr. 1 statthaft. Dies gilt auch, wenn sich der Betroffene nicht gegen die Verlängerung der Betreuung, sondern nur gegen die Auswahl des Betreuers wendet (BGH FamRZ 2010, 1897). 7

§ 296 Entlassung des Betreuers und Bestellung eines neuen Betreuers.

(1) Das Gericht hat den Betroffenen und den Betreuer persönlich anzuhören, wenn der Betroffene einer Entlassung des Betreuers (§ 1908b des Bürgerlichen Gesetzbuchs) widerspricht.
(2) ¹Vor der Bestellung eines neuen Betreuers (§ 1908c des Bürgerlichen Gesetzbuchs) hat das Gericht den Betroffenen persönlich anzuhören. ²Das gilt nicht, wenn der Betroffene sein Einverständnis mit dem Betreuerwechsel erklärt hat. ³§ 279 gilt entsprechend.

§ 296

Übersicht

	Rdn.		Rdn.
A. Normzweck	1	C. Regelungen	3
B. Anwendungsbereich	2		

1 **A. Normzweck.** Die Vorschrift **konkretisiert** sowohl die **Amtsermittlungspflicht** des Gerichts in Betreuungssachen nach § 26 als auch die allgemeinen Regelungen zur persönlichen Anhörung nach § 34. Sie stellt dabei einerseits klar, dass die Fälle der Entlassung bzw. Neubestellung eines Betreuers (§§ 1908b, 1908c BGB) **nicht** den **Anhörungsanforderungen des § 278** unterliegen. Andererseits gestaltet sie die Verweisung in § 34 Abs. 1 Nr. 2 konkret aus, indem sie für die von ihr erfassten Fälle das Erfordernis persönlicher Anhörung festlegt, sodass das Gericht dieses nicht mehr selbst (wie in § 34 Abs. 1 Nr. 1) beurteilen darf. Zugleich legt die Vorschrift für diesen Fall die Form der Anhörung fest (§ 278 Rdn. 5).

2 **B. Anwendungsbereich.** Die besonderen Regelungen zur Anhörung des Betroffenen kommen in allen Fällen der Entlassung sowie der Neubestellung eines Betreuers zur Anwendung. Das Gesetz **verweist** hier **ohne Einschränkung auf §§ 1908b und 1908c BGB**. Zwar führt die Entlassung grds. zur Notwendigkeit der Bestellung eines neuen Betreuers, sodass die Vorschrift insofern doppelt einschlägig ist. Indem Abs. 1 für die Entlassung jedoch andere Regelungen zur Anhörung trifft als Abs. 2 für die Neubestellung (s. dazu Rdn. 3), sind jeweils unterschiedliche Fallgestaltungen betroffen und gesondert zu prüfen. Ungeachtet dessen kann eine Neubestellung nach § 1908c BGB auch ohne Entlassung, nämlich bei Versterben des Betreuers, infrage kommen. Die Vorschrift kommt dabei stets **nur** bei **die Person**, nicht den Umfang oder die Dauer einer Bestellung betreffende Entscheidungen zur Anwendung. Dies kann auch bei einer Entlassung nur in **Teilbereichen** der Fall der sein; ggf. ist dann zusätzlich § 293 Abs. 3 zu beachten (Prütting/Helms/*Fröschle* § 296 Rn. 1 ff.). Da die Notwendigkeit der Bestellung eines neuen Betreuers, insb. wenn bei angeordnetem Einwilligungsvorbehalt andernfalls wirksame Willenserklärungen nicht abgegeben werden können, ggf. dringend sein kann, kann der Betreuerwechsel im Wege **einstweiliger Anordnung** nach Maßgabe der Regelungen der §§ 300 ff. erfolgen (BT-Drucks. 11/4528 S. 155). Ist im Anschluss an die Bestellung eines vorläufigen Betreuers über die dauerhafte Einrichtung der Betreuung zu entscheiden, ist unmittelbar nach §§ 278 ff. zu verfahren. Der neue Betreuer, der mit der Person des vorläufigen Betreuers identisch sein kann, ist dann auch nach Maßgabe des § 1897 BGB auszuwählen (BayObLG NJWE-FER 2001, 75; s.a. § 295 Rdn. 2 a.E.).

3 **C. Regelungen. Abs. 1** regelt das Verfahren im Fall der **Entlassung** des Betreuers. Grds. ist insofern, abgesehen von den sich aus § 26 für das Vorliegen der Voraussetzungen des § 1908b BGB ergebenden Aufklärungsanforderungen (i.d.R. ist einer Anregung oder einem Antrag auf Entlassung nachzugehen), **kein bestimmtes Verfahren** vorgesehen. Insb. sind für die Entlassung die speziellen Verfahrensregelungen im Fall der Einrichtung der Betreuung (vgl. § 295 Rdn. 3) nicht heranzuziehen. Es bedarf im Grunde nur der Gewährung **rechtlichen Gehörs** für den Betreuer und den Betroffenen (Prütting/Helms/*Fröschle* § 296 Rn. 7 ff.). **Widerspricht** der Betroffene jedoch der Entlassung, ist eine **persönliche Anhörung** von Betreuer und Betroffenem durchzuführen. Da die Vorschrift insoweit nicht auf § 278 verweist, richtet sich das Verfahren der Anhörung nach § 26. Der Betroffene kann nicht vorgeführt werden (§ 278 Abs. 5), die Einschränkungen des § 278 Abs. 3 betreffend die Durchführung der Anhörung im Wege der Rechtshilfe gelten nicht. Eine Anhörung durch den beauftragten oder ersuchten Richter kann allerdings dann fehlerhaft sein, wenn es zur abschließenden Würdigung des persönlichen Eindrucks (s. dazu § 278 Rdn. 5) des entscheidenden Gerichts bedarf (Bienwald/Sonnenfeld/Hoffmann/*Sonnenfeld* § 69i FGG Rn. 42; *Jürgens* § 296 Rn. 2). I.Ü. ist das Gericht bei der Wahl des Ortes der Anhörung frei; ferner in der Frage, ob Betreuer und Betroffener gemeinsam oder gesondert angehört werden. Dies gilt auch im Beschwerdeverfahren (§ 69 Abs. 3). Gem. § 34 Abs. 2 besteht auch weiterhin die Möglichkeit, unter Berücksichtigung des Zustands des Betroffenen von der Anhörung abzusehen. Der Einholung eines ärztlichen Zeugnisses bedarf es hierzu nicht; s. i.Ü. jedoch § 278 Rdn. 10. In diesem Fall besteht regelmäßig Anlass zur Bestellung eines **Verfahrenspflegers** (OLG Zweibrücken FGPrax 1998, 57, 58; s.a. § 276 Rdn. 5). Zum Verfahren i.Ü. s. § 278 Rdn. 13.

4 Bei der **Bestellung eines neuen Betreuers** nach Entlassung oder Versterben des bisherigen Betreuers gelten nur die in **Abs. 2** vorgesehenen Anhörungsanforderungen; die speziellen Verfahrensregelungen im Fall der Einrichtung der Betreuung (vgl. § 295 Rdn. 3) sind nicht heranzuziehen. Nach **Satz 1** muss deswegen der Betroffene **persönlich angehört** werden. Wie nach Abs. 1 wird auch hier nicht auf § 278 verwiesen, sodass *das Gericht bei der Gestaltung der persönlichen Anhörung im Rahmen seiner Aufklärungspflicht nach § 26* frei ist (s. dazu Rdn. 3). Dies kann insb. mit derjenigen betreffend die Entlassung (Abs. 1) verbunden werden (Bienwald/Sonnenfeld/Hoffmann/*Sonnenfeld* § 69i FGG Rn. 47). Von der Anhörung kann das Gericht in den Fällen des § 34 Abs. 2 sowie nach **Satz 2** dann absehen, wenn der Betroffene sein **Einverständnis** mit dem konkreten Betreuerwechsel erklärt hat. Im Hinblick auf § 275 muss der Betroffene für das wirksame Einverständnis nicht geschäftsfähig sein; auch bedarf es keiner persönlichen Erklärung ggü. dem Gericht. Entscheidend ist das hinreichend erkennbare (§ 26) Einverständnis mit dem Betreuerwechsel und der neuen Betreuerperson. Die Zustimmung nur durch den Verfahrenspfleger reicht nicht aus (*Jürgens* § 296 Rn. 6; Prütting/Helms/*Fröschle* § 296 Rn. 14). **Satz 3** sieht fernerhin durch den Verweis auf § 279 die Anhörung der zu beteiligenden Dritten vor (s. dazu § 279 Rdn. 3 ff.). Der Einholung eines Gutachtens bedarf es nicht (Prütting/Helms/*Fröschle* § 296 Rn. 23).

Zur **Beschwerde** gegen die Entlassung bzw. die Bestellung des neuen Betreuers s. § 303 Rdn. 1 f., 8. Zur **Zuständigkeit** s. § 272 Rdn. 18. 5

§ 297 Sterilisation. (1) ¹Das Gericht hat den Betroffenen vor der Genehmigung einer Einwilligung des Betreuers in eine Sterilisation (§ 1905 Abs. 2 des Bürgerlichen Gesetzbuchs) persönlich anzuhören und sich einen persönlichen Eindruck von ihm zu verschaffen. ²Es hat den Betroffenen über den möglichen Verlauf des Verfahrens zu unterrichten.
(2) Das Gericht hat die zuständige Behörde anzuhören, wenn es der Betroffene verlangt oder es der Sachaufklärung dient.
(3) ¹Das Gericht hat die sonstigen Beteiligten anzuhören. ²Auf Verlangen des Betroffenen hat das Gericht eine ihm nahestehende Person anzuhören, wenn dies ohne erhebliche Verzögerung möglich ist.
(4) Verfahrenshandlungen nach den Absätzen 1 bis 3 können nicht durch den ersuchten Richter vorgenommen werden.
(5) Die Bestellung eines Verfahrenspflegers ist stets erforderlich, sofern sich der Betroffene nicht von einem Rechtsanwalt oder einem anderen geeigneten Verfahrensbevollmächtigten vertreten lässt.
(6) ¹Die Genehmigung darf erst erteilt werden, nachdem durch förmliche Beweisaufnahme Gutachten von Sachverständigen eingeholt sind, die sich auf die medizinischen, psychologischen, sozialen, sonderpädagogischen und sexualpädagogischen Gesichtspunkte erstrecken. ²Die Sachverständigen haben den Betroffenen vor Erstattung des Gutachtens persönlich zu untersuchen oder zu befragen. ³Sachverständiger und ausführender Arzt dürfen nicht personengleich sein.
(7) Die Genehmigung wird wirksam mit der Bekanntgabe an den für die Entscheidung über die Einwilligung in die Sterilisation bestellten Betreuer und
1. an den Verfahrenspfleger oder
2. den Verfahrensbevollmächtigten, wenn ein Verfahrenspfleger nicht bestellt wurde.
(8) ¹Die Entscheidung über die Genehmigung ist dem Betroffenen stets selbst bekannt zu machen. ²Von der Bekanntgabe der Gründe an den Betroffenen kann nicht abgesehen werden. ³Der zuständigen Behörde ist die Entscheidung stets bekannt zu geben.

Übersicht

	Rdn.		Rdn.
A. Normzweck	1	C. Regelungen	4
B. Anwendungsbereich	2		

A. Normzweck. Die Vorschrift führt die Regelungen für die Verfahren, die eine **Sterilisation** nach § 1905 Abs. 2 BGB zum Gegenstand haben zusammen. Sie soll dabei für die Genehmigung einer Einwilligung eines Betreuers in eine Sterilisation **strengsten Verfahrensgarantien** Geltung verschaffen. Denn es handelt sich um einen erheblichen, nur in seltenen Fällen revisiblen Eingriff in die körperliche und persönliche Integrität des Betroffenen. Es soll insb. sicher gestellt werden, dass er möglichst umfassend in den Entscheidungsprozess einbezogen wird, dass die Behörde und Dritte hieran beteiligt werden sowie, dass vor einer Genehmigung mindestens zwei Sachverständigengutachten eingeholt werden. Die Vorschrift stellt nun klar, dass jedenfalls für die Einholung der Gutachten nach § 30 Abs. 2 das **Strengbeweisverfahren** durchzuführen ist (BT-Drucks. 11/4528 S. 177; BT-Drucks. 16/6308 S. 270). 1

2 **B. Anwendungsbereich.** Das betreuungsgerichtliche **Verfahren** betreffend die Sterilisation des Betroffenen ist **zweistufig** aufgebaut. Es bedarf zunächst der **Bestellung eines besonderen Betreuers** nach § 1899 Abs. 2 BGB. Dies richtet sich nach den allgemeinen Verfahrensregelungen der §§ 278 ff. nach Maßgabe des § 293 Abs. 3 (s. dort Rdn. 9 f.). Dem ggü. betrifft die Vorschrift erst die zweite Stufe des Verfahrens, die **betreuungsgerichtliche Genehmigung der Einwilligung** des (bereits bestellten) besonderen Betreuers nach § 1905 Abs. 2 Satz 1 BGB. Es spricht allerdings nichts dagegen, beide Verfahrensabschnitte betreffende Verfahrenshandlungen nach Maßgabe der §§ 26, 30 Abs. 1 (etwa Anhörungen) miteinander zu verbinden, sofern dies zweckmäßig erscheint (Bienwald/Sonnenfeld/Hoffmann/*Bienwald* § 1905 BGB Rn. 26; Prütting/Helms/*Fröschle* § 297 Rn. 2; s.a. Rdn. 4). I.d.R. wird das Betreuungsgericht anlassbezogen tätig werden, sodass eine zeitnahe Wiederholung derartiger Verfahrenshandlungen auch der Sache angemessene Bedeutung nicht haben wird (vgl. OLG Hamm FamRZ 2001, 314; anders BtKomm/*Roth* Abschn. E Rn. 165). Bei entgegenstehenden Hinweisen ist das Gericht ohnehin gezwungen, diesen nachzugehen. Und soweit die zu genehmigende Einwilligung des besonderen Betreuers sinnlogisch zunächst dessen Bestellung voraussetzt (so Jürgens/Kröger/Marschner/*Winterstein* Rn. 426), ist dem Gericht zuzutrauen, die dem jeweiligen Verfahrensabschnitt zugehörigen, zeitlich zusammenfallenden Ermittlungen hinreichend differenzierend zuzuordnen.

3 Die Vorschrift betrifft **nur** die **Sterilisation** als gezielte dauerhafte Unfruchtbarmachung von Frauen oder Männern durch einen ärztlichen Eingriff (PWW/*Bauer* § 1905 BGB Rn. 2). **Andere ärztliche Maßnahmen** fallen **nicht** hierunter, können aber nach § 1904 BGB i.V.m. § 298 zu beurteilen sein. Auch die Gabe hormoneller Empfängnisverhütungsmittel ist keine Sterilisation und bedarf keiner Genehmigung. Dies setzt aber voraus, dass (zumeist) die Betroffene zur Einnahme der Mittel bereit ist, die empfängnisverhütenden Mittel freiwillig einzunehmen. Fehlt es daran, kann mangels gesetzlicher Grundlage eine Schwangerschaftsverhütung nicht stattfinden. Andernfalls würde die strengen Voraussetzung des § 1905 BGB umgangen (OLG Karlsruhe NJW-RR 2008, 813, 816). Dass das Verfahren nur die Sterilisation weiblicher Betroffener betrifft (so etwa Jurgeleit/*Meier* § 1905 BGB Rn. 16), ist weder dem Gesetz zu entnehmen (vgl. BT-Drucks. 11/4528 S. 79), noch erschließt sich die Notwendigkeit einer solchen Einschränkung aus dem Regelungszusammenhang (Keidel/*Budde* § 297 Rn. 1; zur Vorgängerregelung Fröschle/*Locher* § 69d FGG Rn. 33; ähnlich wohl Prütting/Helms/*Fröschle* § 297 Rn. 5 m.w.N.).

4 **C. Regelungen. Abs. 1 Satz 1** schreibt die **persönliche Anhörung** des Betroffenen sowie die Verschaffung des persönlichen Eindrucks durch das Gericht **zwingend** vor. Deren Durchführung entspricht damit zwar der in § 278 Abs. 1 geregelten Anhörung im Fall der Bestellung eines Betreuers (s. dazu im Einzelnen § 278 Rdn. 5 f., 13). Die Vorschrift verzichtet jedoch bewusst auf einen schlichten Verweis auf § 278, da die besonderen Regelungen sowie Ausnahmen in dessen Abs. 1 Satz 3 (Eindrucksverschaffung in der üblichen Umgebung des Betroffenen), Abs. 3 (Anhörung im Wege der Rechtshilfe) und Abs. 5 (Vorführung) nicht gelten. Es ist daher nicht möglich, von der Anhörung abzusehen; wo sich das Gericht einen persönlichen Eindruck verschafft, bestimmt sich nach § 26 (BT-Drucks. 16/6308 S. 270; Prütting/Helms/*Fröschle* § 297 Rn. 9). Dies dient insb. der Feststellung, ob der Betroffene in die Sterilisation dauerhaft nicht einwilligen kann i.S.v. § 1905 Abs. 1 BGB (*Jürgens* § 297 Rn. 3), aber auch der Prüfung der Verständigungsfähigkeit des Betroffenen. Fehlt es an dieser, erschöpft sich die Anhörung i.d.R. in der Eindrucksverschaffung (Bienwald/Sonnenfeld/Hoffmann/*Sonnenfeld* § 69d FGG Rn. 39). Indem bei dem Verfahren zur Bestellung eines Sterilisationsbetreuers über § 293 Abs. 1 eine Vorführung möglich ist (§ 278 Abs. 5), kann durch Zusammenlegen der Anhörungen betreffend Bestellung und Genehmigung des Eingriffs das Erscheinen des Betroffenen dennoch erzwungen werden (*Jürgens* § 297 Rn. 3; Keidel/*Budde* § 297 Rn. 4; s.a. Rdn. 2). Weiterhin ist der Betroffene nach **Satz 2** über den möglichen **Verlauf des Verfahrens** zu **unterrichten** (s. dazu § 278 Rdn. 6). Diese Unterrichtung erstreckt sich im Fall der Verbindung der Verfahrensabschnitte über die Bestellung des besonderen Betreuers und der Genehmigung (s. Rdn. 2) auf beide Verfahrensverläufe. Zu beachten ist aber stets der Vorrang der sich aus der Vorschrift ergebenden strengeren Anforderungen.

5 Nach **Abs. 2** ist im Gleichklang mit § 279 Abs. 2 unter bestimmten Voraussetzungen auch die **zuständige Behörde anzuhören** (BT-Drucks. 16/6308 S. 270). Es ist insofern auf die Anmerkungen zu § 279 Rdn. 4 zu verweisen. Allerdings wird der tatsächliche Unterstützungsbedarf durch die Betreuungsbehörde hier seltener in Betracht kommen, da i.R.d. Genehmigung nach § 1905 Abs. 2 BGB vorwiegend medizinische und psychiatrische Belange eine Rolle spielen.

Weiterhin bestimmt **Abs. 3** die Pflicht zur **Anhörung** der sonstigen **Beteiligten**, soweit diese zum Verfahren 6
hinzugezogen sind, sowie einer Vertrauensperson des Betroffenen. Die Regelung entspricht § 279 Abs. 1 u
Abs. 3, sodass insofern auf die Anmerkungen zu § 279 Rdn. 3 u. 5 zu verweisen ist.

Anders als im Fall des § 278 Abs. 3 dürfen nach **Abs. 4** die in Abs. 1 bis 3 vorgeschriebenen Anhörungen **in** 7
keinem Fall durch den **ersuchten Richter** vorgenommen werden. Es kommt stets auf die durch eigene Ermittlung und Eindrucksverschaffung gewonnenen Erkenntnisse des den Eingriff genehmigenden Gerichts
an. Deswegen scheidet auch eine (etwa nach einem Abteilungswechsel) Entscheidung durch den auf den
die Anhörung durchführenden Richter nachfolgenden Richter aus. Diese ist vielmehr erneut durchzuführen.

Im Verfahren über die Genehmigung der Sterilisation sieht das Gesetz ohne Einschränkung einen Beistand 8
für den Betroffenen vor. Demnach ist gem. Abs. **5** immer dann ein **Verfahrenspfleger** zu bestellen, wenn
sich der Betroffene nicht von einem **Rechtsanwalt** oder einem anderen geeigneten **Verfahrensbevollmächtigten** i.S.v. § 276 Abs. 4 vertreten lässt. In den letztgenannten Fällen geht das Gesetz davon aus, dass es für
den bereits durch einen Rechtsanwalt oder Bevollmächtigten Betroffenen i.d.R. eines (weiteren) Verfahrenspflegers nicht bedarf (s. § 276 Rdn. 11). Für das Verfahren über die Bestellung des hierzu nach § 1899
Abs. 2 BGB notwendigen besonderen Betreuers gilt § 297 Abs. 5 nicht (Prütting/Helms/*Fröschle* § 297
Rn. 2; wohl auch Bienwald/Sonnenfeld/Hoffmann/*Bienwald* § 67 FGG Rn. 29). Insoweit kommt aber jedenfalls eine Bestellung nach Maßgabe des § 276 Abs. 1 Satz 1 in Betracht. Wegen des engen Bezugs dieser
Verfahrenshandlungen wird der Verfahrenspfleger regelmäßig umfänglich hinzuzuziehen sein.

Abs. 6 regelt die Beweiserhebung durch die Einholung von **Sachverständigengutachten**. Dabei gelten die 9
folgenden besonderen Anforderungen:

– Einholung im Strengbeweisverfahren nach § 30 Abs. 2 (s. § 280 Rdn. 20),
– Gutachten aus mindestens zwei Fachrichtungen müssen vorliegen (Keidel/*Budde* § 297 Rn. 8; Prütting/
  Helms/*Fröschle* § 297 Rn. 27),
– Erörterung mindestens der medizinischen, psychiatrischen, sozialen, sonderpädagogischen und sexualpädagogischen Gesichtspunkte,
– persönliche Untersuchung oder Befragung des Betroffenen durch jeden Sachverständigen und damit Erstattung des Gutachtens aufgrund eigener Erkenntnisse (Satz 2),
– Personenverschiedenheit der Gutachter von dem den zu genehmigenden Eingriff ausführenden Arzt
  (Satz 3).

Da zur Erteilung der betreuungsgerichtlichen Genehmigung i.S.v. § 1905 BGB die in dessen Abs. 1 genannten engen Voraussetzungen, die ausschließlich auf die Interessen des oder der Betreuten abstellen, kumulativ erfüllt sein müssen, müssen sich die Gutachten insgesamt auch abschließend dazu äußern. Es müssen
mithin die dauerhafte Einwilligungsunfähigkeit, eine konkrete und ernstliche Schwangerschaftserwartung
(BayObLG NJW 2002, 149), die Notlagen-Indikation (vgl. dazu Bienwald/Sonnenfeld/Hoffmann/*Bienwald*
§ 1905 BGB Rn. 36 ff.) sowie die sexualtherapeutische Fragestellung der Wirksamkeit alternativer Verhütungsmethoden untersucht sein. Die **Qualifikation** der Sachverständigen hält das Gesetz dabei bewusst
offen, um im Einzelfall die Gutachter den Schwerpunkten der untersuchungsbedürftigen Gesichtspunkten
entsprechend auswählen zu können (Jürgens/Kröger/Marschner/*Winterstein* Rn. 430). Im Hinblick auf
§ 280 Abs. 1 Satz 2 ist jedoch wenigstens einer der Sachverständigen Arzt bzw. Facharzt für Psychiatrie, zumal die zu prüfenden Gesichtspunkte der Einwilligungsunfähigkeit sowie der Notlagensituation vornehmlich diesen Fachbereichen unterfallende Sachgebiete darstellen. S. hierzu i.Ü. § 280 Rdn. 8. **Zwangsmittel**
ggü. dem Betroffenen sind für die Gutachtenerstellung nicht zugelassen; §§ 283 ff. finden keine Anwendung
(s. aber oben Rdn. 4).

Soweit nach der Grundregel des § 40 gerichtliche Beschlüsse grds. mit Bekanntgabe an den Beteiligten, für 10
den sie bestimmt sind, wirksam werden, erfährt diese Regel in Betreuungssachen weitere Ausformung. Für
alle Verfahren außerhalb der Genehmigung der Einwilligung des Betreuers in die Sterilisation gilt nach
§ 287 für das **Wirksamwerden** i.d.R. die Bekanntgabe an den Betreuer (s. dazu § 287 Rdn. 1 f.). **Abs. 7**
konkretisiert diese Regel dahin weiter, dass es bei diesen Verfahren hierzu der **Bekanntgabe** sowohl an den
nach § 1899 Abs. 2 BGB bestellten **besonderen Betreuer** als auch an den **Verfahrenspfleger** (Nr. 1) bzw.
den Verfahrensbevollmächtigten i.S.v. § 276 Abs. 4 (Nr. 2) bedarf. Dies dient dem weitest gehenden Schutz
der Verfahrensrechte des Betroffenen, für den gerade auch in diesen Fällen die zeitnahe Anfechtung der Genehmigung offen gehalten werden soll. Nach § 1905 Abs. 2 Satz 2 BGB darf der Eingriff nämlich erst 2 Wochen nach Eintritt der Wirksamkeit durchgeführt werden, um mit Einlegung der Beschwerde ggf. eine An-

ordnung nach § 64 Abs. 3 zu erwirken, dass die Vollziehung des angefochtenen Beschlusses auszusetzen ist (PWW/*Bauer* § 1905 BGB Rn. 4; s. dazu näher § 287 Rdn. 3). Es kommt deswegen für den Eintritt der Wirksamkeit auf den Zeitpunkt der letzten, nach Abs. 7 notwendigen Bekanntgabe an. Es sollte aus Gründen der Rechtsklarheit – insb. der Praktikabilität für den behandelnden Arzt – weiterhin gesonderte **Mitteilung** über den Zeitpunkt des Wirksamwerden ergehen (*Jürgens* § 297 Rn. 10; Keidel/*Budde* § 297 Rn. 10). Zu deren Form s. § 287 Rdn. 5.

11 **Abs. 8 Satz 1** schreibt in Ergänzung zu § 41 Abs. 1 vor, dass die Entscheidung über die Genehmigung der Einwilligung in die Sterilisation stets auch dem **Betroffenen selbst** bekannt zu geben ist. Nach **Satz 2** kann abweichend von § 288 Abs. 1 auch von der Bekanntgabe der Gründe an den Betroffenen nicht abgesehen werden. **Satz 3** schreibt schließlich die Bekanntgabe an die zuständige Behörde unabhängig von den Voraussetzungen den § 288 Abs. 2 vor. S. i.Ü. die Anmerkungen zu § 287 Rdn. 5 und § 288 Rdn. 4.

12 Nach § 15 Abs. 1 Nr. 4 RPflG ist immer der Richter **zuständig** (s.a. § 272 Rdn. 25).

13 Gegen die Erteilung oder Versagung der Genehmigung ist nach §§ 58 Abs. 1, 303 die befristete **Beschwerde** (§ 63 Abs. 1) statthaft. Sie hat als solches keine aufschiebende Wirkung; ggf. ist nach § 64 Abs. 3 zu verfahren (zur Kritik s. Keidel/*Budde* § 297 Rn. 10). Die Beschwerde bleibt auch zulässig, wenn der Eingriff bereits stattgefunden hat und das Verfahren erledigt ist. Denn die Genehmigungsentscheidung des Betreuungsgerichts greift – wenn sie unanfechtbar bliebe – in elementare Rechte des Betroffenen ein. Sie würde, was nicht hinnehmbar ist, der Sterilisation auf Dauer den Anschein der Rechtmäßigkeit verleihen. Vielmehr hat der Betroffene einen Anspruch auf einen wirksamen Rechtsschutz (Art. 19 Abs. 4 GG) und damit auf Aufhebung des ihn beeinträchtigenden Genehmigungsbeschlusses (OLG Düsseldorf FamRZ 1996, 375, 376).

§ 298 Verfahren in Fällen des § 1904 des Bürgerlichen Gesetzbuchs.

(1) ¹Das Gericht darf die Einwilligung, die Nichteinwilligung oder den Widerruf einer Einwilligung eines Betreuers oder eines Bevollmächtigten (§ 1904 Absatz 1, 2 und 5 des Bürgerlichen Gesetzbuchs) nur genehmigen, wenn es den Betroffenen zuvor persönlich angehört hat. ²Das Gericht soll die sonstigen Beteiligten anhören. ³Auf Verlangen des Betroffenen hat das Gericht eine ihm nahestehende Person anzuhören, wenn dies ohne erhebliche Verzögerung möglich ist.
(2) Die Bestellung eines Verfahrenspflegers ist stets erforderlich, wenn Gegenstand des Verfahrens eine Genehmigung nach § 1904 Absatz 2 des Bürgerlichen Gesetzbuchs ist.
(3) ¹Vor der Genehmigung ist ein Sachverständigengutachten einzuholen. ²Der Sachverständige soll nicht auch der behandelnde Arzt sein.

Übersicht

	Rdn.		Rdn.
A. Normzweck	1	E. Abbruch lebensverlängernder Maßnahmen	12
B. Anwendungsbereich	2	I. Entwicklung	12
C. Regelungen	4	II. Heutige Regelung	13
D. Weiteres Verfahren bei Heileingriffen	9	III. Verfahren	16

1 **A. Normzweck.** Die Vorschriften führt die Regelungen für das Verfahren über die Genehmigung der Einwilligung eines Betreuers oder eines Bevollmächtigten in eine ärztliche Maßnahme nach **§ 1904 BGB** zusammen. Grds. gilt für die betreuungsgerichtlichen Genehmigungen § 26, der für bestimmte Fälle von Rechtsgeschäften durch § 299 konkretisiert wird (zur funktionellen Zuständigkeit s. § 272 Rdn. 17). Im Interesse des Betroffenen trifft die Vorschrift für die eingangs genannten medizinischen Maßnahmen die **Amtsermittlungspflicht** weiter **konkretisierende Regelungen**, die der Tragweite der Genehmigungsentscheidung besonders Rechnung tragen sollen (BT-Drucks. 16/6308, S. 270). Mit dem Erfordernis der Einwilligung des Betreuers oder Bevollmächtigten, ohne die der ärztliche Eingriff eine strafbare Körperverletzung darstellt, wird dem **Selbstbestimmungsrecht des Betroffenen**, sofern dieser einwilligungsunfähig ist, die notwendige Geltung verschafft, zugleich aber auch die Kontrolle dessen zutreffender Wahrnehmung sichergestellt (Damrau/*Zimmermann* § 69d FGG Rn. 9; *Jürgens* § 1904 BGB Rn. 2, 4). Nachdem mit dem 3. BetreuungsrechtsänderungsG (BGBl. I 2009, S. 2286) nunmehr die betreuungsgerichtliche Genehmigung, die eine **Nichteinwilligung** oder einen **Widerruf** der Einwilligung des Betreuers oder Bevollmächtigten in eine lebensnotwendige medizinische Behandlung zum Gegenstand hat (§ 1904 Abs. 2, 5 BGB), gesetzlich geregelt worden ist, enthält die Vorschrift auch die diesbezüglichen besonderen Verfahrensanordnungen

(Abs. 2). Redaktionell überarbeitet wurde die Vorschrift durch das Gesetz zur Einführung einer Rechtsbehelfsbelehrung im Zivilprozess und zur Änderung anderer Vorschriften v. 05.12.2012 (BGBl. I 2012 S. 2418; dazu im Einzelnen BT-Drucks. 17/11385, S. 26).

B. Anwendungsbereich. Das hier geregelte Verfahren betrifft zunächst die Einwilligung des Betreuers oder die des entsprechend Bevollmächtigten in eine der in § 1904 Abs. 1 BGB genannten **ärztlichen Maßnahmen**. Dies sind Untersuchungen des Gesundheitszustands, Heilbehandlungen und ärztliche Eingriffe, insb. Operationen. **Nicht** hierzu zählen die **Organspende**, die nicht einwilligungsfähig ist (PWW/*Bauer* § 1904 Rn. 3), die **Sterilisation** (s. § 297 Rdn. 2) und die **Kastration**. Letztere ist zwar auch einwilligungsfähig, es gelten aber die speziellen Regelungen des KastrationsG.

§ 3 KastrationsG

(1) Die Einwilligung ist unwirksam, wenn der Betroffene nicht vorher über Grund, Bedeutung und Nachwirkungen der Kastration, über andere in Betracht kommende Behandlungsmöglichkeiten sowie über sonstige Umstände aufgeklärt worden ist, denen er erkennbar eine Bedeutung für die Einwilligung beimisst.
(2) Die Einwilligung des Betroffenen ist nicht deshalb unwirksam, weil er zur Zeit der Einwilligung auf richterliche Anordnung in einer Anstalt verwahrt wird.
(3) Ist der Betroffene nicht fähig, Grund und Bedeutung der Kastration voll einzusehen und seinen Willen hiernach zu bestimmen, so ist die Kastration nur dann zulässig, wenn
1. der Betroffene mit ihr einverstanden ist, nachdem er in einer seinem Zustand entsprechenden Weise aufgeklärt worden ist und wenigstens verstanden hat, welche unmittelbaren Folgen eine Kastration hat, und
2. der Betroffene einen Betreuer erhalten hat, zu dessen Aufgabenbereich die Angelegenheit gehört, und dieser in die Behandlung einwilligt, nachdem er im Sinne des Abs 1 aufgeklärt worden ist.
(4) Ist der Betroffene unfähig, die unmittelbaren Folgen einer Kastration zu verstehen, so ist die Kastration durch einen Arzt unter den Voraussetzungen des Abs 3 Nr 2 zulässig, wenn sie nach den Erkenntnissen der medizinischen Wissenschaft angezeigt ist und vorgenommen wird, um eine lebensbedrohliche Krankheit des Betroffenen zu verhüten, zu heilen oder zu lindern. § 2 Abs 1 Nr 3 ist nicht anzuwenden.

§ 6 KastrationsG

In den Fällen des § 3 Abs 3, 4 sowie des § 4 Abs 2 bedarf die Einwilligung der Genehmigung des Betreuungsgerichts. Das Betreuungsgericht hat den Betroffenen persönlich zu hören. Die Verfügung, durch die es die Genehmigung erteilt, wird erst mit der Rechtskraft wirksam.

Darüber hinaus ist in Fällen, in denen es um die Einwilligung des Betreuers oder des Bevollmächtigten in die **Nichtvornahme** oder die **Beendigung** einer **lebenserhaltenden Behandlung** des Betroffenen geht (§ 1904 Abs. 2 BGB), die betreuungsgerichtliche Genehmigung möglich. Schied noch nach bis zum Inkrafttreten des 3. BetreuungsrechtsänderungsG (BGBl. I 2009, S. 2286) hierfür geltender Rechtslage die unmittelbare oder analoge Anwendung der Vorschrift aus, ist das Unterlassen entsprechender ärztlicher Maßnahmen (z.B. die Nichtvornahme künstlicher Ernährung) nunmehr auch von ihr erfasst. S. dazu im Einzelnen Rdn. 12 ff.

C. Regelungen. Abs. 1 trifft sowohl für die Genehmigungsverfahren nach § 1904 Abs. 1 BGB (Heileingriff) als auch für jene nach § 1904 Abs. 2, 5 BGB (Nichteinwilligung in bzw. Abbruch einer Behandlung) **besondere Regelungen zur Anhörung** der Beteiligten. Über § 34 Abs. 1 sowie § 278 Abs. 1 hinaus ist danach zwingend der **Betroffene persönlich** anzuhören (**Satz 1**). Ein Absehen von der Anhörung kommt nicht in Betracht. Da die Genehmigung der Einwilligung des Betreuers oder Bevollmächtigten in den von der Vorschrift erfassten Situationen voraussetzt, dass der Betroffene einwilligungsunfähig (maßgebend ist nicht die Geschäftsfähigkeit, sondern die natürliche Einsichts- und Steuerungsfähigkeit, OLG Hamm NJW-FER 1997, 78) ist, beschränkt sich die Anhörung dabei i.d.R. gleichwohl auf die Gewinnung eines persönlichen Eindrucks vom Betroffenen (§ 278 Rdn. 5).

Nach **Satz 2** soll ähnlich, wie dies in § 279 Abs. 1 vorgeschrieben ist, eine Anhörung der **sonstigen Beteiligten** stattfinden. Dies sind stets der Betreuer bzw. der Bevollmächtigte (§ 274 Abs. 1 Nr. 2, 3), – soweit bestellt – der Verfahrenspfleger (§ 274 Abs. 2) sowie – soweit hinzugezogen – die Angehörigen oder Vertrauenspersonen des Betroffenen (§ 274 Abs. 4 Nr. 1, § 7 Abs. 2 Nr. 1). Zu den diesbezüglichen Einzelheiten s. § 274 Rdn. 12 ff. Ein Widerspruchsrecht gegen die Anhörung der Angehörigen steht dem Betroffenen nicht zu. Seine Rechte sind insofern durch die bei der Hinzuziehung dieser Personen zu beachtenden Voraussetzungen, insb. die Beachtung des Interesses des Betroffenen (s. § 274 Rdn. 13 f.), gewahrt (BT-Drucks. 16/6308 S. 267). Sind nahe Angehörige nicht in diesem Sinne beteiligt, kann die Amtsermittlungspflicht aus § 26 gleichwohl ihre Anhörung gebieten (§ 279 Rdn. 3). Eine Anhörung der **Betreuungsbehörde**, die in diesem Verfahren nicht zu beteiligen ist (§ 274 Abs. 3), ist **nicht vorgesehen**. Ob das Gericht die Anhörung vornimmt, richtet sich nach § 26. Ihre Vornahme ist nicht zwingend.

6 Satz 3 sieht vor, auf Verlangen des Betroffenen auch eine diesem **nahestehende Person** anzuhören. Die Regelung entspricht § 279 Abs. 3. S. dazu im Einzelnen die Erläuterung zu § 279 Rdn. 5. Zum Verfahren der Anhörung s. § 278 Rdn. 13.

Zu **Abs. 2**, der das Verfahren nach § 1904 Abs. 2 BGB betrifft (Nichteinwilligung in bzw. Abbruch einer Behandlung), s.u. Rdn. 18 f.

7 Die Genehmigung nach § 1904 BGB darf insgesamt nicht ohne Einholung eines **Sachverständigengutachtens** erteilt werden. Dies wird in **Abs. 3 Satz 1** klar gestellt. Das Gutachten muss sich zu der die Genehmigungsentscheidung ausmachenden spezifischen Fragestellung verhalten, nämlich ob die Einwilligung in die Behandlung bei Abwägung aller Risiken dem Wohl des Betroffenen entspricht. Der Grad der medizinischen Indikation ist deswegen ebenso zu begutachten wie etwaige Folgen und mögliche Alternativbehandlungen (Firsching/Dodegge, Handbuch Rn. 468). Ob das Gutachten auch eine Aussage zur Einwilligungsfähigkeit des Betroffenen enthalten muss (so die zu § 69d Abs. 2 Satz 1 FGG h.M.: Bienwald/Sonnenfeld/Hoffmann/*Sonnenfeld* § 69d FGG Rn. 23; Jürgens/Kröger/Marschner/*Winterstein* Rn. 425; *Jürgens* § 298 Rn. 5; Jurgeleit/*Bučić*, Handbuch § 16 Rn. 143; a.A. Damrau/*Zimmermann* § 69d FGG Rn. 11), lässt die Neuregelung offen. Hierfür wird es nach Maßgabe des § 26 letztlich auf die Umstände des Einzelfalls ankommen, sodass bei Zweifeln oder fehlender fachlicher Kompetenz des Gerichts die sachverständige Beratung durchaus notwendig sein dürfte (vgl. BGH FuR 2011, 326 f.). Andererseits sind Konstellationen denkbar, etwa bei vorangegangener Erstattung eines Gutachtens, komatösen Zuständen, geistiger Behinderung oder schwerer Demenz, in denen hierauf ohne Weiteres verzichtet werden kann (so auch Prütting/Helms/*Fröschle* § 298 Rn. 13 f.).

8 Der Sachverständige soll nicht auch der behandelnde Arzt sein, **Satz 2**. Anders als in § 297 Abs. 6 Satz 3 ist die Personengleichheit aber nicht zwingend ausgeschlossen. Hiermit soll verhindert werden, dass in derartigen Fällen eine gerichtliche Entscheidung unterbleibt, weil bei eilbedürftigen Entscheidungen in der zur Verfügung stehenden Zeit ein geeignetes Gutachten nicht eingeholt werden kann (BT-Drucks. 13/7158 S. 38). Dies bedarf gesonderter Begründung (Damrau/*Zimmermann* § 69d FGG Rn. 12). Ansonsten hat es jedoch bei der Trennung zu verbleiben, was auch der Fall ist, wenn beide Ärzte derselben Klinik angehören (Bassenge/*Roth* § 298 Rn. 10). Damit ist die **Auswahl des Sachverständigen** in gewisser Weise eingeschränkt. Sie richtet sich i.Ü. an der für die Genehmigungsentscheidung maßgeblichen Fragestellung (Rdn. 7), § 280 ist nicht anwendbar. Es kommt deswegen insb. die Beratung durch einen Spezialisten für die infrage stehende Maßnahme in Betracht; ggf. kann die Hinzuziehung eines Allgemeinmediziners nicht ausreichend sein (vgl. Prütting/Helms/*Fröschle* § 298 Rn. 16; Jurgeleit/*Bučić* § 16 Rn. 143).

9 **D. Weiteres Verfahren bei Heileingriffen.** Die Vorschrift macht zum Verfahren hinsichtlich der **§ 1904 Abs. 1 BGB** unterfallenden Entscheidungen weitaus weniger Vorgaben als § 297. Zur Durchführung der **Anhörung** ist deswegen auf § 278 Rdn. 13 f. zu verweisen. § 278 ist allerdings nicht direkt anwendbar, sodass der Betroffene im Fall seiner Weigerung nicht vorgeführt werden kann (s. aber § 33 Abs. 3 Satz 3). Auch gelten die Einschränkungen für im Wege der **Rechtshilfe** vorgenommener Verfahrenshandlungen (§§ 278 Abs. 3, 297 Abs. 4) nicht. Für die Sachverhaltsaufklärung gilt i.Ü. der Grundsatz des § 30 Abs. 1. Das Gericht entscheidet nach pflichtgemäßem **Ermessen**, ob es die persönliche Anhörung des Betroffenen oder die Einholung des Sachverständigengutachtens im Strengbeweisverfahren durchführt (BT-Drucks. 16/6308 S. 270). Der Bestellung eines **Verfahrenspflegers** nach § 276 Abs. 1 Satz 1 wird es i.d.R. bedürfen (s. § 276 Rdn. 4, 7). Nach § 15 Nr. 4 RPflG ist immer der Richter **zuständig** (s.a. § 272 Rdn. 25).

10 Da in den von § 1904 Abs. 1 BGB erfassten Fällen nicht selten **Eilentscheidungen** veranlasst sind, kann nicht nur die Bestellung des Betreuers oder, bei dessen Verhinderung, eines Ergänzungsbetreuers im Wege einstweiliger Anordnung nach § 300 in Betracht kommen. Das Gericht kann die Einwilligung nach §§ 1908i Abs. 1 Satz 1, 1846 BGB auch selbst erteilen (PWW/*Bauer* § 1904 Rn. 8). In beiden Fällen ist nach bzw. entsprechend § 300 Abs. 1 Nr. 3 ein Verfahrenspfleger zu bestellen. Zur **Bekanntmachung** und zum **Wirksamwerden** s. § 287 Rdn. 3.

Gegen die Erteilung oder Versagung der Genehmigung ist nach §§ 58 Abs. 1, 303 die befristete **Beschwerde** 11
(§ 63 Abs. 1) statthaft. Die verfahrensfehlerhaft erteilte Genehmigung ist jedoch nicht nichtig (Damrau/
Zimmermann § 69d FGG Rn. 13).

E. Abbruch lebensverlängernder Maßnahmen. I. Entwicklung. Soweit für den Betroffenen nicht die 12
Vornahme eines medizinischen Eingriffs oder einer Behandlungsmaßnahme, sondern ihre **Unterlassung**
oder ihr **Abbruch** in Rede stehen, unterliegt auch dies dem von der Vorschrift erfassten Anwendungsbereich des § 1904 BGB. Dessen Abs. 2 sieht dies nunmehr ausdrücklich vor und gilt auch, soweit es hierbei um eine **lebenserhaltende Maßnahme** geht.
Für diese, gemeinhin unter den Begriffen **Sterbehilfe** oder Sterbebegleitung zusammengefassten Konstellationen gab es vor Inkrafttreten des 3. BetreuungsrechtsänderungsG (BGBl. I 2009, S. 2286) **zunächst keine gesetzliche Regelung**. Im Rahmen der seit einer Entscheidung des 1. Strafsenates des BGH vom 13.09.1994 (Kemptener Fall, NJW 1995, 204) stattgefundenen Entwicklung in der Rechtsprechung hatten sich zu der Handhabung entsprechender Sachverhalte die folgenden Grundsätze herausgebildet: Ein Abbruch oder eine Verweigerung lebenserhaltender Maßnahmen war nur zulässig, wenn das Grundleiden des Betroffenen einen irreversiblen tödlichen Verlauf angenommen hat (infauste Prognose) und der Tod in kurzer Zeit eintreten wird (»Hilfe beim Sterben«) bzw. bei demselben Grundleiden der Sterbevorgang noch nicht eingesetzt hat (»Hilfe zum Sterben«; zum sog. Wachkoma s. *Becker-Schwarze* FPR 2007, 52). Ist der Betroffene **einwilligungsunfähig**, war es exklusive Aufgabe des Betreuers, dem Willen des Betroffenen Ausdruck zu verschaffen und eine vom Betroffenen höchstpersönlich getroffene Entscheidung umzusetzen. Lautete diese Entscheidung dahin, dass eine Einwilligung in die Fortführung bzw. Aufnahme der lebenserhaltenden Maßnahme nicht erteilt wird, hatte der Betreuer dies i.S.d. Selbstbestimmungsrechts des Betroffenen durchzusetzen. Nach einer Grundsatzentscheidung des 12. Zivilsenates des BGH vom 17.03.2003 (NJW 2003, 1588, bestätigt in NJW 2005, 2385) war insoweit auf das Betreuungsrecht zurückzugreifen, allerdings nicht auf § 1904 BGB oder § 298. Vielmehr hatte der BGH im Wege **höchstrichterlicher Fortbildung des Betreuungsrechts** eine **eigene betreuungsgerichtliche Prüfungszuständigkeit** für die Fälle eröffnet, in denen es um die Einwilligung des Betreuers in eine lebensverlängernde oder -erhaltende Behandlung oder Weiterbehandlung eines nicht einwilligungsfähigen Betroffenen geht. Dabei kam dem Betreuungsgericht die Aufgabe zu, ein Verfahren betreffend die **Zustimmung** zu einer derartigen Betreuerentscheidung zu führen, vorausgesetzt, dass es überhaupt ein konkretes ärztliches Behandlungsangebot gibt. Andernfalls war sie nicht erforderlich, da das Betreuungsgericht nur in solchen Konfliktlagen angerufen werden sollte (BGH NJW 2003, 1588, 1592 ff.; NJW 2005, 2385 f.).

II. Heutige Regelung. Mit **§ 1904 Abs. 2 BGB** in der seit dem 01.09.2009 geltenden Fassung ist nunmehr 13
die **Genehmigungspflicht** von Entscheidungen des Betreuers geregelt, wenn dieser in bestimmte medizinisch angezeigte Maßnahmen nicht einwilligen oder eine früher erteilte Einwilligung widerrufen will. Erfasst sind Entscheidungen des Betreuers über die Nichteinwilligung oder den Widerruf der Einwilligung, wenn das Unterbleiben oder der Abbruch der Maßnahme die begründete Gefahr des Todes oder des Eintritts schwerer und länger dauernder Schäden des Betreuten in sich birgt (s. näher Rdn. 12). Nach **§ 1904 Abs. 3 BGB** hat das Betreuungsgericht die Entscheidung des Betreuers zum Schutz des Betreuten dahingehend zu überprüfen, ob diese Entscheidung tatsächlich dem ermittelten **individuell-mutmaßlichen Patientenwillen** entspricht. Ist dies der Fall, hat das Gericht die Genehmigung zu erteilen (vgl. grundlegend nunmehr BGH NJW 2010, 2963, 2965 f. sowie NJW 2014, 3572 ff.).
Einer **Genehmigung** bedarf es – wie nach der vom BGH im Wege höchstrichterlicher Fortbildung des Be- 14
treuungsrechts entwickelten Lösung (s. Rdn. 12) – **nicht**, wenn Arzt und Betreuer keinen Zweifel daran haben, dass die Entscheidung dem Patientenwillen entspricht, **§ 1904 Abs. 4 BGB**. Ihrer bedarf es ferner **nicht**, wenn der Betroffene einen entsprechenden eigenen Willen bereits in einer wirksamen Patientenverfügung niedergelegt hat und diese auf die konkret eingetretene Lebens- und Behandlungssituation zutrifft. Die Umsetzung des Patientenwillens soll nicht durch ein – sich ggf. durch mehrere Instanzen hinziehendes – betreuungsgerichtliches Verfahren belastet und damit die Durchsetzung des Patientenwillens erheblich verzögert oder gar unmöglich gemacht werden. Bei unterschiedlichen Auffassungen (Konfliktlage) oder bei Zweifeln des behandelnden Arztes und des Betreuers über den Behandlungswillen des Betreuten dient indessen die Einschaltung des Betreuungsgerichts der Kontrolle zum Schutz des Betroffenen. Insofern ist § 1901b BGB zu beachten. Die Pflicht, ein Einvernehmen zu dokumentieren, ergibt sich aus dem ärztlichen Berufsrecht (vgl. § 10 der Musterberufsordnung für die deutschen Ärztinnen und Ärzte). I.Ü. soll nach der

gesetzgeberischen Intention vom Strafrecht eine wirksame Prävention ausgehen, um sachfremdes oder gar kollusives Zusammenwirken von Arzt und Betreuer entgegenzuwirken (BT-Drucks. 16/8442 S. 19; BGH 2010, 2963, 2965 f.). Angesichts des schwerwiegenden Eingriffs ist allerdings die Schwelle für ein gerichtliches Einschreiten nicht zu hoch anzusetzen. Das Betreuungsgericht muss das Genehmigungsverfahren immer dann durchführen, wenn einer der Handelnden Zweifel daran hat, ob das geplante Vorgehen dem Willen des Betroffenen entspricht (BGH NJW 2014, 3572, 3575; Boemke NJW 2015, 378, 379). Die Durchführung des Genehmigungsverfahrens ist jedenfalls nicht vorgreiflich für die **materiell-strafrechtliche Frage**, ob ein Behandlungsabbruch tatsächlich gerechtfertigt ist (tendenziell so aber BGH NStZ 2011, 274, 276 – *obiter dictum*). Deswegen ist das Vorliegen einer Patientenverfügung selbst dann **durch den Arzt** zu beachten, wenn sie nicht durch einen Betreuer oder Bevollmächtigen umgesetzt wird (*Verrel*, Anm. z. BGH, Beschl. v. 12.01.2011, NStZ 2011, 276 ff.). Andererseits ist die Entscheidung des Betreuungsgerichts geeignet, den Betreuer vor dem Risiko einer abweichenden strafrechtlichen ex-post-Beurteilung zu schützen, so die gerichtliche Prüfungskompetenz auch dann eröffnet ist, wenn zwar ein Einvernehmen zwischen Betreuer und Arzt besteht, aber gleichwohl ein Antrag auf betreuungsgerichtliche Genehmigung gestellt wird (BGH FamRZ 2003, 748, 755; NJW 2014, 3572).

15 Auch der **Bevollmächtigte** kann eine Entscheidung über lebensbeendende Maßnahmen treffen, wobei das betreuungsgerichtliche Verfahren zur Verfügung steht, **§§ 1901a Abs. 5, 1904 Abs. 5 BGB.**
Dies war bis zum Inkrafttreten des 3. BetreuungsrechtsänderungsG (BGBl. I 2009, S. 2286) nicht abschließend geklärt. Die vorzitierten früheren Entscheidungen des BGH (Rdn. 12) befassten sich mit dieser Fragestellung nicht. Nach (zutreffender) überwiegender Auffassung (so LG Ellwangen FamRZ 2004, 732; *Becker-Schwarze* FPR 2007, 52, 53; Bienwald/Sonnenfeld/Hoffmann/*Hoffmann* § 1904 BGB Rn. 203; Jürgens/Kröger/Marschner/*Winterstein* Rn. 425; Jurgeleit/*Bučić* § 69d FGG Rn. 30) waren jedoch diese Grundsätze uneingeschränkt zu übertragen. Denn es steht weder infrage, dass der Betroffene durch rechtsgeschäftliches Handeln einen Dritten zu höchstpersönlichen Entscheidungen ermächtigen kann (§§ 1904 Abs. 2, 1906 Abs. 5 BGB a.F.), noch dass in den hier erörterten Konstellationen dieselben, die Prüfungszuständigkeit des Betreuungsgerichts auslösenden Konfliktlagen eintreten können (für die direkte Anwendung von § 1904 Abs. 2 BGB a.F., sofern keine Patientenverfügung vorliegt, *Milzer* MDR 2005, 1145, 1147. Anwendung nur bei notarieller Vorsorgevollmacht PWW/*Bauer* § 1904 BGB Rn. 4). Allenfalls der Umstand, dass es ausweislich des Vorgehens des Betroffenen möglicherweise dessen Ziel war, eine Kontrolle des Bevollmächtigten durch Dritte oder behördliches Handeln weit gehend – insb. in diesem zentralen persönlichen Bereich – zu vermeiden, bedeutet eine Abweichung ggü. dem Betreuerhandeln. Im Hinblick auf die gesetzlich bestehende **Vollmachtskontrolle** in den vorstehend genannten Fällen sowie mit Rücksicht auf die wohlverstandenen Interessen des Bevollmächtigten (Schutz vor Strafbarkeit) sowie des Betroffenen (bestmögliche Aufklärung von Zustand und Willen) musste das **betreuungsgerichtliche Verfahren** aber auch hier zur Verfügung stehen (kritisch noch der Bericht der Arbeitsgruppe »Patientenautonomie am Lebensende«, *Bril*, S. 165). Lehnte der Richter die Durchführung des Verfahrens ab, war die Bestellung des **Kontrollbetreuers** nach § 1896 Abs. 3 BGB durch den Rechtspfleger zu prüfen (s. § 293 Rdn. 11).

16 **III. Verfahren.** I.R.d. **dem Richter vorbehaltenen** Verfahrens (§ 15 Nr. 4 RPflG) sind drei tatsächliche Umstände aufzuklären:
– Ist der Betroffene aktuell **einwilligungsunfähig**?
– Welche **medizinische Indikation** ist gegeben?
– Entspricht das diesbezügliche Vorgehen des Betreuers/Bevollmächtigten dem geäußerten oder mutmaßlichen **Willen** des Betroffenen?

Für die Aufklärung der medizinischen Sachverhalte kommt es nach § 1901a Abs. 3 BGB **nicht** auf einen unumkehrbaren tödlichen Verlauf des Grundleidens an (BT-Drucks. 16/8442 S. 16 ff.; BGH NJW 2014, 3572). Der Begriff der **Sterbehilfe** durch Behandlungsunterlassung, -begrenzung oder -abbruch setzt vielmehr voraus, dass die betroffene Person lebensbedrohlich erkrankt ist und die betreffende Maßnahme medizinisch zur Erhaltung oder Verlängerung des Lebens geeignet ist. Nur in diesem engen Zusammenhang hat der Begriff der »Sterbehilfe« einen systematischen und strafrechtlich legitimierenden Sinn. Vorsätzliche lebensbeendende Handlungen, die außerhalb eines solchen Zusammenhangs mit einer medizinischen Behandlung einer Erkrankung vorgenommen werden, sind einer Rechtfertigung durch Einwilligung dagegen von vornherein nicht zugänglich (BGH NJW 2010, 2963, 2967). Daneben bleibt zentrale Fragestellung i.R.d. *betreuungsgerichtlichen Zustimmungsverfahrens* die **Ermittlung des Betroffenenwillens** (§ 1904 Abs. 3

Abschnitt 1. Verfahren in Betreuungssachen § 298

BGB). Damit kommt der Eingrenzung der dazu zur Verfügung stehenden Erkenntnisquellen besondere Bedeutung zu. Dabei ist zwar prinzipiell zwischen dem noch mit Einwilligungsfähigkeit tatsächlich geäußerten und dem, liegt eine wirksame Äußerung nicht vor, später zu eruierenden mutmaßlichen Willen zu differenzieren (s. dazu Bericht der Arbeitsgruppe »Patientenautonomie am Lebensende«, *Bril*, S. 161 f.). Letztlich geht es aber in beiden Varianten, da es stets auf den Zeitpunkt der Einwilligung ankommt, im Kern um dasselbe, nämlich ob die Entscheidung des Betreuers/Bevollmächtigten zutreffender Ausübung des Selbstbestimmungsrechts entspricht. Eine ganz wesentliche Rolle spielt in diesem Rahmen die sog. **Patientenverfügung** (auch Patiententestament). Hierbei handelt es sich gem. **§ 1901a Abs. 1 BGB** um die **schriftliche Festlegung** eines einwilligungsfähigen Volljährigen für den Fall seiner **Einwilligungsunfähigkeit**, ob er in bestimmte, zum Zeitpunkt der Festlegung noch nicht unmittelbar bevorstehende Untersuchungen seines Gesundheitsstandards, Heilbehandlungen oder ärztliche Eingriffe einwilligt oder sie untersagt. Sie ist grds. als Fortgeltung einer früheren Willensbekundung des Betroffenen im Sinne einer vorausschauenden Ausübung seines Selbstbestimmungsrechts anzusehen und deswegen, soweit sie die zu beurteilende Konstellation betrifft, verbindliche Richtschnur (*Becker-Schwarze* FPR 2007, 52, 53; BT-Drucks. 16/8442 S. 12). Die Prüfungskompetenz des Betreuers betrifft dabei auch die Frage, ob der Betroffene bei seinen Festlegungen die aktuelle, nicht ausdrücklich genannte Behandlungssituation mit bedacht hat. Ergibt die Prüfung, dass sich die Sachlage nachträglich so erheblich geändert hat, dass die Patientenverfügung die aktuelle Lebens- bzw. Behandlungssituation nicht erfasst hat, kann der Betreuer auch vom Inhalt der Verfügung abweichen (*Lange* ZEV 2009, 537, 538). Die ursprünglich formfreie Festlegung derartiger Wünsche ist mit der gesetzlichen Regelung nicht mehr möglich (BT-Drucks. 16/8442 S. 13); praktisch war dies ohnehin nur ausnahmsweise von Bedeutung. Soweit im Rahmen politischer Diskussion in qualifizierten Fällen sogar die notarielle Beurkundung erörtert worden ist, ist dies vom Gesetzgeber nicht umgesetzt worden. Soweit der **Bevollmächtigte** agiert, bedarf es nach § 1904 Abs. 5 Satz 2 BGB zudem einer schriftlichen und hinreichend konkreten Vollmachtserteilung, in der ggf. die Patientenverfügung aufgehen kann. Dies bedarf jedoch sorgfältiger Prüfung im Einzelfall.

Bei **Fehlen einer** einschlägigen schriftlichen **Patientenverfügung** ist gem. **§ 1901a Abs. 2 BGB** anhand früherer gezielter Äußerungen des Betroffenen, seiner Persönlichkeit, seinen Lebensentscheidungen, Wertvorstellungen und Überzeugungen der individuell-mutmaßliche Wille zu ermitteln. Ist auch insoweit keine eindeutige Festlegung möglich, soll – unter Beachtung des **Vorrangs des Schutzes des menschlichen Lebens** vor persönlichen Vorstellungen des Arztes, der Angehörigen oder anderer Beteiligter – auf Kriterien zurückgegriffen werden können, die allgemeinen Wertvorstellungen entsprechen, allerdings ausschließlich orientiert am Wohl des Betroffenen, das einerseits eine ärztlich für sinnvoll erachtete lebenserhaltende Behandlung gebietet, andererseits aber nicht jede medizinisch-technisch mögliche Maßnahme verlangt (BGH NJW 2003, 1588, 1591; BT-Drucks. 16/8442 S. 15 f.). Hierbei ist, um nicht allgemein verbindliche Maßstäbe an die Stelle individueller Willensermittlung treten zu lassen, Vorsicht und Zurückhaltung geboten (vgl. *Otto* NJW 2006, 2217, 2220).

Das **Verfahren** ist gerichtet auf die **betreuungsgerichtliche Genehmigung** der vom Betreuer erteilten bzw. verweigerten Einwilligung. Das Gericht trifft dabei keine eigene Entscheidung in der Sache, sondern prüft, ob die Entscheidung des Betreuers/Bevollmächtigten von dem Willen des Betroffenen (Rdn. 13) getragen ist (BT-Drucks. 16/8442 S. 7; OLG München NJW 2007, 3506, 3508). Die für die Feststellung des mutmaßlichen Willens in § 1901a Abs. 2 BGB genannten Anhaltspunkte (Rdn. 13) sind dabei auch für die Entscheidung des Betreuungsgerichts heranzuziehen (BT-Drucks. 16/8442 S. 18). Grds. unterscheiden sich die zu beachtenden **Verfahrensschritte** nicht von einer Genehmigung nach § 1904 Abs. 1 BGB, sodass insofern zunächst auf die Ausführungen zu Rdn. 4 – 11 zu verweisen ist. I.R.d. **Anhörung** hat sich das Gericht zugleich einen **persönlichen Eindruck** zu verschaffen (Prütting/Helms/*Fröschle* § 298 Rn. 31; BT-Drucks. 16/8442 S. 19). Zur Einholung eines **Sachverständigengutachtens** s. zunächst Rdn. 7 f., wobei wegen der Bedeutung der Sache grds. im **Strengbeweis** nach § 30 Abs. 2 vorzugehen sein wird (vgl. Keidel/*Budde* § 298 Rn. 9; Firsching/Dodegge, Handbuch Rn. 468; weiter Bienwald/Sonnenfeld/Hoffmann/*Hoffmann* § 1904 BGB Rn. 207; anders wohl Prütting/Helms/*Fröschle* § 298 Rn. 33, 13). Das Gutachten muss sich auch zu der Frage der dauerhaften Einwilligungs(un)fähigkeit des Betroffenen verhalten. Im Verfahren gelten weiterhin **zusätzlich** die sich aus **Abs. 2** ergebenden Anforderungen.

17

Nach **Abs. 1 Satz 2** sollen die übrigen Beteiligten angehört werden. Insofern ist zunächst auf die Anmerkungen zu Rdn. 5 zu verweisen. Die **Bedeutung der Einbindung Dritter** – insb. Angehöriger – ist auch bei der Überprüfung der Entscheidung des Betreuers oder Bevollmächtigen über die Lebenserhaltung hoch.

18

Die Ermittlungsmaßnahme findet insb. in § 1901b Abs. 2 BGB (bei der Feststellung des mutmaßlichen Willens nach § 1901a Abs. 2 soll nahen Angehörigen und sonstigen Vertrauenspersonen Gelegenheit zur Äußerung gegeben werden, sofern dies ohne erhebliche Verzögerung möglich ist) Entsprechung. Von der Anhörung wird jedenfalls dann, wenn die Aktualität eines ehemals geäußerten Willens des Betroffenen oder dessen mutmaßlicher Wille infrage steht, nicht abgesehen werden können (Prütting/Helms/*Fröschle* § 298 Rn. 32). Aber auch i.Ü. bedarf es hinsichtlich der Frage, inwieweit ein vormals geäußerter Patientenwille aktuell noch gilt oder inwiefern die zu entscheidende Konstellation diesem unterfällt, gründlicher Aufklärung, die regelmäßig zur Anhörung Dritter drängt. Die Regelung des Abs. 1 Satz 3 kommt im Fall der – hier stets vorliegenden – aktuellen Einwilligungsunfähigkeit jedenfalls dann nicht zum Tragen, wenn nicht bereits zu einem früheren Zeitpunkt ein solches Verlangen zum Ausdruck gebracht worden ist (z.B. im Rahmen einer Betreuungsverfügung, vgl. die Anm. zu § 285).

19 Stellt das Gericht ein Einvernehmen im Sinne von § 1904 Abs. 4 BGB fest oder gelangt es nach Prüfung zu dem Ergebnis, dass die Erteilung, die Nichterteilung oder der Widerruf der Einwilligung dem nach § 1901a BGB festgestellten Willen entspricht (s. Rdn. 14), hat es den Antrag auf betreuungsgerichtliche Genehmigung ohne weitere gerichtliche Ermittlungen **abzulehnen** und ein sogenanntes **Negativattest** zu erteilen, aus dem sich ergibt, dass eine gerichtliche Genehmigung nicht erforderlich ist

20 **Abs. 2** schreibt vor, dass zwingend ein **Verfahrenspfleger** zu bestellen ist. Dieser ist zum Schutz der Rechte des Betroffenen in einem Verfahren mit derart existenzieller Bedeutung erforderlich (BT-Drucks. 16/8442 S. 19), was auch bereits vor Inkrafttreten des 3. BetreuungsrechtsänderungsG (BGBl. I 2009, S. 2286) nach den von der Rspr. entwickelten Verfahrensgrundsätzen galt (OLG Karlsruhe NJW 2004, 1882, 1883; zur damaligen Rechtslage *Fröschle*/*Fröschle* § 67 FGG Rn. 6; vgl. i.Ü. Rdn. 12).

21 Zum **Wirksamwerden** s. § 287 Rdn. 12 (ebenso *Lange* ZEV 2009, 537, 539; a.A. Prütting/Helms/*Fröschle* § 298 Rn. 36: § 40 Abs. 1). **Verweigert** das Betreuungsgericht die **Genehmigung**, so gilt damit zugleich die Einwilligung des Betreuers/Bevollmächtigten in die angebotene Behandlung oder Weiterbehandlung des Betroffenen als ersetzt. Soweit ein dringendes Bedürfnis für ein unverzügliches Einschreiten des Gerichts besteht, welches ein Abwarten bis zur endgültigen Entscheidung nicht gestattet, können **vorläufige Anordnungen** nach allgemeinen Grundsätzen ergehen (KKW § 19 Rn. 30). Das Gericht kann die Einwilligung allerdings **nicht** entsprechend §§ 1908i Abs. 1 Satz 1, 1846 BGB **selbst versagen**. Zur **Beschwerde** s. § 303 Rdn. 1, 6. Für Anordnungen des Beschwerdegerichts findet § 64 Abs. 3 Anwendung (BT-Drucks. 16/8442 S. 18).

§ 299 Verfahren in anderen Entscheidungen.
¹Das Gericht soll den Betroffenen vor einer Entscheidung nach § 1908i Abs. 1 Satz 1 in Verbindung mit den §§ 1821, 1822 Nr. 1 bis 4, 6 bis 13 sowie den §§ 1823 und 1825 des Bürgerlichen Gesetzbuchs persönlich anhören. ²Vor einer Entscheidung nach § 1907 Abs. 1 und 3 des Bürgerlichen Gesetzbuchs hat das Gericht den Betroffenen persönlich anzuhören.

Übersicht

	Rdn.		Rdn.
A. Normzweck	1	C. Regelungen	4
B. Anwendungsbereich	2		

1 **A. Normzweck.** Die Vorschrift **ergänzt § 26** sowie **§ 34** für bestimmte weitere Verfahrensarten, die von den sonstigen besonderen Verfahrensregelungen in Betreuungssachen nicht erfasst sind. Sie bezweckt, dass der **Betroffene vor wichtigen Entscheidungen** des Betreuungsgerichts **persönlich anzuhören** ist. Der in ihr genannte Katalog ist nicht vollständig. Soweit eine Anhörung nicht direkt vorgeschrieben ist, hat das Gericht unter Berücksichtigung des Amtsermittlungsgrundsatzes zu prüfen, ob und in welchem Umfang weitere Anhörungen erforderlich sind (BT-Drucks. 16/6308 S. 270; BT-Drucks. 11/4528 S. 176).

2 **B. Anwendungsbereich.** Der Anwendungsbereich der Vorschrift deckt im Wesentlichen die Verfahren, die **betreuungsgerichtliche Genehmigungen** im Bereich der **Vermögenssorge** zum Gegenstand haben, ab. Davon sind zum einen die Genehmigungen rechtsgeschäftlicher Verfügungen des Betreuers in den Fällen der §§ 1821, 1822 Nr. 1 – 4, 6 – 13, 1823 BGB und die Erteilung der allgemeinen Ermächtigung nach § 1825 BGB erfasst (Satz 1). Zum anderen betrifft dies die Genehmigung der Kündigung bzw. des Abschlusses eines längerfristigen Mietvertrags für den Betroffenen nach § 1907 Abs. 1 und 3 BGB (Satz 2). Auch die Auf-

gabe eines im Grundbuch eingetragenen Wohnrechts gehört hierzu (BGH NJW 2012, 1956). Hierneben kommt, da die vorgenannte Aufzählung nicht abschließend ist (Rdn. 1), die Anwendung im Fall weiterer **Einzelmaßnahmen** der Vermögens- oder Personensorge infrage. Im Grunde bedeutet dies jedoch nichts anderes, als dass dem Maß der aus § 26 resultierenden Aufklärungspflicht in Betreff der Anhörung des Betroffenen grds. erhöhte Bedeutung zukommt (vgl. Prütting/Helms/*Fröschle* § 299 Rn. 7). I.Ü. richtet sich die Pflicht zur Anhörung (auch Dritter) nach Art. 103 Abs. 1 GG, so insb. im Fall der Herausgabe des Betreuten nach §§ 1908i Abs. 1 Satz 1 i.V.m. 1632 BGB (OLG Frankfurt am Main FamRZ 2003, 964). **Nicht anwendbar** ist die Vorschrift, soweit besondere Regelungen zur Anhörung getroffen sind. Über § 278 für den Fall der Einrichtung der Betreuung oder der Anordnung eines Einwilligungsvorbehalts hinaus sind dies die Fälle der Entscheidungen im Bereich der Personensorge nach §§ 1904, 1905 BGB, für die **§§ 297 und 298** gelten. Im Vergütungsverfahren sehen **§§ 292 Abs. 1, 168 Abs. 4** sowie bei Existenz eines Gegenbetreuers (s. dazu § 293 Rdn. 10) **§ 1826 BGB** spezielle Anhörungsregeln vor.

Soweit eine überwiegende Meinung (*Jürgens* § 299 Rn. 1; Keidel/*Budde* § 299 Rn. 1; Prütting/Helms/*Fröschle* § 299 Rn. 5) annimmt, die Vorschrift gelte nur, wenn es um die **Erteilung** der Genehmigung i.S.v. Satz 1 gehe, kann dem nicht gefolgt werden. Denn ob es zu einer Erteilung oder **Versagung** der Genehmigung kommt, bestimmt sich unter Umständen erst nach Vornahme aller Verfahrenshandlungen, mithin auch der vorgesehenen persönlichen Anhörung. Dass es unter besonderen Umständen, wenn bereits andere Voraussetzungen für die Erteilung der Genehmigung nicht vorliegen, mit §§ 26, 34 vereinbar sein kann, die Anhörung schriftlich oder – im Einzelfall (etwa wenn der Betroffene bereits ihrer Erteilung widersprochen hat) – nicht durchzuführen, betrifft nicht die Frage des Anwendungsbereichs (so auch Jansen/*Sonnenfeld* § 69d FGG Rn. 8 a.E.). Insofern gilt Satz 1 (s. Rdn. 4 f.). 3

C. Regelungen. Satz 1 betrifft die persönliche Anhörung des Betroffenen vor der Genehmigung der in der Vorschrift näher aufgeführten Rechtsgeschäfte. Dies ist nicht zwingend (»**soll**«), bedeutet bei zutreffendem Verständnis der Vorschrift jedoch wenigstens, dass bei für nicht notwendig erachteter Bedeutung persönlicher Anhörung im Hinblick auf das konkrete Rechtsgeschäft rechtliches Gehör zu gewähren ist (so Bassenge/*Roth* § 299 Rn. 2 f.; *Jürgens* § 299 Rn. 3 f.; Jürgens/Kröger/Marschner/*Winterstein* Rn. 422). Denn für die Frage des Absehens von der Anhörung gilt § 34 Abs. 2; und i.Ü. ist bereits mit Blick auf Art. 103 Abs. 1 GG, aber auch zur Sachaufklärung (doppelte Funktion der Anhörung) eine solche ggf. schriftlich oder fernmündlich durchzuführen. Entscheidend ist stets, ob es wenigstens aus einem der beiden Gründe des persönlichen Eindrucks bedarf (Firsching/Dodegge, Handbuch Rn. 470; Keidel/*Budde* § 298 Rn. 2; ähnlich Bienwald/Sonnenfeld/Hoffmann/*Sonnenfeld* § 69d FGG Rn. 8). Das **Absehen** von der Anhörung ist grds. zu begründen (s. § 278 Rdn. 10 a.E.). 4

Satz 2 schreibt die persönliche Anhörung in den dort näher aufgeführten Genehmigungsfällen (Rdn. 2) zwingend vor. Dies trägt der besonderes Bedeutung der **Wohnung** als räumlichem Lebensmittelpunkt des Betroffenen Rechnung, die auch zu einer ausgesprochen **sorgfältigen Sachaufklärung** i.Ü., etwa in Form der Einholung eines Pflegegutachtens, drängt (Jurgeleit/*Bučić*, Handbuch § 16 Rn. 135). 5

Das **Verfahren** betreffend die von der Vorschrift erfassten Genehmigungen ist von Amts wegen zu führen; Voraussetzung ist allerdings das Vorliegen einer – oft in einen Antrag gekleideten – genehmigungsbedürftigen Erklärung des Betreuers (Prütting/Helms/*Fröschle* § 299 Rn. 9). Zuständig ist der **Rechtspfleger** (§ 3 Nr. 2 b) RPflG). Nach Maßgabe des § 276 Abs. Satz 1 kann ggf. ein **Verfahrenspfleger** bestellt werden (s. dazu § 276 Rdn. 3; stets bei Wohnraumkündigung, Jurgeleit/*Bučić*, Handbuch § 16 Rn. 135) sowie, soweit es nach der Aufklärungspflicht geboten scheint, ein **Sachverständigengutachten** oder ein ärztliches **Attest** einzuholen sein (Firsching/Dodegge, Handbuch Rn. 470). Die Hinzuziehung **Beteiligter** richtet sich nach § 274. **Ort** der Anhörung und ihre **Protokollierung** sind nicht vorgeschrieben; ebenfalls kann diese im Wege der Rechtshilfe erfolgen. § 278 Abs. 1 und 3 sind nicht in Bezug genommen. Das persönliche Erscheinen der Beteiligten und die Möglichkeit ihrer **Vorführung** richten sich nach § 33. Zur Schonung des Betroffenen sollte dessen Vorführung durch die zuständige Behörde erfolgen (Jurgeleit/*Bučić*, Handbuch § 16 Rn. 135, 203). 6

Im Fall der **Anfechtung** der durch den Rechtspfleger erteilten Genehmigung bestimmt § 40 Abs. 2, dass diese erst mit Rechtskraft des Beschlusses **wirksam** wird, was mit dem Gesetzeswortlaut auch für die ablehnende Entscheidung gilt (*Sonnenfeld* BtPrax 2009, 167, 168). Da nach der Entscheidung des BVerfG v. 18.01.2000 die Vorschriften über die Genehmigung von Rechtsgeschäften nur dann den Anforderungen an die Gewährung effektiven Rechtsschutzes genügen, wenn sie sowohl in rechtlicher als auch tatsächlicher Hinsicht der richterlichen Prüfung unterstellt werden können (BVerfGE 101, 397, 407), räumt die Regelung 7 des § 40 Abs. 2 diese Überprüfungsmöglichkeit ein, indem die Wirksamkeit der Entscheidung erst mit **Rechtskraft** eintritt. Der Gesetzgeber sieht dies als effizienter an als die bisher in der Praxis vorherrschende Lösung, vor Erlass der Entscheidung zunächst einen Vorbescheid zu erlassen und den Beteiligten Gelegenheit zu geben, diesen Vorbescheid anzufechten (vgl. dazu KKW/*Engelhardt* § 55 FGG Rn. 12). Sei den Beteiligten an einer möglichst schnellen Rechtskraft der Entscheidung gelegen, so hätten sie die Möglichkeit, durch einen allseitigen Rechtsmittelverzicht (nach deren Erlass, *Sonnenfeld* BtPrax 2009, 167, 170) die umgehende Wirksamkeit der Entscheidung herbeizuführen (BT-Drucks. 16/6308 S. 196). Vorsorglich sollte deswegen der Genehmigungsantrag mit einem Antrag auf Erteilung des Rechtskraftzeugnisses verbunden werden (*Sonnenfeld* BtPrax 2009, 167, 168). Die **Beschwerdefrist** ist gem. § 63 Abs. 2 Nr. 2 auf **2 Wochen** verkürzt. Weiterhin ist § 1829 Abs. 1 Satz 2 BGB zu beachten. Die **Mitteilung** an den Vertragspartner, dass die Genehmigung erteilt ist, ist empfangsbedürftige Willenserklärung (PWW/*A. Bauer* § 1829 Rn. 2 f.).

§ 300 Einstweilige Anordnung.

(1) ¹Das Gericht kann durch einstweilige Anordnung einen vorläufigen Betreuer bestellen oder einen vorläufigen Einwilligungsvorbehalt anordnen, wenn

1. dringende Gründe für die Annahme bestehen, dass die Voraussetzungen für die Bestellung eines Betreuers oder die Anordnung eines Einwilligungsvorbehalts gegeben sind und ein dringendes Bedürfnis für ein sofortiges Tätigwerden besteht,
2. ein ärztliches Zeugnis über den Zustand des Betroffenen vorliegt,
3. im Fall des § 276 ein Verfahrenspfleger bestellt und angehört worden ist und
4. der Betroffene persönlich angehört worden ist.

²Eine Anhörung des Betroffenen im Wege der Rechtshilfe ist abweichend von § 278 Abs. 3 zulässig.
(2) Das Gericht kann durch einstweilige Anordnung einen Betreuer entlassen, wenn dringende Gründe für die Annahme bestehen, dass die Voraussetzungen für die Entlassung vorliegen und ein dringendes Bedürfnis für ein sofortiges Tätigwerden besteht.

Übersicht	Rdn.		Rdn.
A. Normzweck	1	C. Regelungen	6
B. Anwendungsbereich	3		

1 **A. Normzweck.** Gerade in Betreuungssachen kann sich im Hinblick auf das Wohl des Betroffenen, etwa bei plötzlichen Änderungen seines Zustands, kurzfristiger Handlungsbedarf ergeben. Nicht selten wird das Betreuungsgericht durch die Beteiligten erst dann mit derartigen Sachverhalten befasst, wenn bereits **Eile geboten** ist. Das Verfahren zur Einrichtung einer Betreuung, ggf. einschließlich Genehmigung der Entscheidung des Betreuers, abzuwarten, ist dann untunlich. Zu diesem Zweck können **vorläufige betreuungsrechtliche Maßnahmen** getroffen werden. Um die Wahrung der Rechte des Betroffenen, das Maß notwendiger Sachaufklärung und das Interesse an schnellem Handeln in einen angemessenen Ausgleich zu bringen, sieht die Vorschrift **besondere**, auf derlei Sachverhalte zugeschnittene **Verfahrensregelungen** vor (vgl. Jurgeleit/*Bučić*, Handbuch § 16 Rn. 76 ff.; Prütting/Helms/*Fröschle* § 300 Rn. 2 f., 13). Diese zeichnen sich einerseits durch ihren **summarischen Charakter** sowie andererseits durch ihre Eigenständigkeit aus. Gem. § 51 Abs. 3 ist das Verfahren der einstweiligen Anordnung ein selbstständiges, **von der Hauptsache unabhängiges Verfahren**. Es kann auch bei anhängiger Hauptsache betrieben werden. Grds. gelten zunächst die §§ 49 ff., sodass der durch eine einstweilige Anordnung beschwerte Betroffene die Durchführung eines Hauptsacheverfahrens erzwingen kann, § 52 Abs. 1. Die Vorschrift schreibt hierzu weitere Verfahrensschritte vor, die sich an den Bedürfnissen betreuungsrechtlicher Sachverhalte orientieren (BT-Drucks. 16/6308 S. 271).

2 Im Hinblick auf diese Bedürfnisse gilt eine abgestufte Regelung. Es gibt **zwei Arten der einstweiligen Anordnung:** Die »gewöhnliche einstweilige Anordnung« verlangt als Anordnungsgrund, dass mit dem Aufschub Gefahr verbunden ist. Eine »eilige einstweilige Anordnung« kann darüber hinaus bei Gefahr im Verzug unter erleichterten Voraussetzungen erlassen werden. Diese Unterscheidung findet in den §§ 300 und 301 Ausdruck. **§ 300** regelt die **gewöhnliche** einstweilige Anordnung. Gefahr im Verzug als **gesteigerte** Form der **Dringlichkeit** ist in die eigene Norm des § 301 aufgenommen (BT-Drucks. 16/6308 S. 200, 271).

Abschnitt 1. Verfahren in Betreuungssachen § 300

B. Anwendungsbereich. Zu den von §§ 300, 301 erfassten Fällen gehören die Bestellung eines **vorläufigen** 3
Betreuers und die Anordnung eines **vorläufigen Einwilligungsvorbehalts** (Abs. 1 Satz 1), die **Entlassung**
(s. § 296 Rdn. 2) eines vorläufig oder dauerhaft bestellten Betreuers (Abs. 2), die Bestellung eines vorläufigen **neuen Betreuers** nach § 1908c BGB (§ 296 Abs. 2), die **Erweiterung** des Aufgabenkreises eines bereits bestellten (auch vorläufigen) Betreuers bzw. des Kreises der einwilligungsbedürftigen Willenserklärungen (§ 293 Abs. 1) sowie die Bestellung eines **weiteren Betreuers** (§ 293 Abs. 3). Auch die Bestellung eines **vorläufigen Kontrollbetreuers** kommt in Betracht (Bienwald/Sonnenfeld/Hoffmann/*Sonnenfeld* § 69f FGG Rn. 8; s.a. § 293 Rdn. 11), soweit der Missbrauch einer Vorsorgevollmacht Anlass zu sofortigem Einschreiten des Betreuungsgerichts gibt. In diesem Fall kann, solange die Vollmacht nicht widerrufen ist, wegen § 1896 Abs. 3 BGB ein vorläufiger Betreuer i.S.v. § 1896 Abs. 1 BGB nicht bestellt werden (anders – mit unzutreffendem Bezug auf BGH FamRZ 2011, 407 – LG Bielefeld FamRZ 2012, 1671). Allenfalls vorläufige Maßregeln nach § 1846 BGB kommen dann in Betracht (s. Rdn. 5). Ebenfalls im **Genehmigungsverfahren** nach § 1904 BGB i.V.m. § 298 kommt eine vorläufige Regelung in Betracht (s. § 298 Rdn. 10, 21).
Die Vorschriften gelten **nicht** im Verfahren zur **Verlängerung** der Betreuung nach § 295. Zwar ist dieses so 4
rechtzeitig vor Ablauf der Frist einzuleiten, dass es bei normalem Ablauf innerhalb der Frist abgeschlossen werden kann (§ 295 Rdn. 2). Ist dies trotz Einleitung des Überprüfungsverfahrens vor Fristablauf nicht der Fall, bedarf es jedoch der Anordnung vorläufiger Maßnahmen nicht. Denn bei Überschreitung der Höchstfrist verliert die Betreuerbestellung nicht ihre Wirksamkeit, ebenso wenig die der Anordnung des Einwilligungsvorbehalts (BayObLG FamRZ 1998, 1183, 1185). Damit besteht aufgrund der nach wie vor gültigen Betreuung – auch wenn diese als formell rechtswidrig anzusehen ist – kein dringendes Bedürfnis an einer vorläufigen Regelung (ähnlich *Jürgens* § 286 Rn. 9; a.A. Prütting/Helms/*Fröschle* § 274 Rn. 22).
Nicht speziell geregelt, aber i.R.d. § 26 unter Berücksichtigung der sich aus der Zweckrichtung der Vorschrift (Rdn. 1) ergebenden Voraussetzungen weiterhin zulässig sind **eigene vorläufige Maßnahmen oder** 5
Regelungen durch das Betreuungsgericht, § 1908i Abs. 1 Satz i.V.m. **§ 1846 bzw. § 1632 BGB**. Hierzu zählen die Herausgabe des Betreuten an den Betreuer (OLG Frankfurt am Main FamRZ 2003, 964; Prütting/Helms/*Fröschle* § 300 Rn. 8), die Erteilung einer Genehmigung, die Abgabe einer rechtsgeschäftlichen Erklärung für den Betroffenen oder die Unterbringung sowie die Einwilligung in eine Heilbehandlung (BayObLG NJW-RR 2002, 1446, 1447). Hinsichtlich der letztgenannten Anordnungen muss das Gericht jedoch gleichzeitig mit der Einwilligung oder der Anordnung durch geeignete Maßnahmen sicherstellen, dass dem Betroffenen unverzüglich ein (vorläufiger) Betreuer zur Seite gestellt wird. Anderes kann nur gelten wenn die Maßnahme alsbald zu vollziehen und damit für die Bestellung eines Betreuers insoweit kein Raum mehr ist (BGH NJW 2002, 1801; BayObLG NJW-RR 2002, 1446, 1447). Insgesamt sind die vorläufigen Maßregeln nach § 1846 BGB subsidiär zu §§ 300, 301, sodass sie auf **Ausnahmefälle** zu beschränken und unter strenger Beachtung der Umstände des Einzelfalls zum Wohle des Betroffenen anzuwenden sind (Damrau/*Zimmermann* § 69f FGG Rn. 15; Jürgens/Kröger/Marschner/*Winterstein* Rn. 436).

C. Regelungen. Abs. 1 Satz 1 sieht für alle Verfahren, die eine (gewöhnliche) einstweilige Anordnung be- 6
treffend einen betreuungsrechtlichen Sachverhalt zum Gegenstand haben (s. Rdn. 2 u. 3), mit Ausnahme der Entlassung des Betreuers (s. dazu Rdn. 11) abweichend zu §§ 278 ff. die **summarische Prüfung** unter Glaubhaftmachung der relevanten Tatsachen folgender **Voraussetzungen** vor:

– Es bestehen **dringende Gründe** für einen **Betreuungsbedarf**/Bedarf eines **Einwilligungsvorbehalts** (**Nr. 1, 1. Alt**). Dies erfordert aufgrund konkreter Umstände eine erhebliche Wahrscheinlichkeit dafür, dass dauerhaft ein Betreuer bestellt oder die endgültige Anordnung des Einwilligungsvorbehalts erfolgen wird i.S.v. §§ 1896, 1903 BGB (Firsching/Dodegge, Handbuch Rn. 477). Dabei ist auch zu prüfen, ob der nicht einverstandene Betroffene im jeweiligen Aufgabenkreis seinen Willen nicht frei bestimmen kann (Damrau/*Zimmermann* § 69f FGG Rn. 6, *Jürgens* § 300 Rn. 5).
– Es besteht ein **dringendes Bedürfnis** für ein sofortiges Tätigwerden, d.h. **einstweiliger Handlungs-** 7
bedarf (Nr. 1, 2. Alt). Es muss aufgrund konkreter Umstände für den Betroffenen eine Gefahr bestehen, deren Abwendung hinsichtlich der bestimmten Maßnahme keinen Aufschub duldet, da ihm andernfalls erhebliche Nachteile drohen (BayObLG FamRZ 1999, 1611; OLG Schleswig OLGR 2005, 471). Dies kommt bei der Gefahr akuter Gesundheitsverschlechterung, dringlichen ärztlichen Maßnahmen, Heilbehandlungen auf einer geschlossenen Station, finanziellen Nachteilen oder drohendem Verlust der Wohnung oder des Heimplatzes in Betracht (Firsching/Dodegge, Handbuch Rn. 478). So kann zum Schutz des Betroffenen auch trotz Vorliegens einer General- und Vorsorgevollmacht ein vorläufiger Einwilligungsvorbehalt angeordnet werden, wenn die Wirksamkeit der Vollmacht wegen Zweifeln an der Ge-

schäftsfähigkeit des Betroffenen unklar ist und die konkrete Gefahr besteht, dass ohne Einwilligungsvorbehalt vermögensrechtliche Transaktionen zum Nachteil des Betroffenen vorgenommen werden (BayObLG FamRZ 2004, 1814). Der einstweilige Handlungsbedarf muss für einen **bestimmten Aufgabenkreis** bestehen; aus ihm kann nicht die vorläufige Betreuerbestellung gleichzeitig auch zu weiteren Aufgabenkreisen begründet werden (vgl. LG Bochum FamRZ 2010, 1471).

8 – Es liegt wenigstens ein **ärztliches Zeugnis** über den Zustand des Betroffenen vor (**Nr. 2**). Da dies der Ermittlung der vorstehenden Voraussetzungen nach Nr. 1 dient, hat sich das Zeugnis zum Gesundheitszustand, zur Betreuungsbedürftigkeit, deren Dauer, der Gefahr bei Aufschub sowie ggf. der Fähigkeit zur eigenen Willensbildung des Betroffenen zu verhalten (Jurgeleit/*Bućić*, Handbuch § 16 Rn. 77). Der Arzt oder Sachverständige muss nicht die Qualifikation des § 280 Abs. 1 Satz 2 aufweisen (enger *Diekmann* BtPrax 2009, 149, 154); sein Zeugnis muss jedoch eine hinreichend zuverlässige Erkenntnisquelle im Hinblick auf den Verfahrensgegenstand darstellen. Dies setzt voraus, dass der Arzt den Betroffenen zuvor – nicht zwingend im Zusammenhang mit dem Verfahren – zeitnah persönlich befragt bzw. untersucht hat, da anderenfalls eine zuverlässige Beurteilungsgrundlage nicht gegeben ist. Eine fernmündliche Befragung reicht nicht aus (OLG Frankfurt am Main FamRZ 2005, 303 f.).

9 – Es ist, soweit nach Maßgabe des § 276 erforderlich, ein **Verfahrenspfleger bestellt** und **angehört** worden (**Nr. 3**). Zur Notwendigkeit der Bestellung s. im Einzelnen die Anmerkungen zu § 276 Rdn. 4. Es genügt das Vorhandensein eines **Verfahrensbevollmächtigten** (Bassenge/*Roth* § 300 Rn. 6). Die Möglichkeit, von der persönlichen Anhörung des Betroffenen in den von § 278 Abs. 4 i.V.m. § 34 Abs. 2 erfassten Konstellationen abzusehen (s. § 278 Rdn. 10), spielt auch hier eine Rolle (Firsching/Dodegge, Handbuch Rn. 480 f.). Die persönliche Anhörung des Verfahrenspflegers ist nicht erforderlich. Es ist notwendig, aber auch hinreichend, dass der Verfahrenspfleger – ggf. schriftlich – Gelegenheit zur Stellungnahme bekommt (BT-Drucks. 13/7158 S. 39).

10 – Es ist die **persönliche Anhörung des Betroffenen** (**Nr. 4**), notfalls durch den ersuchten Richter (**Satz 2**), erfolgt. Von der persönlichen Anhörung kann unter bestimmten Voraussetzungen abgesehen werden (s. Rdn. 9). Dies ist zu unterscheiden von der aufgeschobenen Anhörung nach § 301.

11 **Abs. 2** sieht in den Fällen, in denen die vollständige oder teilweise, auf bestimmte Aufgabenkreise beschränkte **Entlassung** eines (vorläufigen) Betreuers im Wege einstweiliger Anordnung erfolgen soll, auf diese Situation zugeschnittene besondere Entscheidungsvoraussetzungen vor. Es wird nicht auf Abs. 1 verwiesen, sodass nach Maßgabe des § 26 sowie Art. 103 Abs. 1 GG und bei summarischem Zuschnitt (Glaubhaftmachung) zweierlei zu prüfen ist:

12 – Es bestehen **dringende Gründe** für die Annahme, dass der **Betreuer** aus einem der in § 1908b BGB genannten Gründe **zu entlassen** ist. Dies erfordert aufgrund konkreter Umstände eine erhebliche Wahrscheinlichkeit dafür, dass die Eignung des Betreuers nicht mehr gewährleistet ist oder aus sonstigen, in dessen Person oder Verhalten liegenden Gründen seine Entlassung notwendig ist (BT-Drucks. 11/4528 S. 178; *Jürgens* § 300 Rn. 11).

13 – Es besteht ein **dringendes Bedürfnis** für ein sofortiges Tätigwerden, d.h. **einstweiliger Handlungsbedarf**. Es muss wiederum aufgrund konkreter Umstände für den Betroffenen eine Gefahr bestehen, deren Abwendung hinsichtlich der bestimmten Maßnahme keinen Aufschub duldet, da ihm andernfalls erhebliche Nachteile drohen (*Jürgens* § 300 Rn. 11). Dies ist insb. dann der Fall, wenn der Betreuer eine Maßnahme ankündigt, vorbereitet oder fortzusetzen gedenkt, die mit einer Gefahr für die Person oder das Vermögen des Betroffenen verbunden ist, und er auf andere Weise, insb. durch Aufsichtsmaßnahmen, nicht von seinem Vorhaben abgehalten werden kann (BT-Drucks. 11/4528 S. 178).

14 Für das **Verfahren** in den von Abs. 1 und 2 erfassten Fällen ist ein **Antrag nicht erforderlich**. Das Betreuungsgericht ist von Amts wegen zum Handeln verpflichtet. Es gelten i.Ü. § 26 sowie Art. 103 Abs. 1 GG, sodass es im Einzelfall der entsprechenden **Anhörung Dritter** bedarf (Bassenge/*Roth* § 300 Rn. 14). Der zu entlassende Betreuer (Abs. 2) ist, sofern nicht Gefahr im Verzug ist, stets anzuhören (Damrau/*Zimmermann* § 69f FGG Rn. 21). Die Verfahrenserleichterungen des § 293 in den Fällen der Erweiterung sind auch hier anzuwenden (s. § 293 Rdn. 4; BGH FuR 2011, 326 f.). Für die **Auswahl** des zu bestellenden vorläufigen Betreuers gilt § 1897 BGB; hiervon kann im Fall des § 301 Abs. 2 abgewichen werden (s. § 301 Rdn. 4). Örtlich **zuständig** ist nach § 272 Abs. 2 das Gericht, in dessen Bezirk das Bedürfnis der Fürsorge bekannt wird (s. dazu näher § 272 Rdn. 12), bei anhängiger Hauptsache jedenfalls auch das damit befasste Gericht, § 50 Abs. 1. Zur **Abgabe** des Verfahrens s. § 273 Rdn. 7. Die funktionelle Zuständigkeit richtet sich nach den allgemeinen Grundsätzen (s. dazu § 272 Rdn. 20, 30). **Bekanntgabe** und **Wirksamwerden** sind in

Abschnitt 1. Verfahren in Betreuungssachen § 301

§§ 287, 288 geregelt (s. die Erläuterungen dort). Diese erfassen auch das Wirksamwerden mit Übergabe an die Geschäftsstelle. Bis zur Einlegung eines Rechtsmittels gilt die Abänderungsbefugnis nach § 54 Abs. 1. Zum **Außerkrafttreten** der einstweiligen Anordnung s. § 302 Rdn. 2 f. Zur **Anfechtung** s. § 303 Rdn. 1 u. § 58 Rdn. 42. Die **Beschwerdefrist** beträgt bei **Erlass** einer einstweiligen Anordnung **2 Wochen**, § 63 Abs. 2 Nr. 1. I.Ü. gilt § 63 Abs. 1. Die Beschwerde ist – mit Ausnahme der von § 306 erfassten Fälle – **erledigt**, wenn zu ihrem Gegenstand eine Hauptsacheentscheidung getroffen worden ist (Keidel/*Budde* § 300 Rn. 9; Prütting/Helms/*Fröschle* § 300 Rn. 45).

§ 301 Einstweilige Anordnung bei gesteigerter Dringlichkeit.

(1) ¹Bei Gefahr im Verzug kann das Gericht eine einstweilige Anordnung nach § 300 bereits vor Anhörung des Betroffenen sowie vor Anhörung und Bestellung des Verfahrenspflegers erlassen. ²Diese Verfahrenshandlungen sind unverzüglich nachzuholen.
(2) Das Gericht ist bei Gefahr im Verzug bei der Auswahl des Betreuers nicht an § 1897 Abs. 4 und 5 des Bürgerlichen Gesetzbuchs gebunden.

Übersicht   Rdn.   Rdn.
A. Allgemeines 1   B. Regelungen 2

A. Allgemeines. Die Vorschrift regelt die »eilige einstweilige Anordnung«, die in Fällen **gesteigerter** 1 **Dringlichkeit** unter **erleichterten Voraussetzungen** erlassen werden kann. Das Gesetz unterscheidet grds. zwischen einer »gewöhnlichen einstweiligen Anordnung« und einer »eiligen einstweiligen Anordnung«. Die »gewöhnliche einstweilige Anordnung« wird von § 300 erfasst (BT-Drucks. 16/6308 S. 271). S. i.Ü. sowie zum Anwendungsbereich § 300 Rdn. 1 ff.

B. Regelungen. Nach **Abs. 1 Satz 1** kann das Gericht von den in § 300 Abs. 1 Satz 1 Nr. 3 u 4 grds. zwin- 2 gend vorgeschriebenen Verfahrenshandlungen

– **Anhörung** des Betroffenen,
– **Bestellung** des Verfahrenspflegers sowie
– **Anhörung** des Verfahrenspflegers

vor Erlass der einstweiligen Anordnung **absehen**. Voraussetzung ist, dass **Gefahr im Verzug** ist. Es ist darauf abzustellen, dass die anzuordnende Maßnahme wegen unmittelbar drohender Nachteile für den Betroffenen so dringend ist, dass keine Zeit für eine vorherige Anhörung oder die Verfahrenspflegerbestellung verbleibt. Dies ist auf Ausnahmefälle zu beschränken, da das Betreuungsgericht gehalten ist, notfalls unter Zurückstellung anderer weniger vordringlicher Dienstgeschäfte zunächst die Anhörung durchzuführen (KG FGPrax 2008, 40 ff. – für die einstweilige Unterbringung; ähnlich Keidel/*Budde* § 301 Rn. 1; ebenso zum alten Recht Fröschle/*Locher* § 69f FGG Rn. 9; Jurgeleit/*Bućić* § 69f FGG Rn. 11). Weiterhin ist diese Dringlichkeit für jede der vorbezeichneten Verfahrenshandlungen gesondert zu prüfen (Prütting/Helms/*Fröschle* § 301 Rn. 6).

Die zunächst unterlassenen Verfahrenshandlungen sind lediglich **aufgeschoben** und deswegen **unverzüg-** 3 **lich nachzuholen**, Satz 2. Dies beruht auf dem verfassungsrechtlichen Anspruch auf rechtliches Gehör gem. Art. 103 Abs. 1 GG und dient zudem der Überprüfung der einstweiligen Anordnung durch das Betreuungsgericht. Sie muss im Fall der Beschwerde deswegen noch vor Abgabe erfolgen (Bassenge/*Roth* § 301 Rn. 3). Erforderlichenfalls muss hierfür das Amtshilfeverfahren genutzt werden. Unterbleibt die Anhörung, wird die Betreuungsanordnung nachträglich **rechtswidrig**. Auch eine spätere Anhörung kann diesen Verfassungsverstoß dann nicht mehr rückwirkend, sondern nur noch als Grundlage der fortdauernden Betreuung in der Zukunft heilen. Für den Zeitraum zwischen dem Datum, an dem die persönliche Anhörung ohne schuldhaftes Zögern frühestens hätte erfolgen können, und ihrer tatsächlichen Nachholung leidet die dennoch aufrechterhaltene Betreuungsanordnung an der Verletzung des rechtlichen Gehörs. Dementsprechend ist dies bei einem nachfolgenden Feststellungsverfahren zur Rechtmäßigkeit der Betreuungsanordnung fachgerichtlich zu prüfen und gegebenenfalls festzustellen (BVerfG, Beschl. v. 13.07.2015 – 1 BvR 2516/13 –, Rn. 2 – Juris). Das Betreuungsgericht kann gem. § 54 Abs. 1 ohne Weiteres und unabhängig von eingetretener Rechtskraft die Entscheidung nötigenfalls **abändern**. Andere als die vorgenannten Verfahrenshandlungen können nicht aufgeschoben werden. Der summarischen Prüfung der Voraussetzungen des

§ 300 Abs. 1 Nr. 1 und 2 – insb. des ärztlichen Zeugnisses – bedarf es deswegen in jedem Fall (Bork/Jacoby/Schwab/*Heiderhoff* § 301 Rn. 3; *Jürgens* § 301 Rn. 2).

4 **Abs. 2** erlaubt es, bei **Gefahr im Verzug** (Rdn. 2) von den Vorgaben für die **Betreuerauswahl** nach § 1897 Abs. 4 (Vorschlagsrecht des Betroffenen) und Abs. 5 BGB (Vorrang des Verwandtschafts- oder Näheverhältnisses) abzusehen. Das Betreuungsgericht kann insb., wenn sich die Eignung einer der in § 1897 Abs. 4 oder 5 BGB genannten Personen wegen der Eilbedürftigkeit der Sache nicht abschließend klären lässt, an deren Stelle einen vorläufigen Berufsbetreuer bestellen. Es muss allerdings die genannte verwandtschaftliche oder sonstige Bindung in seine Erwägungen erkennbar mit einbeziehen. Sprechen i.R.d. **summarischen Abwägung** gewisse Punkte gegen die Eignung dieser Person, kann der Bestellung eines Berufsbetreuers der Vorzug zu gewähren sein (BayObLGR 2005, 382 f.). Der Prüfungsmaßstab für die Auswahl des Betreuers ist auch nicht nachträglich zu ändern. Anders als Abs. 1, der die Nachholung der unterbliebenen Anhörungen vorschreibt, verlangt Abs. 2 bei der Bestellung des vorläufigen Betreuers keine weiteren gerichtlichen Handlungen nach Wegfall der Gefahr (BayObLGR 2005, 382 f., Prütting/Helms/*Fröschle* § 301 Rn. 11).

5 Zum **Verfahren** sowie zur **Anfechtbarkeit** s. im Einzelnen die Anmerkungen zu § 300 Rdn. 14 sowie zu § 303 Rdn. 6.

§ 302 Dauer der einstweiligen Anordnung.

¹Eine einstweilige Anordnung tritt, sofern das Gericht keinen früheren Zeitpunkt bestimmt, nach sechs Monaten außer Kraft. ²Sie kann jeweils nach Anhörung eines Sachverständigen durch weitere einstweilige Anordnungen bis zu einer Gesamtdauer von einem Jahr verlängert werden.

Übersicht

	Rdn.		Rdn.
A. Allgemeines	1	B. Regelungen	2

1 **A. Allgemeines.** Die Vorschrift ergänzt die Verfahrensregelungen der §§ 300 ff., indem sie die begrenzte **Geltungsdauer** der einstweiligen Anordnung in Betreuungsverfahren festlegt. Diese ausdrückliche Bestimmung ist erforderlich, da eine einstweilige Anordnung in diesen Verfahren sonst gem. § 56 Abs. 1 bis zum Wirksamwerden einer anderen Regelung gelten würde. Da der Erlass einer einstweiligen Anordnung in Betreuungsverfahren jedoch unter erleichterten Voraussetzungen möglich ist, soll das **Gericht** nach einer bestimmten Zeit aufgrund erneuter Prüfung **gezwungen** sein, eine **neue Entscheidung zu erlassen** (BT-Drucks. 16/6308 S. 271). Sie ist auf alle derartigen einstweiligen Anordnungen anwendbar (s. § 300 Rdn. 2–5).

2 **B. Regelungen. Satz 1** schreibt vor, dass die einstweilige Anordnung, ohne dass dies weiterer Entschließung bedarf, nach spätestens **6 Monaten** außer Kraft tritt. Für die Fristberechnung gilt § 16 Abs. 2. Anders als bei Entscheidungen im Hauptsacheverfahren, die nach Ablauf der Überprüfungs(höchst)frist weiterhin wirksam bleiben (s. § 286 Rdn. 11, § 295 Rdn. 7), endet die Maßnahme dann ohne Weiteres (BGH FamRZ 2012, 295; Prütting/Helms/*Fröschle* § 302 Rn. 6). Die Frist des Satz 1 ist die Höchstfrist, die vom Gericht nicht ausgeschöpft werden muss. Wird eine **kürzere Dauer**, etwa der Bestellung eines vorläufigen Betreuers, bestimmt, ist diese maßgeblich. Insoweit sollte ohnehin nur diejenige Dauer gewählt werden, binnen derer mit dem Abschluss der zur Entscheidung in der Hauptsache nötigen Ermittlungen zu rechnen ist (Damrau/*Zimmermann* § 69f FGG Rn. 16). Die Angabe des Fristablaufs ist aus Gründen der Rechtsklarheit auch bei Ausschöpfen der Höchstfrist ratsam (Keidel/*Budde* § 302 Rn. 2). Die Anordnung endet ferner, sobald sie vom Betreuungsgericht gem. § 54 Abs. 1 (ggf. teilweise) aufgehoben worden ist. Schließlich **tritt** sie gem. § 56 Abs. 1 **außer Kraft**, wenn eine **Maßnahme im Hauptsacheverfahren**, etwa die endgültige Betreuerbestellung oder die endgültige Anordnung eines Einwilligungsvorbehalts, **Wirksamkeit erlangt**. Ob dies auch im Fall der Ablehnung einer endgültigen Maßnahme unter dem Gesichtspunkt der prozessualen Überholung der Fall ist (so Prütting/Helms/*Fröschle* § 302 Rn. 4), ist im Hinblick auf die diesbezügliche Neuregelung in § 56 fraglich. Denn abgesehen davon, dass das Verfahren der einstweiligen Anordnung gem. § 51 Abs. 3 ein selbstständiges, von der Hauptsache unabhängiges Verfahren ist und auch bei anhängiger Hauptsache betrieben werden kann, lässt nach § 56 Abs. 2 Nr. 2 (nur) in Antragsverfahren die rechtskräftige Antragsabweisung die einstweilige Anordnung außer Kraft treten. Gerade nicht geregelt ist, dass dies auch in amtswegigen Verfahren entsprechend der Fall sein soll. Allerdings stellt sich die Frage nach der

Abschnitt 1. Verfahren in Betreuungssachen § 303

Sinnhaftigkeit des Inkraftbleibens einer einstweiligen Maßnahme, wenn zugleich die Voraussetzungen für den Erlass der endgültigen Maßnahme nicht (mehr) vorliegen. Das Eilgericht wäre insofern wenigstens zur Aufhebung nach § 54 Abs. 1 gehalten, was aus Gründen der Rechtssicherheit die im Ergebnis vorzugswürdige Lösung ist (ähnlich Bork/Jacoby/Schwab/*Heiderhoff* § 302 Rn. 2). Bedenklich erscheint, der schlichten Nichtverlängerung einer einstweiligen Anordnung oder der ausstehenden Einrichtung einer dauerhaften Betreuung zivilprozessuale Auswirkungen zuzumessen (so für eine versicherungsrechtliche Obliegenheitsverletzung des Betroffenen LG Köln, Beschl. v. 10.09.2012, Az. 26 O 385/11, Juris). Die Vorschrift dient lediglich der Klarheit der Rechtsverhältnisse. Vielfach ist es zweifelhaft und erst durch gerichtliche Ermittlungen zu klären, ob die Voraussetzungen für eine Betreuung tatsächlich nicht mehr vorliegen (BGH FamRZ 2012, 295).

Da die Durchführung des auf Erlass einer endgültigen Entscheidung gerichteten Verfahrens in Ausnahmefällen die sechsmonatige Höchstfrist des Satz 1 übersteigen kann, sieht **Satz 2** unter gesteigerten verfahrensrechtlichen Anforderungen für diese Fälle die **Verlängerung** der einstweiligen Maßnahme bis zu einer **Höchstdauer von einem Jahr** vor. Neben den für den Erlass einer einstweiligen Anordnung geltenden Voraussetzungen der persönlichen Anhörung und der Befassung des Verfahrenspflegers (s. § 300 Rdn. 9 f., 14), bedarf es, um die Erkenntnisgrundlage der nunmehr längeren Maßnahme zu verstärken, daher vor der Verlängerungsentscheidung zusätzlich der **Anhörung eines Sachverständigen** (BT-Drucks. 11/4528 S. 178). Es gelten hierfür, abgesehen davon, dass an die Stelle des Zeugnisses die Anhörung durch das Gericht tritt, dieselben Anforderungen, wie sie § 300 Abs. 1 Nr. 2 vorschreibt (Jurgeleit/*Bučić*, Handbuch § 16 Rn. 79). S. dazu § 300 Rdn. 8. § 295 ist nicht anwendbar (§ 295 Rdn. 2). Die Maßnahme kann auf diese Weise durch mehrere, auf kürzere Dauer gerichtete Entscheidungen verlängert werden, bis die Höchstdauer von einem Jahr erreicht ist (Firsching/Dodegge, Handbuch Rn. 486). Für die Berechnung der Frist nach Abs. 2 ist dann aber der Zeitpunkt maßgeblich, zu dem die Berechnung der ersten Frist nach Abs. 1 beginnt, nicht die Gesamtdauer – ggf. unterbrochener – Zeiträume einstweiliger Maßnahmen (Keidel/*Budde* § 302 Rn. 3). Auch die Verlängerung kann als »eilige einstweilige Anordnung« i.S.v. § 301 erfolgen. Anhörung und Befassung des Verfahrenspflegers (s. § 301 Rdn. 2) sind dann nachzuholen (Bienwald/Sonnenfeld/Hoffmann/ *Sonnenfeld* § 69f FGG Rn. 30). Auch § 301 Abs. 2 kommt in Betracht, wird aber in der Praxis wegen der bei der Erstmaßnahme bereits getroffenen Auswahl kaum zur Anwendung kommen. 3

§ 303 Ergänzende Vorschriften über die Beschwerde.

(1) Das Recht der Beschwerde steht der zuständigen Behörde gegen Entscheidungen über
1. die Bestellung eines Betreuers oder die Anordnung eines Einwilligungsvorbehalts,
2. Umfang, Inhalt oder Bestand einer in Nummer 1 genannten Maßnahme
zu.
(2) Das Recht der Beschwerde gegen eine von Amts wegen ergangene Entscheidung steht im Interesse des Betroffenen
1. dessen Ehegatten oder Lebenspartner, wenn die Ehegatten oder Lebenspartner nicht dauernd getrennt leben, sowie den Eltern, Großeltern, Pflegeeltern, Abkömmlingen und Geschwistern des Betroffenen sowie
2. einer Person seines Vertrauens
zu, wenn sie im ersten Rechtszug beteiligt worden sind.
(3) Das Recht der Beschwerde steht dem Verfahrenspfleger zu.
(4) ¹Der Betreuer oder der Vorsorgebevollmächtigte kann gegen eine Entscheidung, die seinen Aufgabenkreis betrifft, auch im Namen des Betroffenen Beschwerde einlegen. ²Führen mehrere Betreuer oder Vorsorgebevollmächtigte ihr Amt gemeinschaftlich, kann jeder von ihnen für den Betroffenen selbständig Beschwerde einlegen.

Übersicht	Rdn.		Rdn.
A. Allgemeines	1	C. Regelungen	8
B. Normzweck	7		

A. Allgemeines. Das **Rechtsmittelverfahren** ist grundlegend in §§ 58 ff. geregelt. Gem. § 58 Abs. 1 ist gegen **Endentscheidungen** grds. die **Beschwerde** statthaft. Dies betrifft nach der Legaldefinition in § 38 die 1

Entscheidung, die über den Verfahrensgegenstand in der Instanz ganz oder teilweise abschließend befindet. Hierzu zählen neben der Betreuerbestellung, der Erweiterung von Aufgabenkreisen, der Verlängerung, dem Betreuerwechsel bzw. dessen Ablehnung, der Anordnung eines Einwilligungsvorbehalts nebst jeweiliger Ablehnung und betreuungsgerichtlicher Genehmigungen (s. i.E. Rdn. 8) auch Entscheidungen über den Erlass einstweiliger Anordnungen (§ 300 Rdn. 1 u. § 58 Rdn. 42). Auch eine **teilweise** Anfechtung ist möglich, wie etwa die Beschränkung der Beschwerde auf die Auswahl des Betreuers oder die Bestellung für bestimmte Aufgabenkreise. Auf die Bestellung des Gegenbetreuers ist die Vorschrift entsprechend anwendbar (*Jürgens* § 303 Rn. 3; s.a. § 293 Rdn. 10). Die Beschwerde übernimmt damit als Hauptsacherechtsmittel im FamFG die Funktion der Berufung in der ZPO und anderen Verfahrensordnungen. **Zwischen- und Nebenentscheidungen** können dagegen grds. **nicht** selbstständig **angefochten** werden. Sie sind entweder überhaupt nicht oder aber nur zusammen mit der Hauptsachentscheidung anfechtbar (§ 58 Abs. 2). Hierzu zählen – da rein verfahrensleitende Bedeutung – die Entscheidung über die Einleitung des Betreuungsverfahrens (OLG Stuttgart FGPrax 2003, 72), die Bestellung des Verfahrenspflegers (§ 276 Rdn. 16), die Einholung eines Gutachtens nach § 280 (so OLG Stuttgart FGPrax 2003, 72; Firsching/Dodegge, Handbuch Rn. 469; teilw. bestr.), das Absehen von der Bekanntgabe der Gründe des Beschlusses nach § 288 Abs. 1 (§ 288 Rdn. 6; a.A. zu alten Rechtslage BayObLG FamRZ 2000, 250), die Ablehnung von Beweisanträgen oder der Einstellung des Betreuungsverfahrens (Firsching/Dodegge Handbuch Rn. 469) oder die Abgabe des Verfahrens nach §§ 4, 273 (§ 273 Rdn. 9). Zur Anfechtbarkeit der Vorführungsanordnung des Betroffenen zur Untersuchung nach § 283 s. dort Rdn. 11 ff.

2 Neben den Rechtsmitteln der Beschwerde und der **sofortigen Beschwerde**, soweit diese durch Verweis auf §§ 567 ff. ZPO für entsprechend anwendbar erklärt wird (in Betreuungssachen nur durch § 284 Abs. 3), bleibt die **Erinnerung** gem. § 11 Abs. 2 RPflG bestehen. Diese kommt vor allem in den Genehmigungsverfahren i.S.v. § 299 (s. § 299 Rdn. 6) sowie bei Vergütungsentscheidungen nach §§ 292, 168 zur Anwendung (Jurgeleit/*Bučić*, Handbuch § 16 Rn. 186).

3 § 63 Abs. 1 Satz 1 bestimmt, dass die Beschwerde binnen einer **Frist** von **einem Monat** zu erheben ist – in den Fällen des § 63 Abs. 2 binnen 2 Wochen (s. dazu i.E. § 299 Rdn. 7 sowie § 300 Rdn. 14). Die fristgebundene Beschwerde dient der **Verfahrensbeschleunigung** sowie der möglichst frühzeitigen **Rechtsklarheit** für alle Beteiligten über den dauerhaften Bestand der Entscheidung. Darüber hinaus bezweckt sie eine Verfahrensvereinfachung. Durch die einheitliche Regelung soll das Beschwerdeverfahren übersichtlich und systematisch sein (BT-Drucks. 16/6308 S. 204 ff.). **Die sich aus §§ 58 ff. ergebenden Regelungen** (s. dazu im Einzelnen Vorbem. zu §§ 58 bis 75 Rdn. 5 ff.) **gelten auch für das Verfahren in Betreuungssachen**. Zur **Form** der Einlegung der Beschwerde s. § 305 Rdn. 1. Gem. **§ 68 Abs. 3** bestimmt sich das Beschwerdeverfahren i.Ü. nach den Vorschriften über das Verfahren im ersten Rechtszug (Ausnahme § 304 Abs. 2). Das Beschwerdegericht kann von der Durchführung eines Termins, einer mündlichen Verhandlung oder einzelner Verfahrenshandlungen (wie etwa der erneuten Anhörung) absehen, wenn diese bereits im ersten Rechtszug vorgenommen wurden und von einer erneuten Vornahme keine zusätzlichen Erkenntnisse zu erwarten sind (vgl. auch Prütting/Helms/*Fröschle* § 303 Rn. 63). **Gegenstand** des Beschwerdeverfahrens kann grds. nur der Verfahrensgegenstand sein, über den im ersten Rechtszug entschieden worden ist. Im Fall der Entscheidung über den Umfang oder die Fortdauer der Betreuung ist – als Ausfluss der **Einheitsentscheidung** (§ 286 Rdn. 1) – dabei auch stets die Auswahl der Person des Betreuers Gegenstand der Entscheidung (BGH FuR 2011, 226).

4 Nach § 70 Abs. 3 Satz 1 Nr. 1 findet die **Rechtsbeschwerde** gegen einen Beschluss zur Bestellung eines Betreuers, zur Aufhebung einer Betreuung oder zur Anordnung oder Aufhebung eines Einwilligungsvorbehalts **ohne Zulassung** durch das Beschwerdegericht statt, und zwar gleich, ob im Erstverfahren oder ein Verlängerungsverfahren (BGH FamRZ 2015, 1178). Dies knüpft an die gleichlautende Definition des Begriffs der Betreuungssachen in § 271 Nr. 1 und 2 (s. dort Rdn. 1 ff.) an. Die dort genannten Verfahrensgegenstände sind von besonderer Bedeutung, weil durch sie regelmäßig in gravierendem Maße in höchstpersönliche Rechte der Beteiligten eingegriffen wird. Dies wollte der Gesetzgeber mit der Differenzierung der einzelnen Verfahrensarten deutlich machen (BT-Drucks. 16/6308 S. 264; BGH FamRZ 2010, 1897). **Nicht** erfasst wird von § 70 Abs. 3 Satz 1 Nr. 1 hingegen die bloße (isolierte) Entlassung des Betreuers oder die Bestellung eines Ergänzungsbetreuers, dem geringere Eingriffsintensität zukommt (BGH FuR 2011, 521 u. 523; 2013, 212; BtPrax 2012, 207; § 70 Rdn. 28). Insofern ist die Rechtsbeschwerde statthaft, wenn sie gem. § 70 Abs. 1, 2 zugelassen wird (BGH FamRZ 2015, 1178).

Die Beschwerde kann bei teilbarem Verfahrensgegenstand (z.B. auf die Auswahl des Betreuers, einen bestimmten Aufgabenkreis, die Länge der Überprüfungsfrist, die Feststellung der Berufsmäßigkeit der Betreuung, die Höhe des Stundensatzes eines Berufsbetreuers) **beschränkt** werden (Firsching/Dodegge, Handbuch Rn. 498). 5

Die Statthaftigkeit der Beschwerde **nach Erledigung der Hauptsache** bestimmt sich nach **§ 62**. Die (auch vorläufige) Anordnung der **Betreuung** selbst (BVerfG NJW 2002, 206) und die betreuungsrechtliche **Genehmigung** ärztlicher Maßnahmen nach § 1904 BGB (OLG Hamm FGPrax 2004, 231, 232) waren auch schon bisher von der Rspr. als Fälle anerkannt, in denen ein Feststellungsinteresse trotz Erledigung der Hauptsache zur Gewährleistung des nach Art. 19 Abs. 4 GG gebotenen Grundrechtsschutzes in Betracht kommen kann. Stets ist dafür jedoch erforderlich, dass es auch tatsächlich zu einer Rechtsverletzung gekommen ist. Hat diese zwar gedroht, sich die Hauptsache dann aber schon vor dem angeordneten Grundrechtseingriff erledigt, verbleibt es bei dem Grundsatz, dass eine Beschwerde nach der Erledigung der Hauptsache nicht mehr zulässig ist (OLG Hamm FGPrax 2004, 231, 232). Dies gilt auch für das Außerkrafttreten einer **einstweiligen Anordnung** infolge Inkrafttretens einer endgültigen Maßnahme nach § 56 Abs. 1 (s. dazu § 302 Rdn. 2), da sich der anfechtbare Eingriff in die Rechte des Betroffenen nunmehr aus der endgültigen Maßnahme ergibt. Eine Erledigung i.d.S. tritt allerdings ein, wenn ein **vorläufiger Einwilligungsvorbehalt** endgültig angeordnet wird. Denn in diesem Fall kann der Betroffene wegen des rückwirkenden Entfallens der sich aus dem vorläufigen Einwilligungsvorbehalt ergebenden Beschränkungen (§ 306) ein Interesse daran haben, dessen fehlende Rechtfertigung feststellen zu lassen. Hiermit werden Zweifel an der Wirksamkeit der von oder ggü. dem Betroffenen vorgenommenen Rechtsgeschäfte endgültig beseitigt (BayObLG FamRZ 2004, 1814; Jürgens § 302 Rn. 2). **Keine Anwendung** findet § 62 **im Fall des Todes des Betroffenen** im laufenden Beschwerdeverfahren. Auch die Beschwerde eines Dritten i.S.d. Vorschrift wird dann regelmäßig unzulässig, da dieser nicht – auch nicht durch eine Erbenstellung – in eigenen Rechten verletzt ist. Anders als der Betroffene fehlt ihm das Rehabilitationsinteresse (BGH FuR 2013, 96). S. i.Ü. Rdn. 8 a.E. sowie § 62 Rdn. 6 ff. 6

B. Normzweck. Welcher **Personenkreis** beschwerdeberechtigt ist, ist allgemein in § 59 geregelt. Dessen Abs. 1 bestimmt, dass sich die Beschwerdeberechtigung nach der **Beeinträchtigung eigener Rechte** richtet (s. dazu § 59 Rdn. 5 ff.). Eine solche liegt vor, wenn der Entscheidungssatz des angefochtenen Beschlusses unmittelbar in ein dem Beschwerdeführer zustehendes Recht eingreift. Auf die Beteiligtenstellung in erster Instanz kommt es dgü. nicht an, sodass nach dieser allgemeinen Regelung auch ein Beteiligter im erstinstanzlichen Verfahren nicht beschwerdeberechtigt ist, wenn er vom Ergebnis der Entscheidung in seiner materiellen Rechtsstellung nicht betroffen ist. Begehrt die Partei eines Zivilrechtsstreits die Bestellung eines Betreuers für die prozessunfähig gewordene Gegenpartei und hat diese nicht bereits wirksam Prozessvollmacht erteilt, ist nach Maßgabe dessen Beschwerdebefugnis gegeben (BGH FuR 2011, 294). **Für die Betreuungssachen ergänzt** die Vorschrift daher die **Regelungen über die Beschwerdeberechtigung** und stellt klar, unter welchen Voraussetzungen den auch in § 274 genannten **Beteiligten** ein Beschwerderecht im eigenen Namen zusteht. 7

C. Regelungen. Nach **Abs. 1** hat die **zuständige Behörde** eine Beschwerdebefugnis in den Fällen, in denen sie bereits in erster Instanz auf ihren Antrag zu **beteiligen** war (s. § 274 Rdn. 9 ff.). Hierzu gehören die Aufhebung der Betreuung, die Einschränkung des Aufgabenkreises des Betreuten, die Aufhebung eines Einwilligungsvorbehaltes oder des Kreises der einwilligungsbedürftigen Willenserklärungen (§ 294), die Bestellung eines neuen Betreuers (§ 1908c BGB, § 296) und die diesbezügliche Ablehnung nach entsprechender Anregung (BGH, Beschl. v. 08.07.2015 – XII ZB 292/14 – Juris), ferner im Fall der Erweiterung des Aufgabenkreises die Bestellung eines weiteren Betreuers (§ 1899 BGB, § 293 Abs. 3). Als Entscheidung über den Bestand der Betreuerbestellung ist darüber hinaus die Entlassung des Betreuers (§ 1908b BGB, § 296) anzusehen. Auch die Verlängerung der Betreuung oder eines Einwilligungsvorbehaltes (§ 295) ist eine Entscheidung über den Bestand einer solchen Maßnahme. Als Entscheidung über Umfang, Inhalt und Bestand der Bestellung eines Betreuers und die Anordnung eines Einwilligungsvorbehaltes kommen grds. weitere Verfahrensgegenstände in Betracht, etwa die gleichzeitige oder nachträgliche Bestellung eines Ergänzungsbetreuers (§ 1899 Abs. 4 BGB) oder eines Gegenbetreuers (§§ 1908i Abs. 1 Satz 1, 1792 BGB). Ob die Beteiligung der zuständigen Behörde erfolgt ist, spielt keine Rolle. Sie kann **auch** Beschwerde einlegen, wenn die Entscheidung **nicht von Amts wegen**, sondern auf Antrag des Betroffenen ergangen ist. Ihr steht ein **Beschwerderecht** damit auch **gegen den Willen** des Betroffenen zu. Das wird vom Gesetzgeber als sachgerecht erachtet, um 8 kostenintensive Betreuungsverfahren einzudämmen, in denen der Betroffene entgegen seinem eigenen Antrag zur Regelung seiner Angelegenheiten tatsächlich in der Lage ist. Die Neuregelung soll der zuständigen Behörde die Möglichkeit eröffnen, eine Überprüfung solcher Betreuungen zu veranlassen (BT-Drucks. 16/6308 S. 271). Eine **Beschwer** ist nicht erforderlich (Prütting/Helms/*Fröschle* § 303 Rn. 12). Hingegen ist aus Abs. 1 ein eigenes Antragsrecht nach § 62 Abs. 1 nicht abzuleiten, da dieses voraussetzt, dass der Beschwerdeführer selbst durch die erledigte Maßnahme in seinen Rechten verletzt ist (BGH MDR 2014, 1340).

9 **Abs. 2** regelt die Beschwerdebefugnis der **Angehörigen** (**Nr. 1**) sowie einer **Vertrauensperson** (**Nr. 2**) des Betroffenen. Ihnen steht das Recht zur Beschwerde zunächst gem. § 59 Abs. 1 bei einer Beeinträchtigung eigener Rechte zu (§ 59 Rdn. 5 ff.). Unabhängig davon können sie jedoch nach Abs. 2 Nr. 1 **als Beteiligte** gem. § 7 Abs. 3 i.V.m. § 274 Abs. 4 gegen solche Entscheidungen **selbst Beschwerde** einlegen. Deren Kreis deckt sich mit dem der Personen, die in erster Instanz nach § 275 Abs. 4 Nr. 1 am Verfahren beteiligt werden können (s. dazu § 274 Rdn. 12). Voraussetzung dieses Beschwerderechts ist, dass der betreffende Angehörige des Betroffenen in erster Instanz beteiligt wurde. Dadurch sollen altruistische Beschwerden solcher Angehöriger vermieden werden, die am Verfahren erster Instanz kein Interesse gezeigt haben (BT-Drucks. 16/6308 S. 271). Mit der Hinzuziehung als Beteiligter besteht die Beteiligtenstellung, ohne dass es hierzu einer erneuten Entschließung bedürfte, im Beschwerdeverfahren fort (BGH NJW-RR 2012, 961). Dabei kann die Hinzuziehung eines Beteiligten auch **konkludent** erfolgen, etwa durch das Übersenden von Schriftstücken oder die Ladung zu Terminen. Die Nichterwähnung im Rubrum steht einer tatsächlichen Hinzuziehung zum Verfahren i.S.d. § 7 nicht entgegen (BGH MDR 2015, 231). Allerdings muss die Verfahrensbeteiligung gerade in dem Verfahren erfolgt sein, dessen abschließende Sachentscheidung angegriffen werden soll (BGH MDR 2015, 480). Die Vorschrift ist überdies verfassungskonform dahin auszulegen, dass die Beschwerde eines nahen Angehörigen, der ohne sein Verschulden von dem AG nicht an dem Verfahren beteiligt worden ist, gleichzeitig einen **Antrag auf Beteiligung** am Betreuungsverfahren beinhaltet, über den vorab im Zwischenverfahren nach § 7 Abs. 5 zu entscheiden ist (LG Saarbrücken FamRZ 2010, 1371; LG Verden BtPrax 2010, 242; i.E. ähnlich LG Landau/Pfalz, Beschl. v. 15.06.2010 – 3 T 42/10; einschränkend LG Frankenthal, Beschl. v. 06.01.2010 – 1 T 2/10). Ferner bedarf es einer Einlegung **im Interesse des Betroffenen** (s. dazu § 274 Rdn. 13). Das Beschwerderecht der in Abs. 2 genannten Personen besteht nach dieser Vorschrift nur, sofern die Entscheidung **von Amts wegen** ergangen ist. Die hierdurch bedingte, zum alten Recht teils kritisierte (vgl. BtKomm/*Roth* Abschn. A Rn. 189 – Vorauflage; Damrau/*Zimmermann* § 69g FGG Rn. 10; Jürgens/*Mertens* § 69g FGG Rn. 8) Einschränkung der Beschwerdebefugnis etwa des Betreuers bei Aufhebung der Betreuung (OLG Köln FamRZ 1997, 1293), der Verwandten bei Zurückweisung eines Antrags auf Entlassung des Betreuers (BGH NJW 1996, 1825, 1826) oder bei Einrichtung der Betreuung auf Antrag eines Dritten (OLG Düsseldorf FamRZ 1998, 510) ist insofern weiterhin bewusst in Kauf genommen. Hingegen gilt diese Beschränkung nicht, sollte dem Angehörigen ein Beschwerderecht aufgrund eigener Betroffenheit i.S.v. § 59 Abs. 1 zustehen. Dann wiederum ist aber die Einschränkung nach § 59 Abs. 2 im Fall der Zurückweisung eines Antrags zu beachten. Für den Fall des Versterbens des Betroffenen s. Rdn. 6 a.E.

10 Nach **Abs. 3** steht dem **Verfahrenspfleger** ein Recht zur Beschwerde zu, um nach Interessen des Betroffenen i.S.v. § 276 Geltung zu verschaffen. Dies ist zu unterscheiden von dem eigenen Beschwerderecht des Verfahrenspflegers, für welches es auf die Möglichkeit der Verletzung eigener Rechte i.S.v. § 59 Abs. 1 ankommt (BT-Drucks. 16/6308 S. 272). Letzteres kommt insb. bei einer Bestellung gegen seinen Willen oder in Vergütungsfragen in Betracht (Prütting/Helms/*Fröschle* § 303 Rn. 33, 36).

11 Dem **Betreuer** steht bereits aus seiner umfassenden **Vertretungsbefugnis** nach § 1902 BGB ein Recht zur Beschwerde im Namen des Betroffenen zu, soweit dies seinen Aufgabenkreis betrifft. Hierzu zählen auch Fälle, in denen es um einen entsprechenden Einwilligungsvorbehalt geht (Bienwald/Sonnenfeld/Hoffmann/ *Sonnenfeld* § 69g FGG Rn. 50). Dies gilt, solange die Betreuung besteht; andernfalls fehlt ihm die Vertretungsbefugnis. Deshalb kann er auch die wirksame Aufhebung der Betreuung nicht im Namen des Betroffenen anfechten (OLG Köln NJW-RR 1997, 708). Nach seiner Entlassung und auch i.Ü. kann er ein eigenes Beschwerderecht haben, wenn er in eigenen Rechten i.S.v. § 59 Abs. 1 verletzt ist. **Abs. 4 Satz 1** hat hinsichtlich des i.R.d. Vertretungsbefugnis gegebenen Beschwerderechts des Betreuers deswegen rein deklaratorische Bedeutung (BT-Drucks. 16/6308 S. 272). Sind **mehrere Betreuer** gemeinschaftlich, d.h. für dieselben Aufgabenkreise bestellt (§ 1899 Abs. 3 BGB), können sie trotz der grundsätzlichen Einschränkungen für ein **selbstständiges Tätigwerden** nach **Satz 2** jeder für sich Beschwerde im Namen des Betroffenen einlegen.

Entsprechendes gilt für Vorsorgebevollmächtigte. Der **Betreuungsverein** ist wie der Betreuer zu behandeln. Ihm kann ein eigenes Beschwerderecht nach Maßgabe des § 59 Abs. 1 bei Auswechselung des Vereinsbetreuers gegen einen privaten Betreuer (s. § 291) oder der Entscheidung, dass der Vereinsbetreuer künftig als Privatperson Betreuer sei, zustehen (so zur alten Rechtslage Fröschle/*Guckes* § 69g FGG Rn. 10; Jurgeleit/*Klier* § 69g FGG Rn. 74).

Abs. 4 Satz 1 stellt auch für den **Vorsorgebevollmächtigten** klar, dass er im Namen des Betroffenen für diesen Beschwerde einlegen kann (BT-Drucks. 16/9733 S. 372; Keidel/*Budde* § 303 Rn. 8: unwiderlegbare Vermutung; Prütting/Helms/*Fröschle* § 303 Rn. 49: Auslegungsregel). Auch durch den Widerruf der Vorsorgevollmacht entfällt die Vertretungsmacht nach Abs. 4 zunächst nicht. Diese Vertretungsmacht endet erst mit dem Abschluss des Verfahrens über die Rechtmäßigkeit der Betreuerbestellung bzw. wenn dieses nicht mehr in zulässiger Weise eingelegt bzw. weiterverfolgt werden (BGH WM 2015, 1670). Ein darüber hinaus gehendes, insbesondere ein eigenes Beschwerderecht hat der Vorsorgebevollmächtigte allerdings nicht. Dies soll nach der Rspr. auch – anders als beim Betreuer – nicht nach § 59 Abs. 1 in Betracht kommen, da eine unmittelbare Beeinträchtigung eigener Rechte des Beschwerdeführers beim Vorsorgebevollmächtigten nicht gegeben sei. Die Vollmacht verleihe als die durch Rechtsgeschäft erteilte Vertretungsmacht dem Bevollmächtigten die Legitimation, durch rechtsgeschäftliches Handeln im Namen des Vertretenen (Vollmachtgebers) unmittelbar für und gegen diesen Rechtswirkungen herbeizuführen. Sie schränke die eigene Rechtsmacht des Vollmachtgebers aber nicht ein und begründe dem entsprechend kein eigenes subjektives Recht des Bevollmächtigten (BGH MDR 2015, 114). Dies wird, insbesondere hinsichtlich des nicht selten eher formalen Kriteriums, wie die Beschwerdeeinlegung formuliert ist, zu Recht kritisch gesehen (vgl. KG FamRZ 2007, 1041; Keidel/*Budde* § 303 Rn. 12; Fischer, jurisPR-FamR 14/2015 Anm. 3). Der Widerruf der Vollmacht durch den (Kontroll-) Betreuer wäre so ggf. einer gerichtlichen Überprüfung vollends entzogen. Ist der Vorsorgebevollmächtigte also nicht zugleich nach § 303 Abs. 2 selbst beschwerdebefugt (Rdn. 9), hat die Prüfung eines von ihm eingelegten Rechtsmittels die besonderen Belange der sich darstellenden Interessenlagen angemessen und sorgfältig zu berücksichtigen. 12

Nicht geregelt ist die **Beschwerdebefugnis des Betroffenen**, die sich bereits umfänglich aus § 59 Abs. 1 herleitet. Denn dieser ist regelmäßig (auch bei antragsgemäßer Entscheidung) durch eine Entscheidung des Betreuungsgerichts in seinen Rechten beeinträchtigt, soweit diese seine Betreuung betrifft (*Sonnenfeld* BtPrax 2009, 167, 169). Dies ist allein nicht der Fall bei der Festsetzung bzw. der Ablehnung der Betreuervergütung gegen die Staatskasse oder der Entscheidung, dass der Vereinsbetreuer künftig als Privatperson Betreuer sei (so zur alten Rechtslage Fröschle/*Guckes* § 69g FGG Rn. 8). Legt allein der Betroffene gegen die Bestellung eines Betreuers Beschwerde ein, so ist das LG als Beschwerdegericht nicht befugt, den Aufgabenkreis des Betreuers zu erweitern (BayObLG FamRZ 1996, 1035 f.; FamRZ 1998, 922). Zur Verfahrensfähigkeit des Betroffenen s. § 275 Rdn. 5 ff. 13

Es gilt für den Betroffenen insgesamt das **Verbot der Verschlechterung** (Firsching/Dodegge, Handbuch Rn. 494). Eine vollständige Aufhebung einer erstinstanzlichen Entscheidung, mit der auf Antrag des Betroffenen der Aufgabenkreis der Betreuung oder der Umfang des Einwilligungsvorbehalts eingeschränkt worden ist, verstößt so gegen das Verschlechterungsverbot, wenn allein der Betroffene Beschwerde gegen die Aufrechterhaltung von Betreuung oder Einwilligungsvorbehalt eingelegt hat (BGH FamRZ 2015, 486). 14

Für die Beschwerdebefugnis der in Abs. 2 bis 4 genannten Beteiligten ist schließlich erforderlich, dass die angefochtene Entscheidung **den Betroffenen beschwert**. Dies ist entweder der Fall, wenn die angeordnete Maßnahme ihren rechtlichen Erfordernissen, soweit sie dem Schutz des Betroffen dienen, in materieller wie prozessualer Sicht nicht entspricht oder sie den tatsächlichen Bedürfnissen des Betroffenen nicht ausreichend Rechnung trägt (§ 59 Rdn. 15; Bork/Jacoby/Schwab/*Heiderhoff* § 303 Rn. 5; eingehend Prütting/Helms/*Fröschle* § 303 Rn. 25, 32 f., 39). 15

§ 304 Beschwerde der Staatskasse.

(1) ¹Das Recht der Beschwerde steht dem Vertreter der Staatskasse zu, soweit die Interessen der Staatskasse durch den Beschluss betroffen sind. ²Hat der Vertreter der Staatskasse geltend gemacht, der Betreuer habe eine Abrechnung falsch erteilt oder der Betreute könne anstelle eines nach § 1897 Abs. 6 des Bürgerlichen Gesetzbuchs bestellten Betreuers durch eine oder mehrere andere geeignete Personen außerhalb einer Berufsausübung betreut werden, steht ihm gegen einen die Entlassung des Betreuers ablehnenden Beschluss die Beschwerde zu.
(2) Die Frist zur Einlegung der Beschwerde durch den Vertreter der Staatskasse beträgt drei Monate und beginnt mit der formlosen Mitteilung (§ 15 Abs. 3) an ihn.

Übersicht

	Rdn.		Rdn.
A. Normzweck	1	B. Regelungen	2

1 A. Normzweck. Die Vorschrift fasst die die Beteiligung der Staatskasse betreffenden Regelungsgegenstände in Beschwerdesachen zusammen. Dabei sieht Abs. 1 Satz 1 als Gegenstück zur Beteiligung des Vertreters der Staatskasse nach § 274 Abs. 4 Nr. 2 dessen Beschwerderecht vor. Soweit die **Interessen der Staatskasse** im Fall einer falschen Abrechnung des Betreuers nach § 1908b Abs. 1 Satz 2 BGB oder einem nicht vollzogenen Betreuerwechsel gem. § 1908b Abs. 1 Satz 3 BGB betroffen sind, hat die Regelung nur deklaratorische Wirkung. Abs. 2 soll sicherstellen, dass die Bezirksrevisoren ihre bisherige Praxis beibehalten und in regelmäßigen (längeren) Abständen Revisionen vornehmen können (BT-Drucks. 16/6308 S. 272).

2 B. Regelungen. Da nach § 274 Abs. 4 Nr. 2 der Vertreter der Staatskasse fakultativ i.R.d. Verfolgung fiskalischer Interessen i.S.d. § 7 Abs. 3 Satz 1 zu beteiligen ist und seine Hinzuziehung in Betracht kommt, wenn die Belange der Staatskasse betroffen sein können, regelt **Abs. 1 Satz 1** in diesen Fällen für die Staatskasse das Beschwerderecht. Dies kommt etwa bei Entscheidungen nach § 307 oder aber (abweichend zu früherer Rechtslage) in Betracht, wenn ein Berufsbetreuer bestellt oder gem. § 1836 Abs. 1 BGB i.V.m. § 1 VBVG die Feststellung der Berufsmäßigkeit der Betreuung getroffen wird (*Jürgens* § 304 Rn. 2). Maßgeblich ist, ob die angefochtene Entscheidung – ggf. auch eine einstweilige Anordnung (§ 300 Rdn. 14 a.E.) – unmittelbar eine Zahlungspflicht der Staatskasse auslöst. Da auch die Entscheidung über die Hinzuziehung der Staatskasse als solche anfechtbar ist (§ 274 Rdn. 2), steht ihr insofern insgesamt ein Überprüfungsrecht zu (vgl. auch *Schulte-Bunert* Rn. 987).

3 Abs. 1 Satz 2 konkretisiert das der Staatskasse gegen Entscheidungen, die fiskalische Interessen betreffen, zustehende Beschwerderecht (Abs. 1 Satz 1) für die Fälle, in denen es um die Auswahl der Betreuungsperson als Berufsbetreuer geht. Diese Fälle betreffen den Fiskus zwar grds. immer (Rdn. 2), sollen nach der ausdrücklich Regelung allerdings nur dann durch diesen anfechtbar sein, wenn ein **Begehren auf Entlassung** des Betreuers, gestützt auf § 1908b Abs. 1 Satz 2 BGB, oder des Berufsbetreuers, gestützt auf § 1908b Abs. 1 Satz 3 BGB, **abgelehnt** worden ist (»geltend gemacht«, *Bassenge/Roth* § 304 Rn. 2; *Prütting/Helms/Fröschle* § 304 Rn. 7, 9).

4 Nach **Abs. 2** beginnt für den **Bezirksrevisor** ihm ggü. der Lauf der **Beschwerdefrist** in Abweichung zu § 63 Abs. 3 mit ihrer tatsächlichen Kenntnisnahme von der Entscheidung. Die Frist beträgt **3 Monate**. Das Gesetz geht durch die Zitierung des § 15 Abs. 3 allerdings davon aus, dass eine gerichtlich veranlasste formlose Mitteilung vorausgeht (§ 15 Rdn. 64 ff.). Nach dieser Zeitspanne soll Rechtskraft eintreten (BT-Drucks. 16/6308 S. 272; s.a. Rdn. 1). Für eine förmliche Zustellung an den Bezirksrevisor besteht hingegen kein Bedürfnis (vgl. Prütting/Helms/*Fröschle* § 304 Rn. 18; a.A. Keidel/*Budde* § 304 Rn. 2).

§ 305 Beschwerde des Untergebrachten.
Ist der Betroffene untergebracht, kann er Beschwerde auch bei dem Amtsgericht einlegen, in dessen Bezirk er untergebracht ist.

Übersicht

	Rdn.		Rdn.
A. Normzweck	1	C. Regelung	3
B. Anwendungsbereich	2		

1 A. Normzweck. Im Interesse einer **erleichterten Rechtsverfolgung** soll der untergebrachte Betroffene die Beschwerde abweichend von § 64 Abs. 1 auch bei dem AG einlegen können, in dessen Bezirk die Unterbringung stattfindet (BT-Drucks. 11/4528 S. 179). Denn grds. kann die Frist wahrende Einlegung der Beschwerde nur in den von § 64 Abs. 2 vorgesehenen Varianten, schriftlich oder zu Protokoll der Geschäftsstelle des Gerichts, dessen Entscheidung angefochten werden soll, erfolgen. Wird eine Beschwerde noch fristgerecht bei einem unzuständigen Gericht eingelegt, so ist dieses nach allgemein anerkannten Grundsätzen zwar verpflichtet, die Beschwerdeschrift unverzüglich an das zuständige Gericht weiterzuleiten, § 25 Abs. 2. Die Beschwerdefrist bleibt aber nur gewahrt, wenn die Beschwerdeschrift noch innerhalb der Frist in die tatsächliche Verfügungsgewalt des eigentlich zuständigen Gerichts gelangt, § 25 Abs. 3 (s. dazu § 64 Rdn. 3 f.). Dem ggü. eröffnet die Vorschrift dem Untergebrachten eine **echte Wahlzuständigkeit**.

Abschnitt 1. Verfahren in Betreuungssachen § 306

B. Anwendungsbereich. Die erweiterte Möglichkeit einer Beschwerdeeinlegung am Gericht des Anstalts- 2
orts besteht nur, soweit sich der Betroffene in einer der **in §§ 271, 312 genannten Verfahrensarten** gegen
eine Entscheidung, deretwegen er beschwerdebefugt ist (s. § 303 Rdn. 13), wendet. Es muss sich dabei nicht
um eine freiheitsentziehende Maßnahme handeln (BT-Drucks. 11/4528 S. 179; Damrau/*Zimmermann*
§ 69g FGG Rn. 32). Allerdings scheidet eine entsprechende Anwendung auf Beschwerden untergebrachter
Personen in sonstigen Angelegenheiten – etwa nach §§ 63, 64 oder 66 StGB – aus (BGH FGPrax 2002, 20,
21 zu §§ 69g Abs. 3, 70m Abs. 3 FGG, 7 Abs. 4 FEVG). Daran hat sich auch durch das FGG-Reformgesetz
nichts geändert (BT-Drucks. 16/6308 S. 272, 276, 294). Die Privilegierung kommt nach ihrem Sinn und
Zweck (s. Rdn. 1) auch nur dem Betroffenen selbst zu, nicht anderen Beschwerdeberechtigten, auch **nicht
dem Verfahrenspfleger**, selbst wenn er Beschwerde im Namen des Betroffenen erhebt (Damrau/*Zimmermann* § 69g FGG Rn. 32; Jurgeleit/*Bučić*, Handbuch § 16 Rn. 75; Prütting/Helms/*Fröschle* § 305 Rn. 4; a.A.
Bassenge/*Roth* § 303 Rn. 1). Insofern muss die Vorschrift auch für alle weiteren, ggü. dem Gericht abzugebenden fristgebundenen Erklärungen des untergebrachten Betroffenen gelten, so etwa nach § 65 Abs. 2.
Zur Einlegung der **Rechtsbeschwerde** nach § 71 Abs. 1 s. § 71 Rdn. 4 ff. Für die Vorschrift bleibt insofern
hier kein Raum.

C. Regelung. Die Einlegung der Beschwerde erfolgt entweder nach der grundsätzlichen Regelung des § 64 3
Abs. 1 beim **iudex a quo**, oder nach der Vorschrift bei dem **AG, in dessen Bezirk der Betroffene untergebracht ist**. Eine Beschwerdeeinlegung beim Rechtsmittelgericht ist nicht zulässig, sodass auch das Beschwerdegericht im Unterbringungsbezirk nicht zu dem von der Vorschrift erfassten Gericht zählt (s. § 64
Rdn. 1). I.Ü. finden die allgemeinen für die Einlegung der Beschwerde geltenden Vorschriften Anwendung.
S. dazu im Einzelnen die Anmerkungen zu § 64.

§ 306 Aufhebung des Einwilligungsvorbehalts.
Wird ein Beschluss, durch den ein Einwilligungsvorbehalt angeordnet worden ist, als ungerechtfertigt aufgehoben, bleibt die Wirksamkeit der von oder gegenüber dem Betroffenen vorgenommenen Rechtsgeschäfte unberührt.

Übersicht

	Rdn.		Rdn.
A. Normzweck	1	C. Wirkungen	3
B. Anwendungsbereich	2		

A. Normzweck. Wird ein Einwilligungsvorbehalt nach § 1903 BGB angeordnet, bedarf der Betroffene zu 1
einer Willenserklärung, die vom Einwilligungsvorbehalt umfasst wird, der Einwilligung des Betreuers. Dies
bedeutet gem. § 183 Satz 1 BGB vorherige Zustimmung; bei Verträgen kommt die Genehmigung durch
den Betreuer nach § 108 Abs. 1 BGB in Betracht. Vom Betroffenen abgegebene Willenserklärungen, die diesen Erfordernissen nicht entsprechen, sind (schwebend) unwirksam; der Vertragspartner kann bis zur Erteilung der Genehmigung seine Erklärung widerrufen (vgl. PWW/*Bauer* § 1903 Rn. 7). Da eine derartige Wirkung nur dem in der Sache gerechtfertigten Einwilligungsvorbehalt zukommen soll, trifft die Vorschrift für
den Fall, dass sich nachträglich die Unrichtigkeit des Einwilligungsvorbehalts herausstellt, die **materiellrechtliche Regelung**, dass alle bis dahin mit bzw. vom Betroffenen vorgenommenen **Rechtsgeschäfte wirksam** sind. Ihm sollen wegen der sachlich unrichtigen Entscheidung keine Nachteile entstehen. Die Rechtslage
wird so geregelt, als wäre ein Einwilligungsvorbehalt nicht angeordnet worden (Bienwald/Sonnenfeld/Hoffmann/*Sonnenfeld* § 69h FGG Rn. 2; Keidel/*Budde* § 306 Rn. 1; Prütting/Helms/*Fröschle* § 306 Rn. 1 f.).

B. Anwendungsbereich. Die Vorschrift kann in allen Fällen, in denen ein Einwilligungsvorbehalt angeord- 2
net oder erweitert worden ist, zur Anwendung kommen. Dies gilt auch bei vorläufigem Einwilligungsvorbehalt aufgrund einstweiliger Anordnung (BT-Drucks. 11/4528 S. 179). Voraussetzung ist, dass die entsprechende Anordnung (wenigstens teilweise) **als ungerechtfertigt rückwirkend aufgehoben** wird. Dies
bedeutet eine Beseitigung des Einwilligungsvorbehalts aufgrund der Erkenntnis, dass bereits im Zeitpunkt
dessen Anordnung die sachlichen Voraussetzungen nicht vorgelegen haben. Nicht hierunter fallen deswegen die Aufhebung aufgrund eines Verfahrensfehlers sowie die nachträgliche Aufhebung oder Änderung
i.S.v. § 54 aufgrund veränderter Umstände. Es kommt mithin prinzipiell die Aufhebung im Rechtsmittelverfahren (nach §§ 68 Abs. 1, 69, 74 oder 48 Abs. 2) infrage (*Jürgens* § 306 Rn. 1). Soweit allerdings das

erstinstanzliche Betreuungsgericht, insb. in dem Zeitraum zwischen Wirksamwerden und Rechtskraft der Anordnung, aufgrund weiterer Erkenntnisse zu der Überzeugung gelangt, es bedürfe rückwirkender Aufhebung, beansprucht die Vorschrift ebenfalls Geltung. Dies gilt ferner, tritt die einstweilige Anordnung wegen abweichender Hauptsacheentscheidung nach § 56 Abs. 1 außer Kraft, sofern sich diese zur Rechtfertigung des ehemaligen Einwilligungsvorbehalts verhält (Prütting/Helms/*Fröschle* § 306 Rn. 6).

3 **C. Wirkungen.** Durch die materiell-rechtliche Wirkung der Vorschrift macht es im Fall nachträglicher Aufhebung eines Einwilligungsvorbehalts im hier einschlägigen Sinne keinen Unterschied, durch wen zuvor rechtsgeschäftliche Erklärungen für den Betroffenen abgegeben worden sind:

– Hat der **Betroffene mit Einwilligung** des Betreuers gehandelt, ist das Rechtsgeschäft ohnehin wirksam zustande gekommen; hierbei verbleibt es.
– Hat der **Betreuer als gesetzlicher Vertreter** i.R.d. § 1902 BGB selbst gehandelt, hat er für den Betroffenen wirksam Rechte und Pflichten geschaffen. Der Einwilligungsvorbehalt betrifft seine Vertretungsmacht nicht. Wird auch die Betreuung aufgehoben, gilt § 47.
– Hat der **Betroffene ohne Einwilligung** des Betreuers, soweit dies den Kreis der einwilligungsbedürftigen Willenserklärungen betrifft, gehandelt, sind wegen der Rückwirkung der Aufhebung nach Maßgabe der Vorschrift seine Erklärungen wirksam. Sofern sich widersprechende Erklärungen seitens des Betreuers einerseits sowie des Betroffenen andererseits abgegeben worden sind, gelten die allgemeinen Regelungen. D.h., dass beide Verpflichtungsgeschäfte wirksam und die Folgen ggf. im Wege des Schadensersatzes zu beseitigen sind. Kann nur eine Verpflichtung erfüllt werden, wird der Betroffene von der anderen gem. § 275 Abs. 1 BGB frei. Für Verfügungsgeschäfte gilt das Prioritätsprinzip; ggf. ist auf die Vorschriften über gutgläubigen Erwerb zurückzugreifen (vgl. Bienwald/Sonnenfeld/Hoffmann/*Sonnenfeld* § 69h FGG Rn. 6 ff.; Prütting/Helms/*Fröschle* § 306 Rn. 16).

4 Die sich aus der Vorschrift ergebenden materiell-rechtlichen Wirkungen haben insofern **prozessuale Bedeutung**, als – ausnahmsweise – eine **Erledigung** einer gegen einen vorläufigen Einwilligungsvorbehalt erhobenen Beschwerde nicht eintritt, wenn die Anordnung endgültig erfolgt. Gleiches gilt, wenn der Einwilligungsvorbehalt zwischenzeitlich aufgehoben, durch überholenden Beschluss nach § 295 verlängert oder ein vorläufiger Einwilligungsvorbehalt abgelaufen ist. Auch der Tod des Betroffenen führt nicht zur Erledigung des Rechtsmittels eines Dritten i.S.v. § 303. Denn in diesen Fällen kann der Betroffene oder Dritte wegen des rückwirkenden Entfallens der sich aus dem Einwilligungsvorbehalt ergebenden Beschränkungen ein Interesse daran haben, die fehlende Rechtfertigung des vorläufigen Einwilligungsvorbehalts feststellen zu lassen. Hiermit werden Zweifel an der Wirksamkeit der von oder ggü. dem Betroffenen vorgenommenen Rechtsgeschäfte endgültig beseitigt (BayObLG FamRZ 2004, 1814; Keidel/*Budde* § 306 Rn. 4).

§ 307 Kosten in Betreuungssachen.

In Betreuungssachen kann das Gericht die Auslagen des Betroffenen, soweit sie zur zweckentsprechenden Rechtsverfolgung notwendig waren, ganz oder teilweise der Staatskasse auferlegen, wenn eine Betreuungsmaßnahme nach den §§ 1896 bis 1908i des Bürgerlichen Gesetzbuchs abgelehnt, als ungerechtfertigt aufgehoben, eingeschränkt oder das Verfahren ohne Entscheidung über eine solche Maßnahme beendet wird.

Übersicht

	Rdn.		Rdn.
A. Allgemeines	1	c) Einschränkung einer Maßnahme	9
B. Einzelheiten	2	d) Beendigung ohne Entscheidung über eine Maßnahme	10
I. Auferlegung der Kosten auf die Staatskasse	4	3. Ermessen	11
1. Betreuungssache, § 271	5	4. Umfang der Erstattung	12
2. Bestimmte Verfahrensbeendigung	6	II. Verfahrensrechtliches	17
a) Ablehnung der Maßnahme	7		
b) Aufhebung als von Anfang an ungerechtfertigt	8		

1 **A. Allgemeines.** Im Anschluss an die allgemeinen Bestimmungen zum Grundsatz der Kostenpflicht in §§ 81 ff. regelt § 307 speziell die Fragen der Kostentragung in Betreuungssachen. Die Verteilung der Kosten-

Abschnitt 1. Verfahren in Betreuungssachen § 307

tragung im Unterbringungsverfahren findet sich in § 337. Da eine Kostenentscheidung bereits nach den Grundsätzen des Allgemeinen Teils isoliert anfechtbar ist, bedurfte es insoweit keiner gesonderten Regelung.

B. Einzelheiten. Im Betreuungsverfahren fehlt oft ein erstattungspflichtiger anderer Beteiligter. § 307 sieht daher die Möglichkeit vor, die Auslagen der Betroffenen der Staatskasse aufzuerlegen. 2

Neben den in § 307 geregelten Fällen kommt unter den Voraussetzungen des § 81 Abs. 2 (dazu § 81 Rdn. 31 ff.) die Auferlegung von Kosten auf einen am Verfahren Beteiligten (dazu § 274) bzw. einen nicht beteiligten Dritten nach § 81 Abs. 4 (dazu § 81 Rdn. 42) in Betracht. Diese Regelungen gelten auch, wenn sich das Verfahren auf sonstige Weise erledigt oder der Antrag zurückgenommen wird, vgl. § 83 Abs. 2. 3

I. Auferlegung der Kosten auf die Staatskasse. Nach § 307 können die zur zweckentsprechenden Rechtsverfolgung nötigen Auslagen des Betroffenen in einem eine Betreuungssache nach § 271 betreffenden Verfahren der Staatskasse auferlegt werden, wenn es zu einer bestimmten Art und Weise der Verfahrensbeendigung kommt. 4

1. Betreuungssache, § 271. Nach dem Sinn und Zweck der Vorschrift sind alle Betreuungsmaßnahmen einschließlich der Genehmigungsverfahren nach §§ 1904, 1905, 1907 BGB umfasst. Eine Ausnahme hatte die Rechtsprechung für solche Maßnahmen gemacht, die sich nicht direkt auf den Betroffenen beziehen, etwa die Genehmigung einer Grundstücksveräußerung (OLG Schleswig, SchlHA 1994, 206), Verfahren auf Anerkennung eines Betreuungsvereins nach § 1908f BGB oder die Bestellung bzw. Abberufung eines Ergänzungsbetreuers für ein Grundstücksgeschäft (OLG Karlsruhe, FamRZ 1997, 1547). Inzwischen benennt § 307 allerdings ausdrücklich als Betreuungsmaßnahmen die in §§ 1896 –. 1908i BGB aufgeführten Maßnahmen. Demgemäß fallen etwa betreuungsgerichtliche Genehmigungen nach §§ 1821, 1822 BGB oder die Bestellung eines weiteren Betreuers sowie dessen Abberufung unter den Anwendungsbereich des § 307 (Keidel/*Budde* § 307 FamFG Rn. 2; Damrau/Zimmermann § 307 FamFG Rn. 23). Ohne Bedeutung ist dagegen, ob das Verfahren auf Antrag oder von Amts wegen eingeleitet wurde. 5

2. Bestimmte Verfahrensbeendigung. Weiter muss das Verfahren auf die Betreuungsmaßnahme eine bestimmte Art der Beendigung gefunden haben, nämlich: 6

a) Ablehnung der Maßnahme. Die Betreuungsmaßnahme muss ganz oder teilweise als unzulässig oder unbegründet abgelehnt worden sein. Denkbare Fälle sind die Ablehnung, einen Betreuer zu bestellen oder einen Einwilligungsvorbehalt anzuordnen. 7

b) Aufhebung als von Anfang an ungerechtfertigt. Als von Anfang an ungerechtfertigt ist eine Betreuungsmaßnahme aufzuheben, wenn sie schon ursprünglich nicht ergehen durfte. Ein solcher Fall kann vorliegen, wenn das Gericht verfahrensfehlerhaft einen vorläufigen Betreuer bestellt (OLG Zweibrücken, FamRZ 2003, 1126). Das Gleiche gilt, wenn das Betreuungsgericht einen Betreuer bestellt hat, obwohl der nicht einverstandene Betreute nicht an einer psychischen Krankheit litt oder seine freie Willensbestimmung nicht aufgehoben war (s OLG München, FGPrax 2009, 113) bzw. es zu Unrecht davon ausgegangen ist, dass der vom Betroffenen Bevollmächtigte dessen Angelegenheiten nicht ebenso gut wie ein Betreuer regeln kann (BGH NJW-RR 2012, 772 und 834). Entfallen die Voraussetzungen für die Betreuerbestellung dagegen erst nachträglich, ist keine Kostenerstattung möglich. 8

c) Einschränkung einer Maßnahme. Wie bei der Aufhebung einer Maßnahme sind auch hier nur Fälle erfasst, in denen eine Maßnahme von Anfang an z.T. nicht ergehen durfte, z.B. die Bestellung eines Betreuers für die gesamte Gesundheitsfürsorge, obwohl sie nur für die psychiatrische Gesundheitsfürsorge erforderlich war. Eine Kostenerstattung scheidet aus, wenn es sich nur um eine unwesentliche Einschränkung oder eine solche aufgrund später veränderter Umstände handelt. Da Anwaltskosten regelmäßig unabhängig vom Umfang einer Maßnahme entstehen, können sie ebenfalls nicht erstattet werden. Ähnliches gilt für Gutachtenkosten, es sei denn, sie sind zusätzlich erforderlich geworden. 9

d) Beendigung ohne Entscheidung über eine Maßnahme. Ein solcher Fall kann z.B. nach Antragsrücknahme, Erledigung der Hauptsache (Betreuung wird nicht erforderlich, weil eine wirksame Vollmacht erteilt wird) oder Tod des Betroffenen eintreten. 10

3. Ermessen. Sind die vorgenannten Voraussetzungen erfüllt, kann das Gericht der Staatskasse die Auslagen des Betroffenen ganz oder teilweise auferlegen. Insoweit besteht für das Gericht pflichtgemäßes Er- 11

Dodegge 1309

messen (LG Saarbrücken, FamRZ 2011, 1094). In der Entscheidung hat das Gericht eine wertende Gesamtbetrachtung vorzunehmen, bei der das Verhalten des Betroffenen, insbes. ein schuldhaftes Verhalten seinerseits, und evtl. Verfahrensmängel des Gerichts zu berücksichtigen sind. Die Ermessensspielräume sind aber eher eng, wobei allerdings der Gesetzeszweck – Vermeidung kostenrechtlicher Härten für den Betroffenen – zu beachten ist (Keidel/*Budde* § 307 FamFG Rn. 4).

12   **4. Umfang der Erstattung.** Der Betroffene kann seine Auslagen, also die von ihm zu tragenden Gerichtskosten (Gebühren und Auslagen) und außergerichtliche Kosten, wie Kosten für einen Anwalt, den Verfahrenspfleger, Fahrtkosten etc., erstattet erhalten. Nach § 23 Nr. 1 GNotKG ist der Betroffene Schuldner der in den Nummern 11101 – 11105 KV GNotKG aufgeführten Gebühren. Hinzu treten muss, dass er über ein Vermögen verfügt, das unter Berücksichtigung von Verbindlichkeiten 25.000 € übersteigt, vgl. Vorb. 1.1 Abs. 1 KV GNotKG. Unter dieser Voraussetzung haftet der Betroffene auch für die gerichtlichen Auslagen, vgl. Vorbem. 3.1 Abs. 2 Satz 1 KV GNotKG. Eine Ausnahme gilt nach Vorbem. 3.1 Abs. 2 Satz 2 KV GNotKG für die Auslagen für einen Verfahrenspfleger nach Nummer 31015 KV GNotKG. Insoweit haftet der Betroffene bereits dann, wenn er nicht mittellos i.S.d. § 1836c BGB ist. Keine von § 307 umfassten Auslagen sind die nach Nummern 11101 und 11102 KV GNotKG anfallenden Jahresgebühren (OLG München FamRZ 2009, 1943).

13   Ob die Auslagen zur zweckentsprechenden Rechtsverfolgung erforderlich waren, wird erst im Festsetzungsverfahren vom zuständigen Rechtspfleger geprüft. Da in § 85 nicht auf § 91 Abs. 2 ZPO verwiesen wird, sind Anwaltskosten nicht stets zu erstatten. Ihre Erstattungsfähigkeit ist aber zu bejahen, wenn die Hinzuziehung eines Rechtsanwaltes wegen der Bedeutung der Entscheidung für die Lebensführung des Betroffenen erforderlich ist (Keidel/*Budde* § 307 FamFG Rn. 10). Das dürfte im Betreuungsverfahren i.d.R. zu bejahen sein (OLG Zweibrücken, FGPrax 2003, 220 f.). Bei der Prüfung hat eine wertende Gesamtbetrachtung zu erfolgen, bei der sowohl das Verhalten des Betroffenen als auch eventuelle Verfahrensmängel des Gerichts zu berücksichtigen sind (LG Saarbrücken, FamRZ 2011, 1094).

14   Wird eine Betreuung als ungerechtfertigt aufgehoben, gehören die Vergütung und die Auslagen des bestellten Betreuers, die der vermögende Betroffene diesem schuldet, nicht zu den notwendigen Auslagen des Betroffenen (OLG München, BtPrax 2006, 32).

15   Die Erstattung der Auslagen des Betroffenen kann ganz oder teilweise angeordnet werden. Ein solcher Fall kann auch eintreten, wenn der Betroffene mit seinem Rechtsbehelf im Beschwerdeverfahren in einem Punkt erfolgreich und in einem anderen Punkt erfolglos ist. Sind insoweit Kosten angefallen, kommt die Auferlegung dieser Auslagen auf die Staatskasse in Betracht (BayObLG, FamRZ 2003, 1128).

16   Ist dem Betroffenen für das Beschwerdeverfahren Verfahrenskostenhilfe unter Beiordnung eines Rechtsanwaltes gewährt worden, ist kein Raum für eine positive oder ablehnende Entscheidung über die Auferlegung der Kosten auf die Staatskasse (OLG München, BtPrax 2006, 150).

17   **II. Verfahrensrechtliches.** Da eine Kostenentscheidung nicht zwingender Bestandteil des Beschlusses ist, vgl. §§ 38, 286, kann sie auch in einer gesonderten Entscheidung erfolgen. Gegen die Kostenentscheidung ist das Rechtsmittel der Beschwerde – auch isoliert – statthaft, § 58 (OLG Brandenburg, NJW-RR 2010, 943; OLG Düsseldorf, FamRZ 2010, 1835; OLG Hamm, FamRZ 2010, 1838; OLG Köln, FamRZ 2010, 1834; OLG Oldenburg, FamRZ 2010, 1831). Die Beschwerde ist aber nur zulässig, wenn der Beschwerdewert von 600 € überschritten ist, § 61 Abs. 1. Ist der Wert geringer, bedarf es der Zulassung der Beschwerde nach § 61 Abs. 2 u 3.

§ 308 Mitteilung von Entscheidungen.

(1) Entscheidungen teilt das Gericht anderen Gerichten, Behörden oder sonstigen öffentlichen Stellen mit, soweit dies unter Beachtung berechtigter Interessen des Betroffenen erforderlich ist, um eine erhebliche Gefahr für das Wohl des Betroffenen, für Dritte oder für die öffentliche Sicherheit abzuwenden.

(2) Ergeben sich im Verlauf eines gerichtlichen Verfahrens Erkenntnisse, die eine Mitteilung nach Absatz 1 vor Abschluss des Verfahrens erfordern, hat diese Mitteilung über die bereits gewonnenen Erkenntnisse unverzüglich zu erfolgen.

(3) ¹Das Gericht unterrichtet zugleich mit der Mitteilung den Betroffenen, seinen Verfahrenspfleger und seinen Betreuer über Inhalt und Empfänger der Mitteilung. ²Die Unterrichtung des Betroffenen unterbleibt, wenn

1. der Zweck des Verfahrens oder der Zweck der Mitteilung durch die Unterrichtung gefährdet würde,
2. nach ärztlichem Zeugnis hiervon erhebliche Nachteile für die Gesundheit des Betroffenen zu besorgen sind oder
3. der Betroffene nach dem unmittelbaren Eindruck des Gerichts offensichtlich nicht in der Lage ist, den Inhalt der Unterrichtung zu verstehen.

³Sobald die Gründe nach Satz 2 entfallen, ist die Unterrichtung nachzuholen.
(4) Der Inhalt der Mitteilung, die Art und Weise ihrer Übermittlung, ihr Empfänger, die Unterrichtung des Betroffenen oder im Fall ihres Unterbleibens deren Gründe sowie die Unterrichtung des Verfahrenspflegers und des Betreuers sind aktenkundig zu machen.

Übersicht

	Rdn.		Rdn.
A. Normzweck	1	C. Regelungen	15
B. Anwendungsbereich	10		

A. Normzweck. Die Norm regelt die allgemeine Mitteilungspflicht von Entscheidungen des Gerichts in Betreuungssachen. Weitere Mitteilungspflichten sind in § 309 (besondere Mitteilungen), § 310 (Mitteilungen während einer Unterbringung) und § 311 (Mitteilungen zur Strafverfolgung) geregelt. 1

Nach neuerem verfassungsrechtlichen Verständnis des Persönlichkeitsschutzes wurden für die Mitteilungen in Strafsachen, Zivilsachen und in Angelegenheiten der freiwilligen Gerichtsbarkeit, soweit nicht vorhanden, gesetzliche Grundlagen erforderlich, die den Maßstäben der Entscheidung des BVerfG vom 15.12.1983 (BVerfGE 65, 1 ff. = NJW 1984, 419 – »Volkszählungsurteil«) entsprechen (BT-Drucks. 11/4528 S. 181). Die Bestimmungen der §§ 308 ff. bilden diese gesetzliche Grundlage für Mitteilungen. 2

Die Regelungen treffen eine Abwägung des Rechts des Betroffenen auf informationelle Selbstbestimmung und des öffentlichen Interesses an einer Weitergabe personenbezogener Daten. Sie werden den verfassungsrechtlichen Anforderungen an einen Eingriff in das informationelle Recht auf Selbstbestimmung gerecht, da nur unter bestimmten einschränkenden Voraussetzungen Entscheidungen anderen Gerichten, Behörden oder öffentlichen Stellen mitzuteilen sind. 3

Für die Mitteilungen nach den §§ 308 bis 311 gelten die datenschutzrechtlichen Regelungen der §§ 12 bis 21 EGGVG. Durch das JuMiG vom 18.06.1997 ist – als Folge der Rechtsprechung des BVerfG im »Volkszählungsurteil« (BVerfG 65, 1 ff. = NJW 1984, 419) – in das EGGVG eine Regelung für verfahrensüberleitende Mitteilungen von Amts wegen eingeführt worden, die eine allgemeine Rechtsgrundlage für die Übermittlung personenbezogener Daten insb. durch die Gerichte schafft. Der Umfang der zu übermittelnden Daten und die Verwertung der übermittelten Daten sind dort geregelt. § 69o FGG verwies für die Mitteilungen in Betreuungssachen auf die Anwendbarkeit der §§ 19 und 20 EGGVG und bestimmte bei Vorliegen der tatbestandlichen Voraussetzungen die Anwendbarkeit von § 21 EGGVG. 4

Nach § 19 Abs. 1 EGGVG dürfen die übermittelten Daten nur zu dem Zweck verwendet werden, zu dessen Erfüllung sie übermittelt worden sind. Eine Verwendung für andere Zwecke ist zulässig, soweit die Daten auch dafür hätten übermittelt werden dürfen. Sind die Daten nicht erforderlich, sind sie zurückzuschicken. Ist der Empfänger nicht zuständig, leitet er die Daten unter Unterrichtung der übermittelnden Stelle weiter. Nach § 20 EGGVG ist der Empfänger, dem Daten vor Beendigung eines Verfahrens übermittelt worden sind, über den weiteren Verlauf des Verfahrens zu unterrichten. Eine Unterrichtung kann unterbleiben, wenn sie erkennbar weder zur Wahrung der schutzwürdigen Interessen des Betroffenen noch zur Erfüllung der Aufgaben des Empfängers erforderlich sind. Betrifft die Mitteilung eine andere Person als den Betroffenen, gilt auch § 21 EGGVG. Danach ist der Empfänger, dem Daten vor Beendigung eines Verfahrens übermittelt worden sind, über den weiteren Verlauf des Verfahrens zu unterrichten. Der Empfänger ist auch zu unterrichten, wenn die Daten unrichtig sind; er hat die Daten zu berichtigen, oder ihre Unrichtigkeit in den Akten zu vermerken. 5

Im FamFG fehlt eine Verweisungsnorm auf das EGGVG. Eine Begründung hierfür hat der Gesetzgeber etwa i.R.d. §§ 308 ff. nicht gegeben. 6

An der Rechtslage hat sich dadurch jedoch nichts geändert. Die Vorschriften der §§ 308 bis 311 entsprechen mit sprachlichen Änderungen den bisherigen §§ 69k bis 69n FGG (BT-Drucks. 16/6308 S. 272). Auch für die Mitteilungen nach den §§ 308 bis 311 gelten wie bisher die **Grundsätze der Zweckbindung und Erforderlichkeit** nach § 19 EGGVG sowie die Nachberichts- und Nachberichtigungspflicht nach § 20 EGGVG. 7

Entsprechendes gilt für § 21 EGGVG (zu diesen Normen vgl. Keidel/*Budde* § 308 Rn. 12; HK-BUR/*Hoffmann* § 69o FGG Rn. 3 ff.).

8 Unabhängig von den Mitteilungen der §§ 308 ff. besteht das Recht auf Akteneinsicht von Personen, die an dem Verfahren nicht beteiligt sind, etwa Privatpersonen, Banken, Versicherungen und sonstigen privaten Institutionen, wenn sie ein berechtigtes Interesse glaubhaft machen können und schutzwürdige Interessen eines Beteiligten oder Dritten nicht entgegenstehen, § 13 Abs. 2. Das Recht auf Akteneinsicht eines Rechtsanwalts, Notars oder einer beteiligten Behörde besteht unabhängig von der Mitteilungspflicht nach § 13 Abs. 4 (vgl. dazu Jansen/*Sonnenfeld* 69k FGG Rn. 8).

9 Normzweck des § 308 ist die allgemeine Mitteilungspflicht von Entscheidungen und Erkenntnissen in Betreuungssachen an andere Gerichte, Behörden oder sonstige öffentliche Stellen.

10 **B. Anwendungsbereich.** Die Mitteilungspflicht des § 308 gilt für alle betreuungsrechtlichen Entscheidungen. Der **Begriff der Entscheidung** umfasst die erstmalige Bestellung eines Betreuers für einen bestimmten Aufgabenkreis (§ 1896 BGB), die Erweiterung oder Beschränkung eines Aufgabenkreises, die Bestellung eines weiteren Betreuers, die Verlängerung der Bestellung, die Ablehnung oder Aufhebung der Anordnung, die Anordnung eines Einwilligungsvorbehalts (§ 1903 BGB) oder dessen Erweiterung. Auch einstweilige Anordnungen, vorläufige Maßnahmen oder gerichtliche Genehmigungen sind vom Begriff der Entscheidung erfasst.

11 Das Gericht hat nach Maßgabe des § 288 Abs. 2 der zuständigen Behörde den Beschluss über die Bestellung eines Betreuers oder die Anordnung eines Einwilligungsvorbehalts oder Beschlüsse über Umfang, Inhalt oder Bestand einer solchen Maßnahme stets bekannt zu geben. Andere Beschlüsse sind der zuständigen Behörde bekannt zu geben, wenn sie vor deren Erlass angehört wurde.

12 Darüber hinaus sieht § 308 eine Mitteilungspflicht an andere staatliche Stellen vor. Einzelheiten sind in der Anordnung über Mitteilungen in Zivilsachen (MiZi) unter Ziff XV. Mitteilungen in Betreuungssachen geregelt.

13 Ein besonderer Anwendungsfall der Mitteilungspflichten liegt im Familienrecht. Über § 308 wird sichergestellt, dass das FamG rechtzeitig durch das Gericht über Tatsachen informiert wird, die familiengerichtliche Maßnahmen angezeigt erscheinen lassen. Eine solche Mitteilung muss aber unter Beachtung berechtigter Interessen des Betroffenen nach den Erkenntnissen im gerichtlichen Verfahren erforderlich sein, um eine erhebliche Gefahr für das Wohl des Betroffenen, für Dritte oder für die öffentliche Sicherheit abzuwenden.

14 Solche Gefahrenmomente können gegeben sein, wenn das Gericht feststellt, dass
– dem betroffenen Elternteil selbst Gefahren drohen, weil im familiengerichtlichen Verfahren seine Geschäfts- bzw. Prozessunfähigkeit unbeachtet bleibt oder
– eine Drittgefährdung besteht, weil der erkrankte Elternteil geschäftsunfähig oder nicht in der Lage ist, seinen Sorgepflichten ggü. einem Kind oder Dritten nachzukommen. Kommt das Gericht zu der Bewertung einer erheblichen Gefährdung des Kindeswohls, kann es seine Entscheidung dem FamG zuleiten und anregen, familiengerichtliche Maßnahmen nach den §§ 1666, 1666a BGB zu prüfen.

15 **C. Regelungen.** § 308 sieht in Abs. 1 die Mitteilungspflicht von Entscheidungen, in Abs. 2 die Pflicht zur Mitteilung von Erkenntnissen vor Abschluss des Verfahrens und in Abs. 3 eine Unterrichtungspflicht ggü. dem Betroffenen, seinem Verfahrenspfleger und seinem Betreuer vor. Abs. 4 enthält Regelungen zur Ausführung der Mitteilung.

16 Die Mitteilungspflichten sind **Pflichtaufgaben** des Gerichts. Es sind keine Maßnahmen der Justizverwaltung (Keidel/*Budde* § 308 Rn. 13).

17 **Empfänger** der Mitteilungen können nur ein Gericht, eine Behörde oder sonstige öffentliche Stellen, nicht aber eine private natürliche oder juristische Person des Privatrechts (z.B. Betreuungsvereine) oder eine privatrechtlich organisierte Personengemeinschaft und öffentlich-rechtlich organisierte Banken oder Sparkassen sein. Dies gilt auch für ausländische Stellen.

18 Eine Mitteilung nach Abs. 1 darf nur bei Vorliegen der Voraussetzungen und muss erfolgen, um einen der aufgeführten Zwecke zu erzielen. Liegen die Voraussetzungen der Abs. 1 und 2 vor, so hat das Gericht die Mitteilung zu machen; es gibt kein Ermessen. Die Mitteilung erfolgt, sobald die Entscheidung des Gerichts wirksam geworden ist.

Die entsprechenden Mitteilungen müssen der Abwendung einer erheblichen Gefahr dienen. Dabei geht es **19** um die Gefahr für das Wohl des Betroffenen, die Gefahr für Dritte und die Gefahr für die öffentliche Sicherheit (BT-Drucks. 11/4528 S. 181 f.).

Der Umfang der Mitteilung hängt davon ab, was nach Auffassung des Gerichts zur Gefahrenabwehr erforderlich ist. Der Gesetzestext lässt auch die Mitteilung ablehnender Entscheidungen zu. **20**

Maßgeblich für den Umfang der Mitteilungen ist der jeweilige Erkenntnisstand im gerichtlichen Verfahren. **21** Berechtigte Interessen des Betroffenen sind zu berücksichtigen. Dies ergibt sich aus dem Grundsatz der Verhältnismäßigkeit, nach dem nicht jede gesetzliche Aufgabe jede beliebige Einschränkung des informationellen Selbstbestimmungsrechts durch eine personenbezogene Mitteilung rechtfertigen kann. Vielmehr muss das öffentliche Interesse an der Aufgabenerfüllung das Schutzinteresse des persönlich Betroffenen überwiegen.

Eine Mitteilung kann erforderlich sein, um eine **erhebliche Gefahr für das Wohl des Betroffenen** abzuwenden. **22** Hier kommt eine Mitteilung an ein Gericht in Betracht, um etwa eine im Betreuungsverfahren festgestellte oder erkennbare Schuldunfähigkeit oder eingeschränkte Schuldfähigkeit oder eine bereits festgestellte Geschäfts- oder Prozessunfähigkeit mitzuteilen (BT-Drucks. 11/4528 S. 182). Der Gefahr einer ungerechtfertigten Strafverfolgung und strafrechtlichen Verurteilung soll entgegen gewirkt werden. Entsprechendes gilt für die Nichtberücksichtigung der Geschäfts- oder Prozessunfähigkeit in einem gerichtlichen Verfahren.

Eine Möglichkeit einer **erheblichen Gefahr für Dritte** besteht in einer sich im Betreuungsverfahren ergebenen Gewaltbereitschaft des Betroffenen gegen eine andere Person. In Betracht kommt auch, dass der Betroffene im Rahmen seiner beruflichen Tätigkeit Dritte erheblich schädigen könnte. Hier ist etwa an Betroffene, die als Arzt, Apotheker, Polizist, Rechtsanwalt tätig sind, zu denken. Auch die sich aus der Eheunfähigkeit (§ 1304 BGB) ergebene Gefährdung des heiratswilligen Partners kommt als Gefahr in Betracht (BT-Drucks. 11/4528 S. 182). In diesem Fall ist Mitteilung an das zuständige Standesamt geboten, es sei denn eine partielle Geschäftsfähigkeit für die Eheschließung kommt in Betracht (Jansen/*Sonnenfeld* § 69k FGG Rn. 5). Es kann auch eine erhebliche Gefahr für minderjährige Kinder des Betroffenen bestehen, wenn wegen Geschäftsunfähigkeit oder aus anderen Gründen die elterliche Sorge nicht mehr im gebotenen Maß ausgeübt werden kann. Die Bestellung eines Betreuers hat keine Auswirkung auf die elterliche Sorge. Die Betreuerbestellung sollte daher dem für Sorgerechtsentscheidungen zuständigen FamG (für Maßnahmen nach §§ 1666 ff., 1674 BGB) und Jugendamt (§§ 1674, 1773, 1774 BGB) mitgeteilt werden. **23**

Eine Mitteilungspflicht besteht nur dann, wenn die öffentlichen Interessen deutlich überwiegen. Dies kann **24** der Fall sein, wenn der sorgeberechtigte Elternteil im Rahmen einer schweren Depression aktuell nicht in der Lage ist, seine elterliche Sorge wahrzunehmen oder es aufgrund der Erkrankung aktuell zu massiven Gefährdungen eines Kindes kommt (Vernachlässigung, Misshandlung) (vgl. *Dodegge* FPR 2005, 233, 234).

Eine **Gefahr für die öffentliche Sicherheit** kann eintreten, wenn der Betroffene einen Führerschein, Waffenschein oder Jagdschein besitzt und das Risiko besteht, dass der Betroffene mit seinem Kfz bzw. seiner Waffe andere schädigen wird (BT-Drucks. 11/4582 S. 182). **25**

Durch die Mitteilung wird in das Recht des Betroffenen auf informationelle Selbstbestimmung eingegriffen. **26** I.R.d. Voraussetzungen ist daher der Grundsatz der **Verhältnismäßigkeit** zu beachten. Vor einer Mitteilung muss überprüft werden, ob der Mitteilung nicht berechtigte Interessen des Betroffenen entgegenstehen. Zwischen dem öffentlichen Interesse an einer Mitteilung und dem Interesse des Betroffenen an einer Nichtmitteilung muss das Gericht abwägen. Nur zur Erreichung der Abwehr einer erheblichen Gefahr darf daher in das Recht auf informationelle Selbstbestimmung eingegriffen werden. Das bedeutet, dass die Gefahr erheblich wahrscheinlich sein muss. Eine vage Möglichkeit reicht nicht aus. Die Mitteilung muss erforderlich sein. Das ist nur der Fall, wenn das öffentliche Interesse an der Erfüllung der Mitteilungspflichten das Interesse des Betroffenen am Schutz seines informationellen Selbstbestimmungsrechts überwiegt.

Auch der Umfang der Mitteilung richtet sich danach, was zu einer effektiven Gefahrenabwehr notwendig **27** ist. Davon ist abhängig, ob nur der Tenor oder die gesamte Entscheidung mitgeteilt wird. Eine bestimmte Mitteilungsform ist gesetzlich nicht vorgesehen. Regelmäßig dürfte aber eine schriftliche Mitteilung geboten sein. Eine vorherige Anhörung des Betroffenen oder sonstiger Beteiligter ist nicht erforderlich. Für die Anordnung der Mitteilung genügt eine Verfügung in den Akten.

Die **Mitteilung von Ermittlungsergebnissen** nach Abs. 2 ist geboten, wenn bereits im Verlauf des Verfahrens eine Gefahr iSv Abs. 1 droht und mit der Mitteilung nicht mehr bis zum Abschluss des Verfahrens zugewartet werden kann. Erfasst sind alle im Betreuungsverfahren gewonnenen Erkenntnisse. Wann eine Mit- **28** teilung vor Abschluss des Verfahrens erforderlich ist, wird iE nicht bestimmt. Hier wird man verlangen müssen, dass eine erhebliche Gefahr iSv Abs. 1 unmittelbar bevorsteht, sodass mit der Mitteilung bis zum Ende des Verfahrens nicht abgewartet werden kann (Bienwald/Sonnenfeld/Hoffmann/*Sonnenfeld* § 69k FGG Rn. 18).

29 Eine **Unterrichtung** über die Mitteilung hat nach Abs. 3 ggü. dem Betroffenen und seinem Verfahrensbevollmächtigten oder Verfahrenspfleger sowie dem Betreuer zu erfolgen. Neben dem Verfahrenspfleger und dem bestellten Betreuer ist ausdrücklich vorgesehen, dass der Betroffene selbst über den Inhalt und die Adressaten einer Mitteilung unterrichtet wird. Dies hat mit der erfolgenden Mitteilung zeitgleich zu erfolgen.

30 Durch die Unterrichtung soll dem Betroffenen, aber auch dem anderen Personenkreis die Möglichkeit gegeben werden, die Interessen des Betroffenen unmittelbar beim Empfänger der Mitteilung geltend zu machen, bevor dieser Maßnahmen ergreift, oder frühzeitig in anderer Weise die Rechte des Betroffenen geltend macht (BT-Drucks. 11/4528 S. 182).

31 Zu unterrichten ist über die Tatsache der Mitteilung, deren Umfang (Tenor, Entscheidungsgründe), den Inhalt der Mitteilung und den Empfängerkreis (Damrau/Zimmermann § 308 Rn. 23, 25). Anders als bei der Bekanntgabe einer betreuungsrechtlichen Entscheidung erfolgt eine Unterrichtung bei der Bevollmächtigung nur an den Verfahrensbevollmächtigten und nicht auch an den Betroffenen selbst.

32 Aufgabe des Verfahrenspflegers ist es, uU gegen die Informationen eines Gerichts, einer Behörde oder sonstiger öffentlicher Stellen Rechtsmittel einzulegen, wenn dies angezeigt ist.

33 Die Unterrichtung erfolgt zugleich mit der Mitteilung, also nicht vorher. Unter Umständen kann die Unterrichtung ggü. dem Verfahrenspfleger und dem Betreuer früher erfolgen, um zu klären, ob eine Unterrichtung des Betroffenen unterbleiben soll.

34 In **Ausnahmefällen** kann auf eine Unterrichtung des Betroffenen verzichtet werden, wenn
– nach Abs. 3 Satz 2 Nr. 1 die Gefahr besteht, dass durch die Unterrichtung des Betroffenen die Abwendung der Gefahr i.S.d. Abs. 1 vereitelt oder erschwert würde oder
– nach Abs. 3 Satz 2 Nr. 2 von der Unterrichtung nach ärztlichem Zeugnis erhebliche Nachteile für die Gesundheit des Betroffenen drohen oder
– nach Abs. 3 Satz 2 Nr. 3 der Betroffene nach dem unmittelbaren Eindruck des Gerichts offensichtlich nicht in der Lage ist, den Inhalt der Unterrichtung zu verstehen (kritisch hierzu Bienwald/Sonnenfeld/Hoffmann/*Sonnenfeld* § 69k FGG Rn. 24, weil auch Geschäftunfähige verfahrensfähig sind). Die entsprechende Erkenntnis für diese Voraussetzung gewinnt das Gericht bei der Anhörung des Betroffenen.

35 Sobald die Gründe für das Unterlassen der Unterrichtung wegfallen, ist nach Abs. 3 Satz 3 die Unterrichtung nachzuholen, sofern zu diesem Zeitpunkt kein anderer Grund für eine Ausnahme von der Unterrichtung vorliegt.

36 Ein Verzicht des Betroffenen auf die Unterrichtung wird als zulässig angesehen (Damrau/Zimmermann § 69k FGG Rn. 26). Der Verzicht auf die Unterrichtung erstreckt sich nicht auf den Betreuer und den Verfahrenspfleger, denen aufgegeben werden kann, den Betroffenen nicht von der Unterrichtung zu verständigen.

37 Abs. 4 normiert die **Dokumentationspflicht des Gerichts**. Die Mitteilung, ihr Inhalt, die Art und Weise der Übermittlung, der Empfänger und die Unterrichtung des Betroffenen oder die Gründe für das Unterbleiben sind aktenkundig zu machen. Dies dient einer späteren Nachprüfbarkeit und der Erinnerung an eine Nachberichtspflicht. In die Mitteilung sollte der Zweck aufgenommen werden, damit der Mitteilungsempfänger prüfen kann, ob er der richtige Adressat für die Mitteilung und die damit verbundene Absicht ist (Bienwald/Sonnenfeld/Hoffmann/*Sonnenfeld* § 69k FGG Rn. 26). Da Mitteilungen nicht zwingend schriftlich zu erfolgen haben, muss sich die mündliche oder fernmündliche Mitteilung aus einem Aktenvermerk ergeben.

38 **Funktionell zuständig** für das Anordnen der Mitteilungen nach Abs. 1 und 2 und die Unterrichtungen nach Abs. 3 ist nach herrschender Meinung, wer für das Verfahren des Gerichts funktionell zuständig ist, da die Zuständigkeit für die jeweiligen Verfahrensverfügungen der Zuständigkeit für die materiellrechtliche Entscheidung folgt (Bienwald/Sonnenfeld/Hoffmann/*Sonnenfeld* § 69k FGG Rn. 3; Keidel/*Budde* § 308 Rn. 13; HK-BUR/*Hoffmann* § 69k FGG Rn. 2; MüKoZPO/*Schmidt-Recla* § 308 Rn. 10; a.A. Jurgeleit/*Bučić* § 308 Rn. 4 – nach MiZi immer der Richter; s.a. § 272 Rdn. 30). Es handelt sich um gerichtliche Maßnahmen, nicht um solche der Justizverwaltung.

Abschnitt 1. Verfahren in Betreuungssachen § 309

Gegen Mitteilungen des Gerichts steht der betroffenen Person ausnahmsweise das Rechtsmittel der Beschwerde zu, wenn die Mitteilung fehlerhaft ist, § 58 (MüKoZPO/Schmidt-Recla § 308 Rn. 10; LG Zweibrücken BtPrax 1999, 244). Nach dem FGG waren Mitteilungen im Grundsatz keine anfechtbaren Verfügungen. Wenn aber mit der Beschwerde gerügt wurde, dass die Mitteilung inhaltlich fehlerhaft war, weil ihre Voraussetzungen nicht vorgelegen haben, konnte dies vom Betroffenen mit der einfachen **Beschwerde** gerügt werden (Jansen/*Sonnenfeld* § 69k FGG Rn. 19). Daran hat der Gesetzgeber i.E. nichts ändern wollen. Eine ausdrückliche Regelung zur Beschwerdemöglichkeit wurde nicht eingeführt. Eine sofortige Beschwerde kommt mithin nicht in Betracht (so aber Jurgeleit/*Bučić* § 308 Rn. 19). 39

Nach Maßgabe des § 58 Abs. 1 bleibt es bei der grundsätzlichen Unanfechtbarkeit der Mitteilungen als Zwischen- oder Nebenentscheidung schlechthin. Eine Überprüfung ist nach § 58 Abs. 2 nur i.R.d. Überprüfung der Endentscheidung möglich. Der Gesetzgeber hat nicht vorgesehen, hier eine sofortige Beschwerde nach §§ 567 ff. ZPO als Ausnahmefall zuzulassen (für eine Beschwerdemöglichkeit nach § 22 EGGVG s. Keidel/*Budde* § 308 Rn. 14). 40

§ 309 Besondere Mitteilungen. (1) ¹Wird beschlossen, einem Betroffenen zur Besorgung aller seiner Angelegenheiten einen Betreuer zu bestellen oder den Aufgabenkreis hierauf zu erweitern, so hat das Gericht dies der für die Führung des Wählerverzeichnisses zuständigen Behörde mitzuteilen. ²Das gilt auch, wenn die Entscheidung die in § 1896 Abs. 4 und § 1905 des Bürgerlichen Gesetzbuchs bezeichneten Angelegenheiten nicht erfasst. ³Eine Mitteilung hat auch dann zu erfolgen, wenn eine Betreuung nach den Sätzen 1 und 2 auf andere Weise als durch den Tod des Betroffenen endet oder wenn sie eingeschränkt wird.
(2) ¹Wird ein Einwilligungsvorbehalt angeordnet, der sich auf die Aufenthaltsbestimmung des Betroffenen erstreckt, so hat das Gericht dies der Meldebehörde unter Angabe des Betreuers mitzuteilen. ²Eine Mitteilung hat auch zu erfolgen, wenn der Einwilligungsvorbehalt nach Satz 1 aufgehoben wird oder ein Wechsel in der Person des Betreuers eintritt.

Übersicht	Rdn.		Rdn.
A. Normzweck	1	C. Regelungen	17
B. Anwendungsbereich	6		

A. Normzweck. Neben der allgemeinen Mitteilungspflicht in § 308 (vgl. dort allgemein und zu den datenschutzrechtlichen Regelungen aller Mitteilungspflichten § 308 Rdn. 4–6) sieht § 309 zwei besondere Mitteilungspflichten vor. Beide ergeben sich aus dem Umstand, dass die Anordnung der Betreuung und die Anordnung eines Einwilligungsvorbehalts Auswirkungen auf das Wahlrecht und das Recht zur An- und Abmeldung des Wohnsitzes hat. 1

Wer unter umfassender Betreuung steht, hat kein aktives und passives Wahlrecht. Nach § 13 Nr. 2 Bundeswahlgesetz (BWG) ist vom Wahlrecht derjenige ausgeschlossen, für den zur Besorgung aller seiner Angelegenheiten ein Betreuer nicht nur durch einstweilige Anordnung bestellt ist; dies gilt auch, wenn der Aufgabenkreis des Betreuers die in § 1896 Abs. 4 und § 1905 BGB bezeichneten Angelegenheiten nicht erfasst. Nach § 15 Abs. 2 Nr. 1 BWG ist nicht wählbar, wer nach § 13 BWG vom Wahlrecht ausgeschlossen ist. 2

Diese Regelungen beruhen auf der Überlegung, dass das Wahlrecht ein höchstpersönliches Recht ist, das nur Personen zustehen soll, die rechtlich in vollem Umfang selbständig handlungs- und entscheidungsfähig sind. Nur wer ein Mindestmaß an Einsichtsfähigkeit in die Bedeutung der Wahl hat, soll an der Wahl – aktiv und passiv – teilnehmen können (*Schreiber* § 13 Rn. 8). 3

§ 309 Abs. 1 stellt sicher, dass diese Einschränkung des Wahlrechts durch die Mitteilung an die für die Führung des Wählerverzeichnisses zuständigen Behörden abgesichert wird. § 309 Abs. 2 verknüpft die Entscheidung über einen Einwilligungsvorbehalt mit den entsprechenden Informationspflichten an die jeweilige Meldebehörde. 4

Die Vorschrift entspricht mit sprachlichen Änderungen § 69l FGG (BT-Drucks. 16/6308 S. 272). 5

B. Anwendungsbereich. § 309 Abs. 1 regelt die Mitteilungen zwischen dem Betreuungsgericht und der für die Führung des Wählerverzeichnisses zuständigen Behörde. § 309 Abs. 2 regelt den Mitteilungsverkehr zwischen dem Betreuungsgericht und der Meldebehörde. 6

7 Die Mitteilungspflicht besteht nicht, wenn ein Betreuer nur im Wege einstweiliger Anordnung bestellt oder die Betreuung nur im Wege einstweiliger Anordnung auf alle Angelegenheiten erweitert wurde. Dies ergibt sich aus dem Wortlaut der §§ 13 Nr. 2 und 15 BWG (s Rdn. 1).

8 Eine Mitteilung hat nur dann zu erfolgen, wenn sich aus dem Tenor der Entscheidung ergibt, dass der Aufgabenkreis des Betreuers »alle Angelegenheiten« erfasst (Jansen/*Sonnenfeld* § 69l FGG Rn. 4).

9 Die Gemeindebehörde muss der Beschlussformel selbst entnehmen können, dass alle Angelegenheiten des Betreuten umfasst sind (BT-Drucks. 13/4709 S. 50).

10 Hiervon gibt es eine Ausnahme: Das BWG sieht in § 13 Nr. 2 vor, dass der Ausschluss vom Wahlrecht auch dann gilt, wenn sich der Aufgabenkreis des Betreuers nicht auf die Entscheidung über den Fernmeldeverkehr des Betreuten, über die Entgegennahme, das Öffnen und Anhalten der Post (1896 Abs. 4 BGB) und die Sterilisation (§ 1905 BGB) erstreckt. Soweit abgesehen von diesen Aufgabenkreisen eine Betreuung für alle Aufgabenkreise angeordnet ist, besteht demnach eine Mitteilungspflicht.

11 Umstritten ist, ob die Mitteilungspflicht objektiv eine Betreuung für **alle Angelegenheiten** voraussetzt (abstrakt generelle Betrachtung) oder ob auf die individuell für den Betroffenen möglichen Aufgabenkreise (konkret individualisierende Betrachtung) abzustellen ist.

12 »Alle Angelegenheiten« ist nach der zutreffenden herrschenden Meinung formal zu verstehen. Die Voraussetzungen des § 309 liegen danach nur vor, wenn im Tenor des Betreuungsanordnungsbeschlusses eine Betreuung ausdrücklich und wörtlich für alle Angelegenheiten angeordnet wird.

13 Da es sich bei der Mitteilungspflicht gem § 309 Abs. 1 praktisch um einen Vollzug des Ausschlusses vom Wahlrecht handelt, ist eine restriktive Auslegung geboten. Der Begriff ist nicht auslegungsbedürftig oder -fähig. Es ist zudem nicht Aufgabe des Gerichts, durch Mitteilungen die Gefahr von Wahlmanipulationen auszuschließen. Das Betreuungsrecht bietet dafür jedenfalls keine Grundlage. Die Mitteilungspflicht besteht daher erst dann, wenn im Tenor des Betreuungsbeschlusses eine Betreuung ausschließlich und wörtlich für »alle« Angelegenheiten angeordnet wird (HK-BUR/*Hoffmann* 69l FGG Rn. 8; Jansen/*Sonnenfeld* § 69l FGG Rn. 4; Jurgeleit/*Bučić* § 309 Rn. 4). Dabei ist unerheblich, ob das Gericht die Worte »alle Angelegenheiten« oder eine Aufzählung verwendet, bei der es sich in der Sache um alle Angelegenheiten handelt. Im letzten Fall ist das Ergebnis i.R.d. Formel der Entscheidung klarzustellen (HK-BUR/*Hoffmann* § 69l FGG Rn. 8).

14 Nach einer M.M. kommt es darauf an, ob sämtliche individuell für den Betroffenen erforderlichen und in Betracht kommenden Aufgabenkreise angeordnet wurden. Gemeint sind alle »seine Angelegenheiten«, sodass der Begriff subjektiv zu verstehen ist. Auf die Bezeichnung »alle« Angelegenheiten komme es nicht an (LG Zweibrücken BtPrax 1999, 244 m. abl. Anm. *Hellmann* BtPrax 1999, 229).

15 Ein Betreuungsbedarf im Bereich der Vermögenssorge läge danach z.B. dann nicht vor, wenn der Betroffene kein Vermögen oder für diesen Bereich eine Vollmacht erteilt hat. In diesem Fall wird die Betreuung folglich den Bereich der Vermögenssorge nicht erfassen, auch wenn der Betroffene nicht die Fähigkeiten hat, diese Angelegenheit selbst wahrzunehmen. Bei der subjektiven Betrachtung würde auch in diesem Fall vom Vorliegen einer Betreuung in allen Angelegenheiten ausgegangen. Die Voraussetzungen des § 309 Abs. 1 lägen vor und eine Mitteilungspflicht würde ausgelöst.

16 Der Begriff alle Angelegenheiten in § 309 korrespondiert mit dem in § 13 Nr. 2 BWG. Auch insoweit wird zu § 13 Nr. 2 BWG eine subjektive Betrachtungsweise vertreten und für bedenklich gehalten, dass im Fall der Anordnung der Betreuung ohne den Aufgabenbereich Vermögenssorge eine Wahlberechtigung gegeben sein kann, obwohl die hinreichende Einsichtsfähigkeit des Betroffenen fehlt (*Schreiber* § 13 Rn. 9).

17 **C. Regelungen.** Eine Mitteilungspflicht nach § 309 Abs. 1 Satz 1 setzt voraus, dass der Betroffene zunächst wahlberechtigt ist und durch die Anordnung der Betreuung bzw. die Erweiterung des Aufgabenkreises das **Wahlrecht ausgeschlossen** ist. Mitteilungspflichten bestehen daher für Deutsche i.S.d. Art. 116 GG und für Unionsbürger, die i.R.d. Kommunalwahl oder Wahlen zum EU-Parlament aktiv wahlberechtigt sind.

18 Der für die Führung des Wählerverzeichnisses zuständigen Behörde hat das Gericht Mitteilung zu machen, wenn das Wahlrecht des Betroffenen ausgeschlossen wird. Die Voraussetzungen des § 309 entsprechen § 13 Nr. 2 Bundeswahlgesetz. Eine Mitteilung hat auch dann zu erfolgen, wenn eine entsprechende Betreuung auf andere Weise als durch den Tod des Betroffenen endet oder wenn sie eingeschränkt wird, weil dann das Wahlrecht des Betroffenen wieder auflebt.

19 Wenn die Voraussetzungen für den Ausschluss vom Wahlrecht entfallen, d.h. die alle Angelegenheiten des Betroffenen umfassende Betreuung aufgehoben oder eingeschränkt wird, muss eine Mitteilung an die das Wählerverzeichnis führende Behörde erfolgen. Diese muss dann den Neueintrag in das Wählerverzeichnis durchführen. Dies ergibt sich aus § 309 Abs. 1 Satz 3, der vorsieht, dass eine Mitteilung auch dann zu erfol-

gen hat, wenn die Betreuung mit dem beschriebenen Aufgabenkreis »alle Angelegenheiten« auf andere Weise als durch den Tod des Betroffenen endet oder wenn sie eingeschränkt wird. In diesem Fall wird der Betroffene wieder wahlberechtigt. Wird die Betreuung durch gerichtliche Entscheidung aufgehoben, so ist dies mitzuteilen. Dies gilt nicht für die Beendigung der Betreuung durch Zeitablauf (vgl. Jansen/*Sonnenfeld* § 69l FGG Rn. 6).

Der Betroffene und die anderen in § 308 genannten Personen sind nicht von den Mitteilungen zu unterrichten. Bei § 309 erfolgt keine **Unterrichtung**, weil die Norm eine abschließende Sonderregelung darstellt. Der Betroffene, der Betreute und der Verfahrenspfleger müssen davon ausgehen, dass die Mitteilung automatisch erfolgt (Jurgeleit/*Bučić* § 309 Rn. 9). Ein Aktenvermerk über die Mitteilung ist nicht erforderlich, aber zweckmäßig, da sie an die Nachberichtspflicht erinnert (HK-BUR/*Hoffmann* § 69l FGG Rn. 3). 20

Die Mitteilungen sind von dem Richter sowohl in den Fällen des § 309 Abs. 1 als auch des Abs. 2 zu veranlassen (h.M. HK-BUR/*Hoffmann* § 69l FGG Rn. 2; Jurgeleit/*Bučić* § 309 Rn. 2 – nach MiZi; a.A. Bienwald/Sonnenfeld/Hoffmann/*Sonnenfeld* § 69l FGG Rn. 11 – Rechtspfleger). Mitzuteilen ist eine abgekürzte Ausfertigung der Entscheidung; auf die Entscheidungsgründe kann verzichtet werden (Jurgeleit/*Bučić* § 309 Rn. 5 – nach MiZi). 21

Die Erfüllung der besonderen Mitteilungspflichten des § 309 Abs. 1 und 2 stehen nicht im Ermessen des jeweiligen Betreuungsgerichts (Jansen/*Sonnenfeld* § 69l FGG Rn. 1). 22

Wird das **Aufenthaltsbestimmungsrecht** einem Einwilligungsvorbehalt unterworfen, hat das Gericht nach Abs. 2 Satz 1 diese Entscheidung nach deren Rechtskraft der zuständigen Meldebehörde als Mitteilungsempfängerin mitzuteilen (zu den zuständigen Meldebehörden vgl. Damrau/Zimmermann § 69l FGG Rn. 7). Durch diese Mitteilungspflicht, soll es der jeweiligen Meldebehörde ermöglicht werden, Rechtmäßigkeit von Ab- und Anmeldungen von Betreuten zu überprüfen. Mitzuteilen ist die Tatsache der Anordnung des Einwilligungsvorbehalts im Bereich der Aufenthaltsbestimmung. Die Mitteilung an die Meldebehörde darf erst ab Rechtskraft der Entscheidung über die Anordnung des Einwilligungsvorbehalts erfolgen. 23

Daneben ist der Betreuer zu bezeichnen (vgl. § 2 Abs. 1 Nr. 9 Melderechtsrahmengesetz, vgl. auch Jansen/*Sonnenfeld* § 69l Rn. 8). Mit den Worten »unter Angabe des Betreuers« sind die Personalien dieser Person gemeint. IE handelt es sich um Vor- und Familienname, akademische Grade, Anschrift und Tag der Geburt des Betreuers, § 2 Abs. 1 Nr. 9 des Melderechtsrahmengesetzes (BT-Drucks. 11/4528 S. 182). 24

Sind mehrere Betreuer für den Aufgabenkreis Wohnsitzbestimmung bestimmt (§ 1899 Abs. 3 BGB), sind alle Betreuer der Meldebehörde mitzuteilen. Bei geteilter Mitbetreuung ist der »zuständige Betreuer« mitzuteilen. Dasselbe gilt bei der Bestellung eines Eventualbetreuers nach § 1899 Abs. 4 BGB (Damrau/Zimmermann § 69l FGG Rn. 8). 25

Abs. 2 Satz 2 schreibt eine Mitteilung zum Schutze des Betroffenen auch dann vor, wenn der Einwilligungsvorbehalt aufgehoben wird oder wenn ein Wechsel in der Person des Betreuers eintritt. 26

Die Regelung sieht eine Nachberichtspflicht für den Fall vor, dass der Einwilligungsvorbehalt nach Satz 1 aufgehoben wird. 27

Aufenthalt ist nicht dasselbe wie Wohnsitz. Der Behörde sind nur Wohnsitzänderungen mitzuteilen, nicht Aufenthaltsänderungen. Abs. 2 bezieht aber ausdrücklich den Einwilligungsvorbehalt auf die Aufenthaltsbestimmung. Eine Betreuung mit dem Aufgabenkreis Wohnsitzbestimmung beinhaltet danach die Aufenthaltsbestimmung und ist mitzuteilen (Damrau/Zimmermann § 69l FGG Rn. 6). 28

Gegen die Mitteilung ist kein Rechtsmittel zulässig. Nach FGG wurde von der Statthaftigkeit einer einfachen Beschwerde des Betroffenen i.S.d. § 19 ausgegangen, wenn die Mitteilung an die das Wählerverzeichnis führende Behörde fehlerhaft ergangen war. Für diesen Fall wurde eine Beschwer des Betroffenen i.S.d. § 20 FGG angenommen. Bei Erfolg bestand dann eine Nachberichtspflicht des Vormundschaftsgerichtes in entsprechender Anwendung des § 69l Abs. 2 (Damrau/Zimmermann § 69l FGG Rn. 29; HK-BUR/*Hoffmann* § 69l FGG Rn. 2b). Daran hat der Gesetzgeber nichts geändert. Ist die Mitteilung inhaltlich fehlerhaft, besteht die Beschwerdemöglichkeit nach § 58 (MüKoZPO/Schmidt-Recla § 309 Rn. 9). Darüber hinaus gibt es keine Anfechtungsmöglichkeit (a.A. Jurgeleit/*Bučić* § 309 Rn. 10 – sofortige Beschwerde). 29

Nach dem FamFG kann die Mitteilung als Zwischen- und Nebenentscheidung nach Maßgabe von § 58 Abs. 1 ohne Ausnahme nicht angefochten werden (vgl. auch § 308 Rdn. 38). Unabhängig von Rechtsmitteln hat das Gericht von Amts wegen i.R.d. Nachberichtspflicht unverzüglich dem Wahlamt mitzuteilen, wenn sich die Mitteilung als unrichtig erwiesen hat. 30

Gegen die Löschung aus dem Wählerverzeichnis kann bei der zuständigen Gemeindebehörde **Einspruch** eingelegt werden, § 22 Abs. 1 BWO. Gegen die Entscheidung der Gemeindebehörde kann binnen 2 Tagen 31 nach der Zustellung Beschwerde an den Kreiswahlleiter erhoben werden, § 22 Abs. 5 BWO. Gegen die endgültig gewordene Verwaltungsentscheidung kann der von der Wahl ausgeschlossene Betreute beim Verwaltungsgericht Antrag auf einstweilige Anordnung nach § 123 VwGO auf Wiederzulassung zur Wahl durch Wiedereintragung in das Wählerverzeichnis stellen (HK-BUR/*Hoffmann* § 69l FGG Rn. 2e).

§ 310 Mitteilungen während einer Unterbringung.
Während der Dauer einer Unterbringungsmaßnahme hat das Gericht dem Leiter der Einrichtung, in der der Betroffene untergebracht ist, die Bestellung eines Betreuers, die sich auf die Aufenthaltsbestimmung des Betroffenen erstreckt, die Aufhebung einer solchen Betreuung und jeden Wechsel in der Person des Betreuers mitzuteilen.

Übersicht

	Rdn.		Rdn.
A. Normzweck	1	C. Regelungen	12
B. Anwendungsbereich	6		

1 **A. Normzweck.** Die Norm ist rechtliche Grundlage für die zwingende Mitteilungspflicht des Gerichts bei angeordneter Unterbringung (zu den allgemeinen und datenschutzrechtlichen Regelungen der Mitteilungspflichten vgl. § 308 Rdn. 4–6). Die Mitteilung soll die Anstaltsleitung über die Anordnung der Betreuung und die Person des Betreuers informieren.

2 Zweck der Vorschrift ist es, der Leitung der Einrichtung die Möglichkeit zu verschaffen, festzustellen, ob der Betreuer (noch) zu einer Unterbringung des Betroffenen berechtigt ist. Dies ist vor allem von Bedeutung, wenn eine Unterbringung nicht mehr dem Willen des Betroffenen entspricht.

3 Wird ein Betroffener aufgrund einer Anordnung seines Betreuers gegen seinen Willen in einer Einrichtung untergebracht, so ist auch die Anstaltsleitung mit dafür verantwortlich, dass dies nicht ohne rechtliche Grundlage geschieht. Die Anstaltsleitung muss daher wissen, ob eine Betreuung mit Aufenthaltsbestimmungsrecht des Betreuers besteht und wer Betreuer ist (BT-Drucks. 11/4528 S. 220).

4 Darüber hinaus dient die Vorschrift bei einer öffentlich-rechtlichen Unterbringung des Betroffenen der sachgerechten Abwicklung der Unterbringungsmaßnahme und der sachgerechten Behandlung des Betroffenen (HUK-BUR/*Hoffmann* § 69m FGG Rn. 5). Bei der öffentlich-rechtlichen Unterbringung ist die Kenntnis von der Änderung erforderlich, um in Rücksprache mit dem Betreuer die weiteren erforderlichen Maßnahmen abzusprechen oder eine zunächst öffentlich-rechtliche Unterbringung durch eine zivilrechtliche Unterbringung ersetzen lassen zu können.

5 (entfallen)

6 **B. Anwendungsbereich.** Voraussetzung der Mitteilungspflicht ist eine Unterbringungsmaßnahme. Anders als das FGG definiert das FamFG den Begriff Unterbringungsmaßnahme (§ 70 FGG) nicht mehr. In § 312 wird der Begriff »Unterbringungssachen« definiert. Es handelt sich dabei um Verfahren, die die Genehmigung einer zivilrechtlichen freiheitsentziehenden Unterbringung oder Maßnahme nach § 1906 BGB zum Gegenstand haben (§ 312 Nr. 1 und 2) und um öffentlich-rechtliche freiheitsentziehende Unterbringungen nach landesgesetzlichen Bestimmungen (§ 312 Nr. 3).

7 Eine Unterbringungsmaßnahme iSv § 310 liegt daher vor, wenn im Rahmen einer Unterbringungssache nach § 312 die **freiheitsentziehende Unterbringung bzw. Maßnahme** angeordnet wurde und diese vollzogen wird. Damit ist gemeint, dass der Betreute in einer Einrichtung lebt, in der die Unterbringung vollzogen wird, also auch eine psychiatrische Klinik, in sich der Betroffene nur aufhält (Jansen/*Sonnenfeld* § 69m FGG Rn. 2).

8 Wenn der Betroffene in einem Heim oder einer sonstigen Einrichtung lebt und dort Maßnahmen nach § 1906 Abs. 4 BGB genehmigt werden, so ist auch hiervon dem Leiter des Heimes oder der Einrichtung Mitteilung zu machen. Auch solche Maßnahmen sind Unterbringungsmaßnahmen nach § 312 Nr. 2.

9 Wird lediglich eine Unterbringung zum Zwecke der Begutachtung i.S.v. § 284 angeordnet, so löst dies noch keine Mitteilungspflicht nach § 310 aus. Im Fall des § 284 liegt noch keine Betreuungsanordnung vor. Die Maßnahme dient der gerichtlichen Feststellung, ob und in welchem Umfang eine Betreuung anzuordnen ist. § 310 setzt voraus, dass dem Leiter der Einrichtung die Bestellung eines Betreuers, die Aufhebung einer

solchen Betreuung und ein Wechsel in der Person des Betreuers mitgeteilt werden kann. Das ist bei einer Unterbringung nach § 284 gerade noch nicht möglich.

Die Anwendung des § 310 verlangt weiterhin, dass die Bestellung eines Betreuers mit dem **Aufgabenkreis** 10 »**Aufenthaltsbestimmung**« erfolgt ist. Die Anordnung dieses Aufgabenkreises kann ausdrücklich erfolgt sein, sie kann sich aber auch konkludent ergeben, z.B. wenn die gesamte Personensorge angeordnet wurde (dazu gehört auch die Aufenthaltsbestimmung, § 1631 BGB).

Liegen die Voraussetzungen vor, so sind die entsprechenden Informationen weiterzuleiten. Ein Ermessen 11 besteht nicht. Die Vorschrift enthält eine Pflichtaufgabe des mit der Sache befassten Gerichts, es handelt sich bei der Mitteilung nicht um eine Maßnahme der Justizverwaltung.

C. Regelungen. Dauert eine Unterbringungsmaßnahme an, so besteht eine Mitteilungspflicht für die erst- 12 malige Betreuerbestellung, für die Erweiterung und Aufhebung der Betreuung auf diesen Aufgabenkreis und für jeden Betreuerwechsel.

Die Mitteilungspflicht wird sowohl durch eine endgültige als auch durch eine vorläufige gerichtliche Maß- 13 nahme aufgrund einer einstweiligen Anordnung iSv § 300 ausgelöst.

Ist der Betroffene freiheitsentziehend untergebracht oder wird eine freiheitsentziehende Maßnahme durch- 14 geführt, ist der Anstaltsleiter mit dafür verantwortlich, dass dies nicht ohne die erforderliche rechtliche Grundlage geschieht. Die Anstaltsleitung muss daher Kenntnis über die Berechtigung der Unterbringung haben, und wissen, ob eine Betreuung mit Aufenthaltsbestimmungsrecht besteht und wer befugt ist, über den Aufenthalt zu bestimmen. Mitteilungsempfänger kann auch ein Angehöriger der Einrichtung sein, auf den die Befugnis zur Entgegennahme solcher Mitteilungen übertragen worden ist.

Die Mitteilungspflicht setzt den Aufgabenkreis Aufenthaltsbestimmung voraus, ohne jedoch dass hierzu 15 das Aufenthaltsbestimmungsrecht in seiner Gesamtheit gehört.

Untergebracht ist der Betroffene auch, wenn er sich in einer geschlossenen Einrichtung, einer psychiatri- 16 schen Klinik aufhält (Jansen/*Sonnenfeld* § 69m FGG Rn. 2).

Obschon es sich um Mitteilungen des Gerichts handelt, sind Richter oder Rechtspfleger nicht auch für die 17 Mitteilung zuständig, §§ 3 Nr. 2a, 14 RPflG (a.A. Jansen/*Sonnenfeld* § 69m FGG Rn. 8; HK-BUR/*Hoffmann* § 69m FGG Rn. 2 – Richter; Bienwald/Sonnenfeld/Hoffmann/*Sonnenfeld* § 69m FGG Rn. 12 – Rechtspfleger).

Da der maßgebliche Aufgabenbereich des mit der Sache befassten Entscheiders nicht betroffen ist, ver- 18 anlasst der Urkundsbeamte, wie nach den MiZi, wo der Richter nur für die Veranlassung der Mitteilung an ein für die Unterbringungsmaßnahmen zuständiges Gericht zuständig ist, die Mitteilung (Jurgeleit/*Bučić* § 310 Rn. 2; iE auch Damrau/Zimmermann § 310 Rn. 5).

Nach Sinn und Zweck der Norm ist der Tenor der Entscheidung, also die Betreuerbestellung, Erweiterung, 19 Aufhebung oder der Betreuerwechsel mitzuteilen. Soweit sich dies nicht ohnehin schon ergibt, ist an die Mitteilung des Aufgabenkreises zu denken. Die Entscheidungsgründe müssen nicht mitgeteilt werden. Zur Identifizierung sind der Name, die Anschrift, das Geburtsdatum sowie weitere zur Bestimmung des Betrof- fenen notwendige personelle Daten mitzuteilen.

Ein Aktenvermerk über die Mitteilung ist zwar gesetzlich nicht vorgeschrieben, dürfte aber zur Klarstellung 20 zweckmäßig sein (HK-BUR/*Hoffmann* § 69m FGG Rn. 3).

Eine Unterrichtung über die erteilte Mitteilung erfolgt weder ggü. dem Betreuer des Betroffenen noch ggü. 21 seinem Verfahrenspfleger.

Mitteilungen des Gerichts sind im Grundsatz keine anfechtbaren Verfügungen. Wurde mit der Beschwerde 22 gerügt, dass die Mitteilung inhaltlich fehlerhaft war, weil ihre Voraussetzungen nicht vorgelegen haben, konnte nach FGG dies vom Betroffenen mit der einfachen Beschwerde gerügt werden (Jansen/*Sonnenfeld* § 69m FGG Rn. 9). Nach dem FamFG kann die Mitteilung als Zwischen- und Nebenentscheidung nach Maßgabe von § 58 Abs. 1 ohne Ausnahme nicht angefochten werden (vgl. auch § 308 Rdn. 38 sowie § 303 Rdn. 1).

§ 311 Mitteilungen zur Strafverfolgung. ¹Außer in den sonst in diesem Gesetz, in § 16 des Einführungsgesetzes zum Gerichtsverfassungsgesetz sowie in § 70 Satz 2 und 3 des Jugendgerichtsgesetzes genannten Fällen, darf das Gericht Entscheidungen oder Erkenntnisse aus dem Verfahren, aus denen die Person des Betroffenen erkennbar ist, von Amts wegen nur zur Verfolgung von Straftaten oder Ordnungswidrigkeiten anderen Gerichten oder Behörden mitteilen, soweit nicht

§ 311

schutzwürdige Interessen des Betroffenen an dem Ausschluss der Übermittlung überwiegen. ²§ 308 Abs. 3 und 4 gilt entsprechend.

Übersicht

	Rdn.		Rdn.
A. Normzweck	1	C. Regelungen	10
B. Anwendungsbereich	4		

1 **A. Normzweck.** Die Norm hat Mitteilungen zur Strafverfolgung zum Gegenstand. Die Regelung ermächtigt das Gericht, derartige Mitteilungen zu machen. Eine Mitteilungspflicht wird nicht normiert. Die Möglichkeit der Mitteilung zum Zwecke der Verfolgung von Straftaten und Ordnungswidrigkeiten ergänzt die in den §§ 308 bis 310 geregelte allgemeine und die besonderen Mitteilungspflichten des Gerichts (zu den allgemeinen und datenschutzrechtlichen Regelungen der Mitteilungspflichten vgl. § 308 Rdn. 4–6).

2 Weitere Mitteilungsfälle sind geregelt in den genannten Normen § 16 EGGVG und § 70 Sätze 2 und 3 JGG. § 16 EGGVG betrifft die Datenübermittlung an ausländische öffentliche Stellen über das Bundesjustizministerium. Nach § 70 Satz 2 JGG hat das Gericht den Staatsanwalt zu benachrichtigen, wenn ihm bekannt wird, dass gegen den Betroffenen ein Strafverfahren anhängig ist. Nach § 70 Satz 3 JGG sind weitere betreuungsgerichtliche Maßnahmen mitzuteilen, wenn nicht für das Gericht erkennbar ist, dass schutzwürdige Interessen des Betroffenen überwiegen.

3 Die Vorschrift entspricht dem bisherigen § 69n FGG (BT-Drucks. 16/6308 S. 272).

4 **B. Anwendungsbereich.** Das Gericht ist zu einer personenbezogenen Mitteilung an Gerichte oder Behörden berechtigt, wenn die Mitteilung der personenbezogenen Daten der Verfolgung von Straftaten oder Ordnungswidrigkeiten dient, sofern nicht ein schutzwürdiges Interesse des Betroffenen an dem Ausschluss der Übermittlung seiner Daten erkennbar überwiegt.

5 Das mitteilende Gericht hat seiner Entscheidung eine Abwägung zwischen den Interessen des Betroffenen, etwa Gefährdung seiner Gesundheit oder seiner sozialen Eingliederung, und dem öffentlichen Strafverfolgungsinteresse zugrunde zu legen. Im Rahmen dieser Abwägung sind auch die Schwere des Delikts und die Auswirkungen der Mitteilung zu berücksichtigen.

6 Ob eine Mitteilung nach § 311 erfolgt, liegt im Gegensatz zu den anderen Mitteilungsfällen allein im Ermessen des Gerichts.

7 Gegenstand der Mitteilung sind wirksam gewordene gerichtliche **Entscheidungen** (auch eine einstweilige Anordnung oder Ablehnung einer Betreuungsmaßnahme) sowie Ermittlungsergebnisse aller Art, aus denen die Person des Betroffenen erkennbar ist und aus denen sich ergibt, dass möglicherweise Straftaten oder Ordnungswidrigkeiten begangen wurden, deren Opfer auch der Betroffene gewesen sein kann. Wenn die Person des Betroffenen sich aus dem Inhalt der Mitteilung nicht ergibt, ist § 311 nicht anwendbar. Betroffener i.S.d. Vorschrift ist der Betreute oder der zu Betreuende, nicht der von der Mitteilung Betroffene.

8 Empfänger der Mitteilung ist ausschließlich eine zur Verfolgung von Ordnungswidrigkeiten oder Straftaten zuständige Stelle wie Gerichte, nach § 152 StPO die Staatsanwaltschaften oder nach § 35 OWiG eine Verwaltungsbehörde.

9 Darüber hinaus regelt die Norm durch die Verweisung auf weitere Normen auch Mitteilungen in anderen Fällen. In anderen außer den genannten Fällen sind Mitteilungen, aus denen die Person des Betroffenen erkennbar ist, nicht zulässig. § 311 ist daher auch eine Verwendungsregelung im Sinne von § 12 Abs. 2 EGGVG.

10 **C. Regelungen.** Die Mitteilungen obliegen Urkundsbeamten (s. § 310 Rdn. 17).

11 Die Unterrichtung des Betroffenen, Verfahrenspflegers und Betreuers richtet sich nach Satz 2 i.V.m. § 308 Abs. 3. Die Unterrichtung ist nach Satz 2 i.V.m. § 308 Abs. 4 aktenkundig zu machen, es ist also zu vermerken, an wen und in welchem Umfang Mitteilung gemacht wurde und wer hiervon unterrichtet wurde.

12 Die Mitteilungen unterliegen einer Nachberichtspflicht, § 20 EGGVG.

13 Wurde nach dem FGG gerügt, die Mitteilung sei inhaltlich fehlerhaft, weil ihre Voraussetzungen nicht vorgelegen haben, konnte dies vom Betroffenen mit der einfachen Beschwerde gerügt werden. Aufgrund der Regelung des § 58 Abs. 2 ist die Mitteilung ohne Ausnahme nicht anfechtbar (vgl. auch § 308 Rdn. 38). Der Rechtsschutz Dritter, die nicht Beteiligte des Betreuungsverfahrens sind, richtet sich nach § 22 EGGVG.

Abschnitt 2. Verfahren in Unterbringungssachen

§ 312 Unterbringungssachen. ¹Unterbringungssachen sind Verfahren, die
1. die Genehmigung einer freiheitsentziehenden Unterbringung und die Genehmigung einer Einwilligung in eine ärztliche Zwangsmaßnahme (§ 1906 Absatz 1 bis 3a des Bürgerlichen Gesetzbuchs) eines Betreuten oder einer Person, die einen Dritten dazu bevollmächtigt hat (§ 1906 Absatz 5 des Bürgerlichen Gesetzbuchs),
2. die Genehmigung einer freiheitsentziehenden Maßnahme nach § 1906 Abs. 4 des Bürgerlichen Gesetzbuchs oder
3. eine freiheitsentziehende Unterbringung und eine ärztliche Zwangsmaßnahme eines Volljährigen nach den Landesgesetzen über die Unterbringung psychisch Kranker

betreffen. ²Auf die ärztliche Zwangsmaßnahme finden die für die Unterbringung in diesem Abschnitt geltenden Vorschriften entsprechende Anwendung, soweit nichts anderes bestimmt ist. ³Bei der Genehmigung einer Einwilligung in eine ärztliche Zwangsmaßnahme ist die Bestellung eines Verfahrenspflegers stets erforderlich.

Übersicht	Rdn.		Rdn.
A. Allgemeines	1	C. Zuständigkeiten	8
B. Einzelheiten	3	I. Sachliche Zuständigkeit	8
I. Satz 1	3	II. Funktionelle Zuständigkeit	9
II. Satz 2	6	III. Internationale Zuständigkeit	10
III. Satz 3	7		

A. Allgemeines. § 312 Satz 1 definiert den Begriff einer Unterbringungssache und wurde durch das Gesetz zur Regelung der betreuungsrechtlichen Einwilligung in eine ärztliche Zwangsmaßnahme v. 18.02.2013 (BGBl. I, S. 266) neu gefasst und um die Sätze 2 und 3 erweitert. Als Unterbringungssachen bezeichnet er alle Verfahren, die auf die Genehmigung bzw. Anordnung von mit Freiheitsentzug verbundenen Unterbringungen und erweiternd – aufgrund der Neufassung – die Genehmigung einer Einwilligung in eine ärztliche Zwangsmaßnahme (§ 1906 Abs. 1 bis 3a BGB) Volljähriger gerichtet sind. Über §§ 167 Abs. 1 Satz 1, 151 Nr. 6 und 7 sind die für Unterbringungssachen geltenden Vorschriften auch für die Unterbringung Minderjähriger nach §§ 1631b, 1800, 1915 BGB und den Landesunterbringungsgesetzen anwendbar. Neben der Entscheidung über die Genehmigung bzw. Anordnung einer Unterbringung sind natürlich auch die Verfahren, die den Vollzug, die Beendigung und die Aufhebung einer Unterbringung betreffen, geregelt. Mit der Verwendung des Begriffes Unterbringungssachen hat der Gesetzgeber ein weites Begriffsverständnis zugrunde legen wollen. Obwohl gerichtliche Unterbringungsanordnungen, die sich auf § 1846 BGB stützen, nicht ausdrücklich aufgeführt sind, gelten auch für sie die §§ 312 ff. Dies lässt sich aus § 334 ableiten, der für solche Maßnahmen auf §§ 331 ff. in Bezug nimmt. 1

Keine Anwendung finden die §§ 312 ff. auf Freiheitsentziehungen (dazu s. §§ 415 ff.) sowie auf strafrechtliche und strafprozessuale Unterbringungen. 2

B. Einzelheiten. I. Satz 1. Nr. 1 bezeichnet zum einen die sog. zivilrechtliche Unterbringung eines Volljährigen, nämlich die eines Betreuten nach § 1906 Abs. 1 bis 2 BGB bzw. die einer Person, die einen Dritten gem. § 1906 Abs. 5 BGB zu ihrer Unterbringung, die mit Freiheitsentzug verbunden ist, bevollmächtigt hat, als Unterbringungssache. Als solche bezeichnet Nr. 1 nun auch die Einwilligung in eine ärztliche Zwangsmaßnahme durch einen Betreuer nach § 1906 Abs. 1 bis 3a BGB bzw. durch einen Dritten, der ausdrücklich zu der Einwilligung in eine ärztliche Zwangsmaßnahme bevollmächtigt worden ist, § 1906 Abs. 5 BGB. Dies hängt damit zusammen, dass der Gesetzgeber ärztliche Zwangsmaßnahmen als »ultima ratio« nur i.R.d. Unterbringung nach § 1906 BGB zulassen will und nicht als sog. ambulante Zwangsbehandlung. 3

Nr. 2 erfasst die Genehmigung sog. unterbringungsähnlicher Maßnahmen nach § 1906 Abs. 4 BGB als Unterbringungssache. 4

Nr. 3 schließlich definiert eine freiheitsentziehende Unterbringung sowie erweiternd – aufgrund der Neufassung – eine ärztliche Zwangsmaßnahme eines Volljährigen nach den Landesgesetzen über die Unterbringung psychisch Kranker ebenfalls als Unterbringungssache. Mit der Erweiterung wollte der Gesetzgeber für 5 den Fall, dass Landesgesetze eine gerichtliche Entscheidung zu einer ärztlichen Zwangsmaßnahme vorsehen, die Geltung der Regelungen des FamFG sicherstellen. Eine Besonderheit ist für das Verfahren einer landesrechtlichen Unterbringung zu beachten. Grds. heben die §§ 312 ff. landesrechtliche Verfahrensvorschriften in den jeweiligen Landesunterbringungsgesetzen auf, Art. 31 GG. Da Art. 31 keine Ausnahmen zulässt, muss das auch für verfahrensrechtliche Verschärfungen durch das Landesrecht gelten. Einzig § 315 Abs. 4 Satz 2 ermöglicht landesrechtliche Ergänzungen. Da die §§ 312 ff. indes (nur) das gerichtliche Verfahren einer Unterbringungssache regeln, bleiben landesrechtliche Vorschriften zum Verfahren vor einer gerichtlichen Unterbringungssache wirksam (BayObLG NJW 1992, 2709). Die jeweiligen Landesunterbringungsgesetze können daher die Zuständigkeit bestimmter Behörden für Maßnahmen im Vorfeld, das Verfahren bei sofortiger Unterbringung des Betroffenen im verwaltungsrechtlichen Verfahren, die Zuständigkeit der Antragstellung im gerichtlichen Verfahren sowie das verwaltungsrechtliche Verfahren i.R.d. Nachsorge bestimmen.

6 **II. Satz 2.** Satz 2 sieht vor, dass die Bestimmungen für ein Verfahren in Unterbringungssachen, also §§ 312 bis 339, entsprechende Anwendung für ein Verfahren auf Einwilligung in eine ärztliche Zwangsmaßnahme finden. Sachlich rechtfertigt sich das, weil der Gesetzgeber ärztliche Zwangsmaßnahmen nur im Rahmen einer geschlossenen Unterbringung nach § 1906 BGB als letztes Mittel zugelassen hat. Besondere Regelungen zum Verfahren auf die Einwilligung in eine ärztliche Zwangsmaßnahmen enthalten §§ 321 (Einholung eines Gutachtens), 323 (Inhalt der Beschlussformel), 329 (Dauer und Verlängerung der Unterbringung) und 333 (Dauer der einstweiligen Anordnung).

7 **III. Satz 3.** Satz 3 schreibt im Verfahren auf die Genehmigung der Einwilligung in eine ärztliche Zwangsmaßnahme die Bestellung eines Verfahrenspflegers vor. Systematisch hätte diese Regelung besser in § 317 Abs. 1 Eingang gefunden. Der Gesetzgeber will sicherstellen, dass dem Betroffenen ein erhöhter Schutz gewährt wird, insb. in Bezug auf das rechtliche Gehör, wenn es in der Unterbringung zusätzlich zu einer ärztlichen Zwangsmaßnahme kommt (BT-Drucks. 17/12086, S. 14). Da eine Zwangsbehandlung nach § 1906 Abs. 3 Satz 1 Nr. 1 voraussetzt, dass der Betroffene krankheits- bzw. behinderungsbedingt die Notwendigkeit einer ärztlichen Maßnahme nicht erkennen oder nicht nach dieser Einsicht handeln kann, wird er zudem im gerichtlichen Verfahren i.d.R. seine Rechte nicht ausreichend selbstständig wahrnehmen können. Dem Verfahrenspfleger wird es insb. obliegen, darauf zu achten, dass dem Betroffenen ausreichendes rechtliches Gehör gewährt wird und die verfahrens- und materiell-rechtlichen Voraussetzungen einer ärztlichen Zwangsmaßnahme streng beachtet werden, damit die ärztliche Zwangsmaßnahme ultima ratio bleibt.

8 **C. Zuständigkeiten. I. Sachliche Zuständigkeit.** Für Unterbringungssachen ist das Betreuungsgericht, eine Abteilung des AG, zuständig, vgl. § 23a Abs. 1 Nr. 2, Abs. 2 Nr. 1, 23c Abs. 1. Eine Ausnahme macht das Gesetz für die Unterbringungssachen Minderjähriger. Insoweit sind die Familiengerichte zuständig, §§ 23a Abs. 1 Nr. 1, 23b, 111, 151 Nr. 6 u 7. § 23d GVG eröffnet den Landesregierungen die Möglichkeit, durch Rechtsverordnung einem AG für die Bezirke mehrerer AG Angelegenheiten der freiwilligen Gerichtsbarkeit zuzuweisen, wenn das der sachlichen Förderung der Verfahren dient oder zur Sicherung einer einheitlichen Rechtsprechung geboten scheint.

9 **II. Funktionelle Zuständigkeit.** Für Verfahren, die eine Unterbringungssache zum Gegenstand haben, ist allein der Richter zuständig, da Art. 104 Abs. 2 GG die Entscheidung über einen Freiheitsentzug dem Richter vorbehält und die Unterbringungssachen nicht von der Aufgabenübertragung auf den Rechtspfleger erfasst sind, vgl. § 3 Nr. 2b RPflG (BT-Drucks. 16/6308, S. 322). Da der Gesetzgeber die Einwilligung in eine ärztliche Zwangsmaßnahme als Unterbringungssache qualifiziert hat, erstreckt sich der Richtervorbehalt auch auf diese Verfahren. Das gilt auch in Württemberg, § 37 Abs. 1 Nr. 5 LFGG Bad-Württ. Ein Richter auf Probe darf im ersten Jahr nach seiner Ernennung die Geschäfte eines Betreuungsrichters, also die Betreuungs- und Unterbringungssachen, nicht wahrnehmen, § 23c Abs. 2 Satz 2 GVG. Wird er gleichwohl in solchen Verfahren tätig, sind seine Entscheidungen zwar wirksam, aber auf Rechtsmittel aufzuheben (*Damrau/Zimmermann* § 272 Rn. 12). Der Ausschluss beschränkt sich nicht auf die Betreuungssachen. Dies ist sachgerecht, weil der Gesetzgeber so ein Mindestmaß an richterlicher Erfahrung im sensiblen Bereich der Fürsorge für behinderte bzw. psychisch erkrankte Personen sicherstellt.

10 **III. Internationale Zuständigkeit.** Die internationale Zuständigkeit deutscher Gerichte ist für die in Satz 1 Nr. 1 und 2 genannten Unterbringungssachen in § 104 geregelt. Sie besteht für deutsche Staatsangehörige (Abs. 1 Nr. 1). Für nichtdeutsche Staatsangehörige besteht sie, wenn dieser einen gewöhnlichen Aufenthalt

in Deutschland hat (Abs. 1 Nr. 2) bzw. soweit er der Fürsorge durch ein deutsches Gericht bedarf (Abs. Nr. 3). Nach § 104 Abs. 2 können Unterbringungsmaßnahmen bei nichtdeutschen Staatsangehörigen in deren Interesse unterbleiben, wenn eine Zuständigkeit eines anderen Staates besteht und dort ein einer Betreuung entsprechendes Verfahren anhängig ist.

Hinsichtlich der in Satz 1 Nr. 3 genannten Unterbringungssachen gilt § 104 nach dessen Abs. 3 nicht. Bei ihr folgt die internationale der örtlichen Zuständigkeit, § 105. 11

§ 313 Örtliche Zuständigkeit.
(1) Ausschließlich zuständig für Unterbringungssachen nach § 312 Nr. 1 und 2 ist in dieser Rangfolge:
1. das Gericht, bei dem ein Verfahren zur Bestellung eines Betreuers eingeleitet oder das Betreuungsverfahren anhängig ist;
2. das Gericht, in dessen Bezirk der Betroffene seinen gewöhnlichen Aufenthalt hat;
3. das Gericht, in dessen Bezirk das Bedürfnis für die Unterbringungsmaßnahme hervortritt;
4. das Amtsgericht Schöneberg in Berlin, wenn der Betroffene Deutscher ist.

(2) ¹Für einstweilige Anordnungen oder einstweilige Maßregeln ist auch das Gericht zuständig, in dessen Bezirk das Bedürfnis für die Unterbringungsmaßnahme bekannt wird. ²In den Fällen einer einstweiligen Anordnung oder einstweiligen Maßregel soll es dem nach Absatz 1 Nr. 1 oder Nr. 2 zuständigen Gericht davon Mitteilung machen.

(3) ¹Ausschließlich zuständig für Unterbringungen nach § 312 Nr. 3 ist das Gericht, in dessen Bezirk das Bedürfnis für die Unterbringungsmaßnahme hervortritt. ²Befindet sich der Betroffene bereits in einer Einrichtung zur freiheitsentziehenden Unterbringung, ist das Gericht ausschließlich zuständig, in dessen Bezirk die Einrichtung liegt.

(4) ¹Ist für die Unterbringungssache ein anderes Gericht zuständig als dasjenige, bei dem ein die Unterbringung erfassendes Verfahren zur Bestellung eines Betreuers eingeleitet ist, teilt dieses Gericht dem für die Unterbringungssache zuständigen Gericht die Aufhebung der Betreuung, den Wegfall des Aufgabenbereiches Unterbringung und einen Wechsel in der Person des Betreuers mit. ²Das für die Unterbringungssache zuständige Gericht teilt dem anderen Gericht die Unterbringungsmaßnahme, ihre Änderung, Verlängerung und Aufhebung mit.

Übersicht	Rdn.		Rdn.
A. Allgemeines	1	II. Eilmaßnahmen, Abs. 2	8
B. Einzelheiten	2	III. Öffentlich-rechtliche Unterbringungen, Abs. 3	9
I. Zivilrechtliche Unterbringung, Abs. 1	2	1. Grundsatz, Satz 1	10
1. Hauptsacheverfahren	3	2. Sonderzuständigkeit, Satz 2	11
2. Gericht des gewöhnlichen Aufenthaltes, Nr. 2	5	3. Weitere Abgabe	12
3. Fürsorgegericht, Nr. 3	6	4. Zuständigkeitskonzentration	13
4. Auffangzuständigkeit, Nr. 4	7		

A. Allgemeines. Im Anschluss an § 2, der sich auf einige allgemeine Bestimmungen beschränkt, normiert 1
§ 313 die besonderen Regelungen zur örtlichen Zuständigkeit in Unterbringungssachen. Dabei hat der Gesetzgeber eine Harmonisierung mit der betreuungsrechtlichen Bestimmung betreffend die örtliche Zuständigkeit in Eilsachen gem. § 272 Abs. 2 (dazu § 272 Rdn. 12) vorgenommen. Das Gesetz hat für zivilrechtliche und öffentlich-rechtliche Unterbringungsmaßnahmen in § 313 Abs. 1 und 3 unterschiedliche, von den Erfahrungen der Unterbringungspraxis geprägte, örtliche Zuständigkeitsregelungen getroffen. Abs. 2 regelt die Zuständigkeit in Eilsachen, während sich in Abs. 4 Regelungen zu Benachrichtigungen finden.

B. Einzelheiten. I. Zivilrechtliche Unterbringung, Abs. 1. § 313 Abs. 1 benennt in seinen Nr. 1 – 4 nach- 2
stehende Gerichte in den sog. zivilrechtlichen Unterbringungssachen nach § 312 Nr. 1 und 2 in dieser Rangfolge als örtlich ausschließlich zuständig.

1. Hauptsacheverfahren. In erster Linie ist das Gericht zuständig, bei dem bereits ein (vorläufiger) Betreu- 3
er bestellt ist. Unerheblich ist es dabei, ob der Aufgabenkreis der Betreuung das Recht zur Unterbringung erfasst (a.A. Keidel/*Budde* § 313 Rn. 2, der von einem Redaktionsversehen ausgeht, weil das Gesetz bisher

dieses Recht im Aufgabenkreis verlangte). Ggf. muss von Amts wegen eine Erweiterung des Aufgabenkreises erfolgen. Mit der Neufassung des Gesetzes stellt der Gesetzgeber zugleich klar, dass diese vorrangige Zuständigkeit auch gilt, wenn noch kein (vorläufiger) Betreuer bestellt, aber bereits ein Verfahren auf Bestellung eines Betreuers eingeleitet ist. Eingeleitet ist ein Betreuungsverfahren, wenn ein Antrag oder eine Anregung zur Bestellung eines Betreuers beim örtlich zuständigen Gericht (dazu § 272) eingeht. Diese gesetzliche Klarstellung, soll sicherstellen, dass die i.R.d. Ermittlungen zur Betreuerbestellung gewonnenen Erkenntnisse auch im Unterbringungsverfahren verwertet werden können.

4 Betrifft die Unterbringungsmaßnahme ein minderjähriges Kind, gelangt § 313 Abs. 1 Nr. 1 über §§ 167 Abs. 1, 151 Nr. 6 und 7 zur Anwendung. In erster Linie ist dann das Gericht örtlich zuständig, bei dem ein Vormundschafts- bzw. Pflegschaftsverfahren eingeleitet bzw. anhängig ist.

5 **2. Gericht des gewöhnlichen Aufenthaltes, Nr. 2.** Ist noch kein Vormundschafts-, Betreuungs- oder Pflegschaftsverfahren eingeleitet oder anhängig, bestimmt die Nr. 2 das Gericht als örtlich ausschließlich zuständig, in dessen Bezirk der Betroffene seinen gewöhnlichen Aufenthalt (dazu § 272 Rdn. 3 – 8) hat.

6 **3. Fürsorgegericht, Nr. 3.** Sofern auch ein gewöhnlicher Aufenthalt fehlt oder nicht feststellbar ist, benennt Nr. 3 das Gericht als örtlich ausschließlich zuständig, in dessen Bezirk sich der Ort des Fürsorgebedürfnisses befindet. Gemeint ist damit der Ort, an dem der – etwa auf Reisen unter Wahnerleben befindliche – Betroffene auffällig wird, der Bedarf für eine Unterbringungsmaßnahme zutage tritt (BayObLG FamRZ 1992, 722).

7 **4. Auffangzuständigkeit, Nr. 4.** Liegen die Voraussetzungen der Nr. 1 – 3 nicht vor, weil der Betroffene sich, ohne einen gewöhnlichen Aufenthalt im Inland zu haben, im Ausland befindet, ist für Deutsche das AG Berlin-Schöneberg zuständig. Das AG Berlin-Schöneberg kann ein solches Unterbringungsverfahren nach Maßgabe des § 314 weiter abgeben.

8 **II. Eilmaßnahmen, Abs. 2.** Bedarf es einer Unterbringung durch einstweilige Anordnung oder Maßregel erweitert § 313 Abs. 2 die örtliche Zuständigkeit dadurch, dass neben dem Hauptsachegericht das Gericht für örtlich zuständig erklärt wird, in dessen Bezirk das Bedürfnis für eine Unterbringungsmaßnahme hervortritt (dazu Rdn. 6). Diese Zuständigkeitsregelung gilt für vorläufige Unterbringungsmaßnahmen in Bezug auf Ausländer (Art. 24 Abs. 3 EGBGB), vorläufige Maßregeln durch das Gericht nach §§ 1846, 1908i Abs. 1 Satz 1 BGB und einstweilige Anordnungen nach § 331. Neben dem an sich nach Abs. 1 Nr. 1 und 2 zuständigen Gericht ist auch das Gericht, in dessen Bezirk sich ein Fürsorgebedürfnis ergibt, örtlich zuständig. Hält sich der Betroffene z.B. zwecks Erstellung eines Gutachtens zur Notwendigkeit einer Betreuerbestellung oder zu einer Rehabilitation in einer Klinik auf und wird dann unterbringungsbedürftig, kann dort das entsprechende Fürsorgebedürfnis auftreten (vgl. BayObLG FamRZ 1995, 304 und 485). Es bestehen also zwei parallele Zuständigkeiten. Die des Fürsorgegerichtes entfällt allerdings, wenn es die eilige Maßnahme trifft oder wenn das Fürsorgebedürfnis aus anderem Grund entfällt (OLG Hamm NJW-RR 2007, 157). Das als Fürsorgegericht zuständige Gericht hat nach seinem Tätigwerden die Akte an das hauptsächlich zuständige Gericht zur Fortführung zu senden. Eine Abgabe ist nicht nötig (BayObLG BtPrax 2002, 129).

9 **III. Öffentlich-rechtliche Unterbringungen, Abs. 3.** Abs. 3 betrifft nur Unterbringungssachen nach § 312 Satz 1 Nr. 3, also die sog. öffentlich-rechtliche Unterbringung nach den Landesunterbringungsgesetzen.

10 **1. Grundsatz, Satz 1.** Grds ist das Gericht zuständig, in dessen Bezirk das entsprechende Bedürfnis für die Unterbringungsmaßnahme hervortritt. Dieser Ort kann von dem gewöhnlichen Aufenthaltsort des Betroffenen abweichen. Wenn ein psychisch Kranker auf einer Reise oder aber im Rahmen einer auswärtigen Rehabilitation für sich oder andere gefährlich wird, muss das für den entsprechenden Ort zuständige Gericht tätig werden (*Dodegge/Zimmermann* Teil A Rn. 29).

11 **2. Sonderzuständigkeit, Satz 2.** In Satz 2 findet sich ergänzend eine ausschließliche Sonderzuständigkeit. Für den Fall, dass der Betroffene sich bereits in einer Einrichtung zur freiheitsentziehenden Unterbringung befindet, ist allein das Gericht zuständig, in dessen Bezirk sich diese Einrichtung befindet (OLG Hamm BtPrax 2009, 41). Der Gesetzgeber wollte erreichen, dass an Wochenenden die nötigen eiligen Unterbringungen nach den Landesunterbringungsgesetzen durch das für die Unterbringungseinrichtung zuständige Gericht erfolgen können.

3. Weitere Abgabe. Wird der Betroffene nach Erlass der Unterbringungsanordnung in eine andere Klinik 12
verlegt, z.B. von der Klinik am Ort des Fürsorgebedürfnisses an seinen Wohnort, kann das Unterbringungsverfahren nur unter den Voraussetzungen des § 314, der die allgemeine Regelung des § 4 konkretisiert, an
das dort zuständige Gericht abgegeben werden. Der Gesetzgeber wollte offenbar keine formlose Weitergabe
an das Gericht des neuen Unterbringungsortes in entsprechender Anwendung des Abs. 2.

4. Zuständigkeitskonzentration. Eine Ermächtigung für den Landesgesetzgeber, öffentlich-rechtliche Un- 13
terbringungssachen (dazu § 312 Satz 1 Nr. 3) durch Rechtsverordnung bei bestimmten AG zu konzentrieren, ist aus systematischen Gründen in § 23d GVG geregelt.

§ 314 Abgabe der Unterbringungssache.
Das Gericht kann die Unterbringungssache abgeben, wenn der Betroffene sich im Bezirk des anderen Gerichts aufhält und die Unterbringungsmaßnahme dort vollzogen werden soll, sofern sich dieses zur Übernahme des Verfahrens bereit erklärt hat.

Übersicht

	Rdn.		Rdn.
A. Allgemeines	1	II. Anhörung der Beteiligten	5
B. Einzelheiten	2	III. Übernahmebereitschaft	7
I. Aufenthalt und Vollzug der Unter-		IV. Zuständigkeitsverlagerung	9
bringung in einem anderen Bezirk	3	V. Weitere Abgabe	10

A. Allgemeines. Die Vorschrift enthält Regelungen zur Abgabe eines Verfahrens, das eine Unterbringungs- 1
sache (dazu § 312) betrifft. Die Norm ist eine Sonderreglung zu § 4. Funktionell zuständig für die Abgabe
ist der Richter.

B. Einzelheiten. Nach § 314 kann das Gericht unabhängig davon, ob bereits eine Betreuung (für Minder- 2
jährige eine Vormundschaft oder Pflegschaft) anhängig bzw. ein entsprechendes Verfahren eingeleitet ist
(dazu § 313 Rdn. 3), eine Unterbringungssache an das Gericht abgeben, in dessen Bezirk sich der Betroffene aufhält und die Unterbringungsmaßnahme vollzogen werden soll, sofern dieses Gericht übernahmebereit ist. Nach dem Wortlaut bezieht sich die Vorschrift auf alle Unterbringungssachen und erfasst auch
öffentlich-rechtliche Unterbringungsmaßnahmen nach § 312 Satz 1 Nr. 3 (Keidel/*Budde* § 314 Rn. 2). Daneben kann das Verfahren auch aus wichtigem Grund abgegeben werden, etwa bei langfristiger Unterbringung in einem anderem Bezirk (OLG Karlsruhe NZFam 2014, 965).

I. Aufenthalt und Vollzug der Unterbringung in einem anderen Bezirk. Der Betroffene muss sich im Be- 3
zirk eines anderen Gerichts aufhalten. Es genügt die – kurzfristige – Anwesenheit an diesem Ort. Ein länger-
fristiges Verbleiben oder gar ein gewöhnlicher Aufenthalt an diesem Ort wird nicht verlangt (KG BtPrax 2010,
235), schadet aber auch nicht. Hinzutreten muss, dass die Unterbringungsmaßnahme an diesem Aufenthaltsort des Betroffenen vollzogen werden soll. Dem Gesetzgeber standen dabei Fallkonstellationen vor Augen, in
denen der Betroffene – etwa auf Reisen – außerhalb seines gewöhnlichen Aufenthaltsortes akut psychisch
erkrankt und ein Unterbringungsbedürfnis entsteht bzw. der Betroffene sich weit von seinem Wohnort entfernt in einem Heim oder einer Klinik befindet und dort freiheitsentziehende Maßnahmen nach § 1906
Abs. 1 oder 4 BGB erforderlich werden. Der Aufwand für das an sich zuständige Gericht, insb. für die persönliche Anhörung des Betroffenen, erschien dem Gesetzgeber unverhältnismäßig zu sein.

Liegen der aktuelle Aufenthaltsort des Betroffenen und der Ort, an dem die Unterbringungsmaßnahme 4
vollzogen werden soll, in unterschiedlichen Gerichtsbezirken, dürfte angesichts der gesetzgeberischen Intention das Gericht des Aufenthaltsortes so lange zuständig sein, bis es zum Vollzug der Unterbringungsmaßnahme kommt (vgl. auch OLG München FamRZ 2008, 1117). Ggf. kann eine weitere Abgabe erfolgen.

II. Anhörung der Beteiligten. Die Beteiligten sollen vor einer Abgabe angehört werden, § 4 Satz 2. Diese 5
Soll-Vorschrift ermöglicht es dem Gericht, in besonders eiligen Fällen oder in solchen, in denen eine Anhörung nur mit einem zu einer Verfahrensverzögerung führenden Zeitaufwand möglich ist, von einer Anhörung
abzusehen. Dies trifft regelmäßig bei einer Unterbringung, aber auch in Fällen, in denen der Betroffene nicht
in der Lage ist, sich zu äußern, zu (BT-Drucks. 16/6308, S. 176). Ggf. wird aber ein Verfahrenspfleger zu bestellen sein, da es sich um Gewährung rechtlichen Gehörs handelt.

6 Die Ablehnung der Abgabe durch den Betroffenen bzw. den gesetzlichen oder gewillkürten Vertreter steht einer Abgabe nicht entgegen. U.U. steht ihnen gegen die Abgabeentscheidung ein Beschwerderecht zu (BT-Drucks. 16/6308, S. 176).

7 **III. Übernahmebereitschaft.** Das andere Gericht muss übernahmebereit sein. Die Übernahmebereitschaft kann sich (konkludent) aus der Fortführung des Verfahrens durch den Richter ergeben. Wird die Übernahme durch das andere Gericht abgelehnt, muss eine Entscheidung des nächsthöheren gemeinsamen Gerichtes herbeigeführt werden. Das ergibt sich aus § 5 Abs. 1 Nr. 5. Ist das nächsthöhere gemeinsame Gericht der BGH, wird das zuständige Gericht durch das OLG bestimmt, zu dessen Bezirk das zuerst mit der Sache befasste Gericht gehört, § 5 Abs. 2.

8 Verweigert das andere Gericht die Übernahme des Verfahrens, ist anders als bisher keine vorläufige Zuständigkeitsregelung getroffen. Vom Eingang der Akten beim nächsthöheren gemeinsamen Gericht bis zu dessen Entscheidung ist – wie nach bisheriger Rechtslage – davon auszugehen, dass das um Übernahme angegangene Gericht für vorläufige Maßregeln zuständig ist. Trifft das um Übernahme angegangene Gericht in Unkenntnis einer vom nächsthöheren gemeinsamen Gericht inzwischen getroffenen anderslautenden Entscheidung eine vorläufige Unterbringungsmaßregel, bleibt diese wirksam, was sich aus § 313 Abs. 2 Satz 1 ergibt.

9 **IV. Zuständigkeitsverlagerung.** Mit der Übernahme des Verfahrens wird das Übernahmegericht zuständig, z.B. für die Verlängerung einer Unterbringungsmaßnahme.

10 **V. Weitere Abgabe.** Wechselt der Aufenthaltsort der von der Unterbringungsmaßnahme betroffenen Person, ist eine weitere Abgabe unter den unter I. – III. dargelegten Voraussetzungen möglich.

§ 315 Beteiligte. (1) Zu beteiligen sind
1. der Betroffene,
2. der Betreuer,
3. der Bevollmächtigte im Sinne des § 1896 Abs. 2 Satz 2 des Bürgerlichen Gesetzbuchs.
(2) Der Verfahrenspfleger wird durch seine Bestellung als Beteiligter zum Verfahren hinzugezogen.
(3) Die zuständige Behörde ist auf ihren Antrag als Beteiligte hinzuzuziehen.
(4) ¹Beteiligt werden können im Interesse des Betroffenen
1. dessen Ehegatte oder Lebenspartner, wenn die Ehegatten oder Lebenspartner nicht dauernd getrennt leben, sowie dessen Eltern und Kinder, wenn der Betroffene bei diesen lebt oder bei Einleitung des Verfahrens gelebt hat, sowie die Pflegeeltern,
2. eine von ihm benannte Person seines Vertrauens,
3. der Leiter der Einrichtung, in der der Betroffene lebt.
²Das Landesrecht kann vorsehen, dass weitere Personen und Stellen beteiligt werden können.

Übersicht	Rdn.		Rdn.
A. Allgemeines	1	1. Ehegatte	12
B. Einzelheiten	2	2. Lebenspartner	13
I. Beteiligte von Amts wegen, Abs. 1	3	3. Elternteil	14
1. Betroffener, Abs. 1 Nr. 1	4	4. Kind	15
2. Betreuer, Abs. 1 Nr. 2	5	5. Pflegeeltern	16
3. Bevollmächtigter, Abs. 1 Nr. 3	6	6. Vertrauensperson	17
II. Beteiligte kraft Bestellung, Abs. 2	7	7. Leiter der Einrichtung, in der der Betroffene lebt	18
III. Beteiligte kraft Antrages, Abs. 3	8	8. Öffnungsklausel nach Landesrecht	19
IV. Beteiligte im Interesse des Betroffenen, Abs. 4	10	C. Verfahrensrechtliches	20

1 **A. Allgemeines.** Die Vorschrift knüpft an den Beteiligtenbegriff des § 7 an und legt fest, welche Personen in Unterbringungssachen zu beteiligen sind bzw. beteiligt werden können. Die Vorschrift korrespondiert mit dem § 274, der den im Betreuungsverfahren zu beteiligenden Personenkreis benennt. Abs. 1 konkretisiert die Personen, die in Unterbringungssachen stets zu beteiligen sind. In Abs. 2 und 3 werden Personen

bzw. Institutionen genannt, die kraft ihrer Bestellung bzw. ihres Antrages zu beteiligen sind. Personen, die im Interesse des Betroffenen beteiligt werden können, nennt schließlich der Abs. 4. Der Sinn ihrer Beteiligung liegt darin, alle relevanten Gesichtspunkte zugunsten des Betroffenen zu ermitteln und zugrunde legen zu können. Die aufgeführten Personen und Institutionen stehen dem Betroffenen i.d.R. nahe und können zu seiner Lebensweise, seinem aktuellen Verhalten und seinem Lebensumfeld Auskunft erteilen.

B. Einzelheiten. § 315 nennt in Abs. 1 die Personen, die immer zu beteiligen sind, in Abs. 2 und 3 die Personen, die Kraft ihrer Bestellung oder ihres Antrages zu beteiligen sind und in Abs. 4 schließlich die Personen, die im Interesse des Betroffenen beteiligt werden können. 2

I. Beteiligte von Amts wegen, Abs. 1. Abs. 1 zählt in den Nr. 1 – 3 die Personen auf, die von Amts wegen zu beteiligen sind und konkretisiert damit den § 7 Abs. 2 Nr. 1 und 2 (dazu dort Rdn. 13 ff.). 3

1. Betroffener, Abs. 1 Nr. 1. Eine Selbstverständlichkeit spricht die Nr. 1 aus, wenn es den Betroffenen als zwingend zu beteiligende Person bezeichnet. Die Notwendigkeit seiner Beteiligung folgt bereits aus § 7 Abs. 2 Nr. 1. Der Betroffene ist auch stets verfahrensfähig, § 316. 4

2. Betreuer, Abs. 1 Nr. 2. Auch der wirksam bestellte Betreuer (dazu § 287 Rdn. 5) ist zwingend am Verfahren zu beteiligen. Sein Aufgabenkreis spielt keine Rolle, auch nicht der Umstand, ob er vorläufig oder endgültig bestellt ist. 5

3. Bevollmächtigter, Abs. 1 Nr. 3. Von Amts wegen ist auch der Bevollmächtigte i.S.d. § 1896 Abs. 2 Satz 2 BGB zu beteiligen. Mit dem Verweis auf § 1896 Abs. 2 Satz 2 BGB stellt der Gesetzgeber klar, dass nur der Bevollmächtigte zu beteiligen ist, mit dessen Vollmacht die Angelegenheiten des Betroffenen ebenso gut wie durch eine Betreuung geregelt werden können (dazu *Dodegge/Roth* Teil C Rn. 2 ff.). Wie beim Betreuer spielt es keine Rolle, ob der Wirkungskreis der Vollmacht durch das Unterbringungsverfahren betroffen ist (BT-Drucks. 16/6308, S. 273). 6

II. Beteiligte kraft Bestellung, Abs. 2. Wie § 274 Abs. 2 für das Betreuungsverfahren beinhaltet § 315 Abs. 2 eine Sondervorschrift über die Beteiligung des Verfahrenspflegers. Er wird mit seiner Bestellung durch das Gericht zugleich Beteiligter des Unterbringungsverfahrens. Zu den Voraussetzungen der Bestellung eines Verfahrenspflegers vgl. § 317. Mit seiner Bestellung erhält der Verfahrenspfleger alle Rechte und Pflichten eines Verfahrensbeteiligten (dazu § 317 Rdn. 10). Nach § 335 Abs. 2 ist er auch beschwerdeberechtigt. 7

III. Beteiligte kraft Antrages, Abs. 3. Nach § 315 Abs. 3 ist die zuständige Behörde, also die Betreuungsbehörde, das Jugendamt (OLG Naumburg NJW-RR 2010, 797), die nach dem Landesunterbringungsgesetz für zuständig erklärte Behörde (in NRW z.B. das Ordnungsamt), auf ihren Antrag hin als Beteiligte hinzuzuziehen. Dem Antrag ist zu entsprechen, ein Ermessen räumt das Gesetz nicht ein. Demzufolge ist davon auszugehen, dass die jeweils zuständige Behörde bei den in § 312 genannten Unterbringungssachen berechtigt ist, einen entsprechenden Antrag zu stellen. Die Behörde kann so entscheiden, ob sie als Beteiligter (mit dem damit verbundenen Kostentragungsrisiko) am Verfahren mitwirken will oder sich auf eine Teilnahme i.R.d. Anhörung nach § 320 Satz 2 beschränkt. 8

Bei den einzelnen Unterbringungssachen sind unterschiedliche Behörden zuständig, nämlich: 9

– das Jugendamt (§ 162 Abs. 1 Satz 1) bei Unterbringungsmaßnahmen bezüglich eines Kindes nach §§ 167 Abs. 1 Satz 1, 151 Nr. 6 und 7, 312 Nr. 1 und 3 i.V.m. § 50 Abs. 1 Satz 2 Nr. 1,
– die Betreuungsbehörde bei Unterbringungsmaßnahmen und Verfahren auf Anordnung bzw. Genehmigung der Einwilligung in eine ärztliche Zwangsmaßnahme bezüglich eines Betreuten oder Vollmachtgebers nach § 312 Satz 1 Nr. 1 und 2, wobei das Landesrecht bestimmt, welche Behörde auf örtlicher Ebene zuständig ist, § 1 BtBG,
– die nach dem jeweiligen Landesunterbringungsgesetz zuständige Behörde bei Unterbringungsmaßnahmen und Verfahren auf eine ärztliche Zwangsbehandlung Volljähriger nach § 312 Satz 1 Nr. 3. In NRW ist z.B. die Ordnungsbehörde zuständig, § 12 Satz 1 PsychKG NRW.

IV. Beteiligte im Interesse des Betroffenen, Abs. 4. § 315 Abs. 4 enthält eine Konkretisierung der Personen, die nach § 7 Abs. 3 zum Unterbringungsverfahren hinzugezogen werden können. Es handelt sich dabei i.d.R. um Angehörige oder nahestehende Personen. Die Aufzählung in Abs. 4 ist abschließend. Ist eine 10 der genannten Personen in eigenen Rechten verletzt, ist nicht über ihre Beteiligung nach Abs. 4 zu befinden, vielmehr sind sie stets nach § 7 Abs. 2 Nr. 1 zu beteiligen (dazu § 7 Rdn. 24).

11 Voraussetzung ist jeweils, dass ein Interesse des Betroffenen an der Beteiligung der genannten Personen besteht. Das Interesse des Betroffenen ist nicht objektiv, sondern aus seiner Sicht zu beurteilen; sein Wohl, seine Wünsche und Belange hat das Gericht zu berücksichtigen (BGH NJW-RR 2012, 770). Dies gilt insb. weil diesen Personen mit der Beteiligung im Gegensatz zum früheren Recht vom Betroffenen die Teilnahme an der persönlichen Anhörung (vgl. § 319) nicht verwehrt werden kann. Bestehen Zweifel, ob der Betroffene mit der Hinzuziehung einer Person einverstanden ist, ist er zuvor dazu anzuhören. Gegen den Willen des Betroffenen kommt eine Beteiligung Verwandter nur in Betracht, wenn dieser Wille dem objektiven Interesse des Betroffenen zuwiderläuft und keine erhebliche Gründe gegen die Beteiligung sprechen (BT-Drucks. 16/6308, S. 266). IE:

12 **1. Ehegatte.** Er kann beteiligt werden, wenn er nicht dauernd getrennt vom Betroffenen lebt. Maßgeblicher Zeitpunkt ist der der Verfahrenseinleitung. Bei erst kurz zuvor erfolgter Trennung kann eine Anhörung zur Sachverhaltsaufklärung nach § 26 angezeigt sein.

13 **2. Lebenspartner.** Unter Lebenspartner sind Partner gleichgeschlechtlicher Partnerschaften i.S.d. § 1 LPartG gemeint, nicht Partner einer nicht ehelichen Gemeinschaft. Auch der Lebenspartner darf vom Betroffenen nicht dauernd getrennt leben.

14 **3. Elternteil.** Ein Elternteil kann beteiligt werden, wenn der Betroffene bei ihm lebt oder zum Zeitpunkt der Verfahrenseinleitung dort gelebt hat. Der Elternteil muss nicht der Sorgerechtsinhaber sein oder gewesen sein. Fehlt eine häusliche Gemeinschaft, kann eine Anhörung i.R.d. § 26 angezeigt sein.

15 **4. Kind.** Der Betroffene muss bei dem Kind leben, was nur der Fall sein kann, wenn das Kind volljährig ist, vgl. § 11 BGB. Auch nicht eheliche, Stief- (dazu LG Oldenburg BtPrax 1996, 31) und Adoptivkinder sind gemeint. Fehlt eine häusliche Gemeinschaft, kann wiederum eine Anhörung nach § 26 erfolgen.

16 **5. Pflegeeltern.** Pflegeeltern wird in Abs. 4 Nr. 1 eine Beteiligung am Verfahren ermöglicht. Zwar sind sie nicht in eigenen Rechten betroffen. Aber ihr ideelles Interesse wird als schutzwürdig gewertet. Ein faktisches Pflegeverhältnis nach § 44 SGB VIII genügt.

17 **6. Vertrauensperson.** Der Betroffene kann eine oder mehrere natürliche Personen (nicht Organisationen oder Institutionen) als Vertrauensperson benennen, ohne dazu verpflichtet zu sein, § 170 Abs. 1 Satz 3 GVG. Die Benennung einer Person mit natürlichem Willen genügt. Lediglich unsinnige Nennungen (Papst, englische Königin, Filmfiguren) bleiben unbeachtlich. Besonderheiten gelten im Verfahren auf die Unterbringung eines Minderjährigen. Hier ist keine ausdrückliche Benennung erforderlich. Es kann genügen, wenn aus den Äußerungen des Minderjährigen oder den übrigen Umständen heraus erkennbar ist, dass eine weitere Person existiert, der der Minderjährige sein Vertrauen schenkt und deren Beteiligung an dem Verfahren im Interesse des Minderjährigen geboten ist. Es steht dann im Ermessen des Gerichts, ob es diese Vertrauensperson am Verfahren beteiligt (BGH NJW-RR 2013, 65; OLG Hamm NJOZ 2012, 1390).

18 **7. Leiter der Einrichtung, in der der Betroffene lebt.** Gemeint ist der Leiter der Einrichtung, in der sich der Betroffene üblicherweise aufhält, nicht der Leiter der Unterbringungseinrichtung. Seitens der Einrichtung kann derjenige, dem innerhalb der Einrichtung diese Aufgabe intern zugewiesen ist, die Beteiligtenrechte wahrnehmen.

19 **8. Öffnungsklausel nach Landesrecht.** Abs. 4 Satz 2 ermächtigt den Landesgesetzgeber in Unterbringungssachen nach § 312 Satz 1 Nr. 3, also Unterbringungen nach den Landesunterbringungsgesetzen, weitere Personen und Stellen vorzusehen, die beteiligt werden können. In NRW ist das z.B. der Sozialpsychiatrische Dienst der unteren Gesundheitsbehörde, § 13 Abs. 2 PsychKG NRW.

20 **C. Verfahrensrechtliches.** Diejenigen, die nach § 315 Abs. 3, 4 eine Beteiligtenposition erlangen können, sind über die Verfahrenseinleitung zu informieren und über ihr Antragsrecht zu belehren, § 7 Abs. 4. Die Verpflichtung besteht nur in Hinblick auf bekannte Beteiligte, Identität und Aufenthalt müssen bekannt sein bzw. es muss hinreichende Ansatzpunkte zu ihrer Ermittlung geben. Die Hinzuziehung kann nach § 7 Abs. 5 formlos durch Übersenden einer Ladung oder von Schriftstücken erfolgen. Mit der Hinzuziehung als Beteiligter stehen dem jeweiligen Beteiligten die nach dem FamFG vorgesehenen Rechte, etwa Anhörungs- und Akteneinsichtsrecht, Recht auf Bekanntgabe der Entscheidung sowie – im Interesse des Betrof-

fenen – ein Beschwerderecht zu. Die einmal erworbene Beteiligtenstellung besteht im Beschwerdeverfahren fort (BGH NJW-RR 2012, 961). Auf der anderen Seite ist der Beteiligte nach § 27 zur Mitwirkung verpflichtet und ihn trifft u.U. eine Kostentragungspflicht, §§ 81, 337. Die Ablehnung eines Antrages auf Hinzuziehung als Beteiligter erfolgt durch Beschluss, § 7 Abs. 5 Satz 1. Dagegen ist das Rechtsmittel der sofortigen Beschwerde gegeben, § 7 Abs. 5 Satz 2. Zu Einzelheiten vgl. § 7 Rdn. 35. Zur Beteiligtenfähigkeit vgl. § 8.

§ 316 Verfahrensfähigkeit.
In Unterbringungssachen ist der Betroffene ohne Rücksicht auf seine Geschäftsfähigkeit verfahrensfähig.

Übersicht

	Rdn.		Rdn.
A. Allgemeines	1	B. Einzelheiten	2

A. Allgemeines. § 316 knüpft an § 9 Abs. 1 Nr. 4 an und erweitert wegen der Besonderheiten im Bereich der Unterbringungssachen den allgemeinen Begriff der Verfahrensfähigkeit. Ungeachtet bestehender Geschäftsfähigkeit gilt der von einer Unterbringungssache (dazu § 312) Betroffene als verfahrensfähig. In Unterbringungssachen bedarf es vorrangig der Beteiligung des Betroffenen. Er wird vom Gesetz daher als vollwertiger Beteiligter mit allen Verfahrensrechten behandelt. § 316 gilt nur für Volljährige, wie sich aus § 312 ergibt. Zur Verfahrensfähigkeit Minderjähriger im Unterbringungsverfahren vgl. § 167 Abs. 3. Die Vorschrift korrespondiert mit der des § 275, der die Verfahrensfähigkeit im Betreuungsverfahren regelt.

B. Einzelheiten. § 316 gilt sowohl für die sog. zivilrechtlichen als auch die öffentlich-rechtlichen Unterbringungsmaßnahmen nach § 312 Satz 1 Nr. 1 bis 3. Der Betroffene gilt, unabhängig von seiner Geschäftsfähigkeit, seinem Alter oder dem Ausmaß seiner Erkrankung, im Unterbringungsverfahren als unbeschränkt verfahrensfähig. Er kann also z.B. wirksam einen Anwalt für das Verfahren beauftragen, Rechtsmittel einlegen oder zurücknehmen, auch wenn das für ihn nachteilig ist. Es bedarf dann aber zumindest einer Willenserklärung, die dem Betroffenen zuzurechnen ist (BayObLG NJOZ 2004, 2915; zu eng AG Mannheim BtPrax 2012, 219). Das Gesetz nimmt die für den Betroffenen in einem Rechtsmittelverzicht bestehende Gefahr hin und schafft dadurch einen Ausgleich, dass dem Betroffenen ein Verfahrenspfleger (dazu § 317) zu bestellen ist, wenn er sich selbst durch Verfahrenshandlungen schädigt. Durch die Bestellung eines Verfahrenspflegers wird die Verfahrensfähigkeit des Betroffenen nicht tangiert. Nehmen Verfahrenspfleger und Betroffener sich widersprechende Verfahrenshandlungen vor, ist jede für sich gesondert zu behandeln und ggf. wie die Verfahrenshandlung einer Einzelperson zu bescheiden (*Dodegge/Roth* Teil A Rn. 137).

§ 317 Verfahrenspfleger.
(1) ¹Das Gericht hat dem Betroffenen einen Verfahrenspfleger zu bestellen, wenn dies zur Wahrnehmung der Interessen des Betroffenen erforderlich ist. ²Die Bestellung ist insbesondere erforderlich, wenn von einer Anhörung des Betroffenen abgesehen werden soll.
(2) Bestellt das Gericht dem Betroffenen keinen Verfahrenspfleger, ist dies in der Entscheidung, durch die eine Unterbringungsmaßnahme genehmigt oder angeordnet wird, zu begründen.
(3) Wer Verfahrenspflegschaften im Rahmen seiner Berufsausübung führt, soll nur dann zum Verfahrenspfleger bestellt werden, wenn keine andere geeignete Person zur Verfügung steht, die zur ehrenamtlichen Führung der Verfahrenspflegschaft bereit ist.
(4) Die Bestellung eines Verfahrenspflegers soll unterbleiben oder aufgehoben werden, wenn die Interessen des Betroffenen von einem Rechtsanwalt oder einem anderen geeigneten Verfahrensbevollmächtigten vertreten werden.
(5) Die Bestellung endet, sofern sie nicht vorher aufgehoben wird, mit der Rechtskraft der Endentscheidung oder mit dem sonstigen Abschluss des Verfahrens.
(6) Die Bestellung eines Verfahrenspflegers oder deren Aufhebung sowie die Ablehnung einer derartigen Maßnahme sind nicht selbständig anfechtbar.
(7) Dem Verfahrenspfleger sind keine Kosten aufzuerlegen.

§ 317
Buch 3. Verfahren in Betreuungs- und Unterbringungssachen

Übersicht

	Rdn.		Rdn.
A. Allgemeines	1	III. Begründung der unterlassenen Bestellung, Abs. 2	14
B. Einzelheiten	2	IV. Verfahrensrechtliches	16
I. Voraussetzungen, Abs. 1	2	1. Beendigung der Verfahrenspflegschaft, Abs. 5	16
1. Grundsatz	3	a) Aufhebung	17
2. Zwingende Fälle	6	b) Formelle Rechtskraft	18
3. Person des Verfahrenspflegers, Abs. 3	7	c) Sonstiger Verfahrensabschluss	19
4. Rechtsstellung des Verfahrenspflegers	10	2. Verlängerung	20
5. Zeitpunkt der Bestellung	11	3. Rechtsmittel, Abs. 6	21
II. Unterbleiben bzw. Aufhebung der Verfahrenspflegerbestellung, Abs. 4	12	4. Kosten, Abs. 7	22

1 **A. Allgemeines.** § 317 enthält Regelungen zur Erforderlichkeit der Bestellung eines Verfahrenspflegers. Der untergebrachte Betroffene wird als erhöht schutzbedürftig betrachtet. Durch die Bestellung eines Verfahrenspflegers soll die Gewährleistung des rechtlichen Gehörs (Art. 103 Abs. 1 GG) gesichert werden. Der Aufgabenkreis eines Verfahrenspflegers ist ebenso wenig festgelegt wie die zur Ausübung des Amtes notwendige Qualifikation. Ein Verfahrenspfleger ist an keine Weisungen gebunden. Die Verfahrenspflegschaft ist eine Pflegschaft eigener Art. Die Vorschrift korrespondiert mit § 276, der die Erforderlichkeit einer Verfahrenspflegerbestellung im Betreuungsverfahren regelt. Der Verfahrenspfleger soll die objektiven Interessen des Betroffenen wahrnehmen und dessen Belange wahren.

2 **B. Einzelheiten. I. Voraussetzungen, Abs. 1.** Während § 317 Abs. 1 Satz 1 die grundsätzlichen Voraussetzungen für eine Verfahrenspflegerbestellung nennt, beschreibt Satz 2 zwingende Fälle einer Verfahrenspflegerbestellung.

3 **1. Grundsatz.** Grundsätzlich setzt die Bestellung eines Verfahrenspflegers voraus, dass dies zur Wahrnehmung der Interessen des Betroffenen erforderlich ist. Der Gesetzgeber wollte die Bestellung eines Verfahrenspflegers nicht als Regel ausgestaltet wissen. Die gerichtliche Praxis erachtet indes – zumindest bei Unterbringungen nach § 1906 Abs. 1 BGB und den Landesunterbringungsgesetzen – regelmäßig die Bestellung eines anwaltlichen Verfahrenspflegers für notwendig (BayObLG FamRZ 2000, 566; LG Kleve BtPrax 2012, 262), da die Verteidigung gegen eine Freiheitsentziehung die ureigenste Aufgabe von Anwälten ist. Maßgebliches Kriterium für die Erforderlichkeit einer Verfahrenspflegerbestellung ist, ob die konkrete Verfahrenssituation es angebracht erscheinen lässt, dem Betroffenen einen Beistand an die Seite zu stellen. Das wird der Fall sein, wenn der Betroffene nicht ausreichend sein Recht auf Wahrnehmung des rechtlichen Gehörs wahrnehmen kann (etwa durch adäquate Stellungnahme zu dem ermittelten Sachverhalt, zu Zeugenaussagen und zu ärztlichen Gutachten, OLG Karlsruhe NJW-RR 2008, 813) oder ihm die Möglichkeit fehlt, sich differenzierend begründend zum Antrag zu äußern bzw. auf der Hand liegende Einwendungen vorzutragen (OLG Köln FamRZ 2003, 171; BayObLG FamRZ 2003, 1044). Bei einer Unterbringungssache nach § 312 Satz 1 Nr. 1 und 2 wird dies auch der Fall sein, wenn beim gesetzlichen Vertreter Interessenkollisionen vorliegen oder der Betroffene den Freiheitsentzug mit natürlichem Willen abgelehnt (*Damrau/Zimmermann* § 317 Rn. 4).

4 Bei Unterbringungssachen nach § 312 Satz 1 Nr. 2 wird man eher eine Erforderlichkeit der Interessenwahrnehmung durch einen Dritten verneinen können. Entscheidend sind Art, Dauer und Intensität der Maßnahme. Geht es (lediglich) um das nächtliche Verschließen der Haustür oder das nächtliche Anbringen eines Bettgitters, um dem Betroffenen eine gefahrlose Nachtruhe zu gewährleisten, kann eher auf einen Verfahrenspfleger verzichtet werden als bei dem längerfristigen Anlegen eines Bauchgurtes.

5 Stellt das Gericht – dies kann auch das Beschwerdegericht sein – fest, dass eine Verfahrenspflegerbestellung erforderlich ist, muss sie erfolgen. Es besteht kein Ermessen. Will das Gericht dagegen die Genehmigung einer Unterbringungsmaßnahme ablehnen, bedarf es keiner Bestellung eines Verfahrenspflegers.

6 **2. Zwingende Fälle.** Nach Satz 2 ist eine Verfahrenspflegerbestellung zwingend, wenn das Gericht nach § 34 Abs. 2 von der persönlichen Anhörung des Betroffenen absehen will. §§ 34 Abs. 2, 319 Abs. 3 ermöglichen dies, wenn nach ärztlichem Gutachten von der persönlichen Anhörung erhebliche Nachteile für die Gesundheit des Betroffenen zu besorgen sind (dazu § 34 Rdn. 14) oder der Betroffene nach dem unmittelbaren Eindruck des Gerichtes offensichtlich nicht in der Lage ist, seinen Willen kundzutun (dazu § 34 Rdn. 15). Die Verfahrenspflegerbestellung ist dann zur Gewährung des rechtlichen Gehörs unabdingbar. Gleiches muss gelten, wenn das Gericht die Entscheidungsgründe unter den Voraussetzungen des § 325 Abs. 1 nicht an den Betroffenen bekannt machen will.

Schließlich ist gem. § 312 Satz 3 im Verfahren auf Genehmigung einer ärztlichen Zwangsmaßnahme zwingend ein Verfahrenspfleger zu bestellen (OLG Stuttgart, FamRZ 2014, 699).

3. Person des Verfahrenspflegers, Abs. 3. Der Gesetzgeber hat darauf verzichtet, bestimmte persönliche oder fachliche Qualifikationen für die Person des Verfahrenspflegers festzulegen. In Abs. 3 spricht der Gesetzgeber aber einen Vorrang für den ehrenamtlichen Verfahrenspfleger aus. Insoweit hat er die Regelung des § 1897 Abs. 6 Satz 1 BGB hinsichtlich der Betreuerauswahl auch auf die Auswahl des Verfahrenspflegers übernommen. Ist ein ehrenamtlicher Verfahrenspfleger, z.B. Angehöriger, nicht vorhanden, kann jede geeignete Person, z.B. Sozialarbeiter, Mitarbeiter eines Betreuungsvereins, Rechtsanwalt, etc. bestellt werden. Angesichts des gravierenden Eingriffs in die Freiheitsrechte wird zu Recht verlangt, dass zumindest in Unterbringungssachen nach § 312 Satz 1 Nr. 1 und 3 der zu bestellende Verfahrenspfleger Rechtsanwalt sein muss (BayObLG FamRZ 2000, 566). Wird ein Rechtsanwalt zum Verfahrenspfleger bestellt, ist es i.S.d. Rechtsklarheit geboten, mit der Bestellung einen Hinweis darauf zu geben, ob im konkreten Fall davon auszugehen ist, dass anwaltsspezifische Tätigkeiten anfallen werden (BVerfG FamRZ 2000, 1280). Zu weiteren Einzelheiten, vgl. § 277 Rdn. 9. 7

Ist eine Vertretung durch einen Rechtsanwalt nicht geboten, kommen auch andere Personen als Verfahrenspfleger in Betracht. Werden sie bestellt, dürfen an ihre Sachkunde keine überspannten Anforderungen gestellt werden. Wichtig kann auch die Fähigkeit sein, auf den Betroffenen einzugehen und mit ihm kommunizieren zu können. 8

Um Interessenkonflikte zu vermeiden, sollte bei Unterbringungsmaßnahmen gegen Volljährige nicht die Betreuungsbehörde und gegen Minderjährige nicht das Jugendamt bzw. ein dort tätiger Mitarbeiter zum Verfahrenspfleger bestellt werden. 9

4. Rechtsstellung des Verfahrenspflegers. Die Bestellung eines Verfahrenspflegers im Unterbringungsverfahren soll die Wahrung der Belange des Betroffenen im Verfahren gewährleisten. Der Betroffene soll bei den besonders schwerwiegenden Eingriffen in das Grundrecht der Freiheit der Person nicht allein stehen, sondern fachkundig beraten und vertreten werden. Mit seiner Bestellung ist der Verfahrenspfleger Beteiligter des Unterbringungsverfahrens und vom Gericht im selben Umfang wie der Betroffene an allen Verfahrenshandlungen zu beteiligen, etwa zum Anhörungstermin zu laden (OLG Hamm FGPrax 2009, 135). Die Aufgabe eines Verfahrenspflegers (dazu BGH NJW 2009, 2814, 2819) ist es, die verfahrensmäßigen Rechte des Betroffenen zur Geltung zu bringen. Dazu gehört insb. der Anspruch des Betroffenen auf Gewährung rechtlichen Gehörs. Vorrangig hat der Verfahrenspfleger deshalb darauf zu achten, dass das Gericht nicht zu Unrecht von einer offensichtlichen Unfähigkeit des Betroffenen ausgeht, seinen Willen kundzutun (vgl. §§ 319 Abs. 3, 34 Abs. 2). Hat der Verfahrenspfleger nach persönlicher Rücksprache mit dem Betroffenen den Eindruck gewonnen, dieser sei entgegen der Einschätzung des Gerichts doch in der Lage, zumindest in beschränktem Umfang seinen Willen zu äußern oder wichtige Informationen zu erteilen, hat er auf eine persönliche Anhörung durch das Gericht hinzuwirken. Weiter gehört es zu den Aufgaben des Verfahrenspflegers, den tatsächlichen oder mutmaßlichen Willen des Betroffenen zu erforschen und in das Verfahren einzubringen, etwa zu den Fragen der Unterbringung oder der ärztlichen (Zwangs-) Behandlung. Kann der Betroffene keinen Willen mehr bilden oder seine Wünsche nicht mehr artikulieren, hat der Verfahrenspfleger – in angemessenem Rahmen – Möglichkeiten zu nutzen, den wirklichen oder mutmaßlichen Willen des Betroffenen anderweitig zu erkunden. Dabei ist etwa an eine Kontaktaufnahme mit Bezugspersonen des Betroffenen zu denken, wenn deren Befragung Aufschlüsse über dessen tatsächlichen oder hypothetischen Willen erwarten lässt. Der Verfahrenspfleger wird auch Kontakt zu den behandelnden Ärzten aufnehmen und die Krankenunterlagen einsehen (dies kann berechtigt auch noch nach Ende der Unterbringung erfolgen, LG Münster FamRZ 2010, 150). Schließlich hat der Verfahrenspfleger auf der Grundlage dieser Gespräche und Erkundigungen für den Betroffenen dessen Verfahrensrechte wahrzunehmen, indem er ggf. zu einzelnen Verfahrensergebnissen Stellung nimmt oder Rechtsmittel einlegt. Hinzu kommt die Aufgabe des Verfahrenspflegers, dem Betroffenen – soweit möglich – den Gegenstand des Unterbringungsverfahrens und das Verfahrensgeschehen zu erläutern. Ein (anwaltlicher) Verfahrenspfleger wird i.d.R. im Verlaufe des Verfahrens eine Stellungnahme abgeben, darin Ablauf und Inhalte seines Gespräches mit dem Betroffenen darle- 10 gen, die Ergebnisse von Gesprächen mit Dritten wiedergeben und eine Einschätzung abgeben (zu einem Muster vgl. *Meier* Rn. 1124). Zur Vergütung des berufsmäßigen Verfahrenspflegers vgl. § 318, der auf § 277 verweist.

11 **5. Zeitpunkt der Bestellung.** Das Gesetz schreibt nicht vor, zu welchem Zeitpunkt ein Verfahrenspfleger in Unterbringungssachen zu bestellen ist. Die Bestellung sollte aber möglichst frühzeitig erfolgen. Steht der Betroffene nach einer vor oder in der persönlichen Anhörung erstatteten ärztlichen Stellungnahme mit hoher Wahrscheinlichkeit in einer akuten Krankheitsphase und zeichnet sich die Genehmigung einer Unterbringungsmaßnahme ab, bedarf es jedenfalls der rechtzeitigen Bestellung eines Verfahrenspflegers und dessen Beteiligung im Termin (OLG Hamm FamRZ 2000, 494). Auf jeden Fall muss die Verfahrenspflegerbestellung – sofern sie erforderlich ist – so frühzeitig erfolgen, dass der Verfahrenspfleger noch Einfluss auf die Entscheidung nehmen (BGH MDR 2011, 488) und an der abschließenden Anhörung des Betroffenen teilnehmen kann (BGH NJW-RR 2012, 1582).

12 **II. Unterbleiben bzw. Aufhebung der Verfahrenspflegerbestellung, Abs. 4.** Nach § 317 Abs. 4 soll die Bestellung eines Verfahrenspflegers unterbleiben oder aufgehoben werden, wenn die Interessen des Betroffenen von einem Rechtsanwalt oder einem anderen geeigneten Verfahrensbevollmächtigten vertreten werden. Die Bevollmächtigung ist ggf. nachzuweisen, § 11.

13 Meldet sich vor Beginn oder im Unterbringungsverfahren ein Bevollmächtigter, kann – muss aber nicht – die Bestellung eines Verfahrenspflegers unterbleiben bzw. wieder aufgehoben werden. Die Bestellung eines Verfahrenspflegers dürfte nur noch in atypischen Fallkonstellationen in Betracht kommen. Etwa, wenn der anwaltliche Bevollmächtigte gleichzeitig von einem anderen Beteiligten bevollmächtigt ist (KG FGPrax 2004, 117) oder der Betroffene durch krankheitsbedingte unsinnige Anweisungen eine adäquate Vertretung unterläuft.

14 **III. Begründung der unterlassenen Bestellung, Abs. 2.** Erfolgt eine Verfahrenspflegerbestellung bedarf diese Entscheidung keiner Begründung. Etwas anderes gilt, wenn die Verfahrenspflegerbestellung unterbleibt, § 317 Abs. 2.

15 Das Unterbleiben ist in der Entscheidung, durch die eine Unterbringungsentscheidung getroffen wird, zu begründen. Eine formelhafte, unter Verwendung von Vordrucken abgefasste Begründung genügt nicht (OLG Schleswig BtPrax 1994, 62; LG Köln BtPrax 1992, 74). Es bedarf einer auf den Einzelfall zugeschnittenen Begründung. Sie kann sich daraus ergeben, dass der Betroffene von einem Rechtsanwalt oder anderen geeigneten Verfahrensbevollmächtigten vertreten wird bzw. dass dessen Bevollmächtigung angekündigt wird. Auf die Bestellung eines Verfahrenspflegers kann auch verzichtet werden, wenn es in der Sache keine Entscheidungsalternativen gibt und die Entscheidung durch den Verfahrenspfleger nicht zu beeinflussen ist (BayObLG FamRZ 2003, 786) bzw., wenn im Vorverfahren durch den Verfahrenspfleger nichts zugunsten des Betroffenen zu erreichen war.

16 **IV. Verfahrensrechtliches. 1. Beendigung der Verfahrenspflegschaft, Abs. 5.** Die Verfahrenspflegschaft findet ihr Ende durch Aufhebung, Eintritt der Rechtskraft der das Verfahren abschließenden Entscheidung oder mit sonstigem Abschluss des Verfahrens.

17 **a) Aufhebung.** Die Aufhebung erfolgt durch Beschluss und ist in den Fällen des Abs. 4 möglich. Dagegen lässt sich eine Aufhebung nicht damit begründen, dass das Unterbringungsverfahren entscheidungsreif und mit der Entscheidung erledigt sei (BayObLG FamRZ 2002, 1362).

18 **b) Formelle Rechtskraft.** Bei Genehmigung oder Anordnung einer Unterbringungsmaßnahme endet die Verfahrenspflegschaft spätestens mit dem Eintritt der formellen Rechtskraft (dazu § 324 Abs. 1). Wird gegen die Entscheidung des AG Beschwerde und gegen die Beschwerdeentscheidung die Rechtsbeschwerde eingelegt, besteht die Verfahrenspflegschaft bis zur abschließenden Entscheidung der dritten Instanz. Im Beschwerdeverfahren bedarf es daher nicht der gesonderten erneuten Verfahrenspflegerbestellung.

19 **c) Sonstiger Verfahrensabschluss.** Die Verfahrenspflegschaft endet schließlich auch mit dem sonstigen Abschluss des Verfahrens. Gemeint sind damit etwa die Rücknahme des Antrages bei öffentlich-rechtlichen Unterbringungsmaßnahmen, Entlassung des Betroffenen aus der Unterbringung oder Tod des Betroffenen.

2. Verlängerung. Ist nach Beendigung der Verfahrenspflegschaft eine Verlängerung bzw. neue Unterbringungsmaßnahme nötig, ist neu zu prüfen, ob die Voraussetzungen für eine Verfahrenspflegerbestellung vorliegen. 20

3. Rechtsmittel, Abs. 6. Die Bestellung eines Verfahrenspflegers, deren Aufhebung bzw. die Ablehnung der Bestellung, Aufhebung oder die Feststellung der Berufsmäßigkeit der Führung der Verfahrenspflegschaft können nicht isoliert angefochten werden (BGH NJW 2013, 3040). Das Gesetz greift insoweit die Rechtsprechung zur fehlenden Anfechtbarkeit der Verfahrenspflegerbestellung im Betreuungs- (BGH NJW-RR 2003, 1369) und Unterbringungsverfahren (OLG Schleswig FamRZ 2003, 1499) auf. 21

4. Kosten, Abs. 7. Der Verfahrenspfleger ist nach § 315 Abs. 2 mit seiner Bestellung Beteiligter des Verfahrens. Das mit der Beteiligtenstellung verbundene Kostenrisiko nach § 81 schließt das Gesetz mit der spezielleren Regelung des § 317 Abs. 7 für den Verfahrenspfleger aus. 22

§ 318 Vergütung und Aufwendungsersatz des Verfahrenspflegers.
Für die Vergütung und den Aufwendungsersatz des Verfahrenspflegers gilt § 277 entsprechend.

Die Vorschrift verweist hinsichtlich des Aufwendungsersatzes und der Vergütung eines Verfahrenspflegers in Unterbringungssachen auf die Regelungen des § 277 zum Aufwendungsersatz und zur Vergütung eines Verfahrenspflegers in Betreuungssachen. Zu Einzelheiten kann auf die dortige Kommentierung verwiesen werden. 1

Die Vergütung eines im Wege der Verfahrenskostenhilfe beigeordneten Rechtsanwaltes bemisst sich nach RVG Nr. 6300 VV (BGH NJW-RR 2013, 67). 2

§ 319 Anhörung des Betroffenen.
(1) ¹Das Gericht hat den Betroffenen vor einer Unterbringungsmaßnahme persönlich anzuhören und sich einen persönlichen Eindruck von ihm zu verschaffen. ²Den persönlichen Eindruck verschafft sich das Gericht, soweit dies erforderlich ist, in der üblichen Umgebung des Betroffenen.
(2) Das Gericht unterrichtet den Betroffenen über den möglichen Verlauf des Verfahrens.
(3) Soll eine persönliche Anhörung nach § 34 Abs. 2 unterbleiben, weil hiervon erhebliche Nachteile für die Gesundheit des Betroffenen zu besorgen sind, darf diese Entscheidung nur auf Grundlage eines ärztlichen Gutachtens getroffen werden.
(4) Verfahrenshandlungen nach Absatz 1 sollen nicht im Wege der Rechtshilfe erfolgen.
(5) Das Gericht kann den Betroffenen durch die zuständige Behörde vorführen lassen, wenn er sich weigert, an Verfahrenshandlungen nach Absatz 1 mitzuwirken.
(6) ¹Gewalt darf die Behörde nur anwenden, wenn das Gericht dies ausdrücklich angeordnet hat. ²Die zuständige Behörde ist befugt, erforderlichenfalls um Unterstützung der polizeilichen Vollzugsorgane nachzusuchen.
(7) ¹Die Wohnung des Betroffenen darf ohne dessen Einwilligung nur gewaltsam geöffnet, betreten und durchsucht werden, wenn das Gericht dies zu dessen Vorführung zur Anhörung ausdrücklich angeordnet hat. ²Bei Gefahr im Verzug kann die Anordnung nach Satz 1 durch die zuständige Behörde erfolgen. ³Durch diese Regelung wird das Grundrecht auf Unverletzlichkeit der Wohnung aus Artikel 13 Absatz 1 des Grundgesetzes eingeschränkt.

Übersicht	Rdn.		Rdn.
A. Allgemeines	1	a) Verfahrensablauf	11
B. Einzelheiten	2	b) Weitere Gesichtspunkte	12
I. Regelungsinhalt	2	5. Verfahrensrechtliche Aspekte	13
II. Persönliche Anhörung und persönlicher Eindruck	4	a) Unterbleiben der Anhörung, Abs. 3	14
		aa) Gesundheitsnachteile	15
1. Persönliche Anhörung	5	bb) Keine Willenskundgabe möglich	16
2. Persönlicher Eindruck	7	cc) Einzelfälle	17
3. Ort der Anhörung und der Verschaffung des persönlichen Eindrucks	8	b) Ersuchter Richter, Abs. 4	18
4. Inhalt der Anhörung, Abs. 2	11	c) Auslandsberührung	19

§ 319 Buch 3. Verfahren in Betreuungs- und Unterbringungssachen

	Rdn.		Rdn.
6. Vorführung des Betroffenen, Abs. 5 bis 7	20	8. Schlussgespräch	24
7. Hinzuziehung eines Sachverständigen und anderer Personen.............	23	9. Protokollierung der Anhörung.....	25
		10. Beschwerdeverfahren	26

1 **A. Allgemeines.** Auch im Unterbringungsverfahren sind die persönliche Anhörung und die Gewinnung eines persönlichen Eindrucks vorgeschrieben, um dem Gebot des rechtlichen Gehörs (vgl. Art. 103 Abs. 1 GG) zu entsprechen. Gleichwohl wird in der gerichtlichen Praxis dagegen immer wieder verstoßen. Zwar kann unter strengen Voraussetzungen bei einstweiligen Anordnungen auf eine persönliche Anhörung verzichtet werden, nicht aber auf die Verschaffung eines unmittelbaren Eindrucks vom Betroffenen (BayObLG FamRZ 2001, 578; OLG Karlsruhe FamRZ 1999, 670). Ein Verstoß gegen dieses verfassungsrechtliche Gebot wird durch eine Nachholung nicht geheilt. Die Vorschrift korrespondiert mit dem § 278, der eine entsprechende Regelung für das Betreuungsverfahren enthält. Abs. 6 und 7 wurden durch das Gesetz zur Einführung einer Rechtsbehelfsbelehrung im Zivilprozess und zur Änderung anderer Vorschriften vom 05.12.2012 (BGBl. I, S. 2418) angefügt. Dies war erforderlich, weil das BVerfG (FamRZ 2009, 1814) schon vor Inkrafttreten des FamFG für das gewaltsame Öffnen, Betreten und Durchsuchen der Wohnung in Hinblick auf Art. 13 GG eine ausdrückliche gesetzliche Ermächtigungsgrundlage verlangt hatte.
Soweit die persönliche Anhörung der Gewährung rechtlichen Gehörs dient, folgt ihre Notwendigkeit schon aus § 34 Abs. 1 Nr. 1.

2 **B. Einzelheiten. I. Regelungsinhalt.** § 319 gilt für Unterbringungssachen, also die in § 312 Satz 1 Nr. 1 – 3 aufgeführten Verfahren. Über § 329 Abs. 2 Satz 1 gilt er auch für die Verlängerung von Unterbringungsmaßnahmen. Bei einer vorläufigen Unterbringungsmaßnahme durch einstweilige Anordnung (§ 331) ist die persönliche Anhörung nach § 331 Satz 1 Nr. 4 vorgeschrieben. Sie kann aber im Wege der Rechtshilfe erfolgen, § 331 Satz 2.

3 Bei Ablehnung oder Abkürzung einer Unterbringungsmaßnahme bedarf es dagegen nicht immer der persönlichen Anhörung und der Verschaffung eines persönlichen Eindrucks. Ihre Notwendigkeit bemisst sich allein nach § 26. Dies gilt auch im Verfahren auf Klärung der Rechtmäßigkeit einer erledigten Unterbringungsmaßnahme (OLG Schleswig FamRZ 2000, 247).

4 **II. Persönliche Anhörung und persönlicher Eindruck.** In § 319 Abs. 1 unterscheidet das Gesetz zwischen persönlicher Anhörung und persönlichem Eindruck. Beide konkretisieren die dem Gericht nach § 26 obliegende Pflicht zur Amtsermittlung. Sie verschaffen dem Gericht eigene Erkenntnisquellen und gehen damit über die Pflicht zur Gewährung des rechtlichen Gehörs hinaus.

5 **1. Persönliche Anhörung.** Nach § 319 Abs. 1 Satz 1 muss das Gericht den Betroffenen vor einer Unterbringungsmaßnahme anhören. Auch aus § 34 Abs. 1 Nr. 2 ergibt sich, dass die Anhörung persönlich, also mündlich zu erfolgen hat. Die weiteren Beteiligten (dazu § 315) sind zum Termin zu laden. Unterbleibt die Ladung oder wird ein Wunsch nach Terminverlegung nicht berücksichtigt, ist die Anhörung fehlerhaft und muss wiederholt werden (BGH NJW 2012, 317; BayObLG NJWE-FER 2001, 324).

6 Ist ein Betroffener zur Anhörung persönlich geladen, § 34 Abs. 1, und nach § 34 Abs. 3 Satz 2 über die Folgen eines unentschuldigten Ausbleibens informiert, soll bei unentschuldigtem Ausbleiben des Betroffenen das Verfahren ohne persönliche Anhörung des Betroffenen beendet werden können, § 34 Abs. 3 Satz 1 (BGH FamRZ 2010, 1650). Der BGH bleibt eine Begründung dafür, warum die allgemeine Regelung des § 34 der spezielleren des § 319 vorgehen soll, schuldig.

7 **2. Persönlicher Eindruck.** Weiterhin muss das Gericht sich einen persönlichen Eindruck vom Betroffenen verschaffen. Dies geschieht durch eine Augenscheinseinnahme des Betroffenen und seiner Umgebung.

8 **3. Ort der Anhörung und der Verschaffung des persönlichen Eindrucks.** Zwar schreibt § 319 Abs. 1 Satz 2 nur für die Verschaffung des persönlichen Eindrucks vor, dass er, soweit erforderlich, in der üblichen Umgebung des Betroffenen erfolgt. Da es aber keinen Sinn macht, persönliche Anhörung und Verschaffung des persönlichen Eindrucks in zwei Verfahrensschritten vorzunehmen, sollte beides zusammen und i.d.R. in der üblichen Umgebung des Betroffenen durchgeführt werden.

Die Anhörung in der üblichen Umgebung ist nicht zwingend, vielmehr entscheidet das Gericht darüber 9
nach pflichtgemäßem Ermessen. Kommt es darauf an, die Persönlichkeit des Betroffenen in seinem persönlichen Lebensumfeld zu beobachten und einschätzen zu können, sein soziales Umfeld oder die aktuelle (Wohnungs-) Situation zu erleben, wird eine Anhörung in der üblichen Umgebung erforderlich sein. Akut psychotisches und fremdaggressives Verhalten des Betroffenen oder der Umstand, dass er niemanden in seine Wohnung lässt, können gegen eine Anhörung in der üblichen Umgebung sprechen. Auch im Rahmen eines Verfahrens nach § 1906 Abs. 4 BGB ist häufig der unmittelbare Eindruck von der üblichen Umgebung wichtig (bauliche und pflegerische Besonderheiten der Einrichtung etc.). Ist der Betroffene bettlägerig, ernstlich erkrankt oder nur eingeschränkt körperlich oder geistig in der Lage, in das Gericht zu kommen, sollte die Anhörung ebenfalls in der üblichen Umgebung erfolgen.

Anders als in § 278 Abs. 1 Satz 2 räumt § 319 Abs. 1 Satz 2 dem Betroffenen keinen Anspruch auf Anhörung 10
in seiner üblichen Umgebung ein. Er kann der Anhörung in seiner üblichen Umgebung widersprechen. Das Gericht ist nicht berechtigt, eine Anhörung gegen den Willen des Betroffenen in dessen Wohnung durchzusetzen (BGH NJW 2013, 691 zu § 278). Möglich ist allenfalls die Vorführung des Betroffenen nach Abs. 5. Ist der Betroffene bereits untergebracht, befindet er sich im Krankenhaus, einer Rehabilitationsklinik oder einer Kurzzeitpflege, kann die Anhörung nicht in der üblichen Umgebung erfolgen.

4. Inhalt der Anhörung, Abs. 2. a) Verfahrensablauf. § 319 Abs. 2 sieht als Inhalt der Anhörung lediglich 11
die Unterrichtung über den möglichen weiteren Verfahrensablauf vor. Dem Betroffenen soll das Verfahren verständlich gemacht werden, damit er die für ihn wichtigen Gesichtspunkte vortragen kann, insb. solche, die gegen eine Unterbringung sprechen könnten. Der Umfang der persönlichen Anhörung bemisst sich unter Beachtung des § 26 nach den Umständen des Einzelfalls. Eine inhaltlich unzulängliche persönliche Anhörung, die dazu führt, dass der Sachverhalt nicht in dem gebotenen Umfang aufgeklärt ist, stellt eine »Nichtanhörung« dar. Sie kann nicht Grundlage einer Unterbringungsmaßnahme sein (BGH FGPrax 2010, 261).

Bei ausländischen Betroffenen muss im Rahmen der Anhörung ein Hinweis auf ihr Recht nach Art. 36 des Wiener Übereinkommens über konsularische Beziehungen – Information der für sie zuständigen konsularischen Vertretung ihres Heimatlandes über den Freiheitsentzug – erfolgen (LG Nürnberg-Fürth BtPrax 2014, 90).

b) Weitere Gesichtspunkte. Gegenstände der Anhörung können weiterhin sein: 12
– Klärung der Personalien,
– Besprechung der Vorgänge/Gefährdungstatbestände, die zum Verfahren geführt haben,
– Eindruck vom Betroffenen und seiner Umgebung, seiner Verhaltensweisen, welche anderen Hilfen bestehen, um so die nötige Kontrolle hinsichtlich des ärztlichen Gutachtens bzw. Zeugnisses ausüben zu können (dazu BVerfG NJW 1990, 2309, 2310),
– Klärung, wer als Vertrauensperson, Angehöriger oder Institution zu beteiligen ist (§ 315),
– Klärung, ob ein Rechtsanwalt oder eine andere Person bevollmächtigt ist oder wird bzw. ein Verfahrenspfleger (§ 317) zu bestellen ist,
– Klärung, ob der Betroffene über die Mitteilung der Entscheidung an andere Behörden unterrichtet werden kann (§ 338).

5. Verfahrensrechtliche Aspekte. Hinsichtlich der verfahrensrechtlichen Aspekte regeln die Abs. 3 bis 5 13
das Unterbleiben der Anhörung, ihre Durchführung durch den ersuchten Richter bzw. die Vorführung des Betroffenen zur Anhörung.

a) Unterbleiben der Anhörung, Abs. 3. Im Anschluss an § 34 Abs. 2 (dazu § 34 Rdn. 13) knüpft § 319 14
Abs. 3 das Unterlassen einer persönlichen Anhörung an weitere, einschränkende Kriterien. Danach kann von einer persönlichen Anhörung nur abgesehen werden, wenn erhebliche Gesundheitsnachteile für den Betroffenen zu befürchten sind oder er nicht in der Lage ist, seinen Willen kundzutun. Wie der § 278 Abs. 4 für das Betreuungsverfahren verlangt § 319 Abs. 3 zusätzlich, dass die Feststellungen zu erheblichen Gesundheitsnachteilen des Betroffenen aufgrund der persönlichen Anhörung durch ein ärztliches Gutachten nachgewiesen sein müssen. Für das einzuholende Gutachten gilt § 29. I.R.d. Amtsermittlung hat das Gericht zu prüfen, welche Qualifikation des Gutachters erforderlich erscheint, welche Form und welchen Umfang es aufweisen muss.

15 **aa) Gesundheitsnachteile.** Als erhebliche Gesundheitsnachteile reichen vorübergehende Verschlechterungen oder solche, denen mit Medikamenten oder ärztlichem Beistand vorgebeugt werden kann, nicht aus (OLG Karlsruhe FamRZ 1999, 670).

16 **bb) Keine Willenskundgabe möglich.** Soll die Anhörung unterbleiben, weil der Betroffene nicht in der Lage ist, seinen Willen kundzutun, darf das nur auf der Grundlage eines persönlichen Eindrucks vom Betroffenen erfolgen (BT-Drucks. 16/6308, S. 192). Da das Gericht bei seiner Entscheidung Wohl und Wünsche des Betroffenen zu berücksichtigen hat, ist davon auszugehen, dass die Fähigkeit zur Willenskundgabe so lange besteht, wie der Betroffene gestisch oder verbal seinen natürlichen Willen äußern kann.

17 **cc) Einzelfälle.** Eine persönliche Anhörung und die Verschaffung eines persönlichen Eindruckes kann dann unterbleiben, wenn das Gericht keine Unterbringungsmaßnahme genehmigen oder anordnen will. Geht der Betroffene selbst von der Notwendigkeit einer Unterbringung aus, rechtfertigt das nicht das Absehen von einer persönlichen Anhörung (BayObLG FamRZ 1995, 695).

18 **b) Ersuchter Richter, Abs. 4.** Anders als im Betreuungsverfahren, § 278 Abs. 3, sollen die persönliche Anhörung und die Verschaffung eines persönlichen Eindrucks im Hauptsacheverfahren nicht durch einen ersuchten Richter (Rechtshilferichter eines anderen als des entscheidenden Gerichtes) erfolgen (LG Wuppertal FamRZ 2015, 1423; LG Kleve FamRZ 2010, 1245). Ob eine Anhörung durch einen ersuchten Richter genügt, ist unter Beachtung des § 26 nach pflichtgemäßem Ermessen zu entscheiden. Nach den Gesetzesmotiven zur bisherigen Rechtslage sollen sie auf seltene Ausnahmen beschränkt bleiben (BT-Drucks. 11/4528, S. 219 und 11/6949, S. 84), etwa bei kommunikationsunfähigen Betroffenen oder Genehmigungsverfahren nach § 1906 Abs. 4 BGB, (LG Wuppertal FamRZ 2015, 1423). Ein Verstoß dagegen schadet nicht (BayObLG FamRZ 2001, 566; a.A. für das Beschwerdeverfahren OLG Naumburg FamRZ 2008, 1635; zu denkbaren Fällen (*Dodegge/Roth* Teil G Rn. 133). Der ersuchte Richter muss den persönlichen Eindruck vom Betroffenen aktenkundig wiedergeben (BayObLG FamRZ 2001, 566).

19 **c) Auslandsberührung.** Hat der Betroffene seinen Aufenthalt nicht nur vorübergehend im Ausland, erfolgen die Anhörung und die Verschaffung des unmittelbaren Eindrucks durch den ersuchten (ausländischen) Richter (dazu § 278 Rdn. 9).

20 **6. Vorführung des Betroffenen, Abs. 5 bis 7.** Verweigert der Betroffene eine persönliche Anhörung in seiner üblichen Umgebung und weigert er sich zu der persönlichen Anhörung in das Gericht zu kommen, kann das Gericht ihn zwangsweise vorführen lassen, wie sich aus Abs. 5 ergibt. Er ist wortgleich mit § 278 Abs. 5, der die Vorführung im Betreuungsverfahren regelt. Die Entscheidung ergeht in einem eigenständigen Verfahren. Die Vorführung sollte zuvor angedroht worden sein. Die Gerichte müssen prüfen, ob mit der Anordnung der Gewaltanwendung das Wohl des Betroffenen gewährt bleibt. Insbes. muss die Erforderlichkeit konkret festgestellt werden und die Verhältnismäßigkeit gewahrt sein. Das kann erst bejaht werden, wenn ein Versuch erfolglos bleibt, den Betroffenen ohne Gewaltanwendung zu bewegen, den Anhörungstermin wahrzunehmen oder der Betroffene sich dem gerichtlichen Verfahren entzieht. Der Betroffene muss also Termine verstreichen lassen oder unmissverständlich zum Ausdruck gebracht haben. Sein Recht nicht zu erscheinen bzw. den Richter keine Anhörung in seiner üblichen Umgebung zu ermöglichen (Schmidt-Recla FamRZ 2013, 255). Der Grundsatz der Verhältnismäßigkeit kann es gebieten, anstelle einer gewaltsamen Vorführung den Weg über § 34 Abs. 1 und 3 mit der Möglichkeit, auch ohne persönliche Anhörung des Betroffenen zu entscheiden (dazu BGH FamRZ 2010, 1650), zu gehen. Die zuständige Behörde – nicht das Gericht – ist bei entsprechender gerichtlicher Anordnung berechtigt, die Polizei um Unterstützung zu ersuchen. Die Behörde darf der Polizei die Zuführung nicht überlassen, sondern nur zur Unterstützung heranziehen. Die Polizei ist nach den Grundsätzen der Amtshilfe zur Vollzugshilfe verpflichtet.

21 Mit der Einfügung des Abs. 6 stellt der Gesetzgeber eine ausdrückliche Rechtsgrundlage für die Anwendung von unmittelbarem Zwang i.R.d. Vorführung zur Verfügung. Nach Satz 1 darf die zuständige Behörde Gewalt allerdings nur auf ausdrückliche Anordnung des Gerichtes anwenden. Nach Satz 2 kann die zuständige Behörde bei Bedarf, etwa wenn abzusehen ist, dass körperliche Gewalt nötig wird, die Polizei zur Unterstützung heranziehen. Über die entsprechende Notwendigkeit entscheidet die zuständige Behörde im Rahmen von pflichtgemäßem Ermessen. Abs. 6 entspricht § 283 Abs. 2, der die Vorführung zur Untersuchung im Betreuungsverfahren regelt.

22 Sofern die zuständige Behörde i.R.d. Vorführung die Wohnung des Betroffenen gewaltsam öffnen, betreten oder durchsuchen will, bedarf es dafür – sofern keine Gefahr im Verzug besteht – einer gerichtliche Anord-

nung. Abs. 7 Satz 1 enthält dazu eine ausdrückliche Rechtsgrundlage und kommt damit den verfassungsrechtlichen Anforderungen der Art. 13 Abs. 1, 2 und 19 Abs. 1 Satz 2 GG nach (BT-Drucks. 17/10490, S. 21). Die Anordnung darf nur zu dem Zweck erfolgen, den Betroffenen aufzufinden, um ihn zu einer persönlichen Anhörung und der Verschaffung eines persönlichen Eindrucks nach Abs. 1 vorzuführen. Anders als in § 326 Abs. 3 Satz 2 setzt die Durchsuchungsanordnung nach § 319 Abs. 7 keine gesonderte persönliche Anhörung des Betroffenen voraus. Dies mag damit zusammenhängen, dass sich der Betroffene im Vorfeld einer persönlichen Anhörung durch den Richter entzogen hat. Eine Anordnung zum gewaltsamen Öffnen und Betreten der Wohnung eines Dritten, in der sich der Betroffenen aufhält, ohne dort zu wohnen, ermöglicht Abs. 7 nicht. Bei Gefahr im Verzug bedarf es keiner vorherigen ausdrücklichen Entscheidung des Gerichts, Satz 2. Gefahr im Verzug kann bejaht werden, wenn auf die gerichtliche Entscheidung nicht gewartet werden kann, ohne dass es zu einer Gefährdung der Gesundheit oder des Lebens des Betroffenen kommt. Abs. 3 Satz 3 trägt dem Zitiergebot des Art. 13 Abs. 1 Satz 2 GG Rechnung. Zu der Kostentragungspflicht bei der Hinzuziehung eines Schlüsseldienstes zur Wohnungsöffnung vgl. § 326 Rdn. 11. Zu weiteren Einzelheiten s. § 278 Rdn. 11.

7. Hinzuziehung eines Sachverständigen und anderer Personen. Nach § 170 Abs. 1 Satz 1 GVG ist die persönliche Anhörung des Betroffenen grds. nicht öffentlich. Ein Anwesenheitsrecht besteht für den Richter, den Betroffenen, den gesetzlichen Vertreter des Betroffenen (vgl. BayObLG FamRZ 2003, 963), den Verfahrensbevollmächtigten des Betroffenen (BGH NJW 2012, 317) sowie die am Verfahren Beteiligten. Da der Sachverständige den Betroffenen persönlich zu untersuchen und zu befragen hat (§ 321 Abs. 1 Satz 2) sowie für das Verfahren auf Erstattung des Gutachtens der Strengbeweis gilt, kann das Gericht den Sachverständigen ebenfalls zur Anhörung laden. Im Gegensatz zum früheren Recht kann der Betroffene der Anwesenheit von Beteiligten nicht widersprechen. Nach § 170 Abs. 1 Satz 3 GVG ist auf Verlangen des Betroffenen seiner Vertrauensperson die Anwesenheit zu gestatten. Letztlich kann das Gericht die Anwesenheit weiterer Personen gestatten, jedoch nicht gegen den Willen des Betroffenen, § 170 Abs. 1 Satz 2 GVG. 23

8. Schlussgespräch. Die früher gesetzlich vorgesehene Notwendigkeit eines Schlussgespräches ist entfallen. Der Gesetzgeber begründet das damit, dass das Gericht ohnehin nach den allgemeinen Verfahrensregelungen verpflichtet ist, ein solches Gespräch zu führen. Ist nämlich dem Betroffenen zum erstatteten Gutachten rechtliches Gehör zu gewähren, ergibt sich die Erforderlichkeit zur persönlichen Anhörung – soweit geboten – aus §§ 37 Abs. 2, 34 Abs. 1. Soweit das bisherige Schlussgespräch der Sachaufklärung diente, kann § 26 die Notwendigkeit einer persönlichen Anhörung begründen (BT-Drucks. 16/6308, S. 267). Zudem spricht der Umstand, dass das Gericht sich i.R.d. Würdigung des Gutachtens einen persönlichen Eindruck vom Betroffenen zu verschaffen hat, dafür, dass eine persönliche Anhörung nach dem Vorliegen des Gutachtens zu erfolgen hat (BGH NJW-RR 2012, 1582). 24

9. Protokollierung der Anhörung. Nach § 28 Abs. 4 hat das Gericht über Termine und persönliche Anhörungen einen Vermerk zu fertigen. Zu Einzelheiten vgl. § 28 Rdn. 28–35. Im Verfahren auf Unterbringungsmaßnahmen empfiehlt sich die Anhörung in Form eines Gespräches und die möglichst genaue Wiedergabe von Frage und Antwort. Auch der persönliche Eindruck, die Ergebnisse der Beobachtung, äußere Erscheinung, Umfeld, Gesprächsablauf, Gestik, Mimik, Verhalten sowie Vormedikation, sollten festgehalten werden. 25

10. Beschwerdeverfahren. Die Verpflichtung zur persönlichen Anhörung und zur Verschaffung eines persönlichen Eindrucks gilt auch im Beschwerdeverfahren, § 68 Abs. 3 Satz 1. Unter den Voraussetzungen des § 68 Abs. 3 Satz 2 kann das Beschwerdegericht davon absehen, wenn beides bereits im ersten Rechtszug – unter Beachtung der zwingenden Verfahrensvorschriften – vorgenommen wurde und von einer erneuten Vornahme keine zusätzlichen Erkenntnisse zu erwarten sind. Daran fehlt es, wenn der erstinstanzliche Anhörungsvermerk den persönlichen Eindruck nicht wiedergibt (OLG Hamm FGPrax 2006, 230) oder die erstinstanzliche Anhörung fehlerhaft war (BGH NJW 2011, 2365). Die erstinstanzliche Anhörung ist fehlerhaft, wenn ein Verfahrenspfleger nicht rechtzeitig bestellt wird (BGH NJW 2011, 2365), die Anhörung gegen den Willen des Betroffenen in dessen Wohnung zwangsweise durchgesetzt wird (BGH NJW 2013, 691), die Anhörung nicht im Beisein des bestellten Verfahrenspflegers bzw. Verfahrensbeistandes (BGH NJW 2012, 2584) erfolgt oder der Verfahrensbevollmächtigte nicht vom Termin informiert wird (BGH NJW 2012, 319). Soll von einer erneuten Anhörung abgesehen werden, muss die Beschwerdeentscheidung die Gründe dafür nachvollziehbar darlegen (BGH NJW-RR 2012, 833). Die persönliche Anhörung kann durch 26 den beauftragten Richter erfolgen (OLG Naumburg FamRZ 2008, 1635). Sie kann auf den Einzelrichter übertragen werden (BGH NJW-RR 2008, 1241), es sei denn, es kommt wegen der Besonderheit des Falles auf den persönlichen Eindruck vom Betroffenen an (BGH NJW 2012, 317).

§ 320 Anhörung der sonstigen Beteiligten und der zuständigen Behörde. ¹Das Gericht hat die sonstigen Beteiligten anzuhören. ²Es soll die zuständige Behörde anhören.

Übersicht

	Rdn.		Rdn.
A. Allgemeines	1	II. Anhörung der zuständigen Behörde,	
B. Einzelheiten	2	Satz 2	5
I. Sonstige Beteiligte, Satz 1	3	C. Verfahrensrechtliches	6

1 **A. Allgemeines.** § 320 ist mit der Vorschrift des § 279 Abs. 1 und 2, der die Anhörung der sonstigen Beteiligten im Betreuungsverfahren zum Gegenstand hat, abgestimmt. Die Vorschrift regelt die Anhörung der sonstigen Beteiligten und der zuständigen Behörde in Verfahren auf die Unterbringung eines Volljährigen. Betrifft das Verfahren die Unterbringung eines Minderjährigen, gilt die speziellere Vorschrift des § 167 Abs. 4 (dazu § 167 Rdn. 7).

2 **B. Einzelheiten.** § 320 ordnet in Satz 1 die Anhörung der nach § 315 zum Verfahren hinzugezogenen Beteiligten an. Eine Verpflichtung zur Anhörung der Beteiligten ergibt sich allerdings schon aus dem verfassungsrechtlichen Gebot, rechtliches Gehör zu gewähren, Art. 103 GG.

3 **I. Sonstige Beteiligte, Satz 1.** Zu den sonstigen Beteiligten gehören nicht nur die zwingend, kraft Gesetzes oder auf Antrag zu beteiligenden Personen (dazu § 315 Rdn. 3 ff.), sondern auch die, die im Interesse des Betroffenen zum Verfahren hinzugezogen wurden (dazu § 315 Rdn. 10 ff.). Der Betroffene kann ihrer Anhörung nicht widersprechen. Der entgegenstehende Wille des Betroffenen ist allerdings im Vorfeld bei der Entscheidung über die Hinzuziehung einzelner Personen nach § 315 Abs. 4 zu beachten und abzuwägen (dazu § 315 Rdn. 11).

4 Im Verfahren auf die Unterbringung Minderjähriger ist die speziellere Vorschrift des § 167 Abs. 4 zu beachten. Danach sind die Elternteile, denen die Personensorge zusteht (OLG Naumburg NJW-RR 2010, 1516), nicht aber die nicht sorgeberechtigten Elternteile (OLG Hamm NJOZ 2012, 1390; a.A. OLG Naumburg NJW-RR 2010, 797), persönlich anzuhören, ebenso die Pflegeeltern und der gesetzliche Vertreter in persönlichen Angelegenheiten, also etwa der Vormund. Das Gericht soll sich so auch einen persönlichen Eindruck von diesen Personen machen.

5 **II. Anhörung der zuständigen Behörde, Satz 2.** Zur zuständigen Behörde in Unterbringungssachen vgl. § 315 Rdn. 8 f. Die zuständige Behörde ist, wenn sie sich auf Antrag am Verfahren beteiligt, § 315 Abs. 3, zwingend nach Satz 1 anzuhören. Satz 2 regelt nur die Fälle, in denen sich die Behörde entscheidet, keinen Antrag auf Hinzuziehung als Beteiligter zu stellen. Anders als in § 279 Abs. 2 ist die Anhörung der zuständigen Behörde aber nicht zwingend für den Fall, dass der Betroffene sie wünscht oder sie zur Sachverhaltsaufklärung dienlich ist, vorgeschrieben. Dem Gericht ist vielmehr ein Ermessen eingeräumt, das in den zuvor genannten Fällen eine Anhörung der zuständigen Behörde nahe legt. Ist das Jugendamt die zuständige Behörde richtet sich ihre Anhörung nach § 162 Abs. 1.

6 **C. Verfahrensrechtliches.** Für die Anhörung ist keine Form vorgeschrieben (OLG Hamm NJOZ 2012, 1390), eine persönliche Anhörung sieht das Gesetz ausdrücklich und anders als in § 319 Abs. 1 bezüglich des Betroffenen nicht vor.

7 Bei einstweiliger Anordnung einer vorläufigen Unterbringungsmaßnahme nach §§ 331, 332, 334 kann die Anhörung zunächst unterbleiben, ist aber unverzüglich nachzuholen. Die Anhörung kann ausnahmsweise auch unterbleiben, wenn das zu erheblichen Verzögerungen führen würde oder die Anordnung bzw. Genehmigung einer Unterbringungsmaßnahme abgelehnt werden soll (BayObLG FamRZ 1996, 1375).

§ 321 Einholung eines Gutachtens. (1) ¹Vor einer Unterbringungsmaßnahme hat eine förmliche Beweisaufnahme durch Einholung eines Gutachtens über die Notwendigkeit der Maßnahme stattzufinden. ²Der Sachverständige hat den Betroffenen vor der Erstattung des Gutachtens persönlich zu untersuchen oder zu befragen. ³Das Gutachten soll sich auch auf die voraussichtliche Dauer der Unterbringung erstrecken. ⁴Der Sachverständige soll Arzt für Psychiatrie sein; er muss Arzt mit Erfahrung auf dem Gebiet der Psychiatrie sein. ⁵Bei der Genehmigung einer Einwilligung in eine ärztliche Zwangsmaßnahme oder bei deren Anordnung soll der Sachverständige nicht der zwangsbehandelnde Arzt sein.
(2) Für eine Maßnahme nach § 312 Nr. 2 genügt ein ärztliches Zeugnis.

Übersicht	Rdn.		Rdn.
A. Allgemeines	1	3. Auswahl und Qualifikation des Sachverständigen, Abs. 1 Satz 4 und 5	7
B. Einzelheiten	2	4. Form und Verwertung des Gutachtens	13
I. Sachverständigengutachten, Abs. 1	3	II. Ärztliches Zeugnis, Abs. 2	14
1. Verfahrensrechtliche Grundlagen des Gutachtens, Abs. 1 Satz 1 u 2	4		
2. Qualitative Anforderungen, Abs. 1 Satz 3	5		

A. Allgemeines. Die Vorschrift wurde durch das Gesetz zur Regelung der betreuungsrechtlichen Einwilligung in eine ärztliche Zwangsmaßnahme v. 18.02.2013 (BGBl. I, S. 266) neu gefasst und um Abs. 1 Satz 5 erweitert. § 321 korrespondiert mit dem § 280, der die Gutachteneinholung im Verfahren auf die Bestellung eines Betreuers regelt. Zudem wird klargestellt, dass die Einholung eines Sachverständigengutachtens durch förmliche Beweisaufnahme erfolgt. Demzufolge gelten die Vorschriften der ZPO, dort §§ 402 ff., über den Beweis durch Sachverständige entsprechend. Das Gesetz greift damit die in § 30 Abs. 2 eingeräumte Möglichkeit zur förmlichen Beweisaufnahme für das Unterbringungsverfahren auf. Mit der entsprechenden Anwendung ist aber keine schematische Anwendung der ZPO-Vorschriften gemeint. In Betreuungs- und Unterbringungssachen soll den Gerichten ein Ermessensspielraum verbleiben, etwa hinsichtlich der Durchführung einer mündlichen Erörterung des Gutachtens (BT-Drucks. 16/6308, S. 268). 1

B. Einzelheiten. § 321 betrifft die Frage, wann vor einer Unterbringungsmaßnahme ein Sachverständigengutachten einzuholen ist bzw. wann ein ärztliches Zeugnis ausreichend ist. Zudem finden sich Regelungen dazu, wie der Gutachter bei der Gutachtenerstellung vorzugehen hat, welche Inhalte das Gutachten und welche Qualifikation ein Sachverständiger aufweisen soll. Betrifft das Verfahren die Genehmigung einer betreuungsrechtlichen Einwilligung in ärztliche Zwangsmaßnahme, hat der Gesetzgeber das Ermessen in Abs. 1 Satz 5 dahin eingegrenzt, dass der Sachverständige zumindest nicht der zwangsbehandelnde Arzt sein soll. So soll eine unvoreingenommene ärztliche Begutachtung sichergestellt werden (BT-Drucks. 17/12086, S. 14). 2

I. Sachverständigengutachten, Abs. 1. Als Regel geht das Gesetz davon aus, dass vor einer gerichtlichen Unterbringungsmaßnahme ein Sachverständigengutachten einzuholen ist. Lediglich für Verfahren in Bezug auf eine unterbringungsähnliche Maßnahme, § 312 Satz 1 Nr. 2, genügt ein ärztliches Zeugnis, Abs. 2. 3

1. Verfahrensrechtliche Grundlagen des Gutachtens, Abs. 1 Satz 1 u 2. Vor einer Unterbringungsmaßnahme hat das Gericht eine förmliche Beweisaufnahme durch Einholung eines Gutachtens zur Notwendigkeit dieser Maßnahme durchzuführen (BGH NJW-RR 2015, 1345). Das Gutachten ist im Wege des Strengbeweises einzuholen, § 30 Abs. 2. Die Verpflichtung zur Gutachteneinholung entfällt nicht dadurch, dass die zuständige Verwaltungsbehörde im Verfahren nach dem Landesunterbringungsgesetz ohnehin ihrem Antrag ein fachärztliches Gutachten beifügen muss (BGH NJW-RR 2013, 193). Vor der Beauftragung eines Gutachters ist dem Betroffenen rechtliches Gehör zu den maßgeblichen Tatsachen zu geben (BVerfG FamRZ 2011, 272; BGH NJW 2015, 1752: zu § 280). Wie bei der Einholung eines Gutachtens im Betreuungsverfahren ist die Anordnung der Gutachteneinholung nicht gesondert anfechtbar (vgl. § 280 Rdn. 92). Das Gericht muss die Tatsachen bezeichnen und ggf. zuvor über bestrittene oder unklare Tatsachen Beweis erheben, auf deren Feststellung es für die Beurteilung der Erforderlichkeit einer Unterbringungsmaßnahme ankommt. Die Ernennung des Sachverständigen und die gestellten Beweisfragen sind dem Betroffenen zumindest formlos mitzuteilen, damit er ggf. von seinem Ablehnungsrecht Gebrauch machen kann (BGH NJW-RR 2013, 4

193; FamRZ 2010, 1726). Der Sachverständige hat den Betroffenen persönlich zu untersuchen und zu befragen (BGH NJW-RR 2015, 323), allerdings erst nach seiner Beauftragung (BGH FamRZ 2015, 2156 und NJW 2013, 3309). Zum Zweck der Untersuchung darf der Sachverständige den Betroffenen nicht gegen dessen Willen in dessen Wohnung aufsuchen und untersuchen (BGH NJW 2013, 691: zu § 278). Möglich ist allenfalls die Vorführung nach § 322. Der Sachverständige unterliegt in dieser Funktion keiner ärztlichen Schweigepflicht, sodass kein Aussage- und Gutachtenverweigerungsrecht besteht. Seine Untersuchungen und Befragungen bilden den Grundstock des Gutachtens. Allgemeine Anforderungen an die Art und Weise der psychiatrischen Untersuchung bestehen nicht, es bedarf aber einer persönlichen Untersuchung (OLG Hamm FGPrax 2009, 90). Dem Erfordernis der persönlichen Untersuchung wird der Gutachter nicht gerecht, wenn er das Gutachten nur nach Aktenlage (vgl. OLG Brandenburg FamRZ 2001, 40), aufgrund einer Exploration am Fenster (OLG Köln FamRZ 2001, 310) bzw. am Telefon oder auf Grundlage eines Gespräches aus anderem Anlass (OLG Köln FamRZ 1999, 873) erstattet. Die Untersuchung zur Gutachtenerstattung muss in einem engen zeitlichen Abstand erfolgen (BayObLG BtPrax 2004, 114). Schließlich darf sich der Sachverständige bei den Untersuchungen Hilfspersonen bedienen, z.B. für Laboruntersuchungen oder testpsychologische Abklärungen. Er muss diese Hilfspersonen in seinem Gutachten aber benennen und für deren Ergebnisse die Verantwortung übernehmen (OLG Brandenburg FamRZ 2001, 40). Will der Sachverständige bestrittene Tatsachen verwerten, auf die es ankommt, muss zunächst das Gericht deren Richtigkeit prüfen (OLG Hamm FGPrax 2009, 90).

5   **2. Qualitative Anforderungen, Abs. 1 Satz 3.** Um die Qualität eines Gutachtens zu erreichen, muss die sachverständige Äußerung gewisse Mindeststandards erfüllen. Auch im Unterbringungsverfahren kommt es nicht maßgeblich auf den Umfang, sondern allein auf den Inhalt der Sachverständigenäußerung an. Der notwendige Inhalt eines Gutachtens im Rahmen von Unterbringungsmaßnahmen bestimmt sich nach der Art der Erkrankung bzw. Behinderung sowie der Intensität der vorgesehenen Maßnahme. Es dürfen angesichts des Verfassungsranges der persönlichen Freiheit keine geringeren Anforderungen als im Strafverfahren gestellt werden. Ein Gutachten darf auf frühere Gutachten Bezug nehmen und muss so gestaltet sein, dass es eine in den Einzelheiten nachvollziehbare und überprüfbare Entscheidungsgrundlage schafft (OLG Naumburg FamRZ 2008, 2060). Die Stellungnahme des behandelnden Arztes im Anhörungstermin vermag eine förmliche Beweisaufnahme durch Gutachteneinholung nicht zu ersetzen (BGH NJW-RR 2012, 385). Inhaltlich schreibt Abs. 1 Satz 3 lediglich vor, dass das Gutachten Ausführungen zur voraussichtlichen Dauer der Unterbringungsmaßnahme enthalten soll. Weiter muss es folgende Punkte behandeln (BayObLG BtPrax 2001, 166; FamRZ 1995, 695):

– Sachverständige Darstellung und Erörterung durchgeführter Untersuchungen und Befragungen;
– Beschreibung und wissenschaftliche Begründung von Art und Ausmaß der Erkrankung bzw. Behinderung und der medizinischen Gesichtspunkte, die die materiellen Unterbringungsvoraussetzungen, also die materiellen Voraussetzungen der §§ 1631b bzw. 1906 BGB oder des jeweiligen Landesunterbringungsgesetzes, bzw. die materiellen Voraussetzungen zur Genehmigung einer ärztlichen Zwangsmaßnahme ausfüllen;
– Feststellung, ob der Betroffene bezüglich der konkreten Unterbringungsmaßnahme bzw. der beabsichtigten ärztlichen Zwangsmaßnahme seinen Willen frei bestimmen kann (OLG München FGPrax 2007, 26);
– Auseinandersetzung mit Alternativen zur Unterbringungsmaßnahme bzw. zur beabsichtigten ärztlichen Zwangsmaßnahme
– sowie in Hinblick auf eine ärztliche Zwangsmaßnahme Feststellungen zum Überwiegen des Nutzens der beabsichtigten ärztlichen Maßnahme im Verhältnis zu den Folgen des Zwangseingriffes und schließlich
– Stellungnahme dazu, ob das Gutachten und die gerichtlichen Entscheidungsgründe dem Betroffenen in vollem Umfang bekannt gemacht werden können und ob bei einer persönlichen Anhörung durch den Richter erhebliche Nachteile für den Betroffenen zu befürchten sind.

6   Das Gericht seinerseits hat die Aufgabe, das Gutachten kritisch zu würdigen (BayObLG BtPrax 2002, 121; 1994, 59) und insb. auf typische Mängel im Unterbringungsgutachten (Fehlen einer eindeutigen Diagnose oder von konkreten Aussagen zum Ausschluss der freien Willensbestimmung bzw. zu einer Eigengefährdung, Darlegung der Verhältnismäßigkeit) zu achten. Langjährige Erfahrung und Sachkunde des Richters machen die Einholung eines Gutachtens nicht entbehrlich (OLG Stuttgart FamRZ 1993, 1365). Ein Gutachten ist nur dann nicht erforderlich, wenn das Gericht nach den übrigen Ermittlungsergebnissen keine Unterbringungsmaßnahme genehmigen oder anordnen bzw. keine Anordnung oder Genehmigung einer *ärztlichen Zwangsmaßnahme* aussprechen will.

3. Auswahl und Qualifikation des Sachverständigen, Abs. 1 Satz 4 und 5. Nach dem entsprechend geltenden § 404 Abs. 1 Satz 1 ZPO hat das Gericht das Gutachten einzuholen. Deshalb hat das Gericht den Gutachter selbst nach pflichtgemäßem Ermessen auszuwählen und zu beauftragen. Behördenintern erstellte ärztliche Stellungnahmen oder andere, nicht gerichtlich veranlasste Gutachten können niemals als Sachverständigengutachten Verwertung finden (KG FamRZ 1995, 1379; BayObLG BtPrax 2001, 166). Auch Gutachten, die eine antragstellende Behörde nach dem jeweiligen Landesunterbringungsgesetz ihrem Antrag beizufügen hat, sind keine Gutachten i.S.d. § 321. Es fehlt an der Beauftragung durch das Gericht (BGH NJW-RR 2013, 193). Das Gericht kann den Gutachter allerdings unter Umständen als Sachverständigen auswählen und beauftragen, ein (weiteres) Gutachten im Verfahren zu erstatten.

Zu beauftragen ist immer eine Einzelperson, nicht eine Behörde (fachärztlicher Dienst der Stadt), eine Institution oder eine Klinik. Ein Arzt, der die Unterbringung angeregt hat, soll i.d.R. nicht als Sachverständiger ausgewählt werden, da es ihm an der Unbefangenheit fehlen könnte (offen gelassen in BGH NJW 2011, 520). Gleiches gilt für den behandelnden Arzt des Betroffenen. Ausgeschlossen ist der behandelnde Arzt als Sachverständiger nach § 329 Abs. 2 Satz 2 indes nur bei Unterbringungen mit einer Gesamtdauer von mehr als 4 Jahren (BGH FamRZ 2010, 1726). Der vorbehandelnde Arzt darf als Sachverständiger nicht ohne weiteres seine Kenntnisse aus der bisherigen Behandlung verwerten. Sie unterliegen grds. dem Gebot der ärztlichen Schweigepflicht. Nur bei Einwilligung des Betroffenen oder anderen Rechtfertigungsgründen – in Betracht kommen mutmaßliche Einwilligung oder übergesetzlicher Notstand – darf der behandelnde Arzt solche Kenntnisse als Sachverständiger verwerten. Macht der Sachverständige allerdings von einem ihm kraft Amtes, Standes oder Gewerbes zustehenden Gutachtenverweigerungsrecht nach §§ 29, 30 i.V.m. § 408 ZPO keinen Gebrauch, steht der Bruch der Verschwiegenheitspflicht der Verwertung des Gutachtens durch das Gericht nicht entgegen (BGH FamRZ 2010, 1726). Anders als im Betreuungsverfahren, dort § 282, ist die Verwertung vorhandener Gutachten, z.B. des medizinischen Dienstes der Krankenkassen nicht möglich.

Hinsichtlich der Qualifikation des zu beauftragenden Sachverständigen enthalten § 321 Abs. 1 Satz 4 und 5 abgestufte Regelungen. Sie sind auf einzelne Verfahren zugeschnitten und sollen im Einzelfall sicherstellen, dass die Gerichte bei der Auswahl des Sachverständigen höhere Anforderungen zugrunde legen. I.d.R. soll der Sachverständige Arzt für Psychiatrie sein. In jedem Fall muss der Sachverständige aber über Erfahrungen auf dem Gebiet der Psychiatrie verfügen. Nach den Weiterbildungsordnungen der Ärztekammern umfasst das Gebiet der Psychiatrie die Vorbeugung, Erkennung und somatotherapeutische sowie sozial-psychiatrische Behandlung und Rehabilitation von psychischen Erkrankungen und psychischen Störungen im Zusammenhang mit körperlichen Erkrankungen unter toxischen Schädigungen unter Berücksichtigung ihrer psychosozialen Anteile, psychosomatischen Bezüge und forensischen Aspekten. Die Qualifikation als Arzt für Psychiatrie setzt eine entsprechende – i.d.R. 60-monatige – Ausbildung mit erfolgreichem Abschluss sowie eine dauernde Tätigkeit auf dem ärztlichen Fachgebiet der Psychiatrie, Psychotherapie bzw. Neurologie voraus. Ein öffentlich bestellter Amtsarzt mit psychiatrischer Vorbildung erfüllt dieses Kriterium (BayObLG FamRZ 1997, 901 und 1565). Ergibt sich die Qualifikation nicht ohne weiteres aus dem Titel des Arztes, ist seine Sachkunde vom Gericht zu prüfen und in der Entscheidung darzulegen (BGH NJW-RR 2012, 962; FamRZ 2010, 1726).

Als in der Psychiatrie erfahren gelten Ärzte, die im Rahmen ihrer ärztlichen Tätigkeit psychische und Suchtkrankheiten behandeln und entsprechende Leistungen abrechnen können oder Ärzte, die im Rahmen von Weiterbildungen entsprechende Erfahrungen erworben haben.

Zu Ersteren zählen Ärzte mit der Fachbezeichnung Neurologie, Psychotherapie oder -analyse, Allgemeinmedizin, innere Medizin, öffentliches Gesundheitswesen, Geriatrie, psychosomatische oder suchtmedizinische Grundversorgung, Rettungsdienst oder Ärzte, die eine mehr als 6-monatige Tätigkeit innerhalb einer Station eines psychiatrischen Krankenhauses, einer psychiatrischen Fachabteilung oder einer vergleichbaren Einrichtung aufweisen können (BayObLG FamRZ 1997, 1565). Zu Letzteren rechnen Ärzte, die sich seit mehr als 3 Monaten in einer Weiterbildung zum Arzt für Psychiatrie und/oder Neurologie, Psychotherapie oder -analyse befinden und diese Weiterbildung innerhalb einer anerkannten Weiterbildungseinrichtung erfolgt. Bei Jugendlichen kann es sinnvoll sein, einen Facharzt für Kinder- und/oder Jugendpsychiatrie heranzuziehen oder – wenn pädagogische Ursachen zugrunde liegen – einen Pädagogen oder Psychologen, was § 167 Abs. 6 jetzt auch ausdrücklich zulässt. Weist ein Sachverständiger nicht die erforderliche Qualifikation auf, kann das Gericht seine Entscheidung nicht auf ein entsprechendes Gutachten stützen. Dies wäre verfahrensfehlerhaft und wird regelmäßig zur Aufhebung der Entscheidung im Beschwerdeverfahren führen (vgl. BGH FamRZ 2010, 1726).

12 Wegen des mit einer ärztlichen Zwangsmaßnahme verbundenen erheblichen Grundrechtseingriffs wird in Satz 5 eine zusätzliche Eingrenzung des Ermessens bei der Auswahl des Sachverständigen vorgenommen. Um eine sachgerechte gerichtliche Entscheidung im Verfahren auf die Genehmigung einer Einwilligung in eine ärztliche Zwangsmaßnahme zu gewährleisten, soll das Gericht einen unvoreingenommenen Sachverständigen und nicht den zwangsbehandelnden Arzt auswählen. Der Gesetzgeber hat es indes bei einer Sollvorschrift belassen, um dem Problem der gerichtlichen Praxis, geeignete Sachverständige zu finden, Rechnung tragen. Gleichzeitig ist er davon ausgegangen, dass die Gerichte die Vorschrift ernst nehmen und nur in vereinzelten Ausnahmefällen den zwangsbehandelnden Arzt als Sachverständigen auswählen, etwa weil trotz intensiver Bemühungen bzw. wegen der Eilbedürftigkeit (BGH NJW-RR 2015, 1345) kein entsprechender Facharzt gefunden werden kann, der zur Gutachtenerstattung in der Lage wäre. Auch wenn Satz 5 nicht die Regelung des § 329 Abs. 3 aufgreift, sollte neben dem zwangsbehandelnden Arzt auch ein Arzt, der den Betroffenen im Vorfeld behandelt oder begutachtet hatten, nicht als Sachverständiger ausgewählt werden (BR-Drucks. 26/13, S. 14[a]). Wird der zwangsbehandelnde Arzt dennoch ausnahmsweise zum Sachverständigen bestellt, sind die Gründe dafür im Beschluss darzulegen (BGH NJW 2013, 3784). Geschieht dies nicht, ist die Entscheidung verfahrensfehlerhaft (BGH NJW-RR 2015, 1345).

13 **4. Form und Verwertung des Gutachtens.** Das Gutachten kann schriftlich oder mündlich erstattet werden, ihm muss aber auf jeden Fall die Qualität eines medizinischen Sachverständigengutachtens zukommen (dazu oben Rdn. 5). I.d.R. gebietet die Schwere des mit einer Unterbringung einhergehenden Grundrechtseingriffs eine schriftliche Begutachtung (BGH FamRZ 2010, 1726). Wird das Gutachten mündlich erstattet, ist es in einen Vermerk oder in die Entscheidungsgründe aufzunehmen (OLG Brandenburg FamRZ 2001, 38). Das Gutachten eines Sachverständigen darf vom Gericht nur verwertet werden, wenn es den Betroffenen, ggf. seinem Verfahrensbevollmächtigten oder -pfleger, sowie den übrigen Verfahrensbeteiligten vollständig, schriftlich und rechtzeitig vor der Anhörung zur Stellungnahme überlassen worden ist (BGH NJW 2013, 3309 und NJW-RR 2011, 1505; LG Wuppertal FamRZ 2015, 1423). Das Gericht soll von der vollständigen, schriftlichen Bekanntgabe des Gutachtens an den Betroffenen zum Schutz vor einer Gesundheitsschädigung bzw. -gefährdung absehen können, wenn ein Verfahrenspfleger bestellt ist, diesem das Gutachten übergeben worden ist und die Erwartung gerechtfertigt ist, dass der Verfahrenspfleger mit dem Betroffenen über das Gutachten spricht (BGH NJW 2011, 2577; BtPrax 2010, 278). Dabei verkennt der BGH, dass in der Praxis solche (erheblichen) Gesundheitsschäden bzw. -gefährdungen nicht vorkommen bzw. anderweitig abwendbar sind (Bekanntgabe in Anwesenheit eines Arztes, therapeutische Begleitung). Das Gutachten selbst muss so formuliert sein, dass der Richter die Gedankengänge des Sachverständigen nachvollziehen kann. Er muss dies kritisch würdigen und überprüfen sowie sich ein eigenes Bild von der Richtigkeit des vom Sachverständigen gebotenen Ergebnisses machen können.

14 **II. Ärztliches Zeugnis, Abs. 2.** Abs. 2 korrespondiert mit dem § 281, der die Fälle beschreibt, in denen im Betreuungsverfahren ein ärztliches Zeugnis genügt. Betrifft also die beabsichtigte Unterbringungsmaßnahme die Genehmigung einer Maßnahme nach § 1906 Abs. 4 BGB (sog. unterbringungsähnliche Maßnahme nach § 312 Satz 1 Nr. 3), lässt Abs. 2 anstelle eines Gutachtens ein ärztliches Zeugnis ausreichen. Das kann aber nur gelten, wenn die Einholung allein eines ärztlichen Zeugnisses dem Amtsermittlungsgrundsatz nach § 26 gerecht wird.

15 In der gerichtlichen Praxis werden häufig Betreuungen aus Anlass unterbringungsähnlicher Maßnahmen angeregt. Hier können gutachterliche Äußerungen zu beiden Komplexen (Betreuerbestellung und Genehmigung von Unterbringungsmaßnahmen) erforderlich werden und in einem Antrag verbunden werden. Für spätere Verlängerungen genügen dann häufig ärztliche Zeugnisse.

16 Das ärztliche Zeugnis muss gewissen Mindestanforderungen genügen (dazu OLG Frankfurt am Main FGPrax 2005, 23). Der ausstellende Arzt hat den Betroffenen zeitnah zu untersuchen, die Auswirkungen der Erkrankung zu beschreiben, eine nachvollziehbare Diagnose zu stellen, die dafür maßgeblichen Anknüpfungspunkte aufzuführen sowie zur Erforderlichkeit und Dauer der infrage stehenden Maßnahme Stellung zu nehmen. Es muss der aktuelle Gesundheitszustand beschrieben werden, formelhafte Formulierungen genügen nicht (BVerfG FamRZ 2015, 1589). Qualitativ sollte sich das Attest nicht von einem Gutachten unterscheiden. Im Gegensatz zu einem Gutachten, das vom Gericht eingeholt werden muss, kann ein ärztliches Zeugnis von einem Beteiligten beigebracht werden.

17 An die Qualifikation des ausstellenden Arztes stellt das Gesetz keine besonderen Anforderungen. Die Gerichte lassen in eindeutigen Fällen ärztliche Zeugnisse des behandelnden Allgemeinmediziners regelmäßig

ausreichen. Allenfalls i.R.d. Amtsermittlungspflicht nach § 26 kann eine besondere Qualifikation des Arztes erforderlich sein.

§ 322 Vorführung zur Untersuchung; Unterbringung zur Begutachtung. Für die Vorführung zur Untersuchung und die Unterbringung zur Begutachtung gelten die §§ 283 und 284 entsprechend.

Übersicht

	Rdn.		Rdn.
A. Allgemeines	1	II. Unterbringung zur Beobachtung zwecks	
B. Einzelheiten	2	Gutachtenerstattung	5
I. Untersuchung zur Gutachtenerstattung	3		

A. Allgemeines. § 322 verweist hinsichtlich der Vorführung zur Untersuchung und zur Unterbringung zur 1 Begutachtung auf die entsprechenden Regelungen im Betreuungsverfahren, nämlich §§ 283 und 284.

B. Einzelheiten. Mit dem Verweis auf § 283 stellt § 322 klar, dass der Betroffene auch im Unterbringungs- 2 verfahren dem Sachverständigen zur Untersuchung zwecks Vorbereitung des Gutachtens durch die zuständige Behörde vorgeführt werden kann. Die Verweisung auf § 284 ermöglicht es, den Betroffenen auf bestimmte Dauer zur Vorbereitung des Gutachtens im Unterbringungsverfahren zur Beobachtung unterzubringen.

I. Untersuchung zur Gutachtenerstattung. Nach § 322 ist § 283 entsprechend anwendbar. Dies bedeutet, 3 dass der Betroffene ggf. zwangsweise beim Sachverständigen vorgeführt und untersucht werden kann, § 283 Abs. 1 Satz 1. Voraussetzung ist dabei, dass dies zur Vorbereitung des Gutachtens erforderlich ist und der Betroffene freiwillig nicht bereit ist, zur Untersuchung zu erscheinen bzw. sich untersuchen zu lassen, Anhaltspunkte für eine Unterbringungsbedürftigkeit bestehen und das Gutachten auf andere Weise nicht erstattet werden kann. Vor dieser Anordnung soll der Betroffene persönlich angehört werden, § 283 Abs. 1 Satz 2. Der Gesetzgeber hat damit die Anhörung in das pflichtgemäße Ermessen des Gerichts gestellt, geht wegen der Grundrechtsrelevanz des Eingriffs indes davon aus, dass die Anhörung zur Gewährung rechtlichen Gehörs unverzichtbar ist (BT-Drucks. 17/10490, S. 21). Die Anordnung der Vorführung ist einschließlich eventueller Nebenentscheidungen, z.B. Gestattung der Anwendung einfacher körperlicher Gewalt nach § 283 Abs. 2 Satz 1 oder des gewaltsamen Öffnens, Betretens und Durchsuchens der Wohnung, § 283 Abs. 3 Satz 1, unanfechtbar (so bereits die Rechtsprechung zur früheren Rechtslage, OLG Hamm FamRZ 1997, 440). Das gilt selbst dann, wenn der Betroffene aufgrund einer solchen Anordnung (irrtümlich und ohne Rechtsgrundlage) einige Tage in einer Klinik untergebracht wird (BayObLG FamRZ 2002, 419). Eine Ausnahme soll dann gelten, wenn sich die Anordnung als willkürlich erweist. Dann ist sie ausnahmsweise anfechtbar (BGH NJW 2007, 3575; OLG Jena FamRZ 2015, 1994). Als willkürlich erweist sich eine Anordnung zur Vorführung, wenn keine Anhaltspunkte für eine Unterbringungsbedürftigkeit bestehen und der Betroffene vor der Anordnung nicht angehört wurde (BVerfG FamRZ 2010, 1145). Das Gericht muss also zumindest die Plausibilität und die Möglichkeit einer Unterbringungsmaßnahme geprüft haben (OLG München FamRZ 2009, 1863).

Die Vorführung erfolgt durch die jeweils zuständige Behörde (dazu § 315 Rdn. 8 f.). Sie kann erforderli- 4 chenfalls die Unterstützung der Polizeivollzugsorgane erbitten, § 283 Abs. 2 Satz 2.

II. Unterbringung zur Beobachtung zwecks Gutachtenerstattung. Da § 322 auch § 284 für entsprechend 5 anwendbar erklärt, sind eine befristete Unterbringung und Beobachtung des Betroffenen möglich, soweit dies zur Erstellung des Gutachtens erforderlich ist, § 284 Abs. 1 Satz 1. Eine solche Maßnahme kann nur nach Anhörung eines Sachverständigen zur Frage der Unterbringung zwecks Beobachtung (insoweit bestehen keine besonderen Formvorschriften) angeordnet werden. Sie darf nur so lange andauern, als dies zur Vorbereitung des Gutachtens notwendig ist. Grds. kann eine Anordnung für 6 Wochen erfolgen, § 284 Abs. 2 Satz 1 und ausnahmsweise bis zu einer Gesamtdauer von 3 Monaten verlängert werden, § 284 Abs. 2 Satz 2. I.d.R. werden 2 Wochen ausreichen (BayObLG FGPrax 2004, 250). Vor dieser Anordnung soll der Betroffene persönlich angehört werden, § 284 Abs. 1 Satz 2.

6 Die Vorführung zur Unterbringung erfolgt durch die zuständige Behörde, die aufgrund ausdrücklicher Entscheidung des Gerichtes Gewalt anwenden und erforderlichenfalls die Unterstützung der Polizeivollzugsorgane erbitten kann, § 284 Abs. 3 i.V.m. § 283 Abs. 2 und 3.

7 Die Entscheidung des Gerichts, den Betroffenen zur Begutachtung unterzubringen, kann mit der sofortigen Beschwerde nach den §§ 567 bis 572 ZPO angegriffen werden, § 284 Abs. 3 Satz 2. Zu Einzelheiten vgl. § 284 Rdn. 26 ff.

§ 323 Inhalt der Beschlussformel.
(1) Die Beschlussformel enthält im Fall der Genehmigung oder Anordnung einer Unterbringungsmaßnahme auch
1. die nähere Bezeichnung der Unterbringungsmaßnahme sowie
2. den Zeitpunkt, zu dem die Unterbringungsmaßnahme endet.

(2) Die Beschlussformel enthält bei der Genehmigung einer Einwilligung in eine ärztliche Zwangsmaßnahme oder bei deren Anordnung auch Angaben zur Durchführung und Dokumentation dieser Maßnahme in der Verantwortung eines Arztes.

Übersicht

	Rdn.		Rdn.
A. Allgemeines	1	cc) Genehmigung einer unterbringungsähnlichen Maßnahme eines Betreuten oder eines Vollmachtgebers nach § 1906 Abs. 4 und 5 BGB, § 312 Satz 1 Nr. 2	11
B. Einzelheiten	2		
I. Anwendungsbereich	2		
II. Inhalt einer getroffenen Unterbringungsmaßnahme	3		
1. Bezeichnung des Betroffenen	4		
2. Bezeichnung des Gerichts	5	dd) Anordnung einer freiheitsentziehenden Unterbringung nach dem jeweiligen Landesrecht, § 312 Satz 1 Nr. 3	13
3. Beschlussformel	6		
a) Bezeichnung der Unterbringungsmaßnahme, Abs. 1 Nr. 1	7		
aa) Genehmigung der Unterbringung mit Freiheitsentzug eines Kindes, eines Betreuten oder eines Vollmachtgebers, § 1906 Abs. 1, 5 BGB i.V.m. § 312 Satz 1 Nr. 1	8	ee) Ablehnung des Antrages	14
		ff) Feststellung der Rechtswidrigkeit, § 62	15
		b) Ende der Unterbringungsmaßnahme, Abs. 1 Nr. 2	16
bb) Genehmigung einer Einwilligung in eine ärztliche Zwangsmaßnahme eines Betreuten oder eines Vollmachtgebers, § 1906 Abs. 1, 3, 3a, 5 BGB i.V.m. § 312 Satz 1 Nr. 1	10	4. Rechtsbehelfsbelehrung	21
		5. Fehlen vorstehender Angaben	23
		6. Begründung	24
		7. Weiterer Entscheidungsinhalt	25
		8. Inhalt einer ablehnenden Entscheidung	26

1 **A. Allgemeines.** Die Vorschrift wurde durch das Gesetz zur Regelung der betreuungsrechtlichen Einwilligung in eine ärztliche Zwangsmaßnahme v. 18.02.2013 (BGBl. I, S. 266) neu gefasst und um Abs. 2 erweitert. Da bereits in § 38 Abs. 2 allgemeine Regelungen zum Inhalt der Beschlussformel getroffen sind, konnte sich § 323 auf spezielle Regelungen beschränken.

2 **B. Einzelheiten. I. Anwendungsbereich.** Der § 323 gilt für alle Unterbringungsmaßnahmen i.S.d. § 312 Satz 1, die vom Gericht angeordnet, genehmigt bzw. abgelehnt werden.

3 **II. Inhalt einer getroffenen Unterbringungsmaßnahme.** Unterbringungsmaßnahmen werden durch einen Beschluss des Betreuungsgerichts getroffen, § 38 Abs. 1 Satz 1. Welchen Inhalt ein solcher Beschluss zwingend enthalten muss, legen §§ 38 Abs. 2 und 323 fest.

4 **1. Bezeichnung des Betroffenen.** Nach dem Beschlusseingang (»In dem Unterbringungsverfahren ...«) folgen gem. § 38 Abs. 2 Nr. 1 die genauen Personalien des Betroffenen (Vor-, Familienname, Geburtstag, Anschrift) sowie, sofern vorhanden, Verfahrensbevollmächtigter bzw. -pfleger, gesetzlicher Vertreter. Die weiteren Beteiligten des Verfahrens, die das Gericht hinzugezogen hat, sollten ebenfalls aufgeführt werden.

2. Bezeichnung des Gerichts. Weiter sind das Gericht und die Namen der Gerichtspersonen, die an der 5
Entscheidung mitgewirkt haben, zu nennen, § 38 Abs. 2 Nr. 2.

3. Beschlussformel. Die nach § 38 Abs. 2 Nr. 3 erforderliche Beschlussformel wird in § 323 Abs. 1 Nr. 1 6
und 2 sowie Abs. 2 konkretisiert.

a) **Bezeichnung der Unterbringungsmaßnahme, Abs. 1 Nr. 1.** Nach Nr. 1 muss eine nähere Bezeichnung 7
der Unterbringungsmaßnahme erfolgen, da das Gesetz in § 312 Satz 1 verschiedene Arten von Unterbringungsmaßnahmen beschreibt. Der Tenor der Entscheidung kann also gerichtet sein auf:

aa) **Genehmigung der Unterbringung mit Freiheitsentzug eines Kindes, eines Betreuten oder eines** 8
Vollmachtgebers, § 1906 Abs. 1, 5 BGB i.V.m. § 312 Satz 1 Nr. 1. Über §§ 167 Abs. 1, 151 Nr. 6 gilt § 312 Satz 1 Nr. 1 auch für die Unterbringung eines Minderjährigen nach §§ 1631b, 1800, 1915 BGB. In allen Fällen obliegt es den Eltern bzw. dem Elternteil, Vormund, Pfleger, Betreuer bzw. Bevollmächtigten, die konkrete Unterbringungseinrichtung zu bestimmen (OLG Brandenburg FGPrax 2004, 52). Angesichts der Festlegung regionaler Zuständigkeiten von Unterbringungseinrichtungen durch die jeweiligen Landeskrankenhausgesetze besteht in der Praxis kaum ein tatsächliches Wahlrecht. Die gerichtliche Entscheidung benennt daher häufig die entsprechende Einrichtung, wobei dem Bestimmungsrecht des gesetzlichen bzw. gewillkürten Vertreters durch den Zusatz »oder einer andere Einrichtung« Rechnung getragen wird. Grds. muss der Beschluss nur die Art der Unterbringungseinrichtung (psychiatrische Klinik, Rehaklinik etc.) nennen. Bedarf es der zwangsweisen Zuführung des Betroffenen nach § 326, gibt es allerdings bei der Vollstreckung ohne Benennung einer konkreten Einrichtung Probleme, weil die Polizei häufig Vollzugshilfe nur bei festgelegter Klinik leisten will. Die Rechtsprechung behandelt allerdings einen solchen Zusatz als nicht geschrieben (BayObLG FamRZ 1994, 320; OLG Düsseldorf FamRZ 1995, 118).

Welche ärztlichen Maßnahmen anlässlich der Unterbringung mit Freiheitsentzug durchgeführt werden, 9
muss das Gericht grds. nicht festlegen. Insoweit entscheidet der Betroffene, ggf. bei entsprechendem Aufgabenkreis der bestellte bzw. gewillkürte Vertreter. Lediglich bei einer gerichtlichen Unterbringungsanordnung i.R.d. § 1846 BGB muss der Beschluss zwingend Angaben zur konkreten Unterbringungseinrichtung und ggf. zur Durchführung ärztlicher Maßnahmen enthalten (BayObLG NJW-RR 2002, 1446). Hier tritt der Richter nämlich an die Stelle des gesetzlichen bzw. gewillkürten Vertreters. Zu einem Beschlussmuster vgl. *Firsching/Dodegge* Rn. 598 und 600.

bb) **Genehmigung einer Einwilligung in eine ärztliche Zwangsmaßnahme eines Betreuten oder eines** 10
Vollmachtgebers, § 1906 Abs. 1, 3, 3a, 5 BGB i.V.m. § 312 Satz 1 Nr. 1. Wird die Einwilligung eines Betreuers bzw. ausreichend Bevollmächtigten in eine ärztliche Zwangsmaßnahme genehmigt oder nach §§ 1846, 1906 Abs. 3 Satz 2 BGB angeordnet, hat die Beschlussformel zu enthalten, dass die Zwangsmaßnahme unter der Verantwortung eines Arztes durchzuführen und zu dokumentieren ist, vgl. Abs. 2 (BGH NJW 2015, 1019 und FamRZ 2015, 2050). Dabei handelt es sich nicht um einen klarstellenden Ausspruch. Vielmehr wird durch den Beschlusstenor die Rechtmäßigkeit der ärztlichen Zwangsmaßnahme unabhängig von aus dem zivilrechtlichen Behandlungsvertrag folgenden Pflichten daran geknüpft, dass diese Vorgaben erfüllt sind (BGH NJW 2014, 2497). Weiter soll sicher- und für den Rechtsverkehr klargestellt werden, dass nicht nur die Anordnung einer ärztlichen Zwangsmaßnahme, sondern auch deren Umsetzung und Durchführung nur unter der Aufsicht und Verantwortung eines Arztes – regelmäßig eines Facharztes für Psychiatrie – erfolgen können. Angesichts des gravierenden Grundrechtseingriffes durch eine ärztliche Zwangsmaßnahme sollen Änderungen des Krankheitsbildes und im Einzelfall auftretende Nebenwirkungen rasch erkannt und dokumentiert werden. Streitig war bisher, ob bei einer ärztlichen Zwangsmaßnahme i.R.d. Unterbringung in der Beschlussformel oder in den Gründen die Angabe des Arzneimittels oder des Wirkstoffes, der Dosierung, der Verabreichungshäufigkeit sowie einer alternativen Medikation nötig sind (bejahend BGH NJW 2006, 1277, obiter dictum; OLG Stuttgart FamRZ 2010, 1107; verneinend OLG Karlsruhe NJW-RR 2007, 159). Der Gesetzgeber hat sich trotz anderslautender Vorschläge im Gesetzgebungsverfahren zu Recht dazu entschieden, dies für die Beschlussformel nicht zu verlangen. Die Entscheidung über das Ob und Wie einer ärztlichen Zwangsmaßnahme sowie deren Überwachung der Durchführung obliegen nämlich dem Betreuer bzw. Bevollmächtigten. Lediglich im Rahmen der Begründung der Entscheidung hat das Gericht bei den Erwägungen zur Verhältnismäßigkeit der ärztlichen Zwangsmaßnahme auf die Art des Medikamentes, die Verabreichungshäufigkeit und die Dosierung einzugehen (*Dodegge* NJW 2013, 1265, 1270). Zu einem Beschlussmuster vgl. Firsching/Dodegge Rn. 599a und 601a.

11 cc) **Genehmigung einer unterbringungsähnlichen Maßnahme eines Betreuten oder eines Vollmachtgebers nach § 1906 Abs. 4 und 5 BGB, § 312 Satz 1 Nr. 2.** Eine ausdrückliche Benennung der Einrichtung ist nicht erforderlich, sie ergibt sich bereits aus dem Aufenthaltsort des Betroffenen. Die Art der Maßnahme, z.B. Anlegen eines Bauchgurtes, Anbringen eines Bettgitters, Abschließen eines Raumes etc., muss allerdings angegeben werden, ebenso ein zeitlicher Rahmen, z.B. während der nächtlichen Bettruhe, während der Mahlzeiten oder während der Infusionen. Die Formulierungen sollten nicht zu eng sein. Auch hier obliegt die konkrete Ausgestaltung dem gesetzlichen bzw. gewillkürten Vertreter. Das Gericht wird genehmigend tätig.

12 Der Zusatz, dass eine Maßnahme nur nach ausdrücklicher vorheriger Anordnung eines Arztes erfolgen darf, soll zulässig sein (BayObLG, FamRZ 1994, 721). Da ohnehin nur auf der Grundlage eines ärztlichen Zeugnisses genehmigt werden kann und dem Betreuer letztlich die konkrete Ausgestaltung obliegt, sind solche Zusätze wenig sinnvoll. Gleiches gilt für die Auflage, dass die Einrichtung die Maßnahmen zu dokumentieren hat. Dies geschieht ohnehin. Zu einem Beschlussmuster vgl. *Firsching/Dodegge* Rn. 602 und 604.

13 dd) **Anordnung einer freiheitsentziehenden Unterbringung nach dem jeweiligen Landesrecht, § 312 Satz 1 Nr. 3.** Über §§ 167 Abs. 1, 151 Nr. 7 gilt § 312 Satz 1 Nr. 3 auch für die Unterbringung eines Minderjährigen nach den Landesgesetzen über die Unterbringung psychisch Kranker. Bei der Anordnung einer Unterbringung nach Landesrecht muss die Entscheidung nur die Art der Unterbringungseinrichtung, z.B. psychiatrisches Krankenhaus, Rehabilitationsklinik etc., benennen. Die konkrete Auswahl des Krankenhauses oder der Klinik steht der zuständigen Behörde zu. Deren Auswahl ist angesichts der in den Ländern bestehenden gesetzlichen Regelungen zur Festlegung der zuständigen Aufnahmeklinik ebenfalls begrenzt. Zu einem Beschlussmuster vgl. *Firsching/Dodegge* Rn. 690.

14 ee) **Ablehnung des Antrages.** Es bestehen keine Besonderheiten. Der Tenor lautet auf Ablehnung des Antrages. Weitere Inhalte werden für die Beschlussformel nicht verlangt.

15 ff) **Feststellung der Rechtswidrigkeit, § 62.** Nach ständiger obergerichtlicher Rechtsprechung besteht bei beendeten Unterbringungen im Hinblick auf den hohen Wert des Freiheitsrechtes (Art. 2 Abs. 2 Satz 2 GG) regelmäßig ein fortwährendes Rechtsschutzinteresse an einer Sachentscheidung über die Rechtmäßigkeit des Eingriffs (BVerfG NJW 2002, 3161; BGH NJW 2013, 3309), was der Gesetzgeber mit der Regelung des § 62 aufgegriffen hat. Die Feststellung kann aber nur auf entsprechenden Antrag erfolgen (OLG Celle FGPrax 2007, 189). Antragsberechtigt ist allein der Betroffene (BGH FGPrax 2013, 131), der bei fehlender anwaltlicher Vertretung auf die Möglichkeit, seinen Antrag auf die Feststellung der Rechtswidrigkeit umstellen zu können, hinzuweisen ist (BGH NJW 2015, 3239). Die Beschlussformel lautet hier auf Feststellung, dass die Genehmigung bzw. Anordnung der Unterbringung den Beschwerdeführer in seinen Rechten verletzt hat. Das Feststellungsinteresse des Betroffenen bezieht sich dabei auf eine umfassende Überprüfung einschließlich der erstmaligen Genehmigung durch das Betreuungsgericht (OLG Stuttgart BtPrax 2010, 136). Die Rechtswidrigkeit einer Unterbringungsmaßnahme kann sich aus einem Verfahrensfehler ergeben, wenn der Verfahrensfehler so gravierend ist, dass die Entscheidung den Makel einer rechtswidrigen Freiheitsentziehung hat, durch Nachholung der Maßnahme rückwirkend nicht mehr zu tilgen ist (BGH NJW 2012, 1582). Der Verfahrensfehler muss für die Entscheidung ursächlich sein und darf nicht später geheilt worden sein (BGH FamRZ 2015, 2050). Die Feststellung der Rechtswidrigkeit einer Unterbringungsmaßnahme aufgrund von Verfahrensfehlern ist etwa zu bejahen, wenn die persönliche Anhörung des Betroffenen (BGH NJW-RR 2014, 642, 644 und NJW 2012, 1582) bzw. die Bestellung eines Verfahrenspflegers unterbleibt (KG BtPrax 2008, 42) oder zu spät erfolgt bzw. zum Gutachten kein rechtliches Gehör gewährt wird (OLG Schleswig NJW-RR 2008, 380) oder nach Anordnung der Unterbringung durch den Richter selbst nicht rechtzeitig ein Betreuer bestellt wird (OLG München NJW-RR 2008, 810). Inhaltlich kann die Rechtswidrigkeit einer Unterbringungsmaßnahme darauf beruhen, dass eine Zwangsbehandlung ohne die erforderliche Beachtung der Verhältnismäßigkeit erfolgt (OLG Celle NJW-RR 2008, 230), der Beschlusstenor nicht den Hinweis enthält, dass die ärztliche Zwangsmaßnahme unter der Verantwortung eines Arztes durchzuführen und zu dokumentieren ist (BGH NJW 2015, 1019) oder die Genehmigung über die gesetzliche Höchstfrist hinaus erteilt wird (BGH NJW 2014, 3301). Bei einer Unterbringungsgenehmigung nach § 1906 Abs. 1 Nr. 1 BGB kann die Feststellung der Rechtswidrigkeit z.B. daraus rechtfertigen, dass die Tatsacheninstanzen keine Umstände das Bestehen einer qualifizierten Gefährdungslage festgestellt haben (BGH NJW 2015, 3239).

b) Ende der Unterbringungsmaßnahme, Abs. 1 Nr. 2. Die Entscheidung muss weiterhin den Zeitpunkt 16 angegeben, zu dem die Unterbringungsmaßnahme endet, wenn sie nicht vorher verlängert wird, Abs. 1 Nr. 2. Damit soll gewährleistet werden, dass die Maßnahme auf die voraussichtlich notwendige Zeit begrenzt wird, andererseits die Beteiligten ausdrücklich auf die Möglichkeit einer Verlängerung hingewiesen werden. Zur Klarheit sollte das Ende der Unterbringungsmaßnahme kalendermäßig festgelegt werden. Zwingend ist dies nicht, sodass auch ein bestimmbares Ende, wie z.B. 6 Wochen, 3 Monate etc., zur ausreichenden Bezeichnung genügt. Auf keinen Fall darf die Bestimmung des Zeitpunktes, zu dem die Genehmigung der Unterbringungsmaßnahme endet, dem gesetzlichen bzw. gewillkürten Vertreter überlassen werden (BGH FamRZ 2010, 1726).
Die entsprechende Frist beginnt mit der Bekanntgabe der Entscheidung zu laufen, § 16 Abs. 1, soweit nichts anderes bestimmt ist. Ihr Ende berechnet sich nach §§ 16 Abs. 2; 222 Abs. 1 ZPO; 191 BGB (OLG München FGPrax 2008, 137).
Bei der Festlegung des Endes der Unterbringungsmaßnahme wird sich das Gericht an den Aussagen des 17 Sachverständigengutachtens bzw. des ärztlichen Zeugnisses zur voraussichtlichen, notwendigen Dauer der Maßnahme orientieren. Sie sollte unter Beachtung der Verhältnismäßigkeit so gewählt werden, dass der Zweck der Unterbringung bis zum Fristablauf erreicht werden kann. Deshalb ist das Gericht nicht daran gebunden, die Unterbringung nur für einen bestimmten beantragten Zeitraum zu genehmigen (OLG Schleswig FamRZ 2003, 1499). Da bei öffentlich-rechtlichen Unterbringungen die akute Krisenintervention im Vordergrund steht, werden sie regelmäßig kürzer sein. Die Festlegung der Frist hat sich dabei an dem Zeitpunkt der Erstellung der ärztlichen Stellungnahme, nicht der gerichtlichen Entscheidung auszurichten (OLG München FGPrax 2007, 43).
Nach § 329 Abs. 1 Satz 1 darf das Ende der Unterbringungsmaßnahme höchstens ein Jahr, bei offensicht- 18 lich langer Unterbringungsbedürftigkeit 2 Jahre nach Erlass der Entscheidung liegen. Will das Gericht eine Unterbringungsmaßnahme für länger als ein Jahr genehmigen, muss es ausreichend begründen, warum es von der 1-jährigen Regelfrist abweichen will (BayObLG FamRZ 2002, 629 u 2005, 1278). Das kann etwa durch personenbezogene Tatsachenfeststellungen hinsichtlich der Erzielung einer Behandlungsbereitschaft und nachfolgender Therapie erfolgen (OLG München BtPrax 2005, 113) oder sich aus fehlenden Heilungs- oder Besserungsaussichten ergeben (OLG Schleswig FGPrax 2006, 138). Sofern Landesunterbringungsgesetze kürzere Fristen vorsehen, werden sie durch § 329 Abs. 1 verdrängt.
Abweichend von der Dauer einer Unterbringungsmaßnahme sieht § 329 Abs. 1 Satz 2 für die Genehmigung 19 einer Einwilligung in eine ärztliche Zwangsmaßnahme oder deren Anordnung eine kürzere Höchstdauer von 6 Wochen vor. Diese Frist bildet Erfahrungswerte der Praxis ab, wonach überwiegend in einem Zeitraum von bis zu 6 Wochen eine ausreichende Therapiebereitschaft erreicht bzw. die zwangsweise ärztliche Behandlung beendet werden kann. Will das Gericht von der im Gutachten vorgeschlagenen Genehmigungsdauer abweichen, muss es die Gründe dafür in der Genehmigungsentscheidung darlegen.
Läuft die Frist ab, ohne dass das Gericht zuvor verlängert hat, endet die Unterbringungsmaßnahme bzw. 20 die Anordnung oder Genehmigung der ärztlichen Zwangsmaßnahme ohne weiteres. Für verlängernde Unterbringungsmaßnahmen gilt § 329 Abs. 2. Für verlängernde Anordnungen oder Genehmigungen einer ärztlichen Zwangsmaßnahme gilt § 329 Abs. 2 und 3.

4. Rechtsbehelfsbelehrung. Letztlich muss die Entscheidung, durch die eine Unterbringungsmaßnahme 21 getroffen wird, eine Rechtsbehelfsbelehrung (statthafter Rechtsbehelf, Gericht, bei dem der Rechtsbehelf einzulegen ist, einzuhaltende Form und Frist) enthalten. Dies ist im Gegensatz zum bisherigen Recht ausdrücklich im Allgemeinen Teil, dort § 39, geregelt. Die Belehrung richtet sich allein an den Betroffenen und muss oberhalb der Unterschrift des Richters stehen (BayObLG BtPrax 1993, 30: Beilegen eines Formularblattes mit der Belehrung genügt nicht).
Zulässiges Rechtsmittel ist in Unterbringungssachen die Beschwerde, § 58 Abs. 1. Fehlt die Rechtsmittel- 22 belehrung oder ist sie unrichtig, hindert das weder den Beginn noch den Ablauf der Rechtsbehelfsfrist oder den Eintritt der formellen Rechtskraft. In diesen Fällen kann aber die Wiedereinsetzung in den vorherigen Stand nach § 17 in Betracht kommen. Zu Einzelheiten s. § 39 Rdn. 67 bis 70.

5. Fehlen vorstehender Angaben. Ohne ausreichende Bezeichnung des Betroffenen ist die Unterbrin- 23 gungsmaßnahme nicht vollstreckbar. Sofern die weiteren verlangten Angaben fehlen, wird die Entscheidung dadurch nicht unwirksam, aber anfechtbar. Das Gericht kann die fehlenden Angaben durch weiteren Beschluss ergänzen. Hatte das Gericht notwendige Angaben im Beschluss versehentlich unterlassen, kann es sie im Wege der Berichtigung nachholen, § 42 Abs. 1. Der Beschluss gilt dann mit dem berichtigten Inhalt als von Anfang an erlassen (BayObLG FPR 2002, 94, 96).

24 **6. Begründung.** Die Entscheidung muss – auch im Fall der Ablehnung – zudem eine Begründung enthalten, § 38 Abs. 3 Satz 1, was sich schon aus dem Gebot der Rechtsstaatlichkeit ergibt. In der Praxis werden Unterbringungsmaßnahmen bzw. Ablehnungen teilweise nur mit Wiederholung des Gesetzestextes und Standardfloskeln begründet, was nicht ausreicht. Erforderlich sind die vollständige und verständliche Sachverhaltsschilderung (OLG Schleswig NJOZ 2004, 113), die Beweiswürdigung, die Befassung mit dem Gutachten bzw. ärztlichen Zeugnis, die Benennung der rechtlichen Grundlage, die die Unterbringungsmaßnahme bzw. die Anordnung oder Genehmigung der ärztlichen Zwangsmaßnahme rechtfertigt, und deren Ausfüllung anhand konkreter Tatsachen, sowie, sofern ein Ermessen eingeräumt ist, die Darstellung der Gesichtspunkte, die für die Ermessensausübung herangezogen wurden; und schließlich die Begründung für die gewählte Frist, insb. bei Ausschöpfung der Höchstfrist (OLG München BtPrax 2005, 113). Wird die Genehmigung einer Einwilligung in eine ärztliche Zwangsmaßnahme erteilt, bedarf es in der Begründung bei einer medikamentösen Zwangsbehandlung der Angabe des Arzneimittels oder des Wirkstoffes, der Dosierung, der Verabreichungshäufigkeit sowie einer alternativen Medikation (BGH NJW 2006, 1277 und 2012, 2967). Eine besondere Begründung verlangt das Gesetz zudem beim Absehen von der Bestellung eines Verfahrenspflegers, § 317 Abs. 2. Die in § 38 Abs. 4 genannten Fälle, in denen von einer Begründung abgesehen werden kann (dazu § 38 Rdn. 82 ff.), werden im Unterbringungsverfahren nicht relevant.

25 **7. Weiterer Entscheidungsinhalt.** Der Beschluss ist zu unterschreiben, § 38 Abs. 3 Satz 2. Das Datum der Übergabe des Beschlusses an die Geschäftsstelle oder die Bekanntmachung durch Verlesen ist zu vermerken, § 38 Abs. 3 Satz 3. Neben den genannten, zwingenden Inhalten können Entscheidungen über Unterbringungsmaßnahmen zweckmäßigerweise weitere Inhalte aufweisen. Denkbar sind Aussagen und Begründungen zur Anordnung der sofortigen Wirksamkeit nach § 324 Abs. 2 Satz 1 (BayObLG NJW 1975, 2148), zur Gestattung der Gewaltanwendung nach § 326 Abs. 2 und 3, zu Mitteilungen und zur Unterrichtung anderer Behörden und öffentlicher Stellen, § 338, sowie zur Unterlassung der Mitteilung der Entscheidungsgründe an den Betroffenen, § 325 Abs. 1, bzw. zur Aussetzung der Vollziehung nach § 328. Aussagen zu den Kosten sind bei der Anordnung einer Unterbringungsmaßnahme nicht notwendig. Das Verfahren ist für volljährige Betroffene gerichtsgebührenfrei, § 26 Abs. 3 GNotKG. Der Betroffene schuldet allenfalls die vom Gericht an den Verfahrenspfleger gezahlten Beträge als Auslagen gem. Nr. 31015 KV des GNotKG, wenn er über einzusetzende Mittel i.S.d. § 1836c BGB verfügt und das Gericht die Gerichtskosten nicht einem anderen Beteiligten auferlegt hat. Dies gilt auch für minderjährige Betroffene (OLG Hamm NJW 2012, 790). Außergerichtliche Kosten, z.B. für einen Rechtsanwalt, hat der Betroffene selbst zu tragen. Eine Ausnahme gilt nur im Fall des § 337, wonach das Gericht die Auslagen des Betroffenen unter den dort genannten Voraussetzungen (dazu § 337 Rdn. 7 ff.) der Staatskasse bzw. der antragstellenden Körperschaft auferlegen kann. Die Vergütung eines Rechtsanwaltes bestimmt sich nach VV Anlage 1, Teil 6, Abschnitt 3 des RVG.

26 **8. Inhalt einer ablehnenden Entscheidung.** Für sie schreibt § 38 Abs. 3 ebenfalls eine Begründung vor. Der Tenor der Entscheidung lautet auf Ablehnung der – beantragten – Maßnahme. Weiter können ggf. die außergerichtlichen Kosten des Betroffenen der Staatskasse, § 337 Abs. 1, auferlegt werden. War eine öffentlich-rechtliche Unterbringung beantragt (dazu § 312 Satz 1 Nr. 3), können die Auslagen des Betroffenen ggf. der Körperschaft, der die antragstellende Behörde angehört, auferlegt werden, § 337 Abs. 2.

§ 324 Wirksamwerden von Beschlüssen.
(1) Beschlüsse über die Genehmigung oder die Anordnung einer Unterbringungsmaßnahme werden mit Rechtskraft wirksam.
(2) ¹Das Gericht kann die sofortige Wirksamkeit des Beschlusses anordnen. ²In diesem Fall wird er wirksam, wenn der Beschluss und die Anordnung seiner sofortigen Wirksamkeit
1. dem Betroffenen, dem Verfahrenspfleger, dem Betreuer oder dem Bevollmächtigten im Sinne des § 1896 Abs. 2 Satz 2 des Bürgerlichen Gesetzbuchs bekannt gegeben werden,
2. einem Dritten zum Zweck des Vollzugs des Beschlusses mitgeteilt werden oder
3. der Geschäftsstelle des Gerichts zum Zweck der Bekanntgabe übergeben werden.

³Der Zeitpunkt der sofortigen Wirksamkeit ist auf dem Beschluss zu vermerken.

Abschnitt 2. Verfahren in Unterbringungssachen § 324

Übersicht

	Rdn.		Rdn.
A. Allgemeines	1	b) Zeitpunkt des Wirksamwerdens, Satz 2	6
B. Einzelheiten	2	aa) Nr. 1	7
I. Wirksamkeit von Entscheidungen	2	bb) Nr. 2	8
1. Grundsatz, Abs. 1	3	cc) Nr. 3	9
2. Anordnung der sofortigen Wirksamkeit, Abs. 2	4	II. Rechtsbehelf	10
a) Anordnung der sofortigen Wirksamkeit, Satz 1	5	III. Ende der Wirksamkeit	11

A. Allgemeines. § 324 trifft – wie § 287 im Bereich der Anordnung einer Betreuung bzw. eines Einwilligungsvorbehaltes – Regelungen zur Wirksamkeit einer Entscheidung in Unterbringungssachen. 1

B. Einzelheiten. I. Wirksamkeit von Entscheidungen. § 324 trifft abweichend von § 40 Abs. 1 Regelungen zum Wirksamwerden von Entscheidungen. 2

1. Grundsatz, Abs. 1. Abs. 1 bestimmt, dass eine Entscheidung über die Genehmigung oder Anordnung einer Unterbringungsmaßnahme erst mit Rechtskraft wirksam wird. Rechtskraft tritt also erst mit fruchtlosem Ablauf der Frist für die Einlegung der Beschwerde gegen die getroffene bzw. abgelehnte Unterbringungsmaßnahme ein (dazu § 312 Satz 1 Nr. 1 – 3). Die Frist zur Beschwerde beträgt einen Monat, § 63 Abs. 1. Richtet sich die Beschwerde gegen eine Endentscheidung im Verfahren der einstweiligen Anordnung (dazu §§ 331 ff.) oder eine Entscheidung über Anträge auf Genehmigung eines Rechtsgeschäfts, beträgt die Frist zur Beschwerde 2 Wochen, § 63 Abs. 2 Nr. 1 und 2. Diese Frist muss in Bezug auf alle Beschwerdeberechtigten abgelaufen sein. 3

2. Anordnung der sofortigen Wirksamkeit, Abs. 2. Das Gericht kann nach Abs. 2 Satz 1 von Amts wegen oder auf Anregung eines Beteiligten die sofortige Wirksamkeit der Entscheidung anordnen. In Satz 2 sieht das Gesetz drei Möglichkeiten vor, das sofortige Wirksamwerden eines Beschlusses in Unterbringungssachen herbeizuführen, indem der Beschluss und die Anordnung seiner sofortigen Wirksamkeit bestimmten Personen bekannt gegeben bzw. zum Zweck des Vollzuges mitgeteilt oder der Geschäftsstelle des Gerichts zur Bekanntgabe übergeben werden. 4

a) Anordnung der sofortigen Wirksamkeit, Satz 1. Das Gericht kann nach Abs. 2 Satz 1 von Amts wegen oder auf Anregung eines Beteiligten die sofortige Wirksamkeit der Entscheidung anordnen. Die Anordnung kann auch stillschweigend erfolgen, wenn der Betroffene bereits untergebracht ist und der Richter mit seiner Entscheidung die Fortwirkung der Unterbringung bewirken wollte. Die Anordnung der sofortigen Wirksamkeit setzt voraus, dass Gefahr im Verzug (dazu § 332 Rdn. 3) ist. Das ist bei Unterbringungen i.d.R. der Fall, wenn die Freiheitsentziehung bereits erfolgt oder eine einstweilige Unterbringungsmaßnahme erfolgt ist oder erfolgen soll. Ansonsten ist im Rahmen einer Ermessensentscheidung sorgfältig zu prüfen, ob die Umstände des Einzelfalls eine Anordnung der sofortigen Wirksamkeit erforderlich machen. 5

b) Zeitpunkt des Wirksamwerdens, Satz 2. Satz 2 regelt, zu welchem Zeitpunkt eine Entscheidung, deren sofortige Wirksamkeit angeordnet ist, wirksam wird. Die Nr. 1 – 3 eröffnen verschiedene Möglichkeiten, die richterliche Entscheidung möglichst umgehend wirksam werden zu lassen. Wählt das Gericht mehrere dieser Möglichkeiten, tritt die Wirksamkeit mit dem frühesten Zeitpunkt ein. 6

aa) Nr. 1. Nach Nr. 1 tritt mit mündlicher oder schriftlicher Bekanntgabe der Entscheidung und der Anordnung der sofortigen Wirksamkeit an den Betroffenen, den Verfahrenspfleger, den Betreuer oder den Bevollmächtigten i.S.d. § 1896 Abs. 2 BGB die Wirksamkeit ein. Eine ordnungsgemäße mündliche Bekanntgabe setzt nach § 41 Abs. 2 Satz 1 voraus, dass die schriftlich vorliegende Beschlussformel in vollem Wortlaut durch den Richter den Anwesenden verlesen wird, § 41 Abs. 2 Satz 1 (dazu § 41 Rdn. 39). Das ist in den Akten zu vermerken. Zudem ist die Entscheidung schriftlich bekannt zu geben, § 41 Abs. 2 Satz 2 und 3 (vgl. auch OLG Frankfurt am Main NJW 2005, 299). Die schriftliche Bekanntgabe erfolgt grds. nach den Regeln des § 15 Abs. 2 (dazu § 15 Rdn. 16 f.), in Bezug auf den Betroffenen immer durch förmliche Zustellung des schriftlichen Beschlusses, § 41 Abs. 1 Satz 2 (dazu § 41 Rdn. 34). Bei der Bekanntgabe durch Aufgabe zur Post nach § 15 Abs. 2 Satz 1 2. Alt. FamFG ist entsprechend § 184 Abs. 2 Satz 4 ZPO in den Akten zu vermerken, zu welcher Zeit und unter welcher Anschrift das Schriftstück zur Post gegeben wurde. 7

Der Vermerk muss vom Urkundsbeamten der Geschäftsstelle unterschrieben werden (BGH NJW 2016, 565).

8 **bb) Nr. 2.** Die (mündliche oder schriftliche) Mitteilung der Entscheidung und der Anordnung der sofortigen Wirksamkeit an einen Dritten, z.B. den Leiter der Unterbringungseinrichtung, zum Zweck des Vollzuges der Entscheidung führt ebenfalls zur Wirksamkeit.

9 **cc) Nr. 3.** Auch die Übergabe der (schriftlichen) Entscheidung und der Anordnung der sofortigen Wirksamkeit an die Geschäftsstelle des Gerichts zur Bekanntmachung führt die Wirksamkeit herbei. Der Zeitpunkt der sofortigen Wirksamkeit ist auf dem Beschluss durch den Urkundsbeamten der Geschäftsstelle zu vermerken, Nr. 3 Satz 2.

10 **II. Rechtsbehelf.** Die Anordnung der sofortigen Wirksamkeit kann nicht isoliert angefochten werden. Wird die in erster Instanz genehmigte bzw. angeordnete Unterbringungssache mit einem Rechtsbehelf angegriffen, hat das Beschwerdegericht in seiner Entscheidung auch über die Anordnung der sofortigen Wirksamkeit zu befinden. Es kann nach § 69 Abs. 3 i.V.m. § 324 Abs. 2 die Anordnung der sofortigen Wirksamkeit treffen, wenn dies erstinstanzlich unterblieben war, die Anordnung der sofortigen Wirksamkeit bestätigen – eines gesonderten Ausspruchs bedarf es nicht – oder die Vollziehung der erstinstanzlich angeordneten sofortigen Wirksamkeit – einstweilen – außer Vollzug setzen, vgl. § 64 Abs. 3 (BGH NJW 2012, 2584). Die Entscheidung ist nach pflichtgemäßem Ermessen zu treffen. Dabei sind die Erfolgsaussichten des Rechtsmittels und die drohenden Nachteile für den Betroffenen gegeneinander abzuwägen (BGH FGPrax 2010, 97).

11 **III. Ende der Wirksamkeit.** Die Wirksamkeit einer Entscheidung, die eine Unterbringungssache zum Gegenstand hat, endet, wenn die in der Entscheidung angegebene Frist abgelaufen ist, ohne dass eine Verlängerung erfolgte. Sie endet auch, wenn die Unterbringungssache aufgehoben wird, und zwar aufgrund endgültiger Entlassung durch den Betreuer, Bevollmächtigten, Pfleger, Vormund, Eltern(teil) sowie bei öffentlich-rechtlicher Unterbringung durch die zuständige Behörde bzw. den Klinikleiter. Letztlich endet sie, wenn das Gericht die Genehmigung bzw. Anordnung hinsichtlich einer Unterbringungsmaßnahme oder einer ärztlichen Zwangsmaßnahme aufhebt.

12 Die Wirksamkeit endet nicht allein aufgrund eines Entweichens des Betroffenen aus einer geschlossenen Einrichtung, auch wenn seine Rückkehr ungewiss ist. Auch eine auf einige Tage beschränkte probeweise Entlassung (KG FamRZ 2006, 1481; BayObLG FamRZ 1995, 1296) hebt die Wirksamkeit einer betreuungsgerichtlichen Entscheidung hinsichtlich einer Unterbringungs- oder ärztlichen Zwangsbehandlungsmaßnahme nicht auf. Gleiches gilt für die kurzzeitige Verlegung von einer geschlossenen auf eine offene Station in engen Grenzen. Sind seit der Verlegung bereits 6 Wochen vergangen, wird die Entscheidung allerdings gegenstandslos (OLG Hamm BtPrax 2000, 34; weitergehend BayObLG FamRZ 2004, 1323: nach 2 Monaten). Bei einer Rückverlegung auf eine geschlossene Station bedarf es daher einer neuen Genehmigung bzw. Anordnung. Auch die Aufgabe der Unterbringungs- bzw. Zwangsbehandlungsabsicht des Betreuers, Bevollmächtigten, Pflegers, Vormundes, Eltern(teils) bzw. der zuständigen Behörde beendet die Wirksamkeit nicht. Diese Beteiligten sind für den Vollzug zuständig und können daher die Unterbringung selbst tatsächlich beenden, die innere Absicht kann deshalb nicht maßgeblich sein.

13 Endet die Unterbringungsmaßnahme bzw. die ärztliche Zwangsmaßnahme vor Ablauf der in der Entscheidung genannten Frist, ist die Entscheidung zur Beseitigung des Rechtsscheins aufzuheben.

§ 325 Bekanntgabe.

(1) Von der Bekanntgabe der Gründe eines Beschlusses an den Betroffenen kann abgesehen werden, wenn dies nach ärztlichem Zeugnis erforderlich ist, um erhebliche Nachteile für seine Gesundheit zu vermeiden.
(2) ¹Der Beschluss, durch den eine Unterbringungsmaßnahme genehmigt oder angeordnet wird, ist auch dem Leiter der Einrichtung, in der der Betroffene untergebracht werden soll, bekannt zu geben. ²Das Gericht hat der zuständigen Behörde die Entscheidung, durch die eine Unterbringungsmaßnahme genehmigt, angeordnet oder aufgehoben wird, bekannt zu geben.

Übersicht

	Rdn.		Rdn.
A. Allgemeines	1	II. Weitere Bekanntmachungsadressaten, Abs. 2	4
B. Einzelheiten	2		
I. Absehen von der Bekanntgabe, Abs. 1	3		

A. Allgemeines. § 325 enthält wie § 288 im Bereich der Anordnung einer Betreuung bzw. eines Einwilligungsvorbehaltes Regelungen zur Bekanntgabe einer Entscheidung im Unterbringungsverfahren. 1

B. Einzelheiten. § 325 Abs. 1 ermöglicht als Ausnahme zu der Grundregel der §§ 40 Abs. 1, 41 Abs. 1, wonach ein Beschluss dem Betroffenen stets bekannt zu machen ist, ein Absehen von der Bekanntgabe der Gründe eines Beschlusses. Abs. 2 sieht ergänzende Regelungen zur Bekanntgabe an den Leiter der Einrichtung, in der der Betroffene untergebracht werden soll, und die zuständige Behörde vor. 2

I. Absehen von der Bekanntgabe, Abs. 1. Die Beschlussformel ist dem Betroffenen stets bekannt zu machen. § 325 Abs. 1 ermöglicht es nur, von der Bekanntgabe der Entscheidungsgründe abzusehen, wenn dies nach einem ärztlichen Zeugnis (dazu § 321 Rdn. 14) erforderlich ist, um erhebliche Gesundheitsnachteile für den Betroffenen (dazu § 319 Rdn. 15) zu vermeiden. 3

II. Weitere Bekanntmachungsadressaten, Abs. 2. § 325 Abs. 2 sieht die Bekanntgabe eines Beschlusses, der eine Unterbringungsmaßnahme genehmigt oder anordnet, an den Leiter der Unterbringungseinrichtung, Satz 1, und die zuständige Behörde, Satz 2, vor. Der Behörde ist auch eine Entscheidung bekannt zu machen, die eine Unterbringungsmaßnahme aufhebt. Mit der Neufassung der Vorschrift wollte der Gesetzgeber klarstellen, dass der zuständigen Behörde auf jeden Fall alle Entscheidungen hinsichtlich einer Unterbringungsmaßnahme bekannt zu machen sind. Im Gegensatz dazu ist die Anhörung der zuständigen Behörde im Verfahren nicht zwingend (vgl. § 320 Rdn. 5). 4

Nach Abs. 2 Satz 1 sind Entscheidungen, durch die eine Unterbringungsmaßnahme getroffen wird, neben den in §§ 315, 320 Satz 2 genannten Personen und Stellen auch dem Leiter der Einrichtung, in der der Betroffene untergebracht werden soll, mitzuteilen. So sollen sie rechtzeitig Kenntnis von der Entscheidung erhalten und die erforderlichen Maßnahmen ergreifen können. 5

Eine Bekanntgabe von ablehnenden Entscheidungen an diesen Kreis hielt der Gesetzgeber zur Vermeidung einer entsprechenden negativen Publizität zulasten des Betroffenen für nicht angezeigt. Zu beachten ist, dass den in § 315 genannten Personen und Stellen ablehnende Entscheidungen zumindest dann bekannt zu machen sind, wenn sie als Beteiligte zum Verfahren hinzugezogen worden sind. 6

§ 326 Zuführung zur Unterbringung.

(1) Die zuständige Behörde hat den Betreuer oder den Bevollmächtigten im Sinne des § 1896 Abs. 2 Satz 2 des Bürgerlichen Gesetzbuchs auf deren Wunsch bei der Zuführung zur Unterbringung nach § 312 Nr. 1 zu unterstützen.

(2) ¹Gewalt darf die Behörde nur anwenden, wenn das Gericht dies ausdrücklich angeordnet hat. ²Die zuständige Behörde ist befugt, erforderlichenfalls die Unterstützung der polizeilichen Vollzugsorgane nachzusuchen.

(3) ¹Die Wohnung des Betroffenen darf ohne dessen Einwilligung nur gewaltsam geöffnet, betreten und durchsucht werden, wenn das Gericht dies zu dessen Zuführung zur Unterbringung ausdrücklich angeordnet hat. ²Vor der Anordnung ist der Betroffene persönlich anzuhören. ³Bei Gefahr im Verzug kann die Anordnung durch die zuständige Behörde ohne vorherige Anhörung des Betroffenen erfolgen. ⁴Durch diese Regelung wird das Grundrecht auf Unverletzlichkeit der Wohnung aus Artikel 13 Absatz 1 des Grundgesetzes eingeschränkt.

Übersicht

	Rdn.		Rdn.
A. Allgemeines	1	II. Gewaltanwendung, Abs. 2	10
B. Einzelheiten	2	III. Wohnungsbetretungsrechte, Abs. 3	11
I. Unterstützung zur Zuführung, Abs. 1	5	IV. Anfechtbarkeit	12

§ 326

1 A. Allgemeines. § 326 wurde durch das Gesetz zur Einführung einer Rechtsbehelfsbelehrung im Zivilprozess und zur Änderung anderer Vorschriften v. 05.12.2012 (BGBl. I, S. 2418) neu gefasst und in Abs. 3 durch die Sätze 2 – 4 erweitert. Dies war erforderlich, weil das BVerfG (FamRZ 2009, 1814) schon vor Inkrafttreten des FamFG für das gewaltsame Öffnen, Betreten und Durchsuchen der Wohnung in Hinblick auf Art. 13 GG eine ausdrückliche gesetzliche Ermächtigungsgrundlage verlangt hatte. Mit § 326 Abs. 1 wird die zuständige Behörde verpflichtet, den Betreuer und den Bevollmächtigten i.S.d. § 1896 Abs. 2 Satz 2 BGB bei der Zuführung zur Unterbringung zu unterstützen. Für die Zuführung Minderjähriger zur Unterbringung gilt § 167 Abs. 5 (dazu § 167 Rdn. 9). Weiter wollte der Gesetzgeber sicherstellen, dass neben der Anwendung von Gewalt nach Abs. 2 auch das gewaltsame Öffnen, Betreten und Durchsuchen der Wohnung des Betroffenen ohne dessen Einwilligung nach Abs. 3 nur bei ausdrücklicher gerichtlicher Entscheidung erlaubt ist, es sei denn, es liegt Gefahr im Verzug vor. Zudem sollte durch die Einschaltung der zuständigen Behörde mit ihren besonders qualifizierten Mitarbeitern für den Betroffenen ein erhöhter Schutz gewährleistet werden.

2 B. Einzelheiten. § 325 Abs. 1 regelt nur die Zuführung zu Unterbringungssachen nach § 312 Satz 1 Nr. 1, also zivilrechtliche Unterbringungsmaßnahmen nach § 1906 Abs. 1 bis 3a und 5 BGB.

3 Bei Unterbringungssachen nach § 312 Satz 1 Nr. 2, d.h. bei unterbringungsähnlichen Maßnahmen nach § 1906 Abs. 4 BGB, bedarf es keiner Regelungen zur Zuführung, da sich der Betroffene schon in einer Einrichtung befindet.

4 Für Unterbringungssachen nach § 312 Satz 1 Nr. 3, also öffentlich-rechtliche Unterbringungsmaßnahmen, enthalten die jeweiligen Landesgesetze Regelungen zur Anwendung von Gewalt und zum Betreten von Wohnungen i.R.d. Zuführung.

5 I. Unterstützung zur Zuführung, Abs. 1. Abs. 1 bestimmt, dass bei Zuführungen i.R.d. Unterbringungsverfahrens die zuständige Behörde (dazu § 315 Rdn. 8) den Betreuer bzw. den Bevollmächtigten auf dessen Bitte zu unterstützen hat. Der Gesetzgeber wollte damit sicherstellen, dass das bei den jeweils zuständigen Behörden vorhandene Fachpersonal für eine möglichst schonende Vorführung zur Verfügung steht (BT-Drucks. 11/4528, S. 185).

6 Die Vollziehung einer zivilrechtlichen Unterbringungssache (dazu § 312 Satz 1 Nr. 1) bedarf keiner besonderen gesetzlichen Regelung, da sie durch den gesetzlichen bzw. gewillkürten Vertreter erfolgt. Hat das Gericht ihm die erforderliche Genehmigung erteilt, hat er zu entscheiden, ob er davon Gebrauch macht und sie bejahendenfalls umzusetzen. Demgemäß müssen der Betreuer und beim Vollmachtgeber der Bevollmächtigte den Betroffenen in der ausgewählten Einrichtung unterbringen und ggf. zwangsweise ärztlich behandeln lassen. Rein tatsächlich gelingt es aber häufiger nicht ohne Weiteres, den Betroffenen unterzubringen. Der Gesetzgeber wollte daher eine Anlaufstelle schaffen, an die der Wunsch auf Unterstützung bei der Unterbringung herangetragen werden kann. Zur praktischen Durchführung von Unterbringungen s. *Dodegge* BtPrax 1998, 43.

7 Anders als in der Vergangenheit gilt das gesetzliche Instrumentarium zur Durchsetzung der Unterbringung auch für Bevollmächtigte.

8 Weder das Gericht noch ein Dritter kann diese Unterstützung anfordern, sondern nur der gesetzliche bzw. gewillkürte Vertreter. Unterstützung bedeutet Begleitung und Hilfe durch das geschulte Personal der Behörde, etwa beim Zutritt zur Wohnung des Betroffenen (beachte aber Abs. 3), beim Transport in die Unterbringungseinrichtung, bei der Überwindung von (verbalem oder tätlichem) Widerstand des Betroffenen oder bei der Suche nach dem untergetauchten Betroffenen.

9 Die Auswahl der Unterbringungseinrichtung, die eigentliche Organisation des Transportes sowie ggf. die Einwilligung in eine ärztliche Zwangsmaßnahme sind dagegen alleinige Aufgabe des gesetzlichen bzw. gewillkürten Vertreters. Ist die Zuführung zur Unterbringung erfolgt, enden die Aufgaben der zuständigen Behörde zur Hilfestellung. Den weiteren Vollzug gestaltet die jeweilige Unterbringungseinrichtung in Absprache mit dem gesetzlichen bzw. gewillkürten Vertreter.

10 II. Gewaltanwendung, Abs. 2. Kann die zuständige Behörde die Zuführung zur Unterbringung nicht zwanglos unterstützen, darf sie Gewalt anwenden, aber nur auf der Grundlage einer vorherigen gerichtlichen Entscheidung, Satz 1. Damit stellt der Gesetzgeber eine ausdrückliche Rechtsgrundlage für die Anwendung von unmittelbarem Zwang i.R.d. Zuführung zur Verfügung. Nach Satz 2 kann die zuständige Behörde bei Bedarf, etwa wenn abzusehen ist, dass Einsatz körperlicher Gewalt nötig wird, die Polizei zur Unterstützung heranziehen. Über die entsprechende Notwendigkeit entscheidet die zuständige Behörde im

Rahmen von pflichtgemäßem Ermessen. Die Entscheidung ergeht in einem eigenständigen Verfahren, kann aber mit dem Unterbringungsverfahren verbunden werden. In der Praxis wird die Gewaltanwendung häufig regelhaft angeordnet, wenn sich der Betroffene noch nicht in der Unterbringungseinrichtung befindet. Richtigerweise müssen die Gerichte prüfen, ob mit der Gestattung der Gewaltanwendung das Wohl des Betroffenen gewahrt bleibt. Insbes. muss die Erforderlichkeit konkret festgestellt werden und die Verhältnismäßigkeit gewahrt sein. Das kann z.B. bejaht werden, wenn ein Versuch erfolglos bleibt, den Betroffenen ohne Gewaltanwendung zu bewegen, in die Unterbringungseinrichtung zu gehen oder der Betroffene sich in seiner Wohnung einschließt und niemanden zu sich lässt. Sofern die zuständige Behörde die Unterbringung zusammen mit dem gesetzlichen Vertreter durchführt, ist sie berechtigt, die Polizei um Unterstützung zu ersuchen. Die Behörde darf der Polizei die Zuführung nicht überlassen, sondern sie nur zur Unterstützung heranziehen. Die Polizei ist nach den Grundsätzen der Amtshilfe zur Vollzugshilfe verpflichtet.

III. Wohnungsbetretungsrechte, Abs. 3. Sofern die zuständige Behörde i.R.d. Vorführung die Wohnung 11 des Betroffenen gewaltsam öffnen, betreten oder durchsuchen will, bedarf es dafür – sofern keine Gefahr im Verzug besteht – einer gerichtlichen Anordnung. Abs. 3 Satz 1 enthält dazu eine ausdrückliche Rechtsgrundlage und kommt damit den verfassungsrechtlichen Anforderungen der Art. 13 Abs. 1, 2 GG nach (BT-Drucks. 17/10490, S. 20). Die Anordnung darf nur zu dem Zweck erfolgen, den Betroffenen aufzufinden, um ihn einer Unterbringung zuzuführen. Eine Anordnung zum gewaltsamen Öffnen, Betreten und Durchsuchen der Wohnung eines Dritten, in der sich der Betroffene aufhält, ohne dort zu wohnen, ermöglicht Abs. 3 nicht. Der Betroffene ist vor der Anordnung persönlich anzuhören, Satz 2. Wegen der erhöhten Grundrechtsrelevanz hat der Gesetzgeber die persönliche Anhörung für notwendig erachtet (BT-Drucks. 17/10490, S. 20). Ergibt sich für die zuständige Behörde die Notwendigkeit, einen Schlüsseldienst zur Öffnung der Wohnung des Betroffenen heranzuziehen, muss sie dessen Kosten tragen (BGH NZFam 2016, 116; a.A. OLG Köln FamRZ 2005, 237: zu § 278; LG Saarbrücken BtPrax 2012, 219). Da der Gesetzgeber die Aufgabe der Vorführung bzw. des gewaltsamen Öffnens, Betretens und Durchsuchens der Wohnung des Betroffenen eindeutig der zuständigen Behörde zuweist, muss sie die anfallenden Kosten eines Schlüsseldienstes tragen. Bei Gefahr in Verzug bedarf es keiner vorherigen ausdrücklichen Entscheidung des Gerichts, Satz 3. Gefahr in Verzug kann bejaht werden, wenn auf die gerichtliche Entscheidung nicht gewartet werden kann, ohne dass es zu einer Gefährdung der Gesundheit oder des Lebens des Betroffenen kommt. Satz 4 ist dem Zitiergebot des Art. 19 Abs. 1 Satz 2 GG geschuldet.

IV. Anfechtbarkeit. Die gerichtliche Entscheidung nach § 326 zur Gewaltanwendung oder zum Öffnen, 12 Betreten und Durchsuchen der Wohnung kann gesondert angefochten werden, und zwar mit der Beschwerde nach § 58 Abs. 1 (Keidel/*Budde* § 326 Rn. 5; a.A. Bahrenfuss/Grotkopp § 326 Rn. 5). Die Entscheidung stellt nämlich eine End- und keine bloße Nebenentscheidung dar, weil sie ihre gesetzliche Grundlage in einer eigenständigen Ermächtigungsnorm hat und eine Entscheidung ermöglicht, die selbstständig neben der Anordnung bzw. Genehmigung einer Unterbringungsmaßnahme ergeht.

§ 327 Vollzugsangelegenheiten. (1) ¹Gegen eine Maßnahme zur Regelung einzelner Angelegenheiten im Vollzug der Unterbringung nach § 312 Nr. 3 kann der Betroffene eine Entscheidung des Gerichts beantragen. ²Mit dem Antrag kann auch die Verpflichtung zum Erlass einer abgelehnten oder unterlassenen Maßnahme begehrt werden.
(2) Der Antrag ist nur zulässig, wenn der Betroffene geltend macht, durch die Maßnahme, ihre Ablehnung oder Unterlassung in seinen Rechten verletzt zu sein.
(3) ¹Der Antrag hat keine aufschiebende Wirkung. ²Das Gericht kann die aufschiebende Wirkung anordnen.
(4) Der Beschluss ist nicht anfechtbar.

Übersicht	Rdn.		Rdn.
A. Allgemeines	1	III. Aufschiebende Wirkung, Abs. 3	9
B. Einzelheiten	2	IV. Verfahren	10
I. Maßnahmen im Vollzug der Unterbringung, Abs. 1	3	V. Entscheidung	11
II. Antragsvoraussetzungen, Abs. 2	6	VI. Rechtsmittel, Abs. 4	13

§ 327

1 A. Allgemeines. § 327 enthält in Erweiterung der allgemeinen Vorschriften der §§ 58 ff. Regelungen zu Rechtsschutzmöglichkeiten gegen einzelne Vollzugsmaßnahmen im Rahmen einer öffentlich-rechtlichen Unterbringungsmaßnahme.

2 B. Einzelheiten. § 327 gilt nur für Unterbringungssachen nach § 312 Satz 1 Nr. 3, also öffentlich-rechtliche Unterbringungsmaßnahmen. Der Betroffene kann gegen eine Maßnahme zur Regelung einer einzelnen Angelegenheit i.R.d. Vollzuges der Unterbringung eine gerichtliche Entscheidung beantragen.

3 I. Maßnahmen im Vollzug der Unterbringung, Abs. 1. Der Begriff Maßnahme umfasst neben einem Verwaltungsakt auch jedes schlicht hoheitliche Handeln des Einrichtungsleiters bzw. seiner nachgeordneten Mitarbeiter. Solche Maßnahmen sind z.B. ärztliche Behandlung, Regelung des Postverkehrs (vgl. etwa OLG Hamm NJW 2008, 2859), Regelungen im Hinblick auf die Unterbringung innerhalb der Einrichtung, Regelungen zu Besuchen, Ausgängen, Beurlaubungen etc., Zulassung von Kommunikationseinrichtungen, Bereitstellung von Fernsehprogrammen (OLG Hamm Beschl. v. 07.10.2014 – 1 Vollz [Ws] 404/14), Durchführung von Zwangsbehandlungen (BVerfG FamRZ 2014, 1692; LG Kleve BtPrax 2013, 118) oder besonderen Sicherungsmaßnahmen, nicht aber Meinungsäußerungen, Belehrungen, Ermahnungen.

4 Unter Regelung einzelner Angelegenheiten versteht man die rechtliche Gestaltung von Lebensverhältnissen mit rechtlicher Wirkung. Allgemeine Weisungen oder Hausordnungen der Unterbringungseinrichtung sind keine Regelungen einzelner Angelegenheiten.

5 Weiter muss die Maßnahme zur Regelung einer einzelnen Angelegenheit im Vollzug der Unterbringung erfolgen. Damit scheiden Maßnahmen, die außerhalb der Rechtsbeziehungen zwischen der Unterbringungseinrichtung und dem Betroffenen i.R.d. öffentlich-rechtlichen Unterbringung stehen, aus. Deshalb ist die Auswahl des Krankenhauses, in dem die Unterbringung vollzogen wird, durch die zuständige Behörde nicht mit dem Rechtsbehelf des § 327 angreifbar (a.A. LVerfG Schleswig-Holstein, Beschl. v. 27.01.2016 – LVerfG 2/15). Der zuständigen Behörde steht insoweit ohnehin keine Auswahlmöglichkeit zu, da die regionale Zuständigkeit der Krankenhäuser anderweitig geregelt ist, vgl. etwa § 16 Abs. 1 Nr. 5 i.V.m. § 2 Abs. 1 Satz 3 KHGG NRW.

6 II. Antragsvoraussetzungen, Abs. 2. Die Voraussetzungen der Zulässigkeit eines Antrages nach § 327 regelt Abs. 2. Damit konkretisiert er die Mitwirkungspflichten eines Beteiligten gem. § 27. Danach muss der Betroffene geltend machen können, durch die Maßnahme, ihre Ablehnung oder ihre Unterlassung in seinen Rechten verletzt zu sein. Eine entsprechende Behauptung, auch konkludent, genügt. Die Frage, ob die Rechte wirklich verletzt sind, ist später bei der Begründetheit zu klären.

7 Zulässig ist auch ein Antrag auf Feststellung der Unzulässigkeit einer erfolgten oder beabsichtigten Maßnahme, wenn z.B. Wiederholungsgefahr besteht. Rechte i.S.d. Abs. 2 sind die durch Art. 19 Abs. 4 GG geschützten Rechte und rechtlichen Interessen, nicht aber allein wirtschaftliche, ideelle oder berechtigte Interessen.

8 Sonstige Zulässigkeitsvoraussetzungen bestehen nicht. Antragsberechtigt sind neben dem Betroffenen auch Außenstehende. Das können Personen sein, denen Brief-, Telefon- oder Besuchskontakte verwehrt werden. Antragsgegner ist die Unterbringungseinrichtung bzw. ihr Träger (*Dodegge/Roth* Teil G Rn. 271).

9 III. Aufschiebende Wirkung, Abs. 3. Abs. 3 stellt klar, dass entsprechende Anträge keine aufschiebende Wirkung haben, Satz 1. Das Gericht kann sie aber anordnen, Satz 2, etwa wenn die Folgen der Maßnahme nicht mehr rückgängig zu machen sind und das Interesse am sofortigen Vollzug nicht überwiegt, z.B. bei Disziplinarmaßnahmen.

10 IV. Verfahren. Besondere Verfahrensvorschriften enthält § 327 nicht, sodass allgemeine Verfahrensgrundsätze gelten. Zuständig ist das Gericht, in dessen Bezirk der Betroffene untergebracht ist, § 313 Abs. 3 Satz 2, funktionell der Richter. Eingeleitet wird das Verfahren durch einen Antrag des Betroffenen oder von Dritten, der den Willen, eine bestimmte Maßnahme überprüfen zu lassen, ausreichend klar werden lässt. Neben dem Antragsteller sind die Unterbringungseinrichtung und die zuständige Behörde beteiligt. Art und Umfang von Sachverhaltsermittlungen richten sich nach § 26 und den Erfordernissen eines effektiven Rechtsschutzes. Eine persönliche Anhörung des Betroffenen bzw. eine mündliche Erörterung mit den Verfahrensbeteiligten ist nicht zwingend.

11 V. Entscheidung. Die Entscheidung des Gerichts über die Zulässigkeit und Begründetheit des Antrages kann die Aufhebung oder Bestätigung der angegriffenen Vollzugsmaßnahme aussprechen, die Einrichtung bzw. ihren Träger verpflichten, eine unterlassene oder abgelehnte Maßnahme auszuführen, oder die Rechtswidrigkeit einer vollzogenen oder beabsichtigten Maßnahme feststellen. Zu Einzelheiten des gerichtlichen Prüfungsumfanges vgl. Marschner/Volckart/Lesting § 327 Rn. 44 ff.

Eine Kostenentscheidung ist nur erforderlich, wenn die Voraussetzungen für die Auferlegung außergerichtlicher Kosten zulasten eines Beteiligten vorliegen, § 337. Die Entscheidung ist zu begründen und wird mit Bekanntgabe an die Beteiligten wirksam (dazu § 324 f.). 12

VI. Rechtsmittel, Abs. 4. Die Entscheidung des Betreuungsgerichts ist nach Abs. 4 unanfechtbar. Der Gesetzgeber erachtete die Überprüfung in einer Instanz für ausreichend und angemessen. 13

§ 328 Aussetzung des Vollzugs. (1) ¹Das Gericht kann die Vollziehung einer Unterbringung nach § 312 Nr. 3 aussetzen. ²Die Aussetzung kann mit Auflagen versehen werden. ³Die Aussetzung soll sechs Monate nicht überschreiten; sie kann bis zu einem Jahr verlängert werden. (2) Das Gericht kann die Aussetzung widerrufen, wenn der Betroffene eine Auflage nicht erfüllt oder sein Zustand dies erfordert.

Übersicht

	Rdn.		Rdn.
A. Allgemeines	1	2. Veränderte Umstände	5
B. Einzelheiten	2	II. Widerruf der Aussetzung, Abs. 2	9
I. Aussetzung der Vollziehung, Abs. 1	3	III. Gerichtsverfahren bei Aussetzung bzw.	
1. Unterbringungsmaßnahme	4	Widerruf	10

A. Allgemeines. § 328 enthält Regelungen zur Aussetzung des Vollzugs einer öffentlich-rechtlichen Unterbringungsmaßnahme. Gesonderter Verfahrensregelungen bedarf es aufgrund des in § 312 weit gefassten Begriffes der Unterbringungssache und der damit verbundenen Geltung der §§ 312 bis 339 nicht. 1

B. Einzelheiten. § 328 gilt nur für Unterbringungsverfahren nach § 312 Satz 1 Nr. 3, also öffentlich-rechtliche Unterbringungen. Er sieht die Aussetzung der Vollziehung einer solchen Unterbringungsmaßnahme, nicht aber die Aussetzung des Unterbringungsverfahrens vor. Lassen sich die Voraussetzungen für eine Unterbringungsmaßnahme nicht eindeutig feststellen, ist nicht auszusetzen, sondern die Unterbringungsmaßnahme abzulehnen (BT-Drucks. 11/4528, S. 186). Für zivilrechtliche Unterbringungen gilt diese Vorschrift nicht. Diese Unterbringungen werden nämlich nicht von einer Behörde oder einem Gericht, sondern vom gesetzlichen bzw. gewillkürten Vertreter durchgeführt. Er kann eigenständig entscheiden, ob, wie lange und in welcher Form er von der Genehmigung der Unterbringungsmaßnahme Gebrauch macht. 2

I. Aussetzung der Vollziehung, Abs. 1. Um einen flexiblen Vollzug von öffentlich-rechtlichen Unterbringungen zu ermöglichen, sieht das Gesetz die Aussetzung der Vollziehung der Unterbringung vor. Dafür müssen nachstehende Voraussetzungen erfüllt sein. 3

1. Unterbringungsmaßnahme. Vorliegen einer, auch vorläufigen, öffentlich-rechtlichen Unterbringungsmaßnahme. Die Aussetzung kann mit der Anordnung der Unterbringungsmaßnahme verbunden sein oder im weiteren Verfahrensablauf erfolgen. Eines Antrags bedarf es nicht, das Gericht kann die Aussetzung von Amts wegen anordnen. 4

2. Veränderte Umstände. Weiter müssen die Voraussetzungen für die Unterbringungsmaßnahme als solche noch erfüllt sein, gleichzeitig aber eine Besserung des Zustandes des Betroffenen und/oder durch Auflagen eine Verminderung der Gefährdungssituation eingetreten sein. Dem Gericht soll die Möglichkeit eröffnet werden, ein kalkulierbares Risiko einzugehen. Lässt sich allerdings feststellen, dass die Unterbringungsvoraussetzungen entfallen sind, ist die Maßnahme aufzuheben, § 330 Satz 1, nicht auszusetzen. 5

Nach Abs. 1 Satz 2 kann die Aussetzung mit Weisungen verbunden werden, etwa Aufnahme bzw. Fortsetzung einer *fachärztlichen ambulanten Behandlung*, Einnahme bestimmter Medikamente unter Aufsicht, Wahrnehmung von Unterstützungs- und Beratungsangeboten des sozial-psychiatrischen Dienstes bzw. Gesundheitsamtes oder mit Weisungen zur *Lebensführung*, z.B. bestimmte Gefährdungssituationen zu meiden. 6

7 Die Aussetzung ist zeitlich zu befristen, Abs. 1 Satz 3, um belastende Schwebezustände nicht unnötig auszudehnen. Die Frist soll regelmäßig nicht länger als 6 Monate sein, kann unter Umständen auf ein Jahr verlängert werden. Nach Fristablauf hat das Gericht jeweils zu prüfen, ob die Voraussetzungen für die Unterbringungsmaßnahme noch gegeben sind.

8 Liegen die Voraussetzungen für eine Aussetzung vor, muss das Gericht sie aussprechen. Abs. 1 gewährt kein Ermessen (*Dodegge/Roth* Teil G Rn. 264). Von der Aussetzung des Vollzuges ist die Beurlaubung des Betroffenen zu unterscheiden. Die Beurlaubung ist jeweils in den Landesunterbringungsgesetzen geregelt, z.B. § 29 PsychKG NRW.

9 **II. Widerruf der Aussetzung, Abs. 2.** Sofern sich die Prognose des Gerichts hinsichtlich der Aussetzung des Vollzuges nicht bestätigt, sieht Abs. 2 unter den dort genannten Voraussetzungen den Widerruf der Aussetzung vor. Ein Widerruf kommt bei einem Verstoß gegen eine Auflage oder wenn es der Zustand des Betroffenen erfordert, in Betracht. Das Instrument des Widerrufs ist nicht als Bestrafung gedacht (BayObLG FamRZ 1995, 1001). Deshalb kann ein Widerruf trotz Nichterfüllung einer Weisung oder Zustandsverschlechterung unterbleiben, wenn trotzdem eine Aussetzung (noch/oder mit zusätzlichen Auflagen) gerechtfertigt bleibt. Ein Widerruf wird daher nur bei massiven Auflagenverstößen und/oder Zustandsverschlechterungen, die einen (neuerlichen) Vollzug der Unterbringung erfordern, erfolgen müssen. Ein Verschulden des Betroffenen ist dann nicht notwendig. Auch hier entscheidet das Gericht von Amts wegen.

10 **III. Gerichtsverfahren bei Aussetzung bzw. Widerruf.** § 328 regelt nicht das Verfahren. Sowohl im Aussetzungs- als auch im Widerrufsverfahren sind die in § 315 aufgeführten Personen und Stellen zu beteiligen. So soll gewährleistet werden, dass das Gericht seine Entscheidung auf möglichst breiter Grundlage trifft. I.Ü. gelten allgemeine Verfahrensgrundsätze. Funktionell ist der Richter zuständig, örtlich das Gericht, in dessen Bezirk die Unterbringungseinrichtung liegt. Die Notwendigkeit weiterer Ermittlungen, Beweiserhebungen und einer persönlichen Anhörung des Betroffenen sowie der Einholung eines Gutachtens bestimmen sich nach § 26. Zumindest bei einem Widerruf der Aussetzung dürften die persönliche Anhörung des Betroffenen und die Einholung eines ärztlichen Zeugnisses, ggf. eines Sachverständigengutachtens, erforderlich sein. Inhalt und die Bekanntgabe der Entscheidung richten sich an den §§ 323, 325 aus. Gegen die Entscheidung ist als Rechtsmittel die Beschwerde gegeben, § 58 Abs. 1. Die Beschwerdeberechtigung bestimmt sich nach §§ 59, 335.

§ 329 Dauer und Verlängerung der Unterbringung. (1) ¹Die Unterbringung endet spätestens mit Ablauf eines Jahres, bei offensichtlich langer Unterbringungsbedürftigkeit spätestens mit Ablauf von zwei Jahren, wenn sie nicht vorher verlängert wird. ²Die Genehmigung einer Einwilligung in eine ärztliche Zwangsmaßnahme oder deren Anordnung darf die Dauer von sechs Wochen nicht überschreiten, wenn sie nicht vorher verlängert wird.
(2) ¹Für die Verlängerung der Genehmigung oder Anordnung einer Unterbringungsmaßnahme gelten die Vorschriften für die erstmalige Anordnung oder Genehmigung entsprechend. ²Bei Unterbringungen mit einer Gesamtdauer von mehr als vier Jahren soll das Gericht keinen Sachverständigen bestellen, der den Betroffenen bisher behandelt oder begutachtet hat oder in der Einrichtung tätig ist, in der der Betroffene untergebracht ist.
(3) Bei der Genehmigung einer Einwilligung in eine ärztliche Zwangsmaßnahme oder deren Anordnung mit einer Gesamtdauer von mehr als zwölf Wochen soll das Gericht keinen Sachverständigen bestellen, der den Betroffenen bisher behandelt oder begutachtet hat oder in der Einrichtung tätig ist, in der der Betroffene untergebracht ist.

Übersicht

	Rdn.		Rdn.
A. Allgemeines	1	1. Grundsatz, Satz 1	9
B. Einzelheiten	2	2. Anderer Gutachter, Satz 2	10
I. Ende der Unterbringungsmaßnahme, Abs. 1	3	III. Anderer Gutachter bei ärztlicher Zwangsmaßnahme, Abs. 3	13
II. Verlängerung, Abs. 2	8		

A. Allgemeines. § 329 wurde durch das Gesetz zur Regelung der betreuungsrechtlichen Einwilligung in eine ärztliche Zwangsmaßnahme v. 18.02.2013 (BGBl. I, S. 266) neu gefasst und um Abs. 1 Satz 2 und Abs. 3 erweitert.

B. Einzelheiten. In § 329 Abs. 1 finden sich Regelungen hinsichtlich der Dauer einer Unterbringungsmaßnahme. Während Satz 1 Regelungen zur Höchstdauer einer geschlossen Unterbringung enthält, legt Satz 2 die Höchstdauer der Genehmigung einer Einwilligung in eine ärztliche Zwangsmaßnahme fest. Der Abs. 2 erklärt mit Satz 1 die Verfahrensvorschriften für die erstmalige Genehmigung bzw. Anordnung für anwendbar, wenn eine Unterbringungsmaßnahme verlängert werden muss. Abs. 2 Satz 2 regelt, wann i.R.d. Verlängerung einer Unterbringung ein anderer Sachverständiger zu beauftragen ist. Abs. 3 enthält inhaltsähnlich mit Abs. 2 Satz 2 eine Regelung der Frage, wann bei einer verlängernden Genehmigung oder Anordnung einer Einwilligung in eine ärztliche Zwangsmaßnahme ein anderer Sachverständiger zu beauftragen ist.

I. Ende der Unterbringungsmaßnahme, Abs. 1. Die Entscheidung muss den Zeitpunkt angeben, zu dem die Unterbringungsmaßnahme endet, wenn sie nicht vorher verlängert wird, § 323 Abs. 1 Nr. 2. Damit soll gewährleistet werden, dass die Maßnahme auf die voraussichtlich notwendige Zeit begrenzt wird, andererseits dass die Beteiligten ausdrücklich auf die Möglichkeit einer Verlängerung hingewiesen werden. Zur Klarheit sollte das Ende der Unterbringungsmaßnahme kalendermäßig festgelegt werden. Zwingend ist dies nicht, sodass auch ein bestimmbares Ende, wie z.B. 6 Wochen, zur ausreichenden Bezeichnung genügt. Die entsprechende Frist beginnt grds. mit der Bekanntgabe der Entscheidung zu laufen, § 16 Abs. 1. Ihr Ende berechnet sich nach § 16 Abs. 2. Hinsichtlich der Höchstdauer differenziert das Gesetz zwischen der Genehmigung der geschlossenen Unterbringung, Satz 1, und der Genehmigung einer Einwilligung in eine ärztliche Zwangsmaßnahme, Satz 2.

Bei der Festlegung des Endes der Unterbringungsmaßnahme nach Satz 1 wird sich das Gericht an den Aussagen des Sachverständigengutachtens bzw. des ärztlichen Zeugnisses zur voraussichtlichen, notwendigen Dauer der Maßnahme orientieren. Sie sollte unter Beachtung der Verhältnismäßigkeit so gewählt werden, dass der Zweck der Unterbringung bis zum Fristablauf erreicht werden kann. Deshalb ist das Gericht nicht daran gebunden, die Unterbringung nur für einen bestimmten beantragten Zeitraum zu genehmigen (OLG Schleswig FamRZ 2003, 1499). Will das Gericht von der gutachterlich vorgeschlagenen Genehmigungsdauer abweichen, muss es die Gründe dafür in den Entscheidungsgründen darlegen. Da bei öffentlich-rechtlichen Unterbringungen die akute Krisenintervention im Vordergrund steht, wird er regelmäßig kürzer sein. Die Festlegung der Frist hat sich dabei an dem Zeitpunkt der Erstellung der ärztlichen Stellungnahme, nicht dem der gerichtlichen Entscheidung auszurichten (OLG München FGPrax 2007, 43).

Die Unterbringungsmaßnahme darf nach Satz 1 höchstens für ein Jahr, bei offensichtlich langer Unterbringungsbedürftigkeit für 2 Jahre nach Erlass der Entscheidung ausgesprochen werden. Will das Gericht eine Unterbringungsmaßnahme für länger als ein Jahr genehmigen, muss es ausreichend begründen, warum es von der 1-jährigen Regelfrist abweichen will (OLG München BtPrax 2006, 105). Das kann etwa durch personenbezogene Tatsachenfeststellungen hinsichtlich der Erzielung einer Behandlungsbereitschaft und nachfolgender Therapie erfolgen (OLG München BtPrax 2005, 113) oder sich aus fehlenden Heilungs- und Besserungsaussichten ergeben (OLG Schleswig FGPrax 2006, 138). Ist nach der Vorgeschichte eine lange Unterbringungsdauer absehbar und wird der Verhältnismäßigkeitsgrundsatz gewahrt, kann eine 2-jährige Genehmigung angemessen sein (BGH NJW-RR 2010, 291).

Betrifft das Verfahren die Einwilligung in eine ärztliche Zwangsmaßnahme, darf die Anordnung bzw. Genehmigung nach Satz 2 höchstens für 6 Wochen ausgesprochen werden (BGH NJW 2014, 2497 und 3301). Der Gesetzgeber ist aufgrund von Erfahrungen in der ärztlichen Praxis davon ausgegangen, dass – anders als bei Unterbringungen – nur eine Behandlungsbedürftigkeit von wenigen Wochen besteht (BT-Drucks. 17/11513, S. 8) und anderslautenden Empfehlungen im Gesetzgebungsverfahren nicht gefolgt. Bei der Festlegung der Dauer der Anordnung bzw. Genehmigung nach Satz 2 wird sich das Gericht an den Aussagen des Sachverständigengutachtens bzw. des ärztlichen Zeugnisses zur voraussichtlichen, notwendigen Dauer der ärztlichen Zwangsmaßnahme orientieren. Sie sollte unter Beachtung der Verhältnismäßigkeit so gewählt werden, dass der Zweck der Behandlung bis zum Fristablauf erreicht werden kann. Deshalb ist das Gericht nicht daran gebunden, die Genehmigung nur für einen bestimmten beantragten Zeitraum zu genehmigen. Will das Gericht von der gutachterlich vorgeschlagenen Genehmigungsdauer abweichen, muss es die Gründe dafür in den Entscheidungsgründen darlegen. Trifft das Gericht selbst nach § 1846 BGB die

Anordnung einer Zwangsbehandlung, ist diese unter Beachtung der Höchstdauer auf den voraussichtlichen Zeitraum der Verhinderung des Betreuers zu begrenzen, vgl. § 1906 Abs. 3 Satz 2 BGB.

7 Läuft die Frist ab, ohne dass das Gericht zuvor verlängert hat, endet die Unterbringungsmaßnahme ohne Weiteres. Für verlängernde Unterbringungsmaßnahmen gilt Abs. 2.

8 **II. Verlängerung, Abs. 2.** Ergibt sich die Notwendigkeit, eine in der Hauptsache genehmigte bzw. angeordnete Unterbringungsmaßnahme vor Ablauf der im Beschluss genannten Frist (vgl. § 323 Abs. 1 Nr. 2) zu verlängern, gelten nach Abs. 2 die Vorschriften für die erstmalige Maßnahme entsprechend (Satz 1). Außerdem wird für die Fälle einer über 4 Jahre andauernden Unterbringung die Beteiligung eines anderen Gutachters vorgeschrieben (Satz 2).

9 **1. Grundsatz, Satz 1.** Um Verlängerungen von Unterbringungsmaßnahmen nicht der gerichtlichen Routine preiszugeben, schreibt Abs. 2 Satz 1 vor, dass für die Verlängerung einer in der Hauptsache ergangenen Unterbringungsmaßnahme die Verfahrensgarantien des Allgemeinen Teils und der §§ 312 ff. abermals gelten. Bei Unterbringungsmaßnahmen nach Landesrecht bedarf es deshalb i.d.R. eines entsprechenden Verlängerungsantrages, es sei denn, bereits beim ersten Antrag auf Anordnung der Unterbringung ist ein entsprechender Wunsch zum Ausdruck gebracht worden (LG Münster FamRZ 2014, 1735). Daraus folgt weiter, dass das Gericht örtlich zuständig bleibt, das ursprünglich über die Unterbringungsmaßnahme entschieden hat, § 2 Abs. 2. Etwas anderes gilt nur, wenn das Verfahren wirksam abgegeben wurde, etwa weil der Betroffene in eine auswärtige Klinik verlegt wurde. Dann ist das übernehmende Gericht zuständig. Der Betroffene muss erneut persönlich angehört werden, § 319. Es muss ein neues Sachverständigengutachten erstattet werden, es ist ggf. ein Verfahrenspfleger zu bestellen und § 320 ist zu berücksichtigen. Inhalt und Wirksamkeit der Entscheidung bemessen sich nach §§ 323 u 324. Wird erst kurz vor Ablauf einer in der Hauptsache genehmigten Unterbringungsmaßnahme erkannt, dass diese fortdauern muss, ist eine sich anschließende vorläufige Maßnahme zulässig, wenn ein Hauptsacheverfahren nicht mehr rechtzeitig durchgeführt werden kann (OLG Brandenburg BtPrax 2009, 124).

10 **2. Anderer Gutachter, Satz 2.** Damit langjährige Unterbringungsmaßnahmen nicht wegen einer festgelegten Meinung eines Gutachters über Gebühr ausgedehnt werden, soll das Gericht bei einer Gesamtunterbringungsdauer von mehr als 4 Jahren den Sachverständigen auswechseln. Es soll i.d.R. ein externer, in den vergangenen Verfahren nicht als Gutachter oder behandelnder Arzt tätig gewordener, Sachverständiger beauftragt werden. Es reicht nicht aus, dass zwischenzeitlich ein anderer Sachverständiger ein Gutachten erstattet hatte (BayObLG BtPrax 2005, 68). Nach dem Schutzzweck ist andererseits ein Sachverständiger, der den Betroffenen vor 12 Jahren einmal behandelt hat und dann jahrelang nicht, nicht ausgeschlossen (BayObLG FamRZ 1994, 320). Da es sich um eine Sollvorschrift handelt, kann das Gericht in Ausnahmefällen davon abweichen, etwa weil andere als nach dieser Vorschrift ausgeschlossene Ärzte nicht oder nur schwer erreichbar sind. Andererseits muss das Gericht unabhängig von den zeitlichen Vorgaben des Abs. 2 Satz 2 einen anderen Sachverständigen auswählen, wenn es Zweifel an der Unvoreingenommenheit des bisherigen Sachverständigen hat. Zu weiteren Einzelheiten s.a. § 321 Rdn. 8.

11 Der neue Sachverständige muss die Qualifikation des § 321 Abs. 1 Satz 4 aufweisen (dazu § 321 Rdn. 9 ff.).

12 Da § 329 Abs. 2 Satz 2 von einem Sachverständigen spricht, gilt die Vorschrift nicht für Unterbringungsmaßnahmen nach § 312 Satz 1 Nr. 2. Dafür reichen nämlich ärztliche Zeugnisse aus. Besteht allerdings eine Voreingenommenheit des ausstellenden Arztes, wird das Gericht nach § 26 einen anderen Arzt beauftragen müssen (*Damrau/Zimmermann* § 329 Rn. 7).

13 **III. Anderer Gutachter bei ärztlicher Zwangsmaßnahme, Abs. 3.** Wie im Verfahren der Verlängerung einer Unterbringung erachtet der Gesetzgeber auch im Verfahren der Verlängerung der Anordnung bzw. Genehmigung der Einwilligung in eine ärztliche Zwangsmaßnahme die Auswechslung des Sachverständigen für erforderlich. Führt die verlängernde Genehmigung oder Anordnung in eine ärztliche Zwangsmaßnahme zu einer Behandlungsdauer von mehr als 12 Wochen, soll das Gericht keinen Sachverständigen beauftragen, der den Betroffenen bisher behandelt oder begutachtet hat oder in der Einrichtung tätig ist, in der der Betroffene untergebracht ist. Damit soll sichergestellt werden, dass im Verlängerungsverfahren eine unvoreingenommene Begutachtung erfolgt. Es reicht nicht aus, dass zwischenzeitlich ein anderer Sachverständiger ein Gutachten erstattet hatte. Nach dem Schutzzweck ist andererseits ein Sachverständiger, der den Betroffenen vor 12 Jahren einmal behandelt hat und dann jahrelang nicht, nicht ausgeschlossen (BayObLG FamRZ 1994, 320). Da es sich um eine Sollvorschrift handelt, kann das Gericht in Ausnahmefällen davon

abweichen, etwa weil andere als nach dieser Vorschrift ausgeschlossene Ärzte nicht oder nur schwer erreichbar sind. Das Abweichen muss in der Genehmigungs- bzw. Anordnungsentscheidung begründet werden. Andererseits muss das Gericht unabhängig von den zeitlichen Vorgaben des Abs. 2 Satz 2 einen anderen Sachverständigen auswählen, wenn es Zweifel an der Unvoreingenommenheit des bisherigen Sachverständigen hat. Zu weiteren Einzelheiten s.a. § 321 Rdn. 8. Bei der Auswahl des neuen Sachverständigen gelten ansonsten dieselben Auswahlgrundsätze wie bei der erstmaligen Auswahl.

§ 330 Aufhebung der Unterbringung. ¹Die Genehmigung oder Anordnung der Unterbringungsmaßnahme ist aufzuheben, wenn ihre Voraussetzungen wegfallen. ²Vor der Aufhebung einer Unterbringungsmaßnahme nach § 312 Nr. 3 soll das Gericht die zuständige Behörde anhören, es sei denn, dass dies zu einer nicht nur geringen Verzögerung des Verfahrens führen würde.

Übersicht

	Rdn.		Rdn.
A. Allgemeines.............................	1	I. Aufhebung, Satz 1...................	3
B. Einzelheiten.............................	2	II. Verfahren............................	5

A. Allgemeines. § 330 Satz 1 regelt eine Selbstverständlichkeit, wenn er die Aufhebung einer genehmigen- 1
den oder anordnenden Unterbringungsmaßnahme bei Wegfall der zugrunde liegenden Voraussetzungen vorsieht. Die Vorschrift korrespondiert im Bereich der zivilrechtlichen Unterbringung mit § 1906 Abs. 2 Satz 3 und 4, Abs. 3a Satz 2 und 3, Abs. 5 Satz 2 BGB, der einen Betreuer bzw. Bevollmächtigten verpflichtet, die Unterbringung zu beenden bzw. die Einwilligung in eine ärztliche Zwangsmaßnahme zu widerrufen, wenn deren Voraussetzungen entfallen sind. Satz 2 soll bei öffentlich-rechtlichen Unterbringungsmaßnahmen zugunsten der jeweils zuständigen Behörde die Gewährung rechtlichen Gehörs vor Aufhebung der Unterbringungsmaßnahme gewährleisten.

B. Einzelheiten. § 330 Satz 1 trifft Aussagen zu den Gründen für die Aufhebung einer Unterbringungs- 2
maßnahme und – in Satz 2 – zu besonderen, zu beachtenden Verfahrensschritten bei öffentlich-rechtlichen Unterbringungsmaßnahmen nach § 312 Satz 1 Nr. 3. Gem. § 312 Satz 2 gilt § 330 auch für die Anordnung bzw. die Genehmigung einer ärztlichen Zwangsmaßnahme.

I. Aufhebung, Satz 1. § 330 Satz 1 verdeutlicht eine Selbstverständlichkeit: Eine Unterbringungsmaßnah- 3
me ist aufzuheben, wenn deren materielle Voraussetzungen entfallen sind. Kein Betroffener soll länger als erforderlich untergebracht, unterbringungsähnlichen Maßnahmen oder einer ärztlichen Zwangsmaßnahme unterzogen sein. Daraus folgt, dass das Gericht während einer Unterbringungsmaßnahme fortlaufend deren materielle Notwendigkeit zu überwachen hat. Insoweit ergänzt § 330 Satz 1 die für einen Betreuer und Bevollmächtigten (vgl. § 1906 Abs. 2 Satz 3 und 4, 3a Satz 2 und 3, 5 Satz 2 BGB), Eltern, Vormund und Pfleger bzw. die zuständige Behörde bestehende Verpflichtung, die Notwendigkeit der Unterbringungsmaßnahme ständig zu kontrollieren. Gleichzeitig verdeutlicht er, dass das Gericht ggf. selbst gegen den Willen des gesetzlichen oder gewillkürten Vertreters bzw. der zuständigen Behörde die Unterbringung bzw. ärztliche Zwangsmaßnahme zu beenden hat, wenn deren Voraussetzungen entfallen sind. Will der gesetzliche Vertreter die Unterbringung trotz Entfallens der Voraussetzungen nicht beenden, muss das Betreuungsgericht dagegen ggf. mit den Mitteln der §§ 1666, 1837 BGB einschreiten. Bei einem gewillkürten Vertreter kommt die Bestellung eines Kontrollbetreuers gem. § 1896 Abs. 3 BGB in Betracht.

Auch wenn die Behörde oder der gesetzliche bzw. gewillkürte Vertreter die Unterbringung bereits zuvor be- 4
endet haben, ist das Gericht gehalten, seine Entscheidung, sprich Genehmigung bzw. Anordnung der Unterbringung bzw. einer ärztlichen Zwangsmaßnahme, aufzuheben. Nur so wird der von der Entscheidung ausgehende Rechtsschein beseitigt und ein erneutes Gebrauch machen von der Entscheidung ohne gerichtliche Nachprüfung verhindert (BayObLG BtPrax 1995, 144 und FamRZ 2001, 1561).

II. Verfahren. Das Verfahren zur Aufhebung einer Unterbringungsmaßnahme ist nicht besonders geregelt. 5
Es finden sich in § 330 Satz 2 allein Sondervorschriften zur Beteiligung der zuständigen Behörde bei öffentlich-rechtlichen Unterbringungen. In diesen Fällen hat das Gericht der zuständigen Behörde vor der Aufhebung einer Unterbringung bzw. einer Anordnung oder einer Genehmigung einer ärztlichen Zwangsmaßnahme Gelegenheit zur Stellungnahme einzuräumen. Der Gesetzgeber wollte damit sicherstellen, dass die

Behörde im Allgemeininteresse ggf. Bedenken gegen die Aufhebung vortragen kann bzw. rechtzeitig alternative Hilfen i.R.d. Nachsorge bereitstellt oder nach Bekanntgabe der Aufhebung ggf. Rechtsmittel einlegen kann. Sofern mit der Einräumung des rechtlichen Gehörs für die zuständige Behörde mehr als nur geringe Verzögerungen verbunden wären, kann das Gericht darauf verzichten. Zumindest sollte eine telefonische Rücksprache versucht werden. Einige Stunden Verzögerung sind noch hinnehmbar.

6 Hat der Betroffene gegen die Unterbringungsmaßnahme Beschwerde eingelegt, das Amtsgericht nicht abgeholfen und dem Beschwerdegericht zur Entscheidung vorgelegt, sind sowohl Amts- als auch Landgericht als Beschwerdegericht zur Aufhebung befugt, §§ 330 Abs. 2, 68 Abs. 3 Satz 1. Da es dem Gesetzgeber darum geht, den Rechtsschein der Unterbringung rasch aus der Welt zu schaffen, sollte in der Regel das Gericht die Unterbringungsmaßnahme aufheben, das zuerst informiert wurde. Über die Aufhebung ist das andere mit der Sache befasste Gericht unverzüglich zu informieren.

7 Ansonsten gelten bei öffentlich-rechtlichen und zivilrechtlichen Unterbringungsmaßnahmen keine besonderen Verfahrensregelungen.

8 Die im Einzelfall notwendigen Verfahrenshandlungen bestimmen sich in entsprechender Anwendung der für die Anordnung einer Unterbringungsmaßnahme maßgeblichen Verfahrensvorschriften. Solange das Verfahren nicht abgegeben ist, bleibt das ursprünglich befasste Gericht und dort funktionell der Richter zuständig.

9 Bei eindeutiger Sachlage ist das Gericht verpflichtet, die Unterbringungsmaßnahme unverzüglich aufzuheben und jegliche Verfahrenshandlung zu unterlassen, die zu einer Verzögerung führen würde.

10 Die Benachrichtigung der Verfahrensbeteiligten und der in §§ 320, 325 Abs. 2 genannten Personen und Institutionen kann gleichzeitig mit der Aufhebung erfolgen.

11 Bei einer nicht so eindeutigen Sachlage sind die i.R.d. § 26 gebotenen Verfahrenshandlungen vorzunehmen. Denkbar wären die Einholung einer sachverständigen Stellungnahme bzw. eines Gutachtens, die persönliche Anhörung des Betroffenen oder Beweiserhebungen. Innerhalb dieses Verfahrens können die §§ 312 ff. als Richtlinie gelten.

12 Die Entscheidung erfolgt durch Beschluss und kann auf Aufhebung der Unterbringungsmaßnahme bzw. Ablehnung der Aufhebung lauten. Zu einem Beschlussmuster vgl. *Firsching/Dodegge* Rn. 611. Die Entscheidung wird mit Bekanntgabe an den Betroffenen bzw. die zuständige Behörde wirksam, da sie ihrem Inhalt nach für sie bestimmt sind, § 40 Abs. 1. Bekanntgabe erfolgt i.Ü. an den Betroffenen selbst, seinen gesetzlichen Vertreter, ggf. seinen Bevollmächtigten, seinen Verfahrensbevollmächtigten, ggf. den Verfahrenspfleger, die in § 320 Genannten sowie an die zuständige Behörde, § 325 Abs. 2 Satz 2. Die Entscheidung kann mit der einfachen Beschwerde (§ 58 Abs. 1) angefochten werden. Die Beschwerdebefugnis bestimmt sich nach §§ 59, 335.

§ 331 Einstweilige Anordnung.
¹Das Gericht kann durch einstweilige Anordnung eine vorläufige Unterbringungsmaßnahme anordnen oder genehmigen, wenn

1. dringende Gründe für die Annahme bestehen, dass die Voraussetzungen für die Genehmigung oder Anordnung einer Unterbringungsmaßnahme gegeben sind und ein dringendes Bedürfnis für ein sofortiges Tätigwerden besteht,
2. ein ärztliches Zeugnis über den Zustand des Betroffenen und über die Notwendigkeit der Maßnahme vorliegt; in den Fällen des § 312 Nummer 1 und 3 muss der Arzt, der das ärztliche Zeugnis erstellt, Erfahrung auf dem Gebiet der Psychiatrie haben und soll Arzt für Psychiatrie sein,
3. im Fall des § 317 ein Verfahrenspfleger bestellt und angehört worden ist und
4. der Betroffene persönlich angehört worden ist.

²Eine Anhörung des Betroffenen im Wege der Rechtshilfe ist abweichend von § 319 Abs. 4 zulässig.

Übersicht

	Rdn.		Rdn.
A. Allgemeines	1	1. Dringende Gründe für Vorliegen der Voraussetzungen für eine endgültige Unterbringungsmaßnahme, Nr. 1 Halbs. 1	6
B. Einzelheiten	2		
I. Anwendungsbereich	3		
II. Voraussetzungen einer gewöhnlichen einstweiligen Anordnung	5	2. Dringendes Bedürfnis für ein sofortiges Tätigwerden, Nr. 1 Halbs. 2	10

Abschnitt 2. Verfahren in Unterbringungssachen § 331

	Rdn.		Rdn.
3. Glaubhaftmachung	14	9. Entscheidungsinhalt	21
4. Ärztliches Zeugnis, Nr. 2	15	10. Bekanntgabe und Wirksamkeit	
5. Verfahrenspfleger, Nr. 3	17	einer einstweiligen Anordnung	23
6. Persönliche Anhörung, Nr. 4	18	11. Anfechtbarkeit	24
7. Gelegenheit zur Äußerung	19	III. Kosten	26
8. Verhältnismäßigkeit	20		

A. Allgemeines. § 331 wurde durch das Gesetz zur Regelung der betreuungsrechtlichen Einwilligung in ei- 1
ne ärztliche Zwangsmaßnahme v. 18.02.2013 (BGBl. I, S. 266) neu gefasst und in Satz 1 Nr. 2 erweitert. Für
die einstweilige Anordnung im Unterbringungsverfahren sehen die §§ 331 bis 334 spezielle, über die allgemeinen Regelungen der §§ 49 ff. hinausgehende Anforderungen vor. Die Vorschriften sind dem § 300 angepasst, der die einstweilige Anordnung im Betreuungsverfahren betrifft. Aus § 51 Abs. 2 ergibt sich, dass
sich das Verfahren der einstweiligen Anordnung nach den Verfahrensgrundsätzen des Hauptsacheverfahrens richtet. Gem. § 51 Abs. 3 Satz 1 ist das Verfahren der einstweiligen Anordnung ein selbstständiges Verfahren.

B. Einzelheiten. Da bis zum Vorliegen aller Voraussetzungen für eine Genehmigung einer Unterbringung 2
oder einer Einwilligung in eine ärztliche Zwangsmaßnahme in der Hauptsache einige Zeit verstreichen
kann, ermöglicht § 331 den Erlass einer einstweiligen Anordnung. Mit ihr kann eine vorläufige Unterbringungsmaßnahme ergehen. So ist gewährleistet, dass in Gefahrensituationen rasch eine Unterbringungsmaßnahme ergehen kann. Solche Situationen können entstehen, wenn der Betroffene freiwillig in der Klinik
war, nun aber vorzeitig gehen will oder der Betroffene, weil mit dem Aufschub Gefahr verbunden war, vom
Betreuer bzw. Bevollmächtigten untergebracht wurde (§ 1906 Abs. 2 Satz 2 BGB) bzw. nach einer Unterbringung kurzfristig eine ärztliche Zwangsmaßnahme eingeleitet werden muss. Vom gesetzgeberischen Willen als Ausnahmeverfahren in Krisensituationen konzipiert, nutzt die gerichtliche Praxis vorläufige Unterbringungsmaßnahmen zumindest bei zivilrechtlichen Unterbringungen nach §§ 1631b, 1846, 1906 Abs. 1
BGB und den öffentlich-rechtlichen Unterbringungsmaßnahmen weitgehend als Regelverfahren. Gefördert
wird diese Tendenz durch Bestrebungen, stationäre Unterbringungen aus finanziellen Erwägungen zeitlich
eng zu befristen. Der Gesetzgeber trägt dem Rechnung, indem er das einstweilige Anordnungsverfahren in
den §§ 49 bis 57 als eigenständiges Verfahren ausgestaltet. Nach dem bisherigen Recht war das Eilverfahren
hauptsacheabhängig konzipiert. Die einstweilige Anordnung musste als vorläufige Regelung in einem von
Amts wegen einzuleitenden Hauptsacheverfahren durch eine endgültige Maßnahme ersetzt werden. Dagegen
ist die einstweilige Anordnung nunmehr, selbst bei Anhängigkeit eines Hauptsacheverfahrens, ein selbständiges Verfahren, vgl. § 51 Abs. 3. Der durch eine einstweilige Anordnung beschwerte Betroffene kann, sollte
das Gericht nicht von Amts wegen tätig werden, die Einleitung eines Hauptsacheverfahrens erzwingen, § 52
Abs. 1.

I. Anwendungsbereich. Wie § 300 für das Betreuungsverfahren, sieht § 331 für das Unterbringungsverfah- 3
ren den Erlass von einstweiligen Anordnungen vor. Er gilt für alle Unterbringungsmaßnahmen i.S.d. § 312
Satz 1 Nr. 1 – 3. Unberührt von § 331 bleiben die nach den jeweiligen Landesunterbringungsgesetzen vorgesehenen (verwaltungsrechtlichen) Sofortunterbringungen, vgl. etwa § 14 PsychKG NRW sowie polizeirechtliche Freiheitsentziehungen, z.B. polizeilicher Gewahrsam nach § 35 PolG NRW. Sie können also einer
vorläufigen Unterbringung nach § 331 vorausgehen.

Der Gesetzgeber hat die auch bisher schon möglichen drei Arten einstweiliger Anordnungen jetzt jeweils 4
gesondert geregelt. Es handelt sich um die gewöhnliche einstweilige Anordnung nach § 331, die eilige einstweilige Anordnung nach § 332 und die einstweilige Maßregel nach § 334. Soweit in §§ 331, 334 keine anderslautenden Regelungen getroffen sind, gelten für das auf eine vorläufige Unterbringungsmaßnahme gerichtete Verfahren die allgemeinen Voraussetzungen für das Hauptsacheverfahren nach §§ 312 ff., vgl. § 51
Abs. 2 Satz 1.

II. Voraussetzungen einer gewöhnlichen einstweiligen Anordnung. § 331 erlaubt es, eine vorläufige Un- 5
terbringungsmaßnahme durch einstweilige Anordnung zu treffen. Dies kann von Amts wegen geschehen.
Die verfahrensrechtlichen Schritte zum Erlass einer solchen einstweiligen Anordnung beschreiben die
Nr. 1–4.

Dodegge

6 **1. Dringende Gründe für Vorliegen der Voraussetzungen für eine endgültige Unterbringungsmaßnahme, Nr. 1 Halbs. 1.** Dringende Gründe müssen die Annahme rechtfertigen, dass die Voraussetzungen für eine endgültige Unterbringungsmaßnahme gegeben sind. Das Gericht muss also zunächst aufgrund eines Antrages oder einer Anregung konkret mit der Entscheidung über eine endgültige Unterbringungsmaßnahme befasst sein. Weiterhin muss eine ausreichende, d.h. erhebliche Wahrscheinlichkeit (BayObLG FamRZ 2005, 477; OLG Frankfurt am Main, NJW-RR 1999, 144) bestehen, dass eine endgültige Genehmigung bzw. Anordnung der Unterbringungsmaßnahme erfolgt. Das kann nicht bedeuten, dass in jedem Einzelfall am Ende des Verfahrens eine endgültige Unterbringungsentscheidung steht. Vielmehr bedarf es konkreter Umstände, wonach die Voraussetzungen für die Genehmigung bzw. Anordnung einer Unterbringung nach § 1906 Abs. 1, 2 BGB, einer Einwilligung in eine ärztliche Zwangsmaßnahme eines Volljährigen bzw. einer unterbringungsähnlichen Maßnahme nach § 1906 Abs. 4 BGB oder für die Anordnung einer Unterbringung bzw. einer ärztlichen Zwangsmaßnahme nach den jeweiligen Landesunterbringungsgesetzen mit erheblicher Wahrscheinlichkeit vorliegen (BayObLG FamRZ 2005, 477).

7 Bei der zivilrechtlichen Unterbringung muss also zumindest gleichzeitig ein (vorläufiger) Betreuer, Vormund oder Pfleger bestellt werden bzw. ein solcher, ein Bevollmächtigter oder Eltern(-teil) vorhanden sein, der über einen entsprechenden Aufgabenkreis verfügt. Weiter muss der gesetzliche bzw. gewillkürte Vertreter gewillt sein, eine entsprechende Unterbringungsmaßnahme zu initiieren. Schließlich müssen konkrete Umstände mit erheblicher Wahrscheinlichkeit darauf hindeuten, dass bei Volljährigen aufgrund einer psychischen Krankheit oder einer körperlichen, geistigen oder seelischen Behinderung die Gefahr besteht, dass entweder der Betroffene sich selbst tötet oder erheblichen gesundheitlichen Schaden zufügt (§ 1906 Abs. 1 Nr. 1 BGB) und insoweit auch seinen Willen nicht frei bestimmen kann, oder eine Heilbehandlung notwendig ist, jedoch ohne die Unterbringung nicht durchgeführt werden kann, weil der Betroffene aufgrund einer psychischen Krankheit oder geistigen oder seelischen Behinderung nicht in der Lage ist, die Notwendigkeit von Behandlungsmaßnahmen einzusehen und nach dieser Einsicht zu handeln (§ 1906 Abs. 1 Nr. 2 BGB). Bei der Genehmigung bzw. der Anordnung einer Einwilligung in eine ärztliche Zwangsmaßnahme eines Volljährigen müssen konkrete Umstände mit erheblicher Wahrscheinlichkeit darauf hindeuten, dass die ärztliche Zwangsmaßnahme als ultima ratio erforderlich ist und die materiellen Voraussetzungen des § 1906 Abs. 1, 3 Satz 1 BGB erfüllt sind.

8 Bei Minderjährigen müssen konkrete Umstände mit erheblicher Wahrscheinlichkeit darauf hindeuten, dass zum Wohle des Kindes eine Unterbringung erforderlich ist (§ 1631b BGB). Darüber hinaus bedarf es eines entsprechenden Unterbringungsantrages des/der Sorgeberechtigten (OLG Bremen NJW-RR 2013, 579).

9 Bei einer öffentlich-rechtlichen Unterbringung bzw. der Anordnung einer ärztlichen Zwangsmaßnahme in einem solchen Verfahren bedarf es der Anhängigkeit eines entsprechenden Unterbringungsverfahrens, d.h. einer (zumindest gleichzeitigen) Antragstellung der zuständigen Behörde oder Initiierung des Verfahrens durch Eilmaßnahmen der Polizei (OLG Frankfurt am Main NJW 1992, 1395). Darüber hinaus muss die erhebliche Wahrscheinlichkeit dafür bestehen, dass die materiellen Voraussetzungen für eine Unterbringung bzw. eine ärztliche Zwangsmaßnahme nach dem jeweiligen Landesunterbringungsgesetz erfüllt sind.

10 **2. Dringendes Bedürfnis für ein sofortiges Tätigwerden, Nr. 1 Halbs. 2.** Ein solches Bedürfnis besteht, wenn ein Abwarten bis zur endgültigen Entscheidung nicht möglich ist, weil diese zu spät kommen würde, um die zu schützenden Interessen zu wahren (OLG Brandenburg FamRZ 2010, 1743). Es ist nach zivilrechtlichen und öffentlich-rechtlichen Unterbringungsmaßnahmen zu differenzieren.

11 Bei einer zivilrechtlichen Unterbringungsmaßnahme muss ein dringendes Bedürfnis für ein sofortiges Tätigwerden zur Abwehr einer Gefahr für den Betroffenen bestehen. Soweit das Gesetz früher Gefahr im Verzuge verlangte, sollte mit der Neufassung keine inhaltliche Änderung verbunden sein (BT-Drucks. 16/6308, S. 271). In § 332 verwendet der Gesetzgeber den Begriff Gefahr in Verzug indes zur Verdeutlichung der gesteigerten Dringlichkeit. Die Abwägung der zu erwartenden Nachteile für den Betroffenen bei Unterbleiben der Unterbringungsmaßnahme gegen die mit der Unterbringungsmaßnahme verbundenen Einschränkungen des Betroffenen muss das sofortige Tätigwerden des Betreuungsgerichts rechtfertigen. Das kann der Fall sein, wenn ohne sofortige Behandlung des Betroffenen die Gefahr besteht, dass er jederzeit in hochpsychotische Erregungszustände geraten kann, die, verbunden mit einer vorhandenen depressiven Stimmungslage, zu schweren gesundheitlichen Schäden bis hin zur Selbsttötung führen können (BayObLG BtPrax 2003, 268). Ähnliches gilt, wenn vor einer Hauptsacheentscheidung des Gerichtes noch weitere Ermittlungen erfolgen müssen oder ein Gutachten einzuholen ist und sich währenddessen eine akute Gesundheitsverschlechterung (dazu BayObLG FamRZ 2000, 566) oder eine Chronifizierung der Erkrankung (KG FamRZ 2001, 172) beim

Betroffenen ergäbe. Ist Gegenstand des Verfahrens die Einwilligung bzw. die Anordnung einer Einwilligung in eine ärztliche Zwangsmaßnahme eines Volljährigen, bedarf es einer besonders sorgfältigen Überprüfung des dringlichen Bedürfnisses für ein Tätigwerden. Angesichts des massiven Grundrechtseingriffs und des Erfordernisses, zunächst ein Therapieverständnis beim Betroffenen zu erreichen (vgl. § 1906 Abs. 3 Satz 1 Nr. 2 BGB), kommen einstweilige Anordnungen nur in seltenen Ausnahmefällen in Betracht.

Kann dagegen das Unterbringungsverfahren in der Hauptsache ohne Gefährdung der Gesundheit oder des Lebens des Betroffenen durchgeführt werden oder ergeben sich nur geringe Verzögerungen, ist kein dringendes Bedürfnis für ein Tätigwerden anzunehmen (BVerfG FamRZ 1998, 895). Bei einer öffentlich-rechtlichen Unterbringungsmaßnahme kann das Bedürfnis zum Tätigwerden zum einen in Bezug auf den Betroffenen und zum anderen für die öffentliche Sicherheit oder Ordnung, erhebliche Rechtsgüter Dritter bzw. die sonstigen in den jeweiligen Landesunterbringungsgesetzen geschützten Drittinteressen bestehen. Hier muss auf jeden Fall ein ausdrücklicher Antrag der zuständigen Behörde vorliegen, § 51 Abs. 1 Satz 1 FamFG (*Jürgens/Lesting/Loer/Marschner* Rn. 660). 12

Das Vorliegen der Gefährdungssituationen muss vom Gericht an konkreten Tatsachen festgemacht werden (BayObLG FamRZ 2000, 566). Die Tatsachen müssen nach Ort, Zeit und Umständen bestimmt sein (OLG Saarbrücken BtPrax 1997, 202). Die Gefahr muss sich auf erhebliche Rechtsgüter beziehen, dies verlangt der Verhältnismäßigkeitsgrundsatz. Schließlich ist zu verlangen, dass sich die Gefahr mit hinreichender Wahrscheinlichkeit realisiert, wobei ein für das praktische Leben brauchbarer Grad der Wahrscheinlichkeit genügt. Dabei können frühere Verhaltensweisen des Betroffenen, seine Persönlichkeit, seine aktuelle Befindlichkeit sowie seine zu erwartenden Lebensumstände berücksichtigt werden (BayObLG NJW 2000, 881). 13

3. Glaubhaftmachung. Die vorgenannten Voraussetzungen müssen nicht zur Überzeugung des Gerichts bewiesen sein. Vielmehr reicht ihre Glaubhaftmachung aus. Zwar schreibt § 51 Abs. 1 Satz 2 nur für Verfahren, in denen ein Hauptsacheverfahren nur auf Antrag eingeleitet werden kann vor, dass der Antrag zu begründen und die Voraussetzungen für die Anordnung glaubhaft zu machen sind. Die Glaubhaftmachung muss aber ebenso erfolgen, wenn das Betreuungsgericht von Amts wegen eine einstweilige Unterbringungsmaßnahme treffen will. Nur dann besteht ein ausreichender Grad der richterlichen Überzeugung. Glaubhaftmachung bedeutet nämlich, dass bei verständiger Würdigung die Wahrheit einer bestimmten Tatsache bis auf Weiteres angenommen werden kann. Es muss mit anderen Worten für das Vorliegen der einzelnen Tatsachen anhand konkreter Umstände eine erhebliche Wahrscheinlichkeit bestehen. Der glaubhaft gemachte Sachverhalt darf trotz Bestreitens des Betroffenen zugrunde gelegt werden (BayObLG BtPrax 2004, 159). 14

4. Ärztliches Zeugnis, Nr. 2. Weiterhin muss über den Zustand des Betroffenen ein ärztliches Zeugnis vorliegen (dazu § 321 Rdn. 14). Zwar verlangt das Gesetz kein Gutachten, qualitativ sollte das ärztliche Zeugnis angesichts des massiven Grundrechtseingriffs aber einem Gutachten entsprechen (LG Hildesheim, BtPrax 1993, 210). Der ausstellende Arzt muss den Betroffenen also zeitnah untersucht haben, die Auswirkungen der Erkrankung darstellen, eine Diagnose nachvollziehbar darlegen und zur Erforderlichkeit und Dauer der infrage stehenden Maßnahme Stellung nehmen. Ein ärztliches Zeugnis zur Unterbringung, das aus einer Kinderklinik stammt und ohne vorherige ärztliche Untersuchung des Betroffenen ausgestellt wurde, begegnet deshalb verfassungsrechtlichen Bedenken (BVerfG FamRZ 2015, 1367). Gleiches gilt für ärztliche Zeugnisse, die über 1 Monat alt sind (BVerfG FamRZ 2015, 1589). Eine besondere Qualifikation des ausstellenden Arztes verlangt das Gesetz für Unterbringungsmaßnahmen nach § 312 Satz 1 Nr. 1 und 3. Damit sind einstweilige Anordnungen gemeint, die eine Genehmigung einer freiheitsentziehenden Unterbringung bzw. einer Einwilligung in eine ärztliche Zwangsmaßnahme (§ 1906 Abs. 1- 3a BGB) eines Betreuten oder einer Person, die einen Dritten dazu bevollmächtigt hat (§ 1906 Abs. 5 BGB) bzw. eine freiheitsentziehende Unterbringung und eine ärztliche Zwangsmaßnahme eines Volljährigen nach den Landesgesetzen über die Unterbringung psychisch Kranker zum Gegenstand haben. Hier muss der das ärztliche Zeugnis ausstellende Arzt über Erfahrungen auf dem Gebiet der Psychiatrie verfügen (dazu § 321 Rdn. 10 f.) und soll Arzt für Psychiatrie sein (dazu § 321 Rdn. 9). Dadurch soll ein Mindestmaß an fachlicher Qualifikation des Arztes gewährleistet werden, und zwar insb. in Hinblick auf die erforderlichen Aussagen zur Einsichtsunfähigkeit des Betroffenen. Erforderlichenfalls kann der ausstellende Arzt das Fachwissen anderer Ärzte einbeziehen. Anders als in § 321 Abs. 1 Satz 5 verzichtet der Gesetzgeber darauf, den behandelnden Arzt als Aussteller des ärztlichen Zeugnisses auszuschließen. Damit trägt der Gesetzgeber dem Umstand Rechnung, dass in der gerichtlichen Praxis nicht immer ausreichend qualifizierte externe Ärzte zur Verfügung stehen. Sofern 15 externe und ausreichend qualifizierte Ärzte zur Verfügung stehen, sollten sie – zumindest bei Verfahren auf die Genehmigung bzw. Anordnung einer Einwilligung in eine ärztliche Zwangsmaßnahme – vorrangig das erforderliche ärztliche Zeugnis ausstellen. So kann die vom Gesetzgeber erwünschte unvoreingenommene ärztliche Entscheidung gewährleistet werden. Vorrangig ist das ärztliche Zeugnis von einem Facharzt für Psychiatrie zu erstellen. Nur in Ausnahmefällen kann das Gericht das ärztliche Zeugnis eines auf dem Gebiet der Psychiatrie erfahrenen Arztes ausreichen lassen. Das Abweichen von der Soll-Vorschrift ist in dem Genehmigungsbeschluss zu begründen. Ergibt sich die Facharzteigenschaft bzw. der Umstand der Erfahrung auf dem Gebiet der Psychiatrie bzgl. des Ausstellers des ärztlichen Zeugnisses nicht aus dem ärztlichen Zeugnis, ist dies im Genehmigungsbeschluss darzulegen. Bei Unterbringungsmaßnahmen nach § 312 Satz 1 Nr. 2, also der Genehmigung einer freiheitsentziehenden Maßnahme nach § 1906 Abs. 4 BGB, wird keine besondere Qualifikation des ausstellenden Arztes verlangt. Das Gericht wird im Rahmen seiner Amtsermittlungspflicht nach § 26 darüber zu befinden haben, welche Qualifikation des Arztes im Einzelfall erforderlich ist. Ist die Erkrankung bereits früher diagnostiziert worden und hat sie zu Unterbringungsmaßnahmen geführt, wird eher das ärztliche Zeugnis des behandelnden Nichtfacharztes ausreichen (LG Tübingen FamRZ 1996, 1344) als bei Erstmanifestation einer Erkrankung. Auch der Grad der Eilbedürftigkeit und der Erreichbarkeit eines Facharztes bzw. eines in der Psychiatrie oder Neurologie erfahrenen Arztes wird zu beachten sein (*Damrau/Zimmermann* § 331 Rn. 7). Teilweise wird allerdings verlangt, dass der das Attest ausstellende Arzt generell die gleiche Qualifikation aufweisen muss wie der Sachverständige nach § 321 Abs. 1 Satz 4, zumindest aber ein in der Psychiatrie erfahrener Arzt sein muss (OLG Zweibrücken BtPrax 2003, 80 f.). Ein ärztliches Zeugnis zur Unterbringung, das aus einer Kinderklinik stammt und ohne vorherige ärztliche Untersuchung des Betroffenen ausgestellt wurde, begegnet verfassungsrechtlichen Bedenken (BVerfG FamRZ 2015, 1367). Gleiches gilt für ärztliche Zeugnisse, die über 1 Monat alt sind (BVerfG FamRZ 2015, 1589).

16 Bei Unterbringungsmaßnahmen nach § 312 Satz 1 Nr. 1 in Bezug auf ein Kind reicht die Beurteilung eines psychotherapeutisch, psychologisch oder (sozial-)pädagogisch Ausgebildeten, wenn der Unterbringungsmaßnahme solche Ursachen zugrunde liegen, § 167 Abs. 6 Satz 2 (OLG Naumburg NJOZ 2013, 531).

17 **5. Verfahrenspfleger, Nr. 3.** Da in Unterbringungsverfahren regelmäßig die Voraussetzungen für die Bestellung eines Verfahrenspflegers nach § 317 erfüllt sind (dazu § 317 Rdn. 3), ist unverzüglich ein Verfahrenspfleger zu bestellen (BayObLG FamRZ 2000, 566; OLG Schleswig BtPrax 1994, 62) und anzuhören. Für die Anhörung ist keine bestimmte Form vorgeschrieben. Für das Verfahren auf Genehmigung bzw. Anordnung einer Einwilligung in eine ärztliche Zwangsmaßnahme eines Volljährigen ist die Bestellung eines Verfahrenspflegers zwingend vorgeschrieben, § 312 Satz 2, 3.

18 **6. Persönliche Anhörung, Nr. 4.** Der Betroffene muss durch den Richter persönlich angehört worden sein. Die Anhörung kann auch durch den ersuchten Richter im Wege der Rechtshilfe erfolgen, wie sich aus § 331 Satz 2 ergibt. Ein entsprechendes Rechtshilfeersuchen darf nicht abgelehnt werden (BayObLG FamRZ 1998, 841). Angesichts der Schwere des infrage stehenden Eingriffs ist auch die Verschaffung eines persönlichen Eindrucks vom Betroffenen notwendig (OLG Karlsruhe FamRZ 1999, 670); dieser muss ggf. vom ersuchten Richter aktenkundig gemacht werden. Von der persönlichen Anhörung kann nur unter den Voraussetzungen des § 332 abgesehen werden (KG FGPrax 2008, 40). Es muss dann detailliert und konkret dargelegt werden, warum vor dem Erlass der Entscheidung, notfalls unter Zurückstellung anderer weniger wichtiger Dienstgeschäfte, keine Anhörung möglich war und worin die Gefahr in Verzug liegt (BayObLG FamRZ 2001, 578 und 2000, 566). Die Anhörung ist unverzüglich, d.h. spätestens am nächsten (Arbeits-) Tag nachzuholen (OLG Naumburg NJOZ 2013, 531; BayObLG FamRZ 2001, 578). Der in der Nichtanhörung liegende Verfahrensverstoß wird durch die nachträgliche Anhörung nicht geheilt (OLG Hamm FGPrax 2008, 43). Weiter ist ein Verzicht auf die persönliche Anhörung unter den Voraussetzungen der §§ 319 Abs. 3, 34 Abs. 2 möglich. Deshalb kann eine persönliche Anhörung allenfalls in zwei Konstellationen entfallen. Entweder sind von der Anhörung erhebliche Nachteile für die Gesundheit des Betroffenen zu besorgen. Dies kommt in der Praxis nicht vor. Vorübergehende Verschlechterungen oder solche, denen mit Medikamenten entgegengewirkt werden kann, reichen nämlich nicht aus (OLG Karlsruhe FamRZ 1999, 670). Zum anderen kann die persönliche Anhörung unterbleiben, wenn der Betroffene offensichtlich nicht in der Lage ist, seinen Willen kundzutun. Davon hat sich der Richter aber durch Verschaffung eines unmittelbaren Eindrucks selbst zu überzeugen.

7. Gelegenheit zur Äußerung. Den in § 320 genannten Institutionen und Personen ist Gelegenheit zur Äußerung zu geben. Bei Gefahr in Verzug (dazu § 332 Rdn. 3) kann dieser Verfahrensschritt unterbleiben. Er ist nachzuholen. 19

8. Verhältnismäßigkeit. Schließlich ist der Verhältnismäßigkeitsgrundsatz zu beachten. Deshalb darf die Freiheit des Betroffenen nur unter Beachtung der in gewissen Grenzen bestehenden Freiheit zur Krankheit aus besonders gewichtigem Grund angetastet werden (BayObLG FamRZ 2000, 566). Es müssen also bei Verzicht auf eine einstweilige Anordnung gewichtige gesundheitliche Schädigungen des Betroffenen bzw. bei öffentlich-rechtlichen Unterbringungsmaßnahmen gewichtige Schädigungen des Betroffenen oder von Rechtsgütern Dritter drohen (BayObLG NJW 2002, 146). 20

9. Entscheidungsinhalt. Die Entscheidung ergeht, wie i.R.d. Hauptsacheverfahrens, durch Beschluss. Da die einstweilige Anordnung eine Unterbringungsmaßnahme enthält, ist für den Inhalt der Entscheidung § 323 maßgeblich. Aussagen zu den Kosten sind nicht erforderlich. Zu Einzelheiten vgl. § 323 Rdn. 25. 21

Die Höchstdauer der Unterbringungsmaßnahme bestimmt sich allerdings nach § 333. Eine Entscheidung zur sofortigen Wirksamkeit ist regelmäßig notwendig (BayObLG BtPrax 2002, 39). Wenn sich aus den Begleitumständen ergibt, dass die einstweilige Anordnung sofort vollziehbar und wirksam sein soll, kann bei Fehlen des entsprechenden Ausspruches an eine stillschweigende Anordnung der sofortigen Wirksamkeit gedacht werden und diese zur Klarstellung im Wege der nachträglichen Berichtigung erfolgen (BayObLG BtPrax 2002, 39), vgl. auch § 42 Abs. 1. Eine Kostenentscheidung muss nicht erfolgen (OLG Hamm JMBlNRW 1995, 130). Zu einem Beschlussmuster vgl. *Firsching/Dodegge* Rn. 626 und 628. 22

10. Bekanntgabe und Wirksamkeit einer einstweiligen Anordnung. Für die Bekanntgabe und Wirksamkeit einer einstweiligen Anordnung gelten die §§ 324 und 325. 23

11. Anfechtbarkeit. Gegen Entscheidungen, durch die eine einstweilige Unterbringungsmaßnahme getroffen oder abgelehnt wird, kann der Rechtsbehelf der Beschwerde eingelegt werden. Beschlüsse, die eine einstweilige Anordnung zum Gegenstand haben, stellen nämlich eine Endentscheidung dar (OLG Stuttgart NJW 2009, 3733). Zu Einzelheiten vgl. § 58 Abs. 1. 24

Die Beschwerde ist auch gegen einstweilige Unterbringungsmaßnahmen in Bezug auf Minderjährige gegeben. § 57 Satz 1 wird – bei verfassungskonformer Auslegung – durch die über § 167 Abs. 1 Satz 1 anwendbaren spezielleren Regelungen der §§ 312 ff., die eine Anfechtbarkeit eröffnen, verdrängt (OLG Zweibrücken NJW 2012, 162; OLG Naumburg FamRZ 2011, 749; OLG Hamm MDR 2010, 1192; OLG Frankfurt am Main FamRZ 2010, 907; OLG Celle FamRZ 2010, 1844; OLG Dresden FamRZ 2010, 1845; a.A. OLG Koblenz NJW 2010, 880). Wird die einstweilige Unterbringungsmaßnahme in Bezug auf ein Minderjährigen ohne mündliche Verhandlung erlassen, kann neben der der Einlegung der Beschwerde wahlweise der Antrag auf mündliche Verhandlung gem. § 54 Abs. 2 (dazu § 54 Rdn. 14 ff.) gestellt werden (OLG Naumburg NJOZ 2013, 531).

Das AG kann trotz anhängigem Beschwerdeverfahren seine einstweilige Anordnung bei Wegfall der materiellen Unterbringungsvoraussetzungen aufheben. Die entgegenstehende Vorschrift des § 54 Abs. 4 wird durch die speziellere Regelung des § 330 Satz 1 verdrängt.

Gegen die Beschwerdeentscheidung ist eine Rechtsbeschwerde nicht möglich, § 70 Abs. 4 (BGH NJW-RR 2015, 1346).

Erledigt sich die Unterbringungsmaßnahme während des Beschwerdeverfahrens, kann nach ständiger obergerichtlicher Rechtsprechung regelmäßig ein fortwährendes Rechtsschutzinteresse an einer Sachentscheidung über die Rechtmäßigkeit des Eingriffs (BVerfG NJW 2002, 3161) angenommen werden. Die Feststellung kann aber nur auf entsprechenden Antrag erfolgen (OLG Celle FGPrax 2007, 189). Diese von der Rechtsprechung herausgearbeitete Rechtsschutzmöglichkeit hat der Gesetzgeber jetzt ausdrücklich in § 62 normiert. Der anwaltlich nicht vertretene Betroffene ist auf die Möglichkeit hinzuweisen, seinen Antrag auf die Feststellung der Rechtswidrigkeit der Maßnahme umstellen zu können (BGH FamRZ 2015, 1959). Die Genehmigung einer freiheitsentziehenden Maßnahme begründet immer ein Feststellungsinteresse nach § 62 *(BGH NJW-RR 2015, 1345: Ärztliche Zwangsmaßnahme)*. Für diese Feststellung ist aber kein Raum, wenn das Vorliegen des Rechtsfehlers noch vor Eintritt der Erledigung jedenfalls inzident festgestellt worden ist oder das Beschwerdegericht einen Verfahrensfehler erkannt und geheilt hat (BGH FamRZ 2015, 2050). 25

26 **III. Kosten.** Für das Verfahren auf Erlass einer einstweiligen Anordnung in Unterbringungssachen fallen keine Gerichtsgebühren an, § 26 Abs. 3 GNotKG. Der Betroffene schuldet allenfalls die vom Gericht an den Verfahrenspfleger gezahlten Beträge als Auslagen gem. Nr. 31015 KV des GNotKG, wenn er über einzusehende Mittel i.S.d. § 1836c BGB verfügt und das Gericht die Gerichtskosten nicht einem anderen Beteiligten auferlegt hat. Die Vergütung eines Rechtsanwaltes in einstweiligen Anordnungsverfahren bestimmt sich nach VV Anlage 1, Teil 6, Abschnitt 3 des RVG.

§ 332 Einstweilige Anordnung bei gesteigerter Dringlichkeit.

¹Bei Gefahr im Verzug kann das Gericht eine einstweilige Anordnung nach § 331 bereits vor Anhörung des Betroffenen sowie vor Anhörung und Bestellung des Verfahrenspflegers erlassen. ²Diese Verfahrenshandlungen sind unverzüglich nachzuholen.

Übersicht

	Rdn.		Rdn.
A. Allgemeines	1	I. Besondere Voraussetzungen einer eiligen vorläufigen Unterbringungsmaßnahme	3
B. Einzelheiten	2	II. Weitere Voraussetzungen	5

1 **A. Allgemeines.** § 332 entspricht inhaltlich dem § 301, der die einstweilige Anordnung bei gesteigerter Dringlichkeit im Betreuungsverfahren regelt und trifft eine entsprechende Regelung für das Unterbringungsverfahren.

2 **B. Einzelheiten.** In den Fällen gesteigerter Dringlichkeit ermöglicht § 332 unter erleichterten Voraussetzungen eine einstweilige Anordnung in Unterbringungssachen (dazu § 312).

3 **I. Besondere Voraussetzungen einer eiligen vorläufigen Unterbringungsmaßnahme.** § 332 ermöglicht es, bei Gefahr in Verzug (zunächst) auf weitere Verfahrenshandlungen zu verzichten. Mit dem Begriff Gefahr in Verzug umschreibt der Gesetzgeber eine gesteigerte Dringlichkeit. Gefahr in Verzug ist gegeben, wenn die Unterbringungsmaßnahme derart unaufschiebbar ist, dass die Einhaltung der Voraussetzungen der gewöhnlichen einstweiligen Anordnung nicht ohne konkrete Gefährdungen für den Betroffenen bzw. bei öffentlich-rechtlichen Unterbringungsmaßnahmen auch für Rechtsgüter Dritter möglich ist. Die Gefahr muss sich also i.S.d. Eintritts erheblicher Nachteile, z.B. gesundheitlicher Verschlechterung oder krankheitsbedingter Selbst- oder Fremdgefährdung äußern. Ein solcher Fall liegt vor, wenn einer drohenden Chronifizierung der Erkrankung beim Betroffenen nur auf der Stelle und nicht auch noch mit Maßnahmen in der nahen Zukunft begegnet werden kann (OLG Karlsruhe NJW-RR 2000, 1172).

4 Demzufolge kann das Gericht bei Gefahr in Verzug eine einstweilige Anordnung bereits vor der persönlichen Anhörung des Betroffenen, was allerdings verfassungsrechtlich bedenklich ist (BayObLG FamRZ 2001, 578 und 2000, 566), sowie vor Bestellung und Anhörung des Verfahrenspflegers erlassen.

5 **II. Weitere Voraussetzungen.** Die weiteren Voraussetzungen für den Erlass einer einstweiligen Anordnung, also dringende Gründe für die Annahme, dass die Voraussetzungen für eine endgültige Unterbringungsmaßnahme gegeben sind und ein dringendes Bedürfnis für ein sofortiges Tätigwerden besteht (dazu § 331 Rdn. 5 – 13), müssen ebenfalls erfüllt sein. Das gilt auch für die weiteren Voraussetzungen der gewöhnlichen einstweiligen Anordnung, nämlich die Glaubhaftmachung der beiden vorgenannten Voraussetzungen (dazu § 331 Rdn. 14), das Vorliegen eines ärztlichen Zeugnisses (dazu § 331 Rdn. 14) und die Wahrung der Verhältnismäßigkeit.

6 Die unterlassenen Verfahrenshandlungen sind unverzüglich, d.h. in Bezug auf die persönliche Anhörung und die Verfahrenspflegerbestellung spätestens am nächsten (Arbeits-) Tag (OLG Naumburg NJOZ 2013, 531; LG Kleve NJW-RR 2014, 1032), ansonsten in den nächsten Tagen, nachzuholen.

§ 333 Dauer der einstweiligen Anordnung.

(1) ¹Die einstweilige Anordnung darf die Dauer von sechs Wochen nicht überschreiten. ²Reicht dieser Zeitraum nicht aus, kann sie nach Anhörung eines Sachverständigen durch eine weitere einstweilige Anordnung verlängert werden. ³Die mehrfache Verlängerung ist unter den Voraussetzungen der Sätze 1 und 2 zulässig. ⁴Sie darf

die Gesamtdauer von drei Monaten nicht überschreiten. ⁵Eine Unterbringung zur Vorbereitung eines Gutachtens (§ 322) ist in diese Gesamtdauer einzubeziehen.
(2) ¹Die einstweilige Anordnung darf bei der Genehmigung einer Einwilligung in eine ärztliche Zwangsmaßnahme oder deren Anordnung die Dauer von zwei Wochen nicht überschreiten. ²Bei mehrfacher Verlängerung darf die Gesamtdauer sechs Wochen nicht überschreiten.

Übersicht

	Rdn.		Rdn.
A. Allgemeines.........................	1	c) Anhörung eines Sachverständigen..	10
B. Einzelheiten.........................	2	d) Durchführung des in § 331 vorgesehenen Verfahrens...............	11
I. Zeitdauer einer einstweiligen Anordnung nach Abs. 1	3	e) Höchstdauer, Satz 4 und 5........	12
1. Erstmalige Anordnung, Satz 1.......	4	II. Zeitdauer einer einstweiligen Anordnung nach Abs. 2	14
2. Verlängerung, Satz 2 und 3.........	7	1. Erstmalige Anordnung, Satz 2......	15
a) Vorliegen der Voraussetzungen des Erlasses einer einstweiligen Anordnung nach § 331	8	2. Verlängerung, Satz 2..............	16
b) Nichtausreichen des Unterbringungszeitraumes................	9		

A. Allgemeines. § 333 enthält Regelungen zur Höchstdauer von einstweiligen Unterbringungsmaßnahmen 1 und wurde durch das Gesetz zur Regelung der betreuungsrechtlichen Einwilligung in eine ärztliche Zwangsmaßnahme v. 18.02.2013 (BGBl. I, S. 266) neu gefasst und um Abs. 2 erweitert.

B. Einzelheiten. In § 333 finden sich Regelungen zur zeitlichen Befristung und Verlängerung von einstweiligen Anordnungen. Diese Regelungen gelten für alle Arten einer einstweiligen Anordnung, also für die 2 normale und eilige einstweilige Anordnung nach §§ 331, 332 und die einstweilige Maßregel nach § 334. Die Zeitdauer einer einstweiligen Anordnung ist in Abs. 1 und 2 unterschiedlich geregelt. Dies wurde erforderlich, weil der Gesetzgeber im Jahr 2013 neben der freiheitsentziehenden Unterbringung auch die Einwilligung in eine ärztliche Zwangsbehandlung eines Volljährigen als Unterbringungssache qualifiziert hat (vgl. § 312 Satz 1 Nr. 1 und 3), gleichzeitig aber insoweit eine stärkere zeitliche Begrenzung wünschte (BT-Drucks. 17/11513, S. 8).

I. Zeitdauer einer einstweiligen Anordnung nach Abs. 1. Die Regelung des Abs. 1 betrifft die einstweilige 3 Anordnung im Hinblick auf die Anordnung bzw. Genehmigung einer freiheitsentziehenden Unterbringung eines Betreuten (vgl. § 1906 Abs. 1 bis 3a BGB) oder einer Person, die einen Dritten zu ihrer freiheitsentziehenden Unterbringung bevollmächtigt hat (vgl. § 1906 Abs. 5 BGB), und eines Minderjährigen (vgl. § 1631b BGB), die Genehmigung einer freiheitsentziehenden Maßnahme (vgl. § 1906 Abs. 4 BGB) sowie die freiheitsentziehende Unterbringung eines Volljährigen nach den Landesgesetzen über die Unterbringung psychisch Kranker. Sie sind in § 312 Satz 1 Nr. 1, 3 als Unterbringungssachen definiert.

1. Erstmalige Anordnung, Satz 1. Die Regelung des Abs. 1 Satz 1 betrifft die Höchstdauer einer freiheits- 4 entziehenden Unterbringung bzw. einer freiheitsentziehenden Maßnahme im Verfahren der einstweiligen Anordnung.
Satz 1 legt als Höchstfrist einer einstweiligen Anordnung 6 Wochen fest. Die Frist beginnt mit dem Wirk- 5 samwerden der Entscheidung (dazu § 324). Der Gesetzgeber erachtete diese Frist als ausreichend, um über eine endgültige Unterbringungsmaßnahme entscheiden zu können (BT-Drucks. 11/4528, S. 186). Nennt die Entscheidung des Gerichts keine Frist, gilt die vom Gesetz vorgesehene Frist von 6 Wochen. Die Wirksamkeit einer einstweiligen Anordnung endet automatisch mit Fristablauf bzw. zuvor durch Aufhebung (§ 330) oder Wirksamwerden einer anderweitigen Regelung (§ 56) oder der Hauptsacheentscheidung (KG FamRZ 1993, 84).
Obwohl in der Praxis Unterbringungen oftmals schon nach 2 oder 3 Wochen beendet werden können, wer- 6 den i.d.R. einstweilige Anordnungen für 6 Wochen ausgesprochen, ohne dass die Gerichte im Einzelfall die angemessene Dauer überprüft hätten. Dies hängt wahrscheinlich mit dem erhöhten Verfahrensaufwand bei Verlängerung einer einstweiligen Anordnung zusammen. Ist das Gericht selbst nach § 1846 BGB tätig geworden, wird allerdings genau zu prüfen und darzulegen sein, wie lange der gesetzliche Vertreter voraus-

sichtlich verhindert ist bzw. wie viel Zeit für die Auswahl und Bestellung eines gesetzlichen Vertreters benötigt wird. Im letzten Fall dürften i.d.R. 2 Wochen ausreichen (LG Hamburg BtPrax 1992, 111). Diese Zeitspanne dürfte auch genügen, um dem bestellten Verfahrenspfleger Gelegenheit zur Stellungnahme einzuräumen (LG Stuttgart FamRZ 2011, 1612). Zum Fristbeginn und der Berechnung ihres Endes vgl. § 323 Rdn. 16.

7 **2. Verlängerung, Satz 2 und 3.** Eine, aber auch mehrere Verlängerungen sind nach Satz 2 und 3 bis zu einer Höchstdauer von 3 Monaten zulässig. Eine solche Verlängerung setzt voraus:

8 **a) Vorliegen der Voraussetzungen des Erlasses einer einstweiligen Anordnung nach § 331.** Es müssen, wie beim erstmaligen Erlass einer einstweiligen Anordnung die Voraussetzungen für eine solche vorliegen (dazu § 331 Rdn. 5 ff.).

9 **b) Nichtausreichen des Unterbringungszeitraumes.** Der Unterbringungszeitraum von 6 Wochen reicht zum Erlass einer Hauptsacheentscheidung nicht aus, etwa weil das notwendige Gutachten nicht rechtzeitig fertiggestellt werden kann oder noch Beweis erhoben werden muss. Die Verlängerung bis zu einer Gesamtdauer von 3 Monaten muss aber Ausnahmefällen vorbehalten bleiben, in denen aus besonderen Gründen nicht vorher über die endgültige Unterbringungsmaßnahme entschieden werden kann (OLG Karlsruhe FamRZ 2002, 1127 f.). Es können nachfolgend eine oder mehrere vorläufig verlängernde Unterbringungsgenehmigungen erteilt werden. Sie dürfen die Gesamtdauer von 3 Monaten nicht überschreiten (LG Lübeck NJW-RR 2015, 1030). Dabei ist die Überleitung einer nach Landesrecht angeordneten Unterbringung in eine zivilrechtliche als einheitliche Angelegenheit zu bewerten (BVerfG FamRZ 2015, 1589).

10 **c) Anhörung eines Sachverständigen.** Es muss ein Arzt, der die Qualifikation des § 321 Abs. 1 aufweist (dazu § 321 Rdn. 9 ff.), angehört werden. Im Hinblick auf die Dauer und Bedeutung der Verlängerung einer Unterbringungsmaßnahme wird ein ärztliches Zeugnis allein nicht für ausreichend erachtet. Eine persönliche Anhörung des Sachverständigen ist im Gesetz nicht vorgeschrieben, sie kann aber i.R.d. Amtsermittlungspflicht (§ 26) im Einzelfall erforderlich werden, etwa im Fall von Widersprüchen in der fachärztlichen Stellungnahme (BayObLG NJWE-FER 2001, 324). Der Sachverständige muss, nach Befragung und Untersuchung des Betroffenen, Aussagen zum gesundheitlichen Zustand sowie zur weiteren Erforderlichkeit der Unterbringung machen.

11 **d) Durchführung des in § 331 vorgesehenen Verfahrens.** Da das Gesetz in § 333 Abs. 1 Satz 2 von einer weiteren einstweiligen Anordnung spricht, müssen die Verfahrensvoraussetzungen für den Erlass einer einstweiligen Anordnung erneut erfüllt werden (dazu § 331 Rdn. 15 – 19). Demzufolge muss u.a. der Betroffene persönlich angehört werden und die Verfahrensbeteiligten müssen Gelegenheit zu Äußerung erhalten.

12 **e) Höchstdauer, Satz 4 und 5.** Nach Ablauf von 3 Monaten kann in derselben Sache keine weitere einstweilige Anordnung ergehen, sondern nur mit einer Hauptsacheentscheidung über die weitere Fortdauer der Unterbringungsmaßnahme entschieden werden.

13 Satz 5 stellt klar, dass bei der Berechnung der Gesamtdauer einer Unterbringungsmaßnahme die Zeit einer Unterbringung zur Vorbereitung eines Gutachtens nach § 322 einzubeziehen ist.

14 **II. Zeitdauer einer einstweiligen Anordnung nach Abs. 2.** Abs. 2 betrifft die einstweilige Anordnung in Hinblick auf die Anordnung bzw. die Genehmigung der Einwilligung in eine ärztliche Zwangsmaßnahme (vgl. § 1906 Abs. 3, 3a BGB sowie die Landesgesetze über die Unterbringung psychisch Kranker). Sie ist in § 312 Satz 1 Nr. 1, 3 ebenfalls als Unterbringungssache definiert.

15 **1. Erstmalige Anordnung, Satz 2.** Satz 1 legt als Höchstfrist einer einstweiligen Anordnung hinsichtlich einer Anordnung oder Einwilligung in eine ärztliche Zwangsmaßnahme 2 Wochen fest. Der Gesetzgeber hat eine zeitliche Begrenzung in Abweichung der Frist des Abs. 1 angesichts des mit einer ärztlichen Zwangsmaßnahme verbundenen erheblichen Grundrechtseingriffs für notwendig erachtet. Dabei hat er auch Erfahrungen der ärztlichen Praxis berücksichtigt, die von einer nur wenige Wochen andauernden Behandlungsbedürftigkeit mit Zwang ausgehen und die Zeitdauer der des § 329 Abs. 1 angepasst, der in der Hauptsache eine Höchstfrist von 6 Wochen bestimmt (vgl. Formulierungshilfe für einen Änderungsantrag der Fraktionen der CDU/CSU und FDP zu dem Gesetzentwurf der Bundesregierung, BT-Drucks. 17/10492, S. 9). Die Frist beginnt mit dem Wirksamwerden der Entscheidung (dazu § 324). Nennt die Entscheidung

des Gerichts keine Frist, gilt die vom Gesetz vorgesehene Frist von 2 Wochen. Die Wirksamkeit einer einstweiligen Anordnung endet automatisch mit Fristablauf bzw. zuvor durch Aufhebung (§ 330) oder Wirksamwerden einer anderweitigen Regelung (§ 56) oder der Hauptsacheentscheidung.

2. Verlängerung, Satz 2. Nach Satz 2 kann eine einstweilige Anordnung hinsichtlich einer Anordnung 16
oder Einwilligung in eine ärztliche Zwangsmaßnahme einmal, aber auch mehrfach bis zu einer Höchstdauer von 6 Wochen verlängert werden. Die Voraussetzungen einer solchen Verlängerung sind nicht besonders geregelt. Von daher gelten die Regelungen des Abs. 1 Satz 2 und 5 sowie die weiteren Regelungen zum erstmaligen Erlass einer einstweiligen Anordnung, vgl. dazu Rdn. 8 – 11. Nach Ablauf von 6 Wochen kann in derselben Sache keine weitere einstweilige Anordnung ergehen, sondern nur mit einer Hauptsacheentscheidung über die weitere Fortdauer der Anordnung bzw. Genehmigung einer ärztlichen Zwangsmaßnahme entschieden werden.

§ 334 Einstweilige Maßregeln.
Die §§ 331, 332 und 333 gelten entsprechend, wenn nach § 1846 des Bürgerlichen Gesetzbuchs eine Unterbringungsmaßnahme getroffen werden soll.

Übersicht

	Rdn.		Rdn.
A. Allgemeines	1	1. Dringlichkeit	12
B. Einzelheiten	2	2. Einleitung eines Verfahrens zur Bestellung eines gesetzlichen Vertreters	13
I. Dringende Gründe für Vorliegen der Voraussetzungen für eine endgültige Unterbringungsmaßnahme	4	3. Beschleunigtes Betreiben des Verfahrens	14
II. Verhinderung des Vertreters	5	4. Gefahr in Verzug	15
1. Hinderungsgründe	6	5. Ärztliches Zeugnis	16
2. Sonderfall des noch nicht bestellten Betreuers	7	6. Vorliegen der weiteren Voraussetzungen für eine einstweilige Unterbringungsanordnung nach § 331	17
a) Grundsatz	7		
b) Besondere Voraussetzungen	8	7. Eilige einstweilige Maßregel	18
III. Weitere Voraussetzungen für eine einstweilige Maßregel	11		

A. Allgemeines. § 334 ermöglicht es dem Gericht, anstelle eines vorhandenen oder sogar noch nicht bestellten gesetzlichen bzw. gewillkürten Vertreters ausnahmsweise selbst im Wege einer einstweiligen Anordnung zivilrechtliche Unterbringungsmaßnahmen nach § 312 Satz 1 Nr. 1 und 2 anzuordnen (dazu § 312 Rdn. 3 f.). Die Verweisung auf § 1846 BGB verdeutlicht, dass nur zivilrechtliche, nicht öffentlich-rechtliche Unterbringungsmaßnahmen vom Gericht selbst getroffen werden können. Im Gesetzgebungsverfahren zum BtG war es umstritten, ob den Gerichten diese Befugnis durch die Bezugnahme auf § 1846 BGB eingeräumt werden sollte. Mit der herrschenden Meinung (BGH MDR 2002, 762) hat sich der Gesetzgeber zu dieser Lösung entschieden. Im Fall der Einwilligung in eine ärztliche Zwangsmaßnahme hat der Gesetzgeber die Befugnis des Gerichts allerdings dahin begrenzt, dass § 1846 BGB nur zur Anwendung gelangt, wenn der bestellte Betreuer bzw. der Bevollmächtigte an der Erfüllung seiner Verpflichtung verhindert ist, vgl. § 1906 Abs. 3 Satz 2 BGB. 1

B. Einzelheiten. Die Gerichte selbst sollen in Eilfällen anstelle des gesetzlichen bzw. gewillkürten Vertreters tätig werden können, wenn eine Unterbringungsmaßnahme notwendig wird und eine der drei nachfolgenden Konstellationen besteht. Es ist noch kein Vormund, Pfleger oder Betreuer für den Betroffenen bestellt bzw. kein Bevollmächtigter i.S.d. § 1896 Abs. 2 vorhanden. Ein gesetzlicher oder bevollmächtigter Vertreter ist zwar bestellt, er verfügt aber nicht über einen ausreichenden Aufgabenkreis. Der bestellte gesetzliche bzw. gewillkürte Vertreter ist an der Erfüllung seiner Aufgaben verhindert, z.B. durch Ortsabwesenheit, Urlaub, Erkrankung etc. 2

Müsste in diesen Fällen zunächst ein gesetzlicher Vertreter ausgewählt und bestellt, sein Aufgabenkreis erweitert oder sein Aufenthaltsort ermittelt werden, würde Zeit vergehen, was Gefährdungen zulasten des Betroffenen mit sich bringen könnte. Über den Verweis auf § 1846 BGB lässt § 334 daher zu, dass das Gericht 3 selbst im Interesse des Betroffenen ausnahmsweise im Einzelfall die erforderliche Unterbringungsmaßnahme anordnet. Neben § 1846 BGB gelten für eine solche Maßnahme §§ 331, 332 und 333 entsprechend. Es müssen also nachstehende Voraussetzungen für eine einstweilige Maßregel nach § 334 i.V.m. § 1846 BGB erfüllt sein:

4 **I. Dringende Gründe für Vorliegen der Voraussetzungen für eine endgültige Unterbringungsmaßnahme.** Diese Voraussetzung ist zu bejahen, wenn eine erhebliche Wahrscheinlichkeit besteht, dass ein (vorläufiger) Betreuer, Vormund oder Pfleger bestellt wird, bzw. es muss ein solcher, ein Bevollmächtigter oder Eltern (-teil) vorhanden sein, der zur Entscheidung über die Unterbringung bzw. die Einwilligung in eine ärztliche Zwangsmaßnahme befugt ist. Weiter muss eine erhebliche Wahrscheinlichkeit dafür bestehen, dass er eine Unterbringungsmaßnahme initiieren wird und es müssen die sachlichen Voraussetzungen für eine zivilrechtliche Unterbringungsmaßnahme nach §§ 1906 Abs. 1 oder 4, 1631b BGB gegeben sein.

5 **II. Verhinderung des Vertreters.** Dieser gesetzliche bzw. gewillkürte Vertreter muss gehindert sein, eine Entscheidung über die infrage stehende Unterbringungsmaßnahme zu treffen (BayObLG FamRZ 1999, 1304). Nur im Fall der Verhinderung des gesetzlichen oder gewillkürten Vertreters kann das Gericht auch über die Einwilligung in eine ärztliche Zwangsmaßnahme entscheiden, vgl. § 1906 Abs. 3 Satz 2 BGB.

6 **1. Hinderungsgründe.** Die Verhinderung kann darauf beruhen, dass der Vertreter – bei gleichzeitiger Bestellung – von seiner Bestellung noch keine Kenntnis besitzt (OLG Schleswig BtPrax 2001, 211) oder dass er – bei vorangegangener Bestellung – aufgrund Krankheit, Ortsabwesenheit, Urlaub, Unerreichbarkeit, organisatorischer Probleme (LG Berlin BtPrax 1992, 43) nicht handlungsfähig ist. Kein Fall der Verhinderung liegt vor, wenn der vorhandene gesetzliche bzw. gewillkürte Vertreter die konkrete Unterbringungsmaßnahme – aus welchen Gründen auch immer – nicht durchführen will. Hier bliebe bei akuter Gefährdung des Betroffenen oder Dritter die Möglichkeit der öffentlich-rechtlichen Unterbringung (OLG Schleswig BtPrax 2001, 211). An der Voraussetzung der Verhinderung mangelt es ebenfalls, wenn das Gericht übersieht, dass bereits ein vorläufiger Betreuer bestellt ist (BayObLG FamRZ 2002, 419, 421). Keinesfalls darf sich das Gericht nämlich des § 1846 BGB bedienen, um in die Führung des Amtes bzw. der übertragenen Aufgabe einzugreifen (OLG Schleswig BtPrax 2001, 211; LG Frankfurt am Main BtPrax 2001, 174). Das Gericht muss ggf. die Mittel der Aufsicht/oder Weisung nach § 1837 BGB bzw. letztlich die Möglichkeit der Entlassung des gesetzlichen Vertreters nach §§ 1886, 1915, 1908b BGB nutzen.

7 **2. Sonderfall des noch nicht bestellten Betreuers. a) Grundsatz.** Nach inzwischen gefestigter Rechtsprechung (BGH NJW 2002, 1801) muss mit der einstweiligen Maßregel keine gleichzeitige, sondern lediglich danach eine unverzügliche Betreuerbestellung erfolgen. § 1908i BGB verweist nämlich uneingeschränkt auf eine sinngemäße Anwendung des § 1846 BGB. Dessen Wortlaut umfasst aber gerade auch den Fall, dass ein Betreuer noch nicht bestellt ist. Der Gesetzgeber wollte bewusst die Möglichkeit für das Gericht schaffen, eine vorläufige Unterbringung Volljähriger nach § 1846 BGB anzuordnen. Eine solche Schutzmaßnahme sollte unabhängig von der Betreuung zulässig sein. Nicht zulässig ist die richterliche Einwilligung in eine ärztliche Zwangsmaßnahme nach § 1846 BGB, wenn kein gesetzlicher oder gewillkürter Vertreter vorhanden ist, vgl. § 1906 Abs. 3 Satz 2 BGB. In dringenden Fällen kann deshalb vor Bestellung eines Betreuers allein die Unterbringung nach § 1846 BGB notwendig und sinnvoll sein. Gemeint sind damit Fälle, in denen ein gleichzeitig bestellter Betreuer dem Betroffenen nicht nur einen Vorteil brächte. In der Eilsituation kann der Richter nämlich nicht immer sicher überblicken, ob ein naher Angehöriger oder eine vorrangig zu berücksichtigende Person als Betreuer gewonnen werden kann. Sind solche Personen anwesend, können sie ggf. zu Betreuern bestellt werden, sodass sich die Frage nach einer Maßnahme nach § 1846 BGB gar nicht mehr stellt. Würde eine zufällig anwesende Person zum Betreuer bestellt, wäre nicht sichergestellt, dass sie über ausreichende Kenntnisse der persönlichen Verhältnisse des Betroffenen bzw. die ausreichende Fachkompetenz verfügt. Zudem würde der Betroffene später mit einem evtl. notwendigen Betreuerwechsel belastet. Würde eine nicht anwesende Person oder gar die Betreuungsbehörde bestellt, wäre dies ein rein formaler Akt. Die Bestellung eines im konkreten Zeitpunkt nicht handlungsfähigen Betreuers, brächte dem Betroffenen keinerlei Vorteile.

8 **b) Besondere Voraussetzungen.** Der BGH weist allerdings ausdrücklich auf den Ausnahmecharakter des § 1846 BGB hin. Es muss, sofern noch nicht vorhanden, gleichzeitig ein Verfahren zur Bestellung eines (vorläufigen) Betreuers mit dem Ziel der unverzüglichen Bestellung eines solchen eingeleitet werden. Dieses Verfahren muss beschleunigt betrieben werden. Bietet sich keine Person, die die Voraussetzungen des

§ 1897 Abs. 4 und 5 BGB erfüllt, als (vorläufiger) Betreuer an, muss zumindest eine telefonische Anfrage oder Faxanfrage an die zuständige Betreuungsbehörde gerichtet werden, die entsprechend ihrer Verpflichtung nach § 8 Satz 2 BtBG eine geeignete Person vorzuschlagen hat (BayObLG BtPrax 2003, 176). Erfolgt die Anordnung der vorläufigen Unterbringung außerhalb des Gerichtsgebäudes an Ort und Stelle oder außerhalb der normalen Dienstzeit durch einen Bereitschaftsdienst, kann es ausreichen, wenn durch geeignete Maßnahmen sichergestellt wird, dass die Einleitung des Verfahrens zur Bestellung eines Betreuers unverzüglich, regelmäßig am nächsten Arbeitstag, nachgeholt wird. Etwa dadurch, dass gerichtsintern die Vorlage des Verfahrens spätestens am nächsten Tag beim ordentlichen Dezernenten bzw. seinem Vertreter zur Durchführung dieses Verfahrens sichergestellt wird.

Demzufolge kommt eine Anwendung dieser Vorschrift nur unter besonderen Voraussetzungen und in zeitlich eng umgrenzten Situationen in Betracht. Maßnahmen nach §§ 331, 332 sind vorrangig auszuschöpfen (*Jürgens/Lesting/Loer/Marschner* Rn. 669). Ist das Gericht selbst tätig geworden, hat es diese Maßnahmen aufzuheben, sobald ein gesetzlicher Vertreter bestellt ist und dieser entscheidet bzw. der verhinderte gesetzliche oder gewillkürte Vertreter wieder entscheiden kann. 9

Trifft das Gericht nicht gleichzeitig mit der Anordnung der Unterbringung die zur unverzüglichen Bestellung eines Betreuers erforderlichen Maßnahmen, ist die Unterbringungsanordnung von vornherein unzulässig (BGH NJW 2002, 1801). Das wurde im Fall des BGH bejaht, weil nur ein Gutachten zur Erforderlichkeit der Betreuung eingeholt wurde. Das Gericht nimmt damit nämlich in Kauf, dass der Betroffene u.U. wochenlang ohne Betreuer bleibt (vgl. BayObLG BtPrax 2003, 176). Offen gelassen hat der BGH, ob die Unterbringungsanordnung – ex nunc – unzulässig wird, wenn die zur Betreuerbestellung erforderlichen Maßnahmen zwar ordnungsgemäß eingeleitet, aber nicht mit der notwendigen Beschleunigung betrieben werden. Das kann nur bejaht werden, wenn die Gründe dafür im Verantwortungsbereich des Gerichts liegen. Die Unterbringungsanordnung gilt auch dann als unzulässig, wenn das Gericht zwar unverzüglich einen vorläufigen Betreuer bestellt, diesem aber nicht die Gelegenheit gibt, die Interessen des Betroffenen wahrzunehmen und die Entscheidung über die Fortdauer der Unterbringung in eigener Verantwortung zu treffen (BayObLG FamRZ 2003, 783). Das Gericht muss dem bestellten Betreuer mitteilen, welche Aufgaben bezüglich der Unterbringung auf ihn zukommen und eine Aufenthaltsbestimmung erfragen. Ansonsten wird die nach § 1846 BGB angeordnete vorläufige Unterbringung unzulässig, wenn die Verhinderung des Betreuers entfällt (OLG Schleswig BtPrax 2001, 211). 10

III. Weitere Voraussetzungen für eine einstweilige Maßregel. Weiter müssen folgende Voraussetzungen für den Erlass einer einstweiligen Maßregel erfüllt sein: 11

1. Dringlichkeit. Die Unterbringungsmaßnahme ist derart dringend, dass mit dem Aufschub der Maßnahme für den Betroffenen ein Nachteil verbunden wäre. 12

2. Einleitung eines Verfahrens zur Bestellung eines gesetzlichen Vertreters. Es muss, sofern noch nicht vorhanden, gleichzeitig ein Verfahren zur Bestellung eines (vorläufigen) Vormundes, Pflegers bzw. Betreuers mit dem Ziel der unverzüglichen Bestellung eines solchen eingeleitet werden. 13

3. Beschleunigtes Betreiben des Verfahrens. Dieses Verfahren muss beschleunigt betrieben werden (dazu oben Rdn. 8). 14

4. Gefahr in Verzug. Weitere Voraussetzungen für den Erlass einer einstweiligen Unterbringungsmaßnahme bzw. einer Einwilligung in eine ärztliche Zwangsmaßnahme nach § 1846 BGB ist das Bestehen von Gefahr in Verzug. Mit dem Aufschub der Unterbringung bzw. ärztlichen Maßnahme bis zur Bestellung eines gesetzlichen Vertreters bzw. bis zum Entfallen der Verhinderung des bestellten gesetzlichen Vertreters sowie dessen Entscheidung über die anstehende Unterbringungsmaßnahme bzw. die Einwilligung in eine ärztliche Zwangsmaßnahme muss Gefahr verbunden sein. Diese Gefahr muss durch konkrete Tatsachen belegt sein und sich i.S.d. Eintritts erheblicher Nachteile, z.B. gesundheitliche Verschlechterung oder krankheitsbedingte Selbstgefährdung, für den Betroffenen äußern (BayObLG FamRZ 2001, 576). Ein solcher Fall liegt etwa vor, wenn einer drohenden Chronifizierung der Erkrankung beim Betroffenen nur auf der Stelle und *nicht auch noch* mit Maßnahmen in der näheren Zukunft begegnet werden kann (OLG Karlsruhe NJW-RR 2000, 1172). War der alkoholkranke Betroffene dagegen in der Vergangenheit schon mehrfach nach §§ 1846, 1906 Abs. 1 Satz 1 BGB zur Entgiftung untergebracht worden, ohne dass es jemals zur Bestellung eines (vorläufigen) Betreuers kam, ist diese Voraussetzung nicht erfüllt (BayObLG FamRZ 2001, 576). 15

16 **5. Ärztliches Zeugnis.** Schließlich muss ein ärztliches Zeugnis über den Zustand des Betroffen vorliegen (dazu § 321 Rdn. 14 ff.).

17 **6. Vorliegen der weiteren Voraussetzungen für eine einstweilige Unterbringungsanordnung nach § 331.** Schließlich müssen die weiteren Voraussetzungen für den Erlass einer einstweiligen Anordnung nach § 331 erfüllt sein. Mit anderen Worten müssen ein dringendes Bedürfnis für ein sofortiges Tätigwerden (dazu § 331 Rdn. 10 ff.), eine Glaubhaftmachung der erforderlichen Voraussetzungen (dazu § 331 Rdn. 14), eine persönliche Anhörung des Betroffenen (dazu § 331 Rdn. 18), eine Gelegenheit zur Äußerung für die in § 320 Genannten, ggf. die Bestellung eines Verfahrenspflegers und die Wahrung der Verhältnismäßigkeit (dazu § 331 Rdn. 20) vorliegen. Zu einem Beschlussmuster vgl. *Firsching/Dodegge* Rn. 634.

18 **7. Eilige einstweilige Maßregel.** Denkbar sind auch eilige einstweilige Maßregeln des Richters nach § 334 i.V.m. § 332. Bei einer solchen eiligen vorläufigen Unterbringungsmaßnahme können die persönliche Anhörung des Betroffenen sowie die Bestellung und Anhörung eines Verfahrenspflegers (zunächst) unterbleiben. Da der Richter aber an die Stelle des gesetzlichen Vertreters tritt, sind nur ganz ausnahmsweise solche Fälle denkbar, z.B. bei fehlender tatsächlicher Durchführbarkeit. Die unterlassenen Verfahrenshandlungen sind unverzüglich nachzuholen.

§ 335 Ergänzende Vorschriften über die Beschwerde.

(1) Das Recht der Beschwerde steht im Interesse des Betroffenen

1. dessen Ehegatten oder Lebenspartner, wenn die Ehegatten oder Lebenspartner nicht dauernd getrennt leben, sowie dessen Eltern und Kindern, wenn der Betroffene bei diesen lebt oder bei Einleitung des Verfahrens gelebt hat, den Pflegeeltern,
2. einer von dem Betroffenen benannten Person seines Vertrauens sowie
3. dem Leiter der Einrichtung, in der der Betroffene lebt,

zu, wenn sie im ersten Rechtszug beteiligt worden sind.
(2) Das Recht der Beschwerde steht dem Verfahrenspfleger zu.
(3) Der Betreuer oder der Vorsorgebevollmächtigte kann gegen eine Entscheidung, die seinen Aufgabenkreis betrifft, auch im Namen des Betroffenen Beschwerde einlegen.
(4) Das Recht der Beschwerde steht der zuständigen Behörde zu.

Übersicht

	Rdn.		Rdn.
A. Allgemeines	1	IV. Beschwerderecht der zuständigen Behörde, Abs. 4	11
B. Einzelheiten	2	C. Rechtsmittelverfahren	12
I. Beschwerderecht nahestehender Personen, Abs. 1	4	I. Übersicht	12
1. Angehörige, Satz 1 Nr. 1	5	1. Beschwerde, §§ 58 ff.	12
2. Vertrauensperson, Satz 1 Nr. 2	6	2. Rechtsbeschwerde, § 70	14
3. Einrichtungsleiter, Satz 1 Nr. 3	7	II. Gegenstand der Überprüfung	15
II. Beschwerderecht des Verfahrenspflegers, Abs. 2	8	III. Kosten	17
III. Beschwerderecht des Betreuers bzw. Vorsorgebevollmächtigten, Abs. 3	9		

1 **A. Allgemeines.** § 335 enthält die die allgemeine Regelung des § 59 ergänzende Regelungen zur Beschwerdeberechtigung in Unterbringungssachen. Über § 59 hinaus, der nur demjenigen eine Beschwerdeberechtigung zuweist, der in eigenen Rechten betroffen ist, spricht § 335 bestimmten Personen und der zuständigen Behörde ein Beschwerderecht zu. Anders als nach früherer Rechtslage wird die Beschwerdeberechtigung nicht auf Entscheidungen begrenzt, mit denen eine Unterbringungsmaßnahme getroffen oder ihre Aufhebung abgelehnt wird.

2 **B. Einzelheiten.** Abs. 1 billigt den Personen und Institutionen, die nach § 315 beteiligt werden können und im ersten Rechtszug tatsächlich beteiligt wurden, ein Beschwerderecht in Unterbringungssachen zu. Zweck und Reichweite der Beschwerdeberechtigung orientieren sich inhaltlich an der Beschwerdeberechtigung im Betreuungsverfahren, dort § 303 Abs. 2. Wie im Betreuungsverfahren, dort § 303 Abs. 1, 3 und 4,

sind auch der Verfahrenspfleger, der Betreuer und die zuständige Behörde beschwerdeberechtigt, Abs. 2 bis 4, sowie zusätzlich der Bevollmächtigte.

Eine Besonderheit gilt für öffentlich-rechtliche Unterbringungsmaßnahmen nach § 312 Satz 1 Nr. 3. Die jeweiligen Landesunterbringungsgesetze sehen vor, dass eine Unterbringungsmaßnahme nur auf Antrag der jeweils zuständigen Behörde, z.T. auch der Unterbringungseinrichtung, ergehen kann. Wird ein solcher Antrag durch Beschluss zurückgewiesen, ist nur der Antragsteller beschwerdeberechtigt, vgl. § 59 Abs. 2. 3

I. Beschwerderecht nahestehender Personen, Abs. 1. Beschwerdeberechtigt sind nach Abs. 1 die Personen und Institutionen, die bereits nach § 315 Abs. 4 im Interesse des Betroffenen am Verfahren beteiligt werden können. Es handelt sich um: 4

1. Angehörige, Satz 1 Nr. 1. Nr. 1 räumt einem nicht dauernd getrennt lebenden Ehegatten bzw. (gleichgeschlechtlichen) Lebenspartner des Betroffenen (nicht aber dem Lebensgefährten), den Eltern bzw. einem Elternteil (nicht den Großeltern, BGH NJW-RR 2013, 65), bei denen/dem der Betroffene lebt bzw. bei Verfahrenseinleitung gelebt hat, sowie einem Kind (auch Stiefkind, LG Oldenburg BtPrax 1996, 31) des Betroffenen, wenn der Betroffene bei ihm lebt, eine Beschwerdeberechtigung ein. Die Beschränkung der Beschwerdebefugnis auf Angehörige, die sich mit dem Betroffenen in einer gelebten Beistandsgemeinschaft befinden, ist mit dem grundgesetzlichen Schutz der Familie vereinbar (OLG Hamm NJOZ 2012, 1390). Diese Beschwerdeberechtigung besteht unabhängig davon, ob die genannten Personen – wie es § 59 Abs. 1 verlangt – in eigenen Rechten verletzt sind. Voraussetzung ist, dass die jeweilige Person im ersten Rechtszug als Beteiligter nach § 7 Abs. 3 i.V.m. § 315 Abs. 4 Satz 1 Nr. 1 zum Verfahren hinzugezogen worden ist (zu Einzelheiten s. § 315 Rdn. 10 ff.). Erfolgt keine Beteiligung im Verfahren, kann die Beschwerdeberechtigung nur dadurch erreicht werden, dass ein Antrag auf Beteiligung gestellt wird, gegen dessen Ablehnung die sofortige Beschwerde in entsprechender Anwendung der §§ 567 bis 572 ZPO gegeben ist, § 7 Abs. 5 Satz 2 (BGH NJW-RR 2011, 1154). 5

2. Vertrauensperson, Satz 1 Nr. 2. Nach Nr. 2 ist auch eine Vertrauensperson des Betroffenen (dazu § 315 Rdn. 17) beschwerdeberechtigt, wenn sie im ersten Rechtszug als Beteiligter nach § 7 Abs. 3 i.V.m. § 315 Abs. 4 Satz 1 Nr. 2 zum Verfahren hinzugezogen worden ist. 6

3. Einrichtungsleiter, Satz 1 Nr. 3. Schließlich wird dem Leiter der Einrichtung, in der der Betroffene lebt, ein Beschwerderecht zugebilligt, wenn er im ersten Rechtszug als Beteiligter nach § 7 Abs. 3 i.V.m. § 315 Abs. 4 Satz 1 Nr. 3 zum Verfahren hinzugezogen worden ist. 7

II. Beschwerderecht des Verfahrenspflegers, Abs. 2. Wie im Betreuungsverfahren, dort § 303 Abs. 3, räumt § 335 Abs. 2 dem Verfahrenspfleger im Unterbringungsverfahren ein Beschwerderecht ein. Nur so kann er den Interessen des Betroffenen effektiv Geltung verschaffen. Ist der Verfahrenspfleger in eigenen Rechten verletzt, steht ihm unabhängig davon eine Beschwerdebefugnis nach § 59 Abs. 1 zu. Das dem Betroffenen persönlich zustehende Beschwerderecht kann der Verfahrenspfleger dagegen nicht geltend machen (OLG Hamm BtPrax 2006, 190), es sei denn, er hat einen ausdrücklichen Auftrag des Betroffenen dazu erhalten (BGH FamRZ 2013, 1731). 8

III. Beschwerderecht des Betreuers bzw. Vorsorgebevollmächtigten, Abs. 3. Abs. 3 räumt dem Betreuer bzw. dem Vorsorgebevollmächtigten eine Beschwerdebefugnis gegen eine Entscheidung, die seinen Aufgabenkreis betrifft, auch im Namen des Betroffenen ein. Dieses Recht folgt für den Betreuer bereits aus § 1902 BGB und besteht nach § 303 Abs. 4 auch im Betreuungsverfahren. Anders als dort wird aber nicht jedem Mitbetreuer ein eigenständiges Beschwerderecht eingeräumt, um mehrfache Beschwerden mehrerer Betreuer zu vermeiden. Im Gegensatz zur früheren Rechtslage räumt das Gesetz nunmehr auch dem Vorsorgebevollmächtigten ein Beschwerderecht ein. Voraussetzung ist, dass die Entscheidung über eine Unterbringungsmaßnahme zum Aufgabenkreis des Vorsorgebevollmächtigten gehört. 9

Beschwerdeberechtigt ist nur ein Betreuer bzw. Vorsorgebevollmächtigter, dessen Aufgabenkreis von der Unterbringungsmaßnahme betroffen ist. Das wird zu bejahen sein, wenn dem Betreuer bzw. Vorsorgebevollmächtigten die Personensorge, das Recht zur Aufenthaltsbestimmung oder zur Bestimmung freiheitsentziehender Maßnahmen bzw. bei einer Unterbringungsmaßnahme nach § 1906 Abs. 1 Nr. 2 BGB die (psychiatrische) Gesundheitsfürsorge übertragen ist. 10

IV. Beschwerderecht der zuständigen Behörde, Abs. 4. Abs. 4 räumt der zuständigen Behörde ein Beschwerderecht ein. Zur im jeweiligen Verfahren zuständigen Behörde vgl. § 315 Rdn. 8 f. 11

12 C. Rechtsmittelverfahren. I. Übersicht. 1. Beschwerde, §§ 58 ff. Grundsätzlich kann gegen Endentscheidungen in Unterbringungssachen das Rechtsmittel der Beschwerde eingelegt werden, § 58 Abs. 1. Die Beschwerde ist binnen einem Monat einzulegen, § 63 Abs. 1. Handelt es sich um eine Unterbringung aufgrund einer einstweiligen Anordnung nach §§ 331, 332, 334 beträgt die Frist 2 Wochen, § 63 Abs. 2 Nr. 1. Zum Fristbeginn s. § 63 Abs. 3, zur Beschwerdeberechtigung §§ 59 ff. und oben Rdn. 4 ff.

13 Sachlich zuständig für das Beschwerdeverfahren ist das LG, § 72 Abs. 1 Satz 2 GVG. Nach § 64 Abs. 1 ist die Beschwerde bei dem Gericht einzulegen, dessen Beschluss angefochten wird. § 336 ergänzt dies dahin, dass nach erfolgter Unterbringung des Betroffenen die Beschwerde auch bei dem AG eingelegt werden kann, in dessen Bezirk der Betroffene untergebracht ist. Die Beschwerde soll begründet werden, § 65 Abs. 1. Zu weiteren Einzelheiten vgl. § 65 Rdn. 1 – 3. Das Gericht, dessen Beschluss angefochten wird, kann der Beschwerde abhelfen, wenn es sie für begründet erachtet. Anderenfalls hat es die Beschwerde unverzüglich dem Beschwerdegericht vorzulegen, § 68 Abs. 1 Satz 1.

14 **2. Rechtsbeschwerde, § 70.** Gegen die Beschwerdeentscheidung kann die Rechtsbeschwerde nach § 70 eingelegt werden. Formgerecht kann die Rechtsbeschwerde nach § 10 Abs. 4 nur durch einen beim BGH zugelassenen Rechtsanwalt erfolgen (BGH BtPrax 2010, 234). Einer Zulassung der Rechtsbeschwerde durch das Beschwerdegericht bedarf es nicht, wenn der Beschluss eine Unterbringungsmaßnahme anordnet, vgl. § 70 Abs. 3 Satz 1 Nr. 2, Satz 2 (dazu § 70 Rdn. 28 ff.). Ansonsten bedarf es der Zulassung der Rechtsbeschwerde, etwa hinsichtlich einer Entscheidung mit der das Beschwerdegericht die Sache an das erstinstanzliche Gericht zurückverweist (BGH FamRZ 2015, 1701). Eine Zulassung hat zu erfolgen, wenn die Rechtssache grundsätzliche Bedeutung hat (dazu BAG NJW 2011, 1099) oder die Fortbildung des Rechts oder die Sicherung einer einheitlichen Rechtsprechung eine Entscheidung des Rechtsbeschwerdegerichts erfordert, § 70 Abs. 2 Satz 1 Nr. 1 und 2 (dazu § 70 Rdn. 21 ff.). Sachlich zuständig für die Rechtsbeschwerde ist der BGH, §§ 119 Abs. 1 Nr. 1b, 133 GVG. Nicht gegeben ist die Rechtsbeschwerde gegen einen Beschluss im Verfahren über die Anordnung, Abänderung oder Aufhebung einer einstweiligen Anordnung nach §§ 331, 332, 334, vgl. § 70 Abs. 4 (BGH NJW-RR 2015, 1346).

15 **II. Gegenstand der Überprüfung.** Die Beschwerde kann sich gegen die Genehmigung bzw. Ablehnung einer Unterbringungsmaßnahme richten. Erachtet das Beschwerdegericht die Beschwerde für unzulässig, kann es die Beschwerde verwerfen. Zum Beschwerdeverfahren s. § 68 Abs. 3 und 4, zur Beschwerdeentscheidung § 69.

16 Hat sich die angefochtene Entscheidung in der Hauptsache erledigt, kann das Beschwerdegericht auf Antrag des Betroffenen, nicht Dritter (BGH NJW 2012, 1582), aussprechen, dass die Entscheidung des Gerichtes des ersten Rechtszuges den Beschwerdeführer in seinen Rechten verletzt hat, § 62 Abs. 1. Zulässigkeitsvoraussetzung ist, dass der Beschwerdeführer an dieser Feststellung ein berechtigtes Interesse hat, dazu s. § 62 Abs. 2. Bei einer Unterbringung folgt das Feststellungsinteresse regelmäßig aus dem schwerwiegenden Grundrechtseingriff, der mit einer freiheitsentziehenden Maßnahme einhergeht (BVerfG NVwZ 2011, 743; BGH NJW 2015, 3239) bzw. dem Rehabilitationsinteresse (BGH FGPrax 2010, 154). Hinsichtlich einer erledigten ärztlichen Zwangsmaßnahme folgt das Feststellungsinteresse ebenfalls aus dem Rehabilitationsinteresse bzw. der Bedeutung des grundgesetzlich geschützten Persönlichkeitsrechts nach Art. 2 Abs. 1 i.V.m. Art. 1 Abs. 1 GG. Der Gesetzgeber ist nämlich davon ausgegangen, dass die Eingriffsintensität einer ärztlichen Zwangsmaßnahme noch über die einer geschlossenen Unterbringung hinausgeht. Nach gefestigter Rechtsprechung ist die Feststellung nach § 62 gerechtfertigt, wenn ein Verfahrensfehler so gravierend ist, dass der Entscheidung durch Nachholung der Maßnahme der Makel der rechtswidrigen Unterbringung nicht mehr zu nehmen oder eine nachträgliche Heilung nicht mehr möglich ist (BGH NJW-RR 2012, 1582). Kein Raum für die Feststellung nach § 62 besteht, wenn das Vorliegen des Rechtsfehlers noch vor Eintritt der Erledigung zumindest inzident festgestellt worden ist. Das ist etwa dann der Fall, wenn das Beschwerdegericht einen Verfahrensfehler erkannt und geheilt hat (BGH FamRZ 2015, 2050). Nach dem Tode des Betroffenen können die in § 315 Abs. 4 Nr. 1 und 2 genannten Angehörigen einen Antrag nach § 62 nicht stellen, da kein postmortales Rehabilitationsinteresse besteht. Die betreuungsrechtliche Unterbringung erfolgt nämlich aufgrund einer schicksalhaften Erkrankung des Betroffenen. Mit ihr ist weder ein Schuldvorwurf noch ein Unwerturteil verbunden (BGH NJW-RR 2013, 195; OLG München NJOZ 2007, 3154). Das postmortale Persönlichkeitsrecht des Betroffenen fordert das nicht, weil einer Unterbringungsmaßnahme i.d.R. eine schicksalhafte Erkrankung des Betroffenen zugrunde liegt, der weder ein Schuldvorwurf noch ein Unwerturteil anhaftet (zu einem Ausnahmefall i.R.d. § 428 vgl. BGH FGPrax 2012, 44).

Abschnitt 2. Verfahren in Unterbringungssachen §§ 336, 337

III. Kosten. Zu den Kosten im Beschwerdeverfahren vgl. § 58 Rdn. 91 ff.; zu den Kosten im Rechtsbeschwerdeverfahren vgl. § 70 Rdn. 33 ff. 17

§ 336 Einlegung der Beschwerde durch den Betroffenen.
Der Betroffene kann die Beschwerde auch bei dem Amtsgericht einlegen, in dessen Bezirk er untergebracht ist.

Übersicht	Rdn.		Rdn.
A. Allgemeines	1	B. Einzelheiten	2

A. Allgemeines. Die Vorschrift soll dem Betroffenen die Verfolgung seiner Rechte erleichtern. Über die allgemeine Regelung des § 64 Abs. 1, wonach die Beschwerde bei dem Gericht, dessen Beschluss angefochten wird, einzulegen ist, ermöglich sie dem Betroffenen die Beschwerdeeinlegung bei dem Gericht, in dessen Bezirk er untergebracht ist. Sie ist nur in Beschwerde-, nicht im Rechtsbeschwerdeverfahren anwendbar (Keidel/*Budde* § 305 Rn. 2). 1

B. Einzelheiten. Wie im Betreuungsverfahren kann der Betroffene – nicht andere Verfahrensbeteiligte – sein Rechtsmittel auch bei dem AG einlegen, in dessen Bezirk er untergebracht ist. Unterbringung meint eine Maßnahme i.S.d. § 312 (Keidel/*Budde* § 305 Rn. 5). Der Betroffene ist im Beschwerdeverfahren verfahrensfähig, § 316. Er kann also z.B. wirksam einen Anwalt für das Verfahren beauftragen, Rechtsmittel einlegen oder zurücknehmen, auch wenn das für ihn nachteilig ist. Es bedarf dann aber zumindest einer Willenserklärung, die dem Betroffenen zuzurechnen ist (BayObLG NJOZ 2004, 2915). 2

§ 337 Kosten in Unterbringungssachen.
(1) In Unterbringungssachen kann das Gericht die Auslagen des Betroffenen, soweit sie zur zweckentsprechenden Rechtsverfolgung notwendig waren, ganz oder teilweise der Staatskasse auferlegen, wenn eine Unterbringungsmaßnahme nach § 312 Nr. 1 und 2 abgelehnt, als ungerechtfertigt aufgehoben, eingeschränkt oder das Verfahren ohne Entscheidung über eine Maßnahme beendet wird.
(2) Wird ein Antrag auf eine Unterbringungsmaßnahme nach den Landesgesetzen über die Unterbringung psychisch Kranker nach § 312 Nr. 3 abgelehnt oder zurückgenommen und hat das Verfahren ergeben, dass für die zuständige Verwaltungsbehörde ein begründeter Anlass, den Unterbringungsantrag zu stellen, nicht vorgelegen hat, hat das Gericht die Auslagen des Betroffenen der Körperschaft aufzuerlegen, der die Verwaltungsbehörde angehört.

Übersicht	Rdn.		Rdn.
A. Allgemeines	1	4. Umfang der Erstattung	15
B. Einzelheiten	5	II. Kostentragung in Verfahren auf öffentlich-rechtliche Unterbringungsmaßnahmen, Abs. 2	18
I. Auferlegung der Kosten auf die Staatskasse, Abs. 1	7		
1. Unterbringungssache	8	1. Öffentlich-rechtliche Unterbringungssache, § 312 Satz 1 Nr. 3	19
2. Bestimmte Verfahrensbeendigung	9		
a) Ablehnung der Maßnahme	10	2. Bestimmte Verfahrensbeendigung	20
b) Aufhebung als von Anfang an ungerechtfertigt	11	3. Kein begründeter Anlass	21
c) Einschränkung einer Maßnahme	12	4. Ermessen	25
d) Beendigung ohne Entscheidung über eine Maßnahme	13	5. Umfang der Erstattung	26
		6. Erstattungspflichtiger	27
		7. Rechtsmittelverfahren	28
3. Ermessen	14	III. Verfahrensrechtliches	29

A. Allgemeines. Im Anschluss an die allgemeinen Bestimmungen zum Grundsatz der Kostenpflicht in §§ 81 ff. regelt § 337 speziell die Fragen der Kostentragung in Unterbringungssachen. Abs. 1 regelt die Kostenverteilung in Unterbringungssachen. Die Verteilung der Kostentragung im Betreuungsverfahren findet sich in § 307. Da eine Kostenentscheidung bereits nach den Grundsätzen des Allgemeinen Teils isoliert an- 1 fechtbar ist, bedurfte es dazu keiner gesonderten Regelung. Abs. 2 trifft in Bezug auf öffentlich-rechtliche Unterbringungen eine Sonderregelung.

2 Neben den Auslagen des Betroffenen können im Unterbringungsverfahren Auslagen des Gerichts anfallen. An Gerichtskosten werden – sofern sie nicht einem Anderen auferlegt sind – vom Betroffenen nur Auslagen nach Nr. 31015 KV des GNotKG erhoben, wenn er über einzusetzende Mittel i.S.d. § 1836c BGB verfügt, § 26 Abs. 3 GNotKG. Das gilt auch für minderjährige Betroffene (OLG Hamm NJW 2012, 790).

3 I.Ü. werden Auslagen nur von demjenigen erhoben, dem sie durch gerichtliche Entscheidung auferlegt worden sind, § 27 Nr. 1 GNotKG.

4 Gebühren werden im Unterbringungsverfahren nicht erhoben, § 26 Abs. 3 GNotKG.

5 **B. Einzelheiten.** Da im Betreuungs- und Unterbringungsverfahren oftmals ein erstattungspflichtiger anderer Beteiligter fehlt, sieht der § 337 die Möglichkeit vor, die Auslagen der Betroffenen der Staatskasse, Abs. 1, sowie in öffentlich-rechtlichen Unterbringungsverfahren der Körperschaft, der die Antrag stellende Behörde angehört, aufzuerlegen, Abs. 2.

6 Neben den in § 337 geregelten Fällen kommt unter den Voraussetzungen des § 81 Abs. 2 (dazu § 81 Rdn. 31 bis 38) die Auferlegung von Kosten auf einen am Verfahren Beteiligten (dazu § 315) bzw. einen nicht beteiligten Dritten nach § 81 Abs. 4 (dazu § 81 Rdn. 42) in Betracht. Diese Regelungen gelten auch, wenn sich das Verfahren auf sonstige Weise erledigt oder der Antrag zurückgenommen wird, vgl. § 83 Abs. 2.

7 **I. Auferlegung der Kosten auf die Staatskasse, Abs. 1.** Nach Abs. 1 können die zur zweckentsprechenden Rechtsverfolgung nötigen Auslagen des Betroffenen in einem eine Unterbringungssache nach § 312 Satz 1 Nr. 1 und 2 betreffenden Verfahren der Staatskasse auferlegt werden, wenn es zu einer bestimmten Art und Weise der Verfahrensbeendigung kommt.

8 **1. Unterbringungssache.** Nach dem Sinn und Zweck der Vorschrift sind alle Unterbringungssachen nach § 312 Satz 1 Nr. 1 und 2, also die sog. zivilrechtlichen Unterbringungsmaßnahmen und die Anordnung bzw. Genehmigung der Einwilligung in eine ärztliche Zwangsmaßnahme nach § 1906 BGB, umfasst.

9 **2. Bestimmte Verfahrensbeendigung.** Weiter muss das Verfahren auf die Unterbringungsmaßnahme eine bestimmte Art der Beendigung gefunden haben, nämlich:

10 **a) Ablehnung der Maßnahme.** Die Unterbringungsmaßnahme muss, ganz oder teilweise, als unzulässig oder unbegründet abgelehnt worden sein. Denkbare Fälle sind die Ablehnung der Genehmigung einer Unterbringung nach § 1906 Abs. 1 und 2 BGB bzw. einer ärztlichen Zwangsmaßnahme nach § 1906 Abs. 1 bis 3a BGB als unverhältnismäßig oder einer unterbringungsähnlichen Maßnahme nach § 1906 Abs. 4, die nur dem Schutz Dritter dient.

11 **b) Aufhebung als von Anfang an ungerechtfertigt.** Von Anfang an ungerechtfertigt ist z.B. eine Unterbringungsmaßnahme, wenn sie schon ursprünglich nicht ergehen durfte. Ein solcher Fall kann vorliegen, wenn das Gericht verfahrensfehlerhaft eine vorläufige Unterbringungsmaßnahme genehmigt. Das Gleiche gilt, wenn das Betreuungsgericht eine Unterbringungsmaßnahme genehmigt, obwohl der nicht einverstandene Betreute nicht an einer psychischen Krankheit leidet oder seine freie Willensbestimmung nicht aufgehoben ist. Entfallen die Voraussetzungen für die Unterbringungsmaßnahme dagegen erst nachträglich, ist keine Kostenerstattung möglich.

12 **c) Einschränkung einer Maßnahme.** Wie bei der Aufhebung einer Maßnahme sind auch hier nur Fälle erfasst, in denen eine Maßnahme von Anfang an z.T. nicht ergehen durfte, etwa (unzulässige) Genehmigung zur Zuführung in eine offene Einrichtung und Genehmigung zur Anbringung eines Bettgitters in dieser Einrichtung. Eine Kostenerstattung scheidet aus, wenn es sich nur um eine unwesentliche Einschränkung oder eine solche aufgrund später veränderter Umstände handelt. Da Anwaltskosten regelmäßig unabhängig vom Umfang einer Maßnahme entstehen, können sie ebenfalls nicht erstattet werden. Ähnliches gilt für Gutachtenkosten, es sei denn, sie sind zusätzlich erforderlich geworden.

13 **d) Beendigung ohne Entscheidung über eine Maßnahme.** Eine Beendigung ohne Entscheidung über eine Maßnahme kann eintreten, wenn der Antrag zurückgenommen wird oder Erledigung der Hauptsache eintritt, weil sich der Betroffene freiwillig in stationäre Behandlung begibt, mit natürlichem Willen in eine zuvor abgelehnte ärztliche Zwangsmaßnahme einwilligt oder verstirbt.

3. Ermessen. Sind die vorgenannten Voraussetzungen erfüllt, kann das Gericht der Staatskasse die Auslagen des Betroffenen ganz oder teilweise auferlegen. Insoweit besteht für das Gericht pflichtgemäßes Ermessen. In der Entscheidung hat das Gericht eine wertende Gesamtbetrachtung vorzunehmen, bei der das Verhalten des Betroffenen, insb. ein schuldhaftes Verhalten seinerseits, und evtl. Verfahrensmängel des Gerichts zu berücksichtigen sind. Die Ermessensspielräume sind aber eher eng. Andererseits ist es nicht angemessen, eine Kostenerstattung für das Verfahren anzuordnen, wenn im Unterbringungsverfahren zwar die Anhörung des Betroffenen unterblieb, ansonsten die Anordnung der Unterbringung aber rechtens war (OLG Hamm BtPrax 2001, 212).

4. Umfang der Erstattung. Der Betroffene kann seine Auslagen, also die von ihm zu tragenden Gerichtskosten (Gebühren und Auslagen) und außergerichtliche Kosten, wie Kosten für einen Anwalt, den Verfahrenspfleger, Fahrtkosten etc., erstattet erhalten, nicht die Unterbringungskosten, da sie nicht das Verfahren betreffen. Die Vergütung eines dem Betroffenen im Unterbringungsverfahren beigeordneten Rechtsanwaltes bestimmt sich nach Nummer 6300 RVG VV (BGH NJW 2013, 67).

Ob sie zur zweckentsprechenden Rechtsverfolgung erforderlich waren, wird erst im Festsetzungsverfahren vom zuständigen Rechtspfleger geprüft. Da in § 85 nicht auf § 91 Abs. 2 ZPO verwiesen wird, sind Anwaltskosten nicht stets zu erstatten. Ihre Erstattungsfähigkeit ist aber zu bejahen, wenn die Hinzuziehung eines Rechtsanwaltes wegen der Bedeutung der Entscheidung für die Lebensführung des Betroffenen erforderlich ist. Das dürfte in Unterbringungs- und Betreuungsverfahren i.d.R. zu bejahen sein (OLG Zweibrücken FGPrax 2003, 220).

Die Erstattung der Auslagen des Betroffenen kann ganz oder teilweise angeordnet werden. Ein solcher Fall kann auch eintreten, wenn der Betroffene mit seinem Rechtsmittel im Beschwerdeverfahren in einem Punkt erfolgreich und in einem anderen Punkt erfolglos ist. Sind insoweit trennbare Kosten angefallen, kommt die Auferlegung dieser Auslagen auf die Staatskasse in Betracht (BayObLG FamRZ 2003, 1128).

II. Kostentragung in Verfahren auf öffentlich-rechtliche Unterbringungsmaßnahmen, Abs. 2. Eine weitere Sonderregelung findet sich in Abs. 2 hinsichtlich öffentlich-rechtlicher Unterbringungssachen nach § 312 Satz 1 Nr. 3. Lehnt das Gericht einen Unterbringungsantrag ab oder wird er zurückgenommen und hat sich im Verfahren ergeben, dass kein begründeter Anlass für die Stellung des Antrages vorlag, hat das Gericht die Auslagen des Betroffenen der Körperschaft, die die Verwaltungsbehörde angehört, aufzuerlegen. Zu den einzelnen Voraussetzungen:

1. Öffentlich-rechtliche Unterbringungssache, § 312 Satz 1 Nr. 3. Abs. 2 gilt nur für öffentlich-rechtliche Unterbringungssachen i.S.d. § 312 Satz 1 Nr. 3. Das sind Anordnungen zur Unterbringung bzw. zu einer ärztlichen Zwangsmaßnahme nach den einzelnen Landesunterbringungsgesetzen.

2. Bestimmte Verfahrensbeendigung. Das Verfahren muss durch Zurückweisung oder Zurücknahme des Antrages enden. Andere Verfahrensbeendigungen, z.B. Erledigung durch Tod des Betroffenen (KG FGPrax 2006, 182) werden nicht erfasst. Insoweit ist auf die allgemeinen Regelungen der §§ 83 Abs. 2, 81 zurückzugreifen. Unerheblich ist, ob ein Antrag als unzulässig oder unbegründet zurückgewiesen wird. Die Zurückweisung des Antrages, eine einstweilige Anordnung (§§ 331, 332) zu erlassen, kann ebenfalls eine Kostenauflegung nach sich ziehen, da das einstweilige Anordnungsverfahren ein selbstständiges Verfahren ist, vgl. § 51 Abs. 3 Satz 1. Es muss in der Hauptsache zu einer Ablehnung oder Rücknahme des Antrages kommen. Z.T. wird allerdings eine entsprechende Anwendung zugelassen, wenn nach Erledigung der Hauptsache die Rechtswidrigkeit der Unterbringungsmaßnahme aufgrund von Rechtsfehlern der Instanzgerichte festgestellt wird (OLG München NJW-RR 2005, 1377; offen gelassen von OLG Hamm FamRZ 2007, 934). Die Kosten sind dann der Staatskasse aufzuerlegen. Unerheblich ist, in welcher gerichtlichen Instanz es zur Ablehnung oder Zurücknahme des Antrages kommt.

3. Kein begründeter Anlass. Die Zurückweisung bzw. Zurücknahme des Antrages allein genügt nicht. Es muss hinzutreten, dass zum Zeitpunkt der Antragstellung kein begründeter Anlass für das Stellen eines Unterbringungsantrages vorgelegen hat (OLG Frankfurt am Main FamRZ 1996, 558). Liegt später zum Zeitpunkt der gerichtlichen Entscheidung kein begründeter Anlass für die Antragstellung mehr vor, schadet das nicht.

Kein begründeter Anlass zur Antragstellung besteht, wenn bei entsprechenden Erkundigungen über die Sach- und Rechtslage der Antrag nicht gestellt worden wäre, die Behörde Erkenntnisquellen überhaupt nicht oder nicht in zumutbarem Umfang in Anspruch genommen hat (*Dodegge/Zimmermann* § 32

PsychKG NRW Rn. 3), vor Antragstellung keine medizinischen Stellungnahmen eingeholt worden sind, das Vorliegen der Unterbringungsvoraussetzungen nicht wenigstens wahrscheinlich war (BayObLG BayObLGZ 97, 379; FamRZ 2003, 1777), Rechtsfehler begangen worden sind oder der Betroffene nicht vorher von der Behörde angehört wurde (OLG Schleswig SchlHA 1994, 65, 66).

23 Das Verhalten der Behörde muss nicht schuldhaft sein. Hat die Behörde ihren Antrag bereits kurze Zeit später wieder zurückgenommen, weil das Gericht Zweifel an seiner Erfolgsaussicht geäußert hat, kann regelmäßig keine Verpflichtung zur Kostentragung festgestellt werden. Allein die sofortige Rücknahme indiziert nicht, dass ein begründeter Anlass fehlte. Insoweit muss das Gericht dann keine weiteren Ermittlungen mehr anstellen.

24 Dagegen besteht begründeter Anlass zur Antragstellung, wenn der Betroffene wiederholt Suizidgedanken äußert, selbst wenn ungeklärt bleibt, ob er es ernst meint (BayObLG FamRZ 2004, 1899), oder das Gericht dem Antrag der zuständigen Behörde entspricht (KG FGPrax 2006, 182).

25 **4. Ermessen.** Anders als in Abs. 1 räumt Abs. 2 dem Gericht kein Ermessen ein. Liegen die zuvor dargestellten Voraussetzungen vor, muss das Gericht die Kostenerstattung anordnen.

26 **5. Umfang der Erstattung.** Da im Unterbringungsverfahren keine Gebühren erhoben werden, § 26 Abs. 3 GNotKG, kommt nur die Erstattung außergerichtlicher Auslagen und – wenn der Betroffene über einzusetzende Mittel i.S.d. § 1836c BGB verfügt – die Erstattung der vom Gericht an den Verfahrenspfleger gezahlten Beträge als Auslagen (dazu s. Nr. 31015 KV des GNotKG) in Betracht. Die Vergütung eines dem Betroffenen im Unterbringungsverfahren beigeordneten Rechtsanwaltes bestimmt sich nach Nummer 6300 RVG VV (BGH NJW 2013, 67). Das Gericht muss über die Erstattung dieser Auslagen des Betroffenen insgesamt entscheiden. Eine Quotelung oder Aufteilung der einzelnen Auslagen ist nicht vorgesehen. Die Auslagen müssen aber wie in Abs. 1 notwendig bzw. erforderlich sein. Die Unterbringungskosten selbst rechnen nicht zu den Auslagen. Ihre Erstattung richtet sich nach den jeweiligen Landesunterbringungsgesetzen, s. etwa Art. 25 BayUnterbrG; § 33 Thür PsychKG; § 32 PsychKG NRW.

27 **6. Erstattungspflichtiger.** Die Erstattung ist nicht der Antrag stellenden Behörde, sondern der Körperschaft, der diese Behörde angehört, aufzuerlegen. Zu welcher Körperschaft eine Behörde gehört, bestimmt sich nach öffentlich-rechtlichen Normen. Regelmäßig wird der Landkreis oder eine kreisfreie Stadt zur Erstattung verpflichtet sein. Angesichts der Möglichkeit, die Rechtswidrigkeit einer erledigten Unterbringungsmaßnahme nach § 62 feststellen zu lassen, besteht kein Bedarf mehr, § 337 Abs. 2 analog für die Festsetzung einer Erstattungsanordnung gegen die Staatskasse heranzuziehen. Dies hatte die Rspr. (OLG München FamRZ 2006, 1617) für die Fälle vertreten, in denen begründeter Anlass für die zuständige Behörde zur Antragstellung bestand, sich das nachfolgende gerichtliche Verfahren jedoch als fehlerhaft erwies.

28 **7. Rechtsmittelverfahren.** § 337 gilt auch im Rechtsmittelverfahren, § 68 Abs. 3 Satz 1. Wird also im Beschwerdeverfahren oder im Verfahren der Rechtsbeschwerde eine Unterbringungsmaßnahme abgelehnt, als ungerechtfertigt aufgehoben, eingeschränkt oder das Verfahren ohne Entscheidung beendet, ist nach Abs. 1 über die Auslagen des Betroffenen zu entscheiden. In den Fällen der öffentlich-rechtlichen Unterbringung gilt Abs. 2.

29 **III. Verfahrensrechtliches.** Da eine Kostenentscheidung nicht zwingender Bestandteil des Beschlusses ist, vgl. §§ 38, 323, kann sie auch in einer gesonderten Entscheidung erfolgen. Gegen die (isolierte) Kostenentscheidung ist das Rechtsmittel der Beschwerde statthaft, § 58 (OLG Brandenburg NJW-RR 2010, 943; OLG Düsseldorf FamRZ 2010, 1835; OLG Hamm FamRZ 2010, 1838; OLG Köln FamRZ 2010, 1834; OLG Oldenburg FamRZ 2010, 1831). Die Beschwerde ist aber nur zulässig, wenn der Beschwerdewert von 600 € überschritten ist, § 61 Abs. 1. Ist der Wert geringer, bedarf es der Zulassung der Beschwerde nach § 61 Abs. 2 und 3.

§ 338 Mitteilung von Entscheidungen.

¹Für Mitteilungen gelten die §§ 308 und 311 entsprechend. ²Die Aufhebung einer Unterbringungsmaßnahme nach § 330 Satz 1 und die Aussetzung der Unterbringung nach § 328 Abs. 1 Satz 1 sind dem Leiter der Einrichtung, in der der Betroffene lebt, mitzuteilen.

Abschnitt 2. Verfahren in Unterbringungssachen § 339

Übersicht	Rdn.		Rdn.
A. Allgemeines	1	1. Entsprechende Anwendung des § 308	4
B. Einzelheiten	2	2. Entsprechende Anwendung des § 311	5
I. Satz 1	3	II. Satz 2	6

A. Allgemeines. § 338 verweist hinsichtlich der notwendigen Mitteilung von Entscheidungen in Unterbringungssachen weitgehend auf die Regelungen im Betreuungsverfahren. 1

B. Einzelheiten. Die Vorschrift trifft Aussagen hinsichtlich der Notwendigkeit und Befugnis von Mitteilungen in Bezug auf Unterbringungsmaßnahmen durch das Gericht und schafft damit eine gesetzliche Grundlage für solche Mitteilungen. Zuständig für die Veranlassung der Mitteilung ist jeweils derjenige, der für das zugrunde liegende Verfahren gesetzlich zuständig ist, in Unterbringungssachen regelmäßig der Richter. Die Mitteilung kann nach § 15 Abs. 3 formlos erfolgen. Zusätzliche Regelungen zu Mitteilungen in Unterbringungssachen enthält die Anordnung über Mitteilungen in Zivilsachen (MiZi), dort 2. Teil, 1. Abschnitt, II, 1–6. Die Veranlassung einer Mitteilung nach der MiZi begründet i.d.R. keine Besorgnis der Befangenheit im Verfahren (OLG Brandenburg NJW-RR 2011, 710). 2

I. Satz 1. Satz 1 sieht die entsprechende Anwendung der §§ 308 und 311, die die Mitteilung von Entscheidungen bzw. Erkenntnissen im Betreuungsverfahren regeln, vor. 3

1. Entsprechende Anwendung des § 308. Aus der entsprechenden Anwendbarkeit des § 308 folgt, dass Entscheidungen im Unterbringungsverfahren an andere Gerichte, Behörden oder sonstige öffentliche Stellen mitzuteilen sind. Voraussetzung ist, dass dies unter Beachtung der berechtigten Interessen des Betroffenen erforderlich ist, um eine erhebliche Gefahr für das Wohl des Betroffenen, für Dritte oder für die öffentliche Sicherheit abzuwenden, § 308 Abs. 1. Es können nach § 308 Abs. 2 schon während des Verfahrens Erkenntnisse übermittelt werden. Zugleich mit der Mitteilung sind die in § 308 Abs. 3 genannten Personen zu informieren. Inhalt der Mitteilung und Art der Übermittlung und der Mitteilung nach Abs. 3 bzw. die Gründe für ihre Unterlassung sind aktenkundig zu machen, Abs. 4. Zu weiteren Einzelheiten vgl. die Ausführungen zu § 308. 4

2. Entsprechende Anwendung des § 311. Aus der entsprechenden Anwendbarkeit des § 311 folgt, dass das Gericht Entscheidungen oder Erkenntnisse im Unterbringungsverfahren zum Zwecke der Verfolgung von Straftaten oder Ordnungswidrigkeiten anderen Gerichten oder Behörden mitteilen darf. Voraussetzung ist, dass nicht schutzwürdige Interessen des Betroffenen derart überwiegen, dass die Mitteilung zu unterbleiben hat. Zu Einzelheiten vgl. die Ausführungen zu § 311. 5

II. Satz 2. Satz 2 sieht ergänzend Mitteilungen an den Leiter einer Einrichtung, in der der Betroffene lebt, vor. Dem Einrichtungsleiter ist die Aufhebung einer (zivilrechtlichen) Unterbringungsmaßnahme nach § 312 Satz 1 Nr. 1 und 2 und die Aussetzung einer (öffentlich-rechtlichen) Unterbringung nach § 312 Satz 1 Nr. 3 mitzuteilen. Damit soll der Schutz des Betroffenen vor einer weiteren Andauer einer Unterbringungsmaßnahme, die bereits vom Gericht aufgehoben bzw. ausgesetzt ist, verstärkt werden. 6

§ 339 Benachrichtigung von Angehörigen. Von der Anordnung oder Genehmigung der Unterbringung und deren Verlängerung hat das Gericht einen Angehörigen des Betroffenen oder eine Person seines Vertrauens unverzüglich zu benachrichtigen.

Übersicht	Rdn.		Rdn.
A. Allgemeines	1	III. Benachrichtigung konsularischer Vertretungen	4
B. Einzelheiten	2	IV. Form der Benachrichtigung	5
I. Benachrichtigung Angehöriger	2		
II. Benachrichtigung einer Vertrauensperson	3		

§ 339

1 A. Allgemeines. § 339 sieht inhaltlich mit Art. 104 Abs. 4 GG übereinstimmend die Benachrichtigung eines Angehörigen bzw. einer Vertrauensperson des Betroffenen über die Anordnung oder Genehmigung der Unterbringung und deren Verlängerung vor.

2 B. Einzelheiten. I. Benachrichtigung Angehöriger. Der Begriff Angehöriger ist weit zu fassen und geht über den in § 315 Abs. 4 Nr. 1–3 genannten Personenkreis hinaus. Es muss aber ein verwandtschaftliches Verhältnis bestehen. Ist im Unterbringungsverfahren bereits eine der in § 315 Abs. 4 Nr. 1–3 aufgeführten Personen als Beteiligter hinzugezogen worden, erübrigt sich eine zusätzliche Benachrichtigung nach § 339. Dies folgt aus dem Grundgedanken dieser Vorschrift, wonach niemandem ohne Wissen einer ihm nahe stehenden Person die Freiheit entzogen werden soll (*Bahrenfuss/Grotkopp* § 339 Rn. 2).

3 II. Benachrichtigung einer Vertrauensperson. Hat der Betroffene eine oder mehrere natürliche Personen als Vertrauensperson benannt (dazu § 315 Rdn. 17) ist sie alternativ zu einem Angehörigen über die Anordnung oder Genehmigung der Unterbringung und deren Verlängerung zu benachrichtigen, es sei denn, sie oder ein Angehöriger sind bereits als Beteiligte zum Verfahren hinzugezogen worden oder der Pflicht zur Benachrichtigung ist durch Benachrichtigung eines Angehörigen genügt.

4 III. Benachrichtigung konsularischer Vertretungen. Nach § 36 Abs. 1b WÜK steht dem Betroffenen das Recht zu, die konsularische Vertretung seines Heimatlandes von seiner Unterbringung mit Freiheitsentzug zu unterrichten. Über dieses Recht ist der Betroffene im Unterbringungsverfahren ausdrücklich zu belehren. Die Unterlassung der Belehrung stellt einen wesentlichen Verfahrensmangel dar (BGH FGPrax 2011, 99 und 257; BVerfG NJW 2007, 499: für ein Freiheitsentziehungsverfahren). Die Anordnung über Mitteilungen in Zivilsachen (MiZi) enthält dazu im 2. Teil, 1. Abschnitt, II, 5, weitere Regelungen sowie eine Auflistung der Staaten, die aufgrund staatsvertraglicher Regelungen auch gegen den Willen des Betroffenen zu benachrichtigen sind, etwa Griechenland, Großbritannien und Nordirland, Italien, Spanien, Zypern und Staaten der ehemaligen Sowjetunion.

5 IV. Form der Benachrichtigung. Eine besondere Form der Benachrichtigung ist nicht vorgeschrieben, Die Mitteilung der Beschlussformel genügt, da Benachrichtigung gerade keine Bekanntgabe nach § 41 meint (*Keidel/Budde* § 339 Rn. 1). Die Mitteilung erfolgt formlos, § 15 Abs. 3.

Abschnitt 3. Verfahren in betreuungsgerichtlichen Zuweisungssachen

§ 340 Betreuungsgerichtliche Zuweisungssachen. Betreuungsgerichtliche Zuweisungssachen sind
1. Verfahren, die die Pflegschaft mit Ausnahme der Pflegschaft für Minderjährige oder für eine Leibesfrucht betreffen,
2. Verfahren, die die gerichtliche Bestellung eines sonstigen Vertreters für einen Volljährigen betreffen, sowie
3. sonstige dem Betreuungsgericht zugewiesene Verfahren,

soweit es sich nicht um Betreuungssachen oder Unterbringungssachen handelt.

Übersicht	Rdn.		Rdn.
A. Normzweck	1	B. Regelungen	5

A. Normzweck. Die Vorschrift führt mit der Bezeichnung »Betreuungsgerichtliche Zuweisungssachen« einen Sammelbegriff für weitere Zuständigkeiten des Betreuungsgerichts außerhalb der Betreuungs- und Unterbringungssachen ein. Es handelt sich dabei überwiegend um Verfahren, für die vormals das Vormundschaftsgericht zuständig war, die aber nach dessen Auflösung nicht dem Familiengericht, sondern dem Betreuungsgericht übertragen werden sollen (BT-Drucks. 16/6308 S. 276). 1

Dabei ergänzen die Nr. 1 und 2 der Vorschrift die Regelung des § 151 Nr. 5. Danach sind Kindschaftssachen die dem Familiengericht zugewiesenen Verfahren, die die Pflegschaft oder die gerichtliche Bestellung eines sonstigen Vertreters für einen Minderjährigen oder für eine Leibesfrucht betreffen. 2

Nr. 3 entspricht in seiner Auffangfunktion strukturell den sonstigen Familiensachen. Diese sind in § 266 geregelt. 3

Sofern ein Verfahren nach der jeweiligen Definitionsnorm bereits Betreuungssache oder Unterbringungssache ist, geht diese Zuordnung vor. 4

B. Regelungen. Nr. 1 nennt Verfahren, die die Pflegschaft mit Ausnahme der Pflegschaft für Minderjährige oder für eine Leibesfrucht betreffen. Hierunter fallen insb. Pflegschaften nach den §§ 1911, 1914 BGB sowie nach § 1913 BGB oder § 17 des Gesetzes zur Sachenrechtsbereinigung im Beitrittsgebiet (SachenRBerG), soweit nicht positiv feststeht, dass der Beteiligte minderjährig oder noch nicht geboren ist. In diesen Fällen wäre nach § 151 Nr. 5 das FamG zuständig (BT-Drucks. 16/6308 S. 276). Auch in Teilungssachen verbleibt es trotz der Regelung in § 23a Abs. 3 GVG insoweit bei der Zuständigkeit des Betreuungsgerichts (Zimmermann FamRZ 2014, 11, 13). 5

Nr. 2 umfasst Verfahren, die die gerichtliche Bestellung eines Vertreters, der kein Pfleger ist, für einen Volljährigen betreffen. Hierunter fallen bspw. Vertreterbestellungen nach § 16 des Verwaltungsverfahrensgesetzes (VwVfG), § 207 des Baugesetzbuchs (BauGB), § 119 des Flurbereinigungsgesetzes (FlurbG) oder § 15 SGB X. Auch die weiteren Entscheidungen, die das Vertreterverhältnis betreffen, sind, vorbehaltlich anderweitiger spezialgesetzlicher Regelungen, als Verfahren kraft Sachzusammenhangs von Nr. 2 mit erfasst. Es gilt insoweit im Ergebnis dasselbe wie bei der Pflegschaft. Die Bestellung eines Verfahrenspflegers in Betreuungs- und Unterbringungssachen (§§ 278, 317) ist keine betreuungsgerichtliche Zuweisungssache. Das Betreuungsgericht ist von vornherein zuständig (Zimmermann Rn. 606). 6

Durch die Formulierung »gerichtliche Bestellung« wird vorsorglich klargestellt, dass die rechtsgeschäftliche Erteilung von Vertretungsmacht durch den Vertretenen selbst oder durch dessen Organe nicht unter Nr. 2 fällt (BT-Drucks. 16/6308 S. 276 f.). 7

Nr. 3 ermöglicht die Zuweisung einzelner weiterer Aufgaben an das Betreuungsgericht (BT-Drucks. 16/6308 S. 276 f.). 8

§ 341 Örtliche Zuständigkeit. Die Zuständigkeit des Gerichts bestimmt sich in betreuungsgerichtlichen Zuweisungssachen nach § 272.

1 § 341 regelt die örtliche Zuständigkeit in betreuungsgerichtlichen Zuweisungssachen. Sie bestimmt sich nach § 272. In den meisten Fällen wird danach das Gericht des gewöhnlichen Aufenthaltes gem. § 272 Abs. 1 Nr. 2 örtlich zuständig sein. Soweit nach § 39 FGG beim Abwesenheitspfleger auf den Wohnsitz der abwesenden Person, bei der Pflegschaft zum Zwecke der Verwaltung und Verwendung eines durch öffentliche Sammlung zusammengebrachten Vermögens (§ 1914 BGB) auf das Gericht des Ortes, an welchem bisher die Verwaltung geführt wurde (§ 42 FGG) und im Übrigen auf den Ort, an dem das Bedürfnis der Fürsorge hervortritt hat § 41 FGG abgestellt worden ist, ergibt sich die örtliche Zuständigkeit dieses Gerichts nun aus § 272 Abs. 1 Nr. 3 (s. Anm. dort).

2 Bei Verfahren mit Auslandsbezug ist § 104 für die internationale Zuständigkeit maßgeblich (s. § 272 Rdn. 31).

3 Die sachliche Zuständigkeit der Amtsgerichte für diese sonstigen Angelegenheiten folgt aus § 23a Nr. 2 GVG (Art. 22 Nr. 7 des FGG Reformgesetzes) (BT-Drucks. 16/6308 S. 277). Danach sind die Amtsgerichte für Angelegenheiten der Freiwilligen Gerichtsbarkeit zuständig. Diese sind nach § 23a Abs. 2 Nr. 1 GVG Betreuungssachen, Unterbringungssachen sowie betreuungsgerichtliche Zuweisungssachen.

Buch 4. Verfahren in Nachlass- und Teilungssachen

Abschnitt 1. Begriffsbestimmung; örtliche Zuständigkeit

§ 342 Begriffsbestimmung.
(1) Nachlasssachen sind Verfahren, die
1. die besondere amtliche Verwahrung von Verfügungen von Todes wegen,
2. die Sicherung des Nachlasses einschließlich Nachlasspflegschaften,
3. die Eröffnung von Verfügungen von Todes wegen,
4. die Ermittlung der Erben,
5. die Entgegennahme von Erklärungen, die nach gesetzlicher Vorschrift dem Nachlassgericht gegenüber abzugeben sind,
6. Erbscheine, Testamentsvollstreckerzeugnisse und sonstige vom Nachlassgericht zu erteilende Zeugnisse,
7. die Testamentsvollstreckung,
8. die Nachlassverwaltung sowie
9. sonstige den Nachlassgerichten durch Gesetz zugewiesene Aufgaben

betreffen.

(2) Teilungssachen sind
1. die Aufgaben, die Gerichte nach diesem Buch bei der Auseinandersetzung eines Nachlasses und des Gesamtguts zu erledigen haben, nachdem eine eheliche, lebenspartnerschaftliche oder fortgesetzte Gütergemeinschaft beendet wurde, und
2. Verfahren betreffend Zeugnisse über die Auseinandersetzung des Gesamtguts einer ehelichen, lebenspartnerschaftlichen oder fortgesetzten Gütergemeinschaft nach den §§ 36 und 37 der Grundbuchordnung sowie nach den §§ 42 und 74 der Schiffsregisterordnung.

Übersicht

	Rdn.		Rdn.
A. Allgemeines	1	C. Teilungssachen (Abs. 2)	3
B. Einzelne Nachlasssachen (Abs. 1)	2		

A. Allgemeines. Die Norm definiert den Anwendungsbereich der Verfahrensvorschriften des 4. Buches. 1
Für andere erbrechtliche Streitigkeiten (z.B. Pflichtteilsverfahren) verbleibt es bei der Anwendbarkeit der ZPO. Nach Art. 111 Abs. 1 FGG-RG verbleibt es für Verfahren, die vor dem 01.09.2009 eingeleitet wurden oder deren Einleitung vor diesem Zeitpunkt beantragt wurde, bei der Anwendbarkeit der früheren FGG-Vorschriften. Bezüglich der Einleitung ist zwischen Amtsverfahren, Antragsverfahren und der Entgegennahme von Erklärungen zu differenzieren.

B. Einzelne Nachlasssachen (Abs. 1). Abs. 1 der Norm zählt die einzelnen Nachlasssachen auf. Dazu zählen u.a. folgende Verfahren: 2

1. Die besondere amtliche Verwahrung von Verfügungen von Todes wegen (vgl. § 1937 BGB), vgl. hierzu §§ 346 ff. Hier kommen sowohl Testamente (Einzel- oder gemeinschaftliches Testament, öffentliches Testament oder Bürgermeistertestament §§ 2247, 2265, 2232, 2249 BGB) als auch Erbverträge (§ 2274 BGB) in Betracht.
2. Die Sicherung des Nachlasses einschließlich Nachlasspflegschaften, § 1960 Abs. 1, Abs. 2 BGB, bezüglich der Nachlasssicherung, insbes. Anordnung von Hinterlegung, Nachlasspflegschaft oder Aufnahme eines Nachlassverzeichnisses (wobei die Aufnahme des Inventars nach der Neufassung von § 2003 BGB durch den Notar erfolgt), Sperrung von Konten, Anbringung von Siegeln, Kontrolle des Nachlasspflegers und *Regelung seiner Vergütung*. Bezüglich der Nachlasspflegschaft gilt es zu beachten, dass neben den Regelungen der §§ 342 ff. und des allgemeinen Teils auch die Vorschriften des 3. Buches Anwendung finden. Es handelt sich insoweit um eine betreuungsgerichtliche Zuweisungssache, § 340 Nr. 1 (BT-Drucks. 16/6308 S. 283; Prütting/Helms/*Fröhler* § 342 Rn. 8; MüKoFamFG/*Schmidt-Recla* § 340 Rn. 3). Für die örtliche Zuständigkeit verbleibt es jedoch bei der Anwendbarkeit der §§ 343, 344. Die sachliche Zuständigkeit verbleibt wegen § 1962 BGB beim Nachlassgericht.

3. Die Eröffnung von Verfügungen von Todes wegen, §§ 348 ff.
4. Die Ermittlung der Erben. Die Ermittlung kann auch durch einen Nachlasspfleger vorgenommen werden. Eine landesrechtlich normierte Pflicht besteht lediglich in Baden-Württemberg (§ 41 Abs. 1 Satz 1 LFGG) und Bayern (Art. 37 Abs. 1 AGGVG), wobei diese wiederum Ausnahmen (Art. 37 Abs. 1 Satz 2 AGGVG – Fehlen von Grundbesitz, § 41 Abs. 1 Satz 2 LFGG – unverhältnismäßiger Aufwand) vorsehen. Daneben können sich Ermittlungspflichten auch aufgrund Amtsersuchens des Grundbuchamts nach § 82a Satz 2 GBO ergeben (vgl. hierzu ausführlich Prütting/Helms/*Fröhler* § 342 Rn. 15).
5. Die Entgegennahme von Erklärungen, die nach gesetzlicher Vorschrift dem Nachlassgericht gegenüber abzugeben sind, insbes.: Ausschlagung der Erbschaft, § 1945 BGB; Anfechtung der Annahme oder der Ausschlagung einer Erbschaft, §§ 1955, 2308 BGB; Anfechtung eines Testaments oder Erbvertrags, §§ 2081, 2281 BGB; Annahme und Ablehnung des Amts eines Testamentsvollstreckers, § 2202 Abs. 2 Satz 1 BGB; Bestimmung eines Testamentsvollstreckers durch einen Dritten, § 2198 Abs. 1 Satz 2 BGB; Kündigung durch den Testamentsvollstrecker, § 2226 Satz 2 BGB; Entgegennahme des Nachlassinventars, § 1993 BGB; Entgegennahme der eidesstattlichen Versicherung des Erben, § 2006 Abs. 1 BGB; die Anzeige über den Eintritt der Nacherbfolge, § 2146 Abs. 1 BGB; Ablehnung der fortgesetzten Gütergemeinschaft, § 1484 Abs. 2 BGB, § 7 LPartG, § 1945 Abs. 1 BGB; Aufhebung der fortgesetzten Gütergemeinschaft durch den überlebenden Ehegatten, § 1492 Abs. 1 Satz 2 BGB; Anzeige der Erbschaftsveräußerung, §§ 2384 Abs. 1, 2385 BGB und Anzeige des Vorerben über den Eintritt der Nacherbfolge, § 2146 Abs. 1 BGB. Die Annahme der Erbschaft muss jedoch nicht gegenüber dem Nachlassgericht erklärt werden.
6. Solche, die Erbscheine, Testamentsvollstreckerzeugnisse und sonstige vom Nachlassgericht auf Antrag zu erteilende Zeugnisse betreffen, vgl. bezüglich der Erbscheine § 2353 BGB, §§ 352 ff.; bezüglich des Testamentsvollstreckerzeugnisses, § 2368 BGB, § 354; bezüglich sonstiger vom Nachlassgericht auf Antrag zu erteilende Zeugnisse vgl. § 1507 BGB, §§ 36 ff. GBO (wobei nach dem neu eingefügten § 36 Abs. 2a GBO bei der Vermittlung einer Auseinandersetzung, bei der ein Erbschein über das Erbrecht sämtlicher Erben oder ein Zeugnis über die Fortsetzung der Gütergemeinschaft erteilt wurde, die Zuständigkeit auch beim Notar liegt).
7. Die Testamentsvollstreckung, §§ 2197 ff. BGB, bspw. die Ernennung des Testamentsvollstreckers durch das Nachlassgericht, § 2200 BGB; Entscheid von Meinungsverschiedenheiten zwischen mehreren Testamentsvollstreckern, § 2224 Abs. 1 Satz 1 Halbs. 2 BGB; Außerkraftsetzung von Erblasseranordnungen, § 2216 Abs. 2 Satz 2 BGB; Fristsetzung zur Bestimmung des Testamentsvollstreckers, § 2198 Abs. 2; die Fristsetzung zur Annahme des Amtes, § 2202 Abs. 3 BGB; Entlassung aus wichtigem Grund, § 2227 BGB; nicht jedoch eine Vergütungsbestimmung den Testamentsvollstrecker betreffend (Keidel/*Zimmermann* § 342 Rn. 9).
8. Die Nachlassverwaltung, §§ 1981 ff. BGB, insbes. deren Anordnung und Aufhebung. Hiervon ist auch die Festlegung der Vergütung des Nachlassverwalters erfasst, nicht jedoch eine privat vereinbarte Verwaltung.
9. Die sonstigen dem Nachlassgericht durch Gesetz zugewiesenen Aufgaben, die entweder von Amts wegen oder auf Antrag erledigt werden.

Zu letzteren Aufgaben zählen insbes. folgende Tätigkeiten:

- Mitteilung der Erbausschlagung an die nächstberechtigten Erben, § 1953 Abs. 3 BGB,
- Mitteilung der Anfechtung der Annahme/Ausschlagung der Erbschaft, § 1957 Abs. 2 BGB,
- Mitteilung der Anfechtung eines Testaments oder Erbvertrags, §§ 2081 Abs. 2, 2281 Abs. 2 BGB,
- Aufgaben bezüglich der Inventarerrichtung, §§ 1993 ff. BGB,
- Feststellung des Erbrechts des Fiskus, §§ 1964 ff. BGB,
- Mitteilung einer letztwilligen Stiftungserrichtung, § 83 BGB,
- Mitteilung an das Grundbuchamt, wenn sich im Nachlass ein Grundstück befindet, § 83 GBO,
- Bis zum 31.08.2013 die Errichtung eines Nachlassverzeichnisses, § 2003 BGB. Nach der neuen Rechtslage (G. v. 26.06.2013 – BGBl. I 2013 Nr. 32 29.06.2013 S. 1800) sind für diese Aufgaben seit dem 01.09.2013 die Notare zuständig, vgl. § 20 Abs. 1 BNotO.
- Entgegennahme der Anzeige des Eintritts der Nacherbschaft, § 2146 BGB,
- Terminbestimmung und Abnahme einer eidesstattlichen Versicherung nach § 2006 BGB,
- Veranlassung der Ablieferung eines Testaments, § 2259 Abs. 2 Satz 2 BGB,
- Fristbestimmungen bei Vermächtnissen und Auflagen, §§ 2151, 2153 – 2155, 2192, 2193 BGB und
- Stundung des Pflichtteilsanspruchs, § 2331a BGB.

Abschnitt 1. Begriffsbestimmung; örtliche Zuständigkeit § 343

Umstritten ist, ob auch das Aufgebot von Nachlassgläubigern erfasst ist (ablehnend Prütting/Helms/*Fröhler* § 342 Rn. 44; a.A. Keidel/*Zimmerman* § 342 Rn. 11; MüKoFamFG/*Eickmann* § 464 Rn. 5).

C. Teilungssachen (Abs. 2). Abs. 2 der Norm erläutert den Begriff der Teilungssachen. Dies sind: 3
Nr. 1: Aufgaben, welche nach §§ 363 – 373 bei der Auseinandersetzung eines Nachlasses oder eines Gesamtguts nach Beendigung einer ehelichen, lebenspartnerschaftlichen oder fortgesetzten Gütergemeinschaft zu erledigen sind. Die Zuständigkeit liegt seit Inkrafttreten des Gesetzes zur Übertragung von Aufgaben im Bereich der freiwilligen Gerichtsbarkeit auf Notare am 01.09.2013 (G. v. 26.06.2013 – BGBl. I 2013 Nr. 32 29.06.2013 S. 1800) gem. § 23a Abs. 3 GVG, § 20 Abs. 1 BNotO bei den Notaren.
Nr. 2: Verfahren zur Erteilung, Einziehung oder Kraftloserklärung von Zeugnissen die Auseinandersetzung 4
des Gesamtguts einer Gütergemeinschaft nach den §§ 36 ff. GBO sowie den §§ 42, 74 SchiffRegO betreffend. Für die Erteilung von Zeugnissen nach den §§ 36 und 37 GBO beachte auch die neu gefassten bzw. eingefügten § 20 Abs. 1 BNotO, § 36 Abs. 2a GBO.

§ 343 Örtliche Zuständigkeit. (1) Örtlich zuständig ist das Gericht, in dessen Bezirk der Erblasser im Zeitpunkt seines Todes seinen gewöhnlichen Aufenthalt hatte.
(2) Hatte der Erblasser im Zeitpunkt seines Todes keinen gewöhnlichen Aufenthalt im Inland, ist das Gericht zuständig, in dessen Bezirk der Erblasser seinen letzten gewöhnlichen Aufenthalt im Inland hatte.
(3) ¹Ist eine Zuständigkeit nach den Absätzen 1 und 2 nicht gegeben, ist das Amtsgericht Schöneberg in Berlin zuständig, wenn der Erblasser Deutscher ist oder sich Nachlassgegenstände im Inland befinden. ²Das Amtsgericht Schöneberg in Berlin kann die Sache aus wichtigem Grund an ein anderes Nachlassgericht verweisen.

Übersicht	Rdn.		Rdn.
A. Allgemeines	1	D. Zuständigkeit nach Abs. 2	13
B. Aufenthalt (Abs. 1)	4	E. Zuständigkeit nach Abs. 3	17
I. Alte Rechtslage bis 17.08.2015	5	F. Zuständigkeitswechsel	20
II. Neue Rechtslage ab 17.08.2015	8	G. Funktionelle Zuständigkeitsverteilung	21
C. Internationale Zuständigkeit	10	H. Europäische Erbrechtsverordnung	22

A. Allgemeines. Die Vorschrift regelt zusammen mit § 344 abschließend die örtliche Zuständigkeit für alle 1
Nachlass- und Teilungssachen nach § 342. Folglich sind dem widersprechende Vereinbarungen unbeachtlich und eine rügelose Einlassung nicht möglich. Die Norm hat zuletzt durch das Gesetz zum internationalen Erbrecht und zur Änderung von Vorschriften zum Erbschein sowie zur Änderung sonstiger Vorschriften (BGBl. I 2015 Nr. 26 03.07.2015 S. 1042) eine grundlegende Änderung erfahren. Maßgeblich ist nunmehr nicht mehr der Wohnsitz des Erblassers, sondern der gewöhnliche Aufenthalt, als zentraler Anknüpfungspunkt für die Bestimmung der örtlichen Zuständigkeit. Ziel der Änderung war es, die Zuständigkeit für das Verfahren zur Erteilung von Erbschein und Europäischem Nachlasszeugnis (Kapitel VI EuErbVO) möglichst demselben Gericht zuzuweisen (BT-Drucks. 18/4201 S. 59).
Dieses Ziel wird weitestgehend erreicht werden. Da der Begriff des gewöhnlichen Aufenthalts im Rahmen 2
der EuErbVO jedoch unionsautonom zu bestimmen ist, können sich hier im Einzelnen Abweichungen zur nationalen Begriffsbestimmung des FamFG ergeben.
Weitere Regelungen der Zuständigkeit finden sich in § 344 (insb. sind die durch das Gesetz zur Übertra- 3
gung von Aufgaben im Bereich der freiwilligen Gerichtsbarkeit auf Notare [G. v. 26.06.2013 – BGBl. I 2013 Nr. 32 29.06.2013 S. 1800] neu eingefügten bzw. gefassten § 344 Abs. 4a und Abs. 5 für die örtliche Zuständigkeit der Notare zu beachten). Die Prüfung der Zuständigkeit erfolgt von Amts wegen, ggf. sind diesbezüglich Ermittlungen anzustellen. Ob auf den Erbfall inhaltlich deutsches oder ausländisches Erbrecht anzuwenden ist, ist insoweit ohne Bedeutung. Die örtliche Zuständigkeit ist auch in der Beschwerdeinstanz, unabhängig von vorherigen Feststellungen, erneut zu prüfen.

B. Aufenthalt (Abs. 1). Nach Abs. 1 der Vorschrift ist, ungeachtet der Staatsangehörigkeit, primär der ge- 4
wöhnliche Aufenthalt des Erblassers zum Zeitpunkt seines Todes entscheidend. Die Staatsangehörigkeit des Erblassers erlangt erst dann Bedeutung, wenn weder zum Todeszeitpunkt noch zuvor ein gewöhnlicher

Aufenthaltsort im Inland gegeben ist bzw. war (Abs. 3). Wohnsitz oder Staatsangehörigkeit der Erben sind irrelevant. Wie bereits nach alter Rechtslage (Anknüpfung an den Wohnsitz) ist auch im Rahmen der der neuen Anknüpfung an den gewöhnlichen Aufenthalt, der Zeitpunkt des Erbfalls maßgeblich.

5 I. Alte Rechtslage bis 17.08.2015. Für Sterbefälle vor dem 17.08.2015 kommt auch dem Wohnsitz des Erblassers noch Bedeutung zu.
Einzelfälle: Stirbt der Erblasser im Krankenhaus, ist regelmäßig seine Wohnung als Schwerpunkt seiner Lebensverhältnisse anzusehen, da bei einem Krankenhausaufenthalt die zeitlich begrenzte Versorgung im Vordergrund steht und meist die alsbaldige Rückkehr des Patienten in seine ursprüngliches Wohnumfeld vorgesehen ist (Keidel/*Zimmermann* § 343 Rn. 41). Befindet sich der Erblasser hingegen zur dauerhaften Unterbringung in einer Hospizeinrichtung und ist eine Rückkehr des Erblassers in seine frühere Wohnung fernliegend, so besteht der Wohnsitz am Ort des Hospizes (OLG Düsseldorf Rpfleger 2002, 314). Lebte der Erblasser zum Zeitpunkt des Erbfalls in einem Pflegeheim, so stellt das Zimmer dort seine Wohnung dar, welche den Mittelpunkt seiner Lebensverhältnisse bildet. § 15 ZPO ist nicht analog anwendbar (Prütting/Helms/*Fröhler* § 343 Rn. 29). Dem zur Begründung und Aufhebung eines Wohnsitzes notwendige rechtsgeschäftliche Wille ist im Rahmen des Verfahrens der Bestimmung des zuständigen Gerichts nicht nachzugehen (BayObLG Rpfleger 1990, 73 f.; für Verfahren auf Erteilung eines Testamentsvollstreckerzeugnisses: OLG Köln BWNotZ 2015, 53, 54). Zur Aufhebung des bisherigen Wohnsitzes vgl. weiterhin OLG Hamm FGPrax 2006, 222; zum Wohnsitz eines Soldaten, § 9 BGB.
Hat ein Erblasser mehrere Wohnsitze, so ist § 2 Abs. 1 anzuwenden (Keidel/*Zimmermann* § 343 Rn. 43).

6 Nach § 11 BGB richtet sich der Wohnsitz eines minderjährigen Kindes nach dem Wohnsitz des Personensorgeberechtigten, in der Regel somit nach dem gemeinsamen Wohnsitz der Eltern. Liegt eine Trennung der beiden Sorgeberechtigten vor und hat jeder von ihnen einen eigenen Wohnsitz, so hat auch das Kind einen entsprechenden Doppelwohnsitz (§ 1671 BGB; vgl. Prütting/Helms/*Fröhler* § 343 Rn. 42).

7 Fehlt ein Wohnsitz oder kann ein solcher nicht ermittelt werden, so richtet sich die örtliche Zuständigkeit nach dem letzten inländischen Aufenthalt, Abs. 1 Halbs. 2 a.F. Dauer und Grund des Aufenthalts sind diesbezüglich ebenso unbeachtlich, wie ein evtl. vorhandener Wohnsitz im Ausland (vgl. BayObLG NJW 2003, 596). Sterbeort und relevanter Aufenthaltsort sind folglich identisch. Für die Feststellung ist allein die bloße körperliche Anwesenheit entscheidend. Der Begriff ist weit zu verstehen. Auch eine kurze Verweildauer von nur einem Tag kann ausreichen. Ein gewöhnlicher Aufenthalt ist hingegen nicht notwendig (OLG Karlsruhe, ZEV 2013, 564).

8 II. Neue Rechtslage ab 17.08.2015. Nach neuer Rechtslage ist hingegen für Sterbefälle ab dem 17.08.2015 allein auf den gewöhnlichen Aufenthalt abzustellen. Eine Legaldefinition des Begriffs existiert nicht.
Der gewöhnliche Aufenthalt stellt den Ort des Daseinsmittelpunkts einer Person da, also den Ort der Schwerpunkt ihrer Bindungen (BGH NJW 1975, 1068; 1993, 2047, 2048). Zur Bildung eines Daseinsmittelpunkts ist eine gewisse soziale Integration am betreffenden Ort notwendig.

9 Als dabei zu berücksichtigende Tatsachen kommen sowohl die Dauer und die Regelmäßigkeit des Aufenthalts als auch die Gründe hierfür in Betracht. Auch der Erwerb einer Wohnung, die Aneignung von Sprachkenntnissen, die Berufsausübung und die Lage der Vermögenswerte können ein Indiz für die Beurteilung des gewöhnlichen Aufenthalts darstellen. Daneben kann auch eine Mitgliedschaft in örtlichen oder regionalen Vereinigungen zu berücksichtigen sein. Ein vorübergehender Aufenthalt, wie bspw. auf einer Durchreise, genügt hingegen nicht (BT-Drucks. 18/4201 S. 59).
Der Schwerpunkt der familiären und sozialen Beziehungen stellt ein weiteres wichtiges Indiz dar. Auch die Integration des Erblassers in sein Umfeld ist zu berücksichtigen. Den Ablauf einer gewissen zeitlichen Frist kann man hingegen ebenso wenig verlangen, wie einen rechtlichen Bestimmungsakt. Ein Aufenthalt von 6 Monaten stellt ein wichtiges Indiz dar, befreit jedoch nicht von einer Prüfung weiterer Umstände. Ist ein Aufenthaltswechsel geplant und auf längere Zeit angelegt, so kann auch nach kurzer Zeit ein gewöhnlicher Aufenthalt an dem neuen Ort begründet werden. Minderjährige Kinder haben ihren gewöhnlichen Aufenthalt regelmäßig am gewöhnlichen Aufenthaltsort der Eltern in deren Obhut sie sich befinden (vgl. zur Rechtslage bei Anknüpfung an den Wohnsitz Rdn. 6).

10 C. Internationale Zuständigkeit. Weist der Sachverhalt einen Auslandsbezug auf, so ist sowohl die Frage des anwendbaren Rechts, als auch diejenige, ob ein deutsches Gericht zur Entscheidung berufen ist, zu klären. Die Zuständigkeit eines deutschen Gerichts für den Nachlass eines Ausländers ist von Amts wegen nach den Regeln des IPR zu klären.

Abschnitt 1. Begriffsbestimmung; örtliche Zuständigkeit § 343

Auch nach Inkrafttreten der EuErbVO bestimmt sich die internationale Zuständigkeit für Verfahren mit Auslandsberührung, die nicht von der EuErbVO erfasst sind, nach den §§ 105, 343. Dies sind insbesondere die amtliche Verwahrung nach § 342 Abs. 1 Nr. 1 sowie die Erteilung und Einziehung und Kraftloserklärung von Erbscheinen, Testamentsvollstreckerzeugnissen und sonstigen Zeugnissen i.S.v. § 342 Abs. 1 Nr. 6 (BT-Drucks. 18/4201 S. 59; vgl. *Wall* ZErb 2015, 9). Der inländische deutsche Erbschein wird durch das Europäische Nachlasszeugnis nicht verdrängt, sondern steht selbstständig daneben. Ein deutscher Fremdrechtserbschein bleibt danach auch weiterhin möglich (*Döbereiner* NJW 2015, 2449, 2453).

Die internationale Zuständigkeit richtet sich nunmehr, nach der Einführung von § 2369 BGB a.F. (inzwischen § 352c) und der damit verbundenen Aufgabe des Gleichlaufgrundsatzes, gem. § 105 nach der Theorie der Doppelfunktionalität. Danach ist eine internationale Zuständigkeit des Nachlassgerichts dann gegeben, wenn es örtlich zuständig ist. Der frühere Gleichlaufgrundsatz, wonach sich die internationale Zuständigkeit nach der Anwendbarkeit des jeweiligen Sachrechts richtete, wurde hierdurch aufgegeben (BT-Drucks. 16/6308, S. 221; OLG Hamm DNotZ 2011, 389). Die Frage, welches Erbrecht materiellrechtlich Anwendung findet, bleibt hiervon jedoch unberührt. 11

Durch die Neueinführung des § 2369 Abs. 1 BGB a.F. (jetzt § 352c Abs. 1): 12
»Gehören zu einer Erbschaft auch Gegenstände, die sich im Ausland befinden, kann der Antrag auf Erteilung eines Erbscheins auf die im Inland befindlichen Gegenstände beschränkt werden.«
ist die internationale Zuständigkeit nicht auf in Deutschland gelegenes Vermögen beschränkt, vielmehr erstreckt sich die Zuständigkeit des deutschen Gerichts auch auf das Weltvermögen des Ausländers. Der Antragsteller kann somit die Reichweite des Erbscheins (unbeschränkt/nur im Inland befindliches Vermögen) wählen. Eine Beschränkung kann insbes. aus Kostengründen sinnvoll sein. Ein zusätzliches Rechtsschutzbedürfnis bei Auslandsberührung ist hierfür nicht notwendig (so auch BeckOK/*Schlögel* § 343 Rn. 23).

D. Zuständigkeit nach Abs. 2. Abs. 2 der Vorschrift regelt den Fall eines Erblassers, der zum Zeitpunkt des Todesfalls keinen Aufenthaltsort im Inland hat, früher einen solchen jedoch hatte. Zuständig ist in diesem Fall das Gericht des letzten gewöhnlichen Aufenthalts des Erblassers. 13

Nach alter Rechtslage (bis zum 17.08.2015) regelte Abs. 2 a.F. den Fall eines deutschen Erblassers, der zum Todeszeitpunkt weder Wohnsitz noch Aufenthalt im Inland hatte, Hierunter war auch der Fall zu fassen, indem beides nicht ermittelt werden konnte. Es handelte sich somit um eine Auffangvorschrift. Eine analoge Anwendung auf ausländische Erblasser, bei denen (bisher) kein Nachlass im Inland festgestellt wurde, scheidet hingegen aus (OLG Düsseldorf FGPrax 2012, 167). Durch § 3 wird deutlich, dass der bindende Charakter des Beschlusses des AG Schöneberg erhalten bleibt. Die Bindung tritt jedoch nur ein, wenn das AG Schöneberg seine Zuständigkeit nach Abs. 2 a.F. richtigerweise bejaht hat (BayObLG FamRZ 1992, 464; OLG Köln FGPrax 2008, 74) und die Verweisung nicht willkürlich ist. Bloße Verfahrensfehler oder Rechtsirrtümer genügen für letzteres jedoch nicht. Als willkürlich wurde bspw. eine Verweisung erachtet, die lediglich pauschal darauf gestützt wurde, dass ein Bankkonto im Gerichtsbezirk vorhanden war (OLG Köln, ZErb 2014, 321). Eine Beschwerde gegen den Verweisungsbeschluss ist grds. nicht statthaft (eine Ausnahme ist zu machen, wenn die Verweisung für das andere Gericht nicht bindend war, vgl. Keidel/*Zimmermann* § 343 Rn. 68). 14

Hat der Erblasser nach alter Rechtslage zum Zeitpunkt des Todes weder Wohnsitz noch Aufenthalt im Inland, so kommt seiner Staatsangehörigkeit entscheidende Bedeutung zu. Bei einem deutschen Erblasser ist das AG Schöneberg örtlich zuständig, Abs. 2 Satz 1 a.F. Eine zusätzliche, anderweitige Staatsangehörigkeit schadet nicht (*Hermann* ZEV 2002, 259). 15

Das AG Schöneberg ist zu jedem Verfahrenszeitpunkt dazu berechtigt, die Sache aus einem »wichtigen Grund« an ein anderes Gericht zu verweisen (Abs. 2 Satz 2 a.F.). Zur Bindungswirkung s. Rdn. 14. Für den Begriff des »wichtigen Grundes« ist der Maßstab des § 4 anzuwenden. Einzelheiten sind hier umstritten, jedoch kann eine Überlastung des AG Schöneberg oder die bloße räumliche Distanz allein keinen wichtigen Grund bilden (so auch Keidel/*Zimmermann* § 343 Rn. 66). Das Vorhandensein von Nachlassgegenständen im Bezirk eines Gerichts kann jedoch ein ausreichender Anknüpfungspunkt für eine Weiterverweisung sein (KG FuR 2014, 312). 16

E. Zuständigkeit nach Abs. 3. Ist weder eine Zuständigkeit nach Abs.,1 noch nach Abs. 2 gegeben, so liegt die Zuständigkeit beim AG Schöneberg, solange der Erblasser Deutscher ist oder sich Nachlassgegenstände im Inland befinden. Die Merkmale stellen den notwendigen Inlandsbezug dar. Bei der Zuweisung an das 17

AG Schöneberg handelt es sich mithin um eine zentrale Zuständigkeit. Zur Verweisungsmöglichkeit durch das AG Schöneberg s., wie schon zur alten Rechtslage, Rdn. 16.

18 Bis zum 17.08.2015 beschäftigte sich Abs. 3 a.F. mit dem Fall eines ausländischen Erblassers, der weder Wohnsitz noch Aufenthalt im Inland hat. Es war ausreichend, dass beides nicht ermittelt werden konnte. Anders als noch unter § 73 Abs. 3 FGG ist die Zuständigkeit des Nachlassgerichts nicht mehr auf im Inland belegene Gegenstände begrenzt. Weiterhin notwendig ist jedoch, dass sich ein Teil der Nachlassgegenstände im Inland befindet, da eine internationale Zuständigkeit deutscher Gerichte nach § 105 erforderlich ist. Das Nachlassgericht hat hierzu Feststellungen zu treffen und kann die Sache nicht ohne Weiteres an das AG Schöneberg verweisen (OLG Düsseldorf FGPrax 2012, 167).

19 Örtlich zuständig war somit jedes Gericht, in dessen Bezirk sich Nachlassgegenstände befinden. Hierunter fallen Mobilien (z.B. auch Forderungen aus Order- oder Inhaberpapieren mit Blankoindossament), Immobilien und auch Ansprüche, für deren Geltendmachung ein inländisches Gericht zuständig ist. Die Zuständigkeit des jeweiligen Nachlassgerichts erstreckt sich dann auf alle in- und ausländischen Nachlassgegenstände. Auch hier ist eine aus Zeit- und Kostengründen empfehlenswerte Beschränkung möglich. Zeitlich maßgebend ist die Befassung des Gerichts mit der Sache.

20 **F. Zuständigkeitswechsel.** Auch für einen Zuständigkeitswechsel ist in zeitlicher Hinsicht die Befassung des Nachlassgerichts mit der Sache entscheidend. Eine Abgabe ist nach § 4 möglich. Der Grundsatz der Kontinuität der wirksam begründeten Zuständigkeit (perpetuatio fori) findet Anwendung. Sind für einen Nachlass mehrerer Personen verschiedene Nachlassgerichte zuständig, so ist eine Verbindung nur nach § 20 möglich.

21 **G. Funktionelle Zuständigkeitsverteilung.** Die funktionelle Zuständigkeit wird durch §§ 16, 3 Nr. 2 Buchst. c) RPflG geregelt. Hiernach ist im Grundsatz der Rechtspfleger zuständig. Eine Zuständigkeit des Richters kann sich aus § 16 RPflG ergeben (insb. für die Erteilung und Einziehung von Erbscheinen, oder wenn eine Anwendung ausländischen Rechts in Betracht kommt, § 16 Abs. 1, Nr. 6, 7 RPflG). Ist § 16 RPflG anwendbar, so umfassen die Aufgaben des Richters auch die Vorbereitungen und Ermittlungen. Für die Verfahren nach § 342 Abs. 2 Nr. 1 ist seit Inkrafttreten des Gesetzes zur Übertragung von Aufgaben im Bereich der freiwilligen Gerichtsbarkeit auf Notare am 01.09.2013 der Notar zuständig, § 23a Abs. 3 GVG, § 20 Abs. 1 BNotO. Zur Übergangsregelung s. § 493. Zugleich eröffnet die neu gefasste Ländereröffnungsklausel des Art. 239 EGBGB den Ländern die Möglichkeit zu bestimmen, dass der Antrag auf Erteilung eines Erbscheins der notariellen Beurkundung bedarf und die Notare weiterhin für die Entgegennahme der eidesstattlichen Versicherung nach § 352 Abs. 3 Satz 3 (2356 Abs. 2 Satz 1 BGB a.F.) zuständig sind.

22 **H. Europäische Erbrechtsverordnung.** Änderungen haben sich vor allem durch die am 17.08.2015 in Kraft getretene EuErbVO (Verordnung [EU] Nr. 650/2012) ergeben. Primär entscheidend ist nach Art. 4 EuErbVO der gewöhnliche Aufenthalt des Erblassers. Daneben wird diesem in Art. 5 der Verordnung die Möglichkeit einer Rechtswahl eröffnet.

23 Ziel der EuErbVO ist es die Nachlassabwicklung und -planung in Europa zu vereinfachen und im Hinblick auf die gesteigerte Mobilität der Bürger deren Bedürfnis nach Rechts- und Planungssicherheit zu befriedigen (Erwäggr. 1, 7; zu ausgewählten Problempunkten *Bachmayer* BWNotZ 2010, 146). Dies wird durch eine einheitliche Normierung der Zuständigkeit und des anwendbaren Rechts sowie der gegenseitigen Akzeptanz von behördlichen Akten angestrebt.

24 Der zugrundeliegende Vorschlag der Europäischen Kommission wurde vom Rat der EU-Justizminister am 08.06.2012 angenommen und die Verordnung am 27.07.2012 im Amtsblatt der EU veröffentlicht (ABl. EU L 201/107; detailliert zur Entstehungsgeschichte: *Simon/Buschbaum* NJW 2012, 2393). Die Verordnung trat gem. Art. 84 Abs. 1 EuErbVO am 20. Tag nach ihrer Veröffentlichung in Kraft, wobei für die Anwendbarkeit der meisten Normen eine Übergangszeit bis zum 17.08.2015 vorgesehen war. Obwohl die Verordnung nur Erbfälle ab dem 17.08.2015 erfasst (Art. 83 Abs. 1, 84 Unterabs. 2 EuErbVO), gingen von ihr schon gewisse Vorwirkungen aus, da auch zuvor schon eine Rechtswahl nach Art. 83 Abs. 2 EuErbVO möglich war. Die Art. 83 Abs. 3, 4 EuErbVO regeln den Übergang und gewähren einen gewissen Bestandsschutz für zuvor errichtete Verfügungen von Todes wegen.

25 Die Verordnung ist gem. Art. 288 Unterabs. 2 AEUV in allen Mitgliedsstaaten unmittelbar anwendbar, wobei dies nicht für Dänemark, Irland und das Vereinigte Königreich, welche die Annahme der Verordnung nicht erklärt haben, gilt. Sie sind insoweit als Drittstaaten i.S.d. Verordnung zu behandeln und es verbleibt bei der Anwendung deren nationalen Kollisionsrechts (so auch *Süß* ZEuP 2013, 725, 734). Die Verordnung

selbst ist jedoch auch im Verhältnis zu Drittstaaten anwendbar. Die jeweiligen nationalen Kollisionsregeln sind unter Geltung der EuErbVO nahezu ohne Anwendungsbereich (in Deutschland bspw. die Art. 25, 26 EGBGB).

Um die Probleme zu vermeiden, die auftreten, wenn ein inländisches Gericht ausländisches Erbrecht anzuwenden hat, versucht die Verordnung einen Gleichlauf zwischen Zuständigkeit und anwendbarem Recht (forum und ius) zu erzielen (Art. 4, 21 EuErbVO) und die Verfahren hierdurch zu beschleunigen. Ein Gericht wird danach meist eigenes Recht anzuwenden haben. 26

Einheitlicher Anknüpfungspunkt für beide Aspekte (anzuwendendes Recht und Zuständigkeit) ist hierbei grundsätzlich der gewöhnliche Aufenthaltsort des Erblassers. Die genaue Auslegung des Begriffs wird zukünftig eine zentrale Rolle spielen. Er ist (wie die gesamte Verordnung) autonom (d.h. ohne Rückgriff auf ein nationales Begriffsverständnis) auszulegen. Der neue Anknüpfungspunkt des gewöhnlichen Aufenthalts führt dazu, dass eine bereits errichtete Verfügung von Todes wegen bei einem späteren Wechsel des gewöhnlichen Aufenthalts nach einem anderen anwendbaren Recht zu beurteilen sein kann (vgl. insb. die Problematik der sog. »Mallorca-Rentner« oder ausländischer Pflegekräfte; eingehend *Steinmetz/Löber/Alcázar* ZEV 2010, 234; zu deutsch-portugiesischen Erbfällen *Müller-Bromley* ZEV 2011, 120). Um diesen Problematiken vorzubeugen, bietet die Verordnung das Instrument der Rechtswahl nach Art. 22 EuErbVO. 27

Daneben erlangt die Einführung eines Europäischen Nachlasszeugnisses eine große Bedeutung für das Nachlassverfahren (vgl. hierzu die Kommentierung bei § 352e Rdn. 19 ff.). 28

§ 344 Besondere örtliche Zuständigkeit.

(1) ¹Für die besondere amtliche Verwahrung von Testamenten ist zuständig,
1. wenn das Testament vor einem Notar errichtet ist, das Gericht, in dessen Bezirk der Notar seinen Amtssitz hat;
2. wenn das Testament vor dem Bürgermeister einer Gemeinde errichtet ist, das Gericht, zu dessen Bezirk die Gemeinde gehört;
3. wenn das Testament nach § 2247 des Bürgerlichen Gesetzbuchs errichtet ist, jedes Gericht.

²Der Erblasser kann jederzeit die Verwahrung bei einem nach Satz 1 örtlich nicht zuständigen Gericht verlangen.
(2) Die erneute besondere amtliche Verwahrung eines gemeinschaftlichen Testaments nach § 349 Abs. 2 Satz 2 erfolgt bei dem für den Nachlass des Erstverstorbenen zuständigen Gericht, es sei denn, dass der überlebende Ehegatte oder Lebenspartner die Verwahrung bei einem anderen Amtsgericht verlangt.
(3) Die Absätze 1 und 2 gelten entsprechend für die besondere amtliche Verwahrung von Erbverträgen.
(4) Für die Sicherung des Nachlasses ist jedes Gericht zuständig, in dessen Bezirk das Bedürfnis für die Sicherung besteht.
(4a) ¹Für die Auseinandersetzung eines Nachlasses ist jeder Notar zuständig, der seinen Amtssitz im Bezirk des Amtsgerichts hat, in dem der Erblasser seinen letzten gewöhnlichen Aufenthalt hatte. ²Hatte der Erblasser keinen gewöhnlichen Aufenthalt im Inland, ist jeder Notar zuständig, der seinen Amtssitz im Bezirk eines Amtsgerichts hat, in dem sich Nachlassgegenstände befinden. ³Von mehreren örtlich zuständigen Notaren ist derjenige zur Vermittlung berufen, bei dem zuerst ein auf Auseinandersetzung gerichteter Antrag eingeht. ⁴Vereinbarungen der an der Auseinandersetzung Beteiligten bleiben unberührt.
(5) ¹Für die Auseinandersetzung des Gesamtguts einer Gütergemeinschaft ist, falls ein Anteil an dem Gesamtgut zu einem Nachlass gehört, der Notar zuständig, der für die Auseinandersetzung über den Nachlass zuständig ist. ²Im Übrigen ist jeder Notar zuständig, der seinen Amtssitz im Bezirk des nach § 122 Nummer 1 bis 5 zuständigen Gerichts hat. ³Ist danach keine Zuständigkeit gegeben, ist jeder Notar zuständig, der seinen Amtssitz im Bezirk eines Amtsgerichts hat, in dem sich Gegenstände befinden, die zum Gesamtgut gehören. ⁴Absatz 4a Satz 3 und 4 gilt entsprechend.
(6) Hat ein anderes Gericht als das nach § 343 zuständige Gericht eine Verfügung von Todes wegen in amtlicher Verwahrung, ist dieses Gericht für die Eröffnung der Verfügung zuständig.
(7) ¹Für die Entgegennahme einer Erklärung, mit der eine Erbschaft ausgeschlagen oder mit der die Versäumung der Ausschlagungsfrist, die Annahme oder Ausschlagung einer Erbschaft oder eine Anfechtungserklärung ihrerseits angefochten wird, ist auch das Nachlassgericht zuständig, in dessen Be-

zirk die erklärende Person ihren gewöhnlichen Aufenthalt hat. ²Die Urschrift der Niederschrift oder die Urschrift der Erklärung in öffentlich beglaubigter Form ist von diesem Gericht an das zuständige Nachlassgericht zu übersenden.

Übersicht

	Rdn.		Rdn.
A. Allgemeines	1	E. Auseinandersetzung von Gesamtgütern (Abs. 5)	11
B. Besondere amtliche Verwahrung	2	F. Eröffnung von letztwilligen Verfügungen (Abs. 6)	15
I. Testamente (Abs. 1)	3		
II. Gemeinschaftliche Testamente (Abs. 2)	4	G. Entgegennahme von Erklärungen bezüglich der Ausschlagung oder Anfechtung der Ausschlagung (Abs. 7)	18
III. Erbverträge (Abs. 3)	5		
C. Nachlasssicherung (Abs. 4)	6		
D. Auseinandersetzung des Nachlasses (Abs. 4a)	9		

1 **A. Allgemeines.** Die Norm regelt in Ergänzung zu § 343 besondere Zuständigkeiten. Für die allgemeine örtliche Zuständigkeit verbleibt es bei der Regelung des § 343.

2 **B. Besondere amtliche Verwahrung.** Für die Verwahrung ist das Amtsgericht als Nachlassgericht zuständig, § 342 Abs. 1 Nr. 1 (Ausnahme in Baden-Württemberg – Notariat: Art. 147 EGBGB, §§ 1 Abs. 2, 3, 38, 46 Abs. 3 LFGG). Es ist zwischen der einfachen und der besonderen amtlichen Verwahrung zu unterscheiden. Der Anwendungsbereich erstreckt sich auch auf Erbverträge (Abs. 3) und gemeinschaftliche Testamente.

3 **I. Testamente (Abs. 1).** Für ein vor einem Notar errichtetes Testament (§ 2232 BGB) ist das AG zuständig, in dessen Gerichtsbezirk der Notar seinen Amtssitz hat, Abs. 1 Satz 1 Nr. 1. Der Notar ist dazu angehalten, dafür zu sorgen, dass das Testament in besondere amtliche Verwahrung gebracht wird, § 34 Abs. 1 Satz 4 BeurkG. Für Testamente, die vor dem Bürgermeister einer Gemeinde errichtet wurden (§§ 2249 BGB), ist das AG zuständig, in dessen Gerichtsbezirk die Gemeinde liegt, Abs. 1 Satz 1 Nr. 2. Eigenhändige Testamente (§ 2247 BGB) sind nur auf Verlangen des Erblassers in besondere amtliche Verwahrung zu nehmen, § 2248 BGB. Eine spezielle Zuständigkeit besteht hier nicht, jedes AG ist hierfür zuständig, Abs. 1 Satz 1 Nr. 3. In allen vorgenannten Fällen bleibt es dem Erblasser nach Abs. 1 Satz 2 unbenommen, die Verwahrung bei einem an sich gem. Abs. 1 nicht örtlich zuständigem AG zu verlangen.

4 **II. Gemeinschaftliche Testamente (Abs. 2).** Die ehemals umstrittene Frage der örtlichen Zuständigkeit wird durch die neue Regelung beantwortet. Das gemeinschaftliche Testament wird in die besondere amtliche Verwahrung desjenigen Gerichts gegeben, welches auch für den Nachlass des Erstversterbenden zuständig ist. Das Verfahren bezüglich der Testamentseröffnung für (gemeinschaftliche) Testamente, die sich in privater oder amtlicher Verwahrungen befunden haben, ist in § 348 geregelt (bezüglich gemeinschaftlicher Testamente, die sich in besonderer amtlicher Verwahrung befunden haben vgl. § 349 Abs. 2 Satz 1). Dem überlebenden Ehegatten bleibt es jedoch unbenommen, die Verwahrung bei einem an sich örtlich nicht zuständigen Gericht zu verlangen, Abs. 2 Halbs. 2.

5 **III. Erbverträge (Abs. 3).** Abs. 3 erklärt die Abs. 1 und 2 für auf Erbverträge entsprechend anwendbar.

6 **C. Nachlasssicherung (Abs. 4).** Für die Nachlasssicherung ist nach Abs. 4 jedes Gericht örtlich zuständig, in dessen Bezirk ein Fürsorgebedürfnis besteht. Ein solches Sicherungsbedürfnis liegt insbes. dann vor, wenn die Person des Erben unbekannt ist oder die Annahme zweifelhaft ist oder verneint wurde (vgl. § 1960 Abs. 1 BGB). Sicherungsmittel sind bspw. die Anordnung der Nachlasspflegschaft, die Sperrung von Konten oder die Aufnahme eines Nachlassverzeichnisses, nicht jedoch die bloße Erteilung eines Erbscheins (BGH NJW 1976, 480).

7 Die Zuständigkeit nach Abs. 4 tritt neben die Zuständigkeit nach § 343 Abs. 1 und verdrängt diese nicht (BGH FGPrax 2013, 126). Jedes Amtsgericht muss einem Sicherungsbedürfnis in seinem Gerichtsbezirk nachkommen und entsprechende Sicherungsmaßnahmen treffen. Die gleiche Pflicht trifft jedoch auch das nach § 343 zuständige Gericht. Eine Verweisungsmöglichkeit besteht nicht. Aufgrund dieser mehrfachen Zuständigkeit empfiehlt es sich, einzelne Maßnahmen auf den räumlichen Bereich des Gerichtsbezirks zu beschränken (z.B. Nachlasspflegschaft nach § 1960 BGB, vgl. KG OLGZ 1965, 259). Maßnahmen des nach

Abs. 4 zuständigen Gerichts werden jedoch nur vorbehaltlich abweichender Maßnahmen des nach § 343 zuständigen Nachlassgerichts angeordnet (Jansen/*Müller-Lukoschek* § 74 FGG a.F. Rn. 3).

Aufgrund der möglichen mehrfachen Zuständigkeit können einzelne Maßnahmen in Widerspruch zueinander treten. Insoweit gebührt dann dem Gericht der Vorrang, welches zuerst mit der Sache befasst war, § 2 Abs. 1 (Keidel/*Zimmermann* § 344 Rn. 16). 8

D. Auseinandersetzung des Nachlasses (Abs. 4a). Der mit Wirkung zum 01.09.2013 durch das Gesetz zur Übertragung von Aufgaben im Bereich der freiwilligen Gerichtsbarkeit auf Notare (G. v. 26.06.2013 – BGBl. I 2013 Nr. 32 29.06.2013 S. 1800) neu eingefügte Abs. 4a regelt die örtliche Zuständigkeit für die Auseinandersetzung eines Nachlasses. Zur Übergangsregelung s. § 493. Die sachliche Zuständigkeit liegt nun gem. § 23a Abs. 2 GVG, § 20 Abs. 1 BNotO bei den Notaren, was eine gesonderte Regelung notwendig machte. Primär ist nach der Änderung durch das Gesetz zum internationalen Erbrecht und zur Änderung von Vorschriften zum Erbschein sowie zur Änderung sonstiger Vorschriften (BGBl. I 2015 Nr. 26 03.07.2015 S. 1042) der gewöhnliche Aufenthalt des Erblassers entscheidend. Zuständig ist danach der Notar, der seinen Amtssitz im Bezirk des Amtsgerichts hat, in dem der Erblasser seinen letzten gewöhnlichen Aufenthalt hatte, Abs. 4a Satz 1 (zur Kritik vgl. die Kommentierung bei § 492 Rdn. 1 ff.). Zum Begriff des gewöhnlichen Aufenthalts s. § 343 Rdn. 8 ff. Sind danach mehrere Notare zuständig, so ist entscheidend, bei welchem Notar zuerst ein Antrag auf Auseinandersetzung eingeht, Abs. 4a Satz 3. Es steht den an der Auseinandersetzung beteiligten jedoch weiterhin frei, davon abweichende Vereinbarungen zu treffen, Abs. 4a Satz 4. 9

Hatte der Erblasser keinen gewöhnlichen Aufenthalt im Inland, so ist jeder Notar zuständig, der seinen Amtssitz im Bezirk eines Amtsgerichts hat, in dem sich Nachlassgegenstände befinden, Abs. 4a Satz 2. Sollten auch danach mehrere Notare zuständig sein, so ist danach zu entscheiden, bei welchem Notar der Antrag auf Auseinandersetzung zuerst eingegangen ist, Abs. 4a Satz 3. Daneben steht es den Beteiligten auch hier weiterhin frei, davon abweichende Vereinbarungen zu treffen, Abs. 4a Satz 4. 10

E. Auseinandersetzung von Gesamtgütern (Abs. 5). Abs. 5 differenziert zwischen dem Fall, dass ein Anteil an einem Gesamtgut zum Nachlass gehört und allen sonstigen Fällen. Der Absatz wurde durch das Gesetz zur Übertragung von Aufgaben im Bereich der freiwilligen Gerichtsbarkeit auf Notare (G. v. 26.06.2013 – BGBl. I 2013 Nr. 32 29.06.2013 S. 1800) mit Wirkung zum 01.09.2013 neu gefasst. 11

Gehört ein Anteil am Gesamtgut zum Nachlass (Beendigung der ehelichen Gütergemeinschaft durch Tod eines Ehegatten und Nichtfortsetzung der Gütergemeinschaft oder Beendigung einer fortgesetzten Gütergemeinschaft durch Tod oder Todeserklärung eines der Ehegatten), so ist der Notar zuständig, der auch für die Nachlassauseinandersetzung zuständig ist, also der nach § 344 Abs. 4a örtlich zuständige Notar, Abs. 5 Satz 1. 12

In allen übrigen Fällen bestimmt sich die örtliche Zuständigkeit nach § 122. In diesen Fällen ist der Notar zuständig, der seinen Amtssitz im Bezirk des nach § 122 Nr. 1 bis 5 zuständigen Gerichts hat, Abs. 5 Satz 2. Sollte danach keine Zuständigkeit gegeben sein, so ist jeder Notar zuständig, der seinen Amtssitz im Bezirk eines Amtsgerichts hat, in dem sich Gegenstände des Gesamtguts befinden, Abs. 5 Satz 3. Sind danach mehrere Notare zuständig, ist entscheidend, bei welchem Notar der Antrag auf Auseinandersetzung zuerst eingegangen ist, Abs. 5. Satz 4 i.V.m. Abs. 4 Satz 3. Es steht den an der Auseinandersetzung beteiligten jedoch weiterhin frei, davon abweichende Vereinbarungen zu treffen, Abs. 5 Satz 4 i.V.m. Abs. 4 Satz 4. 13

Überschneiden sich die Auseinandersetzungen hinsichtlich des Gesamtguts (fortgesetzte Gütergemeinschaft) und des Nachlasses (Tod des letztversterbenden Ehegatten), so können beide Verfahren bei Zuständigkeit des gleichen Notars miteinander verbunden werden (vgl. § 20, OLG Hamm DNotZ 1966, 744). 14

F. Eröffnung von letztwilligen Verfügungen (Abs. 6). Abs. 6 entspricht dem früheren § 2261 Satz 1 BGB a.F. und regelt die örtliche Zuständigkeit für die Eröffnung einer letztwilligen Verfügung. Befindet sich die letztwillige Verfügung an einem anderen Ort als dem durch § 343 bestimmten Gericht, so ist das verwahrende Gericht für die Eröffnung der letztwilligen Verfügung zuständig. Seine Zuständigkeit beschränkt sich jedoch auf die Eröffnung der letztwilligen Verfügung und das Verfahren nach § 350. Eine Zuständigkeit für die Erteilung des Erbscheins besteht nicht; für das Erbscheinsverfahren bleibt das nach § 343 bestimmte Gericht zuständig. Die Regelung soll der Beschleunigung dienen und der Verlustgefahr begegnen (hierzu kritisch Keidel/*Zimmermann* § 344 Rn. 33). 15

Die Norm verwendet allgemein den Begriff der amtlichen Verwahrung. Sie erfasst somit sowohl die einfache als auch die besondere amtliche Verwahrung. Abs. 6 findet keine Anwendung, wenn sich die letztwillige Verfügung beim nach § 343 örtlich zuständigen AG in Verwahrung befindet. Die Eröffnung vor einem 16 örtlich unzuständigen AG hat auf die Wirksamkeit der Eröffnung keinen Einfluss, § 2 Abs. 3. Eine Eröffnung nach Abs. 6 kommt ferner nur dann in Betracht, wenn sich die letztwillige Verfügung bei einem Nachlassgericht befindet. Befindet sich die Verfügung bei einem sonstigen Gericht, so ist sie an das nach § 343 zuständige Nachlassgericht weiterzuleiten.

17 Ist ein Beteiligter durch die Ablehnung der Eröffnung in seinen Rechten verletzt, so steht ihm gem. §§ 3 Nr. 2, 11 RpflG, 58 ff. das Rechtsmittel der Beschwerde zu. Bestehen zwischen mehreren Gerichten Meinungsverschiedenheiten bezüglich der Zuständigkeit, so ist dieser Streit nach § 5 zu entscheiden.

18 **G. Entgegennahme von Erklärungen bezüglich der Ausschlagung oder Anfechtung der Ausschlagung (Abs. 7).** Abs. 7 bestimmt, dass für die Entgegennahme der Ausschlagungserklärung oder der Erklärung, mit der die Versäumung der Ausschlagungsfrist, die Annahme oder Ausschlagung einer Erbschaft oder eine Anfechtungserklärung ihrerseits angefochten wird, das Nachlassgericht, in dessen Bezirk der Ausschlagende bzw. Anfechtende seinen gewöhnlichen Aufenthalt hat, für die Entgegennahme der Erklärungen örtlich zuständig ist (Abs. 7 a.F. stellte hingegen noch auf den Wohnsitz ab). Die Aufnahme der Anfechtung der Annahme der Erbschaft sowie die Anfechtung der Versäumung der Ausschlagungsfrist durch das Gesetz zum internationalen Erbrecht und zur Änderung von Vorschriften zum Erbschein sowie zur Änderung sonstiger Vorschriften (BGBl. I 2015 Nr. 26 03.07.2015 S. 1042) wurden zu Klarstellungszwecken in die Norm mitaufgenommen. Die Erklärungen waren jedoch auch schon zuvor vom Anwendungsbereich der Norm umfasst. Gleiches gilt für konsekutive Anfechtungserklärungen. Folglich werden alle eine Erbschaft betreffende Ausschlagungs- und Anfechtungserklärungen erfasst (BT-Drucks. 18/4201 S. 59). Der zuvor bestehende Streit um den Anwendungsbereich der Norm hat sich somit weitestgehend erledigt.

19 Hat das Gericht die Erklärung entgegengenommen, so hat es diese an das zuständige Nachlassgericht zu übersenden. Hiervon sind sowohl die in öffentlich beglaubigter Form als auch die zur Niederschrift des Nachlassgerichts abgegebene Erklärungen erfasst. Die Änderung von Satz 2 erfolgte insoweit zur Klarstellung (BT-Drucks. 18/4201 S. 59).

20 Nach früherer Rechtslage konnte ein drittes Nachlassgericht nur im Rahmen der Amtshilfe nach §§ 156, 157 Abs. 1 GVG ersucht werden, eine derartige Erklärung entgegen zu nehmen. Nach alter Rechtslage wurde teilweise bei Fehlen eines derartigen Ersuchens die Erklärung beim zuständigen Nachlassgericht nicht anerkannt. Für den Erklärenden war dies aus zweierlei Gründen problematisch. Einerseits konnte die Ermittlung des zuständigen Nachlassgerichts schwierig sein, andererseits hatte er die laufenden Fristen einzuhalten. Die Neuregelung vereinfacht das Verfahren zugunsten des Erklärenden. Die Zuständigkeit des nach Abs. 7 ermittelten Gerichts erstreckt sich sowohl auf die Entgegennahme der Erklärung, als auch auf deren Protokollierung (vgl. *Heinemann* ZErb 2008, 293). Eine weitergehende Zuständigkeit wird durch Abs. 7 jedoch nicht begründet. Soll eine Zuständigkeit nach Abs. 7 begründet werden, so muss der Erklärende seinen gewöhnlichen Aufenthalt im Bezirk des betreffenden Gerichts haben. Ist dies nicht der Fall und das Gericht auch nicht nach § 343 zuständig, so ist die Erklärung unwirksam. Sowohl Staatsangehörigkeit als auch die Frage des auf den Erbfall anwendbaren materiellen Rechts sind ohne Bedeutung. Zur Frage, ob die Regelung auch für notariell beurkundete Erklärungen Anwendung findet vgl. Bumiller/*Haders* § 344 Rn. 16.

21 Das nach Abs. 7 zuständige Gericht hat die Niederschrift der Erklärung oder Ausschlagungs- und Anfechtungserklärung in öffentlich beglaubigter Form gem. Abs. 7 Satz 2 an das nach seiner Auffassung gem. § 343 zuständige Nachlassgericht zu senden. Eine Verweisung mit Bindungswirkung (§ 3 Abs. 3) liegt nicht vor. Für eine Fristwahrung ist der Zeitpunkt der Erstellung des Protokolls entscheidend, nicht der Eingang beim zuständigen Nachlassgericht. Nach neuer Rechtslage kann somit trotz Fristablaufs noch nicht mit Sicherheit gesagt werden, ob eine fristgerechte Ausschlagung/Anfechtung vorliegt (Keidel/*Zimmermann* § 344 Rn. 50).

22 Die Kosten der Angelegenheit der Ausschlagungs-/Anfechtungserklärung sind bei dem nach Abs. 7 zuständigen Gericht anzusetzen (OLG Rostock ZEV 2012, 550). Unter Geltung des GNotKG ist nun durch § 18 Abs. 2 Nr. GNotKG klargestellt, dass nach § 343 zuständige Gericht die Gebühr ansetzt (Keidel/*Zimmermann* § 344 Rn. 49).

Abschnitt 2. Verfahren in Nachlasssachen
Unterabschnitt 1. Allgemeine Bestimmungen

§ 345 **Beteiligte.** (1) ¹In Verfahren auf Erteilung eines Erbscheins ist Beteiligter der Antragsteller. ²Ferner können als Beteiligte hinzugezogen werden:
1. die gesetzlichen Erben,
2. diejenigen, die nach dem Inhalt einer vorliegenden Verfügung von Todes wegen als Erben in Betracht kommen,
3. die Gegner des Antragstellers, wenn ein Rechtsstreit über das Erbrecht anhängig ist,
4. diejenigen, die im Fall der Unwirksamkeit der Verfügung von Todes wegen Erbe sein würden, sowie
5. alle Übrigen, deren Recht am Nachlass durch das Verfahren unmittelbar betroffen wird.

³Auf ihren Antrag sind sie hinzuzuziehen.
(2) Absatz 1 gilt entsprechend für die Erteilung eines Zeugnisses nach § 1507 des Bürgerlichen Gesetzbuchs oder nach den §§ 36 und 37 der Grundbuchordnung sowie den §§ 42 und 74 der Schiffsregisterordnung.
(3) ¹Im Verfahren zur Ernennung eines Testamentsvollstreckers und zur Erteilung eines Testamentsvollstreckerzeugnisses ist Beteiligter der Testamentsvollstrecker. ²Das Gericht kann als Beteiligte hinzuziehen:
1. die Erben,
2. den Mitvollstrecker.

³Auf ihren Antrag sind sie hinzuzuziehen.
(4) ¹In den sonstigen auf Antrag durchzuführenden Nachlassverfahren sind als Beteiligte hinzuzuziehen in Verfahren betreffend
1. eine Nachlasspflegschaft oder eine Nachlassverwaltung der Nachlasspfleger oder Nachlassverwalter;
2. die Entlassung eines Testamentsvollstreckers der Testamentsvollstrecker;
3. die Bestimmung erbrechtlicher Fristen derjenige, dem die Frist bestimmt wird;
4. die Bestimmung oder Verlängerung einer Inventarfrist der Erbe, dem die Frist bestimmt wird, sowie im Fall des § 2008 des Bürgerlichen Gesetzbuchs dessen Ehegatte oder Lebenspartner;
5. die Abnahme einer eidesstattlichen Versicherung derjenige, der die eidesstattliche Versicherung abzugeben hat, sowie im Fall des § 2008 des Bürgerlichen Gesetzbuchs dessen Ehegatte oder Lebenspartner.

²Das Gericht kann alle Übrigen, deren Recht durch das Verfahren unmittelbar betroffen wird, als Beteiligte hinzuziehen. ³Auf ihren Antrag sind sie hinzuzuziehen.

Übersicht

	Rdn.		Rdn.
A. Allgemeines	1	D. Ernennung eines Testamentsvollstreckers, Zeugniserteilung (Abs. 3)	9
B. Beteiligte im Verfahren auf Erteilung eines Erbscheins (Abs. 1)	3	E. Sonstige Nachlassverfahren (Abs. 4)	11
C. Zeugnisse (Abs. 2)	8	F. Information der Antragsberechtigten	17

A. Allgemeines. Die Norm regelt in Ergänzung und Abweichung zu § 7 (vgl. insb. die Abweichungen zu § 7 Abs. 2) die Beteiligung an solchen Nachlassverfahren, die nur auf Antrag hin eingeleitet werden, wie bspw. das Verfahren betreffend der Erteilung eines Erbscheins oder Testamentsvollstreckerzeugnisses. 1

In Nachlassverfahren, die von Amts wegen eingeleitet werden (z.B. Einziehung des Erbscheins, § 2361 BGB), findet § 345 keine Anwendung. In solchen Verfahren ist § 7 anzuwenden. 2

B. Beteiligte im Verfahren auf Erteilung eines Erbscheins (Abs. 1). Abs. 1 der Vorschrift regelt den Kreis der Beteiligten am Verfahren auf Erteilung eines Erbscheins. Alle Arten von Erbscheinen werden nur auf Antrag hin erteilt, § 2353 BGB, §§ 352 ff. Die durch das Gesetz zur Übertragung von Aufgaben im Bereich der freiwilligen Gerichtsbarkeit auf Notare (G. v. 26.06.2013 – BGBl. I 2013 Nr. 32 29.06.2013 S. 1800) mit Wirkung zum 01.09.2013 neu gefasste Länderöffnungsklausel des Art. 239 EGBGB gibt den Ländern die Möglichkeit, für den Antrag auf Erteilung eines Erbscheins eine notarielle Beurkundung zu verlangen (zu 3

§ 345

diesen und weiteren Kompetenzübertragungen auf die Notare vgl. *Heinemann* FGPrax 2013, 1139). Für das von Amts wegen eingeleitete Verfahren der Einziehung eines Erbscheins (oder Testamentsvollstreckerzeugnisses) findet § 345 keine Anwendung. Hier verbleibt es bei der Anwendung von § 7 (vgl. Rdn. 2 a.E.).

4 Der Antragsteller des Erbscheins ist Beteiligter nach Satz 1, wobei sich das gleiche Ergebnis schon aus § 7 Abs. 1 ergibt. Im Rahmen eines gemeinschaftlichen Erbscheins richtet sich die Reichweite des Kreises der Muss-Beteiligten nach Satz 1 danach, welche(r) der Miterben den Erbschein beantragt hat bzw. haben. Die Vorschrift des Satz 1 findet gleichfalls auf Testamentsvollstrecker, die einen Erbschein beantragen, Anwendung.

5 Satz 2 ermöglicht dem Nachlassgericht die Hinzuziehung der dort genannten Personen. In den meisten Fällen werden dies materiell rechtlich Beteiligte sein, d.h. Personen, die durch die Entscheidung in ihrem potenziellen Erbrecht unmittelbar betroffen sein könnten. Die Entscheidung über die Hinzuziehung ist in den Fällen des Satz 2 nach pflichtgemäßem Ermessen des Nachlassgerichts zu treffen (anders bei § 7 Abs. 2). Eine Hinzuziehung kann nach der Gesetzesbegründung insbes. aus Gründen des öffentlichen Interesses an der Richtigkeitsgewähr des Erbscheins, der Rechtsfürsorge oder zum Zweck der Sachverhaltsermittlung im Einzelfall geboten sein (BT-Drucks. 16/6308, S. 278; OLG Brandenburg, Beschl. v. 26.09.2013 – 3 W 17/13, BeckRS 2013, 18143; BVerwG NJW 2014, 2808). Die Hinzuziehung erfolgt, anders als die Ablehnung einer solchen, formlos.

6 Satz 3 ermöglicht den in Satz 2 genannten Personen, auf Antrag als Beteiligte im Verfahren hinzugezogen zu werden. Denknotwendige Voraussetzung hierfür ist jedoch, dass sie von dem Verfahren überhaupt Kenntnis erlangt haben. Die Kann-Beteiligten sind gem. § 7 Abs. 4 über das Verfahren und ihr Antragsrecht zu unterrichten bzw. zu belehren. Richtiger Ansicht nach trifft das Gericht hier eine Ermittlungspflicht (BayObLG FamRZ 1999, 1470). Unzumutbare Anstrengungen können jedoch nicht verlangt werden. Wird ein Antrag auf Beiziehung abgelehnt, so kann dieser Beschluss mittels einer sofortigen Beschwerde angegriffen werden (entsprechend §§ 567 ff. ZPO). Die Regelungen des Abs. 1 Satz 2 und Satz 3 dienen einer effizienten Verfahrensführung durch das Nachlassgericht. Sie ermöglichen es dem Gericht von einer Hinzuziehung derjenigen Personen abzusehen, deren Teilnahme nicht zwingend geboten ist und welche selbst auch keine Teilnahme am Verfahren wünschen.

7 Als weitere Beteiligte neben dem/den Antragsteller(n) kommen die gesetzlichen Erben in Betracht, jedoch nur insoweit, als sie nicht schon Antragsteller sind (Abs. 1 Satz 2 Nr. 1). Vergleichbares gilt für gewillkürte Erben, die nach einer Verfügung von Todes wegen als Erben in Betracht kommen, wobei Zweifel über die Erbenstellung nicht schaden (Abs. 1 Satz 2 Nr. 2). Auch Personen, die dem Antragsteller in einem Rechtsstreit bezüglich des gegenständlichen Erbrechts (z.B. Anfechtungsklage wegen Erbunwürdigkeit) gegenüber stehen, kommen als Beteiligte in Betracht (Abs. 1 Satz 2 Nr. 3). Daneben könnten auch bedingte Erben, d.h. die nächstberufenen Erben, Beteiligte sein (Abs. 1 Satz 2 Nr. 4). Zuletzt nennt die Norm noch sonstige unmittelbar Betroffene als potenzielle Beteiligte, wobei verlangt wird, dass ihnen ein »Recht« am Nachlass zusteht und dieses Recht durch das Verfahren »unmittelbar betroffen« sein muss (Abs. 1 Satz 2 Nr. 5 – vgl. zu den Anforderungen Prütting/Helms/*Fröhler* § 345 Rn. 33 ff.).

8 **C. Zeugnisse (Abs. 2).** Abs. 2 erklärt die Regelungen des Abs. 1 für das Verfahren zur Erteilung eines Zeugnisses nach § 1507 BGB (Fortsetzung der Gütergemeinschaft für den überlebenden Ehegatten), nach den §§ 36, 37 GBO (Überweisungszeugnisse) sowie den §§ 42, 74 SchiffRegO für entsprechend anwendbar.

9 **D. Ernennung eines Testamentsvollstreckers, Zeugniserteilung (Abs. 3).** Abs. 3 Satz 1, 1. Alt. erklärt den zukünftigen Testamentsvollstrecker bei seiner Ernennung nach § 2200 BGB zum Muss-Beteiligten (vgl. § 7 Abs. 2 Nr. 2). Eine Hinzuziehung durch das Nachlassgericht kann nach Abs. 3 Satz 2 erfolgen. Das Nachlassgericht hat hier wiederum seine Entscheidung nach pflichtgemäßem Ermessen zu treffen. Ein Beschluss bezüglich der Hinzuziehung ist nicht nötig. Infrage kommen die Erben (Abs. 3 Satz 2 Nr. 1), allerdings nur solche, die durch die Testamentsvollstreckung belastet werden könnten und Mitvollstrecker (Abs. 3 Satz 2 Nr. 2). Eine Hinzuziehung der potenziell belasteten Erben wird in der Regel geboten sein. Zusätzlich eröffnet Abs. 3 Satz 3 den soeben benannten die Möglichkeit, einen Antrag auf Hinzuziehung zu stellen. Auch hier bedarf es einer Information der Antragsberechtigten (§ 7 Abs. 4 Satz 2). Die Ablehnung der Hinzuziehung muss durch Beschluss erfolgen, und kann mittels der sofortigen Beschwerde angegriffen werden (vgl. Rdn. 6).

10 Auch im Verfahren zur Erteilung eines Testamentsvollstreckerzeugnisses ist der Testamentsvollstrecker nach *Abs. 3 Satz 1, 2. Alt.* Muss-Beteiligter. Ist der Nachlassgläubiger gem. §§ 792, 896 ZPO Antragsteller bezüg-

lich der Erteilung eines Testamentsvollstreckerzeugnisses, so ist der Nachlassgläubiger Beteiligter i.S.d. § 7 Abs. 1 (BT-Drucks. 16/6308, S. 278). Auch in diesem Verfahren können die Erben, welche durch die Testamentsvollstreckung belastet sind, von Amts wegen hinzugezogen werden (Abs. 3 Satz 2 Nr. 1). Gleiches gilt für Mitvollstrecker (Abs. 3 Satz 2 Nr. 2). Das Nachlassgericht hat hier wiederum seine Entscheidung nach pflichtgemäßem Ermessen zu treffen. Ein Beschluss bezüglich der Hinzuziehung ist nicht nötig. Auch hier eröffnet Abs. 3 Satz 3 den möglichen Beteiligten die Möglichkeit, nach Abs. 3 Satz 3 einen Antrag auf Hinzuziehung zu stellen. Es bedarf einer Information der Antragsberechtigten (§ 7 Abs. 4 Satz 2) bezüglich ihres Antragsrechts. Die Ablehnung der Hinzuziehung muss durch Beschluss erfolgen und kann mittels der sofortigen Beschwerde angegriffen werden (vgl. Rdn. 6).

E. Sonstige Nachlassverfahren (Abs. 4). Abs. 4 findet nur auf Verfahren Anwendung, die auf Antrag 11 durchzuführen sind. Die in Abs. 4 Satz 1 genannten Personen sind zwingend hinzuzuziehen (Muss-Beteiligte). Nach Abs. 4 Satz 2 können alle übrigen durch das Verfahren unmittelbar Betroffenen nach Ermessen des Gerichts hinzugezogen werden. Auf ihren Antrag hin sind sie gem. Abs. 4 Satz 3 hinzuzuziehen. Richtiger Ansicht nach sind Satz 2 und Satz 3 für alle Antragsverfahren anwendbar und nicht auf die in Abs. 4 Satz 1 Nr. 1–5 genannten Verfahren beschränkt (vgl. Bumiller/*Harders* § 345 Rn. 20). Liegt die Zuständigkeit beim Notar, so erlangt die Vorschrift über § 492 Abs. 1 auch für diesen Bedeutung.

Im Rahmen der Nachlasspflegschaft (Abs. 4 Satz 1 Nr. 1) ist der (zukünftige) Nachlasspfleger zwingend Beteiligter. Gleiches gilt für den antragenden Gläubiger (§ 1961 BGB, § 7 Abs. 4 Satz 1). Nach Satz 2 können 12 bspw. bekannte Miterben oder Testamentsvollstrecker beteiligt werden. Aufgrund der Eilbedürftigkeit eines Verfahrens kann es jedoch sein, dass eine Hinzuziehung nicht geboten ist. Vergleichbares gilt für die Nachlassverwaltung. Hier ist der (zukünftige) Nachlassverwalter Muss-Beteiligter. Als sonstige Beteiligte kommen die unmittelbar betroffenen Erben (bei Antrag durch einen Gläubiger), Testamentsvollstrecker, Vermächtnisnehmer oder Nachlassgläubiger in Betracht.

Im Verfahren zur Entlassung eines Testamentsvollstreckers ist der betroffene Testamentsvollstrecker zwingend Beteiligter (Abs. 4 Satz 1 Nr. 2). Eine Hinzuziehung nach Abs. 4 Satz 2 kommt vor allem für beschwerte 13 Erben, Miterben, Vermächtnisnehmer, Pflichtteilsberechtigte oder Nacherben in Betracht. Ein Testamentsvollstrecker, dessen Amt bereits beendet ist, hat jedoch kein Antragsrecht bezüglich der Entlassung seines Nachfolgers (OLG München ZEV 2011, 651).

Im Rahmen der Bestimmung erbrechtlicher Fristen ist derjenige, dem die Frist gesetzt wird, gem. Abs. 4 14 Satz 1 Nr. 3 Beteiligter. Der Antragsteller ist nach § 7 Abs. 1 beteiligt. Als sonstige unmittelbar Beteiligte (Abs. 4 Satz 2) kommen alle alternativ Antragsberechtigten in Betracht.

Betrifft das Verfahren die Bestimmung oder Verlängerung einer Inventarfrist, so ist der betroffene Erbe 15 gem. Abs. 4 Satz 1 Nr. 4 Beteiligter. Der Antragsteller ist nach § 7 Abs. 1 Beteiligter. In Fällen des § 2008 BGB ist der Ehegatte/Lebenspartner Beteiligter. Andere Antragsberechtigte können nach Abs. 4 Satz 2 hinzugezogen werden.

Muss-Beteiligter bei der Abnahme einer eidesstattlichen Versicherung ist derjenige, der die Versicherung 16 abzugeben hat. Die Vorschrift erfasst jedoch nur solche Versicherungen, die ein Nachlassverfahren darstellen (z.B. §§ 2006, 2008 BGB). Die Muss-Beteiligung erstreckt sich in den Fällen des § 2008 BGB auch auf den Ehegatten/Lebenspartner. Eine Hinzuziehung nach Abs. 4 Satz 2 ist meist unnötig.

F. Information der Antragsberechtigten. Wird Personen in den Absätzen Abs. 1 bis 4 die Möglichkeit er- 17 öffnet, einen Antrag auf Hinzuziehung zum Nachlassverfahren zu stellen, so müssen diese, um ihr Recht ausüben zu können, Kenntnis von dem Verfahren erlangen. § 7 Abs. 4 Satz 1 normiert eine solche Informationspflicht ihnen gegenüber zumindest insoweit, als sie dem Gericht bekannt sind. Ob das Gericht darüber hinaus auch eine wirkliche Ermittlungspflicht trifft, ist umstritten. Bejaht wird überwiegend eine im Lichte von Art. 103 Abs. 1 GG (rechtliches Gehör) und Art. 20 Abs. 3 GG (faires Verfahren) gebotene, durch den Verhältnismäßigkeitsmaßstab eingeschränkte (Verfahrensökonomie, zeitiger Rechtsschutz) Ermittlungspflicht (vgl. hierzu OLG Köln FGPrax 2009, 287, Prütting/Helms/*Fröhler* § 345 Rn. 14, Keidel/*Zimmermann* § 345 Rn. 147). Entsprechende Verpflichtungen und Problematiken ergeben sich über § 492 Abs. 1 auch für den ggf. zuständigen Notar.

Unterabschnitt 2. Verwahrung von Verfügungen von Todes wegen

§ 346 Verfahren bei besonderer amtlicher Verwahrung. (1) Die Annahme einer Verfügung von Todes wegen in besondere amtliche Verwahrung sowie deren Herausgabe ist von dem Richter anzuordnen und von ihm und dem Urkundsbeamten der Geschäftsstelle gemeinschaftlich zu bewirken.
(2) Die Verwahrung erfolgt unter gemeinschaftlichem Verschluss des Richters und des Urkundsbeamten der Geschäftsstelle.
(3) Dem Erblasser soll über die in Verwahrung genommene Verfügung von Todes wegen ein Hinterlegungsschein erteilt werden; bei einem gemeinschaftlichen Testament erhält jeder Erblasser einen eigenen Hinterlegungsschein, bei einem Erbvertrag jeder Vertragschließende.

Übersicht

	Rdn.		Rdn.
A. Allgemeines	1	D. Hinterlegungsschein (Abs. 3)	6
B. Annahme zur Verwahrung und Herausgabe (Abs. 1)	3	E. Rückgabe	7
		F. Rechtsmittel	11
C. Verwahrung (Abs. 2)	5	G. Kosten	12

1 **A. Allgemeines.** Die Vorschrift erfasst alle Arten von Verfügungen von Todes wegen (auch Erbverträge) und regelt deren besondere amtliche Verwahrung. Diese dient der sicheren Aufbewahrung, dem Schutz vor Manipulation und der Geheimhaltung ggü. Dritten. Abs. 1 der Vorschrift regelt die funktionelle Zuständigkeit für die Anordnung und Bewirkung für Annahme und Herausgabe. Abs. 2 regelt die funktionelle Zuständigkeit für die Verwahrung und den gemeinschaftlichen Verschluss. Die Erteilung von Hinterlegungsscheinen ist in Abs. 3 geregelt.

2 Ob die letztwillige Verfügung freiwillig oder aufgrund einer entsprechenden Pflicht in besondere amtliche Verwahrung gegeben wurde, ist unerheblich. Der länger Lebende kann auch ein zuvor nicht amtlich verwahrtes gemeinschaftliches Testament nach dem Tod des Erstversterbenden erstmals (nachträglich) in besondere amtliche Verwahrung bringen (Palandt/*Edenhofer* [60. Aufl.], § 2273 BGB a.F. Rn. 6). Eine persönliche Ablieferung ist nicht notwendig.

3 **B. Annahme zur Verwahrung und Herausgabe (Abs. 1).** Nach Abs. 1 wird die Annahme einer Verfügung von Todes wegen in die besondere amtliche Verwahrung durch den Richter angeordnet. Soweit keine abweichende Landesvorschrift besteht, welche die Aufgabe dem Urkundsbeamten der Geschäftsstelle überträgt (§ 36b Abs. 1 Satz 1 Nr. 1 RPflG), ist in der Praxis nach § 3 Nr. 2 Buchst. c) RPflG meist der Rechtspfleger für diese Aufgaben zuständig. Bei öffentlich errichteten Verfügungen von Todes wegen (vor Notar, Bürgermeister oder Konsularbeamten) hat die Urkundsperson nach § 34 Abs. 1 Satz 4 BeurkG unverzüglich die besondere amtliche Verwahrung zu veranlassen.

4 Die örtliche Zuständigkeit ist in § 344 geregelt. § 344 Abs. 1 Satz 2 eröffnet dem Erblasser die Möglichkeit, die Verwahrung bei einem anderen Gericht zu verlangen. Sachlich ist das Amtsgericht zuständig (§ 23a GVG). Die Annahmeanordnung stellt keine Endentscheidung dar, § 38 ist nicht anwendbar. Mängel in der Form lassen die Annahmepflicht unberührt. Eine Prüfungspflicht hinsichtlich der Wirksamkeit der letztwilligen Verfügung besteht auch bei offensichtlichen Mängeln nicht.

5 **C. Verwahrung (Abs. 2).** Nach Abs. 2 erfolgt die Verwahrung unter gemeinschaftlichem Verschluss von Richter und Urkundsbeamten der Geschäftsstelle. In der Praxis wird der Richter nicht tätig, da die Angelegenheit nach § 3 Nr. 2 Buchst. c) RPflG dem Rechtspfleger übertragen ist. Rechtspfleger und Urkundsbeamter werden somit gemeinschaftlich tätig. Bei einer landesrechtlichen Übertragung auf einen Urkundsbeamten nach § 36b Abs. 1 Satz 1 Nr. 1 RPflG müssen zwei Urkundsbeamten tätig werden (Keidel/*Zimmermann* § 346 Rn. 8). Der Ablauf wird im Einzelnen durch § 27 AktO geregelt. Das Geburtsstandesamt/die Hauptkartei für Testamente wird über die Verwahrung unterrichtet (§ 347). Seit dem 01.01.2012 werden die Verwahrangaben nur noch im Zentralen Testamentsregister der Bundesnotarkammer in Berlin elektronisch gespeichert (§§ 78 Abs. 2, 78b BNotO). Innerhalb der nächsten 6 Jahre werden die Verwahrangaben aus den lokalen

Testamentsverzeichnissen und aus der Hauptkartei in das Zentrale Testamentsregister überführt. Näheres bestimmt das Testamentsverzeichnis-Überführungsgesetz vom 22.12.2010 (BGBl. I S. 2255, 2258).

D. Hinterlegungsschein (Abs. 3). Die Soll-Vorschrift des Abs. 3 regelt, dass einem Erblasser (unabhängig davon, ob er danach verlangt hat) ein Hinterlegungsschein erteilt werden soll. Handelt es sich um ein gemeinschaftliches Testament, so sind zwei Hinterlegungsscheine zu erteilen. Bei einem Erbvertrag richtet sich die Anzahl der zu erteilenden Scheine nach der Anzahl der Vertragsparteien. Inhaltlich besteht der Hinterlegungsschein aus einer Abschrift des Eintragungsvermerks im Verwahrungsbuch (§ 27 Abs. 6 AktO). 6

E. Rückgabe. Der Erblasser kann jederzeit die Rückgabe der Verfügung von Todes wegen aus der amtlichen Verwahrung verlangen. Bei einem gemeinschaftlichen Testament kann die Rückgabe (§ 2272 BGB) nur von beiden Ehegatten/eingetragenen Lebenspartnern, beim Erbvertrag nur von den Vertragsparteien gemeinschaftlich verlangt werden. Die Rückgabe kann nur persönlich erfolgen. Eine Stellvertretung und Postübersendung ist ausgeschlossen. 7

Die Rückgabe eines notariellen Testaments stellt eine Verfügung von Todes wegen dar. Die Rückgabe eines notariellen Testaments (§ 2232 BGB) oder Bürgermeister-Testaments (§ 2249 BGB) aus der amtlichen Verwahrung gilt als deren Widerruf (§ 2256 Abs. 1 BGB). Der Erblasser soll hierüber belehrt werden (§ 2256 Abs. 1 Satz 2 BGB). Die bloße Einsichtnahme durch den Erblasser bzw. eine Erbvertragspartei stellt indes keinen Widerruf der Verfügung von Todes wegen dar. Kommt der Rückgabe aufgrund einer Fiktion des Widerrufs materiell-rechtliche Wirkung zu, so muss der die Rückgabe verlangende Erblasser hierfür testierfähig sein (BayObLG MittBayNot 2005, 510). Der Rechtspfleger hat sich somit neben der Klärung der Identität des Erblassers auch mit dessen Testierfähigkeit zu befassen. Zweifel bezüglich Letzterem sind in der Niederschrift zu vermerken. Bei offensichtlicher Testierunfähigkeit kann die Herausgabe abgelehnt werden (OLG Köln FGPrax 2013, 216; Keidel/*Zimmermann* § 346 Rn. 17). 8

Die Rückgabe aus der besonderen amtlichen Verwahrung wird durch den Rechtspfleger (§ 36b Abs. 1 Nr. 1 RPflG) und den Urkundsbeamten der Geschäftsstelle gemeinsam vorgenommen (keine Endentscheidung i.S.d. § 38). Einzelheiten werden wiederum durch § 27 AktO geregelt. Der Rechtspfleger hat die Identität desjenigen zu prüfen, der die Rückgabe verlangt. 9

Bei Versterben des Erblassers hat das Gericht das Testament nach §§ 344 Abs. 6, 348 zu eröffnen und ggf. an das nach § 343 örtlich zuständige Nachlassgericht zu übermitteln. 10

F. Rechtsmittel. Sollte die Verwahrung, Herausgabe oder Einsichtnahme abgelehnt werden, so kann der Erblasser hiergegen nach § 11 Abs. 1 RPflG, §§ 58 ff. Beschwerde einlegen. Ist der Urkundsbeamte zuständig, so ist zunächst das Rechtsmittel der Erinnerung nach § 573 Abs. 1 ZPO zum Nachlassrichter einzulegen (Keidel/*Zimmermann* § 346 Rn. 21). Bei der Verweigerung der Annahme, nicht aber bei Verweigerung der Herausgabe, ist auch der nach § 34 BeurkG abliefernde Notar beschwerdeberechtigt (MüKoFamFG/*Muscheler* § 346 Rn. 18; a.A. Staudinger/*Baumann* 2003 § 2258b Rn. 22). 11

G. Kosten. Für die Annahme in besondere amtliche Verwahrung wird nach neuer Rechtslage eine pauschale Gebühr nach Nr. 12100 KV GNotKG erhoben. Für Altfälle gelten die §§ 101, 103 Abs. 1, 46 Abs. 4 KostO. Hingegen sind Einsicht in eine sich in besonderer amtlicher Verwahrung befindliche Verfügung von Todes wegen und deren Rück- und Herausgabe kostenfrei. Auch der Versand der Verfügung von Todes wegen nach dem Tod des Erblassers an das nach § 343 örtlich zuständige Nachlassgericht ist gebührenfrei. 12

§ 347 Mitteilung über die Verwahrung.

(1) ¹Nimmt das Gericht ein eigenhändiges Testament oder ein Nottestament in die besondere amtliche Verwahrung, übermittelt es unverzüglich die Verwahrangaben im Sinne von § 78b Absatz 2 Satz 2 der Bundesnotarordnung elektronisch an die das Zentrale Testamentsregister führende Registerbehörde. ²Satz 1 gilt entsprechend für eigenhändige gemeinschaftliche Testamente und Erbverträge, die nicht in besondere amtliche Verwahrung genommen worden sind, wenn sie nach dem Tod des Erstverstorbenen eröffnet wurden und nicht ausschließlich Anordnungen enthalten, die sich auf den mit dem Tod des Erstverstorbenen eingetretenen Erbfall beziehen.

(2) Wird ein gemeinschaftliches Testament oder ein Erbvertrag nach § 349 Absatz 2 Satz 2 und Absatz 4 erneut in die besondere amtliche Verwahrung genommen, so übermittelt das nach § 344 Absatz 2

§ 347

oder Absatz 3 zuständige Gericht die Verwahrangaben an die das Zentrale Testamentsregister führende Registerbehörde, soweit vorhanden unter Bezugnahme auf die bisherige Registrierung.
(3) Wird eine in die besondere amtliche Verwahrung genommene Verfügung von Todes wegen aus der besonderen amtlichen Verwahrung zurückgegeben, teilt das verwahrende Gericht dies der Registerbehörde mit.
(4) ¹Die bei den Standesämtern und beim Amtsgericht Schöneberg in Berlin bestehenden Verzeichnisse über die in amtlicher Verwahrung befindlichen Verfügungen von Todes wegen werden bis zur Überführung in das Zentrale Testamentsregister nach dem Testamentsverzeichnis-Überführungsgesetz von diesen Stellen weitergeführt. ²Erhält die das Testamentsverzeichnis führende Stelle Nachricht vom Tod des Erblassers, teilt sie dies der Stelle mit, von der die Verwahrungsnachricht stammt, soweit nicht die das Zentrale Testamentsregister führende Registerbehörde die Mitteilungen über Sterbefälle nach § 4 Absatz 1 des Testamentsverzeichnis-Überführungsgesetzes bearbeitet. ³Die Landesregierungen erlassen durch Rechtsverordnung Vorschriften über Art und Umfang der Mitteilungen nach Satz 2, über den Inhalt der Testamentsverzeichnisse sowie die Löschung der in den Testamentsverzeichnissen gespeicherten Daten. ⁴Die Verwendung der Daten ist auf das für die Wiederauffindung der Verfügung von Todes wegen unumgänglich Notwendige zu beschränken. ⁵Die Fristen für die Löschung der Daten dürfen die Dauer von fünf Jahren seit dem Tod des Erblassers nicht überschreiten; ist der Erblasser für tot erklärt oder der Todeszeitpunkt gerichtlich festgelegt worden, sind die Daten spätestens nach 30 Jahren zu löschen.
(5) ¹Die Mitteilungen nach Absatz 4 Satz 2 können elektronisch erfolgen. ²Die Landesregierungen bestimmen durch Rechtsverordnung den Zeitpunkt, von dem an Mitteilungen in ihrem Bereich elektronisch erteilt und eingereicht werden können, sowie die für die Bearbeitung der Dokumente geeignete Form.
(6) Die Landesregierungen können die Ermächtigungen nach Absatz 4 Satz 3 und Absatz 5 Satz 2 durch Rechtsverordnung auf die Landesjustizverwaltungen übertragen.

Übersicht

	Rdn.		Rdn.
A. Allgemeines	1	D. Besondere amtliche Weiterverwahrung von gemeinschaftlichem Testament und Erbvertrag (Abs. 2)	8
B. Besondere amtliche Verwahrung durch die Gerichte (Abs. 1 Satz 1)	3	E. Rückgabe aus der besonderen amtlichen Verwahrung (Abs. 3)	9
C. Zunächst nicht besonders amtlich verwahrte gemeinschaftliche Testamente und Erbverträge (Abs. 1 Satz 2)	7	F. Form der Mitteilungen (Abs. 5)	10
		G. Rechtsverordnungen und Übergangsregelungen (Abs. 4 und 6)	11

1 **A. Allgemeines.** Die Norm regelt die Registrierung von Verfügungen von Todes wegen sowie die Information über in besondere amtliche Verwahrung gegebene Verfügungen von Todes wegen. Das Regelungssystem soll dabei helfen, Verfügungen von Todes wegen und Erbverträge nach dem Tod des Erblassers aufzufinden. Privat verwahrte Testamente unterfallen keinem derartigen Regelungssystem. Durch das Gesetz zur Modernisierung des Benachrichtigungswesens in Nachlasssachen, die Einführung eines zentralen Testamentsregisters und die Fristverlängerung nach der Hofraumverordnung (G. v. 22.12.2010, BGBl. I 2255) wurde die Vorschrift mit Wirkung ab dem 01.01.2012 überarbeitet. Die Abs. 1 bis 3 wurden neu gefasst, Abs. 4 ergänzt und die Vorschrift im Übrigen redaktionell überarbeitet.

2 Die Norm stellt die Gesetzesgrundlage für die Schaffung eines einheitlichen Melde- und Registrierungssystems von Verfügungen von Todes wegen dar. Durch die Novelle wird ein bundeseinheitliches zentrales Testamentsregister unter Führung der Bundesnotarkammer geschaffen. Die Novelle dient einer weiteren Effektivierung und Beschleunigung der Übermittlung und des Auffindens erbrechtsrelevanter Daten.

3 **B. Besondere amtliche Verwahrung durch die Gerichte (Abs. 1 Satz 1).** Abs. 1 Satz 1 normiert die Verpflichtung der verwahrenden Gerichte, die Verwahrangaben unverzüglich zu übermitteln. Die Übermittlung ist jedoch keine Wirksamkeitsvoraussetzung für die Verfügung von Todes wegen (*Diehn* NJW 2011, 481). Die Übermittlungspflicht des beurkundenden Notars ergibt sich aus § 34a Abs. 1, Abs. 2 BeurkG, Für die Konsularbeamten aus § 10 Abs. 3 KonsG.

Die Regelung erfasst primär eigenhändige, freiwillig in die besondere amtliche Verwahrung gegebene Einzel- oder gemeinschaftliche Testamente. Verfügungen von Todes wegen, die sich nicht in besonderer amtlicher Verwahrung befinden, sind nicht erfasst. Aufgrund der geringen Fehleranfälligkeit wurde davon abgesehen, eine gerichtliche Übermittlungspflicht auch für notariell beurkundete Verfügungen zu normieren (vgl. BT-Drucks. 17/2583, S. 22). Weiterhin ist Abs. 1 Satz 1 auch auf Nottestamente und Bürgermeister-Testamente anwendbar. Einschlägig ist die Regelung auch für gemeinschaftliche Testamente und Erbverträge, die sich zunächst nicht in besonderer amtlicher Verwahrung befunden haben, wenn sie nach dem Tod des Erstversterbenden durch den Längerlebenden erstmalig in besondere amtliche Verwahrung gebracht wurden (Prütting/Helms/*Fröhler* § 347 Rn. 17 f.). 4

Die neue zuständige zentrale Registerbehörde ist nach § 78 Abs. 2 Satz 1 BNotO die Bundesnotarkammer. 5

Der Inhalt der nötigen Verwahrangaben ergibt sich aus § 78b Abs. 2 Satz 2 BNotO. Die Angaben müssen zum Auffinden der erbfolgerelevanten Urkunden erforderlich sein. Inhaltliche Angaben werden nicht übermittelt. Die Übermittlung selbst erfolgt elektronisch. 6

C. Zunächst nicht besonders amtlich verwahrte gemeinschaftliche Testamente und Erbverträge (Abs. 1 Satz 2). Abs. 1 Satz 2 erklärt Abs. 1 Satz 1 für gemeinschaftliche Testamente und Erbverträge, welche nicht in besondere amtliche Verwahrung gegeben wurden, als entsprechend anwendbar (bei besonderer amtlicher Verwahrung gilt Abs. 1 Satz 1). Dies gilt jedoch nur für den Fall, dass das Testament oder der Erbvertrag nicht ausschließlich Anordnungen erhält, die sich auf den Todesfall des Verstorbenen beziehen (z.B. weil die anderen Anordnungen gegenstandslos geworden sind, wie etwa bei einer bloßen gegenseitigen Erbeinsetzung). Nur falls auch Anordnungen für den Erbfall des Letztversterbenden enthalten sind, ist Abs. 1 Satz 1 entsprechend anwendbar. 7

D. Besondere amtliche Weiterverwahrung von gemeinschaftlichem Testament und Erbvertrag (Abs. 2). Abs. 2 findet auf Fälle gemeinschaftlicher Testamente und Erbverträge Anwendung, welche sich bereits vor dem Tod des Erstversterbenden in besonderer amtlicher Verwahrung befunden haben, auch Anordnungen für den Tod des Letztversterbenden enthalten und nach dem Tod des Erstversterbenden wieder in besonderer amtlicher Verwahrung verbleiben sollen. Das erneut oder neu verwahrende Gericht hat in diesem Fall die Verwahrangaben an die Registerbehörde zu melden. Sollte bereits eine zentrale Registrierung bestehen (bezüglich der ersten besonderen amtlichen Verwahrung vor dem Tod des Erstversterbenden), so hat das Gericht in seiner Mitteilung auf diese Registrierung Bezug zu nehmen. 8

E. Rückgabe aus der besonderen amtlichen Verwahrung (Abs. 3). Der Registerbehörde ist nach Abs. 3 i.V.m. § 4 Abs. 2 ZTRV die Rückgabe einer Verfügung von Todes wegen aus der besonderen amtlichen Verwahrung mitzuteilen. Ob die Rückgabe der Verfügung von Todes wegen Einfluss auf deren Wirksamkeit hat, ist für die Mitteilungspflicht unerheblich. Die Mitteilung ist somit nicht nur dann nötig, wenn die Verfügung von Todes wegen aufgrund der Rückgabe als widerrufen gilt (z.B. § 2232 BGB oder § 2249 BGB i.V.m. § 2256 Abs. 1 Satz 1 BGB), sondern auch bei eigenhändigen Testamenten oder Dreizeugen-Testamenten. 9

F. Form der Mitteilungen (Abs. 5). Nach Abs. 5 können die entsprechenden Mitteilungen auch elektronisch erfolgen. Den Landesregierungen wird jedoch die Möglichkeit eröffnet, durch Rechtsverordnung zu bestimmen, ab wann und in welcher Form derartige elektronische Mitteilungen erfolgen können. 10

G. Rechtsverordnungen und Übergangsregelungen (Abs. 4 und 6). Die Standesämter und das AG Schöneberg führen ihre Verzeichnisse bis zur vollständigen Überführung dieser in das zentrale Testamentsregister der Bundesnotarkammer fort. Ist dieser Vorgang abgeschlossen, sind die Regelungen der Abs. 4 bis 6 bedeutungslos. 11

Seit dem 01.01.2012 werden die Verwahrangaben von den verwahrenden Gerichten (nach Abs. 1 bis 3 und bei erbfolgerelevanten Vergleichen nach § 78b Abs. 4 BNotO) und den beurkundenden Notaren (§ 34a Abs. 1 bis 2 BeurkG) nach § 2 ZTRV nur noch an das Zentrale Testamentsregister übermittelt. 12

Die Registerbehörde ist weiterhin gem. § 78c BNotO mittels Sterbefallmitteilung (§ 6 ZTRV) über den Tod *eines Erblasser zu informieren*, wobei diese sodann das Register nach relevanten Verwahrangaben durchsucht und das zuständige Nachlassgericht sowie die verwahrenden Stellen informiert. Sind im Register keine Verwahrangaben enthalten, so ergeht eine Negativmitteilung. Die durch die Notarkammern gepflegten Notarverzeichnisse gewährleisten bei notariellen Verwahrstellen eine aktuelle Überprüfungsmöglichkeit (*Diehn* NJW 2011, 481). 13

14 Die Standesämter und das AG Schöneberg benachrichtigen die Verwahrstellen über den Tod des Erblassers auch über den 01.01.2012 hinaus und zwar so lange, bis die Bearbeitung der Sterbefälle durch das Zentrale Testamentsregister übernommen wurde (Abs. 4 Satz 2). Eine Übernahme soll nach § 4 Abs. 1 TVÜG für all die Fälle erfolgen, deren Beurkundung oder Aufnahme als Hinweis weniger als 8 Tage vor dem Übernahmestichtag i.S.v. § 2 Abs. 1 TVÜG wirksam wurde.

15 Abs. 4 Satz 3 bis 5 verpflichtet die Landesregierungen zur genaueren Ausgestaltung der in § 347 rahmenmäßig vorgegebenen Kriterien betreffend Erhebung, Verwendung und Löschung der Daten im Zusammenhang mit den Testamentsverzeichnissen. Der Umfang der Daten ist auf das zum Wiederauffinden Nötige zu beschränken. Hierbei sind verfassungsmäßige Vorgaben zu beachten (z.B. Recht auf informationelle Selbstbestimmung). Sie sind spätestens 5 Jahre nach dem Tod des Erblassers zu löschen (30 Jahre bei Toterklärung oder gerichtlicher Festlegung des Todeszeitpunkts).

16 Abs. 5 ermöglicht es den Landesregierungen, Regelungen zu einer elektronischen Übermittlung zu erlassen, wobei genaue Angaben zur Sicherung oder dem zeitlichen Ablauf fehlen.

17 Abs. 6 eröffnet den Landesregierungen die Möglichkeit, die Ermächtigungen nach Abs. 4 Satz 3 und Abs. 5 Satz 2 auf die Landesjustizverwaltung zu übertragen.

Unterabschnitt 3. Eröffnung von Verfügungen von Todes wegen

§ 348 Eröffnung von Verfügungen von Todes wegen durch das Nachlassgericht.

(1) ¹Sobald das Gericht vom Tod des Erblassers Kenntnis erlangt hat, hat es eine in seiner Verwahrung befindliche Verfügung von Todes wegen zu eröffnen. ²Über die Eröffnung ist eine Niederschrift aufzunehmen. ³War die Verfügung von Todes wegen verschlossen, ist in der Niederschrift festzustellen, ob der Verschluss unversehrt war.

(2) ¹Das Gericht kann zur Eröffnung der Verfügung von Todes wegen einen Termin bestimmen und die gesetzlichen Erben sowie die sonstigen Beteiligten zum Termin laden. ²Den Erschienenen ist der Inhalt der Verfügung von Todes wegen mündlich bekannt zu geben. ³Sie kann den Erschienenen auch vorgelegt werden; auf Verlangen ist sie ihnen vorzulegen.

(3) ¹Das Gericht hat den Beteiligten den sie betreffenden Inhalt der Verfügung von Todes wegen schriftlich bekannt zu geben. ²Dies gilt nicht für Beteiligte, die in einem Termin nach Absatz 2 anwesend waren.

Übersicht

	Rdn.		Rdn.
A. Allgemeines	1	E. Schriftliche Bekanntgabe (Abs. 3)	9
B. Eröffnung (Abs. 1 Satz 1)	3	F. Beteiligte	11
C. Niederschrift (Abs. 1 Satz 2)	6	G. Rechtsbehelfe	13
D. Termin zur Eröffnung (Abs. 2)	7		

1 **A. Allgemeines.** Die Bestimmung übernimmt den Inhalt der bisherigen §§ 2260 und 2262 BGB. Sie stellt die schriftliche Eröffnung der Bekanntgabe unter Anwesenheit gleich und trägt somit der Tatsache Rechnung, dass die sog. »stille Eröffnung« in der Praxis den Regelfall darstellt. Die Norm regelt allgemein die Eröffnung von Verfügungen von Todes wegen. Abweichende, spezielle Regelungen finden sich jedoch in § 349 für Erbverträge und gemeinschaftliche Testamente sowie in § 350 für die Eröffnung durch ein anderes Gericht. Primärer Zweck der Vorschrift ist die schnelle und zuverlässige Information der Beteiligten über den Inhalt der Verfügung von Todes wegen.

2 Die örtliche Zuständigkeit ist in den §§ 343, 344 geregelt. Nach § 343 Abs. 1 ist grundsätzlich das Gericht am gewöhnlichen Aufenthalt des Erblassers zuständig. Hatte jedoch ein anderes Gericht die Verfügung von Todes wegen in Verwahrung, so ist dieses nach § 344 Abs. 6 auch für die Eröffnung zuständig. Sachlich ist das Nachlassgericht zuständig (vgl. § 342 Abs. 1 Nr. 3, § 23a Abs. 2 Nr. 2 GVG; in Ausnahmefällen nach § 11 Abs. 3 KonsG der Konsularbeamte). Funktionell ist nach § 3 Nr. 2 Buchst. c) RPflG der Rechtspfleger

zuständig. Für die Wirksamkeit der Eröffnung ist die örtliche Zuständigkeit ohne Bedeutung, § 2 Abs. 3 (Keidel/*Zimmermann* § 348 Rn. 4).

B. Eröffnung (Abs. 1 Satz 1). Abs. 1 Satz 1 normiert die Pflicht der Nachlassgerichte, von Amts wegen Verfügungen von Todes wegen, die sich in ihrer Verwahrung befinden, zu eröffnen. § 345 ist insofern nicht einschlägig.

Nach Satz 1 sind sowohl Verfügungen von Todes wegen, die sich in einfacher, als auch solche, die sich in besonderer amtlicher Verwahrung des eröffnenden Gerichts befinden, zu eröffnen. Nur wenn sicher ausgeschlossen werden kann, dass eine Verfügung von Todes wegen vorliegt, kann eine Eröffnung unterbleiben (vgl. OLG Hamm Rpfleger 1983, 252). Auch bei Zweifel an der Testierfähigkeit oder einem ungewöhnlichen Erscheinungsbild (Brief) ist im Zweifel zu eröffnen. Die Eröffnung ermöglicht erst die Prüfung der Wirksamkeit. Bereits die bloße, auch nur entfernte Möglichkeit des Vorliegens eines Testaments ist dabei ausreichend (OLG Frankfurt am Main FuR 2015, 553 f.) Auch widerrufene Testamente sind zu eröffnen, da der Widerruf des Widerrufs möglich ist (KG FamRZ 2002, 1578). Die genaue Prüfung der Wirksamkeit ist dem späteren Nachlassverfahren vorbehalten. Folglich ist die Verfügung auch inhaltlich vollständig zu eröffnen, also auch mit Streichungen etc. Die Eröffnung der Verfügung von Todes wegen setzt die Ausschlagungsfrist des §§ 1944 Abs. 2 Satz 2, 2306 Abs. 1 Halbs. 2 BGB in Gang.

Für eine Eröffnung ist es zunächst nötig, dass das Nachlassgericht Kenntnis vom Ableben des Erblassers erlangt. Dies geschieht in der Regel durch eine entsprechende Benachrichtigung durch die Registerbehörde des Zentralen Testamentsregisters, § 78c Satz 3 BNotO. Die Eröffnung selbst hat so rasch wie möglich zu erfolgen. Durch die Etablierung des Zentralen Testamentsgerichts kommt der früheren Gebührenproblematik, wenn nach und nach neue Verfügungen von Todes wegen bekannt werden, nur noch eine geringe Bedeutung zu.

C. Niederschrift (Abs. 1 Satz 2). Die Sätze 2 und 3 regeln sowohl für die Eröffnung unter Anwesenden als auch für die stille Eröffnung die Erstellung einer Niederschrift. Ob die Beteiligten bei der Eröffnung unter Anwesenden tatsächlich erschienen sind, ist ohne Belang. War die Verfügung von Todes wegen verschlossen, so muss nach Abs. 1 Satz 3 in der Niederschrift eine Feststellung enthalten sein, ob der Verschluss unversehrt war. Zudem sind auch die weiteren relevanten Tatsachen wie Ort, Tag, Erblasser und Gegenstand mit aufzunehmen.

D. Termin zur Eröffnung (Abs. 2). Das Gericht entscheidet nach seinem Ermessen, ob es einen Termin zur Eröffnung der letztwilligen Verfügung ansetzt oder ob es nach Abs. 3 eröffnet. In der Praxis ist die Eröffnung nach Abs. 3 zum Regelfall geworden (BT-Drucks. 16/6308, S. 279).

Gleichfalls steht es im Ermessen des Gerichts, ob die Verfügung von Todes wegen vorgelesen oder geschildert wird, oder ob sie den Beteiligten zur Durchsicht vorgelegt wird. Sollte die Vorlage verlangt werden, so muss dem gem. Abs. 2 Satz 2 Halbs. 2 nachgekommen werden. Eine Herausgabe kommt nicht in Betracht. Für Erschienene ist eine schriftliche Bekanntgabe nach Abs. 3 nicht möglich. Sie können jedoch über § 13 Abs. 3 (Akteneinsichtsrecht) Abschriften verlangen.

E. Schriftliche Bekanntgabe (Abs. 3). Da die Beteiligung aller, und somit auch die der nicht anwesenden Beteiligten, zwingend ist, hat das Gericht diesen den sie betreffenden Inhalt der Verfügung von Todes wegen nach Abs. 3 schriftlich bekannt zu geben. Hat sich das Gericht für eine »stille Eröffnung« nach Abs. 3 entschieden, muss die schriftliche Bekanntgabe somit allen Beteiligten gegenüber erfolgen. Wurde jedoch ein Termin anberaumt, so hat den bei diesem Termin anwesenden Beteiligten gegenüber keine schriftliche Bekanntgabe zu erfolgen, Abs. 3 Satz 2.

Die schriftliche Bekanntgabe ist aufgrund des Geheimhaltungsinteresses des Erblassers auf die Teile der Verfügung von Todes wegen zu beschränken, die den jeweiligen Beteiligten betreffen. Entsprechendes gilt für Verfügungen in gemeinschaftlichen Testamenten oder Erbverträgen, soweit sie sonderungsfähig sind und ein Geheimhaltungsinteresses des überlebenden Teils besteht.

F. Beteiligte. Die Beteiligteneigenschaft richtet sich nach § 7. Als Beteiligte kommen alle Personen in Betracht, deren Rechtsposition unmittelbar beeinflusst wird (BayObLGZ 1979, 340), insbesondere als (Ersatz-) Erben eingesetzte Personen und enterbte Personen, Nacherben, Ersatznacherben und potenzielle Vermächtnisnehmer. Es ist hierbei ausreichend, dass sich die Veränderung der Rechtsposition bspw. aus widerrufenen Verfügungen ergibt. Die Beteiligteneigenschaft ist somit anhand aller Verfügungen von Todes wegen zu beurteilen, wobei es ohne Bedeutung ist, ob es sich um nichtige oder widerrufene Verfügungen handelt (BayObLG NJW 1990, 128).

12 Die Ermittlung der Beteiligten hat von Amts wegen zu erfolgen. Bei Schwierigkeiten oder Zweifeln sind »gehörige« Ermittlungen anzustellen (BayObLG MDR 1980, 141), § 26. Die bekannten Beteiligten sind zu einer Mitwirkung nicht verpflichtet. Sind Erben nicht zu festzustellen, ist eine Nachlasspflegschaft nach § 1960 Abs. 1 BGB anzuordnen, jedoch nicht ausschließlich zum Zwecke der Ermittlung der Erben.

13 **G. Rechtsbehelfe.** Wird die Eröffnung abgelehnt, so kann hiergegen Beschwerde erhoben werden, § 58 i.V.m. § 11 RPflG. Eine Beschwerde gegen eine bereits erfolgte Eröffnung ist mangels Rechtsschutzinteresses nicht möglich.

14 Problematisch ist, ob auch die Mitteilung der Absicht, einen Erbvertrag oder ein gemeinschaftliches Testament schon beim ersten Erbfall vollständig bekanntzumachen, beschwerdefähig ist. Richtigerweise ist dies zu bejahen. Es handelt sich insofern nicht lediglich um eine bloße Zwischenentscheidung, sondern um eine Endentscheidung. Die Rechtsschutzmöglichkeit ist allgemein anerkannt, die Begründungen differieren jedoch (vgl. nur OLG Schleswig ZErb 2013, 37; Keidel/*Zimmermann* § 348 Rn. 79; BeckOK/*Schlögel* § 348 Rn. 20; a.A. Bumiller/*Harders* § 348 Rn. 23).

§ 349 Besonderheiten bei der Eröffnung von gemeinschaftlichen Testamenten und Erbverträgen.

(1) Bei der Eröffnung eines gemeinschaftlichen Testaments sind die Verfügungen des überlebenden Ehegatten oder Lebenspartners, soweit sie sich trennen lassen, den Beteiligten nicht bekannt zu geben.
(2) ¹Hat sich ein gemeinschaftliches Testament in besonderer amtlicher Verwahrung befunden, ist von den Verfügungen des verstorbenen Ehegatten oder Lebenspartners eine beglaubigte Abschrift anzufertigen. ²Das Testament ist wieder zu verschließen und bei dem nach § 344 Abs. 2 zuständigen Gericht erneut in besondere amtliche Verwahrung zurückzubringen.
(3) Absatz 2 gilt nicht, wenn das Testament nur Anordnungen enthält, die sich auf den Erbfall des erstversterbenden Ehegatten oder Lebenspartners beziehen, insbesondere wenn das Testament sich auf die Erklärung beschränkt, dass die Ehegatten oder Lebenspartner sich gegenseitig zu Erben einsetzen.
(4) Die Absätze 1 bis 3 sind auf Erbverträge entsprechend anzuwenden.

Übersicht

	Rdn.		Rdn.
A. Allgemeines	1	D. Erbvertrag (Abs. 4)	11
B. Bekanntgabe der Verfügung (Abs. 1)	2	E. Kosten	12
C. Abschrift und erneute amtliche Verwahrung (Abs. 2 und 3)	8	F. Rechtsmittel	15

1 **A. Allgemeines.** Die Norm berücksichtigt, dass ein gemeinschaftliches Testament oder ein Erbvertrag auch Verfügungen des Überlebenden enthält und schützt diesbezüglich dessen Geheimhaltungsinteresse (vgl. BVerfG NJW 1994, 2535). Die Regelung nimmt den Inhalt des ehemaligen § 2273 BGB auf.

2 **B. Bekanntgabe der Verfügung (Abs. 1).** Eine Bekanntgabe der letztwilligen Verfügungen gegenüber den Beteiligten erfolgt nur bezüglich der Verfügungen des verstorbenen Ehegatten. Hierfür müssen sie jedoch von den Verfügungen des überlebenden Ehegatten trennbar sein. Ob die Verfügung sofort oder erst nach dem Ende einer ggf. bestehenden fortgesetzten Gütergemeinschaft wirksam wird, ist jedoch nicht entscheidend.

3 Sollten die Verfügungen der Ehegatten nicht trennbar sein, so ist die Bekanntgabe auch auf die Verfügungen des überlebenden Ehegatten zu erstrecken (BGH NJW, 1984, 2098; OLG Schleswig ZErb 2013, 37).

4 Es obliegt dem Nachlassgericht zu entscheiden, ob die Verfügungen voneinander zu trennen sind. Für die Trennbarkeit sind vor allem die sprachliche Fassung und Bezugnahmen entscheidend. Die einzelne Verfügung muss auch ohne Bezugnahme auf die Verfügungen des Anderen verständlich sein (vgl. OLG Schleswig FamRZ 2013, 1069; OLG Zweibrücken ZEV 2003, 82). Anordnungen müssen jeweils einzeln und nicht gemeinschaftlich erfolgen (»*Wir* setzen ...«, »*Unser* Nachlass soll ...« – sind nicht trennbar). Neben direkten Bezugnahmen kann auch eine inhaltliche Untrennbarkeit vorliegen, wenn die Verfügungen ohne

Kenntnis der anderen Verfügung nicht verständlich ist (OLG Schleswig FamRZ 2013, 1069; OLG Zweibrücken ZEV 2003, 82).

Die Bekanntgabe erfasst richtiger Ansicht nach auch diejenigen Verfügungen, die durch das Erstversterben des Erblassers gegenstandslos geworden sind (BGH NJW 1984, 2098). Eine Differenzierung danach, ob eine Verfügung gegenstandslos oder unwirksam ist, ist nicht vorzunehmen. Solche Prüfungen sind dem Erbscheinsverfahren vorzubehalten. Die Verfügungen des Erblassers sind umfassend bekannt zu machen. Dies gilt auch, falls die gegenstandslose/unwirksame Verfügung untrennbar mit einer des Überlebenden verbunden ist (z.B. beiderseitige, inhaltlich verbundene Anordnung bezüglich der Erbfolge nach dem eigenen Todesfall – »Nach dem Tod des Überlebenden soll ...«). 5

Eine Zustimmung des Überlebenden zur Eröffnung seiner Verfügungen ist ohne Bedeutung, da eine Bekanntgabe immer erst erfolgen kann, wenn das Gericht von seinem Tod Kenntnis erlangt hat, § 348 Abs. 1 Satz 1. 6

Nach dem Tod des Letztversterbenden sind dessen Verfügungen, soweit solche bezüglich des zweiten Erbfalles überhaupt vorhanden sind, nach § 348 zu eröffnen. Selbst wenn diese mangels Trennbarkeit schon mit der ersten Eröffnung mitgeteilt wurden, ist eine Eröffnung nötig, da in der ersten Mitteilung noch keine Bekanntgabe liegt (MüKo/*Musielak* [4. Aufl.] § 2273 a.F. Rn. 10). 7

C. Abschrift und erneute amtliche Verwahrung (Abs. 2 und 3). Abs. 2 setzt voraus, dass das Testament auch Anordnungen für den zweiten Erbfall beinhaltet. Befand sich das Testament in besonderer amtlicher Verwahrung, so ist von der nach Abs. 1 eröffneten Verfügung eine beglaubigte Abschrift zu erstellen. Diese Abschrift hat die Verfügung des Erstverstorbenen vollständig wiederzugeben und tritt im Rechtsverkehr an die Stelle der Urschrift. Der Beglaubigungsvermerk muss deutlich werden lassen, dass das Testament keine weiteren Verfügungen des Erblassers enthalten hat. Nach Fertigung der Abschrift ist das Testament wieder zu verschließen und in die besondere amtliche Verwahrung beim für den Nachlass des Erstverstorbenen zuständigen AG zu geben, 344 Abs. 2. 8

Befand sich das gemeinschaftliche Testament vor dem ersten Erbfall nicht in amtlicher Verwahrung, ist es nach der Eröffnung auch nicht in eine solche zu geben, vgl. Abs. 2 Satz 2. Somit ist ein nach § 2259 BGB privat oder ein vom Notar gem. § 34a Abs. 2 Satz 1 BeurkG abgeliefertes Testament nach der Eröffnung in einfacher Aktenverwahrung des Nachlassgerichts zu belassen, es sei denn, der Überlebende hat die besondere amtliche Verwahrung beantragt. 9

Sind in dem eröffneten gemeinschaftlichen Testament nur Anordnungen enthalten, die sich auf den Erbfall des Erstverstorbenen beziehen (z.B. lediglich Einsetzung zu gegenseitigen Erben), so ist eine erneute Eröffnung nach dem Tod des Letztversterbenden sinnlos. Das Testament wird somit nach der Ersteröffnung in einfache Verwahrung genommen und befindet sich somit offen in den Nachlassakten. Eine erneute Eröffnung nach dem Todesfall des Letztversterbenden wird nicht vorgenommen. Sollte unklar sein, ob das Testament Anordnungen für den Erbfall des Letztversterbenden enthält, so ist im Zweifel nach Abs. 2 zu verfahren (OLG Hamm Rpfleger 1975, 25). 10

D. Erbvertrag (Abs. 4). Abs. 4 erklärt die Regelungen der Abs. 1 bis 3 für auf Erbverträge entsprechend anwendbar. Abs. 2 ist anzuwenden, wenn sich der Erbvertrag in besonderer amtlicher Verwahrung befand, andernfalls verbleibt er in einfacher amtlicher Verwahrung. 11

E. Kosten. Für die Eröffnung einer Verfügung von Todes wegen fällt eine Gebühr gem. § 3 Abs. 2 i.V.m. Anlage 1, Nr. 12101 GNotKG an. Das GNotKG ist durch das zweite Gesetz zur Modernisierung des Kostenrechts (2. KostRMoG vom 23.07.2013 – BGBl. I S. 2586) erlassen worden und mit Wirkung zum 01.08.2013 an die Stelle der KostO getreten. Wird wegen der Untrennbarkeit in demselben Termin ein gemeinschaftliches Testament mit Verfügungen auch für den zweiten Erbfall eröffnet, ist die Gebühr des § 3 Abs. 2 i.V.m. Anlage 1, Nr. 12101 GNotKG für jeden Erbfall gesondert zu erheben. 12

Der Wert für die Gebührenberechnung richtet sich gem. § 38 GNotKG nach dem Nachlasswert ohne Abzug der Erbfallschulden. 13

Wird das gemeinschaftliche Testament nur i.S.v. Abs. 2 in die zuvor bestehende, besondere amtliche Verwahrung zurück gegeben, so fällt hierfür keine Gebühr nach § 3 Abs. 2 i.V.m. Anlage 1, Nr. 12100 GNotKG an. Anders jedoch, wenn der Überlebende die besondere amtliche Verwahrung bezüglich eines zuvor lediglich in einfacher amtlicher Verwahrung befindlichen Testaments verlangt. 14

15 **F. Rechtsmittel.** Gegen die (teilweise) Ablehnung der Eröffnung kann nach § 58, § 11 Abs. 1 RPflG Beschwerde eingelegt werden. Gegen eine bereits erfolgte Eröffnung sind mangels Rechtsschutzinteresses keinerlei Rechtsmittel statthaft. Hingegen kann vom Überlebenden gegen die beabsichtigte vollständige (und nicht nur teilweise) Eröffnung Beschwerde eingelegt werden (OLG Köln NJW-RR 2004, 1014), da er hierdurch in seinem Geheimhaltungsinteresse verletzt werden kann.

§ 350 Eröffnung der Verfügung von Todes wegen durch ein anderes Gericht.

Hat ein nach § 344 Abs. 6 zuständiges Gericht die Verfügung von Todes wegen eröffnet, hat es diese und eine beglaubigte Abschrift der Eröffnungsniederschrift dem Nachlassgericht zu übersenden; eine beglaubigte Abschrift der Verfügung von Todes wegen ist zurückzubehalten.

Übersicht	Rdn.		Rdn.
A. Allgemeines	1	D. Kosten	7
B. Verwahrungsgericht	2	E. Rechtsbehelfe	8
C. Nachlassgericht	5		

1 **A. Allgemeines.** Die Vorschrift regelt den weiteren Ablauf nach Eröffnung der letztwilligen Verfügung, wenn die Eröffnung durch ein nach § 344 Abs. 6 zuständiges Gericht erfolgt ist. Sie dient zur Absicherung des Verlustrisikos auf dem Versandweg.

2 **B. Verwahrungsgericht.** Die Zuständigkeit des Verwahrgerichts nach § 344 Abs. 6 ist auf die Eröffnung des verwahrten Testaments begrenzt. Die Norm erfasst sowohl Testamente, die sich in besonderer amtlicher Verwahrung des Gerichts befinden, als auch solche, die lediglich in einfacher Aktenverwahrung sind. Bei einer »stillen Eröffnung« (oder nicht anwesenden Beteiligten) obliegt die Bekanntgabe nach § 348 Abs. 3 Satz 1 dem Nachlassgericht und nicht dem Verwahrgericht (Keidel/*Zimmermann* § 350 Rn. 10; a.A. Bumiller/*Harders* § 350 Rn. 3). Die Ermessensentscheidung zwischen einer »stillen Eröffnung« und dem Ansetzen eines Eröffnungstermins obliegt dem Verwahrgericht. Abgesehen von der Bekanntgabe nach § 348 Abs. 3 Satz 1 wird das Eröffnungsverfahren nach § 348 vom Verwahrgericht durchgeführt.

3 Nach der Eröffnung der Verfügung leitet das Verwahrgericht die eröffnete Verfügung und eine beglaubigte Abschrift der Eröffnungsniederschrift an das nach § 343 allgemein örtlich zuständige Nachlassgericht weiter. Daneben behält das Verwahrgericht eine beglaubigte Abschrift der eröffneten Verfügung von Todes wegen. Dies dient zur Sicherung gegen Verlust, sollte die Urschrift auf dem Versandweg verloren gehen.

4 Verweigert das Verwahrgericht die Versendung, kann sich das Nachlassgericht mangels Verletzung in eignen Rechten nicht zu Wehr setzen (vgl. Rdn. 8). Ein Verstoß des Eröffnungsgerichts gegen Verfahrensvorschriften führt nicht zur Unwirksamkeit der Eröffnung.

5 **C. Nachlassgericht.** Das Nachlassgericht hat nach Erlangung der Unterlagen die ggf. noch nach § 348 Abs. 3 Satz 1 ausstehende Bekanntgabe vorzunehmen. Es ist daneben für die besondere amtliche Weiterverwahrung der Urschrift der Verfügung von Todes wegen zuständig (§§ 344 Abs. 2, 349 Abs. 2).

6 Das weitere Vorgehen des Nachlassgerichts nach Übersendung der Unterlagen stellt ein neues, eigenständiges Verfahren dar (KG FuR 2014, 493). Folglich ist es nicht befugt, von ihm für fehlerhaft erachtete Maßnahmen des Verwahrgerichts aufzuheben, abzuändern oder zu wiederholen (OLG Hamburg RPfleger 1985, 194). Alle nach der Übersendung der Urschrift und der beglaubigten Abschrift der Eröffnungsniederschrift anfallenden Aufgaben fallen in den Kompetenzbereich des Nachlassgerichts (Ermittlung und Benachrichtigung der Beteiligten, Gewährung der Einsicht, Erteilung von Abschriften, die Kostenerhebung und weitere [einfache] Verwahrung der Testamentsurschrift).

7 **D. Kosten.** Nicht das Verwahrgericht, sondern das Nachlassgericht erhebt die nach § 3 Abs. 2 i.V.m. Anlage 1, Nr. 12101 GNotKG angefallenen Gebühren, § 18 Abs. 2 GNotKG. Das GNotKG ist durch das zweite Gesetz zur Modernisierung des Kostenrechts (2. KostRMoG vom 23.07.2013 – BGBl I S. 2586) erlassen worden und mit Wirkung zum 01.08.2013 an die Stelle der KostO getreten.

8 **E. Rechtsbehelfe.** Wird ein Beteiligter durch eine Maßnahme des Eröffnungsgerichts in seinen Rechten verletzt, kann er hiergegen Beschwerde einlegen. Zuständig ist das dem Verwahrgericht übergeordnete Be-

schwerdegericht. Eine Beschwerde des Nachlassgerichts selbst kommt nicht in Betracht, da dieses hier nicht in eigenen Rechten verletzt werden kann.

§ 351 Eröffnungsfrist für Verfügungen von Todes wegen. ¹Befindet sich ein Testament, ein gemeinschaftliches Testament oder ein Erbvertrag seit mehr als 30 Jahren in amtlicher Verwahrung, soll die verwahrende Stelle von Amts wegen ermitteln, ob der Erblasser noch lebt. ²Kann die verwahrende Stelle nicht ermitteln, dass der Erblasser noch lebt, ist die Verfügung von Todes wegen zu eröffnen. ³Die §§ 348 bis 350 gelten entsprechend.

Übersicht	Rdn.		Rdn.
A. Allgemeines	1	D. Ermittlungspflicht	4
B. Amtliche Verwahrung	2	E. Eröffnung zu Lebzeiten des Testierenden	8
C. Frist	3		

A. Allgemeines. Die Norm verhindert, dass letztwillige Verfügungen dauerhaft uneröffnet bleiben und damit, dass erst nach Jahrzehnten der wahre Wille des bereits verstorbenen Erblassers bekannt wird und dem widersprechende Erbscheine korrigiert werden müssen. Die starre Zeitspanne von 30 Jahren unterstellt, dass letztwillige Verfügungen erst im höheren Lebensalter errichtet werden. 1

B. Amtliche Verwahrung. Der Begriff der »amtlichen Verwahrung« stellt klar, dass sich die Überprüfungspflicht nicht nur auf solche Verfügungen von Todes wegen erstreckt, welche sich in besonderer amtlicher Verwahrung befinden, sondern auch Verfügungen erfasst sind, die sich in einfacher amtlicher Verwahrung des Nachlassgerichts befinden, sowie Erbverträge, die sich nach § 34 Abs. 2 BeurkG in der Verwahrung eines Notars befinden (BT-Drucks. 16/6308, S. 280). Letztwillige Verfügungen in privater Verwahrung sind unabhängig von einer ggf. bestehenden Ablieferungspflicht nicht erfasst. 2

C. Frist. Die Frist zur Eröffnung der in Verwahrung befindlichen Verfügungen von Todes wegen ist einheitlich auf 30 Jahre festgesetzt. Die frühere Frist von 50 Jahren für Erbverträge (§ 2300 BGB a.F.) ist somit hinfällig. Die neue Fristregelung findet auch für Erbverträge, welche sich schon vor dem 01.09.2009 in Verwahrungen befunden haben, Anwendung. Die Frist beginnt mit dem Ablauf des Tages, an dem die Verfügung in Verwahrung genommen wurde, § 187 Abs. 1 BGB. Ist dieser Tag nicht mehr feststellbar, so wird für die Fristenberechnung der Tag der Errichtung der Verfügung herangezogen (Staudinger/*Baumann* § 2263a BGB a.F. Rn. 6). 3

D. Ermittlungspflicht. Die Ermittlungen erfolgen nicht v.A.w., sondern nach dem pflichtgemäßen Ermessen des Nachlassgerichts bzw. des verwahrenden Notars, Satz 1 (»soll«). Ein vollständiges Unterlassen von Ermittlungen wird jedoch wohl nie gerechtfertigt sein (*Kordel* DNotZ 2009, 644). Der Umfang der anzustellenden Ermittlungen liegt im Ermessen der verwahrenden Stelle. Standesamtliche oder melderechtliche Auskünfte, die in Erfüllung der Nachforschungspflicht eingeholt worden sind, sind nicht verwaltungskostenfrei (BayVGH, Urt. v. 04.06.2013, 5 B 11.2412; StAZ 2014, 115–117; BVerwG NJW 2014, 2808 ff.). 4

Ergeben die Ermittlungen, dass der Erblasser noch lebt, so sind je nach Lebensalter in 3 bis 5 Jahren neue Ermittlungen anzustellen (Staudinger/*Baumann* § 2263a BGB a.F. Rn. 8). 5

Haben die Ermittlungen nicht ergeben, dass der Erblasser noch lebt, so ist von seinem Tod auszugehen. Die letztwillige Verfügung ist sodann gem. Satz 2 nach den allgemeinen Regeln der §§ 348 bis 350 zu eröffnen. Diesbezüglich besteht kein Ermessensspielraum. Ein verwahrender Notar hat den von ihm verwahrten Erbvertrag hierzu an das nach § 343 zuständige Nachlassgericht zu übersenden (§ 34a Abs. 3 BeurkG). Ist das zuständige Gericht für den Notar zweifelhaft, so ist die letztwillige Verfügung am für den Amtssitz des Notars zuständigen Verwahrgericht abzuliefern (vgl. allgemein hierzu OLG Zweibrücken Rpfleger 1982, 69; Keidel/*Zimmermann* § 351 Rn. 11). 6

Durch die Einführung des zentralen Testamentsregisters scheint es wahrscheinlich, dass die Ermittlungspflicht nach § 351 hinfällig wird, wenn das Register seine volle Funktionsfähigkeit erreicht hat. Die Standesämter informieren die Registerbehörde seit dem 01.01.2012 über alle Todesfälle mittels Sterbefallmitteilung. Die Registerbehörde überprüft daraufhin das zentrale Testamentsregister auf entsprechende Eintragungen hin (vgl. zur Funktionsweise § 347 Rdn. 3 ff.). 7

8 E. Eröffnung zu Lebzeiten des Testierenden. Lebt der Erblasser noch, so hat die Eröffnung keine Auswirkungen auf die Wirksamkeit seiner letztwilligen Verfügung. Die Verfügung ist erneut in amtliche Verwahrung zu nehmen und der Erblasser zu benachrichtigen. Beruht die Eröffnung auf einer fehlerhaften Ermittlung, so können Amtshaftungsansprüche nach § 839 BGB, Art. 34 GG in Betracht kommen.

Unterabschnitt 4. Erbscheinsverfahren; Testamentsvollstreckung

§ 352 Entscheidung über Erbscheinsanträge. (1) ¹Wer die Erteilung eines Erbscheins als gesetzlicher Erbe beantragt, hat anzugeben
1. den Zeitpunkt des Todes des Erblassers,
2. den letzten gewöhnlichen Aufenthalt und die Staatsangehörigkeit des Erblassers,
3. das Verhältnis, auf dem sein Erbrecht beruht,
4. ob und welche Personen vorhanden sind oder vorhanden waren, durch die er von der Erbfolge ausgeschlossen oder sein Erbteil gemindert werden würde,
5. ob und welche Verfügungen des Erblassers von Todes wegen vorhanden sind,
6. ob ein Rechtsstreit über sein Erbrecht anhängig ist,
7. dass er die Erbschaft angenommen hat,
8. die Größe seines Erbteils.

²Ist eine Person weggefallen, durch die der Antragsteller von der Erbfolge ausgeschlossen oder sein Erbteil gemindert werden würde, so hat der Antragsteller anzugeben, in welcher Weise die Person weggefallen ist.

(2) Wer die Erteilung des Erbscheins auf Grund einer Verfügung von Todes wegen beantragt, hat
1. die Verfügung zu bezeichnen, auf der sein Erbrecht beruht,
2. anzugeben, ob und welche sonstigen Verfügungen des Erblassers von Todes wegen vorhanden sind, und
3. die in Absatz 1 Satz 1 Nummer 1, 2 und 6 bis 8 sowie Satz 2 vorgeschriebenen Angaben zu machen.

(3) ¹Der Antragsteller hat die Richtigkeit der Angaben nach Absatz 1 Satz 1 Nummer 1 und 3 sowie Satz 2 durch öffentliche Urkunden nachzuweisen und im Fall des Absatzes 2 die Urkunde vorzulegen, auf der sein Erbrecht beruht. ²Sind die Urkunden nicht oder nur mit unverhältnismäßigen Schwierigkeiten zu beschaffen, so genügt die Angabe anderer Beweismittel. ³Zum Nachweis, dass der Erblasser zur Zeit seines Todes im Güterstand der Zugewinngemeinschaft gelebt hat, und zum Nachweis der übrigen nach den Absätzen 1 und 2 erforderlichen Angaben hat der Antragsteller vor Gericht oder vor einem Notar an Eides statt zu versichern, dass ihm nichts bekannt sei, was der Richtigkeit seiner Angaben entgegenstehe. ⁴Das Nachlassgericht kann dem Antragsteller die Versicherung erlassen, wenn es sie für nicht erforderlich hält.

Übersicht	Rdn.		Rdn.
A. Allgemeines	1	VII. Annahme der Erbschaft (Abs. 1 Satz 1 Nr. 7)	12
B. Verstoß	3	VIII. Größe des Erbteils (Abs. 1 Satz 1 Nr. 8)	13
C. Angaben bei gesetzlicher Erbfolge (Abs. 1)	5	IX. Wegfall von Erbberechtigten (Abs. 1 Satz 2)	14
I. Todeszeitpunkt (Abs. 1 Satz 1 Nr. 1)	6	D. Angaben bei gewillkürter Erbfolge (Abs. 2)	15
II. Gewöhnlicher Aufenthalt und Staatsangehörigkeit (Abs. 1 Satz 1 Nr. 2)	7	E. Nachweis (Abs. 3)	17
III. Erbrechtliches Verhältnis (Abs. 1 Satz 1 Nr. 3)	8	I. Öffentliche Urkunden (Abs. 3 Satz 1)	19
IV. Erbausschließende oder mindernde Personen (Abs. 1 Satz 1 Nr. 4)	9	II. Verfügung von Todes wegen (Abs. 3 Satz 1 Halbs. 2)	21
V. Verfügungen von Todes wegen (Abs. 1 Satz 1 Nr. 5)	10	III. Eidesstattliche Versicherung	22
VI. Anhängiger Rechtsstreit (Abs. 1 Satz 1 Nr. 6)	11	IV. Andere Beweismittel (Abs. 3 Satz 2)	24

A. Allgemeines. Die Norm regelt die Angaben, die der Antragsteller bei der Beantragung eines Erbscheins 1
zu machen hat und differenziert dabei danach, ob das Erbrecht auf eine gesetzliche oder gewillkürte Erbfolge gestützt wird. Sie hat zuletzt durch das Gesetz zum internationalen Erbrecht und zur Änderung von Vorschriften zum Erbschein sowie zur Änderung sonstiger Vorschriften (BGBl. I 2015 Nr. 26 03.07.2015 S. 1042) eine grundlegende Änderung erfahren. Die Abs. 1 und 2 übernehmen dabei unverändert die in den §§ 2354 bis 2355 BGB a.F. enthaltenen Regelungen und ergänzen diese teilweise. Abs. 3 der Norm übernimmt den Inhalt von § 2356 BGB a.F., wobei dessen Abs. 3 ersatzlos gestrichen wurde, da im FamFG allgemein anerkannt ist, dass offenkundige Tatsachen entsprechend § 291 ZPO keines Beweises bedürfen (BT-Drucks. 18/4201 S. 60). Die Verschiebung der Inhalte in das FamFG erfolgte aus systematischen Erwägungen.
Das Verfahren weicht hier von dem Verfahren zur Erteilung eines Europäischen Nachlasszeugnisses wesentlich ab. Der Gesetzgeber hat sich bewusst dafür entschieden, die weiterreichenden Pflichtangaben bei der Beantragung eines Europäischen Nachlasszeugnisses nicht auch für den deutschen Erbschein zu verlangen (BT-Drucks. 18/3201 S. 60).
Neben den aufgezählten Angaben muss der Antrag hinreichend bestimmt sein und den Anforderungen des 2
§ 23 entsprechen. Auch folgt aus § 138 Abs. 1 ZPO in entsprechender Anwendung die Verpflichtung zu vollständigen und wahrheitsgemäßen Angaben (KG NJW-RR 2005, 1677). Die Form des Nachweises ist in Abs. 3 geregelt. Den Antragsteller treffen somit gewisse Mitwirkungspflichten, die jedoch den Amtsermittlungsgrundsatz unangetastet lassen (§§ 26, 29).
Richtigerweise ist davon zu sprechen, dass die Angaben im Rahmen der Dispositionsmaxime (Angaben bezüglich Erblasser, Erben, Erbrecht sind schon für einen wirksamer Antrag notwendig) und der Verfahrensförderungslast angesiedelt sind. Die hier normierten Pflichten sind den Ermittlungen des Gerichts gem. §§ 26 ff. vorgeschaltet (MüKo/*J. Mayer*, § 2354 Rn. 2 m.w.N.).

B. Verstoß. Fehlen schon die für einen substantiierten Antrag an sich notwendigen Angaben, so ist ein 3
dennoch erteilter Erbschein einzuziehen. Es liegt in diesen Fällen schon kein wirksamer Antrag vor. Ist der Fehler hingegen im Rahmen der Verfahrensförderungspflicht angesiedelt, so ist ein dennoch erteilter Erbschein nicht allein deshalb einzuziehen (Soergel/*Zimmermann* § 2354 BGB Rn. 1).
Die Angaben müssen nicht schon bei der Antragstellung mitgeteilt werden. Fehlen Angaben, so 4
hat das Nachlassgericht vielmehr mittels Zwischenverfügung nach § 28 Abs. 1, 2 zur Beibringung aufzufordern (vgl. RGZ 95, 287). Kommt der Antragsteller dem nicht nach, obwohl es ihm möglich ist, so hat das Nachlassgericht den Antrag als unzulässig zurückzuweisen. Besteht die Möglichkeit für den Antragsteller nicht, so sind die entsprechenden Ermittlungen von Amts wegen durchzuführen. Bleibt dies erfolglos, so ist der Antrag als unbegründet abzuweisen (Allgemeine Feststellungslast – MüKo/*J. Mayer*, § 2354 BGB Rn. 4).

C. Angaben bei gesetzlicher Erbfolge (Abs. 1). Die notwendigen Angaben müssen detailliert und substantiiert erfolgen. Pauschale Aussagen genügen nicht. Sollten Nachlassgläubigern manche Angaben nicht möglich sein, so besteht die Option der Nachlasspflegschaft (§ 1961 BGB; MüKo/*J.Mayer* § 2354 Rn. 6). 5

I. Todeszeitpunkt (Abs. 1 Satz 1 Nr. 1). Die Angabe des Todeszeitpunkts (Kalendertag) dient u.a. der Ermittlung des anwendbaren Rechts und der in Frage kommenden Erben. Der Nachweis muss gem. Abs. 3 Satz 1 durch öffentliche Urkunden erfolgen. Eine genaue Angabe der Uhrzeit ist nur in Zweifelsfällen erforderlich. Erfolgt die Beantragung des Erbscheins durch einen Nacherben, so hat dieser den Tag des Nacherbfalls anzugeben (BayObLG Rpfleger 90, 165). 6
Die Pflicht zur Angabe und Beibringung entsprechender Nachweise kann auch vollständig entfallen, wenn dem Nachlassgericht bereits eine amtliche Sterbeanzeige vorliegt. Stützt sich der Antrag auf eine Todesvermutung (z.B. nach VerschG), so müssen Angaben zum Grund der entsprechenden Vermutung gemacht werden (MüKo/*J. Mayer*, § 2354 BGB Rn. 8).

II. Gewöhnlicher Aufenthalt und Staatsangehörigkeit (Abs. 1 Satz 1 Nr. 2). Die Normierung dieser 7
Pflichtangaben wurde neu eingefügt. Durch die Änderung von §§ 343, 344 ist der gewöhnliche Aufenthalt der zentrale Anknüpfungspunkt für die örtliche Zuständigkeit geworden. Die Staatsangehörigkeit spielt im Rahmen der nach Art. 22 EuErbVO möglichen Rechtswahl eine zentrale Rolle. Ihre Angabe war jedoch auch bisher schon üblich. Zum Begriff des gewöhnlichen Aufenthalts vgl. § 343 Rdn. 8 f.
Der Nachweis hat grds. gem. Abs. 3 Satz 3 durch eine eidesstattliche Versicherung zu erfolgen.

8 **III. Erbrechtliches Verhältnis (Abs. 1 Satz 1 Nr. 3).** Hierunter ist auch der Güterstand und der Grad der Verwandtschaft zu fassen (Jauernig/*Stürner* § 2354 BGB Rn. 1). Auch eine ggf. vorliegende Vaterschaftsfeststellung (§ 1592 Nr. 2, 3 BGB) oder die Annahme als Kind (§§ 1741 ff. BGB) sind hier anzugeben. Der Nachweis hat gem. Abs. 3 Satz 1 durch öffentliche Urkunden zu erfolgen.

9 **IV. Erbausschließende oder mindernde Personen (Abs. 1 Satz 1 Nr. 4).** Angaben sind zumindest bzgl. solcher Personen notwendig, die als gewillkürte oder gesetzliche Erben neben oder vorrangig zu dem Beantragenden in Frage kommen. Die bloße entfernte Möglichkeit der Existenz solcher Personen ist jedoch nicht geeignet, die Pflicht entsprechender Angaben zu begründen. Hingegen entfällt die Pflicht nicht schon, weil der Wegfall sicher ist oder schon lange Zeit zurück liegt (MüKo/*J. Mayer* § 2354 BGB Rn. 16 f.).

10 **V. Verfügungen von Todes wegen (Abs. 1 Satz 1 Nr. 5).** Hierunter sind sowohl einfache als auch gemeinschaftliche Testamente sowie Erbverträge zu fassen. Die Wirksamkeit der Verfügung ist für die Verpflichtung zur Angabe ohne Bedeutung. Sei es, dass die Unwirksamkeit infolge ungültiger Errichtung, Vernichtung oder Widerruf eingetreten ist (a.A. teilweise z.B. Staudinger/*Herzog* § 2354 BGB Rn. 19 für mit Willen des Erblassers vernichtete Testamente).

11 **VI. Anhängiger Rechtsstreit (Abs. 1 Satz 1 Nr. 6).** Erfasst sind hiervon nur Erbstreitigkeiten zwischen Erbprätendenten vor ordentlichen Gerichten (MüKo/*J. Mayer* § 2354 BGB Rn. 21). Das Verfahren zur Erteilung des Erbscheins wird in diesen Fällen regelmäßig ausgesetzt werden.

12 **VII. Annahme der Erbschaft (Abs. 1 Satz 1 Nr. 7).** Die Angabe der Annahme der Erbschaft wurde neu in die Aufzählung mit aufgenommen. Diese war jedoch auch bisher schon üblich. Daneben kann auch bereits in der Beantragung des Erbscheins die schlüssige Erklärung der Annahme der Erbschaft gesehen werden.

13 **VIII. Größe des Erbteils (Abs. 1 Satz 1 Nr. 8).** Die Regelung entspricht § 2353 Halbs. 2 BGB. Die Vorschrift wurde aus systematischen Gründen in das FamFG übernommen. Beim gemeinschaftlichen Erbschein ist jedoch § 352a Abs. 2 Satz 2 zu beachten.

14 **IX. Wegfall von Erbberechtigten (Abs. 1 Satz 2).** Abs. 1 Satz 2 hängt mit Abs. 1 Satz 1 Nr. 4 zusammen. Für die Verpflichtung zu den Angaben ist es unerheblich, ob der Wegfall vor oder nach dem Erbfall eingetreten ist. Als hauptsächliche Anwendungsfälle kommen hier Tod vor dem Erbfall, Enterbung, Ausschlagung, Erbunwürdigkeit und Erbverzicht in Betracht (vgl. MüKo/*J. Mayer* § 2354 BGB Rn. 22). Der Nachweis hat gem. Abs. 3 Satz 1 grds. durch öffentliche Urkunden zu erfolgen.

15 **D. Angaben bei gewillkürter Erbfolge (Abs. 2).** Abs. 2 stellt eine Parallelvorschrift zu Abs. 1 dar und normiert die Pflichtangaben, wenn die Erteilung des Erbscheins aufgrund einer gewillkürten Erbfolge beantragt wird. Ist dies der Fall, so sind zusätzliche Angaben erforderlich.
Der Antragsteller muss die Verfügung von Todes wegen (Testament, Erbvertrag) bezeichnen, auf welche er sein Erbrecht stützt. Zur genauen Konkretisierung können entsprechende Datumsangaben oder Kennzeichnungen erforderlich sein (Abs. 2 Nr. 1). Die Erteilung des Erbscheins hat die vorherige Vorlage und Eröffnung der Verfügung zur Voraussetzung (vgl. § 2260 BGB a.F.). Ist dies noch nicht geschehen, so kann aus diesem Grund allein jedoch keine Zurückweisung des Antrags erfolgen. Vielmehr hat sodann die Eröffnung von Amts wegen zu erfolgen. Ist die Berufung auf eine mögliche Erbenstellung durch die Verfügung von Todes wegen zweifelhaft, der Antragsteller aber nach gesetzlicher Regelungen mit gleichem Anteil Erbe, so kann die Angabe des Berufungsgrundes dahingestellt bleiben (KG JW 28, 118).
Auch sonstige Verfügungen des Erblassers von Todes wegen müssen ungeachtet ihrer Gültigkeit oder ihres Inhalts angegeben werden (Abs. 2 Nr. 2).

16 Daneben sind wie bei der Beantragung eines Erbscheins als gesetzlicher Erbe Angaben zu Zeitpunkt des Todes, letztem gewöhnlichen Aufenthalt, Staatsangehörigkeit, Rechtsstreitigkeiten, Annahme der Erbschaft, Größe des Erbteils und zum Wegfall von Erbberechtigten zu machen (Abs. 2 Nr. 3).

17 **E. Nachweis (Abs. 3).** Abs. 3 entspricht weitestgehend § 2356 BGB a.F., wobei dessen Abs. 3 nicht übernommen wurde. Im FamFG ist allgemein anerkannt, dass offenkundige Tatsachen entsprechend § 291 ZPO keines Beweises bedürfen. Die Vorschrift regelt die formelle Seite der Pflichten nach Abs. 1 und Abs. 2 und § 27.
Die Erfüllung kann durch das Nachlassgericht mittels Zwischenverfügung verlangt werden. Erbringt der Antragsteller den formellen Nachweis nicht, obwohl ihm dies möglich ist, so ist der Antrag als unzulässig

abzuweisen. Werden die Anforderungen erfüllt, so hat das Gericht im Weiteren von Amts wegen zu ermitteln, §§ 26 ff. (MüKo/*J.Mayer* § 2356 Rn. 1 f.).
Die formelle Nachweispflicht erstreckt sich auf den Todeszeitpunkt des Erblassers (z.B. Nachweis durch Totenschein, Sterbeurkunde, Sterbebuch oder Todesfeststellungsbeschluss), das erbrechtliche Verhältnis (z.B. Nachweis durch Geburtsurkunde, Geburtenbuch oder Abstammungsurkunde), den Wegfall von Erbanwärtern (z.B. Nachweis durch Sterbeurkunde, Totenschein, Erbverzichtsvertrag Scheidungsurkunde) und die Verfügung von Todes wegen (ausführlich hierzu MüKo/*J.Mayer* § 2356 BGB Rn. 25 ff.). Wie schon nach alter Rechtslage kann die Nachweispflicht entfallen, wenn die an sich nachzuweisende Tatsache offenkundig ist. Bezüglich der hierunter ebenfalls zu fassenden allgemeinbekannten Tatsachen ist zu berücksichtigen, dass ein hoher Grad an Wahrscheinlichkeit gerade nicht ausreichend ist (OLG Schleswig FamRZ 2001, 583). Insoweit ist es jedoch ausreichend, dass das Gericht durch seine sonstigen Tätigkeiten von der Tatsache Kenntnis erlangt hat (z.B. Ehescheidung, Vaterschaftsfeststellung oder Erbunwürdigkeit; vgl. BeckOKBGB/*Siegmann/Höger* § 2356 Rn. 2). 18

I. Öffentliche Urkunden (Abs. 3 Satz 1). Zum Begriff der öffentlichen Urkunde vgl. § 415 ZPO. Die Beweisregelungen der §§ 415, 417, 418 ZPO finden entsprechende Anwendung. Als Urkunden kommen insbesondere Personenstandsurkunden (§§ 55 ff. PStG) in Betracht. Zur Beweiskraft dieser Urkunden s. § 54 PStG. Ausreichend sind (neben der Urschrift und Ausfertigung) beglaubigte Abschriften (z.B. aus den Personenstands-, Ehe-, Geburts- oder Sterberegister) wie Geburts-, Sterbe- oder Eheschließungsurkunden (BeckOKBGB/*Siegmann/Höger* § 2356 Rn. 3 f.). 19
Soweit den allgemeinen Anforderungen einer öffentlichen Urkunde genügt wird, sind auch Urkunden der DDR ohne Weiteres als inländische Urkunden geeignet (Palandt/*Weidlich* § 2356 BGB Rn. 2).
Urkunden aus dem Ausland können ebenso vorgelegt werden und sind unter den Voraussetzungen von § 438 Abs. 2 ZPO als echt zu behandeln (Echtheitsbestätigung nach § 13 KonsG). § 142 Abs. 3 ZPO ermöglicht es dem Gericht eine Übersetzung zu verlangen (Staudinger/*Herzog* § 2356 BGB Rn. 18). Nach dem Haager Übereinkommen (BGBl. 1965 II S. 875) tritt an die Stelle der Echtheitsbestätigung eine Apostille durch die jeweilige Stelle des Ausstellungsstaats. Sonstige bilaterale Abkommen sehen meist noch weitere Erleichterungen vor (vgl. MüKo/*J. Mayer* § 2356 BGB Rn. 19). 20

II. Verfügung von Todes wegen (Abs. 3 Satz 1 Halbs. 2). Grundsätzlich ist die Urschrift der Verfügung vorzulegen. Die Verfügung ist, sofern dies möglich ist, vor der Erteilung des Erbscheins zu eröffnen. 21
Ist die Beibringung der Urkunde nicht möglich, da sie bspw. gegen den Willen des Erblassers vernichtet worden ist, so stehen alle zulässigen Beweismittel zu Verfügung. Entsprechend der strengen Formvorschriften sind an einen Nachweis jedoch hohe Anforderungen zu stellen (vgl. OLG München ZEV 2010, 572). Als Beweismittel kommen insbesondere Abschriften, Kopien und Zeugen in Betracht. Bleibt ein solcher Nachweis erfolglos, so hat das Nachlassgericht nach der Feststellungslast zu entscheiden (Jauernig/*Stürner* § 2356 Rn. 3).

III. Eidesstattliche Versicherung. Die sonstigen Tatsachen und der Nachweis, dass der Erblasser zum Todeszeitpunkt im Güterstand der Zugewinngemeinschaft gelebt hat (nicht hingegen bei gewillkürter Erbfolge bezüglich des gesetzlichen Erbteils), sind mittels eidesstattlicher Versicherung zu erbringen. Bezüglich des Güterstandes genügt es, wenn der Antragsteller versichert, dass ihm keine abweichenden Informationen bekannt sind. Bezugspunkte sind somit die negativen Tatsachen der erforderlichen Angaben. Die Abgabe erfolgt durch den oder die Antragsteller selbst (KG JR 1953, 307); nicht notwendigerweise durch den Erben. Antragsteller können auch Testamentsvollstrecker oder Insolvenzverwalter sein. Die Abgabe kann vor dem Nachlassgericht, dem Rechtspfleger (§ 3 Nr. 1 Buchst. f), Nr. 2 Buchst. c) RpflG) oder dem Notar erfolgen (s. ausführlich zum Verfahren MüKo/*J. Mayer* § 2356 Rn. 46 ff.). Wurde von dem betreffenden Bundesland jedoch von der Länderöffnungsklausel des Art. 239 EGBGB Gebrauch gemacht, so kann die Versicherung nur vor einem Notar abgegeben werden. Im Ausland ist die Abgabe vor dem Konsularbeamten möglich (§ 12 KonsG). 22
Zu den Einzelheiten der Beurkundung s. §§ 6, 7, 38 BeurkG. Anders als eine gesetzliche Stellvertretung ist eine gewillkürte Stellvertretung nicht möglich (MüKo/*J. Mayer* § 2356 BGB Rn. 49).
Das Nachlassgericht kann auch nach neuer Rechtslage die Abgabe der eidesstattlichen Versicherung erlassen, wobei die Ermessensentscheidung über den Erlass nicht mittels der Beschwerde angreifbar ist, da es sich um keine Endentscheidung handelt (§ 58). 23

Wird die eidesstattliche Versicherung verweigert, so führt dies zur Zurückweisung des Erbscheinsantrags als unzulässig. Bei einer unrichtigen eidesstattlichen Versicherung sind §§ 156, 161 StGB zu berücksichtigen. Allein deshalb ist ein bereits erteilter Erbschein jedoch nicht wieder einzuziehen (vgl. BeckOKBGB/*Siegmann/Höger* § 2356 Rn. 9).

24 **IV. Andere Beweismittel (Abs. 3 Satz 2).** Sind die geforderten Urkunden nicht oder nur mit unverhältnismäßiger Schwierigkeit zu beschaffen, so kann der Nachweis mittels aller zulässigen Beweismittel geführt werden (BayObLG FamRZ 2005, 1866). Trotz des Begriffs der Unverhältnismäßigkeit handelt es sich nicht um eine Ermessensentscheidung des Gerichts. Es ist ein strenger Maßstab anzulegen. Im Einzelfall ist eine Abwägung erforderlich, wobei Verzögerungen, Nachlasswert und persönliche Zumutbarkeit zu berücksichtigen sind.

25 Die Anforderungen an die alternativen Beweismittel sind hoch, da sie ähnlich klare und verlässliche Schlussfolgerungen wie eine öffentliche Urkunde ermöglichen müssen (BeckOKBGB/*Siegmann/Höger* § 2356 BGB, Rn. 10; KG FGPrax 95, 120; OLG Naumburg FamRZ 2013, 246).
Als Beweismittel kommen hierbei insbesondere in Betracht: Kopien, Abschriften, Ausfertigungen, Stammbücher, Taufscheine, eidesstattliche Versicherungen Dritter (wenn keine Vernehmung als Zeuge möglich ist; str. OLG Düsseldorf MDR 1961, 242; kritisch Erman/*Simon* § 2356 Rn. 4) oder Sachverständige (BeckOKBGB/*Siegmann/Höger* § 2356 Rn. 10).

§ 352a Gemeinschaftlicher Erbschein.

(1) ¹Sind mehrere Erben vorhanden, so ist auf Antrag ein gemeinschaftlicher Erbschein zu erteilen. ²Der Antrag kann von jedem der Erben gestellt werden.
(2) ¹In dem Antrag sind die Erben und ihre Erbteile anzugeben. ²Die Angabe der Erbteile ist nicht erforderlich, wenn alle Antragsteller in dem Antrag auf die Aufnahme der Erbteile in den Erbschein verzichten.
(3) ¹Wird der Antrag nicht von allen Erben gestellt, so hat er die Angabe zu enthalten, dass die übrigen Erben die Erbschaft angenommen haben. ²§ 352 Absatz 3 gilt auch für die sich auf die übrigen Erben beziehenden Angaben des Antragstellers.
(4) Die Versicherung an Eides statt gemäß § 352 Absatz 3 Satz 3 ist von allen Erben abzugeben, sofern nicht das Nachlassgericht die Versicherung eines oder mehrerer Erben für ausreichend hält.

Übersicht

	Rdn.		Rdn.
A. Allgemeines	1	D. Annahme	5
B. Arten von Erbscheinen	2	E. Eidesstattliche Versicherung	6
C. Antrag	3		

1 **A. Allgemeines.** Die Norm wurde durch das Gesetz zum internationalen Erbrecht und zur Änderung von Vorschriften zum Erbschein sowie zur Änderung sonstiger Vorschriften (BGBl. I 2015 Nr. 26 03.07.2015 S. 1042) neu in das FamFG eingefügt. Die Norm entspricht dem früheren § 2357 BGB a.F. Die Verschiebung erfolgte aus systematischen Gründen.
Der gemeinschaftliche Erbschein ermöglicht es, das Erbrecht aller Miterben einheitlich auszuweisen. Er weist die Erbengemeinschaft insgesamt aus. Nicht erfasst ist die Vor- und Nacherbschaft (Staudinger/*Herzog* § 2357 BGB, Rn. 3). Der gemeinschaftliche Erbschein ist vom Teilerbschein zu unterscheiden, wobei Kombinationen möglich sind (gemeinschaftlicher Teilerbschein).

2 **B. Arten von Erbscheinen.** Es sind verschiedene Arten von Erbscheinen zu unterscheiden:
– Alleinerbschein für lediglich einen Alleinerben,
– gemeinschaftlicher Erbschein für alle vorhandenen Miterben,
– Teilerbschein für mehrere Miterben, wobei aber nicht alle Miterben erfasst sind,
– Teilerbschein für einen Miterben, wobei nur die Größe seines Erbanteils bestätigt wird,
– Sammelerbschein (bei mehreren Erbfällen aber gleichem Erben und Zuständigkeit des gleichen Nachlassgerichts) und
– gegenständlich beschränkter Erbschein § 352c.

C. Antrag. Für den Antrag gilt § 23. Antragsberechtigt ist jeder Miterbe. 3
Grundsätzlich ist die Erbquote eines jeden Miterben konkret anzugeben. Die Quote kann weder in das Ermessen des Gerichts gestellt werden, noch kann eine Ermittlung von Amts wegen verlangt werden (BeckOKBGB/*Siegmann/Höger* § 2357 BGB Rn. 4).

Inhaltlich hat sich insoweit eine Neuerung ergeben, als die Angabe der Erbteile im Antrag dann nicht mehr 4 erforderlich ist, wenn alle beantragenden Miterben darauf verzichten (Abs. 2 Satz 1). Der Gesetzgeber hatte hier die Entscheidung des OLG Düsseldorf (DNotZ 1978, 683) vor Augen, der ein Fall zugrunde lag, in dem die Personen der Erben feststanden, der Erblasser jedoch Gegenstände zugewendet hatte und somit die Erbquoten noch klärungsbedürftig waren (BT-Drucks. 18/4201 S. 60). Die Praxis hat sich hier bisher mit der Erteilung vorläufiger gemeinschaftlicher Erbscheine oder der bloßen Mitteilung der Berechnungsgrundlagen beholfen.
Zu beachten bleibt jedoch, dass insbes. in den Fällen der Zuwendung von Gegenständen aber auch fraglich sein kann, ob eine Person überhaupt Erbe geworden ist oder ob sie lediglich Vermächtnisnehmer ist. Hier hilft die gesetzliche Neuregelung nicht weiter.

D. Annahme. Beantragen nicht alle Miterben gemeinschaftlich den Erbschein, so verlangt Abs. 3 Satz 1 die 5 Angabe, dass alle Erben die Erbschaft angenommen haben. Bezüglich des Antragstellers liegt bereits in der Antragstellung die schlüssig erklärte Annahme der Erbschaft (nicht hingegen bei einer Antragstellung durch Nichterben wie Insolvenzverwalter oder Testamentsvollstrecker). Die Nachweisführung kann mittels Urkunde oder eidesstattlicher Versicherung erfolgen. Sie obliegt dem Antragsteller und bezieht sich auf alle Erbteile und Miterben und die diesbezüglichen Angaben des § 352 Abs. 3. Eine Ausnahme bildet insofern Abs. 4.

E. Eidesstattliche Versicherung. Die eidesstattliche Versicherung hat durch den Antragsteller zu erfolgen. 6 Dies ist i.d.R. ausreichend. Nur wenn Zweifel bestehen oder die Versicherung nicht ausreichend war, ist sie von den weiteren Personen zu verlangen. Der Antragsteller ist nach § 2038 Abs. 1 Satz 2 BGB berechtigt, von den anderen Miterben die Abgabe der eidesstattlichen Versicherung zu verlangen.

Ist ein Dritter Antragsteller, so tritt seine eidesstattliche Versicherung an die Stelle der Versicherung des Er- 7 ben, von dem er seine Berechtigung ableitet. Leitet er seine Stellung von allen ab (z.B. Testamentsvollstrecker über den gesamten Nachlass) so genügt seine Versicherung allein (BeckOKBGB/*Siegmann/Höger* § 2357 Rn. 6).

Bereits nach § 352 Abs. 3 Satz 4 kann das Nachlassgericht die eidesstattliche Versicherung erlassen, wenn es 8 sie nicht für erforderlich hält. Insofern handelt es sich um eine Ermessensentscheidung. Hingegen stellt Abs. 4 klar, dass eine Abgabe von allen Erben nur dann verlangt werden kann, wenn das Gericht die Versicherung eines oder mehrerer Erben für nicht ausreichend erachtet. In letzterem Fall handelt es sich dem Wortlaut nach um keine Ermessensentscheidung. Waren die bereits erbrachten Versicherungen aufschlussreich, können keine Weiteren verlangt werden (MüKo/*J. Mayer*, § 2357 BGB Rn. 13).

Gegen die Entscheidung über den Antrag auf Erteilung eines gemeinschaftlichen Erbscheins ist die Be- 9 schwerde statthaft (§§ 58, 59). Beschwerdeberechtigt sind auch die Miterben, die den Antrag nicht gestellt haben (MüKo/*J. Mayer* § 2357 Rn. 19).

§ 352b Inhalt des Erbscheins für den Vorerben; Angabe des Testamentsvollstreckers.

(1) ¹In dem Erbschein, der einem Vorerben erteilt wird, ist anzugeben, dass eine Nacherbfolge angeordnet ist, unter welchen Voraussetzungen sie eintritt und wer der Nacherbe ist. ²Hat der Erblasser den Nacherben auf dasjenige eingesetzt, was von der Erbschaft bei dem Eintritt der Nacherbfolge übrig sein wird, oder hat er bestimmt, dass der Vorerbe zur freien Verfügung über die Erbschaft berechtigt sein soll, so ist auch dies anzugeben.
(2) Hat der Erblasser einen Testamentsvollstrecker ernannt, so ist die Ernennung in dem Erbschein anzugeben.

Übersicht	Rdn.		Rdn.
A. Allgemeines	1	C. Erbschein des Nacherben	10
B. Erbschein des Vorerben (Abs. 1)	3	D. Angabe des Testamentsvollstreckers (Abs. 2)	12

§ 352b

1 A. Allgemeines. Die Norm wurde durch das Gesetz zum internationalen Erbrecht und zur Änderung von Vorschriften zum Erbschein sowie zur Änderung sonstiger Vorschriften (BGBl. Teil I 2015 Nr. 26 03.07.2015 Satz 1042) neu in das FamFG eingefügt. Die Norm entspricht den früheren §§ 2363 Abs. 1, 2364 Abs. 1 BGB a.F. Die Verschiebung erfolgte aus systematischen Gründen. Die materiell-rechtlichen Regelungen (Herausgabeansprüche) wurden im BGB belassen, § 2364 BGB.

2 Vor- und Nacherben bilden keine Erbengemeinschaft. Auch der Nacherbe beerbt (ab dem Nacherbfall) direkt den ursprünglichen Erblasser. Der Erbschein für den Vorerben legitimiert diesen, erfordert aber auch einen Vermerk des Nacherben und des Nacherbfalls, um die beschränkte Stellung des Vorerben zum Ausdruck zu bringen. Die Norm dient insoweit dem Schutz des Nacherben und des Rechtsverkehrs.

Der Erbschein des Vorerben bezeugt weder, dass der Nacherbfall noch nicht eingetreten ist (KG Rpfleger 1996, 247), noch das Bestehen des Nacherbrechts (BGH NJW 1982, 2499; BayObLG FamRZ 2004, 1407). Zum Nacherbenvermerk im Grundbuch s. § 51 GBO.

3 B. Erbschein des Vorerben (Abs. 1). Die Antragsberechtigung liegt bis zum Eintritt des Nacherbfalls beim Vorerben (BayObLG FamRZ 2004, 1307). Die Erteilung des Erbscheins an den Vorerben ist keine Sache des Nacherben. Er ist hier weder antragsberechtigt noch kann er gegen die Einziehung dieses Erbscheins vorgehen (BayObLGZ 28, 598). Gegen die Entscheidung einen Nacherbenvermerk nicht aufzunehmen ist er jedoch beschwerdeberechtigt. Ist der Erbschein bereits erteilt, so kann der Nacherbe mittels Beantragung der Einziehung und Kraftloserklärung vorgehen, 2361 BGB (MüKoBGB/*J. Mayer* § 2363 BGB Rn. 3).

4 Umstritten ist, ob der Vorerbe sich auch nach dem Nacherbfall einen Erbschein (bezüglich der Erbenstellung bis zum Nacherbfall) ausstellen lassen kann. Bei Bestehen eines entsprechenden rechtlichen Bedürfnisses ist dem zuzustimmen (so auch BeckOKBGB/*Siegmann/Höger* § 2363 BGB Rn. 2; Staudinger/*Herzog* § 2353 BGB Rn. 14 m.w.N. zur a.A.).

Neben den gewöhnlichen Angaben in einem Erbschein, bestehen bei einem Erbschein des Vorerben gewisse Besonderheiten.

5 Zum einen muss die Anordnung der Nacherbfolge selbst angegeben werden, wobei auch der Umfang darzulegen ist. Die Anordnung selbst kann sich hierbei auch erst durch eine Auslegung des Testaments ergeben. Die Nacherbfolge an sich kann auch unter verschiedenen Bedingungen angeordnet werden. Ist sie jedoch inzwischen gegenstandslos geworden, so kann ihre Angabe unterbleiben (Palandt/*Weidlich* § 2363 BGB Rn. 3).

Zum anderen muss der Nacherbfall selbst bezüglich. Zeitpunkt und Bedingung konkretisiert werden (z.B. Zeitpunkt, Wiederheirat oder Tod einer Person).

6 Letztlich müssen auch Angaben über die Identität der (auch bedingten) Nacherben, Nachnacherben und ggf. vorhandener Ersatznacherben aufgenommen werden. Die Angaben müssen so konkret sein, dass eine genaue Individualisierung und Bestimmung der betreffenden Personen möglich ist. Gesetzt dem Fall, die Nacherben sind noch unbekannt, so sind die Kriterien zu ihrer Bestimmung anzugeben (BayObLG DNotZ 1984, 502; PWW/*Deppenkemper* § 2363 BGB Rn. 3; Staudinger/*Herzog* § 2363 BGB Rn. 8). Die Ermittlung der Nacherben hat von Amts wegen zu erfolgen (OLG Frankfurt NJW 1953, 507).

7 Als weitere Angaben kommen insbesondere ein evtl. Ausschluss der Vererblichkeit des Nacherbenanwartschaftsrechts (Staudinger/*Herzog* § 2363 BGB Rn. 13), eine Nacherbentestamentsvollstreckung und die Befreiung von Verfügungsbeschränkungen (§ 2136 BGB) in Betracht. Hat der alleinige Vorerbe ein Vorausvermächtnis erhalten, so unterliegt er diesbezüglich keinen Beschränkungen. Mithin sind entsprechende Angaben in den Erbschein mit aufzunehmen (BayObLG FamRZ 2005, 480).

8 Nicht nötig sind Angaben zu einem Erwerber der Nacherbschaft (MüKo/*J. Mayer* § 2363 BGB Rn. 22) oder zur Größe der Erbteile der Nacherben, da der Erbschein des Vorerben ihr Erbrecht gerade nicht bezeugt.

9 Tritt der Nacherbfall ein, so ist der ursprünglich dem Vorerben erteilte Erbschein einzuziehen (PWW/*Deppenkemper* § 2363 BGB Rn. 8; OLG Jena FamRZ 1994, 1208; a.A. Soergel/*Zimmermann* § 2363 BGB Rn. 12).

10 C. Erbschein des Nacherben. Der Nacherbe ist erst bei Eintritt des Nacherbfalls bezüglich seines eigenen Erbscheins antragsberechtigt. Der dem Vorerben erteilte Erbschein oder der Nacherbenvermerk nach § 51 GBO ist hingegen zum Nachweis der Nacherbfolge nicht geeignet (OLG München FamRZ 2013, 908). Insbesondere genügen der Erbschein des Vorerben und eine Sterbeurkunde des Vorerben nicht zur Berichtigung des Grundbuchs (BGHZ 84, 196).

Der Erteilung des Erbscheins an den Nacherben steht der noch nicht eingezogene oder für kraftlos erklärte *Erbschein des Vorerben* nicht entgegen (*Köster* Rpfleger 2000, 133; MüKo/*J. Mayer* § 2363 BGB Rn. 25).

Der Zeitpunkt des Eintritts des Nacherbfalls ist anzugeben (BayObLG FamRZ 1990, 320). Gleiches gilt für die Person des Nacherben oder Ersatznacherben. Bei Erwerb der Nacherbanwartschaft durch einen Dritten ist nichtsdestotrotz der Nacherbe im Erbschein zu nennen (MüKo/*J. Mayer* § 2363 BGB Rn. 22). 11

D. Angabe des Testamentsvollstreckers (Abs. 2). Die Aufnahme der Angabe der Anordnung der Testamentsvollstreckung (vgl. zum ungenauen Wortlaut des Gesetzes JurisPK-BGB/*J. Lange* § 2364 BGB Rn. 4) dient nicht der Legitimation oder Identifikation des Testamentsvollstreckers, sondern zeigt die Verfügungsbeschränkungen des bzw. der Erben auf. Der Name des Testamentsvollstreckers ist nicht mit aufzunehmen (KG OLG 40, 155; MüKo/*J. Mayer* § 2364 BGB Rn. 12). Erfolgt die Anordnung der Testamentsvollstreckung nur beschränkt auf einen Erbteil, so ist dies deutlich zu machen (KGJ 43, 92). Gleiches gilt, wenn nur gewisse Nachlassgegenstände betroffen bzw. nicht betroffen sind (Staudinger/*Herzog* § 2364 BGB Rn. 20). 12

Die Annahme des Amts des Testamentsvollstreckers und die Beschränkungen seiner Befugnisse sind indessen im Testamentsvollstreckerzeugnis ausgewiesen, § 2368 BGB. Ist die Testamentsvollstreckung gegenständlich beschränkt, so sind diese Beschränkungen hingegen mit aufzunehmen (BayObLG FGPrax 2005, 217; MüKo/*J. Mayer* § 2364 BGB Rn. 15). Eine Nacherbentestamentsvollstreckung ist ebenso in den Erbschein des Vorerben mit aufzunehmen (PWW/*Deppenkemper* § 2364 Rn. 1). 13

Hat sich die Anordnung der Testamentsvollstreckung vor Erteilung des Erbscheins erledigt, so ist sie nicht mit aufzunehmen. Dies kann beispielsweise bei der Ablehnung des Amts oder dem Tod der benannten Person der Fall sein (vgl. BeckOKBGB/*Siegmann/Höger* § 2364 BGB Rn. 2a; BayObLG NJW-RR 2003, 297). 14

Einigkeit besteht darüber, dass die fehlende Angabe zur Unrichtigkeit des Erbscheins führt und er somit einzuziehen ist. Umstritten ist hingegen, wie nach einem nachträglichen Wegfall der Testamentsvollstreckung zu verfahren ist. Die überwiegende Ansicht verneint hier die Möglichkeit einer kostengünstigen Berichtigung und verlangt auch in diesen Fällen die Einziehung des Erbscheins (so BeckOKBGB/*Siegmann/Höger* § 2364 BGB Rn. 5 f.; Palandt/*Weidlich* § 2364 BGB Rn. 2; MüKo/*J. Mayer* § 2364 BGB Rn. 17; PWW/*Deppenkemper* § 2364 BGB Rn. 2; a.A. Staudinger/*Herzog* § 2364 BGB Rn. 24). Wechselt die Person des Testamentsvollstreckers, so ist der bereits erteilte Erbschein nicht schon allein auf Grund dessen einzuziehen. Der Testamentsvollstrecker selbst kann die Einziehung oder Kraftloserklärung des unrichtigen Erbscheins anregen (BayObLGZ 13, 743). Ihm steht daneben gegen Dritte auch der Herausgabeanspruch nach § 2363 BGB i.V.m. § 2362 Abs. 1 BGB zu. Gleiches gilt nach überwiegender Ansicht auch für den Auskunftsanspruch des § 2362 Abs. 2 BGB, soweit dem Testamentsvollstrecker die Verwaltung des Nachlasses oder einzelner Nachlassgegenstände obliegt (Erman/*Schlüter* § 2364 Rn. 4). 15

§ 352c **Gegenständlich beschränkter Erbschein.** (1) Gehören zu einer Erbschaft auch Gegenstände, die sich im Ausland befinden, kann der Antrag auf Erteilung eines Erbscheins auf die im Inland befindlichen Gegenstände beschränkt werden.
(2) ¹Ein Gegenstand, für den von einer deutschen Behörde ein zur Eintragung des Berechtigten bestimmtes Buch oder Register geführt wird, gilt als im Inland befindlich. ²Ein Anspruch gilt als im Inland befindlich, wenn für die Klage ein deutsches Gericht zuständig ist.

Übersicht

	Rdn.		Rdn.
A. Allgemeines	1	C. Nachlassgegenstände im Inland	6
B. Zuständigkeit	3	D. Ausgestaltung	8

A. Allgemeines. Die Norm wurde durch das Gesetz zum internationalen Erbrecht und zur Änderung von Vorschriften zum Erbschein sowie zur Änderung sonstiger Vorschriften (BGBl. I 2015 Nr. 26 03.07.2015 S. 1042) neu in das FamFG eingefügt. Sie entspricht den früheren § 2369 BGB a.F. Die Verschiebung erfolgte aus systematischen Gründen. 1

Die Regelung ermöglicht es dem Erben seinen (deutschen) Erbschein auf das im Inland befindliche Vermögen zu beschränken. Der gegenständlich beschränkte Erbschein bezeugt sodann nur die Erbfolge bezüglich der inländischen Nachlassgegenstände. Eine analoge Anwendung nur auf die im Ausland befindlichen Nachlassgegenstände ist nicht möglich (OLG Hamm FGPrax 2013, 183; MüKo/*J. Mayer* § 2369 BGB Rn. 19). 2

Neben dem daneben möglichen unbeschränkten deutschen Erbschein, muss auch die Möglichkeit eines Europäischen Nachlasszeugnisses in Betracht gezogen werden. Mit der Beschränkung auf die inländischen Nachlassgegenstände geht meist eine erhebliche Zeit- und Kostenersparnis einher (vgl. § 40 Abs. 3 Satz 1 GNotKG).

3 **B. Zuständigkeit.** Die internationale Zuständigkeit richtet sich nunmehr, nach der Einführung von § 2369 BGB a.F. (inzwischen § 352c) und der damit verbundenen Aufgabe des Gleichlaufgrundsatzes, gem. § 105 nach der Theorie der Doppelfunktionalität. Danach ist eine internationale Zuständigkeit des Nachlassgerichts dann gegeben, wenn es örtlich zuständig ist. Der frühere Gleichlaufgrundsatz, wonach sich die internationale Zuständigkeit nach der Anwendbarkeit des jeweiligen Sachrechts richtete, wurde hierdurch aufgegeben (BT-Drucks. 16/6308, S. 221; OLG Hamm DNotZ 2011, 39). Die Frage, welches Erbrecht materiell-rechtlich Anwendung findet, bleibt hiervon jedoch unberührt (Fremdrechtserbschein/Eigenrechtserbschein). Auch eine Nachlassspaltung mit unterschiedlichen anzuwendenden Rechten ist denkbar. Das deutsche Nachlassgericht hat hier verschiedene Erbrechtsordnungen anzuwenden, wobei bei der Anwendung des ausländischen Rechts der *ordre public* Vorbehalt zu beachten ist (vgl. BeckOKBGB/*Siegmann/Höger* § 2369 BGB Rn. 3a; OLG Hamm ZEV 2005, 436).

4 Auch nach Inkrafttreten der EuErbVO bestimmt sich die internationale Zuständigkeit für Verfahren mit Auslandsberührung, die nicht von der EuErbVO erfasst sind, nach den §§ 105, 343. Dies sind insbesondere die amtliche Verwahrung nach § 342 Abs. 1 Nr. 1 sowie die Erteilung und Einziehung und Kraftloserklärung von Erbscheinen, Testamentsvollstreckerzeugnissen und sonstigen Zeugnissen i.S.v. § 342 Abs. 1 Nr. 6 (BT-Drucks. 18/4201 S. 59; *Wall* ZErb 2015, 9).

5 Die internationale Zuständigkeit ist nicht auf in Deutschland gelegenes Vermögen beschränkt, vielmehr erstreckt sich die Zuständigkeit des deutschen Gerichts auch auf das Weltvermögen des Ausländers. Der Antragsteller kann somit die Reichweite des Erbscheins (unbeschränkt/nur im Inland befindliches Vermögen) wählen. Ein zusätzliches Rechtsschutzbedürfnis bei Auslandsberührung ist hierfür nicht notwendig (so auch BeckOK/*Schlögel* § 343 Rn. 23).

Nicht möglich ist hingegen die Beschränkung auf einzelne oder alle im Ausland gelegene Nachlassgegenstände. Gleiches gilt für die Frage, ob alle Nachlassgegenstände in einem einzelnen Land ausgenommen werden können. Das praktische Bedürfnis hierfür mag oftmals gegeben sein, jedoch ermöglicht das Gesetz eine derartige Beschränkung nicht (ausführlich hierzu MüKo/*J. Mayer* § 2369 Rn. 19 f. mit Beispiel).

6 **C. Nachlassgegenstände im Inland.** Voraussetzung für die Erteilung ist, dass sowohl inländische als auch ausländische Nachlassgegenstände vorhanden sind (OLG Brandenburg ZEV 2012, 213). Gerade in dieser Konstellation ist aber auch die Option der Beantragung eines Europäischen Nachlasszeugnisses zu erwägen (vgl. hierzu näher § 352e Rdn. 19 ff.).

Liegen keine Anhaltspunkte für eine entsprechende Auslandsberührung vor, so fehlt das Rechtsschutzbedürfnis (KG FGPrax 2006, 220). Ob das vom Antragsteller lediglich versichert werden muss, oder ob das Vorhandensein tatsächliche Zulässigkeitsvoraussetzung ist, ist teilweise umstritten (OLG Zweibrücken Rpfleger 1994, 446; Palandt/*Weidlich* § 2369 BGB Rn. 3; a.A. MüKo/*J. Mayer* § 2369 BGB Rn. 9). Das jeweils anwendbare Erbrecht ist hingegen nicht entscheidend (Palandt/*Weidlich* § 2369 BGB Rn. 1).

7 Abs. 2 der Vorschrift regelt Einzelfälle von im Inland befindlichen Gegenständen. Unter die Begriffe »Buch« und »Register« des Abs. 1 Satz 1 fallen beispielsweise das Grundbuch, Schiffsregister, Schuldbücher, Patentrolle und Schutzrechtsregister (BeckOKBGB/*Siegmann/Höger* § 2369 BGB Rn. 5).

Ansprüche gelten dann als im Inland befindlich, wenn für die Klage ein deutsches Gericht zuständig ist. Bei der Beurteilung sind neben den allgemeinen Zuständigkeitsregeln der §§ 13 ff. ZPO auch EuGVO, Gerichtsstandvereinbarungen und bilaterale Abkommen zu berücksichtigen (vgl. hierzu *Fetsch* ZEV 2005, 425).

8 **D. Ausgestaltung.** Neben der Beschränkung auf das inländische Vermögen ist im Erbschein auch eine Angabe aufzunehmen, welches materielle Recht zur Anwendung kommt (BayOBLGZ 61, 4). Gleiches gilt für die Erbenstellung und den Grund der Berufung. Verfügungsbeschränkungen (vergleichbar denen des § 352b) sind gleichfalls anzugeben.

9 Eine Aufstellung der Nachlassgegenstände hat nicht zu erfolgen, ist jedoch unschädlich (Staudinger/*Herzog* § 2369 BGB Rn. 24). Der Erbschein bezeugt gerade nicht die Zugehörigkeit einzelner Gegenstände zum Nachlass. Rechtsfiguren und erbrechtliche Gestaltungen die dem deutschen Recht fremd sind, sind nicht mitaufzunehmen (MüKo/*J. Mayer* § 2369 BGB Rn. 27 m.w.N.). Anders jedoch, wenn eine vergleichbare

rechtliche Gestaltung im deutschen Erbrecht existiert (z.B. »Noterbrecht« als mit dem deutschen »Pflichtteil« vergleichbares Rechtsinstitut). Der anglo-amerikanische executor oder administrator ist hingegen kein »Erbe« im Sinne des deutschen Rechts und mithin nicht als Erbe auszuweisen (MüKo/*J. Mayer* § 2369 BGB Rn. 35 m.w.N.). Dem deutschen Recht sind Vermächtnisse mit dinglicher Wirkung fremd, entsprechend hat im Erbschein keine Ausweisung zu erfolgen (OLG Hamm FamRZ 1993, 116).

Inhaltlich ist das Nachlassgericht weder an einen ausländischen Erbschein, noch an Feststellungen einer 10
ausländischen Behörde gebunden (BayObLG NJW-RR 1991, 1098; BayObLGZ 1965, 377), es sei denn die Entscheidung ist auf Grund eines Staatsvertrags anzuerkennen (BeckOKBGB/*Siegmann/Höger* § 2369 BGB Rn. 10). Unterliegt der Erbe nach ausländischem Recht gewissen Verfügungsbeschränkungen, so ist zu prüfen, ob sie in vergleichbarer Form dem deutschen Recht bekannt sind. Sie sind in diesem Fall sodann in den Erbschein aufzunehmen (vgl. MüKo/*J. Mayer* § 2369 Rn. 42 ff.).

§ 352d Öffentliche Aufforderung.
Das Nachlassgericht kann eine öffentliche Aufforderung zur Anmeldung der anderen Personen zustehenden Erbrechte erlassen; die Art der Bekanntmachung und die Dauer der Anmeldungsfrist bestimmen sich nach den für das Aufgebotsverfahren geltenden Vorschriften.

Die Norm wurde durch das Gesetz zum internationalen Erbrecht und zur Änderung von Vorschriften zum 1
Erbschein sowie zur Änderung sonstiger Vorschriften (BGBl. I 2015 Nr. 26 03.07.2015 S. 1042) neu in das FamFG eingefügt. Die Norm entspricht den früheren § 2358 Abs. 2 BGB a.F. Die Verschiebung erfolgte aus systematischen Gründen. § 2358 Abs. 1 BGB a.F. wurde hingegen ersatzlos gestrichen, da entsprechende Regelungen bereits in den §§ 26, 29 enthalten sind (BT-Drucks. 18/4201 S. 61).

Das Verfahren kommt dann in Betracht, wenn Zweifel bezüglich der Existenz anderer höher- oder gleichberechtigter 2
erbberechtigter Personen bestehen, die nicht urkundlich geklärt werden können oder eine solche Klärung einen unverhältnismäßigen Aufwand erfordern würde. Es entbindet das Nachlassgericht nicht von seiner Ermittlungspflicht. Das Verfahren selbst richtet sich nach §§ 433 ff. und hat zunächst einen wirksamen Antrag auf Erteilung eines Erbscheins zur Voraussetzung.

Der öffentlichen Aufforderung kommt keine Ausschlusswirkung zu. Die Erbrechte evtl. vorhandener Drit- 3
ter werden nicht beeinträchtigt, bleiben jedoch zunächst unberücksichtigt (Jauernig/*Stürner* § 2358 BGB Rn. 4; Staudinger/*Herzog* § 2358 BGB Rn. 39). Aufgrund der weitreichenden Publizitätswirkungen des Erbscheins kann dies jedoch mit massiven Nachteilen verbunden sein.

Die Durchführung der öffentlichen Aufforderung liegt im Ermessen des Nachlassgerichts. Ein Aufforde- 4
rungsverfahrens nach § 1965 BGB hindert die Durchführung nicht (Palandt/*Weidlich* § 2358 BGB Rn. 13).

Ist das Nachlassgericht bereits zur Überzeugung gelangt, dass vorrangig erbberechtigte Personen existieren, 5
so kann die Aufforderung unterbleiben (OLG Frankfurt Rpfleger 1987, 203). Bestehen lediglich Zweifel darüber, ob die Person zum Zeitpunkt des Erbfalls noch gelebt hat, so ist der urkundliche Nachweis über den Todeszeitpunkt vorrangig (z.B. Todeserklärung; MüKo/*J. Mayer* § 2358 BGB Rn. 42). Auch bei der Ermittlung von Erben entfernter Ordnungen, die einen unverhältnismäßigen Aufwand erfordern würden, ist die öffentliche Aufforderung richtiger Ansicht nach möglich (MüKo/*J. Mayer* § 2358 BGB Rn. 42a). Die Entscheidung, ob eine öffentliche Aufforderung durchzuführen ist oder nicht, ist keine Endentscheidung und somit nicht selbstständig mit der Beschwerde angreifbar. Wird die Endentscheidung angegriffen, so erfolgt jedoch eine inzidente Überprüfung.

§ 352e Entscheidung über Erbscheinsanträge.
(1) ¹Der Erbschein ist nur zu erteilen, wenn das Nachlassgericht die zur Begründung des Antrags erforderlichen Tatsachen für festgestellt erachtet. ²Die Entscheidung ergeht durch Beschluss. ³Der Beschluss wird mit Erlass wirksam. ⁴Einer Bekanntgabe des Beschlusses bedarf es nicht.
(2) ¹Widerspricht der Beschluss dem erklärten Willen eines Beteiligten, ist der Beschluss den Beteiligten bekannt zu geben. ²Das Gericht hat in diesem Fall die sofortige Wirksamkeit des Beschlusses auszusetzen und die Erteilung des Erbscheins bis zur Rechtskraft des Beschlusses zurückzustellen.
(3) Ist der Erbschein bereits erteilt, ist die Beschwerde gegen den Beschluss nur noch insoweit zulässig, als die Einziehung des Erbscheins beantragt wird.

§ 352e

Übersicht

	Rdn.		Rdn.
A. Allgemeines	1	D. Kosten	18
B. Erteilungsverfahren	2	E. Europäisches Nachlasszeugnis (ENZ)	19
C. Beschwerde nach Erteilung des Erbscheins	16		

1 **A. Allgemeines.** Die Norm wurde durch das Gesetz zum internationalen Erbrecht und zur Änderung von Vorschriften zum Erbschein sowie zur Änderung sonstiger Vorschriften (BGBl. I 2015 Nr. 26 03.07.2015 S. 1042) neu in das FamFG eingefügt. Die Norm entspricht den früheren § 352 a.F. und § 2359 BGB a.F. Die Verschiebung erfolgte aus systematischen Gründen.
§§ 352 ff. regeln die Erteilung des Erbscheins. Die §§ 2353 ff. BGB a.F. wurden weitestgehend in das FamFG übertragen. Die neue Vorschrift macht die bisher übliche Praxis, bei Zweifelsfällen einen Vorbescheid zu erteilen, hinfällig. Der Beschluss ist grds. sofort wirksam, was einem schnellen und ökonomischen Verfahren dient. Eine Ausnahme hiervon sieht jedoch Abs. 2 für den Fall vor, dass der Beschluss dem Willen eines der Beteiligten widerspricht. § 354 erklärt die §§ 352 ff. für sonstige Zeugnisse des Nachlassgerichts für entsprechend anwendbar.

2 **B. Erteilungsverfahren.** Die örtliche Zuständigkeit des Gerichts richtet sich nach § 343. Sachlich ist das Nachlassgericht zuständig, zur funktionellen Zuständigkeit s. §§ 3 Nr. 2 Buchst. c), 16 Abs. 1 Nr. 6 RPflG. Der Richtervorbehalt bei Vorliegen einer letztwilligen Verfügung gilt auch dann, wenn trotz dieser Verfügung die gesetzliche Erbfolge eintritt (OLG Köln ZErb 2014, 171). Die internationale Zuständigkeit ergibt sich aus § 105. Dies gilt auch nach Inkrafttreten der EuErbVO, da die Erteilung eines deutschen Erbscheins keine »Entscheidung« i.S.v. Art. 3 Abs. 1 Buchst. g) EuErbVO ist und somit nicht von den Zuständigkeitsregeln der Art. 4 ff. EuErbVO erfasst wird (*Wall* ZErb 2015, 9). Der Kreis der am Verfahren Beteiligten ergibt sich aus § 345. Sie sind nach § 7 Abs. 4 Satz 1 zu benachrichtigen. Bei landwirtschaftlichen Betrieben vgl. § 18 HöfeO.

3 Das Verfahren zur Erteilung eines Erbscheins wird nur auf einen Antrag hin eingeleitet. Die durch das Gesetz zur Übertragung von Aufgaben im Bereich der freiwilligen Gerichtsbarkeit auf Notare (G. v. 26.06.2013 – BGBl. I 2013 Nr. 32 29.06.2013 S. 1800) neu gefasste und am 01.09.2013 in Kraft getretene Länderöffnungsklausel des Art. 239 EGBGB, gibt den Ländern die Möglichkeit, für den Antrag auf Erteilung eines Erbscheins die notarielle Beurkundung zu verlangen.
Antragsberechtigt sind (Mit-) Erben, Vorerben bis zum Eintritt des Nacherbfalls (danach die Nacherben), Testamentsvollstrecker, Nachlass(insolvenz)verwalter und Erbteilserwerber auf den Namen der ursprünglichen Erben. Nach überwiegender Ansicht sind hingegen Erbschaftskäufer nicht antragsberechtigt (MüKo/*J. Mayer* § 2353 BGB Rn. 88; BeckOK/*Schlögel* § 352 Rn. 4; a.A. Palandt/*Weidlich* § 2371 BGB Rn. 4). Nachlassgläubiger sind nur im Rahmen der §§ 792, 896 ZPO antragsberechtigt.
Inhaltlich muss der Antrag so bestimmt sein, dass das Nachlassgericht ihn so erlassen könnte (z.B. Berufungsgrund, Quote, Beschränkungen, vgl. die Kommentierung zu § 352). Bspw. sind Platzhalter (OLG Hamm ZErb 2013, 68) oder der Verweis auf eine noch vom Nachlassgericht zu bildende Rechtsmeinung (OLG Düsseldorf ZEV 2014, 117) unzulässig. Der Antragsteller hat die seinen Antrag begründenden Tatsachen nachzuweisen. Eine subjektive Beweislast kennt das Erbscheinverfahren nicht. Hingegen besteht jedoch eine Feststellungslast, welche sich nach dem materiellen Recht richtet. So trifft die Feststellungslast für die Echtheit eines Testaments denjenigen, der aus dem Testament ein Erbrecht herleitet (vgl. OLG Düsseldorf FamRZ 2015, 874; Keidel/*Zimmermann*, § 352 Rn. 103, 104). Die Sachverhaltsermittlung hat das Nachlassgericht gem. § 26 v.A.w. durchzuführen, jedoch nur insoweit, als beurteilt werden kann, ob dem Antrag zu folgen ist oder nicht (Abschluss erst, wenn keine entscheidungserheblichen Erkenntnisse mehr zu erwarten sind, BGH NJW 1963, 1972).

4 Was den Inhalt des Erbscheins betrifft, ist das Nachlassgericht an den Antrag gebunden. Das Nachlassgericht selbst kann keinen inhaltlich abweichenden Erbschein erteilen. In der Praxis wird jedoch bei einer abweichenden Beurteilung des Nachlassgerichts eine Zwischenverfügung ergehen, mit der der Antragsteller auf nötige Änderungen seines Antrags hingewiesen wird.

5 Das Nachlassgericht darf den Erbschein nur erteilen, wenn die für den Erbschein notwendigen Tatsachen für festgestellt erachtete werden, Abs. 1 Satz 1. Die Entscheidung selbst erfolgt nach der freien Überzeugung des Nachlassgerichts, § 37.

Erbunwürdigkeit oder Anfechtbarkeit an sich stehen der Erteilung des Erbscheins nicht entgegen. Eine Auslegung der letztwilligen Verfügung hat durch das Nachlassgericht selbst zu erfolgen (OLG Karlsruhe ZEV 2006, 315). Verträge über die Auslegung oder die Wirksamkeit einer letztwilligen Verfügung binden das Nachlassgericht nicht. Ihnen kann jedoch eine Indizwirkung zukommen. Bleiben einzelne Tatsachen zweifelhaft, so ist letztendlich nach der Feststellungslast zu entscheiden (vgl. § 352 Rdn. 2 ff.). 6

Eine Bindung des Nachlassgerichts an andere Urteile über das Erbrecht besteht dann, wenn die Entscheidung für die Parteien Rechtskraft (§§ 325 ff. ZPO) entfaltet (PWW/*Deppenkemper* § 2359 BGB Rn. 2; BayObLG FamRZ 1999, 334). Etwas anderes gilt, wenn sich die Berufung auf das Urteil als arglistig darstellt (BGH NJW 2006, 154). Die Ergebnisse eines früheren Erbscheinsverfahrens (bzgl. bspw. Wirksamkeit des Testaments oder Testierfähigkeit) entfaltet keine Bindungswirkung für einen nachfolgenden Prozess (vgl. BGH FamRZ 2010, 1068; BeckOKBGB/*Siegmann/Höger* § 2359 BGB Rn. 2). Das Prozessgericht ist hingegen nicht an Entscheidungen des Nachlassgerichts gebunden. 7

Die Entscheidung über den Antrag erfolgt durch Beschluss. Die Norm stellt eine Abkehr von der früher gängigen Praxis des Vorbescheids dar (zum Übergangsrecht vgl. Art. 111 FGG-RG). Sollte versehentlich dennoch ein Vorbescheid erlassen werden, so ist eine Umdeutung in einen Feststellungsbeschluss nach Abs. 1 in Betracht zu ziehen (OLG Frankfurt, NJW-RR 2012, 11; für eine Aufhebung v.A.w. hingegen OLG Köln FGPrax 2011, 49). Der Beschluss ergeht, wenn kein Widerspruch eines Beteiligten vorliegt, die Rechtsfragen geklärt sind und das Nachlassgericht die für eine Entscheidung notwendigen Tatsachen als erwiesen ansieht. Der Inhalt des Beschlusses bestimmt sich nach § 38. Eine Begründung ist nicht nötig, § 38 Abs. 4 Nr. 2. Der Beschluss selbst entfaltet nur eine eingeschränkte Bindungswirkung. Zeigt sich nach Erlass des Beschlusses, dass der danach zu erteilende Erbschein wegen Unrichtigkeit sofort wieder einzuziehen wäre, so steht er einer neuen, inhaltlich abweichenden Feststellung nicht entgegen (OLG Naumburg FamRZ 2014, 1884). 8

Um das Verfahren in unstreitigen Angelegenheiten zu beschleunigen, wird der Beschluss nach § 352e Abs. 1 Satz 3, Satz 4 sofort, und somit entgegen § 40 Abs. 1 nicht erst mit Bekanntgabe an die Beteiligten, wirksam. 9

Da eine Bekanntgabe nicht nötig ist (§ 352e Abs. 1 Satz 4), kann das Nachlassgericht mit der Beschlussfassung auch den Erbschein erteilen. 10

Lehnt das Gericht die Erteilung des beantragten Erbscheins ab, steht dem Antragsteller und den potenziellen Antragsberechtigten (BGH NJW 1993, 662) die Beschwerde nach §§ 58 ff. zur Verfügung. Ein entsprechender vorheriger Beschluss wird nicht gefasst. Beschwerdegericht ist gem. § 119 Abs. 1 Nr. 1 Buchst. b) GVG das OLG. Aus prozessökonomischen Gründen sind auch andere Antragsberechtigte beschwerdeberechtigt (Prütting/Helms/*Fröhler* § 352 Rn. 121). Die Abweisung des Antrags steht einer erneuten Antragstellung nicht entgegen. 11

Personen, welche sich am Verfahren nicht beteiligt haben, werden nach § 15 Abs. 3 über den Ausgang des Verfahrens formlos unterrichtet. 12

Widerspricht die Entscheidung dem erklärten Willen eines Beteiligten, so ist der Beschluss den Beteiligten nach § 352e Abs. 2 Satz 1 bekannt zu geben. Dem Widersprechenden ist er nach § 41 Abs. 1 Satz 2 förmlich zuzustellen. Der Beschluss muss begründet sein, § 38 Abs. 3 Satz 1. Die sofortige Wirksamkeit des Beschlusses ist auszusetzen und die Erteilung des Erbscheins bis zur Rechtskraft des Anordnungsbeschlusses zurückzustellen, § 352e Abs. 2 Satz 2. Bezüglich des Verfahrens ist dem Nachlassgericht dann kein Ermessen eingeräumt. 13

Problematisch erscheint, wann ein entsprechender Wille »erklärt« ist. Der entsprechende Wille muss ausdrücklich oder konkludent ggü. dem Nachlassgericht geäußert werden. Eine Begründung kann hingegen nicht verlangt werden. Eine Erklärung ggü. Dritten ist nicht ausreichend. Zur Frage des missbräuchlichen Widerspruchs gegen die Erbscheinserteilung vgl. *Terner* ZEV 2014, 184. 14

Auf die Beschwerde gegen den Feststellungsbeschluss finden die §§ 58 ff. Anwendung. Beschwerdeberechtigt ist jeder, der unmittelbar in seinen Rechten verletzt ist (Keidel/*Zimmermann* § 352 Rn. 137). Dies ist bspw. bei einem Eigenerben gegeben, welcher als Vorerbe eingestuft wird (OLG Hamm, ZErb 2013, 263), nicht hingegen bei Dritten, die die Erbscheinserteilung zugunsten eines anderen anstreben (OLG Köln FGPrax 2010, 194; RNotZ 2014, 503). Wird der Beschluss rechtskräftig, so ist mit dem davon zu unterscheidenden Erteilungsverfahren fortzufahren. Wird der Erbschein hingegen schon vor der Rechtskraft des Beschlusses erteilt, so hat dies auf seine Wirksamkeit keinen Einfluss (Keidel/*Zimmermann* § 352 Rn. 128). 15

Das Beschwerdegericht ist nach § 119 Abs. 1 Nr. 1 Buchst. b) GVG das OLG (wenn keine Abhilfe durch das Nachlassgericht erfolgt).

16 **C. Beschwerde nach Erteilung des Erbscheins.** Nach Abs. 3 kann mit der Beschwerde nach §§ 58 ff. nur mit dem Ziel der Einziehung des Erbscheins gegen den Feststellungsbeschluss vorgegangen werden. Zur Beschwerde vor Erteilung des Erbscheins s. Rdn. 15, zur Beschwerde gegen den Zurückweisungsbeschluss s. Rdn. 11. Die Erteilung setzt zumindest voraus, dass der Erbschein in Urschrift oder Ausfertigung dem Antragsteller ausgehändigt oder übersandt worden ist, die bloße Herausgabe von Ablichtungen oder beglaubigten Abschriften des Erbscheins ist für eine Erteilung nicht ausreichend (OLG Düsseldorf FGPrax 2014, 31).

17 Alternativ zu diesem Beschwerdeverfahren verbleibt, wie früher, die Möglichkeit, beim Nachlassgericht die Einziehung oder Kraftloserklärung des Erbscheins nach § 2361 BGB anzuregen. Eine analoge Anwendung auf das Eröffnungsprotokoll oder sonstige inhaltliche Mitteilung ist nicht möglich (OLG Naumburg FGPrax 2012, 118). Eine Herausgabeklage nach § 2362 Abs. 1 BGB bleibt möglich.

18 **D. Kosten.** Für die Erteilung des Erbscheins fallen Kosten nach Nr. 12210 – 12212 KV GNotKG i.V.m. § 40 GNotKG an. Schuldner ist nach § 22 Abs. 1 GNotKG der Antragsteller. Für die Bemessung ist der Wert des Nachlasses abzüglich der Nachlassverbindlichkeiten entscheidend. Für eine Protokollierung einer ggf. nötigen eidesstattlichen Versicherung richtet sich die Gebühr nach Nr. 23300 KV GNotKG. Zur besonderen Problematik der Kostenentscheidung beim Streit über die Testierfähigkeit des Erblassers vgl. *Kuhn* ErbR 2014, 108.

19 **E. Europäisches Nachlasszeugnis (ENZ).** Die Europäischen Erbrechtsverordnung – EuErbVO (Verordnung [EU] Nr. 650/2012 des Europäischen Parlaments und des Rates vom 04.07.2012 über die Zuständigkeit, das anzuwendende Recht, die Anerkennung und Vollstreckung von Entscheidungen und die Annahme und Vollstreckung öffentlicher Urkunden in Erbsachen sowie zur Einführung eines Europäischen Nachlasszeugnisses) führt in den Art. 62 ff. EuErbVO ein Europäisches Nachlasszeugnis ein. Die Verordnung tritt nach Art. 84 Abs. 1 EuErbVO am 20. Tag nach ihrer Veröffentlichung in Kraft, wobei für die Anwendbarkeit der meisten Normen eine Übergangszeit bis zum 17.08.2015 vorgesehen ist.

20 Mit der Einführung eines einheitlichen Europäischen Nachlasszeugnisses schafft die Verordnung ein neues, einheitliches und grenzüberschreitendes Dokument welches es Erben, Vermächtnisnehmern, Testamentsvollstreckern und Nachlassverwaltern (Art. 63 Abs. 1) ermöglicht, ihre Rechte und Stellung in einer einheitlichen und in allen Mitgliedsstaaten anzuerkennenden Urkunde nachzuweisen.

21 Eine Anerkennung ausländischer Erbrechtsnachweise im Inland ist oft mit Schwierigkeiten verbunden und war meist nur mit entsprechenden Anpassungen und Ergänzungen möglich. Vergleichbares gilt für Erbnachweise vor Nachlassgerichten in anderen Mitgliedsstaaten (*Lange* DNotZ 2012, 168).

22 Die Wirkungen des Europäischen Nachlasszeugnisses sind weitestgehend mit denen des deutschen Erbscheins vergleichbar. Es besteht jedoch ein Unterschied insofern, als dass es für die Anerkennung in anderen Mitgliedsstaaten keiner Legislation oder anderer Förmlichkeiten (z.B. Apostille) bedarf, Art. 69 Abs. 1 EuErbVO. Das Europäische Nachlasszeugnis entfaltet bezüglich der in ihm enthaltenen Sachverhalte eine Beweiswirkung und einen Gutglaubensschutz (vergleichbar den Wirkungen des deutschen Erbscheins nach §§ 2365 ff. BGB). Bezüglich der Beweiswirkung ist der Beweis des Gegenteils jedoch möglich (*Dutta* FamRZ 2013, 4). Die Richtigkeitsvermutung erfasst bspw. die materielle Wirksamkeit einer letztwilligen Verfügung, nicht aber Status- oder Eigentumsfragen bezüglich der einzelnen Nachlassgegenstände. Sie erstreckt sich somit nicht auf Elemente, die nicht von der Verordnung geregelt werden (Erwäggr. 71 Satz 3 EuErbVO). Der Gutglaubensschutz kommt jedem Dritten zugute, der im Vertrauen auf die Angaben im Nachlasszeugnis an einen im Zeugnis als berechtigt Bezeichneten leistet oder von diesem Leistungen empfängt. Wusste der Dritte jedoch positiv von der Unrichtigkeit oder war ihm diese in Folge grob fahrlässiger Unkenntnis unbekannt, so scheidet eine diesbezügliche Gutglaubenswirkung aus (anders beim deutschen Erbschein, wo nur positive Kenntnis schadet, §§ 2366, 2367 BGB). Gerade letzteres mag sich für die Akzeptanz eines in Deutschland ausgestellten Europäischen Nachlasszeugnis bei Verwendung im Inland (Art. 62 Abs. 3 Satz 2) als hinderlich erweisen (vgl. allgemein *Kleinschmidt* RabelsZ 77 [2013] 723). Die Vorlage des Europäischen Nachlasszeugnisses ist jedoch für den Gutglaubensschutz nicht notwendig (*Buschbaum/Simon* ZEV 2012, 525).

23 Die Art. 62 Abs. 2 und 3 EuErbVO verdeutlichen, dass die Beantragung und Verwendung des Zeugnisses freiwillig ist und es neben vergleichbare Schriftstücke der Mitgliedsstaaten tritt (vgl. auch Erwäggr. 67

Satz 3 EuErbVO). Im deutschen Recht bleibt somit die Möglichkeit der Beantragung und Verwendung eines Erbscheins bestehen. Das Europäische Nachlasszeugnis stellt nur eine optionale Wahlmöglichkeit bei Erbfällen mit Auslandsberührung dar (Erwäggr. 69 EuErbVO). Das System des nationalen Erbscheins tritt neben die neue Möglichkeit der Beantragung eines Europäischen Nachlasszeugnisses (*Kleinschmidt* RabelsZ 77 [2013] 723 m.w.N.). Zwar ist das Europäische Nachlasszeugnis zur Verwendung in einem anderen Mitgliedstaat bestimmt, jedoch kommen ihm nach seiner Ausstellung auch im Inland die in Art. 69 EuErbVO beschriebenen Wirkungen zu. Für reine Inlandssachverhalte kann das Zeugnis hingegen nicht ausgestellt werden. Insbesondere im Rahmen des Antrags nach Art. 64 Abs. 3 Buchst. f) EuErbVO ist der entsprechende Zweck des Zeugnisses (Art. 63 EuErbVO) nachzuweisen.

Für die Erteilung des Europäischen Nachlasszeugnisses ist international dasjenige Gericht zuständig, welches auch für die Entscheidungen in der Nachlasssache zuständig ist (Art. 4 ff. EuErbVO). Die Zuständigkeit richtet sich somit grds. nach dem gewöhnlichen Aufenthalt des Erblassers (Art. 4 EuErbVO), wobei hiervon im Falle einer Rechtswahl (Art. 7 EuErbVO), einer subsidiären Zuständigkeit (Art. 10 EuErbVO) oder einer Notzuständigkeit (Art. 11 EuErbVO) Ausnahmen zu machen sind. 24

Welche Behörde oder welches Gericht funktional und örtlich für die Erteilung zuständig ist, richtet sich nach nationalem Recht. Insbesondere kann diese Aufgabe auf Notare übertragen werden (Erwäggr. 70 Satz 2 EuErbVO). Die örtliche Zuständigkeit richtet sich in Deutschland nach dem neu eingeführten IntErbRVG (§ 34 IntErbVG). 25

Antragsberechtigt sind nach Art. 65 Abs. 1 EuErbVO i.V.m. Art. 63 Abs. 1 EuErbVO Erben, Vermächtnisnehmer mit unmittelbarer Berechtigung am Nachlass, Testamentsvollstrecker und Nachlassverwalter, welche sich in einem anderen Mitgliedsstaat auf ihre Rechtsstellung berufen oder ihre Rechte als Erben oder Vermächtnisnehmer oder ihre Befugnisse als Testamentsvollstrecker oder Nachlassverwalter ausüben müssen. Umstritten ist die Antragsberechtigung von Gläubigern des Erben (bejahend *Buschbaum/Simon* ZEV 2012, 525; a.A. *Süß* ZEuP 2013, 725). Den Erbengläubigern steht jedoch zumindest die Möglichkeit offen, ein berechtigtes Interesse i.S.v. Art. 70 Abs. 1 EuErbVO nachzuweisen und so eine Abschrift des Zeugnisses zu erlangen. 26

Art. 65 Abs. 3 Buchst. a) bis m) EuErbVO enthalten die Pflichtangaben des Antrags auf das Nachlasszeugnis. Die nötigen Angaben gehen in ihrem Umfang über die für einen Erbschein nötigen Angaben hinaus (vgl. § 352 FamFG). Die danach erforderlichen Schriftstücke sind in Urschrift oder in Form einer Abschrift, wenn dieser die nötige Beweiskraft zukommt, beizufügen. Ist eine Urschrift oder entsprechende Abschrift nicht verfügbar, so besteht für die Ausstellungsbehörde nach Art. 66 Abs. 2 EuErbVO die Möglichkeit, auch andere Formen des Nachweises zu akzeptieren. Die Erteilung selbst erfolgt nach Art. 70 EuErbVO. Das Verfahren richtet sich nach dem neu erlassenen IntErbRVG (§§ 33 ff. IntErbRVG). 27

Zwar sind die Arten von dinglichen Rechten und die Eintragung von Rechten an beweglichen oder unbeweglichen Vermögensgegenständen in einem Register nicht vom Anwendungsbereich der Verordnung erfasst (Art. 1 Abs. 2 Buchst. k) und Buchst. l) EuErbVO), jedoch stellt das Nachlasszeugnis eine taugliche Grundlage für die Eintragung hierfür dar (Legitimationswirkung; vgl. zum Europäischen Nachlasszeugnis in der Grundbuchpraxis *Wilsch* ZEV 2012, 530). Die Grundbuchämter können jedoch die Vorlage zusätzlicher Angaben oder Schriftstücke verlangen, die nach nationalem Recht für die Eintragung notwendig sind (z.B. Nachweise über Steuerzahlungen; Erwäggr. 18 EuErbVO). 28

Um spätere Korrekturen (Berichtigung, Änderung, Widerruf – Art. 71 EuErbVO) leichter vornehmen zu können, wird jedes Nachlasszeugnis mit einem »Verfallsdatum« von 6 Monaten versehen (in Ausnahmefällen länger). Nach Ablauf des Verfallsdatums kommen dem Zeugnis nicht mehr die in Art. 63 EuErbVO dargestellten Wirkungen zu. Es ist eine neue beglaubigte Abschrift zu beantragen (kritisch: *Vollmer* ZErb 2012, 227). 29

§ 353 Einziehung oder Kraftloserklärung von Erbscheinen.

(1) ¹Kann der Erbschein im Verfahren über die Einziehung nicht sofort erlangt werden, so hat ihn das Nachlassgericht durch Beschluss für kraftlos zu erklären. ²Der Beschluss ist entsprechend § 435 öffentlich bekannt zu machen. ³Mit Ablauf eines Monats nach Veröffentlichung im Bundesanzeiger wird die Kraftloserklärung wirksam. ⁴Nach Veröffentlichung des Beschlusses kann dieser nicht mehr angefochten werden.

§ 353 Buch 4. Verfahren in Nachlass- und Teilungssachen

(2) ¹In Verfahren über die Einziehung oder Kraftloserklärung eines Erbscheins hat das Gericht über die Kosten des Verfahrens zu entscheiden. ²Die Kostenentscheidung soll zugleich mit der Endentscheidung ergehen.
(3) ¹Ist der Erbschein bereits eingezogen, ist die Beschwerde gegen den Einziehungsbeschluss nur insoweit zulässig, als die Erteilung eines neuen gleichlautenden Erbscheins beantragt wird. ²Die Beschwerde gilt im Zweifel als Antrag auf Erteilung eines neuen gleichlautenden Erbscheins.

Übersicht

	Rdn.		Rdn.
A. Allgemeines	1	D. Kostenentscheidung (Abs. 2)	10
B. Einziehung des Erbscheins	2	E. Vorgehen gegen eine Einziehungsent-	
C. Kraftloserklärung (Abs. 1)	9	scheidung (Abs. 3)	12

1 **A. Allgemeines.** Die Norm regelt Teile des Verfahrens bei der Einziehung oder Kraftloserklärung von Erbscheinen. Über § 354 wird ihr Anwendungsbereich auf andere Zeugnisse des Nachlassgerichts erweitert. Die Vorschrift normiert die in der Praxis entwickelten Grundsätze der Anfechtbarkeit von Einziehungs- und Kraftloserklärungsbeschlüssen und schützt den Rechtsverkehr. § 2361 Satz 1 BGB verpflichtet das Nachlassgericht v.A.w. unrichtige Erbscheine einzuziehen. Daneben besteht die Möglichkeit der Herausgabeklage nach § 2362 Abs. 1 BGB.
Die Vorschrift hat durch das Gesetz zum internationalen Erbrecht und zur Änderung von Vorschriften zum Erbschein sowie zur Änderung sonstiger Vorschriften (BGBl. I 2015 Nr. 26 03.07.2015 S. 1042) einige Änderungen erfahren. Im jetzigen Abs. 1 wurden der Abs. 3 a.F. und § 2361 Abs. 2 Satz 1 BGB a.F. zusammengefügt. Hinzugekommen ist der Verweis auf § 435. In der Folge wurde § 2361 Abs. 2. BGB a.F. gestrichen. Gleiches gilt für § 2361 Abs. 3 BGB a.F., da der Verfahrensgrundsatz der Amtsermittlung bereits in § 26 niedergelegt ist. Die ursprünglichen Abs. 1 und 2 a.F. wurden zu den jetzigen Abs. 2 und 3. Es handelt sich insofern primär um redaktionelle Änderungen. Die Fristen wurden unverändert beibehalten.

2 **B. Einziehung des Erbscheins.** Für die Einziehung des Erbscheins ist das Nachlassgericht sachlich und funktionell zuständig (§ 23a GVG). Örtlich zuständig ist das AG, das den betreffenden Erbschein erteilt hat, selbst dann, wenn es für die Erteilung nicht zuständig gewesen ist, § 2361 BGB (OLG Hamm OLGZ 1972, 352; MüKo/*J. Mayer* Rn. 35 f.). Funktionell ist der Richter zuständig, wenn der Erbschein von ihm erteilt wurde oder die Einziehung aufgrund einer Verfügung von Todes wegen erfolgt (§ 16 Abs. 1 Nr. 7 RPflG). Zur landesrechtlichen Aufhebung des Richtervorbehalts s. § 19 Abs. 1 Nr. 5 RPflG. Davon abgesehen ist der Rechtspfleger nach § 3 Nr. 2 Buchst. c) RPflG funktionell zuständig.

3 Der Erbschein ist nach § 2361 Satz 1 BGB einzuziehen, wenn er unrichtig ist. Diese Unrichtigkeit kann sich sowohl aus materiell-rechtlichen Fehlern (z.B. abweichende Erbfolge aufgrund eines neu aufgefundenen Testaments) als auch aus formell-rechtlichen Fehlern (z.B. kein Erbscheinsantrag) ergeben (Keidel/*Zimmermann* § 353 Rn. 3). Hierbei ist nicht entscheidend, ob der Fehler schon seit Erteilung des Erbscheins bestand oder sich erst später entwickelte (BGHZ 40, 54). Ausreichend ist insofern, dass die Überzeugung des Gerichts erschüttert ist und ein Feststellungsbeschluss nach § 352 Abs. 1 insofern nicht ergangen wäre. Ob die bloße örtliche Unzuständigkeit des Gerichts für die Einziehung ausreichend ist, erscheint zweifelhaft (OLG Köln, ZErb 2015, 162).

4 Nicht jede Unrichtigkeit macht eine Einziehung erforderlich. Die Abgrenzung hat danach zu erfolgen, ob der Fehler einen Einfluss auf die Vermutungs- und Gutglaubenswirkung des Erbscheins hat (§§ 2365 ff. BGB; vgl. MüKo/*J. Mayer* § 2361 BGB Rn. 2). Kleinere, offensichtliche Unrichtigkeiten (bspw. Schreibfehler) können einfach berichtigt werden.

5 Bezüglich der Einziehung sind keine einstweiligen Anordnungen möglich, da diese gerade keine bloß vorläufige Wirkung hätten (Palandt/*Weidlich* § 2361 BGB Rn. 8). Möglich bleibt jedoch die Anordnung einer einstweiligen Rückgabe zur Nachlassakte, was jedoch keine Einziehung darstellt (Bumiller/*Harders* § 353 Rn. 2).

6 Mit der Einziehung durch das Nachlassgericht wird der Erbschein gem. § 2361 Satz 2 BGB kraftlos. Hierzu ist es nötig, dass von dem Erbschein keinerlei Publizitätswirkung mehr ausgehen kann, sich also sowohl Urschrift als auch sonstige Ausfertigungen beim Nachlassgericht befinden (OLG Düsseldorf FGPrax 2011,

125). Ist eine Einziehung nicht sofort möglich, so ist der Erbschein nach § 353 Abs. 1 für kraftlos zu erklären.
Die Anordnung der Einziehung erfolgt durch Beschluss (§§ 38 ff.), welcher den Beteiligten bekannt zu geben ist. Gegenüber dem Inhaber des Erbscheins hat regelmäßig eine Zustellung zu erfolgen, § 41 Abs. 1 Satz 2. Der Beschluss ist mit Ziel auf die körperliche Rückgabe des Erbscheins zu vollziehen (vgl. OLG Düsseldorf FGPrax 2011, 125). Wurde die Einziehung abgelehnt, so ist dies, falls ein Beteiligter die Einziehung »angeregt« hat, diesem in Beschlussform zuzustellen (*Boeckh* NJ 2011, 187). 7
Ist eine Einziehung offensichtlich aussichtslos, so kann sofort eine Kraftloserklärung erfolgen (Prütting/Helms/*Fröhler* § 353 Rn. 21). Für die nötige Bekanntmachung des Beschlusses gelten gem. § 353 Abs. 1 Satz 2 i.V.m. § 435. 8

C. Kraftloserklärung (Abs. 1). Die Kraftloserklärung erfolgt durch Beschluss des Nachlassgerichts. Sie ist dann vorzunehmen, wenn die Urschrift oder eine der Ausfertigungen nicht mehr erlangt werden kann, oder die Einziehung offensichtlich aussichtslos ist (BayObLGE 40, 155; Palandt/*Weidlich* § 2361 BGB Rn. 13). Ein vorheriges Fehlschlagen der Einziehung ist folglich keine zwingende Voraussetzung (Keidel/*Zimmermann* § 353 Rn. 28). 9
Die Bekanntmachung erfolgt nach § 435. Erst nach Ablauf eines Monats nach der Veröffentlichung im Bundesanzeiger wird die Kraftloserklärung wirksam (Abweichung von § 40). Die Frist schützt insofern den Rechtsverkehr. Die öffentliche Bekanntmachung kann durch Aushang an der Gerichtstafel oder Veröffentlichung im Bundesanzeiger vollzogen werden. § 435 Abs. 1 Satz 2 eröffnet darüber hinaus auch den Einsatz von elektronischen Informations- bzw. Kommunikationsmitteln.
Gegen den Beschluss der Kraftloserklärung kann bis zu dessen öffentlicher Bekanntmachung Beschwerde nach §§ 58 ff. eingelegt werden. Nach der öffentlichen Bekanntmachung ist nach Abs. 1 Satz 4 keine Anfechtung mehr möglich. Die mit der öffentlichen Bekanntmachung verbundenen Rechtswirkungen sind irreversibel. Möglich bleibt jedoch ein Antrag auf Erteilung eines gleichlautenden Erbscheins. Ob die Regelung des Abs. 3 Satz 2 auch auf diesen Fall anwendbar ist, ist umstritten (bejahend: Keidel/*Zimmermann* § 353 Rn. 34; dagegen: Prütting/Helms/*Fröhler* § 353 Rn. 24). Die verneinende Ansicht verweist den Beschwerdeberechtigten auf eine Beschwerde nach Abs. 3 Satz 1 und alternativ auf einen Antrag beim Nachlassgericht auf Erteilung eines neuen Erbscheins. Ein direkter Antrag im Beschwerdeweg sehe Abs. 1 – anders als Abs. 3 Satz 2 – gerade nicht vor.

D. Kostenentscheidung (Abs. 2). Abs. 1 Satz 1 ergänzt § 81. Danach hat das Nachlassgericht im Verfahren über die Einziehung oder Kraftloserklärung des Erbscheins zugleich auch über die Kosten zu entscheiden. Die Kosten für Einziehung und Kraftloserklärung ergeben sich aus § 3 Abs. 2 GNotKG i.V.m. Anlage 1, Nr. 12215 GNotKG und § 40 GNotKG. Das GNotKG ist durch das zweite Gesetz zur Modernisierung des Kostenrechts (2. KostRMoG vom 23.07.2013 – BGBl. I S. 2586) erlassen worden und mit Wirkung zum 01.08.2013 an die Stelle der KostO getreten. 10
Wer die Kosten zu tragen hat, richtet sich vor allem danach, in wessen Interesse die Einziehung/Kraftloserklärung war bzw. wer ggf. durch unrichtige Angaben die Erteilung des unrichtigen Erbscheins verursacht hat. In Einzelfällen mag eine sofortige Kostenentscheidung nicht möglich sein, insbes. wenn bezüglich der Einziehung besondere Eile geboten ist. Es handelt sich insofern nur um eine Soll-Vorschrift. 11

E. Vorgehen gegen eine Einziehungsentscheidung (Abs. 3). Gegen den Einziehungsbeschluss kann eine befristete Beschwerde eingelegt werden, §§ 58 ff. Die Frist beträgt gem. § 63 einen Monat. Der Beschwerdewert muss über 600,00 € liegen, § 61 Abs. 1. Das OLG ist gem. § 119 Abs. 1 Nr. 1 Buchst. b) GVG das zuständige Beschwerdegericht, wenn das Nachlassgericht der Beschwerde nicht abgeholfen hat. 12
Die Beschwerdeberechtigung richtet sich nach § 59 Abs. 1. Berechtigt ist neben dem Antragsteller des ursprünglichen Erbscheins auch jeder mögliche Antragsberechtigte, auch wenn er keinen Antrag auf Erteilung des Erbscheins gestellt hatte. Die zur alten Rechtslage entwickelte Auffassung (BGH NJW 1993, 662) gilt auch unter dem FamFG fort. 13
Ist die Einziehung des Erbscheins noch nicht erfolgt, so kann direkt gegen die Anordnung der Einziehung Beschwerde eingelegt werden. Sollte im Laufe des Verfahrens der Erbschein eingezogen werden, so ist der Antrag in einen solchen auf Neuerteilung des Erbscheins umzudeuten (Keidel/*Zimmermann* § 353 Rn. 19). 14
Ist die Einziehung jedoch bereits erfolgt, so kann nicht mehr gegen die Einziehung selbst (auf Rückgabe gerichtet) vorgegangen werden, da dies aufgrund der Wirkungen der Einziehung (§ 2361 Satz 2 BGB) nicht möglich ist. Abs. 3 Satz 1 eröffnet jedoch die Möglichkeit, gegen die bereits erfolgte Einziehung mit dem 15

§ 354　　　　　　　　　　　　Buch 4. Verfahren in Nachlass- und Teilungssachen

Ziel der Erteilung eines gleichlautenden Erbscheins vorzugehen. Nach Abs. 3 Satz 2 gilt eine eingelegte Beschwerde im Zweifel als ein Antrag auf Erteilung eines inhaltsgleichen Erbscheins. Die Erteilung erfolgt durch das Nachlassgericht.

16　Sollte die Einziehung eines Erbscheins »angeregt« worden sein, so ist gegen die ablehnende Entscheidung die Beschwerde statthaft, §§ 58 ff. Für die Beschwerdeberechtigung (§ 59) muss eine Rechtsbeeinträchtigung nachgewiesen werden. Die Einziehung erfolgt durch das Nachlassgericht, welches ggf. durch das Beschwerdegericht zu einem solchen Handeln angewiesen wird.

§ 354 Sonstige Zeugnisse.

(1) Die §§ 352 bis 353 gelten entsprechend für die Erteilung von Zeugnissen nach den §§ 1507 und 2368 des Bürgerlichen Gesetzbuchs, den §§ 36 und 37 der Grundbuchordnung sowie den §§ 42 und 74 der Schiffsregisterordnung.

(2) Ist der Testamentsvollstrecker in der Verwaltung des Nachlasses beschränkt oder hat der Erblasser angeordnet, dass der Testamentsvollstrecker in der Eingehung von Verbindlichkeiten für den Nachlass nicht beschränkt sein soll, so ist dies in dem Zeugnis nach § 2368 des Bürgerlichen Gesetzbuchs anzugeben.

Übersicht

	Rdn.		Rdn.
A. Allgemeines	1	B. Testamentsvollstreckerzeugnis	4

1　**A. Allgemeines.** Die Vorschrift hat durch das Gesetz zum internationalen Erbrecht und zur Änderung von Vorschriften zum Erbschein sowie zur Änderung sonstiger Vorschriften (BGBl. I 2015 Nr. 26 03.07.2015 S. 1042) einzelne Änderungen erfahren. Die Verweisung des Abs. 1 erstreckt sich nun auf alle zwischen § 352 und § 353 eingefügten Normen. Der neu eingefügte Abs. 2 übernimmt einen Teil der verfahrensrechtlichen Vorschriften über den Inhalt des Testamentsvollstreckerzeugnisses aus § 2368 Abs. 1 Satz 2 BGB a.F., der in der Folge gestrichen wurde. Der eigentliche Anspruch auf die Erteilung des Testamentsvollstreckerzeugnisses und der Verweis auf die Vorschriften den Erbschein betreffend sind hingegen im BGB belassen worden (§ 2368 Satz 1, Satz 2 BGB).

2　Die Vorschrift erklärt die Verfahrensvorschriften der §§ 352 – 353 für sonstige Zeugnisse, die das Nachlassgericht erteilt, für entsprechend anwendbar. Dies sind das Zeugnis über die Fortsetzung der Gütergemeinschaft nach § 1507 BGB, das Testamentsvollstreckerzeugnis nach § 2368 BGB, das Überweisungszeugnis nach §§ 36, 37 GBO (wobei seit Inkrafttreten des Gesetzes zur Übertragung von Aufgaben im Bereich der freiwilligen Gerichtsbarkeit auf Notare am 01.09.2013 bei Vermittlung durch einen Notar auch dieser für die Erteilung zuständig ist, § 36 Abs. 2a GBO, § 20 Abs. 1 BNotO) und das Zeugnis nach §§ 42, 74 Schiff-RegO. Praktische Bedeutung kommt hierbei vor allem dem Testamentsvollstreckerzeugnis zu.

3　Zu den Einzelheiten s. die Kommentierungen zu §§ 352 – 353.

4　**B. Testamentsvollstreckerzeugnis.** Das Testamentsvollstreckerzeugnis wird gem. §§ 2368 Satz 1 BGB nur auf Antrag hin erteilt. § 2368 Satz 2 verweist für das Antragsverfahren auf das Erbscheinsverfahren. Antragsberechtigt sind der Testamentsvollstrecker und daneben die Gläubiger in den Fällen der §§ 792, 896 ZPO. Die Erben selbst sind überwiegender Ansicht nach nicht antragsberechtigt (Keidel/*Zimmermann* § 354 Rn. 6). Zu den Beteiligten vgl. die Kommentierung bei § 345.

5　Das Testamentsvollstreckerzeugnis bringt zum Ausdruck, dass die darin genannte Person zum Testamentsvollstrecker ernannt ist und es weiterhin keine (nicht im Zeugnis genannten) Beschränkungen oder Erweiterungen gibt (Palandt/*Weidlich* § 2368 BGB Rn. 1). Es bedarf folglich, was die Befugnisse des Testamentsvollstreckers betrifft, im Zeugnis genauer Angaben zu jeglichen Abweichungen vom gesetzlichen Regelfall. So kann ein unbeschränktes Testamentsvollstreckerzeugnis bspw. nicht erteilt werden, wenn der Testamentsvollstrecker nach der letztwilligen Verfügung lediglich die Aufgabe hat, für die Erfüllung der Vermächtnisse zu sorgen und den Vermächtnisgegenstand bis zur Erfüllung der Vermächtnisse zu verwalten (OLG Düsseldorf RNotZ 2013, 305).

6　Hat der Erblasser somit eine vom Regeltypus (§§ 2203 bis 2206 BGB) abweichende Form der Testamentsvollstreckung angeordnet, so sind alle diese Abweichungen im Testamentsvollstreckerzeugnis anzugeben. Die in Abs. 2 genannten Sonderfälle sind mithin nicht abschließend.

Angesprochen ist dort insbesondere die Befreiung bzgl. des Eingehens von Verbindlichkeiten (§§ 2206, 2207 BGB) und allgemein die Beschränkung bzgl. der Verwaltung des Nachlasses. Hier kommen insbesondere Beschränkungen hinsichtlich gewisser Gegenstände oder Bruchteile, Zeit, bloße Überwachungsaufgaben, negative Teilungsanordnungen, bloße Verwaltung oder die Beschränkung auf die Rechte der Nacherben in Betracht (vgl. MüKo/*J. Mayer* § 2368 BGB Rn. 37 m.w.N.).
Folgt die Beschränkung hingegen nicht aus Anordnungen des Erblassers, sondern bspw. aus dem Gesellschaftsrecht, so ist sie nicht anzugeben (BGH WM 1996, 681).

Das Nachlassgericht ist für die Erteilung des Zeugnisses sachlich zuständig. Das Beschwerdegericht kann dieses lediglich zur Zeugniserteilung anweisen. Zur örtlichen Zuständigkeit s. § 343. Die funktionelle Zuständigkeit liegt im Grundsatz beim Rechtspfleger. Für die Erteilung von Testamentsvollstreckerzeugnissen besteht jedoch nach § 16 Abs. 1 Nr. 6 RPflG ein durch Verordnung aufhebbarer Richtervorbehalt. Gleiches gilt für die Zeugnisse nach §§ 36, 37 GBO und §§ 42, 74 SchiffRegO soweit eine Verfügung von Todes wegen vorliegt oder die Anwendung ausländischen Rechts in Betracht kommt (Keidel/*Zimmermann* § 354 Rn. 18). 7

Da § 352e für entsprechend anwendbar erklärt wird, ist im Erteilungsverfahren zwischen streitigem und unstreitigem Verfahren zu unterscheiden. Ist die Erteilung unstreitig, ergeht ein sofort wirksamer Beschluss. Liegt ein streitiger Sachverhalt vor, so ergeht ein Feststellungsbeschluss, dessen Wirksamkeit ausgesetzt wird, bis er in Rechtskraft erwächst (vgl. hierzu die Kommentierung bei § 352e). 8

§ 355 Testamentsvollstreckung.

(1) Ein Beschluss, durch den das Nachlassgericht einem Dritten eine Frist zur Erklärung nach § 2198 Abs. 2 des Bürgerlichen Gesetzbuchs oder einer zum Testamentsvollstrecker ernannten Person eine Frist zur Annahme des Amtes bestimmt, ist mit der sofortigen Beschwerde in entsprechender Anwendung der §§ 567 bis 572 der Zivilprozessordnung anfechtbar.
(2) Auf einen Beschluss, durch den das Gericht bei einer Meinungsverschiedenheit zwischen mehreren Testamentsvollstreckern über die Vornahme eines Rechtsgeschäfts entscheidet, ist § 40 Abs. 3 entsprechend anzuwenden; die Beschwerde ist binnen einer Frist von zwei Wochen einzulegen.
(3) Führen mehrere Testamentsvollstrecker das Amt gemeinschaftlich, steht die Beschwerde gegen einen Beschluss, durch den das Gericht Anordnungen des Erblassers für die Verwaltung des Nachlasses außer Kraft setzt, sowie gegen einen Beschluss, durch den das Gericht über Meinungsverschiedenheiten zwischen den Testamentsvollstreckern entscheidet, jedem Testamentsvollstrecker selbständig zu.

Übersicht

	Rdn.		Rdn.
A. Allgemeines	1	C. Befristete Beschwerde bei Entscheidung über	
B. Sofortige Beschwerde bei Fristenbestimmung		Meinungsverschiedenheit (Abs. 2)	8
(Abs. 1)	3	D. Befristete Beschwerde bei Außerkraftsetzung	
		von Erblasseranordnungen (Abs. 3)	13

A. Allgemeines. Die Vorschrift ergänzt die Regelungen des Bürgerlichen Gesetzbuches zur Testamentsvollstreckung. Sie regelt die Anfechtung nachlassgerichtlicher Entscheidungen, die im Rahmen der Testamentsvollstreckung ergehen. Bei einer Fristbestimmung zur einem Dritten obliegenden Bestimmung eines Testamentsvollstreckers nach § 2198 Abs. 2 BGB und zur Annahme des Amtes des Testamentsvollstreckers nach § 2202 Abs. 3 BGB ist die Möglichkeit der sofortigen Beschwerde eröffnet (Abs. 1). Auch bei Beschlüssen, die Meinungsverschiedenheiten zwischen mehreren Testamentsvollstreckern bezüglich der Vornahme eines Rechtsgeschäfts oder die Außerkraftsetzung von Anordnungen des Erblassers für die Nachlassverwaltung betreffen, ist die Möglichkeit der befristeten Beschwerde eröffnet (Abs. 2 und 3). Die Testamentsvollstreckung selbst muss in ausdrücklicher oder konkludenter Form durch den Erblasser angeordnet sein. 1

Zur örtlichen Zuständigkeit s. § 343. Für die Fristenbestimmung ist gem. § 3 Nr. 2 Buchst. c) RPflG der *Rechtspfleger* funktionell zuständig. Für Entscheidungen bezüglich Meinungsverschiedenheiten nach Abs. 2 und die Außerkraftsetzung von Erblasseranordnungen bezüglich der Verwaltung des Nachlasses ist gem. § 16 Abs. 1 Nr. 3, Nr. 4 RPflG der Richter funktionell zuständig. 2

3 **B. Sofortige Beschwerde bei Fristenbestimmung (Abs. 1).** Der Erblasser kann, sollte er in seiner Verfügung von Todes wegen Testamentsvollstreckung angeordnet haben, die konkrete Auswahl des Testamentsvollstreckers einem Dritten übertragen, § 2198 Abs. 1 Satz 1 BGB. Die Bestimmung durch den Dritten erfolgt mittels Erklärung gegenüber dem Nachlassgericht. Sie hat in öffentlich beglaubigter Form zu erfolgen, § 2198 Abs. 1 Satz 2 Halbs. 2 BGB. Auf Antrag eines Beteiligten kann dem Dritten eine Frist zur Ausübung seines Wahlrechts gesetzt werden. Übt er sein Wahlrecht nicht bis zum Fristablauf aus, so verfällt es, § 2198 Abs. 2 BGB.

4 Wurde jemand zum Testamentsvollstrecker ernannt, so beginnt sein Amt erst in dem Zeitpunkt, in dem er es annimmt, § 2202 Abs. 1 BGB. Zu dieser Annahme kann ihm das Nachlassgericht auf Antrag eines Beteiligten gem. § 2202 Abs. 3 BGB eine Frist setzen. Erfolgt bis zum Fristablauf keine Erklärung, so gilt das Amt als abgelehnt.

5 Abs. 1 verwendet den Begriff des »Beteiligten«. Dieser Begriff ist hier weiter als der formelle Beteiligtenbegriff des FamFG zu verstehen. Beteiligte i.S.d. Vorschrift sind alle, die ein rechtliches und nicht nur ideelles Interesse an der Testamentsvollstreckung haben, also allgemein Erben, Nacherben, Mitvollstrecker, Vermächtnisnehmer, Nachlassgläubiger und Pflichtteilsberechtigte (Prütting/Helms/*Fröhler* § 355 Rn. 10); richtigerweise auch Auflagenbegünstige (Keidel/*Zimmermann* § 355 Rdn. 5).

6 In den beiden Fällen der Fristsetzung kann nach §§ 569 Abs. 1, 224 Abs. 1 ZPO innerhalb von einer Notfrist von 2 Wochen das Rechtsmittel der sofortigen Beschwerde eingelegt werden. Abs. 1 erklärt die §§ 567 bis 572 ZPO für diesen Fall für entsprechend anwendbar.

7 Sollte die Fristsetzung abgelehnt werden, so steht dem die Fristsetzung Beantragenden die Möglichkeit der befristete Beschwerde nach §§ 58, 63 offen (*Zimmermann*, Das neue FamFG, Rn. 732).

8 **C. Befristete Beschwerde bei Entscheidung über Meinungsverschiedenheit (Abs. 2).** Nach § 2224 Abs. 1 Satz 1 Halbs. 1 BGB führen mehrere Testamentsvollstrecker ihr Amt gemeinschaftlich, wobei bei Meinungsverschiedenheiten das Nachlassgericht zur Entscheidung berufen ist. Der Anwendungsbereich des Abs. 2 ist jedoch auf solche Streitigkeiten beschränkt, die im Zusammenhang mit der Vornahme eines Rechtsgeschäfts stehen. Die Entscheidung erfolgt durch Beschluss.

9 Die Entscheidung des Nachlassgerichts muss sich im Rahmen der von den Testamentsvollstreckern vorgetragenen Ansichten halten. Im Sinne einer neuen, vom Nachlassgericht vertretenen Auffassung kann nicht entschieden werden. Die Entscheidung ist, falls die geäußerten Ansichten rechtswidrig sind, abzulehnen (Keidel/*Zimmermann* § 355 Rn. 30).

10 Abs. 2 erklärt § 40 Abs. 3 für Beschlüsse in diesem Rahmen für entsprechend anwendbar. Somit wird – in Abweichung zu § 40 Abs. 1 – ein Beschluss im Rahmen des Abs. 2 erst mit seiner Rechtskraft wirksam. Etwas anderes gilt, wenn das Nachlassgericht nach § 40 Abs. 3 Satz 2 die sofortige Wirksamkeit anordnet.

11 Nach Abs. 2 sind Beschlüsse im genannten Rahmen mittels befristeter Beschwerde nach §§ 58, 63 angreifbar. Die Beschwerdefrist beträgt nach Abs. 2 Halbs. 2 2 Wochen. Demgegenüber beträgt die Beschwerdefrist bezüglich anderer Meinungsverschiedenheiten und bezüglich Beschlüssen, die eine Entscheidung einer Meinungsverschiedenheit ablehnen, einen Monat, § 63 Abs. 1.

12 Nach Abs. 3 ist bei einer Entscheidung des Nachlassgerichts über Meinungsverschiedenheiten zwischen den Testamentsvollstreckern jeder Testamentsvollstrecker einzeln beschwerdeberechtigt. Dies gilt für alle Entscheidungen, die Meinungsverschiedenheiten der Testamentsvollstrecker betreffen, nicht nur im Rahmen von Streitigkeiten, die die Vornahme von Rechtsgeschäften betreffen. Das Antragsrecht steht hierbei auch dem Testamentsvollstrecker zu, der ursprünglich selbst keinen Antrag gestellt hatte (Prütting/Helms/*Fröhler* § 355 Rn. 21).

13 **D. Befristete Beschwerde bei Außerkraftsetzung von Erblasseranordnungen (Abs. 3).** Der Erblasser kann nach § 2216 Abs. 2 Satz 1 BGB Anordnungen bezüglich der Verwaltung des Nachlasses treffen. Sollten diese Anordnungen jedoch bei ihrer Befolgung eine erhebliche Gefahr für den Nachlass darstellen, so können sie durch das Nachlassgericht auf Antrag des Testamentsvollstreckers oder eines Beteiligten nach § 2216 Abs. 2 Satz 2 BGB außer Kraft gesetzt werden. Die Aufhebung von Auflagen ist jedoch nicht möglich (BayObLGZ 1961, 155).

14 Die Entscheidung erfolgt durch Beschluss, welcher gem. § 40 Abs. 1 mit Bekanntgabe wirksam wird.

15 Der Beschluss ist mit der befristeten Beschwerde nach §§ 58, 63 angreifbar. Gleiches gilt auch für den eine Außerkraftsetzung ablehnenden Beschluss. Nur im Fall der Außerkraftsetzung steht jedem Testamentsvollstrecker nach Abs. 3 ein eigenes Beschwerderecht zu. Zum Antragsrecht des ursprünglich nicht Antragstel-

lenden vgl. oben Rdn. 12. Bei einer ablehnenden Entscheidung steht hingegen nur dem Antragstellenden das Recht der Beschwerde zu.

Unterabschnitt 5. Sonstige Verfahrensrechtliche Regelungen

§ 356 Mitteilungspflichten. (1) Erhält das Gericht Kenntnis davon, dass ein Kind Vermögen von Todes wegen erworben hat, das nach § 1640 Abs. 1 Satz 1 und Abs. 2 des Bürgerlichen Gesetzbuchs zu verzeichnen ist, teilt es dem Familiengericht den Vermögenserwerb mit.
(2) Hat ein Gericht nach § 344 Abs. 4 Maßnahmen zur Sicherung des Nachlasses angeordnet, soll es das nach § 343 zuständige Gericht hiervon unterrichten.

Übersicht

	Rdn.		Rdn.
A. Allgemeines	1	C. Nachlasssicherung (Abs. 2)	6
B. Vermögenserwerb des Kindes (Abs. 1)	2	D. Haftung	7

A. Allgemeines. Die Vorschrift koordiniert die Weiterleitung von Informationen, wobei die Mitteilungspflicht des Abs. 1 vor allem zum Schutz des Vermögens des Kindes dient. 1

B. Vermögenserwerb des Kindes (Abs. 1). Nach § 1640 Abs. 1 Satz 1 BGB sind die Eltern des Kindes verpflichtet, einen Vermögenserwerb des Kindes von Todes wegen zu verzeichnen, das Verzeichnis mit der Versicherung der Richtigkeit und Vollständigkeit zu versehen und beim Familiengericht einzureichen. Dies gilt jedoch nach § 1640 Abs. 2 BGB nur, wenn der Vermögenserwerb über 15.000 € liegt (§ 1640 Abs. 2 Nr. 1 BGB) und der Erblasser keine anderweitigen Anordnungen getroffen hat (§ 1640 Abs. 2 Nr. 2 BGB). Eine derartige Pflicht besteht nicht, wenn eine Testamentsvollstreckung angeordnet ist oder die Eltern von der entsprechenden Vermögenssorge ausgeschlossen sind (§ 1638 BGB). 2

Die Pflicht entsteht mit dem Anfall des Vermögens. Sie erstreckt sich jedoch nur auf einen Vermögenserwerb von Todes wegen (§ 1640 Abs. 1 Satz 1 i.V.m. Abs. 2 BGB) und nicht auf einen bloß anlässlich eines Sterbefalls erfolgten Erwerb. Nichtsdestotrotz ist eine derartige Mitteilung zulässig und empfehlenswert (*Bassenge*/Roth § 356 Rn. 1). 3

Sollten die Eltern der Verpflichtung nicht nachkommen, so kann das Nachlassgericht anordnen, dass die Aufnahme des Verzeichnisses durch einen zuständigen Beamten, Notar oder eine zuständige Behörde erfolgt (§ 1640 Abs. 3 BGB). Neben Zwangsmaßnahmen (§ 35) ist als letztes Mittel auch die Entziehung der Vermögenssorge möglich. 4

Erhält das Nachlassgericht von einem solchen nach § 1640 Abs. 1 Satz 1, Abs. 2 mitteilungsbedürftigen Vermögenserwerb von Todes wegen Kenntnis, so hat es diesen Vermögenserwerb nach Abs. 1 dem nach § 152 zuständigen Familiengericht mitzuteilen. Die Mitteilung selbst stellt keine Endentscheidung dar und ist folglich nicht anfechtbar. 5

C. Nachlasssicherung (Abs. 2). Gesetzt dem Fall, dass ein nicht nach § 343 zuständiges Nachlassgericht (vgl. § 344 Abs. 4) Maßnahmen zur Sicherung des Nachlasses angeordnet hat, soll es nach Abs. 2 das nach § 343 zuständige Gericht hiervon unterrichten. Die Informationspflicht dient einer möglichst umfassenden Information des nach § 343 zuständigen Gerichts bezüglich der Nachlasssicherung. 6

D. Haftung. Sollte das Nachlassgericht seine gesetzlichen Mitteilungspflichten nach Abs. 1 und 2 nicht erfüllen, so kommt eine Haftung nach § 839 BGB, Art. 34 GG in Betracht (OLG München Rpfleger 2003, 657). 7

§ 357 Einsicht in eine eröffnete Verfügung von Todes wegen; Ausfertigung eines Erbscheins oder anderen Zeugnisses. (1) Wer ein rechtliches Interesse glaubhaft macht, ist berechtigt, eine eröffnete Verfügung von Todes wegen einzusehen.
(2) ¹Wer ein rechtliches Interesse glaubhaft macht, kann verlangen, dass ihm von dem Gericht eine Ausfertigung des Erbscheins erteilt wird. ²Das Gleiche gilt für die nach § 354 erteilten gerichtlichen

§ 357

Zeugnisse sowie für die Beschlüsse, die sich auf die Ernennung oder die Entlassung eines Testamentsvollstreckers beziehen.

Übersicht

	Rdn.		Rdn.
A. Allgemeines	1	C. Ausfertigung (Abs. 2)	9
B. Einsichtsrecht (Abs. 1)	3	D. Gebühren	15

1 **A. Allgemeines.** Abs. 1 macht das Einsichtsrecht in eine eröffnete Verfügung von Todes wegen (und somit nicht nur in Testamente) von der Glaubhaftmachung eines rechtlichen Interesses abhängig. Wird das rechtliche Interesse glaubhaft gemacht, so kann derjenige Einsicht verlangen. Eine Stellung als Beteiligter ist nicht nötig. Abs. 2 macht das Erlangen einer Ausfertigung von einem rechtlichen Interesse abhängig und erweitert dies in Abs. 2 Satz 2 auf die nach § 354 erteilten Zeugnisse und Beschlüsse bezüglich der Ernennung und Entlassung von Testamentsvollstreckern. Abs. 2 ist lex specialis zu § 13 Abs. 3.

2 Zur Einsichtnahme in den restlichen Akteninhalt vgl. § 13 Abs. 1 und Abs. 2.

3 **B. Einsichtsrecht (Abs. 1).** Ist ein rechtliches Interesse glaubhaft gemacht, so ist umstritten, wie weit das Einsichtsrecht reicht (für ein vollständiges Einsichtsrecht: OLG Hamm FamRZ 1974, 387; a.A. Staudinger/*Baumann* § 2264 BGB a.F. Rn. 13; Keidel/*Zimmermann*, § 357, Rn. 22 wonach das Einsichtsrecht nur insoweit besteht, als ein rechtliches Interesse gegeben ist). Das Einsichtsrecht umfasst alle Arten von Verfügungen von Todes wegen (nicht nur Testamente) einschließlich aller eröffneten Anlagen. Das Einsichtsrecht besteht insbesondere bei gemeinschaftlichen Testamenten und Erbverträgen nur bezüglich des bereits eröffneten Teils. Eine Einsicht in das Eröffnungsprotokoll richtet sich hingegen nach § 13.

4 Ein rechtliches Interesse liegt dann vor, wenn der Einsichtbegehrende an einem Rechtsverhältnis beteiligt ist, auf das die Verfügung von Todes wegen Auswirkungen haben kann. Es muss insofern geltend gemacht werden, dass die Verfügung von Todes wegen seine eigenen Rechte unmittelbar verändert oder zumindest verändern kann (OLG Hamm RPfleger 1974, 155; Staudinger/*Baumann* § 2264 BGB a.F. Rn. 6).

5 Ein solches Interesse kann insbes. bei gesetzlichen Erben, Bedachten (KG NJW-Spezial 2011, 232), Auflagenvollzugsberechtigten, Testamentsvollstreckern, Nachlassgläubigern (BayObLG NJW-RR 1997, 771), Erbengläubigern, Nachlasspflegern und -verwaltern gegeben sein.

6 Die Einsicht muss nicht selbst wahrgenommen werden. Eine Vertretung ist zulässig. Die funktionelle Zuständigkeit liegt gem. § 3 Nr. 2 Buchst. c) RPflG beim Rechtspfleger.

7 Weitere Einsichtsrechte sind z.B. in den §§ 1953 Abs. 3, 1957 Abs. 2, 2010, 2081 Abs. 2, 2146, 2228 oder 2384 Abs. 2 BGB geregelt.

8 Gegen die Ablehnung der Einsichtnahme kann der Antragsteller befristete Beschwerde nach § 58 einlegen. Gleiches gilt, falls gegen eine beabsichtigte, aber noch nicht vollzogene Einsichtnahme vorgegangen werden soll, um diese zu verhindern.

9 **C. Ausfertigung (Abs. 2).** Abs. 2 Satz 1 gewährt, bei Glaubhaftmachung eines rechtlichen Interesses daran, einen Anspruch auf Erteilung einer Ausfertigung eines Erbscheins. Satz 2 erweitert den Anwendungsbereich auf Beschlüsse, die sich auf die Ernennung und Entlassung eines Testamentsvollstreckers beziehen (§§ 2200, 2227, 2368 BGB) sowie auf nach § 354 vom Gericht erteilte Zeugnisse (z.B. Zeugnis über die Fortsetzung der Gütergemeinschaft [§ 1507 BGB], Zeugnisse nach §§ 36, 37 GBO und §§ 42, 74 SchiffRegO).

10 Der Anspruch besteht nur hinsichtlich einer Ausfertigung eines solchen Zeugnisses, nicht auf Erteilung eines solchen. Daneben kann bei einem entsprechend nachgewiesenen Interesse auch die Einsicht in die Gerichtsakte gewährt werden, § 13. Die Erteilung von beglaubigten oder sonstigen Abschriften richtet sich hingegen nach § 13 Abs. 3.

11 Der Erbschein bzw. das Zeugnis muss bereits erteilt worden sein, um eine Ausfertigung verlangen zu können.

12 Ein rechtliches Interesse muss gerade an einer Ausfertigung bestehen. Ein rein wirtschaftliches Interesse genügt nicht. Das rechtliche Interesse muss nach § 31 glaubhaft gemacht werden. Es ist insbesondere bei dem ursprünglich Antragsberechtigten gegeben, kann aber bspw. auch bei Nachlassgläubigern oder -schuldnern, Testamentsvollstreckern oder Käufern von Grundstücken, die sich im Nachlass befinden, vorliegen. Auch der Notar kommt als Antragsteller in Betracht (OLG Saarbrücken FGPrax 2012, 75). Ein bloßes berechtigtes Interesse ist hingegen im Gegensatz zu § 13 Abs. 3, Abs. 2 nicht ausreichend.

Für die Glaubhaftmachung stehen dem Antragsteller alle Mittel zur Verfügung (§ 31). 13
Gegen die Ablehnung der Erteilung der Abschrift kann die befristete Beschwerde eingelegt werden, §§ 58 ff. 14

D. Gebühren. Die Einsicht in die eröffnete Verfügung von Todes wegen erfolgt gebührenfrei. Gebühren- 15
pflichtig sind nur evtl. verlangte Ausfertigungen, Abschriften oder Ablichtungen, § 3 Abs. 2 i.V.m. Anlage 1,
Nr. 18000, 18001, 31000 GNotKG. Das GNotKG ist durch das zweite Gesetz zur Modernisierung des
Kostenrechts (2. KostRMoG vom 23.07.2013 – BGBl. I S. 2586) erlassen worden und mit Wirkung zum
01.08.2013 an die Stelle der KostO getreten.

§ 358 Zwang zur Ablieferung von Testamenten.
In den Fällen des § 2259 Abs. 1 des Bürgerlichen Gesetzbuchs erfolgt die Anordnung der Ablieferung des Testaments durch Beschluss.

Übersicht

	Rdn.		Rdn.
A. Allgemeines	1	C. Verfahren	5
B. Ablieferungspflicht	2		

A. Allgemeines. Die Norm dient der Sicherung von Verfügungen von Todes wegen und somit dazu, dem 1
wirklichen Willen des Erblassers Geltung zu verschaffen. Die Anordnung bezüglich der Ablieferungspflicht
nach § 2259 Abs. 1 BGB hat nach der Vorschrift durch Beschluss zu erfolgen, was die Möglichkeit einer
Vollstreckung nach § 35 eröffnet.

B. Ablieferungspflicht. § 2259 Abs. 1 BGB statuiert für denjenigen, der ein Testament, welches nicht in 2
die besondere amtliche Verwahrung gegeben wurde, im Besitz hat, eine Pflicht, es unverzüglich, nachdem
er von dem Tod des Erblassers Kenntnis erlangt hat, an das Nachlassgericht abzuliefern. Die Ablieferung
kann bei jedem Amtsgericht erfolgen. Eine Prüfung der örtlichen Zuständigkeit kann vom Verpflichteten
nicht verlangt werden. Die Ablieferungspflicht umfasst alle Schriftstücke, die eine Verfügung von Todes wegen darstellen könnten. Die formelle oder materielle Gültigkeit ist hierbei nicht entscheidend (vgl. allgemein hierzu Staudinger/*Baumann* § 2259 BGB Rn. 5 ff.). Es sind sämtliche Urschriften abzuliefern. Nur
wenn diese nicht vorhanden sein sollten, genügt die Ablieferung von Abschriften. Die Staatsangehörigkeit
des Erblassers ist für die Verpflichtung ohne Bedeutung.
§ 2300 Abs. 1 BGB erweitert den Anwendungsbereich von § 2259 BGB auf Erbverträge. 3
§ 2259 BGB stell ein Schutzgesetz i.S.v. § 823 Abs. 2 BGB dar, wodurch Verletzungen der Ablieferungs- 4
pflicht Schadensersatzansprüche aus §§ 823 Abs. 2, 2259 BGB nach sich ziehen können (OLG Brandenburg
ZEV 2008, 287).

C. Verfahren. Die Ablieferung eines Testament an das Nachlassgericht ist Voraussetzung für dessen Eröff- 5
nung. Ein vom Nachlassgericht abweichendes Verwahrgericht eröffnet die Verfügung nach § 350 selbst. Das
Verwahrgericht trifft eine Übersendungspflicht nach § 350.
Bleibt eine formlose Aufforderung zur Herausgabe erfolglos, so erfolgt die Anordnung der Ablieferung 6
durch Beschluss.
Erst der nach § 358 mögliche förmliche Beschluss ermöglicht die zwangsweise Durchsetzung. Als Zwangs- 7
mittel kommen nach § 35 Abs. 1 Zwangsgeld oder, für den Fall, dass das Zwangsgeld nicht beigetrieben
werden kann, die Anordnung von Zwangshaft und Ersatzzwangshaft in Betracht. Neben diesen Zwangsmit-
teln ist nach § 35 Abs. 4 i.V.m. § 883 ZPO die Möglichkeit der Herausgabevollstreckung durch den Ge-
richtsvollzieher eröffnet.
Wird das Testament nicht aufgefunden, so kann eine eidesstattliche Versicherung verlangt werden, § 35 8
Abs. 3 i.V.m. § 883 Abs. 2 ZPO (str.; so BeckOK/*Schlögel* § 358 Rn. 6; a.A. Keidel/*Zimmermann* § 358
Rn. 19 ff.).
Die Anordnung von Zwangshaft ist nach § 4 Abs. 2 Nr. 2 RPflG dem Richter vorbehalten, für das sonstige 9
Verfahren ist der Rechtspfleger nach § 3 Nr. 2 Buchst. c) RPflG funktionell zuständig (Baden-Württemberg:
Notariate, soweit es sich nicht um die Anordnung von Zwangshaft handelt, da auch hierfür der Richter
beim AG funktionell zuständig ist, § 5 Abs. 2 BWLFGG).

10 Gegen die Anordnung ist die befristete Beschwerde nach §§ 58 ff. möglich (gleiches gilt für die Ablehnung eines Beschlusses, wenn dieser angeregt wurde). Bezüglich der Zwangsmaßnahmen hat diese Beschwerde keine aufschiebende Wirkung. Gegen Zwangsmaßnahmen ist die sofortige Beschwerde nach § 35 Abs. 5 i.V.m. §§ 567 ff. ZPO statthaft.

§ 359 Nachlassverwaltung.
(1) Der Beschluss, durch den dem Antrag des Erben, die Nachlassverwaltung anzuordnen, stattgegeben wird, ist nicht anfechtbar.
(2) Gegen den Beschluss, durch den dem Antrag eines Nachlassgläubigers, die Nachlassverwaltung anzuordnen, stattgegeben wird, steht die Beschwerde nur dem Erben, bei Miterben jedem Erben, sowie dem Testamentsvollstrecker zu, der zur Verwaltung des Nachlasses berechtigt ist.

Übersicht

	Rdn.		Rdn.
A. Allgemeines	1	D. Rechtsmittel bei Antrag durch einen Nachlassgläubiger (Abs. 2)	12
B. Anordnung der Nachlassverwaltung	3	E. Kosten	15
C. Rechtsmittel bei Antrag durch den Erben (Abs. 1)	6		

1 **A. Allgemeines.** Die Vorschrift enthält Regelungen zu den Rechtsmitteln im Verfahren der Nachlassverwaltung. Sie beschränkt die Anfechtbarkeit der Beschlüsse des Nachlassgerichts und fördert somit die Rechtssicherheit.

2 Die örtliche Zuständigkeit ergibt sich aus § 343. Funktionell zuständig ist nach § 3 Nr. 2 Buchst. c) RPflG der Rechtspfleger. Eine Ausnahme hiervon bildet § 16 Abs. 1 Nr. 1 i.V.m. § 14 Abs. 1 Nr. 10 RPflG, wonach der Richter funktionell zuständig ist, wenn der Erblasser ausländischer Staatsangehöriger ist (OLG Hamm RPfleger 1976, 94). Dies gilt jedoch nicht, wenn der Erblasser daneben noch die deutsche Staatsangehörigkeit hat, sein letzter Wohnsitz im Inland war, die Testamentsvollstreckung im Inland erfolgt und ungewiss ist, ob der unbekannte Erbe Ausländer ist (BayObLG RPfleger 1982, 423).

3 **B. Anordnung der Nachlassverwaltung.** Die Nachlassverwaltung dient sowohl der Befriedigung der Gläubiger als auch der Beschränkung der Haftung der Erben. Bei Anordnung der Nachlassverwaltung verlieren die Erben ihre Verfügungsmacht und ihr Verwaltungsrecht, § 1984 Abs. 1 Satz 1 BGB. Nach Eröffnung des Nachlassinsolvenzverfahrens kann die Nachlassverwaltung nicht mehr beantragt werden, § 1988 Abs. 1 BGB. Weiterhin ist die Nachlassverwaltung ausgeschlossen, wenn einer der Erben unbeschränkt haftet, § 2013 BGB. Die Anordnung erfolgt weiterhin nur, wenn eine ausreichende, kostendeckende Masse vorhanden ist, § 1982 BGB. Daneben ist eine Anordnung nicht mehr möglich, wenn der Nachlass geteilt ist, § 2062 BGB. Die Anordnung der Nachlassverwaltung ist kein Mittel zur Überwindung fehlender Mitwirkungsbereitschaft einzelner Miterben bei der Nachlassauseinandersetzung, es sei denn, dieses Verhalten begründet eine konkrete Gefahr für den Nachlass (OLG Düsseldorf NJW-RR 2012, 843).

4 Nach § 1981 Abs. 1 BGB ist der Erbe antragsberechtigt. Sind mehrere Erben vorhanden, können sie den Antrag gem. § 2062 BGB aber nur gemeinschaftlich und vor einer evtl. erfolgten Teilung des Nachlasses stellen. Die Antragstellung ist jederzeit, bis zur Eröffnung des Nachlassinsolvenzverfahrens, möglich. Auch ein Antrag vor Annahme der Erbschaft ist möglich. Eine Rücknahme nach der Anordnung ist jedoch nicht möglich (KG JFG 22, 65).

5 Der Antrag kann nach § 1981 Abs. 2 BGB auch durch einen Nachlassgläubiger erfolgen, wenn Grund zu der Annahme besteht, dass die Befriedigung der Nachlassgläubiger aus dem Nachlass durch das Verhalten oder die Vermögenslage des Erben gefährdet wird, § 1981 Abs. 2 BGB (BayObLG NJW-RR 2002, 871), und die Annahme der Erbschaft noch nicht mehr als 2 Jahre zurückliegt. Hierunter fallen auch Pflichtteilsberechtigte und Vermächtnisnehmer. Das Gericht hat insofern die Wahrung der Frist und das Vorliegen eines Anordnungsgrunds zu prüfen. Bezüglich letzterem muss substantiiert vorgetragen werden oder dieser glaubhaft gemacht werden (KG FGPrax 2005, 28).

6 **C. Rechtsmittel bei Antrag durch den Erben (Abs. 1).** Wird die Nachlassverwaltung auf Antrag des/der Erben angeordnet, so ist der Anordnungsbeschluss unanfechtbar, Abs. 1. Davon zu unterscheiden ist die Auswahl des Verwalters, welche trotz Abs. 1 anfechtbar ist.

Der Anordnungsbeschluss ist in Ausnahmefällen dennoch anfechtbar. Dies ist dann der Fall, wenn zwingende Anordnungsvoraussetzungen fehlen. Insbesondere, wenn kein Antrag vorlag (bzw. nur ein solcher eines Nichtberechtigten), entgegen § 2062 BGB nicht alle Erben den Antrag gestellt haben (LG Aachen NJW 1960, 46), der Nachlass bereits geteilt wurde, oder der beantragende Erbe aufgrund seiner unbeschränkten Haftung nicht mehr antragsberechtigt war. 7

Gegen den Beschluss, durch den die Nachlassverwaltung angeordnet worden ist, ist ausnahmsweise die Beschwerde statthaft, wenn der entsprechende Antrag unwirksam ist, weil die notwendige Mitwirkung der Miterben nicht vorlag (OLG Hamm ZEV 2015, 547 m.w.N.). Die Beschwerde steht richtiger Ansicht nach aber nur den übergangenen Erben zu (vgl. Keidel/*Zimmermann* § 359 Rn. 11). 8

Da sowohl dem Nachlasspfleger als auch dem Insolvenzverwalter der Erben kein Antragsrecht zusteht, sind die auf deren Antrag hin ergangenen Anordnungen ebenfalls anfechtbar (KG JFG 21, 213; Staudinger/*Marotzke* § 1981 BGB Rn. 9; vgl. Keidel/*Zimmermann* § 359 Rn. 12 f.). 9

Gegen die Ablehnung des Antrags kann die befristete Beschwerde nach §§ 58 ff. eingelegt werden. Sind mehrere Erben vorhanden, so müssen sie die Beschwerde, wie den Antrag, gemeinschaftlich einlegen (OLG München JFG 14, 61). 10

Daneben besteht noch die Möglichkeit der Aufhebung der Nachlassverwaltung nach § 1988 BGB. Sollte ein derartiger Antrag abgelehnt werden, so ist jeder Miterbe einzeln beschwerdeberechtigt. Gegen die Aufhebung steht jedem Nachlassgläubiger (OLG Hamm FGPrax 2010, 239), nicht jedoch einem Nachlassverwalter (Bumiller/*Harders* § 359 Rn. 4) ein Beschwerderecht zu. Letzterer kann gegen seine Entlassung bei Fortbestand der Nachlassverwaltung Beschwerde einlegen (Keidel/*Zimmermann* § 359 Rn. 16). 11

D. Rechtsmittel bei Antrag durch einen Nachlassgläubiger (Abs. 2). Wurde die Nachlassverwaltung auf Antrag eines Nachlassgläubigers hin angeordnet, so kann nach Abs. 2 gegen diesen Beschluss die befristete Beschwerde nach §§ 58 ff. eingelegt werden. Das Beschwerderecht steht hierbei jedoch nur dem Erben (bei mehreren jedem einzeln), dem Nachlasspfleger als seinem gesetzlichen Vertreter (Staudinger/*Marotzke* § 1981 BGB Rn. 37), sowie dem verwaltungsberechtigten Testamentsvollstrecker zu. Ein Beschwerderecht der Nachlassgläubiger besteht nicht. 12

Als Beschwerdegrund kommt nur das Fehlen der von § 1981 BGB normierten Voraussetzungen (Antrag, Nachlassgefährdung) in Betracht. 13

Wird der Antrag auf Anordnung zurückgewiesen, so ist gegen diese Entscheidung die Möglichkeit der befristeten Beschwerde nach §§ 58 ff. eröffnet. Beschwerdeberechtigt ist hierbei der Antragsteller (MüKo/*J. Mayer* § 359 Rn. 11). 14

E. Kosten. Die Gerichtskosten bezüglich der Nachlassverwaltung richten sich nach § 64 GNotKG, § 3 Abs. 2 i.V.m. Anlage 1, Nr. 12310, 12311 GNotKG. Das GNotKG ist durch das zweite Gesetz zur Modernisierung des Kostenrechts (2. KostRMoG vom 23.07.2013 – BGBl. I S. 2586) erlassen worden und mit Wirkung zum 01.08.2013 an die Stelle der KostO getreten. 15

§ 360 Bestimmung einer Inventarfrist. (1) Die Frist zur Einlegung einer Beschwerde gegen den Beschluss, durch den dem Erben eine Inventarfrist bestimmt wird, beginnt für jeden Nachlassgläubiger mit dem Zeitpunkt, in dem der Beschluss dem Nachlassgläubiger bekannt gemacht wird, der den Antrag auf die Bestimmung der Inventarfrist gestellt hat.
(2) Absatz 1 gilt entsprechend für die Beschwerde gegen einen Beschluss, durch den über die Bestimmung einer neuen Inventarfrist oder über den Antrag des Erben, die Inventarfrist zu verlängern, entschieden wird.

Übersicht	Rdn.		Rdn.
A. Allgemeines	1	D. Beschwerdefrist	6
B. Inventarfrist	2	E. Beschwerdeberechtigung	8
C. Zuständigkeit	5	F. Kosten	9

A. Allgemeines. Die Vorschrift regelt einheitlich den Beginn der Beschwerdefrist bei der Anfechtung eines Beschlusses, der dem Erben eine Inventarfrist setzt. Abs. 2 erweitert den Anwendungsbereich auf die Ver- 1 längerung oder Neubestimmung einer Inventarfrist. Dies dient der Vereinheitlichung und Rechtssicherheit bezüglich der Beschwerden, da meist nicht alle Nachlassgläubiger bekannt sein werden.

2 **B. Inventarfrist.** Eine Pflicht zur Erstellung eines Inventars besteht für den Erben nicht. Erst auf Antrag eines Gläubigers, welcher seine Forderung glaubhaft gemacht hat, kann dem Erben eine Frist zur Erstellung eines Inventars gesetzt werden, § 1994 Abs. 1 BGB. Verstreicht diese Frist ergebnislos, so haftet der Erbe für die Nachlassverbindlichkeit unbeschränkt. Ein Miterbe, der zugleich Nachlassgläubiger ist, ist nicht antragsberechtigt (KG OLGZ 1979, 276). Die Fristendauer soll gem. § 1995 Abs. 1 BGB zwischen einem und 3 Monaten betragen. Auf Antrag hin kann die Frist nach Ermessen des Nachlassgerichts verlängert werden, § 1995 Abs. 3 BGB.

3 Schafft es der Erbe, ohne dass ihm dabei ein Verschulden zur Last fällt, nicht, das Inventar rechtzeitig zu errichten, eine gerechtfertigte Verlängerung der Frist zu beantragen, oder hat er dies nicht innerhalb von 2 Wochen nach Wegfall des Hindernisses und vor Ablauf eines Jahres nach dem Ende der zuerst bestimmten Frist getan, so ist ihm gem. § 1996 Abs. 1 BGB eine neue Frist zu bestimmen.

4 Fristbeginn zur Inventarerstellung liegt mit Zustellung des Beschlusses an den Erben nach §§ 40, 41 vor. Frühestmöglicher Zeitpunkt ist jedoch die Annahme der Erbschaft, § 1995 Abs. 2 BGB.

5 **C. Zuständigkeit.** Sachlich ist das Nachlassgericht zuständig. Zur örtlichen Zuständigkeit s. § 343. Funktionell ist nach § 3 Nr. 2 Buchst. c) RPflG der Rechtspfleger zuständig. Zu den Beteiligten s. § 345 Abs. 4 Satz 1 Nr. 4.

6 **D. Beschwerdefrist.** Die Beschwerdefrist beginnt für den Erben nach § 63 Abs. 3 Satz 1 mit der jeweiligen Bekanntgabe ihm gegenüber.

7 Die Beschwerdefrist für sämtliche Nachlassgläubiger beginnt mit der Bekanntgabe des Beschlusses gegenüber dem antragstellenden Nachlassgläubiger, Abs. 1 und Abs. 2. Wird eine neue Frist nach § 2005 Abs. 2 BGB bestimmt, so ist die Bekanntgabe gegenüber dem Nachlassgläubiger maßgeblich, der die erneute Fristsetzung beantragt hat. Der Beschluss muss dennoch nach § 41 Abs. 1 allen anderen beteiligten Nachlassgläubigern bekannt gegeben werden.

8 **E. Beschwerdeberechtigung.** Gegen die verschiedenen Beschlüsse der Anordnung (oder deren Zurückweisung) ist jeweils die befristete Beschwerde nach §§ 58 ff. eröffnet. Die Beschwerdeberechtigten bei einer Fristenbestimmung sind der Nachlassgläubiger und jeder Erbe. Liegt eine Zurückweisung eines Antrags auf Fristenbestimmung oder Fristenverlängerung vor, so ist der Antragsteller beschwerdeberechtigt, § 59 Abs. 2.

9 **F. Kosten.** Die Kosten für die Bestimmung oder Verlängerung einer Inventarfrist richten sich nach § 3 Abs. 2 i.V.m. Anlage 1, Nr. 12411 GNotKG. Das GNotKG ist durch das zweite Gesetz zur Modernisierung des Kostenrechts (2. KostRMoG vom 23.07.2013 – BGBl. I S. 2586) erlassen worden und mit Wirkung zum 01.08.2013 an die Stelle der KostO getreten. Die Kosten sind vom Antragsteller zu tragen; für die Gebühren haftet der Erbe (§§ 22, 24 GNotKG).

§ 361 Eidesstattliche Versicherung.

¹Verlangt ein Nachlassgläubiger von dem Erben die Abgabe der in § 2006 des Bürgerlichen Gesetzbuchs vorgesehenen eidesstattlichen Versicherung, kann die Bestimmung des Termins zur Abgabe der eidesstattlichen Versicherung sowohl von dem Nachlassgläubiger als auch von dem Erben beantragt werden. ²Zu dem Termin sind beide Teile zu laden. ³Die Anwesenheit des Gläubigers ist nicht erforderlich. ⁴Die §§ 478 bis 480 und 483 der Zivilprozessordnung gelten entsprechend.

Übersicht

	Rdn.		Rdn.
A. Allgemeines	1	III. Ladung	9
B. Materielles Recht	2	IV. Verfahren	10
C. Verfahren	4	D. Rechtsmittel	12
I. Antragsberechtigung	4	E. Gebühren	14
II. Terminbestimmung	5		

A. Allgemeines. Die Vorschrift regelt die Abgabe der eidesstattlichen Versicherung durch den Erben auf Verlangen eines Nachlassgläubigers nach § 2006 BGB. Das Verfahren dient der Absicherung der Richtigkeit und Vollständigkeit der aufgestellten Inventars. Sollte die eidesstattliche Versicherung wider besseren Wissens falsch sein, so hat dies neben einer möglichen strafrechtlichen Sanktionierung die unbeschränkte Haftung des Erben zur Folge, § 2006 Abs. 3 Satz 1 BGB. 1

B. Materielles Recht. Der Nachlassgläubiger kann nach § 2006 BGB von dem Erben, der freiwillig oder nach § 1994 Abs. 1 Satz 1 BGB, ein Inventar errichtet hat, verlangen, dass dieser an Eides statt die Vollständigkeit des Inventars versichert. Eine Begründung oder die Darlegung von berechtigten Zweifeln an der Richtigkeit ist nicht nötig. Der Erbe hat vor der Abgabe der eidesstattlichen Versicherung die Möglichkeit das Inventar zu vervollständigen, § 2006 Abs. 2 BGB. Die Abnahme erfolgt in funktioneller Hinsicht durch den Rechtspfleger, § 3 Nr. 2 Buchst. c) RPflG, vor dem nach § 343 örtlich und sachlich zuständigen Nachlassgericht (in Baden-Württemberg vor dem Notar). 2

Gibt der Erbe schuldhaft die Versicherung nicht ab, so haftet er dem antragstellenden Gläubiger unbeschränkt, § 2006 Abs. 3 BGB. 3

C. Verfahren. I. Antragsberechtigung. Der Nachlassgläubiger (somit auch Pflichtteilsberechtigte (BayObLGZ 22, 189) und Vermächtnisnehmer (RGZ 129, 239) ist antragsberechtigt, wobei die Forderung glaubhaft zu machen ist, § 1994 Abs. 2 BGB. Daneben kann auch der zur Abgabe der eidesstattlichen Versicherung verpflichtete Erbe den Antrag stellen. 4

II. Terminbestimmung. Eine Terminbestimmung zur Abgabe der eidesstattlichen Versicherung erfordert, dass ein durch den Erben errichtetes Inventar vorliegt. Sie erfolgt auf Antrag des Erben oder des Nachlassgläubigers, § 27. 5

Ein Termin kann nicht bestimmt werden, wenn der Erbe die Erbschaft ausgeschlagen hat (KG KGJ 20 A 256) oder man sich zeitlich im Rahmen der Nachlassverwaltung oder im Nachlassinsolvenzverfahren befindet. 6

Ein Antrag auf erneute Terminbestimmung ist möglich. Selbst die Anberaumung eines dritten Termins ist nicht ausgeschlossen (OLG Hamm FamRZ 1995, 698); nach bereits erfolgter Abgabe der eidesstattlichen Versicherung jedoch nur, wenn glaubhaft gemacht wird, dass dem Erben nach der Abgabe weitere Nachlassgegenstände bekannt geworden sind, § 2006 Abs. 4 BGB. Erscheint der Erbe schuldhaft weder im Termin noch in einem auf Antrag des Gläubigers bestimmten neuen Termin, haftet er gegenüber dem Gläubiger gem. § 2006 Abs. 3 Satz 2 BGB unbeschränkt. Ob das Bejahen oder Verneinen eines ausreichenden Entschuldigungsgrund durch das Nachlassgericht für das Prozessgericht bindend ist, ist richtiger Ansicht nach abzulehnen (für eine Bindung aber z.B. MüKo/*Küpper* § 2006 BGB Rn. 6 m.w.N.; a.A. OLG Hamm FGPrax 1995, 69; Keidel/*Zimmermann* § 361 Rn. 19 ff.). 7

Ein Beschluss, durch den der Rechtspfleger einen Termin vertagt hat, kann durch den Nachlassgläubiger nicht mit dem Ziel angefochten werden, feststellen zu lassen, dass der Erbe die Abgabe der eidesstattlichen Versicherung verweigert hat (OLG Hamm FamRZ 1995, 698). 8

III. Ladung. Die Ladung zum Termin erfolgt von Amts wegen. Nachlassgläubiger und Erbe sind zu laden, wobei dies gegenüber dem Erben durch Zustellung gem. § 15 zu erfolgen hat. 9

IV. Verfahren. Nach Satz 4 sind die §§ 478 – 480, 483 ZPO entsprechend anwendbar. Über den Verlauf des Termins wird vom funktionell zuständigen Rechtspfleger ein Protokoll erstellt. Das Protokoll ist unabhängig davon zu erstellen, ob der Erbe erscheint oder die Versicherung tatsächlich abgibt. Die Abgabe der eidesstattlichen Versicherung ist persönlich (§ 478 ZPO) oder durch einen gesetzlichen Vertreter vorzunehmen. Die Anwesenheit des Gläubigers ist nach Satz 3 nicht erforderlich. Eine Erzwingung der Abgabe ist nicht möglich. (RGZ 129, 239). Auch eine Erzwingung im Klageweg ist nicht möglich (OLG Dresden OLGE 10, 196). Die Folge der unentschuldigt nicht vorgenommenen Versicherung an Eides statt ist die unbeschränkte Haftung gegenüber dem Gläubiger gem. § 2006 Abs. 3 Satz 1 BGB. 10

Die unbeschränkte Haftung an sich wird erst durch das Prozessgericht festgestellt. Zur Bindungswirkung bezüglich eines Entschuldigungsgrundes s.o. Rdn. 7. 11

D. Rechtsmittel. Gegen eine Ablehnung der Terminbestimmung oder Abnahme der Versicherung ist die befristete Beschwerde nach §§ 58, 63 möglich (OLG Hamm FGPrax 1995, 69). 12

13 Gegen Terminbestimmung, Vertagung (OLG Hamm FGPrax 1995, 69) und Ladung (BayObLG BayObLGZ 1904, 229) ist keine Beschwerde möglich.

14 **E. Gebühren.** Zu den zu erhebenden Kosten s. § 3 Abs. 2 i.V.m. Anlage 1, Nr. 15212 GNotKG. Kostenschuldner ist gem. § 22 Abs. 1 GNotKG der Antragsteller. Das GNotKG ist durch das zweite Gesetz zur Modernisierung des Kostenrechts (2. KostRMoG vom 23.07.2013 – BGBl. I S. 2586) erlassen worden und mit Wirkung zum 01.08.2013 an die Stelle der KostO getreten.

§ 362 Stundung des Pflichtteilsanspruchs.
Für das Verfahren über die Stundung eines Pflichtteilsanspruchs (§ 2331a in Verbindung mit § 1382 des Bürgerlichen Gesetzbuchs) gilt § 264 entsprechend.

Übersicht

	Rdn.		Rdn.
A. Allgemeines	1	E. Verfahren	10
B. Stundung	2	F. Nachträgliche Aufhebung oder Änderung	14
C. Zuständigkeit	3	G. Kosten	15
D. Antragsverfahren	5	H. Rechtsmittel	16

1 **A. Allgemeines.** Die Vorschrift regelt einen Teil des Verfahrens der Pflichtteilsstundung, welches dem Schutz des Schuldners dient. Nach § 2331a Abs. 2 Satz 1 BGB findet die Norm nur Anwendung, wenn der Pflichtteilsanspruch unstreitig ist, ansonsten ist das Prozessgericht zuständig. Der Anwendungsbereich in der Praxis ist gering.

2 **B. Stundung.** Nach § 2317 Abs. 1 BGB entsteht der Pflichtteilsanspruch mit dem Erbfall und ist sofort fällig. Um den Erben vor einer wirtschaftlichen Bedrängnis zu schützen und die Zerschlagung von Werten im Nachlass zu verhindern, wurde die Möglichkeit der Stundung des Pflichtteils nach § 2331a BGB geschaffen. Nach dieser Vorschrift kann der (bei Erbfällen bis zum 31.12.2009 selbst pflichtteilsberechtigte) Erbe unter den Voraussetzungen des § 2331a BGB (unbillige Härte, z.B. Aufgabe des Familienheims, Veräußerung von Wirtschaftsgütern, die für den Erben oder seine Familie die wirtschaftliche Lebensgrundlage bildet – bis zum 31.12.2009 »ungewöhnlich hart treffen«) die Stundung des Pflichtteilsanspruchs verlangen. Die Stundung kann nur verlangt werden, wenn hierbei auch die Interessen des Pflichtteilsberechtigten angemessen berücksichtigt werden, § 2331a Abs. 1 Satz 2 (bis zum 31.12.2009 eine Frage der Zumutbarkeit).

3 **C. Zuständigkeit.** Nach § 2331a Abs. 2 Satz 1 BGB ist das Nachlassgericht für die Entscheidung über die Stundung des unbestrittenen Pflichtteilsanspruchs sachlich zuständig. Nach § 3 Nr. 2 Buchst. c) RPflG ist der Rechtspfleger funktionell zuständig. Die örtliche Zuständigkeit bestimmt sich nach § 343.

4 Ist der Pflichtteilsanspruch dagegen streitig, ist gem. § 2331a Abs. 2 Satz 2 Halbs. 1 i.V.m. § 1382 Abs. 5 BGB das Prozessgericht zuständig.

5 **D. Antragsverfahren.** Das Verfahren wird nur auf Antrag hin eingeleitet. Das Antragserfordernis ergibt sich aus § 2331a BGB, der von einem Stundungs-»verlangen« spricht.

6 Antragsberechtigt ist neben dem Erben auch der Nachlasspfleger, -verwalter oder -insolvenzverwalter, aufgrund von § 2213 Abs. 1 Satz 3 BGB jedoch nicht der Testamentsvollstrecker (Prütting/Helms/*Fröhler* § 362 Rn. 9).

7 Mit Erhebung der Klage wird der Stundungsantrag unzulässig, da in diesem Fall gem. §§ 2331a Abs. 2 Satz 2, 1382 Abs. 5 BGB das Prozessgericht hierfür zuständig wird (OLG Karlsruhe FamRZ 2004, 661).

8 Eine Antragsfrist besteht nicht (Keidel/*Zimmermann* § 362 Rn. 8).

9 Der Antrag richtet sich gegen den Pflichtteilsberechtigten.

10 **E. Verfahren.** § 2331a Abs. 2 Satz 2 BGB erklärt die §§ 1382 Abs. 2 bis 6 BGB für entsprechend anwendbar.

11 Nach § 36 Abs. 1 Satz 2 ist vom Gericht auf eine gütliche Einigung hinzuwirken. Über einen evtl. geschlossenen Vergleich ist gem. § 36 Abs. 2, §§ 159 ff. ZPO ein Protokoll aufzunehmen.

12 Kommt es nicht zu einer gütlichen Einigung, so hat das Nachlassgericht gem. § 26 die für die Sachentscheidung erheblichen Tatsachen v.A.w. zu ermitteln und über den Antrag durch Beschluss zu entscheiden. Lie-

gen die Voraussetzungen für eine Stundung nicht oder nur für einen Teilbetrag vor, kann der Antrag ganz oder auch nur teilweise zurückgewiesen werden. Daneben besteht die Möglichkeit der Stundung des gesamten Betrages bis zu einem bestimmten Termin oder der Ratenzahlung sowie der Festlegung der Höhe der Verzinsung und des Zinsbeginns nach billigem Ermessen, § 1382 Abs. 2, 4 BGB. Nach § 1382 Abs. 3 BGB kann auf Antrag des Gläubigers hin auch Sicherheitsleistung angeordnet werden. Die Entscheidung wird erst mit Rechtskraft wirksam, §§ 362, 264 Abs. 1 Satz 1.

Darüber hinaus kann das Nachlassgericht auf einen entsprechenden Antrag des Gläubigers hin nach §§ 362, 264 Abs. 2 auch die Zahlungsverpflichtung des Schuldners aussprechen, wodurch ein Vollstreckungstitel geschaffen wird, § 86 Abs. 1 Nr. 1. 13

F. Nachträgliche Aufhebung oder Änderung. Die Möglichkeit der nachträglichen Aufhebung oder Änderung der Stundungsentscheidung regeln die §§ 2331a Abs. 2 Satz 2, 1382 Abs. 6 BGB. Danach kann das Nachlassgericht auf Antrag des Erben oder des Pflichtteilsberechtigten eine rechtskräftige Entscheidung über die Stundung aufheben oder abändern, und zwar auch dann, wenn es sich um eine Entscheidung des Prozessgerichts handelt. In beiden Fällen ist eine wesentliche Änderungen der Verhältnisse nach der Entscheidung nötig. Entsprechendes gilt auch für einen gerichtlichen Vergleich (so auch Palandt/*Weidlich* § 2331a BGB Rn. 5; a.A. Keidel/*Zimmermann* § 362 Rn. 18). 14

G. Kosten. Für die Entscheidung über die Stundung eines Pflichtteilsanspruchs werden Gebühren nach § 3 Abs. 2 i.V.m. Anlage 1, Nr. 12520, 12521 GNotKG erhoben. Der Geschäftswert wird nach § 36 GNotKG bestimmt. Kostenschuldner ist nach § 22 Abs. 1 GNotKG der Antragsteller. Das GNotKG ist durch das zweite Gesetz zur Modernisierung des Kostenrechts (2. KostRMoG vom 23.07.2013 – BGBl. I S. 2586) erlassen worden und mit Wirkung zum 01.08.2013 an die Stelle der KostO getreten. 15

H. Rechtsmittel. Die Stundungsentscheidung des Nachlassgerichts ist durch die befristete Beschwerde nach §§ 58, 63 angreifbar. Beschwerdeberechtigt ist der Pflichtteilsberechtigte; bei Ablehnung des Antrags der Erbe. 16

Abschnitt 3. Verfahren in Teilungssachen

§ 363 Antrag. (1) Bei mehreren Erben hat der Notar auf Antrag die Auseinandersetzung des Nachlasses zwischen den Beteiligten zu vermitteln; das gilt nicht, wenn ein zur Auseinandersetzung berechtigter Testamentsvollstrecker vorhanden ist.
(2) Antragsberechtigt ist jeder Miterbe, der Erwerber eines Erbteils sowie derjenige, welchem ein Pfandrecht oder ein Nießbrauch an einem Erbteil zusteht.
(3) In dem Antrag sollen die Beteiligten und die Teilungsmasse bezeichnet werden.

Übersicht	Rdn.		Rdn.
A. Allgemeines	1	F. Antragsberechtigung (Abs. 2)	25
B. Vermittlung durch den Notar	4	G. Anforderungen an den Antrag (Abs. 3)	34
C. Zuständigkeit	7	H. Rechtsmittel	40
D. Ausschluss der Auseinandersetzung	10	I. Kosten	41
E. Beteiligte	19	J. Zuweisung durch das Landwirtschaftsgericht.	42

1 **A. Allgemeines.** Die Vorschrift eröffnet die Möglichkeit eines Vermittlungsverfahrens im Rahmen einer Erbauseinandersetzung, wenn eine einvernehmliche Auseinandersetzung nicht möglich ist, aber auch (noch) keine Klärung mittels einer Klage vorgenommen werden soll. Der Anwendungsbereich der Vorschrift ist als gering zu betrachten, da das Verfahren bei sich ergebenden Streitpunkten nach § 370 auszusetzen ist. Die Zuständigkeit für das Verfahren lag früher bei den Nachlassgerichten und wurde ab dem 01.09.2013 durch das Gesetz zur Übertragung von Aufgaben im Bereich der freiwilligen Gerichtsbarkeit auf Notare auf die Notare übertragen (G. v. 26.06.2013 – BGBl. I 2013 Nr. 32 29.06.2013 S. 1800; vgl. allgemein zum Verfahren nach der Übertragung auf die Notare *Holzer* ZEV 2013, 656). Neben dem Verfahren der Vermittlung der Auseinandersetzung durch einen Notar nach §§ 363 ff. können noch die Möglichkeiten eines Erbteilungsvertrags, der Auseinandersetzung durch einen Testamentsvollstrecker, des Antrags auf Teilungsversteigerung eines Grundstücks (§ 180 ZVG), der gerichtlichen Zuweisung eines land- oder forstwirtschaftlichen Betriebs (§§ 13 ff., 33 GrdstVG mit Sonderregelungen in der HöfeO) oder die einer besonderen landesrechtlichen Zuweisung der Vermittlung der Auseinandersetzung durch ein Nachlassgericht (§ 487 Abs. 1 Nr. 1) bestehen.

2 Die materiell-rechtlichen Regelungen der Erbauseinandersetzung bezüglich des Nachlasses finden sich in den §§ 2042 ff. BGB. Auf einen entsprechenden Antrag hin kann die Auseinandersetzung durch den Notar vermittelt werden, Abs. 1. Die Auseinandersetzung kann jedoch aufgrund verschiedener Sonderregelungen ausgeschlossen sein (§ 2042 BGB i.V.m. §§ 749 Abs. 2, 2043 ff. BGB).

3 Zur Durchführung des Auseinandersetzungsverfahrens bedarf es einer Mehrheit von Erben. Vermächtnisnehmer, Pflichtteilsberechtigte oder Nacherben genügen hierfür nicht.

4 **B. Vermittlung durch den Notar.** Der Notar nimmt im Verfahren nach den §§ 363 ff. eine vermittelnde Position ein und hat hierbei keine Entscheidungskompetenz (vgl. KG NJW 1965, 1538). Daneben hat er eine eventuell erzielte Einigung zu beurkunden und zu bestätigen. Nach § 370 ist bei dem Vorliegen von Streitpunkten über diese eine Niederschrift aufzunehmen und das Verfahren bis zu deren Klärung, welche ggf. auf dem Prozessweg zu erfolgen hat, auszusetzen. Dies schränkt die praktische Bedeutung der Norm erheblich ein (vgl. Rdn. 1).

5 Die Tätigkeit des Notars erstreckt sich nicht auf den Vollzug einer evtl. gefundenen Einigung. Von seiner Kompetenz sind jedoch die Begründung von Verbindlichkeiten zur Bewirkung von Rechtsänderungen und die Entgegennahme von Erklärungen, soweit diese zur Durchführung der Auseinandersetzung erforderlich sind, mit umfasst. So können nicht nur Forderungen abgetreten, sondern auch mit bindender Wirkung über Grundstücke oder Grundstücksrechte verfügt bzw. entsprechende Vollmachten hierzu erteilt werden (vgl. BayObLG BayObLGZ 5, 1). Die Säumniswirkungen (§§ 366 Abs. 3 Satz 2, 368 Abs. 2) erstrecken sich sodann auch auf solche Erklärungen.

6 Die Weigerung eines Miterben der Auseinandersetzung zuzustimmen, hindert die Durchführung des Verfahrens (vgl. KG NJW 1965, 1538). Der Widerspruch eines einzelnen Beteiligten gegen die Einleitung des Verfahrens hindert die Einleitung nicht, wenn sie nur auf Gründen beruht, die durch die Vermittlung besei-

tigt werden können (OLG Schleswig ZErb 2013, 96; KG NJW 1965, 1538). Anders jedoch, wenn bspw. das Erbrecht des Antragstellers bestritten wird (KG NJW 1965, 1538).

C. Zuständigkeit. Nach § 342 Abs. 2 Nr. 1 i.V.m. § 23a Abs. 3 GVG, § 20 Abs. 1 BNotO ist der Notar für die Vermittlung sachlich zuständig. Die örtliche Zuständigkeit richtet sich nach § 344 Abs. 4a. 7
Zur Zuständigkeit bei Vorliegen eines land- oder forstwirtschaftlichen Betriebs s. Rdn. 42. 8
Zur internationalen Zuständigkeit vgl. § 105. 9

D. Ausschluss der Auseinandersetzung. Die Einleitung/Durchführung eines Auseinandersetzungsverfahrens kann aus verschiedenen Gründen ausgeschlossen sein. Den Gründen ist gemeinsam, dass sie nicht durch die Vermittlung überwunden werden können, oder eine Einigung schon aus rechtlichen Gründen ausschließen. 10

Die Durchführung des Verfahrens setzt voraus, dass die Erbengemeinschaft noch nicht beendet ist. Eine Teilauseinandersetzung hindert die Durchführung jedoch nicht (vgl. Prütting/Helms/*Fröhler* § 363 Rn. 26). Ist zum Zweck der Auseinandersetzung die Versteigerung eines Grundstücks durchgeführt worden, so kann das Vermittlungsverfahren zum Zweck der Verteilung des Erlöses durchgeführt werden (BGH NJW 1952, 263). Eine mögliche Überschuldung des Nachlasses hindert die Durchführung jedenfalls nicht (BayObLG BayObLGZ 1956, 363). 11

Falls ein Testamentsvollstrecker zur Durchführung der Auseinandersetzung berechtigt ist (§ 363 Abs. 1 Halbs. 1), oder die Auseinandersetzung gem. § 2048 Satz 2 BGB nach billigem Ermessen durch einen Dritten durchzuführen ist, kann das Vermittlungsverfahren nicht durchgeführt werden (Keidel/*Zimmermann* § 363 Rn. 27 f.). 12

Wenn die Erben (gem. § 2042 Abs. 2 BGB) oder der Erblasser (gem. § 2044 BGB) die Möglichkeit der Auseinandersetzung ausgeschlossen haben, und noch ungeklärt ist, ob hiervon wegen eines wichtigen Grundes i.S.v. § 749 Abs. 2 BGB eine Ausnahme zu machen ist, so kann das Vermittlungsverfahren noch nicht durchgeführt werden. Über die Frage, ob ein wichtiger Grund gegeben ist, entscheidet das Prozessgericht (Jansen/*Müller-Lukoschek* § 86 FGG Rn. 20). 13

Ob eine bereits erhobene Erbteilungsklage die Durchführung des Vermittlungsverfahrens in jedem Fall ausschließt, ist umstritten, aber wohl zu bejahen (bejahend: Keidel/*Zimmermann* § 363 Rn. 30; BeckOK/*Schlögel* § 363 Rn. 8; MüKoFamFG/*J. Mayer* § 363 Rn. 16; a.A. Jansen/*Müller-Lukoschek* § 86 FGG Rn. 22). 14

Das Auseinandersetzungsverfahren kann ferner nicht durchgeführt werden, wenn streitige Rechtsverhältnisse bzw. -fragen auftreten (OLG Düsseldorf FGPrax 2002, 231), bspw. wenn das Erbrecht eines Beteiligten bestritten wird (BayObLG FGPrax 1997, 229). Bloße allgemeine Streitigkeiten über die Erbauseinandersetzung und die Erklärung einzelner Beteiligter, das Verfahren nicht zu wollen, hindert die Einleitung zumindest solange nicht, bis sich die Streitigkeiten so verdichtet haben, dass ein eingeleitetes Vermittlungsverfahren sogleich zwingend auszusetzen wäre, weil eine gerichtliche Entscheidung über eine Rechtsfrage herbeigeführt werden muss (OLG Schleswig ZErb 2013, 96). 15

Mangels Verwaltungs- und Verfügungsbefugnis der Erben ist ein Vermittlungsverfahren im Falle der Nachlassverwaltung (KG KGJ 49, 84) oder Nachlassinsolvenz (Firsching/*Graf* Nachlassrecht Rn. 4.786) nicht möglich. 16

Gleichfalls hindert der Aufschub der Auseinandersetzung nach §§ 2043, 2045 BGB wegen der Unbestimmtheit der Erbteile die Durchführung des Verfahrens. 17

Der Widerspruch eines Beteiligten gegen die Auseinandersetzung hindert zwar nicht die Einleitung des Verfahrens, wohl aber die Entscheidung in der Sache (vgl. näher oben Rdn. 6). 18

E. Beteiligte. Der Kreis der Beteiligten richtet sich nach § 7. Neben dem Antragsteller (§ 7 Abs. 1) sind nach § 7 Abs. 2 alle diejenigen hinzuzuziehen, deren Rechte durch die Vermittlung unmittelbar betroffen werden. 19

Neben dem Erben, der selbst nicht den Antrag gestellt hat, sind dies auch alle weiteren Miterben sowie Nacherben, deren Zustimmung nach § 2113 BGB erforderlich ist (KG DJZ 1907, 300). Gleiches gilt für den Erwerber eines Erbteils und den oder die Rechtsnachfolger von Todes wegen eines Miterben. Im letzteren Fall kann auch der Testamentsvollstrecker oder der Nachlass-/Insolvenzverwalter für den Nachlass des Verstorbenen Beteiligter sein. 20

Bei Ehegatten, die im Güterstand der Zugewinngemeinschaft oder der Gütertrennung leben, ist nur der Ehegatte, der Erbe geworden ist, Beteiligter, wobei sich aus den §§ 1365 bis 1367 BGB auch Ausnahmen ergeben können. Im Güterstand der Gütergemeinschaft ist der verwaltungsberechtigte Ehegatte Beteiligter, 21 wenn die Erbschaft nicht zum Vorbehaltsgut gehört, § 1418 Abs. 1 Nr. 2 BGB (ansonsten ist der erbende Ehegatte Beteiligter) oder es sich um Grundbesitz handelt (in diesem Fall sind beide Ehegatten Beteiligte) (vgl. Keidel/*Zimmermann* § 363 Rn. 66).

22 Sollte einer der Beteiligten abwesend sein und bei diesem die Voraussetzungen einer Pflegschaft vorliegen, hat der Notar die Bestellung eines Pflegers beim Betreuungsgericht anzuregen. Mit der Zuständigkeitsübertragung an die Notare ist § 364 a.F. entfallen (Gesetz vom 26.06.2013 – BGBl. I 2013 Nr. 32 29.06.2013 S. 1800).

23 Die Nachlassgläubiger haben nicht die Stellung von Beteiligten (KGJ 45, 159), wobei gleiches für Vermächtnisnehmer, Pflichtteilsberechtigte und Miterbengläubiger gilt.

24 Ein Beteiligter wird durch seinen gesetzlichen Vertreter vertreten. Nach § 10 ist auch eine rechtsgeschäftliche Vertretung zulässig. Zur Genehmigung des Betreuungs- oder Familiengerichts s. § 1822 Nr. 2 BGB.

25 **F. Antragsberechtigung (Abs. 2).** Antragsberechtigt nach Abs. 2 ist jeder Miterbe für sich, wobei die Pfändung, Belastung mit einem Pfandrecht oder Nießbrauch keinen Einfluss auf sein Antragsrecht hat. Anders jedoch, wenn er aus der Erbengemeinschaft ausscheidet (KG OLGE 14, 154). Im Fall der Insolvenz wird das Antragsrecht durch den Insolvenzverwalter ausgeübt. Zum Nachweis der Erbenstellung im Rahmen des Antrags muss kein Erbschein vorgelegt werden. Ist das Antragsrecht vom Erbrecht abhängig und wird hierüber gestritten, so kann der Nachweis verlangt oder nach § 370 verfahren werden (BayObLG JFG 15, 161).

26 Ist ein Ehegatte Erbe geworden, so steht ihm bei Gütertrennung oder Zugewinngemeinschaft das Antragsrecht allein zu. Sollte eine Gütergemeinschaft vorliegen und die Erbschaft in das Gesamtgut fallen, so ist der verwaltungsberechtigte Ehegatte antragsberechtigt (Ausnahme: § 1429 BGB). Wenn die Erbschaft in das Vorbehaltsgut gefallen ist, ist der erbende Ehegatte antragsberechtigt (vgl. Keidel/*Zimmermann* § 363 Rn. 47).

27 Die Erben des antragsberechtigten Miterben sind nach dessen Tod jeder selbst antragsberechtigt. An ihre Stelle tritt jedoch ggf. ein über den Nachlass verfügungsbefugter Testamentsvollstrecker, Nachlassverwalter oder Nachlasspfleger (Prütting/Helms/*Fröhler* § 363 Rn. 42).

28 Daneben kann auch dem Erbteilserwerber statt des veräußernden Miterben ein Antragsrecht zustehen, sofern der gesamte Anteil am Nachlass nach §§ 2033, 2037, 2371 ff. BGB übergegangen ist, nicht aber, wenn nur der Anspruch auf das Auseinandersetzungsguthaben übertragen wurde (RG RGZ 60, 126).

29 Der Pfandrechtsinhaber ist, unabhängig davon, ob das Pfandrecht durch Vertrag oder Pfändung des Erbteils entstanden ist, antragsberechtigt. Der Pfändungspfandgläubiger benötigt jedoch einen rechtskräftigen Schuldtitel, wohingegen der Vertragspfandgläubiger den Antrag nach § 1258 Abs. 2 BGB vor dem Eintritt der Verkaufsberechtigung nur zusammen mit den Erben stellen kann (Prütting/Helms/*Fröhler* § 363 Rn. 44 ff.).

30 Auch der Nießbraucher am Erbteil hat neben dem Miterben ein Antragsrecht, wobei er den Antrag nur unter Mitwirkung des den Nießbrauch bestellenden Miterben stellen kann.

31 Die Antragstellung durch den gesetzlichen Vertreter des Antragstellers bedarf keiner familiengerichtlichen Genehmigung. Anders jedoch der Abschluss der Auseinandersetzungsvereinbarung (Keidel/*Zimmermann* § 363 Rn. 8). Allerdings ist, sofern beide Eltern von der Vermögenssorge für die Erbschaft nach § 1638 BGB ausgeschlossen sind, ein Pfleger zur Antragstellung zu bestellen, § 1909 BGB.

32 Ein Testamentsvollstrecker, dem die Verwaltung des Erbteils eines Kindes übertragen ist, ist für die Vermittlung der Erbauseinandersetzung mit dessen Miterben antragsberechtigt (KG KGJ 28, A. 16).

33 Kein Antragsrecht steht hingegen Nachlassgläubigern, Pflichtteilsberechtigten (wenn nicht gleichzeitig Erben oder Vermächtnisnehmer), Nacherben vor dem Nacherbfall, für den gesamten Nachlass bestellten Testamentsvollstreckern, oder Nachlassverwaltern, -pflegern oder -insolvenzverwaltern zu.

34 **G. Anforderungen an den Antrag (Abs. 3).** Das Vermittlungsverfahren wird nur auf Antrag hin eingeleitet. Der Antrag ist schriftlich oder zur Niederschrift des Notars zu stellen, §§ 492 Abs. 1, 25. Abgesehen davon gelten die allgemeinen Vorschriften.

35 Aus dem Antrag muss sich zumindest durch Auslegung ergeben, dass ein Vermittlungsverfahren bezüglich des Nachlasses einer Erbengemeinschaft beantragt wird. Einen konkreten Aufteilungsvorschlag braucht der Antrag nicht zu enthalten.

36 Gem. Abs. 3 sind im Antrag die jeweiligen Beteiligten und die Teilungsmasse zu bezeichnen. Bei den Beteiligten sind deren Namen und Anschrift, ggf. deren Vertreter und der Grund der Beteiligung mitzuteilen. Daneben kann die Darlegung des Verwandtschaftsverhältnisses oder der Erbquote erforderlich sein (Keidel/

Zimmermann § 363 Rn. 40). Die Teilungsmasse ist so konkret wie möglich zu bezeichnen, wobei eine detailgenaue Aufstellung bei der Antragstellung noch nicht nötig ist.

Zur Ermittlung der Zuständigkeit ist bezüglich des Erblassers dessen Name, Wohn- und Sterbeort und Todeszeitpunkt anzugeben. 37

Eine Ergänzung des Antrags (§§ 492 Abs. 1, 28) ist möglich. Vor einer Zurückweisung ist vom Notar darauf hinzuwirken (vgl. BayObLG BayObLGZ 1983, 101). 38

Eine Rücknahme des Antrags ist bis zur Rechtskraft des Bestätigungsbeschlusses möglich. Andere Antragsberechtigten können dem jedoch mit einem eigenen Antrag entgegenwirken. Nach a.A. soll die Rücknahme nicht mehr möglich sein, wenn das Verfahren in Gang gesetzt wurde und sich die anderen Beteiligten auf das Verfahren eingelassen haben (str., so *Weißler*, Nachlassverfahren II, Satz 120). Daneben ist eine Zurücknahme des Antrags auch in der Beschwerdeinstanz möglich (Keidel/*Zimmermann* § 363 Rn. 44). 39

H. Rechtsmittel. Gegen die Ablehnung der Einleitung des Verfahrens ist die Möglichkeit der befristeten Beschwerde nach §§ 492 Abs. 1, 58, 63 eröffnet. Zuständiges Beschwerdegericht ist das Oberlandesgericht. Vgl. allgemein zu den Rechtsmitteln die Kommentierung bei § 492. 40

I. Kosten. Die Kosten ergeben sich aus § 118a GNotKG und § 3 Abs. 2 i.V.m. Anlage 1, Nr. 23900 GNotKG. Die Antragsberechtigten haften als Gesamtschuldner, § 29 Nr. 1, 32 Abs. 1 GNotKG, wobei die Kosten der Masse zur Last fallen. Das GNotKG ist durch das zweite Gesetz zur Modernisierung des Kostenrechts (2. KostRMoG vom 23.07.2013 – BGBl. I S. 2586) erlassen worden und mit Wirkung zum 01.08.2013 an die Stelle der KostO getreten. 41

J. Zuweisung durch das Landwirtschaftsgericht. Befindet sich im Nachlass ein landwirtschaftlicher Betrieb, so kann ein Miterbe gem. §§ 13 ff., 17, 33 GrdstVG die Zuweisung dieses Betriebs an einen vom Erblasser (tatsächlich oder mutmaßlich) bedachten Miterben gegen Abfindung der anderen Miterben verlangen. Die Zuweisung erfolgt durch landwirtschaftsgerichtlichen Gestaltungsakt. 42

Die Erbengemeinschaft darf jedoch nicht durch eine Verfügung von Todes wegen entstanden sein. Das gilt auch, wenn die Verfügung an sich mit der gesetzlichen Erbfolge übereinstimmt (BGH NJW 1963, 2170). Daneben ist eine Zuweisung nicht möglich, wenn ein Ausschluss der Auseinandersetzung gegeben ist, § 14 Abs. 3 GrdstVG. Daneben darf auch keine Einigung im Wege des § 363 erfolgt sein. Ein Testamentsvollstrecker mit Berechtigung zur Vollziehung der Auseinandersetzung darf ebenso nicht vorhanden sein wie ein Miterbe, der den Aufschub der Auseinandersetzung verlangen kann (§ 14 Abs. 3 GrdstVG). 43

Die notarielle Vermittlung im Rahmen der Auseinandersetzung nach § 363 ist auch dann, wenn zum Nachlass ein landwirtschaftlicher Betrieb gehört, gegenüber dem Zuweisungsverfahren vorrangig (Palandt/*Weidlich* § 2042 BGB Rn. 25). 44

§ 364 Pflegschaft für abwesende Beteiligte. *(weggefallen)*

§ 364 aufgehoben mit Wirkung zum 01.09.2013 durch Gesetz vom 26.06.2013 (BGBl. I S. 1800). 1

§ 365 Ladung. (1) ¹Der Notar hat den Antragsteller und die übrigen Beteiligten zu einem Verhandlungstermin zu laden. ²Die Ladung durch öffentliche Zustellung ist unzulässig.
(2) ¹Die Ladung soll den Hinweis darauf enthalten, dass ungeachtet des Ausbleibens eines Beteiligten über die Auseinandersetzung verhandelt wird und dass die Ladung zu dem neuen Termin unterbleiben kann, falls der Termin vertagt oder ein neuer Termin zur Fortsetzung der Verhandlung anberaumt werden sollte. ²Sind Unterlagen für die Auseinandersetzung vorhanden, ist in der Ladung darauf hinzuweisen, dass die Unterlagen in den Geschäftsräumen des Notars eingesehen werden können.

Übersicht

	Rdn.		Rdn.
A. Allgemeines	1	II. Inhalt der Ladung und Folgen bei Verstoß	7
B. Verfahrenseinleitung	2		
C. Form und Inhalt der Ladung	5	D. Zu ladende Personen	10
I. Form	5	E. Folgen der Säumnis	11

§ 365

1 **A. Allgemeines.** Die Vorschrift regelt die Einleitung des Auseinandersetzungsverfahrens und will durch die Ladung sicherstellen, dass allen Beteiligten die Möglichkeit der Teilnahme gegeben wird. Zu den Beteiligten vgl. § 363 Rdn. 19 ff.

2 **B. Verfahrenseinleitung.** Die Einleitung des Verfahrens erfolgt durch Anberaumung eines Termins und Ladung der Beteiligten hierzu. Bei der Anberaumung eines neuen Termins soll gem. §§ 492 Abs. 1, 32 Abs. 2 zwischen Ladung und Termin eine angemessene Frist liegen. Eine gesetzliche Fristenbestimmung ist nicht vorhanden. Die Dauer einer angemessenen Frist ist im jeweilgen Einzelfall zu bestimmen, im Übrigen kann wohl angenommen werden, dass die Mindestfrist des § 90 FGG a.F. von 2 Wochen meist angemessen sein wird.

3 Die Frist kann durch die Parteien einvernehmlich verkürzt werden, sodass schon nach Ablauf der verkürzten Frist die Säumnisfolgen der §§ 366 Abs. 3, 368 Abs. 2 eintreten (Jansen/*Müller-Lukoschek* § 90 FGG Rn. 1). Sind alle Beteiligten vor dem Notar erschienen und wird in ihrer Anwesenheit verhandelt, so ist eine Ladung entbehrlich (vgl. KG OLGE 41, 17).

4 Wird die Ladungsfrist verletzt, so schließt dies den Eintritt von Säumnisfolgen aus. Verlegung, Vertagung und Aufhebung sind in § 32 Abs. 1 i.V.m. § 227 ZPO geregelt.

5 **C. Form und Inhalt der Ladung. I. Form.** Die Ladung ist förmlich bekannt zu geben, §§ 492 Abs. 1, 15 Abs. 1. Eine Anordnung des persönlichen Erscheinens ist möglich, §§ 492 Abs. 1, 33 Abs. 1. Die möglichen Zustellungsarten sind in § 15 Abs. 2 geregelt. Eine Ladung durch öffentliche Zustellung ist unzulässig, Abs. 1 Satz 2. Wäre an sich die öffentliche Zustellung erforderlich, da die Ladung nicht zugestellt werden kann, so hat sich der Notar bezüglich einer Abwesenheitspflegschaft an das Betreuungsgericht zu wenden.

6 Wird in einem bereits laufenden Termin eine Vertagung vorgenommen, so kann dies durch bloße Verkündung bekannt gegeben werden. Dies gilt nach Abs. 2 Satz 1 auch für die zum ursprünglichen Termin ordnungsgemäß geladenen, aber nicht erschienenen Beteiligten. Entsprechendes gilt nach Abs. 2 Satz 1 auch für die Anberaumung eines neuen Termins. Auch hier müssen die zum ersten Termin Geladenen, aber nicht Erschienenen nicht nochmals geladen werden.

7 **II. Inhalt der Ladung und Folgen bei Verstoß.** Nach Abs. 2 Satz 2 muss die Ladung neben den Angaben zu Gegenstand, Ort, Zeit und geladener Person auch, sollten Unterlagen für die Auseinandersetzung vorhanden sein, einen Hinweis auf die Einsichtsmöglichkeit in den Geschäftsräumen des Notars enthalten. Ist der Muss-Inhalt in der Ladung nicht enthalten, ist diese unwirksam und es kommt nicht zum Eintritt von Säumnisfolgen. Wird das Verfahren dennoch durchgeführt, so ist es anfechtbar und erzeugt für den nicht (ordnungsgemäß) geladenen Beteiligten keinerlei Bindungswirkung. Ist der Bestätigungsbeschluss wirksam und kann nicht mehr geändert werden, so wird der Mangel geheilt.

8 Nach Abs. 2 Satz 1 soll die Ladung daneben den Hinweis enthalten, dass auch bei Ausbleiben eines Beteiligten über die Auseinandersetzung verhandelt wird und die Ladung bei Neuterminierung bzw. Vertagung unterbleiben kann. Das Fehlen dieses Soll-Inhalts hat keine Auswirkung auf die Wirksamkeit der Ladung.

9 Die Beteiligten werden vor den Notar geladen. Ein Anspruch auf Einvernahme bei einem anderen Notar oder sogar einem anderen Amtsgericht besteht nicht. Praktischerweise sollte jedoch für den Notar die Möglichkeit bestehen, einen anderen Notar zu ersuchen, die Erklärungen einzelner Beteiligter entgegenzunehmen.

10 **D. Zu ladende Personen.** Der Notar hat den Antragsteller sowie alle übrigen Beteiligten zu laden, sowie ggf. deren gesetzliche oder rechtsgeschäftliche Vertreter. Die Beteiligten können nicht gezwungen werden, im Termin zu erscheinen.

11 **E. Folgen der Säumnis.** Ist ein ordnungsgemäß geladener Beteiligter zur Verhandlung nicht erschienen, kann ohne ihn über die Auseinandersetzung verhandelt werden, Abs. 2 Satz 1. Auch eine Verhandlung in einem neuen Termin ist ohne eine erneute Ladung ohne ihn möglich, Abs. 2 Satz 1. Die Einhaltung der Ladungsvorschriften hat keinen Einfluss auf die Zulässigkeit der Verhandlung mit den Erschienenen und ist lediglich für das Säumnisverfahren von Bedeutung (KG OLGE 41, 17).

12 Um zu einer einvernehmlichen Lösung zu gelangen (der nicht erschienene Beteiligte kann nach §§ 366 Abs. 3, 4, 367, 368 Abs. 2 selbst die Anberaumung eines neuen Termins verlangen), erscheint es zweckmäßig, dennoch eine neue Ladung vorzunehmen (Prütting/Helms/*Fröhler* § 365 Rn. 16).

§ 366 **Außergerichtliche Vereinbarung.** (1) ¹Treffen die erschienenen Beteiligten vor der Auseinandersetzung eine Vereinbarung, insbesondere über die Art der Teilung, hat der Notar die Vereinbarung zu beurkunden. ²Das Gleiche gilt für Vorschläge eines Beteiligten, wenn nur dieser erschienen ist.
(2) ¹Sind alle Beteiligten erschienen, hat der Notar die von ihnen getroffene Vereinbarung zu bestätigen. ²Dasselbe gilt, wenn die nicht erschienenen Beteiligten ihre Zustimmung zu einer gerichtlichen Niederschrift oder in einer öffentlich beglaubigten Urkunde erteilen.
(3) ¹Ist ein Beteiligter nicht erschienen, hat der Notar, wenn der Beteiligte nicht nach Absatz 2 Satz 2 zugestimmt hat, ihm den ihn betreffenden Inhalt der Urkunde bekannt zu geben und ihn gleichzeitig zu benachrichtigen, dass er die Urkunde in den Geschäftsräumen des Notars einsehen und eine Abschrift der Urkunde fordern kann. ²Die Bekanntgabe muss den Hinweis enthalten, dass sein Einverständnis mit dem Inhalt der Urkunde angenommen wird, wenn er nicht innerhalb einer von dem Notar zu bestimmenden Frist die Anberaumung eines neuen Termins beantragt oder wenn er in dem neuen Termin nicht erscheint.
(4) Beantragt der Beteiligte rechtzeitig die Anberaumung eines neuen Termins und erscheint er in diesem Termin, ist die Verhandlung fortzusetzen; anderenfalls hat der Notar die Vereinbarung zu bestätigen.

Übersicht

	Rdn.		Rdn.
A. Allgemeines	1	II. Form der Beurkundung	20
B. Vorbereitende Vereinbarungen	2	G. Benachrichtigung	21
C. Beteiligte	4	H. Versäumnisverfahren	25
D. Verfahren	5	I. Anberaumung eines neuen Termins	30
I. Verfahren bei Erscheinen aller Beteiligter	6	J. Bestätigung	33
II. Verfahren bei Ausbleiben von Beteiligten	8	K. Prüfung durch den Notar	35
E. Widerspruch	15	L. Bekanntmachung der Bestätigung	36
F. Inhalt der Beurkundung und Form	17	M. Rechtsmittel	37
I. Inhalt der Beurkundung	17		

A. Allgemeines. Das Gesetz regelt in den §§ 366 und 368 das Vermittlungsverfahren, welches sich in zwei **1** Teile aufgliedert. Der erste Teil sind die die Auseinandersetzung vorbereitenden Vereinbarungen, der zweite die Auseinandersetzung selbst. Der genaue Ablauf des Verfahrens hängt jedoch vom Einzelfall ab. Eine Untergliederung in mehrere Abschnitte mit mehreren Terminen ist nicht zwingend notwendig. Genauso ist es möglich, in ein und demselben Termin über die vorbereitenden Vereinbarungen und die Auseinandersetzung zu verhandeln.

B. Vorbereitende Vereinbarungen. Ggf. sind vor der eigentlichen Auseinandersetzung vorbereitende Ver- **2** einbarungen/Maßnahmen zwischen den Beteiligten zu erörtern. Bspw. kommt hier in Betracht:
– Erfassung der Nachlass-Aktiva und -Passiva,
– Vereinbarungen über die Art der Teilung einzelner Nachlassgegenstände (durch Verkauf, Übernahme seitens eines Miterben oder Teilung in Natur), über die Art des Verkaufs (freihändiger Verkauf oder öffentliche Versteigerung, BayObLG BayObLGZ 3, 381) und über die Zahlung (§§ 752 ff., 2042, 2048 ff. BGB, § 180 ZVG). Wird mangels Einigung die Zwangsversteigerung eines Grundstücks (§ 181 ZVG) betrieben, so wird das Vermittlungsverfahren bis zur Beendigung der Zwangsversteigerung ausgesetzt (Keidel/*Zimmermann* § 366 Rn. 6),
– Vereinbarungen über die Schätzung sowie die Person des Schätzers,
– Vereinbarungen über Gegenstand und Wert der unter Abkömmlingen zum Ausgleich zu bringenden Zuwendungen (§§ 2050 ff. BGB),
– Vereinbarungen über die Übernahme von Nachlassverbindlichkeiten durch einzelne Erben,
– Bezeichnung der *Nachlassgegenstände*, aus welchen Nachlassverbindlichkeiten zu berichtigen sind und welche ggf. zur Berichtigung zurückzubehalten sind, § 2046 BGB und
– Feststellung der gegenseitigen Ansprüche der Nachlassmasse und der einzelnen Miterben.

Vereinbarungen über die Teilung selbst, d.h. welche Teile jeder Miterbe erhalten soll, stellen keine vorberei- **3** tenden Vereinbarungen dar.

Burandt

4 **C. Beteiligte.** Der Kreis der Beteiligten richtet sich nach § 7. Nach § 7 Abs. 1 ist der Antragsteller Beteiligter. Nach § 7 Abs. 2 Nr. 1 sind daneben die Personen hinzuzuziehen, die durch das Verfahren unmittelbar rechtlich betroffen sind. Dies sind insbesondere die Erben, Erbteilserwerber, Erbeserben und Personen, die ein (Pfändungs-)pfandrecht oder ein Nießbrauchsrecht an einem Erbteil haben.

5 **D. Verfahren.** Eine Verhandlung wird durchgeführt, sobald ein Beteiligter erscheint. Bei alleiniger Anwesenheit kann dieser dennoch Vorschläge zur Auseinandersetzung machen, welche nach Abs. 1 Satz 2 zu beurkunden sind. Erscheint kein Beteiligter, so wird das Ruhen des Verfahrens durch Beschluss festgestellt.

6 **I. Verfahren bei Erscheinen aller Beteiligter.** Erscheinen alle Beteiligten und einigen sich, so ist diese Vereinbarung nach Abs. 1 Satz 1 zu beurkunden. Eine Klärung aller Streitpunkte ist hierzu nicht notwendig, § 370 Satz 2. Die Vereinbarung ist sodann durch den Notar durch Beschluss zu bestätigen.

7 Kommt keine Einigung zustande, so ist dies zu vermerken und das Verfahren durch Beschluss auszusetzen, § 370 Satz 1. Die Beteiligten sind sodann zur Klärung auf den Prozessrechtsweg verwiesen.

8 **II. Verfahren bei Ausbleiben von Beteiligten.** Erscheinen mehrere Beteiligte und kommt zwischen ihnen eine Einigung zustande, so ist diese Vereinbarung zu beurkunden, Abs. 1 Satz 1, und sodann den Nichterschienenen mitzuteilen. Sind alle bis auf einen Beteiligten ausgeblieben, so können dessen Vorschläge dennoch beurkundet werden. Erscheint jedoch keiner der Beteiligten, so ist das Ruhen des Verfahrens festzustellen.

9 Die nicht erschienenen Beteiligten können der Vereinbarung sodann nach Abs. 2 Satz 2 nachträglich zustimmen. Dies ist ggf. durch Beschluss des Notars zu bestätigen. Eine Erklärung gegenüber den anderen Beteiligten ist nicht notwendig (RG DNotZ 1912, 33). Die Zustimmung kann auch bereits vor dem Termin wirksam abgegeben werden (KG KGJ 49, 88).

10 Erfolgt keine derartige Zustimmung, so ist den nicht erschienenen Beteiligten der Inhalt der Urkunde über die Vereinbarung bekanntzugeben. Es ist möglich, dass anstatt des vollständigen Inhalts der Urkunde dem jeweiligen Beteiligten nur der ihn betreffende Teil mitgeteilt wird, Abs. 3 Satz 1. Der Nichtanwesende ist weiterhin darauf hinzuweisen, dass er den gesamten Inhalt der Urkunde in den Geschäftsräumen des Notars einsehen und eine Abschrift derselben fordern kann, Abs. 3 Satz 1. Daneben wird dem Nichterschienenen eine Frist gesetzt und weiterhin gem. Abs. 3 Satz 2 darauf hingewiesen, dass man sein Einverständnis zur Vereinbarung annehmen wird, wenn er nicht innerhalb der Frist einen neuen Termin beantragt oder zu einem neuen Termin abermals nicht erscheint.

11 Sollte für die Zustimmung eine Genehmigung des Betreuungs-, Familien- oder Nachlassgerichts nötig sein, so kann eine Zustimmung nicht ohne das Vorliegen einer solchen Genehmigung fingiert werden.

12 Nicht erschienen ist nicht nur derjenige, der dem Termin ferngeblieben ist, sondern auch, wer sich vor Abschluss des Verfahrens entfernt hat, ohne eine widersprechende Erklärung abgegeben zu haben. Gleiches gilt auch für den Fall, dass sich der Beteiligte hat vertreten lassen, obwohl das persönliche Erscheinen angeordnet war.

13 Anders liegt der Fall jedoch, wenn sich der Beteiligte weigert, eine Erklärung abzugeben. Dies ist als Widerspruch gegen die Durchführung des Verfahrens zu werten. Eine Behandlung als »nicht erschienen« scheidet aus. Gleiches gilt für die Verweigerung der Unterschrift auf der aufgenommenen Urkunde oder der Verweigerung der Vorlage von notwenigen Genehmigungen (*Firsching/Graf* Nachlassrecht Rn. 4.947).

14 Erscheinen mehrere Beteiligte und kommt zwischen ihnen keine Einigung zustande, so ist dies im Protokoll zu vermerken und das Verfahren durch Beschluss auszusetzen, § 370 Satz 1. Die Beteiligten sind sodann zur Klärung auf den Prozessrechtsweg verwiesen.

15 **E. Widerspruch.** Schon der Widerspruch eines einzelnen Beteiligten hindert den Abschluss der Vereinbarung über die vorbereitenden Maßnahmen und führt zur prozessrechtlichen Klärung nach § 370. Eine Mehrheitsentscheidung ist nicht möglich. Auch die Verweigerung der Unterschrift auf der aufgenommenen Urkunde ist als Widerspruch zu werten. Der Widerspruch von Dritten ist für den Abschluss der Vereinbarung ohne Bedeutung.

16 Der Widerspruch ist mündlich vor dem Notar zu erklären. Ein schriftlicher oder außerhalb eines Verhandlungstermins erhobener Widerspruch ist rechtlich wirkungslos (Prütting/Helms/*Fröhler* § 366 Rn. 14). Er hindert daher weder die Fortsetzung des Verfahrens, noch verpflichtet er den Notar zur Verfahrenseinstellung (vgl. *Firsching* DNotZ 1952, 117; a.A. OLG Köln DNotZ 1951, 524).

F. Inhalt der Beurkundung und Form. I. Inhalt der Beurkundung. In der Urkunde sind neben den üblichen Formalien die getroffenen Vereinbarungen aufzunehmen (bei nur einem Anwesenden ggf. dessen Vorschläge). Der Notar kann die Beurkundung nur dann verweigern, wenn die Vereinbarung/der Vorschlag rechtswidrig ist bzw. gegen die guten Sitten verstößt. Bloße Unbilligkeit, ein Verstoß gegen Erblasserinteressen oder fehlende Interessengerechtigkeit genügen nicht. 17

Sind Streitpunkte entstanden, so sind auch diese konkret in der Urkunde wiederzugeben, § 370. 18

Die Beteiligten sind an die beurkundeten Vereinbarungen gebunden, auch wenn sich andere, nicht erschienene Beteiligte noch innerhalb des Säumnisverfahrens befinden. Die Bindung erlischt jedoch, wenn ein früher nicht erschienener Beteiligter in einem neu anberaumten Termin widerspricht oder einen neuen Vorschlag macht (KG KGJ 32, 110). 19

II. Form der Beurkundung. Die Beurkundung erfolgt nach den Regeln der §§ 1 Abs. 2, 6 – 16, 22 bis 26 BeurkG (vgl. Prütting/Helms/*Fröhler* § 366 Rn. 21 ff.; *Bracker* MittBayNot 1984, 114). 20

G. Benachrichtigung. Eine Benachrichtigung der nicht erschienenen Beteiligten wird dann erforderlich, wenn die Anwesenden eine Einigung erzielt haben bzw. wenn nur ein Beteiligter anwesend war und dieser Vorschläge für eine Vereinbarung gemacht hat. Die Benachrichtigung ist zuzustellen; eine öffentliche Zustellung ist zulässig, vgl. § 492 Abs. 1 Satz 4. 21

Die Benachrichtigung hat folgenden notwendigen Inhalt: 22
– Inhalt der Urkunde, zumindest soweit sie den Empfänger betrifft,
– Hinweis, dass die Urkunde in den Geschäftsräumen des Notars eingesehen und eine Abschrift verlangt werden kann und
– Hinweis auf die Versäumnisfolgen (Abs. 3 Satz 2) und Bestimmung einer angemessenen Frist zur Abwendung dieser Folgen (Antrag auf einen neuen Termin).

Die Fristdauer steht im Ermessen des Notars. Eine Verlängerung ist möglich. Gegen die Fristsetzung ist das Rechtsmittel der Beschwerde statthaft (§ 492 Abs. 1) mit der Behauptung, die Frist sei zu kurz oder zu lang (wenn die übrigen Beteiligten Beschwerde einlegen) bemessen. Eine Wiedereinsetzung gem. § 367 ist möglich. 23

Weist die Benachrichtigung inhaltliche Mängel auf, so hindert dies den Eintritt der Versäumnisfolgen (BayObLGZ 25, 126). 24

H. Versäumnisverfahren. War ein Beteiligter im Termin nicht anwesend und hat er auch nicht nachträglich zugestimmt, so wird gegen ihn ein Versäumnisverfahren gem. Abs. 3 eingeleitet. Die Folgen des Versäumnisverfahrens erstrecken sich auf alle Vereinbarungen der Beteiligten, die zuvor im Auseinandersetzungsverfahren wirksam getroffen wurden (KG NJW 1965, 1538). Die Verweigerung der Zustimmung stellt hierbei noch keinen Widerspruch dar. 25

Bedarf einer der Beteiligten der gesetzlichen Vertretung (minderjährig oder geschäftsunfähig), so können die Säumnisfolgen ihm gegenüber nur eintreten, wenn der Vertreter säumig ist. Ggf. ist die betreuungs- bzw. familiengerichtliche Genehmigung einzuholen. Die Versäumnisfolgen können gegen einen Nichtvertretenen, aber der Vertretung bedürftigen Beteiligten, nicht eintreten. 26

Gibt der Ausgebliebene auf die Benachrichtigung hin innerhalb der Frist keine Erklärung (z.B. Beantragung eines neuen Termins) ab, wird sein Einverständnis zu der Vereinbarung fingiert. Der Notar bestätigt daraufhin die Vereinbarung. Der säumige Beteiligte wird so behandelt, als habe er der Vereinbarung zugestimmt (BayObLGZ 11, 720). Bezüglich der Vereinbarung kann er keine materiellen Einwendungen mehr erheben, jedoch bleibt eine Anfechtung nach allgemeinen Regeln möglich. Auch eine befristete Beschwerde kann noch erhoben werden, soweit sie Formfehler rügt (vgl. daneben auch § 492 Abs. 1 und Abs. 2). 27

Die bloße fristgerechte Mitteilung des Beteiligten, dass er mit der Vereinbarung nicht einverstanden sei, hindert den weiteren Verlauf des Säumnisverfahren nicht. Jedoch kann in dieser Mitteilung unter Umständen ein Antrag auf erneute Terminsbestimmung gesehen werden (*Firsching* DNotZ 1952, 117). 28

Beantragt der Nichterschienene einen neuen Termin und erscheint in diesem erneut nicht, so ist nach Abs. 3, 4 zu verfahren, wobei der Beteiligte nunmehr keinen Antrag auf eine neue Terminsbestimmung stellen kann. Die übrigen Beteiligten bleiben in der Zwischenzeit an die von Ihnen getroffene Vereinbarung gebunden. Der Notar erlässt sodann den Bestätigungsbeschluss. Trifft den Beteiligten bezüglich seines Nichterscheinens kein Verschulden, so kommt eine Wiedereinsetzung in der vorigen Stand nach § 367 in Betracht. 29

30 **I. Anberaumung eines neuen Termins.** Beantragt ein nicht erschienener Beteiligter rechtzeitig die Anberaumung eines neuen Termins und erscheint er in diesem Termin, so wird die Verhandlung nach Abs. 3 Satz 3 fortgesetzt. Stimmt der Antragsteller der Vereinbarung zu, so ist diese zu beurkunden. Werden neue Vorschläge vorgebracht, so ist erneut zu verhandeln. Die übrigen Beteiligten sind insofern nicht mehr an ihre früher erzielte Einigung gebunden.

31 Der Antrag auf Anberaumung eines neuen Termins muss nicht ausdrücklich erfolgen, sondern kann sich auch durch Auslegung ergeben (OLG Karlsruhe BadRpsr 1932, 62).

32 Die übrigen Beteiligten sind zu dem neuen Termin erneut zu laden. Weder die inhaltlichen Anforderungen des Abs. 3 noch die Frist des § 365 Abs. 1 müssen hierfür beachtet werden (MükoFamFG/*J. Mayer* § 366 Rn. 27).

33 **J. Bestätigung.** Wird eine Vereinbarungen getroffen, so wird diese vom Notar durch Beschluss (§§ 492 Abs. 1, 38) bestätigt, Abs. 1 Satz 1. Eine Einigung ist erzielt, wenn sämtliche Beteiligte erschienen sind und sich geeinigt haben (Abs. 2 Satz 1), nicht erschienene Beteiligte ihre Zustimmung erteilt haben (Abs. 2 Satz 2) oder nach ordnungsgemäßer Benachrichtigung und Aufforderung nicht rechtzeitig einen neuen Termin beantragt haben und ihre Zustimmung damit fingiert wird (Abs. 3 Satz 4).

34 Die Beteiligten können bis zur endgültigen Wirksamkeit des Beschlusses auf einen Beschluss verzichten. Der Verzicht muss einstimmig erfolgen und hat die Wirkung, dass der Antrag auf amtliche Vermittlung der Auseinandersetzung als zurückgenommen gilt bzw. das Verfahren übereinstimmend beendet wurde (*Seeger* AcP 126, 253).

35 **K. Prüfung durch den Notar.** Der Notar wacht über die Einhaltung der Verfahrens und Formvorschriften, nicht jedoch über die Zweckmäßigkeit oder Interessengerechtigkeit der Vereinbarungen (Keidel/*Zimmermann* § 366 Rn. 71). Ausnahmen hiervon bilden jedoch Verstöße gegen gesetzliche Verbote oder die guten Sitten (Jansen/*Müller-Lukoschek* § 91 FGG Rn. 13).

36 **L. Bekanntmachung der Bestätigung.** Der Beschluss ist ggü. allen Beteiligten bekannt zu machen. Da für die Rechtsmittelfristen die endgültige Wirksamkeit ausschlaggebend ist, hat die Bekanntmachung zweckmäßigerweise durch Zustellung zu erfolgen. Ein Verzicht auf die Bekanntmachung ist nicht möglich (*Seeger* AcP 126, 253).

37 **M. Rechtsmittel.** Gegen den Beschluss kann die befristete Beschwerde erhoben werden (§§ 58 ff., 492). Gleiches gilt für die Verweigerung der Bestätigung durch den Notar. Im Rahmen der Beschwerde gegen den Bestätigungsbeschluss können jedoch nach § 372 Abs. 2 nur Verfahrensfehler gerügt werden. Vgl. hierzu allgemein für die Rechtsmittel die Kommentierung bei § 492 Rdn. 1 ff.

§ 367 Wiedereinsetzung.

War im Fall des § 366 der Beteiligte ohne sein Verschulden verhindert, die Anberaumung eines neuen Termins rechtzeitig zu beantragen oder in dem neuen Termin zu erscheinen, gelten die Vorschriften über die Wiedereinsetzung in den vorigen Stand (§§ 17, 18 und 19 Abs. 1) entsprechend.

Übersicht

	Rdn.		Rdn.
A. Allgemeines	1	D. Wirkungen	7
B. Voraussetzungen der Wiedereinsetzung	3	E. Rechtsmittel	10
C. Entscheidung	6		

1 **A. Allgemeines.** Die Versäumung von Fristen ist in den Fällen der §§ 366, 368 rechtlich nachteilig. Fällt dem Beteiligten bezüglich der Versäumnis kein Verschulden zu Last, so kann ihm ggf. nach § 367 Wiedereinsetzung in den vorigen Stand gewährt werden.

2 Die Vorschrift erklärt die allgemeinen Regelungen der §§ 17, 18, 19 Abs. 1 für die Fälle des § 366 (Säumnis bezüglich der Frist zur Beantragung eines neuen Termins oder Säumnis im neu beantragten Termin) für entsprechend anwendbar. § 368 Abs. 2 Satz 2 erweitert den Anwendungsbereich wiederum auf die Fälle der Versäumnis bezüglich der Antragsfrist und des Auseinandersetzungstermins i.S.d. § 368.

B. Voraussetzungen der Wiedereinsetzung. Eine Wiedereinsetzung in den vorigen Stand wird dann gewährt, wenn der Beteiligte die Frist schuldlos nicht einhalten konnte. Das Hindernis, welches ihn an der Fristwahrung gehindert hat, muss dieser objektiv entgegengestanden haben und für die Fristversäumung ursächlich gewesen sein. Der Verschuldensmaßstab ist in § 276 BGB geregelt, wobei die Schuldlosigkeit feststehen muss (BGH NJW 1992, 574). Ein Verschulden des Vertreters wird dem Beteiligten zugerechnet. Bei Fehlen oder Mangelhaftigkeit der Rechtbehelfsbelehrung wird ein Fehlen des Verschuldens vermutet, § 17 Abs. 2. 3

Mangelndes Verschulden kommt insbesondere bei eigener Krankheit (BGH NJW 1975, 593) oder der Krankheit von Familienangehörigen (BayObLG BayObLGZ 1953, 142) sowie Geisteskrankheit (BayObLG BayObLGZ 1902, 330) in Betracht. War jedoch die Einschaltung eines Vertreters möglich, so war die Säumnis verschuldet (KG OLGR 41, 17). 4

Eine Wiedereinsetzung in den vorigen Stand wird gem. § 17 Abs. 1 nur auf Antrag hin gewährt. Der Antrag muss gem. § 18 Abs. 1 innerhalb von 2 Wochen nach Wegfall des Hindernisses, spätestens jedoch binnen Jahresfrist seit dem Ende der versäumten Frist gestellt werden, § 18 Abs. 3. Eine Wiedereinsetzung wegen Versäumung der Wiedereinsetzungsfrist ist möglich. Der versäumte Antrag ist innerhalb der Frist nachzuholen, § 18 Abs. 3 Satz 2. Wird die versäumte Rechtshandlung innerhalb der Antragsfrist nachgeholt, so kann hierin unter Umständen auch ein stillschweigender Antrag auf Wiedereinsetzung gesehen werden, sodass auf einen ausdrücklichen Antrag verzichtet werden kann (BT-Drucks. 16/6308, S. 183). Bezüglich weiterer Einzelheiten s. die Kommentierung bei §§ 17, 18. 5

C. Entscheidung. Die Entscheidung wird von dem Notar, bei dem die Rechtshandlung vorzunehmen gewesen wäre, durch Beschluss getroffen. Die Beteiligten sind von der Wiedereinsetzung in Kenntnis zu setzen. 6

D. Wirkungen. Wird die Wiedereinsetzung gewährt, so wird das Verfahren in die Lage zurückversetzt, die vor der Säumnis bestand. Bereits getroffene Vereinbarungen oder Auseinandersetzungen bleiben bis zu einem möglichen Widerspruch des Antragstellers wirksam und bindend (Jansen/*Müller-Lukoschek* § 92 FGG Rn. 3). Ein bereits erlassener Bestätigungsbeschluss wird hingegen gegenstandslos (Keidel/*Zimmermann* § 367 Rn. 14). Eine gesonderte Aufhebung ist nicht notwendig. Der Notar hat das Verfahren sodann mit der Bestimmung eines neuen Termins fortzusetzen. Zu dem Fortsetzungstermin sind alle Beteiligten zu laden. § 365 ist jedoch nicht anwendbar. 7

Widerspricht der Antragsteller im neuen Termin der Vereinbarung, so ist erneut zu verhandeln. Stimmt er der Vereinbarung jedoch zu, so ist diese zu bestätigen. 8

Der Notar hat den nicht rechtzeitig beantragten Termin anzuberaumen bzw. den versäumten Termin zu wiederholen. 9

E. Rechtsmittel. Gegen den Beschluss über den Wiedereinsetzungsantrag findet nach § 372 Abs. 1 die sofortige Beschwerde entsprechend §§ 567 – 572 ZPO statt (BT-Drucks. 16/6308, S. 283), vgl. § 492 Abs. 1 Satz 1. Daher ist die Entscheidung allen Beteiligten bekannt zu geben. Wird die Wiedereinsetzung gewährt, so steht das Beschwerderecht jedem anderen Beteiligten zu, bei einer ablehnenden Entscheidung nur dem Antragsteller. 10

Die Beschwerdefrist beträgt gem. § 372 Abs. 1 i.V.m. § 569 ZPO 2 Wochen. Bei Versäumung der Frist kann eine Wiedereinsetzung nach §§ 233 ff. ZPO in Betracht kommen. 11

§ 368 Auseinandersetzungsplan; Bestätigung.

(1) ¹Sobald nach Lage der Sache die Auseinandersetzung stattfinden kann, hat der Notar einen Auseinandersetzungsplan anzufertigen. ²Sind die erschienenen Beteiligten mit dem Inhalt des Plans einverstanden, hat der Notar die Auseinandersetzung zu beurkunden. ³Sind alle Beteiligten erschienen, hat der Notar die Auseinandersetzung zu bestätigen; dasselbe gilt, wenn die nicht erschienenen Beteiligten ihre Zustimmung zu gerichtlichem Protokoll oder in einer öffentlich beglaubigten Urkunde erteilen.

(2) ¹Ist ein Beteiligter nicht erschienen, hat der Notar nach § 366 Abs. 3 und 4 zu verfahren. ²§ 367 ist entsprechend anzuwenden.

§ 368

Übersicht

	Rdn.		Rdn.
A. Allgemeines	1	III. Verfahren	10
B. Auseinandersetzungsplan	5	C. Beurkundung	16
I. Form	6	D. Bestätigungsbeschluss	18
II. Inhalt	7		

1 **A. Allgemeines.** Auf die vorbereitenden Maßnahmen nach § 366 aufbauend, regelt die Vorschrift die anschließende eigentliche Auseinandersetzung. Eine Vereinbarung über vorbereitende Maßnahmen nach § 366 ist keine Voraussetzung.

2 Die Auseinandersetzung stellt den zweiten Teil des Verfahrens dar. Aufbauend auf einer ggf. vorhandenen Vereinbarung über vorbereitende Maßnahmen hat der Notar den Auseinandersetzungsplan aufzustellen und die Auseinandersetzung vorzunehmen.

3 Ein Auseinandersetzungsplan ist aufzustellen, sobald eine Auseinandersetzung stattfinden kann. Wurden nach § 366 vorbereitende Maßnahmen für die Auseinandersetzung getroffen, so sollte die Rechtskraft des betreffenden Bestätigungsbeschlusses abgewartet werden, solange das Einlegen von Rechtsmitteln erwartet werden kann. Dies ist insbesondere dann gegeben, wenn die Vereinbarung in einem Versäumnisverfahren bei gleichzeitiger Uneinigkeit der Beteiligten getroffen wurde (Jansen/*Müller-Lukoschek* § 93 FGG Rn. 1). Sind alle Beteiligten einverstanden, so ist der Auseinandersetzungsplan zu beurkunden und sodann die Auseinandersetzung zu bestätigen.

4 Die Beteiligten sind zum Termin zur Verhandlung über den Auseinandersetzungsplan zu laden, wobei es daneben auch möglich ist, über die vorbereitenden Maßnahmen und die Auseinandersetzung in einem Termin zu verhandeln.

5 **B. Auseinandersetzungsplan.** Die Auseinandersetzung wird auf Grundlage des vom Notar zu erstellenden Auseinandersetzungsplans vorgenommen. Der Notar kann sich hierbei auch den von einem der Beteiligten vorgelegten Plan zu eigen machen (vgl. OLG Dresden OLGR 40, 24). Auch die Hinzuziehung von Sachverständigen ist möglich. Die Beurteilung der Frage, wann nach »Lage der Sache die Auseinandersetzung stattfinden kann« (Abs. 1 Satz 1 – zumindest die sog. Teilungsreife muss vorliegen), steht im Ermessen des Notars.

6 **I. Form.** Der Auseinandersetzungsplan ist grds. förmlich festzuhalten.

7 **II. Inhalt.** Der Auseinandersetzungsplan hat die Erbmasse mit allen Aktiva und Passiva darzustellen und deren genaue Verteilung unter Nennung der genauen erbrechtlichen Verhältnisse unter den Beteiligten aufzuzeigen. Die Ansprüche und Verpflichtungen der einzelnen Beteiligten sind umfassend und detailliert anzugeben (z.B. Ausgleichsansprüche, Anrechnungen, genaue Bezeichnung der Gegenstände etc.). Auch dingliche Erklärungen zum Vollzug der Teilung sowie Vollmachten hierzu können aufgenommen werden (KG JFG 1, 362; Keidel/*Zimmermann* § 368 Rn. 8).

8 Der Notar ist bei der Aufstellung des Plans grundsätzlich frei. Eine inhaltliche Bindung liegt nur bezüglich der nach § 366 getroffenen Vereinbarungen sowie Auflage-, Teilungs- und Vermächtnisanordnungen des Erblassers vor.

9 Daneben können auch Vereinbarungen mit persönlichen Verpflichtungen getroffen werden, die keinen direkten Bezug zum Nachlass haben aber der Gesamtabwicklung dienen (BayOBLG BayObLGZ 5, 1).

10 **III. Verfahren.** Wurde durch den Notar ein Auseinandersetzungsplan erstellt, so werden die Beteiligten zu einer Verhandlung über diesen geladen.

11 Erscheint keiner der Beteiligten im Verfahren, so wird das Ruhen des Verfahrens festgestellt.

12 Kann keine Einigung erzielt werden, so sind die Beteiligten auf den Prozessrechtsweg zu verweisen, § 370. Wird eine Teileinigung erzielt, so kann auch nur dieser Teil beurkundet werden und die Beteiligten im Übrigen auf den Prozessrechtsweg verwiesen werden. Ein bloß schriftlicher Widerspruch ist jedoch unbeachtlich (LG Darmstadt DJZ 1916, 999, 500; a.A. OLG Köln DNotZ 1951, 524).

13 Soweit Beteiligte nicht zugestimmt haben und nicht anwesend waren, ist ihnen der beurkundete Plan gem. § 366 Abs. 3 Satz 1, 2 wegen der Säumnisfolgen förmlich bekannt zu machen.

14 Stellt der Säumige innerhalb der gesetzten Frist einen entsprechenden Antrag, so ist ein neuer Verhandlungstermin anzuberaumen. Erscheint der Säumige erneut nicht, wird der Plan bestätigt. Widerspricht er ihm, so entfällt die Bindung der Beteiligten an ihr Einverständnis (KGJ 32, 110) und das Verfahren wird fortgesetzt. Stimmt der zunächst Säumige dem Plan zu, wird der Plan durch Beschluss des Notars bestätigt. Nach Abs. 2 sind die §§ 366 Abs. 3, Abs. 4, 367 entsprechend anwendbar, wenn ein Beteiligter nicht erschienen ist. 15

C. Beurkundung. Sodann hat der Notar die Auseinandersetzung gem. Abs. 1 Satz 2 zu beurkunden, wenn alle erschienenen Beteiligten mit dem Inhalt des Auseinandersetzungsplans einverstanden sind. Eine inhaltliche Prüfung durch den Notar erfolgt hierbei nicht (Ausnahme: gesetzliche Verbote, gute Sitten). Weiterhin verbleibende Streitpunkte sind mit aufzunehmen. 16

Die Frage, ob im Rahmen der Beurkundung zum Vollzug der Teilungsverpflichtung neben sonstigen Erklärungen bezüglich des dinglichen Vollzugs auch eine Auflassung erklärt werden kann, hat sich durch die Übertragung der Aufgaben auf den Notar entschärft. Richtiger Ansicht nach war dies auch nach alter Rechtslage möglich, da die Auseinandersetzung insgesamt von einem gegenseitigen Nachgeben geprägt ist und somit ein gerichtlicher Vergleich bzw. Prozessvergleich i.S.v. § 127a BGB vorlag. 17

D. Bestätigungsbeschluss. Wurde eine Auseinandersetzung beurkundet, da alle erschienen Beteiligten mit dem Plan einverstanden waren (Abs. 1 Satz 2), so ist die beurkundete Auseinandersetzung zu bestätigen, wenn 18
– alle Beteiligten erschienen sind (Abs. 1 Satz 3 Halbs. 1),
– die nicht erschienenen Beteiligten ihre Zustimmung zu gerichtlichem Protokoll oder in einer öffentlich beglaubigten Urkunde erteilt haben (Abs. 1 Satz 3 Halbs. 2) oder
– die Zustimmung der nicht erschienenen Beteiligten nach Abs. 2 Satz 1 i.V.m. § 366 Abs. 3, Abs. 4 fingiert wird.

Gegen den Bestätigungsbeschluss als auch gegen dessen Ablehnung kann sofortige Beschwerde erhoben werden. Bei einem Bestätigungsbeschluss jedoch nur insoweit, als die Verletzung von Verfahrensvorschriften gerügt wird (§ 370 Abs. 2). Vgl. allgemein zu den Rechtsmitteln die Kommentierung bei § 492. 19

§ 369 Verteilung durch das Los.
Ist eine Verteilung durch das Los vereinbart, wird das Los, wenn nicht ein anderes bestimmt ist, für die nicht erschienenen Beteiligten von einem durch den Notar zu bestellenden Vertreter gezogen.

Übersicht

	Rdn.		Rdn.
A. Allgemeines	1	C. Vertreterbestellung	5
B. Anwendbarkeit	2	D. Kosten	10

A. Allgemeines. Die Vorschrift regelt die Vertretung eines nicht erschienenen Beteiligten bei der Losziehung und stellt somit deren Durchführbarkeit sicher. 1

B. Anwendbarkeit. Das Norm setzt voraus, dass eine Losziehung vereinbart wurde, oder eine solche Vereinbarung nach § 366 Abs. 3, Abs. 4 oder § 368 Abs. 2 i.V.m. § 366 Abs. 3, Abs. 4 fingiert wird (Keidel/*Zimmermann* § 369 Rn. 3). Eine Vereinbarung ist auch dann notwendig, wenn es sich um eine Losziehung zur Teilung vorhandener Gegenstände in Natur gem. §§ 752 Satz 2, 2042 BGB handelt. In einem Verfahren außerhalb des Anwendungsbereichs der §§ 363 ff. ist eine Anwendung der Vorschrift nicht möglich. Die Verteilung ist in diesem Fall im Klageweg durchzusetzen und ggf. nach § 887 ZPO zu vollstrecken. 2

Die Bestimmungen der Norm sind für die Beteiligten dispositiv. Es steht ihnen somit frei ggf. abweichende Regelungen für den Vertreter eines Nichterschienenen zu bestimmen. 3

Das Verfahren der Verteilung durch Los ist jedoch nur anwendbar, wenn es um die Verteilung bereits feststehender Anteile geht, nicht jedoch, wenn noch die Bestimmung der Anteile selbst vorzunehmen ist (Keidel/*Zimmermann* § 369 Rn. 2). 4

C. Vertreterbestellung. Liegen die oben dargestellten Voraussetzungen vor und erscheint ein Beteiligter nicht, zieht ein vom Notar bestimmter Vertreter das Los für den nicht erschienenen Beteiligten. Der nicht erschienene Beteiligte muss vom Notar jedoch ordnungsgemäß mit angemessener Frist geladen worden sein. Der Grund für das Ausbleiben ist hingegen unbeachtlich. 5

6 Kein »Nichterschienener« i.S.d. Vorschrift ist hingegen ein Beteiligter, der sich vertreten lässt oder erscheint und die Beteiligung an der Losziehung verweigert. In diesem Fall kommt nur eine Klage auf Mitvornahme mit ggf. anschließender Zwangsvollstreckung nach § 887 ZPO in Betracht. Liegt bezüglich der Losziehung hingegen bereits eine bestätigte, wirksame Vereinbarung vor, stellt dies bereits einen Titel dar, sodass die übrigen Beteiligten durch das Prozessgericht ermächtigt werden können, die Losziehung selbst vorzunehmen oder vornehmen zu lassen, § 887 ZPO.

7 Liegen die Voraussetzungen der Norm vor, so muss die Vertreterbestellung auf Antrag hin erfolgen. Dem Notar steht bezüglich des »Ob« der Bestellung kein Ermessen zu. Folglich kann die Bestellung mit der Beschwerde erzwungen werden. Die Bestellung erfolgt durch Beschluss. Mit der Bekanntmachung an den bestellten Vertreter wird die Bestellung wirksam. Nach der Losziehung ist eine Abänderung nicht mehr möglich.

8 Bezüglich der Frage des »Wer« steht die Entscheidung im freien Ermessen des Notars. Der Bestellte ist gesetzlicher Vertreter des Beteiligten. Der Nichterschienene muss sich das Handeln des Vertreters voll zurechnen lassen. Dies gilt jedoch nur innerhalb des Aufgabenkreises des Vertreters. Die Vertretungsmacht des Vertreters umfasst ausschließlich die Losziehung selbst, nicht hingegen weitere Handlungen oder Erklärungen, auch wenn sie im Zusammenhang mit der Losziehung stehen. Mit Vornahme der Losziehung erlischt die Vertretungsmacht.

9 Wird die Bestellung eines Vertreters abgelehnt, so kann hiergegen nach §§ 58 ff. Beschwerde eingelegt werden. Bei Bestellung eines Vertreters ist die Beschwerde nur insoweit zulässig, als vorgebracht wird, dass die Voraussetzungen für die Bestellung nicht vorgelegen hätten. Im Fall einer abändernden Entscheidung gilt § 47 (Keidel/*Zimmermann* § 369 Rn. 12). Vgl. daneben allgemein zu den Rechtsmitteln die Kommentierung zu § 492 Rdn. 1 ff.

10 **D. Kosten.** Für die Bestellung des Vertreters und die Losziehung fallen keine Gebühren an. Für die Beurkundung durch den Notar entstehen Kosten nach KV 232000 GNotKG. Die Vergütung für den Vertreter hat der säumige Beteiligte zu zahlen (Keidel/*Zimmermann* § 369 Rn. 13).

§ 370 Aussetzung bei Streit. ¹Ergeben sich bei den Verhandlungen Streitpunkte, ist darüber eine Niederschrift aufzunehmen und das Verfahren bis zur Erledigung der Streitpunkte auszusetzen. ²Soweit unstreitige Punkte beurkundet werden können, hat der Notar nach den §§ 366 und 368 Abs. 1 und 2 zu verfahren.

Übersicht

	Rdn.		Rdn.
A. Allgemeines	1	D. Zwang zur Aussetzung	11
B. Aufgabe des Notars	2	E. Teilweise Durchführung	15
C. Feststellung der Streitpunkte	3		

1 **A. Allgemeines.** Die Vorschrift gilt für vorbereitende Verfahren i.S.v. § 366 und Auseinandersetzungsverfahren gem. § 368 (OLG Schleswig FGPrax 2013, 30). Die Vorschrift ergänzt § 21 und ist lex specialis zu § 28 Abs. 4. Das notarielle Verfahren dient nicht zur Entscheidung von Streitfragen, sondern zur Vermittlung zwischen den Parteien. Folglich sind sich ggf. ergebende Streitfragen vor den Prozessgerichten zu klären.

2 **B. Aufgabe des Notars.** Der Notar wirkt bei sich ergebenden Meinungsverschiedenheiten sowohl im Rahmen des vorbereitenden Verfahrens nach § 366 als auch im Auseinandersetzungsverfahren nach § 368 stets auf eine gütliche Einigung hin. Er kann zu diesem Zweck auch Ermittlungen bezüglich der streitigen Sachverhalte anstellen, § 492 Abs. 1 i.V.m. § 26. Erst wenn trotz dieser Bemühungen keine einvernehmliche Lösung erreicht wird, ist nach § 370 zu verfahren und das Verfahren auszusetzen und die Streitigkeit vor den Prozessgerichten zu klären (KG JA 32, 114). Bestehen schon vor Beginn des Verfahrens Streitigkeiten, so ist § 370 unanwendbar, das Ermittlungsverfahren wird nicht eingeleitet. Eine Klärung kann nur unmittelbar auf dem Prozessrechtsweg erfolgen (OLG Düsseldorf FGPrax 2002, 231). Die Tatsache, dass zwischen den Beteiligten nur ein allgemeiner Streit über die Erbauseinandersetzung besteht, oder einzelne Beteiligte lediglich vorab erklären, dass sie ein solches Verfahren nicht wollen, zwingt jedenfalls dann nicht zur direkten

Verweisung auf den Prozessweg, wenn sich die Streitigkeiten noch nicht so verdichtet haben, dass ein eingeleitetes Vermittlungsverfahren sogleich zwingend auszusetzen wäre (OLG Schleswig ZErb 2013, 96).

C. Feststellung der Streitpunkte. Der Notar hat im Rahmen des Verfahrens alle für die Auseinandersetzung relevanten Tatsachen mit den Beteiligten zu erörtern. Dabei sind alle bestehenden Meinungsverschiedenheiten und offene Streitpunkte festzustellen, von unstreitigen Punkten abzugrenzen (vgl. Satz 2) und in einer Niederschrift aufnehmen. Erst nachdem diese Ermittlung vollständig abgeschlossen ist, kann ggf. eine Aussetzung erfolgen, nicht jedoch schon bei der Feststellung einer ersten Streitigkeit (Prütting/Helms/*Fröhler* § 370 Rn. 10). 3

In der Niederschrift ist detailliert aufzunehmen, welche Streitigkeit zwischen welchen Beteiligten besteht. Die Niederschrift entfaltet jedoch keine Bindungswirkung gegenüber den Parteien. So können bspw. im späteren Prozess neue Streitpunkte vorgebracht werden. 4

Die Form der aufzunehmenden Niederschrift richtet sich zweckmäßigerweise nach dem BeurkG und geht damit über die Anforderungen des § 28 Abs. 4 hinaus (so auch Prütting/Helms/*Fröhler* § 370 Rn. 15). 5

Die sich ergebenden Streitpunkte müssen konkret sein, eine Relevanz für die konkrete Auseinandersetzung haben und dürfen nicht nur allgemeine Meinungsverschiedenheiten sein. Allgemeine Streitigkeiten der Beteiligten führen nicht zu einer Aussetzung nach § 370 (Jansen/*Müller-Lukoschek* § 95 FGG Rn. 2). Der jeweilige Streitpunkt muss Gegenstand eines Rechtsstreits sein können. 6

Ein Widerspruch eines Beteiligten außerhalb eines Vermittlungstermins ist unbeachtlich. Streitpunkten kommt nur dann Bedeutung zu, wenn sie im Vermittlungstermin geltend gemacht werden (BayObLG BayOBLGZ 4, 501; a.A. OLG Köln DNotZ 1951, 524). 7

Als Streitpunkte kommen bspw. die Wirksamkeit des Testaments, die Erbenstellung eines Beteiligten, das Bestehen von Ausgleichspflichten oder der Umfang des Nachlasses in Betracht. 8

Während des Bestehens eines Widerspruchs können in einem späteren Termin keine Säumniswirkungen eintreten (Prütting/Helms/*Fröhler* § 370 Rn. 9). 9

Die Beteiligtenstellung richtet sich nach § 7. Auch derjenige, der ein Pfändungspfandrecht an einem Erbteil behauptet, kann einen Widerspruch, der zu einem Verfahren nach § 370 führt, einlegen. Der unberechtigte Verfahrensausschluss berechtigt ihn zur Beschwerde gegen den Bestätigungsbeschluss und führt neben der Aufhebung des Beschlusses auch zur Aussetzung des Verfahrens bis zur Erledigung des Einspruchs gegen die Art der Teilung (Keidel/*Zimmermann* § 370 Rn. 10; KG RJA 5, 230). 10

D. Zwang zur Aussetzung. Eine Aussetzung kommt erst dann in Betracht, wenn eine gütliche Einigung gescheitert ist. Der Notar ist nicht zu einer Entscheidung über sich ergebende Streitpunkte berufen. Er muss in diesem Fall das Verfahren aussetzen. Der Beschluss über die Aussetzung ist mit der sofortigen Beschwerde angreifbar (§§ 492 Abs. 1, 21 Abs. 2, §§ 567 ff. ZPO). 11

Der Notar kann den Beteiligten hierbei keine Frist zur Erledigung der Streitpunkte setzen. Es steht allein den Beteiligten zu, darüber zu entscheiden, ob und wie sie ihre Meinungsverschiedenheit beilegen wollen. 12

Betreffen die Streitpunkte den gesamten Nachlass, so erfolgt auch die Aussetzung des ganzen Verfahrens. Ist hingegen nur ein Teil des Nachlasses betroffen, so wird das Verfahren nur hinsichtlich dieses Teils ausgesetzt, bezüglich des übrigen Teils wird es fortgeführt. 13

Falls das Hindernis durch eine prozessgerichtliche Entscheidung oder eine gütliche Einigung beseitigt wurde, ist das Verfahren auf Antrag eines Beteiligten wieder aufzunehmen. Eine Ladungsfrist ist nicht einzuhalten. Die prozessgerichtliche Entscheidung bindet den Notar (vgl. MüKoFamFG/*J. Mayer* § 370 Rn. 8). Ein entgegen dem gerichtlichen Urteil aufrechterhaltener Widerspruch ist sodann unbeachtlich (*Schlegelberger* § 95 Rn. 1; Jansen/*Müller-Lukoschek* FGG § 95 Rn. 5). 14

E. Teilweise Durchführung. Beziehen sich die Streitpunkte nur auf einen Teil des Nachlasses, so ist das Verfahren nach §§ 366, 368 bei Einigkeit aller Beteiligten bezüglich des unstreitigen Teils durchzuführen, Satz 2. Die Vereinbarungen, welche auf eine Teilauseinandersetzung oder auf vorbereitende Maßnahmen gerichtet sind, sind sodann zu bestätigen und zu beurkunden. Den bestätigten Teil betreffend kann auch nach § 371 Abs. 2 vollstreckt werden (*Weißler*, Nachlassverfahren II, 123). 15

Voraussetzung hierfür ist nicht, dass für alle Beteiligten ein unstreitiger Nachlassteil vorhanden ist, sondern es genügt auch, wenn der unstreitige Teil nur unter einzelnen Beteiligten zu verteilen ist. Jedoch bleiben die anderen Beteiligten auch im letztgenannten Fall am Verfahren beteiligt, wodurch ihre Zustimmung (ggf. im Säumnisverfahren) notwendig ist (Keidel/*Zimmermann* § 370 Rn. 20). 16

§ 371 Wirkung der bestätigten Vereinbarung und Auseinandersetzung; Vollstreckung.

(1) Vereinbarungen nach § 366 Abs. 1 sowie Auseinandersetzungen nach § 368 werden mit Rechtskraft des Bestätigungsbeschlusses wirksam und für alle Beteiligten in gleicher Weise verbindlich wie eine vertragliche Vereinbarung oder Auseinandersetzung.

(2) ¹Aus der Vereinbarung nach § 366 Abs. 1 sowie aus der Auseinandersetzung findet nach deren Wirksamwerden die Vollstreckung statt. ²Die §§ 795 und 797 der Zivilprozessordnung sind anzuwenden.

Übersicht

	Rdn.		Rdn.
A. Allgemeines	1	I. Vollstreckbarer Titel	11
B. Bestätigungsbeschluss (Abs. 1)	2	II. Erteilung	16
I. Bedeutung	2	III. Rechtsbehelfe	20
II. Bindungswirkung	7	IV. Grundstück und Grundpfandrecht	21
C. Vollstreckung	10		

1 **A. Allgemeines.** Die Vorschrift regelt die Vollstreckbarkeit notariell vermittelter Einigungen. Der Zeitpunkt des Wirksamwerdens der Einigungen wird durch die Vorschrift als der Zeitpunkt der Rechtskraft definiert. Die Vorschrift ist insoweit lex specialis zu § 40 Abs. 1.

2 **B. Bestätigungsbeschluss (Abs. 1). I. Bedeutung.** Der Bestätigungsbeschluss ist derjenige Akt, der die zwischen den Beteiligten nach §§ 366, 368 getroffenen Vereinbarungen wirksam und vollstreckbar werden lässt. Die Wirksamkeit einer solchen Vereinbarung nach § 366 Abs. 1 bzw. einer Auseinandersetzung nach § 368 tritt nicht schon bei Bekanntmachung des Beschlusses, sondern erst mit seiner Rechtskraft ein, Abs. 1. Auch die Zeugnisse nach §§ 36, 37 GBO dürfen erst nach Eintritt der Rechtskraft des Bestätigungsbeschlusses erteilt werden (*Schlegelberger* § 98 Rn. 5, 6). Dies betreffend gilt es auch, die durch das Gesetz zur Übertragung von Aufgaben im Bereich der freiwilligen Gerichtsbarkeit auf Notare mit Inkrafttreten ab dem 01.09.2013 neue Zuständigkeit der Notare gem. § 36 Abs. 2a GBO zu beachten.

3 Die Beteiligten sind jedoch schon im Zeitraum zwischen dem Abschluss der Vereinbarung und der Bestätigung an die Vereinbarungen gebunden und können diese nicht mehr einseitig widerrufen (KG JFG 1, 362). Erst die Bestätigung als hoheitlicher Akt führt aber zur unbedingten Wirksamkeit und Vollstreckbarkeit der Vereinbarung (*Keidel/Zimmermann* § 371 Rn. 9). Der Bestätigungsbeschluss entfaltet für die Beteiligten eine einer vertraglichen Vereinbarung oder Auseinandersetzung entsprechende Bindungswirkung, Abs. 1. Sollte die Bestätigung versagt werden, so endet die Bindungswirkung damit.

4 Die Bestätigung bescheinigt die Einhaltung der zu beachtenden Verfahrensregeln (*Bassenge/Roth* § 97 Rn. 1), was insbesondere für den Eintritt der Säumnisfolgen nach §§ 366 Abs. 3 und 368 Abs. 2 von Bedeutung ist. Die Verletzung von Verfahrensvorschriften kann nach Eintritt der Rechtskraft des Beschlusses nicht mehr gerügt werden. Auch dem Grundbuchamt ist eine diesbezügliche Nachprüfung verwehrt (KG JFG 1, 362).

5 Hingegen hilft der Bestätigungsbeschluss nicht über ggf. vorhandene materiell-rechtliche Fehler im Auseinandersetzungsvertrag hinweg (KG JFG 1, 362). Die Vereinbarung kann somit trotz der Bestätigung nach allgemeinen Regeln nichtig, anfechtbar oder unwirksam sein. Als derartige Fehler kommen bspw. Willensmängel, die fehlende Zustimmung des Vormundschaftsgerichts, die Verletzung von Formvorschriften oder die Rechts- oder Sittenwidrigkeit in Betracht (vgl. *Keidel/Zimmermann* § 371 Rn. 12 f.). Über das Vorliegen derartiger Mängel entscheidet das Prozessgericht (BayObLGZ 11, 720).

6 Die formelle Rechtskraft des Bestätigungsbeschlusses tritt nach §§ 492 Abs. 1, 45 in dem Zeitpunkt ein, in dem die zulässigen Rechtsmittel erschöpft sind, rechtskräftig zurückgewiesen wurden oder die Frist für die Einlegung derartiger Rechtsmittel für alle Beteiligten verstrichen ist, ohne dass ein Rechtsmittel eingelegt wurde. Mit Eintritt der Rechtskraft wird der Beschluss nach Abs. 1 wirksam (vgl. zu den Rechtsmitteln allg. § 492).

7 **II. Bindungswirkung.** Der bestätigten Vereinbarung oder Auseinandersetzung kommt aber keine der materiellen Rechtskraft vergleichbare Wirksamkeit zu, sondern die Beteiligten werden durch sie nach Abs. 1 nur wie durch eine vertragliche Vereinbarung oder Auseinandersetzung gebunden. Dies hat zur Folge, dass es den Beteiligten trotz der Bestätigung frei steht, gemeinschaftlich im Rahmen ihrer Vertragsfreiheit eine *abweichende Vereinbarung zu treffen*.

Daneben entfaltet die bestätigte Vereinbarung gegenüber fälschlicherweise nicht oder nicht ordnungsgemäß 8
hinzugezogenen Beteiligten keine Wirkung (KG ZBlFG 16, 561). Daher kann ein bei der Auseinandersetzung Übergangener im Prozessweg eine neue Teilung verlangen, bei der sein Anteilsrecht berücksichtigt wird (Keidel/*Zimmermann* § 371 Rn. 21).

War die Auseinandersetzung unwirksam (bspw. wegen fehlender Hinzuziehung eines Miterben), so kann 9
jeder Beteiligte die amtliche Vermittlung der Teilung nach §§ 363 ff. beantragen (*Hall* WürttZ 1928, 334). Sollten nach der Bestätigung neue, ungeteilte Nachlassgegenstände von einem Umfang auftauchen, die den Nachlass als ungeteilt erscheinen lassen, so kann eine Nachtragsauseinandersetzung beantragt werden (Jansen/*Müller-Lukoscheck* § 97 FGG Rn. 7).

C. Vollstreckung. In Ergänzung zu den in § 86 genannten Titeln legt Abs. 2 Satz 1 fest, dass auch die bestätigte Vereinbarung bzw. die Auseinandersetzung Vollstreckungstitel darstellen, die im Fall ihrer Wirksamkeit vollstreckt werden können. Abs. 2 Satz 2 der Vorschrift war zur Klarstellung erforderlich, da die in Abs. 2 Satz 1 aufgeführten Titel nicht ausdrücklich in § 794 ZPO genannt sind. 10

I. Vollstreckbarer Titel. Die rechtskräftig bestätigte (vorbereitende) Vereinbarung der Parteien und die 11
rechtskräftig bestätigte Vereinbarung über die Auseinandersetzung stellen vollstreckbare Schuldtitel für die in ihnen von den Beteiligten übernommenen Verpflichtungen dar. Eine gesonderte Unterwerfung unter die Zwangsvollstreckung ist nicht zwingend notwendig (Keidel/*Zimmermann* § 371 Rn. 29).

Führt die in der Urkunde niedergelegte Willenserklärung allein schon den rechtlichen Erfolg herbei, so bedarf es keiner Zwangsvollstreckung, da die Rechtswirkung dann schon mit der Rechtskraft der Bestätigung eintritt. 12

Voraussetzung der Vollstreckbarkeit ist neben einem vollstreckbaren Inhalt die formelle Rechtskraft des Bestätigungsbeschlusses, Abs. 1, Abs. 2 Satz 1. 13

Die Zwangsvollstreckung wird durch die Beteiligten vorgenommen, wobei jeder Beteiligte die Vollstreckung 14
nur insoweit betreiben kann, als ihm selbst ein Anspruch zusteht.

Soweit nicht in den §§ 795a – 800 ZPO abweichende Vorschriften enthalten sind, finden auf die Vollstreckung die §§ 724 – 793, 797 ZPO Anwendung, § 795 ZPO. Daneben gelten die §§ 803 ff. ZPO für die Ausführung der Vollstreckung, es sei denn, die Norm setzt das Vorliegen eines Urteils voraus (z.B. §§ 894 ff. ZPO). 15

II. Erteilung. Nach § 724 ZPO ist für die Durchführung der Zwangsvollstreckung das Vorliegen einer vollstreckbaren Ausfertigung der bestätigten Urkunde nötig. 16

Wurde die Vereinbarung vor dem Notar beurkundet, so ist er für die Erteilung der vollstreckbaren Ausfertigung zuständig, § 797 Abs. 2 ZPO. 17

Neben dem Bestätigungsbeschluss ist auch die Urkunde, die vollstreckungsbedürftige Abmachungen unter 18
den Beteiligten enthält, auszufertigen (Keidel/*Zimmermann* § 371 Rn. 37). Hinsichtlich der Erteilung einfacher Ausfertigungen und Abschriften gelten die allgemeinen Vorschriften.

Für die Erteilung einer weiteren vollstreckbaren Ausfertigung liegt die Zuständigkeit nach der Neufassung 19
des § 797 Abs. 3 ZPO beim Notar.

III. Rechtsbehelfe. Gegen die Entscheidung des Notars, die Klausel zu erteilen, kann der Schuldner mit 20
den Rechtsmitteln der ZPO vorgehen. Nach der neuen Fassung der §§ 797 Abs. 3, 802 ZPO ist bei notariellen Urkunden sachlich und örtlich dasjenige Amtsgericht zuständig, in dessen Bezirk der die Urkunde verwahrende Notar seinen Amtssitz hat. Nach der Neufassung des § 797 Abs. 3 gilt entsprechendes für Einwendungen, die die Zulässigkeit der Erteilung einer weiteren vollstreckbaren Ausfertigung betreffen. Daneben kann der Schuldner auch die Vollstreckungsgegenklage nach §§ 767, 768 ZPO erheben.

Lehnt der Notar die Erteilung der Klausel ab, so kann der Gläubiger hiergegen mittels der Beschwerde nach §§ 58 ff. vorgehen, wobei hierüber das Landgericht entscheidet (§ 54 Abs. 1, Abs. 2 BeurkG).

IV. Grundstück und Grundpfandrecht. Gehört ein Grundstück zum Nachlass, so bedarf es neben der bloßen Auseinandersetzungsvereinbarung auch noch der Auflassung (*Bracker* MittBayNot 1984, 114). Nach der Übertragung der Zuständigkeit für das Verfahren auf den Notar kann diese unproblematisch vor diesem erklärt werden. 21

Die Versäumnisfolgen der §§ 366 Abs. 3, 368 Abs. 2 erstrecken sich auch auf die Auflassungserklärungen, 22
wenn diese zulässigerweise in die Urkunde aufgenommen wurden. Wurde die Auflassung nicht in die Auseinandersetzungsurkunde aufgenommen und ist auch das gleichzeitige Erscheinen aller Beteiligten vor der

zuständigen Behörde zur Abgabe der Auflassungserklärung nicht möglich, so muss die Zwangsvollstreckung nach § 888 ZPO durchgeführt werden (Jansen/*Müller-Lukoschek* § 98 FGG Rn. 3, 5, 12). Die Vorschrift des § 894 ZPO ist hingegen nicht anwendbar (Keidel/*Zimmermann* § 371 Rn. 48).

23 Entsprechendes gilt, falls Grundpfandrechte im Rahmen der Auseinandersetzung übergehen sollen. Die Eintragungsbewilligung nach § 19 GBO kann hier ebenfalls vor dem Notar erklärt werden. Die spätere Bestätigung ersetzt die Bewilligung der Nichterschienenen. Auch hier erstrecken sich die Säumnisfolgen also auf die Erklärungen der Nichterschienenen. Es gilt jedoch zu beachten, dass wenn eine Verteilung eines Grundpfandrechts zwischen den Miterben vorgenommen werden soll und eine Fiktion der Zustimmung hierzu nötig war, ein Teilhypotheken-, Grundschuld- oder Rentenschuldbrief erst nach Rechtskraft des Bestätigungsbeschlusses erteilt werden kann, § 1152 BGB, §§ 61, 70 GBO (Keidel/*Zimmermann* § 371 Rn. 43).

§ 372 Rechtsmittel.
(1) Ein Beschluss, durch den eine Frist nach § 366 Abs. 3 bestimmt wird, und ein Beschluss, durch den über die Wiedereinsetzung entschieden wird, ist mit der sofortigen Beschwerde in entsprechender Anwendung der §§ 567 bis 572 der Zivilprozessordnung anfechtbar.
(2) Die Beschwerde gegen den Bestätigungsbeschluss kann nur darauf gegründet werden, dass die Vorschriften über das Verfahren nicht beachtet wurden.

Übersicht

	Rdn.		Rdn.
A. Allgemeines	1	C. Rechtsmittel bei Bestätigungsbeschlüssen (Abs. 2)	7
B. Rechtsmittel bei Zwischenentscheidungen (Abs. 1)	2		

1 **A. Allgemeines.** Die Vorschrift regelt die Rechtsmittel gegen Zwischenentscheidungen in Form einer Fristenbestimmung nach § 366 Abs. 3, eines Beschlusses bezüglich einer Wiedereinsetzung (Abs. 1) und gegen Bestätigungsbeschlüsse (Abs. 2). Nach der Übertragung der Zuständigkeit auf die Notare erlangt die Vorschrift über § 492 Abs. 1 Bedeutung. Bezüglich der sonstigen Rechtsmittel bezüglich der Tätigkeit des Notars vgl. die Kommentierung zu § 492.

2 **B. Rechtsmittel bei Zwischenentscheidungen (Abs. 1).** Abs. 1 regelt die Anfechtung von Zwischenentscheidungen (Fristbestimmung im Säumnisverfahren und Entscheidung über die Wiedereinsetzung) im Teilungsverfahren mittels der sofortigen Beschwerde nach §§ 567 ff. ZPO. Bezüglich der Wiedereinsetzung weicht die Norm von der allgemeinen Regel des § 19 Abs. 2 ab, da auch die Bewilligung der Wiedereinsetzung anfechtbar ist.

3 Die sofortige Beschwerde kann somit gegen Beschlüsse, in denen einem Beteiligten nach § 366 Abs. 3 oder i.V.m. § 368 Abs. 2 Satz 1 eine Frist gesetzt wird oder in denen (positiv oder negativ) über eine Wiedereinsetzung entschieden wird, erhoben werden.

4 Beschwerdeberechtigt sind alle Beteiligten, die durch den jeweiligen Beschluss beschwert sind. Im Rahmen einer Fristsetzung kann von den Beteiligten somit vorgetragen werden, die Frist sei zu lang oder zu kurz bemessen. Daneben steht auch im Rahmen der Wiedereinsetzung allen Beteiligten das Beschwerderecht zu (Keidel/*Zimmermann* § 372 Rn. 8).

5 Die Beschwerdefrist beträgt gem. § 569 Abs. 1 ZPO 2 Wochen (Notfrist) ab der nach §§ 41 Abs. 1, 15 Abs. 2 vorzunehmenden Bekanntgabe, spätestens jedoch 5 Monate nach der Verkündung des Beschlusses.

6 Gegen eine Endentscheidung (z.B. ein Bestätigungsbeschluss oder die Ablehnung eines solchen) ist allgemein die befristete Beschwerde nach §§ 492 Abs. 1, 58 ff. statthaft.

7 **C. Rechtsmittel bei Bestätigungsbeschlüssen (Abs. 2).** Nach Abs. 2 der Vorschrift können Bestätigungsbeschlüsse, die im Rahmen von außergerichtlichen Vereinbarungen (§ 366) und im Verfahren über den Auseinandersetzungsplan (§ 368) erlassen werden, nur dann mit der befristeten Beschwerde angegriffen werden, wenn behauptet wird, dass eine Verletzung von Verfahrensvorschriften vorliegt.

8 Als derartige Fehler kommen insbesondere in Betracht:
– Einleitung des Verfahrens, obwohl die Voraussetzungen hierfür nicht vorlagen,
– Verstoß gegen die Vorschriften der §§ 365, 366 Abs. 3 und 368 Abs. 2 bezüglich Ladung und Fristsetzung,

- Fortsetzung des eigentlich nach § 370 auszusetzenden Verfahrens (BayObLG BayObLGZ 18, 71),
- Fehlen der notwendigen familien- oder betreuungsgerichtlichen Genehmigung,
- Verletzung der Vorschriften über die Ladung und Bekanntmachung von Beschlüssen,
- Mangelnde Vertretung Geschäftsunfähiger oder beschränkt Geschäftsfähiger und
- Verletzung zwingender Vorschriften des BeurkG.

Die Einschränkung des Abs. 2, wonach nur die Verletzung von Verfahrensvorschriften gerügt werden darf, 9
gilt nicht für die mit der sofortigen Beschwerde angreifbaren Beschlüsse (Bumiller/*Harders* § 372 Rn. 5).
Allerdings ist die Rüge nicht auf solche Verfahrensverstöße beschränkt, die den Beschwerdeführer selbst 10
verletzen (*Bassenge/Roth* § 96 Rn. 2).
Nicht statthaft ist die Beschwerde hingegen, wenn lediglich die Soll-Vorschrift bezüglich der Anforderungen 11
an den Auseinandersetzungsantrag nach § 363 Abs. 3 verletzt wird.
Andere Einwendungen, die sich auf den Inhalt, dessen Richtigkeit oder die Gültigkeit der bestätigten Ver- 12
einbarung beziehen, sind vor dem Prozessgericht geltend zu machen.
Die Beschwerdefrist beträgt gem. § 63 einen Monat. Nach § 59 Abs. 1 sind alle am Verfahren Beteiligten be- 13
schwerdeberechtigt. Eine Verletzung in eigenen Rechten ist nicht nötig (Keidel/*Zimmermann* § 372 Rn. 21).
Daneben sind auch diejenigen, die nicht zum Verfahren hinzugezogen wurden, beschwerdeberechtigt,
wenn sie durch den Beschluss belastet sind (Prütting/Helms/*Fröhler* § 372 Rn. 15).
Ist die Beschwerde erfolgreich, so wird der Beschluss mit Wirkung gegenüber allen Beteiligten aufgehoben 14
(MüKoFamFG/*J. Mayer* § 372 Rn. 9).
Das Verfahren wird hierdurch in den Stand vor Erlass des Beschlusses zurückversetzt. In Ausnahmefällen 15
kann es jedoch nötig sein, dass Verfahren komplett neu durchzuführen. Dies ist dann der Fall, wenn der
Verfahrensfehler das gesamte Verfahren betrifft. Eine vollständige Wiederholung ist bspw. dann nötig, wenn
ein Beteiligter nicht hinzugezogen wurde oder nicht vertreten war. Betrifft der Fehler nur Teile des Verfahrens, so sind nur diese zu wiederholen. Liegt der Verfahrensfehler im Unterlassen einer nach § 370 gebotenen Aussetzung, so kann das Beschwerdegericht diese selbst anordnen (KG RJA 5, 230).

§ 373 Auseinandersetzung einer Gütergemeinschaft. (1) Auf die Auseinandersetzung des Gesamtguts nach der Beendigung der ehelichen, lebenspartnerschaftlichen oder der fortgesetzten Gütergemeinschaft sind die Vorschriften dieses Abschnitts entsprechend anzuwenden.
(2) Für das Verfahren zur Erteilung, Einziehung oder Kraftloserklärung von Zeugnissen über die Auseinandersetzung des Gesamtguts einer ehelichen, lebenspartnerschaftlichen oder fortgesetzten Gütergemeinschaft nach den §§ 36 und 37 der Grundbuchordnung sowie den §§ 42 und 74 der Schiffsregisterordnung gelten § 345 Abs. 1 sowie die §§ 352, 352a, 352c bis 353 und 357 entsprechend.

Übersicht	Rdn.		Rdn.
A. Allgemeines	1	E. Antrag	8
B. Beendigung der Gütergemeinschaft	2	F. Zeugnisse nach Abs. 2	10
C. Auseinandersetzung.	5	G. Gebühren	12
D. Verfahren	6		

A. Allgemeines. Die Vorschrift hat durch das Gesetz zum internationalen Erbrecht und zur Änderung von 1
Vorschriften zum Erbschein sowie zur Änderung sonstiger Vorschriften (BGBl. I 2015 Nr. 26 03.07.2015
S. 1042) eine Änderung erfahren. Die Verweisung des Abs. 1 erstreckt sich nunmehr auf §§ 352, 352a, 352c
bis 353 und 357. Die Änderung war notwendig, da infolge des Gesetzes viele Verfahrensvorschriften aus
dem BGB in das FamFG überführt wurden.
Abs. 1 der Vorschrift erweitert den Anwendungsbereich des Abschnitts auf die Teilungssache der Auseinandersetzung des Gesamtguts einer Gütergemeinschaft. Für die diesbezüglich erforderlichen Zeugnisse erklärt
Abs. 2 die Vorschriften der §§ 345 Abs. 1, 352, 353 und 357 für entsprechend anwendbar. Es kommt somit
zu einer Angleichung der Verfahrensvorschriften für die Auseinandersetzung einer Gütergemeinschaft und
der einer Erbauseinandersetzung.

§ 373

2 **B. Beendigung der Gütergemeinschaft.** Eine Gütergemeinschaft zwischen Eheleuten oder Lebenspartnern besteht nur, wenn dies nach § 1408 BGB vereinbart wurde. Die Gütergemeinschaft endet
- durch vertragliche Aufhebung (§ 1408 BGB),
- mit Rechtskraft eines Aufhebungsurteils (§§ 1447, 1448, 1449, 1469, 1470 BGB),
- mit Tod des Erstversterbenden, wenn bei beerbter Ehe die Fortsetzung der Gütergemeinschaft nicht vereinbart war, § 1483 BGB,
- mit Auflösung der Ehe durch Scheidung, Aufhebung (§§ 1564 ff., 1313 ff. BGB bzw. § 15 LPartG) oder
- mit Wiederverheiratung nach Todeserklärung (§ 1319 BGB).

3 Liegt eine fortgesetzte Gütergemeinschaft vor, so endet diese
- durch Vertrag (§ 1492 Abs. 2 BGB),
- durch Tod oder Verzicht aller Abkömmlinge (§§ 1490, 1491 BGB),
- durch Aufhebung durch den überlebenden Ehegatten (§ 1492 Abs. 1 BGB),
- durch Tod oder Todeserklärung des überlebenden Ehegatten (§ 1494 BGB),
- durch Wiederverheiratung des überlebenden Ehegatten (§ 1493 BGB) oder
- mit Rechtskraft des Aufhebungsurteils (§§ 1495, 1496 BGB).

4 Über § 7 LPartG gilt das Genannte auch für die Lebenspartnerschaft.

5 **C. Auseinandersetzung.** Die Auseinandersetzung der Gütergemeinschaft erfolgt nach §§ 1471 ff. BGB. Gegenstand des Auseinandersetzungsverfahrens ist nur das Gesamtgut. Das Verfahren erfasst auch die Verteilung des Erlöses aus der Zwangsversteigerung eines nach § 180 ZVG versteigerten Grundstücks (BayObLG NJW 1957, 386). Die Auseinandersetzung eines Gesamtguts ist streng von der Nachlassauseinandersetzung zu trennen. Es handelt sich um zwei selbstständige Verfahren (OLG Hamm DNotZ 1966, 744).

6 **D. Verfahren.** Nach Abs. 1 der Vorschrift sind die §§ 363 ff. für das Verfahren entsprechend anzuwenden. Die Vermittlung der Auseinandersetzung erfolgt nur auf Antrag hin (§ 363) und zwar auch dann, wenn die Aufhebung im Urteil ausgesprochen wurde.

7 Die sachliche Zuständigkeit liegt bei den Notaren. Die örtliche Zuständigkeit richtet sich nach § 344 Abs. 5 Satz 1, wenn das Gesamtgut ein Teil des Nachlasses ist, ansonsten nach § 344 Abs. 5 Satz 2 i.V.m. § 122.

8 **E. Antrag.** Die Auseinandersetzung muss durchgeführt werden, wenn ein entsprechender Antrag eines Antragsberechtigten vorliegt, § 363 (BayObLG BayObLGZ 21, 18).

9 Antragsberechtigt ist
- jeder Ehegatte/Lebenspartner, wenn die Gütergemeinschaft zu Lebzeiten beider Ehegatten/Partner beendet wird,
- der überlebende Ehegatte/Lebenspartner und jeder Erbe des verstorbenen Ehegatten/Lebenspartners, wenn die Gütergemeinschaft durch Tod oder Todeserklärung beendet wird, ohne dass die Gütergemeinschaft fortgesetzt wird,
- der Insolvenzverwalter, wenn nach Beendigung der Gütergemeinschaft das Insolvenzverfahren über das Vermögen eines Ehegatten/Lebenspartners oder eines Abkömmlings eröffnet wird (§ 860 Abs. 2 ZPO, §§ 37, 318, 321 InsO; BeckOK/*Schlögel* § 373 Rn. 4),
- jeder Pfändungsgläubiger, der nach Beendigung der Gütergemeinschaft ein Pfandrecht an einem Anteil am Gesamtgut hat,
- die Erben und jeder Abkömmling, wenn die fortgesetzte Gütergemeinschaft durch den Tod des Längerlebenden endet,
- der überlebende Ehegatte/Lebenspartner und die anteilsberechtigten Abkömmlinge, soweit sie nicht auf ihren Anteil verzichtet haben (§ 1491 BGB), wenn die fortgesetzte Gütergemeinschaft zu Lebzeiten des überlebenden Ehegatten/Lebenspartners endet und
- die Erben des überlebenden Ehegatten/Lebenspartners und jeder Abkömmling, der anteilsberechtigt wäre und nicht auf seinen Anteil verzichtet hat (§ 1491 BGB), wenn die fortgesetzte Gütergemeinschaft durch Tod oder Todeserklärung des überlebenden Ehegatten/Lebenspartners endet.

10 **F. Zeugnisse nach Abs. 2.** Nach Abs. 2 sind die für den Erbschein geltenden Vorschriften der §§ 352, 352a, 352c bis 353 und 357 im Verfahren zur Erteilung, Einziehung oder Kraftloserklärung von Zeugnissen über die Auseinandersetzung des Gesamtguts einer ehelichen, lebenspartnerschaftlichen oder fortgesetzten Gütergemeinschaft nach den §§ 36, 37 GBO und §§ 42, 74 SchiffRegO entsprechend anzuwenden.

Im Rahmen der Grundbuchordnung wird die örtliche Zuständigkeit durch § 36 GBO geregelt. Wurde ein Zeugnis über die Fortsetzung der Gütergemeinschaft erteilt, so ist auch der Notar, der die Auseinandersetzung vermittelt hat, für die Erteilung des Zeugnisses zuständig, § 36 Abs. 2a GBO. **11**

G. Gebühren. Die Gerichtsgebühren richten sich nach § 118a GNotKG, § 3 Abs. 2 GNotKG i.V.m. Anlage 1, Nr. 23900 – 23903 GNotKG. Das GNotKG ist durch das zweite Gesetz zur Modernisierung des Kostenrechts (2. KostRMoG vom 23.07.2013 – BGBl. I S. 2586) erlassen worden und mit Wirkung zum 01.08.2013 an die Stelle der KostO getreten. **12**

Buch 5. Verfahren in Registersachen, unternehmensrechtliche Verfahren

Vorbem. zu §§ 374–409
Register und unternehmensrechtliche Verfahren

Übersicht

	Rdn.		Rdn.
A. Einführung und Kritik...................	1	C. Übergangsregelung.....................	29
B. Anwendbare Vorschriften des Allgemeinen Teils des FamFG.....................	6		

A. Einführung und Kritik. Die Vorschriften des fünften Buches (§§ 374 bis 409) befassen sich mit den Registersachen, den unternehmensrechtlichen Verfahren sowie den – in der amtlichen Buchüberschrift unerwähnt gebliebenen – Vereinssachen. 1

Im früheren FGG hießen die Verfahren »Handelssachen« und waren im siebten Abschnitt geregelt (§§ 125 bis 158 FGG). Weitere Regelungen fanden sich im achten Abschnitt unter der Überschrift »Vereinsregistersachen. Partnerschaftssachen. Güterrechtsregister« (§§ 159 bis 162 FGG), weitgehend unter Bezugnahme auf die Vorschriften des siebten Abschnitts. Die frühere Regelungssystematik unterstrich die Leitfunktion des Handelsregisters, an dem sich die übrigen Register orientierten. Das fünfte Buch des FamFG vereinigt beide Abschnitte des früheren FGG und folgt damit – in Anlehnung an das Klammerprinzip – einem moderneren Gesetzesaufbau. Lediglich die §§ 400 ff. sowie 403 ff. enthalten noch ergänzende Sondervorschriften für das Vereinsregister bzw. für das Dispacheverfahren. 2

Nicht überwunden ist die zerklüftete Normstruktur des Registerverfahrensrechts. Die Vorschriften des FamFG bilden nur einen groben Rahmen, während wesentliche Detailfragen der Registerführung einerseits durch die Registerverordnungen (HRV, GenRegV, PRV, VRV), andererseits durch zahlreiche weitere Verfahrensvorschriften in den materiellen Gesetzen (z.B. §§ 1558 bis 1563 BGB, 8a, 9, 10, 12, 16 HGB, 11a GenG, 43 Abs. 1 KWG, 20 Abs. 2 UBGG) geregelt werden. Das Registerverfahrensrecht leidet nach wie vor unter einer ausnehmend breiten Zerstreuung, welche unverkennbar in der Entstehungshistorie wurzelt, zunehmend jedoch als ein Mangel an klarer Normstruktur und Übersichtlichkeit zutage tritt. Letzte Stilblüte dieser »Unsystematik« sind die reduplizierenden Wiedergaben des § 1558 Abs. 1 BGB in § 377 Abs. 3 FamFG und des § 9 Abs. 5 HGB in § 386 FamFG, verbunden mit der entlarvenden Begründung des RegE, »aus systematischen Gründen [werde] die Regelung im FamFG wiederholt« (BT-Drucks. 16/6308 S. 285). Tatsächlich trug die Übernahme der früheren FGG-Vorschriften in das FamFG dazu bei, den bedauernswerten Zustand zu zementieren. Stattdessen erstrebenswert wäre ein gesondertes, in sich geschlossenes Regelwerk über die Registerführung – vielleicht, wie *Krafka* (FGPrax 2007, 51) vorschlägt, nach dem Vorbild des österreichischen Firmenbuchgesetzes. Eine Vision dieser Größe stand jedoch nicht im Fokus des mit dem FamFG verfolgten Reformvorhabens. 3

In der Gesamtschau hat das FamFG dem Registerrecht keinen Gefallen getan. In der Zielrichtung bestand bei den Planungen Einigkeit, dass für das Registerverfahren »alles beim Alten« bleiben sollte; die FGG-Reform sollte sich auf das Registerverfahren gar nicht auswirken (*Krafka* FGPrax 2007, 51). In Anbetracht dieses Grundanliegens dürfte man erwarten, dass die Vorschriften des Allgemeinen Teils des FamFG die vormals vorhandenen Regelungen des FGG in einer Weise aufgreifen, verfeinern und optimieren, dass sie für möglichst alle Verfahren des besonderen Teils ein brauchbares Grundgerüst bieten. Bei näherem Hinsehen ist das jedoch nicht der Fall. Eine ganze Reihe der vermeintlich »allgemeinen« Verfahrensvorschriften führte zu erheblichen Friktionen, wendete man sie im Registerverfahren unbesehen an. Der Rechtsanwender sieht sich dadurch vor die neue Aufgabe gestellt, aus den §§ 1 bis 110 FamFG dasjenige herauszufiltern, was sich für die Registerführung als brauchbar oder jedenfalls hinnehmbar erweist. Dabei muss man bedauerlicherweise feststellen, dass nur ein spärlich kleiner Teil der vermeintlich »allgemeinen« Vorschriften des ersten Buches einen sinnigen Bezug zum Registerverfahren aufweist und unbesehen zur Anwendung empfohlen werden kann (s. Rdn. 6 ff.). Bereits dieser Befund lässt die Zusammenführung des Registerverfahrens mit den familienrechtlichen Verfahren in eine einheitliche Verfahrensordnung als eher gekünstelt denn nahelie- 4

Vorbem. zu §§ 374–409 Buch 5. Register u. unternehmensrechtl. Verfahren

gend erscheinen. Vielmehr bestätigt sich, dass die Rechtsmaterien Adoption, Unterhalt, Gewaltschutz und Freiheitsentziehung, aus deren Blickwinkel die allgemeinen Verfahrensvorschriften des FamFG vornehmlich kreiert wurden, eben doch anderen Schlags sind als die Führung z.B. eines Handelsregisters. Der Gesetzgeber täte gut daran, diese tief greifend strukturellen Unterschiede durch die Implementierung einer eigenständigen, auf die Registerführung zugeschnittenen Verfahrensordnung anzuerkennen.

5 Ein weiteres Leid sind die zu oft missratenen Bemühungen des Gesetzgebers, den tradierten Vorschriften des FGG durch kosmetisches Aufpeppen, vermeintliche Klarstellung, »systematische Anpassung« usw. ein scheinbar modernes Antlitz zu geben. Zahllose handwerkliche Ungenauigkeiten, die dabei unterliefen (vgl. nur § 377 Rdn. 6, 50 ff., § 379 Rdn. 18, § 380 Rdn. 12, 18, 31 f., § 382 Rdn. 6, 32 f., § 384 Rdn. 1, § 386 Rdn. 5, § 387 Rdn. 12 ff., Anh. § 387 Rdn. 24, vor § 388 Rdn. 1, § 390 Rdn. 39, § 391 Rdn. 4, 21 ff., § 392 Rdn. 52, 61, § 394 Rdn. 42, § 395 Rdn. 52, 54, 146, § 399 Rdn. 2, § 409 Rdn. 5) lassen die Gesetzesnovelle aus registerrechtlicher Sicht als insgesamt nicht sehr erfreulich erscheinen.

6 **B. Anwendbare Vorschriften des Allgemeinen Teils des FamFG.** Von den zahlreichen Vorschriften des Allgemeinen Teils (Buch 1) des FamFG sind – anders als man es erhoffen dürfte – die allermeisten nicht oder nicht unbesehen im Registerverfahren anwendbar (s. ausführlich *Nedden-Boeger* FGPrax 2010, 1 ff.). Im Einzelnen gilt Folgendes:

7 **§ 2 Abs. 1** wird durch § 377 Abs. 4 für nicht anwendbar erklärt, wobei die Nichtanwendbarkeitsbestimmung ihrerseits in bestimmten Sonderkonstellationen unsinnig ist (vgl. § 377 Rdn. 50 ff.).

8 **§§ 3 bis 5** sind in Registerverfahren nicht anzuwenden (s. § 377 Rdn. 21).

9 Der Beteiligtenbegriff des **§ 7 Abs. 2 Nr. 1** – ein Kernelement der FGG-Reform, um das intensiv gerungen wurde – ist in registerrechtlichen Eintragungsverfahren nur beschränkt anzuwenden (vgl. vor § 378 Rdn. 60). Die Löschung eines Vorstands/Geschäftsführers etwa vollzieht sich ohne seine Hinzuziehung zum Verfahren, obgleich seine Rechtsstellung dadurch unmittelbar betroffen wird. Auch bei den unternehmensrechtlichen Verfahren ist § 7 Abs. 2 Nr. 1 nicht schematisch anzuwenden, sondern verantwortungsvoll auszufüllen (s. § 375 Rdn. 17).

10 **§ 8** ist nicht unbesehen anzuwenden. Im Verfahren auf Bestellung eines Nachtragsliquidators bspw. ist auch die vermögenslose Gesellschaft beteiligtenfähig, obwohl sie – nach bereits eingetretener Vollbeendigung – keine der in § 8 genannten Voraussetzungen mehr erfüllt. In anderen unternehmensrechtlichen Verfahren ergeben sich Konstellationen, in denen widerstreitende Interessen verschiedener Organe desselben Rechtsträgers gegeneinander abzuwägen sind (z.B. Vorstand./. Aufsichtsrat), welchen man richtigerweise eine eigene Beteiligtenstellung zubilligen muss, obgleich sie keine der in § 8 genannten Voraussetzungen der Beteiligtenfähigkeit erfüllen (vgl. § 375 Rdn. 17).

11 Bei der Anwendung des **§ 9** ist zu beachten, dass der minderjährige Kaufmann (§ 112 BGB) in Bezug auf Handelsregisteranmeldungen als geschäftsfähig gilt. Ebenso sind minderjährige Vereinsvorstände selbstständig anmeldeberechtigt und auch sonst verfahrensfähig.

12 **§ 10 Abs. 2** ist für Registeranmeldungen nicht anzuwenden (§ 378 Abs. 1).

13 **§ 11 Satz 1** ist für Registeranmeldungen nicht anzuwenden; die Anmeldevollmacht bedarf vielmehr der öffentlich beglaubigten Form oder der Notarbescheinigung nach § 21 Abs. 3 BNotO (vor § 378 Rdn. 32).

14 **§ 12** ist im Registerverfahren bedeutungslos.

15 **§ 13** ist auf die Registereinsicht nicht anzuwenden (§ 385 Rdn. 3 ff.).

16 **§ 14** steht in einem Spannungsverhältnis zu § 8 Abs. 3 HRV (s. Anh. § 387 Rdn. 4). § 14 Abs. 2 wird zudem durch § 12 HGB dahin verschärft, dass elektronische Einreichung zwingend erforderlich ist (vgl. dazu OLG Düsseldorf FGPrax 2012, 173).

17 **§ 17** ist auf fristgebundene Handelsregisteranmeldungen nicht anzuwenden (s. vor § 378 Rdn. 57).

18 **§ 20** ist in Registersachen nicht anzuwenden, da die Registerakten für jede Registernummer getrennt zu führen sind (§§ 8 Abs. 1 Satz 1 HRV, 7 Abs. 1 Satz 1 VRV).

19 **§ 21** wird für Registersachen modifiziert und erweitert durch § 381.

20 **§ 23 Abs. 1** ist auf Registeranmeldungen nicht anzuwenden. Die Vorgaben aus Satz 1, 2 der Vorschrift, wonach der Antrag begründet und die zur Begründung dienenden Tatsachen und Beweismittel angegeben werden sollen, haben keinen Bezug zum Registeranmeldungsverfahren. Erforderlich und ausreichend ist vielmehr die vollzugsfähige und plausible vorgetragene Beschreibung der zur Eintragung angemeldeten registerfähigen Tatsache unter Einreichung der gesetzlich vorgeschriebenen Dokumente als Anlagen (*Krafka* NZG 2009, 650). An die Stelle des § 23 Abs. 1 Satz 5, wonach der Antrag »unterschrieben« werden soll, tritt in Registersachen die öffentlich beglaubigte Form (§§ 12 Abs. 1 HGB, 157 GenG, 77, 1560 Satz 2 BGB); für

Einreichungen zum Handels-, Genossenschafts- und Partnerschaftsregister ist sogar die elektronische Form vorgeschrieben (§ 12 Abs. 1 HGB).

Aus den vorgenannten Gründen ist auch § 25 auf Registeranmeldungen nicht anzuwenden. 21

§ 35 kann nicht angewendet werden, um die Einreichung von Registeranmeldungen oder Dokumenten zu 22 erzwingen oder den Kaufmann zu den Pflichtangaben auf seinen Geschäftsbriefen anzuhalten; an dessen Stelle treten die Spezialvorschriften der §§ 388 ff. Hinsichtlich der sich daraus ergebenden Wertungswidersprüche s. *Nedden-Boeger* FGPrax 2009, 144, 147.

§ 36 hat im Registereintragungsverfahren keine Bedeutung, da die Beteiligten über den Verfahrensgegen- 23 stand (= die Registereintragung) nicht nach Belieben verfügen können. Das Registergericht hat im öffentlichen Interesse darauf zu achten, dass nur sachlich zutreffende Eintragungen erfolgen. Im Dispachebestätigungsverfahren wird § 36 durch § 406 Abs. 2 überlagert: Über die im Termin erzielte Einigung wird kein vollstreckbares Vergleichsprotokoll gefertigt, sondern es ergeht ein Bestätigungsbeschluss über die einvernehmlich berichtigte Dispache.

§ 37 Abs. 2 wird in der Registerpraxis dadurch ausgehöhlt, dass nicht einmal die Hinzuziehung der durch 24 die Eintragung Betroffenen praktisch stattfindet (vgl. Rdn. 9 sowie vor § 378 Rdn. 60).

§§ 38 bis 48 sind auf stattgebende Entscheidungen im Registereintragungsverfahren nicht anwendbar, viel- 25 mehr vollzieht sich die Entscheidung durch schlichte Eintragung in das Register (§§ 38 Abs. 1 Satz 2, 382 Abs. 1).

Die §§ 49 bis 57 (einstweilige Anordnung) sind in Registersachen bedeutungslos (vgl. aber § 392 Rdn. 76). 26 Zur Zulässigkeit einstweiliger Anordnungen im unternehmensrechtlichen Verfahren s. § 375 Rdn. 12.

Gegen eine erfolgte Registereintragung sind Beschwerde und Rechtsbeschwerde (**§§ 58 bis 75**) nicht gege- 27 ben (§ 383 Abs. 3), und zwar auch dann nicht, wenn etwas Anderes eingetragen wurde als beantragt war (§ 383 Rdn. 29 ff., § 395 Rdn. 2, 40).

Gegen die Zurückweisung eines Eintragungsantrags sowie gegen solche Entscheidungen des Registergerichts, 28 die nicht unmittelbar in eine Eintragung münden, ist die Beschwerde statthaft, allerdings sind § 59 Abs. 2 (s. § 382 Rdn. 37) und § 65 Abs. 4 (s. § 377 Rdn. 22) nicht oder nur eingeschränkt anwendbar. Teleologisch zu reduzieren ist die Vorgabe des § 68 Abs. 3 Satz 2, wonach im Beschwerdeverfahren zwingend eine mündliche Verhandlung stattfinden habe, sofern das Ausgangsgericht – wie in Registersachen regelmäßig – keine solche durchgeführt hat (s. *Nedden-Boeger* FGPrax 2010, 1, 6 f.).

C. Übergangsregelung. Das FamFG trat – mit Ausnahme des § 376 Abs. 2 (vgl. § 376 Rdn. 15) – am 29 01.09.2009 in Kraft. Gem. Art. 111 Abs. 1 Satz 1 FGG-RG ist auf Registerverfahren und unternehmensrechtliche Verfahren, die zu dem Zeitpunkt bereits **eingeleitet** waren oder deren Einleitung bis zum Inkrafttreten des Gesetzes **beantragt wurde**, weiterhin das FGG anzuwenden.

Anknüpfungspunkt für das Registereintragungsverfahren ist somit der **Eingang der Registeranmeldung** 30 bei Gericht. Bei unternehmensrechtlichen Verfahren, die als Antragsverfahren ausgestaltet sind, ist Anknüpfungspunkt der **Eingang der Antragsschrift**. Auch in der Beschwerdeinstanz ist nur hierauf abzustellen und nicht etwa darauf, wann die Beschwerdeinstanz begonnen hat (OLG Nürnberg Rpfleger 2010, 374).

Bei den von Amts wegen zu betreibenden Verfahren (Zwangsgeld-, Löschungs- und Auflösungsverfahren) 31 ist darauf abzustellen, ob diese zum Stichtag bereits »eingeleitet« waren. Allerdings kann im Einzelnen fraglich sein, welcher Anknüpfungspunkt als »Einleitung des Verfahrens« maßgeblich ist, da die Schwelle zwischen bloßen Vorermittlungen und förmlicher Verfahrenseinleitung nicht immer klar abzugrenzen ist. So hält bspw. das OLG Hamm (FGPrax 2009, 283) den Moment für maßgeblich, wo das Gericht Anlass hat, in eine sachliche Überprüfung einzutreten. Noch weiter zurück verlegt das OLG Stuttgart (FGPrax 2010, 61) die Anknüpfung: Danach werde das Amtslöschungsverfahren bereits mit der unzulässigen Eintragung selbst eingeleitet, weil von da an die Amtspflicht zur Löschung bestünde. Letzterem ist aber gleich aus mehreren Gründen nicht zuzustimmen: Zum einen deshalb, weil die einschlägigen Gesetzesvorschriften (§§ 142 FGG, 395 FamFG) anstelle der vermeintlichen »Amtspflicht« zur Löschung grds. ein gerichtliches Ermessen vorsehen, zum anderen deshalb, weil eine unterstellte materielle Löschungspflicht für sich genommen noch nicht das hierfür *vorgesehene Verfahren einleitet*, worauf es nach Art. 111 Abs. 1 Satz 1 FGG-RG jedoch maßgeblich ankommt. Eine gleichermaßen pragmatische wie eindeutige Lösung könnte darin liegen, den nach außen erkennbaren formellen Beginn des Verfahrens, nämlich die Zwangsgeldandrohung/Löschungsankündigung/Satzungsänderungsaufforderung als maßgebliche »Einleitung« des Verfahrens i.S.d. Art. 111 Abs. 1 Satz 1 FGG-RG anzunehmen.

Vorbem. zu §§ 374–409 Buch 5. Register u. unternehmensrechtl. Verfahren

32 Richtete sich das Ausgangsverfahren nach dem FGG, gilt dies auch für auch für das Beschwerdeverfahren, selbst wenn das Rechtsmittel erst nach dem 01.09.2009 eingelegt wurde (vgl. Art. 111 FGG-RG Rdn. 24; BGH ZIP 2010, 446; OLG Köln FGPrax 2009, 241; FGPrax 2010, 56; OLG Düsseldorf FGPrax 2009, 284; Keidel/*Engelhardt* Art. 111 FGGRG Rn. 2 sowie jetzt auch Prütting/Helms/*Prütting* Art. 111 FGG-RG Rn. 6).

Abschnitt 1. Begriffsbestimmung

§ 374 Registersachen. Registersachen sind
1. Handelsregistersachen,
2. Genossenschaftsregistersachen,
3. Partnerschaftsregistersachen,
4. Vereinsregistersachen,
5. Güterrechtsregistersachen.

Die Vorschrift enthält eine abschließende Aufzählung der einzelnen Registersachen, auf die sich die im Buch 5 enthaltenen Verfahrensvorschriften beziehen. 1

Sie stellt klar, dass die Regelungen der §§ 376 bis 401 nicht auf die sonstigen bei Gericht geführten Register und Verzeichnisse anzuwenden sind, wie etwa die Schiffs- und das Schiffsbauregister (§§ 1, 3, 65 SchRegO), das Luftfahrtregister (§ 78 LuftFzgG), das Grundbuch (§ 1 GBO), die Schuldnerverzeichnisse (§§ 882b ZPO, 26 Abs. 2 InsO) und die nach der AktO zu führenden gerichtsinternen Register, Bücher, Verzeichnisse und Kalender. 2

Eine Ausnahme stellt das Zwangsgeldverfahren dar (§§ 388 ff.), welches in Schiffsregistersachen durch § 19 Abs. 2 SchRegO für anwendbar erklärt wird. 3

Zu den **Einzelheiten des Registereintragungsverfahrens** vgl. die Darstellung vor § 378 Rdn. 1 ff. 4

§ 375 Unternehmensrechtliche Verfahren. Unternehmensrechtliche Verfahren sind die nach
1. § 146 Abs. 2, den §§ 147, 157 Abs. 2, § 166 Abs. 3, § 233 Abs. 3 und § 318 Abs. 3 bis 5 des Handelsgesetzbuchs,
2. § 11 des Binnenschifffahrtsgesetzes, nach den Vorschriften dieses Gesetzes, die die Dispache betreffen, sowie nach § 595 Absatz 2 des Handelsgesetzbuchs, auch in Verbindung mit § 78 des Binnenschifffahrtsgesetzes,
3. § 33 Abs. 3, den §§ 35 und 73 Abs. 1, den §§ 85 und 103 Abs. 3, den §§ 104 und 122 Abs. 3, § 147 Abs. 2, § 183a Absatz 3, § 264 Absatz 2, § 265 Abs. 3 und 4, § 270 Abs. 3, § 273 Abs. 2 bis 4 sowie § 290 Absatz 3 des Aktiengesetzes,
4. Artikel 55 Abs. 3 der Verordnung (EG) Nr. 2157/2001 des Rates vom 8. Oktober 2001 über das Statut der Europäischen Gesellschaft (SE) (ABl. EG Nr. L 294 S. 1) sowie § 29 Abs. 3, § 30 Abs. 1, 2 und 4, § 45 des SE-Ausführungsgesetzes,
5. § 26 Abs. 1 und 4 sowie § 206 Satz 2 und 3 des Umwandlungsgesetzes,
6. § 66 Abs. 2, 3 und 5, § 71 Abs. 3 sowie § 74 Abs. 2 und 3 des Gesetzes betreffend die Gesellschaften mit beschränkter Haftung,
7. § 45 Abs. 3, den §§ 64b, 83 Abs. 3, 4 und 5 sowie § 93 des Genossenschaftsgesetzes,
8. Artikel 54 Abs. 2 der Verordnung (EG) Nr. 1435/2003 des Rates vom 22. Juli 2003 über das Statut der Europäischen Genossenschaft (SCE) (ABl. EU Nr. L 207 S. 1),
9. § 2 Abs. 3 und § 12 Abs. 3 des Publizitätsgesetzes,
10. § 11 Abs. 3 des Gesetzes über die Mitbestimmung der Arbeitnehmer in den Aufsichtsräten und Vorständen der Unternehmen des Bergbaus und der Eisen und Stahl erzeugenden Industrie,
11. § 2c Abs. 2 Satz 2 bis 7, den §§ 22o, 36 Absatz 3 Satz 2, § 28 Absatz 2, § 38 Abs. 2 Satz 2, § 45a Abs. 2 Satz 1, 3, 4 und 6 des Kreditwesengesetzes,
11a. § 2a Absatz 4 Satz 2 und 3 des Investmentgesetzes,
12. (entfallen)
13. § 19 Absatz 2 Satz 1 bis 6 und § 204 Absatz 2 des Versicherungsaufsichtsgesetzes und § 28 Absatz 2 Satz 1 bis 5 des Finanzkonglomerate-Aufsichtsgesetzes,
14. § 6 Abs. 4 Satz 4 bis 7 des Börsengesetzes,
15. § 10 des Partnerschaftsgesellschaftsgesetzes in Verbindung mit § 146 Abs. 2 und den §§ 147 und 157 Abs. 2 des Handelsgesetzbuchs,
16. § 9 Absatz 2 und 3 Satz 2 und § 18 Absatz 2 Satz 2 und 3 des Schuldverschreibungsgesetzes

vom Gericht zu erledigenden Angelegenheiten.

§ 375

Übersicht

	Rdn.		Rdn.
A. Allgemeines	1	III. Einzelne Verfahrensvorschriften	15
B. Wesen und Gegenstand der unternehmens-		IV. Beteiligtenbegriff	17
rechtlichen Verfahren	7	D. Einzelne unternehmensrechtliche Verfahren	21
C. Verfahrensgrundsätze des unternehmens-		E. Kosten	83
rechtlichen Verfahrens	10	I. Kostengrundentscheidung	83
I. Abweichungen vom Registerverfahren	10	II. Gerichtsgebühren	85
II. Funktionelle Zuständigkeit	13		

1 **A. Allgemeines.** Die Vorschrift definiert, welche Geschäfte der Begriff »unternehmensrechtliche Verfahren« umfasst.

2 Das sind zunächst diejenigen Geschäfte, die früher als »Handels-« und »Partnerschaftssachen« bezeichnet wurden und den AG durch die §§ 145 Abs. 1, 149, 160b Abs. 2 FGG als Angelegenheiten der freiwilligen Gerichtsbarkeit zugewiesen waren. Zusätzlich schließt sie diejenigen Geschäfte ein, die vormals in der Zuständigkeit der Registerabteilung lagen, jedoch wie Handelssachen behandelt wurden (§ 148 Abs. 1 FGG). Bezüglich ihrer hat die Vorschrift eine Zuständigkeitsänderung bewirkt, nämlich die Aufgabe der früheren Zuständigkeit der Registergerichte unter Begründung der Zuständigkeit der Abteilungen für allgemeine Angelegenheiten der freiwilligen Gerichtsbarkeit.

3 Neu aufgeführt sind einige Verfahren nach dem GenG, KWG, InvG (jetzt: KAGB), VAG, SEAG, BörsG und SchVG.

4 Bedauerlicherweise nicht aufgenommen wurden die vereinsrechtlichen Verfahren auf Bestellung eines Notvorstands oder -liquidators (§§ 29, 48 Abs. 1 BGB), auf Einberufung der Mitgliederversammlung (§ 37 Abs. 2 BGB) usw., obgleich sie denselben Verfahrensgrundsätzen folgen (Keidel/*Heinemann* § 375 Rn. 100; BeckOK FamFG/*Munzig* § 375 Rn. 2; a.A. MüKoFamFG/*Krafka* § 375 Rn. 5; Bork/Jacoby/Schwab/*Müther* vor § 374 Rn. 1.2).

5 Der Begriff »unternehmensrechtliche Verfahren« ist übrigens nur mäßig geschickt gewählt. Auf das Verklarungsverfahren (Nr. 2) bspw., in welchem nach einem Schiffsunfall Beweise für deliktische Schadensersatzansprüche gesichert werden, passt er nicht annähernd.

6 Die Vorschrift wurde bereits mehrfach geändert, teils noch vor ihrem erstmaligen Inkrafttreten, mit auffälligen Folgen sprachlicher Inkonsistenz: So wurde in der Ursprungsfassung die Abkürzung »Abs.« verwendet, während sich in den Nrn. 2, 3, 11, 12, 11a, 13 und 16 nunmehr auch das ausgeschriebene Wort »Absatz« findet, eingefügt durch verschiedene Gesetzesänderungen. Die unter Nr. 11 in Bezug genommenen Paragrafen sind inzwischen sogar falsch sortiert.

7 **B. Wesen und Gegenstand der unternehmensrechtlichen Verfahren.** Unternehmensrechtliche Verfahren sind **keine Registersachen**. Sie werden nicht beim Registergericht geführt, sondern beim AG als erstinstanzlichem Gericht der freiwilligen Gerichtsbarkeit für unternehmensrechtliche Verfahren (BayObLG NJW-RR 1990, 52, 53; OLG Frankfurt GmbHR 1993, 230; OLG Hamm DNotZ 2008, 227; übersehen bei OLG Bamberg NZG 2014, 497). Zuständig ist zwar meist dasselbe, für den Sitz des Unternehmens zuständige Gericht (§ 377 Abs. 1, vgl. aber § 377 Rdn. 26 f.); innerhalb der Geschäftsverteilung des Gerichts gehört das Verfahren aber zu den allgemeinen Angelegenheiten der freiwilligen Gerichtsbarkeit. Der Registerrichter/-rechtspfleger hat die unternehmensrechtlichen Verfahren daher nur dann zu bearbeiten, wenn sie ihm durch die Geschäftsverteilung des Gerichts ausdrücklich gesondert zugewiesen sind. Etwaige innergerichtliche Kompetenzkonflikte sind nach § 17a Abs. 6 GVG zu behandeln.

8 Die Aufzählung des § 375 ist **nicht abschließend**. Als unternehmensrechtliche Verfahren einzustufen sind auch einige weitere Angelegenheiten, die von der Rechtsprechung übergesetzlich entwickelt wurden, wie etwa die Bestellung und Abberufung eines »Notgeschäftsführers« (vgl. OLG Frankfurt FGPrax 2006, 81; OLG München FGPrax 2007, 281) oder »Notliquidators« (vgl. OLG Köln FGPrax 2007, 281; OLG München GmbHR 2005, 1431) für die GmbH/UG/Genossenschaft oder die Berufung eines treuhänderischen »Notgesellschafters« für die sog. »Keinmann-GmbH« (vgl. Scholz/*Westermann* § 33 Rn. 44), welche jeweils analog § 29 BGB erfolgen.

9 Nicht als »unternehmensrechtliche Verfahren« i.S.d. §§ 375, 402 gelten die aktien- und umwandlungsrechtlichen Verfahren, die dem **LG** erstinstanzlich gem. §§ 98, 132, 142, 145 Abs. 4, 258, 260, 293c, 315 AktG, *51b GmbHG, 26 SEAG, 10 UmwG, 39a WpÜG, 1 ff. SpruchG* usw. zugewiesen sind und ebenfalls den Ver-

Abschnitt 1. Begriffsbestimmung § 375

fahrensregeln des FamFG unterliegen (§§ 99 Abs. 1, 132 Abs. 3, 142 Abs. 8, 145 Abs. 5, 260 Abs. 3, 315 Satz 5 AktG, 26 Abs. 4 SEAG, 10 Abs. 3 UmwG, 39b Abs. 1 WpÜG, 11 Abs. 1 SpruchG).

C. Verfahrensgrundsätze des unternehmensrechtlichen Verfahrens. I. Abweichungen vom Registerverfahren. Das unternehmensrechtliche Verfahren ist **kein Unterfall des Registerverfahrens**; die §§ 378 bis 401 gelten daher nicht. Das »**Antragsrecht**« der Notare (§ 378 Abs. 2) und die erweiterte Vertretungsbefugnis nach § 378 Abs. 1 gelten daher nicht, stattdessen ist nur § 11 anzuwenden. Die Vorschriften über die Beteiligung und das Antragsrecht der **berufsständischen Organe** (§ 380) gelten nicht (BayObLG NJW-RR 1990, 52, 53); diese können aber i.R.d. allgemeinen Amtsermittlung (§ 26) angehört werden. Ein eigenes Antragsrecht haben die berufsständischen Organe nur dann, wenn sie (z.B. als Beitragsgläubiger) eigene subjektive Rechte geltend machen. Die Möglichkeit der **Aussetzung** wegen eines noch nicht anhängigen Verfahrens (§ 381) ist nicht gegeben (BayObLG NJW-RR 1990, 52, 53), es gilt ausschließlich § 21. 10

Anders als in Registersachen (vor § 378 Rdn. 98 ff.) besteht in unternehmensrechtlichen Verfahren, die als echte Streitsachen der freiwilligen Gerichtsbarkeit ausgestaltet sind, eine **Bindungswirkung** nicht nur ggü. vorgreiflichen Gestaltungsurteilen, sondern auch ggü. Leistungs- und Feststellungsurteilen, sofern die Parteien des vorangegangenen Zivilprozesses mit den Beteiligten des unternehmensrechtlichen Verfahrens identisch sind oder ein Rechtsnachfolgeverhältnis besteht (BayObLG NJW-RR 1988, 547). 11

Einstweilige Anordnungen nach den §§ 49 ff. sind – anders als in Registersachen – zulässig (*Nedden-Boeger* FGPrax 2010, 1, 5; Keidel/*Heinemann* § 375 Rn. 10, 14; MüKoFamFG/*Krafka* § 375 Rn. 2). Bspw. können im Verfahren auf Abberufung von Liquidatoren oder Abwicklern aus wichtigem Grund (§§ 147 HGB, 265 Abs. 3 AktG) als einstweilige Maßnahme vorläufige Vertretungsbeschränkungen angeordnet werden, wie etwa Gesamt- statt Einzelvertretung. Diejenigen Gründe, aus denen die Rechtsprechung vorläufige Maßnahmen dieser Art in der Vergangenheit abgelehnt hat, nämlich dass das Verfahren der freiwilligen Gerichtsbarkeit eine einstweilige Verfügung nicht kenne (OLG Frankfurt NJW-RR 1989, 98), wurden durch die Einführung der §§ 49 bis 57 gesetzgeberisch beseitigt. 12

II. Funktionelle Zuständigkeit. Der Rechtspfleger entscheidet gem. § 3 Nr. 2 Buchst. d) RPflG in den Verfahren nach den §§ 146 Abs. 2, 147, 157 Abs. 2, 166 Abs. 3, 233 Abs. 3 HGB, 246 Abs. 2, 273 Abs. 4, 290 Abs. 3 AktG, 66 Abs. 2, 3, 5, 74 Abs. 2, 3 GmbHG, 11 BinSchG; für alle anderen unternehmensrechtlichen Verfahren besteht Richtervorbehalt gem. § 17 Nr. 2 Buchst. a), b) RPflG. Genossenschaftsrechtliche Verfahren (§ 375 Nr. 7, 8) sind vom Richtervorbehalt generell ausgenommen, sofern es sich nicht um eines der Verfahren nach § 375 Nr. 9 bis 14, 16 handelt. 13

Richtervorbehalt besteht auch für die von der Rechtsprechung entwickelten Fälle der Bestellung von **Notgeschäftsführern** oder **Notliquidatoren** für die GmbH/UG. Denn die von der Rechtsprechung gezogene Analogie zu §§ 29, 48 Abs. 1 Satz 2 Halbs. 2 BGB ist nur eine materiellrechtliche. Verfahrensrechtlich ist ein Fall analog § 375 Nr. 6 gegeben, sodass der Richtervorbehalt des § 17 Nr. 2 Buchst. a) RPflG greift (a.A. Jansen/*Ries* § 145 Rn. 18 zur Rechtslage nach dem FGG). Kein Richtervorbehalt besteht hingegen für die Bestellung eines Notgeschäftsführers oder Notliquidators für die Genossenschaft, denn hier besteht verfahrensrechtlich die Analogie zu § 375 Nr. 7, welcher vom Richtervorbehalt des § 17 Nr. 2 Buchst. a) RPflG ausgenommen ist. 14

III. Einzelne Verfahrensvorschriften. Das FamFG enthält keine besonderen Verfahrensvorschriften für das unternehmensrechtliche Verfahren, sieht man von einer vereinzelten Norm über die Statthaftigkeit der Beschwerde (§ 402) sowie von dem ausführlich geregelten Sonderfall des Dispacheverfahrens (§§ 403 ff.) einmal ab. 15

Das unternehmensrechtliche Verfahren ist – bis auf wenige Ausnahmen (vgl. Rdn. 64) – ein **Antragsverfahren**. Gegen die Entscheidung findet die Beschwerde statt (§ 402 Abs. 1), sofern nicht die materiellen Gesetze etwas Anderes regeln. Ist dem Gericht ein Ermessen eingeräumt, beschränkt sich das Beschwerdeverfahren nicht auf die Nachprüfung der Ermessensentscheidung des Ausgangsgerichts, sondern das Beschwerdegericht hat eine eigene Ermessensentscheidung zu treffen (s. § 69 Abs. 1 Satz 1; BayObLG NJW-RR 1990, 52, 53). 16

IV. Beteiligtenbegriff. Weitgehend ungeklärt ist der Beteiligtenbegriff des FamFG in Bezug auf die unternehmensrechtlichen Verfahren. Abweichend von der Grundkonzeption der §§ 7, 8 begegnet man hier Konstellationen, in denen verschiedene Organe desselben Rechtsträgers (z.B. Vorstand, Aufsichtsrat) oder sogar nur Teilgruppierungen dieser Organe unterschiedliche Interessen vertreten und gegenläufige Standpunkte einnehmen, welche gegeneinander abzuwägen sind. Schon früher entsprach es allgemeiner Rechtsüberzeu- 17 gung und ist z.T. sogar gesetzlich verankert (z.B. § 2 Abs. 3 Satz 2 PublG), dass in einzelnen Verfahren die verschiedenen Organe einer Gesellschaft gesondert anzuhören sind, um den Sachverhalt und die bestehenden Interessenlagen nach allen Seiten aufzuklären (s. Rdn. 35, 40, 47, 58, 64). Man wird in diesen Fällen die Gesellschaftsorgane als eigenständig Beteiligte auffassen müssen, die gem. § 7 Abs. 2 Nr. 1 hinzugezogen werden und mit eigenen Antrags- und Beschwerdebefugnissen ausgestattet sind, welche sie widerstreitend zu anderen Gesellschaftsorganen eigenständig ausüben können. Das Leitbild des § 8, welches die Beteiligtenfähigkeit an einen einheitlichen Rechtsträger mit einheitlicher Willensbildung knüpft, passt hier nicht. Schlüsselpunkt der Fragestellung, wann ein Rechtsträger nicht als einheitliches Verfahrenssubjekt, sondern mit seinen verschiedenen Organen in gesonderter Beteiligtenstellung erfasst werden muss, ist der Begriff der »unmittelbaren Betroffenheit in eigenen Rechten« (§ 7 Abs. 2 Nr. 1). Das setzt nach dem Verständnis des RegE eine »direkte Auswirkung auf eigene materielle, nach öffentlichem oder privatem Recht geschützte Positionen« voraus (BT-Drucks. 16/6308 S. 178).

18 Auf anderer Ebene kann sich das Problem der ggf. massenhaft zu beteiligenden Gesellschafter stellen. Bspw. steht jedem einzelnen Aktionär das Antragsrecht auf gerichtliche Ergänzung eines nicht beschlussfähigen Aufsichtsrats zu (§ 104 Abs. 1 Satz 1 AktG). Aus diesem potenziellen Antragsrecht wird gefolgert, dass der einzelne Aktionär durch die gerichtliche Bestellung einer von ihm nicht vorgeschlagenen Person zum Aufsichtsratsmitglied in seinen Rechten beeinträchtigt sein kann (OLG Schleswig FGPrax 2004, 244, 245). Dem entsprechend hat das OLG Dresden (NJW-RR 1998, 830) bereits unter der Herrschaft des FGG einen jeden Aktionär als am Verfahren beteiligten bezeichnet. Der Beteiligtenstatus gewährt aber nicht nur das schon früher anerkannte Beschwerderecht gegen bereits getroffene Entscheidungen (vgl. zuletzt LG Hannover ZIP 2009, 761), sondern nötigt im Verfahren nach dem FamFG dazu, den Aktionär bereits im Ausgangsverfahren als »Muss«-Beteiligten i.S.d. § 7 Abs. 2 Nr. 1 hinzuzuziehen. Freilich besteht hier die Besorgnis, dass das Verfahren aus rein logistischen Gründen erheblich an Effektivität einbüßt, bei großen Publikumsgesellschaften gar zu erliegen droht. Dieselbe Problematik stellt sich übrigens im Fall der Bestellung eines Notvorstands (§ 85 Abs. 1 Satz 1 AktG) oder eines Abschlussprüfers (§ 318 Abs. 4 Satz 1, 2 HGB), wo dem einzelnen Gesellschafter/Aktionär ebenfalls Antragsrechte zustehen.

19 In den hier aufgezeigten Grenzbereichen wird erkennbar, dass bei der Feinsteuerung des Beteiligtenbegriffs zwei gleichrangige Verfassungsprinzipien aufeinandertreffen können, nämlich einerseits das Anliegen der möglichst umfassenden Gewährung rechtlichen Gehörs, andererseits der Justizgewährungsanspruch des Antragstellers auf Bereitstellung eines funktionalen und effektiven Verfahrens. Nicht in einer schematischen Kasuistik über den Begriff der »unmittelbaren Betroffenheit«, sondern im Austarieren beider berührter Verfassungsprinzipien liegt der Schlüssel zu einem zielführenden Umgang mit dem Beteiligtenbegriff. Leider muss diese Erkenntnis z.T. ein Appell an den Gesetzgeber bleiben, denn die derzeit starre Gesetzesfassung des § 7 gibt keine Instrumentarien an die Hand, mit denen in den register- und unternehmensrechtlichen Sonderkonstellationen massenhaft Rechtsbetroffener verfahrensrechtlich angemessen und verantwortungsvoll reagiert werden könnte. Eine analoge Anwendung der Regelungen des SpruchG über die Bestellung eines gemeinsamen Vertreters derjenigen antragsberechtigten Aktionäre, die den Antrag nicht gestellt haben (so Drehsen AG 2015, 775, 780 f.), dürfte am Fehlen einer (eindeutigen) gesetzlichen Regelungslücke scheitern.

20 Grds beteiligt sind – neben dem Antragsteller (§ 7 Abs. 1) – je nach Verfahren die einzelnen Vertretungs- und ggf. Aufsichtsorgane des Unternehmens oder das Unternehmen selbst. Bei den Schifffahrtssachen sind die betroffenen Schiffsführer/Kapitäne, Schiffseigner, Ladungs- und Frachtinteressenten usw. beteiligt. Im Dispachebestätigungsverfahren hat der Antragsteller zu bestimmen, wer als Beteiligter hinzugezogen werden soll (§ 405 Abs. 1 Satz 2).

21 **D. Einzelne unternehmensrechtliche Verfahren.** Bei den in § 375 einzeln aufgezählten Verfahren handelt es sich um folgende Angelegenheiten:

Nr. 1 (betreffend Personenhandelsgesellschaften und Abschlussprüfer):

22 – **Bestellung und Abberufung von Liquidatoren** für die OHG und KG (§§ 146 Abs. 2, 147, 161 Abs. 2 HGB). Zu beteiligen ist neben den Gesellschaftern auch der Gläubiger, der die Gesellschaft gem. § 135 HGB gekündigt hat (§ 146 Abs. 2 Satz 2 HGB) – und im Fall seiner beantragten Abberufung der Liquidator selbst. Die Vorfrage, ob die Gesellschaft aufgelöst ist, darf das Gericht nicht entscheiden; ist die Frage streitig, kommt eine Liquidatorenbestellung nicht in Betracht (OLG Hamm DNotZ 2008, 227). Das Gericht ist an Vorschläge über die zu bestellende(n) Person(en) nicht gebunden, es kann die Ernennung aber davon abhängig machen, dass ihm geeignete Personen benannt werden und deren Vergütung sichergestellt wird (vgl. BayObLG DNotZ 1955, 638, 642 zum Nachtragsliquidator der GmbH). Auch ju-

Abschnitt 1. Begriffsbestimmung § 375

ristische Personen können Liquidatoren sein, z.B. die Komplementär-GmbH. Die Eintragung in das Register geschieht von Amts wegen (§ 148 Abs. 2 HGB). Anstelle einer beantragten Abberufung kann das Gericht als milderes Mittel auch die Vertretungsbefugnis einschränken, z.B. statt Einzel- eine Gesamtvertretung anordnen (MüKoFamFG/*Krafka* § 375 Rn. 7 m.w.N.). Die Höhe der Vergütung setzt das Gericht nicht fest, es übt auch keine Weisungs- oder Überwachungsfunktion aus. Bezüglich des Sonderfalls der Bestellung und Abberufung von Nachtragsliquidatoren nach vorangegangener Amtslöschung wegen Vermögenslosigkeit (§ 146 Abs. 2 Satz 3 HGB) vgl. die Kommentierung bei § 394 Rdn. 76 ff.

- **Bestimmung eines Verwahrers** für die Bücher und Papiere der erloschenen OHG und KG (§§ 157 23 Abs. 2, 161 Abs. 2 HGB). Antragsberechtigt ist jeder Gesellschafter; die übrigen Gesellschafter sind zu beteiligen (§ 7 Abs. 2 Nr. 1). Die Übergabe der Bücher und Papiere an den Verwahrer kann das Gericht nicht gem. § 35 erzwingen (BayObLGZ 1967, 240 für die GmbH). Der Verwahrer kann entspr. § 147 HGB auch wieder gerichtlich abberufen werden (Jansen/*Ries* § 145 Rn. 5).
- **Anordnung der Mitteilung** einer Bilanz oder eines Jahresabschlusses oder sonstiger Aufklärungen sowie 24 der Vorlegung der Bücher und Papiere an den Kommanditisten oder stillen Gesellschafter (§§ 166 Abs. 3, 233 Abs. 3 HGB). Die Anordnung kann nach § 95 Abs. 1 Nr. 3 vollstreckt werden (a.A. Keidel/*Heinemann* § 375 Rn. 20; *Krafka/Kühn* Rn. 2400: Durchsetzung nach § 35 FamFG). Auch über streitige Vorfragen hat das Gericht zu entscheiden, namentlich über die Kommanditistenstellung des Antragstellers bzw. seine Stellung als stiller Gesellschafter (a.A. Keidel/*Heinemann* § 375 Rn. 20). Ist ein Rechtsstreit hierüber anhängig, kann gem. § 21 ausgesetzt werden. Nach § 381 kann nicht ausgesetzt werden, da die Vorschrift nur für das Registerverfahren gilt. Nach Eröffnung des Insolvenzverfahrens über das Vermögen der Gesellschaft richtet sich der Anspruch gegen den Insolvenzverwalter (OLG Zweibrücken FGPrax 2006, 278). Nach dem Ausscheiden des Gesellschafters aus der Gesellschaft können Einsichtsrechte nicht mehr im Verfahren nach § 375, sondern nur noch im streitigen Zivilprozess geltend gemacht werden (OLG Hamburg MDR 1961, 325). Scheidet der Gesellschafter während des Verfahrens nach § 375 aus, bleibt das Verfahren jedoch zulässig (OLG Hamm OLGZ 1970, 388).
- **Bestellung eines Abschlussprüfers** (§ 318 Abs. 4 HGB) oder eines anderen als des gewählten Abschlussprüfers (§ 318 Abs. 3 HGB). 25
- **Festsetzung der Auslagen** und der Vergütung des gerichtlich bestellten Abschlussprüfers (§ 318 Abs. 5 26 HGB); eine Rechtsbeschwerde findet in diesen Angelegenheiten nicht statt (§ 318 Abs. 5 Satz 3 HGB).

Nr. 2 (Schifffahrtssachen):
- **Aufnahme einer Verklarung** (§ 11 BinSchG). 27
- **Ernennung von Dispacheuren** im Einzelfall (§ 595 Abs. 2 HGB). 28
- **Dispacheverfahren** nach den §§ 403 ff. FamFG. 29

Eine besondere Beschränkung des Beschwerderechts gegen stattgebende Entscheidungen in diesen Angele- 30 genheiten enthält § 402 Abs. 2.

Nr. 3 (betreffend die AG, die KGaA und den VVaG):
- **Bestellung von Gründungsprüfern**, falls nicht der Notar die Prüfung vornimmt (§ 33 Abs. 3 AktG). 31 Die Vorschrift gilt für die **Bestellung von Sacheinlagenprüfern** bei der Kapitalerhöhung (§ 183 Abs. 3 Satz 2 HGB) oder bei der Aktienausgabe (§ 205 Abs. 5 Satz 1 Halbs. 2 AktG) entsprechend. Gegen den Bestellungsbeschluss ist der einzelne Aktionär nicht beschwerdebefugt (OLG Frankfurt FGPrax 2009, 179). Bei der Kapitalerhöhung mittels Wertpapieren, Geldmarktinstrumenten oder sachverständig bewerteten Vermögensgegenständen ist ein Prüfer unter den Voraussetzungen des § 33a Abs. 2 AktG auf Antrag eines Aktionärquorums von 5 % der Anteile am bisherigen Grundkapital zu bestellen (§ 183a Abs. 3 AktG).
- **Entscheidung über Meinungsverschiedenheiten** zwischen den Gründern und den Gründungsprüfern 32 über den Umfang der Aufklärungen und Nachweise, die von den Gründern zu gewähren sind (§ 35 Abs. 2 AktG); die Entscheidung ist unanfechtbar (§ 35 Abs. 2 Satz 2 AktG).
- **Festsetzung der Auslagen** und der Vergütung der Gründungsprüfer (§ 35 Abs. 3 AktG); eine Rechts- 33 beschwerde findet in diesen Angelegenheiten nicht statt (§ 35 Abs. 3 Satz 3 AktG).
- **Genehmigung der Kraftloserklärung von Aktien** durch die Gesellschaft (§ 73 Abs. 1 AktG). Die betrof- 34 fenen Aktionäre sind auch dann nicht am Verfahren zu beteiligen, wenn sie namentlich bekannt sind (MüKoAktG/*Oechsler* § 73 Rn. 16; Keidel/*Heinemann* § 375 Rn. 43; a.A. MüKoFamFG/*Krafka* § 375 Rn. 40). Die Erteilung der Genehmigung ist unanfechtbar; gegen die Versagung der Genehmigung ist die Beschwerde statthaft (§ 73 Abs. 1 Satz 4 AktG).

§ 375

35 – **Bestellung und Abberufung eines Notvorstands** (§ 85 Abs. 1 AktG), auch für den VVaG (§ 188 Abs. 1 Satz 2 VAG). Antragsberechtigt ist jeder, der ein rechtliches Interesse an der Bestellung hat (BayObLG NJW-RR 1988, 929, 930). Das Einverständnis des Betreffenden mit der Übernahme des Amtes ist einzuholen. Vor der Bestellung sind der Aufsichtsrat und die übrigen Vorstandsmitglieder zu hören (OLG Frankfurt FGPrax 2008, 163). Ist für den identischen Wirkungskreis bereits ein Abwesenheitspfleger bestellt, kann kein Notvorstand bestellt werden (KG FGPrax 2005, 174). Für die Abgabe einer Willenserklärung ggü. der führungslosen Gesellschaft oder für die Bewirkung einer Zustellung an sie bedarf es keines Notvorstands, wenn die Gesellschaft gem. § 78 Abs. 1 Satz 2 AktG durch den Aufsichtsrat vertreten wird. Für den Passivprozess der AG dürfte die Einrichtung einer Prozesspflegschaft (§ 57 ZPO) der Bestellung eines Notvorstands vorgehen, da sie den geringeren Eingriff bedeutet (vgl. Jansen/*Ries* § 160 Rn. 19). Die Bestellung des Notvorstands wird nicht von Amts wegen in das Register eingetragen, sondern auf Anmeldung durch den Vorstand (Jansen/*Ries* § 145 Rn. 20). Das Amt erlischt mit der ordentlichen Bestellung eines neuen Vorstands durch den Aufsichtsrat.

36 – **Festsetzung der Auslagen** und der Vergütung des gerichtlich bestellten Notvorstands (§ 85 Abs. 3 AktG); eine Rechtsbeschwerde findet in diesen Angelegenheiten nicht statt (§ 85 Abs. 3 Satz 3 AktG).

37 – **Abberufung von Aufsichtsratsmitgliedern** und Ersatzmitgliedern aus wichtigem Grund (§ 103 Abs. 3, 5 AktG), auch bei der KGaA (§ 278 Abs. 3 AktG) und dem VVaG (§ 189 Abs. 3 VAG). Antragsberechtigt ist der Aufsichtsrat, bei Kreditinstituten auch die BaFin (§ 36 Abs. 3 Satz 3 KWG). Nach der Rechtsprechung des BayObLG (FGPrax 2003, 137) soll jedoch ein aus nur drei Personen bestehender Aufsichtsrat einen Antrag auf Abberufung eines Mitglieds nach § 103 Abs. 3 AktG nicht wirksam beschließen können, weil das betroffene Mitglied nicht stimmberechtigt ist. In einem solchen Fall müsse der Aufsichtsrat zunächst durch gerichtliche Entscheidung ergänzt und so die Beschlussfähigkeit hergestellt werden. Ferner ist antragsberechtigt ein Quorum von 10 % der Aktienanteile oder dem anteiligen Betrag von 1 Mio. € des Grundkapitals, sofern das abzuberufende Aufsichtsratsmitglied aufgrund der Satzung in den Aufsichtsrat entsandt wurde. Zum Nachweis des ausreichenden Aktienbesitzes der Antragsteller genügt eine Bankbescheinigung oder die Eintragung im Aktienregister; auch Zwischenscheine genügen (Jansen/*Ries* § 145 Rn. 33). Die Gesellschaft selbst und der Vorstand sind nicht zu beteiligen (Keidel/*Heinemann* § 375 Rn. 47; MüKoFamFG/*Krafka* § 375 Rn. 44).

38 – **Ergänzung des Aufsichtsrats** zur Herstellung der Beschlussfähigkeit (§ 104 Abs. 1 AktG – speziellere und vorrangige Norm, OLG Düsseldorf Rpfleger 2010, 329) oder auf die volle Anzahl seiner gesetzlichen oder satzungsmäßigen Mitglieder (§ 104 Abs. 2 AktG – allgemeinere Norm), auch bei der KGaA (§ 278 Abs. 3 AktG) und dem VVaG (§ 189 Abs. 3 VAG). Bei der Bestellung sind die §§ 100 Abs. 2 Satz 1, 105 AktG zu beachten; zur Ermessensausübung s. OLG Schleswig FGPrax 2004, 244 (Wettbewerbssituation) sowie OLG Bamberg NZG 2014, 497 (Abhängigkeitsverhältnis). Das Einverständnis des Betreffenden mit der Übernahme des Amtes ist einzuholen. Die übrigen Antragsberechtigten, die den Antrag nicht gestellt haben, sind zu beteiligen. Das gilt jedenfalls für den Vorstand und den Aufsichtsrat (OLG Dresden NJW-RR 1998, 830), aber wohl auch für die Aktionäre (s. *Nedden-Boeger* FGPrax 2010, 1, 3) sowie im Fall eines Aufsichtsrats, der auch aus Aufsichtsratsmitgliedern der Arbeitnehmer zu bestehen hat, für die in § 104 Abs. 1 Satz 2 AktG weiter genannten Personengruppen. Das Amt erlischt mit der Wahl eines neuen Aufsichtsratsmitglieds durch die Hauptversammlung (BayObLG ZIP 2004, 2190; OLG München FGPrax 2006, 228) bzw. mit der neuen Entsendung. Im Beschwerdeverfahren, welches auch der einzelne Aktionär anstrengen kann (LG Hannover ZIP 2009, 761 m.w.N.), kann das gerichtlich bestellte Aufsichtsratsmitglied wieder abberufen werden; eines wichtigen Grundes bedarf es dafür nicht (OLG Dresden NJW-RR 1998, 830).

39 – **Festsetzung der Auslagen** und der Vergütung des gerichtlich bestellten Aufsichtsrats (§ 104 Abs. 7 AktG); eine Rechtsbeschwerde findet in diesen Angelegenheiten nicht statt (§ 104 Abs. 7 Satz 3 AktG).

40 – **Ermächtigung einer Aktionärsminderheit zur Einberufung der Hauptversammlung** und zur Bekanntmachung von Gegenständen der Beschlussfassung sowie Bestimmung des Vorsitzenden der Versammlung (§ 122 Abs. 3 AktG), auch bei der KGaA (§ 278 Abs. 3 AktG) sowie beim VVaG bezüglich der Versammlung der obersten Vertreter (§ 191 VAG). Zum Nachweis des ausreichenden Aktienbesitzes der Antragsteller genügt eine Bankbescheinigung oder die Eintragung im Aktienregister; auch Zwischenscheine genügen (Jansen/*Ries* § 145 Rn. 33). Das Gericht kann einen besonderen Versammlungsleiter auch für einzelne Tagesordnungspunkte bestellen, in denen eine unparteiische Versammlungsleitung durch den satzungsgemäß berufenen Versammlungsleiter nicht gewährleistet scheint (OLG Köln FGPrax

2015, 261; OLG Hamburg AG 2012, 294). Eine Übertragung der Auswahl des Versammlungsleiters auf einen Dritten, etwa die Notarkammer, ist unzulässig (OLG Düsseldorf FGPrax 2013, 121, 122). Das Einverständnis des Betreffenden mit der Übernahme der Versammlungsleitung ist einzuholen. Vorstand und Aufsichtsrat sind zu beteiligen. Rechtsmissbräuchlichkeit des Antrags ist unter Würdigung der Umstände des Einzelfalls zu prüfen (KG ZIP 2003, 1042; OLG Frankfurt FGPrax 2005, 176; OLG Stuttgart AG 2009, 169; OLG München FGPrax 2010, 46, 47; KG FGPrax 2012, 28). Beschwerdebefugt sind je nach Beschwer entweder die Aktionärsminderheit als solche oder die Gesellschaft, vertreten durch den Vorstand. Findet die Versammlung unter Beschlussfassung über die beantragten Gegenstände statt, erledigt sich ein zu dem Zeitpunkt ggf. noch rechtshängiger Antrag (BGH NJW-RR 2012, 997). Erledigung der Hauptsache tritt (erst) ein, wenn die Hauptversammlung durchgeführt worden ist (BGH NJW-RR 2012, 997).

– **Bestellung besonderer Vertreter** für die Geltendmachung von Ersatzansprüchen gegen die Gründer, den Vorstand oder den Aufsichtsrat (§ 147 Abs. 2 AktG), auch bei der KGaA (§ 278 Abs. 3 AktG) und dem VVaG (§ 191 VAG). Ein Grund für die Bestellung ist insb. dann gegeben, wenn Anlass für die Annahme besteht, dass durch die gesetzlichen Vertreter der Gesellschaft keine sachgerechte Geltendmachung der Ersatzansprüche zu erwarten ist (OLG Frankfurt NJW-RR 2004, 686). Die Ersatzansprüche sind dem Streitgegenstand nach genau zu bezeichnen (OLG Frankfurt NJW-RR 2004, 686). Ihre konkreten Erfolgsaussichten sind nicht zu prüfen, allenfalls summarisch ist die Möglichkeit eines Anspruchs zu prüfen, um Missbrauch vorzubeugen (vgl. KG FGPrax 2012, 28, 30). Zum Nachweis des ausreichenden Aktienbesitzes der Antragsteller genügt eine Bankbescheinigung oder die Eintragung im Aktienregister; auch Zwischenscheine genügen (Jansen/*Ries* § 145 Rn. 33). Die Gesellschaft ist zu beteiligen. Das Einverständnis des vorgesehenen Vertreters mit der Übernahme des Amtes ist einzuholen; zu den Anforderungen an seine Person s. KG FGPrax 2012, 76. Beschwerdebefugt sind je nach Beschwer entweder die Gesamtheit der Antragsteller oder die Gesellschaft, vertreten durch den Vorstand. Nicht beschwerdebefugt ist derjenige, gegen den sich der Ersatzanspruch richtet. 41

– **Festsetzung der Auslagen** und der Vergütung des gerichtlich bestellten besonderen Vertreters (§ 147 Abs. 2 Satz 6 AktG); eine Rechtsbeschwerde findet in diesen Angelegenheiten nicht statt (§ 147 Abs. 2 Satz 7 AktG). 42

– **Bestellung und Abberufung** von Abwicklern (§ 265 Abs. 3 AktG), auch bei der KGaA (§ 278 Abs. 3 AktG) und dem VVaG (§ 375 Nr. 13 FamFG, § 204 Abs. 2 VAG). Das Einverständnis des Betreffenden mit der Übernahme des Amtes sowie die nach § 266 Abs. 3 AktG vorgesehenen Versicherungen sind einzuholen. Die Eintragung in das Register geschieht von Amts wegen (§ 266 Abs. 4 AktG). Für die **Festsetzung der Auslagen** und der Vergütung des gerichtlich bestellten Abwicklers (§ 265 Abs. 4 AktG) ist wiederum die Rechtsbeschwerde ausgeschlossen (§ 265 Abs. 4 Satz 3 AktG). 43

– **Befreiung von der Prüfung des Jahresabschlusses** und des Lageberichts durch einen Abschlussprüfer (§ 270 Abs. 3 AktG), auch bei der KGaA (§ 278 Abs. 3 AktG) und dem VVaG (§ 375 Nr. 13 FamFG, § 204 Abs. 3 Satz 2 VAG). Die Befreiungsmöglichkeit besteht auch in der Insolvenz (OLG München FGPrax 2008, 82 zur GmbH); zum Zuständigkeitskonflikt mit dem Insolvenzgericht in diesen Fällen s. OLG Hamm FGPrax 2007, 142. 44

– **Bestimmungen des Ortes der Aufbewahrung der Bücher und Schriften** sowie der **Einsicht in diese** (§ 273 Abs. 2, 3 AktG), auch bei der KGaA (§ 278 Abs. 3 AktG) und dem VVaG (§ 375 Nr. 13 FamFG, § 204 Abs. 3 Satz 1 VAG). Bei der Zulassung der Einsichtnahme ist ggf. das Steuer- oder Bankgeheimnis abzuwägen (BayObLG GmbHR 2003, 478, 479). Die Anordnung der Einsichtsgewährung ist gem. § 95 Abs. 1 Nr. 3 vollstreckbar (Bumiller/*Harders* § 375 Rn. 23; MüKoFamFG/*Krafka* § 375 Rn. 53; Schmidt-Kessel/Leutner/Müther/*Müther* § 8 Rn. 255; s.a. KG JW 1937, 2289; a.A. *Krafka/Kühn* Rn. 2400: Durchsetzung nach § 35 FamFG; Keidel/*Heinemann* § 375 Rn. 61: Durchsetzung vor dem Prozessgericht). 45

– **Bestellung von Nachtragsabwicklern** (§§ 264 Abs. 2, 273 Abs. 4 AktG, 290 Abs. 3 AktG), auch bei der KGaA (§ 278 Abs. 3 AktG) und dem VVaG (§ 375 Nr. 13 FamFG, § 204 Abs. 2 VAG). Antragsberechtigt ist jeder, dessen Recht durch die fehlende Handlungs- und Prozessfähigkeit der Gesellschaft beeinträchtigt wird. Der konkrete Abwicklungsbedarf ist im Antrag darzulegen. Zu den Voraussetzungen der Bestellung, zur Einholung des Einverständnisses des Betreffenden, zu dessen Vergütung und zur Abberufung aus wichtigem Grund s. § 394 Rdn. 76 ff. 46

Nr. 4 (betreffend die SE):

47 – **Anordnung der Einberufung der Hauptversammlung** innerhalb einer bestimmten Frist oder Ermächtigung der Antrag stellenden Aktionäre oder deren Vertreter hierzu (Art. 55 Abs. 3 SE-VO). Zum Nachweis des ausreichenden Aktienbesitzes der Antragsteller genügt eine Bankbescheinigung oder die Eintragung im Aktienregister (Jansen/*Ries* § 145 Rn. 33). Beschlussgegenstand ist – auf Antrag – auch die Bestimmung des Versammlungsleiters (§ 122 Abs. 3 Satz 2 AktG analog); die Bereitschaft des Betreffenden zur Übernahme des Amtes ist einzuholen. Das Leitungs- und das Aufsichtsorgan bzw. die geschäftsführenden Direktoren und der Verwaltungsrat sind zu beteiligen. Rechtsmissbräuchlichkeit des Antrags ist unter Würdigung der Umstände des Einzelfalls zu prüfen (KG ZIP 2003, 1042; OLG Frankfurt FGPrax 2005, 176). Beschwerdebefugt sind je nach Beschwer entweder die Aktionärsminderheit insgesamt oder die Gesellschaft, vertreten durch das Leitungsorgan bzw. durch den Verwaltungsrat. Erledigung der Hauptsache tritt (erst) ein, wenn die Hauptversammlung durchgeführt worden ist (vgl. BGH NJW-RR 2012, 997).

48 – **Abberufung eines Mitglieds des Verwaltungsrats** aus wichtigem Grund (§ 29 Abs. 3 SEAG). Antragsberechtigt ist der Verwaltungsrat, bei Kreditinstituten auch die BaFin (§ 36 Abs. 3 Satz 3 KWG). In analoger Anwendung der Rechtsprechung des BayObLG zur AG (FGPrax 2003, 137) könnte jedoch ein Verwaltungsrat, der ohne das abzuberufende Mitglied beschlussunfähig wäre, den Antrag nicht wirksam beschließen, da das betroffene Mitglied nicht stimmberechtigt sei. In einem solchen Fall müsse der Verwaltungsrat zunächst durch gerichtliche Entscheidung ergänzt und so die Beschlussfähigkeit hergestellt werden. Ferner ist antragsberechtigt ein Quorum von 10 % der Aktienanteile oder dem anteiligen Betrag von 1 Mio. € des Grundkapitals, sofern das abzuberufende Verwaltungsratsmitglied aufgrund der Satzung in den Verwaltungsrat entsandt wurde.

49 – **Ergänzung des Verwaltungsrats** zur Herstellung der Beschlussfähigkeit (§ 30 Abs. 1 SEAG) oder auf die volle Anzahl seiner gesetzlichen oder satzungsmäßigen Mitglieder (§ 30 Abs. 2 SEAG). Bei der Bestellung sind § 27 Abs. 1 Satz 1 SEAG, Art. 47 Abs. 2 SE-VO zu beachten; eine Wettbewerbssituation hindere die Bestellung jedoch nicht zwingend (vgl. OLG Schleswig FGPrax 2004, 244 zur AG). Das Einverständnis des Betreffenden mit der Übernahme des Amtes ist einzuholen. Die übrigen Antragsberechtigten, die den Antrag nicht gestellt haben, sind zu beteiligen (entspr. Rdn. 38). Das Amt erlischt mit der Wahl eines neuen Verwaltungsratsmitglieds durch die Hauptversammlung (BayObLG ZIP 2004, 2190 zur AG). Im Beschwerdeverfahren kann das gerichtlich bestellte Verwaltungsratsmitglied wieder abberufen werden; eines wichtigen Grundes bedarf es dafür nicht (OLG Dresden NJW-RR 1998, 830 zur AG).

50 – **Festsetzung der Auslagen** und der Vergütung des gerichtlich bestellten Verwaltungsrats (§ 30 Abs. 4 SEAG); eine Rechtsbeschwerde findet in diesen Angelegenheiten nicht statt (§ 30 Abs. 4 Satz 3 SEAG).

51 – **Bestellung und Abberufung** eines geschäftsführenden Notdirektors (§ 45 SEAG). Antragsberechtigt ist jeder, der ein rechtliches Interesse an der Bestellung hat (BayObLG NJW-RR 1988, 929, 930). Das Einverständnis des Betreffenden mit der Übernahme des Amtes ist einzuholen. Vor der Bestellung ist der Verwaltungsrat zu hören. Wenn für den identischen Wirkungskreis bereits ein Abwesenheitspfleger bestellt ist, kann kein geschäftsführender Notdirektor bestellt werden (KG FGPrax 2005, 174 für die AG). Für den Passivprozess der SE dürfte die Einrichtung einer Prozesspflegschaft (§ 57 ZPO) der Bestellung eines Notdirektors vorgehen, da sie den geringeren Eingriff bedeutet (vgl. Jansen/*Ries* § 160 Rn. 19). Die Bestellung des Notdirektors wird nicht von Amts wegen in das Register eingetragen, sondern auf Anmeldung durch die geschäftsführenden Direktoren (analog Rdn. 35).

Nr. 5 (betreffend Schadensersatzansprüche bei Umwandlungen):

52 – **Bestellung eines besonderen Vertreters** für die Geltendmachung von Schadensersatzansprüchen gegen Mitglieder des Vertretungsorgans oder des Aufsichtsorgans eines übertragenden Rechtsträgers bei der Verschmelzung (§ 26 Abs. 1 UmwG) bzw. eines formwechselnden Rechtsträgers (§ 206 Satz 2 UmwG). Die Ersatzansprüche sind dem Streitgegenstand nach genau zu bezeichnen (OLG Frankfurt NJW-RR 2004, 686 zu § 147 Abs. 2 AktG). Ihre konkreten Erfolgsaussichten sind nicht zu prüfen, allenfalls ist summarisch die Möglichkeit eines Anspruchs zu prüfen, um Missbrauch vorzubeugen (vgl. KG FGPrax 2012, 28, 30 zu § 147 Abs. 2 AktG). Das Einverständnis des Betreffenden mit der Übernahme des Amtes ist einzuholen; zu den Anforderungen an seine Person vgl. KG FGPrax 2012, 76. Auch eine juristische Person oder Personengesellschaft kann als Vertreter bestellt werden. Der Rechtsträger ist am Verfahren zu beteiligen; die Erfolgsaussichten des Ersatzanspruchs sind jedoch nicht zu prüfen. Beschwerdebefugt sind je nach Beschwer entweder der Antragsteller oder der Rechtsträger, vertreten durch sein Vertretungsorgan. *Nicht beschwerdebefugt* ist derjenige, gegen den sich der Ersatzanspruch richtet.

- **Festsetzung der Auslagen** und der Vergütung des gerichtlich bestellten besonderen Vertreters (§§ 26 Abs. 4, 206 Satz 3 UmwG) oder eines Treuhänders (§§ 71 Abs. 2, 183 Abs. 2 UmwG); eine Rechtsbeschwerde findet in diesen Angelegenheiten nicht statt (§ 26 Abs. 4 Satz 4 UmwG). 53

Nr. 6 (betreffend die GmbH/UG):
- **Bestellung und Abbestellung** eines Liquidators aus wichtigem Grund (§ 66 Abs. 2, 3 GmbHG) auf Antrag von Gesellschaftern, die zusammen mindestens 10 % des Stammkapitals halten. Das Einverständnis des Betreffenden mit der Übernahme des Amtes sowie die nach § 67 Abs. 3 GmbHG vorgesehenen Versicherungen sind einzuholen. Die Eintragung in das Register geschieht von Amts wegen (§ 67 Abs. 4 GmbHG). Für eine GmbH, die noch vor ihrer Eintragung aufgelöst wird, können keine Liquidatoren bestellt werden (BGHZ 51, 30 = NJW 1969, 509; str). Gegen seine Abberufung ist der Liquidator beschwerdeberechtigt (KG FGPrax 2006, 28; OLG Köln FGPrax 2003, 86). 54
- **Bestellung von Nachtragsliquidatoren** (§ 66 Abs. 5 GmbHG). Auch deren Abbestellung aus wichtigem Grund ist möglich (KG FGPrax 2006, 28; OLG Köln FGPrax 2003, 86), nicht aber die nachträgliche Teilabberufung ohne Antrag (OLG Düsseldorf Rpfleger 2014, 211). Antragsberechtigt ist jeder, dessen Recht durch die fehlende Handlungs- und Prozessfähigkeit der Gesellschaft beeinträchtigt wird. Der konkrete Liquidationsbedarf ist im Antrag darzulegen. Zu den einzelnen Voraussetzungen der Bestellung s. § 394 Rdn. 76 ff. 55
- **Befreiung von der Pflicht**, den Jahresabschluss und den Lagebericht der Liquidatoren durch einen Abschlussprüfer **prüfen zu lassen** (§ 71 Abs. 3 GmbHG). Antragsberechtigt ist die Gesellschaft durch ihre Liquidatoren. Die Befreiungsmöglichkeit besteht auch in der Insolvenz (OLG München FGPrax 2008, 82); zum Zuständigkeitskonflikt mit dem Insolvenzgericht in diesen Fällen s. OLG Hamm FGPrax 2007, 142. 56
- **Bestimmung eines Verwahrers** für die Bücher und Papiere der vollbeendeten Gesellschaft (§ 74 Abs. 2 GmbHG) und Ermächtigung der Gesellschaftsgläubiger zur Einsicht in diese (§ 74 Abs. 3 GmbHG). Bestellt werden kann jeder, der hierzu durch Gesellschaftsvertrag, Beschluss oder Einigung bereit bestimmt werden können und nicht »handgreiflich ungeeignet« ist (OLG Düsseldorf Rpfleger 2010, 597). Die Übergabe der Bücher und Papiere an den Verwahrer kann das Gericht nicht gem. § 35 erzwingen (BayObLGZ 1967, 240), wohl aber kann die Pflicht des Verwahrers, Einsicht zu gewähren, nach § 95 Abs. 1 Nr. 3 vollstreckt werden (Bumiller/*Harders* § 375 Rn. 23; Schmidt-Kessel/Leutner/Müther/*Müther* § 8 Rn. 255; s.a. KG JW 1937, 2289; a.A. *Krafka/Kühn* Rn. 2400: Durchsetzung nach § 35 FamFG; Keidel/*Heinemann* § 375 Rn. 61, 75: Durchsetzung im Zivilrechtsweg). Der Verwahrer kann entspr. § 66 Abs. 3 GmbHG auch wieder gerichtlich abberufen werden (Jansen/*Ries* § 145 Rn. 5 für die OHG). 57

Nr. 7 (betreffend die Genossenschaft):
- **Ermächtigung einer Mitgliederminderheit zur Einberufung der Generalversammlung** und zur Bekanntmachung von Gegenständen der Verhandlung (§ 45 Abs. 3 GenG). Vorstand und Aufsichtsrat sind zu beteiligen. Rechtsmissbräuchlichkeit des Antrags ist unter Würdigung der Umstände des Einzelfalls zu prüfen (KG ZIP 2003, 1042; OLG Frankfurt FGPrax 2005, 176 zur AG). Beschwerdebefugt sind je nach Beschwer entweder die Mitgliederminderheit insgesamt oder die Genossenschaft, vertreten durch den Vorstand. Erledigung der Hauptsache tritt (erst) ein, wenn die Generalversammlung durchgeführt worden ist (vgl. BGH NJW-RR 2012, 997). 58
- **Bestellung eines Prüfungsverbandes**, sofern die Genossenschaft keinem angehört (§ 64b GenG). Die Genossenschaft ist zu beteiligen und der vorgesehene Prüfungsverband ist anzuhören. Eines Einverständnisses des Prüfungsverbandes mit seiner Bestellung bedarf es nicht, da er den Prüfungsauftrag nicht ablehnen darf. Gibt es keinen fachlich und räumlich passenden Prüfungsverband, bestellt das Gericht einen Wirtschaftsprüfer oder eine WP-Gesellschaft zum Prüfungsträger. Deren Bereitschaft zur Übernahme des Prüfungsauftrags ist allerdings einzuholen, da für sie keine Pflicht besteht. Schließt sich die prüfungsverbandlose Genossenschaft einem anderen als dem gerichtlich bestellten Prüfungsverband an, ist die Zwangsbestellung nach § 64b GenG von Amts wegen zu widerrufen (*Beuthien* § 64b Rn. 1). Nicht zu den unternehmensrechtlichen Verfahren gehört die Prüferbestellung nach § 56 Abs. 2 Satz 2 GenG. Diese wurde – aus nicht nachvollziehbaren Gründen – in der Zuständigkeit des Registergerichts belassen. 59
- **Bestellung und Abbestellung eines Liquidators** aus wichtigem Grund (§ 83 Abs. 3, 4 GenG) auf Antrag des Aufsichtsrats oder eines Quorums von 10 % der Mitglieder. Das Einverständnis des Betreffenden mit der Übernahme des Amtes ist einzuholen. Die Eintragung in das Register erfolgt von Amts wegen (§ 84 Abs. 2 GenG). 60

61 – **Bestellung von Nachtragsliquidatoren** (§ 83 Abs. 5 GenG). Auch deren Abbestellung aus wichtigem Grund ist möglich (KG FGPrax 2006, 28 und OLG Köln FGPrax 2003, 86 jeweils zur GmbH). Antragsberechtigt ist jeder, dessen Recht durch die fehlende Handlungs- und Prozessfähigkeit der Genossenschaft beeinträchtigt wird. Der konkrete Liquidationsbedarf ist im Antrag darzulegen. Zu den einzelnen Voraussetzungen der Bestellung s. § 394 Rdn. 76 ff.

62 – **Bestimmung eines Verwahrers** für die Bücher und Papiere der vollbeendeten Genossenschaft (§ 93 Satz 2 GenG) und Ermächtigung der ehemaligen Mitglieder und deren Rechtsnachfolger sowie der Genossenschaftsgläubiger zur Einsicht in diese (§ 93 Satz 3 GenG). Die Übergabe der Bücher und Papiere an den Verwahrer kann das Gericht nicht gem. § 35 erzwingen (BayObLGZ 1967, 240 zur GmbH), wohl aber kann die Pflicht des Verwahrers, Einsicht zu gewähren, nach § 95 Abs. 1 Nr. 3 vollstreckt werden (Bumiller/*Harders* § 375 Rn. 23; Schmidt-Kessel/Leutner/Müther/*Müther* § 8 Rn. 255; s.a. KG JW 1937, 2289; a.A. *Krafka/Kühn* Rn. 2400: Durchsetzung nach § 35 FamFG; Keidel/*Heinemann* § 375 Rn. 80, 75: Durchsetzung im Zivilrechtsweg). Der Verwahrer kann entspr. § 83 Abs. 4 GenG auch wieder gerichtlich abberufen werden (Jansen/*Ries* § 145 Rn. 5 für die OHG).

Nr. 8 (betreffend die SCE):

63 – **Ermächtigung einer Mitgliederminderheit zur Einberufung der Generalversammlung** (Art. 54 Abs. 2 SCE-VO i.V.m. § 45 Abs. 3 GenG). Entsprechendes dürfte – als Unterfall der Ermächtigung zur Einberufung – gelten für die Aufnahme eines oder mehrerer neuer Punkte in die Tagesordnung, obgleich weder Art. 57 SCE-VO noch das SCEAG ein gerichtliches Verfahren zur Durchsetzung dieses Begehrens ausdrücklich vorsehen. Vgl. i.Ü. Rdn. 58.

Nr. 9 (betreffend die rechnungslegungspflichtigen Unternehmen):

64 – **Bestellung eines Prüfers** bezüglich der Frage, ob ein Unternehmen oder ein Mutterunternehmen rechnungslegungspflichtig ist (§§ 2 Abs. 3, 12 Abs. 3 PublG). Das Verfahren wird von Amts wegen betrieben. Vor der Bestellung sind die gesetzlichen Vertreter des Unternehmens sowie der ggf. bestehende Aufsichtsrat anzuhören (§§ 2 Abs. 3 Satz 2, 12 Abs. 3 Satz 2 PublG). Für die Auswahl des Prüfers gilt § 143 AktG entspr.; die Bereitschaft des Betreffenden zur Übernahme des Amtes ist einzuholen. Ein genereller Verzicht des Prüfers auf Vergütungsansprüche ggü. der Staatskasse darf nicht verlangt werden, da das Gesetz ausdrücklich vorsieht, dass die Staatskasse die Kosten trägt, wenn eine Verpflichtung zur Rechnungslegung nicht besteht (§ 2 Abs. 3 Satz 4 PublG). Beschwerdeberechtigt ist nur die Gesellschaft. Deren gesetzliche Vertreter sind nicht selbst beschwerdeberechtigt, obgleich das Prüfungsergebnis dazu führen kann, deren persönliche Bekanntmachungspflichten nach § 2 Abs. 2 Satz 3 PublG sowie Rechnungslegungspflichten nach §§ 5, 13 PublG festzustellen. Die Feststellung dieser Pflichten stellt lediglich einen möglichen Rechtsreflex dar, welcher eine Beschwerdeberechtigung hinsichtlich der Einleitung der Prüfung nicht auslöst (a.A. Keidel/*Heinemann* § 375 Rn. 82; BeckOK FamFG/*Munzig* § 375 Rn. 80; Jansen/*Ries* § 145 Rn. 62). Persönlich betroffen ist der gesetzliche Vertreter erst, wenn es nach Abschluss der Prüfung um die konkrete Umsetzung seiner persönlichen Handlungspflichten geht. Hierbei sind jedoch weder das Bundesamt für Justiz noch das nach § 335 Abs. 4 HGB entscheidende Gericht an den Prüfungsbericht gebunden.

65 – **Festsetzung der Auslagen** und der Vergütung des gerichtlich bestellten Sonderprüfers (§§ 2 Abs. 3 Satz 3, 12 Abs. 3 Satz 3 PublG i.V.m. 142 Abs. 6 AktG); eine Rechtsbeschwerde findet in diesen Angelegenheiten nicht statt (§ 142 Abs. 6 Satz 3 AktG).

Nr. 10 (betreffend die Montanmitbestimmung):

66 – **Abberufung des »neutralen« Aufsichtsratsmitglieds** eines montanmitbestimmten Unternehmens aus wichtigem Grund (§ 11 Abs. 3 MontanMitbestG). Die Vorschrift gilt entspr. für die Abberufung des neutralen Aufsichtsratsmitglieds aus einem beherrschenden Unternehmen (§ 5 Abs. 3 Satz 2 MontanMitbestErgG).

Nr. 11 (betreffend Kreditinstitute):

67 – **Bestellung eines Treuhänders** für die Ausübung der Stimmrechte des Inhabers einer bedeutenden Beteiligung sowie der von ihm kontrollierten Unternehmen (§ 2c Abs. 2 Satz 2 KWG). Den Antrag stellt die BaFin, das Kreditinstitut oder ein an ihm Beteiligter, nachdem die BaFin dem Inhaber der bedeutenden Beteiligung und den von ihm kontrollierten Unternehmen die Ausübung des Stimmrechtes untersagt hat. Der Inhaber der bedeutenden Beteiligung, das Kreditinstitut und die BaFin sind zu beteiligen. Das Gericht hat keinen Entscheidungsspielraum in der Frage, ob es einen Treuhänder bestellt, sondern nur

Abschnitt 1. Begriffsbestimmung § 375

in der Auswahl der Person. Die Bereitschaft des vorgesehenen Treuhänders zur Übernahme des Amtes ist einzuholen, sofern eine entspr. Erklärung nicht bereits dem Antrag beigefügt ist. Ein genereller Verzicht des Treuhänders auf Vergütungsansprüche ggü. der Staatskasse darf nicht verlangt werden, da das Gesetz ausdrücklich vorsieht, dass der Bund die Auslagen vorschießt (§ 2c Abs. 2 Satz 9 KWG). Sind die Voraussetzungen für die Bestellung eines Treuhänders entfallen, hat die BaFin den Widerruf der Bestellung zu beantragen (§ 2c Abs. 2 Satz 5 KWG).

– **Festsetzung der Auslagen** und der Vergütung des gerichtlich bestellten Treuhänders (§ 2c Abs. 2 Satz 6, 7 KWG); eine Rechtsbeschwerde findet in diesen Angelegenheiten nicht statt.   68

– **Bestellung von Sachwaltern bei Insolvenzgefahr** eines Refinanzierungsmittlers (§ 22c KWG) oder eines Refinanzierungsunternehmens, welches ein Refinanzierungsregister nicht nur für Dritte (§ 22o KWG) oder für einen Refinanzierungsmittler führt (§ 22c KWG). Der oder die Sachwalter werden von der BaFin vorgeschlagen. Das Gericht kann vom Vorschlag der BaFin abweichen, wenn dies zur Sicherstellung einer sachgerechten Zusammenarbeit zwischen Insolvenzverwalter und Sachwalter erforderlich erscheint (§ 22l Abs. 1 Satz 2 KWG). Die Bereitschaft der vorgesehenen Sachwalter zur Übernahme des Amtes ist einzuholen, sofern entspr. Erklärungen nicht bereits dem Antrag beigefügt sind. Ein genereller Verzicht des Sachwalters auf Vergütungsansprüche ggü. der Staatskasse darf nicht verlangt werden, da er von der BaFin eine angemessene Vergütung und Ersatz seiner Aufwendungen erhält (§ 22n Abs. 5 KWG). Der Sachwalter erhält eine Urkunde über seine Ernennung, die er bei Beendigung seines Amtes zurückzugeben hat (§ 22l Abs. 1 Satz 3 KWG). Die Ernennung und Abberufung des Sachwalters sind von Amts wegen in das Handels- oder Genossenschaftsregister einzutragen (§ 22m Abs. 1 Satz 2 KWG) und auch bekannt zu machen (§ 22m Abs. 1 Satz 1 KWG analog). § 22m Abs. 1 Satz 3 KWG gilt hier nicht, weil die Vorschrift nur eine doppelte Bekanntmachung dessen ausschließen will, was im Fall der Insolvenz bereits das Insolvenzgericht bekannt gemacht hat.   69

– **Bestellung eines Prüfers in besonderen Fällen** (§ 28 Abs. 2 KWG). Antragsberechtigt ist die BaFin.   70

– **Abberufung eines Aufsichtsratsmitglieds auf Antrag der BaFin** (§ 36 Abs. 3 Satz 2 KWG). Die gesetzliche Verweisung ist falsch, sie muss richtigerweise auf Satz 3 Vorschrift des KWG lauten. Ohnehin ist die Nennung überflüssig, weil § 36 Abs. 3 Satz 3 KWG kein eigenständiges unternehmensrechtliches Verfahren regelt, sondern nur eine zusätzliche Antragsberechtigung der BaFin für Verfahren gemäß Rdn. 37 und Rdn. 48.   71

– **Bestellung der Abwickler** eines Kreditinstituts, dessen Erlaubnis erloschen oder durch die BaFin aufgehoben ist, wenn die sonst berufenen Personen keine Gewähr für die ordnungsmäßige Abwicklung bieten (§ 38 Abs. 2 Satz 2 KWG). Antragsberechtigt ist die BaFin. Die Bereitschaft des vorgesehenen Abwicklers zur Übernahme des Amtes sowie die nach §§ 266 Abs. 3 AktG, 67 Abs. 3 GmbHG vorgesehenen Versicherungen sind einzuholen, sofern entspr. Erklärungen nicht bereits dem Antrag beigefügt sind. Die Eintragung in das Register erfolgt von Amts wegen (analog §§ 266 Abs. 4 AktG, 67 Abs. 4 GmbHG, 148 Abs. 2 HGB, 84 Abs. 2 GenG; 22m Abs. 1 Satz 2, 46a Abs. 2 Satz 2 KWG).   72

– **Bestellung eines Treuhänders** für die Ausübung der Stimmrechte der an der Spitze einer Finanzholding-Gruppe stehenden Finanzholding-Gesellschaft an dem übergeordneten Unternehmen und den anderen nachgeordneten Unternehmen bzw. an dem übergeordneten Finanzkonglomeratsunternehmen (§ 45a Abs. 2 Satz 1 KWG). Den Antrag stellt die BaFin, nachdem sie der Finanzholding-Gesellschaft die Ausübung des Stimmrechtes untersagt hat. Die Finanzholding-Gesellschaft und das übergeordnete Unternehmen sind zu beteiligen. Das Gericht hat keinen Entscheidungsspielraum in der Frage, ob es einen Treuhänder bestellt, sondern nur in der Auswahl der Person. Die Bereitschaft des vorgesehenen Treuhänders zur Übernahme des Amtes ist einzuholen, sofern eine entspr. Erklärung nicht bereits dem Antrag beigefügt ist. Ein genereller Verzicht des Treuhänders auf Vergütungsansprüche ggü. der Staatskasse darf nicht verlangt werden, da das Gesetz ausdrücklich vorsieht, dass der Bund die Auslagen vorschießt (§ 45a Abs. 2 Satz 7 KWG). Auf Antrag der BaFin kann aus wichtigem Grund der Treuhänder abberufen und ein anderer Treuhänder bestellt werden (§ 45a Abs. 2 Satz 3 KWG). Sind die Voraussetzungen für die Bestellung eines Treuhänders entfallen, hat die BaFin den Widerruf der Bestellung zu beantragen (§ 45a Abs. 2 Satz 4 KWG).   73

– *Festsetzung der Auslagen* und der Vergütung des gerichtlich bestellten Treuhänders (§ 45a Abs. 2 Satz 5, 6 KWG); eine Rechtsbeschwerde findet in diesen Angelegenheiten nicht statt.   74

Nr. 11a (betreffend Kapitalanlagegesellschaften):

– Die in Bezug genommene Vorschrift des InvG existiert nicht mehr; an ihre Stelle ist § 19 Abs. 3 KAGB getreten, ohne dass jedoch § 375 Nr. 11a FamFG entsprechend angepasst wurde. Das Redaktionsver-   75 sehen ist so zu lösen, als sei auf § 19 Abs. 3 KAGB verwiesen. Es geht hierbei um die **Bestellung eines Treuhänders** für die Ausübung der Stimmrechte des Inhabers einer bedeutenden Beteiligung sowie der von ihm kontrollierten Unternehmen (§ 19 Abs. 3 Satz 2 KAGB). Den Antrag stellt die BaFin, die externe OGAW-Kapitalverwaltungsgesellschaft oder ein an ihr Beteiligter, nachdem die BaFin dem Inhaber der bedeutenden Beteiligung und den von ihm kontrollierten Unternehmen die Ausübung des Stimmrechtes untersagt hat. Der Inhaber der bedeutenden Beteiligung, die OGAW-Kapitalanlagegesellschaft und die BaFin sind zu beteiligen. Das Gericht hat keinen Entscheidungsspielraum in der Frage, ob es einen Treuhänder bestellt, sondern nur in der Auswahl der Person. Die Bereitschaft des vorgesehenen Treuhänders zur Übernahme des Amtes ist einzuholen, sofern eine entspr. Erklärung nicht bereits dem Antrag beigefügt ist. Ein genereller Verzicht des Treuhänders auf Vergütungsansprüche ggü. der Staatskasse darf nicht verlangt werden, da das Gesetz ausdrücklich vorsieht, dass der Bund die Auslagen vorschießt (§ 19 Abs. 3 Satz 3 KAGB i.V.m. § 2c Abs. 2 Satz 9 KWG). Sind die Voraussetzungen für die Bestellung eines Treuhänders entfallen, hat die BaFin den Widerruf der Bestellung zu beantragen (§ 19 Abs. 3 Satz 3 KAGB i.V.m. § 2c Abs. 2 Satz 5 KWG).

Nr. 13 (betreffend Versicherungsunternehmen und Finanzkonglomerate):

76 – **Bestellung eines Treuhänders** für die Ausübung der Stimmrechte des Inhabers einer bedeutenden Beteiligung am Versicherungsunternehmen sowie der von ihm kontrollierten Unternehmen (§ 19 Abs. 2 VAG). Den Antrag stellt die BaFin, das Versicherungsunternehmen oder ein an diesem Beteiligter, nachdem die BaFin dem Inhaber der bedeutenden Beteiligung die Ausübung des Stimmrechts untersagt hat. Zuständig ist das Gericht am Sitz des Versicherungsunternehmens. Der Inhaber der bedeutenden Beteiligung und das Versicherungsunternehmen sind zu beteiligen, soweit sie den Antrag nicht selbst gestellt haben. Das Gericht hat keinen Entscheidungsspielraum in der Frage, ob es einen Treuhänder bestellt, sondern nur in der Auswahl der Person. Die Bereitschaft des vorgesehenen Treuhänders zur Übernahme des Amtes ist einzuholen, sofern eine entspr. Erklärung nicht bereits dem Antrag beigefügt ist. Ein genereller Verzicht des Treuhänders auf Vergütungsansprüche ggü. der Staatskasse darf nicht verlangt werden, da das Gesetz ausdrücklich vorsieht, dass der Bund die Auslagen vorschießt (§ 19 Abs. 2 Satz 8 VAG). Sind die Voraussetzungen für die Bestellung eines Treuhänders entfallen, hat die Börsenaufsichtsbehörde den Widerruf der Bestellung zu beantragen (§ 19 Abs. 2 Satz 5 VAG). Ferner entscheidet das Gericht über die **Festsetzung der Auslagen** und Vergütung des gerichtlich bestellten Treuhänders (§ 19 Abs. 2 Satz 6, 7 VAG); eine Rechtsbeschwerde findet in diesen Angelegenheiten nicht statt.

77 – **Bestellung und Abberufung von Abwicklern** eines Versicherungsvereins aus wichtigem Grund (§ 204 Abs. 2 VAG). Antragsberechtigt ist der Aufsichtsrat oder eine in der Satzung zu bestimmende Minderheit von Mitgliedern.

78 – **Bestellung eines Treuhänders** für die Ausübung der Stimmrechte der an der Spitze eines Finanzkonglomerats stehenden gemischten Finanzholding-Gesellschaft an dem übergeordneten Finanzkonglomeratsunternehmen und den anderen nachgeordneten Finanzkonglomeratsunternehmen (§ 28 Abs. 2 Satz 1 FKAG). Den Antrag stellt die BaFin, nachdem sie der Finanzholding-Gesellschaft die Ausübung des Stimmrechtes untersagt hat. Die Finanzholding-Gesellschaft und das übergeordnete Finanzkonglomeratsunternehmen sind zu beteiligen. Das Gericht hat keinen Entscheidungsspielraum in der Frage, ob es einen Treuhänder bestellt, sondern nur in der Auswahl der Person. Die Bereitschaft des vorgesehenen Treuhänders zur Übernahme des Amtes ist einzuholen, sofern eine entspr. Erklärung nicht bereits dem Antrag beigefügt ist. Ein genereller Verzicht des Treuhänders auf Vergütungsansprüche ggü. der Staatskasse darf nicht verlangt werden, da das Gesetz ausdrücklich vorsieht, dass die BaFin die Auslagen vorschießt (§ 28 Abs. 2 Satz 7 FKAG). Auf Antrag der BaFin kann aus wichtigem Grund der Treuhänder abberufen und ein anderer Treuhänder bestellt werden (§ 28 Abs. 2 Satz 3 FKAG). Sind die Voraussetzungen für die Bestellung eines Treuhänders entfallen, hat die BaFin den Widerruf der Bestellung zu beantragen (§ 28 Abs. 2 Satz 4 FKAG). Ferner entscheidet das Gericht über die **Festsetzung der Auslagen** und Vergütung des gerichtlich bestellten Treuhänders (§ 28 Abs. 2 Satz 6 FKAG); eine Rechtsbeschwerde findet in diesen Angelegenheiten nicht statt.

Nr. 14 (betreffend die bedeutende Beteiligung an einem Börsenträger):

79 – **Bestellung eines Treuhänders** für die Ausübung der Stimmrechte des Inhabers einer bedeutenden Beteiligung am Börsenträger sowie der von ihm kontrollierten Unternehmen (§ 6 Abs. 4 Satz 4 BörsG). Den Antrag stellt die Börsenaufsichtsbehörde, der Börsenträger oder ein an ihm Beteiligter, nachdem die Börsenaufsichtsbehörde dem Inhaber der bedeutenden Beteiligung die Ausübung des Stimmrechtes unter-

sagt hat. Zuständig ist das Gericht am Sitz des Börsenträgers. Der Inhaber der bedeutenden Beteiligung, der Börsenträger und die Börsenaufsichtsbehörde sind zu beteiligen, soweit sie den Antrag nicht selbst gestellt haben. Das Gericht hat keinen Entscheidungsspielraum in der Frage, ob es einen Treuhänder bestellt, sondern nur in der Auswahl der Person. Die Bereitschaft des vorgesehenen Treuhänders zur Übernahme des Amtes ist einzuholen, sofern eine entspr. Erklärung nicht bereits dem Antrag beigefügt ist. Ein genereller Verzicht des Treuhänders auf Vergütungsansprüche ggü. der Staatskasse darf nicht verlangt werden, da das Gesetz ausdrücklich vorsieht, dass das Land die Auslagen vorschießt (§ 6 Abs. 4 Satz 8 BörsG). Sind die Voraussetzungen für die Bestellung eines Treuhänders entfallen, hat die Börsenaufsichtsbehörde den Widerruf der Bestellung zu beantragen (§ 6 Abs. 4 Satz 5 BörsG). Ferner entscheidet das Gericht über die **Festsetzung der Auslagen** und Vergütung des gerichtlich bestellten Treuhänders (§ 6 Abs. 4 Satz 6, 7 BörsG); eine Rechtsbeschwerde findet in diesen Angelegenheiten nicht statt.

Nr. 15 (betreffend die Partnerschaftsgesellschaft):
– **Bestellung und Abberufung von Liquidatoren** für die Partnerschaftsgesellschaft (§ 10 PartGG i.V.m. §§ 146 Abs. 2, 147 HGB) sowie Bestimmung eines **Verwahrers für die Bücher** und Papiere der erloschenen Partnerschaftsgesellschaft (§ 10 PartGG i.V.m. § 157 Abs. 2 HGB). Zu den Einzelheiten s.o. Rdn. 22 f. 80

Nr. 16 (betreffend Schuldverschreibungen aus Gesamtemissionen):
– **Ermächtigung einer Gläubigerminderheit zur Einberufung der Gläubigerversammlung** (§ 9 Abs. 2 Satz 1 SchVG). Die Inhaberschaft von wenigstens 5 % der ausstehenden Schuldverschreibungen durch die Antragsteller sowie das Vorliegen eines Einberufungsgrundes i.S.d. § 9 Abs. 1 SchVG sind zu prüfen. Als Antragsgegner ist der Schuldner beteiligt; außerdem ist – soweit vorhanden – der gemeinsame Vertreter der Gläubiger hinzuzuziehen. Das Gericht kann zugleich den Vorsitzenden der einzuberufenden Versammlung bestimmen; hierzu ist das Einverständnis des Betreffenden mit der Übernahme der Versammlungsleitung einzuholen. Zu Besonderheiten bei der Kostengrundentscheidung s. Rdn. 83. Beschwerdebefugt sind je nach Beschwer entweder die Gläubigerminderheit als solche oder der Schuldner. Auch der gemeinsame Vertreter der Gläubiger ist (für diese) beschwerdebefugt. Erledigung der Hauptsache tritt (erst) ein, wenn die Gläubigerversammlung durchgeführt worden ist (vgl. BGH NJW-RR 2012, 997). 81

Entsprechendes gilt für die **Bestimmung eines Abstimmungsleiters** durch das Gericht bei Abstimmung ohne Versammlung (§ 18 Abs. 2 Satz 2, 3 SchVG). 82

E. Kosten. I. Kostengrundentscheidung. Die Kostengrundentscheidung ergeht nach den allgemeinen Vorschriften (§ 81). Im ersten Rechtszug ist davon auszugehen, dass jede Partei ihre Kosten allein zu tragen hat, wenn nicht besondere Umstände des Einzelfalls die Erstattungsanordnung rechtfertigen (vgl. *Krafka/Kühn* Rn. 494). Eine Sondervorschrift enthält § 9 Abs. 4 SchVG, wonach der Schuldner die Verfahrenskosten trägt, wenn dem Antrag stattgegeben wird. 83

Im **Verklarungsverfahren** wird keine Kostengrundentscheidung getroffen, weil das Gericht nicht in der Sache entscheidet, sondern nur eine Beweisaufnahme durchführt. Gebührenschuldner für die angefallenen Gerichtsgebühren ist der Antragsteller. 84

II. Gerichtsgebühren. Für unternehmensrechtliche Verfahren wird eine doppelte Geb. erhoben (Nr. 13500 KV GNotKG). Die Festsetzung von Auslagen und Vergütungen gerichtlich bestellter Personen (Rdn. 26, 36, 39, 42, 43, 50, 53, 65, 68, 74, 76, 78, 79) gehört zum Rechtszug und ist damit gebührenfreies Nebengeschäft. 85

Bei Antragsrücknahme oder sonstiger Erledigung ohne Endentscheidung ermäßigt sich die Geb. auf eine halbe Geb. (Nr. 13504 KV GNotKG). Ausnahme für das Dispachebestätigungsverfahren: Nach Eintritt in die Verhandlung führt die Beendigung des Verfahrens ohne Bestätigung der Dispache nur zu einer Ermäßigung auf eine volle Geb. (Nr. 13501 KV GNotKG). 86

Der Geschäftswert richtet sich nach der Rechtsform des betroffenen Rechtsträgers (§ 67 Abs. 1 GNotKG); bei Unbilligkeit sind Abweichungen vom Regelgeschäftswert möglich (§ 67 Abs. 3 GNotKG). Geschäftswert des Dispachebestätigungsverfahrens ist die Summe der Anteile, die die an der Verhandlung Beteiligten an dem Schaden zu tragen haben (§ 68 GNotKG). Regelgeschäftswert des Dispacheurverpflichtungsverfahrens ist 10.000 € (§ 67 Abs. 2 GNotKG). 87

Abschnitt 2. Zuständigkeit

§ 376 Besondere Zuständigkeitsregelungen.
(1) Für Verfahren nach § 374 Nr. 1 und 2 sowie § 375 Nummer 1, 3 bis 14 und 16 ist das Gericht, in dessen Bezirk ein Landgericht seinen Sitz hat, für den Bezirk dieses Landgerichts zuständig.
(2) ¹Die Landesregierungen werden ermächtigt, durch Rechtsverordnung die Aufgaben nach § 374 Nummer 1 bis 3 sowie § 375 Nummer 1, 3 bis 14 und 16 anderen oder zusätzlichen Amtsgerichten zu übertragen und die Bezirke der Gerichte abweichend von Absatz 1 festzulegen. ²Sie können die Ermächtigung nach Satz 1 durch Rechtsverordnung auf die Landesjustizverwaltungen übertragen. ³Mehrere Länder können die Zuständigkeit eines Gerichts für Verfahren nach § 374 Nr. 1 bis 3 über die Landesgrenzen hinaus vereinbaren.

Übersicht

	Rdn.		Rdn.
A. Allgemeines	1	E. Ermächtigung zur länderübergreifenden Zuständigkeitsübertragung (Abs. 2 Satz 3)	11
B. Praktische Hinweise	4	F. Sachliche, örtliche, internationale und funktionelle Zuständigkeit	13
C. Zuständigkeitskonzentration der Handels- und Genossenschaftsregister sowie der unternehmensrechtlichen Verfahren (Abs. 1)	5	G. Inkrafttreten des Abs. 2	15
D. Verordnungsermächtigung (Abs. 2 Satz 1, 2)	8		

1 **A. Allgemeines.** Die Vorschrift enthält Bestimmungen über die **Gerichtsverfassung**.

2 Abs. 1 bestimmt, dass für Handels- und Genossenschaftsregistersachen dasjenige Gericht zuständig ist, in dessen Bezirk ein LG seinen Sitz hat (Grundsatz der **Zuständigkeitskonzentration**). Dieselbe Konzentration gilt – mit Ausnahme der Schifffahrts- und Partnerschaftsregistersachen – für unternehmensrechtliche Verfahren.

3 Abs. 2 enthält eine Verordnungsermächtigung in zweierlei Richtung: Einerseits eine Ermächtigung zur **Dekonzentration**, die es den Landesregierungen erlaubt, die Registerführung auf weitere AG zu verteilen, andererseits die Ermächtigung zur **weiteren Konzentration**, welche es erlaubt, die Registerführung landesweit auf nur ein einziges AG zu konzentrieren und sogar Zuständigkeiten über die Ländergrenzen hinaus zu vereinbaren. Die Verordnungsermächtigung des Abs. 2 gilt – anders als die Regelung in Abs. 1 – auch für das Partnerschaftsregister.

4 **B. Praktische Hinweise.** Die Länder haben von ihren Verordnungsermächtigungen unterschiedlich Gebrauch gemacht (Zusammenstellung bei *Krafka/Kühn* Rn. 13). Für die praktische Rechtsanwendung bietet die Internet-Seite www.justizadressen.nrw.de eine einfache Möglichkeit zur Ermittlung des örtlich zuständigen Registergerichts in Handels- (zugleich Genossenschafts-), Vereins- und Partnerschaftsregistersachen.

5 **C. Zuständigkeitskonzentration der Handels- und Genossenschaftsregister sowie der unternehmensrechtlichen Verfahren (Abs. 1).** Die Vorschrift legt fest, bei welchen Gerichten welche Registersachen und unternehmensrechtlichen Verfahren überhaupt geführt werden. Entgegen der Normüberschrift handelt es sich dabei nicht um »besondere Zuständigkeitsregelungen«, sondern um gerichtsorganisatorische Bestimmungen und Ermächtigungen, die rechtssystematisch der Materie des **Gerichtsverfassungsrechts** angehören (a.A. Haußleiter/*Schemmann* § 376 Rn. 1: Es handle sich um eine Regelung über die Festlegung der Gerichtsbezirke, welche wegen der hierfür bestehenden Länderkompetenz verfassungsrechtlich fragwürdig sei).

6 Als Ausgangslage bestimmt das Gesetz eine Konzentration des Handels- und Genossenschaftsregisters auf die AG am Sitz der jeweiligen LG. Dagegen gilt für die Partnerschafts-, Vereins- und Güterrechtsregister der Grundsatz der Dekonzentration auf die allgemein zuständigen AG.

7 **Unternehmensrechtliche Verfahren** sind grds. auf dieselben Gerichte konzentriert mit Ausnahme der Schifffahrtssachen und der Entscheidungen im Zusammenhang mit der Liquidation einer Partnerschaftsgesellschaft.

Abschnitt 2. Zuständigkeit § 377

D. Verordnungsermächtigung (Abs. 2 Satz 1, 2). Die Verordnungsermächtigung des Abs. 2 lässt den Landesregierungen Spielraum, die Zuständigkeiten innerhalb der eigenen Landesgrenzen abweichend von der Regelung des Abs. 1 zu gestalten. 8

Nicht von der Verordnungsermächtigung gedeckt ist, die Registerführung auf andere Stellen als auf AG zu übertragen. Die jahrzehntelang immer wieder aufgeflammte Diskussion um die Übertragung der Registerführung auf die IHK (vgl. den Überblick bei *Dieckmann* ZRP 2000, 44 sowie zuletzt den gescheiterten Gesetzentwurf eines Registerführungsgesetzes, BT-Drucks. 15/1890 und 16/515) hat damit ihr einstweiliges Ende gefunden. 9

Von § 376 insgesamt nicht erfasst werden die Vereins- und Güterrechtsregister sowie die unternehmensrechtlichen Verfahren in den Schifffahrts- und Partnerschaftssachen (§ 375 Nr. 2, 15). Für sie gilt die Konzentrationsermächtigung des § 23d GVG sowie für das Güterrechtsregister – völlig unsystematisch – zusätzlich § 1558 Abs. 2 BGB. 10

E. Ermächtigung zur länderübergreifenden Zuständigkeitsübertragung (Abs. 2 Satz 3). Abs. 2 Satz 3 enthält eine Ermächtigung zur länderübergreifenden Übertragung gerichtlicher Zuständigkeiten bei der Führung des Handels-, Genossenschafts- und Partnerschaftsregisters. Die Zuständigkeitsübertragung setzt eine »Vereinbarung mehrerer Länder« voraus, erfordert also einen Staatsvertrag. Ein schlichtes Regierungsabkommen dürfte nicht ausreichen, da sich die Vereinbarungsermächtigung nicht auf die »Landesregierungen«, sondern auf die »Länder« bezieht. Ein Ressortabkommen genügt jedenfalls nicht, da sich die Delegationsbefugnis des Abs. 2 Satz 2 ausdrücklich nur auf die in Abs. 1 Satz 1 enthaltene Ermächtigung bezieht, nicht jedoch auf die weitere Ermächtigung des Abs. 2 Satz 3. 11

Nahe gelegen hätte es, zusätzlich auch für die Verfahren nach § 375 Nr. 2 eine länderübergreifende Übertragung gerichtlicher Zuständigkeiten zu erlauben, um den bereits existenten Staatsvertrag vom 29.08.1994 über die Zuständigkeit des AG Rostock für das Dispacheverfahren der Länder Brandenburg, Mecklenburg-Vorpommern, Sachsen, Sachsen-Anhalt und Thüringen bundesgesetzlich zu legitimieren. Denn allein durch die Konzentrationsermächtigung des § 23d GVG ist die länderübergreifende Zusammenführung des Dispacheverfahrens, wie sie im Beitrittsgebiet praktiziert wird, eigentlich nicht gedeckt. Ob die Länder allein »kraft ihrer Verfahrenshoheit über die Gerichtsorganisation« legitimiert sind, sich über das von Abs. 2 in Anspruch genommene Enumerationsprinzip hinwegzusetzen (so Keidel/*Heinemann* § 376 Rn. 28 und dem folgend BeckOK FamFG/*Munzig* § 376 Rn. 8), erscheint im Hinblick auf Art. 31 GG sehr zweifelhaft. 12

F. Sachliche, örtliche, internationale und funktionelle Zuständigkeit. Die sachliche Zuständigkeit der AG folgt nicht aus § 376, sondern aus § 23a Abs. 1 Nr. 2 i.V.m. Abs. 2 Nr. 3, 4 GVG. Die örtliche Zuständigkeit ist geregelt in § 377, die internationale in § 105. 13

Funktionell zuständig in Registersachen ist der Richter nur für einzelne, ihm durch § 17 RPflG vorbehaltene Geschäfte in Abteilung B des Handelsregisters, ansonsten der Rechtspfleger gem. § 3 Nr. 1 Buchst. a), e) und Nr. 2 Buchst. d) RPflG. Durch § 19 Abs. 1 Nr. 6 RPflG sind die Landesregierungen ermächtigt, den Richtervorbehalt des § 17 RPflG ganz oder teilweise aufzuheben. Soweit von der Verordnungsermächtigung Gebrauch gemacht wurde (Vorreiter ist Baden-Württemberg, andere Länder sind gefolgt), führt das zu bundesweit uneinheitlichen funktionellen Zuständigkeiten. Zum Richtervorbehalt für unternehmensrechtliche Verfahren s. § 375 Rdn. 13 f. Für die Eintragung von Insolvenzvermerken und inländischen Geschäftsanschriften in das Handels-, Genossenschafts- und Partnerschaftsregister ist der Urkundsbeamte der Geschäftsstelle funktionell zuständig (§ 29 Abs. 1 Nr. 3, 4 HRV); für die Eintragung von Insolvenzvermerken in das Vereinsregister enthält die VRV inkonsequenter Weise keine entsprechende Zuständigkeitsregelung. 14

G. Inkrafttreten des Abs. 2. Abweichend vom übrigen FamFG trat Abs. 2 bereits am 29.05.2009 in Kraft (Art. 14 Abs. 1 BilMoG, BGBl. 2009 I 1102, 1136). Das vorgezogene Inkrafttreten der Verordnungsermächtigung wurde als notwendig erachtet, damit die Länder rechtzeitig bis zum Inkrafttreten des FamFG Regelungen zur Zuständigkeitskonzentration treffen konnten (s. BT-Drucks. 16/12407 S. 102). 15

§ 377 Örtliche Zuständigkeit. (1) Ausschließlich zuständig ist das Gericht, in dessen Bezirk sich die Niederlassung des Einzelkaufmanns, der Sitz der Gesellschaft, des Versicherungsvereins, der Genossenschaft, der Partnerschaft oder des Vereins befindet, soweit sich aus den entsprechenden Gesetzen nichts anderes ergibt.

§ 377

(2) Für die Angelegenheiten, die den Gerichten in Ansehung der nach dem Handelsgesetzbuch oder nach dem Binnenschifffahrtsgesetz aufzumachenden Dispache zugewiesen sind, ist das Gericht des Ortes zuständig, an dem die Verteilung der Havereischäden zu erfolgen hat.
(3) Die Eintragungen in das Güterrechtsregister sind bei jedem Gericht zu bewirken, in dessen Bezirk auch nur einer der Ehegatten oder Lebenspartner seinen gewöhnlichen Aufenthalt hat.
(4) § 2 Abs. 1 ist nicht anzuwenden.

Übersicht

	Rdn.		Rdn.
A. Allgemeines	1	II. Besondere Zuständigkeit für das Dispacheverfahren (Abs. 2)	30
B. Zuständigkeit in Registersachen (Abs. 1)	6	D. Zuständigkeit für Güterrechtsregistersachen (Abs. 3)	34
I. Einzelkaufmann	8	I. Begriff des gewöhnlichen Aufenthalts	35
II. Personenhandelsgesellschaften	11	II. Gewöhnlicher Aufenthalt an mehreren Orten	37
III. Kapitalgesellschaften, Genossenschaften, Partnerschaften und Vereine	12	III. Großzügige Prüfung der örtlichen Zuständigkeit	39
IV. Juristische Person i.S.d. § 33 HGB	17	IV. Änderung des gewöhnlichen Aufenthalts	40
V. Zweigniederlassungen	18	V. Eintragungen bei einem unzuständigen Gericht	41
VI. Sitzverlegungen	19	VI. Kaufmannseigenschaft eines Ehegatten	43
VII. Keine Verweisung bei örtlicher Unzuständigkeit	21	VII. Fälle mit Auslandsbezug sowie Güterstand der ehemaligen DDR	44
VIII. Überprüfung der örtlichen Zuständigkeit in der Beschwerdeinstanz	22	E. Ausschluss des Prioritätsprinzips (Abs. 4)	50
IX. Wirksamkeit der Eintragungen in ein unzuständiges Register	23		
C. Zuständigkeit für unternehmensrechtliche Verfahren	26		
I. Allgemeine Zuständigkeit für unternehmensrechtliche Verfahren	26		

1   **A. Allgemeines.** Abs. 1 bestimmt den Ort der Niederlassung des Einzelkaufmanns bzw. den Sitz der juristischen Person, Gesellschaft, Genossenschaft usw. als Anknüpfungspunkt für die Zuständigkeit des Registergerichts. Welches AG für diesen Ort gerichtsorganisatorisch zuständig ist, beantwortet § 376.

2   Der Vorbehalt abweichender Spezialregelungen in den materiellen Gesetzen bezieht sich vor allem auf die Eintragung von Zweigniederlassungen von Unternehmen mit Sitz im Ausland (§ 13d Abs. 1 HGB) sowie auf die unternehmensrechtlichen Verfahren.

3   **Abs. 2** bestimmt die örtliche Zuständigkeit für das Dispacheverfahren.

4   Die in **Abs. 3** enthaltene Regelung findet sich wortgleich bereits in § 1558 Abs. 1 BGB. Nach der Begründung des RegE wird sie hier »aus systematischen Gründen wiederholt«. Zur Bewertung dieser Absurdität s. Vorbem. §§ 374 bis 409 Rdn. 3.

5   **Abs. 4** schließt die Anwendung des § 2 Abs. 1 aus. Nach jener Bestimmung wäre von mehreren örtlich zuständigen Gerichten das zuerst mit der Sache befasste zuständig.

6   **B. Zuständigkeit in Registersachen (Abs. 1).** Die in Abs. 1 getroffene Bestimmung über die Gerichtszuständigkeit ist **sachlich falsch.** Der Gesetzesbegründung (BT-Drucks. 16/6308 S. 285) zufolge wurde die Vorschrift eingefügt, weil das frühere FGG keine generelle Regelung zur örtlichen Zuständigkeit für Registerverfahren enthielt; die entsprechenden Vorschriften hätten sich (nur) in den jeweiligen Spezialgesetzen befunden. § 377 Abs. 1 enthalte eine den weit überwiegenden Teil dieser Einzelregelungen zusammenfassende Vorschrift zur Begründung der örtlichen Zuständigkeit. Bei diesen Erwägungen verkennt jedoch der Gesetzgeber, dass sich die »in den Spezialgesetzen« enthaltenen und nun vermeintlich in § 377 Abs. 1 zusammengefassten Bestimmungen nicht generell zur Frage der örtlichen Zuständigkeit des Registergerichts äußern, sondern lediglich dazu, bei welchem Gericht die Ersteintragung anzumelden ist (s. §§ 29, 106 Abs. 1 HGB, 7 Abs. 1 GmbHG, 10 Abs. 1 GenG, 14 AktG, 185 Abs. 1 VAG, 2 Abs. 1 EWIVAG, 4 SEAG, 137 Abs. 1 UmwG, 55 BGB usw.). Nicht diese Regelungen fasst § 377 Abs. 1 zusammen, sondern formuliert eine neuartige, fortwährende Verknüpfung zwischen Unternehmenssitz und örtlicher Registerzuständigkeit. Diese Verknüpfung besteht jedoch tatsächlich so nicht, denn bei allen Folgegeschäften im Anschluss an die

Erstanmeldung ist wahrer Anknüpfungspunkt für die Zuständigkeit des Registergerichts nicht mehr der Sitz des Unternehmens, sondern der Ort der bisherigen Registerführung. Ist das Unternehmen einmal eingetragen, begründet allein dies die (weitere) Zuständigkeit dieses Registergerichts. Auf den tatsächlichen Sitz kommt es nach vollzogener Ersteintragung nicht mehr an. Der Unterschied macht sich bemerkbar, wenn etwa der Einzelkaufmann seine Niederlassung oder die Personenhandelsgesellschaft ihren Verwaltungssitz verlegen: Entgegen dem Wortlaut des § 377 Abs. 1 begründen diese Veränderungen für sich genommen noch keine Zuständigkeit des Registergerichts am Ort des neuen Sitzes, sondern es bleibt das bisher Register führende Gericht weiterhin zuständig für alle registergerichtlichen Geschäfte einschließlich der Zwangsgeld-, Ordnungsgeld- und Löschungsverfahren nach den §§ 388 ff. FamFG (unklar insoweit MüKo-FamFG/*Krafka* § 392 Rn. 12). Die Zuständigkeit des bisherigen Registergerichts trägt so lange, bis die Sitzverlegung angemeldet ist. Erst dann wechselt sie zum Gericht des neuen Sitzes. Dasselbe gilt, wenn ein Unternehmen versehentlich bei einem falschen Registergericht eingetragen wurde: Dieses Gericht bleibt aufgrund seiner Vorbefassung zuständig. Eine Amtslöschung des unzulässig eingetragenen Unternehmens (§ 395) wäre von diesem Gericht zu betreiben und nicht etwa von dem nach Abs. 1 vermeintlich bestimmten Gericht des wahren Sitzes.

Richtig ist also: Ausschließlich zuständig ist immer dasjenige Registergericht, bei dem das Unternehmen, 7 die Genossenschaft oder der Verein bisher geführt wird. Abs. 1 ist **teleologisch zu reduzieren**: Die Vorschrift enthält nur eine Bestimmung darüber, welches Gericht für die **Ersteintragung** zuständig ist und zu welchem Gericht die Registerakte nach der Anmeldung einer **Sitzverlegung** abzugeben ist. Nur auf den so reduzierten Anwendungsbereich beziehen sich die nachfolgenden Ausführungen.

I. Einzelkaufmann. Anknüpfungspunkt beim Einzelkaufmann ist der Ort seiner Niederlassung; gemeint 8 ist damit die **Hauptniederlassung**. Das ist der Ort des tatsächlichen Verwaltungssitzes (Baumbach/Hopt/ *Hopt* § 13 Rn. 1), also der **Ort der kaufmännischen Leitung** des Gewerbes, nicht der Ort der Hauptbetriebsstätte (Jansen/*Steder* § 125 Rn. 11; MüKoHGB/*Krafka* § 13 Rn. 6, § 29 Rn. 8).

Jedes Handelsgewerbe hat nur eine einzige Hauptniederlassung. Anders als bei Kapitalgesellschaften (s. 9 Rdn. 13) besteht kein Bedürfnis für die Anerkennung eines Doppel- oder Mehrfachsitzes. Wechselt der Ort der kaufmännischen Leitung ständig (z.B. bei fahrendem Gewerbe), kann ausnahmsweise der Wohnort des Gewerbetreibenden als Ort seiner Niederlassung fingiert werden, selbst wenn dort keine kaufmännische Leitung ausgeübt wird (MüKoHGB/*Krafka* § 29 Rn. 8; Staub/*Burgard* § 29 Rn. 10). Immerhin wird der Gewerbetreibende dort am ehesten für Mitteilungen erreichbar sein.

Betreibt der Einzelkaufmann **mehrere verschiedene Gewerbe** (z.B. eine Autovermietung am Ort A und ei- 10 nen Versandhandel am Ort B), sind beide gesondert am jeweiligen Ort der Hauptniederlassung des jeweiligen Gewerbes einzutragen.

II. Personenhandelsgesellschaften. Bei Personenhandelsgesellschaften (KG, OHG) knüpft die Zuständig- 11 keit an deren Sitz an. Auch hiermit ist der **Ort des tatsächlichen Verwaltungssitzes** gemeint, also der Ort der Geschäftsführung (KG NJW-RR 1997, 868; Baumbach/Hopt/*Hopt* § 106 Rn. 8; a.A. offenbar Keidel/ *Heinemann* § 377 Rn. 7). Er stimmt mit der anzumeldenden Geschäftsanschrift notwendig überein (OLG Schleswig FGPrax 2012, 124, a.A. OLG Hamm GmbHR 2015, 938: c/o-Anschrift beim Notar sei zulässig). Der Gesellschaftsvertrag kann den Sitz nach bislang h.M. abweichend vom Ort der tatsächlichen Geschäftsführung bestimmen (BGH WM 1957, 999; KG FGPrax 2012, 172; RNotZ 2012, 395; *Krafka/Kühn* Rn. 341, 607; MüKoHGB/*Langhein* § 106 Rn. 28; Jansen/*Steder* § 125 Rn. 12; a.A. Staub/*Schäfer* § 106 Rn. 18 f.; *Koch* ZHR 173 [2009], 101; Baumbach/Hopt/*Hopt* § 106 Rn. 8). Ein Doppelsitz ist – wie für den Einzelkaufmann – nicht zugelassen (Baumbach/Hopt/*Hopt* § 106 Rn. 9; Jansen/*Steder* § 125 Rn. 24; *Krafka/ Kühn* Rn. 607; a.A. Staub/*Koch* § 13 Rn. 54; Staub/*Schäfer* § 106 Rn. 21). Lediglich die EWIV darf ihren Sitz nach Art. 12 Satz 2 Buchst. b) EWIV-VO abweichend vom Ort der Hauptverwaltung an einem Ort wählen, an dem eines ihrer Mitglieder seine Hauptverwaltung hat oder als natürliche Person seine Haupttätigkeit ausübt.

III. Kapitalgesellschaften, Genossenschaften, Partnerschaften und Vereine. Bei Kapitalgesellschaften, 12 Genossenschaften, Partnerschaften und Vereinen ist der **statuarische Sitz** maßgebend, also der Ort, den die Satzung als Sitz bestimmt, selbst wenn sich die tatsächliche Geschäftsführung nicht dort befindet (Jansen/ *Steder* § 125 Rn. 13).

Zulässig ist – nach bisheriger Rechtsprechung – für Kapitalgesellschaften in besonders gelagerten Ausnah- 13 mefällen ein **Doppelsitz**, wenn beide Sitze eine besondere Bedeutung für das Unternehmen haben (OLG

Hamm Rpfleger 1965, 120; BayObLG NJW 1962, 1014; a.A. jetzt aber: Keidel/*Heinemann* § 377 Rn. 13; MüKoFamFG/*Krafka* § 377 Rn. 6; BeckOK FamFG/*Munzig* § 377 Rn. 8; Schmidt-Kessel/Leutner/Müther/ *Müther* § 8 Rn. 29). Reine Prestigegründe, namentlich nach einer Verschmelzung, genügen jedoch nicht (BayObLG ZIP 1985, 929; a.A. *Katschinski* ZIP 1997, 620; *Pluskat* WM 2004, 601); zu großzügig daher LG Essen (ZIP 2001, 1632) bei der Zulassung eines Doppelsitzes für die »ThyssenKrupp AG«.

14 Wird ein zweiter Sitz errichtet, tritt dieser selbstständig neben den ersten. Beide Sitze haben die volle und uneingeschränkte Bedeutung des handelsrechtlichen Sitzes. An beiden Sitzen entsteht eine selbstständige und unabhängige registergerichtliche Zuständigkeit. Registeranmeldungen können nicht wahlweise an dem Gericht des einen oder des anderen Sitzes vorgenommen werden, sondern müssen jeweils zu beiden Registern erfolgen. Beide Sitze sind rechtlich gleichwertig. Beiden Registergerichten obliegt die selbstständige Prüfung der jeweiligen Registeranmeldung und die selbstständige Durchführung der Verfahren nach den §§ 388 bis 399 (OLG Hamm Rpfleger 1965, 120; BayObLG NJW 1962, 1014, 1015; a.A. KölnKomm-AktG/ *Kraft* § 5 Rn. 23). Auch die doppelt anfallenden Gebühren der Registerführung sind hinzunehmen (BayObLG NJW 1962, 1014, 1016).

15 Generell gilt für die Gesellschaft das »Schlechterstellungsprinzip«. Konstitutive Eintragungen werden erst wirksam, wenn sie in beiden Registern eingetragen sind (Staub/*Hüffer* [4. Aufl.] vor § 13 Rn. 28). Inhaltliche Unterschiede beider Register gehen – hinsichtlich der Publizitätswirkungen – stets zulasten des eingetragenen Unternehmens, da niemand verpflichtet ist, beide Register parallel einzusehen (Staub/*Hüffer* [4. Aufl.] vor § 13 Rn. 28). Sind an die Eintragung Fristen geknüpft, beginnen diese erst zu laufen, wenn die Eintragung bei beiden Registern erfolgt ist (Staub/*Hüffer* [4. Aufl.] vor § 13 Rn. 28). Bei divergierenden Entscheidungen der Registergerichte haben beide Registergerichte untereinander kein gegenseitiges »Beschwerderecht«; üblich ist es aber, das jeweils andere Gericht von den im eigenen Register vorgenommenen Eintragungen zu unterrichten. Zur Zuständigkeit für unternehmensrechtliche Verfahren s. Rdn. 53.

16 Vereine können keinen Doppelsitz haben (OLG Hamburg MDR 1972, 417).

17 **IV. Juristische Person i.S.d. § 33 HGB.** Bei juristischen Personen, deren Eintragung in das Handelsregister mit Rücksicht auf den Gegenstand oder die Art und den Umfang ihres Gewerbebetriebes zu erfolgen hat (gewerbetreibende Vereine, privatrechtliche Stiftungen, öffentlich-rechtliche Körperschaften usw.), richtet sich die Zuständigkeit nach § 29 HGB. Entscheidend ist also der **Ort des tatsächlichen Verwaltungssitzes**, nicht der statuarische Sitz (KG OLGR 27, 306; Jansen/*Steder* § 125 Rn. 14).

18 **V. Zweigniederlassungen.** Für die Eintragung der Zweigniederlassungen und deren Rechtsverhältnisse ist seit dem 01.01.2007 allein das Registergericht der Hauptniederlassung zuständig (§ 13 HGB). Nur Zweigniederlassungen von Unternehmen mit Sitz im Ausland werden am Gerichtsort der Zweigniederlassung eingetragen (§ 13d Abs. 1 HGB).

19 **VI. Sitzverlegungen.** Sitzverlegungen sind beim Registergericht des bisherigen Sitzes anzumelden (§§ 13h HGB, 45 AktG, 6 VRV). Der funktionell hierfür bei Kapitalgesellschaften zuständige Richter (§ 17 Nr. 1 Buchst. b) RPflG), ansonsten der Rechtspfleger, prüft jedoch nur die förmliche Zulässigkeit der Anmeldung (OLG Frankfurt FGPrax 2008, 164), um sie sodann mit den Registerakten an das für den neuen Sitz zuständige Gericht zu übersenden. Jenes ist für die Sachprüfung und für die Eintragung der Sitzverlegung sowie der gleichzeitig mit ihr angemeldeten weiteren Veränderungen zuständig (OLG Köln FGPrax 2005, 40 m.w.N.), darf die Eintragung der Sitzverlegung aber nicht wegen fehlerhafter Voreintragungen ablehnen (OLG München FGPrax 2011, 92; unrichtig daher die nachträgliche Firmenprüfung nach § 18 HGB bei OLG Schleswig FGPrax 2011, 311). Notwendigerweise neu anzumelden mit der Sitzverlegung ist allerdings eine geänderte Geschäftsanschrift (OLG Schleswig FGPrax 2012, 124). Wird zugleich mit der Sitzverlegung eine Verschmelzung mit Kapitalerhöhung angemeldet, ist das Registergericht des bisherigen Sitzes zunächst zur Erledigung des Antrags bezüglich der nach § 53 UmwG vorab einzutragenden Kapitalerhöhung verpflichtet, bevor es die Sache zur Eintragung der Verschmelzung und Sitzverlegung an das Gericht des neuen Sitzes abgeben kann (OLG Frankfurt FGPrax 2005, 38). Wird im Zusammenhang mit einer Sitzverlegung eine aktualisierte Gesellschafterliste eingereicht, ist auch diese noch vor der Abgabe an das Gericht des neuen Sitzes in den Registerordner aufzunehmen (Mayer ZIP 2009, 1037, 1039).

20 Ergeben sich bei der Eintragung der Sitzverlegung Beanstandungen und Verzögerungen (z.B. wegen fehlender Unterscheidbarkeit von anderen Firmen/Vereinsnamen am neuen Sitz, §§ 13h Abs. 2 Satz 3 HGB, 45 Abs. 2 Satz 3 AktG, 6 Abs. 1 Satz 3 VRV), bleibt der getrennte Vollzug möglich (§ 382 Rdn. 19 ff.): Die dringenden, mit der Sitzverlegung weiter angemeldeten Änderungen (z.B. betreffend Geschäftsführung,

Prokuren usw.) können vorab im Register des alten, noch wirksamen Sitzes eingetragen werden. Das (noch) Register führende Gericht bleibt hierfür bis zur endgültigen Eintragung der Sitzverlegung zuständig. Die Registergerichte werden den getrennten Vollzug allerdings – schon wegen des damit verbundenen Abstimmungsaufwandes – nur auf gesonderten Antrag verfolgen. Dieser kann allerdings auch nachträglich noch gestellt werden.

VII. Keine Verweisung bei örtlicher Unzuständigkeit. § 3 Abs. 1 sieht vor, dass sich das fälschlich angerufene Gericht durch Beschluss für unzuständig erklärt und die Sache an das zuständige Gericht verweist. Die Vorschrift ist jedoch **auf Eintragungsanträge nicht anzuwenden**. Denn eine Registeranmeldung ist nicht ausschließlich Verfahrenshandlung, sie hat auch eine materielle Komponente, die auf Verlautbarung der angemeldeten Tatsachen oder Rechtsverhältnisse in dem konkreten Register zielt, zu dem sie eingereicht wird. Sie kann nicht für eine Eintragung bei einem anderen Registergericht verwendet werden, welches an sich zuständig wäre, denn die Eintragung dort würde eine ausdrückliche Anmeldung zur Verlautbarung im dortigen Register voraussetzen. Daher ist die bei einem unzuständigen Registergericht eingereichte Registeranmeldung entgegen § 3 Abs. 1 nicht an das zuständige Gericht zu verweisen, sondern wegen Unzuständigkeit zurückzuweisen (Staub/*Schäfer* § 106 Rn. 10; a.A. BeckOK FamFG/*Munzig* § 377 Rn. 18; Keidel/*Heinemann* § 377 Rn. 43; Bork/Jacoby/Schwab/*Müther* vor § 376 f. Rn. 6; Schmidt-Kessel/Leutner/Müther/*Müther* § 8 Rn. 26, 45; Haußleiter/*Schemmann* § 377 Rn. 2). Infolgedessen sind auch § 4 (Abgabe an ein anderes Gericht) und § 5 (gerichtliche Bestimmung der Zuständigkeit) nicht anzuwenden.

VIII. Überprüfung der örtlichen Zuständigkeit in der Beschwerdeinstanz. Die örtliche Zuständigkeit des Registergerichts ist eine ausschließliche; sie ist in jeder Lage des Verfahrens von Amts wegen zu beachten (KGJ 31 A 206; KG JFG 20, 134). Die Verfügung eines unzuständigen Gerichts (z.B. die Aufforderung zur Firmenanmeldung gem. § 388 FamFG durch ein für den Ort der Handelsniederlassung nicht zuständiges Gericht) ist auf Beschwerde hin aufzuheben (*Jansen/Steder* § 125 Rn. 29). Die Vorschrift des § 65 Abs. 4, wonach die Beschwerde nicht darauf gestützt werden könne, dass das Gericht des ersten Rechtszuges seine Zuständigkeit zu Unrecht angenommen habe, ist also in Registersachen nicht anzuwenden (a.A. Keidel/*Sternal* § 65 Rn. 16; Keidel/*Heinemann* § 377 Rn. 3; MüKoFamFG/*Krafka* § 377 Rn. 2; Bork/Jacoby/Schwab/*Müther* vor § 376 f. Rn. 5). Denn die Regelung des § 65 Abs. 4 verfolgt den Zweck, die Rechtsmittelgerichte von rein prozessualen Streitigkeiten zu entlasten (BT-Drucks. 16/6308 S. 206). Darum geht es bei falscher Registerzuständigkeit jedoch nicht, sondern um die korrekte Lokalisierung von Publizitätswirkungen und daran anknüpfende Gutglaubenstatbestände. Ebenso muss das Beschwerdegericht die örtliche Zuständigkeit des Registers mit überprüfen, wenn es über einen vom RegisterG zurückgewiesenen Eintragungsantrag zu entscheiden hat, denn andernfalls käme es auf die Beschwerde hin zu einem Eintrag im falschen Register.

IX. Wirksamkeit der Eintragungen in ein unzuständiges Register. Ob Eintragungen in ein unzuständiges Register wirksam sind, war in der Vergangenheit umstritten. Allgemein bestimmte § 7 FGG, dass gerichtliche Handlungen nicht aus dem Grunde unwirksam seien, dass sie von einem örtlich unzuständigen Gericht vorgenommen seien. Streitig war die Anwendbarkeit der Vorschrift auf Registersachen. Sie wurde für das Vereinsregister überwiegend bejaht (BayObLG Rpfleger 1996, 350; a.A. *Schlegelberger* § 1 Rn. 25), für das Handelsregister z.T. verneint (*Sternberg/Siehr* S. 35; a.A. Jansen/*Steder* § 125 Rn. 30; Bondi ZHR 78 [1916], 99, 105).

Der Meinungsstreit dürfte durch das FamFG in dem Sinne entschieden sein, dass Eintragungen eines unzuständigen Registergerichts wirksam sind. Denn Abs. 4 erklärt ausdrücklich nur den ersten Abs. des § 2 für nicht anwendbar. Daraus folgt im Umkehrschluss, dass § 2 Abs. 3 – die Nachfolgevorschrift zu § 7 FGG – anzuwenden ist. Die Eintragungen sind also materiell wirksam (ebenso Kessel/Leutner/Müther/*Müther* § 8 Rn. 47). Sie entfalten aber keine volle Publizitätswirkung (Jansen/*Steder* § 125 Rn. 30), weil jene voraussetzt, dass das Unternehmen und die jeweilige Eintragung in dem dafür zuständigen Register vom Publikum aufgefunden werden können.

Einzelkaufleute, Personenhandelsgesellschaften und Vereine, die im falschen Register eingetragen sind, können nach § 395 Abs. 1 wieder gelöscht werden. Handelt es sich jedoch um eine Kapitalgesellschaft oder um eine Genossenschaft, steht einer Löschung aus dem falschen Register § 397 entgegen, da Verfahrensfehler bei der Eintragung der Gesellschaft keine nachträgliche Löschung rechtfertigen (str., s. § 395 Rdn. 55). Die Gesellschaft oder Genossenschaft ist in dem Fall verpflichtet, die Umschreibung der Eintragungen auf das zuständige Register ähnlich einer Sitzverlegung anzumelden. Diese Anmeldung kann nach den §§ 388 ff. erzwungen werden.

26 **C. Zuständigkeit für unternehmensrechtliche Verfahren. I. Allgemeine Zuständigkeit für unternehmensrechtliche Verfahren.** Für unternehmensrechtliche Verfahren gilt Abs. 1 nur im Grundsatz, denn in den meisten Fällen enthalten die materiellen Gesetze besondere Zuständigkeitsbestimmungen, die der allgemeinen Vorschrift des FamFG vorgehen.

27 Soweit Abs. 1 zur Anwendung kommt, bedeutet dies nicht zwingend einen Gleichlauf mit dem AG, bei dem das Register geführt wird. Denn die Zuständigkeit für das unternehmensrechtliche Verfahren ist nicht an den Ort des Registergerichts, sondern an den Unternehmenssitz geknüpft. Das kann zur Folge haben, dass die örtliche Zuständigkeit des Registergerichts vom Gericht des unternehmensrechtlichen Verfahrens abweicht, bspw. wenn die Sitzverlegung einer Personenhandelsgesellschaft noch nicht angemeldet und eingetragen ist: Für das unternehmensrechtliche Verfahren ist bereits das Gericht am neuen Firmensitz gem. Abs. 1 zuständig, während das Registerverfahren bis zur Eintragung der Sitzverlegung in der Zuständigkeit des bisher Register führenden Gerichts verbleibt. Auch fallen die Zuständigkeiten auseinander, wenn landesrechtliche Zuständigkeitskonzentrationen (§ 376 Abs. 2) nicht für Registersachen und für unternehmensrechtliche Verfahren parallel verordnet wurden, namentlich wenn versäumt wurde, für unternehmensrechtliche Verfahren überhaupt eine Regelung zu treffen. Die Notwendigkeit gesonderter Konzentrationsverordnungen für unternehmensrechtliche Verfahren ist erst durch das FamFG entstanden, da die früher in § 145 Abs. 2 FGG enthaltene Zuständigkeitskopplung so nicht in das FamFG übernommen wurde.

28 Für unternehmensrechtliche Verfahren, die bereits **vor der Eintragung einer Kapitalgesellschaft** in das Register angestrengt werden, richtet sich die örtliche Zuständigkeit nach dem statuarisch geplanten Sitz der Gesellschaft (Keidel/*Heinemann* § 375 Rn. 4; Bumiller/*Harders* § 375 Rn. 5). Das gilt auch bei endgültiger Aufgabe des Gründungswillens für die dann anstehenden Abwicklungsmaßnahmen (Keidel/*Heinemann* § 375 Rn. 4; a.A. BayObLG MDR 1965, 914 und Bumiller/*Harders* § 375 Rn. 5).

29 Für die **Verklarung in der Binnenschifffahrt** ist das Schifffahrtsgericht des Unfallorts zuständig (§ 11 Abs. 2 BinSchG). Der zusätzlich begründete Gerichtsstand am Bestimmungsort der Reise oder am vorübergehenden Liegeort (§ 11 Abs. 1 BinSchG) findet in der Rechtswirklichkeit kaum noch praktische Anwendung.

30 **II. Besondere Zuständigkeit für das Dispacheverfahren (Abs. 2).** Für die Ernennung eines Dispacheurs (§ 595 Abs. 2 HGB) und für die Dispacheverfahren nach den §§ 403 ff. FamFG ist das Gericht des Ortes zuständig, an dem die Verteilung der Havereischäden zu erfolgen hat.

31 Verteilungsort ist – nach der gesetzlichen Regelung des § 595 Abs. 1 HGB – der Bestimmungsort der Reise und, wenn dieser nicht erreicht wird, der Hafen, wo die Reise endet. Reiseende ist an dem Ort, wo Schiff und Ladung tatsächlich voneinander getrennt werden, wobei die Löschung eines erheblichen Teils der Ladung genügt (KGJ 53, 103). Die gesetzliche Vorschrift ist aber von der Rechtswirklichkeit überholt, da der Verteilungs- und Dispacheort heute regelmäßig vertraglich vereinbart wird (meist London, bei deutschen Reedereien z.T. Hamburg; vgl. Charter: NYPE 93 Klausel 25, GENCON 94 Klausel 12; Linie: CONLINE-BILL 2000 Klausel 12; Tramp: CONGENBILL 2007 Klausel 3). Rechtlich unzulässig wäre allerdings die Vereinbarung einer vom Verteilungsort abweichenden Gerichtszuständigkeit (OLG Hamburg OLGR 44, 182); in einem solchen Fall müsste auf die gesetzliche Regelung zurückgegriffen werden.

32 § 23d GVG ermächtigt die Länder zur **Zuständigkeitskonzentration**. Für die Länder Brandenburg, Mecklenburg-Vorpommern, Sachsen, Sachsen-Anhalt und Thüringen ist das Dispacheverfahren aufgrund des Staatsvertrages vom 29.08.1994 beim AG Rostock konzentriert (vgl. aber § 376 Rdn. 12). Für die Hamburger Gerichtsbezirke ist das Verklarungs- und Dispacheverfahren bei dem AG Hamburg konzentriert (§ 1 Nr. 16 der VO v. 01.09.1987, HmbGVBl S. 172).

33 Die nach § 4 BinSchGerG getroffene Zuständigkeitskonzentration auf die Schifffahrts- und Schifffahrtsobergerichte gilt grds. nicht für die nach dem FamFG zu erledigenden Schifffahrtssachen – mit Ausnahme des an den Unfallort anknüpfenden Verklarungsverfahrens aufgrund der in § 11 Abs. 2 BinSchG enthaltenen Sonderzuweisung.

34 **D. Zuständigkeit für Güterrechtsregistersachen (Abs. 3).** Die Zuständigkeit in Güterrechtsregistersachen ist eine **kumulative Mehrfachzuständigkeit**. Zuständig ist jedes AG, in dessen Bezirk auch nur einer der Ehegatten oder Lebenspartner einen gewöhnlichen Aufenthalt hat. Die Eintragung ist bei allen zuständigen Gerichten zu bewirken und kann Dritten nur dann gem. § 1412 BGB entgegengehalten werden, wenn sie

bei jedem zuständigen Gericht mit identischem Inhalt eingetragen ist (MüKoBGB/*Kanzleiter* § 1558 Rn. 2; Staudinger/*Thiele* § 1558 Rn. 3). Eintragungen in verschiedenen Güterrechtsregistern, die einander widersprechen, entfalten insgesamt keine Publizitätswirkung (Staudinger/*Thiele* § 1558 Rn. 3).

I. Begriff des gewöhnlichen Aufenthalts. Der Begriff des »gewöhnlichen Aufenthalts« i.S.d. Abs. 3 ist nicht gleichgestellt mit dem bloß formal gleichlautenden Begriff der §§ 98 Abs. 1, 122, 151 Abs. 2, 170 usw. Denn jene Vorschriften folgen einem rein verfahrensrechtlichen Blickwinkel, welcher auf die möglichst eindeutige Festlegung eines Gerichtsstandes zielt. Demgegenüber zielt § 377 Abs. 3 auf effektive Registerpublizität. Das Güterrechtsregister muss sicherstellen, dass die zu verlautbarenden Rechtsverhältnisse überall dort wahrgenommen werden, wo das **Publikum** einen gewöhnlichen Aufenthalt der Ehegatten verortet und deshalb bei dem dort ansässigen Güterrechtsregister nach Eintragungen forscht. Die Anknüpfung an den gewöhnlichen Aufenthalt dient hier nicht der Kanalisierung einer Rechtsschutzgewährung, sondern dem Schutz des Rechtsverkehrs durch möglichst intuitive Lokalisierung der Informationsquelle Güterrechtsregister. 35

»Gewöhnlicher Aufenthalt« i.S.d. Abs. 3 meint den Ort, an dem eine Person sich **faktisch** dazu entschließt, länger zu verweilen, seinen Daseinsmittelpunkt zu finden und heimatliche Bindungen zu knüpfen. Dieser Ort wird oft – muss aber nicht – mit dem **Wohnsitz** übereinstimmen. Während der Wohnsitz (§ 7 BGB) einen rechtsgeschäftlichen Bindungswillen voraussetzt, sich ständig an einem bestimmten Ort niederzulassen, reicht es für den Ort des »gewöhnlichen Aufenthalts«, wenn der Betreffende sich faktisch – auch gegen seinen Willen – niederlässt. Instruktiv sind die Ausführungen bei BGH NJW 1981, 520: »Unter dem gewöhnlichen Aufenthalt ist der Ort oder das Land zu verstehen, in dem der Schwerpunkt der Bindungen der betreffenden Person, ihr Daseinsmittelpunkt liegt. Zu fordern ist nicht nur ein Aufenthalt von einer Dauer, die zum Unterschied von dem einfachen oder schlichten Aufenthalt nicht nur gering sein darf, sondern auch das Vorhandensein weiterer Beziehungen, insb. in familiärer oder beruflicher Hinsicht, in denen – im Vergleich zu einem sonst in Betracht kommenden Aufenthaltsort – der Schwerpunkt der Bindungen der betreffenden Person zu sehen ist. Vom Wohnsitz unterscheidet sich der gewöhnliche Aufenthalt dadurch, dass der Wille, den Aufenthaltsort zum Mittelpunkt oder Schwerpunkt der Lebensverhältnisse zu machen, nicht erforderlich ist. Es handelt sich um einen ›faktischen‹ Wohnsitz, der ebenso wie der gewillkürte Wohnsitz Daseinsmittelpunkt sein muss. Das Merkmal der nicht nur geringen Dauer des Aufenthalts bedeutet dabei nicht, dass im Falle eines Wechsels des Aufenthaltsorts ein neuer gewöhnlicher Aufenthalt immer erst nach Ablauf einer entsprechenden Zeitspanne begründet werden könnte und bis dahin der frühere gewöhnliche Aufenthalt fortbestehen würde. Der gewöhnliche Aufenthalt an einem Ort wird vielmehr grds. schon dann begründet, wenn sich aus den Umständen ergibt, dass der Aufenthalt an diesem Ort auf eine längere Zeitdauer angelegt ist und der neue Aufenthaltsort künftig anstelle des bisherigen Daseinsmittelpunkt sein soll.« 36

II. Gewöhnlicher Aufenthalt an mehreren Orten. Der gewöhnliche Aufenthalt kann an mehreren Orten begründet sein. Werden z.B. ein Sommer- und ein Winterhaus im jahreszeitlichen Wechsel bewohnt, begründet dies an beiden Orten gleichzeitig den gewöhnlichen Aufenthalt. Bei sog. »Wochenendehen« besteht ein gewöhnlicher Aufenthalt nicht nur am Ort der ehelichen Wohnung, sondern auch am Ort der auswärtigen Berufstätigkeit. Dasselbe gilt bei längeren auswärtigen Studienaufenthalten (KG NJW 1988, 649). 37

Da die Publizitätswirkung erst einsetzt, wenn die güterrechtlichen Verhältnisse an jedem Ort des gewöhnlichen Aufenthalts eingetragen sind, gehört es zu den **Sorgfaltspflichten der rechtsberatenden Berufe**, die Lebenssituation der Eheleute/Lebenspartner zu klären. 38

III. Großzügige Prüfung der örtlichen Zuständigkeit. Das Registergericht hat seine örtliche Zuständigkeit großzügig zu prüfen. Da die Wirkungen des § 1412 BGB erst eintreten, wenn an jedem Ort des gewöhnlichen Aufenthalts eine Eintragung in das Güterrechtsregister erfolgt ist, andererseits der Begriff des »gewöhnlichen Aufenthalts« z.T. schwierige Abgrenzungsfragen auslösen kann, sind zum Schutze der Ehegatten und des Rechtsverkehrs Eintragungen auch in solchen Güterrechtsregistern zuzulassen, deren örtliche Zuständigkeit zweifelhaft ist. Es wäre nicht hinnehmbar, wenn das Registergericht eine Eintragung wegen vermeintlich fehlender örtlicher Zuständigkeit ablehnte, im späteren Streitfalle jedoch ein Zivilgericht den gewöhnlichen Aufenthalt feststellte und infolgedessen der Schutz des § 1412 BGB versagt bliebe. Vielmehr muss es bereits für eine Registereintragung genügen, wenn sich auch nur Anhaltspunkte für einen gewöhnlichen Aufenthalt finden. Folgerichtig ist auch für eine Amtslöschung wegen örtlicher Unzuständigkeit des Gerichts regelmäßig kein Raum (§ 395 Rdn. 43). 39

40 **IV. Änderung des gewöhnlichen Aufenthalts.** Verlegt ein Ehegatte seinen gewöhnlichen Aufenthalt in einen anderen Gerichtsbezirk, gilt die frühere Eintragung nur fort, wenn sie im Register des neuen Bezirks wiederholt wird (§ 1559 Satz 1 BGB). Verlegt er seinen gewöhnlichen Aufenthalt in den früheren Bezirk zurück, gilt die frühere Eintragung als von Neuem erfolgt (§ 1559 Satz 2 BGB). Ist die Rückverlegung des gewöhnlichen Aufenthalts dauerhaft nicht beabsichtigt, empfiehlt es sich, die Eintragungen im Güterrechtsregister des früheren gewöhnlichen Aufenthalts löschen zu lassen, um nicht Gefahr zu laufen, dass bei späteren Änderungen versäumt wird, auch diese Eintragungen auf den aktuellen Stand zu bringen (s. Rdn. 41).

41 **V. Eintragungen bei einem unzuständigen Gericht.** Eine zusätzliche (inhaltlich richtige) Eintragung bei einem unzuständigen Gericht ist **unschädlich**, entfaltet jedoch **keine positive Publizitätswirkung**. Hat die Eintragung bei dem unzuständigen Gericht jedoch einen unrichtigen Inhalt, zerstört sie die Publizitätswirkung der sachlich richtigen Eintragungen in den zuständigen Registern. Denn auch wer ein unzuständiges (oder unzuständig gewordenes) Güterrechtsregister einsieht, darf – sofern dort eine Eintragung vorhanden ist – darauf vertrauen, dass dieses die Tatsachen und Rechtsverhältnisse richtig und vollständig wiedergibt. Dem Einsicht nehmenden Dritten ist nicht zuzumuten, eigene Nachforschungen darüber anzustellen, ob im Gerichtsbezirk des eingesehenen Registers noch ein gewöhnlicher Aufenthalt besteht und andere Register ggf. Abweichendes verlautbaren. Zur Vermeidung der daraus für die Eheleute entstehen könnenden Nachteile muss bei güterrechtlichen Änderungen stets darauf geachtet werden, diese nicht nur bei den aktuell zuständigen Güterrechtsregistern anzumelden, sondern auch bei den unzuständig gewordenen Registern, bei denen die Eheleute/Lebenspartner früher einmal Eintragungen haben vornehmen lassen – oder man muss die dortigen Eintragungen löschen lassen (vgl. OLG Hamburg MDR 1975, 492).

42 Die verschiedentlich diskutierte Frage, ob eine beim unzuständigen Güterrechtsregister vorgenommene Eintragung »wirksam« sei, stellt sich in Wahrheit also nicht. Denn Eintragungen im Güterrechtsregister haben keine konstitutive Wirkung, sondern nur deklaratorische Bedeutung. Sie dienen ausschließlich der Publizität, welche dann entsteht, wenn die Eintragung inhaltsgleich bei **jedem zuständigen** Gericht erfolgt ist (s. Rdn. 34). Zusätzliche Eintragungen bei einem unzuständigen Gericht sind weder wirksam noch unwirksam, sondern schlicht irrelevant, solange sie inhaltlich übereinstimmen, andernfalls sind sie publizitätsschädlich.

43 **VI. Kaufmannseigenschaft eines Ehegatten.** Die güterrechtlichen Verhältnisse eines Kaufmanns können nicht in das Handelsregister eingetragen werden (RGZ 63, 245, 249); sie werden allein durch das Güterrechtsregister verlautbart. Eine Eintragung am zuständigen Gerichtsort des gewöhnlichen Aufenthalts wirkt jedoch für das Handelsgewerbe nur dann, wenn der Ort der Handelsniederlassung im Gerichtsbezirk des Güterrechtsregisters liegt. Weicht der Ort der Handelsniederlassung ab, muss die **Eintragung zusätzlich am Ort der Handelsniederlassung** erfolgen, um die güterrechtlichen Wirkungen auch auf das Handelsgewerbe zu erstrecken (Art. 4 Abs. 1 Satz 1 EGHGB). Bei mehreren Niederlassungen genügt die Eintragung am Ort der Hauptniederlassung (Art. 4 Abs. 1 Satz 2 EGHGB). Wird die Niederlassung verlegt, gilt § 1559 BGB entspr. (Art. 4 Abs. 2 EGHGB).

44 **VII. Fälle mit Auslandsbezug sowie Güterstand der ehemaligen DDR.** Hat wenigstens einer der Ehegatten oder Lebenspartner einen gewöhnlichen Aufenthalt im Inland, ist die Eintragung am dortigen Gerichtsort zulässig.

45 Hat keiner der Ehegatten oder Lebenspartner einen gewöhnlichen Aufenthalt im Inland, ist die Eintragung grds. nicht möglich; der Schutz des § 1412 BGB kann nicht erreicht werden. Für ein im Inland betriebenes **Handelsgewerbe** kann jedoch ein güterrechtlicher Schutz durch Eintragung in das Güterrechtsregister am Ort der Niederlassung erlangt werden (Art. 16 Abs. 1 EGBGB). Voraussetzung ist, dass der Ehegatte/Lebenspartner das Gewerbe selbst betreibt; nicht ausreichend ist die bloße Gesellschafterstellung (Palandt/ *Thorn* Art. 16 EGBGB Rn. 2).

46 In allen Fällen mit Auslandsbezug ist die Eintragung in das Güterrechtsregister dringend zu empfehlen, schon um Streitfragen über etwaige nach fremdem Recht nötige Publikations-, Transkriptions- und Beischreibungserfordernisse aus dem Weg zu gehen (*Lichtenberger* DNotZ 1986, 644, 663).

47 Leben die Ehegatten in einem **ausländischen gesetzlichen Güterstand**, kann auch dieser in das Güterrechtsregister eingetragen werden (Art. 16 Abs. 1 Halbs. 2 EGBGB). Davon Gebrauch zu machen ist ratsam, denn ohne eine solche Eintragung darf der Rechtsverkehr darauf vertrauen, dass die Ehegatten – auch wenn beide Ausländer sind – im deutschen gesetzlichen Güterstand leben (KG DNotZ 1933, 112, 113; LG Aurich

FamRZ 1990, 776, 777; Palandt/*Thorn* Art. 16 EGBGB Rn. 2; MüKoBGB/*Siehr* Art. 16 EGBGB Rn. 22 f.). Für ausländische Lebenspartnerschaften besteht die Eintragungsmöglichkeit nicht (Keidel/*Heinemann* § 374 Rn. 35a).

Eintragungsfähig ist außerdem die Rechtswahl nach Art. 15 Abs. 2 EGBGB sowie die bloß **klarstellende** **48** **Vereinbarung des deutschen gesetzlichen Güterstandes**, wenn ansonsten wegen eines vorhandenen Auslandsbezuges Zweifel bestünden (BayObLG FamRZ 1979, 583, 584 f.).

Auf Antrag eines Ehegatten einzutragen ist ferner der gesetzliche **Güterstand nach dem Recht der ehemali-** **49** **gen DDR**, wenn die Ehegatten diesen aufgrund einer nach Art. 234 § 4 Abs. 2 EGBGB abgegebenen Erklärung fortführen (s. Art. 234 § 4 Abs. 3 Satz 5 EGBGB).

E. Ausschluss des Prioritätsprinzips (Abs. 4). Durch Abs. 4 wird die Anwendung des § 2 Abs. 1 aus- **50** geschlossen, wonach von mehreren örtlich zuständigen Gerichten das zuerst mit der Sache befasste zuständig wäre. Die Sonderregelung des Abs. 4 ist bestenfalls als überflüssig zu bezeichnen; für unternehmensrechtliche Verfahren bei Firmen mit Doppelsitz ist sie sogar sachlich falsch.

Für **Registerverfahren** versteht sich die Unanwendbarkeit des § 2 Abs. 1 von selbst. Entweder ist die Zu- **51** ständigkeit mehrerer Gerichte von vornherein ausgeschlossen, weil eine ausschließliche Zuständigkeit des Register führenden Gerichts vorliegt (Rdn. 6), oder es besteht – bei Firmen mit Doppelsitz (Rdn. 13 ff.) sowie in Güterrechtsregistersachen (Rdn. 34) – eine kumulative Mehrfachzuständigkeit in dem Sinne, dass mehrere Registergerichte nebeneinander zuständig sind und die Eintragungen bei jedem der zuständigen Gerichte gesondert zu erfolgen hat.

Für **unternehmensrechtliche Verfahren** gilt § 2 Abs. 1 ebenfalls nicht, wenn das Unternehmen – wie fast **52** immer – nur einen Sitz hat: Das Gericht am Ort des Sitzes ist ausschließlich zuständig. Das folgt bereits aus Abs. 1 und bedarf nicht einer zusätzlichen Bekräftigung durch Abs. 4.

Hat das Unternehmen jedoch ausnahmsweise einen **Doppelsitz** (Rdn. 13), gilt für die unternehmensrecht- **53** lichen Verfahren sehr wohl die Zuständigkeit des zuerst befassten Gerichts und damit § 2 Abs. 1 (ebenso Schmidt-Kessel/Leutner/Müther/*Müther* § 8 Rn. 38 sowie bereits für die frühere Rechtslage: KG NJW-RR 1991, 1507; LG Hamburg DB 1973, 2237; MüKoAktG/*Heider* § 5 Rn. 58). Unternehmensrechtliche Verfahren können nicht an beiden Gerichtsorten der Unternehmenssitze parallel durchgeführt werden, sondern nur an einem der beiden. Das liegt in der Natur der Sache begründet, denn divergierende Ermessensentscheidungen beider Gerichte (z.B. die Bestellung unterschiedlicher Abwickler – KG NJW-RR 1991, 1507) wären nicht hinnehmbar. Als Alternative zum Prioritätsprinzip käme jedoch nur die Zuständigkeitsbestimmung durch das im Rechtszug nächsthöhere Gericht (§ 36 ZPO) in Betracht. Dieses wäre jedoch systemfremd (Umkehrschluss aus § 5 Abs. 1) und soll durch Abs. 4 ersichtlich nicht angeordnet werden. Es ist vielmehr – genau wie § 2 Abs. 1 es vorschreibt – das zuerst mit der Sache befasste Gericht allein zuständig, dessen Sachentscheidung anschließend in beiden Registern inhaltsgleich zu vollziehen ist. Die Regelung des Abs. 4 ist also insgesamt auszublenden.

Schließlich muss das Prioritätsprinzip nach § 2 Abs. 1 auch dann gelten, wenn mehrere Gerichtsstände für **54** das **Verklarungsverfahren** begründet sind (s. Rdn. 29).

Abschnitt 3. Registersachen

Unterabschnitt 1. Verfahren

Vorbem. zu § 378
Registereintragungsverfahren

Übersicht

	Rdn.
A. Antragsverfahren	1
I. Registeranmeldung	3
1. Rechtsnatur, Ziel, Form und Zeit der Registeranmeldung	3
2. Erzwingung der Registeranmeldung	8
3. Ersetzung der Registeranmeldung durch Entscheidung des Prozessgerichts	11
a) Ersetzung der Anmeldung nach § 16 Abs. 1 HGB	11
b) Ersetzung der Anmeldung nach § 894 Abs. 1 ZPO	15
4. Anmeldeberechtigte/-verpflichtete	17
5. Nachweis der organschaftlichen Vertretungsmacht bei der Anmeldung	24
6. Parteien kraft Amtes	29
7. Rechtsgeschäftliche Anmeldevollmacht	32
8. Anerkennung der Beglaubigung durch eine ausländische Stelle	41
a) Bilaterale Abkommen	43
b) Haager Apostille	44
c) Legalisation	47
9. Rücknahme der Anmeldung	49
10. Fristen, Wiedereinsetzung	55
II. Beteiligte des Verfahrens	58
III. Kostenvorschuss	65
IV. Prüfungsumfang des Gerichts	68
1. Prüfung in formaler Hinsicht	68
2. Prüfung in materieller Hinsicht	69
a) Konstitutive Eintragungen	70
aa) Ersteintragung (praxisrelevante Einzelfragen)	71
bb) Folgeanmeldungen (praxisrelevante Einzelfragen)	84
b) Deklaratorische Eintragungen	89
c) Ungewiss konstitutive oder deklaratorische Eintragungen	91
V. Amtsermittlung und Beweiserhebung	92
VI. Bindungswirkung anderer gerichtlicher Entscheidungen, Registersperre, Aussetzung des Verfahrens	94
1. Bindungswirkung einer Entscheidung des Prozessgerichts	94
a) Entscheidung über die Zulässigkeit einer Eintragung (§ 16 Abs. 2 HGB)	94
b) Bindungswirkung rechtsgestaltender und anderer Entscheidungen	98
aa) Rechtsgestaltende Entscheidungen	98
bb) Leistungs- und Feststellungsurteile	102
c) Bindungswirkung nach § 16 Abs. 1 HGB	104
2. Registersperre	106
3. Aussetzung des Verfahrens	110
VII. Kein Missbrauch des Eintragungsverfahrens zu Zwecken der Ausübung eines anderweitigen Zwangs	112
B. Verfahren von Amts wegen	113
C. Beweiskraft und Offenkundigkeit des Registerinhalts	114
I. Negative Beweiskraft des Registerinhalts	116
II. Positive Beweiskraft des Registerinhalts	118
1. Eintragungen von Amts wegen	118
2. Eintragungen auf Antrag	120
3. Volle Beweiskraft der Inhaberschaft und der Vertretungsbefugnis ggü. Behörden	126
4. Beweiskraft der Gesellschafterliste einer GmbH	127
III. Offenkundigkeit des Registerinhalts	129
D. Amtshaftung	130

1 **A. Antragsverfahren.** Das Registerverfahren gehört zu den Verfahren der vorsorgenden Rechtspflege in der freiwilligen Gerichtsbarkeit.

2 Das Registergericht wird i.d.R. auf Antrag und nur in Ausnahmefällen von Amts wegen tätig.

3 **I. Registeranmeldung. 1. Rechtsnatur, Ziel, Form und Zeit der Registeranmeldung.** Die »Anmeldung« zum Register entspricht in der Terminologie des FamFG einem Verfahrens**antrag**. Sie ist eine Verfahrenshandlung, für die die Vorschriften über Willenserklärungen (§§ 116 ff. BGB) grds. nicht anwendbar sind –

Abschnitt 3. Registersachen **Vorbem. zu § 378**

mit Ausnahme der Vorschriften über den Zugang (§ 130 BGB), welche entsprechend gelten (Staub/*Koch* § 12 Rn. 16 m.w.N.). Ziel des Antrags ist die Vornahme einer Eintragung durch das Gericht.

Der Antrag bedarf – abweichend von § 23 Abs. 1 Satz 5 und § 25 – grds. der **öffentlich beglaubigten Form** 4 (§§ 12 Abs. 1 HGB, 157 GenG, 77, 1560 Satz 2 BGB), also der Form des § 129 BGB (Ausnahme: formlose Anmeldung der Euroumrechnung ohne Kapitalveränderung gem. Art. 45 Abs. 1 EGHGB). Die Beglaubigung kann ersetzt werden durch notarielle Beurkundung (§ 129 Abs. 2 BGB) oder durch gerichtlich protokollierten Vergleich (§ 127a BGB). Behörden und Körperschaften des öffentlichen Rechts können die Anmeldung selbst vornehmen (OLG Stuttgart FGPrax 2009, 129). Für die Genossenschaft enthält § 6 Abs. 1, 2 GenRegV einen besonderen Fallkatalog bezüglich der Erforderlichkeit der öffentlich beglaubigten Form.

Der Antrag muss **unbedingt** gestellt werden; bedingte oder befristet gestellte Anträge sind – mit Ausnahme 5 innerprozessualer Bedingungen – unzulässig (BayObLG DNotZ 1993, 197; OLG Düsseldorf NJW-RR 2000, 702; *Krafka/Kühn* Rn. 148; Baumbach/Hopt/*Hopt* § 12 Rn. 2; a.A. z.T. MüKoHGB/*Krafka* § 12 Rn. 9; Keidel/*Heinemann* § 374 Rn. 38). Die Abgabe einer Registeranmeldung ist jederzeit nachträglich möglich; eine fehlende Anmeldung kann auch noch in der Beschwerdeinstanz nachgeholt werden, um dadurch die Eintragungsfähigkeit herzustellen (vgl. entspr. BayObLGZ 1963, 19, 25 für das Erbscheinverfahren).

Bei den elektronisch geführten Registern ist strikt zwischen der eigentlichen Handelsregisteranmeldung 6 und der die Strukturdaten enthaltenden **XML-Datei** zu unterscheiden. Verfahrensleitend ist allein die Handelsregisteranmeldung, die die eigentlichen Anträge enthält. Bei den zusätzlich übermittelten XML-Daten handelt es sich nur um Hilfsdaten, die vor der Verwendung für die Eintragung durch den Registerrichter oder -rechtspfleger auf ihre Richtigkeit und Übereinstimmung mit der Handelsregisteranmeldung zu überprüfen sind (OLG Nürnberg DNotZ 2015, 220).

Werden natürliche Personen zur Eintragung in das Register angemeldet (insb. als Kaufleute, Gesellschafter, 7 Prokuristen, Vorstandsmitglieder, Geschäftsführer, Abwickler usw.), ist in der Anmeldung deren **Geburtsdatum** anzugeben. Ferner ist bei der Anmeldung zum Handelsregister der **Unternehmensgegenstand** anzugeben sowie die **Lage der Geschäftsräume**, wenn nicht eine inländische Geschäftsanschrift angemeldet wird oder bereits eingetragen ist (§ 24 Abs. 1, 2, 4 HRV).

2. Erzwingung der Registeranmeldung. Generell besteht – bis auf wenige Ausnahmen – eine **öffentlich-** 8 **rechtliche Pflicht** zur Anmeldung eintragungsfähiger Tatsachen. Nicht anmeldepflichtig, sondern nur anmeldefähig sind bspw. der Ausschluss der Erwerberhaftung bei der Firmenfortführung (§ 25 Abs. 2 HGB), der Eintritt in ein Unternehmen (§ 28 Abs. 2 HGB), die Erhöhung oder Herabsetzung einer Kommanditeinlage (§ 175 HGB) sowie generell alle Eintragungen in das Güterrechtsregister.

Soweit Anmeldepflicht besteht, kann die Anmeldung vom Gericht im Zwangsgeldverfahren (§§ 14 HGB, 9 78 BGB, 388 ff. FamFG) erzwungen werden, wenn nicht das Gesetz etwas Anderes bestimmt. **Nicht erzwingbar** – trotz bestehender Anmeldepflicht – sind bspw. die Änderung einer Kommanditeinlage (§ 175 Satz 3 HGB), die Erstanmeldung einer Kapitalgesellschaft und einige auf deren Satzung, Sitz und das Stamm-/Grundkapital bezogene Folgeanmeldungen (§§ 79 Abs. 2 GmbHG, 407 Abs. 2 AktG) sowie die in § 316 Abs. 2 UmwG aufgeführten Umwandlungsvorgänge.

Die dem Registergericht gegebene Möglichkeit, eine Anmeldung zu erzwingen, schließt nicht die Befugnis 10 ein, dieselbe zu ersetzen. Solange nicht eine Registeranmeldung in der erforderlichen Form erfolgt oder eine vollstreckbare Entscheidung nach § 16 Abs. 1 HGB oder § 894 Abs. 1 ZPO vorliegt, darf das Registergericht die Eintragung nicht vornehmen.

3. Ersetzung der Registeranmeldung durch Entscheidung des Prozessgerichts. a) Ersetzung der Anmel- 11 **dung nach § 16 Abs. 1 HGB.** Mehrere Anmeldepflichtige untereinander haben die Möglichkeit, die Anmeldeerklärung eines zur Mitwirkung Verpflichteten durch Gestaltungsurteil nach § 16 Abs. 1 HGB ersetzen zu lassen. Es genügt dann die Anmeldung der übrigen Beteiligten.

Erforderlich ist eine **rechtskräftige oder vollstreckbare Entscheidung des Prozessgerichts**, welche die Ver- 12 pflichtung zur Mitwirkung bei einer Anmeldung zum Handelsregister ausspricht oder ein Rechtsverhältnis feststellt, bezüglich dessen eine Eintragung zu erfolgen hat. Eine vorläufig vollstreckbare Entscheidung genügt, *ebenso der für vollstreckbar erklärte Schiedsspruch* (BayObLG MDR 1984, 496), auch die einstweilige Verfügung (BayObLG NJW-RR 1986, 523; Baumbach/Hopt/*Hopt* § 16 Rn. 1), nicht jedoch der Prozessvergleich (KGJ 34 A 121) oder die vollstreckbare Urkunde (Jansen/*Steder* § 127 Rn. 53). Die allgemeinen Vollstreckungsvoraussetzungen sind zu beachten: Der Titel muss zugestellt, Vollstreckungsklausel muss erteilt,

13 Eine Entscheidung des Prozessgerichts, welche die Verpflichtung zur Mitwirkung bei einer Anmeldung zum Handelsregister ausspricht (§ 16 Abs. 1, 1. Alt. HGB), ersetzt nur die Registeranmeldung; i.Ü. hat sie keine Bindungswirkung. Dem Registergericht bleibt daher die volle Prüfung der Eintragungsvoraussetzungen vorbehalten.

14 Anders liegt der Fall bei einer Entscheidung des Prozessgerichts, durch die ein Rechtsverhältnis festgestellt wird, bezüglich dessen eine Eintragung zu erfolgen hat (§ 16 Abs. 1, 2. Alt. HGB): Diese kann ggü. dem Registergericht auch eine materielle Bindungswirkung bezüglich des festgestellten Rechtsverhältnisses und der damit korrelierend einzutragenden Tatsachen entfalten (s. Rdn. 104).

15 **b) Ersetzung der Anmeldung nach § 894 Abs. 1 ZPO.** Das Verfahren nach § 16 Abs. 1 HGB setzt **mehrere Anmeldepflichtige** voraus und eröffnet diesen die Möglichkeit, ihre Mitwirkungspflichten **untereinander** zu ersetzen. Die Vorschrift greift nicht, wenn jemand die Vornahme einer bestimmten Anmeldung von einem anderen verlangen kann, ohne selbst anmeldeberechtigt zu sein, wie bspw. der Prokurist hinsichtlich seiner eigenen Eintragung in das Register (Rdn. 18) oder der ausgeschiedene Geschäftsführer bezüglich der Eintragung dieser Veränderung. In den Fällen besteht entspr. § 894 Abs. 1 ZPO die Möglichkeit zur Verurteilung auf Abgabe einer Erklärung ggü. dem Registergericht, welche die Anmeldung ersetzt (Baumbach/Hopt/*Hopt* § 16 Rn. 3). Solche Entscheidungen werden allerdings erst mit Rechtskraft wirksam.

16 Auch der Anspruch der Ehegatten untereinander auf Mitwirkung bei der Anmeldung zur Eintragung in das Güterrechtsregister (§ 1561 Abs. 1 Halbs. 2 BGB) ist mit einer Klage nach § 894 Abs. 1 ZPO durchzusetzen.

17 **4. Anmeldeberechtigte/-verpflichtete.** Zur **Erstanmeldung** berechtigt sind:
– beim Einzelkaufmann dieser selbst;
– bei der GmbH/UG sämtliche Geschäftsführer der Vorgesellschaft gemeinsam (Baumbach/Hueck/*Fastrich* § 7 Rn. 2);
– bei der AG die Gründer und Mitglieder des Vorstands und des Aufsichtsrats gemeinsam (§ 36 Abs. 1 AktG);
– bei Zweigniederlassungen ausländischer Kapitalgesellschaften deren gesetzliche Vertreter;
– bei Personenhandelsgesellschaften sämtliche Gesellschafter gemeinsam (§ 108 HGB, auch i.V.m. § 161 Abs. 2 HGB);
– bei der Genossenschaft der Vorstand gemeinsam (§ 11 Abs. 1 GenG);
– beim Versicherungsverein auf Gegenseitigkeit sämtliche Vorstands- und Aufsichtsratsmitglieder gemeinsam (§ 185 Abs. 1 Satz 1 VAG);
– bei der SE und der SCE mit monistischem System alle Gründer, Mitglieder des Verwaltungsrats und geschäftsführenden Direktoren gemeinsam (§§ 21 Abs. 1 SEAG, 17 Abs. 1 SCEAG);
– bei der EWIV sämtliche Geschäftsführer gemeinsam (§ 3 Abs. 1 Satz 2 EWIVAG);
– beim Verein die Vorstandsmitglieder in vertretungsberechtigter Anzahl (§ 77 BGB, s. BT-Drucks. 179/09 S. 19);
– zum Güterrechtsregister beide Ehegatten gemeinsam (§ 1561 Abs. 1 BGB), sofern nicht nach einem der Ausnahmetatbestände des § 1561 Abs. 2 BGB oder nach Art. 234 § 4 Abs. 3 Satz 5 EGBGB der Antrag eines Ehegatten allein genügt.

18 **Folgeanmeldungen** sind bei Personenhandelsgesellschaften und Partnerschaftsgesellschaften durch sämtliche Gesellschafter zu bewirken, wenn sich nicht nur die inländische Geschäftsanschrift ändert (§ 108 HGB, auch i.V.m. §§ 161 Abs. 2 HGB, 4 Abs. 1 PartGG), ansonsten hat sie der eingetragene Rechtsträger durch seine gesetzlichen Vertreter in vertretungsberechtigter Zahl einzureichen. Eine Registeranmeldung des **Prokuristen** für das Unternehmen seines Prinzipals **genügt nicht**, weil die Registeranmeldung zu den Grundlagengeschäften gehört und nicht zu denjenigen Geschäften, die der gewöhnliche Betrieb eines Handelsgewerbes mit sich bringt (§ 49 Abs. 1 HGB; vgl. OLG Düsseldorf FGPrax 2012, 175: Ausscheiden eines Geschäftsführers; OLG Karlsruhe NJW-RR 2015: Änderung der Geschäftsanschrift – dem inhaltlich widersprechend allerdings wohl KG GmbHR 2013, 1263). Nicht zu den Grundlagengeschäften gehört allerdings die Errichtung einer Zweigniederlassung (MüKoHGB/*Krebs* § 49 Rn. 29 m.w.N.), sodass diese vom Prokuristen angemeldet werden kann; streitig ist, ob die Verlegung der Handelsniederlassung oder des Sitzes einer OHG zu den Grundlagengeschäften gehört (verneinend *Canaris*, Handelsrecht, § 12 Rn. 14 m.w.N.

Abschnitt 3. Registersachen **Vorbem. zu § 378**

auch zur Gegenauffassung). Jedenfalls zulässig ist die unechte Gesamtvertretung durch einen Vorstand/Geschäftsführer gemeinsam mit einem Prokuristen (§§ 78 Abs. 3 AktG, 125 Abs. 3 HGB sowie analog für die GmbH/UG), da der Prokurist in dieser Rolle nicht die Vertretung des Prinzipals übernimmt, sondern nur eine organschaftliche Kontrollfunktion ausübt (MüKoHGB/*Krafka* § 12 Rn. 44). Nicht mitwirken kann der Prokurist allerdings bei der Anmeldung der ihm selbst erteilten Prokura (BayObLG NJW 1973, 2068; OLG Frankfurt NJW-RR 2005, 982).

Handelt es sich jedoch nicht um Registereintragungen für das Unternehmen des Prinzipals selbst, sondern ist dieser nur als Gesellschafter eines anderen Unternehmens zur Registeranmeldung berufen, kann auch der Prokurist für den Prinzipal die Erklärung abgeben, weil dieses zu den durch § 49 Abs. 1 HGB erfassten Geschäften gehört (BGH NJW 1992, 975; MüKoHGB/*Krafka* § 12 Rn. 27). **19**

Seine **eigene Amtsniederlegung** kann der Geschäftsführer für die GmbH/UG nur dann anmelden, wenn er die Niederlegung unter der aufschiebenden Bedingung erklärt hat, dass seine entspr. Anmeldung im Register eingetragen wird (zur Zulässigkeit einer solchen Erklärung s. BGH NJW-RR 2011, 1184 Rn. 8). Die Anmeldung lautet dann auf Eintragung, er habe sein Amt mit Wirkung vom Zeitpunkt der Eintragung in das Handelsregister niedergelegt. Dagegen wäre sein eigener Antrag auf Eintragung der Tatsache, dass er als Geschäftsführer bereits ausgeschieden sei, allein deshalb unzulässig, weil er mit dem Moment des Ausscheidens nicht mehr zur Abgabe einer Registeranmeldung befugt ist (BayObLG Rpfleger 1981, 406; OLG Bamberg DNotZ 2013, 155 m.w.N.; für den ständigen Vertreter der Zweigniederlassung einer ausländischen Gesellschaft: OLG München Rpfleger 2012, 32; a.A. LG Berlin ZIP 1993, 197). Der noch amtierende Geschäftsführer kann aber eine über sein Ausscheiden hinauswirkende Registervollmacht erteilen, die den Bevollmächtigten zur Anmeldung des Ausscheidens berechtigt (OLG Hamm GmbHR 2012, 903). **20**

Folgeanmeldungen für die **SE mit monistischem System** sind durch die geschäftsführenden Direktoren zu bewirken (§ 40 Abs. 2 Satz 4 SEAG), bei Kapitalmaßnahmen jedoch nur gemeinsam mit dem Verwaltungsrat (s. DNotI-Gutachten DNotI-Report 2009, 42, 44 m.w.N.). **21**

Folgeanmeldungen für **Zweigniederlassungen ausländischer Kapitalgesellschaften** kann grundsätzlich der ständige Vertreter bewirken (OLG Bremen RNotZ 2013, 184, 186). *Heinze* (ZNotP 2009, 389) will danach differenzieren, ob der Vorgang die ausländische Gesellschaft insgesamt oder nur die Zweigniederlassung als solche betrifft: Nur in letzterem Falle sei (neben den gesetzlichen Vertretern der Gesellschaft) auch der ständige Vertreter der Zweigniederlassung anmeldebefugt (§ 13e Abs. 3 Satz 1 HGB). Zum Umfang der Einreichungs- und Nachweispflichten s. *Heinze* ZNotP 2009, 586. **22**

Uneinheitlich geregelt ist die Erstanmeldung von Liquidatoren/Abwicklern: Bei der AG und der Genossenschaft erfolgt sie nach h.M. durch den bisherigen Vorstand (§ 266 Abs. 1 AktG, 81 Abs. 1 GenG) und bei der GmbH durch die Liquidatoren selbst (§ 67 Abs. 1 GmbHG). Beim Verein (§ 76 Abs. 2 Satz 1 BGB) ist die Frage umstritten, weshalb empfohlen wird, im Zweifel eine Anmeldung durch die Vorstände und Liquidatoren gemeinsam einzureichen (DNotI-Gutachten DNotI-Report 2012, 181). **23**

5. Nachweis der organschaftlichen Vertretungsmacht bei der Anmeldung. Wer eine Anmeldung im Namen einer juristischen Person abgibt, hat seine organschaftliche Vertretungsmacht nachzuweisen (OLG Schleswig GmbHR 1998, 746). Maßgeblich sei die Vertretungsmacht im Zeitpunkt der Unterzeichnung der Anmeldung beim Notar (so OLG Zweibrücken FGPrax 2014, 83, 84; kritisch dazu *Heinemann* FGPrax 2015, 1, 2). Der Nachweis wird durch einen amtlichen Registerauszug oder -ausdruck (§§ 9 Abs. 4 HGB, 30a Abs. 3 HRV, 17 Abs. 1, 32 Abs. 2 VRV), durch Vertretungsbescheinigung des Registergerichts (§§ 69 BGB, 26 Abs. 2 GenG; s.a. § 386 Rdn. 14 ff.) oder durch Notarbescheinigung gem. § 21 Abs. 1 Nr. 1 BNotO geführt. Hat das Registergericht selbst einen Zugriff auf die Registerdaten, ggf. über einen Zugang gem. § 387 Abs. 1, genügt nach dem Rechtsgedanken der §§ 32 Abs. 2 GBO, 44 Satz 2 SchRegO eine schlichte Bezugnahme auf die Registerstelle (ebenso *Roth* FGPrax 2008, 192). Die z.T. gegenteilige Rechtsprechung des OLG Hamm (FGPrax 2008, 96) ist jedenfalls durch die nachfolgende Gesetzesänderung des § 32 GBO überholt. Vgl. auch Rdn. 126. **24**

Die organschaftliche Vertretung einer ausländischen Gesellschaft ist durch die dies bekundenden ausländischen Dokumente nachzuweisen, bei fremdsprachigen Dokumenten unter Vorlage beglaubigter Übersetzungen (zu den Anforderungen hieran OLG Hamm GmbHR 2008, 545 und FGPrax 2011, 138). Bei der praktisch bedeutsamen englischen **private company limited by shares (Ltd)** sind sowohl die allgemeine als auch die konkrete Vertretungsregelung nachzuweisen. Der Nachweis der allgemeinen Vertretungsregelung wird geführt durch Vorlage der *memorandum of association and constitution* (= Satzung über die inneren Rechtsverhältnisse), sofern solche vereinbart sind, andernfalls durch Bezugnahme auf die ersatzweise gel- **25** tende *Table A – statutory model form of articles* (= gesetzliche Mustersatzung, deren Text jedoch nicht in beglaubigter Übersetzung vorgelegt werden muss – vgl. OLG Zweibrücken DNotZ 2008, 795; OLG Hamm DNotZ 2011, 795, 796). Zusätzlich ist die konkrete Vertretungsregelung nachzuweisen durch Vorlage der aktuellen *resolutions of the general meeting* (= Beschlüsse der Generalversammlung) über die Bestellung des/der *director(s)* (KG NJW-RR 2004, 331, 332 f.; OLG Dresden GmbHR 2007, 1156, 1157 f.). Nicht genügend ist die Vorlage nur eines dieser Dokumente oder gar nur eines Auszugs aus dem in Cardiff geführten *Companies Register*, welchem keinerlei verlässliche Aussagekraft zukommt, weil es die angemeldeten Tatsachen völlig ungeprüft übernimmt (s. OLG Köln FGPrax 2013, 18; *Süß* DNotZ 2005, 180, 183 f.). Ebenso genügt nicht eine nur auf Einsicht in diese Unterlagen gestützte Notarbescheinigung nach § 21 BNotO (OLG Nürnberg FGPrax 2015, 124). Mehrere *directors* vertreten die Limited gemeinsam, wenn nicht durch die *articles of association* oder durch einen Beschluss des *general meeting* Einzelvertretung geregelt ist (*Kadel* Mitt-BayNot 2006, 102, 105 f.), welche auch auf die deutsche Zweigniederlassung beschränkt werden kann (OLG Frankfurt GmbHR 2015, 648). Haben sämtliche amtierenden *directors* die Anmeldung abgegeben, kann auf Nachweise zur allgemeinen Vertretungsregelung verzichtet werden, da sie die Gesellschaft unzweifelhaft vertreten (*Pfeiffer* Rpfleger 2012, 240, 243). Liegt der Beschluss des *general meeting* über die Bestellung des/der *director(s)* nicht in enger zeitlicher Nähe zu der abgegebenen Registeranmeldung, muss auf geeignete Weise nachgewiesen werden, dass er nach wie vor Gültigkeit besitzt. Dies kann geschehen durch ergänzende Vorlage des vollständigen *minute book* (= Protokollbuch), durch Bestätigung des *company secretary* (= Schriftführer) oder durch – kostspielige – Bescheinigung eines *scrivener notary* (= Notar), vgl. OLG Dresden (GmbHR 2007, 1156, 1157 f.); *Werner* (GmbHR 2005, 288, 290 f.). Zu beglaubigen sind alle Dokumente mit einer Apostille nach dem Haager Übereinkommen (Rdn. 44). Geringer wertige Nachweise, wie etwa die *expert opinion* (= fachliche Stellungnahme) eines englischen RA oder StB, können die Bescheinigung des *scrivener notary* ebenso wenig ersetzen wie die Bescheinigung eines deutschen StB oder RA eine Vertretungsbescheinigung nach § 21 BNotO ersetzen könnte. Was die »Gültigkeitsdauer« – oder besser: »Verlässlichkeitsdauer« aller eingereichten Nachweise betrifft, wird durch *Section 1079 Companies Act 2006 (c. 46)* bestimmt, dass sich die Gesellschaft ggü. einer gutgläubigen Person auf eine Änderung der *constitution* oder der *directors* nicht vor Ablauf des 15. Tages nach deren Bekanntmachung durch den *registrar of companies* in der *London Gazette* (www.gazettes-online.co.uk) berufen kann – somit eine dem § 15 Abs. 2 Satz 2 HGB vergleichbare Regelung.

26 Wesentlich leichter zu führen ist der Vertretungsnachweis für die französische **Société à Responsabilité Limitée (SARL)**, deren Bedeutung seit der Abschaffung des Mindestnennkapitals ebenfalls zugenommen hatte, bevor der deutsche Gesetzgeber mit der UG ein konkurrenzfähiges Pendant schuf. Denn die französische SARL teilt viele strukturelle Gemeinsamkeiten mit der deutschen GmbH und auch die Handelsregister beider Staaten stehen sich näher als etwa das englische *Companies Register*. Die SARL wird stets durch den *gérant* (= Geschäftsleiter) vertreten. Von mehreren *co-gérants* ist im Außenverhältnis jeder zur Einzelvertretung der Gesellschaft berechtigt; dieses kann auch durch den Gesellschaftsvertrag (*les statuts*) nicht abgeändert werden. Der Nachweis der Existenz des Unternehmens sowie der jeweils amtierenden *gérants* wird durch einen aktuellen *Extrait Kbis* (Handelsregisterauszug) geführt. Eine Apostille nach dem Haager Übereinkommen ist für beglaubigte Urkunden französischer Amtsträger nicht erforderlich (s. Rdn. 43).

27 Das Vorstehende gilt entsprechend für die französische »Einmannversion« der SARL, nämlich die **Entreprise Unipersonnelle à Responsabilité Limitée (EURL)**.

28 Zum Nachweis der Vertretung einer im japanischen Handelsregister eingetragenen Gesellschaft s. OLG München FGPrax 2010, 146.

29 **6. Parteien kraft Amtes.** Die Anmeldeberechtigung geht auf Parteien kraft Amtes über, namentlich auf den Insolvenzverwalter (§ 80 Abs. 1 InsO), auf den (in Dauer- oder Verwaltungsvollstreckung, nicht: Abwicklungsvollstreckung tätigen) Testamentsvollstrecker sowie den Nachlassverwalter (MüKoHGB/*Krafka* § 12 Rn. 46), welche ihre Berechtigung durch Bestellungsurkunde (§ 56 Abs. 2 Satz 1 InsO), Testamentsvollstreckerzeugnis (§ 2368 BGB) oder Bestallung (§ 1791 BGB) nachzuweisen haben.

30 Die Verfügungsbefugnis muss sich aber auf die Rechte desjenigen beziehen, der zur Abgabe der Anmeldung berechtigt ist. So ist der Insolvenzverwalter über das Vermögen eines Einzelkaufmanns berechtigt, Registeranmeldungen für dessen Firma abzugeben. Der Insolvenzverwalter über das Vermögen eines Gesellschafters ist berechtigt und verpflichtet, an dessen Stelle bei Registeranmeldungen für die Gesellschaft mitzuwirken, auch soweit es sich um das insolvenzbedingte Ausscheiden des Gesellschafters aus der Gesellschaft handelt (BGH NJW 1981, 822).

Abschnitt 3. Registersachen **Vorbem. zu § 378**

Ist jedoch über das Vermögen der eingetragenen Gesellschaft selbst das Insolvenzverfahren eröffnet, ist der 31
Insolvenzverwalter nur zur Anmeldung solcher Tatsachen befugt und verpflichtet, die im Zusammenhang
mit der Verwaltung und Verwertung der Insolvenzmasse eintreten, z.B. das Ausscheiden eines Kommanditisten (OLG Düsseldorf DNotZ 1970, 306). Nicht befugt ist er zu Anmeldungen, die die Insolvenzmasse
nicht berühren. Denn vom Insolvenzbeschlag sind nur die pfändbaren Vermögenswerte der Gesellschaft erfasst, nicht aber die organschaftlichen Kompetenzen der Gesellschafter und Geschäftsführer (OLG Karlsruhe
NJW 1993, 1931; OLG Köln NJW-RR 2001, 1417, 1418; *Ulmer* NJW 1983, 1697, 1701 f.). Die Gesellschafter
und Geschäftsführer bleiben auch in der Insolvenz zuständig für die innergesellschaftliche Willensbildung
(Uhlenbruck/*Uhlenbruck* § 80 Rn. 15) und deren registerrechtliche Umsetzung (OLG Rostock Rpfleger 2003,
444), bspw. für die Abberufung eines früheren und Bestellung eines neuen Geschäftsführers sowie dessen Anmeldung zum Register (OLG Köln NJW-RR 2001, 1417; Baumbach/Hueck/*Zöllner*/*Noack* § 39 Rn. 11). Auch
Satzungsänderungen können durch die Gesellschafter beschlossen und durch die Geschäftsführer angemeldet
werden, soweit sie mit dem Insolvenz- und Abwicklungszweck vereinbar sind (Uhlenbruck/*Uhlenbruck* § 80
Rn. 15), bspw. Kapitalerhöhungen (BayObLG DNotZ 2004, 881) oder – mit Zustimmung des Insolvenzverwalters – Firmenänderungen (OLG Karlsruhe NJW 1993, 1931; KG FGPrax 2014, 171). Der Insolvenzverwalter seinerseits ist zur Anmeldung von Satzungsänderungen nur berufen, wenn sie dem Zweck des Insolvenzverfahrens, also der Verwertung der Vermögensmasse, konkret dienen, wie etwa die Anmeldung einer
Firmenänderung zum Zwecke der Veräußerung der bisherigen Firma (Scholz/*Wicke* § 78 Rn. 13; Hachen-
burg/*Ulmer* § 78 Rn. 16) oder die Änderung des Geschäftsjahres (BGH NJW-RR 2015, 245). Außerhalb des
Wirkungskreises des Insolvenzverwalters bleibt es im Aufgaben- und Verantwortungsbereich der Geschäftsführer oder Liquidatoren, die Anmeldung vorzunehmen (§ 78 GmbHG; s. Rowedder/Schmidt-Leithoff/
Baukelmann § 78 Rn. 12; Baumbach/Hueck/*Zöllner*/*Noack*, § 39 Rn. 11; BayObLG DNotZ 2004, 881). Ob
der Insolvenzverwalter außerhalb seines eigentlichen Wirkungskreises ausnahmsweise dann zur Abgabe
von Anmeldungen berufen ist, wenn kein Geschäftsführer mehr vorhanden ist, welcher die Anmeldung abgeben könnte (so LG Baden-Baden ZIP 1996, 1352; Baumbach/Hueck/*Zöllner*/*Noack*, § 39 Rn. 11), ist zumindest dogmatisch zweifelhaft. Sicher ist jedenfalls, dass die Gesellschafterversammlung den Insolvenzverwalter nicht mit ständigen Beschlussfassungen gegen seinen Willen dazu verpflichten kann, auf Kosten der
Masse die innergesellschaftlichen Willensbildungen im Register verlautbaren zu lassen (OLG Rostock Rpfleger 2003, 444, 445).

7. Rechtsgeschäftliche Anmeldevollmacht. Rechtsgeschäftliche Anmeldevollmacht ist grds. zulässig, be- 32
darf aber – wie die Anmeldung selbst – der öffentlich beglaubigten Form (§ 12 Abs. 1 Satz 2 HGB; übersehen bei KG FGPrax 2014, 171, 172), alternativ der Notarbescheinigung nach § 21 Abs. 3 BNotO (§ 12
Abs. 1 Satz 3 HGB). Derselben Form bedarf die Genehmigung einer Anmeldevollmacht, welche nicht durch
das eigentliche Vertretungsorgan erteilt ist (OLG Frankfurt GmbHR 2012, 751). Das Formerfordernis gilt
auch für die Anmeldung zum Vereins- und zum Güterrechtsregister, wenngleich es keine Gesetzesvorschrift
gibt, die dieses ausdrücklich regelt (KGJ 26 A 232, 237 f.; Palandt/*Ellenberger* § 77 Rn. 1, *Reichert* Rn. 175;
MüKoBGB/*Kanzleiter* § 1560 Rn. 4). § 11 Satz 1 FamFG und § 167 Abs. 2 BGB sind nicht anzuwenden.
Die in § 10 Abs. 2 enthaltene Beschränkung auf einen bestimmten Personenkreis an vertretungsbefugten 33
Bevollmächtigten ist ebenfalls nicht anzuwenden (s. § 378 Abs. 1). Auch die Beschränkungen der §§ 181,
1629 Abs. 2 Satz 1, 1795 BGB gelten nicht. Der Bevollmächtigte darf also zugleich im Namen mehrerer Anmeldepflichtiger handeln oder zugleich als Kommanditist und als Geschäftsführer der Komplementär-
GmbH (BayObLG DNotZ 1977, 683; OLG Hamm DNotZ 1985, 172, 173), er kann zugleich im eigenen Namen und als gesetzlicher Vertreter seiner minderjährigen Kinder handeln (BayObLGZ 1977, 130, 134) oder
als Vertreter mehrerer Gesellschafter und zugleich desjenigen, der zur Übernahme eines neuen Geschäftsanteils zugelassen werden soll (BayObLG DNotZ 1978, 172). Die Abgabe von nur einer Unterschrift im Namen mehrerer Vertretenen zugleich genügt jedoch nur dann, wenn der Wille, die Erklärung in Mehrerer
Namen abzugeben, ausreichend ersichtlich wird (KG RJA 16, 74, 76).
Eine Spezialvollmacht nur für Registeranmeldungen ist nicht erforderlich (BGH NJW 1992, 975), jedoch 34
dürfen keine Zweifel bleiben, dass Handelsregisteranmeldungen vom Umfang der Vertretungsmacht erfasst
sind (*Krafka/Kühn* Rn. 114). Die Vollmacht muss aus sich heraus verständlich sein, eine Auslegung über
den Wortlaut hinaus ist unzulässig (KG FGPrax 2005, 173; OLG Frankfurt FGPrax 2010, 305; OLG Düsseldorf FGPrax 2014, 172, 173); geboten ist eine restriktive Auslegung anhand des objektiven Erklärungswerts
(OLG Düsseldorf FGPrax 2013, 180, 181). Nach Auffassung des LG Frankfurt (BB 1972, 512) soll eine allgemein erteilte »**Generalvollmacht**« genügen – richtigerweise ist aber auch hier zu fordern, dass sich nach

strengen Auslegungsregeln feststellen lässt, dass die Generalvollmacht auch Registeranmeldungen umfassen sollte (OLG Schleswig FGPrax 2010, 147, 148; MüKoHGB/*Krafka* § 12 Rn. 25). Bei einer »**Vorsorgevollmacht**« ist das regelmäßig anzunehmen (OLG Karlsruhe RNotZ 2013, 561; OLG Frankfurt ZIP 2013, 2058). Erteilt eine juristische Person Generalvollmacht, ist zu überprüfen, ob darin eine unzulässige Einräumung organgleicher Vertretungsmacht liegt (OLG Frankfurt GmbHR 2012, 751). Bei **Vollmachterteilung an eine juristische Person** sind deren gesetzliche Vertreter in vertretungsberechtigter Zahl als bevollmächtigt anzusehen (BayObLG MDR 1975, 759, 760).

35 Vollmacht unter einer **aufschiebenden Bedingung** ist möglich, jedoch muss dann auch der Bedingungseintritt in der Form des § 12 Abs. 1 HGB nachgewiesen werden (OLG Schleswig FGPrax 2010, 147).

36 **Vollmachterteilung über den eigenen Tod hinaus** ist zulässig und wirksam, kann aber nach Eintritt des Erbfalls jederzeit von den Erben widerrufen werden (KG FGPrax 2003, 42; OLG Hamburg DNotZ 1967, 30, 31; MDR 1974, 1022). Das Ausscheiden des Verstorbenen und der Eintritt des Erben als sein Rechtsnachfolger soll aufgrund der Vollmacht des Verstorbenen allerdings nicht angemeldet werden können, weil es sich hierbei der Natur der Sache nach nicht um eine Anmeldung handle, die der verstorbene Vollmachtgeber selbst hätte vornehmen können (KG FGPrax 2003, 42; a.A. OLG Hamburg MDR 1974, 1022).

37 Eine vom Geschäftsführer erteilte Registervollmacht wirkt über das Ausscheiden des Geschäftsführers hinaus (OLG Hamm GmbHR 2012, 903).

38 **Dauer-Registervollmachten**, die unwiderruflich und über den Tod hinaus erteilt wurden, genügen für alle weiteren Anmeldungen, solange nicht Anhaltspunkte dafür vorliegen, dass die Vollmacht aus wichtigem Grund widerrufen wurde (BayObLGZ 1975, 137). Allerdings können diese Vollmachten nicht mehr – wie früher üblich – bei Gericht hinterlegt werden, weil dies den elektronischen Formerfordernissen nicht genügt (§ 12 Abs. 1 Satz 2 HGB). Elektronisch eingereichte Vollmachten stellen wiederum – im Gegensatz zu hinterlegten Originalurkunden – keine Urschrift oder Ausfertigung dar, sondern nur die elektronische Vervielfältigung einer Urschrift oder Ausfertigung. Sie reichen nicht für den dauerhaften Gebrauch, weil sie nicht mit den Wirkungen des § 172 BGB verbunden sind, denn der Aussteller könnte die Urschrift in der Zwischenzeit schon wieder eingezogen haben. Daraus erwächst die Notwendigkeit, dass der Notar die Originalvollmacht aufbewahrt und seinen Besitz an der Urkunde mit jeder Anmeldung, die darauf Bezug nimmt, gesondert bestätigt (*Jeep/Wiedemann* NJW 2007, 2439, 2445; Staub/*Koch* § 12 Rn. 46).

39 Bei besonders lang (im vorliegenden Fall: 8 bis 40 Jahre) zurückliegenden Vollmachten, die nicht als unwiderrufliche Dauervollmacht erteilt sind, kann das Gericht die Vorlage einer aktuellen Beglaubigung verlangen (OLG Karlsruhe GmbHR 2015, 144).

40 **Keine rechtsgeschäftliche Vertretung** ist möglich, wo sie durch Rechtsnorm ausdrücklich ausgeschlossen ist (§ 6 Abs. 3 GenRegV; vgl. aber Anh. § 387 Rdn. 37) oder wo **höchstpersönliche Erklärungen** erforderlich sind – namentlich bei der Abgabe von Versicherungen und Angaben, die nach den §§ 82 Abs. 1, 2 Nr. 1 GmbHG, 399 AktG, 313 Abs. 2 UmwG, 53 Abs. 3 Nr. 3 SEAG, 36 Abs. 2 Nr. 3 SCEAG strafbewehrt sind (h.M., BayObLG NJW 1987, 136, 137). Genau genommen bezieht sich die Höchstpersönlichkeit allerdings nur auf die abzugebenden Versicherungen, nicht auf die Registeranmeldung als solche, sodass für diese isoliert eine Vollmacht erteilt werden könnte (OLG Köln NJW 1987, 135; MüKoHGB/*Krafka* § 12 Rn. 32).

41 **8. Anerkennung der Beglaubigung durch eine ausländische Stelle.** Die vom Gesetz (z.B. §§ 12 HGB, 8 Abs. 1 Nr. 1 GmbHG) verlangte öffentliche Beglaubigung der einzureichenden Erklärungen und Dokumente ist einerseits Form-, andererseits Beweisvorschrift. Denn die vom Notar innerhalb des ihm zugewiesenen Geschäftskreises und in der vorgeschriebenen Form aufgenommene Beglaubigung stellt eine öffentliche Urkunde dar, die den vollen Beweis für den beurkundeten Vorgang erbringt (§ 30 Abs. 1 FamFG i.V.m. §§ 415, 371a Abs. 3 ZPO). Ist die Echtheit eines Dokuments oder einer Unterschrift nicht durch einen deutschen Notar, sondern durch eine ausländische Stelle bestätigt, muss gesondert geprüft werden, ob die im Ausland vorgenommene Echtheitsbestätigung einer dem deutschen Recht gleichwertigen, für die Registereintragung ausreichenden Beglaubigungsfunktion entspricht. Dieses wird grds. angenommen, wenn die Stellung und das Verfahren der beglaubigenden Stelle derjenigen eines deutschen Notars im Wesentlichen entspricht (s. *Reithmann* ZNotP 2007, 167, 168 f.; OLG Düsseldorf FGPrax 2011, 135 m. abl. Anm. *Süß* DNotZ 2011, 414). Für Schweizer Notare wird das mit der Begründung in Zweifel gezogen, dass das Schweizer Obligationenrecht keine Beurkundungspflicht von Geschäftsanteilsübertragungen mehr kenne (s. *Seebach* DNotZ 2014, 413, 420 ff. m.w.N.).

Um die Stellung und das Verfahren des ausländischen Beglaubigungsorgans nicht in jedem Einzelfall aufwendig feststellen zu müssen, wurden in bilateralen und völkerrechtlichen Verträgen Abkommen über die gegenseitige Anerkennung von Beglaubigungen und Urkunden getroffen. Welcher Grad an Echtheitsnachweis und an Nachweis der Autorisation der beglaubigenden Stelle genügend ist, unterscheidet sich nach dem jeweiligen Herkunftsland der Echtheitsbestätigung in drei Stufen.

a) Bilaterale Abkommen. Ohne Weiteres anzuerkennen sind Beglaubigungen, die in Staaten ausgestellt wurden, mit denen die BRD bilaterale völkerrechtliche Verträge über die Anerkennung der Beglaubigung von Urkunden abgeschlossen hat. Das sind Belgien, Dänemark, Frankreich, Griechenland, Italien, Luxemburg, Österreich und die Schweiz. Im Geltungsbereich dieser Abkommen bedarf es über die Beglaubigung durch die dafür zuständige ausländische Stelle hinaus (z.B. Notar) keine weitere Bestätigung der Echtheit.

b) Haager Apostille. In Bezug auf die meisten übrigen Staaten gilt das sog. Apostilleabkommen (Haager Übereinkommen zur Befreiung ausländischer öffentlicher Urkunden von der Legalisation vom 05.10.1961, BGBl. 1965 II 876). Darin haben sich die Vertragsstaaten gegenseitig verpflichtet, ausländische Echtheitsbescheinigungen anzuerkennen, die nach Maßgabe des Abkommens erstellt wurden. Jeder Vertragsstaat hat bestimmte Stellen (Behörden, Notare) ermächtigt, die Echtheit der aus seinem Hoheitsgebiet (Herkunftsland) stammenden Unterschriften, Stempel und Siegel in der Form der sog. »Haager Apostille« zu bescheinigen. Die Haager Apostille wird in der Amtssprache des jeweiligen Herkunftsstaats ausgestellt und trägt als Erkennungsmerkmal die – zwingend in französischer Sprache anzubringende – Überschrift »**Apostille (Convention de La Haye du 5 octobre 1961)**«.

Das Haager Apostilleabkommen ist anzuwenden auf: Andorra, Antigua und Barbuda, Argentinien, Armenien, Australien, Bahamas, Bahrain, Barbados, Belarus, Belize, Bosnien-Herzegowina, Botsuana, Brunei Darussalam, Bulgarien, China (nur für Urkunden aus den Sonderverwaltungsregionen Hongkong und Macau), Cookinseln, Costa Rica, Dominica, Ecuador, El Salvador, Estland, Fidschi, Finnland, Georgien, Grenada, Honduras, Irland, Island, Israel, Japan, Kap Verde, Kasachstan, Kolumbien, Kroatien, Lesotho, Lettland, Liechtenstein, Litauen, Malawi, Malta, Marshallinseln, Mauritius, Mazedonien, Mexiko, Monaco, Montenegro, Namibia, Neuseeland (ohne Tokelau), Nicaragua, Niederlande (auch für Aruba, Curacao, Sint Maarten und den karibischen Landesteil, Bonaire, Sint Eustatius und Saba), Niue, Norwegen, Oman, Panama, Peru, Polen, Portugal, Rumänien, Russische Föderation, Samoa, San Marino, Sao Tome und Principe, Schweden, Serbien, Seychellen, Slowakei, Slowenien, Spanien, St. Kitts und Nevis, St. Lucia, St. Vincent und die Grenadinen, Südafrika, Südkorea, Suriname, Swasiland, Tonga, Trinidad und Tobago, Tschechische Republik, Türkei, Ukraine, Ungarn, Uruguay, Vanuatu, Venezuela, Vereinigtes Königreich (auch für Anguilla, Bermuda, Caymaninseln, Falklandinseln, Gibraltar, Guernsey, Isle of Man, Jersey, Britische Jungferninseln, Montserrat, Sankt Helena, Turks- und Caicosinseln), Vereinigte Staaten, Zypern (Quelle: Auswärtiges Amt, Stand: 12/2015).

Ebenfalls dem Apostilleübereinkommen beigetreten sind Albanien, Aserbaidschan, Burundi, Dominikanische Republik, Indien, Kirgisistan, Liberia, Moldau, Mongolei, Paraguay, Tadschikistan und Usbekistan. Die Bundesrepublik hat jedoch Einspruch gegen den Beitritt dieser Staaten erhoben mit der Folge, dass das Übereinkommen im bilateralen Verhältnis zwischen der Bundesrepublik und den genannten Staaten keine Anwendung findet.

c) Legalisation. Auf Urkunden aus Ländern, mit denen kein bilaterales Beglaubigungsabkommen geschlossen wurde und für die auch nicht das Haager Apostilleabkommen gilt, ist grds. das Legalisationsverfahren gem. § 30 Abs. 1 FamFG i.V.m. §§ 438 Abs. 2 ZPO, 13 Abs. 2 KonsularG anzuwenden. Danach sind Beglaubigungsvermerke ausländischer Stellen zusätzlich durch den örtlichen deutschen Konsul oder durch die deutsche Botschaft zu legalisieren, womit sie den Status einer öffentlichen Urkunde deutschen Rechts erhalten.

Nach herrschender Auffassung folgt aus § 13 Abs. 2 KonsularG jedoch kein unbedingter Legalisationszwang. Vielmehr hat das Registergericht nach pflichtgemäßem Ermessen zu prüfen, ob eine Legalisation zur Bildung der Echtheitsüberzeugung erforderlich ist (BayObLG IPRax 1994, 122, 123; OLG Zweibrücken FGPrax 1999, 86). Bei der Ermessensausübung ist auch zu berücksichtigen, dass die Voraussetzungen für die Legalisation von Urkunden in einigen Ländern von vornherein nicht gegeben sind. Generell stellen deutsche Konsulate in folgenden Ländern keine Legalisationen aus: Afghanistan, Äquatorialguinea, Aserbaidschan, Äthiopien, Bangladesch, Benin, Côte d'Ivoire (Elfenbeinküste), Dominikanische Republik, Dschibuti, Eritrea, Gabun, Gambia, Ghana, Guinea, Guinea-Bissau, Haiti, Indien, Irak, Kambodscha, Kamerun, Kenia, Kirgisistan, Kongo (Demokratische Republik), Kongo (Republik), Kosovo, Laos, Liberia, Mali, Marokko (nur Einstellung der Legalisation von Bescheinigungen, die nicht aus den Personenstandsregistern stammen), Mongolei, Myanmar, Nepal, Niger, Nigeria, Pakistan, Philippinen, Ruanda, Sierra Leone, Somalia, Sri Lanka, Syrien, Tadschikistan, Togo, Tschad, Turkmenistan, Uganda, Usbekistan, Vietnam, Zentralafrikanische Republik (Quelle: Auswärtiges Amt, Stand: 12/2015). Die dortigen deutschen Konsularbeamten können jedoch teilweise – je nach den lokalen Gegebenheiten – i.R.d. Amtshilfe für deutsche Gerichte überprüfen lassen, ob der bescheinigte Sachverhalt zutrifft und hierdurch die Entscheidung über den Beweiswert der Urkunden erleichtern.

49 **9. Rücknahme der Anmeldung.** Eine Rücknahme des Eintragungsantrags ist bis zur Rechtskraft der Endentscheidung formlos möglich (§ 22 Abs. 1). Sie liegt aber nur dann vor, wenn die Eintragungsabsicht endgültig aufgegeben wird. Wird der Antrag nur einstweilen zurückgezogen um noch Eintragungshindernisse zu beheben, liegt darin keine Antragsrücknahme. Für die Fortsetzung des Verfahrens nach Behebung der Hindernisse bedarf es keiner erneuten Anmeldung in der Form des § 12 Abs. 1 HGB, sondern nur noch eines formlosen Antrags auf Fortsetzung des Eintragungsverfahrens (BayObLGZ 1966, 337, 341 f.; Staub/*Koch* § 12 Rn. 21).

50 Hat der **Notar** den Eintragungsantrag gestellt, ist er ermächtigt, ihn auch zurückzunehmen (§ 24 Abs. 3 BNotO). Auch der Anmeldeberechtigte selbst kann den vom Notar gestellten Antrag zurücknehmen. Allerdings bleibt der Antrag insoweit wirksam, als der Notar ihn zugleich noch für andere Anmeldeberechtigte gestellt hatte. Einen Antrag, den nur der Antragsberechtigte gestellt hatte, kann der Notar ohne besondere Vollmacht nicht zurücknehmen (Umkehrschluss aus § 24 Abs. 3 BNotO).

51 Wirksam ist die Rücknahme der Anmeldung auch dann, wenn es sich um **anmeldepflichtige Tatsachen** handelt. Das Gericht kann die Anmeldung nicht als fortbestehend betrachten, denn durch die Rücknahme wird das Eintragungsverfahren beendet. Daher muss das Gericht durch Androhung eines Zwangsgeldes einschreiten (§§ 388 ff.).

52 Eine spätere »**Rücknahme der Rücknahme**« ist als ein neuer Eintragungsantrag zu verstehen, welcher erneut der Form des § 12 Abs. 1 HGB bedarf (KG OLGR 43, 299, 301; BayObLGZ 1966, 337, 341; Keidel/*Heinemann* § 374 Rn. 48; MüKoHGB/*Krafka* § 12 Rn. 20; Staub/*Koch* § 12 Rn. 22). Der erneute Antrag ist auch bei unveränderter Sachlage zulässig (OLG Düsseldorf Rpfleger 2016, 105).

53 Erklärt der Anmeldende die »**Anfechtung**« der Anmeldung oder den »**Rücktritt**« von der Anmeldung, ist dies als (jederzeit zulässige) Rücknahme aufzufassen.

54 Erreicht die Rücknahme das Gericht zu spät, da dem Antrag bereits durch Eintragung stattgegeben wurde, ist zu prüfen, ob sie als eine Anregung zur Amtslöschung (§ 395) aufgefasst werden kann.

55 **10. Fristen, Wiedereinsetzung.** Ein elektronisches Dokument ist beim Registergericht eingegangen, wenn es von der Empfangseinrichtung des Gerichts (Eingangsserver) vollständig aufgezeichnet wurde (§§ 14 Abs. 2 Satz 2 FamFG, 130a Abs. 5 ZPO). Bei fristgebundenen Handelsregisteranmeldungen (z.B. §§ 209 Abs. 1, 2, 210 Abs. 2 AktG, 17 Abs. 2 Satz 4 UmwG) genügt es für die Fristwahrung, wenn die Anmeldung als solche einschl. der zu ihr gehörenden Signaturdateien rechtzeitig eingeht; unschädlich ist es, wenn die beigefügten Anlagen erst nach dem Ablauf der Frist vom Eingangsserver aufgezeichnet werden.

56 Ist die **Empfangseinrichtung des Gerichts gestört**, genügt zur Fristwahrung – abweichend von § 12 Abs. 1 HGB – eine Einreichung der Anmeldung in Schriftform (z.B. durch Einwurf in den Nachtbriefkasten), per Telefax oder durch Übersenden einer E-Mail. Das folgt aus rechtsstaatlichen Grundsätzen, wonach Risiken und Unsicherheiten, deren Ursache in der Sphäre des Gerichts liegen, bei der Entgegennahme fristgebundener Anträge nicht auf den Recht suchenden Bürger abgewälzt werden dürfen (BGH NJW-RR 2005, 435, 436). Nach Behebung der Störung sind die zur Anmeldung gehörenden Dokumente in elektronischer Form gem. § 12 HGB nachzureichen.

57 Eine **Wiedereinsetzung in den vorigen Stand** kommt nach allgemeiner Rechtsüberzeugung nicht in Betracht; auch die jetzt offene Formulierung des § 17 Abs. 1 eröffnet dies nicht. Nach den Gesetzgebungsmaterialien (BT-Drucks. 16/6308 S. 183, 364, 405) soll sich § 17 nur auf verfahrensrechtliche Fristen wie Rechtsbehelfsfristen, Rechtsbehelfsbegründungsfristen und auf die Wiedereinsetzungsfristen selbst beziehen. Demgegenüber handelt es sich bei den fristgebundenen Handelsregisteranmeldungen um materiellrechtliche handels- und gesellschaftsrechtliche Fristen, auf die die Verfahrensvorschrift des § 17 nicht anwendbar ist.

II. Beteiligte des Verfahrens. Beteiligt am Verfahren ist der bzw. sind die **Antragsteller** (§ 7 Abs. 1). Das 58 sind diejenigen, die eine Registeranmeldung abgegeben haben oder in deren Namen der Notar eine Registeranmeldung aufgrund seiner Ermächtigung nach § 378 Abs. 2 abgegeben hat.

Vertretungsorgane einer Gesellschaft (Geschäftsführer, Vorstände, Liquidatoren) geben die Anmeldung als 59 Organ für die Gesellschaft ab; verfahrensbeteiligt ist also die Gesellschaft (BGH NJW 1989, 295). Handelt es sich um anmeldepflichtige Tatsachen, nimmt das Vertretungsorgan die Anmeldung aber nicht nur aufgrund seiner Organstellung für die Gesellschaft vor, sondern ebenfalls in Erfüllung seiner persönlichen, zwangsgeldbewehrten Pflicht zur Anmeldung (§§ 407 AktG, 79 GmbHG). Daher ist auch der Organwalter selbst – neben der Gesellschaft – Antragsteller und Beteiligter des Verfahrens (OLG München FGPrax 2009, 127, 128 m.w.N.) und somit auch persönlich beschwerdeberechtigt (§ 382 Rdn. 37).

Nicht beteiligt sind nach herkömmlicher Sichtweise **diejenigen, auf die sich die Eintragung ihrem Inhalt** 60 **nach bezieht**, also bspw. der Geschäftsführer/Vorstand oder Abwickler/Liquidator, dessen Rechtsstellung durch die Eintragung begründet, bekundet, beschränkt oder gelöscht werden soll. Zwar widerspricht dieses dem Grundgedanken des § 7 Abs. 2 Nr. 1 und ist nur im Wege der teleologischen Reduktion der Verfahrensvorschriften des Allgemeinen Teils zu halten (ausführlich *Nedden-Boeger* FGPrax 2010, 1, 1 ff. m.w.N.), aber an der Beibehaltung der bewährten Praxis besteht ein erhebliches Interesse allein aus Beschleunigungsgründen (vgl. *Maass* ZNotP 2006, 282, 285; Bumiller/*Harders* § 382 Rn. 10; *Krafka* FGPrax 2007, 51, 52): Mit der Löschung eines untreu gewordenen Geschäftsführers bspw. kann nicht abgewartet werden, bis dieser für eine Stellungnahme (vgl. § 37 Abs. 2) erreicht werden kann, sondern es muss sofort gehandelt werden, um nicht unnötig lange durch die im Register noch eingetragene Vertretungsmacht einen unrichtig gewordenen Rechtsschein zu publizieren, auf den Dritte sich nach § 15 Abs. 1 HGB (ähnlich §§ 29 Abs. 1 GenG, 68, 70, 1412 BGB) berufen könnten. Allerdings dürfte es aus § 7 Abs. 2 Nr. 1 geboten sein, dem persönlich Betroffenen die vorgenommene Eintragung nachträglich mitzuteilen (vgl. § 383 Rdn. 3). Auch die weiteren Beteiligtenrechte, wie etwa die Akteneinsicht (§ 13), sind nachträglich zu gewähren.

Formal zu beteiligen ist aber das **verbundene Unternehmen**, dessen Rechte durch die Eintragung oder Lö- 61 schung eines Unternehmensvertrages betroffen werden (*Nedden-Boeger* FGPrax 2010, 1, 3; *Krafka* NZG 2009, 650, 653; Keidel/*Heinemann* § 374 Rn. 46a; a.A. *Ries* NZG 2009, 654, 655).

Im Verfahren auf Eintragung einer Kapital- oder Strukturmaßnahme sind die einzelnen Gesellschafter/Ak- 62 tionäre gem. § 7 Abs. 2 Nr. 1 hinzuzuziehen, da sie durch die angemeldete Eintragung unmittelbar in ihren Rechten betroffen würden. Im Registereintragungsverfahren können sie insb. den Standpunkt vertreten, der Eintragung stehe die Registersperre wegen einer eingereichten Anfechtungs-/oder Nichtigkeitsfeststellungsklage entgegen (ausführlich *Nedden-Boeger* FGPrax 2010, 1, 2 f.; a.A. BeckOK FamFG/*Munzig* § 374 Rn. 22; Keidel/*Heinemann* § 374 Rn. 45b).

Die **berufsständischen Organe** sind beteiligt, sofern sie ihre Hinzuziehung beantragt (§ 380 Abs. 2 Satz 2) 63 oder einen Sachantrag gestellt haben (§ 380 Rdn. 27).

In Verfahren, die ein Kreditinstitut oder eine Kapitalanlagegesellschaft betreffen oder ein Unternehmen, 64 welches eine Firma oder einen Firmenzusatz mit der Bezeichnung »Bank«, »Bankier«, »Sparkasse« (auch: »Spar- und Darlehenskasse«), »Volksbank«, »Bausparkasse«, »Kapitalverwaltungsgesellschaft«, »Investmentfonds«, »Investmentvermögen«, »Investmentgesellschaft«, »Investmentaktiengesellschaft« oder »Investmentkommanditgesellschaft« führt oder dessen Unternehmensgegenstand unter die Erlaubnisvorbehalte nach dem KWG fällt, ist die **BaFin** auf ihren Antrag als Beteiligte hinzuzuziehen. Zwar fehlt es an einer ausdrücklichen Gesetzesvorschrift i.S.d. § 7 Abs. 2 Nr. 2, Abs. 3, nach der die BaFin auf Antrag zu beteiligen wäre. Die Pflicht zur Hinzuziehung der BaFin auf ihren Antrag ergibt sich jedoch aus den ihr durch §§ 43 Abs. 3 KWG, 16 Abs. 3 BausparkG, 3 Abs. 5 KAGB zuerkannten Verfahrensrechten, Sachanträge zu stellen und Beschwerde einzulegen. Um der BaFin die Wahrnehmung ihres Antragsrechts zu ermöglichen, sieht § 7 Abs. 4 grds. eine Benachrichtigung von der Einleitung des Verfahrens vor.

III. Kostenvorschuss. Die Vornahme des Geschäftes kann gem. § 13 Satz 1 GNotKG von der vorherigen 65 Einzahlung des Vorschusses abhängig gemacht werden.

Die Abhängigmachung entfällt gem. § 16 Nr. 3 GNotKG, wenn der Notar erklärt hat, dass er für die Kos- 66 tenschuld des Antragstellers die persönliche Haftung übernimmt. Die Erklärung kann entweder in das Anschreiben des Notars oder in das Bemerkungsfeld von XNotar aufgenommen werden.

Außerdem entfällt die Abhängigmachung, wenn glaubhaft gemacht ist, dass dem Antragsteller die alsbaldi- 67 ge Zahlung der Kosten mit Rücksicht auf seine Vermögenslage oder aus sonstigen Gründen Schwierigkeiten bereitet (§ 16 Nr. 4 Buchst. a) GNotKG), eine etwaige Verzögerung einem Beteiligten einen nicht oder nur schwer zu ersetzenden Schaden bringen würde (§ 16 Nr. 4 Buchst. b) GNotKG), oder wenn aus einem anderen Grund das Verlangen nach vorheriger Zahlung oder Sicherstellung der Kosten nicht angebracht erscheint (§ 16 Nr. 5 GNotKG). Von der zuletzt genannten Möglichkeit wird für das Handelsregister zunehmend Gebrauch gemacht, nachdem der Gesetzgeber durch verschiedene registerrechtliche Novellierungen der vergangenen Jahre das Anliegen einer möglichst schnellen Erledigung der Eintragung in den Vordergrund gestellt hat. Viele Registergerichte bestehen nur noch bei Einmanngründungen auf einem Kostenvorschuss. Generell nicht angezeigt ist die Abhängigmachung bei **erzwingbaren Anmeldungen** (Korintenberg/ *Lappe* [18. Aufl.] § 8 Rn. 19).

68 **IV. Prüfungsumfang des Gerichts. 1. Prüfung in formaler Hinsicht.** In formaler Hinsicht prüft das Registergericht seine Zuständigkeit, die Wahrung der Form der Anmeldung, ob die Anmeldung von den dazu berufenen Personen abgegeben wurde, ob Vollmachten und organschaftliche Vertretungen in ordnungsgemäßer Form nachgewiesen sind, ob evtl. erforderliche familiengerichtliche Genehmigungen sowie die mit der Anmeldung einzureichenden Dokumente vollständig und formgerecht vorliegen.

69 **2. Prüfung in materieller Hinsicht.** In materieller Hinsicht prüft das Gericht zunächst, ob die angemeldeten Tatsachen **generell eintragungsfähig** sind, ob also entweder das Gesetz die Vornahme der Eintragung ausdrücklich zulässt oder Sinn und Zweck des Registers eine vom Gesetz nicht vorgesehene Eintragung zwingend gebieten (z.B. Eintragung eines Rechtsnachfolgevermerks bei Kommanditistenwechsel, BGH NJW-RR 2006, 107; OLG Hamm FGPrax 2005, 39; Eintragung des Nießbrauchs an einem Kommanditanteil (OLG Stuttgart DNotZ 2013, 793; OLG Oldenburg FGPrax 2015, 166) oder der Dauertestamentsvollstreckung über den Nachlass eines Kommanditisten (BGH NJW-RR 2012, 730); Eintragung eines nach § 37 Abs. 1 Satz 2 KWG bestellten Abwicklers, OLG Hamm FGPrax 2007, 138). Nicht eintragungsfähig sind dagegen z.B. die Eintragung eines Treuhandverhältnisses (OLG Hamm NJW 1963, 1554), eines »Sprechers der Geschäftsführung« (OLG München NJW-RR 2012, 614; eines »Stellvertretenden Geschäftsführers« (BGH NJW 1998, 1071), einer »Generalvollmacht« (OLG Hamburg GmbHR 2009, 252), der Befreiung des *directors* einer englischen Limited vom Selbstkontrahierungsverbot (OLG Frankfurt FGPrax 2008, 165), des Güterstandes des Kaufmanns in das Handelsregister (RGZ 63, 245, 249), der Gewinnabführung an einen stillen Gesellschafter (OLG München DNotZ 2011, 949), des Teilgewinnabführungsvertrages (KG FGPrax 2014, 217) oder der Heilung einer verdeckten Sacheinlage (OLG München Rpfleger 2013, 95); weitere Fallbeispiele bei Mü-KoHGB/*Krafka* § 8 Rn. 55. Ebenfalls generell nicht zulässig ist nach bisher st. Rspr. die Eintragung zukünftiger Ereignisse (BayObLG DNotZ 1993, 197; NJW-RR 2003, 907; OLG Düsseldorf NJW-RR 2000, 702), wenngleich eine Aufweichung dieses Prinzips aus praktischen Bedürfnissen zunehmend gefordert wird (Staub/*Koch* § 8 Rn. 52 f. m.w.N.). Anerkannt ist allerdings die Zulässigkeit der Eintragung einer aufschiebend bedingten Satzungsänderung (vgl. KGJ 19, 3; 28 A 216, 224; DNotI-Gutachten DNotI-Report 2008, 25, 26 f.).

70 **a) Konstitutive Eintragungen.** Ist die generelle Eintragungsfähigkeit geklärt, hängt die weitere gerichtliche Prüfung davon ab, ob es sich um eine konstitutive oder um eine deklaratorische Eintragung handelt. Bei **konstitutiven (= rechtsbegründenden) Eintragungen** werden die Rechtsänderungen erst mit der Eintragung in das Register wirksam (Beispiel: Ersteintragung einer Kapitalgesellschaft, §§ 41 Abs. 1 AktG, 11 Abs. 1 GmbHG; Satzungsänderung, §§ 181 Abs. 3 AktG, 54 Abs. 3 GmbHG, 71 Abs. 1 Satz 1 BGB). Das Gericht prüft, ob alle rechtlichen Voraussetzungen der durch die Eintragung zu bewirkenden Rechtsänderung vorliegen. Welche Voraussetzungen das sind, bestimmt das materielle Recht, wobei **Prüfungsgegenstand** und Prüfungsdichte für die einzelnen Unternehmens- und Rechtsformen durchaus **unterschiedlich ausgestaltet** sind: Während z.B. im Vereinsrecht jede Satzung und jede Satzungsänderung der vollen formellen und inhaltlichen Kontrolle des Gerichts unterliegt (OLG Nürnberg FGPrax 2015, 212, 213; *Reichert* Rn. 198 ff., 657 ff.), ist die Satzungsprüfung bei der Ersteintragung von Kapitalgesellschaften und Genossenschaften auf wenige Kernfragen beschränkt (§§ 9c Abs. 2 GmbHG, 38 Abs. 4 AktG, 11a Abs. 3 GenG).

71 **aa) Ersteintragung (praxisrelevante Einzelfragen).** Bei der Ersteintragung eines Einzelkaufmanns oder einer Gesellschaft prüft das Gericht stets die Zulässigkeit der **Firmen-** bzw. **Partnerschaftsnamenbildung** (§§ 18 ff. HGB, 4, 5a Abs. 1 GmbHG, 4, 279 AktG, 3 GenG, 2 Abs. 2 Nr. 1 EWIVAG, 4 Abs. 1, 174 Abs. 2 VAG, 39–41 KWG, 3 Abs. 1 bis 4 KAGB, 16 Abs. 1, 2 BausparkG, 7 REITG, 20 UBGG, 2, 11 Abs. 1 PartGG, 43, 53 StBerG, 31, 133 WPO usw. sowie die **ausreichende Individualisierung des Unternehmensgegenstandes** [*OLG Düsseldorf DNotZ 2011, 444 m.w.N.*]). Soll eine banken- oder versicherungsrechtlich ge-

schützte Firmenbezeichnung verwendet werden, ist das Registergericht an die diesbezügliche Entscheidung der BaFin gebunden (§§ 6 Abs. 2 VAG; 42 KWG, 16 Abs. 3 BausparkG, 3 Abs. 5 KAGB; vgl. Beck/Samm/ Kokemoor/*Samm* KWG § 42 Rn. 32 m.w.N.). Die Bindungswirkung der BaFin-Entscheidung beschränkt sich aber inhaltlich auf den Gebrauch der reservierten Bezeichnung, während die firmenrechtliche Prüfung i.Ü. beim Registergericht verbleibt (Prölss/*Präve* § 4 Rn. 19; Beck/Samm/Kokemoor/*Samm* KWG § 42 Rn. 12).

Ferner muss die ausreichend deutliche **Unterscheidbarkeit** von bereits eingetragenen Firmen gewährleistet sein, was nicht nur bei der Ersteintragung, sondern ebenso bei Sitzverlegung und Firmenänderung zu prüfen ist (§§ 30, 13h Abs. 2 Satz 3, Abs. 3 Satz 1 HGB). Nach einer in der Rechtsprechung vertretenen Ansicht bezieht sich die sog. Freivermerksprüfung nicht nur auf die im Handels- und Genossenschaftsregister eingetragenen Firmen, sondern auch auf die ausreichende Unterscheidbarkeit von den im Vereinsregister eingetragenen Vereinsnamen (OLG Stuttgart OLGR 42, 211; LG Limburg Rpfleger 1981, 23; a.A. h.L., vgl. Mü-KoHGB/*Heidinger* § 30 Rn. 10). 72

Eventuelle Rechtsverletzungen, die außerhalb des Registerrechts liegen (z.B. die Verletzung von Marken-rechten durch die gewählte Firmierung), prüft das Gericht nicht. Sie dürfen auch dann nicht zur Zurückweisung des Eintragungsantrags führen, wenn dem Gericht ein solcher Sachverhalt bekannt wird (Staub/ *Koch* § 8 Rn. 84; MüKoHGB/*Krafka* § 8 Rn. 67 m.w.N.). 73

Bei der **Errichtung einer Kapitalgesellschaft** prüft das Gericht deren ordnungsgemäße Errichtung sowie die **Sicherstellung der Kapitalaufbringung**, also bei der **UG** die Volleinzahlung des Stammkapitals (§ 5a Abs. 2 GmbHG; vgl. BGH NJW 2011, 1883), bei der **GmbH** die vorgeschriebenen Mindesteinzahlungen auf die Geschäftsanteile (§ 7 Abs. 2 GmbHG) zur freien Verfügung der Gesellschaft, bei beiden Gesellschaftsformen außerdem die Vorbelastung des Stammkapitals mit Verbindlichkeiten (BGH NJW 1981, 1373, 1376) sowie evtl. unzulässige Abreden über verdeckte Sacheinlagen (*Ulmer* ZIP 2009, 293, 300). Nachweise über erbrachte Bareinzahlungen sollen nur bei erheblichen Zweifeln an der Richtigkeit der insoweit abgegebenen Versicherungen angefordert werden (§ 8 Abs. 2 Satz 2 GmbHG). Bei GmbH-Sachgründungen ist die nicht unwesentliche Überbewertung von Sacheinlagen zu prüfen (§ 9c Abs. 1 Satz 2 GmbHG), nach Auffassung des LG Freiburg (Rpfleger 2009, 386, 388) allerdings nur, soweit sich aus den eingereichten Unterlagen begründete Zweifel ergeben. Beim sog. »Hin- und Herzahlen« zwischen Gesellschafter und Gesellschaft (Beispiel: die Gesellschaft gewährt dem Gesellschafter die geleistete Einlage sogleich als Darlehen zurück) entfällt das Merkmal der »Leistung zur endgültigen freien Verfügung der Geschäftsführer«. Stattdessen soll das Registergericht ersatzweise prüfen, ob der von der Gesellschaft erlangte (Darlehens-) Rückzahlungsanspruch vollwertig und liquide ist (§ 19 Abs. 5 GmbHG, dazu BT-Drucks. 16/6140 S. 34 f. und BT-Drucks. 16/9737 S. 56), wobei freilich ungeklärt ist, auf welche Weise das Registergericht die »Vollwertigkeit« des Rückzahlungsanspruchs – letztlich also die Ausfallsicherheit und somit die Bonität des Gesellschafters – überhaupt prüfen kann. Als ausreichend gilt jedenfalls die positive Bewertung einer international anerkannten Rating-Agentur (OLG München GmbHR 2011, 422); z.T. wird es als genügend angesehen, wenn die Forderung ohne Risikoabschreibung bilanziert werden kann (OLG Schleswig FGPrax 2012, 214, 216 m.w.N.). Die Erbringung satzungsmäßig geschuldeter Mehrleistungen auf das Stammkapital über die gesetzlichen Mindesteinlagen hinaus ist nicht zu prüfen (OLG Stuttgart FGPrax 2011, 264), wohl aber die Angemessenheit der von der Gesellschaft zu tragenden Gründungskosten (OLG Celle GmbHR 2015, 139), wobei das vollständige Aufbrauchen des Stammkapitals der UG durch die Gründungskosten kein Eintragungshindernis darstellt (KG FGPrax 2015, 258). Bei der **AG** sind ähnliche Prüfungen über die erbrachten Bar- und Sacheinlagen nach Maßgabe der §§ 27 Abs. 4, 36, 36a, 38 Abs. 3 AktG vorzunehmen; bei der **Genossenschaft** prüft der Prüfungsverband eine evtl. Überbewertung der Sacheinlagen (§ 11a Abs. 2 Satz 2 GenG). Die Sicherstellung der Kapitalaufbringung ist ferner bei der **Mantelverwendung** oder **Aktivierung einer Vorratsgesellschaft** zu prüfen (BGHZ 153, 158 = NJW 2003, 892; BGHZ 155, 318 = NJW 2003, 3198; OLG Nürnberg FGPrax 2011, 194), welche wie eine Neugründung wirkt und dem Registergericht ggü. offengelegt werden muss (vgl. *Winnen* RNotZ 2013, 389, 400 ff.). 74

Die **Unterkapitalisierung** einer Kapitalgesellschaft ist grds. nur in den Fällen zu prüfen, in denen Spezialvorschriften eine bestimmte Mindestkapitalausstattung vorschreiben (vgl. § 2 Abs. 4 UBGG). Außerhalb dieser Sonderfälle hindert eine Unterkapitalisierung die Eintragung auch dann nicht, wenn sie offensichtlich ist; demzufolge ist sie vom Registergericht nicht zu prüfen. Denn weder gehört die für den Gesellschaftszweck ausreichende Kapitalausstattung zu den gesetzlichen Gründungserfordernissen noch wäre das Mindestmaß an erforderlicher Kapitalausstattung für das Gericht präzise feststellbar. *Krafka* (MüKoHGB 75

§ 8 Rn. 70) weist zu Recht darauf hin, dass der Rechtsverkehr seine Schlüsse aus den jedermann zugänglichen Registereintragungen selbst ziehen muss. Eine Ausnahme von diesem Grundsatz wird allerdings diskutiert, wenn für das Registergericht erkennbar wird, dass eine extreme Unterkapitalisierung der Gesellschaft offensichtlich auf eine sittenwidrige Schädigung von Gläubigern abzielt (BayObLG NJW-RR 2000, 113, 115 m.w.N.). Strengere Grundsätze gelten für die Genossenschaft: Hier findet schon von Gesetzes wegen eine (eingeschränkte) Wirtschaftlichkeitsprüfung daraufhin statt, ob offenkundig oder aufgrund der gutachtlichen Äußerung des Prüfungsverbandes eine Gefährdung der Belange der Mitglieder oder der Gläubiger der Genossenschaft zu besorgen ist (§ 11a Abs. 2 Satz 1 GenG). Bei der Partnerschaft mbB/mbH prüft das Gericht den Nachweis über die ausreichende **Berufshaftpflichtversicherung** (§§ 4 Abs. 3 PartGG, 51a BRAO, 45a PAO, 52 Abs. 4 StBerG, 54 Abs. 1 WPO).

76 Die übrigen Satzungsbestimmungen unterliegen einer Inhaltsüberprüfung nur nach Maßgabe der §§ 9c Abs. 2 GmbHG, 38 Abs. 4 AktG (vgl. OLG München GmbHR 2010, 870: Keine Prüfung der Verletzung unentziehbarer Individual- oder Minderheitsrechte durch die Satzung).

77 Das Vorliegen der für den **Unternehmensgegenstand** erforderlichen **Genehmigungsurkunden** ist seit Aufhebung der §§ 8 Abs. 1 Nr. 6 GmbHG a.F., 37 Abs. 4 Nr. 5 AktG a.F. für keine Gesellschaftsform mehr zu prüfen mit Ausnahme von Kreditinstituten (§ 43 Abs. 1 KWG; kritisch *Wachter* GmbHR 2009, 953, 955 f.), Bausparkassen (§ 16 BausparkG), Kapitalanlagegesellschaften (§ 3 Abs. 5 KAGB) und Unternehmen in der Rechtsform des VVaG (§ 187 Abs. 1 Nr. 1 VAG). Genehmigungs- bzw. Anerkennungsurkunden oder Negativbescheinigungen für Freiberufler-Kapitalgesellschaften (bspw. RA-, StB- und WP-GmbHs) oder gemeinnützige Kapitalgesellschaften können nach dem Rechtsgedanken des MoMiG nicht mehr verlangt werden (*Wachter* GmbHR 2009, 953, 956); zum entbehrlichen Negativattest der BaFin für Unternehmen der Anlage- und Vermögensberatung vgl. OLG München Rpfleger 2012, 696. Unzulässig ist die Eintragung aber, wenn der Unternehmensgegenstand **per se gesetzeswidrig** ist (*Leitzen* GmbHR 2009, 480, 483) oder nicht in der Rechtsform einer juristischen Person betrieben werden darf (OLG München FGPrax 2015, 123: Tierarzt-GmbH bzw. -UG).

78 Vorgelegt werden müssen jedoch solche **aufsichtlichen Genehmigungen**, die nach Kommunal- oder Kirchenrecht für die Errichtung juristischer Personen des Privatrechts durch öffentliche Körperschaften erforderlich sind (*Leitzen* GmbHR 2009, 480, 482, *Pfeiffer* NJW 2000, 3694, 3995), weil ohne sie der Gründungsakt unwirksam ist.

79 Eine eingeschränkte **ausländerrechtliche Prüfung** findet insoweit statt, als das angemeldete Vertretungsorgan der Gesellschaft, welches seinen Wohnsitz oder ständigen Aufenthalt nicht im Inland hat, wenigstens die Möglichkeit der jederzeitigen Einreise haben muss, um seinen Geschäftsführerpflichten nachzukommen (OLG Köln GmbHR 1999, 182 und FGPrax 2001, 214, 215; OLG Hamm NJW-RR 2000, 37; OLG Celle GmbHR 2007, 657). Die im Vordringen befindliche Gegenansicht (OLG München FGPrax 2010, 88; OLG Düsseldorf FGPrax 2009, 178; OLG Zweibrücken FGPrax 2010, 310; OLG Dresden GmbHR 2003, 537 m.w.N.; Baumbach/Hueck/*Fastrich* § 6 Rn. 9; *Bohlscheid* RNotZ 2005, 505, 522 ff.), welche die Möglichkeiten der modernen Kommunikationsmittel als Garant für eine ordnungsgemäße Geschäftsführung genügen lassen will und sich in ihrer Auffassung auch durch die Zulassung eines ausländischen Sitzes (§ 4a GmbHG) bestärkt sieht, gewichtet nicht hinreichend, dass mit der Geschäftsführung nicht nur die betriebswirtschaftliche Leitungsfunktion im Unternehmen, sondern auch die Wahrnehmung öffentlich-rechtlicher Pflichten u.a. zum persönlichen Erscheinen vor Gericht, Behörden und ggf. Insolvenzverwaltern untrennbar verbunden sind. Die Sitzfrage (§ 4a GmbHG) hat zur Frage der Geschäftsführereignung i.Ü. keinerlei Berührungspunkt.

80 Im Einzelnen gilt daher: Eine Wahrnehmung des Geschäftsführer-/Vorstandsamtes durch **EU-Ausländer** ist wegen der innergemeinschaftlichen Freizügigkeit unproblematisch, dasselbe gilt für Angehörige der Schweiz. Ebenso unbedenklich ist eine Wahrnehmung des Amtes durch Ausländer, die jederzeit **visumfrei** für die Dauer von bis zu 3 Monaten einreisen können (vgl. OLG Frankfurt FGPrax 2001, 124). Das sind die Angehörigen der in der sog. »Positivliste« aufgeführten Staaten (Anhang II der EUVisumVO), nämlich Albanien (mit biometrischem Ausweis), Andorra, Antigua und Barbuda, Argentinien, Australien, Bahamas, Barbados, Brasilien, Bosnien und Herzegowina (mit biometrischem Ausweis), Brunei Darussalam, Chile, Costa Rica, El Salvador, Guatemala, Honduras, Israel, Japan, Kanada, Kroatien, Malaysia, Mauritius, Ehemalige Jugoslawische Republik Mazedonien (mit biometrischem Ausweis), Mexiko, Monaco, Montenegro (mit biometrischem Ausweis), Neuseeland, Nicaragua, Panama, Paraguay, San Marino, Serbien (mit biometrischem Ausweis, sofern nicht von der »koordinaciona uprava« ausgestellt), Seychellen, Singapur, Südkorea, St. Kitts und Nevis, Uruguay, Vatikanstadt, Venezuela und die Vereinigte Staaten. Ebenfalls befreit von der Visumpflicht sind In-

haber eines Passes der »Hong Kong Special Administrative Region« oder der »Regiao Administrativa Especial de Macau« sowie Inhaber eines durch Taiwan ausgestellten Reisepasses, der eine Personalausweisnummer enthält. Dagegen benötigen Angehörige von Staaten, die weder der EU noch der Positivliste angehören, für die Ausübung des Amtes im Inland einen **Aufenthaltstitel**, der ihnen die jederzeitige Einreisemöglichkeit und den Aufenthalt im Inland ermöglicht.

Bei der Gewichtung dieses Prüfungspunktes ist heute allerdings mit zu berücksichtigen, dass der Gesetzgeber die früheren §§ 4a Abs. 2 GmbHG, 5 Abs. 2 AktG mit der ausdrücklichen Zielrichtung aufhob, es deutschen Kapitalgesellschaften zu ermöglichen, ihren effektiven Verwaltungssitz im Ausland zu wählen und ihre Geschäftstätigkeit ausschließlich außerhalb des deutschen Hoheitsgebiets zu entfalten, um dadurch die Wettbewerbfähigkeit deutscher Gesellschaftsformen (GmbH/UG) ggü. Kapitalgesellschaften anderer Staaten (Ltd, SARL) zu stärken (s. BT-Drucks. 16/6140 S. 29). Eine zu strenge Prüfung ausländerrechtlicher Voraussetzungen könnte die gesetzgeberische Zielvorgabe in unzulässiger Weise vereiteln; das OLG Düsseldorf (FGPrax 2009, 178) will sie aus dem Grunde sogar ganz aufgeben; vgl. auch *Heßeler* GmbHR 2009, 759. 81

Jedenfalls obsolet ist die früher herrschende Rechtsprechung (OLG Celle MDR 1977, 758; OLG Stuttgart MDR 1984, 495; KG NJW-RR 1997, 794, 795), nach der sich die ausländerrechtliche Prüfung auch noch darauf erstrecken solle, ob dem ausländischen GmbH-Gründungsgesellschafter die Ausübung einer Erwerbstätigkeit bezüglich des Unternehmensgegenstandes im Inland gestattet sei, andernfalls der Gesellschaftsvertrag wegen Umgehung des Ausländerrechts nichtig (§ 134 BGB) und die Eintragung im Handelsregister abzulehnen sei. Schon früher überspannte dies die Prüfungsverantwortung des lediglich zur Registerführung und nicht als Ausländerpolizei berufenen Gerichts und war zudem auch rechtlich zweifelhaft: Nicht die Kapitalbeteiligung an einer Gesellschaft will § 4 Abs. 3 AufenthG reglementieren, sondern eine Betätigung im Erwerbsleben. Daher konnte eine Umgehung der ausländerrechtlichen Vorschriften kaum bereits im Gründungsakt liegen, sondern allenfalls in der faktischen Aufnahme der Geschäftstätigkeit, wenn und soweit der ausländische Gesellschafter damit begann, persönlich die Geschicke der Gesellschaft zu lenken und sich dadurch erwerbsmäßig zu betätigen. Nachdem der Gesetzgeber es durch Streichung der §§ 4a Abs. 2 GmbHG, 5 Abs. 2 AktG jedoch ausdrücklich zugelassen hat, GmbHs, UGs und AGs mit effektivem Verwaltungssitz im Ausland zu gründen, kann die Erlaubnis zur Ausübung einer Erwerbstätigkeit im Inland keine Eintragungsvoraussetzung mehr sein. Drängt sich dem Registergericht der Verdacht auf, dass der Gesellschafter-Geschäftsführer die Geschäfte unerlaubterweise aus dem Inland betreiben will, genügt es seiner Pflicht, wenn es dem zuständigen Ausländeramt von der vorgenommenen Eintragung gem. § 13 Abs. 1 Nr. 4 EGGVG oder gem. § 13 Abs. 2 i.V.m. § 17 Nr. 1 EGGVG Mitteilung macht. 82

Bei der **Ersteintragung eines Vereins** prüft das Gericht, ob die formalen Voraussetzungen der §§ 56, 59 BGB erfüllt sind, ob die Satzung den vorgeschriebenen Inhalt hat (§§ 57, 58 BGB), nicht sittenwidrig (§ 138 BGB) oder mehrdeutig ist (OLG Zweibrücken MDR 1985, 230; BayObLG Rpfleger 1971, 352; a.A. bei Mehrdeutigkeit *Terner* ZNotP 2009, 222, 231 m.w.N.), gegen keine Rechtsvorschriften verstößt (z.B. §§ 37, 39 BGB, 18 Abs. 2 HGB analog; vgl. zu irreführenden Vereinsnamen OLG Brandenburg Rpfleger 2011, 445; KG FGPrax 2012, 32) und es sich um einen nichtwirtschaftlichen Verein (§ 21 BGB) handelt (OLG Schleswig FGPrax 2011, 34 und FGPrax 2012, 212; KG DNotZ 2011, 632 und FGPrax 2014, 270; OLG Karlsruhe MDR 2012, 173; OLG Zweibrücken Rpfleger 2014, 214; vgl. auch OLG Brandenburg FGPrax 2015, 258 vs. KG DNotZ 2011, 632). **Öffentlich-rechtliche Vereinsverbote** prüft das Registergericht nicht, da diese ausschließlich nach den Verfahren des VereinsG verfolgt werden. Auch eine **Zweckmäßigkeitsprüfung** findet nicht statt (OLG Köln NJW-RR 1994, 1547, 1548; BayObLG NJW-RR 2001, 326, 327), ebenso wenig eine Überprüfung nach den §§ 305 ff. BGB (*Fleck* Rpfleger 2009, 65) oder eine Prüfung, ob der Verein dazu dienen soll, **ordnungsrechtliche Verbote zu umgehen** (OLG Oldenburg NJW 2008, 2194: »Nichtraucherschutzgesetz-Umgehungsverein«). Unzulässig ist dagegen ein **schlechthin gesetzeswidriger Vereinszweck** (KG Rpfleger 2012, 212: Zoophilie; OLG Brandenburg FGPrax 2015, 21: Studentische Rechtsberatung). Handelt es sich um einen **VVaG**, findet eine Satzungsprüfung durch das Registergericht nicht statt, da der Verein seine Rechtsfähigkeit bereits durch die nach § 171 VAG erteilte Erlaubnis erlangt (KGJ 26 A 69). 83

bb) Folgeanmeldungen (praxisrelevante Einzelfragen). Bei Folgeanmeldungen, die auf Gesellschafterbeschluss beruhen, hat das Gericht grds. auch zu prüfen, ob die **Beschlussfassung ordnungsgemäß zustande kam**, insb. ob die Beschluss fassenden Personen tatsächlich Gesellschafter waren (OLG München FGPrax 2009, 127, 128; OLG Köln GmbHR 1990, 82, 83). Den zur Beschlussfassung berufenen Gesellschafterbestand überprüft das Gericht i.d.R. aber nur dann, wenn sich Unstimmigkeiten mit der nach § 40 84

GmbHG eingereichten Gesellschafterliste ergeben (MüKoHGB/*Krafka* § 8 Rn. 77). Ob einzelne Stimmabgaben wegen Treueverstoßes unwirksam waren, prüft das Registergericht nicht (OLG Frankfurt FGPrax 2009, 81). Einberufungsmängel, Mängel der Beschlussfähigkeit der Versammlung oder das Nichterreichen der erforderlichen Stimmenmehrheit sind nur dann beachtlich, wenn sie zur Nichtigkeit und nicht nur Anfechtbarkeit des Beschlusses führen, denn ansonsten gilt die Feststellung des Versammlungsleiters über die Beschlussfassung (zur Abgrenzung vgl. OLG Stuttgart FGPrax 2012, 40; OLG München DNotZ 2012, 874; KG JW 1936, 334, 335; Baumbach/Hueck/*Zöllner* Anh. § 47 Rn. 45 ff.). Zum gebotenen Abwarten der Anfechtungsfrist vgl. allerdings § 381 Rdn. 13. Bei **Vereinen** ist grds. ist vom rechtswirksamen Zustandekommen des ordnungsgemäß angemeldeten Beschlusses auszugehen, zu prüfen ist hier aber das Erreichen der erforderlichen (ggf. qualifizierten) Stimmenmehrheit (OLG München FGPrax 2011, 249) und ob das satzungsgemäß berufene Vereinsorgan beschlossen hat (OLG Köln FGPrax 2009, 82). Weitere Nachprüfungen sind nur veranlasst, um begründeten Zweifeln nachzugehen (OLG Düsseldorf FGPrax 2008, 261; FGPrax 2010, 43; OLG Schleswig FGPrax 2005, 82), wobei für die Beweisführung des Vereins hinsichtlich eines ordnungsgemäßen Verfahrens keine übertriebenen und praktisch unerfüllbaren Maßstäbe angelegt werden dürfen (BGHZ 59, 369, 376 = NJW 1973, 235). Festzustellende Verfahrensmängel sind zudem nur dann beachtlich, wenn sie aus Sicht eines objektiv urteilenden Vereinsmitglieds ausreichende Relevanz für die Ausübung der Mitgliedschafts- bzw. Mitwirkungsrechte haben im Sinne eins Beschluss anhaftenden Legitimationsprinzips (BGH NJW 2008, 69,73; BHGZ 160, 385, 391f.), was nicht der Fall ist, bei der Einberufung der Versammlung durch den unvollständigen Vorstand (OLG Köln Rpfleger 1983, 158, der Versammlungsleitung durch einen Unzuständigen (OLG Köln Rpfleger 1985, 447, 448 – obiter); der Verkürzung der einladungsfrist um einen Arbeitstag (BGH DNotZ 2014, 537 [entschieden für die Gesellschafterversammlung] bzw. um wenige Tage Postlaufzeit (OLG München FGPrax 2015, 210). Nichtigkeit kann aber bei Einladung zur Unzeit vorliegen (BayObLGZ FGPrax 2004, 295: Versammlung während der Sommerferien), wenn nicht in dem vorgesehenen Mitteilungsblatt eingeladen wurde (OLG Hamm NJW-RR 2014, 472) sowie wenn ein gewichtiger Gegenstand der Beschlussfassung – namentlich bei Satzungsänderungen – in der Einladung zur Mitgliederversammlung nicht oder so ungenau bestimmt war, dass den Mitgliedern eine sachgerechte Vorbereitung der Versammlung und eine Entscheidung, ob sie an der Versammlung teilnehmen wollen, nicht möglich war (BGH NJW 2008, 69; OLG Celle FGPrax 2012, 34). In welcher Tiefe die einzelnen geänderten Satzungsbestimmungen bei der Anmeldung – ggf. schlagwortartig – bezeichnet werden müssen, ist umstritten (zum Meinungsstand vgl. OLG Nürnberg FGPrax 2012, 262, 263).

85 Eine **Inhaltskontrolle bei Änderung der Vereinssatzung** findet statt wie bei der Ersteintragung (BayObLG NJW-RR 2001, 326, 327; OLG Karlsruhe FGPrax 2012, 210 m.w.N.). Außerdem ist die eingereichte geänderte Satzung auf richtigen Wortlaut zu überprüfen (OLG München FGPrax 2011, 310). Auch die **Änderung des Gesellschaftsvertrages einer GmbH/UG** wird umfassend auf ihre rechtliche Wirksamkeit überprüft (vgl. BGH FGPrax 2012, 119). Die für die Erstanmeldung vorgesehenen Prüfungsbeschränkungen (§ 9c Abs. 2 GmbHG) gelten für die Folgeanmeldung einer Satzungsänderung nicht (BayObLG NJW-RR 2002, 248; KG FGPrax 2006, 29, 30). Bestimmungen des Gesellschaftsvertrages, die von der angemeldeten Änderung nicht betroffen sind, werden jedoch (nur) insoweit einer Prüfung unterzogen, als sie Anlass zur Einleitung eines Auflösungsverfahrens geben könnten (§ 399 Rdn. 19). Wird der Gesellschaftsvertrag allerdings als Neufassung beschlossen, bezieht sich die materielle Prüfung auf den gesamten neu gefassten Gesellschaftsvertrag – auch soweit er mit der ursprünglichen Fassung übereinstimmende Regelungen trifft (KG FGPrax 2006, 29, 30). Ebenso sind **Satzungsänderungen einer AG** auf Verletzung zwingenden Gesetzesrechts zu prüfen (str.; wie hier: OLG Hamburg OLGZ 1984, 307; 1994, 42, 47; MüKoAktG/*Stein* § 181 Rn. 46 m.w.N. auch zur Gegenauffassung). Beim **VVaG** indessen wird die Prüfung des Registergerichts weitgehend durch die Genehmigung der Versicherungsaufsichtsbehörde ersetzt (§ 196 Abs. 1 Satz 2 VAG; vgl. KGJ 26 A 69; Prölls/*Weigel* § 40 Rn. 4).

86 Ein **Unternehmensvertrag** ist nur einzutragen, wenn er materiell wirksam zustande gekommen ist; etwaigen Bedenken hiergegen hat das Registergericht nachzugehen (OLG München ZIP 2009, 1520, 1521). Zum Meinungsstreit über die Eintragung des Unternehmensvertrages beim herrschenden Unternehmen s. *Priester* GmbHR 2015, 169.

87 Dient die Folgeanmeldung einer **Mantelverwendung** (= Aktivierung oder Reaktivierung einer Mantel- bzw. Vorratsgesellschaft), was der Anmeldende ggü. dem Registergericht offenzulegen hat, bedarf es einer vollständigen Prüfung der Eintragungsvoraussetzungen wie bei einer Neugründung; dazu sind auch die für die *Neugründung* erforderlichen Versicherungen erneut abzugeben (BGH NJW 2003, 892; NJW 2003, 3198).

Abschnitt 3. Registersachen **Vorbem. zu § 378**

Zeitlicher Anknüpfungspunkt für die Prüfung der Eintragungsvoraussetzungen ist der Moment des Antragseingangs bei Gericht. Zum Zeitpunkt der Unterschriftsleistung des Anmeldenden oder der Errichtung des notariellen Beglaubigungsvermerks muss die angemeldete Tatsache noch nicht eingetreten sein (MüKoHGB/*Krafka* § 12 Rn. 6 m.w.N.); somit kann also eine Registeranmeldung »auf Vorrat« gefertigt werden für eine Tatsache, die erst später eintritt oder eintreten könnte. Die Tatsache muss allerdings eingetreten sein, bevor die Anmeldung zum Registergericht abgegeben wird. 88

b) Deklaratorische Eintragungen. Von einer **deklaratorischen (= rechtsbekundenden) Eintragung** spricht man, wenn die materiellen Rechtswirkungen unabhängig von der Eintragung in das Register eintreten (bspw. die Erteilung oder das Erlöschens einer Prokura). Deklaratorische Eintragungen dienen nur der Publizität der einzutragenden Tatsachen und dem damit verbundenen Gutglaubensschutz (§§ 15 HGB, 29 GenG, 68, 70, 1412 BGB). Bei deklaratorischen Eintragungen prüft das Gericht, ob die angemeldeten Tatsachen vorliegen, denn das Register darf keine Unwahrheiten verlautbaren (RGZ 140, 174, 184; OLG Köln GmbHR 1990, 82, 83; BayObLG GmbHR 1992, 304 m.w.N.). In der Praxis beschränkt sich die Prüfung jedoch auf die ordnungsgemäße Darlegung der für die Eintragung erforderlichen Tatsachen, ohne diese im Einzelnen zu verifizieren. Sofern die angemeldeten Tatsachen schlüssig dargestellt und glaubwürdig sind, darf sich das Gericht auf die Richtigkeit der eingereichten Unterlagen verlassen und braucht **keine besonderen Nachforschungen** anzustellen (OLG Schleswig FGPrax 2005, 82; Rpfleger 2005, 317; MüKoHGB/ *Krafka* § 8 Rn. 62 ff., *Krafka/Kühn* Rn. 159). Bestehen aber begründete Zweifel an der Wirksamkeit der zur Eintragung angemeldeten Erklärungen oder an der Richtigkeit der mitgeteilten Tatsachen, hat das Registergericht die volle Prüfungsverantwortung (BGH NJW-RR 2011, 432; OLG Düsseldorf NJW-RR 2001, 902; OLG München DNotZ 2009, 474; sowie zum Nachweis der Erbenstellung OLG Bremen FGPrax 2014, 219). Insbes. ist zu prüfen, ob die angemeldete Tatsache wegen **Rechtsmissbrauchs** unwirksam ist, wie etwa die Amtsniederlegung des einzigen Geschäftsführers, der zugleich Allein- oder Mehrheitsgesellschafter ist, mit dem Ziel, die Handlungsunfähigkeit der Gesellschaft herbeizuführen (OLG Düsseldorf GmbHR 2015, 1271; OLG München GmbHR 2011, 486; OLG Köln FGPrax 2008, 79 m.w.N.), u.U. auch die Sitzverlegung und/ oder der Geschäftsführerwechsel zwecks Firmenbestattung (KG FGPrax 2011, 309, 310 und FGPrax 2012, 33; OLG Jena GmbHR 2006, 765; OLG Zweibrücken FGPrax 2013, 275; a.A. – noch zur Rechtslage vor MoMiG – OLG Karlsruhe RNotZ 2013, 66; bei vorliegender Betreuung vgl. OLG Dresden GmbHR 2015, 484). Von der Vornahme einer Eintragung, deren Voraussetzungen nicht vorliegen, hat das Gericht auch dann abzusehen, wenn durch deren Vollzug eine Heilung des vorliegenden Fehlers einträte (OLG Köln Rpfleger 1993, 71; MüKoHGB/*Krafka* § 8 Rn. 9, 75). 89

Eine Überprüfung der materiellen Wirksamkeitsvoraussetzungen der angemeldeten Tatsachen und Rechtsverhältnisse unternimmt das Gericht nur bei besonderem Anlass. Bspw. ist bei der Ersteintragung eines minderjährigen Kaufmanns (§ 112 BGB) oder bei der Eintragung eines minderjährigen Vereinsvorstands (*Reichert* Rn. 2070) zu prüfen, ob die Zustimmung der gesetzlichen Vertreter vorliegt; bei der Anmeldung einer Prokura durch einen minderjährigen Kaufmann (§ 112 BGB) ist zu prüfen, ob die Zustimmung des Familiengerichts vorliegt, ohne die die erteilte Prokura unwirksam ist (§§ 1822 Nr. 11, 1831, 1643 BGB). Auch die Übertragung eines Erwerbsgeschäfts durch oder auf einen Minderjährigen bedarf der familiengerichtlichen Zustimmung (§§ 1822 Nr. 3, 1643 BGB). Das Zustimmungserfordernis gilt grds. auch bei unentgeltlicher Übertragung eines voll eingezahlten Kommanditanteils auf einen Minderjährigen (OLG Frankfurt NJW-RR 2008, 1568; ablehnend *Menzel/Wolf* MittBayNot 2010, 186, 188 ff.); zu vermögensverwaltenden Familien-KGs vgl. aber OLG Bremen GmbHR 2008, 1263; OLG München NJW-RR 2009, 152 und OLG Jena RNotZ 2013, 636. Bei der Ersteintragung des Einzelkaufmanns ist die Zulässigkeit der Firma (§§ 18 f. HGB) unter Beachtung der durch die §§ 4, 5a Abs. 1 GmbHG, 4, 279 Abs. 1 AktG, 3 GenG, 2 Abs. 2 Nr. 1 EWIVAG, 6 Abs. 1 VAG und 65 BGB reservierten Begriffe und Rechtsformzusätze zu prüfen, ferner die ausreichend deutliche Unterscheidbarkeit von bereits eingetragenen Firmen (s. Rdn. 72) und auch das Vorliegen eines Handelsgewerbes, namentlich in Abgrenzung zu den freien Berufen (OLG Zweibrücken FGPrax 2013, 36). Die öffentlich-rechtliche Zulässigkeit des Gewerbebetriebes prüft das Gericht nicht (§ 7 HGB), es sei denn, der Gewerbetätigkeit stünde ein evidentes und unbehebbares rechtliches Hindernis entgegen (BayObLG DNotZ 1982, 703, 705; OLG Düsseldorf GmbHR 1985, 395; a.A. Jansen/*Steder* § 125 Rn. 123; kritisch auch Baumbach/Hopt/*Hopt* § 7 Rn. 6 m.w.N.) oder es handelte sich um ein Bank- oder Kapitalanlagegeschäft – dann wären die §§ 43 Abs. 1 KWG, 16 Abs. 3 BausparkG, 3 Abs. 5 KAGB zu beachten. 90

91 **c) Ungewiss konstitutive oder deklaratorische Eintragungen.** Schließlich gibt es Eintragungen, von denen das Gericht nicht genau weiß, ob sie konstitutiv oder deklaratorisch sind. Meldet z.B. ein Kaufmann sein Handelsgewerbe an, ist die Eintragung grds. deklaratorisch (Baumbach/Hopt/*Hopt* § 1 Rn. 9). Handelt es sich jedoch um ein Kleingewerbe, welches nach Art und Umfang einen in kaufmännischer Weise eingerichteten Betrieb nicht erfordert (§§ 1 Abs. 2, 2 Satz 1, 105 Abs. 2 HGB), wirkt dieselbe Eintragung konstitutiv (Baumbach/Hopt/*Hopt* § 2 Rn. 3). Das Gericht überprüft jedoch nicht, ob ein vollkaufmännischer Betrieb oder ein Kleingewerbe vorliegt – auch nicht unter Zuhilfenahme der berufsständischen Organe (*Krafka/Kühn* Rn. 164a, 512, 619) –, sondern legt die vom Anmeldenden gemachten Angaben der Eintragung zugrunde (herrschende Registerpraxis, dazu eingehend *Schulze-Osterloh* ZIP 2007, 2390 mit Nachw. auch zur gegenteiligen Auffassung der h.L., nach der gezielt entweder eine Eintragung nach § 1 Abs. 2 oder eine Eintragung nach § 2 Satz 1 HGB angemeldet und vom Registergericht geprüft werden müsse).

92 **V. Amtsermittlung und Beweiserhebung.** Es gilt der Grundsatz der Amtsermittlung (§ 26). Der Richter/Rechtspfleger hat grds. die Wahl, ob er die Ermittlung des Sachverhaltes formlos oder durch ein förmliches Beweisverfahren (§ 29 f.) betreibt. Vom freien Wahlrecht ausgenommen sind einige besondere Beweisregeln, bspw. sind Rechtsnachfolgen gem. § 12 Abs. 1 Satz 3 HGB »soweit tunlich« (d.h. soweit sich das Gericht nicht aus eigenen Register- oder Nachlassakten Kenntnis verschaffen kann) durch öffentliche Urkunden, d.h. in der Form öffentlicher elektronischer Dokumente (§ 371a Abs. 3 ZPO), nachzuweisen. Zum Nachweis der Erbenstellung kann daher regelmäßig die Vorlage eines Erbscheins verlangt werden (OLG Köln FGPrax 2005, 41); im Einzelfall kann ein eröffnetes öffentliches Testament genügen (KG FGPrax 2007, 91). Problematisch beim öffentlich beglaubigten Erbschein ist, dass in der Zwischenzeit bis zur Übermittlung an das Registergericht die Originalurkunde wieder eingezogen sein kann. Daher wird mit Recht verlangt, dass die Einreichung der Anmeldung unmittelbar auf die Beglaubigung des Erbscheins folgen müsse, der Zeitraum von einer Woche jedenfalls nicht überschritten werden dürfe (MüKoHGB/*Krafka* § 12 Rn. 50; Staub/*Koch* § 12 Rn. 64). Für andere Nachweise schreibt das Gesetz die Einreichung in öffentlich beglaubigter Form vor, z.B. für die Vollmachten der Gründungsgesellschafter nach § 23 Abs. 1 Satz 2 AktG, § 8 Abs. 1 Nr. 1 i.V.m. § 2 Abs. 2 GmbHG.

93 In zweifelhaften Fällen hat der Richter/Rechtspfleger von Amts wegen das Gutachten der berufsständischen Organe einzuholen (§§ 380 Abs. 2 Satz 1 FamFG, 4 Satz 1 PRV, 9 Abs. 2 Satz 2 VRV). Durch das Gutachten wird das Gericht nicht gebunden, aber den Kammern steht bei abweichender Entscheidung des Registergerichts ein Beschwerderecht zu (§ 380 Abs. 5).

94 **VI. Bindungswirkung anderer gerichtlicher Entscheidungen, Registersperre, Aussetzung des Verfahrens. 1. Bindungswirkung einer Entscheidung des Prozessgerichts. a) Entscheidung über die Zulässigkeit einer Eintragung (§ 16 Abs. 2 HGB).** Rechtskräftige oder vorläufig vollstreckbare Entscheidungen des Prozessgerichts, welche die Vornahme einer Eintragung für unzulässig erklären (§ 16 Abs. 2 HGB), haben ggü. dem Registergericht Bindungswirkung. Auch und gerade **einstweilige Verfügungen** bewirken den Schutz des § 16 Abs. 2 HGB, bspw. das ggü. dem Vertretungsorgan erwirkte Verbot, die in einer Hauptversammlung gefassten Beschlüsse in das Register eintragen zu lassen bzw. das Gebot, den bereits gestellten Eintragungsantrag wieder zurückzunehmen (OLG München ZIP 2006, 2334). Ein Eintragungsverbot kann auch und insb. aus Gründen ausgesprochen werden, die außerhalb der registergerichtlichen Prüfungskompetenz liegen, bspw. das aus namens- oder markenrechtlichen Gründen ausgesprochene Verbot, eine bestimmte Firma zu führen.

95 Ist eine solche Entscheidung ergangen, darf die Eintragung nicht gegen den Widerspruch desjenigen erfolgen, der die Entscheidung erwirkt hat (§ 16 Abs. 2 HGB). Der Widerspruch ist konkludent bereits erklärt, wenn der Titelinhaber die von ihm erwirkte Entscheidung des Prozessgerichts (in Ausfertigung oder beglaubigter Abschrift) beim Registergericht einreicht. Die Formvorschrift des § 12 Abs. 1 Satz 1 HGB gilt nicht für den Widerspruch nach § 16 Abs. 2 HGB.

96 Das Eintragungshindernis entfällt, wenn die Entscheidung des Prozessgerichts aufgehoben wird oder der Widerspruchsberechtigte seinen Widerspruch zurücknimmt.

97 Bleibt der Widerspruch vom Registergericht versehentlich unbeachtet, wird er gegenstandslos; eine Beschwerdemöglichkeit gegen die rechtswidrig erfolgte Eintragung besteht nicht (§ 383 Rdn. 29). In Betracht kommt nur die Amtslöschung unter den Voraussetzungen des § 395. Ist die Amtslöschung nicht möglich (vgl. § 395 Rdn. 48 ff., 56 ff., 65 ff.), bleiben Amtshaftungsansprüche zu erwägen.

b) Bindungswirkung rechtsgestaltender und anderer Entscheidungen. aa) Rechtsgestaltende Entschei- 98
dungen. Rechtsgestaltende Entscheidungen wie etwa die Ausschließung eines Gesellschafters (§ 140 HGB), die Auflösung der Gesellschaft oder Genossenschaft (§§ 133 HGB, 81 GenG), die Anpassung des Gesellschaftsvertrages wegen Störung der Geschäftsgrundlage (§ 313 BGB), die Nichtigerklärung von Gesellschafterbeschlüssen (Baumbach/Hueck/*Zöllner* Anh. § 47 Rn. 177 ff.) oder die Nichtigerklärung der Gesellschaft oder Genossenschaft (§§ 75 GmbHG, 275 AktG, 94 GenG) bewirken eine unmittelbare Veränderung der materiellen Rechtslage und sind daher – nach Eintritt der Rechtskraft – für das Registergericht bindend. Bindungswirkung haben auch Entscheidungen des Prozessgerichts, die die **Nichtigkeit eines Hauptversammlungsbeschlusses** feststellen oder einen solchen Beschluss aufgrund Anfechtungsklage für nichtig erklären (Hüffer/*Koch* § 181 Rn. 15).

Erfolgt aufgrund der rechtskräftigen Entscheidung des Prozessgerichts eine bestimmte Registereintragung, 99
ist dies unter Angabe des Prozessgerichts, des Datums und des Aktenzeichens der Entscheidung zu vermerken. Eine eventuelle spätere Aufhebung der Entscheidung ist in dieselbe Spalte des Registers einzutragen (§§ 18 HRV, 10 Abs. 4 Satz 1, 2 VRV).

Sachlich bindend sind auch Urteile, durch die eine auf Rechtsgestaltung gerichtete **Klage abgewiesen** wird. 100
Das folgt aus den Grundsätzen der materiellen Rechtskraft (Zöller/*Vollkommer* § 322 Rn. 5; PG/*Völzmann-Stickelbrock* § 322 Rn. 62; a.A. Jansen/*Steder* § 127 Rn. 46) und gilt jedenfalls dann, wenn alle Gesellschafter am Rechtsstreit beteiligt waren, was bei Gestaltungsklagen jedoch regelmäßig erforderlich ist (vgl. Zöller/*Vollkommer* § 62 Rn. 19; PG/*Gehrlein* § 62 Rn. 6, 15).

Keine Bindungswirkung entfalten abgewiesene Anfechtungsklagen gegen Versammlungsbeschlüsse, da die 101
materielle Rechtskraft nur in Bezug auf die jeweiligen Gesellschafter wirkt, die die Klage erhoben hatten.

bb) Leistungs- und Feststellungsurteile. Eine Bindung des Registergerichts an die Erkenntnisse aus **Leis-** 102
tungs- und Feststellungsurteilen ist nur vereinzelt anerkannt, so etwa die Bindung an ein Urteil, welches feststellt, wer Vereinsvorstand geworden ist (OLG Stuttgart Rpfleger 1970, 283), oder an ein Urteil gegen den GmbH-Geschäftsführer, welches ihm die Ausübung seines Amtes untersagt (BayObLG NJW-RR 1989, 934). Auch einstweilige Verfügungen dieses Inhalts können vom Registergericht zu beachten sein (BayObLG NJW-RR 1986, 523). Nimmt das Registergericht eine dem Urteil entsprechende Eintragung vor, gelten die Formalien der §§ 18 HRV, 10 Abs. 4 Satz 1, 2 VRV hierfür nicht, da das Urteil keine formale, sondern nur eine materielle Bindungswirkung ausstrahlt.

Zur Bindungswirkung in unternehmensrechtlichen Verfahren s. § 375 Rdn. 11. 103

c) Bindungswirkung nach § 16 Abs. 1 HGB. Hat das Prozessgericht **zwischen den zur Anmeldung Be-** 104
rechtigten ein Rechtsverhältnis feststellt, bezüglich dessen eine Eintragung zu erfolgen hat (§ 16 Abs. 1, 2. Alt. HGB), tritt eine materielle Bindungswirkung schon bei vorläufiger Vollstreckbarkeit und sogar aufgrund einstweiliger Verfügung ein (Jansen/*Steder* § 127 Rn. 57). Das Registergericht überprüft die Entscheidung des Prozessgerichts nicht inhaltlich, sondern nur auf deren Eintragungsfähigkeit (bspw. KGJ 53, 91: Entziehung der Vertretungsmacht nach § 125 HGB durch einstweilige Verfügung). Die Formalien der §§ 18 Satz 1 HRV, 10 Abs. 4 Satz 1 VRV sind zu beachten.

Eine spätere **Aufhebung der Entscheidung** ist gem. §§ 18 Satz 2 HRV, 10 Abs. 4 Satz 2 VRV in dieselbe 105
Spalte des Registers einzutragen. Unter »Aufhebung« in diesem Sinne ist auch eine von der vorangegangenen einstweiligen Verfügung abweichende Entscheidung im Hauptsacheverfahren zu verstehen, ferner die Wirkungslosigkeitsfolge eines vorangegangenen Urteils bei späterer Klagerücknahme (§ 269 Abs. 3 Satz 1 Halbs. 2 ZPO).

2. Registersperre. Bei bestimmten gesellschaftsrechtlichen Strukturmaßnahmen, die mit der Eintragung in 106
das Handelsregister unumkehrbar wirksam würden (Eingliederung nach § 319 Abs. 7 AktG, Squeeze-Out nach § 327e Abs. 3 AktG, Umwandlungen nach den §§ 20, 131, 202 UmwG, 34 Abs. 3 LwAnpG), ordnet das Gesetz selbst eine Registersperre an, um die Rechtsschutzmöglichkeiten vor dem Prozessgericht (Anfechtungs- oder Nichtigkeitsklage gegen den Versammlungsbeschluss) zu wahren. Die Registeranmeldung darf erst nach Ablauf der für die Anfechtungsklage vorgesehenen Frist erfolgen, wobei die Vertretungsorgane bei der Registeranmeldung zu erklären haben, dass eine Klage gegen die Wirksamkeit des Versammlungsbeschlusses entweder nicht fristgemäß erhoben oder eine solche Klage rechtskräftig abgewiesen oder zurückgenommen worden ist (sog. Negativerklärung). Die Erklärung, Klage sei nicht erhoben worden, kann nicht sofort nach Ablauf der Anfechtungsfrist abgegeben, sondern es muss wenigstens 2 weitere Wochen abgewartet werden, ob noch eine Klagezustellung gem. § 167 ZPO erfolgt, die auf den Zeitpunkt des Ein-

gangs der Klageschrift zurückwirkt (OLG Hamburg NZG 2003, 981; OLG Hamm ZIP 2006, 1296, 1298; offengelassen bei BGH NJW 2007, 224, 225). Die mit der Registeranmeldung abzugebende Erklärung ist somit auf den spätesten Zeitpunkt zu beziehen, in dem eine rückwirkende Klagezustellung noch erwartet werden kann. Liegt die Negativerklärung nicht vor, darf die Maßnahme nicht eingetragen werden, es sei denn, die klageberechtigten Aktionäre/Anteilsinhaber haben bereits durch notariell beurkundete Verzichtserklärung auf die Klage gegen die Wirksamkeit des einzutragenden Beschlusses verzichtet (§§ 319 Abs. 5, 327e Abs. 2 AktG, 16 Abs. 2, 125, 198 Abs. 3 UmwG). Liegt die Negativerklärung vor, hat das Registergericht nur eine eingeschränkte Prüfungspflicht in Bezug darauf, ob durch einen Beschlussmangel Interessen der Gläubiger, künftiger Aktionäre oder der öffentlichen Ordnung verletzt sind (Staub/*Koch* § 8 Rn. 111 m.w.N.).

107 Wird der Beschluss über die einzutragende Strukturmaßnahme von den Aktionären/Anteilseignern angefochten, bleibt die Registersperre bis zur rechtskräftigen Entscheidung über die Anfechtungsklage erhalten. Das Registergericht selbst hat keine Befugnis, die Erfolgsaussicht der erhobenen Anfechtungsklage zu überprüfen. Die frühere BGH-Rechtsprechung (NJW 1990, 2747), die eine solche Prüfung zuließ, ist durch spätere Aufhebung des § 345 AktG a.F. sowie Einführung des **Freigabeverfahrens** vor dem OLG überholt. Im Freigabeverfahren kann die Gesellschaft einen **Freigabebeschluss** erwirken, welcher die gesetzliche Registersperre aufhebt (§§ 319 Abs. 6, 327e Abs. 2 AktG, 16 Abs. 3, 125, 198 Abs. 3 UmwG). Nach Erlass des Freigabebeschlusses darf die Strukturmaßnahme ungeachtet der noch anhängigen Anfechtungs- oder Nichtigkeitsklage in das Register eingetragen werden; das Registergericht prüft nur noch solche Eintragungsvoraussetzungen, die im Freigabeverfahren nicht behandelt wurden. »Nachgeschobene« Nichtigkeitsklagen, die in zeitlicher Nähe zum Abschluss eines ersten Freigabeverfahrens erhoben werden um die Eintragung weiter hinauszuzögern, entfalten nach zunehmend vertretener Auffassung (*Schockenhoff* ZIP 2008, 1945, 1947 ff.) keine Sperrwirkung. Mit ihrer Eintragung wird die Strukturmaßnahme unabänderlich wirksam (§ 395 Rdn. 65 ff.).

108 Bleibt eine bestehende Registersperre versehentlich unbeachtet, indem das Registergericht den Beschluss rechtswidrig vorzeitig einträgt, kommt nach einem obiter dictum des BVerfG (NJW-RR 2010, 1474, 1476) die Amtslöschung der vorgenommenen Eintragung unter den Voraussetzungen des § 395 in Betracht (vgl. § 395 Rdn. 65 ff.; kritisch *Schockenhoff* AG 2010, 436, 441).

109 Versammlungsbeschlüsse, deren Eintragung nicht über das Instrument der Registersperre reguliert wird, sind vom Registergericht auf ihre inhaltliche Rechtmäßigkeit zu überprüfen. Ist eine nicht offensichtlich aussichtslose Anfechtungsklage erhoben, wird das Registergericht das Eintragungsverfahren regelmäßig bis zu deren Entscheidung aussetzen (§ 381 Rdn. 13). Die Erhebung der Anfechtungsklage wirkt somit als »faktische Registersperre«. Um die daraus entstehenden Nachteile von Eintragungsverzögerungen abzuwenden, kann die Gesellschaft auch in diesen Fällen ein Freigabeverfahren anstrengen, sofern es sich dem Beschlussgegenstand nach um eine Kapitalbeschaffung, eine Kapitalherabsetzung oder einen Unternehmensvertrag handelt (§ 246a AktG). An den Freigabebeschluss ist das Registergericht gebunden (§ 246a Abs. 3 Satz 5 AktG).

110 **3. Aussetzung des Verfahrens.** Hängt die Entscheidung des Registergerichts ansonsten von der Entscheidung eines anderen Gerichts ab, kann es das Eintragungsverfahren aussetzen (§ 21 Abs. 1). Ist ein Rechtsstreit über die zu klärende Vorfrage noch nicht anhängig, kann das Registergericht aussetzen und eine Frist zur Erhebung der Klage bestimmen (§ 381). Das Einstellen der Gesellschafterliste in den Registerordner darf wegen Zweifeln an der Wirksamkeit der Änderung nicht ausgesetzt werden (OLG Hamburg NJW-RR 2015, 234; vgl. auch Anh. § 387 Rdn. 6).

111 Umstritten ist die Aussetzung des Eintragungsverfahrens bei Anmeldung einer unzulässigen Firma. Das BayObLG hebt hervor, dass in der Anmeldung selbst bereits ein unzulässiger Firmengebrauch liege. Dieser sei mit einem Missbrauchsverfahren nach § 392 zu verfolgen, bis zu dessen Abschluss das Eintragungsverfahren auszusetzen sei (BayObLG NJW-RR 1989, 100; a.A. noch BayObLG Rpfleger 1973, 27). In der Literatur wurde diese Vorgehensweise allerdings zu Recht als prozessunökonomisch abgelehnt (Anm. *Winkler* DNotZ 1989, 245; Jansen/*Steder* § 140 Rn. 19; Keidel/*Heinemann* § 381 Rn. 5; Bumiller/*Harders* 381 Rn. 8; a.A. jetzt aber Staub/*Burgard* § 37 Rn. 48), zumal dem Registergericht im Anmeldeverfahren dieselben Aufklärungsmöglichkeiten zur Verfügung stehen wie im Firmenmissbrauchsverfahren.

112 **VII. Kein Missbrauch des Eintragungsverfahrens zu Zwecken der Ausübung eines anderweitigen Zwangs.** Das Eintragungsverfahren darf vom Registergericht nicht dazu missbraucht werden, auf den An-

meldenden einen Zwang zur Behebung anderer Missstände auszuüben. Das Registergericht darf daher die Erledigung einer als solcher nicht zu beanstandenden Registeranmeldung nicht etwa deshalb zurückhalten oder die Anmeldung gar zurückweisen, weil der übrige Registerinhalt oder das Verhalten des Geschäftsinhabers – etwa durch unzulässigen Firmengebrauch – in anderer Hinsicht Anlass zu Beanstandungen gibt (KG NJW 1965, 254; vgl. auch BGH NJW 1977, 1879). Vielmehr sind die übrigen Beanstandungen gesondert mit den dafür vorgesehenen Verfahren (§§ 388 bis 399) zu verfolgen.

B. Verfahren von Amts wegen. Von Amts wegen zu betreiben sind: 113
- Eintragungen aufgrund der Anzeige anderer Stellen (z.B. §§ 32 HGB, 396, 398 AktG, 304 Abs. 6 VAG, 22m Abs. 1, 38 Abs. 1 KWG, 74 Abs. 3, 75 BGB, 7 Abs. 2 VereinsG, 2 Abs. 2 PartGG, 81 Abs. 4, 102 GenG, 21 Abs. 2 GenRegV, 19 Abs. 2, 130 Abs. 2, 137 Abs. 3 UmwG);
- Eintragungen von Amtslöschungen, Nichtigkeitsfeststellungsbeschlüssen und Entziehung der Rechtsfähigkeit nach den §§ 393 ff. FamFG, 73 BGB;
- Eintragung der Auflösungen der Gesellschaft oder Genossenschaft in den Fällen der §§ 143 Abs. 1 Satz 2, 3, 161 Abs. 2 HGB, 9 Abs. 1 PartGG, 65 Abs. 1 Satz 2, 3 GmbHG, 263 Satz 2, 3 AktG, 80 Abs. 1 GenG, des Erlöschens des Vereins nach Wegfall aller Vereinsmitglieder (§ 401 Rdn. 7) sowie des Erlöschens der Firma nach Ausgliederung des einzelkaufmännischen Unternehmens (155 Satz 2 UmwG);
- Eintragung der durch eine Entscheidung im unternehmensrechtlichen Verfahren eingetretenen Rechtsänderungen, soweit das Gesetz dies bestimmt (§ 375 Rdn. 22, 43, 54, 60, 69, 72, 75, § 394 Rdn. 81);
- Zwangs- und Ordnungsgeldverfahren (§§ 388 ff.) sowie Löschungs- und Auflösungsverfahren (§§ 393 bis 399).

C. Beweiskraft und Offenkundigkeit des Registerinhalts. Der amtliche **chronologische Ausdruck** aus 114 dem elektronisch geführten Register (§ 9 Abs. 4 HGB) sowie die mit einer qualifizierten Signatur versehene elektronische Datei (§§ 9 Abs. 3 HGB, § 30 Abs. 5 HRV) und der beglaubigte Auszug aus dem Papierregister (§ 79 Abs. 1 Satz 2 BGB) erbringen als öffentliche Urkunde (§§ 371a Abs. 3, 415 ZPO) den vollen Beweis darüber, welche Eintragungen auf einem Registerblatt vorgenommen wurden und welche Eintragungen bis zum Zeitpunkt der Erstellung des Dokuments nicht vorgenommen wurden. Der amtliche **aktuelle Ausdruck** (§ 385 Rdn. 5, 13) bringt vollen Beweis darüber, welche Eintragungen auf einem Registerblatt vorgenommen wurden und zum Zeitpunkt der Erstellung des Ausdrucks/Auszugs noch gültig sind.
Damit ist jedoch nichts darüber gesagt, welche Beweiskraft der Registerinhalt hinsichtlich der **Richtigkeit** 115 **der vorgenommenen Eintragungen** und des wirklichen Bestehens der eingetragenen Tatsachen und Rechtsverhältnisse hat. Die §§ 891 ff. BGB, die sich auf den öffentlichen Glauben des Grundbuchs beziehen, gelten für Registereintragungen nicht. Vielmehr ist wie folgt zu differenzieren:

I. Negative Beweiskraft des Registerinhalts. Gehört die Registereintragung zu den materiellen Wirksam- 116 keitsvoraussetzungen einer Rechtsänderung (konstitutive Eintragung), so bietet die Tatsache, dass die Eintragung nicht vorgenommen wurde, den vollen Beweis dafür, dass die Rechtsänderung nicht eingetreten ist (Beispiel: nicht eingetragene Satzungsänderung des Vereins).
Demgegenüber bringt das Fehlen einer Registereintragung, die nur deklaratorische Bedeutung hätte, keinen 117 Beweis dafür, dass die Tatsache nicht eingetreten ist. Das Fehlen einer deklaratorischen Eintragung beweist allenfalls, dass die Tatsache nicht eintragungsfähig zum Register angemeldet wurde oder das Eintragungsverfahren noch nicht abgeschlossen ist. Der Rechtsverkehr wird gegen unterlassene Eintragungen durch die negative Publizitätswirkung z.B. des § 15 Abs. 1 HGB geschützt, aber dies ist keine Frage der Beweiskraft des Registerinhalts, sondern des Gutglaubensschutzes im Rechtsverkehr.

II. Positive Beweiskraft des Registerinhalts. 1. Eintragungen von Amts wegen. Von Amts wegen vor- 118 genommene Eintragungen haben positive Beweiskraft hinsichtlich der durch sie ausgelösten Gestaltungswirkungen. So bieten der Löschungsvermerk wegen Vermögenslosigkeit (§ 394) und der Vermerk über die Feststellung eines Satzungsmangels (§ 399) den vollen Beweis für die Auflösung der Gesellschaft (vgl. § 394 Rdn. 63, § 399 Rdn. 58).
Ferner kommt Beweiskraft denjenigen Eintragungen zu, die nachrichtlich auf Mitteilung anderer Stellen 119 vorgenommen wurden, namentlich die Eintragung der Auflösung der Gesellschaft nach Eröffnung des Insolvenzverfahrens bzw. nach rechtskräftiger Abweisung eines Insolvenzantrags mangels Masse. Auch die Eintragung rechtgestaltender Entscheidungen des Prozessgerichts, etwa über die Ausschließung von Gesellschaftern einer Personenhandelsgesellschaft, hat positive Beweiskraft über diese Tatsache.

120 **2. Eintragungen auf Antrag.** Volle Beweiskraft entfaltet eine auf Antrag vorgenommene Registereintragung nur in wenigen Ausnahmefällen, nämlich bei eingetragenen Strukturmaßnahmen, die mit der Vornahme der Eintragung unabänderlich werden (§ 395 Rdn. 65 ff.). Alle anderen Eintragungen, die auf Anmeldung erfolgen, haben nur geringe Beweisbedeutung.

121 Bei **konstitutiven Eintragungen** wird mit dem Registerinhalt der volle Beweis dafür erbracht, dass die **Eintragung als formales Wirksamkeitserfordernis** der Rechtsänderung erfüllt ist. Dieser Beweis kann nur durch einen später eingetragenen Amtslöschungsvermerk (§ 395) entkräftet werden.

122 Darüber, dass das eingetragene **Recht tatsächlich entstanden** ist, erbringt das Register jedoch ebenso wenig Beweis wie bei deklaratorischen Eintragungen darüber, dass die eingetragene Tatsache zutrifft. Denn die Beweiswirkung des Registers kann nicht weiter reichen als die Prüfungsverantwortung des Gerichts bei der Vornahme der Eintragung. Da das Gericht jedoch die Angaben des Anmeldenden, soweit sie plausibel sind, inhaltlich ungeprüft der Eintragung zugrunde legt (Rdn. 74, 84, 89 f.), kann sich auch der Beweiswert des Registerinhalts höchstens darauf beziehen, dass dem Richter/Rechtspfleger bei der Vornahme der Eintragung keine Zweifel an der Richtigkeit gekommen sind.

123 Man wird dem Registerinhalt daher keine rechtliche Vermutungswirkung für die Richtigkeit der vorgenommenen Eintragungen zuerkennen können (so aber wohl noch KG OLGR 14, 158, 159), sondern allenfalls eine **tatsächliche Vermutung** i.S.d. Beweises des ersten Anscheins (vgl. BayObLG LZ 1928, 498, 500; Baumbach/Hopt/*Hopt* [32. Aufl.] § 9 Rn. 4; Staub/*Koch* § 8 Rn. 123; Schmidt-Kessel/Leutner/Müther/*Müther* § 8 Rn. 18). Der Anscheinsbeweis kann im Rechtsstreit von jedermann unter Darlegung konkreter Anhaltspunkte für die Unrichtigkeit der vorgenommenen Registereintragung entkräftet werden.

124 Ist Prozessgegner der eingetragene Rechtsträger, genügt sogar das Bestreiten der Richtigkeit der Eintragungen mit Nichtwissen. Das folgt aus den Regeln der sekundären Behauptungslast, welche eine gesteigerte Auskunfts- und Substanziierungspflicht begründen, wenn die an sich darlegungspflichtige Partei außerhalb des von ihr darzulegenden Geschehensablaufes steht und keine nähere Kenntnis der maßgebenden Tatsachen besitzt, während der Prozessgegner sie hat und ihm nähere Angaben zumutbar sind (s. allgemein BGH NJW 1990, 3151 f.).

125 Will der eingetragene Rechtsträger sich selbst darauf berufen, die Eintragung sei unrichtig, ist § 15 Abs. 3 HGB zu beachten, wonach sich derjenige, der eine falsche Eintragung in das Register veranlasst hat, den positiven Rechtsschein des Registers zu seinem Nachteil zurechnen lassen muss (s. Baumbach/Hopt/*Hopt* § 15 Rn. 18 f.). Hierbei handelt es sich wiederum nicht um eine Frage der Beweiskraft des Registerinhalts, sondern des Gutglaubensschutzes im Rechtsverkehr.

126 **3. Volle Beweiskraft der Inhaberschaft und der Vertretungsbefugnis ggü. Behörden.** Gegenüber Behörden genügt der Registerinhalt zum vollen Nachweis der eingetragenen Tatsachen und Rechtsverhältnisse, obgleich dieser hergebrachte Rechtsgrundsatz heute nicht mehr gesetzlich normiert ist. Bis zum 31.12.2006 war in § 9 Abs. 3 HGB a.F. bestimmt, dass der Nachweis, wer der Inhaber einer in das Handelsregister eingetragenen Firma eines Einzelkaufmanns ist, Behörden ggü. durch ein Zeugnis des Gerichts über die Eintragung geführt werden konnte; das Gleiche galt von dem Nachweis der Befugnis zur Vertretung eines Einzelkaufmanns oder einer Handelsgesellschaft. Die Vorschrift wurde zum 01.01.2007 mit der Begründung fallen gelassen, durch die künftig flächendeckende elektronische Registerführung und die damit verbundenen Möglichkeiten einer einfache Online-Einsichtnahme würden gesonderte Zeugnisse des Registergerichts über einschlägige Eintragungen entbehrlich (BT-Drucks. 16/2781 S. 79 zu § 9 Abs. 5 HGB-E). Damit stellte der Gesetzgeber klar, dass die Beweiskraft des Registerinhalts im Rechtsverkehr ggü. den Behörden nicht schwinden sollte, vielmehr der allerorts einsehbare Registerinhalt die volle Beweiskraft einnehme, welche früher dem Zeugnis des Registergerichts zukam. Für das Grundbuchverfahren wird dies durch § 32 Abs. 2 GBO gesondert bestätigt.

127 **4. Beweiskraft der Gesellschafterliste einer GmbH.** Gem. § 16 Abs. 1 GmbHG gilt im Fall einer Veränderung des Gesellschafterbestandes im Verhältnis zur Gesellschaft nur derjenige als Inhaber eines Geschäftsanteils, wer als solcher in der Gesellschafterliste (§ 40 GmbHG) eingetragen ist. Im Verhältnis zur Gesellschaft fingiert somit der Inhalt der Gesellschafterliste den Gesellschafterbestand. Die persönliche Reichweite dieser Fiktion ist aber auf das Verhältnis zwischen Gesellschafter und Gesellschaft beschränkt; ggü. Dritten entfaltet der Inhalt der Gesellschafterliste grds. keine Beweiskraft oder Fiktion.

128 Für den Sonderfall des **gutgläubigen Anteilserwerbs** von einem Nichtberechtigten erstarkt die Gesellschafterliste jedoch zu einem grundbuchähnlichen Rechtsscheinträger: Der Erwerb ist wirksam, sofern die Ge-

sellschafterliste zum Zeitpunkt des Erwerbs hinsichtlich des Geschäftsanteils unrichtig war, die Unrichtigkeit entweder mindestens seit 3 Jahren bestand oder dem Berechtigten zuzurechnen ist und nicht auf sein Betreiben hin ein Widerspruch der Gesellschafterliste zugeordnet war (§ 16 Abs. 3 GmbHG; vgl. im Einzelnen *Link* RNotZ 2009, 193, 215 ff.).

III. Offenkundigkeit des Registerinhalts. Eine von der Beweiskraft zu trennende Frage ist die der **Offenkundigkeit** des Registerinhalts. Diese hat das LG Bonn (RNotZ 2015, 368) trotz der mit der Onlineeinsicht verbundenen Abrufkosten bejaht. 129

D. Amtshaftung. Das Spruchrichterprivileg (§ 839 Abs. 2 Satz 1 BGB) gilt für Registerrichter nicht. Fehlerhafte Eintragungen, aber auch unrechtmäßige Eintragungsverzögerungen (Verstoß gegen § 25 Abs. 1 Satz 2 HRV) können daher grds. Amtshaftungsansprüche auslösen. Jedoch ist ein Schuldvorwurf – auch dem Rechtspfleger – nur zu erheben, wenn die eingenommene Rechtsauffassung unvertretbar erscheint (BGH NJW 2007, 224). 130

Zudem wird die Amtshaftung für fehlerhafte Eintragungen dadurch beschränkt, dass dem Antragsteller eine Eintragungsnachricht zugeht, welche es ihm ermöglicht, den Inhalt der vorgenommenen Eintragung auf seine Richtigkeit zu überprüfen. Wer eine Eintragungsnachricht erhält und es unterlässt, eventuelle Unrichtigkeiten dem Gericht anzuzeigen, verliert seine Staatshaftungsansprüche gem. § 839 Abs. 3 BGB (s. RGZ 138, 114, 117 in einer grundbuchrechtlichen Fallgestaltung). Amtshaftung kommt daher im Wesentlichen in solchen Fällen in Betracht, wo die fehlerhafte Eintragung nicht mehr rückgängig gemacht werden kann (vgl. § 395 Rdn. 56 ff., 65 ff.; Fallbeispiel: BGH NJW 2007, 224). 131

§ 378 Antragsrecht der Notare.

(1) ¹Für Erklärungen gegenüber dem Register, die zu der Eintragung erforderlich sind und in öffentlicher oder öffentlich beglaubigter Form abgegeben werden, können sich die Beteiligten auch durch Personen vertreten lassen, die nicht nach § 10 Abs. 2 vertretungsberechtigt sind. ²Dies gilt auch für die Entgegennahme von Eintragungsmitteilungen und Verfügungen des Registers.
(2) Ist die zu einer Eintragung erforderliche Erklärung von einem Notar beurkundet oder beglaubigt, gilt dieser als ermächtigt, im Namen des zur Anmeldung Berechtigten die Eintragung zu beantragen.

Übersicht	Rdn.		Rdn.
A. Allgemeines	1	4. Inhaltliche Reichweite der Ermächtigung	26
B. Zulässigkeit der Registervollmacht (Abs. 1)	3	V. Gebrauch machen von der Ermächtigung	28
C. Notarvollmacht (Abs. 2)	8	VI. Pflichten im Mandatsverhältnis; Haftungsrisiken für den Notar	30
I. Bedeutung und Einbettung der Notarvollmacht	8	VII. Durch die Ermächtigung gedeckte Verfahrenshandlungen	32
II. Kein eigenes Antragsrecht des Notars	10	1. Erstinstanzliches Antragsverfahren	32
III. Widerlegliche Vermutung oder unwiderlegliche Fiktion der Vertretungsmacht?	11	2. Einlegung von Rechtsmitteln	33
IV. Voraussetzungen der Ermächtigung	15	VIII. Rechtsstellung des Notars als Vertreter im weiteren Verfahren	36
1. Sachlicher Anwendungsbereich	15	IX. Güterrechtsregister	38
2. Mandatar (Vollmachtinhaber)	18		
3. Mandant	20		

A. Allgemeines. Abs. 1 wurde durch das erste »FamFG-Reparaturgesetz« (BGBl. I 2009, S. 2449, Art. 8) nachträglich eingefügt. Die Vorschrift regelt die allgemeine Registervollmacht. Durch die Regelung soll aufgegriffen werden, dass es gängiger und bewährter Praxis entspricht, Registervollmachten auch für solche Personen anzuerkennen, die nach den Vorschriften des allgemeinen Teils (§ 10 Abs. 2) nicht vertretungsberechtigt wären. *Freilich passt der Regelungsgegenstand des eingeschobenen Abs. 1 nicht ansatzweise zur Normüberschrift.* Auch ist die Fassung sprachlich undurchdacht, da es richtigerweise zweimal »Registergericht« statt »Register« sowie »Bekanntgaben und Mitteilungen« statt »Eintragungsmitteilungen und Verfügungen« hätte heißen müssen. 1

2 Zur Normüberschrift passt nur der jetzige **Abs. 2**, aus dem die Vorschrift in ihrer Ursprungsfassung allein bestand. Die darin enthaltene Regelung über das »Antragsrecht der Notare« entspricht dem früheren § 129 Satz 1 FGG mit Ausnahme des Wortes »Verpflichteten«, welches durch das Wort »Berechtigten« ersetzt wurde. Nach der Gesetzesbegründung sollte dadurch die Befugnis der Notare ausgedehnt werden, welche nunmehr auch dann antragsberechtigt seien, wenn keine Anmeldepflicht besteht (BT-Drucks. 16/6308 S. 285).

3 **B. Zulässigkeit der Registervollmacht (Abs. 1).** Nach der Begründung des RegE (BT-Drucks. 16/12717 S. 62) will die nachträglich eingeschobene Regelung klarstellen, »dass öffentliche oder öffentlich beglaubigte und unmittelbar eintragungsrelevante Erklärungen, wie etwa Anmeldungen und sonstige Anträge im erstinstanzlichen Registerverfahren, auch von solchen Personen abgegeben werden können, die nicht zum vertretungsberechtigten Personenkreis des § 10 Abs. 2 FamFG gehören«. Als Praxisbeispiel führt der RegE die Möglichkeit der gegenseitigen Bevollmächtigung von Gesellschaftern größerer Personengesellschaften an, was bei Lichte betrachtet allerdings ein nur bedingt taugliches Beispiel darstellt, da die Gesellschafter einer Personengesellschaft im Eintragungsverfahren allesamt Beteiligtenstatus haben und sich in dieser Eigenschaft bereits auf Grundlage des § 10 Abs. 2 Nr. 2 gegenseitig bevollmächtigen können (kritisch *Krafka* NZG 2009, 650, sofern die Registeranmeldung zu einer vergüteten Verwaltungstätigkeit des Komplementärs gehört). § 378 Abs. 1 eröffnet aber bspw. die darüber hinaus gehende Möglichkeit, einzelne Organwalter oder Bedienstete eines Mitgesellschafters persönlich zur Registeranmeldung zu bevollmächtigen, oder nicht zum Vorstand gehörende Vereinsmitglieder, welche allesamt nicht zu dem in § 10 genannten Personenkreis gehören.

4 Die Vorschrift gewährt damit eine etwas größere Flexibilität bei der Erteilung von Registervollmachten als § 10 Abs. 2 sie einräumt. Damit wird ein allgemeines Bedürfnis aus der Registerpraxis aufgegriffen, welches bei der Ursprungsfassung des § 10 unberücksichtigt blieb und i.Ü. schon bei der Vorgängernorm des § 13 FGG zu normzweckorientierten Auslegungszweifeln führte.

5 Neu ist allerdings die **Beschränkung** der Vertretungsberechtigung **in sachlicher Hinsicht**. Außerhalb des § 10 Abs. 2 kann Registervollmacht nur erteilt werden für Erklärungen, die »zu der Eintragung erforderlich sind«. Darunter fallen der Eintragungsantrag als solcher sowie ergänzende Erklärungen auf gerichtliche Zwischenverfügungen. Ferner wird man – als actus contrarius – wohl auch noch die Antragsrücknahme als von der Vertretungsberechtigung erfasst ansehen, nicht aber Erklärungen im Rechtsbehelfsverfahren (BT-Drucks. 16/12717 S. 62, 64). Ebenfalls nicht erfasst sind Erklärungen und Anträge in Verfahren nach den §§ 388 bis 399 sowie erst recht die höchstpersönlich ggü. dem Registergericht abzugebenden Erklärungen und Versicherungen (vgl. vor § 378 Rdn. 40).

6 Ebenfalls neu ist die Verknüpfung mit einem bestimmten Formerfordernis, nämlich der Abgabe der Erklärung »**in öffentlicher oder öffentlich beglaubigter Form**«. Früher bestand dieses Junktim nicht; vielmehr konnten Erklärungen auf Zwischenverfügungen, Antragsrücknahmen usw. auch formlos in Vertretung für einen anderen abgegeben werden. Der RegE (BT-Drucks. 16/12717 S. 62, 64) begründet die Bindung der Vertretungsberechtigung an das Formerfordernis damit, dass bei der Abgabe einer Erklärung in Vollmacht für einen Dritten eine vorherige rechtliche Prüfung und Belehrung erforderlich sei, wie sie bei der notariellen Beurkundung bzw. der Beglaubigung einer vom Notar entworfenen Erklärung geleistet werde. Die Regelung bewirkt damit eine juristische Richtigkeitsgewähr und erfüllt zugleich eine Filterfunktion (*Meyer/Bormann* RNotZ 2009, 470, 472 f.).

7 Die **Empfangsvollmacht** (Abs. 1 Satz 2) bezieht sich nach dem Wortlaut des Gesetzes auf »Eintragungsmitteilungen und Verfügungen«. Diese Begriffe entstammen der Welt des früheren FGG und haben nur aus Nachlässigkeit des Gesetzgebers hier noch einmal Eingang in das FamFG gefunden. Gemeint sind – nach der Nomenklatur des § 15 – »Bekanntgaben und Mitteilungen«. Der Bevollmächtigte ist also nicht nur zur Entgegennahme von »Verfügungen«, sondern ebenso zum Empfang der im Beschlusswege ergehenden Entscheidungen befugt (MüKoFamFG/*Krafka* § 378 Rn. 3 m.w.N.).

8 **C. Notarvollmacht (Abs. 2). I. Bedeutung und Einbettung der Notarvollmacht.** Zu den **Aufgaben des Notars** gehört neben der Beurkundungstätigkeit auch die sonstige Betreuung der Beteiligten auf dem Gebiet der vorsorgenden Rechtspflege (§ 24 Abs. 1 Satz 1 BNotO). Für das Registerverfahren konkretisiert § 53 BeurkG, dass der Notar die Einreichung beurkundeter Willenserklärungen beim Registergericht veranlassen soll, sobald die Urkunde eingereicht werden kann.

§ 24 Abs. 1 Satz 2 BNotO verleiht dem Notar die allgemeine **Amtsbefugnis**, die Beteiligten vor Gerichten 9
und Verwaltungsbehörden zu vertreten. Für das Registerverfahren konkretisiert § 378 Abs. 2, dass der Notar
als ermächtigt gilt, die Eintragung im Namen des zur Anmeldung Berechtigten zu beantragen. Die Vorschrift ist dem § 15 Abs. 2 GBO nachgebildet (Denkschrift S. 70 zu § 125 FGG-E).

II. Kein eigenes Antragsrecht des Notars. Die Gesetzesüberschrift spricht von einem »Antragsrecht der 10
Notare« und der Wortlaut der Vorschrift von »ermächtigt, … zu beantragen«, worunter nach der Terminologie des BGB jeweils ein Handeln des Notars im eigenen Namen verstanden werden könnte. Indessen entspricht es einhelliger Auffassung, dass die Vorgängernorm § 129 FGG – und somit auch § 378 Abs. 2 – kein
Antragsrecht der Notare im eigenen Namen gewährt, sondern nur die Vertretungsmacht begründet, einen
Eintragungsantrag **im Namen des Antragsberechtigten** zu stellen (KG NJW 1959, 1086 m.w.N.; Staub/
Koch § 12 Rn. 48; Jansen/*Steder* § 129 Rn. 18 m.w.N.).

III. Widerlegliche Vermutung oder unwiderlegliche Fiktion der Vertretungsmacht? Nach bislang ganz 11
herrschender Rechtsauffassung, auch zum früheren § 129 FGG, soll der Norm (nur) die Bedeutung einer
widerleglichen Vermutung für die Anmeldevollmacht des Notars zukommen (BayObLG NJW 1987, 136;
Jansen/*Steder* § 129 Rn. 3, 6; *Krafka/Kühn* Rn. 119; *Schlegelberger* § 129 Rn. 2; *Unger* ZZP 37, 401, 464 f.
m.w.N.; ebenso jetzt Keidel/*Heinemann* § 378 Rn. 9; Bumiller/*Harders* § 378 Rn. 3; Bork/Jacoby/Schwab/
Müther § 378 Rn. 12.1 f.; Bahrenfuss/*Steup* § 378 Rn. 8). Die Vorschrift bewirke, dass das tatsächliche Bestehen einer Anmeldevollmacht vom Registergericht grds. nicht zu überprüfen sei (*Krafka/Kühn* Rn. 119).
Jedoch könne die Vollmachtvermutung durch eine gegenteilige Erklärung des vom Notar vertretenen Berechtigten ggü. dem Registergericht widerlegt werden (Keidel/*Heinemann* § 378 Rn. 9; Bumiller/*Harders*
§ 378 Rn. 3; Bork/Jacoby/Schwab/*Müther* § 378 Rn. 12.2; Bahrenfuss/*Steup* § 378 Rn. 10; Jansen/*Steder*
§ 129 Rn. 6, 26; Ebenroth/Boujong/Joost/Strohn/*Schaub* § 12 Rn. 114; für das Beschwerdeverfahren: OLG
Frankfurt NJW 1984, 620).
Ob an dieser Sichtweise festzuhalten ist, ist zweifelhaft. Gegen die Annahme einer bloßen Vollmachtvermutung spricht bereits, dass die Vorschrift dann überflüssig wäre. Denn die widerlegliche Vermutung, dass 12
der für den Anmeldeberechtigten handelnde Notar schon im Hinblick auf seine standesrechtlichen Pflichten nicht ohne Vollmacht handeln wird, gehört seit jeher zu den allgemein anerkannten Rechtsgrundsätzen
(vgl. BayObLGZ 1976, 230, 233; BayObLG NJW-RR 2002, 1189, 1190; OLG Köln NJW-RR 1994, 1547)
und ist jetzt auch durch § 11 Satz 4 aufgegriffen, wonach das Gericht einen Mangel der Vollmacht des Notars nicht von Amts wegen zu berücksichtigen hat. Würden die Wirkungen des § 378 Abs. 2 nicht über diese allgemeinen Grundsätze hinaus gehen, wäre die Vorschrift bedeutungslos.
Außerdem würde durch die Annahme (nur) einer widerleglichen Vermutung unnötigerweise die Rechtsfra- 13
ge aufgeworfen, ob und unter welchen Voraussetzungen die vorgenommene Eintragung wegen Fehlens einer wesentlichen Voraussetzung unzulässig war und von Amts wegen wieder gelöscht werden muss (§ 395),
wenn Notarvollmacht in Wahrheit nicht erteilt war. Die Frage stellte sich jedenfalls dann, wenn bereits aus
den mit der Anmeldung eingereichten Dokumenten begründete Zweifel an der Notarvollmacht ersichtlich
waren, denen das Gericht hätte nachgehen können.
Mehr spricht deshalb dafür, in § 378 Abs. 2 eine **unwiderlegliche gesetzliche Vertretungsermächtigung** 14
im Außenverhältnis zu erkennen, worauf auch bereits der Gesetzeswortlaut (»gilt als ermächtigt«) hindeutet. Die Bedeutung der Vorschrift liegt gerade darin, Zweifel über die Vollzugsmacht des beurkundenden
Notars aus dem formalisierten Registerverfahren herauszuhalten. Der vom beurkundenden Notar gestellte
Eintragungsantrag ist daher auch dann uneingeschränkt wirksam, wenn der vertretene Berechtigte tatsächlich keine Anmeldevollmacht erteilt hatte. Es besteht nur die Möglichkeit einer nachträglichen Antragsrücknahme, die bis zur Vornahme der Eintragung auch der Berechtigte (Vertretene) selbst ggü. dem Registergericht erklären kann (vor § 378 Rdn. 49 ff.). Wird die Antragsrücknahme nicht rechtzeitig erklärt, ergeht die
Eintragung rechtmäßig auf Grundlage der gesetzlichen Vertretungsermächtigung und ist endgültig wirksam.

IV. Voraussetzungen der Ermächtigung. 1. Sachlicher Anwendungsbereich. Der **sachliche Anwen-** 15
dungsbereich der Vorschrift ist eröffnet, wenn die zu einer Eintragung erforderliche Erklärung von einem
Notar beurkundet oder beglaubigt ist. Welche Notargeschäfte darunter im Einzelnen zu verstehen sind, ist
streitig. Eine vormals verbreitete Meinung, wonach sich die Urkundstätigkeit des Notars zwingend auf die
Eintragungsgrundlage bezogen haben müsse, dagegen die bloße Beglaubigung der Anmeldung nicht genüge
(OLG Dresden OLGR 33, 5, 6; *Schaub* MittBayNot 1999, 539, 543; MüKoHGB/*Bokelmann* [1. Aufl.] § 12
Rn. 24; Staub/*Hüffer* [4. Aufl.] § 12 Rn. 11), wird inzwischen kaum noch vertreten. Nach heute überwie-

gender und wohl auch zutreffender Ansicht ist unter der »zu einer Eintragung erforderlichen Erklärung« sowohl die materielle Eintragungsgrundlage zu verstehen, durch die die Rechtsänderung herbeigeführt wird (Verträge, Beschlüsse, einseitige Erklärungen), als auch die Beurkundung oder Beglaubigung der Registeranmeldung als solche (BayObLGZ 1959, 196, 197; Keidel/*Heinemann* § 378 Rn. 5 f.; MüKoFamFG/*Krafka* § 378 Rn. 5; Bassenge/Roth/*Walter* § 378 Rn. 2; Jansen/*Steder* § 129 Rn. 12; Fleischhauer/Preuß/*Schemmann* Teil A Rn. 87; Staub/*Koch* § 12 Rn. 49; Boujong/Joost/Strohn/*Schaub* § 12 HGB Rn. 108; MüKoHGB/*Krafka* § 12 Rn. 39; noch weiter gehend offenbar Bahrenfuss/*Steup* § 378 Rn. 5). Eine vermittelnde Meinung will die Beurkundung oder Beglaubigung der Anmeldung dann ausreichen lassen, wenn die zur Eintragung erforderliche materielle Erklärung in der Anmeldung selbst enthalten ist (*Schlegelberger* § 129 Rn. 2; Beispiel: In der Anmeldung enthaltener Widerruf der Prokura, KG NJW 1959, 1086).

16 Unter »**Beglaubigung**« i.S.d. § 378 Abs. 2 ist ausschließlich die Unterschriftenbeglaubigung (§ 40 BeurkG) zu verstehen, nicht die Abschriftenbeglaubigung (§ 42 BeurkG) und auch nicht die Beglaubigung nur vorbereitender Urkunden wie Vollmachten oder Vertretungsnachweise. Nicht zu den Voraussetzungen des § 378 Abs. 2 gehört es, dass die beurkundete oder beglaubigte Erklärung einem Formzwang unterlag. Die Ermächtigung gilt daher auch, wenn die **notarielle Form freiwillig gewählt** wurde (Jansen/*Steder* § 129 Rn. 15 m.w.N.).

17 Die von den Anmeldeberechtigten **höchstpersönlich** abzugebenden Erklärungen (vor § 378 Rdn. 40) kann der Notar nicht nach § 378 Abs. 2 ersetzen (BayObLG NJW 1987, 136; Staub/*Koch* § 12 Rn. 51; Jansen/*Steder* § 129 Rn. 24; MüKoHGB/*Krafka* § 12 Rn. 42). Wohl aber kann er unter Beifügung der von den Anmeldeberechtigten persönlich abzugebenden Erklärungen einen eigenen Vollzugsantrag stellen, um als Adressat der gerichtlichen Verfügungen das weitere Verfahren in der Hand zu halten (ähnlich Keidel/*Heinemann* § 378 Rn. 11; Prütting/Helms/*Holzer* § 378 Rn. 9).

18 **2. Mandatar (Vollmachtinhaber).** Der persönliche Anwendungsbereich des § 378 Abs. 2 beschränkt sich auf inländische Notare (BeckOK FamFG/*Munzig* § 378 Rn. 12; Haußleiter/*Schemmann* § 378 Rn. 11; Jansen/*Steder* § 129 Rn. 7). Mandatar aufgrund der Vollmachtfiktion des § 378 Abs. 2 ist allein der **Notar persönlich**, der die Beurkundung oder Beglaubigung vorgenommen hat, sowie sein **Notarvertreter** (§ 39 BNotO) und sein **Notariatsverwalter** (§ 56 BNotO), nicht jedoch die mit ihm in Bürogemeinschaft verbundenen weiteren Notare (BayObLG NJW-RR 1989, 1495). Auf den **Büronachfolger** eines ausgeschiedenen Notars soll die Vertretungsermächtigung nach herrschender Meinung übergehen (Keidel/*Heinemann* § 378 Rn. 4; BeckOK FamFG/*Munzig* § 378 Rn. 12; Haußleiter/*Schemmann* § 378 Rn. 2; sowie zu § 15 Abs. 2 GBO: BayObLG DNotZ 1961, 317, 318; Meikel/*Böttcher* § 15 Rn. 3; Schöner/Stöber Rn. 174; Demharter § 15 Rn. 5; Kuntze/Ertl/Herrmann/Eickmann/*Volmer* § 15 Rn. 14), aber dies ist eine rein pragmatische Sichtweise, welche dogmatisch kaum zu untermauern ist, da die Büronachfolge keine Rechts- oder Amtsnachfolge darstellt (ablehnend daher Jansen/*Steder* § 129 Rn. 10 sowie zu § 15 Abs. 2 GBO: *Riedel* JZ 1961, 597, 598).

19 Nachgewiesen wird die Notareigenschaft im elektronischen Rechtsverkehr durch Aufnahme eines Notarattributs in das Signaturzertifikat (§§ 7 Abs. 1 Nr. 9 SigG, 2a DONot); der Notariatsverwalter führt ein entsprechendes Notariatsverwalterattribut (§ 33 Abs. 2 Satz 3 DONot). Beim Notarvertreter hingegen ist die Attributlösung nicht praktikabel, stattdessen wird der Nachweis über eine elektronische, durch den Landgerichtspräsidenten mit qualifizierter elektronischer Signatur versehene Vertreterbestellungsurkunde oder durch beglaubigte Abschrift einer schriftlichen Vertreterbestellungsurkunde geführt (§ 33 Abs. 4 Satz 2 DONot; zur praktischen Handhabung s. Rundschreiben 25/2006 der BNotK vom 07.12.2006). Auch der Notariatsverwalter, für den (noch) keine Signaturkarte ausgestellt ist, kann sich auf diese Weise legitimieren (§ 33 Abs. 2 Satz 4 DONot). Dabei kann die Beglaubigung der eigenen Bestellungsurkunde nicht durch den Notarvertreter/Notariatsverwalter selbst erfolgen, sondern nur durch einen anderen Notar (§ 3 Abs. 1 Nr. 1 BeurkG).

20 **3. Mandant.** Im Grundbuchverfahrensrecht ist anerkannt, dass der Notar als bevollmächtigt gilt, **jeden Anmeldeberechtigten** zu vertreten, auch wenn der Notar seine Erklärung nicht beurkundet oder beglaubigt oder der Betreffende überhaupt keine Erklärung abgegeben hat (zu § 15 Abs. 2 GBO: KG RJA 2, 38, 40; OLGR 5, 199; Meikel/*Böttcher* § 15 Rn. 19). Eine Literaturauffassung will diese Grundsätze auf das Registerrecht übertragen und auch hier den Notar als ermächtigt ansehen, **jeden Anmeldeberechtigten** zu vertreten, unabhängig von der Abgabe einer eigenen Erklärung vor dem Notar (Keidel/*Heinemann* § 378 Rn. 10; Haußleiter/*Schemmann* § 378 Rn. 12; Jansen/*Steder* § 129 Rn. 18; *Unger* ZZP 37, 401, 463; *Schlegelberger*

§ 129 Rn. 2; DNotI-Gutachten DNotI-Report 2010, 112, 114). Zur Begründung wird z.T. auf den Wortlaut des § 129 FGG verwiesen, welcher seinerzeit vom Gesetzgeber bewusst weiter gefasst worden sei als § 71 FGG, wo die Antragsermächtigung in Personenstandssachen gezielt auf den Beteiligten beschränkt worden sei, dessen Erklärung beurkundet ist.

Aktuelle Rechtsprechung zu diesem Fragenkreis findet sich kaum. Die zuletzt aus dem Grundbuchrecht veröffentlichten Entscheidungen beleuchten das Thema unter dem rein gebührenrechtlichen Aspekt, ob als Kostenschuldner für die Eintragung einer Grundschuld nur derjenige haftet, der sie vor dem Notar bewilligt hat, oder auch der Grundschuldgläubiger, der zwar keine eigene Erklärung beglaubigen ließ, zu dessen Gunsten das Recht jedoch bestellt ist. In diesen Fällen lässt die Rechtsprechung das eigene wirtschaftliche Interesse des Grundschuldgläubigers – verbunden mit seinem formalen Antragsrecht auf Eintragung der Grundschuld – für seine Kostenhaftung genügen (BayObLG Rpfleger 1984, 96; 1985, 356; OLG Zweibrücken Rpfleger 1984, 265; OLG Düsseldorf Rpfleger 1986, 368). Gerechtfertigt sei dies aus der Erfahrung, dass der Wille der Beteiligten regelmäßig auf die Besorgung der ganzen Grundbuchangelegenheit durch den Notar gerichtet sei (BayObLG JurBüro 1984, 101, 102). 21

Abweichend von der grundbuchrechtlichen Ausgangslage herrscht im Registerrecht jedoch das Prinzip der gemeinschaftlichen Anmeldung vor (z.B. §§ 108, 161 Abs. 2 HGB, 36 Abs. 1, 81 Abs. 1, 181 Abs. 1 Satz 1 AktG; 78 GmbHG). Das Gesetz legt es in die gesamte Hand Mehrerer, die registerrechtlichen Rechtsverhältnisse der Gesellschaft gesamtverantwortlich zu steuern. Fehlende Mitwirkungen Einzelner sollen im Erzwingungsverfahren (§§ 388 ff.) bewirkt oder durch ein Klageverfahren nach § 16 Abs. 1 HGB ersetzt werden, nicht aber stiekum durch einen Eintragungsantrag des Notars in aller Namen. Eine Erstreckung der Vertretungsermächtigung des § 378 Abs. 2 auf Anmeldeberechtigte, die keine eigene Erklärung ggü. dem Notar abgegeben haben (z.B. Erstreckung der Vollmacht auf unbeteiligte Kommanditisten bei der Veräußerung eines Kommanditanteils), ist daher für das Registerrecht abzulehnen. 22

Tatsächlich kann auch den Gesetzesmaterialien nicht entnommen werden, dass § 129 FGG bewusst weiter gefasst gewesen sei als § 71 FGG (vgl. Denkschrift S. 70 zu § 125 FGG-E). Näher liegt vielmehr, dass bereits ursprünglich nur eine Notarermächtigung für anmeldepflichtige Personen aus dem Kreise derer gemeint war, die ihre Erklärung vor dem Notar haben beurkunden oder beglaubigen lassen. 23

Geht es um die – in der Diskussion oftmals hervorgehobene – Anmeldung eines vom Notar beurkundeten oder beglaubigten GmbH-Gesellschafterbeschlusses, zu der (nicht personenidentische) Fremdgeschäftsführer berufen wären, spielt der Meinungsstreit kaum eine praktische Rolle. Denn wie auch die Vertreter der Gegenauffassung einräumen, dürfte der Notar bereits dienstlich gehindert sein, die Anmeldung ohne entsprechenden Auftrag durch die Geschäftsführung anzumelden (DNotI-Gutachten DNotI-Report 2010, 112, 114). Im Falle einer Bevollmächtigung durch die Geschäftsführer liegt aber bereits ein Fall des § 378 Abs. 1 und ohnehin des § 11 Satz 4 vor, sodass es auch in diesem Sonderfall eines Rückgriffs auf § 378 Abs. 2 nicht bedarf. 24

Die Beurkundung eines Verschmelzungsvertrages zwischen der Kommanditistin einer KG und einer anderen Gesellschaft begründet jedenfalls nicht die Vermutung einer Vollmacht des Urkundsnotars für die übrigen Gesellschafter der KG zur Anmeldung des Gesellschafterwechsels bei der KG (OLG München NJW 2015, 1616). 25

4. Inhaltliche Reichweite der Ermächtigung. Die Vertretungsermächtigung nach § 378 Abs. 2 berechtigt den Notar grds. (nur) zur Anmeldung dessen, was Gegenstand der beurkundeten oder beglaubigten Erklärungen war. Ganz vereinzelt sind Annexkompetenzen über das Beurkundete hinaus anerkannt; bspw. darf ein Notar, der den GmbH-Gesellschaftsvertrag beurkundet hat, die allgemeine Vertretungsregelung auch dann zum Register anmelden, wenn sie auf der gesetzlichen Regelung – und somit nicht auf einer vom Notar beurkundeten Erklärung – beruht (LG Weiden MittBayNot 1980, 174; LG München I DNotZ 1976, 682 [LS]). 26

Meldet der Notar weitere Tatsachen an, die nicht Gegenstand der von ihm beurkundeten oder beglaubigten Erklärungen sind, bedarf es hierfür einer gesonderten Vollmacht der Anmeldeberechtigten, welche nach gängiger Registerpraxis jedoch nicht der Form des § 12 Abs. 1 Satz 2, 3 HGB bedarf, sondern formlos möglich ist (vgl. *BayObLG* WM 1984, 638). Zudem greift § 11 Satz 4, wonach das Gericht einen Mangel der Notarvollmacht nicht von Amts wegen zu berücksichtigen hat, sondern nur auf Einwendung eines Beteiligten. 27

28 **V. Gebrauch machen von der Ermächtigung.** Bei der Einreichung einer Registeranmeldung soll der Notar klarstellen, ob er einen eigenen Antrag aufgrund seiner Vertretungsermächtigung nach § 378 Abs. 2 stellt, oder ob er lediglich die Anmeldung des Berechtigten als Bote gem. § 53 BeurkG überbringt (*Winkler* § 53 Rn. 6; Ebenroth/Boujong/Joost/Strohn/*Schaub* § 12 Rn. 112). Die elektronische Vorlage einer Anmeldung ist für sich genommen noch nicht mehr als ein Tätigwerden aufgrund des § 378 Abs. 2 aufzufassen, denn die schlichte elektronische Übermittlung an das Registergericht verkörpert nur den Realakt, mit welchem der Notar seiner durch § 53 BeurkG normierten Amtspflicht nachkommt (Haußleiter/*Schemmann* § 378 Rn. 17; Jurgeleit/*Edenharter* § 19 Rn. 11; a.A. Keidel/*Heinemann* § 378 Rn. 18). Will der Notar von seiner Vertretungsermächtigung nach § 378 Abs. 2 Gebrauch machen, muss er ein (elektronisches) Anschreiben beifügen, mit dem er darauf hinweist, dass die Übermittlung durch den Notar als Vertreter erfolgt. Dafür steht ein Textbaustein in XNotar zur Verfügung. Die Nichtverwendung des vorgesehenen Textbausteins lässt den Notar im Zweifel nur als Boten erscheinen; ebenso die Einreichung der Anmeldung »zum Vollzug«, »zur weiteren Veranlassung« oder »mit der Bitte, den gestellten Anträgen zu entsprechen« (BGH DNotZ 1964, 435; *Winkler* § 53 Rn. 6).

29 Der vom Notar gestellte Antrag muss als solcher nicht beglaubigt oder beurkundet werden; vielmehr genügt eine sog. Eigenurkunde (Vermerkurkunde) mit Unterschrift und Amtssiegel (§ 39 BeurkG; vgl. OLG Oldenburg FGPrax 2011, 311; OLG Jena NJW-RR 2003, 99, 100) bzw. bei elektronischer Einreichung eine mit Notarsignatur versehene Erklärung (§ 39a BeurkG, s. DNotI-Gutachten DNotI-Report 2009, 183 m.w.N.).

30 **VI. Pflichten im Mandatsverhältnis; Haftungsrisiken für den Notar.** Die (unwiderlegliche) Vertretungsermächtigung nach § 378 Abs. 2 bezieht sich nur auf die Außenwirksamkeit der vom Notar gestellten Verfahrensanträge. Im Innenverhältnis lässt der Notar sich möglichst ausdrückliche Anmeldevollmacht erteilen. Ansonsten wird man – jedenfalls soweit Anmeldepflicht besteht – von einem konkludenten Einverständnis der Beteiligten mit der Anmeldung des Beurkundeten durch den Notar ausgehen können. Widersprechen die Beteiligten jedoch ausnahmsweise der Antragstellung oder einer sonstigen Verfahrenshandlung des Notars, ist er im Innenverhältnis daran gebunden. Namentlich bei der Anmeldung von Tatsachen, die nicht anmeldepflichtig sind, muss der Notar den Willen der Beteiligten erforschen und sollte ihn dokumentieren, bevor er ggü. dem Registergericht tätig wird.

31 Beim Gebrauch machen von der Vertretungsermächtigung sollte der Notar – schon aus Haftungsgründen – ausdrücklich klarstellen, für welche(n) Beteiligten er den Antrag stellt. Dadurch wird vermieden, dass der Notarantrag unbeabsichtigt für einen Anmeldeberechtigten wirkt, der die Vertretung gar nicht wünscht. Denn nach einer (wenngleich fragwürdigen) Rechtsauffassung soll der unspezifiziert abgegebene Notarantrag so ausgelegt werden können, dass er im Namen aller Anmeldeberechtigten abgegeben sei (Jansen/*Steder* § 129 Rn. 21; zu § 15 Abs. 2 GBO: RG HRR 1929 Nr. 760; BayObLG JurBüro 1984, 101, 102; OLG Köln, Rpfleger 1986, 411; BayObLG NJW-RR 1989, 1495), schlimmstenfalls womöglich noch im Namen solcher Anmeldeberechtigten, deren Erklärung der Notar gar nicht beurkundet oder beglaubigt hat (vgl. Rdn. 20 ff.).

32 **VII. Durch die Ermächtigung gedeckte Verfahrenshandlungen. 1. Erstinstanzliches Antragsverfahren.** Die durch § 378 Abs. 2 begründete Vertretungsberechtigung beschränkt sich nicht auf die Stellung des Eintragungsantrags selbst, sondern ermächtigt zu allen das Verfahren betreffenden Rechtshandlungen (§ 11 Satz 5 FamFG i.V.m. § 81 ZPO), also z.B. zu Antragsberichtigungen (OLG Schleswig DNotZ 2008, 709, 711), Erklärungen über den getrennten Vollzug (vgl. § 382 Rdn. 19 ff.) oder anderen Nachtragsvermerken. Auch diese Erklärungen des Notars sind in Form einer Eigenurkunde abzugeben (OLG Schleswig DNotZ 2008, 709, 711), also mit Unterschrift und Amtssiegel zu versehen (§ 39 BeurkG) bzw. in elektronischer Form durch eine nach § 39a BeurkG verfasste Erklärung zu übermitteln (für die Antragsrücknahme ausdrücklich geregelt in § 24 Abs. 3 Satz 2 BNotO; s. DNotI-Gutachten DNotI-Report 2009, 183 m.w.N.).

33 **2. Einlegung von Rechtsmitteln.** § 378 Abs. 2 ermächtigt i.V.m. §§ 11 Satz 5 FamFG, 81 ZPO auch zur Einlegung von Rechtsmitteln im Namen der Berechtigten. Ein Beschwerderecht im eigenen Namen hat der Notar dagegen nicht (KG Rpfleger 1977, 309). Legt der Notar Beschwerde ein, muss er kenntlich machen, in wessen Namen er sie erhebt (BGH NJW 1953, 624). Fehlt die Erklärung oder benutzt der Notar die Formulierung »lege ich Beschwerde ein«, ist die Beschwerdeschrift nach dem Grundsatz der wohlwollenden Auslegung so auszulegen, dass das Rechtsmittel im Namen aller Antrags- und Beschwerdeberechtigten erhoben werde (BayObLG NJW-RR 2002, 1189, 1190; OLG Hamburg DNotZ 2011, 457; KG FGPrax 2011,

309; OLG Nürnberg Rpfleger 2012, 262, 263; OLG Düsseldorf FGPrax 2014, 82; Keidel/*Heinemann* § 378 Rn. 14; a.A. allerdings offensichtlich noch BGH NJW 1953, 624).

34 Legt der Notar für einen Berechtigten Beschwerde ein und stellt sich heraus, dass er insoweit ohne (gesonderte) Vollmacht handelte, soll das Rechtsmittel nach Auffassung des OLG Frankfurt auf Kosten des Notars als unzulässig verworfen werden (OLG Frankfurt NJW 1984, 620; zustimmend Jansen/*Steder* § 129 Rn. 6). Dem dürfte allerdings kaum gefolgt werden können, wenn man § 378 Abs. 2 als eine unwiderlegliche Vertretungsermächtigung versteht (s. Rdn. 11 ff.). Denn danach berührte ein etwaiger Weisungsverstoß des Notars allein das Mandatsverhältnis.

35 Ob § 378 Abs. 2 auch das Mandat zur selbstständigen Einlegung einer **Rechtsbeschwerde** trüge, bedarf keiner Erörterung, da der Notar vor dem BGH jedenfalls nicht postulationsfähig ist (§ 10 Abs. 4 Satz 1; a.A. Keidel/*Heinemann* § 378 Rn. 16). Ob § 378 Abs. 2 den Notar dazu berechtigt, Rechtsbeschwerde für den Mandanten unter Hinzuziehung eines beim BGH zugelassenen Anwalts einzulegen, ist zweifelhaft, da die Postulationsvorschriften des heutigen Rechtsbeschwerdeverfahrens vor Augen führen, dass die Zielrichtung des Rechtsbeschwerdeverfahrens (Klärung grundsätzlicher Rechtsfragen) den vom Notar aufgrund § 378 Abs. 2 zu verantwortenden Geschäfts- und Kompetenzbereich (Vollzug eines Beurkundungs- oder Beglaubigungsvorgangs) als solchen übersteigt. Mehr spricht dafür, dass der Mandant den BGH-Anwalt gesondert beauftragen muss (im Ergebnis ebenso Prütting/Helms/*Holzer* § 378 Rn. 15; vgl. auch Bumiller/*Harders* § 378 Rn. 5).

36 VIII. Rechtsstellung des Notars als Vertreter im weiteren Verfahren. Hat der Notar von der Ermächtigung des § 378 Abs. 2 Gebrauch gemacht (und der Beteiligte nicht zusätzlich einen eigenen Antrag gestellt), sind alle Mitteilungen und Bekanntgaben, also rechtliche Hinweise, Zwischenverfügungen, Eintragungsnachrichten oder die Zurückweisung des Antrags, ausschließlich an den Notar zu richten (Krafka/*Kühn* Rn. 194; a.A. Keidel/*Heinemann* § 378 Rn. 12; BeckOK FamFG/*Munzig* § 378 Rn. 18: Bekanntgaben zusätzlich an den Beteiligten – unklar BeckOK FamFG/*Munzig* § 383 Rn. 12: Kenntnisnahme des Beteiligten in Vertretung durch den Notar). Auf diese Weise hält er das Verfahren bis zu seiner Erledigung für die Antragsberechtigten in der Hand. Damit ist die Amtspflicht verbunden, den Vollzug der Eintragung zu überwachen, insb. die bei ihm eingehende Eintragungsnachricht auf ihre Richtigkeit zu überprüfen (*Winkler* § 53 Rn. 56 f.). Mit der Erledigung des Eintragungsverfahrens endet die Vertretungsermächtigung des Notars, nachfolgende Mitteilungen in der Registersache sind an die Beteiligten selbst zu richten.

37 Hat der Notar die Anmeldung nur als Bote überreicht (s. Rdn. 28), sendet das Gericht die Zwischenverfügungen, Eintragungsnachrichten usw. nicht an ihn, sondern unmittelbar an die Beteiligten (Krafka/*Kühn* Rn. 195). Den Notar treffen dann keine Vollzugsüberwachungspflichten (BGH NJW 1958, 1532, 1533), worüber er die Beteiligten zu belehren hat (*Winkler* § 53 Rn. 59 m.w.N.). Der nur als Bote aufgetretene Notar ist nicht befugt, ergänzende Erklärungen abzugeben (s. Rdn. 32) oder den Antrag aufgrund der Ermächtigung des § 24 Abs. 3 BNotO zurückzunehmen; hierfür bedürfte er einer besonderen Vollmacht der Beteiligten.

38 IX. Güterrechtsregister. Für Eintragungen in das Güterrechtsregister galt der frühere § 129 FGG nicht, weil die Vorschrift eine Anmeldepflicht voraussetzte, welche für das Güterrechtsregister generell nicht besteht. Mit der Neuformulierung des § 378 Abs. 2 wurde die frühere Anknüpfung der Vertretungsermächtigung an das Bestehen einer Anmeldepflicht aufgegeben, sodass sich nunmehr fragt, ob der Notar einen von ihm beurkundeten Ehevertrag ohne besondere Vollmacht zur Eintragung in das Güterrechtsregister anmelden kann. Dagegen spricht, dass die Antragserklärung gem. § 1560 Satz 1 BGB nach bisherigem Verständnis nicht nur als eine rein verfahrensrechtliche, sondern zugleich als eine materiell-rechtliche Erklärung aufgefasst wird, welche allein den Ehegatten zusteht (OLG Köln MDR 1983, 490; Jansen/*Ries* § 161 Rn. 13; Staudinger/*Thiele* § 1560 Rn. 7 m.w.N.; a.A. MüKoBGB/*Kanzleiter* § 1561 Rn. 7; Keidel/*Heinemann* § 378 Rn. 16a). Eine materiell-rechtliche persönliche Erklärung der Ehegatten über ihr Eintragungsbegehren ist daher weiterhin zu fordern; die förmliche Registeranmeldung als solche mag dann der Notar auf Grundlage des § 378 Abs. 2 vornehmen (ebenso BeckOK FamFG/*Munzig* § 378 Rn. 2).

39 *Ebenso dürfte der Notar auf Grundlage des § 378 Abs. 2 dazu ermächtigt sein*, die Wiederholung der bereits vorgenommenen Eintragungen nach einer ihm mitgeteilten Verlegung des gewöhnlichen Aufenthalts der Ehegatten im Register des neuen Bezirks zu beantragen (§ 1559 Satz 1 BGB). Denn die nach § 1560 BGB zu treffende materiell-rechtliche Grundentscheidung hatten die Eheleute bereits früher getroffen, sodass der Antrag nach § 1559 Satz 1 BGB nur noch einen reinen Verfahrensantrag darstellt.

§ 379 Mitteilungspflichten der Behörden.

(1) Die Gerichte, die Staatsanwaltschaften, die Polizei- und Gemeindebehörden sowie die Notare haben die ihnen amtlich zur Kenntnis gelangenden Fälle einer unrichtigen, unvollständigen oder unterlassenen Anmeldung zum Handels-, Genossenschafts-, Vereins- oder Partnerschaftsregister dem Registergericht mitzuteilen. (2) ¹Die Finanzbehörden haben den Registergerichten Auskunft über die steuerlichen Verhältnisse von Kaufleuten oder Unternehmen, insbesondere auf dem Gebiet der Gewerbe- und Umsatzsteuer, zu erteilen, soweit diese Auskunft zur Verhütung unrichtiger Eintragungen im Handels- oder Partnerschaftsregister sowie zur Berichtigung, Vervollständigung oder Löschung von Eintragungen im Register benötigt wird. ²Die Auskünfte unterliegen nicht der Akteneinsicht (§ 13).

Übersicht

	Rdn.		Rdn.
A. Allgemeines	1	II. Mitteilungspflichten der einzelnen Stellen	8
B. Mitteilungen der Gerichte, Staatsanwaltschaften, Behörden und Notare (Abs. 1)	5	1. Mitteilungen der Gerichte	8
		2. Mitteilungen der Verwaltungsbehörden	12
I. Gegenstand und Voraussetzungen der Mitteilung	5	3. Mitteilungen der Notare	14
		C. Mitteilungen der Finanzbehörden (Abs. 2)	17

1 **A. Allgemeines.** Die Mitteilungspflichten der Gerichte, Behörden und Notare sollen es erleichtern, das Register in Übereinstimmung mit den wirklichen Tatsachen und Rechtsverhältnissen zu führen. Der aus der Mitteilung resultierende Erkenntnisgewinn versetzt das Registergericht in den Stand, Berichtigungen vorzunehmen, Löschungsverfahren einzuleiten oder die Anmeldepflichtigen aufzufordern, ihren Anmeldepflichten nachzukommen. Flankiert wird die Vorschrift durch die Mitteilungspflichten der berufsständischen Organe (§ 380 Abs. 1) sowie durch besondere, in den materiellen Gesetzen verankerte Mitteilungspflichten.

2 Bedenken gegen die **Verfassungsmäßigkeit der Vorschrift** bestehen nicht; die Auferlegung der Mitteilungspflicht wird nicht als »neue Aufgabe« i.S.d. Art. 84 Abs. 1 Satz 7 GG angesehen, sondern als Konkretisierung der Amtshilfe gem. Art. 35 GG (BT-Drucks. 16/6308 S. 422; Keidel/*Heinemann* § 379 Rn. 5; BeckOK FamFG/*Munzig* § 379 Rn. 2).

3 Auf das **Güterrechtsregister** ist die Vorschrift nicht anzuwenden.

4 Die Auskunftpflicht der **Finanzbehörden** nach Abs. 2 bezieht sich auch auf Auskünfte, die zur Löschung von Eintragungen im Register benötigt werden. Dies zielt insb. auf die Ermittlung der Vermögensverhältnisse im Löschungsverfahren wegen Vermögenslosigkeit (§ 394).

5 **B. Mitteilungen der Gerichte, Staatsanwaltschaften, Behörden und Notare (Abs. 1). I. Gegenstand und Voraussetzungen der Mitteilung.** Der Gesetzeswortlaut, wonach die Mitteilungspflicht durch die Erlangung amtlicher Kenntnis von Fällen der unrichtigen, unvollständigen oder unterlassenen Registeranmeldung ausgelöst wird, ist in zweierlei Hinsicht unpräzise. Zum einen kann sich die Kenntnis nicht auf eine fehlerhafte Anmeldung beziehen, da diese sich dem Wahrnehmungsbereich der Mitteilungsbehörde regelmäßig entzieht. Vielmehr kommt es auf die **Unrichtigkeit des aktuellen Registerinhalts** an. Zum anderen löst nicht erst die sichere Kenntnis von der Unrichtigkeit eine Mitteilungspflicht aus, sondern bereits der Anfangsverdacht aus dem Blickwinkel der anzeigenden Stelle. Zuständig für die endgültige Prüfung ist allein das Registergericht, welches bei hinreichenden Anhaltspunkten die gegebenen Verfahren einleiten und sich durch Amtsermittlung unter Zuhilfenahme ggf. weiterer Erkenntnisquellen und Anhörung des eingetragenen Rechtsträgers die eigene Kenntnis verschaffen muss. Ein Anrecht des Registergerichts auf **Einsicht in die Unterlagen** der mitteilungspflichtigen Behörde gewährt § 379 nicht (vgl. auch OLG Frankfurt GmbHR 2015, 713, 716; a.A. offenbar BeckOK FamFG/*Munzig* § 379 Rn. 9).

6 Gerichte, Staatsanwaltschaften, Polizei- und Gemeindebehörden sowie die Notare haben alle zu ihrer Kenntnis gelangten Umstände, die auf eine Unrichtigkeit des Registers hindeuten, dem Registergericht mitzuteilen. Gemeint sind nach dem Sinn und Zweck der Vorschrift nur solche Unrichtigkeiten, die das Registergericht dazu veranlassen können, konkrete Maßnahmen zu ergreifen, namentlich eine Berichtigung des Registerinhalts vorzunehmen (§§ 17 Abs. 1 HRV, 24 GenRegV, 12 Abs. 2 VRV), ein Amtslöschungsverfahren einzuleiten (§§ 393 ff.) oder die Anmeldepflichtigen im Zwangsgeldverfahren dazu anzuhalten, ihren Anmeldepflichten nachzukommen (§§ 388 ff.). Nicht mitteilungspflichtig sind deshalb unterlassene Registeranmeldungen, die auch das Registergericht nicht erzwingen könnte (z.B. §§ 79 Abs. 2 GmbHG, 407 Abs. 2 AktG).

Die Mitteilungspflicht bezieht sich nur auf die im Registerblatt vorzunehmenden Eintragungen. Unzuläng- 7
liche Dokumente des Registerordners (Ausnahme: Gesellschafterliste, vgl. Rdn. 16) sind grds. nicht anzuzeigen (Jansen/*Steder* § 125a Rn. 7). Auch falsche Angaben auf den Geschäftsbriefen (z.B. § 37a HGB) und Erkenntnisse über einen unzulässigen Firmen- oder Partnerschaftsnamensgebrauch (§ 37 HGB) sind nicht mitteilungspflichtig. Das ergibt sich aus einem Umkehrschluss zu § 380 Abs. 1, wo diesbezügliche Unterstützungsleistungen ausdrücklich aufgenommen sind.

II. Mitteilungspflichten der einzelnen Stellen. 1. Mitteilungen der Gerichte. Zur Mitteilung verpflichtet 8
sind nur die **staatlichen Gerichte**, nicht der Schiedsmann oder das Schiedsgericht. Mitzuteilen sind nur dienstliche, nicht privat erlangte Kenntnisse. § 379 FamFG und § 15 Nr. 1 EGGVG gestatten und gebieten die Mitteilung aller Informationen, die zur Berichtigung oder Ergänzung eines Registers erforderlich sind.
Gesondert durch Einzelgesetz angeordnet sind die Mitteilungspflicht des **Prozessgerichts** über die Auf- 9
lösung einer AG oder KGaA (§ 398 AktG) bzw. Genossenschaft (§ 83 Abs. 4 GenG) sowie die Mitteilung des **Insolvenzgerichts** über die Eröffnung des Insolvenzverfahrens oder die rechtskräftige Abweisung des Antrags mangels Masse (§§ 31 InsO, 202 Satz 3 VAG) und über die Bestellung von Sachwaltern (§ 22m Abs. 1 KWG). Durch Verwaltungsanweisung ist weiter geregelt, dass dem Registergericht die Abgabe der **Vermögensauskunft (§ 802c ZPO)** einer AG, einer KGaA, einer GmbH/UG oder einer Genossenschaft mitzuteilen ist, sofern das Vermögensverzeichnis hinreichende Anhaltspunkte dafür gibt, dass die Gesellschaft vermögenslos ist (MiZi VI/3). Das **Nachlassgericht** hat mitzuteilen, wenn ihm bei der Testamentseröffnung oder bei der Erteilung eines Erbscheins bekannt wird, dass der Erblasser Inhaber eines Handelsgeschäfts, Gesellschafter einer Personenhandelsgesellschaft oder Mitglied einer Partnerschaft oder Genossenschaft war (MiZi XVII/4 Abs. 3 Nr. 2).
Besondere Mitteilungspflichten der **Registergerichte untereinander** ergeben sich bei Sitzverlegungen 10
(§§ 13h Abs. 2 HGB, 45 Abs. 2 AktG, 6 Abs. 1 VRV) sowie bei bestimmten Umwandlungsvorgängen (§§ 19 Abs. 2, 122l Abs. 3, 130 Abs. 2, 137 Abs. 3 UmwG). Darüber hinaus wird man von gegenseitigen Mitteilungspflichten der zuständigen Registergerichte im Fall eines **Doppelsitzes** (§ 377 Rdn. 13 ff.) ausgehen können, namentlich wenn Eintragungen von Amts wegen vorgenommen wurden. Das für **unternehmensrechtliche Verfahren** zuständige Gericht teilt seine Entscheidungen dem Registergericht mit, soweit daraufhin Eintragungen von Amts wegen zu erfolgen haben (s. § 375 Rdn. 22, 35, 43, 54, 60, 69, 72, § 394 Rdn. 81).
Die Mitteilung der jeweils bekannt gewordenen Tatsachen steht nicht im Ermessen des Kenntnisträgers, 11
sondern bedeutet eine **Dienstpflicht**. Als Rechtsbehelf gegen unterlassene Mitteilungen sind allerdings nur die Fach- und die Dienstaufsichtsbeschwerde gegeben. Subjektive Amtshaftungsansprüche aus unterlassener Mitteilung können nicht hergeleitet werden, weil die Pflicht nur ggü. dem Registergericht besteht (Keidel/*Heinemann* § 379 Rn. 12; BeckOK FamFG/*Munzig* § 379 Rn. 16; Haußleiter/*Schemmann* § 379 Rn. 1; Bassenge/Roth/*Bassenge* [11. Aufl.] § 125a Rn. 1). Schutzzweck der Norm ist nur das öffentliche Interesse an der ordnungsgemäßen Führung des Registers; nicht im Schutzbereich der Norm stehen der eingetragene Rechtsträger oder derjenige, der Einsicht in das Register nimmt und auf die falschen Angaben vertraut.

2. Mitteilungen der Verwaltungsbehörden. Die scheinbare Beschränkung der Mitteilungspflicht auf »Poli- 12
zei- und Gemeindebehörden« ist historisch zu interpretieren. Die Formulierung entstammt noch der Ursprungsfassung des im Jahr 1937 eingefügten § 125a FGG. Sie folgt dem durch das Kreuzbergurteil (PrOVGE 13, 426) begründeten und in der Weimarer Republik fortentwickelten dualistischen Begriff öffentlicher Verwaltung als einerseits Gefahrenabwehr (»Polizei«) und andererseits Wohlfahrtspflege (»Gemeindeverwaltung«). Beide Teilaspekte zusammengefasst repräsentierten nach damaligem Verständnis den Inbegriff der öffentlichen Verwaltung, sodass durch den fortgeschriebenen Abs. 1 nicht nur die »Polizei- und Gemeindebehörden« nach heutigem Organisationsverständnis, sondern alle Stellen der öffentlichen Verwaltung insgesamt angesprochen sind.
Tatsächlich verfügen die Fachbehörden auf Bundes- und Landesebene, die mit den eingetragenen Rechts- 13
trägern in Kontakt treten, nicht selten über die besseren Informationen. Einige Fachgesetze erlegen den Behörden daher besondere Informationspflichten auf; so ist z.B. die BaFin verpflichtet, die Anordnung der Abwicklung eines Kreditinstituts (§ 38 Abs. 1 Satz 3 KWG; vgl. auch § 149 Abs. 3 SAG) oder die Übertragung von Aufgaben eines *Geschäftsleiters* auf einen Sonderbeauftragten (§ 45c Abs. 4 KWG, vgl. auch § 38 Abs. 1 Satz 3 SAG) zwecks Eintragung in das Register mitzuteilen, die Versicherungsaufsichtsbehörde hat ihre Entscheidungen über Erlaubnisse im Zusammenhang mit dem Geschäftsbetrieb eines VVaG (§§ 185 Abs. 2, 199 Abs. 2, 206 Abs. 1 Satz 3, 304 Abs. 6 VAG), die nach § 43 BGB zuständige Verwaltungsbehörde

§ 380

die Entziehung der Rechtsfähigkeit des Vereins (§ 74 Abs. 3 BGB) und die Vereinsverbotsbehörde die von ihr getroffenen Maßnahmen und Entscheidungen mitzuteilen (§ 7 Abs. 2 VereinsG). Aber auch über diese Spezialregelungen hinaus sind alle Fachbehörden der Leistungs- und Eingriffsverwaltung auf Bundes-, Landes- und Kommunalebene durch Abs. 1 dazu berufen, dem Registergericht von unrichtigen Eintragungen Mitteilung zu machen, von denen sie Kenntnis erlangen oder Verdacht schöpfen z.B. in Genehmigungs-, Subventions- oder Vergabeverfahren oder anlässlich freihändiger Beschaffungsabwicklungen.

14 **3. Mitteilungen der Notare.** Notar i.S.d. Vorschrift ist derjenige, der das Amt des Notars ausübt, also auch der Notarvertreter (§ 39 BNotO) und der Notariatsverwalter (§ 56 BNotO). Auch für den Notar gilt, dass nur dienstliche, also nicht privat oder aus sonstiger Berufstätigkeit erlangte Kenntnisse mitzuteilen sind. Kenntnisse, die ein Anwaltsnotar in seiner Eigenschaft als Anwalt erlangt hat (Abgrenzung: § 24 Abs. 2 BNotO), sind daher nicht mitteilungspflichtig (Jansen/*Steder* § 125a Rn. 8 m.w.N.).

15 Die Mitteilungspflicht nach § 379 ist lex specialis zu der ansonsten nach § 18 BNotO bestehenden Verschwiegenheitspflicht.

16 Der Notar hat Beurkundungen über anmeldepflichtige Rechtsänderungen anzuzeigen, wenn deren Anmeldung von den dazu Verpflichteten nicht verfolgt wird und auch der Notar selbst sie nicht gem. § 378 Abs. 2 anmelden kann. Ferner hat er anzuzeigen, wenn ihm anlässlich eines sonstigen Amtsgeschäfts – etwa einer Vertragsbeurkundung – die Unrichtigkeit oder Unvollständigkeit des Registerinhalts bekannt wird. Besondere Bedeutung hat dies im Hinblick auf die seit dem 01.11.2008 einzutragenden inländischen Geschäftsanschriften (Keidel/*Heinemann* § 379 Rn. 4). Außerdem hat der Notar gem. § 40 Abs. 2 GmbHG unverzüglich eine aktuelle Gesellschafterliste einzureichen, sofern er an der Veränderung in den Personen der Gesellschafter oder des Umfangs ihrer Beteiligung mitgewirkt hat.

17 **C. Mitteilungen der Finanzbehörden (Abs. 2).** Anders als die – aus eigener Initiative zu erbringenden – Mitteilungen nach Abs. 1 begründet die Auskunftspflicht nach Abs. 2 nur eine **Antwortpflicht** der Finanzbehörden auf entspr. Anfragen des Registergerichts. Die geschuldete Unterstützungsleistung bezieht sich auf die »Verhütung unrichtiger Eintragungen im Handels- oder Partnerschaftsregister« sowie auf die »Berichtigung, Vervollständigung oder Löschung von Eintragungen« (dazu § 380 Rdn. 7 f.).

18 Der Begriff »Verhütung« in Abs. 2 ist gleichbedeutend mit dem Begriff »Vermeidung« in § 380 Abs. 1. Der RegE (BT-Drucks. 16/6308 S. 72) sah ursprünglich für beide Vorschriften einheitlich den Begriff »Verhütung« vor, was der Wortwahl der früheren §§ 125a Abs. 2, 126 FGG entsprach. Hingegen postulierte der BT-Rechtsausschuss eine sprachliche Angleichung an § 23 Satz 2 HRV a.F., wo anstelle des Wortes »Verhütung« der Begriff »Vermeidung« verwendet war (BT-Drucks. 16/9733 S. 142, 298). Vollzogen wurde die sprachliche Anpassung allerdings nur bei § 380 Abs. 1; übersehen wurde sie bei § 379 Abs. 2.

19 In der Registerpraxis kommt eine Anfrage bei der Finanzbehörde (Finanzamt und/oder kommunales Steueramt) vor allem dann in Betracht, wenn zur Abklärung der Anmeldepflicht (§ 388) ermittelt werden soll, ob ein Gewerbebetrieb seinem Umfang nach einen kaufmännischen Geschäftsbetrieb erfordert (§ 1 Abs. 2 HGB; Jansen/*Steder* § 125a Rn. 11; Keidel/*Heinemann* § 379 Rn. 10). Außerdem können bestimmte Kenntnisse der Steuerbehörden für die Beurteilung der Vermögenslosigkeit einer Gesellschaft oder Genossenschaft (§ 394) nützlich sein; die Auskunftspflicht der Finanzbehörden erschöpft sich nicht in der Stellung des Löschungsantrags nach § 394 FamFG (OLG Frankfurt GmbHR 2015, 713, 715 f.).

20 Zur Vorlage von Belegen s. Rdn. 5.

21 In Bezug auf das **Steuergeheimnis** handelt es sich bei Abs. 2 um eine Ausnahmevorschrift i.S.d. Öffnungsklausel § 30 Abs. 4 Nr. 2 AO. Die von den Finanzbehörden erlangten Informationen unterliegen nicht der Akteneinsicht nach § 13. Sie sind daher nicht zu den Registerakten zu nehmen, sondern entweder in Sammelakten zu vereinigen oder in separaten Hüllen aufzubewahren, die bei der Gewährung der Akteneinsicht zurückbehalten werden und nur von den mit der Registerführung und der Kostenberechnung befassten Amtsträgern eingesehen werden dürfen (§ 24 Abs. 6 AktO).

§ 380 Beteiligung der berufsständischen Organe; Beschwerderecht. (1) Die Registergerichte werden bei der Vermeidung unrichtiger Eintragungen, der Berichtigung und Vervollständigung des Handels- und Partnerschaftsregisters, der Löschung von Eintragungen in diesen Registern und beim Einschreiten gegen unzulässigen Firmengebrauch oder unzulässigen Gebrauch eines Partnerschaftsnamens von

1. den Organen des Handelsstandes,
2. den Organen des Handwerksstandes, soweit es sich um die Eintragung von Handwerkern handelt,
3. den Organen des land- und forstwirtschaftlichen Berufsstandes, soweit es sich um die Eintragung von Land- oder Forstwirten handelt,
4. den berufsständischen Organen der freien Berufe, soweit es sich um die Eintragung von Angehörigen dieser Berufe handelt,

(berufsständische Organe) unterstützt.

(2) ¹Das Gericht kann in zweifelhaften Fällen die berufsständischen Organe anhören, soweit dies zur Vornahme der gesetzlich vorgeschriebenen Eintragungen sowie zur Vermeidung unrichtiger Eintragungen in das Register erforderlich ist. ²Auf ihren Antrag sind die berufsständischen Organe als Beteiligte hinzuzuziehen.

(3) In Genossenschaftsregistersachen beschränkt sich die Anhörung nach Absatz 2 auf die Frage der Zulässigkeit des Firmengebrauchs.

(4) Soweit die berufsständischen Organe angehört wurden, ist ihnen die Entscheidung des Gerichts bekannt zu geben.

(5) Gegen einen Beschluss steht den berufsständischen Organen die Beschwerde zu.

Übersicht

	Rdn.		Rdn.
A. Allgemeines	1	III. Sachantragsbefugnis des berufsständischen Organs	24
B. Unterstützung des Registergerichts durch berufsständische Organe (Abs. 1)	5	E. Genossenschaftsregistersachen (Abs. 3)	29
I. Gegenstand der Unterstützungsleistung	5	F. Bekanntgabe und Mitteilung der Entscheidung an das berufsständische Organ (Abs. 4)	30
II. Rechtsstellung der berufsständischen Organe ggü. dem Registergericht	10	I. Geltung des Abs. 4 nur bei fehlender Hinzuziehung als Beteiligte	30
III. Informationsbeschaffung der berufsständischen Organe	11	II. Förmliche Bekanntgabe immer bei bestehendem Beschwerderecht	31
IV. Körperschaften und sachliche Zuständigkeiten der berufsständischen Organe	12	G. Beschwerderecht der berufsständischen Organe (Abs. 5)	33
C. Anhörung und Beteiligung der berufsständischen Organe (Abs. 2 Satz 1)	17	I. Umfang und Ausschluss des Beschwerderechts	33
D. Beteiligung der berufsständischen Organe (Abs. 2 Satz 2)	21	II. Einzelfragen des Beschwerdeverfahrens	38
I. Verfahrensrechtlicher Antrag auf Beteiligung	21	H. Antrags- und Beschwerderecht der BaFin	41
II. Verfahrensmitteilung an das berufsständische Organ?	23	I. Kosten	43

A. Allgemeines. § 380 regelt die Mitwirkung der berufsständischen Organe bei der Registerführung. Aufgabe und zugleich öffentlich-rechtliche Pflicht der berufsständischen Organe ist es, die Registergerichte bei der Vermeidung unrichtiger Eintragungen, der Berichtigung und Vervollständigung des Handels- und Partnerschaftsregisters, der Löschung von Eintragungen in diesen Registern und beim Einschreiten gegen unzulässigen Firmengebrauch zu unterstützen. Dem liegt die Vorstellung zugrunde, dass die Organe aufgrund ihrer größeren Nähe zur Unternehmenslandschaft über besondere Erfahrungen und Erkenntnisse namentlich zu Fragen des Firmengebrauchs verfügen, die dem Gericht nicht ohne Weiteres zugänglich sind. Das Gericht hat die Unterstützungsleistung der Organe abzufordern, indem es in zweifelhaften Fällen vor der Vornahme der Eintragung deren Gutachten einholt (Abs. 2 Satz 1; § 4 Satz 1 PRV). 1

Daneben ist den berufsständischen Organen ein gewisses »Wächteramt« (Jansen/*Steder* § 126 Rn. 48) übertragen. Wie ein Vertreter des öffentlichen Interesses wachen sie über die Richtigkeit des Registerinhalts. Unrichtige Eintragungen haben sie zu verhüten, indem sie sich an Registerverfahren beteiligen und sich in Eintragungsverfahren z.B. mit Gegenanträgen an das Gericht wenden (Abs. 2). Registerrelevante Sachverhalte, die ihnen aufgrund ihrer Unternehmensnähe bekannt werden, zeigen sie dem Gericht an. Sie sind befugt, Anträge auf Einleitung von Amtsverfahren zu stellen und gegen die Ablehnung solcher Anträge Beschwerde einzulegen (Abs. 5). Ihre Beteiligungsrechte nehmen sie im Interesse des von ihnen vertretenen Berufsstandes wahr; nicht jedoch zur Wahrung der Belange Einzelner (KG Rpfleger 1978, 323). 2

3 Die für die Wahrnehmung ihrer Aufgaben erforderlichen Informationen erhalten die berufsständischen Organe u.a. dadurch, dass sie durch das Gericht über alle vorgenommenen Registereintragungen unterrichtet werden (§§ 37 Abs. 1 HRV, 6 PRV). Anhängige Registerverfahren sind den Organen unter bestimmten Voraussetzungen mitzuteilen, um ihnen Gelegenheit zu geben, sich durch eigene Anträge zu beteiligen (Rdn. 23). Darüber hinaus haben sie im Rahmen ihrer standesrechtlichen Möglichkeiten und Befugnisse eigene Ermittlungen anzustellen.

4 Handelt es sich bei dem fraglichen Unternehmen um ein Kreditinstitut oder um eine Kapitalanlagegesellschaft, stehen zusätzlich der **BaFin** Antrags- und Beschwerderechte ähnlich einem berufsständischen Organ zu (§§ 43 Abs. 3 KWG, 16 Abs. 3 BausparkG, 3 Abs. 5 KAGB).

5 **B. Unterstützung des Registergerichts durch berufsständische Organe (Abs. 1). I. Gegenstand der Unterstützungsleistung.** Die Unterstützungsleistung der berufsständischen Organe bezieht sich auf **alle Aspekte der Registerführung**, also nicht nur auf das Eintragungsverfahren, sondern auch auf das Zwangsgeld-, Amtslöschungs-, Auflösungs- und Firmenmissbrauchsverfahren. Keine Mitwirkung der berufsständischen Organe ist vorgesehen bei den unternehmensrechtlichen Verfahren, was der früheren Rechtslage entspricht (BayObLG NJW-RR 1990, 52, 53, Jansen/*Steder* § 126 Rn. 35; Keidel/*Heinemann* § 380 Rn. 22).

6 Inhaltlich bezieht sich die Unterstützung der berufsständischen Organe auf die Vermeidung unrichtiger Eintragungen, die Berichtigung und Vervollständigung des Handels-, Genossenschafts- und Partnerschaftsregisters, die Löschung von Eintragungen in diesen Registern und auf das Einschreiten gegen unzulässigen Firmen- bzw. Partnerschaftsnamensgebrauch.

7 Das Interesse der **Vermeidung unrichtiger Eintragungen** wird virulent, wenn entweder über eine Registeranmeldung zu entscheiden ist oder ein Verfahren auf Löschung von Amts wegen (§§ 393 bis 395) betrieben wird oder angestoßen werden soll. Im Eintragungsverfahren ist die Mitwirkung der berufsständischen Organe allerdings beschränkt auf zweifelhafte Fälle (Abs. 2 Satz 1, §§ 4 Satz 1 PRV, 9 Abs. 2 Satz 2 VRV; s. Rdn. 17 ff., 23 ff. sowie vor § 378 Rdn. 93).

8 Zur **Berichtigung des Registers**, welche das Registergericht im Fall von Schreibversehen und ähnlichen offenbaren Unrichtigkeiten von Amts wegen vornehmen darf (§§ 17 Abs. 1 HRV, 24 GenRegV, 12 Abs. 2 VRV), kann das berufsständische Organ Anregungen erteilen. Praktisch bedeutsam ist die dem Organ bekanntwerdende Namensänderung einer eingetragenen Person, welche zu einer Berichtigung nach §§ 17 Abs. 1 HRV, 24 GenRegV, 12 Abs. 2 VRV führen muss (OLG Hamm FGPrax 2010, 143 betr. Komplementär-GmbH; allg. *Melchior/Schulte* § 17 Rn. 9 f.). Auf eine **Vervollständigung des Registers** ist hinzuwirken, wenn eine Anmeldung eintragungspflichtiger Tatsachen oder die Einreichung von Dokumenten zum Registerordner unterblieb (§§ 388 ff.) oder wenn eine erloschene Firma oder eine vermögenslos gewordene Gesellschaft zu löschen ist (§ 394). Zur **Löschung sachlich unrichtiger Eintragungen** kann das berufsständische Organ die Einleitung eines Verfahrens nach § 395 beantragen. Zur **Verhütung unzulässigen Firmengebrauchs** oder unzulässigen Gebrauchs eines Partnerschaftsnamens kann das Organ ein Ordnungsgeldverfahren nach § 392 anregen.

9 Auf **Vereinsregistersachen** bezieht sich § 380 nicht. Jedoch kann das Registergericht gem. § 9 Abs. 2 Satz 2 VRV eine Stellungnahme der IHK einholen, wenn zweifelhaft ist, ob der Zweck eines angemeldeten Vereins auf einen nichtwirtschaftlichen Geschäftsbetrieb gerichtet ist.

10 **II. Rechtsstellung der berufsständischen Organe ggü. dem Registergericht.** Die berufsständischen Organe haben die Gerichte **von sich aus**, also ohne deren Ersuchen, bei der Registerführung zu unterstützen, indem sie sich die erforderlichen Kenntnisse verschaffen und dem Gericht mitteilen, ggf. Anträge stellen und Beschwerde einlegen (Abs. 5). Die Registergerichte sind an die Feststellungen der berufsständischen Organe nicht gebunden, haben jedoch deren Anregungen und Hinweise aufzugreifen und von Amts wegen die erforderlichen Ermittlungen und Verfahren einzuleiten. Folgt das Gericht einer Anregung des berufsständischen Organs nicht, hat es dieses darüber nach § 24 Abs. 2 zu unterrichten.

11 **III. Informationsbeschaffung der berufsständischen Organe.** Um den berufsständischen Organen einen Informationsstand zu verschaffen, der eine effektive Unterstützungsleistung ermöglicht, teilt das Registergericht ihnen jede Neueintragung und jede Änderung einer Eintragung mit (§§ 37 Abs. 1 HRV, 6 PRV). Darüber hinaus haben sich die berufsständischen Organe aus anderen Quellen zu unterrichten, insb. durch Befragung der niedergelassenen Kaufleute und der Vertretungsorgane der Gesellschaften. Zur Auskunft verpflichtet sind diese Personen ggü. den berufsständischen Organen jedoch nicht. Bleiben wesentliche Fragen unbeantwortet, muss das Gericht die Amtsaufklärung nach §§ 26, 27 Abs. 2 betreiben. Die Weigerung einer

Auskunft ggü. dem berufsständischen Organ soll nach Auffassung des KG (NJW-RR 1997, 794) allerdings zur Folge haben, dass dem Gericht keine weitergehende Sachaufklärungspflicht in Bezug auf solche Tatsachen obliegt, von denen erwartet werden kann, dass der Antragsteller sie vorbringt und die ihm bekannten Beweismittel benennt. Seien danach nicht alle erheblichen Tatsachen zugunsten des Antragstellers feststellbar, habe dieser die Feststellungslast zu tragen.

IV. Körperschaften und sachliche Zuständigkeiten der berufsständischen Organe. Organe des **Handelsstandes** sind die IHKn, in Hamburg und Bremen die Handelskammern. Nach dem Gesetzeswortlaut sind sie zuständig für alle in das Handels- oder Partnerschaftsregister einzutragenden Unternehmungen. Bezüglich des Partnerschaftsregisters stellt dies eine Veränderung ggü. der früheren Rechtslage dar, denn nach der früheren Regelung der §§ 160b Abs. 1 Satz 3 FGG, 4, 6 PRV wirkten die Organe des Handelsstandes bei der Führung des Partnerschaftsregisters nicht mit. Zu etwaigen Motiven für die Änderung der Rechtslage finden sich in der Gesetzesbegründung keine Hinweise, sodass unklar bleibt, ob sie bewusst vollzogen wurde oder es sich insoweit um ein Redaktionsversehen handelt. Für ein Redaktionsversehen spricht, dass der Gesetzgeber die korrespondierenden Vorschriften der §§ 4, 6 PRV unverändert gelassen hat, welche sich nach wie vor nur auf eine Zusammenarbeit des Registergerichts mit den Organen der freien Berufe beziehen und nicht zusätzlich mit den Organen des Handelsstandes. Eine Auflösung dieser Widersprüchlichkeit durch den Gesetz- oder Verordnungsgeber wäre aus Klarstellungsgründen wünschenswert. Übergangsweise ist wohl der klare Wortlaut des § 380 Abs. 1 maßgebend (so auch BeckOK FamFG/*Munzig* § 380 Rn. 14) und müssen die im Verordnungsrang stehenden §§ 4, 6 PRV gesetzeskonform so angewendet werden, dass neben den Berufskammern der freien Berufe auch den IHKn Gelegenheit zur Stellungnahme zu geben ist (§ 4 PRV) und Eintragungen mitzuteilen sind (§ 6 PRV). 12

Die Organe des **Handwerksstandes**, des **land- und forstwirtschaftlichen Berufsstandes** sowie der **freien Berufe** sind nur in den Fällen zur Mitwirkung berufen, in denen es sich um Angehörige der ihnen zugehörigen Berufsgruppen handelt. Ihre Zuständigkeit tritt neben die Zuständigkeit der Organe des Handelsstandes, die für alle Unternehmungen zuständig sind. Zweckmäßig ist es, wenn beide Organe sich über ihre Stellungnahme ggü. dem Registergericht verständigen (Keidel/*Heinemann* § 380 Rn. 17). 13

Organe des Handwerksstandes sind allein die **Handwerkskammern** (§ 90 HandwO). Die daneben bestehenden Handwerksinnungen, Innungsverbände und Kreishandwerkerschaften sind nicht zur Vertretung der Interessen des gesamten Handwerks berufen und können die Rechte aus § 380 nach bislang herrschender Meinung nicht wahrnehmen (Jansen/*Steder* § 126 Rn. 9; KKW/*Winkler* [15. Aufl.] § 129 Rn. 9; sowie nach neuem Recht Bork/Jacoby/Schwab/*Müther* § 380 Rn. 2; MüKoFamFG/*Krafka* § 380 Rn. 2; Haußleiter/*Schemmann* § 380 Rn. 2; a.A. jetzt aber Keidel/*Heinemann* § 380 Rn. 9; Bumiller/*Harders* § 380 Rn. 4; BeckOK FamFG/*Munzig* § 380 Rn. 7). Zum Begriff des Handwerks s. *Honig/Knörr* § 1 Rn. 43 ff. 14

Organe des **land- und forstwirtschaftlichen Berufsstandes** sind die in den nördlichen und westlichen Bundesländern gebildeten Landwirtschaftskammern, i.Ü. die durch Landesrecht bestimmten Stellen (Auflistung abgedruckt als Anmerkung im Anschluss an MiZi XXI/1 Abs. 3 Nr. 4). Sie vertreten auch die übrigen Angehörigen der sog. »grünen Berufe«, neben den Land- und Forstwirten also auch die Tier-, Pferde-, und Fischwirte, Gärtner, Winzer, Revierjäger, Hauswirtschafter, Molkereifachleute, milchwirtschaftlichen und veterinärmedizinischen Laboranten, landwirtschaftlichen Brenner und Fachkräfte Agrarservice. Der Begriff des land- und forstwirtschaftlichen Betriebes im berufsständischen Sinne ist somit weiter gefasst als der Begriff des land- und forstwirtschaftlichen Unternehmens im handelsrechtlichen Sinne (§ 3 HGB). Für die Zuständigkeitsbestimmung der Organe i.S.d. § 380 kommt es nur auf die berufsständische Sichtweise an, unabhängig von der handelsrechtlichen Einordnung. 15

Berufsständische Organe der **freien Berufe** sind insb. die RA-, Notar-, StB- und WP-Kammern, Ärzte-, Zahnärzte- und (Landes-) Tierärztekammern, Apotheker-, Ingenieur- und Architektenkammern. Ob und ggf. welche berufsständischen Organe für die ausgeübten Berufe bestehen, soll bei der Erstanmeldung einer Partnerschaft unter Angabe der Anschrift des Organs mitgeteilt werden (§ 4 Satz 2, 3 PRV). Die berufsständischen Organe der freien Berufe unterstützen auch bei der Führung des Handelsregisters, soweit es um die Eintragung von Freiberufler-Kapitalgesellschaften geht, wie etwa RA- und StB-GmbHs. 16

C. Anhörung und Beteiligung der berufsständischen Organe (Abs. 2 Satz 1). Die Beteiligung der berufsständischen Organe in Registereintragungsverfahren, welche bisher im Verordnungsrang geregelt war (§ 23 Satz 2 HRV a.F. sowie jetzt noch § 4 Satz 1 PRV) wurde im Zuge der Beratungen des BT-Rechtsausschusses (BT-Drucks. 16/9733, S. 142, 298) als § 380 Abs. 2 Satz 1 in das Gesetz aufgenommen. Regelungssinn des 17

Abs. 2 ist eine **Beschränkung der Anhörung** der berufsständischen Organe auf zweifelhafte Fälle, um das Eintragungsverfahren im Massengeschäft zu beschleunigen. Die Organe sollen im Anmeldeverfahren nur ausnahmsweise angehört werden, wenn dies in einem zweifelhaften Fall zur Vornahme der vorgeschriebenen und zur Vermeidung unrichtiger Eintragungen erforderlich ist.

18 Bedauerlicherweise hat die Vorschrift einen nach wie vor **missverständlichen Wortlaut**. Ein erster Fehlgriff liegt in der gewählten »Kann«-Formulierung, die dem Registergericht scheinbar einen Ermessensspielraum einräumt. Tatsächlich besteht kein Ermessen, sondern nur ein Beurteilungsspielraum bei der tatbestandlichen Vorfrage, ob ein »zweifelhafter Fall« gegeben ist, der die Anhörung erforderlich macht (vgl. OLG Stuttgart FGPrax 2004, 40, 41). Stehen die Zweifelhaftigkeit des Falles und die Erforderlichkeit der Anhörung fest, muss sie **zwingend durchgeführt werden** (a.A. mit Wertungswidersprüchen Keidel/*Heinemann*, wo ein Absehen von der Anhörung »aus Beschleunigungsgründen« zulässig sein soll (§ 380 Rn. 28), dennoch vor einer Entscheidung in zweifelhaften Fällen die Belehrung des Organs über sein Antragsrecht erforderlich sei (§ 380 Rn. 31); vgl. auch *Krafka/Kühn* Rn. 164). Eine weitere Ungenauigkeit ist die scheinbare Beschränkung der Anhörung auf »**gesetzlich vorgeschriebene**« Eintragungen. Denn selbstverständlich bezieht sich die Unterstützung der berufsständischen Organe auch auf solche Eintragungen, die nicht »gesetzlich vorgeschrieben«, sondern durch richterliche Rechtsfortbildung als anmelde- und eintragungsfähig anerkannt sind (s. § 388 Rdn. 6).

19 Die Anhörung ist nur »in zweifelhaften Fällen« durchzuführen, sodass sie **i.d.R. unterbleibt**. Sinnvoll ist die Anhörung heute im Wesentlichen nur noch bei **firmenrechtlichen Zweifelsfragen**. Werden die berufsständischen Organe angehört, besteht ihrerseits eine Unterstützungspflicht. Sie haben auf Mitteilungen und Anfragen des Gerichts Stellung zu nehmen und ihr Gutachten zu erstatten. Die darauf ergehende Gerichtsentscheidung ist dem Organ gem. Abs. 4 bekannt zu geben; diese gesetzliche Vorschrift geht den z.T. widersprechenden Verordnungsregelungen (§ 4 Satz 4 PRV: Mitteilung nur bei Abweichung von der Stellungnahme) vor. Beabsichtigt das Gericht die Vornahme einer Eintragung entgegen dem Gutachten des Organs, hat es seine Entscheidung **vorab durch einen Vorbescheid** (s. Rdn. 34) bekannt zu geben und mit der beabsichtigten Eintragung in das Register abzuwarten, bis die Beschwerdefrist für die berufsständische Organ verstrichen ist. Ohne einen solchen Vorbescheid würde das dem Organ zustehende Beschwerderecht faktisch leer laufen, da dieses nach der erfolgten Eintragung nicht mehr ausgeübt werden kann (§ 383 Abs. 3). Kein adäquater Ersatz für den beschwerdefähigen Vorbescheid ist die spätere Möglichkeit der Beantragung eines Amtslöschungsverfahrens (§ 395), da die Prüfung im Amtslöschungsverfahren nicht reziprok zum Eintragungsverfahren, sondern nur auf eingeschränkte Kriterien hin erfolgt (§ 395 Rdn. 13 ff., 48 ff., 56 ff., 65 ff.).

20 Die Beschränkung der Anhörung auf »zweifelhafte Fälle« (Abs. 2 Satz 1) bezieht sich nur auf die Vornahme der gesetzlich vorgeschriebenen und der Vermeidung unrichtiger Eintragungen, gilt also – wie früher § 23 Satz 2 HRV – **nur für das Anmeldeverfahren**. Für alle weiteren in Abs. 1 aufgeführten Unterstützungsbereiche, nämlich Berichtigungen, Vervollständigungen und Löschungen, gilt die Beschränkung der Anhörung auf zweifelhafte Fälle nicht. Namentlich in den Verfahren der §§ 388 bis 399 können und sollen die berufsständischen Organe unabhängig von besonderen Zweifelsfällen regelmäßig einbezogen werden, um den Sachverhalt in alle Richtungen ausreichend zu ermitteln (§ 26; zu undifferenziert betrachtet bei BT-Drucks. 16/9733 S. 298; dem gleichwohl folgend Keidel/*Heinemann* § 380 Rn. 26 sowie § 398 Rn. 24).

21 **D. Beteiligung der berufsständischen Organe (Abs. 2 Satz 2). I. Verfahrensrechtlicher Antrag auf Beteiligung.** Auf ihren Antrag sind die Organe als Beteiligte hinzuzuziehen. Die formale Beteiligtenstellung tritt kraft Gesetzes ein, sobald das Organ einen Antrag auf Hinzuziehung stellt (§ 7 Abs. 2 Nr. 2). Ein gerichtlicher Ermessensspielraum besteht nicht. Vom Augenblick der Beteiligung an ist dem berufsständischen Organ in jeder Lage des Verfahrens rechtliches Gehör zu gewähren, ihm sind die Entscheidungen mitzuteilen oder bekannt zu geben und ihm können auch Kosten auferlegt werden (§ 81). Die einmal erlangte Beteiligtenstellung wirkt fort in die Rechtsmittelinstanz, ohne dass es dort eines erneuten Antrags nach Abs. 2 Satz 2 bedürfte.

22 Eine Anhörung des Organs nach Abs. 2 Satz 1 begründet für sich genommen noch keine Beteiligtenstellung für das weitere Verfahren (§ 7 Abs. 6); vielmehr muss das Organ seine Hinzuziehung als Beteiligter ausdrücklich beantragen. Umgekehrt ist die Möglichkeit der Hinzuziehung nicht auf Fälle beschränkt, in denen das Organ gem. Abs. 2 Satz 1 angehört wurde. Das berufsständische Organ kann seine formale Beteiligung vielmehr auch dann beantragen, wenn es vom Verfahren auf andere Weise als durch seine Anhörung

Kenntnis erlangt (BeckOK FamFG/*Munzig* § 380 Rn. 27 und wohl Keidel/*Heinemann* § 380 Rn. 31; a.A. Bumiller/*Harders* § 380 Rn. 10; Haußleiter/*Schemmann* § 380 Rn. 10).

II. Verfahrensmitteilung an das berufsständische Organ? Aus dem grds. bestehenden Beteiligungsrecht wurde z.T. eine generelle Verfahrensmitteilungspflicht des Gerichts an die berufsständischen Organe hergeleitet, um diesen in allen anhängig werdenden Fällen die Ausübung des Beteiligungsrechts zu ermöglichen (OLG Stuttgart MDR 1983, 407; OLG Hamm Rpfleger 1983, 116; Jansen/*Steder* § 126 Rn. 26). Mit ähnlicher Stoßrichtung hat das FamFG jetzt auch eine allgemeine Benachrichtigungspflicht in § 7 Abs. 4 implementiert. Gleichwohl entspricht eine durchgängige Verfahrensmitteilung an die berufsständischen Organe nicht der bisherigen Praxis. Denn durch die Benachrichtigung und durch das anschließende Warten auf die Entschließung des Organs über seine Verfahrensbeteiligung würde das Eintragungsverfahren erheblich gelähmt. Dies wäre mit den Deregulierungs- und Registerbeschleunigungsmaßnahmen der vergangenen Jahre kaum vereinbar, allemal nicht mit § 25 Abs. 1 Satz 2 HRV, wonach über die Eintragung unverzüglich nach Eingang der Anmeldung zu entscheiden ist. Die Verfahrensmitteilung an die berufsständischen Organe muss daher auf Fälle beschränkt bleiben, bei denen sie nicht zur Verfahrensverzögerung führt, eine Eintragung also ohnehin nicht sofort vorgenommen werden kann. Nur solche Verfahren sind – dann allerdings ausnahmslos – mitzuteilen. Ein Auswahlermessen, etwa nur solche Verfahren mitzuteilen, bei denen die durch Abs. 1 bezeichneten Interessen erkennbar berührt sind, hat das Registergericht nicht. Denn bereits die Prüfung, ob Interessen i.S.d. Abs. 1 berührt werden, liegt im Kompetenzbereich des berufsständischen Organs und nicht des Registergerichts. Allemal mitzuteilen sind Verfahren nach den §§ 388 bis 399. 23

III. Sachantragsbefugnis des berufsständischen Organs. Vom Verfahrensbeteiligungsrecht zu trennen ist die konkrete Sachantragsbefugnis des berufsständischen Organs. 24

Früher war den berufsständischen Organen durch § 126 Halbs. 2 FGG die Möglichkeit eingeräumt, »Anträge« bei den Registergerichten zu stellen. Gemeint waren damit vor allem **Gegenanträge** gegen eine vorliegende Registeranmeldung sowie die Möglichkeit, mit **Anregungen** zur Einleitung von Zwangsgeld-, Ordnungsgeld- und Löschungsverfahren auf den Registerinhalt einzuwirken. Eigene positive Eintragungsanträge konnten die berufsständischen Organe nicht stellen, weil diese eine förmliche Registeranmeldung des Rechtsträgers voraussetzen (OLG Oldenburg NJW 1957, 349, 350; Jansen/*Steder* § 126 Rn. 42). 25

Das FamFG greift das materielle Antragsrecht der berufsständischen Organe nicht durch eine allgemeine Regelung auf, sondern (nur) durch spezielle Erwähnung in den **Einzelverfahren** der §§ 393 Abs. 1, 394 Abs. 1, 395 Abs. 1, 399 Abs. 1. Die Normierung eines **allgemeinen Antragsrechts** hielt der Gesetzgeber wohl deshalb nicht für erforderlich, weil bereits das formale Recht auf Beteiligung am Verfahren (Abs. 2 Satz 2) ein Recht zur Sachantragstellung impliziert. Jedenfalls kann der Gesetzesbegründung nicht entnommen werden, dass eine Verkürzung der Antragsrechte der berufsständischen Organe beabsichtigt war. Daher ist davon auszugehen, dass den berufsständischen Organen das Mitwirkungsrecht und ihre Sachantragsbefugnis auch in denjenigen Verfahren, für die es nicht ausdrücklich erwähnt ist (Eintragungs-, Zwangsgeld- und Ordnungsgeldverfahren), in dem bisher anerkannten Umfang erhalten bleiben soll (a.A. Haußleiter/*Schemmann* § 380 Rn. 11). 26

Stellt ein berufsständisches Organ einen Sachantrag in einem Verfahren, an dem es bisher nicht beteiligt war, liegt darin **zugleich der verfahrensrechtliche Antrag auf Hinzuziehung als Beteiligter** (Abs. 2 Satz 2). Als ein Sachantrag in diesem Sinne ist es bereits aufzufassen, wenn das Organ sich inhaltlich gegen die Zulässigkeit eines Eintragungsantrags ausspricht (OLG Hamm BB 1964, 1197 m.w.N.; Rpfleger 1983, 116). Bloße Stellungnahmen nach Abs. 2 Satz 1 genügen jedoch nicht (s. Rdn. 22). 27

In einer Anregung des Organs zur Einleitung eines Verfahrens nach den §§ 388 bis 392 ist immer konkludent der Antrag enthalten, gem. § 380 Abs. 2 Satz 2 als Beteiligter hinzugezogen zu werden. Bei einer Antragstellung nach den §§ 393 bis 399 ergibt sich die Beteiligtenstellung bereits aus § 7 Abs. 1. 28

E. Genossenschaftsregistersachen (Abs. 3). In Genossenschaftsregistersachen beschränkt sich die Unterstützungskompetenz der berufsständischen Organe auf den Firmengebrauch, und zwar nicht nur in Eintragungsverfahren, sondern auch in den Verfahren nach den §§ 388 bis 399. Dieses ist gerechtfertigt, weil die *Zulässigkeit der Errichtung* der Genossenschaft in sonstiger Hinsicht bereits durch die Gründungsprüfung und Bescheinigung des Prüfungsverbandes nachgewiesen wird (§ 11 Abs. 2 Nr. 3 GenG, 2 SCEAG). Daher ist auch der Prüfungsverband – anstelle der berufsständischen Organe – anzuhören bei der Löschung einer Genossenschaft wegen Vermögenslosigkeit (§ 394 Abs. 2 Satz 3). 29

§ 380 Buch 5. Register u. unternehmensrechtl. Verfahren

30 **F. Bekanntgabe und Mitteilung der Entscheidung an das berufsständische Organ (Abs. 4). I. Geltung des Abs. 4 nur bei fehlender Hinzuziehung als Beteiligte.** Die Bekanntgabevorschrift des Abs. 4 gilt nur für den Fall, dass das Organ nach Abs. 2 Satz 1 angehört wurde und keinen Antrag auf Hinzuziehung gestellt hat. Hat das Organs seine Hinzuziehung als Beteiligter beantragt, richtet sich die Bekanntgabe/Mitteilung nicht nach Abs. 4, sondern nach den allgemeinen Vorschriften für Verfahrensbeteiligte (§§ 15, 41, 383 Abs. 1).

31 **II. Förmliche Bekanntgabe immer bei bestehendem Beschwerderecht.** Der Wortlaut des Abs. 4 ist zu weit gefasst. Das beruht auf dem undifferenzierten Gebrauch des Begriffs »Bekanntgabe«, welcher nach § 15 wesentlich enger verstanden wird als nach dem früheren § 16 Abs. 2 FGG. Daher ist § 380 Abs. 4 teleologisch zu reduzieren. Anstelle der durch die Vorschrift vermeintlich angeordneten förmlichen »Bekanntgabe«, welche durch Zustellung oder Aufgabe zur Post bewirkt werden müsste (§ 15 Abs. 1, 2) genügt tatsächlich eine formlose Mitteilung (§ 15 Abs. 3), wenn das Registergericht dem Eintragungsantrag stattgegeben hat (§ 383 Rdn. 7), denn diese Entscheidung ist unanfechtbar. Ebenso genügt eine formlose Mitteilung, wenn die Entscheidung des Registergerichts dem eingeholten Gutachten folgt. Denn dann ist das berufsständische Organ mangels Beeinträchtigung nicht beschwerdeberechtigt (§ 59 Abs. 1). Auch Zwischenverfügungen sowie Entscheidungen, die einen Eintragungseintrag ablehnen, sind dem Organ nur formlos mitzuteilen, da ihnen hiergegen ebenfalls kein Beschwerderecht zusteht (s. Rdn. 35). Nur wenn das Gericht einen die Eintragung ankündigenden Vorbescheid erlässt (Rdn. 19, 34) sowie bei beschwerdefähigen Entscheidungen in den Verfahren der §§ 388 bis 399 bedarf es einer förmlichen Bekanntgabe ggü. dem Organ. Widerspricht in diesen Fällen die Entscheidung dem erklärten Willen des Organs, ist sie sogar zuzustellen (§ 41 Abs. 1 Satz 2).

32 In umgekehrter Hinsicht greift Abs. 4 zu kurz. Denn einer Bekanntgabe der Entscheidung bedarf es nicht nur »soweit die berufsständischen Organe angehört wurden«, sondern auch dann, wenn das Gericht von der Anhörung abgesehen hatte, dem Organ jedoch gegen die Entscheidung ein Beschwerderecht zusteht (Abs. 5). Denn nur eine förmliche Bekanntgabe kann die Beschwerdefrist für das berufsständische Organ in Lauf setzen. Ohne die Bekanntgabe würde die Gerichtsentscheidung nicht rechtskräftig (§ 45 Satz 1).

33 **G. Beschwerderecht der berufsständischen Organe (Abs. 5). I. Umfang und Ausschluss des Beschwerderechts.** Abs. 5 bestimmt, dass den berufsständischen Organen gegen einen Beschluss die Beschwerde zusteht. Durch diese Vorschrift wird das Beschwerderecht der Organe jedoch nur institutionell anerkannt; im Detail ergeben sich zahlreiche Einschränkungen.

34 Die Beschwerde gegen eine vorgenommene Registereintragung ist durch § 383 Abs. 3 von vornherein ausgeschlossen (s. dazu § 383 Rdn. 29). Diese Beschränkung des Beschwerderechts gilt auch für das berufsständische Organ. Das Organ kann seine Bedenken gegen eine Eintragung nur dann im Beschwerdewege verfolgen, wenn das Registergericht den vom Organ eingenommenen Rechtsstandpunkt durch besonderen Vorbescheid vor der Vornahme der Eintragung zurückweist (KG DNotZ 1943, 71; OLG Stuttgart OLGZ 1984, 143, 144; Jansen/*Steder* § 126 Rn. 52; *Holzer* ZNotP 2008, 266, 271 f.; Staub/*Koch* § 8 Rn. 133; vgl. auch Bahrenfuss/*Steup* § 395 Rn. 9; a.A. Keidel/*Heinemann* § 382 Rn. 4; Schmidt-Kessel/Leutner/Müther/*Müther* § 8 Rn. 102; BeckOK FamFG/*Munzig* § 380 Rn. 39; *Sandkühler* DNotZ 2009, 595).

35 Auch sind die berufsständischen Organe nach bisher allgemeiner Auffassung nicht berechtigt, Beschwerde gegen die Ablehnung einer Registeranmeldung einzulegen (KG DFG 1939, 69; OLG Oldenburg NJW 1957, 349, 350; BayObLG Rpfleger 1984, 68; *Krafka/Kühn* Rn. 2464; Bumiller/*Harders* § 380 Rn. 14; BeckOK FamFG/*Munzig* § 380 Rn. 41; Jansen/*Steder* § 126 Rn. 50; KKW/*Winkler* [15. Aufl.] § 126 Rn. 24; a.A. jetzt aber Keidel/*Heinemann* § 380 Rn. 35; MüKoFamFG/*Krafka* § 380 Rn. 11). Denn mit einem Rechtsmittel kann ein Beteiligter stets nur solche Interessen verfolgen, die für ihn in der Ausgangsinstanz im Antragswege erreichbar sind (vgl. auch § 59 Abs. 2). Da den berufsständischen Organen jedoch kein Antragsrecht auf Vornahme einer Registereintragung zusteht (Rdn. 25), ist ihnen auch der darauf zielende Beschwerdeweg nicht eröffnet. Dasselbe gilt für die Anfechtung von Zwischenverfügungen.

36 Das Beschwerderecht der berufsständischen Organe konzentriert sich somit – neben der Anfechtung von Vorbescheiden – im Wesentlichen auf Fälle, in denen das Registergericht einen Antrag bzw. eine Anregung zur Einleitung eines Amtslöschungs- (OLG Düsseldorf DNotZ 1957, 417; OLG Hamm DNotZ 1954, 92), Zwangsgeld- (KG DFG 1939, 69) oder Ordnungsgeldverfahrens (OLG Zweibrücken OLGZ 1972, 391) zurückweist.

37 Kein Beschwerderecht hat das berufsständische Organ gegen Entscheidungen, die zulasten des eingetragenen *Rechtsträgers* ergehen, wie etwa die Zurückweisung eines Widerspruchs im Löschungs- oder Auf-

Abschnitt 3. Registersachen § 381

lösungsverfahren, die Festsetzung eines Zwangsgeldes oder die Verwerfung eines Einspruchs im Zwangsgeldverfahren. Denn dem Organ sind seine Verfahrensbeteiligungsrechte nur im Interesse des von ihm vertretenen Berufsstandes eingeräumt, nicht jedoch zur Wahrung der Belange Einzelner (KG Rpfleger 1978, 323; Bumiller/*Harders* § 380 Rn. 14; a.A. Keidel/*Heinemann* § 380 Rn. 35; BeckOK FamFG/*Munzig* § 380 Rn. 42 und § 399 Rn. 52).

II. Einzelfragen des Beschwerdeverfahrens. Das berufsständische Organ kann Beschwerde auch dann einlegen, wenn es bisher nicht am Verfahren beteiligt war (Bork/Jacoby/Schwab/*Müther* § 380 Rn. 11; Prütting/Helms/*Holzer* § 380 Rn. 17; im Ergebnis ähnlich Keidel/*Heinemann* § 380 Rn. 36, wenngleich dessen Begründung unter Bezugnahme auf §§ 37 HRV, 6 VRV insofern irritiert, als gegen die nach diesen Vorschriften mitgeteilten Eintragungen gerade kein Beschwerderecht zusteht, § 383 Abs. 3). Die Einlegung der Beschwerde begründet eine Beteiligtenstellung für das weitere Verfahren (Bahrenfuss/*Steup* § 380 Rn. 19). 38

Die Beschwerdefrist währt einen Monat ab der schriftlichen Bekanntgabe an das berufsständischen Organ (§ 63 Abs. 1), gleich ob die Bekanntgabe auf Abs. 4 oder auf § 41 beruht. 39

Im **Rechtsbeschwerdeverfahren** (§§ 70 ff.) müssen sich die als Körperschaften des öffentlichen Rechts verfassten berufsständischen Organe keines RA bedienen, sondern können sich durch eigene Beschäftigte mit Befähigung zum Richteramt vertreten lassen (§ 10 Abs. 4 Satz 2). 40

H. Antrags- und Beschwerderecht der BaFin. In Verfahren, die ein Kreditinstitut oder eine Kapitalanlagegesellschaft betreffen oder ein Unternehmen, welches eine Firma oder einen Zusatz zur Firma mit der Bezeichnung »Bank«, »Bankier«, »Sparkasse« (auch: »Spar- und Darlehenskasse«), »Volksbank«, »Bausparkasse«, »Kapitalverwaltungsgesellschaft«, »Investmentfonds«, »Investmentvermögen«, »Investmentgesellschaft«, »Investmentaktiengesellschaft« oder »Investmentkommanditgesellschaft« führt, steht der BaFin ein Beschwerderecht nach §§ 43 Abs. 3 KWG, 16 Abs. 3 BausparkG, 3 Abs. 5 KAGB zu. Für das Antragsrecht der BaFin gelten die Rdn. 24 ff. entspr.; für die Verfahrensmitteilungspflicht Rdn. 23, für das Beschwerderecht Rdn. 33 ff. 41

Kein Beschwerderecht hat die BaFin, soweit sie nicht Aufgaben der Bankenaufsicht, sondern Aufgaben der Versicherungsaufsicht wahrnimmt (Prölss/*Präve* § 4 Rn. 26), sowie bezüglich Unternehmen, die nicht ihrer Aufsicht unterliegen und keine der den Kreditinstituten vorbehaltenen Firmenbestandteile verwenden (OLG Düsseldorf Rpfleger 1977, 309). 42

I. Kosten. Für Anträge und Beschwerden der berufsständischen Organe besteht Gebührenfreiheit nach Vorbem. 1.3 Abs. 2 Nr. 3 KV GNotKG; für die BaFin besteht persönliche Kostenfreiheit nach § 2 Abs. 1 GNotKG. Das schließt aber nicht aus, diesen die Kosten anderer Verfahrensbeteiligter aufzuerlegen (§ 81). 43

§ 381 Aussetzung des Verfahrens.
¹Das Registergericht kann, wenn die sonstigen Voraussetzungen des § 21 Abs. 1 vorliegen, das Verfahren auch aussetzen, wenn ein Rechtsstreit nicht anhängig ist. ²Es hat in diesem Fall einem der Beteiligten eine Frist zur Erhebung der Klage zu bestimmen.

Übersicht

	Rdn.		Rdn.
A. Allgemeines	1	IV. Rechtsfolgen der Aussetzung	15
B. Aussetzung des Verfahrens	3	C. Fristsetzung zur Klageerhebung (Satz 2)	16
I. Anwendungsbereich des § 381	3	I. Ablauf der Frist/Aufhebung der Aussetzung	19
II. Konkurrenz zu § 21	4	II. Abschluss des Prozessverfahrens	21
III. Voraussetzungen einer Aussetzung nach § 381 Satz 1	6	D. Rechtsbehelf gegen die Aussetzungsentscheidung	23
1. Vorliegen eines wichtigen Grundes	6	E. Bindungswirkung der abgewarteten Entscheidung	25
2. Aussetzung nur bei anhängig zu machendem Zivilprozess	9		
3. Ermessensentscheidung des *Gerichts*	10		
4. Aussetzung bei Anfechtungsklagen gegen Versammlungsbeschlüsse	12		

§ 381

1 **A. Allgemeines.** Gem. § 21 Abs. 1 kann das Gericht das Verfahren aus wichtigem Grund aussetzen, insb. wenn die Entscheidung ganz oder z.T. von dem Bestehen oder Nichtbestehen eines Rechtsverhältnisses abhängt, das den Gegenstand eines anderen anhängigen Verfahrens bildet oder von einer Verwaltungsbehörde festzustellen ist. Das entspricht im Kern der Regelung des früheren § 127 Satz 1 FGG, welche allerdings nur für das Registerverfahren galt, während § 21 Abs. 1 FamFG in den allgemeinen Teil des Gesetzes übernommen wurde und deshalb für alle Verfahrensarten gilt.

2 § 381 erweitert die Aussetzungsbefugnis des § 21 auf den Fall, dass ein anderes Rechtsverhältnis zwar vorgreiflich, ein Rechtsstreit darüber aber noch nicht anhängig ist. Setzt das Gericht im Hinblick auf dieses Rechtsverhältnis aus, hat es einem der Beteiligten eine Frist zur Klageerhebung zu setzen.

3 **B. Aussetzung des Verfahrens. I. Anwendungsbereich des § 381.** § 381 gilt für sämtliche Registerverfahren des dritten Abschnitts des fünften Buches des FamFG, also auch für das Zwangsgeld-, Ordnungsgeld-, Löschungs- und Auflösungsverfahren. Auch das Beschwerdegericht kann nach § 381 aussetzen. Das Einstellen der Gesellschafterliste in den Registerordner darf allerdings nicht wegen Zweifeln an der Wirksamkeit der Änderung ausgesetzt werden (OLG Hamburg NotBZ 2015, 153; vgl. auch Anh. § 387 Rdn. 6).

4 **II. Konkurrenz zu § 21.** Hängt die Verfügung des Registergerichts vom Bestehen oder Nichtbestehen eines Rechtsverhältnisses ab, welches bereits den Gegenstand eines anderen anhängigen Verfahrens bildet, kann das Gericht das Verfahren gem. § 21 Abs. 1 aussetzen. § 381 erweitert die Aussetzungsmöglichkeit auf vorgreifliche Rechtsverhältnisse, die noch nicht den Gegenstand eines anderen anhängigen Verfahrens bilden. Die Aussetzung wegen eines bereits anhängigen Verfahrens (§ 21) geht der möglichen Aussetzung wegen eines noch nicht anhängigen Verfahrens (§ 381) i.d.R. vor, es sei denn, von dem bereits anhängigen Verfahren wäre von vornherein (z.B. wegen unzulässiger Klageerhebung) keine Klärung der vorgreiflichen Rechtsfrage zu erwarten.

5 Für **unternehmensrechtliche Verfahren** gilt § 381 generell nicht; diese können nur nach § 21 ausgesetzt werden.

6 **III. Voraussetzungen einer Aussetzung nach § 381 Satz 1. 1. Vorliegen eines wichtigen Grundes.** Der Anwendungsbereich des § 381 ist nur eröffnet, wenn »die sonstigen Voraussetzungen des § 21 Abs 1 vorliegen«. Es muss also ein wichtiger Grund bestehen, der insb. dann gegeben ist, wenn die Entscheidung des Registergerichts ganz oder z.T. von dem Bestehen oder Nichtbestehen eines Rechtsverhältnisses abhängt, das den Gegenstand eines anderen Verfahrens bilden kann. Von praktischer Relevanz ist vor allem der Streit der Beteiligten über die Anfechtbarkeit oder Nichtigkeit von Versammlungsbeschlüssen, über Kündigungen des Gesellschaftsvertrages, über die Gesellschafterstellung einzelner Beteiligter usw.

7 Die Entscheidung des Registergerichts muss von der Entscheidung des Prozessgerichts »abhängen«. Daran fehlt es, wenn an der Rechtslage keine vernünftigen Zweifel bestehen; die Sache ist dann entscheidungsreif. Auch liegen die Voraussetzungen des § 21 – und damit ebenfalls des § 381 – nicht vor, wenn die Sache aus anderen Gründen als der streitigen Vorfrage entscheidungsreif ist.

8 Nicht erforderlich ist eine rechtliche Bindungswirkung des vorgreiflichen Verfahrens, welche zudem häufig nicht gegeben ist (s. vor § 378 Rdn. 98 ff., 102). Auch müssen die Parteien des vorgreiflichen Verfahrens nicht mit den Beteiligten des Registerverfahrens identisch sein. Es genügt, wenn das Registergericht sich bei seiner Entscheidung die Erkenntnisse des anderen Verfahrens zunutze machen will. Ein Abwarten der Rechtskraft des anderen Verfahrens ist nicht erforderlich; vielmehr hat das Registergericht sein Verfahren fortzusetzen, sobald es davon überzeugt ist, ausreichende Entscheidungsgrundlagen zu haben.

9 **2. Aussetzung nur bei anhängig zu machendem Zivilprozess.** Satz 1 setzt voraus, dass ein »Rechtsstreit« noch nicht anhängig ist, und Satz 2 spricht von »Erhebung der Klage«. Diese Begriffe sind auf den streitigen Zivilprozess fixiert. § 381 ist damit enger gefasst als § 21 Abs. 1, der »ein anderes anhängiges Verfahren« beliebiger Verfahrensart, also etwa auch ein verwaltungsbehördliches Verfahren genügen lässt (s. § 21 Rdn. 7). Die eingeengte Formulierung des § 381 entspricht dem früheren § 127 FGG. Auch diese Vorschrift galt nur für streitige Zivilprozesse einschl. schiedsgerichtlicher Verfahren, nicht jedoch für Verfahren der Freiwilligen Gerichtsbarkeit, Strafverfahren oder verwaltungsgerichtliche Verfahren (Jansen/*Steder* § 127 Rn. 7); a.A. jetzt aber Schmidt-Kessel/Leutner/Müther/*Müther* § 16 Rn. 32; BeckOK FamFG/*Munzig* § 381 Rn. 11 sowie offenbar Bumiller/*Harders* § 381 Rn. 11; Keidel/*Heinemann* § 381 Rn. 15, welche § 381 nicht auf den Zivilprozess beschränken wollen.

3. Ermessensentscheidung des Gerichts. Die Entscheidung über die Aussetzung des Verfahrens – sowohl nach § 21 als auch nach § 381 – liegt im pflichtgemäßen Ermessen des Gerichts. Grds. ist das Registergericht berechtigt und verpflichtet, alle sich stellenden Vorfragen selbst zu beantworten. Dazu gehören auch schwierige Rechtsfragen, etwa hinsichtlich der Wirksamkeit von Anteilsübertragungen, Versammlungsbeschlüssen usw. (Jansen/*Steder* § 127 Rn. 16), jedoch nicht verwickelte Rechtsverhältnisse oder zweifelhafte Rechtsfragen (BGH NJW-RR 2011, 1184 Rn. 10). Die Sorge vor Amtshaftungsansprüchen aufgrund eventueller Fehlbewertung der Rechtslage ist – auch wenn sie dazu verleitet (vgl. *Paschos/Johannsen-Roth* NZG 2006, 327, 328; *Buchta* DB 2008, 913, 917) – für sich genommen kein ausreichender Grund für eine Verfahrensaussetzung. 10

Bei der Entscheidung über die Aussetzung des Verfahrens sind generell abzuwägen einerseits prozessökonomische Interessen und das Streben nach Entscheidungsharmonie gegen andererseits das öffentliche Interesse an einer zeitnahen Verlautbarung der eingetretenen Tatsachen und Rechtsänderungen (Jansen/*Steder* § 127 Rn. 15, 18; vgl. auch OLG Zweibrücken GmbHR 2013, 93). Je dringlicher die Eintragung ist, desto gewichtiger müssen die Gründe sein, die eine Aussetzung rechtfertigen. Stehen haftungsrelevante Eintragungen zur Entscheidung, kommt eine Aussetzung nur ausnahmsweise in Betracht (s. OLG Karlsruhe NJW-RR 1997, 169; KG FGPrax 2013, 32). In der Begründung der Aussetzungsentscheidung ist die getroffene Abwägung des Für und Wider im Einzelnen darzulegen (OLG Düsseldorf FGPrax 2009, 123). Das Beschwerdegericht trifft keine eigene Ermessensentscheidung, sondern überprüft nur auf Ermessensfehler (KG FGPrax 2014, 215, 216 m.w.N.; a.A. Bumiller/*Harders* § 381 Rn. 14). 11

4. Aussetzung bei Anfechtungsklagen gegen Versammlungsbeschlüsse. Kein Raum für eine Aussetzung des Verfahrens ist bei **Strukturmaßnahmen**, für die das Gesetz selbst bereits eine **Registersperre** anordnet, wie bei der Eingliederung (§ 319 Abs. 5 AktG), dem Squeeze-Out (§ 327e Abs. 2 AktG) sowie umwandlungsrechtlichen Vorgängen (§§ 16 Abs. 2, 125, 198 Abs. 3 UmwG, 31 Abs. 3 LwAnpG). In diesen Fällen darf die Anmeldung erst nach Ablauf der für die Anfechtungsklage geltenden Frist erfolgen, wobei die Vertretungsorgane bei der Anmeldung zu erklären haben, dass eine Klage gegen die Wirksamkeit eines Hauptversammlungs- bzw. Umwandlungsbeschlusses nicht oder nicht fristgemäß erhoben oder eine solche Klage rechtskräftig abgewiesen oder zurückgenommen worden ist (vor § 378 Rdn. 106). Hat die Gesellschaft während der noch anhängigen Anfechtungsklage einen **Freigabebeschluss** erwirkt, welcher die gesetzlich angeordnete Registersperre aufhebt (§§ 319 Abs. 6, 327e Abs. 2 AktG, 16 Abs. 3, 125, 198 Abs. 3 UmwG), ist das Registergericht daran gebunden und darf die Eintragung nicht länger mit Blick auf die noch anhängige Anfechtungsklage ablehnen, geschweige denn aussetzen. 12

Ist gegen einen **sonstigen Versammlungsbeschluss** bereits Anfechtungsklage erhoben, wird der Ausgang des Rechtsstreits regelmäßig abzuwarten sein (KGJ 28 A 228, 238; vgl. auch OLG München FGPrax 2011, 250, 251). In der Rechtspraxis bewirkt daher die Erhebung der Anfechtungsklage eine »faktische Registersperre«. Ist noch keine Klage erhoben und sind Anfechtungsgründe offensichtlich, dürfte das Registergericht dazu gehalten sein, mit der Eintragung des angemeldeten Beschlusses bis zum Ablauf der Anfechtungsfristen abzuwarten (MüKoAktG/*Stein* § 181 Rn. 45; *Hager* RNotZ 2011, 565, 586). Wird keine Anfechtungsklage erhoben, ist der Beschluss vom Registergericht nur auf Nichtigkeitsgründe, nicht jedoch auf Anfechtungsgründe zu überprüfen (KG JW 1936, 334, 335; OLG Köln GmbHR 1982, 211; bei Satzungsänderungen vgl. aber vor § 378 Rdn. 85). 13

Handelt es sich bei dem angefochtenen Hauptversammlungsbeschluss um eine Kapitalbeschaffung, eine Kapitalherabsetzung oder einen Unternehmensvertrag, kann die Gesellschaft – um Eintragungsverzögerungen infolge der »faktischen Registersperre« zu verhindern – auch in diesen Fällen ein Freigabeverfahren anstrengen (§ 246a AktG). An den Freigabebeschluss ist das Registergericht gebunden (§ 246a Abs. 3 Satz 5 AktG). Aus der Beschränkung des Freigabeverfahrens auf die in § 246a AktG genannten Beschlussgegenstände folgt im Umkehrschluss, dass die Vollzugsinteressen der Gesellschaft in allen anderen Fällen regelmäßig zurücktreten müssen, auch wenn sie gewichtig erscheinen (a.A. offenbar Jansen/*Steder* § 127 Rn. 20). 14

IV. Rechtsfolgen der Aussetzung. Während der Dauer der Aussetzung wird das Verfahren nicht weiter betrieben. *Hinsichtlich der weiteren Rechtsfolgen verweist die Gesetzesbegründung auf § 249 ZPO*; praktisch bedeutsam ist aber nur Abs. 1 dieser Vorschrift. Danach hört der Lauf jeder Frist auf; die volle Frist beginnt nach Beendigung der Aussetzung von Neuem zu laufen. Keine Rolle spielt § 249 Abs. 2 ZPO, der sich nur auf kontradiktorische Streitverfahren bezieht. 15

16 **C. Fristsetzung zur Klageerhebung (Satz 2).** Die Aussetzung des Verfahrens ist, wenn ein Rechtsstreit nicht anhängig ist, zwingend mit einer Fristsetzung zur Klageerhebung zu verbinden. Nach der Begründung des RegE liegt dies im Interesse einer Verfahrensbeschleunigung.

17 Die Frist kann – entgegen dem Wortlaut der Vorschrift – nicht nur *einem*, sondern zugleich mehreren Beteiligten gesetzt werden (BeckOK FamFG/*Munzig* § 381 Rn. 27; Haußleiter/*Schemmann* § 381 Rn. 5). Der **Beteiligtenbegriff** des Satz 2 bezieht sich auf das streitige Rechtsverhältnis, nicht auf die Beteiligtenstellung im Registerverfahren. In Betracht kommen alle Beteiligten, die prozessführungsbefugt wären. Tunlichst ist die Frist denjenigen zu setzen, die ein Interesse an der Verfolgung der streitigen Rechtsposition haben erkennen lassen und deren Rechtsverfolgung am aussichtsreichsten erscheint, denn in diesen Verfahren werden die maßgeblichen Rechtsfragen am ehesten geklärt (a.A. Haußleiter/*Schemmann* § 381 Rn. 5). Auch einem bisher reglosen Beteiligten kann die Frist gesetzt werden, namentlich wenn die Klage nur unter seiner streitgenössischen Beteiligung erhoben werden könnte.

18 Freilich ist eine Fristsetzung nach Satz 2 in den Fällen obsolet, wo bereits gesetzliche Klagefristen bestehen, wie etwa die Monatsfrist für die Anfechtung eines Hauptversammlungsbeschlusses (§ 246 Abs. 1 AktG). Zwar wird vertreten, dass auch in solchen Fällen eine registergerichtliche Fristsetzung nötig sei, um im Interesse der Verfahrensbeschleunigung zu klären, ob eine solche Klage überhaupt erhoben wird und um ggf. ihre Einreichung vorzuziehen (BeckOK FamFG/*Munzig* § 381 Rn. 28). Nach hiesiger Auffassung genügt es jedoch, auf eine Intervention des Aktionärs gegen den Hauptversammlungsbeschluss hin das Eintragungsverfahren ohne gesonderte Fristsetzung bis zum Ablauf der durch § 246 Abs. 1 AktG bestimmten Anfechtungsfrist auszusetzen oder schlicht ruhen zu lassen (§ 382 Rdn. 8).

19 **I. Ablauf der Frist/Aufhebung der Aussetzung.** Nach fruchtlosem Ablauf der Frist endet die Aussetzung. Das Registergericht hat das Verfahren formlos wieder aufzunehmen, ohne dass es einer besonderen Beschlussfassung darüber bedarf (OLG Zweibrücken Rpfleger 1990, 77; OLG Köln Rpfleger 1995, 218; BayObLG DNotZ 1997, 81, 82 f. m.w.N.). Das Registergericht muss den Sachverhalt selbst aufklären und entscheiden; eine Erzwingung der Klageerhebung ist nicht möglich (OLG Zweibrücken Rpfleger 1990, 77; BayObLG DNotZ 1997, 81, 82 f.; *Krafka/Kühn* Rn. 170 m.w.N.).

20 Wird die Klage innerhalb der gesetzten Frist erhoben, dauert die Aussetzung des Verfahrens fort, bis das Prozessverfahren endet oder das Registergericht die Aussetzung aufhebt. Der Klageerhebung steht ein Antrag auf Gewährung von PKH gleich. Wird das PKH-Gesuch rechtskräftig abgelehnt, kann eine neue Frist gesetzt werden, binnen derer die Klage unter Verwendung eigener Mittel zu erheben ist.

21 **II. Abschluss des Prozessverfahrens.** Nach Abschluss des Verfahrens, wegen dessen ausgesetzt wurde, ist das Registergericht keineswegs an die Rechtsauffassung des Prozessgerichts gebunden. Auch bei Abweisung der Anfechtungsklage kann das Registergericht die Eintragung aufgrund eigener Prüfung ablehnen, da die Eintragung nicht nur die Interessen der unterlegenen Kläger, sondern auch die Belange anderer Aktionäre oder etwa der Gläubiger betrifft (MüKoHGB/*Krafka* § 8 Rn. 75).

22 Besondere Vorsicht ist geboten, wenn die Gesellschaft sich das vorzeitige Prozessende durch eine Abfindungszahlung erkauft oder das Prozessgericht die Anfechtungsklage wegen Rechtsmissbrauchs abgewiesen hat. Prozesserledigungen dieser Art tragen zum Erkenntnisgewinn über die Rechtmäßigkeit des zur Eintragung angemeldeten Beschlusses in keiner Weise bei. Gleichwohl empfiehlt sich die Beiziehung der Prozessakte, weil allein die Lektüre der Schriftsätze das Augenmerk auf Rechtsprobleme zu lenken vermag, die im Registerverfahren sonst womöglich unbeachtet blieben.

23 **D. Rechtsbehelf gegen die Aussetzungsentscheidung.** Ob und ggf. welcher Rechtsbehelf gegen eine Aussetzungsentscheidung nach § 381 gegeben ist, regelt das Gesetz nicht ausdrücklich. Da die Vorschrift mit § 21 eine Regelungseinheit bildet, liegt es nahe, nicht § 58 Abs. 1 (Beschränkung der Beschwerde auf Endentscheidungen), sondern § 21 Abs. 2 entspr. anzuwenden (MüKoFamFG/*Krafka* § 381 Rn. 10). Gegen die Aussetzungsentscheidung nach § 381 ist also die sofortige Beschwerde gem. den §§ 567 ff. ZPO statthaft, und zwar grds. sowohl gegen den Aussetzungsbeschluss als auch gegen eine die Aussetzung ablehnende Entscheidung (§ 21 Rdn. 31; Bumiller/*Harders* § 381 Rn. 14; BeckOK FamFG/*Munzig* § 381 Rn. 31; vgl. zu § 21 auch BGH FGPrax 2013, 42; a.A. Keidel/*Heinemann* § 381 Rn. 17; Bork/Jacoby/Schwab/*Müther* § 381 Rn. 12). Beschwerdebefugt ist jeder, der durch die Aussetzung oder deren Ablehnung beeinträchtigt ist, sowie die berufsständischen Organe (§ 380 Abs. 5). Allerdings führt eine Entscheidung, die die Aussetzung des Verfahrens ablehnt oder aufhebt, i.d.R. nicht zu einer Rechtsbeeinträchtigung der Beteiligten (OLG München GmbHR 2005, 476).

Für die Anfechtung stattgebender Aussetzungsentscheidungen gilt folgende weitere Besonderheit: Mit dem 24
fruchtlosen Ablauf der Frist endet die Aussetzung und das Registergericht hat das Verfahren formlos wieder
aufzunehmen (Rdn. 19). Daraus folgt, dass eine Beschwerde gegen die Aussetzungsentscheidung gegenstandslos und unzulässig wird, sobald das Ende der gesetzten Frist erreicht ist und Klage nicht erhoben
wurde (BayObLG DNotZ 1997, 81, 83; OLG Köln FGPrax 2010, 215; OLG Rostock FGPrax 2015, 25).

E. Bindungswirkung der abgewarteten Entscheidung. Zur Frage der Bindung des Registergerichts an die 25
Entscheidung, wegen derer das Verfahren ausgesetzt wurde, vgl. vor § 378 Rdn. 94 ff., 98 ff., 102.

§ 382 Entscheidung über Eintragungsanträge.

(1) ¹Das Registergericht gibt einem Eintragungsantrag durch die Eintragung in das Register statt. ²Die Eintragung wird mit ihrem Vollzug im Register wirksam.
(2) Die Eintragung soll den Tag, an welchem sie vollzogen worden ist, angeben; sie ist mit der Unterschrift oder der elektronischen Signatur des zuständigen Richters oder Beamten zu versehen.
(3) Die einen Eintragungsantrag ablehnende Entscheidung ergeht durch Beschluss.
(4) ¹Ist eine Anmeldung zur Eintragung in die in § 374 Nr. 1 bis 4 genannten Register unvollständig oder steht der Eintragung ein anderes durch den Antragsteller behebbares Hindernis entgegen, hat das Registergericht dem Antragsteller eine angemessene Frist zur Beseitigung des Hindernisses zu bestimmen. ²Die Entscheidung ist mit der Beschwerde anfechtbar.

Übersicht

	Rdn.		Rdn.
A. Allgemeines	1	3. Zurückweisung des Antrags (Abs. 3) . .	34
B. Kommentierung.	6	II. Vollzug der Eintragung (Abs. 2)	42
I. Entscheidung des Registergerichts über den Eintragungsantrag	7	III. Wirksamwerden der Eintragung (Abs. 1 Satz 2)	46
1. Stattgebende Entscheidung: Vornahme oder Verfügung der Eintragung (Abs. 1 Satz 1)	9	C. Verfahrenskosten . . . . I. Kosten der Eintragung . . . . 1. Handels-, Genossenschafts- oder	49 49
2. Zwischenverfügung (Abs. 4)	13	Partnerschaftsregister	49
a) Fristsetzung durch das Gericht	15	2. Vereinsregister	54
b) Gemeinsamer oder getrennter Vollzug	19	3. Güterrechtsregister . . . . II. Kosten der Zwischenverfügung	57 60
c) Form und Bekanntgabe der Zwischenverfügung, Rechtsbehelf (Abs. 4 Satz 2)	23	III. Kosten der Zurückweisung oder Rücknahme eines Antrags . . . . 1. Handels-, Genossenschafts- oder Partnerschaftsregister	61 61
d) Keine Zwischenverfügung in Güterrechtsregistersachen?	32	2. Vereins- oder Güterrechtsregister	65

A. Allgemeines. Mit »Entscheidungen über Eintragungsanträge« – so die Überschrift der Norm – befassen 1
sich nur Abs. 1 Satz 1, Abs. 3 und 4. In Abs. 2 finden sich Regelungen über den Vollzug der Eintragung und
die dabei zu beachtenden Formalien; Abs. 1 Satz 2 enthält eine Bestimmung darüber, wann eine Registereintragung wirksam wird. Zu den einzelnen Abs.:
Bei Abs. 1 Satz 1 soll es sich nach der Begründung des RegE um eine Sondervorschrift zur Form der Ent- 2
scheidung über Eintragungsanträge handeln. Abs. 1 Satz 2 enthält die bereits erwähnte Vorschrift über das
Wirksamwerden von Eintragungen im Register.
Abs. 2 enthält formale Vorschriften über den Vollzug einer Eintragung. 3
Abs. 3 regelt die Form der Zurückweisung des Antrags. Nach der Gesetzesbegründung dient die Vorschrift 4
lediglich der Klarstellung, dass die zurückweisende Entscheidung entsprechend den Vorschriften des Allgemeinen Teils durch Beschluss zu ergehen hat.
Abs. 4 Satz 1 enthält Regelungen über die Zwischenverfügung. Die Anfechtbarkeit der Zwischenverfügung 5
(Abs. 4 Satz 2) ist eine Ausnahme von der Grundregel des § 58 Abs. 1, wonach Beschwerden grundsätzlich
nur gegen Endentscheidungen stattfinden.

B. Kommentierung. Die Vorschrift folgt keiner in sich geschlossene Systematik. Sie vermischt Regelungen 6
über die richterlichen Entscheidungsmöglichkeiten auf einen Eintragungsantrag (Abs. 1 Satz 1, Abs. 3 und

4) mit formalen Fragen über die Bewirkung einer Eintragung (Abs. 2) sowie Bestimmungen über den Eintritt deren Rechtswirksamkeit (Abs. 1 Satz 2). Dabei müssen die Wirksamkeitsbestimmung des Abs. 1 Satz 2 sowie die Formvorschrift des Abs. 2 nicht nur für Eintragungen auf Antrag gelten, sondern – entgegen der Normüberschrift – ebenso für Eintragungen von Amts wegen. Um die Bedeutung der getroffenen Regelungen in ihren einzelnen Sinnzusammenhängen zu erfassen, gliedert sich die Kommentierung nicht nach der Reihenfolge der einzelnen Abs., sondern systematisch.

7   I. Entscheidung des Registergerichts über den Eintragungsantrag. Das Gericht entscheidet auf einen Eintragungsantrag, indem es
– die angemeldete Eintragung vornimmt oder durch den Urkundsbeamten vornehmen lässt (Abs. 1 Satz 1),
– eine Zwischenverfügung erlässt (Abs. 4) oder
– den Antrag zurückweist (Abs. 3).

8   Eine dieser drei möglichen Entscheidungen hat in den Handels-, Genossenschafts- und Partnerschaftsregistersachen »unverzüglich« zu erfolgen (§ 25 Abs. 1 Satz 2 HRV), es sei denn, dass die Aussetzung des Verfahrens beschlossen wird (§§ 21 Abs. 1, 381) oder ein übergesetzlicher Grund das einstweilige Ruhen lassen des Verfahrens rechtfertigt. Ein anerkannter Grund für einstweiliges Ruhen lassen ist z.B. das Abwarten der gesellschaftsrechtlichen Anfechtungsfrist, wenn Beschlüsse zur Eintragung angemeldet werden, die erkennbar anfechtbar zustande gekommen sind. Einer förmlichen Aussetzung des Verfahrens bedarf es in diesen Fällen nicht (Jansen/*Steder* § 125 Rn. 100).

9   **1. Stattgebende Entscheidung: Vornahme oder Verfügung der Eintragung (Abs. 1 Satz 1).** Stehen der Eintragung der angemeldeten Tatsachen und Rechtsverhältnisse keine Hindernisse entgegen, gibt der Richter/Rechtspfleger dem Eintragungsantrag statt. Das Gesetz stellt hierfür zwei unterschiedliche **Entscheidungsformen** zu Wahl, wobei Abs. 1 Satz 1 diesen Dualismus nur unscharf referiert.

10 In der durch Abs. 1 Satz 1 aufgegriffenen Entscheidungsform trifft der Richter/Rechtspfleger seine Entscheidung über den Eintragungsantrag durch **Realakt**, indem er die Eintragung selbst vornimmt (§§ 27 Abs. 1 HRV, 27 Abs. 1 VRV). Der Vollzug der Signatur unter den zur Eintragung vorbereiteten Datensatz (§§ 28 HRV, 28 VRV) ist gleichzeitig sowohl Entscheidungs- als auch Bewirkungsakt des Richters/Rechtspflegers.

11 In der zweiten möglichen Entscheidungsform gibt der Richter/Rechtspfleger dem Antrag statt, indem er eine Eintragung schriftlich verfügt. In der vom Entscheidungsträger zu zeichnenden **Eintragungsverfügung**, die den genauen Wortlaut der Eintragung sowie die Eintragungsstelle im Register samt aller zur Eintragung erforderlichen Merkmale feststellt (§§ 27 Abs. 2 HRV, 9 Abs. 1 VRV), liegt die Entscheidung über den Antrag. Die anschließend vom Urkundsbeamten vorzunehmende Registereintragung ist als solche nicht mehr Teil des gerichtlichen Entscheidungsprozesses, sondern nur noch Vollzug. Daher kann eine vom Richter/Rechtspfleger unterschriebene und den Beteiligten vorab bekannt gegebene Eintragungsverfügung bereits angefochten werden (s. § 383 Rdn. 37), wenn und solange sie noch nicht ausgeführt wurde (denn sonst gilt § 383 Abs. 3).

12 Bei der **Fassung** der Eintragung ist der Richter/Rechtspfleger nicht an die Vorschläge des Antragstellers gebunden, sondern hat selbstständig eine Fassung zu wählen, welche die angemeldeten Tatsachen und Rechtsverhältnisse eindeutig und verständlich wiedergibt (OLG Köln FGPrax 2004, 88, 89; OLG Hamm GmbHR 2008, 545, 547 f.; *Krafka/Kühn* Rn. 173). Zur sog. »Fassungsbeschwerde« s. § 383 Rdn. 33.

13 **2. Zwischenverfügung (Abs. 4).** Ist die angemeldete Tatsache wegen bestehender Hindernisse noch nicht eintragungsreif, erlässt das Gericht eine Zwischenverfügung. Die Zwischenverfügung ist ein fürsorgerisches Instrument, mit dem das Gericht zur Behebung bestehender Eintragungshindernisse anleitet. Im Unterschied zum Grundbuchverfahren (§ 18 GBO) hat die Zwischenverfügung in Registersachen keine materiellrechtliche – nämlich rangwahrende – Komponente, sondern dient lediglich der Förderung des Eintragungsverfahrens. Sie dient dem Zweck, dem Antragsteller die durch die Zurückweisung der Anmeldung entstehenden Kosten sowie die Stellung eines neuen Antrags zu ersparen (OLG Hamm Rpfleger 1986, 139, 140). Im Amtsverfahren gibt es Zwischenverfügungen nicht, da § 384 nicht auf § 382 Abs. 4 verweist (OLG Hamm GmbHR 2010, 367).

14 Nach wohl zutreffender Rechtsprechungsauffassung ist die Zwischenverfügung entgegen dem Wortlaut des Abs. 4 nicht nur bei Beanstandungen von Registeranmeldungen zulässig, sondern auch bei **Beanstandungen eingereichter Gesellschafterlisten** (OLG Frankfurt GmbHR 2011, 198; KG FGPrax 2012, 242).

a) **Fristsetzung durch das Gericht.** Voraussetzung für eine Zwischenverfügung ist die **Unvollständigkeit** **des Antrags** oder das **Bestehen behebbarer Hindernisse.** Zu deren Behebung setzt das Gericht eine Frist. Die Zwischenverfügung unterscheidet sich von einem bloßen rechtlichen Hinweis dadurch, dass sie eine konkrete Auflage enthält. Der zu behebende Mangel ist genau zu bezeichnen. Konkrete Wege zur Beseitigung des Hindernisses muss das Registergericht nicht aufzeigen (*Melchior/Schulte* § 26 Rn. 5; MüKo-FamFG/*Krafka* § 382 Rn. 23; a.A. Keidel/*Heinemann* § 382 Rn. 25; Bumiller/*Harders* § 382 Rn. 15), gleichwohl sind sie gängige Praxis (vgl. *Krafka/Kühn* Rn. 167; s.a. BayObLG NJW-RR 2000, 627). Auch das Beschwerdegericht kann eine Zwischenverfügung erlassen (OLG Schleswig FGPrax 2007, 283). **Kein tauglicher Gegenstand** einer Zwischenverfügung ist der rechtliche Hinweis auf einen irreparabel unzulässigen oder unbegründeten Antrag (OLG Schleswig FGPrax 2012, 126 und 212; OLG Stuttgart FGPrax 2011, 312, 313 – s. Rdn. 35) oder die Auflage, andere als die angemeldeten Tatsachen zu schaffen und auf diese Weise den Gegenstand der Anmeldung zu ändern (OLG Frankfurt NZG 2015, 1239; OLG Zweibrücken Rpfleger 2012, 547 und NZG 2015, 73; OLG München NJW-RR 2007, 187).

15

Die Frist zur Behebung des Hindernisses soll wenigstens einen Monat betragen (*Krafka/Kühn* Rn. 168). Das Setzen einer kürzeren Frist wäre allein deshalb untunlich, weil in diesem Zeitraum noch die Beschwerdefrist läuft (§ 63 Abs. 1), sodass der Eintragungsantrag ohnehin noch nicht zurückgewiesen werden könnte. Die gesetzte Frist ist auf Antrag nach pflichtgemäßem Ermessen zu verlängern (*Melchior/Schulte* § 26 Rn. 9); der Voraussetzungen des § 16 Abs. 2 FamFG i.V.m. § 224 Abs. 2 ZPO bedarf es in diesem Fall nicht. Auch eine Verlängerung der bereits abgelaufenen Frist ist möglich (für das Grundbuch: OLG Düsseldorf MittRhNotK 1992, 188); dies folgt aus dem Fürsorgegedanken.

16

Die Zwischenverfügung soll **alle bestehenden Hindernisse** vollständig erfassen. Daher ist es nicht zulässig, die Prüfung des Eintragungsantrags zunächst auf ein einzelnes Hindernis zu beschränken, um nach dessen Beseitigung den Antrag erneut mit einem weiteren Hindernis zu beanstanden. Passiert es dennoch, dass ein weiteres Eintragungshindernis erst nach Behebung des ersten Hindernisses in das Blickfeld des Richters/Rechtspflegers gerät, darf der Mangel selbstverständlich nicht unter Inkaufnahme einer falschen Registereintragung übergangen werden, sondern es muss dann notgedrungen eine zweite Zwischenverfügung ergehen (OLG München ZIP 2011, 2359). Die Beibringung einer positiven Stellungnahme des berufsständischen Organs kann nicht aufgegeben werden (OLG Zweibrücken FGPrax 2011, 197).

17

Die Zwischenverfügung kann mit einer **Zwangsgeldandrohung** nach § 388 verbunden werden, wenn es sich um eine anmeldepflichtige Tatsache handelt. Davon Gebrauch zu machen empfiehlt sich aber nur, wenn der Anmelder bereits formlos auf die Rechtslage hingewiesen wurde und er darauf nicht eingegangen ist (Staub/*Hüffer* [4. Aufl.] § 8 Rn. 85).

18

b) **Gemeinsamer oder getrennter Vollzug.** Sind mehrere Eintragungen gleichzeitig beantragt und steht nur einzelnen ein Hindernis entgegen, stellt sich die Frage, ob die nicht zu beanstandenden Teile der Anmeldung vorab eingetragen werden können. Das ist zumindest dann zu bejahen, wenn der getrennte Vollzug ausdrücklich beantragt ist oder wenn sich aus den sonstigen Umständen (z.B. mehrere getrennt eingereichte Anmeldungen) ergibt, dass ein getrennter Vollzug erwünscht ist.

19

Ist die Zustimmung zum getrennten Vollzug nicht ausdrücklich erklärt, wird man sie dennoch als mutmaßlichen Willen des Anmeldenden unterstellen können, wenn unter den angemeldeten Tatsachen solche sind, die sich auf einen falschen/falsch gewordenen Rechtsschein des Registers beziehen. Sind etwa gleichzeitig die Bestellung eines neuen Geschäftsführers und die Löschung einer Prokura angemeldet und stehen der Eintragung des neuen Geschäftsführers noch Hindernisse entgegen, wird man ohne Weiteres den mutmaßlichen Willen des Anmeldenden unterstellen können, dass er die getrennte Eintragung des Erlöschens der Prokura vorab wünscht, um die Zeitspanne der negativen Publizitätswirkung (§ 15 Abs. 1 HGB) möglichst gering zu halten. In Zweifelsfällen sollte sich das Registergericht durch Nachfragen beim Antragsteller darüber vergewissern, ob ein getrennter Vollzug gewollt ist; die Erklärung zum getrennten Vollzug kann in jedem Verfahrensstadium nachgeholt werden.

20

Ist für den Notar bereits bei der Einreichung der Anmeldung erkennbar, dass der Eintragung einzelner Tatsachen bestimmte Hindernisse entgegenstehen könnten, empfiehlt es sich, bereits eine Vorausverfügung über die Frage des getrennten Vollzuges sogleich zu treffen, etwa durch entspr. Angaben im Anschreiben oder im Bemerkungsfeld von XNotar. Ist eine Vorausverfügung nicht getroffen, gibt spätestens der Erhalt einer Zwischenverfügung dem Notar Anlass, die Vor- und Nachteile eines getrennten Vollzuges abzuwägen und ggf. entsprechende Erklärungen ggü. dem Registergericht abzugeben.

21

22 Ein Rechtsgrundsatz, wonach eine einheitliche Anmeldung nicht teilweise vollzogen und teilweise zurückgewiesen werden dürfe, sondern insgesamt zurückzuweisen sei (so etwa KG JFG 5, 236, 237; OLG Hamm NJW 1963, 1554) besteht nur insoweit, als die einzelnen Elemente der Anmeldung einen so engen Bezug zueinander aufweisen, dass sie nicht gesondert zur Eintragung hätten angemeldet werden können (BayObLG Rpfleger 1970, 398, 399), ferner dann, wenn besondere gesetzliche Vorschriften ausnahmsweise anordnen, dass nur gemeinsam vollzogen werden soll (z.B. Beschlüsse über eine gleichzeitige Kapitalherabsetzung und -erhöhung in den Fällen des § 58a Abs. 4 Satz 4 GmbHG).

23 **c) Form und Bekanntgabe der Zwischenverfügung, Rechtsbehelf (Abs. 4 Satz 2).** Über formale Fragen im Zusammenhang mit der Zwischenverfügung schweigt das Gesetz. Da die Zwischenverfügung keine »Endentscheidung« i.S.d. § 38 Abs. 1 Satz 1 darstellt, gelten die Vorschriften des Abschnitts 3 des ersten Buches nicht. Die Zwischenverfügung bedarf daher keiner Begründung (§ 38 Abs. 3) und ist auch nicht an die Entscheidungsform des Beschlusses gebunden (§ 38 Abs. 1 Satz 2 sowie Umkehrschluss aus § 382 Abs. 3; s.a. § 38 Rdn. 22; OLG Stuttgart FGPrax 2010, 257; Haußleiter/*Schemann* § 382 Rn. 14; a.A. OLG Düsseldorf FGPrax 2010, 247, Rpfleger 2012, 391 FGPrax 2012, 173, 174 und FGPrax 2014, 180; *Heinemann* FGPrax 2009, 1, 3; Bumiller/*Harders* § 382 Rn. 15). Freilich ist es zulässig, sie in der Form eines begründeten Beschlusses abzufassen, es genügt aber auch ein schlichtes Anschreiben. Jedenfalls ist sie im Entscheidungsstil abzufassen (vgl. Meikel/*Böttcher* § 18 Rn. 113 f. sowie das Muster bei *Schöner/Stöber* Rn. 447). Hilfreich ist das Hinzufügen einer Androhung, dass der Eintragungsantrag nach fruchtlosem Fristablauf zurückgewiesen werde. Dies unterstreicht den Entscheidungscharakter der Zwischenverfügung und verleiht der Ernsthaftigkeit des gerichtlichen Verlangens einer schnellen Beseitigung des Hindernisses besonderen Nachdruck. Näher zu begründen ist die Zwischenverfügung nur, soweit die Aufforderung zur Behebung des Mangels nicht aus sich heraus verständlich ist oder nicht unzweifelhaft auf ihren rechtlichen Hintergrund schließen lässt.

24 Nach wohl herrschender Auffassung (§ 39 Rdn. 12; OLG Düsseldorf RNotZ 2010, 477; *Heinemann* FGPrax 2009, 1, 3; *Holzer* ZNotP 2009, 210, 215; *Ries* Rpfleger 2009, 441; MüKoFamFG/*Krafka* § 382 Rn. 23; Schmidt-Kessel/Leutner/Müther/*Müther* § 8 Rn. 121; Bumiller/*Harders* § 382 Rn. 15; a.A. Haußleiter/*Schemann* § 382 Rn. 14) muss der Zwischenverfügung eine Rechtsbehelfsbelehrung beigefügt werden, wenngleich die Tatbestandsvoraussetzungen des § 39 Satz 1 kaum erfüllt sind, nämlich einerseits weder Beschlussform vorgeschrieben ist (so aber der Anknüpfungspunkt des § 39 Satz 1) noch eine »Endentscheidung« i.S.d. § 38 vorliegt, an die § 39 systematisch anknüpft. Hergeleitet werden kann die Belehrungspflicht am ehesten aus der Gesetzesbegründung zu § 39 Satz 1 (BT-Drucks. 16/6308 S. 196), wo es ausdrücklich heißt, von ihr umfasst seien »alle Rechtsmittel sowie die in den FamFG-Verfahren vorgesehenen ordentlichen Rechtsbehelfe gegen Entscheidungen, Einspruch, Widerspruch und Erinnerung«.

25 In jedem Fall ist die Zwischenverfügung **förmlich bekannt zu geben** (§ 15 Abs. 1, 2), weil sie sowohl die Frist zur Behebung des Hindernisses als auch die Monatsfrist zur Einlegung der durch Abs. 4 Satz 2 eröffneten Beschwerde in Gang setzt. Sie ergeht an den Notar, wenn (auch) er einen Eintragungsantrag aufgrund der Ermächtigung des § 378 Abs. 2 gestellt hat, andernfalls an diejenigen persönlich, die zur Einlegung einer Beschwerde berechtigt wären (s. Rdn. 37 f.). Den berufsständischen Organen ist die Zwischenverfügung wegen des fehlenden Beschwerderechtes nicht bekannt zu geben (§ 380 Rdn. 31), sondern nur formlos mitzuteilen. Zwischenverfügungen zu Eintragungsanträgen, die ein Kreditinstitut oder eine Kapitalanlagegesellschaft betreffen, sind auch der BaFin mitzuteilen (vgl. § 380 Rdn. 41 f.).

26 Die Frist zur Behebung des Hindernisses sollte aus Gründen der Klarheit möglichst auf einen bestimmten Termin gesetzt werden (»Erledigung bis zum ...«). Wird Beschwerde gegen die Zwischenverfügung eingelegt und diese zurückgewiesen, ist im Anschluss an die Entscheidung des Beschwerdegerichts noch eine angemessene weitere Frist bis zur endgültigen Zurückweisung des Eintragungsantrags abzuwarten, um dem Antragsteller Gelegenheit zu geben, das Hindernis nun zu beheben. Es empfiehlt sich, dem Antragsteller formlos mitzuteilen, bis wann er mit einer Zurückweisung seines Eintragungsantrags nicht zu rechnen hat.

27 Zulässig ist aber auch die Fristsetzung durch Bestimmung einer Zeitspanne (»Erledigung binnen sechs Wochen«). Eine so gesetzte Frist beginnt bereits mit der Bekanntgabe der Zwischenverfügung zu laufen (§ 16 Abs. 1), nicht erst mit dem Ablauf der Beschwerdefrist. Durch die Einlegung der Beschwerde wird die Frist zur Behebung des Hindernisses unterbrochen, sie ist also nach Zurückweisung der Beschwerde von Neuem abzuwarten. Das folgt aus Sinn und Zweck der Zwischenverfügung, die nicht auf zügige Zurückweisung des Eintragungsantrags abzielt, sondern den Antragsteller auf fürsorgerische Weise zur Behebung des Hindernisses anhalten will.

Gegenstand einer gegen die Zwischenverfügung eingelegte Beschwerde ist nur das in der Verfügung bean- 28
standete Eintragungshindernis, nicht aber die Entscheidung über die Anmeldung selbst. Die Entscheidungsbefugnis des Beschwerdegerichts ist deshalb darauf beschränkt, ob die erhobene Beanstandung berechtigt ist; es ist nicht darüber zu befinden, ob dem Antrag möglicherweise andere Hindernisse entgegenstehen (OLG Frankfurt GmbHR 2015, 808 f.; BayObLGZ 1983, 176, 178).

Wird sowohl Beschwerde eingelegt als auch das mit der Zwischenverfügung beanstandete Hindernis beho- 29
ben, ist die Eintragung vorzunehmen (a.A. Haußleiter/*Schemmann* § 382 Rn. 18). Die eingelegte Beschwerde erledigt sich dadurch mit der Folge des § 62 unter den dort genannten Voraussetzungen (vgl. OLG Düsseldorf NJW-RR 2010, 1105 zum Grundbuchverfahren).

Nach dem Ablauf der durch die Zwischenverfügung gesetzten Behebungsfrist kann der Eintragungsantrag 30
zurückgewiesen werden, jedoch keinesfalls vor Ablauf der Monatsfrist, während derer die Beschwerde gegen die Zwischenverfügung eingelegt werden kann. Die Entscheidung ist nach pflichtgemäßem Ermessen zu treffen; je nach den Umständen des Einzelfalls kommt auch eine Fristverlängerung von Amts wegen oder ein schlichtes weiteres Abwarten über die gesetzte Frist hinaus in Betracht (a.A. offenbar MüKoFamFG/*Krafka* § 382 Rn. 22). Ohnehin ist das Registergericht an seine eigene Zwischenverfügung nicht gebunden; es kann sie jederzeit aufgrund neuer rechtlicher Prüfung oder aufgrund neuer Tatsachen aufheben oder abändern oder die beantragte Eintragung vornehmen (für das Grundbuchrecht: *Demharter* § 18 Rn. 36).

Die **Fristsetzung** ist **kein konstitutives Element** der Zwischenverfügung. Auch eine Beanstandung zur Be- 31
seitigung eines Hindernisses ohne Fristsetzung gilt als Zwischenverfügung und ist als solche mit der Beschwerde angreifbar (OLG Hamm Rpfleger 1986, 139, 140; OLG Köln NJW-RR 1994, 1547, 1548; a.A. BeckOK FamFG/*Munzig* § 382 Rn. 66). Denn in jeder Aufforderung des Gerichts, ein der Eintragung entgegenstehendes Hindernis zu beseitigen, liegt bereits eine Beeinträchtigung des Rechts des Antragstellers auf sofortigen Vollzug (*Krafka/Kühn* Rn. 2439). Das Fehlen der Fristsetzung für sich allein genommen ist allerdings – anders als es für Grundbuchsachen vertreten wird – nicht isoliert angreifbar mangels daraus erwachsender Beschwer (OLG Hamm Rpfleger 1986, 139, 140; OLG Köln NJW-RR 1994, 1547, 1548).

d) Keine Zwischenverfügung in Güterrechtsregistersachen? Nach dem Wortlaut des Abs. 4 soll der An- 32
wendungsbereich der Vorschrift auf die in § 374 Nr. 1 bis 4 genannten Registersachen beschränkt sein; dadurch würde das Güterrechtsregister, welches in § 374 Nr. 5 genannt ist, ausgenommen. Gründe für die Ausklammerung des Güterrechtsregisters sind weder in der Gesetzesbegründung benannt noch sonst ersichtlich. Dabei ist die Konstellation in Güterrechtsregistersachen vergleichbar mit den übrigen Registern: Ist die Anmeldung zum Güterrechtsregister unvollständig, weil etwa der Eintragungsantrag eines Ehegatten fehlt, oder steht der Eintragung ein sonstiges Hindernis entgegen, weil etwa der vereinbarte Güterstand unter eine unzulässige Bedingung gestellt wurde, empfiehlt es sich wie bei den übrigen Registern, den Antragsteller durch eine gerichtliche Zwischenverfügung zur Behebung des Mangels anzuhalten. Solches Vorgehen entspricht auch der Praxis der Registergerichte. Ebenso spricht nichts dagegen, eine derartige Zwischenverfügung für beschwerdefähig zu halten. Auch das entspricht der bisherigen Rechtspraxis (s. OLG Braunschweig OLG-Report 2004, 383, 384; KG FGPrax 2001, 252).

Weshalb der Gesetzgeber das Güterrechtsregister aus dem Anwendungsbereich des Abs. 4 ausgeklammert 33
hat, erschließt sich nicht. Allerdings hebt die Gesetzesbegründung an mehreren Stellen hervor, dass die beschwerdefähige Zwischenverfügung so in Gesetz gekleidet werden sollte, wie sie von der Rechtsprechung entwickelt wurde (BT-Drucks. 16/6308 S. 171 zu Nr. 22, S. 286 zu § 382 Abs. 4). Dazu gehörte bisher auch die beschwerdefähige Zwischenverfügung in Güterrechtsregistersachen. Diese ist daher – gemäß den bisherigen Rechtsprechungsregeln – als nicht kodifizierter Bestandteil des Registerrechts weiterhin anzuerkennen (ebenso *Krafka/Kühn* Rn. 2327; a.A. ohne Auseinandersetzung mit der Thematik Keidel/*Heinemann* § 382 Rn. 21; MüKoFamFG/*Krafka* § 382 Rn. 19; noch anders BeckOK FamFG/*Munzig* § 382 Rn. 58, wonach Abs. 4 Satz 1 im Güterrechtsregister gelten soll, nicht aber Abs. 4 Satz 2).

3. Zurückweisung des Antrags (Abs. 3). Die Zurückweisung des Antrags ergeht durch Beschluss (§ 38), 34
welcher zu begründen ist (§§ 38 Abs. 3 Satz 1 FamFG, 60 BGB), und zwar mit einer Darstellung des Sachverhalts sowie der wesentlichen Punkte der rechtlichen Begründung (OLG Schleswig FGPrax 2007, 283, 284). War dem Beschluss eine entsprechend begründete Zwischenverfügung vorausgegangen, genügt eine Bezugnahme auf diese, verbunden mit dem Hinweis, dass das Eintragungshindernis innerhalb der gesetzten Frist nicht beseitigt wurde. Ferner hat die Zurückweisung eine Rechtsbehelfsbelehrung zu enthalten (§ 39 Satz 1).

35 Eine endgültige Zurückweisung ohne vorausgehende Zwischenverfügung ist selten. Sie kommt namentlich in Betracht, wenn eine schlechterdings unzulässige Eintragung angemeldet wurde (Beispiele: vor § 378 Rdn. 69), die Eintragungsvoraussetzungen endgültig nicht mehr herbeigeführt werden können (OLG Hamm NJW-RR 2011, 772 und RNotZ 2014, 393) oder der einzutragende Beschluss unter Einberufung einer neuen Versammlung formgültig wiederholt werden müsste (OLG Zweibrücken FGPrax 2013, 276). Bei behebbaren Mängeln darf der Antrag nicht ohne Zwischenverfügung zurückgewiesen werden (OLG Schleswig FGPrax 2014, 273), auch nicht, wenn der Anmeldende ernsthaft und scheinbar endgültig eine abweichende Rechtsauffassung vertritt (a.A. OLG Düsseldorf FGPrax 2013, 180). Vor der endgültigen Zurückweisung erteilt das Gericht einen **rechtlichen Hinweis** (§ 28 Abs. 1 Satz 2), welcher für sich genommen nicht anfechtbar ist (OLG Hamm Rpfleger 1990, 426; BayObLG NJW-RR 2000, 627; OLG Frankfurt, Beschl. v. 17.12.2009 – 20 W 332/09; OLG Hamm GmbHR 2010, 1092; OLG Schleswig FGPrax 2012, 126 und 212; OLG Düsseldorf NZG 2014, 109 sowie für das Grundbuchrecht BGH NJW 1980, 2521). Auf den rechtlichen Hinweis sollte erwogen werden, den Antrag aus Kostengründen zurückzunehmen (Rdn. 61 ff.), sofern seine weitere Verfolgung – auch mittels eines eventuellen Rechtsmittels gegen die anstehende Antragszurückweisung – keinen Erfolg verspricht.

36 Die zurückweisende Entscheidung ist denjenigen, deren erklärten Willen sie nicht entspricht, **zuzustellen** (§ 41 Abs. 1 Satz 2) und den übrigen Beteiligten förmlich **bekannt zu geben** (§§ 41 Abs. 1 Satz 1, 15 Abs. 1, 2), da sie die Beschwerdefrist in Lauf setzt. Beteiligt ist nicht nur der eingetragene Rechtsträger (z.B. Gesellschaft), für den der Antrag gestellt ist, sondern u.U. auch der Anmeldende persönlich (s. Rdn. 37). Hatte der Notar den Antrag aufgrund seiner Ermächtigung nach § 378 Abs. 2 gestellt, genügt, soweit er die Beteiligten vertritt, die Bekanntgabe an ihn.

37 Gegen die Zurückweisung des Antrags ist innerhalb der Monatsfrist die **Beschwerde** gegeben (§§ 58 ff.). Kein Rechtsschutzbedürfnis besteht für eine Beschwerde allein mit dem Ziel, eine nicht mehr zu gewährende Fristverlängerung zu erwirken (OLG Düsseldorf FGPrax 2014, 82). Beschwerdeberechtigt ist nicht nur der Rechtsträger (Gesellschaft), für den der Antrag gestellt ist, sondern auch der Anmeldende persönlich (z.B. Geschäftsführer), soweit er mit der Verfolgung des Eintragungsantrags eigenen Rechtspflichten nachkommt, die andernfalls mittels Zwangsgeldandrohung (§§ 388 ff.) durchgesetzt werden könnten (OLG München FGPrax 2009, 127, 128 m.w.N.; *Krafka/Kühn* Rn. 2454; BeckOK FamFG/*Munzig* § 382 Rn. 53a; s.a. vor § 378 Rdn. 59). Ebenso beschwerdeberechtigt sind weitere Vertreter des Rechtsträgers, die den Antrag ebenfalls hätten stellen können (s. *Krafka* FGPrax 2007, 51, 53 f.; Bahrenfuss/*Steup* vor § 374 Rn. 21), oder die inzwischen neu in ein organschaftliches Vertretungsamt bestellt wurden, welches zur Antragstellung berechtigte. Die Vorschrift des § 59 Abs. 2, wonach die Beschwerde nur dem Antragsteller des Ausgangsverfahrens zusteht, ist insoweit nicht anzuwenden (s.a. § 59 Rdn. 35 f.; *Netzer* ZNotP 2009, 303, 304; Haußleiter/*Schemmann* § 382 Rn. 11; MüKoFamFG/*Krafka* § 382 Rn. 17; Prütting/Helms/*Holzer* § 382 Rn. 46; a.A. anscheinend: Keidel/ *Heinemann* § 382 Rn. 19). Allerdings wirft das neue Verfahrensrecht die Frage auf, welche Beschwerdefrist insoweit gilt. Gem. § 63 Abs. 3 Satz 1 beginnt die Beschwerdefrist »jeweils mit der Bekanntgabe des Beschlusses an die Beteiligten«, während die o.g. Beschwerdeberechtigten, die den Antrag nicht gestellt haben, meist auch bei der Bekanntgabe unberücksichtigt bleiben. Daraus folgt aber nicht, dass für sie die erweiterte 5-Monats-Frist des § 63 Abs. 3 Satz 2 gälte. Vielmehr wird man die subjektiv erweiterte Beschwerdeberechtigung an diejenige Beschwerdefrist knüpfen, die für den/die Antragsteller läuft. Ist die Beschwerdefrist für die Antragsteller abgelaufen, können weitere Antragsberechtigte keine Beschwerde mehr einlegen, sondern nur noch einen neuen Antrag stellen (ähnlich *Prütting/Helms/Abramenko* § 59 Rn. 21).

38 Bezieht sich der Eintragungsantrag auf eine **Personengesellschaft**, sind nur die Gesellschafter persönlich beschwerdeberechtigt (OLG Frankfurt NJW-RR 2008, 1568 m.w.N.), und zwar gemeinsam in anmeldebefugter Anzahl (OLG Schleswig FGPrax 2010, 253, 254; FGPrax 2012, 127, 128). Wird die **Ersteintragung einer Kapitalgesellschaft** abgelehnt, steht das Beschwerderecht der Vor-GmbH/UG bzw. der Vor-AG zu (BGH NJW 1992, 1824). Bei der Ablehnung der **Ersteintragung eines Vereins** ist die Beschwerdebefugnis umstritten: Nach zunehmend vertretener Auffassung ist der Vorverein selbst Beteiligter und gegen die Zurückweisung seiner Anmeldung beschwerdeberechtigt (OLG Hamm NJW-RR 1999, 1710; OLG Schleswig FGPrax 2011, 34; *Reichert* Rn. 225 ff.; MüKoBGB/*Reuter* § 60 Rn. 6). Die eingelegten Rechtsmittel sind – soweit möglich – als solche des Vorvereins auszulegen (BayObLG NJW-RR 1991, 958; OLG Jena NJW-RR 1994, 698, 699). Nach Gegenansicht sollen nur die anmeldebefugten Vorstandsmitglieder als Person beschwerdeberechtigt sein (OLG Köln NJW-RR 1994, 1547, 1548). Kein Beschwerderecht gegen die Ablehnung der Eintragung hat das berufsständische Organ (§ 380 Rdn. 35).

Abschnitt 3. Registersachen § 382

Handels-, Genossenschafts-, Partnerschafts- und Güterrechtsregistersachen sind »vermögensrechtliche 39
Angelegenheiten« i.S.d. § 61 Abs. 1, sodass der Mindestbeschwerdewert erreicht werden muss (a.A. Prütting/Helms/*Holzer* § 382 Rn. 49; skeptisch auch Haußleiter/*Schemmann* § 382 Rn. 10). Zweifelhaft ist die Klassifizierung als »vermögensrechtliche Angelegenheit« nur bei den Vereinsregistersachen; zu den Abgrenzungsfragen insoweit vgl. *Hartmann* § 48 GKG Rn. 11 »Name« und Rn. 12 »Verein«).

Mit dem Ablauf der Beschwerdefrist oder der Zurückweisung der Beschwerde (und ggf. der Rechts- 40
beschwerde, § 70) tritt die den Antrag zurückweisende Entscheidung in formelle Rechtskraft (§ 45). Sie entfaltet jedoch **keine materielle Rechtskraft**, insb. bedeutet sie **keinen Antragsverbrauch**. Denn eine materielle Rechtskraftwirkung ist solchen Entscheidungen vorbehalten, denen eine streitentscheidende Wirkung beizumessen ist, die endgültigen Rechtsfrieden schaffen soll. Dies ist für eine Entscheidung in einem Registereintragungsverfahren, in dem neben dem Eintragungswilligen keine weiteren Personen beteiligt sind, zu verneinen (KG FGPrax 2005, 130, 131; BayObLG NJW 1996, 3217, 3218).

Allerdings fehlt es an einem **Rechtsschutzbedürfnis** für einen gleichlautenden Antrag auf Eintragung, wenn 41
eine vorherige Anmeldung unter Vorlage der gleichen Unterlagen bereits zurückgewiesen oder nach gerichtlichem Hinweis auf Eintragungshindernisse zurückgenommen worden ist (BGH FGPrax 2013, 219). Eine Ausnahme von dem Grundsatz will das KG (FGPrax 2005, 130) jedoch annehmen, wenn die vorherige Entscheidung »offensichtlich unrichtig« war; der BGH (FGPrax 2013, 219, 220) hat das ausdrücklich offengelassen.

II. Vollzug der Eintragung (Abs. 2). Der Richter/Rechtspfleger selbst oder auf seine Verfügung hin der 42
»Beamte« nehmen die Eintragung vor, indem sie sie mit ihrer Unterschrift (§ 3 Satz 4 VRV) oder ihrer elektronischen Signatur (§§ 28 HRV, 28 VRV) versehen. Mit dem »Beamten« ist nicht der Beamte im dienstrechtlichen Sinne gemeint, sondern derjenige Justizbeschäftigte, dem die Funktion des Urkundsbeamten der Geschäftsstelle übertragen ist.

Abweichend von der früheren Sollvorschrift des § 130 Abs. 1 FGG ist die rechtsgültige Signatur bzw. Unter- 43
schrift nunmehr zwingend vorgeschrieben und damit ein materielles Wirksamkeitserfordernis der Eintragung (ebenso BeckOK FamFG/*Munzig* § 382 Rn. 44; a.A. Keidel/*Heinemann* § 382 Rn. 9; Bumiller/*Harders* § 382 Rn. 12 mit der sachlich nicht [mehr] zutreffenden Begründung, es handle sich bei dem Unterschriftserfordernis um eine Sollvorschrift).

Nur noch als Sollbestimmung ausgestaltet ist die Angabe des Tages, an welchem die Eintragung vollzogen 44
worden ist; allerdings schreiben die Registerverordnungen (§§ 27 Abs. 4 HRV, 10 Abs. 3 VRV) auch diese Angabe zwingend vor. Die Angabe des Tages der Eintragung ist aber weder Wirksamkeitserfordernis noch wird sie materieller Bestandteil der Eintragung. **Wirksam** wird die Eintragung nicht ab dem angegebenen Datum, sondern ab dem Moment, wo sie tatsächlich vollzogen worden ist (Abs. 1 Satz 2). Zwar liefert das im Register angegebene Datum den vollen förmlichen Beweis für den Tag der Eintragung, jedoch bleibt der Gegenbeweis zulässig (§ 415 Abs. 2 ZPO; Keidel/*Heinemann* § 382 Rn. 8; Jansen/*Steder* § 130 Rn. 7).

Strikt zu trennen vom Tag der Eintragung ist der **Tag der Bekanntmachung**, an den der Beginn der Publi- 45
zitätswirkung (§§ 15 HGB, 29 GenG) sowie einige materielle Rechtsfolgen und Fristen (z.B. §§ 303 Abs. 1, 305 Abs. 4, 321 Abs. 1 AktG, 22 Abs. 1, 31, 87 Abs. 2, 88 Abs. 1, 91 Abs. 2, 94, 209, 256 Abs. 2 UmwG) anknüpfen.

III. Wirksamwerden der Eintragung (Abs. 1 Satz 2). Eine eigenständige Bedeutung hat Abs. 1 Satz 2 46
nicht. Eintragungen in das **elektronisch** geführte Register werden wirksam, indem sie der Richter/Rechtspfleger bzw. der Urkundsbeamte der Geschäftsstelle mit seinem Nachnamen versieht, beides elektronisch signiert (§§ 28 HRV, 28 VRV) und dieses in den für das Register bestimmten Datenspeicher aufgenommen wird (§§ 8a Abs. 1 HGB, 55a Abs. 3 BGB).

Eintragungen in das Papierregister werden mit der Vollziehung der Unterschrift in der dafür vorgesehenen 47
Spalte wirksam (§ 3 Satz 4 VRV).

Wirksam ist auch eine Eintragung, die von einem abgelehnten Richter/Rechtspfleger unter Verstoß gegen 48
die Wartepflicht nach §§ 6 Abs. 1 FamFG, 47 Abs. 1 ZPO vorgenommen wurde (KG FGPrax 2009, 177).

C. Verfahrenskosten. I. Kosten der Eintragung. 1. Handels-, Genossenschafts- oder Partnerschaftsre- 49
gister. Für Eintragungen in das Handels-, Genossenschafts- oder Partnerschaftsregister werden Gebühren nicht pauschal, sondern abhängig von der jeweils einzutragenden Tatsache nach dem GebVerzeichnis zur HRegGebV erhoben.

§ 382 Buch 5. Register u. unternehmensrechtl. Verfahren

50 Betrifft dieselbe Anmeldung mehrere Tatsachen, ist für jede Tatsache die Geb. gesondert zu erheben. Als einheitliche Tatsachen, die die Geb. nur einmal auslösen, gelten jedoch (§ 2 Abs. 3 HRegGebV):

- Die Anmeldung einer zur Vertretung berechtigten Person und die gleichzeitige Anmeldung ihrer Vertretungsmacht oder deren Ausschluss;
- mehrere Änderungen eines Gesellschaftsvertrags oder einer Satzung, die gleichzeitig angemeldet werden und nicht die Änderung eingetragener Angaben betreffen;
- die Änderung eingetragener Angaben und die dem zugrunde liegende Änderung des Gesellschaftsvertrags oder der Satzung; sowie
- die Ersteintragung des Unternehmens und alle gleichzeitig angemeldeten Eintragungen mit Ausnahme der Prokuren und Zweigniederlassungen (§ 2 Abs. 1 HRegGebV).

Die Eintragung einer Änderung der inländischen Geschäftsanschrift betrifft eine Tatsache ohne wirtschaftliche Bedeutung, für die (nur) die Gebühr nach Nr. 2502 GV HRegGebV anfällt (OLG Köln FGPrax 2015, 281).

51 Dagegen gilt das Eintreten oder das Ausscheiden einzutragender Personen hinsichtlich jeder Person als eine besondere Tatsache (§ 2 Abs. 2 Satz 2 HRegGebV; vgl. AG Freiburg Rpfleger 2011, 383).

52 Gebühren für den Notar (vgl. *Böhringer* BWNotZ 2014, 166): Bei Beglaubigung ohne Entwurf: 0,2 Geb. nach Nr. 25100 KV GNotKG, mindestens jedoch 20 € und höchstens 70 €; zzgl. 0,6 Geb. – höchstens 250 € – für die Erzeugung der XML-Strukturdaten (Nr. 22125 KV GNotKG) und 20 € Vollzugsgebühr nach Nr. 22124 KV GNotKG für die Übermittlung an das Gericht. Insgesamt also regelmäßig 0,8 Geb. zzgl. 20 € Vollzug. Die Beglaubigung mit – vollständigem – Entwurf löst eine 0,5 Geb. aus (§ 92 Abs. 2 GNotKG i.V.m. Nr. 24102 KV GNotKG); darin enthalten ist der Registervollzug (Vorbem. 2.4.1 Abs. 4 KV GNotKG). Hinzu kommen 0,3 Geb. für die Erzeugung der XML-Strukturdaten (Nr. 22114 KV GNotKG) – insgesamt also 0,8 Geb. ohne weitere Vollzugskosten. Durch diese Regelung kommt das Geschäft ohne Notarentwurf um 20 € teurer als mit Notarentwurf – dennoch spricht der RegE von »im Ergebnis gleichen Gebührensätzen«, die einen Anreiz darstellen sollen, die Formulierung dem Notar zu überlassen (BT-Drucks. 17/11471 S. 224). Kritisch zu den Notargebühren im Hinblick auf die Niederlassungsfreiheit: Schmidt-Kessel/Leutner/Müther/*Schmidt-Kessel* Einl. Rn. 45, 48.

53 Geschäftswert: Nach einzelnen Tatsachen ausdifferenziert gem. § 105 GNotKG, Art. 45 Abs. 2 EGHGB. Höchstwert: 1 Mio. € (§ 106 GNotKG). Die gleichzeitige Anmeldung der Abberufung und der Neubestellung von Geschäftsführern einer GmbH betrifft verschiedene Gegenstände (BGHZ 153, 22 = NJW-RR 2003, 1149).

54 **2. Vereinsregister.** Für die Ersteintragung in das Vereinsregister wird pauschal eine Geb. von 75 € erhoben (Nr. 13100 KV GNotKG); für Folgeeintragungen 50 € (Nr. 13101 KV GNotKG). Für mehrere Eintragungen aufgrund von Anmeldungen, die am selben Tag bei Gericht eingehen und denselben Verein betreffen, wird die Geb. nur einmal erhoben. Die Eintragung von Vereinslöschungen, Liquidationsbeendigung und ähnlicher Tatbestände ist gebührenfrei.

55 Gebühren für den Notar: Bei Beglaubigung ohne Entwurf 0,2 Geb. nach Nr. 25100 KV GNotKG, mindestens jedoch 20 € und höchstens 70 €; zzgl. ggf. 0,5 Vollzugsgebühr nach Nr. 22121 KV GNotKG. Insgesamt also regelmäßig 0,7 Geb. Die Beglaubigung mit Entwurf ist im KV GNotKG unklar geregelt; die Begründung des RegE geht von einer 0,5 Geb. aus (BT-Drucks. 17/11471 S. 224). Hinzu kommen ggf. 0,3 Vollzugsgebühr nach Nr. 22111 KV GNotKG – insgesamt also 0,8 Geb. Durch diese Regelung kommt das Geschäft ohne Notarentwurf regelmäßig teurer als mit Notarentwurf – dennoch spricht der RegE von »im Ergebnis gleichen Gebührensätzen«, die einen Anreiz darstellen sollen, die Formulierung dem Notar zu überlassen (BT-Drucks. 17/11471 S. 224). Bei der – für das Vereinsregister nicht zwingend vorgeschriebenen – Erzeugung von XML-Strukturdaten käme eine weitere 0,6 bzw. 0,3 Geb. – höchstens 250 € – (Nr. 22114, 22125 KV GNotKG) hinzu.

56 Geschäftswert: § 36 Abs. 1 bis 3 GNotKG (regelmäßig 5.000 €); Höchstwert: 1 Mio. € (§ 106 GNotKG).

57 **3. Güterrechtsregister.** Für die Eintragung in das Güterrechtsregister wird pauschal eine Geb. von 100 € für die Eintragung aufgrund eines Ehe- oder Lebenspartnerschaftsvertrages (Nr. 13200 KV GNotKG) bzw. von 50 € für sonstige Eintragungen (Nr. 13201 KV GNotKG) erhoben, bei Eintragungen an mehreren Orten für jeden Eintrag gesondert. Hinzu kommen die Auslagen der Bekanntmachung.

58 Gebühren für den Notar: Bei Beglaubigung ohne Entwurf 0,2 Geb. nach Nr. 25100 KV GNotKG, mindestens jedoch 20 € und höchstens 70 €; zzgl. ggf. 0,5 Vollzugsgebühr nach Nr. 22121 KV GNotKG. Insgesamt

also regelmäßig 0,7 Geb. Die Beglaubigung mit Entwurf ist im KV GNotKG unklar geregelt; die Begründung des RegE geht von einer 0,5 Geb. aus (BT-Drucks. 17/11471 S. 224). Hinzu kommen ggf. 0,3 Vollzugsgebühr nach Nr. 22111 KV GNotKG – insgesamt also 0,8 Geb. Durch diese Regelung kommt das Geschäft ohne Notarentwurf regelmäßig teurer als mit Notarentwurf – dennoch spricht der RegE von »im Ergebnis gleichen Gebührensätzen«, die einen Anreiz darstellen sollen, die Formulierung dem Notar zu überlassen (BT-Drucks. 17/11471 S. 224).

Geschäftswert: s. § 100 GNotKG. In den dort nicht geregelten Fällen gilt § 36 Abs. 1 bis 3 GNotKG. 59

II. Kosten der Zwischenverfügung. Die Zwischenverfügung ist mangels Gebührentatbestands gebührenfrei (BT-Drucks. 17/11471 S. 205). 60

III. Kosten der Zurückweisung oder Rücknahme eines Antrags. 1. Handels-, Genossenschafts- oder Partnerschaftsregister. Wird eine Anmeldung zurückgewiesen, sind 170 % der für die Eintragung bestimmten Geb. zu erheben. Bei der Zurückweisung einer angemeldeten Ersteintragung bleiben die Gebühren für die gleichzeitig angemeldete Eintragung der Errichtung einer Zweigniederlassung und für die Eintragung einer Prokura unberücksichtigt (§ 4 HRegGebV). 61

Wird eine Anmeldung zurückgenommen, bevor die Eintragung erfolgt oder die Anmeldung zurückgewiesen worden ist, sind 120 % der für die Eintragung bestimmten Geb. zu erheben. Gleichzeitig mit der Ersteintragung angemeldete Zweigniederlassungen und Prokuren bleiben unberücksichtigt. Erfolgt die Rücknahme spätestens am Tag bevor eine Zwischenverfügung unterzeichnet wird, beträgt die Geb. 75 % der für die Eintragung bestimmten Gebühr, höchstens jedoch 250 €. Betrifft eine Anmeldung mehrere Tatsachen, betragen die auf die zurückgenommenen Teile der Anmeldung entfallenden Gebühren insgesamt höchstens 250 € (§ 3 HRegGebV). 62

Für Teilrücknahmen oder Teilzurückweisungen enthält § 5 HRegGebV besondere Bestimmungen. 63
Für das Beschwerdeverfahren enthalten weder die HRegGebV noch das GNotKG Gebührentatbestände. 64

2. Vereins- oder Güterrechtsregister. Besondere Vorschriften über die Kosten bei Zurückweisung des Eintragungsantrags enthält das GNotKG nicht, sodass es bei den Gebühren für das Verfahren (Nr. 13100 – 13201) verbleibt (ebenso: Korintenberg/*Klüsener* Nr. 13100, 13101 KV Rn. 8). Für das Beschwerdeverfahren in diesen Angelegenheiten enthält das GNotKG keine Gebührentatbestände. 65

§ 383 Mitteilung; Anfechtbarkeit.
(1) Die Eintragung ist den Beteiligten formlos mitzuteilen; auf die Mitteilung kann verzichtet werden.
(2) Die Vorschriften über die Veröffentlichung von Eintragungen in das Register bleiben unberührt.
(3) Die Eintragung ist nicht anfechtbar.

Übersicht

	Rdn.		Rdn.
A. Eintragungsmitteilung an die Beteiligten (Abs. 1)	1	I. Begriff der »Veröffentlichung«	19
I. Empfänger der Eintragungsmitteilung . . .	2	II. Inhalt und Umfang der Bekanntmachung/ Veröffentlichung	20
II. Verfahrensfragen, Folgemitteilungen	7	III. Bewirkung der Bekanntmachung/ Veröffentlichung	26
III. Verzicht auf die Eintragungsmitteilung (Abs. 1 Halbs. 2)	10	D. Anfechtung einer Eintragung (Abs. 3)	29
B. Besondere Mitteilungen an andere Stellen . . .	12	I. Kein Rechtsbehelf gegen die Eintragung . .	29
I. Mitteilungen an die berufsständischen Organe	12	II. Umdeutung einer unzulässigen Beschwerde	32
II. Mitteilungen an andere Registergerichte .	15	III. Fassungsbeschwerde	33
III. Mitteilungen an das Finanzamt	16	IV. Anfechtung der vorab bekannt gemachten Eintragungsverfügung/Erteilung eines Vorbescheides	37
IV. Mitteilung an die Vereinsverbotsbehörde .	18		
C. Veröffentlichung von Eintragungen (Abs. 2) .	19		

A. Eintragungsmitteilung an die Beteiligten (Abs. 1). Eine in das Register erfolgte Eintragung ist den Verfahrensbeteiligten zur Kenntnis zu bringen. Der Begriff »Eintragung« bezieht sich auf jede Neueintragung, jede Änderung und jede Löschung einer Eintragung im Register. Berichtigungen sind den Beteiligten gem. §§ 17 Abs. 2 HRV, 12 Abs. 3 Satz 2 VRV zur Kenntnis zu bringen. 1

§ 383

2 **I. Empfänger der Eintragungsmitteilung.** Empfänger der Eintragungsmitteilung sind die Beteiligten des Verfahrens (s. vor § 378 Rdn. 58 ff.).

3 Richtigerweise wird man auch denjenigen eine Eintragungsmitteilung zukommen lassen, die als natürliche Person in eigenen Rechtspositionen betroffen sind, also bspw. dem Geschäftsführer, Vorstand, Liquidator oder Gesellschafter der Personenhandelsgesellschaft, dessen Rechtsstellung durch die Eintragung bekundet oder begründet, beschränkt oder gelöscht wird. Diese sind zwar – nach herkömmlicher Sichtweise – nicht am Eintragungsverfahren beteiligt, aber bereits das widerspricht dem Rechtsgedanken des § 7 Abs. 2 Nr. 1 und ist nur im Wege der teleologischen Reduktion dieser Vorschrift zu halten (s. vor § 378 Rdn. 60). Die teleologische Reduktion trägt aber nur soweit, als sie zur Sicherung der Schnelligkeit und Effektivität des Eintragungsverfahrens unentbehrlich ist. Als ein »Resteffekt« des anwendungsreduzierten § 7 Abs. 2 Nr. 1 dürfte das Registergericht jedoch verpflichtet sein, dem von der Eintragung persönlich Betroffenen ebenfalls eine Eintragungsmitteilung zu erteilen, um ihn auf diese Weise wenigstens nachträglich in Kenntnis zu setzen. Dieses ist schon deshalb angezeigt, weil die betroffene Person, sollten wesentliche Voraussetzungen der Eintragung gefehlt haben, eine Amtslöschung (§ 395 FamFG) nicht nur anregen, sondern bis in die Beschwerdeinstanz aus eigenem Recht verfolgen kann (§ 395 Rdn. 89, 116). Auch die weiteren Beteiligtenrechte, wie etwa die Akteneinsicht (§ 13), sind nachträglich zu gewähren (ausführlich zum Ganzen: *Nedden-Boeger* FGPrax 2010, 1 ff.).

4 Eintragungen in das **Güterrechtsregister** sind beiden Ehegatten mitzuteilen, auch wenn nur einer den Antrag gestellt hat. Das war im früheren § 161 Abs. 2 FGG ausdrücklich geregelt und folgt heute noch aus der materiellen Beteiligtenstellung beider Ehegatten.

5 Hat ein Bevollmächtigter den Antrag gestellt, ist diesem die Eintragung mitzuteilen. Hat der Notar den Antrag gem. § 378 Abs. 2 gestellt (und nicht nur als Bote überbracht, s. § 378 Rdn. 28), erhält nur er die Eintragungsmitteilung anstelle der von ihm vertretenen Beteiligten (Bork/Jacoby/Schwab/*Müther* § 383 Rn. 3; Bumiller/*Harders* § 383 Rn. 2; Haußleiter/*Schemmann* § 383 Rn. 8; a.A. Keidel/*Heinemann* § 383 Rn. 5 und wohl Bahrenfuss/*Steup* § 383 Rn. 4: Eintragungsmitteilung an die Beteiligten und den Notar). Die weiteren Beteiligten, die der Notar nicht vertritt (z.B. solche nach Rdn. 3) erhalten eine eigene Mitteilung.

6 **Berufsständische Organe** erhalten:
   - eine Eintragungsmitteilung auf der Grundlage des Abs. 1, wenn sie aufgrund eigenen Antrags nach § 380 Abs. 2 Satz 2 als Beteiligte hinzugezogen wurden,
   - eine Eintragungsmitteilung auf der Grundlage des § 380 Abs. 4, wenn sie gem. § 380 Abs. 2 Satz 1 angehört wurden, ohne ihre Beteiligung beantragt zu haben (§ 380 Rdn. 30),
   - andernfalls eine Eintragungsmitteilung nach §§ 37 Abs. 1 HRV, 6 PRV (s. Rdn. 12 ff.).

7 **II. Verfahrensfragen, Folgemitteilungen.** Eintragungsnachrichten sind **formlos mitzuteilen** (§ 15 Abs. 3). Auch eine elektronische Eintragungsmitteilung ist möglich (§ 38a Abs. 2 Satz 1 HRV) und im elektronischen Rechtsverkehr – namentlich im Verkehr mit dem Notar – regelmäßig angezeigt.

8 Zuständig für die Bewirkung der Eintragungsmitteilung ist der Urkundsbeamte der Geschäftsstelle (§ 36 Satz 1 HRV). Ein Unterlassen der Eintragungsmitteilung hat auf die Wirksamkeit der Eintragung jedoch keine Auswirkungen.

9 Außer der Eintragung selbst sind auch deren spätere Berichtigung (§§ 17 Abs. 2 Satz 1 HRV, 12 Abs. 3 Satz 2 VRV) sowie die Umschreibung des Registerblattes (§ 21 Abs. 2 HRV) mitzuteilen; Letzteres ist beim Vereinsregister entbehrlich (§ 5 Abs. 3 VRV).

10 **III. Verzicht auf die Eintragungsmitteilung (Abs. 1 Halbs. 2).** Nach Abs. 1 Halbs. 2 kann der Empfangsberechtigte auf die Eintragungsmitteilung verzichten. Darauf soll das Gericht gem. §§ 36 Satz 2 HRV, 13 Abs. 1 Satz 2 VRV »in geeigneten Fällen« hinweisen. Tatsächlich empfiehlt es sich i.d.R. jedoch nicht, auf einen Mitteilungsverzicht hinzuwirken (*Krafka/Kühn* Rn. 194; *Melchior/Schulte* § 36 Rn. 1), denn die Mitteilung ermöglicht es dem Empfänger, den Eintragungsinhalt auf seine Richtigkeit zu überprüfen. Wer eine Eintragungsmitteilung erhält und unterlässt, eine eventuelle Unrichtigkeit dem Gericht anzuzeigen, verliert seine Schadensersatzansprüche aus Staatshaftung gem. § 839 Abs. 3 BGB (s. RGZ 138, 114, 117 in einer grundbuchrechtlichen Fallgestaltung). Allein das rechtfertigt die Übersendung.

11 Abs. 1 Halbs. 2 bezieht sich nicht auf die öffentliche Bekanntmachung gem. Abs. 2; auf diese kann grds. nicht verzichtet werden (*Krafka/Kühn* Rn. 198).

Abschnitt 3. Registersachen § 383

B. Besondere Mitteilungen an andere Stellen. I. Mitteilungen an die berufsständischen Organe. Gem. 12
§ 37 Abs. 1 HRV hat das Gericht jede Neuanlegung und jede Änderung eines Registerblatts des Handelsregisters mitzuteilen

– der IHK,
– der Handwerkskammer, wenn es sich um ein handwerkliches Unternehmen handelt oder handeln kann, und
– der Landwirtschaftskammer, wenn es sich um ein land- oder forstwirtschaftliches Unternehmen handelt oder handeln kann, oder, wenn eine Landwirtschaftskammer nicht besteht, der nach Landesrecht zuständigen Stelle.

Gem. § 6 PRV sind Eintragungen in das Partnerschaftsregister den jeweils zuständigen berufsständischen 13
Organen der freien Berufe mitzuteilen.

Beide Mitteilungsvorschriften sind **unvollständig**: Eintragungen in das Handelsregister, die sich auf freiberufliche Unternehmungen beziehen (z.B. RA- oder Steuerberater GmbH) sind nicht nur der IHK, sondern 14
auch dem berufsständischen Organ des betroffenen freien Berufes mitzuteilen (für Rechtsanwälte und Patentanwälte geregelt in MIZI XXI/3). Und umgekehrt sind Eintragungen in das Partnerschaftsregister nicht nur dem berufsständischen Organ des freien Berufes, sondern auch der neuerdings hierfür parallel zuständigen IHK mitzuteilen (es sei denn, man sähe in der Ausdehnung der Zuständigkeit der Organe des Handelsstandes auf das Partnerschaftsregister ein Redaktionsversehen, vgl. § 380 Rdn. 12). Für die Registerpraxis ist daher zu empfehlen, die Mitteilungen im vorbezeichneten Sinne zu erweitern; gesetzlich legitimiert werden sie allemal durch § 13 Abs. 1 Nr. 4 EGGVG.

II. Mitteilungen an andere Registergerichte. Bei Sitzverlegungen, bestimmten Umwandlungsvorgängen 15
sowie Doppelsitz bestehen Mitteilungspflichten der beteiligten Registergerichte untereinander (s. § 379 Rdn. 10).

III. Mitteilungen an das Finanzamt. Eintragungen, die zu einem **Wechsel im Grundeigentum** oder zum 16
Übergang eines Erbbaurechts oder eines Rechts an einem Gebäude auf fremdem Boden führen können (namentlich Verschmelzungen, Spaltungen oder Vermögensübertragungen nach dem UmwG), sind an das Finanzamt mitzuteilen, in dessen Bezirk sich die Geschäftsleitung des Erwerbers befindet (§§ 18 Abs. 3 Nr. 3 Satz 2, 17 Abs. 3 Nr. 2 GrEStG; s. dazu MiZi XXI/1 Abs. 1 Nr. 8, Abs. 2 Nr. 7; MiZi XXI/8 Abs. 1 Nr. 2, Abs. 2 Nr. 2; MiZi XXI/9 Abs. 1 Nr. 3, Abs. 2 Nr. 3).

Eintragungen einer Genossenschaft oder eines Vereins, die oder der sich mit dem **Abschluss von Versicherungen** befasst, sind an das Bundeszentralamt für Steuern mitzuteilen (§§ 10a Abs. 2 VersStG, 12 Abs. 2 17
FeuerschStG; MiZi XXI/8 Abs. 1 Nr. 1, Abs. 8 Nr. 1; MiZi XXI/9 Abs. 1 Nr. 2, Abs. 2 Nr. 2).

IV. Mitteilung an die Vereinsverbotsbehörde. Über die Gründung eines Ausländervereins oder einer or- 18
ganisatorischen Einrichtung eines ausländischen Vereins ist der Verbotsbehörde Mitteilung zu machen (§ 400 FamFG, MiZi XXI/9 Abs. 1 Nr. 1, Abs. 2 Nr. 1).

C. Veröffentlichung von Eintragungen (Abs. 2). I. Begriff der »Veröffentlichung«. Abs. 2 soll nach der 19
Begründung des Regierungsentwurfs der Klarstellung dienen. Die Begriffe »Veröffentlichung« und »Bekanntmachung« von Registerinhalten werden durch das Gesetz synonym verwendet. Abs. 2 bezieht sich daher auf sämtliche Vorschriften über die »Veröffentlichungen« und »Bekanntmachungen« von Registerinhalten, also auf die §§ 10 HGB (auch i.V.m. §§ 156 Abs. 1 GenG und 5 Abs. 2 PartGG), 66 Abs. 1, 1562 BGB, 4 Abs. 2 EWIVAG, Art. 14 Abs. 1, 2 SE-VO usw.

II. Inhalt und Umfang der Bekanntmachung/Veröffentlichung. Zu »veröffentlichen« – also bekannt zu 20
machen – ist der Inhalt der vorgenommenen Registereintragung zuzüglich der Bezeichnung des Gerichts und des Tags der Eintragung. Bei Eintragungen in das Handels-, Genossenschafts- oder Partnerschaftsregister sind weiterhin bekannt zu machen der Unternehmensgegenstand, soweit er sich nicht aus der Firma ergibt, sowie die Lage der Geschäftsräume, wenn eine inländische Geschäftsanschrift nicht angegeben ist (§ 34 HRV). Zusätzlich sind bestimmte gläubigerschützende Informationen in den Fällen der §§ 225 Abs. 1 Satz 2, 321 Abs. 1 Satz 2 AktG, 22 Abs. 1 Satz 3, 61 Satz 2, 111 Satz 2, 122d Satz 2 UmwG bekannt zu machen.

Außer der Eintragung selbst ist auch deren **spätere Berichtigung** bekannt zu machen, wenn es sich nicht 21
um einen offensichtlich unwesentlichen Punkt handelt (§ 17 Abs. 2 Satz 2 HRV).

22 Nicht bekannt zu machen sind **Angaben über Kommanditisten** und deren Einlagen (§§ 162 Abs. 2, 3, 175 Satz 2 HGB), **Eintragungen von Insolvenzvermerken** (§§ 32 Abs. 2 HGB, 102 Abs. 2 GenG) sowie Eintragungen der **Euroumrechnung ohne Kapitalveränderung** (Art. 45 Abs. 1 Satz 2 EGHGB). Aus dem **Genossenschaftsregister** werden nur die Errichtung der Genossenschaft, Satzungs- und Vorstandsänderungen sowie Prokuren bekannt gemacht (§ 156 Abs. 1 Satz 2 GenG), aus dem **Vereinsregister** grds. nur die Ersteintragung des Vereins (§ 66 Abs. 1 BGB).

23 Eine Bekanntmachung der freiwillig eingereichten **Übersetzungen von Registerinhalten** (§ 11 Abs. 1 HGB) ist nach nationalem Recht nicht vorgesehen (BT-Drucks. 16/960 S. 45), wird aber von vereinzelten Literaturstimmen »in richtlinienkonformer Interpretation des § 10 Satz 1 HGB« für notwendig erachtet (*Paefgen* ZIP 2008, 1653, 1658).

24 Wird das Erlöschen einer Firma zum Handelsregister angemeldet, weil das Unternehmen nach Art oder Umfang einen **in kaufmännischer Weise eingerichteten Geschäftsbetrieb** nicht (mehr) erfordert, kann auf Antrag des Inhabers in der Bekanntmachung der Grund des Erlöschens erwähnt werden. Handelt es sich um einen **Handwerker**, der bereits in die Handwerksrolle eingetragen ist, kann neben der Angabe des Grundes der Löschung in der Bekanntmachung auch auf diese Eintragung hingewiesen werden (§ 35 HRV).

25 Wird der Name einer Partnerschaft gelöscht, weil unter diesem **keine freiberufliche Tätigkeit ausgeübt** wird, kann auf Antrag der Gesellschafter in der Bekanntmachung der Grund der Löschung erwähnt werden (§ 8 PRV).

26 **III. Bewirkung der Bekanntmachung/Veröffentlichung.** Der Richter/Rechtspfleger nimmt die Bekanntmachung entweder selbst vor oder er verfügt die Bekanntmachung durch den Urkundsbeamten der Geschäftsstelle. Der Wortlaut der öffentlichen Bekanntmachung ist besonders zu verfügen, wenn er von dem der Eintragung abweicht (§ 27 Abs. 1, 2 Satz 2 HRV). Die Bekanntmachung ist unverzüglich zu veranlassen (§§ 32 HRV, 14 Satz 1 VRV). Bei den elektronischen Bekanntmachungen gem. § 10 HGB ist der Tag der Bekanntmachung in den Bekanntmachungstext aufzunehmen (§ 33 Abs. 2 HRV), da der Beginn der Publizitätswirkung (§§ 15 HGB, 29 GenG) sowie der Lauf einiger Fristen (z.B. §§ 303 Abs. 1, 305 Abs. 4, 321 Abs. 1 AktG, 22 Abs. 1, 31, 87 Abs. 2, 88 Abs. 1, 91 Abs. 2, 94, 209, 256 Abs. 2 UmwG) daran anknüpft. Das gilt auch für Bekanntmachungen, die sich nicht auf eine Registereintragung beziehen (vgl. §§ 122d, 122j Abs. 1 UmwG).

27 Bestimmte Eintragungen betreffend eine **EWIV** oder **SE** hat der Urkundsbeamte der Geschäftsstelle binnen eines Monats an das Amt für amtliche Veröffentlichungen der Europäischen Gemeinschaft in Luxemburg mitzuteilen (§ 4 Abs. 2 EWIVAG, Art. 14 Abs. 3 SE-VO, Mizi XXI/1 Abs. 1 Nr. 6, Abs. 2 Nr. 6), um die nach Art. 11 EWIV-VO, 14 Abs. 1, 2 SE-VO erforderlichen Veröffentlichungen im Amtsblatt der EU herbeizuführen.

28 Eintragungen in das **Güterrechtsregister** sind nicht in einem elektronischen Bekanntmachungssystem, sondern in einem vom Gericht bestimmten Blatt zu veröffentlichen (§ 1562 BGB).

29 **D. Anfechtung einer Eintragung (Abs. 3). I. Kein Rechtsbehelf gegen die Eintragung.** Die vom Registergericht vorgenommene Eintragung ist von niemandem mit einem Rechtsbehelf angreifbar – weder mit der Beschwerde (§ 58) noch mit einer Anhörungsrüge (§ 44) noch mit einem Antrag auf Abänderung und Wiederaufnahme (§ 48). Denn die einmal vorgenommene Eintragung dürfte aus Publizitätsgründen selbst dann nicht mehr entfernt oder unleserlich gemacht werden, wenn die Beschwerde begründet wäre (§§ 12 Satz 2 HRV, 10 Abs. 1 Satz 2 VRV). Daher besteht für eine Überprüfung der Rechtmäßigkeit der Eintragung in der Beschwerdeinstanz **kein Rechtsschutzbedürfnis**. Auch die Rechtspflegererinnerung ist ausgeschlossen (§ 11 Abs. 3 Satz 1 RPflG).

30 Ebenso ist ein Rechtsmittel gegen die Ablehnung des Registergerichts, eine Eintragung nachträglich zu ändern oder zu ergänzen, nicht statthaft (OLG Köln FGPrax 2004, 88; BayObLG NJW-RR 1986, 1161 m.w.N.).

31 Denkbar wäre allenfalls ein **Fortsetzungsfeststellungsantrag** (§ 62 Abs. 1; vgl. Bahrenfuss/*Steup* vor § 374 Rn. 23 f.). Die Statthaftigkeit dieses Rechtsbehelfs beruht auf einem Verfassungsgebot (s. § 62 Rdn. 1) und kann schon deshalb nicht durch § 383 Abs. 3 ausgeschlossen werden. Oftmals fehlen dürfte allerdings das gesondert erforderliche »berechtigte Interesse« an der Feststellung, nämlich ein schwerwiegender Grundrechtseingriff oder konkrete Wiederholungsgefahr (§ 62 Abs. 2 FamFG).

II. Umdeutung einer unzulässigen Beschwerde. War die mit der Beschwerde beanstandete Eintragung 32 unzulässig, besteht unter den Voraussetzungen des § 395 die Möglichkeit einer Löschung von Amts wegen nebst ggf. anschließender Neuvornahme der korrekten Eintragung. Die unzulässig eingelegte »Beschwerde« gegen eine Eintragung kann daher in eine Anregung zur Amtslöschung, verbunden mit dem Antrag auf anderweitige Neueintragung, umgedeutet werden (BayObLG NJW-RR 1986, 1161, 1162; OLG Hamm NJW-RR 1998, 611; OLG Zweibrücken NJW-RR 2002, 825, 826; OLG Köln FGPrax 2004, 88 und Rpfleger 2011, 443, 444), und zwar i.R.d. Abhilfeverfahrens nach § 68 Abs. 1 Satz 1 (OLG Hamm FGPrax 2010, 143). Gleichermaßen umgedeutet werden kann das unzulässig eingelegte Rechtsmittel gegen die Ablehnung des Registergerichts, eine Eintragung nachträglich zu ändern oder zu ergänzen (BayObLG DNotZ 1986, 48; NJW-RR 1986, 1161, 1162; OLG Düsseldorf FGPrax 1999, 70, 71). Lehnt das Gericht die Amtslöschung und Neueintragung ab, ist hiergegen die Beschwerde statthaft (OLG Frankfurt NJW 1983, 1806; s.a. § 395 Rdn. 116; OLG Hamm FGPrax 2010, 143).

III. Fassungsbeschwerde. In Grundbuchsachen wird die Beschwerde gegen eine vorgenommene Eintragung ausnahmsweise dann für statthaft gehalten, wenn ein Beteiligter sich nicht gegen den Inhalt oder Umfang der Eintragung wendet, somit keine inhaltliche Änderung erstrebt, sondern geltend macht, die Fassung müsse wegen Missverständlichkeit oder Mehrdeutigkeit geändert werden (sog. Fassungsbeschwerde, vgl. BayObLGZ 1956, 196, 198; 1972, 373, 374 f.; *Demharter* § 71 Rn. 46 f.; Kuntze/Ertl/Herrmann/Eickmann/*Briesemeister* § 71 Rn. 28). Ob eine derartige Fassungsbeschwerde auch in Handelsregistersachen zulässig ist, war früher umstritten (bejahend: *Krafka/Kühn* Rn. 2442; *Holzer* ZNotP 2008, 138; verneinend: KKW/*Kahl* [15. Aufl.] § 19 Rn. 16; offengelassen bei BayObLG DNotZ 1985, 168, 170; NJW-RR 1986, 1161; OLG Köln FGPrax 2004, 88, 89). Der RegE des FamFG geht – ohne die widerstreitenden Auffassungen zur Kenntnis zu nehmen – von der Zulässigkeit der Fassungsbeschwerde aus, indem er in der Begründung zu Abs. 3 ausführt: »Die Zulässigkeit der sog Fassungsbeschwerde, die die Korrektur von im Handelsregister eingetragenen Tatsachen (z.B. Korrektur der Namensangabe einer eingetragenen Person) sowie die Klarstellung einer Eintragung« betreffe, werde »hierdurch nicht berührt.« (BT-Drucks. 16/6308 S. 286). 33

Soweit eine »Fassungsbeschwerde« allein der **Klarstellung** dienen soll (z.B. Berichtigung eines Geburtsdatums oder der Schreibweise eines Namens), stehen ihr jedenfalls Publizitätsgesichtspunkte nicht entgegen, da sich der Glaube an den Registerinhalt nur auf die eingetragene Rechtstatsache und die Identität der mit ihr verknüpften Person bezieht, nicht jedoch auf die exakte Schreibweise ihres Namens und die Korrektheit des eingetragenen Geburtsdatums, solange dies jedenfalls die Identität der Person nicht in Zweifel zieht. Eine Berichtigung solcher Schreibversehen und ähnlicher offenbarer Unrichtigkeiten ist bereits durch die §§ 17 Abs. 1 HRV, 24 GenRegV, 12 Abs. 2 VRV von Amts wegen vorgesehen. Es spricht grds. nichts dagegen und mag im Einzelfall sogar verfassungsrechtlich geboten sein (s. *Holzer* ZNotP 2008, 138, 148 f.), auf eine »Fassungsbeschwerde« hin entsprechende Änderungen – i.d.R. durch Anbringung eines Berichtigungs- oder Klarstellungsvermerks – vorzunehmen (vgl. OLG München Rpfleger 2011, 91). Kein Anspruch besteht allerdings darauf, eine materielle Namensänderung rückwirkend im Register zu vollziehen, etwa nach Geschlechtsangleichung (BGH ZIP 2015, 1064). 34

Eine berichtigende Klarstellung eingetragener **rechtlicher Verhältnisse** (dazu *Krafka/Kühn* Rn. 2444) wird jedoch nur in Ausnahmefällen mit der Fassungsbeschwerde verlangt werden können, denn aus Publizitätsgründen muss es ausgeschlossen bleiben, dass die Änderung der Fassung zugleich auf eine inhaltliche Korrektur hinausläuft. Es können nur Klarstellungen vorgenommen werden, die der besseren Deutlichkeit und Verständlichkeit i.S.d. §§ 12 Satz 1 HRV, 10 Satz 1 VRV dienen, jedoch den verlautbarten Inhalt als solchen unangetastet lassen. Ist eine Registeranmeldung durch die vorgenommene Eintragung nur unvollständig erledigt (verdeckter Teilvollzug), bedarf es für die noch offenen Punkte nicht der Fassungsbeschwerde, sondern der Fortsetzung des Eintragungsverfahrens (anders OLG Düsseldorf FGPrax 2014, 174). 35

Zielt der als »Fassungsbeschwerde« bezeichnete Rechtsbehelf in Wahrheit nicht auf eine klarstellende Korrektur, sondern auf eine materielle Inhaltsänderung der Eintragung, so kann er – wie eine von vornherein unzulässige Beschwerde (Rdn. 32) – als Antrag auf Einleitung des Amtslöschungsverfahrens **umgedeutet** werden, verbunden mit dem Antrag, eine Eintragung entspr. der ursprünglichen Anmeldung vorzunehmen, welche durch die falsche Fassung noch nicht erledigt ist (BayObLG DNotZ 1986, 48, 49; NJW-RR 1986, 1161, 1162). 36

IV. Anfechtung der vorab bekannt gemachten Eintragungsverfügung/Erteilung eines Vorbescheides. 37
Eine vom Richter/Rechtspfleger unterschriebene Eintragungsverfügung (§§ 27 Abs. 2 Satz 1 HRV, 9 Abs. 1

VRV) kann angefochten werden, wenn sie noch nicht ausgeführt ist (sonst gilt Abs. 3), den Beteiligten aber wegen zweifelhafter Rechtslage bereits vorab bekannt gegeben wird, um eine Nachprüfung im Beschwerdewege zu ermöglichen (OLG Stuttgart Rpfleger 1970, 283; BayObLG NJW-RR 1992, 295; Bahrenfuss/*Steup* § 395 Rn. 9; Haußleiter/*Schemmann* § 383 Rn. 7; a.A. Keidel/*Heinemann* § 382 Rn. 4). Da Publizitätswirkungen noch nicht eingetreten sind, unterliegt die (beabsichtigte) Eintragung der vollständigen rechtlichen Überprüfung und nicht nur der Prüfung ihrer Fassung (a.A. *Holzer* ZNotP 2008, 266, 270 f.).

38 Hat das berufsständische Organ Bedenken gegen die Eintragung angemeldet, denen das Registergericht nicht folgen will, ist ihm ein **Vorbescheid** zu erteilen, um die Beschwerdemöglichkeit zu eröffnen (s. § 380 Rdn. 19, 34).

§ 384 Von Amts wegen vorzunehmende Eintragungen.

(1) Auf Eintragungen von Amts wegen sind § 382 Abs. 1 Satz 2 und Abs. 2 sowie § 383 entsprechend anwendbar.
(2) Führt eine von Amts wegen einzutragende Tatsache zur Unrichtigkeit anderer in diesem Registerblatt eingetragener Tatsachen, ist dies von Amts wegen in geeigneter Weise kenntlich zu machen.

Übersicht

	Rdn.		Rdn.
A. Entsprechende Anwendung von Einzelregelungen der §§ 382, 383 FamFG (Abs. 1)	1	I. Voraussetzung der Kenntlichmachung . . .	3
B. Kenntlichmachung unrichtig gewordener Tatsachen (Abs. 2)	3	II. Inhalt der Eintragung: nur Kennzeichnung	6
		C. Annex: Fassung der Amtseintragung (§ 19 Abs. 2 HRV)	9

1 **A. Entsprechende Anwendung von Einzelregelungen der §§ 382, 383 FamFG (Abs. 1).** Die Vorschrift ist ein systematisches Unding. Der in Bezug genommene § 382 Abs. 1 Satz 2 und Abs. 2 ist bereits innerhalb des § 382 fehl am Platze (§ 382 Rdn. 6). Zudem ist es eine Binsenweisheit, dass Eintragungen von Amts wegen auf gleiche Weise vollzogen und wirksam werden wie solche auf Antrag. Ein zielführender Gesetzesaufbau hätte die gemeinsamen Regelungen über Vollzug, Bekanntgabe und Anfechtbarkeit (§ 382 Abs. 1 Satz 2, Abs. 2, § 383) nach dem Klammerprinzip vorangestellt, woran sich je ein spezieller Paragraf mit Regelungen einmal für das Antragsverfahren (§ 382 Abs. 1 Satz 1, Abs. 3 und 4) und einmal für das Verfahren von Amts wegen (§ 384 Abs. 2) angeschlossen hätte.

2 Die weiter enthaltene Anordnung, § 383 sei »entsprechend anwendbar«, ist per se nicht zu begreifen. Der Wortlaut des § 383 enthält keine Beschränkung auf das Antragsverfahren und ist deshalb von vornherein auch auf Amtseintragungen anzuwenden. Eine »entsprechende« Anwendung, wie sie Abs. 1 anordnet, entbehrt jeder Grundlage und Notwendigkeit. Geahnt hatte das wohl bereits der Gesetzgeber, indem er die Notwendigkeit seiner Regelung mit den Worten »soweit erforderlich« selbst infrage stellt (BT-Drucks. 16/6308 S. 286).

3 **B. Kenntlichmachung unrichtig gewordener Tatsachen (Abs. 2). I. Voraussetzung der Kenntlichmachung.** Die Regelung bezieht sich auf den Fall, dass eine von Amts wegen einzutragende Tatsache die Unrichtigkeit anderer vorhandener Eintragungen nach sich zieht. Gedacht ist hier z.B. an die Eintragung eines Insolvenzvermerks, mit dem zugleich die bestehenden Prokuren erlöschen (§ 117 Abs. 1 InsO), deren Eintragung damit unrichtig wird, oder an die Eintragung einer Auflösung der Gesellschaft von Amts wegen (s. § 395 Rdn. 125, § 399 Rdn. 58 sowie §§ 263 Satz 2, 3, 289 Abs. 6 Satz 3 AktG, 65 Abs. 1 Satz 2, 3 GmbHG), mit welcher die Vorstände und Geschäftsführer ihre Vertretungsmacht verlieren, sodass deren Eintragung wie auch die eingetragene allgemeine Vertretungsregelung (vgl. BGH Rpfleger 2009, 156) unrichtig werden.

4 Die Vorschrift setzt eine **von Amts wegen einzutragende Tatsache** voraus. Sie ist daher nicht anzuwenden, wenn eine auf Anmeldung hin einzutragende Tatsache die Unrichtigkeit anderer vorhandener Eintragungen nach sich zieht, bspw. der bisherige Prokurist zum Geschäftsführer oder Liquidator bestellt und eingetragen wird und deshalb seine Voreintragung als Prokurist unrichtig wird. In dem Fall muss das Erlöschen der Prokura gesondert angemeldet werden (a.A. h.M.; vgl. OLG Düsseldorf FGPrax 2012, 173; OLG Karlsruhe NJW 1969, 1724; *Krafka/Kühn* Rn. 373).

5 Eine Löschung oder Berichtigung der unrichtig gewordenen Voreintragungen muss nicht angemeldet oder von Amts wegen eingetragen werden, da die Rechtsfolgen von Gesetzes wegen eintreten und sich ohne Weiteres aus der Abfolge der vorgenommenen Eintragungen ergeben (LG Halle ZIP 2004, 2294; LG Leipzig

ZIP 2007, 1381). Jedoch wird die zeitliche Abfolge der Eintragungen nur aus dem chronologischen Registerauszug ersichtlich, während der aktuelle Auszug alle nicht gelöschten Eintragungen gleichrangig nebeneinander ausweist. Durch die Kenntlichmachung der sachlich überholten Eintragungen soll daher verhindert werden, dass durch den aktuellen Auszug der falsche Eindruck entsteht, die früheren Vertretungsverhältnisse seien noch rechtsgültig.

II. Inhalt der Eintragung: nur Kennzeichnung. Nach dem Gesetz beschränkt sich die Tätigkeit des Gerichts auf die **Kennzeichnung** der unrichtig gewordenen Eintragungen, um einem unrichtigen Rechtsschein vorzubeugen. Der Wortlaut des Abs. 2 lässt daher – entgegen einer verbreiteten Praxis der Registergerichte – weder eine Amtslöschung der unrichtig gewordenen Eintragungen noch deren »Berichtigung« von Amts wegen (Keidel/*Heinemann* § 384 Rn. 16 ff.; anders aber *Krafka/Kühn* Rn. 450e f.; vgl. auch MüKoFamFG/*Krafka* § 384 Rn. 15) zu. Erst recht legitimiert Abs. 2 im Fall der Gesellschaftsauflösung keine Eintragung der Liquidatoren von Amts wegen, denn die Ermittlung der neuen Vertretungsverhältnisse ist nicht Aufgabe des Registergerichts (vgl. BR-Drucks. 942/05 S. 133 zu § 144c FGG). Die Anmeldung der neuen Vertretungsverhältnisse bleibt Aufgabe der Liquidatoren selbst (dazu ausführlich *Peifer* Rpfleger 2008, 408; s.a. Jurgeleit/*Edenharter* § 19 Rn. 37). 6

Das bei den Registergerichten eingesetzte DV-Programm (RegisSTAR) sieht vor, die unrichtig gewordenen Eintragungen wie Übergangstexte zu behandeln, also entsprechend § 16a HRV so zu kennzeichnen, dass sie in den aktuellen Auszug nicht mehr aufgenommen werden (§ 30a Abs. 4 Satz 4 HRV). Ob dies allein dem Sinn der Vorschrift voll gerecht wird, erscheint zweifelhaft; womöglich fordert das Gesetz eine ausdrückliche Kennzeichnung unter Klarstellung des Sinnzusammenhangs (vgl. auch Bahrenfuss/*Steup* § 384 Rn. 5). 7

Eine gesonderte Mitteilung der vorgenommenen Kennzeichnung an die Beteiligten oder gar deren Bekanntmachung nach § 382 Abs. 2 sind nicht erforderlich. Abs. 1 ist auf die Kenntlichmachung nicht anwendbar, da diese nicht den Begriff einer »Eintragung« erfüllt (a.A. Keidel/*Heinemann* § 384 Rn. 19). 8

C. Annex: Fassung der Amtseintragung (§ 19 Abs. 2 HRV). Sämtliche von Amts wegen vorzunehmenden Eintragungen enthalten gem. § 19 Abs. 2 HRV den Hinweis auf die gesetzliche Grundlage sowie einen Vermerk »Von Amts wegen eingetragen«, es sei denn, es handelt sich um einen Vermerk im Zusammenhang mit der Tätigkeit des Insolvenzgerichts. 9

§ 385 Einsicht in die Register.
Die Einsicht in die in § 374 genannten Register sowie die zum jeweiligen Register eingereichten Dokumente bestimmt sich nach den besonderen registerrechtlichen Vorschriften sowie den auf Grund von § 387 erlassenen Rechtsverordnungen.

Übersicht

	Rdn.		Rdn.
A. Allgemeines	1	a) Führung des Sonderbandes	24
B. Kommentierung	2	aa) Handels-, Genossenschafts- und Partnerschaftsregister	24
I. Systematischer Überblick/Praktische Hinweise	3	bb) Vereinsregister	25
1. Registerblatt	3	cc) Güterrechtsregister	27
a) Elektronischer Abruf	4	b) Einsicht in den Sonderband	28
b) Einsichtnahme auf der Geschäftsstelle des AG	9	aa) Einsichtnahme auf der Geschäftsstelle des Register führenden Gerichts	28
c) Erteilung von Ausdrucken in Papierform	13	bb) Erteilung von Abschriften in Papierform	29
d) Übermittlung eines Registerauszugs als elektronische Datei	15	cc) Elektronische Übermittlung des Dokuments	30
e) Grenzen der Einsichtnahme	16	4. Registerakten (»Hauptband«)	31
f) Genossenschafts- und Partnerschaftsregister	17	II. Materielle Beweiskraft des Registerinhalts	36
2. Elektronischer Registerordner	18	III. Rechtbehelfe	37
3. »Sonderband« der Registerakten	24		

§ 385

1 **A. Allgemeines.** Laut Begründung des RegE will die Vorschrift klarstellen, dass für die Einsicht in die nach § 374 geführten Register nicht die Regelungen des § 13, sondern die besonderen registerrechtlichen Vorschriften gelten.

2 **B. Kommentierung.** Die Vorschrift ist sprachlich missglückt, denn in § 374 sind gar keine *Register* genannt, sondern Register*sachen*. Für die Einsicht in Registersachen gelten gerade andere Regelungen als für die Einsicht in die Register selbst und in die zu ihnen eingereichten Dokumente. Die unpräzise Bezugnahme auf § 374 hat zur Folge, dass der Vorschrift nicht nur kein wirklicher Regelungsgehalt innewohnt, sondern sie auch zur Klarstellung nicht beiträgt. § 385 ist belanglos und überflüssig. Als Platzhalter dient sie jedoch einem systematischen Überblick und praktischen Hinweisen zu den verschiedenen Abruf- und Einsichtsmöglichkeiten einschl. der dabei entstehenden Kosten.

3 **I. Systematischer Überblick/Praktische Hinweise. 1. Registerblatt.** Die Einsicht in das Register selbst, also in das Registerblatt, auf dem die Registereintragungen vorgenommen werden (§§ 13 Abs. 1 HRV, 2 Abs. 1 Satz 2 VRV), steht jedem auf vielfältige Weise offen.

4 **a) Elektronischer Abruf.** Der elektronische Abruf über die Internetseite **www.justizregister.de** (gleichgeschaltet mit **www.handelsregister.de, www.vereinsregister.de** usw.) stellt den modernsten Zugang dar (§§ 9 Abs. 1 HGB, 79 Abs. 2 BGB). Abrufbar sind das Handels-, Genossenschafts- und Partnerschaftsregister sowie das Vereinsregister, soweit es bereits elektronisch geführt wird.

5 Der elektronische Registerauszug wird in zwei verschiedenen Darstellungsformen geboten: entweder als »aktueller« oder als »chronologischer« Auszug (§ 30a Abs. 4 HRV). Der **chronologische Auszug** entspricht in seiner Darstellung dem herkömmlichen, in Karteiform geführten Registerblatt. Er gibt alle jemals vorgenommenen Eintragungen einschl. der bereits gelöschten in zeitlicher Abfolge wieder. Demgegenüber weist der **aktuelle Auszug** nur die zurzeit noch gültigen Eintragungen aus und fasst diese in tabellarischer Form zusammen. Der aktuelle Auszug ist damit wesentlich übersichtlicher als der chronologische Ausdruck, gibt aber keine Auskunft über frühere, bereits gelöschte Eintragungen und keinen Überblick darüber, wann die jeweiligen Eintragungen vorgenommen wurden. Beide Auszugsarten haben die gleiche Rechtsverbindlichkeit. Sie werden aktuell aus dem Echtdatenbestand generiert und belegen den Stand der Registereintragungen in der Sekunde des Abrufs. Ein ggf. zusätzlich abrufbarer »**historischer Auszug**« zeigt eine Ablichtung des früheren Registerblatts in Karteiform, welches im Zuge der Umstellung auf die elektronische Registerführung geschlossen wurde.

6 Die Einsichtnahme des Notars in das elektronisch abgerufene Registerblatt ist ausreichende Grundlage für die **Erteilung einer Vertretungsbescheinigung** oder sonstigen Registerbescheinigung gem. § 21 BNotO (MüKoHGB/*Krafka* § 9 Rn. 27; *Schöner/Stöber* Rn. 3638; Rundschreiben Nr. 14/2003 der BNotK vom 14.04.2003; s.a. OLG Hamm FGPrax 2008, 96, 97; DNotI-Gutachten DNotI-Report 2014, 81).

7 Der Abruf des Registerblatts kostet 4,50 €, der Abruf eines zum Register eingereichten Dokuments 1,50 € (Nr. 1140, 1141 KV JVKostG). Wird dasselbe Registerblatt innerhalb eines einheitlichen Abrufvorgangs in verschiedenen Darstellungsformen aufgerufen (aktuelle/chronologische/historische Ansicht), fällt die Geb. nur einmal an (*Apfelbaum* DNotZ 2007, 166, 169 f.). Über die angefallenen Gebühren wird monatlich eine Rechnung erteilt, in der jedes abgerufene Dokument aufgeführt und auf Wunsch mit einem frei wählbaren Betreff (= Aktenzeichen des Abrufenden) versehen wird. Über die Betreffsangabe sind die entstandenen Abrufgebühren als Auslagen für eine bestimmte Rechtssache belegbar und können dem Mandanten – soweit gebührenrechtlich zulässig – in Rechnung gestellt werden.

8 Wer auf die Gebührenrechnung keinen Wert legt und per Kreditkarte zahlen will, kann die Registerdaten über das Unternehmensregister abrufen (§ 9 Abs. 6 HGB – **www.unternehmensregister.de**). Diese Zugangsmöglichkeit dürfte vor allem für Nutzer aus dem Ausland interessant sein.

9 **b) Einsichtnahme auf der Geschäftsstelle des AG.** Eine kostenfreie Alternative zum elektronischen Abruf ist die Einsicht auf der Geschäftsstelle des Registergerichts. An den eingerichteten Auskunftsplätzen kann der Einsichtnehmende den Registerinhalt und die Dokumente i.d.R. selbst aufrufen. Er darf aber nicht gegen seinen Willen auf »Selbstbedienung« verwiesen werden; auf Wunsch muss ihm das gewünschte Registerblatt durch einen Justizbediensteten aufgerufen werden (*Melchior/Schulte* § 10 Rn. 4). Steht für die Einsicht kein Bildschirm zur Verfügung, erfolgt sie durch Vorlage eines Ausdrucks. Soweit die Register noch nicht auf elektronische Registerführung umgestellt sind (Güterrechtsregister und teilweise Vereinsregister), wird Einsicht in die Karteikarten gewährt, auf denen das Register geführt wird (§§ 79 Abs. 1 Satz 1, 1563

Satz 1 BGB). Anspruch auf **telefonische Auskunft** besteht nicht (*Melchior/Schulte* § 10 Rn. 9; Bahrenfuss/ *Steup* § 385 Rn. 7).

Die Einsicht auf der Geschäftsstelle ist mangels Gebührentatbestandes kostenlos. Sie schließt das Recht ein, den Registerinhalt und die Dokumente abzuschreiben. Registerrechtlich zulässig ist es auch, die Inhalte mit einer **Digital- oder Handy-Kamera** abzulichten (OLG Dresden NJW 1997, 667, 668; Baumbach/Hopt/*Hopt* § 9 Rn. 3; offen gelassen bei BGH NJW 1989, 2818, 2819). Der Behördenleiter ist jedoch aufgrund seines Hausrechts befugt, das Fotografieren im Gerichtsgebäude generell oder in bestimmten Bereichen zu verbieten.

Die Einsicht ist »**während der Dienststunden**« zu ermöglichen (§§ 10 Abs. 1, 3 HRV, 16 Satz 1, 31 Abs. 1 VRV). Unzulässig – wenngleich verbreitet – sind daher Anordnungen, die den diesbezüglichen Publikumsverkehr auf bestimmte Einsichtsstunden beschränken wollen (a.A. *Melchior/Schulte* § 10 Rn. 5).

Soweit die Länder von der Verordnungsermächtigung des § 387 Abs. 1 Gebrauch gemacht haben, können die elektronisch geführten Register nicht nur beim Register führenden Gericht, sondern auch an den Auskunftsplätzen anderer AG kostenlos eingesehen werden.

c) Erteilung von Ausdrucken in Papierform. Das Registergericht erteilt auf Antrag einen Registerausdruck oder eine Registerabschrift in Papierform (§§ 9 Abs. 4 Satz 1 HGB, 79 Abs. 1 Satz 2, 1563 Satz 2 BGB). Von dem elektronisch geführten Register wird ein »aktueller Ausdruck« (s. Rdn. 5) gefertigt, wenn nicht ausdrücklich ein »chronologischer Ausdruck« beantragt ist (§§ 30a Abs. 4 Satz 6 HRV, 32 Abs. 3 VRV). Der Ausdruck aus dem Handels-, Genossenschafts- und Partnerschaftsregister ist als »amtlicher Ausdruck« **zu beglaubigen**, sofern nicht darauf verzichtet wird (§ 9 Abs. 4 Satz 3 HGB). Für das Vereins- und das Güterrechtsregister gilt die umgekehrte Regel: Wird Beglaubigung nicht ausdrücklich verlangt, wird eine unbeglaubigte Abschrift erteilt. Der einfache Ausdruck/Auszug kostet 10 € (Nr. 17000 KV GNotKG), der beglaubigte 20 € (Nr. 17001 KV GNotKG).

Die Beglaubigung eines Registerauszugs steht allein dem Urkundsbeamten der Geschäftsstelle des Gerichts zu; Notare sind hierzu nicht befugt (OLG Hamm OLGZ 1967, 334, 339).

d) Übermittlung eines Registerauszugs als elektronische Datei. Vom Gericht kann ferner die elektronische Übermittlung eines Registerauszugs verlangt werden (§§ 30a Abs. 5 Satz 1 HRV, 32 Abs. 4 VRV), welche in unsignierter Form 5 €, in signierter Form 10 € kostet (Nr. 17002, 17003 KV GNotKG). Das Verfahren ist jedoch umständlicher und teurer als der Abruf über www.justizregister.de, weshalb seine praktische Bedeutung eher gering ist. Allerdings enthält der auf diesem Weg signierte Auszug eine **qualifizierte elektronische Signatur** (§§ 9 Abs. 3 Satz 2 HGB, 30a Abs. 5 Satz 2 HRV), während die Datei aus dem automatisierten Abrufverfahren nur mit einer fortgeschrittenen elektronischen Signatur (§ 2 Nr. 2 SigG) versehen werden kann.

e) Grenzen der Einsichtnahme. Nicht durch die gesetzlichen Einsichtsrechte gedeckt ist der massenhafte Abruf von Registerdaten, namentlich zum Zwecke des Aufbaus eines privaten Parallelregisters. Die Zulassung eines Massenabrufs liegt im Ermessen der Justizverwaltung (BGH NJW 1989, 2818). Von § 9 HGB gedeckt ist jedoch die parallele Anforderung von Dokumenten zu mehreren einzeln bezeichneten Firmen, und zwar auch zu dem Zweck, sie für einen Wirtschaftsinformationsdienst zu nutzen (OLG Köln NJW-RR 1991, 1255; OLG Hamm NJW-RR 1991, 1256).

f) Genossenschafts- und Partnerschaftsregister. Die für das Handelsregister geltenden Vorschriften sind auf das Genossenschafts- und das Partnerschaftsregister entsprechend anwendbar (§§ 156 Abs. 1 GenG, 1 GenRegV und §§ 5 Abs. 2 PartGG, 1 PRV).

2. Elektronischer Registerordner. Der elektronische Registerordner (§ 9 HRV) wird in Handels-, Genossenschafts- und Partnerschaftsregistersachen seit dem 01.01.2007 geführt. Er umfasst alle Registerdokumente, die nach § 9 Abs. 1 HGB der unbeschränkten **Einsicht durch jedermann ohne Darlegung eines besonderen Interesses** unterliegen. Das sind neben den Registeranmeldungen alle offenzulegenden Dokumente wie *Satzungen, Gesellschafterlisten, Hauptversammlungsprotokolle* usw. einschl. deren eventueller Übersetzungen (§ 11 Abs. 1 Satz 3 HGB). Nicht im Registerordner befinden sich die Jahresabschlüsse der Gesellschaften, welche seit dem 01.01.2007 nicht mehr beim Registergericht, sondern beim Betreiber des Bundesanzeigers eingereicht und dort hinterlegt werden (www.bundesanzeiger.de).

Die Einsicht in den Registerordner erstreckt sich nicht nur auf die dort tatsächlich eingestellten Dokumente, sondern auf alle Schriftstücke, die bei korrekter Behandlung durch das Gericht dort hineingehörten.

Deshalb kann die Einsicht **auch in solche Dokumente** verlangt werden, **die fälschlich zur Registerakte genommen wurden**, obwohl sie nach § 9 HGB der unbeschränkten Einsicht unterliegen (z.B. OLG Hamm GmbHR 2007, 158: Bankbelege über die Einzahlung des Stammkapitals; kritisch dazu *Melchior/Schulte* § 9 Rn. 5).

20 Zeitlich beginnt die unbeschränkte Einsicht in die Dokumente mit der Ersteintragung des Rechtsträgers in das Register. Vor der Ersteintragung richtet sich die Einsicht nur nach § 13 (*Krafka/Kühn* Rn. 52; a.A. *Melchior/Schulte* § 9 Rn. 6, die sich für ein Verschieben der Dokumente in den Registerordner bereits vor der Ersteintragung eines Einzelkaufmanns, einer OHG oder einer GmbH aussprechen).

21 Die zu einer Folgeanmeldung eingereichten Dokumente (z.B. geänderte Satzung) werden nur dann in den Registerordner eingestellt, wenn die Eintragung der Satzungsänderung tatsächlich erfolgt. Während des Eintragungsverfahrens und im Fall einer endgültigen Zurückweisung der Eintragung sind sie Bestandteil der Registerakte (*MüKoFamFG/Krafka* § 385 Rn. 7).

22 Wie beim Registerblatt wird auch die Einsicht in den Registerordner gewährt durch elektronischen Abruf (Rdn. 4 ff.), Einsichtnahme bei Gericht (Rdn. 9 ff.) sowie Erteilung von Ausdrucken in Papierform (§ 9 Abs. 4 Satz 1 HGB).

23 Für Ausdrucke fällt die Dokumentenpauschale nach Nr. 31000 KV GNotKG bzw. Nr. 2000 KV JVKostG an (0,50 € je Seite für die ersten 50 Seiten, 0,15 € für jede weitere Seite). Der Dokumentausdruck ist zu beglaubigen, wenn nicht darauf verzichtet wird (§ 9 Abs. 4 Satz 3 HGB). Ob dieses eine zusätzliche Beglaubigungsgebühr auslöst, ist zweifelhaft. Denn nach dem Wortlaut des Gebührentatbestandes (Nr. 1400 KV JVKostG) wird die Geb. nur erhoben, wenn eine Beglaubigung »beantragt« ist. Einen solchen Antrag verlangt § 9 Abs. 4 HGB jedoch gerade nicht (s. *Nedden-Boeger* FGPrax 2007, 1, 2 f.).

24 **3. »Sonderband« der Registerakten. a) Führung des Sonderbandes. aa) Handels-, Genossenschafts- und Partnerschaftsregister.** Die in Handels-, Genossenschafts- und Partnerschaftsregistersachen zu bildenden Registerakten wurden bis Ende 2006 als »Hauptband« und als »Sonderband« geführt (§ 8 Abs. 1, 2 HRV a.F., § 24 Abs. 1 Satz 3, 4 AktO a.F.). Der »Sonderband« (§ 8 Abs. 2 HRV a.F.) ist der in Papierform geführte Vorläufer des heutigen elektronischen Registerordners. Er enthält die bis zum 31.12.2006 eingereichten Anmeldungen und Dokumente, welche der allgemeinen Einsicht unterliegen, einschl. der Jahresabschlüsse, die bis zum 31.12.2006 noch zum Handelsregister einzureichen waren. Der Sonderband wird weiterhin bei den Registergerichten vorgehalten, um die Einsicht in die bis zum 31.12.2006 eingereichten Dokumente zu ermöglichen.

25 **bb) Vereinsregister.** In Vereinsregistersachen wird der Sonderband fakultativ geführt (§ 7 Abs. 1 Satz 2 VRV). Wird er nicht geführt, ist hinsichtlich der offenzulegenden Dokumente (z.B. Vereinssatzung) die Einsicht in die Registerakte gestattet (§§ 79 Abs. 1 Satz 1 BGB, 16 Abs. 1 Satz 1 VRV).

26 Die verpflichtende Umstellung des Sonderbandes auf einen elektronischen Registerordner sieht das Gesetz einstweilen nicht vor, was damit korrespondiert, dass für das Vereinsregister (noch) keine Pflicht zur elektronischen Einreichung der Unterlagen besteht. Fakultativ ist die Ablage der eingereichten Dokumente in einem elektronischen Registerordner jedoch bereits möglich, vgl. §§ 16 Satz 2, 31 Satz 3 VRV.

27 **cc) Güterrechtsregister.** In Güterrechtsregistersachen wird ein Sonderband nicht geführt. Die Eintragungen in das Güterrechtsregister haben so präzise und umfangreich zu erfolgen, dass sie aus sich heraus den erforderlichen Verkehrsschutz bewirken. Nur ausnahmsweise erfolgt eine Bezugnahme auf die zu den Registerakten eingereichten Dokumente, etwa auf eine Aufstellung über den Umfang des Vorbehaltsguts (*MüKoBGB/Kanzleiter* § 1560 Rn. 5). Liegt eine solche Bezugnahme vor, erstreckt sich die Einsicht nach § 1563 BGB auch auf das betreffende Dokument (*MüKoBGB/Kanzleiter* § 1563 Rn. 1; *Staudinger/Thiele* § 1563 Rn. 1).

28 **b) Einsicht in den Sonderband. aa) Einsichtnahme auf der Geschäftsstelle des Register führenden Gerichts.** Für die Einsicht auf der Geschäftsstelle gelten die §§ 10 HRV, 16, 31 VRV; vgl. i.Ü. Rdn. 10 ff. Eine Aktenversendung des Sonderbandes findet nicht statt, auch nicht zur Einsicht durch Notare oder Rechtsanwälte, weil der Sonderband zur jederzeitigen Einsichtnahme bei Gericht vorgehalten werden muss.

29 **bb) Erteilung von Abschriften in Papierform.** Von den in Papierform vorhandenen Dokumenten sind auf Antrag Abschriften zu erteilen (§§ 9 Abs. 4 Satz 2 HGB, 79 Abs. 1 Satz 2 BGB). Diese sind – außer in Vereinsregistersachen – zu beglaubigen, sofern nicht darauf verzichtet wird (§ 9 Abs. 4 Satz 3 HGB). Zu

den dabei anfallenden Gebühren, namentlich zu den mit der Beglaubigungsgebühr verbundenen Zweifelsfragen, s. Rdn. 23.

cc) Elektronische Übermittlung des Dokuments. Vom Registergericht kann verlangt werden, Papierdokumente aus dem Sonderband des Handels-, Genossenschafts- und Partnerschaftsregisters in die elektronische Form zu überführen (= einzuscannen) und elektronisch zu übermitteln, sofern das betreffende Dokument weniger als 10 Jahre vor dem Zeitpunkt der Antragstellung zum Register eingereicht wurde (§ 9 Abs. 2 HGB). Die Kosten hierfür betragen 2 € je Seite, mindestens jedoch 25 € für ein oder mehrere Dokumente zu einem Registerblatt (Nr. 5007 GebVerzeichnis HRegGebV). 30

4. Registerakten (»Hauptband«). Seit Inkrafttreten der elektronischen Registerführung am 01.01.2007 wird in Handels-, Genossenschafts- und Partnerschaftsregistersachen nur noch der Hauptband als die eigentliche Registerakte geführt (§ 8 HRV n.F.). Darin enthalten sind sämtliche Vorgänge, **die nicht der unbeschränkten Einsicht** unterliegen, wie z.B. die gerichtlichen Verfügungen, Kostenrechnungen, Vorgänge in Zwangsgeldverfahren, gutachtliche Äußerungen der berufsständischen Organe sowie alle Eingaben und Anträge, die nicht unmittelbar auf eine Eintragung zielen (Beschwerdeschriften, Akteneinsichtsgesuche usw.). 31

Die Einsicht in die Registerakte richtet sich nach § 13. Sie ist neben den unmittelbar Verfahrensbeteiligten (§ 13 Abs. 1) nur solchen Personen gestattet, die ein **berechtigtes Interesse** glaubhaft machen (§ 13 Abs. 2). Besteht das berechtigte Interesse nur an einzelnen in der Registerakte erörterten Angelegenheiten, kann die Einsicht nur in dem entsprechenden Umfang verlangt werden (OLG Hamm BB 2006, 2548, 2550); sie ist also auf die betreffenden Schriftstücke zu beschränken. Ausgenommen von der Akteneinsicht sind in jedem Fall die Mitteilungen der Finanzbehörden (§ 379 Rdn. 21). Diese sind entweder in Sammelakten zu vereinigen oder – wie auch andere Aktenstücke, die der Geheimhaltung unterliegen (z.B. Auszüge aus dem Bundeszentralregister) – in separaten Hüllen aufzubewahren, die bei der Gewährung der Akteneinsicht zurückbehalten werden (Melchior/Schulte § 8 Rn. 5 f.). 32

Auch der **Notar** muss sein berechtigtes Interesse an der Einsicht in die Registerakten konkret glaubhaft machen. Die §§ 12 Abs. 3 Nr. 2 GBO, 43, 46 Abs. 2 GBVfg, nach denen einem Notar die Einsicht in das Grundbuch auch ohne Glaubhaftmachung gewährt wird, sind auf die Registerakten nicht analog anzuwenden (Melchior/Schulte § 8 Rn. 7 Fußnote 5). 33

Soweit die Einsicht gestattet ist, wird sie grds. auf der Geschäftsstelle des Register führenden Gerichts gewährt. Hat ein RA die **Übersendung der Akten** beantragt, ist ihm die Einsicht auf der Geschäftsstelle des AG seines Kanzleisitzes zu gewähren. Eine Aktenversendung an die Kanzlei des RA kommt nur in Ausnahmefällen in Betracht, um Akten- und Urkundenverluste zu vermeiden (OLG Dresden NJW 1997, 667). 34

Neben der Möglichkeit der Einsichtnahme kann die **Fertigung von Ablichtungen** verlangt werden, § 13 Abs. 3. Wird die Registerakte gem. § 8 Abs. 3 HRV elektronisch geführt, gewährt die Geschäftsstelle die Akteneinsicht durch Erteilung eines Aktenausdrucks, durch Wiedergabe auf einem Bildschirm, durch Übermittlung von elektronischen Dokumenten oder durch Gestattung des elektronischen Zugriffs (§ 13 Abs. 5 FamFG i.V.m. § 299 Abs. 3 ZPO). 35

II. Materielle Beweiskraft des Registerinhalts. Zu den Fragen der materiellen Beweiskraft des Registerinhalts s. vor § 378 Rdn. 114 ff. 36

III. Rechtsbehelfe. Verweigert der Urkundsbeamte die begehrte Einsicht in das Register (bzw. in den Registerorder/Sonderband), entscheidet auf Antrag der Rechtspfleger (§ 3 Nr. 1 Buchst. a), e), Nr. 2 Buchst. d) RPflG). Lehnt der Rechtspfleger den Antrag ab, ist hiergegen die Beschwerde statthaft (§ 58). 37

Entscheidungen, die sich nicht auf eine konkrete Einsichtsgewährung im Einzelfall, sondern auf die generelle Zulassung zur **Teilnahme am elektronischen Abrufverfahren** (Rdn. 4 ff.) beziehen, stellen Justizverwaltungsakte dar, gegen die der Antrag auf gerichtliche Entscheidung statthaft ist (§§ 23 ff. EGGVG). Das Gleiche gilt für Entscheidungen der Gerichtsverwaltung über das massenhafte Kopieren von Registerdaten (BGH NJW 1989, 2818; a.A. OLG München CR 1988, 1000). 38

Bezüglich eines **Fotografierverbotes** (Rdn. 10) ist wie folgt zu differenzieren: Ist das Fotografieren im Gerichtsgebäude allgemein erlaubt und wird nur das Abfotografieren von Registerinhalten verboten, liegt darin eine zielgerichtete Beschränkung von Art und Umfang der Registereinsicht. Hiergegen sind die Rechtsbehelfe wie Rdn. 37 statthaft. Ist das Fotografieren jedoch gebäudeweit in Ausübung des allgemeinen 39

Hausrechts untersagt, namentlich aus Gründen der Sicherheit und Ordnung, liegt darin ein nach §§ 23 ff. EGGVG anzugreifender Justizverwaltungsakt.

40 Demjenigen, dessen Daten offengelegt werden, steht **kein Rechtsbehelf gegen die Gewährung der Einsicht** in das Register, den Registerordner oder den Sonderband zur Seite (vgl. BGHZ 80, 126 = NJW 1981, 1563 zum Grundbuch). Datenschutzrechtliche Einwände können nicht erhoben werden. Die Datenschutzgesetze des Bundes und der Länder gelten für die Registerführung nach allgemeiner Auffassung nicht (*Prütting* ZZP 106 [1993], 427, 453 ff.; *Lüke* NJW 1983, 1407), und das verfassungsmäßig garantierte Recht auf informationelle Selbstbestimmung findet seine Schranken sowohl in den gemeinschaftsrechtlichen Vorgaben der Publizitätsrichtlinie 68/151/EWG als auch in den einfachgesetzlichen Publizitätsvorschriften, welche die Offenlegung der Daten gebieten.

§ 386 Bescheinigungen.
Das Registergericht hat auf Verlangen eine Bescheinigung darüber zu erteilen, dass bezüglich des Gegenstands einer Eintragung weitere Eintragungen in das Register nicht vorhanden sind oder dass eine bestimmte Eintragung in das Register nicht erfolgt ist.

Übersicht

	Rdn.		Rdn.
A. Allgemeines	1	1. Vertretungsbescheinigungen aus dem Vereins- und Genossenschaftsregister	13
B. Negativattest des Registergerichts	2	2. Vertretungsbescheinigungen aus dem Handels- und Partnerschaftsregister?	14
C. Erteilung des Attests	5		
D. Wirkungen des Attests	10		
E. Positivzeugnisse	12	II. Bescheinigungen aus dem Güterrechtsregister	18
I. Vertretungsbescheinigungen	13	F. Kosten	19

1 **A. Allgemeines.** Die Vorschrift wiederholt die Regelung des § 9 Abs. 5 HGB, welche über die Verweisungen der §§ 156 Abs. 1 GenG, 5 Abs. 2 PartGG auch für das Genossenschafts- und Partnerschaftsregister gilt. Für das Vereins- und Güterrechtsregister enthielt § 162 FGG eine gleichlautende Regelung.

2 **B. Negativattest des Registergerichts.** Die Vorschrift regelt das sog. »Negativattest« des Registergerichts in den beiden Erscheinungsformen des selbstständigen und des unselbstständigen Negativattests.

3 Mit dem **selbstständigen Negativattest** (2. Alt) wird bescheinigt, dass eine bestimmte Eintragung in das Register nicht erfolgt ist. Das selbstständige Negativattest muss keinen Bezug zu einem bestimmten Registerblatt haben; es kann bspw. auch bescheinigt werden, dass ein bestimmtes Unternehmen oder ein bestimmter Verein (noch) nicht in das Register eingetragen ist oder dass für bestimmte Eheleute keine Eintragungen in das Güterrechtsregister vorgenommen wurden.

4 Mit dem **unselbstständigen Negativattest** (1. Alt) wird bescheinigt, dass bezüglich des Gegenstandes einer Eintragung weitere Eintragungen in das Register nicht vorhanden sind. Das unselbstständige Negativattest nimmt Bezug auf eine konkret vorhandene Registereintragung. Es ergänzt den Registerauszug um die registergerichtliche Bestätigung, dass weitere Eintragungen in Bezug auf den Gegenstand nicht vorhanden sind. Praktisch relevant sind Bescheinigungen des Registergerichts darüber, dass die eingetragene Vertretungsmacht eines gesetzlichen Vertreters oder Prokuristen nicht durch eine weitere Eintragung gelöscht oder eingeschränkt wurde. Das unselbstständige Negativattest dient damit vor allem dem Nachweis der negativen Publizitätswirkung des Handelsregisters (§ 15 Abs. 1 HGB).

5 **C. Erteilung des Attests.** Antragsberechtigt ist jedermann; ein bestimmtes Interesse an der Bescheinigung muss nicht dargelegt werden. Funktionell zuständig für das Ausstellen der Bescheinigungen aus dem Handel-, Genossenschafts- und Partnerschaftsregister ist der Urkundsbeamte der Geschäftsstelle (§ 29 Abs. 1 Nr. 2 HRV), für Bescheinigungen aus dem Vereinsregister der Rechtspfleger (§ 3 Nr. 1 Buchst. a), e), Nr. 2 Buchst. d) RPflG). Zur äußeren Form des Attests s. §§ 31 HRV, 17 Abs. 1, 3 VRV; elektronische Erteilung ist gem. § 14 Abs. 3 FamFG, 130b ZPO möglich.

6 Die Bescheinigung wird nur durch das Register führende Gericht erteilt. Die Berechtigung anderer Gerichte, Ausdrucke aus fremden Registern zu erteilen (§ 387 Abs. 1), schließt die Befugnis zur Erteilung von Negativattesten über fremde Registerinhalte nicht ein.

Das Registergericht hat den Zustand so zu bescheinigen, wie er aktuell besteht. Das Gericht ist nicht berechtigt, Bescheinigungen über einen Registerzustand zu einem bestimmten zurückliegenden Zeitpunkt zu erteilen. Eintragungsanträge, die zum Zeitpunkt der Bescheinigung noch unerledigt sind, bedürfen keiner besonderen Erwähnung. 7

Die sachliche Richtigkeit des vorhandenen Registerinhalts wird bei der Erteilung der Bescheinigung nicht überprüft. Es findet also keine Überprüfung statt, ob die Eintragung, auf die sich das Negativattest bezieht, richtigerweise hätte erfolgen müssen. Das Registergericht kann den Vorgang allenfalls zum Anlass nehmen, im Anschluss an die Bescheinigung ein Verfahren nach den §§ 388 ff., 393 bis 399 einzuleiten. 8

Die Negativbescheinigung bezieht sich nur auf das Register (Registerblatt). Bescheinigungen über nicht vorhandene Angaben oder Inhalte der **Registerordner** werden nicht erteilt, etwa eine Bescheinigung darüber, dass eine bestimmte Person nicht auf der eingereichten Gesellschafterliste geführt wird, oder dass die eingereichte Satzung oder der Ehevertrag eine bestimmte Regelung nicht enthält. 9

D. Wirkungen des Attests. Das Negativattest ist eine öffentliche Urkunde i.S.d. § 418 ZPO, die den vollen Beweis der darin bezeugten Tatsachen begründet. Der Gegenbeweis ist zulässig (§ 418 Abs. 2 ZPO); er kann etwa durch Vorlage eines Registerauszugs geführt werden, welcher die angeblich nicht vorhandene Eintragung enthält. 10

Ein unrichtiges Negativattest, welches das Registergericht ausstellt, entfaltet für sich genommen **keinen Gutglaubensschutz** hinsichtlich des Nichtvorliegens der Eintragung. Denn § 15 Abs. 1 HGB bezieht sich nur auf die Eintragung in das Register und deren Bekanntmachung, nicht jedoch auf die weitere Verlautbarung in Form eines Zeugnisses nach § 386. Auch eine analoge Anwendung des § 15 Abs. 3 HGB kommt nicht in Betracht, da die Vorschrift voraussetzt, dass der falsche Rechtsschein dem eingetragenen Rechtsträger zugerechnet werden kann. Dies ist aber nur bei den Eintragungen und Bekanntmachungen als solchen der Fall, welche der Eingetragene anhand der ihm zugehenden Eintragungsnachrichten auf inhaltliche Unrichtigkeiten überprüfen und ggf. auf ihre Berichtigung hinwirken muss. Dieser Zurechnungsmechanismus fehlt, wenn das Registergericht ohne Zutun und ohne Kontrollmöglichkeit des Eingetragenen eine unrichtige Bescheinigung an einen Dritten erteilt. Anders liegt der Fall, wenn der eingetragene Rechtsträger selbst von einem ihm unrichtig erteilten Negativattest im Rechtsverkehr Gebrauch macht: Dann kommt eine analoge Anwendung des § 15 Abs. 3 HGB in Betracht, denn mit der Vorlage der unrichtigen Bescheinigung hält er sein Ggü. davon ab, sich über die tatsächlich vorhandenen Eintragungen näher zu vergewissern. 11

E. Positivzeugnisse. Nicht im FamFG geregelt sind die vom Registergericht zu erstellenden Positivzeugnisse über vorhandene Registereintragungen, namentlich Vertretungsbescheinigungen und Zeugnisse über Eintragungen in das Güterrechtsregister. Für deren Erteilung gelten die Rdn. 6–8 entspr. 12

I. Vertretungsbescheinigungen. 1. Vertretungsbescheinigungen aus dem Vereins- und Genossenschaftsregister. Gem. §§ 69 BGB, 26 Abs. 2 GenG wird der Nachweis, dass der Vorstand aus den im Register eingetragenen Personen besteht, Behörden ggü. durch ein Zeugnis des Registergerichts über die Eintragung geführt. Für Liquidatoren gilt dasselbe über die Verweisungsnormen der §§ 48 Abs. 2 BGB, 87 Abs. 1 GenG. 13

2. Vertretungsbescheinigungen aus dem Handels- und Partnerschaftsregister? Ob das Registergericht entsprechende Vertretungsbescheinigungen auch aus dem Handels- und Partnerschaftsregister zu erteilen hat, ist fraglich. Bis zum 31.12.2006 sah § 9 Abs. 3 HGB a.F. die Ausstellung entsprechender Bescheinigungen vor. Mit Wirkung vom 01.01.2007 wurde die Vorschrift auf Anregung des Bundesrates mit der Begründung gestrichen, dass durch die nunmehr flächendeckende elektronische Registerführung und die damit verbundene Möglichkeit einer einfachen Online-Einsichtnahme gesonderte Zeugnisse des Registergerichts über einschlägige Eintragungen entbehrlich würden (BT-Drucks. 16/2781 S. 79 zu § 9 Abs. 5 HGB-E). 14

Freilich blieb dabei unbedacht, dass der förmlichen gerichtlichen Vertretungsbescheinigung – bspw. im Auslandsrechtsverkehr – ein durchaus stärkeres Gewicht zukommen kann als der Vorlage nur eines Registerausdrucks in tabellarischer Form oder gar des für Unkundige noch schwerer verständlichen chronologischen Ausdrucks. 15

Zu bemerken ist ferner, dass § 21 Abs. 1 Satz 2 BNotO, wo die Beweiskraft der Notarbescheinigung mit dem Zeugnis des Registergerichts verglichen wird, die Koexistenz beider Formen denknotwendig voraussetzt. Allein deshalb kann man das Registergericht trotz Streichung des früheren § 9 Abs. 3 HGB a.F. nach wie vor für berechtigt und verpflichtet halten, Positivbescheinigungen über die Inhaberschaft der Firma ei- 16 nes Einzelkaufmanns sowie über die Befugnis zur Vertretung eines Einzelkaufmanns oder einer Handelsgesellschaft zu erteilen.

17 Lehnte man dieses ab, indem man – durchaus vertretbar – das Faktum der Streichung des § 9 Abs. 3 HGB a.F. in den Vordergrund stellt, bliebe nur der Weg über die (gleichwertige) Notarbescheinigung nach § 21 BNotO.

18 **II. Bescheinigungen aus dem Güterrechtsregister.** Rechtlich zweifelsfrei ist dagegen, dass das Registergericht auf jedermanns Verlangen eine Positivbescheinigung über die Eintragungen bezüglich des Güterstandes oder der Zugehörigkeit eines Gegenstandes zum Vorbehaltsgut zu erteilen hat. Das ist zwar gesetzlich ebenfalls nicht geregelt (§ 1563 Satz 2 BGB regelt nur die Abschrift aus dem Register), folgt aber mittelbar aus den §§ 33 Abs. 1 GBO, 40 SchRegO, welche vorsehen, dass der Nachweis durch ein solches Zeugnis des Registergerichts geführt wird.

19 **F. Kosten.** Für die nach § 386 zu erteilende Bescheinigung wird eine Geb. von 20 € erhoben (Nr. 17004 KV GNotKG).

§ 387 Ermächtigungen.

(1) ¹Die Landesregierungen werden ermächtigt, durch Rechtsverordnung zu bestimmen, dass die Daten des bei einem Gericht geführten Handels-, Genossenschafts-, Partnerschafts- oder Vereinsregisters auch bei anderen Amtsgerichten zur Einsicht und zur Erteilung von Ausdrucken zugänglich sind. ²Die Landesregierungen können diese Ermächtigung durch Rechtsverordnung auf die Landesjustizverwaltungen übertragen. ³Mehrere Länder können auch vereinbaren, dass die bei den Gerichten eines Landes geführten Registerdaten auch bei den Amtsgerichten des anderen Landes zur Einsicht und zur Erteilung von Ausdrucken zugänglich sind.
(2) ¹Das Bundesministerium der Justiz wird ermächtigt, durch Rechtsverordnung mit Zustimmung des Bundesrates die näheren Bestimmungen über die Einrichtung und Führung des Handels-, Genossenschafts- und Partnerschaftsregisters, die Übermittlung der Daten an das Unternehmensregister und die Aktenführung in Beschwerdeverfahren, die Einsicht in das Register, die Einzelheiten der elektronischen Übermittlung nach § 9 des Handelsgesetzbuchs und das Verfahren bei Anmeldungen, Eintragungen und Bekanntmachungen zu treffen. ²Dabei kann auch vorgeschrieben werden, dass das Geburtsdatum von in das Register einzutragenden Personen zur Eintragung anzumelden sowie die Anschrift der einzutragenden Unternehmen und Zweigniederlassungen bei dem Gericht einzureichen ist; soweit in der Rechtsverordnung solche Angaben vorgeschrieben werden, ist § 14 des Handelsgesetzbuchs entsprechend anzuwenden.
(3) ¹Durch Rechtsverordnung nach Absatz 2 können auch die näheren Bestimmungen über die Mitwirkung der in § 380 bezeichneten Organe im Verfahren vor den Registergerichten getroffen werden. ²Dabei kann insbesondere auch bestimmt werden, dass diesen Organen laufend oder in regelmäßigen Abständen die zur Erfüllung ihrer gesetzlichen Aufgaben erforderlichen Daten aus dem Handels- oder Partnerschaftsregister und den zu diesen Registern eingereichten Dokumenten mitgeteilt werden. ³Die mitzuteilenden Daten sind in der Rechtsverordnung festzulegen. ⁴Die Empfänger dürfen die übermittelten personenbezogenen Daten nur für den Zweck verwenden, zu dessen Erfüllung sie ihnen übermittelt worden sind.
(4) Des Weiteren können durch Rechtsverordnung nach Absatz 2 nähere Bestimmungen über die Einrichtung und Führung des Vereinsregisters, insbesondere über das Verfahren bei Anmeldungen, Eintragungen und Bekanntmachungen sowie über die Einsicht in das Register, und über die Aktenführung im Beschwerdeverfahren erlassen werden.
(5) Die elektronische Datenverarbeitung zur Führung des Handels-, Genossenschafts-, Partnerschafts- oder Vereinsregisters kann im Auftrag des zuständigen Gerichts auf den Anlagen einer anderen staatlichen Stelle oder auf den Anlagen eines Dritten vorgenommen werden, wenn die ordnungsgemäße Erledigung der Registersachen sichergestellt ist.

Übersicht

	Rdn.
A. Eröffnung des Zugangs zu den Registerdaten über andere AG (Abs. 1)	1
B. Ermächtigung zum Erlass der gesellschaftsrechtlichen Registerverordnungen (Abs. 2)	4
C. Ermächtigung zum Erlass von Bestimmungen über die Mitwirkung der berufsständischen Organe (Abs. 3)	9

	Rdn.		Rdn.
D. Annex: Ermächtigung der Länder zum Erlass ergänzender Rechtsverordnungen (§ 8a Abs. 2 HGB)	11	F. Keine Ermächtigung zum Erlass einer Güterrechtsregisterverordnung	15
E. Ermächtigung zum Erlass der Vereinsregisterverordnung (Abs. 4)	12	G. Datenverarbeitung im Auftrag (Abs. 5)	16

A. Eröffnung des Zugangs zu den Registerdaten über andere AG (Abs. 1). Abs. 1 erlaubt es den Ländern, durch Rechtsverordnung zu bestimmen, dass die Daten des bei einem Gericht geführten Handels-, Genossenschafts-, Partnerschafts- oder Vereinsregisters auch bei anderen AG zur Einsicht und zur Erteilung von Ausdrucken zugänglich sind. Die Regelung schafft und erhält Bürgernähe; ohne sie hätten viele Konzentrationsmaßnahmen (§§ 376 Abs. 2) nicht ohne kommunalpolitischen Widerstand umgesetzt werden können. Wenigstens der Zugang zu den Registerinhalten sollte bei denjenigen AG gewahrt bleiben, die ihre eigene Registerführung an ein anderes Gericht abgaben. 1

Manche Länder haben zusätzlich auch solche AG, die traditionell kein Register führten, mit Auskunftsterminals ausgestattet und damit die kostenlosen Einsichtsmöglichkeiten erheblich erweitert. Mehrere Länder können darüber hinaus vereinbaren, dass die bei den Gerichten eines Landes geführten Registerdaten auch bei den AG des anderen Landes zur Einsicht und zur Erteilung von Ausdrucken zugänglich sind. Zu den formellen Anforderungen an das Länderabkommen s. § 376 Rdn. 11. 2

Die Ermächtigung des Abs. 1 umfasst nur die Einsicht in das Register (einschl. Registerordner) sowie die Erteilung von Ausdrucken. Zur Erteilung von Abschriften (§ 9 Abs. 4 Satz 2 HGB), Bescheinigungen und Attesten (§§ 9 Abs. 5 HGB, 69 BGB, 26 Abs. 2 GenG, 386 FamFG) ist das nicht Register führende Gericht nicht berufen (s. § 386 Rdn. 6). 3

B. Ermächtigung zum Erlass der gesellschaftsrechtlichen Registerverordnungen (Abs. 2). Abs. 2 und 4 enthalten die zentralen Ermächtigungsgrundlagen zum Erlass der Rechtsverordnungen über die konkrete Ausgestaltung der Registerführung. Der Bundesverordnungsgeber hat davon durch den Erlass der GenRegV, PRV und VRV sowie durch Fortschreibung der am 12.08.1937 als ReichsVO erlassenen HRV Gebrauch gemacht. Diejenigen Vorschriften der HRV, die noch aus der Ursprungsfassung herrühren, gelten gem. Art. 123, 125 GG als Bundesrecht fort. 4

Die Registerverordnungen sind **allgemein verbindliche Rechtsverordnungen**. Erst sie geben den Registern ihre konkrete Gestalt, indem sie alle Einzelheiten über den Aufbau und die Führung der Register, über Art und Weise der vorzunehmenden Eintragungen und über die Einstellung der Dokumente in die Registerordner regeln. Für die praktische Registerführung bilden sie das tägliche Handwerkszeug; ein Inhaltsüberblick findet sich im Anh. zu § 387. 5

Die Registerverordnungen sind nicht nur Verwaltungsvorschriften, sondern materielles Verfahrensrecht (vgl. MüKoHGB/*Krafka* § 8 Rn. 23 m.w.N.), deren Verletzung mit der Beschwerde gerügt werden kann (BGH NJW 2011, 1809 und FGPrax 2012, 26: Aufnahme der Gesellschafterliste in den Registerordner; KG JFG 17, 324: Rückgabe eingereichter Urkunden). 6

Abs. 2 Satz 2 erstreckt die Verordnungsermächtigung auf Vorschriften über anzumeldende **Geburtsdaten** der einzutragenden Personen sowie über die Einreichung der **Geschäftsanschriften** des Unternehmens und seiner Zweigniederlassungen. Durch § 24 HRV hat der Verordnungsgeber davon Gebrauch gemacht; bezüglich der Verwendung von »c/o«-Zusätzen s. OLG Naumburg GmbHR 2009, 832; OLG Hamm FGPrax 2011, 139). Zur Erzwingung der insoweit erforderlichen Angaben s. § 388 Rdn. 15. 7

Der in Satz 1 noch weiter genannte Regelungsgegenstand der »Übermittlung der Daten an das Unternehmensregister« wurde nicht in die o.g. Registerverordnungen implementiert, sondern in die »Unternehmensregisterverordnung« (URV), dort §§ 4 ff. 8

C. Ermächtigung zum Erlass von Bestimmungen über die Mitwirkung der berufsständischen Organe 9
(**Abs. 3**). *Abs. 3 erstreckt* die Verordnungsermächtigung des Abs. 2 auf nähere Bestimmungen über die Mitwirkung der berufsständischen Organe im Verfahren vor den Registergerichten einschl. des regelmäßigen Datenaustausches mit diesen. Auf dieser Ermächtigung beruhen die §§ 23 Satz 2, 37 HRV, 4, 6 PRV. Die Formulierung des Abs. 3 Satz 3, wonach die mitzuteilenden Daten in der Rechtsverordnung festzulegen sind, hat keine Ermächtigungs-, sondern nur Ordnungsfunktion. Denn ausreichende Ermächtigungsgrund-

lage für die Übermittlung sämtlicher Registerdaten an die berufsständischen Organe ist allemal § 13 Abs. 1 Nr. 4 EGGVG. Daher können auch die von Keidel/*Heinemann* (§ 387 Rn. 13) vorgebrachten Bedenken hinsichtlich der Nichteinhaltung des Bestimmtheitsgebots durch die §§ 37 HRV, 6 VRV nicht durchgreifen.

10 Abs. 3 Satz 4 beschränkt die Verwendung der an die berufsständischen Organe übermittelten Daten auf den Zweck, zu dessen Erfüllung sie übermittelt wurden. Der Übermittlungs- und alleinige Verwendungszweck liegt darin, den Organen einen Kenntnisstand zu verschaffen, der sie in die Lage versetzt, die Registergerichte sachgerecht gem. § 380 zu unterstützen. Durch die Regelung soll insb. verhindert werden, dass die erhaltenen Registerdaten unautorisiert an Dritte weitergegeben oder sonst wirtschaftlich verwertet werden. Datenschutzaspekte spielen hingegen nur eine untergeordnete Rolle (a.A. Keidel/*Heinemann* § 387 Rn. 13), da die Datenschutzgesetze des Bundes und der Länder für die Registerführung nach allgemeiner Auffassung nicht gelten (*Prütting* ZZP 106 [1993], 427, 453 ff.; *Lüke* NJW 1983, 1407).

11 **D. Annex: Ermächtigung der Länder zum Erlass ergänzender Rechtsverordnungen (§ 8a Abs. 2 HGB).** In Ergänzung der Registerverordnungen des Bundes sind die Länder aufgrund § 8a Abs. 2 HGB ermächtigt, nähere Bestimmungen über die elektronische Führung des Handelsregisters, die elektronische Anmeldung, die elektronische Einreichung von Dokumenten sowie deren Aufbewahrung zu treffen. Dabei können sie auch **Einzelheiten der Datenübermittlung** regeln sowie die Form der zu übermittelnden elektronischen Dokumente festlegen, um die Eignung für die Bearbeitung durch das Gericht sicherzustellen. Die Länder haben hiervon Gebrauch gemacht und Landesverordnungen über den elektronischen Rechtsverkehr sowie Landesregisterverordnungen erlassen, mit denen eine konkrete Poststelle (das Elektronische Gerichts- und Verwaltungspostfach – EGVP) sowie bestimmte Datenformate (ASCII, Unicode, RTF, PDF, XML, TIFF, DOC und als Komprimierung ZIP) vorgegeben werden, derer sich der Anmeldende bei der Datenübermittlung an das Registergericht zwingend bedienen muss.

12 **E. Ermächtigung zum Erlass der Vereinsregisterverordnung (Abs. 4).** Abs. 4 enthält eine eigenständige Ermächtigungsgrundlage für den Erlass der VRV. Die enthaltene Verweisung auf Abs. 2 bezieht sich nur auf den ermächtigten Verordnungsgeber (BMJ) sowie auf den Zustimmungsvorbehalt des Bundesrates, nicht jedoch auf den Inhalt der Verordnungsermächtigung. Inhaltlich bestehen zwar weitreichende Parallelen zwischen den Verordnungsermächtigungen nach Abs. 4 und Abs. 2, jedoch verzichtet Abs. 4 auf eine Erwähnung der »Übermittlung der Daten an das Unternehmensregister«, was aus sich heraus verständlich ist, sowie der »Einzelheiten der elektronischen Übermittlung nach § 9 des Handelsgesetzbuchs«. Letzteres ist unverständlich: Richtigerweise hätten die Einzelheiten der elektronischen Übermittlung auch für das Vereinsregister aufgenommen werden sollen, freilich unter Bezugnahme auf § 79 BGB anstelle von § 9 HGB.

13 Noch kurioser ist, dass die Ermächtigung für die Vereinsregisterverordnung keine dem Abs. 2 Satz 2 entsprechende Regelung aufgreift, wonach vorgeschrieben werden kann, dass das Geburtsdatum der in das Register einzutragenden Personen zur Eintragung anzumelden sowie die Anschrift der einzutragenden Unternehmen (hier: des Vereins) einzureichen ist. Nach rechtsmethodischen Grundsätzen müsste die Auslassung den Umkehrschluss rechtfertigen, dass Geburtsdaten und Vereinsanschriften durch die VRV nicht aufgegriffen werden dürfen. Das Gegenteil ist jedoch bekanntlich der Fall, nämlich durch § 3 Satz 3 Nr. 3 und § 15 VRV, welche unverändert fortbestehen. Zur möglichen Erzwingung dieser Angaben s. § 388 Rdn. 16.

14 Auch ließe sich anzweifeln, ob der Verordnungsgeber ausreichend ermächtigt ist, i.R.d. VRV Bestimmungen über die Mitwirkung berufsständischer Organe zu treffen, wenn Abs. 3 dieses ausdrücklich nur für Rechtsverordnungen nach Abs. 2 vorsieht und nicht für die in Abs. 4 geregelte VRV. Allein: Die VRV kümmert es nicht (§ 9 Abs. 2 Satz 2, 3 VRV).

15 **F. Keine Ermächtigung zum Erlass einer Güterrechtsregisterverordnung.** Für das Güterrechtsregister enthält § 387 keine Verordnungsermächtigung; der Erlass entsprechender Anordnungen liegt daher im Zuständigkeitsbereich der Länder (vgl. Anh. § 387 Rdn. 60 ff.).

16 **G. Datenverarbeitung im Auftrag (Abs. 5).** Abs. 5 führt die vormals in §§ 125 Abs. 5, 147 Abs. 1 Satz 1, 160b Abs. 1 Satz 2 FGG sowie § 55a Abs. 6 Satz 1 BGB a.F. enthaltenen Ermächtigungen zur Fremdvergabe der elektronischen Datenverarbeitung bei der Führung des Handels-, Genossenschafts-, Partnerschafts- und Vereinsregisters zusammen und harmonisiert deren Wortlaut. Entfallen ist die Beschränkung der Beauftragung auf »juristische Personen«. Dadurch soll die Möglichkeit eröffnet werden, auch Einzelkaufleute und Personenhandelsgesellschaften mit der Datenverarbeitung zu betrauen (kritisch dazu Prütting/Helms/ *Holzer* § 387 Rn. 6).

Bewährt hat sich allerdings die Datenhaltung und -verarbeitung auf den Anlagen **staatlicher Stellen**. Sachliche Gründe für eine Privatisierung der Aufgabe sind – jenseits rein haushaltswirtschaftlicher Erwägungen – nicht ersichtlich; Haußleiter/*Schemmann* (§ 387 Rn. 6) hält die Verlagerung auf Private sogar für verfassungsrechtlich fragwürdig. 17

Als gesetzliche Hürde für die mögliche Beauftragung eines **Privaten** mit der Datenverarbeitung postuliert Abs. 5, dass die ordnungsgemäße Erledigung der Registersachen **jederzeit sichergestellt** sein muss. Dazu müssen bei der Beauftragung umfassende technische und rechtliche Sicherungsvorkehrungen ausbedungen werden. In technischer Hinsicht müssen Hochverfügbarkeitskriterien erfüllt sein; in arbeitsrechtlicher Hinsicht müssen Vorkehrungen getroffen werden, die eine ständige Verfügbarkeit der Register selbst im Fall eines Arbeitskampfes lückenlos gewährleisten. 18

Die Verarbeitung der Registerdaten auf Anlagen, die nicht im Eigentum der hiermit beauftragten Stelle stehen, ist nur zulässig, wenn gewährleistet ist, dass die Daten dem uneingeschränkten Zugriff des zuständigen Gerichts unterliegen und der Eigentümer der Anlage keinen Zugang zu den Daten hat (§§ 47 Abs. 3 HRV, 37 Abs. 2 VRV). Daher sind Finanzierungsgeschäfte über die verwendeten Datenverarbeitungsanlagen so zu gestalten, dass Herausgabeansprüche der Leasinggeber, Vorbehaltsverkäufer oder Sicherungsnehmer ausgeschlossen sind bzw. nur mit Zustimmung der Landesjustizverwaltung ausgeübt werden können. 19

I.Ü. muss sich der private Auftragnehmer den allgemeinen gesetzlichen Anforderungen an die elektronische Verarbeitung von Registerdaten unterwerfen. Die Dokumente sind in inhaltlich unveränderbarer Form zu speichern (§§ 8a Abs. 1 HGB, 47 Abs. 1 Satz 2 HRV). Es muss gewährleistet sein, dass die Grundsätze einer ordnungsgemäßen Datenverarbeitung eingehalten, insb. Vorkehrungen gegen einen Datenverlust getroffen sind sowie die erforderlichen Kopien der Datenbestände mindestens tagesaktuell gehalten und die originären Datenbestände sowie deren Kopien sicher aufbewahrt werden. Die vorzunehmenden Eintragungen müssen alsbald in einen Datenspeicher aufgenommen und auf Dauer inhaltlich unverändert in lesbarer Form wiedergegeben werden können (§ 47 Abs. 1 Satz 1 Nr. 1, 2 HRV). Zusätzlich in den Pflichtenkatalog aufzunehmen sind die für das elektronische Grundbuch vorgeschriebenen Sicherungs- und Kontrollmaßnahmen (vgl. §§ 64 bis 66 GBVfg sowie Anl. zu § 126 Abs. 1 Satz 2 Nr. 3 GBO), welche über die Verweisungsvorschriften der §§ 47 Abs. 1 Nr. 3, 49 Abs. 1 HRV in die elektronische Registerführung einbezogen sind. 20

Schließlich besteht noch die weitere Anforderung, dass das eingesetzte Datenverarbeitungssystem innerhalb eines jeden Landes einheitlich ist und mit den in den anderen Ländern eingesetzten Systemen verbunden werden kann (§ 49 Abs. 2 HRV). Auch daran ist der private Beauftragte zu binden. 21

Datenverarbeitung »**im Auftrag**« des Gerichts bedeutet, dass jederzeit sichergestellt sein muss, dass Eintragungen in das Register und der Abruf von Daten hieraus nur erfolgen dürfen, wenn dies von dem zuständigen Gericht verfügt worden oder sonst zulässig ist (§§ 47 Abs. 2 HRV, 37 Abs. 1 Satz 2 VRV). 22

Anhang zu § 387
Registerverordnungen

Übersicht

	Rdn.
A. Handelsregisterverordnung (HRV)	2
I. Zuständigkeiten	3
II. Aktenführung, Registerordner	4
III. Einsicht in das Register, Abschriften und Ausdrucke	8
IV. Aufbau des Registers	12
V. Inhalt des Registers	14
VI. Textliche und grafische Gestaltung der vorzunehmenden Eintragungen	19
VII. Berichtigung, Umschreibung	22
VIII. Verfahren bei der Anmeldung und Eintragung von Tatsachen und Rechtsverhältnissen	24
IX. Wortlaut der Eintragung	27
X. Bekanntmachungen, Benachrichtigungen und Mitteilungen	29
XI. Technische Vorgaben für die elektronische Registerführung, Ausfall der DV-Anlagen und Kommunikationseinrichtungen	31
B. Genossenschaftsregisterverordnung (GenRegV)	34
I. Verweis auf das Handelsregister	35
II. Besondere Vorschriften für Anmeldungen und Eintragungen	37
III. Inhalt des Registers	40

	Rdn.		Rdn.
C. Partnerschaftsregisterverordnung (PRV)	42	I. Inhalt des Registers	54
I. Besondere Angaben bei der Anmeldung	43	II. Schließung von Registerblättern	56
II. Unterstützung durch berufsständische Organe	48	III. Bekanntmachungen	58
		IV. Besondere Vorschriften für das Papierregister	59
III. Inhalt des Registers	50		
IV. Bekanntmachungen	52	E. Güterrechtsregister	60
D. Vereinsregisterverordnung (VRV)	53		

1 Die jeweils aktuellen Verordnungstexte der Registerverordnungen werden vom Bundesjustizministerium im Internet bereitgestellt, weshalb auf einen gesonderten Abdruck an dieser Stelle verzichtet wird:
– HRV: www.gesetze-im-internet.de/hdlregvfg
– GenRegV: www.gesetze-im-internet.de/genregv
– PRV: www.gesetze-im-internet.de/prv
– VRV: www.gesetze-im-internet.de/vrv

2 **A. Handelsregisterverordnung (HRV).** Verordnungstext: www.gesetze-im-internet.de/hdlregvfg

3 **I. Zuständigkeiten.** § 1 HRV befasst sich mit der örtlichen Zuständigkeit des Registergerichts und wiederholt insoweit die Regelung des § 376 FamFG. In den §§ 4, 25 Abs. 1 Satz 1, 4 und Abs. 2, 27 Abs. 1, 2 und 29 HRV finden sich Regelungen zur funktionellen Zuständigkeit innerhalb des Gerichts, insb. zur Abgrenzung der Tätigkeiten des Urkundsbeamten der Geschäftsstelle von denen des Richters/Rechtspflegers.

4 **II. Aktenführung, Registerordner.** § 8 HRV enthält Regelungen über die Führung der gerichtsinternen **Registerakte**, welche diejenigen Schriftstücke und Verfügungen enthält, die nicht der öffentlichen Einsicht unterliegen (§ 385 Rdn. 31 ff.). § 8 Abs. 3 HRV erlaubt die elektronische Führung der Registerakte auf Anordnung der Landesjustizverwaltung und enthält dazu nähere Modalitäten. Die Delegation der Entscheidung auf die Landesjustizverwaltung durch § 8 Abs. 3 Satz 1 HRV steht in einem Spannungsverhältnis zu § 14 Abs. 4 Satz 1 FamFG, wonach die *Landesregierung* über die Einführung der elektronischen Aktenführung bestimmt. Zwar sieht auch § 14 Abs. 4 Satz 3 FamFG die Möglichkeit einer Delegation der Entscheidung auf die oberste Landesbehörde vor, allerdings nur durch Rechtsverordnung der jeweiligen Landesregierung und nicht durch die HRV. Ob der im Rang einer Bundesrechtsverordnung stehende § 8 Abs. 3 Satz 1 HRV vor den neuen Gesetzesregelungen des § 14 Abs. 4 FamFG weiterhin Bestand hat, ist aus normhierarchischen Gründen zweifelhaft. Was die einzelnen Modalitäten der elektronischen Aktenführung betrifft (§ 8 Abs. 3 Satz 2 bis 5 HRV) ist die Vorschrift jedoch unzweifelhaft wirksam und lex specialis zu den allgemeinen Vorschriften des § 14 FamFG.

5 § 9 HRV regelt die Führung des **Registerordners**, in den alle eingereichten Dokumente einzustellen sind, die nach § 9 Abs. 1 HGB der unbeschränkten Einsicht unterliegen. Die einzelnen Dokumente sind in der zeitlichen Folge ihres Eingangs und nach der Art des jeweiligen Dokuments abrufbar zu halten. Widersprüche gegen die Gesellschafterliste sind dieser zuzuordnen und besonders hervorzuheben (§ 9 Abs. 1 Satz 3 HRV); als »actus contrarius« ist auch die Löschung des Widerspruchs auf Antrag des Widersprechenden zulässig (KG DNotZ 2013, 796). Eingereichte Übersetzungen (§ 11 HGB) sind den zugehörigen Originaldokumenten zuzuordnen. Wird ein aktualisiertes Dokument eingereicht, ist kenntlich zu machen, dass die für eine frühere Fassung eingereichte Übersetzung nicht mehr dem aktuellen Stand des Originaldokuments entspricht.

6 Nach der Intention des § 9 HRV werden die zum Registerordner eingereichten Dokumente durch das Registergericht nur bei formaler Unrichtigkeit (z.B. fehlender Unterschrift), offensichtlichen inhaltlichen Irrtümern (z.B. Vertauschungen) oder ungesetzlichem Inhalt (BGHZ 191, 84 = DNotZ 2011, 943: bloß ankündigender Inhalt; BGH NJW 2015, 1303: Testamentsvollstreckervermerk) beanstandet, ansonsten aber inhaltlich ungeprüft übernommen (s. BGH FGPrax 2012, 26; OLG München NJW-RR 2009, 972, 973; OLG Jena FGPrax 2010, 198). Denn das Registergericht ist nicht prüfende, sondern verwahrende Stelle (RegE zum MoMiG, BT-Drucks. 17/6140 S. 44). Insbesondere die Gesellschafterliste der GmbH ist unverzüglich in den Registerordner aufzunehmen, weil hiervon die Rechtswirkungen des § 16 Abs. 1 GmbHG abhängen (s. DNotI-Gutachten DNotI-Report 2009, 190 m.w.N.). Eine Aussetzung des Verfahrens aufgrund von Zweifeln an der Wirksamkeit der Änderung kommt daher nicht Betracht (OLG Hamburg NotBZ 2015, 153). Auch von ausländischen Notaren sind Gesellschafterlisten entgegenzunehmen, wenn nicht ohne Weiteres feststeht, dass es an der Gleichwertigkeit und damit Wirksamkeit der durch den ausländischen Notar beurkundeten Anteilsabtretung fehlt (BGHZ 199, 270 = NJW 2014, 2026; entschieden für einen Schweizer Notar). Die Geschäftsführer sind zu einer Korrektur einer unrichtigen, vom Notar nach § 40 Abs. 2 Satz 1 GmbHG eingereichten Gesellschafterliste befugt (BGH DNotZ 2014, 463). Nach einer Rechtsprechung des OLG Jena (GmbHR 2011, 980) sei die Unterzeichnung der Gesellschafterliste durch Geschäftsführer in vertretungsberechtigter Anzahl nötig; die Unterzeichnung im Wege unechter Gesamtvertretung genüge entgegen herrschender Literaturauffassung nicht. Wird im Zusammenhang mit einer Sitzverlegung eine aktualisierte Gesellschafterliste eingereicht, ist diese noch vor der Abgabe an das Gericht des neuen Sitzes in den Registerordner aufzunehmen (*Mayer* ZIP 2009, 1037, 1039).

Dokumente, die im Zusammenhang mit einer Folgeanmeldung eingereicht werden (z.B. geänderte Satzung), sind nur dann in den Registerordner einzustellen, wenn die Eintragung der Satzungsänderung tatsächlich erfolgt. Während des Eintragungsverfahrens und im Fall einer endgültigen Zurückweisung der Eintragung sind sie Bestandteil der Registerakte (MüKoFamFG/*Krafka* § 385 Rn. 7). 7

III. Einsicht in das Register, Abschriften und Ausdrucke. § 10 HRV regelt Einzelheiten über die Einsichtnahme in das Register und in den Registerordner auf der Geschäftsstelle des Registergerichts; diese ist während der Dienststunden entweder über ein Datensichtgerät (Bildschirm) oder durch Einsicht in einen aktuellen oder chronologischen Ausdruck zu ermöglichen (s dazu § 385 Rdn. 9 ff., 22). 8

Die Formalien über die Fertigung von einfachen und beglaubigten Abschriften sowie einfachen und amtlichen Ausdrucken sind in den §§ 30, 30a HRV geregelt. 9

§ 30a Abs. 4 HRV definiert den Begriff des chronologischen und des aktuellen Ausdrucks. Der **chronologische Ausdruck** enthält sämtliche Eintragungen in zeitlicher Abfolge einschl. der nicht mehr gültigen (= geröteten) Angaben (§ 16 Abs. 1 Satz 1, 2 HRV) sowie der Übergangstexte (§ 16a HRV). Der **aktuelle Ausdruck** enthält nur den letzten Stand der noch gültigen Eintragungen. Nicht aufzunehmen sind die geröteten oder auf andere Weise als gegenstandslos kenntlich gemachten Eintragungen sowie die zu den Eintragungen gemachten »sonstigen Bemerkungen«. Aktuelle Ausdrucke können statt in spaltenweiser Wiedergabe auch als fortlaufender Text in tabellarischer Auflistung erstellt werden (Anl. 6, 7 HRV), was der derzeitigen Praxis entspricht. 10

Ausdrucke können dem Antragsteller auch elektronisch übermittelt werden. Amtliche Ausdrucke sind, wenn sie elektronisch übermittelt werden, mit einer qualifizierten elektronischen Signatur zu versehen (§ 30a Abs. 5 HRV). 11

IV. Aufbau des Registers. Das Handelsregister besteht gem. § 3 HRV aus zwei Abteilungen. In **Abteilung A** (Registerzeichen »HRA«) sind Einzelkaufleute und Personenhandelsgesellschaften (OHG, KG und EWIV) sowie juristische Personen i.S.d. § 33 HGB einzutragen; in **Abteilung B** (Registerzeichen »HRB«) die Kapitalgesellschaften (AG, SE, KGaA, GmbH/UG sowie VVaG). 12

Innerhalb der jeweiligen Abteilungen wird für jeden Einzelkaufmann, jede juristische Person und jede Handelsgesellschaft unter fortlaufender Nummer je ein **Registerblatt** angelegt (§ 13 Abs. 1 HRV). Die Identifizierung des Unternehmens erfolgt unter Angabe des Registerzeichens und der fortlaufenden Nummer; also bspw. »HRA 1234«, »HRB 2345«. Werden die Registerbezirke mehrerer Amtsgerichte zusammengelegt, können die bisherigen Registernummern beibehalten werden, wenn sie durch den **Zusatz eines Ortskennzeichens** unterscheidbar gehalten werden (§ 13 Abs. 2 HRV). Von dieser Möglichkeit haben die Länder Schleswig-Holstein, Brandenburg und Baden-Württemberg Gebrauch gemacht, sodass dort Registerzeichen wie »HRB 395 KI« (Stadtwerke Kiel AG beim Amtsgericht Kiel) oder »HRB 4690 OPR« (Kammeroper Schloss Rheinsberg GmbH beim Amtsgericht Neuruppin) anzutreffen sind. Die übrigen Bundesländer haben im Zuge der stattgefundenen Konzentrationsmaßnahmen jeweils neue Registernummern vergeben, was ein Hinzufügen von Ortskennzeichen entbehrlich machte. 13

Anhang zu § 387   Buch 5. Register u. unternehmensrechtl. Verfahren

14 **V. Inhalt des Registers.** Die Abteilung A wird in sechs Spalten geführt (§§ 39, 50 und Anl. 4 HRV):

Nummer der Eintragung	a) Firma b) Sitz, Niederlassung, inländische Geschäftsanschrift, Zweigniederlassungen c) Gegenstand des Unternehmens	a) Allgemeine Vertretungsregelung b) Inhaber, persönlich haftende Gesellschafter, Geschäftsführer, Vorstand, Vertretungsberechtigte und besondere Vertretungsbefugnis	Prokura	a) Rechtsform, Beginn und Satzung b) Sonstige Rechtsverhältnisse c) Kommanditisten, Mitglieder	a) Tag der Eintragung b) Bemerkungen
1	2	3	4	5	6

15 Welche Eintragungen in den einzelnen Spalten vorzunehmen sind, regelt § 40 HRV. Besondere Bestimmungen über die vorzunehmenden Eintragungen bei Eintritt eines neuen Gesellschafters ohne Firmenfortführung enthält § 41 HRV.

16 Die Abteilung B wird in sieben Spalten geführt (§§ 39, 50 und Anl. 5 HRV):

Nummer der Eintragung	a) Firma b) Sitz, Niederlassung, inländische Geschäftsanschrift, empfangsberechtigte Person, Zweigniederlassungen c) Gegenstand des Unternehmens	Grund- oder Stammkapital	a) Allgemeine Vertretungsregelung b) Vorstand, Leitungsorgan, geschäftsführende Direktoren, persönlich haftende Gesellschafter, Geschäftsführer, Vertretungsberechtigte und besondere Vertretungsbefugnis	Prokura	a) Rechtsform, Beginn, Satzung oder Gesellschaftsvertrag b) Sonstige Rechtsverhältnisse	a) Tag der Eintragung b) Bemerkungen
1	2	3	4	5	6	7

17 Welche Eintragungen darin vorzunehmen sind, regelt § 43 HRV. Besondere Bestimmungen über die vorzunehmenden Eintragungen bei Nichtigerklärung eines eingetragenen Hauptversammlungs- bzw. Gesellschafterbeschlusses sowie über den Inhalt des Löschungsvermerks bei nichtigen Gesellschaften enthalten die §§ 44 und 45 Abs. 2 HRV.

18 In §§ 18 und 19 HRV ist geregelt, welche Angaben bei einer Eintragung aufgrund einer rechtskräftigen oder vollstreckbaren Entscheidung des Prozessgerichts sowie bei sonstigen Eintragungen von Amts wegen aufzunehmen sind. Die §§ 20, 42 und 46 HRV regeln die gegenseitige Bezugnahme von Registerblättern im Fall einer Sitzverlegung oder einer Rechtsformumwandlung zwischen den Abteilungen A und B.

19 **VI. Textliche und grafische Gestaltung der vorzunehmenden Eintragungen.** Jede Eintragung wird mit einer laufenden Nummer versehen (§ 14 Abs. 1 HRV). Gelöschte Eintragungen sind **rot zu unterstreichen**; ebenso ist der Vermerk über die Löschung rot zu unterstreichen (§ 16 Abs. 1 HRV) oder auf andere eindeutige Weise als gegenstandslos kenntlich zu machen (§ 16 Abs. 2 HRV). Ein Teil einer Eintragung darf nur dann gerötet werden, wenn die Verständlichkeit der Eintragung und des aktuellen Ausdrucks nicht beeinträchtigt wird. Andernfalls ist die betroffene Eintragung insgesamt zu röten und ihr noch gültiger Teil in verständlicher Form zu wiederholen (§ 16 Abs. 3 HRV).

Abschnitt 3. Registersachen **Anhang zu § 387**

Diejenigen Eintragungen, die lediglich andere Eintragungen wiederholen, erläutern oder begründen und daher nach § 30a Abs. 4 Satz 4 HRV nicht in den aktuellen Ausdruck einfließen, sind **grau zu hinterlegen** oder es ist auf andere Weise sicherzustellen, dass diese Eintragungen nicht in den aktuellen Ausdruck übernommen werden (§ 16a HRV). 20

Sind alle Eintragungen gegenstandslos geworden, so sind sämtliche Seiten des Registerblatts zu röten oder **rot zu durchkreuzen**. Das Registerblatt erhält einen Vermerk, der es als »**geschlossen**« kennzeichnet. Geschlossene Registerblätter sollen weiterhin, auch in der Form von Ausdrucken, wiedergabefähig oder lesbar bleiben (§§ 22 Abs. 1, 2, 50 Abs. 2 HRV). 21

VII. Berichtigung, Umschreibung. Schreibversehen und ähnliche offenbare Unrichtigkeiten einer Eintragung können in Form einer neuen Eintragung oder auf andere eindeutige Weise berichtigt werden (§ 17 Abs. 1 HRV). Auch nachträglich eingetretene tatsächliche – nicht rechtliche(!) – Unrichtigkeiten können nach § 17 HRV berichtigt werden, z.B. aufgrund einer späteren Namensänderung (OLG Hamm FGPrax 2010, 143 m.w.N.) oder aufgrund der geänderten Firma eines eingetragenen Gesellschafters (OLG Celle DNotZ 2013, 304; a.A. OLG Frankfurt Beschl. v. 30.09.2014 – 20 W 241/13, juris). Auf die Vornahme einer zulässigen Berichtigung hat ein Beteiligter, der durch die Unrichtigkeit in seinen Rechten betroffen ist, einen Anspruch (OLG Hamm FGPrax 2010, 143; *Krafka/Kühn* Rn. 2443). Die Berichtigung ist als solche kenntlich zu machen. Eine versehentlich vorgenommene Rötung ist zu löschen oder auf andere eindeutige Weise zu beseitigen. Die Löschung oder sonstige Beseitigung ist zu vermerken (§ 17 Abs. 3 HRV). 22

Ist das Registerblatt unübersichtlich geworden, sind die noch gültigen Eintragungen unter einer neuen oder unter derselben Nummer auf ein neues Registerblatt **umzuschreiben**. Dabei kann auch von dem ursprünglichen Text der Eintragung abgewichen werden, soweit der Inhalt der Eintragung dadurch nicht verändert wird. Auf jedem Registerblatt ist auf das andere zu verweisen, auch wenn es bei derselben Nummer verbleibt (§ 21 Abs. 1 HRV). 23

VIII. Verfahren bei der Anmeldung und Eintragung von Tatsachen und Rechtsverhältnissen. § 25 Abs. 1 Satz 2, 3 HRV verkörpert den allgemeinen registerverfahrensrechtlichen **Beschleunigungsgrundsatz**, wonach über die Eintragung unverzüglich nach Eingang der Anmeldung bei Gericht zu entscheiden ist (s dazu § 380 Rdn. 23, § 382 Rdn. 8). 24

§ 38 HRV erstreckt die sog. **Freivermerksprüfung** auf den benachbarten Gerichtsbezirk, falls ein Ort oder eine Gemeinde zu den Bezirken verschiedener Registergerichte gehört. Infolge der weitreichenden Registerkonzentrationsmaßnahmen der vergangenen Jahre dürfte das allerdings kaum noch vorkommen. 25

Ist der Eintragungsantrag entscheidungsreif, entscheidet der Richter/Rechtspfleger (§ 25 Abs. 1 Satz 1 HRV). Ist dem Antrag stattzugeben, nimmt er die Eintragung und Bekanntmachung entweder selbst vor oder er verfügt die Eintragung und die Bekanntmachung durch den Urkundsbeamten der Geschäftsstelle (§ 27 Abs. 1 HRV). Die Eintragung wird vollzogen, indem die eintragende Person ihren Nachnamen hinzusetzt und beides elektronisch signiert (§ 28 HRV). 26

IX. Wortlaut der Eintragung. Nimmt der Richter/Rechtspfleger die Eintragung nicht selbst vor, stellt er den genauen Wortlaut sowie die Eintragungsstelle im Register samt aller zur Eintragung erforderlichen Merkmale in einer Eintragungsverfügung fest (§ 27 Abs. 2 HRV). Hinsichtlich des Wortlauts der Eintragung ist er nicht an den Formulierungsvorschlag des Antragstellers gebunden. Die Beteiligten haben auch keinen Anspruch auf eine bestimmte **Schreibweise der Firma**; vielmehr sind die Art und Weise der Eintragung einschl. ihres Schriftbildes und der grafischen Gestaltung nach pflichtgemäßem Ermessen zu bestimmen (KG NJW-RR 2001, 173; OLG München Rpfleger 2011, 91 und 525; MüKoFamFG/*Krafka* § 382 Rn. 6; a.A. Keidel/*Heinemann* § 382 Rn. 6). Die zur Verfügung stehenden Buchstaben und Zeichen sind durch die nach § 8a Abs. 2 HGB erlassenen Rechtsverordnungen auf den sog. ASCII-Zeichensatz als reiner Text ohne Formatierungscodes und ohne Sonderzeichen beschränkt. Ausländische Zeichensätze sind durch Umschrift in den ASCII-Zeichensatz zu übertragen, und zwar durch Transkription anstelle durch Transliteration wegen der im ASCII-Zeichensatz nicht enthaltenen diakritischen Zeichen. Verfahrensrechtliche Einschränkungen aus dem Grundsatz der deutschen Gerichtssprache (§ 184 GVG) gibt es hingegen nicht (so aber Melchior/*Schulte* § 27 Rn. 6), denn anerkanntermaßen sind fremdsprachige Firmenbestandteile wie z.B. »Consulting« oder »Food« (OLG Frankfurt Rpfleger 1979, 340) ohne Weiteres zulässig. 27

Von der verfahrensrechtlichen Sichtweise zu trennen ist die Frage, welche Buchstaben- und Zeichenkombinationen unter materiellen Aspekten wie z.B. der eindeutigen Aussprache zulässig sind (OLG Frankfurt NJW 2002, 2400: sechsmalige Aneinanderreihung des Großbuchstabens »A.«; BayObLG NJW 2001, 2337 28 gegen LG München I MittBayNot 2009, 315: Verwendung des Zeichens »@« als Firmenbestandteil; OLG München NJW-RR 2007, 187: »K.SS. e.V.«; BGH DNotZ 2009, 469: »HM & A GmbH & Co. KG« gegen OLG Celle DNotZ 2007, 56: »AKDV GmbH«; KG Rpfleger 2013, 623: ausschließlich Ziffern mit Rechtsformzusatz). Dieses ist eine – hier nicht zu behandelnde – Frage des materiellen Firmen- bzw. Vereinsnamensrechts.

29 **X. Bekanntmachungen, Benachrichtigungen und Mitteilungen.** Mit Einzelheiten der Bekanntmachungen, Benachrichtigungen und Mitteilungen über vollzogene Eintragungen befassen sich die §§ 32 bis 38 HRV; bei Berichtigungen und Umschreibungen gelten die §§ 17 Abs. 2, 21 Abs. 2 HRV.

30 Hervorzuheben ist das Antragsrecht nach § 35 HRV: Wird eine Firma im Handelsregister gelöscht, weil das Unternehmen nach Art oder Umfang einen in kaufmännischer Weise eingerichteten Geschäftsbetrieb nicht erfordert, kann auf Antrag des Inhabers in der Bekanntmachung der Grund der Löschung erwähnt werden. Handelt es sich um einen **Handwerker**, der bereits in die Handwerksrolle eingetragen ist, kann neben der Angabe des Grundes der Löschung in der Bekanntmachung auch auf diese Eintragung hingewiesen werden.

31 **XI. Technische Vorgaben für die elektronische Registerführung, Ausfall der DV-Anlagen und Kommunikationseinrichtungen.** Abschließend enthalten die §§ 47 bis 53 HRV besondere Vorgaben für den technischen Betrieb, insb. in Bezug auf Datensicherheit, Abrufprotokollierung usw.

32 Sind Eintragungen in das elektronisch geführte Handelsregister vorübergehend nicht möglich (**Ausfall der DV-Anlagen**), ist auf Anordnung der Justizverwaltung ein **Ersatzregister** in Papierform zu führen. Dessen Eintragungen sollen in das elektronisch geführte Handelsregister übernommen werden, sobald dies wieder möglich ist (§ 54 Abs. 1 HRV).

33 Können elektronische Anmeldungen und Dokumente vorübergehend nicht entgegengenommen werden (**Ausfall der Empfangseinrichtung**), so kann die nach Landesrecht zuständige Stelle anordnen, dass Anmeldungen und Dokumente auch in Papierform zum Handelsregister eingereicht werden können. Die aufgrund einer solchen Anordnung eingereichten Schriftstücke sind unverzüglich in elektronische Dokumente zu übertragen (§ 54 Abs. 3 HRV).

34 **B. Genossenschaftsregisterverordnung (GenRegV).** Die GenRegV ist nur noch ein Torso; von den ursprünglich 27 Paragrafen ist rund die Hälfte bereits weggefallen. Der verbliebene Rest kann im Internet unter **www.gesetze-im-internet.de/genregv** abgerufen werden.

35 **I. Verweis auf das Handelsregister.** § 1 GenRegV enthält hinsichtlich Zuständigkeiten und Verfahren zunächst einen **Generalverweis** auf die für das Handelsregister geltenden Vorschriften. Einbezogen sind damit sowohl die §§ 8 ff. HGB als auch die Vorschriften der HRV, welche anzuwenden sind, soweit sich nicht aus den besonderen Vorschriften für Genossenschaften etwas Abweichendes ergibt.

36 Trotz des vorhandenen Generalverweises werden in einigen Vorschriften der GenRegV überflüssigerweise die in der HRV bereits enthaltenen Regelungsinhalte wiederholt, teils mit anderem Wortlaut, etwa in den §§ 3, 4 GenRegV hinsichtlich der Benachrichtigungen und Bekanntmachungen von Eintragungen, in den §§ 22 Abs. 2, 23 GenRegV bezüglich des Nichtigkeitsvermerks über die Genossenschaft und ihre Beschlüsse sowie in § 24 GenRegV bezüglich der Berichtigung von Schreibfehlern.

37 **II. Besondere Vorschriften für Anmeldungen und Eintragungen.** §§ 6 bis 8 GenRegV enthalten spezielle Formvorschriften für Anmeldungen, Anzeigen sowie die Einreichung von Unterlagen. Überwiegend handelt es sich um Regelungen mit materiellem Bedeutungsgehalt, die für den Bereich des Handelsregisters nicht durch Vorschriften im Verordnungsrang, sondern im materiellen Gesetz selbst (HGB, GmbHG usw.) getroffen sind. Tatsächlich erscheint es zweifelhaft, ob sämtliche diesbezüglichen Regelungen, namentlich das in § 6 Abs. 3 Satz 1 GenRegV enthaltene Vertretungsverbot bei der Anmeldung, von der Verordnungsermächtigung des § 387 Abs. 2 gedeckt sind.

38 § 15 GenRegV enthält Bestimmungen über die Prüfung der Ersteintragung und deren Bewirkung; § 16 regelt das Verfahren bei Satzungsänderung.

39 Den §§ 20, 21 Abs. 1 GenRegV ist zu entnehmen, welche Auflösungs- und Beendigungstatbestände anzumelden sind; in §§ 20 Abs. 1 Nr. 2, 21 Abs. 2 GenRegV wird bestimmt, welche Auflösungstatbestände und Insolvenzvermerke von Amts wegen vorzunehmen sind.

Abschnitt 3. Registersachen   **Anhang zu § 387**

III. Inhalt des Registers. Das Genossenschaftsregister wird in fünf Spalten geführt (§ 25 und Anl. 1 Gen-   40
RegV):

Nummer der Eintragung	a) Firma b) Sitz, Niederlassung, inländische Geschäftsanschrift und empfangsberechtigte Person der Europäischen Genossenschaft, Zweigniederlassungen c) Gegenstand des Unternehmens	Nachschusspflicht, Mindestkapital; Grundkapital der Europäischen Genossenschaft	a) Allgemeine Vertretungsregelung b) Vorstand; Leitungsorgan oder geschäftsführende Direktoren der Europäischen Genossenschaft; Vertretungsberechtigte und besondere Vertretungsbefugnis	Prokura
1	2	3	4	5

Welche Eintragungen in den einzelnen Spalten vorzunehmen sind, regelt § 26 GenRegV.   41

C. Partnerschaftsregisterverordnung (PRV). Die im Internet unter www.gesetze-im-internet.de/prv ab-   42
rufbare, aus nur neun Paragrafen bestehende PRV erklärt im Wesentlichen die HRV für anwendbar, und
zwar mit den für die OHG geltenden Vorschriften (§ 1 PRV).

I. Besondere Angaben bei der Anmeldung. Bei der Erstanmeldung einer Partnerschaft ist die Zugehörig-   43
keit jedes Partners zu dem Freien Beruf, den er in der Partnerschaft ausübt, anzugeben (§ 3 Abs. 1 PRV).
Bedarf die Berufsausübung der staatlichen Zulassung oder einer staatlichen Prüfung, so sollen die Urkunde
über die Zulassung oder das Zeugnis über die Befähigung zu diesem Beruf in Urschrift, Ausfertigung oder
öffentlich beglaubigter Abschrift vorgelegt werden. Besteht für die angestrebte Tätigkeit keine anerkannte
Ausbildung oder ist zweifelhaft, ob die angestrebte Tätigkeit als freiberuflich i.S.d. § 1 Abs. 2 PartGG einzustufen ist, können die anmeldenden Partner die Ausübung freiberuflicher Tätigkeit auf sonstige Weise,
notfalls auch durch schlichte Erklärung, darlegen. Das Gericht legt dann die Angaben der Partner zugrunde, es sei denn, deren Unrichtigkeit wäre bekannt.
Die anmeldenden Partner sollen ferner eine Erklärung darüber abgeben, dass Vorschriften über einzelne   44
Berufe, insb. solche über die Zusammenarbeit von Angehörigen verschiedener Freier Berufe, einer Eintragung nicht entgegenstehen (§ 3 Abs. 2 PRV).
Bedarf die Partnerschaft als solche aufgrund von Vorschriften über einzelne Berufe der staatlichen Zulas-   45
sung, ist anstelle der vorbezeichneten Nachweise eine Bestätigung der zuständigen Behörde vorzulegen,
dass eine solche Zulassung erfolgen kann (§ 3 Abs. 3 PRV).
Außerdem sollen die anmeldenden Partner dem Gericht mit der Anmeldung mitteilen, ob und welche Be-   46
rufskammern für die in der Partnerschaft ausgeübten Berufe bestehen. Dabei sollen auch die Anschriften
der Berufskammern mitgeteilt werden (§ 4 Satz 2, 3 PRV).
Bei späterem Eintritt eines Partners in eine bereits bestehende Partnerschaft sind entsprechende Unterlagen   47
vorzulegen bzw. Erklärungen abzugeben (§ 3 Abs. 4 PRV).

II. Unterstützung durch berufsständische Organe. Dass in § 4 PRV die Sätze 1 und 4 noch fortbestehen,   48
dürfte ein Redaktionsversehen sein, nachdem die Parallelvorschriften des § 23 Satz 2, 5 HRV a.F. im Zuge
der Beratungen des BT-Rechtsausschusses gestrichen wurden (BT-Drucks. 16/9733 S. 232). Jedenfalls wurde
§ 4 Satz 1 PRV dadurch obsolet, dass die Pflicht zur Anhörung der berufsständischen Organe nunmehr in
das Gesetz aufgenommen wurde (§ 380 Abs. 2 Satz 1), während der in § 4 Satz 4 PRV angeordneten Mitteilungspflicht keine eigenständige Bedeutung mehr neben den Erfordernissen zur Erteilung von Vorbescheiden (§ 380 Rdn. 19, 34) und der allgemeinen Mitteilung/Bekanntgabe nach § 380 Abs. 4 FamFG (§ 380
Rdn. 30 ff.) zukommt.
Zur ergänzenden Zuständigkeit der Organe des **Handelsstandes** bei der Unterstützung zur Führung des   49
Partnerschaftsregisters s. § 380 Rdn. 12.

Anhang zu § 387   Buch 5. Register u. unternehmensrechtl. Verfahren

50 **III. Inhalt des Registers.** Das Partnerschaftsregister wird in fünf Spalten geführt (§ 2 und Anl. 1 PRV):

Nummer der Eintragung	a) Name b) Sitz, Zweigniederlassungen c) Gegenstand	a) Allgemeine Vertretungsregelung b) Partner, Vertretungsberechtigte und besondere Vertretungsbefugnis	a) Rechtsform b) Sonstige Rechtsverhältnisse	a) Tag der Eintragung b) Bemerkungen
1	2	3	4	5

51 Welche Eintragungen in den einzelnen Spalten vorzunehmen sind, regelt § 5 PRV. Unter Rechtsform ist auch bei haftungsbeschränkten Partnerschaften lediglich die Bezeichnung »Partnerschaft« ohne Zusatz »mit beschränkter Berufshaftung« einzutragen (OLG Nürnberg DNotZ 2014, 468).

52 **IV. Bekanntmachungen.** Gemäß § 7 PRV erfolgen die Bekanntmachungen in dem für das Handelsregister vorgesehenen Bekanntmachungssystem. § 8 PRV gewährt ein Antragsrecht auf besondere Erwähnung des Löschungsgrundes in der Bekanntmachung, wenn der Name einer Partnerschaft gelöscht wird, weil unter diesem keine freiberufliche Tätigkeit ausgeübt wird. Die Vorschrift ist dem § 35 HRV nachgebildet.

53 **D. Vereinsregisterverordnung (VRV).** Die VRV (Abruf unter **www.gesetze-im-internet.de/vrv**) beruht auf der Verordnungsermächtigung des § 387 Abs. 4. Inhaltlich sind die Regelungen in weiten Teilen mit denen der HRV vergleichbar, sodass hier nur die vereinsrechtlichen Spezifika hervorgehoben werden.

54 **I. Inhalt des Registers.** Das Vereinsregister wird in fünf Spalten geführt (§ 3 und Anl. 1 VRV):

Nummer der Eintragung	a) Name b) Sitz	a) Allgemeine Vertretungsregelung b) Vertretungsberechtigte und besondere Vertretungsbefugnis	a) Satzung b) Sonstige Rechtsverhältnisse	a) Tag der Eintragung b) Bemerkungen
1	2	3	4	5

55 Welche Eintragungen in den einzelnen Spalten vorzunehmen sind, regelt § 3 VRV.

56 **II. Schließung von Registerblättern.** § 4 Abs. 2 VRV enthält besondere Vorschriften über die Schließung von Registerblättern. Danach ist das Registerblatt zu schließen, wenn (1.) der Verein wegen Wegfalls sämtlicher Mitglieder oder durch bestandskräftiges Verbot erloschen und das Erlöschen eingetragen ist, oder (2.) die Beendigung der Liquidation des Vereins, die Fortführung als nichtrechtsfähiger Verein oder der Verzicht auf die Rechtsfähigkeit eingetragen worden ist. Das Registerblatt eines aufgelösten Vereins kann geschlossen werden, wenn seit mindestens einem Jahr von der Eintragung der Auflösung an keine weitere Eintragung erfolgt und eine schriftliche Anfrage des Registergerichts bei dem Verein unbeantwortet geblieben ist.

57 Ist ein Registerblatt zu Unrecht geschlossen worden, wird die Schließung rückgängig gemacht (§ 4 Abs. 3 VRV).

58 **III. Bekanntmachungen.** Bekannt gemacht wird aus dem Vereinsregister jeweils nur die Ersteintragung des Vereins (§§ 14 VRV, 66 Abs. 1 BGB).

59 **IV. Besondere Vorschriften für das Papierregister.** Da noch nicht alle Bundesländer flächendeckend auf elektronische Vereinsregisterführung umgestellt haben, sind die Vorschriften über das Papierregister (§ 2 Abs. 2 VRV) nach wie vor von Bedeutung. Für das Papierregister gesondert geregelt sind die Registerführung in Karteiform auf Blättern (§ 2 Abs. 1 VRV), die Führung von Handblättern (§ 7 Abs. 3 VRV), das Verbot des Radierens und Unkenntlichmachens im Register (§ 10 Abs. 1 Satz 2 VRV) sowie die Berichtigung noch nicht unterschriebener Eintragungen (§ 12 Abs. 1 VRV).

60 **E. Güterrechtsregister.** Für das Güterrechtsregister enthält § 387 keine Verordnungsermächtigung.

Abschnitt 3. Registersachen   Vorbem. zu § 388

Die Ursprünge der Registerführung gehen zurück auf die AV vom 06.11.1899 über die Führung des Vereinsregisters und des Güterrechtsregisters – VGBest (JMBl S. 299); welche durch die inzwischen zuständig gewordenen Bundesländer fortgeschrieben und z.T. neu gefasst wurden, vgl. etwa 61

- Baden-Württemberg: AV des JM vom 19.09.1974 –3825 – III/3 – (Justiz S. 355)
- Bayern: AV des StMJ vom 22.10.1982 – 3155-J 3825 – I – 196/82 – (BayJMBl S. 235 ber 248)
- Berlin: AV des JustSen vom 08.10.1973 – Just 3825 – I/A 1 – (ABl. S. 1331)
- Hamburg: AV des JustSen vom 01.03.1974 – (JVBl 1974, 91)
- Hessen: RdErl des JM vom 13.01.1986 – (JMBl HE S. 115)
- Nordrhein-Westfalen: AV des JM vom 07.11.1995 (3825 – I B. l) – JMBl NW S. 265
- Schleswig-Holstein: AV des MJAE vom 15.02.2007 – II 171/3824 – 7 – (SchlHA S. 86) GlNr. 3824–1
- Thüringen: AV des TJM vom 21.07.1993 (JMBl TH S. 159).

Die AVen und Erlasse enthalten jedoch nur rudimentäre Anweisungen zur Führung des Güterrechtsregisters, sodass ergänzend auf die für das Handels- und Vereinsregister entwickelten allgemeinen Grundsätze zurückzugreifen ist. 62

Seinem Grundmuster nach wird das Güterrechtsregister in drei Spalten geführt: 63

Nummer der Eintragung	Rechtsverhältnis	Bemerkungen
1	2	3

Einzutragen sind (zitiert nach der nordrhein-westfälischen AV vom 07.11.1995): 64
In Spalte 2: 65

- Änderung und Ausschließung des gesetzlichen Güterstandes, Eheverträge, deren Änderung und Aufhebung, auch wenn sie durch Urteil erfolgt (vgl. §§ 1412, 1449, 1470 BGB, Art. 16 EGBGB);
- Vorbehaltsgut; zur näheren Bezeichnung der einzelnen Gegenstände kann auf das bei den Registerakten befindliche Verzeichnis Bezug genommen werden (vgl. § 1418 BGB);
- Beschränkung und Ausschließung des den Ehegatten nach § 1357 BGB zustehenden Rechts sowie die Aufhebung einer solchen Beschränkung oder Ausschließung;
- Einspruch gegen den Betrieb eines Erwerbsgeschäfts bei Gütergemeinschaft und Widerruf der Einwilligung (vgl. §§ 1431, 1456 BGB);

sonst nach der Rechtsprechung eintragungsfähige Tatsachen.
In Spalte 3: 66

- etwaige Verweisungen auf spätere Eintragungen;

sonstige Bemerkungen, z.B. der Grund für die Eintragung im Register eines für den Aufenthaltsort nicht zuständigen Gerichts, wenn ein Ehegatte im Bezirk dieses Gerichts ein Handelsgewerbe betreibt (Art. 4 EGHGB).

Unterabschnitt 2. Zwangsgeldverfahren

Vorbem. zu § 388
Zwangs- und Ordnungsgeldverfahren

Übersicht

	Rdn.		Rdn.
A. Allgemeines.................	1	C. Ordnungsgeldverfahren (§ 392)	8
B. Zwangsgeldverfahren (§§ 388 bis 391)	2	D. Funktionelle Zuständigkeit	10

A. Allgemeines. Entgegen der unvollständigen Überschrift regelt der zweite Unterabschnitt nicht nur das **Zwangsgeldverfahren**, sondern ebenfalls das – nach anderen Regeln verlaufende – **Ordnungsgeldverfahren** (§ 392). Mit dem Zwangsgeldverfahren befassen sich (nur) die §§ 388 bis 391. 1

2 **B. Zwangsgeldverfahren (§§ 388 bis 391).** Die systematische Einordnung des Zwangsgeldverfahrens in den Abschnitt 3 (»Registerverfahren«) des 5. Buches ist nicht ganz korrekt. Denn mit dem Zwangsgeldverfahren werden nicht nur registerrechtliche, sondern auch unternehmensrechtliche Pflichten durchgesetzt, bspw. das Führen der Pflichtangaben auf den Geschäftsbriefen sowie die Erfüllung bestimmter gesellschaftsrechtlicher Pflichten. Das Zwangsgeldverfahren steht daher ein in einer Zwitterstellung zwischen register- und unternehmensrechtlichem Verfahren (§ 388 Rdn. 22). Gleichwohl erklärt das Gesetz durch die systematische Einbettung in den Abschnitt 3 einheitlich das Registergericht für zuständig.

3 Zwangsgeldandrohung und -festsetzung dienen – soweit sie sich auf Registerinhalte beziehen – der Sicherung der Zuverlässigkeit und der Vollständigkeit der Register (*Krafka/Kühn* Rn. 2354), letztlich also der Registerwahrheit. Mit dieser Zielrichtung kann das Zwangsgeldverfahren als ein Verwaltungsverfahren eigener Art verstanden werden, welches im öffentlichen Interesse normiert ist, um die Erfüllung von Verbindlichkeiten öffentlich-rechtlicher Natur zu erzwingen (KG NJW 1959, 1829, 1830; a.A. Keidel/*Heinemann* § 388 Rn. 2).

4 Ausgangspunkt des Verfahrens ist das pflichtwidrige Unterlassen einer Anmeldung, das Unterlassen der Einreichung von Dokumenten zum Register, das Unterlassen notwendiger Angaben auf den Geschäftsbriefen oder das Unterlassen anderer gesellschafts- oder genossenschaftsrechtlicher Pflichten, soweit diese durch das Gesetz mit einer Zwangsgeldandrohung bewehrt sind. Welche Handlungen im Einzelnen mit der Androhung eines Zwangsgeldes erzwungen werden können, regelt nicht das FamFG, sondern das materielle Recht.

5 Die Vorschriften des FamFG (§§ 388 ff.) regeln das Verfahren der Zwangsgeldandrohung und -festsetzung. Liegt ein zwangsgeldbewehrtes Unterlassen vor, hat das Registergericht die Beteiligten aufzufordern, die gebotene Handlung vorzunehmen oder ihr Unterlassen mit einem Einspruch zu rechtfertigen. Die Aufforderung ist mit einer Fristsetzung sowie mit der Androhung eines Zwangsgeldes zu versehen (§ 388 Abs. 1). Hält der in Anspruch Genommene die Aufforderung für unberechtigt, hat er Einspruch einzulegen, über den das Registergericht gem. § 390 entscheidet. Legt er keinen Einspruch ein oder weist das Gericht den Einspruch zurück, wird das Zwangsgeld nach Ablauf der für die gebotene Handlung gesetzten Frist festgesetzt (§§ 389, 390 Abs. 4). Der Beschluss, durch das Zwangsgeld festgesetzt oder der Einspruch verworfen wird, ist mit der Beschwerde anfechtbar (§ 391 Abs. 1).

6 Entsprechend anwendbar sind die Vorschriften auf unterlassene Anmeldungen und Glaubhaftmachungen zu den **Schiffsregistern** (§ 19 Abs. 2 SchRegO).

7 Die **Durchsetzung der Rechnungslegungspublizität** ist seit dem 01.01.2007 nicht mehr Gegenstand des registerrechtlichen Zwangsgeldverfahrens, sondern eines vom Bundesamt für Justiz durchzuführenden Ordnungsgeldverfahrens (Rdn. 9).

8 **C. Ordnungsgeldverfahren (§ 392).** Das Ordnungsgeldverfahren (Firmenmissbrauchsverfahren) nach § 392 dient der Aufrechterhaltung der Firmenordnung und dem Schutz des Rechtsverkehrs vor dem Gebrauch falscher und irreführender Firmen. Anknüpfungspunkt des Verfahrens ist der unzulässige Gebrauch einer Handelsfirma durch einen hierzu nicht Befugten. Stellt das Registergericht einen Firmenmissbrauch fest, hat es dem Beteiligten aufzugeben, sich des Gebrauchs der Firma zu enthalten oder ihn mit einem Einspruch zu rechtfertigen. Die Aufforderung ist mit der Androhung eines Ordnungsgeldes zu versehen. Hält der in Anspruch Genommene die Aufforderung für unberechtigt, hat er Einspruch einzulegen, über den das Registergericht gem. § 390 entscheidet. Legt er keinen Einspruch ein oder weist das Gericht den Einspruch zurück, wird das Ordnungsgeld nach erneuter schuldhafter Zuwiderhandlung festgesetzt. Der Beschluss, durch den das Ordnungsgeld festgesetzt oder der Einspruch verworfen wird, ist mit der Beschwerde anfechtbar (§ 391 Abs. 1).

9 Vom Ordnungsgeldverfahren der Registergerichte zu trennen ist das Ordnungsgeldverfahren des Bundesamtes der Justiz (§ 335 HGB), mit welchem die Rechnungslegungspublizität durchgesetzt wird. Auf dieses Verfahren sind die §§ 388 Abs. 1, 389 Abs. 3, 390 Abs. 2 bis 6 FamFG entsprechend anzuwenden (s. Anh. §§ 388 bis 392 Rdn. 1 ff.); beachte hier aber die abgekürzte Beschwerdefrist von nur 2 Wochen gem. § 335 Abs. 5 Satz 1 HGB (Anh. §§ 388 bis 392 Rdn. 14 ff.).

10 **D. Funktionelle Zuständigkeit.** Funktionell zuständig für die Durchführung sowohl der Ausgangsverfahren (Aufforderung und Androhung) als auch der Einspruchsverfahren ist jeweils der Rechtspfleger (§ 3 Nr. 1 Buchst. a), Nr. 2 Buchst. d) RPflG), und zwar auch dann, wenn die Anmeldung von Tatsachen erzwungen werden soll, deren Eintragung dem Richtervorbehalt unterliegen.

§ 388 Androhung.

(1) Sobald das Registergericht von einem Sachverhalt, der sein Einschreiten nach den §§ 14, 37a Abs. 4 und § 125a Abs. 2 des Handelsgesetzbuchs, auch in Verbindung mit § 5 Abs. 2 des Partnerschaftsgesellschaftsgesetzes, den §§ 407 und 408 des Aktiengesetzes, § 79 Abs. 1 des Gesetzes betreffend die Gesellschaften mit beschränkter Haftung, § 316 des Umwandlungsgesetzes oder § 12 des EWIV-Ausführungsgesetzes rechtfertigt, glaubhafte Kenntnis erhält, hat es dem Beteiligten unter Androhung eines Zwangsgelds aufzugeben, innerhalb einer bestimmten Frist seiner gesetzlichen Verpflichtung nachzukommen oder die Unterlassung mittels Einspruchs zu rechtfertigen.

(2) In gleicher Weise kann das Registergericht gegen die Mitglieder des Vorstands eines Vereins oder dessen Liquidatoren vorgehen, um sie zur Befolgung der in § 78 des Bürgerlichen Gesetzbuchs genannten Vorschriften anzuhalten.

Übersicht

	Rdn.		Rdn.
A. Gegenstand des Zwangsgeldverfahrens	1	I. Zuständigkeit	31
I. Erzwingung einer Registeranmeldung	6	II. Einleitung des Verfahrens, Beteiligung der berufsständischen Organe	35
II. Erzwingung der Einreichung von Dokumenten	10	III. Informelle Aufforderung zur Registeranmeldung	37
III. Erzwingung der Mitteilung von Geburtsdaten der einzutragenden Personen sowie der Anschriften des Unternehmens und seiner Zweigniederlassungen	15	IV. Kein Ermessen bei der Verfahrenseinleitung	38
IV. Erzwingung der notwendigen Angaben auf den Geschäftsbriefen und Bestellscheinen	17	E. Form und Inhalt der Aufforderung	39
V. Erzwingung gesellschaftsrechtlicher Organverpflichtungen sowie bestimmter Informationspflichten bei Umwandlungsvorgängen	20	F. Unterrichtung des Anzeigenerstatters bei Nichteinleitung des Verfahrens (§ 24 Abs. 2)	48
		G. Rechtsbehelfe	49
		I. Rechtsbehelf gegen die erlassene Zwangsgeldandrohung	49
B. Glaubhafte Kenntnis von Tatsachen, die ein Einschreiten rechtfertigen	23	II. Rechtsbehelf gegen die Ablehnung oder Aufhebung einer Zwangsgeldandrohung	53
C. Adressat der Aufforderung	25	H. Kosten	56
D. Verfahren	31	I. Vorgehen gegen den Vorstand oder die Liquidatoren eines Vereins (Abs. 2)	57

A. Gegenstand des Zwangsgeldverfahrens. Für das Zwangsgeldverfahren ist Raum, wenn das Registergericht glaubhafte Kenntnis von einem Sachverhalt erhält, der sein Einschreiten nach den erwähnten §§ 14, 37a Abs. 4, § 125a Abs. 2 HGB, 5 Abs. 2 PartGG, 407, 408 AktG, 79 Abs. 1 GmbHG, 316 UmwG, 12 - EWIVAG oder nach den in der Gesetzesaufzählung unerwähnt gebliebenen §§ 160 GenG, 387 Abs. 2 Satz 2 FamFG rechtfertigt. Ausgangspunkt für die Einleitung des Verfahrens ist das rechtswidrige Unterlassen einer gebotenen Handlung, deren Durchsetzung durch eine der vorgenannten Rechtsvorschriften ausdrücklich mit einer Zwangsgeldandrohung bewehrt ist. Zwangsgeldbewehrt sind die Nichtbefolgung der Anmelde- und Einreichungspflichten zum Register (Rdn. 6 ff.) und zum Registerordner (Rdn. 10 ff.), das Unterlassen der erforderlichen Pflichtangaben auf den Geschäftsbriefen und Bestellscheinen (Rdn. 17 ff.) sowie die Nichtvornahme der durch die §§ 407 AktG, 160 GenG bestimmten innergesellschaftlichen Organpflichten bzw. Informationspflichten gem. § 316 UmwG (Rdn. 20 ff.). 1

Das Zwangsverfahren dient dazu, die fehlende Anmeldung, die Einreichung der erforderlichen Dokumente, die Aufnahme der notwendigen Angaben auf den Geschäftsbriefen und Bestellscheinen oder sonst die gebotene Handlung des Geschäftsinhabers oder Gesellschaftsorgans herbeizuführen. 2

Die gesetzlich aufgezählten Fälle, in denen das Registergericht nach § 388 einschreiten kann, sind **abschließend**. Eine generelle Ermächtigung zur Ausübung einer allgemeinen Unternehmensaufsicht enthält § 388 nicht (*Jansen/Steder* § 132 Rn. 53). Daher können die Gesellschafter einer GmbH/UG nicht durch Zwangsgeld dazu angehalten werden, einen Geschäftsführer zu bestellen (KGJ 45, 178, 180) oder die Firma zu ändern (OLG Hamm DB 1979, 306); das einzelne Aufsichtsratsmitglied kann nicht die Gewährung von Einsicht in bestimmte Unterlagen auf der Grundlage von § 90 Abs. 3 AktG erzwingen (BayObLGZ 1968, 118) usw. 3

4 Ebenso kein Fall des § 388 ist die dem eigentlichen Verfahren vorgelagerte Erzwingung der **Mitwirkung an einer Aufklärung des Sachverhalts** (§ 27). Die Mitwirkung kann insgesamt nicht erzwungen werden, auch nicht nach den allgemeinen Vorschriften der §§ 33 Abs. 3, 35 (BayObLGZ 1978, 319).

5 Entsprechend anwendbar ist die Vorschrift auf unterlassene Anmeldungen und Glaubhaftmachungen zu den Schiffsregistern (§ 19 Abs. 2 SchRegO) und auf unterlassene Offenlegung der Rechnungslegungsunterlagen (§ 335 Abs. 2 Satz 1 HGB).

6 **I. Erzwingung einer Registeranmeldung.** Erzwingbar nach § 388 sind alle Registeranmeldungen, bezüglich derer eine Anmeldepflicht besteht. Die anmeldepflichtigen Tatsachen sind in den materiellen Gesetzen als solche bezeichnet. Darüber hinaus wurden einige weitere Tatsachen in richterlicher Rechtsfortbildung als eintragungsfähig und anmeldepflichtig anerkannt, wie etwa die Veränderung der nach § 106 Abs. 2 Nr. 1 HGB einzutragenden Personalien der Gesellschafter (kritisch: Schmidt-Kessel/Leutner/Müther/*Müther* § 14 Rn. 8), die Umwandlung der OHG in eine KG, Fortsetzungsbeschlüsse nach Auflösung der OHG sowie die Befreiung eines vertretungsbefugten OHG-Gesellschafters vom Verbot des Selbstkontrahierens (Staub/*Schäfer* § 106 Rn. 11). Auch deren Anmeldung kann mit dem Zwangsgeldverfahren erzwungen werden (Jansen/*Steder* § 132 Rn. 53; MüKoFamFG/*Krafka* § 388 Rn. 4; Staub/*Koch* § 8 Rn. 47 f.; a.A. Keidel/*Heinemann* § 388 Rn. 6; Haußleiter/*Schemmann* § 388 Rn. 1).

7 **Kein Anwendungsfall** des § 388 ist gegeben, wo das Gesetz eine Erzwingung der Eintragung ausdrücklich ausschließt, wie etwa bei der Erhöhung oder Herabsetzung einer Kommanditeinlage (§ 175 Satz 3 HGB), der Erstanmeldung einer Kapitalgesellschaft, einiger auf deren Satzung, Sitz und das Stamm-/Grundkapital bezogenen Folgeanmeldungen (§§ 79 Abs. 2 GmbHG, 407 Abs. 2 AktG) sowie bei den in § 316 Abs. 2 UmwG aufgeführten Umwandlungsvorgängen. Auch muss nicht die Zweigniederlassung einer ausländischen Gesellschaft angemeldet werden, welche die Komplementärstellung in einer nach deutschem Recht gegründeten KG übernimmt (OLG Frankfurt DNotZ 2008, 860).

8 Ebenfalls nicht erzwungen werden kann die Anmeldung der Löschung einer unzulässig vorgenommenen Registereintragung, soweit diese mit dem hierfür vorgesehen Amtslöschungsverfahren (§ 395) beseitigt werden könnte (KG FGPrax 1999, 156; a.A. offenbar Keidel/*Heinemann* § 388 Rn. 8); zu Einzelfragen der Abgrenzung vgl. § 395 Rdn. 10 ff.

9 Für Eintragungen in das **Güterrechtsregister** gibt es generell keinen öffentlich-rechtlichen Anmeldezwang; hier können sich die Ehegatten nur gegenseitig auf Mitwirkung verklagen (§ 1561 Abs. 1 Halbs. 2 BGB; s. vor § 378 Rdn. 16).

10 **II. Erzwingung der Einreichung von Dokumenten.** Die Einreichung von Dokumenten zu Zwecken der Publikation im Registerordner kann nur dann erzwungen werden, wenn eine **gesetzliche Einreichungspflicht** besteht. Wichtigster Fall bei der **GmbH/UG** ist die Gesellschafter- und Aufsichtsratsliste (§§ 40 Abs. 1, 52 Abs. 2 Satz 2 GmbHG) sowie die Nichtigerklärung durch Urteil (§ 75 Abs. 2 GmbHG i.V.m. § 248 Abs. 1 Satz 2 AktG). Bei der **AG/KGaA** sind es die Aufsichtsratsliste (§ 106 AktG), die Hauptversammlungsprotokolle (§ 130 Abs. 5 AktG), gerichtliche Entscheidungen über die Zusammensetzung bzw. über die Anfechtung oder Feststellung der Nichtigkeit der Wahl des Aufsichtsrats (§§ 99 Abs. 5 Satz 2, 250 Abs. 3 Satz 1 i.V.m. § 248 Abs. 1 Satz 2 AktG, 251 Abs. 3 AktG i.V.m. § 248 Abs. 1 Satz 2 AktG) über Anfechtungs- und Nichtigkeitsklagen gegen bestimmte Hauptversammlungsbeschlüsse (§ 248 Abs. 1 Satz 2, auch i.V.m. §§ 249 Abs. 1 Satz 1, 253 Abs. 2, 254 Abs. 2 Satz 1, 255 Abs. 3, 256 Abs. 7 Satz 1 AktG) sowie die Nichtigerklärung (§ 275 Abs. 4 Satz 2 AktG). Für Beschlüsse der Versammlung der Obersten Vertreter des **VVaG** gilt Entsprechendes (§ 191 Satz 1 VAG); ebenso für die gerichtliche Feststellung der Nichtigkeit der Wahl eines Verwaltungsratsmitglieds der SE (§ 31 Abs. 3 Satz 1 SEAG). Der Vorstand eines eingetragenen **Vereins** muss auf Verlangen eine Bescheinigung der Mitgliederzahl einreichen (§ 72 BGB).

11 Keinen Fall des § 388 stellt es im Allgemeinen dar, wenn im Zusammenhang mit einer Registeranmeldung nicht alle für die Eintragung erforderlichen Anlagen eingereicht wurden. Vielmehr ist dem Antragsteller im Wege der Zwischenverfügung (§ 382 Abs. 4) aufzugeben, diese nachzureichen. Weigert sich der Anmeldende jedoch, die erforderlichen Unterlagen einzureichen, und blockiert er dadurch die notwendige und anmeldepflichtige Registereintragung, kann auch die Vorlage der nötigen Eintragungsunterlagen erzwungen werden (§ 382 Rdn. 18).

12 Wurde auf Antrag eines Beteiligten eine konstitutive (nicht anmeldepflichtige) Eintragung vorgenommen, ohne dass alle dafür notwendigen Dokumente vorlagen, soll einer vertretenen Ansicht zufolge die Nachreichung der fehlenden Dokumente im Verfahren nach §§ 14 HGB, 388 ff. FamFG erzwungen werden können

(KGJ 41 A 123, 130; KG OLGZ 24, 171, 172; Schmidt-Kessel/Leutner/Müther/*Müther* § 14 Rn. 11 unter fragwürdiger Berufung auf RGZ 130, 248, 256). Darin läge jedoch eine bedenkliche Ausdehnung des § 14 HGB, denn die Vorschrift knüpft an eine bestehende »Pflicht« zur Einreichung von Dokumenten an und nicht bloß an eine – vom Registergericht übergangene – Obliegenheit. Die Folgen einer Eintragung ohne vollständig eingereichte Unterlagen richten sich grds. nach § 395 und nicht nach §§ 388 ff.

Etwas Anderes mag gelten, wenn das Registergericht eine Satzungsänderung eingetragen hat, ohne dass der 13 vollständige Wortlaut der geänderten Satzung eingereicht wurde: Deren Nachreichung mag nach §§ 388 ff. erzwungen werden (Jansen/*Steder* § 132 Rn. 56). Diese Besonderheit beruht jedoch darauf, dass der vollständige Satzungstext keine materielle Eintragungsvoraussetzung darstellt, sondern lediglich ordnungspolitische Funktionen erfüllt: Die nach den §§ 54 Abs. 1 Satz 2 GmbHG, 181 Abs. 1 Satz 2 AktG, 71 Abs. 1 Satz 3 BGB bestehende Obliegenheit wandelt sich nach vollzogener Eintragung zur Pflicht.

In Schiffsregistersachen kann die Vorlage der nach §§ 13 bis 15 SchRegO erforderlichen Bescheinigungen, 14 Urkunden und sonstigen Glaubhaftmachungen erzwungen werden (§ 19 SchRegO).

III. Erzwingung der Mitteilung von Geburtsdaten der einzutragenden Personen sowie der Anschriften 15 **des Unternehmens und seiner Zweigniederlassungen.** Gem. § 387 Abs. 2 Satz 2 FamFG ist § 14 HGB entspr. anzuwenden, um die in den Registerverordnungen (§ 24 HRV) vorgeschriebenen Angaben über die Geburtsdaten der einzutragenden Personen sowie über die inländischen Geschäftsanschriften des Unternehmens und seiner Zweigniederlassungen zu erzwingen. Eine Pflicht zur nachträglichen Anmeldung der Geschäftsanschrift besteht aber nur, wenn jene dem Registergericht vor dem Inkrafttreten des MoMiG am 01.11.2008 noch nicht mitgeteilt war oder sich nachträglich geändert hat (OLG München FGPrax 2009, 126; OLG Köln FGPrax 2010, 203, 204; OLG Düsseldorf FGPrax 2015, 66: auch noch nach Einleitung des Verfahrens nach § 394). Partnerschaftsgesellschaften sind von der Pflicht generell ausgenommen (§ 5 Abs. 2 Halbs. 2 PartGG).

Für das Vereinsregister gilt § 387 Abs. 2 Satz 2 nicht (s. § 387 Rdn. 13). Fehlt bei der Erstanmeldung die 16 Angabe der Geburtsdaten der einzutragenden Vorstände, ist der Verein durch Zwischenverfügung zur Vervollständigung der Anmeldung anzuhalten. Bei späteren Vorstandsänderungen kann die Angabe der Geburtsdaten nach den §§ 78 Abs. 1, 67 Abs. 1 BGB erzwungen werden, da es sich um eintragungs- und damit anmeldepflichtige Angaben handelt (§ 3 Satz 3 Nr. 3 VRV); Gleiches gilt für die Geburtsdaten der Liquidatoren (§§ 78 Abs. 2, 76 Abs. 1 BGB). Nicht erzwungen werden kann die Mitteilung der ladungsfähigen Anschrift des Vereins (§ 15 VRV), da sich § 78 BGB hierauf nicht bezieht.

IV. Erzwingung der notwendigen Angaben auf den Geschäftsbriefen und Bestellscheinen. Gem. §§ 37a, 17 125a HGB, 35a, 71 Abs. 5 GmbHG, 80, 268 Abs. 4 AktG, 25a GenG, 25 SCEAG, 12 EWIVAG i.V.m. Art. 25 EWIV-VO haben Kaufleute, Gesellschaften und Genossenschaften bestimmte Pflichtangaben über ihr Unternehmen auf ihren Geschäftsbriefen und Bestellscheinen zu machen. Dabei ist der Begriff des »Geschäftsbriefes« weit gefasst; er umfasst nicht nur »Briefe« nach postalischem Verständnis, sondern alle nicht mündlichen Mitteilungen des Unternehmens über geschäftliche Angelegenheiten nach außen (Baumbach/ Hopt/*Hopt* § 37a Rn. 4), also auch Telefaxe, E-Mails, Internetseiten, BTX, Fernschreiben und Telegramme sowie Postkarten. Welche Geschäftsangaben im Einzelnen zu machen sind, variiert je nach Rechtsform des Unternehmens und ist den genannten Vorschriften des materiellen Rechts zu entnehmen. Unterlässt das Unternehmen die erforderlichen Angaben, soll deren Aufnahme in die Geschäftsbriefe mit dem Zwangsgeldverfahren nach § 388 erzwungen werden können.

Die Einbettung der Thematik in ein Zwangsgeldverfahren ist bei Lichte betrachtet allerdings systemwidrig. 18 Denn wahre Zielrichtung ist nicht das Erzwingen der Vornahme einer bestimmten Handlung, sondern das Unterbinden weiteren Inverkehrbringens unvollständiger Geschäftsbriefe und Bestellscheine, somit die Durchsetzung eines Unterlassens. Dazu wäre systematisch das Ordnungsgeldverfahren berufen.

Dass das Gesetz dennoch das Zwangsgeldverfahren anordnet, ist von der tradierten Vorstellung getragen, 19 das Unternehmen sei dazu anzuhalten, in seinen vorhandenen Vorrat an Briefbögen zusätzliche Angaben nachträglich einzudrucken. Heutzutage werden geschäftliche Mitteilungen jedoch in weitem Umfang per Telefax, E-Mail und andere elektronische Kommunikationsmedien übermittelt, welche einen körperlichen »Briefbogen« im klassischen Sinne nicht mehr voraussetzen. Ein Hauptaugenmerk der Geschäftsbriefkontrolle bezieht sich daher nicht mehr auf vorgedruckte Briefbögen, sondern darauf, ob E-Mails und Computerfaxe das Unternehmen vereinzelt oder regelmäßig ohne die erforderlichen Angaben verlassen. Da elektronische Mitteilungen jedoch nicht zwingend auf einem einheitlichen »Briefkopf« aufsetzen, hat sich der

§ 388   Buch 5. Register u. unternehmensrechtl. Verfahren

Blickwinkel verlagert von einer Vervollständigung allgemein verwendeter Geschäftsbriefbögen hin zu der jeweils konkret versendeten Nachricht und deren Erscheinungsbild im Einzelfall. Ähnliches gilt für Bestellscheine, die in ihrer konkreten Gestalt – z.B. abgedruckt in Zeitschriften – oftmals nur zur einmaligen Verwendung bestimmt sind. Das Inverkehrbringen ohne Pflichtangaben wäre systemgerecht in einem Ordnungs- oder Bußgeldverfahren zu ahnden, wie der Gesetzgeber dies z.B. für die Anbieterkennzeichnung bei Telemedien umgesetzt hat (§§ 5, 16 Abs. 2 Nr. 1 TMG).

20 **V. Erzwingung gesellschaftsrechtlicher Organverpflichtungen sowie bestimmter Informationspflichten bei Umwandlungsvorgängen.** Durch § 407 Abs. 1 AktG sind zahlreiche aktienrechtliche Vorlegung-, Auslegungs-, Hinterlegungs-, Anzeige-, Bekanntmachungs- und Berichtspflichten sowie Bilanzaufstellungspflichten, Einberufungspflichten zur Jahresabschluss-Hauptversammlung, Maßnahmen zur Veräußerung und Einziehung eigener Aktien usw. in das Zwangsgeldverfahren einbezogen. Es handelt sich hierbei um gesellschaftsrechtliche Organpflichten des Vorstands, des Aufsichtsrats und der Abwickler, welche ganz überwiegend dem Aktionärsschutz dienen. Ähnliche Pflichten sind bei der Genossenschaft durch § 160 Abs. 1 GenG zwangsgeldbewehrt.

21 Ebenso dem Gesellschafterschutz dient die weitere Einbeziehung der umwandlungsrechtlichen Verpflichtungen, dem betroffenen Anteilseigner auf Verlangen eine Abschrift des Formwandlungs- oder Umwandlungsvertrages sowie -beschlusses zu erteilen (§ 13 Abs. 3 Satz 3, auch i.V.m. §§ 125 Satz 1, 176 Abs. 1, 177 Abs. 1, 178 Abs. 1, 179 Abs. 1, 180 Abs. 1, 184 Abs. 1, 186 Satz 1, 188 Abs. 1, 189 Abs. 1, 193 Abs. 3 Satz 2 UmwG).

22 Die Erzwingungsverfahren in diesen Angelegenheiten weisen jedoch allenfalls einen losen Bezug zur Registerführung auf. In ihrem Kern dienen sie nicht der Registerklarheit und -wahrheit, sondern flankieren den **Aktionärs- und Gesellschafterschutz.** Es handelt sich um Materien, die dem Gegenstand unternehmensrechtlicher Verfahren (§ 375) näher stehen als der Registerführung. Gleichwohl erklärt das Gesetz das Registergericht und nicht die (für unternehmensrechtliche Verfahren zuständige) allgemeine Abteilung für zuständig.

23 **B. Glaubhafte Kenntnis von Tatsachen, die ein Einschreiten rechtfertigen.** Kenntnisse von Tatsachen, die ein Einschreiten rechtfertigen, erhalten Registergerichte vor allem durch Mitteilungen der berufsständischen Organe (§ 380 Abs. 1), durch Mitteilungen anderer Gerichte, Behörden und Notare (§ 379 Abs. 1 FamFG, MiZi I/2) sowie aufgrund eigener Kenntnisse aus anderen Verfahren. Auch durch aktuell anhängige Registeranmeldungen kann offenbar werden, dass bestimmte Voreintragungen in demselben oder in einem anderen Registerblatt versäumt wurden.

24 Ob eine Tatsache hinreichend »**glaubhaft**« ist, hat das Gericht pflichtgemäß zu beurteilen. Eine »Glaubhaftmachung« i.S.d. § 31 ist damit nicht gemeint, sondern ein hinreichender Grad an Wahrscheinlichkeit, wobei dem Gericht ein Beurteilungsspielraum zusteht. Besteht nur ein geringer Anfangsverdacht, sind zunächst Ermittlungen aufzunehmen (§ 26); hierbei kann und soll sich das Registergericht in geeigneten Fällen der Unterstützung durch die berufsständischen Organe (§ 380 Abs. 1) bedienen. Beurteilt das Gericht die Tatsache als hinreichend glaubhaft, ist ein Vorgehen nach § 388 angezeigt. Ob tatsächlich ein Verstoß gegen Anmelde-, Einreichungs- oder sonstige Pflichten vorliegt, klärt sich erst im Einspruchsverfahren (Bumiller/*Harders* § 388 Rn. 15; Bork/Jacoby/Schwab/*Müther* § 388 Rn. 18 m.w.N.; Bahrenfuss/*Steup* § 388 Rn. 22).

25 **C. Adressat der Aufforderung.** Nach dem Wortlaut der Vorschrift hat das Registergericht »dem Beteiligten« aufzugeben, seiner gesetzlichen Verpflichtung nachzukommen. Mit dem »Beteiligten« ist nicht jeder Verfahrensbeteiligte i.S.d. § 7 gemeint, sondern nur derjenige, den die Anmeldepflicht trifft.

26 Die Aufforderung richtet sich nicht gegen den eingetragenen Rechtsträger, sondern gegen diejenigen persönlich, die die Anmeldung zu bewirken bzw. die sonstige Pflicht zu erfüllen haben. Wer das jeweils ist, wird durch das materielle Recht bestimmt. Bei einem kaufmännischen Handelsgeschäft ist es dessen Inhaber, bei Personenhandelsgesellschaften und Partnerschaften alle Gesellschafter gemeinsam (§§ 108, 161 Abs. 2 HGB, 4 Abs. 1 PartGG), bei der GmbH/UG sind es deren Geschäftsführer (§ 35 GmbHG) oder Liquidatoren in vertretungsberechtigter Anzahl (§ 78 GmbHG), bei Genossenschaften der Vorstand oder die Liquidatoren (§ 157 GenG), bei der AG deren Vorstandsmitglieder oder Abwickler, nicht aber gegen die Aufsichtsratsmitglieder (BayObLGZ 1968, 118, 121 f.), bei Zweigniederlassungen ausländischer Kapitalgesellschaften die zum ständigen Vertreter bestellten Personen i.R.d. Anmeldungsbefugnisse nach § 13e Abs. 3 Satz 1 HGB (*Heinemann* FGPrax 2009, 1, 3; a.A. offenbar Staub/*Koch* § 13d Rn. 57, 62; vgl. zur Stellung des

ständigen Vertreters auch OLG Frankfurt ZIP 2013, 268), in Schiffsregistersachen der Schiffseigner, bei Binnenschiffen genügt einer von mehreren Miteigentümern (§ 9 SchRegO). Die für den Fall der Führungslosigkeit einer GmbH/UG oder AG vorgesehenen Ersatzvertreter (§ 35 Abs. 1 Satz 2 GmbHG: Gesellschafter; § 78 Abs. 1 Satz 1 AktG: Aufsichtsrat) können nicht in Anspruch genommen werden, da sie zur Abgabe einer Registeranmeldung nicht berechtigt bzw. zur Vornahme der zu erzwingenden Handlungen nicht verpflichtet sind. Ist ein anmeldepflichtiger Gesellschafter selbst eine juristische Person, sind dessen organschaftliche Vertreter in Anspruch zu nehmen (z.B. bei der GmbH & Co. KG die Geschäftsführer der Komplementär-GmbH, s. BayObLG Rpfleger 2002, 31; NJW-RR 2000, 771). Zwangsgelder gegen Minderjährige, die zum selbstständigen Betrieb eines Erwerbsgeschäfts ermächtigt sind (§ 112 BGB), sowie gegen minderjährige Vereinsvorstände sind zulässig; in allen anderen Fällen ist anstelle des beschränkt Geschäftsfähigen sein gesetzlicher Vertreter in Anspruch zu nehmen. Auch Erben eines infolge Todes ausgeschiedenen Gesellschafters einer Personenhandelsgesellschaft können zur Anmeldung dieser Veränderung gezwungen werden (BayObLG Rpfleger 1993, 288). Fehlt es an einem zur Registeranmeldung befugten Vertretungsorgan, bspw. nach Versterben, Amtsniederlegung oder Abberufung des einzig vorhandenen Geschäftsführers, kommt nicht das Zwangsgeldverfahren in Betracht (Jansen/*Steder* § 132 Rn. 14; *Kießling/Eichele* GmbHR 1999, 1165, 1168 m.w.N.), sondern die gerichtliche Bestellung eines Notgeschäftsführers.

Parteien kraft Amtes (s. vor § 378 Rdn. 29 ff.) können nach § 388 herangezogen werden, wenn in Bezug auf die von ihnen verwaltete Vermögensmasse eine Anmelde- oder Einreichungspflicht besteht (BGH NJW 1989, 3152 bezüglich eines Testamentsvollstreckers). **Insolvenzverwalter** können nur hinsichtlich solcher Veränderungen, die sich im Rahmen ihrer Verwaltungs- und Verfügungsbefugnis vollziehen, zur Abgabe einer Registeranmeldung gezwungen werden. Soweit dagegen die Gesellschafter und Geschäftsführer für die innergesellschaftliche Willensbildung auch in der Insolvenz zuständig bleiben (s. vor § 378 Rdn. 29 ff.), ist das Zwangsgeldverfahren gegen diese zu richten. Auch für die Einreichung neuer Gesellschafterlisten bleiben die Geschäftsführer zuständig (§ 40 Abs. 1 GmbHG), soweit nicht der Notar dies erledigt (§ 40 Abs. 2 GmbHG). Der **Notar** selbst ist kein »Beteiligter«, sondern Rechtspflegeorgan. Er kann daher nicht mit einem Zwangsgeld zur Einreichung der Gesellschafterliste gem. § 40 Abs. 2 GmbHG angehalten werden (OLG München NJW-RR 2009, 972; Keidel/*Heinemann* § 388 Rn. 31; a.A. OLG Köln DNotZ 2014, 387 [m. abl. Anm. *Heinemann*]; MüKoFamFG/*Krafka* § 388 Rn. 22; *Krafka* FGPrax 2013, 275; BeckOK FamFG/*Munzig* § 388 Rn. 16; Problem übersehen bei OLG Hamm GmbHR 2012, 38). 27

Prokuristen kann kein Zwangsgeld androht werden, auch wenn sie in unechter Gesamtvertretung gemeinsam mit einem Geschäftsführer eine Registeranmeldung bewirken könnten (*Krafka/Kühn* Rn. 2363). Denn der Prokurist übernimmt in Bezug auf Registeranmeldungen nicht die Vertretung des Prinzipals, sondern übt nur eine organschaftliche Kontrollfunktion aus (vor § 378 Rdn. 18). Etwas Anderes gilt nur, wenn ein Prokurist als **ständiger Vertreter der Zweigniederlassung einer ausländischen Kapitalgesellschaft** fungiert: Dann obliegen ihm eigene Anmeldungspflichten in Bezug auf diese (§ 13e Abs. 3 Satz 1 HGB; vgl. zur Stellung des ständigen Vertreters auch OLG Frankfurt ZIP 2013, 268). 28

Obliegt die Anmeldung **mehreren Personen** in vertretungsberechtigter Anzahl gemeinsam, hat die Aufforderung regelmäßig an alle in Betracht kommenden Personen zu ergehen, welche sich der Vornahme der Handlung verweigern (OLG Hamm JMBl NW 1959, 32; Rpfleger 1985, 302, 303). Die Aufforderung erledigt sich für alle in Anspruch Genommenen, wenn die gebotene Handlung von den Beteiligten in vertretungsberechtigter Anzahl vorgenommen wird. 29

Verstirbt ein in Anspruch genommener Beteiligter im Laufe des Zwangsgeldverfahrens, setzt sich das Verfahren nicht mit seinem **Rechtsnachfolger** fort, sondern ist ggü. diesem neu in Gang zu setzen (Jansen/*Steder* § 132 Rn. 97; Keidel/*Heinemann* § 388 Rn. 35). Dasselbe gilt bei rechtsgeschäftlicher Übertragung des Geschäftsanteils des anmeldepflichtigen Gesellschafters bzw. bei Änderungen im Amt des anmeldepflichtigen Vertretungsorgans (Vorstand/Geschäftsführer). 30

D. Verfahren. I. Zuständigkeit. Zuständig ist in allen Zwangsgeldverfahren ausschließlich das Registergericht, bei dem das Unternehmen mit seiner Hauptniederlassung eingetragen ist (s. § 377 Rdn. 6 f.). Die An*meldung einer Sitzverlegung kann* daher nicht durch das Gericht des neuen Sitzes erzwungen werden, die Pflichtangaben auf den Geschäftsbriefen können nicht von dem Gericht erzwungen werden, in dessen Bezirk von unzureichenden Geschäftsbriefen Gebrauch gemacht wurde. 31

Bei Zweigniederlassungen von Unternehmen mit Sitz oder Hauptniederlassung im Ausland ist das Gericht der Zweigniederlassung zuständig (§ 13d HGB). 32

33 Bei Unternehmen mit Doppelsitz (§ 377 Rdn. 13 ff.) sind beide Registergerichte nebeneinander gesondert zuständig für die Erzwingung der jeweils bei ihnen einzureichenden Anmeldungen und Dokumente.

34 Funktionell zuständig ist der Rechtspfleger (§ 3 Nr. 1 Buchst. a), Nr. 2 Buchst. d) RPflG).

35 **II. Einleitung des Verfahrens, Beteiligung der berufsständischen Organe.** Das Verfahren wird von Amts wegen eingeleitet und betrieben, auch wenn es durch eine Anregung Dritter in Gang gesetzt wurde. Es ist daher auch dann fortzusetzen, wenn der Dritte seine Anzeige zurücknimmt, für das Gericht gleichwohl Tatsachen glaubhaft sind, die ein Einschreiten rechtfertigen.

36 Beruht die Verfahrenseinleitung nicht auf einer Anregung des berufsständischen Organs, ist dieses im Laufe des Verfahrens anzuhören (§ 380 Rdn. 20) verbunden mit der Gelegenheit, einen Antrag auf eigene Beteiligung zu stellen (§ 380 Abs. 2 Satz 2). Eine verfahrenseinleitende Anregung des Organs ist im Zweifel zugleich als Antrag auf eigene Hinzuziehung als Beteiligter auszulegen. Handelt es sich um ein Kreditinstitut oder um eine Kapitalanlagegesellschaft, stehen auch der BaFin die Antrags- und Beteiligungsrechte nach §§ 43 Abs. 3 KWG, 16 Abs. 3 BausparkG, 3 Abs. 5 KAGB zu. § 380 Abs. 2 Satz 2 ist auf die BaFin entspr. anzuwenden.

37 **III. Informelle Aufforderung zur Registeranmeldung.** Der Wortlaut des Abs. 1 vermittelt den unzutreffenden Eindruck, das Registergericht habe auf jede versäumte Anmeldung sogleich mit einer Zwangsgeldandrohung zu reagieren. Tatsächlich wird das Registergericht den Anmeldepflichtigen zunächst mit dem Sachverhalt konfrontieren und ihn formlos – ohne Zwangsgeldandrohung – zur Anmeldung oder Einreichung fehlender Unterlagen bzw. zu einer Stellungnahme auffordern. Das gilt allemal dann, wenn im Rahmen eines aktuell anhängigen Eintragungsverfahrens offensichtlich wird, dass weitere Veränderungen, die zusätzlich noch hätten angemeldet werden müssen, aus einem offensichtlichen Versehen unterblieben sind.

38 **IV. Kein Ermessen bei der Verfahrenseinleitung.** Fruchtet die formlose Aufforderung nicht, ist zwingend zum Zwangsgeldverfahren überzuwechseln. Ein Ermessen des Gerichts, ob es gem. § 388 einschreitet, um die Anmeldepflicht bzw. die sonstigen Pflichten durchzusetzen, besteht nicht (OLG Hamm OLGZ 1989, 148, 150; Haußleiter/*Schemmann* § 388 Rn. 7).

39 **E. Form und Inhalt der Aufforderung.** Eine bestimmte äußere Form der Aufforderung schreibt das Gesetz nicht vor; sie kann daher in der Form eines Beschlusses oder in Form einer Verfügung ergehen (OLG Köln FGPrax 2010, 203). Nicht unterschriebene, »maschinell erstellte« Androhungen genügen allerdings nicht (OLG Köln FGPrax 2010, 203). Der notwendige Inhalt ist dagegen durch den Wortlaut des Gesetzes festgelegt: Die Aufforderung muss die zu erfüllende Verpflichtung so bestimmt wie möglich bezeichnen, sie muss die Aufforderung enthalten, binnen einer bestimmten Frist entweder die Verpflichtung zu erfüllen oder das Unterlassen mittels Einspruch zu rechtfertigen und sie muss die Androhung der Festsetzung eines Zwangsgeldes für den Fall der Nichtbefolgung der Aufforderung enthalten. Fehlt eines dieser Elemente, namentlich der Hinweis auf die Einspruchsmöglichkeit, ist die Aufforderung rechtswidrig und auf Beschwerde hin aufzuheben (OLG Hamm Rpfleger 1986, 390). Der Hinweis auf die Einspruchsmöglichkeit muss den Förmlichkeiten einer Rechtsbehelfsbelehrung (§ 39) genügen, da es sich in Bezug auf die Feststellung der Pflicht bereits um eine Endentscheidung i.S.d. § 38 handelt (arg § 391 Abs. 2; a.A. Haußleiter/*Schemmann* § 388 Rn. 11).

40 Die Aufforderung darf nicht mit weiteren Verpflichtungen verknüpft werden, die nicht mit dem Zwangsgeld erzwungen werden können (z.B. Entfernung des Firmenschildes, KG OLGR 5, 274).

41 Die **Frist** muss so ausreichend bemessen sein, dass innerhalb ihrer die Erfüllung der aufgegebenen Verpflichtung vorgenommen werden kann (BGH NJW 1997, 1855, 1857). Die Frist wird entweder auf einen bestimmten Termin gesetzt (»bis zum …«) oder sie erfolgt durch Bestimmung einer Zeitspanne (»binnen sechs Wochen«). Eine so gesetzte Frist beginnt mit der Bekanntgabe der Androhungsverfügung zu laufen (§ 16 Abs. 1). Fristverlängerung auf Antrag ist möglich (§§ 16 Abs. 2 FamFG, 224 Abs. 2 ZPO).

42 Eine objektiv **zu kurz gesetzte Frist** macht die Androhung rechtswidrig und begründet die Beschwerde gegen die spätere Zwangsgeldfestsetzung (Jansen/*Steder* § 132 Rn. 103). Der Fehler kann – entgegen herrschender Literaturauffassung (Krafka/Kühn Rn. 2365; Keidel/*Heinemann* § 388 Rn. 37; Bumiller/*Harders* § 388 Rn. 18; BeckOK FamFG/*Munzig* § 388 Rn. 33; § 389 Rn. 10; Haußleiter/*Schemmann* § 388 Rn. 10) – auch nicht durch Fristverlängerung von Amts wegen geheilt werden. Zwar war es unter der Herrschaft des FGG als zulässig angesehen, eine zu kurz bemessene Frist angemessen zu verlängern (Jansen/*Steder* § 132 Rn. 104; KKW/*Winkler* [15. Aufl.] § 132 Rn. 25). Doch wurde die Regelung des § 18 FGG, welche die nach-

trägliche Abänderung des Beschlusses von Amts wegen ermöglichte, vom Gesetzgeber willentlich nicht in das FamFG übernommen. Heute ist eine Fristverlängerung nur noch nach den §§ 16 Abs. 2 FamFG, 224 Abs. 2 ZPO möglich und setzt zwingend einen **Antrag des Beteiligten** voraus (§ 16 Rdn. 11). Zwar unterlag der Gesetzgeber einem möglichen Verständnisirrtum, indem er annahm, es gebe für § 18 FGG keinen Anwendungsbereich mehr (BT-Drucks. 16/6308, S. 198 zu § 48 FamFG), und dabei womöglich die hier angesprochene Konstellation übersah. Gleichwohl ist die Gesetz gewordene Änderung hinzunehmen. Die zu kurz gesetzte Frist bleibt rechtswidrig. Das Verfahren muss mit einer erneuten Aufforderung nebst angemessener Fristsetzung von Neuem beginnen. Es sei denn, der Beteiligte selbst stellt einen Fristverlängerungsantrag und das Gericht gibt diesem statt – dann wirkt sich der ursprüngliche Fehler nicht aus.

Wird das Zwangsgeld wiederholt angedroht, ist jeweils erneut eine voll ausreichende Erledigungsfrist und nicht nur eine verkürzte Nachfrist zu setzen (OLG Karlsruhe OLGR 36, 193, 194). 43

Das Zwangsgeld muss innerhalb des gesetzlichen Rahmens **in ziffernmäßig bestimmter Höhe** angedroht werden; eine unbezifferte Zwangsgeldandrohung reicht nicht aus. Der gesetzliche Rahmen beträgt in Vereinsregistersachen 1.000 € (Art. 6 Abs. 1 EGStGB), in Schiffsregistersachen 511,29 € (§ 19 Abs. 1 Satz 2 SchRegO) und in allen anderen Registersachen 5.000 € (§§ 14 Satz 2 HGB, 407 Abs. 1 Satz 2 AktG, 79 Abs. 1 Satz 2 GmbHG, 316 Abs. 1 Satz 2 UmwG, 12 Satz 2 EWIGAG, 160 Abs. 1 Satz 2 GenG). Die Androhung einer offenen Zwangsgeldspanne, etwa die Androhung eines »Zwangsgeldes bis zu 1 000 €«, ist nach herrschender Rspr. zulässig, wenn nach dem vorausschauenden Ermessen des Gerichts die Verhängung des angedrohten Höchstzwangsgeldes bei einer Nichtbefolgung der Anordnung in Betracht kommt (BayObLG FamRZ 1996, 878; *Krafka/Kühn* Rn. 2365; MüKoFamFG/*Krafka* § 388 Rn. 26; a.A. Jansen/*Steder* § 132 Rn. 105; Scholz/*Wicke* § 79 Rn. 23; Bahrenfuss/*Steup* § 388 Rn. 32; Haußleiter/*Schemmann* § 388 Rn. 12). 44

Mehrere gesondert zu erfüllende Verpflichtungen können in einer gemeinsamen Aufforderung mit einheitlicher Zwangsgeldandrohung zusammengefasst werden. Allerdings kann das angedrohte Zwangsgeld insgesamt nicht festgesetzt werden, wenn sich der Einspruch auch nur gegen eine der aufgegebenen Pflichten als begründet erweist (Jansen/*Steder* § 132 Rn. 105; *Krafka/Kühn* Rn. 2367 Fn. 2; vgl. auch KGJ 5, 11). Um diese Folge bei unsicherer Sach- und Rechtslage zu vermeiden, können mehrere gesondert zu erfüllende Verpflichtungen in gesonderte Aufforderungen mit je eigenständigen Zwangsgeldandrohungen gefasst werden. Dann trägt jede einzelne Aufforderung im Einspruchsverfahren ihr unabhängiges Schicksal (MüKoFamFG/*Krafka* § 390 Rn. 7). Zudem gilt der gesetzliche Zwangsgeldrahmen für jede Einzelandrohung gesondert; die Summe der Beträge aus mehreren Einzelandrohungen für verschiedene zu erfüllende Pflichten darf daher den Höchstbetrag des Zwangsgeldrahmens überschreiten (Bassenge/Roth/*Walter* § 389 Rn. 9). 45

Eine Androhung von **Zwangshaft** kommt nicht in Betracht; § 35 Abs. 1 Satz 2, 3 FamFG ist nicht anzuwenden. 46

Die Aufforderung ist den in Anspruch genommenen Beteiligten **förmlich bekannt zu geben**, da sie den Lauf einer Frist auslöst (§ 15 Abs. 1). Sie ist an den in Anspruch Genommenen persönlich und namentlich zu adressieren. Unzulässig ist eine Adressierung abstrakt an das Organ, etwa »An die Geschäftsführung« oder »An den Vorstand« der Gesellschaft. Wird der Beteiligte (nicht die Gesellschaft!) durch einen **Verfahrensbevollmächtigten** vertreten, ist an diesen zuzustellen (§ 15 Abs. 2 FamFG i.V.m. § 172 ZPO). Voraussetzung für eine Zustellung an den Bevollmächtigten soll jedoch – nach Auffassung des OLG Hamm (Rpfleger 1992, 114) – die Vorlage einer Vollmachtsurkunde sein; ohne einen solchen Vollmachtnachweis ist die Zustellung an den Beteiligten selbst zu bewirken. Weniger Formalität verlangt das KG (Rpfleger 1993, 69), indem es die allgemeine Vermutung genügen lässt, dass ein RA, der sich für einen Beteiligten melde, nicht ohne Vollmacht tätig werde. Durch § 11 Satz 1 bis 3 dürfte der Gesetzgeber den Richtungsstreit dahin entschieden haben, dass das Gericht die Vorlage einer schriftlichen Vollmacht verlangen kann, aber nicht verlangen muss, und wenn es darauf verzichtet, der Gefahr ausgesetzt bleibt, dass der Beteiligte die Vollmacht im weiteren Verlauf des Verfahrens bestreitet (s.a. § 11 Rdn. 9 f.). 47

F. Unterrichtung des Anzeigenerstatters bei Nichteinleitung des Verfahrens (§ 24 Abs. 2). War das Zwangsgeldverfahren vonseiten Dritter angeregt worden und folgt das Gericht dieser Anregung nicht, hat es den Anzeigenerstatter gem. § 24 Abs. 2 unter Angabe von Gründen davon zu unterrichten, sofern ein berechtigtes Interesse an der Unterrichtung ersichtlich ist. Die Mitteilung ergeht formlos (§ 15 Abs. 3). Zur Beschwerdefähigkeit einer solchen Entscheidung vgl. BGH FGPrax 2012, 169. 48

G. Rechtsbehelfe. I. Rechtsbehelf gegen die erlassene Zwangsgeldandrohung. Die Aufforderung zur Registeranmeldung nebst Zwangsgeldandrohung ist grds. nicht mit der Beschwerde/Erinnerung angreifbar 49

(Ausnahme: s. Rdn. 39). Es kann nur **Einspruch** eingelegt werden, über den das Registergericht gem. § 390 verhandelt und entscheidet. Erst gegen die Zurückweisung des Einspruchs bzw. gegen die Zwangsgeldfestsetzung ist die Beschwerde nach § 391 Abs. 1 gegeben.

50 Dass eine **Beschwerde** gegen die Zwangsgeldandrohung nicht stattfindet, war früher in § 132 Abs. 2 FGG ausdrücklich geregelt. In das FamFG wurde die Bestimmung nicht übernommen, weil sich die Unstatthaftigkeit der Beschwerde bereits aus § 58 ergebe, da es sich nicht um eine Endentscheidung handle (BT-Drucks. 16/6308 S. 287).

51 Eine unzulässig eingelegte »Beschwerde« gegen die Zwangsgeldandrohung ist jedoch ohne Weiteres als Einspruch i.S.d. § 390 zu behandeln (BayObLG FGPrax 2005, 36, 37).

52 Vorbereitende Verfügungen und formlose Aufforderungen zur Abgabe einer Registeranmeldung, welche keine Zwangsgeldandrohung enthalten, haben keine rechtsverbindliche Wirkung (Keidel/*Heinemann* § 388 Rn. 27) und sind daher weder mit der Beschwerde noch mit dem Einspruch anzugreifen.

53 **II. Rechtsbehelf gegen die Ablehnung oder Aufhebung einer Zwangsgeldandrohung.** Lehnt das Gericht eine vom berufsständischen Organ angeregte Zwangsgeldandrohung ab, steht diesem die Beschwerde hiergegen zu (§ 380 Abs. 5). Handelt es sich bei dem eingetragenen Rechtsträger um ein Kreditinstitut oder um eine Kapitalanlagegesellschaft, hat zusätzlich die BaFin das Beschwerderecht aus §§ 43 Abs. 3 KWG, 16 Abs. 3 BausparkG, 3 Abs. 5 KAGB.

54 Hält das Beschwerdegericht die Beschwerde des Organs für begründet, kann es das Zwangsgeldverfahren nicht selbst durchführen, sondern nur das Registergericht anweisen, eine Zwangsgeldandrohung zu erlassen (KGJ 31 A 201). Durch solche Anweisung wird das Registergericht nur hinsichtlich der zu erlassenden Zwangsgeldandrohung gebunden; der späteren Entscheidung über einen eventuellen Einspruch des Beteiligten wird damit nicht vorgegriffen (vgl. KG NJW 1955, 1926, 1927 sowie BayObLG NJW-RR 1993, 698 für das Löschungsverfahren nach § 395). Eine Rechtsbeschwerde gegen die Anweisung des Beschwerdegerichts, die Zwangsgeldandrohung zu erlassen, dürfte unzulässig sein (BeckOK FamFG/*Munzig* § 393 Rn. 43; *Krafka/Kühn* Rn. 2388; s.a. OLG Hamm JMBl NW 1957, 234), da insoweit kein Rechtsschutzbedürfnis besteht. Auch die Androhung selbst könnte nicht mit der Beschwerde angegriffen werden (Rdn. 49).

55 Andere Personen, namentlich **Konkurrenzunternehmen**, haben kein Beschwerderecht gegen die Ablehnung eines von ihnen angeregten Zwangsgeldverfahrens. Denn das Verfahren dient nicht der Durchsetzung individueller Namens-, Urheber-, und Wettbewerbsrechte, sondern allein dem öffentlichen Interesse an Registerwahrheit (vgl. MüKoFamFG/*Krafka* § 388 Rn. 1; BeckOK FamFG/*Munzig* § 388 Rn. 37; § 391 Rn. 14; weniger eindeutig: Jansen/*Steder* § 132 Rn. 116; Keidel/*Heinemann* § 388 Rn. 42; a.A. Bahrenfuss/*Steup* § 388 Rn. 36; Haußleiter/*Schemmann* § 388 Rn. 16).

56 **H. Kosten.** Kosten werden für die Androhung des Zwangsgeldes nicht erhoben.

57 **I. Vorgehen gegen den Vorstand oder die Liquidatoren eines Vereins (Abs. 2).** Abs. 2 erklärt das Verfahren auch für die Zwangsgeldfestsetzung gegen Vorstandsmitglieder und Liquidatoren eines eingetragenen Vereins für anwendbar, was der früheren Rechtslage (§ 159 Abs. 1 Satz 2 Halbs. 2 FGG) entspricht. Anstelle der gesonderten Regelung in Abs. 2 hätte es allerdings genügt, § 78 BGB mit in die Aufzählung des Abs. 1 aufzunehmen.

58 Zur möglichen Erzwingung der Anmeldung von Geburtsdaten und Vereinsanschriften s. Rdn. 16.

§ 389 Festsetzung.

(1) Wird innerhalb der bestimmten Frist weder der gesetzlichen Verpflichtung genügt noch Einspruch erhoben, ist das angedrohte Zwangsgeld durch Beschluss festzusetzen und zugleich die Aufforderung nach § 388 unter Androhung eines erneuten Zwangsgelds zu wiederholen.

(2) Mit der Festsetzung des Zwangsgelds sind dem Beteiligten zugleich die Kosten des Verfahrens aufzuerlegen.

(3) In gleicher Weise ist fortzufahren, bis der gesetzlichen Verpflichtung genügt oder Einspruch erhoben wird.

Übersicht

	Rdn.		Rdn.
A. Allgemeines	1	I. Formal rechtmäßige Androhung des Zwangsgeldes ggü. dem Beteiligten	4
B. Voraussetzung der Zwangsgeldfestsetzung	3		

	Rdn.		Rdn.
II. Unerfüllte Pflicht	6	E. Kostenentscheidung (Abs. 2)	17
III. Fehlender Einspruch	8	F. Erneute Androhung (Abs. 1 Halbs. 2 und Abs. 3)	20
IV. Fortwährendes Bedürfnis, die Erfüllung der Verpflichtung durchzusetzen	11	G. Bekanntgabe der Entscheidung, Rechtsbehelfsbelehrung	21
V. Fristverlängerungsantrag, verfristeter Einspruch	12	H. Rechtsbehelfe	23
C. Festsetzung des Zwangsgeldes (Abs. 1 Halbs. 1)	15	I. Erledigung der Pflicht nach Festsetzung des Zwangsgeldes	25
D. Keine Anordnung von Zwangshaft	16		

A. Allgemeines. § 389 regelt das weitere Verfahren nach vorangegangener Zwangsgeldandrohung (§ 388), gegen die **kein Einspruch erhoben** wurde. 1

Wurde Einspruch erhoben, ist nicht nach § 389, sondern nach § 390 zu verfahren. 2

B. Voraussetzung der Zwangsgeldfestsetzung. Voraussetzung für die Zwangsgeldfestsetzung ist, dass eine formal rechtmäßige Zwangsgeldandrohung erging, die Pflicht unerfüllt blieb und ein fortwährendes Bedürfnis besteht, die Erfüllung der bestehenden Verpflichtung durchzusetzen. 3

I. Formal rechtmäßige Androhung des Zwangsgeldes ggü. dem Beteiligten. Das Zwangsgeld kann nur ggü. einem Beteiligten festgesetzt werden, ggü. dem es zuvor in formal rechtmäßiger Weise, also in der Form und mit dem notwendigen Inhalt des § 388 (vgl. insb. § 388 Rdn. 39 ff.) angedroht wurde. Fehlt es der Androhung an einem notwendigen Element, wurde insb. versäumt, dem Beteiligten aufzugeben, sein Unterlassen durch einen Einspruch zu rechtfertigen, kann eine Zwangsgeldfestsetzung nicht auf sie gestützt werden. Die Androhung müsste vielmehr mit dem notwendigen gesetzlichen Inhalt neu ergehen. 4

Jede Zwangsgeldandrohung wirkt nur ggü. dem Beteiligten **persönlich**, ggü. dem sie erklärt wurde. Endet die Gesellschafter- oder Organstellung eines Beteiligten, aufgrund derer er zur Registeranmeldung berechtigt und verpflichtet war, erledigt sich die Zwangsgeldandrohung. Gegen seinen Rechts- oder Amtsnachfolger muss zunächst eine neue Androhung ausgesprochen werden, bevor ein Zwangsgeld erlassen werden kann (§ 388 Rdn. 30). 5

II. Unerfüllte Pflicht. Voraussetzung der Zwangsgeldfestsetzung ist ferner, dass die aufgetragene Pflicht nicht (vollständig) erfüllt ist. Ist die Pflicht nur teilweise erfüllt (z.B. eine unvollständige und deshalb nicht eintragungsfähige Registeranmeldung abgegeben), ist das Zwangsgeld festzusetzen. Erst wenn die Pflicht vollständig erfüllt ist, kann kein Zwangsgeld mehr festgesetzt werden. Dabei kommt es nicht darauf an, ob der Beteiligte selbst bei der Pflichterfüllung mitgewirkt hat; es genügt, wenn andere Vorstandsmitglieder oder Mitgeschäftsführer in vertretungsberechtigter Zahl die Pflicht erfüllt, also z.B. eine erforderliche Anmeldung abgegeben haben. Auch kommt es nicht darauf an, ob die Pflicht innerhalb der gesetzten Frist erfüllt wurde. Liegt der Zeitpunkt der Pflichterfüllung nach dem Ende der gesetzten Frist, jedoch vor Festsetzung des Zwangsgeldes, ist die Grundlage für das Beugemittel entfallen (Jansen/*Steder* § 133 Rn. 8). 6

Ist eine gemeinsame Pflicht Mehrerer noch nicht erfüllt (z.B. gemeinsame Registeranmeldung), muss in Bezug auf jeden einzelnen Beteiligten gesondert geprüft werden, ob er seine persönliche Pflicht erfüllt hat. Gegen einen Beteiligten, der seinen Beitrag geleistet (= seine Anmeldeerklärung abgegeben) hat, kann das Zwangsgeld nicht mehr festgesetzt werden, sondern nur gegen diejenigen, deren Erklärung noch fehlt, und zwar gegen alle in Betracht kommenden Personen, die sich der Vornahme der Handlung verweigern (vgl. OLG Hamm JMBl NW 1959, 32; Rpfleger 1985, 302, 303). 7

III. Fehlender Einspruch. Die Zwangsgeldfestsetzung setzt weiter voraus, dass innerhalb der gesetzten Frist kein Einspruch erhoben wurde. Entscheidend ist nicht, ob irgendein Einspruch eingelegt wurde, sondern ob derjenige Beteiligte Einspruch eingelegt hat, gegen den das Zwangsgeld festgesetzt werden soll. Hat ein anderer Beteiligter Einspruch eingelegt, muss allerdings geprüft werden, ob dieser evtl. für alle Beteiligten wirken soll und konkludent auch im Namen der Übrigen eingelegt wurde (vgl. auch § 390 Rdn. 5). 8

Setzt das Gericht das Zwangsgeld fest, ohne einen erhobenen Einspruch zu beachten, ist der Zwangsgeldbeschluss auf Beschwerde hin aufzuheben und die Sache an das AG zur Entscheidung nach § 390 zurückzuverweisen (OLG Hamm Rpfleger 1985, 302). 9

10 Ein nachträglich zurückgenommener Einspruch gilt als nicht eingelegt; zum verfristet eingelegten Einspruch s. Rdn. 14.

11 **IV. Fortwährendes Bedürfnis, die Erfüllung der Verpflichtung durchzusetzen.** Schließlich muss ein fortwährendes Bedürfnis bestehen, die Erfüllung der Verpflichtung durchzusetzen. Das Gericht hat zu prüfen, ob veränderte Umstände oder neue Erkenntnisse von der Festsetzung des angedrohten Zwangsgeldes absehen lassen. Denn auch ohne dass der Beteiligte einen Einspruch erhoben hat oder falls dieser verspätet erfolgte, muss und darf die Festsetzung des Zwangsgeldes aus rechtsstaatlichen Gründen nicht weiter verfolgt werden, wenn sich aufgrund besserer Erkenntnisse des Gerichts zeigt, dass die gerichtliche Aufforderung sich auf eine andere Handlung zu richten hat oder das Verfahren durch andere Ereignisse gegenstandslos wird (vgl. BayObLG Rpfleger 1993, 288: zwischenzeitliches Versterben der einzutragenden Person). Erkenntnisse über geänderte Umstände können sich insb. aus dem Einspruch anderer Verfahrensbeteiligter ergeben (§ 390 Rdn. 5).

12 **V. Fristverlängerungsantrag, verfristeter Einspruch.** Fristverlängerungsanträge sind nach den §§ 16 Abs. 2 FamFG, 224 Abs. 2 ZPO zu behandeln. Eine bewilligte Fristverlängerung bezieht sich stets sowohl auf die Erledigung der Pflicht als auch auf die Möglichkeit des Einspruchs, selbst wenn beachtliche Verlängerungsgründe i.S.d. § 224 Abs. 2 ZPO nur in Bezug auf Umsetzungsschwierigkeiten bei der Pflichterfüllung vorgebracht waren.

13 Hinsichtlich der Unzulässigkeit einer Fristverlängerung von Amts wegen s. § 388 Rdn. 42.

14 Ein verfristet eingegangener Einspruch führt formal zur Anwendung des § 389, auch wenn er vom Rechtspfleger zunächst fälschlich als zulässig behandelt wurde (BayObLGZ 1967, 458). Inhaltlich sind die Einwendungen aus dem verfristeten Einspruch gleichwohl darauf zu überprüfen, ob sie das fortwährende Bedürfnis infrage stellen, die Erfüllung der aufgegebenen Pflicht durchzusetzen (s. Rdn. 11).

15 **C. Festsetzung des Zwangsgeldes (Abs. 1 Halbs. 1).** Das Zwangsgeld kann max. in der Höhe festgesetzt werden, in der es angedroht wurde. Eine Festsetzung auf einen niedrigeren als den angedrohten Betrag ist zulässig (Jansen/*Steder* § 133 Rn. 26; Bassenge/Roth/*Walter* § 389 Rn. 4; Keidel/*Heinemann* § 389 Rn. 7). Wurde die auferlegte Pflicht nur **teilweise erledigt**, kann das Zwangsgeld bis zur vollen angedrohten Höhe festgesetzt werden (Bassenge/Roth/*Walter* § 389 Rn. 1; Jansen/*Steder* § 133 Rn. 3; a.A. KKW/*Winkler* [15. Aufl.] § 133 Rn. 6). Wurde allerdings für mehrere gesondert zu erfüllende Pflichten ein einheitliches Zwangsgeld angedroht, so ist, wenn einzelne Pflichten daraus vollständig erfüllt sind, für die noch ausstehenden Pflichten nicht das Zwangsgeld festzusetzen, sondern erneut ein Zwangsgeld anzudrohen (Bassenge/Roth/*Walter* § 389 Rn. 1; Jansen/*Steder* § 133 Rn. 4). Zu Fragen der Vollstreckung s. § 35 Rdn. 14.

16 **D. Keine Anordnung von Zwangshaft.** Zwangshaft kann nach § 389 nicht angeordnet werden; § 35 Abs. 1 Satz 2, 3 ist nicht entspr. anzuwenden.

17 **E. Kostenentscheidung (Abs. 2).** Die Kostenentscheidung geht grds. zulasten des Beteiligten und ist mit der Zwangsgeldfestsetzung zu verbinden. Die Kostengrundentscheidung nach Abs. 2 ist (alleinige) Grundlage für die spätere Kostenerhebung (§ 27 GNotKG). Die Kosten können nur dem in Anspruch genommenen Beteiligten persönlich aufgegeben werden, nicht dem eingetragenen Rechtsträger.

18 Wurde die Kostenentscheidung versäumt, kann der Beschluss **nachträglich ergänzt** werden (s. aber § 43 Rdn. 24). Ob das Antragserfordernis und die Zweiwochenfrist des § 43 Abs. 1, 2 anzuwenden sind, ist zweifelhaft, da diese auf die kontradiktorischen Verfahren zugeschnitten sind. Auch das Beschwerdegericht kann die Kostenentscheidung nachholen (OLG Hamm Rpfleger 1955, 241).

19 Die Festsetzung des Zwangsgeldes löst eine Gerichtsgebühr von 100 € aus (Nr. 13310 KV GNotKG). Jede erneute Zwangsgeldfestsetzung aufgrund erneuter Androhung (Abs. 3) löst die Geb. gesondert aus.

20 **F. Erneute Androhung (Abs. 1 Halbs. 2 und Abs. 3).** Mit der Festsetzung des Zwangsgeldes ist eine weitere Zwangsgeldandrohung zu verbinden. Die erneute Androhung muss den Anforderungen des § 388 in allen Punkten entsprechen, sie muss wiederum die zu erfüllende Verpflichtung so bestimmt wie möglich bezeichnen, sie muss die Aufforderung enthalten, binnen einer bestimmten Frist entweder die Verpflichtung zu erfüllen oder die Unterlassung mittels Einspruch zu rechtfertigen und sie muss die Androhung der Festsetzung eines (weiteren) Zwangsgeldes für den Fall der (erneuten) Nichtbefolgung der Aufforderung enthalten. Freilich sind nur noch solche Verpflichtungen aufzunehmen, die nicht in der Zwischenzeit bereits erfüllt oder gegenstandslos geworden sind. Die Erledigungsfrist muss nicht der zuvor gesetzten ent-

sprechen, aber sie muss für die Erfüllung der noch offenen Pflichten voll ausreichen; es darf sich nicht um eine bloße Nachfrist handeln. Das anzudrohende Zwangsgeld muss nicht dem zuvor angedrohten und festgesetzten Betrag entsprechen; eine allmähliche Steigerung bis zum Erreichen der gesetzlichen Höchstgrenze ist zulässig und geboten. Die gesetzliche Höchstgrenze bezieht sich jeweils auf die Einzelandrohung und -festsetzung, nicht auf die Summe der nach und nach ergehenden Androhungen und Festsetzungen. Das Verfahren ist so oft zu wiederholen, bis der Beteiligte seine Pflicht erfüllt oder Einspruch einlegt.

G. Bekanntgabe der Entscheidung, Rechtsbehelfsbelehrung. Die Entscheidungen nach Abs. 1 bis 3 haben gemeinsam zu ergehen und sind förmlich bekannt zu geben, da sie sowohl die Beschwerdefrist als auch die erneute Frist zur Vornahme der Handlung auslösen (§ 15 Abs. 1). Es empfiehlt sich in jedem Fall eine förmliche Zustellung, um der Ernsthaftigkeit des Beugemittels Nachdruck zu verleihen und um Klarheit über den Zustellungszeitpunkt und damit über den Lauf der Rechtsmittelfristen zu haben. 21

Der Beschluss hat eine **differenzierte Rechtsbehelfsbelehrung** (§ 39) zu enthalten, welche die Möglichkeiten des Einspruchs gegen die erneute Androhung sowie der Beschwerde einerseits gegen die Zwangsgeldfestsetzung und andererseits gegen die Kostenentscheidung gesondert aufzeigt. 22

H. Rechtsbehelfe. Gegen die Festsetzung des Zwangsgeldes ist die **Beschwerde** mit eingeschränktem Überprüfungsmaßstab gegeben (§ 391); gegen die erneute Androhung eines weiteren Zwangsgeldes (Abs. 3) besteht erneut die Möglichkeit des **Einspruchs** nach § 390. Hat das Gericht die Zwangsgeldfestsetzung mit einer erneuten Zwangsgeldandrohung und Fristsetzung in einem einheitlichen Beschluss verbunden, ist das dagegen eingelegte Rechtsmittel im Zweifel sowohl als Beschwerde gegen die Festsetzung des Zwangsgeldes als auch als Einspruch gegen die erneute Androhung zu werten (BayObLGZ 1978, 54; OLG Karlsruhe NJW-RR 2000, 411; differenzierend nach dem Inhalt der Rechtsmittelschrift: BayObLG FGPrax 2004, 301). 23

Die getroffene **Kostenentscheidung** kann isoliert mit der Beschwerde angefochten werden, da die frühere Regelung des § 20a Abs. 1 Satz 1 FGG bewusst nicht in das FamFG übernommen wurde (BT-Drucks. 16/6308 S. 216 zu § 81 FamFG). Zu beachten ist allerdings § 61 Abs. 1, wonach die Beschwerde in vermögensrechtlichen Angelegenheiten nur zulässig ist, wenn der Wert des Beschwerdegegenstandes 600 € übersteigt. Dieser Schwellenwert dürfte allein durch die Kostenentscheidung regelmäßig nicht erreicht werden, was zur Folge hat, dass die Beschwerde dann als Rechtspflegererinnerung zu behandeln ist (§ 11 Abs. 2 RPflG). 24

I. Erledigung der Pflicht nach Festsetzung des Zwangsgeldes. Wird die Pflicht erst nach der Festsetzung des Zwangsgeldes, aber noch vor Rechtskraft des Beschlusses erledigt, kann Beschwerde eingelegt werden mit dem Ziel, die ursprünglich zu Recht ergangene Zwangsgeldfestsetzung wegen zwischenzeitlicher Erfüllung der Pflicht nachträglich aufzuheben (BayObLG Rpfleger 1979, 215). Da das Zwangsgeld nur Beugemittel und keine Strafsanktion ist, muss das Beschwerdegericht die neue Tatsache berücksichtigen, selbst wenn das Zwangsgeld bereits bezahlt oder beigetrieben ist (§ 65 Abs. 3; KGJ 48, 117; Jansen/*Steder* § 133 Rn. 9). Dasselbe gilt, wenn die Pflicht in der Zwischenzeit vor Eintritt der Rechtskraft gegenstandslos wird. 25

Wird die Pflicht erst nach Rechtskraft der Zwangsgeldfestsetzung aber noch vor der Beitreibung des Zwangsgeldes erfüllt oder gegenstandslos, erfolgt eine **Abänderung des Beschlusses wegen geänderter Umstände** entsprechend dem Rechtsgedanken des § 390 Abs. 6 (BayObLG Rpfleger 1955, 239, 240 f.; Mü-KoFamFG/*Krafka* § 389 Rn. 7; Jansen/*Steder* § 133 Rn. 12 m.w.N.; ähnlich im Ergebnis Keidel/*Heinemann* § 389 Rn. 4; BeckOK FamFG/*Munzig* § 389 Rn. 23; a.A. Bumiller/*Harders* § 389 Rn. 2; Prütting/Helms/*Holzer* § 389 Rn. 7; Haußleiter/*Schemmann* § 389 Rn. 5). Allerdings bleibt in dem Fall die getroffene Kostenentscheidung unberührt (OLG München DFG 1938, 79; Jansen/*Steder* § 138 Rn. 8). 26

Endgültig bestehen bleibt der Zwangsgeldeinzug also nur dann, wenn die Pflicht erst nach Eintritt der Rechtskraft und Beitreibung des Zwangsgeldes oder wenn sie überhaupt nicht erfüllt wird. Daraus folgt als **Praxistipp**, dass die Einlegung der Beschwerde fast immer anzuraten ist, da hierdurch Zeit gewonnen wird, die Pflicht noch während des laufenden Beschwerdeverfahrens zu erfüllen, woraufhin selbst das ursprünglich zu Recht festgesetzte Zwangsgeld nachträglich aufgehoben werden muss. 27

§ 390 Verfahren bei Einspruch.

(1) Wird rechtzeitig Einspruch erhoben, soll das Gericht, wenn sich der Einspruch nicht ohne weiteres als begründet erweist, den Beteiligten zur Erörterung der Sache zu einem Termin laden.

(2) Das Gericht kann, auch wenn der Beteiligte zum Termin nicht erscheint, in der Sache entscheiden.

(3) Wird der Einspruch für begründet erachtet, ist die getroffene Entscheidung aufzuheben.

(4) ¹Andernfalls hat das Gericht den Einspruch durch Beschluss zu verwerfen und das angedrohte Zwangsgeld festzusetzen. ²Das Gericht kann, wenn die Umstände es rechtfertigen, von der Festsetzung eines Zwangsgelds absehen oder ein geringeres als das angedrohte Zwangsgeld festsetzen.
(5) ¹Im Fall der Verwerfung des Einspruchs hat das Gericht zugleich eine erneute Aufforderung nach § 388 zu erlassen. ²Die in dieser Entscheidung bestimmte Frist beginnt mit dem Eintritt der Rechtskraft der Verwerfung des Einspruchs.
(6) Wird im Fall des § 389 gegen die wiederholte Androhung Einspruch erhoben und dieser für begründet erachtet, kann das Gericht, wenn die Umstände es rechtfertigen, zugleich ein früher festgesetztes Zwangsgeld aufheben oder an dessen Stelle ein geringeres Zwangsgeld festsetzen.

Übersicht

	Rdn.		Rdn.
A. Allgemeines	1	1. Verbindung mit der Entscheidung über den Einspruch	20
B. Erhebung des Einspruchs	2	2. Absehen von der Zwangsgeldfestsetzung oder Ermäßigung des Zwangsgeldes	21
C. Ohne Weiteres begründeter Einspruch (Abs. 1, 1. Alt.)	8	III. Erneute Androhung eines Zwangsgeldes (Abs. 5)	24
D. Terminsanberaumung (Abs. 1, 2. Alt.)	12	IV. Bekanntgabe der Entscheidung, Rechtsbehelfsbelehrung	28
E. Entscheidung nach Lage der Sache (Abs. 2)	15	V. Aufschiebende Wirkung der Beschwerde	29
F. Entscheidung über den begründeten Einspruch (Abs. 3)	16	H. Einspruch gegen die wiederholte Androhung (Abs. 6)	31
G. Entscheidung über den unzulässigen oder unbegründeten Einspruch (Abs. 4 und 5)	19	I. Kosten	37
I. Verwerfung des Einspruchs	19		
II. Festsetzung des Zwangsgeldes	20		

1 **A. Allgemeines.** Die Vorschrift regelt das Verfahren bei rechtzeitigem Einspruch gegen die nach § 388 erfolgte Zwangsgeldandrohung.

2 **B. Erhebung des Einspruchs.** Ausgangspunkt für das Verfahren nach § 390 ist die zulässige, insb. rechtzeitige Erhebung des Einspruchs, und zwar entweder gegen die erste Androhung eines Zwangsgeldes (§ 388) oder gegen ihre wiederholte Androhung (§ 389 Abs. 1 Halbs. 2, Abs. 3). Als Einspruchserhebung ist jede Eingabe zu werten, mit der der Beteiligte zu erkennen gibt, dass er die an ihn ergangene Aufforderung für rechtswidrig hält und ihr nicht folgen will (entgegen KG FGPrax 2012, 78). Auf die korrekte Bezeichnung des Rechtsbehelfs kommt es nicht an; eine (als solche unzulässige) »Beschwerde« gegen die Zwangsgeldandrohung ist ohne Weiteres als Einspruch zu behandeln (BayObLG FGPrax 2005, 36, 37). Kein Einspruch i.S.d. § 390 ist allerdings die bloße Bitte um Verlängerung der Erfüllungsfrist, da sie nicht darauf zielt, die Pflicht zu bestreiten und das Unterlassen der Pflichterfüllung zu rechtfertigen (OLG Hamm OLGZ 1992, 162, 165). Zweifel an der Angemessenheit der gesetzten Erfüllungsfrist wären nicht im Einspruchsverfahren zu klären (so aber BeckOK FamFG/*Munzig* § 390 Rn. 6), sondern im Beschwerdeverfahren gegen die etwa erfolgende Zwangsgeldfestsetzung (§ 391 Rdn. 15). Die Anzeige des Beteiligten, er habe seine Pflicht auf die Aufforderung hin erfüllt, kann als Einspruch zu werten sein, wenn das Gericht die vorgenommene Handlung nicht als Pflichterfüllung gelten lassen und das Zwangsgeldverfahren fortsetzen will.

3 Der Einspruch muss **schriftlich oder zur Niederschrift der Geschäftsstelle** abgegeben werden (§ 25 Abs. 1). Eine Begründung des Einspruchs ist nicht zwingend erforderlich aber tunlich, denn der Einspruch soll dazu dienen, die Unterlassung zu rechtfertigen.

4 **Einspruchsberechtigt** ist jeweils der Beteiligte, gegen den sich die Zwangsgeldandrohung richtete. Der Einzelkaufmann darf seinen Einspruch wahlweise als natürliche Person oder mit seiner Firma zeichnen. Auch der Prokurist darf für ihn zeichnen.

5 Hat nur einer von mehreren Beteiligten Einspruch eingelegt, wirkt dieser **nur für ihn persönlich**, wenn nicht den Umständen etwas Anderes zu entnehmen ist (BayObLG OLGR 4, 100; Jansen/*Steder* § 133 Rn. 19). Haben jedoch von mehreren Beteiligten der eine rechtzeitig und der andere verspätet Einspruch eingelegt, kann das Gericht, wenn die Aufforderungen auf einem einheitlichen Rechtsgrund beruhen, verpflichtet sein, in dem anzuberaumenden Erörterungstermin nicht nur den rechtzeitig eingelegten Einspruch des einen, sondern auch den verspätet eingelegten Einspruch des anderen zu behandeln (OLG Hamm Rpfleger 1985, 302). Denn ohnehin muss das Gericht auch im Festsetzungsverfahren gegen einen

Beteiligten, der keinen Einspruch eingelegt hat, stets prüfen, ob veränderte Umstände oder neue Erkenntnisse von der Festsetzung des angedrohten Zwangsgeldes absehen lassen (§ 389 Rdn. 11).

Außer den persönlich in Anspruch genommenen Handlungspflichtigen wird auch die **Gesellschaft selbst** 6 als **einspruchsberechtigt** angesehen, sofern sie das Bestehen der Verpflichtung bestreitet und sie durch die ergangene Aufforderung in eigenen Rechten beeinträchtigt wird (BGHZ 25, 154, 157; BayObLG Rpfleger 1982, 267; 1984, 105; 2002, 31; Keidel/*Heinemann* § 390 Rn. 3; Jansen/*Steder* § 133 Rn. 20; a.A. noch KGJ 31 A 206). Das Einspruchsrecht der Gesellschaft nötige aber nicht zu einer gesonderten Bekanntgabe der Zwangsgeldandrohung ihr ggü., sondern es wird pragmatisch davon ausgegangen, die Gesellschaft sei bereits mit der Zustellung an ihre organschaftlichen Vertreter als Verfahrensbeteiligte hinzugezogen (*Krafka/Kühn* Rn. 2369 a.E.).

Wurde ein Einspruch verfristet erhoben, kommt eine **Wiedereinsetzung in den vorigen Stand** nach dem 7 Gesetzeswortlaut des § 17 allein deshalb nicht in Betracht, weil es sich nicht um eine gesetzliche, sondern um eine richterliche Frist handelt (§ 17 Rdn. 12). Allerdings weist Bumiller/*Harders* (§ 388 Rn. 22, § 390 Rn. 12) zutreffend darauf hin, dass die frühere Wiedereinsetzungsregelung des § 137 FGG mit der ausdrücklichen Begründung nicht übernommen wurde, es fänden die entsprechenden Vorschriften des Allgemeinen Teils (§§ 17 bis 19 FamFG) auch auf das Einspruchsverfahren unmittelbare Anwendung (BT-Drucks. 16/6308 S. 287). Vor diesem Hintergrund dürfte die einschränkende Wortfassung des § 17 Abs. 1 FamFG als ein Redaktionsversehen anzusehen und eine entsprechende Anwendung der Vorschrift auch auf die richterliche Einspruchsfrist geboten sein (ebenso Keidel/*Heinemann* § 390 Rn. 12; a.A. BeckOK FamFG/*Munzig* § 389 Rn. 12, 390 Rn. 8). Folgte man dem nicht, bliebe nur die Zwangsgeldfestsetzung und erneute Androhung nach § 389, gegen die dann Einspruch eingelegt werden kann.

C. Ohne Weiteres begründeter Einspruch (Abs. 1, 1. Alt.). Erweist sich der Einspruch ohne Weiteres als 8 insgesamt begründet, wird die Zwangsgeldandrohung ohne Anberaumung eines Termins aufgehoben. Voraussetzung für die Aufhebung ist die Spruchreife der Angelegenheit, es dürfen also nach dem Inhalt der Einspruchsschrift keine aufklärungs- oder beweisbedürftigen Fragestellungen verbleiben.

Begründet ist der Einspruch dann, wenn entweder die Androhung formell fehlerhaft war oder die zu erfül- 9 lende Verpflichtung aus tatsächlichen oder rechtlichen Gründen nicht oder nicht mehr besteht (Bassenge/Roth/*Walter* § 390 Rn. 4).

Die Entscheidung ergeht **durch Beschluss**. Sie ist dem Beteiligten bekannt zu geben und mit einer Kosten- 10 grundentscheidung zu versehen (§ 81). Sie ist ferner den zuständigen berufsständischen Organen und im Fall von Kreditinstituten oder Kapitalanlagegesellschaften der BaFin bekannt zu geben, denen grds. ein Beschwerderecht zusteht (§§ 380 Abs. 5 FamFG, 43 Abs. 3 KWG, 3 Abs. 5 KAGB, 16 Abs. 3 BausparkG). Widerspricht die Entscheidung dem bereits erklärten Willen der Organe, ist sie diesen förmlich zuzustellen (§ 41 Abs. 1 Satz 2). Erst mit Ablauf der Beschwerdefrist der berufsständischen Organe erlangt die Aufhebung der Zwangsgeldandrohung Rechtskraft. Danach erfolgt ggf. noch die Unterrichtung des Anzeigenerstatters (§ 24 Abs. 2).

Wird der Beschluss des AG auf Beschwerde eines berufsständischen Organs oder der BaFin aufgehoben, ist 11 das Verfahren in den Stand zurückversetzt, wo Terminsanberaumung durch das AG ansteht.

D. Terminsanberaumung (Abs. 1, 2. Alt.). Erweist sich der Einspruch nicht ohne Weiteres als begründet, 12 soll das AG den Beteiligten zur Erörterung der Sache zu einem Termin laden. Das Wort »soll« schränkt die **Ermessensausübung** ein: Der Termin ist anzuberaumen, wenn nicht besondere Gründe davon abhalten. Welche Gründe ein Absehen von der Terminsanberaumung im Einzelnen rechtfertigen könnten, teilt die Gesetzesbegründung nicht mit. Denkbar wäre an einen von vornherein erklärten Verzicht des Beteiligten auf mündliche Verhandlung etwa aus Gründen weiter Anreise (Bumiller/*Harders* § 390 Rn. 3; a.A. MüKo-FamFG/*Krafka* § 390 Rn. 4). Auch könnte von einer mündlichen Verhandlung abgesehen werden, wenn der anwaltlich vertretene Beteiligte mit seinem bereits abschließend begründeten Einspruch eine offensichtlich unzutreffende Rechtsposition verfolgt, welche im schriftlichen Verfahren beschieden werden kann. Jedoch muss das Absehen von einer mündlichen Verhandlung die Ausnahme bleiben, denn der Termin soll neben der *Gewährung rechtlichen Gehörs* (OLG Köln FGPrax 2010, 203) grds. auch dazu dienen, dem Beteiligten die nötigen Belehrungen zu erteilen und ihn von der Unvermeidlichkeit seiner Verpflichtung zu überzeugen (Jansen/*Steder* § 134 Rn. 5; kritisch MüKoFamFG/*Krafka* § 390 Rn. 4). Keinesfalls abgesehen werden kann von einer mündlichen Verhandlung, wenn noch weiterer Aufklärungsbedarf besteht, oder wenn gar unklar ist, welchen Rechtsstandpunkt der Beteiligte einnehmen will. Sieht das Registergericht in solchen Fällen von einer Terminsanberaumung ab, ist die Verwerfung des Einspruchs als verfahrensfehlerhaft aufzuheben. Sie ist auch dann aufzuheben, wenn die Entscheidung in ihrer Begründung nicht erkennen lässt, aus welchen Ermessenserwägungen von der Anberaumung eines Erörterungstermins abgesehen wurde.

13 Die **Terminsladung** ist dem Beteiligten (bzw. seinem Bevollmächtigten) förmlich bekannt zu geben (§ 15 Abs. 1). Die Verhandlung ist nicht öffentlich (§ 170 Abs. 1 GVG). Der Beteiligte kann mit Beistand erscheinen (§ 12) oder sich durch einen Bevollmächtigten vertreten lassen (§ 10 Abs. 2). Das Gericht kann das persönliche Erscheinen des Beteiligten anordnen und dieses – anders als nach früherer Rechtslage (OLG Zweibrücken FGPrax 2005, 229) – mit Ordnungsgeld oder sogar Vorführung erzwingen (§ 33 Abs. 1, 3).

14 Können nicht alle entscheidungserheblichen Fragen im ersten Termin geklärt werden, kann das Weitere entweder im schriftlichen Verfahren oder in einem zweiten anzuberaumenden Termin geklärt werden. Die Beteiligten sollen bei der Ermittlung des Sachverhaltes mitwirken (§ 27); zu allen Ermittlungsergebnissen ist ihnen rechtliches Gehör zu gewähren. Auch eine Aussetzung des Verfahrens kommt in Betracht, welche – bei Vorliegen der gesetzlichen Voraussetzungen (§§ 21, 381) im gerichtlichen Ermessen steht (OLG Karlsruhe NJW-RR 1997, 169).

15 **E. Entscheidung nach Lage der Sache (Abs. 2).** Erscheint der Beteiligte nicht zum Termin, kann nach Lage der Sache entschieden werden. Das Gericht entscheidet auf der Grundlage der schriftlich vorliegenden Einspruchsgründe, der durch die berufsständischen Organe vermittelten Erkenntnisse sowie des Ergebnisses der ggf. von Gerichtsseite angestellten weiteren Ermittlungen. Ein »Versäumnisverfahren«, bei dem die schriftlichen Einlassungen des persönlich nicht erschienenen Beteiligten unberücksichtigt blieben, findet nicht statt.

16 **F. Entscheidung über den begründeten Einspruch (Abs. 3).** Erweist sich der Einspruch nach Durchführung des Termins, zu dem der Beteiligte entweder erschienen ist oder nicht, als begründet, wird die nach § 388 ergangene Zwangsgeldandrohung durch Beschluss aufgehoben. Von mehreren selbstständigen Zwangsgeldandrohungen, die wegen mehrerer einzelner Pflichten gesondert ausgesprochen wurden, sind nur diejenigen aufzuheben, die sich als unberechtigt erweisen (MüKoFamFG/*Krafka* § 390 Rn. 7). Waren mehrere Pflichten mit einer einheitlichen Zwangsgeldandrohung aufgegeben worden (§ 388 Rdn. 45) und erweist sich der Einspruch hinsichtlich einzelner Pflichten als begründet, ist die ursprüngliche Androhung insgesamt aufzuheben (BayObLGZ 1967, 458, 464; BayObLG NJW 1988, 2051) und hinsichtlich derjenigen Pflichten, deren Erledigung zu Recht aufgegeben wurden, zu wiederholen.

17 Bezüglich Kostengrundentscheidung, Bekanntgabe, Beschwerderecht der berufsständischen Organe, Eintritt der Rechtskraft und Unterrichtung des Anzeigenerstatters s. Rdn. 10.

18 Erhebt das berufsständische Organ Beschwerde gegen die Aufhebung der Zwangsgeldandrohung und erachtet das Beschwerdegericht diese für begründet, entscheidet es selbst, indem es den Einspruch verwirft und das Zwangsgeld festsetzt (KG RJA 2, 172, 174 f.). Zuständig für die erneute Androhung (Abs. 5) bleibt jedoch allein das erstinstanzliche Registergericht (Jansen/*Steder* § 135 Rn. 7).

19 **G. Entscheidung über den unzulässigen oder unbegründeten Einspruch (Abs. 4 und 5). I. Verwerfung des Einspruchs.** Erweist sich der Einspruch als unzulässig oder unbegründet, verwirft ihn das Gericht durch Beschluss (BeckOK FamFG/*Munzig* § 390 Rn. 22) und setzt das angedrohte Zwangsgeld fest. Der verbreitet vertretenen Gegenauffassung, ein unzulässig eingelegter Einspruch könne einfach als »nicht vorhanden« angesehen und müsse nicht ausdrücklich beschieden werden (Keidel/*Heinemann* § 389 Rn. 2, § 390 Rn. 22; Bumiller/*Harders* § 389 Rn. 3; MüKoFamFG/*Krafka* § 389 Rn. 1 und § 390 Rn. 8; Bork/Jacoby/Schwab/*Müther* § 389 Rn. 5; Bahrenfuss/*Steup* § 389 Rn. 8, 11; Jansen/*Steder* § 133 Rn. 23 m.w.N. sowie § 135 Rn. 10), ist nicht zu folgen. Der Anspruch auf ausdrückliche Bescheidung auch eines unzulässig eingelegten Rechtsbehelfs folgt schon aus rechtsstaatlichen Grundsätzen und der gerichtlichen Fürsorgepflicht (Haußleiter/*Schemmann* § 390 Rn. 3). Zudem ist bereits die Gesetzesformulierung eindeutig: Bei begründetem Einspruch wird die Entscheidung aufgehoben (Abs. 3), andernfalls hat das Gericht den Einspruch zu verwerfen und das Zwangsgeld festzusetzen (Abs. 4), wobei das Gesetz nicht zwischen unzulässigem und unbegründetem Einspruch differenziert.

20 **II. Festsetzung des Zwangsgeldes. 1. Verbindung mit der Entscheidung über den Einspruch.** Mit der Entscheidung über den Einspruch ist die Festsetzung des Zwangsgeldes zu verbinden; weder darf die Zwangsgeldfestsetzung übergangen werden noch darf sie für einen späteren Zeitpunkt vorbehalten bleiben (Jansen/*Steder* § 135 Rn. 13). Unterbleibt die Festsetzung des Zwangsgeldes versehentlich, muss der Be-

schluss ergänzt werden (KG OLGR 8, 376, 377; BeckOK FamFG/*Munzig* § 390 Rn. 24; Jansen/*Steder* § 135 Rn. 13). Das Antragserfordernis und die Zweiwochenfrist des § 43 Abs. 1, 2 sind nicht anzuwenden, da diese auf das kontradiktorische Verfahren zugeschnitten sind.

2. Absehen von der Zwangsgeldfestsetzung oder Ermäßigung des Zwangsgeldes. Das Zwangsgeld ist grds. in der angedrohten Höhe festzusetzen. Das Gericht kann jedoch, wenn die Umstände es rechtfertigen – von der Zwangsgeldfestsetzung absehen oder ein geringeres Zwangsgeld festsetzen (Abs. 4 Satz 2). Die Vorschrift räumt dem Gericht auf der Tatbestandsebene einen Beurteilungsspielraum (»rechtfertigende Umstände«) und auf der Rechtsfolgenseite einen Ermessensspielraum (»kann«) ein, die je gesondert auszufüllen sind. 21

Im ersten Schritt hat das Gericht auf der Tatbestandsebene zu beurteilen, ob **besondere Umstände** vorliegen, die ein Absehen von der Zwangsgeldfestsetzung oder eine Herabsetzung des Zwangsgeldes rechtfertigen könnten. Solche Umstände können sich vor allem aus der Begründung des (zurückgewiesenen) Einspruchs oder aus dem sonstigen Verhalten des Beteiligten im Einspruchsverfahren ergeben. Hatte der Beteiligte die Anmeldung aus einer im rechtlichen Ansatz vertretbaren, wenngleich im Ergebnis unzutreffenden Auffassung unterlassen, kann dies ein entschuldigender Umstand sein, der bei der Entscheidung über die Zwangsgeldfestsetzung zu berücksichtigen ist. Hat umgekehrt der Beteiligte seinen Einspruch überhaupt nicht gerechtfertigt, sondern nur auf Zeit gespielt, liegen schon die Tatbestandsvoraussetzungen besonderer Umstände für eine Ermäßigung des Zwangsgeldes nicht vor. Die Entscheidung des Gerichts über die Zwangsgeldfestsetzung muss erkennen lassen, dass und mit welchen Ergebnissen es das Vorliegen besonderer Umstände geprüft hat. 22

Bejaht das Gericht besondere Umstände, muss es in einem zweiten Schritt sein **Ermessen** auf der Rechtsfolgenseite ausüben. Hierbei ist abzuwägen, ob die festgestellten besonderen Umstände die Annahme rechtfertigen, dass der Beteiligte nach Zurückweisung seines Einspruchs auch ohne Zwangsgeld bzw. aufgrund einer neuen Androhung nach Abs. 5 seiner Pflicht nachkommen wird, oder ob bereits jetzt die Festsetzung des Beugemittels zur Durchsetzung der Pflicht erforderlich und angemessen erscheint. Die Entscheidung des Gerichts muss erkennen lassen, dass es seinen Ermessensspielraum erkannt und mit welchen Erwägungen es von der Möglichkeit des Absehens von der Zwangsgeldfestsetzung oder von der Ermäßigung des Zwangsgeldes Gebrauch gemacht hat oder nicht. 23

III. Erneute Androhung eines Zwangsgeldes (Abs. 5). Mit der Verwerfung des Einspruchs ist der Beteiligte in einer dem § 388 entsprechenden Weise erneut unter Zwangsgeldandrohung aufzufordern, seiner Pflicht nachzukommen. Als Frist zur Behebung des Hindernisses kommt in diesem Fall kein bestimmter Termin, sondern nur eine Zeitspanne in Betracht, da die Frist erst mit der Rechtskraft der Verwerfung des Einspruchs zu laufen beginnt (Rdn. 29). 24

Verbunden mit der erneuten Aufforderung ist wiederum Gelegenheit zu geben, alternativ zur Befolgung der Aufforderung das Unterlassen durch **Einspruch** zu rechtfertigen. Das bereits stattgefundene erste Einspruchsverfahren macht einen weiteren Einspruch nicht obsolet, da das Unterlassen der Pflichterfüllung durch Zeitablauf und veränderte Umstände (z.B. zwischenzeitliches Ausscheiden des Beteiligten aus dem Vorstands-/Geschäftsführeramt) inzwischen gerechtfertigt sein kann. Nicht statthaft ist hingegen eine Beschwerde gegen die erneute Androhung (OLG Köln FGPrax 2010, 203). 25

Vorzugsweise ist die erneute Zwangsgeldandrohung in denselben Beschluss aufzunehmen, der den Einspruch zurückweist. Sie gehört dann als weiterer Regelungspunkt in den Beschlusstenor und nicht an das Ende der Beschlussbegründung (a.A. OLG Zweibrücken Beschl. v. 27.10.2011 – 3 W 87/11). Alternativ dazu kann die erneute Anordnung auch durch eine gesonderte Verfügung ergehen, sie ist dann aber gemeinsam mit dem Beschluss über die Zurückweisung des Einspruchs zuzustellen. 26

Eine erneute Zwangsgeldandrohung ist auch dann vorzunehmen, wenn bezüglich der ersten Androhung nur der Einspruch zurückgewiesen, von einer Zwangsgeldfestsetzung jedoch gem. Abs. 4 Satz 2 abgesehen wird. 27

IV. Bekanntgabe der Entscheidung, Rechtsbehelfsbelehrung. Der Beschluss über die Einspruchsverwerfung und Zwangsgeldfestsetzung ist **zuzustellen** (§ 41 Abs. 1 Satz 2). Er hat eine **differenzierte Rechtsbehelfsbelehrung** (§ 39) zu enthalten, welche die Möglichkeiten des Einspruchs gegen die erneute Androhung sowie der Beschwerde sowohl gegen die Einspruchsverwerfung als auch gegen die Zwangsgeldfestsetzung als auch isoliert gegen die Kostenentscheidung (s. § 389 Rdn. 24) gesondert aufzeigt. 28

29 **V. Aufschiebende Wirkung der Beschwerde.** Legt der Beteiligte gegen die Verwerfung des Einspruchs Beschwerde ein, ist die gem. Abs. 5 erneut ausgesprochene Zwangsgeldandrohung **suspendiert**. Die erneute Erfüllungs- und Einspruchsfrist beginnt erst mit der Rechtskraft der Verwerfung des vorangegangenen Einspruchs zu laufen (Abs. 5 Satz 2; BayObLGZ 1967, 458, 463).

30 Zu der Frage, ob die aufschiebende Wirkung auch das bereits festgesetzte Zwangsgeld erfasst, s. § 391 Rdn. 21 ff.

31 **H. Einspruch gegen die wiederholte Androhung (Abs. 6).** Abs. 6 regelt den Fall, dass gegen die erste Androhung des Zwangsgeldes (§ 388) und ggf. gegen noch weitere Androhungen (§ 389 Abs. 1) kein bzw. kein zulässiger Einspruch eingelegt worden war, auf abermalige Androhung nach § 389 Abs. 1 nunmehr jedoch zulässiger Einspruch eingelegt wird und in der Sache Erfolg hat.

32 In dieser Lage ermöglicht es die Vorschrift, mit der stattgebenden Entscheidung über den jetzigen Einspruch zugleich das auf frühere Androhungen bereits festgesetzte und beigetriebene Zwangsgeld nachträglich aufzuheben oder an dessen Stelle ein geringeres Zwangsgeld festzusetzen. Die Norm will damit dem Umstand Rechnung tragen, dass das vormals festgesetzte Zwangsgeld als Beugemittel ungeeignet und ungerechtfertigt war, weil die vermeintlich zu erfüllende Pflicht in Wahrheit nicht bestand, und deshalb ein Festhalten an dem formal bestandskräftigen Zwangsgeld als unbillig erscheinen könnte.

33 Die Möglichkeit einer nachträglichen Ermäßigung nach Abs. 6 ist nur dann eröffnet, wenn bisher keine Sachprüfung in einem Einspruchsverfahren stattgefunden hat, also entweder ein Einspruch gegen frühere Androhungen nicht erhoben oder der erhobene Einspruch als unzulässig verworfen wurde. Ist dagegen bereits ein Zwangsgeld unter Verwerfung eines früheren Einspruchs nach Sachprüfung gem. Abs. 4 rechtskräftig festgesetzt worden, verbleibt es dabei endgültig; dieses Zwangsgeld kann in einem späteren (erneuten) Einspruchsverfahren nicht mehr ermäßigt werden (BayObLG Rpfleger 1955, 239, 240; BayObLGZ 1967, 458, 463; Jansen/*Steder* § 135 Rn. 18, § 136 Rn. 4; kritisch Haußleiter/*Schemmann* § 390 Rn. 8).

34 Die Entscheidung über eine Aufhebung oder Herabsetzung des früheren Zwangsgeldes ist **nach billigem Ermessen** zu treffen. Grundvoraussetzung ist allerdings, dass die mit der Aufforderung verfolgte Handlungspflicht von vornherein nicht bestand und deshalb auch ein früherer Einspruch bereits zur Aufhebung der Zwangsgeldandrohung hätte führen müssen, wäre er (zulässig) eingelegt worden. Erweist sich dagegen der später erhobene Einspruch allein aufgrund nachträglich geänderter Umstände als erfolgreich (z.B. Entfallen der Pflicht wegen zwischenzeitlichen Ausscheidens aus dem Vorstands-/Geschäftsführeramt), spricht nichts für eine Aufhebung oder Reduzierung des bis dahin völlig zu Recht beigetriebenen Zwangsgeldes. Ist das Zwangsgeld im Zeitpunkt der Entscheidung noch nicht beigetrieben, entfällt die Beugefunktion und damit die weitere Vollstreckung nach Maßgabe von § 389 Rdn. 26 (s.a. BeckOK FamFG/*Munzig* § 390 Rn. 33).

35 Mit einer ggf. vollständigen Aufhebung des früheren Zwangsgeldes ist zugleich auch die früher ergangene Kostenentscheidung aufzuheben. Wird das Zwangsgeld hingegen nur ermäßigt, bleibt es bei der früheren Kostengrundentscheidung.

36 Lehnt das Gericht eine Aufhebung oder Ermäßigung nach Abs. 6 ab, kann dagegen Beschwerde eingelegt werden.

37 **I. Kosten.** Die Verwerfung des Einspruchs löst eine Geb. von 100 € aus (Nr. 13311 KV GNotKG). Durch die gleichzeitige Festsetzung des Zwangsgeldes nach Abs. 4 entsteht zusätzlich eine weitere Geb. von 100 € nach Nr. 13310 KV GNotKG.

38 Erneute Zwangsgeldfestsetzungen aufgrund erneuter Androhungen nach Abs. 5 lösen die Geb. jeweils erneut aus (Nr. 13310 KV GNotKG).

39 Die Kostengrundentscheidung ist zugleich mit der Verwerfung des Einspruchs und Festsetzung des Zwangsgeldes zu treffen. Dies war früher in § 138 FGG geregelt, der nicht nur für die Zwangsgeldfestsetzung nach Verstreichen der Einspruchsfrist (§ 133 Abs. 1 FGG – jetzt § 389 Abs. 1 FamFG), sondern auch für die Festsetzung nach zurückgewiesenem Einspruch galt (§ 135 Abs. 2 Satz 1 FGG – jetzt § 390 Abs. 4 Satz 1 FamFG; s. OLG Hamm Rpfleger 1955, 241, 242). Um die frühere Rechtslage widerspruchsfrei in das FamFG zu überführen, hätte der Gesetzgeber die frühere Regelung des § 138 FGG auf beide Fallkonstellationen der Zwangsgeldfestsetzung übertragen müssen. Tatsächlich findet sich die Regelung zur Auferlegung der Kosten jedoch nur in § 389 Abs. 2 (Fall des unterlassenen Einspruchs), nicht dagegen in § 390 (Fall des zurückgewiesenen Einspruchs). Letzteres wurde offenbar übersehen. Das Versäumnis ist aufzufangen durch analoge Anwendung des § 389 Abs. 2 bei Zwangsgeldfestsetzungen nach § 390 Abs. 4 Satz 1.

40 Zur isolierten Anfechtung der Kostenentscheidung s. § 389 Rdn. 24.

§ 391 Beschwerde.
(1) Der Beschluss, durch den das Zwangsgeld festgesetzt oder der Einspruch verworfen wird, ist mit der Beschwerde anfechtbar.
(2) Ist das Zwangsgeld nach § 389 festgesetzt, kann die Beschwerde nicht darauf gestützt werden, dass die Androhung des Zwangsgelds nicht gerechtfertigt gewesen sei.

Übersicht

	Rdn.		Rdn.
A. Allgemeines	1	I. Beschwerdeberechtigung	13
B. Zuständigkeit/Mindestbeschwerdewert	4	II. Prüfungsgegenstand und -umfang	15
C. Beschwerde gegen die Verwerfung des Einspruchs	5	III. Aussetzung des Beschwerdeverfahrens	19
		IV. Aufschiebende Wirkung der Beschwerde?	21
D. Beschwerde gegen die Festsetzung des Zwangsgeldes	10	E. Kosten	24

A. Allgemeines. Die Vorschrift reduziert das Beschwerderecht des Beteiligten auf zwei anzugreifende Entscheidungen: Die Festsetzung des Zwangsgeldes und die Verwerfung des Einspruchs. Im Umkehrschluss folgt daraus, dass die Zwangsgeldandrohung als solche (§ 388) nicht beschwerdefähig ist; gegen sie ist grds. nur der Einspruch statthaft, über den das Gericht gem. § 390 entscheidet (Ausnahme: Rdn. 17). 1

Nicht in § 391 geregelt ist die Beschwerde, die das berufsständische Organ einlegen kann, wenn das Registergericht die Androhung eines Zwangsgeldes ablehnt oder dem Einspruch des Beteiligten stattgibt (§ 388 Rdn. 53 ff., § 390 Rdn. 10, 17). Ebenfalls nicht geregelt ist die isolierte Anfechtung der getroffenen Kostenentscheidung (§ 389 Rdn. 24). 2

Für eine Beschwerde, die sich gegen ein vom Bundesamt für Justiz festgesetztes Ordnungsgeld richtet, gilt § 391 FamFG nicht, sondern § 335 Abs. 5 HGB mit abgekürzter Zweiwochenfrist (Anh. §§ 388 bis 392 Rdn. 13 ff.). 3

B. Zuständigkeit/Mindestbeschwerdewert. Gem. § 61 Abs. 1, 2 findet die Beschwerde zum OLG nur statt, wenn der Wert des Beschwerdegegenstandes 600 € übersteigt oder das Gericht des ersten Rechtszuges die Beschwerde zugelassen hat. Beschwerdewert ist die jeweilige Höhe des angedrohten oder festgesetzten Zwangsgeldes (OLG Zweibrücken FGPrax 2010, 169; OLG Schleswig FGPrax 2010, 208; OLG Düsseldorf Rpfleger 2012, 683; a.A. Haußleiter/*Schemmann* § 391 Rn. 4). Richtet sich die Beschwerde sowohl gegen die Festsetzung des Zwangsgeldes als auch gegen die Verwerfung des Einspruchs, ist die Beschwer beider Verfahrensgegenstände aufzusummieren (OLG Düsseldorf FGPrax 2015, 66 m.w.N.). Steht danach die Beschwerde zum OLG nicht offen, gilt der eingelegte Rechtsbehelf als Rechtspflegererinnerung (§ 11 Abs. 2 RPflG), über die der Registerrichter entscheidet. Darin liegt ggü. der früheren Rechtslage eine erhebliche Einschränkung der Rechtsschutzmöglichkeiten. Ob der Gesetzgeber diese Rechtsmittelbeschränkung mit Bedacht wählte, ist der Gesetzesbegründung nicht zu entnehmen. Gegen eine bewusste Entscheidung des Gesetzgebers spricht, dass für alle übrigen Zwangsgeldfestsetzungen nach dem FamFG ein anderer Rechtsbehelf vorgesehen ist, nämlich die unabhängig vom Beschwerdewert zulässige sofortige Beschwerde nach der ZPO (§ 35 Abs. 5 FamFG). In der Eröffnung unterschiedlicher Rechtsbehelfe gegen Zwangsgeldfestsetzungen einmal nach § 35 Abs. 5 FamFG und einmal nach § 391 FamFG liegt ein nicht nachzuvollziehender Wertungswiderspruch. 4

C. Beschwerde gegen die Verwerfung des Einspruchs. Die Beschwerde gegen die Verwerfung des Einspruchs (§ 390 Abs. 4) kann derjenige erheben, dessen Einspruch verworfen wurde. Außerdem kann die Gesellschaft oder Genossenschaft selbst zur Einlegung der Beschwerde berechtigt sein (BGHZ 25, 154, 157; BayObLG Rpfleger 1984, 105; 2002, 31), und zwar unabhängig davon, ob der Einspruch zuvor durch sie selbst oder durch das (in Anspruch genommene) Vertretungsorgan eingelegt wurde. 5

Das Beschwerdegericht prüft **formell und materiell**, ob der Einspruch zu Recht verworfen wurde. Hinsichtlich des Einspruchs als solchen prüft das Beschwerdegericht, ob er rechtzeitig von einem Einspruchsberechtigten eingelegt wurde. *Bezüglich der Zwangsgeldandrohung* prüft es, ob die aufgegebene Handlungspflicht tatsächlich besteht und hinreichend konkret bezeichnet war, sowie ob sich das angedrohte Zwangsgeld innerhalb des gesetzlichen Rahmens hält. Neue Tatsachen sind dabei ohne Einschränkung zu berücksichtigen (§ 65 Abs. 3). 6

§ 391 Buch 5. Register u. unternehmensrechtl. Verfahren

7 Hatte das Registergericht den **Sachverhalt nicht ausreichend aufgeklärt**, insb. einen gebotenen Erörterungstermin nicht anberaumt, kann das Beschwerdegericht den Verwerfungsbeschluss aufheben und die Sache an das Registergericht zur Durchführung des Erörterungstermins zurückverweisen (§ 69 Abs. 1 Satz 3). Die Zurückverweisung liegt aber im Ermessen des Beschwerdegerichts, dieses wäre ebenso befugt, den Erörterungstermin selbst nachzuholen (BayObLG NJW 1999, 297 für das Ordnungsgeldverfahren; a.A. MüKoFamFG/*Krafka* § 390 Rn. 4).

8 Mit der stattgebenden Beschwerdeentscheidung werden zugleich die akzessorischen weiteren Entscheidungen aufgehoben, namentlich die mit der Einspruchsverwerfung verbundene Zwangsgeldfestsetzung (§ 390 Abs. 4), die Kostengrundentscheidung (§ 390 Rdn. 39) sowie die erneute Zwangsgeldandrohung (§ 390 Abs. 5).

9 § 390 Abs. 6 ist analog anzuwenden: Über die Aufhebung oder Ermäßigung früher festgesetzter Zwangsgelder entscheidet entweder das Beschwerdegericht sogleich von Amts wegen (Jansen/*Steder* § 139 Rn. 13) oder später das Registergericht auf gesonderten Antrag.

10 **D. Beschwerde gegen die Festsetzung des Zwangsgeldes.** Die Beschwerde gegen die Zwangsgeldfestsetzung kann sich entweder gegen ein gem. § 389 Abs. 1 (= ohne vorherigen Einspruch) oder gegen ein gem. § 390 Abs. 4 (= bei gleichzeitiger Verwerfung des Einspruchs) festgesetztes Zwangsgeld richten.

11 Ferner kann Beschwerde gegen eine Entscheidung eingelegt werden, mit der das Registergericht es ablehnt, ein früher festgesetztes Zwangsgeld gem. § 390 Abs. 6 aufzuheben oder zu ermäßigen.

12 Es gehört nicht zu den Zulässigkeitsvoraussetzungen der Beschwerde, dass das Zwangsgeld noch zur Zahlung aussteht. Das Zwangsgeld kann auch nach seiner Bezahlung oder Beitreibung noch aufgehoben oder herabgesetzt werden mit der Folge, dass der zu viel gezahlte Betrag zurückzuerstatten ist (vgl. BayObLG Rpfleger 1955, 239, 241; durch OLG Düsseldorf [Beschl. v. 11.05.2012 – I-3 Wx 196/11, juris und BeckRS 2013, 01017] daher zu Unrecht verkürzt auf das Verfahren nach § 62).

13 **I. Beschwerdeberechtigung.** Beschwerdeberechtigt gegen ein nach § 389 Abs. 1 festgesetztes Zwangsgeld ist – anders als bei der Beschwerde gegen die Verwerfung des Einspruchs (Rdn. 5) – nur derjenige, gegen den das Zwangsgeld persönlich festgesetzt wurde. Die Gesellschaft ist nicht beschwerdeberechtigt, da in diesem Beschwerdeverfahren nur die Rechtmäßigkeit der Zwangsgeldfestsetzung geprüft wird, jedoch nicht die materielle Pflicht zur Vornahme der aufgegebenen Handlung. Denn die Beschwerde kann nicht darauf gestützt werden, dass die Androhung des Zwangsgeldes nicht gerechtfertigt gewesen sei (Abs. 2). Allerdings kann eine von der Gesellschaft eingelegte Beschwerde im Einzelfall so auszulegen sein, dass sie im Namen des persönlich in Anspruch genommen eingelegt sein soll (vgl. KGJ 31 A 206).

14 Gegen ein nach § 390 Abs. 4 festgesetztes Zwangsgeld ist hingegen auch die Gesellschaft aus eigenem Recht beschwerdeberechtigt, wenn sich die Beschwerde zugleich auch gegen die Einspruchsverwerfung richtet, da die Beschwerde hier zur vollen Überprüfung der Androhungsvoraussetzungen führt (Haußleiter/*Schemmann* § 391 Rn. 2).

15 **II. Prüfungsgegenstand und -umfang.** Das Beschwerdegericht prüft formell, ob das Zwangsgeld (wenigstens) in der festgesetzten Höhe angedroht war, ob sich das angedrohte und festgesetzte Zwangsgeld innerhalb des gesetzlich vorgegebenen Rahmens hielt, ob die aufgegebene Handlungspflicht ausreichend bestimmt bezeichnet war, ob die Frist zur Erledigung der Pflicht ausreichend lang bemessen (BayObLGZ 1978, 54, 59) und ob die alternative Aufforderung zur Rechtfertigung durch einen Einspruch enthalten war (OLG Hamm Rpfleger 1986, 390; kritisch insgesamt BeckOK FamFG/*Munzig* § 391 Rn. 34). Ferner prüft das Beschwerdegericht, dass entweder kein Einspruch eingelegt (§ 389 Abs. 1) oder dieser verworfen (§ 390 Abs. 4 Satz 1) wurde und damit die Grundvoraussetzungen vorlagen, unter denen ein Zwangsgeld festgesetzt werden konnte. Ein Zwangsgeld, das vom Registergericht festgesetzt wurde, ohne einen erhobenen Einspruch zu beachten, ist ohne Weiteres aufzuheben und an das Registergericht zur Durchführung des Einspruchsverfahrens zurückzuverweisen (OLG Hamm Rpfleger 1985, 302).

16 Wird mit der Beschwerde gleichzeitig die Verwerfung des Einspruchs und die Festsetzung des Zwangsgeldes angegriffen, ist beides inhaltlich zu überprüfen.

17 Richtet sich die Beschwerde isoliert gegen eine Zwangsgeldfestsetzung, war also ein Einspruch gegen die Zwangsgeldandrohung nicht erhoben worden oder richtet sich die Beschwerde nach einer Entscheidung gem. § 390 Abs. 4 nicht gegen die Einspruchsverwerfung, sondern ausdrücklich nur gegen die Zwangsgeldfestsetzung, hat das Beschwerdegericht **nicht zu prüfen, ob die Androhung des Zwangsgeldes gerechtfertigt war** (Abs. 2, OLG Schleswig FGPrax 2010, 208, 209; KG NJW-RR 1999, 1341 m.w.N.). Denn die inhalt-

liche Prüfung der aufgetragenen Pflicht ist allein Gegenstand des Einspruchsverfahrens (§ 390 Abs. 3, Abs. 4 Satz 1 Halbs. 1) sowie der gegen die Einspruchsverwerfung statthaften Beschwerde, nicht aber Gegenstand der Beschwerde gegen die Zwangsgeldfestsetzung. Allerdings prüft das Beschwerdegericht, ob das Zwangsgeldverfahren **überhaupt zulässig** war und nicht etwa deshalb jeder gesetzlichen Grundlage entbehrte, weil zu einer generell nicht erzwingbaren Handlung aufgefordert wurde (OLG Hamm DB 1979, 306; Rpfleger 1986, 390, 391; BayObLG FGPrax 2005, 36, 37; Jansen/*Steder* § 132 Rn. 113; BeckOK FamFG/*Munzig* § 391 Rn. 7; MüKoFamFG/*Krafka* § 388 Rn. 28; KKW/*Winkler* [15. Aufl.] § 132 Rn. 28; a.A. Keidel/*Heinemann* § 388 Rn. 40). Ansonsten prüft das Beschwerdegericht nur noch, ob die Pflicht evtl. bereits erfüllt wurde (BayObLG Rpfleger 1979, 215) oder durch andere Gründe nachträglich entfallen ist, etwa durch zwischenzeitliche Auflösung der Gesellschaft, durch Verlust der Organstellung des in Anspruch Genommenen usw.

Hinsichtlich der Zwangsgeldhöhe überprüft das Beschwerdegericht nicht lediglich Fehler in der Ermessensausübung des Registergerichts, sondern trifft eine **eigene Ermessensentscheidung**, bestimmt also selbstständig innerhalb der äußeren Ermessensgrenzen, die durch den Betrag der Zwangsgeldandrohung gesetzt sind, die Höhe des angemessenen Zwangsgeldes. Das Beschwerdegericht prüft ferner eigenständig die Voraussetzungen einer Herabsetzung des Zwangsgeldes oder des Absehens von seiner Erhebung in den Fällen des § 390 Abs. 4 Satz 2, Abs. 6 (Keidel/*Heinemann* § 391 Rn. 11; Haußleiter/*Schemmann* § 391 Rn. 8). 18

III. Aussetzung des Beschwerdeverfahrens. Ist nur die Zwangsgeldfestsetzung Streitgegenstand der Beschwerde, steht aber vor dem Registergericht oder in der Beschwerdeinstanz noch eine Entscheidung in einem erst später anhängig gewordenen Einspruchsverfahren aus, weil gegen eine nachfolgende Zwangsgeldandrohung (§ 390 Abs. 5) Einspruch eingelegt wurde, hat das Beschwerdegericht seine Entscheidung über das festgesetzte Zwangsgeld bis zur rechtskräftigen Entscheidung über den später erhobenen Einspruch auszusetzen (BayObLGZ 1978, 54, 60 f.; Jansen/*Steder* § 136 Rn. 6). Denn mit der noch offen stehenden Entscheidung über das Einspruchsverfahren könnte zugleich das früher festgesetzte Zwangsgeld, auf das sich die Beschwerde bezieht, aufgehoben werden (§ 390 Abs. 6). Richtet sich die Beschwerde gleichzeitig gegen die Verwerfung des Einspruchs und gegen die Festsetzung des Zwangsgeldes, ist nicht auszusetzen (OLG Düsseldorf FGPrax 2015, 66). 19

Auch in umgekehrter Richtung findet keine Aussetzung statt: Das auf die Folgeandrohung bezogene Einspruchsverfahren darf nicht wegen einer noch anhängigen Beschwerde gegen eine frühere Zwangsgeldfestsetzung ausgesetzt werden (Keidel/*Heinemann* § 389 Rn. 16; Bassenge/Roth/*Walter* § 390 Rn. 11). 20

IV. Aufschiebende Wirkung der Beschwerde? Zweifelhaft ist, ob die Beschwerde eine aufschiebende Wirkung hinsichtlich der Beitreibung des festgesetzten Zwangsgeldes entfaltet. Früher war in § 24 Abs. 1 Satz 1 FGG geregelt, dass Beschwerden gegen die Festsetzung eines Ordnungs- oder Zwangsmittels aufschiebende Wirkung haben. Die Vorschrift wurde jedoch nicht in das FamFG übernommen. Zur Begründung hat der RegE (BT-Drucks. 16/6308 S. 193) ausgeführt, dass eine Nachfolgevorschrift für den früheren § 24 Abs. 1 FGG entbehrlich sei, weil die aufschiebende Wirkung bei Beschwerden gegen Zwangsmittel dadurch gewahrt bleibe, dass § 35 Abs. 5 auf die Vorschriften über die sofortige Beschwerde nach der ZPO verweise – somit auch auf § 570 Abs. 1 ZPO, der die aufschiebende Wirkung enthält. 21

Hierbei übersah der Gesetzgeber jedoch, dass § 24 Abs. 1 FGG nicht nur die Fälle des jetzigen § 35 abdeckte, für eine neue Regelung in § 35 Abs. 5 getroffen ist, sondern auch die Fälle des Zwangsgeldes nach §§ 133 Abs. 1, 135 Abs. 2 Satz 1 FGG (jetzt: §§ 389 Abs. 1, 390 Abs. 4 Satz 1 FamFG) sowie des Ordnungsgeldes nach § 140 FGG (jetzt: § 392 FamFG). Für diese Fälle wurde im neuen Gesetz keine Verweisung auf § 570 Abs. 1 ZPO implementiert, denn § 391 Abs. 1 FamFG erklärt nicht die sofortige Beschwerde nach der ZPO, sondern die Beschwerde nach dem FamFG für anwendbar, welche grds. keine aufschiebende Wirkung entfaltet. 22

Beabsichtigt oder nicht, existiert infolge der Gesetzesänderung keine Rechtsvorschrift mehr, die eine aufschiebende Wirkung der Beschwerde gegen die Zwangsgeldfestsetzung in Registersachen normiert. Man wird daher entgegen der früheren Rechtslage von vorläufiger Vollziehbarkeit ausgehen müssen (ebenso Schmidt-Kessel/Leutner/Müther/*Müther* § 8 Rn. 202; a.A. Keidel/*Heinemann* § 389 Rn. 16, § 391 Rn. 8; Bumiller/*Harders* § 389 Rn. 4, § 391 Rn. 1; Bahrenfuss/*Steup* § 391 Rn. 1, 11; Haußleiter/*Schemmann* § 389 Rn. 9: analoge Anwendung des § 570 Abs. 1 ZPO). Mithin ist allein das Beschwerdegericht befugt (und im Regelfall verpflichtet, BeckOK FamFG/*Munzig* § 391 Rn. 17), die Vollziehung des angefochtenen Beschlusses gem. § 64 Abs. 3 aussetzen. 23

§ 392

24 E. Kosten. Die Kosten der erfolglos eingelegten Beschwerde sollen dem Beteiligten auferlegt werden, der sie eingelegt hat (§ 84); ansonsten ergeht Kostenentscheidung nach billigem Ermessen (§ 81 Abs. 1). Für die Verwerfung oder Zurückweisung der Beschwerde entsteht eine Geb. i.H.v. 150 € (Nr. 13320 KV GNotKG), bei Rücknahme des Rechtsmittels s. die Ermäßigungstatbestände der Nr. 13321, 13322 KV GNotKG.

§ 392 Verfahren bei unbefugtem Firmengebrauch.

(1) Soll nach § 37 Abs. 1 des Handelsgesetzbuchs gegen eine Person eingeschritten werden, die eine ihr nicht zustehende Firma gebraucht, sind die §§ 388 bis 391 anzuwenden, wobei
1. dem Beteiligten unter Androhung eines Ordnungsgelds aufgegeben wird, sich des Gebrauchs der Firma zu enthalten oder binnen einer bestimmten Frist den Gebrauch der Firma mittels Einspruchs zu rechtfertigen;
2. das Ordnungsgeld festgesetzt wird, falls kein Einspruch erhoben oder der erhobene Einspruch rechtskräftig verworfen ist und der Beteiligte nach der Bekanntmachung des Beschlusses diesem zuwidergehandelt hat.

(2) Absatz 1 gilt entsprechend im Fall des unbefugten Gebrauchs des Namens einer Partnerschaft.

Übersicht

	Rdn.			Rdn.
A. Allgemeines	1	XI.	Nachträgliche Änderung der Ordnungsgeldandrohung	52
B. Sachlicher Anwendungsbereich der Norm	4	XII.	Verjährung des Ordnungsgeldes	54
C. Unzulässiger Firmengebrauch	8	XIII.	Unterrichtung des Anzeigenerstatters bei Nichteinleitung des Verfahrens oder Stattgabe des Einspruchs (§ 24 Abs. 2)	57
D. Einschreiten des Registergerichts	13			
E. Beteiligte	18			
F. Verfahren	20	G. Rechtsbehelfe		58
I. Zuständigkeit	21	I. Zuständigkeit/Mindestbeschwerdewert		59
II. Einleitung des Verfahrens, Beteiligung der berufsständischen Organe	23	II. Beschwerde gegen die Verwerfung des Einspruchs		62
III. Sachverhaltsermittlung	25			
IV. Ordnungsgeldandrohung	28	III. Beschwerde gegen die Festsetzung des Ordnungsgeldes		66
V. Ordnungsgeldfestsetzung bei unterlassenem Einspruch	34	IV. Rechtsbehelf gegen die Ablehnung oder Aufhebung einer Ordnungsgeldandrohung oder -festsetzung		68
VI. Zahlungserleichterungen	42			
VII. Keine Ordnungshaft	43	V. Aufschiebende Wirkung der Beschwerde?		72
VIII. Verfahren bei Einspruch	44	VI. Kosten des Beschwerdeverfahrens		73
IX. Ordnungsgeldfestsetzung nach rechtskräftiger Verwerfung des Einspruchs	50	H. Versterben des Beteiligten		75
X. Steigerung der Ordnungsgeldandrohung	51	I. Einstweilige Anordnung auf vorläufige Untersagung des Firmenmissbrauchs?		76

1 A. Allgemeines. Das Firmenrecht verlangt eine Ausrichtung der Firma nach vier wesentlichen Kriterien: der Unterscheidungskraft (§§ 18, 30 HGB, 3 Satz 2 GenG), der Offenlegung der Rechtsform des Unternehmens und damit zugleich der Haftungsverhältnisse (§ 19 HGB, 4, 279 AktG, 4, 5a Abs. 1 GmbHG, 3 Satz 1 GenG, 174 Abs. 2 VAG, 2 Abs. 2 Nr. 1 EWIVAG, 2, 11 Abs. 1 PartGG) sowie des Branchenschutzes für bestimmte Unternehmensarten und damit zugleich des Verbraucherschutzes (§ 6 Abs. 1 VAG, 39–41 KWG, 3 Abs. 1 bis 3 KAGB, 16 Abs. 1, 2 BausparkG, 7 REITG, 20 UBGG). Wer eine diesen Regeln nicht folgende oder ihm sonst nicht zustehende Firma gebraucht, ist vom Registergericht zur Unterlassung des Firmengebrauchs durch Festsetzung eines Ordnungsgeldes anzuhalten (§ 37 Abs. 1 HGB). § 392 regelt das Verfahren in diesen Fällen.

2 Im Unterschied zum Zwangsgeld (§§ 388 ff.) hat das Ordnungsgeld keinen rein präventiven, sondern auch einen **strafähnlichen Charakter**. Nach der Vorstellung des Gesetzgebers sollen Ordnungsmittel zumindest auch eine »Ungehorsamsfolge« für die Nichtbeachtung bestimmter öffentlicher Pflichten darstellen, somit eine repressive Rechtsfolge für solche Ordnungsverstöße, die ihrem Wesen nach zum untersten Bereich der Ordnungswidrigkeiten gehören (BT-Drucks. 7/550 S. 195). Folge der systematischen Einordnung in den Kanon der staatlichen Repressionsinstrumentarien ist, dass einzelne Rechtsgedanken des Straf- und Ordnungswidrigkeitenrechts auf das Ordnungsgeldverfahren zu übertragen sind (vgl. Rdn. 15, 36, 74 f.).

Terminologisch weicht § 392 vom sonst üblichen Sprachgebrauch ab: Der in Anspruch zu Nehmende wird 3
hier als »Beteiligter« bezeichnet, während ansonsten im Ordnungsgeldverfahren üblicherweise von einem
»Betroffenen« die Rede ist (vgl. Art. 7 EGStGB).

B. Sachlicher Anwendungsbereich der Norm. § 392 bezieht sich auf das Vorgehen nach § 37 Abs. 1 HGB. 4
Die Vorschrift dient **im öffentlichen Interesse** dem Schutz des Rechtsverkehrs vor dem Gebrauch falscher
und irreführender Firmenbezeichnungen.

Neben den Firmen der Kaufleute, Personen- und Kapitalgesellschaften (einschl. VVaG) bezieht sich der Fir- 5
menschutz auch auf die Genossenschaften (§ 3 GenG i.V.m. §§ 30, 37 HGB) sowie gem. Abs. 2 auf die Namen der Partnerschaftsgesellschaften (§ 2 Abs. 2 PartGG i.V.m. § 37 HGB). Hingegen bezieht sich § 392
nicht auf Vereinsnamen.

Für den Sonderfall eines unzulässigen Gebrauchs der für **Kreditinstitute, Kapitalanlagegesellschaften** und 6
Versicherungsunternehmen reservierten Firmenzusätze enthalten die §§ 43 Abs. 2 KWG, 16 Abs. 3 BausparkG, 3 Abs. 5 KAGB, § 6 Abs. 4 Satz 2 VAG einen Verweis auf § 392.

Den **privatrechtlichen Firmenschutz** flankiert § 392 nicht. Derjenige, dessen private **Marken-, Urheber-** 7
oder Namensrechte oder anderer Rechtstitel dadurch beeinträchtigt sind, dass seine Firma oder sein Name
von einem anderen rechtswidrig gebraucht wird, kann seine Rechte (nur) nach § 37 Abs. 2 HGB bzw. § 12
BGB im Zivilrechtswege verfolgen (vgl. aber z.T. abweichende h.M. Rdn. 71).

C. Unzulässiger Firmengebrauch. Unter dem **Gebrauch einer Firma** versteht man jede Handlung, die 8
unmittelbar auf den Betrieb des Geschäfts Bezug hat und als Willenskundgebung des Geschäftsinhabers zu
verstehen ist, sich der verwendeten Bezeichnung als des eigenen Handelsnamens (seiner Firma) zu bedienen
(RGZ 55, 121, 123; BGH NJW 1991, 2023, 2024). Gemeint ist damit jegliche Verwendung einer Firmenbezeichnung auf Geschäftsbriefen, Bestellscheinen, Werbeträgern, in Verzeichnissen, Zeitungsannoncen, Telefo-
naten usw. (s. Baumbach/Hopt/*Hopt* § 37 Rn. 3). Bereits die Anmeldung einer Firma zum Handelsregister
kann für sich genommen ein Firmengebrauch sein (BayObLG Rpfleger 1973, 27, 28 m.w.N.; kritisch Keidel/
Heinemann § 392 Rn. 10; Bumiller/*Harders* § 392 Rn. 2; Prütting/Helms/*Holzer* § 392 Rn. 9), ebenso das
schlichte Belassen der bereits eingetragenen, unzulässigen Firma im Register (KG OLGR 34, 330, 331).

Unzulässig ist der Firmengebrauch, wenn jemand eine Firma führt, ohne überhaupt Kaufmann zu sein, 9
wenn jemand eine irreführende (§ 18 Abs. 2 HGB; OLG Köln FGPrax 2008, 125) oder sonst falsch gebildete
Firma führt – etwa die GmbH/UG ohne einen auf die beschränkte Haftung hinweisenden Rechtsformzusatz (§§ 4, 5a Abs. 1 GmbHG; zur »UG & Co. KG« vgl. KG FGPrax 2010, 42) –, oder wenn ein Kaufmann
seine Firma im Geschäftsverkehr nicht exakt so führt, wie sie im Handelsregister eingetragen ist (BayObLG
DNotZ 1992, 384 m.w.N.). Zur Kasuistik im Einzelnen vgl. die Kommentierung zu § 37 HGB.

Unzulässig kann auch das Führen einer im Register eingetragenen Firma sein, welche wegen Verstoßes ge- 10
gen firmenrechtliche Grundsätze nicht hätte eingetragen werden dürfen. Dann ist parallel das Löschungsverfahren (§ 395 Rdn. 74) oder – bei Kapitalgesellschaften – das Auflösungsverfahren (§ 399 Rdn. 15) zu
betreiben.

Das Verfahren nach § 392 kommt auch in Betracht, wenn eine zunächst zulässig gebrauchte Firma auf- 11
grund späterer Veränderungen im Unternehmen **nachträglich unzulässig geworden ist** (KG NJW 1965,
254; Jansen/*Steder* § 140 Rn. 52). Anders liegt der Fall aber, wenn sich nach längerem unbeanstandetem Gebrauch nicht die Verhältnisse des Unternehmens, sondern lediglich die Rechtsauffassung, die Verkehrsanschauung oder der Sprachgebrauch geändert haben: Dann kommt das Firmenmissbrauchsverfahren regelmäßig nicht in Betracht (OLG Celle, JR 1952, 74; OLG Stuttgart NJW 1960, 1865; KG NJW 1965, 254,
255).

Gebraucht ein Kaufmann eine (ordnungsgemäß gebildete) Firma, ohne im Handelsregister eingetragen zu 12
sein, ist nicht der Firmengebrauch unzulässig, sondern es ist die Anmeldung der Firma zum Handelsregister zu erzwingen (§ 14 HGB i.V.m. §§ 388 ff. FamFG; a.A. Keidel/*Heinemann* § 392 Rn. 5; Bumiller/*Harders*
§ 392 Rn. 4: beide Verfahren seien nebeneinander zu eröffnen).

D. Einschreiten des Registergerichts. Das Registergericht schreitet ein, wenn es **Kenntnis** vom unzulässi- 13
gen Gebrauch einer Firma erhält. Auslöser dieser Kenntnis ist zumeist die Anzeige eines berufsständischen
Organs oder eines Dritten, namentlich eines Konkurrenten. Im Einzelfall kann sich die Kenntnis aber auch
aus den Registerakten selbst ergeben, etwa wenn sich das eingetragene Unternehmen unter einem Briefkopf
mit falscher Firmenbezeichnung an das Registergericht wendet.

§ 392

14 Ein gerichtliches Ermessen, gem. § 392 einzuschreiten, besteht grds. nicht, denn § 37 Abs. 1 HGB eröffnet **keinen Ermessensspielraum.**

15 Jedoch können Ordnungsgeldverfahren nach allgemeinen strafprozessualen Grundsätzen in entsprechender Anwendung der §§ 153 StPO, 47 OWiG **eingestellt werden,** wenn das Verschulden des Beteiligten gering ist (BFHE 216, 500, 504; OLG Nürnberg NJW-RR 1999, 788). Daher kann das Registergericht vom Einschreiten absehen, wenn sich aus der unzulässigen Firmenführung nur geringe Unzuträglichkeiten ergeben, aus ihrer Untersagung aber dem Geschäftsinhaber unverhältnismäßig hohe Nachteile erwachsen würden (KG NJW 1965, 254, 255 f.; OLG Zweibrücken OLGZ 1972, 391, 395; Haußleiter/*Schemmann* § 392 Rn. 10; Jansen/*Steder* § 140 Rn. 53 m.w.N.). Unzumutbarkeit in diesem Sinne ist allerdings nicht gegeben, wenn der Geschäftsinhaber den bislang unzulässigen Firmengebrauch durch schlichte Umfirmierung legalisieren könnte: Dann mag die Ordnungsgeldandrohung als Ansporn dazu dienen.

16 In heutiger Zeit kommt ein Absehen vom Ordnungsgeldverfahren aus Billigkeitsgründen ohnehin nur noch in besonders gelagerten Ausnahmefällen in Betracht, da die allermeisten Fälle von »nur geringer Unzuträglichkeit«, welche früher das Absehen ermöglichten, mittlerweile durch die Liberalisierung des Firmenrechts per Handelsrechtsreformgesetz vom 22.06.1998 (BGBl. I 1474) aus dem Tatbestand und Anwendungsbereich der §§ 37 Abs. 1 HGB, 392 FamFG herausgenommen sind. Bspw. werden irreführende Angaben nur noch verfolgt, wenn sie für die angesprochenen Verkehrskreise »wesentlich« und die Eignung zur Irreführung für das Registergericht »ersichtlich« sind (§ 18 Abs. 2 HGB, vgl. OLG Stuttgart FamFG 2012, 177; OLG Zweibrücken Rpfleger 2012, 547; OLG München FGPrax 2013, 35). Weiterhin wurde durch die Einführung des Rechtsformzusatzes »e.K.« (§ 19 Abs. 1 Nr. 1 HGB) ein klares Abgrenzungskriterium zwischen der Firma des Einzelkaufmanns und bloß firmenähnlichen Geschäftsbezeichnungen etabliert, womit ein weiterer früherer Grenzbereich des Ordnungsgeldverfahrens entschärft wurde. Nachdem diese Liberalisierungen gegriffen haben, dürften Verstöße gegen die wenigen noch verbliebenen Regularien des Firmenrechts kaum mehr unterhalb der Geringfügigkeitsschwelle abzuhandeln sein. Allenfalls mag man einmalige Verstöße nachsehen, die keine Wiederholung besorgen lassen (Keidel/*Heinemann* § 392 Rn. 18).

17 Bei sehr alten, besonders wertvollen Firmen, die trotz Firmenrechtswidrigkeit über lange Zeit unbeanstandet blieben, werden Gesichtspunkte des **Bestandschutzes** diskutiert, wenn dem Unternehmen unverhältnismäßige Nachteile entstehen würden und es bei dem Gebrauch der Firma ursprünglich gutgläubig war (KG NJW 1965, 254, 255 f.; BayObLGZ 1986, 150, 154 f. m.w.N.; kritisch MüKoFamFG/*Krafka* § 392 Rn. 11). Solche Aspekte müssen jedoch die Ausnahme bleiben; die Regel bleibt das Einschreiten des Registergerichts.

18 **E. Beteiligte.** Das Ordnungsgeldverfahren richtet sich – wie das Zwangsgeldverfahren – nur gegen natürliche Personen. Beteiligt sind jeweils persönlich der Einzelkaufmann oder der Inhaber eines nichtkaufmännischen Geschäftsbetriebes, die Gesellschafter einer Personenhandelsgesellschaft, auch einer GbR (BayObLG NJW 1999, 297), sowie die Vorstände und Geschäftsführer einer Kapitalgesellschaft oder Genossenschaft (BayObLGZ 1960, 345, 348; Jansen/*Steder* § 140 Rn. 56). Zu Einzelheiten s. § 388 Rdn. 26 ff.

19 **Fehlt es** an einem zur Vertretung befugten Organ, ist derjenige in Anspruch zu nehmen, der das Unternehmen faktisch betreibt und somit die unzulässige Firma faktisch gebraucht.

20 **F. Verfahren.** Abs. 1 verweist bezüglich des Verfahrens auf die §§ 388 bis 391, was gesetzestechnisch jedoch eher ungeschickt ist. Denn Ordnungs- und Zwangsgeldverfahren haben weder eine gemeinsame Zielrichtung noch zeigen sie wesentliche strukturelle Gemeinsamkeiten – bis auf die beiderseits gegebene Möglichkeit eines Einspruchs.

21 **I. Zuständigkeit.** Zuständig ist das Registergericht, bei dem das Unternehmen eingetragen ist, welches die unzulässige Firma gebraucht (s. § 377 Rdn. 6 f.; a.A. offenbar MüKoFamFG/*Krafka* § 392 Rn. 12, der unter Berufung auf § 377 Abs. 1 auf den Ort der tatsächlichen Niederlassung oder des Sitzes abstellt). Gebraucht jemand eine Firma, ohne überhaupt im Handelsregister eingetragen zu sein, ist das Registergericht zuständig, bei dem die Firma eingetragen werden müsste (Bassenge/Roth/*Walter* § 392 Rn. 6).

22 Funktionell zuständig ist der Rechtspfleger (vor § 388 Rdn. 10).

23 **II. Einleitung des Verfahrens, Beteiligung der berufsständischen Organe.** Das Verfahren wird von Amts wegen eingeleitet und betrieben, häufig auf Anregung der berufsständischen Organe. Geht es um die unzulässige Verwendung einer für **Banken,** Sparkassen oder Kapitalanlagegesellschaften reservierten Firmenbezeichnung, kann auch die **BaFin** Anträge stellen (§§ 43 Abs. 3 KWG, 16 Abs. 3 BausparkG, 3 Abs. 5 KAGB).

Beruht die Verfahrenseinleitung nicht auf einer Anregung des zuständigen Organs oder der BaFin, sind diese im Laufe des Verfahrens anzuhören (§ 380 Rdn. 20) verbunden mit der Gelegenheit, einen Antrag auf eigene Beteiligung zu stellen (§ 380 Abs. 2 Satz 2; bezüglich der BaFin vgl. § 380 Rdn. 41 f.). Eine verfahrenseinleitende Anregung des Organs oder der BaFin ist im Zweifel zugleich als Antrag auf eigene Verfahrensbeteiligung auszulegen.

Beruht die Verfahrenseinleitung auf der **Anzeige eines Dritten**, etwa eines Konkurrenten, wird dieser nicht am Verfahren beteiligt. Er kann auch nicht als Beteiligter hinzugezogen werden (§ 7 Abs. 2, 3), weil weder seine Rechte unmittelbar betroffen sind noch seine Hinzuziehung durch das Gesetz vorgesehen ist. Zur Unterrichtung des Anzeigenerstatters bei Nichteinleitung des Verfahrens s. Rdn. 57. 24

III. Sachverhaltsermittlung. »Glaubhafte« Kenntnis von Tatsachen genügt für die Einleitung eines Verfahrens nach § 392 – anders als für das Zwangsgeldverfahren nach § 388 – nicht (Jansen/*Steder* § 140 Rn. 50; *Krafka/Kühn* Rn. 2392; a.A. *Bassenge* Rpfleger 1974, 173, 174). Das Gericht muss von einem stattgefundenen Verstoß überzeugt sein, bevor es einschreitet. Um sich diese **Überzeugung** zu verschaffen, muss es den Sachverhalt ausreichend ermitteln. Hierbei sollen die Beteiligten mitwirken (§ 27). Eine unumstößliche Gewissheit ist jedoch nicht erforderlich; zur Klärung letzter Unsicherheiten dient das Einspruchsverfahren. Die Feststellung eines Verschuldens ist nicht erforderlich. 25

Handelt es sich um die Verwendung einer für **Banken**, Sparkassen oder Kapitalanlagegesellschaften reservierten Firmenbezeichnung, ist – soweit die BaFin den Antrag nicht selbst gestellt hat – deren **Entscheidung einzuholen** (§ 42 KWG). Das Gleiche gilt, zumindest in Zweifelsfällen, bei versicherungsrechtlich geschützten Firmenbezeichnungen (§ 6 Abs. 2 VAG). Zur Bindungswirkung der Entscheidung der BaFin s. § 395 Rdn. 46. 26

Ist ein Zivilrechtsstreit über den Anspruch eines Dritten auf Unterlassung des Firmengebrauchs anhängig (§ 37 Abs. 2 HGB), kann das Registergericht das Ordnungsgeldverfahren gem. § 21 **aussetzen** (KKW/*Winkler* [15. Aufl.] § 140 Rn. 4). Auch eine Aussetzung nach § 381 kommt in Betracht, wenn ein Dritter, der seinen Ausschließlichkeitsanspruch verletzt sieht, ein Einschreiten des Registergerichts anregt. Ihm kann aufgegeben werden, die zivilrechtliche Unterlassungsklage zu erheben. Macht der Dritte allerdings nur Warenzeichen-, Wettbewerbs- oder Urheberrechte geltend, kommt eine Aussetzung nicht in Betracht, da die Verletzung solcher Rechtspositionen nicht mit einem Vorgehen nach §§ 37 Abs. 1 HGB, 392 FamFG verfolgt werden kann. 27

IV. Ordnungsgeldandrohung. Das förmliche Ordnungsgeldverfahren beginnt in erster Stufe mit der Aufforderung, sich des unkorrekten Firmengebrauchs zu enthalten. Die Aufforderung ergeht **durch Beschluss**, wie sich aus dem Wortlaut des Abs. 1 Nr. 2 ergibt (a.A. MüKoFamFG/*Krafka* § 392 Rn. 15, 17: Redaktionsversehen des Gesetzgebers, dem folgend BeckOK FamFG/*Munzig* § 392 Rn. 25). Das Verbot muss sich auf den Gebrauch einer **bestimmten Firma** beziehen, die mit der gesamten Bezeichnung in jeder zu beanstandenden Form in den Verbotsbeschluss aufzunehmen ist (BayObLG NJW 1999, 297). Ein positives (Handlungs-)gebot, etwa die Aufforderung zu einer Firmenänderung (KG OLGR 6, 338) oder -löschung (KG OLGR 6, 338; 34, 330, 331) oder zur Entfernung des Firmenschildes (KG OLGR 5, 274), darf der Beschluss nicht aussprechen. Allerdings sind verfahrensleitende Hinweise mit empfehlendem Charakter erlaubt und geboten, auch soweit sie konkrete Antragstellungen in Bezug auf eine aus Sicht des Registergerichts gebotene Firmenänderung oder -löschung enthalten (§ 28 Abs. 2; BeckOK FamFG/*Munzig* § 392 Rn. 26). 28

Die Aufforderung ist mit der Androhung eines Ordnungsgeldes **in bestimmter Höhe** für den Fall der Zuwiderhandlung zu verbinden. Auch die Androhung eines Ordnungsgeldes »von bis zu« einer bestimmten Höhe ist zulässig (h. Rspr.; vgl. § 388 Rdn. 44). Der gesetzliche Rahmen für das Ordnungsgeld beträgt 5 bis 1.000 € (Art. 6 Abs. 1 EGStGB). 29

Eine Fristsetzung für das Unterlassen des unzulässigen Firmengebrauchs enthält der Beschluss – anders als die Zwangsgeldandrohung nach § 388 – nicht (BayObLG NJW 1999, 297). Das Verbot wird daher **sofort wirksam**. Der Beschluss enthält nur alternativ die Aufforderung, den Gebrauch der Firma binnen einer bestimmten Frist durch Erhebung eines Einspruchs zu rechtfertigen. 30

Der Hinweis auf die Einspruchsmöglichkeit muss den **Förmlichkeiten einer Rechtsbehelfsbelehrung** (§ 39) genügen, da es sich bei der Ordnungsgeldandrohung – was den materiellen Verbotsausspruch der Zuwiderhandlung betrifft – bereits um eine **Endentscheidung** i.S.d. § 38 handelt (a.A. MüKoFamFG/*Krafka* § 392 Rn. 15; BeckOK FamFG/*Munzig* § 392 Rn. 25). 31

32 Der Beschluss ist **zu begründen** (§ 38 Abs. 3 Satz 1). Gem. § 15 Abs. 1 ist er **förmlich bekannt zu geben**, da er den Lauf der Einspruchsfrist auslöst. Er ist persönlich an den in Anspruch Genommenen zu adressieren und tunlichst förmlich zuzustellen. Wird der Beteiligte (nicht die Gesellschaft!) durch einen **Verfahrensbevollmächtigten** vertreten, ist an diesen zuzustellen (§ 15 Abs. 2 i.V.m. § 172 ZPO). Zur Frage, ob die Wirksamkeit der Zustellung an den Bevollmächtigten vom Vorliegen einer Vollmachturkunde abhängt, s. § 388 Rdn. 47.

33 **Kosten** werden für die Androhung des Ordnungsgeldes nicht erhoben.

34 **V. Ordnungsgeldfestsetzung bei unterlassenem Einspruch.** Unterlässt der Beteiligte den Einspruch, ist nicht ohne Weiteres das Ordnungsgeld festzusetzen. Vielmehr bedarf es der weiteren Feststellung, dass der Beteiligte dem Verbot nach Zugang des Androhungsbeschlusses erneut zuwidergehandelt hat. Hierzu kann das Gericht konkrete Ermittlungen anstellen, namentlich unter Zuhilfenahme der berufsständischen Organe (*Krafka/Kühn* Rn. 2397). Zumeist wird das Gericht aber schlicht abwarten, ob weitere Anzeigen eines unberechtigten Firmengebrauchs eingehen (Keidel/*Heinemann* § 392 Rn. 25; Jansen/*Steder* § 140 Rn. 62).

35 Die **Zuwiderhandlung** muss darin bestehen, dass der Beteiligte eine Firmenbezeichnung benutzt hat, die genau mit derjenigen übereinstimmt, deren Gebrauch ihm durch den Androhungsbeschluss untersagt wurde. Hat der Beteiligte seine Firmenbezeichnung in eine wiederum unzulässige Firma geändert, deren Gebrauch ihm jedoch nicht durch den Androhungsbeschluss untersagt war, kann kein Ordnungsgeld festgesetzt, sondern es muss ein neuer Androhungsbeschluss erlassen werden.

36 **Zuwiderhandlungen im Ausland** sollen nach herrschender Meinung ebenfalls zur Festsetzung des Ordnungsgeldes führen (Keidel/*Heinemann* § 392 Rn. 14; MüKoFamFG/*Krafka* § 392 Rn. 7; Jansen/*Steder* § 140 Rn. 27). Hiergegen bestehen aber erhebliche strafrechtsgrundsätzliche Bedenken; vielmehr dürfte die Ahndung im Verfahren nach § 390 auf den räumlichen Geltungsbereich dieses Gesetzes beschränkt sein (entsprechende Anwendung des § 5 OWiG). Ob im Ausland begangene Firmenverstöße evtl. durch private Rechtsverfolgung nach § 37 Abs. 2 HGB untersagt werden können, ist ebenfalls umstritten (bejahend: RGZ 18, 28, 32; RG JW 1889, 516; Staub/*Burgard* § 37 Rn. 15; verneinend: OLG Karlsruhe WRP 1985, 104).

37 Zuwiderhandlungen, die **während der noch laufenden Einspruchsfrist zu verzeichnen** sind, können i.d.R. nicht mit einem Ordnungsgeld geahndet werden. Zwar gilt das Verbot des unzulässigen Firmengebrauchs bereits sofort ab dessen Bekanntgabe (Abs. 1 Nr. 2), aber die gesetzliche Einspruchsfrist bedeutet für den Beteiligten zugleich noch eine Prüfungs- und Überlegungsfrist, während derer die vorübergehende Fortsetzung des Firmengebrauchs (noch) kein ahndungswürdiges Verschulden darstellt.

38 Erhält das Gericht Kenntnis von Zuwiderhandlungen **nach Ablauf der Einspruchsfrist**, ist der Beteiligte zu dem Vorwurf anzuhören, bevor das Ordnungsgeld festgesetzt wird (OLG Frankfurt Rpfleger 1980, 345; BayObLGZ 1986, 150, 153). Die Anhörung dient (nur) der Klärung, ob der angebliche neuerliche Verstoß tatsächlich begangen wurde und schuldhaft war. Nicht erneut geprüft wird die Rechtspflicht, sich dem unzulässigen Firmengebrauch wie aufgegeben zu enthalten. Grds. muss daher auch eine unberechtigt ergangene Ordnungsgeldandrohung, gegen die kein rechtzeitiger Einspruch eingelegt wurde, beachtet werden. Allenfalls kann im Fall einer offenkundig unberechtigten Androhung aus Billigkeitsgründen von der Festsetzung des Ordnungsgeldes abgesehen werden (sinnentsprechende Anwendung des § 390 Abs. 4 Satz 2 FamFG; vgl. *Nedden-Boeger* FGPrax 2009, 144, 146 f.).

39 Stellt das Gericht eine schuldhafte Zuwiderhandlung gegen den Androhungsbeschluss fest, setzt es das Ordnungsgeld fest. Erforderlich ist ein **persönliches Verschulden** des beteiligten Geschäftsinhabers, Gesellschafters oder Organwalters, wobei ein Organisationsverschulden, auch durch Unterlassen, genügt: Der Beteiligte muss auf die ergangene Ordnungsgeldandrohung hin alle erforderlichen Maßnahmen ergreifen und Weisungen erteilen, die einen weiteren unbefugten Firmengebrauch ausschließen. Handelt allerdings ein Angestellter entgegen der ihm erteilten Weisungen und begeht dadurch den Firmenmissbrauch, ist dies dem Verfahrensbeteiligten nicht zuzurechnen, wenn das Verhalten des Angestellten für ihn nicht erkennbar und deshalb nicht verhinderbar war (KG OLGR 44, 181; OLG Frankfurt Rpfleger 1980, 345; Jansen/*Steder* § 140 Rn. 62).

40 Mit dem Ordnungsgeld sind dem Beteiligten auch die **Verfahrenskosten** aufzuerlegen. Es entsteht eine Geb. von 100 € (Nr. 13310 KV GNotKG). Der Beschluss ist – unabhängig von einem erklärten Willen des Beteiligten – zuzustellen (Ratio des § 41 Abs. 1 Satz 2) und hat eine differenzierte **Rechtsbehelfsbelehrung** (§ 39) zu enthalten, die auf die Möglichkeiten der Beschwerde sowohl gegen die Ordnungsgeldfestsetzung als auch isoliert gegen die Kostenentscheidung (s. § 389 Rdn. 24) hinweist.

Eine erneute Aufforderung, sich des Firmengebrauchs zu enthalten, ergeht – anders als für das Zwangsgeld- 41
verfahren nach § 389 Abs. 1, 3 vorgesehen – nicht. Denn die einmal ergangene Ordnungsgeldandrohung ist
bereits Grundlage für die Festsetzung weitere Ordnungsgelder im Fall erneuter Zuwiderhandlungen.

VI. Zahlungserleichterungen. Gem. Art. 7 Abs. 1 EGStGB wird dem Betroffenen eine Zahlungsfrist bewil- 42
ligt oder gestattet, das Ordnungsgeld in bestimmten Teilbeträgen zu zahlen, wenn ihm nach seinen wirtschaftlichen Verhältnissen nicht zuzumuten ist, das Ordnungsgeld sofort zu zahlen. Dabei kann angeordnet
werden, dass die Vergünstigung, das Ordnungsgeld in bestimmten Teilbeträgen zu zahlen, entfällt, wenn
der Betroffene einen Teilbetrag nicht rechtzeitig zahlt. Zu weiteren Einzelheiten über das Verfahren bei Zahlungserleichterungen s. Art. 7 Abs. 2 bis 4 EGStGB.

VII. Keine Ordnungshaft. Ordnungshaft kann nach § 392 nicht angedroht werden, auch nicht ersatzweise 43
für den Fall, dass das Ordnungsgeld nicht beigetrieben werden kann. Ebenso kommt eine Umwandlung des
Ordnungsgeldes in Ordnungshaft gem. Art. 8 EGStGB nicht in Betracht.

VIII. Verfahren bei Einspruch. Das Einspruchsverfahren stellt – mit einigen Abweichungen im Detail – 44
die einzige Parallele zwischen Zwangsgeld- und Ordnungsgeldverfahren dar. Hinsichtlich der Erhebung des
Einspruchs kann deshalb auf § 390 Rdn. 2 ff. verwiesen werden.

Erweist sich der Einspruch als ohne Weiteres begründet, ist die Ordnungsgeldandrohung durch Beschluss 45
aufzuheben (s. § 390 Rdn. 8, 10). Andernfalls soll das Gericht die Beteiligten zu einem Erörterungstermin
laden, um anschließend über die Aufhebung der Ordnungsgeldandrohung oder die Verwerfung des Einspruchs zu entscheiden (wie § 390 Abs. 1 bis Abs. 4 Satz 1 Halbs. 1, s. § 390 Rdn. 12 ff.).

Begründet ist der Einspruch, wenn 46
- die Androhung formell fehlerhaft war,
- ein Fall des Firmengebrauchs gar nicht vorlag (sondern z.B. nur der Gebrauch einer Geschäftsbezeichnung) oder
- der untersagte Firmengebrauch in Wahrheit zulässig war.

Die **weiteren Regelungen des § 390** finden im Ordnungsgeldverfahren keine Anwendung. Die Verbindung 47
der Einspruchsverwerfung mit einer sofortigen Ordnungsgeldfestsetzung (§ 390 Abs. 4 Satz 1 Halbs. 2) findet nicht statt; vielmehr kann das Ordnungsgeld erst festgesetzt werden, wenn es nach rechtskräftiger Verwerfung des Einspruchs zu weiteren Zuwiderhandlungen kommt. Demzufolge ist auch für eine Entscheidung über eine Herabsetzung oder ein Absehen von Ordnungsgeld (§ 390 Abs. 4 Satz 2) kein Raum. Ferner
nicht anzuwenden ist § 390 Abs. 5, da es einer erneuten Ordnungsgeldandrohung nicht bedarf, vielmehr
aufgrund der einmal ausgesprochenen Androhung mehrere Ordnungsgelder sukzessive festgesetzt werden
können. Aus demselben Grund besteht kein Raum für die Herabsetzung eines früheren Ordnungsgeldes
(§ 390 Abs. 6), da es zu einer Verfahrenslage, wo über einen Einspruch erst entschieden wird, nachdem
Ordnungsgelder bereits festgesetzt sind, aufgrund der nicht ständig rekurrierenden Aufforderungen regelmäßig nicht kommen kann – es sei denn, es ergänge ausnahmsweise eine wiederholende Ordnungsgeldandrohung zum Zwecke der Steigerung des Ordnungsgeldes (Rdn. 51).

Die Verwerfung des Einspruchs löst eine Geb. i.H.v. 100 € aus (Nr. 13311 KV GNotKG). Die **Kostengrund-** 48
entscheidung ist zugleich mit der Verwerfung des Einspruchs zu treffen (s. § 390 Rdn. 39).

Der Beschluss über die Verwerfung des Einspruchs ist **zuzustellen** (§ 41 Abs. 1 Satz 2). Er hat eine **differen-** 49
zierte Rechtsbehelfsbelehrung (§ 39) zu enthalten, welche die Möglichkeiten der Beschwerde sowohl gegen die Verwerfung des Einspruchs als auch isoliert gegen die Kostenentscheidung (s. § 389 Rdn. 24) gesondert aufzeigt.

IX. Ordnungsgeldfestsetzung nach rechtskräftiger Verwerfung des Einspruchs. Ist der Einspruch rechts- 50
kräftig verworfen, kann das angedrohte Ordnungsgeld wegen Zuwiderhandlungen, die nach der Bekanntgabe des die Rechtskraft auslösenden Beschlusses festgestellt werden, festgesetzt werden. Für das Verfahren
gelten die Rdn. 34 ff. entsprechend.

X. Steigerung der Ordnungsgeldandrohung. Eine erneute Ordnungsgeldandrohung ist nur ausnahms- 51
weise dann erforderlich, wenn der Beteiligte den Firmenmissbrauch hartnäckig fortsetzt und deshalb ein
höheres Ordnungsgeld als bisher angedroht werden soll (Jansen/*Steder* § 140 Rn. 63; Keidel/*Heinemann*
§ 392 Rn. 28; Bassenge/Roth/*Walter* § 392 Rn. 10). Die erhöhte Ordnungsgeldandrohung muss den inhalt-

lichen Anforderungen einer ersten Androhung voll entsprechen; sie muss insb. auch die Einspruchsmöglichkeit neu eröffnen.

52 **XI. Nachträgliche Änderung der Ordnungsgeldandrohung.** Eine nachträgliche Änderung der Ordnungsgeldandrohung ist nach den Vorschriften des FamFG nicht vorgesehen, selbst wenn sich zur Überzeugung des Registergerichts herausstellt, dass der beanstandete Firmengebrauch in Wahrheit rechtmäßig und die Ordnungsgeldandrohung zu Unrecht ergangen war. Anders war die Rechtslage unter der Herrschaft des FGG: Dort wurde es als zulässig erachtet, eine später als unrichtig erkannte Ordnungsgeldandrohung von Amts wegen – auch auf verspäteten Einspruch hin – wieder aufzuheben (Jansen/*Steder* § 140 Rn. 67, KKW/*Winkler* [15. Aufl.] § 140 Rn. 19). Doch wurde die Regelung des § 18 Abs. 1 FGG, durch die die nachträgliche Abänderung des Beschlusses ermöglicht wurde, vom Gesetzgeber willentlich nicht in das FamFG übernommen. Zwar unterlag der Gesetzgeber einem möglichen Verständnisirrtum, als er annahm, es gebe für § 18 FGG keinen Anwendungsbereich mehr (BT-Drucks. 16/6308 S. 198 zu § 48 FamFG), und dabei u.a. die hier angesprochene Konstellation offensichtlich übersah. Gleichwohl ist die Gesetz gewordene Änderung hinzunehmen. Die unberechtigt ergangene Ordnungsgeldandrohung, gegen die kein rechtzeitiger Einspruch eingelegt wurde, muss daher bestehen bleiben. Allenfalls kann erwogen werden, in sinnentsprechender Anwendung des § 390 Abs. 4 Satz 2 von der Festsetzung eines Ordnungsgeldes abzusehen (im Ergebnis ähnlich BeckOK FamFG/*Munzig* § 392 Rn. 41).

53 Anders liegt der Fall, wenn sich die zugrundeliegende Sach- oder Rechtslage nachträglich wesentlich ändert, bspw. der Beteiligte das Recht zum Führen der Firma nachträglich erwirbt: Dann kann die Ordnungsgeldandrohung gem. § 48 Abs. 1 Satz 1 aufgehoben oder geändert werden. Zu weit vom Wortlaut dieser Norm entfernt hingegen Keidel/*Heinemann* (§ 392 Rn. 29), wonach bereits die spätere bessere Erkenntnis des Registergerichts für ein »Zurückziehen« nach § 48 genügen soll (vgl. § 48 Rdn. 13 f.; BGH NJW-RR 2001, 937).

54 **XII. Verjährung des Ordnungsgeldes.** Sowohl die Festsetzung als auch die Vollstreckung des Ordnungsgeldes unterliegen jeweils gesondert einer zweijährigen Verjährung.

55 Die Verjährungsfrist für die **Festsetzung** des Ordnungsgeldes beginnt, sobald die Handlung beendet ist; sie ruht, solange nach dem Gesetz das Verfahren zur Festsetzung des Ordnungsgeldes nicht begonnen oder nicht fortgesetzt werden kann (Art. 9 Abs. 1 EGStGB).

56 Die Verjährungsfrist für die **Vollstreckung** des Ordnungsgeldes beginnt, sobald das Ordnungsmittel vollstreckbar ist. Sie ruht, solange nach dem Gesetz die Vollstreckung nicht begonnen oder nicht fortgesetzt werden kann, die Vollstreckung ausgesetzt oder eine Zahlungserleichterung bewilligt ist (Art. 9 Abs. 2 EGStGB).

57 **XIII. Unterrichtung des Anzeigenerstatters bei Nichteinleitung des Verfahrens oder Stattgabe des Einspruchs (§ 24 Abs. 2).** War das Ordnungsgeldverfahren vonseiten Dritter angeregt worden und folgt das Gericht dieser Anregung nicht, hat es den Anzeigenerstatter gem. § 24 Abs. 2 unter Angabe von Gründen davon zu unterrichten, sofern ein berechtigtes Interesse an der Unterrichtung ersichtlich ist. Dasselbe gilt, wenn dem Einspruch des Beteiligten gegen die Androhung stattgegeben wurde. Die Mitteilung ergeht formlos (§ 15 Abs. 3). Zur Beschwerdefähigkeit einer solchen Entscheidung vgl. BGH FGPrax 2012, 169.

58 **G. Rechtsbehelfe.** Beschwerdefähig sind die Verwerfung des Einspruchs und die Festsetzung des Ordnungsgeldes. Nicht beschwerdefähig ist die Ordnungsgeldandrohung; gegen sie ist nur der Einspruch statthaft.

59 **I. Zuständigkeit/Mindestbeschwerdewert.** Die Beschwerde zum OLG ist gem. § 61 Abs. 1, 2 nur zulässig, wenn der Wert des Beschwerdegegenstandes 600 € übersteigt oder das Gericht des ersten Rechtszuges die Beschwerde zugelassen hat.

60 Richtet sich die Beschwerde **gegen die Entscheidung über den Einspruch**, ist der Beschwerdewert nach billigem Ermessen zu bestimmen (§ 36 Abs. 1, 2 GNotKG). Da das Interesse des Beteiligten nicht nur in der Vermeidung des Ordnungsgeldes liegt, sondern auch und vor allem in der Aufrechterhaltung des Firmengebrauchs bzw. des weiteren Gebrauchs der nur firmenähnlichen Geschäftsbezeichnung, liegt der Beschwerdewert regelmäßig höher als das angedrohte Ordnungsgeld. Er kann mangels anderer Anhaltspunkte mit 5.000 € angenommen werden (§ 36 Abs. 3 GNotKG).

61 Anders verhält es sich bei der Beschwerde **gegen die Ordnungsgeldfestsetzung**: Hier wird der Beschwerdewert nur durch das konkret festgesetzte Ordnungsgeld bestimmt. Ist danach die Beschwerde zum OLG

nicht zulässig, gilt der eingelegte Rechtsbehelf als Rechtspflegererinnerung (§ 11 Abs. 2 RPflG), über den der Registerrichter entscheidet. Darin liegt ein Wertungswiderspruch ggü. den sonst bei Ordnungsgeldern gegebenen Rechtsschutzmöglichkeiten der sofortigen Beschwerde (§ 33 Abs. 3 Satz 5); vgl. ergänzend § 391 Rdn. 4.

II. Beschwerde gegen die Verwerfung des Einspruchs. Beschwerdebefugt ist nach herrschender Ansicht nicht nur der Beteiligte selbst, dessen persönliches Verschulden geahndet wird, sondern auch die Gesellschaft, auf deren Firmengebrauch sich das Verfahren bezieht (KG JFG 12, 258; Jansen/*Steder* § 140 Rn. 76; *Krafka/Kühn* Rn. 2393). 62

Bei der Beschwerde gegen die Verwerfung des Einspruchs prüft das Beschwerdegericht formell und materiell, ob der Einspruch zu Recht verworfen wurde. Hinsichtlich des Einspruchs als solchen prüft das Beschwerdegericht, ob er rechtzeitig von einem Einspruchsberechtigten eingelegt wurde. Hinsichtlich der Ordnungsgeldandrohung prüft es, ob die Firma, deren Gebrauch untersagt wurde, ausreichend bestimmt bezeichnet war, ob ein Gebrauch der untersagten Firma durch den Beteiligten tatsächlich vorlag, bejahendenfalls: ob der Firmengebrauch unberechtigt war, und schließlich, ob sich das angedrohte Ordnungsgeld innerhalb des gesetzlichen Rahmens hielt. Neue Tatsachen sind dabei uneingeschränkt zu berücksichtigen (§ 65 Abs. 3). 63

Zum Vorgehen des Beschwerdegerichts bei nicht ausreichender Aufklärung des Sachverhalts durch das Registergericht s. § 391 Rdn. 7. 64

Die Nebenentscheidungen des Beschwerdegerichts nach § 390 Abs. 4 Satz 2 und Abs. 6 entfallen im Ordnungsgeldverfahren (vgl. Rdn. 47). 65

III. Beschwerde gegen die Festsetzung des Ordnungsgeldes. Bei der Beschwerde gegen die Ordnungsgeldfestsetzung ist **formell** zu prüfen, ob das Ordnungsgeld in der festgesetzten Höhe angedroht war, ob sich das angedrohte und festgesetzte Ordnungsgeld innerhalb des gesetzlichen Rahmens hielt und ob die Firma, deren Gebrauch untersagt wurde, ausreichend bestimmt bezeichnet war. Ferner prüft das Beschwerdegericht, ob in der Ordnungsgeldandrohung die Aufforderung zur Rechtfertigung durch einen Einspruch enthalten und ob die Frist, sofern sie verstrichen ist, ausreichend lang bemessen war sowie, falls Einspruch eingelegt wurde, ob dieser rechtskräftig beschieden ist. Zu den Folgen einer fehlerhaften Rechtsbehelfsbelehrung s. § 17 Rdn. 32 ff. 66

Materiell prüft das Beschwerdegericht, ob der Firmengebrauch, auf den sich die Festsetzung bezieht, tatsächlich stattfand, ob er mit dem durch die Androhung untersagten Gebrauch exakt übereinstimmt und ob er zeitlich nach der Zustellung der Ordnungsgeldandrohung bzw. bei Einlegung des Einspruchs nach dessen rechtskräftiger Bescheidung liegt. Ferner prüft das Gericht das Verschulden des Beteiligten, die Frage der Verjährung, und ob das Registergericht bei der Bemessung der Höhe des Ordnungsgeldes die äußeren Grenzen des ihm eingeräumten Ermessens eingehalten hat (BayObLGZ 10 [1910], 149). Nicht geprüft wird, ob die Androhung des Ordnungsgeldes inhaltlich gerechtfertigt war (OLG Hamburg OLGR 29, 304, 305). Denn diese Prüfung ist allein Gegenstand des Einspruchsverfahrens (§ 390) und der darauf ergehenden Entscheidung, welche ihrerseits mit der Beschwerde angegriffen werden kann (Jansen/*Steder* § 140 Rn. 75). 67

IV. Rechtsbehelf gegen die Ablehnung oder Aufhebung einer Ordnungsgeldandrohung oder -festsetzung. Lehnt das Gericht eine vom **berufsständischen Organ** angeregte Ordnungsgeldandrohung ab, steht ihm die Beschwerde hiergegen zu (§ 380 Abs. 5). Handelt es sich um ein Kreditinstitut oder um den unzulässigen Gebrauch einer der für Banken, Sparkassen und Kapitalanlagegesellschaften reservierten Firmenzusätze, kann außerdem die **BaFin** Beschwerde einlegen (§ 43 Abs. 3 KWG, 16 Abs. 3 BausparkG, 3 Abs. 5 KAGB). 68

Hält das Beschwerdegericht die Beschwerde für begründet, kann es das Ordnungsgeldverfahren nicht selbst durchführen, sondern nur das Registergericht anweisen, eine entsprechende Androhung zu erlassen (KGJ 31 A 201). Durch eine solche Anweisung wird das Registergericht nur hinsichtlich der zu erlassenden Ordnungsgeldandrohung gebunden; der späteren Entscheidung über einen eventuellen Einspruch des Beteiligten *wird damit nicht vorgegriffen* (KG JW 1937, 1985; Jansen/*Steder* § 140 Rn. 72). Eine Rechtsbeschwerde gegen die Anweisung des Beschwerdegerichts, die Ordnungsgeldandrohung zu erlassen, dürfte unzulässig sein (BeckOK FamFG/*Munzig* § 393 Rn. 43; *Krafka/Kühn* Rn. 2388; s.a. OLG Hamm JMBl NW 1957, 234), da insoweit kein Rechtsschutzbedürfnis besteht. Auch die Androhung selbst könnte nicht mit der Beschwerde angegriffen werden (Rdn. 58). 69

70 Auch steht dem berufsständischen Organ und der BaFin die Beschwerde gegen eine Gerichtsentscheidung zu, die dem Einspruch des Beteiligten stattgibt und eine zuvor ergangene Ordnungsgeldandrohung aufhebt.

71 Herrschender Meinung zufolge soll das Beschwerderecht außerdem **privaten Dritten** zustehen, deren Rechte durch den Firmenmissbrauch verletzt werden (BayObLG JFG 5, 230; Jansen/*Steder* § 140 Rn. 71; Keidel/*Heinemann* § 392 Rn. 31; Keidel/*Meyer-Holz* § 59 Rn. 86; *Krafka/Kühn* Rn. 2460; Bork/Jacoby/Schwab/*Müther* § 59 Rn. 34; Bahrenfuss/*Steup* § 392 Rn. 37). Dem ist aber nicht zu folgen, weil das Verfahren nicht der Durchsetzung individueller Namens-, Urheber-, Wettbewerbs- und Firmenrechte dient, sondern allein dem öffentlichen Interesse (Rdn. 2; BeckOK FamFG/*Munzig* § 392 Rn. 51). Der Weg, einen Firmenmissbraucher aus privatem Interesse zur Unterlassung anzuhalten, führt nicht über § 392, sondern über einen im Zivilprozess zu erstreitenden Rechtstitel und dessen anschließender Vollstreckung nach dem achten Buch der ZPO. § 392 bezweckt nur den Schutz öffentlicher Interessen und verfolgt nicht das Ziel, das nach Parteimaxime und Beibringungsgrundsatz zu führende ZPO-Verfahren durch ein mit Amtsermittlung und IHK-Unterstützung unterlegtes FamFG-Verfahren zu unterminieren.

72 V. Aufschiebende Wirkung der Beschwerde? Zweifelhaft und im Ergebnis wohl abzulehnen ist die Frage, ob die Beschwerde gegen die Ordnungsgeldfestsetzung aufschiebende Wirkung hinsichtlich der Beitreibung des festgesetzten Ordnungsgeldes hat. Auf die Ausführungen zu § 391 Rdn. 21 ff. wird verwiesen.

73 VI. Kosten des Beschwerdeverfahrens. Die Kosten einer erfolglos eingelegten Beschwerde sollen dem Beteiligten auferlegt werden, der sie eingelegt hat (§ 84). Für die Verwerfung oder Zurückweisung der Beschwerde entsteht eine Geb. i.H.v. 150 € nach Nr. 13320 KV GNotKG; bei Rücknahme des Rechtsmittels s. die Ermäßigungstatbestände der Nr. 13321, 13322 KV GNotKG.

74 Hat die Beschwerde Erfolg, ergeht eine Kostenentscheidung nach billigem Ermessen (§ 81 Abs. 1). Das Ermessen ist in Ordnungsgeldverfahren tendenziell dahin auszuüben, der Staatskasse die Kosten aufzuerlegen (Rechtsgedanke der §§ 467 Abs. 1 StPO, 46 Abs. 1 OWiG, vgl. BFHE 216, 500, 505).

75 H. Versterben des Beteiligten. Verstirbt der Beteiligte, ist das Ordnungsgeldverfahren in jeder Lage des Verfahrens einzustellen. Auch das bereits rechtskräftig festgesetzte Ordnungsgeld wird nicht mehr vollstreckt (entsprechend § 459c Abs. 3 StPO). Außergerichtliche Kosten des Beteiligten müssen allerdings nicht erstattet werden (vgl. BFHE 216, 500, 505).

76 I. Einstweilige Anordnung auf vorläufige Untersagung des Firmenmissbrauchs? Eine vorläufige Untersagung des Firmengebrauchs durch einstweilige Anordnung des Gerichts gem. §§ 49 ff. kommt auch bei besonderer Schwere des firmenrechtlichen Verstoßes nicht in Betracht (so jetzt auch Bahrenfuss/*Steup* § 392 Rn. 33). Rechtssystematisch steht dem nämlich entgegen, dass der Gesetzgeber zur Durchsetzung des Firmenschutzes nicht ein präventives, sondern ein repressives Verfahren mit strafähnlichem Sanktionscharakter vorgesehen hat (s. Rdn. 2). Einem solchen Verfahren sind einstweilige Regelungsmaßnahmen wesensfremd. Die ordnungsrechtliche Ahndungswürdigkeit des fortgesetzten Firmenmissbrauchs hat der Gesetzgeber erst auf den Zeitpunkt nach unterlassenem oder rechtskräftig verworfenem Einspruch fixiert (§ 392 Abs. 1 Nr. 2). Der durch § 392 vorgegebene Verfahrensweg zunächst der Einspruchsmöglichkeit und danach der Ordnungsstrafe gemäß EGStGB ist daher lex specialis und schließt eine Anwendung der §§ 49 ff. zwecks vorläufiger Untersagung eines Firmenmissbrauchs aus. Zudem bestünde ein Wertungswiderspruch, wenn eine auf § 49 basierende einstweilige Anordnung mittels zivilrechtlichem Ordnungsgeld von bis zu 250.000 € und ersatzweise Ordnungshaft vollstreckt werden könnte (§§ 86 Abs. 1 Nr. 1, 95 Abs. 1 Nr. 4 FamFG i.V.m. § 890 ZPO), während das Hauptsacheverfahren selbst nur auf ein moderates strafrechtliches Ordnungsgeld von höchstens 1.000 € angelegt ist (Art. 6 Abs. 1 Satz 1 EGStGB).

77 Sind durch den beanstandeten Firmenmissbrauch die Rechte Dritter verletzt und resultiert daraus die Eilbedürftigkeit, mag der Verletzte eine Unterlassungsverfügung im Zivilrechtsweg anstrengen (§ 37 Abs. 2 Satz 1 HGB).

Anhang zu §§ 388–392 (EHUG)

Anhang zu §§ 388–392 FamFG (EHUG)
Das Verfahren nach §§ 335 f. HGB

§§ 335–335a HGB

§ 335 HGB Festsetzung von Ordnungsgeld

(1) Gegen die Mitglieder des vertretungsberechtigten Organs einer Kapitalgesellschaft, die
1. § 325 über die Pflicht zur Offenlegung des Jahresabschlusses, des Lageberichts, des Konzernabschlusses, des Konzernlageberichts und anderer Unterlagen der Rechnungslegung oder
2. § 325a über die Pflicht zur Offenlegung der Rechnungslegungsunterlagen der Hauptniederlassung

nicht befolgen, ist wegen des pflichtwidrigen Unterlassens der rechtzeitigen Offenlegung vom Bundesamt für Justiz (Bundesamt) ein Ordnungsgeldverfahren nach den Absätzen 2 bis 6 durchzuführen; im Fall der Nummer 2 treten die in § 13e Abs. 2 Satz 4 Nr. 3 genannten Personen, sobald sie angemeldet sind, an die Stelle der Mitglieder des vertretungsberechtigten Organs der Kapitalgesellschaft. Das Ordnungsgeldverfahren kann auch gegen die Kapitalgesellschaft durchgeführt werden, für die die Mitglieder des vertretungsberechtigten Organs die in Satz 1 Nr. 1 und 2 genannten Pflichten zu erfüllen haben. Dem Verfahren steht nicht entgegen, dass eine der Offenlegung vorausgehende Pflicht, insbesondere die Aufstellung des Jahres- oder Konzernabschlusses oder die unverzügliche Erteilung des Prüfauftrags, noch nicht erfüllt ist. Das Ordnungsgeld beträgt mindestens zweitausendfünfhundert und höchstens fünfundzwanzigtausend Euro. Eingenommene Ordnungsgelder fließen dem Bundesamt zu.

(2) Auf das Verfahren sind die §§ 15 bis 19, § 40 Abs. 1, § 388 Abs. 1, § 389 Abs. 3, § 390 Abs. 2 bis 6 des Gesetzes über das Verfahren in Familiensachen und in den Angelegenheiten der freiwilligen Gerichtsbarkeit sowie im Übrigen § 11 Nr. 1 und 2, § 12 Abs. 1 Nr. 1 bis 3, Abs. 2 und 3, §§ 14, 15, 20 Abs. 1 und 3, § 21 Abs. 1, §§ 23 und 26 des Verwaltungsverfahrensgesetzes nach Maßgabe der nachfolgenden Absätze entsprechend anzuwenden. Das Ordnungsgeldverfahren ist ein Justizverwaltungsverfahren. Zur Vertretung der Beteiligten sind auch Wirtschaftsprüfer und vereidigte Buchprüfer, Steuerberater, Steuerbevollmächtigte, Personen und Vereinigungen im Sinn des § 3 Nr. 4 des Steuerberatungsgesetzes sowie Gesellschaften im Sinn des § 3 Nr. 2 und 3 des Steuerberatungsgesetzes, die durch Personen im Sinn des § 3 Nr. 1 des Steuerberatungsgesetzes handeln, befugt.

(2a) Für eine elektronische Aktenführung und Kommunikation sind § 110a Abs. 1, § 110b Abs. 1 Satz 1, Abs. 2 bis 4, § 110c Abs. 1 sowie § 110d des Gesetzes über Ordnungswidrigkeiten entsprechend anzuwenden. § 110a Abs. 2 Satz 1 und 3 sowie § 110b Abs. 1 Satz 2 und 4 des Gesetzes über Ordnungswidrigkeiten sind mit der Maßgabe entsprechend anzuwenden, dass das Bundesministerium der Justiz die Rechtsverordnung ohne Zustimmung des Bundesrates erlassen kann; es kann die Ermächtigung durch Rechtsverordnung auf das Bundesamt für Justiz übertragen.

(3) Den in Abs. 1 Satz 1 und 2 bezeichneten Beteiligten ist unter Androhung eines Ordnungsgeldes in bestimmter Höhe aufzugeben, innerhalb einer Frist von sechs Wochen vom Zugang der Androhung an ihrer gesetzlichen Verpflichtung nachzukommen oder die Unterlassung mittels Einspruchs gegen die Verfügung zu rechtfertigen. Mit der Androhung des Ordnungsgeldes sind den Beteiligten zugleich die Kosten des Verfahrens aufzuerlegen. Der Einspruch kann auf Einwendungen gegen die Entscheidung über die Kosten beschränkt werden. Der Einspruch gegen die Androhung des Ordnungsgeldes und gegen die Entscheidung über die Kosten hat keine aufschiebende Wirkung. Führt der Einspruch zu einer Einstellung des Verfahrens, ist zugleich auch die Kostenentscheidung nach Satz 2 aufzuheben.

(4) Wenn die Beteiligten nicht spätestens sechs Wochen nach dem Zugang der Androhung der gesetzlichen Pflicht entsprochen oder die Unterlassung mittels Einspruchs gerechtfertigt haben, ist das Ordnungsgeld festzusetzen und zugleich die frühere Verfügung unter Androhung eines erneuten Ordnungsgeldes zu wiederholen. Haben die Beteiligten die gesetzliche Pflicht erst nach Ablauf der Sechswochenfrist erfüllt, hat das Bundesamt das Ordnungsgeld wie folgt herabzusetzen:
1. auf einen Betrag von 500 Euro, wenn die Beteiligten von dem Recht einer Kleinstkapitalgesellschaft nach § 326 Abs. 2 Gebrauch gemacht haben;
2. auf einen Betrag von 1 000 Euro, wenn es sich um eine kleine Kapitalgesellschaft im Sinne des § 267 Abs. 1 handelt;
3. auf einen Betrag von 2 500 Euro, wenn ein höheres Ordnungsgeld angedroht worden ist und die Voraussetzungen der Nummern 1 und 2 nicht vorliegen, oder
4. jeweils auf einen geringeren Betrag, wenn die Beteiligten die Sechswochenfrist nur geringfügig überschritten haben.

Bei der Herabsetzung sind nur Umstände zu berücksichtigen, die vor der Entscheidung des Bundesamtes eingetreten sind.

(5) Waren die Beteiligten unverschuldet gehindert, in der Sechswochenfrist nach Abs. 4 Einspruch einzulegen oder ihrer gesetzlichen Verpflichtung nachzukommen, hat ihnen das Bundesamt auf Antrag Wiedereinsetzung in den vorigen Stand zu gewähren. Das Verschulden eines Vertreters ist der vertretenen Person zuzurechnen. Ein Fehlen des Verschuldens wird vermutet, wenn eine Rechtsbehelfsbelehrung unterblieben ist oder fehlerhaft ist. Der Antrag auf Wiedereinsetzung ist binnen zwei Wochen nach Wegfall des Hindernisses schriftlich beim Bundesamt zu stellen. Die Tatsachen zur Begründung des Antrags sind bei der Antragstellung oder im Verfahren über den Antrag glaubhaft zu machen. Die versäumte Handlung ist spätestens sechs Wochen nach Wegfall des Hindernisses nachzuholen. Ist innerhalb eines Jahres seit dem Ablauf der Sechswochenfrist nach Abs. 4 weder Wiedereinsetzung beantragt noch die versäumte Handlung nachgeholt worden, kann Wiedereinsetzung nicht mehr gewährt werden. Die Wiedereinsetzung ist nicht anfechtbar. Haben die Beteiligten Wiedereinsetzung nicht beantragt oder ist die Ablehnung des Wiedereinsetzungsantrags bestandskräftig geworden, können sich die Beteiligten mit der Beschwerde nicht mehr darauf berufen, dass sie unverschuldet gehindert waren, in der Sechswochenfrist Einspruch einzulegen oder ihrer gesetzlichen Verpflichtung nachzukommen.

(5a) (weggefallen)

(6) Liegen dem Bundesamt in einem Verfahren nach den Absätzen 1 bis 5 keine Anhaltspunkte über die Einstufung einer Gesellschaft im Sinne des § 267 Abs. 1 bis 3 oder des § 267a vor, kann es den in Abs. 1 Satz 1 und 2 bezeichneten Beteiligten aufgeben, die Bilanzsumme nach Abzug eines auf der Aktivseite ausgewiesenen Fehlbetrags (§ 268 Abs. 3), die Umsatzerlöse (§ 277 Abs. 1) und die durchschnittliche Zahl der Arbeitnehmer (§ 267 Abs. 5) für das betreffende Geschäftsjahr und für diejenigen Geschäftsjahre, die für die Einstufung erforderlich sind, anzugeben. Unterbleiben die Angaben nach Satz 1, so wird für das weitere Verfahren vermutet, dass die Erleichterungen der §§ 326 und 327 nicht in Anspruch genommen werden können. Die Sätze 1 und 2 gelten für den Konzernabschluss und den Konzernlagebericht entsprechend mit der Maßgabe, dass an die Stelle der §§ 267, 326 und 327 der § 293 tritt.

§ 335a HGB Beschwerde gegen die Festsetzung von Ordnungsgeld; Rechtsbeschwerde; Verordnungsermächtigung

(1) Gegen die Entscheidung, durch die das Ordnungsgeld festgesetzt oder der Einspruch oder der Antrag auf Wiedereinsetzung in den vorigen Stand verworfen wird, sowie gegen die Entscheidung nach § 335 Abs. 3 Satz 5 findet die Beschwerde nach den Vorschriften des Gesetzes über das Verfahren in Familiensachen und in den Angelegenheiten der freiwilligen Gerichtsbarkeit statt, soweit sich aus den nachstehenden Absätzen nichts anderes ergibt.

(2) Die Beschwerde ist binnen einer Frist von zwei Wochen einzulegen; über sie entscheidet das für den Sitz des Bundesamtes zuständige Landgericht. Zur Vermeidung von erheblichen Verfahrensrückständen oder zum Ausgleich einer übermäßigen Geschäftsbelastung wird die Landesregierung des Landes, in dem das Bundesamt seinen Sitz unterhält, ermächtigt, durch Rechtsverordnung die Entscheidung über die Rechtsmittel nach Satz 1 einem anderen Landgericht oder weiteren Landgerichten zu übertragen. Die Landesregierung kann diese Ermächtigung auf die Landesjustizverwaltung übertragen. Ist bei dem Landgericht eine Kammer für Handelssachen gebildet, so tritt diese Kammer an die Stelle der Zivilkammer. Entscheidet über die Beschwerde die Zivilkammer, so sind die §§ 348 und 348a der Zivilprozessordnung entsprechend anzuwenden; über eine bei der Kammer für Handelssachen anhängige Beschwerde entscheidet der Vorsitzende. Das Landgericht kann nach billigem Ermessen bestimmen, dass den Beteiligten die außergerichtlichen Kosten, die zur zweckentsprechenden Rechtsverfolgung notwendig waren, ganz oder teilweise aus der Staatskasse zu erstatten sind. Satz 6 gilt entsprechend, wenn das Bundesamt der Beschwerde abhilft. § 91 Abs. 1 Satz 2 und die §§ 103 bis 107 der Zivilprozessordnung gelten entsprechend. § 335 Abs. 2 Satz 3 ist anzuwenden.

(3) Gegen die Beschwerdeentscheidung ist die Rechtsbeschwerde statthaft, wenn das Landgericht sie zugelassen hat. Für die Rechtsbeschwerde gelten die Vorschriften des Gesetzes über das Verfahren in Familiensachen und in den Angelegenheiten der freiwilligen Gerichtsbarkeit entsprechend, soweit sich aus diesem Abs. nichts anderes ergibt. Über die Rechtsbeschwerde entscheidet das für den Sitz des Landgerichts zuständige Oberlandesgericht. Die Rechtsbeschwerde steht auch dem Bundesamt zu. Vor dem Oberlandesgericht müssen sich die Beteiligten durch einen Rechtsanwalt vertreten lassen; dies gilt nicht für das Bundesamt. Abs. 2 Satz 6 und 8 gilt entsprechend.

(4) Für die elektronische Aktenführung des Gerichts und die Kommunikation mit dem Gericht nach den Absätzen 1 bis 3 sind § 110a Abs. 1, § 110b Abs. 1 Satz 1, Abs. 2 bis 4, § 110c Abs. 1 sowie § 110d des Gesetzes über Ordnungswidrigkeiten entsprechend anzuwenden. § 110a Abs. 2 Satz 1 und 3 sowie § 110b Abs. 1 Satz 2

Abschnitt 3. Registersachen **Anhang zu §§ 388–392 (EHUG)**

und 4 des Gesetzes über Ordnungswidrigkeiten sind mit der Maßgabe anzuwenden, dass die Landesregierung des Landes, in dem das Bundesamt seinen Sitz unterhält, die Rechtsverordnung erlassen und die Ermächtigung durch Rechtsverordnung auf die Landesjustizverwaltung übertragen kann.

Übersicht

	Rdn.		Rdn.
A. Zweck der Regelungen	1	C. Einzelprobleme	17
B. Verfahrensablauf	3	I. Tatbestandswirkung bei unterlassenem Einspruch	17
I. Unterrichtung	3		
II. Androhung	4	II. Bestimmtheit der Androhungsverfügung	20
III. Einspruch	5	III. Beschwerdebefugnis des Insolvenzverwalters	22
IV. Festsetzung	8		
V. Erneute Androhung	10	IV. Aufschiebende Wirkung der Beschwerde	26
VI. Beschwerde	13	D. Übergangsrecht	27

A. Zweck der Regelungen. Für die Durchsetzung der öffentlich-rechtlichen Pflicht zur Offenlegung der **handelsrechtlichen Rechnungslegung**, die in §§ 325 ff. HGB normiert ist, sehen §§ 335 ff. HGB ein von dem Verfahren nach §§ 388 ff. zu unterscheidendes Ordnungsgeldverfahren vor. Mit dem Inkrafttreten des Gesetzes über elektronische Handelsregister und Genossenschaftsregister sowie das Unternehmensregister – **EHUG** (BGBl. I 2006, S. 2553) am 01.01.2007 ist § 335 HGB hierzu zunächst neu gefasst worden. Hintergrund sind die Richtlinien 2003/58/EG und 2004/109/EG des Europäischen Parlaments und des Rates in Bezug auf die Offenlegungspflichten von Gesellschaften bestimmter Rechtsformen und zur Harmonisierung der Transparenzanforderungen (ABl. EU Nr. L 221 S. 13; ABl. EU Nr. L 390 S. 38), die verlangen, dass die offenlegungspflichtigen Daten dieser Unternehmen spätestens ab dem 01.01.2007 über »eine Akte« zentral elektronisch abrufbar sind. Um diesen Vorgaben Rechnung zu tragen, hat der Gesetzgeber eine umfängliche Umstellung auf eine **elektronische Registerführung** vorgenommen (BT-Drucks. 16/2781 S. 1). Wesentliche Änderung ggü. der bis dahin geltenden Rechtslage war die Einführung einer **amtswegigen Überprüfung der Erfüllung der Publikationsverpflichtungen** durch die betroffenen Kapitalgesellschaften und die ihnen gem. § 264a Abs. 1 HGB gleich gestellten Gesellschaften einschließlich Sanktionsbewehrung durch ein **Ordnungsgeld**. Zugleich wurden insoweit **neue Zuständigkeiten** geschaffen, als die Überprüfung der Offenlegung durch das Bundesamt für Justiz mit Sitz in Bonn erfolgt, während die Offenlegung als solche im **elektronischen Bundesanzeiger** stattfindet. Mit dieser Aufgabe ist die Bundesanzeiger Verlagsgesellschaft in Köln beliehen (§ 1 der Verordnung über die Übertragung der Führung des Unternehmensregisters und die Einreichung von Dokumenten beim Betreiber des elektronischen Bundesanzeigers – URFüÜbertrVO). Die Einreichung der zu publizierenden Jahresabschlussunterlagen kann seit dem 01.01.2010 ausschließlich elektronisch vorgenommen werden (§ 4 URFüÜbertrVO). Im Einzelnen gelten die Allgemeinen Geschäftsbedingungen für die entgeltliche Einreichung und Publikation im »elektronischen Bundesanzeiger«. Gem. Art. 61 Abs. 5 Satz 1 EGHGB ist § 335 HGB auf Jahres- und Konzernabschlüsse sowie Lageberichte und Konzernlageberichte für nach dem 31.12.2005 beginnende Geschäftsjahre anzuwenden (vgl. zum Ganzen Stollenwerk/Krieg GmbHR 2008, 575). Mit dem Kleinstkapitalgesellschaften-Bilanzrechtsänderungsgesetz – MicroBilG – v. 20.12.2012 (BGBl. I 2012, S. 2715) ist für sog. Kleinstkapitalgesellschaften i.S.v. § 267a HGB n.F. die erleichterte Möglichkeit geschaffen worden, die Bilanz in elektronischer Form zur dauerhaften Hinterlegung beim Betreiber des Bundesanzeigers einzureichen und einen Hinterlegungsauftrag zu erteilen. Auf die Durchführung des Ordnungsgeldverfahrens hat dies jedoch – abgesehen von materiell-offenlegungsrechtlichen Aspekten – keine Auswirkungen. Eine im Gesetzgebungsverfahren ursprünglich erwogene weiter gehende Änderung auch des Ordnungsgeldverfahrens (s. BT-Drucks. 17/11535, S. 24) hat sich nicht durchgesetzt.

Mit dem HGB-Änderungsgesetz vom 04.10.2013 sind erhebliche **Modifikationen der Verfahrensregeln** vorgenommen worden (BT-Drucks. 17/13221). § 335 HGB ist in zwei Vorschriften aufgeteilt worden, um die Verständlichkeit zu erhöhen. Der Inhalt des § 335 HGB ist nunmehr auf das Verfahren des Bundesamtes für Justiz beschränkt. Das gerichtliche Verfahren ist in § 335a HGB konzentriert. Die bisherigen Abs. 4 bis 5a von § 335 HGB sind in § 335a HGB verschoben. In der Sache sind reduzierte Mindestbeträge für das festzusetzende Ordnungsgeld von 500 € bis 1.000 € für Kleinst- und kleine Kapitalgesellschaften vorgesehen

(§ 335 Abs. 4 Satz 2 Nrn. 1 und 2 HGB) sowie auf 2.500 € in anderen Fällen, auch wenn zuvor ein höheres Ordnungsgeld angedroht worden ist. Die Reduzierung soll dann gelten, wenn zwar eine Fristüberschreitung mit der Offenlegung vorliegt, diese aber vor Festsetzung des Ordnungsgeldes noch erfolgt ist (zur vormaligen Regelung s. Rdn. 8 u. 9). Mit § 335 Abs. 5 HGB ist dem offenlegungspflichtigen Unternehmen nunmehr erstmals ein Recht auf Wiedereinsetzung in den vorigen Stand der sechswöchigen Nachreichungsfrist eingeräumt. Gegenüber der bisherigen Gesetzeslage und der bisher ergangenen Rspr. (s. dazu Rdn. 4, 6) bedeutet dies faktisch eine Abkehr von dem Gedanken, dass es sich bei dieser Frist um eine materiell-rechtliche Nacherfüllungsfrist handelt. Die Überprüfung der Schuldhaftigkeit der Fristversäumung war auch bisher – im Abhilfeverfahren und spätestens durch das Beschwerdegericht – zu prüfen (s. Rdn. 8 ff.). Schließlich ist die Einführung eines Verfahrens zur Sicherstellung einer einheitlichen Rechtsprechung des Landgerichts Bonn in Ordnungsgeldverfahren vorgesehen. Nach geltendem Recht ist das Landgericht Bonn bundesweit das allein zuständige Gericht, das über Beschwerden gegen Ordnungsgeldentscheidungen des Bundesamtes für Justiz entscheidet. Ein Rechtsmittel gegen Entscheidungen des Landgerichts Bonn war bisher nicht statthaft (s. Rdn. 14). Nunmehr besteht die Möglichkeit der Rechtsbeschwerde gegen Entscheidungen des Landgerichts, über die – abweichend von § 133 GVG – das Oberlandesgericht zu entscheiden hat. Die Rechtsbeschwerde soll aber keine volle zweite Instanz eröffnen, sondern auf grundsätzliche Rechtsfragen und die Entscheidung in Divergenzfällen beschränkt sein. Deshalb ist die Rechtsbeschwerde nur statthaft, wenn sie das Landgericht wegen grundsätzlicher Bedeutung der Rechtssache oder zur Sicherung einer einheitlichen Rechtsprechung zugelassen hat, § 335a Abs. 3 HGB.

3 **B. Verfahrensablauf. I. Unterrichtung.** Der Betreiber des elektronischen Bundesanzeigers (Rdn. 1) prüft anhand der ihm seitens der Landesjustizverwaltungen zur Verfügung gestellten Daten, ob die von den offenlegungspflichtigen Gesellschaften einzureichenden Unterlagen fristgemäß und vollzählig vorgelegt worden sind (§ 329 Abs. 1 HGB). Wenn im Rahmen dieser Prüfung eine nicht fristgerechte oder nicht vollständige Einreichung festgestellt worden ist, **unterrichtet** der **Betreiber des elektronischen Bundesanzeigers** das Bundesamt für Justiz (§ 329 Abs. 4 HGB). Gem. § 335 Abs. 2 HGB ist dieses Verfahren ein Justizverwaltungsverfahren, auf das unter anderem §§ 15 bis 19 (Bekanntgabe, Fristen, Wiedereinsetzung), § 40 Abs. 1 (Wirksamwerden) sowie §§ 388 Abs. 1, 389 Abs. 3, 390 Abs. 2 bis 6 nach Maßgabe der Sonderregelungen in §§ 335 ff. HGB entsprechend anzuwenden sind.

4 **II. Androhung.** Das Verfahren beginnt mit der Erlass einer Androhungsverfügung, die dem als säumig erachteten Unternehmen aufgibt, binnen einer materiell-rechtlichen **Nachreichungsfrist von 6 Wochen** die Einreichung beim Bundesanzeiger vorzunehmen (§ 335 Abs. 3 Satz 1 HGB). In derselben Frist hat das Unternehmen Gelegenheit, die Unterlassung mittels Einspruchs zu rechtfertigen, etwa weil eine Befreiung von der Offenlegungspflicht iSv §§ 264 Abs. 3, 264b HGB vorliegt oder weil von einem von dem der Androhung zugrunde liegenden abweichenden Geschäftsjahr auszugehen ist (Rdn. 5). Die Nachreichungsfrist ist nicht verlängerbar (LG Bonn, Beschl. v. 24.06.2010 – 37 T 321/10). Die Androhungsverfügung ist **förmlich zuzustellen.** Sie kann sich gegen die Mitglieder des vertretungsberechtigten Organs der Gesellschaft (§ 335 Abs. 1 Satz 1 HGB – Geschäftsführer, Vorstand, Repräsentant der Komplementärin, Liquidator) persönlich oder gegen die Gesellschaft als solche richten (§ 335 Abs. 1 Satz 2 HGB). Im Fall der Führungslosigkeit einer GmbH genügt die Zustellung an den oder die Gesellschafter (§ 35 Abs. 1 Satz 2 HGB). Zugleich sind den Beteiligten die **Kosten** des (bisherigen) Verfahrens **aufzuerlegen** (§ 335 Abs. 3 Satz 2 HGB). Hiermit soll dem notwendigen vorbereitenden Ermittlungsaufwand des Bundesamtes für Justiz Rechnung getragen werden, hinsichtlich dessen es der Gesetzgeber als nicht sachgerecht erachtet, eine Gebühr erst dann vorzusehen, wenn es schließlich zu einer Ordnungsgeldfestsetzung kommt. Denn am Beginn des Verfahrens steht die Pflichtverletzung des Offenlegungspflichtigen, die erst zu einem Tätigwerden der Behörde führt (BT-Drucks. 16/960, S. 78). Die Gebührenhöhe liegt i.R.d. für vergleichbare Verfahren Üblichen (Gebühr Nr. 1210 JVKostG 100,00 €).

Die Höhe des anzudrohenden Ordnungsgeldes richtet sich nach dem gesetzlich vorgesehenen Rahmen von 2.500,00 € bis 25.000,00 € (§ 335 Abs. 1 Satz 4 HGB). Nach der derzeitigen Praxis des Bundesamtes für Justiz wird bei der erstmaligen Androhung ausschließlich der gesetzliche Mindestbetrag angedroht (zur wiederholten Androhung s. Rdn. 10; zur Problematik der mangelnden Bestimmtheit der Androhung in besonderen Fällen s. Rdn. 20 f.).

III. Einspruch. Der Einspruch dient der in Anspruch genommenen Gesellschaft, innerhalb der durch die 5
Androhung gesetzten sechswöchigen Nachreichungsfrist (§ 335 Abs. 3 Satz 1 HGB) ggü. dem Bundesamt für Justiz Gründe vorzubringen, aus denen sie eine Einreichung bzw. Nachreichung von Jahresabschlussunterlagen für entbehrlich hält. Dies kann neben Ausnahmen bezüglich der angedrohten Offenlegung (abweichendes Geschäftsjahr, Befreiung nach §§ 264 Abs. 3, 264b HGB oder nach § 330 Abs. 1, Abs. 4 HGB i.V.m. § 61 RechVersVO) insb. auch eine mittlerweile bereits erfolgte Offenlegung betreffen (vgl. auch Althoff/Hoffmann GmbHR 2010, 518, 519). Allerdings erfolgt dies insofern auf eigenes Risiko der Gesellschaft, als der Einspruch gem. § 335 Abs. 3 Satz 4 HGB **keine aufschiebende Wirkung** hat und durch dessen Einlegung die Wahrnehmung rechtlichen Gehörs abschließend stattfindet. Liegen Umstände, die ein Absehen von der Offenlegung **rechtfertigen**, nicht vor, ist mit Ablauf der Nachreichungsfrist das Ordnungsgeld verwirkt. Gem. § 335 Abs. 4 Satz 1 HGB ist sodann mit der **Verwerfung** des Einspruchs zugleich die **Festsetzung** von Ordnungsgeld vorzunehmen (s. § 390 Rdn. 20). Ob und zu welchem Zeitpunkt ein von der Gesellschaft ggf. erwarteter Hinweis erfolgt, hat auf den Ablauf der Nachreichungsfrist und die daraus folgende Verwirkung von Ordnungsgeld keinen Einfluss. Ein Anhörungsverfahren iSv § 390 Abs. 1 findet nicht statt (§ 335 Abs. 2 Satz 1 HGB). Andererseits ist die Nichteinlegung des Einspruchs negative Tatbestandsvoraussetzung für die Festsetzung von Ordnungsgeld, sodass die (versehentliche) Nichtbescheidung dieses verhindert (vgl. Wenzel BB 2008, 769, 771). Dies gilt jedoch nur für den fristgerecht eingelegten Einspruch (LG Bonn, Beschl. v. 21.09.2009 – 39 T 1092/09). Der Einspruch kann ausschließlich bei dem Bundesamt für Justiz eingelegt werden; Vertrauensschutz hinsichtlich einer rechtzeitigen Weiterleitung dorthin besteht nicht (Stollenwerk/Kurpat BB 2009, 150, 152).

Wiedereinsetzung in den vorigen Stand ist möglich, wenn die Fristversäumnis unverschuldet war, § 335 6
Abs. 5 Satz 1 HGB. Dies betrifft zum Einen die Versäumung der sechswöchigen **Einspruchsfrist**. Es geht insofern um die Wahrung der Zulässigkeit eines Rechtsbehelfs, wofür die allgemeinen Regeln der §§ 17 ff. gelten (s. die Anmerkungen dort). Zum Anderen kommt aber auch eine Wiedereinsetzung in die ebenso lange, materiell-rechtliche **Nachreichungsfrist** des § 335 Abs. 4 Satz 1 HGB in Betracht. Diese, durch das Gesetz vom 04.10.2013 eingeführte Erweiterung ist im Grunde systemwidrig, da das Verschulden tatbestandliche Voraussetzung für die Festsetzung von Ordnungsgeld und mit den Regeln eines am Zeitablauf festzumachenden Wegfalls eines Rügerechts nicht fassbar ist (Kaufmann/Kurpat MDR 2014, 1, 5 f.). Die Wiedereinsetzung ist innerhalb von 2 Wochen nach dem Wegfall des Hindernisses zu stellen und – in getrennter Frist – die versäumte Handlung innerhalb von 6 Wochen nachzuholen, § 335 Abs. Satz 4 u. 6 HGB. Damit kommt die Regelung eher einer materiell wirksamen **Präklusion** gleich. Denn das Bundesamt für Justiz prüft bei der Wiedereinsetzung beide Gründe und verwirft, ist fehlendes Verschulden nicht glaubhaft gemacht, das Gesuch mit entsprechender Wirkung. Völlig unabhängig von der späteren Ordnungsgeldfestsetzung (Rdn. 8) muss auch diese Verwerfungsentscheidung mit der Beschwerde nach § 335a Abs. 1 HGB (Rdn. 13 f.) angefochten werden, andernfalls die betroffene Gesellschaft nach § 335 Abs. 5 Satz 9 HGB im Beschwerdeverfahren gegen eine Ordnungsgeldfestsetzung mit dem Einwand mangelnden Verschuldens an der Einhaltung der Nachreichungsfrist nicht mehr gehört wird. Dies gilt nur dann nicht, wenn die Gesellschaft auch noch bei Einlegung der Beschwerde unverschuldet gehindert ist, den Abschluss offenzulegen. Da der Antrag auf Wiedereinsetzung (erst) binnen 2 Wochen nach dem Wegfall des Hindernisses zu stellen ist, kommt eine Präklusion des Einwands fehlenden Verschuldens nur dann in Betracht, wenn die Frist zur Beantragung der Wiedereinsetzung bei Einlegung der Beschwerde bereits abgelaufen war (Kaufmann/Kurpat MDR 2014, 1, 6).

Es ist unschädlich, wenn das Bundesamt für Justiz ein – in der Sache erfolgloses – Wiedereinsetzungsgesuch unbeschieden lässt. Die Entscheidung ist im Beschwerdeverfahren nachholbar (LG Bonn NZG 2009, 1159, sowie Beschl. v. 13.07.2009 – 38 T 465/09). Andererseits **legt** das Bundesamt für Justiz die Erhebung der Beschwerde gegen die Ordnungsgeldfestsetzung gegebenenfalls zugleich **als Wiedereinsetzungsgesuch aus**, sofern das Vorbringen Ausführungen zur Sechswochenfrist enthält. Das hat zur Folge, dass regelmäßig neben der Nichtabhilfe hinsichtlich der Ordnungsgeldfestsetzung (Rdn. 15) die Verwerfung der Wiedereinsetzung stattfindet. Reagiert der Beschwerdeführer hierauf nicht, kommt es zur Präklusion nach § 335 Abs. 5 Satz 9 HGB. Zur weiteren Bedeutung des Einspruchs s.a. Rdn. 17 ff.

In der Praxis bereitet die ausdrückliche **Verschuldenszurechnung** des § 335 Abs. 5 Satz 2 HGB auch 7
hinsichtlich der Einhaltung der Nachreichungsfrist Schwierigkeiten. Vor Inkrafttreten des Gesetzes vom 04.10.2013 hat die überwiegende Rspr. des Landgerichts Bonn eine solche Zurechnung weder aus einer analogen Anwendung von § 278 BGB noch über § 152 Abs. 1 Satz 3 AO hergeleitet und dabei im Wesentlichen

auf den repressiven Charakter des Ordnungsgeldes abgestellt (LG Bonn, Beschl. v. 30.06.2008 – 11 T 48/07; Beschl. v. 19.05.2009 – 31 T 343/09; NZI 2008, 503, 504 f.; NJW-RR 2010, 698 u.a.). Dass nunmehr innerhalb der Sechswochenfrist des § 335 Abs. 4 Satz 1 HGB hierfür ein strengerer Maßstab geltend soll als in übrigen Zeiträumen, wird mit der Begründung angezweifelt, dass dies im Gesetzgebungsverfahren zwar problematisiert, im Übrigen aber nicht umgesetzt worden sei (LG Bonn, Beschl. v. 08.14.2014 – 36 T 477/14). Dem kann entgegengehalten werden, dass dem Ordnungsgeld als Druckmittel besonderer Art zwar auch sanktionierender Charakter zukommt (BVerfG NJW 2009, 2588, 2589), so dass die Festsetzung einer derart strafähnlichen Sanktion das Vorliegen eigener Schuld des Täters erfordert (BVerfG NJW 1967, 195, 196). Bei einer juristischen Person kommt es deswegen gemäß bzw. analog § 31 BGB auf das Verschulden ihrer Organe, nicht aber beauftragter Dritter an, die nicht Organe sind (BVerfG NJW 1967, 195, 197). Damit steht es jedoch dem Gesetzgeber frei, eine darüber hinaus gehende Verschuldenszurechnung vorzusehen, wie etwa in den angeführten § 278 BGB oder § 152 Abs. 1 Satz 3 AO (vgl. dazu LG Bonn, Beschl. v. 06.04.2010 – 39 T 872/09). Die Zurechnung von Vertreterverschulden jedenfalls im Bereich prozessualer Wiedereinsetzungsfristen findet seit jeher sowohl im Allgemeinen (s. dazu § 17 Rdn. 40 ff.) als auch im Ordnungsgeldverfahren statt (LG Bonn, Beschl. v. 31.07.2009 – 39 T 872/09). Und aus dem Wortlaut der Vorschrift geht eine Einschränkung auf eine bestimmte Qualität der Fristversäumung nicht hervor.

8 **IV. Festsetzung.** Kommt die offenlegungspflichtige Gesellschaft ihrer Pflicht aus § 325 Abs. 1 HGB nicht binnen 6 Wochen nach und sind auch keine Umstände geltend gemacht, die das Unterlassen der Einreichung rechtfertigen, ist das **angedrohte Ordnungsgeld** – in der angedrohten Höhe (LG Bonn, Beschl. v. 28.06.2010 – 37 T 265/10) – festzusetzen (§ 335 Abs. 3 Satz 4 HGB). Diese Nachreichungsfrist – abgesehen von einer erfolgreichen Wiedereinsetzung nach § 335 Abs. 5 Satz 1 HGB (s. dazu Rdn. 6 f.) – ist nicht verlängerbar (LG Bonn, Beschl. v. 24.06.2010 – 37 T 321/10). Sie dient vor dem Hintergrund, dass die das Ordnungsgeldverfahren auslösende Pflichtverletzung bereits in der unterlassenen Einreichung der zu veröffentlichenden Daten innerhalb der Frist des § 325 Abs. 1 HGB, i.d.R. bis zum 31.12. des Vorjahres liegt, der Gesellschaft im Wesentlichen dazu, dem angedrohten Ordnungsgeld zu entgehen (LG Bonn, Beschl. v. 23.06.2010 – 37 T 311/10).

9 Wird die **Offenlegungspflicht** nach Ablauf der Frist, aber noch **vor der Festsetzung** von Ordnungsgeld **erfüllt**, führt dies zunächst dazu, dass eine erneute Androhung von Ordnungsgeld zugleich mit der Festsetzung verwirkten Ordnungsgeldes gem. § 335 Abs. 4 Satz 1 HGB unterbleibt (LG Bonn, Beschl. v. 24.06.2010 – 37 T 315/10). Außerdem ist in diesen Fällen nach § 335 Abs. 4 Satz 2 HGB nach Maßgabe der dortigen Aufzählung lediglich ein reduziertes Ordnungsgeld festzusetzen.
Kommt die Gesellschaft der Erfüllung der Offenlegungspflicht nur mit **geringfügiger Verspätung** nach, kann das Ordnungsgeld nach § 335 Abs. 4 Satz 2 Nr. 4 HGB – auch unter die mit dieser Regelung nun vorgesehenen Mindestbeträge von 500,00 €, 1.000,00 € oder 2.500,00 € – weiter **herabgesetzt** werden. Als geringfügige Verspätung wird dabei regelmäßig eine solche von höchstens **2 Wochen** anerkannt (Schlauß DB 2010, 153, 156). Eine nachträgliche Heraufsetzung des Ordnungsgeldes für den Fall, dass bei der ursprünglichen Festsetzung versehentlich von dem Vorliegen der Voraussetzungen des § 335 Abs. 4 Satz 2 HGB ausgegangen worden ist, ist nicht möglich. Dies ergab sich nach der bis zum 31.08.2009 geltenden Rechtslage aus der entsprechenden Anwendung von § 18 Abs. 2 FGG und ist nunmehr aus dem Gedanken des § 48 herzuleiten (s.a. § 392 Rdn. 52 f.).

10 **V. Erneute Androhung.** Ist zum Zeitpunkt der Festsetzung des Ordnungsgeldes die Offenlegung noch nicht erfolgt, ist zugleich die **Androhung** eines erneuten Ordnungsgeldes zu **wiederholen** (§ 335 Abs. 4 Satz 1 HGB). Auch mit dieser Androhung wird eine Nachreichungsfrist von 6 Wochen gesetzt (Rdn. 4). Die Frist beginnt grds. mit Zustellung der erneuten Androhung. Etwas Anderes gilt, wenn die Gesellschaft gegen die erste Androhung von Ordnungsgeld **Einspruch** eingelegt hatte und dieser i.R. der ersten Ordnungsgeldfestsetzung **verworfen** worden ist (Rdn. 5). Gem. § 335 Abs. 2 Satz 1 HGB i.V.m. § 390 Abs. 5 Satz 2 beginnt die Frist dann erst mit Rechtskraft der Einspruchsverwerfung, also frühestens 2 Wochen nach Zustellung der ersten Ordnungsgeld- und zugleich erneuten Androhungsverfügung. Insofern geht der Verweis auf die Regelung des § 390 den Vorschriften des § 335 HGB vor (BT-Drucks. 16/2781 S. 82). Hingegen kommt der Erhebung der Beschwerde gegen die Ordnungsgeldfestsetzung als solcher keine Hemmung hinsichtlich der erneut gesetzten Frist zur Nachreichung zu (s. Rdn. 21, 26).

11 Die Höhe des erneut angedrohten Ordnungsgeldes soll diejenige des zuvor angedrohten übersteigen. Denn *soweit die betroffene* Gesellschaft das erstmalig – i.d.R. i.H.v. 2.500,00 € – angedrohte Ordnungsgeld nicht

zum Anlass genommen hat, eine zeitnahe Einreichung der Unterlagen vorzunehmen, bedarf es zur Einwirkung auf sie mit dem Ziel effizienter Durchsetzung der ihr obliegenden Publizitätspflicht grds. einer spürbaren Anhebung (vgl. BT-Drucks. 14/1806 S. 24).

Gem. § 335 Abs. 4 Satz 1 HGB ist nach Verstreichenlassen der zweiten Nachreichungsfrist sodann das angedrohte Ordnungsgeld festzusetzen. Soweit die Androhung nunmehr nicht nur den gesetzlichen Mindestbetrag zu Gegenstand hat, kann hiervon unter dem Gesichtspunkt der Nachholung bzw. geringfügiger Überschreitung nach iSv § 335 Abs. 4 Satz 2 HGB (s. Rdn. 9) bei der erneuten Festsetzung zugunsten der Gesellschaft abgewichen werden. Darüber hinaus steht dem Bundesamt für Justiz nach der Systematik der hierzu geltenden Regelung kein weiterer Ermessensspielraum zu (vgl. § 390 Abs. 4 Satz 2 bei [teilweise] begründetem Einspruch sowie LG Bonn, Beschl. v. 02.07.2009 – 39 T 193/09; Stollenwerk/Kurpat BB 2009, 150, 155; BT-Drucks. 14/1806 S. 29; ebenso zur Vorläuferregelung noch Bumiller/Winkler § 140a FGG Rn. 15. A.A. zur früheren Regelung des § 335 Abs. 3 HGB LG Bonn, Beschl. v. 24.06.2010 – 11 T 161/10; Beschl. v. 02.03.2012 – 35 T 1121/11). Zur Problematik der mangelnden **Bestimmtheit** der erneuten Androhung in besonderen Fällen s. Rdn. 21. 12

VI. Beschwerde. Gegen die Festsetzung des Ordnungsgeldes durch das Bundesamt für Justiz und die ggf. zugleich erfolgte Verwerfung eines Einspruchs gegen die erste Androhung von Ordnungsgeld findet die Beschwerde statt, § 335a Abs. 1 HGB. Ist die Einspruchsverwerfung mit gesonderter Entscheidung des Bundesamtes für Justiz erfolgt, ist auch insoweit gesondert Beschwerde einzulegen (zur Präklusion in diesen Fällen s. Rdn. 6 a.E.). Die erneute Festsetzung eines weiteren Ordnungsgeldes (Rdn. 12) führt wiederum zu einer erneuten Beschwerdemöglichkeit. Das Verfahren wird separat geführt. Stellt das Bundesamt für Justiz auf den Einspruch das Verfahren ein, hebt es aber nicht zugleich die mit der Androhung getroffene Kostenentscheidung auf (s. Rdn. 4), kann auch dies mit der Beschwerde angefochten werden. Zuständig ist – mangels derzeit anderweitiger Regelung durch Rechtsverordnung nach § 335a Abs. 2 Satz 2 HGB – bundesweit das **LG Bonn**; § 335a Abs. 2 Satz 1 Halbs. 2 HGB. 13

Gem. § 335a Abs. 1 HGB gelten für das Beschwerdeverfahren die Vorschriften des **FamFG** mit den folgenden **Ausnahmen**: 14
– Die **Beschwerdefrist** beträgt **2 Wochen**, § 335a Abs. 2 Satz 1 Halbs. 1 HGB.
– Über die Beschwerde entscheidet – sofern vorhanden – die **Kammer für Handelssachen**, § 335a Abs. 2 Satz 4 HGB.
– Zur Vertretung der Beschwerdeführer sind auch die in § 335 Abs. 2 Satz 3 genannten Berufsgruppen (Steuerberater, Wirtschaftsprüfer usw.) befugt, § 335a Abs. 2 Satz 9 HGB.

Gem. § 64 Abs. 1 kann die Beschwerde ausschließlich bei dem Bundesamt für Justiz eingelegt werden, welches gem. § 68 Abs. 1 zur **Abhilfe** befugt ist und verneinendenfalls eine Nichtabhilfeentscheidung zu treffen hat. Zur Frage der **aufschiebenden Wirkung** der Beschwerde s. Rdn. 26. Die Bewilligung von **Verfahrenskostenhilfe** (z.B. bei Ordnungsgeldverhängung nach § 335 Abs. 1 Satz 1 HGB) ist möglich (Bahrenfuss/Wittenstein § 76 Rn. 4). 15

Die Entscheidung des Beschwerdegerichts ist mit der zulassungsgebundenen **Rechtsbeschwerde** anfechtbar, § 335a Abs. 3 Satz 1 HGB. Während nach der früheren Rechtslage (zum Übergangsrecht s. Rdn. 27) eine weitere obergerichtliche Entscheidungszuständigkeit nicht gegeben war (OLG Köln, Beschl. v. 01.04.2011 – 2 Wx 68/11, Juris), entscheidet nunmehr nach § 335a Abs. 3 Satz 3 HGB das **Oberlandesgericht** über die Rechtsbeschwerde. Die **Nichtzulassungsbeschwerde** ist gesetzlich nicht vorgesehen und damit nicht statthaft (OLG Köln, Beschl. v. 10.03.2015 – 28 Wx 2/15). I.Ü. gelten §§ 59, 64 ff. 16

C. Einzelprobleme. I. Tatbestandswirkung bei unterlassenem Einspruch. Dem **Einspruch** gegen die Androhungsverfügung nach § 335 Abs. 3 Satz 1 HGB kommt über den Umstand, dem Bundesamt für Justiz ggü. das Unterlassen der Einreichung zu rechtfertigen (Rdn. 5), eine weitere **verfahrensrechtliche Bedeutung** von erheblicher praktischer Relevanz zu. Vorbringen zu einer tatsächlich rechtzeitigen Erfüllung der Offenlegungspflicht oder zu Umständen einer gerechtfertigten Unterlassung, die vor Zustellung der Androhung (Rdn. 4) liegen, ist im Beschwerdeverfahren nicht zu berücksichtigen, wenn die Gesellschaft keinen *Einspruch gegen die Ordnungsgeldandrohung* eingelegt hat. Dies ergibt sich aus der **Bestandskraft der Androhung**, die gem. **§ 391 Abs. 2** eine **Beschränkung des Prüfungsumfangs** in der Beschwerde nach sich zieht. Nach dieser Regelung kann dann, wenn der Ordnungsgeldfestsetzung kein Einspruch vorausging, eine sofortige Beschwerde nicht darauf gestützt werden, dass die Verfügung, durch welche das Ordnungsgeld angedroht worden ist, nicht gerechtfertigt gewesen sei (LG Bonn BB 2008, 2120 m. Anm. Eisolt; Wenzel BB 17

2008, 769, 771; Stollenwerk/Krieg GmbHR 2008, 575, 580) – sog. **Tatbestandswirkung**. Die Regelung des § 391 Abs. 2 findet auch im Beschwerdeverfahren nach § 335a HGB Anwendung (LG Bonn, Beschl. v. 01.12.2008 – 39 T 586/08 – zur Vorgängerregelung des § 139 Abs. 2 FGG).

18 Der Problematik, dass **materielle Einwendungen** der Beschwerdeführer, die nicht im Einspruchsverfahren geltend gemacht worden sind, nach § 391 Abs. 2 **nicht** im Beschwerdeverfahren **berücksichtigt** werden können, kann in evidenten Fällen fehlenden Verschuldens der Gesellschaft, z.B. bei nicht erkanntem abweichendem Geschäftsjahr, dadurch begegnet werden, dass das **Bundesamt für Justiz** nach § 390 Abs. 6 das zuvor festgesetzte Ordnungsgeld aufhebt oder an dessen Stelle ein geringeres Ordnungsgeld festsetzt. Dies ist – auch bei anhängiger Beschwerde – möglich, wenn ohne vorangegangenes Einspruchsverfahren eine Festsetzung erfolgt ist und nunmehr ein Einspruch gegen die wiederholte Androhungsverfügung (Rdn. 10) erhoben und dieser für begründet erachtet wird. Dabei muss die – allein eingelegte – Beschwerde (Rdn. 13) ggf. auch als solch ein neuerlicher Einspruch ausgelegt werden. Die Möglichkeit der Herabsetzung bzw. Aufhebung gilt für **alle** zuvor **festgesetzten Ordnungsgelder**, auch wenn es um einen erstmaligen Einspruch gegen eine dritte oder noch spätere Androhung geht. Denn § 390 Abs. 6 lässt für die Herabsetzung oder Aufhebung des Zwangs-/Ordnungsgeldes den Einspruch gegen die wiederholte Androhung genügen, wobei es unbeachtlich ist, wie oft diese bereits wiederholt worden ist. Dies ist allgemeine Meinung, da es um die materielle Rechtfertigung und damit die Geeignetheit des Beugemittels Ordnungsgeld geht (§ 390 Rdn. 31 f.; OLG Schleswig FGPrax 2010, 208 f.; Bumiller/Harders § 390 Rn. 9) Das mit der Beschwerde befasste LG (Rdn. 13 ff.) kann § 390 Abs. 6 nicht anwenden.

19 Ist allerdings kurze Zeit nach Ablauf der durch die Androhungsverfügung in Gang gesetzten Nachreichungsfrist die das zutreffende abweichende Geschäftsjahr betreffende Veröffentlichung vorgenommen worden und mit der später angefochtenen Verfügung eine erneute Androhung von Ordnungsgeld unterblieben, kommt **mangels Einspruchs** gegen eine erneute Androhung auch eine Prüfung durch das Bundesamt nach **§ 390 Abs. 6** nicht in Betracht (LG Bonn, Beschl. v. 27.02.2009 – 39 T 325/08 – zur Vorgängerregelung des § 136 FGG). Eine Anwendung von § 390 Abs. 6 **scheidet** i.d.R. ebenfalls **aus**, wenn die betroffene Gesellschaft Einspruch gegen die erste Androhung eingelegt hat und dieser mit der Festsetzung beschieden worden ist, § 389 Abs. 1. Umfasst die den Einspruch verwerfende Entscheidung des Bundesamtes für Justiz allerdings nicht den die Festsetzung hindernden Sachgrund, z.B. bei einem auf schlichte Fristverlängerung gestützten Vorbringen (s. dazu Rdn. 4) und zugleich übersehenem abweichenden Geschäftsjahr, ist die Anwendung des § 390 Abs. 6 nicht ausgeschlossen. Dessen Verweis auf den von § 389 Abs. 1 geregelten Fall eines fehlenden Einspruchs schließt – teleologisch gesehen – die spätere Berücksichtigung der tatsächlich bestehenden Rechtfertigung der nicht erfolgten Offenlegung nicht aus. Denn vorliegend bedarf es erst recht der Sachprüfung, die aufgrund des fehlenden bzw. hierzu schweigenden Einspruchs bis dahin nicht erfolgen konnte (vgl. § 390 Rdn. 33; LG Bonn, Beschl. v. 07.06.2010 – 35 T 239/10; Bumiller/Harders § 390 Rn. 8).

20 **II. Bestimmtheit der Androhungsverfügung.** Die Androhungsverfügung (Rdn. 4) soll gem. § 335 Abs. 3 Satz 1 HGB der betroffenen Gesellschaft die Gelegenheit geben, durch Offenlegung der in dem geführten Verfahren gegenständlichen Jahresabschlussunterlagen (§§ 242 ff., 264 ff. HGB) der Ordnungsgeldfestsetzung zu entgehen. Diese **Funktion** erfüllt die mit der Androhung von Ordnungsgeld verbundene **Aufforderung zur Offenlegung** nur, wenn die Gesellschaft das von ihr Verlangte **hinreichend genau** erkennen kann. Dies gilt gerade auch deswegen, als an die Nichterfüllung dieser konkreten Pflicht die Sanktionierung durch das Ordnungsgeld gekoppelt ist (vgl. bereits BVerfG NJW 1967, 195, 196; LG Bonn, Beschl. v. 03.04.2009 – 30 T 256/09). Dem wird eine Androhung, die das maßgebliche Geschäftsjahr nicht eindeutig benennt, nicht gerecht. Wird bspw. zur Offenlegung der »erforderlichen Rechnungslegungsunterlagen für das Geschäftsjahr 2007 bzw ein vom Kalenderjahr abweichendes Geschäftsjahr 2007/2008« aufgefordert, lässt sich dieser Formulierung nicht hinreichend bestimmt und eindeutig entnehmen, zu welchem konkreten Stichtag offen zu legen ist. Denn die Angabe eines konkreten Stichtages ist bereits aus dem Grunde erforderlich, dass andernfalls nicht überprüft werden kann, ob die Offenlegungspflicht erfüllt ist oder nicht. Auch besteht die Möglichkeit, dass ein Unternehmen innerhalb eines Jahres mehrere Abschlussstichtage haben kann, etwa bei Liquidation oder satzungsmäßiger Bestimmung eines geänderten Geschäftsjahres. Hinzu kommt, dass ohne Angabe des Endes des Geschäftsjahres nicht festzustellen ist, ob die gesetzliche Jahresfrist nach § 325 HGB bereits abgelaufen ist (LG Bonn, Beschl. v. 11.06.2010 – 35 T 299/10). Im Fall, dass bei Erstellung der Androhungsverfügung nur noch **einzelne Teile** der benötigten Rechnungslegungsunterlagen fehlen, wie etwa wenn nur noch der Anhang fehlt, sind nach Ansicht des Bundesamts für Justiz in der Androhungsver-

fügung zur Wahrung der Bestimmtheit diese noch fehlenden Unterlagen konkret zu bezeichnen. Der Empfänger soll das von ihm verlangte Verhalten hinreichend konkret erkennen können. Jedenfalls sind so jene Fälle zu beurteilen, in denen nur noch der Bestätigungsvermerk nach § 322 HGB bei Erstellung der Androhungsverfügung fehlt (LG Bonn, Beschl. v. 21.03.2012 – 35 T 1255/11).

Bei der **wiederholten Androhung** von Ordnungsgeld **beginnt**, wenn die Gesellschaft gegen die erste Androhung von Ordnungsgeld Einspruch eingelegt hatte und dieser i.R.d. ersten Ordnungsgeldfestsetzung verworfen worden ist (Rdn. 5), die **Nachreichungsfrist** erst mit **Rechtskraft der Einspruchsverwerfung** (s. im Einzelnen Rdn. 10). Dieser abweichende Fristlauf ist auch bei der Formulierung des Tenors der erneuten Androhungsverfügung zu berücksichtigen. Ist dieser allerdings so gefasst, dass die neuerliche Nachreichungsfrist innerhalb von 6 Wochen nach Zustellung der Verfügung ende, entspricht dies nicht den hier gegebenen Anforderungen und führt zur **mangelnden Bestimmtheit** der Androhung. Eine Ordnungsgeldfestsetzung kann auf Grundlage einer derartigen Androhung nicht erfolgen. Denn die betroffene Gesellschaft ist angesichts der unzutreffenden Formulierung in der erneuten Ordnungsgeldandrohung nicht in der Lage, den Fristlauf zuverlässig zu bestimmen. Sie kann sich insb. in der Annahme, nach dem Ablauf eines Zeitraums von 6 Wochen ab Zustellung der Verfügung sei eine Einreichung nicht mehr fristgemäß, von Maßnahmen zur Durchführung einer – tatsächlich noch möglichen – rechtzeitigen Nachreichung abhalten lassen (LG Bonn, Beschl. v. 06.05.2010 – 35 T 1089/09). 21

III. Beschwerdebefugnis des Insolvenzverwalters. Problematisch im Ordnungsgeldverfahren ist der Umgang mit Gesellschaften, über deren Vermögen das **Insolvenzverfahren** eröffnet ist. Dies beruht im Wesentlichen darauf, dass bei der nunmehrigen Fassung der §§ 325 ff., 335 HGB die in § 155 InsO festgelegte grundsätzliche Aufteilung der Pflichten zur handelsrechtlichen Buchführung und Rechnungslegung nicht nachvollzogen worden ist. Da diese Vorschrift danach differenziert, ob sich die Erstellung eines Jahresabschlusses auf die Insolvenzmasse bezieht (Satz 2) oder nicht (Satz 1), ist eine Berücksichtigung der **zeitlichen Abläufe** von Bedeutung: 22

Liegt die **Eröffnung** des Insolvenzverfahrens **vor Beginn des** streitbefangenen **Geschäftsjahres**, obliegt dem Insolvenzverwalter die Offenlegung des Jahresabschlusses, sofern er sich auf die zur Masse gehörenden Geschäftsvorfälle bezieht (meist alle). Gleichwohl ist der **Insolvenzverwalter** nach der derzeitigen Gesetzesfassung in § 335 Abs. 1 HGB **kein zulässiger Adressat des Ordnungsgeldverfahrens**. Zum einen verpflichtet § 325 Abs. 1 und 2 HGB die gesetzlichen Vertreter von Kapitalgesellschaften zur Offenlegung, nicht dagegen den Insolvenzverwalter, der nicht allgemeiner Vertreter des Schuldners ist (LG Frankfurt am Main ZIP 2007, 2325; MüKo-AktG/*Hüffer* § 264 Rn. 40). Zum anderen kann sich das Ordnungsgeldverfahren nach § 335 Abs. 1 Satz 1 und 2, Abs. 3 HGB nur gegen die Mitglieder des vertretungsberechtigten Organs einer Kapitalgesellschaft oder gegen diese selbst richten, nicht aber gegen den Insolvenzverwalter (LG Bonn GmbHR 2009, 94 f.; *Grashoff* NZI 2008, 65; *Schlauß* BB 2008, 938; *Stollenwerk/Krieg*, GmbHR 2008, 575). Dies bedingt, dass der beschwerdeführende Insolvenzverwalter durch die Ordnungsgeldentscheidung, die gegen die Insolvenzschuldnerin – auch unter der Anschrift des Insolvenzverwalters – gerichtet ist, nicht im Sinne von § 59 Abs. 1 in seinen Rechten beeinträchtigt und er damit **nicht beschwerdebefugt** ist. Das Ordnungsgeld ist weder gegen ihn persönlich oder in seiner Eigenschaft als Insolvenzverwalter noch in sonstiger Weise gegen die Insolvenzmasse der Schuldnerin festgesetzt worden (LG Bonn GmbHR 2009, 94 f.; vgl. MüKo-AktG/*Hüffer* § 264 Rn. 53). Hingegen steht die **Beschwerdebefugnis** der nunmehrigen **Insolvenzschuldnerin** nicht infrage. Die Eröffnung des Insolvenzverfahrens ändert nichts an ihrer Rechtsnatur und an der Organstellung innerhalb der Kapitalgesellschaft. Eine Pflicht zur Offenlegung kommt deswegen insb. hinsichtlich insolvenzfreien Vermögens in Betracht, § 155 Abs. 1 Satz 1 InsO (LG Bonn GmbHR 2008, 593 ff. m. Anm. *Weitzmann*; Beschl. v. 29.01.2010 – 37 T 334/09). 23

Liegt die **Insolvenzeröffnung** zeitlich **nach dem gegenständlichen Geschäftsjahr**, aber **vor Ablauf der** mit der Androhung gem. § 335 Abs. 3 Satz 1 HGB gesetzten **Nachreichungsfrist** (s. Rdn. 4, 8), ergibt sich zu der vorerörterten Konstellation allein der Unterschied, dass eine eigene Bilanzierungs- und Offenlegungspflicht der nunmehrigen Insolvenzschuldnerin iSv § 155 Abs. 1 Satz 1 InsO entfällt. Die Wirkung der Insolvenzeröffnung tritt erst nach den buchungspflichtigen Geschäftsvorfällen ein; diese unterfallen sämtlichst der Insolvenzmasse (MüKo-Inso/*Füchsl/Weishäupl* § 155 Rn. 4). An der verfahrensrechtlichen Position und damit der Beschwerdebefugnis von Gesellschaft bzw. Insolvenzverwalter ändert sich nichts (s. Rdn. 23). 24

Wird das **Insolvenzverfahren** erst **nach Ablauf der** gem. § 335 Abs. 3 Satz 1 HGB gesetzten **Nachreichungsfrist** (s. Rdn. 4, 8) **eröffnet**, ist der Insolvenzverwalter am Verfahren zu beteiligen. Das Ordnungsgeld stellt einen z.Zt. der Eröffnung des Insolvenzverfahrens iSv § 38 InsO begründeten Anspruch nach § 39 25

Abs. 1 Nr. 3 InsO dar. Mit Ablauf der Nachreichungsfrist vor Eröffnung des Insolvenzverfahrens ist das Ordnungsgeld verwirkt, sodass alle Entstehensvoraussetzungen des Anspruchs gegeben sind (vgl. *Rönnau/ Tachau* NZI 2007, 208, 209). Mithin bedarf es der **Bekanntgabe** der Ordnungsgeldverfügung ggü. dem Insolvenzverwalter gem. § 335 Abs. 2 HGB, § 15 (vgl. zur Vorgängerregelung auch OLG Koblenz, Beschl. v. 31.05.2008 – 2 T 219/05). Aus dem gleichen Grunde ist der Insolvenzverwalter in diesem Fall auch **beschwerdebefugt**. Dies gilt selbst in Ansehung des (für das später beitreibende Bundesamt für Justiz zu beachtende) Anmeldungsverfahrens nach §§ 174 ff. InsO, innerhalb dessen der Insolvenzverwalter seine Rechte durch das Bestreiten der Forderung nach § 179 InsO geltend machen kann und der Gläubiger der Insolvenzforderung grds. auf das anschließende gerichtliche Feststellungsverfahren nach §§ 180 ff. InsO angewiesen ist. Denn anders als im Zivil-, Verwaltungs- oder arbeitsgerichtlichen Verfahren führt die Insolvenzeröffnung mangels Verweisung und mangels Einschlägigkeit **nicht** zu einer **Unterbrechung** des Ordnungsgeldverfahrens iSv § 240 ZPO (vgl. KG GRUR 2000, 1112; PG/*Milger/Anders* vor §§ 239 ff. Rn. 1 ff.; *Eickmann/Irschlinger* § 185 Rn. 2). Das Ordnungsgeldverfahren betrifft, sofern es um die Ahndung eines vor Insolvenzeröffnung liegenden Verstoßes geht, von seiner Zweckrichtung insb. nicht die Masse und ist – wie ein Straf- oder Bußgeldverfahren – bis zur rechtskräftigen Festsetzung des Ordnungsgeldes fortzuführen (vgl. OVG Nordrhein-Westfalen, Beschl. v. 23.11.2009 – 4 A 3724/06; *Zeitler* Rpfleger 2001, 337).
Zur den Auswirkungen der Eröffnung des Insolvenzverfahrens auf das bis dahin laufende Geschäftsjahr und die in diesem Zusammenhang entstehenden Bilanzaufstellungspflichten s. MüKo-Inso/*Füchsl/Weishäupl* § 155 Rn. 5.

26 **IV. Aufschiebende Wirkung der Beschwerde.** Der Einspruch gegen die erste Androhungsverfügung hat hinsichtlich des Laufs der mit der zweiten Androhung gesetzten weiteren Nachreichungsfrist einen Suspensiveffekt (Rdn. 10, 21). Jedoch kommt der Beschwerde, die sich gegen die Festsetzung des Ordnungsgeldes richtet, eine **aufschiebende Wirkung nicht** zu. § 64 Abs. 3 sieht allein vor, dass im Wege einstweiliger Anordnung die Vollziehung der angefochtenen Verfügung ausgesetzt werden kann. Zwar erklärt § 35 Abs. 5 die sofortige Beschwerde nach §§ 567 ff. ZPO gegen Entscheidungen über Zwangsmaßnahmen für anwendbar, sodass insoweit auch § 570 Abs. 1 ZPO Geltung hat, der der Beschwerde, wenn sie die Festsetzung unter anderem von Ordnungsgeld zum Gegenstand hat, aufschiebende Wirkung zumisst. Allerdings gilt § 35 nur für verfahrensleitende, die Endentscheidung vorbereitende Zwangsmaßnahmen des Gerichts, wie etwa die Herausgabe von Urkunden oder das Erscheinen eines Beteiligten betreffend (§ 35 Abs. 2). Bei dem Ordnungsgeld iSv § 335 HGB handelt es sich hingegen um den Hauptgegenstand des Verfahrens, über den mit das Verfahren abschließenden Entscheidung befunden wird. Eine entsprechende Anwendung von § 35 Abs. 5 kommt nicht in Betracht. Damit würde der von § 335a Abs. 1 HGB gesteckte Rahmen, das Verfahren des FamFG zur Anwendung kommen zu lassen, verlassen (s. dazu näher § 391 Rdn. 2 ff.).

27 **D. Übergangsrecht.** *Inkrafttreten des FamFG*: Für alle **vor dem 01.09.2009** durch die erste Androhung eingeleiteten Verfahren sind nach der Übergangsregelung des Art. 111 FGG-RG noch die bis dahin geltenden Vorschriften (§ 335 HGB a.F. und das **FGG**) anzuwenden (s. Art. 111 FGG-RG Rdn. 9 f.). Dies gilt auch für den Einspruch bzw. die (sofortige) Beschwerde gegen die wiederholte Androhung bzw. Festsetzung, selbst wenn die spätere Androhung nach dem 31.08.2009 erfolgt ist (vgl. OLG Köln FGPrax 2010, 56; BT-Drucks. 16/6308 S. 358 f.).
Die im Normtext des § 335 Abs. 5 HGB in der bis zum 09.10.2013 geltenden Fassung enthaltenen Sätze 11 und 12 waren lediglich für den Übergangszeitraum nach dem Inkrafttreten des BilMoG am 29.05.2009 (BGBl. I 2009, S. 1102 ff.) bis zum Inkrafttreten des FamFG erforderlich und ab dann nicht mehr in Kraft, Art. 66 Abs. 6 EGHGB.
Inkrafttreten des HGB-Änderungsgesetzes vom 04.10.2013: Gemäß Art. 70 Abs. 1 u. 3 EGHGB gelten die modifizierten Regelungen in §§ 335, 335a Abs. 1, 2 u. 4 HGB (s. dazu Rdn. 6, 7, 9) für solche Verfahren, die Jahres- und Konzernabschlüsse auf einen **nach dem 30.12.2012 liegenden Abschlussstichtag** zum Gegenstand haben.
Gemäß Art. 70 Abs. 3 EGHGB sind die Vorschriften über die Rechtsbeschwerde nach § 335a Abs. 3 HGB (Rdn. 15) auf Verfahren anwendbar, die **ab dem 01.01.2014 eingeleitet** worden sind.

Unterabschnitt 3. Löschungs- und Auflösungsverfahren

Vorbem. zu § 393
Löschungsverfahren

Während die Verfahren nach den §§ 388 bis 392 darauf zielen, Beteiligte zu einem bestimmten Verhalten oder Unterlassen anzuhalten, sind die in den §§ 393 bis 399 geregelten Verfahren darauf gerichtet, von Amts wegen eine Eintragung in das Register vorzunehmen, und zwar die Löschung entweder einzelner Eintragungen (§ 395) oder gleich ganzer Firmen, Gesellschaften und Vereine (§§ 393, 394 sowie 395 i.V.m. 397) bzw. die Feststellung von Satzungsmängeln mit der Rechtsfolge der Auflösung der Gesellschaft (§ 399). 1

Keine besonderen Verfahrensvorschriften enthält das FamFG für die **Fristsetzung an die Genossenschaft zur Bestellung eines neuen Prüfungsverbandes**, deren Nichtbefolgung in ein Auflösungsverfahren mündet (§ 54a Abs. 1 Satz 2, Abs. 2 GenG), sowie für das Auflösungsverfahren nach **Sinken der Mitgliederzahl der Genossen unter drei** (§ 80 GenG). Somit sind diese Verfahren nach den Vorschriften des allgemeinen Teils des FamFG zu betreiben. Unverständlicherweise eröffnen hier allerdings die §§ 54a Abs. 2 Satz 2, 80 Abs. 2 Satz 2 GenG nach wie vor die sofortige Beschwerde nach der ZPO anstelle der Beschwerde nach den §§ 58 ff. FamFG. 2

§ 393 Löschung einer Firma.

(1) ¹Das Erlöschen einer Firma ist gemäß § 31 Abs. 2 des Handelsgesetzbuchs von Amts wegen oder auf Antrag der berufsständischen Organe in das Handelsregister einzutragen. ²Das Gericht hat den eingetragenen Inhaber der Firma oder dessen Rechtsnachfolger von der beabsichtigten Löschung zu benachrichtigen und ihm zugleich eine angemessene Frist zur Geltendmachung eines Widerspruchs zu bestimmen.

(2) Sind die bezeichneten Personen oder deren Aufenthalt nicht bekannt, erfolgt die Benachrichtigung und die Bestimmung der Frist durch Bekanntmachung in dem für die Bekanntmachung der Eintragungen in das Handelsregister bestimmten elektronischen Informations- und Kommunikationssystem nach § 10 des Handelsgesetzbuchs.

(3) ¹Das Gericht entscheidet durch Beschluss, wenn es einem Antrag auf Einleitung des Löschungsverfahrens nicht entspricht oder Widerspruch gegen die Löschung erhoben wird. ²Der Beschluss ist mit der Beschwerde anfechtbar.

(4) Mit der Zurückweisung eines Widerspruchs sind dem Beteiligten zugleich die Kosten des Widerspruchsverfahrens aufzuerlegen, soweit dies nicht unbillig ist.

(5) Die Löschung darf nur erfolgen, wenn kein Widerspruch erhoben oder wenn der den Widerspruch zurückweisende Beschluss rechtskräftig geworden ist.

(6) Die Absätze 1 bis 5 gelten entsprechend, wenn die Löschung des Namens einer Partnerschaft eingetragen werden soll.

Übersicht

	Rdn.		Rdn.
A. Allgemeines	1	2. Bestimmung einer angemessenen Frist zur Geltendmachung eines Widerspruchs	29
B. Materielle Voraussetzungen für ein Amtslöschungsverfahren	3	3. Bekanntgabe	35
I. Erlöschen der Firma	4	IV. Unterrichtung des Anzeigenerstatters bei Nichteinleitung des Verfahrens (§ 24 Abs. 2)	37
II. Fehlende Registeranmeldung	13		
III. Erfolglosigkeit des Zwangsgeldverfahrens	14		
C. Adressat der Löschungsankündigung	17	E. Rechtsbehelfe	38
D. Verfahren	24	I. Widerspruch gegen die erlassene Löschungsankündigung	38
I. Einleitung des Verfahrens, Beteiligung der berufsständischen Organe	24	1. Widerspruchsberechtigung	38
II. Sachverhaltsermittlung	25	2. Erhebung des Widerspruchs	41
III. *Form, Inhalt und Bekanntgabe der Löschungsankündigung*	27	3. »Widerspruchsfrist«, Wiedereinsetzung in den vorigen Stand	45
1. Benachrichtigung von der beabsichtigten Löschung	28		

§ 393 Buch 5. Register u. unternehmensrechtl. Verfahren

	Rdn.		Rdn.
4. Verfahren und Entscheidung über den Widerspruch	46	II. Rechtsbehelf gegen die Ablehnung oder Aufhebung einer Löschungsankündigung	58
5. Beschwerde gegen die Zurückweisung des Widerspruchs	53	F. Vollzug der Löschung	61
6. Aufschiebende Wirkung des Widerspruchs und der Beschwerde (Abs. 5)	57	G. Löschung des Löschungsvermerks	63
		H. Kosten	68

1 **A. Allgemeines.** Nach § 31 Abs. 2 Satz 1 HGB ist das Erlöschen einer Firma zum Handelsregister anzumelden. Unterlässt der Anmeldepflichtige die gebotene Anmeldung, ist er durch Zwangsgeld dazu anzuhalten (§§ 14 HGB, 388 ff. FamFG). Kann die Anmeldung nicht auf diesem Weg herbeigeführt werden, hat das Gericht das Erlöschen von Amts wegen einzutragen (§ 31 Abs. 2 Satz 2 HGB). § 393 regelt das Verfahren in diesen Fällen.

2 Die Vorschrift greift den Rechtsgedanken des früheren § 141 FGG auf, wurde aber im Zuge der Beratungen des BT-Rechtsausschusses umformuliert, um das Antragsrecht der berufsständischen Organe stärker herauszustellen (BT-Drucks. 16/9733 S. 146, 298). Die in dem Zuge geänderte Satzstellung des Abs. 1 Satz 1 ist allerdings insofern unglücklich, als jetzt der falsche Eindruck erweckt wird, die Eintragung des Erlöschens einer Firma von Amts wegen oder auf Antrag der berufsständischen Organe hinge noch von weiteren Voraussetzungen ab. Tatsächlich bezieht sich das Löschungsverfahren aber nur auf den Sonderfall des § 31 Abs. 2 **Satz 2** HGB, setzt also eine fehlende Registeranmeldung und die fehlende Erfolgsaussicht eines Zwangsgeldverfahrens voraus.

3 **B. Materielle Voraussetzungen für ein Amtslöschungsverfahren.** Die materiellen Voraussetzungen für ein Amtslöschungsverfahren ergeben sich aus § 31 Abs. 2 Satz 2 HGB. Danach muss erstens die Firma erloschen sein, zweitens muss es unterlassen worden sein, das Erlöschen der Firma zum Register anzumelden, und drittens muss es unmöglich sein, die Anmeldung des Erlöschens durch Zwangsgeld herbeizuführen.

4 **I. Erlöschen der Firma.** Das Erlöschen der Firma ist ein Vorgang, der sich aufgrund tatsächlicher oder rechtlicher Veränderungen außerhalb des Registers vollzieht (Jansen/*Steder* § 141 Rn. 1). Mit der Eintragung der Löschung in das Register werden daher keine Firmenrechte entzogen, sondern es wird nur die Rechtswirklichkeit der bereits erloschenen Firma nachvollzogen.

5 Bei **Einzelkaufleuten** tritt die Löschung der Firma ein durch
- (endgültige) Geschäftsaufgabe (BayObLG Rpfleger 1984, 67),
- dauernden Nichtgebrauch der Firma, sofern darin ein Aufgabewille zutage tritt (Jansen/*Steder* § 141 Rn. 8),
- Änderung des Handelsgewerbes in ein freiberufliches Unternehmen oder in eine bloße Vermögensverwaltung (Baumbach/Hopt/*Hopt* § 1 Rn. 52),
- Veräußerung des Handelsgewerbes ohne Fortführung der Firma durch den Erwerber (BayObLG Rpfleger 1971, 257),
- Sitzverlegung in das Ausland (MüKoHGB/*Bokelmann* [2. Aufl.] § 13d Rn. 29);

6 bei **Personenhandelsgesellschaften** durch
- Beendigung der Liquidation (§§ 157, 161 Abs. 2 HGB) oder Auflösung der Gesellschaft ohne Liquidation (§ 145 Abs. 1 Halbs. 2, 161 Abs. 2 HGB),
- Veräußerung des Handelsgewerbes, sofern sich die Gesellschaft nicht fortan mit der Verwaltung ihres Vermögens beschäftigt (Jansen/*Steder* § 141 Rn. 15);

7 bei **juristischen Personen** i.S.d. § 33 HGB durch
- (endgültige) Geschäftsaufgabe, sofern nicht danach noch eine Abwicklung stattfindet,
- Veräußerung des Geschäftsbetriebes (vgl. Jansen/*Steder* § 141 Rn. 25).

8 Ebenfalls nach § 393 gelöscht werden kann die Firma einer **aufgehobenen Zweigniederlassung** (KG RJA 14, 153, 154 f.; Bork/Jacoby/Schwab/*Müther* § 393 Rn. 3; Bassenge/Roth/*Walter* § 393 Rn. 2; Jansen/*Steder* § 141 Rn. 27; *Krafka/Kühn* Rn. 422).

Keine Fälle der §§ 31 Abs. 2 HGB, 393 FamFG sind 9
- die **Firmenänderung**,
- das **Unzulässigwerden** der Firma (KG JFG 12, 248; KGJ 48, 122) – hier ist nach den §§ 392, 395, 399 zu verfahren (s. § 392 Rdn. 11, § 395 Rdn. 9, § 399 Rdn. 9),
- die bloß **vorübergehende Einstellung** des Betriebes z.B. wegen Erkrankung,
- das **Herabsinken des Handelsgewerbes auf einen nichtkaufmännischen Gewerbebetrieb** (herrschende Registerpraxis wegen §§ 2 Satz 1, 105 Abs. 2 HGB; dazu *Schulze-Osterloh* ZIP 2007, 2390 mit Nachw. auch zur gegenteiligen Auffassung der h.L., die eine materiell-rechtliche Erklärung des Gewerbetreibenden über sein Verbleiben im Register fordert),
- das **Versterben** des Einzelkaufmanns (wegen der Möglichkeit der Fortführung oder Geschäftsveräußerung durch die Erben); allerdings liegt ein Fall des § 393 vor, wenn die Firma bereits vor dem Versterben erloschen war, denn die Erben sind zu dieser Anmeldung nicht verpflichtet (Bork/Jacoby/Schwab/*Müther* § 393 Rn. 5 m.w.N.; a.A. Bahrenfuss/*Steup* § 393 Rn. 10, 13),
- die **Insolvenzeröffnung**,
- der Übergang eines Einzelkaufmanns auf eine Personenhandelsgesellschaft durch **Aufnahme eines Gesellschafters** sowie andere Fälle des **Rechtsformwechsels**,
- bei Personenhandelsgesellschaften die **Geschäftsaufgabe**, sofern noch Vermögen verwaltet wird (wegen § 105 Abs. 2, 2. Alt HGB), sowie die **Liquidation** der Gesellschaft (Baumbach/Hopt/*Hopt* § 31 Rn. 7).

Nehmen ein Einzelkaufmann oder eine Personenhandelsgesellschaft den Geschäftsbetrieb einer angemeldeten und eingetragenen Firma von vornherein nicht auf, liegt kein Fall des § 393 vor, sondern ein Fall der unzulässigen Eintragung, da die eingetragene Firma in Wahrheit nie entstand. Der Zustand ist durch Löschung nach § 395 zu beseitigen (Jansen/*Steder* § 141 Rn. 14). 10

Bei **Kapitalgesellschaften und Genossenschaften** kommt keine Firmenlöschung nach § 393 in Betracht, da § 31 Abs. 2 HGB auf sie nicht anwendbar ist (Krafka/*Kühn* Rn. 422; a.A. Baumbach/Hueck/*Schulze-Osterloh* § 74 Rn. 5; *Stalinski* Rpfleger 2012, 657, 660 ff.; sowie offenbar Koller/*Roth* § 31 Rn. 5). Die Firma der Kapitalgesellschaft oder Genossenschaft erlischt erst mit dem Erlöschen des Rechtsträgers selbst, welches nach §§ 74 Abs. 1 GmbHG, 273 Abs. 1 AktG, 2 Abs. 3 Nr. 6 EWIVAG anzumelden ist (Keidel/*Heinemann* § 393 Rn. 6). Von Amts wegen kommt bei Kapitalgesellschaften und Genossenschaften nur die Löschung wegen Vermögenslosigkeit (§ 394), die Löschung wegen Nichtigkeit (§ 395 i.V.m. § 397) oder die Feststellung eines Satzungsmangels (§ 399) in Betracht. Möglich ist allerdings die Löschung einer aufgehobenen Zweigniederlassung einer Kapitalgesellschaft nach § 393. 11

Eingetragene **Vereine** und Vereinsnamen können nicht nach § 393 gelöscht werden. 12

II. Fehlende Registeranmeldung. Das Verfahren nach § 393 setzt voraus, dass die Anmeldung des Erlöschens der Firma von den hierzu Verpflichteten unterlassen wurde. Liegt hingegen eine Anmeldung des Erlöschens vor, bei der es an bestimmten Eintragungsvoraussetzungen fehlt (z.B. ein die Eintragung hindernder Widerspruch nach § 16 Abs. 2 HGB), kann das Amtslöschungsverfahren nicht betrieben werden. Fehlt nur der angeforderte Kostenvorschuss, kann und soll die Eintragung des Erlöschens der Firma nicht weiter davon abhängig gemacht werden (Ratio der Nachrangigkeit des Verfahrens, § 31 Abs. 2 Satz 2 HGB; vgl. auch Korintenberg/*Lappe* [18. Aufl.] § 8 Rn. 19, wonach erzwingbare Anmeldungen generell nicht von einem Kostenvorschuss abhängig gemacht werden sollen, und Korintenberg/*Hey'l* [19. Aufl.] § 16 Rn. 9, wonach das öffentliche Interesse an der Richtigkeit der Register Vorrang vor dem Kostenbeitreibungsinteresse haben soll). 13

III. Erfolglosigkeit des Zwangsgeldverfahrens. Die Amtslöschung der Firma nach § 393 ist als **nachrangiges Verfahren** ausgestaltet, wie aus § 31 Abs. 2 Satz 2 HGB folgt. Vorrangig ist der Anmeldepflichtige anzuhalten, das Erlöschen der Firma zum Handelsregister anzumelden. Dazu hat sich das Registergericht erforderlichenfalls des Zwangsgeldverfahrens (§§ 388 ff.) zu bedienen. Die schlichte Weigerung des Anmeldepflichtigen, die erforderliche Anmeldung vorzunehmen, oder sein Verlangen, die Firma von Amts wegen statt auf seine Anmeldung hin zu löschen, rechtfertigen ein Absehen vom Zwangsgeldverfahren nicht. Hinreichender Grund zur Einleitung des Löschungsverfahrens nach § 393 besteht nur, wenn das Zwangsgeldverfahren nicht durchgeführt werden kann oder keinen Erfolg verspricht (Jansen/*Steder* § 141 Rn. 28): 14

Nicht durchgeführt werden kann das Zwangsgeldverfahren, wenn kein Anmeldepflichtiger vorhanden oder greifbar ist, namentlich, wenn er unbekannt oder unbekannten Aufenthalts ist. 15

16 **Keinen Erfolg verspricht** das Zwangsgeldverfahren, wenn ein festzusetzendes Zwangsgeld nicht in angemessener Frist beigetrieben werden kann, namentlich bei Unpfändbarkeit oder wenn sich das pfändbare Vermögen im Ausland befindet. Auch ein Zwangsgeld, das nur langwierig oder nur in kleinen Raten beigetrieben werden kann, kann seinen Zweck als Beugemittel verfehlen.

17 **C. Adressat der Löschungsankündigung.** Adressat der Löschungsankündigung ist der eingetragene Inhaber der Firma oder dessen Rechtsnachfolger.

18 Rechtsnachfolger eines Einzelkaufmanns sind
- nach dessen Tod die Erben (§ 1922 Abs. 1 BGB),
- nach einer Veräußerung des Handelsgeschäfts dessen Erwerber,
- eventuelle Gesellschafter, die der Einzelkaufmann vor dem Erlöschen der Firma aufgenommen und nicht zum Handelsregister angemeldet hatte, sodass auch an diese die Löschungsankündigung zu richten ist.

19 In dem Sonderfall, dass nach Veräußerung des Handelsgeschäfts die Firma erlischt, weil der Erwerber sie nicht fortführt, bleibt der Veräußerer Inhaber der bisherigen Firma und als solcher verpflichtet, das Erlöschen (wegen Beendigung des ihr zugehörigen Geschäftsbetriebes) zum Register anzumelden (BayObLG Rpfleger 1971, 257). Gegen ihn – und nicht gegen den Erwerber, der das Handelsgeschäft unter einer neuen Firma betreibt – ist daher das Amtslöschungsverfahren zu richten.

20 Bei **Personenhandelsgesellschaften** richtet sich die Löschungsankündigung gegen sämtliche Gesellschafter (bzw. deren Rechtsnachfolger), denn diese sind Inhaber des Firmenrechts (KG DNotZ 1978, 370; ähnlich wohl Prütting/Helms/*Holzer* § 393 Rn. 15; weitergehend MüKoFamFG/*Krafka* § 393 Rn. 9; Jansen/*Steder* § 141 Rn. 33 sowie wohl BeckOK FamFG/*Munzig* § 393 Rn. 20, wo zusätzlich eine Ankündigung ggü. der Gesellschaft selbst gefordert wird; dahinter zurückbleibend Keidel/*Heinemann* § 393 Rn. 14, wonach Kommanditisten nicht zu beteiligen seien).

21 Bei juristischen Personen i.S.d. § 33 HGB ist die Löschungsankündigung an diese selbst zu richten, vertreten durch den Vorstand (Jansen/*Steder* § 141 Rn. 33; *Krafka/Kühn* Rn. 426).

22 Richtet sich das Verfahren gegen eine **Kapitalgesellschaft**, einen **VVaG** oder eine **Genossenschaft** (was jeweils nur mit dem Ziel der Löschung einer aufgehobenen Zweigniederlassung in Betracht kommt, Rdn. 11), ist Adressat der Verfügung die Gesellschaft (Jansen/*Steder* § 141 Rn. 33). Fehlt es an einem gesetzlichen Vertreter, ist durch Bestellung eines Notgeschäftsführers, -vorstands oder -liquidators für eine ordnungsgemäße Vertretung zu sorgen (BayObLG ZIP 1994, 1767, 1768 m.w.N.).

23 Ist die Verwaltungs- und Verfügungsbefugnis des Firmeninhabers auf eine **Partei kraft Amtes** (s. vor § 378 Rdn. 26) übergegangen, ist die Löschungsankündigung an diese zu richten.

24 **D. Verfahren. I. Einleitung des Verfahrens, Beteiligung der berufsständischen Organe.** Das Verfahren wird von Amts wegen oder auf Antrag der berufsständischen Organe eingeleitet. Sind mehrere berufsständische Organe zuständig, ist jedes für sich allein antragsberechtigt. Beruht die Verfahrenseinleitung nicht auf einem Antrag des berufsständischen Organs, ist dieses im Laufe des Verfahrens anzuhören (§ 380 Rdn. 20) verbunden mit der Gelegenheit, einen Antrag auf eigene Beteiligung zu stellen (§ 380 Abs. 2 Satz 2). Handelt es sich um ein Kreditinstitut oder um eine Kapitalanlagegesellschaft, stehen auch der BaFin die Antrags- und Beteiligungsrechte nach §§ 43 Abs. 3 KWG, 3 Abs. 5 KAGB zu. § 380 Abs. 2 Satz 2 FamFG ist auf die BaFin entspr. anzuwenden.

25 **II. Sachverhaltsermittlung.** Die Tatsachenvoraussetzungen für das Amtslöschungsverfahren (Rdn. 4 ff.), sind **von Amts wegen** festzustellen. Nicht ausreichend für die Einleitung eines Verfahrens nach § 393 ist – anders als beim Zwangsgeldverfahren nach § 388 – die bloß »glaubhafte« Kenntnis von Tatsachen (Keidel/*Heinemann* § 393 Rn. 11; MüKoFamFG/*Krafka* § 393 Rn. 7; Jansen/*Steder* § 141 Rn. 32 m.w.N.). Vielmehr muss das Gericht davon überzeugt sein, dass die Firma erloschen ist, bevor es nach § 393 einschreitet (Jansen/*Steder* § 141 Rn. 32; Staub/*Burgard* § 31 Rn. 38). Um sich diese Überzeugung zu verschaffen, muss das Gericht den Sachverhalt vor dem Erlass einer Löschungsankündigung **ausreichend ermitteln** – zumeist mit Unterstützung der berufsständischen Organe. Bloße Indizien für das Erlöschen der Firma, wie etwa die Durchführung eines Räumungsverkaufs, genügen nicht für eine Einleitung des Löschungsverfahrens (OLG Saarbrücken NJW-RR 1986, 464).

26 Ist das Registergericht vom Erlöschen der Firma überzeugt, ist zwingend entweder nach §§ 388 ff. oder nach § 393 vorzugehen; es besteht kein Ermessen, von einem Einschreiten insgesamt abzusehen.

III. Form, Inhalt und Bekanntgabe der Löschungsankündigung. Eine bestimmte äußere Form der Löschungsankündigung schreibt das Gesetz nicht vor; sie kann daher in Form eines Beschlusses oder in Form einer Verfügung ergehen (a.A. Haußleiter/*Schemmann* § 393 Rn. 11: nur Verfügung zulässig). Der notwendige Inhalt ist durch den Gesetzeswortlaut vorgegeben: Er muss den Adressaten von der beabsichtigten Löschung benachrichtigen und ihm zugleich eine angemessene Frist zur Geltendmachung eines Widerspruchs bestimmen. 27

1. Benachrichtigung von der beabsichtigten Löschung. Unter »Benachrichtigung von der beabsichtigten Löschung« ist zu verstehen, dass der Beteiligte von der konkreten Absicht zu benachrichtigen ist, von Amts wegen in das Register den Vermerk einzutragen, dass die eingetragene Firma erloschen ist. Der Beteiligte muss der Benachrichtigung inhaltlich entnehmen können, dass es sich um die beabsichtigte Eintragung des Erlöschens der Firma i.S.d. § 31 Abs. 2 HGB handelt und nicht etwa um eine Löschung wegen unzulässiger Eintragung gem. §§ 395 FamFG, 43 Abs. 2 KWG, 22 Satz 2 REITG. Eine bloße Bezugnahme auf das Gesetz und ein Hinweis, dass nach Ablauf der Frist »nach Lage der Sache entschieden werde«, genügen nicht (KGJ 49, 138, 139). 28

2. Bestimmung einer angemessenen Frist zur Geltendmachung eines Widerspruchs. Das Gericht hat eine angemessene Frist zur Geltendmachung eines Widerspruchs zu bestimmen. 29
Die starre Mindestfrist von 3 Monaten, wie sie durch § 141 Abs. 1 Satz 2 FGG vorgegeben war, wurde nicht in das FamFG übernommen, stellt aber gleichwohl noch eine Orientierungshilfe dar. Kürzere Fristen sollten nur mit Bedacht gewählt und jedenfalls dann nicht in Betracht gezogen werden, wenn die Benachrichtigung über eine öffentliche Bekanntmachung nach Abs. 2 erfolgt. 30
Die Frist wird entweder auf einen bestimmten Termin gesetzt (»Widerspruch bis zum …«) oder sie erfolgt durch Bestimmung einer Zeitspanne (»Widerspruch binnen drei Monaten«). Eine so gesetzte Frist beginnt mit der Bekanntgabe der Löschungsankündigung zu laufen (§ 16 Abs. 1). Fristverlängerung auf Antrag ist möglich (§§ 16 Abs. 2 FamFG, 224 Abs. 2 ZPO). 31
Fehlt die Bestimmung einer Widerspruchsfrist oder ist diese objektiv **zu kurz gesetzt**, ist die Löschungsankündigung rechtswidrig und die Eintragung des Löschungsvermerks unzulässig. Erfolgt die Amtslöschung gleichwohl, ist der Löschungsvermerk seinerseits nach Maßgabe des § 395 wieder zu löschen (Rdn. 63 ff.). 32
Der Fehler einer zu kurz gesetzten Widerspruchsfrist kann – entgegen herrschender Literaturauffassung (Keidel/*Heinemann* § 393 Rn. 16; BeckOK FamFG/*Munzig* § 393 Rn. 26; s. ferner Krafka/*Kühn* Rn. 2365; Bumiller/*Harders* § 388 Rn. 18; Haußleiter/*Schemmann* § 388 Rn. 10) – auch nicht durch Fristverlängerung von Amts wegen geheilt werden. Zwar war es unter der Herrschaft des FGG als zulässig angesehen, eine zu kurz bemessene Frist angemessen zu verlängern (Jansen/*Steder* § 141 Rn. 38; KKW/*Winkler* [15. Aufl.] § 141 Rn. 10). Doch wurde die Regelung des § 18 FGG, welche die nachträgliche Abänderung des Beschlusses von Amts wegen ermöglichte, vom Gesetzgeber willentlich nicht in das FamFG übernommen. Heute ist eine Fristverlängerung nur noch nach den §§ 16 Abs. 2 FamFG, 224 Abs. 2 ZPO möglich und setzt zwingend einen **Antrag des Beteiligten** voraus (§ 16 Rdn. 11). Zwar unterlag der Gesetzgeber einem möglichen Verständnisirrtum, indem er annahm, es gebe für § 18 FGG keinen Anwendungsbereich mehr (BT-Drucks. 16/6308 S. 198 zu § 48 FamFG), und dabei womöglich die hier angesprochene Konstellation übersah. Gleichwohl ist die Gesetz gewordene Änderung hinzunehmen. Die zu kurz gesetzte Frist bleibt rechtswidrig. Das Verfahren muss mit einer erneuten Löschungsankündigung nebst angemessener Fristsetzung von Neuem beginnen. Es sei denn, der Beteiligte stellt von sich aus einen Fristverlängerungsantrag und das Gericht gibt diesem statt – dann wirkt sich der ursprüngliche Fehler nicht aus. 33
Der **Hinweis auf die Widerspruchsmöglichkeit** muss nach wohl herrschender Auffassung (§ 39 Rdn. 19; *Heinemann* FGPrax 2009, 1, 4; BeckOK FamFG/*Munzig* § 393 Rn. 23; Haußleiter/*Schemmann* § 393 Rn. 12) den Förmlichkeiten einer Rechtsbehelfsbelehrung (§ 39) genügen, wenngleich die Tatbestandsvoraussetzungen des § 39 Satz 1 kaum erfüllt sind, nämlich einerseits weder Beschlussform vorgeschrieben ist (so aber der Anknüpfungspunkt des § 39 Satz 1) noch eine »Endentscheidung« i.S.d. § 38 vorliegt, an die § 39 systematisch anknüpft. Hergeleitet werden kann die Belehrungspflicht am ehesten aus der Gesetzesbegründung zu § 39 Satz 1 (BT-Drucks. 16/6308 S. 196), wo es ausdrücklich heißt, von ihr umfasst seien »alle Rechtsmittel sowie die in den FamFG-Verfahren vorgesehenen ordentlichen Rechtsbehelfe gegen Entscheidungen, Einspruch, Widerspruch und Erinnerung«. Hinzu kommt, dass die Erwähnung des Wortes »Widerspruch« in § 39 Satz 1 völlig gegenstandslos wäre, würde man dies nicht auf die Rechtsbehelfe nach den §§ 393 bis 395, 399 beziehen. 34

§ 393   Buch 5. Register u. unternehmensrechtl. Verfahren

35 **3. Bekanntgabe.** Die Löschungsankündigung ist den Beteiligten gem. § 15 Abs. 1 förmlich bekannt zu geben, da sie den Lauf der Frist auslöst, binnen derer der Löschungsvermerk nicht eingetragen werden darf (Abs. 5). Sie ist persönlich an den in Anspruch Genommenen zu adressieren und tunlichst förmlich zuzustellen. Wird dieser durch einen Verfahrensbevollmächtigten vertreten, ist an ihn zuzustellen (§ 15 Abs. 2 FamFG i.V.m. § 172 ZPO). Zur Frage, ob die Wirksamkeit der Zustellung an den Bevollmächtigten vom Vorliegen einer Vollmachturkunde abhängt, s. § 388 Rdn. 47.

36 Sind die Beteiligten unbekannt oder sind sie unbekannten Aufenthalts und ist der Aufenthalt auch durch Nachforschungen nicht zu ermitteln, erfolgt die Benachrichtigung gem. Abs. 2 in dem für die Registerbekanntmachungen bestimmten Bekanntmachungssystem, also unter der – für alle Register einheitlichen – Internetadresse www.handelsregister-bekanntmachungen.de. In die dortige Bekanntmachung ist der volle Text der Löschungsankündigung aufzunehmen. Eine öffentliche Zustellung anstelle der in Abs. 2 vorgesehenen Bekanntmachung kommt nicht in Betracht.

37 **IV. Unterrichtung des Anzeigenerstatters bei Nichteinleitung des Verfahrens (§ 24 Abs. 2).** War das Löschungsverfahren vonseiten Dritter angeregt worden und folgt das Gericht dieser Anregung nicht, hat es den Anzeigenerstatter gem. § 24 Abs. 2 unter Angabe von Gründen davon zu unterrichten, sofern ein berechtigtes Interesse an der Unterrichtung ersichtlich ist. Die Mitteilung ergeht formlos (§ 15 Abs. 3). Zur Beschwerdefähigkeit einer solchen Entscheidung vgl. BGH FGPrax 2012, 169.

38 **E. Rechtsbehelfe. I. Widerspruch gegen die erlassene Löschungsankündigung. 1. Widerspruchsberechtigung.** Die Löschungsankündigung ist nicht mit der Beschwerde angreifbar. Es kann nur der Widerspruch eingelegt werden, über den das Registergericht gem. Abs. 3 entscheidet. Erst gegen die Zurückweisung des Widerspruchs ist die Beschwerde nach Abs. 3 Satz 2 statthaft.

39 Widerspruchsberechtigt ist nicht nur derjenige, gegen den sich die Löschungsankündigung richtete, sondern jeder tatsächliche Inhaber der Firma, also auch eventuelle Rechtsnachfolger, die dem Registergericht unbekannt waren und deshalb nicht nach Abs. 1 benachrichtigt wurden (entspr. § 59 Abs. 1). Nicht widerspruchsberechtigt sind Drittinteressierte wie z.B. Gläubiger oder Angestellte (so aber MüKoFamFG/*Krafka* § 393 Rn. 12), da deren Rechte durch die Löschung nicht unmittelbar betroffen werden.

40 Bei Personenhandelsgesellschaften steht das Widerspruchsrecht nicht nur den Gesellschaftern, sondern auch der Gesellschaft zu, weil diese selbst in ihren Rechten (§ 59 Abs. 1), insb. in ihrem Recht auf kaufmännische Betätigung unter dem bisherigen Firmennamen, beeinträchtigt wird (KG DNotZ 1978, 370; KKW/*Winkler* [15. Aufl.] § 141 Rn. 14; Jansen/*Steder* § 141 Rn. 45).

41 **2. Erhebung des Widerspruchs.** Als Erhebung des Widerspruchs ist jede Eingabe zu werten, mit der der Beteiligte zu erkennen gibt, dass er die Löschungsankündigung für rechtswidrig hält. Auf die korrekte Bezeichnung des Rechtsbehelfs kommt es dabei nicht an; eine (als solche unzulässige) »Beschwerde« gegen die Löschungsankündigung ist ohne Weiteres als Widerspruch zu behandeln. Noch nicht als Widerspruch anzusehen ist die bloße Bitte um Fristverlängerung, welcher formlos durch schlichtes Abwarten entsprochen werden kann. Eine förmliche Entscheidung über den Fristverlängerungsantrag ist unter den Voraussetzungen der §§ 16 Abs. 2 FamFG, 224 Abs. 2 ZPO möglich und mag als nobile officium geboten sein, bleibt aber rechtlich unerheblich, da »verspätete« Widersprüche ohnehin voll zu berücksichtigen sind (Rdn. 45).

42 Der Widerspruch muss schriftlich oder zur Niederschrift der Geschäftsstelle abgegeben werden (§ 25 Abs. 1). Eine Begründung des Widerspruchs ist nicht zwingend erforderlich aber tunlich, denn der Widerspruch soll dazu dienen, das Fortbestehen der Firma zu rechtfertigen.

43 Der Einzelkaufmann darf seinen Widerspruch wahlweise als natürliche Person oder mit seiner Firma zeichnen. Auch der Prokurist darf für ihn zeichnen.

44 Hat nur einer von mehreren Beteiligten Widerspruch eingelegt, wirkt dieser **nur für ihn persönlich**, wenn nicht den Umständen etwas Anderes zu entnehmen ist. An der aufschiebenden Wirkung (Abs. 5) haben die übrigen jedoch teil. Zudem können sie sich jederzeit dem Widerspruch anschließen, da auch verspätete Widersprüche zu berücksichtigen sind, solange der Löschungsvermerk nicht eingetragen ist (s. Rdn. 45).

45 **3. »Widerspruchsfrist«, Wiedereinsetzung in den vorigen Stand.** Die mit der Löschungsankündigung zu bestimmende »Widerspruchsfrist« ist keine Ausschlussfrist. Sie hat lediglich die Bedeutung einer **Wartefrist**, bis zu deren Ablauf der Löschungsvermerk nicht eingetragen werden darf (Abs. 5). Ein Widerspruch ist auch dann noch zu berücksichtigen, wenn er nach Ablauf der Frist, allerdings vor Eintragung des Löschungsvermerks bei Gericht eingeht (BayObLG Rpfleger 1978, 181; OLG Köln NJW-RR 1994, 726; Bumil-

ler/*Harders* § 393 Rn. 4; Bassenge/Roth/*Walter* § 393 Rn. 11; Schmidt-Kessel/Leutner/Müther/*Müther* § 8 Rn. 132; BeckOK FamFG/*Munzig* § 393 Rn. 24; Jansen/*Steder* § 141 Rn. 47). Das folgt aus der Zielrichtung des Verfahrens nach § 393, welches nicht auf Sanktion, sondern auf materielle Registerwahrheit zielt. Einer Wiedereinsetzung in den vorigen Stand wegen der versäumten Widerspruchsfrist bedarf es daher nicht (Bumiller/*Harders* § 393 Rn. 4; Bassenge/Roth/*Walter* § 393 Rn. 11; Haußleiter/*Schemmann* § 393 Rn. 15; a.A. Keidel/*Heinemann* § 393 Rn. 22; MüKoFamFG/*Krafka* § 393 Rn. 12; BeckOK FamFG/*Munzig* § 393 Rn. 35).

4. Verfahren und Entscheidung über den Widerspruch. Soweit der Widerspruch zu weiteren Ermittlungen veranlasst, sind diese aufzunehmen und die entscheidungserheblichen Feststellungen zu treffen. Eine mündliche Verhandlung über den Widerspruch ist – anders als z.B. nach der Sollvorschrift des § 390 Abs. 1 – nicht grds. gefordert. 46

Über den Widerspruch entscheidet der Rechtspfleger durch Beschluss. Der Widerspruch ist zurückzuweisen, wenn zweifelsfrei feststeht, dass die Firma erloschen ist (vgl. entspr. BayObLG Rpfleger 1990, 124 zum Verfahren nach § 395). Andernfalls ist dem Widerspruch stattzugeben. Verbleiben Zweifel, darf die Firma nicht gelöscht werden. 47

Nicht mehr geprüft wird im Widerspruchsverfahren, ob die Erfolglosigkeit des Zwangsgeldverfahrens als Verfahrensvoraussetzung gegeben war. Denn nach dem Übergang zum Amtslöschungsverfahren braucht auf das Zwangsgeldverfahren nicht mehr zurückgegriffen werden, selbst wenn dieses aufgrund neuer Umstände nunmehr aussichtsreich erscheinen sollte (Schmidt-Kessel/Leutner/Müther/*Müther* § 8 Rn. 129; Jansen/*Steder* § 141 Rn. 31). Allein wenn die fehlende Anmeldung des Erlöschens der Firma tatsächlich durch den Anmeldepflichtigen erfolgt, erledigt sich das Amtslöschungsverfahren. 48

Eine stattgebende Widerspruchsentscheidung, also die Aufhebung der Löschungsankündigung, ist den zuständigen berufsständischen Organen und im Fall von Kreditinstituten oder Kapitalanlagegesellschaften auch der BaFin bekannt zu geben, denen grds. ein Beschwerderecht zusteht (§§ 380 Abs. 5 FamFG, 43 Abs. 3 KWG, 3 Abs. 5 KAGB, 16 Abs. 3 BausparkG). Die Entscheidung ist den Organen förmlich zuzustellen, wenn sie deren bereits erklärten Willen nicht entspricht (§ 41 Abs. 1 Satz 2). 49

Im Fall der Zurückweisung des Widerspruchs sind dem Widerspruchsführer die **Kosten** aufzuerlegen, wenn dies nicht unbillig ist (Abs. 4). Die Auferlegung der Kosten ist danach die Regel; davon abzusehen ist die Ausnahme und setzt »Unbilligkeit« voraus. Die Gesetzesbegründung gibt keine Hilfestellung, wann von Unbilligkeit auszugehen ist. Zu denken wäre bspw. an Fälle, wo Erben des Firmeninhabers vorsorglich Widerspruch einlegen – in eigener Ungewissheit, ob der Geschäftsbetrieb (auch etwa durch Veräußerung) weitergeführt werden kann und soll. Kein Unbilligkeitsgrund i.S.d. Abs. 4 ist jedenfalls mangelnde Leistungsfähigkeit des Firmeninhabers, die Verfahrenskosten aufzubringen. 50

Die Zurückweisung des Widerspruchs ist zuzustellen (§ 41 Abs. 1 Satz 2) und hat eine dem § 39 Satz 1 genügende Rechtsbehelfsbelehrung zu enthalten. 51

Die Löschung selbst darf nicht gleichzeitig mit der Zurückweisung des Widerspruchs vollzogen oder angeordnet werden, sondern erst nach Rechtskraft der Entscheidung (Abs. 5). 52

5. Beschwerde gegen die Zurückweisung des Widerspruchs. Gegen die Zurückweisung des Widerspruchs ist die Beschwerde gegeben. Sie kann nicht nur von demjenigen eingelegt werden, dessen Widerspruch zurückgewiesen wurde, sondern von jedem tatsächlichen Inhaber oder Gesellschafter der Firma (§ 59 Abs. 1) einschl. der bis dahin nicht bekannten Rechtsnachfolger (Rdn. 18). 53

Das Beschwerdegericht prüft formell, ob die Löschungsankündigung den gesetzlichen Inhalt hatte und ob eine Anmeldung des Erlöschens (nach wie vor) fehlt. Materiell prüft es, ob die Firma erloschen ist. 54

Unterlassene oder formfehlerhafte Löschungsankündigungen können in der Beschwerdeinstanz nicht nachgeholt oder geheilt werden, da sie ausschließlich durch das Registergericht vorgenommen werden können (KG NJW-RR 2007, 1185). 55

Die Beschwerde bleibt auch dann zulässig, wenn das Registergericht den Löschungsvermerk unzulässiger Weise unter Verstoß gegen Abs. 5 bereits vor Eintritt der Rechtskraft eingetragen haben sollte. Es ändert sich allein das Rechtsschutzbegehren des Beschwerdeverfahrens, welches nunmehr auf die Anweisung des Registergerichts zur Einleitung eines Amtslöschungsverfahrens nach § 395 hinsichtlich des eingetragenen Löschungsvermerks gerichtet ist (OLG Schleswig NJW-RR 2001, 30; a.A. BeckOK FamFG/*Munzig* § 393 Rn. 52: die Beschwerde habe sich in der Hauptsache erledigt. 56

57 **6. Aufschiebende Wirkung des Widerspruchs und der Beschwerde (Abs. 5).** Der Widerspruch und die Beschwerde (sowie ggf. Rechtsbeschwerde) haben aufschiebende Wirkung: Die Löschung darf nur erfolgen, wenn kein Widerspruch erhoben wurde oder wenn der den Widerspruch zurückweisende Beschluss rechtskräftig geworden ist (Abs. 5), also alle Rechtsbehelfsfristen abgelaufen sind (§ 45).

58 **II. Rechtsbehelf gegen die Ablehnung oder Aufhebung einer Löschungsankündigung.** Hatte ein berufsständisches Organ die Einleitung des Verfahrens beantragt und lehnt das Gericht dieses ab, steht dem Organ hiergegen die Beschwerde zu (§ 380 Abs. 5). Handelt es sich um ein Kreditinstitut oder eine Kapitalanlagegesellschaft, steht zusätzlich der BaFin das Recht aus §§ 43 Abs. 3 KWG, 3 Abs. 5 KAGB zu. Ist die Beschwerde begründet, kann das Beschwerdegericht jedoch die Löschungsankündigung nicht selbst vornehmen, sondern nur das Registergericht anweisen, diese zu erlassen (Jansen/*Steder* § 141 Rn. 51 sowie KGJ 31 A 201 für das Zwangsgeldverfahren). Durch eine solche Anweisung wird das Registergericht nur hinsichtlich der zu erlassenden Löschungsankündigung gebunden; der späteren Entscheidung über einen eventuellen Widerspruch des Beteiligten wird damit nicht vorgegriffen (Jansen/*Steder* § 141 Rn. 51 für das Zwangsgeldverfahren sowie KG NJW 1955, 1926, 1927; BayObLG NJW-RR 1993, 698 für das Löschungsverfahren nach § 395). Eine Rechtsbeschwerde gegen die Anweisung des Beschwerdegerichts, die Löschungsankündigung zu erlassen, dürfte unzulässig sein (BeckOK FamFG/*Munzig* § 393 Rn. 43; *Krafka/Kühn* Rn. 2388; s.a. OLG Hamm JMBl NW 1957, 234), da insoweit kein Rechtsschutzbedürfnis besteht. Auch die Löschungsankündigung selbst könnte nicht mit der Beschwerde angegriffen werden (Rdn. 38).

59 Auch steht dem berufsständischen Organ und der BaFin die Beschwerde gegen eine Entscheidung zu, die dem Widerspruch des Beteiligten stattgibt und eine zuvor ergangene Löschungsankündigung aufhebt (Bumiller/*Harders* § 393 Rn. 7; Jansen/*Steder* § 141 Rn. 50, 53). Das Beschwerdegericht entscheidet dann in der Sache selbst, weist also – sofern die Beschwerde begründet ist – das Registergericht an, die Löschung vorzunehmen.

60 Andere Personen, namentlich **Konkurrenzunternehmen**, haben kein Beschwerderecht gegen die Ablehnung eines von ihnen angeregten Amtslöschungsverfahrens. Denn das Verfahren dient nicht der Durchsetzung individueller Namens-, Urheber-, und Wettbewerbsrechte, sondern allein dem öffentlichen Interesse an Registerwahrheit (BeckOK FamFG/*Munzig* § 393 Rn. 42; weniger eindeutig: Jansen/*Steder* § 141 Rn. 53; Keidel/*Heinemann* § 393 Rn. 13).

61 **F. Vollzug der Löschung.** Die Löschung wird vollzogen durch Eintragung eines Löschungsvermerks, welcher (deklaratorisch) feststellt, dass die Firma gem. § 31 Abs. 2 HGB erloschen ist. Sie darf gem. Abs. 5 nur erfolgen, wenn bis dahin kein Widerspruch – auch kein verspäteter Widerspruch (Rdn. 45) – erhoben oder ein erhobener Widerspruch rechtskräftig zurückgewiesen ist. Wird ein zunächst erhobener Widerspruch wieder zurückgenommen, darf die Eintragung gleichwohl erst nach Ablauf der gem. Abs. 1 gesetzten Frist erfolgen.

62 Wegen des Primats der Registerwahrheit muss das Gericht auch dann **von einer Löschung absehen**, wenn zwar kein Widerspruch eingelegt oder ein eingelegter Widerspruch rechtskräftig zurückgewiesen wurde, sich aber aus weiteren Erkenntnissen des Registergerichts ergibt, dass die Löschung ungerechtfertigt wäre, weil die Firma in Wahrheit fortbesteht (KG JFG 1, 260, 262; *Krafka/Kühn* Rn. 428; Keidel/*Heinemann* § 393 Rn. 28; Bassenge/Roth/*Walter* § 393 Rn. 16; Schmidt-Kessel/Leutner/Müther/*Müther* § 8 Rn. 132; Haußleiter/*Schemmann* § 393 Rn. 21; Jansen/*Steder* § 141 Rn. 58 m.w.N.). Die Umentscheidung ist den Beteiligten mitzuteilen und den berufsständischen Organen sowie im Fall von Kreditinstituten oder Kapitalanlagegesellschaften der BaFin bekannt zu geben, denen ein Beschwerderecht zusteht (§§ 380 Abs. 5 FamFG, 43 Abs. 3 KWG, 3 Abs. 5 KAGB). Widerspricht die Umentscheidung deren bereits erklärten Willen, ist sie förmlich zuzustellen (§ 41 Abs. 1 Satz 2).

63 **G. Löschung des Löschungsvermerks.** Da der Löschungsvermerk nach erfolgter Eintragung nicht mit Rechtsbehelfen anfechtbar (§ 383 Abs. 3) und auch nicht nach § 48 abänderbar ist (Keidel/*Heinemann* § 393 Rn. 29), kann seine Wirkung nur dadurch beseitigt werden, dass der Löschungsvermerk seinerseits im Amtslöschungsverfahren nach § 395 gelöscht (OLG Zweibrücken NJW-RR 2002, 825, 826 m.w.N.) und die Firma wieder eingetragen wird, und zwar unter derselben Registernummer, aber auf einem neuen Registerblatt (wegen § 22 Abs. 1 HRV). Ein Rechtsbehelf, den der Inhaber der Firma gegen die bereits vollzogene Eintragung des Löschungsvermerks einlegt, ist als Anregung zur Einleitung eines Amtslöschungsverfahrens nach § 395 umzudeuten (OLG Düsseldorf FGPrax 1998, 231; OLG Zweibrücken NJW-RR 2002, 825, 826; OLG Hamburg FGPrax 2015, 653; MüKoFamFG/*Krafka* § 393 Rn. 17; Jansen/*Steder* § 141 Rn. 60).

Der eingetragene Löschungsvermerk kann aber nur dann nach § 395 gelöscht werden, wenn die Vornahme 64
seiner Eintragung **unzulässig** war und ist, weil sie verfahrensfehlerhaft zustande kam. Das ist der Fall, wenn
die Löschungsankündigung inhaltliche Mängel hatte, sie bspw. den Grund für die beabsichtigte Löschung
nicht erkennen ließ, die Widerspruchsfrist zu knapp bemessen war, die Löschungsankündigung nicht an alle (dem Gericht bekannten) Inhaber der Firma (Gesellschafter) erging, eine nach Abs. 2 erforderliche Bekanntmachung versäumt wurde oder wenn der Löschungsvermerk entgegen Abs. 5 trotz eingelegten Widerspruchs und vor dessen rechtskräftiger Bescheidung eingetragen wurde (vgl. OLG Düsseldorf NJW-RR 2006, 903; OLG Zweibrücken NJW-RR 2002, 825), wobei auch ein »verspäteter« Widerspruch zu beachten ist (Rdn. 45).

Auf eine zu knapp bemessene Widerspruchsfrist kann das Amtslöschungsverfahren allerdings dann nicht 65
gestützt werden, wenn tatsächlich Widerspruch eingelegt und dieser nach Abs. 3 behandelt wurde.

Erfolg hat das Amtslöschungsverfahren nur dann, wenn zusätzlich zur Unzulässigkeit der vorgenommenen 66
Eintragung auch deren **inhaltliche Unrichtigkeit** hinzutritt, die Firma also tatsächlich noch fortexistiert.
Andernfalls würde das Gericht mit der Löschung des Löschungsvermerks einen Zustand herstellen, der der
wahren Rechtslage widerspricht (KGJ 28 A 42, 43 f.; Jansen/*Steder* § 141 Rn. 61).

Für sich genommen genügt eine inhaltliche Unrichtigkeit des eingetragenen Löschungsvermerks allerdings 67
nicht für die Einleitung des Amtslöschungsverfahrens nach § 395, wenn nicht zusätzlich ein Verfahrensfehler vorliegt. Denn wenn in einem ordnungsgemäß nach § 393 durchgeführten Verfahren kein Widerspruch eingelegt oder dieser durch rechtskräftige Sachentscheidung zurückgewiesen wurde, erging die Eintragung nach Maßgabe des Abs. 5 zu Recht (KG JFG 1, 260, 262; JW 1935, 1798; Keidel/*Heinemann* § 393 Rn. 29; Jansen/*Steder* § 141 Rn. 61; BeckOK FamFG/*Munzig* § 393 Rn. 51; a.A. Bahrenfuss/*Steup* § 393 Rn. 28; MüKoFamFG/*Krafka* § 393 Rn. 18). Die Inhaber einer rechtmäßig gelöschten, gleichwohl noch existenten Firma sind verpflichtet, diese neu zum Register anzumelden, woraufhin sie unter einem neuen Registerblatt mit neuer Registernummer einzutragen ist (BeckOK FamFG/*Munzig* § 393 Rn. 51).

H. Kosten. Für die Löschungsankündigung werden keine Kosten erhoben. 68

Für die Zurückweisung des Widerspruchs hat der Widerspruchsführer die Kosten zu tragen, wenn sie die- 69
sem mit der Widerspruchszurückweisung aufgegeben wurden (Abs. 4, s. dazu § 393 Rdn. 50). Erhoben
wird die einfache Geb. nach Nr. 13400 KV GNotKG; Geschäftswert: § 36 Abs. 1 bis 3 GNotKG. Die dreifache Geb. wird erhoben für die Verwerfung oder Zurückweisung der Beschwerde gegen die Zurückweisung
des Widerspruchs (Nr. 13610 KV GNotKG); bei Rücknahme des Rechtsmittels s. die Ermäßigungstatbestände der Nr. 13611, 13612 KV GNotKG.

Gebühren für die Eintragung des Löschungsvermerks in das Register werden nach Vorbem. 1 Abs. 4 Geb.- 70
Verzeichnis HRegGebV nicht erhoben.

§ 394 Löschung vermögensloser Gesellschaften und Genossenschaften.

(1) ¹Eine Aktiengesellschaft, Kommanditgesellschaft auf Aktien, Gesellschaft mit beschränkter Haftung oder Genossenschaft, die kein Vermögen besitzt, kann von Amts wegen oder auf Antrag der Finanzbehörde oder der berufsständischen Organe gelöscht werden. ²Sie ist von Amts wegen zu löschen, wenn das Insolvenzverfahren über das Vermögen der Gesellschaft durchgeführt worden ist und keine Anhaltspunkte dafür vorliegen, dass die Gesellschaft noch Vermögen besitzt.
(2) ¹Das Gericht hat die Absicht der Löschung den gesetzlichen Vertretern der Gesellschaft oder Genossenschaft, soweit solche vorhanden sind und ihre Person und ihr inländischer Aufenthalt bekannt ist, bekannt zu machen und ihnen zugleich eine angemessene Frist zur Geltendmachung des Widerspruchs zu bestimmen. ²Auch wenn eine Pflicht zur Bekanntmachung und Fristbestimmung nach Satz 1 nicht besteht, kann das Gericht anordnen, dass die Bekanntmachung und die Bestimmung der Frist durch Bekanntmachung in dem für die Bekanntmachung der Eintragungen in das Handelsregister bestimmten elektronischen Informations- und Kommunikationssystem nach § 10 des Handelsgesetzbuchs erfolgt; in diesem Fall ist jeder zur Erhebung des Widerspruchs berechtigt, der an der Unterlassung der Löschung ein berechtigtes Interesse hat. ³Vor der Löschung sind die in § 380 bezeichneten Organe, *im Fall einer Genossenschaft der Prüfungsverband*, zu hören.
(3) Für das weitere Verfahren gilt § 393 Abs. 3 bis 5 entsprechend.
(4) ¹Die Absätze 1 bis 3 sind entsprechend anzuwenden auf offene Handelsgesellschaften und Kommanditgesellschaften, bei denen keiner der persönlich haftenden Gesellschafter eine natürliche Person ist. ²Eine solche Gesellschaft kann jedoch nur gelöscht werden, wenn die für die Vermögenslosigkeit ge-

§ 394   Buch 5. Register u. unternehmensrechtl. Verfahren

forderten Voraussetzungen sowohl bei der Gesellschaft als auch bei den persönlich haftenden Gesellschaftern vorliegen. ³Die Sätze 1 und 2 gelten nicht, wenn zu den persönlich haftenden Gesellschaftern eine andere offene Handelsgesellschaft oder Kommanditgesellschaft gehört, bei der eine natürliche Person persönlich haftender Gesellschafter ist.

Übersicht

	Rdn.
A. Allgemeines	1
B. Materielle Voraussetzung: Vermögenslosigkeit der Gesellschaft oder Genossenschaft (Abs. 1, 4)	3
C. Verfahren	12
I. Funktionelle Zuständigkeit	12
II. Einleitung des Verfahrens, Beteiligung der berufsständischen Organe	13
III. Sachverhaltsermittlung	17
IV. Ermessensausübung	21
V. Vorangegangenes Insolvenzverfahren (Abs. 1 Satz 2)	24
VI. Löschungsankündigung (Abs. 2)	25
1. Benachrichtigung von der beabsichtigten Löschung	29
2. Bestimmung einer angemessenen Frist zur Geltendmachung eines Widerspruchs	30
3. Bekanntgabe	34
4. Veröffentlichung	36
VII. Unterrichtung des Anzeigenerstatters bei Nichteinleitung des Verfahrens (§ 24 Abs. 2)	39

	Rdn.
D. Rechtsbehelfe	40
I. Einstweilige Anordnung des FG gegen den von der Finanzbehörde gestellten Löschungsantrag?	40
II. Widerspruch gegen die erlassene Löschungsankündigung	41
1. Widerspruchsberechtigung	42
2. Erhebung des Widerspruchs	44
3. »Widerspruchsfrist«, Wiedereinsetzung in den vorigen Stand	46
4. Verfahren und Entscheidung über den Widerspruch	47
5. Beschwerde gegen die Zurückweisung des Widerspruchs	53
6. Aufschiebende Wirkung des Widerspruchs und der Beschwerde	56
III. Rechtsbehelf gegen die Ablehnung oder Aufhebung einer Löschungsankündigung	57
E. Vollzug der Löschung	61
F. Rechtsfolgen der Löschung	63
G. Löschung des Löschungsvermerks	67
H. Kosten	73
I. Nachtragsliquidation/-abwicklung	76

1 **A. Allgemeines.** Die Regelung bezweckt, Gesellschaften, welche infolge ihrer Vermögenslosigkeit handlungs- und lebensunfähig sind, aus dem Verkehr zu ziehen. Verhindert werden soll, dass vermögenslose und deshalb für potenzielle Gläubiger gefährliche Gesellschaften weiter am Rechtsverkehr teilnehmen und dadurch Schäden anrichten (ähnlich BayObLGZ NJW-RR 1999, 1054; Jansen/*Steder* § 141a Rn. 9 m.w.N.). Anders als in den Fällen des § 393 ist die Löschung nach § 394 kein deklaratorischer, sondern ein konstitutiver Akt: Mit der Eintragung der Löschung gilt die Gesellschaft als aufgelöst.

2 Der Begriff der »Gesellschaft mit beschränkter Haftung« in Abs. 1 umfasst auch die **UG** (§ 5a Abs. 1 GmbHG). Vermögenslose **Einzelkaufleute, juristische Personen** i.S.d. § 33 HGB sowie **Vereine** können nicht nach § 394 gelöscht werden; **Personenhandelsgesellschaften** nur unter den Voraussetzungen des Abs. 4.

3 **B. Materielle Voraussetzung: Vermögenslosigkeit der Gesellschaft oder Genossenschaft (Abs. 1, 4).** Materielle Voraussetzung für ein Einschreiten nach § 394 ist die Vermögenslosigkeit der Gesellschaft. Vermögenslosigkeit liegt vor, wenn es an einem für die potenzielle Gläubigerbefriedigung verwertbaren Aktivvermögen fehlt (OLG Hamm NJW-RR 1993, 547, 549; BayObLG NJW-RR 1999, 1054; OLG Brandenburg NJW-RR 2001, 176, 177; KG FGPrax 2007, 237; OLG Frankfurt GmbHR 2015, 713, 714). Darunter werden alle Vermögenswerte verstanden, die der ordentliche Kaufmann in seiner Handelsbilanz als Anlagevermögen, Umlaufvermögen oder Rechnungsabgrenzungsposten aktivieren kann (KG FGPrax 2007, 237; BayObLG NJW-RR 1999; OLG Brandenburg NJW-RR 2001, 176, 177; OLG Hamm NJW-RR 1993, 547, 549; BayObLG Rpfleger 1995, 419). Vermögenswerte sind auch die Einlageforderungen der Gesellschaft gegen ihre Gesellschafter einschl. der Erstattungsansprüche wegen verbotener Einlagenrückgewähr und sonstiger Verstöße gegen die Kapitalerhaltungsgrundsätze sowie die Schadensersatzansprüche gegen Vorstände, Geschäftsführer und Liquidatoren aus den gesellschaftsrechtlichen Vorschriften (z.B. §§ 43 Abs. 2, 64 GmbHG) und aus Existenz vernichtendem Eingriff (§ 826 BGB). Ferner können einzelne nicht aktivierbare immaterielle Vermögensgegenstände wie Patente, Marken, Gebrauchs- und Geschmacksmuster, Urheberrechte, Nutzungsrechte, Belieferungsrechte sowie Konzessionen verwertbares Vermögen darstellen, wenn sie einen objektivierbaren Veräußerungswert (Verkehrswert) haben und ihre bilanzielle Aktivierbarkeit nur an § 248 Abs. 2 HGB scheitert, weil sie nicht entgeltlich erworben, sondern selbst geschaffen wurden (ähnlich Baumbach/Hueck/*Haas* Anh. § 77 Rn. 5 m.w.N.). Nicht zu berücksichtigen ist allerdings der reine »Goodwill« des Unternehmens, also seine Bekanntheit am Markt, bestehende Geschäftskontakte, vorhandenes Know-how usw. Ob ausnahmsweise ein Firmenwert berücksichtigt werden kann, wenn er mit Sicherheit verwertbar ist, ist umstritten (bejahend Baumbach/Hueck/*Haas* Anh. § 77 Rn. 5 m.w.N.; verneinend OLG Frankfurt Rpfleger 1978, 22, Jansen/*Steder* § 141a Rn. 15 m.w.N.). Ein Vermögenswert ist auch der Anspruch gegen das herrschende Unternehmen auf Verlustübernahme (vgl. § 302 AktG), nicht aber die Nachschusspflicht der Mitglieder einer Genossenschaft (§ 105 GenG) sowie Anfechtungsansprüche nach den §§ 129 ff. InsO, da diese ein Insolvenzverfahren voraussetzen.

Bestrittene oder sonst **unsichere Forderungen** der Gesellschaft, die nach dem bilanzrechtlichen Vorsichtsprinzip nicht aktiviert werden können, stellen einen die Löschung ausschließenden Vermögenswert dar, wenn die Gesellschaft beabsichtigt, sie gerichtlich geltend zu machen, und sie nicht offensichtlich unbegründet oder nicht werthaltig sind (BayObLG NJW-RR 1995, 103; KG FGPrax 2007, 237). Für die Feststellung der Klageabsicht genügt die entsprechende Beauftragung eines RA (BayObLG NJW-RR 1995, 103). 4

Sicherungsübereignete Vermögensgegenstände sind – trotz ihrer Bilanzierungsfähigkeit – nur insoweit zu berücksichtigen, als ihr Wert die gesicherte Forderung übersteigt, da sie nur in dem Umfang für anderweitige Verwertungen in Betracht kämen (Baumbach/Hueck/*Haas* Anh. § 77 Rn. 5; Scholz/*K.Schmidt/Bitter* § 60 Rn. 49). Allerdings kann i.R.d. Ermessensausübung (Rdn. 21 ff.) das Interesse des Sicherungsnehmers zu berücksichtigen sein, die Gesellschaft einstweilen noch handlungs- und prozessfähig zu halten, um die Verwertungsrechte an dem Sicherungsgut effektiv verfolgen zu können (vgl. OLG Frankfurt FGPrax 2006, 83 bezüglich der Abwicklung einer Grundstücksverwertung). Zur Klärung solcher Interessen wie auch zur Klärung der Valutierung der gesicherten Forderungen und somit zur Wertausschöpfung des Sicherungsgutes wird der Sicherungsnehmer i.R.d. Sachverhaltsermittlung regelmäßig anzuhören sein. 5

Geringes Vermögen ist nicht gleichzusetzen mit Vermögenslosigkeit (BayObLG ZIP 1984, 175; OLG Hamm NJW-RR 1993, 547, 549; OLG Karlsruhe NJW-RR 2000, 630); umstritten ist das bei »verschwindend geringem« Vermögen, welches für eine Gläubigerbefriedigung nicht annähernd mehr geeignet ist (Vermögenslosigkeit bejahend: OLG Brandenburg NJW-RR 2001, 176, 177; BeckOK FamFG/*Munzig* § 394 Rn. 11; Baumbach/Hueck/*Haas* Anh. § 77 Rn. 5; Jansen/*Steder* § 141a Rn. 15; verneinend: OLG Frankfurt GmbHR 1983, 303; OLG Düsseldorf NJW-RR 1997, 870; Keidel/*Heinemann* § 394 Rn. 8). Weitgehend ungeklärt ist die Problematik bei der ab einem Mindeststammkapital von nur 1 € zu gründenden **UG**; MüKo-FamFG/*Krafka* (§ 394 Rn. 6) und Keidel/*Heinemann* (§ 394 Rn. 11) wollen die Löschung der vermögenslosen UG sogleich nach deren Eintragung zulassen, *Ries* (Rpfleger 2009, 654, 656) plädiert jedenfalls für die Löschung von Vorrats-UGs, die mit weniger als 100 € ausgestattet sind. 6

Die Insolvenzgründe der **Überschuldung** oder **Zahlungsunfähigkeit** müssen nicht gegeben sein, denn eine Gesellschaft kann auch vermögenslos sein, ohne dass gegen sie gerichtete Verbindlichkeiten bestehen, wie bspw. eine vermögenslose Mantelgesellschaft (Vorratsgesellschaft). Diese wäre trotz fehlender Überschuldung oder Zahlungsunfähigkeit zu löschen. 7

Umgekehrt ist eine vorliegende Überschuldung für sich genommen kein Grund zur Annahme von Vermögenslosigkeit, solange verteilungsfähige Aktiva vorhanden sind, die im Fall der Zerschlagung des Unternehmens noch zur (teilweisen) Gläubigerbefriedigung verwertbar wären (OLG Hamm NJW-RR 1993, 547, 549; KG FGPrax 2007, 237; OLG Frankfurt GmbHR 2015, 713, 714). Auf offene Verbindlichkeiten kommt es somit insgesamt nicht an, auch nicht auf Steuerverbindlichkeiten (OLG Düsseldorf FGPrax 2014, 176). 8

Nach Abs. 1 Satz 2 spricht allerdings eine gesetzliche Vermutung für Vermögenslosigkeit, wenn das **Insolvenzverfahren** über das Vermögen der Gesellschaft durchgeführt worden ist und keine Anhaltspunkte dafür vorliegen, dass die Gesellschaft noch Vermögen besitzt. Anhaltspunkte für verbliebenes Vermögen bestehen aber nur bei Verfahrenseinstellung nach §§ 207, 212, 213 InsO oder bei Bekanntwerden oder Freiwerden von Vermögensgegenständen nach der Schlussverteilung (vgl. § 203 InsO). In allen anderen Fällen streitet die Vermutung dafür, dass nach Durchführung des Insolvenzverfahrens kein Vermögen mehr besteht (Jansen/*Steder* § 141a Rn. 39; KKW/*Winkler* [15. Aufl.] § 141a Rn. 4; vgl. auch Hüffer/*Koch* Anh. § 262 Rn. 3 f.). 9

Andererseits führt eine **Ablehnung der Eröffnung des Insolvenzverfahrens mangels Masse** zunächst nur zur Auflösung der Gesellschaft (§§ 60 Abs. 1 Nr. 5 GmbHG, 262 Abs. 1 Nr. 4 AktG, 131 Abs. 2 Nr. 1 HGB, 81a Nr. 1 GenG), jedoch nicht zur Vermögenslosigkeit, da eine Verwertung aller noch vorhandenen Ver- 10 mögenswerte mangels Eröffnung des Verfahrens unterbleibt (unzutreffend daher die in BGH NJW-RR 2011, 115, 117 aufgestellte Wahrscheinlichkeitsannahme). Die Vermögenslosigkeit muss daher gesondert ermittelt werden; als ein erstes Anzeichen für eine mögliche Vermögenslosigkeit darf die Ablehnung mangels Masse allerdings verwertet werden (BayObLG ZIP 1984, 175, 176).

11 Bei **Personenhandelsgesellschaften**, die über keine natürliche Person als persönlich haftenden Gesellschafter verfügen (insb. »GmbH & Co. KG«) und auf der Grundlage des Abs. 4 gelöscht werden sollen, muss die Vermögenslosigkeit bei der Gesellschaft selbst und bei allen persönlich haftenden Gesellschaftern bestehen.

12 **C. Verfahren. I. Funktionelle Zuständigkeit.** Funktionell zuständig für die Durchführung des Löschungsverfahrens ist bei Genossenschaften und Personenhandelsgesellschaften der Rechtspfleger (§ 3 Nr. 2 Buchst. d) RPflG), ansonsten der Richter (§ 17 Nr. 1 Buchst. e) RPflG). Die Landesregierungen sind ermächtigt, den Richtervorbehalt aufzuheben und das Verfahren auch bezüglich der Kapitalgesellschaften dem Rechtspfleger zu übertragen (§ 19 Abs. 1 Nr. 6 RPflG).

13 **II. Einleitung des Verfahrens, Beteiligung der berufsständischen Organe.** Das Verfahren wird von Amts wegen oder auf Antrag der Finanzbehörde oder der berufsständischen Organe eingeleitet und betrieben. Sind mehrere berufsständische Organe zuständig, ist jedes für sich allein antragsberechtigt. Handelt es sich um ein Kreditinstitut oder um eine Kapitalanlagegesellschaft, stehen auch der BaFin die Antrags- und Beteiligungsrechte nach §§ 43 Abs. 3 KWG, 3 Abs. 5 KAGB zu. § 380 Abs. 2 Satz 2 ist auf die BaFin entspr. anzuwenden. Stellt die Finanzbehörde den Antrag, wird auch sie verfahrensbeteiligt i.S.d. § 7 Abs. 1.

14 Beruht die Verfahrenseinleitung nicht auf einem Antrag des berufsständischen Organs, ist dieses im Laufe des Verfahrens anzuhören (§ 380 Rdn. 20) verbunden mit der Gelegenheit, einen Antrag auf eigene Beteiligung zu stellen (§ 380 Abs. 2 Satz 2).

15 Handelt es sich um eine Genossenschaft, ist der Prüfungsverband anzuhören (Abs. 2 Satz 3), und zwar anstelle des berufsständischen Organs (vgl. § 380 Abs. 3). Der Prüfungsverband kann das Verfahren auch anregen, wird aber nicht als Verfahrensbeteiligter hinzugezogen.

16 Die Gesellschaft bzw. Genossenschaft selbst ist von Beginn des Verfahrens an formell als Beteiligter hinzuzuziehen (§ 7 Abs. 2 Nr. 1; s.a. BayObLG NJW-RR 1995, 612).

17 **III. Sachverhaltsermittlung.** Die Vermögenslosigkeit ist von Amts wegen festzustellen. Wegen der schwerwiegenden Folgen einer Löschung für die Gesellschaft, die Gesellschafter und für die Gläubiger hat das Registergericht **besonders genau und gewissenhaft** zu prüfen, ob die Gesellschaft wirklich vermögenslos i.S.d. Gesetzes ist, und die erforderlichen Tatsachen von Amts wegen zu ermitteln (KG NJW-RR 2007, 1185, 1186 m.w.N.). Die bloße Überzeugung des Gerichts von der Vermögenslosigkeit genügt nicht, wenn sie nicht auf ausreichenden Ermittlungen beruht (BayObLG Rpfleger 1982, 384; OLG Hamm NJW-RR 1993, 547, 549; OLG Karlsruhe NJW-RR 2000, 630; OLG Düsseldorf FGPrax 2011, 134; FGPrax 2013, 33, 34). Schon die Ankündigung einer beabsichtigten Amtslöschung wegen Vermögenslosigkeit setzt voraus, dass das Gericht gesicherte Erkenntnisse besitzt, dass die Gesellschaft tatsächlich über kein Vermögen verfügt; das gilt auch für eine in Liquidation befindliche Gesellschaft (OLG Düsseldorf NJW-RR 2006, 903, zu dürftig daher OLG München GmbHR 2013, 39).

18 Zur Ermittlung des Sachverhalts kann das Gericht auf **Auskünfte** der Finanzbehörden zurückgreifen (§ 379 Abs. 2) sowie der zuletzt tätig gewordenen Notare, auf Einsichtnahmen in Insolvenzakten und selbstverständlich in das Schuldnerverzeichnis. Eine Einsichtnahme in die zum Bundesanzeiger eingereichten **Jahresabschlüsse** der Gesellschaft dürfte zwingend sein (*Stalinski* Rpfleger 2012, 657, 658). Neben der Gesellschaft selbst sind auch die Gesellschafter regelmäßig anzuhören; bei Publikumsgesellschaften jedoch allenfalls ausgewählte Gesellschafter (Initiatoren, Gründungsgesellschafter, Großaktionäre).

19 Die Amtsermittlungspflicht geht allerdings nicht so weit, dass das Gericht quasi ins Blaue hinein Ermittlungen anzustellen habe (OLG Brandenburg NJW-RR 2001, 176, 178). Vielmehr haben die Verfahrensbeteiligten an der Aufklärung des Sachverhaltes durch eingehende Darstellung der für die Entscheidung maßgebenden tatsächlichen Umstände und Benennung geeigneter Beweismittel mitzuwirken (§ 27). Die **Mitwirkungspflicht der Beteiligten** korreliert mit der Verpflichtung des Gerichts, durch geeignete Hinweise und Auflagen darauf hinzuwirken, dass sich die Beteiligten vollständig über den maßgeblichen Sachverhalt erklären (OLG Hamm NJW-RR 1993, 547, 549). Auf **unterlassene Darlegungen** der Beteiligten allein darf das Gericht seine Überzeugung von der Vermögenslosigkeit der Gesellschaft allerdings nicht stützen; vielmehr muss dann ein ausreichender Grad an Überzeugung auf anderen Erkenntnisquellen beruhen (vgl. OLG Karlsruhe NJW-RR 2000, 630; OLG Düsseldorf FGPrax 2013, 33, 34; OLG Frankfurt GmbHR 2015, 713, 714 m.w.N.).

Liegen objektive Erkenntnisse über das Fehlen von Vermögenswerten vor (z.B. fehlgeschlagene Zwangsvollstreckungsversuche, Eintragungen im Schuldnerverzeichnis) und fehlen – nach allen Ermittlungen einschließlich Anhörung der Gesellschaft – Anhaltspunkte für das Vorhandensein anderweitigen Vermögens, darf von Vermögenslosigkeit i.S.d. § 394 ausgegangen werden (Bork/Jacoby/Schwab/*Müther* § 394 Rn. 3). Eine »Glaubhaftmachung« (§ 31) von Vermögen durch die Gesellschaft darf auf keinen Fall verlangt werden (vgl. OLG Düsseldorf FGPrax 2011, 134; Prütting/Helms/*Holzer* § 394 Rn. 7; Keidel/*Heinemann* § 394 Rn. 28). Vielmehr genügt jede plausible Darlegung von Vermögen, welche das Registergericht, wenn es löschen will, widerlegen muss.

Ist die Gesellschaft noch an einem Rechtsstreit als **beklagte Partei** beteiligt, soll das nach Auffassung des BayObLG (NJW-RR 1995, 612) Anlass zu besonderer Prüfung geben, ob noch Vermögenswerte vorhanden sind, auf die der Kläger im Fall des Obsiegens zugreifen will. Allemal ist vorhandenes Vermögen anzunehmen, wenn der Kläger dies substanziiert behauptet (BGH NJW-RR 2011, 115, 116). Auch der mögliche Kostenerstattungsanspruch im Fall eines Obsiegens in dem Rechtsstreit kann einen Vermögenswert darstellen (OLG München BauR 2012, 804). 20

IV. Ermessensausübung. Ist das Registergericht von der Vermögenslosigkeit überzeugt, räumt ihm die »Kann«-Formulierung des Abs. 1 Satz 1 nach ganz herrschender Meinung einen Ermessensspielraum ein, das Löschungsverfahren zu betreiben oder nicht (a.A. Scholz/*K.Schmidt*/*Bitter* § 60 Rn. 55; Hüffer/*Koch* Anh. § 262 Rn. 7; Jurgeleit/*Edenharter* § 19 Rn. 46; Baumbach/Hueck/*Haas* Anh. § 77 Rn. 10 m.w.N.: nur Beurteilungsspielraum). Dabei ist das öffentliche Interesse einerseits an der Bereinigung des Registers, andererseits an der Verhinderung der durch die Teilnahme vermögensloser Rechtssubjekte am Rechtsverkehr entstehenden Gefahren abzuwägen gegen das Interesse der Beteiligten am Fortbestand der Gesellschaft (OLG Frankfurt Rpfleger 1978, 22; Keidel/*Heinemann* § 394 Rn. 1). Letzteres dürfte i.d.R. nur dann schutzwürdig sein, wenn die Gesellschaft mit hinreichender Sicherheit einen baldigen Mittelzufluss erwarten kann (vgl. Hüffer/*Koch* Anh. § 262 Rn. 7). 21

Ist die Gesellschaft ohnehin schon im **Liquidationsstadium**, verliert das Löschungsziel des Schutzes künftiger Gläubiger an Bedeutung, weil offenkundig ist, dass die Gesellschaft kein werbendes Geschäft mehr betreibt. In dieser Lage ist abzuwägen, ob durch eine Amtslöschung berechtigte Interessen an einer ordnungsgemäßen Abwicklung der Gesellschaft beeinträchtigt werden können (vgl. OLG Frankfurt FGPrax 2006, 83). 22

Die Löschung einer GmbH, welche Komplementärin einer KG ist, ist untunlich, solange diese i.R.d. Abwicklung der GmbH & Co. KG noch Mitwirkungsrechte und -pflichten wahrzunehmen hat (OLG Frankfurt FGPrax 2005, 269). 23

V. Vorangegangenes Insolvenzverfahren (Abs. 1 Satz 2). Kein Ermessen besteht im Fall des Abs. 1 Satz 2, wenn das Insolvenzverfahren durchgeführt worden ist (KKW/*Winkler* [15. Aufl.] § 141a Rn. 11). Hinweisen auf evtl. vorhandenes Restvermögen muss das Registergericht nachgehen. Fehlen solche Hinweise, muss es keine umfassenden Ermittlungen wie nach Rdn. 17 ff. in Gang setzen, sondern das Löschungsverfahren betreiben. 24

VI. Löschungsankündigung (Abs. 2). Eine Löschungsankündigung ist zwingend nur dann vorgeschrieben, wenn gesetzliche Vertreter der Gesellschaft oder Genossenschaft vorhanden und ihre Person und ihr inländischer Aufenthalt bekannt sind. Bei Führungslosigkeit der GmbH/UG ist die Löschungsankündigung ersatzweise an die Gesellschafter (§ 35 Abs. 1 Satz 2 GmbHG), bei Führungslosigkeit der AG an den Aufsichtsrat zu richten (§ 78 Abs. 1 Satz 1 AktG). Unabhängig von dieser Pflicht stellt das Gesetz es dem Gericht frei, die Löschungsabsicht in das für die Registerbekanntmachungen bestimmte Bekanntmachungssystem (www.handelsregister-bekanntmachungen.de) einzustellen (ebenso Prütting/Helms/*Holzer* § 394 Rn. 36). Über diesen Weg können sowohl gesetzliche Vertreter erreicht werden, deren Person oder Aufenthalt unbekannt ist oder die ihren Aufenthalt im Ausland haben, als auch Dritte, die an der Unterlassung der Löschung ein berechtigtes Interesse haben könnten (z.B. Gläubiger, die noch Vollstreckungsabsichten verfolgen). 25

Eine bestimmte äußere Form der Löschungsankündigung schreibt das Gesetz nicht vor; sie kann daher in *Form eines Beschlusses* oder in Form einer Verfügung ergehen (a.A. Haußleiter/*Schemmann* § 394 Rn. 16; § 393 Rn. 11: nur Verfügung zulässig). Der notwendige Inhalt ist durch den Gesetzeswortlaut vorgegeben: Sie muss den Adressaten von der beabsichtigten Löschung benachrichtigen und ihm zugleich eine angemessene Frist zur Geltendmachung eines Widerspruchs bestimmen. Ob es zusätzlich einer Angabe bedarf, 26 woraus das Gericht auf eine Vermögenslosigkeit schließt, ist umstritten (bejahend: OLG Köln Rpfleger 2011, 443 unter Hinweis auf § 37 Abs. 2; a.A. noch KG NJW-RR 2006, 904).

27 Mit der Löschungsankündigung wird der Gesellschaft gleichzeitig Gelegenheit gegeben, den Löschungsgrund zu beseitigen, namentlich durch **Beschaffung neuer Vermögenswerte** bei den Gesellschaftern (OLG Koblenz VersR 2001, 582, 583).

28 Hatte das Registergericht ein früheres Löschungsverfahren auf den Widerspruch eines Beteiligten eingestellt, muss es im Fall der Wiederaufnahme des Verfahrens die Löschungsankündigung erneut vornehmen (KG NJW-RR 2007, 1185).

29 **1. Benachrichtigung von der beabsichtigten Löschung.** Die beteiligten gesetzlichen Vertreter (s. Rdn. 25) – sowie über das elektronische Bekanntmachungssystem ggf. die Allgemeinheit – sind von der konkreten Absicht zu benachrichtigen, die Gesellschaft wegen Vermögenslosigkeit von Amts wegen zu löschen. Der Benachrichtigung muss sinngemäß entnommen werden können, dass es sich um eine Löschung der Gesellschaft wegen Vermögenslosigkeit i.S.d. § 394 handelt und nicht etwa um eine Löschung wegen unzulässiger Eintragung (§§ 395, 397 FamFG, 43 Abs. 2 KWG, 22 Satz 2 REITG).

30 **2. Bestimmung einer angemessenen Frist zur Geltendmachung eines Widerspruchs.** Das Gericht hat eine angemessene Frist zur Geltendmachung eines Widerspruchs zu bestimmen. Eine Mindestfrist sieht das Gesetz nicht vor, jedoch sollte die Monatsfrist – schon aus Rücksichtnahme auf eventuelle Urlaubsabwesenheiten – keinesfalls unterschritten werden. Die Frist wird entweder auf einen bestimmten Termin gesetzt (»Widerspruch bis zum ...«) oder sie erfolgt durch Bestimmung einer Zeitspanne (»Widerspruch binnen sechs Wochen«). Eine so gesetzte Frist beginnt mit der Bekanntgabe der Löschungsankündigung zu laufen (§ 16 Abs. 1). Fristverlängerung auf Antrag ist möglich (§§ 16 Abs. 2 FamFG, 224 Abs. 2 ZPO).

31 **Fehlt** die Bestimmung der Widerspruchsfrist oder ist sie objektiv **zu kurz gesetzt**, ist die Löschungsankündigung rechtswidrig und die Eintragung des Löschungsvermerks unzulässig. Erfolgt die Amtslöschung gleichwohl, ist der Löschungsvermerk seinerseits nach Maßgabe des § 395 wieder zu löschen (vgl. Rdn. 67 ff.).

32 Der Fehler einer zu kurz gesetzten Widerspruchsfrist kann – entgegen h.Lit. (Keidel/*Heinemann* § 394 Rn. 20; BeckOK FamFG/*Munzig* § 394 Rn. 30; s. ferner *Krafka/Kühn* Rn. 2365; Bumiller/*Harders* § 388 Rn. 18; Haußleiter/*Schemmann* § 388 Rn. 10) – auch nicht durch Fristverlängerung von Amts wegen geheilt werden. Zwar war es unter der Herrschaft des FGG als zulässig angesehen, eine zu kurz bemessene Frist angemessen zu verlängern (vgl. etwa Bassenge/Roth/*Bassenge* [11. Aufl.] § 141a Rn. 6; KKW/*Winkler* [15. Aufl.] § 141 Rn. 10). Doch wurde die Regelung des § 18 FGG, welche die nachträgliche Abänderung des Beschlusses von Amts wegen ermöglichte, vom Gesetzgeber willentlich nicht in das FamFG übernommen. Heute ist eine Fristverlängerung nur noch nach den §§ 16 Abs. 2 FamFG, 224 Abs. 2 ZPO möglich und setzt zwingend einen **Antrag des Beteiligten** voraus (§ 16 Rdn. 11). Zwar unterlag der Gesetzgeber einem möglichen Verständnisirrtum, indem er annahm, es gebe für § 18 FGG keinen Anwendungsbereich mehr (BT-Drucks. 16/6308 S. 198 zu § 48 FamFG), und dabei womöglich die hier angesprochene Konstellation übersah. Gleichwohl ist die Gesetz gewordene Änderung hinzunehmen. Die zu kurz gesetzte Frist bleibt rechtswidrig. Das Verfahren muss mit einer erneuten Löschungsankündigung nebst angemessener Fristsetzung von Neuem beginnen. Es sei denn, der Beteiligte selbst stellt einen Fristverlängerungsantrag und das Gericht gibt diesem statt – dann wirkt sich der ursprüngliche Fehler nicht aus.

33 Der **Hinweis auf die Widerspruchsmöglichkeit** muss nach wohl herrschender Auffassung (§ 39 Rdn. 19; *Heinemann* FGPrax 2009, 1, 4; BeckOK FamFG/*Munzig* § 394 Rn. 27) den Förmlichkeiten einer Rechtsbehelfsbelehrung (§ 39) genügen, wenngleich die Tatbestandsvoraussetzungen des § 39 Satz 1 kaum erfüllt sind, nämlich einerseits weder Beschlussform vorgeschrieben ist (so aber der Anknüpfungspunkt des § 39 Satz 1) noch eine »Endentscheidung« i.S.d. § 38 vorliegt, an die § 39 systematisch anknüpft. Hergeleitet werden kann die Belehrungspflicht am ehesten aus der Gesetzesbegründung zu § 39 Satz 1 (BT-Drucks. 16/6308 S. 196), wo es ausdrücklich heißt, von ihr umfasst seien »alle Rechtsmittel sowie die in den FamFG-Verfahren vorgesehenen ordentlichen Rechtsbehelfe gegen Entscheidungen, Einspruch, Widerspruch und Erinnerung«. Hinzu kommt, dass die Erwähnung des Wortes »Widerspruch« in § 39 Satz 1 völlig gegenstandslos wäre, würde man dies nicht auf die Rechtsbehelfe nach den §§ 393 bis 395, 399 beziehen.

34 **3. Bekanntgabe.** Die Löschungsankündigung ist förmlich bekannt zu geben (§ 15 Abs. 1), da sie den Lauf der Frist auslöst, bis zu deren Ablauf der Löschungsvermerk nicht eingetragen werden darf (Abs. 3 i.V.m. § 393 Abs. 5). Sie ist an den/die gesetzlichen Vertreter (**Organwalter persönlich**) zu adressieren und tunlichst förmlich zuzustellen, wenngleich eine gesetzliche Pflicht zur förmlichen Zustellung – anders als nach

dem früheren § 141a Abs. 2 Satz 1 FGG – nicht mehr besteht. Wird der Beteiligte (nicht die Gesellschaft!) durch einen Verfahrensbevollmächtigten vertreten, ist die Bekanntgabe an diesen zu richten (§ 15 Abs. 2 FamFG i.V.m. § 172 ZPO). Zur Frage, ob die Wirksamkeit der Zustellung an den Bevollmächtigten vom Vorliegen einer Vollmachturkunde abhängt, s. § 388 Rdn. 47.

Die Absicht der Löschung einer **Personenhandelsgesellschaft** (Abs. 4) ist den vertretungsberechtigten Gesellschaftern bekannt zu geben. Handelt es sich dabei – wie regelmäßig – um juristische Personen (z.B. GmbH), hat die Bekanntmachung an diese (und nicht an deren gesetzliche Vertreter) zu erfolgen (Bassenge/Roth/*Walter* § 394 Rn. 9). 35

4. Veröffentlichung. Unabhängig von der Bekanntgabe an die Beteiligten erfolgt nach Ermessen des Gerichts eine Veröffentlichung gleichen Inhalts in dem für die Registerbekanntmachungen bestimmten Bekanntmachungssystem (Abs. 2 Satz 2) unter der Internetadresse www.handelsregister-bekanntmachungen.de. In die Bekanntmachung ist der volle Text der Löschungsankündigung aufzunehmen, jedoch nicht notwendig auch die einzelnen Ermittlungsdetails (OLG München GmbHR 2013, 39). Mängel der Veröffentlichung im Bekanntmachungssystem sind allerdings unschädlich, soweit die dortige Veröffentlichung von vornherein im Ermessen des Gerichts steht (vgl. aber Rdn. 37 a.E.). 36

Dass es dem Registergericht **freigestellt** ist, die Löschungsankündigung in dem Bekanntmachungssystem zu veröffentlichen, ist ein Relikt aus der Zeit, wo für Bekanntmachungen noch die Inseratskosten der Tageszeitungen anfielen und die Verhältnismäßigkeit dieses Aufwandes abzuwägen war (s. *Piorreck* Rpfleger 1978, 157, 158). Seit Einführung des elektronischen Bekanntmachungssystems spielen Bekanntmachungskosten keine entscheidende Rolle mehr, sodass es praktisch keinen Grund mehr gibt, von einer (zusätzlichen) Veröffentlichung im Bekanntmachungssystem abzusehen. Die von *Piorreck* (Rpfleger 1978, 157, 158) weiter geäußerten Bedenken, die Bekanntmachung der Löschungsabsicht könnte für die Gesellschaft schädlich sein, falls die dem Registergericht zugegangenen Informationen falsch seien, tragen deshalb nicht, weil das Gericht den Sachverhalt bereits vor der Löschungsankündigung nach allen Seiten zu ermitteln hat und der Gesellschaft bereits in diesem Stadium Gelegenheit eingeräumt war, etwaiges Vermögen darzulegen. Grds. ist daher von der Möglichkeit einer Bekanntmachung nach Abs. 2 Satz 2 Gebrauch zu machen (ähnlich Schmidt-Kessel/Leutner/Müther/*Müther* § 8 Rn. 136). Das Ermessen einer Veröffentlichung im Bekanntmachungssystem reduziert sich jedenfalls dann auf Null, wenn die gesetzlichen Vertreter nicht durch eine persönliche Bekanntmachung nach Abs. 2 Satz 1 zu erreichen sind (vgl. bereits OLG Frankfurt NJW-RR 1998, 612, 613; BayObLG NJW-RR 1995, 612 zum alten Bekanntmachungssystem; Bassenge/Roth/*Walter* § 394 Rn. 11; Bahrenfuss/*Steup* § 394 Rn. 15; a.A. Bork/Jacoby/Schwab/*Müther* § 394 Rn. 5.2 sowie wohl Jurgeleit/*Edenharter* § 19 Rn. 48: es bestehe ein Ermessen; Problematik als solche übersehen bei OLG München GmbHR 2013, 39). 37

Eine öffentliche Zustellung der Löschungsankündigung anstelle der Veröffentlichung in dem Bekanntmachungssystem kommt nicht in Betracht. 38

VII. Unterrichtung des Anzeigenerstatters bei Nichteinleitung des Verfahrens (§ 24 Abs. 2). War das Löschungsverfahren vonseiten Dritter angeregt worden und folgt das Gericht dieser Anregung nicht, hat es den Anzeigenerstatter gem. § 24 Abs. 2 unter Angabe von Gründen davon zu unterrichten, sofern ein berechtigtes Interesse an der Unterrichtung ersichtlich ist. Die Mitteilung ergeht formlos (§ 15 Abs. 3). Zur Beschwerdefähigkeit einer solchen Entscheidung vgl. BGH FGPrax 2012, 169. 39

D. Rechtsbehelfe. I. Einstweilige Anordnung des FG gegen den von der Finanzbehörde gestellten Löschungsantrag? Hat die Finanzbehörde einen Antrag nach Abs. 1 gestellt, soll nach Ansicht des FG München (Beschl. v. 24.05.2007 – 6 V 440/07) der Erlass einer einstweiligen Anordnung im finanzgerichtlichen Verfahren mit dem Ziel statthaft sein, die Finanzbehörde zur Rücknahme ihres Löschungsantrags zu verpflichten. Bei Lichte betrachtet besteht jedoch für einen solchen Antrag schon deshalb kein Rechtsschutzbedürfnis, weil das Registergericht die Vermögenslosigkeit der Gesellschaft bei begründeten Anhaltspunkten selbst dann noch von Amts wegen in alle Richtungen weiter zu prüfen hat, wenn die Finanzbehörde *ihren Antrag auf Anordnung des FG zurückziehen muss*. Allein das registerrechtliche Einleitungsverfahren (Rdn. 17 ff.) und spätestens das Widerspruchsverfahren sind der Raum, wo die Gesellschaft ihre Vermögenslage Erfolg versprechend darlegen kann – nicht das einstweilige Rechtsschutzverfahren der Finanzgerichtsbarkeit. 40

§ 394

41 **II. Widerspruch gegen die erlassene Löschungsankündigung.** Die Löschungsankündigung ist nicht mit der Beschwerde angreifbar; es kann nur der Widerspruch eingelegt werden, über den das Registergericht gem. Abs. 3 i.V.m. § 393 Abs. 3 Satz 1 entscheidet. Erst gegen die Zurückweisung des Widerspruchs ist die Beschwerde nach § 393 Abs. 3 Satz 2 statthaft.

42 **1. Widerspruchsberechtigung.** Widerspruchsberechtigt ist nicht nur die Gesellschaft, vertreten durch ihre Organe, sondern jeder, der an der Unterlassung der Löschung ein berechtigtes Interesse hat, also bspw. der Gesellschafter (KG Recht 1929 Nr. 792), das beherrschende Unternehmen oder ein Gläubiger, der noch Vollstreckungsabsichten verfolgt. Entgegen der verunglückten Formulierung des Abs. 2 Satz 2 Halbs. 2 (»in diesem Fall«) setzt das Widerspruchsrecht des interessierten Dritten nicht voraus, dass die Löschungsankündigung im Bekanntmachungssystem veröffentlicht wurde. Der beeinträchtigte Dritte kann vielmehr auch dann Widerspruch einlegen, wenn er auf andere Weise von der Löschungsabsicht Kenntnis erlangte (BayObLG DNotZ 1995, 973; *Krafka/Kühn* Rn. 435; Jansen/*Steder* § 141a Rn. 53 m.w.N.; MüKoFamFG/*Krafka* § 394 Rn. 16; Schmidt-Kessel/Leutner/Müther/*Müther* § 8 Rn. 137; Haußleiter/*Schemmann* § 394 Rn. 17; Keidel/*Heinemann* § 394 Rn. 25; a.A. noch Hachenburg/*Ulmer* Anh. § 60 Rn. 32).

43 Der Widerspruchsführer muss sein berechtigtes Interesse nicht darlegen oder glaubhaft machen (a.A. Beck-OK FamFG/*Munzig* § 394 Rn. 38; Jansen/*Steder* § 141a Rn. 55), da das Gericht den Sachverhalt ohnehin von Amts wegen zu ermitteln hat und jedem Hinweis auf vorhandenes Vermögen nachgehen muss. Erst für ein etwaiges Beschwerdeverfahren muss ein berechtigtes Interesse dargelegt werden (s. Rdn. 53).

44 **2. Erhebung des Widerspruchs.** Als Erhebung des Widerspruchs ist **jede Eingabe** zu werten, mit der der Beteiligte zu erkennen gibt, dass er die angekündigte Löschung für rechtswidrig hält. Auf die korrekte Bezeichnung des Rechtsbehelfs kommt es nicht an; eine (als solche unzulässige) »Beschwerde« gegen die Löschungsankündigung ist ohne Weiteres als Widerspruch zu behandeln. Noch nicht als Widerspruch anzusehen ist die bloße Bitte um Fristverlängerung, welcher formlos durch schlichtes Abwarten entsprochen werden kann. Eine förmliche Entscheidung über den Fristverlängerungsantrag ist unter den Voraussetzungen der §§ 16 Abs. 2 FamFG, 224 Abs. 2 ZPO möglich und mag als nobile officium geboten sein, bleibt aber rechtlich unerheblich, da »verspätete« Widersprüche ohnehin voll zu berücksichtigen sind (Rdn. 46).

45 Der Widerspruch muss **schriftlich oder zur Niederschrift der Geschäftsstelle** abgegeben werden (§ 25 Abs. 1). Eine Begründung des Widerspruchs ist nicht zwingend erforderlich aber tunlich, denn der Widerspruch soll dazu dienen, das Vorhandensein von Vermögen zu rechtfertigen.

46 **3. »Widerspruchsfrist«, Wiedereinsetzung in den vorigen Stand.** Die mit der Löschungsankündigung zu bestimmende »Widerspruchsfrist« ist keine Ausschlussfrist. Sie hat lediglich die Bedeutung einer **Wartefrist**, bis zu deren Ablauf der Löschungsvermerk nicht eingetragen werden darf (Abs. 3 i.V.m. § 393 Abs. 5). Ein Widerspruch ist auch dann noch zu berücksichtigen, wenn er nach Ablauf der Frist, allerdings vor Eintragung des Löschungsvermerks bei Gericht eingeht (BayObLG Rpfleger 1978, 181; OLG Köln NJW-RR 1994, 726, 727; Bassenge/Roth/*Walter* § 394 Rn. 13). Das folgt aus der Zielrichtung des Verfahrens nach § 394, welches nicht auf Sanktion, sondern auf materielle Registerwahrheit zielt. Einer Wiedereinsetzung in den vorigen Stand wegen der versäumten Widerspruchsfrist bedarf es daher nicht (Bumiller/*Harders* § 394 Rn. 8; Bassenge/Roth/*Walter* § 394 Rn. 13; Bahrenfuss/*Steup* § 394 Rn. 16; a.A. Keidel/*Heinemann* § 394 Rn. 26; MüKoFamFG/*Krafka* § 394 Rn. 16).

47 **4. Verfahren und Entscheidung über den Widerspruch.** Für das Widerspruchsverfahren verweist Abs. 3 auf § 393 Abs. 3, 4. Soweit der Widerspruch zu weiteren Ermittlungen veranlasst, sind diese aufzunehmen und die entscheidungserheblichen Feststellungen zu treffen. Eine mündliche Verhandlung über den Widerspruch ist – anders als z.B. nach der Sollvorschrift des § 390 Abs. 1 – nicht grds. gefordert.

48 Über den Widerspruch entscheidet bei Gesellschaften der Richter, bei Genossenschaften (sowie im Fall einer Übertragung nach § 19 Abs. 1 Nr. 6 RPflG) der Rechtspfleger. Die Entscheidung ergeht durch Beschluss. Der Widerspruch ist zurückzuweisen, wenn feststeht, dass die Gesellschaft vermögenslos ist; andernfalls ist dem Widerspruch stattzugeben. Verbleiben Zweifel, darf die Gesellschaft nicht gelöscht werden.

49 Die stattgebende Widerspruchsentscheidung, also die Aufhebung der Löschungsankündigung, ist den zuständigen berufsständischen Organen, der Finanzbehörde, sofern sie das Verfahren beantragt hat, und im Fall von Kreditinstituten oder Kapitalanlagegesellschaften der BaFin bekannt zu geben, denen grds. ein Beschwerderecht zusteht (§§ 380 Abs. 5 FamFG, 43 Abs. 3 KWG, 3 Abs. 5 KAGB). Die Entscheidung ist den *Organen förmlich* zuzustellen, wenn sie deren bereits erklärten Willen nicht entspricht (§ 41 Abs. 1 Satz 2).

Im Fall der Zurückweisung des Widerspruchs sind dem Widerspruchsführer die **Kosten** aufzuerlegen, wenn 50
dies nicht unbillig ist (Abs. 3 i.V.m. § 393 Abs. 4). Die Regel ist danach die Auferlegung der Kosten; davon
abzusehen ist die Ausnahme. Die Gesetzesbegründung gibt keine Hilfestellung, wann von »Unbilligkeit«
auszugehen ist. Zu denken wäre bspw. an Fälle, wo Gläubiger den Widerspruch einlegen, weil sie Vollstreckungsaussichten in einzelne Gegenstände oder Rechte vermuten, von denen sich im Laufe des Verfahrens
jedoch herausstellt, dass sie bereits nicht mehr vorhanden sind oder an Dritte übertragen waren. Kein Unbilligkeitsgrund i.S.d. Abs. 3 i.V.m. § 393 Abs. 4 ist jedenfalls mangelnde Leistungsfähigkeit des Widerspruchsführers, die Verfahrenskosten aufzubringen.

Die Zurückweisung des Widerspruchs ist zuzustellen (§ 41 Abs. 1 Satz 2) und hat eine **differenzierte** 51
Rechtsbehelfsbelehrung (§ 39) zu enthalten, welche die Möglichkeiten der Beschwerde sowohl gegen die
Zurückweisung des Widerspruchs als auch isoliert gegen die Kostenentscheidung (s. § 389 Rdn. 24) gesondert aufzeigt.

Die Löschung selbst darf nicht gleichzeitig mit der Zurückweisung des Widerspruchs vollzogen oder angeordnet werden, sondern **erst nach Rechtskraft** der Entscheidung (Abs. 3 i.V.m. § 393 Abs. 5). 52

5. Beschwerde gegen die Zurückweisung des Widerspruchs. Gegen die Zurückweisung des Widerspruchs 53
ist die Beschwerde statthaft. Sie kann von jedem eingelegt werden, der an der Unterlassung der Löschung
ein berechtigtes Interesse hat. Für das Beschwerdeverfahren muss das berechtigte Interesse jedoch – anders
als im Widerspruchsverfahren (Rdn. 43) – konkret dargelegt werden; andernfalls ist das Rechtsmittel unzulässig.

Das Beschwerdegericht prüft formell, ob die Löschungsankündigung den gesetzlichen Inhalt hatte und die 54
Widerspruchsfrist ausreichend lang bemessen war. Eine zu kurz bemessene Widerspruchsfrist kann auch
dann zur Aufhebung des Beschlusses führen, wenn der Widerspruch rechtzeitig eingelegt wurde, da die
Frist auch dazu bestimmt ist, der Gesellschaft innerhalb angemessener Zeit Gelegenheit zu geben, den Löschungsgrund durch Beschaffung neuer Vermögenswerte zu beseitigen (Rdn. 27). Unterlassene oder formfehlerhafte Löschungsankündigungen können in der Beschwerdeinstanz nicht nachgeholt oder geheilt werden, da sie ausschließlich durch das Registergericht vorgenommen werden können (KG NJW-RR 2007,
1185; a.A. BeckOK FamFG/*Munzig* § 394 Rn. 48). Das Beschwerdegericht hätte nämlich bereits keine technische Möglichkeit, die Ankündigung faktisch durchzuführen, insbesondere seine Löschungsankündigung
im Bekanntmachungssystem zu publizieren. Materiell prüft das Beschwerdegericht, ob Vermögenslosigkeit
vorliegt.

Die Beschwerde bleibt auch dann zulässig, wenn das Registergericht den Löschungsvermerk unzulässiger 55
Weise unter Verstoß gegen Abs. 3 i.V.m. § 393 Abs. 5 bereits vor Eintritt der Rechtskraft eingetragen haben
sollte. Es ändert sich allein das Rechtsschutzbegehren des Beschwerdeverfahrens, welches nunmehr auf die
Anweisung des Registergerichts zur Einleitung eines Amtslöschungsverfahrens nach § 395 hinsichtlich des
eingetragenen Löschungsvermerks gerichtet ist (OLG Düsseldorf NJW-RR 2006, 903; OLG Schleswig NJW-RR 2001, 30; a.A. BeckOK FamFG/*Munzig* § 394 Rn. 54).

6. Aufschiebende Wirkung des Widerspruchs und der Beschwerde. Der Widerspruch und die Beschwer- 56
de (sowie ggf. Rechtsbeschwerde) haben aufschiebende Wirkung. Die Löschung darf nur erfolgen, wenn
kein Widerspruch erhoben wurde oder wenn der den Widerspruch zurückweisende Beschluss rechtskräftig
geworden ist (Abs. 3 i.V.m. § 393 Abs. 5), also alle Rechtsbehelfsfristen abgelaufen sind (§ 45).

III. Rechtsbehelf gegen die Ablehnung oder Aufhebung einer Löschungsankündigung. Hatte ein berufs- 57
ständisches Organ die Einleitung des Verfahrens beantragt und lehnt das Gericht dieses ab, so steht diesem
hiergegen die Beschwerde zu (§ 380 Abs. 5). Auch die Finanzbehörde, die das Verfahren beantragt hat, hat
das Beschwerderecht. Handelt es sich um ein Kreditinstitut oder eine Kapitalanlagegesellschaft, steht zusätzlich der BaFin das Recht aus §§ 43 Abs. 3 KWG, 3 Abs. 5 KAGB zu. Ist die Beschwerde begründet, kann
das Beschwerdegericht jedoch die Löschungsankündigung nicht selbst vornehmen, sondern nur das Registergericht anweisen, diese zu erlassen. Durch eine solche Anweisung wird das Registergericht nur hinsichtlich der zu erlassenden Löschungsankündigung gebunden; der späteren Entscheidung über einen eventuellen Widerspruch des Beteiligten wird damit nicht vorgegriffen (vgl. KG NJW 1955, 1926, 1927; OLG
Frankfurt GmbHR 2015, 713 sowie BayObLG NJW-RR 1993, 698 für das Löschungsverfahren nach § 395).
Eine Rechtsbeschwerde gegen die Anweisung des Beschwerdegerichts, die Löschungsankündigung zu erlassen, dürfte unzulässig sein (BeckOK FamFG/*Munzig* § 393 Rn. 43; *Krafka/Kühn* Rn. 2388; s.a. OLG Hamm

JMBl NW 1957, 234), da insoweit kein Rechtsschutzbedürfnis besteht. Auch die Löschungsankündigung selbst könnte nicht mit der Beschwerde angegriffen werden (Rdn. 41).

58 Auch steht dem berufsständischen Organ, der Finanzbehörde und der BaFin die Beschwerde gegen eine Entscheidung zu, die dem Widerspruch des Beteiligten stattgibt und eine zuvor ergangene Löschungsankündigung aufhebt. Das Beschwerdegericht entscheidet dann in der Sache selbst, weist also – sofern die Beschwerde begründet ist – das Registergericht an, die Löschung vorzunehmen.

59 Andere Personen, namentlich **Konkurrenzunternehmen**, haben kein Beschwerderecht gegen die Ablehnung eines von ihnen angeregten Amtslöschungsverfahrens. Auch die Stellung als Gläubiger der zu löschenden Gesellschaft (BayObLG NJW-RR 2001, 613) oder umgekehrt die Stellung als beklagter **Prozessgegner im Zivilprozess**, der mit der Amtslöschung weitere Kostenlasten abzuwenden sucht (OLG Hamm FGPrax 2003, 185), genügt nicht.

60 Auch die Gesellschaft selbst, die ihre eigene Löschung wegen Vermögenslosigkeit angeregt hat, ist nicht beschwerdebefugt, wenn das Registergericht die Löschung ablehnt oder das Verfahren einstellt (OLG München GmbHR 2011, 657).

61 **E. Vollzug der Löschung.** Die Löschung wird vollzogen durch Vornahme der Eintragung, dass die Gesellschaft bzw. Genossenschaft gem. § 394 Abs. 1 FamFG wegen Vermögenslosigkeit von Amts wegen gelöscht ist. Daraufhin wird das Registerblatt geschlossen (§ 22 HRV). Die Eintragung darf gem. Abs. 3 i.V.m. § 393 Abs. 5 nur erfolgen, wenn bis dahin kein Widerspruch – auch kein verspäteter Widerspruch (s. Rdn. 46) – erhoben wurde oder wenn der den Widerspruch zurückweisende Beschluss rechtskräftig geworden ist. Wird ein zunächst erhobener Widerspruch zurückgenommen, darf die Eintragung gleichwohl erst nach Ablauf der gem. Abs. 1 gesetzten Frist erfolgen.

62 Das Gericht muss auch dann **von einer Löschung absehen**, wenn zwar kein Widerspruch eingelegt oder dieser rechtskräftig zurückgewiesen wurde, sich aber aus weiteren Erkenntnissen des Registergerichts ergibt, dass die Löschung ungerechtfertigt wäre, weil tatsächlich noch Vermögen besteht oder inzwischen erworben wurde (OLG Köln NJW-RR 1994, 726, 727; OLG Schleswig NJW-RR 2001, 30, 31; Keidel/*Heinemann* § 394 Rn. 31; Bassenge/Roth/*Walter* § 394 Rn. 16; Jansen/*Steder* § 141a Rn. 60). Die Entscheidung über das Absehen von der Löschung ist der Gesellschaft formlos mitzuteilen (§ 15 Abs. 3) und den berufsständischen Organen, der Finanzbehörde, sofern sie das Verfahren beantragt hatte, sowie im Fall von Kreditinstituten oder Kapitalanlagegesellschaften der BaFin, denen jeweils ein Beschwerderecht zusteht (§§ 380 Abs. 5 FamFG, 43 Abs. 3 KWG, 3 Abs. 5 KAGB, 16 Abs. 3 BausparkG), bekannt zu geben (§ 15 Abs. 1, 2). Widerspricht das Absehen von der Löschung dem bereits erklärten Willen des Organs, der Finanzbehörde oder der BaFin, ist die Entscheidung zuzustellen (§ 41 Abs. 1 Satz 2).

63 **F. Rechtsfolgen der Löschung.** Die Eintragung wirkt konstitutiv: Mit der Eintragung der Löschung gilt die Gesellschaft oder Genossenschaft als **aufgelöst** (§§ 262 Abs. 1 Nr. 6, 289 Abs. 2 Nr. 3 AktG, 60 Abs. 1 Nr. 7 GmbHG, 131 Abs. 2 Satz 1 Nr. 2 HGB, 81a Nr. 2 GenG).

64 Zugleich tritt damit die **Vollbeendigung**, also das materielle Erlöschen der Gesellschaft ein, sofern sie tatsächlich vermögenslos ist (sog. Lehre vom Doppeltatbestand; vgl. Scholz/*K.Schmidt/Bitter* § 60 Rn. 56 ff. m.w.N.). Die vollbeendete Gesellschaft ist **nicht rechtsfähig** und damit auch **nicht parteifähig** (§ 50 Abs. 1 ZPO; BGH ZIP 2010, 2444). Zum Sonderfall der Fortsetzung noch anhängiger **Patentrechtsstreitigkeiten** vgl. BPatG München (23. Sen) MittdtschPatAnw 2009, 127 vs BPatG München (25. Sen) Beschl. v. 19.06.2008 – 25 W (pat) 21/06.

65 Stellt sich nach Eintragung der Löschung jedoch heraus, dass in Wahrheit noch Vermögen vorhanden ist, ist die Gesellschaft noch nicht beendet und es findet die **Nachtragsliquidation/-abwicklung** statt (Rdn. 76 ff.). In diesem Fall ist die Gesellschaft zwar rechts- und parteifähig, aber ohne gerichtlich bestellten Nachtragsliquidator/-abwickler nicht prozessfähig. Die entfallene Prozessfähigkeit wirkt sich gem. § 86 ZPO allerdings dann nicht aus, wenn die Gesellschaft vor ihrer Löschung im Register bereits Prozessvollmacht erteilt hatte (BayObLG FGPrax 2004, 297). Daher genügt für die Fortsetzung eines Aktivprozesses der gelöschten Gesellschaft die Unterstellung, dass noch das streitgegenständliche Vermögen vorhanden ist (BGH ZIP 2010, 2444). Für die Fortsetzung eines Passivprozesses gegen die gelöschte Gesellschaft muss die klagende Partei das Vorhandensein verwertbaren Gesellschaftsvermögens substanziiert behaupten (BGH ZIP 2010, 2444 und NJW 2015, 2424; KKW/*Winkler* [15. Aufl.] § 141a Rn. 16).

66 Zur Abgabe der **Vermögensauskunft** über das Vermögen der gelöschten Gesellschaft und über den Verbleib von *Gegenständen* (§§ 802c, 883 Abs. 2 ZPO) sowie zur Offenbarung nach § 836 Abs. 3 ZPO bleiben nach

pragmatischer und wohl herrschender Ansicht die zuletzt amtierenden Organe verpflichtet (OLG Frankfurt Rpfleger 1976, 329; Zöller/*Stöber* § 802c Rn. 8; PG/*Meller-Hannich* § 802c Rn. 10; Keidel/*Heinemann* § 394 Rn. 40). Nach anderer, dogmatisch stringenter Ansicht sind hierfür Nachtragsliquidatoren zu bestellen (OLG Frankfurt Rpfleger 1982, 290; OLG Stuttgart NJW-RR 1994, 1064).

G. Löschung des Löschungsvermerks. Da der Löschungsvermerk nach erfolgter Eintragung nicht mit Rechtsbehelfen anfechtbar ist (§ 383 Abs. 3), kann seine Wirkung nur dadurch beseitigt werden, dass der Löschungsvermerk seinerseits im Amtslöschungsverfahren nach § 395 gelöscht und die Gesellschaft wieder eingetragen wird (OLG Zweibrücken NJW-RR 2002, 825, 826; OLG München GmbHR 2006, 91), und zwar unter derselben Registernummer, aber auf einem neuen Registerblatt (wegen § 22 Abs. 1 HRV). Ein Rechtsbehelf, den die Gesellschaft gegen die bereits vollzogene Löschung einlegt, ist als Anregung zur Einleitung eines Amtslöschungsverfahrens nach § 395 umzudeuten (OLG Düsseldorf FGPrax 1998, 231; OLG Zweibrücken NJW-RR 2002, 825, 826; Jansen/*Steder* § 141 Rn. 60). Für das Verfahren nach § 395, welches auf die Amtslöschung der Amtslöschung zielt, gilt die Gesellschaft als beteiligten- und verfahrensfähig i.S.d. §§ 8, 9 und wird durch ihre zuletzt amtierenden Organe vertreten (BayObLG NJW-RR 1998, 613; KG NJW-RR 2004, 1555; OLG München GmbHR 2006, 91, 92). Eine Vertretung der Gesellschaft durch zwischenzeitlich neu gewählte Geschäftsführer oder Liquidatoren kommt nicht in Betracht, weil deren Bestellung ins Leere geht (KG NJW-RR 2004, 1555; OLG München GmbHR 2006, 91, 92). Neben der Gesellschaft selbst sind jedoch auch die Gesellschafter antrags- und beschwerdebefugt für das Verfahren nach § 395, da sie durch die Löschung der Gesellschaft in eigenen Rechten beeinträchtigt werden (OLG München GmbHR 2006, 91, 93). 67

Der eingetragene Löschungsvermerk kann aber nur dann nach § 395 gelöscht werden, wenn die Vornahme seiner Eintragung **unzulässig** war, also verfahrensfehlerhaft zustande kam. Das ist der Fall, wenn die Löschungsankündigung inhaltliche Mängel hatte, bspw. den Grund für die beabsichtigte Löschung nicht erkennen ließ, die Widerspruchsfrist zu knapp bemessen war, die Löschungsankündigung nicht an alle bekannten gesetzlichen Vertreter der Gesellschaft erging oder wenn der Löschungsvermerk entgegen Abs. 3 i.V.m. § 393 Abs. 5 trotz eingelegten Widerspruchs und vor dessen rechtskräftiger Bescheidung eingetragen wurde (OLG Zweibrücken NJW-RR 2002, 825; OLG Düsseldorf NJW-RR 2006, 903), wobei auch ein »verspäteter« Widerspruch zu beachten ist, sofern er vor der Eintragung vorlag (Rdn. 46). 68

Auf eine zu knapp bemessene Widerspruchsfrist kann das Amtslöschungsverfahren allerdings dann nicht gestützt werden, wenn tatsächlich Widerspruch eingelegt und dieser nach Abs. 3 i.V.m. § 393 Abs. 3 behandelt wurde. 69

Die unterlassene Anhörung der berufsständischen Organe bzw. des Prüfungsverbandes genügt für sich genommen nicht, weil sie keine »wesentliche Voraussetzung« der Eintragung i.S.d. § 395 Abs. 1 darstellt (a.A. Prütting/Helms/*Holzer* § 395 Rn. 18). Nach der Rechtsprechung des KG (NJW-RR 2004, 1555, 1556 und NJW-RR 2006, 904) soll Wiedereintragung aber dann geboten sein, wenn sich aus der Anhörung konkrete Umstände ergeben hätten, die gegen eine Vermögenslosigkeit gesprochen hätten. 70

Für die Wiedereintragung genügt es, wenn ein wesentlicher Verfahrensfehler feststeht. Dass die Löschung wegen Vermögenslosigkeit inhaltlich unrichtig war, muss nicht feststehen (BayObLG Rpfleger 1978, 181, 182; OLG Düsseldorf NJW-RR 1999, 1053; OLG Zweibrücken NJW-RR 2002, 825, 826; a.A. OLG Hamm NJW-RR 1993, 547, 549; Bahrenfuss/*Steup* § 394 Rn. 28; offen gelassen bei OLG Düsseldorf FGPrax 2013, 33, 34 f.; OLG Köln Rpfleger 2011, 443). Die Amtslöschung der verfahrenswidrig vorgenommenen Löschung der Gesellschaft darf also nicht mit der Begründung abgelehnt werden, dass diese tatsächlich vermögenslos sei. 71

Umgekehrt genügt die **inhaltliche Unrichtigkeit** des eingetragenen Löschungsvermerks für sich genommen nicht für die Einleitung des Amtslöschungsverfahrens nach § 395. Denn wenn kein Widerspruch eingelegt oder dieser rechtskräftig zurückgewiesen wurde, erging die Eintragung nach Maßgabe des Abs. 3 i.V.m. § 393 Abs. 5 zu Recht (KG JW 1935, 1798). Es führt also nicht zur Wiedereintragung der Gesellschaft, wenn nach der Eintragung der Löschung noch Vermögen vorgefunden wird (BayObLG NJW-RR 1998, 613, 614; GmbHR 2006, 91, 93; OLG Düsseldorf FGPrax 2013, 33, 34). Auch ein späteres Wiederaufleben der Gesellschaft durch Wiederauffüllung des Stammkapitals ist nach herrschender Auffassung nicht möglich (OLG Köln FGPrax 2010, 200 m.w.N.; RGZ 156, 23, 26 f.; BayObLG NJW-RR 1996, 417; Scholz/*K.Schmidt/Bitter* § 60 Rn. 83; Jansen/*Steder* § 141a Rn. 93; a.A. OLG Düsseldorf DNotZ 1980, 170; Keidel/*Heinemann* § 394 Rn. 37; Bahrenfuss/*Steup* § 394 Rn. 34). Hatte das Registergericht allerdings im Löschungsverfahren den falschen Hinweis gegeben, die Gesellschaft könne bei späterem Nachweis von Vermögen ihre Wiedereintra- 72 gung beantragen, und sie dadurch von Rechtsbehelfen gegen die beabsichtigte Löschung abgehalten, kann in dem falschen Hinweis selbst ein Verfahrensfehler liegen, der die Löschung des Löschungsvermerks für sich genommen rechtfertigt (OLG Frankfurt Rpfleger 1993, 249).

73 **H. Kosten.** Für die Löschungsankündigung werden keine Kosten erhoben.
74 Für die Zurückweisung des Widerspruchs hat der Widerspruchsführer die Kosten zu tragen, wenn sie ihm mit der Zurückweisung des Widerspruchs aufgegeben wurden (Abs. 3 i.V.m. § 393 Abs. 4). Erhoben wird die einfache Geb. nach Nr. 13400 KV GNotKG. Geschäftswert: § 36 Abs. 1 bis 3 GNotKG. Die dreifache Geb. wird erhoben für die Verwerfung oder Zurückweisung der Beschwerde gegen die Zurückweisung des Widerspruchs (Nr. 13610 KV GNotKG); bei Rücknahme des Rechtsmittels s. die Ermäßigungstatbestände der Nr. 13611, 13612 KV GNotKG.
75 Gebühren für die Eintragung des Löschungsvermerks werden nach Vorbem. 2 Abs. 4 und Vorbem. 3 Abs. 4 GebVerzeichnis HRegGebV nicht erhoben.

76 **I. Nachtragsliquidation/-abwicklung.** Stellt sich nach der Löschung heraus, dass noch Vermögen vorhanden ist, das nicht einer Nachtragsverteilung nach §§ 203 ff. InsO unterliegt (OLG Hamm FGPrax 2011, 247), ordnet das Gericht auf Antrag eines Beteiligten die Nachtragsliquidation (bei der AG: Nachtragsabwicklung) an und bestellt einen oder mehrere Nachtragsliquidatoren/-abwickler (§§ 264 Abs. 2, 290 Abs. 3 AktG, 66 Abs. 5 GmbHG, 145 Abs. 3 HGB, 83 Abs. 5 GenG). Insoweit wird der Fortbestand der Gesellschaft fingiert (Keidel/Heinemann FamFG § 394 Rn. 35; zur Auswirkung auf Grundbuchpositionen s. BGHZ 48, 303 = NJW 1968, 297; OLG München NZG 2015, 957).
77 Die Anordnung der Nachtragsliquidation und die Bestellung der Nachtragsliquidatoren erfolgen nicht durch das Registergericht, sondern durch das AG im **unternehmensrechtlichen Verfahren**. Das folgt für die Aktiengesellschaft aus § 375 Nr. 3 FamFG i.V.m. §§ 264 Abs. 2, 290 Abs. 3 AktG, für die GmbH/UG aus § 375 Nr. 6 FamFG i.V.m. § 66 Abs. 5 GmbHG, für Genossenschaften aus § 375 Nr. 7 FamFG i.V.m. 83 Abs. 5 GenG und für Personenhandelsgesellschaften aus § 375 Nr. 1 FamFG i.V.m. § 146 Abs. 2 Satz 3, § 145 Abs. 3 HGB. Funktionell zuständig ist der Rechtspfleger.
78 **Antragsberechtigt** ist jeder Gesellschafter, Gläubiger oder andere Beteiligte, dessen Recht durch die fehlende Handlungs- und Prozessfähigkeit der Gesellschaft beeinträchtigt wird. Der Antrag ist nur zulässig, wenn das Vorhandensein von Gesellschaftsvermögen substanziiert dargelegt wird (BayObLG ZIP 1984, 450; OLG Celle GmbHR 1997, 752; KG FGPrax 2007, 185; OLG Düsseldorf FGPrax 2015, 207).
79 Das Gericht hat auf den Antrag hin zu **ermitteln**, ob das behauptete verteilbare Vermögen der Gesellschaft vorhanden ist. Besteht das angebliche Vermögen in Rechtsansprüchen, genügt die Aussicht auf deren Realisierbarkeit. Sowohl die Rechtsverfolgung als auch die Vollstreckungsmöglichkeiten dürfen nicht völlig aussichtslos sein (vgl. BayObLG NJW-RR 1994, 230; OLG Celle GmbHR 1997, 752; OLG Düsseldorf GmbHR 2015, 816). Eine bloß vage Möglichkeit noch bestehender Ansprüche genügt aber nicht. Erforderlich sind vielmehr konkrete Angaben über den jeweiligen Anspruchsgrund, die Anspruchshöhe sowie die Person des Schuldners. Schwierigkeiten bei der Auffindung der hierzu erforderlichen Informationen entlasten den Antragsteller von diesen Darlegungen nicht (OLG Frankfurt FGPrax 2005, 271).
80 Stellt sich Vermögen heraus, ist die Nachtragsliquidation anzuordnen und **zwingend** ein Nachtragsliquidator gerichtlich zu bestellen. Ein Ermessen besteht nur hinsichtlich der Auswahl des Liquidators; i.d.R. empfiehlt sich eine Bestellung aus dem Kreise der Gesellschafter (*Krafka/Kühn* Rn. 438). Das Einverständnis des Vorgesehenen mit der Übernahme des Amtes ist einzuholen, da eine Verpflichtung hierzu grds. nicht besteht (OLG München FGPrax 2008, 171, 172 m.w.N.). Auch die nach §§ 266 Abs. 3 AktG, 67 Abs. 3 GmbHG vorgesehenen Versicherungen sind einzuholen. Vor der Ernennung ist den Gesellschaftern oder, soweit dies bei Publikumsgesellschaften untunlich ist, den Vertretungsorganen der Gesellschaft rechtliches Gehör zu gewähren (s.a. *Piorreck* Rpfleger 1978, 157, 159). Ordnet das Gericht Nachtragsliquidation an, ohne einen Liquidator zu bestellen, werden nicht die bisherigen Organe der Gesellschaft zu Abwicklern (BGH NJW 1985, 2479; Scholz/*K.Schmidt/Bitter* § 60 Rn. 58; s.a. BGH NJW 1970, 1044), sondern die gerichtliche Bestellung ist nachzuholen.
81 Die Ernennung wird mit der Bekanntgabe an den Liquidator wirksam. Die Gesellschaft ist als in Liquidation befindlich auf einem neuen Registerblatt unter der alten Registernummer von Amts wegen **wieder einzutragen**, ebenso die gerichtliche Bestellung des Liquidators und dessen spätere gerichtliche Abberufung (§§ 266 Abs. 4 AktG, 67 Abs. 4 GmbHG, 148 Abs. 2 HGB, 84 Abs. 2 GenG). Stichhaltige Gründe, in einzelnen *Fällen von der* Eintragung der Nachtragsliquidation in das Register abzusehen und lediglich dem Li-

quidator zu seiner Legitimation einen Bestellungsbeschluss an die Hand zu geben, gibt es nicht. Die Praxis ist in der Vergangenheit zwar vielfach so verfahren (vgl. BGH NJW-RR 2000, 1348, 1349 m.w.N. sowie zuletzt noch OLG München FGPrax 2011, 34), aber dies diente im Wesentlichen der Vermeidung von Aufwand und Kosten einer Wiedereintragung, welche in Zeiten der elektronischen Registerführung und Bekanntmachung keine tragende Rolle mehr spielen.

Gegen die Anordnung der Nachtragsliquidation, gegen deren Ablehnung sowie gegen die Bestellung der Nachtragsliquidatoren ist die Beschwerde zulässig (§§ 58 Abs. 1, 402 Abs. 1), welche aber keine aufschiebende Wirkung hat. Ein früherer Liquidator, der nicht erneut bestellt wurde, hat kein Beschwerderecht (KG OLGZ 1982, 145). Auch der bestellte Nachtragsliquidator selbst ist grds. nicht beschwerdeberechtigt, da ihm als einfachere Möglichkeit die Nichtannahme des Amtes offensteht (BayObLGZ 1996, 129, 130). Ausnahmsweise ist er aber beschwerdebefugt, wenn das Gericht eine Verpflichtung zur Übernahme des Amtes annimmt und die Bestellung deshalb gegen seinen erklärten Willen erfolgt (OLG München FGPrax 2008, 171, 172). 82

Auch ohne verteilungsfähiges Vermögen der Gesellschaft ist eine **Nachtragsliquidation mit beschränktem Wirkungskreis** anzuordnen, wenn weitere, nicht zwingend vermögensrechtliche Abwicklungsmaßnahmen erforderlich sind (§ 273 Abs. 4 AktG; für die GmbHG/UG und Genossenschaft in analoger Anwendung). Es genügt, wenn Rechtsbeziehungen bekannt werden, die eine gesetzliche Vertretung der Gesellschaft verlangen (BayObLG DNotZ 1955, 638, 640 ff.; OLG Frankfurt MDR 1983, 135, 136; Keidel/*Heinemann* § 394 Rn. 38; kritisch Scholz/*K.Schmidt/Bitter* § 60 Rn. 60 ff.). Hierzu gehört vor allem die Erledigung nicht vertretbarer Handlungen wie z.B. die Erstellung von Nachweisen und Bescheinigungen einschl. Arbeitszeugnissen (KG Rpfleger 2001, 239, 240), Erfüllung von Dokumentationspflichten, Erteilung von Auskünften, Abgabe von Willenserklärungen (z.B. zur Freigabe von Rechten, OLG Hamm OLGZ 1991, 13, oder als Komplementär einer GmbH & Co. KG, OLG Hamm NJW-RR 1987, 348, 349), Empfangnahme von Zustellungen, Teilnahme an noch offenen Verwaltungs- oder Steuerverfahren (BayObLG ZIP 1984, 450; OLG München FGPrax 2008, 171, 172; kritisch OLG Karlsruhe NJW-RR 1990, 100; OLG Hamm FGPrax 1997, 33) usw. Kann der Wirkungskreis nur von einer bestimmten Person wahrgenommen werden (Erstellung von Arbeitszeugnissen, Erfüllung von Dokumentationspflichten, Erteilung von Auskünften), kann eine Verpflichtung zur Übernahme des Amtes bestehen (vgl. KG FGPrax 2001, 86 – im konkreten Fall allerdings abgelehnt). 83

Die **Vergütung** des Nachtragsliquidators erfolgt aus Mitteln der Gesellschaft oder des Antragstellers, jedenfalls nicht aus Mitteln der Landeskasse (BayObLG DNotZ 1955, 638, 642; OLG Düsseldorf Rpfleger 1961, 302). 84

Eine **Abbestellung** des Nachtragsliquidators aus wichtigem Grund ist möglich (vgl. KG FGPrax 2006, 28; OLG Köln FGPrax 2003, 86). 85

§ 395 Löschung unzulässiger Eintragungen.

(1) ¹Ist eine Eintragung im Register wegen des Mangels einer wesentlichen Voraussetzung unzulässig, kann das Registergericht sie von Amts wegen oder auf Antrag der berufsständischen Organe löschen. ²Die Löschung geschieht durch Eintragung eines Vermerks.
(2) ¹Das Gericht hat den Beteiligten von der beabsichtigten Löschung zu benachrichtigen und ihm zugleich eine angemessene Frist zur Geltendmachung eines Widerspruchs zu bestimmen. ²§ 394 Abs. 2 Satz 1 und 2 gilt entsprechend.
(3) Für das weitere Verfahren gilt § 393 Abs. 3 bis 5 entsprechend.

Übersicht

	Rdn.		Rdn.
A. Allgemeines	1	2. Verfahrensrechtliche Mängel	33
B. Materielle Voraussetzungen der Löschung	3	a) Deklaratorische Eintragungen	35
I. Anwendungsbereich der Norm	3	b) Konstitutive Eintragungen	38
1. Noch nicht vollzogene Eintragungsverfügungen	4	III. Vorgreifliche Entscheidungen der BaFin und der Prozessgerichte	46
2. Schreibversehen	6	1. Entscheidungen der BaFin	46
II. Unzulässigkeit der Eintragung	7	2. Registergericht als zivilprozessuales Vollzugsorgan?	47
1. Sachlich unrichtige Eintragung	8	IV. Eingeschränkte Löschung nichtiger Gesellschaften und Genossenschaften (§ 397)	48
a) Begriff und Zeitpunkt der sachlichen (inhaltlichen) Unrichtigkeit	8		
b) Beispiele sachlicher Unrichtigkeit	13		

	Rdn.		Rdn.
V. Eingeschränkte Löschung nichtiger Beschlüsse (§ 398)	56	1. Benachrichtigung von der beabsichtigten Löschung	93
1. Gegenstand der Löschung: Der Beschluss selbst sowie seine registerrechtliche Umsetzung	58	2. Bestimmung einer angemessenen Frist zur Geltendmachung eines Widerspruchs	94
2. Verletzung zwingender gesetzlicher Vorschriften durch seinen Inhalt	59	3. Besondere Hinweise auf Heilungsmöglichkeiten	100
3. Öffentliches Interesse an der Beseitigung	60	4. Bekanntgabe	103
4. Mängel des Eintragungsverfahrens	64	VIII. Entbehrlichkeit der Löschungsankündigung	106
VI. Keine Löschung unabänderlich gewordener Strukturmaßnahmen	65	IX. Aussetzung des Löschungsverfahrens	107
VII. Keine Korrektur von Entscheidungen in unternehmensrechtlichen Verfahren	69	X. Unterrichtung des Anzeigenerstatters bei Nichteinleitung des Verfahrens (§ 24 Abs. 2)	109
VIII. Löschung eines Vereins bei (teil-)nichtiger Satzung	70	D. Rechtsbehelfe	110
C. Verfahren	71	I. Widerspruch und Beschwerde gegen die Zurückweisung des Widerspruchs	110
I. Zuständigkeit	71	II. Beschwerderecht bei Ablehnung der Amtslöschung	114
II. Abgrenzung zu anderen Verfahren	73		
1. Zwangsgeldverfahren (§§ 388 ff.)	73	E. Vollzug der Löschung	123
2. Ordnungsgeldverfahren (§ 392)	74	I. Inhalt des Löschungsvermerks (Abs. 1 Satz 2)	124
3. Auflösungsverfahren (§ 399)	75		
III. Einleitung des Verfahrens, Beteiligung der berufsständischen Organe	77	II. Löschung einer Firma oder eines Vereinsnamens	127
IV. Sachverhaltsermittlung	78	III. Löschung einer Sitzverlegung	132
V. Ermessensausübung	81	IV. Absehen von der Löschung	133
VI. Adressat der Löschungsankündigung	86	F. Rechtsfolgen der Löschung	135
VII. Form, Inhalt und Bekanntgabe der Löschungsankündigung	92	G. Löschung des Löschungsvermerks	139
		H. Kosten	144

1 **A. Allgemeines.** Eintragungen, die in das Register vorgenommen worden sind, können nicht mehr beseitigt werden. Sie dürfen aus Publizitätsgründen selbst dann nicht entfernt oder unleserlich gemacht werden, wenn sie in der Sache unrichtig und/oder verfahrensfehlerhaft zustande gekommen sind (§§ 12 Satz 2 HRV, 10 Abs. 1 Satz 2 VRV). Auch Beschwerde kann gegen eine Eintragung nicht eingelegt werden (§ 383 Abs. 3). Allein die **Wirkung der Eintragung** kann nachträglich und rückwirkend **beseitigt** werden, indem ein Vermerk angebracht wird, dass die Eintragung als unzulässig gelöscht ist. Diesem Zweck dient § 395, der die Löschungsvoraussetzungen und das Verfahren regelt.

2 Für die Schiffsregister enthält § 21 SchRegO eine Parallelvorschrift.

3 **B. Materielle Voraussetzungen der Löschung. I. Anwendungsbereich der Norm.** Gegenstand der Löschung nach § 395 ist jede in das Register wirksam vorgenommene Eintragung. Auch eine Eintragung, die auf Anweisung des Beschwerdegerichts erfolgte, kann gelöscht werden (KGJ 47, 108, 109; Keidel/*Heinemann* § 395 Rn. 4, 12). Die Löschung einer Eintragung ist wiederum selbst eine Eintragung und kann ihrerseits gelöscht werden (BGH NJW 1979, 1987). Gesellschafterlisten stellen keine Eintragung dar; deren Inhalte können nicht nach § 395 gelöscht werden (KG FGPrax 2013, 220, 221; Keidel/*Heinemann* § 395 Rn. 4).

4 **1. Noch nicht vollzogene Eintragungsverfügungen.** Bevor eine Eintragung wirksam wird (§ 382 Rdn. 46 f.), können alle innergerichtlichen Vorbereitungshandlungen formlos ohne Beachtung des § 395 aufgehalten werden. Dies gilt auch für bereits unterschriebene, noch nicht ausgeführte Eintragungsverfügungen (KGJ 30 A 141, 142; Jansen/*Steder* § 142 Rn. 10). Denn gerichtliche Verfügungen werden erst existent, wenn sie mit dem Willen des Gerichts aus dem inneren Geschäftsbetrieb heraustreten (BGH NJW-RR 2004, 1575 m.w.N.). Der hiervon abweichende Rechtsgedanke des § 38 Abs. 3 Satz 3, wonach Beschlüsse bereits mit deren Übergabe an die Geschäftsstelle existent werden sollen (BT-Drucks. 16/6308 S. 195) und folgerichtig danach unabänderlich sind, ist auf Eintragungsverfügungen nicht anzuwenden.

Abschnitt 3. Registersachen § 395

Umgekehrt kann eine Eintragungsverfügung, die den Beteiligten ausnahmsweise bereits vor ihrem Vollzug 5
bekannt gegeben wurde und dadurch aus dem inneren Geschäftsbetrieb herausgetreten ist, nicht mehr eigenmächtig durch den Richter/Rechtspfleger abgeändert werden. Denn der frühere § 18 Abs. 1 FGG, welcher dies ermöglichte, wurde willentlich nicht in das FamFG übernommen (BT-Drucks. 16/6308 S. 198 zu § 48 FamFG). Die durch Bekanntgabe nach außen existent gewordene Eintragungsverfügung kann auf Beschwerde abgeändert werden (§ 383 Rdn. 37). Andernfalls ist sie im Register zu vollziehen und kann dann nur noch durch ein anschließendes Löschungsverfahren nach § 395 beseitigt werden.

2. Schreibversehen. Für Schreibversehen und ähnliche offenbare Unrichtigkeiten in einer Eintragung gilt 6
§ 395 nicht; diese können ohne weitere Voraussetzungen von Amts wegen in Form einer neuen Eintragung oder auf andere eindeutige Weise berichtigt werden (§§ 17 Abs. 1 HRV; 24 GenRegV, 12 Abs. 2 VRV). Hierzu gehören auch Eintragungen an falscher Stelle, namentlich auf einem falschen Registerblatt. Die Berichtigung ist als solche kenntlich zu machen und den Beteiligten bekannt zu geben (§§ 17 Abs. 2 HRV, 12 Abs. 3 Satz 2 VRV).

II. Unzulässigkeit der Eintragung. Die zu löschende Eintragung muss wegen des Mangels einer wesentlichen Voraussetzung unzulässig sein, wobei sich die Unzulässigkeit sowohl auf sachliche (also inhaltliche) 7
Fehler der Eintragung als auch auf ein verfahrensrechtlich fehlerhaftes Zustandekommen beziehen kann.

1. Sachlich unrichtige Eintragung. a) Begriff und Zeitpunkt der sachlichen (inhaltlichen) Unrichtigkeit. Für die Prüfung der inhaltlichen Unrichtigkeit einer Eintragung kommt es nicht auf die Sach- und 8
Rechtslage zum Zeitpunkt ihrer Vornahme an, sondern darauf, ob die Eintragung derzeit unzulässig »ist«. Maßgebend sind also der aktuelle Rechtszustand und die Tatsachenlage **im Zeitpunkt der Löschungsentscheidung**. Der zuletzt noch durch das MoMiG geänderte Wortlaut des § 142 FGG, jetzt übernommen nach § 395 FamFG, stellt ausdrücklich klar, dass eine Löschung auch dann möglich ist, wenn eine Eintragung nicht von Anbeginn unzulässig war, sondern nachträglich unzulässig geworden ist. Auslöser für die Klarstellung war das Bedürfnis der Löschung von Zweigniederlassungen von Unternehmen mit Sitz im Ausland im Fall der Löschung der Hauptniederlassung (BT-Drucks. 16/6140 S. 79 zu Nr. 33).

Auch vor der Änderung durch das MoMiG entsprach es allerdings schon allgemeiner Rechtsüberzeugung, 9
dass jeweils auf die aktuelle Zulässigkeit der Eintragung abzustellen ist. Ausgangspunkt dieser Lehre war eine Entscheidung des Reichsgerichts, in der es darum ging, wie sich die nachträgliche Aberkennung des Doktortitels des Firmeninhabers auf die Zulässigkeit der von ihm geführten Firma auswirkt, welche den (früheren) Titel als Firmenbestandteil enthält (RGZ 169, 147, 151 f.). Auf der Reichsgerichtsentscheidung fußt die heute gängige und durch den Wortlaut des § 395 getragene Definition, dass die Voraussetzungen für eine Amtslöschung dann gegeben sind, wenn die Eintragung **entweder unzulässig vorgenommen** war **oder nachträglich unzulässig geworden** ist (OLG Frankfurt OLGZ 1979, 318, 321; OLG Düsseldorf NJW-RR 1999, 1052, 1053; OLG Hamm FGPrax 2001, 210; OLG Zweibrücken NJW-RR 2002, 457; Keidel/*Heinemann* § 395 Rn. 13; ähnlich Bassenge/Roth/*Walter* § 395 Rn. 6).

Freilich führt diese Definition in einen scheinbaren Abgrenzungskonflikt zu schlichten Veränderungen 10
i.S.d. §§ 16 Abs. 1 HRV, 11 Abs. 1 VRV. Wird etwa der Sitz einer Personenhandelsgesellschaft verlegt, verstirbt der eingetragene GmbH-Geschäftsführer oder erlischt eine Prokura, scheinen die Voraussetzungen des § 395 ebenfalls erfüllt: Die bisher zutreffende Registereintragung wurde nachträglich unrichtig wegen des (jetzt eingetretenen) Mangels einer sachlichen Voraussetzung der Eintragung. Gleichwohl geht das Gesetz davon aus, dass die Sitzverlegung (§ 107 HGB), das Erlöschen der Prokura (§ 53 Abs. 2 HGB) und das Ableben des Geschäftsführers (§ 39 Abs. 1 GmbHG) als Veränderung zum Register anzumelden und einzutragen sind und nicht als Amtslöschung. Daher führt der Weg, die auf solchen Veränderungen beruhenden Unrichtigkeiten des Registers zu bereinigen, ausschließlich über das Erzwingungsverfahren nach den §§ 388 ff. Umstritten ist allerdings der Fall, wo die Vertretungsmacht des Geschäftsführers dadurch erlischt, dass die Gesellschaft ihre Auflösung beschließt: nach Auffassung des OLG Köln (GmbHR 1985, 23) ist dies als Veränderung anzumelden, während das BayObLG (DNotZ 1995, 219, 220) die Voraussetzungen einer Amtslöschung für gegeben hielt. Literaturmeinungen finden sich für beide Stimmen (Nachweise bei BayObLG DNotZ 1995, 219, 220).

In umgekehrter Richtung gilt: Eine ursprünglich unzulässig vorgenommene Eintragung kann nicht mehr 11
gelöscht werden, wenn die sachlichen **Eintragungsvoraussetzungen nachträglich hergestellt** wurden. War bspw. die Wahl des eingetragenen Vereinsvorstands unwirksam, ist die Eintragung nicht zu löschen, wenn dieselbe Wahl später formgültig wiederholt wird (BayObLG NJW-RR 1996, 991). Die ursprünglich für ei-

nen Nichtkaufmann eingetragene Firma ist nicht mehr zu löschen, nachdem der eingetragene Firmeninhaber das Handelsgewerbe tatsächlich aufgenommen hat (KGJ 31 A 147, 151). Dabei kann – entgegen der Auffassung des KG – auch die Frage einer »arglistigen Reservierung« der Firma keine Rolle spielen, da das Interesse an einer Freihaltung einzelner Firmen zur Ergreifung durch Dritte nicht durch die §§ 17 ff. HGB geschützt wird.

12 **Zusammengefasst** liegt also eine sachlich unrichtige Eintragung i.S.d. § 395 vor, wenn diese nach heutigen Verhältnissen so nicht vorgenommen werden dürfte, auch keine Übergangsregelung sie fortwirkend legitimiert (z.B. § 11 Abs. 1 Satz 3 PartGG, Art. 22 EGHGB) und die Bereinigung des Zustandes nicht durch eine – notfalls erzwingbare – Veränderungsanmeldung bewirkt werden kann.

13 **b) Beispiele sachlicher Unrichtigkeit.** Die fehlende sachliche Eintragungsvoraussetzung muss »wesentlich« sein. Daraus folgt, dass nicht jede geringfügige Gesetzesverletzung und erst recht nicht die Verletzung einer bloßen Sollvorschrift genügt, sondern dass ein hinreichend schwerwiegender Verstoß vorliegen muss, der er es gebietet, die Wirkungen der Eintragung zu beseitigen. Beispiele aus der Rechtsprechung für sachliche Unrichtigkeiten, die zur Amtslöschung führen können, sind:

14 – Firmen, die für einen **Nichtkaufmann** eingetragen sind (KGJ 31 A 147, 150 – beachte aber §§ 2 Satz 1, 105 Abs. 2 HGB) oder für ein in Wahrheit gar nicht bezwecktes Handelsgewerbe (KG JW 1939, 293, 294);

15 – Firmen, die den **Grundsätzen der Firmenbildung** (OLG Schleswig NJW-RR 2000, 1639), der **Unterscheidbarkeit** (OLG Frankfurt Rpfleger 1979, 340) oder der **Firmenwahrheit** (OLG Hamm NJW-RR 1998, 611) widersprechen, wobei die Firma insgesamt (nicht nur der zu beanstandende Teil) zu löschen ist; für Altunternehmen sind die Übergangsregelungen des § 11 Abs. 1 Satz 3 PartGG und Art. 22 EGHGB zu beachten;

16 – **Vereine**, deren Satzung nichtig (KG NJW 1962, 1917) oder deren satzungsmäßiger Zweck auf einen **wirtschaftlichen Geschäftsbetrieb** gerichtet ist (OLG Hamm Rpfleger 1993, 249; KG Rpfleger 1993, 69, 70) oder die einen wirtschaftlichen Geschäftsbetrieb satzungswidrig unterhalten (sog. **verdeckter Vereinsklassenwechsel**, BT-Drucks. 16/13542 S. 14; vgl. auch OLG Frankfurt SpuRt 2011, 125 sowie zur Ermessensausübung in diesen Fällen OLG Brandenburg Beschl. v. 08.07.2014 – 7 W 124/13, BeckRS 2014, 18675; Beschl. v. 04.08.2014 – 7 W 83/14, BeckRS 2014, 22210).

17 – Vereine, die einen **irreführenden Namen** führen (analog § 18 Abs. 2 HGB; vgl. LG Traunstein Rpfleger 2008, 580);

18 – **Vereinsvorstände**, die aufgrund eines in Wahrheit nicht gefassten oder eines nichtigen Beschlusses der Mitgliederversammlung eingetragen wurden (OLG Köln Rpfleger 2009, 237; OLG Zweibrücken FGPrax 2002, 80 m.w.N.) oder deren Abberufung trotz Fehlens der satzungsmäßigen Voraussetzungen eingetragen wurde (OLG Köln FGPrax 2009, 82);

19 – eingetragene **Geschäftsführer**, die unter Verstoß gegen § 6 Abs. 2 GmbHG bestellt wurden (BayObLG GmbHR 1992, 304, 305: Geschäftsunfähigkeit; OLG Naumburg FGPrax 2000, 121: Vorverurteilung wegen Insolvenzstraftat; KG GmbHR 2012, 91: Gewerbeuntersagung; OLG Zweibrücken NJW-RR 2001, 1689: Ausländischer Geschäftsführer ohne Einreisemöglichkeit – s. dazu aber vor § 378 Rdn. 81 – sowie zum Ganzen Rdn. 58). Nicht ausreichend ist die behördliche Handwerksuntersagung (BayObLG NJW-RR 1986, 1362, 1363; zur Gewerbeuntersagung in anderer Branche vgl. KG FGPrax 2012, 208);

20 – eingetragene Geschäftsführer, denen die **Amtsausübung** gerichtlich – auch durch einstweilige Verfügung – **untersagt** wurde (BayObLG NJW-RR 1989, 934);

21 – eingetragene Kapitalgesellschaften mit nichtiger Satzung unter den Voraussetzungen wie Rdnr. 49;

22 – eingetragene Rechtstatsachen, die **mit dem Gesellschaftsvertrag oder der Beschlusslage sachlich nicht übereinstimmen** (RGZ 85, 205, 208) oder sonst sachlich unrichtige Eintragungen, z.B. im Güterrechtsregister die Eintragung eines Entzugs der Schlüsselgewalt, welche ggü. dem Ehegatten gar nicht erklärt wurde (KGJ 32 A 34);

23 – nichtige **Unternehmensverträge**, die eingetragen wurden (OLG Hamm FGPrax 2009, 231), sowie Unternehmensverträge, die unter vertauschter Angabe der Rollenverhältnisse eingetragen sind (zweifelhaft entschieden daher OLG Celle RNotZ 2014, 46).

24 – Zweigniederlassungen ausländischer Gesellschaften, nachdem die Hauptniederlassung im ausländischen Heimatregister gelöscht wurde (KG GmbHR GmbHR 2012, 401; *Krafka/Kühn* Rn. 337a). Hierbei ist zu beachten, dass die im Ausland erloschene Gesellschaft im Inland als Rest- oder Spaltgesellschaft in der Rechtsform einer OHG oder als einzelkaufmännisches Handelsgewerbe fortbestehen kann (OLG Nürn-

berg GmbHR 2008, 41 m.w.N.; OLG München Urt. v. 05.12.2012 – 7 U 2758/12; OLG Hamm DNotZ 2014, 705; KG NJW 2014, 2737).

Entsprechend wären für das Partnerschaftsregister zu nennen: 25

- **Formwidrigkeit** oder **nichtiger Inhalt** des Partnerschaftsvertrages (§ 3 Abs. 1, 2 PartGG); 26
- ein **Partnerschaftsname**, der nicht wenigstens den Namen eines Partners oder nicht den Zusatz »und 27 Partner« bzw. »Partnerschaft« oder nicht alle vertretenen Berufsbezeichnungen oder der den Namen anderer Personen als der Partner enthält (§ 2 Abs. 1 PartGG) oder der zur Täuschung geeignet ist oder keine hinreichende Unterscheidungskraft besitzt (§ 2 Abs. 2 PartGG);
- **fehlende aktive Ausübung** eines freien Berufes durch die Partner (§ 1 Abs. 2 PartGG). 28

Kein Löschungsgrund ist: 29

- das Fehlen oder der Wegfall der staatlichen Genehmigung des Unternehmensgegenstandes (so bereits 30 OLG Frankfurt MDR 1984, 235 zur früheren Rechtslage; seit Wegfall der §§ 8 Abs. 1 Nr. 6 GmbHG a.F., 181 Abs. 1 Satz 3 AktG a.F. nunmehr völlig unzweifelhaft);
- die Anfechtung des Ehevertrages, auf dem die güterrechtlichen Eintragungen beruhen (KG DFG 1937, 31 61);
- das Unrichtigwerden voreingetragener Vertretungsverhältnisse als Rechtsfolge eines von Amts wegen ein- 32 zutragenden Insolvenz- oder Auflösungsvermerks (§ 384 Rdn. 3, 6).

2. Verfahrensrechtliche Mängel. Ein verfahrensrechtlicher Mangel liegt jedenfalls dann vor, wenn eine in- 33 haltlich gar nicht zulässige Eintragung erfolgte, z.B. die Eintragung eines Treuhandverhältnisses (OLG Hamm NJW 1963, 1554) oder des Güterstandes eines Kaufmanns in das Handelsregister (RGZ 63, 245, 249).

Ansonsten ist primär zu unterscheiden zwischen deklaratorischen und konstitutiven Eintragungen. 34

a) Deklaratorische Eintragungen. Bei deklaratorischen Eintragungen (Begriff: vor § 378 Rdn. 89), deren 35 Inhalt richtig ist, spielen Verfahrensmängel praktisch keine Rolle. Denn würde das Gericht die Eintragung wegen eines Verfahrensmangels löschen, müsste es sogleich dazu auffordern und notfalls erzwingen, dieselbe Tatsache wieder zum Register anzumelden, um dessen inhaltliche Richtigkeit zu wahren (BayObLG NJW-RR 2002, 246, 247; Jansen/*Steder* § 142 Rn. 30). Daran kann niemand gelegen sein.

Durchzuführen ist das Amtslöschungsverfahren daher nur, wenn zum Verfahrensmangel noch die **inhalt-** 36 **liche Unrichtigkeit der Eintragung hinzutritt** (KG OLGR 43, 202; BayObLGZ 1955, 333, 339 f.; OLG Hamm OLGZ 1971, 475, 476 f.; BayObLG NJW-RR 2002, 246, 247; OLG Zweibrücken FGPrax 2006, 229). Dann allerdings wird die Eintragung in aller Regel zu löschen sein, denn es spricht der erste Anschein dafür, dass die Verletzung der Verfahrensvorschrift für die Falscheintragung ursächlich wurde. Nichts spricht dafür, eine auf doppelter Ebene falsch herbeigeführte Verlautbarung aufrecht zu erhalten.

Zum Sonderfall der verfahrensfehlerhaft von Amts wegen vorgenommenen Firmenlöschung s. § 393 37 Rdn. 63 ff.

b) Konstitutive Eintragungen. Wirkt die Eintragung konstitutiv (Begriff: vor § 378 Rdn. 70), **genügt jeder** 38 **wesentliche Verfahrensmangel** für eine Amtslöschung, denn in diesem Fall haben nicht nur die formalen Voraussetzungen für die Vornahme der Eintragung als solche gefehlt, sondern zugleich die materiellen Voraussetzungen für die Herbeiführung der an die Eintragung geknüpften Rechtsänderung (Jansen/*Steder* § 142 Rn. 31 m.w.N.).

Verfahrensmangel ist jede Abweichung von den Verfahrensvorschriften des FamFG, von den Registerver- 39 ordnungen (Anh. § 387) sowie von den weiteren Verfahrensvorschriften, die die materiellen Gesetze enthalten. Abgrenzungsschwierigkeiten ergeben sich nur bei der wertenden Fragestellung, was als »wesentlicher« Verfahrensmangel anzusehen ist.

Das **Fehlen** einer auf die Eintragung zielenden **Registeranmeldung** ist ein wesentlicher Verfahrensmangel, 40 der z.B. praxisrelevant wird, wenn das Gericht überschießende Eintragungen vornimmt, die über den Gegenstand einer eingereichten Anmeldung hinausgehen.

Ebenfalls bedeutet es einen wesentlichen Verfahrensmangel, wenn eine Registeranmeldung nicht durch alle 41 Anmeldeberechtigten in ihrer Gesamtheit bzw. in erforderlicher Anzahl abgegeben wurde (Jansen/*Steder* § 142 Rn. 31; Bassenge/Roth/*Walter* § 395 Rn. 5; Bork/Jacoby/Schwab/*Müther* § 395 Rn. 9; Keidel/*Heinemann* § 395 Rn. 17; a.A. noch KG RJA 12, 60, 62; BayObLG RJA 16, 105, 106 f.). Ergänzend wird hierzu vertreten, dass der Mangel als geheilt gelte, wenn der untätig gebliebene Anmeldeberechtigte die Eintragung in Kenntnis bestehen lässt (Jansen/*Steder* § 142 Rn. 31, Jansen/*Ries* § 159 Rn. 50). Richtigerweise wird man aber für die Annahme einer dauerhaft tragenden Heilungswirkung (und damit für ein Absehen vom Löschungsverfahren) darüber hinaus verlangen müssen, dass der Anmeldeberechtigte nicht nur eine abwartende Haltung einnimmt, sondern sein nachträgliches Einverständnis mit der Eintragung ausdrücklich ggü. dem Registergericht erklärt.

42 Im Güterrechtsregister stellt die Eintragung ohne formgerechten Antrag des/der berechtigten Ehegatten nach allgemeiner Rechtsüberzeugung einen wesentlichen Verfahrensmangel dar (MüKoBGB/*Kanzleiter* § 1560 Rn. 9, Staudinger/*Thiele* 1560 Rn. 4), obwohl § 1560 BGB nur als »Soll«-Vorschrift formuliert ist.

43 Ob Eintragungen in das **Güterrechtsregister eines örtlich unzuständigen Gerichts** von Amts wegen zu löschen sind (so Jansen/*Ries* § 161 Rn. 6, 22; Keidel/*Heinemann* § 395 Rn. 24; *Krafka/Kühn* Rn. 2343; Bahrenfuss/*Steup* § 374 Rn. 71), ist zweifelhaft. Denn § 1559 BGB und Art. 4 Abs. 2 EGHGB gehen davon aus, dass jedenfalls die Eintragungen eines *nachträglich* unzuständig gewordenen Gerichts erhalten bleiben und sogar weiterhin aktualisiert werden können (s. § 377 Rdn. 41). Weshalb sollten dann Eintragungen eines *anfänglich* unzuständigen Gerichts von Amts wegen gelöscht werden? Im Gegenteil: Da die Wirkungen des § 1412 BGB erst eintreten, wenn an jedem Ort des gewöhnlichen Aufenthalts eine Eintragung in das Güterrechtsregister erfolgt ist, andererseits der Begriff des »gewöhnlichen Aufenthalts« schwierige Abgrenzungsfragen auslösen kann, sollten zum Schutze der Ehegatten und des Rechtsverkehrs Eintragungen auch in solchen Güterrechtsregistern zugelassen werden, deren örtliche Zuständigkeit zweifelhaft ist (s. § 377 Rdn. 39). Für eine Amtslöschung wegen örtlicher Unzuständigkeit besteht unter diesem Blickwinkel weder Veranlassung noch Bedürfnis.

44 Von Amts wegen eingetragene Löschungs- und Auflösungsvermerke, welche unter Verstoß gegen wesentliche Verfahrensvoraussetzungen der §§ 394, 395, 399 vollzogen wurden, sind ihrerseits von Amts wegen zu löschen. Wegen der z.T. unterschiedlichen Voraussetzungen vgl. § 394 Rdn. 67 ff., § 395 Rdn. 139 ff., § 399 Rdn. 63 ff.

45 **Kein Löschungsgrund** ist ein Mangel lediglich der Form der Anmeldung (KGJ 27 A 67, 69 f.) oder ein Verstoß des abgelehnten Registerrichters gegen die Wartepflicht nach §§ 6 Abs. 1 FamFG, 47 Abs. 1 ZPO (KG FGPrax 2009, 177) oder die Eintragungsverfügung durch den Rechtspfleger anstelle des funktionell zuständigen Richters (KG JFG 11, 178; Jansen/*Steder* § 142 Rn. 28).

46 **III. Vorgreifliche Entscheidungen der BaFin und der Prozessgerichte. 1. Entscheidungen der BaFin.** Bei der Löschung einer Firma gem. § 6 Abs. 4 VAG ist das Registergericht an die Entscheidung der BaFin (§ 6 Abs. 2 VAG) gebunden (Prölss/*Präve* § 4 Rn. 25, 30 m.w.N.). Dasselbe gilt in Bezug auf Entscheidungen der BaFin über die Verwendung der für Kreditinstitute und Kapitalanlagegesellschaften reservierten Firmenbezeichnungen (§§ 42 KWG, 3 Abs. 5 KAGB, 16 Abs. 3 BausparkG): Auch sie sind für die Registergerichte verbindlich (Beck/Samm/Kokemoor/*Samm* KWG § 42 Rn. 32 m.w.N.). Die von Jansen/*Steder* (§ 142 Rn. 82) hiergegen vorgebrachten Bedenken, eine Bindungswirkung an die Entscheidung der BaFin könnte mit Rechtsweggarantien des Art. 19 Abs. 4 GG in Konflikt treten, tragen deshalb nicht, weil die Entscheidungen der BaFin im Verwaltungsrechtswege anfechtbar sind, womit Art. 19 Abs. 4 GG ausreichend genügt ist. Auch kann der Auffassung nicht gefolgt werden, dass der Wortlaut des § 4 Satz 2 KWG darauf hinweise, dass sich die Bindungswirkung (nur) auf Verwaltungsbehörden erstrecke, da Gerichte als Bindungsadressaten nicht in der Vorschrift aufgeführt seien (so aber Keidel/*Heinemann* § 395 Rn. 52; BeckOK FamFG/*Munzig* § 395 Rn. 33; Boos/Fischer/Schulte-Mattler/*Schäfer* § 4 Rn. 17). Der Bedeutungsgehalt des § 4 KWG ist damit überinterpretiert. Die Vorschrift normiert nur positiv das Bestehen einer Bindungswirkung, nicht jedoch negativ bestimmte Ausschlüsse davon. Es führte auch zu kaum hinnehmbaren Friktionen, wenn die Verwaltungsbehörden eine Geschäftsbetätigung unter der reservierten Firmenbezeichnung wegen der für sie bindenden BaFin-Entscheidung untersagen müssten, die Registergerichte jedoch ungebunden blieben und die Firma entgegen der BaFin-Entscheidung belassen könnten (Beck/Samm/Kokemoor/*Samm* KWG § 42 Rn. 32 m.w.N.).

47 **2. Registergericht als zivilprozessuales Vollzugsorgan?** Nach Auffassung des OLG München (Rpfleger 2013, 686 unter Berufung auf gesellschaftsrechtliche Literatur; ähnlich zuvor OLG Hamm NJW-RR 2005, 767) habe das Registergericht eine Firma auch dann von Amts wegen zu löschen, wenn deren Inhaber in einem Zivilprozess rechtskräftig zur Löschung seiner Firma verurteilt worden sei. Zwar bestehe dafür keine ausdrückliche gesetzliche Vorschrift, doch müsse ein verfahrensrechtlicher Weg zur Durchsetzung des materiellen Anspruchs auf Löschung der Firma gefunden werden, denn das Verfahrensrecht habe ggü. dem

materiellen Recht nur dienende Funktion. Dem Firmierenden stehe es frei, es nicht auf die Zwangsvollstreckung ankommen zu lassen, sondern durch eine Änderung der Firma den titulierten Unterlassungsanspruch zu erfüllen. Dieser Ansicht ist jedoch entgegenzuhalten, dass einerseits das Registerrecht nicht als Instrument zur Durchsetzung privatrechtlicher Unterlassungsansprüche konzipiert ist, sondern lediglich die bestehenden Verhältnisse bekundet, andererseits sehr wohl Möglichkeiten zur Durchsetzung des Anspruchs im zivilprozessualen Vollstreckungswege bestünden, z.B. nach § 888 ZPO. Das Registergericht ist kein zivilprozessuales Vollstreckungsorgan. Allemal kann die zivilprozessuale Verurteilung nicht die nach § 395 erforderliche Wesentlichkeitsprüfung ersetzen.

IV. Eingeschränkte Löschung nichtiger Gesellschaften und Genossenschaften (§ 397). Gem. § 397 kann eine eingetragene AG, KGaA, GmbH/UG oder Genossenschaft nur dann als nichtig gelöscht werden, wenn die Voraussetzungen vorliegen, unter denen die Klage auf Nichtigerklärung (§§ 275, 276 AktG) bzw. die Nichtigkeitsklage nach den §§ 75, 76 GmbHG, 94, 95 GenG erhoben werden kann. Die Vorschrift schränkt den materiellen Anwendungsbereich des § 395 dahin ein, dass eine Löschung von Kapitalgesellschaften und Genossenschaften nicht wegen eines Mangels allgemeiner Eintragungsvoraussetzungen angeordnet werden darf, selbst wenn es sich dabei um wesentliche Eintragungsvoraussetzungen handelt, sondern nur wegen der im Gesetz abschließend aufgezählten Fälle, die zur Erhebung einer Nichtigkeitsklage berechtigten (OLG Frankfurt NJW-RR 2002, 605). Sie schützt damit das Vertrauen der Öffentlichkeit in den Bestand der Gesellschaft und räumt ihm Vorrang vor den privaten Interessen einzelner Personen ein, die durch die Eintragung einer fehlerhaften Gesellschaft in ihren Rechten betroffen sein könnten (KG NJW-RR 2001, 1117 m.w.N.).

Die Nichtigkeitsgründe müssen bereits in der Gründungssatzung gegeben sein. Ist die nichtige Vorschrift erst durch spätere Satzungsänderung in die Satzung gekommen, muss (nur) die Eintragung der Satzungsänderung gelöscht werden (BayObLG Rpfleger 1985, 117 m.w.N.).

Bei den **Kapitalgesellschaften** sind die zur Löschung führenden Nichtigkeitsgründe sehr eng gefasst. Die Satzung muss unter bestimmten elementaren Defiziten leiden: Entweder muss eine Bestimmung über die Höhe des Grund- oder Stammkapitals völlig fehlen (die Nichtigkeit der Bestimmung genügt nicht, sondern führt zu § 399) oder es muss die Bestimmung über den Gegenstand des Unternehmens entweder völlig fehlen oder nichtig sein (insb. §§ 134, 138 BGB; Fallbeispiel: OLG Düsseldorf FGPrax 2014, 32) und es darf der Fehler nicht bereits durch Satzungsänderung geheilt sein. Eine über die Nichtigkeit anderer Satzungsbestimmungen i.V.m. § 139 BGB herbeigeführte Gesamtnichtigkeit der Satzung genügt nicht (Keidel/*Heinemann* § 397 Rn. 8; MüKoFamFG/*Krafka* § 397 Rn. 5; Bork/Jacoby/Schwab/*Müther* § 397 Rn. 5; Bahrenfuss/*Steup* § 397 Rn. 20; vgl. auch RGZ 73, 429, 431; 114, 77, 80 f.; 128, 1, 5). Eine Löschung nichtiger Gesellschaften kommt daher nur in seltenen Ausnahmefällen in Betracht, wie bspw. bei fiktiv angegebenen Unternehmensgegenständen, wenn in Wahrheit eine verdeckte Mantel-(Vorrats-)gründung vorliegt (vgl. BGH NJW 1992, 1824, 1826 f.) oder von vornherein eine vollständig abweichende Geschäftstätigkeit beabsichtigt war und ausgeübt wird (MüKoFamFG/*Krafka* § 397 Rn. 8; a.A. Keidel/*Heinemann* § 397 Rn. 10 m.w.N.) oder wenn ein ursprünglich zulässiger Unternehmensgegenstand später unter ein staatliches Verbot gestellt wird (§ 134 BGB, s. MüKoFamFG/*Krafka* § 397 Rn. 8, 10). Die **Dreijahresfrist** für die Erhebung der Klage auf Nichtigerklärung der AG (§ 275 Abs. 3 Satz 1 AktG) sowie die **Monatsfrist** für die Erhebung der Nichtigkeitsklage der GmbH/UG (§ 75 Abs. 2 GmbHG i.V.m. § 246 AktG) gelten für das Amtslöschungsverfahren nicht; das ist für die AG in § 275 Abs. 3 Satz 2 AktG ausdrücklich geregelt und gilt für die GmbH/UG entsprechend.

Bei der **Genossenschaft** sind die Nichtigkeitsgründe mannigfaltiger, sie erstrecken sich auf alle nach den §§ 6, 7, 119 GenG zwingend notwendigen Satzungsinhalte mit Ausnahme der Bestimmungen über die Beurkundung der Beschlüsse der Generalversammlung und den Vorsitz in dieser (§ 95 Abs. 1 GenG). Die unterschiedliche Behandlung von Satzungsmängeln der Kapitalgesellschaften einerseits und der Genossenschaften andererseits ist eine bedauerliche Inkonsequenz (Jansen/*Steder* § 144a Rn. 3), die leider auch mit der Einführung des FamFG nicht beseitigt wurde.

Bei der **SCE** gilt gem. § 10 SCEAG auch das spätere Auseinanderfallen von Sitzstaat und Hauptverwaltung als Löschungsgrund. Dass jene Vorschrift auf »§ 393 Abs. 3 und 4« verweist, ist eines der vielen Redaktionsversehen des FGG-RG, da die Verweisung richtigerweise auf »§ 393 Abs. 3 bis 5« hätte angepasst werden müssen, nachdem die Absatzgliederung im Zuge der Beratungen des BT-Rechtsausschusses geändert wurde, und zu alledem noch insgesamt überflüssig erscheint, weil bereits die in der Vorschrift ebenfalls enthaltene Verweisung auf § 395 FamFG über dessen Abs. 3 eine Weiterverweisung auf § 393 Abs. 3 bis 5 enthält.

53 Auf andere **materielle Nichtigkeitsgründe**, die nicht in Satzungsmängeln begründet liegen, kann die Löschung nicht gestützt werden, selbst wenn es sich dabei um schwerste Gründungsmängel wie Geschäftsunfähigkeit (KG NJW-RR 2001, 1117) oder fehlende Vertretungsmacht, Unterschriftsfälschung und Drohung mit Gewalt handelt (OLG Frankfurt NJW-RR 2002, 605 m.w.N.) oder um Mängel der Beurkundung (Jansen/*Steder* § 144 Rn. 24 m.w.N.). Lediglich die Löschung materiell überhaupt nicht existenter sog. »Scheingesellschaften« bleibt über den Wortlaut des § 397 hinaus zulässig (OLG Frankfurt NJW-RR 2002, 605). Auch das Fehlen oder der Wegfall einer erforderlichen staatlichen Genehmigung des Unternehmensgegenstandes rechtfertigt nicht die Löschung (OLG Zweibrücken GmbHR 1995, 723), zumal das Vorliegen der Genehmigung seit Streichung des § 8 Abs. 1 Nr. 6 GmbHG a.F. nicht einmal mehr zu den Eintragungsvoraussetzungen gehört.

54 Anders ist die Rechtslage nur bei unzulässigem Gebrauch einer für **Kreditinstitute, Versicherungsunternehmen** und **Kapitalanlage-** bzw. **Beteiligungsfinanzierungsgesellschaften** geschützten Bezeichnung: Hier lässt das Gesetz eine Firmenlöschung gem. § 395 ausnahmsweise zu. Gesetzlich geregelt ist die Ausnahme in §§ 6 Abs. 4 Satz 1 VAG, 22 Satz 2 REITG; für bankenrechtliche Bezeichnungen war sie geregelt in § 43 Abs. 2 Satz 1 KWG a.F. (instruktiv dazu: BayObLG WM 1988, 664, 665 f.). Die Ausnahmevorschriften eröffnen die Möglichkeit, Firmen und Firmenzusätze sogar bei Kapitalgesellschaften zu löschen, was sonst nicht möglich ist (Rdn. 75). Bedauerlicherweise wurde allerdings § 43 Abs. 2 KWG durch das FGG-RG sinnentstellend umformuliert. Früher lautete die Vorschrift im Stile einer Rechtsfolgenverweisung: »Führt ein Unternehmen eine Firma oder einen Zusatz zur Firma, deren Gebrauch nach den §§ 39 bis 41 unzulässig ist, so hat das Registergericht die Firma oder den Zusatz zur Firma von Amts wegen zu löschen; § 142 Abs. 1 Satz 2, Abs. 2 und 3 sowie § 143 FGG gelten entsprechend.« Heute heißt es hingegen nur noch (in der Diktion einer Rechtsgrundverweisung oder gar lediglich Konkurrenznorm): »§ 395 FamFG bleibt unberührt«. Durch die abgeschwächte Fassung wurde der systemdurchbrechende Ausnahmecharakter der Sonderlöschungsermächtigung bis zur Unkenntlichkeit verwässert. Dabei war eine materielle Rechtsänderung gar nicht beabsichtigt, denn in der Begründung des RegE heißt es lapidar (BT-Drucks. 16/6308 S. 357): »Absatz 2 der Vorschrift wird klarer formuliert und an die Neustrukturierung der registerrechtlichen Vorschriften im Entwurf des FamFG angepasst«. Man muss hier wohl in Betracht ziehen, dass der Gesetzgeber die Norm abänderte, ohne deren wahre Bedeutung erfasst zu haben. Hinzu kommt, dass die Umformulierung des § 43 Abs. 2 KWG offensichtlich von keinem stringenten Gesamtkonzept getragen ist, da die fast wortgleiche Parallelvorschrift des § 6 Abs. 4 VAG nicht entsprechend angeglichen wurde, sondern in ihrer bewährten Struktur erhalten blieb. Die Summe dieser Unstimmigkeiten verleitet dazu, den neu gefassten § 43 Abs. 2 KWG trotz seines immens verwässerten Wortlauts weiterhin als eine Sonderlöschungsermächtigung mit Rechtsfolgenverweisung zu begreifen. Dies würde jedenfalls dem Anliegen eines effektiven bankenrechtlichen Bezeichnungsschutzes Rechnung tragen, zumal wenn man bedenkt, dass andernfalls die Norm ihre vormalige Schlagkraft praktisch vollständig einbüßte, ohne dass dem ein erkennbarer gesetzgeberischer Wille zugrunde läge.

55 Umstritten ist, wie sich **Mängel des Eintragungsverfahrens** auswirken. Nach einer vom OLG Hamm vertretenen Ansicht schließt § 397 eine Amtslöschung nicht nur wegen sachlicher Gründungsmängel, sondern auch wegen jeglicher Verfahrensfehler beim Eintragungsverfahren aus (OLG Hamm NJW-RR 1994, 548, 549; Bahrenfuss/*Steup* § 397 Rn. 9). Demgegenüber wollen andere Teile der Rechtsprechung sowie die wohl überwiegende Literaturmeinung den Anwendungsbereich des § 397 auf inhaltliche Gründungsmängel beschränken, Amtslöschungen wegen wesentlicher Mängel des Eintragungsverfahrens (z.B. Eintragung ohne Anmeldung durch die befugten Personen) jedoch zulassen (OLG Zweibrücken GmbHR 1995, 723, 725; MüKoAktG/*Hüffer* § 275 Rn. 37; MüKoFamFG/*Krafka* § 397 Rn. 1, 3; Jansen/*Steder* § 144 Rn. 8; Baumbach/Hueck/*Haas* Anh. § 77 Rn. 19 und wohl BeckOK FamFG/*Munzig* § 395 Rn. 11). Die zuletzt genannte Auffassung bedürfte allerdings noch einer besonderen gemeinschaftsrechtlichen Rechtfertigung, da die zulässigen Nichtigkeitsgründe durch Art. 11 Nr. 2 der Ersten Gesellschaftsrechtsrichtlinie (68/151/EWG) enumerativ aufgezählt sind, wozu jedoch Mängel des Eintragungsverfahrens nicht gehören. Stellt man das Vertrauen der Öffentlichkeit in den Bestand der Gesellschaft als Normzweck des § 397 in den Vordergrund (s. Rdn. 48), dürfte allemal die Auffassung des OLG Hamm vorzuziehen sein.

56 **V. Eingeschränkte Löschung nichtiger Beschlüsse (§ 398).** Gem. § 398 kann ein eingetragener Hauptversammlungsbeschluss der AG oder KGaA, ein Gesellschafterbeschluss der GmbH/UG oder ein Generalversammlungsbeschluss der Genossenschaft nur dann als nichtig gelöscht werden, wenn er durch seinen Inhalt

zwingende gesetzliche Vorschriften verletzt und seine Beseitigung im öffentlichen Interesse erforderlich erscheint.
Daraus folgt ein stark eingeschränktes Prüfungsrecht des Registergerichts. Das Gericht prüft nicht reziprok zur Anmeldung, ob der Beschluss hätte eingetragen werden dürfen, sondern Betrachtungswinkel ist allein das Ziel, die im **öffentlichen Interesse** liegenden materiellen Rechtsvorschriften durchzusetzen. 57

1. Gegenstand der Löschung: Der Beschluss selbst sowie seine registerrechtliche Umsetzung. Die Regelung des § 398 wirkt nicht nur für Beschlüsse, die als solche in das Register eingetragen werden, wie etwa satzungsändernde Beschlüsse, sondern zugleich für alle Eintragungen, mit denen Versammlungsbeschlüsse unmittelbar umgesetzt werden, wie etwa die Eintragung der beschlossenen Bestellung oder Abberufung eines Geschäftsführers (BayObLGZ 1956, 303, 310; BayObLG DNotZ 1997, 81, 83; OLG München FGPrax 2010, 145; KG FGPrax 2013, 32, 33; Bork/Jacoby/Schwab/*Müther* § 398 Rn. 2; BeckOK FamFG/*Munzig* § 398 Rn. 8; Keidel/*Heinemann* § 398 Rn. 11 m.w.N.; a.A. jetzt aber MüKoFamFG/*Krafka* § 395 Rn. 4, § 398 FamFG Rn. 3 f.; *Krafka/Kühn* Rn. 444 sowie eine zunehmende Rechtsprechung, die das Problem schlicht übergeht: KG GmbHR 2012, 91; KG FGPrax 2012, 208; OLG Celle GmbHR 2013, 1140 und OLG Karlsruhe FGPrax 014, 127) oder die Eintragung der Durchführung einer zuvor beschlossenen Kapitalerhöhung (OLG Karlsruhe OLGZ 1986, 155, 157 f.; OLG Frankfurt FGPrax 2002, 35, 36). 58

2. Verletzung zwingender gesetzlicher Vorschriften durch seinen Inhalt. Der als nichtig zu löschende Beschluss muss **durch seinen Inhalt** – also nicht durch die Art seines Zustandekommens – zwingende gesetzliche Vorschriften verletzen. Deshalb genügt es für eine Löschung nicht, wenn der Beschluss unter Verletzung der Vorschriften über die Berufung der Versammlung oder über die Abstimmung zustande gekommen ist (KG FGPrax 2013, 32, 33; OLG München FGPrax 2010, 145, 146; BayObLG GmbHR 1992, 304; DNotZ 1997, 81, 84). Auch Beurkundungsmängel sind irrelevant (Jansen/*Steder* § 144 Rn. 38). Lediglich die Löschung sog. »Nicht-« oder »Scheinbeschlüsse« bleibt über den Wortlaut des § 398 hinaus zulässig (OLG Köln ZIP 2002, 573, 576; Keidel/*Heinemann* § 398 Rn. 5; MüKoFamFG/*Krafka* § 398 Rn. 6; BeckOK FamFG/*Munzig* § 398 Rn. 9; a.A. MüKoAktG/*Hüffer* § 241 Rn. 82), bspw. wenn der Versammlungsleiter als Abstimmungsergebnis eine Ablehnung der Beschlussfassung festgestellt hatte, der nicht gefasste Beschluss gleichwohl angemeldet und eingetragen wird (BayObLGZ 1955, 333; BayObLG NJW-RR 1992, 295, 296), oder wenn ein anderer Inhalt als das, was beschlossen wurde, eingetragen wird (RGZ 85, 205, 208). Dass ein Nichtgesellschafter, dem der Geschäftsanteil nicht wirksam übertragen wurde, den Beschluss gefasst hat, dürfte für sich genommen nicht genügen (vgl. OLG München FGPrax 2010, 145; a.A. KG JFG 3, 206). 59

3. Öffentliches Interesse an der Beseitigung. Hinzukommen muss ein **öffentliches Interesse** an der Beseitigung des Beschlusses. Die alleinige Verletzung von Individualrechten der Gesellschafter, Aktionäre oder Genossenschaftsmitglieder genügt nicht. Denn diesen steht allgemein die Anfechtungsklage zur Seite. Damit hat es der Gesetzgeber grds. den Beteiligten überlassen, ihre Gesellschafterinteressen im Prozesswege selbst zu verfolgen (BayObLG DNotZ 1997, 81, 84; OLG Frankfurt FGPrax 2002, 35, 36; KG FGPrax 2013, 32, 33). § 398 beschränkt deshalb die Möglichkeit der Amtslöschung auf solche Beschlüsse, durch die Interessen verletzt werden, deren Wahrnehmung nicht den beteiligten Gesellschaftern selbst überlassen bleiben darf (vgl. BayObLG DNotZ 1997, 81, 84). Das sind namentlich Gläubigerschutz- und Ordnungsinteressen (OLG Karlsruhe OLGZ 1986, 155, 158; KG FGPrax 2013, 32, 33). 60

Als Beispiele für Rechtsverletzungen mit öffentlichem Interesse an der Beseitigung des Beschlusses kommen in Betracht: 61
- Änderungen des Nennbetrages einer Aktie unter den durch § 8 AktG geforderten Mindestbetrag (Jansen/*Steder* § 144 Rn. 34);
- Verstoß gegen Kapitalaufbringungs- und Kapitalerhaltungsvorschriften (KKW/*Winkler* [15. Aufl.] § 144 Rn. 24);
- Sittenwidrigkeit des Beschlusses (§ 241 Nr. 4 AktG);
- Verstoß gegen § 6 Abs. 2 GmbHG bei der Geschäftsführerbestellung (BayObLG GmbHR 1992, 304, 305; OLG München FGPrax 2010, 145; sowie – wenngleich unter Verkennung des § 398 FamFG – KG GmbHR 2012, 91; KG FGPrax 2012, 208 und OLG Karlsruhe FGPrax 2014, 127);
- Verstoß gegen Vorschriften über die Arbeitnehmermitbestimmung (MitbestG, MontanMitbestG, MontanMitbestErgG; s. Jansen/*Steder* § 144 Rn. 37, MüKoAktG/*Hüffer* § 241 Rn. 76).

62 Die Voraussetzungen für eine Löschung sind nicht schon gegeben, wenn der Inhalt des Beschlusses gegen Bestimmungen des Gesellschaftsvertrages verstößt (BayObLG GmbHR 1992, 304 f. m.w.N.; DNotZ 1997, 81, 84; Keidel/*Heinemann* § 398 Rn. 15).

63 Die **Monatsfrist** für die Erhebung der Anfechtungsklage (§ 246 Abs. 1 AktG) sowie die **dreijährige Heilungsfrist** nach § 242 Abs. 2 Satz 1 AktG gelten für das Amtslöschungsverfahren nicht; das ist für die Heilungsfrist in § 242 Abs. 2 Satz 3 AktG ausdrücklich geregelt und gilt ebenso für die anderweitige Monatsfrist. Allerdings weist Jansen/*Steder* (§ 144 Rn. 45) zutreffend darauf hin, dass längerer Zeitablauf das öffentliche Interesse an der Beseitigung des Beschlusses verringern kann.

64 **4. Mängel des Eintragungsverfahrens.** Umstritten ist, wie sich Mängel des Eintragungsverfahrens auswirken. Nach wohl überwiegender Auffassung in der neueren Rechtsprechung schließt § 398 eine Amtslöschung nicht nur im Hinblick auf minderschwere Beschlussmängel, sondern auch im Hinblick auf jegliche Verfahrensfehler beim Eintragungsverfahren aus (OLG Hamm NJW-RR 1994, 548, 549; OLGZ 1986, 155, 159; NJW-RR 2001, 1326, 1327; OLG Hamburg RNotZ 2004, 41, 42 f.). Demgegenüber wollen ein Teil der älteren Rechtsprechung sowie die wohl überwiegende Literaturmeinung § 398 nur auf Beschlussmängel anwenden, Amtslöschungen wegen wesentlicher Mängel des Eintragungsverfahrens (z.B. Eintragung ohne wirksame Anmeldung) aber zulassen (KG DNotV 1925, 59; *Zöllner/Winter* ZHR 138 [1994], 59, 70; MüKoFamFG/*Krafka* § 395 Rn. 4; § 398 Rn. 6; MüKoAktG/*Hüffer* § 241 Rn. 81).

65 **VI. Keine Löschung unabänderlich gewordener Strukturmaßnahmen.** Gem. § 20 Abs. 2 UmwG lassen Mängel der **Verschmelzung** die Wirkungen der im Register eingetragenen Verschmelzung unberührt; dasselbe gilt für **Spaltung** (§ 131 Abs. 2 UmwG) und **Formwechsel** (§§ 202 Abs. 3, 304 Satz 2 UmwG), auch bei der LPG (§ 34 Abs. 3 LwAnpG), soweit er sich identitätswahrend vollzieht (BGH ZIP 1995, 422, 424 f.; BGHZ 138, 371, 375 f. = NZG 1998, 644). Die Eintragung des Umwandlungsvorgangs im Register hat damit nicht nur konstitutive Wirkung, sie vermittelt zugleich materielle Bestandskraft. Die Tragweite dieser Bestandskraft wird nach allgemeiner Auffassung so verstanden, dass eine Amtslöschung eingetragener Umwandlungsvorgänge gem. § 395 unter keinen Umständen in Betracht kommt, gleich welcher Mangel vorlag (OLG Hamburg DNotZ 2009, 227 und OLG Frankfurt NJW-RR 2003, 1122 m.w.N. bezüglich Verschmelzung; OLG Hamm ZIP 2001, 569, 570 sowie BGH NJW 2007, 224, 226 bezüglich Formwechsels; kritisch insgesamt *Horsch* Rpfleger 2005, 577, 579 ff. mit Blick auf die Rechtsweggarantien des Art. 19 Abs. 4 GG). Nicht nur »Mängel der Verschmelzung« (so der Wortlaut der Norm), sondern auch Mängel des registergerichtlichen Eintragungsverfahrens lassen die Verschmelzung unberührt, haben also keinen Einfluss auf deren Wirksamkeit. Ob das auch für den Fall einer versehentlich durch das Registergericht missachteten Registersperre gilt, ist durch das obiter dictum des BVerfG in NJW-RR 2010, 1474, 1476 fraglich geworden. Allerdings verfolgt der BGH (NJW-RR 2011, 976) jetzt den vom BVerfG alternativ aufgezeigten Weg, die Anfechtungsklage gegen den Hauptversammlungsbeschluss für ausgeschiedene Aktionäre zuzulassen.

66 Die Bestandskraft erfasst auch die mit dem Umwandlungsvorgang untrennbar verbundenen weiteren Beschlussfassungen wie z.B. den Kapitalerhöhungsbeschluss bei der Verschmelzung (Lutter/Winter/*Grunewald* § 20 Rn. 85). Auch diese Eintragungen können also nicht mit dem Amtslöschungsverfahren beseitigt werden.

67 Ähnliche Bestandskraft genießen **Eingliederung** (§ 319 Abs. 7 AktG) und **Squeeze-Out** (§ 327e Abs. 3 AktG), welche nach der Ratio des Gesetzes ebenfalls mit der Eintragung unabänderlich wirksam werden (a.A. aber anscheinend OLG Düsseldorf FGPrax 2004, 294 sowie MüKoFamFG/*Krafka* § 398 Rn. 13, wonach unter den Voraussetzungen des § 398 eine Löschung möglich sei; vgl. auch BVerfG NJW-RR 2010, 1474, 1476).

68 Ferner werden mit ihrer Eintragung unabänderlich wirksam **Kapitalbeschaffungs-, Kapitalherabsetzungsmaßnahmen und Unternehmensverträge**, sofern die Gesellschaft auf eine erhobene Anfechtungsklage hin einen Freigabebeschluss des Prozessgerichts erwirkt hatte (§ 246a AktG): An den rechtskräftigen Freigabebeschluss bleibt das Registergericht endgültig gebunden (§ 246a Abs. 3 Satz 5 AktG), auch unter dem Aspekt eines späteren Amtslöschungsverfahrens. Selbst wenn sich die Nichtigkeit des Beschlusses nachträglich i.R.d. Anfechtungsklage herausstellen sollte, bleibt der auf ein Freigabeverfahren hin eingetragene Beschluss unabänderlich wirksam (§ 246a Abs. 4 Satz 2 AktG). Es kann nur Schadensersatz verlangt werden (§ 246a Abs. 4 Satz 1 AktG).

69 **VII. Keine Korrektur von Entscheidungen in unternehmensrechtlichen Verfahren.** Das Löschungsverfahren nach § 395 kann nicht zur sachlichen Überprüfung und Korrektur von Entscheidungen verwendet

werden, die in unternehmensrechtlichen oder vergleichbaren Verfahren getroffen wurden. Denn registerrechtliche Grundlage der vorgenommenen Eintragung ist nicht die sachliche Richtigkeit und Angemessenheit der im unternehmensrechtlichen Verfahren getroffenen Entscheidung, sondern allein deren Existenz. Deshalb kann z.B. bei fehlender Eignung eines gerichtlich bestellten Liquidators dieser nicht nach § 395 wegen des Mangels einer wesentlichen Voraussetzung seiner Bestellung gelöscht werden, sondern es kommt nur seine Abberufung im unternehmensrechtlichen Verfahren in Betracht.

VIII. Löschung eines Vereins bei (teil-)nichtiger Satzung. Ein eingetragener Verein, dessen Satzung (teil-)nichtig ist, kann – sofern die Teilnichtigkeit auf die Satzung insgesamt durchschlägt – nur als solcher komplett gelöscht werden. Die Löschung einzelner Satzungsbestimmungen kommt nicht in Betracht, denn Gegenstand der Eintragung ist nicht die Satzung, sondern der Verein (OLG Hamm FGPrax 2005, 226). **70**

C. Verfahren. I. Zuständigkeit. Sachlich zuständig für die Durchführung des Löschungsverfahrens ist nur das Registergericht. Die frühere Regelung des § 143 FGG, wonach die Löschung auch vom LG verfügt werden konnte, wurde nicht in das FamFG übernommen. **Funktionell zuständig** ist bei den in HRB eingetragenen Gesellschaften der Richter (§ 17 Nr. 1 Buchst. e) RPflG), ansonsten der Rechtspfleger (§ 3 Nr. 1 Buchst. a), e), Nr. 2 Buchst. d) RPflG). Entgegen seinem Wortlaut bezieht sich der Richtervorbehalt des § 17 Nr. 1 Buchst. e) RPflG allerdings nicht auf sämtliche Amtslöschungen in Bezug auf Abteilung B, sondern grds. nur auf Löschungen solcher Eintragungen, für deren Vornahme er reziprok nach § 17 Nr. 1 Buchst. a)-d) RPflG zuständig wäre (*Buchberger* Rpfleger 1992, 508; Arnold/Meyer-Stolte/*Rellermeyer* § 17 Rn. 36 f.; *Dörndorfer* § 17 Rn. 52 f.), ferner auf solche Löschungen, die von der BaFin gem. § 43 Abs. 2 KWG beantragt sind. Die Landesregierungen sind ermächtigt, den Richtervorbehalt aufzuheben und das Verfahren dem Rechtspfleger insgesamt zu übertragen (§ 19 Abs. 1 Nr. 6 RPflG). **71**

Über die Amtslöschung einer eingetragenen **Sitzverlegung** entscheidet grds. das Gericht des neuen Sitzes (OLG Kassel DNotZ 1950, 104); zu Fragen des anschließenden Vollzugs s. Rdn. 132. **72**

II. Abgrenzung zu anderen Verfahren. 1. Zwangsgeldverfahren (§§ 388 ff.). Soweit die Eintragung eines Löschungsvermerks nach § 395 von Amts wegen bewirkt werden kann, bedarf es keiner Registeranmeldung. Deshalb wäre ein Zwangsgeldverfahren (§§ 388 ff.), welches auf die Herbeiführung einer solchen Anmeldung zielt, unzulässig (KG NJW-RR 1999, 1341; a.A. Keidel/*Heinemann* § 388 Rn. 8 und § 395 Rn. 10a; Bork/Jacoby/Schwab/*Müther* § 395 Rn. 3; Schmidt-Kessel/Leutner/Müther/*Müther* § 14 Rn. 17; Haußleiter/*Schemmann* § 395 Rn. 3); zu Detailfragen der Abgrenzung vgl. Rdn. 10 ff. **73**

2. Ordnungsgeldverfahren (§ 392). Ist eine unzulässige Firma eingetragen, sind die Verfahren nach den §§ 392, 395 nebeneinander zu betreiben, sofern zu befürchten ist, dass die Löschung der Firma im Register allein den Inhaber nicht abhalten wird, sie weiter im Rechtsverkehr zu gebrauchen (Jansen/*Steder* § 142 Rn. 3). Einen Vorrang des Ordnungsgeldverfahrens ggü. dem Amtslöschungsverfahren, etwa aus Verhältnismäßigkeitsgesichtspunkten, gibt es nicht; das Registergericht muss beide ihm aufgetragenen Ziele verfolgen (a.A. Staub/*Burgard* § 37 Rn. 49 m.w.N.). **74**

3. Auflösungsverfahren (§ 399). Hätte die Eintragung einer Kapitalgesellschaft wegen bestehender Satzungsmängel nicht erfolgen dürfen, schließt das speziellere Auflösungsverfahren nach § 399 eine Amtslöschung nach § 395 aus (BayObLG NJW-RR 1989, 867, 868). Das gilt namentlich auch für Verstöße gegen Vorschriften über die Firmenbildung: Diese führen bei Kapitalgesellschaften stets nur zum Auflösungsverfahren nach § 399, nicht aber zum Löschungsverfahren nach § 395. Dieser Zusammenhang wird gelegentlich übersehen, selbst in der obergerichtlichen Rechtsprechung (vgl. etwa OLG Frankfurt NJW-RR 2006, 44). **75**

Nur dann ist ausnahmsweise die Löschung der Firma einer Kapitalgesellschaft statthaft, wenn es sich um den unzulässigen Gebrauch einer für **Kreditinstitute, Versicherungsunternehmen** und **Kapitalanlage-** bzw. **Beteiligungsfinanzierungsgesellschaften** geschützten Bezeichnung handelt (Rdn. 54). An die Firmenlöschung schließt sich ein Auflösungsverfahren an (§ 399), wenn die Gesellschaft keine andere Firma im *Wege der Satzungsänderung ergreift* (§ 399 Rdn. 14). **76**

III. Einleitung des Verfahrens, Beteiligung der berufsständischen Organe. Das Verfahren wird **von Amts wegen oder auf Antrag der berufsständischen Organe** eingeleitet und betrieben. Das Antragsrecht der berufsständischen Organe ist teleologisch auf deren berufsständischen Zuständigkeitsbereich zu begrenzen, gilt also bspw. nicht für das Güterrechtsregister. Sind mehrere berufsständische Organe zuständig, ist jedes **77**

für sich allein antragsberechtigt. Beruht die Verfahrenseinleitung nicht auf einem Antrag des (zuständigen) berufsständischen Organs, ist dieses im Laufe des Verfahrens anzuhören (§ 380 Rdn. 20) verbunden mit der Gelegenheit, einen Antrag auf eigene Beteiligung zu stellen (§ 380 Abs. 2 Satz 2). Handelt es sich um ein Kreditinstitut oder um eine Kapitalanlagegesellschaft oder um die unzulässige Eintragung einer der für Kreditinstitute und Kapitalanlagegesellschaften reservierten Firmenzusätze, stehen auch der BaFin die Antrags- und Beteiligungsrechte nach den §§ 43 Abs. 3 KWG, 16 Abs. 3 BausparkG, 3 Abs. 5 KAGB zu. § 380 Abs. 2 Satz 2 ist auf die BaFin entspr. anzuwenden (vgl. KKW/*Winkler* [15. Aufl.] § 142 Rn. 35).

78 **IV. Sachverhaltsermittlung.** Die Tatsachenvoraussetzungen für das Amtslöschungsverfahren (Rdn. 8 ff.), sind von Amts wegen festzustellen. Nicht ausreichend für die Einleitung eines Verfahrens nach § 395 ist die bloß »glaubhafte« Kenntnis von Tatsachen (Jansen/*Steder* § 142 Rn. 44; Bassenge/Roth/*Walter* § 395 Rn. 9). Vielmehr muss eine **hinreichend feste Grundlage** für die Annahme bestehen, dass die Voraussetzungen des Abs. 1 vorliegen, da bereits die Einleitung des Verfahrens einen schwerwiegenden Eingriff in die Rechte der Beteiligten darstellt (OLG Hamm OLGZ 1971, 226, 228). Geht es um die Löschung einer Firma, wird man – wegen der existenziellen Bedeutung der Entscheidung – bereits im Einleitungsverfahren einen Grad an sicherer, wenn auch nicht unumstößlicher Überzeugung fordern müssen, ebenso wie sie für ein Einschreiten nach § 393 notwendig wäre (s. § 393 Rdn. 25). Um sich diese Überzeugung zu verschaffen, muss das Gericht den Sachverhalt vor dem Erlass einer Löschungsankündigung ausreichend ermitteln – häufig unter Zuhilfenahme der berufsständischen Organe.

79 Bloße Indizien genügen nie für eine Einleitung des Löschungsverfahrens. Es liegt nicht in der Darlegungs- und Beweislast des Eingetragenen, etwaige Verdachte zu entkräften (a.A. offenbar Keidel/*Heinemann* § 395 Rn. 41). Ist die Sachverhaltsermittlung dadurch erschwert, dass eine mögliche Beweiserhebung wenig Erfolg verspricht oder einen unverhältnismäßig großen Aufwand erfordert, kann das Gericht das Verfahren einstellen, namentlich, wenn die zwischen einzelnen Beteiligten streitigen Rechtsfragen in einem Zivilprozess geklärt werden könnten (OLG Zweibrücken NJW-RR 2004, 34, 35; vgl. auch BGH FGPrax 2012, 169, 171).

80 Zur Bindungswirkung rechtsgestaltender und anderer Entscheidungen der Prozessgerichte s. vor § 378 Rdn. 98 ff.

81 **V. Ermessensausübung.** Ist das Registergericht von der Unzulässigkeit der Eintragung hinreichend überzeugt, räumt ihm die »Kann«-Formulierung des Abs. 1 Satz 1 einen Ermessensspielraum ein, das Löschungsverfahren zu betreiben oder nicht. Für die Löschung spricht das öffentliche Interesse einerseits an der Bereinigung des Registers, andererseits am Schutz des Rechtsverkehrs vor den durch falsche Eintragungen ausgehenden Gefahren. Abzuwägen ist dies gegen das Interesse am Rechtsfrieden und ggf. das Bestandsinteresse der Beteiligten an der Erhaltung geschaffener Werte (OLG Hamm OLGZ 1969, 507; OLG Naumburg OLG-Report 1996, 273, 275; KG Rpfleger 2004, 497, 502; s.a. Keidel/*Heinemann* § 395 Rn. 28). Letzteres dürfte jedoch i.d.R. nur dann überwiegen, wenn es sich um lang zurückliegende Eintragungen handelt, von denen keine besonderen Gefahren ausgehen (so die – freilich innerhalb der falschen Verfahrensart getroffenen – Erwägungen des OLG Frankfurt NJW-RR 2006, 44 zum Firmenbestandteil »... & Partner GmbH«).

82 Gründe der **Unverhältnismäßigkeit** können gegen eine Löschung sprechen, wenn die Firma nach längerem unbeanstandeten Gebrauch allein deshalb unzulässig geworden ist, weil sich die Rechtsauffassung, die Verkehrsanschauung oder der Sprachgebrauch geändert haben (OLG Celle JR 1952, 74; OLG Stuttgart NJW 1960, 1865; KG NJW 1965, 254, 255 f.). Dasselbe gilt, wenn einzelne unzulässige Eintragungen gelöscht, andere dagegen stehen belassen werden und dadurch ein insgesamt irriger Eindruck erzeugt oder befördert wird (OLG Celle GmbHR 2014, 1047).

83 Umgekehrt ist die Durchführung der Amtslöschung zwingend veranlasst, wenn das Fortbestehen der fehlerhaften Eintragung eine **Schädigung des eingetragenen Rechtsträgers** zur Folge hätte (OLG Zweibrücken NJW-RR 2002, 825, 826; OLG Düsseldorf NJW-RR 1999, 1053, 1054; KKW/*Winkler* [15. Aufl.] § 142 Rn. 19), namentlich wenn von Amts wegen unzulässiger Weise eine Löschung der Firma oder der Gesellschaft eingetragen wurde.

84 Die etwaige Verletzung einzelner **Individualrechte** (z.B. der Vereinsmitglieder) durch die vorgenommene Eintragung ist kein ausschlaggebendes Element bei der Ermessensausübung; der Rechtsinhaber mag seine Individualansprüche im streitigen Zivilprozess verfolgen (BayObLG NJW-RR 2002, 679; OLG Zweibrücken NJW-RR 2004, 34, 35 m.w.N.).

Abschnitt 3. Registersachen § 395

Kein Ermessen ist dem Registergericht eingeräumt, wenn eine Firma nach § 43 Abs. 2 Satz 1 KWG wegen 85 unzulässigen Gebrauchs einer für **Kreditinstitute** geschützten Firmenbezeichnung gelöscht werden soll (Jansen/*Steder* § 142 Rn. 84); hier gebietet das öffentliche Interesse in jedem Fall ein Einschreiten. Dasselbe gilt für Löschungen nach § 6 Abs. 4 Satz 1 VAG wegen unzulässigen Gebrauchs einer für **Versicherungsunternehmen** geschützten Firmenbezeichnung (OLG München FGPrax 2005, 227, 228) sowie bei unzulässigem Gebrauch einer für **Beteiligungsfinanzierungsgesellschaften** geschützten Bezeichnung (§§ 22 Satz 2 REITG, 20 Abs. 2 Satz 2 UBGG). Ebenso besteht kein Ermessen, von der Löschung einer SCE bei **Auseinanderfallen von Sitzstaat und Hauptverwaltung** abzusehen (§ 10 Abs. 2 SCEAG).

VI. Adressat der Löschungsankündigung. Adressat der Löschungsankündigung ist bei einem **einzelkauf-** 86 **männischen Unternehmen** der Inhaber der eingetragenen Firma oder dessen Rechtsnachfolger (zu Einzelheiten s. § 393 Rdn. 17 ff.). Bei juristischen Personen i.S.d. § 33 HGB ist die Löschungsankündigung an diese selbst zu richten, vertreten durch den Vorstand (Jansen/*Steder* § 141 Rn. 33).

Bei **Personenhandelsgesellschaften** richtet sich die Löschungsankündigung gegen die Gesellschaft. Ist die 87 Löschung der Firma beabsichtigt, richtet sich die Ankündigung zusätzlich gegen alle Gesellschafter, denn diese sind Inhaber des Firmenrechts (KG DNotZ 1978, 370).

Handelt es sich um eine eingetragene **Kapitalgesellschaft**, einen **Verein** oder eine **Genossenschaft**, ist 88 Adressat der Verfügung die Gesellschaft bzw. der Verein (Jansen/*Steder* § 141 Rn. 33). Bei Führungslosigkeit der GmbH/UG oder AG werden diese durch die Gesellschafter (§ 35 Abs. 1 Satz 2 GmbHG) bzw. durch den Aufsichtsrat (§ 78 Abs. 1 Satz 1 AktG) vertreten. Fehlt es auch unter Berücksichtigung dieser Vorschriften an einem gesetzlichen Vertreter, ist durch Bestellung eines Notgeschäftsführers, -vorstands oder -liquidators für eine ordnungsgemäße Vertretung zu sorgen (BayObLG ZIP 1994, 1767, 1768 m.w.N.).

Geht es um Eintragungen, die die **Rechtsstellung einer anderen Person** bekunden oder begründen (Ge- 89 schäftsführer, Vorstand, Liquidator, Prokurist, beherrschendes Unternehmen, Gesellschafter der Personenhandelsgesellschaft), sind auch deren Rechte durch das Verfahren unmittelbar betroffen, sodass sie gem. § 7 Abs. 2 Nr. 1 als Beteiligte hinzuzuziehen sind und die Löschungsankündigung zusätzlich an sie zu richten ist (BayObLG NJW-RR 1986, 1362, 1363; BayObLGZ 1988, 410, 412; Keidel/*Heinemann* § 395 Rn. 30 und § 398 Rn. 23; MüKoFamFG/*Krafka* § 395 Rn. 15; vgl. auch KG GmbHR 2012, 91).

Bei der beabsichtigten Löschung eines Unternehmensvertrages richtet sich die Ankündigung an alle Ver- 90 tragsbeteiligten (MüKoFamFG/*Krafka* § 395 Rn. 15; BeckOK FamFG/*Munzig* § 395 Rn. 36) einschließlich des verbundenen Unternehmens (vgl. auch vor 378 Rdn. 59).

Soweit die Verwaltungs- und Verfügungsbefugnis des eingetragenen Unternehmens oder Rechtsträgers auf 91 eine **Partei kraft Amtes** (s. vor § 378 Rdn. 26) übergegangen ist, ist die Löschungsankündigung an diese zu richten. Bei Insolvenz ist zu prüfen, ob die Verfügungsbefugnis hinsichtlich der konkret zu löschenden Eintragung gem. § 80 Abs. 1 InsO auf den Verwalter übergegangen ist, andernfalls ist die Löschungsankündigung an die Gesellschaft selbst zu richten (s. vor § 378 Rdn. 29 ff.). Da es hier zu Abgrenzungsschwierigkeiten kommen kann, empfiehlt es sich, vorsorglich sowohl den Insolvenzverwalter als auch die Gesellschaft von der Löschungsabsicht zu benachrichtigen.

VII. Form, Inhalt und Bekanntgabe der Löschungsankündigung. Eine bestimmte äußere Form der Lö- 92 schungsankündigung schreibt das Gesetz nicht vor; sie kann daher in Form eines Beschlusses oder in Form einer Verfügung ergehen (a.A. Haußleiter/*Schemmann* § 395 Rn. 18; § 393 Rn. 11: nur Verfügung zulässig). Der notwendige Inhalt ist durch den Gesetzeswortlaut vorgegeben: Sie muss den Adressaten von der beabsichtigten Löschung benachrichtigen und ihm zugleich eine angemessene Frist zur Geltendmachung eines Widerspruchs bestimmen.

1. Benachrichtigung von der beabsichtigten Löschung. Unter »benachrichtigen von der beabsichtigten 93 Löschung« ist zu verstehen, dass der Beteiligte von der konkreten Absicht zu benachrichtigen ist, von Amts wegen in das Register den Vermerk einzutragen, dass eine bestimmte Eintragung wegen ihrer Unzulässigkeit gelöscht wird; im Fall der §§ 397, 398 ist anzukündigen, dass die Gesellschaft oder der Beschluss »als *nichtig*« gelöscht werde. Eine bloße Bezugnahme auf das Gesetz und der Hinweis, dass nach Ablauf der Frist »nach Lage der Sache entschieden werde«, genügen nicht (KGJ 49, 138, 139), ebenso nicht die im Rahmen einer angemeldeten Satzungsänderung abgegebene Äußerung des Registergerichts, der Verein müsse wegen wirtschaftlichen Geschäftsbetriebs nach § 395 gelöscht werden (OLG Schleswig Beschl. v. 18.09.2012 – 2 W 152/11, BeckRS 2013, 06920). Soll eine Firma gelöscht werden, muss der Beteiligte der Benachrichtigung entnehmen können, dass es sich um eine Löschung wegen Unzulässigkeit der Eintragung und nicht um die Eintragung des Erlöschens der Firma i.S.d. §§ 393 FamFG, 31 Abs. 2 HGB oder um eine Löschung wegen Vermögenslosigkeit nach § 394 handelt.

94 **2. Bestimmung einer angemessenen Frist zur Geltendmachung eines Widerspruchs.** Das Gericht hat eine angemessene Frist zur Geltendmachung eines Widerspruchs zu bestimmen. Eine Mindestfrist sieht das Gesetz nicht vor, jedoch sollte die Monatsfrist – schon aus Rücksichtnahme auf eventuelle Urlaubsabwesenheiten – keinesfalls unterschritten werden. Die Frist dient auch dazu, den Beteiligten Gelegenheit zu geben, die Löschung durch Behebung des Mangels abzuwenden (vgl. OLG Stuttgart Rpfleger 1974, 199; Keidel/ *Heinemann* § 395 Rn. 34; *Krafka/Kühn* Rn. 447).

95 Bei der **Löschung von Kapitalgesellschaften und Genossenschaften** (§ 397) **oder deren Beschlüssen** (§ 398) war früher eine zwingende **Mindestfrist von 3 Monaten** vorgesehen (§ 144 Abs. 3 FGG), welche zwar nicht in das FamFG übernommen wurde, jedoch für Fälle dieser Art noch eine Orientierungshilfe darstellt. Kürzere Fristen sollten nur mit Bedacht gewählt werden.

96 Die Frist wird entweder auf einen bestimmten Termin gesetzt (»Widerspruch bis zum …«) oder sie erfolgt durch Bestimmung einer Zeitspanne (»Widerspruch binnen sechs Wochen«). Eine so gesetzte Frist beginnt mit der Bekanntgabe der Löschungsankündigung zu laufen (§ 16 Abs. 1). Fristverlängerung auf Antrag ist möglich (§§ 16 Abs. 2 FamFG, 224 Abs. 2 ZPO).

97 Fehlt die Bestimmung der Widerspruchsfrist oder ist sie objektiv **zu kurz gesetzt**, ist die Löschungsankündigung rechtswidrig und die Eintragung des Löschungsvermerks unzulässig. Erfolgt die Amtslöschung gleichwohl, ist der Löschungsvermerk seinerseits wiederum nach Maßgabe des § 395 zu löschen (s. Rdn. 139 ff.).

98 Der Fehler einer zu kurz gesetzten Widerspruchsfrist kann – entgegen h.Lit. (Keidel/*Heinemann* § 395 Rn. 34; s. ferner *Krafka/Kühn* Rn. 2365; Bumiller/*Harders* § 388 Rn. 18; Haußleiter/*Schemmann* § 388 Rn. 10) – auch nicht durch Fristverlängerung von Amts wegen geheilt werden. Zwar war es unter der Herrschaft des FGG als zulässig angesehen, eine zu kurz bemessene Frist angemessen zu verlängern (Jansen/*Steder* § 141 Rn. 38; KKW/*Winkler* [15. Aufl.] § 141 Rn. 10). Doch wurde die Regelung des § 18 FGG, welche die nachträgliche Abänderung des Beschlusses von Amts wegen ermöglichte, vom Gesetzgeber willentlich nicht in das FamFG übernommen. Heute ist eine Fristverlängerung nur noch nach den §§ 16 Abs. 2 FamFG, 224 Abs. 2 ZPO möglich und setzt zwingend einen **Antrag des Beteiligten** voraus (§ 16 Rdn. 11). Zwar unterlag der Gesetzgeber einem möglichen Verständnisirrtum, indem er annahm, es gebe für § 18 FGG keinen Anwendungsbereich mehr (BT-Drucks. 16/6308, S. 198 zu § 48 FamFG), und dabei womöglich die hier angesprochene Konstellation übersah. Gleichwohl ist die Gesetz gewordene Änderung hinzunehmen. Die zu kurz gesetzte Frist bleibt rechtswidrig. Das Verfahren muss mit einer erneuten Löschungsankündigung nebst angemessener Fristsetzung von Neuem beginnen. Es sei denn, der Beteiligte selbst stellt einen Fristverlängerungsantrag und das Gericht gibt diesem statt – dann wirkt sich der ursprüngliche Fehler nicht aus.

99 Der **Hinweis auf die Widerspruchsmöglichkeit** muss nach wohl herrschender Auffassung (§ 39 Rdn. 19; *Heinemann* FGPrax 2009, 1, 4; Bassenge/Roth/*Walter* § 395 Rn. 11; BeckOK FamFG/*Munzig* § 395 Rn. 40) den Förmlichkeiten einer Rechtsbehelfsbelehrung (§ 39) genügen, wenngleich die Tatbestandsvoraussetzungen des § 39 Satz 1 kaum erfüllt sind, nämlich einerseits weder Beschlussform vorgeschrieben ist (so aber der Anknüpfungspunkt des § 39 Satz 1) noch eine »Endentscheidung« i.S.d. § 38 vorliegt, an die § 39 systematisch anknüpft. Hergeleitet werden kann die Belehrungspflicht am ehesten aus der Gesetzesbegründung zu § 39 Satz 1 (BT-Drucks. 16/6308 S. 196), wo es ausdrücklich heißt, von ihr umfasst seien »alle Rechtsmittel sowie die in den FamFG-Verfahren vorgesehenen ordentlichen Rechtsbehelfe gegen Entscheidungen, Einspruch, Widerspruch und Erinnerung«. Hinzu kommt, dass die Erwähnung des Wortes »Widerspruch« in § 39 Satz 1 völlig gegenstandslos wäre, würde man dies nicht auf die Rechtsbehelfe nach den §§ 393 bis 395, 399 beziehen.

100 **3. Besondere Hinweise auf Heilungsmöglichkeiten.** Soll eine AG, eine SE, eine KGaA oder eine GmbH/ UG als nichtig gelöscht werden, so ist gem. § 45 Abs. 1 HRV, wenn der Mangel (z.B. durch Satzungsänderung) geheilt werden kann, in der Löschungsankündigung auf diese Möglichkeit ausdrücklich hinzuweisen.

101 Soll eine Genossenschaft oder eine SCE als nichtig gelöscht werden, ist gem. § 22 Abs. 1 GenRegV in der Löschungsankündigung ausdrücklich darauf hinzuweisen, dass der Mangel bis zur Löschung durch Beschluss der Generalversammlung gem. § 95 Abs. 2 bis 4 GenG geheilt werden kann.

102 Soll eine SCE wegen Auseinanderfallens von Sitzstaat und Hauptverwaltung gelöscht werden (§ 10 SCE-AG), hat das *Registergericht* sie unter Fristsetzung aufzufordern, den vorschriftswidrigen Zustand zu been-

den, indem sie entweder ihre Hauptverwaltung wieder im Sitzstaat errichtet oder ihren Sitz nach dem Verfahren gem. Art. 7 SCE-VO verlegt (§ 10 Abs. 1 Satz 2 SCEAG). Auf beide Behebungsmöglichkeiten ist in der Löschungsankündigung alternativ hinzuweisen. § 22 Abs. 1 GenRegV, wonach lediglich auf eine Mangelbehebung »durch Beschluss der Generalversammlung« hingewiesen werden soll, ist für diesen Sonderfall zu eng formuliert.

4. Bekanntgabe. Die Löschungsankündigung ist allen Beteiligten (beachte Rdn. 86 ff.) gem. § 15 Abs. 1 förmlich bekannt zu geben, da sie den Lauf der Frist auslöst, bis zu deren Ablauf der Löschungsvermerk nicht eingetragen werden darf (Abs. 3 i.V.m. § 393 Abs. 5). Dass die Verfügung förmlich »zugestellt« wird, ist zwar ausdrücklich nur für den Fall der beabsichtigten Löschung einer Genossenschaft erwähnt (§ 22 Abs. 1 GenRegV), sollte aber auch ansonsten die Regel darstellen anstelle der Aufgabe zur Post. 103

Wird der Beteiligte durch einen Verfahrensbevollmächtigten vertreten, ist an diesen zuzustellen (§ 15 Abs. 2 FamFG i.V.m. § 172 ZPO). Zur Frage, ob die Wirksamkeit der Zustellung an den Bevollmächtigten vom Vorliegen einer Vollmachturkunde abhängt, s. § 388 Rdn. 47. 104

Kann der eingetragene Rechtsträger **postalisch nicht erreicht werden** oder sind weitere Beteiligte (Rdn. 89) **unbekannten Aufenthalts**, kann das Gericht anordnen, dass die Benachrichtigung in dem für die Registerbekanntmachungen bestimmten Bekanntmachungssystem erfolgt (Abs. 2 Satz 2 i.V.m. § 394 Abs. 2 Satz 2). Daraus folgt im Umkehrschluss, dass eine öffentliche Zustellung an die Beteiligten sowie die Bestellung eines Verfahrenspflegers für unbekannte Beteiligte (§ 1913 BGB) nicht in Betracht kommen. Unanwendbar ist Abs. 2 Satz 2 freilich auf Löschungen aus dem Güterrechtsregister, da für dieses kein elektronisches Bekanntmachungssystem zur Verfügung steht. 105

VIII. Entbehrlichkeit der Löschungsankündigung. Die Löschungsankündigung und das Abwarten einer Widerspruchsfrist sind entbehrlich, wenn alle Beteiligten (Rdn. 86 ff.) sich mit der beabsichtigten Löschung **einverstanden erklärt** haben (KG JFG 16, 189; BayObLG Rpfleger 1990, 200; Jansen/*Steder* § 142 Rn. 72; Bassenge/Roth/*Walter* § 395 Rn. 11). 106

IX. Aussetzung des Löschungsverfahrens. Das Löschungsverfahren kann ausgesetzt werden, wenn bereits ein Rechtsstreit über den Gegenstand der vorgenommenen Eintragung anhängig ist (§ 21). Ist ein Rechtsstreit (noch) nicht anhängig, kann das Löschungsverfahren nach § 381 mit Fristbestimmung zur Klageerhebung ausgesetzt werden (§ 381 Rdn. 3). Die Aussetzung ist aber nur tunlich, wenn der Zivilrechtsstreit verspricht, zur Klärung der für das Registerverfahren maßgeblichen Rechtsfragen beizutragen. 107

Keine Aussetzung empfiehlt sich, um etwa vor der beabsichtigten Löschung eines nichtigen Beschlusses (§§ 395, 398) noch das Ergebnis einer zivilrechtlichen Anfechtungs- oder Nichtigkeitsfeststellungsklage abzuwarten (a.A. Jansen/*Steder* § 144 Rn. 56; Schmidt-Kessel/Leutner/Müther/*Müther* § 8 Rn. 161). Denn die Prüfungsgegenstände beider Verfahren haben kaum eine gemeinsame Schnittmenge. Mit der Zivilklage werden individuelle Rechtspositionen erhoben, auf die es im Amtslöschungsverfahren – wegen des durch § 398 eingeschränkten Prüfungsrahmens – in aller Regel nicht ankommt. Stellt das Registergericht hingegen einen Löschungstatbestand i.S.d. §§ 395, 398 fest, sind öffentliche Interessen berührt, die regelmäßig keinen längerfristigen Aufschub und Rücksichtnahmen auf anderweitige Zivilprozesse dulden. 108

X. Unterrichtung des Anzeigenerstatters bei Nichteinleitung des Verfahrens (§ 24 Abs. 2). War das Löschungsverfahren vonseiten Dritter angeregt worden und folgt das Gericht dieser Anregung nicht, hat es den Anzeigenerstatter gem. § 24 Abs. 2 unter Angabe von Gründen davon zu unterrichten, sofern ein berechtigtes Interesse an der Unterrichtung ersichtlich ist. Die Mitteilung ergeht formlos (§ 15 Abs. 3). Zur Beschwerdefähigkeit einer solchen Entscheidung vgl. BGH FGPrax 2012, 169. 109

D. Rechtsbehelfe. I. Widerspruch und Beschwerde gegen die Zurückweisung des Widerspruchs. Widerspruchs- und ggf. beschwerdeberechtigt ist jeder, der an der Unterlassung der Löschung ein berechtigtes Interesse hat (Abs. 2 Satz 2 i.V.m. § 394 Abs. 2 Satz 2 Halbs. 2). Das sind alle in Rdn. 86 ff. Genannten, also neben dem eingetragenen Unternehmen/Rechtsträger auch diejenigen Personen, auf die sich die konkrete *Eintragung bezieht* (vgl. BayObLG NJW-RR 1993, 698 – Vereinsvorstand; BayObLG Rpfleger 1983, 443; KG GmbHR 2012, 91 – Geschäftsführer). 110

Der einzelne Gesellschafter oder Genosse ist bei der Löschung einzelner Eintragungen nicht berechtigt, die Beschwerde zugunsten der Gesellschaft einzulegen; er kann dieses Interesse nur über eine entspr. Beschlussfassung in der Gesellschafterversammlung verfolgen (OLG Hamm OLGZ 1976, 392, 395 m.w.N.; OLG Köln ZIP 2002, 573, 575 f.). Geht es jedoch ausnahmsweise um die Löschung der Gesellschaft insgesamt oder 111 um die Löschung der eingetragenen Auflösung der Gesellschaft, sind auch die einzelnen Gesellschafter persönlich in ihren Rechten betroffen, sodass diese selbst Widerspruch einlegen können (vgl. § 394 Rdn. 42; OLG Hamm NJW-RR 2002, 324; OLGZ 1971, 226, 227).

112 Über den Widerspruch entscheidet der funktionell zuständige Richter oder Rechtspfleger (s. Rdn. 71) durch Beschluss. Der Widerspruch ist nur dann zurückzuweisen, wenn zweifelsfrei feststeht, dass die Eintragung unzulässig ist (BayObLG Rpfleger 1990, 124 m.w.N.; OLG Zweibrücken NJW-RR 2004, 34), andernfalls ist dem Widerspruch stattzugeben. Verbleiben Zweifel, darf die Eintragung nicht gelöscht werden.

113 Hinsichtlich der Einzelheiten des Widerspruchs- und Beschwerdeverfahrens verweist Abs. 3 auf § 393 Abs. 3 bis 5. Auf die dortige Kommentierung wird verwiesen (§ 393 Rdn. 41–53, 55–57) mit folgenden Ergänzungen bezüglich des Beschwerderechtes bei Ablehnung einer Amtslöschung durch das Registergericht:

114 **II. Beschwerderecht bei Ablehnung der Amtslöschung.** Hatte ein **berufsständisches Organ** die Einleitung des Verfahrens beantragt und lehnt das Gericht dieses ab, steht ihm die Beschwerde zu (§ 380 Abs. 5). Handelt es sich um ein Kreditinstitut oder eine Kapitalanlagegesellschaft, steht zusätzlich der BaFin das Recht aus §§ 43 Abs. 3 KWG, 16 Abs. 3 BausparkG, 3 Abs. 5 KAGB zu. Ist die Beschwerde begründet, kann das Beschwerdegericht jedoch die Löschungsankündigung nicht selbst vornehmen, sondern nur das Registergericht anweisen, diese zu erlassen. Durch eine solche Anweisung wird das Registergericht nur hinsichtlich der zu erlassenden Löschungsankündigung gebunden; der späteren Entscheidung über einen eventuellen Widerspruch des Beteiligten wird damit nicht vorgegriffen (KG NJW 1955, 1926, 1927; BayObLG NJW-RR 1993, 698). Eine Rechtsbeschwerde gegen die Anweisung des Beschwerdegerichts, die Löschungsankündigung zu erlassen, dürfte unzulässig sein (BeckOK FamFG/*Munzig* § 393 Rn. 43; *Krafka/Kühn* Rn. 2388; s.a. OLG Hamm JMBl NW 1957, 234), da insoweit kein Rechtsschutzbedürfnis besteht. Auch die Löschungsankündigung selbst könnte nicht mit der Beschwerde angegriffen werden (§ 393 Rdn. 41).

115 Auch steht dem berufsständischen Organ und der BaFin die Beschwerde gegen eine Entscheidung zu, die dem Widerspruch des Beteiligten stattgibt und eine zuvor ergangene Löschungsankündigung aufhebt. Das Beschwerdegericht entscheidet dann in der Sache selbst, weist also – sofern die Beschwerde begründet ist – das Registergericht an, die Löschung vorzunehmen.

116 Auch der **eingetragene Rechtsträger** oder ein Beteiligter gem. Rdn. 89 kann gegen die Ablehnung der Amtslöschung Beschwerde einlegen, soweit er dadurch in seinen Rechten beeinträchtigt wird, namentlich wenn es sich um die Löschung einer zu seinen Lasten vorgenommenen oder um die Löschung und Neueintragung einer unrichtig verfassten Eintragung (§ 383 Rdn. 32) handelt (BayObLG NJW-RR 1993, 698; Bumiller/*Harders* § 395 Rn. 15; Bassenge/Roth/*Walter* § 395 Rn. 14; a.A. BeckOK FamFG/Munzig § 395 Rn. 53, der bei der Prüfung der Voraussetzungen des § 59 Abs. 2 übersieht, dass es sich um ein Amtsverfahren handelt).

117 **Konkurrenzunternehmen** haben grds. kein Beschwerderecht gegen die Ablehnung eines von ihnen angeregten Amtslöschungsverfahrens. Denn das Verfahren dient nicht der Durchsetzung individueller Namens-, Urheber-, und Wettbewerbsrechte, sondern allein dem öffentlichen Interesse an Registerwahrheit (RGZ 132, 311; OLG Stuttgart Rpfleger 2014, 436; weniger eindeutig Jansen/*Steder* § 142 Rn. 59 m.w.N.; Keidel/*Heinemann* § 395 Rn. 45). Das registerrechtliche Amtslöschungsverfahren hat nicht den Zweck, dem Inhaber des angeblich verletzten Rechts eine Unterlassungsklage zu ersparen. Dies gilt nach hier vertretener Auffassung auch für den Fall, dass ein Dritter die Löschung einer fremden Firma wegen fehlender Unterscheidbarkeit von der eigenen begehrt (a.A. h.M., s. KG NJW-RR 1991, 860 m.w.N.). Denn das Registergericht prüft die Firmenunterscheidbarkeit nicht zur Wahrung der Interessen der bereits eingetragenen Firmeninhaber, sondern allein zum Schutze der Öffentlichkeit vor Verwechslungsgefahren (Baumbach/Hopt/*Hopt* § 30 Rn. 1 m.w.N.). Dem voreingetragenen Firmeninhaber, dessen Ausschließlichkeitsanspruch beeinträchtigt wird, stellt das Gesetz die Unterlassungsklage nach § 37 Abs. 2 HGB als gebotenen Rechtsbehelf zur Seite, und zwar als den einzigen.

118 Auch die Stellung als **Gläubiger** des eingetragenen Unternehmens genügt zur Beschwerdeberechtigung nicht (BayObLG NJW-RR 2001, 613; OLG Düsseldorf FGPrax 2004, 135).

119 Der **Gesellschafter** ist grds. nicht berechtigt, Beschwerde einzulegen, wenn das Gericht seine Anregung ablehnt, eine unzulässig vorgenommene Eintragung zu löschen. Er muss seine Rechte entweder per Antragstellung und Beschlussfassung in der Gesellschafterversammlung oder mittels einer Anfechtungsklage durchsetzen (vgl. OLG Hamm Rpfleger 1976, 135 für die Genossenschaft). Auch einzelnen **Aktionären** steht grds. kein Beschwerderecht zu. Geht es allerdings um die Löschung einer Eintragung, welche eine unmittelbare Beeinträchtigung der aus der Gesellschafter-/Aktionärstellung erwachsenden **Individualrechte** bewirkt, ist wie *folgt zu differenzieren:*

Unzulässig ist die Beschwerde des einzelnen Gesellschafters, wenn die zu löschende Eintragung auf einem **120** **Beschluss der Gesellschaft** beruht. Denn gem. § 398 darf die Amtslöschung nichtiger Beschlüsse nicht zur Durchsetzung privater Interessen, sondern nur aus öffentlichem Interesse verfolgt werden. Die privaten Interessen einzelner Gesellschafter liegen außerhalb des Schutzbereichs der §§ 395, 398. Der Gesellschafter muss seine Individualrechte mit der dafür geschaffenen Anfechtungsklage verfolgen (KKW/*Winkler* [15. Aufl.] § 144 Rn. 26; OLG Hamm Rpfleger 1976, 135 für die Genossenschaft), welche i.Ü. gesetzlichen Fristen unterliegt, die nicht durch Eröffnung eines zeitlich unbeschränkten »Ersatzverfahrens« nach dem FamFG unterlaufen werden dürfen. Diesen Zusammenhang übersieht die Rechtsprechung bisweilen, wenn sie einzelnen Gesellschaftern systemwidrig den Beschwerdeweg eröffnet, um im Registerverfahren die Löschung unzulässig eingetragener Kapitalerhöhungsbeschlüsse (KG JFG 19, 80; OLG Karlsruhe OLGZ 1986, 155, 156 m.w.N.), Beherrschungs- und Gewinnabführungsverträge (OLG Zweibrücken ZIP 1989, 241) oder Umwandlungsvorgänge (OLG Hamm ZIP 2001, 569, 570) zu erstreiten oder die Zulässigkeit der Beschwerde an der Dreijahresfrist des § 242 Abs. 2 Satz 1 AktG festmacht (so BGHZ 202, 87 = NJW-RR 2015, 162).

Zulässig ist die Beschwerde des Gesellschafters jedoch, wenn die zu löschende Eintragung, **nicht auf einem** **121** **Beschluss der Gesellschaft** beruht und deshalb nicht den Beschränkungen des § 398 unterliegt. Bspw. kann der Gesellschafter die Amtslöschung einer unzulässig eingetragenen Gesellschaftsauflösung verfolgen, wenn die Eintragung nicht auf Gesellschafterbeschluss, sondern z.B. auf Kündigung durch einen Gesellschafter beruht (OLG Hamm DNotZ 1971, 247).

Vereinsmitglieder können Beschwerde einlegen mit dem Ziel der Löschung einer **Vorstandsänderung**, **122** welche aufgrund nichtiger Beschlussfassung der Mitgliederversammlung eingetragen wurde (OLG Zweibrücken FGPrax 2002, 80 m.w.N.). Denn für Vereinsbeschlüsse gelten die Beschränkungen des § 398 nicht. Beschwerde mit dem Ziel der Löschung einer eingetragenen **Satzungsänderung** kann das Vereinsmitglied aber nur einlegen, wenn durch die Satzungsänderung seine persönlichen Mitgliederrechte betroffen werden (OLG Stuttgart Rpfleger 1970, 283; vgl. auch KG HRR 1931 Nr. 1553; FGPrax 2005, 175).

E. Vollzug der Löschung. Gelöscht werden darf nur, was mit der Löschungsankündigung angekündigt ist **123** (Jansen/*Steder* § 142 Rn. 54) oder wozu die Beteiligten ihr Einverständnis erklärt haben (Rdn. 106).

I. Inhalt des Löschungsvermerks (Abs. 1 Satz 2). Die Löschung der Eintragung erfolgt durch Eintragung **124** des Vermerks »Von Amts wegen gelöscht« (§§ 19 Abs. 1 HRV, 11 Abs. 3 VRV). Sie darf gem. Abs. 3 i.V.m. § 393 Abs. 5 nur erfolgen, wenn bis dahin kein Widerspruch – auch kein verspäteter Widerspruch (s. § 393 Rdn. 45) – erhoben wurde oder wenn der den Widerspruch zurückweisende Beschluss rechtskräftig geworden ist. Wird ein zunächst erhobener Widerspruch zurückgenommen, darf die Eintragung gleichwohl erst nach Ablauf der gesetzten Frist erfolgen.

Die Löschung nichtiger Gesellschaften und Genossenschaften (§ 397) erfolgt durch Eintragung eines Vermerks, der die Gesellschaft (bzw. Genossenschaft oder SCE) als nichtig bezeichnet (§§ 45 Abs. 2 HRV, 22 **125** Abs. 2 GenRegV).

Die Löschung nichtiger Beschlüsse (§ 398) erfolgt durch Eintragung eines Vermerks, der den Beschluss als **126** nichtig bezeichnet, in diejenigen Spalten des Registerblatts, in die der Beschluss eingetragen war (§§ 44 HRV, 23 GenRegV).

II. Löschung einer Firma oder eines Vereinsnamens. Eine Firma oder ein Vereinsname kann stets nur **127** insgesamt gelöscht werden, auch wenn die Beanstandung sich nur gegen einen Teil der verwendeten Bezeichnung richtet. Denn das Streichen einzelner Elemente aus der Firma würde eine Firmenänderung bedeuten, zu der nur der Firmeninhaber selbst befugt ist (KG NJW 1955, 1926, 1927 f.; OLG Hamm NJW 1959, 1973; BayObLG NJW 1972, 957, 959; Jansen/*Steder* § 142 Rn. 49; KKW/*Winkler* [15. Aufl.] § 142 Rn. 14; unreflektiert hingegen OLG Frankfurt NJW-RR 2006, 44 bezüglich der isolierten Löschung des Firmenbestandteils »& Partner«).

Nach Auffassung von Jansen/*Steder* (§ 142 Rn. 49 unter Bezugnahme auf die Erwägungen in KG RJA 9, 91, **128** 92) soll der Firmeninhaber die Löschung der kompletten Firma dadurch abwenden können, dass er in die isolierte Löschung des unzulässigen Firmenteils **einwilligt**. Das erscheint auf den ersten Blick unbürokratisch, erweist sich aber bei näherer Betrachtung als systemwidrig. Denn die Firma wird nicht dadurch geändert, dass der Inhaber in die teilweise Streichung der Registereintragung einwilligt, sondern dadurch, dass er eine neue Firma im Rechtsverkehr tatsächlich annimmt. Nimmt der Inhaber eine neue Firma an, ist diese Tatsache als Veränderung zum Register anzumelden (§ 31 Abs. 1 HGB), was wiederum nach den §§ 388 ff. erzwungen werden kann (BayObLG Rpfleger 1980, 18, 19; Bahrenfuss/*Steup* § 395 Rn. 20). Demgegenüber wäre die Eintragung einer Firmenänderung von Amts wegen, also ohne entspr. Registeranmeldung, generell nicht statthaft; auf eine solche würde jedoch das von Jansen/*Steder* favorisierte Verfahren hinauslaufen.

129 Bei **Personenhandelsgesellschaften** oder **Vereinen** ist für die Änderung der Firma bzw. des Vereinsnamens ohnehin eine satzungsändernde Beschlussfassung nötig; eine schlichte »Einverständniserklärung« ggü. dem Registergericht kann dieses nicht ersetzen (BayObLG NJW 1972, 957, 959).

130 Verstößt eine **Kapitalgesellschaft** gegen die Vorschriften über die Firmenbildung, führt dies nicht zu einer Löschung nach § 395, sondern nur zum Auflösungsverfahren nach § 399 (BayObLG NJW-RR 1989, 867, 868; übersehen worden von OLG Frankfurt NJW-RR 2006, 44).

131 Abweichend ist die Rechtslage nur bei unzulässigem Gebrauch einer für **Kreditinstitute, Versicherungsunternehmen** und **Kapitalanlage-** bzw. **Beteiligungsfinanzierungsgesellschaften** geschützten Bezeichnung (§§ 43 Abs. 2 KWG, 3 Abs. 5 KAGB, 16 Abs. 3 BausparkG, 6 Abs. 4 VAG, 22 Satz 2 REITG): Hier lässt das Gesetz die sonst bei Kapitalgesellschaften unzulässige Firmenlöschung (Rdn. 54) und in den Fällen der §§ 6 Abs. 4 VAG; 22 Satz 2 REITG sogar die sonst unzulässige isolierte Löschung eines Firmenzusatzes (Rdn. 127) ausdrücklich zu (BayObLG WM 1988, 664, 665).

132 **III. Löschung einer Sitzverlegung.** Bei der Amtslöschung einer eingetragenen Sitzverlegung, welche grds. vom Gericht des neuen Sitzes entschieden wird (Rdn. 72), ist nicht nur die Eintragung am neuen Sitz zu löschen, sondern darüber hinaus eine Neueintragung am bisherigen Sitz unter der alten Registernummer vorzunehmen, und zwar auf einem neuen Registerblatt (wegen §§ 22 HRV, 4 Abs. 1 VRV).

133 **IV. Absehen von der Löschung.** Das Gericht muss auch dann von einer Löschung absehen, wenn zwar kein Widerspruch eingelegt oder dieser rechtskräftig zurückgewiesen wurde, sich aber aus weiteren Erkenntnissen des Registergerichts ergibt, dass die Löschung ungerechtfertigt wäre, weil die Voraussetzungen der Eintragung in Wahrheit vorlagen oder inzwischen geschaffen wurden (Jansen/*Steder* § 142 Rn. 34, 71). Das Absehen von der Löschung ist den Beteiligten formlos mitzuteilen und den berufsständischen Organen sowie im Fall von Kreditinstituten oder Kapitalanlagegesellschaften der BaFin bekannt zu geben, da diesen ein Beschwerderecht zusteht (§§ 380 Abs. 5 FamFG, 43 Abs. 3 KWG, 3 Abs. 5 KAGB, 16 Abs. 3 BausparkG). Widerspricht sie deren bereits erklärten Willen, ist sie förmlich zuzustellen (§ 41 Abs. 1 Satz 2).

134 Ebenso ist von der Löschung abzusehen, wenn zwar derzeit eine unzulässige Eintragung vorliegt, nachträglich aber noch eine **Heilung** des zu beanstandenden Mangels der Satzung (§ 397) oder des Beschlusses (§ 398) eintreten kann und bereits auf gutem Wege ist (vgl. Jansen/*Steder* § 144 Rn. 25, 58). Rechtswirksam wird eine solche Heilung zwar erst mit der Eintragung der Satzungsänderung in das Register, sodass bis dahin die formalen Löschungsvoraussetzungen vorliegen. Aber aus fürsorglichen und zugleich pragmatischen Gründen wird das erkennbar ernsthafte Bemühen der Gesellschaft, die Heilung zielstrebig herbeizuführen (Einladung zur Haupt-, Gesellschafter- oder Generalversammlung mit entsprechender Tagesordnung), das Registergericht dazu veranlassen, die weitere Entwicklung abzuwarten, anstelle die Gesellschaft erst zu löschen und dann alsbald – nach Heilung und Fortsetzungsbeschluss (Rdn. 137) – wieder neu einzutragen.

135 **F. Rechtsfolgen der Löschung.** Die Löschung einer unzulässigen Eintragung macht sie in ihren Rechtswirkungen zunichte. Regelmäßig geschieht dies **rückwirkend**, sodass bei konstitutiven Eintragungen auch die durch sie vermittelten Rechtsänderungen rückwirkend erlöschen. Nicht rückwirkend, jedenfalls nicht auf den Zeitpunkt der ursprünglichen Eintragung rückwirkend, sind Löschungen, die vorgenommen werden, weil die Eintragung nachträglich unzulässig geworden ist (Rdn. 8).

136 Soweit die Löschung Rückwirkung entfaltet, gelten für die Zeit bis zur Eintragung des Löschungsvermerks die Grundsätze des **Gutglaubensschutzes** nach Maßgabe des §§ 15 HGB, 29 GenG. Die positive Publizitätswirkung des Registers setzt aber stets voraus, dass der Eingetragene die unzulässige Eintragung durch einen Eintragungsantrag veranlasst hatte (Baumbach/Hopt/*Hopt* § 15 Rn. 19). Dies spielt vor allem dann eine Rolle, wenn eine Eintragung gelöscht wird, weil eine Registeranmeldung nicht vorlag (vgl. Rdn. 40). Beim Vereinsregister gibt es keinen positiven Gutglaubensschutz, jedoch können u.U. – namentlich bei unrichtig eingetragenen Vereinsvorständen – die Grundsätze der Rechtsscheinvollmacht anzuwenden sein (Palandt/*Ellenberger* § 68 Rn. 1).

137 Wird eine **Gesellschaft** oder **Genossenschaft gelöscht** (§§ 397 FamFG, 10 SCEAG), gilt sie mit der Eintragung des Löschungsvermerks als aufgelöst und tritt in das Liquidationsstadium (§§ 277 Abs. 1 AktG, 77 Abs. 1 GmbHG, 97 Abs. 1 GenG). Der Mangel, der zur Löschung führte, kann aber noch geheilt und so-

Abschnitt 3. Registersachen § 395

dann ein Fortsetzungsbeschluss gefasst werden (MüKoAktG/*Hüffer* § 275 Rn. 65; Baumbach/Hueck/*Haas* Anh. § 77 Rn. 30), auf den hin das Unternehmen wieder als werbende Gesellschaft/Genossenschaft einzutragen ist (Jansen/*Steder* § 144 Rn. 26).

Wird ein **Beschluss gelöscht** (§ 398), gilt er als nichtig, selbst wenn er materiell wirksam gewesen sein sollte (§ 241 Nr. 6 AktG, entspr. anzuwenden auf die GmbH/UG und Genossenschaft). Bisweilen wird hinzugefügt, dass die Nichtigkeitsfolge des § 241 Nr. 6 AktG dann nicht eintrete, wenn den Beteiligten entgegen § 395 Abs. 2 keine Gelegenheit zum Widerspruch gegeben worden sei (Jansen/*Steder* § 144 Rn. 61 m.w.N.). Richtig dürfte dagegen sein, dass die Nichtigkeitsfolge des § 241 Nr. 6 AktG durchaus zunächst eintritt, jedoch die verfahrensfehlerhaft zustande gekommene Löschung des Beschlusses ihrerseits in einem weiteren Löschungsverfahren beseitigt werden kann (Rdn. 139 ff.), wodurch die konstitutive Nichtigkeitsfolge der Beschlusslöschung rückwirkend wieder entfällt. Mit anderen Worten: Ist die Löschung des Beschlusses eingetragen, gilt dieser als nichtig. War die Löschung verfahrensfehlerhaft zustande gekommen und wird anschließend die Löschung der Löschung eingetragen, gilt der Beschluss rückwirkend wieder als wirksam. 138

G. Löschung des Löschungsvermerks. Da der Löschungsvermerk nach erfolgter Eintragung nicht mit Rechtsbehelfen anfechtbar ist (§ 383 Abs. 3), kann seine Wirkung nur dadurch beseitigt werden, dass der Löschungsvermerk seinerseits im weiteren Amtslöschungsverfahren nach § 395 gelöscht wird (OLG Zweibrücken NJW-RR 2002, 825, 826 m.w.N.). Jeder Rechtsbehelf, der gegen die bereits vollzogene Eintragung des Löschungsvermerks eingelegt wird, ist als Anregung zur Einleitung eines (weiteren) Amtslöschungsverfahrens nach § 395 umzudeuten (OLG Zweibrücken NJW-RR 2002, 825, 826; OLG Düsseldorf FGPrax 1998, 231; Jansen/*Steder* § 141 Rn. 60). 139

Der eingetragene Löschungsvermerk kann aber nur dann nach § 395 gelöscht werden, wenn die Vornahme seiner Eintragung unzulässig war, also **verfahrensfehlerhaft zustande kam**. Das ist namentlich dann der Fall, wenn die Löschungsankündigung inhaltliche Mängel hatte, bspw. den Grund für die beabsichtigte Löschung nicht erkennen ließ, die Widerspruchsfrist zu knapp bemessen war, die Löschungsankündigung nicht an alle (dem Gericht bekannten) Adressaten (Rdn. 86 ff.) erging oder wenn der Löschungsvermerk entgegen Abs. 3 i.V.m. § 393 Abs. 5 trotz eingelegten Widerspruchs und vor dessen rechtskräftiger Bescheidung eingetragen wurde (OLG Zweibrücken NJW-RR 2002, 825; OLG Düsseldorf NJW-RR 2006, 903), wobei insb. auch ein »verspätet« eingelegter Widerspruch zu beachten ist (§ 393 Rdn. 45). 140

Auf eine zu knapp bemessene Widerspruchsfrist kann das erneute Amtslöschungsverfahren allerdings dann nicht gestützt werden, wenn im ersten Verfahren tatsächlich Widerspruch eingelegt und dieser nach Abs. 3 i.V.m. § 393 Abs. 3 behandelt wurde. 141

Steht ein wesentlicher Verfahrensfehler des ersten Amtslöschungsverfahrens fest, muss zusätzlich zur Unzulässigkeit der Eintragung auch deren **inhaltliche Unrichtigkeit** hinzutreten (Jansen/*Steder* § 141 Rn. 61). 142

Ist dagegen die Eintragung aus dem ersten Amtslöschungsverfahren nur inhaltlich unrichtig, ohne dass ein Verfahrensfehler vorliegt, kommt eine Löschung des Löschungsvermerks nicht in Betracht. Denn wenn im ersten Verfahren kein Widerspruch eingelegt oder dieser rechtskräftig zurückgewiesen wurde, erging die Eintragung nach Maßgabe des Abs. 3 i.V.m. § 393 Abs. 5 zu Recht (KG JW 1935, 1798; Jansen/*Steder* § 141 Rn. 61); übersehen bei KG Rpfleger 2012, 550. 143

H. Kosten. Für die Löschungsankündigung werden keine Kosten erhoben. 144

Für die Zurückweisung des Widerspruchs hat der Widerspruchsführer die Kosten zu tragen, wenn sie ihm mit der Zurückweisung des Widerspruchs aufgegeben wurden (Abs. 3 i.V.m. § 393 Abs. 4). Erhoben wird die einfache Geb. nach Nr. 13400 KV GNotKG. Geschäftswert: § 36 Abs. 1 bis 3 GNotKG. Die dreifache Geb. wird erhoben für die Verwerfung oder Zurückweisung der Beschwerde gegen die Zurückweisung des Widerspruchs (Nr. 13610 KV GNotKG); bei Rücknahme des Rechtsmittels s. die Ermäßigungstatbestände der Nr. 13611, 13612 KV GNotKG. 145

Die Löschung selbst ist kostenlos (§ 58 Abs. 1 Satz 2 GNotKG und Vorbem. 1.3 Abs. 2 Nr. 2 KV GNotKG). Freilich ist dem Gesetzgeber hier ein offensichtliches Redaktionsversehen unterlaufen, denn seit dem 01.12.2004 galt die Kostenfreiheit infolge der Bezugnahme auf die §§ 159, 161 FGG nur für Löschungen im Vereins- und Güterrechtsregister. Durch die geänderte Fassung zunächst des § 88 Abs. 1 KostO und jetzt dessen Nachfolgeregelungen in § 58 Abs. 1 Satz 2 GNotKG und Vorbem. 1.3 Abs. 2 Nr. 2 KV GNotKG werden alle »Löschungen nach § 395 FamFG« in Bezug genommen, sodass sich die Kostenfreiheit nunmehr (wieder) auf sämtliche Register erstreckt. Ersichtlich war es dem Gesetzgeber unbewusst, dass er die Kostenfreiheit damit erheblich ausdehnt, denn in der Entwurfsbegründung ist nur ausführt, die Änderung sei 146

»Folge der Übernahme der Vorschriften über das registerrechtliche Löschungs- und Auflösungsverfahren in den Entwurf des FamFG« (BT-Drucks. 16/6308 S. 335). Der neue Wortlaut ist jedoch Gesetz geworden und deshalb ist von Kostenfreiheit für alle Register auszugehen.

§ 396 *(entfallen)*

§ 397 Löschung nichtiger Gesellschaften und Genossenschaften.
¹Eine in das Handelsregister eingetragene Aktiengesellschaft oder Kommanditgesellschaft auf Aktien kann nach § 395 als nichtig gelöscht werden, wenn die Voraussetzungen vorliegen, unter denen nach den §§ 275 und 276 des Aktiengesetzes die Klage auf Nichtigerklärung erhoben werden kann. ²Das Gleiche gilt für eine in das Handelsregister eingetragene Gesellschaft mit beschränkter Haftung, wenn die Voraussetzungen vorliegen, unter denen nach den §§ 75 und 76 des Gesetzes betreffend die Gesellschaften mit beschränkter Haftung die Nichtigkeitsklage erhoben werden kann, sowie für eine in das Genossenschaftsregister eingetragene Genossenschaft, wenn die Voraussetzungen vorliegen, unter denen nach den §§ 94 und 95 des Genossenschaftsgesetzes die Nichtigkeitsklage erhoben werden kann.

Übersicht	Rdn.		Rdn.
A. Allgemeines	1	B. Kommentierung	2

1 **A. Allgemeines.** Der Begriff der »Gesellschaft mit beschränkter Haftung« in Satz 2 umfasst auch die **UG** (§ 5a Abs. 1 GmbHG).

2 **B. Kommentierung.** Die Vorschrift wird von der herrschenden Meinung als eine eigenständige, ggü. § 395 speziellere Verfahrensart aufgefasst und damit in ihrer Systematik missverstanden. Nach ihrer Entstehungsgeschichte war die Vorschrift nicht als ein eigenständiges Löschungsverfahren, sondern als eine **Einschränkung der allgemeinen Löschungsbefugnis** gedacht (*Krieger/Lenz* § 144 FGG Rn. 2). Die rechte Bedeutung der Norm erschließt sich, wenn man in Satz 1 nach dem Wort »kann« gedanklich die Worte »nur dann« einfügt – bereits die Gesetzesbegründer bedienten sich dieses Hilfsmittels zum besseren Verständnis der Regelung (Denkschrift S. 74 zu § 140 Abs. 2 FGG-E). Einen Dualismus zwischen dem Verfahren nach § 395 und etwa einer weiteren Verfahrensart nach § 397 gibt es nicht. Die Löschung erfolgt allein auf der Grundlage des § 395 unter Beachtung der sich aus § 397 ergebenden Einschränkungen. Daher gilt für diese Löschungen ebenfalls die Kostenfreiheit des § 58 Abs. 1 Satz 2 GNotKG und Vorbem. 1.3 Abs. 2 Nr. 2 KV GNotKG (a.A. Haußleiter/*Schemmann* § 397 Rn. 13).

3 Der Sache nach beschränkt § 397 die Löschung nichtiger Kapitalgesellschaften und Genossenschaften auf schwerwiegende Fälle, in denen Nichtigkeitsklage erhoben werden könnte. Hinsichtlich der einzelnen Auswirkung der Norm wird auf die Kommentierung bei § 395 Rdn. 48 ff. verwiesen.

§ 398 Löschung nichtiger Beschlüsse.
Ein in das Handelsregister eingetragener Beschluss der Hauptversammlung oder Versammlung der Gesellschafter einer der in § 397 bezeichneten Gesellschaften sowie ein in das Genossenschaftsregister eingetragener Beschluss der Generalversammlung einer Genossenschaft kann nach § 395 als nichtig gelöscht werden, wenn er durch seinen Inhalt zwingende gesetzliche Vorschriften verletzt und seine Beseitigung im öffentlichen Interesse erforderlich erscheint.

1 Die Vorschrift wird von der herrschenden Meinung als eine eigenständige, ggü. § 395 speziellere Verfahrensart aufgefasst und damit in ihrer Systematik missverstanden. Nach ihrer Entstehungsgeschichte war die Vorschrift nicht als ein eigenständiges Löschungsverfahren, sondern als eine **Einschränkung der allgemeinen Löschungsbefugnis** gedacht (*Krieger/Lenz* § 144 FGG Rn. 2). Die rechte Bedeutung der Norm erschließt sich, wenn man nach dem Wort »kann« gedanklich die Worte »nur dann« einfügt – bereits die Gesetzesbegründer bedienten sich dieses Hilfsmittels zum besseren Verständnis der Regelung (Denkschrift S. 74 zu § 140 Abs. 2 FGG-E). Einen Dualismus zwischen dem Verfahren nach § 395 und etwa einer weiteren Verfahrensart nach § 398 gibt es nicht. Die Löschung erfolgt allein auf der Grundlage des § 395 unter

Beachtung der sich aus § 398 ergebenden Einschränkungen (richtig erkannt bei BayObLGZ 1955, 333; 1956, 303, 310). Daher gilt für diese Löschungen ebenfalls die Kostenfreiheit nach § 58 Abs. 1 Satz 2 GNotKG und Vorbem. 1.3 Abs. 2 Nr. 2 KV GNotKG (a.A. Haußleiter/Schemmann § 398 Rn. 9).

Der Sache nach beschränkt § 398 die Löschung nichtiger Beschlüsse von Kapitalgesellschaften und Genossenschaften auf schwerwiegende Fälle, in denen zwingende gesetzliche Vorschriften verletzt wurden, und deren Beseitigung im öffentlichen Interesse erforderlich erscheint. Hinsichtlich der konkreten Auswirkungen des § 398 wird auf die Kommentierung bei § 395 Rdn. 56 ff. verwiesen. 2

§ 399 Auflösung wegen Mangels der Satzung.

(1) ¹Enthält die Satzung einer in das Handelsregister eingetragenen Aktiengesellschaft oder einer Kommanditgesellschaft auf Aktien eine der nach § 23 Abs. 3 Nr. 1, 4, 5 oder Nr. 6 des Aktiengesetzes wesentlichen Bestimmungen nicht oder ist eine dieser Bestimmungen oder die Bestimmung nach § 23 Abs. 3 Nr. 3 des Aktiengesetzes nichtig, hat das Registergericht die Gesellschaft von Amts wegen oder auf Antrag der berufsständischen Organe aufzufordern, innerhalb einer bestimmten Frist eine Satzungsänderung, die den Mangel der Satzung behebt, zur Eintragung in das Handelsregister anzumelden oder die Unterlassung durch Widerspruch gegen die Aufforderung zu rechtfertigen. ²Das Gericht hat gleichzeitig darauf hinzuweisen, dass andernfalls ein nicht behobener Mangel im Sinne des Absatzes 2 festzustellen ist und dass die Gesellschaft dadurch nach § 262 Abs. 1 Nr. 5 oder § 289 Abs. 2 Nr. 2 des Aktiengesetzes aufgelöst wird.

(2) ¹Wird innerhalb der nach Absatz 1 bestimmten Frist weder der Aufforderung genügt noch Widerspruch erhoben oder ist ein Widerspruch zurückgewiesen worden, hat das Gericht den Mangel der Satzung festzustellen. ²Die Feststellung kann mit der Zurückweisung des Widerspruchs verbunden werden. ³Mit der Zurückweisung des Widerspruchs sind der Gesellschaft zugleich die Kosten des Widerspruchsverfahrens aufzuerlegen, soweit dies nicht unbillig ist.

(3) Der Beschluss, durch den eine Feststellung nach Absatz 2 getroffen, ein Antrag oder ein Widerspruch zurückgewiesen wird, ist mit der Beschwerde anfechtbar.

(4) Die Absätze 1 bis 3 gelten entsprechend, wenn der Gesellschaftsvertrag einer in das Handelsregister eingetragenen Gesellschaft mit beschränkter Haftung eine der nach § 3 Abs. 1 Nr. 1 oder Nr. 4 des Gesetzes betreffend die Gesellschaften mit beschränkter Haftung wesentlichen Bestimmungen nicht enthält oder eine dieser Bestimmungen oder die Bestimmung nach § 3 Abs. 1 Nr. 3 des Gesetzes betreffend die Gesellschaften mit beschränkter Haftung nichtig ist.

Übersicht

	Rdn.
A. Allgemeines	1
B. Richtlinienkonformität der Vorschrift	4
C. Materielle Voraussetzungen für ein Auflösungsverfahren	5
D. Verfahren	12
I. Funktionelle Zuständigkeit	12
II. Abgrenzung zu anderen Verfahren	13
1. Löschungsverfahren (§ 395)	13
2. Ordnungsgeldverfahren (§ 392)	15
3. Zwangsgeldverfahren (§§ 388 ff.)	16
4. Eintragungsverfahren	17
III. Einleitung des Verfahrens, Beteiligung der berufsständischen Organe	20
IV. Sachverhaltsermittlung, Ermessen	21
V. Form, Inhalt und Bekanntgabe der Ankündigung	24
1. Aufforderung zur Anmeldung einer Satzungsänderung oder zur Erhebung eines Widerspruchs	25
2. Bestimmung einer angemessenen Frist zur Geltendmachung eines Widerspruchs	27
3. Hinweis auf Feststellung des Mangels und Auflösung der Gesellschaft (Abs. 1 Satz 2)	32
4. Bekanntgabe	33
VI. Unterrichtung des Anzeigenerstatters bei Nichteinleitung des Verfahrens (§ 24 Abs. 2)	34
E. Rechtsbehelfe	35
I. Widerspruch gegen die erlassene Aufforderung	35
1. Widerspruchsberechtigung	35
2. Erhebung des Widerspruchs	36
3. »Widerspruchsfrist«, Wiedereinsetzung in den vorigen Stand	38
4. Verfahren und Entscheidung über den Widerspruch	39
5. Feststellung des Mangels der Satzung (Abs. 2)	45
6. Beschwerde gegen die Zurückweisung des Widerspruchs und/oder gegen die Feststellung (Abs. 3)	48

	Rdn.		Rdn.
7. Aufschiebende Wirkung des Widerspruchs und der Beschwerde	53	II. Beschluss über die Zurückweisung des Widerspruchs	61
II. Rechtsbehelf gegen die Ablehnung oder Aufhebung einer Aufforderung	54	G. Löschung des Auflösungsvermerks	63
F. Wirkung der Beschlüsse	58	H. Kosten	66
I. Beschluss über die Feststellung des Mangels	58		

1 A. Allgemeines. Ist die Satzung einer Kapitalgesellschaft in wesentlichen Punkten teilnichtig oder fehlen wesentliche Inhalte, hat das Registergericht von Amts wegen auf eine Behebung des Zustandes hinzuwirken. Dazu dient das Verfahren nach § 399, mit dessen Hilfe das Registergericht die Gesellschaft zur Änderung ihrer Satzung anhalten kann. Bleibt die Aufforderung zur Satzungsänderung fruchtlos, stellt das Registergericht den Satzungsmangel fest, was zur Auflösung der Gesellschaft führt (§§ 262 Abs. 1 Nr. 5, 289 Abs. 2 Nr. 2 AktG, 60 Abs. 1 Nr. 6 GmbHG).

2 Soweit in den mit der Vorschrift korrespondierenden §§ 262 Abs. 1 Nr. 5, 289 Abs. 2 Nr. 2 AktG, 60 Abs. 1 Nr. 6 GmbHG noch von »Verfügung« anstelle von »Beschluss« (wie in Abs. 3) die Rede ist, handelt es sich noch um die frühere Terminologie des § 144a FGG, die anzupassen versäumt wurde.

3 § 399 ist nur auf die AG, KGaA und GmbH (einschließlich UG) anwendbar, jedoch nicht auf die Genossenschaft. Das spiegelt zwar den eingeschränkten Wirkbereich der Ersten Gesellschaftsrechtsrichtlinie (68/151/EWG) wider (Haußleiter/*Schemmann* § 399 Rn. 1), bedeutet für das nationale Recht jedoch im Normzusammenspiel mit § 397 eine bedauerliche Inkonsequenz (Jansen/*Steder* § 144a Rn. 3), die leider auch mit der Einführung des FamFG nicht beseitigt wurde.

4 B. Richtlinienkonformität der Vorschrift. Das Verfahren nach § 399 dient zwar primär der Sicherstellung der gesetzlich vorgeschriebenen Mindestsatzungsinhalte und zielt auf die Behebung vorgefundener Satzungsmängel, kann in letzter Konsequenz aber zur Auflösung und Liquidation der Gesellschaft führen. Dies sind letztlich dieselben Rechtsfolgen, welche Art. 12 der Ersten Gesellschaftsrechtsrichtlinie (68/151/EWG) für gerichtliche Entscheidungen über die Nichtigkeit einer Gesellschaft vorsieht. Wegen der identischen Rechtsfolgen wird z.T. die Problematik erörtert, dass das Verfahren nach § 399 als ein Nichtigkeitsverfahren im gemeinschaftsrechtlichen Sinne angesehen werden könnte. Unter dieser Prämisse aber müsste es auf diejenigen Nichtigkeitsgründe beschränkt sein, welche Art. 11 Nr. 2 der Richtlinie enumerativ aufzählt, und dürfte nicht wegen anderer Satzungsmängel betrieben werden (kritisch insoweit Haußleiter/*Schemmann* § 399 Rn. 1). Überwiegend wird von dieser Einschränkung allerdings nicht ausgegangen, da die Auflösung nur eine Ultima Ratio darstelle, die durch Mangelbeseitigung vermieden werden könne, worauf das Verfahren primär abziele (*Paschke* ZHR 155 [1991], 1, 16; Fleischhauer/*Preuß*/*Preuß* Teil A Rn. 231; s.a. *Einmahl* AG 1969, 210, 214). Allerdings ist die gemeinschaftsrechtliche Vereinbarkeit eines außerhalb der richtlinienmäßigen Fallgestaltungen liegenden, nach § 399 zu treffenden Feststellungsbeschlusses wohl nicht derart frei von Zweifeln, dass von einer Vorlage an den EuGH abgesehen werden könnte. Für die Instanzgerichte folgt daraus, wenn sie nicht selbst gem. Art. 267 Abs. 2 AEUV vorlegen, die Pflicht zur Zulassung der Beschwerde/Rechtsbeschwerde wegen grundsätzlicher Bedeutung (§§ 61 Abs. 3 Nr. 1, 70 Abs. 2 FamFG) und für das Rechtsbeschwerdegericht die Vorlagepflicht gem. Art. 267 Abs. 3 AEUV.

5 C. Materielle Voraussetzungen für ein Auflösungsverfahren. Die materiellen Voraussetzungen für ein Auflösungsverfahren ergeben sich aus den genannten Vorschriften des AktG und des GmbHG. Vorliegen muss ein **Satzungsmangel in zwingend** regelungsbedürftigen Kernbereichen. Dies sind bei der AG und der KGaA die Bestimmungen über den Sitz und die Firma, über die Höhe des Grundkapitals und dessen Zerlegung in Nennbetragsaktien oder in Stückaktien, über die Ausstellung von Inhaber- oder Namensaktien sowie über die Zahl der Vorstandsmitglieder (§ 23 Abs. 3 Nr. 1, 4–6 AktG); bei der GmbH/UG die Bestimmungen über den Sitz und die Firma sowie über den Betrag des Stammkapitals und die Nennbeträge der Geschäftsanteile (§ 3 Abs. 1 Nr. 1, 3, 4 GmbHG). Fehlt in der Satzung eine Regelung über einen dieser Punkte oder ist die betreffende Satzungsbestimmung nichtig, ist – mit zwei Ausnahmen – das Auflösungsverfahren nach § 399 zu betreiben.

Abschnitt 3. Registersachen § 399

Ausnahme 1: Ist eine Bestimmung über die Höhe des Grund- oder Stammkapitals nicht nichtig, sondern 6
überhaupt nicht vorhanden, greift nicht das Auflösungsverfahren nach § 399, sondern das Löschungsverfahren nach §§ 395, 397 (§ 395 Rdn. 50).
Ausnahme 2: Ist eine Bestimmung über die Firma deshalb nichtig, weil in unzulässiger Weise eine für **Kre-** 7
ditinstitute, Versicherungsunternehmen und **Kapitalanlage-** bzw. **Beteiligungsfinanzierungsgesellschaften** geschützte Bezeichnung gebraucht wurde (§§ 43 Abs. 2 KWG, 3 Abs. 5 KAGB, 16 Abs. 3 BausparkG, 6 Abs. 4 VAG, 22 Satz 2 REITG), ist ebenfalls nicht das Auflösungsverfahren nach § 399 zu betreiben, sondern die Firma gem. § 395 zu löschen (§ 395 Rdn. 54).
Praktische Anwendungsfälle für das Auflösungsverfahren sind: 8
– Verstöße gegen Vorschriften über die Firmenbildung und -unterscheidbarkeit (§§ 18, 30 HGB, 4, 5a Abs. 1 GmbHG, 4, 279 AktG, 11 Abs. 1 Satz 3 PartGG; vgl. OLG Köln OLGZ 1980, 309);
– die Nennung mehrerer Orte als Sitz der Gesellschaft (vgl. aber § 377 Rdn. 13 zur Zulässigkeit eines Doppelsitzes) oder eines statuarischen Sitzes im Ausland;
– Verstöße gegen die zwingenden Bestimmungen über den Nennbetrag des Grundkapitals und der Aktien (§§ 6 bis 8, 10 Abs. 1 AktG) sowie über das Stammkapital und den Nennbetrag der Geschäftsanteile (§ 5 Abs. 1 bis 3 GmbHG); ebenso die fehlende Übereinstimmung der Summe der Nennbeträge der Geschäftsanteile/Aktien mit dem Stammkapital bzw. dem Nennbetrag des Grundkapitals;
– Fehlende oder nichtige Bestimmungen über die Anzahl der Vorstandsmitglieder oder über die Regeln, nach denen diese bestimmt wird (§ 23 Abs. 3 Nr. 6 AktG).

Das Auflösungsverfahren ist auch dann zu betreiben, wenn eine Satzungsbestimmung **nachträglich nichtig** 9
wird, namentlich wenn die Führung der Firma unzulässig geworden ist (OLG Stuttgart BB 1982, 1194; Jansen/*Steder* § 144a Rn. 8; Keidel/*Heinemann* § 399 Rn. 7; Bumiller/*Harders* § 399 Rn. 3; a.A. BayObLG DNotZ 1980, 118; Bahrenfuss/*Steup* § 399 Rn. 10; Haußleiter/*Schemmann* § 399 Rn. 3). Die Angaben über die Nennbeträge der Geschäftsanteile sind allerdings nur bei der Gründung nötig; sie können bei späteren Satzungsänderungen entfallen, ohne dass die Satzung dadurch nichtig wird (BayObLG NJW-RR 1997, 485 m.w.N.; vgl. auch BGH NJW 1989, 168, 169).
Ist der wahre **Satzungsinhalt** nicht nichtig, sondern ist er **lediglich im Register unrichtig wiedergegeben**, 10
muss die falsche Eintragung im Verfahren nach § 395 gelöscht werden, sofern nicht eine Berichtigung wegen eines offenbaren Schreibfehlers (§ 17 Abs. 1 HRV) in Betracht kommt (Jansen/*Steder* § 144a Rn. 9).
Bei der **SE** gilt auch das spätere Auseinanderfallen von Sitzstaat und Hauptverwaltung als Auflösungsgrund. 11
Jedoch richtet sich das Verfahren allein nach § 52 SEAG, welcher eine Widerspruchsmöglichkeit nicht vorsieht.

D. Verfahren. I. Funktionelle Zuständigkeit. Funktionell zuständig für die Durchführung des Auflösungs- 12
verfahrens ist der Richter (§ 17 Nr. 1 Buchst. f) RPflG). Die Landesregierungen sind ermächtigt, den Richtervorbehalt aufzuheben und das Verfahren dem Rechtspfleger zu übertragen (§ 19 Abs. 1 Nr. 6 RPflG).

II. Abgrenzung zu anderen Verfahren. 1. Löschungsverfahren (§ 395). Das Auflösungsverfahren nach 13
§ 399 geht dem Löschungsverfahren nach § 395 vor. Satzungsmängel bei Kapitalgesellschaften einschl. etwaiger Verstöße gegen Vorschriften über die Firmenbildung können nur mit dem Verfahren nach § 399 verfolgt werden (BayObLG NJW-RR 1989, 867, 868), denn eine Löschung der Gesellschaft kommt nur unter den sehr eingeschränkten Voraussetzungen des § 397 in Betracht (s. § 395 Rdn. 48 ff.).
Anders ist die Rechtslage bei unzulässigem Gebrauch einer für **Kreditinstitute, Versicherungsunterneh-** 14
men und **Kapitalanlage-** bzw. **Beteiligungsfinanzierungsgesellschaften** geschützten Bezeichnung (§§ 43 Abs. 2 KWG, 3 Abs. 5 KAGB, 16 Abs. 3 BausparkG, 6 Abs. 4 VAG, 22 Satz 2 REITG): Hier lässt das Gesetz eine Löschung der Firma ausdrücklich zu (§ 395 Rdn. 54), sodass § 399 nicht anzuwenden ist. Erst nachdem die Firma nach § 395 gelöscht ist und das Unternehmen keine geänderte Firma zum Register anmeldet, kann im zweiten Schritt ein Auflösungsverfahren nach § 399 eingeleitet werden (BayObLG WM 1988, 664, 665).

2. Ordnungsgeldverfahren (§ 392). Ist eine unzulässige Firma eingetragen, sind die Verfahren nach den 15
§§ 392, 399 nebeneinander zu betreiben, sofern zu befürchten ist, dass die Feststellung des Satzungsmangels allein den Inhaber nicht abhalten wird, die Firma weiter im Rechtsverkehr zu gebrauchen (KG NJW-RR 1991, 860, 862; Jansen/*Steder* § 144a Rn. 10).

Nedden-Boeger

16 3. Zwangsgeldverfahren (§§ 388 ff.). Das Zwangsgeldverfahren (§§ 388 ff.) tritt nicht in Konkurrenz zum Auflösungsverfahren nach § 399, weil eine erzwingbare öffentlich-rechtliche Pflicht zur Anmeldung einer Satzungsänderung nicht besteht (Baumbach/Hueck/*Zöllner/Noack* § 54 Rn. 1; Hüffer/*Koch* § 36 Rn. 5, § 181 Rn. 5).

17 4. Eintragungsverfahren. Die Ersteintragung einer Gesellschaft, deren Satzung unter einem der in § 399 bezeichneten Mängel leidet, ist von vornherein abzulehnen (Keidel/*Heinemann* § 399 Rn. 7), sodass die Verfahren nicht kollidieren.

18 Bei bereits eingetragenen Gesellschaften ist die Folgeanmeldung einer Satzungsänderung, welche zu einem der bezeichneten Mangel führen würde, zurückzuweisen.

19 Das Interesse an der Beseitigung des Satzungsmangels darf jedoch nicht dadurch verfolgt werden, dass das Registergericht die Anmeldung einer auf andere Punkte bezogenen, für sich genommen zulässigen Satzungsänderung zurückweist. Das Registergericht muss vielmehr die rechtmäßige Satzungsänderung eintragen und wegen der noch fortbestehenden Satzungsmängel das Auflösungsverfahren nach § 399 betreiben (BayObLG NJW-RR 1997, 485) – es sei denn, die Satzung wurde als Neufassung beschlossen: dann unterliegt der gesamte Satzungstext einer Rechtmäßigkeitsprüfung bei der Eintragung (vor § 378 Rdn. 85).

20 III. Einleitung des Verfahrens, Beteiligung der berufsständischen Organe. Das Verfahren wird von Amts wegen oder auf Antrag der berufsständischen Organe eingeleitet. Sind mehrere berufsständische Organe zuständig, ist jedes für sich allein antragsberechtigt. Beruht die Verfahrenseinleitung nicht auf einem Antrag des berufsständischen Organs, ist dieses im Laufe des Verfahrens anzuhören (§ 380 Rdn. 20) verbunden mit der Gelegenheit, einen Antrag auf eigene Beteiligung zu stellen (§ 380 Abs. 2 Satz 2). Handelt es sich um ein Kreditinstitut oder um eine Kapitalanlagegesellschaft, stehen auch der BaFin die Antrags- und Beteiligungsrechte nach §§ 43 Abs. 3 KWG, 16 Abs. 3 BausparkG, 3 Abs. 5 KAGB zu. § 380 Abs. 2 Satz 2 ist auf die BaFin entspr. anzuwenden.

21 IV. Sachverhaltsermittlung, Ermessen. Die Tatsachenvoraussetzungen für das Auflösungsverfahren (Rdn. 5 ff.), sind **von Amts wegen** festzustellen. Nicht ausreichend für die Einleitung eines Verfahrens nach § 399 ist die bloß »glaubhafte« Kenntnis von Tatsachen (Bassenge/Roth/*Walter* § 399 Rn. 4). Vielmehr muss das Gericht davon **überzeugt sein**, dass ein wesentlicher Satzungsmangel vorliegt, bevor es nach § 399 einschreitet (Jansen/*Steder* § 144a Rn. 26). Um sich diese Überzeugung zu verschaffen, muss das Gericht den Sachverhalt vor dem Erlass einer Ankündigung nach § 399 ausreichend ermitteln – häufig mit Unterstützung der berufsständischen Organe, jedenfalls wenn es um die Zulässigkeit der Firma geht.

22 Ist das Registergericht von einem Satzungsmangel überzeugt, hat es zwingend nach § 399 vorzugehen; es besteht **kein Ermessen**, von einem Einschreiten abzusehen (BayObLG NJW-RR 1989, 867, 868; KG NJW-RR 1991, 860, 861).

23 Von einem Einschreiten nach § 399 kann aber **abgesehen werden**, wenn der Mangel der Satzung nicht zweifelsfrei festgestellt werden kann oder es hierfür umfangreicher Ermittlungen bedürfte (KG NJW-RR 1991, 860, 861 f.; BayObLG NJW-RR 1997, 485).

24 V. Form, Inhalt und Bekanntgabe der Ankündigung. Eine bestimmte äußere Form der Ankündigung schreibt das Gesetz nicht vor; sie kann daher in Form eines Beschlusses oder in Form einer Verfügung ergehen (a.A. Haußleiter/*Schemmann* § 399 Rn. 7: nur Verfügung zulässig). Adressat ist die Gesellschaft. Der notwendige Inhalt ist durch den Gesetzeswortlaut vorgegeben: Die Ankündigung muss dazu auffordern, innerhalb der bestimmten Frist eine Satzungsänderung, die den Mangel der Satzung behebt, zur Eintragung in das Handelsregister anzumelden oder die Unterlassung durch Widerspruch gegen die Aufforderung zu rechtfertigen. Dabei ist gleichzeitig darauf hinzuweisen, dass andernfalls ein nicht behobener Mangel i.S.d. Abs. 2 festzustellen ist und dass die Gesellschaft dadurch nach §§ 262 Abs. 1 Nr. 5, 289 Abs. 2 Nr. 2 AktG oder § 60 Abs. 1 Nr. 6 GmbHG aufgelöst wird.

25 1. Aufforderung zur Anmeldung einer Satzungsänderung oder zur Erhebung eines Widerspruchs. In der Verfügung ist zunächst der nach Auffassung des Gerichts bestehende Satzungsmangel genau zu bezeichnen. Danach folgt die Aufforderung, eine Satzungsänderung anzumelden, die den Mangel behebt. Der Anmeldung vorausgehen muss freilich die Satzungsänderung selbst, über die in der Haupt- oder Gesellschafterversammlung zu beschließen ist. Dass das Gesetz nicht den Versammlungsbeschluss als solchen, sondern die Registeranmeldung zum Anknüpfungspunkt der Aufforderung nimmt, hat seinen Grund darin, dass die beschlossene Satzungsänderung erst mit der Eintragung in das Register wirksam wird (§§ 181 Abs. 3

AktG, 54 Abs. 3 GmbHG) und die Gesellschaft deshalb erst mit der Anmeldung der Satzungsänderung alles Notwendige getan hat.

Mit der Aufforderung ist der Gesellschaft alternativ die Gelegenheit zu geben, die Unterlassung der Satzungsänderung durch Erhebung eines Widerspruchs gegen die Aufforderung zu rechtfertigen. 26

2. Bestimmung einer angemessenen Frist zur Geltendmachung eines Widerspruchs. Das Gericht hat eine angemessene Frist zu bestimmen, innerhalb derer die Satzungsänderung anzumelden oder der Widerspruch geltend zu machen ist. 27

Die Frist muss so **ausreichend bemessen** sein, dass die Erfüllung der aufgegebenen Verpflichtung fristgerecht vorgenommen werden kann (vgl. BGH NJW 1997, 1855, 1857 zum Zwangsgeldverfahren). Dabei ist zu berücksichtigen, dass der geforderten Anmeldung zunächst ein Versammlungsbeschluss vorangehen muss. Hierfür sind Ladungsfristen (§§ 123 Abs. 1 AktG, 51 Abs. 1 Satz 2 GmbHG) und weiterer organisatorischer Vorlauf in Rechnung zu stellen, etwa die Saalanmietung und die Veröffentlichung der Einberufung in den Gesellschaftsblättern (§ 121 Abs. 3 AktG). Ferner wird man der Gesellschaft zugestehen müssen, die Rechtslage vor der Einberufung einer satzungsändernden Versammlung eingehend zu prüfen und die zur Behebung des Mangels bestehenden Gestaltungsmöglichkeiten und -alternativen abzuwägen sowie die konkrete Beschlussvorlage sorgfältig und anfechtungsfest auszuarbeiten. Die Frist ist also eher **großzügig** zu wählen; Fristen unter 3 Monaten werden – zumindest bei Publikumsgesellschaften – kaum in Betracht kommen (ebenso Bork/Jacoby/Schwab/*Müther* § 399 Rn. 4). 28

Die Frist wird entweder auf einen bestimmten Termin gesetzt (»Anmeldung der Satzungsänderung oder Erhebung des Widerspruchs bis zum ...«) oder sie erfolgt durch Bestimmung einer Zeitspanne (»binnen drei Monaten«). Eine so gesetzte Frist beginnt mit der Bekanntgabe der Aufforderungsverfügung zu laufen (§ 16 Abs. 1). Fristverlängerung auf Antrag ist möglich (§§ 16 Abs. 2 FamFG, 224 Abs. 2 ZPO). 29

Fehlt die Bestimmung der Frist oder ist sie objektiv **zu kurz gesetzt**, ist die Aufforderung rechtswidrig und die daran anschließende Feststellung des Mangels unzulässig (Jansen/*Steder* § 144a Rn. 29). Der Fehler kann auch nicht – entgegen h.Lit. (Keidel/*Heinemann* § 399 Rn. 22; BeckOK FamFG/*Munzig* § 399 Rn. 28; s. ferner Krafka/*Kühn* Rn. 2365; Bumiller/*Harders* § 388 Rn. 18; Haußleiter/*Schemmann* § 388 Rn. 10) – durch Fristverlängerung von Amts wegen geheilt werden. Zwar war es unter der Herrschaft des FGG als zulässig angesehen, eine zu kurz bemessene Frist angemessen zu verlängern (Jansen/*Steder* § 144a Rn. 29; KKW/*Winkler* [15. Aufl.] § 144a Rn. 13). Doch wurde die Regelung des § 18 FGG, welche die nachträgliche Abänderung des Beschlusses von Amts wegen ermöglichte, vom Gesetzgeber willentlich nicht in das FamFG übernommen. Heute ist eine Fristverlängerung nur noch nach den §§ 16 Abs. 2 FamFG, 224 Abs. 2 ZPO möglich und setzt zwingend einen **Antrag des Beteiligten** voraus (§ 16 Rdn. 11). Zwar unterlag der Gesetzgeber einem möglichen Verständnisirrtum, indem er annahm, es gebe für § 18 FGG keinen Anwendungsbereich mehr (BT-Drucks. 16/6308 S. 198 zu § 48 FamFG), und dabei womöglich die hier angesprochene Konstellation übersah. Gleichwohl ist die Gesetz gewordene Änderung hinzunehmen. Die zu kurz gesetzte Frist bleibt rechtswidrig. Das Verfahren muss mit einer erneuten Aufforderung nebst angemessener Fristsetzung von Neuem beginnen. Es sei denn, der Beteiligte selbst stellt einen Fristverlängerungsantrag und das Gericht gibt diesem statt – dann wirkt sich der ursprüngliche Fehler nicht aus. 30

Der **Hinweis auf die Widerspruchsmöglichkeit** muss nach wohl herrschender Auffassung (§ 39 Rdn. 19; *Heinemann* FGPrax 2009, 1, 4; Bassenge/Roth/*Walter* § 399 Rn. 6) den Förmlichkeiten einer Rechtsbehelfsbelehrung (§ 39) genügen, wenngleich die Tatbestandsvoraussetzungen des § 39 Satz 1 kaum erfüllt sind, nämlich einerseits weder Beschlussform vorgeschrieben ist (so aber der Anknüpfungspunkt des § 39 Satz 1) noch eine »Endentscheidung« i.S.d. § 38 vorliegt, an die § 39 systematisch anknüpft. Hergeleitet werden kann die Belehrungspflicht am ehesten aus der Gesetzesbegründung zu § 39 Satz 1 (BT-Drucks. 16/6308 S. 196), wo es ausdrücklich heißt, von ihr umfasst seien »alle Rechtsmittel sowie die in den FamFG-Verfahren vorgesehenen ordentlichen Rechtsbehelfe gegen Entscheidungen, Einspruch, Widerspruch und Erinnerung«. Hinzu kommt, dass die Erwähnung des Wortes »Widerspruch« in § 39 Satz 1 völlig gegenstandslos wäre, würde man dies nicht auf die Rechtsbehelfe nach den §§ 393 bis 395, 399 beziehen. 31

3. Hinweis auf Feststellung des Mangels und Auflösung der Gesellschaft (Abs. 1 Satz 2). Mit der Verfügung ist gleichzeitig darauf hinzuweisen, dass andernfalls, wenn weder eine Satzungsänderung angemeldet noch Widerspruch erhoben wird, ein nicht behobener Mangel i.S.d. Abs. 2 festzustellen ist und dass die Gesellschaft dadurch nach §§ 262 Abs. 1 Nr. 5 oder 289 Abs. 2 Nr. 2 AktG aufgelöst wird. Bei der Formulierung dieses Hinweises – wie insgesamt bei der Aufforderung – wird sich das Registergericht tunlichst an 32 den Wortlaut des Gesetzes halten (Jansen/*Steder* § 144a Rn. 28), wobei ggü. einer GmbH/UG selbstverständlich die Gesetzesangabe »§ 60 Abs. 1 Nr. 6 GmbHG« anstelle der aktienrechtlichen Vorschriften zu zitieren ist. Auch bei der AG (§ 262 Abs. 1 Nr. 5 AktG) und der KGaA (§ 289 Abs. 2 Nr. 2 AktG) ist nur die jeweils anzuwendende Rechtsnorm zu zitieren.

33 **4. Bekanntgabe.** Die Aufforderung ist an »**die Gesellschaft**« zu richten, also nicht – wie § 394 es vorsieht – an die »gesetzlichen Vertreter« (Organwalter persönlich). Im Fall ihrer Führungslosigkeit werden die GmbH/UG durch die Gesellschafter (§ 35 Abs. 1 Satz 2 GmbHG) und die AG durch den Aufsichtsrat (§ 78 Abs. 1 Satz 1 AktG) vertreten. Ist die Gesellschaft oder Genossenschaft postalisch nicht zu erreichen, erfolgt öffentliche Zustellung nach Maßgabe des § 15a HGB. Eine ersatzweise Benachrichtigung im elektronischen Bekanntmachungssystem, wie sie in den Fällen des §§ 393 Abs. 2, 394 Abs. 2 Satz 2, 395 Abs. 2 Satz 2 in Betracht kommt, ist für das Auflösungsverfahren nach § 399 nicht vorgesehen. Allerdings ist diese Regelung unglücklich, denn die erstrebte Kenntnisnahme von der Aufforderung zur Satzungsänderung würde über das Bekanntmachungssystem größeren Erfolg versprechen als über den Notbehelf der öffentlichen Zustellung. Das Gericht sollte daher aus fürsorgerischen Gründen erwägen, seine Verfügung neben der öffentlichen Zustellung zusätzlich in das Bekanntmachungssystem zu stellen.

34 **VI. Unterrichtung des Anzeigenerstatters bei Nichteinleitung des Verfahrens (§ 24 Abs. 2).** War das Auflösungsverfahren vonseiten Dritter angeregt worden und folgt das Gericht dieser Anregung nicht, hat es den Anzeigenerstatter gem. § 24 Abs. 2 unter Angabe von Gründen davon zu unterrichten, sofern ein berechtigtes Interesse an der Unterrichtung ersichtlich ist. Die Mitteilung ergeht formlos (§ 15 Abs. 3). Zur Beschwerdefähigkeit einer solchen Entscheidung vgl. BGH FGPrax 2012, 169.

35 **E. Rechtsbehelfe. I. Widerspruch gegen die erlassene Aufforderung. 1. Widerspruchsberechtigung.** Die Aufforderung ist nicht mit der Beschwerde angreifbar; es kann nur der Widerspruch eingelegt werden, über den das Registergericht entscheidet. Erst gegen die Zurückweisung des Widerspruchs ist die Beschwerde nach Abs. 3 statthaft. Widerspruchsberechtigt ist nicht nur die Gesellschaft, vertreten durch ihre Organe, sondern jeder, der durch die Auflösung der Gesellschaft in seinen Rechten beeinträchtigt wäre (entspr. § 59 Abs. 1), also auch der Gesellschafter/Aktionär sowie ggf. das verbundene Unternehmen (a.A. Jansen/*Steder* § 144a Rn. 33; Bassenge/Roth/*Walter* § 399 Rn. 13; Haußleiter/*Schemmann* § 399 Rn. 10; BeckOK FamFG/*Munzig* § 399 Rn. 34: nur die Gesellschaft sei widerspruchsberechtigt; uneinheitlich Keidel/*Heinemann*, der das Widerspruchsrecht nur der Gesellschaft (§ 399 Rn. 26), das Beschwerderecht aber auch Dritten zugestehen will (§ 399 Rn. 33).

36 **2. Erhebung des Widerspruchs.** Als Erhebung des Widerspruchs ist **jede Eingabe** zu werten, mit der der Beteiligte zu erkennen gibt, dass er die Aufforderung für rechtswidrig hält. Auf die korrekte Bezeichnung des Rechtsbehelfs kommt es dabei nicht an; eine (als solche unzulässige) »Beschwerde« gegen die Aufforderung ist ohne Weiteres als Widerspruch zu behandeln. Kein Widerspruch i.S.d. Abs. 3 ist allerdings die bloße Bitte um Fristverlängerung, da sie nicht darauf zielt, den Mangel zu bestreiten und das Unterlassen der Mangelbeseitigung zu rechtfertigen (OLG Hamm OLGZ 1992, 162, 165 für das Zwangsgeldverfahren; a.A. BeckOK FamFG/*Munzig* § 399 Rn. 34).

37 Der Widerspruch muss **schriftlich oder zur Niederschrift der Geschäftsstelle** abgegeben werden (§ 25 Abs. 1). Eine Begründung des Widerspruchs ist nicht zwingend erforderlich aber tunlich, denn der Widerspruch soll dazu dienen, die Rechtmäßigkeit der Satzung zu rechtfertigen.

38 **3. »Widerspruchsfrist«, Wiedereinsetzung in den vorigen Stand.** Die mit der Aufforderung zu bestimmende »Widerspruchsfrist« ist keine Ausschlussfrist. Sie hat lediglich die Bedeutung einer **Wartefrist**, bis zu deren Ablauf die Feststellung des Mangels nicht ausgesprochen werden darf (Jansen/*Steder* § 144a Rn. 37). Ein Widerspruch ist auch dann noch zu berücksichtigen, wenn er nach Ablauf der Frist, allerdings bevor die Feststellung getroffen ist, bei Gericht eingeht (Bassenge/Roth/*Walter* § 399 Rn. 12; Bumiller/*Harders* § 399 Rn. 11; Bahrenfuss/*Steup* § 399 Rn. 24; Jansen/*Steder* § 144a Rn. 29, 37). Das folgt aus der Zielrichtung des Verfahrens nach § 399, welches nicht auf Sanktion der Fristversäumnis, sondern auf rechtmäßige Eintragungen zielt. Einer Wiedereinsetzung in den vorigen Stand wegen der versäumten Widerspruchsfrist bedarf es daher nicht (Bumiller/*Harders* § 399 Rn. 11; Bassenge/Roth/*Walter* § 399 Rn. 12; Bahrenfuss/*Steup* § 399 Rn. 25; a.A. Keidel/*Heinemann* § 399 Rn. 27; MüKoFamFG/*Krafka* § 399 Rn. 16; BeckOK FamFG/*Munzig* § 399 Rn. 35).

4. Verfahren und Entscheidung über den Widerspruch. Soweit der Widerspruch zu weiteren Ermittlungen veranlasst, sind diese aufzunehmen und die entscheidungserheblichen Feststellungen zu treffen. Eine mündliche Verhandlung über den Widerspruch ist – anders als z.B. nach der Sollvorschrift des § 390 Abs. 1 – nicht grds. gefordert. 39

Über den Widerspruch entscheidet das Registergericht durch Beschluss. Der Widerspruch ist zurückzuweisen, wenn zweifelsfrei feststeht, dass ein wesentlicher Satzungsmangel vorliegt (vgl. entspr. BayObLG Rpfleger 1990, 124 zum Verfahren nach § 395). Andernfalls ist dem Widerspruch stattzugeben. Verbleiben Zweifel, darf die Feststellung des Satzungsmangels nicht getroffen werden. 40

Eine stattgebende Widerspruchsentscheidung, also die Aufhebung der Aufforderung zur Satzungsänderung, ist den zuständigen berufsständischen Organen und im Fall von Kreditinstituten oder Kapitalanlagegesellschaften der BaFin bekannt zu geben, denen grds. ein Beschwerderecht zusteht (§§ 380 Abs. 5 FamFG, 43 Abs. 3 KWG, 3 Abs. 5 KAGB, 16 Abs. 3 BausparkG). Die Entscheidung ist den Organen förmlich zuzustellen, wenn sie deren bereits erklärten Willen nicht entspricht (§ 41 Abs. 1 Satz 2). 41

Im Fall der Zurückweisung des Widerspruchs sind nach dem Wortlaut des Gesetzes »der Gesellschaft« die Kosten aufzuerlegen, wenn dies nicht unbillig ist (Abs. 2 Satz 3). Die Regel ist danach die Auferlegung der Kosten; davon abzusehen ist die Ausnahme. Wurde der Widerspruch nicht von der Gesellschaft, sondern von einem Dritten erhoben (Rdn. 35), sind diesem die Kosten aufzuerlegen. 42

Die Zurückweisung des Widerspruchs ist zuzustellen (§ 41 Abs. 1 Satz 2) und hat eine **differenzierte** Rechtsbehelfsbelehrung (§ 39) zu enthalten, welche die Möglichkeiten der Beschwerde sowohl gegen die Zurückweisung des Widerspruchs als auch isoliert gegen die Kostenentscheidung gesondert (s. § 389 Rdn. 24) aufzeigt. 43

Die Eintragung der Auflösung der Gesellschaft darf nicht gleichzeitig mit der Zurückweisung des Widerspruchs vollzogen oder angeordnet werden, sondern erst nach Rechtskraft des Feststellungsbeschlusses (Rdn. 53). 44

5. Feststellung des Mangels der Satzung (Abs. 2). Wurde kein Widerspruch eingelegt oder ist er zurückgewiesen und blieb auch die Aufforderung zur Satzungsänderung erfolglos, stellt das Registergericht nach Ablauf der gesetzten Frist den Mangel der Satzung durch Beschluss fest. Die Feststellung des Mangels kann mit der Zurückweisung des Widerspruchs verbunden werden; Letztere muss also nicht bereits rechtskräftig sein (s. Rdn. 53). Eine getrennte Beschlussfassung über die Feststellung des Mangels erst nach Eintritt der Rechtskraft der Entscheidung über den Widerspruch ist zwar zulässig aber nicht sinnvoll, da hierdurch unnötige Verzögerungen eintreten können, auch durch den erneut eröffneten Rechtsweg. Eine Feststellung des Mangels ohne vorherige oder gleichzeitige Entscheidung über den Widerspruch ist nicht statthaft. 45

Das Registergericht hat bei der Beschlussfassung über die Feststellung des Mangels keinen Ermessensspielraum. Es muss die Feststellung treffen, wenn der Mangel besteht und die Gesellschaft ihn nicht behebt. Darin liegt eine Benachteiligung der Kapitalgesellschaften ggü. den – nach § 395 zu behandelnden – übrigen Unternehmen, bei denen aus Ermessenserwägungen von einer Amtslöschung abgesehen werden kann, namentlich wenn es um längere Zeit unbeanstandet gebliebene Firmennamen geht (vgl. § 395 Rdn. 81 f.). Diese Ungleichbehandlung hat der Gesetzgeber ausdrücklich gewollt; sachlich zu rechtfertigen ist sie allerdings nicht (Jansen/*Steder* § 144a Rn. 39). 46

Hat die Gesellschaft auf die Aufforderung hin eine Satzungsänderung angemeldet, welche zur Behebung des Mangels objektiv ungeeignet ist, sind die formalen Voraussetzungen für einen Feststellungsbeschluss nach Ablauf der gesetzten Frist gegeben. Gleichwohl wird das Registergericht aus fürsorgerischen Gründen zunächst Gelegenheit geben, den Zustand weiter nachzubessern, bevor es die Feststellung des Mangels endgültig trifft. 47

6. Beschwerde gegen die Zurückweisung des Widerspruchs und/oder gegen die Feststellung (Abs. 3). Gegen die Zurückweisung des Widerspruchs und gegen die Feststellung des Mangels ist die Beschwerde gegeben. Beschwerde kann nicht nur derjenige einlegen, dessen Widerspruch zurückgewiesen wurde, sondern jeder, der durch die Auflösung der Gesellschaft in seinen Rechten beeinträchtigt ist (s. Rdn. 35; a.A. BeckOK FamFG/*Munzig* § 399 Rn. 52; Jansen/*Steder* § 144a Rn. 45: nur die Gesellschaft sei beschwerdeberechtigt). Gegenstand des Beschwerdeverfahrens sind die Zurückweisung des Widerspruchs und – soweit bereits erlassen – der Beschluss über die Feststellung des Mangels. Jeder eingelegte Rechtsbehelf ist bei verständiger Würdigung so zu deuten, dass er sich sowohl gegen die Zurückweisung des Widerspruchs als auch gegen die Feststellung des Mangels richtet (MüKoFamFG/*Krafka* § 399 Rn. 18; a.A. offenbar Jansen/*Steder* § 144a 48

Rn. 49: die Gesellschaft sei genötigt, beide Entscheidungen ausdrücklich mit Rechtsmitteln anzufechten, andernfalls könne die nicht angegriffene Entscheidung in Rechtskraft erwachsen).

49 Die Gesellschaft kann die Beschwerde auch mit dem alleinigen Ziel einlegen, den Eintritt der **Rechtskraft hinauszuzögern**, um den Mangel der Satzung noch in der Beschwerdeinstanz durch Satzungsänderung zu beheben (Jansen/*Steder* § 144a Rn. 46). Ein solches Vorgehen ist zulässig und sinnvoll, da andernfalls mit der Rechtskraft des Feststellungsbeschlusses die Auflösung der Gesellschaft kraft Gesetzes eintritt. **Wichtig:** Auch wenn der Satzungsmangel noch während der laufenden Beschwerdefrist behoben wird, muss formal Beschwerde eingelegt werden (Bumiller/*Harders* § 399 Rn. 13), da sonst der Feststellungsbeschluss in Rechtskraft erwächst und die Auflösung der Gesellschaft trotz zwischenzeitlicher Behebung des Mangels kraft Gesetzes eintritt und in das Register einzutragen ist (Rdn. 58).

50 Ist die Beschwerde deshalb berechtigt, weil die Aufforderung des Registergerichts zur Satzungsänderung formfehlerhaft war, kann der Verfahrensmangel nicht durch Nachholung der Aufforderung in der Beschwerdeinstanz geheilt werden, da diese ausschließlich durch das Registergericht vorzunehmen ist (vgl. KG NJW-RR 2007, 1185 zur Löschungsankündigung).

51 Inhaltlich prüft das Beschwerdegericht nur diejenigen Beanstandungen, die Gegenstand der registergerichtlichen Aufforderung zur Satzungsänderung waren; ein **Austausch der Gründe** für die Feststellung eines Satzungsmangels ist nicht möglich (OLG Zweibrücken NJW-RR 1991, 1509).

52 Die Beschwerde wird nicht gegenstandslos, wenn das Registergericht den Vermerk über die Auflösung der Gesellschaft bereits (unzulässigerweise) vor dem Eintritt der Rechtskraft des Beschlusses über die Feststellung des Mangels eingetragen hat (Jansen/*Steder* § 144a Rn. 50). Das Beschwerdegericht kann noch immer der Beschwerde stattgeben, den Feststellungsbeschluss aufheben und dieses mit einer Anweisung an das Registergericht zur Einleitung eines Amtslöschungsverfahrens nach § 395 hinsichtlich des voreilig eingetragenen Auflösungsvermerks verbinden.

53 **7. Aufschiebende Wirkung des Widerspruchs und der Beschwerde.** Der Widerspruch hat aufschiebende Wirkung, wie im Umkehrschluss aus Abs. 2 Satz 1 folgt. Die Feststellung des Mangels darf erst beschlossen werden, wenn über den Widerspruch entschieden ist. Keine aufschiebende Wirkung hat die Beschwerde gegen die Zurückweisung des Widerspruchs. Das folgt aus Abs. 2 Satz 2, wonach der Feststellungsbeschluss bereits mit der Widerspruchsentscheidung verbunden werden kann (Jansen/*Steder* § 144a Rn. 38). Aufschiebende Wirkung haben aber wiederum die Beschwerde und Rechtsbeschwerde gegen den Feststellungsbeschluss. Dies ist zwar gesetzlich nirgends ausdrücklich geregelt, folgt aber aus dem entsprechend anzuwendenden Rechtsgedanken des § 393 Abs. 5 und entspricht allgemeiner Auffassung (vgl. Keidel/*Heinemann* § 399 Rn. 35; Bassenge/Roth/*Walter* § 399 Rn. 17; Jansen/*Steder* § 144a Rn. 52). Die Eintragung der Auflösung der Gesellschaft darf daher erst erfolgen, wenn die Feststellung des Mangels rechtskräftig geworden ist, also alle Rechtsbehelfsfristen abgelaufen sind (§ 45).

54 **II. Rechtsbehelf gegen die Ablehnung oder Aufhebung einer Aufforderung.** Hatte ein berufsständisches Organ die Einleitung des Verfahrens beantragt und lehnt das Gericht dieses ab, steht dem Organ hiergegen die Beschwerde zu (§ 380 Abs. 5). Handelt es sich um ein Kreditinstitut oder eine Kapitalanlagegesellschaft, steht zusätzlich der BaFin das Recht aus §§ 43 Abs. 3 KWG, 16 Abs. 3 BausparkG, 3 Abs. 5 KAGB zu. Ist die Beschwerde begründet, kann das Beschwerdegericht die Aufforderung zur Satzungsänderung jedoch nicht selbst vornehmen, sondern nur das Registergericht anweisen, diese zu erlassen. Durch eine solche Anweisung wird das Registergericht nur hinsichtlich der zu erlassenden Aufforderung zur Satzungsänderung gebunden; der späteren Entscheidung über einen eventuellen Widerspruch des Beteiligten wird damit nicht vorgegriffen (KG NJW-RR 1991, 860, 862). Eine Rechtsbeschwerde gegen die Anweisung des Beschwerdegerichts, die Aufforderung zur Satzungsänderung zu erlassen, dürfte unzulässig sein (BeckOK FamFG/*Munzig* § 393 Rn. 43; *Krafka*/*Kühn* Rn. 2388; s.a. OLG Hamm JMBl NW 1957, 234), da insoweit kein Rechtsschutzbedürfnis besteht. Auch die Aufforderung selbst könnte nicht mit der Beschwerde angegriffen werden (Rdn. 36).

55 Ebenso steht dem Organ und der BaFin die Beschwerde gegen eine Entscheidung zu, die dem Widerspruch des Beteiligten stattgibt und eine zuvor ergangene Aufforderung zur Satzungsänderung aufhebt (Jansen/*Steder* § 144a Rn. 41). Das Beschwerdegericht entscheidet dann jedoch nur über die Zurückweisung des Widerspruchs und nicht zugleich über die Feststellung des Mangels; Letzteres bleibt dem Registergericht vorbehalten.

Abschnitt 3. Registersachen § 399

Konkurrenzunternehmen haben grds. kein Beschwerderecht gegen die Ablehnung eines von ihnen angeregten Auflösungsverfahrens. Denn das Verfahren dient nicht der Durchsetzung individueller Namens-, Urheber- und Wettbewerbsrechte, sondern allein dem öffentlichen Interesse an Registerwahrheit (RGZ 132, 311). Das registerrechtliche Auflösungsverfahren hat nicht den Zweck, dem Inhaber des angeblich verletzten Rechts eine Unterlassungsklage zu ersparen. Dieses gilt nach hier vertretener Auffassung selbst für den Fall, dass ein Dritter die Auflösung einer fremden Gesellschaft wegen fehlender Unterscheidbarkeit deren Firma von der eigenen begehrt (a.A. h.M.; s. KG NJW-RR 1991, 860 m.w.N.). Denn das Registergericht prüft die Firmenunterscheidbarkeit nicht zur Wahrung der Interessen der bereits eingetragenen Firmeninhaber, sondern allein zum Schutze der Öffentlichkeit vor Verwechslungsgefahren (Baumbach/Hopt/*Hopt* § 30 Rn. 1 m.w.N.). Dem voreingetragenen Firmeninhaber, dessen Ausschließlichkeitsanspruch beeinträchtigt wird, stellt das Gesetz die Unterlassungsklage nach § 37 Abs. 2 HGB als gebotenen Rechtsbehelf zur Seite, und zwar als den einzigen. 56

Der **Gesellschafter** ist grds. nicht berechtigt, Beschwerde einzulegen, wenn das Gericht seine Anregung ablehnt, einen wesentlichen Satzungsmangel festzustellen. Er muss seine Rechte entweder per Antragstellung und Beschlussfassung in der Gesellschafterversammlung oder mittels einer Gestaltungsklage durchsetzen. Auch einzelnen **Aktionären** steht grds. kein Beschwerderecht zu. 57

F. Wirkung der Beschlüsse. I. Beschluss über die Feststellung des Mangels. Die Feststellung des Mangels der Satzung hat mit Eintritt der Rechtskraft **rechtsgestaltende Wirkung**; sie führt kraft Gesetzes zur Auflösung der Gesellschaft (§§ 262 Abs. 1 Nr. 5, 289 Abs. 2 Nr. 2 AktG, 60 Abs. 1 Nr. 6 GmbHG). Die Auflösung und der Auflösungsgrund (= Feststellung der Nichtigkeit der Satzung gem. § 399 FamFG durch rechtskräftigen Beschl. v.) sind von Amts wegen in das Register einzutragen (§§ 263 Satz 2, 3, 289 Abs. 6 Satz 3 AktG, 65 Abs. 1 Satz 2, 3 GmbHG); ferner sind die nach § 384 Abs. 2 erforderlichen Kenntlichmachungen vorzunehmen (§ 384 Rdn. 3). Die Registereintragung wirkt nicht konstitutiv, sondern hat nur deklaratorische Bedeutung. 58

Wird nach Rechtskraft des Feststellungsbeschlusses der Mangel durch Anmeldung einer Satzungsänderung behoben, muss gleichwohl die Auflösung der Gesellschaft eingetragen werden, da diese mit der Rechtskraft des Feststellungsbeschlusses materiell endgültig wirksam eintritt. 59

Die Gesellschaft kann den Status einer werbenden Gesellschaft dadurch wiedererlangen, dass sie einen **Fortsetzungsbeschluss** fasst (§ 274 Abs. 2 Nr. 2 AktG). Spätestens zugleich mit dem Fortsetzungsbeschluss muss eine den Mangel behebende Satzungsänderung beschlossen werden. Für die GmbH/UG gelten diese Regeln entspr. (Baumbach/Hueck/*Haas* § 60 Rn. 92 f.). Mit der Eintragung des Fortsetzungsbeschlusses sind zugleich die nach § 384 Abs. 2 vorgenommenen Kenntlichmachungen rückgängig zu machen. 60

II. Beschluss über die Zurückweisung des Widerspruchs. Die rechtskräftige Zurückweisung des Widerspruchs hat für sich genommen – wenn nicht gleichzeitig über die Feststellung des Mangels entschieden wird – **keine Auswirkungen**. Sie hat auch keine materielle Rechtskraftwirkung bezüglich der nachfolgend ausstehenden Feststellung des Mangels, denn der Verfahrensgegenstand ist ein anderer. Neue Tatsachen und Erkenntnisse, auch eine geänderte Rechtsauffassung, sind daher im nachfolgenden Verfahren über den Feststellungsbeschluss uneingeschränkt zu berücksichtigen (a.A. offenbar Jansen/*Steder* § 144a Rn. 49). Die Rechtslage nach zurückgewiesenem Widerspruch ist genau so, als habe die Gesellschaft gar keinen Widerspruch eingelegt: Auch dann geht von der bestandskräftigen Aufforderung zur Satzungsänderung keine Bindungswirkung für die Feststellung des Mangels aus. 61

Sieht das Registergericht aus Gründen neuer Tatsachen und Erkenntnisse von der Feststellung ab, ist die Entscheidung der Gesellschaft mitzuteilen und den berufsständischen Organen sowie im Fall von Kreditinstituten oder Kapitalanlagegesellschaften der BaFin bekannt zu geben, denen ein Beschwerderecht zusteht (§§ 380 Abs. 5 FamFG, 43 Abs. 3 KWG, 3 Abs. 5 KAGB, 16 Abs. 3 BausparkG). Widerspricht sie deren bereits erklärten Willen, ist sie förmlich zuzustellen (§ 41 Abs. 1 Satz 2). 62

G. Löschung des Auflösungsvermerks. Da der Auflösungsvermerk nach erfolgter Eintragung nicht mit Rechtsbehelfen anfechtbar ist (§ 383 Abs. 3), kann die Wirkung der Eintragung nur dadurch beseitigt werden, dass der Auflösungsvermerk seinerseits im Amtslöschungsverfahren nach § 395 gelöscht wird. 63

Die Amtslöschung würde aber voraussetzen, dass die eingetragene Auflösungsvermerk inhaltlich unrichtig ist, da es sich um eine deklaratorische Eintragung handelt (§ 395 Rdn. 35 f.). Inhaltlich unrichtig ist er aber nur, wenn **kein rechtskräftiger Feststellungsbeschluss** vorliegt. Andernfalls ist die Auflösung der Gesellschaft kraft Gesetzes eingetreten, sodass deren Eintragung inhaltlich richtig ist. Es kommt also nicht darauf 64

§§ 400, 401   Buch 5. Register u. unternehmensrechtl. Verfahren

an, ob der Feststellungsbeschluss verfahrensfehlerhaft zustande gekommen oder seinerseits inhaltlich unrichtig ist, sondern nur auf seine Existenz und Rechtskraft (OLG Düsseldorf DB 1979, 2269). Faktisch sind somit nur solche Auflösungsbeschlüsse zu löschen, die unzulässiger Weise vor Eintritt der Rechtskraft des Feststellungsbeschlusses eingetragen wurden.

65 Wegen dieser Abhängigkeiten muss ein Rechtsbehelf, der sich gegen den Auflösungsvermerk richtet, immer auch daraufhin überprüft werden, ob er **umgedeutet werden** kann in eine Beschwerde gegen den Feststellungsbeschluss, ggf. verbunden mit einem Wiedereinsetzungsgesuch.

66 **H. Kosten.** Für die Aufforderung zur Satzungsänderung werden keine Kosten erhoben.
67 Für die Zurückweisung des Widerspruchs hat der Widerspruchsführer die Kosten zu tragen, wenn sie ihm mit der Zurückweisung des Widerspruchs aufgegeben wurden (s. Rdn. 42). Erhoben wird die einfache Geb. nach Nr. 13400 KV GNotKG). Geschäftswert: § 36 Abs. 1 bis 3 GNotKG. Die dreifache Geb. wird erhoben für die Verwerfung oder Zurückweisung der Beschwerde gegen die Zurückweisung des Widerspruchs (Nr. 13610 KV GNotKG); bei Rücknahme des Rechtsmittels s. die Ermäßigungstatbestände der Nr. 13611, 13612 KV GNotKG. Der Feststellungsbeschluss als solcher ist mangels Gebührentatbestandes gebührenfrei (Korintenberg/*Lappe* [18. Aufl.] § 88 Rn. 23), ebenso jetzt die Zurückweisung der Beschwerde gegen den Feststellungsbeschluss; die Vorschrift der Nr. 13400 KV GNotKG gilt hierfür nicht.
68 Für die Eintragung des Auflösungsvermerks in das Register werden die gewöhnlichen Kosten erhoben; die Gebührenbefreiung nach Vorbem. 2 Abs. 4 GebVerzeichnis HRegGebV gilt hierfür nicht.

Unterabschnitt 4. Ergänzende Vorschriften für das Vereinsregister

§ 400 **Mitteilungspflichten.** Das Gericht hat die Eintragung eines Vereins oder einer Satzungsänderung der zuständigen Verwaltungsbehörde mitzuteilen, wenn Anhaltspunkte bestehen, dass es sich um einen Ausländerverein oder eine organisatorische Einrichtung eines ausländischen Vereins nach den §§ 14 und 15 des Vereinsgesetzes handelt.

1 Mit der Vorschrift korrespondiert MiZi XXI/9 Abs. 1 Nr. 1, Abs. 2 Nr. 1.
2 **Ausländervereine** sind gem. § 14 Abs. 1 Satz 1, 2 VereinsG solche (inländischen) Vereine, deren Mitglieder oder Leiter sämtlich oder überwiegend Nicht-EU-Ausländer sind. Darunter können auch Religionsgemeinschaften und andere Weltanschauungsvereinigungen fallen. Gegen Ausländervereine kann unter vereinfachten Voraussetzungen ein Vereinsverbot nach § 14 Abs. 2 VereinsG ausgesprochen werden. Die verschärfte Aufsicht über Ausländervereine ist vor dem Hintergrund zulässig, dass die Vereinigungsfreiheit nach Art. 9 Abs. 1 GG als sog. Deutschengrundrecht ausgestaltet ist. Die Mitteilungspflichten nach § 400 dienen der Unterstützung der Überwachungstätigkeit. **Zuständige Verwaltungsbehörde** (Verbotsbehörde) ist der Bundesminister des Innern für Vereine und Teilvereine, deren erkennbare Organisation oder Tätigkeit sich über das Gebiet eines Landes hinaus erstreckt, andernfalls die oberste Landesbehörde oder die nach Landesrecht zuständige Behörde.
3 **Ausländische Vereine** sind Vereine mit Sitz im Ausland (§ 15 Abs. 1 VereinsG). Für ausländische Vereine, deren Organisation oder Tätigkeit sich auf den räumlichen Geltungsbereich dieses Gesetzes erstreckt, gilt § 14 VereinsG entspr. Zuständige Behörde ist der Bundesminister des Innern.
4 **Mitzuteilen** sind nur die Ersteintragung des Vereins und die Satzungsänderung. Vorstandswechsel sind nur mitzuteilen, wenn dadurch die Eigenschaft eines Ausländervereins (insb. die Leitung des Vereins durch Nicht-EU-Ausländer) erstmals begründet wird. Das Erlöschen bzw. die Auflösung des Vereins sind als Gegenstück zum Gründungsakt nach Sinn und Zweck der Vorschrift ebenfalls mitzuteilen.
5 Die Anordnung der Mitteilung erfolgt durch den Rechtspfleger (Keidel/*Heinemann* § 400 Rn. 7) auf Grundlage der vorhandenen Erkenntnisse. Eigene Ermittlungen über das Vorliegen eines Ausländervereins muss das Registergericht nicht anstellen.

§ 401 **Entziehung der Rechtsfähigkeit.** Der Beschluss, durch den einem Verein nach § 73 des Bürgerlichen Gesetzbuchs die Rechtsfähigkeit entzogen wird, wird erst mit Rechtskraft wirksam.

Übersicht

	Rdn.		Rdn.
A. Sinken der Zahl der Vereinsmitglieder unter drei	1	B. Annex: Wegfall aller Vereinsmitglieder	6

A. Sinken der Zahl der Vereinsmitglieder unter drei. Die Vorschrift bezieht sich nur auf das Verfahren nach § 73 BGB, nicht auf die Entziehung der Rechtsfähigkeit durch die Verwaltungsbehörde gem. § 43 BGB. 1

Gem. § 73 BGB hat das AG auf Antrag des Vorstands und, wenn der Antrag nicht binnen 3 Monaten gestellt wird, von Amts wegen nach Anhörung des Vorstands dem Verein die Rechtsfähigkeit zu entziehen, wenn die Zahl der Vereinsmitglieder unter drei herabsinkt. Der Antrag des Vorstands ist nicht erzwingbar (s. Wortlaut des § 78 Abs. 1 BGB). 2

Kenntnisse über die Mitgliederzahl erlangt das Registergericht durch die vom Vorstand auf Verlangen nach § 72 BGB abzugebende Bescheinigung (diese ist erzwingbar, § 78 Abs. 1 BGB) sowie durch eigene Ermittlungen (§ 26), wobei das Gericht auch über die Wirksamkeit einzelner Ein- und Austritte zu entscheiden hat (OLG Frankfurt Rpfleger 1992, 28). Bezüglich der weiteren Einzelheiten des Entziehungsverfahrens vgl. die Kommentierungen zu § 73 BGB. Kosten: einfache Geb. nach Nr. 13400 KV GNotKG. 3

Der Entziehungsbeschluss ist dem Verein, vertreten durch seinen Vorstand, bekannt zu geben (§ 15 Abs. 1), tunlichst durch förmliche Zustellung. Widerspricht der Beschluss dem bereits erklärten Willen des Vereins, muss zwingend zugestellt werden (§ 41 Abs. 1 Satz 2). Fehlen die für die Zustellung erforderlichen Vorstandsmitglieder, muss für die Bekanntgabe – ausnahmsweise von Amts wegen – ein Notvorstand gem. § 29 BGB bestellt werden (BayObLG NJW-RR 1989, 765, 766 obiter, m.w.N.). 4

Die Bedeutung des § 401 liegt nur in einer **Bestimmung über den Beginn der Wirksamkeit des Entziehungsbeschlusses**. Diese tritt erst mit Rechtskraft ein, wenn also alle Rechtsbehelfsfristen abgelaufen sind (§ 45), was eine Abweichung von der Regelung des § 40 bedeutet. Bis zum Eintritt der Rechtskraft bleibt der Verein nicht nur für die Durchführung des Beschwerdeverfahrens, sondern insgesamt rechtsfähig. Er bleibt auch noch handlungsfähig, da selbst ein einzig verbliebenes Mitglied noch Mitgliederversammlungen abhalten kann (OLG Zweibrücken FGPrax 2006, 229, 230). 5

B. Annex: Wegfall aller Vereinsmitglieder. Sind alle Mitglieder des Vereins weggefallen (durch Tod oder Austritt aller Mitglieder, durch mangelnde Betätigung infolge Interessenlosigkeit oder durch tatsächliche Preisgabe des Vereinszwecks, BGH WM 1965, 1132, 1133; WM 1976, 686, 687), bedarf es eines Verfahrens nach § 73 BGB nicht. Darüber herrscht Einigkeit, während die weiteren Rechtsfolgen des totalen Mitgliederverlustes streitig sind. 6

Nach herrschender Meinung führt der Wegfall des letzten Mitglieds zum **Erlöschen des Vereins ohne Liquidation**, sodass er auch im Register zu löschen ist. Soweit er im Zeitpunkt seines Erlöschens noch über Vermögen verfügte, tritt Gesamtrechtsnachfolge zugunsten der Anfallberechtigten ein, wobei für noch erforderliche **Abwicklungsmaßnahmen** ein Pfleger gem. § 1913 BGB zu bestellen ist (BGHZ 19, 51, 57 = WM 1956, 21; BGH WM 1965, 1132, 1133). 7

Demgegenüber geht eine in der Lit. verbreitete Auffassung (Nachweise bei KG Rpfleger 2004, 497, 498) davon aus, dass der Verein mit dem Wegfall des letzten Mitglieds lediglich faktisch aufgelöst sei. Bei Vorhandensein von Vermögen habe eine Liquidation zu erfolgen, falls das Vermögen nicht dem Fiskus anfalle. Die Auflösung sei von Amts wegen in das Register einzutragen, zugleich sei ein Notliquidator entspr. § 29 BGB zu bestellen. 8

Einer inhaltlichen Auseinandersetzung mit der – dogmatisch überzeugenden – Literaturauffassung hat sich die Rechtsprechung bislang mit der Erwägung entzogen, dass allein Rechtssicherheit und Vertrauensschutz es geböten, an einer im Laufe der Zeit gefestigten und von der Praxis zugrunde gelegten höchstrichterlichen Rechtsprechung festzuhalten (OLG Köln NJW-RR 1996, 989). 9

Abschnitt 4. Unternehmensrechtliche Verfahren

Vorbem. zu § 402
Unternehmensrechtliche Verfahren

1 Die Abschnittsüberschrift verspricht mehr als sie hält. Denn besondere Verfahrensvorschriften über das unternehmensrechtliche Verfahren finden sich hier nicht, sieht man von einer praktisch nahezu bedeutungslosen Vorschrift über die Statthaftigkeit der Beschwerde (§ 402) und einigen Spezialvorschriften für das von vornherein eine Sonderstellung einnehmende Dispacheverfahren (§§ 403 ff.) einmal ab. Daher wird hinsichtlich der wesentlichen Gegenstände und Verfahrensgrundsätze der unternehmensrechtlichen Verfahren auf die Kommentierung zu § 375 verwiesen.

§ 402 Anfechtbarkeit.

(1) Der Beschluss des Gerichts, durch den über Anträge nach § 375 entschieden wird, ist mit der Beschwerde anfechtbar.
(2) Eine Anfechtung des Beschlusses, durch den einem Antrag nach § 11 des Binnenschifffahrtsgesetzes oder § 595 Absatz 2 des Handelsgesetzbuchs, auch in Verbindung mit § 78 des Binnenschifffahrtsgesetzes, stattgegeben wird, ist ausgeschlossen.
(3) Die Vorschriften des Handelsgesetzbuchs, des Aktiengesetzes und des Publizitätsgesetzes über die Beschwerde bleiben unberührt.

Übersicht

	Rdn.		Rdn.
A. Allgemeines	1	D. Sonderregelungen des HGB, AktG, PublG (Abs. 3)	6
B. Statthaftigkeit der Beschwerde (Abs. 1)	2		
C. Ausschluss der Beschwerde (Abs. 2)	3		

1 **A. Allgemeines.** Die Bedeutung der Vorschrift lag früher in Konkurrenz- und Abgrenzungsfragen zwischen der einfachen Beschwerde nach dem FGG und der in den materiellen Gesetzen z.T. angeordneten fristgebundenen sofortigen Beschwerde. Mit der Abschaffung dieser Rechtsmitteldiversität durch das FamFG ist die Vorschrift heute – mit Ausnahme des Abs. 2 – **praktisch bedeutungslos**.

2 **B. Statthaftigkeit der Beschwerde (Abs. 1).** Die in Abs. 1 enthaltene Regelung ist überflüssig, da bereits § 58 die Beschwerde eröffnet. Die Vorschrift will auch kein uneingeschränktes Beschwerderecht unabhängig vom Erreichen des nach § 61 Abs. 1 erforderlichen Mindestbeschwerdewertes eröffnen (so aber Bork/Jacoby/Schwab/*Müther* § 402 Rn. 2). Zum Prüfungsumfang des Beschwerdegerichts bei Ermessensentscheidungen s. § 375 Rdn. 16.

3 **C. Ausschluss der Beschwerde (Abs. 2).** Abs. 2 erklärt die Beschwerde für unstatthaft gegen Beschlüsse, mit denen der Aufnahme einer **Verklarung** (§ 11 BinSchG) **stattgegeben wird**. Das entspricht dem Beweissicherungscharakter dieser Verfahren und somit dem Rechtsgedanken des § 490 Abs. 2 Satz 2 ZPO. Entsprechend anzuwenden ist Abs. 2 auf den Beschluss über die Ausdehnung der Beweisaufnahme (§ 13 Abs. 2 Satz 2 BinSchG). Gegen die vom Rechtspfleger nach § 11 BinSchG zu treffenden Entscheidungen bleibt allerdings die Rechtspflegererinnerung statthaft (§ 11 Abs. 2 RPflG; s. Bassenge/Roth/*Walter* § 402 Rn. 3).

4 Ebenfalls nicht anfechtbar ist die gerichtliche Ernennung eines Dispacheurs (§ 595 Abs. 2 HGB).

5 Gegen Entscheidungen, die einen Antrag in diesen Angelegenheiten **zurückweisen**, steht allerdings die Beschwerde offen. Das gilt auch für die Zurückweisung eines Antrags auf Ausdehnung der Beweisaufnahme (§ 13 Abs. 2 Satz 2 BinSchG), welche für das zurückgewiesene Beweisbegehren bereits eine Endentscheidung darstellt (a.A. Keidel/*Heinemann* § 402 Rn. 6).

6 **D. Sonderregelungen des HGB, AktG, PublG (Abs. 3).** Abs. 3 enthält eine Konkurrenznorm, die ebenfalls überflüssig ist, weil bereits § 58 Abs. 1 eine Öffnungsklausel für abweichende Regelungen des Beschwerderechts in den materiellen Gesetzen enthält.

7 Bspw erklärt § 35 Abs. 2 Satz 2 AktG die Entscheidung über Meinungsverschiedenheiten zwischen den Gründern und den Gründungsprüfern über den Umfang der Aufklärungen und Nachweise, die von den Gründern zu gewähren sind, für unanfechtbar.

Ansonsten finden sich einige Vorschriften im HGB, AktG, SEAG, UmwG, KWG, VAG und BörsG, durch die die Rechtsbeschwerde in Vergütungsfestsetzungsverfahren ausgeschlossen wird. 8

Vorbem. zu § 403
Dispacheverfahren

Eine große (gemeinschaftliche) Haverei – in der Verkehrssprache: »Havarie-Grosse« – liegt vor, wenn das Schiff, der Treibstoff oder die Ladung zur Errettung aus einer gemeinsamen Gefahr auf Anordnung des Kapitäns/Schiffers vorsätzlich beschädigt oder aufgeopfert oder zur Errettung Aufwendungen gemacht wurden (Beispiel: Überbordwerfen der Ladung, Aufwendung von Schlepplohn). 1

Die große Haverei wird von den Beteiligten der Gefahrengemeinschaft gemeinsam getragen. Beteiligte sind der Schiffseigner, die Ladungsbeteiligten (Absender und Empfänger) sowie die Frachtinteressenten; in gewissem Umfang auch die Besatzung und die Fahrgäste. Zwischen den Beteiligten wird ein Ausgleich herbeigeführt, in dem derjenige, der Opfer gebracht hat, von dem, der keine oder geringere Opfer gebracht hat, eine Vergütung verlangen kann. Die Dispache ist die Rechnung für die große Haverei, in der die Havereischäden, -folgen und -kosten, auch die sog. »stellvertretenden Havarie-Grosse-Kosten« (also die Aufwendungen zur Vermeidung einer großen Haverei), unter den Beteiligten verteilt werden. Dabei werden die durch Aufopferung entstandenen Schäden ermittelt und auf die Beteiligten im Verhältnis ihrer geretteten Werte aufgeteilt. Aufgabe des Dispacheurs, der den Verteilungsplan erstellt (= die Dispache »aufmacht«), ist die Einziehung der geschuldeten Beiträge, die Ermittlung der maßgeblichen Werte, die Errechnung der jeweiligen Beteiligungen an der Verteilungsmasse und die Auskehrung der daraus folgenden Havereivergütung. 2

Die Hauptbestandteile der Dispache sind (vgl. BGH NJW-RR 1997, 22): 3

– Darstellung des Unfallherganges (Havariebericht) einschl. Darlegung der gemeinsamen Gefahr, aus der sich die Havarie-Grosse-Lage ergibt;
– Aufstellung der vergütungsfähigen Schäden und Kosten;
– Aufstellung der geretteten Beitragswerte von Schiff, Ladung und ggf. Fracht;
– Errechnung der Prozentsätze und Abrechnung der Beiträge und Vergütungen.

In der modernen **Seeschifffahrt** werden für die große Haverei nahezu ausnahmslos die **York-Antwerp Rules (YAR)** vereinbart (vgl. Charter: NYPE 93 Klausel 25, GENCON 94 Klausel 12; Linie: CONLINEBILL 2000 Klausel 12; Tramp: CONGENBILL 2007 Klausel 3). Die §§ 588 ff. HGB gelten dann nur ergänzend bzw. soweit sie zwingend, also nicht dispositiv sind. Für Dispachen, die in erster Linie nach den YAR und nur sekundär nach den Vorschriften des HGB aufgemacht sind, gelten verfahrensrechtlich ebenfalls die §§ 403 ff. (str, wie hier: OLG Hamburg VersR 1996, 393, 394 f. m.w.N.; Bassenge/Roth/*Walter* § 403 Rn. 5; MüKoFamFG/*Postler* § 377 Rn. 10; a.A. offenbar Keidel/*Heinemann* § 405 Rn. 1, 12; unklar Bumiller/*Harders* § 405 Rn. 1). 4

In der **Binnenschifffahrt** werden verbreitet – aber nicht so durchgängig wie die YAR im Seehandel – die **Havarie-Grosse Regeln IVR** vereinbart (vgl. etwa § 20 Abs. 1 IVTB). In der Donauschifffahrt verständigt man sich bisweilen auf die »**Donauregeln für die Grosse Havarie**« von 1990« (Anl. 5 des Bratislavaer Abkommens). Für beide Varianten gelten verfahrensrechtlich ebenfalls die §§ 403 ff. (analog OLG Hamburg VersR 1996, 393, 394 f.; MüKoFamFG/*Postler* § 377 Rn. 10; s.a. Regel XVI Satz 2 IVR und OLG Karlsruhe ZfB 1999 Nr. 12 S. 79; AG Bamberg ZfB 2011, Nr. 7, S. 78; a.A. v.*Waldstein*/*Holland* Anh. §§ 87, 88 BinSchG Rn. 4). 5

Funktionell zuständig für alle Entscheidungen in den Verfahren der §§ 403 ff. ist der Richter (§ 17 Nr. 2 Buchst. a) RPflG); zur **örtlichen Zuständigkeit** s. § 377 Rdn. 30 ff.). 6

§ 403 Weigerung des Dispacheurs.

(1) Lehnt der Dispacheur den Auftrag eines Beteiligten zur Aufmachung der Dispache aus dem Grund ab, weil ein Fall der großen Haverei nicht vorliege, entscheidet über die Verpflichtung des Dispacheurs auf Antrag des Beteiligten das Gericht.

(2) Der Beschluss ist mit der Beschwerde anfechtbar.

§ 403 Buch 5. Register u. unternehmensrechtl. Verfahren

Übersicht

	Rdn.		Rdn.
A. Allgemeines	1	E. Entscheidung des Gerichts	6
B. Bedeutung der Vorschrift	2	F. Stellung des Dispacheurs	8
C. Antragsberechtigung	3	G. Statthaftigkeit der Beschwerde (Abs. 2)	9
D. Prüfungsgegenstand	4	H. Kosten	10

1 **A. Allgemeines.** Das Dispacheurverpflichtungsverfahren hat **kaum eine praktische Bedeutung**, weil einerseits der Dispacheur an der Aufmachung der Dispache gut verdient und er sie allein deshalb nicht ablehnen wird, andererseits er den Auftrag regelmäßig bereits annimmt, bevor er über ausreichende Informationen verfügt, um das Vorliegen einer großen Haverei überhaupt abschlägig beurteilen zu können.

2 **B. Bedeutung der Vorschrift.** Formal hat der Dispacheur das Recht, die Aufmachung der Dispache abzulehnen, wenn ein Fall der großen Haverei nicht vorliegt. Er muss aber nicht ablehnen, sondern kann die ihm angetragene Dispache aufmachen. Es liegt dann in der Entscheidung der Beteiligten, ob sie sie akzeptieren. Lehnt der Dispacheur die Aufmachung der Dispache wegen Nichtvorliegens einer großen Haverei ab, entscheidet auf Antrag eines Beteiligten das Gericht gem. Abs. 1.

3 **C. Antragsberechtigung.** Antragsberechtigt sind die Havereibeteiligten, also alle Beitragspflichtigen und Vergütungsberechtigten. Das sind neben den Mitgliedern der Gefahrengemeinschaft (in der Seeschifffahrt: Schiffseigner, Treibstoffeigner, Träger der Ladungs- und Frachtgefahr – § 588 Abs. 2 HGB; in der Binnenschifffahrt: Schiffseigner, Treibstoffeigner, Ladungseigner und Inhaber der Frachtforderung – § 78 Abs. 1 Satz 2 BinSchG) noch die in § 591 Abs. 1 HGB weiter Aufgeführten, also die Schiffsbesatzung und die Fahrgäste, soweit ihnen z.B. durch Gepäckverlust Vergütungsansprüche zustehen können. Nicht beteiligt ist der Berger, da sein Anspruch auf Bergelohn nicht auf der großen Haverei gründet (BGHZ 29, 223 = NJW 1959, 723). Ebenfalls nicht aus eigenem Recht beteiligt ist der Versicherer (BGHZ 67, 383, 384 f. = VersR 1977, 325). Auf ihn gehen aber die Rechte des vergütungsberechtigten (nicht aber des beitragspflichtigen – KGJ 47, 115) Havereibeteiligten über, und zwar nicht erst bei Auszahlung der Versicherungsleistung, sondern bereits mit der Entstehung des Vergütungsanspruchs (§ 86 Abs. 1 VVG, Nr. 23.1 Abs. 2 DTV-Güter 2000/2011; Nr. 6.2 AVB-Flusskasko 2008/2013; s. BGHZ 67, 383, 385 = VersR 1977, 325).

4 **D. Prüfungsgegenstand.** Materiell prüft das Gericht, ob ein Fall der großen Haverei vorliegt, ob also das Schiff, der Treibstoff oder die Ladung zur Errettung aus einer gemeinsamen Gefahr auf Anordnung des Kapitäns/Schiffers vorsätzlich beschädigt oder aufgeopfert wurden oder zu diesem Zweck Aufwendungen gemacht wurden (§§ 588 Abs. 1 HGB, 78 Abs. 1 BinSchG). Maßgebend für die Beurteilung ist das am Dispachierungsort geltende Recht (**lex fori**); bei Verfahren vor den deutschen Gerichten also das deutsche Recht (*v Waldstein/Holland* § 78 BinSchG Rn. 17).

5 Soweit die YAR, die Havarie-Grosse Regeln IVR oder das Bratislavaer Abkommen wirksam vereinbart sind – was freilich die Regel ist (vgl. vor § 403 Rdn. 4 f.) –, sind deren Havarie-Grosse-Voraussetzungen zu prüfen.

6 **E. Entscheidung des Gerichts.** Die Entscheidung des Gerichts erwächst nur insoweit in Rechtskraft, als der Dispacheur zur Aufmachung der Dispache verpflichtet wird. Sie bedeutet **keine Festlegung der Beteiligten**, dass ein Fall der großen Haverei tatsächlich vorliegt (OLG Hamburg RJA 1, 62, 65).

7 Die stattgebende Entscheidung wird nicht mit Zwangsmitteln durchgesetzt, sondern führt im Fall der Nichtbefolgung zu Schadensersatzansprüchen gegen den Dispacheur (Jansen/*Steder* § 150 Rn. 12).

8 **F. Stellung des Dispacheurs.** Der bestellte Dispacheur hat den Status eines öffentlich bestellten Sachverständigen. Er wird aber – gleich ob er den Auftrag freiwillig annimmt oder gerichtlich nach § 403 verpflichtet wird – **nicht als öffentlich-rechtliches Organ** tätig (a.A. KG OLGR 12, 227, 228), sondern aufgrund eines – i.d.R. mit dem Reeder/Schiffseigner geschlossenen – **privaten Geschäftsbesorgungsvertrages** (§ 675 BGB) mit treuhandähnlicher Schutzwirkung für die übrigen Havereibeteiligten (BGH NJW-RR 1997, 22; OLG Hamburg TranspR 1995, 445, 447).

9 **G. Statthaftigkeit der Beschwerde (Abs. 2).** Abs. 2, der die Statthaftigkeit der Beschwerde regelt, ist wegen §§ 58 Abs. 1, 402 Abs. 1 überflüssig. Die Vorschrift will auch kein uneingeschränktes Beschwerderecht un-

abhängig vom Erreichen des nach § 61 Abs. 1 erforderlichen Mindestbeschwerdewertes eröffnen (so aber Bork/Jacoby/Schwab/*Müther* § 403 Rn. 7).

H. Kosten. Es entstehen zwei volle Geb. nach Nr. 13500 KV GNotKG; Geschäftswert: 10.000 € (§ 67 Abs. 2 GNotKG). Bei Antragsrücknahme oder Erledigung ohne Entscheidung ermäßigt sich die Gebühr nach Nr. 13504 KV GNotKG. 10

§ 404 Aushändigung von Schriftstücken; Einsichtsrecht.

(1) Auf Antrag des Dispacheurs kann das Gericht einen Beteiligten verpflichten, dem Dispacheur die in seinem Besitz befindlichen Schriftstücke, zu deren Mitteilung er gesetzlich verpflichtet ist, auszuhändigen.
(2) ¹Der Dispacheur ist verpflichtet, jedem Beteiligten Einsicht in die Dispache zu gewähren und ihm auf Verlangen eine Abschrift gegen Erstattung der Kosten zu erteilen. ²Das Gleiche gilt, wenn die Dispache nach dem Binnenschifffahrtsgesetz von dem Schiffer aufgemacht worden ist, für diesen.

Übersicht

	Rdn.		Rdn.
A. Aushändigung von Schriftstücken (Abs. 1)...	1	B. Einsichtsrecht (Abs. 2)..................	8

A. Aushändigung von Schriftstücken (Abs. 1). Die Vorschrift unterlegt § 595 Abs. 3 HGB, wonach jeder 1 Beteiligte verpflichtet ist, die zur Aufmachung der Dispache erforderlichen Urkunden, soweit er sie zu seiner Verfügung hat, dem Dispacheur mitzuteilen. Das sind in der Seeschifffahrt namentlich die Charterverträge, Konnossemente und Fakturen, in der Binnenschifffahrt insb. Frachtbriefe, Ladescheine und Fakturen. Der Begriff »Schriftstück« ist veraltet; gemeint sind auch elektronische Dokumente und andere Wiedergaben. Die Übergabe von Kopien dürfte genügen (vgl. BGH WM 2013, 639).
Antragsberechtigt ist nur der öffentlich bestellte oder der im konkreten Einzelfall gerichtlich ernannte Dispacheur (§ 595 Abs. 2 HGB), nicht dagegen der private Dispacheur (Havariekommissar), den der Reeder ausgewählt hat oder auf den die Beteiligten sich geeinigt haben (BT-Drucks. 17/10309 S. 130). 2
Der Dispacheur muss den **Sachverhalt** und seine Beauftragung als Dispacheur **allgemein darlegen**, aber 3 nicht glaubhaft machen und beweisen, dass ein Fall der großen Haverei vorliegt (KG OLGR 12, 227, 228 f.; Keidel/*Heinemann* § 404 Rn. 4; *Monse* S. 25). Zurückzuweisen ist der Antrag nur dann, wenn eine große Haverei offensichtlich nicht vorliegt (MüKoFamFG/*Postler* § 404 Rn. 10; Bassenge/Roth/*Walter* § 404 Rn. 5; Bahrenfuss/*Steup* § 404 Rn. 4).
Verpflichtet zur Herausgabe sind nur die **Havereibeteiligten** (§ 403 Rdn. 3). Es genügt **mittelbarer Besitz** 4 an den Dokumenten (ebenso BeckOK FamFG/*Munzig* § 404 Rn. 5; Keidel/*Heinemann* § 404 Rn. 2; MüKoFamFG/*Postler* § 404 Rn. 6; Bork/Jacoby/Schwab/*Müther* § 404 Rn. 3; Bumiller/*Harders* § 404 Rn. 1). Das folgt aus § 95 Abs. 4 FamFG i.V.m. § 886 ZPO, wonach bei Gewahrsam eines Dritten in den Herausgabeanspruch vollstreckt werden kann. Die gegenteilige Meinung, welche unmittelbaren Besitz fordert (Jansen/*Steder* § 151 Rn. 1; *Rabe* Anh. § 729 Rn. 12), konnte nur mit der früheren Beschränkung des zulässigen Vollstreckungsmittels auf das Zwangsgeld begründet werden, welche durch das FamFG abgeschafft wurde.
Der Beschluss, mit dem ein Beteiligter zur Herausgabe von Schriftstücken verpflichtet wird, ist mit der Be- 5 schwerde anfechtbar (§§ 58 Abs. 1, 408 Abs. 1). Auch ist ein Beschluss anfechtbar, mit dem der Antrag des Dispacheurs abgelehnt wird (§ 58 Abs. 1). Die scheinbar einschränkende Formulierung des § 408 Abs. 1 will dieses Beschwerderecht nicht ausschließen (s. § 408 Rdn. 4).
Die **Vollstreckung** erfolgt – entgegen der Entwurfsbegründung (BT-Drucks. 16/6308 S. 289) und der ihr 6 folgenden herrschenden Lehre (Keidel/*Heinemann* § 404 Rn. 10; § 408 Rn. 6; Bumiller/*Harders* § 404 Rn. 1; Bork/Jacoby/Schwab/*Müther* § 404 Rn. 4; Bahrenfuss/*Steup* § 404 Rn. 1, 5; Haußleiter/*Schemmann* § 404 Rn. 3) – nicht aus § 35, sondern aus § 95, da es sich nicht um eine Zwischen-, sondern um eine Endentscheidung in einem unabhängigen Verfahren handelt (ebenso BeckOK FamFG/*Munzig* § 404 Rn. 13). **Vollstreckt** wird gem. § 95 Abs. 4 entweder im Wege der Herausgabevollstreckung (§§ 883, 886 ZPO) oder durch Festsetzung von Zwangsgeld und Zwangshaft (§ 888 ZPO). Anders als früher § 151 FGG enthält § 404 FamFG keine Beschränkung mehr auf das Vollstreckungsmittel des Zwangsgeldes.
Kosten: Der Ausspruch der Verpflichtung war nach der KostO mangels Gebührentatbestandes kostenfrei 7 (vgl. MüKoFamFG/*Postler* § 404 Rn. 12 f.), während jetzt nach Nr. 13500 KV GNotKG eine doppelte Geb. anfallen dürfte.

§ 405	Buch 5. Register u. unternehmensrechtl. Verfahren

8 **B. Einsichtsrecht (Abs. 2).** Abs. 2 gewährt den Havereibeteiligten das Recht auf **vollständige Einsicht** in die Dispache, also nicht nur in die Abrechnung der Beiträge und Vergütungen, sondern in alle Bestandteile (s. vor § 403 Rdn. 3), einschl. der Erteilung von Abschriften. Es handelt sich hier nicht um eine verfahrensrechtliche Vorschrift im eigentlichen Sinne, sondern um eine Auskleidung und Konkretisierung der privatrechtlichen Pflichten des Dispacheurs aus den §§ 675, 666, 810 f. BGB. Denn der Dispacheur wird nicht als Amtsträger, sondern aufgrund privatrechtlichen Geschäftsbesorgungsauftrags tätig (§ 403 Rdn. 8).

9 Die **volle Einsicht** in die Dispache soll den Havereibeteiligten in den Stand versetzen, die Abrechnung entweder zu akzeptieren und ihr zu folgen oder sich für ein gerichtliches Bestätigungsverfahren (§§ 405 ff.) zu positionieren. Um den Zweck zu erreichen, wird heute allgemein davon ausgegangen, dass auch die Einsicht in die **Belege** sowie – gegen Kostenerstattung – die Erteilung von **Abschriften/Kopien** verlangt werden kann (MüKoFamFG/*Postler* § 404 Rn. 15; Jansen/*Steder* § 152 Rn. 1; Keidel/*Heinemann* § 404 Rn. 12; *Rabe* Anh. § 729 Rn. 14; *v. Waldstein/Holland* Anh. § 87, 88 BinSchG Rn. 8).

10 Einsicht in die **Urschrift** der Dispache und der Belege kann – in Abweichung von § 811 BGB – nach allgemeiner Ansicht nur in den Geschäftsräumen des Dispacheurs verlangt werden.

11 Eine **gerichtliche Durchsetzung** des Rechts auf Einsichtnahme und Erteilung von Abschriften sieht das Gesetz – anders als in Fällen des Abs. 1 – nicht vor (Bahrenfuss/*Steup* § 404 Rn. 8; Keidel/*Heinemann* § 404 Rn. 14; Bassenge/Roth/*Walter* § 404 Rn. 9; a.A. MüKoFamFG/*Postler* § 404 Rn. 12, 19: gerichtliche Entscheidung mit Vollstreckung nach § 35). Der Dispacheur macht sich aber schadenersatzpflichtig, wenn er seinen Pflichten aus Abs. 2 nicht nachkommt und dadurch die Beteiligten zu einem Dispachebestätigungsverfahren herausfordert, allein um gem. § 405 Abs. 3 Satz 2 Einsicht nehmen zu können.

§ 405 Termin; Ladung.

(1) ¹Jeder Beteiligte ist befugt, bei dem Gericht eine mündliche Verhandlung über die von dem Dispacheur aufgemachte Dispache zu beantragen. ²In dem Antrag sind diejenigen Beteiligten zu bezeichnen, welche zu dem Verfahren hinzugezogen werden sollen.
(2) Wird ein Antrag auf mündliche Verhandlung gestellt, hat das Gericht die Dispache und deren Unterlagen von dem Dispacheur einzuziehen und, wenn nicht offensichtlich die Voraussetzungen der großen Haverei fehlen, den Antragsteller sowie die von ihm bezeichneten Beteiligten zu einem Termin zu laden.
(3) ¹Die Ladung muss den Hinweis darauf enthalten, dass, wenn der Geladene weder in dem Termin erscheint noch vorher Widerspruch gegen die Dispache bei dem Gericht anmeldet, sein Einverständnis mit der Dispache angenommen wird. ²In der Ladung ist zu bemerken, dass die Dispache und deren Unterlagen auf der Geschäftsstelle eingesehen werden können.
(4) Die Frist zwischen der Ladung und dem Termin muss mindestens zwei Wochen betragen.
(5) ¹Erachtet das Gericht eine Vervollständigung der Unterlagen der Dispache für notwendig, hat es die Beibringung der erforderlichen Belege anzuordnen. ²§ 404 Abs. 1 gilt entsprechend.

Übersicht	Rdn.		Rdn.
A. Allgemeines	1	D. Verfahren	14
B. Gegenstand des Verfahrens	3	E. Kosten bei Zurückweisung; Rechtsbehelf	23
C. Bestätigungsantrag	8		

1 **A. Allgemeines.** Das Dispachebestätigungsverfahren ist an das Verteilungsverfahren nach den §§ 875 ff. ZPO angelehnt. Es dient nicht der streitigen Entscheidung über die Richtigkeit der aufgemachten Dispache, sondern nur der **Ermittlung der von den Beteiligten eingenommenen Standpunkte** und möglichst einer **einvernehmlichen Verständigung**. Soweit die erstellte Dispache unwidersprochen bleibt, endet das Verfahren mit deren Bestätigung. Soweit sich die Beteiligten auf eine Abänderung verständigen, endet es mit der Bestätigung der berichtigten Dispache. Die Bestätigung ist ein Rechtstitel, aus dem heraus die Zwangsvollstreckung betrieben werden kann (§ 409).

2 Wird der Dispache widersprochen und kommt es zu keiner Verständigung, sind die streitigen Punkte in einem Klageverfahren zu klären (§ 407 Abs. 1). Für dessen Einleitung gilt eine (verlängerbare) Monatsfrist, sodass das Dispachebestätigungsverfahren auch dazu dient, zügige Rechtsklarheit zu fördern.

B. Gegenstand des Verfahrens. Die gerichtlich nicht bestätigte Dispache hat – gleich von wem erstellt – nur die Bedeutung eines unverbindlichen Sachverständigengutachtens (RGZ 147, 58). Erst das gerichtliche Bestätigungsverfahren verleiht der Dispache eine amtliche Anerkennung und dient der vereinfachten Herstellung eines Vollstreckungstitels.   3

Statthaft ist das Bestätigungsverfahren nur für solche Dispachen, die von einem öffentlich bestellten oder im konkreten Einzelfall gerichtlich ernannten Dispacheur (§ 595 Abs. 2 HGB) aufgemacht sind (vgl. BT-Drucks. 17/10309 S. 130).   4

Bestätigt werden kann nur eine Dispache, die das Vorliegen eines Falls der großen Haverei **eindeutig feststellt**. Keine bestätigungsfähige Dispache ist ein Rechenwerk, bei dem der Dispacheur seine Zweifel am Vorliegen einer großen Haverei oder am Bestehen eines Vergütungsanspruchs der Beteiligten mit Zusätzen wie »salvo jure« oder »for the consideration of the underwriters« ausdrücklich kenntlich macht (OLG Hamburg OLGR 10, 324; Rabe Anh. § 729 Rn. 10).   5

Ebenfalls als solche nicht bestätigt werden kann eine »**Nachtragsdispache**«, welche der Dispacheur aufmacht, nachdem ihm selbst seine ursprünglich aufgemachte Dispache nicht mehr als zutreffend oder vollständig erscheint. Es muss vielmehr ein Bestätigungsantrag zur ursprünglichen Hauptdispache gestellt werden verbunden mit einem Widerspruch, welcher auf eine Berichtigung i.S.d. erstellten Nachtrags zielt (*Ehlers* S. 66).   6

Zur Anwendung des Bestätigungsverfahrens auf Dispachen, welche nicht nach den Regeln des HGB oder BinSchG, sondern nach vereinbarten Regeln aufgemacht sind, s. vor § 403 Rdn. 4 f.   7

C. Bestätigungsantrag. Das Dispachebestätigungsverfahren ist ein Antragsverfahren. **Antragsberechtigt** ist jeder, der in der Dispache als Beteiligter aufgeführt wird, auch wenn er in Wahrheit nicht Havereibeteiligter ist – es sei denn, die Dispache wurde von vornherein nur auf das eigene Verlangen des Nichtbeteiligten aufgemacht (z.B. des Bergers, BGHZ 29, 223 = NJW 1959, 723).   8

In der Praxis wird der Antrag nahezu ausnahmslos von den in der Dispache ausgewiesenen Vergütungsberechtigten mit dem Ziel gestellt, eine uneingeschränkte Bestätigung der Dispache und damit einen entspr. Vollstreckungstitel zu erlangen. Zulässig wäre es aber auch, eine nur teilweise Bestätigung der Dispache zu verfolgen oder von vornherein selbst einen Widerspruch einzulegen, um in einer Verhandlung über die Dispache deren einvernehmliche Berichtigung zu erwirken, die dann gerichtlich bestätigt wird (*Rabe* Anh. § 729 Rn. 18; *Jansen/Steder* § 153 Rn. 18). Ebenso kann ein materiell an der Haverei Beteiligter, der nicht in der Dispache aufgeführt wird, den Antrag mit der Zielsetzung stellen, die Dispache im Sinne seiner eigenen Berücksichtigung bei der Verteilung zu berichtigen (*v. Waldstein/Holland* Anh. § 87, 88 BinSchG Rn. 10; *Rabe* Anh. § 729 Rn. 16; *Keidel/Heinemann* § 405 Rn. 6; *Monse* S. 40; *Ehlers* S. 35 f.; a.A. *Jansen/Steder* § 153 Rn. 6; *Bassenge/Roth/Walter* § 405 Rn. 3).   9

Der **Dispacheur** selbst ist nicht antragsberechtigt.   10

Eine bereits erzielte außergerichtliche **Einigung der Beteiligten** lässt das Rechtsschutzbedürfnis für das Bestätigungsverfahren nicht entfallen, wenn das Verfahren dazu dienen soll, die Vollstreckbarkeit herzustellen.   11

Rechtsschutzbedürfnis besteht auch für einen Antrag, mit welchem der erstellten **Dispache in Gänze widersprochen** wird, da das Verfahren nicht nur auf eine Bestätigung der – evtl. berichtigten – Dispache angelegt ist, sondern auch darauf, die Klagefrist des § 878 Abs. 1 ZPO auszulösen und auf diese Weise schnelle Rechtsklarheit zu schaffen.   12

Der **Antrag** muss das Verlangen nach einer Verhandlung über die Dispache enthalten und diejenigen Beteiligten bezeichnen, welche zu dem Verfahren hinzugezogen werden sollen (Abs. 1 Satz 2). Das müssen nicht alle Havereibeteiligten sein, vielmehr kann der Antragsteller sein Bestätigungsverlangen oder Berichtigungsbegehren auf einzelne Beteiligte und einzelne Rechtsverhältnisse beschränken. Vollstreckbar wird die Bestätigung der (ggf. berichtigten) Dispache nur unter den konkret Beteiligten (OLG Hamburg HansGZ 1930 B 723). Fehlt die Bezeichnung der Beteiligten im Antrag, ist er nicht als unzulässig zurückzuweisen, sondern als gegen alle an der Dispache Beteiligten gerichtet anzusehen (*Ehlers* S. 34).   13

D. Verfahren. Das Gericht zieht die Dispache und deren Unterlagen von dem Dispacheur ein (Abs. 2). Die Herausgabe kann nach § 35 erzwungen werden (*Keidel/Heinemann* § 405 Rn. 17; *MüKoFamFG/Postler* § 405 Rn. 23; *Bassenge/Roth/Walter* § 405 Rn. 6; *Bumiller/Harders* § 405 Rn. 3; *Bahrenfuss/Steup* § 405 Rn. 6; a.A. *Bork/Jacoby/Schwab/Müther* § 405 Rn. 4; *Jansen/Steder* § 153 Rn. 7).   14

Stellt sich danach heraus, dass die Voraussetzungen der großen Haverei offensichtlich nicht vorliegen, weist das Gericht den Bestätigungsantrag zurück. Insbes. ist der Bestätigungsantrag zurückzuweisen, wenn von   15 vornherein **keine Dispache im Rechtssinne** vorliegt, weil der Dispacheur durch Zusätze wie »salvo iure« bereits eigene Zweifel angebracht hat und sein Rechenwerk selbst nicht als Dispache verstanden wissen will (Rdn. 5). Bloße Zweifel am Vorliegen einer großen Haverei genügen für eine Zurückweisung des Antrags jedoch nicht; auch braucht das Gericht insoweit keine eigenen Ermittlungen anzustellen (KKW/*Winkler* [15. Aufl.] § 153 Rn. 10).

16 **Fehlen noch Unterlagen** (Belege), ordnet das Gericht deren Beibringung an (Abs. 5). Durch den Verweis auf § 404 Abs. 1 wird klargestellt, dass auch ein nicht am Bestätigungsverfahren teilnehmender Havereibeteiligter verpflichtet werden kann, Dokumente an das Gericht auszuhändigen. Zur Vollstreckung s. § 404 Rdn. 6.

17 Sind die Unterlagen vollständig, lädt das Gericht den Antragsteller und die von ihm bezeichneten weiteren Beteiligten zum **Termin** unter Beifügung der in Abs. 3 bezeichneten Hinweise sowie unter Einhaltung einer Ladungsfrist von mindestens 2 Wochen (Abs. 4). Die Ladung ist förmlich bekannt zu geben (§ 15 Abs. 1, 2). Spätestens gemeinsam mit der Ladung ist den Beteiligten auch die Antragsschrift zuzustellen, damit sie erkennen können, auf welches Rechtsverhältnis und auf welchen Bestätigungsgegenstand/-umfang sich das Verfahren und der Termin beziehen. Mängel der Ladung machen den späteren Bestätigungsbeschluss, soweit er auf Säumnis beruht (§ 406 Rdn. 2 ff.), anfechtbar. Der Hinweis auf die Widerspruchsmöglichkeit gegen die Dispache muss nicht den Anforderungen einer Rechtsbehelfsbelehrung genügen (§ 39), da es sich bei der Anmeldung des Widerspruchs nicht um einen Rechtsbehelf gegen eine gerichtliche Entscheidung handelt.

18 Der Termin ist zwingend durchzuführen und nicht fakultativ; § 32 Abs. 1 wird insoweit verdrängt (Keidel/*Heinemann* § 405 Rn. 21; BeckOK FamFG/*Munzig* § 405 Rn. 24; unverständlich hingegen die Entwurfsbegründung BT-Drucks. 16/6308 S. 289, dem folgend allerdings MüKoFamFG/*Postler* § 405 Rn. 25). Eine besondere Entscheidung des Gerichts über die »Verfahrenseröffnung« sieht das Gesetz nicht vor. Daher besteht gegen einen solchen Entschluss, zumal es sich um eine bloße Zwischenentscheidung handelt, kein Beschwerderecht (a.A. Keidel/*Heinemann* § 408 Rn. 3).

19 Nach der gesetzlichen Regelung ist der Termin nicht öffentlich; das Gericht kann die Öffentlichkeit jedoch zulassen, sofern kein Beteiligter widerspricht (§ 170 Abs. 1 Satz 1, 2 GVG). Zweckmäßig ist die Öffnung allemal in Bezug auf die involvierten Versicherer, ohne deren Zustimmung eine Verständigung der Beteiligten kaum erreicht werden kann.

20 Der **Dispacheur** selbst ist nicht Beteiligter. Er kann auch formell weder i.R.d. Amtsermittlung einbezogen (§ 26) noch zur Beweisaufnahme geladen werden (§ 30 Abs. 1), da es keine »entscheidungserheblichen Tatsachen« gibt, an deren Feststellung er mitwirken könnte, denn das Gericht hat nicht in der Sache zu entscheiden, sondern nur Einigungsmöglichkeiten auszuloten. Gleichwohl kann es hilfreich und geboten sein, ihn zu der Verhandlung hinzuzuziehen, und zwar wohl in analoger Anwendung des § 26 (vgl. Keidel/*Heinemann* § 405 Rn. 22; Bassenge/Roth/*Walter* § 405 Rn. 9; Bumiller/*Harders* § 405 Rn. 3; MüKoFamFG/*Postler* § 405 Rn. 26; a.A. Bahrenfuss/*Steup* § 405 Rn. 9: Beiziehung als »weiterer Beteiligter«, ebenso wohl Haußleiter/*Schemmann* § 405 Rn. 3).

21 Die zu Gericht gelangte Dispache kann nebst den ihr beigefügten sowie den gem. Abs. 5 nachgeforderten Unterlagen (Belegen) jederzeit von den Beteiligten **eingesehen werden** (Abs. 3 Satz 2); Abschriften der Unterlagen können nach Maßgabe des § 13 Abs. 3 verlangt werden.

22 Gehen bezüglich derselben Dispache mehrere Bestätigungsanträge verschiedener Beteiligter ein, empfiehlt sich eine **Verbindung der Verfahren** zur gemeinsamen Verhandlung (§ 20). Die spätere Bestätigungsentscheidung ist jedoch je gesondert für die einzelnen Beteiligungsverhältnisse zu treffen, die der jeweilige Antragsteller zum Gegenstand seines Antrags gemacht hatte.

23 **E. Kosten bei Zurückweisung; Rechtsbehelf.** Bei Zurückweisung des Antrags auf mündliche Verhandlung ermäßigen sich die Gerichtskosten auf eine volle Geb. (Nr. 13501 KV GNotKG). Geschäftswert ist die Summe der Anteile, die die an der Verhandlung Beteiligten an dem Schaden zu tragen haben (§ 68 GNotKG).

24 Gegen den Beschluss, der den Antrag auf mündliche Verhandlung zurückweist (Rdn. 15), ist die Beschwerde statthaft (§§ 58 Abs. 1, 408 Abs. 1).

§ 406 Verfahren im Termin.

(1) Wird im Termin ein Widerspruch gegen die Dispache nicht erhoben und ist ein solcher auch vorher nicht angemeldet, hat das Gericht die Dispache gegenüber den an dem Verfahren Beteiligten zu bestätigen.

Abschnitt 4. Unternehmensrechtliche Verfahren § 406

(2) ¹Liegt ein Widerspruch vor, haben sich die Beteiligten, deren Rechte durch ihn betroffen werden, zu erklären. ²Wird der Widerspruch als begründet anerkannt oder kommt anderweitig eine Einigung zustande, ist die Dispache entsprechend zu berichtigen. ³Erledigt sich der Widerspruch nicht, so ist die Dispache insoweit zu bestätigen, als sie durch den Widerspruch nicht berührt wird.
(3) Werden durch den Widerspruch die Rechte eines in dem Termin nicht erschienenen Beteiligten betroffen, wird angenommen, dass dieser den Widerspruch nicht als begründet anerkennt.

Übersicht	Rdn.		Rdn.
A. Allgemeines	1	D. Bestätigungsbeschluss, Rechtsbehelf	14
B. Säumnisverfahren (Abs. 1)	2	E. Kosten	20
C. Vergleichsverhandlung (Abs. 2, 3)	6		

A. Allgemeines. Abs. 1 der Vorschrift regelt das Säumnisverfahren, Abs. 2 und 3 befassen sich mit der Vergleichsverhandlung. 1

B. Säumnisverfahren (Abs. 1). Der vom Antragsteller bezeichnete und ordnungsgemäß geladene Beteiligte 2 (s. § 405 Rdn. 13) kann seinen Widerspruch bis zur Terminstunde in der Form des § 25 anmelden oder zum Termin erscheinen und den Widerspruch dort erheben. Andernfalls trifft ihn die Säumnisfolge, dass das Gericht seine Zustimmung vermuten darf und die Dispache ihm ggü. – wenn sie insoweit auch von keinem anderen Widerspruch berührt wird – bestätigt (Abs. 1, 2 Satz 3).
Der **Widerspruch** bedarf keiner Begründung, soll aber erkennen lassen, hinsichtlich welcher Punkte und in 3 welchem Umfang die Dispache angegriffen wird. Ist nur allgemein Widerspruch eingelegt, ist die Dispache insgesamt angegriffen.
Erscheint niemand im Termin und hatte niemand bis zur Terminstunde widersprochen, ist die Dispache 4 so zu bestätigen, wie sie aufgemacht ist. Hierfür ist es nicht erforderlich, dass der Antragsteller selbst im Termin erscheint (Jansen/*Steder* § 155 Rn. 2; Keidel/*Heinemann* § 406 Rn. 5, 15).
Liegt ein **Widerspruch** vor, kann die Dispache – soweit sie vom Widerspruch berührt wird – nicht bestätigt 5 werden. Der Widerspruchsführer muss nicht im Termin erscheinen; auch sein nur schriftlich angemeldeter Widerspruch ist zu berücksichtigen. Unbeachtlich ist der Widerspruch eines an der Dispache nicht Beteiligten, etwa des Versicherers eines Beitragspflichtigen (s. KGJ 47, 115).

C. Vergleichsverhandlung (Abs. 2, 3). Hat einer der Beteiligten einen Widerspruch angemeldet, was noch 6 mündlich im Termin bis zum Schluss der Sitzung geschehen kann, tritt das Gericht mit den Erschienenen in die Vergleichsverhandlung. In deren Rahmen haben sich alle Erschienenen darüber zu erklären, ob sie den Widerspruch als begründet anerkennen. Ist dies der Fall oder kommt auf Vermittlung des Gerichts eine andere Einigung aller Beteiligten zustande (§ 36 Abs. 2), ist die Dispache entspr. zu berichtigen und die berichtigte Dispache zu bestätigen.
Für die Berichtigung der Dispache ist die **Zustimmung aller Verfahrensbeteiligten** erforderlich, die von 7 der Änderung betroffen sind. Die Stimme eines nicht erschienenen Beteiligten darf nur dann als Zustimmung zu einer Berichtigung gewertet werden, wenn er den Widerspruch des anderen Beteiligten ausdrücklich ggü. dem Gericht (in der Form des § 25) anerkannt oder selbst Widerspruch mit dem Ziel genau dieser Änderung eingelegt hatte. Andernfalls ist die Stimme des nicht Erschienenen als ein Votum zugunsten der ursprünglich aufgemachten Dispache zu werten (Abs. 3).
Unbeachtlich ist die Äußerung eines Havereibeteiligten, den der Antragsteller nicht als Verfahrensbeteiligten bezeichnet hatte. Denn dieser nimmt am Verfahren und an der Wirkung des Bestätigungsbeschlusses nicht teil. 8
Erledigt sich der Widerspruch in der Vergleichsverhandlung nicht, so ist die Dispache **insoweit zu bestätigen**, als sie durch den Widerspruch nicht berührt wird und der Antragsteller die Bestätigung beantragt hat (Abs. 2 Satz 3). Sind mehrere Bestätigungsanträge in einem Verfahren miteinander verbunden oder wurden mehrere Widersprüche erhoben, ist die (Teil-) Bestätigung für die jeweils unstreitigen Rechtsverhältnisse und wegen der jeweils unstreitigen/unstreitig gewordenen Beiträge und Vergütungen auszusprechen, soweit sie materiell durch keinen noch offenen Widerspruch berührt werden. 9
Wird die Verhandlung **vertagt**, können weitere Widersprüche erhoben werden, soweit noch keine (Teil-)be- 10 stätigung gem. Abs. 2 Satz 3 ausgesprochen wurde (OLG Hamburg HansGZ 1931 B 659).

11 Stellt sich im Termin heraus, dass ein Fall der großen Haverei nicht vorliegt, ist der Bestätigungsantrag zurückzuweisen (Bahrenfuss/*Steup* § 405 Rn. 8; a.A. Keidel/*Heinemann* § 406 Rn. 4: das Verfahren sei »einzustellen«).

12 Eine **sachliche Entscheidung des Gerichts** über die Berechtigung des Widerspruchs kommt nicht in Betracht (Keidel/*Heinemann* § 406 Rn. 18; Bahrenfuss/*Steup* § 406 Rn. 2, 13). Ist die Vergleichsverhandlung endgültig gescheitert, endet das Verfahren einstweilen. Es empfiehlt sich, darüber sogleich einen klarstellenden Beschluss zu fassen, damit kein Zweifel besteht, dass die Klagefrist des § 878 Abs. 1 ZPO zu laufen beginnt. Auf die Klagemöglichkeit muss allerdings nicht mit einer Rechtsbehelfsbelehrung i.S.d. § 39 Satz 1 hingewiesen werden, da das Widerspruchsklageverfahren keinen Rechtsbehelf gegen eine gerichtliche Entscheidung darstellt.

13 Gilt die Einigung nur deshalb als nicht zustande gekommen, weil ein Beteiligter nicht erschienen war und der von einem anderen Beteiligten erhobene Widerspruch allein wegen dieser Abwesenheit als nicht anerkannt gilt (Abs. 3), kann der abwesend Gebliebene den Widerspruch noch nach der Verhandlung durch eine Erklärung gem. § 25 anerkennen und dadurch die Bestätigung der berichtigten Dispache ermöglichen. Derjenige Beteiligte, der seinen Widerspruch erst im Termin oder kurz zuvor angebracht hatte, wird den nicht erschienenen Beteiligten vor der Klageerhebung tunlichst zu einem solchen (nachträglichen) Anerkenntnis auffordern, um nicht Gefahr zu laufen, im späteren Klageverfahren die Kosten eines sofortigen Anerkenntnisses auferlegt zu bekommen (§ 93 ZPO, vgl. KG JW 1931, 2175 f.).

14 **D. Bestätigungsbeschluss, Rechtsbehelf.** Soweit die Dispache unter den Beteiligten unstreitig bleibt oder wird, ergeht ein Bestätigungsbeschluss. Treffen die Beteiligten eine anderweitige Einigung, wird die i.S.d. Einigung berichtigte Dispache bestätigt. Auf die Zustimmung des Dispacheurs kommt es für die Berichtigung nicht an.

15 Die Bestätigung der (ggf. zu berichtigenden) Dispache ist auch dann vorzunehmen, wenn sich der Widerspruch nach Schluss der mündlichen Verhandlung erledigt (§ 407 Abs. 2) oder wenn die zu einer Berichtigung noch fehlenden Zustimmungserklärungen nach der mündlichen Verhandlung in der Form des § 25 nachgeholt werden (Rdn. 13).

16 Bestätigt wird die Dispache stets (nur) unter denjenigen Beteiligten, auf die sich der jeweilige Antrag bezieht. Daraus erwächst die Möglichkeit, dass die Dispache auf verschiedene Bestätigungsanträge und Widersprüche hin jeweils verschieden berichtigt und daher in den einzelnen Rechtsbeziehungen mit letztlich divergierenden Inhalten bestätigt wird (eingehend *Monse* S. 88 ff.).

17 Teilnehmen an der Bestätigungswirkung können generell nur diejenigen, die sowohl formell am Bestätigungsverfahren als auch materiell an der Dispache beteiligt sind, nicht jedoch diejenigen, die fälschlich als Beteiligte des Bestätigungsverfahrens bezeichnet wurden, wie etwa der Versicherer eines Beitragspflichtigen (s. KGJ 47, 115).

18 Gegen die **berichtigte Dispache** ist **kein Widerspruch möglich** (a.A. Bumiller/*Harders* § 406 Rn. 3; Bahrenfuss/*Steup* § 406 Rn. 11), da die Berichtigung stets nur im Einvernehmen aller Beteiligten vorgenommen wird. Gegen die Bestätigung der ursprünglichen oder berichtigten Dispache ist allein die **Beschwerde** statthaft (§§ 58 Abs. 1, 408 Abs. 1), welche begründet ist, wenn ein Widerspruch übergangen oder sonst ein Gegenstand der Dispache bestätigt wurde, über den in Wahrheit keine Einigung aller betroffenen Beteiligten erzielt worden war (KGJ 51, 137). **Rechtsbehelfsbelehrung** insoweit ist daher zu erteilen (§ 39 Satz 1).

19 Die bestätigte Dispache ist **Vollstreckungstitel** (§ 409), sie entfaltet jedoch **keine materielle Rechtskraft**. Jeder Beteiligte – auch soweit er keinen Widerspruch erhoben hatte (BGH NJW 1963, 1497; NJW 1994, 3299, 3301) – ist berechtigt, seine von der Dispache abweichenden Rechte gegen die übrigen Beteiligten mit einer Zahlungsklage (sog. Bereicherungsklage) geltend zu machen (§ 407 Abs. 1 Satz 2 FamFG i.V.m. § 878 Abs. 2 ZPO; s. OLG Hamburg HansGZ 1932 B 35; a.A. Haußleiter/*Schemmann* § 409 Rn. 2). In diesem Verfahren sind keine Einwendungen präkludiert, auch wenn im Dispachebestätigungsverfahren kein Widerspruch erhoben wurde. § 408 Abs. 2 FamFG gilt nicht für das Bereicherungsklageverfahren, sondern nur für das Beschwerdeverfahren (missverständlich daher Keidel/*Heinemann* § 406 Rn. 5, 10).

20 **E. Kosten.** Für die durchgeführte Verhandlung über die Dispache, einschl. der Bestätigung, wird eine doppelte Geb. nach Nr. 13500 KV GNotKG erhoben; zur Ermäßigung bei Antragsrücknahme oder anderweitiger Erledigung s. Nr. 13501, 13502 KV GNotKG. Geschäftswert ist die Summe der Anteile, die die an der Verhandlung Beteiligten an dem Schaden zu tragen haben (§ 68 GNotKG). Wird die Dispache bestätigt, *haften die* Verfahrensbeteiligten für die Kosten als Gesamtschuldner.

Für die Kostengrundentscheidung gilt § 81. Üblicherweise werden die Kosten im Verhältnis der jeweiligen 21
Beitragspflichten auferlegt oder gegeneinander aufgehoben, sofern nicht die Beteiligten eine abweichende
Vereinbarung treffen (vgl. Art. 36 Abs. 2 HessFGG; Art. 30 Abs. 2 prFGG a.F.).

§ 407 Verfolgung des Widerspruchs. (1) ¹Soweit ein Widerspruch nicht nach § 406 Abs. 2 erledigt wird, hat ihn der Widersprechende durch Erhebung der Klage gegen diejenigen an dem Verfahren Beteiligten, deren Rechte durch den Widerspruch betroffen werden, zu verfolgen. ²Die §§ 878 und 879 der Zivilprozessordnung sind mit der Maßgabe entsprechend anzuwenden, dass das Gericht einem Beteiligten auf seinen Antrag, wenn erhebliche Gründe glaubhaft gemacht werden, die Frist zur Erhebung der Klage verlängern kann und dass an die Stelle der Ausführung des Verteilungsplans die Bestätigung der Dispache tritt.
(2) Ist der Widerspruch durch rechtskräftiges Urteil oder in anderer Weise erledigt, so wird die Dispache bestätigt, nachdem sie erforderlichenfalls von dem Amtsgericht nach Maßgabe der Erledigung der Einwendungen berichtigt ist.

Übersicht

	Rdn.		Rdn.
A. Allgemeines	1	III. Zuständigkeit und Verfahren des Prozessgerichts	8
B. Widerspruchsklageverfahren (Abs. 1)	2	C. Bestätigung der Dispache nach Abschluss des Verfahrens (Abs. 2)	15
I. Beteiligte des Klageverfahrens	2	D. Rechtsbehelfe	17
II. Klagefrist und Frist zum Nachweis der Klageerhebung	4		

A. Allgemeines. Die Vorschrift befasst sich mit dem Widerspruchsklageverfahren (Abs. 1) und mit der 1
nach seinem Abschluss erfolgenden Bestätigung der Dispache (Abs. 2).

B. Widerspruchsklageverfahren (Abs. 1). I. Beteiligte des Klageverfahrens. Klageberechtigt ist nur, wer 2
den Widerspruch erhoben oder sich ihm angeschlossen hatte.
Klagegegner sind – entgegen dem Wortlaut der Vorschrift – nicht alle Verfahrensbeteiligten, deren Rechte 3
durch den Widerspruch betroffen werden, sondern nur diejenigen betroffenen Beteiligten, die den Widerspruch nicht anerkannt haben. Ggü. denjenigen, die den Widerspruch bereits anerkannt haben, fehlt es am Rechtsschutzbedürfnis für das Widerspruchsklageverfahren.

II. Klagefrist und Frist zum Nachweis der Klageerhebung. Die **Klagefrist** beträgt einen Monat ab dem 4
Tag der Verhandlung (§ 878 Abs. 1 Satz 1 ZPO; Berechnung: § 16 FamFG). Sie kann, wenn erhebliche Gründe glaubhaft gemacht werden, durch das Dispachegericht verlängert werden. Ein erheblicher Grund für die Verlängerung kann namentlich darin liegen, dass ein Beteiligter, der im Termin nicht erschienen war, noch nachträglich aufgefordert wurde, den Widerspruch anzuerkennen (§ 406 Rdn. 13), und hierüber außergerichtliche Verhandlungen schweben.
Nach Ablauf der Frist ist ein Verlängerungsantrag nicht mehr zulässig (OLG Karlsruhe OLGR 3, 37). Bis 5
zum Ablauf der Frist hat der Widerspruchsführer die Erhebung der Klage dem Dispachegericht nachzuweisen; andernfalls ist die Dispache ohne Berücksichtigung des Widerspruchs zu bestätigen (§ 878 Abs. 1 Satz 2 ZPO). Geht der Nachweis der Klageerhebung nach Ablauf der Frist, aber noch vor dem Erlass des Bestätigungsbeschlusses ein, ist er zu berücksichtigen, sofern die Klageerhebung innerhalb der Frist lag (OLG Hamburg HansGZ 1933 B 333; Bassenge/Roth/*Walter* § 407 Rn. 3; a.A. Keidel/*Heinemann* § 407 Rn. 10).
Zum Nachweis der Klageerhebung genügt nicht die Vorlage der Klageschrift, sondern es ist auch deren Ein- 6
gang bei Gericht nachzuweisen (vgl. im Einzelnen BGH NJW-RR 2012, 1397 zu § 189 InsO). Außerdem muss die **Zahlung des Prozesskostenvorschusses** oder die Einreichung eines Prozesskostenhilfeantrags innerhalb der Frist nachgewiesen werden (Jansen/*Steder* § 156 Rn. 3; Keidel/*Heinemann* § 407 Rn. 10; Bassenge/Roth/*Walter* § 407 Rn. 3; MüKoFamFG/*Postler* § 407 Rn. 12; BeckOK FamFG/*Munzig* § 407 Rn. 16; s.a. OLG Hamm NJW 1965, 825, 826; Zöller/*Stöber* § 878 Rn. 6; PG/*Zempel* § 878 Rn. 3; Stein/Jonas/*Münzberg* § 878 Rn. 3; MüKoZPO/*Eickmann* § 878 Rn. 7). Der Kläger darf nicht über die Frist hinaus abwarten, bis das Gericht den Kostenvorschuss berechnet und ihn zur Zahlung aufgegeben hat (BGH NJW-RR 2012, 1397 zu § 189 InsO).

7 Eine Wiedereinsetzung in den vorigen Stand, die nach den Verfahrensvorschriften des FGG nicht in Betracht kam (Jansen/*Steder* § 156 Rn. 4; Bumiller/*Winkler* § 156 Rn. 4), dürfte analog §§ 17 ff. nunmehr zulässig sein, auch wenn es sich bei der Klagefrist nicht um eine »Rechtsbehelfsfrist« im wörtlichen Sinne handelt (MüKoFamFG/*Postler* § 407 Rn. 19; BeckOK FamFG/*Munzig* § 407 Rn. 24; a.A. Keidel/*Heinemann* § 407 Rn. 10).

8 **III. Zuständigkeit und Verfahren des Prozessgerichts.** Gemäß Abs. 1 Satz 2 gelten für das Klageverfahren die §§ 879, 881 ZPO entsprechend.

9 Die Klage ist streitwertabhängig entweder beim Dispachegericht oder bei dem LG zu erheben, in dessen Bezirk das Dispachegericht seinen Sitz hat (§ 879 Abs. 1 ZPO). Liegen mehrere unerledigte Widersprüche vor, von denen wenigstens einer die landgerichtliche Streitwertgrenze überschreitet, ist für sämtliche Widersprüche von Anbeginn das LG sachlich zuständig (§ 879 Abs. 2 ZPO), und zwar unabhängig davon, ob eine die Streitwertgrenze übersteigende Klage tatsächlich erhoben wird. Durch Vereinbarung sämtlicher Beteiligter kann jedoch bestimmt werden, dass das Dispachegericht über alle Widersprüche entscheiden soll (§ 879 Abs. 2 Halbs. 2 ZPO). Überschreitet keine der möglichen Klagen für sich genommen die Streitwertgrenze, wird das LG nicht dadurch zuständig, dass die Summe aller erhobenen Klagen zusammen die Streitwertgrenze übersteigt (Zöller/*Stöber* § 879 Rn. 2).

10 Beim LG entscheidet die Kammer für Handelssachen (§ 95 Abs. 1 Nr. 4 Buchst. f) GVG), beim AG die allgemeine Zivilabteilung.

11 Die Vorschriften des BinSchGerG sind anzuwenden, wenn die Beteiligten die Zuständigkeit eines Schifffahrtsgerichts für die Verhandlung und Entscheidung vereinbart haben (§ 2 Abs. 2 BinSchGerG). Örtlich zuständig ist das Schifffahrtsgericht, in dessen Bezirk das Dispachegericht seinen Sitz hat (§ 879 Abs. 1 ZPO analog).

12 Mit dem Urteil **entscheidet** das Prozessgericht nur darüber, ob der Widerspruch begründet ist. Eine Bestätigung oder Berichtigung der Dispache nimmt es nicht vor; dies obliegt anschließend dem Dispachegericht. § 880 ZPO wird durch § 407 Abs. 2 FamFG verdrängt (OLG Celle HRR 1934 Nr. 587; Jansen/*Steder* § 156 Rn. 7; Bassenge/Roth/*Walter* § 407 Rn. 4; a.A. v. Waldstein/Holland Anh. § 87, 88 BinSchG Rn. 19).

13 Mit der Widerspruchsklage kann nur das geltend gemacht werden, was zur Begründung des im Bestätigungsverfahren erhobenen Widerspruchs dient (*Ehlers* S. 79). Deshalb können der Erfüllungseinwand oder rechtshemmende Einreden nicht erhoben werden, denn diese wären mit der Vollstreckungsgegenklage zu verfolgen (§ 409 Rdn. 6). Auch eine Verbindung der Widerspruchsklage mit einer Klage auf Rückzahlung zu viel geforderter Vorschüsse ist nicht zulässig (OLG Celle HRR 1934 Nr. 587).

14 Ein etwaiges **Versäumnisurteil** gegen den Kläger (= Widerspruchsführer im Bestätigungsverfahren) ist dahin zu erlassen, dass der Widerspruch als zurückgenommen anzusehen sei (§ 881 ZPO; a.A. Keidel/*Heinemann* § 407 Rn. 14). Ein **Vergleich** kann nur mit Zustimmung aller materiell Betroffenen geschlossen werden, auch soweit sie am Klageverfahren nicht beteiligt sind.

15 **C. Bestätigung der Dispache nach Abschluss des Verfahrens (Abs. 2).** Wird der Widerspruch rechtskräftig für begründet erklärt oder auf andere Weise als durch das Klageverfahren erledigt, haben die Beteiligten dies dem Dispachegericht anzuzeigen. Das Dispachegericht bestätigt die (ggf. zu berichtigende) Dispache ohne weitere mündliche Verhandlung durch Beschluss. § 406 Rdn. 14 ff. gelten entspr.

16 **Kosten:** Die Bestätigung der Dispache nach Abschluss des Verfahrens ist mangels besonderen Gebührentatbestandes kostenfrei; sie ist in den Kosten der zuvor stattgefundenen Verhandlung (Nr. 13500 KV GNotKG) enthalten.

17 **D. Rechtsbehelfe.** Die Entscheidung über die Fristverlängerung (Abs. 1 Satz 2), welche keine Endentscheidung darstellt, ist nicht isoliert beschwerdefähig (Umkehrschluss aus §§ 58 Abs. 1 und 408 Abs. 1; s. Keidel/*Heinemann* § 407 Rn. 11; Bahrenfuss/*Steup* § 407 Rn. 5; a.A. zur früheren Rechtslage: KKW/*Winkler* [15. Aufl.] § 156 Rn. 5; Jansen/*Steder* § 156 Rn. 4; Bassenge/Roth/*Bassenge* [11. Aufl.] § 156 Rn. 2).

18 Die Beschwerde ist vielmehr nur statthaft gegen die Bestätigung der Dispache als Endentscheidung (§§ 58 Abs. 1, 408 Abs. 1). Sie ist begründet, wenn etwa ein Fristverlängerungsantrag nach Abs. 1 Satz 2 unberechtigt zurückgewiesen wurde (s. § 58 Abs. 2) oder das Dispachegericht die Bestätigung erlassen hat, obwohl ihm rechtzeitig die Klageerhebung angezeigt war.

19 War die Dispache nach Erledigung eines Widerspruchs bestätigt worden (Abs. 2), ist die Beschwerde begründet, wenn die bestätigte Dispache nicht dem Ausgang des Klageverfahrens oder der unter den Beteiligten getroffenen Einigung entspricht.

§ 408 Beschwerde.
(1) Der Beschluss, durch den ein nach § 405 gestellter Antrag auf gerichtliche Verhandlung zurückgewiesen, über die Bestätigung der Dispache entschieden oder ein Beteiligter nach § 404 zur Herausgabe von Schriftstücken verpflichtet wird, ist mit der Beschwerde anfechtbar.
(2) Einwendungen gegen die Dispache, die mittels Widerspruchs geltend zu machen sind, können nicht mit der Beschwerde geltend gemacht werden.

1 Abs. 1 ist mit seinem positiven Regelungsgehalt wegen § 58 Abs. 1 FamFG überflüssig. Allenfalls mag durch die Vorschrift im Umkehrschluss festgelegt werden, welche Entscheidungen *nicht* mit der Beschwerde angreifbar sind (z.B. § 407 Rdn. 17).

2 Gegen die Zurückweisung des Antrags auf Bestätigung der Dispache steht nur dem Antragsteller das Beschwerderecht zu (§ 59 Abs. 2); gegen den erlassenen Bestätigungsbeschluss kann jeder Beschwerde einlegen, der in seinen Rechten betroffen ist (§ 59 Abs. 1). Betroffen sind aber nur die Beteiligten des konkreten Bestätigungsverfahrens, also der Antragsteller und diejenigen, die er nach § 405 Abs. 1 Satz 2 als Beteiligte bezeichnet hatte, denn gem. § 409 Abs. 1 ist nur diesen ggü. die Bestätigung der Dispache wirksam (Bassenge/Roth/*Walter* § 408 Rn. 2; Haußleiter/*Schemmann* § 408 Rn. 2; a.A. Jansen/*Steder* § 157 Rn. 3; Keidel/*Heinemann* § 408 Rn. 10). Havereibeteiligte, die nicht am Bestätigungsverfahren beteiligt sind, sind nicht beschwerdeberechtigt.

3 Abs. 2 regelt, dass mit der Beschwerde **keine inhaltliche Beanstandung** der Dispache vorgebracht werden kann; hierfür sind allein der Widerspruch und das Widerspruchsklageverfahren vorgesehen. Das gilt auch für den Einwand, es liege kein Fall der großen Haverei vor (MüKoFamFG/*Postler* § 408 Rn. 8) oder man selbst sei nicht Havereibeteiligter (KGJ 37 A 202). Mit der Beschwerde kann nur vorgebracht werden, dass die Dispache nicht oder nicht so hätte bestätigt werden dürfen, weil ein rechtzeitig erhobener Widerspruch übergangen wurde, weil die bestätigte Dispache nicht dem Ausgang des Widerspruchsklageverfahrens entspricht oder weil sonst ein Gegenstand der Dispache berichtigt und bestätigt wurde, über den in Wahrheit keine Einigung aller betroffenen Beteiligten erzielt worden war (KGJ 51, 137). Ferner können formale Mängel des Bestätigungsverfahrens vorgebracht werden wie Ladungs-, Zustellungs- und Belehrungsmängel (§ 405 Abs. 3, 4), Bestätigung »im schriftlichen Verfahren« ohne Abhaltung eines Termins (§ 405 Rdn. 18), rechtswidrige Versagung der Fristverlängerung (§ 407 Abs. 1 Satz 2), Bestätigung trotz rechtzeitigen Nachweises der Widerspruchsklageerhebung, Bestätigung ggü. einem Havereibeteiligten, den der Antragsteller nicht gem. § 405 Abs. 1 Satz 2 als Beteiligten bezeichnet hatte, usw.

4 Die Formulierung am Ende des Abs. 1 ist insofern unglücklich gewählt, als sie den falschen Eindruck erweckt, nur stattgebende Beschlüsse nach § 404 Abs. 1, mit denen die Verpflichtung zur Herausgabe ausgesprochen würde, seien mit der Beschwerde angreifbar, nicht dagegen zurückweisende Beschlüsse. Eine derart einschränkende Bedeutung ist Abs. 1 jedoch nicht beizumessen. Die Anfechtung von Beschlüssen, mit denen der Antrag eines Dispacheurs auf Herausgabe von Dokumenten zurückgewiesen wird, ist nach den allgemeinen Vorschriften (§ 58 Abs. 1) anfechtbar (a.A. BeckOK FamFG/*Munzig* § 408 Rn. 12).

5 **Kosten:** Die Beschwerde löst eine dreifache Geb. aus (Nr. 13610 KV GNotKG), die sich bei Beschwerderücknahme auf eine halbe Geb. ermäßigt (Nr. 13611 KV GNotKG).

§ 409 Wirksamkeit; Vollstreckung.
(1) Die Bestätigung der Dispache ist nur für das gegenseitige Verhältnis der an dem Verfahren Beteiligten wirksam.
(2) Der Bestätigungsbeschluss wird erst mit Rechtskraft wirksam.
(3) ¹Für Klagen auf Erteilung der Vollstreckungsklausel sowie für Klagen, durch welche Einwendungen gegen die in der Dispache festgestellten Ansprüche geltend gemacht werden oder die bei der Erteilung der Vollstreckungsklausel als eingetreten angenommene Rechtsnachfolge bestritten wird, ist das Gericht zuständig, das die Dispache bestätigt hat. ²Gehört der Anspruch nicht vor die Amtsgerichte, sind die Klagen bei dem zuständigen Landgericht zu erheben.

Übersicht	Rdn.		Rdn.
A. Wirkungsreichweite der Bestätigung	1	B. Zwangsvollstreckung	2

§ 409

1 **A. Wirkungsreichweite der Bestätigung.** Abs. 1 beschränkt die Wirksamkeit des Bestätigungsbeschlusses auf den Antragsteller sowie diejenigen, die er nach § 405 Abs. 1 Satz 2 als Beteiligte bezeichnet hatte. Ggü. den nicht am Verfahren Beteiligten hat der Bestätigungsbeschluss keine Auswirkungen; ihnen ggü. kann jederzeit eine neue Verhandlung beantragt und die Dispache anderweitig berichtigt werden, auch abweichend von der zuvor erfolgten Bestätigung.

2 **B. Zwangsvollstreckung.** Die gerichtlich bestätigte Dispache wird nach Abs. 2 erst mit Eintritt der formellen Rechtskraft (§ 45) zum Vollstreckungstitel; dies bedeutet eine Abweichung von der Regelung des § 40. Materielle Rechtskraft erlangt sie jedoch nicht; vgl. § 406 Rdn. 19.

3 Die Vollstreckung erfolgt nach den Vorschriften der ZPO (§ 95 Abs. 1 FamFG), und zwar wie aus einem Urteil (§ 95 Abs. 2 FamFG). Vollstreckbare Ausfertigungen erteilt die Geschäftsstelle des Dispachegerichts (§ 724 Abs. 2 ZPO).

4 Abs. 3 bestimmt, dass die Klauselklage (§ 731 ZPO), die Vollstreckungsgegenklage (§ 767 ZPO) und die Klauselgegenklage (§ 768 ZPO) vor dem Dispachegericht verhandelt werden, wenn sie unterhalb der landgerichtlichen Streitwertgrenze liegen, andernfalls vor dem LG (Kammer für Handelssachen gem. § 95 Abs. 1 Nr. 4 Buchst. f) GVG). Maßgeblich für das Erreichen der Streitwertgrenze ist der Vollstreckungsgegenstand/-wert der konkret erhobenen Klage; die Ausnahmeregeln des § 879 Abs. 2 ZPO (vgl. § 407 Rdn. 9) gelten hier nicht.

5 Abgesehen von der überalterten Gesetzessprache ist die Aufspaltung der Zuständigkeiten zwischen Amts- und LG auch inhaltlich ein für das FamFG völlig atypisches Relikt, dessen Fortschreibung kaum verständlich ist. Die Regelung ist umso unpassender geworden, als § 95 Abs. 2 nunmehr anordnet, dass die Entscheidung über vollstreckungsrechtliche Klagen nicht durch Urteil, sondern durch Beschluss zu erfolgen hat, und zwar, wie sich der RegE ausdrückt, »im Interesse der Einheitlichkeit des FamFG-Verfahrens« (BT-Drucks. 16/6308 S. 220). Was für eine »Einheitlichkeit« wird aber hergestellt, wenn das sonst gar nicht mit der Materie befasste LG erstinstanzlich im Beschlusswege nach den Verfahrensvorschriften des FamFG über eine Vollstreckungsgegenklage gegen eine amtsgerichtliche Dispachebestätigung entscheidet?

6 Inhaltlich kann mit der Vollstreckungsgegenklage auch geltend gemacht werden, die Beitragspflicht sei schon vor der Dispachebestätigung erfüllt worden. Die zeitliche Schranke des § 767 Abs. 2 ZPO gilt hier nicht, weil der Erfüllungseinwand weder im Dispachebestätigungs- noch im Widerspruchsklageverfahren zu berücksichtigen ist, vielmehr die Dispache ungeachtet bereits etwaiger Erfüllung zu bestätigen und auch der bereits erfüllte Beitrag voll aufzunehmen ist (*Monse* S. 95). Dasselbe gilt für rechtshemmende Einreden wie Stundung, Verjährung oder Zurückbehaltungsrechte, welche vom Dispacheur ebenfalls nicht zu berücksichtigen sind.

Buch 6. Verfahren in weiteren Angelegenheiten der freiwilligen Gerichtsbarkeit

§ 410 Weitere Angelegenheiten der freiwilligen Gerichtsbarkeit. Weitere Angelegenheiten der freiwilligen Gerichtsbarkeit sind
1. die Abgabe einer nicht vor dem Vollstreckungsgericht zu erklärenden eidesstattlichen Versicherung nach den §§ 259, 260, 2028 und 2057 des Bürgerlichen Gesetzbuchs,
2. die Ernennung, Beeidigung und Vernehmung des Sachverständigen in den Fällen, in denen jemand nach den Vorschriften des bürgerlichen Rechts den Zustand oder den Wert einer Sache durch einen Sachverständigen feststellen lassen kann,
3. die Bestellung des Verwahrers in den Fällen der §§ 432, 1217, 1281 und 2039 des Bürgerlichen Gesetzbuchs sowie die Festsetzung der von ihm beanspruchten Vergütung und seiner Aufwendungen,
4. eine abweichende Art des Pfandverkaufs im Fall des § 1246 Abs. 2 des Bürgerlichen Gesetzbuchs.

Übersicht

	Rdn.			Rdn.
A. Allgemeines	1	VI.	Auskunftspflicht des Miterben (§ 2057 BGB)	18
B. Eidesstattliche Versicherung (Nr. 1)	3	VII.	Rechtsmittel	21
I. Verfahren	6	VIII.	Kosten und Gebühren	24
II. Materielle Ansprüche	7	C.	Feststellung durch Sachverständige (Nr. 2)	27
III. Rechenschaftslegung (§ 259 BGB)	8	I.	Verfahren	30
IV. Vorlage eines Bestandverzeichnisses (§ 260 BGB)	12	II.	Rechtsmittel	32
V. Auskunftspflicht eines Hausgenossen im Erbfall (§ 2028 BGB)	15	III.	Kosten und Gebühren	35
		D.	Bestellung eines Verwahrers (Nr. 3)	37
		E.	Pfandverkauf (Nr. 4)	41

A. Allgemeines. § 410 enthält eine Legaldefinition der **weiteren Angelegenheiten** der freiwilligen Gerichtsbarkeit, die von den »sonstigen Angelegenheiten der freiwilligen Gerichtsbarkeit« i.S.d. § 23a Abs. 2 Nr. 11 GVG zu unterscheiden sind. Auf die weiteren Angelegenheiten der freiwilligen Gerichtsbarkeit, die nicht bereits anderweitig geregelt werden, sind die in den §§ 411 bis 414 vorgesehenen besonderen Regeln anzuwenden. 1

Zu diesen weiteren Angelegenheiten der freiwilligen Gerichtsbarkeit i.S.d. § 410 gehören: 2

B. Eidesstattliche Versicherung (Nr. 1). § 410 Nr. 1 umfasst nur die eidesstattlichen Versicherungen nach den §§ 259, 260, 2028 und § 2057 BGB, die der Verpflichtete **freiwillig** abgibt. 3

§ 410 Nr. 1 ist also nicht anwendbar, wenn der Schuldner zur Abgabe einer eidesstattlichen Versicherung vollstreckbar **verurteilt** wurde. In diesen Fällen gilt das Verfahren der Zwangsvollstreckung nach § 889 ZPO. Die Beteiligten können sich allerdings auch noch nach Erlass eines entsprechenden Urteils auf die freiwillige Abgabe gem. den §§ 410 Ziff. 1, 411 Abs. 1 FamFG einigen (Prütting/Gehrlein/*Olzen*, § 889 Rn. 1). 4

Abzugrenzen sind diese auf materiellem Recht ruhenden eidesstattlichen Versicherungen von den sogenannten **prozessrechtlichen eidesstattlichen Versicherungen bzw. Offenbarungsversicherungen** nach §§ 802c Abs. 3, 836 Abs. 3 Satz 2, 883 Abs. 2 Satz 1 ZPO. Bei diesen eidesstattlichen Versicherungen bzw. Offenbarungsversicherungen handelt es sich nicht um eine materiell-rechtlich geschuldete Hauptleistung, sondern nur um eine Vollstreckungsmaßnahme, die es dem Gläubiger ermöglichen soll, einen auf eine Geldleistung oder die Herausgabe einer Sache gerichteten Titel in das Vermögen des Schuldners erfolgreich zu vollstrecken. 5

I. Verfahren. Das Verfahren der freiwilligen Gerichtsbarkeit, auf das die besonderen Vorschriften der §§ 411 Abs. 1, 412 Nr. 1 und 413 Anwendung finden, gilt nur dann, wenn der Verpflichtete **freiwillig** handelt. Das Merkmal der Freiwilligkeit bedingt, dass die Abgabe der eidesstattlichen Versicherung gegen oder ohne den Willen des Verpflichteten nicht möglich ist, sodass ein Einverständnis zwischen dem Berechtigten und dem Verpflichteten zur Abgabe der eidesstattlichen Versicherung vorliegen muss. 6

7 **II. Materielle Ansprüche.** Ansprüche auf Abgabe einer eidesstattlichen Versicherung finden sich etwa in §§ 259 Abs. 2, 260 Abs. 2, 2028 Abs. 2, 2057 Satz 2 BGB. Hierzu im Einzelnen:

8 **III. Rechenschaftslegung (§ 259 BGB).** Das Gesetz gewährt dem Gläubiger in verschiedenen Fällen einen Anspruch auf Rechenschaftslegung, um ihm die Durchsetzung von Ansprüchen zu erleichtern. Eine derartige Verpflichtung ist ausdrücklich angeordnet in §§ 666, 675 Abs. 1, 681 Satz 2, 713, 740 Abs. 2, 1667 Abs. 1, 1698, 1840, 1890, 1891, 1908i Abs. 1 Satz 1, 1915 Abs. 1, 2130 Abs. 2, 2218 BGB. Fehlt eine ausdrückliche gesetzliche Verpflichtung, kann sich ein Anspruch auf Rechenschaftslegung aus § 242 BGB ergeben, wonach jedermann zur Rechenschaftslegung verpflichtet ist, der fremde oder zumindest auch fremde Angelegenheiten besorgt (Prütting/Wegen/Weinreich/*Zöchling-Jud*, § 259 Rn. 2).

9 Voraussetzung für einen Anspruch auf eidesstattliche Versicherung ist stets, dass eine in formaler Hinsicht vollständige Auskunft erteilt wurde. Wenn Grund zur Annahme besteht, die Rechnungslegung sei nicht mit der erforderlichen Sorgfalt erstellt worden, ist diese zu berichtigen oder zu vervollständigen (BGH NJW-RR 05, 221 [BGH Beschl. v. 19.05.2004 – IXa ZB 181/03]; Soergel/*Wolf* § 259 Rn. 41; MüKo/*Krüger* § 259 Rn. 38). Den Grund zur Annahme der Unrichtigkeit der Rechnungslegung hat derjenige zu beweisen, der die eidesstattliche Versicherung beansprucht (Prütting/Wegen/Weinreich/*Zöchling-Jud*, § 259 Rn. 5).

10 Der Anspruch auf Abgabe der eidesstattlichen Versicherung ist nach § 253 Abs. 3 BGB allerdings ausgeschlossen, wenn die Angelegenheit von geringer Bedeutung ist. Von geringer Bedeutung ist die Angelegenheit bei geringfügigen Werten oder bei unbedeutenden Mängeln (Prütting/Wegen/Weinreich/*Zöchling-Jud*, § 259 Rn. 5).

11 Besteht ein Anspruch auf eine eidesstattliche Versicherung, so hat der Verpflichtete zu versichern, dass die Angaben nach bestem Wissen gemacht worden sind. Obwohl die Verpflichtung höchstpersönlicher Natur ist und daher nur vom Verpflichteten selbst und nicht von Hilfspersonen oä erfüllt werden kann, geht sie bei Tod des Verpflichteten auf dessen Erben über (BGHZ 104, 371). Der Erbe kann die Richtigkeit und Vollständigkeit aber nur auf der Grundlage seines Wissensstandes versichern (BGHZ 104, 373; Prütting/Wegen/Weinreich/*Zöchling-Jud*, § 259 Rn. 5).

12 **IV. Vorlage eines Bestandverzeichnisses (§ 260 BGB).** Wenn eine gesetzliche Verpflichtung besteht, einen Inbegriff von Gegenständen herauszugeben oder über den Bestand eines solchen Inbegriffs Auskunft zu erteilen, kann der Gläubiger die Vorlage eines Bestandsverzeichnisses beanspruchen. Eine solche Auskunftsverpflichtung ergibt sich z.B. aus §§ 666, 1379, 2012 Abs. 1 Satz 2, 2027, 2127, 2314 Abs. 1 Satz 1, 2362 Abs. 2 BGB.

13 Die §§ 1361 Abs. 4, 1580 Satz 2, 1605 Abs. 1 Satz 3 BGB, §§ 12 Satz 1, 16 Satz 20 LPartG, § 4 Abs. 4 VersAusglG, § 10 Abs. 4 VereinsG ordnen eine entsprechende Anwendung von § 260 BGB an. Ein Auskunftsanspruch besteht nach dem Grundsatz von Treu und Glauben (§ 242), wenn zwischen den Beteiligten eine Sonderverbindung besteht, der Auskunftsberechtigte sich nicht in zumutbarer Weise selbst informieren kann, seine Unkenntnis entschuldbar ist und der Auskunftsverpflichtete die Auskunft unschwer erteilen kann (BGHZ 95, 279; 81, 24; 55, 203; 10, 385; Prütting/Wegen/Weinreich/*Zöchling-Jud*, § 260 Rn. 3).

14 Hat der Schuldner eine Auskunft abgegeben und bestehen Zweifel an deren Wahrheitsgehalt oder Vollständigkeit, hat der Berechtigte das Recht, die Richtigkeit der Auskunft eidesstattlich versichern zu lassen. Die eidesstattliche Versicherung bezieht sich auf die Vollständigkeit des Bestandsverzeichnisses. Der Anspruch auf eidesstattliche Versicherung ist allerdings nach § 253 Abs. 3 BGB ausgeschlossen, wenn die Angelegenheit von geringer Bedeutung ist. Von geringer Bedeutung ist die Angelegenheit bei geringfügigen Werten oder bei unbedeutenden Mängeln (Prütting/Wegen/Weinreich/*Zöchling-Jud*, § 259 Rn. 5).

15 **V. Auskunftspflicht eines Hausgenossen im Erbfall (§ 2028 BGB).** Nach § 2028 BGB ist der **Hausgenosse** des Erblassers auskunftspflichtig, der auf Grund der häuslichen Gemeinschaft mit dem Erblasser Kenntnisse hat, über die der Erbe regelmäßig nicht verfügt. Auskunftspflichtig ist jeder, der sich zur Zeit des Erbfalls Kenntnis vom Verbleib der Erbschaftsgegenstände verschaffen und auf den Nachlass einwirken konnte (BGH LM § 2028 Nr. 1). Daher kann auch ein Miterbe Hausgenosse sein (RGZ 81, 30), wobei weder Verwandtschaft noch Familienzugehörigkeit erforderlich sind. Auch das Haus- oder Pflegepersonal und der Zimmernachbar fallen daher unter den Anwendungsbereich der Vorschrift. Entsprechendes gilt für einen Mieter, der das möblierte Haus des Erblassers angemietet und ihm ein Zimmer als Untermieter überlassen und seine Versorgung und Verpflegung übernommen hat (BGH LM § 2028 Nr. 1). Der Miterbe, auch der Minderjährige (Prütting/Wegen/Weinreich/*Zimmer*, § 2028 BGB, Rn. 2), ist zur Auskunft verpflichtet (BGH LM § 2028 Nr. 1).

Auskunftsberechtigt sind der Erbe, jeder Miterbe und die zur Verwaltung des Nachlasses sonst berechtigten **16** Personen. Für die Auskunft nach § 2028 BGB ist nicht erforderlich, dass der Anspruchsteller einzelne Nachlassgegenstände vermisst und sie bezeichnet (dazu BGH DB 1964, 1443). Besteht Grund zu der Annahme, dass die Auskunft nicht genügend sorgfältig erteilt ist, hat der Hausgenosse gem. § 2028 Abs. 2 BGB seine Angaben an Eides Statt zu versichern. Die eidesstattliche Versicherung bezieht sich auf die Vollständigkeit der gemachten Angaben. Der Anspruch auf eidesstattliche Versicherung ist allerdings nach § 253 Abs. 3 BGB ausgeschlossen, wenn die Angelegenheit von geringer Bedeutung ist. Von geringer Bedeutung ist die Angelegenheit bei geringfügigen Werten oder bei unbedeutenden Mängeln (Prütting/Wegen/Weinreich/*Zöchling-Jud*, § 259 Rn. 5).

Verweigert der Pflichtige die Abgabe der eidesstattlichen, entscheidet das Prozessgericht, ob der Erbe Gründe **17** dargelegt und ggf. bewiesen hat, die die Annahme rechtfertigen, dass die Auskunft aus mangelnder Sorgfalt unvollständig oder unrichtig erteilt ist (BGH DB 64, 1443).

VI. Auskunftpflicht des Miterben (§ 2057 BGB). § 2057 BGB dient der Sicherung der Ausgleichungs- **18** pflicht. Eine weitergehend allgemeine Auskunftspflicht unter den Miterben über den Nachlass existiert nicht, vor allem ist der Vorschrift kein allgemeiner erbrechtlicher Auskunftsanspruch zu entnehmen (vgl. OLG München NJW 13, 2690).

Jeder Miterbe hat den übrigen Erben auf Verlangen Auskunft über Zuwendungen zu erteilen, die er nach **19** §§ 2050 ff. BGB zur Ausgleichung zu bringen hat. Die Auskunft muss Inhalt und Umfang sowie den Zeitpunkt der Zuwendung und die Anordnungen des Erblassers zur Ausgleichung enthalten, sowie etwaige besondere Umstände, die für die Bewertung maßgeblich sind (Prütting/Wegen/Weinreich/*Zimmer*, § 2057, Rn. 4). Für die zu erteilende Auskunft ist keine besondere Form vorgeschrieben. Ein Bestandsverzeichnis gem. § 260 Abs. 1 BGB ist nur vorzulegen, wenn ein Inbegriff von Gegenständen zugewendet worden ist.

Der Auskunftspflichtige ist gem. § 2057 Satz 2 i.V.m. §§ 260, 261 BGB zur Abgabe der eidesstattlichen Ver- **20** sicherung verpflichtet, wenn Gründe vorliegen, die die Annahme rechtfertigen, dass die Auskunft nicht mit der erforderlichen Sorgfalt erteilt wurde. § 259 Abs. 3 BGB ist gem. § 2057 Satz 2 BGB nicht entsprechend anwendbar, sodass die Abgabe der eidesstattlichen Versicherung auch bei Zuwendungen von geringer Bedeutung nicht verweigert werden kann. Inhaltlich hat die eidesstattliche Versicherung dahin gehend zu lauten, dass der Auskunftspflichtige die Auskunft so richtig und vollständig erteilt hat, als er dazu in der Lage ist (§ 261 Abs. 2 BGB).

VII. Rechtsmittel. Gegen die Ablehnung der Terminsbestimmung oder der Abgabe der eidesstattlichen **21** Versicherung durch den Rechtspfleger steht dem Antragsteller die **Beschwerde** nach § 58 Abs. 1 zu. Entsprechendes gilt für die Zurückweisung des Antrages. Die Beschwerde ist allerdings nicht gegeben gegen die Terminsbestimmung, Vertagung oder Ladung, da es sich insoweit nicht um eine Endentscheidung handelt, § 58 Abs. 2.

In vermögensrechtlichen Angelegenheiten ist gem. § 61 Abs. 1 die Beschwerde nur zulässig, wenn der **Wert** **22** **des Beschwerdegegenstandes** 600,00 € übersteigt oder das Gericht die Beschwerde nach § 61 Abs. 3 zulässt. Bei der Bemessung der Beschwer ist auf das wirtschaftliche Interesse des Antragstellers an der Abgabe der eidesstattlichen Versicherung abzustellen. Dieses Interesse ist gem. § 3 ZPO nach freiem Ermessen des Gerichts zu schätzen.

Die Frist für die Einlegung der Beschwerde richtet sich nach § 63 und beträgt i.d.R. 1 Monat. **23**

VIII. Kosten und Gebühren. An **Gerichtsgebühren** entsteht gemäß Nr. 15212 KV GNotKG eine 0,5 Ge- **24** bühr für die Abnahme der eidesstattlichen Versicherung. Der **Geschäftswert** bestimmt sich nach dem Interesse des Antragstellers an der Abgabe der eidesstattlichen Versicherung und ist i.d.R. nur ein Bruchteil des Wertes der Hauptsache.

Kostenschuldner ist der Antragsteller. Da ein Kostenbeschluss in diesem Verfahren nicht vorgesehen ist, **25** muss der Antragsteller wegen der Erstattung der Gebühren gem. § 261 Abs. 2 BGB die Entscheidung des Prozessgerichts herbeiführen (LG Bochum Rpfleger 1994, 451).

§ 81 ist im Verfahren der 1. Instanz nicht anwendbar (KG OLGZ 1970, 408), da keine Entscheidung ergeht, **26** sondern nur die eidesstattliche Versicherung abgenommen wird.

C. Feststellung durch Sachverständige (Nr. 2). Die Ernennung, Beeidigung und Vernehmung eines Sach- **27** verständigen ist in den Fällen erforderlich, in denen der Zustand oder der Wert einer Sache durch einen Sachverständigen ermittelt werden soll.

28 Das Recht, einen Sachverständigen zu bestellen, ist zu unterscheiden vom selbstständigen Beweisverfahren nach § 485 ZPO, welches im Bereich des FamFG nicht anwendbar ist.

29 § 410 Nr. 2 ist nur anwendbar, wenn eine materiell-rechtliche Regelung die Heranziehung eines Sachverständigen zur Feststellung eines Zustandes oder Wertes einer Sache ausdrücklich gestattet, wie z.B. beim Nießbrauch (§§ 1034, 1067 Abs. 1 Satz 2, 1075 Abs. 2 BGB), beim Zugewinnausgleich (§§ 1377 Abs. 2 BGB, § 6 LPartG), der Vorerbschaft (§ 2122 BGB). Der Anwendungsbereich kann nicht durch Vereinbarung erweitert werden (Bumiller/Haders, § 410 Rn. 6). Das Verfahren ist nicht anwendbar, wenn nur eine Schätzung von Vermögensinbegriffen vorgesehen ist, wie z.B. nach § 738 Abs. 2 BGB.

30 **I. Verfahren.** Besondere Verfahrensvorschriften sind in den §§ 411 Abs. 2, 412 Nr. 2, 414 enthalten. Es handelt sich um ein **Antragsverfahren**. Das Gericht ernennt den Sachverständigen. Den Beteiligten ist gem. § 412 Nr. 2 rechtliches Gehör zu gewähren. Das Sachverständigengutachten hat für die Beteiligten keine bindende Wirkung (Burmiller/Harders § 410 Rn. 7).

31 Für die **Beweiserhebung** gelten gem. § 30 Abs. 1 die §§ 402, 404 bis 413 und 478 ff. ZPO. Das Sachverständigengutachten wird grundsätzlich schriftlich erstattet, § 411 Abs. 1 ZPO. Das Gericht kann allerdings das persönliche Erscheinen des Sachverständigen anordnen, damit der Sachverständige seine Ausführungen erläutert, § 411 Abs. 2 ZPO. Hierzu besteht Veranlassung, wenn das Gutachten unklar oder zweifelhaft ist. Eine **Beeidigung des Sachverständigen** richtet sich nach §§ 410, 478 ff. ZPO. Die Verfahren zur Ernennung eines Sachverständigen nach §§ 84 Abs. 2, 189 VVG fallen nicht in den Anwendungsbereich des § 410 Nr. 2; es handelt sich hierbei um eine sonstige Angelegenheit der freiwilligen Gerichtsbarkeit nach § 23a Abs. 2 Nr. 11 GVG.

32 **II. Rechtsmittel.** Gegen den einem Antrag **stattgebenden Beschluss** des Gerichts, der eine Entscheidung über die Ernennung, Beeidigung oder Vernehmung eines Sachverständigen beinhaltet, ist das Rechtsmittel der Beschwerde nach § 414 ausgeschlossen. Die Beschwerde nach § 58 ist nur zulässig, wenn der Antrag abgelehnt wird (Keidel/Giers § 414 Rn. 1). Hat der Rechtspfleger entschieden findet die Erinnerung nach § 11 Abs. 2 Satz 1 RPflG statt, die innerhalb einer Frist von 2 **Wochen** einzulegen ist. Die bei Nichtabhilfe dann ergehende gerichtliche Entscheidung ist nicht anfechtbar.

33 Unberührt bleibt das Recht zur Ablehnung des Sachverständigen gem. § 30 Abs. 1 i.V.m. § 406 Abs. 1 ZPO und zur sofortigen Beschwerde gem. § 406 Abs. 5 ZPO gegen einen Beschluss, durch den die Ablehnung für unbegründet erklärt wird.

34 Die Unanfechtbarkeit der Verfügung schließt eine Abänderung nach § 48 Abs. 1 nicht aus.

35 **III. Kosten und Gebühren.** Gemäß Nr. 15212 Nr. 2 KV GNotKG fällt eine 0,5 Gebühr an. Nach Nr. 15212 Nr. 2 KV GNotKG wird die Gebühr auch für die Bestellung eines Sachverständigen nach §§ 84 Abs. 2, 189 VVG erhoben.

36 Die **Rechtsanwaltsgebühren** richten sich nach Nr. 3100 VV RVG – ermäßigt gemäß Nr. 3101 Ziff. 3 VV RVG – sowie nach Nr. 3104 VV RVG, wenn der Sachverständige im Rahmen eines Beweisaufnahmetermins vernommen wird

37 **D. Bestellung eines Verwahrers (Nr. 3).** Die gerichtliche Bestellung eines Verwahrers und die Festsetzung seiner Vergütung sowie seiner Aufwendungen (§ 410 Nr. 3) sind erforderlich, wenn die Ablieferung einer Sache an einen solchen Verwahrer beansprucht werden kann.

38 Dies kann in den Fällen der Unteilbarkeit der Leistung bei einer Mehrheit von Gläubigern (§ 432 Abs. 1 Satz 2 BGB), der Verwahrung eines Pfands wegen Verletzung der Rechte des Verpfänders (§ 1217 Abs. 1 BGB), der Verwahrung einer geschuldeten Sache bei Verpfändung des Herausgabeanspruchs (§ 1281 Satz 2 BGB) und der Verwahrung einer zum Nachlass geschuldeten Sache bei der Erbengemeinschaft (§ 2039 Satz 2 BGB) beansprucht werden. Voraussetzung in allen genannten Fällen ist, dass die Sache sich nicht zur Hinterlegung eignet, § 372 BGB, § 5 HintO. Darüber hinaus ist eine Festsetzung der Vergütung eines Verwahrers dann erforderlich, wenn ein Verwahrungsvertrag nach § 688 BGB zustande gekommen ist.

39 13. Es handelt sich um ein Antragsverfahren. Ergänzende Verfahrensvorschriften befinden ich in §§ 411 Abs. 3 und 412 Nr. 3. Gemäß § 412 Nr. 3 ist den Beteiligten rechtliches Gehör zu gewähren. Das Gericht setzt die Vergütung des Verwahrers und einen etwaigen Aufwendungsersatz nach § 693 BGB nach pflichtgemäßem Ermessen fest. Damit schafft das Gericht allerdings keinen Vollstreckungstitel, sondern bindet lediglich das Prozessgericht (Keidel/Giers, § 410 Rn. 11). Das Gericht prüft nicht die Begründetheit des Ablieferungsanspruches (OLG Stuttgart Beschl. v. 30.09.1998 – 8 W 71/98, JurionRS 1998, 16695).

Für die Bestellung eines Verwahrers zur Ausübung des Nießbrauchs nach § 1052 BGB ist allerdings das **40** Vollstreckungsgericht zuständig (MüKo/*Petzold* § 1052 Rn. 3).

E. Pfandverkauf (Nr. 4). § 410 Nr. 4 betrifft die nach § 1246 Abs. 2 BGB mögliche gerichtliche Anordnung **41** einer Abweichung von den gesetzlichen Vorschriften über den Pfandverkauf (vgl. hierzu: BGH, NJW 2011, 2960–2966; OLG Stuttgart, JurionRS 2012, 21044).

Die Regelung gilt nicht nur für rechtsgeschäftlich bestellte Pfandrechte, sondern auch für die gesetzlichen **42** Pfandrechte des Vermieters und des Werkunternehmers. Sie gilt auch in allen Fällen, in denen die Bestimmungen über den Pfandverkauf anwendbar sind, wie z.B. §§ 753, 1275, 2042 Abs. 2 BGB, §§ 371 Abs. 2, 398 HGB.

Besondere Verfahrensvorschriften sind in §§ 411 Abs. 4, 412 Nr. 4 vorgesehen. Voraussetzung für das Verfahren **43** ist gem. § 1245 Abs. 2 BGB die Pfandreife. Ein Streit über die Pfandreife unterfällt nicht Nr. 4. Wenn dessen Voraussetzungen streitig sind, ist der Antrag abzulehnen. Das Gericht muss außerdem prüfen, ob nicht eine wirksame Einigung i.S.d. § 1246 Abs. 1 BGB vorliegt. Im Falle der Einigung gilt § 1245 BGB. Andernfalls hat gem. § 1246 Abs. 2 BGB das Gericht über Art und Weise des Pfandverkaufs, z.B. durch Anordnung des freihändigen Verkaufs, zu entscheiden (Prütting/Wegen/Weinreich/*Nobbe*, § 1246, Rn. 2). Sachlich zuständig ist der Rechtspfleger (§ 3 Nr. 1b RpflG) des Amtsgerichts des Aufbewahrungsortes.

Der Beschluss wird gem. § 40 Abs. 1 **mit Bekanntgabe wirksam**. Gegen den Beschluss ist die **Beschwerde** **44** nach § 58 gegeben. Im Fall der Beschwerde kann das Beschwerdegericht die Vollziehung durch einstweilige Anordnung gem. § 64 Abs. 3 aussetzen. Ist der Pfandverkauf bereits erfolgt, kommt die Feststellung einer Rechtsverletzung durch das Beschwerdegericht nur unter den Voraussetzungen des § 62 in Betracht.

Nach Nr. 15212 KV GNotKG entsteht eine 0,5 **Gerichtsgebühr**. **Rechtsanwaltsgebühren** entstehen nach **45** VV 3100 – ermäßigt gemäß VV 3101 Nr. 3 – sowie nach VV 3104 (Keidel/*Giers* § 410 Rn. 14).

§ 411 Örtliche Zuständigkeit.

(1) ¹In Verfahren nach § 410 Nr. 1 ist das Gericht zuständig, in dessen Bezirk die Verpflichtung zur Auskunft, zur Rechnungslegung oder zur Vorlegung des Verzeichnisses zu erfüllen ist. ²Hat der Verpflichtete seinen Wohnsitz oder seinen Aufenthalt im Inland, kann er die Versicherung vor dem Amtsgericht des Wohnsitzes oder des Aufenthaltsorts abgeben.
(2) ¹In Verfahren nach § 410 Nr. 2 ist das Gericht zuständig, in dessen Bezirk sich die Sache befindet. ²Durch eine ausdrückliche Vereinbarung derjenigen, um deren Angelegenheit es sich handelt, kann die Zuständigkeit eines anderen Amtsgerichts begründet werden.
(3) In Verfahren nach § 410 Nr. 3 ist das Gericht zuständig, in dessen Bezirk sich die Sache befindet.
(4) In Verfahren nach § 410 Nr. 4 ist das Gericht zuständig, in dessen Bezirk das Pfand aufbewahrt wird.

Übersicht

	Rdn.		Rdn.
A. Allgemeines	1	D. Verwahrung (Abs. 3)	8
B. Eidesstattliche Versicherung (Abs. 1)	3	E. Pfandverkauf (Abs. 4)	11
C. Feststellung durch Sachverständige (Abs. 2)	4		

A. Allgemeines. § 411 regelt die **örtliche Zuständigkeit** für die in § 410 genannten Verfahren der freiwilligen **1** Gerichtsbarkeit.

Die **sachliche Zuständigkeit** für die weiteren Angelegenheiten der freiwilligen Gerichtsbarkeit ergibt sich **2** aus § 23a Abs. 2 Nr. 5 GVG, die **funktionelle Zuständigkeit** aus § 3 Nr. 1b RpflG. Damit ist für alle weiteren Verfahren der freiwilligen Gerichtsbarkeit der Rechtspfleger beim AG zuständig.

B. Eidesstattliche Versicherung (Abs. 1). Örtlich zuständig in Verfahren zur Abnahme der eidesstattlichen **3** Versicherung nach § 410 Nr. 1 ist das AG, in dessen Bezirk die Verpflichtung zur Auskunft, zur Rechnungslegung oder zur Vorlegung des Verzeichnisses zu erfüllen ist. Maßgeblich ist also der **Erfüllungsort** nach den Vorschriften des BGB. Die eidesstattliche Versicherung kann auch beim Gericht des Wohnsitzes oder des Aufenthaltsorts des Verpflichteten abgenommen werden. Wenn der Antrag auf Abnahme der eidesstattliche Versicherung beim Gericht des Erfüllungsorts nach Abs. 1 Satz 1 gestellt wurde, sich der Verpflichtete allerdings für das AG des Wohnsitzes oder des Aufenthaltsorts entscheidet, ist das Verfahren dorthin gem. § 3 zu verweisen (Keidel/*Giers* § 41, Rn. 2; a.A. MüKoFamFG/*Zimmermann* § 411 Rn. 3).

4 **C. Feststellung durch Sachverständige (Abs. 2).** Örtlich zuständig für die Ernennung, Beeidigung und Vernehmung des Sachverständigen gem. § 410 Nr. 2 ist das AG, in dessen Bezirk sich die zu untersuchende Sache befindet. Maßgebend für die Zuständigkeit ist der Zeitpunkt, zu dem das Gericht mit der Sache befasst wird; das AG, in dessen Bezirk sich die Sache in diesem Zeitpunkt befindet, bleibt gem. § 2 Abs. 2 auch für die Durchführung des Verfahrens zuständig, selbst dann, wenn nachträglich eine Ortsveränderung hinsichtlich der Sache eintritt. Bezieht sich der Antrag auf mehrere Sachen, die in verschiedenen AG-Bezirken gelegen sind, ist gem. § 2 Abs. 1 das Gericht örtlich zuständig, das zuerst mit der Sache befasst wird. Dies gilt auch, wenn ein Grundstück zu begutachten ist, dessen Fläche sich über mehrere AG-Bezirke erstreckt.

5 Die Regeln zur Zuständigkeit sind dispositives Recht. Durch eine **ausdrückliche** Vereinbarung der Beteiligten, d.h. Antragsteller und Antragsgegner, kann gem. Abs. 2 Satz 2 die örtliche Zuständigkeit eines anderen AG begründet werden. Eine stillschweigende Gerichtsstandsvereinbarung ist nicht möglich, wenngleich eine Form für die Vereinbarung nicht zu beachten ist. Befinden sich mehrere Sachen in unterschiedlichen Gerichtsbezirken, kann dieser Umstand eine Gerichtsstandsvereinbarung erforderlich machen. Dagegen rechtfertigt die einseitige Antragstellung bei einem örtlich unzuständigen Gericht, die Zurückweisung des Antrags wegen Unzuständigkeit.

6 Die Vernehmung eines Sachverständigen durch ein örtlich unzuständiges Gericht begründet keine Nichtigkeit des Verfahrens und auch keine Unverwertbarkeit des Gutachtens.

7 Funktionell zuständig ist der Rechtspfleger nach § 3 Nr. 1b RPflG. Eine eventuelle Beeidigung des Sachverständigen ist dem Richter vorbehalten, § 4 Abs. 2 Nr. 1 RPflG.

8 **D. Verwahrung (Abs. 3).** Für die Bestellung eines Verwahrers sowie die Festsetzung von dessen Vergütung und dessen Aufwendungen gem. § 410 Nr. 3 ist das Gericht örtlich zuständig, in dessen Bezirk sich die zu verwahrende Sache befindet. Gemäß § 2 Abs. 2 ist eine spätere Änderung des Ortes, an dem sich die Sache befindet, unerheblich. Sind mehrere Sachen zu verwahren, die in unterschiedlichen AG-Bezirken gelegen sind, ist gem. § 2 Abs. 1 das Gericht örtlich zuständig, das zuerst mit der Sache befasst wurde. Auf den in Aussicht genommenen künftigen Verwahrungsort kommt es dabei nicht an.

9 Die Vereinbarung eines anderen Gerichtsstandes durch die Beteiligten ist, anders als bei § 411 Abs. 2, nicht möglich.

10 Funktionell zuständig ist der Rechtspfleger nach § 3 Nr. 1b RPflG.

11 **E. Pfandverkauf (Abs. 4).** Für den Pfandverkauf nach § 410 Nr. 4 ist das Gericht der Belegenheit des Pfandes örtlich zuständig. Maßgebender Zeitpunkt ist der Eingang des Antrags bei Gericht. Eine spätere Änderung des Ortes, an dem sich das Pfand befindet, ist gemäß § 2 Abs. 2 unerheblich. Eine Vereinbarung über die örtliche Zuständigkeit ist im Unterschied zu Abs. 2 ausgeschlossen.

§ 412 Beteiligte. Als Beteiligte sind hinzuzuziehen:

1. in Verfahren nach § 410 Nr. 1 derjenige, der zur Abgabe der eidesstattlichen Versicherung verpflichtet ist, und der Berechtigte;
2. in Verfahren nach § 410 Nr. 2 derjenige, der zum Sachverständigen ernannt werden soll, und der Gegner, soweit ein solcher vorhanden ist;
3. in Verfahren nach § 410 Nr. 3 derjenige, der zum Verwahrer bestellt werden soll, in den Fällen der §§ 432, 1281 und 2039 des Bürgerlichen Gesetzbuchs außerdem der Mitberechtigte, im Fall des § 1217 des Bürgerlichen Gesetzbuchs außerdem der Pfandgläubiger und in einem Verfahren, das die Festsetzung der Vergütung und der Auslagen des Verwahrers betrifft, dieser und die Gläubiger;
4. in Verfahren nach § 410 Nr. 4 der Eigentümer, der Pfandgläubiger und jeder, dessen Recht durch eine Veräußerung des Pfands erlöschen würde.

Übersicht

	Rdn.		Rdn.
A. Allgemeines	1	D. Verwahrung (Nr. 3)	4
B. Eidesstattliche Versicherungen (Nr. 1)	2	E. Pfandverkauf (Nr. 4)	6
C. *Feststellung durch Sachverständige* (Nr. 2)	3		

Buch 6. Verfahren in weiteren Angelegenheiten der freiwilligen Gerichtsbarkeit § 413

A. Allgemeines. § 412 regelt welche Personen in den weiteren Verfahren der freiwilligen Gerichtsbarkeit als 1
Beteiligte hinzuziehen sind. Bei den Beteiligten des § 412 handelt es sich um sog. »Muss-Beteiligte« iSv § 7
Abs. 2 Nr. 2. Darüber hinaus kann sich die Beteiligteneigenschaft auch aus § 7 Abs. 1 bzw. § 7 Abs. 2 Nr. 1
ergeben. Gemäß § 7 Abs. 1 ist der Antragsteller immer Beteiligter.

B. Eidesstattliche Versicherungen (Nr. 1). In den Verfahren nach § 410 Nr. 1 sind beide Teile, d.h. der 2
Verpflichtete und der Berechtigte, an dem Verfahren zur Abgabe der eidesstattlichen Versicherung zu beteiligen. Sie sind beide zum Termin zu laden. Als weitere antragsberechtigte Personen kommen in Betracht:
Der Testamentsvollstrecker im Fall des § 2028 BGB, der Nachlassverwalter und der Nachlassinsolvenzverwalter bei Verbindlichkeiten, die nur einen Erbteil belasten. Das Gericht ist nicht befugt, zu prüfen, ob die
materiellen Voraussetzungen für die Abnahme der eidesstattlichen Versicherung vorliegen. Wenn also der
Geladene zur Abgabe der eidesstattlichen Versicherung bereit ist, hat das Gericht sie auch dann abzunehmen, wenn es seine Pflicht zur Abgabe nicht für gegeben erachtet (BayObLGZ 1953, 135). Zwang kann allerdings nicht ausgeübt werden. Wird die Abgabe der eidesstattlichen Versicherung verweigert, steht dem
Gläubiger die Möglichkeit offen insoweit gerichtliche Schritte einzureichen.

C. Feststellung durch Sachverständige (Nr. 2). In den Verfahren nach § 410 Nr. 2 betreffend die Ernennung, Beeidigung und Vernehmung eines Sachverständigen ist neben der Person, die als Sachverständiger 3
bestellt werden soll, der Antragsteller und der Antragsgegner des Verfahrens, soweit ein solcher vorhanden
ist, zu beteiligen. Der Gegner hat Anspruch auf rechtliches Gehör und erhält somit auch Gelegenheit eigene
Anträge zu stellen.

D. Verwahrung (Nr. 3). Für die Verfahren, die die Bestellung eines Verwahrers sowie die Festsetzung der 4
von diesem beanspruchten Vergütung und seiner Aufwendungen gem. § 410 Nr. 3 betreffen, benennt Nr. 3
enumerativ den Kreis der Personen, die durch das Verfahren in ihren Rechten betroffen sind. Hiernach sind
zu beteiligen:
— immer die Person, die zum Verwahrer bestellt werden soll;
— in den Fällen der §§ 432 BGB (mehrere Gläubiger einer unteilbaren Leistung), § 1281 BGB (Leistung an
   Pfandgläubiger und Gläubiger vor Fälligkeit) und § 2039 BGB (Leistung an alle Miterben) der Mitberechtigte, d.h. der Gläubiger oder Miterbe, der die Bestellung des Verwahrers nicht beantragt hat;
— im Fall des § 1217 BGB (Verwahrung des Pfandes wegen Verletzung der Rechte des Verpfänders durch
   den Pfandgläubiger auf Verlangen des Verpfänders) neben dem Verpfänder der Pfandgläubiger;
— in Verfahren, die die Festsetzung der Vergütung und der Auslagen des Verwahrers betreffen, der antragstellende Verwahrer sowie die Gläubiger.

Im Übrigen ist § 7 weiterhin anwendbar, sodass gem. § 7 Abs. 1 auch der Antragsteller Beteiligter ist. 5

E. Pfandverkauf (Nr. 4). Im Fall des Pfandverkaufs gem. § 410 Nr. 4. Danach sind Beteiligte der Eigentü- 6
mer, der Pfandgläubiger und jeder Dritte, dessen Recht durch eine Veräußerung des Pfands gem. § 1245
Abs. 2 Satz 2 BGB erlöschen würde, wie z.B. ein nachstehender Pfandgläubiger. Den Beteiligten ist rechtliches Gehör zu gewähren. Der persönliche Schuldner ist dagegen nicht zu beteiligen (Bumiller/Harders
§ 412 Rn. 4). Dasselbe gilt für den Verpfänder, falls er nicht Eigentümer ist (MüKoFamFG/*Zimmermann*
§ 412 Rn. 6).

§ 413 Eidesstattliche Versicherung.
¹In Verfahren nach § 410 Nr. 1 kann sowohl der Verpflichtete als auch der Berechtigte die Abgabe der eidesstattlichen Versicherung beantragen. ²Das Gericht hat das persönliche Erscheinen des Verpflichteten anzuordnen. ³Die §§ 478 bis 480 und 483 der Zivilprozessordnung gelten entsprechend.

Übersicht	Rdn.		Rdn.
A. Allgemeines	1	1. Antragsrecht	6
B. Eidesstattliche Versicherung	2	2. Voraussetzungen	7
I. Materiell-rechtliche Lage	2	3. Terminsbestimmung	8
II. Geltungsbereich	3	4. Verfahrensablauf	10
III. Zuständigkeit	5	V. Rechtsmittel	15
IV. Verfahren	6	VI. Gebühren	18

§ 413

Buch 6. Verfahren in weiteren Angelegenheiten der freiwilligen Gerichtsbarkeit

1 **A. Allgemeines.** § 413 regelt Einzelheiten des Verfahrens zur Abgabe der eidesstattlichen Versicherung nach § 410 Nr. 1.

2 **B. Eidesstattliche Versicherung. I. Materiell-rechtliche Lage.** Die Verpflichtung zur Abgabe einer eidesstattlichen Versicherung kann sich für denjenigen ergeben, der zur Rechnungslegung über eine Verwaltung, § 259 BGB, zur Vorlage eines Verzeichnisses über den Bestand eines Inbegriffs von Gegenständen, § 260 BGB, zur Auskunftserteilung über die Führung erbschaftlicher Geschäfte und den Verbleib von Erbschaftsgegenständen nach § 2028 BGB verpflichtet ist oder als Miterbe Auskunft zu erteilen hat über die von ihm zur Ausgleichung zu bringenden Zuwendungen gem. § 2057 BGB (vgl. § 410 Rdn. 4 ff.).

3 **II. Geltungsbereich.** § 410 Nr. 1 umfasst nur solche eidesstattliche Versicherungen, die der Verpflichtete **freiwillig** abgibt. § 410 Nr. 1 ist daher nicht anwendbar, wenn der Schuldner zur Abgabe einer eidesstattlichen Versicherung vollstreckbar verpflichtet wird. In diesen Fällen gilt das Verfahren der Zwangsvollstreckung nach § 889 ZPO. Die Beteiligten können sich für die Versicherung an Eides statt allerdings auch noch nach der Titulierung auf den Weg der freiwilligen Abgabe gemäß den §§ 410 Ziff. 1, 411 Abs. 1 FamFG einigen (Prütting/Gehrlein/*Olzen*, § 889 Rn. 1).

4 Abzugrenzen sind diese auf materiellem Recht ruhenden eidesstattlichen Versicherungen von den sogenannten **prozessrechtlichen eidesstattlichen Versicherungen bzw. Offenbarungsversicherungen** nach §§ 802c Abs. 3, 836 Abs. 3 Satz 2, 883 Abs. 2 Satz 1 ZPO. Bei diesen eidesstattlichen Versicherungen bzw. Offenbarungsversicherungen handelt es sich nicht um eine materiellrechtlich geschuldete Hauptleistung, sondern nur um eine Vollstreckungsmaßnahme, die es dem Gläubiger ermöglichen soll, einen auf eine Geldleistung oder die Herausgabe einer Sache gerichteten Titel in das Vermögen des Schuldners erfolgreich zu vollstrecken.

5 **III. Zuständigkeit.** Örtlich und sachlich zuständig ist das Amtsgericht des Leistungsorts (§§ 261, 269 BGB). Funktionell zuständig für die Abnahme der eidesstattlichen Versicherung ist nach § 3 Nr 1b RPflG der Rechtspfleger. Nach § 411 Abs. 1 Satz 2 wird daneben auch die Zuständigkeit des Gerichts begründet, an dem der Verpflichtete seinen Wohnsitz oder Aufenthaltsort hat (vgl. § 411 Rdn. 1 und 2).

6 **IV. Verfahren. 1. Antragsrecht.** Antragsberechtigt sind bei Ansprüchen auf Rechnungslegung, Vorlegung eines Bestandsverzeichnisses oder bei der Auskunftserteilung sowohl der Berechtigte als auch der Verpflichtete. Wenn allerdings der **Verpflichtete** den Antrag stellt, muss er darlegen, dass der Berechtigte die Abgabe der eidesstattlichen Versicherung verlangt (Bork/Jakoby/Schwab/Rellermeyer § 413 Rn. 2). **Berechtigte** sind im Fall des § 2028 BGB neben dem zur Verwaltung des Nachlasses berechtigten Hausgenossen auch der Nachlasspfleger, Nachlassverwalter, der Nachlassinsolvenzverwalter und der verwaltende Testamentsvollstrecker. Neben dem an der Ausgleichung beteiligten Miterben ist auch der mit der Auseinandersetzung betraute Testamentsvollstrecker im Fall des § 2057 BGB antragsberechtigt. Bei Verbindlichkeiten, die nur einen Erbteil belasten, ist der Nachlassverwalter bzw. der Nachlassinsolvenzverwalter ausnahmsweise zur Antragstellung berechtigt.

7 **2. Voraussetzungen.** Voraussetzung für die Einleitung des Verfahrens nach § 410 Nr. 1 ist ein Antrag des Gläubigers. Das AG prüft nicht, ob die Verpflichtung zu Abgabe der eidesstattlichen Versicherung im Einzelfall begründet ist, sondern nur, ob ein Fall vorliegt, in dem die eidesstattliche Versicherung gesetzlich abgenommen werden darf und ob die behauptete Verpflichtung zur Abgabe der eidesstattlichen Versicherung besteht.

8 **3. Terminsbestimmung.** Zum Termin sind sowohl der Berechtigte als auch der Verpflichtete zu laden. Das persönliche Erscheinen des Verpflichteten ist zwingend anzuordnen, weil dieser nach § 478 ZPO die eidesstattliche Versicherung nur **persönlich** abgeben kann. Der Berechtigte muss nicht anwesend sein, sodass die Abnahme der eidesstattlichen Versicherung auch in dessen Abwesenheit erfolgen kann. War der Berechtigte jedoch nicht geladen und im Termin zur Abgabe der eidesstattlichen Versicherung nicht anwesend, so ist die eidesstattliche Versicherung nicht ordnungsgemäß abgegeben worden (OLG Zweibrücken MDR 1979, 492).

9 Verweigert der Verpflichtete die Abgabe der eidesstattlichen Versicherung, kann sie im Rahmen des Verfahrens nach den §§ 410 ff. nicht erzwungen werden; dem Berechtigten steht es dann frei, seinen Anspruch gerichtlich zu verfolgen.

10 **4. Verfahrensablauf.** Der Rechtspfleger hat über den Verlauf des Termins ein Protokoll zu errichten, das auch im Fall des Nichterscheinens oder der Verweigerung der Abgabe der eidesstattlichen Versicherung

(KG OLGZ 1970, 408) zu erstellen ist. Die Abgabe der eidesstattlichen Versicherung wird zu Protokoll des Gerichts erklärt. Das Verfahren im Termin zur Abgabe der eidesstattlichen Versicherung richtet sich gem. § 413 Satz 3 nach den §§ 478 bis 480 und § 483 ZPO.

Nach § 478 ZPO muss die Eidesleistung als höchstpersönliche Verpflichtung durch den Betroffenen selbst erbracht werden; eine Stellvertretung ist ausgeschlossen. Die Identität des Verpflichteten muss vor der Eidesleistung festgestellt werden (Prütting/Gehrlein/*Trautwein*, § 478 Rn. 3).   11

Gemäß § 480 ZPO ist der Pflichtige vor der Abgabe der eidesstattlichen Versicherung in angemessener Weise auf die Bedeutung der eidesstattlichen Versicherung hinzuweisen. Für hör- und sprachbehinderte Personen ergibt sich die Eidesleistung aus § 483 ZPO.   12

9. Zum Inhalt der eidesstattlichen Versicherung vgl. § 410 Rdn. 2 ff. Der Inhalt der eidesstattlichen Versicherung ist ggf. durch einen Beschluss des Gerichts zu präzisieren (BGHZ 33, 373).   13

10. Das die eidesstattliche Versicherung abnehmende Gericht hat keinen Beschluss über die Kostenpflicht zu treffen (KG NJW-RR 1993, 63). Über die Erstattungspflicht des Antragsgegners nach § 261 Abs. 3 BGB ist in einem gesonderten Verfahren zu entscheiden (LG Bochum Rpfleger 1994, 451).   14

V. Rechtsmittel. 11. Gegen die Ablehnung des Antrages auf Abgabe der eidesstattlichen Versicherung durch den Rechtspfleger steht dem Antragsteller die **Beschwerde** nach § 58 zu. Die Beschwerde ist gem. § 58 Abs. 2 aber nicht gegen die Terminsbestimmung, Vertagung oder Ladung gegeben, da es sich nicht um Endentscheidungen handelt.   15

In vermögensrechtlichen Angelegenheiten ist gem. § 61 Abs. 1 die Beschwerde nur zulässig, wenn der Wert des Beschwerdegegenstandes 600,00 € übersteigt oder das Gericht die Beschwerde nach § 61 Abs. 3 zulässt. Bei der Bemessung der Beschwer ist auf das wirtschaftliche Interesse des Antragstellers an der Abgabe der eidesstattlichen Versicherung abzustellen, das gem. § 3 ZPO nach freiem Ermessen des Gerichts zu schätzen ist.   16

Die Frist für die Einlegung der Beschwerde richtet sich nach § 63 und beträgt i.d.R. 1 Monat.   17

VI. Gebühren. 12. Für den Termin zur Abgabe einer eidesstattlichen Versicherung wird gemäß Nr. 15212 KV GNotKG eine 0,5 **Gerichtsgebühr** erhoben.   18

13. Kostenschuldner ist nach § 22 Abs. 1 GNotKG der **Antragsteller**. Da eine Kostenentscheidung in diesem Verfahren nicht vorgesehen ist, muss der Antragsteller wegen der Erstattung der Gebühren ein gesondertes gerichtliches Verfahren in die Wege leiten (KG OLGZ 1970, 408).   19

14. § 81 ist im Verfahren der 1. Instanz nicht anwendbar (KG OLGZ 1970, 408), da keine Entscheidung ergeht, sondern lediglich die eidesstattliche Versicherung abgenommen wird.   20

§ 414 Unanfechtbarkeit.
Die Entscheidung, durch die in Verfahren nach § 410 Nr. 2 dem Antrag stattgegeben wird, ist nicht anfechtbar.

Übersicht	Rdn.		Rdn.
A. Allgemeines	1	C. Rechtsmittel	4
B. Verfahren nach § 410 Nr. 2	2		

A. Allgemeines. Die Vorschrift betrifft Rechtsmittel im Verfahren zur Ernennung, Beeidigung oder Vernehmung von Sachverständigen gem. § 410 Nr. 2.   1

B. Verfahren nach § 410 Nr. 2. § 410 Nr. 2 ist nur anwendbar, wenn eine materiell-rechtliche Regelung die Heranziehung eines Sachverständigen zur Feststellung eines Zustandes oder Wertes einer Sache ausdrücklich gestattet, wie z.B. beim Nießbrauch (§§ 1034, 1067 Abs. 1 Satz 2, 1075 Abs. 2 BGB), beim Zugewinnausgleich (§§ 1377 Abs. 2 BGB, § 6 LPartG), der Vorerbschaft (§ 2122 BGB). Der Anwendungsbereich kann nicht durch Vereinbarung der Beteiligten erweitert werden (Bumiller/Haders, § 410 Rn. 6). Das Verfahren ist nicht anwendbar, wenn nur eine Schätzung von *Vermögensinbegriffen* vorgesehen ist, wie z.B. nach § 738 Abs. 2 BGB.   2

Die Verfahren *zur Ernennung* eines Sachverständigen nach §§ 84 Abs. 2, 189 VVG fallen nicht in den Anwendungsbereich des § 410 Nr. 2; es handelt sich hierbei um eine sonstige Angelegenheit der freiwilligen Gerichtsbarkeit nach § 23a Abs. 2 Nr. 11 GVG.   3

4 **C. Rechtsmittel.** Gegen den einem Antrag **stattgebenden** Beschluss des Gerichts, der eine Entscheidung über die Ernennung, Beeidigung oder Vernehmung eines Sachverständigen beinhaltet, ist das Rechtsmittel der Beschwerde nach § 414 ausgeschlossen. Hat der Rechtspfleger entschieden, findet die **befristete Erinnerung** nach § 11 Abs. 2 Satz 1 RPflG statt, die innerhalb einer Frist von 2 **Wochen** einzulegen ist. Die bei Nichtabhilfe dann ergehende richterliche Entscheidung ist nicht anfechtbar.

5 Gegen die **ablehnende Entscheidung** über einen Antrag nach § 410 Nr. 2 ist dagegen die Beschwerde nach § 58 unter den allgemeinen Voraussetzungen zulässig (Keidel/*Giers* § 414).

6 Unberührt bleibt das Recht zur **Ablehnung des Sachverständigen** gem. § 30 Abs. 1 i.V.m. § 406 Abs. 1 ZPO und zur sofortigen Beschwerde gem. § 406 Abs. 5 ZPO gegen einen Beschluss, durch den die Ablehnung für unbegründet erklärt wird (Keidel/*Giers* § 414 Rn. 1; MüKOFamFG/*Zimmermann* § 414 Rn. 2).

7 Die Unanfechtbarkeit der Verfügung schließt auch eine Abänderung nach § 48 Abs. 1 nicht aus.

Buch 7. Verfahren in Freiheitsentziehungssachen

§ 415 Freiheitsentziehungssachen. (1) Freiheitsentziehungssachen sind Verfahren, die die auf Grund von Bundesrecht angeordnete Freiheitsentziehung betreffen, soweit das Verfahren bundesrechtlich nicht abweichend geregelt ist.
(2) Eine Freiheitsentziehung liegt vor, wenn einer Person gegen ihren Willen oder im Zustand der Willenlosigkeit insbesondere in einer abgeschlossenen Einrichtung, wie einem Gewahrsamsraum oder einem abgeschlossenen Teil eines Krankenhauses, die Freiheit entzogen wird.

Übersicht

	Rdn.		Rdn.
A. Allgemeines	1	1. Einschließen und Festhalten	8
B. Einzelheiten	2	2. Gegen oder ohne den Willen	9
I. Anwendungsbereich, Abs. 1	2	a) Gegen den Willen	10
1. Bundesrecht ohne eigenes Verfahrensrecht	3	b) Zustand der Willenlosigkeit	11
		c) Einverständnis	12
2. Bundesrecht mit abweichendem Verfahrensrecht	4	d) Abgrenzungen	14
		3. Abgeschlossene Einrichtung	16
3. Landesrechtliche Verweisungen	5	III. Konkurrenzen	17
II. Freiheitsentziehung, Abs. 2	6		

A. Allgemeines. § 415 enthält in Abs. 1 eine Definition des Begriffes Freiheitsentziehungssachen, für die 1 die §§ 415 bis 432 einschlägig sind. Als Freiheitsentziehungssachen werden Verfahren, die eine Freiheitsentziehung aufgrund von Bundesrecht anordnen, benannt, soweit das Verfahren nicht bundesrechtlich abweichend geregelt ist. Abs. 2 enthält eine Legaldefinition des Begriffes Freiheitsentziehung. Um den systematischen Unterschied zu den Unterbringungssachen nach §§ 312 ff. hervorzuheben, hat der Gesetzgeber hier den Begriff der Unterbringung (dazu § 312 Rdn. 1) durch den der Freiheitsentziehung ersetzt.

B. Einzelheiten. I. Anwendungsbereich, Abs. 1. Abs. 1 definiert den Begriff Freiheitsentziehungssachen 2 und legt damit den Anwendungsbereich der §§ 415 ff. fest. Sie sind anwendbar, wenn aufgrund von Bundesrecht eine Freiheitsentziehung angeordnet wird und das Bundesrecht keine abweichende Verfahrensregelung vorgibt. Außerdem kommen die §§ 412 ff. zur Anwendung, wenn das Landesrecht ausdrücklich auf sie verweist. Die §§ 415 ff. kommen auch i.R.d. Unterbringung psychisch gestörter Gewalttäter zur Anwendung, vgl. § 3 ThUG, sofern nicht die §§ 4 ff. ThUG abweichende Regelungen enthalten.

1. Bundesrecht ohne eigenes Verfahrensrecht. An Freiheitsentziehungen auf der Grundlage von bundes- 3 gesetzlicher Regelung sind zu nennen:
– die Zurückweisungshaft nach § 15 Abs. 5 und 6 AufenthG,
– die Abschiebungshaft in Form der Vorbereitungs- bzw. Sicherungshaft nach § 62 AufenthG,
– die Durchsetzung der Verlassenspflicht nach § 59 Abs. 2 i.V.m. 89 Abs. 2 AsylVfG,
– Zurückschiebungshaft nach §§ 57, 62 AufenthG,
– der Ausreisegewahrsam nach § 62b AufenthG,
– die Freiheitsentziehung nach § 30 IfSG,
– die Freiheitsentziehung auf der Grundlage der Ermächtigung in §§ 23 Abs. 3 Satz 4, 25 Abs. 3, 39 Abs. 1 und 2 sowie 43 Abs. 5 BPolG und
– die Ingewahrsamsnahme nach §§ 21 Abs. 7 BKAG u 23 Abs. 1 Satz 2 Nr. 8 ZFdG.

2. Bundesrecht mit abweichendem Verfahrensrecht. Abweichende verfahrensrechtliche Regelungen, die 4 eine Anwendung der §§ 415 ff. ausschließen, enthalten:
– die Verfahren der Genehmigung der zivilrechtlichen Unterbringung und der Genehmigung einer Einwilligung in eine ärztliche Zwangsbehandlung durch einen Betreuer oder Bevollmächtigten (vgl. § 1906 Abs. 1, 2, 3, 3a und 5) nach § 312 Satz 1 Nr. 1,
– die freiheitsentziehenden Verfahren der unterbringungsähnlichen Maßnahmen durch einen Betreuer oder Bevollmächtigten (vgl. § 1906 Abs. 4 und 5) nach § 312 Satz 1 Nr. 2,
– Freiheitsentziehungen i.R.d. Strafrechtspflege, z.B. als Untersuchungshaft, Freiheitsstrafe für Erwachsene bzw. Jugendliche, freiheitsentziehende Maßregeln der Besserung oder Sicherungshaft nach § 453c StPO,

§ 415

einstweilige Unterbringungen nach § 126a StPO, Sicherungsunterbringungen nach §§ 453c, 463 StPO und
- Freiheitsentziehungen nach dem Zivilrecht, also Ordnungs-, Sicherungs-, Zwangs- oder Erzwingungshaft.

5 **3. Landesrechtliche Verweisungen.** Anwendung finden die §§ 415 ff. auch bei einer ausdrücklichen Verweisung durch das Landesrecht. Solche Verweisungen enthalten etwa die Polizeigesetze der Länder, dazu vgl. § 14 Abs. 2 Satz 2 MEPolG.

6 **II. Freiheitsentziehung, Abs. 2.** Abs. 2 definiert die Begriffe der Freiheitsentziehung und der Unterbringungseinrichtung.

7 Trotz der geänderten Begrifflichkeit wollte der Gesetzgeber keine Änderung ggü. der bisherigen Rechtslage herbeiführen. Freiheitsentzug als schwerste Form der Freiheitsbeschränkung ist gegeben, wenn die tatsächlich und rechtlich an sich gegebene körperliche Bewegungsfreiheit nach jeder Richtung hin aufgehoben wird (BVerfG NVwZ 2011, 743). Freiheitsbeschränkung und -entzug sind entsprechend ihrer Intensität (Dauer) voneinander abzugrenzen.

8 **1. Einschließen und Festhalten.** Freiheitsentziehung meint demgemäß die Entziehung der durch Art. 2, 104 GG geschützten Freiheit der körperlichen Bewegung und der Wahl sowie des Aufsuchens des Aufenthaltsortes. Eine Freiheitsentziehung beginnt mit dem Einschließen bzw. Einsperren des Betroffenen an einem Ort und dem sich anschließenden Hindern, diesen Ort zu verlassen (Festhalten). Da die Handlungsabläufe allerdings einheitlich zu betrachten sind, kann der Beginn der Freiheitsentziehung schon in der Festnahme und dem Transport zum Gewahrsamsort liegen (BVerwG NJW 1982, 536). Es spielt keine Rolle, mit welchen Mitteln dies geschieht.

9 **2. Gegen oder ohne den Willen.** Weiter setzt eine Freiheitsentziehung voraus, dass sie gegen oder ohne den Willen des Betroffenen, das Gesetz spricht vom Zustand der Willenlosigkeit, vorgenommen wird.

10 **a) Gegen den Willen.** Gegen den Willen erfolgt ein Freiheitsentzug, wenn der Betroffene ihn mit natürlichem Willen, d.h. mit Einsicht in den Umfang und die Tragweite der Maßnahme ablehnt (*Dodegge/Roth* Teil G Rn. 12). Die Ablehnung kann sich auch konkludent aus dem Verhalten des Betroffenen ergeben, etwa durch tätlichen Angriff auf das Pflegepersonal (BayObLG FamRZ 2005, 238).

11 **b) Zustand der Willenlosigkeit.** Von einem Freiheitsentzug im Zustand der Willenlosigkeit spricht man, wenn der Betroffene aktuell zur Bildung eines freien Willens nicht in der Lage ist, etwa aufgrund hochgradiger Alkoholintoxikation oder fortgeschrittener Demenz. Ein solcher Zustand liegt auch vor, wenn der Betroffene zwar in der Lage ist, seinen natürlichen Willen zu bilden, ihn aber nicht äußern kann (etwa bei autistischem Syndrom) oder will (etwa bei ausgeprägten Antriebsstörungen).

12 **c) Einverständnis.** An einer Freiheitsentziehung fehlt es dagegen, wenn der Betroffene mit dem Freiheitsentzug einverstanden ist. Da es sich um die Gestattung, in rechtlich geschützte Güter eingreifen zu dürfen, handelt, genügt es, wenn der Betroffene einwilligungsfähig ist. Geschäftsfähigkeit muss nicht vorliegen, wohl aber eine Entscheidung mit freiem Willen. Ausreichend ist es, wenn der Betroffene mit natürlichem Willen eine ernsthafte Zustimmung geben kann. Das setzt voraus, dass er Wert und Bedeutung des betroffenen Freiheitsrechtes sowie die Folgen und Risiken seiner Zustimmung erkennen und bei seiner Entscheidung eventuelle Alternativen (etwa ambulante Therapien, freiwillige Ausreise) einbeziehen und sein Handeln danach bestimmen kann. Dabei sind strenge Anforderungen zu stellen. Fragwürdige oder fiktive Einwilligungen genügen nicht (BayObLG FamRZ 1996, 1375). Die Einwilligung muss zudem ernsthaft und verlässlich sein. Es darf nicht die Gefahr bestehen, dass der Betroffene die Freiwilligkeitserklärung alsbald oder vor Erreichen des Zieles der Freiheitsentziehung widerruft.

13 Eine ursprünglich wirksam abgegebene Freiwilligkeitserklärung kann jederzeit widerrufen werden. Ein Widerruf kann sich auch aus dem Verhalten des Betroffenen ergeben.

14 **d) Abgrenzungen.** Grundsätzlich unterfallen bloße Freiheitsbeschränkungen nicht dem Begriff der Freiheitsentziehung. Eine Freiheitsbeschränkung liegt vor, wenn jemand durch die öffentliche Gewalt gegen seinen Willen daran gehindert wird, einen Ort oder Raum aufzusuchen oder sich dort aufzuhalten, der ihm an sich – tatsächlich und rechtlich – zugänglich ist (BVerfG NVwZ 2011, 743). Kurzfristige und von Anfang an als vorübergehend angesehene einschränkende Maßnahmen, wie etwa das Verbringen in eine Arztpraxis

oder ein Krankenhaus i.R.d. IfSG (BGH NJW 1982, 753 u NJW 2001, 888 – zum Betreuungsrecht), polizeiliche Maßnahmen des unmittelbaren Zwangs (BT-Drucks. 16/6308, S. 655) oder die Zuführung zur Abschiebung (BVerwG NJW 1982, 537) füllen den Begriff der Freiheitsentziehung nicht aus. Andererseits können sich längerfristige, über mehrere Stunden andauernde Ingewahrsamnahmen außerhalb einer Einrichtung als Freiheitsentziehung darstellen, wenn sie von der Intensität her einem Einschließen in einen abgeschlossenen Raum gleichkommen, etwa die mehrstündige Unterbringung in einem Haftraum gegen den Willen des Betroffenen oder das Festhalten auf dem Flughafen nach § 15 Abs. 6 AufenthG (BGH InfAuslR 2015, 238). Die Begriffe der Freiheitsentziehung und der Freiheitsbeschränkung sind also anhand ihrer Intensität, insb. ihrer Dauer abzugrenzen (BVerfG NVwZ 2011, 743).

Von einem Freiheitsentzug kann auch dann nicht die Rede sein, wenn der Betroffene objektiv über keine 15 Fähigkeit zur Fortbewegung verfügt und keinen Fortbewegungswillen manifestiert. Schließlich fehlt es an einem Freiheitsentzug, wenn der Betroffene gegen seinen Willen in eine offene Einrichtung gebracht wird, die er jederzeit verlassen kann.

3. Abgeschlossene Einrichtung. Anstelle der Aufzählung einzelner Einrichtungen zum Freiheitsentzug 16 nennt § 412 Abs. 2 nunmehr als Oberbegriff die abgeschlossene Einrichtung. Zur Verdeutlichung werden zwei typische abgeschlossene Einrichtungen, nämlich der Gewahrsamsraum und der abgeschlossene Teil eines Krankenhauses, angeführt. Gemeint sind aber weiterhin auch andere abgeschlossene Anstalten, Haft-räume oder Justizvollzugsanstalten (BT-Drucks. 16/6308, S. 655). Nach herrschender Auffassung ist es unerheblich, ob der abgeschlossene Charakter der Einrichtung durch bauliche (Abschließen von Türen und Fenstern) oder andere Maßnahmen (Wachen, elektronische Sicherungen) herbeigeführt wird (Marschner/Volckart/*Lesting* § 415 Rn. 3). Entscheidend ist, ob die Intensität des Einschließens in einem abgeschlossenen Raum erreicht wird.

III. Konkurrenzen. §§ 415 ff. sind nicht anzuwenden, wenn das den Freiheitsentzug regelnde Bundes- 17 gesetz das Verfahren abweichend regelt (dazu oben Rdn. 4). Liegen dagegen mehrere mögliche Gründe für eine Freiheitsentziehung vor, ist der Eingriffsgrundlage Vorzug zu geben, deren Voraussetzungen vorliegen und die der vom Betroffenen ausgehenden Gefahr am wirkungsvollsten begegnet (Marschner/Volckart/*Lesting* § 415 Rn. 11). Auch für freiheitsentziehende Verfahren der öffentlich-rechtlichen Unterbringung eines Betroffenen nach den Landesgesetzen über die Unterbringung psychisch Kranker gelten nicht die §§ 415 ff., sondern die §§ 312 ff., vgl. § 312 Satz 1 Nr. 3.

§ 416 Örtliche Zuständigkeit.
¹Zuständig ist das Gericht, in dessen Bezirk die Person, der die Freiheit entzogen werden soll, ihren gewöhnlichen Aufenthalt hat, sonst das Gericht, in dessen Bezirk das Bedürfnis für die Freiheitsentziehung entsteht. ²Befindet sich die Person bereits in Verwahrung einer abgeschlossenen Einrichtung, ist das Gericht zuständig, in dessen Bezirk die Einrichtung liegt.

Übersicht	Rdn.		Rdn.
A. Allgemeines	1	2. Fürsorgegericht, Satz 1, 2. Alt	5
B. Einzelheiten	2	3. Regelzuständigkeit, Satz 2	7
I. Hauptsacheverfahren	3	II. Einstweilige Anordnungen	8
1. Gericht des gewöhnlichen Aufenthaltes, Satz 1, 1. Alt	4	III. Abgabe	9

A. Allgemeines. § 416 enthält für die Freiheitsentziehungssachen eine spezielle Regelung der örtlichen Zu- 1 ständigkeit der Gerichte. Zu beachten ist daneben § 50 Abs. 2, der für eilige Anordnungen auch das Gericht, in dessen Bezirk das Bedürfnis für eine solche Anordnung besteht, für einstweilen örtlich zuständig erklärt. Darüber hinaus besteht die Möglichkeit zur Konzentration der Verfahren auf bestimmte Amtsgerichtsbezirke zur schnelleren und sachdienlichen Erledigung nach § 23d GVG. § 416 gilt auch für die Fälle der nachträglichen Feststellung der Rechtswidrigkeit einer Freiheitsentziehung entsprechend (BT-Drucks. 16/6308, S. 656; BGH NJOZ 2012, 721). Die internationale Zuständigkeit deutscher Gerichte in Freiheitsentziehungssachen besteht nach § 105, wenn ein deutsches Gericht örtlich zuständig ist (Bahrenfuss/*Grotkopp* § 416 Rn. 1).

§ 417

2 B. Einzelheiten. Im Anschluss an § 2, der sich auf allgemeine Regelungen beschränkt, legt § 416 die örtliche Zuständigkeit der Gerichte in Freiheitsentziehungssachen fest. Sachlich sind nach § 23a Abs. 1 Nr. 2, Abs. 2 Nr. 6 GVG die AG zuständig. Funktionell ist die Zuständigkeit des Richters gegeben, vgl. Art. 104 Abs. 2 GG.

3 I. Hauptsacheverfahren. In seinen Sätzen 1 und 2 nennt die Vorschrift drei Anknüpfungspunkte zur Festlegung des örtlich zuständigen Gerichts. Nach der gesetzgeberischen Wertung ist der Gerichtsstand nach Satz 2 i.d.R. vorrangig ggü. denen des Satz 1, 1. Alt (offen gelassen in BGH NJOZ 2012, 721). Dies ergibt sich aus Zweckmäßigkeitsgründen (OLG Hamm FGPrax 2006, 183).

4 1. Gericht des gewöhnlichen Aufenthaltes, Satz 1, 1. Alt. Nach Satz 1, 1. Alt ist das Gericht örtlich zuständig, in dessen Bezirk der Betroffene seinen gewöhnlichen Aufenthalt (dazu § 272 Rdn. 3 bis 8) hat. Die Zuständigkeit ist aber nicht die vorrangige (s. Rdn. 3).

5 2. Fürsorgegericht, Satz 1, 2. Alt. Sofern ein gewöhnlicher Aufenthalt fehlt oder nicht feststellbar ist, benennt Satz 1, 2. Alt das Gericht als örtlich zuständig, in dessen Bezirk sich der Ort des Fürsorgebedürfnisses befindet. Gemeint ist damit der Ort, an dem der Betroffene sich aktuell aufhält und das Bedürfnis für eine Freiheitsentziehung offenkundig wird, etwa der Gewahrsamsort.

6 Bei einer Ingewahrsamsnahme nach den Polizeigesetzen bleibt diese Zuständigkeit bestehen, selbst wenn der Betroffene anschließend in eine Sammelstelle im Bezirk eines anderen Gerichts verbracht werden soll (OLG Hamm NJW 2009, 2688).

7 3. Regelzuständigkeit, Satz 2. Befindet sich die Person bereits in Verwahrung einer abgeschlossenen Einrichtung, ist das Gericht zuständig, in dessen Bezirk die Einrichtung liegt. Der Gesetzgeber ist davon ausgegangen, dass dieser Gerichtsstand der evtl. nach Satz 1 daneben bestehenden Zuständigkeit ggü. vorrangig ist (BT-Drucks. 16/6308, S. 656; offen gelassen in BGH NJOZ 2012, 721). Dafür sprechen insb. Gründe der Zweckmäßigkeit. Diese Zuständigkeit gilt auch für Verfahren auf die nachträgliche Feststellung der Rechtswidrigkeit nach erledigter Gewahrsamsnahme (OLG Celle FamRZ 2011, 1755).

8 II. Einstweilige Anordnungen. Für Eilfälle findet sich in § 50 Abs. 2 eine spezielle Regelung der örtlichen Zuständigkeit für einstweilige Anordnungen oder einstweilige Maßregeln. § 50 Abs. 2 räumt dem Gericht, in dessen Bezirk das Bedürfnis für ein Tätigwerden bekannt wird oder sich der Betroffene aufhält, in besonders dringenden Fällen eine örtliche Zuständigkeit für einstweilige Anordnungen ein. Zu Einzelheiten vgl. § 50 Rdn. 14.

9 III. Abgabe. Ist einmal die Zuständigkeit eines Gerichtes begründet, bleibt diese bestehen, § 2 Abs. 2. § 416 sieht keine Möglichkeit vor, das Verfahren abzugeben. Nach § 4 ist allerdings eine Abgabe aus wichtigem Grund möglich, wenn sich das andere Gericht zur Übernahme bereit erklärt hat und die Beteiligten zuvor angehört worden sind (OLG Köln FGPrax 2010, 318; a.A. Bahrenfuss/*Grotkopp* § 416 Rn. 9). Ein solcher Fall liegt etwa vor, wenn sich der Ort, an dem der Freiheitsentzug durchgeführt wird, ändert oder der Betroffene nach Anordnung der Freiheitsentziehung in eine geschlossene Einrichtung außerhalb des Bezirkes des die Freiheitsentziehung anordnenden Gerichts gebracht wird. Darüber hinaus ermöglichen § 50 Abs. 2 Satz 2 in Fällen vorangegangener einstweiliger Anordnung durch das Eilgericht und § 106 Abs. 2 Satz 2 AufenthG in den Fällen der Entscheidung über die Fortdauer der Zurückweisungshaft oder der Abschiebehaft eine Abgabe des Verfahrens. Letzterer bezieht sich allerdings nur auf Folgeentscheidungen, die nach der erstinstanzlich abschließend angeordneten Freiheitsentziehungsmaßnahme zu treffen sind, insb. also solche über eine Verlängerung der Maßnahme nach § 425 Abs. 3 (OLG Hamm FGPrax 2012, 278). Die uneingeschränkte Abgabe des Verfahrens hat zur Folge, dass die Sache so anzusehen ist, als wäre das abgegebene Verfahren von Anfang an bei dem übernehmenden Gericht anhängig gewesen (BGH FGPrax 2010, 212).

§ 417 Antrag.

(1) Die Freiheitsentziehung darf das Gericht nur auf Antrag der zuständigen Verwaltungsbehörde anordnen.

(2) ¹Der Antrag ist zu begründen. ²Die Begründung hat folgende Tatsachen zu enthalten:
1. die Identität des Betroffenen,
2. den gewöhnlichen Aufenthaltsort des Betroffenen,
3. die Erforderlichkeit der Freiheitsentziehung,
4. die erforderliche Dauer der Freiheitsentziehung sowie

5. in Verfahren der Abschiebungs-, Zurückschiebungs- und Zurückweisungshaft die Verlassenspflicht des Betroffenen sowie die Voraussetzungen und die Durchführbarkeit der Abschiebung, Zurückschiebung und Zurückweisung.
³Die Behörde soll in Verfahren der Abschiebungshaft mit der Antragstellung die Akte des Betroffenen vorlegen.

Übersicht

	Rdn.		Rdn.
A. Allgemeines	1	6. Zollfahndungsdienstgesetz	9
B. Einzelheiten	2	II. Antragsinhalt, Abs. 2	10
I. Zuständige Verwaltungsbehörde	3	1. Allgemein	10
1. Infektionsschutzgesetz	4	2. Spezielle Anforderungen	11
2. Aufenthaltsgesetz	5	III. Richterliche Anordnung	15
3. Asylverfahrensgesetz	6	1. Sachliche Zuständigkeit	15
4. Bundeskriminalamtgesetz	7	2. Anordnung	16
5. Bundespolizeigesetz	8		

A. Allgemeines. Abs. 1 gestaltet das Freiheitsentziehungsverfahren als Antragsverfahren aus. Antragsberechtigt ist die zuständige Verwaltungsbehörde. Abs. 2 legt die Anforderungen an die Begründung eines Freiheitsentziehungsantrages und die zu übersendenden Unterlagen fest. 1

B. Einzelheiten. Nach § 417 Abs. 1 darf das Gericht die Freiheitsentziehung nicht von Amts wegen, sondern nur auf Antrag der zuständigen Verwaltungsbehörde anordnen. Der Antrag kann bis zum Abschluss des Beschwerdeverfahrens nachgeholt werden. Das Vorliegen eines zulässigen Antrages ist in jeder Phase des Verfahrens, auch vom Rechtsbeschwerdegericht, von Amts wegen zu prüfen (BGH FGPrax 2015, 91 und 39 sowie 2013, 229). Den Zeitpunkt, zu dem der Haftantrag dem erstinstanzlichen Gericht vorzuliegen hat, legt § 23 Abs. 2 nicht fest. Er bestimmt sich danach, was durch den Richter an Sachverhaltsaufklärung noch zu erfolgen hat. Zudem muss der Betroffene noch in der Lage sein, sein rechtliches Gehör effektiv wahrzunehmen, was i.d.R. nur bei Übermittlung vor der persönlichen Anhörung möglich ist (BGH NVwZ 2011, 664). 2

I. Zuständige Verwaltungsbehörde. Ein wirksamer Antrag kann nur von der, auch örtlich, zuständigen Verwaltungsbehörde gestellt werden (BayObLG FGPrax 1997, 117). Welche Behörde sachlich die zuständige Verwaltungsbehörde ist, bestimmt sich nach der jeweiligen Rechtsgrundlage für die Freiheitsentziehung. Die Frage der örtlichen Zuständigkeit bemisst sich i.d.R. nach landesrechtlichen Vorschriften (OLG Celle FGPrax 2008, 227 zum AufenthG). Der Antrag der zuständigen Behörde auf eine vorläufige Freiheitsentziehung im Wege einstweiliger Anordnung ist keine geeignete Grundlage für den Erlass einer Haftanordnung im Hauptsacheverfahren (BGH FGPrax 2015, 91). Das einstweilige und das Hauptsacheverfahren sind nämlich jeweils eigenständige Verfahren. Ein in erster Instanz unterbliebener Haftantrag kann von der Behörde noch in der Beschwerdeinstanz gestellt werden und den entsprechenden Mangel für die Zukunft heilen (BGH FGPrax 2015, 91). 3

1. Infektionsschutzgesetz. In Verfahren nach dem IfSG sind die nach Landesrecht für zuständig erklärten Verwaltungsbehörden, i.d.R. die Gesundheitsämter, zur Antragstellung berechtigt, § 54 IfSG. 4

2. Aufenthaltsgesetz. In Verfahren auf Abschiebungs-, Zurückschiebungs- und Zurückweisungshaft nach dem AufenthG sind die Ausländerbehörden gem. § 71 Abs. 1 AufenthG sowie die Polizeien der Länder zur Antragstellung befugt (BayObLG InfAuslR 1992, 85). Im Fall der Zurückweisung und -schiebung sowie der Abschiebung an der Grenze ist die Bundespolizei, dort die Bundespolizeidirektion, nach §§ 71 Abs. 3 Nr. 1 bis 1e AufenthG; 2 Abs. 1 BPolG zuständig (BGH FGPrax 2010, 158). Die Zuständigkeit der Bundespolizei ist gegeben, wenn der Betroffene unerlaubt eingereist war und im grenznahen Raum – bis 30 km Entfernung von der Grenze – aufgegriffen wird. Ein unmittelbarer zeitlicher Zusammenhang mit der unerlaubten Einreise ist seit einer Gesetzesänderung im Jahre 2011 nicht mehr erforderlich (BGH FGPrax 2015, 39). Die örtliche Zuständigkeit bemisst sich nach Landesrecht (BGH FGPrax 2010, 156; OLG Karlsruhe FGPrax 2008, 228 zur örtlichen Zuständigkeit in Baden-Württemberg; OLG Celle FGPrax 2008, 227 zu der in Niedersachsen). Soweit für die Durchführung ausländerrechtlicher Maßnahmen landesrechtlich nichts anderes angeordnet ist, 5 wird die zuständige Behörde durch die Polizeigesetze der Länder bestimmt (BGH FGPrax 2010, 156). Die örtliche Zuständigkeit einer Ausländerbehörde entfällt nicht dadurch, dass der Betroffene sich unerlaubt aus deren Bezirk entfernt, um der Abschiebung zu entgehen (BGH FGPrax 2010, 156).

6 **3. Asylverfahrensgesetz.** In den Verfahren auf Durchsetzung der Verlassenspflicht nach § 59 Abs. 2 AsylVfG sind die Polizeien der Länder, die Grenzbehörde, bei der der Ausländer um Asyl nachsucht, die Ausländerbehörde, in deren Bezirk sich der Betroffene aufhält, sowie die Aufnahmeeinrichtung, in der sich der Betroffene meldet bzw. die ihn aufgenommen hat, zur Antragstellung befugt.

7 **4. Bundeskriminalamtgesetz.** In den Verfahren auf Ingewahrsamsnahme nach § 21 Abs. 7 BKAG ist das Bundeskriminalamt als zuständige Behörde antragsberechtigt.

8 **5. Bundespolizeigesetz.** In den Verfahren auf Ingewahrsamsnahme nach § 39 BPolG ist die Bundespolizei als zuständige Behörde antragsberechtigt.

9 **6. Zollfahndungsdienstgesetz.** In den Verfahren auf Ingewahrsamsnahme nach § 23 Abs. 1 Satz 2 Nr. 8 ZfdG ist das Zollkriminalamt als zuständige Behörde antragsberechtigt.

10 **II. Antragsinhalt, Abs. 2. 1. Allgemein.** Den Mindestinhalt eines Antrages legt zunächst § 23 Abs. 1 fest. Danach muss der Antrag die zur Begründung dienenden Tatsachen und Beweismittel angeben. Das Gericht soll so bei der Ermittlung des entscheidungsrelevanten Sachverhaltes unterstützt werden. Darüber hinaus sind Urkunden, auf die Bezug genommen wird, im Original oder als Abschrift beizufügen. In Betracht kommen etwa ärztliche Stellungnahmen bzw. Gutachten, die im Verfahren nach dem IfSG eingeholt wurden, vgl. § 420 Abs. 4 Satz 2. Schließlich ist der Antrag vom Antragsteller zu unterschreiben. Fehlt die Unterschrift, schadet das nicht, wenn die Urheberschaft und die Übernahme der Verantwortung durch die antragstellende Behörde feststeht (BGH FGPrax 2011, 41).

11 **2. Spezielle Anforderungen.** Bereits nach dem bisherigen Recht hatte die antragstellende Behörde den Antrag zu begründen. Dies legt Abs. 2 Satz 1 nunmehr ausdrücklich fest. Abs. 2 Satz 2 listet darüber hinaus in Nr. 1 – 4 auf, was generell in Freiheitsentziehungssachen, und in Nr. 5, was in Verfahren der Abschiebungs-, Zurückschiebungs- und Zurückweisungshaftsachen zwingend Bestandteil der Begründung zu sein hat. Der Gesetzgeber hat sich bewusst dafür entschieden, an die Begründung eines Antrages in Freiheitsentziehungssachen höhere Anforderungen zu stellen (BGH FGPrax 2012, 82). Die erhöhten Anforderungen gelten auch für den Antrag auf Verlängerung der Haftanordnung (BGH FGPrax 2013, 87). Demzufolge muss ein Antrag die Identität des Betroffenen, seinen gewöhnlichen Aufenthaltsort sowie Angaben zur zweifelsfreien Ausreisepflicht, zu den Abschiebungsvoraussetzungen, zur Erforderlichkeit der Freiheitsentziehung und ihrer erforderlichen Dauer (BGH FGPrax 2012, 225) sowie zur Durchführbarkeit der Abschiebung enthalten (BGH FGPrax 2015, 39 und 2013, 229; InfAuslR 2014, 281). Letzteres erfordert konkrete Angaben dazu, ob und innerhalb welchen Zeitraums Abschiebungen und Zurückschiebungen in das betreffende Land üblicherweise und unter normalen Bedingungen möglich sind (BGH FGPrax 2013, 229). Der Haftrichter hat prognostisch mögliche Hindernisse zu berücksichtigen, die dazu führen können, dass die durch die Haft sicherzustellende Abschiebung nicht innerhalb des beantragten Zeitraums durchgeführt werden kann. Solche Hindernisse können der Antrag des Betroffenen auf Gewährung einstweiligen Rechtsschutzes gegen die Abschiebung oder das Fehlen einer Befristungsentscheidung über ein Einreiseverbot sein. Fehlt eine Befristungsentscheidung hat der Haftrichter nach § 26 aufzuklären, ob deren rechtzeitiger Erlass nach den Planungen der Behörde sichergestellt ist (BGH FGPrax 2016, 33). Im Rahmen der Darlegung der Abschiebungsvoraussetzungen bedarf es auch Ausführungen zum Vorliegen der nach § 59 AufenthG erforderlichen Abschiebungsandrohung bzw. deren Entbehrlichkeit, etwa nach § 59 Abs. 1 Satz 3 AufenthG oder § 34a Abs. 1 Satz 3 AsylVfG (BGH FGPrax 2013, 229). Ein konkreter Abschiebungstermin muss nicht benannt werden, § 59 Abs. 1 Satz 8 AufenthG. Fehlt die Abschiebungsandrohung nach § 59 AufenthG kann nicht anstelle der Sicherungshaft nach § 63 Abs. 3 AufenthG die Vorbereitungshaft nach § 62 Abs. 2 AufenthG angeordnet werden (BGH FGPrax 2013, 279). Enthält der Antrag keine ausreichend konkreten Tatsachen, obliegt es dem Gericht, diese i.R.d. § 26 durch Nachfragen zu ermitteln (BGH FGPrax 2012, 82 und 227). Leerformeln und Textbausteine genügen zur Begründung der Dauer der Haftanordnung nicht. Diese Angaben sind auch nicht entbehrlich, wenn festgestellt ist, dass bei Rücknahmen nach der Dublin II-Verordnung ein Mitgliedsstaat zur Rücknahme verpflichtet ist (BGH FGPrax 2013, 130). Dass und weshalb eine *Rücknahmeverpflichtung* besteht, muss konkret ausgeführt werden (BGH FGPrax 2013, 132). In Verfahren der

Abschiebungs-, Zurückschiebungs- und Zurückweisungshaftsachen müssen zudem die Verlassenspflicht des Betroffenen (BGH FGPrax 2012, 225; zu den Darlegungspflichten hinsichtlich einzelner Haftgründe s. BGH FGPrax 2011, 317), die Erforderlichkeit der Haft (Abschiebung einer schwangeren Betroffenen innerhalb der gesetzlichen Mutterschutzfrist ist unverhältnismäßig, BGH FGPrax 2011, 255. Gleiches kann bei Schwangerschaft der Lebensgefährtin des Betroffenen im Rahmen einer Beistandsgemeinschaft gelten (BGH FGPrax 2013, 86; zur Überprüfung der Verhältnismäßigkeit der Zurückweisung Minderjähriger vgl. BGH FGPrax 2013, 36), sowie das Vorliegen der Voraussetzungen und die Durchführbarkeit der Abschiebung (BGH FGPrax 2015, 39), Zurückschiebung und Zurückweisung dargelegt werden (BGH FGPrax 2010, 210). Seit dem 01.08.2015 listet § 2 AufenthG in Abs. 14 und 15 für den Fall einer Abschiebung bzw. Rückführung objektive Kriterien als konkrete Anhaltspunkte für das Bestehen einer Fluchtgefahr i.S.d. § 62 Abs. 3 Nr. 5 AufenthG i.S.d. Richtlinie 2008/115/EG des Europäischen Parlaments und des Rates vom 16.12.2008 über gemeinsame Normen und Verfahren in den Mitgliedsstaaten zur Rückführung illegal aufhältiger Drittstaatsangehöriger bzw. der Verordnung (EU) Nr. 604/2013 auf. Damit ist der Gesetzgeber u. a. den Anforderungen von Art. 2 Buchst. n) Dublin III VO nachgekommen, der die gesetzliche Festlegung von objektiven Kriterien, die eine Fluchtgefahr begründen, verlangt (dazu s.a. BGH InfAuslR 2015, 59 und 2014, 381). Die dort aufgelisteten Anhaltspunkte stellen aber lediglich ein (erstes) Indiz dafür dar, dass im konkreten Fall eine Fluchtgefahr bestehen könnte (BT-Drucks. 18/4097, S. 32). Ergibt sich die Ausreisepflicht aus einem vollziehbaren Bescheid, muss die Behörde in dem Haftantrag auf ihn Bezug nehmen (BGH FGPrax 2010, 316). Der Haftgrund der unerlaubten Einreise setzt neben der unerlaubten Einreise voraus, dass die Ausreisepflicht auf ihr beruht. Das ist nicht der Fall, wenn ein Asylantrag gestellt und dieser nicht innerhalb von 4 Wochen als unbeachtlich oder offensichtlich unbegründet abgelehnt wird (BGH FGPrax 2011, 41 und 317). Ein im Polizeigewahrsam gestellter Asylantrag steht der Anordnung von Abschiebehaft dagegen nicht entgegen (BGH FGPrax 2012, 133). Wird ein Haftantrag auf eine Entziehungsabsicht gestützt, muss er konkrete Angaben dazu enthalten, dass der Betroffene beabsichtigt, unterzutauchen oder die Abschiebung derart zu behindern, dass einfacher Zwang ohne Freiheitsentziehung nicht ausreicht (BGH FGPrax 2012, 84). Der Antrag muss dann den Hinweis enthalten, dass der Betroffene auf seine Pflicht zur Anzeige eines Aufenthaltswechsels hingewiesen worden ist (BGH FGPrax 2011, 254) und er die Anzeige auch nach Ablauf der Ausreisefrist unterlässt (BGH FGPrax 2011, 253). Lässt sich dem Haftantrag oder den beigefügten Unterlagen entnehmen, dass gegen den Betroffenen ein strafrechtliches Ermittlungsverfahren anhängig ist, muss der Haftantrag den Hinweis enthalten, ob das nach § 72 Abs. 4 Satz 1 AufenthG erforderliche Einvernehmen der Staatsanwaltschaft vorliegt (BGH InfAuslR 2015, 102; FGPrax 2011, 144, 146, 148). Das Vorliegen des Hinweises zum Einvernehmen ist von Amts wegen zu prüfen (BGH NJW 2011, 3972). In zwei Fallkonstellationen bedarf es keines Einvernehmens. Zum einen ist das Einvernehmen nach dem Gesetzeswortlaut entbehrlich, wenn nur ein geringes Strafverfolgungsinteresse besteht, § 72 Abs. 4 Satz 3 AufenthG. Solche Straftaten werden in § 72 Abs. 4 Satz 4 und 5 AufenthG konkretisiert. Zum anderen bedarf es keines Einvernehmens mehr, wenn das Strafverfahren gegen den Ausländer rechtskräftig abgeschlossen ist (BGH FGPrax 2015, 181). Das Einvernehmen kann generell für bestimmte Fallgruppen oder im Einzelfall durch die Staats- und Amtsanwälte der Staatsanwaltschaft bzw. ihrer Vorgesetzten erteilt werden (BGH FGPrax 2011, 146). Selbst wenn das Vorliegen eines generellen Einvernehmens der Staatsanwaltschaft gerichtsbekannt ist, muss der Haftantrag Angaben zum Vorliegen des Einvernehmens enthalten, da sich der Haftantrag auch an den Betroffenen richtet (BGH NJW 2012, 2448). Fehlt diese Angabe, stellt das einen Verfahrensmangel dar, der allein durch späteres Beibringen des Einvernehmens nicht geheilt wird (BGH FGPrax 2011, 202), selbst wenn erstinstanzlich nicht ersichtlich war, dass ein strafrechtliches Ermittlungsverfahren anhängig ist. Eine Heilung des Verfahrensfehlers kann nur dadurch erreicht werden, dass der Betroffene nach der Nachholung der Angaben in einer persönlichen Anhörung Gelegenheit erhält, dazu Stellung zu nehmen (BGH NJW 2012, 2448), etwa durch Überreichen einer den Antrag insoweit ergänzenden E-Mail zu Beginn der Anhörung (BGH Beschl. v. 27.09.2012, V ZB 101/12). Die Nachholung ist bis zum Abschluss des Beschwerdeverfahrens möglich (BGH NJW 2011, 3792).

Diese – bereits von der Rechtsprechung (BayObLG InfAuslR 1991, 345) als notwendig qualifizierten – Angaben sind nach Auffassung des Gesetzgebers unverzichtbar. Im Ergebnis muss der Antrag die für die richterliche Prüfung wesentlichen Gesichtspunkte des jeweiligen Falles zumindest knapp ansprechen (BGH FGPrax 2015, 39 und 2012, 82). Ein für eine Vielzahl von Fällen vorbereiteter Standardvordruck mit der Möglichkeit des Ankreuzens vorformulierter Angaben in Form von Textbausteinen genügt den gesetzlichen Anforderungen deshalb nicht (BGH FGPrax 2012, 179). Ist der Antrag insoweit unvollständig, hat das Gericht auf eine entsprechende – frühzeitige – Vervollständigung hinzuwirken. Unterbleibt sie, ist der Antrag als unzulässig zurückzuweisen (BGH FGPrax 2012, 82). Eine – rückwirkende – Heilung dieses Mangels durch ergänzende Angaben eines Mitarbeiters der zuständigen Verwaltungsbehörde (BGH FGPrax 2011, 318 und 2012, 179) oder durch Vorlage des Verwaltungsvorganges in der Beschwerdeinstanz (BGH FGPrax 2010, 210) ist nicht möglich. Sie kann aber – für die Zukunft – erfolgen (BGH FGPrax 2013, 229 und 130), etwa indem der unvollständige Haftantrag zu Protokoll des Haftrichters in Gegenwart aller Beteiligter ergänzt wird (BGH FGPrax 2010, 316). Möglich ist es auch, einen unzulässigen Antrag zu ergänzen und auf den ergänzten Antrag, die Fortdauer der Haft anzuordnen (BGH FGPrax 2011, 317 und 318) oder fehlende Unterlagen, z.B. zur Entbehrlichkeit einer Abschiebungsandrohung, nachzureichen (BGH FGPrax 2013, 229).

13 Schließlich soll – keine Zulässigkeitsvoraussetzung – nach Abs. 2 Satz 3 die zuständige Verwaltungsbehörde in Verfahren der Abschiebehaft mit der Antragstellung die Akte des Betroffenen vorlegen. Aus der Akte ergeben sich nämlich häufig wesentliche Informationen für die Ermittlungen und Entscheidung des Gerichts. Werden nur Teile der Ausländerakte vorgelegt, kann das genügen, wenn sich der unter Beiziehung der Ausländerakte festzustellende Sachverhalt aus den vorgelegten Teilen vollständig ergibt und die nicht vorgelegten Teile keine weiteren Erkenntnisse versprechen (BGH FGPrax 2010, 154 u 263). Die Vorlage der Ausländerakte ist auch entbehrlich, wenn diese nur aus der dem Haftantrag zugrunde liegenden Verfügung besteht und dieser den Inhalt der Akten wiedergibt (BGH FGPrax 2010, 261).

14 Der Antrag ist dem Betroffenen zwecks Wahrung des rechtlichen Gehörs zu übermitteln, vgl. § 23 Abs. 2. Auszuhändigen ist der Haftantrag in vollständiger Abschrift. Das gilt auch für nachgereichte Ergänzungen zum Haftantrag (BGH FGPrax 2013, 40). Die Aushändigung des Haftantrages an den Betroffenen muss spätestens zu Beginn seiner persönlichen Anhörung erfolgen, die bloße Bekanntgabe genügt nicht (BGH FGPrax 2012, 227). Ist dem Betroffenen ein Verfahrenspfleger bestellt, genügt allerdings die – rechtzeitige – Übersendung des Haftantrages an den Verfahrenspfleger und dessen Teilnahme am Termin zur persönlichen Anhörung des Betroffenen (BGH FGPrax 2014, 37). Auch die Darstellung des Haftantrages in der – dem Betroffenen ausgehändigten – richterlichen Haftanordnung stellt keine ausreichende Wahrung des rechtlichen Gehörs dar (BGH FGPrax 2013, 87).

15 **III. Richterliche Anordnung. 1. Sachliche Zuständigkeit.** Zuständig für die Anordnung der Freiheitsentziehung ist das AG, § 23a Abs. 2 Nr. 6 GVG, dort funktionell der Richter, auch der Richter auf Probe (BGH NVwZ-RR 2011, 664). Dies ergibt sich bereits aus Art. 104 Abs. 2 GG und dem Umstand, dass keine Übertragung dieser Angelegenheit auf den Rechtspfleger erfolgte.

16 **2. Anordnung.** Die richterliche Anordnung der Freiheitsentziehung hat dem Vollzug der Freiheitsentziehung vorauszugehen. Eine Ausnahme besteht nur, wenn aufgrund spezieller Ermächtigungsgrundlage eine Freiheitsentziehung als Verwaltungsmaßnahme gesetzlich vorgesehen ist (dazu § 428 Rdn. 7 f.). Das Gericht ordnet die Freiheitsentziehung an, genehmigt sie nicht nur.

§ 418 Beteiligte.
(1) Zu beteiligen sind die Person, der die Freiheit entzogen werden soll (Betroffener), und die Verwaltungsbehörde, die den Antrag auf Freiheitsentziehung gestellt hat.
(2) Der Verfahrenspfleger wird durch seine Bestellung als Beteiligter zum Verfahren hinzugezogen.
(3) Beteiligt werden können im Interesse des Betroffenen
1. dessen Ehegatte oder Lebenspartner, wenn die Ehegatten oder Lebenspartner nicht dauernd getrennt leben, sowie dessen Eltern und Kinder, wenn der Betroffene bei diesen lebt oder bei Einleitung des Verfahrens gelebt hat, die Pflegeeltern sowie
2. eine von ihm benannte Person seines Vertrauens.

Übersicht

	Rdn.		Rdn.
A. Allgemeines	1	1. Ehegatte	9
B. Einzelheiten	2	2. Lebenspartner	10
I. Beteiligte von Amts wegen, Abs. 1	3	3. Elternteil	11
1. Betroffener, Abs. 1	4	4. Kind	12
2. Verwaltungsbehörde, Abs. 1	5	5. Pflegeeltern	13
II. Beteiligte kraft Bestellung, Abs. 2	6	6. Vertrauensperson	14
III. Beteiligte im Interesse des Betroffenen, Abs. 3	7	IV. Verfahrensrechtliches	15

A. Allgemeines. Die Vorschrift knüpft an den Beteiligtenbegriff des § 7 an und legt fest, welche Personen 1
in Freiheitsentziehungssachen zu beteiligen sind bzw. beteiligt werden können. Die Vorschrift korrespondiert mit den §§ 274, 315, die den im Betreuungs- und Unterbringungsverfahren zu beteiligenden Personenkreis benennen. Abs. 1 konkretisiert die Personen bzw. Behörden, die in Freiheitsentziehungssachen stets zu beteiligen sind. In Abs. 2 und 3 werden Personen genannt, die kraft ihrer Bestellung beteiligt bzw. im Interesse des Betroffenen beteiligt werden können. Der Sinn ihrer Beteiligung liegt darin, alle relevanten Gesichtspunkte zugunsten des Betroffenen zu ermitteln und zugrunde legen zu können. Die aufgeführten Personen stehen dem Betroffenen i.d.R. nahe und können zu seiner Lebensweise, seinem aktuellen Verhalten und seinem Lebensumfeld Auskunft erteilen.

B. Einzelheiten. § 418 benennt in Abs. 1 diejenigen, die immer beteiligt sind, in Abs. 2 die, die Kraft ihrer 2
Bestellung (»Muss-Beteiligte«) zu beteiligen sind und in Abs. 3 die, die im Interesse des Betroffenen (»Kann-Beteiligte«) beteiligt werden können.

I. Beteiligte von Amts wegen, Abs. 1. Abs. 1 enthält zunächst eine Legaldefinition, indem er den Betroffe- 3
nen als die Person bezeichnet, der die Freiheit entzogen werden soll. Der Betroffene ist ebenso wie die Verwaltungsbehörde, die den Antrag auf Freiheitsentziehung gestellt hat, von Amts wegen zu beteiligen. § 418 Abs. 1 konkretisiert damit den § 7 Abs. 1 und 2 Nr. 1 (dazu § 7 Rdn. 7 f. u 13).

1. Betroffener, Abs. 1. Eine Selbstverständlichkeit spricht der Abs. 1 aus, wenn er den Betroffenen als zwin- 4
gend zu beteiligende Person bezeichnet. Die Notwendigkeit seiner Beteiligung folgt bereits aus § 7 Abs. 2 Nr. 1. Der Betroffene ist unter den Voraussetzungen des § 9 Abs. 1 Nr. 1, 2 und 3 (dazu § 9 Rdn. 3 ff.) verfahrensfähig.

2. Verwaltungsbehörde, Abs. 1. Auch die Verwaltungsbehörde, die den Antrag auf Freiheitsentziehung ge- 5
stellt hat, ist zwingend am Verfahren zu beteiligen. Zu den in dem jeweiligen Verfahren auf Freiheitsentziehung zuständigen Verwaltungsbehörden s. § 417 Rdn. 3 ff.

II. Beteiligte kraft Bestellung, Abs. 2. Wie §§ 276 Abs. 2, 315 Abs. 2 für das Betreuungs- und Unterbrin- 6
gungsverfahren beinhaltet § 418 Abs. 2 eine Sondervorschrift über die Beteiligung des Verfahrenspflegers. Er wird mit seiner Bestellung durch das Gericht zugleich Beteiligter des Freiheitsentziehungsverfahrens. Zu den Voraussetzungen der Bestellung eines Verfahrenspflegers vgl. § 419. Mit seiner Bestellung erhält der Verfahrenspfleger alle Rechte und Pflichten eines Verfahrensbeteiligten (dazu § 419 Rdn. 10). Nach § 429 Abs. 3 ist er auch beschwerdeberechtigt.

III. Beteiligte im Interesse des Betroffenen, Abs. 3. § 418 Abs. 3 enthält eine Konkretisierung der Per- 7
sonen, die nach § 7 Abs. 3 zum Unterbringungsverfahren hinzugezogen werden können. Es handelt sich dabei i.d.R. um Angehörige, die zum Kernbereich der nach Art. 6 Abs. 1 GG geschützten Familie (dazu BVerfG NVwZ 1982, 187, 188) gehören, oder um nahestehende Personen. Die Aufzählung in Abs. 3 ist abschließend. Ist eine der genannten Personen in eigenen Rechten verletzt, ist nicht über ihre Beteiligung nach Abs. 3 zu befinden, vielmehr sind sie stets nach § 7 Abs. 2 Nr. 1 zu beteiligen (dazu § 7 Rdn. 13 f.).
Voraussetzung ist jeweils, dass ein Interesse des Betroffenen an der Beteiligung der genannten Personen be- 8
steht. Das Interesse des Betroffenen ist nicht objektiv, sondern aus seiner Sicht zu beurteilen; sein Wohl, seine Wünsche und Belange hat das Gericht zu berücksichtigen (BGH NJW-RR 2012, 770: für eine Unterbringungssache). Dies gilt insb. weil diesen Personen mit der Beteiligung im Gegensatz zum früheren Recht vom Betroffenen die Teilnahme an der persönlichen Anhörung (vgl. § 420) nicht verwehrt werden kann. Bestehen Zweifel, ob der Betroffene mit der Hinzuziehung einer Person einverstanden ist, ist er zuvor dazu anzuhören. Gegen den Willen des Betroffenen kommt eine Beteiligung Verwandter nur in Betracht, wenn dieser Wille dem objektiven Interesse des Betroffenen zuwiderläuft und keine erhebliche Gründe gegen die Beteiligung sprechen (BT-Drucks. 16/6308, S. 266). I.E.:

1. Ehegatte. Er kann beteiligt werden, wenn er nicht dauernd getrennt vom Betroffenen lebt. Maßgeblicher 9
Zeitpunkt ist der der Verfahrenseinleitung. Bei erst kurz zuvor erfolgter Trennung kann eine Anhörung zur Sachverhaltsaufklärung nach § 26 angezeigt sein.

2. Lebenspartner. Lebenspartner meint Partner gleichgeschlechtlicher Partnerschaften i.S.d. § 1 LPartG, 10
nicht Partner einer nicht ehelichen Gemeinschaft. Auch der Lebenspartner darf vom Betroffenen nicht dauernd getrennt leben.

11 **3. Elternteil.** Ein Elternteil kann beteiligt werden, wenn der Betroffene bei ihm lebt oder zum Zeitpunkt der Verfahrenseinleitung dort gelebt hat. Der Elternteil muss nicht der Sorgerechtsinhaber sein oder gewesen sein. Fehlt eine häusliche Gemeinschaft, kann eine Anhörung i.R.d. § 26 angezeigt sein.

12 **4. Kind.** Der Betroffene muss bei dem Kind leben, was nur der Fall sein kann, wenn das Kind volljährig ist, vgl. § 11 BGB (offengelassen in BGH InfAuslR 2010, 384). Auch nicht eheliche, Stief- (dazu LG Oldenburg BtPrax 1996, 31) und Adoptivkinder sind gemeint. Fehlt eine häusliche Gemeinschaft, kann wiederum eine Anhörung nach § 26 erfolgen.

13 **5. Pflegeeltern.** Der Gesetzgeber ermöglicht die Beteiligung der Pflegeeltern, weil sie zwar nicht in eigenen Rechten betroffen sind, aber ihr ideelles Interesse als schutzwürdig gewertet wird. Ein faktisches Pflegeverhältnis nach § 44 SGB VIII genügt, der Betroffene muss aber zumindest bei Verfahrenseinleitung bei den Pflegeeltern gelebt haben (Bahrenfuss/*Grotkopp* § 418 Rn. 7).

14 **6. Vertrauensperson.** Der Betroffene kann eine oder mehrere natürliche Personen (nicht Organisationen oder Institutionen) als Vertrauensperson benennen, ohne dazu verpflichtet zu sein. Die Benennung einer Person mit natürlichem Willen genügt. Zum Teil wird verlangt, dass eine enge Verbundenheit zwischen Betroffenem und benannter Vertrauensperson besteht (LG Kleve NJW-RR 2015, 1339 m.w.N.). Dies kann aber allenfalls ein Kriterium im Rahmen der Ermessensentscheidung des Gerichts über die Hinzuziehung bilden. Besonderheiten gelten im Verfahren auf die Unterbringung eines Minderjährigen. Hier ist keine ausdrückliche Benennung erforderlich. Es kann genügen, wenn aus den Äußerungen des Minderjährigen oder den übrigen Umständen heraus erkennbar ist, dass eine weitere Person existiert, der der Minderjährige sein Vertrauen schenkt und deren Beteiligung an dem Verfahren im Interesse des Minderjährigen geboten ist. Es steht dann im Ermessen des Gerichts, ob es diese Vertrauensperson am Verfahren beteiligt (BGH NJW-RR 2013, 65; OLG Hamm NJOZ 2012, 1390).
Lediglich unsinnige Nennungen (Papst, englische Königin, Filmfiguren) bleiben unbeachtlich.

15 **IV. Verfahrensrechtliches.** Diejenigen, die nach § 418 Abs. 3 eine Beteiligtenposition erlangen können, sind über die Verfahrenseinleitung zu informieren und über ihr Antragsrecht zu belehren, § 7 Abs. 4. Die Verpflichtung besteht nur im Hinblick auf bekannte Beteiligte, Identität und Aufenthalt müssen bekannt sein bzw. es muss hinreichende Ansatzpunkte zu ihrer Ermittlung geben. Die Hinzuziehung kann nach § 7 Abs. 5 formlos durch Übersenden einer Ladung oder von Schriftstücken erfolgen. Mit der Hinzuziehung als Beteiligter stehen dem jeweiligen Beteiligten die nach dem FamFG vorgesehenen Rechte, etwa Anhörungs- und Akteneinsichtsrecht, Recht auf Bekanntgabe der Entscheidung sowie – im Interesse des Betroffenen – ein Beschwerderecht zu. Auf der anderen Seite ist der Beteiligte nach § 27 zur Mitwirkung verpflichtet und ihn trifft u.U. eine Kostentragungspflicht, § 81. Die Ablehnung eines Antrages auf Hinzuziehung als Beteiligter erfolgt durch Beschluss, § 7 Abs. 5 Satz 1. Dagegen ist das Rechtsmittel der sofortigen Beschwerde gegeben, § 7 Abs. 5 Satz 2. Zu Einzelheiten vgl. § 7 Rdn. 35. Zur Beteiligtenfähigkeit vgl. § 8.

§ 419 Verfahrenspfleger.
(1) ¹Das Gericht hat dem Betroffenen einen Verfahrenspfleger zu bestellen, wenn dies zur Wahrnehmung seiner Interessen erforderlich ist. ²Die Bestellung ist insbesondere erforderlich, wenn von einer Anhörung des Betroffenen abgesehen werden soll.
(2) Die Bestellung eines Verfahrenspflegers soll unterbleiben oder aufgehoben werden, wenn die Interessen des Betroffenen von einem Rechtsanwalt oder einem anderen geeigneten Verfahrensbevollmächtigten vertreten werden.
(3) Die Bestellung endet, wenn sie nicht vorher aufgehoben wird, mit der Rechtskraft des Beschlusses über die Freiheitsentziehung oder mit dem sonstigen Abschluss des Verfahrens.
(4) Die Bestellung eines Verfahrenspflegers oder deren Aufhebung sowie die Ablehnung einer derartigen Maßnahme sind nicht selbständig anfechtbar.
(5) ¹Für die Vergütung und den Aufwendungsersatz des Verfahrenspflegers gilt § 277 entsprechend. ²Dem Verfahrenspfleger sind keine Kosten aufzuerlegen.

Übersicht

	Rdn.		Rdn.
A. Allgemeines	1	1. Grundsatz	3
B. Einzelheiten	2	2. Zwingende Fälle	5
I. Voraussetzungen, Abs. 1	2	3. Person des Verfahrenspflegers	7

	Rdn.		Rdn.
4. Rechtsstellung und Aufgaben des Verfahrenspflegers	10	b) Eintritt der Rechtskraft	17
		c) Sonstiger Verfahrensabschluss	18
5. Zeitpunkt der Bestellung	11	3. Verlängerung	19
II. Unterbleiben bzw. Aufhebung der Verfahrenspflegerbestellung, Abs. 2	12	4. Rechtsmittel, Abs. 4	20
		5. Kosten, Abs. 5	21
III. Verfahrensrechtliches	14	a) Vergütung und Aufwendungsersatz, Satz 1	21
1. Begründung der Entscheidung	14		
2. Beendigung der Verfahrenspflegschaft	15	b) Kosten, Satz 2	22
a) Aufhebung	16		

A. Allgemeines. § 419 regelt die Erforderlichkeit einer Verfahrenspflegerbestellung im Freiheitsentziehungsverfahren. Der Aufgabenkreis eines Verfahrenspflegers ist ebenso wenig festgelegt wie die zur Ausübung des Amtes notwendige Qualifikation. Ein Verfahrenspfleger ist an keine Weisungen gebunden. Die Verfahrenspflegschaft ist eine Pflegschaft eigener Art. Die Vorschrift korrespondiert mit §§ 276 und 317, die die Erforderlichkeit einer Verfahrenspflegerbestellung im Betreuungs- und Unterbringungsverfahren regeln. Der Verfahrenspfleger soll die objektiven Interessen des Betroffenen wahrnehmen und dessen Belange wahren. 1

B. Einzelheiten. I. Voraussetzungen, Abs. 1. Während § 419 Abs. 1 Satz 1 die grundsätzlichen Voraussetzungen für eine Verfahrenspflegerbestellung nennt, beschreibt Satz 2 zwingende Fälle einer Verfahrenspflegerbestellung. 2

1. Grundsatz. Grundsätzlich setzt die Bestellung eines Verfahrenspflegers voraus, dass dies zur Wahrnehmung der Interessen des Betroffenen erforderlich ist. Der Gesetzgeber wollte die Bestellung eines Verfahrenspflegers nicht als Regel ausgestaltet wissen. Er begründet das damit, dass sich die Betroffenen in Freiheitsentziehungssachen im Vollbesitz ihrer geistigen Kräfte befinden. Genannt werden Freiheitsentziehungen nach dem AufenthG oder dem AsylVfG bzw. Ingewahrsamnahmen nach dem BPolG oder dem IfSG (BT-Drucks. 16/6308, S. 657). Dem hat sich der BGH inzwischen angeschlossen. Entsprechend der in §§ 419 Abs. 1 Satz 2, 420 Abs. 2 zum Ausdruck kommenden gesetzlichen Wertung bedarf es außerhalb der Regelbeispiele des Gesetzes der Bestellung eines Verfahrenspflegers, wenn dem Betroffenen aus gesundheitlichen Gründen die Fähigkeit zur eigenverantwortlichen Interessenwahrnehmung fehlt (Bahrenfuss/*Grotkopp* § 419 Rn. 3). Dagegen rechtfertigen bloße sprachliche Verständigungsschwierigkeiten keine Verfahrenspflegerbestellung (BGH FGPrax 2014, 37). Bei schwieriger Sach- und Rechtslage und Erfüllung der wirtschaftlichen Voraussetzungen kann dem Betroffenen allerdings auf seinen Antrag hin ein Rechtsanwalt beigeordnet werden. 3

Bei der Entscheidung über die Erforderlichkeit einer Verfahrenspflegerbestellung sind Art., Dauer und Intensität der Maßnahme zu beachten. Deshalb kann die Bestellung eines Verfahrenspflegers unterbleiben, wenn ein gerichtliches Verfahren unterbleibt, weil der Betroffene nur kurzzeitig wegen eines die freie Willensbestimmung ausschließenden Zustandes oder einer sonst hilflosen Lage in Gewahrsam genommen wird, etwa nach § 39 BPolG. Stellt das Gericht – dies kann auch das Beschwerdegericht sein – fest, dass eine Verfahrenspflegerbestellung erforderlich ist, muss sie erfolgen. Es besteht kein Ermessen. Will das Gericht dagegen die Anordnung einer Freiheitsentziehung ablehnen, bedarf es keiner Bestellung eines Verfahrenspflegers. 4

2. Zwingende Fälle. Nach Satz 2 ist eine Verfahrenspflegerbestellung zwingend, wenn das Gericht von der persönlichen Anhörung des Betroffenen absehen will. §§ 34 Abs. 2, 420 Abs. 2 ermöglichen dies, wenn nach ärztlichem Attest (ein Gutachten wie in Unterbringungssachen wird nicht verlangt) von der persönlichen Anhörung erhebliche Nachteile für die Gesundheit des Betroffenen zu besorgen sind (dazu § 34 Rdn. 14 f.), der Betroffene nach dem unmittelbaren Eindruck des Gerichtes offensichtlich nicht in der Lage ist, seinen Willen kundzutun (dazu § 34 Rdn. 15 f.) oder wenn er an einer übertragbaren Krankheit i.S.d. IfSG leidet (dazu § 420 Rdn. 15). Die Verfahrenspflegerbestellung ist dann zur Gewährung des rechtlichen Gehörs unabdingbar. Gleiches muss gelten, wenn das Gericht die Entscheidungsgründe unter den Voraussetzungen des § 423 nicht an den Betroffenen bekannt machen will. 5

Eine Ausnahme soll im Beschwerdeverfahren gelten. Sieht das Beschwerdegericht nach § 68 Abs. 3 Satz 2 von einer persönlichen Anhörung ab, soll dies wegen der darin liegenden Verfahrenseffizienz nicht zwin- 6 gend zur Verfahrenspflegerbestellung führen (BT-Drucks. 16/6308, S. 657). In zwingenden Fällen der Verfahrenspflegerbestellung kann das nicht gelten.

7 **3. Person des Verfahrenspflegers.** Der Gesetzgeber hat darauf verzichtet, bestimmte persönliche oder fachliche Qualifikationen für die Person des Verfahrenspflegers festzulegen. Auch auf die Festlegung eines Vorranges für ehrenamtliche Verfahrenspfleger, vgl. §§ 276 Abs. 3, 317 Abs. 3, verzichtet § 419. Angesichts des gravierenden Eingriffs in die Freiheitsrechte wird zumindest bei nicht nur kurzzeitigen Freiheitsentziehungen der zu bestellende Verfahrenspfleger rechtskundig sein müssen (Keidel/*Budde* § 419 Rn. 8).

8 Ist eine Vertretung durch einen Rechtsanwalt nicht geboten, kommen auch andere Personen in Betracht, vgl. § 10 Abs. 2 zur Frage der erforderlichen Sachkunde von Bevollmächtigten. Werden sie als Verfahrenspfleger bestellt, dürfen an ihre Sachkunde keine überspannten Anforderungen gestellt werden. Wichtig kann auch die Fähigkeit sein, auf den Betroffenen einzugehen und mit ihm kommunizieren zu können.

9 Um Interessenkonflikte zu vermeiden, sollte kein bei der Anstellungskörperschaft der zuständigen Verwaltungsbehörde tätiger Mitarbeiter zum Verfahrenspfleger bestellt werden.

10 **4. Rechtsstellung und Aufgaben des Verfahrenspflegers.** Die Bestellung eines Verfahrenspflegers im Freiheitsentziehungsverfahren soll die Wahrung der Belange des Betroffenen im Verfahren gewährleisten. Der Betroffene soll bei den besonders schwerwiegenden Eingriffen in das Grundrecht der Freiheit der Person nicht allein stehen, sondern fachkundig beraten und vertreten werden. Die Aufgabe des Verfahrenspflegers besteht darin, die verfahrensmäßigen Rechte des Betroffenen zur Geltung zu bringen, insb. den Anspruch auf Gewährung rechtlichen Gehörs. Vorstellungen und Interessen des Betroffenen sollen – aus objektiver Sicht eines Dritten – im Verfahren sachgerecht zum Ausdruck gebracht werden (BGH FGPrax 2014, 37). Mit seiner Bestellung ist der Verfahrenspfleger Beteiligter des Unterbringungsverfahrens und vom Gericht im selben Umfang wie der Betroffene an den Verfahrenshandlungen zu beteiligen. Die Bestellung ist wirksam, selbst wenn die gesetzlichen Voraussetzungen für die Bestellung nicht erfüllt waren (BGH FGPrax 2014, 37). Ein anwaltlicher Verfahrenspfleger wird i.d.R. im Verlaufe des Verfahrens eine Stellungnahme abgeben. Zur Vergütung des berufsmäßigen Verfahrenspflegers vgl. Abs. 5 Satz 1, der auf § 277 verweist.

11 **5. Zeitpunkt der Bestellung.** Das Gesetz schreibt nicht vor, zu welchem Zeitpunkt ein Verfahrenspfleger in Freiheitsentziehungssachen zu bestellen ist. Die Bestellung sollte aber möglichst frühzeitig erfolgen, und zwar zu einem Zeitpunkt, in dem der Verfahrenspfleger noch Einfluss auf die Entscheidung nehmen kann (BGH MDR 2011, 488: für eine Unterbringungssache).

12 **II. Unterbleiben bzw. Aufhebung der Verfahrenspflegerbestellung, Abs. 2.** Abs. 2 entspricht §§ 276 Abs. 4, 317 Abs. 4. Danach soll die Bestellung eines Verfahrenspflegers unterbleiben oder aufgehoben werden, wenn die Interessen des Betroffenen von einem Rechtsanwalt oder einem anderen geeigneten Verfahrensbevollmächtigten vertreten werden. Die Bevollmächtigung ist ggf. nachzuweisen, § 11.

13 Meldet sich vor Beginn oder im Freiheitsentziehungsverfahren ein Bevollmächtigter, kann – muss aber nicht – die Bestellung eines Verfahrenspflegers unterbleiben bzw. wieder aufgehoben werden. Die Bestellung eines Verfahrenspflegers dürfte nur noch in atypischen Fallkonstellationen in Betracht kommen. Etwa, wenn der anwaltliche Bevollmächtigte gleichzeitig von einem anderen Beteiligten bevollmächtigt ist (KG FGPrax 2004, 117) oder der Betroffene durch krankheitsbedingte unsinnige Anweisungen eine adäquate Vertretung unterläuft.

14 **III. Verfahrensrechtliches. 1. Begründung der Entscheidung.** Die Bestellung eines Verfahrenspflegers muss nicht begründet werden. Da der Gesetzgeber sie in Freiheitsentziehungssachen ohnehin als Ausnahme ansieht, bedarf ihre Unterlassung ebenfalls nicht der Begründung. Insoweit hat der Gesetzgeber die anderslautenden Regelungen der §§ 276 Abs. 2, 317 Abs. 2 bewusst nicht übernommen.

15 **2. Beendigung der Verfahrenspflegschaft.** Die Verfahrenspflegschaft findet ihr Ende, durch Aufhebung, Eintritt der Rechtskraft des Beschlusses über die Freiheitsentziehung oder mit sonstigem Abschluss des Verfahrens.

16 **a) Aufhebung.** Die Aufhebung erfolgt durch Beschluss und ist in den Fällen des Abs. 2 möglich. Dagegen lässt sich eine Aufhebung nicht damit begründen, dass das Freiheitsentziehungsverfahren entscheidungsreif und mit der Entscheidung erledigt sei (BayObLG FamRZ 2002, 1362).

b) Eintritt der Rechtskraft. Bei Anordnung einer Freiheitsentziehung endet die Verfahrenspflegschaft spätestens mit dem Eintritt der formellen Rechtskraft (dazu § 422 Abs. 1). Wird gegen die Entscheidung des AG Beschwerde und gegen die Beschwerdeentscheidung die Rechtsbeschwerde eingelegt, besteht die Verfahrenspflegschaft bis zur abschließenden Entscheidung der dritten Instanz. Im Beschwerdeverfahren bedarf es daher nicht der gesonderten erneuten Verfahrenspflegerbestellung. 17

c) Sonstiger Verfahrensabschluss. Die Verfahrenspflegschaft endet schließlich auch mit dem sonstigen Abschluss des Verfahrens. Gemeint sind damit etwa die Rücknahme des Antrages auf Freiheitsentziehung, die Entlassung des Betroffenen aus der Freiheitsentziehung oder der Tod des Betroffenen. 18

3. Verlängerung. Ist nach Beendigung der Verfahrenspflegschaft eine Verlängerung bzw. neue Freiheitsentziehung nötig, ist neu zu prüfen, ob die Voraussetzungen für eine Verfahrenspflegerbestellung vorliegen. 19

4. Rechtsmittel, Abs. 4. Die Bestellung eines Verfahrenspflegers, deren Aufhebung bzw. die Ablehnung der Bestellung oder Aufhebung kann nicht isoliert angefochten werden. Das Gesetz greift insoweit die Rspr. zur fehlenden Anfechtbarkeit der Verfahrenspflegerbestellung im Betreuungs- (BGH NJW-RR 2003, 1369) und Unterbringungsverfahren (OLG Schleswig FamRZ 2003, 1499) auf. 20

5. Kosten, Abs. 5. a) Vergütung und Aufwendungsersatz, Satz 1. Abs. 5 Satz 1 verweist hinsichtlich der Vergütungs- und Aufwendungsersatzansprüche eines Verfahrenspflegers in Freiheitsentziehungssachen auf die entsprechende Regelung in Betreuungssachen, nämlich § 277. Zu Einzelheiten kann auf die dortige Kommentierung verwiesen werden. 21

b) Kosten, Satz 2. Der Verfahrenspfleger ist nach § 418 Abs. 2 mit seiner Bestellung Beteiligter des Verfahrens. Das mit der Beteiligtenstellung verbundene Kostenrisiko nach § 81 schließt das Gesetz mit der spezielleren Regelung des Abs. 5 Satz 2 für den Verfahrenspfleger aus. 22

§ 420 Anhörung; Vorführung.

(1) ¹Das Gericht hat den Betroffenen vor der Anordnung der Freiheitsentziehung persönlich anzuhören. ²Erscheint er zu dem Anhörungstermin nicht, kann abweichend von § 33 Abs. 3 seine sofortige Vorführung angeordnet werden. ³Das Gericht entscheidet hierüber durch nicht anfechtbaren Beschluss.
(2) Die persönliche Anhörung des Betroffenen kann unterbleiben, wenn nach ärztlichem Gutachten hiervon erhebliche Nachteile für seine Gesundheit zu besorgen sind oder wenn er an einer übertragbaren Krankheit im Sinne des Infektionsschutzgesetzes leidet.
(3) ¹Das Gericht hat die sonstigen Beteiligten anzuhören. ²Die Anhörung kann unterbleiben, wenn sie nicht ohne erhebliche Verzögerung oder nicht ohne unverhältnismäßige Kosten möglich ist.
(4) ¹Die Freiheitsentziehung in einem abgeschlossenen Teil eines Krankenhauses darf nur nach Anhörung eines ärztlichen Sachverständigen angeordnet werden. ²Die Verwaltungsbehörde, die den Antrag auf Freiheitsentziehung gestellt hat, soll ihrem Antrag ein ärztliches Gutachten beifügen.

Übersicht	Rdn.		Rdn.
A. Allgemeines	1	2. Vorliegen einer übertragbaren	
B. Einzelheiten	2	Krankheit	15
I. Regelungsinhalt	2	3. Verfahrensrechtliches	16
II. Persönliche Anhörung des Betroffenen,		IV. Anhörung der sonstigen Beteiligten,	
Abs. 1	4	Abs. 3	18
1. Persönliche Anhörung	6	1. Verfahrensrechtliches	20
2. Ort der Anhörung	7	2. Unterbleiben der Anhörung, Satz 2	22
3. Inhalt der Anhörung	8	V. Hinzuziehung eines Sachverständigen,	
a) Verfahrensablauf	8	Abs. 4	23
b) Weitere Gesichtspunkte	10	1. Satz 1	24
4. Vorführung des Betroffenen, Satz 2 und 3	11	2. Satz 2	25
		VI. Protokollierung der Anhörung	26
III. Unterbleiben der Anhörung, Abs. 2	13	VII. Beschwerdeverfahren	27
1. Gesundheitsnachteile	14		

§ 420

1 **A. Allgemeines.** § 420 regelt in Abs. 1 und 2 für Freiheitsentziehungssachen die persönliche Anhörung des Betroffenen sowie die Möglichkeiten der Durchsetzung bzw. des Absehens davon. Daneben sind in Abs. 3 die Anhörung der sonstigen Beteiligten bzw. in Abs. 4 die Anhörung eines ärztlichen Sachverständigen im Verfahren auf Freiheitsentziehung in einem abgeschlossenen Teil eines Krankenhauses normiert. Soweit Anhörungen vorgeschrieben werden, wird damit dem Gebot des rechtlichen Gehörs nach Art. 103 GG entsprochen. Zugleich konkretisiert § 420 für Freiheitsentziehungssachen die sich bereits aus §§ 34, 37 Abs. 2 ergebenden Anhörungspflichten des Gerichtes. Schließlich stellt die persönliche Anhörung einen wichtigen Bestandteil der Sachaufklärung dar (BGH FGPrax 2010, 261). § 420 legt nicht fest, welchen Umfang und welche Durchdringungstiefe eine persönliche Anhörung aufweisen muss (BGH FGPrax 2010, 261).

2 **B. Einzelheiten. I. Regelungsinhalt.** § 420 gilt für Freiheitsentziehungssachen, also die in § 415 aufgeführten Verfahren. Über § 425 Abs. 3 gilt er auch für die Verlängerung von Freiheitsentziehungen und über § 51 Abs. 2 im Verfahren auf die einstweilige Anordnung einer Freiheitsentziehung nach § 427.

3 Bei Ablehnung oder Abkürzung einer Freiheitsentziehungsmaßnahme bedarf es dagegen nicht immer der persönlichen Anhörung. Ihre Notwendigkeit bemisst sich allein nach § 26. Dies gilt auch im Verfahren auf Klärung der Rechtmäßigkeit einer erledigten Freiheitsentziehungsmaßnahme.

4 **II. Persönliche Anhörung des Betroffenen, Abs. 1.** § 420 Abs. 1 Satz 1 konkretisiert eine der wesentlichen Verfahrensgarantien des Art. 104 GG (OLG München NVwZ-RR 2006, 153). Die persönliche Anhörung des Betroffenen verschafft dem Gericht eigene Erkenntnisquellen und geht damit über die Pflicht zur Gewährung des rechtlichen Gehörs hinaus (BVerfGE 83, 24). Ein Verstoß gegen die Verpflichtung zur persönlichen Anhörung ist in späteren Verfahren nicht mehr mit Wirkung für die Vergangenheit zu heilen (BVerfG, Beschl. v. 27.02.2013, 2 BvR 1872/10).

5 Bei ausländischen Betroffenen muss im Rahmen der Anhörung ein Hinweis auf ihr Recht nach Art. 36 des Wiener Übereinkommens über konsularische Beziehungen – Information der für sie zuständigen konsularischen Vertretung ihres Heimatlandes über den Freiheitsentzug – erfolgen (BGH FGPrax 2011, 257).

6 **1. Persönliche Anhörung.** Nach Abs. 1 Satz 1 muss das Gericht den Betroffenen vor einer Freiheitsentziehungsmaßnahme anhören (BGH FGPrax 2010, 263). Bereits aus § 34 Abs. 1 Nr. 2 ergibt sich, dass die Anhörung persönlich, also mündlich zu erfolgen hat. Die persönliche Anhörung kann nur unter den Voraussetzungen des § 420 Abs. 2 unterbleiben. Ein Verstoß gegen die Pflicht zur vorherigen Anhörung drückt der gleichwohl angeordneten Haft den Makel einer rechtswidrigen Freiheitsentziehung auf (BGH FGPrax 2010, 263). Einem Verfahrensbevollmächtigten muss unter dem Gesichtspunkt des fairen Verfahrens die Möglichkeit eingeräumt werden, am Termin zur Anhörung des Betroffenen teilzunehmen (BGH FGPrax 2014, 228). Die bloße Möglichkeit einer schriftsätzlichen Stellungnahme genügt nicht. Die weiteren Beteiligten (dazu § 418) sind zum Termin zu laden (OLG Rostock FGPrax 2006, 187 bezüglich des bevollmächtigten Anwaltes). Unterbleibt die Ladung oder wird ein Wunsch nach Terminverlegung nicht berücksichtigt, ist die Anhörung fehlerhaft und muss wiederholt werden (BayObLG NJWE-FER 2001, 324; offen gelassen von BGH NVwZ-RR 2011, 664). Die Anhörung ist auch fehlerhaft, wenn das Gericht dem Betroffenen Verfahrenskostenhilfe bewilligt, ihm aber fehlerhaft keinen Rechtsanwalt beiordnet (BGH FGPrax 2013, 132). Die Anhörung verschafft dem Richter durch eine Augenscheinseinnahme des Betroffenen und ggf. seiner Umgebung einen persönlichen Eindruck vom Betroffenen. I.d.R. ist deshalb die Anhörung durch den ersuchten Richter ausgeschlossen (OLG Frankfurt am Main FGPrax 1995, 167). In Ausnahmefällen bleibt die Anhörung durch den ersuchten Richter möglich (OLG Celle NJOZ 2010, 110: kurzfristige Verlegung in eine weit entfernte Vollzugsanstalt). Im Beschwerdeverfahren kann die persönliche Anhörung durch den beauftragten Richter erfolgen, wenn die Voraussetzungen des § 378 Abs. 1a ZPO vorliegen (BGH FGPrax 2010, 263).

7 **2. Ort der Anhörung.** Anders als in Betreuungs- und Unterbringungssachen ist keine Anhörung in der üblichen Umgebung des Betroffenen vorgeschrieben. Aus Abs. 1 Satz 2 lässt sich schließen, dass der Gesetzgeber davon ausgeht, dass die Anhörung im Gericht bzw. an dem Ort der Freiheitsentziehung stattfindet. Das Gericht entscheidet insoweit nach pflichtgemäßem Ermessen. Ist der Betroffene bereits untergebracht bzw. in Gewahrsam genommen, befindet er sich in einem abgeschlossenen Teil eines Krankenhauses oder in einem Haftraum, wird die Anhörung dort zu erfolgen haben.

8 **3. Inhalt der Anhörung. a) Verfahrensablauf.** § 420 Abs. 1 Satz 1 sieht keinen Inhalt der Anhörung vor. Dem Betroffenen muss aber das Verfahren verständlich gemacht werden, damit er die für ihn wichtigen Gesichtspunkte vortragen kann, insb. solche, die gegen eine Freiheitsentziehung sprechen könnten (BGH

FGPrax 2010, 152). Bereits mit der Ladung zur Anhörung sind dem Betroffenen die gestellten Anträge und der Gegenstand der Anhörung mitzuteilen (OLG Frankfurt am Main NJW 1985, 1294). Ist der Betroffene der deutschen Sprache nicht mächtig, muss ihm der vollständige Haftantrag übersetzt und der Akteninhalt bekannt gemacht werden (BGH InfAuslR 2015, 301). Dies gebietet Art. 5 Abs. 2 EMRK. Nur bei einem einfachen und überschaubaren Sachverhalt (dazu BGH FGPrax 2014, 39 und 2013, 132) genügt es, wenn diese Mitteilung erst zu Beginn der Anhörung erfolgt (BGH FGPrax 2012, 227). In diesen Fällen reicht auch die mündliche Übersetzung des Haftantrages durch einen Dolmetscher im Termin (BGH FGPrax 2013, 87). Auf die Überlassung einer schriftlichen Übersetzung des Haftantrages besteht dann kein Anspruch (BGH FGPrax 2013, 132). Der Betroffene muss auch unter Berücksichtigung einer etwaigen Überraschung in der Lage sein, zu dem Antrag Stellung zu nehmen (BGH NVwZ-RR 2011, 664). Ist dem Betroffenen ein Verfahrenspfleger bestellt, genügt es, wenn diesem der Haftantrag – rechtzeitig – übermittelt worden ist und er an der Anhörung teilnimmt (BGH FGPrax 2014, 37). Die Anhörung dient u.a. der Sachaufklärung, ggf. muss – durch das Gericht – ein Dolmetscher für den Betroffenen hinzugezogen werden, es sei denn, der Richter spricht die Sprache des Betroffenen selbst (KG FGPrax 2006, 178). Die Vereidigung des Dolmetschers ist nicht erforderlich, wenn die beteiligten Personen darauf verzichten, § 189 Abs. 3. Wird ein Dolmetscher hinzugezogen, muss sich der Richter vergewissern, dass dieser Dolmetscher und der Betroffene dieselbe Sprache sprechen (BGH FGPrax 2010, 152). Es besteht kein Anspruch auf Überlassung einer schriftlichen Übersetzung des Haftantrages (BGH FGPrax 2010, 154; OLG Hamm FGPrax 2010, 159). I.d.R. muss der Haftantrag den Betroffenen vor seiner Anhörung in vollständiger Abschrift ausgehändigt werden, und zwar einschließlich späterer Nachträge (BGH FGPrax 2013, 40). Der Betroffene ist grds. vor der Entscheidung mündlich anzuhören (OLG Rostock FGPrax 2006, 187).

Der Umfang der persönlichen Anhörung bemisst sich unter Beachtung des § 26 nach den Umständen des Einzelfalls. Eine inhaltlich unzulängliche persönliche Anhörung, die dazu führt, dass der Sachverhalt nicht in dem gebotenen Umfang aufgeklärt ist, stellt eine »Nichtanhörung« dar. Sie kann nicht Grundlage einer Freiheitsentziehungsmaßnahme sein (BGH FGPrax 2010, 261). I.R.d. Anhörung ist ein ausländischer Betroffener über sein Recht, die konsularische Vertretung seines Heimatlandes von seiner Inhaftierung zu unterrichten, zu informieren (BGH FGPrax 2010, 212). Ein solches Recht ergibt sich aus dem WÜK, aber auch aus einzelnen Konsularverträgen. Die Belehrung ist unerlässlicher Bestandteil eines fairen Verfahrens (BVerfG NJW 2007, 499). Es kann ausreichen, wenn die Belehrung später – anlässlich der Haftaufnahme – nachgeholt wird (BGH FGPrax 2011, 41). Das Unterlassen der Belehrung begründet einen Verfahrensmangel, der die Rechtswidrigkeit der Freiheitsentziehung begründen kann (BGH FGPrax 2010, 212). Entbehrlich ist die Belehrung nur, wenn der Betroffene seine entsprechenden Rechte kennt und sie von sich aus wahrnimmt (BGH FGPrax 2013, 132). 9

b) **Weitere Gesichtspunkte.** Gegenstände der Anhörung können weiterhin sein: 10
– Klärung der Personalien (Identität des Betroffenen),
– Besprechung der Vorgänge/Gefährdungstatbestände, die zum Verfahren geführt haben,
– Klärung der wesentlichen Grundvoraussetzungen der i.E. anzuwendenden materiellen Vorschriften zum Freiheitsentzug (Bahrenfuss/*Grotkopp* § 420 Rn. 3),
– Eindruck vom Betroffenen, seine Verhaltensweisen, welche Alternativen bestehen, Kontrolle hinsichtlich des ärztlichen Gutachtens bzw. Zeugnisses (dazu OLG München NVwZ-RR 2006, 153),
– Erforderlichkeit des Freiheitsentzuges,
– Klärung, wer als Vertrauensperson, Angehöriger oder Institution zu beteiligen ist (§ 418),
– Klärung, ob ein Rechtsanwalt oder eine andere Person bevollmächtigt ist oder wird bzw. ein Verfahrenspfleger (§ 419) zu bestellen ist,
– Klärung, ob der Betroffene über die Mitteilung der Entscheidung an andere Behörden unterrichtet werden kann (§ 431).

4. Vorführung des Betroffenen, Satz 2 und 3. Erscheint der Betroffene nicht zur persönlichen Anhörung 11 im Gericht, kann das Gericht ihn sofort vorführen lassen. Der Gesetzgeber hat die Vorführung als sofortige abweichend von § 33 Abs. 3 geregelt, da die Vorführung in Freiheitsentziehungssachen i.d.R. eilbedürftig ist und nicht durch das aufwendige Verfahren nach § 33 Abs. 3 verzögert werden soll. Nicht ausdrücklich geregelt ist, durch wen die Vorführung erfolgt. Deshalb gelten die Vorschriften des allgemeinen Teils. Nach § 86 Abs. 1 Nr. 1 i.V.m. § 87 Abs. 3 ist der Gerichtsvollzieher), dem dabei die Befugnis zusteht, die Unterstützung polizeilicher Vollzugsorgane nachzusuchen, die Wohnung öffnen zu lassen und zu durchsuchen, zuständig (Prütting/Helms/*Jennissen* § 420 Rdn. 16. Nach anderer Auffassung sollen für die Vorführung die §§ 283, 284, 322 analog gelten, die in Betreuungs- und Unterbringungssachen der Betreuungsbehörde diese Aufgabe nebst den Gewaltbefugnissen übertragen (Bahrenfuss/*Grotkopp* § 420 Rn. 6). Angesichts der Regelungen im allgemeinen Teil besteht indes keine gesetzliche Lücke, sodass eine Analogie ausscheidet.

12 Nach Satz 3 ist wegen der Eilbedürftigkeit kein Rechtsmittel gegen die Anordnung der Vorführung gegeben. Die Vorführung wird von der zuständigen Verwaltungsbehörde vollzogen.
Ist der Betroffene in Abschiebungshaftsachen untergetaucht, darf vor der persönlichen Anhörung keine abschließende, sondern allenfalls eine einstweilige Haftanordnung ergehen (Keidel/*Budde* § 420 Rn. 10). Auch ein befürchtetes Untertauchen des ausreisepflichtigen Betroffenen rechtfertigt kein Absehen von der Anhörung (Grotkopp SchlHA 2011, 151, 155). Dies ist nur nach Maßgabe des Abs. 2 möglich.

13 **III. Unterbleiben der Anhörung, Abs. 2.** Im Anschluss an § 34 Abs. 2 (dazu § 34 Rdn. 14 f.) knüpft § 420 Abs. 2 das Unterlassen einer persönlichen Anhörung an weitere, einschränkende Kriterien. Danach kann von einer persönlichen Anhörung nur abgesehen werden, wenn erhebliche Gesundheitsnachteile für den Betroffenen zu befürchten sind oder wenn er an einer übertragbaren Krankheit i.S.d. IfSG leidet. Anders als der § 278 Abs. 4 für das Betreuungs- und § 319 Abs. 3 für das Unterbringungsverfahren verlangt § 420 Abs. 2, dass die Feststellungen zu erheblichen Gesundheitsnachteilen des Betroffenen aufgrund der persönlichen Anhörung oder das Bestehen einer übertragbaren Krankheit i.S.d. IfSG durch ein ärztliches Attest (nicht Gutachten) nachgewiesen sein müssen. Für das einzuholende Attest gilt § 29. I.R.d. Amtsermittlung hat das Gericht zu prüfen, welche Qualifikation des Ausstellers erforderlich erscheint, welche Form und welchen Umfang es aufweisen muss.

14 **1. Gesundheitsnachteile.** Als erhebliche Gesundheitsnachteile reichen vorübergehende Verschlechterungen oder solche, denen mit Medikamenten oder ärztlichem Beistand vorgebeugt werden kann, nicht aus (OLG Karlsruhe FamRZ 1999, 670).

15 **2. Vorliegen einer übertragbaren Krankheit.** Soll die Anhörung unterbleiben, weil der Betroffene an einer übertragbaren Krankheit i.S.d. IfSG leidet, dürfen keine anderen Möglichkeiten zum Schutz vor dieser Krankheit für Dritte bestehen (BT-Drucks. 16/6308, S. 658).

16 **3. Verfahrensrechtliches.** Das Gericht hat nach pflichtgemäßem Ermessen zu entscheiden, ob eine persönliche Anhörung unterbleibt. Unterbleibt die Anhörung muss dem Betroffenen ein Verfahrenspfleger bestellt werden, § 419 Abs. 1 Satz 2. Eine persönliche Anhörung kann grds. unterbleiben, wenn das Gericht keine Freiheitsentziehung anordnen will.

17 Nach der Rspr. kann die persönliche Anhörung des Betroffen ausnahmsweise im Beschwerdeverfahren unterbleiben, wenn sie keine neuen Erkenntnisse für die Sachaufklärung verspricht, vgl. § 68 Abs. 2 Satz 2. Voraussetzung ist dann allerdings, dass der Betroffene sich vor dem AG geäußert hat (OLG Celle FGPrax 2008, 227), und die Anhörung in erster Instanz ordnungsgemäß erfolgte (BGH FGPrax 2010, 154 u 261), vgl. auch Rdn. 27 und § 319 Rdn. 26. Zudem muss sich der Sachverhalt für eine Entscheidung nach Aktenlage eignen, woran es fehlt, wenn es um die Würdigung solcher Umstände geht, die nur aufgrund einer durch unmittelbare Anhörung des Betroffenen gewonnenen Überzeugung angemessen beurteilt werden können (BGH FGPrax 2010, 290). Trägt der Betroffene indes in der Beschwerdeinstanz erstmals maßgeblichen Sachverhalt vor, bedarf es seiner erneuten persönlichen Anhörung (BGH FGPrax 2010, 152).

18 **IV. Anhörung der sonstigen Beteiligten, Abs. 3.** Abs. 3 regelt die Anhörung der sonstigen Beteiligten im Verfahren auf eine Freiheitsentziehung und ordnet in Satz 1 ihre Anhörung an.

19 Zu den sonstigen Beteiligten gehören zunächst die zwingend, kraft Gesetzes oder auf Antrag zu beteiligenden Personen (dazu §§ 7 Abs. 1 und 2, 418 Abs. 1 und 2). Zu ihnen gehören etwa die zuständige Verwaltungsbehörde als Antragsteller oder ein bestellter Verfahrenspfleger. Daneben sind diejenigen, die im Interesse des Betroffenen zum Verfahren hinzugezogen wurden (dazu §§ 7 Abs. 3, 418 Abs. 3), anzuhören. Der Betroffene kann ihrer Anhörung nicht widersprechen. Der entgegenstehende Wille des Betroffenen ist allerdings im Vorfeld bei der Entscheidung über die Hinzuziehung einzelner Personen nach § 418 Abs. 3 zu beachten und abzuwägen (dazu § 418 Rdn. 8). I.R.d. Amtsermittlungspflicht nach § 26 kann sich nach pflichtgemäßen Ermessen die Notwendigkeit zur Anhörung weiterer Personen, etwa der Lebensgefährtin des Betroffenen, ergeben (BGH FGPrax 2013, 86).

1. Verfahrensrechtliches. Für die Anhörung ist keine Form vorgeschrieben, eine persönliche Anhörung 20
sieht das Gesetz ausdrücklich und anders als in Abs. 1 bezüglich des Betroffenen nicht vor.
Bei einstweiliger Anordnung einer vorläufigen Freiheitsentziehung kann die Anhörung zunächst unterblei- 21
ben, sie ist aber unverzüglich nachzuholen, §§ 51 Abs. 2, 427 Abs. 2.

2. Unterbleiben der Anhörung, Satz 2. Abs. 3 Satz 2 regelt das Unterbleiben der Anhörung der sonstigen 22
Beteiligten. Demzufolge kann die Anhörung unterbleiben, wenn sie nicht ohne erhebliche Verzögerung
oder nicht ohne unverhältnismäßige Kosten möglich ist. Das wird nur in Ausnahmefällen zu bejahen sein,
etwa wenn Beteiligte im Ausland leben. Fälle unverhältnismäßig hoher Kosten sind in der Praxis kaum
denkbar, allenfalls bei exorbitanten Übersetzer- oder Dolmetscherkosten. Von der Anhörung des deutschen
Ehegatten eines Ausländers darf in Abschiebehaftverfahren i.d.R. nicht abgesehen werden (Keidel/*Budde*
§ 420 Rn. 13). Die Anhörung des Ehegatten kann indes, ohne dass dies einen Verfahrensverstoß begründet,
bis zum Abschluss des Beschwerdeverfahrens nachgeholt werden (BGH Beschl. v. 21.10.2010 – V ZB
56/10). Soll die Anordnung der Freiheitsentziehung abgelehnt werden, kann die Anhörung der sonstigen
Beteiligten ebenfalls unterbleiben. Etwas anderes gilt nur, wenn die Anhörung der sonstigen Beteiligten
i.R.d. Sachverhaltsaufklärung geboten ist.

V. Hinzuziehung eines Sachverständigen, Abs. 4. Abs. 4 sieht bei einer Freiheitsentziehung in einem ab- 23
geschlossenen Teil eines Krankenhauses eine zusätzliche Verfahrensvoraussetzung vor und kommt damit
im Verfahren nach dem IfSG zur Anwendung.

1. Satz 1. Nach Satz 1 darf die Anordnung einer Freiheitsentziehung in einem abgeschlossenen Teil eines 24
Krankenhauses erst nach Anhörung eines Sachverständigen erfolgen. Der Sachverständige muss den Betroffenen zuvor untersuchen und sich ein eigenes Bild machen. Ausdrücklich ist das vom Gesetz indes nicht
vorgeschrieben und kann daher aus besonderen Gründen unterbleiben, z.B. weil der Betroffene sich entzieht. Die Form der Anhörung des Sachverständigen ist ebenfalls nicht vorgeschrieben. Sie kann schriftlich
oder mündlich in Rahmen einer Anhörung in Anwesenheit des Betroffenen und der sonstigen Beteiligten
vorgenommen werden. Die gutachterliche Anhörung soll sich zu den Fragen der Erforderlichkeit einer Freiheitsentziehung in einem abgeschlossenen Teil eines Krankenhauses und den besonderen Voraussetzungen
nach dem IfSG verhalten. Welche Qualifikation der Gutachter aufweisen muss, wird das Gericht nach
pflichtgemäßem Ermessen unter Berücksichtigung des konkreten Krankheitsbildes des Betroffenen zu entscheiden haben.

2. Satz 2. Nach Satz 2 soll die zuständige Verwaltungsbehörde bereits ihrem Antrag ein ärztliches Gutach- 25
ten beifügen. Dieses Gutachten soll sich zur Notwendigkeit der Freiheitsentziehung verhalten. Aussagen zu
Form und Inhalt des Gutachtens trifft das Gesetz nicht. Das Gutachten sollte sich aber zu den Fragen der
Erforderlichkeit einer Freiheitsentziehung in einem abgeschlossenen Teil eines Krankenhauses und den besonderen Voraussetzungen nach dem IfSG verhalten. Der Gutachter muss zumindest Arzt sein, eine weitere
Qualifikation ist nicht vorgeschrieben. Welche Qualifikation der Gutachter aufweisen muss, wird das Gericht nach pflichtgemäßem Ermessen unter Berücksichtigung des konkreten Krankheitsbildes des Betroffenen zu entscheiden haben. Da die Vorlage des Gutachtens nicht zwingend vorgeschrieben ist, schadet sein
Fehlen nicht (a.A. Marschner/Volckart/*Lesting*, § 420 Rn. 16). Das Gericht wird dann aber im Rahmen seiner Amtsermittlungspflicht selbst ein Gutachten einholen müssen.

VI. Protokollierung der Anhörung. Nach § 28 Abs. 4 hat das Gericht über Termine und persönliche An- 26
hörungen einen Vermerk zu fertigen. Zu Einzelheiten vgl. § 28 Rdn. 28 bis 35. Im Verfahren auf eine Freiheitsentziehung empfiehlt sich allerdings die Anhörung in Form eines Gespräches und die möglichst genaue
Wiedergabe von Frage und Antwort. Auch der persönliche Eindruck, die Ergebnisse der Beobachtung, äußere
Erscheinung, Umfeld, Gesprächsablauf, Gestik, Mimik, Verhalten sowie Vormedikation, sollten festgehalten
werden. Hat eine Belehrung nach dem WÜK zu erfolgen, sind diese, die Reaktion des Betroffenen hierauf
und – sofern verlangt – die Unterrichtung der konsularischen Vertretung zu dokumentieren (BGH FGPrax
2011, 99). Schließlich ist die Aushändigung des Freiheitsentziehungsantrages in Kopie, ggf. nebst Übersetzung im Anhörungsvermerk zu dokumentieren (BGH FGPrax 2011, 257 und 2012, 227).

VII. Beschwerdeverfahren. Auch im Beschwerdeverfahren bedarf es einer persönlichen Anhörung des Be- 27
troffenen, vgl. § 68 Abs. 3 Satz 1. Sofern die Voraussetzungen des § 375 Abs. 1a ZPO erfüllt sind, kann die
Anhörung einem Mitglied der Beschwerdekammer als beauftragtem Richter übertragen werden (BGH

FGPrax 2014, 37 und 2010, 263). Unter den Voraussetzungen des § 68 Abs. 3 Satz 2 kann das Beschwerdegericht von einer erneuten persönlichen Anhörung absehen. Von einer erneuten persönlichen Anhörung kann aber nur abgesehen werden, wenn das Gericht des ersten Rechtszugs die persönliche Anhörung ohne Verletzung zwingender Verfahrensvorschriften durchgeführt hatte. Eine erneute Anhörung ist dann etwa entbehrlich, wenn die erstinstanzliche Anhörung nur kurz zurückliegt, sich nach dem Akteninhalt keine neuen entscheidungserheblichen Tatsachen oder rechtliche Gesichtspunkte ergeben, das Beschwerdegericht nicht von dem in der Akte festgehaltenen Ergebnis abweichen will und es nicht auf den persönlichen Eindruck vom Betroffenen ankommt (BGH FGPrax 2014, 39). Hatte der Betroffene im erstinstanzlichen Verfahren keine Gelegenheit zu einem zulässigen Antrag auf Anordnung der Haft und damit zu den tatsächlichen und rechtlichen Grundlagen der gegen ihn verhängten Freiheitsentziehung persönlich Stellung zu nehmen, darf von der persönlichen Anhörung im Beschwerdeverfahren nicht abgesehen werden (BGH FGPrax 2010, 210). Gleiches gilt, wenn die erstinstanzliche Anhörung nicht ordnungsgemäß erfolgte (BGH FGPrax 2010, 261), etwa weil das Verfahrensgrundrecht des Betroffenen auf rechtliches Gehör verletzt wurde (BGH MDR 2010, 1342), dem Betroffenen der Haftantrag nicht ausgehändigt wurde (BGH FGPrax 2014, 39), dem Betroffenen fehlerhaft im Wege der Verfahrenskostenhilfe kein Rechtsanwalt beigeordnet wurde (BGH FGPrax 2013, 132) oder es für die Entscheidung auf die Glaubwürdigkeit des Betroffenen ankommt (BGH MDR 2010, 1342). Zu Einzelheiten vgl. § 319 Rdn. 26.

§ 421 Inhalt der Beschlussformel.
Die Beschlussformel zur Anordnung einer Freiheitsentziehung enthält auch
1. die nähere Bezeichnung der Freiheitsentziehung sowie
2. den Zeitpunkt, zu dem die Freiheitsentziehung endet.

Übersicht

	Rdn.		Rdn.
A. Allgemeines	1	bb) Ablehnung des Antrages	9
B. Einzelheiten	2	cc) Feststellung der Rechtswidrigkeit	10
I. Anwendungsbereich	2	b) Ende der Freiheitsentziehungsmaßnahme, Nr. 2	11
II. Inhalt einer getroffenen Freiheitsentziehungsmaßnahme	3		
1. Bezeichnung des Betroffenen	4	4. Rechtsbehelfsbelehrung	15
2. Bezeichnung des Gerichts	5	5. Fehlen vorstehender Angaben	18
3. Beschlussformel	6	6. Begründung	19
a) Bezeichnung der Freiheitsentziehung, Nr. 1	7	7. Weiterer Entscheidungsinhalt	20
aa) Anordnung einer Freiheitsentziehung	8	8. Inhalt einer ablehnenden Entscheidung	21
		9. Kosten	22

1 **A. Allgemeines.** § 421 legt den Inhalt der Beschlussformel in Freiheitsentziehungssachen (dazu § 415 Rdn. 2 ff.) fest. Die Vorschrift korrespondiert mit § 323, der den Inhalt der Beschlussformel in Unterbringungssachen regelt. Da bereits in § 38 Abs. 2 allgemeine Regelungen zum Inhalt der Beschlussformel getroffen sind, konnte sich § 421 auf spezielle Regelungen für das Freiheitsentziehungsverfahren beschränken.

2 **B. Einzelheiten. I. Anwendungsbereich.** § 421 gilt für alle Freiheitsentziehungssachen i.S.d. § 415, die vom Gericht angeordnet, genehmigt bzw. abgelehnt werden.

3 **II. Inhalt einer getroffenen Freiheitsentziehungsmaßnahme.** Freiheitsentziehungssachen werden durch einen Beschluss des AG, s § 23a Abs. 2 Nr. 6 GVG, angeordnet, § 38 Abs. 1 Satz 1. Welchen Inhalt ein solcher Beschluss zwingend enthalten muss, legen §§ 38 Abs. 2 und 421 fest. Zu einem Beschlussmuster vgl. *Firsching/Dodegge* Rn. 684.

4 **1. Bezeichnung des Betroffenen.** Nach dem Beschlusseingang (»In dem Freiheitsentziehungsverfahren ...«) folgen gem. § 38 Abs. 2 Nr. 1 die genauen Personalien des Betroffenen (Vor-, Familienname, Geburtstag, Anschrift) sowie, sofern vorhanden, Verfahrensbevollmächtigter bzw. -pfleger, gesetzlicher Vertreter. Die weiteren Beteiligten des Verfahrens, die das Gericht hinzugezogen hat, sollten ebenfalls aufgeführt werden.

2. Bezeichnung des Gerichts. Weiter sind das Gericht und die Namen der Gerichtspersonen, die an der 5
Entscheidung mitgewirkt haben, zu nennen, § 38 Abs. 2 Nr. 2.

3. Beschlussformel. Die nach § 38 Abs. 2 Nr. 3 erforderliche Beschlussformel wird in § 421 Nr. 1 und 2 6
konkretisiert.

a) Bezeichnung der Freiheitsentziehung, Nr. 1. Nach Nr. 1 muss eine nähere Bezeichnung der Freiheits- 7
entziehung erfolgen. Die konkrete Bezeichnung kann etwa auf Zurückweisungs-, Abschiebungs- oder Zurückschiebungshaft im Fall der §§ 15 Abs. 5, 6; 62, 57; 62 AufenthG, Inhaftnahme im Fall der §§ 59 Abs. 2, 89 Abs. 2 AsylVfG oder Ingewahrsamsnahme im Fall der §§ 39 Abs. 1 Nr. 2 BPolG; 30 Abs. 2 InfSG; 21 Abs. 7 BKAG; 23 Abs. 1 Satz 2 Nr. 8 ZfdG lauten. Der Tenor der Entscheidung kann gerichtet sein auf:

aa) Anordnung einer Freiheitsentziehung. Will das Gericht dem Antrag der zuständigen Verwaltungs- 8
behörde stattgeben, ordnet es die Freiheitsentziehung an. Im Verfahren nach dem IfSG hat die gerichtliche Entscheidung zudem die Einrichtung zu benennen, in der die Freiheitsentziehung vollzogen werden soll. Grds muss der Beschluss nur die Art der Unterbringungseinrichtung (Klinik für …, Rehabilitationsklinik etc.) nennen. Bedarf es der zwangsweisen Zuführung des Betroffenen sollte eine konkrete Benennung der Einrichtung erfolgen.

bb) Ablehnung des Antrages. Hier bestehen keine Besonderheiten, der Inhalt entspricht dem einer statt- 9
gebenden Entscheidung, lautet aber auf Zurückweisung des Antrages der zuständigen Verwaltungsbehörde, dazu Rdn. 21.

cc) Feststellung der Rechtswidrigkeit. Nach ständiger obergerichtlicher Rspr. besteht bei beendeten Frei- 10
heitsentziehungen im Hinblick auf den hohen Wert des Freiheitsrechtes (Art. 2 Abs. 2 Satz 2 GG) regelmäßig ein fortwährendes Rechtsschutzinteresse an einer Sachentscheidung über die Rechtmäßigkeit des Eingriffs (BVerfG NJW 2002, 3161), was der Gesetzgeber mit der Regelung des § 62 aufgegriffen hat. Die Feststellung kann aber nur auf entsprechenden Antrag erfolgen (BGH FGPrax 2010, 154). Antragsberechtigt ist nur der Betroffene, nicht die zuständige Behörde. § 62 Abs. 1 setzt nach seinem eindeutigen Wortlaut nämlich voraus, dass der Beschwerdeführer selbst durch die erledigte Maßnahme in seinen Rechten verletzt worden ist (BGH FGPrax 2014, 281). Begründet ist der Feststellungsantrag etwa, wenn die zuständige Behörde das in Haftsachen geltende Bescheinigungsgebot missachtet (BGH FGPrax 2014, 38) oder der Haftantrag keine ausreichenden Angaben zur Durchführbarkeit der Abschiebung enthält (BGH InfAuslR 2014, 281). Wird der Haftantrag nur unvollständig übersetzt, begründet dies die Rechtswidrigkeit einer Haftanordnung nur, wenn der Betroffene darlegt, dass ihm der Haftantrag nicht wenigstens in den wesentlichen Grundzügen mündlich übersetzt und ihm so die Möglichkeit genommen wurde, tatsächliche oder rechtliche Umstände vorzutragen, die der Haftanordnung entgegenstehen (BGH FGPrax 2015, 181). Der Feststellungsantrag nach § 62 erledigt sich nicht mit der Aufhebung der zugrundeliegenden Haftanordnung durch das Beschwerdegericht (BGH FGPrax 2013, 39). Er ist analog § 62 auch im Rechtsbeschwerdeverfahren ohne Zulassung nach § 70 Abs. 3 Satz 1 Nr. 3 FamFG zulässig (BGH FGPrax 2014, 39). Die zuständige Behörde kann mangels Feststellungsinteresse das in der Hauptsache erledigte Freiheitsentziehungsverfahren allerdings nicht mit dem Feststellungsantrag analog § 62 fortsetzen, wenn das erledigende Ereignis bereits vor Eingang der Rechtsbeschwerde beim BGH eingetreten ist (BGH FGPrax 2016, 34). Ohne ausdrückliche Zulassung ist auch die Beschränkung des Feststellungsantrages auf den Kostenpunkt nicht möglich.
Das Fehlen von Vollzugsvorschriften führt nicht zur Rechtswidrigkeit der Anordnung eines Transitaufenthaltes gem. § 15 Abs. 6 Satz 2 AufenthG (BGH FGPrax 2015, 40).
Die Beschlussformel lautet auf Feststellung, dass die Anordnung der Freiheitsentziehung den Beschwerdeführer in seinen Rechten verletzt hat.

b) Ende der Freiheitsentziehungsmaßnahme, Nr. 2. Die Entscheidung muss weiterhin den Zeitpunkt an- 11
gegeben, zu dem die Freiheitsentziehung endet, wenn sie nicht vorher verlängert wird, Nr. 2. Damit soll gewährleistet werden, dass die Maßnahme auf die voraussichtlich notwendige Zeit begrenzt wird, andererseits dass die Beteiligten ausdrücklich auf die Möglichkeit einer Verlängerung hingewiesen werden. Zur Klarheit sollte das Ende der Freiheitsentziehung kalendermäßig festgelegt werden. Zwingend ist dies nicht, sodass auch ein bestimmbares Ende, wie z.B. 6 Wochen, 3 Monate etc., zur ausreichenden Bezeichnung genügt. Die entsprechende Frist beginnt mit dem Erlass der Entscheidung zu laufen, ihr Ende berechnet sich nach §§ 16 Abs. 2; 222 Abs. 1 ZPO; 191 BGB (OLG München FGPrax 2008, 137).

12 Bei der Festlegung des Endes der Freiheitsentziehung wird sich das Gericht an der notwendigen Dauer der Maßnahme orientieren. Sie sollte unter Beachtung der Verhältnismäßigkeit so gewählt werden, dass der Zweck der Freiheitsentziehung bis zum Fristablauf erreicht werden kann. Dabei darf das Gericht die beantragte Dauer der Freiheitsentziehung – dazu § 417 Abs. 2 Satz 2 Nr. 4 – nicht überschreiten (BGH FGPrax 2010, 212).

13 Nach § 425 Abs. 1 darf das Ende der Freiheitsentziehungsmaßnahme höchstens ein Jahr nach Erlass der Entscheidung liegen.

14 Läuft die Frist ab, ohne dass das Gericht zuvor verlängert hat, endet die Freiheitsentziehungsmaßnahme ohne weiteres, § 425 Abs. 2; der Betroffene ist zu entlassen. Für verlängernde Unterbringungsmaßnahmen gilt § 425 Abs. 3.

15 **4. Rechtsbehelfsbelehrung.** Letztlich muss die Entscheidung, durch die eine Freiheitsentziehungsmaßnahme getroffen wird, eine Rechtsbehelfsbelehrung enthalten. Dies ist im Gegensatz zum bisherigen Recht ausdrücklich im Allgemeinen Teil, dort § 39, geregelt. Die Belehrung richtet sich allein an den Betroffenen und muss oberhalb der Unterschrift des Richters stehen (BayObLG BtPrax 1993, 30: Beilegen eines Formularblattes mit der Belehrung genügt nicht).

16 Zulässiges Rechtsmittel ist die Beschwerde, § 58 Abs. 1. Fehlt die Rechtsbehelfsbelehrung, hindert das weder den Beginn noch den Ablauf der Rechtsbehelfsfrist noch den Eintritt der formellen Rechtskraft. In diesen Fällen kann aber die Wiedereinsetzung in den vorherigen Stand nach § 17 in Betracht kommen. Zu Einzelheiten s. § 39 Rdn. 67 bis 70.

17 Gegen die Beschwerdeentscheidung ist der Rechtsbehelf der Rechtsbeschwerde gegeben. Sie ist in Freiheitsentziehungssachen ohne Zulassung gegen einen Beschluss gegeben, der die Unterbringung oder die freiheitsentziehende Maßnahme anordnet bzw. ablehnt oder zurückweist, § 70 Abs. 3 Satz 1 Nr. 3, Satz 2 und 3 FamFG.

18 **5. Fehlen vorstehender Angaben.** Ohne ausreichende Bezeichnung des Betroffenen ist die Freiheitsentziehungsmaßnahme nicht vollstreckbar. Sofern die weiteren verlangten Angaben fehlen, wird die Entscheidung dadurch nicht unwirksam, aber anfechtbar. Das Gericht kann die fehlenden Angaben durch weiteren Beschluss ergänzen. Hatte das Gericht notwendige Angaben im Beschluss versehentlich unterlassen, kann es sie im Wege der Berichtigung nachholen, § 42 Abs. 1. Der Beschluss gilt dann mit dem berichtigten Inhalt als von Anfang an erlassen (BayObLG FPR 2002, 94, 96).

19 **6. Begründung.** Die Entscheidung muss – auch im Fall der Ablehnung – zudem eine Begründung enthalten, § 38 Abs. 3 Satz 1, was sich schon aus dem Gebot der Rechtsstaatlichkeit ergibt. In der Praxis werden Freiheitsentziehungsmaßnahmen bzw. deren Ablehnungen teilweise nur mit der Wiederholung des Gesetzestextes und Standardfloskeln begründet, was nicht ausreicht. Es bedarf vielmehr einer einzelfallbezogenen Begründung, aus der sich die tatsächlichen Feststellungen sowie die den Beschluss tragenden Erwägungen des Gerichts ergeben (BVerfG NJW 2010, 670). Erforderlich sind also die vollständige und verständliche Sachverhaltsschilderung (OLG Schleswig NJOZ 2004, 113), die Beweiswürdigung, ggf. die Befassung mit dem Gutachten bzw. ärztlichen Zeugnis, die Benennung der rechtlichen Grundlage, die die Freiheitsentziehung rechtfertigt, und deren Ausfüllung sowie, sofern ein Ermessen eingeräumt ist, die Darstellung der Gesichtspunkte, die für die Ermessensausübung herangezogen wurden, und schließlich die Begründung für die gewählte Frist (BGH FGPrax 2011, 201), insb. bei Ausschöpfung der Höchstfrist (OLG München BtPrax 2005, 113). Im Verfahren nach § 39 PolG ist bspw. darzulegen, dass die Freiheit des Betroffenen im konkreten Fall zum Schutz der Allgemeinheit und Einzelner vor mit hoher Wahrscheinlichkeit zu erwartenden Straftaten oder Ordnungswidrigkeiten zurückzutreten hat (OLG München FGPrax 2007, 298). Im Verfahren nach § 62 AufenthG bedarf es im Einzelfall der Darlegung, dass der Betroffene vollziehbar ausreisepflichtig ist, ein Haftgrund besteht, das Beschleunigungsgebot und der Verhältnismäßigkeitsgrundsatz gewahrt sind (OLG München FGPrax 2006, 280). Die Anordnung einer Freiheitsentziehung innerhalb der Frist des § 3 Abs. 2 MuSchG ist bspw. unverhältnismäßig (BGH FamRZ 2011, 1401). Die in § 38 Abs. 4 genannten Fälle, in denen von einer Begründung abgesehen werden kann (dazu § 38 Rdn. 82 ff.), werden im Freiheitsentziehungsverfahren nicht relevant.

20 **7. Weiterer Entscheidungsinhalt.** Der Beschluss ist zu unterschreiben, § 38 Abs. 3 Satz 2. Das Datum der Übergabe des Beschlusses an die Geschäftsstelle oder die Bekanntmachung durch Verlesen ist zu vermerken, § 38 Abs. 3 Satz 3. Neben den genannten, zwingenden Inhalten können Entscheidungen über Freiheitsent-

ziehungen zweckmäßigerweise weitere Inhalte aufweisen. Denkbar sind Aussagen und Begründungen zur Anordnung der sofortigen Wirksamkeit nach § 422 Abs. 2, zu Mitteilungen und zur Unterrichtung anderer Behörden und öffentlicher Stellen, § 431 sowie zur Unterlassung der Mitteilung der Entscheidungsgründe an den Betroffenen, § 423 bzw. zur Aussetzung des Vollzuges nach § 422. Aussagen zu den Kosten sind bei der Anordnung einer Freiheitsentziehung grds. nicht notwendig. Bei der Hinzuziehung eines Dolmetschers entspricht es i.d.R. aber dem billigen Ermessen von der Erhebung der vom Betroffenen nach § 9 JVEG i.V.m. Nr. 31005 KV des GNotKG als gerichtliche Auslage zu tragenden Dolmetscherkosten nach § 81 Abs. 1 Satz 2 abzusehen (BGH FGPrax 2010, 154). Außergerichtliche Kosten, z.B. für einen Rechtsanwalt, hat der Betroffene selbst zu tragen. Eine Ausnahme gilt nur im Fall des § 430, wonach das Gericht die Auslagen des Betroffenen unter den dort genannten Voraussetzungen (dazu § 430 Rdn. 7 ff.) der antragstellenden Körperschaft auferlegen kann.

8. Inhalt einer ablehnenden Entscheidung. Für die ablehnende Entscheidung schreibt § 38 Abs. 3 ebenfalls eine Begründung vor. Der Tenor der Entscheidung lautet auf Ablehnung der – beantragten – Freiheitsentziehung. Weiter können ggf. die außergerichtlichen Kosten des Betroffenen der antragstellenden Körperschaft auferlegt werden, § 430. 21

9. Kosten. In Freiheitsentziehungssachen fällt nach Nr. 15212 Nr. 4 KV des GNotKG an Gerichtskosten eine 0,5 Gebühr an. Der Geschäftswert ist nach § 36 Abs. 2 GNotKG nach billigem Ermessen unter Berücksichtigung aller Umstände des Einzelfalls, insbesondere des Umfangs und der Bedeutung der Sache und den Vermögensverhältnissen sowie dem Einkommen der Beteiligten zu bestimmen. Bestehen keine genügenden Anhaltspunkte für die Bestimmung des Geschäftswerts, ist von einem Geschäftswert von 5.000 € auszugehen, § 36 Abs. 3 GNotKG. Darüber hinaus sind vom Gericht zu zahlende Beträge, etwa zum Dolmetscher oder Verfahrenspfleger, zu vergüten, vgl. Nrn. 31005 und 31015 KV des GNotKG. Kostenschuldig sind der Betroffene sowie im Rahmen ihrer gerichtlichen Unterhaltspflicht die zu seinem Unterhalt Verpflichteten, wenn die Kosten nicht der Verwaltungsbehörde auferlegt sind, § 23 Nr. 15 GNotKG. Vorschuss für gerichtliche Auslagen kann nicht verlangt werden, § 14 Abs. 4 GNotKG. Die Vergütung eines Rechtsanwaltes bestimmt sich nach VV Anlage 1, Teil 6, Abschnitt 3 des RVG. Der verfahrensbevollmächtigte Rechtsanwalt erhält nach VV RVG Nr. 6300 eine Verfahrensgebühr zwischen 30 und 400 €. Für das Beschwerdeverfahren ist der Ansatz der Mittelgebühr von 215 € i.d.R. nicht unbillig (LG Saarbrücken NJOZ 2014, 1039). Weiter erhält der Rechtsanwalt gem. VV RVG Nr. 7002 die Auslagenpauschale in Höhe von 20 € und gem. VV RVG Nr. 7008 die gesetzliche Umsatzsteuer erstattet. Für das Rechtsbeschwerdeverfahren kann i.d.R. nicht die Erstattung einer Gebühr für den Korrespondenzanwalt gem. VV RVG Nr. 3400 verlangt werden, da es in dem Verfahren lediglich um Rechtsfragen geht, für die eine Vermittlung des Verkehrs zwischen dem Betroffenen und seinem Verfahrensbevollmächtigten von untergeordneter Bedeutung ist (BGH NJW-RR 2004, 1662). 22

§ 422 Wirksamwerden von Beschlüssen. (1) Der Beschluss, durch den eine Freiheitsentziehung angeordnet wird, wird mit Rechtskraft wirksam.
(2) ¹Das Gericht kann die sofortige Wirksamkeit des Beschlusses anordnen. ²In diesem Fall wird er wirksam, wenn der Beschluss und die Anordnung der sofortigen Wirksamkeit
1. dem Betroffenen, der zuständigen Verwaltungsbehörde oder dem Verfahrenspfleger bekannt gegeben werden oder
2. der Geschäftsstelle des Gerichts zum Zweck der Bekanntgabe übergeben werden.
³Der Zeitpunkt der sofortigen Wirksamkeit ist auf dem Beschluss zu vermerken.
(3) Der Beschluss, durch den eine Freiheitsentziehung angeordnet wird, wird von der zuständigen Verwaltungsbehörde vollzogen.
(4) Wird Zurückweisungshaft (§ 15 des Aufenthaltsgesetzes) oder Abschiebungshaft (§ 62 des Aufenthaltsgesetzes) im Wege der Amtshilfe in Justizvollzugsanstalten vollzogen, gelten die §§ 171, 173 bis 175 und 178 Abs. 3 des Strafvollzugsgesetzes entsprechend, soweit in § 62a des Aufenthaltsgesetzes für die Abschiebungshaft nichts Abweichendes bestimmt ist.

Übersicht	Rdn.		Rdn.
A. Allgemeines	1	B. Einzelheiten	2

§ 422

		Rdn.			Rdn.
I.	Wirksamkeit von Entscheidungen, Abs. 1 und 2	2	III.	Ende der Wirksamkeit	10
	1. Grundsatz, Abs. 1	3	IV.	Vollzug, Abs. 3 und 4	13
	2. Anordnung der sofortigen Wirksamkeit, Abs. 2	4		1. Grundsatz, Abs. 3	13
				2. Vollzug in Justizvollzugsanstalten, Abs. 4	14
II.	Rechtsmittel	9			

1 A. Allgemeines. § 422 trifft in Abs. 1 und 2 – wie § 324 im Bereich der Unterbringungsmaßnahmen – Regelungen zur Wirksamkeit einer Entscheidung im Freiheitsentziehungsverfahren. Darüber hinaus enthält sie Anordnungen zum Vollzug, Abs. 3 und 4.

2 B. Einzelheiten. I. Wirksamkeit von Entscheidungen, Abs. 1 und 2. § 422 trifft abweichend von § 40 Abs. 1 Regelungen zum Wirksamwerden von Entscheidungen in Freiheitsentziehungssachen.

3 1. Grundsatz, Abs. 1. Abs. 1 bestimmt, dass die Anordnung einer Freiheitsentziehungsmaßnahme erst mit Rechtskraft wirksam wird. Rechtskraft tritt also erst mit fruchtlosem Ablauf der Frist für die Einlegung der Beschwerde gegen die getroffene Freiheitsentziehungsmaßnahme ein. Die Frist zur Beschwerde beträgt einen Monat, § 63 Abs. 1, und 14 Tage, wenn sie sich gegen eine einstweilige Anordnung (dazu § 427) richtet, § 63 Abs. 2 Nr. 1. Diese Frist muss in Bezug auf alle Beschwerdeberechtigten abgelaufen sein (Marschner/Volckart/*Lesting* § 422 Rn. 2). Alle sonstigen Entscheidungen in Freiheitsentziehungssachen werden, entsprechend der Grundregel des § 40, mit der Bekanntgabe an denjenigen, für welchen sie ihrem Inhalt nach bestimmt sind, wirksam. Wird ein Antrag der zuständigen Verwaltungsbehörde abgelehnt, wird diese Entscheidung mit der Bekanntgabe an die Verwaltungsbehörde wirksam.

4 2. Anordnung der sofortigen Wirksamkeit, Abs. 2. Das Gericht kann nach Abs. 2 Satz 1 von Amts wegen oder auf Anregung eines Beteiligten die sofortige Wirksamkeit der Entscheidung anordnen. Die Anordnung kann auch stillschweigend erfolgen, wenn sich der Betroffene bereits im Freiheitsentzug befindet und der Richter mit seiner Entscheidung die Fortwirkung der Freiheitsentziehung bewirken wollte. Die Anordnung der sofortigen Wirksamkeit setzt voraus, dass Gefahr im Verzug ist. Das ist bei Freiheitsentziehungen regelmäßig der Fall, wenn die Freiheitsentziehung bereits erfolgt oder eine einstweilige Freiheitsentziehung angeordnet ist oder werden soll. Ansonsten ist im Rahmen einer Ermessensentscheidung sorgfältig zu prüfen, ob die Umstände des Einzelfalls eine Anordnung der sofortigen Wirksamkeit erforderlich machen.

5 Bei der Anordnung der Abschiebehaft kann die Anordnung der sofortigen Wirksamkeit geboten sein, wenn der Betroffene sich in Freiheit befindet oder wenn seine Freilassung aus der Untersuchungs- oder Strafhaft in naher Zukunft zu erwarten ist (OLG Frankfurt am Main InfAuslR 1995, 11). In Verfahren nach dem IfSG dürfte diese Anordnung geboten sein, wenn von dem auf freien Fuß befindlichen Betroffenen aufgrund der ansteckenden Krankheit massive Gefahren ausgehen, die den sofortigen Freiheitsentzug gebieten. Ähnliches gilt, wenn eine einstweilige Anordnung vorangegangen ist und jetzt die Hauptsacheentscheidung erfolgt. Ist die sofortige Wirksamkeit angeordnet, kann die zuständige Verwaltungsbehörde die Freiheitsentziehung bereits vor der Rechtskraft des Beschlusses vollziehen.

6 Zeitpunkt des Wirksamwerdens, Satz 2: Satz 2 regelt, zu welchem Zeitpunkt eine Entscheidung, deren sofortige Wirksamkeit angeordnet ist, wirksam wird. Die Nr. 1 und 2 eröffnen zwei Möglichkeiten, die richterliche Entscheidung möglichst umgehend wirksam werden zu lassen. Wählt das Gericht beide Möglichkeiten, tritt die Wirksamkeit mit dem frühesten Zeitpunkt ein.

7 Nr. 1: Nach Nr. 1 tritt mit mündlicher oder schriftlicher Bekanntgabe der Entscheidung und der Anordnung der sofortigen Wirksamkeit an den Betroffenen, die zuständige Verwaltungsbehörde oder den Verfahrenspfleger die Wirksamkeit ein. Eine ordnungsgemäße mündliche Bekanntgabe setzt nach § 41 Abs. 2 Satz 1 voraus, dass die Beschlussformel in vollem Wortlaut durch den Richter den Anwesenden verlesen wird, § 41 Abs. 2 Satz 1 (dazu § 41 Rdn. 39). Das ist in den Akten zu vermerken. Zudem ist die Entscheidung schriftlich bekannt zu geben, § 41 Abs. 2 Satz 2 u 3 (vgl. auch OLG Frankfurt am Main NJW 2005, 299). Die schriftliche Bekanntgabe erfolgt grds. nach den Regeln des § 15 Abs. 2 (dazu § 15 Rdn. 16 f.), in Bezug auf den Betroffenen durch förmliche Zustellung des schriftlichen Beschlusses, § 41 Abs. 1 Satz 2 (dazu § 41 Rdn. 34).

8 Nr. 2: Auch die Übergabe der (schriftlichen) Entscheidung und der Anordnung der sofortigen Wirksamkeit *an die Geschäftsstelle zur Bekanntmachung* führt die Wirksamkeit herbei. Der Zeitpunkt der sofortigen

Wirksamkeit ist auf dem Beschluss durch den Urkundsbeamten der Geschäftsstelle zu vermerken, Abs. 2 Satz 3.

II. Rechtsmittel. Die Anordnung der sofortigen Wirksamkeit kann nicht isoliert angefochten werden. Wird die in erster Instanz angeordnete Freiheitsentziehungsmaßnahme mit einem Rechtsmittel angegriffen, hat das Beschwerdegericht in seiner Entscheidung auch über die Anordnung der sofortigen Wirksamkeit zu befinden. Es kann nach § 69 Abs. 3 i.V.m. § 422 die Anordnung der sofortigen Wirksamkeit treffen, wenn dies erstinstanzlich unterblieben war, die Anordnung der sofortigen Wirksamkeit bestätigen – eines gesonderten Ausspruchs bedarf es nicht – oder die Vollziehung der erstinstanzlich angeordneten sofortigen Wirksamkeit aussetzen, vgl. § 64 Abs. 3. 9

III. Ende der Wirksamkeit. Die Wirksamkeit einer Entscheidung, die eine Freiheitsentziehungsmaßnahme zum Gegenstand hat, endet, wenn die in der Entscheidung angegebene Frist abgelaufen ist, ohne dass eine Verlängerung erfolgte. Sie endet auch, wenn die Freiheitsentziehungsmaßnahme aufgehoben wird, und zwar aufgrund endgültiger Entlassung durch die zuständige Verwaltungsbehörde. Letztlich endet sie, wenn das Gericht die Freiheitsentziehungsanordnung aufhebt. 10

Die Wirksamkeit endet nicht allein aufgrund eines Entweichens des Betroffenen, auch wenn seine Rückkehr ungewiss ist. Auch eine auf einige Tage beschränkte probeweise Entlassung – denkbar bei einem Freiheitsentzug nach dem IfSG – hebt die Wirksamkeit einer Freiheitsentziehungsentscheidung nicht auf. Auch die Aufgabe der Unterbringungsabsicht der zuständigen Behörde beendet die Wirksamkeit nicht. Sie ist für den Vollzug zuständig und kann daher die Unterbringung selbst tatsächlich beenden, die innere Absicht kann deshalb nicht maßgeblich sein. 11

Endet die Freiheitsentziehung vor Ablauf der in der Entscheidung genannten Frist, ist die Entscheidung zur Beseitigung des Rechtscheins aufzuheben. 12

IV. Vollzug, Abs. 3 und 4. 1. Grundsatz, Abs. 3. Die Freiheitsentziehung wird nicht von der Justiz, sondern von der zuständigen Verwaltungsbehörde (dazu § 417 Rdn. 3 ff.) vollstreckt. Dazu bedarf es keiner Vollstreckungsklausel nach § 86 Abs. 3 (BGH FGPrax 2010, 154). 13

2. Vollzug in Justizvollzugsanstalten, Abs. 4. Abs. 4 erklärt für den Fall, dass die Zurückweisungs- oder Abschiebehaft in Justizvollzugsanstalten vollzogen wird, die §§ 171, 173 – 175 und 176 Abs. 3 des Strafvollzugsgesetzes für entsprechend anwendbar. Ergänzend wurde der RegE zur Umsetzung der aufenthalts- und asylrechtlichen Richtlinien der EU (BT-Drucks. 224/07) berücksichtigt. Einzelmaßnahmen des Vollzuges sind dann nach § 109 StVollzG anfechtbar, worüber die Strafvollstreckungskammer beim LG zu entscheiden hat, § 110 StVollzG. Die in Bezug genommenen Regelungen des Strafvollzugsgesetzes gelten nur, soweit der zum 26.11.2011 in Kraft getretene § 62a AufenthG keine abweichenden Regelungen enthält. In § 62a AufenthG findet sich eine bundeseinheitliche Rahmenregelung des Vollzugs der Abschiebehaft. Im Einzelnen schreibt er u.a. die Trennung der Abschiebungs- von den Strafgefangenen vor, gestattet den Kontakt mit Rechtsvertretern, Familienangehörigen, den zuständigen Konsularbehörden sowie einschlägig tätigen Hilfs- und Unterstützungsorganisationen und schreibt die Berücksichtigung alterstypischer Belange minderjähriger Abschiebegefangener vor. Bestehen Zweifel an der Volljährigkeit des Betroffenen hat das Gericht im Rahmen seiner Amtsermittlungspflicht gem. § 26 dies unter Ergreifung der in § 49 Abs. 3 i.V.m. Abs. 6 AufenthG Maßnahmen aufzuklären (BGH InfAuslR 2015, 238). Der Situation schutzbedürftiger Personen ist besondere Aufmerksamkeit zu widmen, Da in Deutschland spezielle Hafteinrichtungen zur Sicherung der Ab- oder Zurückschiebung vorhanden sind, dürfen die Betroffenen nicht in »gewöhnlichen Haftanstalten« untergebracht werden (EuGH NVwZ 2014, 1217; BGH FGPrax 2014, 230). Das gilt auch dann, wenn der Betroffene in eine gemeinsame Unterbringung mit Strafgefangenen einwilligt (EuGH NVwZ 2014, 1218). Die Einhaltung der Anforderungen des § 62a AufenthG ist vom entscheidenden Gericht zu beachten (BGH FGPrax 2014, 230 und NVwZ 2014, 166; 2012, 775). Das Gericht wird insb. zu prüfen haben, ob eine altersgerechte Unterbringung gewährleistet und bei einem über 30 Tage hinausgehenden Freiheitsentzug die Verhältnismäßigkeit gewahrt ist. 14

Abs. 4 betrifft die Abschiebehaft in Form der Vorbereitungshaft (§ 62 Abs. 2 AufenthG), der Sicherungshaft (§ 62 Abs. 3 u 4 AufenthG) und der Zurückweisungshaft (§ 15 Abs. 5 u 6 AufenthG). Auf diese Haftformen sind die oben genannten Bestimmungen des Strafvollzuggesetzes wie bisher anzuwenden. Diese Bestimmungen betreffen die Unterbringung, die Erlaubnis zur Benutzung eigener Kleidung und Wäsche, den Einkauf, die Freistellung von der Arbeitspflicht sowie eine Ermächtigung an die Landesgesetzgeber, Einschrän- 15

§§ 423, 424 Buch 7. Verfahren in Freiheitsentziehungssachen

kungen des Schusswaffengebrauchs vorzusehen. Auch Vollzugslockerungen wie Ausführung und Urlaub sind i.R.d. genannten Haftarten nicht völlig ausgeschlossen (OLG Frankfurt am Main NStZ 1984, 477).

§ 423 Absehen von der Bekanntgabe.
Von der Bekanntgabe der Gründe eines Beschlusses an den Betroffenen kann abgesehen werden, wenn dies nach ärztlichem Zeugnis erforderlich ist, um erhebliche Nachteile für seine Gesundheit zu vermeiden.

Übersicht

	Rdn.		Rdn.
A. Allgemeines	1	I. Umfang der Bekanntgabe	3
B. Einzelheiten	2	II. Adressaten der Bekanntgabe	4

1 **A. Allgemeines.** § 423 regelt die Möglichkeit, von der Bekanntgabe der Gründe eines Beschlusses über die Freiheitsentziehung abzusehen. Entsprechende Regelungen finden sich für das Betreuungs- und Unterbringungsverfahren in §§ 288 Abs. 1, 325 Abs. 1.

2 **B. Einzelheiten.** § 423 ermöglicht als Ausnahme zu der Grundregel der §§ 40 Abs. 1, 41 Abs. 1, wonach ein Beschluss dem Betroffenen stets bekannt zu machen ist, ein Absehen von der Bekanntgabe der Gründe einer Entscheidung.

3 **I. Umfang der Bekanntgabe.** Die Beschlussformel ist dem Betroffenen stets bekannt zu machen. § 423 ermöglicht es nur, von der Bekanntgabe der Entscheidungsgründe abzusehen, wenn dies nach einem ärztlichen Zeugnis (dazu § 321 Rdn. 14 ff.) erforderlich ist, um erhebliche Gesundheitsnachteile für den Betroffenen (dazu § 319 Rdn. 15) zu vermeiden. Praktische Fälle sind im Freiheitsentziehungsverfahren kaum denkbar (Marschner/Volckart/*Lesting* § 423 Rn. 2). Sofern von der Bekanntgabe der Beschlussgründe abgesehen wird, ist dem Betroffenen ein Verfahrenspfleger zu bestellen, § 419 Abs. 1 (Bahrenfuss/*Grotkopp* § 423 Rn. 6).

4 **II. Adressaten der Bekanntgabe.** Einer speziellen Regelung dazu, an wen Entscheidungen in Freiheitsentziehungssachen bekannt zu machen sind, bedurfte es nicht. Bereits nach § 41 ist die Entscheidung den Beteiligten eines Verfahrens bekannt zu machen. Wer in Freiheitsentziehungsverfahren zu beteiligen ist, regeln allgemein der § 7 und speziell der § 418. Zu Einzelheiten s. § 418 Rdn. 3 ff.

§ 424 Aussetzung des Vollzugs.
(1) ¹Das Gericht kann die Vollziehung der Freiheitsentziehung aussetzen. ²Es hat die Verwaltungsbehörde und den Leiter der Einrichtung vorher anzuhören. ³Für Aussetzungen bis zu einer Woche bedarf es keiner Entscheidung des Gerichts. ⁴Die Aussetzung kann mit Auflagen versehen werden.
(2) Das Gericht kann die Aussetzung widerrufen, wenn der Betroffene eine Auflage nicht erfüllt oder sein Zustand dies erfordert.

Übersicht

	Rdn.		Rdn.
A. Allgemeines	1	d) Befristung	8
B. Einzelheiten	2	e) Verfahren, Abs. 1 Satz 2	9
I. Aussetzung der Vollziehung, Abs. 1	3	2. Behördliche Aussetzungsentscheidung, Abs. 1 Satz 3	10
1. Gerichtliche Aussetzungsentscheidung	4	II. Widerruf der Aussetzung, Abs. 2	11
a) Freiheitsentziehungsmaßnahme	5	III. Gerichtsverfahren bei Aussetzung bzw. Widerruf	12
b) Veränderte Umstände	6		
c) Auflagen, Abs. 1 Satz 4	7		

1 **A. Allgemeines.** § 424 regelt die Aussetzung des Vollzuges einer Freiheitsentziehung und ähnelt dem § 328. Die Möglichkeit einer Beurlaubung ist nicht ausdrücklich vorgesehen. Sie kann als Fall der Aussetzung des Vollzugs i.S.d. Abs. 1 Satz 1 und 2 behandelt werden. Der Regelungsinhalt des § 424 ist dem des § 328, der die Aussetzung einer öffentlich-rechtlichen Unterbringungsmaßnahme betrifft, angepasst.

B. Einzelheiten. § 424 gilt nur für Freiheitsentziehungsverfahren nach § 415. Er sieht die Aussetzung der **2** Vollziehung einer Freiheitsentziehungsmaßnahme, nicht aber die Aussetzung des Freiheitsentziehungsverfahrens vor. Lassen sich die Voraussetzungen für eine Freiheitsentziehungsmaßnahme nicht eindeutig feststellen, ist nicht auszusetzen, sondern die Freiheitsentziehungsmaßnahme ist abzulehnen.

I. Aussetzung der Vollziehung, Abs. 1. Um einen flexiblen Vollzug von Freiheitsentziehungen zu ermögli- **3** chen, sieht das Gesetz die Aussetzung der Vollziehung der Freiheitsentziehung vor. Das Gesetz ermöglicht neben der gerichtlichen Aussetzungsentscheidung – wie bisher auch – eine zeitlich befristete Aussetzung der Freiheitsentziehung durch die zuständige Verwaltungsbehörde, Abs. 1 Satz 3.

1. Gerichtliche Aussetzungsentscheidung. Für eine Aussetzung müssen nachstehende Voraussetzungen **4** erfüllt sein:

a) Freiheitsentziehungsmaßnahme. Es muss eine – auch vorläufige – Freiheitsentziehungsmaßnahme vor- **5** liegen. Die Aussetzung kann mit der Anordnung der Freiheitsentziehungsmaßnahme verbunden sein oder im weiteren Verfahrensablauf erfolgen. Eines Antrags bedarf es nicht, das Gericht kann die Aussetzung von Amts wegen anordnen.

b) Veränderte Umstände. Weiter müssen die Voraussetzungen für die Freiheitsentziehungsmaßnahme als **6** solche noch erfüllt sein, gleichzeitig aber durch Auflagen eine Verminderung der Gefährdungssituation und/oder, etwa im Verfahren nach dem IfSG, eine Besserung des Gesundheitszustandes des Betroffenen eingetreten sein. In Abschiebehaftsachen dürfte in der Praxis kaum Raum für eine Aussetzung bestehen (Bahrenfuss/*Grotkopp* § 424 Rn. 5). Dem Gericht soll so die Möglichkeit eröffnet werden, ein kalkulierbares Risiko einzugehen. Eine Aussetzung kommt insb. in Betracht, wenn der der Freiheitsentziehung zugrunde liegende Zweck nicht gefährdet wird oder sich die Freiheitsentziehung als nicht mehr verhältnismäßig erweist (BGH FGPrax 2010, 97), andererseits eine Aufhebung der Freiheitsentziehung noch nicht zu verantworten ist. Vorrangig dürfte das der Fall sein, wenn das Verhalten des Betroffenen erprobt werden soll. Eine Aussetzung scheidet i.d.R. aus, wenn der Betroffene in hohem Maße unzuverlässig ist. Lässt sich allerdings feststellen, dass die Freiheitsentziehungsvoraussetzungen entfallen sind, ist die Maßnahme aufzuheben, § 426 Abs. 1 Satz 1, nicht auszusetzen.

c) Auflagen, Abs. 1 Satz 4. Nach Abs. 1 Satz 4 kann die Aussetzung mit Weisungen verbunden werden, et- **7** wa Aufnahme bzw. Fortsetzung einer fachärztlichen ambulanten Behandlung, Einnahme bestimmter Medikamente unter Aufsicht, Wahrnehmung von Unterstützungs- und Beratungsangeboten des Gesundheitsamtes oder mit Weisungen zur Lebensführung, z.B. bestimmte Gefährdungssituationen zu meiden.

d) Befristung. Einer Befristung der Aussetzung bedarf es angesichts der Höchstdauer der Freiheitsentzie- **8** hung nicht.

e) Verfahren, Abs. 1 Satz 2. Vor einer Entscheidung über die Aussetzung einer Freiheitsentziehung sind **9** die zuständige Verwaltungsbehörde und der Leiter der Einrichtung zwingend anzuhören. Über die Notwendigkeit, weitere Beteiligte anzuhören ist unter Beachtung des § 26 zu entscheiden (weitergehend Bahrenfuss/*Grotkopp* § 424 Rn. 6). Die Art und Weise der Anhörung ist nicht vorgeschrieben. Sie kann zur Verfahrensbeschleunigung auch telefonisch oder per Fax erfolgen. Liegen die Voraussetzungen für eine Aussetzung vor, muss das Gericht sie aussprechen. Abs. 1 gewährt kein Ermessen.

2. Behördliche Aussetzungsentscheidung, Abs. 1 Satz 3. Die zuständige Verwaltungsbehörde kann zeit- **10** lich befristet bis zu einer Woche den Vollzug der Freiheitsentziehung aussetzen. Für die Entscheidung und das Verfahren über eine solche behördliche Aussetzung gelten keine anderen Grundsätze als für das Verfahren der gerichtlichen Aussetzung der Freiheitsentziehung.

II. Widerruf der Aussetzung, Abs. 2. Sofern sich die Prognose des Gerichts hinsichtlich der Aussetzung **11** des Vollzuges nicht bestätigt, sieht Abs. 2 unter den dort genannten Voraussetzungen den Widerruf der Aussetzung vor. Ein Widerruf kommt bei einem Verstoß gegen eine Auflage oder wenn es der Zustand des Betroffenen erfordert, also bei nachträglich eingetretenen ungünstigen Tatsachen, in Betracht. Das Instrument des Widerrufs ist nicht als Bestrafung gedacht (BayObLG FamRZ 1995, 1001). Deshalb kann ein Widerruf trotz Nichterfüllung einer Weisung oder Zustandsverschlechterung unterbleiben, wenn trotzdem eine Aussetzung (noch/oder mit zusätzlichen Auflagen) gerechtfertigt bleibt. Ein Widerruf wird daher nur bei massiven Auflagenverstößen und/oder Zustandsverschlechterungen, die einen (neuerlichen) Vollzug der

§ 425 Buch 7. Verfahren in Freiheitsentziehungssachen

Unterbringung erfordern, erfolgen müssen. Ein Verschulden des Betroffenen ist dann nicht notwendig. Es muss aber ein wichtiger Grund für den Widerruf bestehen. Auch hier entscheidet das Gericht von Amts wegen.

12 **III. Gerichtsverfahren bei Aussetzung bzw. Widerruf.** § 424 regelt das Verfahren, außer in Abs. 1 Satz 2, nicht. Sowohl im Aussetzungs- als auch im Widerrufsverfahren sind neben der zuständigen Verwaltungsbehörde und dem Leiter der Einrichtung die weiteren in § 418 aufgeführten Personen zu beteiligen. So soll gewährleistet werden, dass das Gericht seine Entscheidung auf möglichst breiter Grundlage trifft. I.Ü. gelten allgemeine Verfahrensgrundsätze. Funktionell ist der Richter zuständig. Die Notwendigkeit weiterer Ermittlungen, Beweiserhebungen und einer persönlichen Anhörung des Betroffenen sowie die der Einholung eines Gutachtens bestimmt sich nach § 26. Inhalt und die Bekanntgabe der Entscheidung richten sich an den §§ 38, 41, 421 aus. Gegen die Entscheidung ist als Rechtsmittel die Beschwerde gegeben, § 58 Abs. 1. Die Beschwerdeberechtigung bestimmt sich nach §§ 59, 429. Soweit die zuständige Verwaltungsbehörde eine auf bis zu einer Woche befristete Aussetzung abgelehnt hat, ist dagegen der Verwaltungsrechtsweg gegeben (Marschner/Volckart/Lesting § 424 Rn. 3; a.A. Keidel/Budde § 424 Rn. 5). In entsprechender Anwendung des § 64 Abs. 3 kann auch das Beschwerdegericht über einen Aussetzungsantrag entscheiden (BGH FGPrax 2010, 97).

§ 425 Dauer und Verlängerung der Freiheitsentziehung.
(1) In dem Beschluss, durch den eine Freiheitsentziehung angeordnet wird, ist eine Frist für die Freiheitsentziehung bis zur Höchstdauer eines Jahres zu bestimmen, soweit nicht in einem anderen Gesetz eine kürzere Höchstdauer der Freiheitsentziehung bestimmt ist.
(2) ¹Wird nicht innerhalb der Frist die Verlängerung der Freiheitsentziehung durch richterlichen Beschluss angeordnet, ist der Betroffene freizulassen. ²Dem Gericht ist die Freilassung mitzuteilen.
(3) Für die Verlängerung der Freiheitsentziehung gelten die Vorschriften über die erstmalige Anordnung entsprechend.

Übersicht

	Rdn.		Rdn.
A. Allgemeines	1	II. Freilassung	7
B. Einzelheiten	2	III. Verlängerung, Abs. 3	8
I. Ende der Freiheitsentziehung, Abs. 1	3		

1 **A. Allgemeines.** § 425 enthält in Abs. 1 und 2 Regelungen zur Dauer einer Freiheitsentziehung und dem Verfahren nach Ablauf der angeordneten Dauer der Freiheitsentziehung. Abs. 3 regelt die Möglichkeit der Verlängerung der Freiheitsentziehung. Abs. 3 orientiert sich an § 329 Abs. 2 Satz 1, der die Verlängerung einer Unterbringungsmaßnahme zum Inhalt hat.

2 **B. Einzelheiten.** In § 425 Abs. 1 finden sich Regelungen hinsichtlich der Dauer einer Freiheitsentziehung. Der Halbs. 2 hebt den Auffangcharakter dieser Regelung hervor. Nach Abs. 2 ist der Betroffene zu entlassen, wenn die Freiheitsentziehung nicht innerhalb der Frist verlängert wird. Abs. 3 erklärt die Verfahrensvorschriften für die erstmalige Anordnung für anwendbar, wenn eine Freiheitsentziehung verlängert werden muss.

3 **I. Ende der Freiheitsentziehung, Abs. 1.** Die Entscheidung über eine Freiheitsentziehung muss den Zeitpunkt angegeben, zu dem die Freiheitsentziehung endet, wenn sie nicht vorher verlängert wird. Damit soll gewährleistet werden, dass die Maßnahme auf die voraussichtlich notwendige Zeit begrenzt wird und dass andererseits die Beteiligten ausdrücklich auf die Möglichkeit einer Verlängerung hingewiesen werden. Zur Klarheit sollte das Ende der Freiheitsentziehung kalendermäßig festgelegt werden. Zwingend ist dies nicht, sodass auch ein bestimmbares Ende, wie z.B. 6 Wochen, zur ausreichenden Bezeichnung genügt. Die entsprechende Frist beginnt grds. mit der Bekanntgabe der Entscheidung zu laufen, sofern nichts anderes bestimmt ist, § 16 Abs. 1. Eine Festlegung des Fristbeginns »ab Ergreifung« ist wegen ihrer Unbestimmtheit unzulässig (KG FGPrax 1997, 74). Der Fristbeginn darf nicht an ein künftiges Ereignis geknüpft werden (BGH InfAuslR 2015, 102). Das Fristende berechnet sich nach §§ 16 Abs. 2; 222 Abs. 1 ZPO; 191 BGB. Wird zwischenzeitlich eine Untersuchungs- oder Strafhaft vollstreckt, verlängert sich die Frist dadurch nicht (Bay-

ObLGZ 1998, 150). Abschiebehaft nach dem AufenthG kann aber parallel zu einer laufenden Straf- oder Untersuchungshaft angeordnet werden (BGH InfAuslR 2015, 102). Dies entspricht einem praktischem Bedürfnis, weil etwa ein vorzeitiges Ende der Strafhaft bei Vollzug einer Ersatzfreiheitsstrafe durch Zahlung der Geldstrafe eintreten bzw. eine Untersuchungshaft jederzeit enden kann. Die Abschiebungshaft wird dann erst nach dem Ende der Straf- bzw. Untersuchungshaft vollzogen. Der Haftzeitraum berechnet sich vom Zeitpunkt der Haftordnung an (BGH InfAuslR 2015, 102; anders noch BGH FGPrax 2010, 154 u NJW 1995, 2226). Unzulässig wäre es aber, die Abschiebehaft im Anschluss an eine Strafhaft anzuordnen, ehe die Strafhaft rechtskräftig ist (BGH NJW 1995, 2226).

Bei der Festlegung des Endes der Freiheitsentziehung wird sich das Gericht an den spezialgesetzlichen Ermächtigungsgrundlagen unter dem Blickwinkel des Einzelfalls orientieren. Die Dauer sollte unter Beachtung der Verhältnismäßigkeit so gewählt werden, dass der Zweck der Freiheitsentziehung bis zum Fristablauf erreicht werden kann. Nach der Vorstellung des Gesetzgebers handelt es sich bei der Jahresfrist um eine Höchstfrist, die nur im Ausnahmefall auszuschöpfen ist. Es ist immer der Vorrang spezialgesetzlich geregelter Höchstgrenzen zu beachten, was Abs. 1 Halbs. 2 ausdrücklich normiert. Solche Höchstgrenzen enthält etwa § 62 AufenthG. Unter Abwägung mit dem grundgesetzlich geschützten Freiheitsrecht des Betroffenen ist die Frist festzulegen, die im Einzelfall erforderlich, aber auch ausreichend ist. 4

Im Verfahren nach dem IfSG sollte sich die Dauer des Freiheitsentzuges demgemäß danach bestimmen, wie lange es bedarf, die mit der ansteckenden Krankheit verbundene Gefahr zu beseitigen. 5

Eine gesonderte Regelung zur Dauer einer Freiheitsentziehung findet sich für die Abschiebehaft in § 62 AufenthG. Nach dessen Abs. 2 Satz 2 kann zur Vorbereitung der Ausweisung die Vorbereitungshaft für bis zu 6 Wochen angeordnet werden. Die nach früherem Recht zulässige Sicherungshaft für 2 Wochen wurde zugunsten des für höchstens 4 Tage zulässigen Ausreisegewahrsams, dazu vgl. § 62b AufenthG, gestrichen. Die Sicherungshaft nach § 62 Abs. 4 AufenthG kann bis zu 18 Monate andauern. Die höhere, ein Jahr überschreitende Frist ist zulässig, weil § 425 Abs. 1 lediglich als Auffangnorm konzipiert ist (BT-Drucks. 16/6308 S. 661). Schließlich bestimmt § 62 Abs. 4 Satz 1 AufenthG, dass die Abschiebehaft grds. bis zu 6 Monaten angeordnet werden kann. Die Rspr. (BGH NJW 1996, 2769; OLG Köln FGPrax 2008, 135) geht aber davon aus, dass im Regelfall 3 Monate bei der Erstanordnung die Höchstgrenze bilden. Kriterien für die Bemessung der Frist können das Vorhandensein bzw. die Beschaffungsdauer von Papieren und Passersatzpapieren, die Rückübernahmemodalitäten der Heimatbehörden sowie die praktische Handhabung von Rücknahmeübereinkommen sein. 6

II. Freilassung. Die Freiheitsentziehung darf – soweit es keine abweichende spezialgesetzliche Regelung gibt – höchstens für ein Jahr nach Erlass der Entscheidung ausgesprochen werden (zur Fristberechnung vgl. Rdn. 3). Läuft die Frist ab, ohne dass das Gericht zuvor verlängert hat, endet die Freiheitsentziehung ohne Weiteres. Der Betroffene ist freizulassen, Abs. 2 Satz 1. Die Freilassung ist von der zuständigen Verwaltungsbehörde zu veranlassen. Wird diese nicht tätig, hat die Einrichtung, in der die Freiheitsentziehung vollzogen wird, ihn zu entlassen. Über die Freilassung des Betroffenen ist das Gericht zu informieren, Abs. 2 Satz 2. Für verlängernde Freiheitsentziehungen gilt Abs. 3. 7

III. Verlängerung, Abs. 3. Ergibt sich die Notwendigkeit, eine in der Hauptsache angeordnete Freiheitsentziehung vor Ablauf der im Beschluss genannten Frist (vgl. § 421 Nr. 2) zu verlängern, gelten nach Abs. 3 die Vorschriften für die erstmalige Maßnahme entsprechend. Dies bedeutet insb., dass das Gericht über die Verlängerung nur auf Antrag der zuständigen Behörde (dazu § 417 Rdn. 3 ff.) entscheiden darf. Der Verlängerungsantrag muss in den Fällen der Abschiebungs-, Zurückschiebungs- und Zurückweisungshaft den Anforderungen des § 417 Abs. 2 Satz 2 Nr. 5 genügen (BGH FGPrax 2013, 87). Möglich ist es, sich auf den in der Gerichtsakte befindlichen ersten Haftantrag zu beziehen, wenn dieser dem Betroffenen ausgehändigt war und sich in Bezug auf die in § 417 Abs. 2 Satz 2 Nr. 5 genannten Umstände nichts geändert hat. 8

Um Verlängerungen von Freiheitsentziehungen nicht der gerichtlichen Routine preiszugeben, schreibt Abs. 3 vor, dass für die Verlängerung einer in der Hauptsache ergangenen Freiheitsentziehung die Verfahrensgarantien der §§ 415 ff. abermals gelten. Daraus folgt, dass das Gericht zuständig bleibt, das ursprünglich über die Freiheitsentziehung entschieden hat (OLG München FGPrax 2006, 280, 282; OLG Zweibrücken FGPrax 2000, 212). Etwas anderes gilt nur, wenn das Verfahren wirksam abgegeben wurde, etwa weil der Betroffene im Verfahren nach dem IfSG in eine auswärtige Klinik oder in einem Verfahren nach dem AufenthG gem. § 106 Abs. 2 Satz 2 AufenthG in eine andere Haftanstalt (dazu KG FGPrax 2006, 280) verlegt wurde. Dann ist das übernehmende Gericht zuständig. Der Betroffene muss erneut persönlich ange- 9 hört werden, es ist ggf. ein Verfahrenspfleger zu bestellen und § 420 Abs. 3 und 4 sind zu berücksichtigen. Inhalt und Wirksamkeit der Entscheidung bemessen sich nach §§ 38, 421 und 422.

§ 426 Aufhebung.

(1) ¹Der Beschluss, durch den eine Freiheitsentziehung angeordnet wird, ist vor Ablauf der nach § 425 Abs. 1 festgesetzten Frist von Amts wegen aufzuheben, wenn der Grund für die Freiheitsentziehung weggefallen ist. ²Vor der Aufhebung hat das Gericht die zuständige Verwaltungsbehörde anzuhören.
(2) ¹Die Beteiligten können die Aufhebung der Freiheitsentziehung beantragen. ²Das Gericht entscheidet über den Antrag durch Beschluss.

Übersicht

	Rdn.		Rdn.
A. Allgemeines	1	II. Aufhebung auf Antrag, Abs. 2	5
B. Einzelheiten	2	III. Verfahren	6
I. Aufhebung von Amts wegen, Abs. 1	3		

1 A. Allgemeines. § 426 Abs. 1 ist inhaltlich an § 330 angelehnt. Er soll sicherstellen, dass niemand länger als nötig einer Freiheitsentziehung unterfällt. Das in Abs. 2 enthaltene förmliche Antragsrecht der Beteiligten auf Aufhebung der Freiheitsentziehung ist während des Gesetzgebungsverfahrens eingefügt worden, um die Rechtsposition des Betroffenen zu stärken. Das Gericht hat aber von Amts wegen immer die Aufhebung der Freiheitsentziehung zu prüfen, wenn Anhaltspunkte dafür bestehen. Als speziellere Regelung geht § 426 dem § 54 Abs. 4 vor.

2 B. Einzelheiten. § 426 Abs. 1 Satz 1 trifft Aussagen zu den Gründen für die Aufhebung einer Freiheitsentziehungsmaßnahme vor Ablauf der ursprünglich festgelegten Frist und zu besonderen, zu beachtenden Verfahrensschritten.

3 I. Aufhebung von Amts wegen, Abs. 1. § 426 Abs. 1 Satz 1 verdeutlicht eine Selbstverständlichkeit: Eine Freiheitsentziehungsmaßnahme ist unverzüglich aufzuheben, wenn deren materielle Voraussetzungen entfallen sind. Kein Betroffener soll länger als erforderlich untergebracht sein. Daraus folgt, dass das Gericht während einer Freiheitsentziehungsmaßnahme fortlaufend deren materielle Notwendigkeit zu überwachen hat. Insoweit ergänzt § 426 Abs. 1 Satz 1 die für die zuständige Behörde bestehende Verpflichtung, die Notwendigkeit der Freiheitsentziehungsmaßnahme ständig zu kontrollieren. Gleichzeitig verdeutlicht er, dass das Gericht ggf. selbst gegen den Willen der zuständigen Behörde die Freiheitsentziehung zu beenden hat, wenn deren Voraussetzungen entfallen sind. Will die zuständige Verwaltungsbehörde die Freiheitsentziehung trotz Entfallens der Voraussetzungen nicht beenden, muss das Gericht dagegen einschreiten und die Freiheitsentziehung aufheben. Der Zweck einer Freiheitsentziehung entfällt etwa mit dem Wegfall der Ansteckungsgefahr im Verfahren nach dem IfSG oder der Möglichkeit der Abschiebung bzw. deren Undurchführbarkeit oder der Stellung eines beachtlichen Asylantrages im Verfahren nach dem AufenthG.

4 Auch wenn die Behörde die Freiheitsentziehung bereits zuvor beendet hat, ist das Gericht gehalten, seine Entscheidung, sprich die Anordnung der Freiheitsentziehung, aufzuheben. Nur so wird der von der Entscheidung ausgehende Rechtsschein beseitigt und ein erneuter Gebrauch machen von der Entscheidung ohne gerichtliche Nachprüfung verhindert.

5 II. Aufhebung auf Antrag, Abs. 2. Nach Abs. 2 haben die Beteiligten ein förmliches Recht darauf, die Aufhebung eines Beschlusses, der eine Freiheitsentziehung anordnet, zu beantragen und beschieden zu erhalten. In Verfahren der Zurück- oder Abschiebung kann der Aufhebungsantrag begründet sein, wenn die Behörde das Verfahren nicht mit der gebotenen Beschleunigung betreibt (BGH FGPrax 2011, 199) oder sich die Erwartung einer rechtzeitigen Befristung des Einreiseverbots im Nachhinein als unzutreffend erweist (BGH FGPrax 2016, 33). Der Aufhebungsantrag kann von jedem Beteiligten mit einem Antrag auf Feststellung der Rechtswidrigkeit der Haft verbunden werden (BGH InfAuslR 2014, 226). Über beide Anträge ist getrennt zu entscheiden. War gegen die Haftanordnung kein zulässiges Rechtsmittel eingelegt worden oder ist ein solches Rechtsmittel erfolglos geblieben, kann die Rechtswidrigkeit aber erst ab dem Zeitpunkt des Haftaufhebungsantrages bei Gericht festgestellt werden (BGH InfAuslR 2016, 56). Entgegen dem Wortlaut *des § 62 kann der* Feststellungsantrag nicht nur im Rahmen des Beschwerdeverfahrens, sondern auch vor dem Amtsgericht im Rahmen des Verfahrens auf Aufhebung der Haftanordnung gestellt werden. Unzulässig ist dieser Antrag nur, wenn das erledigende Ereignis der Haftentlassung bereits vor Eingang des Aufhebungsantrages bei Gericht erfolgt (BGH InfAuslR 2016, 56). Mangels einer aufzuhebenden Entscheidung fehlt es dem Betroffenen an einem Rechtsschutzbedürfnis, dem Betroffenen ist es zuzumuten die Rechtmäßigkeit der Haftanordnung im Rahmen einer fristgemäß einzureichenden Beschwerde überprüfen zu lassen. Entscheidet das Beschwerdegericht versehentlich nicht über den Feststellungsantrag, ist der Beschluss auf Antrag nachträglich gem. § 43 um eine Sachentscheidung zu ergänzen. Wird ein solcher Antrag nicht gestellt, entfällt die Rechtshängigkeit des Feststellungsantrages mit Ablauf der in § 43 Abs. 2 bestimmten Frist von 2 Wochen (BGH InfAuslR 2014, 226). Wird der Feststellungsantrag allerdings bewusst nicht entschieden, kann dies nicht im Wege der Beschlussergänzung gem. § 43 geheilt werden (BGH InfAuslR 2014, 281). Erklärt allerdings der Betroffenen, dass er keinen Antrag gem. § 62 auf Feststellung der der Rechtswidrigkeit der Haftanordnung stellt, wird der Feststellungsantrag eines anderen Beteiligten unzulässig (BGH NJW-RR 2014, 1155).

III. Verfahren. Das Verfahren zur Aufhebung einer Freiheitsentziehungsmaßnahme ist nicht besonders geregelt. Es finden sich in § 426 Abs. 1 Satz 2 allein Sondervorschriften zur Beteiligung der zuständigen Behörde. Das Gericht hat der zuständigen Behörde vor der Aufhebung einer Freiheitsentziehung zwingend anzuhören. Der Gesetzgeber wollte damit sicherstellen, dass die Behörde im Allgemeininteresse ggf. Bedenken gegen die Aufhebung vortragen kann bzw. rechtzeitig Alternativen bereitstellet oder nach Bekanntgabe der Aufhebung ggf. Rechtsmittel einlegen kann. Selbst wenn mit der Einräumung des rechtlichen Gehörs für die zuständige Behörde geringe Verzögerungen verbunden wären, kann das Gericht nicht darauf verzichten. Zumindest sollte eine telefonische Rücksprache versucht werden. 6

Ansonsten gelten keine besonderen Verfahrensregelungen. Die im Einzelfall notwendigen Verfahrenshandlungen bestimmen sich in entsprechender Anwendung der für die Anordnung einer Freiheitsentziehungsmaßnahme maßgeblichen Verfahrensvorschriften. Der Antrag auf Aufhebung der Haft kann jederzeit, auch nach Eintritt der formellen Rechtskraft der Haftanordnung, gestellt werden. Neue Umstände müssen nicht vorgetragen werden, der Antrag kann darauf gestützt werden, dass die Haft von vorneherein nicht hätte angeordnet werden dürfen (BGH InfAuslR 2013, 157). Solange das Verfahren nicht abgegeben ist, bleibt das ursprünglich befasste Gericht und dort funktionell der Richter zuständig. 7

Bei eindeutiger Sachlage ist das Gericht verpflichtet, die Freiheitsentziehungsmaßnahme unverzüglich aufzuheben und jegliche Verfahrenshandlung zu unterlassen, die zu einer Verzögerung führen würde. Die Benachrichtigung der weiteren in § 418 Abs. 2 und 3 genannten Personen kann gleichzeitig mit der Aufhebung erfolgen. 8

Bei einer nicht so eindeutigen Sachlage sind die i.R.d. § 26 gebotenen Verfahrenshandlungen vorzunehmen. Denkbar wäre im Verfahren nach dem IfSG die Einholung einer sachverständigen Stellungnahme bzw. eines Gutachtens, die persönliche Anhörung des Betroffenen oder Beweiserhebungen. Innerhalb dieses Verfahrens können die §§ 415 ff. als Richtlinie gelten. Welche Verfahrensschritte das Gericht im Einzelfall durchführt, bestimmt es nach pflichtgemäßem Ermessen. Soll die Aufhebung abgelehnt werden, wird der Betroffene i.d.R. nochmals persönlich anzuhören sein. 9

Die Entscheidung erfolgt durch Beschluss, Abs. 2 Satz 2, und kann auf Aufhebung der Freiheitsentziehungsmaßnahme bzw. Ablehnung der Aufhebung lauten. Die Entscheidung wird mit Bekanntgabe an den Betroffenen, ggf. seinen Verfahrenspfleger bzw. die zuständige Behörde wirksam, da sie ihrem Inhalt nach für sie bestimmt sind, § 40 Abs. 1. Bekanntgabe erfolgt i.Ü. an den Betroffenen selbst, ggf. seinen gesetzlichen Vertreter, Bevollmächtigten, Verfahrensbevollmächtigten oder Verfahrenspfleger, die in § 418 Abs. 3 Genannten sowie an die zuständige Behörde. Die Entscheidung kann mit der Beschwerde (§ 58 Abs. 1) angefochten werden. Die Beschwerdebefugnis bestimmt sich nach §§ 59, 429. Prüfungsgegenstand können neu vorgetragene Umstände, aber auch Einwände gegen die erstmalige Anordnung der Haft sein. Allerdings kann mit dem Haftaufhebungsverfahren nicht die formelle Rechtskraft der Entscheidung über die Haftanordnung durchbrochen werden (BGH FGPrax 2011, 200). Nach Erledigung der Hauptsache im Haftaufhebungsverfahren kann nach § 62 Abs. 1 die Feststellung der Rechtswidrigkeit beantragt werden (BGH FGPrax 2011, 199). Bei Eintritt der formellen Rechtskraft der Haftanordnung kann die Rechtswidrigkeit in einem Haftaufhebungsverfahren aber erst ab dem Zeitpunkt des Eingangs des Haftaufhebungsantrags bei Gericht festgestellt werden (BGH InfAuslR 2013, 157). 10

Bei der Kostenentscheidung ist zu berücksichtigen, dass ein Antrag auf Aufhebung der Abschiebehaft und ein Antrag auf Feststellung der Rechtswidrigkeit bereits vollzogener Haft wesensgleich sind und deshalb keine unterschiedliche Gewichtung erfahren dürfen (BGH FGPrax 2015, 41).

§ 427 Einstweilige Anordnung.

(1) ¹Das Gericht kann durch einstweilige Anordnung eine vorläufige Freiheitsentziehung anordnen, wenn dringende Gründe für die Annahme bestehen, dass die Voraussetzungen für die Anordnung einer Freiheitsentziehung gegeben sind und ein dringendes Bedürfnis für ein sofortiges Tätigwerden besteht. ²Die vorläufige Freiheitsentziehung darf die Dauer von sechs Wochen nicht überschreiten.

(2) Bei Gefahr im Verzug kann das Gericht eine einstweilige Anordnung bereits vor der persönlichen Anhörung des Betroffenen sowie vor Bestellung und Anhörung des Verfahrenspflegers erlassen; die Verfahrenshandlungen sind unverzüglich nachzuholen.

Übersicht

	Rdn.		Rdn.
A. Allgemeines	1	5. Persönliche Anhörung	17
B. Einzelheiten	2	6. Gelegenheit zur Äußerung	19
I. Anwendungsbereich	3	7. Verhältnismäßigkeit	20
II. Voraussetzungen einer gewöhnlichen einstweiligen Anordnung, Abs. 1	5	8. Entscheidungsinhalt	21
		9. Bekanntgabe und Wirksamkeit einer einstweiligen Anordnung	22
1. Dringende Gründe für das Vorliegen der Voraussetzungen für die Anordnung einer Freiheitsentziehung, Satz 1 Halbs. 1	6	10. Anfechtbarkeit	23
		III. Voraussetzungen einer eiligen einstweiligen Anordnung, Abs. 2	25
2. Dringendes Bedürfnis für ein sofortiges Tätigwerden, Satz 1 Halbs. 2	11	1. Gefahr in Verzug	26
		2. Weitere Voraussetzungen	28
3. Glaubhaftmachung	14	IV. Kosten	30
4. Verfahrenspfleger	15		

1 **A. Allgemeines.** Die besonderen verfahrensrechtlichen Voraussetzungen zum Erlass einer einstweiligen Anordnung im Freiheitsentziehungsverfahren finden sich in § 427 Abs. 1. Die Vorschrift ist in Abs. 1 den §§ 300 Abs. 1, 331 und 333 Satz 1 angepasst, die die einstweilige Anordnung im Unterbringungsverfahren betreffen. Neben § 427 bleiben die allgemeinen Regelungen der §§ 49 bis 57 anwendbar. Das gilt insb. für § 51 Abs. 3 Satz 1, wonach das einstweilige Anordnungsverfahren auch neben dem Hauptsacheverfahren ein selbstständiges Verfahren ist. Darüber hinaus ergibt sich aus § 51 Abs. 2, dass sich das Verfahren der einstweiligen Anordnung nach den Verfahrensgrundsätzen des Hauptsacheverfahrens richtet. Nach § 427 Abs. 2 kann bei Gefahr in Verzug neben der persönlichen Anhörung des Betroffenen auch die Bestellung und Anhörung des Verfahrenspflegers vorerst unterbleiben.

2 **B. Einzelheiten.** Da bis zum Vorliegen aller Voraussetzungen für eine Freiheitsentziehungsentscheidung in der Hauptsache einige Zeit verstreichen kann, ermöglicht § 427 den Erlass einer einstweiligen Anordnung. Mit ihr kann eine vorläufige Freiheitsentziehungsmaßnahme ergehen. So ist gewährleistet, dass in Gefahrensituationen rasch eine Freiheitsentziehungsmaßnahme ergehen kann. Solche Situationen können entstehen, wenn der Betroffene im Verfahren nach dem IfSG freiwillig in der Klinik war, nun aber vorzeitig gehen will oder der Betroffene, weil mit dem Aufschub Gefahr verbunden war, im Rahmen einer Verwaltungsmaßnahme mit Freiheitsentzug untergebracht wurde, vgl. § 428. Vom gesetzgeberischen Willen als Ausnahmeverfahren in Krisensituationen konzipiert, nutzt die gerichtliche Praxis vorläufige Freiheitsentziehungsmaßnahmen oftmals als Regelverfahren. Der Gesetzgeber trägt dem Rechnung, indem er das einstweilige Anordnungsverfahren in den §§ 49 bis 57 als eigenständiges Verfahren ausgestaltet. Nach dem bisherigen Recht war das Eilverfahren hauptsacheabhängig konzipiert. Die einstweilige Anordnung musste als vorläufige Regelung in einem von Amts wegen einzuleitenden Hauptsacheverfahren durch eine endgültige Maßnahme ersetzt werden. Dagegen ist die einstweilige Anordnung nunmehr, selbst bei Anhängigkeit eines Hauptsacheverfahrens, ein selbstständiges Verfahren, vgl. § 51 Abs. 3. Der durch eine einstweilige Anordnung beschwerte Betroffene kann, sollte das Gericht nicht von Amts wegen tätig werden, die Einleitung eines *Hauptsacheverfahrens* erzwingen, § 52 Abs. 1.

I. Anwendungsbereich. Wie § 331 für das Unterbringungsverfahren sieht § 427 für das Freiheitsentziehungsverfahren den Erlass von einstweiligen Anordnungen vor. Er gilt für alle Freiheitsentziehungsmaßnahmen i.S.d. § 415. Unberührt von § 427 bleiben die nach den jeweiligen Bundes- oder Landesgesetzen vorgesehenen verwaltungsrechtlichen Sofortunterbringungen, vgl. § 428, sowie polizeirechtliche Freiheitsentziehungen, z.B. polizeilicher Gewahrsam nach Art. 17 Abs. 1 bis 3 BayPAG (dazu OLG München NVwZ-RR 2006, 153), §§ 24 OBG NRW; 35 PolG NRW (dazu OLG Köln FGPrax 2005, 275). Sie können also einer vorläufigen Freiheitsentziehung nach § 427 vorausgehen.

Soweit in § 427 keine anderslautenden Regelungen getroffen sind, gelten für das auf eine vorläufige Freiheitsentziehungsmaßnahme gerichtete Verfahren die allgemeinen Voraussetzungen für das Hauptsacheverfahren nach §§ 415 ff., vgl. § 51 Abs. 2 Satz 1. Demzufolge ist grds. das Gericht zuständig, das in der Hauptsache nach § 416 zuständig wäre, § 50 Abs. 1 FamFG. Ist die Hauptsache beim Beschwerdegericht anhängig, ist dieses zuständig. Auch das Rechtsbeschwerdegericht kann in entsprechender Anwendung des § 64 Abs. 3 vor der Entscheidung eine einstweilige Anordnung erlassen, insb. anordnen, dass die Vollziehung des angefochtenen Beschlusses auszusetzen ist (BGH FGPrax 2010, 97).

II. Voraussetzungen einer gewöhnlichen einstweiligen Anordnung, Abs. 1. § 427 Abs. 1 erlaubt es, eine vorläufige Freiheitsentziehungsmaßnahme durch einstweilige Anordnung zu treffen. Die verfahrensrechtlichen Schritte zum Erlass einer solchen einstweiligen Anordnung beschreiben Abs. 1 für die gewöhnliche einstweilige Anordnung und Abs. 2 für die eilige einstweilige Anordnung. Das einstweilige Anordnungsverfahren ist ein selbstständiges Verfahren, unabhängig vom Hauptsacheverfahren, vgl. § 51 Abs. 3 Satz 1.

1. Dringende Gründe für das Vorliegen der Voraussetzungen für die Anordnung einer Freiheitsentziehung, Satz 1 Halbs. 1. Dringende Gründe müssen die Annahme rechtfertigen, dass die Voraussetzungen für eine endgültige Freiheitsentziehungsmaßnahme gegeben sind. Das Gericht muss also zunächst aufgrund eines ordnungsgemäßen Antrages konkret mit der Entscheidung über eine endgültige Freiheitsentziehungsmaßnahme befasst sein. Weiterhin muss eine ausreichende, d.h. erhebliche Wahrscheinlichkeit (BayObLG FamRZ 2005, 477; OLG Frankfurt am Main NJW-RR 1999, 144) bestehen, dass eine endgültige Anordnung der Freiheitsentziehung erfolgt. Das kann nicht bedeuten, dass in jedem Einzelfall am Ende des Verfahrens eine endgültige Freiheitsentziehungsentscheidung steht. Vielmehr bedarf es konkreter Umstände, wonach die Voraussetzungen für die Anordnung einer Freiheitsentziehung nach den jeweiligen bundes- bzw. landesrechtlichen Ermächtigungsgrundlagen mit erheblicher Wahrscheinlichkeit vorliegen (OLG Frankfurt am Main InfAuslR 1998, 114).

Es bedarf also zunächst der Anhängigkeit eines entsprechenden Freiheitsentziehungsverfahrens, d.h. einer (zumindest gleichzeitigen) Antragstellung der zuständigen Behörde oder Initiierung des Verfahrens durch Eilmaßnahmen der Polizei (OLG Frankfurt am Main NJW 1992, 1395). Darüber hinaus muss die erhebliche Wahrscheinlichkeit dafür bestehen, dass die materiellen Unterbringungsvoraussetzungen nach der jeweiligen gesetzlichen Ermächtigungsgrundlage erfüllt sind.

Bei einem Verfahren auf Sicherungshaft nach § 62 Abs. 3 Satz 1 AufenthG müssen etwa konkrete Umstände mit erheblicher Wahrscheinlichkeit darauf hindeuten, dass
– der Betroffene ausreisepflichtig gem. § 50 AufenthG ist,
– die Ausreisepflicht vollziehbar ist,
– eine Abschiebungsanordnung nach § 58a AufenthG ergangen ist, diese aber nicht unmittelbar vollzogen werden kann,
– die Ausreisefrist abgelaufen ist und der Betroffene seinen Aufenthaltsort gewechselt hat, ohne der Ausländerbehörde eine Anschrift angegeben zu haben, unter der er erreichbar ist,
– der Betroffene aus von ihm zu vertretenden Gründen zu einem für die Abschiebung angekündigten Termin nicht an dem von der Ausländerbehörde angegebenen Ort angetroffen wurde,
– der Betroffene sich in sonstiger Weise der Abschiebung entzogen hat oder
– im Einzelfall Gründe vorliegen, die auf den in § 2 Abs. 14 festgelegten Anhaltspunkten beruhen und deshalb der begründete Verdacht besteht, dass sich der Betroffene der Abschiebung durch Flucht entziehen will (Fluchtgefahr) und
– die Grundsätze der Verhältnismäßigkeit und Verschonung beachtet sind (zum Prüfungsumfang vgl. BVerfG NJW 2009, 2659; BGH FGPrax 2010, 50).

Soll eine einstweilige Anordnung auf Freiheitsentziehung nach dem IfSG erfolgen, müssen konkrete Umstände mit erheblicher Wahrscheinlichkeit darauf hindeuten, dass der Betroffene

§ 427 Buch 7. Verfahren in Freiheitsentziehungssachen

- an einer Lungenpest oder an einem von Mensch zu Mensch übertragbaren hämorrhagischen Fieber erkrankt oder dessen verdächtig ist,
- den seine Absonderung betreffenden Anordnungen nicht nachkommt oder nach seinem bisherigen Verhalten anzunehmen ist, dass er solchen Anordnungen nicht ausreichend Folge leisten wird und dass
- eine Absonderung in einem geeigneten Krankenhaus oder in sonst geeigneter Weise nicht ausreicht – bei Ausscheidern muss hinzutreten, dass sie in diesem Fall andere Schutzmaßnahmen nicht befolgen, befolgen können oder befolgen würden und dadurch ihre Umgebung gefährden – und dass
- der Verhältnismäßigkeitsgrundsatz gewahrt ist.

10 Im Verfahren nach § 39 PolG müssen z.B. konkrete Umstände mit erheblicher Wahrscheinlichkeit darauf hindeuten, dass eine Straftat unmittelbar bevorsteht. Wird die Gefahrenprognose auf Vortaten gestützt, müssen konkrete Anhaltspunkte für eine Wiederholung dieser Verhaltensweisen bestehen (OLG München FGPrax 2007, 298).

11 **2. Dringendes Bedürfnis für ein sofortiges Tätigwerden, Satz 1 Halbs. 2.** Das Gericht hat Feststellungen dazu zu treffen, dass im Zeitpunkt der Anordnung ein dringendes Bedürfnis für ein sofortiges Tätigwerden besteht (KG FGPrax 2008, 176). Ein solches Bedürfnis besteht, wenn ein Abwarten bis zur endgültigen Entscheidung nicht möglich ist, weil diese zu spät kommen würde, um die zu schützenden Interessen zu wahren (OLG Brandenburg FamRZ 2010, 1743). Es ist nach der jeweiligen Freiheitsentziehungsmaßnahme zu differenzieren. Bei einer beabsichtigten Freiheitsentziehung nach dem AufenthG ergibt sich bei Fluchtgefahr des Betroffenen ohne weiteres ein dringendes Bedürfnis für ein sofortiges Tätigwerden, ebenso wenn der Betroffene bereits untergetaucht ist (OLG Schleswig FGPrax 2008, 229). Im Verfahren nach dem IfSG kann das der Fall sein, wenn ohne sofortige Behandlung des Betroffenen die Gefahr besteht, dass er jederzeit Personen anstecken kann, was zu schweren gesundheitlichen Schäden bis hin zum Tod führen kann. Ähnliches gilt, wenn vor einer Hauptsacheentscheidung des Gerichtes noch weitere Ermittlungen erfolgen müssen oder ein Gutachten einzuholen ist und währenddessen – z.B. im Verfahren nach dem IfSG – eine akute Gesundheitsverschlechterung oder eine massive Gefährdungslage eintritt. Im Verfahren nach dem AufenthG kann ein Bedarf für ein sofortiges Tätigwerden bejaht werden – wenn Abschiebehaft bereits beantragt ist – bei Fluchtgefahr oder der Gefahr erneuten Untertauchens (BayObLG FGPrax 1997, 117).

12 Kann dagegen das Hauptsacheverfahren ohne Gefährdung der Gesundheit bzw. des Lebens des Betroffenen oder mangels akuter Gefährdungslagen für Dritte i.R.d. jeweiligen gesetzlichen Ermächtigungsgrundlage durchgeführt werden oder ergeben sich nur geringe Verzögerungen, ist kein dringendes Bedürfnis für ein Tätigwerden anzunehmen (BVerfG FamRZ 1998, 895). Bei einer Ingewahrsamsnahme auf der Grundlage polizeirechtlicher Ermächtigungen kann das Bedürfnis zum Tätigwerden zum einen in Bezug auf den Betroffenen und zum anderen in Bezug auf die öffentliche Sicherheit oder Ordnung, erhebliche Rechtsgüter Dritter bzw. die sonstigen in den jeweiligen Gesetzen geschützten Drittinteressen bestehen.

13 Das Vorliegen der Gefährdungssituationen muss vom Gericht an konkreten Tatsachen festgemacht werden (OLG München FGPrax 2007, 298). Die Tatsachen müssen nach Ort, Zeit und Umständen bestimmt sein. Die Gefahr muss sich auf erhebliche Rechtsgüter beziehen, dies verlangt der Verhältnismäßigkeitsgrundsatz. Schließlich ist zu verlangen, dass sich die Gefahr mit hinreichender Wahrscheinlichkeit realisiert, wobei ein für das praktische Leben brauchbarer Grad der Wahrscheinlichkeit genügt. Dabei können frühere Verhaltensweisen des Betroffenen, seine Persönlichkeit, seine aktuelle Befindlichkeit sowie seine zu erwartenden Lebensumstände berücksichtigt werden.

14 **3. Glaubhaftmachung.** Die vorgenannten Voraussetzungen müssen nicht zur Überzeugung des Gerichts bewiesen sein. Vielmehr reicht ihre Glaubhaftmachung aus. Das ergibt sich aus § 51 Abs. 1 Satz 2. Er schreibt nämlich für Verfahren, in denen ein Hauptsacheverfahren nur auf Antrag eingeleitet werden kann vor, dass der Antrag zu begründen ist und die Voraussetzungen für die Anordnung glaubhaft zu machen sind. Glaubhaftmachung bedeutet, dass bei verständiger Würdigung die Wahrheit einer bestimmten Tatsache bis auf Weiteres angenommen werden kann. Es muss mit anderen Worten für das Vorliegen der einzelnen Tatsachen anhand konkreter Umstände eine erhebliche Wahrscheinlichkeit bestehen. Der glaubhaft gemachte Sachverhalt darf trotz Bestreitens des Betroffenen zugrunde gelegt werden (BayObLG BtPrax 2004, 159). Der Umfang der notwendigen Sachverhaltsaufklärung richtet sich nach § 26. Im Verfahren nach dem AufenthG ist z.B. regelmäßig die Akte der Ausländerbehörde beizuziehen (OLG Celle FGPrax 2008, 227). Zu den Mitteln der Glaubhaftmachung vgl. § 31.

4. Verfahrenspfleger. Sind die Voraussetzungen zur Bestellung eines Verfahrenspflegers nach § 419 Abs. 1 15
erfüllt, bedarf es weiterhin der Bestellung eines solchen. Erforderlich kann die Verfahrenspflegerbestellung
zur Wahrnehmung der Interessen des Betroffenen sein. Dies kann bejaht werden, wenn der Betroffene sein
Recht auf rechtliches Gehör nicht ausreichend wahrnehmen kann, § 419 Abs. 1 Satz 1. Zwingend wird ein
Verfahrenspfleger zu bestellen zu sein, wenn von der persönlichen Anhörung des Betroffenen abgesehen
wird, § 419 Abs. 1 Satz 2, etwa weil er untergetaucht ist.

Werden die Interessen des Betroffenen dagegen durch einen Rechtsanwalt oder einen anderen geeigneten 16
Verfahrensbevollmächtigten (dazu § 10 Rdn. 12 ff.) ausreichend wahrgenommen, kann die Verfahrenspflegerbestellung unterbleiben bzw. aufgehoben werden, § 419 Abs. 2.

5. Persönliche Anhörung. Der Betroffene muss durch den Richter persönlich angehört worden sein, §§ 51 17
Abs. 2 Satz 1, 420. Die Anhörung kann auch durch den ersuchten Richter im Wege der Rechtshilfe erfolgen.
Ein entsprechendes Rechtshilfeersuchen darf nicht abgelehnt werden. Angesichts der Schwere des infrage
stehenden Eingriffs ist auch die Verschaffung eines unmittelbaren Eindrucks vom Betroffenen notwendig.
Dieser muss ggf. vom ersuchten Richter aktenkundig gemacht werden. Von der vorherigen persönlichen
Anhörung kann nur unter den Voraussetzungen des § 427 Abs. 2 abgesehen werden. Es muss dann detailliert und konkret dargelegt werden, warum vor dem Erlass der Entscheidung, notfalls unter Zurückstellung
anderer weniger wichtiger Dienstgeschäfte, keine Anhörung möglich war und worin die Gefahr in Verzug
liegt. Die Anhörung ist unverzüglich, d.h. spätestens am nächsten Werktag (OLG Naumburg NJOZ 2013,
531: zu einer Unterbringungssache), zumindest aber sobald als möglich nachzuholen (KG FGPrax 2008,
178). Der in der Nichtanhörung liegende Verfahrensverstoß wird durch die nachträgliche Anhörung nicht
geheilt (BVerfG, Beschl. v. 27.02.2013, 2 BvR 1872/10; OLG Hamm, FGPrax 2008, 43).

Ein Verzicht auf die persönliche Anhörung ist nur unter den Voraussetzungen der §§ 420 Abs. 2, 34 Abs. 2 18
möglich. Deshalb kann eine persönliche Anhörung allenfalls in zwei Konstellationen entfallen. Entweder
sind von der Anhörung erhebliche Nachteile für die Gesundheit des Betroffenen zu besorgen. Dies kommt
in der Praxis nicht vor. Vorübergehende Verschlechterungen oder solche, denen mit Medikamenten entgegengewirkt werden kann, reichen nämlich nicht aus (OLG Karlsruhe FamRZ 1999, 670). Zum anderen
kann die persönliche Anhörung unterbleiben, wenn der Betroffene offensichtlich nicht in der Lage ist, seinen Willen kundzutun. Davon hat sich der Richter aber durch Verschaffung eines unmittelbaren Eindrucks
selbst zu überzeugen.

6. Gelegenheit zur Äußerung. Den in § 418 Abs. 2 und 3 genannten Personen ist Gelegenheit zur Äuße- 19
rung zu geben, § 420 Abs. 3 Satz 1. Bei Gefahr in Verzug (dazu Rdn. 26) kann dieser Verfahrensschritt unterbleiben. Er ist jedoch nachzuholen.

7. Verhältnismäßigkeit. Schließlich ist der Verhältnismäßigkeitsgrundsatz zu beachten. Deshalb darf die 20
Freiheit des Betroffenen nur unter Beachtung des in Art. 2 GG geschützten Freiheitsrechts aus besonders
gewichtigem Grund angetastet werden. Es müssen also bei Verzicht auf eine einstweilige Anordnung, z.B.
im Verfahren nach dem IfSG wichtige gesundheitliche Schädigungen des Betroffenen oder Dritter bzw.
massive Gefahren für die öffentliche Ordnung und Sicherheit im Verfahren nach dem AufenthG drohen
(BayObLG NJW 2002, 146).

8. Entscheidungsinhalt. Die Entscheidung ergeht, wie i.R.d. Hauptsacheverfahrens, durch Beschluss. Da 21
die einstweilige Anordnung eine Freiheitsentziehungsmaßnahme enthält, ist für den Inhalt der Entscheidung § 421 maßgeblich. Regelmäßig dürften kurze, einzelfallbezogene Fristen hinsichtlich der Dauer der
Freiheitsentziehung möglich sein. Die Höchstdauer der Unterbringungsmaßnahme bestimmt sich allerdings
nach § 427 Abs. 1 Satz 2 und darf 6 Wochen nicht überschreiten. Zur Fristberechnung vgl. § 425 Rdn. 3. Eine
Verlängerung innerhalb dieser Höchstfrist ist möglich, §§ 427 Abs. 1 Satz 2, 425 Abs. 3. Eine Entscheidung
zur sofortigen Wirksamkeit ist regelmäßig notwendig, § 422 Abs. 2. Wenn sich aus den Begleitumständen ergibt, dass die einstweilige Anordnung sofort vollziehbar und wirksam sein soll, kann bei Fehlen des entsprechenden Ausspruches an eine stillschweigende Anordnung der sofortigen Wirksamkeit gedacht werden und
diese zur Klarstellung im Wege der nachträglichen Berichtigung erfolgen (BayObLG BtPrax 2002, 39), vgl.
auch § 42 Abs. 1. Eine Kostenentscheidung muss nicht erfolgen.

9. Bekanntgabe und Wirksamkeit einer einstweiligen Anordnung. Für die Bekanntgabe und Wirksam- 22
keit einer einstweiligen Anordnung gelten die §§ 422 und 423 i.V.m. § 40.

23 **10. Anfechtbarkeit.** Gegen Entscheidungen, durch die eine einstweilige Freiheitsentziehungsmaßnahme getroffen oder abgelehnt wird, kann das Rechtsmittel der Beschwerde eingelegt werden. Beschlüsse, die eine einstweilige Anordnung zum Gegenstand haben, stellen nämlich eine Endentscheidung dar (OLG Stuttgart NJW 2009, 3733). Zu Einzelheiten vgl. § 58 Abs. 1. Eine zulassungsfreie Rechtsbeschwerde ist nicht gegeben, § 70 Abs. 4 Satz 3. Darüber hinaus besteht die Möglichkeit, nach § 52 Abs. 2 das Gericht zu veranlassen, der antragstellenden Verwaltungsbehörde eine Frist zur Stellung eines das Hauptsacheverfahren einleitenden Antrages zu setzen. Das AG kann trotz anhängigem Beschwerdeverfahren seine einstweilige Anordnung bei Wegfall der materiellen Unterbringungsvoraussetzungen aufheben. Die entgegenstehende Vorschrift des § 54 Abs. 4 wird durch die speziellere Regelung des § 426 Abs. 1 Satz 1 verdrängt.
Gegen einen Beschluss des Beschwerdegerichtes im Verfahren über die Anordnung, Abänderung oder Aufhebung einer einstweiligen Anordnung ist der Rechtsbehelf der Rechtsbeschwerde nicht gegeben, § 70 Abs. 4. Ist eine Entscheidung als einstweilige Anordnung bezeichnet oder leitet sie ihren Ausspruch mit einem Hinweis auf das Vorgehen im Wege der einstweiligen Anordnung ein, bestehen insoweit auch keine Zweifel an ihrer rechtlichen Einordnung. Das gilt selbst dann, wenn der Richter sich nicht mit den Voraussetzungen für den Erlass einer einstweiligen Anordnung befasst oder er eine Entscheidung trifft, die im gewählten Verfahren nicht bzw. nicht mit dem getroffenen Ausspruch hätte ergehen dürfen (BGH FGPrax 2014, 87) und unabhängig davon, ob die antragstellende Behörde eine vorläufige Freiheitsentziehung im Wege der einstweiligen Anordnung beantragt hatte (BGH FGPrax 2015, 91).

24 Erledigt sich das Verfahren auf Freiheitsentziehung im Wege einer einstweiligen Anordnung im Beschwerdeverfahren, besteht nach stRspr. im Hinblick auf den hohen Wert des Freiheitsrechtes, Art. 2 Abs. 2 Satz 2 GG, ein fortwährendes Rechtsschutzinteresse an einer Sachentscheidung über die Rechtswidrigkeit des Eingriffs (BVerfG NJW 2002, 3161; OLG München FGPrax 2007, 298), was § 62 ausdrücklich unter Aufgreifen der von der Rspr. herausgearbeiteten Voraussetzung normiert. Hebt das Beschwerdegericht die einstweilige Haftanordnung auf, kann der Antrag auf Feststellung der Rechtswidrigkeit der erstinstanzlichen Entscheidung nur innerhalb der Beschwerdefrist zulässig gestellt werden. Die zulassungsfreie Rechtsbeschwerde ist insoweit nicht gegeben (BGH FGPrax 2011, 148). Mit der Regelung des § 70 Abs. 4 hat der Gesetzgeber klar zum Ausdruck gebracht, dass einstweilige Anordnungen keiner rechtlichen Überprüfung im Rechtsbeschwerdeverfahren unterworfen sein sollen. Dies gilt generell auch für die auf § 62 gestützten Feststellungsanträge im Freiheitsentziehungsverfahren (BGH FGPrax 2015, 91). Unzulässig ist der isolierte Feststellungsantrag, der Betroffene also die einstweilige Haftanordnung selbst nicht angreift (BGH FGPrax 2011, 143).

25 **III. Voraussetzungen einer eiligen einstweiligen Anordnung, Abs. 2.** § 427 Abs. 2 ermöglicht in den Fällen gesteigerter Dringlichkeit unter erleichterten Voraussetzungen eine einstweilige Anordnung im Freiheitsentziehungsverfahren. Neben der Anhörung des Betroffenen, die der Gesetzgeber bei Gefahr in Verzug als zu zeitaufwendig ansieht, können zunächst auch Bestellung und Anhörung eines Verfahrenspflegers unterbleiben. Abs. 2 Halbs. 2 stellt klar, dass nur eine zeitliche Verzögerung dieser Verfahrenshandlungen, nicht ihr Unterlassen gestattet wird.

26 **1. Gefahr in Verzug.** Mit dem Begriff Gefahr in Verzug umschreibt der Gesetzgeber eine gesteigerte Dringlichkeit. Gefahr in Verzug ist gegeben, wenn die Freiheitsentziehungsmaßnahme derart unaufschiebbar ist, dass die Einhaltung der Voraussetzungen der gewöhnlichen einstweiligen Anordnung ohne konkrete Gefährdungen für den Betroffenen bzw. für Rechtsgüter Dritter möglich ist. Die Gefahr muss sich also i.S.d. Eintritts erheblicher Nachteile, z.B. im Verfahren nach dem IfSG durch gesundheitliche Verschlechterung oder krankheitsbedingte Selbst- oder Fremdgefährdung äußern. Im Verfahren nach dem AufenthG kann sie sich aus dem unbekannten Aufenthaltsort des Betroffenen ergeben (OLG Schleswig FGPrax 2008, 229) oder dem Umstand, dass ein Dolmetscher nötig ist, aber nicht zur Verfügung steht (KG FGPrax 2008, 178). Gefahr in Verzug soll auch im Fall ausreisepflichtiger Betroffener bestehen, die im Rahmen planbarer oder geplanter Festnahmen abgeschoben werden sollen (Marschner/Volckart/Lesting § 427 Rn. 5). Das kann aber nur richtig sein, wenn aufgrund konkreter Tatsachen glaubhaft gemacht ist, dass der Betroffene sich der Anhörung entzieht (a.A. Grotkopp SchlHA 2011, 151, 156).

27 Demzufolge kann das Gericht bei Gefahr in Verzug eine einstweilige Anordnung bereits vor der persönlichen Anhörung des Betroffenen, was allerdings verfassungsrechtlich bedenklich ist (BayObLG FamRZ 2001, 578 und 2000, 566, jeweils zu einer Unterbringungssache), sowie vor Bestellung und Anhörung des Verfahrenspflegers erlassen. Bei unterlassener persönlicher Anhörung des Betroffenen, der sich an einem unbekannten Ort befand, kann eine Verfassungsbeschwerde allerdings nur dann erfolgversprechend sein, wenn

2. Weitere Voraussetzungen. Die weiteren Voraussetzungen für den Erlass einer einstweiligen Anordnung, 28
also dringende Gründe für die Annahme, dass die Voraussetzungen für eine endgültige Freiheitsentziehungsmaßnahme gegeben sind und ein dringendes Bedürfnis für ein sofortiges Tätigwerden besteht (dazu Rdn. 5 ff.), müssen ebenfalls erfüllt sein. Das gilt auch für die weiteren Voraussetzungen der gewöhnlichen einstweiligen Anordnung, nämlich die Glaubhaftmachung der beiden vorgenannten Voraussetzungen (dazu Rdn. 14) und die Wahrung der Verhältnismäßigkeit.

Die unterlassenen Verfahrenshandlungen sind unverzüglich, d.h. in Bezug auf die persönliche Anhörung 29
spätestens am nächsten Werktag nachzuholen.

IV. Kosten. In Freiheitsentziehungssachen fällt in Verfahren auf eine einstweilige Anordnung nach Nr. 16110 30
des GNotKG an Gerichtskosten eine 0,3 Gebühr an. Der Geschäftswert ist nach § 36 Abs. 2 und 3 GNotKG zu bestimmen (dazu § 421 Rdn. 22) wobei nach § 62 GNotKG der Wert i.d.R. unter Berücksichtigung der geringeren Bedeutung gegenüber der Hauptsache zu ermäßigen ist. Zu der Erstattung von Auslagen vgl. § 421 Rdn. 22. Die Vergütung eines Rechtsanwaltes in Verfahren auf eine einstweilige Anordnung in Freiheitsentziehungssachen bestimmt sich nach VV Anlage 1, Teil 6, Abschnitt 3 des RVG.

§ 428 Verwaltungsmaßnahme; richterliche Prüfung.

(1) ¹Bei jeder Verwaltungsmaßnahme, die eine Freiheitsentziehung darstellt und nicht auf richterlicher Anordnung beruht, hat die zuständige Verwaltungsbehörde die richterliche Entscheidung unverzüglich herbeizuführen. ²Ist die Freiheitsentziehung nicht bis zum Ablauf des ihr folgenden Tages durch richterliche Entscheidung angeordnet, ist der Betroffene freizulassen.

(2) Wird eine Maßnahme der Verwaltungsbehörde nach Absatz 1 Satz 1 angefochten, ist auch hierüber im gerichtlichen Verfahren nach den Vorschriften dieses Buches zu entscheiden.

Übersicht

	Rdn.		Rdn.
A. Allgemeines	1	b) Herbeiführung einer richterlichen Anordnung	9
B. Einzelheiten	2	2. Satz 2	10
I. Freiheitsentziehende Verwaltungsmaßnahme, Abs. 1	3	II. Gerichtliche Kontrolle, Abs. 2	11
1. Satz 1	4		
a) Freiheitsentziehende Verwaltungsmaßnahme	5		

A. Allgemeines. Die Vorschrift enthält Regelungen zu Freiheitsentziehungen seitens der Verwaltungsbehör- 1
de ohne vorherige richterliche Anordnung.

B. Einzelheiten. § 428 Abs. 1 Satz 1 verpflichtet die zuständige Verwaltungsbehörde (dazu § 417 Rdn. 3 ff.) 2
unverzüglich eine richterliche Entscheidung herbeizuführen, wenn sie ohne vorherige richterliche Anordnung eine vorläufige behördliche Freiheitsentziehung durchführt. Nach Abs. 1 Satz 2 ist der Betroffene spätestens zum Ablauf des der Freiheitsentziehung folgenden Tages freizulassen, wenn keine richterliche Anordnung der Freiheitsentziehung erfolgt. Abs. 2 eröffnet – wie bisher – den Rechtsweg zur Überprüfung einer behördlichen Freiheitsentziehungsmaßnahme bei dem für Freiheitsentziehungssachen zuständigen Gericht (dazu § 416 Rdn. 3 ff.).

I. Freiheitsentziehende Verwaltungsmaßnahme, Abs. 1. In seinem Abs. 1 enthält § 428 keine Rechts- 3
grundlage für – behördliche – Freiheitsentziehungen durch die jeweils zuständige Verwaltungsbehörde, sondern verfahrensrechtliche Regelungen.

1. Satz 1. Nach Satz 1 trifft die zuständige Verwaltungsbehörde die Pflicht zur unverzüglichen Nachholung 4
der richterlichen Entscheidung, wenn sie ohne vorherige gerichtliche Anordnung im Wege einer Verwaltungsmaßnahme eine Freiheitsentziehung vorgenommen hat. Nur wenn es wegen der Kürze der Zeit bis zum Ende der beabsichtigten Freiheitsentziehung nicht möglich erscheint, eine richterliche Entscheidung über die durchgeführte Ingewahrsamsnahme herbeizuführen, kann die Behörde von der Herbeiführung der

richterlichen Entscheidung absehen (OLG München NVwZ-RR 2006, 153 zum BayPAG). Solche Situationen können etwa anlässlich von Großereignissen i.R.d. Polizeigesetze eintreten, wenn aufgrund des Alkoholisierungsgrades oder der Gewaltbereitschaft der betroffenen Personen eine sehr kurzfristige Herbeiführung einer richterlichen Entscheidung ausgeschlossen ist (OLG Hamm NJW 2006, 2707, 2709).

5 a) **Freiheitsentziehende Verwaltungsmaßnahme.** Zum Begriff der Freiheitsentziehung vgl. § 415 Rdn. 6 ff. Die Freiheitsentziehung muss auf einer behördlichen Verwaltungsmaßnahme beruhen. Es darf keine (vorläufige) richterliche Anordnung der Freiheitsentziehung vorliegen. Eine behördliche Freiheitsentziehung bedarf ihrerseits angesichts des Art. 104 Abs. 1 GG einer materiellen Rechtsgrundlage. In Betracht kommen insb. ordnungs- und polizeirechtliche Vorschriften nach Bundes- oder Landesrecht zur Ingewahrsamsnahme (BVerfG NJW 1982, 536).

6 Der Begriff Gewahrsam meint ein mit hoheitlicher Gewalt hergestelltes Rechtsverhältnis, kraft dessen einer Person die Freiheit in der Weise entzogen ist, dass sie von der Verwaltungsbehörde in einer den verwaltungsrechtlichen Zwecken entsprechenden Weise verwahrt und daran gehindert wird, sich zu entfernen (OLG München FGPrax 2007, 298).

7 Die Polizeigesetze der Länder enthalten jeweils Ermächtigungen zum polizeilichen Gewahrsam. So sehen alle Polizeigesetze der Länder die Möglichkeit vor, eine Person zum Schutz vor einer Gefahr für ihr Leib oder Leben in Gewahrsam zu nehmen, wenn sie sich erkennbar in einem die freie Willensbestimmung ausschließenden Zustand oder sonst hilfloser Lage befindet (z.B. § 35 Abs. 1 Nr. 1 PolG NRW; Art. 17 Abs. 1 Nr. 1 BayPAG). Weiterhin sehen die Polizeigesetze der Länder vor, eine Person zur Verhinderung der unmittelbar bevorstehenden Begehung oder Fortsetzung einer Straftat oder einer Ordnungswidrigkeit von erheblicher Bedeutung in Gewahrsam zu nehmen (z.B. § 35 Abs. 1 Nr. 2 PolG NRW; Art. 17 Abs. 1 Nr. 2 BayPAG). Die Polizeigesetze der Länder ermöglichen ebenfalls die Ingewahrsamsnahme Minderjähriger, die sich der Obhut der Sorgeberechtigten entzogen haben oder sich an Orten aufhalten, an denen sie sich gefährden (z.B. § 35 Abs. 2 PolG NRW; Art. 17 Abs. 2 BayPAG). Schließlich erlauben die Polizeigesetze der Länder eine Ingewahrsamsnahme von Personen, die aus dem Vollzug einer Untersuchungshaft, Freiheitsstrafe oder freiheitsentziehenden Maßnahme der Besserung und Sicherung entwichen sind, zur Durchsetzung eines Platz- oder Wohnungsverweises und zur Identitätsfeststellung (z.B. § 35 Abs. 1 Nr. 3, 4, Abs. 3 PolG NRW; Art. 17 Abs. 1 Nr. 3, Abs. 3 BayPAG). Zu weiteren Einzelheiten vgl. *Dodegge/Zimmermann* Teil A Rn. 353 ff.

8 Das AufenthG sah ursprünglich keine Rechtsgrundlage für eine behördliche Freiheitsentziehung vor (BVerwG NJW 1982, 536). In NRW war sie aber aufgrund der §§ 24 OBG NRW; 35 PolG NRW möglich (OLG Köln FGPrax 2005, 275), sofern die Ausländerbehörde eine vorherige richterliche Anordnung nicht rechtzeitig herbeiführen kann. Mit Gesetz v. 19.08.2007 (BGBl. I, S. 1970) wurde § 62 AufenthG um einen Abs. 4 (inzwischen Abs. 5) erweitert. Danach kann die für den Haftantrag zuständige Behörde einen Ausländer ohne vorherige richterliche Anordnung festhalten und vorläufig in Gewahrsam nehmen, wenn der dringende Verdacht für das Vorliegen der Voraussetzungen nach Abs. 3 Satz 1 besteht, die richterliche Entscheidung über die Anordnung der Sicherungshaft nicht vorher eingeholt werden kann und der begründete Verdacht vorliegt, dass sich der Ausländer der Anordnung der Sicherungshaft entziehen will (dazu BGH FGPrax 2010, 156). Ein solcher Fall wird regelmäßig nur bei sog. Spontanfestnahmen, nicht aber bei planbaren oder geplanten Festnahmen vorliegen (Grotkopp SchlHA 2011, 151, 156). Führt die Ausländerbehörde eine behördliche Freiheitsentziehung durch, ist der Ausländer unverzüglich dem Richter zur Entscheidung über die Anordnung der Sicherungshaft vorzuführen.

9 b) **Herbeiführung einer richterlichen Anordnung.** Die zuständige Verwaltungsbehörde (dazu § 417 Rdn. 3 ff.) hat unverzüglich nach dem Vollzug der Freiheitsentziehung die richterliche Entscheidung herbeizuführen. Unverzüglich meint ohne jede vermeidbare Säumnis, m.a.W. ohne jede nicht aus sachlichen Gründen gerechtfertigte Verzögerung (AG Cuxhaven InfAuslR 2015, 148). Die zuständige Verwaltungsbehörde darf dabei nicht bis zum Abschluss der in Abs. 1 Satz 2 genannten Frist warten. Sie hat einen Antrag nach § 417 Abs. 1 zu stellen und auf eine zumindest einstweilige Anordnung nach § 427 hinzuwirken. Zum zuständigen Gericht vgl. § 416.

10 **2. Satz 2.** Als Ausfluss des Art. 104 Abs. 2 Satz 3 GG verpflichtet § 428 Abs. 1 Satz 2 die zuständige Verwaltungsbehörde, den Betroffenen freizulassen, wenn nicht bis zum Ablauf des auf die Freiheitsentziehung folgenden Tages eine richterliche Anordnung der Freiheitsentziehung vorliegt. Es genügt eine richterliche Anordnung im Wege der einstweiligen Anordnung nach § 427. Die richterliche Entscheidung hat sich darauf

zu erstrecken, ob die Voraussetzungen einer Freiheitsentziehung nach der jeweiligen Rechtsgrundlage nach Landes- oder Bundesrecht erfüllt sind. Über die Rechtmäßigkeit der behördlichen Freiheitsentziehung hat das Gericht dagegen nur zu befinden, wenn zugleich ein Antrag nach Abs. 2 gestellt ist (OLG Frankfurt am Main InfAuslR 1997, 313).

II. Gerichtliche Kontrolle, Abs. 2. Nach § 428 Abs. 2 kann der von einer behördlichen Freiheitsentziehung Betroffene die gerichtliche Kontrolle dieser Maßnahme durch das AG (vgl. § 23a Abs. 2 Nr. 6 GVG) vornehmen lassen. Gedacht ist vornehmlich an Fälle, in denen es nach einer behördlichen Freiheitsentziehung nicht zu einer gerichtlichen Anordnung der Freiheitsentziehung kommt. Voraussetzung ist das nicht, der Rechtsweg ist auch eröffnet, wenn es zu einer richterlichen Entscheidung kam. Die Zuständigkeit des AG entfällt nicht dadurch, dass der Betroffene aus dem Gewahrsam entlassen worden ist (OVG Berlin-Brandenburg NJW 2009, 2695). Die Überprüfung einer behördlichen Freiheitsentziehung kann – inzidenter – auch in verwaltungsgerichtlichen Verfahren über die Berechtigung zur Heranziehung des Betroffenen zu den Kosten der Freiheitsentziehung erfolgen (VGH Baden-Württemberg NJW 2011, 2748: polizeilicher Gewahrsam). Zum Rechtsmittelverfahren s. § 429 Rdn. 10. 11

Es muss zunächst zu einer freiheitsentziehenden Verwaltungsmaßnahme gekommen sein (dazu Rdn. 5 ff.). Weiter muss der Betroffene zum Ausdruck bringen, dass er sich gegen die Maßnahme der zuständigen Verwaltungsbehörde (dazu § 417 Rdn. 3 ff.) wenden, sie anfechten will. Diese Anfechtung ist form- und fristfrei. Obwohl eine behördliche Freiheitsentziehung einen Verwaltungsakt darstellt, ist nicht der Weg zu den Verwaltungsgerichten, sondern zum AG eröffnet. Das gerichtliche Verfahren richtet sich nach den §§ 415 ff BGH InfAuslR 2011, 361). Inhaltlich hat die Entscheidung sich auf die Rechtmäßigkeit der behördlichen Freiheitsentziehung zu beziehen. In der Praxis betrifft dies insb. die nachträgliche Feststellung der Rechtswidrigkeit einer solchen Maßnahme. Beruht die behördliche Freiheitsentziehung auf Landesrecht, sind im Verfahren auf nachträgliche Feststellung der Rechtswidrigkeit der Maßnahme ggf. landesrechtliche Sonderregelungen zur gerichtlichen Zuständigkeit zu beachten (zu Einzelheiten Keidel/*Budde* § 429 Rn. 11 ff.). Abs. 2 ist nämlich bei behördlichen Freiheitsentziehungen, die ihre Grundlage ausschließlich im Landesrecht haben, nicht unmittelbar anwendbar. Landesgesetzlich ist etwa die Ingewahrsamnahme nach den polizeirechtlichen Eingriffsnormen geregelt. 12

§ 429 Ergänzende Vorschriften über die Beschwerde. (1) Das Recht der Beschwerde steht der zuständigen Behörde zu.
(2) Das Recht der Beschwerde steht im Interesse des Betroffenen
1. dessen Ehegatten oder Lebenspartner, wenn die Ehegatten oder Lebenspartner nicht dauernd getrennt leben, sowie dessen Eltern und Kindern, wenn der Betroffene bei diesen lebt oder bei Einleitung des Verfahrens gelebt hat, den Pflegeeltern sowie
2. einer von ihm benannten Person seines Vertrauens

zu, wenn sie im ersten Rechtszug beteiligt worden sind.
(3) Das Recht der Beschwerde steht dem Verfahrenspfleger zu.
(4) Befindet sich der Betroffene bereits in einer abgeschlossenen Einrichtung, kann die Beschwerde auch bei dem Gericht eingelegt werden, in dessen Bezirk die Einrichtung liegt.

Übersicht

	Rdn.		Rdn.
A. Allgemeines	1	2. Vertrauensperson, Nr. 2	8
B. Einzelheiten	3	IV. Beschwerderecht des Verfahrenspflegers,	
I. Beschwerdeberechtigung des Betroffenen	4	Abs. 3	9
II. Beschwerderecht der zuständigen Behörde, Abs. 1	5	C. Rechtsmittelverfahren, Abs. 4	10
		I. Übersicht	11
III. Beschwerderecht nahestehender Personen, Abs. 2	6	1. Beschwerde, §§ 58 ff.	11
1. Angehörige, Nr. 1	7	2. Rechtsbeschwerde, § 70	14
		II. Gegenstand der Überprüfung	16

A. Allgemeines. § 429 enthält Regelungen zur Beschwerdeberechtigung. Die Beschwerdeberechtigung ist nicht auf Entscheidungen begrenzt, mit denen eine Freiheitsentziehungsmaßnahme getroffen oder ihre Aufhebung abgelehnt wird. 1

2 Eine Beschwerde kann sich gegen die Anordnung, aber auch die Ablehnung einer Freiheitsentziehung richten. Soweit sich in § 429 keine abweichenden Regelungen finden, gelten die Vorschriften des Allgemeinen Teils, §§ 58 ff. Nach Erledigung der Hauptsache im Beschwerdeverfahren kann die Feststellung der Rechtswidrigkeit der angeordneten Freiheitsentziehung begehrt werden. Dies ist ausdrücklich in § 62 Abs. 1 geregelt. Danach kann bei Erledigung der angefochtenen Entscheidung in der Hauptsache das Beschwerdegericht auf Antrag aussprechen, dass die Entscheidung des Gerichts des ersten Rechtszuges den Beschwerdeführer in seinen Rechten verletzt hat. Voraussetzung ist, dass der Beschwerdeführer an dieser Feststellung ein berechtigtes Interesse besitzt. Zum berechtigten Interesse vgl. § 62 Abs. 2.

3 **B. Einzelheiten.** Abs. 1 räumt der zuständigen Behörde (dazu § 417 Rdn. 3 ff.) das Recht zur Beschwerde ein. Abs. 2 billigt den Personen, die nach § 418 beteiligt werden können und im ersten Rechtszug tatsächlich beteiligt wurden, ein Beschwerderecht im Interesse des Betroffenen in Freiheitsentziehungssachen zu. Zweck und Reichweite der Beschwerdeberechtigung orientieren sich inhaltlich an der Beschwerdeberechtigung in Unterbringungssachen, dort § 335. Wie im Betreuungsverfahren, dort § 303 Abs. 2 u 3, sind der Verfahrenspfleger und bestimmte Angehörige beschwerdeberechtigt.

4 **I. Beschwerdeberechtigung des Betroffenen.** Die Beschwerdeberechtigung des Betroffenen ergibt sich bereits aus den Regelungen des Allgemeinen Teils, dort § 59 Abs. 1. Danach steht nämlich demjenigen die Beschwerde zu, der durch den Beschluss in seinen Rechten verletzt ist.

5 **II. Beschwerderecht der zuständigen Behörde, Abs. 1.** Abs. 1 räumt der zuständigen Behörde (dazu § 417 Rdn. 3 ff.) ein Beschwerderecht in Freiheitsentziehungssachen (dazu § 415 Rdn. 2 ff.) ein. Die Behörde muss im Zeitpunkt der Beschwerdeeinlegung noch zuständig sein (OLG Schleswig FGPrax 1997, 236). Wie im bisherigen Recht besteht gegen Entscheidungen, mit denen eine Freiheitsentziehung abgelehnt wird, nur ein Beschwerderecht für die zuständige Behörde, vgl. § 59 Abs. 2. Der Betroffene selbst ist durch eine Ablehnung nicht in seinen Rechten betroffen und die in § 429 Abs. 2 genannten Personen können ebenfalls nur im Interesse des Betroffenen ein Rechtsmittel einlegen.

6 **III. Beschwerderecht nahestehender Personen, Abs. 2.** Eingeschränkt beschwerdeberechtigt – im Interesse des Betroffenen – sind nach Abs. 2 die Personen, die bereits nach § 418 Abs. 3 im Interesse des Betroffenen am Verfahren beteiligt werden können. Voraussetzung ist jeweils, dass die betreffende Person im erstinstanzlichen Verfahren beteiligt worden ist. Es handelt sich um:

7 **1. Angehörige, Nr. 1.** Nr. 1 räumt einem nicht dauernd getrennt lebenden Ehegatten bzw. (gleichgeschlechtlichen) Lebenspartner des Betroffenen (nicht aber dem Lebensgefährten), den Eltern bzw. einem Elternteil, bei denen/dem der Betroffene lebt bzw. bei Verfahrenseinleitung gelebt hat, sowie einem Kind (auch Stiefkind, LG Oldenburg BtPrax 1996, 31) des Betroffenen, wenn der Betroffene bei ihm lebt, eine Beschwerdeberechtigung ein. Diese Beschwerdeberechtigung besteht unabhängig davon, ob die genannten Personen – wie es § 59 Abs. 1 verlangt – in eigenen Rechten verletzt sind. Voraussetzung ist, dass die jeweilige Person im ersten Rechtszug als Beteiligter nach § 7 Abs. 3 i.V.m. § 418 Abs. 3 Satz Nr. 1 zum Verfahren hinzugezogen worden ist (zu Einzelheiten s. § 418 Rdn. 7 ff.).

8 **2. Vertrauensperson, Nr. 2.** Nach Nr. 2 ist auch eine Vertrauensperson des Betroffenen (dazu § 418 Rdn. 14) beschwerdeberechtigt, wenn sie im ersten Rechtszug als Beteiligter nach § 7 Abs. 3 i.V.m. § 418 Abs. 3 Nr. 2 zum Verfahren hinzugezogen worden ist.

9 **IV. Beschwerderecht des Verfahrenspflegers, Abs. 3.** Wie im Betreuungs- und Unterbringungsverfahren, dort § 303 Abs. 3 und § 335 Abs. 2 räumt § 429 Abs. 3 dem Verfahrenspfleger im Freiheitsentziehungsverfahren ein Beschwerderecht ein. Nur so kann er den Interessen des Betroffenen effektiv Geltung verschaffen. Ist der Verfahrenspfleger in eigenen Rechten verletzt, steht ihm unabhängig davon eine Beschwerdebefugnis nach § 59 Abs. 1 zu. Das dem Betroffenen persönlich zustehende Beschwerderecht kann der Verfahrenspfleger dagegen nicht geltend machen (OLG Hamm BtPrax 2006, 190).

10 **C. Rechtsmittelverfahren, Abs. 4.** Abs. 4 enthält lediglich eine Ergänzung des Grundgedankens des § 64 Abs. 1 hinsichtlich der Einlegung der Beschwerde und soll dem Betroffenen die Verfolgung seiner Rechte erleichtern.

11 **I. Übersicht. 1. Beschwerde, §§ 58 ff.** Grundsätzlich kann gegen Endentscheidungen in Freiheitsentziehungssachen das Rechtsmittel der Beschwerde eingelegt werden, § 58 Abs. 1. Die Beschwerde ist binnen ei-

nes Monats einzulegen, § 63 Abs. 1. Handelt es sich um eine Freiheitsentziehung aufgrund einer einstweiligen Anordnung nach § 427, beträgt die Frist 2 Wochen, § 63 Abs. 2 Nr. 1. Zum Fristbeginn s. § 63 Abs. 3, zur Beschwerdeberechtigung §§ 59 ff. und oben Rdn. 4 ff. Eine falsche Rechtsmittelbelehrung hat keinen Einfluss auf den Lauf der Beschwerdefrist. Wird eine kürzere als die gesetzliche Rechtsmittelfrist genannt, kommt grds. Wiedereinsetzung in den vorherigen Stand gegen die Versäumung der Rechtsmittelfrist in Betracht. Ein solcher Antrag muss indes die Frist des § 18 Abs. 1 wahren (BGH FGPrax 2012, 182). Zu weiteren Einzelheiten s. § 18.

Sachlich zuständig für das Beschwerdeverfahren ist das LG, § 72 Abs. 1 Satz 2 GVG. Nach § 64 Abs. 1 ist **12** die Beschwerde bei dem Gericht einzulegen, dessen Beschluss angefochten wird. § 429 Abs. 4 ergänzt das dahin, dass nach erfolgter Freiheitsentziehung des Betroffenen in einer abgeschlossenen Einrichtung (dazu § 415 Rdn. 16) die Beschwerde auch bei dem AG eingelegt werden kann, in dessen Bezirk die Einrichtung liegt. Eine gleichlautende Vorschrift findet sich in § 336 für Unterbringungssachen.

Die Beschwerde soll begründet werden, § 65 Abs. 1. Zu weiteren Einzelheiten vgl. § 65 Rdn. 1 – 3. Das Gericht, dessen Beschluss angefochten wird, kann der Beschwerde abhelfen, wenn es sie für begründet erachtet. Anderenfalls hat es die Beschwerde unverzüglich dem Beschwerdegericht vorzulegen, § 68 Abs. 1 Satz 1. **13** Nach ausreichender Belehrung kann der Betroffene wirksam einen Rechtsmittelverzicht abgeben (BGH FGPrax 2012, 83).

2. Rechtsbeschwerde, § 70. Gegen die Beschwerdeentscheidung kann die Rechtsbeschwerde nach § 70 ein- **14** gelegt werden. Das Landesrecht kann vorsehen, dass eine Rechtsbeschwerde nicht zulässig ist (BGH NJOZ 2011, 2061: zum BbgPolG). Einer Zulassung der Rechtsbeschwerde durch das Beschwerdegericht bedarf es nicht, wenn der angegriffene Beschluss eine freiheitsentziehende Maßnahme anordnet, § 70 Abs. 3 Satz 1 Nr. 3, Satz 2 (dazu § 70 Rdn. 28 ff.). Ansonsten bedarf es der Zulassung der Rechtsbeschwerde. Eine Zulassung hat zu erfolgen, wenn die Rechtssache grundsätzliche Bedeutung hat (dazu BAG NJW 2011, 1099) oder die Fortbildung des Rechts oder die Sicherung einer einheitlichen Rechtsprechung eine Entscheidung des Rechtsbeschwerdegerichts erfordert, § 78 Abs. 2 Satz 1 Nr. 1 und 2 (dazu § 70 Rdn. 21 ff.). Einer Zulassung bedarf es etwa, wenn die Behörde sich gegen die Verkürzung der Haft wendet (BGH MDR 2010, 648). Sachlich zuständig für die Rechtsbeschwerde ist der BGH, §§ 119 Abs. 1 Nr. 1b, 133 GVG. Nicht gegeben ist die Rechtsbeschwerde gegen einen Beschluss im Verfahren über die Anordnung, Abänderung oder Aufhebung einer einstweiligen Anordnung nach § 427, vgl. § 70 Abs. 4. Die Rechtsbeschwerde ist auch nicht gegeben, wenn der Betroffene sich gegen die vorläufige Ingewahrsamnahme durch die Behörde, z.B. nach § 428 Abs. 2 i.V.m. § 62 Abs. 5 AufenthG, wendet (BGH FGPrax 2011, 253).

Die Vergütung eines für das Rechtsbeschwerdeverfahren im Wege der Verfahrenskostenhilfe beigeordneten **15** Rechtsanwaltes bestimmt sich nach Teil 6 des Vergütungsverzeichnisses in Nr. 6300 RVG. Für die Festsetzung der Vergütung ist nach § 55 Abs. 1 Nr. 1 RVG das erstinstanzliche Gericht zuständig (BGH NJW-RR 2012, 959).

II. Gegenstand der Überprüfung. Die Beschwerde kann sich gegen die Anordnung bzw. Ablehnung einer **16** Freiheitsentziehungsmaßnahme richten. Befindet sich der Betroffene in Abschiebehaft, kann er im Beschwerdeverfahren neben der Aufhebung der Haftanordnung zugleich analog § 62 Abs. 1 die Feststellung der Rechtswidrigkeit seiner Inhaftierung beantragen (BGH FGPrax 2011, 39). Erachtet das Beschwerdegericht die Beschwerde für unzulässig, kann es die Beschwerde verwerfen. Zum Beschwerdeverfahren s. § 68 Abs. 3 und 4, zur Beschwerdeentscheidung § 69.

Hat sich die angefochtene Entscheidung in der Hauptsache erledigt, kann das Beschwerdegericht auf An- **17** trag (dazu *Heidebach* NJW 2011, 1708) aussprechen, dass die Entscheidung des Gerichtes des ersten Rechtszuges den Beschwerdeführer in seinen Rechten verletzt hat, § 62 Abs. 1. Den Antrag kann nur der Betroffene stellen, nicht die beteiligte Behörde (BGH FGPrax 2013, 131) oder der Verfahrenspfleger (BGH NJW 2012, 1582: zu einer Unterbringungssache). Nach dem Tode des Betroffenen können die in § 429 Abs. 2 genannten Angehörigen diesen Antrag stellen (BGH FGPrax 2012, 44). Zulässigkeitsvoraussetzung ist, dass der Beschwerdeführer an dieser Feststellung ein berechtigtes Interesse hat, dazu s. § 62 Abs. 2. Bei einem Freiheitsentzug folgt das Feststellungsinteresse regelmäßig aus dem Rehabilitationsinteresse (BGH FGPrax 2010, 154) bzw. der Bedeutung des grundgesetzlich geschützten Freiheitsrechts (BVerfG NVwZ 2011, 743). Nach gefestigter Rspr. ist die Feststellung nach § 62 gerechtfertigt, wenn der Verfahrensfehler so gravierend ist, dass der Entscheidung durch Nachholung der Maßnahme der Makel der rechtswidrigen Freiheitsentziehung nicht mehr zu nehmen oder eine nachträgliche Heilung nicht mehr möglich ist (BGH NJW-RR 2012,

1582). Das Feststellungsinteresse nach § 62 findet durch die Aufhebung der zugrundeliegenden Haftanordnung seitens des Beschwerdegerichts nicht seine Erledigung (BGH FGPrax 2013, 39). Beruht die Haftanordnung auf einem den Begründungsanforderungen des § 417 Abs. 2 nicht genügenden Antrag, ist der Antrag auf Feststellung der Rechtswidrigkeit der Haftanordnung begründet, da das Verstoß gegen diese Vorschrift nicht nachträglich geheilt werden kann (BGH FGPrax 2013, 130).
Die Erledigung kann vor Rechtshängigkeit des Rechtsmittels, aber auch erst im Rechtsbeschwerdeverfahren eintreten. § 62 ist dann entsprechend anzuwenden (BGH FGPrax 2010, 210).

18 Wird die Verletzung der Rechte des Beschwerdeführers festgestellt, entspricht es billigem Ermessen, der zuständigen Verwaltungsbehörde die zur zweckentsprechenden Rechtsverfolgung notwendigen Auslagen des Betroffenen aufzuerlegen, §§ 83 Abs. 2, 81 Abs. 1, 430. Der Beschwerdewert bemisst sich nach §§ 61 i.V.m. 36 GNotKG (zur früheren Rechtslage nach der KostO vgl. BGH FGPrax 2012, 179).

§ 430 Auslagenersatz.
Wird ein Antrag der Verwaltungsbehörde auf Freiheitsentziehung abgelehnt oder zurückgenommen und hat das Verfahren ergeben, dass ein begründeter Anlass zur Stellung des Antrags nicht vorlag, hat das Gericht die Auslagen des Betroffenen, soweit sie zur zweckentsprechenden Rechtsverfolgung notwendig waren, der Körperschaft aufzuerlegen, der die Verwaltungsbehörde angehört.

Übersicht

	Rdn.		Rdn.
A. Allgemeines	1	3. Kein begründeter Anlass	10
B. Einzelheiten	5	4. Ermessen	14
I. Überblick	5	5. Umfang der Erstattung	15
II. Voraussetzungen	7	6. Erstattungspflichtiger	16
1. Freiheitsentziehungsmaßnahme	8	7. Rechtsmittelverfahren	17
2. Bestimmte Verfahrensbeendigung	9	8. Kosten	18

1 **A. Allgemeines.** Im Anschluss an die allgemeinen Bestimmungen zum Grundsatz der Kostenpflicht in §§ 81 ff. regelt § 430 speziell die Fragen der Kostentragung in Freiheitsentziehungssachen. Da eine Kostenentscheidung bereits nach den Grundsätzen des Allgemeinen Teils isoliert anfechtbar ist, bedurfte es dazu keiner gesonderten Regelung. Die vorgenommenen Änderungen sind redaktioneller Art. Nach der gesetzgeberischen Wertung findet § 430 auch für den Fall Anwendung, dass die zuständige Behörde ihren Antrag in der Rechtsmittelinstanz zurücknimmt und das Verfahren damit seine Erledigung findet (BT-Drucks. 16/6308, S. 663). I.Ü. gilt für den Fall der Erledigung der Hauptsache die Regelung der §§ 83 Abs. 2, 81.

2 Die bisher in § 128c Abs. 1 und 3 KostO geregelten Fragen der Gerichtskosten und der Kostenschuldnerschaft sind jetzt in § 23 Nr. 15 GNotKG und Nr. 15212 Nr. 4 KV des GNotKG aufgenommen worden. Zu den Gerichtskosten gehören die Gebühren und Auslagen. Eine halbe Gerichtsgebühr wird erhoben für die Entscheidung, die eine Freiheitsentziehung oder ihre Fortdauer anordnet oder einen nicht vom Untergebrachten selbst gestellten Antrag, die Freiheitsentziehung aufzuheben, zurückweist. Der Wert eines Freiheitsentziehungsverfahrens ist regelmäßig mit 3.000 € anzunehmen, kann im Einzelfall aber auch niedriger oder höher liegen, § 36 Abs. 2 und 3 GNotKG.

3 Was Auslagen des Gerichts sind, regeln die Nummern 31000 f. KV des GNotKG. Dazu gehören z.B. Schreib- und Zustellauslagen oder die an Dolmetscher oder Sachverständige geleistete Vergütung. Von der Erhebung der gerichtlichen Auslagen, die auf der Hinzuziehung eines Dolmetschers beruhen, ist i.d.R. dem § 81 Abs. 1 Satz 2 abzusehen (BGH FGPrax 2010, 154).

4 Kostenschuldner ist nach § 23 Nr. 15 GNotKG der Betroffene, wenn die Kosten nicht einem anderen Beteiligten auferlegt sind und im Rahmen ihrer gesetzlichen Unterhaltspflicht die zum Unterhalt des Betroffenen Verpflichteten. Von der zuständigen Behörde werden keine Gebühren erhoben, § 23 Nr. 15 GNotKG.

5 **B. Einzelheiten. I. Überblick.** Da im Freiheitsentziehungsverfahren oftmals ein erstattungspflichtiger anderer Beteiligter fehlt, sieht der § 430 die Möglichkeit vor, die Auslagen des Betroffenen der Körperschaft, der die antragstellende Verwaltungsbehörde angehört, aufzuerlegen.

6 Neben dem in § 430 geregelten Fall kommt unter den Voraussetzungen des § 81 Abs. 2 (dazu § 81 Rdn. 31 ff.) die Auferlegung von Kosten auf einen am Verfahren Beteiligten (dazu § 418) bzw. einen nicht be-

teiligten Dritten nach § 81 Abs. 4 (dazu § 81 Rdn. 42) in Betracht. Diese Regelungen gelten auch, wenn sich das Verfahren auf sonstige Weise erledigt oder der Antrag zurückgenommen wird, vgl. § 83 Abs. 2.

II. Voraussetzungen. Der Ausspruch der Auslagenerstattung an den Betroffenen setzt im Einzelnen voraus: 7

1. Freiheitsentziehungsmaßnahme. § 430 gilt nur für Freiheitsentziehungssachen i.S.d. § 415. Das sind 8 Anordnungen zur Freiheitsentziehung, die aufgrund von Bundesrecht angeordnet werden, soweit das Verfahren nicht bundesrechtlich abweichend geregelt ist. Weiter sind Verfahren nach landesrechtlicher Ermächtigungsgrundlage gemeint, soweit dafür auf die §§ 415 ff. verwiesen wird. Zu Einzelheiten vgl. § 415 Rdn. 3 ff.

2. Bestimmte Verfahrensbeendigung. Das Verfahren muss durch Zurückweisung oder Zurücknahme des 9 Antrages enden. Andere Verfahrensbeendigungen, z.B. Erledigung durch Tod des Betroffenen, werden nicht erfasst. Insoweit ist auf die allgemeinen Regelungen zurückzugreifen. Unerheblich ist, ob ein Antrag als unzulässig oder unbegründet zurückgewiesen wird. Die Zurückweisung des Antrages, eine einstweilige Anordnung (§ 427) zu erlassen, kann noch keine Kostenauferlegung nach sich ziehen. Es muss in der Hauptsache zu einer Ablehnung oder Rücknahme des Antrages kommen. Z.T. wurde für Unterbringungssachen i.S.d. § 312 eine entsprechende Anwendung zugelassen, wenn nach Erledigung der Hauptsache die Rechtswidrigkeit der Unterbringungsmaßnahme aufgrund von Rechtsfehlern der Instanzgerichte festgestellt wird (OLG München NJW-RR 2005, 1377; offen gelassen von OLG Hamm FamRZ 2007, 934). Dafür ist jetzt kein Raum mehr. Vielmehr sind in diesem Fall die allgemeinen Regelungen der §§ 83 Abs. 2, 81 einschlägig (Keidel/*Budde* § 430 Rn. 5 f.). Unerheblich ist, in welcher gerichtlichen Instanz es zur Ablehnung oder Zurücknahme des Antrages kommt.

Nicht von § 430 erfasst sind die Fälle, in denen im Rechtsmittelverfahren eine Aufhebung der gerichtlichen Freiheitsentziehungsmaßnahme aus Gründen erfolgt, die nicht im Einflussbereich der Verwaltungsbehörde liegen (etwa nicht mehr heilbare Verfahrensverstöße des Gerichts). Hier hat der Gesetzgeber darauf verzichtet, eine Möglichkeit zu schaffen, der Staatskasse die Kosten aufzuerlegen (*Jennissen* FGPrax 2009, 93 ff.).

3. Kein begründeter Anlass. Die Zurückweisung bzw. Zurücknahme des Antrages allein genügt nicht. Es 10 muss hinzutreten, dass zum Zeitpunkt der Antragstellung kein begründeter Anlass für das Stellen eines Freiheitsentziehungsantrages vorgelegen hat (OLG Frankfurt am Main FamRZ 1996, 558). Liegt später zum Zeitpunkt der gerichtlichen Entscheidung kein begründeter Anlass für die Antragstellung mehr vor, schadet das nicht. Allenfalls kann der Körperschaft im Verfahren nach dem AufenthG ein Teil der Auslagen des Betroffenen auferlegt werden, wenn dieser im Verlaufe des gerichtlichen Verfahrens einen wirksamen Asylantrag stellt (KG FGPrax 2006, 178, 180).

Ein nicht begründeter Anlass zur Antragstellung besteht, wenn bei entsprechenden Erkundigungen über 11 die Sach- und Rechtslage der Antrag nicht gestellt worden wäre, die Behörde Erkenntnisquellen überhaupt nicht oder nicht in zumutbarem Umfang in Anspruch genommen hat (*Dodegge/Zimmermann* § 32 PsychKG NRW Rn. 3), vor Antragstellung im Verfahren nach dem IfSG keine medizinischen Stellungnahmen eingeholt worden sind, das Vorliegen der Freiheitsentziehungsvoraussetzungen nicht wenigstens wahrscheinlich war (BayObLGZ 97, 379; BayObLG FamRZ 2003, 1777), Rechtsfehler begangen worden sind oder der Betroffene nicht vorher von der Behörde angehört wurde (OLG Schleswig SchlHA 1994, 65, 66).

Das Verhalten der Behörde muss nicht schuldhaft sein. Hat die Behörde ihren Antrag bereits kurze Zeit 12 später wieder zurückgenommen, weil das Gericht Zweifel an seiner Erfolgsaussicht geäußert hat, kann regelmäßig keine Verpflichtung zur Kostentragung festgestellt werden. Allein die sofortige Rücknahme indiziert nicht, dass ein begründeter Anlass fehlte. Insoweit muss das Gericht dann keine weiteren Ermittlungen mehr anstellen. Vielmehr kommt es darauf an, wie die Behörde den Sachverhalt z.Zt. der Antragstellung beurteilen durfte, nachdem sie alle ihr zumutbaren Ermittlungen angestellt hat. Dabei darf etwa der Zeitdruck bei berechtigten einstweiligen Maßregeln berücksichtigt werden.

Dagegen besteht begründeter Anlass zur Antragstellung, wenn das Gericht dem Antrag der zuständigen Be- 13 hörde entspricht (KG FGPrax 2006, 182).

4. Ermessen. § 430 räumt dem Gericht kein Ermessen ein. Liegen die zuvor dargestellten Voraussetzungen 14 vor, muss das Gericht die Kostenerstattung anordnen (Marschner/Volckart/*Lesting* § 430 Rn. 6).

§ 431

15 **5. Umfang der Erstattung.** Das Gericht muss über die Erstattung der außergerichtlichen Auslagen des Betroffenen insgesamt entscheiden. Eine Quotelung oder Aufteilung der einzelnen Auslagen ist nicht vorgesehen; zu einer Ausnahme nach dem AufenthG s. Rdn. 10. Die Auslagen müssen aber notwendig bzw. erforderlich sein. Zu den Auslagen des Betroffenen zählen i.d.R. die Kosten für seinen anwaltlichen Bevollmächtigten (dazu VV zu § 2 Abs. 2 RVG Nr. 6300 – 6303). Für die Hinzuziehung eines Rechtsanwaltes muss im Verfahren der freiwilligen Gerichtsbarkeit eine gewisse Notwendigkeit bestehen. Sie fehlt i.d.R. aber nur bei ganz einfach gelagerten Sachverhalten oder eine Beauftragung erkennbar unnötig ist (OLG Brandenburg FamRZ 2015, 1226). Gerichtskosten (dazu Nr. 15212 Nr. 4 KV des GNotKG) schuldet nur der Betroffene (§ 23 Nr. 15 GNotKG), sofern die Kosten nicht einem anderen Verfahrensbeteiligten auferlegt werden (dazu § 81). Von der Erhebung der Auslagen für die Zuziehung eines Dolmetschers ist angesichts von Art. 6 Abs. 3e EMRK abzusehen. In Abschiebehaftsachen bleiben entstandene Gebühren regelmäßig außer Ansatz, § 10 KostVfg (Keidel/*Budde* § 430 Rn. 2). Die Unterbringungskosten selbst rechnen nicht zu den Auslagen. Ihre Erstattung richtet sich nach den jeweiligen materiellen Vorschriften der Freiheitsentziehung, z.B. §§ 66, 67 AufenthG (Abschiebehaft) oder §§ 16 Abs. 7, 69 Abs. 1 Nr. 7 IfSG (Quarantänemaßnahme).

16 **6. Erstattungspflichtiger.** Die Erstattung ist nicht der Antrag stellenden Verwaltungsbehörde, sondern der Körperschaft, der diese Behörde angehört, aufzuerlegen. Zu welcher Körperschaft eine Verwaltungsbehörde gehört, bestimmt sich nach öffentlich-rechtlichen Normen. Regelmäßig wird der Landkreis oder eine kreisfreie Stadt zur Erstattung verpflichtet sein.

17 **7. Rechtsmittelverfahren.** § 430 gilt auch im Rechtsmittelverfahren, § 68 Abs. 3 Satz 1. Wird also im Beschwerdeverfahren oder im Verfahren der Rechtsbeschwerde eine Freiheitsentziehungsmaßnahme abgelehnt, als ungerechtfertigt aufgehoben, eingeschränkt oder das Verfahren ohne Entscheidung beendet, ist nach § 430 über die Auslagen des Betroffenen zu entscheiden.

18 **8. Kosten.** Zu den Kosten im Beschwerdeverfahren vgl. §§ 58 Rdn. 93, 80 Rdn. 37 ff.; zu den Kosten im Rechtsbeschwerdeverfahren § 70 Rdn. 33 ff.

§ 431 Mitteilung von Entscheidungen.

¹Für Mitteilungen von Entscheidungen gelten die §§ 308 und 311 entsprechend, wobei an die Stelle des Betreuers die Verwaltungsbehörde tritt. ²Die Aufhebung einer Freiheitsentziehungsmaßnahme nach § 426 Satz 1 und die Aussetzung ihrer Vollziehung nach § 424 Abs. 1 Satz 1 sind dem Leiter der abgeschlossenen Einrichtung, in der sich der Betroffene befindet, mitzuteilen.

Übersicht

	Rdn.		Rdn.
A. Allgemeines	1	1. Entsprechende Anwendung des § 308	4
B. Einzelheiten	2	2. Entsprechende Anwendung des § 311	5
I. Satz 1	3	II. Satz 2	6

1 **A. Allgemeines.** § 431 enthält Regelungen zu Mitteilungen und verweist in Satz 1 hinsichtlich der notwendigen Mitteilung von Entscheidungen in Freiheitsentziehungssachen weitgehend auf die Regelungen im Betreuungs- und Unterbringungsverfahren. Der Satz 2 ist dem § 338 Satz 2 angelehnt.

2 **B. Einzelheiten.** Die Vorschrift trifft Aussagen hinsichtlich der Notwendigkeit und Befugnis von Mitteilungen in Bezug auf Freiheitsentziehungsmaßnahmen durch das Gericht und schafft damit eine gesetzliche Grundlage für solche Mitteilungen.

3 **I. Satz 1.** Satz 1 sieht, wie § 338 für Unterbringungssachen, die entsprechende Anwendung der §§ 308 und 311, die die Mitteilung von Entscheidungen bzw. Erkenntnissen im Betreuungsverfahren regeln, vor.

4 **1. Entsprechende Anwendung des § 308.** Aus der entsprechenden Anwendbarkeit des § 308 folgt, dass Entscheidungen im Freiheitsentziehungsverfahren an andere Gerichte, Behörden oder sonstige öffentliche Stellen mitzuteilen sind. Voraussetzung ist, dass dies unter Beachtung der berechtigten Interessen des Betroffenen erforderlich ist, um eine erhebliche Gefahr für das Wohl des Betroffenen, für Dritte oder für die öffentliche Sicherheit abzuwenden, § 308 Abs. 1. Es können nach § 308 Abs. 2 schon während des Verfahrens Erkenntnisse übermittelt werden. Zugleich mit der Mitteilung sind die in § 308 Abs. 3 genannten Personen zu informieren. Dabei tritt an die Stelle des Betreuers die zuständige Verwaltungsbehörde (dazu § 417 Rdn. 3). Der Inhalt der Mitteilung und die Art der Übermittlung und der Mitteilung nach Abs. 3 bzw. die Gründe für ihre Unterlassung sind aktenkundig zu machen, Abs. 4. Zu weiteren Einzelheiten vgl. die Ausführungen zu § 308.

2. Entsprechende Anwendung des § 311. Aus der entsprechenden Anwendbarkeit des § 311 folgt, dass das Gericht Entscheidungen oder Erkenntnisse im Freiheitsentziehungsverfahren zum Zwecke der Verfolgung von Straftaten oder Ordnungswidrigkeiten anderen Gerichten oder Behörden mitteilen darf. Voraussetzung ist, dass nicht schutzwürdige Interessen des Betroffenen derart überwiegen, dass die Mitteilung zu unterbleiben hat. Zu Einzelheiten vgl. die Ausführungen zu § 311. 5

II. Satz 2. Satz 2 sieht ergänzend Mitteilungen an den Leiter einer Einrichtung, in der sich der Betroffene befindet, vor. Dem Einrichtungsleiter ist die Aufhebung einer Freiheitsentziehungsmaßnahme nach § 426 Satz 1 (zu Einzelheiten § 426 Rdn. 3 ff.) und die Aussetzung ihrer Vollziehung nach § 424 Abs. 1 Satz 1 (dazu s. § 424 Rdn. 3 ff.) mitzuteilen. Damit soll der Schutz des Betroffenen vor einer weiteren Andauer einer Freiheitsentziehungsmaßnahme, die bereits vom Gericht aufgehoben bzw. ausgesetzt ist, verstärkt werden. 6

§ 432 Benachrichtigung von Angehörigen.
Von der Anordnung der Freiheitsentziehung und deren Verlängerung hat das Gericht einen Angehörigen des Betroffenen oder eine Person seines Vertrauens unverzüglich zu benachrichtigen.

Übersicht

	Rdn.		Rdn.
A. Allgemeines	1	II. Benachrichtigung einer Vertrauensperson	3
B. Einzelheiten	2	III. Benachrichtigung konsularischer Vertretungen	4
I. Benachrichtigung Angehöriger	2		

A. Allgemeines. § 432 sieht inhaltlich mit Art. 104 Abs. 4 GG übereinstimmend die Benachrichtigung eines Angehörigen bzw. einer Vertrauensperson des Betroffenen über die Anordnung der Freiheitsentziehung und deren Verlängerung vor. Eine inhaltsgleiche Regelung sieht § 339 für das Unterbringungsverfahren vor. 1

B. Einzelheiten. I. Benachrichtigung Angehöriger. Der Begriff Angehöriger ist weit zu fassen und geht über den in § 418 Abs. 3 Nr. 1 genannten Personenkreis hinaus (dazu § 418 Rdn. 9 ff.). Es muss aber ein verwandtschaftliches Verhältnis bestehen. Ist im Freiheitsentziehungsverfahren bereits eine der in § 418 Abs. 3 Nr. 1 aufgeführten Personen als Beteiligter hinzugezogen worden, erübrigt sich eine zusätzliche Benachrichtigung nach § 432. 2

II. Benachrichtigung einer Vertrauensperson. Hat der Betroffene eine oder mehrere natürliche Personen als Vertrauensperson benannt (dazu § 418 Rdn. 14), ist sie alternativ zu einem Angehörigen über die Anordnung oder Genehmigung der Freiheitsentziehung und deren Verlängerung zu benachrichtigen, es sei denn, sie oder ein Angehöriger sind bereits als Beteiligte zum Verfahren hinzugezogen worden oder der Pflicht zur Benachrichtigung ist durch Benachrichtigung eines Angehörigen genügt. 3

III. Benachrichtigung konsularischer Vertretungen. Nach § 36 Abs. 1b WÜK steht dem Betroffenen das Recht zu, die konsularische Vertretung seines Heimatlandes von seiner Unterbringung mit Freiheitsentzug zu unterrichten. Über dieses Recht ist der Betroffene im Unterbringungsverfahren ausdrücklich zu belehren. Die Unterlassung der Belehrung stellt einen wesentlichen Verfahrensmangel dar (BGH FGPrax 2011, 99 und 257; BVerfG NJW 2007, 499). Die Anordnung über Mitteilungen in Zivilsachen (MiZi) enthält dazu im 2. Teil, 1. Abschnitt, II, 5, weitere Regelungen sowie eine Auflistung der Staaten, die aufgrund staatsvertraglicher Regelungen auch gegen den Willen des Betroffenen zu benachrichtigen sind, etwa Griechenland, *Großbritannien und Nordirland, Italien, Spanien, Zypern* und Staaten der ehemaligen Sowjetunion. 4

Buch 8. Verfahren in Aufgebotssachen
Abschnitt 1. Allgemeine Verfahrensvorschriften

§ 433 Aufgebotssachen. Aufgebotssachen sind Verfahren, in denen das Gericht öffentlich zur Anmeldung von Ansprüchen oder Rechten auffordert, mit der Wirkung, dass die Unterlassung der Anmeldung einen Rechtsnachteil zur Folge hat; sie finden nur in den durch Gesetz bestimmten Fällen statt.

Übersicht

	Rdn.		Rdn.
A. Allgemeines	1	b) Örtliche Zuständigkeit	14
B. Regelungsgegenstand des Aufgebot und Verfahren	4	c) Funktionelle Zuständigkeit	16
I. Definition Aufgebotssachen	4	3. Öffentlichkeitserfordernis	17
1. Begrenzung auf gerichtliche Verfahren	5	4. Antragsberechtigung	18
2. Aufforderung zur Anmeldung	6	5. Hinweis des Gerichts auf Rechtsnachteile	20
3. Rechtsnachteil	8	6. Anordnung durch Gesetz	21
II. Antrag	9	7. Wirkung der Ausschließung	22
III. Voraussetzungen des Aufgebotsverfahren	10	C. Rechtsbehelfe	24
1. Recht oder Anspruch	11	D. Kosten	27
2. Sachliche und örtliche Zuständigkeit	12	I. Gerichtsgebühren	27
a) Sachliche Zuständigkeit	13	II. Verfahrensgebühren	30

A. Allgemeines. Das Aufgebotsverfahren soll bei unklaren Rechtsverhältnissen eine **klare Rechtslage** herbeiführen. Diese Klärung kann **unmittelbar** durch das Aufgebotsverfahren selbst erfolgen, da im Rahmen dieses Verfahrens andere potentielle Berechtigte zugunsten des Antragstellers ausgeschlossen werden, wenn diese Berechtigte ihre Rechte trotz öffentlicher Aufforderung im Aufgebot nicht anmelden. Die Klärung einer Rechtslage kann auch **mittelbar** durch das Aufgebotsverfahren bewirkt werden, wenn ein Berechtigter auf das Aufgebot hin, seine Ansprüche oder Rechte anmeldet und diese Anmeldung eine Klärung außerhalb des Aufgebotsverfahrens veranlasst, notfalls durch ein streitiges Verfahren zwischen dem Antragsteller und dem potentiellen Berechtigten. 1

Die §§ 433 bis 441 enthalten die **allgemeinen** Regeln für sämtliche Aufgebotsverfahren i.S. d. § 433 Halbs. 1. Ergänzend hierzu findet grundsätzlich die allgemeine Verfahrensordnung des FamFG (§§ 1 bis 110) Anwendung. Im Einzelfall wird ausnahmsweise noch auf die Vorschriften der ZPO zurückgegriffen, wenn im FamFG entsprechende Regelungen fehlen. 2

Neben diesen allgemeinen Vorschriften für sämtliche Aufgebotsverfahren befinden sich in den §§ 442 bis 484 **besondere Vorschriften** für bestimmte Aufgebotsverfahren, welche die Regeln im allgemeinen Teil ergänzen und verdrängen. 3

B. Regelungsgegenstand des Aufgebots und Verfahren. I. Definition Aufgebotssachen. Aufgebotssachen sind Verfahren, in denen **das Gericht zur Anmeldung** von Ansprüchen bzw. Rechten auffordert mit der Folge, dass die Unterlassung der Anmeldung zu einem Rechtsnachteil führt. 4

1. Begrenzung auf gerichtliche Verfahren. § 433 Halbs. 1 begrenzt die Anwendung der §§ 433 ff. auf **gerichtliche Verfahren**. Mangels gerichtlicher Beteiligung sind **keine** Aufgebotssachen i.S.d. §§ 433 ff. das Privataufgebot der Nachlassgläubiger gem. § 2061 BGB, der Aufruf der Gläubiger bzw. Aktionäre nach §§ 64, 267 AktG, § 82 Abs. 2 Satz 2 GenG und § 65 Abs. 2 Satz 2 GmbHG, die Kraftloserklärung einer Urkunde nach § 176 BGB oder §§ 73, 226 AktG, die Bekanntmachung des Verlusts eines Inhaberpapiers oder anderen Papiers nach § 367 HGB, das Aufgebot der Zulassungsbescheinigung Teil II nach § 12 Abs. 4 Satz 3 FZV durch das Kraftfahrtbundesamt, das Aufgebot bei nicht ermittelbarem Lastenausgleichsberechtigten nach § 332a LAG durch die Ausgleichsbehörde, das Aufgebot bei unbekannten Entscheidungsempfängern nach §§ 29 Abs. 4, 33 Abs. 7 VermG und das Aufgebot nicht beanspruchter Vermögenswerte durch das Bundesamt für zentrale Dienste und offene Vermögensfragen nach § 10 Abs. 1 Satz 1 Nr. 7 EntschG, § 15 GBBerG. 5

§ 433

6 **2. Aufforderung zur Anmeldung.** Voraussetzung ist weiterhin, dass ein Rechtsnachteil erst **nach einer öffentlichen Aufforderung zur Anmeldung von Ansprüchen oder Rechten eintritt**, d.h. nach Erlass des Aufgebots. Zu den Anforderungen an eine öffentliche Aufforderung zur Geltendmachung von Erbrechten, vgl. OLG Karlsruhe, Beschl. v. 16.05.2013 – 14 Wx 57/11, FuR 2014, 251 – 252.

7 **Keine** Aufgebotssachen i. S. v. §§ 433 sind deshalb die Kraftloserklärung eines unrichtigen Erbscheins nach § 2361 Abs. 2 BGB oder eines Testamentsvollstreckerzeugnisses nach § 2368 Abs. 3 BGB, die Änderung oder der Widerruf eines Europäischen Nachlasszeugnisses nach Art. 71 Abs. 2 EuErbVO, die Kraftloserklärung eines Grundpfandbriefs nach § 26 GBMaßnG oder nach § 10 Abs. 4 GBBerG, die Ersetzung einer notariellen Urkunde nach § 46 BeurkG.

8 **3. Rechtsnachteil.** Aufgebotssachen nach § 433 Halbs. 1 müssen bei Unterlassung der Anmeldung von Rechten oder Ansprüchen zu einem **Rechtsnachteil** führen, sodass die gerichtliche Aufforderung zur Anmeldung eines Erbrechts nach § 1965 Abs. 1 BGB oder nach § 2358 Abs. 2 BGB und das Aufgebot zur Ermittlung des Berechtigten vor Anlegung eines Grundbuchblatts nach §§ 119 ff. GBO nicht unter den Anwendungsbereich der §§ 433 ff. fallen.

9 **II. Antrag.** Das Gericht wird nur auf einen entsprechenden Antrag hin tätig (§ 434 Abs. 1).

10 **III. Voraussetzungen des Aufgebotsverfahren.** Das Aufgebotsverfahren ist an folgende Voraussetzungen geknüpft:

11 **1. Recht oder Anspruch.** Es muss ein **Anspruch** oder **Recht** gegeben sein, und zwar unabhängig davon, ob es bedingt oder unbedingt, betagt oder noch nicht fällig ist; ausreichend ist auch eine bloße Anwartschaft (Baumbach/Lauterbach/Albers/Hartmann, § 433 Rn. 5), weil es in diesem Verfahren lediglich um die Sicherung des Bestehens eines Anspruchs/Rechts geht, nicht aber um die Geltendmachung.

12 **2. Sachliche und örtliche Zuständigkeit.** Das **sachlich und örtlich** zuständige Gericht muss zur **Anmeldung** des Anspruchs/Rechts auffordern.

13 **a) Sachliche Zuständigkeit.** Die sachliche Zuständigkeit ergibt sich aus § 23a Abs. 1 Nr. 2 und Abs. 2 Nr. 7 GVG. Hiernach ist das Amtsgericht zuständig ohne Rücksicht auf die Höhe des Verfahrenswertes.

14 **b) Örtliche Zuständigkeit.** Die örtliche Zuständigkeit des Gerichts ist je nach Art des Aufgebotes unterschiedlich geregelt: § 442 Abs. 2 (Grundstückseigentümer), § 446 Abs. 2 (Schiffseigentümer), § 447 Abs. 2 (Grundpfandgläubiger), § 452 Abs. 2 (Schiffshypothekengläubiger), § 454 Abs. 2 (Nachlassgläubiger). Die örtlichen Zuständigkeiten nach diesen Vorschriften sind **ausschließlich**. Bei mehrfacher örtlicher Zuständigkeit gilt § 2; bei Verweisung wegen Unzuständigkeit § 3, bei gerichtlicher Bestimmung der Zuständigkeit § 5.

15 Nach § 23d Satz 1 GVG können die Landesregierungen durch Rechtsverordnung einem Amtsgericht für die Bezirke mehrerer Amtsgerichte die Angelegenheiten der freiwilligen Gerichtsbarkeit zuweisen, s. auch § 466 Abs. 3.

16 **c) Funktionelle Zuständigkeit.** Gemäß § 3 Nr. 1c RflG ist der Rechtspfleger funktionell zuständig.

17 **3. Öffentlichkeitserfordernis.** Die Aufforderung zur Anmeldung muss sich an die **Öffentlichkeit** wenden, d.h. an einen unbekannten und unbestimmten, aber an der Sache beteiligten Personenkreis. Die öffentliche Aufforderung erfolgt i.d.R. durch die öffentliche Bekanntmachung nach § 435.

18 **4. Antragsberechtigung.** Nach § 7 Abs. 1 ist der Antragsteller Beteiligter des Aufgebotsverfahrens. Seine Antragsberechtigung ist für die einzelnen Verfahren gesondert geregelt, wie z.B. in §§ 443, 448, 455, 460, 464 und 467. Beteiligte sind auch diejenigen, die nach § 7 Abs. 2 unmittelbar durch das Verfahren betroffen sind, d.h. diejenigen, denen ggü. der Rechtsnachteil aufgrund der unterlassenen Anmeldung eintritt (Bumiller/Harders § 433 Rn. 8). Grundsätzlich sind auch **unbekannte Berechtigte** Beteiligte nach § 7 Abs. 2, da sie durch den Ausschließungsbeschluss benachteiligt werden können. Allerdings können diese Personen als Beteiligte nicht hinzugezogen werden, solange sie unbekannt sind. Sobald sie dem Gericht bekannt werden, sind sie zu beteiligen, und zwar ohne Rücksicht darauf, ob sie ihre Rechte anmelden.

19 Beteiligte sind nach § 7 Abs. 2 auch die **Anmeldenden**, und zwar ohne Rücksicht darauf, ob sie tatsächlich berechtigt sind, da auch sie vom Aufgebotsverfahren in ihren Rechten betroffen werden, solange im Hinblick auf die angemeldeten Rechte das Verfahren nicht ausgesetzt wurde oder der Ausschließungsbeschluss die angemeldeten Rechte nicht vorbehält oder ausklammert.

5. Hinweis des Gerichts auf Rechtsnachteile. I.R.d. Aufforderung zur Anmeldung hat das Gericht auf den Eintritt von **Rechtsnachteilen hinzuweisen**, sollte die Anmeldung unterlassen werden. Die Rechtsnachteile sind für jedes Aufgebotsverfahren unterschiedlich und können u.a. darin bestehen, dass der Rechtsinhaber mit seinem Eigentums- oder Grundpfandrecht ausgeschlossen wird, nur noch beschränkte Befriedigung erlangen kann oder seine Urkunde für kraftlos erklärt wird (Bumiller/Harders § 433 Rn. 6).

6. Anordnung durch Gesetz. Schließlich kommt das Aufgebotsverfahren nur in Betracht, wenn die **Anordnung** dieses Verfahrens **durch ein Gesetz** erfolgt. Zum Begriff des Gesetzes s. § 485, Art. 2 EGBGB. Daher finden die §§ 433 ff. keine Anwendung auf Aufgebotsverfahren, die durch eine Satzung einer autonomen Körperschaft oder durch einen Vertrag bestimmt werden. Die gesetzlichen Grundlagen für Aufgebotsverfahren befinden sich mit einer Ausnahme (s. § 460 Abs. 2) nicht in den §§ 433 ff., sondern im **materiellen Recht**. Das Auffinden dieser Vorschriften wird durch die in den §§ 434 bis 484 enthaltenen Verweisungen erleichtert.

7. Wirkung der Ausschließung. Die sachlichen Voraussetzungen und die Wirkungen der Ausschließung durch Aufgebot ergeben sich nicht aus dem Verfahrensrecht, sondern aus dem materiellen Recht, wie z.B. §§ 808 Abs. 2, 887, 927, 1104, 1112, 1162, 1170 – 1171 BGB, §§ 6, 13, 66, 67 SchiffsregG oder §§ 13, 66, 67 LuftfzRegG.

Nach BGH, Beschl. v. 14.11.2013 – Az.: V ZB 204/12 – JurionRS 2013, 50238 fehlt ein Rechtsschutzbedürfnis für ein Aufgebotsverfahren zum Ausschluss der unbekannten Erben des eingetragenen Gläubigers eines Buchgrundpfandrechts nicht deshalb, weil für die unbekannten Erben ein Nachlasspfleger bestellt und von diesem die Bewilligung der Löschung des Grundpfandrechts verlangt werden könnte.

C. Rechtsbehelfe. Die Verfügung, mit der das Gericht das Aufgebot erlässt, kann mit der Beschwerde nach § 58 Abs. 1, § 11 Abs. 1 RPflG nicht angegriffen werden, da das Aufgebot keine Endentscheidung ist. Das Aufgebot schließt nämlich das Aufgebotsverfahren nicht ab. Allerdings kann das Beschwerdegericht bei einer befristeten Beschwerde gegen den Ausschließungsbeschluss (§ 439) den Erlass des Aufgebots als nicht selbstständig anfechtbare Entscheidung nach § 58 Abs. 2 mit überprüfen (Bork/Jacobi/Schwab/Dutta § 434 Rn. 14).

Gegen den Erlass des Aufgebots ist nur die **Rechtspflegererinnerung** nach § 11 Abs. 2 und Abs. 3 RPflG gegeben.

Wird allerdings der Antrag auf Erlass eines Aufgebotes durch einen gerichtlichen Beschluss zurückgewiesen, so endet das Aufgebotsverfahren durch diesen **Zurückweisungsbeschluss**, sodass es sich hierbei um eine Endentscheidung handelt, die mit der befristeten **Beschwerde** nach § 58 Abs. 1, § 11 Abs. 1 RPflG anfechtbar ist. Beschwerdeberechtigt ist grundsätzlich der Antragsteller entsprechend dem Grundgedanken des § 59 Abs. 2. Obwohl der Gesetzestext »nur« dem Antragsteller das Beschwerderecht einräumt, wird man auch demjenigen die Beschwerde einräumen müssen, der selbst keinen Antrag gestellt hat, auf den aber die Wirkungen des Verfahrens und des Ausschließungsbeschlusses erstreckt werden (Bork/Jacobi/Schwab/Dutta, § 434 Rn. 15). Darüber hinaus wohl aus verfahrensökonomischen Gründen auch jedem anderen Antragsberechtigten ohne Rücksicht auf eine Wirkungserstreckung (Keidel/Zimmermann, § 434 Rn. 8).

D. Kosten. I. Gerichtsgebühren. In Aufgebotssachen wird nach GNotKG KV 15212 Ziff. 3 eine 0,5 Gerichtsgebühr erhoben; dazu kommen die Auslagen nach GNotKG KV 31000 ff. Für das Verfahren über die Beschwerde entsteht eine 1,0 Gebühr gemäß GNotKG KV 15223 und für das Verfahren über die Rechtsbeschwerde eine 1,5 Gerichtsgebühr nach GNotKG KV15233.

Wird der Antrag in einem Verfahren über die Zulassung der Sprungrechtsbeschwerde im Aufgebotsverfahren abgelehnt, ist gemäß GNotKG KV 15241 eine 0,5 Gebühr zu erheben.

Der Geschäftswert richtet sich gem. § 36 GNotKG. Der Geschäftswert eines Aufgebotsverfahrens zur Ermittlung unbekannter Nachlassgläubiger ist in der Regel mit 15 % der Nachlassverbindlichkeiten anzusetzen. Abweichend hiervon ist ein Ansatz von 5 % angemessen, wenn der Aktivnachlass äußerst geringfügig ist und in keinem Verhältnis zu den Nachlassverbindlichkeiten steht (OLG Hamm Beschl. v. 11.05.2012 – I-15 W 129/12, JurionRS 2012, 17541).

§ 434　　　　　　　　　　　　　　　　　　　Buch 8. Verfahren in Aufgebotssachen

30　**II. Verfahrensgebühren.** Der Anwalt kann nach Nr. 3324 VV RVG eine 1,0 Verfahrensgebühr und gegebenenfalls nach Nr. 3332 VV RVG eine 0,5 Terminsgebühr abrechnen. Der Verfahrenswert bestimmt sich auch für die Anwaltsvergütung nach § 36 GNotKG. Die anwaltlichen Auslagen richten sich nach Nr. 7000 ff. VV RVG.

§ 434　Antrag; Inhalt des Aufgebots.

(1) Das Aufgebotsverfahren wird nur auf Antrag eingeleitet.
(2) ¹Ist der Antrag zulässig, so hat das Gericht das Aufgebot zu erlassen. ²In das Aufgebot ist insbesondere aufzunehmen:
1. die Bezeichnung des Antragstellers;
2. die Aufforderung, die Ansprüche und Rechte bis zu einem bestimmten Zeitpunkt bei dem Gericht anzumelden (Anmeldezeitpunkt);
3. die Bezeichnung der Rechtsnachteile, die eintreten, wenn die Anmeldung unterbleibt.

Übersicht

	Rdn.		Rdn.
A. Allgemeines	1	III. Inhalt des Antrags	12
B. Antrag	2	C. Verfahren	14
I. Antragsverfahren, Antragsvoraussetzungen	2	D. Entscheidung	17
II. Antragsberechtigung	10	E. Rechtsmittel	23
		F. Kosten	25

1　**A. Allgemeines. Abs. 1** stellt klar, dass das Aufgebotsverfahren ein Antragsverfahren ist. **Abs. 2** betrifft die Voraussetzungen für den Erlass des Aufgebots. **Abs. 2 Satz 2 Nr. 1–3** legt den Mindestinhalt des Aufgebots fest.

2　**B. Antrag. I. Antragsverfahren, Antragsvoraussetzungen.** Abs. 1 stellt klar, dass ein Aufgebotsverfahren nicht von Amts wegen eingeleitet wird, sondern nur auf **Antrag**. Es handelt sich somit um ein **Antragsverfahren**. Der Antrag ist nicht nur auf den Erlass des Aufgebots gerichtet, sondern auch auf den Erlass des Ausschließungsbeschlusses, sodass insoweit nach Ablauf des Anmeldezeitpunkts ein gesonderter Antrag nicht mehr erforderlich ist. Soweit der Gesetzgeber im materiellen Recht (vgl. § 2015 Abs. 3 BGB) zum Teil mißverständlicherweise vom »Antrag auf Erlass des Aussschließungsbeschlusses« spricht, kann hiermit nur der Antrag auf Einleitung des Aufgebotsverfahrens nach Abs. 1 gemeint sein (Bork/Jacobi/Schwab/Dutta, § 434 Rn. 5).

3　Da der Antrag auf Einleitung des Aufgebotsverfahrens eine **Verfahrenshandlung** ist, müssen die allgemeinen Verfahrenshandlungsvoraussetzungen beim Antragsteller vorliegen. Er muss somit beteiligtenfähig nach § 8 und verfahrensfähig nach § 9 sein. Außerdem muss der Antragsteller ordnungsgemäß vertreten sein, wobei gem. § 10 Abs. 1 Anwaltszwang nicht besteht.

4　Zum Rechtsschutzbedürfnis für ein Aufgebotsverfahren zum Ausschluss der unbekannten Erben des eingetragenen Gläubigers eines Buchgrundpfandrechts vgl. BGH FamRZ 2014, 301.

5　Gemäß § 25 kann der Antrag gegenüber dem zuständigen Gericht **schriftlich** oder **zur Niederschrift der Geschäftsstelle** abgegeben werden. Dabei soll der Antrag vom Antragsteller oder seinem Bevollmächtigten unterschrieben sein (§ 23 Abs. 1 Satz 5). Nach § 23 Abs. 2 ist dieser verfahrenseinleitende Antrag vom Gericht den übrigen Beteiligten des Aufgebotsverfahrens zu übermitteln, sobald diese hinzugezogen wurden.

6　Nach § 23 soll der Antrag begründet werden. Die Begründung hat sich nach den jeweiligen materiell-rechtlichen Voraussetzungen für das Aufgebotsverfahren zu richten, wobei grundsätzlich die **schlüssige Behauptung** der zur Begründung vorgetragenen Tatsachen genügt. Allerdings schreibt das Gesetz teilweise (§§ 444, 449, 450 Abs. 1 bis Abs. 3, 468 Nr. 2) vor, das bestimmte Tatsachen **glaubhaft** (§ 31) zu machen, bestimmte **Abschriften** (§ 468 Nr. 1) oder **Erklärungen** (§§ 451 Abs. 1, 456, 468 Nr. 1) beizufügen sind. Weitere Voraussetzungen müssen darüber hinaus vor Erlass des Ausschließungsbeschlusses erfüllt werden, wie etwa die Vorlage bestimmter **Zeugnisse** (§§ 471 Abs. 2, 472 Abs. 2, 473 Satz 2) oder die **Hinterlegung eines Betrags** (§ 451 Abs. 4).

7　Nach § 22 Abs. 1 Satz 1 ist die **Rücknahme des Antrags** bis zum Erlass des Ausschließungsbeschlusses *möglich*; erfolgt sie erst nach Erlass des Aufgebots, ist das Verfahren beendet. Das Gericht muss das Verfahren einstellen. Die Kosten sind nach § 81 dem Antragsteller aufzuerlegen (Bork/Jacobi/Schwab/Dutta, § 434 Rn. 8). Aber auch nach Rechtskraft des Ausschließungsbeschlusses ist die Rücknahme des Antrags durch den Antragsteller regelmäßig zulässig, solange dieser der einzige Beteiligte des Aufgebotsverfahrens ist; andernfalls ist nach § 22 Abs. 1 Satz 2 die Zustimmung der anderen Beteiligten erforderlich. Das Gericht ist an die Zustimmung der Beteiligten zur einvernehmlichen Verfahrensbeendigung gebunden. Zu den Voraussetzungen für die übereinstimmende Beendigung eines Aufgebotsverfahrens in der Beschwerdeinstanz, vgl. OLG München Beschl. v. 11.04.2011 – 34 Wx 167/10, JurionRS 2011, 18115.

Ein bereits ergangenes Aufgebot wird nach § 22 Abs. 2 Satz 1 analog **wirkungslos**, ohne dass es einer ausdrücklichen Aufhebung bedarf. Die deklaratorische Erklärung der Wirkungslosigkeit wird nur auf ausdrücklichen Antrag festgestellt (OLG München Beschl. v. 11.04.2011 – 34 Wx 167/10, JurionRS 2011, 18115). 8

Stirbt der Antragsteller nach Eingang seines Antrags auf Einleitung des Aufgebotsverfahrens oder wird über sein **Vermögen das Insolvenzverfahren eröffnet**, hat dies auf das einmal eingeleitete Aufgebotsverfahren keinen Einfluss mehr, weil eine weitere Mitwirkung des Antragstellers nicht erforderlich ist (Keidel/Zimmermann, § 434 Rn. 6). Es ist allenfalls eine Aussetzung nach § 21 möglich. 9

II. Antragsberechtigung. Die **Antragsberechtigung** ergibt sich je nach Art des Aufgebots aus dem Gesetz, z.B. §§ 443, 448, 455, 460 Abs. 2, 462 Abs. 1, 463, 465, 467. Zur Antragsberechtigung des früheren Grundstückeigentümers wegen Abhandenkommens eines Grundschuldbriefs in gewillkürter Verfahrensstandschaft für den Grundschuldläubiger, vgl. OLG München Beschl. v. 05.11.2010 – 34 Wx 117/10, JurionRS 2010, 27548. 10

Mehrere Antragsberechtigte können das Antragsrecht jeweils selbstständig ausüben. Die Wirkungen des Verfahrens und des Ausschließungsbeschlusses werden z.T. auf andere Antragsberechtigte, die keinen Antrag gestellt haben, erstreckt, §§ 460 Abs. 1 Satz 1, 461, 462 Abs. 2 und 3, 463 Abs. 1 Satz 2 und Abs. 2 (Bork/Jacobi/Schwab/Dutta, § 434 Rn. 4). 11

III. Inhalt des Antrags. Der Antrag muss eindeutig erkennbar die Tatsachen beinhalten, die für die jeweilige Aufgebotsart formell erforderlich sind. Abs. 2 Satz 2 Ziff 1 bis 3 benennen nur den Mindestinhalt des Aufgebots; das Anfordern weiterer Angaben steht im pflichtgemäßen Ermessen des Gerichts. Der Anmeldezeitpunkt in Ziff 2 bedeutet vor Erlass des Ausschließungsbeschlusses. 12

Zu den Voraussetzungen einer Wiedereinsetzung in den vorigen Stand bei Versäumung der Anmeldefrist, vgl. OLG Hamm Beschl. v. 01.08.2014 – 15 W 127/14, JurionRS 2014, 26656. 13

C. Verfahren. In Abs. 2 ist der Erlass des Aufgebots normiert. Wann der Antrag zulässig ist, ergibt sich nicht aus § 434. Dennoch hat das Gericht zu überprüfen, ob die Voraussetzungen für das Aufgebotsverfahren vorliegen. 14

Das Gericht prüft i.R.d. Zulässigkeit zunächst von Amts wegen die Beachtung der Formalien, insb. die Zuständigkeit des Gerichts, die Statthaftigkeit des beantragten Aufgebots, die Antragsberechtigung des Antragstellers sowie den Inhalt und die allgemeinen Verfahrensvoraussetzungen, wie z.B. die Verfahrensfähigkeit des Antragstellers nach § 9 und gegebenenfalls die Verfahrensvollmacht nach § 11. Hierbei ist das Gericht grundsätzlich **nicht** an das Vorbringen des Antragstellers **gebunden**. Stellt das Gericht behebbare Mängel fest, hat es dem Antragsteller vor der Zurückweisung des Antrags Gelegenheit zu geben, die **Mängel zu beheben** (§ 28). 15

Ist der Antrag **unzulässig**, wird dieser durch Beschluss zurückgewiesen (§ 38 Abs. 1, 2). Die Entscheidung ist gem. § 38 Abs. 3 zu begründen. Gemäß § 39 muss der Beschluss eine Rechtsbehelfsbelehrung enthalten. Der Zurückweisungsbeschluss ist dem Antragsteller zuzustellen (§ 41 Abs. 1 Satz 2). Ein einmal zurückgewiesener Antrag auf Einleitung des Aufgebotsverfahrens kann jederzeit mit einer »besseren« Begründung erneut gestellt werden (Keidel/Zimmermann, § 434 Rn. 8). 16

D. Entscheidung. Die Entscheidung über den Erlass des Aufgebots ergeht ausnahmslos durch eine gerichtliche Verfügung des Rechtspflegers (§ 3 Nr. 1c RPflG). Das Aufgebot muss **nicht begründet** werden. Das Aufgebot muss jedoch nach Abs. 2 Satz 2 folgende **Mindestangaben** enthalten: 17

Nr. 1: Der **Antragsteller** muss bezeichnet werden; bei Sachwaltern ist deren Funktion anzugeben (§ 455 Abs. 2: »Rechtsanwalt X als Testamentsvollstrecker ...«). 18

Nr. 2: Das Aufgebot muss die Berechtigten auffordern, ihre **Ansprüche und Rechte** bis zu einem vom Gericht bestimmten Anmeldezeitpunkt **anzumelden**. Die Mindestfrist beträgt nach § 437 6 Wochen; eine Höchstfrist ist beispielsweise in § 458 Abs. 2 mit 6 Monate angegeben. Besonderheiten ergeben sich aus § 471 Abs. 1, §§ 473 bis 476. In dem Aufgebot sollte darauf hingewiesen werden, dass eine Anmeldung gem. 19

§ 435　　　　　　　　　　　　　　　　　Buch 8. Verfahren in Aufgebotssachen

§ 438 auch noch nach dem Anmeldezeitpunkt als rechtzeitig anzusehen ist, solange sie vor dem Ausschließungsbeschluss erfolgt.

20 Nr. 3: Im Aufgebot müssen die **Rechtsnachteile** bezeichnet werden, die eintreten, wenn die Anmeldung unterbleibt. Diese richten sich nach der Art des Aufgebots.

21 Es handelt sich beim Aufgebot **nicht** um einen Beschluss i.S.d. § 38 Abs. 1, da durch das Aufgebot das Verfahren nicht erledigt wird (Keidel/Zimmermann, § 434 Rn. 9). Der Erlass des Aufgebots ist daher dem Antragsteller und den bekannten Beteiligten nach § 15 Abs. 1 bekannt zu machen, und zwar in Form der öffentlichen Bekanntmachung des Aufgebots, §§ 435, 436. Bei den Aufgeboten nach §§ 887, 1104, 1112, 1170 BGB, § 13, 67 SchRG, § 13 LuftfzgG ist dem **Eigentümer** vom Aufgebot **Mitteilung** zu machen, §§ 450 Abs. 5, 452 Abs. 1, 453 Abs. 2 Satz 2, § 13 Abs. 2 Satz 4 LuftfzgG, § 140 Abs. 4 ZVG, selbst wenn dieser als sonstiger Betroffener nicht als Beteiligter hinzugezogen wurde.

22 Eine Zustellung ist nur erforderlich, wenn das Aufgebot zurückgewiesen wird. Bei dem Zurückweisungsbeschluss handelt es sich um einen mit der befristeten Beschwerde anfechtbaren Beschluss i.S.d. § 38, da hierdurch das Verfahren beendet wird.

23 **E. Rechtsmittel.** Da es sich beim Aufgebot nicht um eine Endentscheidung i.S.d. § 38 handelt, ist eine Anfechtung des Erlasses des Aufgebots ausgeschlossen (BT-Drucks. 16/6308, S. 294). Auch der Beschluss, mit dem der im Aufgebotsverfahren ergangene Aussetzungsbeschluss wieder aufgehoben und das Verfahren fortgesetzt wird, ist nicht anfechtbar, da es sich nicht um eine Endentscheidung handelt (OLG München Beschl. v. 28.03.2014 – 34 Wx 99/14, JurionRS 2014, 15918).

24 Der Beschluss, mit dem der Antrag auf Erlass des Aufgebots zurückgewiesen wird, ist allerdings eine Endentscheidung mit der Folge, dass diese nach § 58 Abs. 1, § 11 Abs. 1 RPflG mit der befristeten Beschwerde angefochten werden kann. Beschwerdeberechtigt ist grds. der Antragsteller.

25 **F. Kosten. Verfahrenswert:** § 36 GNotKG. Beim Aufgebot des Nachlassgläubigers ist in der Regel ein Betrag von 5 % der bekannt gewordenen Nachlassverbindlichkeiten anzusetzen.

26 **Gerichtsgebühren:** GNotKG KV 15212, also 0,5 nach Tabelle A, zuzüglich Auslagen nach GNotKG KV 31000 ff.

27 **Anwaltsgebühren** für die Vertretung im Aufgebotsverfahren: eine Gebühr nach Nr. 3324 VV RVG, zuzüglich gegebenenfalls eine Terminsgebühr nach Nr. 3322 VV RVG zuzüglich Auslagen nach Nr. 7000 ff. VV RVG.

§ 435 Öffentliche Bekanntmachung.

(1) ¹Die öffentliche Bekanntmachung des Aufgebots erfolgt durch Aushang an der Gerichtstafel und durch einmalige Veröffentlichung in dem Bundesanzeiger, wenn nicht das Gesetz für den betreffenden Fall eine abweichende Anordnung getroffen hat. ²Anstelle des Aushangs an der Gerichtstafel kann die öffentliche Bekanntmachung in einem elektronischen Informations- und Kommunikationssystem erfolgen, das im Gericht öffentlich zugänglich ist.
(2) Das Gericht kann anordnen, das Aufgebot zusätzlich auf andere Weise zu veröffentlichen.

Übersicht

	Rdn.		Rdn.
A. Allgemeines	1	C. Verstoß	6
B. Bekanntmachung	2	D. Kosten	7

1 **A. Allgemeines.** Die öffentliche Bekanntmachung des Aufgebots von Amts wegen ist erforderlich, um die unbekannten Berechtigten über das Aufgebotsverfahren zu informieren und um ihnen eine Anmeldung ihrer Rechte zu ermöglichen. Gemäß § 484 können Bundes- und Landesrecht Sonderregelungen anordnen. § 435 gilt nur subsidiär, wenn keine Sonderregelungen bestehen.

2 **B. Bekanntmachung.** Das Aufgebot ist öffentlich bekannt zu machen. Nach Abs. 1 Satz 1 bedarf es hierzu grundsätzlich des Aushanges an der **Gerichtstafel** und der einmaligen Veröffentlichung im **Bundesanzeiger**. Die öffentliche Bekanntmachung in einem Informations- und Kommunikationssystem des Gerichts ersetzt nur dann den Aushang an der Gerichtstafel, wenn dieses System im Gericht öffentlich zugänglich ist. Eine solche *Zugänglichkeit* ist nur dann gegeben, wenn jeder Interessent die Anzeige betrachten kann, ohne dass er ei-

nen Gerichtsbediensteten fragen muss, ohne dass dieser einen Computer einschalten muss, ohne dass der Leser Computerkenntnisse haben muss, um zur Anzeige zu gelangen (Keidel/Zimmermann, § 435 Rn. 3).

Ob die einmalige Veröffentlichung im **elektronischen** Bundesanzeiger des BMJ (zu finden unter »eBundesanzeiger«) diese Voraussetzungen erfüllt, ist zweifelhaft, da das Abrufen dieser Informationen bestimmte Kenntnisse beim Nutzer voraussetzt und somit nicht ohne Weiteres allen Interessenten möglich ist. 3

Die Bekanntmachung erfolgt aufgrund eines Beschlusses des Rechtspflegers durch den Urkundsbeamten der Geschäftsstelle. In den Akten ist vom Urkundsbeamten zu vermerken, wann, wo und für welche Zeit der Aushang erfolgte. 4

Abs. 2 erweitert die Möglichkeiten der anderweitigen Veröffentlichung. Nach pflichtgemäßem Ermessen kann das Gericht zusätzlich zu den bereits in Abs. 1 genannten auch weitere Veröffentlichungen veranlassen, etwa in einer Tageszeitung oder einem anderen elektronischen Medium, wenn Anhaltspunkte vorliegen, dass dadurch potenzielle Berechtigte erreicht werden können. Die Ermessensentscheidung ist pflichtgemäß zu treffen und kann sich in Einzelfällen »auf Null« reduzieren. So kann es etwa bei Aufgeboten nach § 927 BGB zur Wahrung des rechtlichen Gehörs zwingend geboten sein, das Aufgebot zusätzlich in einer Tageszeitung zu veröffentlichen. 5

C. Verstoß. Bei einem Verstoß gegen die gesetzliche Form der Veröffentlichung, darf der Ausschließungsbeschluss nicht ergehen. Andernfalls kann der Ausschließungsbeschluss mit der befristeten Beschwerde nach §§ 58 ff. angefochten werden. Nach § 439 Abs. 3 gibt es keinen Beschwerdewert; § 61 Abs. 1 ist insoweit nicht anwendbar. 6

D. Kosten. Die Auslagen für die Veröffentlichungen hat der Antragsteller gem. § 22 Abs. 1 GNotKG zu übernehmen. 7

§ 436 Gültigkeit der öffentlichen Bekanntmachung.

Auf die Gültigkeit der öffentlichen Bekanntmachung hat es keinen Einfluss, wenn das Schriftstück von der Gerichtstafel oder das Dokument aus dem Informations- und Kommunikationssystem zu früh entfernt wurde oder wenn im Fall wiederholter Veröffentlichung die vorgeschriebenen Zwischenfristen nicht eingehalten sind.

Übersicht

	Rdn.		Rdn.
A. Allgemeines	1	B. Regelungsgegenstand	2

A. Allgemeines. Die Vorschrift will verhindern, dass ein Irrtum des Urkundsbeamten bei der Fristberechnung mit der Folge, dass die Bekanntmachung zu früh entfernt wird oder ein unbefugtes Entfernen von der Gerichtstafel Einfluss auf die Wirksamkeit der Bekanntmachung haben. Hierdurch werden die Interessen des Gerichts in bedenklicher Weise vor den Schutz der Beteiligten gesetzt (Keidel/*Zimmermann*, § 436 Rn. 1). Zu frühe Entfernung bedeutet Entfernung vor dem Anmeldezeitpunkt. 1

B. Regelungsgegenstand. Auch wenn die Nichteinhaltung der vorgeschriebenen Aushangfristen nach § 436 unschädlich ist, sollte die Aushängefrist vom Gericht gewahrt werden. Die Aushängefrist ist nicht ausdrücklich geregelt. Allerdings wird man dem Sinn und Zweck der öffentlichen Bekanntmachung, nämlich den unbekannten Berechtigten zur Anmeldung seiner Ansprüche oder Rechte aufzufordern, entnehmen können, dass die **Aushängefrist** wenigstens der Aufgebotsfrist gem. § 437 entsprechen und somit **mindestens 6 Wochen** betragen sollte (Bork/Jacobi/Schwab/*Dutta*, § 436 Rn. 2). 2

Zwischenfristen sind nur die Fristen zwischen etwaigen mehreren Bekanntmachungen, die das Gericht im Rahmen seines Ermessens anordnet. Auch die Nichteinhaltung von **Zwischenfrist**en ist unschädlich. Zwischenfristen sind gesetzlich nicht geregelt und dürfen nicht mit den Aufgebotsfristen nach §§ 437, 451 Abs. 3, 465 Abs. 5, 476 und den Fristen nach §§ 471 bis 475 verwechselt werden. 3

§ 437 Aufgebotsfrist.

Zwischen dem Tag, an dem das Aufgebot erstmalig in einem Informations- und Kommunikationssystem oder im Bundesanzeiger veröffentlicht wird, und dem Anmeldezeitpunkt muss, wenn das Gesetz nicht eine abweichende Anordnung enthält, ein Zeitraum (Aufgebotsfrist) von mindestens sechs Wochen liegen.

§ 438

Übersicht

	Rdn.		Rdn.
A. Allgemeines	1	C. Fristberechnung	4
B. Regelungsgegenstand	2	D. Verstoß	6

1 **A. Allgemeines.** § 437 soll sicherstellen, dass unbekannte Beteiligte von dem Aufgebot Kenntnis erlangen, indem eine Mindestfrist, die sogenannte Aufgebotsfrist, vorgeschrieben wird.

2 **B. Regelungsgegenstand.** Die Aufgebotsfrist bezeichnet den Zeitraum zwischen der erstmaligen Veröffentlichung im Informations- und Kommunikationssystem bzw. im elektronischen Bundesanzeiger (§ 435 Abs. 1) und dem Anmeldezeitpunkt i.S.d. § 434 Abs. 2 Nr. 2. Eine zusätzliche Veröffentlichung nach § 435 Abs. 2 oder ein Aushang an der Gerichtstafel sind dabei für die Aufgebotsfrist ohne Bedeutung.

3 Die Aufgebotsfrist des § 437 ist subsidiär, gilt also nur in den Fällen, in denen Bundes- oder Landesgesetze nicht eine andere Frist vorschreiben, wie z.B. in den §§ 451 Abs. 3, 452 Abs. 1, 453 Abs. 1, 458 Abs. 2, 464, 465 Abs. 5, 471 ff., 483, 484.

4 **C. Fristberechnung.** Die Sechswochenfrist ist eine Mindestfrist. Das Gericht kann nach eigenem Ermessen auch eine längere Frist bestimmen. Eine Höchstfrist ist hierbei grundsätzlich nicht zu beachten. Diese findet sich allerdings in den §§ 458 Abs. 2, 464 und 476.

5 Für die Fristberechnung, die nach § 16 Abs. 2 i.V.m. § 222 ZPO wie bei der Ladungsfrist erfolgt, wird der Tag des Aufgebots und der Bekanntmachung im elektronischen Bundesanzeiger nicht mitgerechnet, § 187 Abs. 1 BGB. Da es sich gem. § 224 Abs. 1 Satz 2 ZPO nicht um eine Notfrist handelt, kann sie auf Antrag und unter Glaubhaftmachung erheblicher Gründe verlängert werden. Daher ist, wenn die Frist ohne Verschulden versäumt wurde, eine Wiedereinsetzung nach §§ 439 Abs. 4, 17 statthaft. Darüber hinaus ist eine Verlängerung der Frist gem. §§ 224 Abs. 2 ZPO, 16 Abs. 2 möglich. Nach Ablauf der Aufgebotsfrist kann der Ausschließungsbeschluss ergehen.

6 **D. Verstoß.** Verstößt das Gericht gegen diese Vorschrift, darf der Ausschließungsbeschluss mangels ordnungsgemäßer Durchführung des Aufgebotsverfahrens nicht ergehen (A.A. Keidel/*Zimmermann*, § 437 Rn. 3). Andernfalls ist hiergegen die Beschwerde nach §§ 58 ff. statthaft (vgl. OLG Schleswig Beschl. v. 22.06.2012 – 3 Wx 16/12, JurionRS 2012, 23813). Gemäß § 439 Abs. 3 ist § 61 Abs. 1, der einen Beschwerdewert von 600 € erfordert, nicht anwendbar. Es ist daher kein Beschwerdewert zu beachten.

§ 438 Anmeldung nach dem Anmeldezeitpunkt.
Eine Anmeldung, die nach dem Anmeldezeitpunkt, jedoch vor dem Erlass des Ausschließungsbeschlusses erfolgt, ist als rechtzeitig anzusehen.

Übersicht

	Rdn.		Rdn.
A. Allgemeines	1	D. Prüfungsumfang	7
B. Regelungszweck	2	E. Gebühren/Kosten	8
C. Anmeldung	3		

1 **A. Allgemeines.** Die Vorschrift regelt, dass verspätete Anmeldungen als fristgemäß fingiert werden, wenn diese bis zum Erlass des Ausschließungsbeschlusses erfolgen. Diese Regelung entspricht einem allgemeinen Grundgedanken, der auch in § 331 Abs. 3 ZPO (verspätete Anzeige der Verteidigungsbereitschaft) und in § 694 ZPO (verspäteter Widerspruch gegen den Mahnbescheid), zum Tragen kommt.

2 **B. Regelungszweck.** § 438 dient der Gerechtigkeit, weil der wahre Rechtsinhaber durch das Aufgebotsverfahren nicht ohne schwerwiegenden Grund verdrängt werden soll. Er soll daher möglichst lange die Möglichkeit haben, sein Recht bzw. seinen Anspruch anzumelden (Baumbach/Lauterbach/Albers/Hartmann § 438 Rn. 2). Daher ist die Vorschrift zugunsten des Anmeldenden auszulegen.

3 **C. Anmeldung.** Die Anmeldung ist eine Verfahrenshandlung, sodass die allgemeinen Wirksamkeitsvoraussetzungen erfüllt seinen müssen. Der Anmeldende muss beteiligtenfähig gem. § 8 und verfahrensfähig nach

§ 9 sein. Außerdem muss er gegebenenfalls ordnungsgemäß vertreten sein, wobei Anwaltszwang nicht besteht (§ 10 Abs. 1).

Die Anmeldung ist nach § 25 Abs. 1 gegenüber dem **zuständigen Aufgebotsgericht** als zuständigem Gericht zu erklären. Geht die Anmeldung bei einem anderen Gericht ein, so ist dadurch die Frist nicht gewahrt (OLG Karlsruhe OLGRspr. 42, 22). Es genügt also nicht, wenn ein Gläubiger die Anmeldung schon früher in einem Nachlassverfahren gegenüber dem Nachlassgericht vorgenommen hat. 4

Die Anmeldung ist gem. § 25 Abs. 2 **schriftlich oder zur Niederschrift der Geschäftsstelle** zu erklären.

Die Anmeldung der Rechte und Ansprüche hat grds. bis zum Anmeldezeitpunkt zu erfolgen, § 434 Abs. 2 Nr. 2; sie ist aber noch rechtzeitig und wird entsprechend berücksichtigt, wenn sie zwar nach dem Anmeldezeitpunkt, jedoch vor **Erlass des Ausschließungsbeschlusses** erfolgt. Erlassen ist der Beschluss nach der Legaldefinition des § 38 Abs. 3 Satz 3 FamFG mit der Übergabe des fertig abgefassten und unterschriebenen Beschlusses an die Geschäftsstelle zur Veranlassung der Bekanntgabe (vgl.OLG Hamm, Beschl. v. 01.08.2014 – 15 W 127/14, JurionRS 2014, 26656). Auf die Rechtskraft des Ausschließungsbeschlusses kommt es insoweit nicht an (A.A. Bork/Jacoby/Schwab/*Dutta*, § 438 Rn. 1; MüKoZPO/*Eickmann*, § 438 FamFG Rn. 7) 5

Die Anmeldung, die auch konkludent erfolgen kann, muss die Behauptung enthalten, dass dem Anmeldenden ein im Aufgebot bezeichnetes Recht zusteht, welches ausgeschlossen werden soll (Wieczorek/Schütze/Weber § 951 ZPO Rn. 2). Einer weitergehenden Begründung bedarf die Anmeldung ebenso wenig wie die Vorlage von Nachweisen für die angemeldeten Rechte. Allerdings gibt es insoweit Sonderregelungen zu beachten. So muss z.B. der Nachlassgläubiger gem. § 459 Gegenstand und Grund der Forderung angeben und gegebenenfalls Beweisstücke beifügen. 6

D. Prüfungsumfang. Das Gericht prüft lediglich, ob die Anmeldung form- und fristgerecht eingegangen ist, nicht aber, ob das angemeldete Recht auch wirklich besteht, vgl. insoweit § 440. 7

E. Gebühren/Kosten. Für die Anmeldung erhält der **Anwalt**, der den Anmeldenden vertritt, eine 1,0 Gebühr gemäß Nr. 3324 VV RVG; gegebenenfalls kann zusätzlich eine Terminsgebühr nach Nr. 3332 VV RVG anfallen. Die anwaltlichen Auslagen richten sich nach Nr. 7000 ff. VV RVG. 8

Gerichtskosten werden für eine Anmeldung nicht angesetzt.

§ 439 Erlass des Ausschließungsbeschlusses; Beschwerde; Wiedereinsetzung und Wiederaufnahme.

(1) Vor Erlass des Ausschließungsbeschlusses kann eine nähere Ermittlung, insbesondere die Versicherung der Wahrheit einer Behauptung des Antragstellers an Eides statt, angeordnet werden.

(2) Die Endentscheidung in Aufgebotssachen wird erst mit Rechtskraft wirksam.

(3) § 61 Abs. 1 ist nicht anzuwenden.

(4) ¹Die Vorschriften über die Wiedereinsetzung finden mit der Maßgabe Anwendung, dass die Frist, nach deren Ablauf die Wiedereinsetzung nicht mehr beantragt oder bewilligt werden kann, abweichend von § 18 Abs. 3 fünf Jahre beträgt. ²Die Vorschriften über die Wiederaufnahme finden mit der Maßgabe Anwendung, dass die Erhebung der Klagen nach Ablauf von zehn Jahren, von dem Tag der Rechtskraft des Ausschließungsbeschlusses an gerechnet, unstatthaft ist.

Übersicht

	Rdn.		Rdn.
A. Allgemeines....................	1	C. Wirkung des Ausschließungsbeschlusses.....	5
B. Verfahren vor Erlass des Ausschließungs-		D. Beschwerde....................	10
beschlusses.....................	3	E. Wiedereinsetzung, Wiederaufnahme, Abs. 4..	14

A. Allgemeines. Die Vorschrift regelt verschiedene Stationen des Aufgebotsverfahrens als eine vorrangige Spezialanweisung. Als Sonderregelung ist sie eng auszulegen. 1

Abs. 1 betrifft das Verfahren vor Erlass des Ausschließungsbeschlusses. *Abs. 2* regelt das Wirksamwerden der gerichtlichen Entscheidung über den Ausschluss des Berechtigten. *Abs. 3* ordnet an, dass bei der Beschwerde kein Beschwerdewert zu beachten ist und *Abs. 4* regelt Abweichungen von den allgemeinen Vorschriften über die Wiedereinsetzung und Wiederaufnahme. 2

§ 439

3 **B. Verfahren vor Erlass des Ausschließungsbeschlusses.** Das Gericht entscheidet nach pflichtgemäßem Ermessen, ob es von Amts wegen **Ermittlungen** durchführt und Beweis erhebt (§ 26). Das kann vor und nach Erlass des Aufgebots erfolgen. Zum Umfang der Amtsermittlungspflicht, vgl. OLG München Beschl. v. 05.01.2012 – 34 Wx 369/11, JurionRS 2012, 10103. Das Gericht kann im Rahmen seiner Ermittlungen auch eine eidesstattliche Versicherung des Antragstellers über eine von ihm aufgestellte Behauptung einholen kann. Insoweit sind die Beteiligten zu einer gesteigerten Mitwirkung verpflichtet (OLG Brandenburg, Beschl. v. 10.05.2012 – 6 Wx 1/12, JurionRS 2012, 15825).

4 Der Antrag auf Erlass des Aufgebots beinhaltet gleichzeitig den Antrag, später den Ausschließungsbeschluss zu erlassen, sodass nach Ablauf der Anmeldefrist insoweit kein weiterer Antrag erforderlich ist.

5 **C. Wirkung des Ausschließungsbeschlusses.** Die Ausschließung ist eine Endentscheidung und ergeht somit durch Beschluss, während das Aufgebot selbst nur eine Zwischenentscheidung ist. Wird das vom Antragsteller behauptete Recht durch Anmeldungen bestritten, ist das Verfahren nach § 440 bis zur endgültigen Entscheidung über das angemeldete Recht auszusetzen oder dieses in einem Ausschließungsbeschluss vorzubehalten. Der Beschluss lautet z.B.:

6 »Der im Grundbuch eingetragene Eigentümer ... wird mit seinem Recht an dem im Grundbuch von ... auf Blatt ... eingetragenen Grundstück ... (Größe ...; postalische Anschrift ...) ausgeschlossen, wobei den weiteren Beteiligten das mit Schriftsatz vom ... angemeldete Recht vorbehalten bleibt« (OLG Brandenburg, Beschl. v. 16.04.2012 – 6 WX3/11, JurionRS 2012, 14631).

7 Liegen die Voraussetzungen für den Erlass des Ausschließungsbeschlusses auch nach weiteren Ermittlungen nicht vor, wird der Antrag durch Beschluss zurückgewiesen.

8 Ausschließungs- und Zurückweisungsbeschluss sind gem. § 41 Abs. 1 Satz 1 den Beteiligten des Aufgebotsverfahrens (§ 433) **bekannt** zu geben.

9 Die Endentscheidungen im Aufgebotsverfahren, also sowohl ein etwaiger Ausschließungs- als auch ein Zurückweisungsbeschluss, werden, abweichend von § 40 Abs. 1, erst mit **formeller Rechtskraft** nach § 45 wirksam (§ 40 Abs. 2). Wirksamwerden bedeutet, dass die rechtlichen Wirkungen eintreten, welche der Beschluss seinem Inhalt nach herbeiführen kann und soll, was beim Ausschließungsbeschluss der Eintritt des angedrohten Rechtsnachteils ist. Das späte Wirksamwerden, das auch auf die Berücksichtigung verspäteter Anmeldungen nach dem Anmeldezeitpunkt Einfluss hat (§ 438), soll dem rechtsgestaltenden Charakter der Ausschließungsbeschlüsse Rechnung tragen (BT-Drucks. 16/6308, S. 295). Für den Antragsteller empfiehlt sich, zum Nachweis des Beschlusses, einen Antrag auf Rechtskraftzeugnis (§ 46) zu stellen (Bork/Jacobi/Schwab/*Dutta*, § 439, Rnr. 9).

10 **D. Beschwerde.** Die **befristete Beschwerde** nach § 58 ist sowohl gegen den Ausschließungsbeschluss statthaft. Auch gegen einen **Zurückweisungsbeschluss** sowie gegen **Vorbehalte** und **Beschränkungen** im Ausschließungsbeschluss, die eine teilweise Zurückweisung des Antrags auf Einleitung des Aufgebotsverfahrens bedeuten, ist die befristete Beschwerde nach § 58 Abs. 1, § 11 Abs. 1 RPflG statthaft.

11 Nach § 439 Abs. 3 ist abweichend von § 61 Abs. 1 **kein Mindestwert** des Beschwerdegegenstandes für die Zulässigkeit der Beschwerde im Aufgebotsverfahren erforderlich.

12 Die **Beschwerdefrist** beträgt nach § 63 Abs. 1 einen Monat. Sie beginnt nach § 63 Abs. 3 mit der schriftlichen Bekanntgabe des angefochtenen Beschlusses an die Beteiligten. Beteiligte sind bei einer Beschwerde gegen einen Ausschließungsbeschluss auch die unbekannten Berechtigten. Der Beschluss ist daher neben seiner Bekanntgabe an die Beteiligten den unbekannten Berechtigten öffentlich zuzustellen (§ 441). Die Beschwerdefrist gegen den Ausschließungsbeschluss beginnt somit nicht vor seiner öffentlichen Zustellung zu laufen, d.h. mit Eintritt der Zustellungsfiktion des § 188 ZPO, § 441 Satz 2 nach einem Monat. Die formelle Rechtskraft des Beschlusses gem. § 45 tritt folglich erst 2 Monate nach der Entscheidung ein.

13 Zuständig für die Beschwerde ist nach § 119 Abs. 1 Nr. 1 Buchst. b GVG das OLG in Zivilsachen. Damit ist nun der Ausschließungsbeschluss umfassend in einer weiteren Tatsacheninstanz überprüfbar (Bork/Jacoby/Schwab/Dutta, § 439 Rn. 11). Der selbstständig nicht anfechtbare Erlass des Aufgebots kann vom Beschwerdegericht mit überprüft werden (§ 58 Abs. 2).

14 **E. Wiedereinsetzung, Wiederaufnahme, Abs. 4.** Abs. 4 bestimmt, dass die Vorschriften über die Wiedereinsetzung, §§ 17 bis 19, anwendbar sind, jedoch beträgt in Abweichung von § 18 Abs. 3 die Frist für die Wiedereinsetzung **5 Jahre** seit dem Ende der versäumten Frist, d.h. der Ablauf der einmonatigen Beschwerdefrist gem. § 63 Abs. 1. Zu den Voraussetzungen einer Wiedereinsetzung in den vorigen Stand bei der Ver-

säumung der Anmeldefrist im Aufgebotsverfahren; vgl. OLG Hamm, Beschl. v. 27.12.2013 – 15 W 299/12, JurionRS 2013, 54873).

Auch die Vorschriften über die Wiederaufnahme des Verfahrens (§ 48 Abs. 2 verweist auf die §§ 578 bis 591 ZPO) sind anzuwenden, wobei die Frist für die Wiederaufnahme **10 Jahre** seit Rechtskraft des Ausschließungsbeschlusses beträgt. 15

Mit dieser Regelung wird der Tatsache Rechnung getragen, dass derjenige, dessen Recht durch den Beschluss ausgeschlossen wird, nicht selten erst nach längerem Zeitablauf von der Durchführung des Verfahrens und dem Erlass des Beschlusses Kenntnis erlangt. 16

§ 440 Wirkung einer Anmeldung.
Bei einer Anmeldung, durch die das von dem Antragsteller zur Begründung des Antrags behauptete Recht bestritten wird, ist entweder das Aufgebotsverfahren bis zur endgültigen Entscheidung über das angemeldete Recht auszusetzen oder in dem Ausschließungsbeschluss das angemeldete Recht vorzubehalten.

Übersicht

	Rdn.		Rdn.
A. Allgemeines	1	B. Regelungsgegenstand	6
I. Die uneigentlichen Anmeldungen	2	C. Verfahren	7
II. Die echten Anmeldungen	3	D. Entscheidung	9
III. Rechtsbestreitende Anmeldung	4	E. Aussetzung, Vorbehalt	12
IV. Rechtseinschränkende Anmeldung	5		

A. Allgemeines. Eine Anmeldung liegt vor, wenn von jemandem gegenüber dem Gericht die Erklärung abgegeben wird, ihm stehe ein Recht zu, welches durch das Aufgebotsverfahren ausgeschlossen werden soll (OLG Hamm, Beschl. v. 17.10.2013 – 15 W 439/12, JurionRS 2013, 52161). Es ist grundsätzlich zwischen zwei Anmeldungsarten: a) **die uneigentlichen Anmeldungen** und b) die sogenannten **echten Anmeldungen**, bei denen wiederum zwischen den **rechtsbestreitenden** und **rechtseinschränkenden Anmeldungen** unterschieden wird. 1

I. Die uneigentlichen Anmeldungen. Bei der uneigentlichen Anmeldung behauptet oder bestreitet der Anmelder kein Recht, sondern bestreitet vielmehr Verfahrensvoraussetzungen, rügt den Verfahrensgang oder äußert sich allgemein zur Sache, z.B. wenn ein Dritter, der selbst nicht Nachlassgläubiger ist, auf einen ihm bekannten Nachlassgläubiger hinweist. Auch, wenn es sich hierbei nicht um eine Anmeldung im engeren Sinne handelt, kann diese Anmeldung Anlass für das Gericht sein, nach § 439 Abs. 1 von Amts wegen zu ermitteln. 2

II. Die echten Anmeldungen. Mit der echten Anmeldung im Aufgebotsverfahren werden **Rechte** angemeldet. Der Anmeldende wehrt sich gegen den drohenden Ausschluss seiner Rechte durch den Ausschließungsbeschluss. Bei den echten Anmeldungen wird wiederum zwischen den rechtsbestreitenden und rechtseinschränkenden Anmeldungen unterschieden. 3

III. Rechtsbestreitende Anmeldung. Mit der rechtsbestreitenden Anmeldung meldet der Anmeldende ein Recht an, das mit dem Recht des Antragstellers kollidiert (Keidel/*Zimmermann*, § 440, Rn. 4; Bork/Jacobi/Schwab/*Dutta*, § 440, Rn. 2 m.w.N.). Hierbei kann nur eine der beiden Rechtsbehauptungen richtig sein. Eine solche rechtsbestreitende Anmeldung ist z.B. die Anmeldung des Eigentums beim Aufgebot nach § 927 BGB (vgl.: OLG Brandenburg, Beschl. v. 16.04.2012 – 6 Wx 3/11, JurionRS 2012, 14631). 4

IV. Rechtseinschränkende Anmeldung. Mit der rechtseinschränkenden Anmeldung meldet der Anmeldende Rechte an, die teilweise mit dem Recht des Antragstellers vereinbar sind, dieses also nicht ausschließt (Keidel/*Zimmermann*, § 440, Rn. 3; Bork/Jacobi/Schwab/*Dutta*, § 440, Rn. 6 m.N.). Solche Anmeldungen sind z.B. die Anmeldung einer Nachlassverbindlichkeit beim Aufgebot nach §§ 1970 ff. BGB oder die Anmeldung dinglicher Rechte am Grundpfandrecht beim Aufgebot nach §§ 1170, 1171 BGB. 5

B. Regelungsgegenstand. § 440 regelt bei einer wirksamen **rechtsbestreitenden** Anmeldung die Entscheidungsalternativen des Gerichts. Die Wirkungen rechtseinschränkender Anmeldungen sind in § 440 **nicht** 6 geregelt. Das Gericht hat bei rechtseinschränkenden Anmeldungen den Ausschließungsbeschluss zu beschränken, sodass die angemeldeten einschränkenden Rechte nicht ausgeschlossen werden.

7 **C. Verfahren.** Die Anmeldung erfolgt nach § 25 schriftlich oder zur Niederschrift der Geschäftsstelle. Auch wenn das Verfahren landesrechtlich dem LG zugewiesen ist, besteht kein Anwaltszwang (§ 10 Abs. 1).

8 Es ist grds. nicht erforderlich, den Antrag zu begründen oder Nachweise vorzulegen, sofern nicht ein Fall der §§ 459 Abs. 1, 469 Satz 1 bzw. 477 vorliegt (OLG München, Beschl. v. 23.12.2013 – 34 Wx 461/13, JurionRS 2013, 51939). Das Aufgebotsverfahren ist als reines Anmeldeverfahren ausgestaltet. Grundsätzlich wird in diesem bei erfolgter Anmeldung von Rechten nur geprüft, ob die Verfahrensvoraussetzungen vorliegen und eine wirksame Rechtsanmeldung im Sinne von § 440 FamFG erfolgt ist (OLG Jena, Beschl. v. 23.08.2010 – 9 W 307/10, JurionRS 2010, 33925). Eine Prüfung der materiellen Rechtslage erfolgt nicht und bleibt einem zu führenden streitigen Zivilprozess vorbehalten (OLG Hamm, Beschl. v. 17.10.2013 – 15 W 439/12, JurionRS 2013, 52161; Brandenburgisches Oberlandesgericht, Beschl. v. 16.04.2012 – 6 Wx 3/11, JurionRS 2012, 14631).

9 **D. Entscheidung.** Bei **rechtsbestreitenden Anmeldungen** stellt § 440 zwei Entscheidungsmöglichkeiten in das Ermessen des Gerichts: Entweder wird das Aufgebotsverfahren, sofern ein Rechtsstreit anhängig ist, **ausgesetzt** oder es ergeht ein **Ausschließungsbeschluss unter dem Vorbehalt** des angemeldeten Rechts (vgl.: OLG Brandenburg, Beschl. v. 16.04.2012 – 6 Wx 3/11, JurionRS 2012, 14631). Diese Ermessensentscheidung des Gerichts ist für weitere Anmeldungen von Bedeutung. Bei einer **Aussetzung** muss nämlich nach §§ 21 Abs. 1, Satz 2, 249 ZPO) die Aufgebotsfrist nach Beendigung der Aussetzung neu festgelegt werden, sodass weitere Anmeldungen möglich sind. Bei einem **Ausschließungsbeschluss mit Vorbehalt** sind nach dessen Rechtskraft weitere Anmeldungen ausgeschlossen. Der Zweck des Aufgebotsverfahrens, die Rechtslage in einem überschaubaren Zeitraum zu klären, spricht deshalb im Zweifel eher für einen Ausschließungsbeschluss mit Vorbehalt.

10 Schließen die Rechte des Anmeldenden das Recht des Antragstellers aus, erfolgt eine Aussetzung des Aufgebotsverfahrens bis zur endgültigen Entscheidung über das angemeldete Recht im Zivilprozess, womit eine endgültig unrichtige Entscheidung im Aufgebotsverfahren verhindert werden soll. Eine endgültige Entscheidung im Zivilprozeß vor dem für dieses Rechtsverhältnis zwischen Antragsteller und Anmeldendem zuständigen Gericht kann auch durch eine negative Feststellungsklage nach § 256 ZPO erfolgen.

11 Erweist sich die Behauptung des Anmeldenden im Zivilprozeß als richtig, so werden im Aufgebotsverfahren seine Rechte in einem Ausschließungsbeschluss jedenfalls vorbehalten, wenn der Antragsteller noch andere Berechtigte ausschließen möchte; andernfalls ergeht ein Zurückweisungsbeschluss, wenn der Antragsteller seinen Antrag auf Erlass eines Ausschließungsbeschlusses nicht zurücknimmt. Erweist sich die Behauptung des Anmeldenden im Zivilprozeß als falsch, ergeht im Aufgebotsverfahren der Ausschließungsbeschluss ohne Vorbehalt.

12 **E. Aussetzung, Vorbehalt.** Bei der Aussetzung nach § 440 handelt es sich um einen **Beschluss**, der üblicherweise mit einer Fristsetzung für die Einreichung einer Klage zur Klärung des streitigen Rechtsverhältnisses im Zivilprozess versehen ist. Die Aussetzung selbst richtet sich nach § 21. Als verfahrensleitender Beschluss ist die Aussetzung gem. § 38 Abs. 3 ausreichend zu begründen (OLG München, Beschl. v. 23.12.2013 – 34 Wx 461/13, JurionRS 2013, 51939), nach § 39 mit einer Rechtsbehelfsbelehrung zu versehen und nach § 41 formlos mitzuteilen bzw. zuzustellen.

13 Gegen den Aussetzungsbeschluss ist, ebenso wie gegen die Ablehnung der Aussetzung, die **befristete Beschwerde** nach §§ 58 ff.; 11 RpflG statthaft, weil der Beschluss eine Endentscheidung ist (Keidel/*Zimmermann* § 440, Rn. 7; Münch/Komm/*Eickmann*, ZPO, § 440 FamFG, Rn. 4; Baumbach/Lauterbach/Albers/Hartmann, § 440 FamFG, Rn. 4; a.A. Bork/Jacobi/Schwab/*Dutta*, § 440, Rn. 3: Danach ist der Aussetzungsbeschluss nach § 21 Abs. 2 mit der sofortigen Beschwerde gem. §§ 567 bis 573 ZPO, § 11 RPflG anfechtbar). Im Beschwerdeverfahren darf die materielle Rechtslage nicht geklärt werden, sondern nur das Vorliegen der Verfahrensvoraussetzungen des Aufgebotsverfahrens, sowie die Wirksamkeit der vorliegenden Anmeldung.

14 Nach § 59 Abs. 1 ist die Beschwerde des Antragstellers ohne Einschränkung zulässig, sofern sie sich gegen Beschränkungen und Vorbehalte wendet, insb. mit dem Ziel, einen vorbehaltlosen Ausschließungsbeschluss zu erhalten. Der Ausschließungsbeschluss erledigt die Beschwerde und ergeht gegen alle, die sich nicht gemeldet haben.

Keine Endentscheidung stellt aber die **Aufhebung der Aussetzung** dar. Denn durch diese soll das Verfahren gerade fortgesetzt und erst einer Endentscheidung zugeführt werden (OLG München, Beschl. v. 28.03.2014 – 34 Wx 99/14, JurionRS 2014, 15918). 15

Nach § 439 Abs. 3 ist im Aufgebotsverfahren § 61 nicht anwendbar, sodass der Beschwerdewert von 600,01 € **nicht** zu beachten ist. 16

Gerichtskosten werden für eine Anmeldung nicht erhoben. Die **Anwaltsgebühren** richten sich nach Nr. 3324, 3332, 3337 RVG. Der Anwalt, der anmeldet, erhält also genauso viele Gebühren wie der Anwalt, der eine angemeldete Forderung bestreitet. 17

§ 441 Öffentliche Zustellung des Ausschließungsbeschlusses.

¹Der Ausschließungsbeschluss ist öffentlich zuzustellen. ²Für die Durchführung der öffentlichen Zustellung gelten die §§ 186, 187, 188 der Zivilprozessordnung entsprechend.

Übersicht

	Rdn.		Rdn.
A. Normzweck	1	B. Öffentliche Zustellung	2

A. Normzweck. Durch § 441 soll gesichert werden, dass auch unbekannte Berechtigte von dem Ausschließungsbeschluss Kenntnis erhalten können, um ihnen die Möglichkeit der Beschwerde zu verschaffen (Keidel/*Zimmermann* § 441 Rn. 1). 1

B. Öffentliche Zustellung. Der Ausschließungsbeschluss ist nach den §§ 186, 187, 188 ZPO öffentlich zuzustellen. Die öffentliche Zustellung erfolgt **nicht** nach § 185 ZPO, weil nicht nur der Aufenthaltsort, sondern auch die Person des Ausgeschlossenen unbekannt ist (KG Berlin Beschl. v. 19.05.2014 – 12 W 57/12, JurionRS 2014, 20442). 2

Mit Eintritt der Zustellungsfiktion des § 188 ZPO beginnt die Monatsfrist für die befristete Beschwerde (§§ 58, 63). Der Antragsteller kann daher regelmäßig etwa 2 Monate nach Erlass des Ausschießungsbeschlusses mit dessen Rechtskraft rechnen. 3

Die öffentliche Zustellung stellt eine **Amtspflicht** dar. Nach § 186 Abs. 3 ZPO hat der Urkundsbeamte den Zeitpunkt (Tag) des Aushangs der Benachrichtigung und der Abnahme in den Akten zu vermerken. Der Aktenvermerk ist ein Erledigungsvermerk, nicht aber Wirksamkeitserfordernis der Zustellung. 4

Die Zustellung erfolgt insbesondere durch Aushang des Ausschließungsbeschlusses an der Gerichtstafel oder durch Einstellung in ein elektronisches Informationssystem, das im Gericht öffentlich zugänglich ist, § 186 Abs. 1 ZPO. Nach § 186 Abs. 2 ist die Benachrichtigung, nicht aber eine Ausfertigung, zu veröffentlichen. Das Gericht kann den Beschluss zusätzlich in einem vom Gericht für Bekanntmachungen bestimmten elektronischen Informations- und Kommunikationssystem sowie einmal oder mehrfach im elektronischen Bundesanzeiger oder anderen Blättern veröffentlichen. Die Vorschrift gilt nur **subsidiär**. Ergänzende Regelungen zur Bekanntmachung des Ausschließungsbeschlusses befinden sich insbesondere beim Urkundsaufgebot, bei dem nach § 478 die Veröffentlichung im elektronischen Bundesanzeiger zwingend vorgeschrieben ist. Daneben sind **landesrechtliche Sonderregelungen** gem. §§ 483 Satz 2, 484 zu beachten, von denen umfangreich Gebrauch gemacht worden ist (Übersicht bei MüKoFamFG/*Eickmann*, § 446 Rn. 10). Hier sind meist das Anheften an der Gerichtstafel und die Veröffentlichung im Amtsblatt vorgesehen. 5

Das Schriftstück gilt nach § 188 ZPO als zugestellt, wenn seit dem Aushang der Benachrichtigung ein Monat vergangen ist (OLG Hamm Beschl. v. 17.10.2013 – 15 W 439/12, JurionRS 2013, 52161). Für die Fristberechnung wird der Tag des Aushangs **nicht** mitgerechnet. Eine Abkürzung der Frist ist nicht möglich, wohl aber gem. § 188 Satz 2 ZPO die Bestimmung einer längeren Frist. Der Fristbeginn bedingt nicht, dass der Aushang der Benachrichtigung während der gesamten Zeit angedauert haben muss (Zöller/*Stöber* § 188 ZPO Rn. 4). 6

Abschnitt 2. Aufgebot des Eigentümers von Grundstücken, Schiffen und Schiffsbauwerken

§ 442 Aufgebot des Grundstückseigentümers; örtliche Zuständigkeit.

(1) Für das Aufgebotsverfahren zur Ausschließung des Eigentümers eines Grundstücks nach § 927 des Bürgerlichen Gesetzbuchs gelten die nachfolgenden besonderen Vorschriften.
(2) Örtlich zuständig ist das Gericht, in dessen Bezirk das Grundstück belegen ist.

Übersicht

	Rdn.		Rdn.
A. Allgemeines	1	C. Örtliche Zuständigkeit	8
B. Aufgebot der Grundstücksgläubiger	2		

1 **A. Allgemeines.** Die §§ 442 bis 445 enthalten die **besonderen** Vorschriften für das Aufgebot des Grundstückseigentümers nach § 927 BGB. Darüber hinaus gelten die allgemeinen Vorschriften der §§ 433 bis 441 ergänzend; des Weiteren sind nach § 484 Abs. 1 auch die abweichenden **landesrechtlichen Sonderregelungen** zu beachten, die vor allem von den Vorschriften über die Aufgebotsfrist (§ 437), über die Veröffentlichung des Aufgebots (§ 435) und des Ausschließungsbeschlusses (§ 441) abweichen können.

2 **B. Aufgebot der Grundstücksgläubiger.** Der Eigentümer eines Grundstücks kann nach § 927 BGB durch ein Aufgebotsverfahren ausgeschlossen werden, wenn ein anderer das Grundstück seit **30 Jahren** im Eigenbesitz hat. Für die Fristberechnung sind gem. § 927 Abs. 1 Satz 2 BGB die §§ 938 bis 944 BGB maßgeblich. Ist der wahre Eigentümer oder sein Rechtsvorgänger im Grundbuch eingetragen, so kann der Eigentümer gem. § 927 Abs. 1 Satz 3 BGB nur ausgeschlossen werden, wenn er verstorben oder verschollen ist und seit 30 Jahren keine Eintragung in das Grundbuch erfolgt ist, die der Zustimmung des Eigentümers bedurfte. Die Voraussetzungen des § 927 BGB können auch bei der Auflösung einer **juristischen Person** angenommen werden. Eine juristische Person ist als verschollen anzusehen, wenn nicht festzustellen ist, wer ihre Organe und wie diese Personen zu erreichen sind (z.B. BGH NJ 2003, 432, 433).

3 Bei der Anwendung des § 927 BGB steht eine nachweisbar unrichtige einer fehlenden Grundbucheintragung gleich. Das OLG Karlsruhe (Beschl. v. 11.08.2014 – 11 Wx 118/13, JurionRS 2014, 23114) hat in diesem Zusammenhang mit zutreffenden Erwägungen, die auf den Zweck und die Entstehungsgeschichte der Vorschrift Bezug nehmen, entschieden, dass das Aufgebotsverfahren auch dann durchgeführt werden kann, wenn zwar eine Eigentümereintragung im Grundbuch vorhanden ist, der Antragsteller im Aufgebotsverfahren aber beweisen kann, dass diese Eintragung nicht richtig ist.

4 Zu beachten ist, dass die materiell-rechtlichen Voraussetzungen des § 927 BGB im Aufgebotsverfahren zu prüfen sind und nicht – etwa nach Aussetzung gem. § 440 – im streitigen Zivilprozeß. Antragsberechtigt ist, wer glaubhaft macht, dass er das besagte Grundstück seit der in § 927 Abs. 1 BGB bestimmten Zeit, also seit 30 Jahren, in Eigenbesitz hat (§§ 443, 444 FamFG). **Eigenbesitzer** ist derjenige, der eine Sache als ihm gehörig besitzt (§ 872 BGB). Dieser muss also die tatsächliche Gewalt über die Sache mit dem Willen ausüben, sie wie eine ihm gehörige Sache zu beherrschen, wenn auch kein guter Glaube an das Eigentumsrecht erforderlich ist (OLG Brandenburg, Beschl. v. 16.04.2012 – 6 Wx 3/11, JurionRS 2012, 14631). Der Besitzer muss sich also nicht für den Eigentümer halten, weshalb auch ein Dieb oder ein bösgläubiger Scheinerbe Eigenbesitzer sein kann (Keidel/Zimmermann, § 442 Rn. 5). Auch der **mittelbare Besitzer** kann Eigenbesitzer sein, wenn er den Willen hat, die Sache wie ein Eigentümer zu besitzen, und wenn er die tatsächliche Sachherrschaft innehat (OLG Brandenburg, Beschl. v. 22.07.2013 – 6 W 189/12, JurionRS 2013, 43570). Der mittelbare Besitz an einem in der **ehemaligen DDR** belegenen Grundstück endete mit der Anordnung der staatlichen Verwaltung, da nicht angenommen werden kann, dass der staatliche Verwalter als eine Art Treuhänder die Sachherrschaft über ein Grundstück dem nach Westdeutschland übergesiedelten Eigentümer vermitteln will. Dem in der Bundesrepublik ansässigen Eigentümer stand auch kein für die Annahme von Eigenbesitz erforderlicher Herausgabeanspruch gegen den staatlichen Verwalter zu (OLG Brandenburg a.a.O). Eigenbesitz an einem in der ehemaligen DDR belegenen und unter staatlicher Verwaltung stehenden Grundstück kann frühestens mit dem Funktionswandel der staatlichen Verwaltung infolge der Gemeinsamen Erklärung der deutschen Regierungen zur Regelung offener Vermögensfragen vom

Abschnitt 2. Aufgebot des Eigentümers von Grundstücken, Schiffen etc. § 443

15.06.1990 ab dem 01.07.1990 bzw. mit dem Ablauf der staatlichen Verwaltung zum 31.12.1992 in Betracht kommen (Anschluss an BGHZ 140, 355).

Mit Rechtskraft des Ausschließungsbeschlusses wird der Grundstückseigentümer ausgeschlossen und das Grundstück herrenlos, sodass der Antragsteller ein **Aneignungsrecht** erwirbt, das ihn gem. § 927 Abs. 2 BGB berechtigt, sich als Eigentümer im Grundbuch eintragen zu lassen. Die Eintragung des Antragstellers ins Grundbuch kann aufgrund des Ausschließungsbeschlusses **formfrei** erfolgen. Durch die Grundbucheintragung nach § 927 Abs. 2 BGB wird er Eigentümer. Allerdings kann eine Aneignung nach § 927 BGB bezüglich eines **Anteils an einer Gesamthand** nicht erfolgen, weil kein sachenrechtlich fassbarer Anteil vorhanden ist, der herrenlos werden kann (OLG Jena, Beschl. v. 27.05.2013 – 9 W 197/13, JurionRS 2013, 55804; a.A. MüKO-*Kanzleiter*, BGB, § 927 Rn. 3). Demgemäß kommt weder ein Aufgebot gegen einen Gesamthandsanteil noch dessen spätere Aneignung in Betracht, da der Gesamthandsanteil bei seiner Aufgabe den übrigen Gesamthändern zuwächst. Erforderlich ist somit der Ausschluss aller Gesamthänder, wozu auch der Antragsteller selbst gehören kann. Bezüglich des dann herrenlos gewordenen Eigentums- bzw. Miteigentumsanteils kann sodann bei Vorliegen der weiteren Voraussetzungen der §§ 927 BGB, 442 FamFG eine Aneignung erfolgen. 5

Da der Ausschließungsbeschluss der Rechtsgrund für das Aneignungsrecht ist, scheiden **bereicherungsrechtliche Ansprüche** des Grundstückseigentümers gegen den Antragsteller aus. Der Ausschließungsbeschluss bezweckt die endgültige Neuordnung der dinglichen Zuordnung und der Güterlage; mit dem Zweck der Rechtsbefriedung wäre es nicht zu vereinbaren, zivilrechtliche Ausgleichsansprüche zuzulassen (OLG Brandenburg, Beschl. v. 23.04.2003 – 4 U 143/02, JurionRS 2003, 24106). 6

Der Beschluss über die Ausschließung des Eigentümers muss jeden Eigentümer, und zwar auch den nicht eingetragenen Rechtsnachfolger, erfassen (Baumbach/Lauterbach/Albers/Hartmann § 442 Rn. 1; a.A. RGZ 76, 357, 360 f., wonach der Beschluss nur zwischen dem Antragsteller und dem Berechtigten wirkt). Ist allerdings ein Widerspruch gegen die Richtigkeit des Grundbuchs eingetragen, weil z.B. ein Dritter im Grundbuch eingetragen wurde, so ist zunächst eine Grundbuchberichtigung zu beantragen, weil der Beschluss nach § 927 Abs. 3 BGB nicht gegen den Dritten wirkt (Bork/Jacoby/Schwab/*Dutta*, § 442 Rn. 3). 7

C. Örtliche Zuständigkeit. Die örtliche Zuständigkeit des AG bestimmt sich gem. Abs. 2 nach der Belegenheit des Grundstücks. Hierbei handelt es sich um eine **ausschließliche Zuständigkeit**. Ist das Grundstück in mehreren Bezirken belegen, findet § 2 Abs. 1 Anwendung, nicht aber § 36 Abs. 1 Nr. 4 ZPO analog (OLG München, Beschl. v. 02.08.2013 – 34 AR 229/13, JurionRS 2013, 43936; Keidel/*Giers*, § 466 Rn. 13, Bumiller/Harders § 466 Rn. 2; a.A. Bassenge/Roth/Walter, § 466 Rn. 5; Baumbach/Lauterbach/Albers/Hartmann, § 442, Rn. 2). 8

§ 443 Antragsberechtigter.
Antragsberechtigt ist derjenige, der das Grundstück seit der in § 927 des Bürgerlichen Gesetzbuchs bestimmten Zeit im Eigenbesitz hat.

Übersicht

	Rdn.		Rdn.
A. Allgemeines	1	C. Fristberechnung	3
B. Antragsberechtigung	2		

A. Allgemeines. Die Vorschrift regelt die Antragsberechtigung für das Aufgebot des Eigentümers von Grundstücken. Sie gilt entsprechend für die Aufgebote nach § 6 SchRG (vgl. § 446 Abs. 1) und § 114 SachenRBerG (vgl. § 114 Abs. 2 Satz 1 SachenRBerG). Das Antragsrecht ist pfändbar (RGZ 76, 357), sodass nach Überweisung auch der Pfändungsgläubiger den Antrag stellen kann. 1

B. Antragsberechtigung. Antragsberechtigt ist der **Eigenbesitzer** nach § 872 BGB, der das Grundstück nach § 927 Abs. 1 Satz 1 und 2 BGB seit 30 Jahren im Eigenbesitz hat (OLG Brandenburg, Beschl. v. 16.04.2012 – 6 Wx 3/11, *JurionRS 2012, 14631*). Eigenbesitzer ist derjenige, der eine Sache als ihm gehörig besitzt (§ 872 BGB). Das Merkmal, das den Besitz zum Eigenbesitz macht, ist mithin der Wille, die Sache wie ein Eigentümer zu beherrschen; sein Ausdruck im Rechtsverkehr ist die Eigentumsbehauptung, der Anspruch, die Sache selbständig und andere Personen ausschließend zu besitzen (BGH, Beschl. v. 14.06.2012 – V ZB 38/12, JurionRS 2012, 18217). Der Besitzer muss sich also nicht für den Eigentümer halten, weshalb auch ein Dieb oder ein bösgläubiger Scheinerbe Eigenbesitzer sein kann (Keidel/*Zimmermann*, § 442 2

§§ 444, 445   Buch 8. Verfahren in Aufgebotssachen

Rn. 5). Darüber hinaus ist auch der **mittelbare Eigenbesitzer** (Palandt/*Bassenge* § 927 BGB Rn. 2) berechtigt, den Antrag zu stellen. Im Fall des **Mitbesitzes** steht das Antragsrecht den Mitbesitzern gemeinsam zu (Bork/Jacobi/Schwab, § 443, Rn. 1). Andernfalls könnte sich ein Miteigenbesitzer wegen § 927 Abs. 2 Alleineigentum verschaffen, was über die Rechtslage hinausginge, die vom Antragsteller bei einem Antrag auf Miteigenbesitz behauptet wird. Wurde der Eigenbesitz auf einen **Rechtsnachfolger** übertragen, geht die Antragsbefugnis auf ihn über mit der Folge, dass nur er antragsberechtigt ist.

3 **C. Fristberechnung.** Die Berechnung der 30-jährigen Frist erfolgt nach §§ 927 Abs. 1, 938 bis 944 BGB entsprechend der Frist für die Ersitzung einer beweglichen Sache (vgl.: KG Berlin, Beschl. v. 19.05.2014 – 12 W 57/12, JurionRS 2014, 20442).

§ 444 Glaubhaftmachung.
Der Antragsteller hat die zur Begründung des Antrags erforderlichen Tatsachen vor der Einleitung des Verfahrens glaubhaft zu machen.

Übersicht

	Rdn.		Rdn.
A. Allgemeines	1	B. Glaubhaftmachung	2

1 **A. Allgemeines.** Bei § 444 handelt es sich um eine Spezialnorm, die abweichend von den allgemeinen Vorschriften (§ 434) regelt, dass die materiell-rechtlichen Voraussetzungen des Aufgebotsverfahrens nach § 927 Abs. 1 BGB **glaubhaft** (§ 31) zu machen sind.

2 **B. Glaubhaftmachung.** Die Glaubhaftmachung erfolgt bereits beim Antrag auf Einleitung des Aufgebotsverfahrens nach § 31, wonach sich der Antragsteller aller zulässiger Mittel des Freibeweises einschließlich der eidesstattlichen Versicherung bedienen kann. Dies geschieht durch Vorlage von Urkunden, anderer Unterlagen und notfalls durch eigene eidesstattliche Versicherung. Die **eidesstattliche Versicherung des Antragstellers** selbst als einziges Mittel der Glaubhaftmachung wird allerdings grundsätzlich nicht für ausreichend erachtet (OLG Frankfurt am Main, Beschl. v. 12.01.2012 – 20 W 169/11, JurionRS 2012, 13071). Es darf aus § 444 auch nicht der Schluss gezogen werden, mit einer Glaubhaftmachung sei es getan. Nach § 439 handelt es sich um ein Verfahren mit Amtsermittlungsgrundsatz, sodass die Vernehmung von Zeugen zum Tatbestandsmerkmal »Eigenbesitz« geboten sein kann (Keidel/*Zimmermann*, § 444, Rnr. 2).

3 Die Glaubhaftmachung ist ausreichend für alle nach § 927 BGB zur Begründung notwendigen Tatsachen, und zwar auch für die Verschollenheit und den Tod des Eingetragenen. Nicht erforderlich ist die Todeserklärung des verschollenen Eigentümers, der gute Glaube oder die Vorlage eines Erwerbstitels. An die Glaubhaftmachung zum Nachweis des Eigenbesitzes gem. §§ 927, 872 BGB sind wegen der gravierenden Folgen eines Ausschlusses der Eigentümer hohe Anforderungen zu stellen. Die Erfordernisse des Besitzerwerbs nach § 854 Abs. 1 BGB richten sich bei Grundstücken nach der Art der Bewirtschaftung, wobei eine Bewirtschaftungshandlung erforderlich ist, die den Beginn einer auf Dauer angelegten Sachherrschaft kennzeichnen muss (OLG Frankfurt am Main, Beschl. v. 25.01.2011 – 20 W 137/10, JurionRS 2011, 24353).

4 Für das Vorliegen der Voraussetzungen des § 927 Abs. 1 Satz 1 BGB muss sich die Glaubhaftmachung darauf erstrecken, dass kein Fall des § 927 Abs. 1 Satz 3 BGB vorliegt, d.h. dass der im Grundbuch Eingetragene nicht der wahre Eigentümer ist.

§ 445 Inhalt des Aufgebots.
In dem Aufgebot ist der bisherige Eigentümer aufzufordern, sein Recht spätestens zum Anmeldezeitpunkt anzumelden, widrigenfalls seine Ausschließung erfolgen werde.

Übersicht

	Rdn.		Rdn.
A. Allgemeines	1	C. Wirkung der Ausschließung	4
B. Aufgebotsverfahren	2		

1 **A. Allgemeines.** Die Vorschrift regelt für die Fälle des § 927 BGB den Inhalt des Aufgebots und definiert den *im Aufgebot anzudrohenden Rechtsnachteil.*

Abschnitt 2. Aufgebot des Eigentümers von Grundstücken, Schiffen etc. § 446

B. Aufgebotsverfahren. Auf den Inhalt des Aufgebots im Sinne dieser Vorschrift findet nicht nur die allgemeine Bestimmung des § 434 Abs. 2 in vollem Umfang Anwendung, sondern auch die funktionelle Zuständigkeit des Rechtspflegers gem. § 3 Nr. 1c RPflG und, vorbehaltlich der anderweitigen landesrechtlichen Zuweisung in § 484, auch die Regelung zur Fristbestimmung in § 437. 2

Die Vorschrift bestimmt, dass der Eigentümer als unbekannter Berechtigter bei verspäteter Anmeldung ausgeschlossen wird. Dieser Rechtsnachteil ist in das Aufgebot aufzunehmen (Muster bei *Heinemann*, NotBZ 2009, 300, 305 f.). 3

C. Wirkung der Ausschließung. Wird im Aufgebotsverfahren **keine Anmeldung** erklärt, so wird durch den Ausschließungsbeschluss jeder bisherige Eigentümer gem. § 927 Abs. 1 BGB mit seinem Eigentumsrecht ausgeschlossen; das Grundstück wird herrenlos; der Antragsteller des Aufgebotsverfahrens kann es sich gem. § 927 Abs. 2 BGB aneignen, indem er sich Grundbuch eintragen lässt. 4

Wird auf das Aufgebot hin rechtzeitig **ein Recht angemeldet**, ist es ohne sachliche Prüfung seines Bestandes gem. § 440 im Ausschließungsbeschluss vorzubehalten. Durch die Anmeldung und den Vorbehalt erlangt der Anmeldende nicht etwa ein neues Recht. Nur wenn ihm das angemeldete Recht wirklich zusteht, wird es durch den Vorbehalt weiter erhalten. Ob das Recht im maßgebenden Zeitpunkt bestand, muss dann – falls der Anmeldende nicht auf den zu seinen Gunsten gemachten Vorbehalt verzichtet – im Zivilprozess geklärt werden. Wird dort der Bestand des angemeldeten Rechts verneint und daraufhin der Vorbehalt beseitigt, so wird der Antragsteller des Aufgebotsverfahrens so behandelt, als ob zu seinen Gunsten ein vorbehaltloser Ausschließungsbeschluss ergangen wäre. Er kann nunmehr seine Eintragung als Eigentümer in das Grundbuch erreichen (vgl. BGH, Urt. v. 13.02.1980, Az.: V ZR 59/78, JurionRS 1980, 20619). 5

Nach Ausspruch der Ausschließung hat derjenige, der den Ausschließungsbeschluss erwirkt hat, seine Eintragung im Grundbuch nach § 927 Abs. 2 und 3 zu beantragen. Es ist umstritten, ob dieser Eintragungsantrag formlos gestellt werden kann oder der notariellen Form bedarf (Nachweis bei MüKoBGB/*Kanzleiter* § 927 Rnr. 7) und ob eine Unbedenklichkeitserklärung des Finanzamtes vorgelegt werden muss. 6

§ 446 Aufgebot des Schiffseigentümers.

(1) Für das Aufgebotsverfahren zur Ausschließung des Eigentümers eines eingetragenen Schiffes oder Schiffsbauwerks nach § 6 des Gesetzes über Rechte an eingetragenen Schiffen und Schiffsbauwerken (BGBl. III 403-4) gelten die §§ 443 bis 445 entsprechend.

(2) Örtlich zuständig ist das Gericht, bei dem das Register für das Schiff oder Schiffsbauwerk geführt wird.

Übersicht	Rdn.		Rdn.
A. Allgemeines	1	C. Zuständigkeit	3
B. Geltungsbereich	2	D. Inhalt und Wirkung	4

A. Allgemeines. Die Vorschrift definiert den Ausschluss des Eigentümers eines eingetragenen Schiffes ähnlich wie den Ausschluss eines Grundstückeigentümers. Die §§ 443 bis 445 gelten entsprechend. Zu beachten sind **landesrechtliche Sonderregelungen** nach § 484, die vor allem von den allgemeinen Vorschriften über die Aufgebotsfrist (§ 437), die Veröffentlichung des Aufgebots (§ 435) und des Ausschließungsbeschlusses (§ 441) abweichen können. Es gelten allerdings die landesrechtlichen Sonderregelungen nicht, die sich nur auf das Aufgebot des Grundstückseigentümers nach § 927 BGB beziehen (Bork/Jacobi/Schwab/*Dutta*, § 446, Rn. 1). 1

B. Geltungsbereich. Die Vorschrift bezieht sich nur auf den Ausschluss des Eigentümers eines **eingetragenen** Schiffs oder eines eingetragenen und nicht nur eintragungsfähigen Schiffsbauwerks nach § 6 SchiffsG. Nicht eingetragene, aber eintragungsfähige Schiffe unterliegen dem Recht der beweglichen Sachen (Keidel/*Zimmermann*, § 446, Rn. 3). 2

C. Zuständigkeit. Für das Aufgebotsverfahren ist nach Abs. 2 das Gericht ausschließlich zuständig, bei dem das Schiffsregister, in dem das Schiff eingetragen ist, geführt wird. Die Registerortzuständigkeit entspricht § 452 Abs. 2. Zur internationalen, sachlichen und funktionellen Zuständigkeit vgl. Bork/Jacobi/Schwab/*Dutta*, § 433 Rn. 21 ff. 3

4 **D. Inhalt und Wirkung.** Die inhaltlichen Voraussetzungen für das Aufgebot nach § 6 Abs. 1 SchRG sind ebenso wie die Wirkung des Ausschließungsbeschlusses weitgehend denen des § 927 BGB für das Aufgebot des Grundstückseigentümers angeglichen. Zu beachten ist, dass § 6 SchRG, anders als § 927 BGB, auf eine **10-Jahres-Frist** abstellt, und zwar hinsichtlich des Eigenbesitzes und für den Zeitraum, in denen keine Eintragungen in das Schiffsregister, auch mit Zustimmung des Eigentümers, erfolgt sein dürfen.

Abschnitt 3. Aufgebot des Gläubigers von Grund- und Schiffspfandrechten sowie des Berechtigten sonstiger dinglicher Rechte

§ 447 Aufgebot des Grundpfandrechtsgläubigers; örtliche Zuständigkeit.
(1) Für das Aufgebotsverfahren zur Ausschließung eines Hypotheken-, Grundschuld- oder Rentenschuldgläubigers auf Grund der §§ 1170 und 1171 des Bürgerlichen Gesetzbuchs gelten die nachfolgenden besonderen Vorschriften.
(2) Örtlich zuständig ist das Gericht, in dessen Bezirk das belastete Grundstück belegen ist.

Übersicht	Rdn.		Rdn.
A. Allgemeines	1	II. Aufgebot aufgrund § 1171 BGB	10
B. Regelungszweck................	2	C. Örtliche Zuständigkeit..................	14
I. Aufgebot aufgrund § 1170 BGB	3		

A. Allgemeines. Die §§ 447 ff. enthalten die besonderen Vorschriften für das **Gläubigeraufgebot**, also den Ausschluss der unbekannten Gläubiger, von Grundpfandrechtsgläubigern nach §§ 1170, 1171 BGB. Dieses Aufgebot aus §§ 447 ff. ist nicht identisch mit dem Aufgebot zur Kraftloserklärung von Urkunden nach §§ 466 ff. Für Pfandrechte an beweglichen Sachen gelten §§ 447 ff. nicht. 1

B. Regelungszweck. Die Grundlage für den Ausschluss ergibt sich aus den §§ 1170, 1171 BGB. Neben den §§ 447 bis 451 bleiben die **allgemeinen Bestimmungen** der §§ 433 bis 441 vollumfänglich anwendbar. Außerdem sind **landesrechtliche Sonderregelungen** nach § 484 Abs. 1 zu beachten, die vor allem von den allgemeinen Vorschriften über die Aufgebotsfrist (§ 437), über die Veröffentlichung des Aufgebots (§ 435) sowie des Ausschließungsbeschlusses (§ 441) abweichen können. 2

I. Aufgebot aufgrund § 1170 BGB. Nach § 1170 Abs. 1 BGB kann der unbekannte Gläubiger eines Grundpfandrechts durch das Aufgebotsverfahren mit seinem Recht ausgeschlossen werden, wenn seit der letzten, auf dieses Recht bezogenen Eintragung **10 Jahre** verstrichen sind **und** das Recht des Gläubigers nicht innerhalb dieser Frist in einer nach § 212 Abs. 1 Nr. 1 zum Neubeginn der Verjährung geeigneten Weise vom Eigentümer anerkannt worden ist, etwa durch Teilzahlung, Zinszahlung oder Stundung. Ohne Ablauf der Zehnjahresfrist besteht eine Ausschlussmöglichkeit nur nach § 1171 oder durch die Bestellung eines Pflegers (§§ 1911, 1913, 1960 f.; vgl. Böhringer NJW 94, 303). Kann der Eigentümer nachweisen, dass die Forderung erloschen und damit die Hypothek auf ihn übergegangen ist (§ 1163), besteht die Möglichkeit der Grundbuchberichtigung (§ 894); in diesem Fall kommt eine entsprechende Anwendung der §§ 1170, 1171 BGB nicht in Betracht (BGH, Beschl. v. 03.03.2004 – IV ZB 38/03, JurionRS 2004, 11488; OLG München, Beschl. v. 29.11.2012 – 34 Wx 478/11, JurionRS 2012, 30735). Ist dies nicht möglich, kann er nach § 1170 vorgehen. 3

Hierbei ist der Ausschluss unbekannter Gläubiger nach § 1170 Abs. 1 BGB grundsätzlich auf den Fall beschränkt, dass der Gläubiger **von Person** unbekannt ist. Ein unbekannter Aufenthalt des Gläubigers genügt nicht, da nach einer Person, deren Aufenthalt unbekannt ist, geforscht werden kann (BGH, Beschl. v. 03.03.2004 – IV ZB 38/03, JurionRS 2004, 11488). Es genügt auch nicht, dass der Gläubiger verstorben und seine Erben unbekannt sind; hier muss ein **Nachlasspfleger** bestellt werden (OLG Naumburg, Beschl. v. 15.10.2012 – 2 Wx 21/11, JurionRS 2012, 31446; a.A. [nicht überzeugend] BGH, Beschl. v. 14.11.2013 – V ZB 204/12, JurionRS 2013, 50238). Anerkannt ist hingegen, dass das Aufgebotsverfahren gegen einen unbekannten Grundpfandgläubiger auch dann in Betracht kommt, wenn es sich um eine **juristische Person** handelt, die nicht mehr existiert, wenn deren Rechtsnachfolge nicht aufzuklären ist (BGH, Beschl. v. 03.03.2004 – IV ZB 38/03, JurionRS 2004, 11488). 4

Bei einem Briefrecht genügt, dass der Brief unauffindbar und der Aufenthalt des letzten Briefinhabers unbekannt ist (BGH, Beschl. v. 29.01.2009 – V ZB 140/08, JurionRS 2009, 10759) ebenso wenn ein möglicher bekannter Gläubiger keine Auskunft darüber gibt, ob und wie er an der Hypothek berechtigt ist, der eingetragene Gläubiger den Brief nicht vorlegen oder der Briefbesitzer sich nicht nach § 1155 als Berechtigter legitimieren kann. 5

6 Antragsberechtigt ist gem. § 448 der Eigentümer des belasteten Grundstücks, ferner ein im Rang gleich- oder nachstehender Gläubiger, wenn für ihn eine Vormerkung nach § 1179 BGB eingetragen ist oder ein Anspruch nach § 1179a BGB besteht. In gleicher Weise antragsberechtigt ist bei einer Gesamthypothek, -grund- oder -rentenschuld derjenige, der aufgrund eines im Rang gleich – oder nachstehenden Rechts Befriedigung aus einem der belasteten Grundstücke verlangen kann. Der Gläubiger wird allerdings nur mit seinem dinglichen Recht ausgeschlossen; seine persönliche Forderung bleibt vom Aufgebot unberührt.

7 Die Aufgebotsfrist errechnet sich nach § 437, sofern nicht das Landesrecht etwas anderes bestimmt.

8 Mit Rechtskraft des Ausschließungsbeschlusses erwirbt der Eigentümer das Grundpfandrecht. Die Ausschließung richtet sich gegen jedermann, der ein Recht an der Hypothek etc geltend machen könnte, mithin auch gegen Inhaber von Rechten, die das Grundpfandrecht belasten, wie z.B. ein Nießbrauch oder ein Pfandrecht. Diese Berechtigten müssen, auch im Fall eines zu Unrecht erlassenen Aufgebots, ihre Rechte gem. § 440 anmelden und im Ausschließungsbeschluss vorbehalten lassen. Im Fall eines Eigentümerwechsels während des Aufgebotsverfahrens ist weder ein Beitritt des neuen Eigentümers noch ein Antrag erforderlich. Im Aufgebotsverfahren sind die Vorschriften der §§ 265, 266 ZPO anzuwenden, so dass im Falle einer Veräußerung des Grundstücks nach Antragstellung der neue Eigentümer das Verfahren übernehmen, aber auch der bisherige Eigentümer das Verfahren zu Ende führen kann OLG Schleswig, Beschl. v. 01.09.2010 – 2 W 80/10, JurionRS 2010, 29046)

9 Der Ausschließungsbeschluss macht den dem Gläubiger erteilten Hypotheken-, Grund- oder Rentenschuldbrief ohne dass es eines gesonderten Aufgebotsverfahrens nach § 1162 BGB kraftlos. Allerdings erstreckt sich der Ausschließungsbeschluss nicht auf die gesicherte Forderung, die allerdings nach allgemeinen Grundsätzen verjähren kann. Wegen der sonstigen Wirkungen wird auf §§ 1170 Abs. 2, 1171 Abs. 2 und 1175 BGB verwiesen.

10 **II. Aufgebot aufgrund § 1171 BGB.** § 1171 ermöglicht den Ausschluss des Gläubigers bereits vor Ablauf der Zehnjahresfrist des § 1170, wenn der Gläubiger unbekannt ist und durch Hinterlegung des Betrags der gesicherten Forderung eine Gläubigerbeeinträchtigung ausgeschlossen werden kann. Wegen der Bedeutung der Ausschließung für die Verwertung des Grundstücks kann das Recht des Eigentümers, nach § 1171 vorzugehen, auch gepfändet werden (OLG Frankfurt am Main, Urt. v. 20.12.1961 – 6 W 541/61 in NJW 62, 640).

11 Der Gläubiger muss unbekannt sein (wie § 1170 Rn. 2); der Eigentümer muss zur Kündigung (§ 1141) oder zur Befriedigung (§ 1142) des Gläubigers berechtigt sein. Das Gesetz verlangt die Hinterlegung des Betrags der Forderung und ggf. der Zinsen für einen Zeitraum, der an die vor 2002 geltende Verjährungsregelung für Zinsen anknüpft; die Vorschrift ist durch das SchRMoG nicht geändert worden und enthält daher nunmehr keine eigenständige Regelung, die zum Ausgleich der Interessen von Gläubiger und Schuldner eine feste zeitliche Grenze für die Hinterlegung von Zinsen anordnet.

12 Der Gläubiger gilt im Fall der zulässigen Hinterlegung bereits nach Maßgabe der §§ 378, 379 als befriedigt, andernfalls mit Rechtskraft des Ausschließungsbeschlusses (§ 1171 Abs. 2 Satz 1). Die Rechtsfolgen des Ausschlusses für die Hypothek hängen von der Stellung des Eigentümers ab: Ist er zugleich persönlicher Schuldner, so erwirbt er die Hypothek als Eigentümergrundschuld (§§ 1163 Abs. 1 Satz 2; 1177), ist er nicht persönlicher Schuldner, dann gehen Forderung (§ 1143) und damit auch Hypothek auf ihn über. Bei der Briefhypothek kann ein neuer Brief beantragt werden (§ 67 GBO).

13 Antragsberechtigt ist nur der Eigentümer. Bei einer Gesamthypothek ist jeder Eigentümer bzgl seines Grundstücks berechtigt, den Antrag zu stellen. Das Aufgebot richtet sich gegen jeden unbekannten Gläubiger, unabhängig davon, ob er eingetragen oder nicht eingetragen ist, und damit auch gegen einen etwaigen Pfandgläubiger einer Hypothek (Zöller/*Geimer* ZPO § 992 Rn. 4).

14 **C. Örtliche Zuständigkeit.** Die Zuständigkeitsregelung ist eine ausschließliche und bestimmt sich nach der Belegenheit des Grundstücks. Kommt die Zuständigkeit mehrerer AG in Betracht, wie z.B. bei einem Gesamtgrundpfandrecht, bestimmt sich die örtliche Zuständigkeit nach § 2 Abs. 1 und § 3 Abs. 2, d.h. es ist das vom Antragsteller angerufene Gericht zuständig. Ansonsten ist § 5 zu beachten.

§ 448 Antragsberechtigter. (1) Antragsberechtigt ist der Eigentümer des belasteten Grundstücks.
(2) ¹Antragsberechtigt im Fall des § 1170 des Bürgerlichen Gesetzbuchs ist auch ein im Rang gleich- oder nachstehender Gläubiger, zu dessen Gunsten eine Vormerkung nach § 1179 des Bürgerlichen Ge-

Abschnitt 3. Aufgebot des Gläubigers von Grundpfandrechten etc. §449

setzbuchs eingetragen ist oder ein Anspruch nach § 1179a des Bürgerlichen Gesetzbuchs besteht. ²Bei einer Gesamthypothek, Gesamtgrundschuld oder Gesamtrentenschuld ist außerdem derjenige antragsberechtigt, der auf Grund eines im Rang gleich- oder nachstehenden Rechts Befriedigung aus einem der belasteten Grundstücke verlangen kann. ³Die Antragsberechtigung besteht nur, wenn der Gläubiger oder der sonstige Berechtigte für seinen Anspruch einen vollstreckbaren Schuldtitel erlangt hat.

Übersicht

	Rdn.		Rdn.
A. Allgemeines	1	B. Antragsberechtigung	2

A. Allgemeines. Die Vorschrift regelt die **Antragsberechtigung**. Das Antragsrecht nach § 448 ist pfändbar (OLG Frankfurt am Main, Urt. v. 20.12.1961 – 6 W 541/61 in NJW 1962, 640). Das belastete Grundstück ist, ebenso wie das betroffene Grundpfandrecht, im Antrag auf Einleitung des Aufgebotsverfahrens, soweit möglich, grundbuchmäßig zu bezeichnen (Keidel/Zimmermann, § 448, Rn. 1). 1

B. Antragsberechtigung. Antragsberechtigt ist der Eigentümer des belasteten Grundstücks. Miteigentümer müssen den Antrag gemeinsam stellen; bei einer Gesamthypothek kann jeder Eigentümer für sich den Antrag stellen. Da das Antragsrecht pfändbar ist, ist nach Überweisung auch der Pfandgläubiger antragsberechtigt. Die Vorschriften der §§ 265, 266 ZPO sind entsprechend anzuwenden (OLG Schleswig, Beschl. v. 01.09.2010 – 2 W 80/10, JurionRS 2010, 29046). 2

Nach Abs. 2 sind auch die dinglichen Gläubiger gleich- oder nachrangiger Grundpfandrechte antragsberechtigt, sofern sie durch eine Vormerkung nach § 1179 BGB gesichert sind oder wenn sie einen Löschungsanspruch aus § 1179a BGB haben und sie im Fall der Zwangsversteigerung aufgrund des Ranges ihres Rechts ein Interesse daran haben, dass der Eigentümer die Hypothek erwirbt. Nach Abs. 2 Satz 2 sind auch diejenigen antragsberechtigt, die ein der Gesamthypothek, -grundschuld, -rentenschuld gleich- oder nachrangiges Recht auf Befriedigung an einem belasteten Grundstück haben, §§ 10, 11 ZVG. 3

Bei Vorliegen einer Gesamthypothek kann jeder Eigentümer den Aufgebotsantrag stellen, und zwar im Fall des § 1170 BGB nach § 1175 Abs. 1 Satz 2, Abs. 2 BGB nur mit Wirkung für sein eigenes Grundstück. Im Fall des § 1171 BGB erstreckt sich der Antrag auf alle Grundstücke. 4

Die Antragsberechtigten benötigen, jeder für sich, einen vollstreckbaren Schuldtitel, der auf Befriedigung aus dem Grundstück gerichtet ist. Dieser Schuldtitel ist nach Satz 3 für alle in Abs. 2 genannten Fälle erforderlich (BT-Drucks. 16/6308, S. 395). Ist der Titel nur gegen Sicherheitsleistung vollstreckbar, muss die Sicherheitsleistung erbracht worden sein. Bei den in § 10 Nr. 5 ZVG genannten Gläubigern bedarf es lediglich eines Titels über die schuldrechtliche Forderung i.V.m. dem Beschlagnahmebeschluss (MüKoZPO/*Eickmann* § 987 Rn. 12). 5

Der Eigentümer ist nach § 450 Abs. 5 von Amts wegen zu benachrichtigen. 6

§ 449 Glaubhaftmachung. Der Antragsteller hat vor der Einleitung des Verfahrens glaubhaft zu machen, dass der Gläubiger unbekannt ist.

Übersicht

	Rdn.		Rdn.
A. Allgemeines	1	II. Glaubhaftmachung	4
B. Regelungsgegenstand	2	III. Unbekanntheit	6
I. Antrag	2		

A. Allgemeines. Die Vorschrift regelt die **Beweisanforderungen** bezüglich der Unbekanntheit der Gläubiger. Es genügt nicht, wenn der Antragsteller nur behauptet, der Gläubiger sei ihm unbekannt. Da allerdings *insoweit ein Beweis kaum möglich ist*, begnügt sich das Gesetz mit einem geringeren Beweismittel, der **Glaubhaftmachung** nach § 31. Bei unwahren Angaben des Antragstellers kommt eine Strafbarkeit nach § 156 StGB in Betracht. Im Übrigen reicht es aus, wenn der Antragsteller die erforderlichen Tatsachen für den Erlass des Aufgebots **schlüssig** darlegt. 1

Schick

§ 449

2 **B. Regelungsgegenstand. I. Antrag.** Das Aufgebotsverfahren wird nur auf Antrag eingeleitet (§ 434 Abs. 1). Wer antragsberechtigt ist, ergibt sich aus § 448:

– der Eigentümer des belasteten Grundstücks,
– dingliche Gläubiger, wenn sie durch eine Vormerkung nach § 1179 BGB gesichert sind oder einen Löschungsanspruch nach § 1179a BGB haben,
– dinglich Berechtigter nach §§ 10, 11 ZVG.

3 Im Antrag hat der Antragsteller seine Anschrift, gegebenenfalls die seines Verfahrensbevollmächtigten, die grundbuchmäßige Bezeichnung des Grundstücks, das Begehren des Aufgebots zu nennen, zur Sache vorzutragen und die in §§ 449 und 450 geforderten Glaubhaftmachung beizufügen.

4 **II. Glaubhaftmachung.** Der Antragsteller kann sich zur Glaubhaftmachung **aller zulässigen Mittel des Freibeweises einschließlich der eidesstattlichen Versicherung** bedienen. Nach Abs. 2 ist eine **Glaubhaftmachung nur durch präsente Beweismittel** statthaft. Der Antragsteller muss die Beweismittel herbeischaffen, damit ein schnelles Verfahren gewährleistet wird. Dies vermeidet unnötige Verzögerungen durch eine langwierige Tatsachenermittlung. Die Beschränkung auf präsente Beweismittel legt dem beweispflichtigen Antragsteller keine unzumutbaren Lasten auf, denn er hat den Nutzen von einer schnellen Entscheidung. Die Obliegenheit zur Herbeischaffung des Beweismittels ist zudem Ausdruck der Mitwirkungspflicht des Beteiligten nach § 27 Abs. 1.

5 Die Glaubhaftmachung nach § 31 erstreckt sich auf das Bemühen, den Gläubiger bzw. dessen Rechtsnachfolger zu ermitteln sowie auf die beim Aufgebot nach §§ 1170, 1171 BGB jeweils besonderen Tatsachen, die iE in den §§ 450 Abs. 1 und 2 bzw. 451 geregelt sind.

6 **III. Unbekanntheit.** Der Gläubiger bzw. sein Rechtsnachfolger muss von der Person her **unbekannt** sein. Unbekannt ist der im Grundbuch eingetragene Gläubiger einer **Hypothek**, wenn unklar ist, um wen es sich dabei handelt, wenn er verstorben und nicht festzustellen ist, wer ihn beerbt hat, wenn er oder sein möglicher Erbe ihr Recht nicht nachweisen können oder den Nachweis trotz Aufforderung ohne zureichenden Grund in angemessener Zeit nicht erbringen (BGH, Beschl. v. 22.05.2014 – V ZB 147/13, JurionRS 2014, 18880). Bei einer **Briefhypothek** kommt es dagegen nicht entscheidend darauf an, wer den Gläubiger beerbt hat und ob dessen Erbrecht nachweisbar oder nachgewiesen ist. Eine solche Hypothek kann nämlich nach §§ 1153, 1154 BGB auch ohne Eintragung in das Grundbuch durch schriftliche Erklärung und Übergabe des Briefs wirksam rechtsgeschäftlich einem Dritten abgetreten werden und geht auf den Erben nach § 1922 Abs. 1 BGB nur über, wenn es an einer solchen Abtretung fehlt. Deshalb ist der Gläubiger einer solchen Hypothek unbekannt, wenn der für sie erteilte Brief unauffindbar und der Aufenthalt des letzten bekannten Inhabers unbekannt ist (BGH, Beschl. v. 22.05.2014 – V ZB 146/13, JurionRS 2014, 18893).

7 Der Antragsteller muss darlegen, **welche Bemühungen er unternommen hat**, die **Person** des Gläubigers zu ermitteln. Die Unkenntnis des Aufenthalts allein reicht nicht aus, denn die Vorschrift eröffnet die Möglichkeit eines Aufgebots nicht schon, wenn der Gläubiger »dem Grundstückseigentümer« unbekannt ist, sondern nur, wenn er schlechthin unbekannt ist (Keidel/*Zimmermann*, § 449 Rn. 2). Entscheidend ist insoweit, ob der Antragsteller alle naheliegenden und mit zumutbarem Aufwand zu erschließenden Erkenntnisquellen ausgeschöpft hat, um die Person des Gläubigers und dessen Aufenthalt zu klären, und dies glaubhaft gemacht worden ist (BGH, Beschl. v. 22.05.2014 – V ZB 146/13, JurionRS 2014, 18893).

8 Die Glaubhaftmachung erfolgt notfalls durch **eidesstattliche Versicherung des Antragstellers.** Die Versicherung seines Verfahrensbevollmächtigten reicht nicht aus. Die **Abgabe** der eidesstattlichen Versicherung erfolgt vor dem **Aufgebotsgericht.** Sie kann sowohl schriftlich als auch mündlich und auch mit Telefax erfolgen. Es genügt nicht, wenn der Beteiligte lediglich eidesstattlich versichert, die Angaben im Schriftsatz seines Anwalts habe er durchgelesen und er versichere sie eidesstattlich (BGH, Urt. v. 20.03.1996 – VIII ZB 7/96, JurionRS 1996, 1450); notwendig ist vielmehr, dass der Beteiligte selbst (mit eigenen Worten) schildert, was er sodann eidesstattlich versichert. Bei minderjährigen und geschäftsunfähigen Betreuten wird die eidesstattliche Versicherung vom gesetzlichen Vertreter abgegeben. Doch kann auch hier die Abgabe durch den Betreuten selbst verlangt werden.

9 **Maßgebender Zeitpunkt** für das Vorliegen der Voraussetzungen der Unbekanntheit des Gläubigers ist der Erlass des Ausschließungsbeschlusses. Die Versicherung muss daher **vor Erlass des Aufgebots** abgegeben werden. War sie dem Antrag nicht beigefügt, ist dieser deshalb nicht unzulässig. Der Antragsteller muss vielmehr auf den Mangel hingewiesen und ihm angemessene Zeit zur Nachbesserung gegeben werden.

Abschnitt 3. Aufgebot des Gläubigers von Grundpfandrechten etc. § 450

§ 450 Besondere Glaubhaftmachung. (1) Im Fall des § 1170 des Bürgerlichen Gesetzbuchs hat der Antragsteller vor der Einleitung des Verfahrens auch glaubhaft zu machen, dass eine das Aufgebot ausschließende Anerkennung des Rechts des Gläubigers nicht erfolgt ist.
(2) ¹Ist die Hypothek für die Forderung aus einer Schuldverschreibung auf den Inhaber bestellt oder der Grundschuld- oder Rentenschuldbrief auf den Inhaber ausgestellt, hat der Antragsteller glaubhaft zu machen, dass die Schuldverschreibung oder der Brief bis zum Ablauf der in § 801 des Bürgerlichen Gesetzbuchs bezeichneten Frist nicht vorgelegt und der Anspruch nicht gerichtlich geltend gemacht worden ist. ²Ist die Vorlegung oder die gerichtliche Geltendmachung erfolgt, so ist die in Absatz 1 vorgeschriebene Glaubhaftmachung erforderlich.
(3) ¹Zur Glaubhaftmachung genügt in den Fällen der Absätze 1, 2 die Versicherung des Antragstellers an Eides statt. ²Das Recht des Gerichts zur Anordnung anderweitiger Ermittlungen von Amts wegen wird hierdurch nicht berührt.
(4) In dem Aufgebot ist als Rechtsnachteil anzudrohen, dass der Gläubiger mit seinem Recht ausgeschlossen werde.
(5) Wird das Aufgebot auf Antrag eines nach § 448 Abs. 2 Antragsberechtigten erlassen, so ist es dem Eigentümer des Grundstücks von Amts wegen mitzuteilen.

Übersicht	Rdn.		Rdn.
A. Allgemeines	1	I. Rechtsnachteil	5
B. Glaubhaftmachung, Abs. 1 bis 3	2	II. Aufgebotsverfahren	6
C. Aufgebot, Abs. 4 bis 5	5		

A. Allgemeines. Die Vorschrift regelt einige Besonderheiten beim Aufgebotsverfahren nach § 1170 BGB. 1
Sie befasst sich trotz der Überschrift allerdings nur in Abs. 1 bis 3 mit der Glaubhaftmachung. Abs. 4 bestimmt den Inhalt des Aufgebots und Abs. 5 legt dem Gericht eine besondere Mitteilungspflicht auf.

B. Glaubhaftmachung, Abs. 1 bis 3. Der Antragsteller muss im Fall des § 1170 BGB folgende Voraus- 2
setzungen glaubhaft machen:
– die Unbekanntheit des Gläubigers gem. § 449,
– die Berechtigung des Antragstellers,
– die Nichtanerkennung des Rechts des Gläubigers, d.h. das Fehlen eines Stundungsgesuchs, einer Sicherheitsleistung bzw. Teil- oder Zinszahlung (vgl. OLG Düsseldorf, Beschl. v. 07.05.2013 – I-25 Wx 21/13, JurionRS 2013, 55477; OLG München, Beschl. v. 20.11.2012 – 34 Wx 364/12, JurionRS 2012, 28112),
den Ablauf der Vorlagefrist des § 801 BGB und dass innerhalb der Frist weder die Urkunde vorgelegt noch der Anspruch gerichtlich geltend gemacht wurde oder, wenn eines von beidem geschehen ist: den Eintritt der Verjährung.

Der Aufgebotsantrag ist erst nach Ablauf der 10-jährigen Frist bzw. bei Abs. 2 gem. § 801 BGB erst nach 3
Ablauf der regelmäßigen 30-jährigen Vorlegungsfrist oder bei Eintritt der Verjährung statthaft. Die Besitzzeit der Rechtsvorgänger ist bei der Fristberechnung zu berücksichtigen und einzurechnen.

Liegt ein Fall des Abs. 1 bzw. Abs. 2 vor, reicht es zur Glaubhaftmachung aus, wenn der Antragsteller die ei- 4
desstattliche Versicherung abgibt. I.d.R. wird das Gericht aber weitere Ermittlungen anstellen, wozu es nach Abs. 3 Satz 2, § 439 Abs. 1 auch berechtigt ist. Dies wird das Gericht insbesondere dann tun, wenn der Antragsteller nicht zugleich Eigentümer ist und daher keine eidesstattliche Versicherung abgeben kann.

C. Aufgebot, Abs. 4 bis 5. I. Rechtsnachteil. In Abs. 4 ist der im Aufgebot anzudrohende Rechtsnachteil 5
näher definiert. Das Gericht hat nach Abs. 5 auf den mit dem Aufgebot verbundenen Rechtsnachteil hinzuweisen.

II. Aufgebotsverfahren. Nach § 484 kann das Landesrecht die Frist nach § 437 und die Veröffentlichung 6
nach §§ 435, 441 abweichend von den gesetzlichen Bestimmungen des FamFG regeln.

Das Gericht hat den Eigentümer über das Aufgebot von Amts wegen zu informieren. Dies gilt insbesondere 7
dann, wenn ein anderer Gläubiger i.S.d. § 448 Abs. 2 das Aufgebot beantragt hat. Die Mitteilung an den Grundstückseigentümer erfolgt formlos, § 15 Abs. 3.

§ 451

8 Enthält der Ausschließungsbeschluss **keinen Vorbehalt**, erwirbt der Eigentümer bereits vor der entsprechenden Eigentumseintragung eine zur Eigentümergrundschuld nach § 1177 Abs. 1 BGB verwandelte Hypothek. Er kann dann die Berichtigung des Grundbuchs beantragen, da der Ausschließungsbeschluss aus § 1170 BGB gegen jeden Gläubiger wirkt, gleichgültig, ob eingetragen oder an der Hypothek dinglich berechtigt. Das Aufgebot hat keinen Einfluss auf die persönliche Forderung; sie bleibt bestehen.

9 Enthält der Ausschließungsbeschluss **einen Vorbehalt**, bedarf es zur Eintragung im Grundbuch der vorherigen Beseitigung des Vorbehalts. Voraussetzung dafür ist entweder ein rechtskräftiges Urteil im Zivilprozess oder ein schuldrechtlicher Verzicht.

§ 451 Verfahren bei Ausschluss mittels Hinterlegung.

(1) Im Fall des § 1171 des Bürgerlichen Gesetzbuchs hat der Antragsteller vor der Einleitung des Verfahrens die Hinterlegung des dem Gläubiger gebührenden Betrags anzubieten.
(2) In dem Aufgebot ist als Rechtsnachteil anzudrohen, dass der Gläubiger nach der Hinterlegung des ihm gebührenden Betrags seine Befriedigung statt aus dem Grundstück nur noch aus dem hinterlegten Betrag verlangen könne und sein Recht auf diesen erlösche, wenn er sich nicht vor dem Ablauf von 30 Jahren nach dem Erlass des Ausschließungsbeschlusses bei der Hinterlegungsstelle melde.
(3) Hängt die Fälligkeit der Forderung von einer Kündigung ab, erweitert sich die Aufgebotsfrist um die Kündigungsfrist.
(4) Der Ausschließungsbeschluss darf erst dann erlassen werden, wenn die Hinterlegung erfolgt ist.

Übersicht

	Rdn.		Rdn.
A. Allgemeines	1	C. Ausschließungsbeschluss	5
B. Antrag auf Hinterlegung und Aufgebot	2		

1 **A. Allgemeines.** Die Vorschrift regelt Besonderheiten beim Aufgebotsverfahren nach § 1171 BGB. Die Vorschrift gilt für Hypotheken, ist allerdings wegen § 1192 Abs. 1 BGB auf Grund- und Rentenschulden entsprechend anwendbar. Es sind nach § 484 **landesrechtliche Sondervorschriften** zu beachten, die insbesondere hinsichtlich der Aufgebotsfrist nach § 437 und der Bekanntmachung nach § 435, 441 abweichende Regelungen vorsehen können.

2 **B. Antrag auf Hinterlegung und Aufgebot.** Der Antragsteller muss vor Einleitung des Aufgebotsverfahrens die **Hinterlegung** der **Restschuld und der Zinsen**, soweit sie im Grundbuch eingetragen sind, anbieten. Auch wenn Zinsen im Grundbuch eingetragen sind, müssen diese nicht für eine frühere Zeit als das **vierte** Kalenderjahr vor Erlass des Ausschließungsbeschlusses hinterlegt werden. Das Gericht prüft die Höhe der hinterlegten Summe nach, sodass es sich empfiehlt eine nachvollziehbare Berechnung beizufügen. Die tatsächliche Hinterlegung muss gem. Abs. 4 erst vor Erlass des Ausschließungsbeschlusses erfolgen. Nach Abs. 3 verlängert sich die Aufgebotsfrist des § 437 um eine etwaige Kündigungsfrist nach § 1141 BGB.

3 Abs. 2 bezeichnet den nach § 434 Abs. 2 Nr. 3 anzudrohenden Rechtsnachteil, der in das Aufgebot aufzunehmen ist. Der Hinterleger kann trotz seines Rücknahmeverzichts die Rückzahlung des hinterlegten Betrages verlangen, wenn nach Abs. 2 das Recht hieran erloschen ist, weil der Gläubiger sich nicht vor Ablauf von **30 Jahren** nach dem Erlass des Ausschließungsbeschlusses bei der Hinterlegungsstelle gemeldet hat.

4 Der Antragsteller muss nach § 449 **glaubhaft** machen, dass die Person des Gläubigers und sein Aufenthalt unbekannt sind, § 450, und dass ihm eine Kündigungsrecht (§ 1141 BGB) oder ein Befriedigungsrecht (§ 1442 BGB) zusteht.

5 **C. Ausschließungsbeschluss.** Das Gericht darf den Ausschließungsbeschluss erst nach erfolgter Hinterlegung erlassen (Abs. 4).

6 Mit dem Erlass des Ausschließungsbeschlusses gilt der Gläubiger als befriedigt und der ihm erteilte Hypothekenbrief wird kraftlos, § 1171 Abs. 2 BGB. Das Recht des Gläubigers auf den hinterlegten Betrag erlischt mit dem Ablauf von 30 Jahren nach dem Zeitpunkt des Erlasses des Ausschließungsbeschlusses, wenn sich der Gläubiger nicht vorher bei der Hinterlegungsstelle meldet. Der Gläubiger darf sich nur noch aus dem hinterlegten Betrag, nicht mehr aus dem Grundstück, befriedigen.

Abschnitt 3. Aufgebot des Gläubigers von Grundpfandrechten etc. §§ 452, 453

§ 452 Aufgebot des Schiffshypothekengläubigers; örtliche Zuständigkeit.
(1) ¹Für das Aufgebotsverfahren zur Ausschließung eines Schiffshypothekengläubigers auf Grund der §§ 66 und 67 des Gesetzes über Rechte an eingetragenen Schiffen und Schiffsbauwerken (BGBl. III 403-4) gelten die §§ 448 bis 451 entsprechend. ²Anstelle der §§ 1170, 1171 und 1179 des Bürgerlichen Gesetzbuchs sind die §§ 66, 67, 58 des genannten Gesetzes anzuwenden.
(2) Örtlich zuständig ist das Gericht, bei dem das Register für das Schiff oder Schiffsbauwerk geführt wird.

Übersicht	Rdn.		Rdn.
A. Allgemeines	1	C. Örtliche Zuständigkeit	5
B. Regelungszweck	2		

A. Allgemeines. Die Vorschrift regelt das Aufgebotsverfahren zur Ausschließung von Schiffshypothekengläubiger nach §§ 66 und 67 SchRG. Dabei entspricht § 66 SchRG dem § 1170 BGB und § 67 SchRG dem § 1171 BGB. Abs. 2 regelt die örtliche Zuständigkeit. 1

B. Regelungszweck. Die §§ 448 bis 451 finden keine unmittelbare, sondern nur **entsprechende** Anwendung. Ergänzend gelten die allgemeinen Vorschriften der §§ 433 bis 441, wobei der landesrechtliche Vorbehalt in § 484 zu beachten ist, der insbesondere bei der Aufgebotsfrist des § 437 sowie der Veröffentlichung des Aufgebots und des Ausschließungsbeschlusses nach §§ 435, 441 abweichen kann. Aufgebote nach §§ 1170, 1171 BGB werden von den landesrechtliche Sonderregeln allerdings nicht erfasst (Bork/Jacobi/Schwab, § 451, Rn. 2). 2

Die Voraussetzungen sowie die Wirkungen des Ausschließungsbeschlusses entsprechen denen der §§ 1170, 1171 BGB, wobei zu beachten ist, dass die Schiffshypothek ein briefloses Pfandrecht ist, das keines Kraftloswerdens einer bestimmten Urkunde durch einen Ausschließungsbeschluss bedarf. Darüber hinaus erlischt die Schiffshypothek nach § 66 Abs. 2 SchiffsG mit der Rechtskraft des Ausschließungsbeschlusses, wenn der Gläubiger unbekannt ist. 3

Bei der Hinterlegung durch den kündigungs- oder befriedigungsberechtigten Eigentümer erlischt nach § 67 SchiffsG das Recht auf den hinterlegten Betrag erst 30 Jahre nach Erlass des Ausschließungsbeschlusses. 4

C. Örtliche Zuständigkeit. Die örtliche Zuständigkeit bestimmt sich nach dem registerführenden Gericht, bei dem das Schiff oder das Schiffsbauwerk eingetragen ist. Diese Zuständigkeitsregelung entspricht § 446 Abs. 2. Zur **internationalen**, sachlichen und funktionellen Zuständigkeit, vgl. Bork/Jacobi/Schwab, § 433 Rn. 21. 5

§ 453 Aufgebot des Berechtigten bei Vormerkung, Vorkaufsrecht, Reallast.
(1) Die Vorschriften des § 447 Abs. 2, des § 448 Abs. 1, der §§ 449, 450 Abs. 1 bis 4 und der §§ 451, 452 gelten entsprechend für das Aufgebotsverfahren zu der in den §§ 887, 1104, 1112 des Bürgerlichen Gesetzbuchs, § 13 des Gesetzes über Rechte an eingetragenen Schiffen und Schiffsbauwerken (BGBl. III, 403-4) für die Vormerkung, das Vorkaufsrecht und die Reallast bestimmten Ausschließung des Berechtigten.
(2) ¹Antragsberechtigt ist auch, wer auf Grund eines im Range gleich- oder nachstehenden Rechts Befriedigung aus dem Grundstück oder dem Schiff oder Schiffsbauwerk verlangen kann, wenn er für seinen Anspruch einen vollstreckbaren Schuldtitel erlangt hat. ²Das Aufgebot ist dem Eigentümer des Grundstücks oder des Schiffes oder Schiffsbauwerks von Amts wegen mitzuteilen.

Übersicht	Rdn.		Rdn.
A. Allgemeines	1	D. Aufgebotsfrist	5
B. Regelung	2	E. Erweiterung der Antragsberechtigung, Abs. 2.	6
C. Zuständigkeit	4		

§ 453

1 **A. Allgemeines.** Die Vorschrift regelt das Verfahren zur Ausschließung des Berechtigten bei Vormerkung, bei Vorkaufsrecht und Reallast. Für die Vormerkung im Schiffsregister ist in §§ 13, 77 SchRG ein Aufgebot vorgesehen.

2 **B. Regelung.** Die vier Aufgebote nach §§ 887, 1104, 1112 BGB, § 13 SchRG knüpfen an das Aufgebot des Hypothekengläubigers an. Voraussetzung ist also, dass der Berechtigte von Person **unbekannt** ist; dass nur sein Aufenthalt unbekannt ist, reicht nicht aus. Weiterhin ist das Vorliegen der für die Ausschließung des Hypothekengläubigers nach § 1170 BGB bzw. eines Schiffshypothekengläubigers nach § 66 SchiffsG erforderlichen Voraussetzungen erforderlich. Neben den besonderen Vorschriften der §§ 448 bis 452 finden auch die **allgemeinen** Vorschriften der §§ 433 bis 441 ergänzend Anwendung. **Landesrechtliche Sondervorschriften** nach § 484 sind hinsichtlich der Aufgebotsfrist, der Veröffentlichung des Aufgebots und des Ausschließungsbeschlusses zu beachten. Diese gelten aber dann nicht, wenn es sich ausschließlich um die Aufgebote nach §§ 1170, 1171 BGB handelt.

3 Mit dem Erlass des Ausschließungsbeschlusses erlischt das Recht (a.A. MüKoZPO/Eickmann § 988 Rn. 6, wonach aus der Reallast eine Eigentümerreallast entstehe). Der Beschluss ersetzt die Löschungsbewilligung (Baumbach/Lauterbach/Albers/Hartmann § 453 Rn. 1). Bei der Vormerkung bleibt aber der gesicherte Anspruch bestehen (BGH DNotZ 1994, 215).

4 **C. Zuständigkeit.** Die Zuständigkeit für das Aufgebotsverfahren richtet sich nach § 447 Abs. 2, wonach das Gericht örtlich zuständig ist, in dessen **Bezirk** das belastete Grundstück belegen bzw. nach § 452 Abs. 2, bei welchem Gericht das Schiff registriert ist.

5 **D. Aufgebotsfrist.** Nach § 437 beträgt die Aufgebotsfrist **mindestens 6 Wochen**, sofern nicht der Landesgesetzgeber aufgrund der Ermächtigung in § 484 bei einem Aufgebot nach §§ 887, 1104, 1112 BGB die Frist nach § 437 und die Bekanntmachung nach §§ 435, 441 abweichend regelt.

6 **E. Erweiterung der Antragsberechtigung, Abs. 2.** Neben dem Eigentümer des Grundstücks ist auch der Inhaber gleich- oder nachrangiger Rechte antragsberechtigt, sofern er aufgrund eines vollstreckbaren Titels die Befriedigung aus dem Grundstück/Schiff/Schiffsbauwerk verlangen kann. Dem Eigentümer ist das Aufgebot gem. Abs. 2 Satz 2 formlos mitzuteilen.

7 Der Antragsteller muss **glaubhaft** machen, dass der Gläubiger der Person nach unbekannt ist und die weiteren Voraussetzungen des § 1170 BGB vorliegen. Die Verweisung auf § 451 geht ins Leere, da in keinem der aufgeführten Verfahren die Ausschließung mittels Hinterlegung nach § 1171 BGB zulässig ist (Bumiller/Harders, § 453, Rn. 4).

Abschnitt 4. Aufgebot von Nachlassgläubigern

§ 454 **Aufgebot von Nachlassgläubigern; örtliche Zuständigkeit.** (1) Für das Aufgebotsverfahren zur Ausschließung von Nachlassgläubigern auf Grund des § 1970 des Bürgerlichen Gesetzbuchs gelten die nachfolgenden besonderen Vorschriften.
(2) ¹Örtlich zuständig ist das Amtsgericht, dem die Angelegenheiten des Nachlassgerichts obliegen. ²Sind diese Angelegenheiten einer anderen Behörde als einem Amtsgericht übertragen, so ist das Amtsgericht zuständig, in dessen Bezirk die Nachlassbehörde ihren Sitz hat.

Übersicht

	Rdn.		Rdn.
A. Allgemeines...............	1	C. Verfahren...............	6
B. Regelungszweck...........	3	D. Örtliche Zuständigkeit......	12

A. Allgemeines. Die §§ 454 bis 463 enthalten die **besonderen** Vorschriften für das Aufgebot der Nachlassgläubiger nach §§ 1970 ff. BGB. Hierunter fallen **nicht** das Privataufgebot der Nachlassgläubiger nach § 2061 BGB und die gerichtliche Aufforderung zur Anmeldung eines Erbrechts nach § 1965 Abs. 1 BGB oder nach § 2358 Abs. 2 BGB. Hierbei handelt es sich schon der Definition nach nicht um Aufgebotssachen nach § 433. 1

Ergänzend finden die **allgemeinen** Vorschriften der §§ 433 bis 441 Anwendung. **Landesrechtliche Sondervorschriften** nach § 484 sind beim Aufgebot nach §§ 1970 ff. BGB **nicht** vorbehalten. 2

B. Regelungszweck. Das Aufgebot des Nachlassgläubigers nach §§ 1970 ff. BGB bietet dem Erben die Möglichkeit, sich einen Überblick über etwaige Nachlassverbindlichkeiten zu verschaffen und gegebenenfalls eine Haftungsbeschränkung durch Antrag auf Nachlassverwaltung oder Nachlassinsolvenz (§ 1975 BGB) zu bewirken. **Nachlassgläubiger** sind diejenigen Gläubiger, denen zu Beginn der Aufgebotsfrist (§§ 437, 458 Abs. 1 FamFG) eine Forderung – sei sie auch noch bedingt, betagt oder erst dem Grunde nach entstanden – gegen den Nachlass zusteht. Erfasst werden grundsätzlich alle Nachlassverbindlichkeiten gem. § 1967 BGB. Auch Gläubiger, die bereits einen rechtskräftigen Titel gegen den Erblasser oder gegen den Erben erlangt haben, müssen ihre Forderung anmelden. Auf die Frage, ob der Erbe die Forderung kannte, kommt es nicht an. Das Aufgebotsverfahren dient nicht nur der Ermittlung unbekannter Gläubiger, sondern auch der Feststellung derjenigen Gläubiger, die vorrangig aus dem Nachlass zu befriedigen sind. 3

Von der Vorschrift werden **nicht** erfasst: 4

– die Pfand- und Hypothekengläubiger
– die in § 51 InsO genannten Gläubiger, § 1971 BGB
– Personen, deren Recht durch eine Vormerkung gesichert ist
– aussonderungsberechtigte Personen nach § 47 InsO
– Pflichtteilsberechtigte, Vermächtnisnehmer und Auflagenbegünstigte, § 1972 BGB
– der Gläubiger, dem der Erbe bereits unbeschränkt haftet, §§ 1994 Abs. 1 Satz 2, 2006 Abs. 3 BGB
– der Erbe, der einen Anspruch gegen den Nachlass hat, soweit er Antragsteller ist (Baumbach/Lauterbach/Albers/Hartmann § 454 Rn. 1) sowie
– der Liegenschaftsgläubiger des § 10 ZVG.

Unterbleibt die Anmeldung, so hat der Erbe das Recht, die Befriedigung des ausgeschlossenen Nachlassgläubigers insoweit zu verweigern, als der Nachlass durch die Befriedigung der nicht ausgeschlossenen Gläubiger erschöpft wird, § 1973. 5

C. Verfahren. Für das Aufgebotsverfahren gelten die §§ 454 bis 464, hilfsweise die §§ 433 bis 441. Durch den Ausschließungsbeschluss werden die Nachlassgläubiger der Erschöpfungseinrede unterworfen und im Nachlassinsolvenzverfahren benachteiligt, §§ 1973 BGB, 327 Abs. 3 InsO. 6

Mit rechtskräftigem Ausschließungsbeschluss verlieren die Nachlassgläubiger, deren Forderungen nicht vom Ausschließungsbeschluss ausgenommen wurden, ihre Rechte nicht vollständig. Der Ausschließungsbeschluss bewirkt vielmehr, dass der Erbe die Befriedigung der ausgeschlossenen Nachlassgläubiger insoweit verweigern kann, als der Nachlass durch die Befriedigung der nicht ausgeschlossenen Gläubiger erschöpft ist, § 1973 Abs. 1 Satz 1 BGB. Außerdem haften bei einer Mehrheit von Erben die Miterben den 7

§ 455 Buch 8. Verfahren in Aufgebotssachen

ausgeschlossenen Gläubigern nach der Teilung nur noch anteilig in Höhe ihres Bruchteils, § 2060 Nr. 1 BGB

8 Die Wirkung des Verfahrens und des Ausschließungsbeschlusses wird auf andere Antragsberechtigte, die das Aufgebot aber nicht beantragt haben, erstreckt: bei einer Miterbengemeinschaft auf die jeweils nicht antragstellenden übrigen Miterben, bei Vor- und Nacherbschaft auf den nicht antragstellenden Vor- oder Nacherben, bei Erben in Gütergemeinschaft auf den jeweils nicht antragstellenden Ehegatten/Lebenspartner und beim Erbschaftskauf auf die nicht antragstellende Kaufvertragspartei (Bork/Jacoby/Schwab/*Dutta* § 454 Rn. 7).

9 Es fällt für das Aufgebotsverfahren nach KV 15212 Nr. 3 GNotKG eine **Verfahrensgebühr** an, die sich bei Antragsrücknahme nicht ermäßigt. Der Verfahrenswert richtet sich nach § 36 GNotKG: Interesse des Antragstellers ca. 10 % des Aktivnachlasses oder bei geringem oder überschuldetem Nachlass ca. 5 % der Schulden.

10 Die Kosten hat der Antragsteller nach § 22 Abs. 1 GNotKG zu tragen. **Fälligkeit:** § 9 GNotKG. **Vorschusspflicht** bezüglich Auslagen: § 14 GNotKG. Stellt der Testamentsvollstrecker den Antrag, ist Kostenschuldner nur der Nachlass. Nach § 324 Abs. 1 Nr. 4 InsO sind die Kosten im Nachlassinsolvenzverfahren Masseschuld.

11 Die **anwaltlichen Gebühren** richten sich nach Nr. 3324 VV RVG, eine Terminsgebühr nach Nr. 3332 VV RVG. Der verfahrenswert richtet sich nach dem Interesse des Antragstellers.

12 **D. Örtliche Zuständigkeit.** Nach Abs. 2 Satz 1 ist das AG **örtlich** zuständig, in dessen Bezirk der Erblasser z.Zt. des Erbfalls seinen Wohnsitz oder mangels Wohnsitzes seinen Aufenthalt hatte, ausschließlich zuständig, § 343. Bei Ungewissheit über die Zuständigkeit wird das zuständige Gericht nach Abs. 2 Satz 2 bestimmt. Das von einem örtlich unzuständigen Gericht erlassene Aufgebot ist nach § 2 Abs. 3 trotzdem wirksam.

13 Eine andere Behörde i.S.d. § 454 Abs. 2 Satz 2 ist das Notariat in Baden-Württemberg.

14 Wenn eine Regelung im Geschäftsverteilungsplan des AG fehlt, ist streitig, ob die allgemeine Zivilabteilung oder die Nachlassabteilung zuständig ist. Der sachliche Zusammenhang spricht für die Zuständigkeit der **Nachlassabteilung** (Keidel/*Zimmermann*, § 454, Rnr. 7; MüKO FamFG/*Eickmann*; a.A. Bork/Jacobi/Schwab/ *Dutta*, § 454, Rnr. 8; offengelassen: Bumiller/Harders, § 454, Rnr. 3).

15 Funktionell zuständig ist nach § 3 Nr. 1c RPflG der **Rechtspfleger**.

§ 455 **Antragsberechtigter.** (1) Antragsberechtigt ist jeder Erbe, wenn er nicht für die Nachlassverbindlichkeiten unbeschränkt haftet.
(2) Zu dem Antrag sind auch ein Nachlasspfleger, Nachlassverwalter und ein Testamentsvollstrecker berechtigt, wenn ihnen die Verwaltung des Nachlasses zusteht.
(3) Der Erbe und der Testamentsvollstrecker können den Antrag erst nach der Annahme der Erbschaft stellen.

Übersicht	Rdn.		Rdn.
A. Normzweck	1	C. Nachlasspfleger, -verwalter, Testaments-	
B. Erbe	2	vollstrecker	5
		D. Zeitpunkt der Antragstellung	7

1 **A. Normzweck.** Mit dem Aufgebot soll der Erbe eine zuverlässige Auskunft über die Nachlassverbindlichkeiten erhalten, um zu klären, ob er eine beschränkte Haftung, z.B. durch Antrag auf Nachlassinsolvenz oder Nachlassverwaltung, gerichtlich geltend machen muss. Dieser Zweck ist dann nicht mehr erreichbar, wenn der Erbe bereits allen Gläubigern gegenüber das Recht der Haftungsbeschränkung verloren hat, sodass in diesem Fall, der Antrag auf Einleitung des Aufgebotsverfahrens nach § 1970 BGB unzulässig ist. Bei **mehreren Erben** ist die **Ausnahmevorschrift des § 460 Abs. 2** zu beachten.

2 **B. Erbe.** Antragsberechtigt ist jeder **Erbe**, d.h. der Alleinerbe, aber auch der **Miterbe** und zwar alle gemeinsam oder auch jeder für sich, § 460 Abs. 1, der **Vor- und Nacherbe**, § 461. Ein Erbschein muss nicht unbedingt vorgelegt werden (OLG Hamm, Beschl. v. 02.12.2011- I-15 W 384/11, JurionRS 2011, 33494). Für die Feststellung der Antragsbefugnis reicht vielmehr aus, dass der Antragsteller seine Erbenstellung schlüssig darlegt und sich für das Aufgebotsgericht auch nach Verwertung präsenter Erkenntnisquellen keine durch-

greifenden Zweifel an der Erbenstellung ergeben, es also als wahrscheinlich gilt, dass der Antragsteller Erbe ist. Dass auch dann noch Zweifel verbleiben können, ist im Hinblick auf den beschränkten Zweck des § 455 FamFG hinzunehmen. Die Antragsberechtigung **entfällt**, wenn der Erbe für alle Nachlassverbindlichkeiten **unbeschränkt** haftet, etwa nach §§ 1994 Abs. 1, Satz 2, 2005 Abs. 1 BGB. Allerdings lässt die unbeschränkte Haftung ggü nur **einzelnen** Nachlassgläubigern, etwa nach § 2006 Abs. 3 BGB oder bei vorbehaltloser Verurteilung nach § 780 ZPO, die Antragsberechtigung nicht entfallen, wobei hier allerdings das Aufgebotsverfahren für diese Gläubiger keine Wirkung entfaltet.

Tritt die unbeschränkte Haftung vor Erlass des Ausschließungsbeschlusses ggü allen Nachlassgläubigern ein, muss das Gericht den Antrag auf Erlass des Ausschließungsbeschlusses ablehnen. Neben diesen Personen ist auch der **Ehegatte** bzw. der **Lebenspartner** des Erben bei **Gütergemeinschaft** sowie der **Erbschaftskäufer** antragsberechtigt. Der Erbe bleibt auch nach dem Verkauf der Erbschaft antragsberechtigt, § 463 Abs. 1. 3

Das Verfahren verläuft wie bei §§ 434 ff.: Das Gericht prüft von Amts wegen, ob der Antrag formgerecht eingereicht wurde, ob die allgemeinen Verfahrensvoraussetzungen vorliegen und ob der Antragsinhalt korrekt ist. Der Antrag eines unbeschränkt haftenden Erben ist vom Gericht als unzulässig zurückzuweisen. Der sachliche Inhalt muss nicht nachgewiesen werden, es genügen die Behauptungen des Antragstellers, soweit das Gesetz nicht ein anderes bestimmt. Entfällt das Antragsrecht des Erben während des laufenden Verfahrens, ist die Fortsetzung des Aufgebotsverfahrens durch eine andere antragsberechtigte Person zulässig. 4

C. Nachlasspfleger, -verwalter, Testamentsvollstrecker. Abs. 2 stellt klar, dass neben dem Erben auch der **Nachlasspfleger** und der **Nachlassverwalter** sowie **der Testamentsvollstrecker** antragsberechtigt sind. Der Nachlasspfleger muss den Aufgebotsantrag insbesondere dann stellen, wenn er unbekannte Nachlassgläubiger vermutet. Der Testamentsvollstrecker ist nur antragsberechtigt, wenn er den Nachlass verwaltet. 5

Die Antragsberechtigung dieser Personen besteht auch dann, wenn der Erbe bereits unbeschränkt haftet (Keidel/*Zimmermann*, § 455, Rn. 10 f.; Bumiller/Harders, § 455, Rn. 3). Ein Rechtsschutzbedürfnis des Nachlassverwalters ist in diesem Fall insbesondere im Hinblick auf § 1985 BGB gegeben. 6

D. Zeitpunkt der Antragstellung. Der Antrag ist an **keine Frist** gebunden. 7

Allerdings können nach § 455 Abs. 3 der Erbe und der Testamentsvollstrecker den Antrag erst ab Annahme der Erbschaft stellen. Daraus ergibt sich im Umkehrschluss, dass der Nachlasspfleger und der -verwalter den Antrag schon vorher stellen können, was mit dem Rechtsschutzbedürfnis zur frühen Klärung ihrer Entscheidungen zu erklären ist. 8

Der Erbe sollte die Jahresfrist des § 2015 Abs. 1 BGB beachten, da er nach deren Verstreichen die Einrede des Aufgebotsverfahrens nicht mehr geltend machen kann. 9

§ 456 Verzeichnis der Nachlassgläubiger.
Dem Antrag ist ein Verzeichnis der bekannten Nachlassgläubiger mit Angabe ihres Wohnorts beizufügen.

Übersicht

	Rdn.		Rdn.
A. Normzweck	1	C. Verstoß gegen die Pflicht zur Vorlage des Verzeichnisses	5
B. Verzeichnis	2		

A. Normzweck. Die Vorschrift sorgt dafür, dass das Gericht das Aufgebot den bekannten Nachlassgläubigern bekannt geben kann. 1

B. Verzeichnis. Das Aufgebot nach §§ 1970 ff., BGB umfasst nicht nur die unbekannten, sondern auch die **bekannten** Nachlassgläubiger. Aus diesem Grund ist dem Antrag ein Verzeichnis der bekannten Nachlassgläubiger in der Form der §§ 435, 459 beizufügen, d.h. durch Aushang der urkundlichen Beweisstücke an der Gerichtstafel bzw. in einem elektronischen Informations- und Kommunikationssystem, das im Gericht öffentlich zugänglich ist und durch einmalige Veröffentlichung im elektronischen Bundesanzeiger zu veröffentlichen. Die bekannten Nachlassgläubiger sind dann als Beteiligte nach § 7 Abs. 2 Nr. 2 beizuziehen; ihnen ist daher auch das Aufgebot bekannt zu geben, § 15 Abs. 1 (BT-Drucks. 16/6308, S. 296). 2

Im Antrag muss neben dem Namen, auch der tatsächliche Wohnort der vom Aufgebot betroffenen Nachlassgläubiger angegeben werden, um die Zustellung des Aufgebots zu ermöglichen. Ist statt des tatsäch- 3 lichen nur der rechtliche Wohnsitz genannt, wird der Antrag abgelehnt. Das **Verzeichnis** ist vom Antragsteller mit dem Antrag auf Einleitung des Aufgebotsverfahrens nach § 25 Abs. 1 schriftlich oder zur Niederschrift der Geschäftsstelle des Gerichts abzugeben.

4 Vor Erlass des Ausschließungsbeschlusses ist das Gericht berechtigt, eigene **Ermittlungen** über die Vollständigkeit des Verzeichnisses anzustellen. Aus diesem Grunde sollte das Gericht zumindest eine eidesstattliche Versicherung, und zwar die des Antragstellers nach § 31, einholen.

5 **C. Verstoß gegen die Pflicht zur Vorlage des Verzeichnisses.** Fehlt das Verzeichnis der Gläubiger, hat das Gericht den Erlass des Aufgebots abzulehnen. Erlässt es trotzdem das Aufgebot und danach den Ausschließungsbeschluss, sind beide wirksam (Bork/Jacobi/Schwab/*Dutta*, § 456, Rn. 2), aber mit der Beschwerde nach §§ 58 ff. angreifbar. Allerdings ist der Antragsteller nicht mehr in der Lage, sich auf § 1973 BGB zu berufen, sondern macht sich ersatzpflichtig nach § 280 Abs. 1 BGB bzw. §§ 823, 826 BGB.

§ 457 Nachlassinsolvenzverfahren.
(1) Das Aufgebot soll nicht erlassen werden, wenn die Eröffnung des Nachlassinsolvenzverfahrens beantragt ist.
(2) Durch die Eröffnung des Nachlassinsolvenzverfahrens wird das Aufgebotsverfahren beendet.

Übersicht

	Rdn.		Rdn.
A. Normzweck	1	C. Verfahrensbeendigung in Abs. 2	6
B. Regelungsgegenstand in Abs. 1	2	D. Rechtsfolge bei Verstoß	7

1 **A. Normzweck.** Die Vorschrift stellt klar, dass bei einer Eröffnung des Nachlassinsolvenzverfahrens nach §§ 315 ff. InsO **kein Rechtsschutzbedürfnis** mehr für ein Aufgebot nach §§ 1970 ff. BGB besteht.

2 **B. Regelungsgegenstand in Abs. 1.** Das Nachlassinsolvenzverfahren nach §§ 315 ff. InsO ist eine Möglichkeit, die Erbenhaftung auf den Nachlass zu beschränken, § 1975 BGB (BLAH § 457 Rn. 1). Nach der Eröffnung des Nachlassinsolvenzverfahrens, fehlt daher einem bereits beantragten Aufgebotsverfahren das Rechtsschutzbedürfnis, weshalb das Verfahren zu beenden ist. Allerdings macht nicht bereits der Insolvenzantrag den Aufgebotsantrag unzulässig. In diesem Fall, sollte der Aufgebotsantrag vorläufig abgelehnt oder eine Entscheidung über die Eröffnung des Nachlassinsolvenzverfahrens abgewartet werden.

3 Nicht erforderlich ist es, dass der Antragsteller im Aufgebotsverfahren nachweist, dass ein Nachlassinsolvenzverfahren nicht anhängig ist. Wird aber der Antrag auf Eröffnung des Nachlassinsolvenzverfahrens **zurückgenommen** oder das Verfahren **eingestellt**, ist das Aufgebotsverfahren wieder zulässig, sofern der Erbe nicht die Erschöpfungseinrede nach § 1989 BGB erhebt. In diesem Fall treten die Rechtsfolgen eines Ausschließungsbeschlusses auch ohne Aufgebotsverfahren ein.

4 Der Ausschluss einer Forderung im Aufgebotsverfahren hat nach § 327 Abs. 3 InsO zur Folge, dass diese Forderung auch im Insolvenzverfahren nachrangig behandelt wird.

5 Das Aufgebotsverfahren steht einer Nachlassverwaltung nicht entgegen.

6 **C. Verfahrensbeendigung in Abs. 2.** Die Beendigung des Aufgebotsverfahrens in Abs. 2 macht nach § 22 Abs. 3 nicht nur das Aufgebot, sondern auch den Ausschließungsbeschluss entbehrlich. Voraussetzung ist eine Beendigungserklärung der Beteiligten. Es ergeht kein Ausschließungsbeschluss. Allerdings steht die Feststellung der Beendigung des Aufgebotsverfahrens im Beschlusswege im Ermessen des Gerichts, da die Beendigungswirkung unmittelbar kraft Gesetzes eintritt (a.A. Zöller/*Geimer*, § 993 Rn. 1, wonach die Beendigung des Aufgebotsverfahrens durch Beschluss nach § 38 Abs. 1 festzustellen ist; ebenso: BLAH § 457 Rn. 2: Danach ist der Beschluss vom Rechtspfleger gem. § 38 zu begründen und den Beteiligten nach § 41 Abs. 1 Satz 1 bekannt zu geben). Eine Kostenentscheidung entfällt, sodass der Antragsteller auf seinen Kosten sitzen bleibt.

7 **D. Rechtsfolge bei Verstoß.** Nach §§ 58 ff. ist der Ausschließungsbeschluss, der trotz des eingeleiteten Nachlassinsolvenzverfahrens erlassen wurde, mit der **Beschwerde (§§ 58 ff.)** angreifbar.

§ 458 Inhalt des Aufgebots; Aufgebotsfrist.
(1) In dem Aufgebot ist den Nachlassgläubigern, die sich nicht melden, als Rechtsnachteil anzudrohen, dass sie von dem Erben nur insoweit Befriedigung verlangen können, als sich nach Befriedigung der nicht ausgeschlossenen

Abschnitt 4. Aufgebot von Nachlassgläubigern § 459

Gläubiger noch ein Überschuss ergibt; das Recht, vor den Verbindlichkeiten aus Pflichtteilsrechten, Vermächtnissen und Auflagen berücksichtigt zu werden, bleibt unberührt.
(2) **Die Aufgebotsfrist soll höchstens sechs Monate betragen.**

Übersicht	Rdn.		Rdn.
A. Allgemeines	1	C. Aufgebotsfrist nach Abs. 2	4
B. Inhalt des Aufgebots nach §§ 1970 ff. BGB (Abs. 1)	3	D. Zustellung	5

A. Allgemeines. Abs. 1 regelt in Ergänzung zu § 434 den Inhalt des Aufgebots. 1
Abs. 2 legt eine Höchstfrist von 6 Monaten für das Aufgebot fest. 2

B. Inhalt des Aufgebots nach §§ 1970 ff. BGB (Abs. 1). Abs. 1 regelt den Inhalt des Aufgebots nach 3
§§ 1970 ff. BGB und zusätzlich den im Aufgebot anzudrohenden **Rechtsnachteil**. Der Rechtsnachteil betrifft alle nicht angemeldeten Forderungen, und zwar unabhängig davon, ob sie in dem vom Antragsteller übergebenen Verzeichnis enthalten sind oder nicht und ob sie dem Antragsteller bekannt waren oder ob er die Ansprüche zwar beim Nachlassverwalter oder Nachlassgericht, nicht aber im Aufgebotsverfahren angemeldet hat (OLG Karlsruhe OLGE 42, 22). Materiell-rechtliche Grundlage für den Rechtsnachteil ist § 1973 BGB.

C. Aufgebotsfrist nach Abs. 2. Die Aufgebotsfrist muss **mindestens 6 Wochen** (§ 437) und darf **höchstens** 4
6 Monate betragen. Bei der Frist in Abs. 2 handelt es sich um eine Höchstfrist, wenngleich es sich dabei, anders als bei der Frist nach § 437, nicht um zwingendes Recht handelt. Ein Verstoß berührt, da Abs. 2 keine Notfrist i.S.d. § 224 Abs. 1 Satz 2 ZPO darstellt (BLAH § 458 Rn. 2), nicht die Rechtmäßigkeit des Aufgebots und führt auch nicht zur Anfechtbarkeit des Ausschließungsbeschlusses nach §§ 58 ff.

D. Zustellung. Das Aufgebot ist den im Verzeichnis der Nachlassgläubiger benannten Gläubigern, zusätz- 5
lich zur öffentlichen Bekanntmachung nach § 435, gem. § 15 Abs. 2 zuzustellen. Da die im Verzeichnis benannten Gläubiger Beteiligte i.S.d. § 7 Abs. 2 Nr. 1 sind, besteht, die Pflicht zur Bekanntgabe nach § 15 Abs. 2.
Die Zustellung durch Aufgabe zur Post nach § 184 ZPO ist ausreichend und es bedarf auch bei unbekann- 6
tem Aufenthalt des Gläubigers keiner öffentlichen Zustellung.

§ 459 Forderungsanmeldung. (1) ¹In der Anmeldung einer Forderung sind der Gegenstand und der Grund der Forderung anzugeben. ²Urkundliche Beweisstücke sind in Urschrift oder in Abschrift beizufügen.
(2) Das Gericht hat die Einsicht der Anmeldungen jedem zu gestatten, der ein rechtliches Interesse glaubhaft macht.

Übersicht	Rdn.		Rdn.
A. Normzweck	1	C. Einsichtsrecht nach Abs. 2	4
B. Inhalt der Anmeldung nach Abs. 1	2	D. Gebühren	5

A. Normzweck. Die Vorschrift enthält in Ergänzung zu § 438 besondere Regelungen zur **Anmeldung** von 1
Forderungen durch die Nachlassgläubiger. Bei dieser Art der Forderungsanmeldung handelt es sich um eine rechtseinschränkende Anmeldung, da das Gericht den Ausschließungsbeschluss zu beschränken und die angemeldeten Forderungen von den Ausschlusswirkungen ausnehmen muss (Bork/Jakoby/Schwab/*Dutta* § 459 Rn. 1).

B. Inhalt der Anmeldung nach Abs. 1. In der Anmeldung muss lediglich die Behauptung enthalten sein, 2
dass dem Anmeldenden ein im Aufgebot bezeichneter Anspruch oder dort bezeichnetes Recht zusteht, dessen Ausschluss im Aufgebotsverfahren droht. Der Nachlassgläubiger hat in der Anmeldung »Gegenstand und Grund« anzugeben, damit das Gericht die Forderung in einem Ausschließungsbeschluss eindeutig und

zweifelsfrei bezeichnen kann. Der Anmeldende muss also den Sachverhalt, aus dem er seine Forderung herleitet, und den Betrag der Höhe nach darlegen. Bei unklaren Angaben hat das Gericht nach § 28 darauf hinzuwirken, dass die Anmeldung vervollständigt wird. Wenn das Gericht die ihm obliegende **Hinwirkungs- und Hinweispflicht** nicht erfüllt, liegt ein wesentlicher Verfahrensmangel vor. Das Beschwerdegericht kann das Verfahren unter den Voraussetzungen des § 69 Abs. 1, Satz 3 an das Gericht des ersten Rechtszuges zurückverweisen. Ein solcher Verfahrensfehler kann auch dann vorliegen, wenn ein unrichtiger oder unzweckmäßiger Hinweis erteilt wurde.

3 Das Gericht ist verpflichtet, die urkundlichen Beweisstücke, die als Beweis der Forderung gedient haben, nach der Erledigung an die Beteiligten zurückzugeben. Eine Beglaubigung der Belegabschriften ist nicht erforderlich, vielmehr genügen unbeglaubigte Abschriften. Sind dem Antrag keine urkundlichen Beweisstücke beigefügt, hindert das die Anmeldung einer Forderung nicht.

4 **C. Einsichtsrecht nach Abs. 2.** Das Einsichtsrecht nach Abs. 2 beruht auf § 13 Abs. 2 Satz 1. Ein rechtliches Interesse, welches sich unmittelbar aus der Rechtsordnung ergibt und das nach § 31 glaubhaft zu machen ist, hat jeder, dessen Rechtskreis durch die Einsicht in die Anmeldung auch nur mittelbar berührt wird. Erforderlich ist dabei ein auf Rechtsnormen beruhendes gegenwärtiges Verhältnis einer Person zu einer anderen oder zu einer Sache (BGH NJW 1990, 842; OLG Hamm NJW-RR 1997, 1489). Das rechtliche Interesse ist glaubhaft zu machen (§ 31). Über die Einsicht entscheidet das Gericht. Vom Einsichtsrecht des § 459 Abs. 2 unberührt ist das Recht zur Akteneinsicht nach § 13.

5 **D. Gebühren.** Für die Einsicht nach Abs. 2 fällt keine Gerichtsgebühr an.
6 Gebührenfrei ist auch die **Anmeldung einer Forderung.** Dagegen entsteht für die Anmeldung einer Forderung durch einen Rechtsanwalt eine Verfahrensgebühr nach Nr. 3324 VV RVG und gegebenenfalls eine Terminsgebühr nach Nr. 3332 VV RVG. Der Gegenstandswert richtet sich nach dem Interesse des Antragmelders. Maßgeblich hierfür ist aber nicht der Betrag, der angemeldet wird, sondern der Betrag, den der Anmelder zu erwarten hat (Keidel/*Zimmermann*, § 459, Rn. 5).

§ 460 Mehrheit von Erben.

(1) ¹Sind mehrere Erben vorhanden, kommen der von einem Erben gestellte Antrag und der von ihm erwirkte Ausschließungsbeschluss auch den anderen Erben zustatten; die Vorschriften des Bürgerlichen Gesetzbuchs über die unbeschränkte Haftung bleiben unberührt. ²Als Rechtsnachteil ist den Nachlassgläubigern, die sich nicht melden, auch anzudrohen, dass jeder Erbe nach der Teilung des Nachlasses nur für den seinem Erbteil entsprechenden Teil der Verbindlichkeit haftet.
(2) Das Aufgebot mit Androhung des in Absatz 1 Satz 2 bestimmten Rechtsnachteils kann von jedem Erben auch dann beantragt werden, wenn er für die Nachlassverbindlichkeiten unbeschränkt haftet.

Übersicht

	Rdn.		Rdn.
A. Allgemeines	1	C. Aufgebot	5
B. Mehrheit von Erben	2		

1 **A. Allgemeines.** 1. Die Vorschrift regelt Besonderheiten des Aufgebotsverfahrens nach §§ 1970 ff. BGB bei einer Mehrheit von Erben.

2 **B. Mehrheit von Erben.** Eine »Mehrheit von Erben« ist gegeben, wenn eine Erbengemeinschaft oder auch eine Vor- und Nacherbschaft (§ 461) besteht. Nach § 460 muss in diesem Fall nicht jeder der mehreren Erben einen eigenen Aufgebotsantrag stellen. Abs. 1 Satz 1 erstreckt vielmehr die Wirkungen des Verfahrens und des Ausschließungsbeschlusses auch auf die **anderen Erben**, die keinen Antrag auf Einleitung des Aufgebotsverfahrens gestellt haben. Es kommt aber **nicht** zur Wirkungserstreckung, wenn andere Erben bereits unbeschränkt haften, nach §§ 1994 Abs. 1 Satz 2, 2005 Abs. 1 BGB allen Nachlassgläubigern gegenüber oder nach § 2006 Abs. 3 BGB, § 780 ZPO (bei vorbehaltsloser Verurteilung) einzelnen Nachlassgläubigern gegenüber.

3 Da die Haftungsbeschränkung für jeden Miterben gesondert eintreten kann, ist es nicht möglich, dass der Ausschließungsbeschluss für einen Miterben wirkt, der bereits aus Gründen, die in seiner Person liegen, *unbeschränkt haftet*. Abgesehen davon wirkt der Beschluss für alle Miterben. Nach Abs. 1 Satz 2 ist den Nach-

Abschnitt 4. Aufgebot von Nachlassgläubigern § 460

lassgläubigern, wenn eine Erbengemeinschaft vorhanden ist, als zusätzlicher Rechtsnachteil anzudrohen, dass gegenüber dem ausgeschlossenen Gläubiger nach der Nachlassteilung die Wirkungen des § 2060 Nr. 1 BGB eintreten, d.h. dass jeder Miterbe nur noch für den seinem Erbteil entsprechenden Teil der Nachlassverbindlichkeiten haftet. Dies gilt nicht nur für die Miterben, sondern auch für die Vermächtnisnehmer, die Pflichtteilsberechtigten, die Auflagenbegünstigten und diejenigen, denen gegenüber der Miterbe bereits unbeschränkt haftet, weshalb das Gericht diese Gläubiger nach §§ 456, 458 Abs. 2 verzeichnen und benachrichtigen muss.

Nach § 1973 BGB kann jeder Miterbe vor der Auseinandersetzung die Erschöpfungseinrede erheben, und 4
zwar unabhängig davon, ob er am Verfahren beteiligt ist oder nicht. Ist die Auseinandersetzung abgeschlossen, haftet jeder Miterbe gem. § 2060 Nr. 1 BGB nur entsprechend seinem Erbanteil. Der Miterbe haftet nur mit der Bereicherung, wenn seine Haftung beschränkbar ist; ist sie unbeschränkbar haftet er auch mit seinem sonstigen Vermögen.

C. Aufgebot. Abs. 1 Satz 2 betrifft den Inhalt des Aufgebots und bestimmt bei einer Mehrheit von Erben 5
den anzudrohenden **Rechtsnachteil**. Der bereits unbeschränkt haftende Miterbe kann seine Haftung durch das Aufgebot auf den seinem Erbteil entsprechenden Anteil an der Schuld beschränken und damit die Gesamthaftung beseitigen, Abs. 2. Da der unbeschränkt haftende Miterbe an sich nicht antragsberechtigt ist, wird insoweit die Antragsberechtigung über § 455 Abs. 1 hinaus erweitert. Die öffentliche Aufforderung nach § 2061 BGB ist daneben uneingeschränkt möglich. Der Ausschließungsgrund kommt den Miterben zugute, wodurch auch für sie eine Teilhaftung eintritt.

Der Inhalt des Aufgebots lautet in diesem Fall **beispielsweise**: 6

»Herr S., Antragsteller, hat in seiner Eigenschaft als Miterbe der am … in M… verstorbenen F, zuletzt wohn- 7
haft in M…, das Aufgebot zur Ausschließung der Nachlassgläubiger nach der Verstorbenen beantragt.
Die Nachlassgläubiger werden hiermit aufgefordert, spätestens bis zum … (Wochentag und Datum) ihre Rechte anzumelden, da ansonsten ihre Ausschließung erfolgen kann. Die Anmeldung muss an das Aufgebotsgericht (genaue Adresse) zu dem vorgenannten Aktenzeichen gerichtet werden. Die Anmeldung hat die Angabe des Gegenstandes und des Grundes der Forderung zu enthalten. Urkundliche Beweisstücke sind in Urschrift oder in Abschrift beizufügen.
Nachlassgläubiger, die sich nicht melden, können - unbeschadet des Rechts, vor den Verbindlichkeiten aus Pflichtteilsrechten, Vermächtnissen und Auflagen berücksichtigt zu werden - von den Erben nur insoweit Befriedigung verlangen, als sich nach Befriedigung der nicht ausgeschlossenen Gläubiger noch ein Überschuss ergibt. Auch haftet ihnen dann jeder Erbe nur für den seinen Erbteil entsprechenden Teil der Verbindlichkeiten«.

Jeder Miterbe, unabhängig davon, ob er beschränkt oder unbeschränkt haftet, kann dem Verfahren beitre- 8
ten und das Aufgebot nach Abs. 1 verlangen. Das Aufgebot kann also bei einer Mehrheit von Erben auch von einem Erben beantragt werden, der für Nachlassverbindlichkeiten z.B. nach §§ 1994 Abs. 1 Satz 2, 2005 Abs. 1 BGB unbeschränkt haftet und deshalb eigentlich nach § 455 Abs. 1 nicht antragsberechtigt wäre. Dieses »**kleine Aufgebot**« ist allerdings beschränkt auf die Wirkungen des § 2060 Nr. 1 BGB, nämlich die Beschränkung der Haftung auf den Bruchteil der Forderung, der seiner Erbquote entspricht. Diese Teilhaftung erfasst auch die in § 1972 BGB genannten Gläubiger, also die Pflichtteilsberechtigten, Vermächtnisnehmer und Auflageberechtigte. Diese müssen ihre Forderungen im Aufgebotsverfahren anmelden, ansonsten verlieren sie die gesamtschuldnerische Haftung aller Miterben und jeder Miterbe haftet nach der Teilung nur noch mit seiner Erbquote.

Das Aufgebot enthält in diesem Fall nur den Rechtsnachteil der Teilhaftung und könnte **beispielsweise** wie 9
folgt lauten:

»Frau S, Antragstellerin, hat in ihrer Eigenschaft als bereits unbeschränkt haftende Miterbin der am … in M… 10
verstorbenen F, zuletzt wohnhaft in M…, das Aufgebot zur Erlangung der Teilhaftung gegenüber den Nachlassgläubigern nach der Verstorbenen beantragt.
Die Nachlassgläubiger, auch solche aus Pflichtteilsrechten, Vermächtnissen und Auflagen, werden hiermit aufgefordert, spätestens bis zum … (Wochentag und Datum) ihre Rechte anzumelden, da ansonsten ihre Ausschließung, aber nur bezüglich der vollen Haftung, erfolgen kann.
Die Anmeldung muss an das Aufgebotsgericht (genaue Adresse) zu dem vorgenannten Aktenzeichen gerichtet werden. Die Anmeldung hat die Angabe des Gegenstandes und des Grundes der Forderung zu enthalten. Urkundliche Beweisstücke sind in Urschrift oder in Abschrift beizufügen.

Nachlassgläubigern, die sich nicht melden, haftet jeder Erbe nur für den seinen Erbteil entsprechenden Teil der Verbindlichkeiten.«

§ 461 Nacherbfolge. Im Fall der Nacherbfolge ist § 460 Abs. 1 Satz 1 auf den Vorerben und den Nacherben entsprechend anzuwenden.

Übersicht	Rdn.		Rdn.
A. Normzweck	1	B. Nacherbe	2

1 **A. Normzweck.** Vor- und Nacherben sind keine Miterben, weil sie den Erblasser nicht gleichzeitig beerben. Es handelt sich aber um mehrere Erben, wenn auch jeder ein zeitlich beschränktes Erbrecht hat. § 461 stellt durch die Verweisung auf § 460 klar, dass der Nacherbe schon vor Eintritt des Nacherbfalls antragsberechtigt ist, obwohl er noch nicht für die Nachlassverbindlichkeiten haftet. Die Verweisung stellt weiter klar, dass sich die **Wirkungen** des Verfahrens und des Ausschließungsbeschlusses auch auf den jeweiligen **Vor- und Nacherben**, der keinen Antrag gestellt hat, erstrecken.

2 **B. Nacherbe.** Neben dem Vorerben kann auch der Nacherbe (§§ 2100 ff. BGB) das Aufgebot beantragen, und zwar nach Annahme der Nacherbschaft. Er kann aber auch in ein bereits anhängiges Verfahren eintreten. Da sich die Wirkungen des Verfahrens und des Ausschließungsbeschlusses auf den jeweiligen Vor- oder Nacherben, der keinen Antrag auf Einleitung des Aufgebotsverfahrens gestellt hat, erstrecken, kommt dem Nacherben das vom Vorerben eingeleitete Aufgebotsverfahren (§§ 1970 ff. BGB) ebenso zustatten wie das von diesem errichtete Inventar, § 2144 Abs. 2 BGB. Eine Erstreckung erfolgt allerdings dann nicht, wenn der jeweilige Vor- oder Nacherbe bereits unbeschränkt haftet.

§ 462 Gütergemeinschaft. (1) ¹Gehört ein Nachlass zum Gesamtgut der Gütergemeinschaft, kann sowohl der Ehegatte, der Erbe ist, als auch der Ehegatte, der nicht Erbe ist, aber das Gesamtgut allein oder mit seinem Ehegatten gemeinschaftlich verwaltet, das Aufgebot beantragen, ohne dass die Zustimmung des anderen Ehegatten erforderlich ist. ²Die Ehegatten behalten diese Befugnis, wenn die Gütergemeinschaft endet.
(2) Der von einem Ehegatten gestellte Antrag und der von ihm erwirkte Ausschließungsbeschluss kommen auch dem anderen Ehegatten zustatten.
(3) Die Absätze 1 und 2 finden auf Lebenspartnerschaften entsprechende Anwendung.

Übersicht	Rdn.		Rdn.
A. Normzweck	1	C. Wirkungserstreckung nach Abs. 2	4
B. Geltungsbereich nach Abs. 1	3		

1 **A. Normzweck.** Die Vorschrift regelt einige Besonderheiten des Aufgebotsverfahrens gem. §§ 1970 ff. BGB, wenn der Erbe mit seinem Ehegatten oder seinem Lebenspartner (Abs. 3) in Gütergemeinschaft (§§ 1415 ff. BGB, § 7 LPartG) lebt, der Nachlass zum Gesamtgut (§ 1416 BGB) der Gütergemeinschaft gehört und der nicht erbende Ehegatte/Lebenspartner das Gesamtgut allein oder jedenfalls mit verwaltet (§ 1421 BGB).

2 Die Vorschrift dient dem Schutz des nach §§ 1437 Abs. 2, 1459 Abs. 2 BGB persönlich haftenden Ehegatten/Lebenspartners, der, ohne Erbe zu sein, das **Gesamtgut** allein oder mit dem Ehegatten/Lebenspartner verwaltet. Gehört der Nachlass zum **Vorbehaltsgut**, § 1418 Abs. 2 Nr. 2 BGB, finden die allgemeinen Regeln der §§ 454 ff. Anwendung (Baumbach/Lauterbach/Albers/Hartmann, § 462 Rn. 1).

3 **B. Geltungsbereich nach Abs. 1.** Neben den Antragsberechtigten des § 455 Abs. 1 ist auch der Ehegatte des Erben, wenn dieser mit dem Erben in Gütergemeinschaft lebt, antragsberechtigt. Ist der Nachlass Teil des Gesamtgutes der Gütergemeinschaft kann nicht nur der erbende Ehegatte das Aufgebot selbstständig und ohne Mitwirkung des (mit-)verwaltenden Ehegatten beantragen, sondern auch der (mit-)verwaltende Ehegatte ist berechtigt, das Aufgebot zu beantragen, ohne selbst Erbe geworden zu sein, weil er nach §§ 1437 Abs. 2, 1459 BGB auch für die Nachlassverbindlichkeiten des Erben haftet, wenn der Nachlass zum

Gesamtgut gehört. Nicht erforderlich ist, dass er das Gesamtgut allein verwaltet. Die Antragsberechtigung erlischt wegen § 1480 BGB auch nicht dadurch, dass die Gütergemeinschaft beendet ist, Abs. 1 Satz 2.

C. Wirkungserstreckung nach Abs. 2. 4. Die Wirkungen des Verfahrens einschließlich des Ausschließungsbeschlusses treffen nach Abs. 2 auch den anderen Ehegatten, und zwar unabhängig davon, ob er den Antrag auf Einleitung des Aufgebotsverfahrens gestellt hat oder nicht. Dadurch wird der nach allgemeinen Regeln erforderliche Verfahrensbeitritt vermieden.

§ 463 Erbschaftskäufer.

(1) ¹Hat der Erbe die Erbschaft verkauft, so können sowohl der Käufer als auch der Erbe das Aufgebot beantragen. ²Der von dem einen Teil gestellte Antrag und der von ihm erwirkte Ausschließungsbeschluss kommen, unbeschadet der Vorschriften des Bürgerlichen Gesetzbuchs über die unbeschränkte Haftung, auch dem anderen Teil zustatten.
(2) Diese Vorschriften gelten entsprechend, wenn jemand eine durch Vertrag erworbene Erbschaft verkauft oder sich zur Veräußerung einer ihm angefallenen oder anderweitig von ihm erworbenen Erbschaft in sonstiger Weise verpflichtet hat.

Übersicht

	Rdn.		Rdn.
A. Normzweck	1	B. Erbschaftskäufer	2

A. Normzweck. Die Vorschrift regelt Besonderheiten des Aufgebotsverfahrens beim Erbschaftsverkauf 1 (§§ 2371 ff. BGB), wobei diese Besonderheiten gem. Abs. 2 auch auf erbschaftskaufähnliche Verträge nach § 2385 BGB anzuwenden sind. Die Vorschrift gilt entsprechend für das Aufgebot der Gesamtgutsgläubiger nach §§ 1489 Abs. 2, 1970 ff. BGB.

B. Erbschaftskäufer. Der Erbschaftskäufer haftet im Außenverhältnis **den Nachlassgläubigern** ab wirk- 2 samem Abschluss eines Erbschaftskaufs mit dem wirklichen Erben (BGH NJW 63, 345 [BGH Urt. v. 31.10.1962 – V ZR 24/61]; 67, 1128, 1131) neben diesem als Gesamtschuldner (§§ 421 ff. BGB). Dieses gilt unbeschadet der Regel des § 2378 BGB. Es liegt ein gesetzlicher Schuldbeitritt vor, der durch die Vertragsparteien untereinander nicht abdingbar ist (§ 2382 Abs. 2 BGB). Zum Beginn der Ablaufhemmung des § 211 Satz 1, 1. Alt. BGB im Falle mehrerer Erben bei einer vom Gläubiger erhobenen Gesamtschuldklage: BGH, Urt. v. 04.06.2014 – IV ZR 348/13, JurionRS 2014, 17796.

Da der Erbschaftskäufer nach § 2382 BGB mit dem Abschluss des Erbschaftskaufvertrages zusammen mit 3 dem Verkäufer den Nachlassgläubigern als Gesamtschuldner für die Verbindlichkeiten des gekauften Nachlasses haftet, muss auch er sich Klarheit über die Nachlassgläubiger verschaffen können. Er kann daher, wie der Erbe, der weiterhin antragsberechtigt ist, und die Antragsberechtigten nach § 455, das Aufgebot beantragen. Durch die gesamtschuldnerische Haftung bleibt den Gläubigern das Vermögen als Haftungsmasse erhalten.

Da sich der Umfang der Haftung des Erbschaftskäufers nach der des Erben richtet und grds. sämtliche 4 Nachlassverbindlichkeiten (RGZ 112, 129) einschließlich der Ansprüche aus Pflichtteil, Vermächtnis, Auflagen und Zugewinnausgleich umfasst, kann er, sofern der Verkäufer bei Vertragsabschluss sein Recht zur Haftungsbeschränkung noch nicht verloren hat, die Haftungsbeschränkung auf den Nachlass selbstständig für sich herbeiführen. Er ist daher berechtigt, das Aufgebot gem. §§ 1970 ff. BGB zu verlangen, die Nachlassverwaltung nach § 1981 BGB und das Nachlassinsolvenzverfahren, § 330 InsO, zu beantragen und die Einreden der §§ 1990 bis 1992, 2014, 2015 BGB geltend zu machen.

Der Erbschaftsverkäufer haftet weiter, weshalb in § 463 beide Teile für das Aufgebot als Miterben behandelt 5 werden.

Die gesamtschuldnerische Haftung der Kaufvertragsparteien ist inhaltlich ein gesetzlicher Schuldbeitritt 6 (BGHZ 26, 91). Nur mit Zustimmung der Gläubiger kann im Wege der befreienden Schuldübernahme der Verkäufer von der Mithaftung befreit werden (BGHZ 26, 91).

In gleicher Weise wie in § 462 werden die Wirkungen des Verfahrens und des Ausschließungsbeschlusses 7 auch auf die andere antragsberechtigte Kaufvertragspartei erstreckt, und zwar unabhängig davon, ob sie einen Antrag auf Einleitung des Aufgebotsverfahrens gestellt hat oder nicht. Auch insoweit entfällt der Beitritt zum Aufgebotsverfahren. Haftet die andere Partei bereits unbeschränkt, ist eine Erstreckung der Wirkungen des Aufgebotsverfahrens ausgeschlossen.

§ 464 Aufgebot der Gesamtgutsgläubiger.
§ 454 Abs. 2 und die §§ 455 bis 459, 462 und 463 sind im Fall der fortgesetzten Gütergemeinschaft auf das Aufgebotsverfahren zur Ausschließung von Gesamtgutsgläubigern nach § 1489 Abs. 2 und § 1970 des Bürgerlichen Gesetzbuchs entsprechend anzuwenden.

Übersicht	Rdn.		Rdn.
A. Normzweck	1	B. Fortgesetzte Gütergemeinschaft	3

1 **A. Normzweck.** Die Ehegatten können durch Ehevertrag vereinbaren, dass die Gütergemeinschaft nach dem Tod eines Ehegatten zwischen dem überlebenden Ehegatten und den gemeinschaftlichen Abkömmlingen fortgesetzt wird (§ 1483 Abs. 1, Satz 1 BGB). Nach § 1489 Abs. 1 BGB haftet für die Gesamtgutsverbindlichkeiten der fortgesetzten Gütergemeinschaft der überlebende Ehegatte persönlich. Er hat jedoch im Falle des § 1489 Abs. 2 BGB die Möglichkeit, die Haftung gegen den Zugriff auf sein nicht zum Gesamtgut gehörendes Vermögen (Sondergut, Vorbehaltsgut) zu beschränken.

2 Um zu klären, ob eine Haftungsbeschränkung erfolgen soll, kann der überlebende Ehegatte das Aufgebot beantragen. § 464 regelt, dass auf das Aufgebot der Gesamtgutsgläubiger nach §§ 1489 Abs. 2, 1970 ff. BGB, abgesehen von den allgemeinen Vorschriften der §§ 433 bis 441, ergänzend einzelne der in den §§ 454 bis 463 enthaltenen besonderen Verfahrensvorschriften entsprechend anzuwenden sind.

3 **B. Fortgesetzte Gütergemeinschaft.** Der Überlebende haftet bei der fortgesetzten Gütergemeinschaft wie ein Erbe, allerdings nicht für Nachlassverbindlichkeiten, sondern für Gesamtgutsverbindlichkeiten bei der fortgesetzten Gütergemeinschaft, §§ 1483 ff. BGB. Voraussetzung dafür ist, dass der überlebende Ehegatte wegen des Eintritts der fortgesetzten Gütergemeinschaft nun persönlich haftet. Daher sind die §§ 455 bis 459, 462 und 463 auf das Aufgebot entsprechend anwendbar. Da die besonderen Anforderungen der §§ 460, 461 und 455 Abs. 2, nämlich das Vorliegen einer Mehrheit von Erben oder die Nacherbenstellung, nicht vorliegen, finden diese Vorschriften hier keine Anwendung.

Abschnitt 5. Aufgebot der Schiffsgläubiger

§ 465 Aufgebot der Schiffsgläubiger. (1) Für das Aufgebotsverfahren zur Ausschließung von Schiffsgläubigern auf Grund des § 110 des Binnenschifffahrtsgesetzes gelten die nachfolgenden Absätze.
(2) Örtlich zuständig ist das Gericht, in dessen Bezirk sich der Heimathafen oder der Heimatort des Schiffes befindet.
(3) Unterliegt das Schiff der Eintragung in das Schiffsregister, kann der Antrag erst nach der Eintragung der Veräußerung des Schiffes gestellt werden.
(4) Der Antragsteller hat die ihm bekannten Forderungen von Schiffsgläubigern anzugeben.
(5) Die Aufgebotsfrist muss mindestens drei Monate betragen.
(6) In dem Aufgebot ist den Schiffsgläubigern, die sich nicht melden, als Rechtsnachteil anzudrohen, dass ihre Pfandrechte erlöschen, wenn ihre Forderungen dem Antragsteller nicht bekannt sind.

Übersicht	Rdn.		Rdn.
A. Allgemeines	1	C. Verfahren	4
B. Regelungszweck	2		

A. Allgemeines. Die Vorschrift enthält die **besonderen** Vorschriften für das Aufgebot zur Ausschließung 1 von Schiffsgläubigern mit ihren nicht registrierten, gesetzlichen Pfandrechten an Binnenschiffen nach § 110 BinSchG. Zu beachten sind bei diesem Aufgebot **landesrechtliche Sonderregelungen** nach § 484 Abs. 1, die vor allem von den allgemeinen Vorschriften über die Aufgebotsfrist und die Veröffentlichung des Aufgebots sowie des Ausschließungsbeschlusses abweichen können.

B. Regelungszweck. Da die nach §§ 102, 103 Abs. 1 BinSchG gesetzlich entstehenden Pfandrechten an Bin- 2 nenschiffen nicht registriert werden müssen, besteht für Erwerber von Binnenschiffen oft Unklarheit darüber, ob das Schiff mit Pfandrechten belastet ist. Bei einer **freiwilligen** Schiffsveräußerung soll dem Erwerber nach § 110 BinSchG daher die Möglichkeit gegeben werden, die unbekannten Schiffsgläubiger durch das Aufgebotsverfahren zu ermitteln und sie mit ihren Pfandrechten auszuschließen.
Nach § 111 BinSchG besteht dieses Recht beim Erwerb von Miteigentum nicht. 3

C. Verfahren. Für das Aufgebotsverfahren ist das Amtsgericht, in dessen Bezirk sich der Heimathafen oder 4 der Heimatort des Schiffes befindet, **örtlich zuständig**. Nach § 6 Abs. 1 BinSchG ist dies der Ort, »von dem aus die Schifffahrt mit dem Schiff betrieben wird«.
Der Antrag auf Einleitung des Aufgebotsverfahrens kann nach § 25 Abs. 1 **schriftlich** oder **zur Nieder-** 5 **schrift** der Geschäftsstelle gestellt werden. Der Antrag muss nach § 465 Abs. 4 die dem Antragsteller bekannten Forderungen der Schiffsgläubiger enthalten, da der Antragsteller nur unbekannte Schiffsgläubiger von ihren Rechten ausschließen kann. Aus diesem Grunde muss der Antragsteller dem Gericht auch noch nach Antragstellung und vor Rechtskraft des Ausschließungsbeschlusses bekannt werdende Schiffsgläubiger mitteilen. Ein Verstoß gegen diese Obliegenheit führt dazu, dass auch solche Schiffsgläubiger nicht durch den Ausschließungsbeschluss von ihren rechten ausgeschlossen werden, die zwar nicht dem Gericht, wohl aber dem Antragsteller bekannt waren.
Antragsberechtigt ist nicht der jeweilige Eigentümer, sondern ausschließlich der **Erwerber eines Schiffes**. 6 Erwerber ist, wer das Eigentum an dem Schiff gem. §§ 929 ff. BGB, 3 SchiffsRG von einem Dritten erworben hat. Die **Antragsberechtigung des Erwerbers endet**, wenn er das Schiff auf seine erste Reise schickt, da er ab diesem Zeitpunkt über das Schiff wie ein Eigentümer verfügt und es nicht mehr gerechtfertigt erscheint, die Stellung etwaiger Schiffsgläubiger aufgrund dieser Reise durch ein vom Eigner nach eigenem Gutdünken initiiertes Aufgebotsverfahren zu gefährden.
Dem Antragsteller fehlt ein **Rechtsschutzinteresse** an der Beantragung des Aufgebotsverfahrens, wenn die 7 gerichtliche Zwangsversteigerung eines im Schiffsregister eingetragenen Binnenschiffes angeordnet ist, da in diesem Fall ohnehin gem. § 91 ZVG sämtliche in einem solchem Verfahren nicht zu berücksichtigende Lasten einschließlich der Schiffsgläubigerrechte erlöschen.
Ist das Schiff gem. § 10 Schiffsregisterordnung (BGBl. 1951, S. 361) eintragungsbedürftig, muss der Erwer- 8 ber eingetragen sein.

9 Nach § 465 Abs. 5 beträgt die **Aufgebotsfrist** mindestens 3 Monate. Nach § 465 Abs. 6 ist als Rechtsnachteil das Erlöschen des Pfandrechts anzudrohen, wenn die Forderungen dem Antragsteller nicht bekannt sind (Bumiller/Harders, § 465 Rn. 1). Bei Forderungen, die dem Erwerber bekannt sind, tritt kein Erlöschen des Pfandrechts ein, auch wenn sich die Schiffsgläubiger auf das Aufgebot hin nicht melden.

10 Das Aufgebot gegen unbekannte Schiffspfandgläubiger richtet sich nach § 453. Unbekannt ist der Gläubiger, wenn trotz nachweisbarer Bemühungen nicht feststeht, wer Gläubiger bzw. dessen Rechtsnachfolger ist (LG Aachen RR 1998, 87; a.A. BGH RR 2004, 665), wenn sein Aufenthalt unbekannt ist oder sich der Gläubiger nicht als solcher grundbuchmäßig ausweisen kann (LG Erfurt Rpfleger 1994, 311; a.A. BGH RR 2004, 665).

11 Es ist nicht erforderlich, die bekannten Schiffsgläubiger zu benachrichtigen, da sich die Wirkungen des Verfahrens und des Ausschließungsbeschlusses nur auf die unbekannten Gläubiger beziehen. Die bekannten Gläubiger müssen ihre Forderungen daher auch nicht anmelden, wenngleich dies aus Beweisgründen ratsam ist.

12 Das Pfandrecht, nicht aber die gesicherte Forderung, erlischt mit rechtskräftigem und vorbehaltlosem Ausschließungsbeschluss. Vom Ausschließungsbeschluss nicht erfasst sind allerdings die bekannten Gläubiger, vgl. § 110 BinSchG.

Abschnitt 6. Aufgebot zur Kraftloserklärung von Urkunden

§ 466 **Örtliche Zuständigkeit.** (1) ¹Für das Aufgebotsverfahren ist das Gericht örtlich zuständig, in dessen Bezirk der in der Urkunde bezeichnete Erfüllungsort liegt. ²Enthält die Urkunde eine solche Bezeichnung nicht, ist das Gericht örtlich zuständig, bei dem der Aussteller seinen allgemeinen Gerichtsstand hat, und in Ermangelung eines solchen Gerichts dasjenige, bei dem der Aussteller zur Zeit der Ausstellung seinen allgemeinen Gerichtsstand gehabt hat.
(2) Ist die Urkunde über ein im Grundbuch eingetragenes Recht ausgestellt, ist das Gericht der belegenen Sache ausschließlich örtlich zuständig.
(3) Wird das Aufgebot durch ein anderes als das nach dieser Vorschrift örtlich zuständige Gericht erlassen, ist das Aufgebot auch durch Aushang an der Gerichtstafel oder Einstellung in das Informationssystem des letzteren Gerichts öffentlich bekannt zu machen.

Übersicht

	Rdn.		Rdn.
A. Normzweck	1	D. Allgemeiner Gerichtsstand	6
B. Anwendungsbereich	2	E. Belegenheit der Sache	7
C. Erfüllungsort	3	F. Bestelltes Aufgebotsgericht	9

A. Normzweck. Abschnitt 6 enthält besondere Vorschriften für das Aufgebot zur Kraftloserklärung von 1
Urkunden. § 466 regelt entgegen der amtlichen Überschrift nicht nur die **örtliche Zuständigkeit**, sondern auch die **öffentliche Bekanntmachung** des Aufgebots.

B. Anwendungsbereich. Die Vorschriften über die Kraftloserklärung von Urkunden befinden sich nicht 2
im FamFG, sondern in den die jeweiligen Urkunden betreffenden Gesetzen, z.B.:
– in §§ 1162, 1192 Abs. 1, 1199 BGB für **Hypotheken-, Grundschuld- und Rentenschuldbriefe**. Zu den Voraussetzungen für die Kraftloserklärung eines Grundschuldbriefs, OLG Düsseldorf, Beschl. v. 07.05.2013 – I-25 Wx 21/13, JurionRS 2013, 55477. Ergänzend gilt das »Gesetz zur Kraftloserklärung von Hypotheken-, Grundschuld- und Rentenschuldbriefen in besonderen Fällen« vom 18.04.1950;
– in § 90 WG für **Wechsel**;
– in Art. 59 ScheckG für **Schecks**;
– in § 799 Abs. 1 Satz 1 BGB für **Schuldverschreibungen auf den Inhaber**. Hierzu zählen Bankschuldverschreibungen, Industrieobligationen, öffentliche Anleihen, wenn sie verbrieft und nicht nur im Schuldbuch eingetragen sind, Investmentzertifikate sowie auf den Inhaber ausgestellte Lagerscheine und Lotterielose nach Ziehung (MüKo, FamFG/*Eickmann*, §§ 466 bis 484 Rn. 4). Kraft Gesetzes gleichgestellt sind Inhabergrundpfandrechtsbriefe (§§ 1195, 1199 BGB).
– in § 808 Abs. 2 BGB für **qualifizierte Legitimationspapiere**. Hierzu zählen Sparbücher (BGHZ 28, 368, 370; WM 98, 1623; s. Rn. 7 ff.), Leihhausscheine (BGH NJW 77, 1352 [BGH Beschl. v. 29.03.1977 – 1 StR 646/76]), Versicherungsscheine (BGH NJW-RR 99, 898 [BGH Urt. v. 24.02.1999 – IV ZR 122/98]; NJW 00, 2103 [BGH Urt. v. 22.03.2000 – IV ZR 23/99]; NJW-RR 07, 1175; 09, 1327; 10, 904), auf den Inhaber ausgestellte Seetransportversicherungspolicen (BGH NJW 62, 1436 [BGH Urt. v. 24.05.1962 – II ZR 199/60] f), auf den Namen des Berechtigten ausgestellte Fahr- oder Flugscheine (BGH NJW 74, 852, 853 [BGH Urt. v. 21.12.1973 – IV ZR 158/72]), personalisierte Eintrittskarten (AG Syke NJW 03, 1054: Gutschein für Ballonfahrt; Ensthaler/Zech NJW 05, 3389, 3390: Fußball-WM) und Hinterlegungs- oder Depotscheine der Banken (RGZ 118, 34, 38). **Nicht** zu den Namenspapieren mit Inhaberklausel zählen ec-Karten (vgl. BGHSt 35, 152), Kreditkarten (BGHZ 114, 238, 242), Spar(kassen)briefe (Namensschuldverschreibung) und Sparkassenobligationen (Orderschuldverschreibung).
– in § 365 Abs. 2 HGB für **kaufmännische Orderpapiere**. Hierzu zählen kaufmännische Anweisungen, § 363 Abs. 1 Satz 1 HGB, Verpflichtungsscheine, § 363 Abs. 1 Satz 2 HGB, Transportversicherungspolicen, § 363 Abs. 2 HGB, Ladescheine, § 444 HGB, Lagerscheine, § 475c HGB und Konnossemente, §§ 642 HGB;
– in § 72 AktG für **Aktien und Zwischenscheine;**
– **Schuldverschreibungen und Schatzanweisungen des Bundes** und des Reiches, wenn nicht in der Urkunde das Gegenteil bestimmt ist.

§ 467

3 C. Erfüllungsort. Nach Abs. 1 Satz 1 ist das AG an dem Ort zuständig, in dessen Bezirk der in der Urkunde bezeichnete Erfüllungsort i.S.d. § 269 BGB liegt. Ausreichend ist, wenn der Erfüllungsort, z.B. gem. §§ 269, 270 Abs. 4 BGB (OLG Düsseldorf, Beschl. v. 30.07.2012 – I-3 Wx 102/12, JurionRS 2012, 22092) oder Art. 4 WG, bestimmbar ist. Liegt der Erfüllungsort im **Ausland**, ist nicht das AG Schöneberg zuständig, sondern es kommt vielmehr Abs. 1 Satz 2 zur Anwendung. Enthält die Urkunde **keine Bestimmung des Erfüllungsortes**, ist das Gericht örtlich zuständig, bei dem der Aussteller seinen allgemeinen Gerichtsstand i. S.v. §§ 12 ZPO hat. In Ermangelung eines solchen Gerichts ist dasjenige zuständig, bei dem der Aussteller zur Zeit der Ausstellung der Urkunde seinen allgemeinen Gerichtsstand gehabt hat (OLG Düsseldorf FGPrax 2012, 280).

4 Auch im Aufgebotsverfahren gilt, dass eine Verweisung an ein anderes Amtsgericht für dieses grundsätzlich bindend ist. Dies gilt ausnahmsweise nur dann nicht, wenn die Verweisung offenbar gesetzwidrig oder sonst grob rechtsfehlerhaft ist (OLG Brandenburg, Beschl. v. 27.05.2013 – 1 [Z] Sa 40/13, JurionRS 2013, 56476).

5 Wurde die Urkunde durch einen ausländischen Staat ausgestellt, ist das Aufgebotsverfahren im Inland ausgeschlossen, sofern das Staatspapier als Akt iure imperii, d.h. als originärer Hoheitsakt des Staates, zu qualifizieren ist (*Geimer*, IZPR Rn. 580).

6 D. Allgemeiner Gerichtsstand. Ist ein Erfüllungsort nicht ausdrücklich oder stillschweigend bezeichnet, bestimmt sich die örtliche Zuständigkeit nach dem allgemeinen Gerichtsstand des Ausstellers, §§ 12 ff. ZPO; hilfsweise ist das Gericht des allgemeinen Gerichtsstandes bei der Ausstellung der Urkunde zuständig. Sind mehrere Aussteller vorhanden, gilt § 2 Abs. 1, wonach das zuerst mit der Angelegenheit befasste Gericht zuständig ist.

7 E. Belegenheit der Sache. Nach Abs. 2 ist das AG der belegenen Sache ausschließlich örtlich zuständig, wenn eine Urkunde über ein im Grundbuch eingetragenes Recht ausgestellt ist, so z.B. für Hypotheken-, Grundschuld- und Rentenschuldbriefe. Sind mehrere Erfüllungsorte genannt, kann nicht mehr auf § 36 Abs. 1 Nr. 4 ZPO zurückgegriffen werden, sondern es gilt § 2 FamFG, wonach unter mehreren zuständigen Gerichten das Gericht zuständig ist, das zuerst mit der Angelegenheit befasst ist (OLG München, Beschl. v. 02.08.2013 – 34 AR 229/13, JurionRS 2013, 43936; einschränkend im Interesse einer beschleunigten Klärung der Zuständigkeit: OLG München, Beschl. v. 15.02.2011 – 31 AR 21/11 in JurionRS 2011, 10785).

8 I.Ü. finden auch die §§ 3 und 5 Anwendung. Allerdings sind die Grenzen der deutschen Gerichtsbarkeit zwingend zu beachten.

9 F. Bestelltes Aufgebotsgericht. Auf Grund der Konzentrationsermächtigung aus § 23d GVG ist es möglich, auch die Aufgebotsverfahren für die Bezirke mehrerer Amtsgerichte bei einem AG zu konzentrieren. Da die Zuständigkeiten nach Abs. 1 und Abs. 2 ausschließlich sind, kann Abs. 3 nur auf abweichende landesrechtliche Zuständigkeitsregeln verweisen, z.B.: Art. 26 BayAGGVG, § 27 BWAGGVG)

10 Ist nach einer Zuständigkeitsübertragung ein anderes Gericht örtlich zuständig, muss das Aufgebot auch durch Aushang/Einstellung in das Informationssystem beim nach Abs. 1 und 2 örtlich zuständigen Gericht bekannt gemacht werden (Bumiller/Harders § 466 Rn. 3).

11 Die Antragsfrist beginnt bei der Veröffentlichung mit dem Aushang an der Gerichtstafel oder der Einstellung in ein Informationssystem des erledigenden Gerichts.

§ 467

Antragsberechtigter. (1) Bei Papieren, die auf den Inhaber lauten oder die durch Indossament übertragen werden können und mit einem Blankoindossament versehen sind, ist der bisherige Inhaber des abhandengekommenen oder vernichteten Papiers berechtigt, das Aufgebotsverfahren zu beantragen.

(2) Bei anderen Urkunden ist derjenige zur Stellung des Antrags berechtigt, der das Recht aus der Urkunde geltend machen kann.

Übersicht

	Rdn.		Rdn.
A. Normzweck	1	C. Urkunden	8
B. Antragsberechtigung	2	I. Urkunden nach Abs. 1	8
I. Rechtsinhaber	2	II. Urkunden nach Abs. 2	9
II. Papierbesitzer	6		

Abschnitt 6. Aufgebot zur Kraftloserklärung von Urkunden § 468

A. Normzweck. Die Vorschrift regelt die Antragsberechtigung beim Urkundenaufgebot. Sie ist mißverständlich aufgebaut, weil in Abs. 2 die Grundregel und in Abs. 1 die abweichende Sonderregel für Inhaberpapiere oder blankoindosierte Orderpapiere enthalten ist. 1

B. Antragsberechtigung. I. Rechtsinhaber. Nach Abs. 2 ist grundsätzlich derjenige antragsberechtigt, der das Recht aus der Urkunde geltend machen kann. Dabei richtet sich die Antragsberechtigung nach **materiellem Recht**. Antragsberechtigt beim Urkundenaufgebot ist z.B. beim **Scheck** der Inhaber, also gem. Art. 5, 19 ScheckG die ausdrücklich benannte Person oder der Indossator, beim **Wechsel** gem. Art. 16 WG der Inhaber, im Falle der **Pfändung und Überweisung** gem. § 836 Abs. 1 ZPO der Pfändungsgläubiger. 2

Die Antragsberechtigung kann auch bei einem schutzwürdigen Interesse anderer Personen bestehen (OLG Hamm DB 1976, 913 [OLG Hamm 04.11.1975 – 7 U 97/75]). 3

Sind aus einer Urkunde **mehrere Personen** berechtigt, kann jeder Mitberechtigte für sich den Antrag zum Urkundenaufgebot stellen. Da der Ausschließungsbeschluss rechtsgestaltenden Charakter hat, kann die Entscheidung bei mehreren Berechtigten nur einheitlich ergehen, sodass sich die **Wirkungen** des Verfahrens und des Ausschließungsbeschlusses auch auf die Antragsberechtigten erstreckt, die keinen Antrag gestellt haben. Besteht zwischen Berechtigtem und bisherigem Inhaber keine Personenidentität, wirkt der Ausschließungsbeschluss positiv nicht ggü dem Berechtigten, vgl. § 479 Abs. 1. 4

Das Recht zur Antragstellung besteht auch dann, wenn die Urkunde, wie z.B. eine Aktie, keine Forderung enthält. Bei **Aktien ist** gem. § 10 AktG die darin bezeichnete Person antragsberechtigt. Ein Recht auf die Urkunde genügt für die Antragsberechtigung allerdings nicht. 5

II. Papierbesitzer. Bei **Inhaberpapieren nach § 793 BGB** oder bei **kaufmännischen Orderpapieren**, die mit einem Blankoindossament versehen sind, ist gem. §§ 363, 365 Abs. 2 HGB der bisherige Inhaber, der nicht zugleich unmittelbarer Besitzer gewesen sein muss, antragsberechtigt (OLG München, Beschl. v. 05.01.2012, Az.: 34 Wx 369/11). Der bisherige Inhaber kann auch der Verpflichtete gewesen sein. 6

Dem Gericht steht nicht das Recht zu, den Rechtstitel der Inhaberschaft zu prüfen (BLAH § 467 Rn. 2). 7

C. Urkunden. I. Urkunden nach Abs. 1. Urkunden nach Abs. 1 sind Papiere, bei denen die Leistung mit schuldbefreiender Wirkung an den jeweiligen Inhaber der Urkunde erfolgen kann, und zwar weil sie auf den Inhaber lauten oder wie ein Inhaberpapier behandelt werden. 8

II. Urkunden nach Abs. 2. Soweit Abs. 1 nicht einschlägig ist, ergibt sich die Antragsberechtigung aus materiellem Recht. Hierzu gehört bei Grundpfandrechtsbriefen auch der Eigentümer, wenn ein Rechtsübergang stattgefunden oder zumindest der Gläubiger eine Löschungsbewilligung ausgehändigt hat (LG Flensburg SchlHA 69, 200). 9

Der Ausschließungsbeschluss, der aufgrund des Antrags eines unberechtigten Antragstellers erlassen wurde, ist nicht unwirksam. 10

§ 468 Antragsbegründung. Der Antragsteller hat zur Begründung des Antrags
1. eine Abschrift der Urkunde beizubringen oder den wesentlichen Inhalt der Urkunde und alles anzugeben, was zu ihrer vollständigen Erkennbarkeit erforderlich ist,
2. den Verlust der Urkunde sowie diejenigen Tatsachen glaubhaft zu machen, von denen seine Berechtigung abhängt, das Aufgebotsverfahren zu beantragen, sowie
3. die Versicherung der Wahrheit seiner Angaben an Eides statt anzubieten.

Übersicht	Rdn.		Rdn.
A. Normzweck	1	II. Verlust der Urkunde, Nr. 2	6
B. Voraussetzungen der Antragstellung	2	III. Eidesstattliche Versicherung, Nr. 3	9
I. Abschrift der Urkunde, Nr. 1	4	C. Rechtsfolgen der Zulassung des Antrages	10

A. Normzweck. Die Vorschrift betrifft die Begründung des Antrags im Aufgebotsverfahren zur Kraftloserklärung von Urkunden und stellt eine Ergänzung zu § 434 Abs. 1 dar. 1

B. Voraussetzungen der Antragstellung. Gemäß § 434 Abs. 1 wird das Aufgebotsverfahren nur auf Antrag eingeleitet. Hinsichtlich der Begründung des Antrags gilt nicht die Sollvorschrift des § 23 Abs. 1, sondern 2 vielmehr die Spezialvorschrift des § 468, wonach der Antrag **zwingend** entsprechend den dortigen Anforderungen **zu begründen** ist. Ist der Antrag insoweit **unvollständig**, so hat das Gericht zunächst darauf hinzuwirken, dass er vervollständigt wird (§ 28). Entspricht der Antrag dann immer noch nicht den Anforderungen, ist dieser **zurückzuweisen**.

3 Das Landesrecht darf keine darüber hinausgehenden Erfordernisse verlangen.

4 **I. Abschrift der Urkunde, Nr. 1.** Der Antragsteller muss, sofern es sich um ein Urkundenaufgebot handelt, eine Abschrift der Urkunde vorlegen oder den Inhalt der Urkunde in der Weise angeben, dass die für kraftlos zu erklärende Urkunde von einem Dritten ohne Weiteres identifiziert werden kann (BGH NJW-RR 1990, 166 [BGH Urt. v. 25.09.1989 – II ZR 53/89]). Eine Beglaubigung der Abschrift oder Kopie ist nicht erforderlich. Die Wesentlichkeit des Inhalts einer Urkunde ist nur anhand des jeweiligen Einzelfalls zu beurteilen.

5 Der Aussteller der Urkunde muss dem Antragsteller nach § 799 Abs. 2 BGB; § 72 Abs. 1 AktG **Auskunft** und Zeugnisse erteilen, hierzu gehört auch, dass bei Aktien die Aktiennummer angegeben wird (BGH NJW-RR 1990, 168). Mangels spezialgesetzlicher Vorschriften ergibt sich die Auskunftsverpflichtung als Nebenpflicht aus dem Begebungsvertrag.

6 **II. Verlust der Urkunde, Nr. 2.** 6. Eine Urkunde ist **abhandengekommen**, wenn der Inhaber den Besitz derart verloren hat, dass er nicht mehr auf sie zugreifen und sie auch im Wege der Zwangsvollstreckung nicht mehr erlangen kann (OLG Brandenburg, Beschl. v. 07.02.2013 – 6 Wx 6/12; a.A. Prütting/Helms/*Holzer* Vor § 466 Rnr. 4 stellt auf das Abhandenkommen im engeren Sinne von § 935 BGB ab). Dem steht es gleich, wenn der Aufenthalt des Schuldners, der zur Herausgabe verpflichtet wurde, nicht bekannt ist (OLG Koblenz NJW 1955, 506). Die Urkunde ist **vernichtet**, wenn sie körperlich zerstört oder in wesentlichen Teilen unkenntlich gemacht worden ist (BLAH Einf vor §§ 466 bis 484 Rn. 5). Nicht ausreichend ist es, dass die Urkunde nur noch teilweise leserlich oder stark beschädigt ist.

7 7. Im Hinblick auf die §§ 471 ff. ist es notwendig, dass konkrete Angaben zu den Umständen gemacht werden, von denen die Berechtigung des Antragstellers abhängt. Der Antrag kann sofort nach dem Verlust der Urkunde gestellt werden.

8 8. Der Verlust der Urkunde und die Tatsachen, die für die Antragsberechtigung erforderlich sind, sind **glaubhaft** zu machen. Auf die Glaubhaftmachung findet § 31 Anwendung. Eine Sonderregelung ergibt sich für das Aufgebot nach § 1 HypKrlosErklG in § 3 Abs. 1 HypKrlosErklG, wonach der Antragsteller zudem angeben soll, was ihm über den Verbleib des für kraftlos zu erklärenden Grundpfandbriefs bekannt ist.

9 **III. Eidesstattliche Versicherung, Nr. 3.** 9. Nr. 3 gilt neben Nr. 2 und ergänzt diese. Die Abnahme der eidesstattlichen Versicherung steht im Ermessen des Gerichts, §§ 439 Abs. 1, 26. Wurden falsche Angaben zum Inhalt der Urkunde gemacht, gehen Aufgebot und Ausschließungsbeschluss ins Leere, da die Urkunde, die für kraftlos erklärt wurde, nicht existiert.

10 **C. Rechtsfolgen der Zulassung des Antrages.** 10. Durch die Zulassung hat der Antragsteller das Recht, die Zahlung bei kaufmännischen Orderpapieren und Wechseln gegen Sicherheitsleistung nach §§ 365 Abs. 2; 367 HGB; Art. 90 WG zu verlangen. Eingeschränkt gilt dies nach § 59 Abs. 1 ScheckG auch beim Scheck. Allerdings tritt bei einem Inhaberpapier eine Zahlungssperre nach §§ 480 ff. ein.

11 11. Die Verjährung kann nur durch eine Zahlungssperre nach § 480 unterbrochen werden (Zöller/*Geimer* § 1007 Rn. 1).

§ 469 Inhalt des Aufgebots.

¹In dem Aufgebot ist der Inhaber der Urkunde aufzufordern, seine Rechte bei dem Gericht bis zum Anmeldezeitpunkt anzumelden und die Urkunde vorzulegen. ²Als Rechtsnachteil ist anzudrohen, dass die Urkunde für kraftlos erklärt werde.

Übersicht	Rdn.		Rdn.
A. Normzweck	1	C. Rechtsnachteil	5
B. Geltungsbereich	2	D. Kosten	6

Abschnitt 6. Aufgebot zur Kraftloserklärung von Urkunden § 470

A. Normzweck. Die Vorschrift betrifft den **Inhalt** des Aufgebots zur Kraftloserklärung von Urkunden. Da der Aufgebotstermin weggefallen ist, wird auf den Anmeldezeitpunkt Bezug genommen (Keidel/*Giers*, § 469, Rn. 1). 1

B. Geltungsbereich. § 469 Satz 1 ergänzt einerseits die allgemeine Regelung in § 434 Abs. 2 Nr. 2 und andererseits § 468, der für das Aufgebot zur Kraftloserklärung von Urkunden den Umfang der Begründungspflicht festlegt. 2

Die Anmeldung erfolgt unter Vorlage der Urkunde. Das Gericht hat den Urkundeninhaber nicht nur zur Anmeldung der Rechte, sondern auch zur Vorlage der Urkunde aufzufordern, Satz 1, um dem Antragsteller nach § 477 die Möglichkeit zur Einsicht- und zur Stellungnahme zu geben. Anmelden kann auch derjenige, der selbst die Urkunde verloren hat. 3

Wird die Echtheit der vorgelegten Urkunde oder die Berechtigung des Antragstellers bestritten, muss das Verfahren gem. § 440 bis zur endgültigen Entscheidung der materiellen Rechtslage im ordentlichen Verfahren ausgesetzt werden. 4

C. Rechtsnachteil. Der nach Satz 2 anzudrohende Rechtsnachteil besteht in der Kraftloserklärung der Urkunde. Zuständig ist nach § 3 Nr. 1c RPflG der Rechtspfleger. 5

D. Kosten. Verfahrenswert: § 36 GNotKG: Beim Aufgebot des Nachlassgläubigers ist in der Regel ein Betrag von 5 % der bekannt gewordenen Nachlassverbindlichkeiten anzusetzen. 6

Gerichtsgebühren: GNotKG KV 15212, also 0,5 nach Tabelle A, zuzüglich Auslagen nach GNotKG KV 31000 ff. 7

Anwaltsgebühren für die Vertretung im Aufgebotsverfahren: eine Gebühr nach Nr. 3324 VV RVG, zuzüglich gegebenenfalls eine Terminsgebühr nach Nr. 3322 VV RVG zuzüglich Auslagen nach Nr. 7000 ff. VV RVG. 8

§ 470 Ergänzende Bekanntmachung in besonderen Fällen.

¹Betrifft das Aufgebot ein auf den Inhaber lautendes Papier und ist in der Urkunde vermerkt oder in den Bestimmungen, unter denen die erforderliche staatliche Genehmigung erteilt worden ist, vorgeschrieben, dass die öffentliche Bekanntmachung durch bestimmte andere Blätter zu erfolgen habe, so muss die Bekanntmachung auch durch Veröffentlichung in diesen Blättern erfolgen. ²Das Gleiche gilt bei Schuldverschreibungen, die von einem deutschen Land oder früheren Bundesstaat ausgegeben sind, wenn die öffentliche Bekanntmachung durch bestimmte Blätter landesgesetzlich vorgeschrieben ist. ³Zusätzlich kann die öffentliche Bekanntmachung in einem von dem Gericht für Bekanntmachungen bestimmten elektronischen Informations- und Kommunikationssystem erfolgen.

Übersicht

	Rdn.		Rdn.
A. Normzweck	1	B. Geltungsbereich	2

A. Normzweck. Die Vorschrift betrifft die öffentliche Bekanntmachung der in Satz genannten auf den Inhaber lautenden Papieren und der in Satz 2 genannten Schuldverschreibungen 1

B. Geltungsbereich. § 470 konkretisiert bzw. verschärft die Regelung in § 435 zur öffentlichen Bekanntmachung. Gem Satz 1 und 2 ist bei **Inhaberpapieren** und **Schuldverschreibungen eines Landes** nach dessen landesrechtlichen Bestimmungen ein mehrmaliges Einrücken in bestimmten Blättern erforderlich. Daneben muss das Aufgebot auch nach den allgemeinen Regeln des § 435 öffentlich bekannt gemacht werden. Nach Satz 3 besteht zusätzlich die Möglichkeit der Bekanntmachung in elektronischer Form. Die Entscheidung, das Aufgebot zusätzlich auch elektronisch öffentlich bekannt zu geben, steht im Ermessen des Gerichts. In eingeschränktem Umfang sind aufgrund des **landesrechtlichen Vorbehalts** in § 484 abweichende Vorschriften in den einzelnen Bundesländern zugelassen; dies gilt insb. für das Aufgebot nach § 808 Abs. 2 Satz 2 BGB in § 483 Satz 2 und für das Aufgebot nach § 1162 BGB in § 484 Abs. 2. I.Ü. gilt die Norm entsprechend für das Aufgebot nach § 808 Abs. 2 Satz 2 BGB. 2

Darüber hinaus ist das vollständige Aufgebot einzurücken. 3

§ 471   Buch 8. Verfahren in Aufgebotssachen

4   Nach § 4 Abs. 2 des Gesetzes über die Kraftloserklärung von Hypotheken-, Grundschuld- und Rentenschuldbriefen in besonderen Fällen (BGBl. 1960, S. 297) soll dem Besitzer des Hypothekenbriefes, sofern er bekannt ist, das Aufgebot von Amts wegen durch eingeschriebenen Brief mitgeteilt werden.

§ 471   **Wertpapiere mit Zinsscheinen.** (1) Bei Wertpapieren, für die von Zeit zu Zeit Zins-, Renten- oder Gewinnanteilscheine ausgegeben werden, ist der Anmeldezeitpunkt so zu bestimmen, dass bis zu dem Termin der erste einer seit der Zeit des glaubhaft gemachten Verlustes ausgegebenen Reihe von Zins-, Renten- oder Gewinnanteilscheinen fällig geworden ist und seit seiner Fälligkeit sechs Monate abgelaufen sind.
(2) Vor Erlass des Ausschließungsbeschlusses hat der Antragsteller ein nach Ablauf dieser sechsmonatigen Frist ausgestelltes Zeugnis der betreffenden Behörde, Kasse oder Anstalt beizubringen, dass die Urkunde seit der Zeit des glaubhaft gemachten Verlustes ihr zur Ausgabe neuer Scheine nicht vorgelegt sei und dass die neuen Scheine an einen anderen als den Antragsteller nicht ausgegeben seien.

Übersicht	Rdn.		Rdn.
A. Normzweck und Anwendungsbereich	1	C. Pflicht zur Zeugniserteilung	4
B. Aufgebotsfrist	2		

1   **A. Normzweck und Anwendungsbereich.** Die §§ 471 bis 474 betreffen das Aufgebot von Wertpapieren, für die Zins-, Renten- oder Gewinnanteilscheine ausgegeben wurden. Sie regeln insbesondere die **Aufgebotsfrist** und stellen **vorrangige Spezialregelungen** zu den Grundregeln der §§ 437, 476 dar, wonach die Aufgebotsfrist mindestens 6 Wochen und höchsten 1 Jahr betragen soll. § 471 gilt nur für Zins-, Renten- oder Gewinnanteilscheine, die **für längstens 4 Jahre** ausgegeben werden. Sie findet auch dann Anwendung, wenn die Scheine zwar erst nach mehr als 4 Jahren ausgegeben werden, eine Registrierung der jeweils zur Einlösung vorgelegten Zins-, Renten- oder Gewinnanteilscheinen aber nicht erfolgt ist (OLG München WM 1979, 816). Andernfalls gilt § 472. Nicht anwendbar ist § 471 dagegen dann, wenn der Antragsteller die Zins-, Renten- oder Gewinnanteilscheine vorlegen oder ein Zeugnis über die Vorlage beibringen kann, § 473.

2   **B. Aufgebotsfrist.** Da der rechtmäßige Inhaber des Wertpapiers vor einer zu frühen Kraftloserklärung geschützt werden soll, weil er das Papier erst nach einem bestimmten Termin vorlegen muss, ordnet Abs. 1 an, dass für die Bestimmung der Aufgebotsfrist der Anmeldezeitpunkt so festgelegt wird, dass er nach dem Tag liegt, an dem nach dem Emissionsplan erstmals seit dem glaubhaft gemachten Verlust des Wertpapiers Zins-, Renten- oder Gewinnanteilscheine ausgegeben werden, der erste dieser Scheine fällig wird und seit der Fälligkeit des Scheins 6 Monate abgelaufen sind (Bork/Jacoby/Schwab/Dutta § 471 FamFG Rn. 3), wenngleich das Aufgebot jederzeit nach dem Eintritt des Verlusts der Urkunde beantragt und erlassen werden kann. Voraussetzung ist der Verlust der Haupturkunde samt Zinsbogen. Maßgebend für die Berechnung der Aufgebotsfrist ist der glaubhaft gemachte Verlust der Urkunde. Ein Verlust ist so lange nicht anzunehmen, solange der Besitzer keinen Anlass hatte, das Papier bzw. den Erneuerungsschein der Ausgabestelle für die neuen Scheine vorzulegen.

3   Ausgangspunkt ist der Ausgabeplan; danach lässt sich feststellen, wann neue Scheine auszugeben sind und wann der erste Schein fällig wird. Von dieser Fälligkeit an läuft eine Frist von 6 Monaten.

4   **C. Pflicht zur Zeugniserteilung.** Die Pflicht zur Erteilung des Zeugnisses ergibt sich aus § 799 Abs. 2 BGB. Jede öffentliche oder private Kasse bzw. Anstalt ist zur Zeugniserteilung befugt, sofern sie kraft Gesetzes oder Satzung die Ausgabe und die Einlösung der Papiere vorzunehmen hat. Der Antragsteller muss also vor Erlass des Ausschließungsbeschlusses ein Zeugnis der Behörde, Kasse oder Anstalt vorlegen, welche die betreffenden Scheine ausgibt und einlöst. Das Zeugnis begründet die tatsächliche Vermutung, dass die Scheine nicht im Besitz eines gutgläubigen Dritten sind (Baumbach/Lauterbach/Albers/Hartmann § 471 Rn. 3). Es muss bescheinigen, dass die Urkunde dem Aussteller seit dem Verlust nicht mehr zur Ausgabe neuer Scheine vorgelegt wurde und neue Scheine an niemanden anderen als den Antragsteller ausgegeben wurden. Das Zeugnis muss nach Ablauf der 6-Monats-Frist ausgestellt worden sein. Ist eine Zahlungssperre nach § 480 Abs. 1 angeordnet, muss das Zeugnis nicht beigebracht werden. Der Verstoß gegen Abs. 2 ist ohne Einfluss auf das Verfahren.

Abschnitt 6. Aufgebot zur Kraftloserklärung von Urkunden § 472

Die Kosten der Zeugniserteilung hat der Antragsteller zu tragen und vorzuschießen, § 799, Abs. 2, Satz 2 BGB. 5

§ 472 Zinsscheine für mehr als vier Jahre. (1) ¹Bei Wertpapieren, für die Zins-, Renten- oder Gewinnanteilscheine zuletzt für einen längeren Zeitraum als vier Jahre ausgegeben sind, genügt es, wenn der Anmeldezeitpunkt so bestimmt wird, dass bis dahin seit der Zeit des glaubhaft gemachten Verlustes der zuletzt ausgegebenen Scheine solche für vier Jahre fällig geworden und seit der Fälligkeit des letzten derselben sechs Monate abgelaufen sind. ²Scheine für Zeitabschnitte, für die keine Zinsen, Renten oder Gewinnanteile gezahlt werden, kommen nicht in Betracht.
(2) ¹Vor Erlass des Ausschließungsbeschlusses hat der Antragsteller ein nach Ablauf dieser sechsmonatigen Frist ausgestelltes Zeugnis der betreffenden Behörde, Kasse oder Anstalt beizubringen, dass die für die bezeichneten vier Jahre und später fällig gewordenen Scheine ihr von einem anderen als dem Antragsteller nicht vorgelegt seien. ²Hat in der Zeit seit dem Erlass des Aufgebots eine Ausgabe neuer Scheine stattgefunden, so muss das Zeugnis auch die in § 471 Abs. 2 bezeichneten Angaben enthalten.

Übersicht	Rdn.		Rdn.
A. Normzweck	1	C. Zeugnis	4
B. Anwendungsbereich	2		

A. Normzweck. Die Vorschrift betrifft Wertpapiere, für die Zins-, Renten- oder Gewinnanteilscheine zuletzt für einen **Zeitraum von über 4 Jahren** oder von vornherein für die gesamte Laufzeit ausgegeben werden. Kann die zuständige Stelle das nach Abs. 2 erforderliche Zeugnis nicht erteilen, können insb. die §§ 471 und 473 anwendbar sein. 1

B. Anwendungsbereich. § 472 findet Anwendung, wenn die Voraussetzungen des § 471 nicht vorliegen und schränkt damit den Anwendungsbereich des § 471 für Wertpapiere mit Zinsscheinen, die für mehr als 4 Jahre ausgegeben werden, ein. Erfasst sind Wertpapiere, für die Zins-, Renten- oder Gewinnanteilsscheine noch für einen längeren Zeitraum als 4 Jahre ausgegeben wurden. Ausreichend ist die Fälligkeit von Zinsscheinen für 4 Jahre der beim Eintritt des Verlustes laufenden Reihe (Baumbach/Lauterbach/Albers/Hartmann § 472 Rn. 1). Nicht erforderlich ist, dass der Vierjahreszeitraum unmittelbar vom Zeitpunkt des Verlustes des Papiers an rechnet. Im Fall des § 472 reicht es aus, wenn seit dem Zeitpunkt des Verlustes, welcher glaubhaft zu machen ist, Zinsscheine für 4 Jahre fällig geworden und seit der Fälligkeit des letzten derselben 6 Monate verstrichen sind (Bumiller/Harders § 472 Rn. 2). Voraussetzung des § 472 ist somit, dass seit dem Verlustzeitpunkt noch Zinsscheine für 4 Jahre fällig werden können. Ansonsten findet § 471 bzw. § 473 Anwendung. 2

Stehen nur Scheine für eine kürzere Zeit als 4 Jahre aus, ist § 472 nicht anwendbar. Es muss dann eine Erneuerung der Zinsscheine abgewartet werden. Sind zur Einlösung nur Zins-, Renten- und Gewinnanteilsscheine vorgelegt worden, die nicht registriert wurden, ist § 471 anzuwenden (OLG München NJW 1979, 2317 [OLG München Urt. v. 08.06.1979 – 19 U 4119/78]). 3

C. Zeugnis. Der Antragsteller muss einen Nachweis darüber erbringen, dass die Zinsscheine nicht von einem Dritten vorgelegt wurden. Das in Abs. 2 erwähnte Zeugnis muss den Zeitraum der letzten 4 Jahre umfassen. Jede öffentliche oder private Kasse oder Anstalt, die nach dem Gesetz oder der Satzung die Ausgabe und die Einlösung der gesamten Gattung von Papieren vornehmen muss, ist berechtigt, ein derartiges Zeugnis zu erteilen. Das Zeugnis muss nach **Abs. 2 Satz 1** bescheinigen, dass die betreffenden Scheine von keinem anderen als dem Antragsteller vorgelegt wurden. Falls nach dem Erlass des Aufgebots neue Scheine ausgegeben wurden, muss das Zeugnis nach **Abs. 2 Satz 2** auch die Angaben des Zeugnisses nach § 471 *Abs. 2 enthalten*. Es muss nach Ablauf der in Abs. 1 genannten **sechsmonatigen Frist** ausgestellt worden sein. Nach § 799 Abs. 2 BGB ist der Aussteller zur Erteilung des Zeugnisses auf **Kosten** des bisherigen Inhabers verpflichtet. Dieses Zeugnis begründet damit auch die Vermutung, dass sich die Scheine nicht im Besitz eines gutgläubigen Dritten befinden. Wird es zwischen dem Verlust und dem Fristbeginn vorgelegt, so ist dies unschädlich. 4

§ 473 Vorlegung der Zinsscheine.
¹Die §§ 470 und 471 sind insoweit nicht anzuwenden, als die Zins-, Renten- oder Gewinnanteilscheine, deren Fälligkeit nach diesen Vorschriften eingetreten sein muss, von dem Antragsteller vorgelegt werden. ²Der Vorlegung der Scheine steht es gleich, wenn das Zeugnis der betreffenden Behörde, Kasse oder Anstalt beigebracht wird, dass die fällig gewordenen Scheine ihr von dem Antragsteller vorgelegt worden seien.

Übersicht

	Rdn.		Rdn.
A. Allgemeines	1	C. Geltungsbereich	3
B. Normzweck	2		

1 **A. Allgemeines.** Bei dem Verweis in Satz 1 auf die §§ 470, 471 handelt es sich offenbar um ein Redaktionsversehen, da in § 1012 ZPO a.F. noch auf die §§ 1010, 1011 ZPO verwiesen wurde, an deren Stelle die §§ 471, 472 getreten sind (Bork/Jacobi/Schwab/*Dutta*, § 473, Rn. 1 m.w.N.).

2 **B. Normzweck.** § 473 enthält eine Sonderregelung für den Fall, dass nur die gesondert verwahrte Stammurkunde (= Mantel) verloren gegangen ist und die Zins-, Renten- oder Gewinnanteilsscheine noch vorgelegt werden können, deren **Fälligkeit nach §§ 471, 472** eingetreten sein muss. In diesem Fall muss der berechtigte Inhaber des Wertpapiers nicht durch eine Verlängerung der Aufgebotsfrist geschützt werden; nach Satz 1 verbleibt es stattdessen bei der Grundregel für Urkundsaufgebote nach §§ 437, 476, wenn dieser die entsprechenden Zins-, Renten- oder Gewinnanteilsscheine vorlegt. Statt dieser Scheine kann der Antragsteller nach Satz 2 auch ein Zeugnis der ausstellenden Behörde, Kasse oder Anstalt beibringen. Nach § 799 Abs. 2 BGB besteht für den Aussteller die Pflicht zur Erteilung dieses Zeugnisses auf Kosten des bisherigen Inhabers.

3 **C. Geltungsbereich.** Beim Verlust der Stammurkunde sind folgende Urkunden vorzulegen:
– sämtliche nach dem Verlust fällig werdenden Zins-, Renten- oder Gewinnanteilsscheine der laufenden Reihe sowie der erste Schein der nachher ausgegebenen Reihe gem. § 471;
– die nach dem Verlust fällig werdenden Scheine für 4 Jahre aus der beim Verlust laufenden Reihe gem. § 472, wobei die Fälligkeit der Scheine nicht erforderlich ist. Ist der Schein bereits fällig, wird die Vorlegung durch das Zeugnis ersetzt.

4 Für den Aufgebotstermin gilt § 476: Die Frist für das Aufgebot soll höchstens ein Jahr betragen

§ 474 Abgelaufene Ausgabe der Zinsscheine.
Bei Wertpapieren, für die Zins-, Renten- oder Gewinnanteilscheine ausgegeben sind, aber nicht mehr ausgegeben werden, ist der Anmeldezeitpunkt so zu bestimmen, dass bis dahin seit der Fälligkeit des letzten ausgegebenen Scheines sechs Monate abgelaufen sind; das gilt nicht, wenn die Voraussetzungen der §§ 471 und 472 gegeben sind.

Übersicht

	Rdn.		Rdn.
A. Normzweck	1	B. Geltungsbereich	2

1 **A. Normzweck.** Die Vorschrift betrifft die Aufgebotsfrist bei Wertpapieren, für die Zins-, Renten- oder Gewinnanteilscheine ausgegeben wurden, aber nicht mehr ausgegeben werden und auch keine Zins-, Renten- oder Gewinnanteilscheine für 4 oder mehrere Jahre vorhanden sind.

2 **B. Geltungsbereich.** § 474 bezieht sich auf gekündigte oder ausgelöste Wertpapiere. Der Antragsteller muss entsprechend der §§ 471 Abs. 2, 472 Abs. 2 ein Zeugnis darüber beibringen, dass diese Scheine seit Verlust der Urkunde nicht von einem anderen vorgelegt worden sind.

3 Die Vorschrift findet keine Anwendung, wenn seit dem Verlust noch eine neue Reihe von Zins-, Renten- oder Gewinnanteilscheinen ausgegeben worden ist oder Scheine für 4 oder mehr Jahre noch nicht fällig geworden sind (Zöller/*Geimer* § 1013 Rn. 1). In diesem Fall ist der Anmeldezeitpunkt so zu legen, dass die-

ser 6 Monate nach der Fälligkeit des letzten ausgegebenen Zins-, Renten- oder Gewinnanteilsscheins liegt. Dann gilt § 472, ansonsten, d.h. wenn diese Vorschrift nicht anwendbar ist, § 474.

§ 475 Anmeldezeitpunkt bei bestimmter Fälligkeit.
Ist in einer Schuldurkunde eine Verfallzeit angegeben, die zur Zeit der ersten Veröffentlichung des Aufgebots im Bundesanzeiger noch nicht eingetreten ist, und sind die Voraussetzungen der §§ 471 bis 474 nicht gegeben, ist der Anmeldezeitpunkt so zu bestimmen, dass seit dem Verfalltag sechs Monate abgelaufen sind.

Übersicht
	Rdn.		Rdn.
A. Allgemeines	1	B. Geltungsbereich	2

A. Allgemeines. § 475 betrifft die Aufgebotsfrist bei Wertpapieren, die einen bestimmten Fälligkeitszeitpunkt enthalten, wobei die Fälligkeit der Urkunde am ersten Veröffentlichungstag des Aufgebots im elektronischen Bundesanzeiger noch nicht eingetreten ist. 1

B. Geltungsbereich. Bei Zins-, Renten- oder Gewinnanteilscheinen findet § 475 keine Anwendung, denn in diesem Fall gelten die §§ 471 bis 474. Fehlt es an diesen Anforderungen, wie z.B. bei Wechseln oder Schatzanweisungen (Baumbach/Lauterbach/Albers/Hartmann § 475 Rn. 1), wird der Anmeldezeitpunkt nach § 475 bestimmt, wobei die Frist nicht vor dem Ablauf von 6 Monaten nach Fälligkeit liegen darf, § 476. 2
Nach § 484 Abs. 2 kann das Landesrecht bei Hypotheken-, Grundschuld- und Rentenschuldbriefen gem. §§ 1162, 1192 Abs. 1, 1199 BGB eine abweichende Regelung treffen. 3

§ 476 Aufgebotsfrist.
Die Aufgebotsfrist soll höchstens ein Jahr betragen.

Übersicht
	Rdn.		Rdn.
A. Normzweck	1	B. Aufgebotsfrist	2

A. Normzweck. § 476 bildet zusammen mit § 437 die **Grundregel** für die Aufgebotsfrist beim Aufgebot zur Kraftloserklärung von Urkunden, soweit die vorrangigen Regelungen der §§ 471 bis 475 nicht anwendbar sind. Nach § 437 beträgt die allgemeine **Mindestaufgebotsfrist** 6 Wochen. Mit dieser Frist wird dem Interesse und Bedürfnis des Rechtsverkehrs genügt, zumal etwaige Gläubiger die Möglichkeit haben, sich über den elektronischen Bundesanzeiger zeitnah über die Eröffnung eines Aufgebotsverfahrens zu informieren. Ist im Einzelfall gleichwohl zu besorgen, dass potenzielle Gläubiger ihre Rechte nicht kurzfristig anmelden können, kann das Gericht nach seinem Ermessen eine längere Anmeldefrist bestimmen. Allerdings soll die Frist nach § 476 die **Höchstaufgebotsfrist** von einem Jahr nicht überschritten werden. bei einem Verstoß gegen § 476 ist die **Beschwerde** ohne Rücksicht auf den Beschwerdewert gem. § 439 Abs. 3 zulässig. 1

B. Aufgebotsfrist. Die Begrenzung der Aufgebotsfrist auf höchstens ein Jahr für jegliches Urkundenaufgebot dient der Verfahrensbeschleunigung und dem schnelleren Verschaffen lastenfreien Eigentums. Die 1-Jahres-Frist rechnet vom Zeitpunkt der Bestimmung einer Aufgebotsfrist an. Hinsichtlich der Fristberechnung wird auf § 437 Rdn. 4 f. verwiesen. 2
Abweichende Fristen in Form von Mindestfristen sehen folgende Vorschriften vor: 3
Art. 59 Abs. 1 Satz 2 ScheckG – 2 Monate. 4
§ 4 Abs. 3 Gesetz über die Kraftloserklärung von Hypotheken-, Grundschuld- und Rentenschuldbriefen in besonderen Fällen – 3 Monate. 5
Abweichende landesrechtliche Regelungen sind nach § 484 Abs. 2 für das Aufgebot von Hypotheken-, Grundschuld- und Rentenschuldbriefen gem. §§ 1162, 1192 Abs. 1, 1199 BGB möglich. 6
Das Aufgebot ist derzeit unzulässig, wenn die Frist von einem Jahr wegen der §§ 471 bis 475 nicht ausreicht. 7

§§ 477, 478 — Buch 8. Verfahren in Aufgebotssachen

§ 477 Anmeldung der Rechte. Meldet der Inhaber der Urkunde vor dem Erlass des Ausschließungsbeschlusses seine Rechte unter Vorlegung der Urkunde an, hat das Gericht den Antragsteller hiervon zu benachrichtigen und ihm innerhalb einer zu bestimmenden Frist die Möglichkeit zu geben, in die Urkunde Einsicht zu nehmen und eine Stellungnahme abzugeben.

Übersicht

	Rdn.		Rdn.
A. Normzweck	1	C. Einsicht und Stellungnahme	5
B. Anmeldung	2		

1 **A. Normzweck.** Die Vorschrift regelt zum einen, dass der Inhaber der Urkunde zur **Anmeldung** seiner Rechte und Ansprüche die **Urkunde vorlegen** muss und zum anderen, dass der Antragsteller nach einer Anmeldung hiervon vom Gericht zu **benachrichtigen** und ihm – zur Wahrung seines rechtlichen Gehörs – die Möglichkeit einzuräumen ist, die Urkunde einzusehen und hierzu **Stellung zu nehmen**.

2 **B. Anmeldung.** Hinsichtlich der Anmeldung der Rechte durch den Inhaber sind folgende **Besonderheiten** zu berücksichtigen: Der Inhaber muss die Urkunde zur Anmeldung seiner Ansprüche und Rechte vorlegen; die Anmeldung allein ist nicht ausreichend, es sei denn der Anmeldende selbst hat die Urkunde verloren (AG Bad Oeynhausen NJOZ 2004, 3943). Es genügt die Vorlage einer Abschrift (Zöller/*Geimer*, § 477, Rnr. 1). I.Ü. muss der Antragsteller nach der Anmeldung vom Gericht über die Anmeldung unterrichtet werden, damit er die Möglichkeit hat, die Urkunde einzusehen und zur Anmeldung Stellung zu nehmen.

3 Der Antragsteller kann die Vorlage des Originals der Urkunde vom Inhaber nicht verlangen. Allerdings kann das Gericht nach §§ 439 Abs. 1, 26 die Vorlage des Originals beanspruchen. Erkennt der Antragsteller die vorgelegte Urkunde an, dann ist dieses **Anerkenntnis** als eine Zurücknahme des Antrags auf Einleitung des Aufgebotsverfahrens anzusehen. **Bestreitet** er das Recht des Inhabers der Urkunde oder meldet ein Dritter, ohne Vorlegung der Urkunde, ein besseres Recht an, ist nach **§ 440** das Aufgebotsverfahren entweder bis zur endgültigen Entscheidung über das angemeldete Recht auszusetzen oder im Ausschließungsbeschluss das angemeldete Recht vorzubehalten (a.A. Bork/Jacobi/Schwab/*Dutta*, § 477 Rnr. 3, wonach die Klärung im Aufgebotsverfahren zu erfolgen hat).

4 4. Zur Klärung der materiell-rechtlichen Berechtigung ist das Verfahren nach § 440 auszusetzen und der Bestand des angemeldeten Rechts oder Anspruchs außerhalb des Aufgebotsverfahrens durch das Prozessgericht zu klären.

5 **C. Einsicht und Stellungnahme.** 5. Hat sich der Inhaber vor Erlass des Ausschließungsbeschlusses unter Vorlage der Urkunde gemeldet, benachrichtigt das Gericht den Antragsteller. Die Einsicht in die Urkunde hat das Gericht dem Antragsteller unter Fristsetzung auf der Geschäftsstelle zu gewähren. Das Gericht hat dem Antragsteller, ggf. zusammen mit dem Inhaber, die Einsicht zu ermöglichen, sofern der Inhaber das Original der Urkunde nicht dem Gericht übergeben will.

6 6. Mit der Möglichkeit zur Stellungnahme entspricht der Gesetzgeber den rechtsstaatlichen Anforderungen des Art. 103 Abs. 1 GG zur Wahrung des rechtlichen Gehörs.

§ 478 Ausschließungsbeschluss. (1) In dem Ausschließungsbeschluss ist die Urkunde für kraftlos zu erklären.
(2) ¹Der Ausschließungsbeschluss ist seinem wesentlichen Inhalt nach durch Veröffentlichung im Bundesanzeiger bekannt zu machen. ²§ 470 gilt entsprechend.
(3) In gleicher Weise ist die auf eine Beschwerde ergangene Entscheidung bekannt zu machen, soweit durch sie die Kraftloserklärung aufgehoben wird.

Übersicht

	Rdn.		Rdn.
A. Allgemeines	1	C. Kosten und Gebühren	7
B. Regelungsinhalt	2		

Abschnitt 6. Aufgebot zur Kraftloserklärung von Urkunden § 479

A. Allgemeines. Die Vorschrift regelt den Inhalt und die Bekanntmachung des Ausschließungsbeschlusses sowie einer aufhebenden Beschwerdeentscheidung. 1

B. Regelungsinhalt. Die Urkunde, die das Gericht im Ausschließungsbeschluss für kraftlos erklärt, muss so genau wie möglich bezeichnet sein, vgl. auch § 468 Nr. 1. Entsprechendes gilt auch für denjenigen, der ausgeschlossen werden soll; daher darf der Beschluss nicht unbekannte Dritte ausschließen. Aufgrund des Beschlusses gilt derjenige, der den Ausschließungsbeschluss erwirkt hat, ggü dem aus der Urkunde Verpflichteten als berechtigt, die Rechte aus der Urkunde geltend zu machen (§ 479). Rechte unbekannter Rechtsinhaber können ebenso wenig ausgeschlossen werden, wie unbekannte Dritte in ihren Rechten an oder aus der Urkunde. Bis zum Erlass des Ausschließungsbeschlusses gilt die alte Urkunde als vorhanden, weshalb das Grundbuchamt einen neuen Grundschuldbrief erteilen darf. 2

Der Ausschließungsbeschluss ist seinem wesentlichen Inhalt nach, jedenfalls mit **Tenor**, durch Veröffentlichung im Bundesanzeiger bekannt zu machen. Die Bekanntmachung im Bundesanzeiger steht nicht wie bei § 441 Satz 2, § 187 ZPO im Ermessen des Gerichts, sondern ist nach Abs. 2 zwingend; sie muss nur einmal erfolgen. In gleicher Weise ist auch der Beschluss bekannt zu machen, durch den der Ausschließungsbeschluss auf eine entsprechende **Beschwerde** hin für kraftlos erklärt wurde. Allerdings hat ein Verstoß gegen diese Bekanntmachungsvorschrift keine verfahrensrechtlichen Auswirkungen. 3

Abweichend hiervon bestimmt § 7 HypKrlosErklG für die in diesem Gesetz geregelten Verfahren, dass eine öffentliche Bekanntmachung nach Abs. 2 und 3 nicht erfolgt. 4

Bekannt zu machen sind Entscheidungen nach Abs. 2 und 3, sobald sie rechtskräftig und wirksam geworden sind. Die Beteiligten müssen den Nachweis der Rechtskraft erbringen. Hierzu können sie aber vom Gericht nicht gezwungen werden. 5

Nach § 484 Abs. 2 sind landesgesetzlich abweichende Regelungen im Aufgebotsverfahren nach § 1162 BGB möglich und dann auch zu beachten. 6

C. Kosten und Gebühren. Nach Nr. 15212 KV GNotKG entsteht im gerichtlichen Aufgebotsverfahren eine 0,5 Gebühr. Für das Beschwerdeverfahren fällt nach Nr. 15223 KV GNotKG eine 1,0-Gebühr an. 7

Im gerichtlichen Aufgebotsverfahren fällt für den Anwalt eine 1,0 Verfahrensgebühr nach Nr. 3324 VV RVG an, die sich bei vorzeitiger Beendigung des Auftrags auf eine 0,5 Verfahrensgebühr ermäßigen kann, Nr. 3337 VV RVG. Bei Vertretung mehrerer Antragsteller erhöht sich diese Verfahrensgebühr nach Nr. 1008 VV RVG, wenn es sich um denselben Gegenstand handelt. Ferner kann auch eine 0,5 Terminsgebühr nach Nr. 3332 VV RVG entstehen. Im Fall der Einigung kann auch eine Einigungsgebühr nach Nr. 1000 bzw. 1003 VV RVG anfallen. Für die Tätigkeit im Beschwerdeverfahren entsteht eine 0,5 Verfahrensgebühr nach Nr. 3500 VV RVG. 8

§ 479 Wirkung des Ausschließungsbeschlusses.

(1) Derjenige, der den Ausschließungsbeschluss erwirkt hat, ist dem durch die Urkunde Verpflichteten gegenüber berechtigt, die Rechte aus der Urkunde geltend zu machen.
(2) Wird der Ausschließungsbeschluss im Beschwerdeverfahren aufgehoben, bleiben die auf Grund des Ausschließungsbeschlusses von dem Verpflichteten bewirkten Leistungen auch Dritten, insbesondere dem Beschwerdeführer, gegenüber wirksam, es sei denn, dass der Verpflichtete zur Zeit der Leistung die Aufhebung des Ausschließungsbeschlusses gekannt hat.

Übersicht	Rdn.		Rdn.
A. Allgemeines	1	C. Wirkung	3
B. Ausschließungsbeschluss	2	D. Aufhebung	7

A. Allgemeines. Die Vorschrift regelt die **positiven Wirkungen** des Ausschließungsbeschlusses. Im ersten *Absatz werden die Befugnisse* des erfolgreichen Antragstellers gegenüber dem Verpflichteten und in Abs. 2 der Schutz des Verpflichteten für den Fall geregelt, dass der Ausschließungsbeschluss im Beschwerdeverfahren aufgehoben wird. 1

B. Ausschließungsbeschluss. Nach Abs. 1 kann der Antragsteller gegenüber dem durch die Urkunde Verpflichteten die Rechte aus der Urkunde geltend machen. Der Antragsteller hat ggü. dem aus der Urkun- 2 de Verpflichteten durch den Ausschließungsbeschluss die Stellung eines Besitzers, d.h. der Beschluss, in dem die Urkunde für kraftlos erklärt wird, ersetzt für den Antragsteller den Besitz bzw. die Vorlage der Urkunde und verschafft ihm ein sachliches Recht. Derjenige, der den Ausschließungsbeschluss erwirkt hat, steht dem aus der Urkunde Verpflichteten ggü. so da, als besitze er die Urkunde (OLG Hamm, Beschl. v. 05.02.2014 – 15 W 1/14, JurionRS 2014, 11768; OLG Brandenburg, Beschl. v. 10.05.2012 – 6 Wx 1/12, JurionRS 2012, 15825). Der Ausschließungsbeschluss verändert aber nicht die materiell-rechtliche Rechtsposition des aus der Urkunde Verpflichteten; ihm stehen auch weiterhin alle Einreden und Einwendungen zu, die er vor Erlass des Ausschließungsbeschlusses hatte (BGH, Beschl. v. 04.04.2011 – V ZB 308/10, JurionRS 2012, 12189). Daher wirkt der Ausschließungsbeschluss nur zwischen dem Antragsteller und dem aus der Urkunde Verpflichteten. War der bisherige Urkundeninhaber nur Besitzmittler, erlangt der Antragsteller durch den Ausschließungsbeschluss keine darüber hinausgehenden Rechte (OLG Hamm, Beschl. v. 04.11.1975 – 7 U 97/75, JurionRS 1975, 17429).

3 **C. Wirkung.** Der Ausschließungsbeschluss erwächst gem. § 45 in Rechtskraft. Die Rechtskraftwirkung besteht unabhängig davon, dass ein Nichtantragsberechtigter den Beschluss erwirkt hat (Baumbach/Lauterbach/Albers/Hartmann § 479 Rn. 2). Rechte Dritter an der Urkunde bleiben unberührt. Der Beschluss hat **keine weitergehenden Wirkungen als das Original,** sodass der Antragsteller aus dem Beschluss nicht mehr herleiten kann, als ihm aus der Urkunde zugestanden hat.

4 Der Ausschließungsbeschluss berechtigt nicht zur Ausstellung einer neuen Urkunde, da dieser Anspruch ausschließlich dem materiellen Recht folgt (BGH, Beschl. v. 04.04.2011 – V ZB 308/10, JurionRS 2012, 12189). Der Beschluss ersetzt nicht die Übergabe des Hypothekenbriefes. Es muss vielmehr ein neugebildeter Brief übergeben werden (Baumbach/Lauterbach/Albers/Hartmann § 479 Rn. 3). Auch der aus der Urkunde Verpflichtet bestimmt sich nach materiellem Recht.

5 Wenn der Ausschließungsbeschluss im **Beschwerdeverfahren** aufgehoben wird, verhindert Abs. 2, dass der aus der Urkunde Verpflichtete doppelt in Anspruch genommen wird. Nach Abs. 2 bleiben nämlich in diesem Fall die Leistungen, die der Verpflichtete an Dritte bewirkt hat, wirksam. Dies gilt nicht, wenn er z.Zt. der Leistungserbringung positive Kenntnis davon hatte, dass der Ausschließungsbeschluss aufgehoben wurde. Fahrlässige Unkenntnis von der Anfechtbarkeit des Ausschließungsbeschlusses bzw. Kenntnis vom Beschwerdeverfahren reichen nicht (Baumbach/Lauterbach/Albers/Hartmann § 479 Rn. 4).

6 Wird der Ausschließungsbeschluss aufgehoben, steht dem berechtigten Inhaber der Urkunde gegen den Antragsteller ein Bereicherungsanspruch nach § 816 Abs. 2 BGB zu, denn das Aufgebotsverfahren nach §§ 466 ff. lässt die Rechte des materiell Berechtigten unberührt (Keidel/*Giers* § 479 Rn. 5; a.A. Wieczorek/Schütze/Weber § 1018 ZPO Rn. 16, wonach sich der Anspruch aus § 812 Abs. 1 Satz 1 2. Fall BGB ergibt).

7 **D. Aufhebung.** Die Leistungen bleiben nach Aufhebung des Ausschließungsbeschlusses wirksam, sofern der Verpflichtete keine Kenntnis von der Aufhebung hatte. Kennenmüssen oder die Kenntnis von der Anhängigkeit der Beschwerde reichen hierfür nicht aus. Der Beschwerdeführer kann vom Antragsteller nur die Bereicherung heraus verlangen.

§ 480 Zahlungssperre.

(1) ¹Bezweckt das Aufgebotsverfahren die Kraftloserklärung eines auf den Inhaber lautenden Papiers, so hat das Gericht auf Antrag an den Aussteller sowie an die in dem Papier und die von dem Antragsteller bezeichneten Zahlstellen das Verbot zu erlassen, an den Inhaber des Papiers eine Leistung zu bewirken, insbesondere neue Zins-, Renten- oder Gewinnanteilscheine oder einen Erneuerungsschein auszugeben (Zahlungssperre). ²Mit dem Verbot ist die Benachrichtigung von der Einleitung des Aufgebotsverfahrens zu verbinden. ³Das Verbot ist in gleicher Weise wie das Aufgebot öffentlich bekannt zu machen.
(2) Ein Beschluss, durch den der Antrag auf Erlass einer Zahlungssperre zurückgewiesen wird, ist mit der sofortigen Beschwerde in entsprechender Anwendung der §§ 567 bis 572 der Zivilprozessordnung anfechtbar.
(3) Das an den Aussteller erlassene Verbot ist auch den Zahlstellen gegenüber wirksam, die nicht in dem Papier bezeichnet sind.
(4) Die Einlösung der vor dem Verbot ausgegebenen Zins-, Renten- oder Gewinnanteilscheine wird von dem Verbot nicht betroffen.

Abschnitt 6. Aufgebot zur Kraftloserklärung von Urkunden **§ 480**

Übersicht

	Rdn.		Rdn.
A. Normzweck	1	E. Entscheidung	7
B. Anwendungsbereich	2	F. Rechtsmittel	8
C. Wirkung der Zahlungssperre	3	G. Kosten und Gebühren	9
D. Verfahren	5		

A. Normzweck. Durch die Zahlungssperre soll verhindert werden, dass der Aussteller oder die Zahlstellen 1 vor der Kraftloserklärung der Urkunde an den nichtberechtigten Inhaber des Papiers mit befreiender Wirkung nach § 793 Abs. 1 Satz 2 BGB leisten. Die Zahlungssperre ist also eine besondere Form des einstweiligen Rechtsschutzes (Bork/Jacoby/Schwab/*Dutta*, § 480 Rn. 1), die bereits vor Erlass des Ausschließungsbeschlusses Schutzwirkungen zu Gunsten desjenigen entfaltet, der ein Inhaberpapier verloren hat.

B. Anwendungsbereich. Die Vorschrift ist auf alle Inhaberpapiere, wie Inhabergrundschuld- und Renten- 2 schuldbriefe nach §§ 1195, 1199 BGB, Inhaberaktien (§ 10 Abs. 1 AktG) und -schecks nach Art. 5 Abs. 2 ScheckG einschließlich der Inhaberschuldverschreibungen nach § 793 Abs. 1 BGB und hinkende Inhaberpapiere nach § 808 BGB anwendbar. Dagegen findet die Vorschrift keine Anwendung auf Orderpapiere, wie z.B. den Wechsel und den Scheck.

C. Wirkung der Zahlungssperre. Die Zahlungssperre wird nur auf **Antrag** erlassen. Das dem Aussteller 3 mitgeteilte Zahlungsverbot betrifft nur die Haupturkunde und wirkt gegen diejenigen, denen das Gericht das Zahlungsverbot mitteilt. Darüber hinaus wirkt es gem. Abs. 3 auch gegen die nicht im Papier bezeichneten Zahlstellen, auch wenn sie vom Gericht nicht benachrichtigt wurden. Dies gilt nicht, wenn sie im Papier genannt sind, das Gericht sie aber nicht benachrichtigt hat. Die Sperre hemmt nach § 802 BGB sowohl den Beginn als auch den Lauf der Vorlegungs- und Verjährungsfrist.

Als **gesetzliches Verfügungsverbot** hat es die Wirkung der §§ 135, 136 BGB (allg. Meinung: MüKo/*Eick-* 4 *mann* §§ 1003 bis 1024 Rn. 47). Dagegen verstoßende Leistungen sind dem Antragsteller gegenüber unwirksam, wenn später ein Ausschließungsbeschluss ergeht. Zu Gunsten des Leistungsempfängers wirkt bei gutem Glauben § 135 Abs. 2 BGB (Keidel/*Giers*, § 480, Rn. 3).

D. Verfahren. Die Zahlungssperre wird nur auf **Antrag** erlassen. Der Antrag kann vor dem Aufgebots- 5 antrag, gleichzeitig mit dem Aufgebotsantrag oder auch später gestellt werden. Wird der Antrag vor dem Aufgebotsantrag gestellt, muss dieser im Hinblick auf Abs. 1 Satz 2 bis zum Erlass des Verbots nachgeholt werden. Eine selbständige Zahlungssperre ist somit nicht zulässig.

Zuständig ist gem. § 3 Nr. 1c RPflG der **Rechtspfleger**. 6

E. Entscheidung. Die Anordnung der Zahlungssperre erfolgt durch **Beschluss**, der dem Aussteller nach 7 § 41 Abs. 1 sowie den bekannten Zahlstellen von Amts wegen zuzustellen ist. Mit dem Verbot ist gem. Abs. 1 Satz 2 die Benachrichtigung über die Einleitung des Aufgebotsverfahrens zu verbinden. Der Beschluss ist nach §§ 470, 435 öffentlich bekannt zu machen. Die Benachrichtigung in Abs. 1 Satz 2 ist keine Wirksamkeitsvoraussetzung.

F. Rechtsmittel. Gegen die Zurückweisung bzw. Ablehnung des Antrags ist gem. Abs. 2 die **sofortige Be-** 8 **schwerde** nach § 11 Abs. 1 RPflG i.V.m. § 567 Abs. 1 Nr. 2 ZPO zulässig. Entsprechendes gilt bei einer fälschlich ergangenen Ersatzentscheidung des Richters. Die **Anordnung** einer Zahlungssperre ist **nicht anfechtbar**, was sich bereits aus einem Umkehrschluss zu Abs. 2 ergibt (Bork/Jacobi/Schwab/*Dutta*, § 480, Rn. 6). Zulässig gegen die Zahlungssperre ist allerdings die **Rechtspflegererinnerung** nach § 11 Abs. 2 und Abs. 3 RPflG.

G. Kosten und Gebühren. Gemäß Anm. 2 zu Nr. 15212 KV GNotKG gelten das Verfahren betreffend die 9 Zahlungssperre und ein anschließendes Aufgebotsverfahren sowie das Verfahren über die Aufhebung der Zahlungssperre gem. § 482 zusammen als **ein Verfahren**, sodass neben den **Gerichtskosten** für das Aufgebotsverfahren (vgl. § 433, Rdn. 12) keine weiteren Gerichtskosten für die Zahlungssperre anfallen.

Die **Auslagen** für die Bekanntmachung schuldet der Antragsteller gem. § 22 Abs. 1 GNotKG. 10

Da das Verfahren betreffend die Zahlungssperre und das Aufgebotsverfahren als **ein Verfahren** i.S.v. § 15 11 Abs. 1 RVG anzusehen sind, fallen für die Zahlungssperre keine gesonderten **Anwaltsgebühren** an.

12 Für das **Beschwerdeverfahren** entsteht nach Nr. 15223 KV GNotKG eine 1,0 Gerichtsgebühr. Die **Anwaltsgebühren** für das Beschwerdeverfahren richten sich nach Nr. 3500 VV RVG.

§ 481 Entbehrlichkeit des Zeugnisses nach § 471 Abs. 2.
Wird die Zahlungssperre angeordnet, bevor seit der Zeit des glaubhaft gemachten Verlustes Zins-, Renten- oder Gewinnanteilscheine ausgegeben worden sind, so ist die Beibringung des in § 471 Abs. 2 vorgeschriebenen Zeugnisses nicht erforderlich.

1 Die Vorschrift regelt, dass der Aussteller und die Zahlungsstellen nach Anordnung der Zahlungssperre an den Inhaber keine Zins-, Renten- oder Gewinnanteilscheine mehr ausgeben darf. In diesem Fall ist ein Zeugnis nach § 471 Abs. 2 nicht erforderlich, weil der Besitzer des Papiers durch die Zahlungssperre nicht mehr in der Lage ist, neue Scheine zu erhalten. Der Inhaber muss daher vorab die Zahlungssperre gem. § 482 durch Vorlage der Urkunde beseitigen. Dieses Verfahren schützt den gutgläubigen Inhaber des Papiers in gleicher Weise wie das Zeugnis nach § 471 Abs. 2. Die Urkunde kann, wenn diese Stelle die Aushändigung der Scheine unter Berufung auf die Zahlungssperre verweigert, nur dem Gericht wirksam vorgelegt werden.

2 Legt der Besitzer die Urkunde dem Gericht nicht vor, besteht der Verdacht, er habe das Papier nicht in gutem Glauben erworben. Daher bedarf es der ansonsten zum Schutz des gutgläubigen Erwerbers gebotenen Beibringung des Zeugnisses nach § 471 Abs. 2 nicht. Die Vorschrift gilt für das Aufgebot nach § 808 Abs. 2 Satz 2 BGB **entsprechend**.

3 Für die Bestimmung des Aufgebotstermins ist, wenn es sich um Papiere handelt, die zu den in § 471 Abs. 1 genannten gehören, der Zeitpunkt maßgebend, in dem hinsichtlich des aufzubietenden Papiers der erste Schein fällig gewesen wäre, wäre die Ausgabe nicht infolge der Zahlungssperre unterblieben.

§ 482 Aufhebung der Zahlungssperre.
(1) ¹Wird das in Verlust gekommene Papier dem Gericht vorgelegt oder wird das Aufgebotsverfahren ohne Erlass eines Ausschließungsbeschlusses erledigt, so ist die Zahlungssperre von Amts wegen aufzuheben. ²Das Gleiche gilt, wenn die Zahlungssperre vor der Einleitung des Aufgebotsverfahrens angeordnet worden ist und die Einleitung nicht binnen sechs Monaten nach der Beseitigung des ihr entgegenstehenden Hindernisses beantragt wird. ³Ist das Aufgebot oder die Zahlungssperre öffentlich bekannt gemacht worden, so ist die Erledigung des Verfahrens oder die Aufhebung der Zahlungssperre von Amts wegen durch den Bundesanzeiger bekannt zu machen.
(2) Wird das Papier vorgelegt, ist die Zahlungssperre erst aufzuheben, nachdem dem Antragsteller die Einsicht nach Maßgabe des § 477 gestattet worden ist.
(3) Der Beschluss, durch den die Zahlungssperre aufgehoben wird, ist mit der sofortigen Beschwerde in entsprechender Anwendung der §§ 567 bis 572 der Zivilprozessordnung anfechtbar.

Übersicht	Rdn.		Rdn.
A. Allgemeines	1	C. Entscheidung	5
B. Voraussetzungen	2	D. Rechtsbehelfe	6
I. Vorlegung	3	E. Kosten	8
II. Anderweitige Erledigung	4		

1 **A. Allgemeines.** Die Zahlungssperre nach § 480 bleibt solange bestehen, bis sie vom Gericht aufgehoben wird. § 481 regelt die **Aufhebung einer nach § 480 erlassenen Zahlungssperre**.

2 **B. Voraussetzungen.** Die Aufhebung der Zahlungssperre ist zwingend, wenn das in Verlust geratene Papier vorgelegt wird, das Aufgebotsverfahren ohne Erlass eines Ausschließungsbeschlusses erledigt wird oder sich die Angelegenheit auf andere Weise erledigt, d.h., wenn die Zahlungssperre vor Einleitung des Aufgebotsverfahrens beantragt war und die Einleitung nicht binnen 6 Monaten nach Einleitung des ihr entgegenstehenden Hindernisses (= Einhaltung der Aufgebotsfrist des § 476) beantragt wurde.

3 **I. Vorlegung.** Das Vorlegen des verlorenen Papiers führt zur Aufhebung der Zahlungssperre. Die Aufhebung kann nur erfolgen, wenn nach Einschätzung des Gerichts die **vorgelegte Urkunde echt ist**. Hält

das Gericht die Urkunde nicht für echt, muss die Aufhebung unterbleiben, sodass ein hierauf gerichteter Antrag zurückzuweisen ist. Kann das Gericht die Echtheit des Papiers nicht feststellen, muss es das Verfahren bis zu einer Entscheidung über die Echtheit der Urkunde im ordentlichen Verfahren gem. § 440 aussetzen. Hat es die Echtheit des Papiers festgestellt, muss das Gericht dem Antragsteller zunächst nach § 477 Einsicht gewähren, bevor es die Sperre aufhebt, Abs. 2.

II. Anderweitige Erledigung. Eine anderweitige Erledigung im Sinne von Abs. 1 Satz 2 liegt vor bei Rücknahme des Antrags oder bei seiner Zurückweisung. Das bloße Ausbleiben reicht nicht aus. Ergeht der Ausschließungsbeschluss, erfolgt keine Aufhebung; an die Stelle der Zahlungssperre tritt der Ausschließungsbeschluss (Keidel/Giers, § 483, Rn. 2). 4

C. Entscheidung. Die Entscheidung über die Aufhebung der Zahlungssperre erfolgt durch **Beschluss**, der gem. § 38 Abs. 3 zu begründen und gem. § 39 mit einer Rechtsbehelfsbelehrung zu versehen ist. Zuständig ist der **Rechtspfleger** nach § 20 Nr. 2 RPflG, sofern nicht der Richter in einem zusammengefassten Einsichts- und Aufgebotstermin entscheidet. Der Rechtspfleger veranlasst die förmliche Zustellung nach § 41 an den Antragsteller und die Zahlstellen. Mit Rechtskraft wird der Aufhebungsbeschluss nach §§ 439 Abs. 2, 45 wirksam. 5

D. Rechtsbehelfe. Nach Abs. 3 kann der Aufhebungsbeschluss mit der **sofortigen Beschwerde** in entsprechender Anwendung der §§ 567 bis 572 ZPO i.V.m. § 11 Abs. 1 RPflG angefochten werden. Beschwerdeberechtigt ist nur derjenige, der die Zahlungssperre veranlasst hat, nicht dagegen Aussteller und Zahlstellen. Weist das Gericht den Antrag auf Aufhebung zurück, ist die **befristete Erinnerung nach § 11 Abs. 2 RPflG** zulässig. 6

Stellt das Beschwerdegericht die Sperre wieder her, berührt dies die Wirksamkeit derjenigen Leistungen an den Urkundeninhaber nicht, die nach der Aufhebung erfolgten. 7

E. Kosten. Da das Verfahren bzgl. der Zahlungssperre und ein anschließendes Aufgebotsverfahren sowie das Verfahren über die Aufhebung der Zahlungssperre nach § 482 zusammen als **ein Verfahren** gelten, entsteht die 0,5 Gerichtsgebühr gemäß Nr. 15212 KV GNotKG nur einmal, d.h. es entstehen für die Aufhebung der Zahlungssperre keine gesonderten Gerichtskosten mehr. Dies gilt auch für die Vergütung des Rechtsanwalts. 8

Für das Beschwerdeverfahren entsteht eine 1,0 Gebühr nach Nr. 15223 GNotKG. Die anwaltlichen Gebühren richten sich nach den Nr. 3500 VV RVG.

§ 483 Hinkende Inhaberpapiere.

¹Bezweckt das Aufgebotsverfahren die Kraftloserklärung einer Urkunde der in § 808 des Bürgerlichen Gesetzbuchs bezeichneten Art, gelten § 466 Abs. 3, die §§ 470 und 478 Abs. 2 Satz 2 sowie die §§ 480 bis 482 entsprechend. ²Die Landesgesetze können über die Veröffentlichung des Aufgebots und der in § 478 Abs. 2, 3 und in den §§ 480, 482 vorgeschriebenen Bekanntmachungen sowie über die Aufgebotsfrist abweichende Vorschriften erlassen.

Übersicht

	Rdn.		Rdn.
A. Allgemeines	1	B. Geltungsbereich	2

A. Allgemeines. Nach § 483 gelten die Vorschriften über das Aufgebot von Urkunden für hinkende Inhaberpapiere **entsprechend**. Allerdings können **landesrechtliche Vorschriften** von den Vorschriften der §§ 466 bis 483 abweichen. 1

B. Geltungsbereich. Die §§ 466 bis 483 gelten grds. auch für das Aufgebot nach § 808 Abs. 2 Satz 2 BGB (Bork/Jacoby/Schwab/Dutta § 483 FamFG Rn. 1). Von § 808 BGB werden die qualifizierten Legitimationspapiere (hinkende Inhaberpapiere), wie z.B. die meisten Sparbücher (OLG Karlsruhe, Beschl.v. 09.02.2015 – 14 Wx 60/14, JurionRS 2015, 10660; OLG Karlsruhe, Beschl. v. 20.11.2014 – 14 Wx 60/14, JurionRS 2014, 31006; OLG Brandenburg, Beschl. v. 07.02.2013 – 6 Wx 6/12, JurionRS 2013, 316), Depotscheine, Versicherungsscheine, nicht auf den Inhaber ausgestellte Inhaberlagerscheine und vielfach Pfandscheine erfasst. Nach Art. 102 Abs. 2 EGBGB gilt für sie Landesrecht (so z.B. in Baden-Württemberg und Bayern, die ein 2 anderes Verfahren anordnen), weshalb die §§ 466 ff. nur hilfsweise gelten, d.h. wenn landesrechtliche Vorschriften fehlen. Zu beachten ist, dass landesgesetzliche Vorschriften gem. Satz 2 angeordnet werden können, auch wenn das Aufgebotsverfahren grds. nach den Vorschriften des FamFG durchzuführen ist.

3 3 Beim Aufgebot können **landesrechtliche Vorschriften** von den Vorschriften der §§ 466 ff. in **dreifacher Hinsicht** abweichen, 1. die Veröffentlichung des Aufgebots (§§ 435, 470); 2. die Bekanntmachung des Ausschließungsbeschlusses (§ 478 Abs. 2), der Zahlungssperre (§ 480 Abs. 1 Satz 3) und der jeweiligen Rechtsmittelentscheidung (§§ 478 Abs. 3, 482 Abs. 1 Satz 3) sowie 3. die Aufgebotsfrist (§§ 437, 471 bis 476). I.Ü. kann das Landesrecht auch ein anderes Verfahren als das Aufgebotsverfahren vorsehen mit der Folge, dass die §§ 433 ff. und § 483 ohnehin nicht anwendbar sind, Art. 102 Abs. 2 EGBGB. Derartige Verfahren sind vielen Bundesländern für von **Sparkassen ausgestellte Urkunden, insbeondere also Sparbücher** vorgesehen: Baden Würtemberg § 34 SpG, Bayern Art. 33 AGBGB, Hessen § 13 SparkG, Saarland § 22 SSpG, Schleswig-Holstein § 23 SparkG und Thüringen § 13 SpkVO.

4 Einen **Vorbehalt nach Satz 2** ist in folgenden Landesgesetzen enthalten: Baden-Württemberg § 26 AGGVG, Bayern Art. 27 AGGVG, Berlin § 7 AGZPO, Bremen § 2 AGZPO, Hamburg § 46 AGBGB, Niedersachsen § 17a AGBGB, Nordrhein-Westfalen § 57 JustG, Rheinland-Pfalz § 19a LFGG, Saarland § 38 AGJustG und Schleswig-Holstein § 7 AGZPO.

5 Der Aussteller kann von demjenigen, der einen Ausschließungsbeschluss erwirkt hat, verlangen, dass er sein Recht nachweist, § 808 BGB.

§ 484 Vorbehalt für die Landesgesetzgebung.

(1) Bei Aufgeboten auf Grund der §§ 887, 927, 1104, 1112, 1162, 1170, 1171 des Bürgerlichen Gesetzbuchs, des § 110 des Binnenschifffahrtsgesetzes, der §§ 6, 13, 66, 67 des Gesetzes über Rechte an eingetragenen Schiffen und Schiffsbauwerken (BGBl. III 403-4) und der §§ 13, 66, 67 des Gesetzes über Rechte an Luftfahrzeugen können die Landesgesetze die Art der Veröffentlichung des Aufgebots und des Ausschließungsbeschlusses sowie die Aufgebotsfrist anders bestimmen als in den §§ 435, 437 und 441 vorgeschrieben ist.
(2) Bei Aufgeboten, die auf Grund des § 1162 des Bürgerlichen Gesetzbuchs ergehen, können die Landesgesetze die Art der Veröffentlichung des Aufgebots, des Ausschließungsbeschlusses und des in § 478 Abs. 2 und 3 bezeichneten Beschlusses sowie die Aufgebotsfrist auch anders bestimmen, als in den §§ 470, 475, 476 und 478 vorgeschrieben ist.

Übersicht

	Rdn.		Rdn.
A. Allgemeines	1	B. Regelungszweck	2

1 **A. Allgemeines.** Die Vorschrift regelt die Zulässigkeit von Vorbehalten für die Landesgesetzgebung.

2 **B. Regelungszweck.** Der Gesetzgeber hat in § 484 wegen der Verschiedenheit der örtlichen Verhältnisse eine landesrechtliche Regelung zugelassen. Der landesrechtliche Vorbehalt kann ausnahmsweise auch für besondere Vorschriften der §§ 442 ff. gelten, soweit sie von §§ 435, 437, 441 abweichen und nicht in Abs. 1 genannt sind. Die Vorschrift ist auf alle Aufgebotsfälle des FamFG, einschließlich der Aufgebotsfälle des Gesetzes über Rechte an Luftfahrzeugen (LuftzRG) anwendbar. Abs. 2 ermöglicht, auch von den besonderen Vorschriften der §§ 466 bis 483 abzuweichen, und zwar hinsichtlich der Veröffentlichung des Aufgebots, § 470, der Bekanntmachung des Ausschließungsbeschlusses, § 478 Abs. 1 und ggf. der Rechtsmittelentscheidung, § 478 Abs. 3 sowie der Aufgebotsfrist der §§ 475, 476.

3 Anstelle des durch das SchiffsrechteG, RGBl 40, 1499 aufgehobenen § 1269 BGB finden nun die Regelungen dieses Gesetzes Anwendung.

4 Eine Zusammenstellung der Landesgesetze findet sich ua bei Wieczorek/Schütze/*Weber* § 1024 Rn. 4 ff.

Buch 9. Schlussvorschriften

Vorbem. zu §§ 485–491
Schlussvorschriften

Übersicht über Landesrecht. Baden-Württemberg: 1
- Landesgesetz über die freiwillige Gerichtsbarkeit (LFGG)
- Baden-Württembergisches Ausführungsgesetz zum Bürgerlichen Gesetzbuch (Ba Wü AGBGB)
- Gesetz zur Ausführung des Gerichtsverfassungsgesetzes und von Verfahrensgesetzen der ordentlichen Gerichtsbarkeit (AGGVG)
- Gesetz über die Organisation der ordentlichen Gerichte in Baden-Württemberg (Gerichtsorganisationsgesetz)

Bayern: 2
- Gesetz zur Ausführung des Bürgerlichen Gesetzbuchs und anderer Gesetze (AGBGB)
- Gesetz über die Organisation der ordentlichen Gerichte im Freistaat Bayern (GerOrgG)
- Gesetz zur Ausführung des Gerichtsverfassungsgesetzes und von Verfahrensgesetzen des Bundes (AGGVG)

Berlin: 3
- Preußisches Gesetz über die Angelegenheiten der freiwilligen Gerichtsbarkeit (PrFGG)
- Gesetz zur Ausführung des Gerichtsverfassungsgesetzes (AGGVG)

Brandenburg: 4
- Brandenburgisches Gerichtsneuordnungsgesetz (BbgGerNeuOG)

Bremen: 5
- Bremisches Ausführungsgesetz zum Gesetz über die Angelegenheiten der freiwilligen Gerichtsbarkeit (Brem AGFGG)
- Gesetz zur Ausführung des Gerichtsverfassungsgesetzes (AGGVG)

Hamburg: 6
- Hamburgisches Gesetz über die Angelegenheiten der freiwilligen Gerichtsbarkeit (HmbFGG)
- Hamburgisches Gesetz zur Ausführung des Gerichtsverfassungsgesetzes (HmbAGGVG)
- Hamburgisches Ausführungsgesetz zum Bürgerlichen Gesetzbuch in der Fassung vom 01.07.1958

Hessen: 7
- Hessisches Gesetz über die freiwillige Gerichtsbarkeit (Hess FGG)
- Ortsgerichtsgesetz
- Gebührenordnung für die Ortsgerichte im Lande Hessen

Mecklenburg-Vorpommern: 8
- Gesetz zur Ausführung des Gerichtsstrukturgesetzes

Niedersachsen: 9
- Niedersächsisches Gesetz über die freiwillige Gerichtsbarkeit (Nds FGG)
- Ausführungsgesetz zum Gerichtsverfassungsgesetz (AGGVG)

Nordrhein-Westfalen: 10
- Justizgesetz (JustG NRW)

Rheinland-Pfalz: 11
- Landesgesetz über die freiwillige Gerichtsbarkeit (LFGG)
- Landesgesetz zur Ausführung des Bürgerlichen Gesetzbuchs (AGBGB)
- Landesgesetz über die Gliederung und die Bezirke der Gerichte (Gerichtsorganisationsgesetz – GerOrgG –)
- Landesgesetz zur Ausführung des Gerichtsverfassungsgesetzes (AGGVG)
- Landesverordnung über die gerichtliche Zuständigkeit in Zivilsachen und Angelegenheiten der freiwilligen Gerichtsbarkeit
- Landesgesetz über die Beglaubigungsbefugnis

Sieghörtner

§ 485   Buch 9. Schlussvorschriften

12 Saarland:
    – Gesetz zur Ausführung bundesrechtlicher Justizgesetze (AGJusG)
    – Saarländisches Ausführungsgesetz zum Gerichtsverfassungsgesetz (SAG GVG)
13 Sachsen:
    – Gesetz über die Justiz im Freistaat Sachsen (Sächsisches Justizgesetz – SächsJG)
14 Sachsen-Anhalt:
    – Ausführungsgesetz des Landes Sachsen-Anhalt zum Gerichtsverfassungsgesetz (AGGVG LSA)
15 Schleswig-Holstein:
    – Preußisches Gesetz über die Angelegenheiten der freiwilligen Gerichtsbarkeit (PrFGG)
    – Ausführungsgesetz zum Gerichtsverfassungsgesetz
16 Thüringen:
    – Thüringer Gesetz zur Ausführung des Gerichtsverfassungsgesetzes (ThürAGGVG)

§ 485 Verhältnis zu anderen Gesetzen.
Artikel 1 Abs. 2 und die Artikel 2 und 50 des Einführungsgesetzes zum Bürgerlichen Gesetzbuche sind entsprechend anzuwenden.

Übersicht

	Rdn.		Rdn.
A. Allgemeines	1	D. Verhältnis zu den Reichsgesetzen	
B. Begriff des Gesetzes (Art. 2 EGBGB)	2	(Art. 50 EGBGB)	4
C. Vorbehalt für die Landesgesetzgebung (Art. 1 Abs. 2 EGBGB)	3		

1 **A. Allgemeines.** Die Norm entspricht dem bisherigen § 185 Abs. 2 FGG, sodass weiterhin die nachfolgenden Regeln gelten.

2 **B. Begriff des Gesetzes (Art. 2 EGBGB).** Gesetz i.S.d. FamFG ist infolge der Verweisung auf Art. 2 EGBGB jede Rechtsnorm. Erfasst sind also Gesetze im formellen Sinne wie auch im materiellen Sinne. Gesetze sind demnach vor allem Bundes- und Landesgesetze, formelle Rechtsverordnungen, Staatsverträge des Bundes und der Länder, Entscheidungen der Verfassungsgerichte (vgl. § 31 BVerfGG), das primäre Recht der EU, autonome Satzungen, Tarifverträge und Gewohnheitsrecht (RGZ 75, 40, 41; KG FamRZ 1964, 516, 517), nicht aber das Kirchenrecht (MüKoFamFG/*Pabst* § 485 Rn. 4).

3 **C. Vorbehalt für die Landesgesetzgebung (Art. 1 Abs. 2 EGBGB).** Soweit das FamFG die Regelung den Landesgesetzen vorbehält (s. § 486 Abs. 1) oder bestimmt, dass landesgesetzliche Vorschriften unberührt bleiben (§§ 487, 491) oder erlassen werden können (§§ 486 Abs. 2, 489, 490), bleiben die bestehenden landesgesetzlichen Vorschriften in Kraft und können neue landesgesetzliche Vorschriften erlassen werden (Art. 1 Abs. 2 EGBGB). In diesem Rahmen ist der Landesgesetzgeber befugt, Landesrecht aus der Zeit vor Inkrafttreten des FamFG zu ändern, abzuschaffen, zu ersetzen oder neue Gesetze zu erlassen (MüKoFamFG/*Pabst* § 485 Rn. 2). Die gemachten Vorbehalte können allerdings durch einfaches Bundesgesetz zugunsten oder zuungunsten der Länder geändert werden (MüKoFamFG/*Pabst* § 485 Rn. 2). § 485, Art. 1 Abs. 2 EGBGB ist über die Vorbehalte des FamFG hinaus auch bei Landesvorbehalten in anderen Bundesgesetzen, die im FamFG geregelte Materien betreffen, anwendbar (MüKoFamFG/*Pabst* § 485 Rn. 3). Hinsichtlich des jetzigen Verhältnisses von Bundes- und Landesrecht sind Art. 30, 31, 70, 72 ff., 124, 125 GG zu beachten (vgl. Jansen/*v. König* § 185 Rn. 7).

4 **D. Verhältnis zu den Reichsgesetzen (Art. 50 EGBGB).** Entsprechend Art. 50 Satz 1 EGBGB bleiben die Vorschriften der Reichsgesetze in Kraft. Dies gilt für Privatrecht, aber auch Reichsgesetze anderen Inhalts, z.B. Verfahrensgesetze, Staatsverträge und Gewohnheitsrecht (Staud/*Merten* Art. 50 Rn. 6). Reichsgesetze, die das Verfahren in Familiensachen oder Angelegenheiten der freiwilligen Gerichtsbarkeit betreffen, treten aber außer Kraft, soweit sich ihre Aufhebung aus dem FamFG ergibt. Dies kann ausdrücklich oder stillschweigend der Fall sein; für die letztere Auslegungsfrage sind namentlich die Zwecke des alten Gesetzes und die Absicht der betreffenden Vorschrift des FamFG heranzuziehen (vgl. Bumiller/Winkler/*Bumiller* § 485 Rn. 4). I.Ü. geht älteres Reichsrecht selbst dann vor, wenn es mit den Allgemeinen Vorschriften des

FamFG in Widerspruch steht, denn aufgrund Art. 50 EGBGB ist das Verhältnis des FamFG zum älteren Reichsrecht so zu behandeln, als ob sie in demselben Gesetzgebungswerk enthalten wären (vgl. RGZ 63, 349; KG NJW 1958, 28; Jansen/*v. König* § 185 Rn. 9).

§ 486 Landesrechtliche Vorbehalte; Ergänzungs- und Ausführungsbestimmungen. (1) Soweit das Einführungsgesetz zum Bürgerlichen Gesetzbuche Rechtsgebiete der Landesgesetzgebung vorbehält, gilt dieser Vorbehalt auch für die entsprechenden Verfahrensvorschriften, soweit sie Gegenstand dieses Gesetzes sind.
(2) ¹Durch Landesgesetz können Vorschriften zur Ergänzung und Ausführung dieses Gesetzes, einschließlich der erforderlichen Übergangsvorschriften erlassen werden. ²Dies gilt auch, soweit keine Vorbehalte für die Landesgesetzgebung bestehen.

Übersicht	Rdn.		Rdn.
A. Allgemeines	1	C. Ergänzungs- und Ausführungsvorschriften	
B. Landesrechtliche Vorbehalte (Abs. 1)	2	(Abs. 2)	6

A. Allgemeines. Abs. 1 entspricht der bisherigen Regelung in § 189 FGG, Abs. 2 der bisherigen Regelung 1 in § 200 FGG. Die Vorschriften sind jedoch anders formuliert worden, was nach dem Ziel des Gesetzgebers die Verständlichkeit erhöhen soll (BT-Drucks. 16/6308 S. 298).

B. Landesrechtliche Vorbehalte (Abs. 1). Abs. 1 gestattet der Landesgesetzgebung den Erlass abweichen- 2 der Bestimmungen über das Verfahren innerhalb der nach dem EGBGB der Landesgesetzgebung vorbehaltenen Rechtsgebiete. Soweit danach privatrechtliche Vorschriften der Landesgesetze in Kraft bleiben und nach Art. 1 Abs. 2 EGBGB solche geändert oder neu erlassen werden können, darf die Landesgesetzgebung nicht nur das materielle Recht ausgestalten, sondern auch das Verfahren selbstständig und unabhängig vom FamFG (und anderen Bundesgesetzen) regeln (Keidel/*Engelhardt* § 486 Rn. 2). Das gilt nicht nur hinsichtlich der im EGBGB der Landesgesetzgebung vorbehaltenen Rechtsgebiete, sondern auch bezüglich der in anderen Reichs- bzw. Bundesgesetzen gemachten Vorbehalte (MüKoFamFG/*Pabst* § 486 Rn. 1).
Bei der Bezugnahme auf das EGBGB geht es um dessen 3. Teil (Art. 55 bis 152), außerdem auch um 3 Vorbehalte zugunsten des Landesrechts in den Übergangsbestimmungen, d.h. den 4. Teil des EGBGB (Art. 153 ff.). Letzteres ist bedeutsam für die Anwendung der alten Verfahrensvorschriften auf die Behandlung des Nachlasses von Personen, die vor dem 01.01.1900 gestorben waren (s. Art. 213 EGBGB).
Aufgehoben bzw. gegenstandslos geworden sind insofern allerdings die Vorbehalte in den Art. 57, 58, 4 59–63, 70–72, 75, 76, 81, 84, 87, 92, 95, 103, 134, 135, 136, 141–143, 144–146, 149, 150 EGBGB. Das Beurkundungsgesetz war schon seit 1970 nicht mehr Gegenstand des FGG, sodass Abs. 1 darauf erst recht keine Anwendung findet.
Weiter in Kraft sind die Vorbehalte in den Art. 64 bis 69, 73, 74, 77, 78, 80–82, 85, 89, 96, 99–102, 105–108, 5 109, 111, 115, 119–121, 122–124, 127, 128 EGBGB. Darüber hinaus haben für das FamFG Relevanz:
– Art. 137 EGBGB, der die Feststellung des Ertragswerts eines Landguts betrifft und den Landesgesetzgebern lediglich gestattet, die bundesrechtlich vorgegebenen materiellen Bewertungskriterien umzusetzen (BVerfGE 78, 132; Jansen/*v. König* § 189 Rn. 9): s. dazu § 48 AGBGB BW, Art. 68 BayAGBGB, § 30 HessAGBGB, § 28 AGBGB Nds, Art. 83 PrAGBGB, § 24 AGBGB RhPf, § 32 AGJusG Saarland, § 23 AGBGB Schleswig-Holstein
– Art. 140 EGBGB betreffend Nachlassverzeichnisse: s. dazu §§ 40 bis 42 BWLFGG, Art. 23 HessFGG und § 16 OrtsgerichtsG (Hessen), Art. 10 bis 13 NdsFGG
– Art. 147 EGBGB hinsichtlich der Zuständigkeit von Behörden in Sachen, die zu den Aufgaben des Nachlass- oder Betreuungsgerichts (nicht aber des Familiengerichts; MüKoFamFG/*Pabst* § 486 Rn. 4) gehören: s. i.Ü. §§ 38 bis 43 BWLFGG, Art. 36, 38 BayAGGVG, Art. 21 bis 24 PrFGG, § 10 BbgGerNeuOG, § 5 BremAGFGG, Art. 23 bis 30 HessFGG, § 10 AGGerStrG Mecklenburg-Vorpommern, Art. 14 bis 20 NdsFGG, §§ 80 ff. JustG NRW, § 13 LFGG RhPf, § 54 Abs. 2 AGJustG (Saarland), Art. 6 § 5 SächsGerOrgG und § 7 SächsVerfAG, § 12 ThürAGGVG
– Art. 148 EGBGB bezüglich der Aufnahme des Nachlassinventars: s. §§ 40, 41 BWLFGG, Art. 8 BayAGGVG, § 6 BremAGBGB, § 78 HambAGBGB, § 4 AGGVG RhPf, § 5 ThürAGGVG.

6 C. Ergänzungs- und Ausführungsvorschriften (Abs. 2). Anders als Abs. 1, der abweichende Bestimmungen erlaubt, lässt Abs. 2 nur Bestimmungen zur Ergänzung und Ausführung des FamFG zu, soweit es landesgesetzliche Vorbehalte nicht enthält. Dieser allgemeine Vorbehalt bezieht sich nicht auf das dem Landesgesetzgeber zur selbstständigen und ggf. abweichenden Regelung ganz speziell überlassene Gebiet (Abs. 1) und auch nicht auf die Gegenstände, die unter Ausnutzung der besonderen Vorbehalte eine Zuständigkeit anderer als der bundesrechtlich bestimmten Organe anordnen (§§ 487, 488, 489; Jansen/*v. König* § 200 Rn. 2).

7 Die landesgesetzlichen Ergänzungs- und Ausführungsbestimmungen dürfen den Vorschriften des FamFG nicht widersprechen. Sie sind i.Ü. dort unzulässig, wo das FamFG eine vollständige, d.h. abschließende, Regelung der von ihm behandelten Bereiche enthält (vgl. zum alten Recht Bumiller/Winkler/*Bumiller* § 486 Rn. 2).

§ 487 Nachlassauseinandersetzung; Auseinandersetzung einer Gütergemeinschaft.

(1) Unberührt bleiben die landesrechtlichen Vorschriften, nach denen
1. das Nachlassgericht die Auseinandersetzung eines Nachlasses von Amts wegen zu vermitteln hat, wenn diese nicht binnen einer bestimmten Frist erfolgt ist;
2. für die den Amtsgerichten nach § 373 obliegenden Aufgaben andere als gerichtliche Behörden zuständig sind;
3. in den Fällen der §§ 363 und 373 anstelle der Gerichte oder neben diesen Notare die Auseinandersetzung zu vermitteln haben.

(2) Auf die Auseinandersetzung nach Absatz 1 Nr. 1 sind die §§ 364 bis 372 anzuwenden.

Übersicht

	Rdn.		Rdn.
A. Allgemeines	1	C. Abs. 2	7
B. Abs. 1	2		

1 **A. Allgemeines.** Die Vorschrift enthält Vorbehalte zugunsten landesrechtlicher Verfahrensvorschriften.

2 **B. Abs. 1.** Nach Nr. 1 kann das Landesrecht ein von Amts wegen vom Nachlassgericht einzuleitendes Vermittlungsverfahren bei der Nachlassauseinandersetzung vorsehen, wenn die Auseinandersetzung nach den §§ 2042 ff. BGB nicht innerhalb einer bestimmten Frist erfolgt ist. Dieses Verfahren unterscheidet sich von der Vermittlung nach den §§ 363 bis 372 nur dadurch, dass es von Amts wegen einzuleiten ist (OLG Karlsruhe FamRZ 2014, 600).

3 Die Vorbehalte in den Nr. 2 u 3 betreffen lediglich die **Zuständigkeit.** Von dem Vorbehalt des Art. 147 EGBGB, wonach der Landesgesetzgeber für alle den Vormundschafts- oder Nachlassgerichten zugewiesenen Aufgaben oder für einzelne von ihnen andere als gerichtliche Behörden für zuständig erklären kann, hat Baden-Württemberg durch die Einrichtung staatlicher Notariate (§§ 1 Abs. 1 und 2, 38 – 43, 50 BWFGG) Gebrauch gemacht. Nach § 487 Abs. 1 Nr. 2 ist es in Erweiterung des Art. 147 EGBGB ferner möglich, dass der Landesgesetzgeber für die Nachlassauseinandersetzung und die Auseinandersetzung eines Gesamtgutes die Zuständigkeit von Notaren begründet, die keine Behördeneigenschaft besitzen (Staudinger/*Mayer* Art. 147 EGBGB Rn. 13, 14).

4 Neben den AG sind nach Nr. 3 Notare für die Vermittlung der Auseinandersetzung eines Nachlasses bzw. einer Gütergemeinschaft zuständig in den ehemaligen preußischen Rechtsgebieten Berlin, Nordrhein-Westfalen, Schleswig-Holstein aufgrund Überweisung des Gerichts nach dem entsprechenden Antrag eines Beteiligten, in Hessen unmittelbar im Auftrag der Beteiligten und in Bayern auf Antrag der Beteiligten oder bei der Vermittlung von Amts wegen kraft Überweisung des Gerichts für alle Verrichtungen einschließlich der Bestätigung der Auseinandersetzung (Art. 38 AGGVG). In Lippe, Schaumburg-Lippe und Birkenfeld gilt das preußische Recht, § 89 RNotO. Die Notare in Bremen und Hamburg sind nicht zuständig, da diese Länder den Vorbehalt nicht in Anspruch genommen haben.

5 Die Zuständigkeit der Notare bestimmt sich gem. § 20 Abs. 4 BNotO nach den jeweiligen landesrechtlichen Bestimmungen.

6 Der Vorbehalt des Art. 147 EGBGB bezieht sich nur auf die Zuständigkeit, während sich das Verfahren nach den §§ 363, 373 richtet. Eine Ausnahme enthält lediglich § 486 Abs. 2, wonach landesgesetzliche Vor-

schriften zur Ergänzung und Ausführung des FamFG auch insoweit zulässig sind, als ein Vorbehalt für die Landesgesetzgebung nicht vorhanden ist. Auf Beurkundungen finden die Vorschriften des BeurkG Anwendung.

C. Abs. 2. Der Vorbehalt enthält eine Abweichung zu § 363, der eine Vermittlung auf Antrag vorsieht, während das Verfahren nach § 487 von Amts wegen einzuleiten ist. I.Ü. kann das Verfahren nicht abweichend geregelt werden. 7

Von dem Vorbehalt hatten nur Baden-Württemberg und Bayern Gebrauch gemacht; in beiden Bundesländern wurden die früheren landesrechtlichen Regelungen allerdings wieder aufgehoben, § 54 BWFGG, § 56 BayAGGVG. 8

I.Ü. gilt der Vorbehalt nicht für die Auseinandersetzung einer Gütergemeinschaft nach § 373. 9

§ 488 **Verfahren vor landesgesetzlich zugelassenen Behörden.** (1) Sind für die in § 1 genannten Angelegenheiten nach Landesgesetz andere als gerichtliche Behörden zuständig, gelten die Vorschriften des Buches 1 mit Ausnahme der §§ 6, 15 Abs. 2, der §§ 25, 41 Abs. 1 und des § 46 auch für diese Behörden.
(2) ¹Als nächsthöheres gemeinsames Gericht nach § 5 gilt das Gericht, welches das nächsthöhere gemeinsame Gericht für die Amtsgerichte ist, in deren Bezirk die Behörden ihren Sitz haben. ²Durch Landesgesetz kann bestimmt werden, dass, wenn die Behörden in dem Bezirk desselben Amtsgerichts ihren Sitz haben, dieses als nächsthöheres gemeinsames Gericht zuständig ist.
(3) ¹Die Vorschriften des Gerichtsverfassungsgesetzes über die Gerichtssprache, die Verständigung mit dem Gericht sowie zur Rechtshilfe sind entsprechend anzuwenden. ²Die Verpflichtung der Gerichte, Rechtshilfe zu leisten, bleibt unberührt.

Übersicht

	Rdn.		Rdn.
A. Allgemeines	1	C. Nächsthöheres gemeinsames Gericht, Abs. 2 .	5
B. Anwendbarkeit der allgemeinen Verfahrensvorschriften	2		

A. Allgemeines. Die Norm enthält die früher in § 194 FGG niedergelegten Regelungen für das Verfahren vor den landesgesetzlich zugelassenen Behörden. Voraussetzung ist nach dem Wortlaut des Abs. 1, dass es sich i.S.d. § 1 um das Verfahren in Familiensachen oder eine durch Bundesgesetz den Gerichten zugewiesene Angelegenheit der freiwilligen Gerichtsbarkeit handelt. Nur für den zuletzt genannten Fall hat die Vorschrift allerdings Bedeutung. Entsprechende Möglichkeiten der Zuständigkeitsübertragung auf andere als gerichtliche Behörden finden sich in § 486 Abs. 1 i.V.m. Art. 147 EGBGB (s. § 486 Rdn. 5) sowie in § 487 Abs. 1 Nr. 2 und 3. Behörden i.S.d. § 488 sind dabei auch die Notare (BayObLGZ 1983, 101, 104; Keidel/*Engelhardt* § 488 Rn. 3), nicht aber das Jugendamt (OLG Rostock JFG 3, 38; Jansen/*v. König* § 194 Rn. 14). 1

B. Anwendbarkeit der allgemeinen Verfahrensvorschriften. Für das Verfahren vor den nichtgerichtlichen Behörden gelten gem. Abs. 1 die Vorschriften des ersten Buchs des FamFG (§§ 1 bis 110). Ausdrücklich davon ausgenommen sind: 2

– § 6: Ausschließung und Ablehnung von Gerichtspersonen
– § 25: Aufnahme von Anträgen und Erklärungen zu Protokoll der Geschäftsstelle
– §§ 15 Abs. 2, 41 Abs. 1: Bekanntgabebestimmungen
– § 46: Erteilung von Rechtskraft- und Notfristzeugnissen

Diese Gegenstände kann die Landesgesetzgebung regeln (MüKoFamFG/*Pabst* § 488 Rn. 3). Über die Beschwerde entscheidet das LG bzw. OLG, das dem AG vorgeordnet ist, an dessen Stelle die nichtgerichtliche Behörde getreten ist (vgl. zum bisherigen Recht Jansen/*v. König* § 194 Rn. 8; s. aber auch § 489). Soweit die in Bezug genommenen Vorschriften des ersten Buchs die Anordnung von Haft gestatten (s. §§ 30 i.V.m. 380, 390 ZPO, 35, 95 i.V.m. 888, 890 ZPO), ist Art. 104 Abs. 2 GG zu beachten, sodass die Sache insoweit dem Richter vorzulegen ist (Jansen/*v. König* § 194 Rn. 7). 3

4 Anzuwenden sind nach Abs. 3 Satz 1 außerdem die Vorschriften des GVG über die Gerichtssprache und die Verständigung mit dem Gericht (§§ 184 bis 191a GVG) sowie die Vorschriften zur Rechtshilfe (§§ 156 bis 168 GVG). Zusätzlich stellt Abs. 3 Satz 2 klar, dass die Verpflichtung der Gerichte, Amtshilfe zu leisten, unberührt bleibt. Es sind also sowohl die Gerichte als auch die nichtgerichtlichen Behörden berechtigt, Rechtshilfe zu verlangen, und verpflichtet, solche zu leisten (Keidel/*Engelhardt* § 488 Rn. 7). Dabei darf im Verkehr verschiedener Länder ein AG die Rechtshilfe nicht deshalb verweigern, weil in seinem Land die betreffenden Verrichtungen einer nichtgerichtlichen Behörde übertragen sind (RGZ 69, 271; OLG Karlsruhe Rpfleger 1994, 255; Jansen/*v. König* § 194 Rn. 14).

5 **C. Nächsthöheres gemeinsames Gericht, Abs. 2.** Bei Zuständigkeits- und Abgabestreitigkeiten zwischen mehreren nichtgerichtlichen Behörden entscheidet nach Abs. 1 i.V.m. § 5 das nächsthöhere gemeinsame Gericht. Nach Abs. 2 Satz 1 ist dies das Gericht, welches das nächsthöhere gemeinsame Gericht für die AG ist, in deren Bezirk bzw. Bezirken die streitenden Behörden ihren Sitz haben. Diese Regel gilt auch dann, wenn es um Streitigkeiten zwischen nichtgerichtlicher Behörde und AG geht (BayObLGZ 58, 1; KG JR 1963, 144; Jansen/*v. König* § 194 Rn. 9).

6 Zuständig ist danach meist das LG (zu Streitigkeiten über Landesgrenzen hinweg s. z.B. BayObLGZ 1958, 1), und zwar auch, wenn die Behörden ihren Sitz in demselben Amtsgerichtsbezirk haben (Jansen/*v König* § 194 Rn. 9). Davon kann nach Abs. 2 Satz 2 der Landesgesetzgeber allerdings abweichen und in dieser Konstellation dem AG die Zuständigkeit zur (unanfechtbaren, § 5 Abs. 3) Entscheidung über die Zuständigkeits- und Abgabestreitigkeit zuweisen.

§ 489 Rechtsmittel.
(1) ¹Sind für die in § 1 genannten Angelegenheiten nach Landesgesetz anstelle der Gerichte Behörden zuständig, kann durch Landesgesetz bestimmt werden, dass für die Abänderung einer Entscheidung dieser Behörde das Amtsgericht zuständig ist, in dessen Bezirk die Behörde ihren Sitz hat. ²Auf das Verfahren sind die §§ 59 bis 69 entsprechend anzuwenden.
(2) Gegen die Entscheidung des Amtsgerichts findet die Beschwerde statt.

Übersicht   Rdn.   Rdn.
A. Allgemeines   1   B. Rechtsmittel zum AG   2

1 **A. Allgemeines.** Die Vorschrift entspricht inhaltlich dem bisherigen § 195 FGG. Abs. 1 wurde lediglich neu formuliert und die Verweise auf die Vorschriften über die Beschwerde angepasst (BT-Drucks. 16/6308 S. 298).

2 **B. Rechtsmittel zum AG.** Sind nach § 486 Abs. 1 i.V.m. Art. 147 EGBGB (s. § 486 Rdn. 5) oder § 487 Abs. 1 Nr. 2 und 3 andere als gerichtliche Behörden zuständig, so können die Landesgesetzgeber nach § 489 bestimmen, dass gegen deren Entscheidungen nicht unmittelbar die Beschwerde statthaft, sondern zunächst das AG anzurufen ist. Behörde in diesem Sinne sind auch die Notare (s. § 488 Rdn. 1). Von dem Vorbehalt wurde von keinem Landesgesetzgeber Gebrauch gemacht (MüKoFamFG/*Fischer* § 489 Rn. 1).

3 Am eigentlichen Beschwerdeverfahren ändert sich nichts. Die Beschwerde (§§ 58 ff.) ist dann gegen die Entscheidung des AG statthaft (Abs. 2). Erst gegen die dann ergehende Beschwerdeentscheidung des dem AG übergeordneten Beschwerdegerichts gibt es dann ggf. die Rechtsbeschwerde (§§ 70 ff.).

4 Das Verfahren vor dem AG ist selbst kein Beschwerdeverfahren, auch wenn insb. hinsichtlich der Rechtsmittelberechtigung, der Einlegung, der Frist, der Wiedereinsetzung in den vorherigen Stand und der Begründung die §§ 59 bis 69 entsprechend gelten (Abs. 1 Satz 2). Das Abänderungsgesuch kann daher nur bei der nichtgerichtlichen Behörde, um deren Entscheidung es geht, eingelegt werden (§ 64 Abs. 1).

5 Zuständig für die Abänderung der Entscheidung ist das AG, in dessen Bezirk die nichtgerichtliche Behörde ihren Sitz hat (Abs. 1 Satz 1).

§ 490 Landesrechtliche Aufgebotsverfahren.
Die Landesgesetze können bei Aufgeboten, deren Zulässigkeit auf landesgesetzlichen Vorschriften beruht, die Anwendung der Bestimmungen über das Aufgebotsverfahren ausschließen oder diese Bestimmungen durch andere Vorschriften ersetzen.

Die Norm entspricht der bisherigen Regelung des § 11 EGZPO. Sie ermöglicht es dem Landesgesetzgeber 1
bei Aufgeboten, deren Zulässigkeit auf landesgesetzlichen Vorschriften beruht, die §§ 433 ff. auszuschließen
oder sie durch andere Vorschriften zu ersetzen. S. dazu Art. 101 f., 174 ff. EGBGB sowie für Bayern Art. 26
bis 28 BayAGGVG, Art. 33 bis 42, 59 BayAGBGB, für NRW §§ 57 bis 59 JustG NRW und für Rheinland-Pfalz §§ 19a, 19b LFGG.

§ 491 Landesrechtliche Vorbehalte bei Verfahren zur Kraftloserklärung von Urkunden.
¹Unberührt bleiben die landesgesetzlichen Vorschriften, durch die für das Aufgebotsverfahren zum Zweck der Kraftloserklärung von Schuldverschreibungen auf den Inhaber, die ein deutsches Land oder früherer Bundesstaat oder eine ihm angehörende Körperschaft, Stiftung oder Anstalt des öffentlichen Rechts ausgestellt oder für deren Bezahlung ein deutsches Land oder früherer Bundesstaat die Haftung übernommen hat, ein bestimmtes Amtsgericht für ausschließlich zuständig erklärt wird. ²Bezweckt das Aufgebot die Kraftloserklärung einer Urkunde der in § 808 des Bürgerlichen Gesetzbuchs bezeichneten Art, gilt Satz 1 entsprechend.

Satz 1 der Vorschrift übernimmt die Regelung des bisherigen § 1006 Abs. 3 ZPO für bestimmte Inhaberpapiere. Satz 2 entspricht inhaltlich der Verweisung im bisherigen § 1023 Satz 1 ZPO auf den bisherigen § 1006 Abs. 3 ZPO für den Bereich der hinkenden Inhaberpapiere (s. BT-Drucks. 16/6308 S. 299). 1
Betroffen sind Aufgebotsverfahren (s. §§ 433 ff., 466 f.) zur Kraftloserklärung von Schuldverschreibungen 2
auf den Inhaber, die ein Bundesland (oder früherer Bundesstaat) oder eine ihm angehörende juristische Person des öffentlichen Rechts ausgestellt oder dafür die Haftung übernommen hat, sowie Aufgebotsverfahren zur Kraftloserklärung von qualifizierten Legitimationspapieren (hinkenden Inhaberpapieren) i.S.d. § 808 BGB, sofern Satz 1 erfüllt ist (MüKoFamFG/*Eickmann* § 491 Rn. 3; s.a. § 483). Unter letztere fallen die meisten Sparbücher, vielfach auch Pfandscheine, Depotscheine, Versicherungsscheine und nicht auf den Inhaber ausgestellte Lagerscheine (Zöller/*Geimer* § 483 FamFG Rn. 1 m.w.N.). Insoweit bleiben landesrechtliche Bestimmungen, die die Zuständigkeit bei einem AG konzentrieren, unberührt.
Entsprechende Regelungen enthalten 3
— Art. 26 BayAGGVG: »Für das Aufgebotsverfahren zum Zweck der Kraftloserklärung von Schuldverschreibungen ist bei Schuldverschreibungen des Freistaates Bayern das Amtsgericht München, bei Schuldverschreibungen, die von einer dem Freistaat Bayern angehörenden Körperschaft, Stiftung oder Anstalt des öffentlichen Rechts ausgestellt sind, das Amtsgericht, bei welchem die Körperschaft, Stiftung oder Anstalt ihren allgemeinen Gerichtsstand hat, ausschließlich zuständig.«
— § 27 Abs. 1 BWAGGVG: »Für das Aufgebotsverfahren zum Zwecke der Kraftloserklärung von Schuldverschreibungen auf den Inhaber ist bei Schuldverschreibungen des Landes Baden-Württemberg das Amtsgericht Stuttgart, bei Schuldverschreibungen einer baden-württembergischen Körperschaft, Stiftung oder Anstalt des öffentlichen Rechts das Amtsgericht ausschließlich zuständig, in dessen Bezirk die Körperschaft, Stiftung oder Anstalt ihren Sitz hat.«

§ 492 Anwendbare Vorschriften bei Zuständigkeit von Notaren.
(1) ¹Wird in Verfahren nach § 342 Absatz 2 Nummer 1 ein Notar anstelle des Amtsgerichts tätig, so sind die für das Amtsgericht geltenden Vorschriften entsprechend anzuwenden. ²Der Notar nimmt die Aufgaben des Richters, des Rechtspflegers und des Urkundsbeamten der Geschäftsstelle wahr. ³Geschäftsstelle sind die Geschäftsräume des Notars. ⁴Anstelle von Justizbediensteten handelt der Gerichtsvollzieher. ⁵Die Ausführung der vom Notar bewilligten öffentlichen Zustellung erfolgt auf dessen Ersuchen durch das Amtsgericht, in dessen Bezirk sich der Amtssitz des Notars befindet.
(2) ¹Ist gegen die Entscheidung des Notars nach den allgemeinen verfahrensrechtlichen Vorschriften ein Rechtsmittel nicht gegeben, so findet die Erinnerung statt, die innerhalb der für die Beschwerde geltenden Frist beim Notar einzulegen ist. ²Der Notar kann der Erinnerung abhelfen. ³Erinnerungen, denen er nicht abhilft, legt er dem Amtsgericht vor, in dessen Bezirk sich sein Amtssitz befindet. ⁴Auf die Erinnerung sind im Übrigen die Vorschriften über die Beschwerde sinngemäß anzuwenden.
(3) Verfügungen, Beschlüsse oder Zeugnisse des Notars, die nach den Vorschriften dieses Gesetzes wirksam geworden sind und nicht mehr geändert werden können, sind mit der Erinnerung nicht anfechtbar.

§ 492

Übersicht

	Rdn.		Rdn.
A. Allgemeines	1	C. Stellung des Notars (Abs. 1)	5
B. Regelungsgehalt	4	D. Befristete Erinnerung (Abs. 2 und Abs. 3)	8

1 **A. Allgemeines.** Die Vorschrift wurde durch das Gesetz zur Übertragung von Aufgaben im Bereich der freiwilligen Gerichtsbarkeit auf Notare (Gesetz vom 26.06.2013 – BGBl. I 2013 Nr. 32 29.06.2013 S. 1800) neu eingefügt und trat in wesentlichen Teilen am 01.09.2013 in Kraft. Eine weitere Änderung erfolgte durch das 2. KostRMoDG. Zur Übergangsregelung s. § 493 (vgl. allgemein zur Gesetzesänderung *Preuß* DNotZ 2013, 740; *Heinemann* FGPrax 2013, 139). Das Gesetzesvorhaben wurde schon in der 16. Legislaturperiode von den Ländern eingebracht, fiel jedoch dann der Diskontinuität zum Opfer. Ursprünglich sah das Gesetz für die Bundesländer die Möglichkeit vor, sämtliche Tätigkeiten des Nachlassgerichts in erster Instanz auf die Notare zu übertragen. Letztendlich war die hierfür nötige Änderung des Grundgesetztes jedoch nicht konsensfähig, wodurch es hauptsächlich (neben kleineren Kompetenzerweiterungen) dazu kam, dass den Notaren die Zuständigkeit für die Verfahren nach § 342 Abs. 2 Nr. 1 übertragen wurde. Die Übertragung wurde kontrovers diskutiert. Primäres Ziel war es, die Justiz zu entlasten und entsprechende Kosten einzusparen. Eine genaue Kostenanalyse war mangels entsprechender rechnerischer Grundlagen jedoch nicht möglich. Das Argument erscheint insofern zweifelhaft (vgl. Stellungnahme DRB Nr. 15/12). Ob ein tatsächlicher Entlastungseffekt eintreten wird, erscheint ebenfalls zweifelhaft. Insbesondere das Vermittlungsverfahren war aufgrund der Aussetzungspflicht nach § 370 schon bisher von geringer praktischer Relevanz. Von weiterer Bedeutung ist die in diesem Zuge erfolgte Einführung einer Länderöffnungsklausel in Art. 239 EGBGB, welche es den Ländern ermöglicht, die alleinige Zuständigkeit für Erbscheinsanträge und Versicherungen an Eides Statt (§ 352 Abs. 3 Satz 3) auf die Notare zu übertragen.

2 Die Gesetzesänderung wurde teilweise begrüßt und hierbei die Entlastung der Gerichte, die größere Bürgernähe und die flexiblere und flächendeckendere Erreichbarkeit hervorgehoben (vgl. PM BNotK v. 10.07.2013, BT-Drucks. 17/1469). Die vorgeschlagenen Änderungen wurden jedoch auch teilweise kritisch beurteilt. Besonders die für den Bürger erhöhten Kosten, Zuständigkeitsproblematiken (Antragstellung bei dem Notar, der in einem Vorgespräch der favorisierten Auslegung des Testaments zuneigt) und die Frage der Neutralität des Notars (zugleich auch Geschäftsmann) wurden hier als Kritikpunkte angeführt (*Zimmermann* ZErb 2008, 232; vgl. auch *Zimmermann* FamRZ 2014, 11). Die für die Änderungen sprechenden Gründe werden ebenfalls teilweise bestritten (Stellungnahme DRB 15/12). Differenzierend zum ursprünglichen Gesetzesentwurf: *Wagner* RNotZ 2010, 316.

3 Abs. 4 der Norm, der die Gebührenfreiheit des Erinnerungsverfahrens vorsah, wurde für überflüssig erachtet und durch das zweites Gesetz zur Modernisierung des Kostenrechts (2. Kostenrechtsmodernisierungsgesetz – 2. KostRMoG) aufgehoben (s. Art. 44 Nr. 1 KostRMoG, welches wiederum das Gesetz zur Übertragung von Aufgaben im Bereich der freiwilligen Gerichtsbarkeit auf Notare [Gesetz vom 26.06.2013 – BGBl. I 2013 Nr. 32 29.06.2013 S. 1800] und die darin enthaltene Einfügung von § 492 Abs. 4 geändert hat). Da das GNotKG insoweit jedoch keine Gebühren vorsieht, bleibt das Verfahren gebührenfrei.

4 **B. Regelungsgehalt.** Die Norm ähnelt ihrer Struktur nach dem § 11 RpflG. Da der Notar nach Abs. 1 Satz 1 anstelle des Amtsgerichts tätig wird, waren eine Regelung bezüglich der Rechtsmittel und einige begriffliche Klarstellungen nötig.

5 **C. Stellung des Notars (Abs. 1).** Abs. 1 Satz 1 ordnet für den Notar, welcher in Verfahren nach § 342 Abs. 2 Nr. 1 anstelle des Amtsgerichts tätig wird, die entsprechende Anwendbarkeit der für das Amtsgericht geltenden Vorschriften an. Die sachliche Zuständigkeit des Notars ergibt sich aus § 23a Abs. 3 GVG.

6 Im Weiteren regelt Abs. 1 Einzelfälle bezüglich des Tätigwerdens des Notars anstelle des Amtsgerichts. Der Notar nimmt insoweit nach Abs. 1 Satz 2 die Aufgaben des Richters, des Rechtspflegers und des Urkundsbeamten der Geschäftsstelle war. An die Stelle der Geschäftsstelle des Amtsgerichts treten die Geschäftsräume des Notars, Abs. 1 Satz 3. Da dem Notar keine Justizbediensteten zur Verfügung stehen, muss er sich für diesbezügliche Aufgaben gem. Abs. 1 Satz 4 an den Gerichtsvollzieher wenden. Letztlich muss der Notar für eine von ihm bewilligte öffentliche Zustellung (§ 15 Abs. 2, § 186 Abs. 2 Satz 1 ZPO) das Amtsgericht ersuchen, in dessen Bezirk er seinen Amtssitz hat, Abs. 1 Satz 5.

7 Da die für das Nachlassgericht geltenden Vorschriften entsprechende Anwendung finden, stellen Entscheidungen des Notars einen anfechtbaren Beschluss dar (§ 38). Wird hiergegen eine Beschwerde eingelegt, so

entscheidet das Beschwerdegericht. Dies ist in diesen Fällen nicht das Amtsgericht, sondern das Oberlandesgericht (BT-Drucks. 17/1469 S. 22).

D. Befristete Erinnerung (Abs. 2 und Abs. 3). Die Möglichkeit einer richterlichen Überprüfung der Entscheidungen des Notars ist schon aus verfassungsrechtlichen Gründen (Rechtsschutzgarantie Art. 19 Abs. 4 Satz 1 GG) nötig. Nach Abs. 1 ist durch den Eintritt des Notars in die Stellung des Richters gegen seine Entscheidungen das Rechtsmittel gegeben, welches auch nach allgemeinen verfahrensrechtlichen Vorschriften gegeben wäre. Ist hingegen ein solches Rechtsmittel (insbes. eine Beschwerde) nach den allgemeinen verfahrensrechtlichen Vorschriften nicht gegeben, so findet nach Abs. 2 Satz 1 die Erinnerung statt. 8

Es gilt jedoch zu beachten, dass diese Erinnerung nach Abs. 2 Satz 1 in der für die Beschwerde geltenden Frist eingelegt werden muss. Die Erinnerung ist beim Notar einzulegen, welcher nach Abs. 2 Satz 2 die Möglichkeit hat, der Erinnerung abzuhelfen. Entscheidet der Notar sich dagegen, so hat er die Erinnerung dem Amtsgericht, in dessen Bezirk er seinen Amtssitz hat, vorzulegen, Abs. 2 Satz 3. Der Nichtabhilfebeschluss des Notars ist zu begründen. 9

Der Amtsrichter entscheidet über die Erinnerung durch Beschluss. Er kann die Erinnerung als unzulässig verwerfen oder als unbegründet zurückweisen. Erachtet er die Erinnerung jedoch als zulässig und begründet, so kann er die Entscheidung aufheben und selbst in der Sache entscheiden. Daneben besteht für ihn die Möglichkeit, die Sache an den Notar zurückzuverweisen, wobei dieser sodann an die vom Richter in seinem Beschluss dargestellte Rechtsauffassung gebunden ist. 10

Die Orientierung an der für die Beschwerde geltenden Vorschriften bezieht sich nicht nur auf die Frist (Abs. 2 Satz 1), sondern auch im Übrigen sind die für die Beschwerde geltenden Normen nach Abs. 2 Satz 4 entsprechend anzuwenden. 11

Die Möglichkeit der Erinnerung besteht nicht unbegrenzt. Sie ist jedoch im Lichte von Art. 19 Abs. 4 GG weit auszulegen. Eine wichtige Einschränkung stellt Abs. 3 dar, wonach Verfügungen, Beschlüsse oder Zeugnisse des Notars, die nach den Vorschriften des FamFG wirksam geworden sind und nicht mehr geändert werden können, nicht mittels der Erinnerung anfechtbar sind (vgl. §§ 40, 45, 371). Die Versäumung einer Beschwerdefrist eröffnet ebenfalls nicht die Möglichkeit der Einlegung einer Erinnerung. Vielmehr erfasst Abs. 2 Satz 1 Fälle, in denen fristunabhängig kein Rechtsmittel gegeben ist. 12

§ 493 Übergangsvorschrift. Für bis zum Inkrafttreten des Gesetzes zur Übertragung von Aufgaben im Bereich der freiwilligen Gerichtsbarkeit auf Notare vom 26. Juni 2013 (BGBl. I S. 1800) am 1. September 2013 beantragte Auseinandersetzungen gemäß den §§ 363 bis 373 ist das Gesetz über das Verfahren in Familiensachen und in den Angelegenheiten der freiwilligen Gerichtsbarkeit in der bis dahin geltenden Fassung anzuwenden.

Die Norm regelt den Übergang zwischen der alten Gesetzeslage, nach der die Zuständigkeit für die Verfahren nach § 342 Abs. 2 Nr. 1 beim Nachlassgericht lag und der neuen Gesetzeslage, nach der die Zuständigkeit künftig bei den Notaren liegt (vgl. allgemein zur Übertragung der Zuständigkeit § 492 Rdn. 1 ff.). Sie wurde durch das Gesetz zur Übertragung von Aufgaben im Bereich der freiwilligen Gerichtsbarkeit auf Notare (Gesetz vom 26.06.2013 – BGBl. I 2013 Nr. 32 29.06.2013 S. 1800) neu in das FamFG eingefügt. 1

Entscheidender Zeitpunkt ist die Beantragung der Auseinandersetzung. Wurde die Einleitung des Verfahrens vor dem 01.09.2013 beantragt, so bleibt es bei der alten Gesetzeslage und der Zuständigkeit des Nachlassgerichts. Wurde die Auseinandersetzung hingegen erst ab dem 01.09.2013 beantragt, so sind die Notare für das Verfahren zuständig. Zum Antrag selbst s. § 363. 2

Gesetz über Gerichtskosten in Familiensachen (FamGKG)

*Vom 17. Dezember 2008 (BGBl. I S. 2586, 2666 - Art. 2 FGG-RG)
Zuletzt geändert durch Artikel 4 des Gesetzes vom 20.11.2015 (BGBl. I S. 2018)*

Einleitung zum FamGKG

(Paragrafen ohne Gesetzesbezeichnung sind solche des FamGKG)

Übersicht	Rdn.		Rdn.
A. Entwicklung	1	C. Übergangsregelungen	4
B. Inhalt	2		

A. Entwicklung. Die Kosten in Familiensachen wurden schon durch das zum 01.07.2004 in Kraft getretene **erste Kostenrechtsmodernisierungsgesetz** (KostRMoG, BGBl. I 2004, S. 718) unter Einschluss der Vergütung der Rechtsanwälte und der Entschädigung von Sachverständigen, Zeugen u.a. grundlegend umgestaltet. Anders als das GKG blieb die KostO, die die gerichtlichen Gebühren und Auslagen in Angelegenheiten der freiwilligen Gerichtsbarkeit und damit auch der ihr unterworfenen Familiensachen regelte, davon weitgehend unberührt. Erhalten blieb insb. die Zweiteilung der in Familiensachen maßgeblichen Kostenvorschriften entsprechend ihrer verfahrensrechtlichen Zuordnung. Erst mit der Zusammenführung der familienrechtlichen Verfahrensvorschriften und ihrer Integration in das FamFG unter gleichzeitiger Aufhebung des 6. und 9. Buchs der ZPO durch das **FGG-RG** (BGBl. I 2008, S. 2586) mussten zwangsläufig auch die Vorschriften über die gerichtlichen Gebühren und Auslagen jedenfalls für die bisher der ZPO unterworfenen Verfahren in Familiensachen neu geregelt werden. Der Gesetzgeber hat dazu die gerichtlichen Kosten sämtlicher Familiensachen einheitlich in einem eigenständigen Kostengesetz, dem **FamGKG**, zusammengefasst, das in seinem Aufbau dem durch das erste KostRMoG grundlegend überarbeiteten GKG angelehnt ist. Damit wurde für die Kosten in Familiensachen eine einheitliche Gesetzesgrundlage geschaffen, die im Verfahrensrecht (FamFG) durch den weitgehenden Verweis auf die Vorschriften der ZPO für Ehe- und Familienstreitsachen nur scheinbar realisiert ist. Seit seinem Inkrafttreten wurden einzelne Vorschriften des FamGKG einerseits den Änderungen des materiellen und formellen Rechts angepasst, andererseits aber auch Unzulänglichkeiten korrigiert. Eine wesentlichste Änderung hat das FamGKG durch Art. 5 des am 01.08.2013 in Kraft getretenen Zweiten Kostenrechtsmodernisierungsgesetzes erfahren (**2. KostRMoG**, BGBl. I 2013, S. 2586, 2672), das neben Anpassungen an das die KostO ablösenden GNotKG (s. dazu § 80 FamFG Rdn. 11 ff.) vor allem zu einer Anhebung der Gebühren auch des FamGKG geführt hat; zur Übergangsregelung s.u. Rdn. 4.

B. Inhalt. Wie das GKG und das RVG gliedert sich das FamFG in einen allgemeinen Vorschriftenteil, der insb. die auch für die Anwaltsvergütung (s. § 23 RVG) bedeutsamen Vorgaben für die Ermittlung des Verfahrenswerts enthält, und in ein als Anlage beigefügtes ausführliches Kostenverzeichnis (KV), das die anfallenden Gebühren bzw. den Gebührensatz für einzelne Verfahren und Instanzen sowie die Auslagen auflistet und in An- und Vorbemerkungen erläutert. Der Aufbau des Normenteils folgt dem des GKG und behandelt die Gebühren und Haftung für die Kosten vor den ihr nur dienenden Bewertungsvorschriften. Er schließt ab mit den Rechtsbehelfen gegen die Wertfestsetzung und dem Kostenansatz, die wie in den übrigen Kostengesetzen abschließend und unabhängig von den das Hauptverfahren betreffenden Rechtsmittelvorschriften geregelt sind.

*Mit der Anlehnung an die Struktur des GKG wurde auch für die FG-Familiensachen grundsätzlich eine pauschalen Verfahrensgebühr statt der nach der KostO noch üblichen Akt- bzw. Vornahmegebühr eingeführt. Seither fällt im Gegensatz zum bis zur Einführung des FamGKG geltenden Recht in FG-Familiensachen eine Gebühr auch dann an, wenn ein Antrag abgelehnt wird. Ebenfalls nicht aus der KostO übernommen wurde die Haftung des sog. Interesseschuldners in Amtsverfahren, mit Ausnahme für die

Einleitung zum FamGKG

Jahresgebühr In Vormundschafts- und Pflegschaftssachen. Darüber hinaus wurden in weiterem Umfang, als schon durch das erste KostRMoG geschehen, Wertgebühren durch Festgebühren ersetzt und das System der Festwerte erheblich erweitert. Gleichzeitig wurden sämtliche Festwerte dergestalt relativiert, dass dem Gericht gestattet ist, den jeweiligen Festwert herab- oder heraufzusetzen, wenn er nach den besonderen Umständen des Einzelfalls unbillig ist. Unter Einschluss des bei der (unveränderten) Bewertung einer Ehesache oder beim Auffangwert ohnehin eingeräumten Ermessens bleibt damit nur die Bewertung einer Unterhaltssache und der Genehmigungsverfahren in vermögensrechtlichen Angelegenheiten ohne Billigkeitsregelung.

4 **C. Übergangsregelungen.** Nach der auch für die Anwendung des FamGKG geltenden allgemeinen Übergangsregelung des Art. 111 des **FGG-RG** ist auf sämtliche Verfahren, die bis zum Inkrafttreten des FGG-RG am 01.09.2009 bereits eingeleitet waren, das bisherige Recht anzuwenden. Davon sind, entgegen sonstiger Übung, Rechtsmittelverfahren nicht ausgenommen (BT-Drucks. 16/6308, 358). Für sie, und damit auch für die kostenrechtlichen Rechtsbehelfe, die ohnehin die übergangsrechtliche Zuordnung des Hauptverfahrens teilen (vgl. § 63 FamGKG Rdn. 3), gilt das bis zum 31.08.2008 gültige Verfahrens- und Kostenrecht weiter, wenn das erstinstanzliche Verfahren nach altem Recht abgeschlossen wurde. Neues Recht gilt dagegen für sämtliche ab dem 01.09.2009 in erster Instanz eingeleitete Verfahren sowie für jedes Verfahren auf Abänderung, Aufhebung oder Verlängerung einer gerichtlichen Entscheidung oder Maßnahme (s.a. Art. 111 FGG-RG Rdn. 9 ff.). Eingeleitet i.S.d. Überleitungsvorschrift werden Amtsverfahren durch die erste auf Durchführung des Verfahrens zielende und nach außen wirkende Maßnahme des Gerichts und Verfahren, die nur auf Antrag geführt werden, mit dem Eingang des Antrags bei Gericht. Ein Antrag auf Verfahrenskostenhilfe reicht nicht aus (BGH FamRZ 2012, 783). Für verbundene Verfahren, insb. das Scheidungsverbundverfahren, kommt es auf die erste Verfahrenshandlung an. Liegt diese vor dem Stichtag, findet auch auf die nach dem Stichtag eingeleiteten Folgesachen altes Recht Anwendung (BGH FamRZ 2012, 1785; s.a. Art. 111 FGG-RG Rdn. 26). Besonderheiten bestehen beim Versorgungsausgleich. Wurde dieser bis zum 31.08.2010 noch nicht in 1. Instanz abgeschlossen, ist er und mit ihm das Verbundverfahren auf das neue Recht umzustellen (s. im Einzelnen § 50 Rdn. 2). In Bestandsverfahren, wie Vormundschaften und Pflegschaften, hat jede nach dem 31.08.2009 mit einer eigenen Endentscheidung abzuschließende Maßnahme zur Anwendung des neuen Rechts geführt (Art. 111 FGG-RG Rdn. 14). Für die Änderungen des FamGKG durch Art. 5 des **2. KostRMoG** ist keine besondere Übergangsregelung vorgesehen. Sie richtet sich daher nach der Dauerübergangsregelung in § 63, sodass die Neuregelungen erst für nach dem 31.07.2013 anhängige Erst-, Abänderungs- oder Rechtsmittelverfahren Wirkung entfalten (s. § 63 FamGKG Rdn. 2 f.).

Abschnitt 1. Allgemeine Vorschriften

§ 1 FamGKG Geltungsbereich.

(1) ¹In Familiensachen einschließlich der Vollstreckung durch das Familiengericht und für Verfahren vor dem Oberlandesgericht nach § 107 des Gesetzes über das Verfahren in Familiensachen und in den Angelegenheiten der freiwilligen Gerichtsbarkeit werden Kosten (Gebühren und Auslagen) nur nach diesem Gesetz erhoben, soweit nichts anderes bestimmt ist. ²Dies gilt auch für Verfahren über eine Beschwerde, die mit einem Verfahren nach Satz 1 in Zusammenhang steht. ³Für das Mahnverfahren werden Kosten nach dem Gerichtskostengesetz erhoben.
(2) Die Vorschriften dieses Gesetzes über die Erinnerung und die Beschwerde gehen den Regelungen der für das zugrunde liegende Verfahren geltenden Verfahrensvorschriften vor.

Übersicht	Rdn.		Rdn.
A. Regelungsgehalt..................	1	C. Gesetzesvorbehalt.................	5
B. Anwendungsbereich	2		

A. Regelungsgehalt. Die Vorschrift regelt den **Anwendungsbereich** des FamGKG und grenzt ihn durch 1 Aufzählung der von ihm erfassten Verfahren ggü. dem GKG und der KostO ab, deren Geltungsbereich durch das FGG-RG spiegelbildlich in § 1 GKG und § 1 KostO auf die Verfahren beschränkt wurde, für die Kosten nicht nach dem FamGKG erhoben werden. Zugleich enthält sie den Grundsatz, dass nur die Kosten gefordert werden dürfen, die das FamGKG bestimmt (**Gesetzesvorbehalt**) und legt i.S.e. **Legaldefinition** fest, dass der Begriff Kosten nach diesem Gesetz wie auch in den vorgenannten Kostengesetzen sowohl die Gebühren als auch die gerichtlichen Auslagen umfasst.

B. Anwendungsbereich. Das **FamGKG gilt für** 2
- sämtliche in § 111 FamFG aufgelisteten und im 2. Buch des FamFG geregelten **Verfahren in Familiensachen**, einschließlich der im 1. Buch geregelten Rechtsmittel-, Neben- und Folgeverfahren, in Ehe- und Familienstreitsachen auch soweit sich das Verfahren weiterhin nach der ZPO richtet
- die den Familiensachen in § 269 FamFG gleichgestellten **Verfahren nach dem LPartG**, auf die § 5 die Geltung des FamGKG ausdrücklich erstreckt.
- Verfahren auf **gerichtliche Entscheidung nach § 107 FamFG**,
- In anderen Gesetzen, vor allem dem GVG, geregelte **Beschwerden**, die mit den vorgenannten Verfahren zusammenhängen,
- die **Vollstreckung** nach den §§ 86 ff. FamFG, soweit sie dem FamG selbst obliegt.

Das **FamGKG gilt nicht** für Vollstreckungshandlungen, die kraft Verweisung nach den Vorschriften der 3 ZPO durch das Vollstreckungsgericht erfolgen, und für Handlungen i.R.d. Vollziehung eines Arrests. Hierfür werden die Kosten nach dem GKG erhoben werden (BT-Drucks. 16/6308 S. 301). Gleiches gilt für das Mahnverfahren. Die Kosten für die in den Büchern 3 bis 8 des FamFG geregelten Verfahren oder Geschäfte der freiwilligen Gerichtsbarkeit richten sich nach der KostO.

Mit dem durch Art. 5 Abs. 1 Nr. 2 2. KostRMoG (s. Einl. Rdn. 1) eingefügten **Abs. 2** wurde lediglich klar- 4 gestellt, dass in Abschnitt 8 normierten Rechtsbehelfe (Erinnerung und Beschwerde) gegen den Kostenansatz und die Wertfestsetzung als die spezielleren Vorschriften den Rechtsmittelvorschriften des FamFG oder ZPO vorgehen (s. BT-Drucks. 17/11471, S. 154, 250).

C. Gesetzesvorbehalt. § 1 **Satz 1** stellt wie § 1 GKG und § 1 GNotKG (früher § 1 KostO) klar, dass nur die 5 in diesem Gesetz vorgesehenen Kosten erhoben werden dürfen (Grundsatz des Gesetzesvorbehalts oder der »bedingten Kostenfreiheit«, *Hartmann* § 1 GKG Rn. 16; s.a. HK-FamGKG/*Volpert* § 1 Rn. 9 m.w.N.). Ohne ausreichende Rechtsgrundlage darf der Staat keine Kostenforderung an seine Bürger stellen, das gilt gleichermaßen für die Justizkasse. Aufgrund des Charakters des Kostenrechts als öffentlich-rechtliches Abgabenrecht verbietet sich auch eine analoge Heranziehung von Gebührenvorschriften oder ihre über den Wortlaut hinausgehende Auslegung zulasten des Kostenschuldners (BGH FamRZ 2007, 1008 [LS] = JurBüro 2007, 371; NJW-RR 2006, 1003); eine dem Kostenschuldner günstige Auslegung oder analoge Anwendung, z.B. von Ermäßigungstatbeständen, ist dagegen nicht verboten (a.A. OLG Braunschweig AGS 2015,

§ 2 FamGKG Kostenfreiheit

635). Wenn das FamGKG für eine gerichtliche Tätigkeit, die in anderen Kostengesetzen gebührenpflichtig ist, keine Gebühr vorsieht, wie z.B. bis zum 28.12.2010 für das selbstständige Beweisverfahren, kann sie in Familiensachen auch nicht erhoben werden. Dasselbe gilt für die Anforderung von Vorschüssen (s. § 12 FamGKG).

§ 2 FamGKG Kostenfreiheit. (1) Der Bund und die Länder sowie die nach Haushaltsplänen des Bundes oder eines Landes verwalteten öffentlichen Anstalten und Kassen sind von der Zahlung der Kosten befreit.
(2) Sonstige bundesrechtliche oder landesrechtliche Vorschriften, durch die eine sachliche oder persönliche Befreiung von Kosten gewährt ist, bleiben unberührt.
(3) ¹Soweit jemandem, der von Kosten befreit ist, Kosten des Verfahrens auferlegt werden, sind Kosten nicht zu erheben; bereits erhobene Kosten sind zurückzuzahlen. ²Das Gleiche gilt, soweit ein von der Zahlung der Kosten befreiter Beteiligter Kosten des Verfahrens übernimmt.

Übersicht

	Rdn.		Rdn.
A. Regelungsgehalt.................	1	I. Für den Begünstigten...............	3
B. Begünstigte in Familiensachen (Abs. 1, 2) ...	2	II. Für nicht begünstigte Verfahrensbeteiligte	4
C. Wirkung (Abs. 3).................	3		

1 **A. Regelungsgehalt.** § 2 regelt die Kostenbefreiung der öffentlichen Hand des Bundes und der Länder und ihrer Wirkungen. Sie entspricht im Wesentlichen der Kostenbefreiungsvorschrift des § 2 GKG, soweit diese auf die ordentliche Gerichtsbarkeit Anwendung findet, sowie des § 2 GNotKG. Sie lässt ausdrücklich sonstige bundes- oder landesrechtliche Regelungen zur Kostenbefreiung unberührt.

2 **B. Begünstigte in Familiensachen (Abs. 1, 2).** Nach Abs. 1 sind insb. die Länder bei der gerichtlichen Beitreibung der auf sie nach § 7 UVG übergegangenen Unterhaltsansprüche von Kosten befreit. Das Gleiche gilt nach Abs. 2 i.V.m. § 64 Abs. 3 SGB X für die Träger der Sozialhilfe und (seit 01.01.2006) auch für die BA als Träger der Grundsicherung (KG FamRZ 2009, 1854) sowie für die Träger der Jugendhilfe. Sie bezieht sich allerdings nur auf solche Verfahren, die einen engen sachlichen Bezug zur jeweiligen Aufgabenerfüllung haben (BGH FamRZ 2006, 411 m.w.N.; OLG Düsseldorf OLGR 2004, 498). Nicht unter § 2 fallen Unterhalts- und Abstammungsverfahren, die im Rahmen einer Beistandschaft (§ 55 SBG VIII) vom Jugendamt für ein Kind geführt werden, da der Beistand insoweit nur als gesetzlicher Vertreter des Kindes und nicht als Partei bzw. Verfahrensbeteiligter auftritt. Für die Kostenschuld ist grundsätzlich auf den Vertretenen und nicht den Vertreter abzustellen (OLG Düsseldorf JurBüro 2011, 432). Zur Frage, ob Rentenversicherungsträger nach § 64 SGB X in Versorgungsausgleichsverfahren von Kosten befreit sind, vgl. OLG Naumburg (FamRZ 2006, 437). Die jeweils zuständige Behörde in Eheaufhebungsverfahren dürfte regelmäßig entweder nach Abs. 1 oder nach Landesrecht von Kosten befreit sein. Zu weiteren Begünstigten und zu den Kostenbefreiungsregelungen der Länder vgl. die Übersicht in Binz u.a./*Petzold* Anhang zu § 2 GKG; *Hartmann* § 2 GKG Rn. 8 ff.

3 **C. Wirkung (Abs. 3). I. Für den Begünstigten.** Die Kostenbefreiung gilt für die Gebühren und die Auslagen (s. § 1 Rdn. 5). Soweit sie auf Landesrecht beruht, ist zu beachten, dass dort z.T. nur von Gebühren, nicht aber von Auslagen befreit wird (OLG Düsseldorf OLGR 2004, 498). Die Befreiung von Kosten lässt auch die Vorauszahlungs- und Vorschusspflicht (§§ 14 ff.) entfallen. Sie bewirkt allerdings nicht, dass dem Begünstigten keine Verfahrenskosten durch gerichtliche Entscheidung oder durch Vergleich auferlegt werden dürften. In diesem Fall können aber die gerichtlichen Kosten, soweit die Befreiung reicht, trotz einer Kostenentscheidung zu seinen Lasten von ihm nicht erhoben werden, selbst wenn der Begünstigte Kosten im Vergleich übernommen hat. Soweit er bereits Kosten entrichtet hat, besteht ein unmittelbarer Anspruch auf Rückzahlung gegen die Staatskasse (Abs. 3) und damit auch kein Erstattungsanspruch gegen andere Verfahrensbeteiligte (BGH NJW 2003, 1322).

4 **II. Für nicht begünstigte Verfahrenbeteiligte.** Nach Abs. 3 können Kosten, soweit sie einem hiervon Befreiten durch gerichtliche Entscheidung auferlegt oder (in einem Vergleich) von ihm übernommen werden, auch *nicht von anderen* Verfahrensbeteiligten erhoben werden (Binz u.a/*Petzold* GKG § 2 Rn. 21). Die da-

nach von einem anderen Beteiligten überzahlten Gerichtskosten sind diesem aus der Staatskasse zurückzuzahlen (BGH NJW 2003, 1322, 1324) oder mit seiner verbleibenden Kostenschuld zu verrechnen. Vom Begünstigten darf der andere Beteiligte sie nicht einfordern. Die eigene Verpflichtung des Nichtbegünstigten, Kosten vorauszuzahlen oder Vorschüsse zu leisten, wird von der Kostenbefreiung eines anderen Verfahrensbeteiligten nach § 2, anders als u.U. bei der Verfahrenskostenbewilligung, nicht berührt.
Haftet der Nichtbegünstigte mit dem Begünstigten als **Gesamtschuldner**, ist umstritten, ob der Nichtbegünstigte dann voll in Anspruch genommen werden kann oder nur soweit ihn der Begünstigte nicht im Innenverhältnis freistellen muss (so die wohl h.M., vgl. *Hartmann* § 2 GKG Rn. 22 m.w.N.). Vorschüsse soll der Nichtbegünstigte in jedem Fall in voller Höhe leisten müssen (*Hartmann* § 2 GKG Rn. 23).

§ 3 FamGKG Höhe der Kosten.

(1) Die Gebühren richten sich nach dem Wert des Verfahrensgegenstands (Verfahrenswert), soweit nichts anderes bestimmt ist.
(2) Kosten werden nach dem Kostenverzeichnis der Anlage 1 zu diesem Gesetz erhoben.

Übersicht	Rdn.		Rdn.
A. Allgemeines	1	3. Ermäßigung der Verfahrensgebühr	19
I. Systematik	1	II. Gebühren im einstweiligen Rechtsschutz	22
II. Kostenarten	6	III. Sonstige Verfahren	26
B. Übersicht zu den Verfahrenswerten	8	IV. Sonstige Gebühren	29
C. Gebührenübersicht	10	D. Auslagen	33
I. Gebühren in Hauptsacheverfahren	11	I. Allgemeines	33
1. Übersicht	11	II. Einzelheiten	39
2. Verfahrensgebühr	13		

A. Allgemeines. I. Systematik. Die Vorschrift entspricht dem § 3 GKG. An die Stelle der Begriffe Streitwert und Streitgegenstand treten analog § 113 Abs. 3 Nr. 1 FamFG der Verfahrensgegenstand und der Verfahrenswert, der zugleich den damals in der KostO verwendeten Begriff des Gegenstandswerts ersetzen sollte (BT-Drucks. 16/6308 S. 301). – Da ein Verfahren mehrere Gegenstände beinhalten kann, wird man auf den Begriff des Gegenstandswerts nicht verzichten können.

Wie im GKG gilt auch für die nicht zu den Familienstreitsachen oder Ehesachen zählenden Familiensachen gem. Abs. 1 allgemein der **Grundsatz der Wertgebühr**, d.h. einer Gebührenerhebung, die nach dem Wert des jeweiligen Verfahrensgegenstands variiert. Eine Wertgebühr setzt sich damit immer aus zwei Komponenten zusammen, einmal aus dem Verfahrenswert und zum anderen aus der diesem Wert in § 28 GKG bzw. der Tabelle in Anlage 2 des FamGKG zugeordneten Gebühr in Euro. Für die Bestimmung des Verfahrenswerts enthalten die allgemeinen und besonderen Wertvorschriften der §§ 33 bis 52 Regelungen. Diese stellen z.T. auf das wirtschaftliche oder persönliche Interesse an einer Regelung ab oder normieren für bestimmte Verfahrensgegenstände relative Festwerte (s. Rdn. 9).

Die aus der Anlage zu § 28 FamGKG errechnete Gebühr ist aber nicht identisch mit den für das jeweilige Verfahren anfallenden Kosten. Diese ergeben sich erst i.V.m. mit dem als Anlage 1 zum FamGKG normierten **Kostenverzeichnis** (§ 3 Abs. 2), das in seinem ersten Teil für jede Verfahrensart oder gerichtliche Tätigkeit die Höhe der zu erhebenden Gerichtsgebühr als Anteil oder als ein Mehrfaches der Wertgebühr bestimmt (**Gerichtsgebühr = Wertgebühr aus § 28 × Gebührensatz aus KV**). Hinzu kommen die gerichtlichen Auslagen nach Teil 2 des KV. Ergänzende Bemessungskriterien enthalten die §§ 29 bis 31.

Das Kostenverzeichnis enthält zugleich **anderweitige Bestimmungen** zur Gebührenerhebung i.S.v. Abs. 1, in dem es insb. für Entscheidungsgebühren und für Neben- und Folgeverfahren **Festgebühren** oder für Dauertätigkeiten Jahresgebühren bestimmt.

Zu den Gebühren werden **Auslagen** erhoben, die im Teil 2 des KV abschließend aufgeführt sind.

II. Kostenarten. Das KostRMoG hatte das im GKG bislang nur für die 1. Instanz in Zivilverfahren und isolierten ZPO-Familiensachen gültige **Pauschalgebührensystem** bereits auf Ehe- und Scheidungsverbundverfahren und die ihm gleichgestellten Verfahren nach dem LPartG erstreckt und zwar, wie in Zivilsachen auch, für alle Instanzen. Das FamGKG übernimmt dies nun für sämtliche Familiensachen. Die Gerichtsgebühr wird damit auch in den vormals nach dem FGG und der KostO zu behandelnden isolierten Famili-

§ 3 FamGKG

Höhe der Kosten

ensachen nicht mehr nach verschiedenen Tätigkeiten differenziert und aufsummiert. Es wird vielmehr regelmäßig nur eine allgemeine **Verfahrensgebühr** erhoben, die grds. sämtliche Tätigkeiten des Gerichts pro Instanz abdeckt und sich bei Erledigung ohne Endentscheidung nur noch ermäßigen kann (s. Rdn. 19 ff.). Daneben können nur ausdrücklich bestimmte Kosten erhoben werden, wie z.B. für die Protokollierung eines über den Gegenstand des Verfahrens hinausgehenden Vergleichs oder für bestimmte Auslagen. Die üblichen Post- und Zustellauslagen sind in der pauschalen Verfahrensgebühr enthalten. Die in der KostO noch vorherrschende **Vornahmegebühr** wird als Entscheidungsgebühr neben oder anstelle einer Verfahrensgebühr nur noch vereinzelt erhoben, z.B. für die Anordnung von Zwangsmaßnahmen nach § 35 FamFG oder in der Zwangsvollstreckung und für den Festsetzungsbeschluss im vereinfachten Unterhaltsverfahren, oder als Jahresgebühr für Dauertätigkeiten bei Vormundschaften u.ä.

7 Vornahmegebühren sind i.d.R. als **Festgebühren** ausgestaltet. Das Gleiche gilt für praktisch sämtliche Gebühren in Nebenverfahren und in Rechtsmittelverfahren, die keine Hauptsacheentscheidung betreffen, sowie für die in Hauptabschnitt 7 des KV geregelten Verfahren mit direktem Auslandsbezug. Nach dem Grundsatz der **Wertgebühren** werden dagegen in Form der pauschalen Verfahrensgebühr sämtliche regulären Hauptsacheverfahren und die Verfahren über einstweiligen Rechtsschutz in allen Instanzen abgerechnet (s. KV Teil 1 Hauptabschnitt 1 bis 4).

8 **B. Übersicht zu den Verfahrenswerten.** Das FamGKG enthält in Abschnitt 7 allgemeine Bewertungsregeln (§§ 33 bis 42) und besondere Wertvorschriften (§§ 43 bis 51). Die **allgemeinen Vorschriften** verhalten sich zum Grundsatz der **Wertaddition** (§ 33 Abs. 1 Satz 1) und seinen **Ausnahmen** bei wirtschaftlicher Identität, z.B. wenn ein vermögensrechtlicher Anspruch aus einem nicht vermögensrechtlichen hergeleitet wird (§ 33 Abs. 1 Satz 2: Beispiel Abstammungsverfahren und Unterhalt), **Stufenantrag** (§ 38); **Widerantrag** und Hilfsansprüche (§ 39 Abs. 1), **wechselseitige Rechtsmittel** (§ 39 Abs. 2), **Aufrechnung** (§ 39 Abs. 3). Darüber hinaus enthält es Regeln für die (Nicht-) Bewertung von **Nebenansprüchen** (§ 37), für **Genehmigungen** (§ 36), **einstweilige Anordnungen** (§ 41) und **Rechtsmittel** (§ 40) sowie einen allgemeinen **Auffangwert** (§ 42 Ausgangswert: 5.000 € – neu –).

Die **besonderen Vorschriften** mit speziellen Bewertungsregeln gibt es u.a. für die **Ehesache** (§ 43; Mindestwert 3.000 €), bestimmte **Kindschaftssachen im Verbund** (§ 44 Abs. 2, 3), den **Versorgungsausgleich** (§ 50) und **Unterhaltssachen** (§ 52).

9 Für andere Verfahren sind **relative Festwerte** bestimmt, die herab- oder heraufgesetzt werden können, wenn sie im Einzelfall zu unangemessenen Gebühren führen.

Gegenstand	*Norm*	*Wert*
isolierte Kindschaftssachen:		t
Elterliche Sorge (Übertragung/Entziehung), Umgangsrecht, Auskunft, Herausgabe	§ 45	jeweils 3.000 €
Abstammungssachen:		
nach § 169 Abs. 1 und 4	§ 47 Abs. 1, 1. Alt.	2.000 €
nach 1598a BGB	§ 47 Abs. 1, 2. Alt	1.000 €
Ehewohnungssachen:		
Nutzung	§ 48 Abs. 1, 1. Alt	3.000 €
Zuweisung	§ 48 Abs. 1, 2. Alt	4.000 €
Haushaltssachen:		
Nutzung	§ 48 Abs. 2, 1. Alt	2.000 €
Zuweisung	§ 48 Abs. 2, 2. Alt	3.000 €
Gewaltschutzsachen:		
nach § 1 GewSchG	§ 49 Abs. 1, 1. Alt	2.000 €
nach § 2 GewSchG	§ 49 Abs. 1, 2. Alt	3.000 €

Höhe der Kosten   **§ 3 FamGKG**

Gegenstand	Norm	Wert
Versorgungsausgleich:		
Auskunft/Abtretung	§ 50 Abs. 2	500 €
Unterhalt (Kindergeld):	§ 51 Abs. 3	500 €

C. Gebührenübersicht. Die einzelnen Gebühren und Gebührensätze sind in dem nach § 64 als Anlage 1 **10**
zu § 3 FamFG abgedruckten **Kostenverzeichnis (KV)** kommentiert. Nachfolgend werden die für unterschiedliche Verfahrensarten vielfach systematisch gleich geregelten Gebührensätze in komprimierter Form einander ggü. gestellt, um die Struktur und die wesentlichen Unterschiede der Gebührenbemessung bei den einzelnen Verfahrensarten sichtbar zu machen.

I. Gebühren in Hauptsacheverfahren. 1. Übersicht. Tabellarische Übersicht über die Gebührensätze in **11**
Hauptsacheverfahren:

Gebührensätze in:	Ehe- und Folgesachen	Selbstständigen Verfahren		
		Familienstreit-sachen[1)]	Kindschaftssachen	sonstigen FG-Sachen
Erster Rechtszug				
Verfahren im Allgemeinen	2,0	3,0	0,5[2)]	2,0
ermäßigt	0,5	1,0	keine Ermäßigung	0,5
Beschwerde gegen die Endentscheidung wegen des Hauptgegenstands				
Verfahren im Allgemeinen	3,0	4,0	1,0	3,0
Ermäßigung bei				
– Rücknahme[3)] vor Begründung	0,5	1,0	0,5	0,5
– Erledigung vor Entscheidung	1,0	2,0	0,5	1,0
Rechtsbeschwerde gegen die Endentscheidung wegen des Hauptgegenstands				
Verfahren im Allgemeinen	4,0	5,0	1,5	4,0
Ermäßigung bei				
– Rücknahme[3)] vor Begründung	1,0	1,0	0,5	1,0
– Erledigung vor Entscheidung	2,0	3,0	1,0	2,0

§ 3 FamGKG   Höhe der Kosten

Gebührensätze in:	Ehe- und Folgesachen	Selbstständigen Verfahren		
		Familienstreit-sachen[1]	Kindschaftssachen	sonstigen FG-Sachen
Zulassung der Sprungrechtsbeschwerde				
bei Ablehnung des Antrags	1,0	1,5	0,5	1,0
bei Erledigung vor Entscheidung	gebührenfrei	1,0	gebührenfrei	gebührenfrei

[1] Im vereinfachten Verfahren nach § 249 FamFG gelten nach Nr. 1210 ff. KV FamGKG die gleichen Gebührensätze wie in Kindschaftssachen, wobei in 1. Instanz die Gebühr als Entscheidungsgebühr erhoben wird.
[2] Nur wenn keine Jahresgebühr anfällt, s. Rdn. 18.
[3] In selbstständigen FG-Sachen nur bei Erledigung ohne streitige Kostenentscheidung.

12 Die in der vorstehenden Tabelle aufgeführten Gebührensätze für die Wertgebühr (s.o. Rdn. 3) gelten nur für Rechtsmittel gegen Endentscheidungen wegen des Hauptgegenstands und nicht für Rechtsmittel, die sich nur gegen Nebenentscheidungen richten (z.B. gegen die Kostenentscheidung) oder für Rechtsmittel in Neben- und Folgeverfahren (z.B. Beschwerden in Vkh-Verfahren). Für sie enthält Hauptabschnitt 9 des KV besondere Gebühren (s.u. Rdn. 28).

13 **2. Verfahrensgebühr.** Das FamGKG knüpft in seinem KV für die Gebühren in Hauptsacheverfahren in Ehe- und Folgesachen und den selbstständigen Familiensachen an die im KV des GKG für Prozessverfahren vor den ordentlichen Gerichten geltenden Regelungen an. In allen Instanzen wird eine in der Höhe variierende **pauschale Verfahrensgebühr** erhoben (zur Fälligkeit s. §§ 14 ff.). Ihre **Höhe**, genauer der sie bestimmende Gebührensatz (s. Rdn. 3), **variiert nach dem Verfahrensgegenstand** bzw. der nach dem Verfahrensrecht vorgegebenen Zuordnung einzelner Familiensachen zu bestimmten Verfahrensarten. Die höchsten Gebühren werden in den isolierten Familienstreitsachen (i.S.d. § 112 FamFG) erhoben. Die früher für diese geltenden Bestimmungen des KV GKG wurden unter Anpassung an das FamFG inhaltlich praktisch unverändert übernommen. Das Gleiche gilt im Wesentlichen auch für Ehe- und Scheidungsverbundverfahren, insb. hinsichtlich ihrer gebührenrechtlichen Privilegierung ggü. den selbstständigen Familienstreitsachen. Für die Kindschaftssachen (§ 151 FamFG) hat sich der Gesetzgeber für moderate Gebühren entschieden, und zwar in gleicher Höhe wie sie das GKG bisher schon für vereinfachte Unterhaltsverfahren vorsah. Für die übrigen selbstständigen Familiensachen der freiwilligen Gerichtsbarkeit werden ähnliche Gebühren wie in Ehe- und Verbundverfahren erhoben. Darunter fallen die in § 111 FamFG unter Nr. 3 bis 7 genannten Verfahren, also auch das Abstammungsverfahren, Adoptionen nur, soweit sie Volljährige betreffen. Die Annahme Minderjähriger bleibt wie bisher gebührenfrei. Des Weiteren gehören dazu alle Unterhalts-, Güterrechts- und sonstige Familiensachen, die nicht Familienstreitsachen sind. Soweit Abgrenzungsprobleme auftreten, muss die Gebührenerhebung der verfahrensrechtlichen Einordnung des Gerichts folgen. Die Zuordnung der **Lebenspartnerschaftssachen** erfolgt nach § 5 FamGKG.

14 Ist in einer Familienstreitsache ein **Mahnverfahren** vorausgegangen, wird die Gebühr für das Mahnverfahren auf die Verfahrensgebühr nach Nr. 1220 KV FamGKG angerechnet. Die Gebühren für das Mahnverfahren selbst richten sich weiterhin nach dem GKG (§ 1 Abs. 1 Satz 3 FamGKG).

15 **Besonderheiten im vereinfachten Unterhaltsverfahren:** Die Gebühren entsprechen in allen Rechtszügen denen für das Kindschaftsverfahren in der Tabelle Rdn. 11. Allerdings wird für den Festsetzungsbeschluss in erster Instanz keine Verfahrensgebühr sondern lediglich eine 0,5 Entscheidungsgebühr erhoben, und zwar nur, wenn dem Antrag entweder in vollem Umfang stattgegeben oder er zurückgewiesen wird. Nach Überleitung in das Streitverfahren handelt es sich um ein normales Unterhaltsverfahren. Stichtag für die Wertberechnung (s. § 51 FamGKG Rdn. 24) bleibt allerdings der Eingang des Festsetzungsantrags.

16 **Besonderheiten in Kindschaftssachen:** Ausdrücklich **gebührenfrei** sind Kindschaftsverfahren, die die Pflegschaft für ein ungeborenes Kind, die freiheitsentziehende Unterbringung eines Minderjährigen oder Aufgaben des Familiengerichts nach §§ 53, 67 Abs. 4 JGG betreffen. Für eine **Umgangspflegschaft** werden neben der Gebühr für das Verfahren, in dem sie angeordnet wird, keine gesonderten Gebühren erhoben (Anm. Abs. 2 zu Nr. 1310 KV FamGKG). Nach Vorbem 1.3.1 Abs. 2 KV FamGKG sind **Minderjährige** per-

sönlich von Gebühren **befreit**, wenn ihr Vermögen nach Abzug der Verbindlichkeiten ohne Berücksichtigung eines kleinen Hausgrundstücks (§ 90 Abs. 2 SGB XII) den Betrag von 25.000 € übersteigt. Zur Befreiung von der Antragstellerhaftung in Angelegenheiten, die ihrer Person betreffen s. §§ 21 bis 27 FamGKG Rdn. 8. Anders als in den übrigen Hauptsacheverfahren wird im ersten Rechtszug keine Gebühr für das Verfahren »im Allgemeinen« erhoben, sondern nur eine schlichte Verfahrensgebühr. Die hat zur Folge, dass **keine Pflicht zur Vorausleistung** der Gebühr nach § 14 Abs. 3 besteht (§§ 12 bis 17 FamGKG Rdn. 11).

Für die Einrichtung und Überwachung von **Vormundschaften** und **Dauerpflegschaften** werden anstelle der Verfahrensgebühr in 1. Instanz Jahresgebühren erhoben, die auch sonstige Kindschaftsverfahren abgelten, die zur Aufgabenerfüllung gehören. Die Gebühr schuldet gem. § 22 FamGKG grds. der Minderjährige, wenn sie keinem Anderen auferlegt wird (BT-Drucks. 16/6308 S. 311). Wenn die Fürsorge nur das Vermögen betrifft, berechnet sich die Jahresgebühr aus dem nicht geschützten Vermögen. Sie fällt daher überhaupt nur an, wenn der Minderjährige vermögend ist. In anderen Angelegenheiten wird eine Pauschale von 200 € erhoben, begrenzt durch die am Vermögen orientierte Gebühr. Bei einer **Pflegschaft für einzelne Rechtshandlungen** fällt eine auf den Jahresbetrag einer Dauerpflegschaft begrenzte Wertgebühr an. Problematisch ist die durch das FamGKG eingeführte Verfahrensgebühr für Rechtsmittel, s. dazu Nr. 1310–1319 KV FamGKG Rdn. 22. 17

Das **Vermittlungsverfahren** nach § 165 FamFG ist weiterhin gebührenfrei, da es kein Hauptsacheverfahren ist (str. s. Nr. 1310–1319 KV FamGKG Rdn. 4). 18

3. Ermäßigung der Verfahrensgebühr. Die pauschale Verfahrensgebühr soll die Tätigkeit des Gerichts bis zur Beendigung der Instanz abgelten einschließlich des Absetzens der Endentscheidung (OLG Stuttgart MDR 2015, 1103). Endet das Verfahren vor einer gerichtlichen Entscheidung zur Hauptsache oder muss diese nicht begründet werden, führt dies i.d.R. zu einer **Entlastung des Gerichts**, die durch eine Ermäßigung der Verfahrensgebühr **honoriert** wird. Davon rückt der Gesetzgeber nur in den Fällen ab, in denen die jeweilige Verfahrengebühr bereits besonders niedrig ist, wie in Kindschaftssachen, in denen die geringe Verfahrensgebühr im ersten Rechtszug keiner weiteren Ermäßigung zugänglich ist. Dasselbe gilt für die Entscheidungsgebühr im vereinfachten Unterhaltsverfahren. 19

Die **Ermäßigungstatbestände** wurden im Wesentlichen aus dem GKG übernommen und unter Anpassung an die verfahrensrechtlichen Besonderheiten des FG-Verfahrens auch auf die Verfahrensgebühren für selbstständige FG-Familiensachen übertragen. Zu teilweise erheblichen Ermäßigungen (s.o. Rdn. 11) führen unter bestimmten Bedingungen: 20

– die Rücknahme des Antrags oder des Rechtsmittels,
– die Erledigung der Hauptsache,
– gerichtliche Vergleiche und
– Entscheidungen, die auf einem Anerkenntnis oder Verzicht beruhen
– oder die wegen eines Rechtsmittelverzichts oder wegen gleichgerichteter Interessen der Beteiligten keiner Begründung bedürfen (s. § 38 FamFG Rdn. 92 ff.). Die Ermäßigung für den Fall, dass die Entscheidungen gleichgerichteten Anträgen der Beteiligten stattgibt und deshalb keiner Begründung bedarf, ist hauptsächlich in FG-Verfahren relevant, aber nicht auf sie beschränkt, sondern gilt auch in Familienstreitsachen und für Folgesachen im Scheidungsverbund. Einverständliche Scheidungsverfahren profitieren davon leider nicht; sie sind in KV von der Ermäßigung bei nicht zu begründenden Entscheidungen ausdrücklich ausgenommen (s. Nr. 1110–1140 KV FamGKG Rdn. 8). Sie gilt auch nicht für Abstammungs- und sonstige Ehesachen (s. § 38 Abs. 5 FamFG).
– Eine zusätzliche Ermäßigung wird in den **Rechtsmittelverfahren** regelmäßig dann gewährt, wenn das Rechtsmittel zurückgenommen wird, bevor es begründet wurde. Für das Verfahren auf Zulassung der Sprungrechtsbeschwerde werden mit Ausnahme der Familienstreitsachen Gebühren nur erhoben, wenn der Antrag zurückgewiesen wird.

Die Tatbestände sind nicht für sämtliche Verfahren in gleicher Weise vorgesehen. Teilweise ist eine Ermäßigung bei Rücknahme oder bei Hauptsacheerledigung davon abhängig, dass **keine streitige Kostenentscheidung** ergeht. D.h., die Entscheidung muss einer zuvor mitgeteilten Einigung über die Kostentragung oder einer Kostenübernahmeerklärung folgen (s. dazu OLG Celle FamRZ 2012, 1969). Die an das GKG angelehnte Systematik der Ermäßigungstatbestände passt in den selbstständigen FG-Familiensachen nicht mit der Verpflichtung des Gerichts überein, in Familiensachen immer v.A.w. und größtenteils nach freiem Ermessen über die Kosten zu entscheiden (s. § 81 Abs. 1 Satz 3 FamFG). Abhilfe kann u.U. ein Verzicht aller Beteiligten auf Rechtsmittel gegen die Kostenentscheidung schaffen (s.a. *Wiese* NJW 2012, 3126, 3130).

21 Voraussetzung für eine Ermäßigung der Verfahrensgebühr ist in allen Instanzen, dass sich der **gesamte Verfahrensgegenstand** ausschließlich auf die ein oder andere gebührenrechtlich privilegierte Weise **erledigt**. Sobald auch nur über einen Teil des Streitstoffs in anderer Weise, insb. durch Versäumnisbeschluss, entschieden wurde, wenn z.B. bei einem Stufenantrag vorab über den Auskunftsantrag entschieden wurde, findet keine Ermäßigung statt. Dasselbe gilt, wenn die Verfahrensbeteiligten in einem gerichtlichen Vergleich die Kostenregelung ausdrücklich dem Gericht überlassen. Eine **Ausnahme** besteht für das **Scheidungsverbundverfahren**. Hier kann sich die Gebühr in allen Instanzen auch für einzelne Folgesachen und z.T. auch für die Scheidungssache ermäßigen, wenn nur für den jeweiligen Verfahrensteil die Voraussetzungen vorliegen.

22 **II. Gebühren im einstweiligen Rechtsschutz.** Übersicht zu den Verfahrensgebühren im einstweiligen Rechtsschutz:

EA-Verfahren in		Kindschaftssachen	übrigen Familiensachen. Arrest
Gebühr	KV FamGKG.	Nr. 1410 ff.	Nr. 1420 ff.
Erster Rechtszug			
Verfahren im Allgemeinen		0,3	1,5
– ermäßigt		keine Ermäßigung	0,5
Beschwerde gegen die Endentscheidung wegen des Hauptgegenstands			
Verfahren im Allgemeinen		0,5	2,0
Ermäßigte Gebühr bei			
– Rücknahme vor Begründung		0,3	0,5
– Erledigung vor Entscheidung		0,3	1,0

23 Die **Eigenständigkeit** der einstweiligen Anordnungsverfahren im FamFG (s. §§ 49 ff. FamFG) und die Ähnlichkeit des Verfahrens mit dem der einstweiligen Verfügung nach der ZPO hat keine Entsprechung im Gebührenrecht gefunden. Anders als nach dem GKG differenzieren die Gebühren nicht danach, ob ohne oder nach mündlicher Verhandlung entschieden wurde. Das FamGKG sieht für beide Varianten in Hauptabschnitt 4 die gleichen moderaten Gebühren vor, die für Verfahren in Kindschaftssachen nochmals deutlich reduziert sind (s. dazu im Einzelnen Nr. 1410–1412 KV FamGKG Rdn. 6 ff. und für die übrigen Familiensachen Nr. 1420–1424 KV FamGKG Rdn. 6 ff.).

24 Im Gegensatz zum dem bis zum 31.08. 2009 geltendem Recht wird in sämtlichen einstweiligen Anordnungsverfahren und in gleicher Weise in Arrestverfahren in jeder Instanz eine **allgemeine Verfahrensgebühr** erhoben, die sich unter bestimmten Voraussetzungen ermäßigen kann. Eine allgemeine **Ermäßigung** tritt (außer in den erstinstanzlichen Kindschaftssachen) in beiden Instanzen bei einer Gesamterledigung ohne Endentscheidung und ohne streitige Kostenentscheidung unter den gleichen Voraussetzungen wie bei Rdn. 20 ein.

25 Obwohl die Verfahren auf **Aufhebung oder Änderung** einer einstweiligen Anordnung oder eines Arrests gesonderte Verfahren sind, werden sie gebührenrechtlich als Einheit behandelt und lösen keine neue Verfahrensgebühr aus.

26 **III. Sonstige Verfahren.** Für **Verfahren mit Auslandsbezug** werden jeweils Festgebühren als pauschale Verfahrensgebühr erhoben, die sich bei teilweise bei Rücknahme des Antrags ermäßigt. Die in Hauptabschnitt 7 zusammengefassten Gebühren betreffen Verfahren nach dem IntFamRVG und sonstige Verfahren über die Anerkennung und Vollstreckung von ausländischen oder zur Vollziehung inländischer Entscheidungen mit Auslandsbezug, einschließlich der Gebühren für die Ausstellung von Bescheinigungen. Inhaltlich entsprechen die Regelungen unter Anpassung an das FamFG und das IntFamRVG weitgehend denen der Nr. 1510 ff. KV GKG. Das gilt auch für die Höhe der Festgebühren. Für das gerichtliche Verfahren zur Anerkennung ausländischer Entscheidung in Ehesachen u.a. (geregelt in § 107 Abs. 5 ff. FamFG) wird eine Gebühr nur erhoben, wenn der Antrag zurückgewiesen wird (s. im Einzelnen Nr. 1710–1723 KV FamGKG Rdn. 2 ff.).

In **Vollstreckungssachen** werden nach Hauptabschnitt 6 dieselben Festgebühren wie nach dem GKG erhoben. Sie gelten nur soweit das FamG selbst nach den §§ 88 bis 94 FamFG vollstreckt. Für Vollstreckungshandlungen durch das Vollstreckungsgericht, auch soweit das Familien- oder Arrestgericht nach den §§ 887 ff. ZPO auch i.V.m. § 96 FamFG als Vollstreckungsorgan tätig wird, richten sich die Gebühren weiterhin nach dem GKG (s. im Einzelnen Nr. 1600–1603 KV FamGKG Rdn. 2 ff.).

Die Gebühren für **Rechtsmittel in Neben- und Folgeverfahren** sind, soweit sie nicht in den vorstehenden Abschnitten enthalten sind, als »Rechtsmittel im Übrigen« in Hauptabschnitt 9 zusammengefasst und gelten auch für Rechtsmittel gegen isoliert anfechtbare **Nebenentscheidungen** wie die Kostengrundentscheidung. Das hat das 2. KostRMoG (s. Art. 5 Abs. 2) durch die Beschränkung der Gebührensätze für Rechtsmittel in den anderen Hauptabschnitten auf solche, die sich »gegen Endentscheidungen wegen des Hauptgegenstands« richten, ausdrücklich klargestellt (s. Nr. 1910–1930 KV FamGKG Rdn. 1 f.). Es werden Festgebühren erhoben, die mit Ausnahme der Beschwerden nach §§ 71 Abs. 2, 91a Abs. 2, 99 Abs. 2 und 269 Abs. 5, 494a Abs. 2 ZPO i.V.m. § 113 Abs. 1 FamFG regelmäßig nur anfallen, wenn das Rechtsmittel erfolglos ist.

IV. Sonstige Gebühren. Für **verfahrensleitende Anordnungen** nach § 35 FamFG (Zwangsmaßnahmen) fällt eine Gebühr von 20 € an.

Für die Protokollierung eines **Vergleichs** über nicht anhängige Gegenstände wird wie nach dem GKG eine 0,25 Gebühr erhoben (s. Nr. 1500–1503 KV FamGKG Rdn. 2). In Verfahren über die Verfahrenskostenhilfe ist jeder Vergleich gebührenfrei.

Für das Verfahren auf **Verletzung des Anspruchs auf rechtliches Gehör** nach § 44 FamFG bzw. § 321a ZPO wird, wenn die Rüge in vollem Umfang verworfen oder zurückgewiesen wird, eine Gebühr von 60 € erhoben (Nr. 1800 KV FamGKG Rdn. 1).

Für das **selbstständige Beweisverfahren** nach §§ 485 ff. ZPO, das nach § 113 Abs. 1 auch in Familienstreitsachen zulässig ist, wird eine Verfahrensgebühr erhoben (s. dazu Nr. 1500–1503 KV FamGKG Rdn. 10 f.).

D. Auslagen. I. Allgemeines. Die gerichtlichen Auslagen können **zusätzlich zu einer Verfahrens- oder Entscheidungsgebühr** erhoben werden. Das FamGKG hat aus dem KV zum GKG im Teil 9 die für Familiensachen relevanten Auslagentatbestände unter Berücksichtigung der sich aus den §§ 136 und 137 KostO ergebenden Besonderheiten in das KV zum FamGKG in Teil 2 übernommen. Es können **nur die im KV aufgeführten Auslagen** erhoben, d.h. den jeweiligen Kostenschuldnern (s. §§ 21 ff. FamGKG) in Rechnung gestellt werden. Deshalb sind z.B. Telefonkosten und Postentgelte grds. nicht anzusetzen (anders bei Zustellkosten (s. Nr. 2002 KV FamGKG). Auslagen, die durch **verschiedene Rechtssachen** entstanden sind, werden auf diese angemessen verteilt.

Die Auslagenvorschriften des KV FamGKG finden **keine Anwendung** auf Auslagen, die ein am Verfahren nicht beteiligter Dritter z.B. dadurch verursacht, dass ihm antragsgemäß Kopien von Entscheidungen u.ä. übermittelt werden. Diese werden nicht nach dem FamGKG sondern nach den Auslagenvorschriften der JVKostO angesetzt. Sie gelten auch nicht für Auslagen, die durch Handlung des Vollstreckungs- oder Arrestgerichts veranlasst wurden, die wie die Gebühren nach dem GKG erhoben werden.

Wie bei den Gebühren ergeben sich weitere **Einschränkungen** sowohl in sachlicher als auch persönlicher Hinsicht:

Für die nach Vorbem 1.3.1 Abs. 1 KV FamGKG gebührenfreien **Kindschaftsverfahren**, die die Pflegschaft für ein ungeborenes Kind, die freiheitsentziehende Unterbringung eines Minderjährigen oder Aufgaben des Familiengerichts nach dem JGG betreffen (s.o. Rdn. 16), werden auch keine Auslagen erhoben. I.Ü. werden von **Minderjährigen** in Kindschaftssachen Auslagen nur erhoben, wenn ihr Vermögen nach Abzug der Verbindlichkeiten ohne Berücksichtigung eines kleinen Familienheims den Betrag von 25.000 € übersteigt.

Ist das **Beschwerdeverfahren gebührenfrei**, werden für eine begründete Beschwerde auch keine Auslagen erhoben, soweit das Gericht nicht dem Gegner des Beschwerdeführers die Kosten auferlegt hat (Vorbem 2 Abs. 1 KV FamGKG).

Auslagen, die für die Gewährleistung der Mitwirkungsrechte von Seh- und Hörbehinderten entstehen (s. §§ 186, 191a GVG), werden ebenfalls nicht erhoben.

II. Einzelheiten. Zu den häufigsten Auslagen zählt die **Dokumentenpauschale** für das Anfertigen von Kopien, wenn es z.B. ein Verfahrensbeteiligter unterlassen hat, die notwendige Anzahl von Ablichtungen für andere Verfahrensbeteiligte beizufügen (Nr. 2000 KV FamGKG). Seit 01.01.2007 (Ergänzung durch das 2. JuMoG) fällt die Pauschale auch für Mehrfertigungen an, die dem Gericht per Telefax übermittelt werden.

Die Gebührenziffer regelt auch die Gebühren für die Bereitstellung oder Überlassung elektronischer Dokumente, einschließlich elektronisch geführter Akten (s. im Einzelnen. Nr. 2000–2015 KV FamGKG Rdn. ff.). Für die Versendung von Akten fällt eine **Aktenversendungspauschale** an (Nr. 2003 KV FamGKG). Diese Gebühren schulden jeweils, der die Versendung beantragt hat.

40 Gebühren für **Zustellungen** (Nr. 2002 KV FamGKG) werden neben der Erhebung einer Wertgebühr für das Verfahren im Allgemeinen im selben Rechtszug nur dann zusätzlich erhoben, wenn mehr als zehn Zustellungen zu bewirken sind. In anderen Verfahren fallen sie für jede Zustellung an. Das Gleiche gilt in allen Verfahren für die durch Auslandszustellungen entstehenden weiteren Auslagen und für die **Kosten der Rechtshilfe** (s. Nr. 2010 ff. KV FamGKG).

41 Ebenfalls zu den erstattungsfähigen Auslagen zählen **Reisekosten** des Gerichts oder für die Beförderung von Personen sowie die unabhängig von der Verfahrenskostenhilfe für mittellose Personen aus der Staatskasse gezahlten Reisekosten zu einem Termin (Nr. 2006 f. KV FamGKG).

42 Von erheblicher Bedeutung sind die Kosten für die **Vergütung für Zeugen, Sachverständige, Dolmetscher und Übersetzer** nach dem JVEG, die als gerichtliche Auslagen grds. zu erstatten sind (Nr. 2005 KV FamGKG). Die Leistungen, von Dolmetschen und Übersetzern von Sachverständigen werden nach festen Stundensätzen vergütet. Die Vereinbarung höherer Sätze ist möglich (vgl. § 13 JVEG). In Kindschaftssachen kommen außerdem die an den **Verfahrensbeistand, Verfahrens-** oder **Umgangspfleger** zu zahlenden Beträge hinzu (Nr. 2013, 2014 KV FamGKG). Der Staatskasse ggü. haftet für die Kosten des Verfahrensbeistands auch das minderjährige Kind als Zweitschuldner, wenn es sich um keine Kindschaftssache oder eine Angelegenheit der Vermögenssorge handelt und das Kind das Verfahren durch seinen Antrag eingeleitet hat. (s. im Einzelnen Nr. 2000–2015 KV FamGKG Rdn. 25 ff.).

§ 4 FamGKG Umgangspflegschaft.
Die besonderen Vorschriften für die Dauerpflegschaft sind auf die Umgangspflegschaft nicht anzuwenden.

Übersicht

	Rdn.		Rdn.
A. Regelungsgehalt	1	C. Auslagen	3
B. Gebühren	2		

1 **A. Regelungsgehalt.** Die durch das FGG-RG (Art. 50 Nr. 28) eingeführte Umgangspflegschaft (§ 1684 Abs. 3 Satz 3 bis 5 BGB) ist kostenrechtlich Teil des Verfahrens über das Umgangsrecht (BT-Drucks. 16/6308 S. 301). Deshalb stellt § 4 ausdrücklich klar, dass die für die Dauerpflegschaft vorgesehenen besonderen Kostenregelungen des FamGKG (§§ 7 Abs. 1, 10, 19 Abs. 1 und 22) und die Vorschriften für die Jahresgebühr (s. Nr. 1311, 1312 KV FamGKG) auf die Umgangspflegschaft nicht angewendet werden sollen.

2 **B. Gebühren.** Die Anordnung und Einrichtung einer Umgangspflegschaft im Umgangsverfahren löst neben der Gebühr für das Umgangsverfahren keine weitere Gebühr aus (s. Anm. Abs. 2 zu Nr. 1310 KV FamGKG), sie wird demnach auch **gebührenfrei** überwacht und abgerechnet. Wird gegen die Einrichtung der Umgangspflegschaft allerdings Beschwerde eingelegt, fallen die für Rechtsmittelverfahren in Kindschaftssachen vorgesehenen Gebühren an (s. Nr. 1310-1319 KV FamGKG Rdn. 20 ff.).

3 **C. Auslagen.** Anders ist dies hinsichtlich der aus der Staatskasse **an den Umgangspfleger zu zahlenden Beträge**. Diese Aufwendungen der Staatskasse zählen nach Teil 2 des Kostenverzeichnisses zu den erstattungsfähigen Auslagen (s. OLG Koblenz MDR 2015, 898; s. a. Nr. 2000-2015 KV FamGKG Rdn. 27) und sind Teil der Gerichtskosten für das Verfahren, in dem die Umgangspflegschaft angeordnet wird. Sie schuldet derjenige, den das Gericht in seiner Kostenentscheidung bestimmt (BT-Drucks. 16/6308, S. 317, 347). Es kann die Kosten den Verfahrensbeteiligten und ggf. auch einem Dritten auferlegen, nicht jedoch dem Kind oder dem Verfahrensbeistand (s. § 81 FamFG Rdn. 13 ff.).

4 Der Umgangspfleger hat gem. § 1684 Abs. 3 Satz 6 BGB i.V.m. § 277 FamFG Anspruch auf **Ersatz von Aufwendungen und Vergütung aus der Staatskasse** wie ein Verfahrenspfleger in Betreuungsverfahren. Der Anspruch richtet sich nach dem VBVG und wird nach § 168 Abs. 1 FamFG festgesetzt (s. im Einzelnen § 277 FamFG Rdn. 4 ff.). Der Gesetzgeber hat ausdrücklich betont, dass es sich bei der Umgangspflegschaft um eine Pflegschaft nach §§ 1909 ff. BGB handelt (BT-Drucks. 16/6308, S. 346). Damit ist Voraussetzung für die Entstehung eines Vergütungsanspruchs die förmliche Bestellung und Verpflichtung des Umgangs-

pflegers (s.a. BGH FamRZ 2014, 1283 Rn. 7; OLG Hamm FamRZ 2014, 672 m.w.N.). Zu den materiellen Voraussetzungen der Anordnung einer Umgangspflegschaft und den Befugnissen des Pflegers vgl. *Bergmann* FF 2014, 345; OLG Saarbrücken MDR 2015, 595 = FamRZ 2015, 1726 (LS).

§ 5 FamGKG Lebenspartnerschaftssachen.

In Lebenspartnerschaftssachen nach § 269 des Gesetzes über das Verfahren in Familiensachen und in den Angelegenheiten der freiwilligen Gerichtsbarkeit sind für
1. Verfahren nach Absatz 1 Nr. 1 dieser Vorschrift die Vorschriften für das Verfahren auf Scheidung der Ehe,
2. Verfahren nach Absatz 1 Nr. 2 dieser Vorschrift die Vorschriften für das Verfahren auf Feststellung des Bestehens oder Nichtbestehens einer Ehe zwischen den Beteiligten,
3. Verfahren nach Absatz 1 Nr. 3 bis 12 dieser Vorschrift die Vorschriften für Familiensachen nach § 111 Nr. 2, 4, 5 und 7 bis 9 des Gesetzes über das Verfahren in Familiensachen und in den Angelegenheiten der freiwilligen Gerichtsbarkeit und
4. Verfahren nach den Absätzen 2 und 3 dieser Vorschrift die Vorschriften für sonstige Familiensachen nach § 111 Nr. 10 des Gesetzes über das Verfahren in Familiensachen und in den Angelegenheiten der freiwilligen Gerichtsbarkeit

entsprechend anzuwenden.

Die Vorschrift entspricht der Systematik des § 270 FamFG und überträgt sie auf das FamGKG. Damit gelten auch kostenrechtlich für Lebenspartnerschaftssachen die Komplementärregelungen für Ehe- und Familiensachen und die Gebühren und Auslagen werden allein nach dem FamGKG erhoben. In Verfahren auf Aufhebung der Lebenspartnerschaft oder der Feststellung ihres Bestehens oder Nichtbestehens (Nr. 1 und 2) richten sie sich nach Nr. 1110–1140 KV FamGKG. Wobei die speziellen Regelungen für die Ehescheidung in sämtlichen Aufhebungsverfahren unabhängig von ihrer Rechtsgrundlage gelten (s.a. Prütting/Helms/*Heiter* § 269 Rn. 8 für die Verfahrensvorschriften). In den selbstständigen Familienstreitsachen richten sich die Gebühren nach Nr. 1210–1229 KV FamGKG und in den FG-Familiensachen, wenn es sich um Kindschaftssachen handelt, nach Nr. 1310–1319 KV FamGKG, und ansonsten nach Nr. 1320–1328 KV FamGKG. Für Arrest- und einstweilige Anordnungsverfahren, Verfahren mit Auslandsbezug u.a. gelten ebenfalls die besonderen Gebühren des KV zum FamGKG. Auch i.Ü. und insb. für die Wertermittlung sind ausnahmslos die Vorschriften des FamGKG entsprechend heranzuziehen, wenn es sich bei der lebenspartnerschaftlichen Angelegenheit um eine Familiensache i.S.v. § 111 Nr. 11 i.V.m. § 269 FamFG handelt.

1

§ 6 FamGKG Verweisung, Abgabe, Fortführung einer Folgesache als selbständige Familiensache.

(1) ¹Verweist ein erstinstanzliches Gericht oder ein Rechtsmittelgericht ein Verfahren an ein erstinstanzliches Gericht desselben oder eines anderen Zweiges der Gerichtsbarkeit, ist das frühere erstinstanzliche Verfahren als Teil des Verfahrens vor dem übernehmenden Gericht zu behandeln. ²Das Gleiche gilt, wenn die Sache an ein anderes Gericht abgegeben wird.
(2) Wird eine Folgesache als selbständige Familiensache fortgeführt, ist das frühere Verfahren als Teil der selbständigen Familiensache zu behandeln.
(3) ¹Mehrkosten, die durch Anrufung eines Gerichts entstehen, zu dem der Rechtsweg nicht gegeben oder das für das Verfahren nicht zuständig ist, werden nur dann erhoben, wenn die Anrufung auf verschuldeter Unkenntnis der tatsächlichen oder rechtlichen Verhältnisse beruht. ²Die Entscheidung trifft das Gericht, an das verwiesen worden ist.

Übersicht	Rdn.		Rdn.
A. Regelungsgehalt	1	II. Verselbstständigung von Folgesachen,	
B. Verweisung, Abgabe	5	(echte) Trennung aus dem Verbund	
I. Verweisung und Abgabe	5	(Abs. 2)	12
II. Abgabe an das Gericht der Ehesache	7	III. (Unechte) Trennung von Folgesachen	
C. Verfahrenstrennung, Fortführung von		aus dem Verbund	15
Folgesachen	8	D. Verbindung von Verfahren	18
I. Gewöhnliche Verfahrenstrennung	9		

§ 6 FamGKG   Verweisung, Abgabe, Fortführung einer Folgesache

1 **A. Regelungsgehalt.** Die Vorschrift regelt in **Abs. 1** wie § 4 GKG die **Kostenerhebung bei Verweisung** eines Verfahrens nach § 113 Abs. 1 FamFG i.V.m. § 281 ZPO, § 3 FamFG, § 17b GVG oder Zurückverweisung aus der Rechtmittelinstanz an ein anderes erstinstanzliches Gericht, ergänzt in Satz 2 um die **Abgabe** nach § 4 FamFG (BT-Drucks. 16/6308 S. 301) und formuliert auch hier den **Grundsatz der Kosteneinheit**, wie er auch in § 3 Abs. 4 FamFG und § 29 zum Ausdruck kommt: Kostenrechtlich ist das frühere (erstinstanzliche) Verfahren als Teil des Verfahrens vor dem übernehmenden Gericht zu behandeln. Dasselbe regeln die Vorschriften der §§ 123, 153, 202, 218, 232, 262 FamFG über die Abgabe von Unterhalts- und potenziellen Folgesachen an das Gericht der Ehesache jeweils durch die Verweisung auf den inhaltsgleichen § 281 Abs. 3 Satz 1 ZPO. Die Beschränkung auf erstinstanzliche Verfahren trägt dem Umstand Rechnung, dass in der Beschwerdeinstanz die Zuständigkeit des ersten Rechtszuges nicht mehr gerügt werden kann (§ 65 Abs. 4 FamFG).

2 **Abs. 3** regelt wie § 4 Abs. 2 GKG die **Behandlung der Mehrkosten**, die durch die Anrufung des in 1. Instanz unzuständigen Gerichts entstanden sind – z.B. durch ein Beschwerdeverfahren nach § 17a GVG – und lässt ihre Erhebung nur zu wenn dem Antragsteller daran ein Verschulden trifft. Die Vorschrift zielt darauf, durch die Anrufung des unzuständigen Gerichts grds. keine Mehrkosten entstehen zu lassen (Binz/Dorndörfer/*Petzold* § 4 GKG Rn. 1).

3 **Abs. 2** regelt erstmals die kostenrechtlichen Auswirkungen der **Trennung einer Folgesache vom Scheidungsverbund** und/oder ihre **Fortführung als selbstständige Familiensache**, entweder nach Abtrennung gem. §§ 140 i.V.m. § 137 Abs. 3 und 5 Satz 2 FamFG oder nach Zurücknahme (§ 141 Satz 3 FamFG) oder Abweisung des Scheidungsantrags (§ 142 Abs. 2 FamFG). In jedem Fall, in dem eine Folgesache als selbstständige Familiensache fortgeführt wird, ist die frühere Folgesache kostenrechtlich als Teil der (fortgeführten) selbstständigen Familiensache zu behandeln. Im Umkehrschluss folgt daraus, dass Folgesachen, die nach §§ 140 i.V.m. § 137 Abs. 2 und 5 Satz 1 FamFG abgetrennt werden, nicht nur verfahrensrechtlich Folgesachen bleiben (s. § 137 FamFG Rdn. 9), sondern auch kostenrechtlich. Ungeregelt bleibt auch im FamGKG die kostenrechtliche Behandlung der Einbeziehung von selbstständigen Familiensachen in den Scheidungsverbund (§ 137 Abs. 2 und 3 FamFG) und die einer regulären Trennung und Verbindung von Verfahren (§ 20 FamFG, § 113 Abs. 1 i.V.m. §§ 145, 147 ZPO).

4 Angesetzt werden die Kosten schlussendlich bei dem übernehmenden Gericht, sofern keine weitere Abgabe erfolgt (§ 18 Abs. 1 Nr. 1). Die praktische **Durchführung** in Bezug auf die Einziehung der Kosten und die Behandlung von geleisteten Vorschüssen regelt, auch länderübergreifend, die KostVfg.

5 **B. Verweisung, Abgabe. I. Verweisung und Abgabe.** Durch die Verweisung oder Abgabe eines Verfahrens an ein anderes Gericht entsteht verfahrensrechtlich kein neues Verfahren, es wechselt lediglich den Ort seiner Anhängigkeit und das Aktenzeichen. Praktisch zieht es nur um und bleibt ansonsten dasselbe Verfahren mit allen prozessualen Konsequenzen, die sich z.B. aus der Rechtshängigkeit des Anspruchs bzw. der Anhängigkeit des Verfahrens, den vor der Verweisung ergangenen gerichtlichen Verfügungen und Entscheidungen oder Verfahrenshandlungen der Beteiligten ergeben, die weiterhin wirksam sind (s. § 3 FamFG Rdn. 16, Keidel/*Sternal* § 4 Rn. 39; Musielak/Voit/*Foerste* § 281 Rn. 13; Zöller/*Gummer* § 17b GVG Rn. 3). Entsprechendes gilt für die kostenrechtlichen Wirkungen der Verweisung. Auch hier bildet das Verfahren am übernehmenden Gericht mit dem am verweisenden **eine Kosteninstanz** (BT-Drucks. 16/6308 S. 301; Keidel/*Sternal* § 4 Rn. 39; Binz/Dorndörfer/*Petzold* § 4 GKG Rn. 9) und es findet lediglich ein Zuständigkeitswechsel statt: Mit dem Eingang der Akte bei dem übernehmenden Gericht wird für die kostenrechtliche Behandlung des Verfahrens der Kostenbeamte des übernehmenden Gerichts verantwortlich. Er hat ausstehende Vorauszahlungen und Vorschüsse einzuziehen und auch die Schlusskostenrechnung zu erstellen (§ 18 Abs. 1 Nr. 1, §§ 4, 27 ff. KostVfg, *Meyer* GKG § 19 Rn. 9).

6 Eine **Zwischenabrechnung** der bisher angefallenen Gebühren und Auslagen findet aufgrund einer Vereinbarung der Länder (Anlage 1 zur KostVfg) auch bei Verweisung in andere Bundesländer **nicht** statt. An der Fälligkeit der Gebühren und Auslagen (s. §§ 9 ff. FamGKG) ändert sich nichts. Das gilt gleichermaßen für die Vergütung der beteiligten Anwälte, wenn ihr Mandat bestehen bleibt (s. § 20 RVG).

7 **II. Abgabe an das Gericht der Ehesache.** Werden Familiensachen aufgrund der **Zuständigkeitskonzentration in Ehesachen** (§§ 123, 153, 202, 218, 232, 262 FamFG) an das Gericht der Ehesache abgegeben, ändert sich an den kostenrechtlichen Auswirkungen für die beteiligten Gerichte grds. nichts. Nur wenn das abgegebene Verfahren nach § 137 Abs. 4 FamFG in den Scheidungsverbund einbezogen wird oder das *abgebende Gericht nur Teile* des aus mehreren Gegenständen bestehenden Verfahrens zum Zwecke der Abgabe

abtrennt, hat dies weitergehende kostenrechtliche Folgen. Sie ergeben sich aber aus der Trennung und Verbindung von Verfahren (s.u.) und nicht aus ihrer Verweisung oder Abgabe und treten unter den gleichen Voraussetzungen in ähnlicher Form bei regulären Verweisungen oder Abgaben (Rdn. 5) auf.

C. Verfahrenstrennung, Fortführung von Folgesachen. Die sowohl in der ZPO (§ 145) als auch im FamFG (§ 20) für alle Verfahren vorgesehene Möglichkeit, einzelne Verfahrensgegenstände aus prozessökonomischen Gründen oder zur Ermöglichung einer Verweisung abzutrennen, wird in Familiensachen um die Trennung von Folgesachen aus dem Scheidungsverbund ergänzt und modifiziert. Bei ihr ist zu unterscheiden zwischen einer echten Lösung aus dem Verbund bzw. dessen Auflösung unter Wegfall seiner kostenrechtlichen Wirkungen und der bloßen Vorabentscheidung über einzelne Gegenstände unter Beibehaltung der Kosteneinheit (unechte Trennung). 8

I. Gewöhnliche Verfahrenstrennung. Gewöhnliche Trennungen nach § 20 FamFG und § 145 ZPO i.V.m. § 113 Abs. 1 FamFG finden auch in familiengerichtlichen Verfahren Anwendung. Neben den verfahrensökonomischen Gründen hierfür ergeben sich weitere z.B. auch daraus, dass einer von mehreren in einem Verfahren geltend gemachten Ansprüchen keine Familiensache ist und deshalb zum Zwecke der Abgabe oder Verweisung abgetrennt wird. Auch bei der Trennung einer nicht verbundfähigen Familiensache aus dem Scheidungsverbund handelt es sich um eine gewöhnliche Abtrennung (OLG Bamberg FamRZ 2001, 240), ebenso, wenn das Gericht eine verspätet beantragte Folgesache abtrennt (s. § 44 FamGKG Rdn. 2). Eine gewöhnliche Trennung ist immer eine **echte Verfahrenstrennung**. Sie wirkt in Bezug auf den abgetrennten Verfahrensteil grds. ähnlich wie die Abgabe oder Verweisung. Die ursprünglich in Form der Häufung in einem Verfahren zusammengefassten Ansprüche oder Verfahrensgegenstände ändern durch die Trennung ihren Inhalt nicht, sie sind lediglich in getrennten Verfahren zu verhandeln (OLG Bremen AGS 2013, 452; Zöller/*Greger* § 145 Rn. 7). Mit der Abtrennung eines Verfahrensteiles endet lediglich dessen prozessuale und kostenrechtliche Zuordnung zu dem abgebenden Verfahren. Aus einem Verfahren entstehen mehrere selbstständige und voneinander unabhängige Verfahren, davon mindestens eines mit neuem Aktenzeichen. Über die Kosten des Verfahrens wird bei einer echten Abtrennung in jedem der beiden Verfahren und nur hinsichtlich der dort (noch) anhängigen Gegenstände entschieden, hinsichtlich des abgetrennten Verfahrensteils auch über die vor der Abtrennung angefallenen Kosten (s.a. § 150 FamFG Rdn. 19). 9

Gleichwohl bleiben dem abgetrennten Verfahrensteil wie bei der Verweisung (s.o. Rdn. 5) sämtliche verfahrens- und kostenrechtlichen Wirkungen seit der ursprünglichen Anhängigkeit erhalten (s. § 20 FamFG Rdn. 7). Vor und nach der Trennung handelt es sich um **dieselbe Gebühreninstanz** (*Hartmann* GKG § 35 Rn. 11; Binz/Dorndörfer/*Zimmermann* § 35 GKG Rn. 2). Die pauschale Verfahrensgebühr wird für jeden einzelnen Verfahrensgegenstand innerhalb eines Rechtszugs nur einmal erhoben (§ 29 FamGKG, s.a. § 35 GKG). Durch die Trennung kommt deshalb auch keine neue Gebühr hinzu (OLG Bremen AGS 2013, 452; a.A. OLG München NJW-RR 1996, 1279 noch zu § 9 GKG a.F. und ihm folgend die h.M. s.a. zu den Anwaltsgebühren § 20 FamFG Rdn. 14 f.). Mit der Trennung eines Verfahrensgegenstandes vom Ursprungsverfahren entfällt lediglich die Pflicht zur Zusammenrechnung der Gegenstandswerte bei Wertgebühren gem. § 33 Abs. 1 FamGKG (s. dazu § 3 FamGKG Rdn. 3). Ab dem Zeitpunkt der Trennung ist die bereits mit der Einleitung des Verfahrens für sämtliche Verfahrensgegenstände entstandene und zumeist auch bezahlte Verfahrensgebühr lediglich neu und gesondert für das Ursprungs- und abgetrennte Verfahren zu berechnen. Dabei ist die Summe aus beiden jeweils nach getrennten Verfahrenswerten errechneten Gebühren im Allgemeinen höher, als die ursprünglich aus dem zusammengerechneten Verfahrenswert angesetzte Verfahrensgebühr; mit der Folge, dass die bereits entrichtete Vorauszahlung nicht mehr ausreicht und ein weiterer Betrag nachgefordert werden muss. 10

Darüber, wie die im Ursprungsverfahren geleistete **Vorauszahlung** zu **verrechnen** bzw. auf die beiden Verfahren zu verteilen ist, werden unterschiedliche Ansichten vertreten: Entweder wird die Zahlung entsprechend den Gegenstandswerten bzw. den daraus errechneten Gebühren des abgetrennten und des Ursprungsverfahrens anteilig auf die beiden Verfahren verteilt (OLG Bremen AGS 2013, 452; *Meyer* GKG § 34 Rn. 14; Zöller/*Greger* § 145 Rn. 28) mit der Folge, dass ggf. in beiden Verfahren Kosten nachzufordern sind. *Nach anderer und aus praktischen Erwägungen vorzuziehenden Ansicht wird sie vorrangig auf die im Restverfahren neu errechnete Verfahrensgebühr angerechnet und nur ein verbleibender Überschuss auf die Gebühr für das abgetrennte Verfahren angerechnet* (OLG München MDR 1996, 642). 11

II. Verselbstständigung von Folgesachen, (echte) Trennung aus dem Verbund (Abs. 2). Abs. 2 regelt ausdrücklich nur die mit einer gewöhnlichen Abtrennung vergleichbare echte Verfahrenstrennung, bei der das 12

§ 6 FamGKG — Verweisung, Abgabe, Fortführung einer Folgesache

abgetrennte Verfahren als selbstständige Familiensache fortgeführt wird, und zwar in gleicher Weise wie bei der Verweisung: Das abgetrennte Verfahren bildet mit dem früher mit der Scheidung verbundenen Verfahrensteil eine **einheitliche Kosteninstanz**. Von den im neuen Familienverfahrensrecht jetzt in § 140 FamFG geregelten Abtrennungen betrifft dies nur noch die **Abtrennung einer Kindschaftssache** i.S.v. § 140 Abs. 2 Nr. 3 FamFG. Nur diese ist gem. § 137 Abs. 5 Satz 2 FamFG als selbstständige Folgesache weiterzuführen, nicht aber sonstige Folgesachen; auch nicht die Unterhaltssache, die zusammen mit einer Kindschaftssache nach § 140 Abs. 3 FamFG abgetrennt wird (BT-Drucks. 16/6308 S. 231; Prütting/*Helms* § 140 Rn. 9; § 137 Rn. 69 a.E.; Keidel/*Weber* § 137 Rn. 26 f.; anders aber § 150 Rn. 11). – Nach der Übergangsregelung des § 48 Abs. 4 VersAusglG war auch ein aus dem Verbund abgetrennter Versorgungsausgleich ausnahmsweise als selbstständige Familiensache fortzuführen; diese Sonderheit hat sich zwischenzeitlich durch Zeitablauf erledigt (s. Art. 111 FGG-RG Rdn. 22 f.). – Die Wirkung einer echten Verfahrenstrennung ist dieselbe wie die **Fortführung einer Folgesache als selbstständige Familiensache** nach Rücknahme (§ 141 Satz 3 FamFG) oder Abweisung (§ 142 Abs. 2 Satz 3 FamFG) des Scheidungsantrags. Mit dem Abtrennungs- oder Fortführungsbeschluss endet der verfahrens- und kostenrechtliche Verbund der Folgesache mit der Ehescheidung. Die nunmehr selbstständig fortgeführte Folgesache ist kostenrechtlich so zu behandeln, als sei sie nie im Verbund gewesen (BT-Drucks. 16/6308, S. 331). Ab diesem Zeitpunkt gelten die oben (Rdn. 9 ff.) dargestellten Grundsätze der Gebührenabrechnung bei gewöhnlicher Verfahrenstrennung auch hier.

13 Im Gegensatz zu der Abtrennung nach § 20 FamFG oder § 145 ZPO finden auch nach der Reform des Familienverfahrensrechts auf das Scheidungsverbundverfahren und auf die selbstständigen Familiensachen nicht nur verschiedene Verfahrensvorschriften Anwendung, sondern regelmäßig auch **unterschiedliche Gebührenvorschriften** (s. Übersicht § 3 FamGKG Rdn. 11). Infolge der Trennung bzw. Fortführung richten sich die gerichtlichen Gebühren für die jetzt selbstständig fortgeführte Folgesachen nicht mehr nach Nr. 1110 ff. KV FamGKG, sondern für Familienstreitsachen nach Nr. 1220 ff., für die Kindschaftssachen nach Nr. 1310 ff. und für sonstige FG-Sachen nach Nr. 1320 ff. (s. § 3 FamGKG Rdn. 11). Für die Familienstreitsachen erhöht sich damit die pauschale Verfahrensgebühr von bisher 2,0 auf 3,0. Außerdem wird sie sofort fällig (§ 9 FamGKG).

14 Bei **Kindschaftssachen** verringert sich zum einen der Gebührensatz (s. § 3 FamGKG Rdn. 11), zum anderen ändert sich darüber hinaus nach wie vor der **Gegenstandswert**, da dieser nach der Herauslösung aus dem Verbund nicht mehr nach § 44 Abs. 2 FamGKG den Wert der Ehescheidung erhöht, sondern nach § 45 FamGKG selbstständig zu berechnen ist. Statt eines Anteils am Wert der Ehescheidung (s. § 44 Abs. 2 FamGKG) gilt dann der relative Festwert von 3.000 € (Keidel/*Weber* § 137 Rn. 27; *Schneider* Rn. 1597 und zum alten Recht: OLG Schleswig FuR 2006, 141; OLG Köln FamRZ 2004, 285). Das wird in der Mehrzahl der Fälle zu einer Erhöhung des Wertes führen (s. § 45 FamGKG Rdn. 17 f.) und wirkt sich auch auf die Höhe der Anwaltsvergütung aus, die sich wegen der Anbindung an den gerichtlichen Gegenstandswert (§ 23 Abs. 1 RVG) gleichfalls ab der Trennung nach dem neuen Gegenstandswert bemisst (OLG Schleswig FuR 2006, 141; *Groß* § 7 Rn. 18).

15 **III. (Unechte) Trennung von Folgesachen aus dem Verbund.** In sämtlichen Fällen der Abtrennung von Folgesachen nach § 140 Abs. 2 Nr. 1, 2, 4 und 5 FamFG verlieren sie ihre Eigenschaft als Folgesachen nicht (§ 137 Abs. 5 Satz 1 FamFG). Das gilt auch für eine Unterhaltssache, die zusammen mit einer Kindschaftssache nach § 140 Abs. 3 FamFG abgetrennt wird (BT-Drucks. 16/6308 S. 231). Werden mehrere Folgesachen (unecht) abgetrennt, stehen sie auch untereinander weiterhin im Verbund (§ 137 Abs. 5 Satz 1 Halbs. 2 FamFG). Auch auf eine allein abgetrennte Folgesache sind, mit Ausnahme der Verpflichtung zur gleichzeitigen Entscheidung und Verhandlung mit der Ehesache, weiterhin nicht nur die verfahrensrechtlichen Vorschriften über das Verbundverfahren anzuwenden, sondern ebenso die kostenrechtlichen Regelungen für Scheidungsfolgesachen (s.o. Rdn. 3). Bei dieser Form der Abtrennung handelt es sich faktisch lediglich um eine Vorabentscheidung über einzelne Verfahrensgegenstände wie bei einem Teilurteil bzw. -beschluss (OLG Naumburg FamRZ 2008, 1203; OLG Dresden FamRZ 2002, 1415).

16 Daraus folgt nicht nur die **uneingeschränkte Anwendung der besonderen Gebühren für Ehe- und Scheidungsverbundverfahren** (s. § 3 FamGKG Rdn. 11). Die Gebühren sind auch weiterhin zusammen mit dem Restverbund als einheitliches Verfahren abzurechnen (s.a. BT-Drucks. 16/6308 S. 301) und die Streitwerte bis zur Beendigung des gesamten Verfahrens zusammenzurechnen. An sich wäre deshalb grds. mit der Vorabentscheidung noch keine Kostenregelung zu treffen. Sie wird aber durch § 150 Abs. 5 Satz 1 FamFG ausdrücklich zugelassen (s. § 150 FamFG Rdn. 20).

Bei einer Vorabentscheidung mit Kostenregelung dürfen der **Kostenabrechnung** nur die Scheidungssache 17 und die mit ihr entschiedenen Folgesachen nach deren zusammengerechneten Wert zugrunde gelegt werden, ohne Berücksichtigung des Wertes der abgetrennten Folgesache(n). Für die Abrechnung der übrigen Folgesachen entsteht dann nur noch ein Gebührenanspruch i.H.d. Differenz der Gebühren aus dem Gesamtstreitwert und den bereits erhaltenen Gebühren (sog. Differenzmethode, vgl. OLG München NJW-RR 1999, 146 m.w.N.; s.a. FA-FamR/*Keske* Kap. 17 Rn. 357 ff.). Dasselbe gilt im umgekehrten Fall bei einer Vorabentscheidung in dem abgetrennten Verfahrensteil.

D. Verbindung von Verfahren. Kostenrechtlich weniger problematisch als die Trennung von Verfahren ist 18 deren Verbindung. Sie ist nicht nur in Familienstreitsachen nach § 147 ZPO i.V.m. § 113 FamFG zulässig, sondern gem. § 20 FamFG auch in FG-Verfahren (s. § 20 FamFG Rdn. 2 ff.). Davon zu unterscheiden ist die bloße gemeinsame Verhandlung oder Erörterung (BGH NJW 1957, 183). Neben der regulären Verbindung von Verfahren gibt es die Verfahrensverbindung in Form der Einbeziehung von Folgesachen in den Scheidungsverbund gem. § 137 Abs. 2 und 3 FamFG, entweder bei nachträglicher Rechtshängigkeit des Scheidungsantrags oder nach Abgabe selbstständiger Folgesachen an das Gericht der Ehesache (s.o. Rdn. 7). Dies führt regelmäßig zur Verbindung von Verfahren mit unterschiedlichen Verfahrensregeln und hat wie bei der Verfahrenstrennung gebührenrechtlich unterschiedliche Konsequenzen. Unklar ist, ob außerhalb des Scheidungsverbunds eine Verbindung von FG-Sachen mit Familienstreitsachen in einem Verfahren zulässig ist (ablehnend Johannsen/Henrich/*Götz* § 200 FamFG Rdn. 8; s.a. § 20 FamFG Rdn. 4 m.w.N.); eine entsprechende Antragshäufung kommt in Praxis immer wieder vor.

Gemeinsam ist beiden Formen, dass das alte Verfahren mit dem neuen hinsichtlich des einbezogenen Verfahrensgegenstands eine einheitliche Gebühreninstanz bildet (s.o. Rdn. 10). Eine Zwischenabrechnung der 19 bisher angefallenen Gebühren und Auslagen findet nicht statt. In dem einbezogenen Verfahren bereits geleistete Vorschüsse werden in das weitergeführte Verfahren eingebracht. Mit der Verbindung sind die (Wert-)Gebühren einheitlich aus der Summe der Gegenstandwerte sämtlicher Verfahrensgegenstände zu berechnen (§ 33 Abs. 1 FamGKG), wodurch sie sich i.d.R. reduzieren (*Meyer* JurBüro 1999, 239; FA-FamR/*Keske* Kap. 17 Rn. 362 f. mit Berechnungsbeispiel). Nach herrschender Meinung bleiben die zuvor aus den Einzelwerten angefallenen und in selbstständigen Familienstreitsachen auch zugleich fälligen (§ 9 Abs. 1 FamGKG) pauschalen Verfahrensgebühren bestehen (OLG Koblenz MDR 2005; 1017; OLG Oldenburg JurBüro 2003, 322; OLG München JurBüro 1999, 484; s.a. Binz/Dorndörfer/*Zimmermann* KV GKG 1210 Rn. 15; *Meyer* JurBüro 1999, 239), sind dann aber auch einzeln einer Ermäßigung zugänglich (OLG München JurBüro 1999, 484, Binz/Dorndörfer/*Zimmermann* KV GKG 1211 Rn. 38). Zur Abrechnung der Anwaltsgebühren in diesem Fall vgl. BGH NJW 2010, 3377 = FamRZ 2010, 1071 (LS) sowie FA-FamR/*Keske* Kap. 17 Rn. 361 (s.a. § 20 FamFG Rdn. 12).

Bei **Einbeziehung** einer ursprünglich selbstständigen Familiensache **in den Scheidungsverbund** gelten für 20 diese außerdem die besonderen Regelungen für das Ehe- und Scheidungsverbundverfahren. Die Gebühren richten sich für Familienstreitsachen nicht mehr nach Nr. 1220 ff. KV FamGKG und für Kindschaftssachen nach Nr. 1310 ff., sondern nach den für das Verbundverfahren geltenden Nr. 1110 ff. KV FamGKG. In Kindschaftssachen wechselt, wie im umgekehrten Fall der Abtrennung aus dem Verbund, zudem der Gegenstandswert (s.o. Rdn. 14; OLG Frankfurt am Main FamRZ 2006, 1057; OLG Zweibrücken FamRZ 2006, 1696; OLG Bamberg FamRZ 2002, 1540).

§ 20 FamFG ermöglich auch eine **Verbindung in selbstständigen FG-Verfahren**. Damit können z.B. Sorge- 21 und Umgangssachen zusammen verhandelt und entscheiden werden. In diesem Fall fällt nur eine Gebühr aus den zusammengerechneten Werten an (OLG Frankfurt am Main FamRZ 2001, 1388; *Vogel* FPR 2010, 313 m.w.N.). Eine Verbindung soll i.d.R. nicht vorgenommen werden, wenn die Verfahren nicht denselben Verfahrensgrundsätzen unterliegen (s. § 20 FamFG Rdn. 4). Ausdrücklich gestattet ist sie nach § 179 FamFG in Abstammungsverfahren (vgl. zu den kostenrechtlichen Wirkungen § 183 FamFG Rdn. 20) und zwingend in den Fällen des § 52 FamGKG in Güterrechtssachen. Die Anordnung und Einrichtung einer **Umgangspflegschaft** ist kein eigenständig zu bewertender Verfahrensgegenstand, sondern wert- und gebührenmäßig Teil des Umgangsverfahrens (s. § 4 FamGKG Rdn. 1 ff.). Bestellt das FamG in einer Sorgerechtssache zugleich **einen Vormund oder Pfleger**, handelt es sich um verschiedene Gegenstände. Eine Zusammenrechnung kann nach § 33 Abs. 1 FamGKG aber nur bei Anordnung einer Pflegschaft für einzelne Rechtshandlungen erfolgen, weil nur für diese Wertgebühren anfallen (s.a. Keidel/*Sternal* § 20 Rn. 12; zur Bewertung s. § 46 FamGKG Rdn. 6 ff.). Für Vormundschaften und Dauerpflegschaften werden dagegen Jahresgebühren gesondert erhoben (s. Nr. 1311, 1312 KV FamGKG).

§ 7 FamGKG Verjährung, Verzinsung.

(1) ¹Ansprüche auf Zahlung von Kosten verjähren in vier Jahren nach Ablauf des Kalenderjahrs, in dem das Verfahren durch rechtskräftige Entscheidung über die Kosten, durch Vergleich oder in sonstiger Weise beendet ist. ²Bei Vormundschaften und Dauerpflegschaften beginnt die Verjährung mit der Fälligkeit der Kosten.

(2) ¹Ansprüche auf Rückerstattung von Kosten verjähren in vier Jahren nach Ablauf des Kalenderjahrs, in dem die Zahlung erfolgt ist. ²Die Verjährung beginnt jedoch nicht vor dem in Absatz 1 bezeichneten Zeitpunkt. ³Durch Einlegung eines Rechtsbehelfs mit dem Ziel der Rückerstattung wird die Verjährung wie durch Klageerhebung gehemmt.

(3) ¹Auf die Verjährung sind die Vorschriften des Bürgerlichen Gesetzbuchs anzuwenden; die Verjährung wird nicht von Amts wegen berücksichtigt. ²Die Verjährung der Ansprüche auf Zahlung von Kosten beginnt auch durch die Aufforderung zur Zahlung oder durch eine dem Schuldner mitgeteilte Stundung erneut. ³Ist der Aufenthalt des Kostenschuldners unbekannt, genügt die Zustellung durch Aufgabe zur Post unter seiner letzten bekannten Anschrift. ⁴Bei Kostenbeträgen unter 25 Euro beginnt die Verjährung weder erneut noch wird sie gehemmt.

(4) Ansprüche auf Zahlung und Rückerstattung von Kosten werden nicht verzinst.

Übersicht

	Rdn.		Rdn.
A. Allgemeines	1	C. Erstattungsansprüche (Abs. 2)	8
B. Zahlungsansprüche der Staatskasse (Abs. 1)	4		

1 **A. Allgemeines.** Die Vorschrift ist weitgehend inhaltsgleich mit der Verjährungsregelung des § 5 GKG, ergänzt um die Regelung für Dauerverfahren in Anlehnung an § 17 KostO (BT-Drucks. 16/6308 S. 301; s.a. § 6 GNotKG). Sie regelt einmal die **Verjährung** von Zahlungsansprüchen der Staatskasse (Abs. 1) und die von Ansprüchen auf Rückerstattung aus der Staatskasse (Abs. 2) gleichermaßen, aber nicht in gleicher Weise und auch nicht abschließend. Festgelegt wird im Wesentlichen Beginn und Dauer der Verjährungsfrist. I.Ü. sind die Verjährungsvorschriften des BGB anzuwenden (Abs. 3). Die Ansprüche verjähren **regelmäßig in 4 Jahren** nach Ablauf des Kalenderjahrs, in dem das Verfahren durch rechtskräftige Entscheidung über die Kosten oder, falls keine Kostenentscheidung ergeht, wenn das Verfahren durch Vergleich oder in sonstiger Weise beendet ist. Die Verjährung ist als Einrede ausgestaltet und wird **nicht v.A.w. berücksichtigt** (Abs. 3 Satz 1 Halbs. 2).

2 Abs. 4 regelt den auch in den andern Kostengesetzen enthaltenen Grundsatz, dass **Ansprüche** auf Zahlung oder auf Rückerstattung von Kosten generell **nicht verzinst** werden.

3 Die Regelung in § 7 erfasst **nur Ansprüche nach diesem Gesetz** und ist deshalb auf die Staatskasse übergegangene Ansprüche, z.B. den Vergütungsanspruch des im Wege der Verfahrenskostenhilfe beigeordneten Anwalts, nicht anzuwenden. Für diesen gelten die Verjährungsvorschriften des BGB direkt (*Hartmann* § 5 GKG Rn. 1).

4 **B. Zahlungsansprüche der Staatskasse (Abs. 1).** Der **Beginn der Verjährung** von Zahlungsansprüchen der Staatskasse ist jetzt auch für selbstständige FG-Familiensachen nicht mehr die Fälligkeit des Kostenanspruchs, sondern, wie für die übrigen Familiensachen, das Ende des Verfahrens. Dieses ist i.S.d. Gebührenrechts nicht nur eine rechtskräftige Kostenentscheidung und die Instanz abschließende Entscheidung oder ein entsprechender Vergleich. Eine Beendigung in »sonstiger Weise« liegt neben der Antragsrücknahme auch dann vor, wenn das Verfahren zumindest vorläufig gebührenrechtlich abgeschlossen und eine Schlusskostenrechnung erstellt werden kann, wie bei Nichtbetrieb, Ruhen oder Aussetzung des Verfahrens über einen Zeitraum von mehr als 6 Monaten (vgl. §§ 9–11 FamGKG Rdn. 20, sowie *Hartmann* § 5 GKG Rn. 2 m.w.N. zu der nicht widerspruchsfreien Rspr.).

5 Auf die Kostenfälligkeit wird nur noch bei den **Vormundschaften und Dauerpflegschaften** abgestellt. In diesen Verfahren beginnt die Verjährung der Jahresgebühr (s. Nr. 1311 und 1312 KV FamGKG) weiterhin mit der Fälligkeit und damit regelmäßig mit Beginn eines Kalenderjahres und der Anspruch auf Auslagenersatz mit dessen Entstehung (s. § 10).

6 Die **Verjährungsfrist** beträgt, abweichend von § 195 BGB, 4 Jahre. Bei Kleinbeträgen unter 25 € wird sie *weder* gehemmt noch unterbrochen (Abs. 3 Satz 3).

Für die **Hemmung und Neubeginn** gelten grds. die §§ 203 ff. BGB. Diese werden in Abs. 3 dahin gehend 7
ergänzt bzw. modifiziert, dass auch der Zugang einer Zahlungsaufforderung oder Stundungsanzeige die
Frist erneut in Lauf setzt. Bei unbekanntem Aufenthalt des Schuldners genügt die Aufgabe zur Post (Abs. 3
Satz 2). Aufgrund der Novellierung der Hemmungsvorschriften durch das SchuldRModG wird die Verjährung des Zahlungsanspruchs gegen den Zweitschuldner nicht mehr automatisch für die Dauer der Vollstreckungsbemühungen gegen den Erstschuldner gehemmt (OLG Celle JurBüro 2008, 324).

C. Erstattungsansprüche (Abs. 2). Ansprüche auf Rückerstattung überzahlter Gebühren und Auslagen 8
(Kosten) verjähren ebenfalls in 4 Jahren. Der Lauf der Verjährungsfrist beginnt grds. mit dem Ablauf des
Jahres, in dem die Kosten bezahlt wurden, aber nicht vor der Beendigung des Verfahrens i.S.v. Abs. 1 (s. dazu Rdn. 4). Für Ansprüche auf Rückerstattung von Kosten, die nach diesem Zeitpunkt gezahlt wurden, beginnt die Verjährung erst nach Ablauf des Kalenderjahres, in dem die Zahlung erfolgt ist. Hinsichtlich der
Hemmung und dem Neubeginn der Frist gelten die gleichen Grundsätze wie für den Zahlungsanspruch
der Staatskasse (s.o. Rdn. 7).
Mit Rückerstattungsansprüchen kann gegen Zahlungsansprüche der Staatskasse nur aufgerechnet werden, 9
wenn der Erstattungsanspruch anerkannt oder gerichtlich festgestellt ist (§ 8 JBeitrO).

§ 8 FamGKG Elektronische Akte, elektronisches Dokument.

In Verfahren nach diesem Gesetz sind die verfahrensrechtlichen Vorschriften über die elektronische Akte und über das elektronische Dokument anzuwenden, die für das dem kostenrechtlichen Verfahren zugrunde liegende Verfahren gelten.

Die Vorschrift schafft wie der inhaltsgleiche § 5a GKG und § 8 GNotKG bzw. § 1a KostO die rechtlichen 1
Grundlagen für die Einreichung elektronischer Schriftsätze und die elektronische Aktenführung auch für
das Kostenrecht. Die Regelung entsprach bisher schon denen des Verfahrensrechts. Die durch das 2. KostRMoG erfolgte vollständige Verweisung auf dieses ist nur sachgerecht. Zu den Einzelheiten s. die Kommentierung zu § 14 FamFG Rdn. 1 ff.

§ 8a FamGKG Rechtsbehelfsbelehrung.

Jede Kostenrechnung und jede anfechtbare Entscheidung hat eine Belehrung über den statthaften Rechtsbehelf sowie über das Gericht, bei dem dieser Rechtsbehelf einzulegen ist, über dessen Sitz und über die einzuhaltende Form und Frist zu enthalten.

Diese Vorschrift wurde eingefügt durch das Gesetz zur Einführung der Rechtsbehelfsbelehrung im Zivilprozess v. 05.12.2012 (BGBl. I, S. 2418) und **gilt seit 01.01.2014.** Nach der **Übergangsregelung** im FamGKG 1
musste sie auf laufende Verfahren noch nicht angewendet werden (s. § 63 FamGKG Rdn. 2), in der Praxis
wurde zumeist kein Unterschied zwischen Alt- und Neuverfahren gemacht.
Sie verpflichtet die Justizverwaltung und das Gericht, jede Kostenrechnung und jede anfechtbare Entscheidung in Kostensachen mit einer Rechtsbehelfsbelehrung zu versehen. Die Belehrung betrifft in erster Linie 2
die **Rechtsbehelfe** der Erinnerung oder Beschwerde gegen den Kostenansatz (§ 57 FamGKG), gegen die Anordnung von Vorauszahlungen (§ 58 FamGKG) und die Beschwerde gegen die Wertfestsetzung (§ 59
FamGKG) nach diesem Gesetz, s. zum Inhalt der Belehrung i.E. HK-FamGKG/*Volpert* § 8a Rn. 5 ff.
Für die Beschwerdemöglichkeit gegen eine Kostengrundentscheidung ergibt sich eine entsprechende Verpflichtung wie bisher aus § 39 FamFG.

Abschnitt 2. Fälligkeit
§§ 9–11 FamGKG

§ 9 FamGKG **Fälligkeit der Gebühren in Ehesachen und selbständigen Familienstreitsachen.** (1) In Ehesachen und in selbständigen Familienstreitsachen wird die Verfahrensgebühr mit der Einreichung der Antragsschrift, der Einspruchs- oder Rechtsmittelschrift oder mit der Abgabe der entsprechenden Erklärung zu Protokoll fällig.
(2) Soweit die Gebühr eine Entscheidung oder sonstige gerichtliche Handlung voraussetzt, wird sie mit dieser fällig.

§ 10 FamGKG **Fälligkeit bei Vormundschaften und Dauerpflegschaften.** Bei Vormundschaften und bei Dauerpflegschaften werden die Gebühren nach den Nummern 1311 und 1312 des Kostenverzeichnisses erstmals bei Anordnung und später jeweils zu Beginn eines Kalenderjahrs, Auslagen sofort nach ihrer Entstehung fällig.

§ 11 FamGKG **Fälligkeit der Gebühren in sonstigen Fällen, Fälligkeit der Auslagen.** (1) Im Übrigen werden die Gebühren und die Auslagen fällig, wenn
1. eine unbedingte Entscheidung über die Kosten ergangen ist,
2. das Verfahren oder der Rechtszug durch Vergleich oder Zurücknahme beendet ist,
3. das Verfahren sechs Monate ruht oder sechs Monate nicht betrieben worden ist,
4. das Verfahren sechs Monate unterbrochen oder sechs Monate ausgesetzt war oder
5. das Verfahren durch anderweitige Erledigung beendet ist.

(2) Die Dokumentenpauschale sowie die Auslagen für die Versendung von Akten werden sofort nach ihrer Entstehung fällig.

Übersicht

	Rdn.		Rdn.
A. Allgemeines	1	III. Entstehung der Entscheidungsgebühr	11
I. Abgrenzungen	1	IV. Zahlungsfälligkeit	12
II. Entstehung der Verfahrensgebühr	3	B. Fälligkeit der Gebühren	13
1. Antragsverfahren	4	I. Ehe- und Familienstreitsachen (§ 9)	14
2. Amtsverfahren	6	II. Vormundschaften und Dauerpfleg-	
a) Allgemeines	6	schaften (§ 10)	17
b) Kindschaftssachen	7	III. Gebührenfälligkeit in sonstigen	
c) Versorgungsausgleich im		Verfahren (§ 11 Abs. 1)	19
Scheidungsverbund	8	C. Fälligkeit der Auslagen	21

1 **A. Allgemeines. I. Abgrenzungen.** Die unter Abschnitt 2 zusammengefassten Vorschriften regeln vordergründig nur die **Fälligkeit** von Gebühren und Auslagen in gleicher Weise wie das GKG in den §§ 6 ff. und jetzt auch das GNotKG in den §§ 8 ff. Wie die vorgenannten Kostengesetze enthält auch das FamG keine ausdrückliche Regelung, wann eine Gebühr entsteht, setzt aber teilweise die Fälligkeit i.S.e. Anfallens der Gebühr mit ihrer **Entstehung** gleich, so in § 9 Abs. 2 für die Entscheidungsgebühr, in § 16 für die Jahresgebühren bei Vormundschaften und Dauerpflegschaften, in §§ 10 und 11 Abs. 2 für Auslagen und in § 9 Abs. 1 auch für die Verfahrensgebühr. Denn eine Gebühr kann nicht vor ihrer Entstehung fällig werden (*Lappe* NJW 2004, 489, 490).

2 Von besonderer Bedeutung ist der Entstehungszeitpunkt einer Gebühr nicht nur für die Fälligkeit, sondern auch für den Stichtag für die Wertfestsetzung (§ 34 Rdn. 2). Die Fälligkeit einer Gebühr i.S.v. §§ 9 ff. ist nicht in jedem Fall gleichbedeutend mit ihrer **Zahlungsfälligkeit** (s.u. Rdn. 12). Diese hängt u.a. davon ab, ob und wann **Vorschüsse** gefordert oder die gerichtliche Tätigkeit von **Vorauszahlungen** abhängig gemacht werden kann (Vorleistungspflicht), was im nachfolgenden Abschnitt 3 (§§ 12 bis 17 FamGKG) geregelt ist.

Fälligkeit der Gebühren in sonstigen Fällen, Fälligkeit der Auslagen **§ 11 FamGKG**

II. Entstehung der Verfahrensgebühr. Eine Verfahrensgebühr entsteht grds. mit der Anhängigkeit des jeweiligen Verfahrens (OLG Celle FamRZ 2012, 1969; KG NJW-RR 2000, 2159); in Antragsverfahren daher mit dem Eingang des jeweiligen Antrags bzw. der Rechtsmittelschrift bei Gericht (auch beim unzuständigen, *Hartmann* GKG § 6 Rn. 5) oder seiner Erklärung zu Protokoll (§ 9 Abs. 1). In Amtsverfahren kommt es auf dessen Einleitung an (BGH FamRZ 1993, 176; s. dazu Rdn. 6 ff.). 3

1. Antragsverfahren. Ausschlaggebend für das Entstehen der Gebühr ist die **Anhängigkeit** eines Antrags und nicht dessen Rechtshängigkeit (OLG Brandenburg FamRZ 2014, 1220, 1221). Im Regelfall wird der Antrag in schriftlicher Form eingereicht (§ 25 Abs. 1 FamFG, § 253 ZPO i.V.m. § 113 Abs. 1 FamFG). In FG-Sachen kann auch eine telefonische Übermittlung ausreichen (s. § 25 FamFG Rdn. 30). Soweit die Schriftform notwendig ist, muss der Antrag unterschrieben sein (Binz/Dorndörfer/*Zimmermann* § 6 GKG Rn. 11). Auf die Postulationsfähigkeit des Antragstellers oder die Zulässigkeit des Antrags kommt es dabei nicht an. Die Anhängigkeit wird auch durch einen Antrag bei einem unzuständigen Gericht bewirkt (*Hartmann* GKG § 6 Rn. 5). Wird der Antrag zu Protokoll desjenigen Gerichts bzw. der Geschäftsstelle erklärt, an das er gerichtet ist, wird er mit der Aufnahme der Erklärung anhängig. Wird er zu Protokoll eines anderen Gerichts erklärt, wird er erst mit seinem Eingang bei dem Zielgericht anhängig (§ 25 Abs. 3 FamFG, § 129 Abs. 2 ZPO). Soweit eingeführt, können Anträge auch in elektronischer Form übermittelt werden (§ 14 Abs. 2 FamFG, § 130a ZPO). Bei widerklagend erhobenen Ansprüchen oder wenn der Antrag erweitert wird, ist der Eingang des diesen ankündigenden Antrags maßgeblich (OLG Düsseldorf NJW-RR 2000, 1594), ansonsten können der Erweiterungsantrag wie jeder Antrag auch in einer mündlichen Verhandlung oder einem Erörterungstermin gestellt werden. 4

Ein **Antrag auf Verfahrenskostenhilfe** bewirkt noch keine Anhängigkeit der Hauptsache, wenn nicht gleichzeitig der Hauptsacheantrag unbedingt eingereicht wird (BGH FamRZ 2012, 783; 1995, 729). Geschieht dies, fällt die Verfahrensgebühr für die bereits anhängige Hauptsache auch dann an, wenn der Antragsteller nach der Zurückweisung seines Antrags auf Verfahrenskostenhilfe die Hauptsache nicht weiter betreibt oder den Antrag zurücknimmt (OLG Brandenburg FamRZ 2014, 1220), dann aber nur die ermäßigte Gebühr s. Nr. 1110–1140 KV FamGKG Rdn. 5. Ausnahmsweise entsteht eine Verfahrensgebühr in gesetzlich besonders bestimmten Fällen erst mit der Vornahme einer gerichtlichen Handlung (s.u. Rdn. 16). 5

2. Amtsverfahren. a) Allgemeines. Für die **Einleitung** von Amtsverfahren kommt es auf die erste auf Durchführung des Verfahrens gerichtete, **nach außen wirkende Maßnahme** des Gerichts an (BGH FamRZ 1993, 176 Keidel/*Sternal* § 24 Rn. 4; Prütting/*Helms* § 137 Rn. 56), wie sie insb. in der Aufnahme von Ermittlungen zu sehen ist oder der Unterrichtung der Betroffenen oder Beteiligten von der Einleitung eines Verfahrens (s.a. § 24 FamFG Rdn. 3). Die bloße Anregung i.S.d. § 24 FamFG leitet noch kein Verfahren ein, auch wenn sie in die Form eines »Antrags« gekleidet sind (BayObLG FamRZ 1995, 185; Keidel/*Sternal* § 24 Rn. 4). Anders ist es, wenn ein Verfahren sowohl auf Antrag als auch v.A.w. eingeleitet werden kann, in diesem Fall leitet der Antrag auch ein Verfahren ein (s.o. Rdn. 4). Die bloße Mitteilung nach § 24 Abs. 2 FamFG löst ebenso wenig eine Gebühr aus, wie etwaige ihr vorausgehende Ermittlungen, die nur der Vorprüfung dienen 6

b) Kindschaftssachen. Die Mehrzahl der Kindschaftsverfahren sind Amtsverfahren und keine Antragsverfahren, das gilt auch für die vielfältigen Genehmigungserfordernisse zum Schutz des Kindesvermögens (z.B. §§ 112, 1639 ff. BGB) oder seiner Freiheit (§ 1631b BGB). Der in der Praxis häufig gestellte Genehmigungsantrag ist nur eine Anregung i.S.v. § 24 FamFG (BayObLG FamRZ 1995, 185). Dasselbe gilt für die Anzeige des Jugendamts nach § 8a Abs. 3 SGB VIII. Sie führt als solche noch nicht zur Einleitung des Sorgerechtsverfahrens, sondern erst deren Mitteilung an die Eltern zur Stellungnahme. Umgekehrt leitet eine informelle Anfrage an das Jugendamt, ob Anhaltspunkte für eine Kindeswohlgefährdung bekannt sind u.ä., nachdem die Anhörung der Parteien nach § 128 FamFG beim Gericht Besorgnis erweckt hat, ein gebührenpflichtiges Sorgerechtsverfahren jedenfalls dann noch nicht ein, wenn das Gericht sich damit erst Klarheit über die Relevanz seiner Verdachtsmomente schaffen will. 7

c) Versorgungsausgleich im Scheidungsverbund. Auch der gem. § 137 Abs. 2 Satz 2 FamFG im Verbund mit Scheidung durchzuführende Versorgungsausgleich bedarf einer **Einleitung** des Verfahrens. Da keineswegs zwangsläufig mit jedem Scheidungsverfahren auch ein Versorgungsausgleich gemäß den §§ 6 bis 19 oder 28 VersAusglG (Wertausgleich bei Scheidung) durchzuführen ist, kann der Scheidungsantrag allein noch kein Versorgungsausgleichsverfahren einleiten (BGH FamRZ 1993, 176; OLG Frankfurt am Main FamRZ 2010, 2097; MüKoFamFG/*Heiter* § 137 Rn. 74; Prütting/Helms/*Helms* § 137 Rn. 55; Binz/*Dorndör-* 8

§ 11 FamGKG Fälligkeit der Gebühren in sonstigen Fällen, Fälligkeit der Auslagen

fer § 50 Rn. 5 m.w.N.; zur nach der Neuregelung des Versorgungsausgleichs im Zusammenhang mit seiner Bewertung vertretenen abweichenden Ansicht s. § 50 Rdn. 4). Dass Gericht muss vielmehr nach Eingang des Scheidungsantrags erst prüfen, ob nicht Ausnahmetatbestände gegeben sind, in denen auch eine Wertausgleich bei Scheidung nur auf Antrag durchzuführen ist, wie im Fall der Scheidung von Ausländern (s. Art. 17 Abs. 3 EGBGB; OLG Celle FamRZ 2013, 903) oder bei kurzer Ehezeit (§ 3 Abs. 3 VersAusglG). Darüber hinaus soll eine Ausgleichsverfahren auch dann nicht eingeleitet werden müssen, wenn von Anfang an zweifelsfrei feststeht, dass die Ehegatten keine dem Wertausgleich bei Scheidung unterliegende Anrechte in der Ehezeit erworben haben (s. z.B. Musielak/Borth/*Borth*/*Grandel* § 137 Rn. 27; a.A. Prütting/Helms/ Helms § 137 Rn. 55). Dabei handelt es sich lediglich um eine **Vorprüfung** (BGH FamRZ 1993, 176 unter II.b; Binz/*Dorndörfer* § 50 Rn. 5), die erst beendet wird, wenn das Gericht für die Beteiligten erkennbar Ermittlungen aufnimmt (s.u. Rdn. 9).und damit das Versorgungsausgleichverfahren einleitet. Dafür reicht es im Fallen des Art. 17 Abs. 3 EGBGB nicht aus, wenn das (Negativ-) Ergebnis den Beteiligten in der mündlichen Verhandlung mitgeteilt wird (OLG Frankfurt am Main FamRZ 2010, 2097) und auch nicht, wenn das Gericht rein deklaratorisch im Tenor ausgesprochen hat, dass ein Versorgungsausgleich nicht stattfindet (OLG Celle FamRZ 2013, 903). Anders ist dies, wenn die negative Feststellung nach **§ 224 Abs. 3 FamFG** in den Tenor der Entscheidung aufgenommen werden muss (vgl. zur Einleitung eines Verfahrens und Gebührenanfall in diesen Fällen § 50 Rdn. 4, 22 ff.).

9 Eingeleitet wird der Versorgungsausgleich i.d.R. mit der Aufforderung an die Parteien, sich zu ihren in der Ehezeit erworbenen Versorgungsanrechten zu erklären, oder, wenn die Erklärung schon mit dem Scheidungsantrag eingereicht wurde, spätestens mit der Anfrage bei den Versorgungsträgern (OLG Brandenburg FamRZ 2006, 353; OLG Düsseldorf FamRZ 1991, 1079; Binz/*Dorndörfer* § 50 Rn. 5; *Triebs* FamRB 2002, 241; anders noch OLG Karlsruhe FamRZ 2007, 751: Erst mit der Anfrage bei den Versorgungsträgern). Hat das Gericht keine weiteren Ermittlungen angestellt, genügt auch die Anhörung der Parteien im Termin, s.a. § 50 Rdn. 23.

10 Der Zeitpunkt der Einleitung des Wertausgleichs bei Scheidung ist **gebührenrechtlich** vor allem dann **von Bedeutung**, wenn der **Scheidungsantrag zurückgenommen** wird oder sich auf andere Weise erledigt. Ist zu diesem Zeitpunkt ein Wertausgleich bei Scheidung noch nicht eingeleitet worden, bzw. die Prüfung der Voraussetzungen noch nicht über das Stadium der internen Vorprüfung (s. Rdn. 8) hinaus gelangt, ist für den Versorgungsausgleich noch keine Verfahrensgebühr entstanden!

11 **III. Entstehung der Entscheidungsgebühr.** Eine Entscheidungsgebühr entsteht, insb. wenn sie nur für Entscheidungen eines bestimmten Inhalts erhoben wird, wenn die Entscheidung getroffen bzw. existent ist. Das ist auch gebührenrechtlich entweder ihre mündliche **Verlautbarung** oder im schriftlichen Verfahren der Zeitpunkt, an dem die unterschriebene Entscheidung der Geschäftsstelle übermittelt wird (§ 38 Abs. 3 Satz 3 FamFG).

12 **IV. Zahlungsfälligkeit.** Der Begriff der Fälligkeit im vorliegenden Abschnitt ist nicht gleichzusetzen mit dem schuldrechtlichen i.S.d. §§ 271, 276 ZPO und nicht gleichbedeutend mit der Zahlungsfälligkeit. Diese ergibt sich auch für Vorschussregelungen (s. Rdn. 2) erst im Zusammenhang mit der KostVfg und kann z.B. hinsichtlich der Auslagen nicht vor ihrer Bekanntgabe beginnen und für den Entscheidungsschuldner nicht vor einer entsprechenden Kostengrundentscheidung. Ansonsten sollen Gebühren und Auslagen alsbald nach Fälligkeit angesetzt, d.h. eingefordert werden und Vorschüsse sobald sie zu leisten sind (§ 13 KostVfg).

13 **B. Fälligkeit der Gebühren.** Das FamGKG regelt die Fälligkeit der Gebühren wie vorher das GKG nach einzelnen Verfahrensarten, -gegenständen und Kostenarten unterschiedlich.

14 **I. Ehe- und Familienstreitsachen (§ 9). Abs. 1:** Nur in **selbstständigen Familienstreitsachen** und für eine **Ehesache** wird die pauschale Verfahrensgebühr (§ 3 FamGKG Rdn. 6) gem. Abs. 1 in allen Instanzen mit der Einreichung des Antrags, d.h. mit ihrer Entstehung (s.o. Rdn. 4) auch fällig. Das Gleiche gilt auch für die Ehescheidung im Verbundverfahren. Das gilt auch, wenn der Antrag zusammen mit einem Antrag auf **Verfahrenskostenhilfe** eingereicht wird, es sei denn die Einreichung des Hauptsacheantrags wird ausdrücklich von der Bewilligung der Verfahrenskostenhilfe abhängig gemacht (s.o. Rdn. 5).

15 Auch wenn anders als noch im GKG (§ 6 Abs. 2 a.F.) im **Scheidungsverbund** anhängige **Folgesachen** nicht mehr ausdrücklich ausgenommen werden, fallen sie insgesamt nicht unter § 9 Abs. 1 FamGKG. Auf die Übernahme einer dem § 6 Abs. 2 GKG a.F. entsprechenden Regelung hat der Gesetzgeber im Hinblick auf

den klaren Wortlaut des Abs. 1 bewusst verzichtet (BT-Drucks. 16/6308 S. 302). Für die Folgesachen wird die Verfahrensgebühr, auch in den Rechtsmittelinstanzen, nach wie vor erst mit Abschluss des Verfahrens fällig (§ 11 FamGKG; s.a. § 14 Abs. 6 KostVfg). Das gilt (s. Überschrift) auch für Abs. 2. Zur gleichwohl bestehenden Verpflichtung Auslagenvorschüsse zu leisten s. §§ 12 bis 17 FamGKG Rdn. 21.

Abs. 2: Während Abs. 1 allein die Fälligkeit der Verfahrensgebühr regelt, bestimmt Abs. 2 im Wesentlichen die Fälligkeit der **Entscheidungsgebühr** in den in Rdn. 14 genannten Verfahren, z.B. für das Vereinfachte Unterhaltsverfahren (Nr. 1210 KV FamGKG), die ebenfalls mit ihrer Entstehung (s.o. Rdn. 11) zusammenfällt. Ansonsten werden Verfahrensgebühren, deren Entstehung von einer gerichtlichen Handlung abhängt (**Vornahmegebühr**), z.B. die Protokollierung eines gerichtlichen Vergleichs über nicht anhängige Gegenstände (Nr. 1500 KV FamGKG) oder die Anordnung zur Abnahme der eidesstattlichen Versicherung (s. Nr. 1603 KV FamGKG), mit dieser fällig. 16

II. Vormundschaften und Dauerpflegschaften (§ 10). § 10 behält für die Fälligkeit der **Jahresgebühr** für Vormundschaftssachen und Dauerpflegschaften (s. Nr. 1311 und 1312 KV FamGKG) die Regelung aus § 92 Abs. 1 Satz 4 KostO, jetzt § 8 GNotKG, bei. Danach wird die Jahresgebühr regelmäßig mit Beginn eines Kalenderjahres fällig, bei erstmaliger Anordnung mit dieser (Satz 1). 17

Zur Fälligkeit der Auslagen s.u. Rdn. 21, 23. 18

III. Gebührenfälligkeit in sonstigen Verfahren (§ 11 Abs. 1). Die Vorschrift hat für alle in §§ 9 und 10 FamGKG nicht genannten Verfahren die Fälligkeitsregelung aus § 9 Abs. 2 GKG übernommen und erstreckt sie damit auch auf die **selbstständigen Kindschafts- und sonstigen FG-Sachen**. Soweit es sich um Ehe- und selbstständige Familienstreitsachen oder Verfahren nach § 10 FamGKG handelt, also **auch in Folgesachen** (s. Rdn. 15), werden die Gebühren erst mit der kostenrechtlichen Beendigung des Verfahrens fällig. Das gilt für Verfahrens- und Entscheidungsgebühren gleichermaßen. 19

Eine **Verfahrensbeendigung** im kostenrechtlichen Sinn liegt nach § 11 Abs. 1 vor, 20

– wenn eine unbedingte **Kostenentscheidung** getroffen wurde, ggf. auch nur hinsichtlich eines Teils des Verfahrensgegenstands (Nr. 1); die Rechtskraft ist dafür nicht Voraussetzung und tritt z.B. bei einer mit einer Kostenentscheidung versehenen Versäumnis- oder Teilentscheidung ein (Meyer § 9 GKG Rn. 4; Binz/Dorndörfer/*Zimmermann* § 9 GKG Rn. 4), oder
– bei einer **Rücknahme** des Antrags oder einer (auch außergerichtlichen) Einigung, wenn sie den Rechtszug beenden (Nr. 2);

Darüber hinaus werden die Gebühren **auch ohne verfahrensrechtliche Beendigung der Instanz** fällig (Nr. 3 bis 5),

– nach einem 6-monatigen Stillstand des Verfahrens nach der Anordnung des Ruhens, seiner Aussetzung oder Unterbrechung oder
– wenn es 6 Monate nicht betrieben wird, das gilt allerdings nur, wenn der Stillstand nicht allein auf die grundlose Untätigkeit des Gerichts zurückzuführen ist; insoweit entsprechen die Voraussetzungen denen für die Weglegung der Akten nach § 7 AktO,
– nach einer anderweitigen Erledigung der Instanz ohne Kostenentscheidung.

C. Fälligkeit der Auslagen. Bei **Vormundschaften und Dauerpflegschaften** werden Auslagen sofort mit ihrer Entstehung, d.h. mit der entsprechenden Zahlung fällig (§ 10 letzter Halbs.). Die Dokumentenpauschale (s. dazu Rdn. 23) ist gemäß Anm. 1 zu KV 2000 in jedem Kalenderjahr und für jeden Kostenschuldner gesondert zu berechnen. Zu den Einschränkungen bei Minderjährigen s. § 3 FamGKG Rdn. 35. 21

Die Fälligkeit der in Nr. 2000 ff. KV FamGKG (§ 3 FamGKG Rdn. 33 f.) geregelten Auslagen richtet sich **in den übrigen Verfahren** wie die Fälligkeit der Gebühren nach § 11 FamGKG: Sie werden entweder nach einer Kostenentscheidung oder mit der (gebührenrechtlichen) **Beendigung des Verfahrens** fällig (s. Rdn. 20). 22

Eine **Ausnahme** gilt für die in § 11 Abs. 2 FamGKG gesondert geregelte Fälligkeit der Pauschalen für die Herstellung und **Überlassung von Dokumenten** oder ihrer elektronischen Übermittlung (Nr. 2000 KV FamGKG) und das **Versenden von Akten** (Nr. 2003 KV FamGKG). Sie werden sofort mit der »Entstehung« fällig. Nachdem sich der Gesetzgeber aber über diesen Zeitpunkt gerade nicht verhält (s.o. Rdn. 1), ist damit wohl die sie auslösende gerichtliche Tätigkeit gemeint, bietet aber Raum für Interpretationen (s. *Hartmann* § 9 GKG Rn. 13). 23

Abschnitt 3. Vorschuss und Vorauszahlung

§§ 12–17 FamGKG

§ 12 FamGKG **Grundsatz.** In weiterem Umfang als das Gesetz über das Verfahren in Familiensachen und in den Angelegenheiten der freiwilligen Gerichtsbarkeit, die Zivilprozessordnung und dieses Gesetz es gestatten, darf die Tätigkeit des Familiengerichts von der Sicherstellung oder Zahlung der Kosten nicht abhängig gemacht werden.

§ 13 FamGKG **Verfahren nach dem Internationalen Familienrechtsverfahrensgesetz.** In Verfahren nach dem Internationalen Familienrechtsverfahrensgesetz sind die Vorschriften dieses Abschnitts nicht anzuwenden.

§ 14 FamGKG **Abhängigmachung in bestimmten Verfahren*.** (1) ¹In Ehesachen und selbständigen Familienstreitsachen soll die Antragsschrift erst nach Zahlung der Gebühr für das Verfahren im Allgemeinen zugestellt werden. ²Wird der Antrag erweitert, soll vor Zahlung der Gebühr für das Verfahren im Allgemeinen keine gerichtliche Handlung vorgenommen werden; dies gilt auch in der Rechtsmittelinstanz.
(2) Absatz 1 gilt nicht für den Widerantrag, für den Antrag auf Erlass einer einstweiligen Anordnung und für den Antrag auf Anordnung eines Arrestes.
(3) Im Übrigen soll in Verfahren, in denen der Antragsteller die Kosten schuldet (§ 21), vor Zahlung der Gebühr für das Verfahren im Allgemeinen keine gerichtliche Handlung vorgenommen werden.

§ 15 FamGKG **Ausnahmen von der Abhängigmachung.** § 14 gilt nicht,
1. soweit dem Antragsteller Verfahrenskostenhilfe bewilligt ist,
2. wenn dem Antragsteller Gebührenfreiheit zusteht oder
3. wenn die beabsichtigte Rechtsverfolgung weder aussichtslos noch ihre Inanspruchnahme* mutwillig erscheint und wenn glaubhaft gemacht wird, dass
    a) dem Antragsteller die alsbaldige Zahlung der Kosten mit Rücksicht auf seine Vermögenslage oder aus sonstigen Gründen Schwierigkeiten bereiten würde oder
    b) eine Verzögerung dem Antragsteller einen nicht oder nur schwer zu ersetzenden Schaden bringen würde; zur Glaubhaftmachung genügt in diesem Fall die Erklärung des zum Bevollmächtigten bestellten Rechtsanwalts.

§ 16 FamGKG **Auslagen.** (1) ¹Wird die Vornahme einer Handlung, mit der Auslagen verbunden sind, beantragt, hat derjenige, der die Handlung beantragt hat, einen zur Deckung der Auslagen hinreichenden Vorschuss zu zahlen. ²Das Gericht soll die Vornahme einer Handlung, die nur auf Antrag vorzunehmen ist, von der vorherigen Zahlung abhängig machen.
(2) Die Herstellung und Überlassung von Dokumenten auf Antrag sowie die Versendung von Akten können von der vorherigen Zahlung eines die Auslagen deckenden Vorschusses abhängig gemacht werden.
(3) Bei Handlungen, die von Amts wegen vorgenommen werden, kann ein Vorschuss zur Deckung der Auslagen erhoben werden.
(4) Absatz 1 gilt nicht für die Anordnung einer Haft.

§ 17 FamGKG **Fortdauer der Vorschusspflicht.** ¹Die Verpflichtung zur Zahlung eines Vorschusses bleibt bestehen, auch wenn die Kosten des Verfahrens einem anderen auferlegt oder von einem anderen übernommen sind. ²§ 26 Abs. 2 gilt entsprechend.

Übersicht

	Rdn.		Rdn.
A. Regelungszweck	1	III. Vorleistungspflicht in FG-Familiensachen (§ 14 Abs. 3)	10
B. Systematik	4	IV. Ausnahmen (§ 15)	12
C. Vorleistungspflicht für Gebühren (§ 14)	6	V. Auslagenvorschuss (§ 16)	17
I. Gebühr für das Verfahren im Allgemeinen	6	VI. Fortdauer der Vorschusspflicht (§ 17)	23
II. Vorleistungspflicht in Ehe- und Familienstreitsachen (§ 14 Abs. 1, 2)	8		

A. Regelungszweck. Abschnitt 3 regelt die **Sicherstellung der Verfahrenskosten** unter Übernahme der für Familiensachen vor der FGG-Reform maßgeblichen Vorschriften des 3. Abschnitts im GKG, ergänzt um die Vorleistungspflicht aus § 8 Abs. 2 KostO (BT-Drucks. 16/6308 S. 302). Realisiert wird dies dadurch, dass die gerichtliche Tätigkeit von der Zahlung anfallender Gebühren und Auslagen abhängig gemacht wird. Bis zum Eingang der geforderten Zahlung wird das Verfahren nicht weiterbetrieben und ruht (Korinthenberg/*Lappe* § 8 Rn. 10 m.w.N.).   1

In § 12 wird zugleich wie in § 10 GKG der **Grundsatz** hervorgehoben, dass die gerichtliche Tätigkeit nur in den gesetzlich geregelten Fällen von der Sicherstellung oder Zahlung der Kosten abhängig gemacht werden darf (Gesetzesvorbehalt s. § 1 Rdn. 5). Die gesetzlichen Regelungen können neben dem FamGKG auch dem FamFG und der ZPO entnommen werden, namentlich für die Erhebung von Auslagenvorschüssen für Zeugen und Sachverständige. Zur Begrenzung auf bestimmte Gebühren s.u. Rdn. 6. Der Grundsatz bezieht sich nur auf das **Abhängigmachen** der Rechtsgewährung von der Sicherstellung der Kosten. Er hindert die Staatskasse nicht daran Gebühren oder Auslagen bei **Fälligkeit** einzuziehen, auch wenn sie nicht vorauszuzahlen sind, wie z.B. für Wideranträge und Rechtsmittel in Ehe- und Familienstreitsachen (OLG Koblenz MDR 2012, 1315; Rahm/Künkel/*Feskorn* 14. Kap. Rn. 243 ff. m.w.N.).   2

Dieser Abschnitt ist gem. **§ 13** auf Verfahren nach dem **IntFamRVG nicht anzuwenden**, denn § 53 IntFamRVG schließt die Erhebung von Vorschüssen aus. Die Bewilligung von Verfahrenskostenhilfe wird in § 15 berücksichtigt.   3

B. Systematik. Komplementär zu den Fälligkeitsregelungen in Abschnitt 2 wird eine **Vorleistungspflicht** für einzelne der bereits bei Verfahrensbeginn fälligen Gebühren in Ehe- und Familienstreitsachen (§ 14 Abs. 1 i.V.m. § 9 Abs. 1 FamGKG) und zugleich eine auf die Antragstellerhaftung beschränkte Vorschuss- und Vorauszahlungspflicht für noch nicht fällige Gebühren in selbstständigen FG-Familiensachen (§ 14 Abs. 3) sowie für die Auslagen (§ 16) konstituiert und das Tätigwerden des Gerichts von der Erfüllung dieser Zahlungspflicht abhängig gemacht. Zugleich werden in § 15 Ausnahmen von der »Abhängigmachung« normiert. Auch wenn mit der Zustellung eines Antrags eine Frist gewahrt werden soll, muss der Antragsteller nicht von sich tätig werden, sondern darf zuwarten, bis der Vorschuss oder die Vorausleistung vom Gericht angefordert wird (BGH NJW 2015, 3101 Rn. 19). Die Anordnung bzw. Anforderung ist mit der **Beschwerde** nach § 58 FamGKG anfechtbar, wenn das Gericht sein weiteres Tätigwerden davon abhängig macht, und ansonsten mit der Erinnerung nach § 57 FamGKG (s. § 58 FamGKG Rdn. 1 ff.). Weist das Gericht allerdings einen Antrag wegen Nichtzahlung des Kostenvorschusses (unzulässigerweise) zurück, ist dagegen der für das Hauptsacheverfahren vorgesehene Rechtsbehelf statthaft.   4

Für **Auslagen** ergänzt § 16 die Fälligkeitsregelung in § 11 um eine teilweise bindende, teilweise fakultative Vorschusspflicht, die gem. § 17 über die Beendigung des Verfahrens hinaus andauert, bis die betreffende Kostenschuld als solche beglichen und damit erloschen ist. Soweit die Auslagen verursachende Handlung nicht v.A.w. vorzunehmen ist, kann sie ebenfalls von der Zahlung des Vorschusses abhängig gemacht werden (s.u. Rdn. 17 ff.).   5

C. Vorleistungspflicht für Gebühren (§ 14). I. Gebühr für das Verfahren im Allgemeinen. Eine Pflicht zur **Vorleistung** von Gebühren schreibt § 14 Abs. 1 und Abs. 3 **nur für die Gebühr für das »Verfahren im Allgemeinen«** vor, die *im KV* nur in Hauptsacheverfahren und in einstweiligen Rechtsschutzverfahren erhoben wird. Bei den Gebühren für die übrigen Verfahren (Teil 1 Hauptabschnitt 5 ff.) fehlt eine entsprechende Bezeichnung. Für sie kann daher keine Vorleistung verlangt werden, das verbietet schon der Gesetzesvorbehalt (s.o. Rdn. 2). Eine andere Auslegung der Vorschrift ist auch nicht sachgerecht. Nachdem das Familienverfahrensrecht nur noch Beschlussverfahren kennt, gewährleistet allein die Begrenzung der »Abhängigmachung« auf die Gebühren für das Verfahren im Allgemeinen den vom FGG-RG beabsichtigten   6

§ 17 FamGKG
Fortdauer der Vorschusspflicht

Gleichlauf der Kostensicherung im FamGKG mit den entsprechenden Regelungen der bis dahin maßgeblichen Vorschriften des GKG und der KostO (BT-Drucks. 16/6308, S. 302) und vermeidet sachlich nicht gerechtfertigte Unterschiede. § 12 GKG sah und sieht eine Vorleistungspflicht für die Verfahrensgebühr grds. nur für die Zustellung einer Klage (darunter fielen vor der FGG-RG auch Anträge in Ehesachen) vor. Für Antrags- bzw. Beschlussverfahren besteht dagegen mit Ausnahme weniger, in § 12 Abs. 3 ff. GKG einzeln aufgeführter Verfahren, – wie das Mahnverfahren, gerichtliche Verfahren in der Zwangsvollstreckung oder zur Abnahme der eidesstattlichen Versicherung – keine Vorleistungspflicht, bspw. auch nicht für das selbstständige Beweisverfahren und im einstweiligen Rechtsschutz. (vgl. Binz u.a./*Zimmermann* GKG § 12 Rn. 2 ff.). Anders als im GKG kommt dem Wortlaut der Vorschrift im FamGKG daher eine entscheidende Bedeutung für die Abgrenzung zwischen vorleistungspflichtigen Hauptsacheverfahren und den i.d.R. nicht vorleistungspflichtigen sonstigen Verfahren zu (*Keske* FPR 2012, 241, 249). Das gilt auch für die selbstständigen FG-Antragsverfahren. Die Nichtbeachtung der durch den Wortlaut des § 14 vorgegebenen Beschränkung auf Gebühren für das Verfahren im Allgemeinen würde für Verfahren in Familiensachen einen Anwendungsbereich eröffnen, der über den des GKG und GNotKG weit hinausgeht, ohne dass dies sachlich begründet und wegen § 12 auch nicht zulässig ist (s.o. Rdn. 2). Zwar sieht auch das GNotKG eine auf Antragsverfahren beschränkte Vorleistungspflicht für die allgemeine Verfahrensgebühr vor (§ 13 GNotKG). Im Unterschied zu § 14 Abs. 3 handelt es sich dabei aber um eine Kann-Vorschrift, die dem Gericht bewusst einen weiten Ermessensspielraum eröffnet (BT-Drucks. 17/11471, S. 156).

7 Die Einschränkung der Vorleistungspflicht auf die »Gebühr für das Verfahren im Allgemeinen« führt dazu, dass weder für das selbstständige Beweisverfahren noch die in Hauptabschnitt 7 (Verfahren mit Auslandsbezug) oder in Hauptabschnitt 6 (Vollstreckungssachen nach dem FamFG, soweit das Familiengericht zuständig ist) Gebühren vorauszuzahlen sind (ebenso HK-FamGKG/*Volpert* § 14 Rn. 114 ff., 120, anders in Rn. 112 für die Gebühr nach Nr. 1600 KV FamGKG). Bis 31.07.2013 galt dies auch für erstinstanzlichen Kindschaftssachen, denn für sie wurde bis dahin nur eine schlichte Verfahrensgebühr erhoben (s. Nr. 1310–1319 KV FamGKG Rdn. 8).

8 **II. Vorleistungspflicht in Ehe- und Familienstreitsachen (§ 14 Abs. 1, 2).** Nach § 14 Abs. 1 soll die Zustellung der Antragsschrift in Ehesachen und in selbstständigen Familienstreitsachen erst nach Zahlung der Gebühr für das Verfahren im Allgemeinen (s.o. Rdn. 6) erfolgen. Davon ausgenommen sind zur Vermeidung von Verzögerungen die Rechtsmittel und gem. Abs. 2 auch Wideranträge und Anträge auf einstweiligen Rechtschutz (s. Rdn. 9). § 14 Abs. 1 Satz 2 erstreckt die Vorleistungspflicht auf die **Antragserweiterung** (Prütting/Helms/*Klüsener* § 14 FamGKG Rn. 6): Im Fall einer Erweiterung des Antrags, auch in der Rechtsmittelinstanz, soll das Gericht vor Zahlung der (Differenz-) Gebühr keine verfahrensfördernden Handlungen vornehmen, soweit sie sich auf den ursprünglichen Antrag beschränken lassen (Binz/*Dorndörfer* FamGKG § 14 Rn. 2). Die Regelungen beziehen sich nur auf die in § 9 Abs. 1 FamGKG genannten Verfahren, in denen die Verfahrensgebühr bereits mit Eingang des Antrags fällig wird (s. § 9 bis 11 FamGKG Rdn. 14 ff.). Sie gilt weder für Folgesachen im Verbund (Prütting/Helms/*Klüsener* § 14 FamGKG Rn. 5) noch für selbstständige FG-Sachen (s. dazu Rdn. 10). § 14 Abs. 1 enthält zusammen mit Abs. 2 eine abschließende Regelung für die Vorleistungspflicht in Ehe- und selbstständigen Familienstreitsachen (HK-FamGKG/*Volpert* § 14 Rn. 79) und zwar seit 01.07.2013 auch für die selbstständigen Verfahren im einstweiligen Rechtsschutz. Soweit danach die Vorleistungspflicht entfällt (s. Rdn. 9), kann sie auch nicht aus § 14 Abs. 3 hergeleitet werden.

9 **Ausgenommen** von der Vorleistungspflicht für Ehe- und Familienstreitsachen sind nach § 14 Abs. 1 i.V.m. Abs. 2:

- **Folgesachen im Scheidungsverbund**, da in § 14 Abs. 1 wie in § 9 nur die Ehesache genannt ist (*Schneider* FamRZ 2011, 162 m.w.N.),
- **Rechtsmittelverfahren**, die mit Ausnahme der Antragserweiterung in der Rechtsmittelinstanz ebenfalls nicht in Abs. 1 aufgeführt sind,
- **Wideranträge** (§ 14 Abs. 2); das gilt auch für wechselseitig gestellte Scheidungsanträge (HK-FamGKG/*Volpert* § 14 Rn. 71 ff.; a.A. Prütting/Helms/*Klüsener* § 14 Rn. 7),
- **Einstweilige Anordnungs- und Arrestverfahren** – diese Ausnahme wurde durch 2. KostRMoG dem Abs. 2 mit Wirkung zum 01.08.2013 angefügt (s. Einl. FamGKG Rdn. 1 ff.),
- **Vereinfachte Unterhaltverfahren**, für das bis zur Überleitung in das streitige Verfahren nur eine Entscheidungsgebühr anfällt (Prütting/Helms/*Klüsener* § 14 FamGKG Rn. 4).

– **Selbstständige Beweisverfahren**, da dafür nur eine schlichte Verfahrensgebühr und keine »Gebühr für das Verfahren im Allgemeinen« erhoben wird (HK-FamGKG/*Volpert* § 14 Rn. 120). Dasselbe gilt für sämtliche **Verfahren mit Auslandsbezug** (s. Rdn. 7).

Weitere Einschränkungen der Vorschusspflicht ergeben sich aus der generellen Ausnahmeregelung in § 15 FamGKG (s. Rdn. 12 ff.). Zur Befugnis fällige Gebühren dennoch einzuziehen s.o. Rdn. 2.

III. Vorleistungspflicht in FG-Familiensachen (§ 14 Abs. 3). § 14 Abs. 3 eröffnet die Möglichkeit, **in** 10 **selbstständigen FG-Familiensachen**, wenn sie nur auf Antrag eingeleitet werden und § 21 die Antragstellerhaftung nicht ausschließt (s.u.), die gerichtliche Tätigkeit ebenfalls von der Zahlung der Gebühr für das Verfahren im Allgemeinen abhängig zu machen (KG FamRZ 2012, 239). Damit sollte die Sicherstellung der Gebühren, wie sie in § 8 Abs. 2 KostO für Antragsverfahren vorgesehen war, in das FamGKG überführt werden (BT-Drucks. 16/6308 S. 302). Wie in Abs. 1 handelt es sich um eine Sollvorschrift, die dem Gericht nur einen begrenzten Ermessensspielraum gewährt (s. Rdn. 16). Da die Verfahrensgebühr in FG-Sachen erst am Ende des Verfahrens fällig wird (s. §§ 9 bis 11 Rdn. 18), handelt es sich im Gegensatz zu Abs. 1, der allein eine Vorleistungspflicht statuiert, zugleich um die Begründung einer Vorschusspflicht. Wie in Abs. 1 beschränkt sich die Vorauszahlungspflicht auf die »Gebühr für das Verfahren im Allgemeinen« und erfasst damit solche FG-Verfahren nicht, für die nach dem KV nur eine (schlichte) Verfahrensgebühr oder eine Vornahmegebühr erhoben wird (s.o. Rdn. 6).

Keine Anwendung findet § 14 Abs. 3 auf 11
– nur oder auch **v.A.w. einzuleitende Verfahren** (z.B. Umgangsrecht, OLG Saarbrücken FamRZ 2012, 319 m.w.N.),
– **Verfahren nach dem IntFamRVG** (s. § 13),
– Verfahren, in denen der **Antragsteller von der allgemeinen Haftung für die Gerichtskosten nach § 21 Abs. 1 Satz 2 befreit** ist (OLG Hamm FamRZ 2012, 811); dazu zählen die Antragsteller in Gewaltschutzsachen erster Instanz, Verfahrensbeistände sowie minderjährige Kinder in sämtlichen Verfahren, die ihre Person betreffen (s. §§ 21 bis 27 Rdn. 8 f.),
– für **Folgesachen im Scheidungsverbund**, da § 14 Abs. 1 insoweit eine abschließende Regelung enthält (Schneider, FamRZ 2011, 162 m.w.N.)
– und m.E. in teleologischer Reduktion auch für sämtliche Ausnahmen, die für Ehe- du Familienstreitsachen gelten, insbesondere für **einstweilige Anordnungsverfahren**, **Rechtsmittelverfahren** und **Wideranträge**. Denn für eine unterschiedliche Behandlung der FG-Verfahren gibt es keinen sachlichen Grund (so auch HK-FamGKG/*Fölsch* Vor Hauptabschnitt 4 Rn. 41 für die EA); eine Abhängigmachung ist in FG-Sachen für den Fortgang des Verfahrens ebenso kontraproduktiv wie in den Ehe- und Familienstreitsachen, s.a. Rdn. 17.

Weitere Einschränkungen der Vorschusspflicht ergeben sich aus § 15 FamGKG insb. bei Bewilligung von Verfahrenskostenhilfe und für sonstige eilbedürftige Verfahren aus § 15 FamGKG (s. Rdn. 12 ff.). Anders als in den Ehe- und Familienstreitsachen kann die Verfahrensgebühr in selbstständigen FG-Sachen **ohne Abhängigmachung** erst nach Beendigung des Verfahrens gefordert werden, da sie vorher nicht fällig ist (s. §§ 9 bis 11 FamGKG Rdn. 19).

IV. Ausnahmen (§ 15). Die Vorschrift schränkt die Anwendung des § 14 Abs. 1 und Abs. 3 **für bestimmte** 12 **Personenkreise** oder Sachverhalte ein. Sie entspricht inhaltlich unverändert dem § 14 GKG und den vergleichbaren Regelungen in § 16 GNotKG bzw. § 8 Abs. 2 KostO.

Gem. § 15 Nr. 2 ist ein Antragsteller, der nach § 2 **Gebührenfreiheit** genießt (s. dazu § 2 Rdn. 2), von der 13 Verpflichtung zur Sicherstellung der Gebühren befreit, ebenso wenn und soweit ihm **Verfahrenskostenhilfe** bewilligt ist (§ 15 Nr. 1). Das ergibt sich bereits aus der Befreiung von Gerichtskosten bei Bewilligung von Verfahrenskostenhilfe (s. § 76 FamFG Rdn. 42 ff.). Wurde nur **teilweise Verfahrenskostenhilfe** bewilligt, sind die Gebühren vorzuleisten, die auf die von der Bewilligung ausgenommen Verfahrensgegenstände entfallen (nur die Differenz, h.M. vgl. OLG München MDR 1997, 299; OLG Schleswig MDR 2006, 176 m.w.N.). Bis dahin ist das Verfahren i.Ü. zu betreiben. Ist einem Antragsteller Vkh ohne Ratenzahlung bewilligt, erstreckt sich die Befreiung nach § 122 Abs. 2 ZPO i.V.m. § 76 Abs. 1 FamFG auch auf die übrigen Verfahrensbeteiligten (OLG Karlsruhe FamRZ 2013, 392, auch zur Anwendung in Scheidungsfolgensachen; s.a. § 76 FamFG Rdn. 49 ff.).

§ 17 FamGKG   Fortdauer der Vorschusspflicht

Hinweis: Ist einem Verfahrensbeteiligten **Vkh ohne Zahlungsbestimmungen** bewilligt worden, dürfen nicht nur von ihm keine Vorschüsse oder Vorausleistungen gefordert werden, sondern u.U. auch von anderen Verfahrensbeteiligten nicht (s. § 76 Rdn. 51).

14 Darüber hinaus kann nach § 15 Nr. 3 von einer Vorausleistung der Gebühr abgesehen werden, wenn der Zahlungspflichtige sich in einem vorübergehenden **Zahlungsengpass** befindet oder das Verfahren **eilbedürftig** ist. Voraussetzung in beiden Fällen ist, dass die Rechtsverfolgung weder aussichtslos ist noch mutwillig erscheint, was vom Antragsteller glaubhaft zu machen ist.

15 Falls man nicht die Ansicht teilt, dass die für Ehe- und Familienstreitsachen geltenden Ausschlüsse auch in FG-Sachen gelten müssen (s. Rdn. 11), ist ein Absehen v.A.w. wegen Dringlichkeit insb. bei einem Antrag auf Erlass einer **einstweiligen Anordnung in einer FG-Familiensache** geboten. Denn die tatbestandlichen Voraussetzungen einschließlich der Dringlichkeit wird i.d.R. im Anordnungsantrag glaubhaft gemacht (vgl. § 51 Abs. 1 Satz 2 FamFG), sodass auch aus diesem Grund für einen Erfolg versprechenden Anordnungsantrag keine Vorauszahlung der Gebühren verlangt werden darf (s.a. *Keske* FuR 2010, 506, 598).

16 Da § 14 als **Sollvorschrift** ausgestaltet ist (gebundenes Ermessen), kann das Gericht über die in § 15 ausdrücklich genannten Fälle hinaus auch in anderen, besonders gelagerten Fällen von der Vorleistung der Kosten absehen. Davon sollte insb. in Kindschaftssachen, die einem besonderen Beschleunigungsgebot unterliegen, auch Gebrauch gemacht werden, ebenso wenn in FG-Familiensachen eine Kostenentscheidung zulasten des Antragstellers nicht zu erwarten ist. Im Gegensatz zum FamGKG wurde die Abhängigmachung im GNotKG in das freie Ermessen des Gerichts gestellt (s. § 13 GNotKG) und auch nach der KostO konnte das Gericht von ihr absehen, wenn dies nicht angebracht war (§ 8 Abs. 2 Satz 2 Nr. 5 KostO). Warum der Gesetzgeber ausgerechnet für die Familiensachen der freiwilligen Gerichtsbarkeit uneingeschränkt an der Soll-Vorschrift festhält, ist nicht nachvollziehbar.

17 **V. Auslagenvorschuss (§ 16).** § 16 **Abs. 1** normiert in Satz 1 eine generelle Vorschusspflicht für Auslagen (s. zu den Auslagen § 3 Rdn. 33 und im Einzelnen Nr. 2000–2015 KV FamGKG Rdn. 7 ff.), die **bei gerichtlichen Handlungen** entstehen, **die nur auf Antrag vorzunehmen sind**. Der zur Deckung der Auslagen erforderliche Vorschuss ist von demjenigen zu erheben, der die Handlung beantragt hat. Zugleich soll nach Satz 2 die Vornahme der beantragten Handlung von einer **Vorleistung** des Vorschusses abhängig gemacht werden (s. aber Rdn. 21). Soweit der Antragsteller allerdings nach § 21 Abs. 1 Satz 2 FamGKG von der Antragstellerhaftung befreit ist (s. §§ 21 bis 27 Rdn. 8 f.), gilt das auch für die Auslagen und es kann auch insoweit von ihm kein Vorschuss verlangt werden.

18 In Bezug auf die **Dokumentenpauschale** und **Aktenversendungspauschale** (s. Nr. 2000 und 2003 KV FamGKG) regelt **Abs. 2** die Vorschusspflicht gesondert. Das Gericht kann die Herstellung und Überlassung von Dokumenten auf Antrag und die Übersendung der Akten von einer Vorauszahlung der Auslagenpauschale abhängig machen (vgl. zu ihrer Höhe Nr. 2000–2015 KV FamGKG Rdn. 7 ff. und Rdn. 13). Sie schuldet gem. § 23 FamGKG der jeweilige Antragsteller bzw. Verursacher allein.

19 Auch für **amtswegig** zu veranlassende Handlungen kann das Gericht gem. Abs. 3 nach pflichtgemäßem Ermessen grds. einen Auslagenvorschuss erheben, davon aber seine Tätigkeit nicht abhängig machen (OLG Celle FamRZ 2013, 241; OLG Koblenz FamRZ 2002, 1577). Da eine Haftung des sog. Interesseschuldners aber nur noch für die Vormundschaft und Dauerpflegschaft in das FamFG übernommen wurde (s. §§ 21 bis 27 FamGKG Rdn. 1), muss das Gericht auch in FG-Sachen regelmäßig einen Kostenschuldner bestimmen (Prütting/Helms/*Klüsener* § 16 Rn. 8; Binz/Dorndörfer/Petzold/*Zimmermann* GKG § 17 Rn. 17).

20 Auch eine **Beweiserhebung in FG-Sachen**, die von einem Beteiligten beantragt oder angeregt wurde, kann nicht von der vorherigen Zahlung eines Kostenvorschusses abhängig gemacht werden. Nachdem das im RegE noch vorgesehene förmliche Beweisantragsrecht nicht in das FamFG übernommen wurde (vgl. § 29 FamFG Rdn. 3; BT-Drucks. 16/9733, S. 288) und das Gericht nach wie vor Beweisanträgen der Beteiligten nur nachgehen muss, wenn es den angebotenen Beweis im Rahmen seiner Amtsermittlungspflicht für sachdienlich hält (Schulte-Bunert, Rn. 155; s.a. § 29 FamFG Rdn. 17 ff.) werden diese zumindest nicht nur auf Antrag, sondern primär v.A.w. erhoben (*Köhler* NZFam 2014, 97) und können damit gem. § 16 Abs. 3 FamGKG nicht von einer Vorschussleistung abhängig gemacht werden. Der Amtsermittlungsgrundsatz verbietet es gleichermaßen, förmliche Beweisaufnahmen in entsprechender Anwendung der §§ 379, 402 ZPO i.V.m. § 30 Abs. 1 FamFG von der vorherigen Zahlung der voraussichtlichen Auslagen für Zeugen und Sachverständige abhängig zu machen (Keidel/*Sternal* § 30 Rdn. 16b m.w.N.; a.A. wohl OLG Celle FamRZ 2013, 241; OLG Hamm FamRZ 2014, 1222). Dem steht auch entgegen, dass das Gericht einen zur Sachauf-

klärung gebotenen Beweis auch dann erheben müsste, wenn der Antrag auf förmliche Beweiserhebung zurückgezogen wird. Das gilt auch in Verfahren, die nur auf Antrag eingeleitet werden. Anders als in Ehe- und Familienstreitsachen (s.u.) ist aber die Möglichkeit, nach pflichtgemäßem Ermessen einen schlichten Vorschuss nach Abs. 3 zu erheben, aber nicht ausgeschlossen (OLG Celle FamRZ 2013, 241; s.a. Rdn. 19).

Für die **Beweiserhebung in Ehe- und Familienstreitsachen** einschl. der Scheidungsfolgesachen, die Familienstreitsachen sind, können Vorschüsse auf die Auslagen nach § 16 Abs. 1 FamGKG weder gefordert noch die Beweiserhebung von ihrer Zahlung abhängig gemacht werden, sondern nur nach den zivilprozessualen Regeln. Insoweit enthält § 113 Abs. 1 FamFG i.V.m. §§ 379, 402 ZPO eine dem § 16 Abs. 1 vorgehende Spezialregelung (BGH JurBüro 2009, 371 = FamRZ 2009, 1056 [LS]; OLG Stuttgart NJW-Spezial 2011, 526; Prütting/Helms/*Klüsener* § 16 Rn. 2). Das gilt auch, wenn das Gericht nach § 144 ZPO verfährt (BGH NJW 2000, 743). 21

Zur **Befreiung** von der Vorschusspflicht bei Bewilligung von Verfahrenskostenhilfe s. § 76 FamFG Rdn. 44 und zu den **Rechtsbehelfen** § 58 FamGKG Rdn. 1 ff. 22

VI. Fortdauer der Vorschusspflicht (§ 17). Nach § 17 entfällt eine Pflicht zur Vorleistung von Gebühren und Auslagen weder dadurch, dass die gerichtliche Handlung zwischenzeitlich vorgenommen wurde, noch durch die Beendigung des Verfahrens (OLG Koblenz FamRZ 2001, 685; Binz u.a./*Dorndörfer* FamGKG § 17 Rn. 2) und auch nicht, wenn die geschuldeten Kosten einem anderen auferlegt oder von ihm übernommen wurden. Die Zahlungspflicht entfällt erst, wenn die im Verfahren angefallenen Gebühren und Auslagen beglichen sind. Solange haftet der Pflichtige ggf. als Zweitschuldner (§§ 17 Satz 2 i.V.m. 26 Abs. 2 FamGKG). § 17 hat praktische Bedeutung nur für die in § 16 normierte Vorschusspflicht für Auslagen (Binz u.a./*Dorndörfer* FamGKG § 17 Rn. 1; a.A. die h.M. s. HK-FamGKG/*Volpert* § 17 Rn. 3 ff. m.w.N.). Denn die nach § 14 vorleistungspflichtigen Antragsteller haften direkt nach § 21 i.V.m. § 26 Abs. 2 zeitlich unbeschränkt als Erst- oder Zweitschuldner (s. §§ 21 bis 27 Rdn. 17). 23

Abschnitt 4. Kostenansatz

§§ 18–20 FamGKG

§ 18 FamGKG Kostenansatz. (1) ¹Es werden angesetzt:
1. die Kosten des ersten Rechtszugs bei dem Gericht, bei dem das Verfahren im ersten Rechtszug anhängig ist oder zuletzt anhängig war,
2. die Kosten des Rechtsmittelverfahrens bei dem Rechtsmittelgericht.

²Dies gilt auch dann, wenn die Kosten bei einem ersuchten Gericht entstanden sind.
(2) Die Dokumentenpauschale sowie die Auslagen für die Versendung von Akten werden bei der Stelle angesetzt, bei der sie entstanden sind.
(3) ¹Der Kostenansatz kann im Verwaltungsweg berichtigt werden, solange nicht eine gerichtliche Entscheidung getroffen ist. ²Ergeht nach der gerichtlichen Entscheidung über den Kostenansatz eine Entscheidung, durch die der Verfahrenswert anders festgesetzt wird, kann der Kostenansatz ebenfalls berichtigt werden.

§ 19 FamGKG Nachforderung. (1) ¹Wegen eines unrichtigen Ansatzes dürfen Kosten nur nachgefordert werden, wenn der berichtigte Ansatz dem Zahlungspflichtigen vor Ablauf des nächsten Kalenderjahres nach Absendung der den Rechtszug abschließenden Kostenrechnung (Schlusskostenrechnung), bei Vormundschaften und Dauerpflegschaften der Jahresrechnung, mitgeteilt worden ist. ²Dies gilt nicht, wenn die Nachforderung auf vorsätzlich oder grob fahrlässig falschen Angaben des Kostenschuldners beruht oder wenn der ursprüngliche Kostenansatz unter einem bestimmten Vorbehalt erfolgt ist.
(2) Ist innerhalb der Frist des Absatzes 1 ein Rechtsbehelf wegen des Hauptgegenstands* oder wegen der Kosten eingelegt oder dem Zahlungspflichtigen mitgeteilt worden, dass ein Wertermittlungsverfahren eingeleitet ist, ist die Nachforderung bis zum Ablauf des nächsten Kalenderjahres nach Beendigung dieser Verfahren möglich.
(3) Ist der Wert gerichtlich festgesetzt worden, genügt es, wenn der berichtigte Ansatz dem Zahlungspflichtigen drei Monate nach der letzten Wertfestsetzung mitgeteilt worden ist.

§ 20 FamGKG Nichterhebung von Kosten. (1) ¹Kosten, die bei richtiger Behandlung der Sache nicht entstanden wären, werden nicht erhoben. ²Das Gleiche gilt für Auslagen, die durch eine von Amts wegen veranlasste Verlegung eines Termins oder Vertagung einer Verhandlung entstanden sind. ³Für abweisende Entscheidungen sowie bei Zurücknahme eines Antrags kann von der Erhebung von Kosten abgesehen werden, wenn der Antrag auf unverschuldeter Unkenntnis der tatsächlichen oder rechtlichen Verhältnisse beruht.
(2) ¹Die Entscheidung trifft das Gericht. ²Solange nicht das Gericht entschieden hat, können Anordnungen nach Absatz 1 im Verwaltungsweg erlassen werden. ³Eine im Verwaltungsweg getroffene Anordnung kann nur im Verwaltungsweg geändert werden.

Übersicht

	Rdn.		Rdn.
A. Allgemeines zum Kostenansatz	1	I. Berichtigung (§ 18 Abs. 3)	6
B. Zuständigkeit (§ 18 Abs. 1, 2)	4	II. Frist zur Nachforderung (§ 19)	7
C. Änderung	6	D. Niederschlagung von Kosten (§ 20)	10

1 A. Allgemeines zum Kostenansatz. Abschnitt 4 (**Kostenansatzverfahren**) regelt das Verfahren bei der Ermittlung der gerichtlichen Kosten und ihrer Verteilung auf die in Abschnitt 5 aufgeführten Kostenschuldner durch die Justizverwaltung. Die Vorschriften dieses Abschnitts entsprechen denen des 4. Abschnitts des GKG, soweit sie den Familiensachen vergleichbare Verfahren betreffen. Für die selbstständigen FG-Familiensachen ist dadurch ggü. der KostO keine Änderung eingetreten (BT-Drucks. 16/6308 S. 303; s.a. die Regelungen in §§ 18 ff. GNotKG). Die §§ 18 bis 20 FamGKG werden ergänzt durch die KostVfg, einer bundeseinheitlichen Verwaltungsvorschrift des Bundes und der Länder (abgedruckt und z.T. erläutert im NK-GK/*Teubel* Anhang II; *Hartmann* unter VII A).

Die Aufgabe der Zusammenstellung der gerichtlichen Kosten und ihre Festsetzung gegen einzelne Kosten- 2 schuldner in einer **Kostenrechnung** wird von Justizbeamten oder -angestellten wahrgenommen, die mit diesen Aufgaben nach allgemeinen oder besonderen Anordnungen betraut wurden und weisungsgebunden sind. Die angesetzten Kosten werden nach der JBeitrO im Verwaltungsweg (BVerwG NJW 1983, 9009) vollstreckt. Es handelt sich um reine Justizverwaltungstätigkeit, bei der richterliche Entscheidungen, ggf. auch durch den Rechtspfleger, nur in Rechtbehelfsverfahren und in gesondert aufgeführten Fällen, z.B. der Wertfestsetzung (§ 55 FamGKG Rdn. 1 ff.) oder beim Absehen von Kosten (§ 20, s. Rdn. 10), vorgesehen sind.

Zeitpunkt: Grundsätzlich sollen die Kosten alsbald nach ihrer Fälligkeit (s. §§ 9 bis 11 FamGKG Rdn. 13 ff.) 3 angesetzt, d.h. vom Kostenschuldner eingefordert werden und Vorschüsse sobald sie zu leisten sind (§ 13 KostVfg).

B. Zuständigkeit (§ 18 Abs. 1, 2). Nach Abschluss des Verfahrens i.S.v. § 11 Abs. 1 FamGKG (s. §§ 9 bis 4 11 FamGKG Rdn. 19 f.) werden die Kosten für jedes Verfahren und für jede Instanz in einer **Schlusskostenabrechnung** (s. § 19 Abs. 1) gesondert angesetzt, die Kosten des Rechtsmittelverfahrens jeweils beim Rechtsmittelgericht und die der 1. Instanz bei dieser (§ 18 Abs. 1). Das gilt auch für die bei anderen um Rechthilfe ersuchten Gerichten entstandenen Auslagen, mit Ausnahme der **Dokumenten- und Aktenversendungspauschale**. Diese sind jeweils bei dem Gericht anzusetzen, bei dem die Auslage entstanden ist (§ 18 Abs. 2).

War das Verfahren in 1. Instanz infolge Abgabe, **Verweisung** oder Zurückverweisung bei mehreren Gerich- 5 ten in 1. Instanz anhängig, werden die Kosten unter Berücksichtigung von § 18 Abs. 2 bei dem Gericht angesetzt, bei dem das Verfahren zuletzt anhängig war (s. § 6 FamGKG Rdn. 5) und zwar nach den für dieses geltenden Vorschriften. Der Einzug der vor Abschluss des Verfahrens zahlungsfälligen Gebühren und Vorschüsse (s. §§ 9 bis 11 FamGKG) obliegt dem Kostenbeamten des jeweiligen Gerichts. Sie sind bei der Schlusskostenabrechnung i.H.d. geleisteten Zahlungen zu berücksichtigen.

C. Änderung. I. Berichtigung (§ 18 Abs. 3). Der Kostenansatz kann vom Kostenbeamten ggf. auf Anwei- 6 sung (§ 42 KostVfg) **im Verwaltungsweg** berichtigt werden (§ 18 Abs. 3), solange noch keine gerichtliche Entscheidung im Erinnerungs- oder Beschwerdeverfahren nach § 57 FamGKG ergangen ist. Auch dann ist gem. § 18 Abs. 3 Satz 2 noch eine Berichtigung im Verwaltungsweg möglich, falls der dem Kostenansatz zugrunde gelegte Verfahrenswert durch gerichtliche Entscheidung geändert wird (§ 18 Abs. 3 Satz 2) und entsprechend, wenn der Wert erstmals gerichtlich festgesetzt wird (s. zur gerichtlichen Wertfestsetzung § 55 FamGKG Rdn. 1 ff.). Das gilt auch, wenn die Kostenschuld bereits bezahlt ist (*Hartmann* GKG § 19 Rn. 5) und auch, wenn die Kostengrundentscheidung bereits rechtskräftig ist. Zur Unzulässigkeit der Änderung der Kostenentscheidung in diesem Fall s. § 82 FamFG Rdn. 3 und zur Abänderung der Kostenfestsetzung § 85 FamFG Rdn. 20.

II. Frist zur Nachforderung (§ 19). Abs. 1: Wegen eines nur **im Verwaltungswege berichtigten Kosten-** 7 **ansatzes** dürfen Kosten beim Zahlungspflichtigen nur noch bis zum Ablauf des Jahres nachgefordert werden, das der Übersendung der (später berichtigten) Schlusskostenrechnung folgt. Bei Vormundschaften und Dauerpflegschaften tritt an die Stelle der Schlusskostenrechnung die Jahresrechnung (§§ 9 bis 11 FamGKG Rdn. 17). Die Frist gilt nicht, wenn die ursprüngliche Schlusskostenrechnung einen entsprechenden Vorbehalt enthielt oder auf vorsätzlich oder grob fahrlässig falschen Angaben des Kostenschuldners beruhte und deswegen berichtigt wird.

Abs. 2: Wird innerhalb der vorgenannten Frist Erinnerung gegen den Kostenansatz oder ein **Rechtsmittel** 8 wegen des Hauptgegenstands, der Kostengrundentscheidung oder gegen eine gerichtliche Wertfestsetzung eingelegt, so **verlängert** sich **die Frist** bis zum Ablauf des auf die Erledigung des (letzten) Rechtsbehelfs folgenden Jahres. Zweck der Vorschrift ist es, eine Nachforderung solange nicht auszuschließen, wie sich die Kostenschuld noch durch Rechtsbehelfe verändern kann. Das ist bzgl. der Kostengrundentscheidung aber auch der Fall, wenn ein Rechtsmittel nur wegen eines Nebenanspruchs i.S.d. § 37 Abs. 1 FamGKG eingelegt wird. Insoweit ist die durch das 2. KostRMoG erfolgte *Beschränkung* auf Rechtsmittel gegen den Hauptgegenstand (bisher »in der Hauptsache«) wenig glücklich, s.a. § 55 FamGKG Rdn. 9.

Abs. 3: I.Ü. kann der Kostenansatz nach jeder gerichtlichen **Festsetzung des Verfahrenswerts** innerhalb 9 von 3 Monaten berichtigt werden.

10 **D. Niederschlagung von Kosten (§ 20).** § 20 Abs. 1 enthält **drei Tatbestände**, bei deren Vorliegen Kosten entweder nicht erhoben werden dürfen (s.u. Rdn. 11) oder von ihrer Erhebung abgesehen werden kann (Ermessensentscheidung, s.u. Rdn. 12). Die Niederschlagung ist nicht auf die unrichtige Sachbehandlung beschränkt. Aus diesem Grund wurde durch das 2. KostRMoG die Überschrift der Vorschrift (bis dahin: Nichterhebung von Kosten wegen unrichtiger Sachbehandlung) ebenso wie in den anderen Kostengesetzen berichtigt (BT-Drucks. 17/11471, S. 160, 250). Die Entscheidung trifft das Gericht der Hauptsache v.A.w. oder, solange keine gerichtliche Entscheidung vorliegt, auch die Justizverwaltung (**Abs. 2**). In isolierten FG-Familiensachen trifft das Gericht die Entscheidung im Rahmen seiner Kostenentscheidung (BGH FamRZ 2014, 570, s.a. § 81 FamFG Rdn. 14). Dafür reicht es aus, dass das Gericht darin die Nichterhebung von Kosten geprüft und ihre Voraussetzungen in der Begründung verneint (OLG Celle FamRZ 2012, 1969 m.w.N.). In Ehe- und Familienstreitsachen einschl. des Verbundverfahrens kann die Entscheidung nur anlässlich der Kostenentscheidung getroffen werden; insoweit handelt es sich systematisch um eine Entscheidung im Kostenansatzverfahren (HK-FamGKG/N. Schneider § 20 Rn. 4). In beiden Fällen kann die Nichtbeachtung des § 20 vom Kostenschuldner mit der Erinnerung gegen den Kostenansatz (s. § 57 FamGKG Rdn. 2 ff.) gerügt werden (BGH NJW-RR 2003, 1294; OLG Celle FamRZ 2011, 1325). Zuständig ist jeweils das Gericht, bei dem die Kosten angesetzt wurden (s. i.E. NK-GK/H. Schneider FamGKG § 20 Rn. 76 ff.).

11 Zu den Kosten, die nach Abs. 1 **nicht zu erheben sind**, gehören zum einen **Kosten, die bei richtiger Behandlung** der Rechtssache durch Gericht und Justiz **nicht entstanden** wären. Von einer unrichtige Behandlung i.S.d. § 20 FamGKG (bzw. § 21 GKG oder § 21 GNotKG) ist nur auszugehen, wenn das Gericht gegen eine klare gesetzliche Regelungen verstoßen, insbesondere einen schweren Verfahrensfehler begangen hat, der offen zutage tritt (BGH FamRZ 2015, 570 Rn. 15 m.w.N.), oder wenn ein offensichtliches Versehen vorliegt (BGH NJW 1962, 2107). Dagegen rechtfertigt nicht jede irrtümliche oder von der h.M. abweichende Beurteilung der Rechtslage die Niederschlagung von Kosten (BGH NJW 1962, 2107; MDR 2005, 956; NJW-RR 2003, 1294). Ein schwerer Verfahrensfehler, der die **Niederschlagung der Kosten des Beschwerdeverfahrens** rechtfertigt, wurde z.B. angenommen, wenn das Familiengericht in Versorgungsausgleichssachen eine Anwartschaft falsch berechnet oder einen Antrag auf externe Teilung übergangen oder Anrechte, über die eine Auskunft erteilt worden ist, bei seiner Entscheidung übersehen hat (OLG Celle FamRZ 2012, 1969 oder FamRZ 2011, 1325); wenn das Gericht über eine in einem Abänderungsverfahren die Darlegungs- und Beweislast verkannt hat (OLG Köln FamRZ 2014, 1800). Die **Kosten einer Beweisaufnahme** können niedergeschlagen werden, wenn das Gericht in einem Parteienprozess über eine unstreitige Frage Beweis erhoben hat (OLG Koblenz JurBüro 2014, 38) oder ein Gutachten zu Rechtsfragen einholt, die es selbst zu klären hat (OLG Karlsruhe FamRZ 1990, 1367). Zu weiteren Anwendungsfällen s. NK-GK/H. Schneider FamGKG § 20 Rn. 17 ff. – Die Frage, ob Fehler bei der Entschädigung des Sachverständigen eine Niederschlagung rechtfertigen, dürfte durch die Neufassung des § 8a JVEG durch das 2. KostRMoG (s. Nr. 2000–2015 KV FamGKG Rdn. 17) erheblich an Bedeutung verloren haben

12 Auslagen, die durch eine **v.A.w. veranlasste Verlegung eines Termins** erwachsen sind, sind nach § 20 Abs. 1 Satz 2 in keinem Fall zu erheben. Darüber hinaus kann gemäß Satz 3 nach pflichtgemäßem **Ermessen** von der Erhebung der Kosten für eine abweisende Entscheidung oder nach Antragsrücknahme abgesehen werden, wenn der Antrag aus unverschuldeter Unkenntnis der tatsächlichen und rechtlichen Verhältnisse eingereicht wurde. Diese Möglichkeit wird in FG-Familiensachen dadurch überlagert, dass das Gericht in seiner Kostenentscheidung auch diesen Gesichtspunkt ebenso wie eine falsche Sachbehandlung berücksichtigen und von der Erhebung von Gerichtskosten absehen kann (BGH FamRZ 2015, 570; s.a. § 81 FamFG Rdn. 23).

Abschnitt 5. Kostenhaftung

§§ 21–27 FamGKG

§ 21 FamGKG Kostenschuldner in Antragsverfahren, Vergleich. (1) ¹In Verfahren, die nur durch Antrag eingeleitet werden, schuldet die Kosten, wer das Verfahren des Rechtszugs beantragt hat. ²Dies gilt nicht
1. für den ersten Rechtszug in Gewaltschutzsachen und in Verfahren nach dem EU-Gewaltschutzverfahrensgesetz,
2. im Verfahren auf Erlass einer gerichtlichen Anordnung auf Rückgabe des Kindes oder über das Recht zum persönlichen Umgang nach dem Internationalen Familienrechtsverfahrensgesetz,
3. für einen Minderjährigen in Verfahren, die seine Person betreffen, und
4. für einen Verfahrensbeistand.

³Im Verfahren, das gemäß § 700 Abs. 3 der Zivilprozessordnung dem Mahnverfahren folgt, schuldet die Kosten, wer den Vollstreckungsbescheid beantragt hat.
(2) Die Gebühr für den Abschluss eines gerichtlichen Vergleichs schuldet jeder, der an dem Abschluss beteiligt ist.

§ 22 FamGKG Kosten bei Vormundschaft und Dauerpflegschaft. ¹Die Kosten bei einer Vormundschaft oder Dauerpflegschaft schuldet der von der Maßnahme betroffene Minderjährige. ²Dies gilt nicht für Kosten, die das Gericht einem anderen auferlegt hat.

§ 23 FamGKG Bestimmte sonstige Auslagen. (1) ¹Die Dokumentenpauschale schuldet ferner, wer die Erteilung der Ausfertigungen, Kopien* oder Ausdrucke beantragt hat. ²Sind Kopien* oder Ausdrucke angefertigt worden, weil der Beteiligte es unterlassen hat, die erforderliche Zahl von Mehrfertigungen beizufügen, schuldet nur der Beteiligte die Dokumentenpauschale.
(2) Die Auslagen nach Nummer 2003 des Kostenverzeichnisses schuldet nur, wer die Versendung der Akte beantragt hat.
(3) Im Verfahren auf Bewilligung von Verfahrenskostenhilfe und im Verfahren auf Bewilligung grenzüberschreitender Prozesskostenhilfe ist der Antragsteller Schuldner der Auslagen, wenn
1. der Antrag zurückgenommen oder von dem Gericht abgelehnt oder
2. die Übermittlung des Antrags von der Übermittlungsstelle oder das Ersuchen um Prozesskostenhilfe von der Empfangsstelle abgelehnt wird.

§ 24 FamGKG Weitere Fälle der Kostenhaftung. Die Kosten schuldet ferner,
1. wem durch gerichtliche Entscheidung die Kosten des Verfahrens auferlegt sind;
2. wer sie durch eine vor Gericht abgegebene oder dem Gericht mitgeteilte Erklärung oder in einem vor Gericht abgeschlossenen oder dem Gericht mitgeteilten Vergleich übernommen hat; dies gilt auch, wenn bei einem Vergleich ohne Bestimmung über die Kosten diese als von beiden Teilen je zur Hälfte übernommen anzusehen sind;
3. wer für die Kostenschuld eines anderen kraft Gesetzes haftet und
4. der Verpflichtete für die Kosten der Vollstreckung; dies gilt nicht für einen Minderjährigen in Verfahren, die seine Person betreffen.

§ 25 FamGKG Erlöschen der Zahlungspflicht. ¹Die durch gerichtliche Entscheidung begründete Verpflichtung zur Zahlung von Kosten erlischt, soweit die Entscheidung durch eine andere gerichtliche Entscheidung aufgehoben oder abgeändert wird. ²Soweit die Verpflichtung zur Zahlung von Kosten nur auf der aufgehobenen oder abgeänderten Entscheidung beruht hat, werden bereits gezahlte Kosten zurückerstattet.

§ 26 FamGKG Mehrere Kostenschuldner.
(1) Mehrere Kostenschuldner haften als Gesamtschuldner.
(2) ¹Soweit ein Kostenschuldner aufgrund von § 24 Nr. 1 oder Nr. 2 (Erstschuldner) haftet, soll die Haftung eines anderen Kostenschuldners nur geltend gemacht werden, wenn eine Zwangsvollstreckung in das bewegliche Vermögen des ersteren erfolglos geblieben ist oder aussichtslos erscheint. ²Zahlungen des Erstschuldners mindern seine Haftung aufgrund anderer Vorschriften dieses Gesetzes auch dann in voller Höhe, wenn sich seine Haftung nur auf einen Teilbetrag bezieht.
(3) ¹Soweit einem Kostenschuldner, der aufgrund von § 24 Nr. 1 haftet (Entscheidungsschuldner), Verfahrenskostenhilfe bewilligt worden ist, darf die Haftung eines anderen Kostenschuldners nicht geltend gemacht werden; von diesem bereits erhobene Kosten sind zurückzuzahlen, soweit es sich nicht um eine Zahlung nach § 13 Abs. 1 und 3 des Justizvergütungs- und -entschädigungsgesetzes handelt und die Partei, der die Verfahrenskostenhilfe bewilligt worden ist, der besonderen Vergütung zugestimmt hat. ²Die Haftung eines anderen Kostenschuldners darf auch nicht geltend gemacht werden, soweit dem Entscheidungsschuldner ein Betrag für die Reise zum Ort einer Verhandlung, Anhörung oder Untersuchung und für die Rückreise gewährt worden ist.
(4) Absatz 3 ist entsprechend anzuwenden, soweit der Kostenschuldner aufgrund des § 24 Nummer 2 haftet, wenn
1. der Kostenschuldner die Kosten in einem vor Gericht abgeschlossenen, gegenüber dem Gericht angenommenen oder in einem gerichtlich gebilligten Vergleich übernommen hat,
2. der Vergleich einschließlich der Verteilung der Kosten, bei einem gerichtlich gebilligten Vergleich allein die Verteilung der Kosten, von dem Gericht vorgeschlagen worden ist und
3. das Gericht in seinem Vergleichsvorschlag ausdrücklich festgestellt hat, dass die Kostenregelung der sonst zu erwartenden Kostenentscheidung entspricht.

§ 27 FamGKG Haftung von Streitgenossen.
Streitgenossen haften als Gesamtschuldner, wenn die Kosten nicht durch gerichtliche Entscheidung unter sie verteilt sind. Soweit einen Streitgenossen nur Teile des Streitgegenstandes betreffen, beschränkt sich seine Haftung als Gesamtschuldner auf den Betrag, der entstanden wäre, wenn das Verfahren nur diese Teile betroffen hätte.

Übersicht

	Rdn.		Rdn.
A. Allgemeines	1	IV. Gesetzliche Kostenhaftung (§ 24 Nr. 3)	10
B. Haftungstatbestände und Rangfolge	3	V. Vollstreckungsschuldner (§ 24 Nr. 4)	11
I. Entscheidungsschuldner (§ 24 Nr. 1, § 25)	3	VI. Kostenhaftung bei Vormundschaften und Dauerpflegschaften (§ 22)	12
II. Übernahmeschuldner (§ 24 Nr. 2, § 21 Abs. 2)	4	VII. Haftung für bestimmte Auslagen (§ 23)	14
III. Antragstellerhaftung (§ 21 Abs. 1)	7	C. Haftung mehrerer Kostenschuldner (§§ 26, 27)	17

1 A. Allgemeines. Abschnitt 5 behandelt die persönliche Haftung für die gerichtlichen Kosten ggü. der Staatskasse und damit die Frage welche Gebühren und Auslagen gegen welche Verfahrensbeteiligten festgesetzt und eingezogen werden können und wer auf Vorschussleistung in Anspruch genommen werden kann. Das FamGKG normiert in den §§ 21 ff. **verschiedene Haftungstatbestände**, die **nebeneinander** von mehreren sowie in der Person desselben Beteiligten verwirklicht werden können, und regelt die Reihenfolge der Inanspruchnahme zwischen sog. Erst- und Zweitschuldnern und das Haftungsverhältnis unter gleichrangig Haftenden. Die Haftungstatbestände entsprechen, soweit in FG-Sachen relevant, denen des GKG und finden sich z.T. auch in der KostO und jetzt weitgehend identisch auch im sie ablösenden GNotKG (s. § 80 FamFG Rdn. 41 ff.). Der in der KostO bedeutsame Haftungstatbestand des sog. Interesseschuldners, nach dem für die Kosten regelmäßig auch derjenige haftet, dessen Interesse wahrgenommen wird (2 Nr. 2 KostO a.F.), wurde nur für die Vormundschaft und Dauerpflegschaft in das FamGKG übernommen (BT-Drucks. 16/6308 S. 303).

2 Grds. **haften nur die Beteiligten** i.S.d. § 7 FamFG (erweitert durch spezielle Regelungen in Buch 2 des FamFG) oder *Parteien* i.S.d. des Zivilprozessrechts. Ausnahmsweise können auch **Dritte**, die für die Kostenschuld eines anderen kraft Gesetzes haften oder sie übernommen haben, neben oder anstelle des anderen in Anspruch genommen werden. Die Haftung umfasst regelmäßig nicht nur die Gebühren, sondern auch die gerichtlichen **Auslagen**, soweit sie nicht einem Verfahrensbeteiligten oder Dritten ausschließlich auferlegt werden (s. § 23).

B. Haftungstatbestände und Rangfolge. I. Entscheidungsschuldner (§ 24 Nr. 1, § 25). Vorrangig haften 3 als Erstschuldner (§ 26 Abs. 2, s. Rdn. 17) die Beteiligten, denen die Kosten **durch gerichtliche Entscheidung** auferlegt wurden (§ 24 Nr. 1) in dem sich aus der Entscheidung ergebenden Umfang. Die Entscheidung muss grds. nicht rechtskräftig sein (OLG Koblenz FamRZ 2014, 1798 auch zur Sperre des Einzugs wenn dem Gegner Vkh bewilligt ist, s. dazu § 76 Rdn. 50). Wird die Entscheidung durch eine nachfolgende Kostenentscheidung **abgeändert** oder aufgehoben, erlischt jene im Umfang der Aufhebung und bereits gezahlte Kosten werden zurückerstattet (§ 25 Satz 2). Eine Änderung durch Vergleich reicht dafür nicht aus (OLG Koblenz FamRZ 2014, 1798; HK-FamGKG/*Volpert* § 25 Rn. 14)

II. Übernahmeschuldner (§ 24 Nr. 2, § 21 Abs. 2). Vorrangig gem. § 26 Abs. 2 (Rdn. 17) haften auch Be- 4 teiligte oder Dritte, die Kosten durch Erklärung ggü. dem Gericht oder in einem gerichtlichen Vergleich übernommen haben. Soweit ein **Vergleich** keine Kostenregelung enthält, gilt die gesetzliche Haftung nach Kopfteilen gem. § 83 Abs. 1 Satz 1 FamFG bzw. in Familienstreitsachen gem. § 113 Abs. 1 FamFG i.V.m. §§ 98, 92 Abs. 1 Satz 2 ZPO ebenfalls als übernommen. Einen Fall der ebenfalls vorrangigen Haftung durch **Übernahmeerklärung** liegt z.B. vor, wenn Eltern sich ggü. dem Gericht zur Zahlung der Verfahrenskosten für ihr Kind bereit erklären, oder wenn ein Anwalt erklärt, für die Kosten seines Mandanten einzustehen. Wenn nicht die o.g. Übernahmefiktion der § 83 FamFG oder 98 ZPO greift, ist der **Umfang der übernommenen Verpflichtung** jeweils auszulegen. Übernahmeerklärungen des Anwalts beschränken sich zumeist auf die Übernahme von Vorschüssen u.ä.
Die Gebühr für einen Vergleich über nicht anhängige Gegenstände (**Mehrvergleich**, s. dazu Nr. 1500– 5 1503 KV FamGKG Rdn. 2) schulden nach § 21 Abs. 2 allein die am Abschluss Beteiligten und zwar als Gesamtschuldner (§ 26 Abs. 1).
Durch die Übernahme der Haftung oder ihrer Fiktion (s.o.) **entfallen** bestimmte **Haftungsbeschränkun-** 6 **gen:**
So haften **Minderjährige** grds. auch, wenn der Gegenstand der Vereinbarung ihre Person betrifft.
Ist dem Übernahmeschuldner **Verfahrenskostenhilfe** bewilligt, die sich auf den Abschluss eines Vergleichs erstreckt, kann die Staatskasse ihn zwar auch insoweit nur nach Maßgabe des § 122 ZPO zu den Kosten heranziehen (h.M. OLG Celle FamRZ 2013, 63; OLG Frankfurt, 3. Familiensenat, FamRZ 2012, 732 jeweils m.w.N. auch zur Gegenansicht). Er ist jedoch grundsätzlich nicht davor geschützt, von anderen Verfahrensbeteiligten auf Erstattung der von ihnen verauslagten Gerichtskosten in Anspruch genommen zu werden (BGH FamRZ 2004, 178). Das gilt nur dann nicht, wenn der Vergleich eine Vereinbarung über die Kosten enthält, die vom Gericht vorgeschlagen oder gebilligt wurde, s. Rdn. 21.

III. Antragstellerhaftung (§ 21 Abs. 1). Von besonderer Bedeutung ist in Antragsverfahren die **Haftung** 7 **des Antragstellers als Veranlassungsschuldner** nach § 21 Abs. 1 Satz 1 für die Kosten der jeweiligen Instanz. Sie gilt allerdings nur für solche erstinstanzlichen Verfahren, die ausschließlich durch einen Antrag und nicht auch v.A.w. eingeleitet werden können (VerfGH München FamRZ 2012, 1890). Wann dies der Fall ist, ergibt sich aus dem materiellen Recht (s. § 23 FamFG Rdn. 41). Umgangsverfahren nach § 1684 BGB fallen deshalb nicht darunter (OLG Saarbrücken FamRZ 2012, 319), ebenso wenig die meisten Genehmigungsverfahren in Kindschaftssachen. Antragsteller i.S. dieser Vorschrift ist auch derjenige, der einen Widerantrag stellt oder ein Anschlussrechtsmittel einlegt (BGH MDR 2016, 241; Binz u.a./*Dorndörfer* FamGKG § 21 Rn. 2 f.). Soweit keinem anderen die Gerichtskosten durch gerichtliche Entscheidung auferlegt wurden oder er sie durch Vergleich oder Erklärung übernommen hat (s.o. Rdn. 3 ff.), fallen dem Antragsteller die Kosten des Verfahrens allein zur Last; ansonsten haftet er für diese nachrangig als Zweitschuldner (s.u. Rdn. 17). Die **Vorauszahlungen** oder Vorschüsse auf die Verfahrensgebühr gem. §§ 14 schuldet er regelmäßig allein. Veranlassungsschuldner kann auch der verfahrensrechtliche Antragsgegner sein, wenn er im *Mahn*- oder vereinfachten Unterhaltsverfahren das streitige Verfahren beantragt oder wenn er einen Widerantrag stellt.
Von der Antragstellerhaftung sind gem. § 21 Abs. 1 Satz 2 **ausgenommen:** 8
1. Antragsteller in erstinstanzlichen Gewaltschutzsachen einschl. der Verfahren nach dem EU-Gewaltschutzverfahrensgesetz (s. dazu *H. Schneider* FamRB 2015, 112).

§ 27 FamGKG — Haftung von Streitgenossen

2. Antragsteller in Verfahren nach dem IntFamRVG zur Anordnung der Rückführung eines Kindes und der Regelung seines Umgangs.
3. Minderjährige in sämtlichen Verfahren, die ihre Person betreffen. Anders als in § 81 Abs. 3 FamFG in der ab 01.01.2013 geltenden Fassung (s. § 81 FamFG Rdn. 39) hat der Gesetzgeber den Anwendungsbereich dieser Vorschrift gerade nicht auf Kindschaftssachen beschränkt, sodass nach wie vor darunter auch Adoptions- und Abstammungsverfahren fallen (vgl. OLG Hamm FamRZ 2012, 811; a.A. *Schwonberg* § 183 FamFG Rdn. 5 m.w.N.).
4. Verfahrensbeistände.

9 Ist dem Antragsteller **Verfahrenskostenhilfe** bewilligt, kann die Staatskasse ihn nur nach den im Bewilligungsbeschluss getroffenen Zahlungsbestimmungen in Anspruch nehmen. Wird die Verfahrenskostenhilfe oder in grenzüberschreitenden Verfahren die Übermittlung oder das Ersuchen abgelehnt, haftet er dagegen als Antragsteller für die im jeweiligen Verfahren entstandenen Auslagen (s.u. Rdn. 16).

10 **IV. Gesetzliche Kostenhaftung (§ 24 Nr. 3).** Nach § 24 Nr. 3 können auch Dritte, die für die Kostenschuld eines anderen kraft Gesetzes haften, neben oder anstelle des anderen als Kostenschuldner in Anspruch genommen werden. Dafür kommen in Familiensachen praktisch nur die Erben infrage, sofern sie nicht selbst als Rechtsnachfolger am Verfahren beteiligt sind, oder bei Gütergemeinschaft der (mit-) verwaltende Ehegatte. Die unterhaltsrechtliche Verpflichtung zur Leistung eines Verfahrenskostenvorschusses begründet dagegen keine direkte Haftung ggü. der Staatskasse (Binz/*Dorndörfer* § 24 FamGKG Rn. 5; a.A. BVerwG Rpfl 1993, 374 m. abl. Anm. *Hellstab*).

11 **V. Vollstreckungsschuldner (§ 24 Nr. 4).** Ähnlich wie der Entscheidungsschuldner, aber nicht vorrangig, haftet gem. § 24 Nr. 4 der **Schuldner** für die notwendigen Kosten des Vollstreckungsverfahrens. Ausgenommen sind Minderjährige in Verfahren, die ihre Person betreffen (s. dazu Rdn. 8).

12 **VI. Kostenhaftung bei Vormundschaften und Dauerpflegschaften (§ 22).** Der von der Maßnahme betroffene **Minderjährige** haftet für die Kosten einer ihn betreffenden Vormundschaft oder Dauerpflegschaft als **Interesseschuldner**, aber nur, wenn sie keinem anderen auferlegt werden (§ 22 Satz 1 und 2). Die Haftung erstreckt sich auf die Jahresgebühren (s. Nr. 1310–1319 KV FamGKG Rdn. 11 ff.) und die Auslagen (BT-Drucks. 16/6308 S. 303). Sie ergreift grds. auch Zwangsgeld- und **Rechtsmittelverfahren** (Prütting/Helms/*Klüsener* FamGKG § 22 Rn. 1; a.A. HK-FamGKG/*Mayer* § 22 Rn. 4), wird aber regelmäßig durch die Haftung desjenigen verdrängt, dem das Gericht die Kosten dieser Verfahren auferlegt. Zur Frage, ob der Minderjährigenschutz des § 81 Abs. 3 FamFG auch bei einer Kostenentscheidung nach § 84 FamFG greift s. § 84 FamFG Rdn. 3 und zu den Gebühren in Rechtsmittelverfahren Nr. 1310–1319 KV FamGKG Rdn. 21 ff.

13 Die Haftung des Minderjährigen ggü. der Staatskasse wird in jedem Fall dadurch **begrenzt**, dass von ihm Gebühren nur erhoben werden dürfen, wenn er außer einem nach § 90 Abs. 2 Nr. 8 SGB XII geschützten Familienheim über Vermögen verfügt, das nach Abzug der Verbindlichkeiten 25.000 € übersteigt (s. Nr. 1310–1319 KV FamGKG Rdn. 5) und er, wenn er selbst ein Rechtsmittel eingelegt hat, von der Antragstellerhaftung befreit ist (s.o. Rdn. 8).

14 **VII. Haftung für bestimmte Auslagen (§ 23).** Für bestimmte Auslagen haftet auch derjenige, der sie beantragt oder veranlasst hat, sofern er nicht von der Haftung befreit ist (s.o. Rdn. 8). Die **Dokumentenpauschale** (Nr. 2000 KV FamGKG) schuldet auch jeder, der die Mehrfertigung oder ihre Überlassung als Datei beantragt hat, ggf. als Zweitschuldner. Werden Mehrfertigungen hergestellt, weil sie nicht in der erforderlichen Zahl beigefügt wurden, schuldet der Pflichtige die Pauschale dagegen allein. Das kann z.B. auch der Anwalt sein, wenn er es unterlassen hat, die erforderliche Zahl von Mehrfertigungen beizufügen oder den Schriftsatz ausschließlich an das Gericht per Fax übersendet (OLG Oldenburg JurBüro 2010, 483).

15 Die **Aktenversendungspauschale** (Nr. 2003 KV FamGKG) schuldet immer nur (!) derjenige, der die Versendung der Akten beantragt hat. Beantragt der Anwalt die Akteneinsicht und beantragt sie nicht ausdrücklich namens des Mandanten, war umstritten, ob sie gleichwohl als durch die Partei beantragt anzusehen ist. Diese Streitfrage hat der BGH (NJW 2011, 3041) inzwischen geklärt. Danach ist Schuldner der Aktenversendungspauschale allein derjenige, der mit seinem Antrag ggü. der Akten führenden Stelle die Aktenversendung unmittelbar veranlasst; also regelmäßig der Anwalt, dem allein sie auch außerhalb des Gerichts überlassen werden dürfen.

Auslagen, die im Verfahren über die Bewilligung von **Verfahrenskostenhilfe** oder in grenzüberschreitenden Verfahren für die Übermittlung des Antrags entstehen, schuldet der Antragsteller, wenn sein Antrag auf Verfahrenskostenhilfe, die Übermittlung oder das Ersuchen abgelehnt wird. 16

C. Haftung mehrerer Kostenschuldner (§§ 26, 27). Schulden mehrere dieselben Kosten haften sie grds. 17
als **Gesamtschuldner** (§ 26 Abs. 1).Gem. § 421 BGB haften sie der Staatskasse ggü. jeweils für die gesamte Kostenschuld. Die Zahlung des einen Gesamtschuldners hat Schuld befreiende Wirkung auch für die anderen (Binz/*Dorndörfer* § 26 Rn. 2). Sind sie in unterschiedlicher Weise am Verfahrensgegenstand beteiligt, bezieht sich die gesamtschuldnerische Haftung unter Umständen nur auf einen Teil der Kosten (s.a. Rdn. 18).
Bei der Heranziehung zu den Kosten ist als erstes eine **Trennung zwischen Erst- und Zweitschuldnern** vorzunehmen und die gemeinsame Schuld vorrangig von dem oder den Erstschuldnern beizutreiben (§ 26 Abs. 2). Erstschuldner sind nur die Entscheidungs- und Übernahmeschuldner (s.o. Rdn. 3 und 4 ff.). Nur wenn ein Vollstreckungsversuch in ihr bewegliches (!) Vermögen erfolglos bleibt oder aussichtslos ist, sind der oder die Zweitschuldner heranzuziehen. – Eine Immobiliarvollstreckung muss die Staatskasse nicht betreiben und sich auch nicht mit Sicherungsrechten begnügen. – Dabei ist zu beachten, dass derselbe Kostenschuldner nebeneinander aus unterschiedlichen Tatbeständen, z.B. sowohl als Entscheidungsschuldner als auch als Antragsteller, haften kann.

Handelt es sich bei mehreren Erstschuldnern in einer Familienstreitsache um **Streitgenossen**, richtet sich 18
ihre Heranziehung vorrangig nach der gerichtlichen Kostenverteilung (§ 27). Gibt es keine gerichtliche Entscheidung oder bestätigt sie die Gesamtschuldnerschaft, enthält § 8 Abs. 3 KostVfg Hinweise für die Heranziehung, die auch für eine Mehrheit von Zweitschuldnern gelten. Danach ist regelmäßig eine Heranziehung nach Kopfteilen geboten, von ihr kann im Einzelfall abgewichen werden (vgl. OLG München NJW-RR 2000, 1744; KG KGR 2004, 71).

Soweit einem Entscheidungsschuldner **Verfahrenskostenhilfe** mit oder ohne Zahlungsbestimmungen (OLG 19
Stuttgart FamRZ 2011, 1324) bewilligt wird, scheidet nicht nur er als Schuldner aus. Es kann im Umfang der ihm auferlegten Kosten auch kein anderer Kostenschuldner in Anspruch genommen werden (**§ 26 Abs. 3 Satz 1**). Das betrifft in erster Linie die (Ersatz-) Haftung als Zweitschuldner (s. Rdn. 17), gilt entsprechend aber auch für die gesamtschuldnerische Haftung mehrerer Entscheidungsschuldner untereinander (OLG Dresden FamRZ 2014, 149; OLG Celle MDR 2013, 495 m.w.N.; a.A OLG Düsseldorf FamRZ 2009, 1617). Bereits erhobene Kosten sind zurückzuzahlen (zur Rückerstattung bei Teilbewilligung s. OLG Koblenz FamRZ 2007, 1758). Der **Rückzahlungsanspruch** gegen die Staatskasse geht einem Kostenerstattungsanspruch gegen den Begünstigten vor (OLG Stuttgart FamRZ 2011, 1324; s.a. § 76 FamFG Rdn. 53). Dadurch wird verhindert, dass der Begünstigte sich über den Umweg der Kostenerstattung über das durch den Bewilligungsbeschluss bestimmte Maß hinaus an den Verfahrenskosten beteiligen muss (BVerfG FamRZ 2000, 47). Zur entsprechenden Anwendung auf einen Vergleich s. jetzt Abs. 4 (Rdn. 21). Der Schutz des § 26 Abs. 3 erstreckt sich nicht auf Auslagen für Sachverständige, Dolmetscher, Übersetzer u.a., die aufgrund einer von Begünstigten nach § 13 Abs. 1 und 3 JVEG erteilten Zustimmung den üblichen Satz übersteigen. Wird die Vkh nachträglich aufgehoben, entfällt auch die Sperre für die Haftung des Zweitschuldners (OLG Celle MDR 2015, 918).

§ 26 Abs. 3 Satz 2 sperrt in gleicher Weise wie Satz 1 (s. Rdn. 19) auch die Haftung anderer Verfahrens- 20
beteiligter als Zweitschuldner, wenn einem Entscheidungsschuldner **Reisekosten** aus der Staatskasse bezahlt wurden. Es handelt sich dabei um Reisekosten, die mittellosen Personen nach der weitgehend bundeseinheitlichen VO der Länder zur Bewilligung von Reiseentschädigungen an mittellose Personen unabhängig von der Verfahrenskostenhilfe für die Teilnahme an einem vom Gericht oder vom Sachverständigen angesetzten Termin gewährt werden (s. Nr. 2000–2015 KV FamGKG Rdn. 20), und die nach Nr. 2007 Ziff. 2 KV FamGKG zu den Auslagen für das Verfahren zählen und keine Auslagen für Verfahrenskostenhilfe sind (s.a. § 76 FamFG Rdn. 47).

Mit dem durch das 2. KostRMoG (s. Einl. FamGKG Rdn. 1) dem § 26 angefügten **Abs. 4** wird der Schutz 21
des Entscheidungsschuldners, dem Verfahrenskosten bewilligt wurde, unter bestimmten Bedingungen auf den **Abschluss eines Vergleichs** und die daraus resultierende Haftung als Übernahmeschuldner erstreckt. *Die Regelung wurde weitgehend inhaltsgleich in § 33 GNotKG und § 31 GKG übernommen.* Mit ihr ist der Gesetzgeber einer in der Praxis (vgl. OLG Rostock FamRZ 2011, 1752; w.N. bei *Wiese* NJW 2012, 3126) vielfach vertretenen Forderung nachgekommen. Denn bislang wurde die analoge Anwendung des Abs. 3 für den Vergleichsabschluss unter Hinweis auf dessen eindeutigen Wortlaut höchstrichterlich abgelehnt (BVerfG NJW 2000, 3271; BGH FamRZ 2004, 178). Der Gesetzgeber will damit die Vergleichbereitschaft auch bei Be-

willigung von Vkh fördern. Bisher konnte der Gegner des Begünstigten, wenn er das Verfahren beantragt hat, über seine Haftung als Übernahmeschuldner hinaus von der Staatskasse als Zweitschuldner (s. Rdn. 17) auf die gesamten Gebühren und Auslagen in Anspruch genommen werden. Dieser konnte seine Auslagen nur vom Begünstigten im Wege des Kostenausgleichs zurückverlangen. Der Begünstigte musste somit, obwohl ihm Vkh bewilligt war, letztendlich den auf ihn entfallenen Anteil an den Gerichtskosten bezahlen (OLG Rostock FamRZ 2011, 1752). Davor schützt ihn die Neuregelung in gleicher Weise wie den Entscheidungsschuldner, ebenso erwirbt der Gegner einen Rückzahlungsanspruch gegen die Staatskasse (s. Rdn. 19). Nach der Übergangsvorschrift des § 63 ist die Regelung auf vor dem 01.08.2013 anhängig gemachte Verfahren nicht anzuwenden (OLG Naumburg NJW-RR 2015, 1210).

Um Missbrauch vorzubeugen, greift die Schutzwirkung nur, wenn der Vergleich die in § 26 Abs. 4 FamGKG (s.o.) aufgeführten drei **Voraussetzungen** erfüllt:

1. Es muss sich um einen vor Gericht abgeschlossenen, gegenüber dem Gericht angenommenen oder einen gerichtlich gebilligten Vergleich handeln.
2. Der Vergleich einschließlich der Verteilung der Kosten bzw. bei einem gerichtlich gebilligten Vergleich nur die Kostenverteilung, wurde vom Gericht vorgeschlagen.
3. Das Gericht hat in seinem Vergleichsvorschlag bzw. bei der Billigung ausdrücklich festgestellt, dass die Kostenregelung der sonst zu erwartenden Kostenentscheidung entspricht.

Fehlt eine der drei Bedingungen oder weicht der Vergleich von dem Vorschlag des Gerichts ab, ist die Vorschrift unanwendbar (s. OLG Bamberg FamRZ 2015, 525; OLG Naumburg NJW-RR 2015, 1210; BT-Drucks. 17/11471, S. 251, 244 und dazu eingehend *Wiese* NJW 2012, 3126).

Abschnitt 6. Gebührenvorschriften

§ 28 FamGKG Wertgebühren. (1) Wenn sich die Gebühren nach dem Verfahrenswert richten, beträgt die Gebühr bei einem Verfahrenswert bis 500 Euro 35 Euro. Die Gebühr erhöht sich bei einem

Verfahrenswert bis … Euro	für jeden angefangenen Betrag von weiteren … Euro	um … Euro
2 000	500	18
10 000	1 000	19
25 000	3 000	26
50 000	5 000	35
200 000	15 000	120
500 000	30 000	179
über 500 000	50 000	180

Eine Gebührentabelle für Verfahrenswerte bis 500 000 Euro ist diesem Gesetz als Anlage 2 beigefügt.
(2) Der Mindestbetrag einer Gebühr ist 15 Euro.

Übersicht   Rdn.   Rdn.
A. Wertgebühr (Abs. 1)   1   B. Mindestbetrag (Abs. 2) 3

A. Wertgebühr (Abs. 1). Das FamGKG hatte in § 28 die Gebühren aus § 34 GKG inhaltsgleich übernommen. Dasselbe gilt für die als **Anlage 2** dem Vorschriftenteil angefügte Gebührentabelle, hier abgedruckt nach dem Kostenverzeichnis. Die Gebühren wurden in beiden Gesetzen durch das 2. KostRMoG (s. Einl. FamGKG Rdn. 1) mit Wirkung **ab 01.08.2013 erhöht.** Für die am 31.07.2013 bereits anhängigen Verfahren weiter geltende Gebührentabelle i.d.F. des FGG-RG wird auf die Vorauflage verwiesen. Beide geben die Gebühren bis zu einem Verfahrenswert von 500.000 € wieder. Während die novellierte Tabelle mit 35 € als geringste Gebühr für einen Verfahrenswert bis zu 500 € beginnt, ging die erste Gebührenstufe in der alten Tabelle nur bis zu einem Verfahrenswert von 300 € (mit einer Gebühr von 25 €). 1

§ 28 betrifft nur die Gebühren, die sich nach dem Verfahrenswert richten (Wertgebühren). In Familiensachen sind Wertgebühren die Regel (s. § 3 Abs. 1). Das können variable Werte oder Festwerte (s. Übersicht § 3 FamGKG Rdn. 9) sein. Ihre Ermittlung regeln die allgemeinen und besonderen Wertvorschriften der §§ 33 ff. Aus der sich danach aus § 28 oder der Tabelle in Anlage 2 ergebenden Gebühr errechnet sich die im konkreten Fall anzusetzende Gebühr erst durch Multiplikation mit dem im Kostenverzeichnis für das jeweilige Verfahren aufgelisteten Gebührensatz (**Gerichtsgebühr = Grundgebühr nach § 28 × Gebührensatz aus KV**). 2

B. Mindestbetrag (Abs. 2). Abs. 2 setzt **für die konkrete Gebühr** einen Mindestbetrag von 15 € fest, der bis 31.07.2013 noch 10 € betrug. Das steht nur scheinbar im Gegensatz zu der geringsten Gebühr in Abs. 1 Satz 1. Denn durch den anzuwendenden Gebührensatz (Rdn. 2) könnte sich selbst die geringste Gebühr auf eine konkret anzusetzende Gebühr von unter 15 € reduzieren, z.B. die Gebühr für einen Mehrvergleich (s. Nr. 1500 KV FamGKG Rdn. 3). 3

§ 29 FamGKG Einmalige Erhebung der Gebühren. Die Gebühr für das Verfahren im Allgemeinen und die Gebühr für eine Entscheidung werden in jedem Rechtszug hinsichtlich eines jeden Teils des Verfahrensgegenstands nur einmal erhoben.

§ 30 FamGKG — Teile des Verfahrensgegenstands

1 Die Vorschrift entspricht dem § 35 GKG und übernimmt den **Grundsatz der Einmaligkeit der Gebührenerhebung** (*Hartmann* § 29 FamGKG Rn. 1 i.V.m. § 35 GKG Rn. 1). Innerhalb derselben Instanz sollen Gebühren für denselben Verfahrensgegenstand nur einmal anfallen.

2 Damit wird zum einen der sich aus § 3 Abs. 2 i.V.m. dem KV abgeleitete Grundsatz betont, dass insb. die Verfahrensgebühr sämtliche Tätigkeiten des Gerichts hinsichtlich ein und desselben Verfahrensgegenstands im gleichen Verfahren, somit auch mehrere Entscheidungen z.B. Grund- und Schlussurteil oder das Auskunfts- und Betragsverfahren bei der Stufenklage, abdeckt (**Pauschalgebühr**, s. § 3 FamGKG Rdn. 6). Das Gleiche gilt für die daneben oder an ihrer Stelle anfallenden Entscheidungsgebühren für einzelne Anordnungen, soweit das KV nicht ihre wiederholte Erhebung gestattet, wie z.B. für die Verhängung von Zwangs- oder Ordnungsmitteln (Nr. 1600–1603 KV FamGKG Rdn. 4). Ergänzt wird § 29 für den Fall, dass für unterschiedliche Teile des Verfahrensgegenstands unterschiedliche Gebühren anfallen, durch § 30 FamGKG sowie dem Gebot der Zusammenrechnung der Werte mehrerer Verfahrensgegenstände für die Wertgebühr in § 33 FamGKG.

3 Seine besondere Bedeutung erlangt § 29 für die Erhebung der Gebühren, wenn innerhalb derselben Instanz über den gleichen Gegenstand **mehrere verfahrensrechtlich selbstständige Verfahren** stattfinden, z.B. ein Nachverfahren nach einer mit Vorbehaltsurteil nach § 302 ZPO beendeten Familienstreitsache oder nach einem Urkundsverfahren (s.a. Binz u.a./*Dorndörfer* § 29 FamGKG Rn. 2). Sie werden nach § 29 gebührenrechtlich als ein Verfahren behandelt. Ergänzend ordnet dies § 31 Abs. 1 FamGKG auch für das weitere Verfahren nach Zurückweisung durch das Rechtsmittelgericht an. § 29 hat auch Bedeutung für die Gebühren bei Trennung und Verbindung von Verfahren s. § 6 FamGKG Rdn. 8 ff.).

4 Weitere Ergänzungen des Grundsatzes der Einmalerhebung von Gebühren enthält das **Kostenverzeichnis**, z.B. durch die Anrechnung der Verfahrensgebühr für das Mahnverfahren auf die Gebühr für das nachfolgende streitige Verfahren (Anm. zu Nr. 1220 KV FamGKG) oder beim Ansatz der Gebühren im vereinfachten Verfahren über den Unterhalt Minderjähriger (s. § 3 FamGKG Rdn. 15 und auch § 255 Abs. 5 FamFG). Gleichzeitig schränkt das KV den Grundsatz durch die gesonderte Erhebung von Gebühren ein, z.B. bei der Gehörsrüge oder für Vollstreckungshandlungen, oder stellt durch die Nichtanrechnung von Gebühren die (gebührenrechtliche) Verschiedenheit der Verfahrensgegenstände klar, z.B. im Verhältnis von einstweiligem Rechtsschutz zum Hauptsacheverfahren.

§ 30 FamGKG — Teile des Verfahrensgegenstands.

(1) Für Handlungen, die einen Teil des Verfahrensgegenstands betreffen, sind die Gebühren nur nach dem Wert dieses Teils zu berechnen.
(2) Sind von einzelnen Wertteilen in demselben Rechtszug für gleiche Handlungen Gebühren zu berechnen, darf nicht mehr erhoben werden, als wenn die Gebühr von dem Gesamtbetrag der Wertteile zu berechnen wäre.
(3) Sind für Teile des Gegenstands verschiedene Gebührensätze anzuwenden, sind die Gebühren für die Teile gesondert zu berechnen; die aus dem Gesamtbetrag der Wertteile nach dem höchsten Gebührensatz berechnete Gebühr darf jedoch nicht überschritten werden.

1 Die Vorschrift entspricht redaktionell angepasst inhaltlich vollständig dem § 36 GKG und regelt die Gebührenberechnung, wenn gebührenwirksame Verfahrenshandlungen sich nur in Teilbereichen auswirken.

2 **Abs. 1** wird bei den gerichtlichen Gebühren für Familiensachen seit dem Ersatz der Einzelgebühren durch Pauschalgebühren nur noch selten relevant. Bedeutung erlangt die Vorschrift vor allem im vereinfachten Unterhaltsverfahren für den Wert einer nach KV 1210 angefallenen **Entscheidungsgebühr**. Wird der Antrag vor Erlass der Entscheidung beschränkt, fällt die Gebühr nur aus dem noch zur Entscheidung gestellten Teilwert an und nicht aus dem Wert, den der Antrag bei seiner Einreichung hatte (s. Nr. 1210–1216 KV FamGKG Rdn. 2). Keine Anwendung findet Abs. 1 dagegen bei Verfahrensgebühren, die nur im Fall einer (bestimmten) Entscheidung anfallen, wie bei der Zurückweisung bestimmter Beschwerden (s. Nr. 1912, 1923 KV FamGKG) oder bei Ablehnung des Antrags auf Zulassung der Sprungrechtsbeschwerde (s. Nr. 1220–1229 KV FamGKG Rdn. 18). Denn hier ist die Negativentscheidung lediglich die Bedingung für ihren Anfall (a.A. für das Zulassungsverfahren HK-FamGKG/*Schneider* § 30 Rn. 16).

Zurückverweisung, Abänderung oder Aufhebung einer Entscheidung **§ 31 FamGKG**

Abs. 2 betrifft den Fall, dass mehrere gleiche Handlungen verschiedene Wertteile betreffen. Das ist bspw. der Fall, wenn in einem anhängigen Verfahren mit einem Verfahrenswert von 3.000 € der Antrag um 2.000 € erweitert und hierfür ein Vorschuss erhoben wird (ebenso Binz u.a./*Zimmermann* GKG § 36 Rn. 4; a.A. HK-FamGKG/*N. Schneider* § 30 Rn. 26). In diesem Fall darf als Vorauszahlung für die Antragsweiterung nicht die volle Verfahrensgebühr aus 2.000 € erhoben werden, sondern nur die Differenz zu einer Gebühr aus dem Gesamtwert von 5.000 €. 3

Abs. 3 betrifft den Fall, dass für verschiedene Verfahrensgegenstände unterschiedliche Gebühren anfallen. Das kommt z.B. regelmäßig in Verbundverfahren vor, wenn die Beteiligten sich in nur einer Folgesache vergleichen und über die Scheidung, einschließlich der übrigen Folgesachen, durch Beschluss entschieden wird. Für den vergleichsweise erledigten Teil ermäßigt sich die Gebühr nach Nr. 1111 KV FamGKG und für die Scheidung und die übrigen Folgesachen nicht. Für den von der Ermäßigung betroffenen Verfahrensteil wird die Verfahrensgebühr getrennt ermittelt (Halbs. 1). Die Summe der beiden Gebühren darf den Betrag einer vollen Gebühr aus dem Gesamtwert nicht übersteigen (Abs. 3 letzter Halbs.). 4

Beispiel: 2,0 Gebühr aus 8.000 €   406,00 €
0,5 Gebühr aus 13.200 €   <u>146,50 €</u>
Insgesamt   552,50 €
Kontrolle: 2,0 aus 21.200 = 690,00 € wird nicht erreicht

In gleicher Weise ist zu verfahren, wenn eine FG-Sache mit einer Familienstreitsache im selben Verfahren verhandelt und entschieden wird, z.B. eine Ehewohnungssache mit einem Anspruch auf Nutzungsentschädigung nach § 745 Abs. 2 BGB (s. zur Bewertung § 48 FamGKG Rdn. 5).

§ 31 FamGKG Zurückverweisung, Abänderung oder Aufhebung einer Entscheidung.

(1) Wird eine Sache an ein Gericht eines unteren Rechtszugs zurückverwiesen, bildet das weitere Verfahren mit dem früheren Verfahren vor diesem Gericht einen Rechtszug im Sinne des § 29.

(2) ¹Das Verfahren über eine Abänderung oder Aufhebung einer Entscheidung gilt als besonderes Verfahren, soweit im Kostenverzeichnis nichts anderes bestimmt ist. ²Dies gilt nicht für das Verfahren zur Überprüfung der Entscheidung nach § 166 Abs. 2 und 3 des Gesetzes über das Verfahren in Familiensachen und in den Angelegenheiten der freiwilligen Gerichtsbarkeit.

Übersicht

	Rdn.		Rdn.
A. Zurückverweisung	1	C. Überprüfung	3
B. Abänderung	2		

A. Zurückverweisung. Abs. 1 hat nahezu wörtlich die in § 37 GKG enthaltene Regelung zur kostenrechtlichen Behandlung der Zurückverweisung übernommen. Ein an die untere Instanz (nicht notwendig an dasselbe Gericht, *Hartmann* GKG § 37 GKG Rn. 1) zurückgewiesenes Verfahren wird trotz ursprünglicher Beendigung des (unteren) Rechtszugs kostenrechtlich so behandelt, als sei das Verfahren noch nicht abgeschlossen. Es entsteht also **keine neue Verfahrensgebühr**. Zur davon abweichenden Regelung für die anwaltlichen Gebühren vgl. § 21 Abs. 1 und 2 RVG (s.a. FA-FamR/*Keske* Kap. 17 Rn. 367). 1

B. Abänderung. Abs. 2 Satz 1: Verfahren auf Abänderung einer früheren Entscheidung (§§ 48, 166, 230, und 238 FamFG) sind im Verhältnis zum vorausgegangenen Verfahren neue, selbstständige Verfahren und damit, wie Abs. 2 Satz 1 nunmehr ausdrücklich klarstellt, auch gebührenrechtlich eine **neue Angelegenheit**, für die nach gleichen Grundsätzen, nicht notwendig mit dem gleichen Wert, Gebühren wie im Ausgangsverfahren anfallen. **Ausnahmen** ergeben sich aus dem Kostenverzeichnis für Vormundschaften und Dauerpflegschaften (s. Nr. 1310–1319 KV FamGKG Rdn. 11). 2

C. Überprüfung. Abs. 2 Satz 2 betrifft die gem. §§ 1696 Abs. 2 BGB, 166 Abs. 2 und 3 FamFG gebotene Überprüfung kinderschutzrechtlicher Maßnahmen bzw. eines erneuten Handlungsbedarfs. Der Sache nach handelt es sich um ein Vorprüfungsverfahren, das abklären soll, ob ein Abänderungs- oder weiteres Verfahren 3

§ 32 FamGKG

eingeleitet werden soll (vgl. FAKomm-FamR/*Ziegler* zu § 1696 Abs. 3 BGB a.F. Rn. 23, s.a. §§ 9-11 FamGKG Rdn. 7). Diese Überprüfung gehört nach Satz 2 **kostenrechtlich zum ursprünglichen Verfahren** (*Hartmann* § 31 FamGKG Rn. 3) und löst deshalb auch keine neuen Gebühren aus.

4 Gibt die Überprüfung nach § 166 Abs. 3 FamFG Anlass für die **erneute Einleitung eines kinderschutzrechtlichen Verfahrens**, gilt dies nicht (HK-FamGKG/*N. Schneider* § 32 Rn. 46). Denn die Intention des Gesetzgebers zielt nur darauf ab »ein wiederholtes Entstehen der Gebühr durch eine verfassungsrechtlich gebotene Überprüfung zu vermeiden« (BT-Drucks. 16/6308 S. 304). Das damit auch das neu einzuleitende Verfahren gebührenfrei bleiben sollte, hat sich jedenfalls im Wortlaut nicht niedergeschlagen.

§ 32 FamGKG Verzögerung des Verfahrens.

¹Wird in einer selbständigen Familienstreitsache außer im Fall des § 335 der Zivilprozessordnung durch Verschulden eines Beteiligten oder seines Vertreters die Vertagung einer mündlichen Verhandlung oder die Anberaumung eines neuen Termins zur mündlichen Verhandlung nötig oder ist die Erledigung des Verfahrens durch nachträgliches Vorbringen von Angriffs- oder Verteidigungsmitteln, Beweismitteln oder Beweiseinreden, die früher vorgebracht werden konnten, verzögert worden, kann das Gericht dem Beteiligten von Amts wegen eine besondere Gebühr mit einem Gebührensatz von 1,0 auferlegen. ²Die Gebühr kann bis auf einen Gebührensatz von 0,3 ermäßigt werden. ³Dem Antragsteller, dem Antragsgegner oder dem Vertreter stehen der Nebenintervenient und sein Vertreter gleich.

Übersicht

	Rdn.		Rdn.
A. Allgemeines	1	D. Anwendungsbereich	4
B. Geltungsbereich	2	E. Verfahren	5
C. Regelungsgehalt	3		

1 **A. Allgemeines.** Die Vorschrift entspricht dem inhaltsgleichen § 38 GKG. Sie wurde unter Beschränkung ihres Anwendungsbereichs ausschließlich auf selbstständige Familienstreitsachen unverändert in das FamGKG übernommen. Wie dort ist sie auch hier unter den Kostenregelungen am falschen Platz. Denn sie regelt keine Verfahrens- oder Prozesskosten (*Völker* MDR 2001, 1325), sondern allein eine mögliche Folge des Verstoßes gegen die den Verfahrensbeteiligten in § 282 ZPO auferlegte Pflicht zur Förderung des Verfahrens. Sie wäre besser dort normiert und würde dann auch nicht ein Schattendasein führen, das sie wohl hauptsächlich ihrer weitgehenden Unkenntnis verdankt. Selbst renommierte Kommentare weisen unter § 282 ZPO als Folge eines Verstoßes gegen die Prozessförderungspflicht ausschließlich auf § 296 ZPO hin (anders z.B. *Zöller/Greger* § 282 Rn. 3a).

2 **B. Geltungsbereich.** Wie gerade ihre bewusste Übernahme in das FamGKG verdeutlicht, steht die Reaktionsmöglichkeit auf eine Verfahrensverzögerung nach § 32 neben den dem Gericht in § 115 FamFG (eingeräumten Möglichkeiten zur Zurückweisung verspäteten Vorbringens, der Beschneidung von Verfahrensrechten (§ 113 FamFG, §§ 367 Abs. 1, 379 ZPO) und der Auferlegung von Verfahrenskosten (§ 113 FamFG, §§ 95, 344 ZPO und 243 Nr. 3 FamFG). Sie gilt ausdrücklich nicht bei Unzulässigkeit einer Versäumnisentscheidung (§ 335 ZPO). In diesem Fall fehlt es wohl regelmäßig schon an einer Verfahrensverzögerung. Dass einem Verfahrensbeteiligten Verfahrenskostenhilfe bewilligt ist oder er Gebührenfreiheit genießt, schließt die Verhängung einer Verzögerungsgebühr gegen ihn nicht aus (*Hartmann* § 38 GKG Rn. 3). Nicht anwendbar ist § 32 in Ehe- und Scheidungsverbundverfahren und in selbstständigen FG-Verfahren. Für letztere sieht § 81 Abs. 2 Nr. 4 FamFG bei Verzögerung des Verfahrens als Strafe, die Auferlegung der gesamten Verfahrenskosten oder eines Teiles davon vor (s. § 81 Rdn. 37).

3 **C. Regelungsgehalt.** § 32 hat im Gegensatz zu § 296 ZPO und jetzt § 115 FamFG reinen Sanktionscharakter. Nach ihr kann demjenigen Verfahrensbeteiligten, der selbst oder durch das ihm zuzurechnende Verhalten seines Verfahrensbevollmächtigten oder sonstigen Vertreters schuldhaft die Vertagung einer mündlichen Verhandlung oder die Anberaumung eines neuen Termins verursacht, eine Strafgebühr auferlegt werden. Dasselbe gilt für einen (zugelassenen) Streithelfer. **Voraussetzung** ist zum einen, dass ein Verfahrensbeteiligter Angriffs- oder Verteidigungsmittel, Beweismittel oder -einreden so spät vorbringt, dass nur deshalb ein weiterer Verhandlungstermin oder eine Beweisaufnahme vor dem Prozessgericht (§ 370 Abs. 1 ZPO) erforderlich wird (= Verzögerung). Zum anderen muss das Vorbringen so spät erfolgen, dass es vom Gericht

nicht durch eigene Maßnahmen zur Verfahrensförderung aufgefangen werden kann (OLG München FamRZ 2001, 433), obwohl es bei gehöriger Sorgfalt rechtzeitig hätte vorgebracht werden können (= Verschulden). Der Maßstab ergibt sich aus den Anforderungen, die § 182 ZPO an die Verfahrensförderungspflicht der Beteiligten stellt (s. dazu § 115 FamFG Rdn. 3 ff.; Zöller/*Greger* § 282 Rn. 2 ff.). Eine Verschleppungsabsicht ist nicht erforderlich. Der Wortlaut erfordert auch kein grobes Verschulden. Der Grad des Verschuldens ist vielmehr i.R.d. pflichtgemäßen Ermessensausübung im Hinblick auf die Angemessenheit einer Strafsanktion und ihrer Höhe zu berücksichtigen (*Völker* MDR 2001, 1325).

D. Anwendungsbereich. Die Auferlegung einer Verzögerungsgebühr kommt immer dann in Betracht, wenn das Gericht zugunsten der betroffenen Partei keinen Gebrauch von den ihm verfahrensmäßig eingeräumten Möglichkeiten macht, dass Verfahren ohne Rücksicht auf das verspätete Vorbringen fortzuführen oder zu beenden (s.o. Rdn. 2 sowie *Krause* FPR 2010, 336). Denn wenn es davon Gebrauch macht, tritt keine wesentliche Verzögerung ein. Das gilt auch im Fall der vorherigen Einräumung einer Schriftsatzfrist nach § 283 ZPO. Umstritten ist, ob eine Strafgebühr auch im Fall der »Flucht in die Säumnis« verhängt werden kann (ablehnend OLG Hamm NJW-RR 1995, 1408). Mit OLG Celle (NJW-RR 2007, 1726) ist dies deshalb zu bejahen, weil nicht das verfahrensrechtlich zulässige Nichtverhandeln sanktioniert wird, sondern der nicht rechtzeitige Vortrag, der den Verfahrensbeteiligten zu diesem Schritt veranlasst hat und der zweifelsohne für die Verzögerung des Verfahrens ursächlich ist (s.a. *Völker* MDR 2001, 1325 auch zu weiteren Anwendungsfällen). Das OLG Düsseldorf (Beschl. v. 21.05.2015 – I 6 W 46/15, OLG Report NRW 44/2015 Anm. 1) hat die Kostenstrafe wegen einer durch einen abgelehnten Befangenheitsantrag verursachten Verzögerung verhängt, wenn die Gründe für den Antrag schon früher hätten vorgebracht werden können. 4

E. Verfahren. Vor einer Anordnung der Strafgebühr ist dem betroffenen Verfahrensbeteiligten rechtliches Gehör zu gewähren (*Schmidt* MDR 2001, 308). Gegen die Anordnung ist, auch wenn sie in der Endentscheidung erfolgt, (nur) die in § 60 geregelte Beschwerde statthaft. Für die Anordnung selbst wird keine gesonderte Gebühr erhoben, s. Nr. 1500–1503 KV FamGKG Rdn. 8. 5

Abschnitt 7. Wertvorschriften

Vorbem. zu §§ 33–52 FamGKG

1 In den familiengerichtlichen Verfahren richten sich die gerichtlichen Gebühren mehrheitlich nach Gegenstandswerten, denen bestimmte Gebührensätze zugeordnet sind (Wertgebühren, s. § 28). Nach §§ 23 Abs. 1, 32 RVG gelten die für gerichtliche Verfahren maßgeblichen Wertvorschriften auch für den **Gebührenwert der anwaltlichen Tätigkeit** und wirken damit unmittelbar auch auf die Anwaltsvergütung ein (BVerfG FamRZ 2006, 24; 2007, 1081). Vor allem aus diesem Grund haben die Bewertungsvorschriften im Kostenrecht eine herausragende Bedeutung in Rechtsprechung und Literatur erlangt, die über die Funktion des Verfahrenswerts für die Bemessung der gerichtlichen Gebühren weit hinausgeht und zu Ausdifferenzierung geführt hat, die für die schlichte Gebührenerhebung durch die Justizkassen weder erforderlich noch zweckmäßig erscheinen. Familiensachen sind davon besonders betroffen. Zum einen sind gerade in diesem Bereich besonders komplizierte Wertvorschriften, z.B. für die Bewertung einer Ehescheidung und des Unterhalts, geschaffen worden. Zum anderen bewirkt das Konzentrationsprinzip in Scheidungssachen den Zusammenschluss unterschiedlichster Verfahrensgegenstände in einem Verfahrensverbund (Anspruchshäufung), wodurch neben der Frage der Zusammenrechnung auch Besonderheiten im Zusammenhang von Trennung und Verbindung von Verfahren häufiger auftreten als in gewöhnlichen Verfahren.

2 Das **FamGKG** hat die kostenrechtliche Zweigleisigkeit von ZPO- und FG-Verfahren beseitigt und die familienrechtlichen Kosten- und Wertvorschriften in einem Gesetz zusammengefasst. Darüber hinaus wurden in weiterem Umfang als schon durch das erste KostRMoG von 2004 geschehen (s. *Keske* FuR 2004, 193) Wertgebühren durch Festgebühren ersetzt und das Zahl der Festwerte erweitert (s. Übersicht Rdn. 4). Sämtlichen Festwerten wurde eine Billigkeitsklausel angefügt, die es dem Gericht gestattet, den jeweiligen Festwert herab- oder heraufzusetzen, wenn er nach den besonderen Umständen des Einzelfalls unbillig erscheint. Dies soll verhindern, dass es wegen der Pauschalierung des Verfahrenswerts im Einzelfall zu unvertretbar hohen oder zu unangemessen niedrigen Kosten kommt (BT-Drucks. 16/6308, 307). Damit werden aus absoluten **relative Festwerte** (OLG Celle FamRZ 2012, 1748). Unter Einschluss des dem Gericht bei der (unveränderten) Bewertung einer Ehesache oder beim Auffangwert ohnehin eingeräumten Ermessens bleibt im FamGKG nur noch die Bewertung einer Unterhaltsstreitsache und einer Genehmigung in vermögensrechtlichen Angelegenheiten ohne Billigkeitsregelung. Die Referenten des Entwurfs zum FamGKG gingen davon aus, dass nur etwa 10 % der Fälle so erheblich vom Durchschnitt abweichen, dass ein Korrektur nötig ist (Otto/Klüsener/Killmann, FGG-Reform, S. 94, 95). Es erscheint deshalb verfehlt, wenn in der Literatur die vom Gesetzgeber ausdrücklich als feste Größen bestimmten Werte (BT-Drucks. 16/6308 S. 301) teilweise als Regelwerte bezeichnet werden, die es auch im FamGKG gibt, z.B. für die Bewertung einstweiliger Anordnungen, die aber einen ganz anderen Ermessensspielraum eröffnen.

3 Der Wert der **Kindschaftssachen** wird aber auch im FamGKG nach wie vor unterschiedlich bemessen, je nachdem ob sie im Scheidungsverbund oder im isolierten Verfahren verhandelt werden. Zudem hat das FamGKG einen neuen Typ von Normwert (Gegensatz: wahrer Wert) geschaffen, der sich in der Praxisanwendung erst bewähren muss. So wurde der Wert für Kindschaftssachen im Scheidungsverbund und im **Versorgungsausgleich** an den Wert der Ehesache bzw. das Einkommen der Ehegatten geknüpft (§§ 44 Abs. 2 und 50 Abs. 1 FamGKG). Dadurch entsteht eine Art individueller Festwert, dessen Anwendung ähnlich wie beim Unterhalt zu Problemen führt, wenn sich bei unverändertem Verfahrensgegenstand nur der Bezugswert im Instanzenzug ändert.

Eine besondere Erleichterung auch für die Wertberechnung hat die Abschaffung der unselbstständigen **einstweiligen Anordnung** und ihre verfahrensrechtliche Angleichung an die einstweilige Verfügung der ZPO gebracht. Abänderungs- und Aufhebungsverfahren bilden jetzt jeweils eine neue gebührenrechtliche Angelegenheit. Ihr Wert ist gem. § 41 FamGKG i.d.R. mit der Hälfte des Werts der Hauptsache anzusetzen.

4 **Festwerte im FamGKG:**

Gegenstand	Norm	Wert
Isolierte Kindschaftssachen:		t
Elterliche Sorge (Übertragung/Entziehung), Umgangsrecht, Auskunft, Herausgabe	§ 45	jeweils 3.000 €

Gegenstand	Norm	Wert
Abstammungssachen:		
nach § 169 Abs. 1 und 4	§ 47 Abs. 1, 1. Alt.	2.000 €
nach 1598a BGB	§ 47 Abs. 1, 2. Alt	1.000 €
Ehewohnungssachen:		
Nutzung	§ 48 Abs. 1, 1. Alt	3.000 €
Zuweisung	§ 48 Abs. 1, 2. Alt	4.000 €
Haushaltssachen:		
Nutzung	§ 48 Abs. 2, 1. Alt	2.000 €
Zuweisung	§ 48 Abs. 2, 2. Alt	3.000 €
Gewaltschutzsachen:		
nach § 1 GewSchG	§ 49 Abs. 1, 1. Alt	2.000 €
nach § 2 GewSchG	§ 49 Abs. 1, 2. Alt	3.000 €
Versorgungsausgleich:		
Auskunft/Abtretung	§ 50 Abs. 2	500 €
Unterhalt (Kindergeld):	§ 51 Abs. 3	500 €

Unterabschnitt 1. Allgemeine Wertvorschriften

§ 33 FamGKG Grundsatz.

(1) ¹In demselben Verfahren und in demselben Rechtszug werden die Werte mehrerer Verfahrensgegenstände zusammengerechnet, soweit nichts anderes bestimmt ist. ²Ist mit einem nichtvermögensrechtlichen Anspruch ein aus ihm hergeleiteter vermögensrechtlicher Anspruch verbunden, ist nur ein Anspruch, und zwar der höhere, maßgebend.
(2) Der Verfahrenswert beträgt höchstens 30 Millionen Euro, soweit kein niedrigerer Höchstwert bestimmt ist.

Die Vorschrift fasst in Ergänzung zu §§ 29, 30 FamGKG in Abs. 1 das in § 39 Abs. 1 GKG enthaltene **Gebot der Wertaddition** mit der § 48 Abs. 4 GKG enthaltenen Ausnahmeregelung zusammen. Nach **Abs. 1 Satz 1** sind bei einer Gegenstandshäufung im selben Verfahren die Gegenstandswerte zusammenzurechnen, ihre Summe ergibt den Verfahrenswert. Das gilt ab nur, wenn nichts anderes bestimmt ist. Neben der in Satz 2 enthaltenen Ausnahme (s.u.) ergeben sich weitere aus den §§ 37 bis 40 FamGKG für Nebenansprüche, den Stufen- und Widerantrag sowie für hilfsweise gestellte Anträge, die Aufrechnung und für Rechtsmittel, sowie aus §§ 44, 45 FamGKG für Kindschaftssachen (s. jeweils dort). Umstritten ist, ob das Additionsgebot auch gilt, wenn die mehreren Gegenstände **nicht gleichzeitig anhängig** sind, sondern im Wege einer Änderung des Antrags bzw. Auswechslung der Antragsgrundes nacheinander in das Verfahren eingeführt werden (verneinend OLG Frankfurt am Main NJW-RR 2009, 1078 OLG Dresden JurBüro 2007, 315; Zöller/*Greger* Rn. 33 Musielak/*Foerste* Rn. 28 f., MüKo-ZPO/*Becker-Engelhard* Rn. 100 ff. je zu § 263 ZPO; a.A. OLG Celle AGS 2008, 466; KG JurBüro 2008, 148; OLG Hamm NJW-Spezial 2007, 493; Zöller/*Herget* § 5 Rn. 3; Gerold/Schmidt/*Müller-Rabe* § 2 Rn. 9; HK-FamGKG/*Schneider* § 33 Rn. 22). 1

Abs. 1 Satz 2 verbietet für vermögensrechtliche Ansprüche, die aus einem nicht vermögensrechtlichen hergeleitet sind, wie z.B. wenn in Abstammungssachen die Vaterschaftsfeststellung mit einem Unterhaltsantrag verbunden wird (s. § 47 Rdn. 5), eine Zusammenrechnung. Der Verfahrenswert wird vielmehr nur durch den werthöchsten Gegenstand bestimmt. Nach dem Wortlaut der Vorschrift ist ihr Anwendungsbereich auf 2 das Zusammentreffen eines vermögensrechtlichen mit einem nicht vermögensrechtlichen Anspruch beschränkt. Rechtsprechung und Literatur wenden den Grundgedanken und das daraus folgende **Additionsverbot** auch **bei wirtschaftlicher Identität** vermögensrechtlicher Gegenstände an (BGH NJW-RR 2006, 1004; JurBüro 2004, 378; OLG Köln FamRZ 2010, 1933; *Dorndörfer* in Binz/Dorndörfer/Petzold/Zimmermann § 33 FamGKG Rn. 2; Meyer § 19 GKG Rn. 2; MüKo-ZPO/*Wöstmann* § 5 Rn. 3 f.; Musielak/*Heinrich* § 5 Rn. 7; Zöller/*Herget* § 5 Rn. 8 jeweils mit Beispielen; s.a. § 51 Rdn. 29).

3 **Abs. 2:** Der ggf. durch Addition mehrerer Gegenstände rechnerisch ermittelte Verfahrenswert wir auf 30 Mio. € begrenzt (**Höchstbetrag**), soweit nicht nach anderen Vorschriften niedrigere Werte gelten. Das BVerfG hat die Kappung des Gegenstandswertes auch für die Anwaltsvergütung für verbindlich und nicht verfassungswidrig erklärt (BVerfG NJW 2007, 2098).
Niedrigere Höchstwerte sieht das FamGKG an verschiedenen Stellen vor: Eine Begrenzung auf 1 Mio. € gilt für Ehesachen (§ 43 FamGKG) und für Genehmigungsverfahren (§§ 36, 46 FamGKG); der Wert einer nicht nur vermögensrechtlichen Kindschaftssache ist auf 3.000 € begrenzt(§§ 44, 45 FamGKG) und der Auffangwert für sonstige nicht vermögensrechtliche Streitigkeiten ist auf 500.000 € begrenzt; Nebenforderungen dürfen den Wert der Hauptsache nicht übersteigen (§ 37 FamGKG) und ein Rechtsmittel nicht den Wert des ersten Rechtszuges (§ 40 FamGKG).

§ 34 FamGKG Zeitpunkt der Wertberechnung.

¹Für die Wertberechnung ist der Zeitpunkt der den jeweiligen Verfahrensgegenstand betreffenden ersten Antragstellung in dem jeweiligen Rechtszug entscheidend. ²In Verfahren, die von Amts wegen eingeleitet werden, ist der Zeitpunkt der Fälligkeit der Gebühr maßgebend.

Übersicht

	Rdn.		Rdn.
A. Regelungsinhalt	1	II. Auswirkung in Antragssachen	
B. Bewertungszeitpunkt	4	(Wertänderungen)	6
I. Begriff	4	C. Antragstellung	9

1 **A. Regelungsinhalt.** § 34 hat in Satz 1 für **Antragsverfahren** die Regelung des § 40 GKG übernommen, die nur redaktionell angepasst wurde. Danach ist für die Wertberechnung auf den Zeitpunkt der den jeweiligen Verfahrensgegenstand betreffenden (ersten) Antragstellung abzustellen (s.u. Rdn. 9 f.). Dies gilt seither auch für Antragsverfahren, die keine Familienstreitsachen sind, und für die vorher nach §§ 7, 18 I KostO der Zeitpunkt der Gebührenfälligkeit und damit i.d.R. der der Beendigung der Instanz bzw. des Geschäfts für die Wertberechnung maßgeblich war (Korintenberg/*Schwarz* 17. Aufl. § 18 Rn. 5). Eine entsprechende Regelung galt bis 1994 auch im GKG. Erst mit der durch das KostRÄndG 1994 (BGBl. I, S. 1325) erstmals eingeführten pauschalen Verfahrensgebühr für Zivilprozesse wurde sowohl deren Fälligkeit als auch der Bewertungszeitpunkt allgemein auf den Zeitpunkt der Einreichung der Klage bzw. des Antrags vorverlegt, um eine Neuberechnung des Wertes für die auch weiterhin am Ende der Instanz vorzunehmende (endgültige) Wertfestsetzung (s. § 55 FamGKG Rdn. 6) nach Möglichkeit zu vermeiden (Meyer GKG § 40 Rn. 2 unter Hinweis auf BT-Drucks. 12/6962 S. 62).

2 Für **Verfahren, die v.A.w. eingeleitet werden** ist nach Satz 2 auf den Zeitpunkt der Fälligkeit der Gebühr abzustellen, geregelt in § 11 Abs. 1 FamGKG. Damit ist für diese Verfahren, auch wenn sie im Scheidungsverbund eingeleitet werden, grds. die Beendigung der Instanz maßgeblich, es sei denn, das Verfahren ruht für mindestens 6 Monate (vgl. §§ 9 bis 11 FamGKG Rdn. 3). Zur davon abweichenden Handhabung für den im Scheidungsverbund v.A.w. eingeleiteten Versorgungsausgleich s. § 50 FamGKG Rdn. 12.

3 § 34 gilt für sämtliche Verfahren, in denen Wertgebühren erhoben werden. Für den Gebührenwert eines **Rechtsmittelverfahrens** (s. dazu § 40 Abs. 1 FamGKG) ist daher grds. auf den Zeitpunkt der Einlegung des Rechtsmittels abzustellen (BGH FamRZ 2010, 365 unter Verweis auf die Gesetzesmaterialien). Zu den Besonderheiten bei Unterhaltsverfahren s. § 51 FamGKG Rdn. 19).

4 **B. Bewertungszeitpunkt. I. Begriff.** Es wird der Zeitpunkt bestimmt, auf den sich die Bewertung beziehen soll (**Stichtag**), und nicht der Zeitpunkt, an dem die Bewertung vorzunehmen ist (Meyer FamGKG § 34 Rn. 1). Wann eine Bewertung (Wertfestsetzung) zu erfolgen hat, ergibt sich für die Gerichtsgebühren vielmehr aus § 55 FamGKG und für Anwaltsgebühren aus dem Zeitpunkt der Rechnungstellung. Für die gerichtlichen Gebühren ist eine rechtmittelfähige und damit zumindest vorläufig bindende Festsetzung des Verfahrenswerts erst nach Abschluss der Instanz vorgesehen (§ 55 Abs. 2 FamGKG), während eine zu Beginn der Instanz erforderliche Bewertung zum Zwecke des Einzugs einer im Voraus fälligen Verfahrensgebühr bzw. eines Vorschusses nur vorläufigen Charakter hat und auch jederzeit wieder geändert werden kann (s. § 55 FamGKG Rdn. 9).

Für die endgültige Wertfestsetzung kommt es auf den **wahren Wert** an (BGH NJW 2004, 3488; OLG Stuttgart MDR 2009, 234), zu dessen Erforschung ggf. auch noch weitere Ermittlungen bis hin zur Einholung eines Schätzgutachtens (vgl. § 56 FamGKG) angestellt werden können. Daher können und müssen auch in Antragsverfahren die erst im Laufe des Verfahrens gewonnenen besseren Erkenntnisse i.S. einer ex-post-Sicht auf die zum Stichtag relevanten Umstände genutzt werden (BGH NJW 2004, 3488; *Lappe* NJW 2007, 273, 279). Zudem ergeben sich bestimmte wertungsrelevante Kriterien, z.B. der Aufwand, den ein Verfahren erfordert, ohnehin erst nach dessen Abschluss. 5

II. Auswirkung in Antragssachen (Wertänderungen). Die Festlegung des Bewertungsstichtags auf den Beginn des Verfahrens in Antragssachen hat zur Folge, dass spätere **Wertänderungen bei unverändertem Verfahrensgegenstand** den Gebührenwert nicht mehr beeinflussen (OLG Koblenz FamRZ 2003, 1681; KG KGR 2007, 162). Z.B., wenn sich der Wert einer Sache, der Kurs einer Aktie oder der Mindestunterhaltssatz im Laufe des Verfahrens ändert. Wird allerdings der Verfahrensgegenstand (Gegenstandswert) selbst im Laufe des Verfahrens verändert, ändert sich auch der Verfahrenswert insgesamt. Eine davon zu unterscheidende Frage ist aber, ob sich dies auch auf die Gebühren auswirkt (KG KGR 2007, 162). 6

Eine **Beschränkung des Antrags** im Laufe des Verfahrens, z.B. durch Teilrücknahme, wirkt sich auf den für die gerichtliche Verfahrensgebühr maßgeblichen Wert nicht aus (OLG Koblenz FamRZ 2003, 1681; KG KGR 2007, 162). Das Gleiche gilt für eine noch vor Rechtshängigkeit erfolgte Rücknahme oder Beschränkung des Antrags (KG NJW-RR 2000, 215; zur Ermäßigung der Gebühr s. § 3 FamGKG Rdn. 21). Das ist primär Folge der Pauschalierung und des Entstehens der gerichtlichen Verfahrensgebühr, für die allein die Anhängigkeit des Verfahrens maßgebend ist (s. §§ 9 bis 11 FamGKG Rdn. 3). Anders ist dies bei den nicht in gleicher Weise pauschalierten Anwaltsgebühren. Für sie kommt es nach wie vor auf den Wert an, den das Verfahren zum Zeitpunkt des Entstehens der Gebühr hat, und der ggf. gesondert festzusetzen ist (Gerold/Schmidt/*Müller-Rabe* § 22 Rn. 4 f.). 7

Wird allerdings der Verfahrensgegenstand durch **Erweiterung oder Erhöhung des Antrags** im gleichen Rechtszug verändert, ändert sich der Verfahrensgegenstand und damit auch der Verfahrenswert. Jeder weitere zusätzliche Antrag bzw. Anspruch, auch wenn er widerklagend geltend gemacht wird, wird gebührenrechtlich als neuer Antrag behandelt und ist nach seinem Wert zum Zeitpunkt seines Eingangs zu bemessen (OLG Jena FamFR 2012, 330; Zöller/*Herget* § 3 ZPO Rn. 16 »Klageerweiterung«; s.a. die Begründung zu dem durch das 1. KostRMoG geänderten § 40 GKG, BT-Drucks. 15/1971 S. 154; str für Unterhaltsverfahren, s. dazu § 51 FamGKG Rdn. 16). 8

C. Antragstellung. Mit Antragstellung ist wie in § 40 GKG der **Eingang** des jeweiligen Antrags **bei Gericht** gemeint, i.d.R. in schriftlicher Form oder, soweit zulässig, in elektronischer Form, durch Erklärung zu Protokoll des Gerichts bzw. der Geschäftsstelle. Bei widerklagend erhobenen Ansprüchen oder wenn der Antrag erweitert wird, ist der Eingang des die ankündigenden Antrags maßgeblich (OLG Düsseldorf NJW-RR 2000, 1594) oder dessen Stellung im Termin wenn er nicht angekündigt wird. Ausschlaggebend ist in jedem Fall die die Anhängigkeit eines Antrags und nicht dessen Rechtshängigkeit. (s.a. §§ 9 bis 11 FamGKG Rdn. 3 ff.) 9

Wird ein **Antrag auf Verfahrenskostenhilfe** eingereicht, dem lediglich ein Entwurf des Hauptsacheantrags beigefügt ist oder in dem auf andere Weise kenntlich gemacht wird, dass die Einreichung der Hauptsache von der Bewilligung der Prozess- bzw. Verfahrenskostenhilfe abhängig gemacht wird, tritt die Anhängigkeit der Hauptsache erst später ein; entweder mit dem Eingang eines unbedingten Antrags oder dessen Hereinnahme in den Geschäftsgang (BGH FamRZ 1995, 729; 2005, 794; FamRZ 2012, 783). Entsprechend verschiebt sich der Stichtag für den Wert der Hauptsache (OLG Brandenburg FamRZ 2008, 533 m.w.N.). 10

§ 35 FamGKG

Geldforderung. Ist Gegenstand des Verfahrens eine bezifferte Geldforderung, bemisst sich der Verfahrenswert nach deren Höhe, soweit nichts anderes bestimmt ist.

§ 36 FamGKG   Genehmigung einer Erklärung oder deren Ersetzung

1 Die Vorschrift übernimmt den aus § 3 ZPO abgeleiteten **allgemeinen Grundsatz**, dass sich der Wert bei einem Verfahren auf Zahlung einer bestimmten Geldforderung nach dieser richtet (BT-Drucks. 16/6308 S. 304). Die Werthaltigkeit einer Forderung u.a. ist unerheblich. Die besonderen Wertvorschriften, z.B. § 51 Abs. 1, § 37 FamGKG, bleiben davon unberührt. Dem entsprechend fallen sowohl künftige Unterhaltsansprüche als auch neben der Hauptforderung geltend gemachte Zinsen (s. § 37 FamGKG Rdn. 2) auch dann nicht unter § 35, wenn sie in einer Summe beansprucht werden. Nach dem Wortlaut der Vorschrift ist sie **nicht auf Leistungsanträge beschränkt**, sondern gilt sowohl für negative als auch für positive Feststellungsanträge (*Thiel/Schneider* FPR 2010, 323, 324 HK-FamGKG/*Schneider* § 35 Rn. 3).

2 Voraussetzung ist in allen Fällen, dass die verfahrensgegenständliche Forderung im Antrag **abschließend beziffert** ist. Eine zeitlich unbegrenzte monatliche Geldforderung (z.B. Nutzungsentschädigung nach §§ 1361a, 1361b BGB) reicht nicht aus, es sei denn als bezifferter Rückstand. Dabei kann auch da nur von einer Bezifferung i.S.v. § 35 ausgegangen werden, wenn entweder der Gesamtbetrag oder der Monatsbetrag für eine bestimmte Zahl von Monaten angegeben wird.

3 Wird die Geldforderung in einer **fremdem Währung** beziffert, ist sie für den Verfahrenswert auf den gem. § 34 FamGKG maßgeblichen Stichtag in Euro umzurechnen (BGH FamRZ 2010, 365). Den Umrechnungskurs hat der Antragsteller anzugeben (Gerold/Schmidt/*Mayer* § 32 Rn. 22, s.a. § 53 FamGKG).

§ 36 FamGKG Genehmigung einer Erklärung oder deren Ersetzung.

(1) ¹Wenn in einer vermögensrechtlichen Angelegenheit Gegenstand des Verfahrens die Genehmigung einer Erklärung oder deren Ersetzung ist, bemisst sich der Verfahrenswert nach dem Wert des zugrunde liegenden Geschäfts. ²§ 38 des Gerichts- und Notarkostengesetzes und die für die Beurkundung geltenden besonderen Geschäftswert- und Bewertungsvorschriften des Gerichts- und Notarkostengesetzes sind entsprechend anzuwenden.
(2) Mehrere Erklärungen, die denselben Gegenstand betreffen, insbesondere der Kauf und die Auflassung oder die Schulderklärung und die zur Hypothekenbestellung erforderlichen Erklärungen, sind als ein Verfahrensgegenstand zu bewerten.
(3) Der Wert beträgt in jedem Fall höchstens 1 Million Euro.

Übersicht

	Rdn.		Rdn.
A. Allgemeines	1	II. Bewertungsregeln des GNotKG	6
B. Wertermittlung (Abs. 1)	4	III. Geschäftswertvorschriften	14
I. Systematik	4	C. Wertaddition (Abs. 2)	24

1 **A. Allgemeines.** Die Vorschrift enthält eine **grundsätzliche Regelung** zur Bemessung des Verfahrenswerts für die Genehmigung von Erklärungen und deren Ersetzung in vermögensrechtlichen Angelegenheiten. Sie lehnt sich inhaltlich an § 95 Abs. 2 KostO in der bis 31.08.2009 geltenden Fassung an und weist dem Genehmigungsverfahren denselben Wert zu, den das Geschäft hat, auf das sich die zu genehmigende oder zu ersetzende Erklärung bezieht, begrenzt auf max. 1 Mio. € (Abs. 1 Satz 1, Abs. 3). Die Wertermittlung richtet sich gem. Abs. 1 Satz 2 in erster Linie nach den für die Beurkundung geltenden Wertvorschriften des GNotKG. Für bis 31.07.2013 bereits anhängige Erst- oder Rechtsmittelverfahren gilt weiterhin der Verweis auf bestimmte Wertvorschriften der KostO. Das ergibt sich sowohl aus der Dauerübergangsvorschrift zum FamGKG (s. § 63 Rdn. 2) als auch aus der Übergangsvorschrift zum GNotKG (s. Vorbemerkung zu §§ 80 bis 85 FamFG Rdn. 3).
§ 36 ist **auch in Kindschaftssachen anzuwenden** (BT-Drucks. 16/6308 S. 304), wenn das zugrunde liegende Geschäft die Vermögenssorge betrifft (zur Abgrenzung s. § 46 FamGKG Rdn. 1). Zu beachten ist allerdings, dass insoweit in erster Instanz Gebühren für eine gerichtliche Genehmigung oder Ersetzung einer Erklärung oder für die Genehmigung eines Rechtsgeschäfts nicht entstehen können, wenn das jeweilige Verfahren in den Rahmen einer bestehenden Vormundschaft oder Pflegschaft fällt, oder wenn in ihm zugleich ein Vormund oder eine (Ergänzungs-) Pflegschaft bestellt wird und sich dadurch auch eine Wertfestsetzung für die Gerichtsgebühren erübrigt (s. § 46 Rdn. 6 f.).

2 Der **Anwendungsbereich** des § 36 erstreckt sich nicht nur auf Angelegenheiten, die den **Schutz des Kindesvermögens** betreffen, wie Genehmigungen nach §§ 112, 113, 1643 Abs. 1 und 2 BGB § 1639 Abs. 2 i.V.m. § 1803 BGB, § 1667 Abs. 2 Satz 1 BGB oder §§ 1484, 1487, 1491 f. und §§ 2347, 2351 BGB. Der an-

dere Bereich betrifft die Genehmigungserfordernisse im **ehelichen Güterrecht**, §§ 1365, 1369 oder §§ 1426, 1430, 1452, ggf. i.V.m. 1458 BGB. M.E. kann sie auch **nicht** entsprechend in Familienstreitsachen herangezogen werden, in denen ein Ehegatte zur Abgabe einer Willenerklärung bzw. Zustimmung zu einem Rechtsgeschäft verpflichtet wird, die mit Rechtskraft der Entscheidung gem. § 894 ZPO als abgegeben gilt (so aber OLG Karlsruhe FamRZ 2014, 1225), denn hier wird die Zustimmung des anderen fingiert nicht durch die des Gerichts ersetzt (zum Wert s. § 42 Rdn. 11). Nach der Systematik der Wertvorschriften ist § 36 auch in den **Rechtsmittelverfahren** anzuwenden.

Für Genehmigungen in **nichtvermögensrechtlichen** Angelegenheiten gilt der Auffangwert nach § 42 Abs. 2 FamGKG. Es ist sicher nicht verfehlt, bei der Ausübung des Ermessens den Grundgedanken des § 36 Abs. 1 Satz 1 und Abs. 2 FamGKG auch dort heranzuziehen. 3

B. Wertermittlung (Abs. 1). I. Systematik. Der Wert eines Genehmigungsverfahrens richtet sich nach dem Wert des zugrunde liegenden Geschäfts, zu dessen Ermittlung in erster Linie bestimmte Wertvorschriften des GNotKG (früher der KostO) heranzuziehen sind. Zum Verständnis des Verweises in **Abs. 1 Satz 2** auf Vorschriften des GNotKG ist die geänderte Systematik dieses Gesetzes und insb. der Wertvorschriften zu berücksichtigen (s. Rdn. 5 und § 80 FamFG Rdn. 12). Die in Bezug genommenen besonderen Geschäftswert- und den Bewertungsvorschriften für die Beurkundung beinhalten neben den in Kapitel 3 für Notarkosten enthaltenen Wertvorschriften für unterschiedliche Beurkundungsgegenstände (§§ 97 bis 111 GNotKG) auch die in Kapitel 1 für Gerichte und Notare gleichermaßen geltenden besonderen Geschäftswertvorschriften der §§ 40 bis 45 GNotKG sowie die Vorschriften für die Bewertung von Sachen und Rechten allgemein (§§ 46 bis 54 GNotKG), die die Grundlage für die Bemessung des Geschäftswerts der meisten vermögensrechtlichen Angelegenheiten bilden (s. Rdn. 5). Hinzu kommt die ausdrücklich genannte allgemeine Regel des Schuldenabzugsverbots (§ 38 GNotKG), die nur für wenige Geschäftswerte modifiziert wird. Mangels Verweis auf die übrigen allgemeinen Wertvorschriften des GNotKG gelten die allgemeinen Wertvorschriften des FamGKG, insb. § 33 Abs. 1 FamGKG (Additionsgebot) und § 37 FamGKG (Nebenforderungen) anstelle der nunmehr weitgehend identischen §§ 35 und 37 GNotKG. Enthalten die in Bezug genommenen Geschäftswertvorschriften des GNotKG für den Einzelfall keine Regelung, gilt statt § 36 GNotKG; auf den nicht Bezug genommen wird, die Auffangregelung des § 42 Abs. 1 und 3 FamGKG, z.B. für die Bewertung von erst in Zukunft anfallenden Erbteilen bei Genehmigungen nach §§ 2282 Abs. 2, 2290 Abs. 3, 2347, 2351 BGB. 4

Anders als die KostO unterscheidet das GNotKG ausdrücklich zwischen Geschäftswert- und allgemeinen Bewertungsvorschriften. Die **Geschäftswertvorschrift** legt fest, welcher Geschäftswert einer Gebühr zugrunde zu legen ist. **Bewertungsvorschriften** legen fest, wie Sachen und Rechte zu bewerten sind. Die Geschäftswertvorschrift bestimmt was als Wert maßgebend ist und die Bewertungsvorschriften wie Sachen und Rechte zu bewerten sind, die den Geschäftswert oder Teile davon bilden (Korinthenberg/Reimann GNotKG Einf. Rn. 58). Für die Ermittlung des Werts des der Genehmigung zugrunde liegenden Geschäfts ist daher zuerst danach zu suchen, ob die in Bezug genommenen besonderen Geschäftswertvorschriften (§§ 40 bis 45 und 97–111 GNotKG) hierfür eine Regelung enthalten, und diese dann unter Heranziehung der allgemeinen Bewertungsvorschriften der für Sachen und Rechte anzuwenden. Findet sich für den Einzelfall keine passende Geschäftswertregelung, ist § 42 Abs. 1 und 3 FamGKG anzuwenden (s. Rdn. 4), wobei m.E. im Rahmen des Ermessens auch die vorgenannten Bewertungsvorschriften des GNotKG mit herangezogen werden können. 5

II. Bewertungsregeln des GNotKG. Für den **Wert einer Sache** ist nach § 46 GNotKG ihr Verkehrswert maßgeblich. Anders als nach § 19 Abs. 1 KostO gilt diese Vorschrift nicht nur für beweglichen Sachen, sondern auch für die Bewertung von Immobilien. Sie enthält in Abs. 1 zugleich eine **Legaldefinition**: Danach wird der Verkehrswert »durch den Preis bestimmt, der im gewöhnlichen Geschäftsverkehr nach der Beschaffenheit der Sache unter Berücksichtigung aller den Preis beeinflussenden Umstände bei einer Veräußerung zu erzielen wäre«. Steht dieser nicht fest, enthalten die nachfolgenden Absätze Hinweise zu seiner Ermittlung. Hierfür kann u.a. auch der für steuerliche Zwecke festgesetzte Einheitswert von Grundstücken herangezogen werden, der nach § 19 Abs. 2 KostO grundsätzlich heranzuziehen war, wenn kein höherer Verkehrswert feststand. Für land- und forstwirtschaftliches Vermögen gelten Sonderregelungen (vgl. § 46 GNotKG und zur Neuregelung im Einzelnen BT-Drucks. 17/11471, S. 169). 6

Nach § 49 Abs. 1 GNotKG sind die für die Bewertung von Grundstücken geltenden Vorschriften (s. Rdn. 7) auch für **grundstücksgleiche Rechte** anzuwenden. Modifikationen finden sich in § 49 Abs. 2 GNotKG für die Bewertung eines **Erbbaurechts**, die von § 21 Abs. 1 KostO nicht unerheblich abweicht (s. im Einzelnen 7

BT-Drucks. 17/11471, S. 170). Zu den Geschäftswerten bei Begründung von **Wohnungs- und Teileigentum** bzw. entsprechender Erbbaurechte s. Rdn. 18.

8 Im **Zusammenhang mit einem Kauf** wird der Wert der Sache durch den Kaufpreis bestimmt einschließlich aller geldwerten Gegenleistungen, es sei denn der sich daraus ergebende Wert ist niedriger als der Verkehrswert (§ 47 GNotKG). Anders als nach § 20 Abs. 1 KostO bleibt eine für Rechnung des Erwerbers vorgenommene Bebauung bei der Wertermittlung außer Betracht (zur Begründung s. BT-Drucks. 17/11471, S. 168).

9 Bei einem Vorkaufs- oder Wiederverkaufsrecht ist der halbe für den Kauf bestimmte Wert anzunehmen (§ 51 Abs. 1 Satz 2 GNotKG, ebenso § 20 Abs. 2 KostO). Bei sonstigen **Erwerbs- oder Veräußerungsrechten** entspricht der Wert dem vollen Wert des Gegenstands, auf den sich das Recht bezieht (§ 51 Abs. 1 Satz 1 GNotKG). Der Wert einer (dinglichen) **Verfügungsbeschränkung**, z.B. nach den §§ 1365 und 1369 BGB oder § 1010 BGB, beträgt 30 % des von der Beschränkung betroffenen Gegenstands (§ 51 Abs. 1 Satz 1 GNotKG). In Anlehnung an die Billigkeitsklauseln im FamGKG (s. Vorbem. zu §§ 33 bis 52 FamGKG Rdn. 2) kann ein höherer oder ein niedrigerer Wert angenommen werden, wenn der Wert nach den besonderen Umständen des Einzelfalls unbillig ist.

10 Das GNotKG enthält in § 50 GNotKG erstmals auch eine Bewertungsregel für **bestimmte schuldrechtliche Verpflichtungen**, und zwar über ein Recht oder eine Sache nicht zu verfügen oder sie nur eingeschränkt zu nutzen, ein Bauwerk zu errichten oder Investitionen zu tätigen (s. im Einzelnen § 50 Nr. 1–4 GNotKG sowie BT-Drucks. 17/11471, S. 170).

11 Der Wert von **Hypotheken, Grundschulden u.ä.** richtet sich nach dem Nennbetrag der Schuld (§ 53 Abs. 2 Satz 1 GNotKG bzw. § 23 Abs. 2 KostO). Zum Geschäftswert einer **Rangänderung** s. Rdn. 19. Der Wert einer **Rentenschuld** ist der Nennbetrag der Ablösungssumme (§ 53 Abs. 2 Satz 2 GNotKG. Der Wert eines sonstigen Pfandrechts oder **sonstiger Sicherheiten** bemisst sich nach dem Betrag der gesicherten Forderung, wenn der Sicherungsgegenstand einen geringeren Wert hat, nach diesem (§ 53 Abs. 1 GNotKG bzw. § 23 Abs. 1 KostO).

12 Erstmalig kodifiziert ist der Wert von **Anteilen an Kapitalgesellschaften und von Kommanditbeteiligungen** (§ 54 GNotKG): Wenn keine genügenden Anhaltspunkte für einen höheren Wert bestehen, bestimmt er sich nach dem Eigenkapital i.S.v. § 266 Abs. 3 HGB, das auf den jeweiligen Anteil oder die Beteiligung entfällt. Immobilien, grundstücksgleiche Rechte, Schiffe u.a. sind dabei nach Rdn. 6 und 7 zu bewerten. Nur wenn die Gesellschaft überwiegend vermögensverwaltend tätig ist, berechnet sich der auf den jeweiligen Anteil oder die Beteiligung entfallende Wert des Vermögens der Gesellschaft allein nach den Bewertungsregeln des GNotKG. Siehe dazu und auch zum Schuldenabzugsverbot *Schwarz*, FGPrax 2013, 1 und im Einzelnen BT-Drucks. 17/11471, S. 172 f. und zum bisherigen Recht BGH NJW 2010, 2218; OLG München FamRZ 2012, 815.

13 § 52 GNotKG regelt den Wert **wiederkehrender Nutzungs- und Leistungsrechte**, einschließlich des Nießbrauchs sowie des Werts von **Grunddienstbarkeiten**, der nach der KostO noch gesondert geregelt war (s. § 22 KostO): Gem. Abs. 1 bestimmt sich der Wert einer Dienstbarkeit, einer Reallast oder eines sonstigen Rechts oder Anspruchs auf wiederkehrende oder dauernde Nutzungen oder Leistungen, einschließlich des Unterlassens oder Duldens nach dem Wert, den das Recht für den Berechtigten oder für das herrschende Grundstück hat. In ähnlicher Weise wie § 24 KostO wird, wenn das Recht über eine gewisse Dauer hinausgeht oder auf unbestimmte Zeit läuft, der Wert nur aus einem begrenzten Zeitraum berechnet, der ggü. der Regelung in der KostO im GNotKG teilweise reduziert ist und Verwandte nicht mehr privilegiert (s. im Einzelnen § 52 Abs. 2 bis 4 GNotKG und BT-Drucks. 17/11471, S. 171). Zu dem davon abweichenden Geschäftswert von Miet-, Pacht- und Dienstverträgen s.u. Rdn. 16 und Rdn. 17.

14 **III. Geschäftswertvorschriften.** Für die Ermittlung des Werts des einer Genehmigung zugrunde liegenden Geschäfts verweist § 36 Abs. 1 Satz 2 auf insgesamt einundzwanzig besondere Geschäftswertvorschriften für die Beurkundungstätigkeit der Notare (s.o. Rdn. 4), von denen nicht alle auch für die Genehmigungsverfahren relevant sind. Leider hat der Gesetzgeber bei der Neuregelung des § 36 Abs. 1 Satz 2 den pauschalen Verweis einer konkreten Verweisung auf einzelne entsprechend heranzuziehende Vorschriften wie in der bis 31.07.2013 geltenden Regelung vorgezogen. Dadurch kann es in einigen Fällen zweifelhaft sein, ob oder welche der in Bezug genommenen Geschäftswertvorschriften für den Verfahrenswert einer bestimmten Genehmigung heranzuziehen ist, vgl. z.B. Rdn. 15 f.

| Genehmigung einer Erklärung oder deren Ersetzung | **§ 36 FamGKG** |

Bei **Austauschverträgen** ist gem. § 97 Abs. 3 GNotKG (wie schon nach § 39 Abs. 2 KostO) nur der Wert der höchsten Leistung maßgeblich, soweit nachstehend nichts anderes bestimmt ist. Zur Wertaddition s. Rdn. 24. **15**

Bei **Miet- und Pachtverträgen** ist gem. § 99 Abs. 1 GNotKG, der an die Stelle von § 25 Abs. 1 KostO tritt, nur der Wert der Leistungen des Mieters oder Pächters maßgeblich, und zwar bei Verträgen von unbestimmter Dauer der auf die ersten 5 Jahre (statt 3 wie nach der KostO) entfallende Betrag, es sei denn, die Auflösung des Vertrags ist erst zu einem späteren Zeitpunkt zulässig, dann bis zu diesem. An die Stelle des nach der KostO vorgesehenen Höchstbetrags tritt jetzt der auf die ersten 20 Jahre entfallende Wert. **16**

Bei **Dienst-, Geschäftsbesorgungs- und ähnlichen Verträgen** (s. dazu BT-Drucks. 17/11471, S. 188) ist nach § 99 Abs. 2 GNotKG, der § 25 Abs. 2 KostO ersetzt, nur der Wert aller Bezüge, die dem Leistungserbringer während der gesamten Vertragszeit geschuldet werden, maßgeblich, begrenzt auf den Wert der auf die ersten 5 Jahre entfallenden Bezüge (Höchstbetrag nach § 25 Abs. 2 KostO: Dreifacher Jahresbetrag). **17**

Bei der Begründung oder Aufhebung von **Wohn- oder Teileigentum** oder entsprechender **Erbbaurechte** ist Geschäftswert der Wert des bebauten Grundstücks; ist das Grundstück noch nicht bebaut, ist dem Grundstückswert der Wert des zu errichtenden Bauwerks hinzuzurechnen (§ 42 GNotKG). Wird bei der Bestellung eines Erbbaurechts als Entgelt ein Erbbauzins vereinbart, bildet dessen nach § 52 GNotKG errechnete Wert den Geschäftswert, sofern er nicht geringer ist als der nach § 42 GNotKG berechnete Grundstückswert (vgl. § 43 GNotKG). **18**

Geschäftswert einer **Rangänderung** entspricht dem Wert des vortretenden Rechts, höchstens jedoch dem Wert des zurücktretenden Rechts (§ 45 Abs. 1 GNotKG, bisher § 23 Abs. 3 KostO). Eine **Vormerkung** nach § 1179 BGB steht nach § 45 Abs. 1 GNotKG einer Rangänderung gleich, während für den Geschäftswert von Vormerkungen, welche ein Vorkaufs- oder Wiederkaufsrecht absichern, der gleiche Geschäftswert wie bei der Bestellung dieser Rechte (s. Rdn. 9) anzusetzen ist. (§ 45 Abs. 1 GNotKG; s.a. BT-Drucks. 17/11471, S. 167). Zum Geschäftswert der Einbeziehung eines Grundstücks in die **Mithaft** oder die Entlassung aus ihr vgl. § 44 GNotKG. **19**

Für **gesellschaftsrechtliche Verträge** u.a. bestimmt § 107 GNotKG für den Geschäftswert Mindest- und Höchstbeträge. Zum Geschäftswert von Beschlüssen der Organe s. § 108 GNotKG. **20**

In **erbrechtlichen Angelegenheiten** wurde bisher allein auf § 46 Abs. 4 KostO verwiesen, der bestimmte, dass bei Verfügungen über den Nachlass der Wert des nach Abzug der Verbindlichkeiten verbleibenden Reinvermögens oder der Wert des entsprechenden Bruchteils maßgeblich ist und Vermächtnisse, Pflichtteilsrechte und Auflagen nicht abgezogen werden. Diese Vorschrift wurde mit etlichen Änderungen und Ergänzungen als Geschäftswertvorschrift für Verfügungen über den Nachlass in § 102 GNotKG übernommen. So wurde insb. der Abzug von Verbindlichkeiten auf solche des Erblassers beschränkt und der Höhe nach auf den halben (ggf. Bruchteils-) Nachlasswert begrenzt (zu weiteren Einzelheiten s. BT-Drucks. 17/11471, S. 182 f.). § 36 Abs. 1 Satz 2 verweist jetzt aber auch auf § 103 GNotKG, der den Geschäftswert für die Beurkundung von Erklärungen, die dem Nachlassgericht gegenüber abzugeben sind, wie z.B. die **Ausschlagung** einer Erbschaft u.ä., regelt (s. dazu *Wilsch* FGPrax 2013, 47, 51) und den vollen Schuldenabzug vorsieht. Er ist m.E. in den genannten Fällen auch für die Genehmigungsverfahren heranzuziehen und nicht § 102 GNotKG. Dies führt bei einem überschuldeten Nachlass wie bisher zu einem Gegenstandswert von 0,00 € und damit nur zum Ansatz einer Mindestgebühr (OLG München FamRZ 2013, 904). **21**

Für **Mitberechtigungen**, für die § 36 in der bis 31.07.2013 geltenden Fassung den Geschäftswert durch den Verweis auf § 40 Abs. 2 KostO auf den Wert des Anteils am jeweiligen Vermögensgegenstand begrenzt hat, ergibt sich dasselbe jetzt aus den Geschäftswertvorschriften § 98 Abs. 2 GNotKG, für Nachlassangelegenheiten aus §§ 40 und 103 GNotKG und für Gesellschaftsanteile aus der Bewertungsregel des § 54 GNotKG (s. Rdn. 12). Ob das entsprechend für die Mitverpflichtung gilt, ist streitig (vgl. Korintenberg/*Lappe* § 95 KostO Rn. 33 m.w.N.). **22**

Verbindlichkeiten, die auf einer Sache oder einem Recht lasten, werden nach § 38 GNotKG für die Ermittlung des Geschäftswerts nicht abgezogen (s.a. § 18 Abs. 3 KostO). Ausnahmen bestehen, außer für Eheverträge (s. dazu § 100 Abs. 1 GNotKG), nur in erbrechtlichen Angelegenheiten (s.o. Rdn. 15 f.). Das ansonsten bestehende strikte Schuldenabzugsverbot erscheint im Hinblick darauf, dass die Gerichtsgebühren in Familiensachen nicht wie bei Beurkundungen nach der niedrigere Gebührentabelle B des § 34 GNotKG abgerechnet werden, nicht unproblematisch (s. BVerfG NJW 1992, 1673), zumal § 36 auch keine Billigkeitsklausel, wie sie den meisten Wertvorschriften des FamGKG angefügt ist (s. Vorbem. zu §§ 33 bis 52 FamGKG Rdn. 2) enthält **23**

und die Genehmigungspflicht eine Maßnahme staatlicher Fürsorge ist, der sich die Betroffenen zumeist nicht entziehen können.

24 C. **Wertaddition (Abs. 2).** Sind mehrere Erklärungen, die denselben Gegenstand betreffen, zu genehmigen, fingiert Abs. 2 in **Abweichung** vom Grundsatz der Wertaddition (s. § 33 FamGKG Rdn. 1), der auch in Genehmigungsverfahren gilt, einen einheitlichen Verfahrensgegenstand. D.h. die Werte sind nicht zusammenzurechnen. Die Vorschrift wird ergänzt durch den ebenfalls in Bezug genommenen § 109. GNotKG. Soweit von demselben Gegenstand auszugehen ist, bestimmt sich der Geschäfts- bzw. Verfahrenswert, wenn Rechtsverhältnisse zueinander in Abhängigkeit stehen oder das eine unmittelbar dem Zweck des anderen dient, nur nach dem Wert des Rechtsverhältnisses, zu dessen Erfüllung, Sicherung oder sonstiger Durchführung das andere eingegangen werden soll (§ 109 Abs. 1 GNotKG). Ansonsten bestimmt sich der Geschäfts- bzw. Verfahrenswert nach dem höchsten in Betracht kommenden Wert (§ 109 Abs. 2 GNotKG).

§ 37 FamGKG Früchte, Nutzungen, Zinsen und Kosten.

(1) Sind außer dem Hauptgegenstand des Verfahrens auch Früchte, Nutzungen, Zinsen oder Kosten betroffen, wird deren Wert nicht berücksichtigt.
(2) Soweit Früchte, Nutzungen, Zinsen oder Kosten ohne den Hauptgegenstand betroffen sind, ist deren Wert maßgebend, soweit er den Wert des Hauptgegenstands nicht übersteigt.
(3) Sind die Kosten des Verfahrens ohne den Hauptgegenstand betroffen, ist der Betrag der Kosten maßgebend, soweit er den Wert des Hauptgegenstands nicht übersteigt.

Übersicht

	Rdn.		Rdn.
A. Allgemeines	1	C. Verfahrenskosten (Abs. 3)	4
B. Nebenansprüche	2		

1 **A. Allgemeines.** Die Vorschrift regelt in Abs. 1 und 2 das Verhältnis von Haupt- und Nebenforderung in Bezug auf den Gebührenwert und in Abs. 3 den Sonderfall, dass nur noch über die Verfahrenskosten gestritten wird. Sie übernimmt redaktionell angepasst die Regelungen in § 43 GKG, die sich inhaltsgleich auch in § 18 Abs. 2 KostO und auch in § 37 GNotKG wiederfindet. In Abweichung von § 33 Abs. 1 Satz 1 ordnet sie keine Zusammenrechnung der Werte des Hauptanspruchs mit den aus ihm hergeleiteten Nebenansprüchen an und weist dem Wert des Hauptanspruchs Priorität zu, auch wenn die Nebenansprüche allein verfolgt werden.

2 **B. Nebenansprüche.** Werden in demselben Verfahren der Hauptanspruch und hieraus abgeleitete Nebenansprüche geltend gemacht, so bleiben gem. Abs. 1 die Nebenansprüche bei der Bemessung des Verfahrenswerts unberücksichtigt (s.a. § 4 Abs. 1 Satz 2 ZPO). Nebenansprüche i.S.d. Vorschrift sind solche, die vom Hauptanspruch abhängig sind. Umfasst werden nur die ausdrücklich genannten Früchte und Nutzungen einer Sache oder eines Rechts i.S.d. §§ 99, 100 BGB, Zinsen als Entgelt für die Überlassung von Kapital, insb. Verzugszinsen, auch wenn sie in einer Summe verlangt werden (BGH NJW-RR 2000, 1015 m.w.N.), sowie Kosten, die vorgerichtlich zur Durchsetzung eines Anspruchs oder Rechts entstanden sind. Zu Letzteren zählt insb. die anwaltliche Geschäftsgebühr (BGH FamRZ 2007, 808; NJW-RR 2008, 374). Zur Abgrenzung zum Schadensersatz als Hauptforderung vgl. BGH NJW 2007, 1752.

3 Voraussetzung für die Nichtberücksichtigung ist in jedem Fall, dass die Nebenforderung sich aus einem (noch) anhängigen Teil der Hauptforderung herleitet. Geht der Streit nach vollständiger Erledigung des Hauptanspruchs nur noch um die Nebenforderung, wird die Nebenforderung zur Hauptsache und ist mit ihrem Wert – bei teilweiser Erledigung ggf. neben einem von ihr unabhängigen Haupt- bzw. Teilanspruch – gem. Abs. 2 bei der Wertbemessung zu berücksichtigen (BGH NJW 2013, 2123; 1994, 1869 jeweils für die Beschwer). Das gilt erst recht, wenn von Anfang an nur die Nebenforderung beansprucht wird, die dann als Hauptgegenstand den Verfahrenswert bestimmt (BGH NJW 2007, 1752 Rn. 9). In beiden Fällen darf der Wert aber den des zugrunde liegenden Hauptanspruchs nicht übersteigen (str. wie hier HK-FamGKG/*Schneider* § 37 Rn. 31, *Meyer* GKG § 43 Rn. 14 m.w.N.; a.A. für den Fall dass der Hauptanspruch nicht oder nicht mehr anhängig ist: Binz u.a./*Dorndörfer* FamGKG § 37 Rn. 5 m.w.N.).

C. Verfahrenskosten (Abs. 3). Hat sich die Hauptsache in welcher Art auch immer erledigt und reduziert 4
sich der Verfahrensgegenstand auf die in diesem Verfahren entstandenen Verfahrenskosten, bestimmen diese ab da allein den Verfahrenswert, sofern sie den der Hauptsache nicht übersteigen. Solange auch nur ein Teil der Hauptsache oder der zur Hauptsache gewandelten Nebenforderung (s.o. Rdn. 3) anhängig ist, ist Abs. 3 nicht anzuwenden. Der Kostenwert setzt sich aus den bis zur Erledigung erwachsenen gerichtlichen und außergerichtlichen Kosten der Parteien zusammen (Binz u.a./*Dorndörfer* FamGKG § 37 Rn. 8).

§ 38 FamGKG **Stufenantrag.** Wird mit dem Antrag auf Rechnungslegung oder auf Vorlegung eines Vermögensverzeichnisses oder auf Abgabe einer eidesstattlichen Versicherung der Antrag auf Herausgabe desjenigen verbunden, was der Antragsgegner aus dem zugrunde liegenden Rechtsverhältnis schuldet, ist für die Wertberechnung nur einer der verbundenen Ansprüche, und zwar der höhere, maßgebend.

Übersicht

	Rdn.		Rdn.
A. Regelungsinhalt	1	III. Leistungsanspruch	6
B. Einzelwerte	3	C. »Steckengebliebenes« Stufenverfahren	8
I. Auskunft, Rechnungslegung	3	D. Rechtsmittelwert	9
II. Versicherung an Eides statt	5		

A. Regelungsinhalt. § 38 übernimmt für den in Familienstreitsachen über § 113 FamG i.V.m. § 254 ZPO 1
zulässigen Stufenantrag (inzwischen auch redaktionell angepasst) die Regelung des § 44 GKG. Mit dem Stufenantrag wird ein der Höhe nach noch unbezifferter Leistungsanspruch zusammen mit den zu seiner Konkretisierung erforderlichen Hilfsansprüchen auf Auskunft und/oder Versicherung ihrer Vollständigkeit im selben Verfahren und zur gleichen Zeit anhängig gemacht (Zöller/*Greger* § 254 Rn. 7). Hauptanwendungsfälle sind im Familienrecht unterhaltsrechtliche, güter- und gemeinschaftsrechtliche Ansprüche. In Abweichung des in § 33 FamGKG für die Häufung von Verfahrensgegenständen in einem Antrag (objektive Antragshäufung) aufgestellten Grundsatzes werden im Fall des Stufenantrags die Werte der einzelnen Verfahrensgegenstände nicht zusammengerechnet. Vielmehr ist für den Verfahrenswert des Stufenantrags nur der jeweils **höchste Einzelwert** (allein) maßgeblich (OLG Jena FamRZ 2013, 489). Das gilt auch, wenn zunächst nur ein Auskunftsantrag anhängig ist und das Verfahren erst später um den Leistungsantrag erweitert wird (OLG Frankfurt am Main, 15.11.2002 – 2 WF 315/01, EzFamR *aktuell* 2003, 91 [LS]). Anders ist es, wenn in einem Stufenverfahren der Gegner ebenfalls Auskunft für einen anderen Verfahrensgegenstand verlangt (s. § 51 FamGKG Rdn. 35).

Für den Wert des Stufenantrags ist daher im Allgemeinen der **Wert des Leistungsanspruchs bestimmend**, 2
da die Werte der Hilfsansprüche regelmäßig geringer sind bzw. von vornherein nur mit einem Bruchteil des erwarteten Leistungsanspruchs angesetzt werden (s.u. Rdn. 3). Gleiches gilt für einen Antrag auf eidesstattliche Versicherung. Eine gesonderte Bewertung kann im Einzelfall für die Anwaltsvergütung (auf Antrag) erforderlich werden, wenn z.B. eine mündliche Verhandlung nur zum Auskunftsanspruch stattgefunden hat (OLG Stuttgart FamRZ 2008, 533; 534).

B. Einzelwerte. I. Auskunft, Rechnungslegung. Der Wert eines Anspruchs auf Auskunft oder Rechnungs- 3
legung ist nicht identisch mit dem Wert desjenigen Anspruchs, zu dessen Durchsetzung bzw. Bezifferung die Auskunft benötigt wird, sondern gem. § 42 Abs. 1 regelmäßig nur mit einem **Bruchteil der zu erwartenden Leistung** zu bemessen (BGH FamRZ 2011, 1929; NJW-Spezial 2016, 101). Sie muss der Antragsteller bei Einreichung des Antrags mitteilen (§ 53 FamGKG Rdn. 1). Seine subjektiven Vorstellungen sind aber nicht allein maßgeblich, vielmehr kommt es darauf an, welche Leistung nach der bei Einreichung des Antrags bestehenden Sach- und Rechtslage objektiv zu erwarten ist (BGH FamRZ 1993, 1189). Bei der Höhe des Bruchteils kommt es darauf an, in welchem Umfang der Kläger auf die Auskunft angewiesen ist, um seinen Leistungsanspruch beziffern zu können (OLG München MDR 2006, 1134 m.w.N.; Schneider/Herget/ *N. Schneider* Rn. 1391 ff.). Im Allgemeinen wird ein Anteil zwischen 1/10 bis 1/4 angesetzt (BGH FamRZ 1997, 546; OLG Celle, FamRZ 2011, 134). Der Wert ändert sich auch nicht, wenn sich aus dem Ergebnis der Auskunft (oder aus anderen Quellen) eine andere als die erwartete Leistung ergibt. Denn das wirtschaftliche Interesse an der Auskunft wird allein durch die Leistungserwartungen als solche geprägt und

§ 38 FamGKG   Stufenantrag

nicht durch den späteren Inhalt der Auskunft (vgl. KG NJW-RR 1998, 418). Das ist weitgehend unstreitig. Allerdings will das OLG München (MDR 2006, 1134) dann, wenn sich ein höherer Leistungsbetrag ergibt, zur Verhinderung von Manipulationen diesen zugrunde legen.

4 Geht es ausschließlich um die **Abwehr der Auskunftsverpflichtung**, wie bei einem gegen eine Verurteilung eingelegten Rechtsmittel, so bemisst sich die Beschwer, und über diese regelmäßig auch der Gebührenwert (vgl. § 54 FamGKG Rdn. 1), nur nach dem Aufwand an Zeit und Kosten, der mit der Auskunftserteilung verbunden ist (BGH FamRZ 2015, 838 m.w.N.); ggf. zuzüglich eines besonderen Geheimhaltungsinteresses (BGH FamRZ 1995, 249).

5 **II. Versicherung an Eides statt.** Nach herrschender Meinung stellt die eidesstattliche Versicherung nach §§ 260, 261 BGB im Verhältnis zum Auskunftsverlangen keinen selbstständig zu bewertenden Verfahrensgegenstand dar (Gerold/Schmidt/*Müller-Rabe/Mayer* Anhang VI Rn. 82 m.w.N.). Dem kann mit OLG Bamberg (FamRZ 1997, 40: Wertaddition; s.a. OLG München JurBüro 1984, 1376) dann nicht gefolgt werden, wenn es sich um ein isoliertes Auskunftsbegehren handelt und beide Anträge verhandelt werden. Anders ist es, wenn ein angekündigter Antrag auf eidesstattliche Versicherung nach Erteilung der Auskunft nicht mehr weiterverfolgt wird und man den Antrag auf eidesstattliche Versicherung gleichzeitig als Eventualantrag auffasst, gestellt nur für den Fall, dass die erteilte Auskunft nicht vollständig oder wider besseres Wissen abgegeben wird. Ein eigener Wert ist jedenfalls dann zu bestimmen, wenn sie Gegenstand eines Rechtsmittels des Anspruchstellers ist (OLG Rostock FamRZ 2013, 1676) oder die eidesstattliche Versicherung einer außergerichtlich erteilten Auskunft begehrt wird oder wenn für sie eine besondere Gebühr, z.B. Termins- oder Einigungsgebühr für den Anwalt, anfällt. Ihr Wert wird wiederum mit einem Bruchteil des Auskunftsanspruchs bemessen (OLG Rostock FamRZ 2013, 1676; OLG Bamberg FamRZ 1997, 40: ⅓; Gerold/Schmidt/*Müller-Rabe/Mayer* Anhang VI Rn. 82). Geht es um die **Abwehr der Verpflichtung**, so bemisst sich der Gebührenwert im Rechtsmittelverfahren, wie bei der Auskunft (s. Rdn. 4), über § 54 nur nach dem Aufwand an Zeit und Kosten, der mit der Abgabe verbunden ist (s. BGH FamRZ 2013, 105; 1999, 649); ein evtl. bei der Auskunftserteilung zu beachtendes Geheimhaltungsinteresse entfällt hier, wenn die Auskunft erteilt ist (BGH FamRZ 2013, 105).

6 **III. Leistungsanspruch.** Mit der Einreichung des Stufenantrags wird auch der noch **unbezifferte Leistungsantrag** anhängig und mit Zustellung des Antrags sofort rechtshängig (BGH FamRZ 2012, 1296; 1995, 797; OLG Hamm FamRZ 2014, 1810; OLG Celle FamRZ 2011, 1809). Bis zur Bezifferung des Antrags richtet sich der Verfahrenswert vorläufig nach der Leistung, die der Anspruchssteller voraussichtlich zu erwarten (*Thiel/Schneider* FPR 2012, 279, 281) und die er grds. bei der Einreichung des Antrags anzugeben hat. Maßgeblich ist letztlich welche Leistung nach der bei Einreichung des Antrags bestehenden Sach- und Rechtslage objektiv zu erwarten ist (s.o. Rdn. 3).

7 Wird der Anspruch **später beziffert**, so ist der endgültigen Festsetzung des Verfahrenswertes richtigerweise der bezifferte Antrag zugrunde zu legen (OLG Bremen, NZFam 2014, 234; OLG Stuttgart 18. Senat, FamRZ 2012, 393; OLG Hamm 6. FamS, FamRZ 2014, 1810; Eschenbruch/*Klinkhammer* 5. Aufl., Kap. 5 Rn. 168; *Thiel/Schneider* FPR 2012, 279, 281; ähnlich auch *Schneider* NZFam 2014, 591, der die Bezifferung zumindest als Indiz heranzieht). Die Gegenansicht, die an der zumeist vorgerichtlich geäußerten Vorstellung dann festhalten will, wenn die Bezifferung geringer ausfällt (vgl. OLG Schleswig FuR 2015, 741; OLG Celle FamRZ 2011, 1809; s.a. Zöller/*Herget* § 3 Rn. 16 »Stufenklage« m.w.N.) konterkariert nicht nur den Sinn der Stufenklage, sie setzt sich auch in Widerspruch zum Verfahrensrecht. Denn der erst später bezifferte Antrag wird von Anfang an (nur) in der bezifferten Höhe rechtshängig (BGH FamRZ 2012, 1296; FamRZ 1992, 1163, 1164; s.a. Bork/Jacoby/Schwab/*Kodal* Vor § 231 Rn. 4; Zöller/*Herget* § 254 Rn. 1). Für die Anhängigkeit kann nichts anderes gelten. Daran muss sich auch das Kostenrecht orientieren, wenn es wie hier keine abweichenden Bestimmungen enthält, und darf für den Gebührenwert keinen den verfahrensrechtlichen Gegenstand übersteigenden Wert annehmen. Von dem bezifferten Antrag ist nur dann abzuweichen, wenn der Betrag deshalb hinter der bei Einreichung des Antrags bestehenden Sach- und Rechtslage objektiv zu erwarten Leistung zurückbleibt, weil sich zwischenzeitlich die Umstände geändert oder die Beteiligten sich auf einen geringeren Betrag geeinigt haben u.ä. (ebenso *Thiel/Schneider* FPR 2012, 279, 282). In diesem Fall ist der bezifferte Betrag anhand der sich aus der Auskunft ergebenden Erkenntnisse stichtagsbezogen zu korrigieren. Werden bei der Bezifferung zwischenzeitlich erfolgte Zahlungen berücksichtigt, ist dies für den Gebührenwert irrelevant (*Schneider* NZFam 2014, 591 m.w.N.). Der bezifferte Antrag bestimmt i.Ü. auch den Umfang der für den *Stufenantrag* bewilligten **Vkh** (vgl. OLG Karlsruhe FamRZ 2011, 519; OLG

Hamm FuR 2012, 614 = FamRZ 2012, 1324 LS und zur Prüfung der Erfolgsaussicht nach Bezifferung OLG Stuttgart FamRZ 2011, 387 m.w.N.).

C. »Steckengebliebenes« Stufenverfahren. Wird der Auskunftsantrag abgewiesen oder ergibt sich aus der Auskunft kein Leistungsanspruch oder erledigt sich die Leistungsstufe vor der Bezifferung auf andere Weise, ist streitig, wie der Stufenantrag insgesamt zu bewerten ist. Der Wert des unbezifferten Antrags ist in jedem Fall nach § 42 FamGKG zu schätzen, ggf. unter Rückgriff auf die für den Leistungsantrag bestehenden besonderen Wertvorschriften, z.B. § 51 FamGKG in Unterhaltssachen; eine direkte Anwendung scheitert daran, dass keine Leistung »gefordert« wird. Die in der obergerichtlichen Rechtsprechung vorherrschende Meinung legt dem Wert des unbeziffert gebliebenen Antrags allein die für die Bewertung der Auskunft oder außergerichtlich mitgeteilte Leistungserwartung des Antragstellers zugrunde (zuletzt OLG Hamm FamRZ 2014, 1224; OLG Stuttgart 18. ZS FamRZ 2012, 393; OLG Celle FamRZ 2009, 452 m.w.N.). Eine M.M. geht nur vom Auskunftsanspruch aus und bewertet den Leistungsanspruch gar nicht (OLG Stuttgart 16. ZS FF 2008, 378; KG 16. ZS MDR 1997, 598; zustimmend Lappe NJW 1998, 1112). Beides ist problematisch. Der BGH geht in seiner Grundsatzentscheidung zur Kostentragungspflicht in einem solchen Fall (FamRZ 1995, 348) ersichtlich davon aus, dass auch der wirtschaftlich wertlose Leistungsanspruch gebührenrechtlich zu berücksichtigen ist. Spätestens hier sollte sich die Schätzung des Leistungsanspruchs auch an den objektiven Gegebenheiten orientieren (vgl. BGH FamRZ 1993, 1189, s.a. Rdn. 3). Bei fehlenden Anhaltspunkten für einen positiven Wert bietet es sich m.E. an, auf den Auffangwert nach § 42 Abs. 3 FamGKG zurückzugreifen und den unbeziffert gebliebenen Leistungsantrag mit jetzt 5.000 € zu bewerten (ebenso OLG Köln FamRZ 2014, 1800; OLG Hamm FamRZ 2013, 1420 u. 2011, 582; *Schneider* NZFam 2014, 591 m.w.N.), der dann in dieser Höhe mit dem auf die Leistungserwartung bezogenen Wert des Auskunftsantrags (s. Rdn. 2) konkurriert.

D. Rechtsmittelwert. Der Gebührenwert für das Rechtsmittel des **Auskunftsberechtigten**, der in der Vorinstanz unterlegen ist, errechnet sich nach Rdn. 3 (BGH FamRZ 2011, 1929). Geht es ausschließlich um die **Abwehr der Auskunftsverpflichtung** so bemisst sich die Beschwer, und über diese regelmäßig auch der Gebührenwert (vgl. § 54), nur nach dem Aufwand an Zeit und Kosten, der mit der Auskunftserteilung verbunden ist (s.o. Rdn. 4). Dies gilt auch für das Rechtsmittel, das sich gegen die Verpflichtung zur Abgabe einer **eidesstattlichen Versicherung** wendet (s.o. Rdn. 5).

Bei dem **Stufenverfahren** kommt es auf den Gegenstand der **Beschwerde** an. Richtet sie sich nur gegen die Entscheidung zur Auskunftserteilung, gilt Rdn. 10. Richtet sie sich gegen die den Antrag insgesamt abweisende Entscheidung, bevor der Anspruch beziffert wurde, ist der Wert des unbezifferten Antrags maßgeblich, auch wenn nur über die Auskunftsstufe verhandelt wurde (OLG Celle FamRZ 2009, 1855 m.w.N.). Entscheidet das Beschwerdegericht lediglich über den Auskunftsantrag und verweist die Sache wegen des Zahlungsanspruchs an das FamG zurück, bemisst sich der Wert für die **Rechtsbeschwerde** nur nach dem Auskunftsanspruch, d.h. nach dem mit der Auskunftserteilung verbundenen Aufwand. Das gilt selbst dann, wenn das FamG den Stufenantrag insgesamt abgewiesen hatte (BGH FamRZ 2008, 1346).

§ 39 FamGKG Antrag und Widerantrag, Hilfsanspruch, wechselseitige Rechtsmittel, Aufrechnung.

(1) ¹Mit einem Antrag und einem Widerantrag geltend gemachte Ansprüche, die nicht in getrennten Verfahren verhandelt werden, werden zusammengerechnet. ²Ein hilfsweise geltend gemachter Anspruch wird mit dem Hauptanspruch zusammengerechnet, soweit eine Entscheidung über ihn ergeht. ³Betreffen die Ansprüche im Fall des Satzes 1 oder des Satzes 2 denselben Gegenstand, ist nur der Wert des höheren Anspruchs maßgebend.
(2) Für wechselseitig eingelegte Rechtsmittel, die nicht in getrennten Verfahren verhandelt werden, ist Absatz 1 Satz 1 und 3 entsprechend anzuwenden.
(3) Macht ein Beteiligter hilfsweise die Aufrechnung mit einer bestrittenen Gegenforderung geltend, erhöht sich der Wert um den Wert der Gegenforderung, soweit eine der Rechtskraft fähige Entscheidung über sie ergeht.
(4) Bei einer Erledigung des Verfahrens durch Vergleich sind die Absätze 1 bis 3 entsprechend anzuwenden.

§ 39 FamGKG

Antrag und Widerantrag, Hilfsanspruch etc.

Übersicht

	Rdn.		Rdn.
A. Allgemeines	1	C. Hilfsansprüche, Aufrechnung	6
B. Wideranträge, wechselseitige Rechtsmittel	2	I. Eventualanspruch	6
I. Wideranträge	2	II. Aufrechnung	7
II. Wechselseitige Rechtsmittel	5		

1 **A. Allgemeines.** § 39 stimmt weitgehend wörtlich mit der Regelung in § 45 GKG überein und ergänzt ebenso wie § 38 FamGKG die Grundregel der Zusammenrechnung der Wertes mehrerer in demselben Verfahren anhängiger Verfahrensgegenstände (§ 33 Abs. 1 FamGKG). Zum einen stellt er klar, dass Wideranträge und wechselseitige Rechtsmittel und auch die hilfsweise zur Aufrechnung gestellten Forderungen oder Hilfsanträge grds. unter das Additionsprinzip fallen, macht dies aber andererseits von bestimmten Bedingungen abhängig. Bei widerstreitenden Anträgen ist dies die Verschiedenheit der Gegenstände, bei den Hilfsansprüchen, dass über sie entschieden wird oder sie im Vergleichswege mit erledigt werden (Abs. 4). Das gilt auch für die Anwaltsvergütung (BGH NJW 2009, 231; OLG Karlsruhe AGS 2007, 470, je m.w.N. zum Meinungsstand). Voraussetzung für die Anwendung des § 39 ist immer, dass die Verfahrensgegenstände in demselben und nicht in unterschiedlichen Verfahren anhängig sind.

2 **B. Wideranträge, wechselseitige Rechtsmittel. I. Wideranträge.** Der Widerantrag betrifft denselben Gegenstand wie den des verfahrenseinleitenden Antrags, wenn beide dasselbe (wirtschaftliche) Interesse haben (BGH NJW-RR 2005, 506). Erschöpft er sich in der Negation des geltend gemachten Anspruchs, z.B. negative Feststellung vs. Leistungsanspruch (OLG Brandenburg FamRZ 2004, 962 für Unterhalt), oder wenn in Unterhaltsverfahrens widerstreitend die Rückzahlung des bereits bezahlten Betrages begehrt wird (s. § 51 Rdn. 29; zu weiteren Beispielen vgl. Schneider/Herget/*Kurpat* Rn. 3311), ist nur der höhere Betrag maßgebend.

3 **Keine Identität** zwischen Antrag und Widerantrag besteht dann, wenn sie zeit-, inhaber- oder gesamtbetragsbezogen unterschiedliche Vermögenspositionen betreffen (Schneider/Herget/*Kurpat* Rn. 3321), der Widerantrag über den eingeklagten Anspruch hinausgeht, z.B. wenn nur ein Teil eines Anspruchs gerichtlich geltend gemacht wird und im Widerantrag die Feststellung begehrt wird, dass überhaupt kein Anspruch besteht, oder wenn im Güterrechtsverfahren gegenläufige Leistungsanträge gestellt werden (s. § 52 Rdn. 1 und zur gleichen Problematik beim Unterhalt § 51 FamGKG Rdn. 35). In diesem Fall sind die Werte zusammenzurechnen (OLG Hamm FamRZ 2014, 1224; OLG Celle FamRZ 2011, 134; Rahm/Künkel/*Feskorn* Kap. 14 Rn. 41 und 119 m.w.N.). Dies gilt auch bei wechselseitigen Auskunftsanträgen, die nicht denselben Hauptanspruch betreffen oder wenn mit dem Widerantrag einseitig Auskunft zur Vorbereitung eines Leistungswiderantrags begehrt wird (HK-FamGKG/N.*Schneider* § 39 Rn. 18; s.a. OLG Jena FamRZ 2013, 489).

4 Für den Wert eines lediglich hilfsweise, für den Fall des Erfolgs des Antrags, erhobenen Widerantrags (**Eventualwiderantrag**) gilt Abs. 1 Satz 1 und 3 rückwirkend ab dem Zeitpunkt, in dem die Bedingung eintritt (s.a. Schneider/Herget/*Kurpat* Rn. 3114 ff.).

5 **II. Wechselseitige Rechtsmittel.** Die Werte von wechselseitig eingelegten Rechtsmitteln (**Abs. 2**) sind nur zusammenzurechnen, wenn sie jeweils wirtschaftlich unterschiedliche Verfahrensgegenstände betreffen bzw. wirtschaftlich unterschiedliche Ziele verfolgen (BGH NJW-RR 2003, 713). Das ist regelmäßig der Fall, wenn beide Seiten den in 1. Instanz nur teilweise erfolgreichen Antrag angreifen. Dagegen ist nur der höhere Wert maßgeblich, wenn ein Anspruch gegen mehrere Gesamtschuldner nur hinsichtlich des einen stattgegeben wurde und sowohl der Gläubiger als auch die verurteilten Schuldner Rechtsmittel einlegen (*Hartmann* GKG § 45 Rn. 37). Voraussetzung ist auch hier, dass die Rechtsmittel in demselben Verfahren anhängig werden, ggf. im Wege der Anschließung. Das ist bei Rechtsmitteln gegen unterschiedliche Teilentscheidungen regelmäßig nicht der Fall. Hier kann die Wechselseitigkeit erst durch Verbindung entstehen (Meyer GKG § 45 Rn. 23).

6 **C. Hilfsansprüche, Aufrechnung. I. Eventualanspruch.** Der Wert eines lediglich hilfsweise, d.h. für den Fall, dass dem Hauptanspruch nicht stattgegeben wird, begehrten **Anspruchs** ist gebührenrechtlich nur dann von Bedeutung, wenn über ihn entschieden oder er durch Vergleich erledigt wird (Abs. 1 Satz 2, Abs. 4). Eine lediglich prozessuale Entscheidung reicht nicht aus (Abweisung als unzulässig, vgl. BGH NJW 2001, 3616). Wird über den Anspruch entschieden, werden Haupt- und Hilfsanspruch zusammengerech-

net, es sei denn, sie betreffen den gleichen Verfahrensgegenstand (zur Abgrenzung s. BGH NJW-RR 2003, 713 auch zur wertmäßig irrelevanten Alternativbegründung). Dasselbe gilt, wenn der Hilfsanspruch in einem Vergleich miterledigt wird (OLG Düsseldorf FamRZ 2010, 1934). Bei wirtschaftlicher Identität ist, wie beim Widerantrag, der höhere Wert maßgeblich (s.o. Rdn. 2). Zur hilfsweisen Geltendmachung von Ansprüchen auf Rückzahlung von Unterhalt s.a. § 51 FamGKG Rdn. 35.

II. Aufrechnung. Das Gleiche gilt für die **Hilfsaufrechnung** (zum Begriff s. Schneider/Herget/*Kurpat* Rn. 1287) in Bezug auf die in erster Linie bekämpfte Hauptforderung. Sie ist dem Wert der Hauptforderung – wenn nicht mit ihr wirtschaftlich identisch – hinzuzurechnen, soweit eine der materiellen Rechtskraft fähige Entscheidung über sie ergeht, d.h. max. bis zum Wert der Hauptforderung (§ 322 Abs. 2 ZPO, s.a. BGH MDR 2004, 1437). Ein Vorbehaltsurteil reicht nicht aus (BGH NJW 2009, 231). Darüber hinaus ist erforderlich, dass die zur Aufrechnung gestellte Forderung streitig ist und nicht unbedingt, sondern nur für den Fall des Zusprechens der Hauptforderung gestellt wird. Weder eine unstreitige Gegenforderung noch eine **unbedingt erklärte Aufrechnung** sind gebührenrechtlich relevant. Das gilt ebenso für ihre vergleichsweise Erledigung (Abs. 4). 7

§ 40 FamGKG Rechtsmittelverfahren.

(1) ¹Im Rechtsmittelverfahren bestimmt sich der Verfahrenswert nach den Anträgen des Rechtsmittelführers. ²Endet das Verfahren, ohne dass solche Anträge eingereicht werden, oder werden, wenn eine Frist für die Rechtsmittelbegründung vorgeschrieben ist, innerhalb dieser Frist Rechtsmittelanträge nicht eingereicht, ist die Beschwer maßgebend.
(2) ¹Der Wert ist durch den Wert des Verfahrensgegenstands des ersten Rechtszugs begrenzt. ²Dies gilt nicht, soweit der Gegenstand erweitert wird.
(3) Im Verfahren über den Antrag auf Zulassung der Sprungrechtsbeschwerde ist Verfahrenswert der für das Rechtsmittelverfahren maßgebende Wert.

Übersicht	Rdn.		Rdn.
A. Allgemeines	1	D. Abs. 3: Zulassung der Sprungrechtsbeschwerde	7
B. Abs. 1: Wertbemessung	3		
C. Abs. 2: Begrenzung durch den Wert der 1. Instanz	5		

A. Allgemeines. § 40 übernimmt redaktionell angepasst die Regelung in § 47 GKG und dehnt sie auf sämtliche Familiensachen aus. Sie ergänzt lediglich die allgemeinen und besonderen Vorschriften über die Wertberechnung, die sich ansonsten in der Rechtsmittelinstanz nach den gleichen Grundsätzen richtet wie in der Eingangsinstanz. Vor allem wird klargestellt, dass der **Gebührenwert aus der 1. Instanz nicht** einfach für die Rechtsmittelinstanzen **fortgeschrieben** wird, was sich aber schon aus dem unterschiedlichen Bewertungsstichtag ergibt (s. § 34 FamGKG Rdn. 3 und zu den Ausnahmen für Rückstände in Unterhaltsverfahren § 51 FamGKG Rdn. 19). 1

Zu beachten ist, dass nach § 54 FamGKG der vom der Rechtsmittelgericht **für die Zulässigkeit der Beschwerde festgesetzte Wert** auch für den Gebührenwert maßgeblich ist, wenn die Wertvorschriften des FamGKG nicht von denen des Verfahrensrechts abweichen (s. dazu § 54 FamGKG Rdn. 1 ff.). Eine abweichende Regelung ist auch die sich aus § 40 Abs. 2 ergebende Begrenzung des Rechtsmittelwerts (s. Rdn. 5). 2

B. Abs. 1: Wertbemessung. Satz 1: In den Rechtsmittelverfahren bestimmt grds. der **Antrag des Rechtsmittelführers** den Gebührenwert, unbeschadet seiner verfahrensrechtlichen Zulässigkeit (*Hartmann* GKG § 47 Rn. 3). Entscheidend ist, in welchem Umfang die erstinstanzliche Entscheidung angegriffen wird. Wird der Antrag allerdings allein zur Reduzierung der Kostenlast und ohne Interesse an einer Sachentscheidung drastisch eingeschränkt, ist ein solcher Antrag ausnahmsweise unbeachtlich (BGH NJW-RR 1998, 355; OLG Koblenz FamRZ 2005, 1767). Werden mit einem Rechtsmittel selbstständig Zinsforderungen geltend gemacht, so sind diese nicht werterhöhend zu berücksichtigen, wenn und soweit die dazugehörige Hauptforderung Gegenstand eines Rechtsmittels des Prozessgegners ist (BGH FamRZ 2013, 1888 [LS]; s.a. § 37 Rdn. 3). **Wechselseitig eingelegte Rechtsmittel** sind zusammenzurechnen, sofern sie nicht den gleichen Gegenstand betreffen oder wirtschaftlich identisch sind (s. § 39 FamGKG Rdn. 5). 3

§ 41 FamGKG   Einstweilige Anordnung

4 **Satz 2:** Endet das Verfahren, ohne dass der Rechtsmittelführer einen konkreten Antrag gestellt hat, richtet sich der Gebührenwert nach der **Beschwer**. Ist für die Begründung eine Frist vorgeschrieben wie in Rechtsbeschwerdeverfahren (§ 71 Abs. 2 FamFG) sowie für Beschwerden in Ehe- und Familienstreitsachen (§ 117 Abs. 1 Satz 1 FamGKG), muss der Antrag innerhalb dieser Frist eingereicht sein. Ein verspätet konkretisierter Antrag bleibt für die Bewertung unberücksichtigt, sofern keine Wiedereinsetzung gewährt wurde (zum Problem der Bewertung bei Rücknahme des Rechtsmittels vor der Entscheidung über die Wiedereinsetzung s. *N. Schneider* NJW-Spezial 2012, 91). – Diese Regelung wurde erst durch das 2. KostRMoG mit Wirkung zum 01.08.2013 auf Beschwerden erstreckt und gleicht damit eine Lücke aus (s. BT-Drucks. 17/11471, S. 251), die die Rspr. teilweise durch analoge Anwendung geschlossen hat (s. OLG Hamburg FamRZ 2013, 722 m.w.N.). – In den FG-Familiensachen, für die weder ein Antrag oder eine Begründung der Beschwerde zwingend vorgeschrieben ist, ist ein gestellter Antrag in jedem Fall maßgeblich. Gleiches gilt, wenn sich das konkrete Begehren aus den Umständen ergibt (konkludenter Antrag, s. HK-FamGKG/*Schneider* § 40 Rn. 12). Soweit das Rechtsmittelgericht in vermögensrechtlichen Angelegenheiten die Beschwer für die Zulässigkeit konkret festsetzt, bestimmt dieser auch den Gebührenwert (s. Rdn. 2). Fehlt es daran, oder weichen die Wertvorschriften des FamGKG von denen für die Zulässigkeit maßgeblichen ab, ist die Beschwer selbstständig nach dem **Umfang des Unterliegens** in der Vorinstanz zu ermitteln. D.h. bei vollem Unterliegen entspricht der Rechtsmittelwert i.d.R. dem Wert der ersten Instanz; bei Teilunterliegen muss u.U. wohl auch bei Festwerten ein Abschlag gemacht werden.

5 **C. Abs. 2: Begrenzung durch den Wert der 1. Instanz.** Der Gebührenwert des Rechtsmittelverfahrens darf den des ersten Rechtszuges **nicht übersteigen**, sofern nicht die Erhöhung auf einer Erweiterung des Antrags in der Rechtsmittelinstanz beruht (BGH FamRZ 2003, 1274). Bei der isolierten Anfechtung von Folgesachen aus dem Scheidungsverbund ist nur auf den Wert der Folgesache(n) abzustellen (s. dazu § 44 FamGKG Rdn. 7). Die Begrenzung gilt auch für Verfahren, für deren Bewertung ein relativer Festwert (s. Vorbem zu §§ 33 bis 52 Rdn. 2) normiert ist. D.h. wenn der Aufwand des Rechtsmittelverfahrens oder zwischenzeitlich geänderte Einkommensverhältnisse eine von der 1. Instanz abweichende Anwendung der Billigkeitsklausel rechtfertigen, darf er trotzdem nicht über den der Vorinstanz hinausgehen. Denn angesichts der Vielzahl der Familiensachen, für die das FamGKG solche relativen Festwerte eingeführt hat, kann wohl nicht davon ausgegangen werden, dass es der Gesetzgeber übersehen hat, hierfür wie für Antragserweiterung Ausnahmen von der Anwendung des Abs. 2 vorzusehen.

6 Die Bindung besteht nicht an **in 1. Instanz falsch festgesetzte Werte**. Denn das Rechtsmittelgericht kann den in der ersten Instanz angenommenen Verfahrenswert noch bis zu 6 Monate nach rechtskräftigem Abschluss des Verfahrens berichtigen (s. § 55 FamGKG Rdn. 9).

7 **D. Abs. 3: Zulassung der Sprungrechtsbeschwerde.** Abs. 3 betrifft das in § 75 FamFG nach dem Muster der Sprungrevision (§ 566 ZPO) eingeführte Sprungrechtsbeschwerdeverfahren und stellt den Wert des Zulassungsantrags (§ 75 FamFG i.V.m. § 566 Abs. 2 ZPO) dem des Rechtsmittels gleich.

§ 41 FamGKG   **Einstweilige Anordnung.** ¹Im Verfahren der einstweiligen Anordnung ist der Wert in der Regel unter Berücksichtigung der geringeren Bedeutung gegenüber der Hauptsache zu ermäßigen. ²Dabei ist von der Hälfte des für die **Hauptsache bestimmten Werts auszugehen.**

Übersicht

	Rdn.		Rdn.
A. Allgemeines	1	C. Mehrheit von Gegenständen. Mehrvergleich	4
B. Wertbestimmung	2		

1 **A. Allgemeines.** Die Verfahren der einstweiligen Anordnung wurden im FamFG völlig neu konzipiert (s. Vorbem. zu § 49 FamFG Rdn. 6 ff.). Sie sind jetzt nicht mehr (gebührenrechtlich selbstständiger) Teil des Hauptsacheverfahrens, sondern wie Arrest- und einstweilige Verfügungsverfahren nach der ZPO **eigenständige Verfahren**, für die grds. auch Verfahrensgebühren erhoben werden (s.o. § 3 auch zu den Ausnahmen). Das gilt sowohl für auf Antrag als auch für v.A.w. eingeleitete Verfahren und damit auch für diejenigen EA, die bis 01.09.2009 gebührenfrei waren. § 41 ist die gemeinsame Wertvorschrift für sämtliche EA-Verfahren. *Dabei sind das Anordnungsverfahren und das Abänderungs- oder Aufhebungsverfahren zwar gesonderte*

Verfahren, sie lösen aber keine zusätzlichen Gebühren aus (, s. § 3 FamGKG Rdn. 25 und für die Anwaltsgebühren § 16 Nr. 5 RVG). Die Vorschrift gilt **nicht für** die Bewertung eines **Arrestverfahrens** in Familienstreitsachen. Hierfür ist der Verfahrenswert gem. der Auffangbestimmung des § 42 Abs. 1 FamGKG nach billigem Ermessen zu bestimmen (OLG Celle FamRZ 2011, 759; *Thiel* FPR 2010, 319, 324; s. dazu § 42 FamGKG Rdn. 6). Gemäß § 23 Abs. 1 RVG gilt § 41 auch für den **Wert der Anwaltsgebühren**, die sich wie das Hauptsacheverfahren nach Teil 3 des VV RVG richten, s. dazu § 80 FamFG Rdn. 52 ff. und § 49 FamFG Rdn. 81 f.

B. Wertbestimmung. Während das erste KostRMoG gerade erst für viele EA-Verfahren Festwerte bestimmt hatte, die völlig unabhängig vom Wert der Hauptsache waren (*Keske*, FuR 2004, 193) stellt § 41 wieder den Bezug zum Hauptsachewert her. Er bestimmt einheitlich für alle Verfahren den **hälftigen Gebührenwert der Hauptsache als Ausgangswert** (Regelwert), der entsprechend der Bedeutung des einstweiligen Rechtsschutzes herab- oder heraufgesetzt werden kann (OLG Saarbrücken FamRZ 2010, 1936). Dabei ist in **Ausnahmefällen**, insb. wenn die einstweilige Regelung praktisch eine Hauptsacheregelung vorwegnimmt und sie erübrigt, auch eine Anhebung auf den vollen Wert der Hauptsache möglich (OLG Stuttgart FamRZ 2011, 757; OLG München FamRZ 1997, 691), z.B. für eine einstweilige Regelung eines Umgangsrechts über unmittelbar bevorstehende Feiertage oder Ferien oder bei der Anordnung zur Leistung eines **Verfahrenskostenvorschusses** (zu Letzterem s. § 51 Rdn. 38, *N. Schneider* NZFam 2014, 469). Allein der Umstand, dass mit dem EA-Antrag der materielle Anspruch unbeschränkt verfolgt werden kann, rechtfertigt allein keine Anhebung auf den vollen Wert (OLG Celle FamRZ 2012, 787 m. Anm. *Fölsch*; OLG Köln MDR 2014, 1267 u. FamRZ 2011, 758; OLG Brandenburg FamRZ 2010, 1937); und zwar auch dann nicht, wenn sich die Beteiligten im Anordnungsverfahren über eine endgültige Regelung verständigen (OLG Jena FamRZ 2012, 737; OLG Saarbrücken FuR 2012, 498); das berührt nur den Wert der Einigung (s.u. Rdn. 5). Das gilt jedenfalls für sämtliche EA-Verfahren, die auf Antrag eingeleitet werden, weil in diesen Fällen die Wertermittlung auf den **Zeitpunkt** des Eingangs des Antrags zu erfolgen hat und der weitere Verlauf des Verfahrens unbeachtlich ist (s. § 34 Rdn. 6).

Der Wert ist somit **in zwei Stufen** zu bemessen. Erst ist der Wert der Hauptsache nach den allgemeinen und besonderen Wertvorschriften zu bestimmen. Bei relativen Festwerten, wie für den Umgang (s. § 45), ist deren Wert unter Berücksichtigung der jeweiligen Billigkeitsregelung zu ermitteln. Die Hälfte davon bildet dann den Ausgangswert (Satz 2) für die Prüfung, ob und wie davon im Hinblick auf die Bedeutung der einstweiligen Regelung ggü. der Hauptsache im Einzelfall abzuweichen ist (Satz 1). Dabei kann die Rechtsprechung zur Bewertung von Arrest und einstweiliger Verfügung weitgehend herangezogen werden, nachdem die neue EA beide integriert hat. Gleiches gilt für die Rechtsprechung zur EA aus der Zeit vor dem ersten KostRMoG.

C. Mehrheit von Gegenständen. Mehrvergleich. Die Werte mehrerer in einem Verfahren begehrter Anordnungen werden nach den allgemeinen Regeln (§§ 33 Abs. 1, 39 FamGKG) **zusammengerechnet**.(OLG Frankfurt FamRB 2015, 183 für mehrere Maßnahmen in Gewaltschutzsachen). Das gilt auch für die anwaltliche Einigungsgebühr, wenn im EA-Verfahren eine **Einigung über dort nicht anhängige Gegenstände** erzielt wird, während der Wert der Verfahrensgebühr davon nicht berührt wird (OLG Brandenburg FamRZ 2015, 1748).

Umstritten ist, ob dies auch zutrifft, wenn durch einen **Mehrvergleich** die **Hauptsache und** ein anhängiges **EA-Verfahren** erledigt werden. Nach einer Ansicht sind für den Einigungswert beide Werte zusammenzurechnen (OLG Köln NZFamR 2015, 873; OLG Karlsruhe FamRZ 2011, 1813; OLG Koblenz FamRZ 2008, 1969; OLG Düsseldorf JurBüro 2005, 310). Nach zutreffender Ansicht ist nur der höhere Wert der Hauptsache anzusetzen (OLG Saarbrücken FuR 2012, 498; OLG Jena FamRZ 2012, 737; OLG Schleswig FamRZ 2011, 1424; OLG Nürnberg FamRZ 2011, 756; OLG Hamm FamRZ 2009, 540; Gerold/Schmidt/*Müller-Rabe* Anh. II Rn. 43 ff.; Schneider/Herget/*Kurpat* Rn. 5541). Zum einen sind die Regelungsgegenstände identisch, sodass in vermögensrechtlichen Angelegenheiten das Additionsverbot direkt greift (s. § 33 FamGKG Rdn. 2; Schneider/Herget/*Kurpat* Rn. 5541) und in nicht vermögensrechtlichen Angelegenheiten entsprechend anzuwenden ist. Außerdem wollen die Beteiligten Zeit und Kosten einer Einigung gerade nicht in eine einstweilige Regelung investieren, wenn eine Einigung in der Hauptsache möglich ist. Diese erfolgt dann anstelle einer einstweiligen Regelung und nicht zusätzlich (Gerold/Schmidt/*Müller-Rabe* Anh. II Rn. 45); zumal sich diese mit der Hauptsache kraft Gesetzes von selbst erledigt (§ 56 FamFG). Das gilt allerdings nicht für die anwaltliche Terminsgebühr für außergerichtliche Vergleichsverhandlungen, wenn sowohl die

§ 42 FamGKG Auffangwert

Hauptsache als auch die EA anhängig ist. Sie fällt dann nebeneinander im Hauptsache- und im EA-Verfahren an (vgl. OLG Stuttgart FamRZ 2008, 912; s.a. zur Vergütung des Anwalts *Schneider* NZFam 2015, 109).

§ 42 FamGKG Auffangwert. (1) Soweit in einer vermögensrechtlichen Angelegenheit der Verfahrenswert sich aus den Vorschriften dieses Gesetzes nicht ergibt und auch sonst nicht feststeht, ist er nach billigem Ermessen zu bestimmen.
(2) Soweit in einer nichtvermögensrechtlichen Angelegenheit der Verfahrenswert sich aus den Vorschriften dieses Gesetzes nicht ergibt, ist er unter Berücksichtigung aller Umstände des Einzelfalls, insbesondere des Umfangs und der Bedeutung der Sache und der Vermögens- und Einkommensverhältnisse der Beteiligten, nach billigem Ermessen zu bestimmen, jedoch nicht über 500 000 Euro.
(3) Bestehen in den Fällen der Absätze 1 und 2 keine genügenden Anhaltspunkte, ist von einem Wert von 5 000 Euro auszugehen.

Übersicht	Rdn.		Rdn.
A. Regelungsgehalt..................	1	B. Einzelwerte (A bis Z)...................	4

1   **A. Regelungsgehalt.** Die Vorschrift regelt, wie der Verfahrenswert zu bemessen ist, wenn die allgemeinen und besonderen Wertvorschriften keine entsprechende Regelung enthalten (**Auffangwert**, s. BT-Drucks. 16/6308 S. 305). Dabei ist zu beachten, dass der Regelungsgehalt der besonderen Wertvorschriften keineswegs immer sämtliche Angelegenheiten umfasst, die der jeweiligen Überschrift der Norm zuzuordnen sind. Inhaltlich wurde in § 42 weitgehend die Regelung in § 30 KostO übernommen, die im Gegensatz zum GKG für diese Fälle eine eigenständige Regelung für vermögensrechtliche und nichtvermögensrechtliche Verfahrensgegenstände trifft, während das GKG für vermögensrechtliche Gegenstände auf die Wertvorschriften der ZPO bzw. der Verfahrensordnungen der anderen Gerichtsbarkeiten verweist (s. § 48 Abs. 1 GKG). Zur Abgrenzung der vermögensrechtlichen von den nichtvermögensrechtlichen Angelegenheiten vgl. § 61 FamFG Rdn. 4 f.

2   Sowohl in vermögensrechtlichen als in nicht vermögensrechtlichen Angelegenheiten ist der Verfahrenswert nach den Umständen des jeweiligen Einzelfalls zu bestimmen ist, und nur dann, wenn hierfür keine genügenden Anhaltspunkte vorliegen, von einem Wert von 5.000 € (bis 31.07.2013: 3.000 €) auszugehen ist (BT-Drucks. 16/6308 S. 305). Somit erfordert die Wertfestsetzung in allen Fällen eine **Ermessensentscheidung**, die sich bei vermögensrechtlichen Angelegenheiten am wirtschaftlichen Interesse des Anspruchstellers zu orientieren hat, während bei den nichtvermögensrechtlichen Angelegenheiten neben dem Umfang und der Bedeutung der Sache für die Beteiligten auch deren Einkommens- und Vermögensverhältnisse zu berücksichtigen sind (OLG Düsseldorf FamRZ 2010, 1937). Außerdem darf in nichtvermögensrechtlichen Angelegenheiten abweichend von § 33 Abs. 2 der Wert nicht über 500.000 € angenommen werden. Der für die Bewertung maßgebliche Stichtag ergibt sich auch für den Auffangwert aus § 34.

3   Abs. 3 beziffert mit 5.000 € (bis 31.07.2013: 3.000 €) lediglich einen **Ausgangswert**, der nach den individuellen Umständen des Einzelfalles nach oben oder unten zu korrigieren ist (BT-Drucks. 16/6308 S. 305). Zur zeitlichen Anwendung des durch das 2. KostRMoG erhöhten Werts s. die Übergangsregelung in § 63 FamGKG Rdn. 2 f.

4   **B. Einzelwerte (A bis Z).** Die nachfolgende Zusammenstellung (in alphabetischer Reihenfolge) beschränkt sich daher auf die Werte in spezifisch familienrechtlichen und für die alltägliche Praxis relevanten Angelegenheiten. I.Ü. wird auf die einschlägigen Kommentierungen zum Verfahrenswert verwiesen (Schneider/Herget/*Thiel* Rn. 6600 ff.).

5   **Adoption:** Für die Annahme eines minderjährigen Kindes enthält das FamGKG keine spezielle Wertvorschrift, weil im gerichtlichen Verfahren nur für die **Annahme eines Volljährigen** Gebühren erhoben werden. Der Wert ist nach § 42 Abs. 2, 3 FamGKG zu bestimmen; nur wenn keine Anhaltspunkte gegeben sind, ist vom Auffangwert von jetzt 5.000 € auszugehen. (OLG Celle FamRZ 2013, 2008), dasselbe gilt für Aufhebungsverfahren. Die in § 198 FamFG genannten Vor- oder Folgeverfahren sind selbstständige Verfahren, für die ein eigener Wert festzusetzen ist. Bei der Bewertung sind vor allem die wirtschaftliche Situation des Annehmenden und des Anzunehmenden angemessen zu berücksichtigen. So hat das OLG Bamberg (FamRZ 2013, 737) den Wert mit 25 % des Reinvermögens angesetzt. Die Möglichkeit, sich an dem Geschäftswert zu

orientieren, den der Notar für die Beurkundung des Antrags angenommen hat (vgl. OLG Celle FamRZ 2013, 2008 m.w.N.), ist seit dem 01.01.2014 entfallen. Denn dieser wurde im GNotKG als fester Wert auf 5.000 € bestimmt.(vgl. § 101 GNotKG). Soweit eine **Anwaltsgebühr** in Verfahren über die Annahme Minderjähriger anfällt, richtet sich der Wert gem. § 23 Abs. 1 Satz 2 RVG ebenfalls nach § 42 Abs. 2, 3 (BT-Drucks. 16/9733 S. 303; *Keske* FuR 2010, 433, 436). Das Gleiche gilt für die gerichtgebührenfreien Verfahren nach §§ 2 und 3 AdWirkG. Für außergerichtliche Tätigkeiten im Zusammenhang mit einer Adoption, die nicht auch Gegenstand eines gerichtlichen Verfahrens sein könnten, verweist § 23 Abs. 3 Satz 1 RVG jetzt auf den für die Beurkundung geltenden Wert des § 101 GNotKG (s.o.), der entsprechend auch für die Adoption Volljähriger herangezogen werden kann (*Keske* FuR 2013, 482).

Arrest: Es gilt § 42 Abs. 1 und nicht § 41 FamGKG (OLG Brandenburg FamRZ 2011, 758; OLG München FamRZ 2011, 746). Da der Arrest nur die Zwangsvollstreckung sichert und auch nicht zeitweilig zu einer Befriedigung des Hauptanspruchs führt, darf er grundsätzlich nicht höher als die zu sichernden Hauptforderung sein (OLG Köln FamRZ 2001, 432 m.w.N.; s.a. Schneider/Herget/*Thiel* Rn. 6768, 6779). Soll laufender Unterhalt gesichert werden, bildet mithin der Jahresbetrag die Höchstgrenze. Wie in Zivilverfahren ist bei der Sicherung i.d.R. nur ein Bruchteil des Wertes der Hauptsache angemessen, entsprechend der Bedeutung der Sicherung für den Gläubiger. Am häufigsten wird 1/3 des Wertes der Hauptsache angenommen (s. Schneider/Herget/*Onderka* Rn. 1108; OLG München FamRZ 2011, 764 OLG Celle FamRZ 2011, 759 [LS] = AGS 2010, 555 für Zugewinnanspruch). Da der Wert für den laufenden Unterhalt ohnehin auf den Jahresbetrag begrenzt ist, darf der Abschlag für diesen sichernden Arrest m.E. geringer ausfallen (a.A. OLG Brandenburg FamRZ 2011, 758, das nur 1/3 genommen hat) und bei der Sicherung von Unterhalt für mehrere Jahre auch ganz entfallen (OLG Bamberg JurBüro 1989, 1605). 6

Auskunfts-, Belegansprüche: s. § 38 Rdn. 3 ff. 7

Eheliche Lebensgemeinschaft: Anträge auf **Herstellung oder Beendigung** der ehelichen Lebensgemeinschaft sind ebenso wie die Verpflichtung zur Eingehung der Ehe zwar ausdrücklich von den Ehesachen und ihren besonderen Verfahrensregeln ausgenommen (vgl. § 121 FamFG; BT-Drucks. 16/6308 S. 226). Das hindert aber nicht, den Wert gleichwohl in Anlehnung an § 43 FamGKG ggf. mit einem der geringeren Bedeutung entsprechenden Abschlag zu bemessen (s. OLG Stuttgart FamRZ 2005, 1696 zur Klage auf Rückkehr einer türkischen Ehefrau). Gleiches gilt für Trennungsverfahren nach italienischem Recht, sofern man sie nicht als Ehesache ansieht (s. § 43 FamGKG Rdn. 18). 8

Einigung: Der Wert einer Einigung oder eines Vergleichs richtet sich nicht nach dem Ergebnis, sondern nach dem jeweiligen Wert der Angelegenheit, über die sich die Parteien geeinigt haben (OLG Stuttgart, JurBüro 2012, 303; OLG Hamm NJW-RR 2011, 1224). Zur Protokollierung eines Ehevertrags s.u. Rdn. 16 und zum Titulierungsinteresse Rdn. 23, sowie zu weiteren Einzelheiten die Ausführungen zu Einigung bzw. Vergleich in § 41 und den besonderen Wertvorschriften. 9

Freistellungsanspruch: Der Wert der Freistellung entspricht i.d.R. der Forderung, von der freigestellt werden soll, wenn nicht Umstände vorliegen, die eine Geringerbewertung des Freistellungsinteresses rechtfertigen (BGH JurBüro 2011, 591 = FamRZ 2011, 1504 [LS] m.w.N.; OLG Rostock JurBüro 2009, 197). Das gilt auch, wenn es um die Befreiung von einer Bürgschaftsverpflichtung geht (OLG Karlsruhe OLGR 1998, 16; Zöller/*Herget* § 3 Rn. 16 »Befreiung«). Verlangt ein Gesamtschuldner von dem anderen Gesamtschuldner Befreiung von einer Verbindlichkeit, so ist sein Anteil an der Gesamtschuld im Innenverhältnis maßgeblich (OLG Rostock JurBüro 2009, 197; OLG Düsseldorf FamRZ 1994, 57). Zur Freistellung von **Unterhaltsansprüchen** s. § 51 FamGKG Rdn. 27. 10

Genehmigungen: Für Genehmigungen in vermögensrechtlichen Angelegenheiten gilt ausschließlich § 36 FamGKG (s. § 36 Rdn. 1 ff.), und zwar auch in Kindschaftssachen. Soweit sich der Vermögenswert aus den in § 36 FamGKG zitierten Vorschriften des GNotKG nicht ergibt, ist er nach § 42 Abs. 1 zu schätzen. In nichtvermögensrechtlichen Angelegenheiten ist der Wert einer Genehmigung oder der Ersetzung notwendiger Erklärungen nach § 42 Abs. 2, 3 zu bestimmen. Zum Anspruch auf Zustimmung gegen einen Mitberechtigten s. Rdn. 18. 11

Grundstücksübertragung Ein Anspruch auf Übertragung bzw. Auflassung eines Grundstücks oder dessen Herausgabe ist gem. § 42 Abs. 1 mit dem Verkehrswert zu berücksichtigen (falls nur Miteigentumsanteile aufgelassen werden sollen, der Teilwert). Anders als bei der Bewertung nach dem GNotKG gilt kein generelles Abzugsverbot für Grundpfandrechte und sonstige Grundstücksbelastungen (s. dazu BGH NJW-RR 2001, 518). Es kommt jeweils auf den Einzelfall an. Dasselbe galt bisher auch bei der Bewertung nach § 23 Abs. 3 RVG (s.a. OLG Hamm FamRZ 2011, 241). Mit dem 2. KostRMoG hat sich das geändert: Nunmehr 12

§ 42 FamGKG — Auffangwert

verweist § 23 Abs. 3 Satz 1 RVG ausdrücklich auf das Schuldenabzugsverbot des § 38 GNotKG (s. zur Wertermittlung nach § 23 Abs. 3 RVG FA-FamR/*Keske* Kap. 17 Rn. 206 ff.). Geht es bei einem Anspruch auf Auflassung oder auf Zustimmung zu ihrem Vollzug nur um eine verhältnismäßig geringe Restkaufpreiszahlung, entspricht es nicht der Billigkeit, den vollen Verkehrswert anzusetzen (s.a. BGH NJW 2002, 684: OLG Stuttgart MDR 2009, 1353; KG NJW-RR 2003, 787 m.w.N. auch zur Gegenmeinung). Vergleichbares gilt für einen Anspruch auf Erteilung einer **Löschungsbewilligung** für nicht mehr oder nur noch in geringer Höhe valutierenden Grundpfandrechten (s. OLG Nürnberg NJW-RR 2009, 1315; OLG Dresden MDR 2008, 1005: s.a. BVerfG NJW-RR 2000, 946).

13 **Gütergemeinschaft:** Der Wert des Antrags auf **Aufhebung** der Gütergemeinschaft gem. §§ 1447, 1469 BGB bemisst sich nach der Hälfte des Anteils des Antragstellers am Gesamtgut. Sie führt zur Beendigung der Verwaltungsbefugnis des anderen Ehegatten und zur Ermöglichung der Auseinandersetzung. Beides ist jeweils mit ¼ des Anteils zu bewerten (BGH NJW 1973, 50).

14 Der Wert eines **Auseinandersetzungsantrags** gem. §§ 1471 ff. BGB ergibt sich aus dem auf den Ehegatten bei der Teilung entfallenden Teil des Gesamtguts (BGH NJW 1975, 1415; OLG Düsseldorf FamRZ 2007, 572).

15 In **Vermittlungsverfahren zur Auseinandersetzung** einer beendeten Gütergemeinschaft nach § 373 FamFG (Teilungsverfahren), das seit 01.09.2013 dem Notar übertragen ist, richten sich die Gebühren und der Wert nach dem GNotKG. Der Geschäftswert entspricht dem Wert des den Gegenstand der Auseinandersetzung bildenden Nachlasses oder Gesamtguts oder des von der Auseinandersetzung betroffenen Teiles (§ 118a GNotKG). Die Werte mehrerer selbstständiger Vermögensmassen, die in demselben Verfahren auseinandergesetzt werden, werden zusammengerechnet. Trifft die Auseinandersetzung des Gesamtguts einer Gütergemeinschaft mit der Auseinandersetzung des Nachlasses eines Ehegatten oder Lebenspartners zusammen, werden die Werte des Gesamtguts und des übrigen Nachlasses ebenfalls zusammengerechnet.

16 **Gütertrennung:** Der Wert eines für die Vereinbarung der Gütertrennung notwendigen Ehevertrages bestimmt sich nach § 23 Abs. 3 Satz 1 RVG i.V.m. § 100 GNotKG aus der Summe der jeweils um die hälftigen Schulden bereinigten Vermögens der Ehegatten. Tritt die Gütertrennung an die Stelle einer Zugewinngemeinschaft und wird zugleich der Ausgleichsanspruch und/oder die Vermögensauseinandersetzung geregelt, ist zweifelhaft, ob weiterhin von einer Gegenstandsidentität ausgegangen werden kann (vgl. zum bisherigen Recht: OLG Hamm JurBüro 2011, 92 u. FGPrax 2000, 164; BayObLG JurBüro 1989, 227).

17 **Kostenvereinbarung:** Eine isolierte Kostenvereinbarung über ein bereits abgeschlossenes oder erst beabsichtigtes Verfahren hat einen eigenen Wert, der sich aus den angefallenen oder geschätzten Kosten sämtlicher Beteiligter errechnet (OLG Köln MDR 2006, 439; Schneider/Herget/*Kurpat* Rn. 5536). Auch in einem noch nicht abgeschlossenen Verfahren kann eine Kostenvereinbarung dann zu einer Einigungsgebühr führen, wenn sich die Beteiligten nur über die Verfahrenkosten und nicht auch über den Hauptgegenstand des Verfahrens einigen; sonst haben die Kosten als unselbstständige Nebenforderung keinen eigenen Wert (s. § 37 Rdn. 4). Der Wert einer Kostenvereinbarung ist vor allem für die Anwaltsgebühren von Interesse, wird aber im Fall der Einigung in einem anderen Verfahren auch für die gerichtlichen Gebühren (Mehrgebühr) relevant.

18 **Miteigentum:** Wird über die Auseinandersetzung von Miteigentum an einem gemeinsamen Grundstück gestritten, so bestimmt sich der Wert nach dem Wert des Anteils, den die Partei für sich in Anspruch nimmt (BGH NJW 1975, 1415; OLG Stuttgart OLGR 2004, 19 m.w.N.). Das gilt auch für bewegliche Sachen. Zur **Zustimmung zu einem Verkauf** s. Rdn. 11.

19 Zur **Nutzungsentschädigung in Ehewohnungs- und Haushaltssachen** s. § 48 Rdn. 3 ff.

20 **Raten- und sonstige Zahlungsvereinbarung:** Seit der Ablösung der Vergleichs- durch die Einigungsgebühr im RVG führt eine separate Zahlungsvereinbarung regelmäßig zum Anfall einer Einigungsgebühr und ist damit auch zu bewerten (BGH FamRZ 2005, 794; OLG Jena FamRZ 2006, 1692); dies hat der Gesetzgeber im 2. KostRMoG durch eine Ergänzung der Anm. Abs. 1 zu Nr. 1000 VV RVG ausdrücklich klargestellt. Während der Wert bislang mit unterschiedlichen Bruchteilen des fälligen Betrags der Hauptsache angenommen wurde (s. Schneider/Herget/*Onderka*, 13. Aufl. Rn. 4604), beläuft sich der Wert für die Anwaltsgebühr nach dem ebenfalls neu eingeführten § 31b RVG auf 20 % der Schuld. Dies sollte entsprechend auch für die gerichtliche Mehrgebühr gelten. Wird über eine noch streitige Forderung ein Vergleich geschlossen, in welchem dem Schuldner eine Ratenzahlung zugestanden wird, ist immer der volle Wert der Hauptsache anzusetzen, da mit der Ratenzahlungsvereinbarung auch die Ungewissheit über den Bestand

der Hauptforderung beseitigt wird (Gerold/Schmidt/Müller-Rabe, RVG, VV 1000 Rn. 231 ff.). Dasselbe gilt, wenn die Vollstreckbarkeit streitig ist.

Realsplitting: Wird die **Zustimmung** zur Geltendmachung der Unterhaltsleistungen als Sonderausgaben nach § 10 Abs. 1 Nr. 1 EStG (begrenztes Realsplitting) begehrt, so ist der Wert mit 100 % des damit verbundenen Steuervorteils anzusetzen (OLG Düsseldorf JurBüro 1995, 254; FormB FA-FamR/*Schick* Kap. 9 Rn. 44, 5). Die Beschwer eines Unterhaltspflichtigen, der sich dagegen wehrt, dass der Unterhaltsberechtigte nur gegen eine Sicherheitsleistung zur Zustimmung verpflichtet wurde, und damit auch der Gebührenwert (s. § 54) bemisst sich nach den geschätzten Finanzierungskosten für die Sicherheit (BGH FamRZ 1999, 648). 21

Schadensersatz: Der Gebührenwert von Schadensersatzansprüchen gegen Dritte wegen des Verlusts von **Unterhaltsansprüchen**, ihrer versäumten Durchsetzung oder Abwehr wurde bislang nach §§ 3 ff. ZPO berechnet, weil § 42 GKG a.F. nur gesetzliche Unterhaltsansprüche davon abweichend geregelt hat. Ob dies auch nach der Einbeziehung vertraglicher Unterhaltsansprüche in den Geltungsbereich des § 51 noch zutrifft, erscheint zweifelhaft (s. § 51 Rdn. 2). 22

Titulierungsinteresse: Werden in einen Vergleich unstreitige Ansprüche mit aufgenommen, so wird das reine Titulierungsinteresse mit 1/10 bis in besonderen Fällen 1/4, ausnahmsweise sogar einmal mit 1/2 des Hauptsachebetrages angesetzt (vgl. Zusammenstellung bei Schneider/Herget/*Kurpat* Rn. 5214 und zum Unterhaltsvergleich § 51 FamGKG Rdn. 39). Vereinzelt wird auch der volle Wert des titulierten Anspruchs zugrunde gelegt (OLG Köln NJW-RR 1999, 1303). Ein Abschlag vom Hauptsachebetrag verstößt auch nicht gegen § 35 FamGKG (a.A. HK-FamGKG/*Schneider* § 35 Rn. 73). Denn hier geht es allein darum, in welchem Umfang (noch) eine gebührenauslösende Einigung vorliegt (Schneider/Herget/*Kurpat* Rn. 5215). Nur wenn in Bezug auf das zugrunde liegende Rechtsverhältnis die Voraussetzungen für den Anfall einer Einigungs- oder Vergleichsgebühr fehlen, wird das Titulierungsinteresse relevant; die gerichtliche Verfahrensgebühr bestimmt sich dagegen allein nach eingeklagten Zahlbetrag (OLG Hamburg MDR 2013, 600). 23

Unbezifferter Leistungsantrag s. § 38 FamGKG Rdn. 6. 24

Vertraglich geschuldeter Unterhalt: Auf ausschließlich auf vertraglicher Grundlage geschuldeten Unterhalt ist nunmehr § 51 direkt anzuwenden (s. § 51 FamGKG Rdn. 1). 25

Zugewinngemeinschaft: Zur Bewertung der Aufhebung und der Stundung von Ausgleichsansprüchen u.a. s. § 52 Rdn. 2 ff. 26

Unterabschnitt 2. Besondere Wertvorschriften

§ 43 FamGKG Ehesachen.

(1) ¹In Ehesachen ist der Verfahrenswert unter Berücksichtigung aller Umstände des Einzelfalls, insbesondere des Umfangs und der Bedeutung der Sache und der Vermögens- und Einkommensverhältnisse der Ehegatten, nach Ermessen zu bestimmen. ²Der Wert darf nicht unter 3 000 Euro und nicht über 1 Million Euro angenommen werden.

(2) Für die Einkommensverhältnisse ist das in drei Monaten erzielte Nettoeinkommen der Ehegatten einzusetzen.

Übersicht

	Rdn.		Rdn.
A. Geltungsbereich	1	2. Abzüge	13
B. Allgemeine Grundsätze der Wertermittlung	3	II. Vermögen	16
C. Einzelfaktoren	7	III. Umfang und Bedeutung der Ehesache	18
I. Einkommen	7	D. Rechtsmittelverfahren	23
1. Begriff	8		

A. Geltungsbereich. Für Ehesachen als nichtvermögensrechtliche Streitigkeit i.S.d. § 42 Abs. 2 trifft § 43 eine Spezialregelung, wie sie im Wesentlichen inhaltsgleich im § 48 Abs. 2 und 3 GKG a.F. enthalten war. Wie diese gilt sie für die **Scheidung und Aufhebung** einer Ehe sowie der **Feststellung ihres Bestehens oder Nichtbestehens** (§ 121 FamFG) und über § 5 Abs. 1 und 2 in gleicher Weise für Aufhebungs- und Feststel- 1 lungsklagen in Lebenspartnerschaftssachen. Auf die Rechtsgrundlage kommt es nicht an. Auch bei der Anwendung **ausländischen Sachrechts** richtet sich der Verfahrenswert nach § 43. Das dürfte auch weiterhin für die weitgehend gleichbedeutende **Trennung nach italienischem Recht** gelten, wenn sie als Eheverfahren nach den §§ 122 ff. FamG geführt wird (BT-Drucks. 16/6308 S. 226). Über § 23 Abs. 1 Satz 2 RVG bleibt § 43 auch für die Anwaltsgebühren in Verfahren zur **Anerkennung ausländischer Scheidungsurteile** relevant (BayObLG NJW-RR 1999, 1375).

2 **Keine Ehesachen** sind dagegen sämtliche sonstigen Anträge auf **Herstellung oder Beendigung der ehelichen Lebensgemeinschaft.** Sie hat das FamFG ebenso wie die **Verpflichtung zur Eingehung der Ehe** ausdrücklich von den Ehesachen und ihren besonderen Verfahrensregeln ausgenommen (vgl. § 121 FamFG; BT-Drucks. 16/6308 S. 226). Sie sind nunmehr sonstige Familienstreitsachen (§ 266 Abs. 1 Nr. 2 FamFG), deren Wert nach § 42 Abs. 2 nach billigem Ermessen zu bestimmen ist (s. § 42).

3 **B. Allgemeine Grundsätze der Wertermittlung.** Der Verfahrenswert für eine Ehesache und die ihr verfahrensmäßig gleichgestellte Aufhebung einer eingetragenen Lebenspartnerschaft ist gem. § 43 FamGKG vom Gericht nach **Ermessen** zu bestimmen, und zwar »unter Berücksichtigung aller Umstände des Einzelfalls, insbesondere des Umfangs und der Bedeutung der Sache und der Einkommens- und Vermögensverhältnisse der Ehegatten«; er darf nicht unter 3.000 € und nicht höher als 1 Mio. € angesetzt werden, für das Einkommen ist das in 3 Monaten erzielte Nettoeinkommen der Ehegatten einzusetzen. – Für Verfahren, für das die Instanz vor dem Inkrafttreten des 2. KostRMoG am 01.08.2013 eingeleitet wurden, gilt noch der alte Mindestwert von 2.000 €. – Die in Abs. 2 näher spezifizierten Einkommensverhältnisse nehmen bei der Bewertung sowohl in der Praxis als auch nach dem Verständnis des Gesetzgebers eine Schlüsselstellung ein (BVerfG FamRZ 2006, 24). Das gemeinsame Dreimonatseinkommen bildet praktisch den **Ausgangswert**, der entsprechend den sonstigen Umständen des Einzelfalls wertend zu erhöhen oder herabzusetzen ist (BVerfG FamRZ 2006, 24; OLG Zweibrücken FamRZ 2008, 2052; OLG Hamm FamRZ 2006, 806). Neben den im Gesetz angeführten Umständen können weitere berücksichtigt werden, aber nicht der der Schonung öffentlicher Kassen. Wenn beiden Parteien **Verfahrenskostenhilfe** mit oder ohne Raten bewilligt ist, darf nicht allein deshalb nur der Mindestwert angesetzt oder von dem Dreimonatseinkommen abgewichen werden (BVerfG FamRZ 2006, 24 und 2007, 1080, 1081).

4 Der für die Bewertung maßgebliche **Stichtag** ist auch hier gem. § 34 Abs. 1 FamGKG die Anhängigkeit des Hauptsacheantrags (OLG Brandenburg FamRZ 2013, 2009). Ein Vkh-Antrag genügt nicht (s. § 34 FamGKG Rdn. 10). Bei wechselseitigen Anträgen ist der Eingang des ersten Antrags maßgeblich und bleibt es auch, wenn er zurückgenommen wird. Eine Verbesserung oder Verschlechterung der Einkommens- oder Vermögensverhältnisse während des Verfahrens wirkt sich grds. nicht aus. Zeichnet sich eine wesentliche Änderung aber bereits am Stichtag ab, wie z.B. die Änderung der Steuerklasse oder der Verlust des Arbeitsplatzes, kann dies als weiterer Umstand berücksichtigt werden (zur Nutzung der im Verlauf des Verfahrens gewonnenen Kenntnisse vgl. § 34 Rdn. 5). Der Umfang der Sache kann ohnehin nicht vor deren Abschluss bewertet werden. Für das Rechtsmittelverfahren ist der Zeitpunkt der Einlegung der Rechtsbeschwerde maßgeblich.

5 **Wechselseitige Scheidungs- oder wechselseitige Aufhebungsanträge** betreffen denselben Gegenstand, sodass keine Addition stattfindet (§ 39 Rdn. 3). Das gilt auch, wenn sie z.B. bei gleichzeitigem Eingang versehentlich unter getrennten Aktenzeichen geführt werden. Das gilt nicht für das **Zusammentreffen von Aufhebungsantrag und Scheidungsantrag,** denn sie haben einen unterschiedlichen Streitgegenstand (OLG Zweibrücken FamRZ 2002, 255: Zöller/*Lorenz* FamFG § 126 Rn. 4; a.A. Madert/*v. Seltmann* Rn. 156). Beim Übergang vom Antrag auf Aufhebung der Ehe zum Scheidungsantrag innerhalb desselben Verfahrens handelt es sich um eine Angelegenheit, die Gegenstandswerte werden nicht addiert (KG FamRZ 2011, 667; OLG München JurBüro 1995, 138).

6 Im Einzelnen bestehen bei der **Ermessensentscheidung** nach § 43 nicht nur zwischen den Familiengerichten, sondern auch den OLG z.T. **erhebliche Unterschiede.** Für eine Prognose der Kosten eines Scheidungsverfahrens ist es daher unabdingbar, sich mit den Bewertungsgrundsätzen des jeweils zuständigen OLG vertraut zu machen.

7 **C. Einzelfaktoren. I. Einkommen.** Gemäß Abs. 2 ist das in den 3 Monaten vor Einreichung des Antrags erzielte **Nettoeinkommen** beider Eheleute oder Lebenspartner maßgeblich. Etwas anderes kann gelten, wenn eine Änderung der Verhältnisse kurzfristig vor Einreichung des Antrags eingetreten ist oder sich für die nächste Zeit sicher abzeichnet, etwa durch Steuerklassenwechsel, Verlust oder Wiederaufnahme einer

Arbeit (OLG Nürnberg FamRZ 2009, 1619; m.w.N.; Zöller/*Feskorn* Anhang FamFG-Verfahrenswerte »Ehesachen«).

1. Begriff. Zum Einkommen zählen in Anlehnung an den unterhaltrechtlichen **Einkommensbegriff** neben den Einkommen aus selbstständiger oder abhängiger Erwerbstätigkeit auch Einkünfte aus Kapital- und Grundvermögen, Steuerrückzahlungen, weiterhin Einkommensersatzleistungen wie Renten etc, Übergangsgeld, Arbeitslosengeld nach SGB III, Krankengeld, Ausbildungsbeihilfen (soweit sie nicht als Darlehen gewährt werden). Elterngeld ersetzt, soweit es den Mindestbetrag von 300 € überschreitet, Erwerbseinkommen (*Scholz* FamRZ 2007, 7) und ist insoweit anzurechnen. 8

Ob **soziale Transferleistungen** ohne Einkommensersatzfunktion zu dem nach Abs. 2 maßgeblichen Einkommen zählen, ist nach wie vor umstritten. Das gilt insb. für Leistungen zur **Grundsicherung** nach dem SBG II oder SGB XII. Verfassungsrechtlich geboten ist weder das eine noch das andere (BVerfG FamRZ 2006, 841 und schon FamRZ 1988, 1139). 9

Von der obergerichtlichen Rechtsprechung werden die Leistungen zur Grundsicherung überwiegend **nicht berücksichtigt** vom OLG *Bremen* 4. Senat FamRZ 2012, 239; OLG *Celle* 12. u. 10. Senat FamRZ 2012, 240, OLG Report Nord 46/2011 Anm. 3; OLG *Dresden* FamRZ 2010, 1939; OLG *Düsseldorf* 2. u. 3. Familiensenat FamRZ 2014, 1802 u. 2006, 807; OLG *Frankfurt*, 4. Familiensenat, FamRZ 2015, 1749.; OLG *Hamburg* OLGR 2006, 269; OLG *Hamm* 2., 5., 6. u. 8. Familiensenat = FamRZ 2011, 1422; FamRB 2012, 149; FamRZ 2009, 543; FamRZ 2012, 897; OLG *Jena* FamRZ 2010, 1934; *KG Berlin* FamRZ 2009, 1854; OLG *Karlsruhe* FuR 2015, 422; OLG *Köln* AGS 2013, 588 u. FamRZ 2009, 1703; OLG *Naumburg* FuR 2012, 207; FamRZ 2009, 639; OLG *Oldenburg* FamRZ 2014. 1802; OLG *Rostock* FamRZ 2007, 1760; OLG Saarbrücken FamRZ 2014, 1227; 2., 4. u. 5. Familiensenat des OLG *Schleswig* FamRZ 2010. 1939; 2009, 1178; OLGR 2009, 793; OLG *Stuttgart* FamRZ 2011, 1810. **Berücksichtigt** werden sie vom OLG *Brandenburg* FamRZ 2013, 2009; 2011, 1423, s.a. OLG Report Ost 50/2015 Anm. 1; OLG *Celle* 15. Senat NJW 2010, 3587; OLG *Düsseldorf* 8. Familiensenat FamRZ 2009, 453; OLG Hamm 13. Familiensenat NZFam 2015, 1072; OLG *Schleswig* 1. Familiensenat FamRZ 2009, 75; OLG *Zweibrücken* FamRZ 2011, 992; und unter der Voraussetzung, dass eine Überleitung ausgeschlossen ist: OLG *Frankfurt*, 6. Familiensenat, FamRZ 2008, 535; OLG *Hamm* 11. Familiensenat FamRZ 2006, 806 sowie für die Vkh: BGH FamRZ 2010, 1324. Dem pflichten zunehmend mehr Stimmen in der Lit. bei (z.B. Gerold/Schmidt/*Müller-Rabe/Mayer* Anh. VI Rn. 452 ff.; *Meyer* § 43 FamGKG Rn. 13; Prütting/Helms/*Klüsener* FamGKG § 43 Rn. 12 ff.; Schneider/Herget/*Thiel* Rn. 7150 ff. u. 7977b; *Nickel* FamRZ 2011, 1811 jeweils mit eingehender Begründung. 10

Eine Anrechnung der Grundsicherung als Einkommen hat den Vorzug, dass sie die Ungleichbehandlung von wirtschaftlich schlecht gestellten Ehegatten mit und ohne Sozialhilfebezug vermeidet. Problematisch ist sie, wenn und soweit der Leistungsträger wegen eines offenkundig bestehenden Unterhaltsanspruchs gegen den anderen Ehegatten von diesem Ersatz (nach § 33 SGB II oder § 94 SGB XII) verlangen kann. Denn dann handelt es sich praktisch um einen durchlaufenden Posten bzw. einen von anderer Stelle erbrachten Trennungsunterhalt, der als solcher nicht zum Einkommen zählt. I.Ü. ist zu beachten, dass, wenn die Hilfe für eine Bedarfsgemeinschaft gewährt wird (z.B. für die Ehefrau und die Kinder), nur der auf den Ehegatten entfallene Anteil als Einkommen angesetzt werden darf, da Hilfeleistungen für andere Mitglieder einer Bedarfsgemeinschaft als deren eigenes Einkommen anzusehen ist (BVerfG FamRZ 1988, 1139, 1140; BVerfGE 55, 148). Da **Wohngeld** nur eine andere Form der Hilfe für Geringverdienende darstellt und wie die Arbeitslosen- und Sozialhilfe an die Bedarfsgemeinschaft geleistet wird, ist es m.E. gleich zu behandeln wie die es sonst mit einschließenden Sozialleistungen (s. *Götsche* FamRB 2010, 376). 11

Kindergeld ist ebenso wie **Unterhaltsvorschuss** Einkommen des Kindes und kann daher nicht den Einkünften der Ehegatten hinzugerechnet werden (vgl. für das Kindergeld OLG Celle FamRZ 2014, 1802; OLG Dresden FamRZ 2010, 1939; OLG Düsseldorf FamRZ 2006, 807; OLG Schleswig 1. Familiensenat FamRZ 2009, 75; a.A. OLG Jena FamRZ 2010, 1934; OLG Brandenburg FamRZ 2011, 755 u. 2008, 120; OLG Hamm FamRB 2012, 149 u. FamRZ 2006, 807; OLG Karlsruhe FamRZ 2008, 2050; OLG Hamm NZFam 2015, 1072; OLG Zweibrücken, FamRZ 2008, 2052). Spätestens seit der Entscheidung des BVerfG vom 14.07.2011 gilt das für das gesamte Kindergeld, denn danach ist auch der betreuende Elternteil verpflichtet, den auf ihn entfallenden Anteil für das Kind zu verwenden (BVerfG FamRZ 2011, 1490 Rn. 37 ff. m. Anm. *Borth*; s.a. BGH FamRZ 2009, 1300, 1309). 12

2. Abzüge. Zur Ermittlung des Nettoeinkommens sind die Einkünfte um die darauf zu entrichtenden Steuern und die Aufwendungen für Krankheits- und Altersvorsorge zu bereinigen. Bei Lohn- und Gehalts- 13

§ 43 FamGKG

empfängern sind neben den Arbeitnehmerbeiträgen zur Sozialversicherung auch angemessene Aufwendungen für eine private Zusatzversorgung zu berücksichtigen.

14 Aus Gründen der Vereinfachung werden vielfach bereits vor der Verdreifachung der Monatseinkommen wertende Abzüge vorgenommen, insb. für **Unterhaltsaufwendungen** für Kinder. Dabei werden mehrheitlich Pauschalbeträge für jedes unterhaltsberechtigte Kind abgesetzt, derzeit zumeist i.H.v. 250 € oder 300 €. (300 € nehmen das OLG Bremen nach *Kindermann* Rn. 101; OLG Brandenburg FamRZ 2011, 755 u. OLG Report Ost 50/2015 Anm. 1; OLG Hamm FamRZ 2012, 897; 2006, 718; OLG Koblenz JurBüro 2011, 305; OLG Stuttgart 18. Senat nach Kenntnis d. Verf.; OLG Zweibrücken FamRZ 2008, 2052; i.Ü. s. Rechtsprechungsübersicht bei Schneider/Herget/*Thiel* Rn. 7180a). Ihr Ansatz rechtfertigt sich auch, wenn das Kindergeld richtigerweise nicht den Eltern als eigenes Einkommen zugerechnet wird, sondern dem Kind (s. Rdn. 9). Zwar übersteigen die Pauschalen bei voller Anrechnung des Kindergeldes teilweise den ungedeckten Barbedarf. Familien mit Kindern haben aber auch Belastungen, die nicht ohne weiteres mit Unterhaltsaufwendungen gleichzusetzen sind (s. KG FamRZ 2009, 1854, 1855; BGH FamRZ 2009, 1300 Rn. 55) Bei nur hälftiger Anrechnung gem. § 1612b Abs. 1 Nr. 1 BGB sind die Pauschbeträge dagegen eher zu niedrig (s.a. OLG Schleswig FamRZ 2009, 75). Den tatsächlichen wirtschaftlichen Belastungen durch Kinder am ehesten gerecht wird die Orientierung am tatsächlichen Bedarf, wie er sich nach Abzug eigener Einkünfte bzw. des (anteiligen) Kindergeldes aus der Düsseldorfer Tabelle ergibt (s.a. OLG Hamm FamRZ 2006, 52; OLG Schleswig OLGR 2003, 272; OLG Brandenburg FamRZ 2003, 76). Leistet ein Ehegatte Barunterhalt für ein nicht gemeinschaftliches Kind, sollte der Zahlbetrag genommen werden.

15 Ob und in welchem Umfang **Schulden** vom Einkommen abzuziehen sind, ist sehr umstritten (vgl. zum Meinungsstand Schneider/Herget/*Thiel* Rn. 7181 ff.; *Kindermann* Rn. 101). Häufig werden zumindest Verbindlichkeiten, die die Lebensverhältnisse der Parteien nachhaltig beeinträchtigen, i.H.d. monatlichen Kreditrate berücksichtigt, während geringwertige Schulden, mit denen allgemein übliche Konsumgüter finanziert werden, außer Betracht bleiben (OLG München FamRZ 2002, 683; OLG Hamburg FamRZ 2003, 1681). Teilweise werden unterschiedslos sämtliche Raten abgezogen (OLG Brandenburg FamRZ 2003, 1676; OLG Celle AGS 2002, 231; OLG Karlsruhe FamRZ 2002, 1135; OLG Stuttgart AGS 2001, 12), was sicher die praktikabelste Lösung ist. Die aus der Kreditaufnahme finanzierten Nutzungsvorteile können gegengerechnet werden (für Hauslasten vgl. OLG Köln FamRZ 2008, 2051, OLG Zweibrücken FamRZ 2008, 2052 m.w.N.).

16 **II. Vermögen.** Das Vermögen der Ehegatten darf bei der Wertbemessung nicht unberücksichtigt bleiben (BVerfG FamRZ 2010, 25). Das gilt auch bei einer einverständlichen Scheidung (OLG Stuttgart FamRZ 2010, 1940). Kurzlebige Vermögensgegenstände, wie Hausrat, Pkw der Mittelklasse, kleinere Sparguthaben bleiben i.d.R. unberücksichtigt (Binz u.a./*Dorndörfer* § 43 FamGKG Rn. 5; Schneider/Herget/*Thiel* Rn. 7200 m.w.N.). I.Ü. muss vorhandenes Vermögen in die Gesamtbewertung einbezogen werden, und zwar grds. auch dann, wenn es sich um sog. Schonvermögen i.S.d. Sozialrechts oder der Vkh handelt (BVerfG FamRB 2006, 271 m. Anm. *Nickel*; OLG Hamm FamRZ 2015, 1748; OLG Celle FamRZ 2013, 149; a.A. OLG Köln NZFam 2016, 185). Das Vermögen ist regelmäßig mit dem **Verkehrswert** zu bewerten, Belastungen und Verbindlichkeiten sind abzuziehen (KG FamRZ 2010, 829; OLG Oldenburg FamRZ 2009, 1173). Da auch insoweit der Stichtag für die Bewertung die Einreichung des Scheidungsantrags ist, bleibt sowohl eine Mehrung als auch eine Minderung des Vermögens während der Instanz außer Ansatz (OLG Koblenz FamRZ 2003, 1681) – zu ihrer Berücksichtigung im Rechtsmittelverfahrens s. Rdn. 23. Dass sein Vorhandensein erst später, z.B. mit der Beschwerdeschrift, bekannt wird, steht dem ebenso wenig entgegen, wie die Uneinigkeit der Parteien über dessen Höhe; notfalls muss das Gericht ein Gutachten einholen (OLG Brandenburg FF 2015, 80). Ein **selbst genutztes Hausgrundstück** kann auch mit seinem Nutzungswert in der Weise berücksichtigt werden, dass das Einkommen um die ersparte Miete erhöht wird (OLG Köln FamRZ 2008, 2051; OLG Zweibrücken FamRZ 2008, 2052; OLG Schleswig AGS 2003, 319; ebenso OLG Dresden FamRZ 2003, 1679 falls sich der Verkehrswert nicht ohne Gutachten feststellen lässt). Dann darf sein Substanzwert nicht zusätzlich als Vermögen berücksichtigt werden (so aber KG FamRZ 2010, 828 m. abl. Anm. *Gottwald*). Umgekehrt ist der Nutzwert richtiger Weise beim Einkommen zu berücksichtigen, wenn ein Familienheim nicht dem Vermögen zugerechnet wird (a.A. OLG Köln NZFam 2016, 185)

17 Vom Vermögen sind zunächst die Schulden abzuziehen. Das verbleibende Reinvermögen wird nach überwiegender Ansicht erst berücksichtigt, wenn es eine bestimmte Schwelle überschreitet. Viele Gerichte orientieren sich dabei in unterschiedlicher Weise an den **Freibeträgen** des § 6 VStG und rechnen von dem sie übersteigenden Vermögen 5 % bis 10 % den Einkünften hinzu, vgl. nachfolgende **Übersicht**.

Oberlandes-gericht:	AZ	Freibetrag in € je		Anrechng. Rest zu	Fundstelle
		Ehegatte	Kind		
Bamberg	*2 WF 149/81, 7 WF 22/81*	*35.000*	*17.500*	*5 %*	*JurBüro 1982, 286 und 1981, 1543*
KG Berlin	18 WF 90/09	30.000	?	bis 10 %	FamRZ 2010, 829
	17 WF 265/13	60.000	?	5 %	FuR 2014, 598
Brandenburg	15 WF 11/14	60.000	10.000	5 %	FamRZ 2015, 529
	13 WF 20/10	30.000	10.000	10 %	FamRZ 2011, 755
Braunschweig	*1 WF 23/79*	*35.000*	*?*	*?*	*JurBüro 1980, 239?*
Celle	12 WF 140/12	30.000	?	5 %	FamRZ 2013, 149
Dresden	20 WF 99/05	30.000	10.000	5 %	FamRZ 2006, 1053
Düsseldorf	II – 7 WF 144/99	35.000	17.500	?	AGS 2000, 29
	II – 1 WF 18/93	35.000	35.000	bis 10 %	FamRZ 1994, 249
Frankfurt	3 WF 178/08	0			FamRZ 2009, 74
		15.000	5.000	5 %	
	2 WF 25/06				nach Herr, FuR 2015, 377, 382
Hamm	II – WF 76/05	64.000	?	5 %	FamRZ 2006, 353
	II – 13 WF 19/15	30.000	?	5 %	FamRZ 2015, 1748
Karlsruhe	5 WF 66/13	15.000	7.500	5 %	FamRZ 2014, 2014
Koblenz	9 WF 860/02	60.000		5 %	FamRZ 2003, 1682
Köln	II – 26 WF 96/95	35.000	35.000	5 %	FamRZ 1997, 37
München	4 WF 36/09	60.000	30.000	5 %	FamRZ 2009, 1703
Nürnberg	10 WF 2550/98	35.000	17.500	5 %	FuR 1999, 95
	7 WF 1710/89	*15.000*	*7.500*	*5 %*	*JurBüro 1989, 1723*
	11 WF 2347/86	*15.000*	*7.500*	*5 %*	*JurBüro 1987, 398*
Saarbrücken	*6 WF 108/81*	*0*	*0*	*5 %*	*JurBüro 1982, 421*
Schleswig	10 WF 3/14	30.000	?	10 %	NZFam 2014, 801
Stuttgart	11 WF 6/15	0		bis 10 %	FamRZ 2016, 164
		60.000			
	18 WF 49/15		30.000	5 %	unveröffentlicht
	17 WF 283/08	15.000	?	variabel	FamRZ 2009, 1176
Zweibrücken	6 WF 196/07	20.000	10.000	5 %	FamRZ 2008, 2052
Hinweis:	Ältere Entscheidungen sind möglicherweise überholt und wurden deshalb kursiv gedruckt.				

§ 43 FamGKG — Ehesachen

Soweit Gerichte bzw. Senate in der Tabelle nicht aufgeführt sind, besagt das nicht, dass sie Vermögen nicht berücksichtigen. So zieht der 4. Familiensenat des OLG Köln (NZFam 2016, 185) neuerdings 10 % des für die Verfahrenskosten nach § 115 Abs. 3 ZPO einzusetzenden Vermögens, also das gesamte Schonvermögen i.S.v. § 90 Abs. 2 SGB XII ab, fälschlicher Weise allerdings ohne dafür den Nutzwert des im konkreten Fall vorhandenen Familienheims beim Einkommen zu berücksichtigen (s. Rdn. 16). Teilweise wird das Vermögen auch durch Erhöhung des Einkommens nach freiem Ermessen in die Bewertung einbezogen (s. z.B. OLG Düsseldorf, 3. Familiensenat, JurBüro 1979, 1333). M.E. sollte das Vermögen jedenfalls nicht rein mathematisch und schematisch den Gegenstandswert bestimmen, insbesondere wenn das rechnerisch gewonnene Ergebnis außer Verhältnis zu Umfang und Bedeutung der Ehesache steht (s.a. OLG Stuttgart, 17. Senat, FamRZ 2009, 1176).

18 **III. Umfang und Bedeutung der Ehesache.** Die **Bedeutung** der Ehesache ist seit dem 1. Eherechtsreformgesetz bei der Wertfestsetzung zunehmend in den Hintergrund getreten. Aus der älteren Rechtsprechung werden als werterhöhend noch mit besondere Stellung der Parteien im öffentlichen Leben oder die lange Ehedauer angeführt (s. Schneider/Herget/*Thiel* Rn. 7236 ff.). Umstritten ist, ob bei Trennungsverfahren nach italienischem Recht, sofern man sie als Ehesache ansieht (s.o. Rdn. 1), ein Wertabschlag gerechtfertigt ist (s. zum Streitstand Karlsruhe FamRZ 1999, 605).

19 Grundsätzlich ist nur auf den **Umfang** der Ehesache und nicht auf den der Folgesachen abzustellen, die einen eigenen Gegenstandswert haben (OLG Dresden FamRZ 2003, 1677). Maßgeblich ist der Umfang des gerichtlichen Verfahrens, nicht der der anwaltlichen außergerichtlichen Tätigkeit (OLG Dresden FamRZ 2003, 1677). Der Umfang erlangt nur dann Bedeutung, wenn das Verfahren in tatsächlicher und rechtlicher Hinsicht vom durchschnittlichen Scheidungs- oder Aufhebungsverfahren abweicht. Die »unstreitige« Scheidung ist der statistische Regelfall und rechtfertigt allein deshalb keinen Abschlag (OLG Dresden FamRZ 2003, 1677; OLG Brandenburg FamRZ 2015, 529 m.w.N.; a.A. OLG Zweibrücken FamRZ 2002, 255 und OLG Stuttgart FamRZ 2009, 1176; FuR 2006, 328, die keinen relativen, sondern einen absoluten Maßstab zugrunde legen).

20 Ein **Abschlag** kommt in Betracht, wenn sich das Verfahren durch alsbaldige Rücknahme des Antrags oder Ruhens mit **wenig Aufwand** erledigt. Dabei werden Kürzungen zwischen 20 % und 50 % vorgenommen (OLG Dresden FamRZ 2002, 1640; OLG Hamburg JurBüro 1994, 492).

21 **Zuschläge** sind dagegen bei Härtescheidungen (§ 1566 Abs. 2 BGB) und Aufhebungsanträgen gerechtfertigt oder bei der Anwendung ausländischen Rechts, sofern dies einen **besonderen Aufwand** erfordert (OLG Karlsruhe FamRZ 2007, 751). Das ist nach OLG Stuttgart (FamRZ 1999, 604) allerdings dann nicht der Fall, wenn das Gericht häufig mit der Anwendung des betreffenden Rechts befasst ist.

22 Auch wenn Folgesachen den Wert der Ehesache grds. nicht berühren, sind dann Ausnahmen geboten, wenn nicht anhängige Folgesachen zu erhöhtem Aufwand führen. So kann die gem. § 128 Abs. 2 FamFG gebotene **Anhörung** der Parteien **zur elterlichen Sorge** und zum Umgang, wenn sie außergewöhnlich umfangreich ausfällt, ohne dass dieser durch zusätzliche Gebühren (z.B. durch eine Einigung) ausgeglichen wird, eine Erhöhung rechtfertigen (so schon OLG Koblenz FamRZ 2001, 1390; a.A. die h.M.: z.B. KG FamRZ 2004, 1739; OLG Stuttgart JurBüro 2004, 319; OLG Jena FamRZ 2004, 130;). M.E. können in gleicher Weise auch umfangreiche **Vorermittlungen** zur Feststellung, ob bei einer Scheidung von Ausländern ein Versorgungsausgleich v.A.w. durchzuführen ist (s. § 50 FamGKG Rdn. 22), dann berücksichtigt werden, wenn es nicht zu einem Ausgleichsverfahren kommt.

23 **D. Rechtsmittelverfahren.** Der für den Gebührenwert maßgebliche Zeitpunkt ist der der Einlegung des Rechtsbeschwerde (§ 34 FamGKG). Verbesserungen der wirtschaftlichen Verhältnisse führen grds. nicht zu einer Wertänderung in der Rechtsmittelinstanz, da sein Wert den der ersten Instanz nicht übersteigen darf (s. § 40 Rdn. 5). Dagegen kann eine Verschlechterung der wirtschaftlichen Verhältnisse der Eheleute bzw. Lebenspartner zu einer Reduzierung des Verfahrenswertes in den Rechtsmittelzügen führen, soweit nicht ein größerer Umfang des Rechtsmittelverfahrens seine Beibehaltung rechtfertigt. Umgekehrt kann die Verbesserung der wirtschaftlichen Verhältnisse eine aus anderen Gründen gebotene Herabsetzung des Gegenstandswerts kompensieren. Bei frühzeitiger Rücknahme des Rechtsmittels ist ein Abschlag angebracht (OLG Dresden FamRZ 2002, 1640). Zur Möglichkeit der Änderung des Gegenstandswertes der ersten Instanz durch die nächste(n) s. § 55 FamGKG Rdn. 5.

§ 44 FamGKG Verbund.

(1) Die Scheidungssache und die Folgesachen gelten als ein Verfahren.
(2) ¹Sind in § 137 Abs. 3 des Gesetzes über das Verfahren in Familiensachen und in den Angelegenheiten der freiwilligen Gerichtsbarkeit genannte Kindschaftssachen Folgesachen, erhöht sich der Verfahrenswert nach § 43 für jede Kindschaftssache um 20 Prozent, höchstens um jeweils 3 000 Euro; eine Kindschaftssache ist auch dann als ein Gegenstand zu bewerten, wenn sie mehrere Kinder betrifft. ²Die Werte der übrigen Folgesachen werden hinzugerechnet. ³§ 33 Abs. 1 Satz 2 ist nicht anzuwenden.
(3) Ist der Betrag, um den sich der Verfahrenswert der Ehesache erhöht (Absatz 2), nach den besonderen Umständen des Einzelfalls unbillig, kann das Gericht einen höheren oder einen niedrigeren Betrag berücksichtigen.

Übersicht

	Rdn.		Rdn.
A. Allgemeines	1	C. Kindschaftssachen als Folgesachen (Abs. 2, 3)	8
B. Abs. 1: Verfahrenseinheit	2	I. Allgemeines	8
I. Kostenverbund	2	II. Wert (Abs. 2)	10
II. Trennung und Verbindung	5	III. Billigkeitsklausel (Abs. 3)	15
III. Rechtsmittelwert	7		

A. Allgemeines. § 44 verbindet in wenig geglückter Weise die zuvor in § 46 Abs. 1 GKG a.F. im Wesentlichen inhaltsgleich enthaltenen Grundsätze zur Wertberechnung bei einer Mehrheit von Gegenständen im Verbundverfahren mit einer Neuregelung des Wertes einer Kindschaftssache im Verbund. Dieser Wert unterscheidet sich bedauerlicherweise weiterhin von dem einer isolierten Kindschaftssache (s. § 45). Damit bestehen die Schwierigkeiten, die sich aus der unterschiedlichen Bewertung bei Trennung und Verbindung ergeben, nach wie vor (s. § 45 FamGKG Rdn. 17). 1

B. Abs. 1: Verfahrenseinheit. I. Kostenverbund. Im Verbundverfahren (s. § 137 FamFG Rdn. 1) sind die Scheidung bzw. ihr gleichgestellte Lebenspartnerschaftssachen und die Folgesachen eine Angelegenheit, mit der Folge, dass die **Werte der einzelnen Gegenstände zusammengerechnet** werden müssen (§ 33 Abs. 1 Satz 2 FamGKG, s.a. §§ 16 Nr. 4 und 5, 22 Abs. 1 RVG). Aus dem verfahrensrechtlichen Verbund folgt auch ein **Kostenverbund**. Da bei Anhängigkeit eines Scheidungsverfahrens der Verbund mit einer rechtzeitig beantragten oder eingeleiteten Folgesache kraft Gesetzes eintritt, sind die Gegenstandswerte selbst dann zusammenzurechnen, wenn das Verfahren unter einem gesonderten Aktenzeichen geführt wird (OLG Koblenz FamRZ 2003, 467). Umgekehrt gilt das Gleiche: Auch bei entsprechendem Antrag bedarf es zur Fortsetzung des Verfahrens als selbstständige Familiensache einer ausdrücklichen Abtrennungsentscheidung des Gerichts, fehlt sie, gilt weiterhin der Kostenverbund (OLG Zweibrücken JurBüro 2000, 649). Ob eine nach § 137 Abs. 2 FamFG **verspätet beantragte Folgesache** bei der Wertberechnung zu berücksichtigen ist, hängt davon ab, wie das Gericht sie behandelt: Weist es denn Antrag ab oder wird er zurückgenommen, so ist er bei der Wertberechnung zu berücksichtigen (OLG Stuttgart FamRZ 2012, 393); wird er abgetrennt, handelt es sich um eine normale Verfahrenstrennung nach § 20 FamFG bzw. § 113 Abs. 1 FamGKG i.V.m. § 145 ZPO (*N. Schneider* NZFam 2015, 20), bei der die Folgesache aus dem Kostenverbund ausscheidet (s. § 6 Rdn. 9). In diesem Fall ist sie für die Gerichtskosten gar nicht und für den Wert der Anwaltsgebühr nur dann zu berücksichtigen, wenn dieser in dem abgetrennten Verfahren nicht mehr tätig wird. Das gilt entsprechend, wenn eine verfristete Folgesache gar nicht erst zur Akte des Scheidungsverfahrens genommen wird. 2

§ 33 Abs. 1 Satz 2 FamGKG, wonach eine **Zusammenrechnung** eines nichtvermögensrechtlichen mit einem aus ihm hergeleiteten vermögensrechtlichen Anspruch unterbleibt, gilt zwischen und im Verhältnis zu Folgesachen nicht. Das regelt der Gesetzgeber jetzt zwar nur i.V.m. dem Wert der Kindesachen in § 44 Abs. 2 Satz 3. Aus der Begründung (BT-Drucks. 16/6308 S. 306) ergibt sich aber der Wille des Gesetzgebers, dies als allgemeinen Grundsatz für das Verbundverfahren insgesamt beizubehalten. 3

Enthält die **Folgesache** selbst **mehrere Ansprüche**, z.B. einen Widerantrag, beurteilt sich die Zusammenrechnung dieser mehreren Gegenstände nach den allgemeinen Regeln (§§ 33 Abs. 1, 37 bis 39 FamGKG). Das gilt auch für **wechselseitige Scheidungsanträge** oder wenn mit einem Scheidungsantrag ein Antrag auf Aufhebung der Ehe hilfsweise oder als Widerantrag verbunden ist (s. § 43 FamGKG Rdn. 4). 4

§ 44 FamGKG — Verbund

5 **II. Trennung und Verbindung.** Der Kostenverbund bleibt auch dann bestehen, wenn eine Folgesache gem. § 140 FamFG **abgetrennt** wird, vgl. auch § 137 Abs. 5 Satz 1 FamFG. Anders ist es nur bei Kindschaftsfolgesachen, die im Fall der Abtrennung gem. § 137 Abs. 5 Satz 2 FamFG ausdrücklich als selbstständiges Verfahren weiterzuführen sind. In diesem Fall wird auch der Kostenverbund gelöst (§ 6 Abs. 2 FamGKG) und auf die abgetrennte Folgesache sind die für Familiensachen dieser Art allgemein geltenden Wertvorschriften anzuwenden (Keidel/*Weber* § 137 Rn. 27; Vogel FPR 2010, 313, 315 m.w.N. s.a. Rdn. 9). Gleiches gilt, wenn ein Verfahren z.B. oder nach Zurückweisung oder Rücknahme des Scheidungsantrags als selbstständige Folgesache nach § 141 oder § 142 Abs. 2 FamFG weitergeführt wird oder wenn eine verspätet beantragte Folgeantrag ganz normal abgetrennt wird (s.o. Rdn. 2).

6 Umgekehrt gelten ab der **Einbeziehung** von ursprünglich isoliert geführten Folgesachen von nun an die Wert- und Kostenvorschriften für den Verbund.
Zu den Werten und Gebühren bei Verfahrenstrennung und -verbindung s.a. § 6 FamGKG Rdn. 12 ff. und ausführlich FA-FamR/*Keske* Kap. 17 Rn. 347 ff.).

7 **III. Rechtsmittelwert.** In der **Rechtsmittelinstanz** gilt der Verfahrens- und damit auch der Kostenverbund in gleicher Weise, allerdings beschränkt auf die angegriffenen Verfahrensgegenstände. Wenn nur Folgesachen angegriffen werden, besteht der Verbund zwischen diesen weiter (BGH FamRZ 1983, 693). Die Werte sind, soweit das Rechtsmittel sie betrifft, zu addieren. Wurde der Scheidungsantrag vom Erstgericht zurückgewiesen, so werden die Folgesachen gegenstandslos; der Wert der Beschwerde errechnet sich dann nur aus der Scheidungssache (v. Eicken AGS 1997, 39). Anders ist es, wenn das Rechtmittelgericht nach einer Aufhebung des abweisenden Beschlusses nicht gem. § 146 Abs. 1 FamFG zurückverweist, sondern über Folgesachen selbst entscheidet. Wird mit der Beschwerde gegen den Scheidungsausspruch auch hilfsweise der Folgenausspruch angegriffen, so bestimmen die Folgesachen den Verfahrenswert nur dann mit, wenn über sie entschieden wird (§ 39 Abs. 1 Satz 2 FamGKG; OLG Hamm FamRZ 1997, 41; HK-FamGKG/*Schneider* § 40 Rn. 28).

8 **C. Kindschaftssachen als Folgesachen (Abs. 2, 3). I. Allgemeines.** Das erste KostRMoG hatte für die die gemeinschaftlichen Kinder betreffenden Folgesachen **elterliche Sorge, Umgangsrecht und Herausgabe** den zuvor als Regelbetrag bzw. Ausgangswert geltenden Betrag von jeweils 900 € als Festbetrag übernommen (s. *Keske* FuR 2004, 193). Er galt unabhängig davon, wie viele Kinder betroffen waren oder welchen Aufwand das Verfahren erfordert hat. Dieser Wert war zu Recht als zu niedrig kritisiert worden, zumal dies insb. bei hohen Werten für die Scheidung dazu geführt hat, dass sich die Folgesache auf die Gebühren überhaupt nicht auswirkt (FA-FamR/*Keske* 6. Aufl. Kap. 17 Rn. 271). Um eine »soziale Schieflage« zu vermeiden (BT-Drucks. 16/6308, S. 306), verknüpft § 44 Abs. 2 FamGKG die Bewertung einer Kindschaftsfolgesache mit dem Wert der Ehesache: **Jede einzelne Kindschaftssache im Scheidungsverbund erhöht den Wert der Ehesache** um 20 %, allerdings unabhängig von der Zahl der betroffenen Kinder (s.u.). Dies soll sicherstellen, dass der Wert der verbundenen Kindschaftssache stets in einem angemessenen Verhältnis zum Wert der Scheidungssache steht und besser verdienende nicht ggü. einkommensschwachen Verfahrensbeteiligten gebührenrechtlich bevorzugt werden (BT-Drucks. 16/6308, S. 306; Prütting/Helms/*Klüsener* FamGKG § 44 Rn. 5). Damit auch für gut verdienende Ehegatten die Regelung einer Kindschaftssache im Verbund ggü. dem isolierten Verfahren weiterhin attraktiv bleibt, wurde der Erhöhungsbetrag gleichzeitig auf 3.000 € begrenzt (s.u.). Besonders geglückt erscheint diese Art der Bewertung einer Kindschaftsfolgesache nicht. Denn in die Bewertung der Ehesache fließen nicht nur die Einkommens- und Vermögensverhältnisse der Ehegatten ein, sondern insb. auch der Umfang bzw. Aufwand des Verfahrens (§ 43 FamGKG Rdn. 19 ff.), der mit dem der Kindschaftssachen i.d.R. nicht identisch ist. Außerdem teilt die Bewertung der Kindschaftssache nun automatisch die Unterschiede bei der Handhabung der in § 43 FamGKG vorgegebenen Bewertungskriterien in den einzelnen OLG-Bezirken. Darüber hinaus wird es wegen des Abstands zwischen den einzelnen Wertstufen in den zum 01.08.2013 novellierten Wertgebührentabellen (s § 80 Rdn. 75) kann es auch weiterhin dazu kommen, dass die Kindschaftssache zu überhaupt keiner höheren Gebühr führt.

9 Wird eine Kindschaftssache nach § 140 Abs. 2 FamG vom Scheidungsverbund **abgetrennt**, ist sie als selbstständige Familiensache fortzuführen (s. § 137 FamFG Rdn. 12). Damit richtet sich ihr Wert nicht mehr nach § 44, sondern nach § 45, der einen (relativen) Festwert von 3.000 € vorsieht (*N. Schneider* NZFam 2015, 1144); dasselbe gilt bei Fortführung einer Kindschaftssache als selbstständige Familiensache nach Abweisung oder Rücknahme des Scheidungsantrags (s. dazu § 45 FamGKG Rdn. 16).

II. Wert (Abs. 2). Nach der jetzt in Abs. 2 getroffenen Regelung erhöht jede Kindschaftssache **den Wert** **10** **der Ehesache um 20 %.** Obwohl mit der Anbindung an den Wert der Scheidung ein Gleichlauf der Werte erzielt werden soll (s.o. Rdn. 8) ist der Erhöhungsbetrag auf **max. 3.000 €** für jede Kindschaftssache begrenzt, was sich aber erst bei einem 15.000 € übersteigenden Wert der Ehesache auswirkt. Aus dem Mindestwert für Ehesachen (jetzt 3.000 €, s. § 43 FamGKG) ergibt sich ein rechnerischer **Mindestwert** für die Kindschaftssache von **600 €**. Sind mehrere Kindschaftssachen, z.B. Sorgerecht und Umgangsrecht, anhängig, gilt der Erhöhungsbetrag für jede von ihnen. Die Werte gelten auch für Verfahren nach § 1666 BGB, wenn sie ausnahmsweise dem Verbund angehören (s. dazu §§ 137, 140 FamFG). Zum Verhältnis zum Wert in isolierten Verfahren und den Auswirkungen eines Wechsels der Verfahrensart s. § 45 FamGKG Rdn. 16 f.
Wird eine Regelung für **mehrere Kinder** begehrt oder erforderlich, handelt es sich gleichwohl nur um einen Verfahrensgegenstand bzw. eine Folgesache (Abs. 2 Satz 1 Halbs. 2; zur Möglichkeit der Anhebung des Wertes in diesem Fall s. Rdn. 15) **11**
Der Wert ist grds. als – durch die Anknüpfung an den Wert der Ehesache – individueller **Festbetrag** und **12** nicht, wie vor dem KostRMoG, als Ausgangswert normiert. Abs. 3 ermöglicht daher eine Abweichung nur ausnahmsweise (s.u.).
Problematisch ist die Bewertung einer nicht mit der Ehescheidung als Folgesache anhängigen Kindschafts- **13** sache beim Abschluss einer **Vereinbarung** oder wenn nur die Kindschaftssache mit einem **Rechtsmittel** angegriffen wird. Da die Kindschaftssache nur den Wert der Ehesache erhöht, diese aber weder Gegenstand des Vergleichs noch des Rechtsmittels ist, könnte in diesen Fällen § 44 Abs. 2 nur angewandt werden, wenn man den Erhöhungsbetrag als eigenständigen Wert auffasst und den Wert der Scheidung nur als Beziehungswert wie in § 50 Abs. 1 (so für Rechtsmittel OLG Frankfurt am Main FamRZ 2015, 953; OLG Karlsruhe 2. FamS, FamRZ 2006, 631 zu § 48 Abs. 3 GKG; s.a. *Vogel* FPR 2010, 313; *Meyer* § 44 Rn. 2; FAKomm-FamR/*Schwolow* Gebührenwerte/Gegenstandswerte Rn. 20, 38, 41; Garbe/Ullrich/*Ebert* § 13 Rn. 78). Dem steht aber der Wortlaut der Vorschrift entgegen, der gerade nicht wie in § 50 Abs. 1 FamGKG für den Versorgungsausgleich einen eigenständigen Wert bestimmt. Selbst wenn der Gesetzgeber dasselbe gewollt hätte wie beim Versorgungsausgleich, hat dies keinen Niederschlag im Gesetz gefunden; eine dahingehende Auslegung verbietet sich schon wegen der negativen Auswirkungen auf die Anwaltsgebühren (BVerfG FamRZ 2005, 26). Richtiger Weise ist daher § 45 FamGKG anzuwenden (schon für Rechtsmittel nach altem Recht: OLG Dresden RVGreport 2010, 472; OLG München FamRZ 2006, 632 f. und jetzt für Vergleiche: OLG Karlsruhe 16. FamS, NZFamR 2015, 1021; *Thiel/Schneider* FamFR 2010, 529; HK-FamGKG/*Schneider* § 44 Rn. 59; Gerold/Schmidt/*Müller-Rabe/Mayer* Anh. VI Rn. 192).
Für die Bewertung von **einstweiligen Anordnungsverfahren**, die in einer Kindschaftssache i.S.v. § 151 **14** Nr. 1 bis 3 FamFG während eines anhängigen Scheidungsverfahrens geführt werden, richtet sich der Ausgangswert (s. § 41 FamGKG Rdn. 2) nach § 45 FamGKG und nicht nach § 44 Abs. 2 (*Vogel* FPR 2010, 313; a.A. *Witte* FPR 2010, 316, 317), da die EA nicht Teil des Verbundverfahrens ist.

III. Billigkeitsklausel (Abs. 3). Wenn der nach dem Wert der Ehesache errechnete Erhöhungsbetrag nach **15** den besonderen Umständen im Einzelfall unbillig ist, kann von dem nach Abs. 2 errechneten Betrag sowohl nach oben als auch nach unten abgewichen und dabei auch die Begrenzung auf 3.000 € überschritten werden (BT-Drucks. 16/6308 S. 306; Prütting/Helms/*Klüsener* FamGKG § 44 Rdn. 12). Im Gegensatz zu dem bis zum KostRMoG geltenden Ausgangswert von 900 € (s.o. Rdn. 8), den das Gericht unter Berücksichtigung aller Umstände des Einzelfalles nach billigem Ermessen herauf- oder herabsetzen konnte (s. Hartmann 33. Aufl. § 12 GKG Rn. 44), gestattet dies § 44 Abs. 3 nur noch ausnahmsweise (s. Vorbem. zu §§ 33 bis 52 Rdn. 2). Dadurch können die zu § 12 Abs. 2 GKG a.F. von der Rechtsprechung für die Abweichung vom Ausgangswert entwickelten Kriterien nicht uneingeschränkt bzw. nur unter der **Voraussetzung einer wesentlichen Abweichung vom Durchschnittsfall** für die Anwendung der Billigkeitsklauseln im FamFG herangezogen werden. Zu den Einzelheiten s. § 45 FamGKG Rdn. 7 ff.).
Anders als bei der Anwendung der Billigkeitsklausel auf Verfahren mit festen Werten, bei denen in erster Li- **16** nie darauf abzustellen ist, ob der Pauschalwert im Einzelfall zu unvertretbar hohen oder zu unangemessen niedrigen Kosten führt (s. § 45 FamGKG Rdn. 4) dürfen die **Vermögens- und Einkommensverhältnisse der Ehegatten** bei der Beurteilung der Unbilligkeit im Fall des § 44 nur unter bestimmten Voraussetzungen berücksichtigt werden, weil diese sich bereits in der Ausgangsgröße niederschlagen (Prütting/Helms/*Klüsener* FamGKG § 44 Rn. 15). Nur wenn der Wert der Ehesache aus anderen Umständen, wie Schwierigkeit und Umfang des Verfahrens, wesentlich mitbestimmt wurde, ohne dass diese Umstände in gleicher Weise auf die Kindschaftssache zutreffen, können die wirtschaftlichen Verhältnisse der Ehegatten bei der Billig-

keitsprüfung herangezogen werden. Dann können sie, um dem mit der Wahl dieser Berechnungsmethode verfolgten Zweck der Vorschrift (s.o. Rdn. 8) gerecht zu werden, auch allein eine Anhebung des nach Abs. 2 ermittelten Erhöhungsbetrags rechtfertigen, wenn z.B. die Ehesache trotz guter wirtschaftlicher Verhältnisse der Ehegatten relativ gering bewertet wurde, die Kindschaftssache aber einen durchschnittlichen Aufwand erforderte. Umgekehrt ist eine Herabsetzung des Erhöhungsbetrags angezeigt, wenn die Ehesache wegen ihrer Schwierigkeit besonders hoch bewertet wird. Weicht die Kindschaftssache hinsichtlich Aufwand und Schwierigkeit von der durchschnittlichen Kindschaftssache gleicher Art ab (s. § 45 FamGKG Rdn. 7 ff.), ist dies natürlich zusätzlich zu berücksichtigen. Ergibt sich ein geringer Erhöhungsbetrag nur wegen des niedrigen Einkommens der Ehegatten, dürfte dies für sich allein auch mit Blick auf die Bedeutung der Verfahrenswerte für die Anwaltsvergütung keine Anhebung rechtfertigen. Denn wie bei der Ehesache greift auch hier das Prinzip der Mischkalkulation (s. dazu BVerfG FamRZ 2003, 293).

§ 45 FamGKG Bestimmte Kindschaftssachen.

(1) In einer Kindschaftssache, die
1. die Übertragung oder Entziehung der elterlichen Sorge oder eines Teils der elterlichen Sorge,
2. das Umgangsrecht einschließlich der Umgangspflegschaft,
3. das Recht auf Auskunft über die persönlichen Verhältnisse des Kindes oder
4. die Kindesherausgabe betrifft,

beträgt der Verfahrenswert 3 000 Euro.
(2) Eine Kindschaftssache nach Absatz 1 ist auch dann als ein Gegenstand zu bewerten, wenn sie mehrere Kinder betrifft.
(3) Ist der nach Absatz 1 bestimmte Wert nach den besonderen Umständen des Einzelfalls unbillig, kann das Gericht einen höheren oder einen niedrigeren Wert festsetzen.

Übersicht

	Rdn.		Rdn.
A. Geltungsbereich............	1	II. Einzelheiten............	6
B. Bewertungsgrundsätze (Abs. 1, 2)....	2	D. Besondere Verfahren........	11
C. Billigkeitsklausel (Abs. 3)........	4	E. Verhältnis zum Wert als Folgesache...	16
I. Grundsatz............	4		

1 **A. Geltungsbereich.** Die Vorschrift betrifft, wie in § 44 Abs. 2 FamGKG, nur Kindschaftssachen nach § 151 Nr. 1 bis 3 FamFG, die nicht im Verbund mit der Scheidung beantragt oder verhandelt werden. Erfasst werden damit sämtliche Verfahren, die die vollständige oder teilweise Übertragung oder Entziehung der elterlichen Sorge, die Regelung des Umgangs, die Auskunft über die persönlichen Verhältnisse und die Herausgabe des Kindes betreffen. Unter **Nr. 1** fallen auch Verfahren, die nur die Personensorge oder nur die Vermögenssorge betreffen. Die Ansicht, dass von den in Nr. 1 genannten Verfahren diejenigen auszunehmen sind, die sich auf die Vermögenssorge beziehen (so aber Prütting/Helms/*Klüsener* FamGKG § 45 Rdn. 3) findet im Gesetz keine Stütze, denn die Vermögenssorge ist Teil der elterlichen Sorge (s. § 1626 Abs. 1 Satz 2, s.a. § 46 FamGKG Rdn. 1). Unter § 45 fallen auch Verfahren nach § 1628 BGB und § 1629 Abs. 2 Satz 3 BGB (Prütting/Helms/*Klüsener* FamGKG § 45 Rdn. 4). Nicht unter Nr. 1 fallen dagegen Verfahren, die sonstige Maßnahmen zum Schutz des Kindes oder seines Vermögens zum Gegenstand haben, insb. Maßnahmen nach § 1667 BGB oder Genehmigungsverfahren. Das hat zwar, soweit es die Vermögenssorge betrifft, die Konsequenz, dass ihre Entziehung häufig billiger ist, als wenn weniger einschneidende Schutzmaßnahmen Gegenstand des Verfahrens sind, lässt sich aber wegen des Gesetzesvorbehalts (§ 1 FamGKG Rdn. 5) nicht vermeiden. **Nr. 2** stellt klar, dass die Umgangspflegschaft Teil des Umgangsverfahrens und nicht gesondert zu bewerten ist (s.u. Rdn. 3). **Nr. 3** wurde im Zuge der Ergänzung der Kindschaftssachen um das Umgangs- und Auskunftsrecht des leiblichen Vaters durch das Gesetz zur Stärkung der Rechte des leiblichen, nicht rechtlichen Vaters zur Klarstellung eingefügt (BT-Drucks. 17/12163, S. 15).

2 **B. Bewertungsgrundsätze (Abs. 1, 2).** Für die in Abs. 1 genannten Kindschaftssachen übernimmt Abs. 1 als Verfahrenswert den vorher in § 30 Abs. 2 KostO i.V.m. § 94 Abs. 2 KostO a.F. vorgesehene Auffangwert von 3.000 €. Anders als dieser fungiert er nicht mehr als Regelwert, der je nach Lage des Falles herauf- oder *herabgesetzt* werden kann, sondern ist grds. ein **Festwert** (s. Vorbem zu §§ 33 bis 52 FamGKG Rdn. 2).

Zwar spricht die Begründung zu § 45 Abs. 1 von einer Übernahme des »nach bisherigem Recht für solche Verfahren vorgesehenen Auffangwert nach § 30 Abs. 2 KostO i.H.v. 3000 Euro« (BT-Drucks. 16/6308, S. 306) meint damit aber nur dessen Höhe, wie sich aus Satz 3 der Begründung ebenso ergibt wie aus der Auflistung aller Festwerte auf S. 301 (BT-Drucks. 16/6308; s.a. Prütting/Helms/*Klüsener* FamGKG § 45 Rdn. 13; Thiel/Schneider FPR 2010, 323, 325; a.A. *Hartmann* FamGKG § 45 Rn. 6: HK-FamGKG *Türck-Brocker* § 45 Rn. 2, 18).

Wie bei diesem führt, wenn das Verfahren **mehrere Kinder** betrifft, dies nicht zu einer Mehrheit von Gegenständen (**Abs. 2**), allenfalls zur Erhöhung des einen Gegenstandswertes (s.u.). Das Gleiche gilt, wenn gegenläufige Anträge oder mehrere Anträge zu Teilbereichen der elterlichen Sorge oder des Umgangs gestellt werden (OLG Celle FamRZ 2012, 1746; OLG Brandenburg FamRZ 2011, 1873; HK-FamGKG/*Türck-Brocker* § 45 Rdn. 16). Werden dagegen **verschiedene Gegenstände**, z.B. Sorge- und Umgangsrecht, im gleichen Verfahren geregelt, so liegen mehrere zusammenzurechnende Gegenstände vor (OLG Frankfurt am Main FamRZ 2001, 1388; *Vogel* FPR 2010, 313 m.w.N.). Die Anordnung und Einrichtung einer **Umgangspflegschaft** ist kein eigenständig zu bewertender Verfahrensgegenstand, sondern wert- und gebührenmäßig Teil des Umgangsverfahrens (s. § 45 Abs. 1 Nr. 2 und Nr. 1310–1319 KV FamGKG Rdn. 10). Wird gegen die Einrichtung der Umgangspflegschaft Beschwerde eingelegt fallen dagegen Gebühren an, die eine Bewertung nach Abs. 1 und 3 erfordern (s. § 4 FamGKG Rdn. 2). Wird in einer Sorgerechtssache zugleich ein **Vormund oder Pfleger bestellt**, handelt es sich um verschiedene Gegenstände. Eine Zusammenrechnung der Werte kommt aber nur in Betracht, wenn eine Pflegschaft für einzelne Rechtshandlungen angeordnet wurde (s. § 6 FamGKG Rdn. 21 und zur Bewertung § 46 FamGKG Rdn. 10).

C. Billigkeitsklausel (Abs. 3). I. Grundsatz. Der Wert des Abs. 1 kann ausnahmsweise, wenn er **nach den besonderen Umständen im Einzelfall unbillig** ist, herauf- oder herabgesetzt werden. Die Billigkeitsklausel des Abs. 3, die gleichlautend sämtlichen Regelungen, die Festwerte bestimmen, beigefügt ist, soll verhindern, dass es wegen der Pauschalierung des Verfahrenswerts im Einzelfall zu unvertretbar hohen oder zu unangemessen niedrigen Kosten kommt (BT-Drucks. 16/6308, 307, OLG Hamm FamRZ 2014, 690; OLG Celle FamRZ 2012, 1747 s.a. Vorbem zu §§ 33 bis 52 FamGKG Rdn. 2). Es reicht mithin nicht aus, dass der Fall von einem Durchschnittsfall nach oben oder unten abweicht, vielmehr muss es sich um eine **wesentliche Abweichung** handeln (OLG Hamm FamRZ 2014, 1971; OLG Celle FamRZ 2012, 1748 m. zust. Anm. *van Els*). Maßgebend sind vielmehr **Umfang und Schwierigkeit der Angelegenheit** (KG FamRZ 2011, 825; OLG Celle FamRZ 2012, 1747). Der Gesetzgeber führt ausdrücklich auch beengte **Einkommensverhältnisse** als besonderen Umstand an (BT-Drucks. 16/6308 S. 306). Damit können nach der gesetzgeberischen Intention besonders beengte Einkommensverhältnisse eine Herabsetzung (KG, FamRZ 2011, 825) und besonders gute eine Erhöhung rechtfertigen.

Stichtag für die Bewertung ist in Antragsverfahren der Eingang des Antrags und in den Verfahren die zumindest auch v.A.w. eingeleitet werden können, das Ende des Verfahrens (§ 34 Rdn. 2). Zu Letzteren gehören vor allem Verfahren nach § 1666 BGB aber auch Umgangsverfahren (Prütting/Helms/*Stößer* § 151 Rn. 15). Der Umfang und die Schwierigkeit lässt sich auch in Antragsverfahren erst gegen Ende des Verfahrens beurteilen (s. § 34 Rdn. 5).

II. Einzelheiten. Da § 30 Abs. 2 KostO, nach dem isolierte Sorgerechtsangelegenheiten gem. § 94 Abs. 2 KostO a.F. bis zum Inkrafttreten des FamGKG zu bewerten waren, ein Regelwert war, den das Gericht anders als § 45 Abs. 1 nach billigem Ermessen herauf- oder herabsetzen konnte (s. Hartmann, 40. Aufl., KostO § 53 Rn. 53 ff.), können die von der Rechtsprechung zu § 30 KostO für die Abweichung vom Regelbetrag entwickelten Kriterien zwar herangezogen, aber nur unter der **Voraussetzung einer wesentlichen Abweichung vom Durchschnittsfall** auch angewendet werden (OLG Celle FamRZ 2013, 723 m.w.N.).

Da für sämtliche unter § 45 fallenden Kindschaftssachen derselbe Wert bestimmt ist, darf man die wesentliche Abweichung nicht nur auf den Aufwand in Verfahren mit demselben Gegenstand beziehen, sondern auf den **durchschnittlichen Aufwand aller Verfahren** (a.A. z.B. OLG Hamm FamRZ 2014, 1806 für Auskunftsantrag nach § 1685 BGB; OLG Karlsruhe FamRZ 2013, 722 für Vermittlungsverfahren).

Eine **Anhebung** des Festwerts kommt in Betracht, wenn der Arbeitsaufwand des Gerichts aufgrund der besonderen Umstände des Einzelfalles das in durchschnittlichen Kindschaftssachen übliche Maß deutlich übersteigt, weil z.B.

- die Sachverhaltsaufklärung besonders arbeits- oder zeitaufwändig war,
- ein umfangreiches Sachverständigengutachten durchzuarbeiten und mit den Beteiligten zu besprechen war,
- außergewöhnlich viele oder lange Anhörungstermine stattfanden,
- das Verfahren aufgrund eines außergewöhnlichen Konfliktpotentials der Beteiligten nur mit einem deutlichen Mehraufwand an Zeit-, Arbeits- und Ressourceneinsatz bewältigt wurde oder

und keine anderweitigen Gesichtspunkte vorhanden sind, die dazu beitragen können, eine ansonsten gebotene Heraufsetzung des Wertes wieder zu relativieren (s. KG Berlin FamRZ 2015, 432; OLG Celle FamRZ 2012, 1747) wie beispielsweise, dass keine Endentscheidung geschrieben werden musste.
Soweit einige Oberlandesgerichte die Einholung eines Gutachtens in Umgangs- und Sorgerechtsverfahren als Regelfall ansehen und die Anhebung vom Hinzutreten weiterer Umstände abhängig machen (vgl. OLG Düsseldorf FuR 2015, 175 = FamRZ 2015, 953 LS; OLG Hamm, 2. u. 5. Familiensenat, FamRZ 2012, 1971 und FuR 2011, 702; s. dazu näher Schneider NZFam 2015, 624), lässt sich diese Einschätzung nur aus der Sicht der zweiten. Instanz nachvollziehen. Beim Familiengericht ist die Einholung eines Sachverständigengutachtens keineswegs die Regel und die Masse der Verfahren findet ihren Abschluss in der ersten Instanz und prägen damit den Durchschnittsfall. Allerdings ist den vorgenannten Entscheidungen insoweit Recht zu geben, als immer eine **Prüfung im Einzelfall** erforderlich ist. So kann der Aufwand für das Gericht relativ gering sein, wenn es nach einem kurzen Termin einen Gutachter beauftragt und die Eltern sich noch während der Begutachtung zu einer einvernehmlichen Lösung kommen. Auf der anderen Seite kann auch ein Verfahren, in dem das Gericht sich viel Zeit mit dem Hinwirken auf ein Einvernehmen der Beteiligten nimmt, auch ohne Gutachten einen außergewöhnlichen Aufwand an Zeit und Arbeitskraft erfordern, der sich nicht im Umfang der Akte niederschlägt. Betrifft das Verfahren **mehrere Kinder**, rechtfertigt dies nur eine Erhöhung, wenn dadurch ein außergewöhnlicher Aufwand verursacht wurde (weil sie z.B. nicht im gleichen sozialen Umfeld leben, KG Berlin FamRZ 2015, 432). **Gegenläufige Anträge** rechtfertigen allein noch keine Abweichung (OLG Schleswig FamRZ 2014, 237). Dasselbe gilt, wenn **mehrere Teilbereiche der elterlichen Sorge** zu regeln sind (OLG Hamm FamRZ 2014, 690; OLG Celle FamRZ 2012, 1746), es sei denn dies führt zu einem außerordentlichen Aufwand.
Eine **Herabsetzung** kommt in Betracht, wenn zwischen den Beteiligten keine Meinungsverschiedenheiten herrschen und das Gericht seiner Entscheidung ihren gemeinsamen Vorschlag bzw. übereinstimmenden Antrag zugrunde legt, z.B. bei einer Sorgerechtsregelung gem. § 1671 Abs. 2 Nr. 1 BGB (OLG Schleswig FamRZ 2012, 241). Gleiches gilt, wenn nur Teilbereiche eines Gegenstandes bzw. Einzelaspekte der elterlichen Sorge zu regeln sind, und wenn damit ein geringerer Aufwand verbunden ist (OLG Brandenburg FamRZ 2013, 724). Das ist bei Streit um das Aufenthaltsbestimmungsrecht selten der Fall (OLG Brandenburg FamRZ 2006, 138). Bei einer Übertragung der Entscheidungsbefugnis gem. § 1628 BGB wird dagegen regelmäßig ein Abschlag vorzunehmen sein (s. Rdn. 6; a.A. OLG Brandenburg JurBüro 2015, 251 = FamRZ 2015, 1750 LS). Indiz gegen eine Herabsetzung kann die gewährte Beiordnung eines Rechtsanwalts i.R.d. Vkh sein (OLG Celle FamRZ 2012, 1748).

8   Eine regelmäßig geringere Bewertung des **Umgangsrechts** im Verhältnis zum Sorgerecht wurde früher schon zu Recht verneint (OLG Brandenburg FamRZ 2006, 138) und ist durch die ausdrückliche Gleichstellung der Verfahren im FamGKG auch nicht mehr zulässig. Streitigkeiten über das Umgangsrecht stehen in ihrer Bedeutung für die Beteiligten und dem Aufwand, mit dem sie geführt werden, denen um das Sorgerecht in nichts nach. Für eine Erhöhung des in Abs. 1 normierten Wertes gilt daher das Gleiche wie beim Sorgerecht (s. Rdn. 7; OLG Hamm FuR 2011, 702).Wurde ein **Umgangspfleger** bestellt, erfordert die Bestellung als solche i.d.R. keinen außergewöhnlichen Aufwand; dies könnte aber auf ein besonders schwieriges Verfahren hindeuten. Eine Herabsetzung kommt hier vor allem dann in Betracht, wenn nur begrenzte Teile des Umgangsrechts zu regeln sind, z.B. für bestimmte Ferienzeiten oder Feiertage, oder nur die Übernachtung streitig ist (KG FamRZ 2011, 825), oder sich die Parteien in einem laufenden Umgangsverfahren über eine Zwischenlösung für eine begrenzte Zeit einigen (s. OLG Celle MDR 2015, 984, das wegen der Ähnlichkeit zur EA den vollen Wert halbiert).

9   Der Wert der **Herausgabeverlangens** richtet sich ebenfalls nach Abs. 1. Eine Herabsetzung erscheint geboten, wenn die Herausgabe im Zusammenhang mit einer ebenfalls streitigen Sorgerechtsregelung, praktisch zu ihrer Vollziehung, begehrt wird (OLG Jena AGS 2014, 573).

10 Wird im Verfahren eine **Einigung** über die elterliche Sorge oder das Umgangsrecht erzielt, rechtfertigt dies *allein noch keine Herabsetzung* des Festwertes, zumal dies allen kein Indiz für ein einfaches Verfahren ist.

Werden in die Einigung noch weitere nicht verfahrensgegenständliche Kindschaftssachen (oder auch andere).einbezogen, sind deren Werte zum Einigungswert zu addieren. Allerdings verneint die Rspr. größtenteils noch m.E. zu Unrecht in Verfahren nach § 1666 BGB den Anfall Einigungsgebühr wegen fehlender Dispositionsbefugnis der Eltern (s. OLG Schleswig FamRZ 2014, 237 m.w.N.) Für Zwischeneinigungen über einen begrenzten Zeitraum einem laufenden Sorge- oder Umgangsverfahren nach h.M. eine Einigungsgebühr jedenfalls dann zugebilligt, wenn sie eine gesondertes EA-Verfahren entbehrlich macht (OLG Zweibrücken FamRZ 2014, 1939 m.w.N. auch zur Gegenmeinung; wegen der Ähnlichkeit zur EA ist es gerechtfertigt, den Wert der Einigung in Anlehnung an § 41 herabzusetzen (OLG Oldenburg, FamRZ 2014, 1939; OLG Celle MDR 2015, 984). Zur Einigungsgebühr in Kindschaftssachen allgemein s. *Schneider* NZFam 2015, 825; FA-FamR/*Keske* Kap. 17 Rn. 335.

D. Besondere Verfahren. Für das **Vermittlungsverfahren** gem. § 165 FamFG ist eine Bewertung nur für die Anwaltsgebühren notwendig, da Gerichtgebühren nicht anfallen, weil das Vermittlungsverfahren weder ein Hauptsacheverfahren in Kindschaftssachen (s. Nr. 1310–1319 KV FamGKG Rdn. 4), noch ein Vollstreckungsverfahren ist. Vielmehr handelt es sich um ein besonderes Güteverfahren, dass eine gerichtliche Regelung gerade vermeiden will (OLG Bremen FamRZ 2015, 2190), für das aber eine im Gebühr im KV nicht bestimmt ist. Dennoch kann sich die Bewertung für die Anwaltsgebühren gem. § 23 Abs. 1 Satz 2 RVG an § 45 orientieren (vgl. zum früheren Recht OLG Brandenburg FamRZ 2006, 1859). Geht es nur um die Vermeidung der zwangsweisen Durchsetzung einer Umgangsregelung gilt über § 25 Abs. 1 Nr. 3 RVG ähnliches (OLG München FamRZ 2011, 1686; OLG Saarbrücken FamRB 2012, 150 m. Anm. *Krause*). 11

Zum Wert der selbstständigen **einstweiligen Anordnungsverfahren** (§ 49 FamFG) ist grds. vom hälftigen Wert der jeweiligen Hauptsache auszugehen (OLG Nürnberg FamRZ 2011, 756). In Ausnahmefällen; insb. wenn die einstweilige Regelung praktisch eine Hauptsacheregelung vorwegnimmt und sie erübrigt, ist auch eine Anhebung auf den vollen Wert der Hauptsache möglich (OLG Stuttgart FamRZ 2011, 757; OLG München FamRZ 1997, 691), z.B. für eine einstweilige Regelung eines Umgangsrechts über unmittelbar bevorstehende Feiertage oder Ferien, s. i.E. § 41 Rdn. 2 ff. 12

In Verfahren nach dem **IntFamRVG** ist der Wert nur für die Anwaltsgebühren festzusetzen, da für die Gerichtskosten Festgebühren vorgesehen sind. Dasselbe gilt in **Vormundschafts- und Pflegschaftssachen**, soweit dort Jahresgebühren anfallen oder wenn die Verfahren gebührenfrei. sind (s. dazu Nr. 1310–1319 KV FamGKG Rdn. 2 ff.). Über § 23 Abs. 1 Satz 2 RVG ist § 45 entsprechend heranzuziehen. Keiner Bewertung bedürfen **Unterbringungsverfahren**, für die der Anwalt Betragrahmengebühren erhält (BGH FamRZ 2012, 1866). 13

Das Verfahren auf **Abänderung** einer früheren Entscheidung (§ 1696 BGB) ist im Verhältnis zum vorausgegangenen Verfahren ein neues, selbstständiges Verfahren (§ 166 Abs. 1 FamFG; FAKomm-FamR/*Ziegler* § 1696 BGB Rn. 19) und damit auch gebührenrechtlich eine neue Angelegenheit, die nach gleichen Grundsätzen, nicht notwendig mit dem gleichen Wert, wie das Ausgangsverfahren zu bewerten ist (§ 31 Abs. 2 Satz 1 FamGKG). Solange das Gericht nur interne Ermittlungen dazu anstellt, ob Anlass für eine Abänderung gegeben ist oder seiner Überprüfungspflicht nach § 166 Abs. 2 und 3 FamFG nachgeht, liegt noch kein kostenrelevantes Verfahren vor (vgl. § 31 FamGKG Rdn. 3). 14

Der Wert des **Rechtsmittelverfahrens** entspricht regelmäßig dem der 1. Instanz, wenn der gesamte Verfahrensgegenstand Beschwerdegegenstand ist. Anders, wenn nur ein abtrennbarer Teil angefochten wird (Korintenberg/*Lappe* KostO 19. Aufl. § 131 Rn. 28 ff.). Dabei ist auch hier bei unverändertem Verfahrensgegenstand ein Hinausgehen über den Wert der ersten Instanz grds. ausgeschlossen (§ 40 Rdn. 5). Das Rechtsmittelgericht kann aber den zu niedrigen Wert der 1. Instanz ebenso wie einen zu hohen korrigieren. (§ 55 Rdn. 9). 15

E. Verhältnis zum Wert als Folgesache. Die **unterschiedliche Wertbemessung** desselben Verfahrensgegenstandes »Kindschaftssache« in isolierten Verfahren und in Verbundverfahren führt, wie vor dem Inkrafttreten des FamFG, in den meisten Fällen zu deutlich abweichenden Werten: Der maximale Erhöhungswert des § 44 Abs. 2 FamGKG von 3.000 € für eine verbundene Kindschaftssache wird erst bei einem Wert der Scheidungssache von 15.000 € erreicht, während für isolierte Verfahren der Wert von 3.000 € grds. für jedes Verfahren vorgegeben ist. Bei einem durchschnittlichen Wert der Ehesache von bisher schätzungsweise 6.000 € liegt die Bewertung der Kindschaftssache im Verbundverfahren zwangsläufig in der Mehrzahl der Fälle deutlich unter der im selbstständigen Verfahren (was auch gewollt ist, s. § 44 FamGKG Rdn. 8). Der Unterschied wirkt sich hauptsächlich auf die Anwaltsgebühren aus. Bei den Gerichtgebühren verhindert 16 der für selbstständige Kindschaftssachen vorgesehene niedrigere Gebührensatz (0,5 statt 2,0 in 1. Instanz, s. § 3 FamGKG Rdn. 11) eine allzu große Differenz.

17 Die **Abtrennung oder Einbeziehung** einer Kindschaftssache vom bzw. in den Scheidungsverbund war schon nach dem bis 31.08.2009 geltenden Kostenrecht durch einen Systemwechsel gekennzeichnet: Während des Verbundes richteten sich die Gebühren und damit der Verfahrenswert als Bemessungsgrundlage nach dem GKG und ansonsten nach der KostO (OLG Frankfurt am Main FamRZ 2006, 1057). Daran hat sich durch die Reform des Familienverfahrensrechts nur insoweit etwas geändert, als die Bewertung jetzt nach dem gleichen Kostengesetz erfolgt, aber weiterhin im Verbund und als selbstständige Familiensache in unterschiedlicher Weise (s.o. Rdn. 16). Wie bei den Gebühren richtet sich auch die Berechnung des Gegenstandswerts einer Kindschaftssache nach der Art des Verfahrens, in dem die Bewertung erforderlich wird. Scheidet die Kindschaftssache aus dem Verbund aus, richtet sich ihr Wert künftig nach § 45 (Keidel/*Weber* § 137 Rn. 27 *Vogel* FPR 2010, 313, 315); wird eine isoliert anhängige Kindschaftssache in den Verbund einbezogen, verliert sie ihren eigenständigen Wert und erhöht gem. § 44 Abs. 2 FamGKG den Wert der Ehescheidung. Allerdings bleiben die einmal aus einem höheren Wert angefallenen Gebühren erhalten (s.a. § 44 FamGKG Rdn. 6 und zur Trennung und Verbindung ausführlich § 6 FamGKG Rdn. 8 ff.).

§ 46 FamGKG Übrige Kindschaftssachen.

(1) Wenn Gegenstand einer Kindschaftssache eine vermögensrechtliche Angelegenheit ist, gelten § 38 des Gerichts- und Notarkostengesetzes und die für die Beurkundung geltenden besonderen Geschäftswert- und Bewertungsvorschriften des Gerichts- und Notarkostengesetzes entsprechend.
(2) ¹Bei Pflegschaften für einzelne Rechtshandlungen bestimmt sich der Verfahrenswert nach dem Wert des Gegenstands, auf den sich die Rechtshandlung bezieht. ²Bezieht sich die Pflegschaft auf eine gegenwärtige oder künftige Mitberechtigung, ermäßigt sich der Wert auf den Bruchteil, der dem Anteil der Mitberechtigung entspricht. ³Bei Gesamthandsverhältnissen ist der Anteil entsprechend der Beteiligung an dem Gesamthandvermögen zu bemessen.
(3) Der Wert beträgt in jedem Fall höchstens 1 Million Euro.

Übersicht	Rdn.		Rdn.
A. Regelungsgehalt...............	1	C. Einzelpflegschaft (Abs. 2)	6
B. Bewertung des Kindesvermögens (Abs. 1) ...	3	I. Allgemeines	6
I. Bedeutung der Vorschrift	3	II. Angelegenheiten der Vermögenssorge ...	9
II. Bewertungskriterien	4	III. Angelegenheiten der Personensorge	10
III. Anwendungsbereich	5	D. Höchstbetrag (Abs. 3)	12

1 **A. Regelungsgehalt.** Die Vorschrift regelt trotz ihrer insoweit missverständlichen Überschrift (»übrige« Kindschaftssachen) keinesfalls abschließend den Gebührenwert für Kindschaftsverfahren, die nicht unter § 44 bzw. 45 FamGKG fallen. Sie regelt direkt nur in Abs. 2 den Gebührenwert für Pflegschaften, die für die Besorgung einzelner Rechtshandlungen (**Einzelpflegschaften**) eingerichtet werden, und knüpft ihn an den Wert des zu besorgenden Geschäfts bzw. der Rechtshandlung an, was in der durch das 2. KostRMoG geänderten Fassung besser zum Ausdruck kommt. Vor allem hierfür dient Abs. 1, der für den Fall, dass Gegenstand einer Kindschaftssache eine vermögensrechtliche Angelegenheit ist, ähnlich wie in § 36 auf bestimmte Geschäftswert- und Bewertungsvorschriften des GNotKG verweist (s.u. Rdn. 3). Der Begriff der **vermögensrechtlichen Angelegenheit** bezieht sich vor allem auf die **Vermögenssorge** (§ 1626 Abs. 1 Satz 2 BGB) und umfasst damit alle tatsächlichen und rechtlichen Maßnahmen einschließlich der Vertretung des Kindes, die darauf gerichtet sind, das Kindesvermögen zu verwalten, zu erhalten und zu vermehren (Staudinger/*Peschel-Gutzeit* § 1626 Rn. 6; zur Abgrenzung zur Personensorge s. Rdn. 10). Abs. 1 regelt somit die Bewertung von Kindschaftsverfahren, die die Vermögenssorge betreffen, soweit nicht die §§ 44, 45 oder 36 heranzuziehen ist (s.u.).

2 Abs. 1 ist **nicht anzuwenden** auf Kindschaftssachen, die die **Übertragung oder Entziehung der Vermögenssorge** betreffen. Denn die §§ 44 und 45 FamGKG gehen auch insoweit dem § 46 vor (Binz/*Dorndörfer* § 46 FamGKG Rn. 1; HK-FamGKG *Thiel* § 46 Rn. 3 ff.; Meyer § 46 FamGKG Rn. 1; Hartmann § 46 FamGKG Rn. 1; a.A. Prütting/Helms/*Klüsener* FamGKG § 45 Rn. 4; *Vogel* FPR 2010, 313, 315). Das mag zwar vom Gesetzgeber anders gewollt sein, ist aber durch die Überschrift des § 46 und dem Fehlen einer die Anwen-

dung auf die Vermögenssorge ausschließende Bestimmung in den §§ 44 und 45 FamGKG nicht Gesetz geworden. Einer erweiternden Auslegung steht der Gesetzesvorbehalt (s. § 1 FamGKG Rdn. 5) entgegen, da es dadurch i.d.R. zu einer höheren Bewertung und damit auch zu höheren Gebühren kommen würde. Für die **Genehmigung einer Erklärung oder deren Ersetzung** enthält § 36 FamGKG eine Spezialregelung, die auch für Kindschaftssachen gilt (BT-Drucks. 16/6308, S. 304).

B. Bewertung des Kindesvermögens (Abs. 1). I. Bedeutung der Vorschrift. Abs. 1 in der seit 01.08.2013 geltenden Fassung verweist § 46 Abs. 1 in der in gleicher Weise wie § 36 auf die entsprechende Anwendung bestimmter für die notariellen Beurkundungen vorgesehenen Vorschriften für den Geschäftswert des GNotKG und die allgemeinen Bewertungsvorschriften. Entgegen der zuvor geltenden Regelung enthält er dadurch nicht mehr nur eine Richtlinie für die Bewertung bestimmter Vermögensbestandteile, sondern regelt nunmehr für die von § 46 erfassten Kindschaftssachen (s. Rdn. 5) den Verfahrenswert insoweit unmittelbar, als das GNotKG besonders auf den Gegenstand des Verfahrens passende Geschäftswertvorschriften enthält. Ist das nicht der Fall, ist der Verfahrenswert weiterhin nach § 42 Abs. 1 unter Heranziehung der Vorgaben des GNotKG für die Bewertung von Sachen und Rechten bzw. nach billigem Ermessen zu bestimmen. Zum Höchstwert s. Rdn. 12. 3

II. Bewertungskriterien. Die Vorschrift enthält keine eigenen Vorgaben für die Bewertung von Vermögen, sondern nimmt wie § 36 Abs. 1 FamGKG auf die Bewertungsvorschriften des GNotKG Bezug. Beide verweisen auf dieselben Regelungen, sodass die dortige Kommentierung (§ 36 FamGKG Rdn. 7 ff.) auch hier herangezogen werden kann. Auch für die Wertfestsetzung nach § 46 Abs. 1 ist die Funktion der Bewertungsvorschriften einerseits und der Geschäftswertvorschriften andererseits zu beachten: Die Bewertungsregeln bestimmen nur wie der Wert einer Sache oder eines Rechts zu ermitteln ist, während die Geschäftswertvorschrift bestimmt, was als Verfahrenswert maßgebend ist (s. § 36 Rdn. 5). Abs. 1 nimmt wie § 36 FamGKG ausdrücklich auch auf § 38 GNotKG Bezug, der die Berücksichtigung von **Verbindlichkeiten** ausschließt, wenn nicht ausnahmsweise etwas anderes bestimmt ist. Die deshalb zu § 36 geäußerten Bedenken wegen der nicht vorhandenen Billigkeitsklausel (s. § 36 FamGKG Rdn. 23) bestehen hier ebenfalls. Nur soweit Abs. 1 für die Bewertung der Ergänzungspflegschaft nach Abs. 2 heranzuziehen ist, kann es nicht zu unbilligen Ergebnissen kommen, weil das Ergebnis der Bewertung dadurch korrigiert wird, dass die Gebühr für eine Einzelpflegschaft der Höhe nach auf die Jahresgebühr einer Dauerpflegschaft begrenzt ist (s. Rdn. 8 und 9). 4

III. Anwendungsbereich. Der Anwendungsbereich ist beschränkt, nachdem für Genehmigungen und deren Ersetzung in vermögensrechtlichen Angelegenheiten § 36 einschlägig ist, für Einzelpflegschaften Abs. 2 und viele Angelegenheiten der elterlichen Vermögenssorge unter die §§ 44 Abs. 2 oder 45 fallen (s.o. Rdn. 2). Daneben verbleiben nur noch Maßnahmen zum Schutz des Kindesvermögens, die andere Anordnungen als die Übertragung oder Entziehung der Vermögenssorge oder Genehmigungen betreffen. Das sind Anordnungen zur Vermögensverwaltung nach § 1666 Abs. 1 BGB (vor allem i.V.m. § 1667 BGB) und ähnliche Maßnahmen, sowie die Anordnung zur Erstellung eines Vermögensverzeichnisses nach § 1640 Abs. 3 BGB (s. OLG Zweibrücken AGS 2015, 431). und die Gestattung des Aufschubs der Auseinandersetzung einer fortgesetzten Gütergemeinschaft bei Wiederverheiratung nach §§ 1493 Abs. 2 Satz 2 BGB. 5
Bedeutung haben die Bewertungsregel des GNotKG darüber hinaus für die Ermittlung des Kindesvermögens zur Bestimmung der Jahresgebühr bei Vormundschaften und Dauerpflegschaften (Binz/*Dorndörfer* FamGKG § 46 Rn. 2) und für den Wert eines Rechtsmittelverfahrens in diesen Angelegenheiten (s. dazu Nr. 1310–1319 KV FamGKG Rdn. 21 f.).

C. Einzelpflegschaft (Abs. 2). I. Allgemeines. Die Vorschrift betrifft nur eine Pflegschaft, die im Gegensatz zur Dauerpflegschaft **nur für einzelne Rechtshandlungen** eingerichtet ist (s. zur Abgrenzung OLG Dresden FamRZ 2010, 1995), weil der Sorgeberechtigte entweder kraft Gesetzes oder aufgrund richterlicher Anordnung (§§ 1629 Abs. 2 Satz 2 i.V.m. 1795, 1796 BGB) von der Vertretung des Kindes ausgeschlossen ist. Es handelt sich damit regelmäßig um eine v.A.w. einzurichtende Ergänzungspflegschaft nach § 1909 BGB. Ihr Wert bestimmt sich nach dem Wert der Rechtshandlung, zu deren Vornahme sie nötig ist. Abs. 2 transportiert damit die bis 31.08.2009 für den Gebührenwert der Einzelpflegschaften nach § 93 Satz 1 bis 3 KostO a.F. maßgebliche Regelung in das FamGKG. Sie stellt sicher, dass die Gebühr für Einzelpflegschaften, die auch die Gebühr für Genehmigungsverfahren und sonstige Kindschaftssachen, die in den Rahmen der 6

§ 46 FamGKG Übrige Kindschaftssachen

Pflegschaft fallen, abgilt (s. Nr. 1310–1319 KV FamGKG Rdn. 9), nicht nach einem geringeren Wert bemessen wird.

7 Keiner Bewertung bedarf es für die Gerichtsgebühren, wenn für den Minderjährigen bereits eine Vormundschaft oder Dauerpflegschaft besteht und die Ergänzungspflegschaft denselben Aufgabenkreis betrifft. In diesem Fall werden für die Ergänzungspflegschaft jedenfalls im ersten Rechtszug **keine Gebühren erhoben** (s. Nr. 1310–1319 KV FamGKG Rdn. 9 und zu den Gebühren in den Rechtsmittelinstanzen Nr. 1310–1319 KV FamGKG Rdn. 21 f.). Dasselbe gilt für die Pflegschaft für ein ungeborenes Kind, die in allen Instanzen gebührenfrei ist (s. Nr. 1310–1319 KV FamGKG Rdn. 2). Soweit für die Anwaltsgebühren ein Wert festzusetzen ist, kann § 46 Abs. 2 entsprechend angewandt werden. In Unterbringungs- und Freiheitsentziehungssachen erübrigt sich eine gesonderte Bewertung, da nach dem RVG keine Wertgebühren anfallen (s. Nr. 6300 ff. VV RVG; BGH FamRZ 2012, 1377).

8 Auch in den nicht gebührenfreien Verfahren wird sich ebenfalls eine **Bewertung häufig erübrigen**, weil die Gebühr für eine Einzelpflegschaft nicht höher sein darf als die Jahresgebühr einer Vormundschaft oder Dauerpflegschaft (Nr. 1313 Anm. 1 KV FamGKG). Diese fällt überhaupt nur an, wenn der Minderjährige über ausreichendes Vermögen verfügt, in das ein Familienheim und außerdem ein **Freibetrag** von 25.000 € nicht eingerechnet werden (s. Nr. 1310–1319 KV FamGKG Rdn. 13).

9 **II. Angelegenheiten der Vermögenssorge.** Bezieht sich die Pflegschaft auf eine Angelegenheit der Vermögenssorge, richtet sich die **Bewertung nach Abs. 1.** Ergänzend bestimmt Abs. 2 Satz 2 und 3, dass im Fall der anteiligen oder der Mitberechtigung zur gesamten Hand nur der dem Kind zustehende Anteil maßgeblich ist (s.a. Prütting/Helms/*Klüsener* FamGKG § 46 Rn. 10). Wird die Pflegschaft für eine erforderliche **Genehmigung** angeordnet, gilt sie auch die Gebühr für das Genehmigungsverfahren selbst ab (s.o. Rdn. 6) und ist deshalb nicht nach Abs. 1, 2, sondern nach § 36 zu bewerten. Bezieht sich die Pflegschaft auf **mehrere Kinder**, so ist das betroffene Vermögen für jedes Kind selbstständig zu bewerten Zwar wird die Gebühr grds. aus den zusammengerechneten Werten errechnet, jedoch werden Kinder, deren Vermögen den Schonbetrag (s.o. Rdn. 8) nicht übersteigt, nicht mitgezählt (s. Anm. 1 zu Nr. 1313 KV FamGKG).

10 **III. Angelegenheiten der Personensorge.** Betrifft die Pflegschaft nicht die Vermögenssorge, richtet sich der Wert der Pflegschaft nach dem Wert der jeweiligen Angelegenheit, für die sie eingerichtet ist. Geht es um die Übertragung oder Entziehung der elterlichen Sorge oder die Herausgabe des Kindes, ist der Wert somit nach § 45 zu bemessen, und zwar m.E. auch, wenn diese im Scheidungsverbund verhandelt wird. Denn die letztlich zu bewertende Pflegschaft ist nicht Teil des Verbundverfahrens. Für eine **Umgangspflegschaft** ist eine Bewertung nur für die Anwaltsgebühr erforderlich, denn neben der Gebühr für das Verfahren, in dem sie angeordnet wird, fällt keine gesonderte Gerichtsgebühr an (s. § 4 Rdn. 2). In den sonstigen und nicht von Gebühren befreiten Verfahren (s.o. Rdn. 7) gilt der Auffangwert des § 42 Abs. 2, 3, sofern das FamGKG keine besonderen Wertvorschriften enthält. **Genehmigungen** in Angelegenheiten der Personensorge richten sich regelmäßig nach dem Auffangwert. Zu ihnen gehört auch die Genehmigung der Rücknahme einer Ermächtigung zur Ausübung eines Erwerbsgeschäfts nach § 112 Abs. 2 BGB (Staudinger/*Peschel-Gutzeit* § 1626 Rn. 59). Umstritten ist, ob die Geltendmachung von **Unterhaltsansprüchen** zur Personensorge gehört (so BGH NJW 1953, 1546; 1955, 217; OLG Zweibrücken, FamRZ 2000, 1324; Staudinger/*Peschel-Gutzeit* § 1626 Rn. 69; a.A. BGH FamRZ 1982, 787; OLG Dresden FamRZ 2010, 1995; MüKoBGB/*Olzen* § 1666 Rn. 134).

11 Bezieht sich die Pflegschaft auf **mehrere Kinder**, so ist der Wert abweichend von § 45 für jedes Kind selbstständig zu bewerten. Denn die Gebühr wird in diesem Fall aus den zusammengerechneten Werten errechnet, jedoch werden Kinder, deren Vermögen den Schonbetrag (s.o. Rdn. 8) nicht übersteigt, nicht mitgezählt (s. Anm. 1 zu Nr. 1313 KV FamGKG). Auch bei nur einem Kind bleibt das Pflegschaftsverfahren u.U. **gebührenfrei**, wenn das Kind über kein oder kein anrechenbares Vermögen verfügt (s.o. Rdn. 8).

12 **D. Höchstbetrag (Abs. 3).** Die Begrenzung des Gebührenwerts auf 1 Mio. € in Abs. 3 bezieht sich nur auf vermögensrechtliche Angelegenheiten. Nach dem RegE sollte sie 500.000 € betragen (BT-Drucks. 16/6308 S. 395). Im Rechtsausschuss wurde sie dann auf 1 Mio. € angehoben (s. Beschlussempfehlung des Rechtsausschusses BT-Drucks. 16/9733 S. 300) um den Gleichlauf mit der Wertgrenze in § 36 FamGKG herzustellen. Für Pflegschaften, die nichtvermögensrechtliche Angelegenheiten betreffen und damit nach § 42 FamGKG zu bewerten sind, verbleibt es bei der Wertgrenze des § 42 Abs. 2 FamGKG. Zur Begrenzung der Gebühr im KV s. Rdn. 8.

§ 47 FamGKG

§ 47 FamGKG **Abstammungssachen.** (1) In Abstammungssachen nach § 169 Nr. 1 und 4 des Gesetzes über das Verfahren in Familiensachen und in den Angelegenheiten der freiwilligen Gerichtsbarkeit beträgt der Verfahrenswert 2 000 Euro, in den übrigen Abstammungssachen 1 000 Euro.
(2) Ist der nach Absatz 1 bestimmte Wert nach den besonderen Umständen des Einzelfalls unbillig, kann das Gericht einen höheren oder einen niedrigeren Wert festsetzen.

Übersicht

	Rdn.		Rdn.
A. Bewertungsgrundsätze	1	I. Bewertung	5
B. Verbindung mit Unterhaltsantrag	5	II. Kosten	6

A. Bewertungsgrundsätze. Abs. 1 übernimmt den früher in § 43 Abs. 3 Satz 1 GKG a.F. für die ehemaligen 1
Kindschaftssachen normierten Wert (Festbetrag) von 2.000 € für die in § 169 Nr. 1 und 4 FamFG aufgeführten **klassischen Statussachen**, wie die Anfechtung der Vaterschaft, die Feststellung des Bestehens oder Nichtbestehens eines Eltern-Kind-Verhältnisses, insb. der Wirksamkeit oder Unwirksamkeit einer Anerkennung der Vaterschaft. Kraft Sachzusammenhangs zählen dazu auch Verfahren auf Anerkennung einer ausländischen Abstammungsentscheidung (s. § 169 FamFG Rdn. 1).
Für die Verfahren nach § 169 Nr. 2 und 3 FamFG gilt ein Wert von 1.000 €. Dabei handelt es sich um die 2
durch das Gesetz zur Klärung der Vaterschaft unabhängig von Anfechtungsverfahren vom 26.03.2008 (BGBl. I, S. 441) neu hinzugekommenen **Ansprüche nach § 1598a BGB** auf Mitwirkung bei der genetischen Abstammungsuntersuchung und Auskunft über das Ergebnis der Begutachtung, die nicht unmittelbar auf eine Statusänderung gerichtet sind (s. § 169 FamFG Rdn. 12 f.).
Werden **mehrere Abstammungssachen** in einem Verfahren geltend gemacht oder gem. § 20 FamFG mit- 3
einander verbunden, sind die Werte gem. § 33 Abs. 1 Satz 1 zusammenzurechnen. Das gilt auch, wenn sie entgegen § 179 Abs. 1 Satz 1 FamFG unterschiedliche Kinder betreffen (vgl. *v. König/Bischof* Rn. 86 und zum alten Recht OLG Köln FamRZ 2005, 1765).
Abs. 2 eröffnet wie bei §§ 44 und 45 Abs. 3 FamGKG die Möglichkeit, diese Werte den besonderen Um- 4
ständen des Einzelfalles anzupassen. Eine Erhöhung kommt insb. in Betracht, wenn die Feststellung der Abstammung für das Kind deshalb von besonderer Bedeutung ist, weil der potenzielle Erzeuger über weit überdurchschnittliches Einkommen und Vermögen verfügt (BT-Drucks. 16/6308 S. 306; *Vogel* FPR 2010, 313, 315).

B. Verbindung mit Unterhaltsantrag. I. Bewertung. Wird die Vaterschaftsfeststellung mit einem **Unter-** 5
haltsantrag nach §§ 237 i.V.m. 179 Abs. 1 FamFG **verbunden**, ist gem. § 33 Abs. 1 Satz 2 FamGKG nur der höhere der beiden Verfahrenswerte heranzuziehen (OLG Naumburg FamRZ 2008, 1645; OLG Köln FamRZ 2001, 779 m.w.N.). Das ist nach den derzeit geltenden Mindestunterhaltsbeträgen regelmäßig der Wert des Unterhaltsantrags, der sich einschließlich der bis zur Einreichung des Antrags aufgelaufenen Rückstände (OLG Koblenz JurBüro 1998, 417; *Vogel* FPR 2010, 313, 315) nach § 51 Abs. 1 und 2 FamGKG errechnet (s. dazu § 51 FamGKG Rdn. 10, 24). Grds. verbleibt es nach herrschender Meinung bei dem höheren Wert für den Unterhaltsantrag auch dann, wenn die Vaterschaft nicht festgestellt wird (OLG Naumburg FamRZ 2008, 1645; OLG Saarbrücken AGS 2002, 185; OLG Karlsruhe FamRZ 1995, 492; a.A. *Lappe* NJW 1993, 1365; OLG Bamberg, JurBüro 1990, 95). Will der Antragsteller das damit verbundene Kostenrisiko vermeiden, müsste er den Unterhaltsantrag entweder erst nach Abschluss der Beweisaufnahme hierzu stellen oder ausdrücklich nur für den Fall der (positiven) Feststellung der Vaterschaft, damit die Bewertungsregel des § 39 Abs. 1 Satz 2 FamGKG für Hilfsanträge (s. § 39 FamGKG Rdn. 6) greift, obwohl man m.E. den Antrag auch dahin gehend auslegen könnte, dass der Unterhaltsantrag stillschweigend nur für den Fall der Feststellung der Vaterschaft gestellt ist.

II. Kosten. Die einheitlich zu treffende **Kostenentscheidung** richtet sich m.E. nach den §§ 81 ff. FamFG 6
(s. § 183 FamFG Rdn. 16 ff.). Bei den **Gebühren** ist mangels anderweitiger Regelung (s. § 1 FamGKG Rdn. 5) zu trennen: Aus dem Wert der Unterhaltssache fallen Gebühren nach Teil 1, Hauptabschnitt 2, Abschnitt 2 des KV an und aus dem Wert der Abstammungssache nach Teil 1, Hauptabschnitt 3, Abschnitt 2 des KV und sind an sich getrennt zu berechnen. Da aber die Summe der Gebühren aus den Einzelwerten gem. § 30 Abs. 3 FamGKG den einer Gebühr nach dem höchsten Gebührensatz (hier für den Unterhalt

Keske

§ 48 FamGKG   Ehewohnungs- und Haushaltssachen

nach Teil 1, Hauptabschnitt 2, Abschnitt 2 des KV) aus dem Gesamtwert nicht übersteigen darf, wird i.d.R. eine getrennte Berechnung (s. Beispiel § 30 FamGKG Rdn. 4) überflüssig sein.

§ 48 FamGKG Ehewohnungs- und Haushaltssachen.

(1) In Ehewohnungssachen nach § 200 Absatz 1 Nummer 1 des Gesetzes über das Verfahren in Familiensachen und in den Angelegenheiten der freiwilligen Gerichtsbarkeit beträgt der Verfahrenswert 3 000 Euro, in Ehewohnungssachen nach § 200 Absatz 1 Nummer 2 des Gesetzes über das Verfahren in Familiensachen und in den Angelegenheiten der freiwilligen Gerichtsbarkeit 4 000 Euro.
(2) In Haushaltssachen nach § 200 Absatz 2 Nummer 1 des Gesetzes über das Verfahren in Familiensachen und in den Angelegenheiten der freiwilligen Gerichtsbarkeit beträgt der Verfahrenswert 2 000 Euro, in Haushaltssachen nach § 200 Absatz 2 Nummer 2 des Gesetzes über das Verfahren in Familiensachen und in den Angelegenheiten der freiwilligen Gerichtsbarkeit 3 000 Euro.
(3) Ist der nach den Absätzen 1 und 2 bestimmte Wert nach den besonderen Umständen des Einzelfalls unbillig, kann das Gericht einen höheren oder einen niedrigeren Wert festsetzen.

Übersicht

	Rdn.		Rdn.
A. Regelungsgehalt............................	1	I. Nutzungsentschädigung................	3
B. Einzelheiten...................................	2	II. Rechtsmittel- und andere Verfahren.....	6
I. Billigkeitskorrektur....................	2	III. Einigung, Vergleich....................	7
C. Einzelheiten...................................	3		

1 **A. Regelungsgehalt.** Für Zuweisung der Ehewohnung und Verteilung der Haushaltsgegenstände sind in **Abs. 1 und 2** ausschließlich **Festwerte** festgelegt. Sie gelten sowohl für isolierte Verfahren als auch im Scheidungsverbund. Es wird zwischen Regelungen, die während der Trennungszeit i.d.R. nur die Nutzung betreffen (§§ 1361a und 1361b BGB) und den endgültigen Besitz oder Eigentum verschaffenden Regelungen nach der Scheidung (§§ 1568a und 1568b BGB) differenziert. Für Letztere beträgt der Gebührenwert in Ehewohnungsverfahren 4.000 € und in Haushaltssachen 3.000 €. Für die Gebrauchsregelungen während der Trennung gilt grds. ein geringerer Wert: 3.000 € in Ehewohnungs- und 2.000 € in Haushaltssachen. **Abs. 3** eröffnet die Möglichkeit, den jeweiligen Festwert den besonderen Umständen des Einzelfalles anzupassen um zu verhindern, dass es zu unvertretbar hohen oder unangemessen niedrigen Kosten kommt. Werden gleichzeitig Anträge in Haushalts- und zur Ehewohnungssachen gestellt, sind die Verfahrenswerte zu addieren.
§ 48 ist z.T. auch heranzuziehen, wenn nur eine Nutzungsentschädigung verlangt wird (s. Rdn. 3). Ob es sich um eine Ehewohnungs- oder Hauhaltssache handelt (s. dazu § 200 FamFG Rdn. 2 ff. u. 13 ff.), bedarf grundsätzlich keiner Klärung für die Wertfestsetzung. sondern richtet sich allein danach, ob das Verfahren vom Gericht als FG-Verfahren nach § 200 FamFG geführt wurde oder als Familienstreitsache. Ist Ersteres der Fall, richtet sich die Verfahrensgebühr nach Nr. 1320 ff. KV FamGKG und ihr Wert nach § 48, sonst nicht. Zur Bewertung, wenn Ehewohnungs- oder Haushaltssachen mit einer Familienstreitsache verbunden sind, s. Rdn. 5.

2 **B. Einzelheiten. I. Billigkeitskorrektur.** Eine **Herabsetzung** ist geboten, wenn der Streit nur noch Teile des Verfahrensgegenstandes betrifft, wie die Nutzung einzelner Räume in der Ehewohnung, oder wenn bei einer Regelung nach § 1361b BGB die Scheidung kurz bevorsteht. Gleiches gilt, wenn sich die Parteien hinsichtlich eines Teils des Haushalts bereits verbindlich geeinigt haben und es nur noch um einzelne Gegenstände geht (*Brudermüller* FamRZ 1999, 199). Eine **Erhöhung** der Werte kommt dagegen in Betracht, wenn es sich z.B. um besonders teure Wohnungen (OLG Brandenburg FamRZ 2015, 1317) oder besonders wertvoll eingerichtete Haushalte handelt oder das Verfahren außergewöhnlich schwierig oder aufwendig ist (OLG Celle FamRZ 2014, 379; *Türck-Brocker* FPR 2010, 308, 311). Dabei ist allerdings zu beachten, dass Maßstab die durchschnittliche Ehewohnungs- oder Haushaltssache ist, die i.d.R. nicht zu den einfachen Verfahren gehören.

3 **C. Einzelheiten. I. Nutzungsentschädigung.** Die Werte des § 48 gelten auch für eine **separat beanspruchte Nutzungsentschädigung in der Trennungszeit** (OLG Brandenburg FamRZ 2015, 1317; OLG Koblenz FamRZ 2014, 629 m.w.N.). § 1361b Abs. 3 Satz 2 BGB geht auch bei gemeinsamen Eigentum oder einge-

räumten Wohnrecht dem Anspruch aus § 745 Abs. 2 BGB vor (BGH FamRZ 2014, 460). Das muss entsprechend für eine **Ausgleichszahlung** für die Übernahme von Hauhaltsgegenständen nach § 1568b Abs. 3 BGB gelten.

Wird im selben Verfahren die **Zuweisung und Nutzungsentschädigung** nach §§ 1361a Abs. 3 oder 1361b Abs. 3 BGB oder eine Ausgleichszahlung nach § 1568b Abs. 3 BGB beansprucht (**Anspruchshäufung**), erhöht dies den Verfahrenswert nicht (Prütting/Helms/*Klüsener* FamGKG § 48 Rn. 4; so schon nach altem Recht OLG Köln FamRZ 2007, 234). § 48 bestimmt ausdrücklich einen einheitlichen Wert für das gesamte Verfahren, der auch die Entscheidung über die Nutzungsentschädigung umfasst. Wird sie beantragt, kann der Mehraufwand im Rahmend der Billigkeitsklausel ausreichend berücksichtigt werden. Selbst wenn man gebührenrechtlich von verschiedenen Verfahrensgegenständen ausgeht, wären die Werte wegen der wirtschaftlichen Identität nicht zusammenzurechnen (s. § 33 FamGKG Rdn. 2), sondern nur der höchste heranzuziehen (*N. Schneider* FF 2015, 478; im Ergebnis ebenso *Türck-Brocker* in HK-FamGKG, 2. Aufl. § 48 Rn. 31). 4

Verlangt der aus der in seinem Miteigentum stehenden Ehewohnung ausgezogene Ehegatte vom bleibenden **nach der Scheidung** ein **Nutzungsentgelt nach § 745 Abs. 2 BGB** oder eine Nutzungsentschädigung als Alleineigentümer (zur Anspruchsgrundlage s. Johannsen/Henrich/*Götz* § 200 FamFG Rn. 11) ist die Bewertung nach § 42 Abs. 1 FamGKG vorzunehmen und nicht nach § 48, da es sich nicht um eine Ehewohnungssache handelt (h.M. s. *N. Schneider* FF 2015, 478 m.w.N.; anders nur OLG Hamm 6. FamS, FamRZ 2013, 1421). Für die Rückstände ist § 35 anzuwenden; die künftig fällig werdenden Beträge sind nach § 42 Abs. 1 zu bewerten und können entweder entsprechend § 9 ZPO mit dem 3 1/2-fachen des jährlichen Nutzungsentgelts angesetzt werden (OLG Frankfurt FamRZ 2014, 1732; HK-FamGKG/*Türck-Brocker* § 48 Rn. 26) oder mit dem Jahresbetrag (s. OLG Köln FamRZ 2001, 239, das auf § 41 Abs. 1 GKG zurückgreift, bzw. OLG Naumburg FamRZ 2015, 953 und *N. Schneider* FF 2015, 478, die § 51 Abs. 1 Satz 1 analog anwenden). Wird in selben Verfahren die **Zuweisung der Wohnung zusammen mit der Nutzungsentschädigung** geltend gemacht, ohne dass eine Trennung erfolgt, besteht wirtschaftliche Identität, sodass allein der höheren Anspruch den Verfahrenswert bestimmt (*N. Schneider* FF 2015, 478). Dennoch sind sie getrennt zu bewerten und zusätzlich der Gesamtwert zu ermitteln, da die Gebühr nach § 30 zu berechnen ist (s. § 30 FamGKG Rdn. 4). 5

II. Rechtsmittel- und andere Verfahren. § 48 ist auch auf die **Rechtsmittelverfahren** anzuwenden. Ist in zulässiger Weise nur noch ein Teil des in 1. Instanz anhängigen Verfahrensgegenstandes betroffen, dürfte eine Herabsetzung des erstinstanzlichen Wertes nach Abs. 3 geboten sein. Ansonsten entspricht der Wert in der Rechtsmittelinstanz regelmäßig dem der 1. Instanz, den er gem. § 40 Abs. 2 FamGKG auch nicht überschreiten darf. Für **einstweilige Anordnungen** nach § 49 FamFG ist grds. vom hälftigen Wert der jeweiligen Hauptsache auszugehen (s. i.E. § 41 Rdn. 2 ff.). Eine Erhöhung nach Abs. 3 ist angebracht, wenn absehbar ist, dass die Trennungszeit alsbald endet und die einstweilige damit praktisch einer endgültigen Regelung für die Trennungszeit gleichkommt. Für eine nach der Scheidung begehrte e.A. wird regelmäßig eine Herabsetzung auf den für die Trennungszeit geltenden hälftigen Wert geboten sein, da auch sie nur auf eine vorläufige Nutzung ohne Eigentumsänderung abzielt (OLG Jena FamRZ 2012, 737). Der Wert eines **Abänderungsverfahrens** nach § 48 FamFG ist grundsätzlich wie das Erstverfahren zu bewerten. Geht es nur um die Verlängerung der Räumungsfrist, die nach der KostO nur zu einem Bruchteil des Jahresmietwerts angesetzt wurde (Korinthenberg/*Lappe* 19. Aufl. § 100 KostO Rn. 23), bietet sich eine Herabsetzung nach § 48 Abs. 3 FamGKG an (HK-FamGKG/*Türck-Brocker* § 48 Rn. 33). 6

III. Einigung, Vergleich. Einigung, Vergleich: Die relativen Festwerte gelten auch für den Wert einer Einigung über die Haushaltsachen und die Ehewohnung. Einigen sich die Beteiligten darauf, dass ein Ehegatte den Hausrat behält und dem anderen einen **Ausgleich für die Übernahme** zahlt, ist dies einerseits immer eine Einigung über eine endgültige Verteilung der Haushaltsachen nach § 1568b BGB und regelmäßig wie diese zu bewerten. Bei der Übernahme des gesamten Hausrats handelt es sich um einen Austauschvertrag der mit dem Zahlungsbetrag zu bewerten ist, es sei denn, der hälftige Wert des Hausrats liegt deutlich darüber. Gleiches gilt bei Übernahme der im Miteigentum stehenden Ehewohnung. Übernimmt ein Ehegatten das Alleineigentum an der Wohnung, ist ebenfalls der Zahlbetrag maßgeblich (s.a. § 36 FamGKG Rdn. 8). Auf keinen Fall sind Leistung und Gegenleistung zusammenzurechnen (§ 33 FamGKG Rdn. 1). Sind die Wohnung und der Hausrat bereits verteilt, rechtfertigt die **bloße Feststellung** in einer Scheidungsfolgenvereinbarung »Wohnung und Hausrat sind verteilt« einen Wertansatz nur, wenn ein besonderes Interesse 7 an der Feststellung besteht (str. s.a. § 42 FamGKG Rdn. 23). Das ist bspw. dann der Fall, wenn noch nicht sicher war, ob die zuvor erfolgte Aufteilung endgültig sein soll (*Madert* AGS 1998, 81).

§ 49 FamGKG Gewaltschutzsachen.

(1) In Gewaltschutzsachen nach § 1 des Gewaltschutzgesetzes und in Verfahren nach dem EU-Gewaltschutzverfahrensgesetz beträgt der Verfahrenswert 2 000 Euro, in Gewaltschutzsachen nach § 2 des Gewaltschutzgesetzes 3 000 Euro.
(2) Ist der nach Absatz 1 bestimmte Wert nach den besonderen Umständen des Einzelfalls unbillig, kann das Gericht einen höheren oder einen niedrigeren Wert festsetzen.

Übersicht	Rdn.		Rdn.
A. Allgemeines	1	B. Einzelfragen	3

1 **A. Allgemeines.** Die Wertvorschrift für Gewaltschutzsachen betrifft unterschiedliche Regelungsgegenstände: den Erlass von Schutzanordnungen (§ 1 GewSchG) und die Wohnungszuweisung (§ 2 GewSchG). Für beide werden **Festbeträge** in Abs. 1 festgelegt, für die Schutzanordnungen nach § 1 GewSchG 2.000 € und für die Wohnungszuweisung 3.000 €. Auch sie können, wenn sie im Einzelfall zu unbilligen Kosten führen, herauf- oder herabgesetzt werden (Abs. 2). Der Festbetrag nach Abs. 1, erste Alt. gilt nunmehr auch für Verfahren nach dem am 11.01.2015 in Kraft getretenen EU-Gewaltschutzverfahrensgesetz (BGBl. I 2014, S. 1964, 1972; s. dazu *Dutta* FamRZ 2015, 85; *H. Schneider* FamRB 2015, 112), für die im Wesentlichen die gleichen Wertgebühren wie in den sonstigen Gewaltschutzsachen erhoben werden.

2 Eine **Abweichung** vom Festbetrag (**Abs. 2**) dürfte vor allem bei Anordnungen nach § 1 GewSchG geboten sein, wenn die Bedrohung oder Belästigung eher geringfügig oder umgekehrt außergewöhnlich schwerwiegend ist und/oder über eine Vielzahl von Schutzanordnungen verhandelt wird (s.a. *Thiel/Schneider* FPR 2010, 323, 326). Eine Erhöhung dürfte auch in einem Vollstreckungsabwehrverfahren nach § 23 EUGewSchVG angezeigt sein (s.a. BT-Drucks. 18/2955, S. 37). Bei der Frage, ob geringes Einkommen des Antragstellers eine Herabsetzung rechtfertigt, muss auch berücksichtigt werden, dass § 21 Abs. 1 Satz 2 FamGKG den Antragsteller eines Gewaltschutzverfahrens ausdrücklich von der Haftung (als Zweitschuldner) ausnimmt (s.o. §§ 21 bis 27 FamGKG Rdn. 8).

3 **B. Einzelfragen.** Werden in einem Verfahren sowohl Anordnungen nach § 1 als auch nach § 2 GewSchG beantragt, handelt es sich um **verschiedene Gegenstände**, deren Werte zu addieren sind (OLG Frankfurt am Main FamRB 2015, 183; OLG Nürnberg FamRZ 2008, 1468;). Das gilt aber nicht für mehrere Anordnungen nach § 1 GewSchG im gleichen Verfahren (*N. Schneider* NZFam 2015, 908 m.w.N.; vgl. zur Anhebung des Festwerts in diesem Fall Rdn. 2).

4 Die **Fristverlängerung** ist ein neues Verfahren nach § 48 Abs. 1 FamFG und hat grds. den gleichen Wert wie die ursprüngliche Anordnung (OLG Frankfurt am Main FamRZ 2007, 849). Ob der Wert nach Abs. 2 herabzusetzen ist, ist eine Frage des Einzelfalls (Herabsetzung bejaht z.B. vom OLG Saarbrücken, 20.10.2010 – 6 UF 102, FamRZ 2011, 1087 – insoweit nicht abgedruckt – für den Rechtsmittelwert).

5 Der Verfahrenswert in der **Rechtsmittelinstanz** richtet sich ebenfalls nach § 49.

6 Der Wert **einstweiliger Anordnungen** nach § 214 FamFG beträgt nach § 41 FamGKG i.d.R. die Hälfte der Wertes der Hauptsache (OLG Schleswig FamRZ 2011, 1424; BT-Drucks. 16/6308 S. 300; s.a. § 41 FamGKG Rdn. 2). Der Wert kann auch unterschritten werden, wenn das Verfahren nach einer ohne Anhörung des Gegners erlassenen Anordnung endet (OLG Saarbrücken FamRZ 2010, 1936). Wird in einem Anordnungsverfahren sowohl die Zuweisung der Wohnung als auch sonstige Schutzanordnungen nach § 1 GewSchG begehrt, sind die Werte zusammenzurechnen (OLG Frankfurt FamRB 2015, 183; s. Rdn. 3 und zur Bewertung bei einer Einigung OLG Schleswig FamRZ 2011, 1424; s.a. § 41 FamGKG Rdn. 4 ff.).

§ 50 FamGKG Versorgungsausgleichssachen.

(1) ¹In Versorgungsausgleichssachen beträgt der Verfahrenswert für jedes Anrecht 10 Prozent, bei Ausgleichsansprüchen nach der Scheidung für jedes Anrecht 20 Prozent des in drei Monaten erzielten Nettoeinkommens der Ehegatten. ²Der Wert nach Satz 1 beträgt insgesamt mindestens 1 000 Euro.

Versorgungsausgleichssachen **§ 50 FamGKG**

(2) In Verfahren über einen Auskunftsanspruch oder über die Abtretung von Versorgungsansprüchen beträgt der Verfahrenswert 500 Euro.
(3) Ist der nach den Absätzen 1 und 2 bestimmte Wert nach den besonderen Umständen des Einzelfalls unbillig, kann das Gericht einen höheren oder einen niedrigeren Wert festsetzen.

Übersicht

	Rdn.		Rdn.
A. Allgemeines	1	D. Billigkeitsprüfung (Abs. 3)	16
B. Wertermittlung nach Abs. 1	5	E. Anpassung der Versorgung (§§ 33, 34	
I. Prozentsatz	6	VersAusglG)	19
II. Anrechte	7	F. Abänderungsverfahren nach §§ 225 ff.	
III. Einkommen	12	FamFG und § 51 VersAusglG	20
IV. Rechtsmittelwert	14	G. Gebühren und Werte in den Fällen des	
C. Auskunft und Abtretung (Abs. 2)	15	§ 224 Abs. 3 FamFG	22

A. Allgemeines. Das FamGKG hatte ursprünglich die erst zum 01.07.2004 durch das KostRMoG im GKG 1 (§ 49 a.F.) und in der KostO (§ 99 a.F. Abs. 3 und 4) für sämtliche Versorgungsausgleichsverfahren eingeführten Festbeträge übernommen und sie lediglich um die jetzt in sämtlichen Festbetragsregelungen enthaltene Billigkeitsregelung ergänzt. Mit der **Strukturreform des Versorgungsausgleichs** wurde auch § 50 neu gefasst und an die geänderte Struktur des Versorgungsausgleichs angepasst (Art. 13 VAStrRefG BGBl. I 2009, S. 700, 723). Dabei wurden die bisherigen allgemeinen Festwerte in Anlehnung an die Neuregelung der Wertbemessung in Kindschaftssachen teilweise zu individuellen Festwerten für jedes einzelne Anrecht umgestaltet, die an das Einkommen der Eheleute anknüpfen. Damit soll dem konkreten Aufwand der Gerichte und Anwälte Rechnung getragen und gleichzeitig die Einkommensverhältnisse der Eheleute berücksichtigt werden (BT-Drucks. 16/10144, S. 111).

§ 50 ist auf alle Versorgungsausgleichsverfahren nach dem Versorgungsausgleichsgesetz anzuwenden, und 2 zwar sowohl für isolierte Verfahren, als auch für Verfahren im Verbund mit der Scheidung oder Aufhebung einer Lebenspartnerschaft. Gemäß der **Übergangsregelung** in Art. 111 Abs. 5 FGG-RG in der Fassung des Art. 22 VAStrRefG (BGBl. I 2009, S. 700, 723) gilt es seit dem 01.09.2010 auch für sämtliche Versorgungsausgleichsverfahren, die übergangsweise noch nach altem Recht durchzuführen waren. Die einzige Ausnahme bilden Rechtsmittelverfahren, bei denen die erste Instanz noch vor dem 01.09.2010 beendet war (s Art. 111 FGG-RG Rdn. 2 ff.). Ansonsten gilt sowohl für den im Verbund durchzuführenden Versorgungsausgleich als auch für abgetrennte oder als selbstständige FG-Verfahren geführte Versorgungsausgleichssachen das neue Recht und damit die Wertvorschrift des § 50 FamGKG. Zur Bewertung eines Verfahrens nach **§ 51 VersAuslG** auf Abänderung eines nach altem Rechts durchgeführten Versorgungsausgleichs s. Rdn. 21.

Für Ausgleichsverfahren, die vor dem 01.09.2010 aus einem nach altem Recht geführten Scheidungsver- 3 bundverfahren abgetrennt wurden oder bei Inkrafttreten des FGG-RG bereits abgetrennt waren, galt nach **Art. 111 Abs. 4 FGG-RG** sofort das neue Recht und damit auch § 50 FamGKG (vgl. BGH FamRZ 2011, 1219 m.w.N.). Dasselbe gilt für Altverfahren die vor dem Stichtag ausgesetzt oder zum Ruhen gebracht und später wieder aufgenommen wurden oder werden (**Art. 111 Abs. 3 FGG-RG**); zur Frage ihrer Bewertung s. Rdn. 13.

Mit Einführung des neuen Versorgungsausgleichs ist die Frage der **Einleitung des Verfahrens** neu entfacht. 4 Sie wird unter dem Gesichtspunkt seiner Bewertung einmal hinsichtlich des maßgeblichen Stichtags (Bewertungszeitpunkts) problematisiert und zum anderen im Zusammenhang mit der dem Gericht in § 224 Abs. 3 FamFG auferlegten Verpflichtung, in bestimmten Fällen die Nichtdurchführung des Ausgleichs festzustellen.
– Letzteres ist allerdings keine Bewertungsfrage, sondern ein Problem des Gebührenanfalls (s. dazu Rdn. 24).
– Zum bisherigen Recht waren sich Rechtsprechung und Literatur einig, dass der im Scheidungsverbund durchzuführende öffentlich-rechtliche Versorgungsausgleich (jetzt Wertausgleich bei Scheidung) ein **Amtsverfahren** ist und nicht mit dem Scheidungsantrag eingeleitet wird, sondern wie andere Amtsverfahren auch einer besonderen Einleitung bedarf, die sich von der verfahrens- und gebührenrechtlich irrelevanten Vorprüfung durch ihre Außenwirkung unterscheidet (BGH FamRZ 1993, 176; OLG Frankfurt am Main FamRZ 2010, 2097; KG FamRZ 1987, 727, s.a. Zöller/*Philippi* ZPO 27. Aufl. § 623 Rn. 23, 23a; Musielak/*Borth* 6. Aufl., § 623 ZPO Rn. 24). Vornehmlich um einen Gleichlauf zwischen den Bewertungsstichtagen

§ 50 FamGKG Versorgungsausgleichssachen

für die Einkommensermittlung zum Versorgungsausgleich und für die Ehescheidung herzustellen, der für Amtsverfahren und Antragsverfahren unterschiedlich ist (s. Rdn. 12), wird vielfach vertreten, dass der nach § 137 Abs. 1, Abs. 2 Satz 2 FamFG in den Zwangsverbund fallende Versorgungsausgleich bereits durch den Scheidungsantrag eingeleitet wird, z.T. wird ihm sogar der Charakter als Amtsverfahren abgesprochen (OLG Dresden FamRZ 2011, 483; OLG Jena FamRZ 2011, 38; FamRZ 2010, 2099 und *Schneider* FamRZ 2010, 87). Dies wirkt sich unmittelbar auf den Anfall bzw. die **Entstehung der Verfahrensgebühr** für den Versorgungsausgleich aus: Bedarf es einer Einleitung durch das Gericht (so richtigerweise Prütting/Helms/ *Helms* § 137 Rn. 55; MüKoFamFG/*Heiter* § 137 Rn. 74; Keidel/*Weber* § 137 Rn. 23) entsteht die Gebühr erst mit der Aufnahme von für die Beteiligten erkennbarer Ermittlungen (s. §§ 9 bis 11 FamGKG Rdn. 8 ff.). Vorher muss das Gericht prüfen, ob überhaupt ein Wertausgleich bei der Scheidung v.A.w. durchzuführen ist. Denn auch ein im Zwangsverbund mit der Scheidung stehender Ausgleich muss nur durchgeführt werden, wenn es voraussichtlich zur Scheidung kommt (s. § 1587 BGB). Hält das Gericht den Scheidungsantrag für unbegründet ein kein Versorgungsausgleich eingeleitet werden (*Borth* VA, Rn. 1214); dasselbe gilt, wenn der Scheidungsantrag zurückgenommen wird, bevor sich das Gericht mit der Sache befasst hat. Darüber hinaus muss ein Versorgungsausgleich bei Scheidung mit internationalen Bezug nur unter den Voraussetzungen des Art. 17 Abs. 3 Satz 1 EGBGB v.A.w. durchführt werden. – Zu den Besonderheiten bei einem vertraglichen Ausschluss und bei kurzer Ehedauer s. Rdn. 23 ff. – Erledigt sich da Scheidungsverfahren während der Vorprüfung fallen mangels Einleitung eines Versorgungsausgleichsverfahren keine Gerichtsgebühren an. Würde es dagegen mit dem Scheidungsantrag anhängig oder eingeleitet, würde mit jeder Einreichung eines Scheidungsantrag sofort die Verfahrensgebühr für die Folgesache Versorgungsausgleich entstehen, die sich bei vorzeitiger Erledigung des Scheidungsverfahrens nur noch ermäßigen kann (s. § 3 FamGKG Rdn. 6). Für diese Schlechterstellung des Kostenschuldners fehlt es an einer gesetzlichen Grundlage (s. § 1 FamGKG Rdn. 5). Das VersAusglG hat die bis dahin geltend. Regelungen, aus denen sich die Eigenschaft des öffentlich-rechtlichen Versorgungsausgleichs als Amtsverfahren ergab (§ 1587 Abs. 1 BGB a.F; § 623 Abs. 1 Satz 3 ZPO a.F.), praktisch unverändert für den Wertausgleich bei Scheidung in § 1587 n.F. und § 137 Abs. 2 Satz 2 FamFG übernommen (BT-Drucks. 16/6308, S. 230; 16/10144, S. 53, 93). Aus der Erläuterung zur Übergangsvorschrift des § 48 Satz 1 VersAusglG, demzufolge ein im Scheidungsverbund durchzuführender Versorgungsausgleich i.S.d. Übergangsvorschrift mit dem Scheidungsantrag eingeleitet wird (BT-Drucks. 16/10144, S. 87), lässt sich ebenfalls kein Eigenschaftswechsel herleiten (so aber OLG Düsseldorf FamRZ 2010, 2102). Sie beschränkt sich auf die Handhabung der Übergangsvorschrift und stellt insoweit fest, dass es für die übergangsrechtliche Zuordnung des Versorgungsausgleichs. auf die Anhängigkeit des Scheidungsantrags ankommen soll, wie dies allgemein für Folgesachen gilt (BGH FamRZ 2012, 1785 Rn. 10). I.Ü. ist die Umdeutung des Wertausgleichs bei Scheidung nach den §§ 9 bis 19, 28 VersAusglG in ein Antragsverfahren oder seine Gleichsetzung mit ihm auch nicht erforderlich, um einen Gleichlauf der Einkommensermittlung für die Bewertung des Versorgungsausgleichs und der Ehescheidung herzustellen. Hierfür reicht eine den Kostenschuldner deutlich weniger belastende teleologische Anpassung der Stichtagsregelung in § 34 aus (s. Rdn. 12).

5 **B. Wertermittlung nach Abs. 1.** In Anlehnung an die Wertermittlung für die Kindschaftssachen im Scheidungsverbund (s. § 44 Abs. 2 FamGKG) knüpft die Wertermittlung in Versorgungsausgleichssachen, mit Ausnahme der in Abs. 2 genannten Nebenverfahren, an die **Zahl der Anrechte und** dem **Einkommen der Ehegatten** an. Anders als bei den vorgenannten Kindschaftssachen basiert der Wert nicht auf dem Wert der Ehesache, sondern bezieht sich nur auf das in 3 Monaten gemeinsam erzielte Nettoeinkommen der Ehegatten oder Lebenspartner (s.u. Rdn. 12). Davon wird eine bestimmter Prozentsatz für jedes Anrecht angesetzt, und zwar 10 % für jedes Anrecht, das nach den §§ 9 bis 19, 28 VersAusglG auszugleichen ist, und 20 % für Anrechte, die auf Antrag nach §§ 20 bis 26 VersAusglG schuldrechtlich ausgeglichen werden sollen. Der Prozentsatz vervielfältigt sich demzufolge mit der Zahl der Anrechte unabhängig von ihrem wirtschaftlichen Wert. Der sich daraus ergebende Verfahrenswert darf, vorbehaltlich der Billigkeitsregelung in Abs. 3 (Rdn. 16 ff.), den **Mindestwert** von 1.000 € nicht unterschreiten. Endet das Verfahren vorzeitig, ohne dass sämtliche Auskünfte eingeholt worden sind, ist der Wert anhand der bislang vorliegenden Erkenntnisse über die Zahl der einzubeziehenden Anrechte zu schätzen, mindestens aber mit 1.000 € anzusetzen. Zur Wertberechnung im Fall negativer Feststellungsentscheidungen nach § 224 Abs. 3 FamFG s.u. Rdn. 22.

6 **I. Prozentsatz.** Entgegen dem allgemeinen Sprachverständnis (*Keuter* FamRZ 2011, 1029) kommt es für *die Wahl des Prozentsatzes* nicht darauf an, wann der Versorgungsausgleich durchgeführt wird, ob als Fol-

gesache mit der Ehescheidung zusammen oder erst nach ihrer Rechtskraft als selbstständiges Verfahren. Der Begriff »Ausgleichsansprüche nach der Scheidung« bezieht sich vielmehr auf die systematische **Unterteilung der Anrechte im VersAusglG nach der Art ihres Ausgleichs** in solche, die unter Teil 1 Kapitel 2 Abschnitt 2 unter der Überschrift »Wertausgleich bei Scheidung« zusammengefasst und die grundsätzlich durch interne oder externe Teilung nach den §§ 9 bis 18 VersAusglG auszugleichen sind, und denen, die von vorn herein oder soweit sie noch nicht ausgleichsreif waren (s. Rdn.) schuldrechtlich auszugleichen sind und für die die Art und Weise des Ausgleichs in Abschnitt 3 unter der Überschrift »Ausgleichsansprüche nach der Scheidung« geregelt ist. Allein für diese Ansprüche bzw. die sie betreffenden Anrechte hat der Gesetzgeber für die Bewertung einen höheren Prozentsatz bestimmt. Das erschließt sich allerdings erst aus der den Gesetzesmaterialien (vgl. Beschlussempfehlung des Rechtsausschusses. BT-Drucks. 16/11903, S. 61), da § 50 Abs. 1 FamGKG anders als in § 223 FamFG keinen Bezug auf die betroffenen Vorschriften des VersAusglG nimmt. Der **erhöhte Prozentsatz (20 %)** gilt mithin **nur für** den **schuldrechtlichen Ausgleich** nach den §§ 20 bis 26, 28 VersAusglG (mittlerweile h.M. OLG Naumburg FuR 2012, 387; m. Anm. *Viefhues*; OLG Nürnberg FamRZ 2011, 132; OLG Jena FamRZ 2011, 38; *Türck-Brocker* FPR 2010, 308 m.w.N. s.a. OLG Frankfurt FamRZ 2014, 1303 zum Anspruch nach § 25 VersAusglG) oder für eine den schulrechtlichen Ausgleich ersetzende Vereinbarung, aber nicht bei Vereinbarung des schuldrechtlichen Ausgleichs anstelle einer gesetzlich vorgesehenen Teilung von Anrechten. Für alle **übrigen Anrechte** gilt der allgemeine Prozentsatz von **10 %** unabhängig davon, ob das Verfahren eine Folgesache ist oder eine selbstständige FG-Familiensache. Er gilt auch für eine nach **§ 28 VersAusglG** auszugleichende Invalidenrente (Prütting/Helms/*Klüsener* § 50 Rn. 4), die auch verfahrensrechtlich nicht zu den Ausgleichansprüchen »nach der Scheidung« zählt, weil der schuldrechtliche Versorgungsausgleich nur an die Stelle einer internen oder externen Teilung tritt (Palandt/*Brudermüller* § 28 VersAusglG Rn. 5). Es können u.U. im selben Verfahren für einzelne Anrechte unterschiedliche Prozentsätze heranzuziehen sein, wenn neben der v.A.w. durchzuführenden Teilung von Anrechten der schuldrechtliche Ausgleich nicht teilungsfähiger Anrechte beantragt wird.

II. Anrechte. Der einfache oder erhöhte Prozentsatz ist nach § 50 Abs. 1 auf »jedes Anrecht« anzuwenden. 7
Der im Entwurf zum VersAusglG noch enthaltene Zusatz »auszugleichende« wurde auf Vorschlag des Rechtsausschusses gestrichen. Damit sollte klargestellt werden, »dass **jedes verfahrensgegenständliche Anrecht** [Hervorhebung durch Verf.] bei der Bestimmung des Verfahrenswerts zu berücksichtigen ist, und zwar auch dann, wenn es im Ergebnis nicht zu einem Ausgleich im Wege einer internen oder externen Teilung kommt« (BT-Drucks. 16/11903, S. 61). Alle Unklarheiten wurden damit allerdings nicht beseitigt. Einigkeit besteht darüber, dass **nicht** sämtliche Anrechte, die die Ehegatten in die Fragebögen eintragen oder dem Gericht mitteilen, darunter fallen, sondern es sich um Anrechte handeln muss, für die dem Grunde nach überhaupt ein Wertausgleich bei Scheidung durchzuführen ist (OLG Karlsruhe FamRZ 2014, 1226; OLG Hamburg FamRZ 2013, 149; OLG Stuttgart FamRZ 2012, 1647). Damit scheiden Anrechte aus, die nicht in der Ehezeit erworben wurden (OLG Stuttgart NJW 2010, 2221; OLG Naumburg FamFR 2012, 112; OLG Brandenburg FamRZ 2014, 1808; a.A. OLG Hamburg FamRZ 2013, 48, das sie dafür im Rahmen der Billigkeitserwägung ausnimmt) oder ihrer Art nach nicht zu den in § 2 Abs. 1 und 2 VersAusglG genannten Anrechten gehören (OLG Koblenz AGS 2011, 456). Die Angaben der Ehegatten können schon deshalb nicht die Anzahl der in den Wertausgleich einzubeziehenden Anrechte bestimmen, weil es in dem v.A.w. zu betreibenden Verfahren allein dem Gericht obliegt, Inhalt und Umfang des Verfahrens festzulegen und nicht den lediglich mitwirkenden Beteiligten. Deshalb ist auch ein nicht dem VA unterliegendes Anrecht mitzuzählen, wenn das Gericht es fälschlicherweise einbezieht und ausgleicht, wie umgekehrt ein vom Gericht übersehenes Anrecht nicht nachträglich hinzugezählt werden kann (a.A. OLG Brandenburg FamRZ 2014, 1301; zur Einbeziehung in der Rechtsmittelinstanz s. Rdn. 14.). Beim (schuldrechtlichen) **Wertausgleich nach Scheidung** bestimmt dagegen der jeweilige Antragsteller durch seinen Antrag den Verfahrensgegenstand. Wird das **Verfahren** zu einem Zeitpunkt **vorzeitig beendet**, in dem die Zahl der einzubeziehenden Anrechte noch unbekannt ist, ist sie anhand der bislang vorliegenden Erkenntnisse zu schätzen, fehlen jegliche Anhaltspunkte ist der Wert mindestens mit 1.000 € anzusetzen (*Wick* FuR 2011, 605, 609 m.w.N.).

Problematisch sind die in **§ 19 Abs. 2 VersAusglG** genannten Anrechte, für die ein Wertausgleich bei Scheidung nicht stattfindet und die gem. § 19 Abs. 1 Satz 2 VersAusglG auf den Ausgleich nach der Scheidung verwiesen werden: 8
Neben den Anrechten, für die von vornherein überhaupt kein Ausgleich in Betracht kommt, weil sie entweder außerhalb der Ehezeit erworben wurden oder ihrer Art nach nicht dem Wertausgleich bei Scheidung

§ 50 FamGKG Versorgungsausgleichssachen

unterliegen (s. Rdn. 7), sind auch **ausländische Anrechte nicht einzubeziehen**, weil sie mangels Regelungskompetenz des deutschen Gesetzgebers (Krenzler/Borth/*Stieghorst* Kap. 11 Rn. 271; s.a. § 19 Abs. 2 Nr. 4 VersAusglG) kein Verfahrensgegenstand des Wertausgleichs bei Scheidung sein können (OLG Stuttgart FamRZ 2012, 1647; OLG Saarbrücken FamRZ 2013, 41; OLG Celle FamRZ 2013, 903). Dem steht nicht entgegen, dass das Gericht sie nach § 224 Abs. 4 FamFG in der Begründung seiner Endentscheidung benennen soll. Denn dabei handelt es sich lediglich um einen Hinweis, der den ausgleichsberechtigten Ehegatten daran erinnern soll, dass ihm ein schuldrechtlicher Anspruch zustehen könnte (Johannsen/Henrich/*Holzwarth* § 19 VersAusglG Rn. 24). Auch die nach § 19 Abs. 3 VersAusglG erforderliche Prüfung, ob wegen des ausländischen Anrechts der Wertausgleich bei Scheidung unbillig ist, erhebt es nicht selbst zum Verfahrensgegenstand. Die Prüfung der sog. Ausgleichssperre erhöht nur den Aufwand des gesamten Verfahrens wie bei einer Prüfung der Unbilligkeit des Ausgleichs nach § 27 VersAusglG, was über die Billigkeitsklausel (s. Rdn. 16 ff.) auch beim Verfahrenswert berücksichtigt werden kann und sollte. Anders ist es nur, wenn ihr schuldrechtlicher Ausgleich bereits im Scheidungsverbund beantragt wird.

9 **Einzubeziehen sind** dagegen **verfallbare Anrechte** oder Anrechte, deren **Ausgleich unwirtschaftlich ist** (§ 19 Abs. 2 Nr. 1 und 3 VersAusglG). Sie nehmen ihrer Art nach grundsätzlich am Wertausgleich bei Scheidung teil und werden nur wegen der Besonderheit des Einzelfalls auf den schuldrechtlichen Ausgleich verwiesen. Sowohl die Verfallbarkeit als auch die Unwirtschaftlichkeit werden regelmäßig erst im Verfahren selbst ermittelt und festgestellt. Da es auf das Ergebnis nicht ankommt (s. Rdn. 7), sind sie in gleicher Weise Gegenstand des Verfahrens wie unverfallbare Anrechte bzw. Anrechte, deren Ausgleich nicht unwirtschaftlich ist (OLG Karlsruhe FamRZ 2014, 1227) zu bewerten, und zwar mit 10 %, weil der (spätere) schuldrechtliche Ausgleich nicht Verfahrensgegenstand ist. Das hat allerdings zur Folge, dass in einem späteren Verfahren über den schuldrechtlichen Ausgleich nochmals Gebühren anfallen, wobei das Anrecht dann mit 20 % des maßgeblichen Einkommens der (ehemaligen) Ehegatten bewertet wird. Die Tatsache, dass für das noch nicht verfallbare Anrecht kein Wertausgleich durchgeführt wird, reduziert den Arbeitsaufwand im Regelfall auch nur unwesentlich, während die Feststellung der Unwirtschaftlichkeit ihn eher erhöht (OLG Stuttgart FamRZ 2012, 1647). Dem berechtigten Unbehagen an der möglichen Doppelbelastung kann durch Anwendung der Billigkeitsklausel (im zweiten Verfahren) unschwer begegnet werden (s. Rdn. 18).

10 Bei **Anrechten mit abschmelzenden Leistungen** (§ 19 Abs. 2 Nr. 2 VersAusglG) besteht die Besonderheit, dass regelmäßig nur ein Teil des Anrechts betroffen und deshalb gesondert auszugleichen ist (Johannsen/Henrich/*Holzwarth* § 8 VersAusglG Rn. 9 ff.). Dieser abschmelzende Teil ist schuldrechtlich auszugleichen und im späteren Ausgleichsverfahren mit 20 % vom Einkommen zu bewerten. Beim Wertausgleich bei Scheidung bleibt er unberücksichtigt, während der nicht abschmelzende Teil des Anrechts regulär mitzählt.

11 **Mehrere Anrechte bei einem Versorgungsträger** sind jeweils einzeln zu berücksichtigen. Das gilt nach h.M. auch für die angleichungsdynamischen und nicht angleichungsdynamischen Anrechte der **gesetzlichen Rentenversicherung** (sog. Ost- bzw. Westanrechte, vgl. OLG Brandenburg FamRZ 2015, 529 m.w.N. auch zur Gegenmeinung; s.a. BGH FamRZ 2012, 192) und ebenso für die Knappschaftsrente (OLG Karlsruhe FamRZ 2012, 1306). Fraglich ist, ob das auch für eine **betriebliche Altersversorgung** gilt, die sich aus verschiedenen Bausteinen mit unterschiedlichen wertbildenden Faktoren zusammensetzt (z.B. die der Volkswagen AG), die zwar getrennt zu berechnen und auszugleichen sind, aber Bestandteil der einen auszugleichenden BAV bleiben und nur »wie ein einzelnes Anrecht« gesondert behandelt werden (ablehnend OLG Stuttgart FamRZ 2012, 1718 m.w.N.; a.A. HK-FamGKG/*Schneider* § 50 Rn. 23). In beiden Fällen ist aber regelmäßig eine Überprüfung des Verfahrenswerts auf Unbilligkeit nach § 50 Abs. 3 angezeigt (s. Rdn. 18).

12 **III. Einkommen.** Der Bezugspunkt für die Berechnung des Wertes jedes einzelnen Anrechts ist dem Wortlaut nach identisch mit der Bewertungsvorschrift des § 43 Abs. 2, der ebenfalls für die Bewertung der Ehesache als Ausgangspunkt das **dreimonatige Nettoeinkommen** definiert. Nach der Begründung soll damit der Gleichklang zwischen beiden Bewertungsvorschriften hergestellt und die Bewertung vereinfacht werden (BR-Drucks. 343/08 S. 262). Das spräche dafür, auf die Einkommensbewertung in § 50 die gleichen Grundsätze anzuwenden, wie sie die Rechtsprechung für das in Ehesachen anzurechnende Einkommen entwickelt hat. Andererseits stellt die Begründung an gleicher Stelle das monatliche Nettoeinkommen mit den Erwerbseinkünften gleich und nimmt es als Indikator für den Wert der erworbenen Anrechte. Stellt man richtigerweise diesen Aspekt in den Vordergrund, darf das Erwerbseinkommen nur um Steuern und Aufwendungen für Kranken- und Altersvorsorge und ggf. Werbungskosten bereinigt werden, nicht aber um besondere Belastungen für Kindesunterhalt u.ä. und schon gar nicht um Schulden (h.M. vgl. OLG Brandenburg FF 2015, 80; OLG Nürnberg FamRZ 2012, 1750 m.w.N.; s.a. Borth Rn. 1120; HK-FamGKG/*Thiel*

§ 50 Rn. 16). In diesem Fall können folgerichtig dann zu den Einkünften nur noch solche aus einer selbstständigen oder unselbstständigen Erwerbstätigkeit oder sie ersetzende Leistungen, wie Krankengeld, Arbeitslosengeld nach SGB III, Renten, Pensionen und gleichwertige Leistungen aus privaten Altersvorsorgeverträgen u.ä., zählen, nicht aber Unterhalt und sonstige Sozialleistungen, die keine Entgeltersatzfunktion aufweisen.

Maßgeblich ist, wie in § 43 Abs. 2, das in den letzten 3 Monaten vor dem jeweiligen **Bewertungsstichtag** erzielte Nettoeinkommen beider Ehegatten (§ 43 Rdn. 7). Dieser ändert sich auch nicht, wenn das Verfahren abgetrennt, ausgesetzt oder zum Ruhen gebracht wird, d.h. abzustellen ist auf das Einkommen zum Zeitpunkt der Einreichung des Scheidungsantrags und nicht auf das bei Wiederaufnahme bezogene (ebenso für Übergangsfälle nach Art. 111 Abs. 3 FGG-RG OLG Dresden FamRZ 2015, 326 m.w.N.). Problematisch ist, dass nach § 34 Abs. 2 FamGKG die Bewertung für den von Amts wegen einzuleitenden Ausgleich das Verfahrensende maßgeblich ist (s. § 34 Satz 2). Dadurch würden im Verbundverfahren, in dem der Versorgungsausgleich richtiger Weise nach wie vor von Amts wegen einzuleiten ist (s. Rdn. 4) die Stichtage für die Einkommensbewertung für die Ehesache und für den Versorgungsausgleich auseinander fallen. Aus Gründen der Praktikabilität und der gesetzgeberische Intention folgend, nach der der Gleichklang zur Bewertungsvorschrift des § 43 FamGKG den Aufwand für die Wertfestsetzung im Versorgungsausgleich begrenzen soll (BT-Drucks. 16/10144, S. 111), ist es gerechtfertigt, das zur Bewertung der Scheidung nach § 43 Abs. 2 FamGKG ermittelte (unbereinigte) Nettoeinkommen auch für die Bewertung nach § 50 Abs. 1 heranzuziehen (OLG Brandenburg FamRZ 2013, 2009); zumal das Einkommen hier nicht zur Beurteilung der Leistungsfähigkeit dient, sondern als Indikator für den wirtschaftlichen Wert der Versorgungen am Ende der Ehezeit (s. BT-Drucks. 16/10144, S. 111). Hierfür bedarf es lediglich eines aus den vorgenannten Gründen gerechtfertigen Verzichts auf eine gesonderte Bewertung der Einkommensverhältnisse, bzw. einer Anpassung des Stichtags ähnlich wie bei § 51 (s. § 51 FamGKG Rdn. 19), aber keiner Umdeutung des im Zwangsverbund mit der Scheidung stehenden Versorgungsausgleichs in ein Antragsverfahren mit den daraus resultierende kostenrechtlichen Nachteilen für die Parteien (s. dazu Rdn. 4).

IV. Rechtsmittelwert. Auch der **Wert des Rechtsmittels** richtet sich nach Abs. 1 und damit nach der Zahl der jeweils betroffenen Anrechte. Er ist deshalb bei einer **Teilanfechtung** nicht identisch mit dem in der Vorinstanz (OLG Nürnberg FamRZ 2011, 991; OLG Köln FamRZ 2012, 1306; OLG Stuttgart FamRZ 2015, 584; 2014, 1047 m.w.N. zum Meinungsstand). Verfahrensgegenstand sind nur das oder die angegriffenen Anrechte. Nach a.A. soll sich insb. im Hinblick auf die Bagatellprüfung nach § 18 Abs. 1 u. 2 VersAusglG eine isolierte Betrachtung nur eines Anrechtes verbieten und deshalb sämtliche Anrechte bei der Berechnung des Verfahrenswerts einzubeziehen sein, sofern nicht offensichtlich ist, dass der nicht angegriffene Ausgleich anderer Anrechte durch die begehrte Abänderung unberührt bleibt (OLG Jena FamRZ 2012, 638, 640; OLG Bamberg FamRZ 2011, 1232; a.A. OLG Köln FamRZ 2012, 1306). Da wohl auch nach dieser Ansicht die nicht angegriffenen Teilungen nicht in der Rechtsmittelinstanz anfallen, kann man den vermehrten Aufwand für die Bagatellprüfung m.E. korrekter über die Billigkeitsregelung berücksichtigen. Denn § 40 FamGKG bezieht sich auf den (gesamten) Verfahrenswert und nicht auf den Wert einzelner Verfahrensgegenstände. I.Ü. kann sich der Wert trotz § 40 Abs. 2 Satz 1 FamGKG nach den Grundsätzen der Antragserweiterung (s. § 40 FamGKG Rdn. 5) ggü. dem in der ersten Instanz erhöhen, wenn in der Rechtsmittelinstanz ein in erster Instanz unberücksichtigt gebliebenes Anrecht zusätzlich in den Ausgleich einbezogen wird (OLG Brandenburg FamRZ 2014, 1301, das aber gleichzeitig den Verfahrenswert der 1. Instanz angehoben hat). Problematisch ist, dass der Stichtag für die Bewertung der Einkommensverhältnisse der der Einlegung des Rechtsmittels ist (§ 34 FamGKG Rdn. 3) und sich u.U. die Einkommensverhältnisse zu dem in der Vorinstanz maßgeblichen Stichtag verändert haben können. Da das Einkommen hier nicht zur Beurteilung der Leistungsfähigkeit dient, sondern als Indikator für den wirtschaftlichen Wert der Versorgungen (s.o. Rdn. 12), der sich aber nicht ändert, sollten **Einkommensveränderungen zwischen den Instanzen** m.E. nicht berücksichtigt werden (s.a. OLG Karlsruhe FamRZ 2015, 754, 756). Wenn man sie berücksichtigen will, darf dies nicht dazu führen, dass der Gesamtwert des Rechtsmittelverfahrens den Verfahrenswert der ersten Instanz übersteigt (§ 40 Abs. 2 FamGKG).

C. Auskunft und Abtretung (Abs. 2). Für Auskunftsansprüche nach § 4 VersAusglG und dem Verlangen auf Abtretung eines Anspruchs gegen den Versorgungsträger gem. § 21 VersAusglG ist in Abs. 2 jeweils ein Festwert von 500 € bestimmt. Wird ein Auskunftsanspruch im Ausgleichs- bzw. Änderungsverfahren verfolgt, gelten die Grundsätze für die Stufenklage (§ 38 Rdn. 1) entsprechend (OLG Frankfurt am Main

§ 50 FamGKG   Versorgungsausgleichssachen

FamRZ 2000, 99; OLG Hamm FamRZ 2013, 806 auch zur Behandlung im Scheidungsverbund), dadurch wirkt er sich i.d.R. nicht werterhöhend aus. Dasselbe muss gelten, wenn der Anspruch auf Abtretung nicht isoliert, sondern zusammen mit dem Anspruch auf eine schuldrechtliche Ausgleichsrente nach § 20 VersAusglG verfolgt wird, da es sich dann nur um eine andere Art der Erfüllung bei wirtschaftlicher Identität handelt (s. § 33 FamGKG Rdn. 1). Der Wert des Rechtsmittelverfahrens entspricht grds. dem der ersten Instanz. Bei einer Teilanfechtung ist angesichts des ohnehin geringen Werts eine Herabsetzung kaum geboten.

16 **D. Billigkeitsprüfung (Abs. 3).** Die durch das FamGKG in Abs. 3 neu eingeführte Billigkeitsregelung (Vorbem. zu §§ 33 bis 52 FamGKG Rdn. 2) eröffnet die Möglichkeit unter Billigkeitsgesichtspunkten in Ausnahmefällen von den in Abs. 1 und 2 normierten Festbeträgen nach oben oder unten abzuweichen, um zu verhindern, dass es zu unvertretbaren hohen oder zu unangemessen niedrigen Kosten kommt (BT-Drucks. 16/6308, S. 307). Das ist insb. dann der Fall, wenn der rechnerisch ermittelte Wert »zu Umfang, Schwierigkeit und Bedeutung der Sache in keinem vertretbaren Verhältnis steht« (BT-Drucks. 16/10144, S. 111; OLG Stuttgart FamRZ 2012, 1647). Auch hier ist zu beachten, dass die Abweichung vom gesetzlich bestimmten Wert restriktiv zu handhaben und auf Ausnahmefälle zu beschränken ist (OLG München FamRZ 2012, 1973 m.w.N.).

17 Eine **Erhöhung** ist regelmäßig angezeigt, wenn der Ausgleich oder die Ermittlung der einzubeziehenden Anrechte bzw. ihres Wertes besonders aufwendig oder schwierig ist, insb. wenn eine Prüfung ausländischer Anrechte nach § 19 Abs. 3 VersAusglG erfolgt ist (OLG Stuttgart FamRZ 2012, 1647), wenn ein Gutachten eingeholt werden musste oder wenn – wie häufig in Anpassungsverfahren nach § 33 VersAusglG – der Regelwert in keinem Verhältnis zur wirtschaftlichen Bedeutung des Verfahrens steht (OLG Saarbrücken FamRZ 2013, 148; OLG Stuttgart FamRZ 2012, 1927). Das gilt allerdings nicht ohne Weiteres für den schuldrechtlichen Ausgleich von Anrechten nach §§ 20 bis 26 VersAusglG. Denn für diese ist der erhöhte Aufwand bereits durch eine Verdoppelung ihres Wertes pauschal berücksichtigt (vgl. Beschlussempfehlung des Rechtsausschusses BT-Drucks. 16/11903 S. 126). In diesem Fall kann nur ein außergewöhnlicher zusätzlicher Aufwand eine Erhöhung rechtfertigen. Knüpft man an die Begründung für den höheren Aufwand in der Beschlussempfehlung des Rechtsausschusses an (s. BT-Drucks. 16/11903 S. 126: »denn es müssen oft komplexe, zeitlich weit zurückliegende Sachverhalte erneut aufgerollt werden«), dürfte dagegen in zeitlich deutlich nach der Scheidung durchgeführten Verfahren über den Wertausgleich nach §§ 9 bis 19 VersAusglG häufig eine Erhöhung infrage kommen, z.B. nach Wiederaufnahme ausgesetzter Verfahren oder in Abänderungsverfahren. Ausnahmsweise kann auch das wirtschaftliche Ergebnis des Ausgleichs wegen seiner Bedeutung für die Altersversorgung der Ehegatten eine Erhöhung rechtfertigen, wenn es in einem unvertretbaren Missverhältnis zum Verfahrenswert steht.

18 Ganz allgemein sollte eine **Herabsetzung** immer geprüft werden, wenn im Einzelfall der Aufwand gering ist, z.B. bei vorzeitiger Beendigung des Verfahrens, oder die Überprüfung einer Vereinbarung keinen besonderen Aufwand erfordert (OLG Koblenz FamRZ 2014, 1809 m.w.N.) oder bei kurzer Ehezeit lediglich eine Negativfeststellung zu treffen ist (s. Rdn. 22 ff.). Geht es um den **schuldrechtlichen Ausgleich** eines Anrechts im Scheidungsverfahren selbst oder in zeitlicher Nähe zu ihm, gibt dies ebenfalls Anlass zu prüfen, ob der tatsächliche Aufwand die Verdoppelung des Prozentsatzes, mit dem das Anrecht zu bewerten ist (s. Rdn. 5), rechtfertigt, insbesondere wenn es bereits Gegenstand des Wertausgleichs bei der Scheidung war. Allein der Umstand, dass der Ausgleich einzelner Anrechte wegen **Geringfügigkeit** (§ 18 Abs. 1 und 2 VersAusglG) unterbleibt, kann für sich allein eine Herabsetzung **nicht** rechtfertigen, zumal der Ausschluss eher zusätzlichen Aufwand für das Gericht erfordert. (OLG Brandenburg FamRZ 2014, 1808; OLG Naumburg FamRZ 2014, 1809; OLG München FamRZ 2012, 1973). Eine Herabsetzung ist auch nicht angebracht, wenn bei einer vorzeitigen Beendigung des Verfahrens schon sämtliche Auskünfte vorliegen und Termin anberaumt ist (OLG Oldenburg FamRZ 2014, 1805) oder wenn Anrechte sich als nicht ausgleichsreif i.S.v. § 19 Abs. 2 Nr. 1 VersAusglG erweisen (OLG Karlsruhe FamRZ 2014, 1226; a.A. OLG Stuttgart FamRZ 2011, 134). Neben dem Gesichtspunkt der geringen oder mangelnden Bedeutung des Ausgleichs oder Nichtausgleichs für die Altersversorgung der Ehegatten (s.o. Rdn. 16) ist immer auch der Aufwand zu berücksichtigen, den das Verfahren erfordert hat, und beides dem rechnerisch ermittelten Verfahrenswert gegenüberzustellen. Dasselbe gilt in Fällen, in denen der wirtschaftliche Wert des Ausgleichs insgesamt geringfügig ist.

19 **E. Anpassung der Versorgung (§§ 33, 34 VersAusglG).** Ob der Wert eines Verfahrens über die Anpassung der Versorgungskürzung nach §§ 33, 34 VersAusglG nach § 50 FamGKG zu berechnen ist, ist umstritten (s. zum *Streitstand* OLG Stuttgart FamRZ 2012, 1972). Nach einer Ansicht ist der Wert nach § 42 Abs. 1

FamGKG zu bestimmen und sollte sich entsprechend § 51 FamGKG an dem beantragten Kürzungsbetrag orientieren (*Hauß* FamRB 351, 257; HK/*Thiel* § 50 Rn. 28) andere nehmen zwar auch die Auffangregelung des § 42 als Grundlage, wenden dann aber § 50 entsprechend an (OLG Karlsruhe, 18. Senat, FamRZ 2014, 1805; OLG Frankfurt am Main FamRZ 2012, 1811; *Schwamb* NJW 2011, 1168). Die h.M. zieht unter Hinweis auf den uneingeschränkten Wortlaut des § 217 FamFG zur Bewertung § 50 direkt heran (OLG Hamm FamRZ 2015, 954; OLG Karlsruhe, 16. Senat, FamRZ 2015, 529; OLG Stuttgart FamRZ 2012, 1972; OLG Schleswig NJW-RR 2012, 327; OLG Saarbrücken FamRZ 2013, 148; OLG Celle FamRZ 2012, 1812). M.E. passt § 50 weniger, weil seine Bewertungen in erster Linie auf den Ausgleich von Versorgungsanrechten zugeschnitten sind (s. OLG Karlsruhe FamRZ 2014, 1805). Soweit § 50 Abs. 1 FamGKG herangezogen wird, kommt wegen der Beschränkung des § 33 VersAusglG auf die öffentlich-rechtlichen Regelsicherungssysteme nur der Ansatz von 10 % des gemeinsamen Nettoeinkommens pro Anrecht in Betracht (OLG Stuttgart FamRZ 2012, 1972; OLG Schleswig NJW-RR 2012, 327; *Schwamb* NJW 2011, 1168). Die gegenteilige Rspr., die 20 % nimmt (z.B. OLG Hamm, FamRZ 2015, 954), folgt dem Wortlaut des § 50 Abs. 1 und nicht dem gesetzgeberischen Willen (s. Rdn. 5). Wenn man § 50 direkt oder entsprechend anwendet, ist immer eine Billigkeitsprüfung angebracht. Da es i.d.R. nur um ein einziges Anrecht geht, wird der nach Abs. 1 ermittelte Wert häufig weder dem Aufwand noch der wirtschaftlichen Bedeutung der Kürzung der Versorgungsbezüge gerecht und sollte ggf. nicht unerheblich heraufgesetzt werden (OLG Zweibrücken FamRZ 2014, 775; OLG Frankfurt am Main FamRZ 2012, 1811; OLG Saarbrücken FamRZ 2013, 148; OLG Celle FamRZ 2012, 1812: entsprechend § 51 FamGKG).

F. Abänderungsverfahren nach §§ 225 ff. FamFG und § 51 VersAusglG. Die Abänderung eines rechtskräftigen **Wertausgleichs bei Scheidung** betrifft gem. § 225 FamFG regelmäßig nur einzelne Anrechte und nicht den gesamten Wertausgleich (keine Totalrevision s. § 225 FamFG Rdn. 3). Auch hier wird der Verfahrenswert nach § 50 Abs. 1 ermittelt. Maßgeblich ist das dreifache Monatseinkommen der geschiedenen Ehegatten zum Zeitpunkt der Einreichung des Abänderungsantrags. Von ihm werden 10 % für jedes abzuändernde Anrecht angesetzt (s. Rdn. 6), mindestens aber 1.000 €. Für Abänderungsverfahren gem. § 227 FamFG über **Ausgleichsansprüche nach der Scheidung** (s. § 227 FamFG Rdn. 1) ist pro abzuänderndes Anrecht 20 % des gemeinsamen dreifachen Monatseinkommens anzusetzen. In beiden Fällen ist eine Billigkeitskorrektur nach § 50 Abs. 3 möglich (s. Rdn. 16 ff.). 20

Der Wert eines Verfahrens nach **§ 51 VersAusglG** auf Abänderung eines nach altem Rechts durchgeführten Versorgungsausgleichs führt zu einer Wiederholung des Versorgungsausgleichs nach neuem Recht und ist wie ein Erstverfahren nach § 50 FamGKG zu bewerten (OLG Bremen FamRZ 2013, 724). Da es sich wie bei einer Abänderung nach § 225 FamFG nur um Anrechte handelt, die dem »Wertausgleich bei Scheidung« unterfallen, gilt § 50 Abs. 1, erste Alternative, d.h. pro Anrecht sind 10 % des maßgeblichen Einkommens anzusetzen (OLG Hamm FamRZ 2014, 1806; OLG Bremen FamRZ 2013, 724; a.A. OLG Schleswig FamRZ 2014, 237). 21

G. Gebühren und Werte in den Fällen des § 224 Abs. 3 FamFG. Eine Bewertung ist regelmäßig nur erforderlich, wenn eine Verfahrensgebühr für den Versorgungsausgleich entsteht, und dies setzt wiederum voraus, dass ein Versorgungsausgleichsverfahren anhängig war oder ist (§§ 9 bis 11 Rdn. 3 ff.). Unabhängig davon, ob man der Ansicht ist, der im Zwangsverbund mit der Scheidung durchzuführende Versorgungsausgleich werde regelmäßig schon durch den Scheidungsantrag eingeleitet, oder ob man ihn mit der hier vertretenen Ansicht weiterhin für ein Amtsverfahren hält (s. Rdn. 4), das erst durch eine nach außen wirkende Handlung des Gerichts eingeleitet wird (s. §§ 9 bis 11 Rdn. 8 f.), entsteht in den Fällen, in denen die Negativentscheidung den Versorgungsausgleich oder einzelne Anrechte **wegen Geringfügigkeit oder Unbilligkeit** (§ 18 Abs. 1, 2 oder § 27 VersAusglG) ausschließt, regelmäßig die **Gebühr** für den regulären Versorgungsausgleich. Denn in beiden Fällen ergeht die Entscheidung innerhalb eines regulär anhängigen Verfahrens über den Wertausgleich bei oder nach der Scheidung, bei dem es – wenn wie hier Verfahrensgebühren entstehen – kostenrechtlich nicht darauf ankommt, ob das Verfahren mit einer Entscheidung zur Sache beendet wird oder wie die Entscheidung ausfällt (s. § 3 Rdn. 6). Die **Bewertung** richtet sich nach den allgemeinen Grundsätzen, also in erster Linie nach Abs. 1. Wegen der Besonderheit des Verfahrens ist immer eine Billigkeitsprüfung angezeigt. Sie wird bei Ausschlüssen wegen Unbilligkeit eher zu einer Anhebung führen, während der Ausschluss eines oder aller Anrechte wegen Geringfügigkeit eher zu einer Herabsetzung führen kann. 22

§ 50 FamGKG — Versorgungsausgleichssachen

23 Bezieht sich die Negativfeststellung auf den Ausschluss des Versorgungsausgleichs **durch Ehevertrag oder Vereinbarung**, setzt dies voraus, dass das Gericht ihre Wirksamkeit nach §§ 6 bis 8 VersAusglG geprüft und bejaht hat. Hierzu muss es v.A.w. den Sachverhalt und i.d.R. auch den Ausgleichswert der ausgeschlossenen Anrechte ermitteln, zumindest aber rechtliches Gehör gewähren, sodass regelmäßig – spätestens mit der Erörterung der Vereinbarung im Scheidungstermin – ein Verfahren über den Versorgungsausgleich eingeleitet wird (s.a. OLG Stuttgart FamRZ 2016, 164; OLG Celle FamRZ 2010, 2103). Dies gilt auch, wenn das Gericht keinerlei Zweifel an der Wirksamkeit eines bereits im Scheidungsantrag vorgelegten Ehevertrags oder einer Vereinbarung hegt und dies den Beteiligten in der mündlichen Verhandlung lediglich mitteilt. Die **Bewertung** erfolgt ebenfalls nach den allgemeinen Regeln, kann aber auch hier entsprechend dem Aufwand, den die Prüfung benötigt, eine Billigkeitsentscheidung erfordern, die im Einzelfall zu einer Herabsetzung auf den Mindestwert führen kann (OLG Frankfurt FamRZ 2016, 165; OLG Stuttgart FamRZ 2016, 164 m.w.N.). Werden nur einzelne Anrechte vom Ausgleich ausgenommen, ist dies für den Wert der Verfahrensgebühr ohne Einfluss. Anders ist dies beim Wert für die anwaltliche **Einigungsgebühr**, er richtet sich nur nach der Anzahl der von der Einigung betroffenen Anrechte (OLG Karlsruhe FamRZ 2013, 395). Dasselbe gilt, wenn sich Eheleute nur über eine niedrigere Bewertung eines Anrechts, als rechtlich möglicherweise geboten, einigen (OLG Hamm FamRZ 2013, 397 = RVGreport 2012, 495 für die Startgutschrift bei der VBL). In beiden Fällen handelt es sich um eine Teileinigung.

24 Für die **Negativfeststellung wegen kurze Ehedauer** nach § 224 Abs. 3 FamFG i.V.m. § 3 Abs. 3 VersAuslG ist nach zwischenzeitlich allg. Meinung ein Versorgungsausgleichverfahren einzuleiten, das eine Verfahrensgebühr auslöst für die ein Wert festzusetzen ist. Soweit allerdings angenommen wird, dass das Verfahren automatisch durch den Scheidungsantrag eingeleitet wird und solange an die Stelle des auf Antrag durchzuführenden Versorgungsausgleichs tritt, wie kein Antrag gestellt ist (z.B. OLG Jena FamRZ 2012, 28; OLG Karlsruhe FamRZ 2011, 669; OLG Düsseldorf FamRZ 2010, 2102; FA-Komm FamR/*Wick* Vor § 1 VersAuslG Rn. 84; *Borth* FamRZ 2009, 562), kann dem nicht gefolgt werden. Zum einen ist auch das Verfahren auf Feststellung, dass ein Ausgleich nicht stattfindet unstreitig ein Amtsverfahren, und kann daher aus gebührenrechtlicher Sicht nicht schon mit der Einreichung des Scheidungsantrags anhängig werden, sondern bedarf einer Einleitung durch das Gericht (s.o. Rdn. 4). Da das Fehlen eines Antrags ebenso Voraussetzung für die Negativfeststellung ist wie die kurze Ehezeit, besteht zum anderen ein Bedürfnis für diese Feststellung erst, wenn feststeht, dass kein Antrag nach § 3 Abs. 3 VersAusglG gestellt wird. Erst dann tritt das Verfahren zur Vorbereitung der Negativfeststellung an die Stelle des (nicht beantragten) regulären Versorgungsausgleichsverfahrens und nicht umgekehrt. Aus diesem Grund kann die Einleitung des Verfahrens zur Negativfeststellung nicht schon darin gesehen werden, dass das Gericht die Beteiligten darüber informiert, dass es wegen der kurzen Ehe von Amts wegen keinen Versorgungsausgleich durchführen wird oder auf das Antragserfordernis hinweist. Damit teilt es lediglich das Ergebnis seiner internen Vorprüfung, ob die Voraussetzungen für ein amtswegig einzuleitendes Verfahren vorliegen, mit (s.a. für die Prüfung nach Art. 17 Abs. 3 EGBGB OLG Celle FamRZ 2013, 903). Zu diesen zählt, völlig unabhängig von der in § 224 Abs. 3 FamFG normierten Feststellungspflicht, nunmehr auch die Länge der Ehezeit i.S.v. § 3 Abs. 1 VersAuslG (*Keske* FPR 2012, 241, 245). Sofern nicht vorher schriftlich über die Dauer der Ehezeit oder die Wirksamkeit eines nach § 3 Abs. 3 VersAusglG gestellten Antrags gestritten wurde, wird eine für die Beteiligten erkennbare Einleitung des die Negativfeststellung betreffende Verfahrens daher häufig erst in der Erörterung in der mündlichen Verhandlung liegen; zumal erst dann feststehen wird, dass kein Antrag gestellt ist (es sei denn, das Gericht besteht auch hierfür auf die Einhaltung der Frist des § 137 Abs. 2 Satz 1 FamFG). Wird das **Scheidungsverfahren vorzeitig beendet**, bevor das Gericht nach außen erkennbar in diese Feststellungen eingetreten ist und damit das Verfahren anhängig gemacht hat, entsteht dafür noch keine Gerichtsgebühr (s. §§ 9 bis 11 FamGKG Rdn. 8 ff.).

Der **Wert** für das Feststellungsverfahren richtet sich nach § 50 Abs. 1. Wenn nicht über die Länge der Ehezeit oder die Beachtlichkeit eines gestellten Antrags gestritten wird, ist wegen des **minimalen Aufwands** regelmäßig eine Herabsetzung auf den Mindestwert geboten (OLG Köln FamRZ 2013, 1160; OLG Karlsruhe FamRZ 2011, 668; a.A. OLG Celle FamRZ 2014, 1807; OLG Jena FamRZ 2012, 128: nur wenn keine Auskünfte vorliegen), es sei denn, die Beteiligten leben in außerordentlich guten wirtschaftlichen Verhältnissen.

§ 51 FamGKG Unterhaltssachen und sonstige den Unterhalt betreffende Familiensachen.

(1) ¹In Unterhaltssachen und in sonstigen den Unterhalt betreffenden Familiensachen, soweit diese jeweils Familienstreitsachen sind und wiederkehrende Leistungen betreffen, ist der für die ersten zwölf Monate nach Einreichung des Antrags geforderte Betrag maßgeblich, höchstens jedoch der Gesamtbetrag der geforderten Leistung. ²Bei Unterhaltsansprüchen nach den §§ 1612a bis 1612c des Bürgerlichen Gesetzbuchs ist dem Wert nach Satz 1 der Monatsbetrag des zum Zeitpunkt der Einreichung des Antrags geltenden Mindestunterhalts nach der zu diesem Zeitpunkt maßgebenden Altersstufe zugrunde zu legen.
(2) ¹Die bei Einreichung des Antrags fälligen Beträge werden dem Wert hinzugerechnet. ²Der Einreichung des Antrags wegen des Hauptgegenstands steht die Einreichung eines Antrags auf Bewilligung der Verfahrenskostenhilfe gleich, wenn der Antrag wegen des Hauptgegenstands alsbald nach Mitteilung der Entscheidung über den Antrag auf Bewilligung der Verfahrenskostenhilfe oder über eine alsbald eingelegte Beschwerde eingereicht wird. ³Die Sätze 1 und 2 sind im vereinfachten Verfahren zur Festsetzung von Unterhalt Minderjähriger entsprechend anzuwenden.
(3) ¹In Unterhaltssachen, die nicht Familienstreitsachen sind, beträgt der Wert 500 Euro. ²Ist der Wert nach den besonderen Umständen des Einzelfalls unbillig, kann das Gericht einen höheren Wert festsetzen.

Übersicht

	Rdn.		Rdn.
A. Geltungsbereich	1	V. Besondere Verfahren	30
B. Wertberechnung (Abs. 1, 2)	4	1. Vereinfachtes Verfahren	30
I. Allgemeines	4	2. Stufenantrag	31
II. Abs. 1: Laufender Unterhalt	8	3. Feststellungsantrag	32
III. Abs. 2: Rückstände	11	4. Vollstreckungsabwehrantrag, Vollstreckbarerklärung	33
IV. Änderungen des Antrags	14		
1. Beschränkungen	14	5. Widerantrag	35
2. Erweiterung	16	VI. Einstweilige Anordnung	36
V. Rechtsmittelwert	19	1. Laufender Unterhalt	37
C. Einzelfragen	21	2. Verfahrenskostenvorschuss und anderer Sonderbedarf	38
I. Ehegattenunterhalt	21		
II. Kindesunterhalt	24	VII. Vergleich, Einigung	39
III. Freistellung von Unterhaltsansprüchen	26	D. Auswahl des Kindergeldberechtigten (Abs. 3)	41
IV. Unterhaltsabänderung, Rückforderung	27		

A. Geltungsbereich. § 51 Abs. 1 und 2 enthält die zentrale Wertvorschrift für sämtliche **Ansprüche auf** 1 **wiederkehrenden Unterhalt** in Familienstreitsachen, sei es zwischen Verwandten, Ehegatten, Lebenspartnern oder bei Betreuungsunterhalt nach § 1615l BGB (§ 231 Abs. 2, 270 FamFG), auch wenn sie aus übergangenem Recht oder i.V.m. einem Vaterschaftsfeststellungsverfahren (s. dazu § 47 FamGKG Rdn. 5) geltend gemacht werden, und **in allen Verfahrensarten**, einschl. des vereinfachten Verfahrens und als Ausgangswert in EA-Verfahren. Anders als § 42 Abs. 1 GKG a.F. beschränkt der Wortlaut des § 51 Abs. 1 seine Anwendung nicht mehr nur auf Ansprüche auf Erfüllung der gesetzlichen Unterhaltspflicht, sondern umfasst bewusst **auch rein vertraglich begründete Ansprüche** (BT-Drucks. 16/6308 S. 307). Zwischenzeitlich hat der Gesetzgeber durch eine Ergänzung des § 51 Abs. 1 im 2. KostRMoG (s. Einl. FamGKG Rdn. 1) um den Zusatz »und in sonstigen den Unterhalt betreffenden Familiensachen, soweit diese jeweils Familienstreitsachen sind« (s.o.) auch klargestellt, dass nicht nur die Unterhaltssachen i.S.d. § 231 Abs. 1 FamFG von der Regelung umfasst sind, sondern auch vertragliche begründete Unterhaltspflichten, die nach § 266 Abs. 1 FamFG sonstige Familienstreitsachen sind (BT-Drucks. 17/11471, S. 251). Damit kommt es für das Kostenrecht nicht mehr darauf an, ob **sonstige den Unterhalt betreffende Familienstreitsachen** kraft Sachzusammenhangs verfahrensrechtlich den Unterhaltssachen i.S.v. § 231 Abs. 1 FamFG zuzurechnen sind (vgl. für Vollstreckungsabwehransprüche OLG München FamRZ 2013, 147). Nunmehr kann § 51 Abs. 1, 2 unmittelbar nicht nur für die Bewertung von Ansprüchen auf Freistellung von Unterhaltslasten, Auskehr des Kindergelds (s. Rdn. 25) u.a. herangezogen werden, sondern auch für den Gebührenwert von auf Zahlung einer Unterhaltsrente gerichteten Schadensersatzansprüchen, zumindest wenn es sich um eine Familienstreitsa-

§ 51 FamGKG Unterhaltssachen und sonstige d. Unterhalt betr. Familiensachen

che handelt (für Schadensersatzansprüche aus einem Anwaltsvertrag wurde eine analoge Anwendung des § 51 bislang, vgl. OLG Düsseldorf FamRZ 2004, 1225 m.w.N.).

2 **Entsprechende Anwendung** findet Abs. 1, 2 auf die Bewertung der Leistungserwartung eines unterhaltsrechtlichen Auskunftsanspruchs, die sich ansonsten nach § 42 richtet (s. § 38 FamGKG Rdn. 3). **Keine Anwendung** findet § 51 dagegen auf die Bewertung nicht regelmäßig wiederkehrende Leistungen zum Unterhalt wie Sonderbedarf, Verfahrenskostenvorschuss, Ausgleich steuerlicher Nachteile u.a., für die nach § 35 FamGKG der geforderte Betrag maßgeblich ist (zu rückständigem Unterhalt s. Rdn. 11 ff.). Ebenfalls unanwendbar ist die Vorschrift für die Bestimmung der Rechtsmittelbeschwer, für die § 9 ZPO i.V.m. § 113 Abs. 1 FamFG heranzuziehen ist (BGH FamRZ 1997, 546).

3 Eine Sonderregelung trifft **Abs. 3** für Unterhaltssachen, die nicht zu den Familienstreitsachen gehören. Das betrifft derzeit ausschließlich Verfahren zur **Auswahl eines Bezugsberechtigten für das Kindergeld** (§ 231 Abs. 2 FamFG), für die das Familiengericht zuständig ist. Für diese Unterhaltsverfahren wird einheitlich ein Wert von 500 € bestimmt, der unter besonderen Umständen erhöht werden kann (relativer Festwert (s. dazu i.E. Rdn. 41 f.).

4 **B. Wertberechnung (Abs. 1, 2). I. Allgemeines.** § 51 FamGKG übernimmt ohne inhaltliche Veränderungen die vormals in der Wertvorschrift für unterschiedliche wiederkehrende Leistungen im GKG (§ 42 Abs. 1 und 5 GKG a.F.) enthaltenen Regelungen für den **Wert wiederkehrender Unterhaltsansprüche**, soweit sie Familienstreitsachen sind. Ähnlich wie bei § 9 ZPO und §§ 41, 42 GKG ist der Wert für den laufenden, d.h. künftigen Unterhalt **aus sozialen Gründen begrenzt**, hier auf den 12-Monatsbetrag (Abs. 1). Rückstände werden nur bis zum Zeitpunkt der Einreichung des Antrags oder eines Antrags auf Verfahrenskostenhilfe hinzugerechnet (Abs. 2). Abs. 1 enthält zudem Vorgaben für die Ermittlung des Jahresbetrages, differenziert nach Anträgen auf Unterhalt als Prozentsatz des Mindestunterhalts und betragsmäßig bezifferten Anträgen. Eine Billigkeitsregelung, wie sie die Wertvorschriften für andere Verfahrensgegenstände vorsehen, gibt es darüber hinaus nicht. I.Ü. gelten auch für die Bewertung von Unterhaltsanträgen nach wie vor die allgemeinen Wertvorschriften der §§ 33 ff. FamGKG.

5 Maßgebend ist immer der im Antrag beanspruchte Zahlbetrag (OLG Brandenburg JurBüro 2001, 417; OLG Jena AGS 2001, 203; OLG Köln FamRZ 2002; 684). Teilweise **freiwillige Zahlungen** setzen den Gegenstandswert nicht herab, wenn der Antrag auf den gesamten Betrag lautet (OLG Hamburg NJW-Spezial 2013, 251; OLG Celle FamRZ 2003, 465 und 1683; OLG Hamm FamRZ 2007, 163 zum Auskunftsanspruch). Wird jedoch lediglich eine Verurteilung hinsichtlich des Betrages verlangt, der über den unstreitig gezahlten Sockelbetrag hinausgeht, so errechnet sich der Wert nur aus dem Mehrbetrag (OLG Karlsruhe FuR 1999, 438). – Zur abweichenden Bewertung des Titulierungsinteresses für einen Vergleich über nicht gerichtlich anhängige Ansprüche s.u. Rdn. 39.

6 Der Zeitpunkt, auf den die sich die Bewertung bezieht (**Stichtag**, s. § 34 FamGKG Rdn. 4), ist der der Einreichung des Antrags und damit auch hier, wie in § 34 Satz 1 FamGKG allgemein bestimmt, die Anhängigkeit des jeweiligen Verfahrensgegenstands im jeweiligen Rechtszug. Entscheidend ist die **Anhängigkeit** und nicht die Rechtshängigkeit des Antrags (OLG Hamburg FamRZ 2003, 1198; *Schneider* NZFam 2014, 447), und zwar **unabhängig von der Art des Antrags** (OLG Köln FamRZ 2001, 1386 für den Abänderungsantrag) und auch im vereinfachten Verfahren (Abs. 2 Satz 3). Auch beim Stufenantrag ist auf den Zeitpunkt seiner Einreichung und nicht auf den der Bezifferung des Antrags abzustellen (Eschenbruch/*Klinkhammer* Kap. 5 Rn. 168, s.a. § 38 FamGKG Rdn. 6). Ein Antrag auf **Verfahrenskostenhilfe** führt noch nicht zur Anhängigkeit der Hauptsache (BGH FamRZ 1995, 729). Das gilt auch, wenn ihm bereits ein unterzeichneter Hauptsacheantrag beigefügt, aber zugleich kenntlich gemacht wird, dass die Einleitung des Hauptsacheverfahrens von der Bewilligung der PKH abhängig gemacht wird (s. § 34 FamGKG Rdn. 10). In diesem Fall tritt die Anhängigkeit der Hauptsache erst ein, wenn der Hauptsacheantrag nach Bewilligung der Verfahrenskostenhilfe in den Geschäftsgang genommen wird (OLG Brandenburg FamRZ 2008, 533 m.w.N.; a.A. HK-FamGKG/*Thiel* Verfahrenswert-ABC Rn. 231; zur Besonderheit der Rückstandsberechnung s.u. Rdn. 13).

7 Machen in einem Unterhaltsverfahren mehrere Unterhaltsberechtigte ihre Ansprüche geltend, handelt es sich um eine **Mehrheit von Verfahrensgegenständen**, deren Werte gem. § 33 Abs. 1 FamGKG zusammengerechnet werden. Das gilt auch, wenn ein Ehegatte seinen Unterhalt und den der Kinder in Verfahrensstandschaft oder Trennungs- und nachehelichen Unterhalt im gleichen Verfahren beansprucht (HK-FamGKG/*Schneider* § 51 Rn. 76). Beansprucht ein Kind in einem Verfahren von beiden Eltern anteilig Unterhalt, so sind die Werte ebenfalls zu addieren (Rahm/Künkel/*Engels-Künkel* Kap. IX Rn. 56). Keine Zusammenrech-

nung erfolgt dagegen, wenn Unterhalt im **Abstammungsverfahren** beansprucht wird (s. dazu § 47 FamGKG Rdn. 5) und beim **Stufenantrag** (dazu § 38 FamGKG).

II. Abs. 1: Laufender Unterhalt. Soweit Unterhalt für die Zeit nach Einreichung des Antrags beansprucht wird, bemisst sich der Wert nur dann auf den Gesamtbetrag der geforderten Leistung, wenn sie für **weniger als 12 Monate** verlangt wird. Im Regelfall ist für die Bewertung des laufenden Unterhalts der Jahresbetrag maßgeblich (zum Trennungsunterhalt s.a. Rdn. 22).

Der Jahresbetrag wird bei **betragsmäßig beziffertem Monatsbetrag** konkretisiert durch den für die ersten 12 Monate nach Einreichung des Antrags (s.o. Rdn. 6) verlangten Unterhalt (**Abs. 1 Satz 1**). Dabei sind Monate, für die kein Unterhalt beansprucht wird, durch nachfolgende Monate zu ersetzen (OLG Celle FamRZ 2003, 1683; OLG Hamburg FamRZ 2003, 1189).

Es gelten auch beim **dynamischen Unterhalt** und im vereinfachten Verfahren (OLG Brandenburg FamRZ 2004, 962) die allgemeinen Bewertungsgrundsätze des § 51 Abs. 1 Satz 1. **Satz 2** macht davon nur insoweit eine Ausnahme, als Änderungen in der Altersstufe oder des Mindestunterhaltsbetrags, auch wenn sie innerhalb der 12 Monate nach Einreichung des Antrags eintreten, unberücksichtigt bleiben (s. dazu Rdn. 24).

III. Abs. 2: Rückstände. Die **bei Einreichung des Antrags fälligen Beträge** (Rückstände) werden dem nach Abs. 1 ermittelten Wert des laufenden (= künftigen) Unterhalts mit ihrem nach § 35 zu ermittelnden Wert (s. § 35 Rdn. 2) hinzugerechnet; zum abweichenden Stichtag bei Vkh s.u. Rdn. 13. Der Unterhalt für den Monat, in dem der Antrag eingereicht wurde, ist, da der Unterhalt im Voraus geschuldet wird (§ 1612 Abs. 3 BGB), als fälliger Betrag dem Rückstand zuzurechnen (OLG Karlsruhe FamRB 2012, 13; OLG Brandenburg FamRZ 2004, 962). Anders ist es nur, wenn die Parteien einen von der gesetzlichen Regelung abweichenden Zahlungstermin vereinbart haben, dann ist auf diesen abzustellen (HK-FamGKG/*Schneider* § 51 Rn. 31). Auf die Höhe kommt es dabei nicht an. Insb. findet keine Begrenzung auf den Jahresbetrag wie beim laufenden Unterhalt statt (Hartmann FamGKG § 51 Rn. 19; a.A. OLG Naumburg FuR 2004, 379, das aus sozialpolitischen Gründen den Rückstand jedenfalls beim Kindesunterhalt auf einen Jahresbetrag begrenzen will). Entscheidend ist die Anhängigkeit und nicht die Rechtshängigkeit des Antrags (s.o. Rdn. 6).). Bei einer Stufenklage kommt es somit auf den Zeitpunkt der Einreichung des Auskunftsantrags an (OLG Bremen NZFam 2014, 234; s.a. § 38 Rdn. 6 ff.).

Nach Anhängigkeit des Antrags **fällig werdende Beträge** sind in keiner Instanz wertmäßig zu berücksichtigen und erhöhen den Rückstand nicht (BGH NJW 1960, 1459; Beschl. v. 25.11.1998 – IV ZR 199/98 – NVersZ 1999, 239 = EzFamR ZPO § 9 Nr. 4 m.w.N.; s.a. Rdn. 19 zum Rechtsmittelwert). Materiell-rechtlich sind sie allerdings Rückstand und sind auch auf Antrag zu verzinsen; die **Verzinsung** noch nicht fälliger Unterhaltsbeträge ist ausgeschlossen (BGH FamRZ 2008, 1428).

Abs. 2 Satz 2: Der Einreichung des Antrags in der Hauptsache steht ein **Antrag auf Verfahrenskostenhilfe** gleich, sofern der Hauptsacheantrag alsbald nach Mitteilung der Entscheidung über den Antrag oder über eine eingelegte Beschwerde eingereicht wird (OLG Bamberg FamRZ 2001, 779). Wobei »alsbald« auch hier bedeutet: ohne schuldhafte, bzw. vom Antragsteller zu vertretene Verzögerung (Schneider/Herget/*Thiel* Rn. 8429; s.a. BGH MDR 2015, 1196). Die Anknüpfung an den Eingang des Vkh-Antrags **gilt nur für die Rückstandsberechnung** (s. Rdn. 6). Für die Bewertung des laufenden Unterhalts bleibt der Eingang des (unbedingt gestellten) Hauptsacheantrags maßgeblich (a.A. OLG Naumburg FamRZ 2015, 1751). Bei einem nur für den Fall der Bewilligung von Vkh gestellten und damit nur bedingt eingereichten Antrag bemisst sich dessen Wert daher aus den bis zum Eingang des Vkh-Antrags aufgelaufenen Rückständen und dem im Zeitpunkt der Hereinnahme des Hauptsacheantrags in den Geschäftsgang (i.d.R. mit Bewilligung der Verfahrenskostenhilfe) für die Zukunft geforderten Unterhalt der nächsten 12 Monate. Die zwischen Einreichung des Vkh-Antrags und Anhängigkeit des Hauptsacheantrags liegenden Monate bleiben unberücksichtigt (s. Rdn. 12).

IV. Änderungen des Antrags. 1. Beschränkungen. Nachträgliche **Beschränkungen** des Antrags beeinflussen den Wert, soweit er die Verfahrensgebühr bestimmt, grds. nicht mehr (§§ 9 Abs. 1 i.V.m. 34 FamGKG). – Anderes gilt z.B. für die anwaltliche Terminsgebühr, wenn sie erst nach der Rücknahme anfällt (s. § 34 FamGKG Rdn. 7). Auch für Unterhaltsanträge die als Folgesache im Scheidungsverbund gestellt werden, bemisst sich die Verfahrensgebühr ohne Berücksichtigung nachträglicher Beschränkungen, weshalb es ratsam erscheint, solche Anträge nicht zu früh zu stellen, insb. wenn die Einkommensentwicklungen noch im Fluss sind.

Zahlungen, die zwischen **Anhängigkeit** des Antrags **und Schluss der mündlichen Verhandlung** erfolgt sind, beeinflussen den einmal entstandenen Gebührenwert nicht, auch wenn sie durch eine entsprechende

§ 51 FamGKG   Unterhaltssachen und sonstige d. Unterhalt betr. Familiensachen

Reduzierung des Antrags in der (letzten) mündlichen Verhandlung und bei dessen Titulierung zu berücksichtigen sind (BGH FamRZ 1998, 1165). Denn zum Zeitpunkt der Einreichung des Antrags (Stichtag) war der geforderte Betrag noch offen. Das gilt insb. auch für einen Stufenantrag, bei dem die Anhängigkeit des unbezifferten Antrags den Bewertungsstichtag bestimmt (OLG Hamm FamRZ 2014, 1810; OLG Celle FamRZ 2011, 1809; s.a. § 38 FamGKG Rdn. 6).

16 **2. Erweiterung.** Wird im Laufe des Verfahrens ein höherer Prozentsatz des Mindestunterhalts beansprucht oder ein bezifferter Unterhaltsantrag erhöht, ist die Erhöhung gem. § 34 FamGKG wie ein neuer Antrag zu behandeln und es fallen ab da Gebühren aus dem höheren Wert an (§ 14 Abs. 1 Satz 2 FamGKG, OLG Brandenburg FamRZ 2015, 431; 2007, 67). Der Gebührenwert für den **laufenden Unterhalt** erhöht sich um den Mehrbetrag, der auf die der Anhängigkeit des Erhöhungsantrags folgenden 12 Monate entfällt (OLG Celle FamRZ 2009, 74 m.w.N.; OLG Hamburg FamRZ 2003, 1198; *Schneider* NZFam 2014, 447), sofern nicht die Erhöhung für einen kürzeren Zeitraum gefordert wird. Nur wenn dies der Fall ist, muss eine Stufenberechnung erfolgen: Wird der bisher beantragte Unterhalt von 200 € monatlich (Einjahresbetrag 2.400 €) auf 500 € für noch 6 Monate erhöht, beträgt dessen Wert somit 2.400 + 6 × 300 = 4.200 €. Wird auch der Erhöhungsbetrag noch für mindestens 12 Monate verlangt, kann auch gleich mit dem 12-fachen des erhöhten Monatsbetrags gerechnet werden (12 × 200 + 12 × 300 = 12 × 500 = 6.000 €).

17 Die Antragserweiterung ist in der oben dargestellten Weise unabhängig davon zu bewerten, wann der ursprüngliche Antrag die Instanz eingeleitet hat (OLG Brandenburg FamRZ 2015, 431 und FamRZ 2007, 67; OLG Celle, 15. Senat, FamRZ 2009, 74; Gerold/Schmidt/*Müller-Rabe/Mayer* Anhang VI. Rn. 418; *Klinkhammer* in Eschenbruch/Klinkhammer, 5. Aufl. Kap. 5 Rn. 168: Wendl/Staudigl/*Schmitz* § 10 Rn. 82a; Schneider/Herget/*Thiel* Rn. 8462; HK-FamGKG/*Schneider* § 51 Rn. 74). Die noch zur Vorgängervorschrift, insb. zu § 17 GKG in dessen durch das KindUG (1998) geänderten und bis zum KostRMoG (2004) geltenden Fassung vertretene Ansicht, eine Antragserweiterung könne beim laufenden Unterhalt nur berücksichtigt werden, wenn und soweit die Erhöhung in die ersten 12 Monate nach Einreichung des ursprünglichen Antrags fällt (s. OLG München FuR 2000, 298; OLG Saarbrücken OLGR 2005, 924 m.w.N.), ist aus zweierlei Gründen überholt (s. dazu ausführlich FA-FamR/*Keske* Kap. 17 Rn. 65; a.A. ohne nähere Begründung OLG Celle, 10. Senat, FamRZ 2014, 1810, 1811). Einmal verdeutlicht die aus § 40 GKG i.d.F. des ersten KostRMoG übernommene Formulierung des § 34 Satz 1 FamGKG zwischenzeitlich zweifelsfrei, dass die Bewertung für jeden Erweiterungsantrag selbstständig zum Zeitpunkt seines Eingangs und unabhängig vom Eingang des ursprünglichen Antrags vorzunehmen ist (OLG Brandenburg FamRZ 2015, 431; BT-Drucks. 15/1971 S. 154 zu § 40 GKG; Binz u.a./*Dorndörfer* § 34 Rn. 1; Hartmann § 34 FamGKG Rn. 1 i.V.m. § 40 GKG Rn. 4; *Schneider* NZFam 2015, 857; s.a. § 34 FamGKG Rdn. 8). Zum anderen würde die Auslegung des § 51 Abs. 1 in einer Weise, die den Anwalt für seine Tätigkeit im Verfahren nur noch eingeschränkt honoriert, den zwischenzeitlich vom BVerfG für die verfassungskonforme Auslegung von Wertvorschriften präzisierten Anforderungen (s. BVerfG FamRZ 2006, 24 und zuletzt FamRZ 2010, 25) nicht mehr genügen. Denn wenn Erweiterungsanträge nur begrenzt und, falls sie nach Ablauf von 12 Monaten ab Einleitung des Verfahrens gestellt werden, wertmäßig gar nicht mehr berücksichtigt werden, wirkt sich das wegen der Anbindung der Anwaltsvergütung an den gerichtlichen Verfahrenswert (§ 32 Abs. 1 RVG) z.T. erheblich auf seine Vergütung aus (s. z.B. OLG Brandenburg FamRZ 2015, 431 und weitere Beispiele bei *Schneider* NZFam 2015, 857 und FormB FA –FamR/*Keske* Kap. 13 Rn. 103). Ihm wird darüber hinaus für einen Teil seiner Tätigkeit im Verfahren eine Gebühr praktisch ganz versagt, ohne dass dies vom Wortlaut der Vorschrift gedeckt oder ihrem Zweck her geboten ist.

18 Weil die Antragserhöhung gebührenrechtlich wie ein neuer Antrag behandelt wird, sind **Rückstände** gem. Abs. 2 mit ihrem Mehrbetrag dem Gebührenwert hinzuzurechnen (OLG Brandenburg FamRZ 2015, 431; OLG Köln FamRZ 2004, 1226; *Schneider* NZFam 2014, 447; Schneider/Herget/*Thiel* Rn. 8464). Nach a.A. bleiben die ab Einreichung des ursprünglichen Antrags geltend gemachten (weiteren) Rückstände unberücksichtigt (OLG Saarbrücken OLGR 2005, 924; OLG Brandenburg MDR 2003, 335; OLG Karlsruhe FuR 1999, 440).

19 **V. Rechtsmittelwert.** Der Gebührenwert eines Rechtsmittels bemisst sich ebenfalls nach § 51 Abs. 1 und 2, wobei an die Stelle der Einreichung des Antrags der Eingang des Rechtsmittels tritt (OLG Karlsruhe FamRZ 2016, 162; s. § 34 Rdn. 3). Allerdings verlagert sich in Abweichung zu § 34 i.Vm. § 51 Abs. 2 FamGKG der Bewertungsstichtag für die **Rückstände** nicht auf den Eingang des Rechtsmittels bzw. der hierfür beantragten Vkh. Vielmehr werden in allen Instanzen nur diejenigen Rückstände gem. Abs. 2 wertmäßig berück-

sichtigt, die in 1. Instanz dem Wert nach Abs. 1 hinzuzurechnen waren. Die erst im Verlauf des Verfahrens eintretende Fälligkeit (anhängiger) wiederkehrender Leistungen ist gebührenrechtlich grds. bedeutungslos (BGH NJW 1960, 1459; Beschl. v. 25.11.1998 – IV ZR 199/98 – EzFamR ZPO § 9 Nr. 4 = NVersZ 1999, 239 m.w.N.; Schneider/Herget/*N. Schneider* Rn. 6167; s.a. Rdn. 12; a.A. OLG Karlsruhe FamRZ 2016, 162). Das wirkt sich in der Rechtsmittelinstanz zwangsläufig auch auf den Bewertungsstichtag für den **laufenden Unterhalt** nach Abs. 1 aus: Der 12-Monatszeitraum kann jedenfalls dann nicht erst mit der Anhängigkeit des Rechtsmittels beginnen, wenn nur Unterhalt für davor liegende Zeiträume angegriffen wird, der aus den vorgenannten Gründen nicht als Rückstand i.S.d. Abs. 2 zu behandeln ist. Der BGH stellt daher für die Bewertung nach Abs. 1 zutreffend auf die ersten 12 Monate ab, die in der Rechtsmittelinstanz noch im Streit sind (BGH FamRZ 2003, 1274 und Beschl. v. 17.10.2007 – XII ZB 99/07). Das kann m.E. aber nur gelten, wenn mit dem Rechtsmittel kein Unterhalt für mindestens 12 Monate nach Einlegung des Rechtsmittels angegriffen wird. Andernfalls besteht kein Grund, von dem nach § 34 gelten Bewertungszeitpunkt für die Rechtsmittelinstanz (s.o.) abzuweichen. Zeiträume bzw. Monate, für die der beschlossene Unterhalt nicht angegriffen wird, zählen dabei ebenso wenig mit, wie in erster Instanz Monate, für die kein Unterhalt verlangt wurde (s. Rdn. 9). Das ist z.B. der Fall, wenn nur die **Befristung** im Streit ist (vgl. OLG Stuttgart FamRZ 2008, 1205; OLG Oldenburg FamRZ 2009, 73, die aber unter Berufung auf den BGH auf die ersten 12 noch im Streit befindlichen Monate abstellen).

Zum Rechtsmittelwert für den Auskunftsanspruch und zum Stufenantrag s. § 38 FamGKG Rdn. 9, 10.

Die **Höhe** wird durch den Rechtsmittelantrag, hilfsweise nach dem vollen Umfang des Unterliegens in der Vorinstanz bestimmt (s. § 40 Rdn. 3) und ist **durch den Gebührenwert der ersten Instanz begrenzt**, soweit der Antrag in der Rechtsmittelinstanz nicht erweitert wird. (§ 40 Rdn. 4; BGH FamRZ 2003, 1274; OLG Karlsruhe FamRZ 2016, 162). Bei **wechselseitig eingelegten Rechtsmitteln** sind die Werte zusammenzurechnen, sofern sie nicht den gleichen Unterhaltsteil und -zeitraum betreffen (BGH FamRZ 2010, 365; zum vergleichbaren Problem bei Antrag und Widerantrag s.u. Rdn. 35). Allerdings darf der Gesamtstreitwert den der 1. Instanz nicht übersteigen und ist ggf. auf ihn zu begrenzen (§ 40 Abs. 2; BGH FamRZ 2003, 1274; zur Antragserweiterung s. § 40 FamGKG Rdn. 5 und oben Rdn. 16). Wendet sich der eine Beteiligte gegen die Verurteilung zum Unterhalt und der andere sich gegen die vom Erstgericht ausgesprochene Befristung, so betreffen beide Anträge werttechnisch denselben Verfahrensgegenstand und sind nicht zusammenzurechnen (§ 39 Abs. 1 Satz 2, Abs. 2 FamGKG). Das Gleiche gilt, wenn beide Seiten nur die Befristung bzw. ihre Dauer angreifen (OLG Oldenburg FamRZ 2009, 73; OLG Stuttgart FamRZ 2008, 1205).

C. Einzelfragen. I. Ehegattenunterhalt. Trennungs- und nachehelicher Unterhalt sind selbstständige und deshalb voneinander unabhängige Ansprüche mit jeweils eigenem Gegenstandswert (BGH FamRZ 1981, 242; OLG Hamm FamRZ 1988, 402). Werden beide in einem Verfahren geltend gemacht, so sind die Werte gem. § 33 FamGKG zu addieren. Dasselbe gilt bei einem beide Ansprüche betreffenden Vergleich für die anwaltliche Einigungsgebühr (OLG Bamberg FamRZ 2011, 1894; zur Gerichtsgebühr für einen Mehrvergleich s. KV 1500 Rdn. 2 ff.).

Grundsätzlich gilt § 51 Abs. 1 Satz 1 auch für den laufenden **Trennungsunterhalt**. Wird die **Ehescheidung vor Ablauf der 12 Monate** nach Einreichung des Antrags rechtskräftig, ist streitig, ob sich dies auf den Wert des Unterhaltsverfahrens auswirkt. Nach wohl überwiegender Ansicht ist nur dann der Streitwert aus einem kürzeren Zeitraum als 12 Monate zu errechnen, wenn schon bei Einreichung des Antrags davon auszugehen ist, dass ein rechtskräftiges Scheidungsurteil in weniger als einem Jahr vorliegen wird (OLG Hamm FamRZ 2005, 1766; Schneider/*Herget* Rn. 5466 m.w.N.), wobei an die Erkenntnismöglichkeiten bei Einreichung des Antrags unterschiedliche Anforderungen gestellt werden: Absehbarkeit (OLG Frankfurt am Main, FamRZ 2007, 749; OLG München FamRZ 1998, 573; OLG Köln JurBüro 1993, 164) vs. überwiegende Wahrscheinlichkeit (OLG Hamm FamRZ 2005, 1766; OLG Bamberg FamRZ 1996, 502). Nach a.A. bedarf es einer ausdrücklichen Begrenzung des gestellten Unterhaltsantrags auf einen unter einem Jahr liegenden Zeitraum (OLG Schleswig [5. Familiensenat] FamRZ 2013, 240; KG Berlin FamRZ 2011, 755 m.w.N.). Eine weitere Meinung unterstellt, dass der Antrag auf Trennungsunterhalt bereits immanent auf die Zeit bis zur Rechtskraft der Scheidung beschränkt ist (OLG Schleswig [4. Familiensenat] FamRZ 2006, 1560; OLG Hamburg FamRZ 2002, 1136; OLG Bremen FamRZ 2000, 151; Eschenbruch/*Klinkhammer* Kap. 5 Rn. 168.). Wird vor Ablauf der Jahresfrist aber nach Rechtskraft der Scheidung über den Trennungsunterhalt ein Vergleich geschlossen, so ist zumindest der **Vergleichswert**(!) auf die bis zur Scheidung aufgelaufenen Monate zu begrenzen (OLG Braunschweig OLGR 1995, 295; OLG Düsseldorf FamRZ 1990, 1379).

23 Wird nur noch über eine **Befristung** des Unterhalts oder deren Dauer gestritten, führt dies nicht zu einer Reduzierung des Jahresbetrags (OLG Oldenburg FamRZ 2009, 73; OLG Stuttgart FamRZ 2008, 1205). Sie ist u.U. aber bei der Kostenentscheidung zu berücksichtigen (OLG Stuttgart FamFR 2013, 158 m.w.N.). Zum Rechtsmittelwert, wenn nur die Befristung streitig ist, s. Rdn. 19.

24 **II. Kindesunterhalt.** Es gelten auch beim **dynamischen Unterhalt** und im vereinfachten Verfahren (s.u. Rdn. 30) die allgemeinen Bewertungsgrundsätze des § 51 Abs. 1 Satz 1. Satz 2 macht davon nur insoweit eine Ausnahme, als auch Änderungen in der Altersstufe oder des Mindestunterhalts selbst, auch wenn sie innerhalb der Einjahresfrist eintreten, unberücksichtigt bleiben, s.o. Rdn. 10. Wird Kindesunterhalt nach den §§ 1612a BGB i.H. eines **Prozentsatzes des Mindestunterhalts**, also in dynamisierter Form beansprucht, ist nicht auf den für die nächsten 12 Monate geforderten Betrag abzustellen. Stattdessen ist allein der Unterhaltsbetrag (Zahlbetrag) mit 12 zu vervielfältigen, der sich aus der Anwendung des § 1612a Abs. 1 Satz 2 BGB im Monat der Einreichung des Antrags gemäß dem Alter des Kindes und dem geforderten Prozentsatz errechnet (Abs. 1 Satz 2). Werden mehr oder weniger als 100 % des Mindestunterhalts gefordert, ist der konkret geforderte Prozentsatz zugrunde zu legen (*Keske* FuR 2010, 443, 444 m.w.N.; s.a. OLG Karlsruhe OLGR 2000; 258 zu der in gleicher Weise missverständlich formulierten Vorgängerregelung; zur Umrechnung von Alttiteln nach § 36 Nr. 3 Buchst. a) EGZPO s. BGH FamRZ 2012, 1048). Das gem. § 1612b, c BGB bedarfsdeckend anzurechnende **Kindergeld** ist auch ohne ausdrücklichen Antrag abzuziehen (OLG Köln FamRZ 2008, 1645; OLG Oldenburg NdsRpfl 2007, 332; OLG München FamRZ 2005, 1766). Zur **Abänderung** s. Rdn. 27 und zur Beanspruchung von Kindesunterhalt im **Abstammungsverfahren** s. § 47 FamGKG Rdn. 5.

25 Der Anspruch des Kindes auf **Auskehr des Kindergeldes** an sich selbst ist als unterhaltsrechtlicher Anspruch (BGH FamRZ 2006, 99) ebenfalls nach § 51 Abs. 1 und 2 zu bewerten (so auch der BFH NJW 2006, 256 [LS] für finanzgerichtliche Kindergeldsachen), während für die Auswahl eines Auszahlungsberechtigten Abs. 3 gilt (s. Rdn. 41). Wird im Unterhaltsverfahren der Anspruch auf Auskehr des Kindergeldes geltend gemacht, sind die Werte zusammenzurechnen.

26 **III. Freistellung von Unterhaltsansprüchen.** Nachdem § 51 jetzt auch für vertragliche Ansprüche gilt, dürfte für die Freistellung von Unterhaltsansprüchen der Wert über § 42 Abs. 1 FamGKG ebenfalls nach § 51 zu bemessen sein, jedenfalls wenn es sich um Freistellungsvereinbarungen zwischen Eltern oder anderen Unterhaltpflichtigen handelt (so schon nach bisherigem Recht OLG Oldenburg JurBüro 1992, 253; Schneider/Herget/*N. Schneider* Rn. 1587; a.A. BGH NJW 1974, 2128). Wird der andere Elternteil nur von möglichen Ansprüchen freigestellt, ist nur ein Bruchteil des vollen Werts anzusetzen (Korintenberg/*Bengel-Tiedtke* 19. Aufl. KostO § 39 Rn. 130).

27 **IV. Unterhaltsabänderung, Rückforderung.** Der Verfahrenswert eines **Abänderungsverlangens** errechnet sich, unabhängig davon, ob es auf Anhebung oder Herabsetzung gerichtet ist und in welcher Form es verfolgt wird, aus der **Differenz** zwischen dem titulierten und dem mit der Abänderung begehrten Unterhaltsbetrag entsprechend § 51 Abs. 1 und 2 (OLG Karlsruhe FamRZ 2013, 325). Das gilt auch, wenn ein Vergleich abgeändert werden soll oder für die Abänderung von im vereinfachten Verfahren ergangenen Entscheidungen. Bei Abänderung eines **dynamischen Unterhaltstitels** (s.o. Rdn. 24) berechnet sich der Wert nach der Differenz der jeweiligen Zahlbeträge nach Abzug des Kindergeldanteils (OLG München FamRZ 2005, 1766; s.a. *Schneider* FamRB 2005, 106 m.w.N.). Das gilt auch, wenn statt des statisch titulierten Betrags im Abänderungsverfahren ein dynamischer Unterhalt gefordert wird oder umgekehrt (OLG Hamm FamRZ 2015, 954; *N. Schneider* NZFam 2015, 376). Die Gegenansicht geht zu Unrecht davon aus, dass der statische und der dynamische Kindesunterhalt kostenrechtlich etwas Anderes sind (s. aber Rdn. 24), und nimmt deshalb den vollen Monatswert (OLG Naumburg FamRZ 2015, 1781). Wird nur der aktuell titulierte Zahlbetrag in dynamisierter Form verlangt, ist dessen »Mehrwert« gem. § 42 Abs. 1 nach dem Interesse des Antragstellers, anstelle eines statischen über einen dynamischen Titel zu verfügen zu schätzen, wobei ihn OLG Hamm im konkreten Fall mit 15 % des vollen Werts bemessen hat (OLG Hamm FamRZ 2015, 954). Der titulierte Betrag bleibt für das gerichtliche Abänderungsverfahren auch dann maßgebend, wenn zwischenzeitlich davon abweichende Leistungen vereinbart und auch erbracht werden. Soweit das Abänderungsverlangen in der Vergangenheit liegende Zeiträume betrifft, werden die daraus resultierenden Differenzbeträge entsprechend Abs. 2 wie **Rückstände** zeitlich unbegrenzt hinzugerechnet (OLG Karlsruhe FamRZ 2013, 325); und zwar ohne Rücksicht auf die prozessuale Zulässigkeit.

Stichtag ist auch hier der Eingang des Abänderungsbegehrens bei Gericht bzw. eines Antrags auf Verfahrens- 28
kostenhilfe für die Rückstandsberechnung (s.o. Rdn. 6, 14). Wurde ein Abänderungsbegehren ursprünglich
im Wege eines unselbstständigen Anschlussrechtsmittels verfolgt, das infolge Rücknahme des Hauptrechtsmittels wirkungslos wurde, und wird sodann ein Abänderungsantrag eingereicht, so belässt es OLG Karlsruhe
(FamRZ 1999, 1289) auch für den Gebührenwert bei dem durch das Anschlussrechtsmittel begründeten Stichtag.

Ansprüche auf **Rückzahlung von Unterhalt** für die Zukunft werden ebenfalls nach § 51 Abs. 1 bewertet 29
(OLG Karlsruhe FamRZ 2013, 325; OLG Hamburg FamRZ 1998, 311; a.A. Schneider/Herget/*Thiel* Rn. 8488),
sofern es sich nicht um Schadensersatz handelt (s. Rdn. 1). Geht es in der Hauptsache um eine Herabsetzung
oder Aufhebung eines Titels, sei es im Wege der Abänderungs-, Feststellungs- oder Vollstreckungsabwehranträge sind gleichzeitig beantragte Rückzahlungsansprüche zwar verschiedene Verfahrensgegenstände, die
aber wirtschaftlich identisch sind und damit keinen besonderen Gebührenwert haben, sofern sie den gleichen Unterhaltszeitraum betreffen (§ 39 Abs. 1 Satz 3 FamGKG; KG FamRZ 2011, 754; OLG Karlsruhe
FamRZ 2013, 325), auch wenn sie nicht als Eventualantrag gestellt werden (OLG Köln FamRZ 2010, 1933;
OLG Hamburg FamRZ 1998, 311). Das gilt auch, wenn der Rückzahlungsanspruch erstmals in der Rechtsmittelinstanz (als Widerantrag) geltend gemacht wird (BGHZ 38, 237; OLG Karlsruhe FamRZ 1999, 608).
Zwar war der BGH in seiner Entscheidung vom 17.06.1992 in einem obiter dictum offensichtlich noch davon ausgegangen, dass ein nicht hilfsweise geltend gemachter Rückforderungsanspruch zu Kostennachteilen führen kann (BGH FamRZ 1992, 1152, ebenso FamRZ 1998, 951). Bereits in seinem Urt. v. 27.10.1999
(BGH FamRZ 2000, 751) findet sich diese Einschränkung auch in Unterhaltssachen nicht mehr. Es ist auch
kein Grund ersichtlich, der es rechtfertigt Unterhaltssachen gebührenrechtlich anders zu behandeln als etwa
Mietsachen (s. dazu BGH JurBüro 2006, 369; 2004, 378).

V. Besondere Verfahren. 1. Vereinfachtes Verfahren. Im vereinfachten Verfahren über den Unterhalt 30
Minderjähriger nach den §§ 249 bis 260 FamFG vor dem Rechtspfleger gelten dieselben Bewertungsgrundsätze wie im ordentlichen Verfahren (OLG Brandenburg FamRZ 2004, 962). Der Unterhalt kann sowohl
beziffert als auch dynamisch als Prozentsatz des Mindestunterhalts (s.o. Rdn. 24) tituliert werden (*Bömelburg* FamRB 2011, 78), auch zugunsten der Unterhaltsvorschusskasse (OLG Hamm FamRZ 2011, 409). Gesetzliche Verzugszinsen können ab dem Zeitpunkt der Zustellung des Festsetzungsantrags auf den zu dieser
Zeit rückständigen Unterhalt festgesetzt werden (BGH FamRZ 2008, 1428). Folgt ein streitiges Verfahren
nach, so werden die Kosten des vereinfachten Verfahrens als Teil des streitigen Verfahrens behandelt (§ 255
Abs. 5 FamFG), für das Gerichts- und Anwaltsgebühren wie in ordentlichen Unterhaltsverfahren anfallen.
Für die Rechtshängigkeit bleibt die Zustellung des Festsetzungsantrags maßgeblich (s. § 255 Rdn. 3 ff.). Gleiches gilt auch für die Berechnung der Rückstände nach § 51 Abs. 2 (OLG Celle FuR 2014, 601 = FamRZ 2014,
1801 LS). Im vereinfachten Verfahren fällt eine Gerichtsgebühr (für die Entscheidung) nur an, wenn es auch
nicht teilweise in das streitige Verfahren übergeht (s. Nr. 1210–1219 KV FamGKG Rdn. 1 ff.); nur in diesem
Fall muss eine Wertfestsetzung für die Gerichtsgebühren bereits im vereinfachten Verfahren erfolgen (vgl. zu
den Anwaltsgebühren FA-FamR/*Keske* Kap. 17 Rn. 221 ff.).

2. Stufenantrag. Leistungs- oder Feststellungsantrag kann als unbezifferter Antrag mit einem Auskunfts- 31
antrag oder Antrag auf Versicherung an Eides statt als Stufenantrag (§ 113 FamG i.V.m. § 254 ZPO) verbunden werden. In Abweichung von dem in § 33 für die Häufung von Verfahrensgegenständen in einem Antrag
(objektive Antragshäufung) aufgestellten Grundsatzes werden im Fall des Stufenantrags die Werte der einzelnen Verfahrensgegenstände nicht zusammengerechnet. Vielmehr ist für den Verfahrenswert nur der jeweils höchste Einzelwert (allein) maßgeblich (s. OLG Jena FamRZ 2013, 489). Für die Rückstandsberechnung kommt es auf den Zeitpunkt der Einreichung des Auskunftsantrags und nicht auf die Bezifferung der
Leistung an (OLG Bremen NZFam 2014, 234; s.a. § 38 Rdn. 6 ff.). Zur Bewertung der Auskunftsstufe und
eines nicht bezifferten Unterhaltsantrags ausführlich § 38 FamGKG Rdn. 3 ff.

3. Feststellungsantrag. Der Wert eines **negativen Feststellungsantrags** entspricht dem eines Leistungs- 32
antrags mit umgekehrtem Rubrum (BGH NJW 2005, 938). Es ist kein Abschlag vorzunehmen (OLG Düsseldorf MDR 2003, 236) wie bei einem **positiven**, auf Feststellung eines Leistungsanspruchs gerichteten Antrag,
bei dem regelmäßig ein Abschlag infrage kommt. Der Abschlag richtet sich nach dem Vollstreckungsrisiko
für den Gläubiger (BGH NJW 2009, 920 zur Feststellung, dass ein Unterhaltsrückstand auf unerlaubter
Handlung beruht; BGH WuM 2007, 640: Abschlag von 20 % ggü. einem auf Leistung gerichteten Antrag.
Vgl. zum Zusammentreffen mit Rückzahlungsansprüchen. Rdn. 29. Ein zusätzlicher Feststellungsantrag,

dass die Forderung auf einer vorsätzlich **unerlaubten Handlung** beruht, erhöht den Verfahrenswert nicht (OLG Jena MDR 2010, 1211 m.w.N.).

33 4. **Vollstreckungsabwehrantrag, Vollstreckbarerklärung.** Der Wert der **Vollstreckungsabwehr** richtet sich ausschließlich nach dem Umfang, in dem die Zwangsvollstreckung ausgeschlossen werden soll (BGH NJW-RR 2006, 1146; OLG München FamRZ 2013, 147). Maßgeblich ist allein der Nennbetrag des abzuwehrenden Hauptanspruchs; titulierte Zinsen und Kosten werden als Nebenforderungen auch dann nicht hinzugerechnet, wenn sich der Abwehrantrag auch gegen die Vollstreckung aus dem Kostenfestsetzungsbeschluss richtet (BGH FamRZ 2015, 2144). Eine Beschränkung auf einen Teilbetrag der titulierten Forderung kann sich konkludent aus den Umständen, insb. der Antragsbegründung ergeben (OLG Karlsruhe FamRZ 2004, 1226; OLG Koblenz FamRZ 2001, 845). Die Berechnung erfolgt für noch nicht fällige Beträge nach § 51 Abs. 1. Fällige und damit rückständige Beträge werden mit ihrem Nennbetrag gem. Abs. 2 hinzugerechnet (HK-FamGKG/*Schneider* § 51 Rn. 199). Zur Verbindung mit Rückzahlungsansprüchen s.o. Rdn. 29.

34 Für die **Vollstreckbarerklärung** ausländischer Unterhaltstitel (Exequaturverfahren) werden Festgebühren erhoben (s. Nr. 1710 – 1723 KV FamGKG Rdn. 2; Zöller/Geimer § 722 Rn. 119 unter Verweis auf die entsprechenden Gebühren im GKG), sodass eine **Wertermittlung nur für die Anwaltsgebühren** erforderlich ist. Für sie ist § 51 FamGKG entsprechend heranzuziehen (s. § 23 Abs. 1 Satz 2 RVG). Bereits in der Ausgangsentscheidung angeordnete Indexierungen sind zu berücksichtigen (BGH FamRZ 2015, 2144 Rn. 22). Dabei sind die seit der Ausgangsentscheidung aufgelaufenen Rückstände auf keinem Fall hinzuzurechen (BGH FamRZ 2009, 222 m.w.N.). Darüber hinaus ist umstritten, ob die in der Ausgangsentscheidung als solche titulierten Rückstände dem laufenden Unterhalt hinzurechen ist (OLG Stuttgart FamRZ 2015, 871, 873 m.w.N.) oder nur in der Höhe, wie sie im vorausgegangene Erkenntnisverfahren nach deutschem Gebührenrecht angefallen wären. (OLG Bremen, Beschl. v. 11.12.1991 – 2 W 101/91, zit. in BGH FamRZ 2009, 222 und von ihm ausdrücklich offen gelassen).

35 5. **Widerantrag. Wideranträge**, die sich – wie der negative Feststellungsantrag – im Leugnen des geltend gemachten Leistungsanspruchs erschöpfen, haben keinen über den Leistungsantrag hinausgehenden Wert und es findet wegen der Identität des Verfahrensgegenstands auch keine Addition statt (§ 39 Abs. 1 Satz 3 FamGKG; OLG Brandenburg FamRZ 2004, 962; OLG Jena FamRZ 2013, 489 zum wechselseitigen Auskunftsantrag). Anders ist es, wenn mit dem Widerantrag ein anderer Unterhaltszeitraum streitig gestellt wird (OLG Düsseldorf MDR 2003, 236) oder wenn in einem auf Erhöhung des bisher titulierten Unterhalts gerichteten Abänderungsverfahren der Antragsgegner gegenläufig Herabsetzung begehrt oder seinerseits Unterhalt verlangt (OLG München FamRZ 2007, 750 m.w.N.). Dann sind, obwohl nur einer der beiden Anträge Erfolg haben kann, beide Werte zu addieren, denn die Entscheidung, dass dem Antragsteller kein Unterhalt zusteht, besagt noch nichts darüber, ob dem Antragsgegner seinerseits ein Unterhaltsanspruch zusteht (Schneider/Herget/*Kurpat* Rn. 3312; s. dazu ausführlich § 39 FamGKG Rdn. 2 f.). Das gilt auch, wenn mit dem Widerantrag lediglich **Auskunft** zur Vorbereitung eines Leistungswiderantrags begehrt wird (zu Unrecht verneinend OLG Jena FamRZ 2013, 489).

36 VI. **Einstweilige Anordnung.** Zur Bewertung eines **Arrests** s. § 42 FamGKG Rdn. 6.

37 1. **Laufender Unterhalt.** Für die **einstweiligen** Anordnungen gem. §§ 246 bis 248 i.V.m. 49 ff. FamFG ist der Wert gem. § 41 FamGKG in zwei Stufen zu bestimmen Ausgangspunkt ist der Wert eines gleichlautenden Hauptsacheantrags der entsprechend der geringeren Bedeutung ggü. der Hauptsache herabzusetzen ist, im Regelfall auf die Hälfte (s. § 41 FamGKG). Die Bewertung einer EA auf **laufenden Unterhalt** richtet sich daher im ersten Schritt nach § 51 Abs. 1 (s.o. Rdn. 8 ff.). Werden auch rückständige Raten geltend gemacht, so erhöht sich der Hauptsachewert um diese Rückstände (OLG München NJW-Spezial 2011, 476; OLG Brandenburg FamRZ 2007, 1999; *Schneider* NZFam 2014, 12). Für Abänderungsanträge nach § 54 Abs. 1 FamFG richtet sich der Wert nach dem Umfang der begehrten Herauf- oder Herabsetzung. Umstritten ist, ob auch der Wert der EA. beim laufenden Unterhalt (im zweiten Schritt) regelmäßig mit dem hälftigen Hauptsachebetrag (§ 41 Satz 2 FamGKG) anzusetzen ist. Unter Hinweis darauf, dass mit der Unterhaltsanordnung nach § 246 FamFG der volle Unterhaltsbetrag tituliert werden kann, wird teilweise der ungekürzte Hauptsachebetrag genommen (OLG Düsseldorf NJW 2010, 305; OLG Brandenburg FamRZ 2010, 1937; *Witte* FPR 2010, 317). Dem ist entgegenzuhalten, dass sich am Charakter der Unterhaltsanordnung als ein im summarischen Verfahren erwirkter Titel mit wesentlich geringerer Bestandskraft als ein Hauptsachetitel *durch die FGG-Reform* nichts geändert hat. Dies rechtfertigt regelmäßig einen ggü. der Haupt-

sache geringeren Wert (OLG Köln NZFam 2014, 608; OLG Celle FamRZ 2012, 737; OLG Bamberg FamRZ 2012, 739; OLG Stuttgart FamRZ 2011, 757). Daran änderst sich auch dann nichts, wenn sich die Beteiligten im Anordnungsverfahren über eine endgültige Regelung verständigen (OLG Bamberg FamRZ 2012, 739; OLG Saarbrücken FuR 2012, 498); das berührt wie auch in anderen EA-Verfahren nur den Wert der Einigung (s. § 41 FamGKG Rdn. 5). I.Ü. konnte bereits bei der unselbstständigen EA nach § 620 und § 644 ZPO a.F. der volle Unterhalt unbegrenzt zugesprochen werden und der Gesetzgeber hatte dennoch ihren Wert auf den sechsmonatigen Bezug begrenzt (vgl. § 53 GKG a.F.).

Das schließt eine über den hälftigen Wert der Hauptsache liegende Bewertung nicht aus, wenn ausnahmsweise zwischen den Beteiligten von Anfang feststeht, dass sie die Beteiligten die im EA-Verfahren getroffene einen Hauptsachetitel ersetzen soll (OLG Köln FamRZ 2011, 758).

2. Verfahrenskostenvorschuss und anderer Sonderbedarf. Bei Sonderbedarf richtet sich der Ausgangswert i.S.d. § 41 Satz 2 FamGKG nicht nach § 51 FamGKG, sondern gem. § 35 FamGKG nach dem geforderten Betrag (OLG Celle FamRZ 2016, 164; OLG Frankfurt FamRZ 2015, 527). 38

Geht es um die Zahlung eines **Verfahrenskostenvorschusses** ist auch der Wert einer EA regelmäßig mit dem vollen beantragten Betrag anzusetzen ist (h.M.: OLG Köln FamRZ 2015; OLG Bremen FamRZ 2015, 526; OLG Frankfurt, 3. FamS, FamRZ 2015, 527 m.w.N.; a.A. OLG Celle FamRZ 2016, 164; OLG Frankfurt, 5. FamS, FamRZ 2014, 1801 u. 6. FamS, FamRZ 2016, 163). Denn es wird in der Praxis i.d.R. nur mittels einstweiliger Anordnung geltend gemacht, weil sich wegen seiner möglichen Anrechnung beim Kostenausgleich des Zielverfahrens (s. § 85 FamFG Rdn. 11) ein Hauptsacheverfahren im Allgemeinen erübrigt. Ähnliches gilt für **anderen Sonderbedarf**, der zum unverzüglichen Verbrauch bestimmt ist (OLG München FamRZ 1997, 691). Denn ein Obsiegen im Hauptsacheverfahren nützt dem Verpflichteten i.d.R. nichts, weil der aus der einstweiligen Anordnung vereinnahmte Betrag mangels Bereicherung nicht mehr zurückgezahlt werden muss.

VII. Vergleich, Einigung. Bei einem **Abfindungsvergleich** richtet sich der Wert ebenfalls nach § 51 und nicht nach dem Abfindungsbetrag (bisher h.M.: OLG Frankfurt am Main FamRB 2002, 233; OLG München JurBüro 2001, 141; OLG Karlsruhe AGS 2000, 112; OLG Jena FamRZ 1999, 1680 m.w.N.). Das gilt auch, wenn als Abfindung zugunsten des Berechtigten eine Lebensversicherung abzuschließen ist (OLG Saarbrücken JurBüro 1980, 1704 zum VA). Anders ist es nach herrschender Meinung, wenn nach § 1585 Abs. 2 BGB oder aus einer vertraglichen Vereinbarung von vornherein die Zahlung einer bestimmten **Abfindungssumme** beansprucht wird (Kindermann Rn. 143; Groß § 11 Rn. 67). 39

Ein reines **Titulierungsinteresse** ist bei einem Vergleich über nicht anhängige Ansprüche richtigerweise nur mit einem Bruchteil vom Wert des titulierten Anspruchs zu bemessen (i.d.R. mit 10 % des Anspruchs; Schneider/Herget/*Kurpat* Rn. 5214 ff. m.w.N.; zur Abgrenzung zur Novellierung eines Unterhaltstitels OLG Nürnberg FuR 2000, 380). Ein Abschlag vom Hauptsachebetrag verstößt auch nicht gegen § 35. Denn hier geht es allein darum, in welchem Umfang überhaupt eine gebührenauslösende Einigung vorliegt (s.a. § 42 FamGKG Rdn. 23). Wird ein unstreitiger Anspruch dagegen zum Zwecke der Titulierung gerichtlich anhängig gemacht, ist immer der volle Wert sowohl für die Verfahrens- als auch für die Einigungs- bzw. Vergleichsgebühr maßgeblich (OLG Hamburg NJW-Spezial 2013, 251; s.a. Rdn. 5).

Beim **Unterhaltsverzicht** ist der Wert gem. § 42 Abs. 1 FamGKG zu schätzen, wobei § 51 mit heranzuziehen ist (OLG Dresden FamRZ 1999, 1290; s.a. Groß § 11 Rn. 62). Beim gegenseitigen Verzicht sind die beiden Werte zu addieren. Steht die Höhe des Unterhaltsanspruchs fest, so ist kann der volle Wert nur dann genommen werden, wenn keine Gegenleistung erfolgt, sonst ist sie abzuziehen. Wird vereinbart, dass noch mehr als 12 Monate Unterhalt gezahlt wird und der Berechtigte danach auf Unterhalt verzichtet, so ergibt sich der Wert aus § 51 Abs. 1 Satz 1 FamGKG (verlangter Betrag für das erste Jahr). Der Verzicht wirkt sich, ebenso wie eine Befristung (s. OLG Düsseldorf FamRZ 2009, 1620), in diesem Fall nicht aus (OLG Stuttgart FamRZ 2014, 1810). Wenn das schon für einen totalen Verzicht für die Zukunft gilt, muss dies erst recht gelten, wenn lediglich auf das Recht zur Abänderung verzichtet wird. Vielfach werden für den Verzicht auf nachehelichen Unterhalt **Pauschalen** angesetzt. Ihre Höhe unterscheidet sich zwar regional, hat sich aber in den letzten Jahren kaum verändert. Mehrheitlich werden 1.800 € genommen (OLG Frankfurt am Main FamRZ 2007, 843; OLG Schleswig OLGR 2002, 119; OLG Naumburg FamRZ 2001, 433; OLG Köln FamRZ 1998, 310). Das OLG Karlsruhe (AGS 2000, 112) hat noch vor der Währungsreform 4.800 DM und das OLG Jena (FuR 1999, 492; ebenso das OLG Düsseldorf JurBüro 1992, 52) 2.400 DM angesetzt. Die Familiensenate des OLG München hatten sich nach der Währungsumstellung auf 2.000 € beim gegenseitigen Ver- 40 zicht und 1.000 € beim einseitigen geeinigt. Auch sonst wird beim einseitigen Verzicht häufig der hälftige Betrag angesetzt. Ein rein **deklaratorischer Verzicht** des gegnerischen Ehegatten in einem Unterhaltsverfahren hat neben dem Verfahrenswert keinen eigenen Wert (OLG Düsseldorf FamRZ 2009, 1620); das kann u.U. auch für den beiderseitigen Verzicht gelten (s. OLG Köln AGS 2008, 493).

41 **D. Auswahl des Kindergeldberechtigten (Abs. 3).** Für Unterhaltssachen, die nicht Familienstreitsachen sind, bestimmt Abs. 2 einheitlich einen Festwert, der unter besonderen Umständen erhöht werden kann (relativer Festwert). Er wurde durch das 2. KostRMoG von 300 € auf 500 € angehoben. Gebührenrechtlich zählt das Verfahren zu den sonstigen FG-Verfahren, für die Gebühren nach Teil 1 Hauptabschnitt 3, Abschnitt 2 des KV zum FamGKG anfallen (s. Übersicht in § 3 FamGKG Rdn. 11 ff.). Derzeit betrifft dies ausschließlich Verfahren zur **Auswahl eines Bezugsberechtigten** für das Kindergeld (§ 231 Abs. 2 FamFG i.V.m. § 64 Abs. 2 Satz 3 und 4, Abs. 3 Satz 4 EStG bzw. § 3 Abs. 2 Satz 3 und 4, Abs. 3 Satz 4 BKGG, s.a. § 231 FamFG Rdn. 43). Das FamFG ordnet sie (als FG-Verfahren) den Unterhaltssachen zu und damit den vermögensrechtlichen Angelegenheiten zu (OLG Frankfurt FamRZ 2014, 594), weil das Kindergeld bedarfsdeckend einzusetzen ist. Der Sache nach handelt es sich eher um eine fürsorgende Tätigkeit für das Kind, ähnlich einer sorgerechtlichen Angelegenheit. Sie geht nicht selten mit einem dem Sorgerecht vergleichbaren Aufwand einher, der zu den aus dem Festwert resultierenden Gebühren außer Verhältnis steht und dessen **Anhebung** rechtfertigt. Zumal der Gesetzgeber die geringe Höhe des Festwerts nur damit begründet, dass ihre Bedeutung gering sei (BT-Drucks. 16/6308 S. 307), ohne die Auswirkungen auf die Anwaltsvergütung zu bedenken, für die der für die Gerichtsgebühren bestimmte Wert ebenfalls gilt (s. § 80 FamFG Rdn. 53). Es erscheint deshalb auch verfehlt, diesen für die Gebühren bestimmte Festwert mit der für ein Rechtsmittel erforderlichen Beschwer gleichzusetzen (so OLG Frankfurt FamRZ 2014, 594; a.A., aber mit demselben Ergebnis OLG Köln AGS 2015, 135 = FamRZ 2015, 1751 LS; OLG Hamm FamRZ 2014, 595 m.w.N.; anders Schneider/Herget/*Thiel* Rn. 7871 ff.; HK-FamGKG/*N. Schneider* § 51 Rn. 210; s.a. § 54 FamGKG Rdn. 2). Betrifft das Verfahren **Kindergeld für mehrere Kinder**, ist der Festwert pro Kind anzusetzen (OLG Dresden FamRZ 2014, 1055).

42 I.d.R. haben mehrere Personen Anspruch auf Kindergeld für dasselbe Kind (meistens die Eltern) und es wird auch bei jedem zumindest als Zählkind berücksichtigt. Ausgezahlt wird das Kindergeld aber nur ungeteilt an denjenigen, dem das **Bezugsrecht** zusteht. Die §§ 64 EStG Abs. 2, 3 bzw. 3 Abs. 2, 3 BKGG legen fest, wer bei einer Mehrheit von Anspruchsberechtigten bezugsberechtigt ist. Vorrangig ist es immer die Person, in deren Haushalt das Kind aufgenommen ist. Haben mehrere Haushaltsangehörige Anspruch auf das Kindergeld (Eltern, Großeltern, Stiefeltern oder Pflegeeltern), kommen sie gleichrangig als Bezugsberechtigte infrage und müssen sich auf einen einigen. Dasselbe gilt, wenn das Kind einen eigenen Haushalt führt oder anderweitig untergebracht ist, für die dann u.U. ebenfalls gleichrangig zum Bezug des Kindergeldes berechtigten Eltern. – Die Feststellung der Konkurrenzlage bzw. der Personen, die als Bezugsberechtigte infrage kommen, obliegt allein der Familienkasse und im Streitfall dem Finanz- oder Sozialgericht. – Machen die um das Bezugsrecht konkurrierenden Kindergeldberechtigten von ihrem Bestimmungsrecht keinen Gebrauch oder können sie sich nicht einigen, bestimmt das FamG auf Antrag, an wen das Kindergeld auszuzahlen ist (vgl. zu den Entscheidungskriterien OLG Stuttgart FamRZ 2010, 1476 m.w.N. sowie zum Verfahren und zur Kindergeldberechtigung: Göppinger/Wax/*Keske* Rn. 719 ff., 757 ff.).

§ 52 FamGKG Güterrechtssachen.

¹Wird in einer Güterrechtssache, die Familienstreitsache ist, auch über einen Antrag nach § 1382 Abs. 5 oder nach 1383 Abs. 3 des Bürgerlichen Gesetzbuchs entschieden, handelt es sich um ein Verfahren. ²Die Werte werden zusammengerechnet.

Übersicht

	Rdn.		Rdn.
A. Regelungsgehalt	1	II. FG-Sachen	4
B. Güterrechtliche Einzelwerte	2	C. Kostenentscheidung und Gebühren	6
I. Familienstreitsachen	2		

1 **A. Regelungsgehalt.** Das Verfahren auf Stundung der Ausgleichsforderung (§ 1382 BGB) sowie der Übertragung *bestimmter* Vermögensgegenstände an Erfüllung statt (§ 1383 ZPO) ist im Verhältnis zum Aus-

gleichsverfahren grds. ein eigenständiges Verfahren und zwar eine FG-Familiensache und keine Familienstreitsache (vgl. § 261 FamFG Rdn. 15). Soweit allerdings über die Ausgleichsforderung ein Rechtsstreit anhängig ist, können beide Ansprüche nur in dem Zugewinnausgleichsverfahren – also im Verbund mit diesem – geltend gemacht und zusammen entschieden werden (§§ 1382 Abs. 5, 1383 Abs. 3 BGB, § 265 FamFG). Für diesen Fall ordnet § 52 die **Zusammenrechnung der Gebührenwerte** an. Das gilt gem. § 44 Abs. 1 FamGKG auch, wenn der Antrag, ohne dass der Ausgleichsanspruch anhängig ist, im Scheidungsverbund verfolgt wird (Keidel/*Giers* § 261 Rn. 15). Mithin ist es kostenrechtlich irrelevant, dass § 52 im Gegensatz zur Vorgängervorschrift (§ 46 Abs. 2 GKG a.F.) dem Wortlaut nach nur für den Fall einer Entscheidung und nicht für das Verfahren gilt, worin wohl eher eine sprachliche Ungenauigkeit zu sehen ist, da nach der Begründung zu § 52 die Vorgängerregelung ohne inhaltliche Änderung übernommen werden sollte (BT-Drucks. 16/6308, S. 308; s.a. *Meyer* FamGKG § 52 Rn. 1; Prütting/Helms/*Klüsener* FamGKG § 52 Rn. 1). In jedem Fall löst ein Antrag nach den §§ 1382 oder 1383 BGB, wenn er nicht hilfsweise gestellt ist, mit seinem Eingang eine Verfahrensgebühr aus (s. §§ 9 bis 11 Rdn. 4 i.V.m. KV 1320) und ist deshalb auch zu bewerten (a.A. HK-FamGKG/*Schneider* § 52 Rn. 26; *Türck-Brocker* FPR 2010, 308, 312). Die **Werte** der Ansprüche auf Stundung und Übertragung sind **nach § 42 Abs. 1** nach billigem Ermessen zu bestimmen (*Türck-Brocker* FPR 2010, 308, 312; s. dazu Rdn. 4 f.). Wird im selben Verfahren vom Ausgleichsberechtigten ein Übertragungs- und vom Verpflichteten ein Stundungsantrag gestellt, handelt es sich um verschiedene Gegenstände.

B. Güterrechtliche Einzelwerte. I. Familienstreitsachen. Für den **Zugewinnausgleichanspruch** selbst gilt 2 § 35 FamGKG; der Wert richtet sich nach dem bezifferten Betrag (§ 35 FamGKG; zum unbezifferten Antrag s. § 38 Rdn. 6 ff.). Gegenläufige Anträge werden nach § 39 Abs. 1 Satz 1 FamGKG zusammengerechnet (h.M., vgl. OLG Köln FamRZ 2014, 1800; OLG Hamm, 6. FamS, FamRZ 2014, 1224; OLG Celle FamRZ 2011, 134; Rahm/Künkel/*Feskorn* Kap. 14 Rn. 119 m.w.N.; a.A. OLG Hamm, 10 FamS, RVGreport 2007, 38 m.w.N. s.a. § 39 FamGKG Rdn. 2 ff.). Der Antrag auf **vorzeitigen Ausgleich** des Zugewinns nach § 1385 BGB n.F. ist wie der reguläre Ausgleichsanspruch nach dem Leistungsantrag zu bemessen. Nach h.M. soll die mit dem vorzeitigen Ausgleich nach § 1385 BGB n.F. zugleich ausgesprochene Aufhebung der Zugewinngemeinschaft einen zusätzlichen Wert entsprechend dem isolierten Aufhebungsantrag haben (Gerold/Schmidt/*Müller-Rabe*/*Mayer* Anh. VI Rn. 709; *Groß* § 8 Rn. 75). M.E. wird man aber entweder von einer wirtschaftlicher Identität ausgehen oder aber § 33 Abs. 1 Satz 2 beachten müssen, sodass nur der höhere Wert maßgeblich ist (s. § 33 FamGKG Rdn. 2). Die Bewertung des Antrags der lediglich auf die **vorzeitige Aufhebung der Zugewinngemeinschaft** nach § 1386 BGB n.F. (Gestaltungsklage) gerichtet ist, erfolgt nach § 42 Abs. 1 FamGKG und ist nach dem Interesse an der vorzeitigen Aufhebung zu bemessen (s. dazu § 42 FamGKG Rdn. 26). Der Wert eines **Arrest**verfahrens richtet sich nicht nach § 41 FamGKG, sondern ebenfalls nach § 42 FamGKG (s. dazu § 42 FamGKG Rdn. 6) ebenso wie der Wert eines **Auskunft**verfahrens (s. dazu § 38 FamGKG Rdn. 3).
Zum Wert des Antrags auf **Auseinandersetzung oder Aufhebung einer Gütergemeinschaft** s. § 42 3 Rdn. 13 ff.

II. FG-Sachen. Der Wert der **Stundung** ergibt sich aus dem Stundungsinteresse, das wie bei einer Raten- 4 zahlungsvereinbarung nur mit einem Bruchteil der Ausgleichsforderung anzusetzen ist (1/5 bis 1/6, s. Groß § 8 Rn. 83; *Türck-Brocker* FPR 2010, 308, 312) oder mit den konkret ersparten Finanzierungskosten (OLG Köln AGS 2003, 362). Die Anordnung einer **Sicherheitsleistung** (§ 1382 Abs. 3 BGB), die auch nach der Stundung vorkommen kann, ist ebenfalls nur mit einem Bruchteil der zu sichernden Forderung zu bemessen, der sich nach dem Sicherheitsinteresse richtet (Schneider Rn. 2553). Der Wert der Aufhebung oder Änderung der Stundungs- und Sicherheitsleistung entspricht dem ihrer Anordnung (Korintenberg/*Lappe* KostO § 97 Rn. 19). Tituliert das Gericht zugleich die unstreitige Ausgleichsforderung gem. § 264 Abs. 2 FamFG, erhöht sich der Verfahrenswert um das Titulierungsinteresse.
Bei der **Übertragung** bestimmter Gegenstände gem. § 1383 ZPO dürfte richtigerweise auf das Interesse des 5 Antragstellers gerade an der Zuteilung dieses Gegenstandes (Übertragungsinteresse) abzustellen und in aller Regel mit einem Bruchteil des übertragenen Gegenstandes zu bemessen sein (Groß § 8 Rn. 83; HK-FamGKG/*Schneider* § 52 Rn. 57; a.A. Zöller/*Herget* Anh. zu § 3 »Zugewinnausgleich«: Höhe des anzurechnenden Betrags). Anders ist es, wenn der Anspruch isoliert verfolgt wird und der Ausgleichsanspruch noch nicht tituliert ist. In diesem Fall ist der Wert des Vermögensgegenstandes zu nehmen (OLG Frankfurt am Main FuR 1990, 53).

6 **C. Kostenentscheidung und Gebühren.** Werden Anträge auf Stundung und Übertragung isoliert **in einem selbstständigen FG-Verfahren** geltend gemacht, richten sich die Kostenentscheidung nach den §§ 80 ff. FamFG und die gerichtlichen Gebühren nach Teil 1, Hauptabschnitt 3, Abschnitt 2 des KV.

7 Werden sie mit oder ohne den Zugewinnausgleich **im Scheidungsverbund** gestellt, richten sich die Kostenentscheidung nach § 150 FamFG und die Gebühren nach Teil 1, Hauptabschnitt 1 des KV.

8 Bei Anhängigkeit **in einem selbstständigen Zugewinnausgleichverfahren** ist die Kostenentscheidung einheitlich und m.E. nach zivilprozessualen Regeln zu treffen. Bei den Gebühren ist mangels anderweitiger Regelung (s. § 1 FamGKG Rdn. 5) zu trennen: Aus dem Wert des Zugewinnausgleichs fallen Gebühren nach Teil 1, Hauptabschnitt 2, Abschnitt 2 des KV an und aus dem Wert des Antrags auf Stundung und Übertragung nach Teil 1, Hauptabschnitt 3, Abschnitt 2 des KV (s. Übersicht § 3 FamGKG Rdn. 11), die getrennt zu berechnen sind. Gem. § 30 Abs. 3 FamGKG darf die Summe der Gebühren aus den Einzelwerten den einer Gebühr nach Teil 1, Hauptabschnitt 2, Abschnitt 2 des KV (für den Zugewinnausgleich) aus dem Gesamtwert nicht übersteigen (s. Berechnungsbeispiel § 30 FamGKG Rdn. 4).

Unterabschnitt 3. Wertfestsetzung

§ 53 FamGKG **Angabe des Werts.** ¹Bei jedem Antrag ist der Verfahrenswert, wenn dieser nicht in einer bestimmten Geldsumme besteht, kein fester Wert bestimmt ist oder sich nicht aus früheren Anträgen ergibt, und nach Aufforderung auch der Wert eines Teils des Verfahrensgegenstands schriftlich oder zu Protokoll der Geschäftsstelle anzugeben. ²Die Angabe kann jederzeit berichtigt werden.

Übersicht

	Rdn.		Rdn.
A. Geltungsbereich................	1	C. Verfahren..................	3
B. Bedeutung....................	2		

1 **A. Geltungsbereich.** Die Vorschrift entspricht fast wörtlich dem § 61 GKG und gilt nicht nur für Ehe- und Familienstreitsachen, sondern **für sämtliche Antragsverfahren.** Sie verpflichtet den Antragsteller, den Verfahrenswert anzugeben. Das ist nur **entbehrlich**, wenn mit dem Antrag eine bestimmte Geldsumme begehrt wird, dann gilt § 35 FamGKG (zur Bestimmtheit s. § 35 FamGKG Rdn. 2), oder eine Fest- und keine Wertgebühr erhoben wird und der Antragsteller keine Abweichung von dem gesetzlich bestimmten Festbzw. Regelwert begehrt (s.u.) oder wenn sich der Wert aus früheren Anträgen ergibt (Binz/*Dorndörfer* FamGKG § 53 Rn. 2). Wird eine Geldsumme in fremder Währung beantragt, muss der Antragsteller den bei Einreichung des Antrags gültigen Umrechnungskurs angeben (BGH FamRZ 2010, 365; Gerold/Schmidt/ *Mayer* § 32 Rn. 22).

2 **B. Bedeutung.** Die Wertangabe bei Einreichung des Antrags ist im Zusammenhang mit einer nach § 55 FamGKG erforderliche Wertfestsetzung zu sehen. Sie eröffnet dem Antragsteller aber auch die Möglichkeit, in begründeten Fällen frühzeitig auf eine vom vorgegebenen Regelwert abweichende Festsetzung des Verfahrenswertes hinzuwirken. Das Gericht ist an die Angabe des Wertes durch den Antragsteller zwar nicht gebunden. Es darf sich aber insb. über übereinstimmende Wertangaben der Beteiligten nicht ohne weiteres hinwegsetzen (OLG Koblenz OLGR 2005, 602; BGH, 18.05.1990 – 5 ZR 291/89). Die Wertangabe kann nicht erzwungen werden. Äußert sich der Antragsteller zu dem Verfahrenswert nicht, läuft er allerdings Gefahr, bei einer durch das Gericht veranlassten Schätzung mit Kosten belastet zu werden (§ 56 FamGKG).

3 **C. Verfahren.** Die Angabe des Wertes unterliegt auch in Anwaltsprozessen nicht dem Anwaltszwang (§ 78 Abs. 5 ZPO i.V.m. § 113 Abs. 1 FamFG) und kann jederzeit berichtigt werden. Eine Berichtigung ist aber nur bis zu einer förmlichen Wertfestsetzung nach § 54 FamGKG oder § 55 Abs. 2 FamGKG möglich. Danach ist ein Berichtigungsantrag als Beschwerde oder Gegenvorstellung bzw. als Antrag auf Abänderung gem. § 55 Abs. 3 FamGKG umzudeuten (*Hartmann* § 61 GKG Rn. 11; Binz/*Dorndörfer* FamGKG § 53 Rdn. 2 m.w.N.).

§ 54 FamGKG Wertfestsetzung für die Zulässigkeit der Beschwerde.

Ist der Wert für die Zulässigkeit der Beschwerde festgesetzt, ist die Festsetzung auch für die Berechnung der Gebühren maßgebend, soweit die Wertvorschriften dieses Gesetzes nicht von den Wertvorschriften des Verfahrensrechts abweichen.

Übersicht

	Rdn.		Rdn.
A. Allgemeines	1	B. Einzelheiten	4

A. Allgemeines. Die Vorschrift entspricht, bis auf die in Familiensachen nicht relevante Anknüpfung an 1 den Zuständigkeitsstreitwert, inhaltlich dem § 62 GKG und stellt sicher, dass der Gebührenwert grds. dem Hauptsachewert folgt. Sie ist nur in **vermögensrechtlichen Angelegenheiten** relevant und wenn die Zulässigkeit der Beschwerde von einer bestimmten Beschwer abhängt (vgl. § 61 Abs. 1 FamFG § 567 Abs. 2 ZPO). Hierzu gehören nicht (mehr) die isolierten Beschwerden gegen die Kostengrundentscheidung in nicht vermögensrechtlichen Angelegenheiten (s. § 82 FamFG Rdn. 10). Setzt in diesen Fällen das Rechtsmittelgericht die Beschwer fest, gilt diese Festsetzung automatisch auch für den Gebührenwert dieser Instanz, sofern nicht die Bindungswirkung begrenzt ist (s. Rdn. 4) oder wegen abweichender Wertvorschriften im FamGKG entfällt (Halbs. 2, s.u. Rdn. 5).

Die konkrete **Beschwer** bzw. der Wert des Beschwerdegegenstands i.S.v. § 61 Abs. 1 FamFG oder § 567 2 Abs. 2 ZPO richtet sich in Ehe- und Familienstreitsachen über § 113 Abs. 1 Satz 2 ZPO nach den §§ 3 ff. ZPO. Besondere Bedeutung kommt § 54 bspw. für den Gebührenwert der Beschwerde gegen eine Verpflichtung zur Auskunftserteilung zu (s. § 38 FamGKG Rdn. 9). Das FamFG enthält dagegen keine vergleichbaren Bewertungsvorgaben für die Beschwer in FG-Sachen. Sie richtet sich nach allg.M. aber auch hier nach dem konkreten vermögenswerten Interesse an der Abänderung der angegriffenen Entscheidung (vgl. Prütting/Helms/*Abramenko* § 61 Rn. 4; Keidel/*Meyer-Holz* § 61 Rn. 11). Soweit in der Rspr. und Lit. die Wertvorschriften für den Verfahrens- oder Geschäftswert herangezogen werden, ist das jedenfalls in den FG-Familiensachen nur dann vertretbar, wenn sich dieser wie in den §§ 35, 46 und 42 Abs. 1 FamGKG am wirtschaftlichen Interesse im Einzelfall orientiert, aber nur, wenn ein vom wirtschaftlichen Wert des einzelnen Falles unabhängiger Festwert bestimmt ist. Auf Pauschalen kann allenfalls zurückgegriffen werden, wenn keinerlei Anhaltspunkte für eine Schätzung nach freiem Ermessen vorliegen (Keidel/*Meyer-Holz* § 61 Rn. 12). I.Ü. ergibt sich m.E. gerade aus § 54, dass der Beschwerdegegenstand unabhängig vom Gebührenwert zu bestimmen ist und letzterer ggf. ersterem folgt und nicht umgekehrt.

Die Festsetzung der Beschwer kann nicht selbstständig, sondern nur mit einem **Rechtsmittel** in der Haupt- 3 sache angefochten werden (Binz/*Dorndörfer* FamGKG §.54 Rn. 2; vgl. für das gleich gelagerte Problem beim Zuständigkeitsstreitwert OLG Stuttgart MDR 2007, 422 m.w.N.; OLG Koblenz FamRZ 2006, 51). Die Situation ist damit in Familiensachen jedenfalls nicht schlechter, als wenn das OLG den Gebührenwert für das Rechtsmittel festsetzt: In beiden Fällen ist der Gebührenwert des Rechtsmittel unanfechtbar (s. § 59 FamGKG Rdn. 3).

B. Einzelheiten. Ein besonderer Beschluss oder eine konkrete Bezifferung ist nicht erforderlich. Es reicht 4 aus, dass das Beschwerdegericht in den Entscheidungsgründen die Zulässigkeit des Rechtsmittels verneint oder bejaht (*Hartmann* GKG § 62 Rn. 1 m.w.N.). In diesem Fall erstreckt sich die **Bindung** für den Gebührenwert allerdings nur auf eine Ober- bzw. Mindestgrenze und macht eine Festsetzung des Kostenwerts (s. § 55) nicht entbehrlich.

Der Beschwerdewert entfaltet aber dann **keine Bindung** für den Gebührenwert, wenn die allgemeinen und 5 besonderen Wertvorschriften des FamGKG (§§ 33 ff.) Regelungen für die Bemessung des Gebührenwerts treffen, die von denen des Verfahrensrechts (insb. den §§ 2 ff. ZPO i.V.m. § 113 Abs. 1 FamFG) abweichen. In diesem Fall, z.B. in Verfahren für die Festwerte bestimmt sind (s.o. Rdn. 2), in Unterhaltsverfahren (§ 51 Abs. 1 FamGKG vs. § 9 ZPO) oder wenn es um die Zusammenrechnung von Antrag und Widerantrag geht (§ 39 FamGKG vs. § 5 ZPO), gehen die gebührenrechtlichen Wertvorschriften vor. Eine anderweitige Bestimmung i.S.v. § 54 enthält auch § 40 FamGKG, der den Verfahrenswert des Rechtsmittels auf den Wert der ersten Instanz begrenzt (s. § 40 FamGKG Rdn. 5).

§ 55 FamGKG Wertfestsetzung für die Gerichtsgebühren.

(1) ¹Sind Gebühren, die sich nach dem Verfahrenswert richten, mit der Einreichung des Antrags, der Einspruchs- oder der Rechtsmittelschrift oder mit der Abgabe der entsprechenden Erklärung zu Protokoll fällig, setzt das Gericht sogleich den Wert ohne Anhörung der Beteiligten durch Beschluss vorläufig fest, wenn Gegenstand des Verfahrens nicht eine bestimmte Geldsumme in Euro ist oder für den Regelfall kein fester Wert bestimmt ist. ²Einwendungen gegen die Höhe des festgesetzten Werts können nur im Verfahren über die Beschwerde gegen den Beschluss, durch den die Tätigkeit des Gerichts aufgrund dieses Gesetzes von der vorherigen Zahlung von Kosten abhängig gemacht wird, geltend gemacht werden.

(2) Soweit eine Entscheidung nach § 54 nicht ergeht oder nicht bindet, setzt das Gericht den Wert für die zu erhebenden Gebühren durch Beschluss fest, sobald eine Entscheidung über den gesamten Verfahrensgegenstand ergeht oder sich das Verfahren anderweitig erledigt.

(3) ¹Die Festsetzung kann von Amt wegen geändert werden
1. von dem Gericht, das den Wert festgesetzt hat, und
2. von dem Rechtsmittelgericht, wenn das Verfahren wegen des Hauptgegenstands oder wegen der Entscheidung über den Verfahrenswert, den Kostenansatz oder die Kostenfestsetzung in der Rechtsmittelinstanz schwebt.

²Die Änderung ist nur innerhalb von sechs Monaten zulässig, nachdem die Entscheidung wegen des Hauptgegenstands* Rechtskraft erlangt oder das Verfahren sich anderweitig erledigt hat.

Übersicht

	Rdn.		Rdn.
A. Allgemeines	1	C. Abs. 2 Endgültige Wertfestsetzung	6
B. Abs. 1 Vorläufige Festsetzung	4	D. Abs. 3 Änderung	9

1 **A. Allgemeines.** Die Vorschrift übernimmt im Wesentlichen den Regelungsgehalt des § 63 GKG für die Verfahren vor den ordentlichen Gerichten. Sie steht in engem **Zusammenhang mit dem Kostenansatzverfahren** bzw. der Einforderung der gerichtlichen Kosten durch die Justizverwaltung (s. §§ 18 bis 20 FamGKG Rdn. 4) und dient in erster Linie seiner Durchführung. Dem entsprechend unterscheidet § 55 die vorläufige Wertfestsetzung (Abs. 1) zum Zwecke des Einzugs einer vor Abschluss des Verfahrens fälligen Verfahrensgebühr (§ 9 FamGKG) und die nach Beendigung des Verfahrens (i.S.v. § 11 FamGKG) vom Gericht vorzunehmende (endgültige) Wertfestsetzung (Abs. 2), die Grundlage der abschließenden Gerichtskostenabrechnung ist.

2 Während die Bestimmung des Gebührenwerts zum Zwecke der Berechnung und Anforderung der vorauszuzahlenden Verfahrensgebühr grds. dem Kostenbeamten obliegt und nur in Ausnahmefällen dem Gericht, sollten zumindest dann, wenn der Wert nicht zweifelsfrei feststeht, die der abschließende Abrechnung zugrunde liegenden Werte regelmäßig **vom Gericht v.A.w. festgesetzt** werden (vgl. zur Wertfestsetzung als Amtspflicht BGH NJW 1962, 583). Dies soll den Kostenbeamten die Prüfung ersparen, ob sich der Verfahrenswert im Laufe des Verfahrens durch Erweiterung des Gegenstands verändert hat (Meyer GKG § 63 Rn. 10).

3 Ein Antrag ist in beiden Fällen nicht erforderlich. Die gerichtliche Wertfestsetzung ist nach §§ 21 Abs. 3, 32 Abs. 1 RVG auch für die Anwaltsgebühren bindend (s. § 32 BGH NJW 2009, 231 = FamRZ 2009, 43 [LS]). Den bevollmächtigten Rechtsanwälten eröffnet § **32 Abs. 2 RVG** deshalb die Möglichkeit, eine gerichtliche Wertfestsetzung im eigenen Namen in jedem Stadium des Verfahrens zu beantragen, z.B. um einen Vorschuss gegen seinen Mandanten oder die Staatskasse geltend zu machen. Auch dann kann vor Abschluss des Verfahrens nur eine vorläufige Festsetzung erfolgen, die auch für den Anwalt i.d.R. nicht isoliert anfechtbar ist (s.u. Rdn. 5). Wenn keine gerichtlichen Wertgebühren anfallen, unterbleibt eine Wertfestsetzung nach § 55, wie z.B. im Verfahren über die Verfahrenskostenhilfe (s. OLG Brandenburg FamRZ 2010, 2098) oder im Verfahren, in dem nur Festgebühren erhoben werden (Schneider/Thiel NJW 2013, 25). In diesem Fall kann der Anwalt die Wertfestsetzung nach § 33 RVG beantragen, sofern sich seine Gebühren wie im Allgemeinen nach dem Wert richten (zu den Ausnahmen s. BGH FamRZ 2012, 1377; § 80 FamFG Rdn. 52).

4 **B. Abs. 1 Vorläufige Festsetzung.** Nur wenn es nötig ist, weil z.B. keine bestimmte Geldsumme gefordert wird oder die besonderen Wertvorschriften keinen (relativen) Festwert vorsehen, setzt das Gericht den Verfahrenswert **bei Eingang eines Antrags** v.A.w. vorläufig fest, wenn und soweit die Voraussetzung für den Einzug der pauschalen Verfahrensgebühr nach § 9 vorliegt. Bei einem Scheidungsantrag mit Folgesachen mithin nur hinsichtlich der Ehescheidung (s. §§ 9 bis 11 FamGKG Rdn. 14 f.), es sei denn der Anwalt beantragt die erweiterte Festsetzung aus eigenem Recht (s. Rdn. 3).

Diese vorläufige Wertfestsetzung kann **nicht selbstständig**, sondern nur nach § 58 zusammen mit der Kos- 5 tenanforderung **angefochten** werden (Abs. 1 Satz 2, OLG Celle FamRZ 2011, 134: OLG Saarbrücken FamRZ 2012, 472 je m.w.N.). Das gilt auch für das Beschwerderecht des Anwalts nach § 32 Abs. 2 RVG (OLG Celle, FamRZ 2011, 134; OLG Koblenz NJW-RR 2009, 499 je m.w.N. zum Streitstand; a.A. *Schneider* MDR 2000, 380). Die vorläufige Festsetzung kann aber bis zur endgültigen jederzeit geändert werden (Binz/*Dorndörfer* FamGKG Rn. 2).

C. Abs. 2 Endgültige Wertfestsetzung. Die eigentliche Wertfestsetzung erfolgt gem. Abs. 2 erst **nach Been-** 6 **digung des Verfahrens** grds. v.A.w. oder auf Antrag des Anwalts (s.o. Rdn. 3); in Beschwerdeverfahren nur dann, wenn keine Entscheidung über die Beschwer vorliegt oder diese nicht bindet (s.o. § 54 FamGKG Rdn. 4 u. 5). Sie kann in den Tenor oder in den Gründen der Endentscheidung aufgenommen werden (OLG Brandenburg FamRZ 2004, 962). Gegen die endgültige Wertfestsetzung des Familiengerichts ist die **Beschwerde** statthaft, während eine Entscheidung des OLG und des BGH nicht anfechtbar sind, aber die Gegenvorstellung erlauben (s. § 59 Rdn. 3).

Beendet ist das Verfahren i.S.d. Gebührenrechts nicht erst mit der Beendigung der Instanz durch eine diese 7 abschließende Entscheidung, Vergleich oder Rücknahme bzw. Erledigung des Antrags. Im Hinblick auf den Zweck der Wertfestsetzung im System des Gebühreneinzugs (s. Rdn. 1) sollte eine rechtsmittelfähige Festsetzung auch dann vorgenommen werden, wenn das Verfahren zumindest vorläufig gebührenrechtlich abgeschlossen wird, wie bei Nichtbetrieb, Ruhen oder Aussetzung des Verfahrens über einen Zeitraum von mehr als 6 Monaten (ebenso *Hartmann* GKG § 63 Rn. 18; *Meyer* GKG § 63 Rn. 12 m.w.N.; a.A. OLG Karlsruhe FamRZ 2007, 1669. Vgl. zur Aussetzung BGH NJW 2000, 1199, s.a. § 11).

Vor der endgültigen Festsetzung sind, wie sich aus dem Umkehrschluss zu Abs. 1 ergibt, die Beteiligten 8 grds. **anzuhören** (§ 103 Abs. 1 GG). Auch ist die Entscheidung zu begründen. Fehlt eine **Begründung**, ist sie spätestens im Abhilfeverfahren über die Beschwerde nachzuholen (Binz/*Dorndörfer* FamGKG § 55 Rn. 6; *Hartmann* GKG § 63 Rn. 28 m.w.N. und Rn. 29 zur Entbehrlichkeit).

D. Abs. 3 Änderung. Seine Wertfestsetzung kann das **Gericht selbst** oder, wenn das Verfahren oder ein be- 9 stimmter Teil in der Rechtsmittelinstanz schwebt, auch das **Rechtsmittelgericht** v.A.w. ändern. Eine nachträgliche Änderung des Verfahrenswerts ermöglicht aber anders als beim Kostenfestsetzungsbeschluss (vgl. § 85 FamFG Rdn. 20) **keine Änderung einer rechtskräftigen Kostengrundentscheidung** (BGH FamRZ 2008, 1925).

Das **Rechtsmittelgericht** ist zur Abänderung des von der Vorinstanz festgesetzten Werts nur solange befugt, wie das Verfahren wegen des Hauptgegenstands oder wegen der Entscheidung über den Verfahrenswert, den Kostenansatz oder die Kostenfestsetzung bei ihm anhängig ist, eine wiederholte Änderung ist (ggf. auf Gegenvorstellung auch noch später möglich (BGH FamFR 2011, 423; Rpfleger 1989, 385). Durch das 2. KostRMoG wurde der vorher verwendete Begriff der »Hauptsache« durch den »Hauptgegenstand« ersetzt (Art. 5 Abs. 1 Nr. 23 2. KostRMoG, s. Einl. FamGKG Rdn. 1). Da mit dem Begriff des Hauptgegenstands eine Abgrenzung auch zu den Rechtsmitteln, die sich allein gegen die Kostengrundentscheidung richten, geschaffen wurde (s. Nr. 1910–1930 KV FamGKG Rdn. 1 f.), würde die Anhängigkeit eines solchen Rechtsmittels, dem Wortlaut nach keine Wertänderung durch das Beschwerdegericht mehr erlauben. Die Rspr. hat bis dahin in entsprechender Anwendung des § 63 Abs. 3 GKG (bzw. den Vorgängerregelungen) für eine Abänderung auch die Anhängigkeit einer Beschwerde gegen eine instanzbeendende isolierte Kostenentscheidung ausreichen lassen (s. OLG Brandenburg FamRZ 1999, 725 m.w.N.). Da die Gesetzesmaterialien sich dazu nicht verhalten, darf davon ausgegangen werden, dass der Gesetzgeber daran nichts ändern wollte. Nach Einführung der isolierten Beschwerde gegen eine Kostengrundentscheidung in FG-Sachen muss dies auch für sie gelten.

Frist: Eine Änderung ist **ausgeschlossen**, wenn seit der Rechtskraft der Entscheidung wegen des Hauptge- 10 genstands bzw. der Kostenentscheidung oder der anderweitigen Erledigung des Verfahrens mehr als 6 Monate verstrichen sind (Abs. 3 Satz 2, s.o. Rdn. 7). Die Frist beginnt mit der formellen Rechtskraft der Entscheidung (Binz/*Dorndörfer* FamGKG § 55 Rn. 8; zum Beginn der Frist im Falle der Hauptsacherledigung und der Rücknahme vgl. OLG Frankfurt NJW-Spezial 2008, 381 m.w.N.). Ebenfalls ausgeschlossen ist die Abänderung des Gegenstandswertes durch das Familiengericht, wenn er bereits Gegenstand einer Beschwerdeentscheidung war oder vom OLG abgeändert wurde (BGH NJW-RR 1986, 737; OLG Hamm MDR 1990, 63).

§ 56 FamGKG Schätzung des Werts.
¹Wird eine Abschätzung durch Sachverständige erforderlich, ist in dem Beschluss, durch den der Verfahrenswert festgesetzt wird (§ 55), über die Kosten der Abschätzung zu entscheiden. ²Diese Kosten können ganz oder teilweise dem Beteiligten auferlegt werden, welcher die Abschätzung durch Unterlassen der ihm obliegenden Wertangabe, durch unrichtige Angabe des Werts, durch unbegründetes Bestreiten des angegebenen Werts oder durcheine unbegründete Beschwerde veranlasst hat.

1 Die inhaltlich dem § 64 GKG entsprechende Vorschrift gestattet dem Gericht allein zum Zwecke der Wertermittlung nach § 55 Abs. 2 FamGKG ein **Schätzgutachten** einzuholen, wenn sich auf andere Weise der Verfahrenswert nicht ermitteln lässt, weil z.B. die Ehegatten zum Wert eines Hausgrundstücks unterschiedliche Angaben machen (OLG Brandenburg FF 2015, 80).

2 In diesem Fall ist die Wertfestsetzung mit einer Entscheidung über die **Kosten der Abschätzung** zu verbinden. Dabei können die Kosten ganz oder teilweise demjenigen auferlegt werden, der durch keine oder eine falsche Angabe des Wertes oder der für eine freie Schätzung notwendigen Tatsachen die Kosten verursacht hat. Das Gleiche gilt für denjenigen, der durch unbegründetes Bestreiten oder Einlegung einer (unbegründeten) Beschwerde die Schätzung veranlasst hat. Über die Kosten ist mit der Festsetzung des Werts zu entscheiden. Die Entscheidung kann vom Betroffenen nach § 59 FamGKG angefochten werden (Prütting/Helms/*Klüsener* FamGKG § 56 Rn. 6; nach Binz/*Dorndörfer* FamGKG § 56 Rn. 3 nur zusammen mit der Wertfestsetzung nach § 59 FamGKG oder des Kostenansatzes nach § 57 FamGKG). Diese Vorschrift hat in der familienrechtlichen Praxis, soweit erkennbar, bislang keine Bedeutung erlangt.

Abschnitt 8. Erinnerung und Beschwerde

§ 57 FamGKG Erinnerung gegen den Kostenansatz, Beschwerde.
(1) ¹Über Erinnerungen des Kostenschuldners und der Staatskasse gegen den Kostenansatz entscheidet das Gericht, bei dem die Kosten angesetzt sind. ²War das Verfahren im ersten Rechtszug bei mehreren Gerichten anhängig, ist das Gericht, bei dem es zuletzt anhängig war, auch insoweit zuständig, als Kosten bei den anderen Gerichten angesetzt worden sind.
(2) ¹Gegen die Entscheidung des Familiengerichts über die Erinnerung findet die Beschwerde statt, wenn der Wert des Beschwerdegegenstands 200 Euro übersteigt. ²Die Beschwerde ist auch zulässig, wenn sie das Familiengericht, das die angefochtene Entscheidung erlassen hat, wegen der grundsätzlichen Bedeutung der zur Entscheidung stehenden Frage in dem Beschluss zulässt.
(3) ¹Soweit das Familiengericht die Beschwerde für zulässig und begründet hält, hat es ihr abzuhelfen; im Übrigen ist die Beschwerde unverzüglich dem Oberlandesgericht vorzulegen. ²Das Oberlandesgericht ist an die Zulassung der Beschwerde gebunden; die Nichtzulassung ist unanfechtbar.
(4) ¹Anträge und Erklärungen können ohne Mitwirkung eines Rechtsanwalts schriftlich eingereicht oder zu Protokoll der Geschäftsstelle abgegeben werden; § 129a der Zivilprozessordnung gilt entsprechend. ²Für die Bevollmächtigung gelten die Regelungen des Gesetzes über das Verfahren in Familiensachen und in den Angelegenheiten der freiwilligen Gerichtsbarkeit entsprechend. ³Die Erinnerung ist bei dem Gericht einzulegen, das für die Entscheidung über die Erinnerung zuständig ist. ⁴Die Beschwerde ist bei dem Familiengericht einzulegen.
(5) ¹Das Gericht entscheidet über die Erinnerung und die Beschwerde durch eines seiner Mitglieder als Einzelrichter. ²Der Einzelrichter überträgt das Verfahren dem Senat, wenn die Sache besondere Schwierigkeiten tatsächlicher oder rechtlicher Art aufweist oder die Rechtssache grundsätzliche Bedeutung hat.
(6) ¹Erinnerung und Beschwerde haben keine aufschiebende Wirkung. ²Das Gericht oder das Beschwerdegericht kann auf Antrag oder von Amts wegen die aufschiebende Wirkung ganz oder teilweise anordnen; ist nicht der Einzelrichter zur Entscheidung berufen, entscheidet der Vorsitzende des Gerichts.
(7) Entscheidungen des Oberlandesgerichts sind unanfechtbar.
(8) ¹Die Verfahren sind gebührenfrei. ²Kosten werden nicht erstattet.

Übersicht	Rdn.		Rdn.
A. Allgemeines	1	II. Erinnerungsberechtigte	5
B. Erinnerungsverfahren	4	III. Verfahren	7
I. Gegenstand	4	C. Beschwerde	12

A. Allgemeines. Die Vorschrift bezieht sich auf Rechtsbehelfe gegen die vom Kostenbeamten nach § 18 FamGKG als Akt der Justizverwaltung erstellte Kostenrechnung für die gerichtlichen Gebühren und Auslagen (Kostenansatz, s. §§ 18 bis 20 FamGKG Rdn. 1 ff.), einschließlich der Anforderung von Vorschüssen, soweit nicht § 58 etwas abweichendes regelt. Die **Rechtsbehelfe gegen den Ansatz von Gerichtskosten** wurden schon durch das KostRMoG 2004 in allen Justizkostengesetzen und Verordnungen weitgehend einheitlich neu und **unabhängig von dem für die Hauptsache maßgeblichen Rechtsmittelrecht** geregelt (s.a. § 1 Abs. 2), für das GKG in § 66 und für die KostO in § 14 und findet sich jetzt in §§ 81 ff. GNotKG. Diese Vorschriften gehen den Regelungen des Verfahrensrechts vor (s. § 1 FamGKG Rdn. 4). Das FamGKG hat in § 57 im Wesentlichen die Regelung des § 66 GKG übernommen, ohne die Bestimmungen über die weitere Beschwerde. Diese sind in Familiensachen entbehrlich, weil, wie Abs. 7 klarstellt, gegen die Entscheidung des OLG als Beschwerdegericht keine weitere Beschwerde zum BGH in Kostensachen zulässig ist (s. Rdn. 12). 1

Gegen die vom Kostenbeamten angesetzten Kosten, die dem jeweiligen Kostenschuldner in Form einer Reinschrift der Kostenrechnung bekannt gegeben werden (§ 29 KostVfg), ist **zuerst Erinnerung** einzulegen. Soweit der Kostenbeamte ihr nicht abhilft, entscheidet das Gericht des jeweiligen Rechtszugs über die Erinnerung durch Beschluss; und zwar auch der Rechtspfleger, wenn ihm die Entscheidung in der Hauptsache nach §§ 3, 20 ff. RpflG übertragen ist. Eine **Beschwerde** ist nur gegen den Beschluss des Familiengerichts statthaft (Abs. 7), und auch nur dann, wenn die Beschwer 200 € übersteigt oder sie vom FamG zugelassen 2

§ 57 FamGKG   Erinnerung gegen den Kostenansatz, Beschwerde

wird (Abs. 2). Gegen nicht anfechtbare Entscheidungen des OLG oder des BGH ist die Gegenvorstellung möglich (BGH FamFR 2011, 423).

3 Weder die Erinnerung noch die Beschwerde haben **aufschiebende Wirkung**. Sie kann allerdings auf Antrag oder v.A.w. vom Familien- oder dem Beschwerdegericht angeordnet werden (Abs. 6).

4 **B. Erinnerungsverfahren. I. Gegenstand.** Die Erinnerung richtet sich gegen die vom Kostenbeamten erstellte Kostenrechnung oder die Anforderung von Gebühren und Auslagen per Kostennachricht, soweit nicht die Beschwerde nach § 58 gegeben ist (OLG Düsseldorf JurBüro 2009, 542; s. § 58 FamGKG Rdn. 1). Mit ihr kann nur die **Verletzung des Kostenrechts** (Binz/*Dorndörfer* FamGKG § 57 Rn. 2), nicht aber die Kostentragungspflicht als solche gerügt bzw. eine Kostengrundentscheidung angegriffen werden (BGH JurBüro 2008, 43 m.w.N. und zur Dürftigkeitseinrede des Erben BGH FamRZ 2004, 441). (Nur) mit der Erinnerung gegen den Kostenansatz kann auch die Berechtigung und Höhe der an Dritte gezahlte **Vergütung und Entschädigung nach dem JVEG** gerügt werden, die als Auslagen in die Kostenrechnung aufzunehmen sind (z.B. Sachverständigen- oder Dolmetscherkosten, BGH FamRZ 2011, 1937; NJW 2000, 1128; OLG Brandenburg FamRZ 2007, 235). Einwände gegen die **Vergütung des Verfahrenspflegers** beschränken sich auf die Höhe der ausgezahlten Vergütung, während die Bestellung selbst mit der Kostenbeschwerde nicht angegriffen werden kann (OLG München Rpfleger 2012, 205; OLG Frankfurt FamRB 2013, 110). Solange es an einer endgültigen Wertfestsetzung durch das Gericht (s. § 55 FamGKG Rdn. 2) fehlt, kann auch der in der Kostenrechnung zugrunde gelegte **Verfahrenswert** gerügt werden (Korintenberg/*Lappe* KostO § 14 Rn. 60; a.A. nur Umdeutung in eine Beschwerde nach § 59 FamGKG Binz/*Dorndörfer* FamGKG § 59 Rn. 1). Zur Anfechtung der vorläufige Festsetzung des Verfahrenswerts über die Beschwerde gegen die Vorauszahlung der Verfahrensgebühr s. § 59 FamGKG Rdn. 3. Über § 8 Abs. 1 JBeitrO können noch i.R.d. Beitreibung der festgesetzten Kosten Einwände gegen den Anspruch selbst, die Haftung hierfür und die Verpflichtung zur Duldung der Vollstreckung ebenfalls mit der Erinnerung nach § 57 erhoben werden (vgl. OLG Schleswig FamRZ 2007, 752 und zur Abgrenzung gegen vollstreckungsrechtliche Rechtsbehelfe OLG Nürnberg MDR 2001, 835). Ebenfalls mit der Erinnerung nach § 57 ist die Vorleistungsanforderung von Kosten für das Anfertigen und Überlassen von Dokumenten und der sog. Aktenversendungspauschale nach § 16 Abs. 2 anzufechten (vgl. § 58 FamGKG Abs. 2).

5 **II. Erinnerungsberechtigte.** Zur Einlegung der Erinnerung berechtigt sind gem. Abs. 1 Satz 1 diejenigen, die als **Kostenschuldner** in Anspruch genommen werden, oder ihre Rechtsnachfolger. Umstritten ist, ob der (noch) nicht herangezogene Gesamtschuldner Erinnerung einlegen kann (vgl. dazu Korintenberg/*Lappe* KostO § 14 Rn. 46 m.w.N. zum Meinungsstand).

6 Die **Staatskasse**, i.d.R. vertreten durch den Bezirksrevisor, kann sowohl zugunsten als auch zulasten der Staatskasse Erinnerung einlegen (Binz/*Dorndörfer* FamGKG § 57 Rn. 3; Hartmann GKG § 66 Rn. 7 m.w.N.; a.A. Korintenberg/*Fackelmann* GNotKG § 81 Rn. 31; zum Weisungsrecht s. § 45 KostVfg).

7 **III. Verfahren. Zuständigkeit**: Die Erinnerung ist grds. bei dem Gericht einzulegen, bei dem die Kosten angesetzt wurden. War das Verfahren in erster Instanz (durch Verweisung, Abgabe) bei mehreren Gerichten anhängig, wird das Gericht, bei dem das Verfahren zuletzt anhängig ist oder war, auch für die Erinnerung gegen Kosten zuständig, die von einem anderen Gericht angesetzt wurden (Abs. 1 Satz 2).

8 **Frist und Form**: Die Erinnerung ist an keine Frist gebunden, sie kann durch zu langes Zuwarten u.U. verwirkt werden (Binz/*Dorndörfer* FamGKG § 57 Rn. 5). Sie ist schriftlich bei dem nach Rdn. 7 zuständigen Gericht einzureichen oder zu Protokoll der Geschäftsstelle eines jeden AG zu erklären (Abs. 4 Satz 1 i.V.m. § 129a ZPO). Sie unterliegt damit nicht dem Anwaltszwang, auch wenn er für die Hauptsache besteht (vgl. § 78 Abs. 5 ZPO). Wegen der Vertretung durch einen Bevollmächtigten vgl. § 10 FamFG. Die Erinnerung bedarf weder eines Antrags noch einer Begründung, allerdings sollte das Rechtsschutzziel erkennbar sein (Korintenberg/*Lappe* KostO § 14 Rn. 54).

9 **Entscheidung**: Soweit der Kostenbeamte der Erinnerung nicht abhilft, legt er sie (über den Bezirksrevisor §§ 35, 45 KostVfg) dem jeweils zuständigen Familienrichter oder -senat vor. Letzterer entscheidet grds. durch den Einzelrichter (Abs. 5). Soweit das Gericht die Erinnerung für begründet erachtet, hebt es den Kostenansatz ganz oder teilweise auf und korrigiert ihn entweder selbst oder weist den Kostenbeamten zur Änderung seines Kostenansatzes an; ansonsten weist es die Erinnerung durch begründeten Beschluss zurück (s. dazu Binz/*Dorndörfer* FamGKG § 57 Rn. 8). Dabei ist gleichzeitig über die Zulassung der Beschwerde zu entscheiden, wenn die Beschwer nicht erreicht ist. § 20 ist auch im Erinnerungs- und Beschwerdeverfahren gegen den Kostenansatz v.A.w. zu berücksichtigen (OLG Celle FamRZ 2012, 1969).

Eine Kostenentscheidung ist nicht zu treffen. Für das Erinnerungsverfahren werden ebenso wie für das Beschwerdeverfahren Verfahrensgebühren nicht erhoben und außergerichtliche Kosten nicht erstattet (s. Rdn. 15). 10

Hat der Rechtspfleger in den ihm nach § 3 RpflG übertragenen Aufgaben als Familiengericht entschieden und liegen die Voraussetzungen für eine Beschwerde (s. Rdn. 12) nicht vor, kann seine ablehnende Entscheidung auf nochmalige Erinnerung (**Rechtspflegererinnerung** nach § 11 Abs. 2 RpflG) vom Richter überprüft werden. 11

C. Beschwerde. Die Beschwerde gegen den die Erinnerung zurückweisenden Beschluss des Familiengerichts ist **zulässig**, wenn die **Beschwer** 200 € übersteigt oder sie wegen grundsätzlicher Bedeutung vom FamG zugelassen wurde (Abs. 2). Über sie entscheidet das übergeordnete OLG. Die Beschwer ergibt sich aus der Erinnerungsentscheidung; d.h. aus der Differenz zwischen den von der Staatskasse (noch) geforderten und den vom Beschwerdeführer für geschuldet angesehenen Kosten. Die **Zulassung** bindet das OLG; die Nichtzulassung der Beschwerde kann nicht angefochten werden (Abs. 3 Satz 2). Die Beschwerdeentscheidung des OLG ist ebenfalls unanfechtbar (Abs. 7). Eine **Rechtsbeschwerde** zum BGH ist trotz Zulassung unstatthaft (BGH MDR 2013, 560 m.w.N. = FamRZ 2013, 697 [LS]). Zur Möglichkeit der Gegenvorstellung s. Rdn. 2. 12

Die Beschwerde ist beim FamG einzulegen (Abs. 4 Satz 4), um diesem die **Abhilfe** zu ermöglichen (Abs. 3 Satz 1). Sie ist wie die Erinnerung an keine Frist gebunden. Auch im Übrigen gelten für die Einlegung der Beschwerde und das weitere **Verfahren** die gleichen Regeln wie für die Erinnerung (s. Rdn. 8 bis 10). 13

Das gilt grds. auch für den Inhalt der **Entscheidung**. Zusätzlich kommt bei Aufhebung der Erinnerungsentscheidung die Wiederherstellung des ursprünglichen Kostenansatzes in Betracht (Korintenberg/*Lappe* KostO § 14 Rn. 165). 14

Kosten: Für das das Beschwerdeverfahren Verfahrensgebühren nicht erhoben und den Beteiligten außergerichtliche Kosten nicht erstattet (Abs. 8). Dass gilt nach h.M. nicht bei einer unstatthaften Beschwerde (BGH NJW 2014, 1597; FamRZ 2006, 1107; *Schneider* NJW 2011, 2628 m.w.N.). Die gegenteilige Ansicht einiger Oberlandesgerichte (OLG Frankfurt am Main NJW-RR 2012, 1022; OLG Koblenz FamRZ 2013, 147) hat der BGH (NJW 2014, 1597) ausdrücklich verworfen. Für statthafte aber aus anderen Gründen, z.B. mangels Erreichen der Beschwerdesumme, unzulässige Beschwerden hat es auf jeden Fall bei der Kostenfreiheit zu verbleiben (*Schneider* NJW 2011, 2628, 2630). 15

§ 58 FamGKG Beschwerde gegen die Anordnung einer Vorauszahlung.

(1) ¹Gegen den Beschluss, durch den die Tätigkeit des Familiengerichts nur aufgrund dieses Gesetzes von der vorherigen Zahlung von Kosten abhängig gemacht wird, und wegen der Höhe des in diesem Fall im Voraus zu zahlenden Betrags findet stets die Beschwerde statt. ²§ 57 Abs. 3, 4 Satz 1 und 4, Abs. 5, 7 und 8 ist entsprechend anzuwenden. ³Soweit sich der Beteiligte in dem Verfahren wegen des Hauptgegenstands vor dem Familiengericht durch einen Bevollmächtigten vertreten lassen muss, gilt dies auch im Beschwerdeverfahren.
(2) Im Falle des § 16 Abs. 2 ist § 57 entsprechend anzuwenden.

Übersicht

	Rdn.		Rdn.
A. Anwendungsbereich	1	B. Verfahren, Wirkung	3

A. Anwendungsbereich. Die Vorschrift entspricht inhaltlich der Regelung des § 67 GKG, die sich ähnlich auch in § 82 GNotKG findet. Sie eröffnet die **Beschwerde gegen eine Entscheidung des Familiengerichts** über eine der Höhe nach bestimmte Vorauszahlung (Vorschuss), von der es seine **weitere Tätigkeit abhängig** macht, und zwar unabhängig vom Erreichen einer bestimmten Beschwerdesumme (Abs. 1 Satz 1). Die Anforderung eines Vorschusses ohne Abhängigmachung ist nach § 57 FamGKG mit der Erinnerung anfechtbar (Binz/*Zimmermann* GKG § 67 Rn. 4; HK-FamGKG/*Volpert* § 58 Rn. 7). Entscheidungen des OLG sind nicht anfechtbar (§§ 58 Abs. 1 Satz 2, 57 Abs. 7 FamGKG). Die Anforderung des Vorschusses muss ihre Rechtsgrundlage in den Vorschriften dieses Gesetzes haben (§§ 14 und 16 Abs. 1 und 3 FamGKG). Soweit sie sich auf Vorschriften außerhalb des FamGKG gründet, z.B. für die Einholung eines Sachverständigengutachtens auf §§ 379, 402 ZPO, ist eine Beschwerde nach § 57 oder § 58 FamGKG unstatthaft (vgl. 1

BGH JurBüro 2009, 371 = FamRZ 2009, 1056 [LS]; OLG Karlsruhe FamRZ 2013, 392; OLG Stuttgart Justiz 2009, 172, 188; s.a. § 57 Rdn. 4). Weist das Gericht einen Antrag wegen Nichtzahlung des Kostenvorschusses (unzulässigerweise) durch Endentscheidung zurück, ist dagegen der für das Hauptsacheverfahren vorgesehene Rechtsbehelf statthaft (Hartmann KostO § 8 Rn. 19). Wird ein Vorschuss unter Verstoß gegen die Freistellungsvorschrift des § 122 Abs. 2 ZPO angefordert, ist u.U. auch die Beschwerde nach § 127 ZPO statthaft (OLG Karlsruhe FamRZ 2013, 392). Ein förmlicher Beschluss des Richters ist nach allg. M. nicht erforderlich, eine Verfügung reicht ebenso aus wie ein Aktenvermerk, der dem Zahlungspflichtigen fernmündlich mitgeteilt wird (OLG Brandenburg NJW-RR 1999, 291 m.w.N.; Rahm/Künkel/*Feskorn* 14. Kap. Rn. 265; a.A. Binz u.a./*Zimmermann* GKG § 67 Rn. 3).

2 Für Vorauszahlungsanforderungen der **Geschäftsstelle**, mit der sie die Herstellung und Überlassung von Dokumenten und die Übersendung der Akten u.ä. von einer Vorauszahlung der Auslagenpauschale (§ 16 Abs. 2) abhängig gemacht wird, gelten gem. Abs. 2 die Rechtsbehelfe des § 57 (Erinnerung und ggf. Beschwerde) entsprechend. In gleicher Weise ist auch jede **andere durch die Justizverwaltung selbstständig bestimmte Abhängigmachung** einer gerichtlichen Handlung von der Zahlung gerichtlicher Kosten anzufechten (HK-FamGKG/*Volpert* § 58 Rn. 8 ff., 14). Fertigt der Urkundsbeamte der Geschäftsstelle die entsprechende Kostennachricht, ändert sich daran nichts. Denn dieser handelt regelmäßig nicht in dieser Funktion, sondern nimmt insoweit kraft ausdrücklicher oder stillschweigender Übertragung die Aufgaben des Kostenbeamten wahr.

3 **B. Verfahren, Wirkung.** Das Verfahren richtet sich kraft Verweisung nach den für die Beschwerde gegen den Kostenansatz geltenden Regeln des § 57 FamGKG (Abs. 1 Satz 2; s. dazu § 57 FamGKG Rdn. 7 bis 10). Im Gegensatz zur Beschwerde gegen den Kostenansatz besteht allerdings **Anwaltszwang**, sofern er für das zugrunde liegende Verfahren vorgeschrieben ist (Abs. 1 Satz 3, *Schneider* FamRZ 2011, 162). Die Änderung des Begriffs »Hauptsache« in »Hauptgegenstand« durch das 2. KostRMoG ist nach dem Sinn und Zweck der Vorschrift dahin auszulegen, dass der Anwaltszwang für das Verfahren bestehen muss, in dem die Vorauszahlung angeordnet wurde (s. § 55 FamGKG Rdn. 9 und §§ 18 bis 20 FamGKG Rdn. 8). I.Ü. ist auch die Beschwerde nach § 58 Abs. 1 ohne Bindung an eine Frist beim FamG einzulegen, das ihr abhelfen kann (§ 57 FamGKG Rdn. 7). Ansonsten wird sie dem OLG vorgelegt, das letztinstanzlich entscheidet (s.o. Rdn. 1). Hinsichtlich der Kosten gilt § 57 FamGKG Abs. 8.

4 Die Beschwerde hat grds. **keine aufschiebende Wirkung**, die aber auf Antrag oder v.A.w. angeordnet werden kann (§ 58 Abs. 1 Satz 2 i.V.m. § 57 Abs. 6 FamGKG).

§ 59 FamGKG Beschwerde gegen die Festsetzung des Verfahrenswerts.

(1) ¹Gegen den Beschluss des Familiengerichts, durch den der Verfahrenswert für die Gerichtsgebühren festgesetzt worden ist (§ 55 Abs. 2), findet die Beschwerde statt, wenn der Wert des Beschwerdegegenstands 200 Euro übersteigt. ²Die Beschwerde findet auch statt, wenn sie das Familiengericht wegen der grundsätzlichen Bedeutung der zur Entscheidung stehenden Frage in dem Beschluss zulässt. ³Die Beschwerde ist nur zulässig, wenn sie innerhalb der in § 55 Abs. 3 Satz 2 bestimmten Frist eingelegt wird; ist der Verfahrenswert später als einen Monat vor Ablauf dieser Frist festgesetzt worden, kann sie noch innerhalb eines Monats nach Zustellung oder formloser Mitteilung des Festsetzungsbeschlusses eingelegt werden. ⁴Im Fall der formlosen Mitteilung gilt der Beschluss mit dem dritten Tag nach Aufgabe zur Post als bekannt gemacht. ⁵§ 57 Abs. 3, 4 Satz 1, 2 und 4, Abs. 5 und 7 ist entsprechend anzuwenden.

(2) ¹War der Beschwerdeführer ohne sein Verschulden verhindert, die Frist einzuhalten, ist ihm auf Antrag vom Oberlandesgericht Wiedereinsetzung in den vorigen Stand zu gewähren, wenn er die Beschwerde binnen zwei Wochen nach der Beseitigung des Hindernisses einlegt und die Tatsachen, welche die Wiedereinsetzung begründen, glaubhaft macht. ²Ein Fehlen des Verschuldens wird vermutet, wenn eine Rechtsbehelfsbelehrung unterblieben oder fehlerhaft ist. ³Nach Ablauf eines Jahres, von dem Ende der versäumten Frist an gerechnet, kann die Wiedereinsetzung nicht mehr beantragt werden.

(3) ¹Die Verfahren sind gebührenfrei. ²Kosten werden nicht erstattet.

Übersicht

	Rdn.		Rdn.
A. Allgemeines	1	C. Verfahren	8
B. Beschwerdeberechtigte	5		

Beschwerde gegen die Festsetzung des Verfahrenswerts **§ 59 FamGKG**

A. Allgemeines. Das Verfahren über die Beschwerde gegen die gerichtliche Wertfestsetzung wurde ebenso **1** wie die Kostenbeschwerden bereits durch das KostRMoG neu und unabhängig von der ZPO und dem FGG geregelt (vgl. §§ 68 GKG, 31 KostO, 33 RVG). § 59 entspricht inhaltlich den vorgenannten Regelungen, angepasst an den besonderen Rechtszug in Familiensachen (BT-Drucks. 16/6308 S. 308). Sie wurde inhaltsgleich auch in § 83 GNotKG übernommen.

Die Beschwerde ist nur gegen eine (**endgültige**) **Wertfestsetzung** nach § 55 Abs. 2 eröffnet (OLG Jena **2** MDR 2010, 1211; s.a. § 55 FamGKG Rdn. 5). Die vorläufige Wertfestsetzung nach § 55 Abs. 1 ist nicht beschwerdefähig (OLG Koblenz MDR 2012, 1315). Nur wenn das Gericht seine Tätigkeit von der Einzahlung der nach einem vorläufig bestimmten Wert berechneten Gebühren abhängig macht, kann mit der Beschwerde gegen die Vorauszahlung nach § 58 auch der Wert angegriffen werden (s. § 58 FamGKG Rdn. 1, § 55 FamGKG Rdn. 5; OLG Celle FamRZ 2011, 134 m.w.N.). Eine mangels endgültiger Wertfestsetzung unstatthafte Beschwerde kann aber auch in einen Antrag nach § 58 oder § 55 Abs. 2 FamGKG umgedeutet werden (OLG Hamm FamRZ 2008, 1208; Binz/*Dorndörfer* FamGKG § 59 Rn. 1). Zur **Kostenpflicht einer unstatthaften Beschwerde** s. § 57 Rdn. 10.

Die Beschwerde ist nur gegen eine Wertfestsetzung in 1. Instanz durch das FamG (Richter oder Rechtspfle- **3** ger) statthaft. Entscheidungen des OLG sind nicht anfechtbar (Abs. 1 Satz 1, Satz 5 i.V.m. § 57 Abs. 7). Allerdings kann gegen unanfechtbare Wertfestsetzungen auch des BGH **Gegenvorstellung** erhoben werden (BGH FamFR 2011, 423; RVGreport 2007, 119). Wegen der daneben bestehenden Abänderungsmöglichkeit des in den Vorinstanzen festgesetzten Wertes durch die Rechtsmittelinstanzen v.A.w. vgl. § 55 FamGKG Rdn. 6.

Die Beschwerde ist grds. nur zulässig, wenn die **Beschwer** 200 € übersteigt (s.a. Rdn. 5) oder sie vom FamG **4** zugelassen wird (Abs. 1 Satz 1 und 2). Hat der Rechtspfleger für die ihm übertragene familienrichterliche Tätigkeit den Wert festgesetzt, ist § 11 Abs. 2 RpflG zu beachten (s. § 57 FamGKG Rdn. 11). Die Beschwer errechnet sich aus der Gebührendifferenz unter Anwendung des festgesetzten und des begehrten Werts, und zwar auch für den beigeordneten Anwalt aus der Wahlanwaltstabelle (OLG Frankfurt am Main FamRZ 2012, 1970; s. Beispiel und Muster in FormB FA-FamR/*Keske* Kap. 13 Rn. 103).

B. Beschwerdeberechtigte. Zur Einlegung der Beschwerde berechtigt sind die **Verfahrensbeteiligten**, so- **5** fern sie wegen des zu hohen Gegenstandswerts mit entsprechend höheren Kosten belastet sind. Durch eine zu niedrige Wertfestsetzung sind die Verfahrensbeteiligten regelmäßig nicht beschwert (BGH NJW-RR 1986, 737; OLG Bamberg AGS 2005, 508; OLG Brandenburg NJW-RR 2005, 80). Ausnahmsweise ist eine Beschwer zu bejahen, wenn ein Verfahrensbeteiligter, der mit seinem Anwalt eine Honorarvereinbarung geschlossen hat, beim Gegner eine höhere Erstattung seiner Anwaltskosten liquidieren könnte (OVG Sachsen DÖV 2007, 172).

Die **Staatskasse** ist zur Einlegung der Beschwerde wegen einer zu niedrigen Wertfestsetzung berechtigt; bei **6** einer zu hohen jedenfalls dann, wenn sie deshalb dem beigeordneten Anwalt eine höhere Vergütung zahlen muss (OLG Brandenburg FamRZ 2001, 779).

Der verfahrensbevollmächtigte **Rechtsanwalt** kann gem. § 32 Abs. 2 RVG aus eigenem Recht, d.h. im eige- **7** nen Namen, Beschwerde gegen eine zu niedrige Wertfestsetzung einlegen. Eine nicht ausdrücklich im eigenen Namen eingelegte Beschwerde, mit der eine Erhöhung des Verfahrenswertes angestrebt wird, ist entsprechend auszulegen (OLG Karlsruhe FamRZ 2007, 1669; OLG Brandenburg JurBüro 2015, 251 m.w.N.). Seine **Beschwer** besteht in der Differenz der Gebühren, die er nach dem festgesetzten Wert und dem von ihm gewünschten höheren Wert verdient, und die sich auch für den beigeordneten Anwalt immer aus der Wahlanwaltstabelle berechnen (OLG Frankfurt FamRZ 2012, 1970 m.w.N.; s.a. *Schneider* NJW-Spezial 2013, 667).

C. Verfahren. Das Verfahren entspricht im Wesentlichen dem der Kostenbeschwerde (§ 57 FamGKG). Wie **8** diese ist die Beschwerde beim FamG einzulegen, welches ihr abhelfen kann und sie ansonsten dem OLG vorlegen muss (Abs. 1 Satz 5 i.V.m. § 57 Abs. 3, Abs. 4 Satz 4, s.a. § 57 FamGKG Rdn. 8 ff.). Das Verfahren unterliegt nicht dem Anwaltszwang (Abs. 1 Satz 5 i.V.m. § 57 Abs. 4 Satz 1, 2) und ist gebührenfrei, außergerichtliche Kosten werden nicht erstattet (§ 59 Abs. 3). Da der Wert auch v.A.w. noch innerhalb der Beschwerdefrist geändert werden kann (s.u.), gibt es bei der Verfahrenswertbeschwerde **kein Verschlechterungsverbot** (OLG Stuttgart FamRZ 2016, 164 m.w.N.).

In Abweichung zur Kostenbeschwerde (§ 57 FamGKG) ist die Beschwerde gegen eine Wertfestsetzung **zeit-** **9** **lich begrenzt** (Abs. 1 Satz 3). Sie kann nur bis zum Ablauf der für die Abänderung v.A.w. eingeräumten 6-Monats-Frist eingelegt werden. Diese Frist beginnt entweder mit der Rechtskraft der Entscheidung in der

§ 60 FamGKG   Beschwerde gegen die Auferlegung einer Verzögerungsgebühr

Hauptsache oder mit der sonstigen Erledigung des Verfahrens (s. § 55 Rdn. 10). Wenn die Entscheidung erst später als ein Monat vor Ablauf der Frist ergangen ist, verlängert sich die Beschwerdefrist um einen Monat. Diese Monatsfrist läuft erst ab Bekanntgabe des Festsetzungsbeschlusses (s.a. OLG Stuttgart OLGR 2007, 190), die bei formloser Mitteilung gem. Abs. 1 Satz 4 fingiert wird. Eine **Wiedereinsetzung** ist unter den Voraussetzungen des Abs. 2 möglich. Mit der zum 01.01.2014 auch in Kostensachen eingeführten Pflicht zur Belehrung über Rechtsbehelfe (s. § 8a FamGKG Rdn. 1) wurde auch Abs. 2 um die gesetzliche Vermutung ergänzt, dass eine falsche oder unterbliebene Rechtsbehelfsbelehrung das fehlende Verschulden indiziert (s. dazu § 17 Rdn. 32 ff.).

§ 60 FamGKG Beschwerde gegen die Auferlegung einer Verzögerungsgebühr.

¹Gegen den Beschluss des Familiengerichts nach § 32 findet die Beschwerde statt, wenn der Wert des Beschwerdegegenstands 200 Euro übersteigt oder das Familiengericht die Beschwerde wegen der grundsätzlichen Bedeutung in dem Beschluss der zur Entscheidung stehenden Frage zugelassen hat. ²§ 57 Abs. 3, 4 Satz 1, 2 und 4, Abs. 5, 7 und 8 ist entsprechend anzuwenden.

1 Die Vorschrift entspricht § 69 GKG und eröffnet die Beschwerde gegen die Auferlegung einer Verzögerungsgebühr nach § 32 FamGKG durch das FamG unter den gleichen Voraussetzungen und Verfahrensregeln wie die Kostenbeschwerde. Wie diese ist sie beim FamG einzulegen, welches ihr abhelfen kann und sie ansonsten dem OLG vorlegen muss, dessen Entscheidung unanfechtbar ist (vgl. § 57 Abs. 3, Abs. 4 Satz 4, Abs. 7, s.a. § 57 FamGKG Rdn. 8 ff.). Das Verfahren unterliegt nicht dem Anwaltszwang (§ 57 Abs. 4 Satz 1, 2 FamGKG) und ist gebührenfrei, außergerichtliche Kosten werden nicht erstattet (§ 57 Abs. 8 FamGKG).

§ 61 FamGKG Abhilfe bei Verletzung des Anspruchs auf rechtliches Gehör.

(1) Auf die Rüge eines durch die Entscheidung beschwerten Beteiligten ist das Verfahren fortzuführen, wenn
1. ein Rechtsmittel oder ein anderer Rechtsbehelf gegen die Entscheidung nicht gegeben ist und
2. das Gericht den Anspruch dieses Beteiligten auf rechtliches Gehör in entscheidungserheblicher Weise verletzt hat.

(2) ¹Die Rüge ist innerhalb von zwei Wochen nach Kenntnis von der Verletzung des rechtlichen Gehörs zu erheben; der Zeitpunkt der Kenntniserlangung ist glaubhaft zu machen. ²Nach Ablauf eines Jahres seit Bekanntmachung der angegriffenen Entscheidung kann die Rüge nicht mehr erhoben werden. ³Formlos mitgeteilte Entscheidungen gelten mit dem dritten Tage nach Aufgabe zur Post als bekannt gemacht. ⁴Die Rüge ist bei dem Gericht zu erheben, dessen Entscheidung angegriffen wird; § 57 Abs. 4 Satz 1 und 2 gelten entsprechend. ⁵Die Rüge muss die angegriffene Entscheidung bezeichnen und das Vorliegen der in Absatz 1 Nr. 2 genannten Voraussetzungen darlegen.
(3) Den übrigen Beteiligten ist, soweit erforderlich, Gelegenheit zur Stellungnahme zu geben.
(4) ¹Das Gericht hat von Amts wegen zu prüfen, ob die Rüge an sich statthaft und ob sie in der gesetzlichen Form und Frist erhoben ist. ²Mangelt es an einem dieser Erfordernisse, so ist die Rüge als unzulässig zu verwerfen. ³Ist die Rüge unbegründet, weist das Gericht sie zurück. ⁴Die Entscheidung ergeht durch unanfechtbaren Beschluss. ⁵Der Beschluss soll kurz begründet werden.
(5) Ist die Rüge begründet, so hilft ihr das Gericht ab, indem es das Verfahren fortführt, soweit dies aufgrund der Rüge geboten ist.
(6) Kosten werden nicht erstattet.

Übersicht

	Rdn.		Rdn.
A. Geltungsbereich	1	B. Regelungsgehalt	2

1 **A. Geltungsbereich.** Die Vorschrift, die dem durch das AnhRügG vom 09.12.2004 in das GKG eingefügten § 69a GKG entspricht, ist notwendige Folge der Abkoppelung der Rechtsmittel in Kostensachen vom *allgemeinen Verfahrensrecht*. Für dieses findet sich die Gehörsrüge jetzt in § 44 FamFG. § 61 betrifft dagegen

die Verletzung des Anspruchs auf rechtliches Gehör der Beteiligten in den in diesem Gesetz und es ergänzenden Vorschriften geregelten **Kostensachen**, also beim Ansatz und der Beitreibung von Gebühren und Auslagen, insb. auch bei der Wertfestsetzung (s. § 55 FamGKG Rdn. 8) und in den Erinnerungs- und Beschwerdeverfahren der §§ 57 ff. FamGKG. Es muss sich aber um eine gerichtliche Entscheidung handeln. Der Verwaltungsakt eines Kostenbeamten genügt nicht (Korinthenberg/*Lappe* KostO § 157a Rn. 5).

B. Regelungsgehalt. Die Vorschrift gewährt dem in seinem rechtlichen Gehör in für die Entscheidung erheblicher Weise (s. dazu BGH NJW 2009, 1609 m.w.N.) verletzten Verfahrensbeteiligten einen Rechtsbehelf, wenn kein anderweitiger (mehr) gegeben ist, und führt im Erfolgsfall zur **Abhilfe** durch Fortsetzung des Verfahrens und Neubescheidung. Seine Voraussetzungen und das in Abs. 2 geregelte **Verfahren** unterscheiden sich nicht von dem in § 44 FamFG und § 321a ZPO gleichlautend geregelten Verfahren zur Abhilfe der Verletzung rechtlichen Gehörs im familiengerichtlichen Hauptverfahren, auf deren Kommentierung wegen der Einzelheiten verwiesen wird.

Das Verfahren bleibt, anders als das Verfahren nach § 44 FamFG, auch bei Erfolglosigkeit gebührenfrei (§ 1 FamGKG; s.a. OLG Celle MDR 2012, 1067; OLG Düsseldorf NJW-Spezial 2010, 317); außergerichtliche **Kosten** werden nicht erstattet (Abs. 6).

Abschnitt 9. Schluss- und Übergangsvorschriften

§ 61a FamGKG Verordnungsermächtigung.
Die Landesregierungen werden ermächtigt, durch Rechtsverordnung zu bestimmen, dass die von den Gerichten der Länder zu erhebenden Verfahrensgebühren in solchen Verfahren, die nur auf Antrag eingeleitet werden, über die im Kostenverzeichnis für den Fall der Zurücknahme des Antrags vorgesehene Ermäßigung hinaus weiter ermäßigt werden oder entfallen, wenn das gesamte Verfahren oder bei Verbundverfahren nach § 44 eine Folgesache nach einer Mediation oder nach einem anderen Verfahren der außergerichtlichen Konfliktbeilegung durch Zurücknahme des Antrags beendet wird und in der Antragsschrift mitgeteilt worden ist, dass eine Mediation oder ein anderes Verfahren der außergerichtlichen Konfliktbeilegung unternommen wird oder beabsichtigt ist, oder wenn das Gericht den Beteiligten die Durchführung einer Mediation oder eines anderen Verfahrens der außergerichtlichen Konfliktbeilegung vorgeschlagen hat. Satz 1 gilt entsprechend für die im Beschwerdeverfahren von den Oberlandesgerichten zu erhebenden Verfahrensgebühren; an die Stelle der Antragsschrift tritt der Schriftsatz, mit dem die Beschwerde eingelegt worden ist.

1 Die Vorschrift wurde durch das Gesetz zur **Förderung der Mediation** und anderer Verfahren der außergerichtlichen Konfliktbeilegung vom 21.07.2012 (Art. 7a, BGBl. I, S. 1577) mit Wirkung zum 26.07.2012 in das FamGKG eingefügt mit dem Ziel, die außergerichtliche Konfliktbeilegung zu fördern.
2 Es handelt sich um eine **kostenrechtliche Öffnungsklausel**, die es den Ländern ermöglicht, über die bereits geltenden Ermäßigungen der Gebühren für eine gütliche Beilegung des Verfahrens (s. § 3 FamGKG Rdn. 20) hinaus noch weitere zu gewähren, wenn ein gerichtliches Verfahren infolge einer Mediation oder anderer Formen außergerichtlicher Konfliktbeilegung gütlich beendet wird. Diese Möglichkeit setzt wie bei den bisherigen Ermäßigungstatbeständen eine Gesamterledigung bzw. im Scheidungsverbund auch einzelne Folgesachen voraus. Als weitere Voraussetzung muss entweder bereits in der Antragsschrift mitgeteilt werden, dass eine Mediation oder ein anderes Verfahren der außergerichtlichen Konfliktbeilegung unternommen wird oder beabsichtigt ist, oder wenn das Gericht den Beteiligten diese Vorgehensweise vorschlägt.
3 Bislang wurde soweit ersichtlich noch keine entsprechende Verordnung erlassen.

§ 62 FamGKG Rechnungsgebühren. *(aufgehoben)*

1 Die Vorschrift wurde durch Art. 5 Abs. 1 Nr. 25 2. KostRMoG mit Wirkung zum 01.08.2013 **aufgehoben**. Sie gilt nur noch für Altverfahren (s. § 63 Rdn. 2). Soweit noch von Interesse wird auf die Kommentierung in der Vorauflage verwiesen.

§ 62a FamGKG Bekanntmachung von Neufassungen.
[1]Das Bundesministerium der Justiz kann nach Änderungen den Wortlaut des Gesetzes feststellen und als Neufassung im Bundesgesetzblatt bekannt machen. [2]Die Bekanntmachung muss auf diese Vorschrift Bezug nehmen und angeben
1. den Stichtag, zu dem der Wortlaut festgestellt wird,
2. die Änderungen seit der letzten Veröffentlichung des vollständigen Wortlauts im Bundesgesetzblatt sowie
3. das Inkrafttreten der Änderungen.

§ 62a eingefügt durch Art. 14 Nr. 2 des Gesetzes zur Umsetzung der Dienstleistungsrichtlinie in der Justiz und zur Änderung weiterer Vorschriften vom 22.12.2010 (BGBl I, 2248, 2252) mit Wirkung zum 28.12.2010.

§ 63 FamGKG Übergangsvorschrift.
(1) [1]In Verfahren, die vor dem Inkrafttreten einer Gesetzesänderung anhängig geworden sind, werden die Kosten nach bisherigem Recht erhoben. [2]Dies gilt nicht im Verfahren über ein Rechtsmittel, das nach dem Inkrafttreten einer Gesetzesänderung eingelegt worden ist. [3]Die Sätze 1 und 2 gelten auch, wenn Vorschriften geändert werden, auf die dieses Gesetz verweist.
(2) Bei Vormundschaften und bei Dauerpflegschaften gilt für Kosten, die vor dem Inkrafttreten einer *Gesetzesänderung fällig geworden sind,* das bisherige Recht.

Übersicht für die Erhebung von Haftkosten § 64 FamGKG

Übersicht	Rdn.		Rdn.
A. Anwendungsbereich	1	B. Regelungsgehalt	2

A. Anwendungsbereich. § 63 bezieht sich wie die inhaltsgleiche Bestimmung des § 71 Abs. 1 GKG und § 161 KostO auf künftige Gesetzesänderungen (**Dauerübergangsvorschrift**, BT-Drucks. 16/6308, S. 308). Die Vorschrift regelt nicht den Übergang aus Anlass des Inkrafttretens des FamGKG. Hierfür enthält Art. 111 des FGG-RG eine spezielle Regelung (OLG Celle FamRZ 2011, 240; s. dazu Einleitung zum FamGKG, Vor §§ 1 bis 64 FamGKG Rdn. 4; Art. 111 FGG-RG Rdn. 7). Dagegen ist sie auf sämtliche seit dem 01.09.2009 eingetretene Änderungen des FamGKG anzuwenden, einschließlich Änderungen durch Art. 5 des **2. KostR-MoG** zum 01.08.2013. 1

B. Regelungsgehalt. Grds. entfalten das FamGKG betreffende Gesetzesänderungen, auch von Vorschriften, auf die das FamGKG nur verweist, **Wirkung erst für die Zukunft**. Für bei Inkrafttreten bereits anhängige Verfahren gilt bis zu deren Abschluss daher das bisherige Kostenrecht (Abs. 1 Satz 1) einschließlich der Vorschriften zum Verfahrenswert (OLG Frankfurt am Main, FamRZ 2007, 842). Dafür reicht es aus, dass ein beliebiger Teil eines einheitlichen Verfahrens bereits anhängig ist, z.B. ein Mahnverfahren für das sich anschließende streitige Verfahren (OLG Koblenz MDR 1996, 969; OLG München MDR 1995, 1072), ein Hauptantrag für einen Widerantrag oder einen Erweiterungsantrag (BGH FamRZ 2011, 100) und ein Scheidungsantrag für sämtliche Folgesachen (*Bergmann* FuR 2009, 421, 426) oder ein Erbscheinsantrag für weitere (OLG Stuttgart FamRZ 2011, 584), um die später eingeleiteten Verfahrensteile ebenfalls dem alten Kostenrecht zu unterwerfen. Nicht ausreichend ist ein Antrag auf Prozess- oder Verfahrenskostenhilfe, auch wenn ihm ein bedingter Hauptsacheantrag beigefügt ist, da dadurch die Hauptsache noch nicht anhängig wird (BGH FamRZ 2012, 783 zu Art. 111 FGG-RG; s.a. §§ 9 bis 11 FamGKG Rdn. 5). Zur Anhängigkeit in Amtsverfahren s. §§ 9 bis 11 FamGKG Rdn. 6 ff. 2

Rechtsmittelverfahren in der Hauptsache leiten insoweit ein neues Verfahren ein, für das sich das anzuwendende Kostenrecht nach dem Eingang der Rechtsmittelschrift bestimmt (Abs. 1 Satz 2 vgl. zur abweichenden Regelung im FGG-RG: Art. 111 FGG-RG Rdn. 12). **Kostenbeschwerden** und -erinnerungen sowie **Streitwertbeschwerden** sind keine Rechtsmittel i.S.d. Abs. 1 Satz 2. Sie gehören ebenso wie das Kostenansatz- und das Kostenfestsetzungsverfahren als Anhang zum Hauptverfahren und teilen dessen übergangsrechtliche Zuordnung (BGH FamRZ 2006, 1107; VGH Bayern FamRZ 2006, 634; OLG Koblenz JurBüro 2007, 212 jeweils zur insoweit gleichlautenden Übergangsvorschrift zum ersten KostRMoG in § 72 Nr. 1 GKG; s.a. Hartmann GKG § 71 Rn. 7). Gleiches gilt für **Beschwerden in Vkh-Verfahren** (BGH FamRZ 2013, 1390 Rn. 6). 3

Für **Vormundschaften** und Dauerpflegschaften trifft Abs. 2 eine Sonderregelung. Für sie gilt für sämtliche bereits fällig gewordenen Kosten (s. § 10 FamGKG) das alte Recht und für künftig fällig werdende das neue (vgl. auch § 134 Abs. 1 Satz 4 GNotKG). 4

§ 64 FamGKG Übergangsvorschrift für die Erhebung von Haftkosten. Bis zum Erlass landesrechtlicher Vorschriften über die Höhe des Haftkostenbeitrags, der von einem Gefangenen zu erheben ist, sind die Nummern 2008 und 2009 des Kostenverzeichnisses in der bis zum 27. Dezember 2010 geltenden Fassung anzuwenden.

Die Vorschrift betrifft allein die **Auslagen**, die nach Nr. 2008 und 2009 KV FamGKG **für den Vollzug einer Zwangs- oder Ordnungshaft** ursprünglich i.H.d. Haftkostenbeitrags nach § 50 StVollzG erhoben wurden. Durch Art. 14 des Gesetzes zur Umsetzung der Dienstleistungsrichtlinie in der Justiz und zur Änderung weiterer Vorschriften vom 22.12.2010 (BGBl. I, S. 2248, 2252) wurden mit Wirkung zum 28.12.2010 die vorgenannten Auslagentatbestände an die im Zuge der Föderalismusreform (BGBl. I 2006, S. 2034) auf die Länder übergegangene Zuständigkeit für den Strafvollzug angepasst (s. Nr. 2000–2015 KV FamGKG Rdn. 21). *Gleichzeitig wurde durch die Einfügung des § 64 in das FamGKG dem Umstand Rechnung getragen, dass nicht alle Bundesländer von der ihnen zugewachsenen Gesetzgebungskompetenz sofort Gebrauch gemacht haben.* Bis dahin soll sich die Erhebung eines Haftkostenbeitrags weiterhin nach § 50 StVollzG richten (s. Art. 125a GG i.V.m. Art. 74 GG n.F.). In diesem Fall soll es auch bei den Auslagen für den Haftvollzug bei der bisherigen Regelung verbleiben. 1

Anlagen

Anlage 1 (zu § 3 Abs. 2 FamGKG) Kostenverzeichnis

Gliederung

Teil 1 Gebühren

Hauptabschnitt 1 Hauptsacheverfahren in Ehesachen einschließlich aller Folgesachen
    Abschnitt 1 Erster Rechtszug
    Abschnitt 2 Beschwerde gegen die Endentscheidung wegen des Hauptgegenstands
    Abschnitt 3 Rechtsbeschwerde gegen die Endentscheidung wegen des Hauptgegenstands
    Abschnitt 4 Zulassung der Sprungrechtsbeschwerde gegen die Endentscheidung wegen des Hauptgegenstands

Hauptabschnitt 2 Hauptsacheverfahren in selbständigen Familienstreitsachen
    Abschnitt 1 Vereinfachtes Verfahren über den Unterhalt Minderjähriger
        Unterabschnitt 1 Erster Rechtszug
        Unterabschnitt 2 Beschwerde gegen die Endentscheidung wegen des Hauptgegenstands
        Unterabschnitt 3 Rechtsbeschwerde gegen die Endentscheidung wegen des Hauptgegenstands
        Unterabschnitt 4 Zulassung der Sprungrechtsbeschwerde gegen die Endentscheidung wegen des Hauptgegenstands
    Abschnitt 2 Verfahren im Übrigen
        Unterabschnitt 1 Erster Rechtszug
        Unterabschnitt 2 Beschwerde gegen die Endentscheidung wegen des Hauptgegenstands
        Unterabschnitt 3 Rechtsbeschwerde gegen die Endentscheidung wegen des Hauptgegenstands
        Unterabschnitt 4 Zulassung der Sprungrechtsbeschwerde gegen die Endentscheidung wegen des Hauptgegenstands

Hauptabschnitt 3 Hauptsacheverfahren in selbständigen Familiensachen der freiwilligen Gerichtsbarkeit
    Abschnitt 1 Kindschaftssachen
        Unterabschnitt 1 Verfahren vor dem Familiengericht
        Unterabschnitt 2 Beschwerde gegen die Endentscheidung wegen des Hauptgegenstands
        Unterabschnitt 3 Rechtsbeschwerde gegen die Endentscheidung wegen des Hauptgegenstands
        Unterabschnitt 4 Zulassung der Sprungrechtsbeschwerde gegen die Endentscheidung wegen des Hauptgegenstands
    Abschnitt 2 Übrige Familiensachen der freiwilligen Gerichtsbarkeit
        Unterabschnitt 1 Erster Rechtszug
        Unterabschnitt 2 Beschwerde gegen die Endentscheidung wegen des Hauptgegenstands
        Unterabschnitt 3 Rechtsbeschwerde gegen die Endentscheidung wegen des Hauptgegenstands
        Unterabschnitt 4 Zulassung der Sprungrechtsbeschwerde gegen die Endentscheidung wegen des Hauptgegenstands

Hauptabschnitt 4 Einstweiliger Rechtsschutz
    Abschnitt 1 Einstweilige Anordnung in Kindschaftssachen
        Unterabschnitt 1 Erster Rechtszug
        Unterabschnitt 2 Beschwerde gegen die Endentscheidung wegen des Hauptgegenstands
    Abschnitt 2 Einstweilige Anordnung in den übrigen Familiensachen und Arrest
        Unterabschnitt 1 Erster Rechtszug
        Unterabschnitt 2 Beschwerde gegen die Endentscheidung wegen des Hauptgegenstands

Hauptabschnitt 5 Besondere Gebühren

Inhaltsverzeichnis Anlage 1 FamGKG

Hauptabschnitt 6 Vollstreckung

Hauptabschnitt 7 Verfahren mit Auslandsbezug
    Abschnitt 1 Erster Rechtszug
    Abschnitt 2 Beschwerde und Rechtsbeschwerde gegen die Endentscheidung wegen des Hauptgegenstands

Hauptabschnitt 8 Rüge wegen Verletzung des Anspruchs auf rechtliches Gehör

Hauptabschnitt 9 Rechtsmittel im Übrigen
    Abschnitt 1 Sonstige Beschwerden
    Abschnitt 2 Sonstige Rechtsbeschwerden
    Abschnitt 3 Zulassung der Sprungrechtsbeschwerde in sonstigen Fällen

Teil 2 Auslagen

Teil 1. Gebühren

Hauptabschnitt 1. Hauptsacheverfahren in Ehesachen einschließlich aller Folgesachen

Nr. 1110–1140 KV FamGKG

Nr	Gebührentatbestand	Satz der Gebühr nach § 28 FamGKG
	Abschnitt 1 *Erster Rechtszug*	
1110	Verfahren im Allgemeinen	2,0

1111	Beendigung des Verfahrens hinsichtlich der Ehesache oder einer Folgesache durch
	1. Zurücknahme des Antrags
	   a) vor dem Schluss der mündlichen Verhandlung,
	   b) in den Fällen des § 128 Abs. 2 ZPO vor dem Zeitpunkt, der dem Schluss der mündlichen Verhandlung entspricht,
	   c) im Falle des § 331 Abs. 3 ZPO vor Ablauf des Tages, an dem die Endentscheidung der Geschäftsstelle übermittelt wird,
	2. Anerkenntnis- oder Verzichtsentscheidung oder Endentscheidung, die nach § 38 Abs. 4 Nr. 2 und 3 FamFG keine Begründung enthält oder nur deshalb eine Begründung enthält, weil zu erwarten ist, dass der Beschluss im Ausland geltend gemacht wird (§ 38 Abs. 5 Nr. 4 FamFG), mit Ausnahme der Endentscheidung in einer Scheidungssache,
	3. gerichtlichen Vergleich oder
	4. Erledigung in der Hauptsache, wenn keine Entscheidung über die Kosten ergeht oder die Entscheidung einer zuvor mitgeteilten Einigung über die Kostentragung oder einer Kostenübernahmeerklärung folgt,
	
	es sei denn, dass bereits eine andere Endentscheidung als eine der in Nummer 2 genannten Entscheidungen vorausgegangen ist:
	
	Die Gebühr 1110 ermäßigt sich auf ....
		0,5

	(1) Wird im Verbund nicht das gesamte Verfahren beendet, ist auf die beendete Ehesache und auf eine oder mehrere beendete Folgesachen § 44 FamGKG anzuwenden und die Gebühr nur insoweit zu ermäßigen. (2) Die Vervollständigung einer ohne Begründung hergestellten Endentscheidung (§ 38 Abs. 6 FamFG) steht der Ermäßigung nicht entgegen. (3) Die Gebühr ermäßigt sich auch, wenn mehrere Ermäßigungstatbestände erfüllt sind.	
	Abschnitt 2 *Beschwerde gegen die Endentscheidung wegen des Hauptgegenstands*	
	Vorbemerkung 1.1.2: Dieser Abschnitt ist auch anzuwenden, wenn sich die Beschwerde auf eine Folgesache beschränkt	
1120	Verfahren im Allgemeinen	3,0
1121	Beendigung des gesamten Verfahrens durch Zurücknahme der Beschwerde oder des Antrags, bevor die Schrift zur Begründung der Beschwerde bei Gericht eingegangen ist:	

Nr. 1110–1140 KV FamGKG

Nr	Gebührentatbestand	Satz der Gebühr nach § 28 FamGKG
	Die Gebühr 1120 ermäßigt sich auf	0,5
	Die Erledigung in der Hauptsache steht der Zurücknahme gleich, wenn keine Entscheidung über die Kosten ergeht oder die Entscheidung einer zuvor mitgeteilten Einigung über die Kostentragung oder einer Kostenübernahmeerklärung folgt.	

1122	Beendigung des Verfahrens hinsichtlich der Ehesache oder einer Folgesache, wenn nicht Nummer 1121 erfüllt ist, durch
	1. Zurücknahme der Beschwerde oder des Antrags
	   a) vor dem Schluss der mündlichen Verhandlung oder,
	   b) falls eine mündliche Verhandlung nicht stattfindet, vor Ablauf des Tages, an dem die Endentscheidung der Geschäftsstelle übermittelt wird,
	2. Anerkenntnis- oder Verzichtsentscheidung,
	3. gerichtlichen Vergleich oder
	4. Erledigung in der Hauptsache, wenn keine Entscheidung über die Kosten ergeht oder die Entscheidung einer zuvor mitgeteilten Einigung über die Kostentragung oder einer Kostenübernahmeerklärung folgt,
	es sei denn, dass bereits eine andere als eine der in Nummer 2 genannten Endentscheidungen vorausgegangen ist:	

	Die Gebühr 1120 ermäßigt sich auf	1,0
	(1) Wird im Verbund nicht das gesamte Verfahren beendet, ist auf die beendete Ehesache und auf eine oder mehrere beendete Folgesachen § 44 FamGKG anzuwenden und die Gebühr nur insoweit zu ermäßigen. (2) Die Gebühr ermäßigt sich auch, wenn mehrere Ermäßigungstatbestände erfüllt sind.	

Abschnitt 3
Rechtsbeschwerde gegen die Endentscheidung wegen des Hauptgegenstands

Vorbemerkung 1.1.3:
Dieser Abschnitt ist auch anzuwenden, wenn sich die Rechtsbeschwerde auf eine Folgesache beschränkt.

Nr	Gebührentatbestand	Satz
1130	Verfahren im Allgemeinen	4,0
1131	Beendigung des gesamten Verfahrens durch Zurücknahme der Rechtsbeschwerde oder des Antrags, bevor die Schrift zur Begründung der Rechtsbeschwerde bei Gericht eingegangen ist:	
	Die Gebühr 1130 ermäßigt sich auf	1,0
	Die Erledigung in der Hauptsache steht der Zurücknahme gleich, wenn keine Entscheidung über die Kosten ergeht oder die Entscheidung einer zuvor mitgeteilten Einigung über die Kostentragung oder einer Kostenübernahmeerklärung folgt.	
1132	Beendigung des Verfahrens hinsichtlich der Ehesache oder einer Folgesache durch Zurücknahme der Rechtsbeschwerde oder des Antrags vor Ablauf des Tages, an dem die Endentscheidung der Geschäftsstelle übermittelt wird, wenn nicht Nummer 1131 erfüllt ist:	
	Die Gebühr 1130 ermäßigt sich auf	2,0

Nr. 1110–1140 KV FamGKG

Nr	Gebührentatbestand	Satz der Gebühr nach § 28 FamGKG
	Wird im Verbund nicht das gesamte Verfahren beendet, ist auf die beendete Ehesache und auf eine oder mehrere beendete Folgesachen § 44 FamGKG anzuwenden und die Gebühr nur insoweit zu ermäßigen.	
	Abschnitt 4 *Zulassung der Sprungrechtsbeschwerde gegen die Endentscheidung wegen des Hauptgegenstands*	
1140	Verfahren über die Zulassung der Sprungrechtsbeschwerde: Soweit der Antrag abgelehnt wird	1,0

Übersicht

	Rdn.		Rdn.
A. Geltungsbereich........................	1	III. Ermäßigung (Nr. 1121, 1122)..........	13
B. Allgemeines.............................	2	E. Rechtsbeschwerde	17
C. Gebühren im ersten Rechtszug	3	I. Anwendungsbereich (Vorbem. 1.1.3)	17
I. Verfahrensgebühr (Nr. 1110)	3	II. Verfahrensgebühr (Nr. 1130)	18
II. Ermäßigung (Nr. 1111)	4	III. Ermäßigung (Nr. 1131, 1132)..........	19
D. Beschwerdeverfahren....................	11	F. Zulassung der Sprungrechtsbeschwerde	
I. Anwendungsbereich (Vorbem. 1.1.2)....	11	(Nr. 1140)	21
II. Verfahrensgebühr (Nr. 1120)	12		

1 A. Geltungsbereich. Hauptabschnitt 1 regelt die Gebühren für Hauptsacheverfahren in **Ehesachen einschließlich aller Folgesachen**. Sie gelten in isolierten Ehesachen nach § 121 FamFG und für die im Verbund mit der Ehescheidung stehenden Folgesachen (§ 137 Abs. 2 FamFG), sowie in den ihnen nach § 5 i.V.m. § 269, 270 FamFG gleichgestellten Lebenspartnerschaftssachen. Auch die Gebühren in abgetrennten Folgesachen, die nicht als selbstständige Familiensachen fortgeführt werden (s. § 137 Abs. 5 Satz 1 FamFG), werden weiterhin nach diesem Abschnitt abgerechnet. Er regelt auch die Gebühren für Beschwerden und Rechtsbeschwerden über Endentscheidungen wegen des Hauptgegenstands, einschließlich des Verfahrens auf Zulassung der Sprungrechtsbeschwerden, und zwar auch, wenn das Rechtsmittel nur Scheidungsfolgesachen betrifft (s.u. Rdn. 11). Die Gebühren für Beschwerden in Neben- und Zwischenverfahren sowie gegen Nebenentscheidungen sind dagegen in Hauptabschnitt 9 geregelt (zur Abgrenzung s. Nr. 1910–1930 KV FamGKG Rdn. 1 f.) und für Verfahren über Anhörungsrügen in Hauptabschnitt 8. Die Gebühren für einstweilige Anordnungsverfahren ergeben sich aus Hauptabschnitt 4 und für Neben- und Folgeverfahren aus den Hauptabschnitten 5 bis 7. Zu ihnen gehören auch Anerkennungs- und Exequaturverfahren (s. Nr. 1710–1723 KV FamGKG Rdn. 2 ff.).

2 B. Allgemeines. In allen Instanzen wird eine **allgemeine Verfahrensgebühr** als Wertgebühr erhoben. Sie gilt die Tätigkeit des Gerichts vom Eingang des Antrags bis zur Beendigung des Verfahrens in der jeweiligen Instanz ab, einschließlich der Auslagen für bis zu zehn Zustellungen (s. Nr. 2000–2014 KV FamGKG Rdn. 11). Diese Pauschalgebühr wird mit dem Eingang des Antrags fällig und ist in 1. Instanz nur für die Ehesache im Voraus zu entrichten (§ 14, s.a. §§ 12 bis 17 Rdn. 8). Sie kann auch durch Rücknahme des Antrags nicht mehr wegfallen, sondern sich nur noch ermäßigen, wenn sich das Verfahren vorzeitig oder in vereinfachter Form erledigt (s. Rdn. 4 ff.). Die Gebührensätze wurden unverändert aus Teil 1 Hauptabschnitt 3 des Kostenverzeichnisses zum GKG a.F. entnommen (BT-Drucks. 16/6308, S. 308) und anders als die Gebührenwerte (s. § 28 FamGKG Rdn. 1) auch durch das 2. KostRMoG nicht erhöht. Die **Werte** ergeben sich für die Ehesache aus § 43 FamGKG und für die Folgesachen aus den jeweils geltenden Bestimmungen der allgemeinen und besonderen Wertvorschriften. Die Werte der Ehescheidung und der Folgesachen sind zusammenzurechnen (§ 44 FamGKG Rdn. 2 ff.). Das gilt auch in den Rechtsmittelinstanzen, selbst wenn dort nur noch Folgesachen anhängig werden. **Abgetrennte** Kindschaftsverfahren oder andere **Folgesachen**, die nach Rücknahme oder Abweisung des Scheidungsantrags als selbstständige Familiensache fortgeführt werden, bleiben außer Betracht (s. zur Abrechnung bei Trennung und Verbindung von Verfahren § 6 FamGKG Rdn. 8 ff.).

C. Gebühren im ersten Rechtszug. I. Verfahrensgebühr (Nr. 1110). Für das Verfahren im Allgemeinen 3
wird eine Gebühr von 2,0 erhoben. Sie entsteht mit der Anhängigkeit der Ehesache oder einer Folgesache;
in Antragsverfahren daher mit dem Eingang des jeweiligen Antrags bei Gericht; in Amtsverfahren kommt
es auf dessen Einleitung an (§§ 9 bis 11 FamGKG Rdn. 3 ff.). Ein Antrag auf Vkh reicht nicht aus, selbst
wenn ihm ein Hauptsacheantrag beigefügt wird, der den Anforderungen an eine Antragsschrift genügt,
aber zugleich deutlich gemacht wird, dass er nur für den Fall der Bewilligung eingereicht werden soll (BGH
NJW-RR 2003, 1558; FamRZ 1996, 1142; OLG Brandenburg FamRZ 2008, 533). Dann wird die Hauptsache
erst nach Bewilligung der Vkh anhängig. Die Gebühr ist nur für den einleitenden Antrag in der Ehesache
im Voraus zu entrichten, aber nicht für einen Widerantrag oder für die Folgesachen; vor Eingang der Verfahrensgebühr für die Ehesache soll das Gericht den Antrag nicht zustellen (s. dazu §§ 12 bis 17 FamGKG
Rdn. 8 ff. auch zu den Ausnahmen).

II. Ermäßigung (Nr. 1111). Allgemeines. Der Gebührensatz ermäßigt sich auf **0,5**, wenn durch einen oder 4
mehrere (s. Anm. Abs. 3) der nachstehenden Ermäßigungstatbestände das Verfahren beendet wird, und
zwar grds. das gesamte Verfahren. Nur im Verbundverfahren kann nach Anm. Abs. 1 auch eine **Teilermäßigung** eintreten, wenn die Voraussetzungen nur für die Scheidungssache oder einzelner Folgesachen erfüllt
sind. In diesem Fall sind die Werte der begünstigten und der nicht begünstigten Verfahrensteile getrennt zu
addieren und die Gebühr nach § 30 Abs. 3 FamGKG zu berechnen (s. § 30 FamGKG Rdn. 4 mit Beispiel).
Die Gebührenermäßigung in einer Folgesache setzt immer voraus, dass sie sich ausschließlich auf die kostenbegünstigte Weise erledigt. Es darf keine nicht privilegierte (Teil-) Entscheidung vorausgegangen sein
(KG JurBüro 2006, 205; OLG Hamburg OLGR 2006, 533; OLG Karlsruhe FamRZ 2004, 1663). So hindert
ein Versäumnisurteil über den Auskunftsanspruch bei einem Stufenantrag selbst dann den Eintritt der Ermäßigung, wenn sich die Beteiligten im Einspruchstermin vergleichen oder die Folgesache zurückgenommen wird (Binz/Dorndörfer/*Zimmermann* KV GKG 1211 Rn. 18 m.w.N.).

Ziff. 1. Bei einer **Rücknahme** des Antrags tritt die Ermäßigung ein, wenn sie rechtzeitig bei Gericht ein- 5
geht, und zwar
- vor Schluss der (letzten, OLG Düsseldorf NJW-RR 2000, 362) mündlichen Verhandlung,
- bei Anordnung des schriftlichen Verfahrens nach § 113 Abs. 1 FamFG i.V.m. § 128 ZPO vor Ablauf der
  Schriftsatzfrist, die dem Schluss der mündlichen Verhandlung gleichgesetzt ist (§ 128 Abs. 2 Satz 2 ZPO),
- im schriftlichen Vorverfahren nach § 276 ZPO, § 113 Abs. 1 FamFG) das in Verbundverfahren nur im
  Fall der Vorwegentscheidung über Auskunftsanträge angeordnet werden kann, muss die Rücknahme vor
  Ablauf des Tages, an dem der Versäumnisbeschluss (gem. § 331 Abs. 3 ZPO) der Geschäftsstelle übermittelt wird, bei Gericht eingehen. Dass möglicherweise bereits dessen Zustellung veranlasst wurde,
  schadet nicht, da in diesem Fall der Beschluss erst mit der Zustellung erlassen ist (Prütting/Gehrlein/
  Czub § 331 Rn. 37).

Auf die in der Vorgängerregelung enthaltene Einschränkung, dass die Ermäßigung bei einer Kostenent- 6
scheidung grds. nicht eintritt (s.a. Nr. 1220–1229 KV FamGKG Rdn. 6), hat der Gesetzgeber hier bewusst
verzichtet (vgl. BT-Drucks. 16/6308, S. 309).
Als zurückgenommen gilt nach § 32 Abs. 4 KostVfg auch ein Antrag, für den eine im Voraus fällige Verfahrensgebühr (s. § 14) nicht gezahlt und das Verfahren deshalb gem. § 7 AktO **weggelegt** wird (Binz/Dorndörfer/Petzold/*Zimmermann* KV GKG 1211 Rn. 4).

Ziff. 2 gewährt einen eine Ermäßigung für 7
- Entscheidungen, denen ein **Anerkenntnis** i.S.d. § 93 ZPO oder ein **Verzicht** auf den geltend gemachten
  Anspruch zugrunde liegt. Letztere ist auch in Bezug auf eine Ehesache zwar möglich (Prütting/*Helms*
  § 113 Rn. 34) aber in der Praxis kaum relevant; eine Anerkenntnisentscheidung über Folgesachen kommt
  dagegen häufiger vor, insb. als Teilentscheidung in Stufenverfahren. – Eine Versäumnisentscheidung ist
  nicht (mehr) privilegiert –
- Entscheidungen, die nach § 38 Abs. 4 FamFG, der grds. auch in Ehe- und Verbundverfahren gilt, keiner
  Begründung bedürfen. Dies ist einmal bei einem **Verzicht auf Rechtsmittel** der Fall (§ 38 Abs. 4 Nr. 3
  FamFG). Er lässt die Begründungspflicht aber nur entfallen, wenn die Entscheidung in Gegenwart sämtlicher Verfahrensbeteiligten verkündet wird und sie anschließend, nicht notwendig gleichzeitig, auf Rechtsmittel und Anschlussrechtsmittel verzichten (s. § 38 FamFG Rdn. 99; Zöller/*Feskorn* § 38 FamFG Rn. 20).
  Durch das FGG-RG neu eingeführt wurde die Möglichkeit, auf eine Begründung auch dann zu verzichten,
  wenn die **Entscheidung gleichgerichteten Interessen entspricht**, d.h. wenn sie entweder gleichgerichte-

ten Anträgen der Beteiligten stattgibt oder dem erklärten Willen eines Beteiligten nicht widerspricht (§ 38 Abs. 4 Nr. 2 FamFG). Dies ist vor allem in FG-Folgesachen bei Sorgerechtsentscheidungen nach § 1671 BGB von Bedeutung, aber auch in Versorgungsausgleichssachen; die einvernehmliche Scheidung ist dagegen von dieser Vergünstigung ausgenommen (s.u.). War die Begründung nur deshalb erforderlich, weil der Beschluss im Ausland geltend gemacht werden soll (§ 38 Abs. 5 Nr. 4 FamFG), oder wird sie deshalb nachträglich begründet (s. Anm. Abs. 2), hindert das die Ermäßigung nicht. Wie im GKG ermäßigt sich die Verfahrensgebühr bei einer Säumnisentscheidung dagegen nicht mehr, selbst wenn im Einspruchsverfahren ein Vergleich geschlossen wird (OLG Düsseldorf JurBüro 2001, 316).

8 **Anwendungsausschluss in Ehesachen**: Von der Anwendung des § 38 Abs. 4 FamFG und damit auch von der Ermäßigung nach Ziff. 2 sind Ehesachen außer der die Scheidung aussprechenden Entscheidung ausgenommen (s. § 38 Abs. 5 Nr. 1 FamFG). Darüber hinaus nimmt Ziff. 2 im letzten Halbsatz. auch die Entscheidung in einer Scheidungssache aus. Damit hat der Gesetzgeber den Streit, ob sich bei einem nur auf die Scheidung bezogenen Rechtsmittelverzicht die Gebühr für diesen Verfahrensteil wie bei den Folgesachen (s.o.) isoliert ermäßigen kann (s. *Schneider* FamRZ 2008, 953), im Sinne eines generellen Ausschlusses der Scheidungssache von sämtlichen Ermäßigungsmöglichkeiten der Ziff. 2 beigelegt. Eine Ermäßigung wäre sonst bei allen einverständlichen Scheidungen i.V.m. § 38 Abs. 4 Nr. 2 FamFG automatisch eingetreten, ohne dass es wie früher eines Rechtsmittelverzichts bedurft hätte.

9 **Ziff. 3.** Bei einer Beendigung einer Folgesache durch einen **gerichtlichen Vergleich** muss es sich entweder um einen gem. § 160 ZPO (ggf. i.V.m. § 36 Abs. 2 FamFG) protokollierten oder um einen gem. § 278 Abs. 6 ZPO (ggf. i.V.m. § 36 Abs. 3 FamFG) bestätigten Vergleich handeln. Er muss außerdem die Hauptsache wirksam beenden; im Fall einer Einigung in einer Umgangssache tritt die Ermäßigung daher nur ein, wenn die Einigung gem. § 156 Abs. 1 Satz 1 FamFG vom Gericht gebilligt wird. In diesem Fall wird das Verfahren auch dann durch Vergleich beendet, wenn das Gericht die Billigung als Beschluss ausspricht (Rahm/Künkel/*Feskorn* Kap. 14 Rn. 71; a.A. OLG München RVGreport 2012, 314), denn dieser Beschluss stellt keine Endentscheidung i.S.d. § 38 FamGKG dar. Eine außergerichtliche Einigung allein führt in keinem Fall zu einer Ermäßigung (Prütting/Helms/*Klüsener* FamGKG KV 1111 Rn. 19; *Meyer* FamGKG KV 1211 Rn. 39; OLG Düsseldorf MDR 2000, 415; OLG München NJW-RR 1999, 1232). Die Ermäßigung setzt, anders als in selbstständigen Familienstreitsachen (s. Nr. 1220–1229 KV FamGKG Rdn. 4), nicht voraus, dass sich die Beteiligten auch über die Kostentragung einig sind.

10 **Ziff. 4.** Eine Ermäßigung tritt auch ein, wenn sich das Verfahren insgesamt oder in einer Folgesache in der **Hauptsache erledigt**, entweder durch Versöhnung oder Tod eines Ehegatten (s. § 131 FamFG), durch übereinstimmende Erledigungserklärung der Beteiligten (§ 113 Abs. 1 FamFG i.V.m. § 91a ZPO) oder eine Erklärung, das Verfahren beenden zu wollen (§ 22 Abs. 3 FamFG). Voraussetzung ist hier, dass das Gericht über die Kostentragung nur eine **unstreitige Entscheidung** treffen muss, d.h. wenn die Kostenentscheidung entweder einer zuvor mitgeteilten Einigung über die Kostentragung oder einer Kostenübernahmeerklärung folgt. Betrifft die Erledigung nur eine Folgesache, bei der dieser Umstand nur im Rahmen der Gesamtkostenentscheidung bei der Billigkeitserwägung zu berücksichtigen ist (s. § 150 FamGKG Rdn. 16) reicht es, wenn sich die Einigung oder die Übernahmeerklärung auf die durch die Folgesache verursachten Kosten bezieht. Verzichten die Beteiligten auf ein Rechtsmittel gegen die Kostenentscheidung greift die Ermäßigung nach Ziff. 2. Anders als nach dem GKG (s. dazu OLG Braunschweig AGS 2015, 400), steht dem der Wortlaut der Nr. 1111 Ziff. 2 KV FamGKG nicht entgegen.

11 **D. Beschwerdeverfahren. I. Anwendungsbereich (Vorbem. 1.1.2).** Die in Abschnitt 2 geregelten Gebühren betreffen nur **Beschwerden gegen Endentscheidungen wegen des Hauptgegenstands** und damit nicht Beschwerden gegen die Kostengrundentscheidung oder sonstige Neben-, Folge- oder Zwischenentscheidungen, unabhängig davon, ob es sich um Endentscheidungen i.S.d. § 38 FamFG handelt oder mit welchem Rechtsmittel sie angegriffen werden. Das hat der Gesetzgeber durch eine entsprechende Ergänzung der jeweiligen Abschnittsüberschriften für sämtliche Rechtsmittelverfahren durch Art. 5 Abs. 2 des 2. KostRMoG (s. Einl. FamGKG Rdn. 1 ff.) klargestellt; s. dazu im Einzelnen und zu den Gebühren für die Beschwerden über Nebenentscheidungen u.a. Nr. 1910–1930 KV FamGKG Rdn. 1 ff. Die Vorbemerkung bestimmt, dass die nachfolgenden Gebühren des Hauptabschnitts 1, Abschnitt 2 **auch** dann anzuwenden sind, wenn das Rechtsmittel nur Hauptgegenstände **in Scheidungsfolgesachen** betrifft, und nicht diejenigen, die in den Hauptabschnitten 2 und 3 für selbstständige Familiensachen vorgesehen sind.

Nr. 1110–1140 KV FamGKG

II. Verfahrensgebühr (Nr. 1120). Für das Beschwerdeverfahren fällt eine **allgemeine Verfahrensgebühr** mit einem Gebührensatz von 3,0 an, sobald die Beschwerde beim FamG eingeht. Eine Vorleistungspflicht besteht nur, soweit der Verfahrensgegenstand im Rechtsmittelzug erweitert wird (§ 14 Abs. 1). Der Verfahrenswert richtet sich auch im Rechtsmittelverfahren nach den allgemeinen Wertvorschriften (s.o. Rdn. 2). Stichtag für den Wert des Rechtsmittels ist dessen Anhängigkeit, außerdem ist er, sofern keine Erweiterung des Antrags erfolgt, auf den Wert der 1. Instanz begrenzt (§ 40 Abs. 2 FamGKG).

III. Ermäßigung (Nr. 1121, 1122). Nr. 1121: Vor Eingang der Rechtsmittelbegründung ermäßigt sich die Verfahrensgebühr auf einen Satz von 0,5, wenn das Rechtsmittel (bei wechselseitig eingelegten beide) oder der Antrag **zurückgenommen** wird, bevor die Begründung eingeht. Eine solche Rücknahme kann auch in einer Erledigungserklärung (BGH NJW 1982, 2505) oder einem Vergleich liegen (OLG Dresden MDR 2009, 1074; *Meyer* KV GKG 1222 Rn. 50). Die **Erledigung** der Hauptsache steht der Zurücknahme gleich, wenn keine Entscheidung über die Kosten ergehen muss, oder nur eine, die einer zuvor mitgeteilten Einigung über die Kostentragung oder einer Kostenübernahmeerklärung folgt (**unstreitige Kostenentscheidung**, s.a. Rdn. 10). In FG-Folgesachen passt dies m.E. nur für echte Streitverfahren.

Treffen bei wechselseitig eingelegten Rechtsmitteln die Voraussetzungen nicht auf beide zu, tritt die besondere Ermäßigung nicht ein (OLG München FamRZ 2006, 53 m.w.N.); dasselbe gilt, wenn nicht das »gesamte« Verfahren (vgl. den Wortlaut der Vorschrift), sondern nur einzelne Folgesachen entweder durch Rücknahme oder Hauptsacheerledigung beendet werden. Der **Grundsatz der Gesamterledigung** gilt für diese besondere Ermäßigung somit ohne Ausnahme (s. Rdn. 16). Erledigen sich weitere Rechtsmittel erst später oder nur in einzelnen Folgesachen, kann aber die allgemeine Ermäßigung nach Nr. 1122 (s. Rdn. 15) infrage kommen.

Nr. 1122: Nach Eingang einer Rechtsmittelbegründung ermäßigt sich die Gebühr nur noch auf 1,0, und zwar bei:

- Rücknahme der Beschwerde oder des Antrags vor Schluss der mündlichen Verhandlung und, wenn keine stattfindet, vor Ablauf des Tages, an dem die Endentscheidung der Geschäftsstelle übermittelt wird; bei wechselseitig eingelegten Rechtsmitteln müssen beide zurückgenommen werden;
- Verzichts- oder Anerkenntnisentscheidung,
- gerichtlichem Vergleich,
- Erledigung der Hauptsache, wenn keine oder nur eine unstreitige Entscheidung über die Kosten ergeht (s. Rdn. 10).

Eine **Teilermäßigung** für jede einzelne Folgesache oder für die Scheidungssache selbst ist nur für die allgemeine Ermäßigung nach Nr. 1122 vorgesehen (s. Anm. Abs. 1); die besondere Ermäßigung nach Nr. 1121 enthält keine diesbezügliche Anmerkung. Auch die auf die Folgesache oder die Scheidung beschränkte Ermäßigung kann nur greifen, wenn keine nicht privilegierte Entscheidung in der jeweiligen Folgesache vorausgegangen ist (s.o. Rdn. 4) und wechselseitig eingelegte Rechtsmittel sich beide erledigen.

E. Rechtsbeschwerde. I. Anwendungsbereich (Vorbem. 1.1.3). Die in Abschnitt 2 geregelten Gebühren betreffen gem. der Überschrift nur **Rechtsbeschwerden gegen Endentscheidungen wegen des Hauptgegenstands** und damit wie bei den Beschwerden nicht Rechtsbeschwerden gegen die Kostengrundentscheidung oder sonstige Neben-, Folge- oder Zwischenentscheidungen (s.o. Rdn. 11). Die Vorbemerkung stellt darüber hinaus klar, dass die nachfolgenden Gebühren **auch** dann anzuwenden sind, wenn die Rechtsbeschwerde nur Hauptgegenstände **in Scheidungsfolgesachen** betrifft.

II. Verfahrensgebühr (Nr. 1130). Im Rechtsbeschwerdeverfahren fällt eine **allgemeine Verfahrensgebühr** mit einem Gebührensatz von 4,0 an. Nr. 1130 ist auch anzuwenden, wenn sich die Rechtsbeschwerde auf eine oder mehrere Folgesachen beschränkt. I.Ü. ist ihr Geltungsbereich wie bei der Beschwerde auf Rechtsbeschwerden gegen Hauptsacheentscheidungen beschränkt (s. Rdn. 1).

III. Ermäßigung (Nr. 1131, 1132). Nr. 1131: Vor Eingang der Rechtsmittelbegründung ermäßigt sich im *Rechtsbeschwerdeverfahren* die Verfahrensgebühr auf 1,0, wenn die Rechtsbeschwerde oder der Antrag zurückgenommen wird oder eine Hauptsacheerledigung bei unstreitiger Kostenentscheidung eintritt, bevor die Begründung eingeht; für diese besondere Ermäßigung gilt wie bei der Beschwerde ausnahmslos der Grundsatz der Gesamterledigung (s.a. Rdn. 13).

Nr. 1132: Nach Eingang der Rechtsmittelbegründung ermäßigt sich die Verfahrensgebühr auf 2.0. Im Gegensatz zum GKG tritt die Ermäßigung nur noch durch Rücknahme der Rechtsbeschwerde oder des Antrags ein, die bis zum Ablauf des Tages erfolgen muss, an dem die Endentscheidung der Geschäftsstelle übermittelt wird. Die weiteren noch in Nr. 1332 des KV GKG a.F. enthaltenen Ermäßigungsmöglichkeiten (ähnlich der Beschwerde, s. Rdn. 15) wurden nicht übernommen (zur wenig stichhaltigen Begründung vgl. BT-Drucks. 16/6308, S. 309). Nach *Schneider* (HK-FamGKG KV 1132 Rn. 6) sollte die Ermäßigung zumindest auch bei einer Hauptsacheerledigung angewandt werden, wenn keine streitige Kostenentscheidung ergehen muss.

21 **F. Zulassung der Sprungrechtsbeschwerde (Nr. 1140).** Für das Verfahren auf Zulassung der Sprungrechtsbeschwerde (§ 75 FamFG) gegen eine Endentscheidung wegen des Hauptgegenstands (zum Anwendungsbereich s. Rdn. 17) fällt eine 1,0 **Gebühr nur** an, **soweit der Antrag abgelehnt wird.** Sie kann somit nach dem eindeutigen Wortlaut der Vorschrift nicht erhoben werden, wenn der Antrag zurückgenommen wird (s. § 1 Rdn. 5; HK-FamGKG/*Schneider* KV 1140 Rn. 2; Prütting/Helms/*Klüsener* KV 1110 ff. Rn. 46), auch wenn sich der Gesetzgeber dies offenbar anders vorgestellt hat (s. BT-Drucks. 16/6308, S. 310). Der **Wert** des Zulassungsantrags entspricht dem des Rechtsmittels (§ 40 Abs. 3 FamFG). Wird der Antrag teilweise zurückgenommen und i.Ü. abgelehnt, berechnet sich die Gebühr dennoch aus dem ursprünglichen Wert des Antrags und nicht gem. § 30 Abs. 1 FamGKG aus dem Teilwert. Denn die Gebühr wird für das Verfahren im Ganzen erhoben, die Negativentscheidung ist lediglich die Bedingung für ihren Anfall (s. § 30 FamGKG Rdn. 2; a.A. HK-FamGKG/*Schneider* § 30 Rn. 16). Bei teilweiser Ablehnung wird die Gebühr dagegen nur aus dem Wert des abgelehnten Verfahrensteils berechnet. Soweit die Sprungrechtsbeschwerde zugelassen wird, fällt die Gebühr nach Nr. 1130 an (s. Rdn. 19).

Hauptabschnitt 2. Hauptsacheverfahren in selbständigen Familienstreitsachen

Abschnitt 1. Vereinfachtes Verfahren über den Unterhalt Minderjähriger

Nr. 1210–1216 KV FamGKG

Nr	Gebührentatbestand	Satz der Gebühr nach § 28 FamGKG
	Unterabschnitt 1 *Erster Rechtszug*	
1210	Entscheidung über einen Antrag auf Festsetzung von Unterhalt nach § 249 Abs. 1 FamFG mit Ausnahme einer Festsetzung nach § 254 Satz 2 FamFG *(ab 01.01.2017: § 253 Abs. 1 Satz 2 FamFG)*	0,5
	Unterabschnitt 2 *Beschwerde gegen die Endentscheidung wegen des Hauptgegenstands*	
1211	Verfahren über die Beschwerde nach § 256 FamFG gegen die Festsetzung von Unterhalt im vereinfachten Verfahren	1,0
1212	Beendigung des gesamten Verfahrens ohne Endentscheidung: Die Gebühr 1211 ermäßigt sich auf .... (1) Wenn die Entscheidung nicht durch Verlesen der Entscheidungsformel bekannt gegeben worden ist, ermäßigt sich die Gebühr auch im Falle der Zurücknahme der Beschwerde vor Ablauf des Tages, an dem die Endentscheidung der Geschäftsstelle übermittelt wird.	0,5

Nr	Gebührentatbestand	Satz der Gebühr nach § 28 FamGKG
	(2) Eine Entscheidung über die Kosten steht der Ermäßigung nicht entgegen, wenn die Entscheidung einer zuvor mitgeteilten Einigung über die Kostentragung oder einer Kostenübernahmeerklärung folgt.	
	Unterabschnitt 3 *Rechtsbeschwerde gegen die Endentscheidung wegen des Hauptgegenstands*	
1213	Verfahren im Allgemeinen	1,5
1214	Beendigung des gesamten Verfahrens durch Zurücknahme der Rechtsbeschwerde oder des Antrags, bevor die Schrift zur Begründung der Rechtsbeschwerde bei Gericht eingegangen ist:	
	Die Gebühr 1213 ermäßigt sich auf	0,5
1215	Beendigung des gesamten Verfahrens durch Zurücknahme der Rechtsbeschwerde oder des Antrags vor Ablauf des Tages, an dem die Endentscheidung der Geschäftsstelle übermittelt wird, wenn nicht Nummer 1214 erfüllt ist:	
	Die Gebühr 1213 ermäßigt sich auf	1,0
	Unterabschnitt 4 *Zulassung der Sprungrechtsbeschwerde gegen die Endentscheidung wegen des Hauptgegenstands*	
1216	Verfahren über die Zulassung der Sprungrechtsbeschwerde:	
	Soweit der Antrag abgelehnt wird	0,5

Übersicht

	Rdn.		Rdn.
A. Allgemeines	1	I. Anwendungsbereich	4
B. Erster Rechtszug (Nr. 1210)	2	II. Beschwerde (Nr. 1211, 1212)	5
C. Rechtsmittelverfahren	4	III. Rechtsbeschwerde (Nr. 1213 bis 1216) ...	7

A. Allgemeines. Hauptabschnitt 2 regelt insgesamt die Gebühren für Hauptsacheverfahren in selbstständigen Familienstreitsachen, davon in Abschnitt 1 vorweg die **Gebühren in vereinfachten Verfahren über den Unterhalt Minderjähriger** nach den §§ 249 bis 260 FamFG vor dem Rechtspfleger und für Rechtsmittel gegen seine Endentscheidung über den Hauptgegenstand. Vgl. zur Umgestaltung des Verfahrens zum 01.01.2017 durch das Gesetz zur Änderung des Unterhaltsrechts und des Unterhaltsverfahrensrechts § 249 FamFG Rdn. 2 ff. Folgt ein **streitiges Verfahren** nach, so werden die Kosten des vereinfachten Verfahrens als Teil des streitigen Verfahrens behandelt (§ 255 Abs. 5 FamFG). Die Gebühren für das Verfahren nach Abgabe an das Streitgericht ergeben sich aus Abschnitt 2 und für einstweilige Anordnungsverfahren aus Hauptabschnitt 4. Der Verfahrenswert richtet sich nach § 51 FamGKG (s. § 51 FamGKG Rdn. 30).

Abänderungsverfahren sowohl nach § 253 FamFG als auch nach § 238 FamFG sind normale Familienstreitsachen, für die Gebühren nach Abschnitt 2 (Nr. 1220 ff. KV FamGKG) anfallen. Bei beiden handelt es sich um eine neue Angelegenheit, sodass keine Zusammenrechnung mit den für das vereinfachte Verfahren erhobenen Gebühren erfolgt (s.a. § 51 FamGKG Rdn. 30).

B. Erster Rechtszug (Nr. 1210). Für das Festsetzungsverfahren wird in erster Instanz keine Verfahrensgebühr sondern lediglich eine **0,5 Entscheidungsgebühr** erhoben, und zwar nur wenn dem Antrag entweder in vollem Umfang stattgegeben oder er zurückgewiesen wird (HK-FamGKG/*Volpert* KV 1211 Rn. 4). Sie wird mit Erlass der Entscheidung fällig (§ 9 Abs. 2) und ist auch nicht vorauszuzahlen (s. §§ 12 bis 17 KV FamGKG Rdn. 9). Wird lediglich der vom Unterhaltsschuldner freiwillig zugestandene Betrag nach § 254 Satz 2 FamFG festgesetzt, bleibt der Beschluss **gebührenfrei** (s.a. *Philippi* FPR 2005, 387). – Ab 01.01.2017 ist die Regelung des § 254 Satz 2 in dem novellierten § 253 Abs. 1 Satz 2 FamFG enthalten, weshalb der Verweis in Nr. 2010 KV FamGKG entsprechend angepasst wurde (s. Art. 4 des G. v. 20.11.2015, BGBl. I 2015 S. 2018 ff., s.a. Rdn. 1). – Wird der Antrag insgesamt zurückgenommen oder gilt er nach § 255 Abs. 6 FamFG als zurückgenommen, wird ebenfalls keine Gebühr erhoben, auch nicht für die dann entweder nach § 269 Abs. 3 ZPO oder nach § 243 FamFG zu treffende Kostenentscheidung (HK-FamGKG/*Volpert* Nr. 1210 KV Rn. 3). Der Wert der Entscheidungsgebühr berechnet sich nach § 51 Abs. 1 und 2 i.V.m. § 34 Abs. 1 FamGKG, allerdings nur in dem Umfang, in dem über den gestellten Antrag noch zu entscheiden war (s. § 30 FamGKG Rdn. 2; OLG Brandenburg FamRZ 2000, 1159; HK-FamGKG/*Volpert* KV 1210 Rn. 13 m.w.N. auch zur Gegenansicht).

3 Nach **Überleitung in das Streitverfahren** handelt es sich um ein normales Unterhaltsverfahren und es fallen aus dem Wert des übergeleiteten Teils Gebühren nach Abschnitt 2 (Nr. 1221-1229 KV FamGKG Rdn. 3 ff.) an. Stichtag für die Wertberechnung nach § 51 FamGKG bleibt auch im streitigen Verfahren der Eingang des Festsetzungsantrags (s.a. § 255 Abs. 3 FamFG). Soweit im vereinfachten Verfahren eine Gebühr oder gerichtliche Auslagen entstanden sind, zählen sie gem. § 255 Abs. 5 FamFG zu den Kosten des streitigen Verfahrens. Über sie ist in der abschließenden Kostenentscheidung ebenso zu entscheiden wie über die den Beteiligten im vereinfachten Verfahren erwachsenen außergerichtlichen Kosten, z.B. Anwaltskosten (s. dazu FA-FamR/*Keske* Kap. 17 Rn. 318 ff.).

4 **C. Rechtsmittelverfahren. I. Anwendungsbereich.** Die Unterabschnitte 2 bis 4 regeln nur die Gebühren für Rechtsmittel nach §§ 58 ff., 256 FamFG gegen einen Beschluss des Rechtspflegers, in dem er Unterhalt nach den §§ 253 oder 254 FamFG festgesetzt hat, oder wenn sich der Antragsteller bei einer Teilfestsetzung gegen die teilweise Ablehnung seines Antrags wendet (Bork/Jacoby/Schwab/*Hütter* § 250 Rn. 12). Ansonsten steht dem Antragsteller gegen den die Festsetzung insgesamt zurückweisenden Beschluss nur die gebührenfreie Erinnerung nach § 11 Abs. 2, 4 RpflG zu (s. § 250 FamFG Rdn. 6). Für isolierte Rechtsmittel gegen die **Kostengrundentscheidung** (s. § 256 FamFG Rdn. 14) richten sich die Gebühren wie für Beschwerden und Rechtsbeschwerden gegen sonstige Neben-, Zwischen- oder Folgeentscheidungen nach Hauptabschnitt 9 des KV (s. Nr. 1910–1930 KV FamGKG Rdn. 1 ff.). Der **Verfahrenswert** berechnet sich nach § 51 Abs. 1 und Abs. 2 FamGKG. Als Rückstände zählen nur die bis zum Eingang des Festsetzungsantrags aufgelaufenen Beträge, während der Bewertungsstichtag für den laufenden Unterhalt sich nach dem Eingang des Rechtsmittels richtet und den der ersten Instanz nicht überschreiten darf (s. § 51 FamGKG Rdn. 19 ff.).

5 **II. Beschwerde (Nr. 1211, 1212). Nr. 1211:** Für das **Beschwerdeverfahren** wird eine **allgemeine Verfahrensgebühr** von 1,0 erhoben. Wird die Beschwerde des Antragsgegners mit der des Antragstellers gemeinsam verhandelt (s.o.), sind in die Werte zusammenzurechnen (§ 38 Abs. 1, 2 FamGKG).

6 **Nr. 1212:** Sie **ermäßigt** sich auf die Hälfte, wenn das gesamte Verfahren ohne gerichtliche Entscheidung in der Hauptsache beendet wird. Wenn die Entscheidung nicht verkündet wird, gilt dies auch, wenn zwar eine Entscheidung erlassen ist, der Antrag aber noch vor Ablauf des Tages, an dem sie der Geschäftsstelle übergeben wurde, zurückgenommen wird (Anm. Abs. 1). Dass bereits ihre Bekanntgabe veranlasst wurde, schadet nicht.
Ergeht nach Beendigung der Hauptsache noch eine Kostenentscheidung, steht dies der Ermäßigung nicht entgegen, wenn sie einer zuvor mitgeteilten Einigung über die Kostentragung oder einer Kostenübernahmeerklärung folgt (Anm. Abs. 2).

7 **III. Rechtsbeschwerde (Nr. 1213 bis 1216). Nr. 1213:** Im **Rechtsbeschwerdeverfahren** fällt eine allgemeine Verfahrensgebühr mit einem Gebührensatz von 1,5 an, die sich ebenfalls ermäßigen kann.

8 **Nr. 1214, 1215:** Die Verfahrensgebühr **ermäßigt** sich, wenn die Rechtsbeschwerde oder der Festsetzungsantrag zurückgenommen wird, und zwar
– bei Rücknahme des Rechtsmittels oder des Antrags vor Eingang der Begründung auf 0,5 und sonst
– bei Rücknahme vor Ablauf des Tages, an dem die Endentscheidung der Geschäftsstelle übergeben wurde, auf 1,0.

9 Eine Endentscheidung kann auch allein die Kostenentscheidung nach anderweitiger Erledigung der Hauptsache sein. Weshalb hier weder bei der besonderen noch bei der allgemeinen Ermäßigung anders als bei den übrigen Familienstreitsachen (s. Nr. 1220–1229 KV FamGKG Rdn. 16 f.) die **Erledigung der Hauptsache bei unstreitiger Kostenentscheidung** der Rücknahme nicht gleichgestellt ist, erschließt sich nicht und wird vom Gesetzgeber auch nicht begründet (s. BT-Drucks. 16/6308, S. 310). In verfassungskonformer Auslegung der Vorschrift muss diese Gleichstellung auch hier erfolgen.

Nr. 1216: Für das **Verfahren auf Zulassung der Sprungrechtsbeschwerde** fällt eine 0,5 Gebühr nur an, wenn der Antrag abgelehnt wird. Der Wert des Zulassungsantrags entspricht dem des Rechtsmittels (§ 40 Abs. 3 FamGKG). Eine Gebühr ist nicht zu erheben, wenn der Antrag zurückgenommen wird (s. Nr. 1110–1140 KV FamGKG Rdn. 21, auch zum Verfahrenswert bei Teilrücknahme). Bei teilweiser Ablehnung wird die Gebühr nur aus dem Wert des abgelehnten Verfahrensteils berechnet. Soweit die Sprungrechtsbeschwerde zugelassen wird, fällt die Gebühr nach Nr. 1213 an (s. Rdn. 7).

10

Abschnitt 2. Verfahren im Übrigen

Nr. 1220-1229 KV FamGKG

Nr	Gebührentatbestand	Satz der Gebühr nach § 28 FamGKG
	Unterabschnitt 1 *Erster Rechtszug*	
1220	Verfahren im Allgemeinen	3,0
	Soweit wegen desselben Verfahrensgegenstands ein Mahnverfahren vorausgegangen ist, entsteht die Gebühr mit dem Eingang der Akten beim Familiengericht, an das der Rechtsstreit nach Erhebung des Widerspruchs oder Einlegung des Einspruchs abgegeben wird; in diesem Fall wird eine Gebühr 1100 des Kostenverzeichnisses zum GKG nach dem Wert des Verfahrensgegenstands angerechnet, der in das Streitverfahren übergegangen ist.	
1221	Beendigung des gesamten Verfahrens durch 1. Zurücknahme des Antrags a) vor dem Schluss der mündlichen Verhandlung, b) in den Fällen des § 128 Abs. 2 ZPO vor dem Zeitpunkt, der dem Schluss der mündlichen Verhandlung entspricht, c) im Falle des § 331 Abs. 3 ZPO vor Ablauf des Tages, an dem die Endentscheidung der Geschäftsstelle übermittelt wird, d) wenn keine Entscheidung nach § 269 Abs. 3 Satz 3 ZPO über die Kosten ergeht oder die Entscheidung einer zuvor mitgeteilten Einigung über die Kostentragung oder einer Kostenübernahmeerklärung folgt, 2. Anerkenntnis- oder Verzichtsentscheidung oder Endentscheidung, die nach § 38 Abs. 4 Nr. 2 oder 3 FamFG keine Begründung enthält oder nur deshalb eine Begründung enthält, weil zu erwarten ist, dass der Beschluss im Ausland geltend gemacht wird (§ 38 Abs. 5 Nr. 4 FamFG), 3. gerichtlichen Vergleich oder 4. Erledigung in der Hauptsache, wenn keine Entscheidung über die Kosten ergeht oder die Entscheidung einer zuvor mitgeteilten Einigung über die Kostentragung oder einer Kostenübernahmeerklärung folgt, es sei denn, dass bereits eine andere Endentscheidung als eine der in Nummer 2 genannten Entscheidungen vorausgegangen ist: Die Gebühr 1220 ermäßigt sich auf	1,0
	(1) Die Zurücknahme des Antrags auf Durchführung des streitigen Verfahrens (§ 696 Abs. 1 ZPO), des Widerspruchs gegen den Mahnbescheid oder des Einspruchs gegen den Vollstreckungsbescheid stehen der Zurücknahme des Antrags (Nummer 1) gleich.	

Nr	Gebührentatbestand	Satz der Gebühr nach § 28 FamGKG
	(2) Die Vervollständigung einer ohne Begründung hergestellten Endentscheidung (§ 38 Abs. 6 FamFG) steht der Ermäßigung nicht entgegen.	
	(3) Die Gebühr ermäßigt sich auch, wenn mehrere Ermäßigungstatbestände erfüllt sind.	
	Unterabschnitt 2 *Beschwerde gegen die Endentscheidung wegen des Hauptgegenstands*	
1222	Verfahren im Allgemeinen	4,0
1223	Beendigung des gesamten Verfahrens durch Zurücknahme der Beschwerde oder des Antrags, bevor die Schrift zur Begründung der Beschwerde bei Gericht eingegangen ist:	
	Die Gebühr 1222 ermäßigt sich auf	1,0
	Die Erledigung in der Hauptsache steht der Zurücknahme gleich, wenn keine Entscheidung über die Kosten ergeht oder die Entscheidung einer zuvor mitgeteilten Einigung über die Kostentragung oder einer Kostenübernahmeerklärung folgt.	

1224	Beendigung des gesamten Verfahrens, wenn nicht Nummer 1223 erfüllt ist, durch
	1. Zurücknahme der Beschwerde oder des Antrags
	   a) vor dem Schluss der mündlichen Verhandlung oder,
	   b) falls eine mündliche Verhandlung nicht stattfindet, vor Ablauf des Tages, an dem die Endentscheidung der Geschäftsstelle übermittelt wird,
	2. Anerkenntnis- oder Verzichtsentscheidung,
	3. gerichtlichen Vergleich oder
	4. Erledigung in der Hauptsache, wenn keine Entscheidung über die Kosten ergeht oder die Entscheidung einer zuvor mitgeteilten Einigung über die Kostentragung oder einer Kostenübernahmeerklärung folgt,
	es sei denn, dass bereits eine andere Endentscheidung als eine der in Nummer 2 genannten Entscheidungen vorausgegangen ist:	

	Die Gebühr 1222 ermäßigt sich auf	2,0
	Die Gebühr ermäßigt sich auch, wenn mehrere Ermäßigungstatbestände erfüllt sind.	
	Unterabschnitt 3 *Rechtsbeschwerde gegen die Endentscheidung wegen des Hauptgegenstands*	
1225	Verfahren im Allgemeinen	5,0
1226	Beendigung des gesamten Verfahrens durch Zurücknahme der Rechtsbeschwerde oder des Antrags, bevor die Schrift zur Begründung der Rechtsbeschwerde bei Gericht eingegangen ist:	
	Die Gebühr 1225 ermäßigt sich auf	1,0
	Die Erledigung in der Hauptsache steht der Zurücknahme gleich, wenn keine Entscheidung über die Kosten ergeht oder die Entscheidung einer zuvor mitgeteilten Einigung über die Kostentragung oder einer Kostenübernahmeerklärung folgt.	

Nr. 1220-1229 KV FamGKG

Nr	Gebührentatbestand	Satz der Gebühr nach § 28 FamGKG
1227	Beendigung des gesamten Verfahrens durch Zurücknahme der Rechtsbeschwerde oder des Antrags vor Ablauf des Tages, an dem die Endentscheidung der Geschäftsstelle übermittelt wird, wenn nicht Nummer 1226 erfüllt ist: Die Gebühr 1225 ermäßigt sich auf	3,0
	Unterabschnitt 4 *Zulassung der Sprungrechtsbeschwerde gegen die Endentscheidung wegen des Hauptgegenstands*	
1228	Verfahren über die Zulassung der Sprungrechtsbeschwerde: Soweit der Antrag abgelehnt wird	1,5
1229	Verfahren über die Zulassung der Sprungrechtsbeschwerde: Soweit der Antrag zurückgenommen oder das Verfahren durch anderweitige Erledigung beendet wird	1,0
	Die Gebühr entsteht nicht, soweit die Sprungrechtsbeschwerde zugelassen wird.	

Übersicht

	Rdn.			Rdn.
A. Geltungsbereich	1	II.	Verfahrensgebühr (Nr. 1222)	11
B. Allgemeines	2	III.	Ermäßigung (Nr. 1223, 1224)	12
C. Gebühren im ersten Rechtszug	3	E. Rechtsbeschwerde		15
I. Verfahrensgebühr (Nr. 1220)	3	I.	Verfahrensgebühr (Nr. 1225)	15
II. Ermäßigung (Nr. 1221)	4	II.	Ermäßigung (Nr. 1226, 1227)	16
D. Beschwerdeverfahren	10	F. Zulassung der Sprungrechtsbeschwerde		
I. Anwendungsbereich	10	(Nr. 1228, 1229)		18

A. Geltungsbereich. Dieser Abschnitt regelt die Gebühren für Hauptsacheverfahren in selbstständigen **Familienstreitsachen i.S.d. § 112 FamFG** einschließlich der ihnen nach § 5 i.V.m. § 269, 270 FamFG gleichgestellten Lebenspartnerschaftssachen. **Ausgenommen** sind die Gebühren in **vereinfachten Verfahren über den Unterhalt** Minderjähriger, die sich aus Unterabschnitt 1 ergeben, und das **Mahnverfahren**, für das gem. § 1 Abs. 1 FamGKG Gebühren nach dem GKG erhoben werden. Der Abschnitt regelt auch die Gebühren für Beschwerden und Rechtsbeschwerden nach den §§ 58 ff. FamFG gegen Endentscheidungen wegen des Hauptgegenstands, einschließlich des Verfahrens auf Zulassung der Sprungrechtsbeschwerden. Die Gebühren für Beschwerden und Rechtsbeschwerden gegen Entscheidungen, die nicht den Hauptgegenstand betreffen, oder in Neben- und Zwischenverfahren sowie in Kostensachen sind in Hauptabschnitt 9 geregelt (zur Abgrenzung s. Nr. 1910–1930 KV FamGKG Rdn. 1) und für Verfahren über Anhörungsrügen in Hauptabschnitt 8. Die Gebühren für einstweilige Anordnungs- und Arrestverfahren ergeben sich aus Hauptabschnitt 4 und für Neben- und Folgeverfahren aus den Hauptabschnitten 5 bis 7. Zu ihnen gehören auch Anerkennungs- und Exequaturverfahren (s. Nr. 1710–1723 KV FamGKG Rdn. 2 ff.). 1

B. Allgemeines. In allen Instanzen wird eine **allgemeine Verfahrensgebühr** als Wertgebühr erhoben. Sie gilt die Tätigkeit des Gerichts vom Eingang des Antrags bis zur Beendigung des Verfahrens in der jeweiligen Instanz ab, einschließlich der Auslagen für bis zu zehn Zustellungen (s. Nr. 2000–2014 KV FamGKG Rdn. 11). Diese Pauschalgebühr wird mit dem Eingang des Antrags fällig und ist in 1. Instanz im Voraus zu entrichten (§ 14 Abs. 1, s.a. §§ 12 bis 17 FamGKG Rdn. 8). Sie kann sich ermäßigen, wenn sich das Verfahren vorzeitig oder in vereinfachter Form erledigt. Die Gebührensätze wurden unverändert aus Teil 1 Hauptabschnitt 2 des Kostenverzeichnisses zum GKG a.F. entnommen (BT-Drucks. 16/6308, S. 308) und anders als die Wertgebühren (s. § 28 FamGKG Rdn. 1) auch durch das 2. KostRMoG nicht erhöht. Die Werte ergeben sich aus den allgemeinen und besonderen Wertvorschriften des FamGKG. Die Werte mehrerer Ge- 2

Nr. 1220-1229 KV FamGKG

genstände sind zusammenzurechnen (§ 33 Abs. 1 FamGKG und zu den Ausnahmen §§ 33 Abs. 2, 37 ff. FamGKG).

3 **C. Gebühren im ersten Rechtszug. I. Verfahrensgebühr (Nr. 1220).** Für das Verfahren im Allgemeinen wird eine Gebühr von 3,0 erhoben. Sie entsteht mit dem Eingang des jeweiligen Antrags bei Gericht (§§ 9 bis 11 FamGKG Rdn. 4). Ein Antrag auf Vkh reicht nicht aus, selbst wenn ihm ein Hauptsacheantrag beigefügt wird, der den Anforderungen an eine Antragsschrift genügt, aber zugleich deutlich gemacht wird, dass er nur für den Fall der Bewilligung eingereicht werden soll. (BGH NJW-RR 2003, 1558; FamRZ 1996, 1142; OLG Brandenburg FamRZ 2008, 533). Dann wird die Hauptsache erst nach Bewilligung der Vkh anhängig. Die Gebühr ist im Voraus zu entrichten, aber nicht für einen Widerantrag. Vor Eingang der Verfahrensgebühr soll das Gericht den Antrag nicht zustellen, es sei denn dem Antragsteller wurde Verfahrenskostenhilfe bewilligt (s. dazu §§ 12 bis 17 FamGKG Rdn. 8 ff.). Das gilt auch bei Erweiterung des Antrags.
Ging ein **Mahnverfahren** voraus, entsteht nach Abgabe die allgemeine Verfahrensgebühr gemäß der Anm. zu Nr. 1220 mit Eingang der Akten beim FamG. Wird nur ein Teil des ursprünglich im Mahnverfahren geltend gemachten Anspruchs in das Streitverfahren übergeleitet, berechnet sich die Gebühr nur aus dem in das streitige Verfahren übergeleiteten Teilwert (OLG Dresden MDR 2004, 378 m.w.N.), sofern der Antrag nicht gleichzeitig um neue Verfahrensgegenstände erweitert wird. Für sie haftet nur der Antragsteller, auch wenn der Gegner mit dem Widerspruch die Abgabe beantragt hat (OLG Koblenz MDR 2015, 1096 m.w.N. auch zur Gegenmeinung). Die für das Mahnverfahren nach Nr. 1100 KV GKG entstandene Gebühr wird auf die Verfahrensgebühr für das Streitverfahren angerechnet, bei Teilabgabe nur aus dem Teilwert.

4 **II. Ermäßigung (Nr. 1221). Allgemeines**. Die **Verfahrensgebühr ermäßigt sich auf 1,0** wenn einer oder mehrere (s. Anm. Abs. 3) der nachstehenden Ermäßigungstatbestände zu einer Beendigung des gesamten Verfahrens führen. Die Gebührenermäßigung setzt immer voraus, dass keine nicht privilegierten (Teil-) Entscheidung vorausgegangen ist (**Grundsatz der Gesamterledigung**, s. KG JurBüro 2006, 205; OLG Hamburg OLGR 2006, 533; OLG Karlsruhe FamRZ 2004, 1663). So hindert ein Versäumnisurteil über den Auskunftsanspruch bei einem Stufenantrag selbst dann den Eintritt der Ermäßigung, wenn sich die Beteiligten im Einspruchstermin vergleichen oder der Antrag zurückgenommen wird (Binz/Dorndörfer/*Zimmermann* KV GKG 1211 Rn. 18 m.w.N.).

5 **Ziff. 1**: Bei einer **Rücknahme des Antrags** tritt die Ermäßigung ein, wenn sie rechtzeitig bei Gericht eingeht, und zwar
- vor Schluss der letzten (OLG Düsseldorf NJW-RR 2000, 362) mündlichen Verhandlung,
- im schriftlichen Verfahren nach § 128 Abs. 1 ZPO i.V.m. § 113 Abs. 1 FamFG vor Ablauf der Schriftsatzfrist, die dem Schluss der mündlichen Verhandlung gleichgesetzt ist (§ 128 Abs. 2 Satz 2 ZPO)
- wenn das schriftliche Vorverfahren (§ 276 ZPO, § 113 Abs. 1 FamFG) angeordnet wurde, muss die Rücknahme bis zum Ablauf des Tages, an dem die Entscheidung (Versäumnisbeschluss gem. § 331 Abs. 3 ZPO) der Geschäftsstelle übermittelt wird, vorliegen. Ist dem Verfahren ein **Mahnverfahren** vorausgegangen, stehen die Rücknahme des Mahnbescheids, des Antrags auf Durchführung des streitigen Verfahrens oder des Einspruchs gegen den Vollstreckungsbescheid der Rücknahme des Klagantrags gleich (Anm. Abs. 1).

Als zurückgenommen gilt nach § 32 Abs. 4 KostVfg auch ein Antrag, für den eine im Voraus fällige Verfahrensgebühr (s. § 14 FamGKG) nicht gezahlt und das Verfahren deshalb gem. § 7 AktO **weggelegt** wird (Binz/Dorndörfer/Petzold/*Zimmermann* KV GKG 1211 Rn. 4).

6 Die Ermäßigung tritt nur ein, wenn das Gericht keine Entscheidung über die Kosten des Verfahrens nach § 269 Abs. 3 Satz 3 ZPO treffen muss; es sei denn, die Entscheidung folgt einer zuvor mitgeteilten Einigung der Beteiligten über die Kostentragung oder einer Kostenübernahmeerklärung (**unstreitige Kostenentscheidung**). Dies liegt z.B. auch vor, wenn sich die Beteiligten über einen anhängigen Verfahrensgegenstand außergerichtlich einigen und dabei auch die Kostentragung regeln (*Meyer* GKG KV 1211 Rn. 30).

7 **Ziff. 2** gewährt zum einen Ermäßigungen für
- Entscheidungen, denen ein **Anerkenntnis** oder ein **Verzicht** zugrunde liegt (§§ 306, 307 ZPO, § 113 Abs. 1 FamFG), und
- Entscheidungen, die nach § 38 Abs. 4 FamFG keiner Begründung bedürfen. Das betrifft zum einen die in Familienstreitsachen eher seltenen Fälle, dass die Entscheidungen gleichgerichteten Anträgen der Beteiligten stattgeben wird (§ 38 Abs. 4 Nr. 2 FamFG). Bedeutsamer ist dagegen der Fall des **Verzichts auf Rechtsmittel** (§ 38 Abs. 4 Nr. 3 FamFG), der die Begründungspflicht aber nur entfallen lässt, wenn die Entscheidung in Gegenwart sämtlicher Verfahrensbeteiligten verkündet wird und diese anschließend,

nicht notwendig gleichzeitig, auf Rechtsmittel verzichten (s. § 38 FamFG Rdn. 88; Zöller/Feskorn § 38 FamFG Rn. 20). Ist die Begründung nur deshalb erforderlich, weil der Beschluss im Ausland geltend gemacht werden soll (§ 38 Abs. 5 Nr. 4 FamFG), oder wird die Entscheidung deshalb nachträglich begründet (s. Anm. Abs. 2), hindert das die Ermäßigung nicht. Sie kann auch gewährt werden, wenn der Rechtsmittelverzicht eine verfahrensbeendende **Kostenentscheidung** betrifft. Denn es steht der Wortlaut des Tatbestandes, anders als im GKG (s. dazu OLG Braunschweig AGS 2015, 400), nicht entgegen.

Wie im GKG ermäßigt sich die Verfahrensgebühr bei einer Säumnisentscheidung dagegen nicht mehr, selbst wenn danach im Einspruchsverfahren ein Vergleich geschlossen wird (OLG Düsseldorf JurBüro 2001, 316; s.a. KG FamRZ 2012, 1165 m.w.N.).

Ziff. 3. Bei einer Beendigung einer Folgesache durch einen **gerichtlichen Vergleich** muss es sich entweder um einen gerichtlich protokollierten oder gem. § 278 Abs. 6 ZPO i.V.m. § 113 Abs. 1 FamFG bestätigten Vergleich handeln. Eine außergerichtliche Einigung reicht allein nicht aus (Prütting/Helms/*Klüsener* FamGKG KV 1221 Rn. 40; OLG Düsseldorf MDR 2000, 415; OLG München NJW-RR 1999, 1232), kann aber zu einer Ermäßigung nach Ziff. 4 führen (s.u.). Keine Ermäßigung tritt ein, wenn die Beteiligten die Hauptsache durch Vergleich erledigt haben, aber das Gericht vereinbarungsgemäß noch eine Kostenentscheidung nach § 91a ZPO treffen soll (OLG Celle AGS 2010, 193), es sei denn, die Beteiligten verzichten auf Rechtsmittel gegen die in ihrer Anwesenheit verkündeten Kostenentscheidung (s. Rdn. 7). 8

Ziff. 4. Eine Ermäßigung tritt auch ein, wenn sich das Verfahren in der **Hauptsache erledigt** und das Gericht nur eine unstreitige Kostenentscheidung (s. Rdn. 6) trifft oder. die Beteiligten auf ein Rechtsmittel verzichten (dann greift die Ziff. 2, s.o.). Das gilt erst recht, wenn das Gericht aufgrund Verzichts der Parteien keine Kostenentscheidung trifft (*Meyer* GKG KV 1211 Rn. 40). 9

D. Beschwerdeverfahren. I. Anwendungsbereich. Die in diesem Abschnitt geregelten Gebühren betreffen nur **Beschwerden gegen Endentscheidungen wegen des Hauptgegenstands** und damit nicht Beschwerden gegen die Kostengrundentscheidung oder sonstige Neben-, Folge- oder Zwischenentscheidungen, unabhängig davon, ob es sich um Endentscheidungen i.S.d. § 38 FamFG handelt oder mit welchem Rechtsmittel sie angegriffen werden. Das hat der Gesetzgeber durch eine entsprechende Ergänzung der jeweiligen Abschnittsüberschriften für sämtliche Rechtsmittelverfahren durch Art. 5 Abs. 2 des 2. KostRMoG (s. Einl. FamGKG Rdn. 1 ff.) klargestellt; s. dazu im Einzelnen und zu den Gebühren für die Beschwerden über Nebenentscheidungen u.a. Nr. 1910–1930 KV FamGKG Rdn. 1 ff. 10

II. Verfahrensgebühr (Nr. 1222). Für das Beschwerdeverfahren fällt eine **allgemeine Verfahrensgebühr** mit einem Gebührensatz von 4,0 an, sobald die Beschwerde beim FamG eingeht. Eine Vorleistungspflicht besteht nur, soweit der Verfahrensgegenstand im Rechtsmittelzug erweitert wird (§ 14 Abs. 1 FamGKG; s. §§ 12 bis 17 FamGKG Rdn. 9). Der Verfahrenswert richtet sich auch im Rechtsmittelverfahren nach den allgemeinen Wertvorschriften. Stichtag für den Wert des Rechtsmittels ist dessen Anhängigkeit, außerdem ist er, sofern keine Erweiterung des Antrags erfolgt, auf den Wert der 1. Instanz begrenzt (§ 40 Abs. 2 FamGKG). 11

III. Ermäßigung (Nr. 1223, 1224). Nr. 1223: Vor Eingang der Rechtsmittelbegründung beim Beschwerdegericht ermäßigt sich die Verfahrensgebühr auf einen Satz von 1,0, wenn das Rechtsmittel (bei wechselseitig eingelegten beide) oder der Antrag **zurückgenommen** wird. Die **Erledigung** der Hauptsache steht der Zurücknahme gleich, wenn keine Entscheidung über die Kosten ergehen muss, oder nur eine, die einer zuvor mitgeteilten Einigung über die Kostentragung oder einer Kostenübernahmeerklärung folgt (**unstreitige Kostenentscheidung**), oder wenn die Beteiligten auf ein Rechtsmittel gegen die Kostenentscheidung verzichten (s. Rdn. 7). 12

Nr. 1224: Nach Eingang einer Rechtsmittelbegründung ermäßigt sich die Gebühr nur noch auf 2,0, und zwar bei einer Beendigung des Verfahrens durch: 13

– Rücknahme der Beschwerde oder des Antrags vor Schluss der mündlichen Verhandlung und, wenn keine stattfindet, vor Ablauf des Tages, an dem die Endentscheidung der Geschäftsstelle übermittelt wird;
– Verzichts- oder Anerkenntnisentscheidung.
– gerichtlichem Vergleich,
– Erledigung der Hauptsache, wenn keine oder nur eine unstreitige Entscheidung über die Kosten ergeht (s. Rdn. 12).

Nr. 1220-1229 KV FamGKG

14 Die Gebührenermäßigung setzt auch in der Rechtsmittelinstanz voraus, dass sich das gesamte Verfahren erledigt, bei wechselseitig eingelegten Rechtsmitteln also beide (OLG München NJW-RR 2005, 1016). Dabei können die Ermäßigungstatbestände des Nr. 1224 auch kumulativ verwirklicht werden (s. Anm. zu Nr. 1224). Es darf aber wie in erster Instanz keine nicht privilegierte (Teil-) Entscheidung vorausgegangen sein (**Grundsatz der Gesamterledigung** s. Rdn. 4). Scheitert die Gewährung der besonderen Ermäßigung nach Nr. 1223, weil z.B. ein weiteres Rechtsmittel erst später zurückgenommen wird oder sie sich auf andere Weise erledigen, kommt immer noch die allgemeine Ermäßigung nach Nr. 1224 infrage.

15 **E. Rechtsbeschwerde. I. Verfahrensgebühr (Nr. 1225).** Im Rechtsbeschwerdeverfahren vor dem BGH fällt eine **allgemeine Verfahrensgebühr** mit einem Gebührensatz von 5,0 an. Ihr Geltungsbereich ist wie die der Beschwerde auf Rechtsbeschwerden gegen Endentscheidungen wegen des Hauptgegenstands beschränkt (s. Rdn. 10).

16 **II. Ermäßigung (Nr. 1226, 1227).** Nr. 1226: **Vor Eingang der Rechtsmittelbegründung** ermäßigt sich im Rechtsbeschwerdeverfahren die Verfahrensgebühr unter denselben Voraussetzungen wie bei der Beschwerde auf 1,0, wenn die Rechtsbeschwerde oder der Antrag zurückgenommen wird oder wenn eine Hauptsacheerledigung bei unstreitiger Kostenentscheidung eintritt (s. Rdn. 12).

17 Nr. 1227: **Nach Eingang der Rechtsmittelbegründung** ermäßigt sich die Verfahrensgebühr auf 3,0. Im Gegensatz zum GKG tritt die Ermäßigung nur noch durch Rücknahme der Rechtsbeschwerde oder des Antrags ein, die bis zum Ablauf des Tages erfolgen muss, an dem die Endentscheidung der Geschäftsstelle übermittelt wird. Die weiteren in Nr. 1232 des KV GKG enthaltenen Ermäßigungsmöglichkeiten (ähnlich denen der Beschwerde, s. Rdn. 14) hat der Gesetzgeber nicht in das FamGKG übernommen, weil er davon ausgig, dass sie im neuen Rechtsmittelrecht keine Anwendung finden (vgl. BT-Drucks. 16/6308, S. 309, 310). Das ist unzutreffend (s. § 74 FamFG Rdn. 25 f.). Insoweit besteht eine Lücke, die mit *Schneider* (HK-FamGKG KV 1227 Rn. 9 f.) dadurch zu schließen ist, dass die Ermäßigung wie die nach Nr. 1226 zumindest auch bei einer Hauptsacheerledigung eintritt, wenn keine streitige Kostenentscheidung ergehen muss (s.o. Rdn. 16).

18 **F. Zulassung der Sprungrechtsbeschwerde (Nr. 1228, 1229).** Für das Verfahren auf Zulassung der Sprungrechtsbeschwerde (§ 75 FamFG) gegen Endentscheidungen wegen des Hauptgegenstands fällt eine 1,5 Gebühr an, wenn der Antrag abgelehnt wird, sowie eine Gebühr von 1,0, wenn der Antrag zurückgenommen wird oder sich das Verfahren auf andere Weise erledigt. Die Gebühr entsteht dagegen nicht, soweit die Sprungrechtsbeschwerde zugelassen wird, stattdessen fällt die Gebühr nach Nr. 1225 an (Prütting/Helms/*Klüsener* FamGKG KV Hauptabschnitt 2 Rn. 60, 66). Bei teilweiser Ablehnung oder Rücknahme des Antrags ist die Gebühr nach Nr. 1228 oder Nr. 1229 daher nur aus dem Wert des abgelehnten Verfahrensteils zu berechnen. Wird der Antrag teilweise zurückgenommen und i.Ü. abgelehnt, entstehen für unterschiedliche Teile des Verfahrensgegenstands unterschiedliche Gebührensätze, sodass die Berechnung nach § 30 Abs. 3 FamGKG zu erfolgen hat (s. § 30 FamGKG Rdn. 4). Der **Wert** des Zulassungsverfahrens entspricht dem der Rechtsbeschwerde (§ 40 Abs. 3 FamGKG).

Hauptabschnitt 3. Hauptsacheverfahren in selbständigen Familiensachen der freiwilligen Gerichtsbarkeit

Abschnitt 1. Kindschaftssachen

Nr. 1310-1319 KV FamGKG

Nr.	Gebührentatbestand	Gebühr oder Satz der Gebühr nach § 28 FamGKG
\multicolumn{3}{l}{*Vorbemerkung 1.3.1:*}		
\multicolumn{3}{l}{(1) Keine Gebühren werden erhoben für}		
\multicolumn{3}{l}{1. die Pflegschaft für eine Leibesfrucht,}		
\multicolumn{3}{l}{2. ein Verfahren, das die freiheitsentziehende Unterbringung eines Minderjährigen betrifft, und}		
\multicolumn{3}{l}{3. ein Verfahren, das Aufgaben nach dem Jugendgerichtsgesetz betrifft.}		
\multicolumn{3}{l}{(2) Von dem Minderjährigen werden Gebühren nach diesem Abschnitt nur erhoben, wenn sein Vermögen nach Abzug der Verbindlichkeiten mehr als 25 000 Euro beträgt; der in § 90 Abs. 2 Nr 8 des Zwölften Buches Sozialgesetzbuch genannte Vermögenswert wird nicht mitgerechnet.}		
	Unterabschnitt 1 *Verfahren vor dem Familiengericht*	
1310	Verfahren im Allgemeinen	0,5
	(1) Die Gebühr entsteht nicht für Verfahren, 1. die in den Rahmen einer Vormundschaft oder Pflegschaft fallen, 2. für die die Gebühr 1313 entsteht oder 3. die mit der Anordnung einer Pflegschaft enden.	
	(2) Für die Umgangspflegschaft werden neben der Gebühr für das Verfahren, in dem diese angeordnet wird, keine besonderen Gebühren erhoben.	
1311	Jahresgebühr für jedes angefangene Kalenderjahr bei einer Vormundschaft oder Dauerpflegschaft, wenn nicht Nummer 1312 anzuwenden ist	5,00 € je angefangene 5 000,00 € des zu berücksichtigenden Vermögens – mindestens 50,00 €
	(1) Für die Gebühr wird das Vermögen des von der Maßnahme betroffenen Minderjährigen nur berücksichtigt, soweit es nach Abzug der Verbindlichkeiten mehr als 25 000 Euro beträgt; der in § 90 Abs. 2 Nr. 8 des Zwölften Buches Sozialgesetzbuch genannte Vermögenswert wird nicht mitgerechnet. Ist Gegenstand der Maßnahme ein Teil des Vermögens, ist höchstens dieser Teil des Vermögens zu berücksichtigen.	
	(2) Für das bei Anordnung der Maßnahme oder bei der ersten Tätigkeit des Familiengerichts nach Eintritt der Vormundschaft laufende und das folgende Kalenderjahr wird nur eine Jahresgebühr erhoben.	
	(3) Erstreckt sich eine Maßnahme auf mehrere Minderjährige, wird die Gebühr für jeden Minderjährigen besonders erhoben.	
	(4) Geht eine Pflegschaft in eine Vormundschaft über, handelt es sich um ein einheitliches Verfahren.	
1312	Jahresgebühr für jedes angefangene Kalenderjahr bei einer Dauerpflegschaft, die nicht unmittelbar das Vermögen oder Teile des Vermögens zum Gegenstand hat	200,00 € – höchstens eine Gebühr 1311

Nr. 1310-1319 KV FamGKG

Nr.	Gebührentatbestand	Gebühr oder Satz der Gebühr nach § 28 FamGKG
1313	Verfahren im Allgemeinen bei einer Pflegschaft für einzelne Rechtshandlungen	0,5 – höchstens eine Gebühr 1311
	(1) Bei einer Pflegschaft für mehrere Minderjährige wird die Gebühr nur einmal aus dem zusammengerechneten Wert erhoben. Minderjährige, von denen nach Vorbemerkung 1.3.1 Abs. 2 keine Gebühr zu erheben ist, sind nicht zu berücksichtigen. Höchstgebühr ist die Summe der für alle zu berücksichtigenden Minderjährigen jeweils maßgebenden Gebühr 1311.	
	(2) Als Höchstgebühr ist die Gebühr 1311 in der Höhe zugrunde zu legen, in der sie bei einer Vormundschaft entstehen würde.	
	(3) Die Gebühr wird nicht erhoben, wenn für den Minderjährigen eine Vormundschaft oder eine Dauerpflegschaft, die sich auf denselben Gegenstand bezieht, besteht.	
	Unterabschnitt 2 *Beschwerde gegen die Endentscheidung wegen des Hauptgegenstands*	
1314	Verfahren im Allgemeinen	1,0
1315	Beendigung des gesamten Verfahrens ohne Endentscheidung:	
	Die Gebühr 1314 ermäßigt sich auf	0,5
	(1) Wenn die Entscheidung nicht durch Verlesen der Entscheidungsformel bekannt gegeben worden ist, ermäßigt sich die Gebühr auch im Falle der Zurücknahme der Beschwerde vor Ablauf des Tages, an dem die Endentscheidung der Geschäftsstelle übermittelt wird.	
	(2) Eine Entscheidung über die Kosten steht der Ermäßigung nicht entgegen, wenn die Entscheidung einer zuvor mitgeteilten Einigung über die Kostentragung oder einer Kostenübernahmeerklärung folgt.	
	(3) Die Billigung eines gerichtlichen Vergleichs (§ 156 Abs. 2 FamFG) steht der Ermäßigung nicht entgegen.	
	Unterabschnitt 3 *Rechtsbeschwerde gegen die Endentscheidung wegen des Hauptgegenstands*	
1316	Verfahren im Allgemeinen	1,5
1317	Beendigung des gesamten Verfahrens durch Zurücknahme der Rechtsbeschwerde oder des Antrags, bevor die Schrift zur Begründung der Beschwerde bei Gericht eingegangen ist:	
	Die Gebühr 1316 ermäßigt sich auf	0,5
1318	Beendigung des gesamten Verfahrens durch Zurücknahme der Rechtsbeschwerde oder des Antrags vor Ablauf des Tages, an dem die Endentscheidung der Geschäftsstelle übermittelt wird, wenn nicht Nummer 1317 erfüllt ist:	
	Die Gebühr 1316 ermäßigt sich auf	1,0
	Unterabschnitt 4 *Zulassung der Sprungrechtsbeschwerde gegen die Endentscheidung wegen des Hauptgegenstands*	
1319	Verfahren über die Zulassung der Sprungrechtsbeschwerde:	
	Soweit der Antrag abgelehnt wird	0,5

Nr. 1310-1319 KV FamGKG

Übersicht

	Rdn.		Rdn.
A. Allgemeines	1	II. Gebühren für Vormundschaften und Dauerpflegschaften (Nr. 1311, 1312)	11
I. Geltungsbereich	1		
II. Gebührenfreie Verfahren	2	III. Gebühren für Einzelpflegschaften (Nr. 1313)	17
III. Persönliche Gebührenfreiheit	5		
IV. Gebührenstruktur	6	C. Rechtsmittelverfahren	20
V. Kostenschuldner	7	I. Allgemeines	20
B. Gebühren im ersten Rechtzug	8	II. Gebühren (Nr. 1314 ff.)	23
I. Verfahrengebühr (Nr. 1310)	8		

A. Allgemeines. I. Geltungsbereich. Hauptabschnitt 3 regelt die **Gebühren für Hauptsacheverfahren** in selbständigen Familiensachen der freiwilligen Gerichtsbarkeit, davon in Abschnitt 1 vorweg die Gebühren **für die in § 151 FamFG aufgezählten Kindschaftssachen** einschließlich der Gebühren für Genehmigungsverfahren und für die Einrichtung und Überwachung einer Vormundschaft oder Pflegschaft. Für Verfahren und gerichtliche Tätigkeiten im grenzüberschreitenden Rechtsverkehr, insbesondere für die Verfahren, die die Rückgabe eines Kindes oder die Regelung des Umgangs nach dem IntFamRVG und die Anerkennung und Exequatur eines ausländischen Titels betreffen, gelten die Festgebühren nach Hauptabschnitt 7 (s. Nr. 1710–1723 KV FamGKG Rdn. 1 ff.), Für Verfahren, die nicht die freiheitsentziehende Unterbringung eines Minderjährigen nach dem BGB oder den Landesgesetzen über die Unterbringung psychisch Kranker betreffen (§ 151 Nr. 6 u. 7 FamFG) werden Gebühren und Auslagen nach dem GNotKG erhoben (s. dazu § 80 FamFG Rdn. 21 f.). Die Gebühren für die Hauptsacheverfahren in den übrigen selbstständigen Familiensachen der freiwilligen Gerichtsbarkeit ergeben sich aus Abschnitt 2 und die Gebühren für einstweilige Anordnungsverfahren aus Hauptabschnitt 4. Die im Unterabschnitt 2 und 3 geregelten Gebühren für Beschwerde- und Rechtsbeschwerdeverfahren beziehen sich auf die **Rechtsmittel** gegen die Endentscheidungen wegen des Hauptgegenstands. Nicht anzuwenden sind sie auf Rechtsmittel gegen Nebenentscheidungen, einschließlich der Kostenentscheidung, und in Neben-, und Zwischenverfahren, wie z.B. auf Rechtsmittel gegen die Festsetzung von Zwangsmitteln nach § 35 FamFG, sowie in Kosten- und Vergütungsangelegenheiten, für die Gebühren nach Hauptabschnitt 9 (sonstige Beschwerden) anfallen (s. dazu und zur Abgrenzung Nr. 1910–1930 KV FamGKG Rdn. 1 ff.). 1

II. Gebührenfreie Verfahren. Ausdrücklich **gebührenfrei** sind nach **Vorbemerkung 1.3.1 Abs. 1** Verfahren nach § 151 Nr. 5 FamFG, soweit sie die Pflegschaft für ein ungeborenes Kind betreffen, sowie die Aufgaben des Familiengerichts nach §§ 53, 67 Abs. 4 JGG (§ 151 Nr. 8 FamFG) und die Verfahren, die die freiheitsentziehende Unterbringung eines Minderjährigen nach dem BGB oder den Landesgesetzen über die Unterbringung psychisch Kranker betreffen (§ 151 Nr. 6 u 7 FamFG; OLG Hamm FamRZ 2012, 810). 2

Die **Bestellung eines Verfahrensbeistands** ist grds. Teil des Verfahrens, für die der Verfahrensbeistand bestellt wird. Sie und sämtliche damit zusammenhängende Tätigkeiten werden entweder durch die Gebühr für das Verfahren abgegolten oder sind, wenn das Verfahren gebührenfrei ist, ebenfalls gebührenfrei (BT-Drucks. 16/6308, S. 311). Dasselbe gilt für die **Umgangspflegschaft**, die nach § 1684 Abs. 3 Satz 3 BGB vom FamG in einer Umgangssache angeordnet wird (s.u. Rdn. 10) oder für einen nach § 9 Abs. 5, 57 ZPO bestellten **Notvertreter**. 3

Gebührenfrei ist auch das **Vermittlungsverfahren** (§ 165 FamFG). Nach der Vorgängerregelung (§ 52a FGG i.V.m. § 94 KostO) konnte deshalb keine Gebühr anfallen, weil in dem Verfahren keine gerichtliche Regelung getroffen wird. Daran hat sich durch die Neuregelung nichts geändert (ebenso *Ziegler* § 165 FamFG Rdn. 11; Keidel/*Engelhardt* § 165 Rn. 17; Johannsen/Henrich/*Büte* § 165 FamFG Rn. 12; Musielak/Borth § 165 Rn. 6; a.A. OLG Karlsruhe FamRZ 2013, 722; HK-FamGKG/*Volpert* KV 1310 Rn. 57 m.w.N.). Gebühren nach diesem Abschnitt können nicht erhoben werden, weil das Vermittlungsverfahren **kein Hauptsacheverfahren** ist, für die allein gemäß der Überschrift des Hauptabschnitts (s.o.) Gebühren nach Nr. 3100 ff. erhoben werden dürfen (s. *Keske* FuR 2010, 498, 500). Das Vermittlungsverfahren ist weder darauf gerichtet, über den Umgang oder die Vollstreckung einer Umgangsregelung eine gerichtliche Entscheidung herbeizuführen, noch endet es mit einer Endentscheidung i.S.v. § 38 FamFG (s. § 38 FamFG Rdn. 6). Die Gebühren der Hauptabschnitte 1 bis 3 beziehen sich aber, wie nicht zuletzt die Ermäßigungstatbestände zeigen, allein auf Erkenntnisverfahren die im Regelfall mit einer Endentscheidung über die Hauptsache beendet werden; vergleichbar mit den im KV GKG unter Hauptabschnitt 2 geregelten »Prozessverfahren«, 4

Nr. 1310-1319 KV FamGKG

dessen Systematik auch für die Gebühren in Kindschaftssachen in das FamGKG übernommen wurde (s. BT-Drucks. 16/1608. S. 299). Eine Gebühr für die gerichtliche Vermittlung ist auch an anderer Stelle nicht vorgesehen. Das gilt nicht für die Anwaltsgebühren, die nach Nr. 3100 ff. VV RVG anfallen und auf ein sich anschließendes Umgangs- oder Zwangsmittelverfahren anzurechnen sind (Gerold/Schmidt/*Müller-Rabe* VV 3100 Rn. 242 ff.). Der Verfahrenswert ist (auf Antrag) gem. § 33 Abs. 1 RVG festzusetzen (s. zur Bewertung § 45 Rdn. 11).

5 **III. Persönliche Gebührenfreiheit.** Nach **Vorbem 1.3.1 Abs. 2** sind **Minderjährige persönlich von Gebühren befreit**, wenn ihr Vermögen nach Abzug der Verbindlichkeiten und ohne Berücksichtigung eines von der Familie genutzten Hausgrundstücks (§ 90 Abs. 2 SGB XII) den Betrag von 25.000 € nicht übersteigt. Die Bewertung der Vermögensgegenstände erfolgt nach § 46 Abs. 1 i.V.m. den dort genannten Bewertungsregeln des GNotKG (s. § 46 FamGKG Rdn. 3) und nicht nach freiem Ermessen. Gebührenfreiheit genießt nach § 2 Abs. 2 FamGKG i.V.m. § 64 Abs. 3 SGB X auch das **Jugendamt** (s. § 2 FamGKG Rdn. 1 auch zur Kostenbefreiung für Bund und Länder). Ebenfalls zu einer Befreiung von Gebühren (und Auslagen) führt die Freistellung von der Antragstellerhaftung, wenn sie mit einem Verbot, ihnen Kosten des Verfahrens aufzuerlegen, korrespondiert, wie beim Verfahrensbeistand und bei Minderjährigen in Verfahren, die nicht nur ihr Vermögen betreffen (s. Rdn. 7). Im Unterschied zu den in Rdn. 4 genannten Verfahren hindert die persönliche Gebührenfreiheit nicht das Entstehen der Gebühr, für die andere Verfahrensbeteiligte haften können (s. aber zur Einschränkung der Inanspruchnahme im Fall der auf § 2 FamGKG gegründeten Gebührenfreiheit § 2 FamGKG Rdn. 4).

6 **IV. Gebührenstruktur.** Mit Ausnahme der Vormundschaften und Dauerpflegschaften, für die im ersten Rechtszug weiterhin Jahresgebühren anfallen (s.u. Rdn. 11 ff.), wird auch in Kindschaftssachen anstelle der nach der KostO früher üblichen Akt- oder Entscheidungsgebühr in allen Instanzen eine **pauschale Verfahrensgebühr** erhoben. Die Pauschalgebühr deckt grds. sämtliche Tätigkeiten des Gerichts pro Instanz ab, einschließlich der üblichen Post- und Zustellauslagen (s. § 3 FamGKG Rdn. 13 ff.). Dabei werden Kindschaftsverfahren ggü. den sonstigen FG-Familiensachen in ähnlicher Weise durch geringe Gebührensätze privilegiert, wie die Ehe- und Folgesachen ggü. den sonstigen Familienstreitsachen (s. die Übersicht in § 3 FamGKG Rdn. 11).

7 **V. Kostenschuldner.** Da das FamG nach § 81 Abs. 1 Satz 3 FamFG grds. auch in jedem Kindschaftsverfahren eine **Kostenentscheidung** treffen muss (s. zu den vielfältigen Entscheidungsmöglichkeiten bis hin zur Nichterhebung von Gebühren und Auslagen § 81 FamFG Rdn. 13 ff.), ist Schuldner der Gebühren in erster Linie derjenige, dem sie das Gericht auferlegt oder der sie in einem Vergleich übernommen hat. Daneben haftet in reinen Antragsverfahren auch der **Antragsteller**. Allerdings sind nur wenige der unter Nr. 1310 KV FamGKG fallenden Kindschaftssachen in erster Instanz reine Antragsverfahren, sondern die meisten Amtsverfahren (insb. die Umgangs- und Genehmigungsverfahren, s. §§ 21 bis 27 FamGKG Rdn. 7) und bleiben es auch, wenn sie durch einen »Antrag« angeregt wurden (s. § 24 FamFG Rdn. 1). Die gerichtliche Kostenentscheidung hat daher in allen Kindschaftssachen unter Geltung des FamGKG erheblich an Bedeutung gewonnen. Das gilt auch in den Rechtsmittelverfahren, die vor dem FGG-RG größtenteils gebührenfrei waren (s.u. Rdn. 22). Dem betroffenen Kind dürfen nach § 81 Abs. 3 FamFG Kosten nur in den Kindschaftsverfahren auferlegt werden, die ausschließlich sein Vermögen oder die Vermögenssorge betreffen, nicht aber in Angelegenheiten, die seine Person betreffen. Insoweit ist das **minderjährige Kind** nach § 21 Abs. 1 Nr. 3 FamGKG auch von der **Antragstellerhaftung befreit**. Dasselbe gilt für den **Verfahrensbeistand** in sämtlichen Verfahren (s. § 158 Abs. 8 FamFG, § 21 Abs. 1 Nr. 4 FamGKG). Nachdem eine generelle Haftung des Interesseschuldners nicht in das FamGKG übernommen wurde, kann daher das Kind nur in den sein Vermögen betreffenden Verfahren wie jeder andere Antragsteller herangezogen werden (auch als Zweitschuldner s. dazu §§ 21 bis 27 FamGKG Rdn. 17), d.h. wenn es selbst ein Verfahren durch seinen Antrag eingeleitet bzw. ein Rechtsmittel eingelegt hat und leistungsfähig ist (s.o. Rdn. 4). Eine **Ausnahme** besteht hinsichtlich der Gebühren, die für das Einrichten und Überwachen von Vormundschaften und Dauerpflegschaften erhoben werden und für die das betroffene Kind als Interesseschuldner haften kann (s.u. Rdn. 11). Zur Haftung für die Auslagen vgl. Nr. 2000–2015 KV FamGKG Rdn. 3.

8 **B. Gebühren im ersten Rechtszug. I. Verfahrengebühr (Nr. 1310).** Für Verfahren, die nicht die Einrichtung und Überwachung einer Vormundschaft oder Pflegschaft betreffen, wird eine allgemeine Verfahrensgebühr mit einem Satz *von* **0,5** erhoben, der sich wegen seiner geringen Höhe bei vorzeitiger Erledigung

nicht ermäßigt. Das hat zur Folge, dass in Antragsverfahren (s. Rdn. 7) das Gericht sein Tätigwerden von der Zahlung der Verfahrensgebühr abhängig machen darf (KG FamRZ 2012, 239; s.a. §§ 12 bis 17 FamGKG Rdn. 10 f.). Die Gebühr fällt auch an, wenn die Anordnung einer Vormundschaft oder Dauerpflegschaft abgelehnt wird oder sie sich auf andere Weise erledigt (s. Rdn. 11). Da es sich dabei um v.A.w. eingeleitete Verfahren handelt, besteht keine Vorschusspflicht.

Der **Verfahrenswert** berechnet sich in den in § 45 FamGKG genannten Verfahren nach dem relativen Festwert von 3.000 €, und zwar auch, wenn mehrere Kinder betroffen sind (s. i.E. § 45 FamGKG Rdn. 1 ff.). Zur Bewertung der übrigen selbstständigen Kindschaftssachen s. § 46 FamGKG Rdn. 1 ff. Sind mehrere das Kind betreffende Verfahren, z.B. zum Sorge- und Umgangsrecht, miteinander verbunden, sind die Werte jeweils einzeln zu ermitteln und dann gem. § 33 Abs. 1 FamGKG zusammenzurechnen

Anm. Abs. 1: Die Anmerkung enthält eine **Einschränkung des Anwendungsbereichs** des Gebührentatbestbestands, wenn es um Vormundschaften oder Pflegschaften geht. Sie wurde durch das 2. KostRMoG neu gefasst und damit der Anmerkung zu Nr. 11100 KV GNotKG angeglichen (BT-Drucks. 17/11471 [neu], S. 252). 9

Danach fällt die Gebühr nach Nr. 3110 nicht an

– in Verfahren über die Bestellung eines Pflegers für einzelne Rechtshandlungen, denn hierfür entsteht eine Gebühr nach Nr. 1303 (s. Rdn. 17),
– wenn der Gegenstand des Verfahrens eine Angelegenheit betrifft, die zum Aufgabebereich eines Vormunds oder Pflegers gehören, z.B. wenn ein Vormund eine richterliche Genehmigung für ein Rechtsgeschäft, das er für das Kind abschließen will, einholen muss. – In diesem Fall wird die Tätigkeit des Gerichts im Genehmigungsverfahren in erster Instanz durch die Gebühr abgegolten, die für die Einrichtung und Überwachung der Vormundschaften oder Pflegschaft erhoben wird, s.u. Rdn. 11 ff. – oder
– in Verfahren, insbesondere Sorgerechtsverfahren, in denen zugleich eine Einzel- oder Dauerpflegschaft angeordnet wird, für die dann Gebühren nach Nr. 1311 ff. anfallen. – Nicht nachvollziehbar ist, weshalb der Gesetzgeber die Gebührenfreiheit des vorausgegangenen Verfahrens auf die Anordnung einer Pflegschaft beschränkt und sie nicht auch bei Anordnung einer Vormundschaft gewährt. Ein sachlicher Grund für die unterschiedliche Behandlung ist nicht erkennbar, zumal die Anmerkung zu Nr. 11100 KV GNotKG, auf die sich die Gesetzesbegründung bezieht (s. BT-Drucks. 17/11471 [neu], S. 252.), die Gebührenfreiheit auch auf die Einrichtung einer Betreuung erstreckt. Man muss daher Anm. 1 Ziff. 3 in verfassungskonformer Auslegung der Vorschrift auch auf Verfahren anwenden, die mit der Anordnung einer Vormundschaft enden (HK-FamGKG/*Volpert* Nr. 1310 KV Rn. 62a; NK-GK/*H. Schneider* KV FamGKG Nr. 1301 Rn. 37).

Anm. Abs. 2: Für eine **Umgangspflegschaft** werden neben der Gebühr für das Verfahren, in dem sie angeordnet wird, keine gesonderte Gebühr erhoben. Wird gegen die Einrichtung der Umgangspflegschaft Beschwerde eingelegt, fallen dagegen Gebühren nach Nr. 1314 ff. an (s.u. Rdn. 23 ff.). Zum Ersatz der Auslagen für den Pfleger s. Nr. 2014 KV FamGKG und § 4 FamGKG Rdn. 3. 10

II. Gebühren für Vormundschaften und Dauerpflegschaften (Nr. 1311, 1312). Für die Bestellung eines Vormunds oder eines Pflegers nicht nur für einzelne Rechtshandlungen (Dauerpflegschaft) und der Überwachung von Vormundschaften und Dauerpflegschaften wird anstelle einer Verfahrensgebühr in 1. Instanz eine **Jahresgebühr** erhoben. Sie fällt für jedes Kind gesondert an (s. Rdn. 14), aber unabhängig von der Anzahl der bestellten Vormünder oder Pfleger (HK-FamGKG/*Volpert* KV 1311 Rn. 38). Die Gebühr **schuldet der Minderjährige** nach § 22 FamGKG als Interesseschuldner, soweit sie das Gericht keinem anderen auferlegt (s. §§ 21 bis 27 FamGKG Rdn. 12). Mit ihr werden **sämtliche Tätigkeiten** des Familiengerichts im Kalenderjahr **abgegolten**, die im Rahmen einer Vormundschaft oder Pflegschaft anfallen, insb. die Auswahl und Bestellung des Vormunds oder Pflegers und seine Unterstützung und Überwachung (s. §§ 1837 ff. BGB) einschließlich der Erteilung der gem. §§ 1812 ff. BGB erforderlichen Genehmigungen. Darüber hinaus werden mit der Jahresgebühr auch die Gebühren für andere Kindschaftsverfahren abgegolten, die zur Aufgabenerfüllung des Vormunds oder Pflegers gehören (s. Rdn. 9). Für **Zwangsmittel**, die das FamG im Rahmen seiner Aufsichtspflicht nach § 35 FamFG i.V.m. § 1837 BGB u.a. gegen den Vormund oder Pfleger verhängt, um ihn zur ordnungsgemäßen Führung der Vormundschaft oder Einreichung von Unterlagen und Abrechnungen anzuhalten, fällt dagegen eine gesonderte Gebühr nach Nr. 1502 KV FamGKG an, die der Vormund oder Pfleger schuldet (s. § 35 FamFG Rdn. 11). Wird **keine Vormundschaft oder Dauerpflegschaft eingerichtet**, kann eine Verfahrensgebühr nach Nr. 3010 KV FamGKG (s. Rdn. 8) und die Auslagen von demjenigen Verfahrensbeteiligten – außer u.U. dem Kind (s. § 81 Abs. 3 FamFG) – erhoben werden, dem das 11

Gericht die Kosten auferlegt (*Otto/Klüsener/Killmann* FamGKG, S. 128 Anm. zu Nr. 1311 FamGKG; s.a. § 80 FamFG Rdn. 16 zur gleichlautenden Regelung in Betreuungssachen).

12 **Nr. 1311:** Besteht der Fürsorgebedarf unmittelbar **für das Vermögen des Minderjährigen**, errechnet sich die **Jahresgebühr aus der Höhe des anrechenbaren Vermögens:** Pro angefangener 5.000 € beträgt die Jahresgebühr 5 €, mindestens aber 50 €. Die Mindestgebühr wird damit bis zu einem anrechenbaren Vermögen von 50.000 € geschuldet. Übersteigt das Vermögen des Kindes nicht den anrechnungsfreien Betrag (s.u.), wird keine Gebühr erhoben.

13 **Anm. Abs. 1:** Das **Vermögen** ist erst **anrechenbar,** wenn und soweit es nach Abzug der Verbindlichkeiten 25.000 € übersteigt; ein von der Familie genutztes Hausgrundstück (§ 90 Abs. 2 Nr. 8 SGB XII, s. § 76 FamFG Rdn. 26) bleibt dabei unberücksichtigt. Dies korrespondiert mit der persönlichen Befreiung des Minderjähren von Gebühren (s.o. Rdn. 4). Ist von der Fürsorgemaßnahme nur ein Teil des Kindesvermögens betroffen, darf höchstens dieser Teil berücksichtigt werden. Die **Bewertung** des Vermögens richtet sich nach § 46 Abs. 1 FamGKG i.V.m. den dort genannten Bewertungsregeln (s. § 46 FamGKG Rdn. 3).

14 **Anm. Abs. 2 bis 4:** Für das Kalenderjahr, in dem die Vormundschaft oder Pflegschaft eingerichtet wird, und das darauf folgende Jahr wird nur eine Gebühr erhoben. Wird die Vormundschaft für mehrere Kinder eingerichtet und geführt, z.B. wenn für Geschwister derselbe Vormund bestellt wird, fällt die **Gebühr für jedes Kind gesondert** an und ist nur aus dessen Vermögen zu berechnen. Geht eine Pflegschaft in eine Vormundschaft über, handelt es sich um ein einheitliches Verfahren, d.h. die Jahresgebühr fällt nur einmal an (HK-FamGKG/*Volpert* KV 1311 Rn. 39).

15 **Nr. 1312:** Betrifft die Vormundschaft oder Dauerpflegschaft nicht unmittelbar das Vermögen des Kindes bzw. nur die Vermögenssorge, sondern (auch) die **Sorge für die Person oder ein mit ihr zusammenhängendes Fürsorgebedürfnis** (s. dazu BVerfG FamRZ 2006, 997; *Lappe* NJW 2007, 273), wird nur eine **Jahresgebühr von 200 €** erhoben. Soweit eine nach Nr. 1311 aus dem Kindesvermögen errechnete Gebühr geringer ist, gilt diese. Die Gebühr entfällt wie bei Nr. 1311 ganz, wenn das betroffene Kind über kein anrechenbares Vermögen verfügt.

16 Die aus § 92 Abs. 1 Satz 4 KostO a.F. übernommene Regelung enthält keine Anmerkungen zur Handhabung der Vorschrift entsprechend Nr. 1311 Anm. 2 ff. (s. Rdn. 14) oder eine Verweisung auf diese. Dabei handelt es sich sicher um ein Versehen, wie auch die jetzt in Nr. 11102 KV GNotKG für Betreuungen übernommene Regelung zeigt. Es dürfte deshalb dem gesetzgeberischen Willen entsprechen, die **Anmerkungen Abs. 2 ff. zu Nr. 1311 analog** auch auf die Jahresgebühr in nicht vermögensrechtlichen Angelegenheiten anzuwenden. Dies kann wegen des Gesetzesvorbehalts (s. § 1 FamGKG Rdn. 5) allerdings nur insoweit erfolgen, als dem Kostenschuldner daraus keine Nachteile entstehen. Das bedeutet m.E., dass bis zu einer Ergänzung der Vorschrift die Jahresgebühr nach Nr. 1312, wenn die Vormundschaft mehrere Kinder betrifft, nur einmal erhoben werden kann.

17 **III. Gebühren für Einzelpflegschaften (Nr. 1313).** Die Gebühr betrifft nur eine Pflegschaft, die im Gegensatz zur Dauerpflegschaft (s. zur Abgrenzung OLG Dresden FamRZ 2010, 1995) nur für einzelne Rechtshandlungen einzurichten ist, weil der Sorgeberechtigte entweder kraft Gesetzes oder aufgrund richterlicher Anordnung (§§ 1666, 1629 Abs. 2 Satz 1, 2 i.V.m. 1795, 1796 BGB) von der Vertretung des Kindes ausgeschlossen ist. Für das Anordnungsverfahren fällt eine **0,5 Verfahrensgebühr** aus dem Wert der Rechtshandlung oder Angelegenheit an, zu deren Vornahme sie eingerichtet wird (s. § 46 FamGKG Rdn. 6 ff.), und stellt damit sicher, dass die Gebühr für die Pflegschaft nicht nach einem geringeren Wert bemessen wird als das Verfahren, das sie mit abgelten soll (s. Rdn. 9). Wie bei der Gebühr nach Nr. 1312 ist auch die Gebühr für eine Einzelpflegschaft **begrenzt** auf eine Höchstgebühr (s.u.). Anders als bei der Jahresgebühr entsteht die Verfahrensgebühr nach Nr. 1313 unabhängig davon, ob das Verfahren mit einer Anordnung einer Pflegschaft endet. Ihr Anfall schließt die Anwendung der allgemeinen Gebührentatbestand nach Nr. 1310 aus (s. Rdn. 9).

18 **Anm. Abs. 1 und 2:** Als **Höchstgebühr** ist die Gebühr zugrunde zu legen, wie sie bei einer Vormundschaft entstehen würde. Sie darf also nicht höher sein als eine nach Nr. 1311 errechnete Jahresgebühr und entfällt ganz, wenn das betroffene Kind über kein anrechenbares Vermögen verfügt (Rdn. 12, 13). Betrifft die Pflegschaft **mehrere Kinder**, sind die für jedes Kind einzeln nach dem Wert der zugrunde liegenden Angelegenheit zu ermittelnden Gebührenwerte (s. § 46 FamGKG Rdn. 6 ff.) zu addieren und daraus die Verfahrensgebühr zu berechnen. Soweit ein Kind mangels Vermögens persönlich von Gebühren befreit ist (s.o. Rdn. 4), wird ein Wert für dieses Kind nicht angesetzt. Die Höchstgebühr errechnet sich in diesem Fall aus der Summe

der für jedes zu berücksichtigende Kind nach Nr. 1311 maßgeblichen Gebühr, d.h. auch hier werden nicht leistungsfähige Kinder nicht berücksichtigt.

Anm. Abs. 3: Die Gebühr wird nicht erhoben, wenn für den Minderjährigen bereits eine Vormundschaft oder Dauerpflegschaft besteht und die zusätzlich eingerichtete Einzelpflegschaft denselben Aufgabenbereich betrifft. 19

C. Rechtsmittelverfahren. I. Allgemeines. Die nachfolgenden Gebühren für Beschwerde- und Rechtsbeschwerdeverfahren beziehen sich auf die **Rechtsmittel gegen die in erster Instanz über den Hauptgegenstand getroffenen Endentscheidungen** (s. Rdn. 1). Sie werden nicht in den Kindschaftsverfahren erhoben, die nach Vorbem 1.3.1 Abs. 1 grds. gebührenfrei sind (s. Rdn. 2), und nicht von Minderjährigen, die über kein anrechenbares Vermögen verfügen (s. Rdn. 5,7). Sie gelten auch für Beschwerden und Rechtsbeschwerden in Vormundschafts- und Pflegschaftssachen (s. aber Rdn. 22). Es wird eine **allgemeine Verfahrensgebühr** erhoben, und zwar anders als § 131 KostO und jetzt eingeschränkt nach § 25 Abs. 1 GNotKG auch, wenn das Rechtsmittel Erfolg hat (s. Rdn. 22). 20

Die Gebühr richtet sich nach dem **Gegenstandswert**, den das Rechtsmittel im Zeitpunkt seines Eingangs beim FamG hat (§§ 40 Abs. 1 i.V.m. 34 Abs. 1 FamGKG). Das gilt auch für erstinstanzlich v.A.w. eingeleitete Verfahren. Die Werte werden in **Verfahren, deren Gebühren sich in erster Instanz nach Nr. 1310 richten**, nach denselben Grundsätzen ermittelt (s.o. Rdn. 8). Sie dürfen gem. § 40 Abs. 2 FamGKG den der ersten Instanz nicht überschreiten (s. § 40 FamGKG Rdn. 5). Problematisch ist die Anwendung obiger Grundsätze auf Beschwerden und Rechtsbeschwerden in Pflegschaft- und Vormundschaftssachen, für die in erster Instanz keine Wert- sondern Jahresgebühren erhoben werden (**Dauerpflegschafts- und Vormundschaftssachen**). Anders als für Einzelpflegschaften (s. § 46 Abs. 2 FamGKG) enthält das FamGKG keine besondere Vorschrift für die Bewertung von Vormundschafts- und Dauerpflegschaftssachen. Er ist daher gem. § 42 FamGKG nach dem Interesse des Rechtsmittelführers zu schätzen. Dieses ergibt sich m.E. wie bei der Einzelpflegschaft aus dem Wert des Geschäfts, zu dem die Pflegschaft oder Vormundschaft eingerichtet wurde; ist nur das Vermögen betroffen, kann § 46 FamGKG entsprechend herangezogen werden (s. dazu § 46 FamGKG Rdn. 9). Wenn das Gericht den Wert für die Zulässigkeit des Rechtsmittels festsetzt, ist dieser mangels abweichender Regelungen zum FamGKG auch für den Gebührenwert heranzuziehen (s. § 54 FamGKG Rdn. 1 ff.). 21

Vor Einführung des FamGKG wurden für **Beschwerden und Rechtsbeschwerden** gegen Entscheidungen des Vormundschafts- oder Familiengerichts und des Betreuungsgerichts, die **vom Fürsorgebedürftigen** selbst **oder** von anderen (auch) **in seinem Interesse eingelegt** wurden, Gebühren nicht erhoben (s. § 131 Abs. 3 KostO a.F.) und für die übrigen Kindschaftssachen, die nicht von vornherein gebührenfrei waren (s.o. Rdn. 2), wie auch in anderen FG-Sachen nur wenn das Rechtsmittel verworfen bzw. zurückgewiesen oder wenn es zurückgenommen wurde, bevor eine Entscheidung erging. Dieses System des vom Ausgang des Rechtsmittelverfahrens abhängigen Anfalls von Gebühren- und Auslagen hat das FamGKG und im Grundsatz jetzt auch das GNotKG nur für Beschwerden über Neben-, Zwischen- oder Folgeentscheidungen, wozu auch die Vkh-Verfahren und die Kostengrundentscheidungen gehören, beibehalten (s.o. Rdn. 1 und für das GNotKG § 80 FamFG Rdn. 37). Anders als das FamGKG privilegiert das GNotKG **erfolgreiche Rechtsmittel** jedoch über die Kostenhaftung weiterhin, indem die Haftung des Antragstellers, dessen Rechtsmittel erfolgreich war, erlischt und für Rechtsmittel, die sich gegen Entscheidungen des Betreuungsgerichts richten und die vom Betroffenen oder in seinem Interesse eingelegt wurden, Gebühren (und Auslagen) nur von dem erhoben werden, dem das Gericht sie (als Entscheidungsschuldner) auferlegt und sonst nicht (§ 25 GNotKG, s. § 80 FamGKG Rdn. 44). Im FamGKG glaubte der Gesetzgeber auf eine entsprechende Regelung deshalb verzichten zu können, weil in FG-Familiensachen das **Gericht** immer v.A.w. **über die Kosten entscheiden muss** (BT-Drucks. 17/11471, S. 162). Das ist deshalb bedauerlich, weil die an der Kostenentscheidung nach §§ 91 ff. ZPO geschulten Gerichte, die Verpflichtung zur Entscheidung über die Kosten (§ 81 Abs. 1 Satz 2 FamFG) nicht selten als eine Pflicht interpretieren, sie auch vollständig zu verteilen, und § 84 FamFG einem Absehen von Gerichtskosten auf den ersten Blick entgegenzustehen scheint. Dies ist aber insbesondere in den *Fällen, in denen das Rechtsmittel auch im Interesse des Kindes eingelegt wird*, nach wie vor nicht der Fall (s. § 84 FamFG Rdn. 5). Soweit die gerichtliche Kostenentscheidung das nicht beachtet, besteht Anlass für die Staatskasse, dies über die Niederschlagung der Kosten nach § 20 FamGKG v.A.w. oder auf Erinnerung hin zu korrigieren (s. §§ 18 bis 20 FamGKG Rdn. 10). 22

23 **II. Gebühren (Nr. 1314 ff.). Nr. 1314:** Für das **Beschwerdeverfahren** wird eine **allgemeine Verfahrensgebühr** von **1,0** erhoben. Wird die Beschwerde des Antragsgegner mit der des Antragstellers gemeinsam verhandelt (s.o.), sind in die Werte zusammenzurechnen (§ 38 Abs. 1, 2) FamGKG.

24 **Nr. 1315:** Die Verfahrensgebühr **ermäßigt** sich auf die Hälfte (**0,5**), wenn das gesamte Verfahren ohne gerichtliche Endentscheidung beendet wird. Wenn die Entscheidung nicht durch Verlesen bekannt gemacht wurde, gilt dies auch, wenn zwar eine Entscheidung erlassen ist, die Beschwerde oder der verfahrensnotwendige Antrag aber noch vor Ablauf des Tages, an dem die Entscheidung über die Beschwerde der Geschäftsstelle übergeben wurde, zurückgenommen wird (Anm. Abs. 1). Dass sie bereits bekannt gegeben oder ihre Zustellung veranlasst wurde, schadet nicht.

25 Ergeht nach Beendigung der Hauptsache noch eine Kostenentscheidung, steht dies der Ermäßigung nicht entgegen, wenn sie einer zuvor mitgeteilten Einigung über die Kostentragung oder einer Kostenübernahmeerklärung folgt (Anm. Abs. 2). Diese aus dem GKG übernommene **Kostenklausel** berücksichtigt zu wenig, dass in den FG-Familiensachen immer v.A.w. über die Kosten zu entscheiden ist und passt m.E. auch nur für echte Streitverfahren und vor allem nicht in fürsorgenden Angelegenheiten (a.A. OLG Celle FamRZ 2012, 1969). Um den Ermäßigungstatbestand in Kindschaftssachen nicht weitgehend leer laufen zu lassen, sollte er zumindest bei einer Rechtsmittelrücknahme auch dann angewandt werden, wenn die Kostenentscheidung nur die gesetzliche Vorgabe aus § 84 Abs. 1 FamFG wiedergibt (s. dazu § 84 FamFG Rdn. 6) und damit eher eine deklaratorische Bedeutung hat (ebenso *Meyer* KV GKG 1211 Rn. 30 zu § 269 Abs. 4 ZPO). Der durch das 2. KostRMoG angefügte Abs. 3 stellt klar, dass die Billigung eines Vergleichs nach § 156 Abs. 2 Satz FamFG einer Ermäßigung nicht entgegensteht. Dadurch ist die gegenteilige Entscheidung des OLG München (RVGreport 2012, 314) überholt.

26 **Nr. 1316:** Im **Rechtsbeschwerdeverfahren** fällt eine allgemeine Verfahrensgebühr mit einem Gebührensatz von **1,5** an, die sich ebenfalls ermäßigen kann.

27 **Nr. 1317, 1318:** Die Verfahrensgebühr **ermäßigt** sich, wenn das gesamte Verfahren durch Rücknahme der Rechtsbeschwerde(n) oder des verfahrensnotwendigen Antrags beendet wird,
– bei Rücknahme vor Eingang der (ersten) Begründung auf **0,5** und
– danach auf **1,0**, wenn die Rücknahme vor Ablauf des Tages, an dem die Entscheidung über das Rechtsmittel der Geschäftsstelle übergeben wurde, eingeht.

Eine Kostenentscheidung schadet nicht, auch wenn sie streitig ist.

28 **Nr. 1319:** Für das **Verfahren auf Zulassung der Sprungrechtsbeschwerde** fällt eine 0,5 Gebühr nur an, wenn der Antrag abgelehnt wird. Der Wert des Zulassungsantrags entspricht dem des Rechtsmittels (§ 40 Abs. 3). Eine Gebühr ist nicht zu erheben, wenn der Antrag zurückgenommen wird (s. Nr. 1110–1140 KV FamGKG Rdn. 21, auch zum Verfahrenswert bei Teilrücknahme). Bei teilweiser Ablehnung wird die Gebühr nur aus dem Wert des abgelehnten Verfahrensteils berechnet. Soweit die Sprungrechtsbeschwerde zugelassen wird, fällt die Gebühr nach Nr. 1316 an (s. Rdn. 26).

Abschnitt 2. Übrige Familiensachen der freiwilligen Gerichtsbarkeit

Nr. 1320-1328 KV FamGKG

Nr	Gebührentatbestand	Satz der Gebühr nach § 28 FamGKG
Vorbemerkung 1.3.2:		
(1) Dieser Abschnitt gilt für		
1. Abstammungssachen,		
2. Adoptionssachen, die einen Volljährigen betreffen,		
3. Ehewohnungs- und Haushaltssachen,		
4. Gewaltschutzsachen,		
5. Versorgungsausgleichssachen sowie		

Nr. 1320-1328 KV FamGKG

Nr	Gebührentatbestand	Satz der Gebühr nach § 28 FamGKG
\multicolumn{3}{l}{6. Unterhaltssachen, Güterrechtssachen und sonstige Familiensachen (§ 111 Nr. 10 FamFG), die nicht Familienstreitsachen sind.}	

(2) In Adoptionssachen werden für Verfahren auf Ersetzung der Einwilligung zur Annahme als Kind neben den Gebühren für das Verfahren über die Annahme als Kind keine Gebühren erhoben.
(3) Für Verfahren über Bescheinigungen nach Abschnitt 3 Unterabschnitt 2 EUGewSchVG bestimmen sich die Gebühren nach Teil 1 Hauptabschnitt 7.

Unterabschnitt 1
Erster Rechtszug

Nr	Gebührentatbestand	Satz
1320	Verfahren im Allgemeinen	2,0
1321	Beendigung des gesamten Verfahrens 1. ohne Endentscheidung, 2. durch Zurücknahme des Antrags vor Ablauf des Tages, an dem die Endentscheidung der Geschäftsstelle übermittelt wird, wenn die Entscheidung nicht bereits durch Verlesen der Entscheidungsformel bekannt gegeben worden ist, oder 3. wenn die Endentscheidung keine Begründung enthält oder nur deshalb eine Begründung enthält, weil zu erwarten ist, dass der Beschluss im Ausland geltend gemacht wird (§ 38 Abs. 5 Nr. 4 FamFG): Die Gebühr 1320 ermäßigt sich auf .... (1) Die Vervollständigung einer ohne Begründung hergestellten Endentscheidung (§ 38 Abs. 6 FamFG) steht der Ermäßigung nicht entgegen. (2) Die Gebühr ermäßigt sich auch, wenn mehrere Ermäßigungstatbestände erfüllt sind.	0,5

Unterabschnitt 2
Beschwerde gegen die Endentscheidung wegen des Hauptgegenstands

Nr	Gebührentatbestand	Satz
1322	Verfahren im Allgemeinen	3,0
1323	Beendigung des gesamten Verfahrens durch Zurücknahme der Beschwerde oder des Antrags, bevor die Schrift zur Begründung der Beschwerde bei Gericht eingegangen ist: Die Gebühr 1322 ermäßigt sich auf	0,5
1324	Beendigung des gesamten Verfahrens ohne Endentscheidung, wenn nicht Nummer 1323 erfüllt ist: Die Gebühr 1322 ermäßigt sich auf .... (1) Wenn die Entscheidung nicht durch Verlesen der Entscheidungsformel bekannt gegeben worden ist, ermäßigt sich die Gebühr auch im Falle der Zurücknahme der Beschwerde vor Ablauf des Tages, an dem die Endentscheidung der Geschäftsstelle übermittelt wird. (2) Eine Entscheidung über die Kosten steht der Ermäßigung nicht entgegen, wenn die Entscheidung einer zuvor mitgeteilten Einigung über die Kostentragung oder einer Kostenübernahmeerklärung folgt.	1,0

Unterabschnitt 3
Rechtsbeschwerde gegen die Endentscheidung wegen des Hauptgegenstands

Nr	Gebührentatbestand	Satz
1325	Verfahren im Allgemeinen	4,0

Nr. 1320-1328 KV FamGKG

Nr	Gebührentatbestand	Satz der Gebühr nach § 28 FamGKG
1326	Beendigung des gesamten Verfahrens durch Zurücknahme der Rechtsbeschwerde oder des Antrags, bevor die Schrift zur Begründung der Rechtsbeschwerde bei Gericht eingegangen ist: Die Gebühr 1325 ermäßigt sich auf	1,0
1327	Beendigung des gesamten Verfahrens durch Zurücknahme der Rechtsbeschwerde oder des Antrags vor Ablauf des Tages, an dem die Endentscheidung der Geschäftsstelle übermittelt wird, wenn nicht Nummer 1326 erfüllt ist: Die Gebühr 1325 ermäßigt sich auf	2,0
	Unterabschnitt 4 *Zulassung der Sprungrechtsbeschwerde gegen die Endentscheidung wegen des Hauptgegenstands*	
1328	Verfahren über die Zulassung der Sprungrechtsbeschwerde: Soweit der Antrag abgelehnt wird	1,0

Übersicht

	Rdn.		Rdn.
A. Allgemeines	1	I. Verfahrensgebühr (Nr. 1320)	7
I. Geltungsbereich	1	II. Ermäßigung (Nr. 1321)	8
II. Gebührenstruktur	4	C. Rechtsmittelverfahren	10
III. Verfahrenswerte	5	I. Anwendungsbereich	10
IV. Gebührenschuldner	6	II. Beschwerden (Nr. 1322 ff.)	11
B. Gebühren im ersten Rechtszug	7	III. Rechtsbeschwerden (Nr. 1325 ff.)	14

1 **A. Allgemeines. I. Geltungsbereich.** Abschnitt 2 regelt die **Gebühren für Hauptsacheverfahren in selbständigen Familiensachen** der freiwilligen Gerichtsbarkeit, mit Ausnahme der in Abschnitt 1 vorweg geregelten Gebühren in Kindschaftssachen. Die Gebühren für Verfahren, die im Verbund mit der Scheidung geführt werden, richten sich nach Hauptabschnitt 1, die für einstweilige Anordnungsverfahren aus Hauptabschnitt 4. Zu den Gebühren Vollstreckungsverfahren s. Nr. 1600–1603 KV FamGKG Rdn. 1 ff. und in Verfahren mit Auslandsbezug s.u. Rdn. 2. Die im Unterabschnitt 2 und 3 geregelten Gebühren für Beschwerde- und Rechtsbeschwerdeverfahren beziehen sich auf die **Rechtsmittel** gegen Endentscheidungen **wegen des Hauptgegenstands**. Nicht anzuwenden sind sie auf Rechtsmittel gegen Nebenentscheidungen oder in Neben- und Zwischenverfahren, z.B. auf Rechtsmittel gegen die Festsetzung von Zwangsmitteln nach § 35 FamFG oder für Verfahren über Anhörungsrügen, sowie in Kosten- und Vergütungsangelegenheiten, für die Gebühren nach Hauptabschnitt 9 (sonstige Beschwerden) anfallen, s. zur Abgrenzung im Einzelnen Nr. 1910–1930 KV FamGKG Rdn. 1. Für die **Vermittlung der Auseinandersetzung einer Gütergemeinschaft** werden Gebühren nach dem GNotKG erhoben (s. § 80 FamFG Rdn. 26).

2 **Vorbemerkung 1.3.2 Abs. 1** listet die Verfahren, für die Gebühren nach diesem Abschnitt erhoben werden, namentlich auf. Im Einzelnen handelt es sich um
- Abstammungssachen,
- Adoptionssachen, die einen Volljährigen betreffen,
- Ehewohnungs- und Haushaltssachen,
- Gewaltschutzsachen,
- Versorgungsausgleichssachen sowie
- Unterhalts-, Güterrechts- und sonstige Familiensachen (§ 111 Nr. 10 FamFG), die nicht Familienstreitsachen sind.

Für Verfahren und gerichtliche Tätigkeiten im **grenzüberschreitenden Rechtsverkehr**, insbesondere für Anerkennungs- und Exequaturverfahren gelten die Festgebühren nach Hauptabschnitt 7 (s. Nr. 1710–1723 KV FamGKG Rdn. 1 ff.) mit Ausnahme der Verfahren nach dem EU-Gewaltschutzverfahrensgesetz (BGBl. I

2014, S. 1964, 1972, in Kraft seit 11.01.2015, s. dazu *Dutta* FamRZ 2015, 85). Sie richten sich ausnahmsweise nach diesem Abschnitt, wie sich aus der Vorb. 1.7 zu Hauptabschnitt 7 ergibt (vgl. zur Begründung BT-Drucks. 18/2955, S. 37).

Da die **Annahme Minderjähriger** in Vorbemerkung 1.3.2 nicht aufgeführt ist, bleibt sie wie schon nach der KostO gebührenfrei (BT-Drucks. 16/6308); § 1 FamGKG Rdn. 5). Darunter fallen auch die Ersetzung der notwendigen Einwilligungen und die Namensänderung (Keidel/*Engelhardt* § 186 Rn. 44). Anders als in Kindschaftssachen bezieht sich das nicht auch auf die Auslagen, insbesondere können Auslagen für jede Zustellung erhoben werden (s. Nr. 2000–2015 KV FamGKG Rdn. 11). Die Gebühr für das Verfahren zur Annahme als Kind deckt auch die Gebühr für das Verfahren auf Ersetzung der Einwilligung zur Annahme ab (**Vorbemerkung 1.3.2 Abs. 2**). Die in § 198 FamFG genannten Vor- oder Folgeverfahren sind selbstständige Verfahren. Der Wert einer Volljährigenadoption und ihrer Aufhebung samt Nebenverfahren richtet sich jetzt einheitlich nach § 42 Abs. 2, 3 FamGKG (OLG Düsseldorf FamRZ 2010, 1937; s.a. § 42 Rdn. FamGKG 7). 3

II. Gebührenstruktur. Das FamGKG hat den zuvor in der KostO unterschiedlich geregelten Gebühren in selbstständigen Familiensachen der freiwilligen Gerichtsbarkeit eine einheitliche Struktur gegeben, die denen in selbstständigen Familienstreitsachen entspricht. In allen Instanzen wird anstelle der nach der KostO üblichen Akt- oder Entscheidungsgebühr eine **Gebühr für das Verfahren im Allgemeinen** aus dem Wert des jeweiligen Verfahrensgegenstands erhoben. Diese pauschale Wertgebühr deckt grds. sämtliche Tätigkeiten des Gerichts pro Instanz ab, einschließlich der üblichen Post- und Zustellauslagen (s. Nr. 2000–2015 KV FamGKG Rdn. 11). Anders als nach der KostO fällt sie für die Beschwerde oder Rechtsbeschwerde auch an, wenn sie erfolgreich ist (ausgenommen Verfahren auf Zulassung der Sprungrechtsbeschwerde s.u. Rdn. 16). Der Gebührensatz entspricht dem für Ehesachen und Verbundverfahren in Hauptabschnitt 1. Das gilt grds. auch für die Voraussetzungen, unter denen sich die Gebühr bei vorzeitiger Beendigung des Verfahrens ermäßigen kann, wobei die Ermäßigungstatbestände an die Besonderheiten des FG-Verfahrens angepasst wurden. 4

III. Verfahrenswerte. Da die Gebührensätze für in diesem Abschnitt geregelte Verfahren gleich sind, ergeben sich Gebührenunterschiede nur aus den unterschiedlichen Verfahrenswerten, die vielfach als (relative) Festwerte bestimmt sind. Sie sind den allgemeinen und besonderen Wertvorschriften des FamGKG zu entnehmen und nachfolgend für die jeweiligen Verfahrensgegenstände aufgelistet. 5

Verfahrensgegenstand	*Festwert*	*Wertvorschrift (FamGKG)*
Feststellung und Anfechtung der Vaterschaft	2.000 €	§ 47 Satz 1 erste Alt.
Andere Abstammungsverfahren	1.000 €	§ 47 Satz 1 zweite Alt.
Annahme eines volljährigen Kindes		§ 42 Abs. 2
Nutzung der Ehewohnung bei Getrenntleben	3.000 €	§ 48 Abs. 1 erste Alt.
Zuweisung der Ehewohnung nach Scheidung	4.000 €	§ 48 Abs. 1 zweite Alt.
Nutzung von Haushaltssachen bei Getrenntleben	2.000 €	§ 48 Abs. 2 erste Alt.
Zuteilung von Haushaltssachen nach Scheidung	3.000 €	§ 48 Abs. 2 zweite Alt.
Gewaltschutzsachen nach § 1 GewSchG	2.000 €	§ 49 Abs. 1 erste Alt.
Gewaltschutzsachen nach § 2 GewSchG	3.000 €	§ 49 Abs. 1 zweite Alt.
Versorgungsausgleich		§ 50 Abs. 1
Auskunft über Versorgungsanrechte oder Abtretung von Versorgungsansprüchen	500 €	§ 50 Abs. 2
Auswahl des Kindergeldempfängers	500 €	§ 51 Abs. 3
Stundung des Zugewinnausgleichs oder Übertragung von Vermögensgegenständen		§§ 52, 42 Abs. 1

Nr. 1320-1328 KV FamGKG

Verfahrensgegenstand	Festwert	Wertvorschrift (FamGKG)
Genehmigungen und Ersetzung von Erklärungen		§ 36 oder § 42 Abs. 2
Sonstige Verfahrensgegenstände		§ 35 oder § 42

Die angegebenen Festwerte können bei Unbilligkeit im Einzelfall jeweils herab- oder heraufgesetzt werden. Vgl. zur Wertberechnung im Einzelnen die Kommentierung zu den angegebenen Vorschriften.

6 **IV. Gebührenschuldner.** Da das FamG nach § 81 Abs. 1 Satz 3 FamFG grds. in jeder Familiensache eine **Kostenentscheidung** treffen muss (s. zu den vielfältigen Entscheidungsmöglichkeiten bis hin zur Nichterhebung von Gebühren und Auslagen § 81 FamFG Rdn. 13 ff.), ist Schuldner der Gebühren in erster Linie derjenige, dem sie auferlegt wurden oder der sie in einem Vergleich übernommen hat. Wenn das Verfahren nur auf Antrag eingeleitet werden kann oder in Rechtsmittelverfahren, haftet der Staatskasse ggü. auch der **Antragsteller** als Zweitschuldner (s. §§ 21 bis 27 FamGKG Rdn. 17). Davon ausgenommen sind in erster Instanz die Antragsteller in Gewaltschutzverfahren (s. § 21 Abs. 1 Nr. 1 FamGKG). Dasselbe gilt für Minderjährige, da sie von der Antragstellerhaftung in Verfahren, die ihre Person betreffen nach § 21 Abs. 1 Nr. 3 befreit sind. Anders als in § 81 Nr. 3 FamFG beschränkt sich die Freistellung nicht nur auf Kindschaftssachen und betrifft damit auch Abstammungs- und Adoptionssachen (s. §§ 21 bis 27 FamGKG Rdn. 8; HK-FamGKG/*Volpert* Nr. 1320 KV Rn. 47). I.Ü. haften sie, anders als in Kindschaftsverfahren (Vorbem 1.3.1 Abs. 2), unbeschränkt. Zur Gebührenfreiheit des Jugendamts und der zuständigen Behörde in Annahmeverfahren s. § 2 FamGKG Rdn. 1.

7 **B. Gebühren im ersten Rechtszug. I. Verfahrensgebühr (Nr. 1320).** Für das Verfahren im Allgemeinen wird eine Gebühr von 2,0 erhoben. Sie entsteht mit der Anhängigkeit; in Antragsverfahren daher mit dem Eingang des jeweiligen Antrags bei Gericht; in Amtsverfahren kommt es auf dessen Einleitung an (§§ 9 bis 11 FamGKG Rdn. 3 ff.). Ein Antrag auf Vkh reicht nicht aus, selbst wenn ihm ein Hauptsacheantrag beigefügt wird, der den Anforderungen an eine Antragsschrift genügt, aber zugleich deutlich gemacht wird, dass er nur für den Fall der Bewilligung eingereicht werden soll. (BGH NJW-RR 2003, 1558; FamRZ 1996, 1142; OLG Brandenburg FamRZ 2008, 533). Dann wird die Hauptsache erst nach Bewilligung der Vkh anhängig. In Verfahren, die nur auf Antrag eingeleitet werden, soll das Gericht vor Eingang der Verfahrensgebühr den Antrag nicht zustellen (§ 14 Abs. 3 FamGKG), es sei denn dem Antragssteller wurde Verfahrenskostenhilfe bewilligt (s. dazu §§ 12 bis 17 FamGKG Rdn. 8 ff.).

8 **II. Ermäßigung (Nr. 1321).** Die Verfahrensgebühr ermäßigt sich auf **0,5**, wenn
- das gesamte Verfahren **ohne Endentscheidung über den Hauptgegenstand** endet (s. Rdn. 9);
- eine nicht durch Verlesen bekannt gemachte Entscheidung der Geschäftsstelle übergeben und damit erlassen wurde (s. § 38 Abs. 3), der **verfahrensnotwendige Antrag** aber bis zum Ablauf desselben Tages **zurückgenommen** wird; eine Kostenentscheidung schadet nicht (s. Rdn. 9); als zurückgenommen gilt nach § 32 Abs. 4 KostVfg auch ein Antrag, für den eine im Voraus fällige Verfahrensgebühr (s.o. Rdn. 3) nicht gezahlt und das Verfahren deshalb gem. § 7 AktO **weggelegt** wird;
- die **Entscheidung keiner Begründung bedarf.** Dies ist einmal bei einem **Verzicht auf Rechtsmittel** der Fall (§ 38 Abs. 4 Nr. 3 FamFG). Er lässt die Begründungspflicht aber nur entfallen, wenn die Entscheidung in Gegenwart sämtlicher Verfahrensbeteiligten verkündet wird und sie anschließend, nicht notwendig gleichzeitig, auf Rechtsmittel verzichten (s. § 38 FamFG Rdn. 99; Zöller/*Feskorn* § 38 FamFG Rn. 20). Nach § 38 Abs. 4 Nr. 2 FamFG muss die Entscheidung auch dann keine Begründung enthalten, wenn sie **gleichgerichteten Interessen entspricht**, d.h. wenn sie entweder gleichgerichteten Anträgen der Beteiligten stattgibt oder dem erklärten Willen eines Beteiligten nicht widerspricht. War die Begründung nur deshalb erforderlich, weil der Beschluss im Ausland geltend gemacht werden soll, oder wird sie deshalb nachträglich begründet (s. Anm. Abs. 1), hindert das die Ermäßigung nicht. Die Ermäßigung nach Nr. 3 **gilt nicht für Abstammungssachen**, denn sie sind immer zu begründen (s. § 38 Abs. 5 Nr. 4 FamFG).

9 Voraussetzung für eine Ermäßigung ist immer, dass das **gesamte Verfahren** auf die eine oder andere kostenbegünstigte Weise (auch kumulativ, s. Anm. Abs. 1) endet. Ist bereits eine Teilentscheidung ergangen, kann auch dann eine Ermäßigung nicht mehr eintreten, wenn die Beteiligten sich anschließend über sämtliche Verfahrensgegenstände vergleichen. Nach dem Wortlaut der ersten und zweiten Alternative könnte eine Ermäßigung praktisch nie eintreten, weil auch die zwingend und v.A.w. zu treffende **Kostenentschei-**

dung (s. § 81 Abs. 1 Satz 2 FamFG) eine Endentscheidung i.S.d. § 38 FamFG ist. Nach der Systematik des FamGKG gilt die Einschränkung, dass die Ermäßigung bei einer Kostenentscheidung grds. nicht eintritt, aber nur wenn dies ausdrücklich bestimmt ist (s.a. Nr. 1110–1140 KV FamGKG Rdn. 5). Ansonsten kann nur der Verzicht sämtlicher Beteiligter auf ein Rechtsmittel gegen die Kostenentscheidung helfen, denn dann greift die Ermäßigung nach Ziff. 3.

C. Rechtsmittelverfahren. I. Anwendungsbereich. Die in Unterabschnitt 2 geregelten Gebühren betreffen nur **Beschwerden und Rechtsbeschwerden gegen Endentscheidungen wegen des Hauptgegenstands** und damit nicht Beschwerden gegen die Kostengrundentscheidung oder sonstige Neben-, Folge- oder Zwischenentscheidungen, unabhängig davon, ob es sich um Endentscheidungen i.S.d. § 38 FamFG handelt oder mit welchem Rechtsmittel sie angegriffen sind. Das hat der Gesetzgeber durch eine entsprechende Ergänzung der jeweiligen Abschnittsüberschriften für sämtliche Rechtsmittelverfahren durch Art. 5 Abs. 2 des 2. KostRMoG (s. Einl. FamGKG Rdn. 1 ff.) klargestellt; s. dazu im Einzelnen und zu den Gebühren für die Beschwerden über Nebenentscheidungen u.a. Nr. 1910–1930 KV FamGKG Rdn. 1 ff. 10

II. Beschwerden (Nr. 1322 ff.). Nr. 1322: Für das **Beschwerdeverfahren** wird eine allgemeine Verfahrensgebühr von **3,0** erhoben. Wird die Beschwerde des Antragsgegners mit der des Antragsteller gemeinsam verhandelt (s.o.), sind in die Werte zusammenzurechnen (§ 38 Abs. 1, 2 FamGKG). 11

Nr. 1323, 1324: Die Verfahrensgebühr **ermäßigt** sich bei Beendigung des gesamten Verfahrens 12
– **in besonderer Weise** durch Rücknahme der Beschwerde(n) oder des verfahrensnotwendigen Antrags vor ihrer Begründung auf **0,5** – bei mehreren Rechtsmitteln müssen sie sämtlich vor Eingang der ersten Begründung zurückgenommen sein – und
– danach **ganz allgemein** auf **1,0**, wenn das Verfahren ohne Endentscheidung endet. Wenn die Entscheidung über die Beschwerde nicht durch Verlesen bekannt gemacht wurde, gilt dies wie bei Nr. 1321 Ziff. 2 auch, wenn zwar eine Entscheidung erlassen ist, der Antrag aber noch vor Ablauf des Tages, an dem sie der Geschäftsstelle übergeben wurde, zurückgenommen wird (Anm. Abs. 1 zu Nr. 1324; s.a. Rdn. 8). Ergeht nach der Rücknahme oder anderweitigen Erledigung der Hauptsache noch eine Kostenentscheidung steht dies der Ermäßigung nur dann nicht entgegen, wenn sie einer zuvor mitgeteilten Einigung über die Kostentragung oder einer Kostenübernahmeerklärung folgt (Anm. Abs. 2 zu Nr. 1324: s.a. OLG Celle FamRZ 2012, 1969).

Die **Kostenklausel** bei der allgemeinen Ermäßigung berücksichtigt zu wenig, dass in den FG-Familiensachen immer v.A.w. über die Kosten zu entscheiden ist und passt m.E. auch nur für echte Streitverfahren und beispielsweise nicht in Statusverfahren. Um den Ermäßigungstatbestand nicht weitgehend leer laufen zu lassen, sollte die Ermäßigung zumindest bei der Rücknahme des Rechtsmittels dann gewährt werden, wenn die Kostenentscheidung nur die gesetzliche Vorgabe aus § 84 FamFG wiedergibt (s. dazu § 84 FamFG Rdn. 6) und damit eher eine deklaratorische Bedeutung hat (s.a. *Meyer* zu KV GKG 1211 Rn. 30). 13

III. Rechtsbeschwerden (Nr. 1325 ff.). Nr. 1325: Im **Rechtsbeschwerdeverfahren** fällt eine allgemeine Verfahrensgebühr mit einem Gebührensatz von **4,0** an, die sich ebenfalls ermäßigen kann. 14

Nr. 1326, 1327: Die Verfahrensgebühr **ermäßigt** sich, wenn das gesamte Verfahren durch Rücknahme der Rechtsbeschwerde(n) oder des verfahrensnotwendigen Antrags beendet wird: 15
– bei Rücknahme vor Eingang der (ersten) Begründung auf **1,0** und
– danach auf **2,0**, wenn die Rücknahme vor Ablauf des Tages, an dem die Entscheidung über das Rechtsmittel der Geschäftsstelle übergeben wurde, bei Gericht eingeht. Eine Kostenentscheidung schadet nicht, auch wenn sie streitig ist.

Nr. 1328: Für das **Verfahren auf Zulassung der Sprungrechtsbeschwerde** fällt eine **1,0** Gebühr nur an, wenn der Antrag abgelehnt wird. Der Wert des Zulassungsantrags entspricht dem des Rechtsmittels (§ 40 Abs. 3 FamGKG). Eine Gebühr ist nicht zu erheben, wenn der Antrag zurückgenommen wird (s. Nr. 1110–1140 KV FamGKG Rdn. 21, auch zum Verfahrenswert bei Teilrücknahme). Bei teilweiser Ablehnung wird die Gebühr nur aus dem Wert des abgelehnten Verfahrensteils berechnet. Soweit die Sprungrechtsbeschwerde zugelassen wird, fällt die Gebühr nach Nr. 1325 an (s. Rdn. 14). 16

Vorbemerkung 1.4 FamGKG

Hauptabschnitt 4. Einstweiliger Rechtsschutz

Vorbemerkung 1.4 FamGKG:

Nr	Gebührentatbestand	Satz der Gebühr nach § 28 FamGKG
Vorbemerkung 1.4	Im Verfahren über den Erlass einer einstweiligen Anordnung und über deren Aufhebung oder Änderung werden die Gebühren nur einmal erhoben. Dies gilt entsprechend im Arrestverfahren.	

Abschnitt 1. Einstweilige Anordnung in Kindschaftssachen

Nr. 1410-1412 KV FamGKG

Nr	Gebührentatbestand	Satz der Gebühr nach § 28 FamGKG
	Unterabschnitt 1 *Erster Rechtszug*	
1410	Verfahren im Allgemeinen	0,3
	Die Gebühr entsteht nicht für Verfahren, die in den Rahmen einer Vormundschaft oder Pflegschaft fallen, und für Verfahren, die die freiheitsentziehende Unterbringung eines Minderjährigen betreffen.	
	Unterabschnitt 2 *Beschwerde gegen die Endentscheidung wegen des Hauptgegenstands*	
1411	Verfahren im Allgemeinen	0,5
1412	Beendigung des gesamten Verfahrens ohne Endentscheidung: Die Gebühr 1411 ermäßigt sich auf	0,3
	(1) Wenn die Entscheidung nicht durch Verlesen der Entscheidungsformel bekannt gegeben worden ist, ermäßigt sich die Gebühr auch im Falle der Zurücknahme der Beschwerde vor Ablauf des Tages, an dem die Endentscheidung der Geschäftsstelle übermittelt wird.	
	(2) Eine Entscheidung über die Kosten steht der Ermäßigung nicht entgegen, wenn die Entscheidung einer zuvor mitgeteilten Einigung über die Kostentragung oder einer Kostenübernahmeerklärung folgt.	

Übersicht

	Rdn.		Rdn.
A. Allgemeines	1	B. Gebühren (Nr. 1410 ff.)	6

1 A. Allgemeines. Hauptabschnitt 4 regelt die Gebühren für **selbstständige Verfahren über einstweilige Anordnungen** und Abschnitt 1 vorab die **für die in § 151 FamFG aufgezählten Kindschaftssachen** einschließlich der Gebühren in Beschwerdeverfahren. Für die nach § 70 Abs. 4 FamFG unzulässige Rechtsbeschwerde ist eine Gebühr nicht vorgesehen. Die Gebühren für einstweilige Anordnungen einschließlich des Arrests in den übrigen Familiensachen regelt Abschnitt 2 (s. Nr. 1420-1424 KV FamGKG Rdn. 1 ff.). Die in diesem Abschnitt geregelten Gebühren für das **Beschwerdeverfahren** beziehen sich nicht auf Rechtsmittel gegen Nebenentscheidungen und in Zwischen- und Nebenverfahren, die in Hauptabschnitt 9 geregelt sind (zur Abgrenzung und Geltung für isolierte Kostenentscheidungen s. Nr. 1910–1930 KV FamGKG Rdn. 1 f.).

Nr. 1410-1412 KV FamGKG

Anders als für Hauptsacheverfahren in Kindschaftssachen (s. Nr. 1310–1319 KV FamGKG Rdn. 2 und 5) nimmt dieser Abschnitt weder bestimmte Verfahren generell von der Gebührenpflicht aus, noch werden nicht vermögende Minderjährige persönlich von Gebühren befreit. Durch das 2. KostRMoG wurde lediglich die vorläufige Anordnung einer Unterbringung (§§ 167, 331, 332 FamFG i.V.m. § 1846 BGB) in erster Instanz gebührenfrei gestellt (s.u. Rdn. 7). Damit kann wohl nicht mehr unterstellt werden, dass es sich insoweit um ein gesetzgeberisches Versehen handelt. Es verstößt aber gegen den Gleichheitsgrundsatz, Hauptsacheverfahren aus guten Gründen von Gebühren zu befreien, den mit ihnen korrespondierenden vorläufigen Rechtsschutz dagegen nicht. Folglich ist Vorbemerkung 1.3.1 Abs. 1 in verfassungskonformer Auslegung auch in den einstweiligen Anordnungsverfahren anzuwenden (so offenbar auch OLG Naumburg FamRZ 2010, 1919, 1920). Somit sind von den Kindschaftssachen auch die **EA-Verfahren gebührenfrei**, die: 2

– eine Pflegschaft für ein ungeborenes Kind (§ 151 Nr. 5 FamFG),
– die freiheitsentziehende Unterbringung des Kindes in sämtlichen Instanzen (§ 151 Nr. 6 u 7 FamFG) oder
– Aufgaben des Familiengerichts nach dem JGG (§ 151 Nr. 8 FamFG) betreffen.

Entsprechend anzuwenden ist auch Abs. 2 der Vorbemerkung 1.3.1. wonach nicht vermögende Minderjährige **persönlich von Gebühren befreit** sind. Im Übrigen gelten die sonstigen individuellen Freistellungen aus § 2 und § 21 FamGKG auch hier (s. dazu Nr. 1310–1319 KV FamGKG Rdn. 5 und §§ 21 bis 27 FamGKG Rdn. 7).

In beiden Instanzen wird wie in den Hauptsacheverfahren eine **pauschale Verfahrensgebühr** aus dem Wert des jeweiligen Verfahrensgegenstands erhoben, die sämtliche Tätigkeiten des Gerichts pro Instanz abdeckt. Korrespondierend mit den ggü. den sonstigen FG-Verfahren geringeren Gebührensätzen für das Hauptsacheverfahren sind auch die Gebührensätze für EA-Verfahren in Kindschaftssachen besonders niedrig (s. Übersicht in § 3 FamGKG Rdn. 22). Die **Gegenstandswerte** berechnen sich gem. § 41 nach Bruchteil des Werts der Hauptsache, i.d.R. nach dem halben Wert (s. § 41 FamGKG Rdn. 2). 3

Gemäß **Vorbem 1.4** gelten das Anordnungsverfahren und die Verfahren über ihre **Aufhebung oder Änderung** gebührenrechtlich als ein Verfahren, sodass die Gebühr nur einmal erhoben wird. 4

Schuldner der Gebühren ist in erster Linie derjenige, dem sie auferlegt wurden, oder der sie in einem Vergleich übernommen hat und nicht mehr das Kind als Betroffener (s. zur Haftung des Minderjährigen KV 1310–1319 Rn. 7). In Antragsverfahren haftet der jeweilige Antragsteller der Staatskasse als Zweitschuldner, sofern er nicht von der Antragstellerhaftung ausgenommen ist (s. §§ 21 bis 27 FamGKG Rdn. 7 und 17). Ein **Vorschuss** kann weder für Familienstreitsachen und im Allgemeinen auch nicht für FG-Familiensachen gefordert werden (s. §§ 12 bis 17 FamGKG Rdn. 9, 15). Zur Notwendigkeit einer korrigierenden Kostenentscheidung, wenn ein Rechtsmittel vom Kind oder in seinem Interesse eingelegt ist, s. Nr. 1310–1319 KV FamGKG Rdn. 22. 5

B. Gebühren (Nr. 1410 ff.). Nr. 1410: Für **Verfahren vor dem FamG** wird eine allgemeine Verfahrensgebühr mit einem Satz von **0,3** erhoben, der sich wegen seiner geringen Höhe auch nicht ermäßigt. Anders als im Hauptsacheverfahren, in dem nur eine schlichte Verfahrensgebühr erhoben wird, die nicht im Voraus verlangt werden kann, könnte das Gericht daher in Antragsverfahren an sich seine Tätigkeit gem. § 14 Abs. 3 von der **Vorauszahlung** der Gebühr abhängig machen. Dem steht jedoch i.d.R. die Dringlichkeit der Angelegenheit entgegen; die erforderliche Glaubhaftmachung wird sich regelmäßig aus dem Antrag selbst ergeben, ist somit v.A.w. zu beachten (§§ 12 bis 17 FamGKG Rdn. 15; s.a. Keske FPR 2012, 241, 249). 6

Anmerkung zu Nr. 1410: Die Gebühr fällt nicht an in Unterbringungsverfahren (s.o. Rdn. 2) und wenn das Bedürfnis für eine einstweilige Anordnung im Rahmen einer **Vormundschaft oder Pflegschaft** entsteht (s. dazu Nr. 1310–1319 KV FamGKG Rdn. 11, 17). Dies muss wie in Betreuungssachen auch gelten, wenn die Vormundschaft oder Pflegschaft selbst einstweilen angeordnet wird (s. zu Betreuungsverfahren die Anm. zu Nr. 16110 KV GNotKG und zur Begründung BT-Drucks. 17/11471, S. 215). Die Bestellung eines Umgangspflegers im EA-Verfahren löst keine besonderen Gebühren aus (s. Nr. 1310–1319 KV FamGKG Rdn. 10). 7

Nr. 1411: Für **Beschwerden gegen die Endentscheidung** wegen des Hauptgegenstands wird eine **allgemeine Verfahrensgebühr** von **0,5** erhoben. Sie fällt auch an, wenn die Beschwerde nach § 57 FamFG unzulässig ist (zur eingeschränkten Zulässigkeit der Beschwerde s. § 57 FamFG Rdn. 8). Zu den Gebühren in Beschwerdeverfahren über Nebenentscheidungen u.a. s. Rdn. 1. 8

Nr. 1420-1424 KV FamGKG

9 **Nr. 1412:** Die Verfahrensgebühr **ermäßigt** sich auf die Hälfte (**0,3**), wenn das gesamte Beschwerdeverfahren ohne gerichtliche Entscheidung in der Hauptsache beendet wird. Wenn die Entscheidung nicht durch Verlesen bekannt gemacht wurde, gilt dies auch, wenn zwar eine Entscheidung erlassen ist, die Beschwerde aber noch vor Ablauf des Tages, an dem die Entscheidung über die Beschwerde der Geschäftsstelle übergeben wurde, zurückgenommen wird (Anm. Abs. 1). Dass sie bereits bekannt gegeben oder ihre Zustellung veranlasst wurde, schadet nicht.

Ergeht nach Beendigung der Hauptsache noch eine **Kostenentscheidung** steht dies der Ermäßigung dann nicht entgegen, wenn sie einer zuvor mitgeteilten Einigung über die Kostentragung oder einer Kostenübernahmeerklärung folgt (Anm. Abs. 2). Diese Kostenklausel berücksichtigt zu wenig, dass in den Kindschaftssachen immer v.A.w. über die Kosten zu entscheiden ist und passt m.E. auch nur für echte Streitverfahren und nicht in fürsorgenden Angelegenheiten. Die Ermäßigung sollte zumindest dann gewährt werden, wenn die Kostenentscheidung lediglich die gesetzliche Folge einer Rücknahme nach § 84 FamFG ausspricht (vgl. Nr. 1320–1328 KV FamGKG Rdn. 13).

Abschnitt 2. Einstweilige Anordnung in den übrigen Familiensachen und Arrest

Nr. 1420-1424 KV FamGKG

Nr	Gebührentatbestand	Satz der Gebühr nach § 28 FamGKG
Vorbemerkung 1.4.2:		
Dieser Abschnitt gilt für Familienstreitsachen und die in Vorbemerkung 1.3.2 genannten Verfahren.		
Unterabschnitt 1 *Erster Rechtszug*		
1420	Verfahren im Allgemeinen	1,5
1421	Beendigung des gesamten Verfahrens ohne Endentscheidung:	
	Die Gebühr 1420 ermäßigt sich auf	0,5
	(1) Wenn die Entscheidung nicht durch Verlesen der Entscheidungsformel bekannt gegeben worden ist, ermäßigt sich die Gebühr auch im Falle der Zurücknahme des Antrags vor Ablauf des Tages, an dem die Endentscheidung der Geschäftsstelle übermittelt wird.	
	(2) Eine Entscheidung über die Kosten steht der Ermäßigung nicht entgegen, wenn die Entscheidung einer zuvor mitgeteilten Einigung über die Kostentragung oder einer Kostenübernahmeerklärung folgt.	
Unterabschnitt 2 *Beschwerde gegen die Endentscheidung wegen des Hauptgegenstands*		
1422	Verfahren im Allgemeinen	2,0
1423	Beendigung des gesamten Verfahrens durch Zurücknahme der Beschwerde oder des Antrags, bevor die Schrift zur Begründung der Beschwerde bei Gericht eingegangen ist:	
	Die Gebühr 1422 ermäßigt sich auf	0,5
1424	Beendigung des gesamten Verfahrens ohne Endentscheidung, wenn nicht Nummer 1423 erfüllt ist:	
	Die Gebühr 1422 ermäßigt sich auf	1,0

Nr. 1420-1424 KV FamGKG

Nr	Gebührentatbestand	Satz der Gebühr nach § 28 FamGKG
	(1) Wenn die Entscheidung nicht durch Verlesen der Entscheidungsformel bekannt gegeben worden ist, ermäßigt sich die Gebühr auch im Falle der Zurücknahme der Beschwerde vor Ablauf des Tages, an dem die Endentscheidung der Geschäftsstelle übermittelt wird.	
	(2) Eine Entscheidung über die Kosten steht der Ermäßigung nicht entgegen, wenn die Entscheidung einer zuvor mitgeteilten Einigung über die Kostentragung oder einer Kostenübernahmeerklärung folgt.	

Übersicht

	Rdn.		Rdn.
A. Allgemeines	1	I. Erster Rechtszug (Nr. 1420, 1421)	6
B. Gebühren	6	II. Beschwerdeverfahren	8

A. Allgemeines. Geltungsbereich: Dieser Abschnitt regelt die Gebühren für einstweilige **Anordnungs- und Arrestverfahren** in selbstständigen Familienstreitsachen sowie für einstweilige Anordnungen in selbstständigen Familiensachen der freiwilligen Gerichtsbarkeit mit Ausnahme der Gebühren in Kindschaftssachen, die gesondert in Abschnitt 1 geregelt sind. Die in diesem Abschnitt geregelten Gebühren für das **Beschwerdeverfahren** beziehen sich nicht auf Rechtsmittel gegen Nebenentscheidungen und in Zwischen- und Nebenverfahren, die in Hauptabschnitt 9 geregelt sind (zur Abgrenzung und Geltung für isolierte Kostenentscheidungen s. Nr. 1910–1930 KV FamGKG Rdn. 1 f.). Auf die Art der Beschwerde komm es nicht an. Auch wenn das Beschwerdegericht eine Beschwerde gegen die Zurückweisung eines Arrestantrags ohne mündliche Verhandlung als sofortige Beschwerde gem. §§ 567 ff. ZPO behandelt, richten sich die Gebühren nach Hauptabschnitt 4 und nicht nach der Auffangvorschrift in Hauptabschnitt 9 (s. Nr. 1910–1930 KV FamGKG Rdn. 1; a.A. *Schneider* FamRZ 2012, 1782). Für die nach § 70 Abs. 4 FamFG unzulässige Rechtsbeschwerde ist eine Gebühr in diesem Abschnitt nicht vorgesehen; für sie fallen daher Gebühren nach Nr. 1923 f. KV FamGKG an. 1

Vorbem. 1.4.2: Wegen der Geltung in den Angelegenheiten der freiwilligen Gerichtsbarkeit verweist die Vorbemerkung auf die in der Vorbemerkung 1.3.2 namentlich aufgeführten Verfahren (s. dazu Nr. 1320–1328 KV FamGKG Rdn. 1). Dem entsprechend sind einstweilige Anordnungen in Verfahren, die die **Annahme Minderjähriger** betreffen, **gebührenfrei** (s.a. Nr. 1320–1328 KV FamGKG Rdn. 3). 2

In beiden Instanzen wird wie in den Hauptsacheverfahren eine **allgemeine Verfahrensgebühr** aus dem Wert des jeweiligen Verfahrensgegenstands erhoben, die sämtliche Tätigkeiten des Gerichts pro Instanz abdeckt. Die Gebührensätze sind geringer als in den Hauptsacheverfahren, unterscheiden aber nicht zwischen Familienstreitsachen und FG-Familiensachen. Die **Gegenstandswerte** für einstweilige Anordnungen berechnen sich gem. § 41 FamGKG nach einem Bruchteil des Werts der Hauptsache, i.d.R. nach dem halben Wert (s. § 41 FamGKG Rdn. 2 und zum Wert eines Arrestverfahrens § 42 FamGKG Rdn. 6). 3

Gemäß **Vorbem. 1.4** gelten das Anordnungsverfahren und die Verfahren über ihre **Aufhebung oder Änderung** gebührenrechtlich als ein Verfahren, sodass die Gebühr nur einmal erhoben wird (s. Nr. 1410–1412 KV FamGKG Rdn. 4). 4

Schuldner der Gebühren ist in erster Linie derjenige, dem sie auferlegt wurden oder der sie in einem Vergleich übernommen hat und in Antragsverfahren auch der jeweilige Antragsteller als Zweitschuldner (s. §§ 21 bis 27 Rdn. 17). Auch hier gilt die besondere Freistellung des Antragstellers von der Haftung für die Gebühren (s. i.E. Nr. 1320-1328 KV FamGKG Rdn. 6). 5

B. Gebühren. I. Erster Rechtszug (Nr. 1420, 1421). Nr. 1420: Für das Verfahren wird eine **allgemeine Verfahrensgebühr** mit einem Satz von **1,5** erhoben, der sich anders als in Kindschaftssachen ermäßigen *kann. In Familienstreitsachen* verringert sich somit die Verfahrensgebühr ggü. der des Hauptsacheverfahrens um die Hälfte, bei FG-Sachen dagegen nur um ein Viertel. Gem. § 14 Abs. 2 FamGKG kann das Gericht seine Tätigkeit im einstweiligen Rechtsschutz in Familienstreitsachen nicht (mehr) von der **Vorauszahlung** der Gebühr abhängig machen. Diese Regelung wurde erst durch das 2. KostRMoG eingefügt und gilt entsprechend auch in FG-Antragsverfahren (HK-FamGKG/*Fölsch* Vor Hauptabschnitt 4 Rn. 41; s.a. 6

Nr. 1500-1503 KV FamGKG

§§ 12 bis 17 FamGKG Rdn. 9 ff.). I.Ü. steht der sog. Abhängigmachung i.d.R. auch die Dringlichkeit der Angelegenheit entgegen (s. §§ 12 bis 17 FamGKG Rdn. 15).

7 **Nr. 1421:** Die Verfahrensgebühr **ermäßigt** sich auf **0,5**, wenn das gesamte Beschwerdeverfahren ohne gerichtliche Entscheidung in der Hauptsache beendet wird. Wenn die Entscheidung nicht durch Verlesen bekannt gemacht wurde, gilt dies auch, wenn zwar eine Entscheidung erlassen ist, die Beschwerde oder der verfahrensnotwendige Antrag aber noch vor Ablauf des Tages, an dem die Entscheidung über die Beschwerde der Geschäftsstelle übergeben wurde, zurückgenommen wird (Anm. Abs. 1). Dass sie bereits bekannt gegeben oder ihre Zustellung veranlasst wurde, schadet nicht. Die Rücknahme des verfahrensnotwendigen Antrags ist hier zwar nicht genannt, dürfte aber ebenfalls zur Ermäßigung führen, wenn sie das gesamte Verfahren beendet.

Ergeht nach Beendigung der Hauptsache noch eine Kostenentscheidung steht dies der Ermäßigung dann nicht entgegen, wenn sie einer zuvor mitgeteilten Einigung über die Kostentragung oder einer Kostenübernahmeerklärung folgt (Anm. Abs. 2). Zur Problematik dieser Regelung in FG-Verfahren s. Nr. 1320-1328 KV FamGKG Rdn. 9).

8 **II. Beschwerdeverfahren. Nr. 1422:** Für das Beschwerdeverfahren wird eine **allgemeine Verfahrensgebühr** von **2,0** erhoben; zum Geltungsbereich s.o. Rdn. 1. Sie fällt auch an, wenn die Beschwerde nach § 57 FamFG unzulässig ist (zur eingeschränkten Zulässigkeit der Beschwerde s. § 57 FamFG Rdn. 8).

9 **Nr. 1423, 1424:** Die Verfahrensgebühr **ermäßigt** sich bei Beendigung des gesamten Verfahrens
- durch Rücknahme der Beschwerde(n) oder des verfahrensnotwendigen Antrags vor ihrer Begründung auf **0,5** – bei mehreren Rechtsmitteln müssen sämtlich vor Eingang der ersten Begründung zurückgenommen sein – und
- danach auf **1,0**, wenn das Verfahren ohne Endentscheidung endet. Wenn die Entscheidung über die Beschwerde nicht durch Verlesen bekannt gemacht wurde, gilt dies wie bei Nr. 1324 nach Anm. Abs. 1 zu Nr. 1424 auch, wenn zwar eine Entscheidung erlassen ist, die Beschwerde aber noch vor Ablauf des Tages, an dem die Entscheidung der Geschäftsstelle übergeben wurde, zurückgenommen wird (s. Nr. 1320–1328 KV FamGKG Rdn. 11). Dass sie bereits bekannt gegeben oder ihre Zustellung veranlasst wurde, schadet nicht.

Ergeht nach Beendigung der Hauptsache noch eine **Kostenentscheidung** steht dies der Ermäßigung nicht entgegen, wenn sie einer zuvor mitgeteilten Einigung über die Kostentragung oder einer Kostenübernahmeerklärung folgt (Anm. Abs. 2 zu Nr. 1424). Dasselbe muss m.E. auch gelten, wenn die Kostenentscheidung lediglich die gesetzliche Folge einer Rücknahme ausspricht (s. Nr. 1320–1328 KV FamGKG Rdn. 13). I. Ü. passt diese Kostenklausel nur für echte Streitverfahren und nicht in fürsorgenden Angelegenheiten der freiwilligen Gerichtsbarkeit und Statusverfahren.

Hauptabschnitt 5. Besondere Gebühren

Nr. 1500-1503 KV FamGKG

Nr	Gebührentatbestand	Gebühr oder Satz der Gebühr nach § 28 FamGKG
1500	Abschluss eines gerichtlichen Vergleichs: Soweit ein Vergleich über nicht gerichtlich anhängige Gegenstände geschlossen wird .... Die Gebühr entsteht nicht im Verfahren über die Verfahrenskostenhilfe. Im Verhältnis zur Gebühr für das Verfahren im Allgemeinen ist § 30 Abs. 3 FamGKG entsprechend anzuwenden.	0,25
1501	Auferlegung einer Gebühr nach § 32 FamGKG wegen Verzögerung des Verfahrens	wie vom Gericht bestimmt

Nr. 1500-1503 KV FamGKG

Nr	Gebührentatbestand	Gebühr oder Satz der Gebühr nach § 28 FamGKG
1502	Anordnung von Zwangsmaßnahmen durch Beschluss nach § 35 FamFG:	
	je Anordnung	20,00 €
1503	Selbständiges Beweisverfahren	1,0

Nr. 1500 in der bis 31.07.2013 geltenden Fassung:

1500	Abschluss eines gerichtlichen Vergleichs:	
	Soweit der Wert des Vergleichsgegenstands den Wert des Verfahrensgegenstands übersteigt	0,25
	Die Gebühr entsteht nicht im Verfahren über die Prozess- oder Verfahrenskostenhilfe.	

Übersicht

	Rdn.		Rdn.
A. Vergleichsgebühr (Nr. 1500)	2	C. Zwangsmittelverfahren (Nr. 1502)	9
B. Verfahren nach § 32 FamGKG (Nr. 1501)....	8	D. Selbstständiges Beweisverfahren (Nr. 1503) ..	10

Dieser Hauptabschnitt regelte ursprünglich nur einzelne Akt – oder **Handlungsgebühren, die zusätzlich** 1
zu den in den anderen Hauptabschnitten geregelten Gebühren **erhoben werden können.** Seit 28.12.2010
ist er in Nr. 1503 um die Gebühr für das selbstständige Beweisverfahren erweitert worden (s.u. Rdn. 10).

A. Vergleichsgebühr (Nr. 1500). Die Vorschrift regelt die Gebühr für die Protokollierung eines (wirk- 2
samen) **Vergleichs über nicht anhängige Gegenstände** oder dessen Bestätigung nach § 36 FamFG bzw.
§ 113 FamFG i.V.m. § 278 Abs. 6 ZPO. Sie entspricht vor und nach der Neufassung durch das 2. KostR-
MoG (s. Einl. FamGKG Rdn. 1 ff.) inhaltlich dem in gleicher Weise geänderten Nr. 1900 KV GKG. Für Vergleiche über anhängige Gegenstände wird keine gesonderte Gebühr erhoben, denn ihre Protokollierung ist
mit der Verfahrensgebühr abgegolten. Das gilt nach der geänderten Formulierung unzweifelhaft auch, soweit ein Vergleich über Gegenstände geschlossen wird, die in einem anderen Verfahren anderweitig anhängig sind, denn die Mehrvergleichsgebühr soll nur die entgangene Verfahrensgebühr abgelten (BT-Drucks.
17/11471, S. 216, 253; *Schneider* NZFam 2014, 550; Binz/Dorndörfer/*Zimmermann* GKG KV 1900 Rn. 12;
so schon zum alten Recht: OLG Köln NJW-RR 2010, 1512). Es wird eine gesonderte Wertgebühr (nur) **aus
dem Wert der nicht anhängigen Gegenstands** mit einem Satz von unverändert 0,25 erhoben (zu seiner Ermittlung s. Rdn. 6). Bis zur Änderung dieser Vorschrift durch das 2. KostRMoG war umstritten, ob nur die
Differenz zwischen Vergleichswert und dem Verfahrenswert maßgeblich ist (so die h.M. z.B. OLG München
JurBüro 2009, 491) oder ob allein der Wert der nicht anhängigen Gegenstände zugrunde zu legen ist (so
z.B. HK-FamGKG/N. *Schneider* KV 1500 Rn. 4). Der Gesetzgeber hat sich zu Recht für die letztgenannte
Auffassung entschieden (zur Begründung vgl. BT-Drucks. 17/11471, S. 216, 253). Nur so kann der zusätzliche Aufwand des Gerichts auch dann berücksichtigt werden, wenn die anhängigen Gegenstände nicht ebenfalls durch Vergleich erledigt werden.

Wegen des geringen Gebührensatzes unterschreitet die Wertgebühr bei Gegenstandswerten bis 1.000 € die 3
gesetzlich vorgeschriebene **Mindestgebühr** von jetzt 15 € und ist auf diese anzuheben (s. § 28 FamGKG
Rdn. 3).

Um die Kosten für die vergleichsweise Erledigung nicht anhängiger Gegenstände nicht teuerer werden zu 4
lassen, als wenn sie (im selben Verfahren) anhängig gewesen wären, wurde in Satz 2 der Anmerkung zu
Nr. 1500 zugleich eine **entsprechende Anwendung des § 30 Abs. 3 FamGKG** bestimmt (ähnlich schon
OLG Köln NJW-RR 2010, 1512; HK-FamGKG/*Schneider* KV 1500 Rn. 33). Das bedeutet, dass eine **Vergleichsrechnung** vorzunehmen ist, bei der die nach Nr. 1500 angefallene Gebühr wie eine Verfahrens-

gebühr behandelt wird und die Summe beider Gebühren nicht höher sein darf als eine Verfahrensgebühr aus den aufaddierten Gegenstandswerten (s. § 30 Rdn. 4 mit Beispiel: s.a. *Schneider* NZFam 2014, 550).

5   Vergleiche im **Vkh-Verfahren** sind immer gebührenfrei (s. Satz 1 der Anm. zu Nr. 1500). Die Beschränkung auf die Vkh durch das 2. KostRMoG geschah im Hinblick auf die Vorgaben des § 113 Abs. 2 FamFG (BT-Drucks. 17/11471, S. 253), schließt damit dem Wortlaut nach aber Vergleiche in Verfahren über die grenzüberschreitende Kostenhilfe, die nach wie vor – auch soweit sie Familiensachen betrifft – als Prozesskostenhilfe bezeichnet wird, aus. Dieses offensichtlich ungewollte Ergebnis muss durch verfassungskonforme Auslegung der Anmerkung korrigiert werden.

6   Der **Wert** ist immer nach den Wertvorschriften des Verfahrens zu berechnen, in dem die Einigung erfolgt (Binz/Dorndörfer/*Zimmermann* GKG KV 1900 Rn. 7); in familiengerichtlichen Verfahren also nach dem FamGKG, auch wenn der Gegenstand des Vergleichs keine Familiensache ist. Maßgeblich ist nicht der Wert, auf den sich die Beteiligten verglichen haben, sondern der Betrag, um den gestritten wurde (Binz/Dorndörfer/*Zimmermann* GKG KV 1900 Rn. 7 ff.; OLG Köln AGS 2007, 322 m. Anm. *Schneider*; s.a. § 42 FamGKG Rdn. 5).

7   Die Gebühr **schulden** nach § 21 Abs. 2 FamGKG allein die am Abschluss des Mehrvergleichs Beteiligten, und zwar als Gesamtschuldner (§ 26 Abs. 1 FamGKG), wenn sie keine abweichende Regelung getroffen haben. Zur Festsetzung der Kosten für den Mehrvergleich nach §§ 103 ff. ZPO s. § 85 FamFG Rdn. 8.

8   **B. Verfahren nach § 32 FamGKG (Nr. 1501).** Diese Ziffer stellt lediglich klar, dass für die Anordnung einer **Verzögerungsgebühr**, die das Gericht nach § 32 FamGKG erheben kann, keine zusätzliche Gebühr anfällt.

9   **C. Zwangsmittelverfahren (Nr. 1502).** Die Vorschrift betrifft die Anordnung von **Zwangsmitteln nach § 35 FamFG**, die das Gericht zur Durchsetzung verfahrensleitender Anordnungen gegen Verfahrensbeteiligte oder Dritte oder im Rahmen seiner Aufsichtspflicht gegen Vormünder oder Pfleger verhängt. Für jede einzelne Anordnung fällt eine gesonderte Gebühr i.H.v. jetzt 20 € (vorher 15 €) an. Das gilt nicht nur für Anordnungen nach § 35 Abs. 1 FamFG, sondern auch für Anordnungen nach § 35 Abs. 4 FamFG (Prütting/Helms/*Klüsener* FamGKG KV 1502 Rn. 3). Die Verhängung eines Ordnungsgeldes gem. § 33 Abs. 2 FamFG fällt nicht darunter und ist demnach gebührenfrei. Die Gebühr schuldet der Betroffene (s. § 35 FamFG Rdn. 11).

10 **D. Selbstständiges Beweisverfahren (Nr. 1503).** Diese Vorschrift wurde durch Art. 14 Nr. 4a des Gesetzes zur Umsetzung der Dienstleistungsrichtlinie in der Justiz und zur Änderung weiterer Vorschriften (BGBl. I 2010, S. 2248, 2252) mit Wirkung zum 28.12.2010 in das FamGKG eingefügt und hat damit eine Regelungslücke für das **selbstständige Beweisverfahren nach §§ 485 ff. ZPO** beseitigt. Seither wird für das selbstständige Beweisverfahren eine **Wertgebühr** von 1,0 erhoben. Sie wird nach § 9 Abs. 1 FamGKG mit der Einreichung des Antrags fällig. Da sie nicht als Gebühr »für das Verfahren im Allgemeinen« bezeichnet ist, kann sie zwar unverzüglich geltend gemacht, die Zustellung des Antrags an den Gegner aber wie im GKG nicht von ihrer vorherigen Einzahlung abhängig gemacht werden (**keine Vorauszahlung**, s.a. Nr. 1310–1319 KV FamGKG Rdn. 8, §§ 12 bis 17 FamGKG Rdn. 10; a.A. *Schneider* FamRB 2011, 127). Die Gebühr nach Nr. 1503 entsteht **neben der Gebühr für das Hauptsacheverfahren** und kann für mehrere Anträge mehrfach anfallen (Zöller/*Herget* § 490 Rn. 9). Anders als das RVG (Vorbem 3 Abs. 5 VV RVG) sieht das FamGKG ebenso wie das GKG **keine Anrechnung** der Gebühr für das selbstständige Beweisverfahren auf die des nachfolgenden Hauptsacheverfahrens vor.

11 Das Verfahren endet grds. **ohne Kostenentscheidung**. Eine Ausnahme macht § 495a Abs. 2 ZPO allein für den Fall, dass der Antragsteller nicht fristgerecht Klage in der Hauptsache erhebt. Die Gebühren für das Beschwerdeverfahren richten sich in diesem Fall nach Nr. 1910 ff. KV FamGKG (s. dort). Wenn keine Hauptsache anhängig ist, lässt die Rechtsprechung darüber hinaus auch eine Kostenentscheidung bei Rücknahme des Antrags zu (BGH NJW-RR 2005, 1015). Ansonsten können die Kosten des selbstständigen Beweisverfahrens, auch wenn es übereinstimmend für erledigt erklärt wird (BGH NJW 2007, 3721), nur als gerichtliche Kosten des Hauptsacheverfahrens i.S.v. § 91 ZPO berücksichtigt werden (s. dazu *Keske* FPR 2012, 241, 247; Zöller/*Herget* § 91 Rn. 13 m.w.N.).

Nr. 1600-1603 KV FamGKG

Hauptabschnitt 6. Vollstreckung

Nr. 1600-1603 KV FamGKG

Nr.	Gebührentatbestand	Gebühr
	Vorbemerkung 1.6: Die Vorschriften dieses Hauptabschnitts gelten für die Vollstreckung nach Buch 1 Abschnitt 8 FamFG, soweit das Familiengericht zuständig ist. Für Handlungen durch das Vollstreckungs- oder Arrestgericht werden Gebühren nach dem GKG erhoben.	
1600	Verfahren über den Antrag auf Erteilung einer weiteren vollstreckbaren Ausfertigung (§ 733 ZPO)	20,00 €
	Die Gebühr wird für jede weitere vollstreckbare Ausfertigung gesondert erhoben. Sind wegen desselben Anspruchs in einem Mahnverfahren gegen mehrere Personen gesonderte Vollstreckungsbescheide erlassen worden und werden hiervon gleichzeitig mehrere weitere vollstreckbare Ausfertigungen beantragt, wird die Gebühr nur einmal erhoben.	
1601	Anordnung der Vornahme einer vertretbaren Handlung durch einen Dritten	20,00 €
1602	Anordnung von Zwangs- oder Ordnungsmitteln:	
	je Anordnung	20,00 €
	Mehrere Anordnungen gelten als eine Anordnung, wenn sie dieselbe Verpflichtung betreffen. Dies gilt nicht, wenn Gegenstand der Verpflichtung die wiederholte Vornahme einer Handlung oder eine Unterlassung ist.	
1603	Verfahren zur Abnahme einer eidesstattlichen Versicherung (§ 94 FamFG)	35,00 €
	Die Gebühr entsteht mit der Anordnung des Gerichts, dass der Verpflichtete eine eidesstattliche Versicherung abzugeben hat, oder mit dem Eingang des Antrags des Berechtigten.	

Übersicht

	Rdn.		Rdn.
A. Allgemeines	1	B. Einzelheiten	3

A. Allgemeines. Hauptabschnitt 6 regelt gemäß Satz 1 der Vorb. 1.6. nur die Gebühren in **Vollstreckungssachen nach den Regeln der §§ 88 ff. FamFG**, soweit das Familiengericht als Vollstreckungsorgan zuständig ist; für die Anordnung nach § 35 FamFG gilt Nr. 1502 KV FamGKG. Die Gebühren für Vollstreckungshandlungen nach der ZPO durch das Vollstreckungsgericht (§ 95 FamFG) richten sich nach Vorbem 1.6 dagegen weiterhin nach dem GKG, ebenso wenn sie das FamG als Arrestgericht vornimmt (s.a. § 1 FamGKG Rdn. 2; BT-Drucks. 16/6308 S. 315). Im Allgemeinen wird dies auch für die Vollstreckung durch das Familiengericht in Familienstreitsachen nach § 120 FamFG i.V.m. §§ 733; 887 ff. ZPO angenommen. Tatsächlich besteht wohl eine Regelungslücke (*Schulte-Bunert* FuR 2013, 146, 148). 1

Es werden **ausschließlich Festgebühren** erhoben, und zwar in gleicher Höhe wie nach dem GKG oder GNotKG für dieselbe Handlung. Sie wurden durch das 2. KostRMoG in sämtlichen Kostengesetzen angehoben (zur Übergangsregelung s. Einl. FamGKG Rdn. 1 ff.). 2

B. Einzelheiten. Nr. 1600: Bestimmt für die **Erteilung einer weiteren vollstreckbaren Ausfertigung** eine Gebühr von jetzt 15 €, die vom Rechtspfleger des Familiengerichts, das die Entscheidung erlassen hat, erteilt wird. Werden mehrere vollstreckbare Ausfertigungen benötigt, fällt die Gebühr für jede gesondert an (s. Anm. zu Nr. 1600). 3

Nr. 1710-1723 KV FamGKG

4 **Nr. 1601, 1602:** Für die **Anordnung unmittelbaren Zwangs** nach § 90 FamFG wird ebenfalls eine Gebühr von 15 € erhoben. Dasselbe gilt für die Anordnung von **Ordnungsmitteln** nach 89 FamFG und **Zwangsmittel** innerhalb der Vollstreckung oder der Vornahme einer Handlung durch Dritte nach § 95 FamFG. Betreffen **mehrere Anordnungen** dieselbe Verpflichtung, z.B. die Annäherung zu unterlassen, fällt die Gebühr nur einmal an. Hat dagegen der Verpflichtete eine Handlung wiederholt zu erbringen, z.B. das Kind zum Umgang bereitzuhalten, fällt die Gebühr für jede Anordnung an (Anm. zu Nr. 1602; Prütting/Helms/*Klüsener* FamGKG-KV 1600 ff. Rn. 4).

5 **Nr. 1603:** Für das Verfahren auf Abnahme einer vor dem FamG abzugebenden **Versicherung an Eides statt** aufgrund einer Anordnung nach § 94 Satz 1 FamFG wird eine Verfahrensgebühr von jetzt 35 € (früher 30 €) erhoben, die mit der Anordnung entsteht. Für die in die Zuständigkeit des Vollstreckungsgerichts fallende Abnahme der eidesstattlichen Versicherung nach bürgerlichem Recht (§ 889 ZPO) werden Gebühren nach dem GKG erhoben und für die Abgabe einer freiwilligen Versicherung an Eides statt (§ 410 FamFG) nach dem GNotKG (s. § 410 Rdn. 24 ff.).

Hauptabschnitt 7. Verfahren mit Auslandsbezug

Nr. 1710-1723 KV FamGKG

Nr.	Gebührentatbestand	Gebühr n.F.
Vorbemerkung 1.7: In Verfahren nach dem EUGewSchVG, mit Ausnahme der Verfahren über Bescheinigungen nach Abschnitt 3 Unterabschnitt 2 EUGewSchVG, bestimmen sich die Gebühren nach Teil 1 Hauptabschnitt 3 Abschnitt 2.		
	Abschnitt 1 *Erster Rechtszug*	
1710	Verfahren über Anträge auf 1. Erlass einer gerichtlichen Anordnung auf Rückgabe des Kindes oder über das Recht zum persönlichen Umgang nach dem IntFamRVG, 2. Vollstreckbarerklärung ausländischer Titel, 3. Feststellung, ob die ausländische Entscheidung anzuerkennen ist, einschließlich der Anordnungen nach § 33 IntFamRVG zur Wiederherstellung des Sorgeverhältnisses, 4. Erteilung der Vollstreckungsklausel zu ausländischen Titeln und 5. Aufhebung oder Abänderung von Entscheidungen in den in den Nummern 2 bis 4 genannten Verfahren	240,00 €
1711	Verfahren über den Antrag auf Ausstellung einer Bescheinigung nach § 57 AVAG, § 48 IntFamRVG oder § 14 EUGewSchVG oder auf Ausstellung des Formblatts oder der Bescheinigung nach § 71 Abs. 1 AUG	15,00 €
1712	Verfahren über den Antrag auf Ausstellung einer Bestätigung nach § 1079 ZPO	20,00 €
1713	Verfahren nach 1. § 3 Abs. 2 des Gesetzes zur Ausführung des Vertrags zwischen der Bundesrepublik Deutschland und der Republik Österreich vom 6. Juni 1959 über die gegenseitige Anerkennung und Vollstreckung von gerichtlichen Entscheidungen, Vergleichen und öffentlichen Urkunden in Zivil- und Handelssachen in der im	

Nr.	Gebührentatbestand	Gebühr n.F.
	Bundesgesetzblatt Teil III, Gliederungsnummer 319–12, veröffentlichten bereinigten Fassung, das zuletzt durch Artikel 23 des Gesetzes vom 27. Juli 2001 (BGBl. I S. 1887) geändert worden ist, und	
	2. § 34 Abs. 1 AUG	60,00 €
1714	Verfahren über den Antrag nach § 107 Abs. 5, 6 und 8, § 108 Abs. 2 FamFG:	
	Der Antrag wird zurückgewiesen	240 €
1715	Beendigung des gesamten Verfahrens durch Zurücknahme des Antrags vor Ablauf des Tages, an dem die Endentscheidung der Geschäftsstelle übermittelt wird, wenn die Entscheidung nicht bereits durch Verlesen der Entscheidungsformel bekannt gegeben worden ist:	
	Die Gebühr 1710 oder 1714 ermäßigt sich auf	90,00 €
	Abschnitt 2 *Beschwerde und Rechtsbeschwerde gegen die Endentscheidung wegen des Hauptgegenstands*	
1720	Verfahren über die Beschwerde oder Rechtsbeschwerde in den in den Nummern 1710, 1713 und 1714 genannten Verfahren	360,00 €
1721	Beendigung des gesamten Verfahrens durch Zurücknahme der Beschwerde, der Rechtsbeschwerde oder des Antrags, bevor die Schrift zur Begründung des Rechtsmittels bei Gericht eingegangen ist:	
	Die Gebühr 1720 ermäßigt sich auf	90,00 €
1722	Beendigung des gesamten Verfahrens ohne Endentscheidung, wenn nicht Nummer 1721 erfüllt ist:	
	Gebühr 1720 ermäßigt sich auf	180,00 €
	(1) Wenn die Entscheidung nicht durch Verlesen der Entscheidungsformel bekannt gegeben worden ist, ermäßigt sich die Gebühr auch im Falle der Zurücknahme der Beschwerde oder der Rechtsbeschwerde vor Ablauf des Tages, an dem die Endentscheidung der Geschäftsstelle übermittelt wird.	
	(2) Eine Entscheidung über die Kosten steht der Ermäßigung nicht entgegen, wenn die Entscheidung einer zuvor mitgeteilten Einigung über die Kostentragung oder einer Kostenübernahmeerklärung folgt.	
1723	Verfahren über die Beschwerde in	
	1. den in den Nummern 1711 und 1712 genannten Verfahren, 2. Verfahren nach § 245 FamFG oder 3. Verfahren über die Berichtigung oder den Widerruf einer Bestätigung nach § 1079 ZPO:	
	Die Beschwerde wird verworfen oder zurückgewiesen	60,00 €

Nr. 1710-1723 KV FamGKG

Übersicht

	Rdn.			Rdn.
A. Allgemeines	1	C.	Verfahren nach dem deutsch-österreichischem Vertrag und § 34 Abs. 1 AUG (Nr. 7013)	4
B. Bestimmte Anordnungen und Feststellungen nach dem IntFamRVG, Vollstreckbarerklärung von und Erteilung der Vollstreckungsklausel für ausl. Titel (Nr. 1710)	2	D.	Anerkennungsverfahren vor dem OLG nach § 107, 108 FamFG (Nr. 7014)	5
I. Verfahren vor dem FamG	2	E.	Bescheinigungen nach dem AVAG, AUG und IntFamRVG (Nr. 1711)	6
II. Rechtsmittelverfahren	3	F.	Bestätigung nach § 1079 ZPO (Nr. 1712)	7
		G.	Bezifferung von Unterhaltstiteln (Nr. 1723)	8

1 **A. Allgemeines.** Im Hauptabschnitt 7 sind die Gebühren für sämtliche Verfahren über die **Anerkennung und Vollstreckung von ausländischen oder zur Vollziehung inländischer Entscheidungen mit Auslandsbezug** zusammengefasst einschließlich der Gebühren für die Ausstellung von Bescheinigungen, auch soweit sie im IntFamRVG oder dem AUG vom 23.05.2011 (BGBl. I 2011, S. 898) geregelt sind. Sie gelten für sämtliche Familiensachen, also für Ehesachen, Familienstreitsachen und FG-Familiensachen. Sie gelten **nicht** für Vollstreckungsabwehrverfahren und ausnahmsweise nicht in Verfahren nach dem EU-Gewaltschutzverfahrensgesetz vom 05.12.2014 (BGBl. 2014 I, S. 1964, Art. 3 Satz 1972) in Kraft seit 11.01.2015 s.; H. Schneider FamRB 2015, 112.), für die Gebühren wie für normale Gewaltschutzsachen erhoben werden (vgl. zur Begründung BT-Drucks. 18/2955, S. 37); lediglich die Erteilung von Bescheinigungen nach § 14 EUGewSchVG richten sich nach diesem Abschnitt.

Es werden in allen Instanzen ausschließlich **Festgebühren** erhoben. Sie entsprechen weitgehend denen des GKG (s. Nr. 1510 ff. KV GKG). Sie wurden im Zuge der allgemeinen Gebührenanhebung durch das 2. KostRMoG erhöht (zur Übergangsregelung s. Einl. FamGKG Rdn. 1 ff.).

2 **B. Bestimmte Anordnungen und Feststellungen nach dem IntFamRVG, Vollstreckbarerklärung von und Erteilung der Vollstreckungsklausel für ausl. Titel (Nr. 1710). I. Verfahren vor dem FamG.** Für das Verfahren vor dem FamG auf

1. Erlass einer gerichtlichen **Anordnung** auf **Rückgabe des Kindes** oder über das Recht zum persönlichen **Umgang** nach dem IntFamRVG,
2. **Vollstreckbarerklärung** ausländischer Titel,
3. **Feststellung, ob** die ausländische **Entscheidung anzuerkennen** ist, einschließlich der Anordnungen nach § 33 IntFamRVG zur **Wiederherstellung des Sorgeverhältnisses**,
4. **Erteilung der Vollstreckungsklausel** zu ausländischen Titeln

wird eine **Gebühr von jeweils 240 €** erhoben. Dasselbe gilt für die Aufhebung oder Abänderung von Entscheidungen in den unter Nr. 1710 Ziff. 2 bis 4 genannten Verfahren. Die Gebühr **ermäßigt** sich nach Nr. 1715 auf 90 €, wenn der Antrag vor Ablauf des Tages, an dem die Entscheidung der Geschäftsstelle übergeben wurde, zurückgenommen wird.

3 **II. Rechtsmittelverfahren.** Für die **Beschwerde** oder die **Rechtsbeschwerde wegen des Hauptgegenstands** wird nach Nr. 1720 eine Verfahrensgebühr von **350 €** erhoben. Für Beschwerden und Rechtsbeschwerden gegen die Kosten- oder sonstige Nebenentscheidungen u.a. richten sich die Gebühren nach Hauptabschnitt 9 (s. Nr. 1910–1930 KV FamGKG Rdn. 1 ff. auch zur Abgrenzung).

Die Verfahrensgebühr **ermäßigt** sich bei Beendigung des gesamten Verfahrens

- durch Rücknahme der Beschwerde, Rechtsbeschwerde oder des Antrags vor ihrer Begründung auf **90 €** (Nr. 1721) und
- danach auf **180 €**, wenn das Verfahren ohne Endentscheidung endet (Nr. 1722). Wenn die Entscheidung über die Beschwerde nicht durch Verlesen bekannt gemacht wurde, gilt dies nach Nr. 1277 Anm. Abs. 1 auch, wenn zwar eine Entscheidung erlassen ist, das Rechtsmittel aber noch vor Ablauf des Tages, an dem sie der Geschäftsstelle übergeben wurde, zurückgenommen wird. Ergeht nach Beendigung der Hauptsache noch eine Kostenentscheidung, steht dies der Ermäßigung nicht entgegen, wenn sie einer zuvor mitgeteilten Einigung über die Kostentragung oder einer Kostenübernahmeerklärung folgt (Anm. Abs. 2).

4 **C. Verfahren nach dem deutsch-österreichischem Vertrag und § 34 Abs. 1 AUG (Nr. 7013).** Für Verfahren nach § 3 Abs. 2 des Ausführungsgesetzes zum **Anerkennungs- und Vollstreckungsvertrag mit Öster-**

Nr. 1800 KV FamGKG

reich – soweit noch relevant und nicht durch EU-Recht ersetzt (s. § 97 FamFG Rdn. 6) – wird eine Gebühr von 60 € erhoben. Dasselbe gilt für die Konkretisierung eines ausländischen Titels gem. § 34 Abs. 1 AUG v. 23.05.2011 (BGBl. I, S. 898). Für die **Beschwerde** oder die **Rechtsbeschwerde** wird nach Nr. 1720 ff. eine Verfahrensgebühr von 360 € erhoben, die sich ermäßigt, wenn das Verfahren ohne Endentscheidung endet (s.o. Rdn. 3).

D. Anerkennungsverfahren vor dem OLG nach § 107, 108 FamFG (Nr. 7014). Für **gerichtliche Verfahren über die Anerkennung** anderer ausländischer Entscheidungen **nach § 107 Abs. 5, 6 und 8 FamFG** sowie **§ 108 Abs. 2 FamFG** wird eine Gebühr von 240 € **nur** erhoben, wenn der **Antrag zurückgewiesen** wird (Nr. 1714) bzw. eine **ermäßigte** Gebühr von 90 €, wenn der Antrag vor Ablauf des Tages, an dem die Entscheidung der Geschäftsstelle übergeben wurde, **zurückgenommen** wird (Nr. 1715). 5

Für die **Beschwerde** oder die **Rechtsbeschwerde** wird nach Nr. 1720 ff. eine Verfahrensgebühr von 360 € erhoben, die sich ermäßigt, wenn das Verfahren ohne Endentscheidung endet (s. Rdn. 3).

E. Bescheinigungen nach dem AVAG, AUG und IntFamRVG (Nr. 1711). Für Verfahren vor dem FamG über den Antrag auf **Ausstellung einer Bescheinigung nach § 57 AVAG,** § 14 des EU-GewaltschutzverfahrensG **oder § 48 IntFamRVG** werden 15 € erhoben. Dasselbe gilt für die Ausstellung des Formblatts oder Bescheinigung nach § 71 Abs. 1 AUG. Für das Beschwerdeverfahren fällt eine Gebühr von 60 € an, wenn die Beschwerde verworfen oder zurückgewiesen wird (Nr. 1723). Im Fall der vorherigen Rücknahme fällt daher keine Gebühr an. 6

F. Bestätigung nach § 1079 ZPO (Nr. 1712). Für Verfahren über den **Antrag auf Ausstellung einer Bestätigung nach § 1079 ZPO** wird eine Gebühr von 20 € erhoben. Die **Berichtigung** und der **Widerruf** der Bestätigung sind gebührenfrei. 7

Für die **Beschwerde** gegen die Ablehnung des Antrags oder die Berichtigung oder den Widerruf der Bestätigung wird jeweils eine Verfahrensgebühr von 60 € erhoben, wenn die Beschwerde verworfen oder zurückgewiesen wird (Nr. 1723).

G. Bezifferung von Unterhaltstiteln (Nr. 1723). Das Verfahren auf **Bezifferung eines dynamischen Unterhaltstitels** nach § 245 FamFG ist gebührenfrei. Für die **Beschwerde** fällt eine Verfahrensgebühr von 60 € an, wenn sie verworfen oder zurückgewiesen wird. 8

Hauptabschnitt 8. Rüge wegen Verletzung des Anspruchs auf rechtliches Gehör

Nr. 1800 KV FamGKG

Nr.	Gebührentatbestand	Gebühr
1800	Verfahren über die Rüge wegen Verletzung des Anspruchs auf rechtliches Gehör (§§ 44, 113 Abs. 1 Satz 2 FamFG, § 321a ZPO):	
	Die Rüge wird in vollem Umfang verworfen oder zurückgewiesen ..	60,00 €

Nr. 1800 regelt die Gebühr für das **Verfahren nach § 44 FamFG und § 321a ZPO** i.V.m. § 113 Abs. 1 Satz 2 FamFG über die Rüge wegen Verletzung des rechtlichen Gehörs (**Anhörungsrüge**). Hierfür wird eine Gebühr nur erhoben, wenn die Rüge nach § 44 Abs. 4 FamFG in vollem Umfang zurückgewiesen oder verworfen wurde. Damit soll einer missbräuchlichen Ausübung des Rügerechts entgegengewirkt werden. Wird ihr teilweise stattgegeben oder wird sie zurückgenommen, fällt mithin eine Gebühr nicht an (s.a. *Schneider* NJW 2002, 1094). Der Gebührentatbestand wurde erst durch das 2. KostRMoG auf Anhörungsrügen in Ehe- und Familienstreitsachen erstreckt; vorher waren sie gebührenfrei (vgl. BT-Drucks. 17/11471, S. 253). Zugleich wurde die Gebühr von 50,00 € auf 60,00 € angehoben. 1

Nr. 1910-1930 KV FamGKG

2   Für die **Anhörungsrüge in kostenrechtlichen Angelegenheiten** nach § 61 gilt Nr. 1800 dagegen nicht. Sie ist, da sie auch sonst im KV nicht erwähnt ist, **gebührenfrei** (OLG Celle RVGreport 2012, 474; Prütting/Helms/*Klüsener* FamGKG KV 1800 Rn. 1).

Hauptabschnitt 9. Rechtsmittel im Übrigen

Nr. 1910-1930 KV FamGKG

Nr.	Gebührentatbestand	Gebühr
	Abschnitt 1 *Sonstige Beschwerden*	
1910	Verfahren über die Beschwerde in den Fällen von § 71 Abs. 2, § 91a Abs. 2, § 99 Abs. 2 und § 269 Abs. 5 oder § 494a Abs. 2 Satz 2 ZPO	90,00 €
1911	Beendigung des gesamten Verfahrens ohne Endentscheidung:	
	Die Gebühr 1910 ermäßigt sich auf	60,00 €
	(1) Wenn die Entscheidung nicht durch Verlesen der Entscheidungsformel bekannt gegeben worden ist, ermäßigt sich die Gebühr auch im Falle der Zurücknahme der Beschwerde vor Ablauf des Tages, an dem die Endentscheidung der Geschäftsstelle übermittelt wird.	
	(2) Eine Entscheidung über die Kosten steht der Ermäßigung nicht entgegen, wenn die Entscheidung einer zuvor mitgeteilten Einigung über die Kostentragung oder einer Kostenübernahmeerklärung folgt.	
1912	Verfahren über eine nicht besonders aufgeführte Beschwerde, die nicht nach anderen Vorschriften gebührenfrei ist:	
	Die Beschwerde wird verworfen oder zurückgewiesen	60,00 €
	Wird die Beschwerde nur teilweise verworfen oder zurückgewiesen, kann das Gericht die Gebühr nach billigem Ermessen auf die Hälfte ermäßigen oder bestimmen, dass eine Gebühr nicht zu erheben ist.	
	Abschnitt 2 *Sonstige Rechtsbeschwerden*	
1920	Verfahren über die Rechtsbeschwerde in den Fällen von § 71 Abs. 1, § 91a Abs. 1, § 99 Abs. 2 und § 269 Abs. 4 oder § 494a Abs. 2 Satz 2 ZPO	180,00 €
1921	Beendigung des gesamten Verfahrens durch Zurücknahme der Rechtsbeschwerde oder des Antrags, bevor die Schrift zur Begründung der Rechtsbeschwerde bei Gericht eingegangen ist:	
	Die Gebühr 1920 ermäßigt sich auf	60,00 €
1922	Beendigung des gesamten Verfahrens durch Zurücknahme der Rechtsbeschwerde oder des Antrags vor Ablauf des Tages, an dem die Endentscheidung der Geschäftsstelle übermittelt wird, wenn nicht Nummer 1921 erfüllt ist:	
	Die Gebühr 1920 ermäßigt sich auf	90,00 €
1923	Verfahren über eine nicht besonders aufgeführte Rechtsbeschwerde, die nicht nach anderen Vorschriften gebührenfrei ist:	
	Die Rechtsbeschwerde wird verworfen oder zurückgewiesen	120,00 €

Nr. 1910-1930 KV FamGKG

Nr.	Gebührentatbestand	Gebühr
	Wird die Rechtsbeschwerde nur teilweise verworfen oder zurückgewiesen, kann das Gericht die Gebühr nach billigem Ermessen auf die Hälfte ermäßigen oder bestimmen, dass eine Gebühr nicht zu erheben ist.	
1924	Verfahren über die in Nummer 1923 genannten Rechtsbeschwerden: Beendigung des gesamten Verfahrens durch Zurücknahme der Rechtsbeschwerde oder des Antrags vor Ablauf des Tages, an dem die Endentscheidung der Geschäftsstelle übermittelt wird:	
	Die Gebühr 1923 ermäßigt sich auf	60,00 €
	Abschnitt 3 *Zulassung der Sprungrechtsbeschwerde in sonstigen Fällen*	
1930	Verfahren über die Zulassung der Sprungrechtsbeschwerde in den nicht besonders aufgeführten Fällen:	
	Wenn der Antrag abgelehnt wird	60,00 €

Übersicht

	Rdn.		Rdn.
A. Geltungsbereich.................	1	II. Gebühren für sonst nicht geregelte	
B. Gebühren........................	3	Beschwerden und Rechtsbeschwerden ...	8
I. Gebühren für bestimmte Beschwerden		III. Verfahren über die Zulassung der	
und Rechtsbeschwerden nach der ZPO ..	4	Sprungrechtsbeschwerde.............	12

A. Geltungsbereich. Hauptabschnitt 9 regelt die **Gebühren für übrige Rechtsmittel**, also nur für diejenigen Rechtsmittel, für die in den vorausgehenden Hauptabschnitten keine Gebühren bestimmt sind (BT-Drucks. 16/6308, S. 315). Vorrangig geregelt sind Gebühren für Rechtsmittel wegen des Hauptgegenstands in sämtlichen Hauptsacheverfahren (Hauptabschnitten 1 bis 3), sowie gegen entsprechende Endentscheidungen in Verfahren mit Auslandsbezug und des einstweiligen Rechtsschutzes (Hauptabschnitt 7 und 4). »Übrig« bleiben damit Rechtsmittel in Neben- Zwischen- und Folgeverfahren, namentlich Beschwerden und Rechtsbeschwerden in Verfahren über die Verfahrenskostenhilfe, gegen verfahrensleitende Beschlüsse oder Ablehnung eines Richters, in Vollstreckungsverfahren und in Entschädigungs- und Kostensachen, aber auch Rechtsmittel gegen isoliert angefochtene Nebenentscheidungen, wie die Kostengrundentscheidung (s. Rdn. 4 ff.). Auf die Art des Rechtsmittels (befristete oder sofortige Beschwerde) kommt es nicht an; vielmehr ist allein **maßgeblich der Gegenstand der Entscheidung**, gegen die es sich richtet. 1

Wenig glücklich ist allerdings, dass der Begriff »Hauptgegenstand« in § 37 FamGKG wie in § 37 GNotKG auch zur Abgrenzung eines Hauptanspruchs von den **Nebenansprüchen** (Früchte, Nutzungen, Zinsen und vorgerichtliche Kosten,) bei der Wertermittlung verwandt wird, vgl. § 37 FamGKG Rdn. 2 ff. Es lag sicher nicht in der Absicht des Gesetzgebers auch Rechtsmittelverfahren, die nur (noch) Nebenansprüche betreffen, von den höheren Gebühren für Hauptsache- und ähnlichen Verfahren auszunehmen. Da im Gebührenrecht aber die schuldnerfreundliche Auslegung Vorrang hat (s. § 1 FamGKG Rdn. 5), ist streng genommen Hauptabschnitt 9 nicht nur auf sämtliche Rechtsmittel anzuwenden, die sich allein gegen die Kostenentscheidung richten, sondern auch auf diejenigen, die allein die vorgenannten Nebenansprüche zum Gegenstand haben. 2

B. Gebühren. Die Bestimmungen in Hauptabschnitt 9 entsprechen praktisch unverändert denen des Hauptabschnitts 8 des KV zum GKG. Vorab werden allein die Gebühren für bestimmte Beschwerden in Ehe- und Familienstreitsachen geregelt, die sich über § 113 Abs. 1 FamFG nach der ZPO richten. Die übrigen Bestimmungen sind Auffangregelungen, die anders als die vorgenannten Vorschriften nur anfallen, wenn das Rechtsmittel ganz oder teilweise erfolglos ist. Es werden keine Wertgebühren, sondern ausschließlich **Festgebühren** erhoben, die im Zuge der allgemeinen Anhebung der Gebühren durch das 2. KostRMoG (s. Einl. FamGKG Rdn. 1) heraufgesetzt wurden. Zu den zuvor geltenden Gebühren s. die Vorauflage und zur Übergangsregelung § 63 FamGKG Rdn. 2. 3

Nr. 1910-1930 KV FamGKG

4 **I. Gebühren für bestimmte Beschwerden und Rechtsbeschwerden nach der ZPO. Nr. 1910:** Für sofortige **Beschwerden** (§ 113 Abs. 1 FamFG i.V.m. §§ 567 ff. ZPO) gegen die bei Zurückweisung der Nebenintervention (§ 71 Abs. 2 ZPO) oder gegen Kostenentscheidungen nach den §§ 91a, 269, § 494a ZPO und im Fall des § 99 Abs. 2 ZPO, wird eine Verfahrensgebühr als **Festgebühr** i.H.v. **90 €** erhoben. Nr. 1910 enthält eine abschließende Aufzählung der Rechtsgrundlagen (*Hartmann* GKG KV 1810 Rn. 1). Sie kann deshalb auf isolierte Kostenentscheidung, die auf der Grundlage der §§ 83 Abs. 2, 150 Abs. 2 Satz 2, 243 FamFG ergehen, nicht entsprechend angewandt werden (s. § 1 Rdn. 5). Für sie richten sich die Gebühren daher nach der Auffangbestimmung in Nr. 1912 (s. Rdn. 9).

5 **Nr. 1911:** Die Verfahrensgebühr **ermäßigt** sich auf 60 €, wenn das gesamte Beschwerdeverfahren ohne gerichtliche Entscheidung in der Hauptsache beendet wird. Wurde die Entscheidung nicht durch Verlesen bekannt gemacht, gilt dies auch, wenn zwar eine Entscheidung erlassen ist, die Beschwerde aber noch vor Ablauf des Tages, an dem die Entscheidung über die Beschwerde der Geschäftsstelle übergeben wurde, zurückgenommen wird (Anm. Abs. 1). Dass sie bereits bekannt gegeben oder ihre Zustellung veranlasst wurde, schadet nicht. Die Rücknahme des verfahrensnotwendigen Antrags ist hier zwar nicht genannt, dürfte aber ebenfalls zur Ermäßigung führen, wenn sie das Verfahren beendet.

Ergeht nach Beendigung der Hauptsache noch eine Kostenentscheidung, steht dies der Ermäßigung dann nicht entgegen, wenn sie einer zuvor mitgeteilten Einigung über die Kostentragung oder einer Kostenübernahmeerklärung folgt (Anm. Abs. 2).

6 **Nr. 1920:** Für das Verfahren über die **Rechtsbeschwerde** beträgt die allgemeine Verfahrensgebühr **180 €**. Zur Gebühr für das Verfahren auf Zulassung der Sprungrechtsbeschwerde s.u. Rdn. 12

7 **Nr. 1921, 1922:** Sie **ermäßigt** sich bei Rücknahme des Rechtsmittels vor seiner Begründung auf 50 € und nach Begründung auf 90 €, wenn sie vor Ablauf des Tages eingeht, an dem die Entscheidung über die Rechtsbeschwerde der Geschäftsstelle übermittelt wird (s.o. Rdn. 6). Eine streitige Kostenentscheidung schadet nicht.

8 **II. Gebühren für sonst nicht geregelte Beschwerden und Rechtsbeschwerden.** Hierbei handelt es sich um die eigentlichen **Auffangtatbestände** für Rechtsmittelverfahren, die nicht in den vorausgehenden Bestimmungen dieses oder der anderen Hauptabschnitte des KV aufgeführt sind. Die Erhebung von Gebühren nach den Auffangtatbeständen ist **ausgeschlossen**, wenn die Beschwerden nach anderen Vorschriften gebührenfrei sind, wozu insb. die Beschwerden nach den Kostengesetzen (Kostenbeschwerden) und auch die nach Vorbem 1.3.1 Abs. 1 gebührenfreien Kindschaftssachen gehören (s. Nr. 1310–1319 KV FamGKG Rdn. 2). Die in den Nr. 1912 und 1923 enthaltene Ausschlussklausel erfasst dagegen nicht die persönliche Gebührenbefreiung für Minderjährige nach Vorbem 1.3.1 Abs. 2 (s. Nr. 1310–1319 KV FamGKG Rdn. 5). Sie ist m.E. trotzdem auch bei den sonstigen Beschwerden in Kindschaftssachen von der Staatskasse zu beachten.

9 **Nr. 1912:** Für Verfahren über eine nicht besonders aufgeführte **Beschwerde**, die nicht nach anderen Vorschriften gebührenfrei ist (s.o.), wird eine Festgebühr von 60 € nur dann erhoben, wenn die Beschwerde verworfen oder zurückgewiesen wird. Wird sie nur teilweise verworfen oder zurückgewiesen, kann das Gericht die Gebühr nach billigem Ermessen entweder auf die Hälfte herabsetzen oder sie ganz entfallen lassen.

10 **Nr. 1923:** Für Verfahren über eine nicht besonders aufgeführte **Rechtsbeschwerde**, die nicht nach anderen Vorschriften gebührenfrei ist, wird eine Festgebühr von 120 € erhoben, wenn sie verworfen oder zurückgewiesen wird. Wird sie nur teilweise verworfen oder zurückgewiesen, kann das Gericht die Gebühr nach billigem Ermessen entweder auf die Hälfte herabsetzen oder sie ganz entfallen lassen. Zur Gebühr für das Verfahren auf Zulassung der Sprungrechtsbeschwerde s. Rdn. 12.

11 **Nr. 1924:** Die Gebühr nach Nr. 1923 **ermäßigt** sich auf 60 €, wenn das gesamte Verfahren durch Rücknahme des Rechtsmittels oder eines verfahrensnotwendigen Antrags zurückgenommen wird. Eine streitige Kostenentscheidung schadet nicht. Wurde die Entscheidung nicht durch Verlesen bekannt gemacht, kann sie bis zum Ablauf des Tages zurückgenommen werden, an dem die Entscheidung über die Rechtsbeschwerde der Geschäftsstelle übermittelt wird (s. Rdn. 6).

12 **III. Verfahren über die Zulassung der Sprungrechtsbeschwerde. Nr. 1930:** Für das Verfahren auf Zulassung der Sprungrechtsbeschwerde (§ 75 FamFG) für Verfahren, die nicht in den Bestimmungen der vorausgehenden Hauptabschnitte des KV aufgeführt sind, fällt eine Gebühr von **60 €** nur an, wenn der Antrag insgesamt abgelehnt wird. Sie kann nach dem eindeutigen Wortlaut der Vorschrift weder erhoben werden, wenn die Rechtsbeschwerde nur teilweise zugelassen (Prütting/Helms/*Klüsener* KV 1910 ff. Rn. 20), noch wenn der *Antrag zurückgenommen* wird (s. Nr. 1110–1140 KV FamGKG Rdn. 21).

Nr. 2000-2015 KV FamGKG

Teil 2. Auslagen

Nr. 2000-2015 KV FamGKG

Vorbemerkung 2:

(1) Auslagen, die durch eine für begründet befundene Beschwerde entstanden sind, werden nicht erhoben, soweit das Beschwerdeverfahren gebührenfrei ist; dies gilt jedoch nicht, soweit das Beschwerdegericht die Kosten dem Gegner des Beschwerdeführers auferlegt hat.

(2) Sind Auslagen durch verschiedene Rechtssachen veranlasst, werden sie auf die mehreren Rechtssachen angemessen verteilt.

(3) In Kindschaftssachen werden von dem Minderjährigen Auslagen nur unter den in Vorbemerkung 1.3.1 Abs. 2 genannten Voraussetzungen erhoben. In den in Vorbemerkung 1.3.1 Abs. 1 genannten Verfahren werden keine Auslagen erhoben, für die freiheitsentziehende Unterbringung eines Minderjährigen gilt dies auch im Verfahren über den Erlass einer einstweiligen Anordnung. Die Sätze 1 und 2 gelten nicht für die Auslagen 2013.

(4) Bei Handlungen durch das Vollstreckungs- oder Arrestgericht werden Auslagen nach dem GKG erhoben.

Nr.	Auslagentatbestand	Höhe
2000	Pauschale für die Herstellung und Überlassung von Dokumenten:	

	1. Ausfertigungen, Kopien und Ausdrucke, die
	   a) auf Antrag angefertigt, per Telefax übermittelt worden sind oder
	   b) angefertigt worden sind, weil die Partei oder ein Beteiligter es unterlassen hat, die erforderliche Zahl von Mehrfertigungen beizufügen; der Anfertigung steht es gleich, wenn per Telefax übermittelte Mehrfertigungen von der Empfangseinrichtung des Gerichts ausgedruckt werden:	

	für die ersten 50 Seiten je Seite	0,50 €
	für jede weitere Seite	0,15 €
	für die ersten 50 Seiten in Farbe je Seite	1,00 €
	für jede weitere Seite in Farbe	0,30 €
	2. Entgelte für die Herstellung und Überlassung der in Nummer 1 genannten Kopien oder Ausdrucke in einer Größe von mehr als DIN A3	in voller Höhe
	oder pauschal je Seite	3,00 €
	oder pauschal je Seite in Farbe	6,00 €
	3. Überlassung von elektronisch gespeicherten Dateien oder deren Bereitstellung zum Abruf anstelle der in Nummer 1 genannten Ausfertigungen, Kopien und Ausdrucke:	
	je Datei	1,50
	für die in einem Arbeitsgang überlassenen, bereitgestellten oder in einem Arbeitsgang auf denselben Datenträger übertragenen Dokumente insgesamt	
	höchstens	5,00 €
	(1) Die Höhe der Dokumentenpauschale nach Nummer 1 ist in jedem Rechtszug, bei Vormundschaften und Dauerpflegschaften in jedem Kalenderjahr und für jeden Kostenschuldner nach § 23 Abs. 1 FamGKG gesondert zu berechnen; Gesamtschuldner gelten als ein Schuldner.	

Nr. 2000-2015 KV FamGKG

	(2) Werden zum Zweck der Überlassung von elektronisch gespeicherten Dateien Dokumente zuvor auf Antrag von der Papierform in die elektronische Form übertragen, beträgt die Dokumentenpauschale nach Nummer 2 nicht weniger, als die Dokumentenpauschale im Fall der Nummer 1 betragen würde.	
	(3) Frei von der Dokumentenpauschale sind für jeden Beteiligten und seinen bevollmächtigte Vertreter jeweils 1. eine vollständige Ausfertigung oder Kopie oder ein vollständiger Ausdruck jeder gerichtlichen Entscheidung und jedes vor Gericht abgeschlossenen Vergleichs, 2. eine Ausfertigung ohne Begründung und 3. eine Ablichtung oder ein Ausdruck jeder Niederschrift über eine Sitzung. § 191a Abs. 1 Satz 5 GVG bleibt unberührt	
2001	Auslagen für Telegramme	in voller Höhe
2002	Pauschale für Zustellungen mit Zustellungsurkunde, Einschreiben gegen Rückschein oder durch Justizbedienstete nach § 168 Abs. 1 ZPO je Zustellung	3,50 €
	Neben Gebühren, die sich nach dem Verfahrenswert richten, wird die Zustellungspauschale nur erhoben, soweit in einem Rechtszug mehr als 10 Zustellungen anfallen.	
2003	Pauschale für die Versendung von Akten auf Antrag anfallenden Auslagen an Transport- und Verpackungskosten je Sendung	12,00 €
	Die Hin- und Rücksendung der Akten durch Gerichte gelten zusammen als eine Sendung.	
2004	Auslagen für öffentliche Bekanntmachungen	in voller Höhe
	Auslagen werden nicht erhoben für die Bekanntmachung in einem elektronischen Informations- und Kommunikationssystem, wenn das Entgelt nicht für den Einzelfall oder nicht für ein einzelnes Verfahren berechnet wird.	
2005	Nach dem JVEG zu zahlende Beträge	in voller Höhe
	(1) Die Beträge werden auch erhoben, wenn aus Gründen der Gegenseitigkeit, der Verwaltungsvereinfachung oder aus vergleichbaren Gründen keine Zahlungen zu leisten sind. Ist aufgrund des § 1 Abs. 2 Satz 2 JVEG keine Vergütung zu zahlen, ist der Betrag zu erheben, der ohne diese Vorschrift zu zahlen wäre.	
	(2) Auslagen für Übersetzer, die zur Erfüllung der Rechte blinder oder sehbehinderter Personen herangezogen werden (§ 191a Abs. 1 GVG) und für Gebärdensprachdolmetscher (§ 186 Abs. 1 GVG) werden nicht erhoben.	
2006	Bei Geschäften außerhalb der Gerichtsstelle	
	1. die den Gerichtspersonen aufgrund gesetzlicher Vorschriften gewährte Vergütung (Reisekosten, Auslagenersatz) und die Auslagen für die Bereitstellung von Räumen	in voller Höhe
	2. für den Einsatz von Dienstkraftfahrzeugen für jeden gefahrenen Kilometer	0,30 €
2007	Auslagen für	
	1. die Beförderung von Personen	in voller Höhe

	2. Zahlungen an mittellose Personen für die Reise zum Ort einer Verhandlung oder Anhörung und für die Rückreise	bis zur Höhe der nach dem JVEG an Zeugen zu zahlenden Beträge
2008	Kosten einer Zwangshaft, auch aufgrund eines Haftbefehls in entsprechender Anwendung des § 802g ZPO	in Höhe des Haftkostenbeitrags
	Maßgebend ist die Höhe des Haftkostenbeitrags, der nach Landesrecht von einem Gefangenen zu erheben ist.	
2009	Kosten einer Ordnungshaft	in Höhe des Haftkostenbeitrags
	Maßgebend ist die Höhe des Haftkostenbeitrags, der nach Landesrecht von einem Gefangenen zu erheben ist. Diese Kosten werden nur angesetzt, wenn der Haftkostenbeitrag auch von einem Gefangenen im Strafvollzug zu erheben wäre.	
2010	Nach dem Auslandskostengesetz zu zahlende Beträge	in voller Höhe
2011	An deutsche Behörden für die Erfüllung von deren eigenen Aufgaben zu zahlende Gebühren sowie diejenigen Beträge, die diesen Behörden, öffentlichen Einrichtungen oder Bediensteten als Ersatz für Auslagen der in den Nummern 2000 bis 2009 bezeichneten Art zustehen	in voller Höhe, die Auslagen begrenzt durch die Höchstsätze für die Auslagen 2000 bis 2009
	Die als Ersatz für Auslagen angefallenen Beträge werden auch erhoben, wenn aus Gründen der Gegenseitigkeit, der Verwaltungsvereinfachung oder aus vergleichbaren Gründen keine Zahlungen zu leisten sind.	
2012	Beträge, die ausländischen Behörden, Einrichtungen oder Personen im Ausland zustehen, sowie Kosten des Rechtshilfeverkehrs mit dem Ausland	in voller Höhe
	Die Beträge werden auch erhoben, wenn aus Gründen der Gegenseitigkeit, der Verwaltungsvereinfachung oder aus vergleichbaren Gründen keine Zahlungen zu leisten sind.	
2013	An den Verfahrensbeistand zu zahlende Beträge	in voller Höhe
	Die Beträge werden von dem Minderjährigen nur nach Maßgabe des § 1836c BGB erhoben.	
2014	An den Umgangspfleger sowie an Verfahrenspfleger nach § 9 Abs. 5 FamFG, § 57 ZPO zu zahlende Beträge	in voller Höhe
2015	Pauschale für die Inanspruchnahme von Videokonferenzverbindungen:	
	je Verfahren für jede angefangene halbe Stunde	15,00 €

KV 2008, 2009 in der bis 27.12.2010 geltenden Fassung:

2008	*Kosten einer Zwangshaft, auch aufgrund eines Haftbefehls in entsprechender Anwendung des § 901 ZPO ....*	*in Höhe des Haftkostenbeitrags nach § 50 Abs. 2 und 3 StVollzG*
2009	*Kosten einer Ordnungshaft ....*	*in Höhe des Haftkostenbeitrags nach § 50 Abs. 2 und 3 StVollzG*
	Diese Kosten werden nur angesetzt, wenn sie nach § 50 Abs. 1 StVollzG zu erheben wären.	

Nr. 2000-2015 KV FamGKG

Übersicht

		Rdn.			Rdn.
A.	Allgemeines (Vorbemerkung 2)	1	Nr. 2008, 2009	(Haftkosten)	21
B.	Einzelheiten	7	Nr. 2010, 2011	(Kosten einer dt. Auslandsvertretung oder inländischer Behörden u.ä.)	22
	Nr. 2000 (Dokumentenpauschale)	7			
	Nr. 2001 (Telegramme)	10			
	Nr. 2002 (Zustellungen)	11	Nr. 2012	(Rechtshilfeverkehrs mit dem Ausland)	24
	Nr. 2003 (Aktenversendungspauschale)	13	Nr. 2013	(Verfahrensbeistand)	25
	Nr. 2004 (öffentlichen Bekanntmachungen)	14	Nr. 2014	Umgangspfleger, Verfahrenspfleger (Notvertreter)	27
	Nr. 2005 (Auslagen nach dem JVEG)	15	Nr. 2015	(Videokonferenz)	30
	Nr. 2006 (Auswärtige Geschäfte)	18			
	Nr. 2007 (Beförderungskosten u.ä.)	19			

1 **A. Allgemeines (Vorbemerkung 2).** Die gerichtlichen Auslagen können **zusätzlich zu einer Verfahrens- oder Entscheidungsgebühr** erhoben werden. Das FamGKG hat aus dem KV zum GKG (Teil 9) die für Familiensachen relevanten Auslagentatbestände unter Berücksichtigung der sich aus den §§ 136 und 137 KostO ergebenden Besonderheiten in Teil 2 des KV zum FamGKG übernommen (BT-Drucks. 16/6308 S. 316). Im Zuge des 2. KostRMoG (s. Einl. FamGKG Rdn. 1 ff., auch zum Übergangsrecht) wurden einige Tatbestände modernisiert und praxisnäher gestaltet. Sieht man von der Einführung einer gesonderten Dokumentenpauschale für Farbkopien ab (s.u. Rdn. 8), blieb die Höhe der Auslagen im Wesentlichen unverändert, die Übermittlung elektronischer Dokumente wurde sogar verbilligt. Dadurch soll ein Anreiz geschaffen werden, verstärkt von der Möglichkeit Gebrauch zu machen, die elektronische Versendung von Dokumenten zu beantragen.

Es können **nur die im KV aufgeführten Auslagen** erhoben, d.h. den jeweiligen Kostenschuldnern (s. §§ 21 ff. FamGKG) in Rechnung gestellt werden. Deshalb sind Telefonkosten und Postentgelte grds. nicht anzusetzen (anders bei Zustellkosten s.u. KV 2002). Auslagen, die durch **verschiedene Rechtssachen** entstanden sind, werden auf diese angemessen verteilt (**Vorbem 2 Abs. 2**). Bei **Handlungen durch das Vollstreckungs- oder Arrestgericht** (s. § 1 FamGKG Rdn. 3) werden dieselben Auslagen nach dem GKG erhoben (**Vorbem 2 Abs. 4**).

2 **Vorbem 2 Abs. 1:** Ist das **Beschwerdeverfahren gebührenfrei**, werden für eine begründete Beschwerde auch keine Auslagen erhoben, soweit das Gericht nicht dem Gegner des Beschwerdeführers die Kosten auferlegt hat.

3 **Vorbem 2 Abs. 3:** Für die nach Vorbem 1.3.1 Abs. 1 KV FamGKG gebührenfreien **Kindschaftsverfahren** (Pflegschaft für ein ungeborenes Kind, freiheitsentziehende Unterbringung eines Minderjährigen und Verfahren des Familiengerichts nach dem JGG, § 151 Nr. 5 bis 8 FamFG) werden auch keine Auslagen erhoben, mit Ausnahme der Kosten für den Verfahrensbeistand, zu denen auch das Kind herangezogen werden kann (s.u.). Wie nach Vorbem 1.3.1 Abs. 2 für die Gebühren bestimmt, werden ansonsten von den betroffenen **Minderjährigen** Auslagen in Kindschaftssachen nur erhoben, wenn ihr Vermögen nach Abzug der Verbindlichkeiten ohne Berücksichtigung eines kleinen Hausgrundstücks (§ 90 Abs. 2 SGB XII) den Betrag von 25.000 € übersteigt. Für die Heranziehung zu den Kosten des Verfahrensbeistands gelten besondere Regeln (s. Rdn. 25). Eine Haftung des (leistungsfähigen) Minderjährigen für die Auslagen kommt wie bei den Gebühren nur in einer allgemeinen Kindschaftssache infrage, wenn es nur um das Vermögen des Kindes geht, und in Dauerpflegschafts- und Vormundschaftssachen nur, wenn bzw. solange das Gericht die Kosten keinem anderen auferlegt. Wie in Nr. 1410 KV FamGKG für die Gebühren hat das 2. KostRMoG (s. Rdn. 1) die Kostenfreiheit bei einer **einstweiligen Anordnung zur Unterbringung** eines Minderjährigen auf die Auslagen erstreckt.

4 Nach § 191a GVG i.V.m. KV 2000 Satz 2 und Anm. 2 zu KV 2005 i.V.m. § 186 GVG werden **Auslagen für die Aufbereitung und Übermittlung von Dokumenten in einer für Seh- und Hörgeschädigte** wahrnehmbaren Form und für einen Gebärdendolmetscher nicht erhoben.

5 Die **Kostenfreiheit** des Bundes und der Länder nach § 2 Abs. 1 FamGKG erstreckt sich auch auf die Auslagen. Das gilt nach § 2 Abs. 1 i.V.m. § 64 Abs. 1 und 3 SGB X auch für die dort genannten Behörden, insb. das Jugendamt, sofern es nicht lediglich als Beistand für das minderjährige Kind auftritt (s. i.E. § 2 FamGKG Rdn. 1).

6 Die Auslagen werden grds. erst mit dem kostenrechtlichen Abschluss des Verfahrens **fällig** (s. §§ 9 bis 11 FamGKG Rdn. 21 ff.). Lediglich die Dokumenten- und Aktenversendungspauschale wird gem. § 11 Abs. 2 FamGKG sofort nach ihrer Entstehung fällig, und das Gericht kann die Herstellung und Überlassung von Dokumenten auf Antrag und die Übersendung der Akten von einer Vorauszahlung der Auslagenpauschale abhängig machen (§§ 12 bis 17 FamGKG Rdn. 18). Auch für die erst mit Abschluss des Verfahrens fälligen sonstigen Auslagen kann ein **Vorschuss** erhoben werden (§ 16 Abs. 1 FamGKG). Ist die die Auslagen verursachende Handlung nur auf Antrag vorzunehmen, soll das Gericht die Vornahme von der Zahlung des Vorschusses abhängig machen (s. §§ 12 bis 17 FamGKG Rdn. 17 ff.). Ein schlichter Vorschuss kann auch für v.A.w. vorzunehmende Handlungen in FG-Verfahren erhoben werden. Dies steht im pflichtgemäßen Ermessen des Gerichts (Prütting/Helms/*Klüsener* FamGKG § 16 Rn. 8) und kommt eher (aber nicht nur) in Betracht, wenn bereits ein Kostenschuldner vorhanden ist, d.h. entweder ein Antragsteller, dessen Haftung nicht nach § 21 FamGKG ausgeschlossen ist, oder in Dauerpflegschafts- und Vormundschaftssachen ein leistungsfähiges Kind (s. §§ 21 bis 27 FamGKG Rdn. 12 f.). Eine schlichte Vorschussforderung ist anders als eine, von deren Zahlung das Gericht seine weitere Tätigkeit abhängig macht, nicht selbstständig anfechtbar, sondern erst ihre Einziehung (s. § 58 FamGKG Rdn. 1 ff.).

7 **B. Einzelheiten. Nr. 2000 (Dokumentenpauschale).** Die Bestimmung regelt die sog. Dokumentenpauschale für die Herstellung und Überlassung von Dokumenten und seit 01.08.2013 auch die Übermittlung elektronisch geführter Akten, die bis dahin unter Nr. 2300 (Aktenversendung) geregelt war. Eine Pauschale wird für Ausfertigungen, Kopien, Ausdrucke oder für die an ihrer Stelle überlassenen elektronischen Dateien erhoben,

– wenn sie **auf Antrag angefertigt** oder überlassen werden – nicht darunter fallen Kopien von Entscheidungen u.ä. für am Verfahren nicht beteiligte Dritte. Die Kosten hierfür werden nach den Auslagenvorschriften der JVKostO angesetzt werden (*Hartmann* Übersicht vor KVFam 2000 Rn. 3) –;

– wenn Kopien **v.A.w. angefertigt** werden, weil es ein Verfahrensbeteiligter unterlassen hat, die notwendige Anzahl von **Mehrfertigungen** seiner Schriftsätze oder Anlagen für andere Verfahrensbeteiligte beizufügen, oder

– wenn diese notwendigen Mehrfertigungen dem Gericht **per Telefax** übermittelt und dort ausgedruckt werden (HK-FamGKG/*Mayer* KV 2000 Rn. 19). Diese seit 01.01.2007 durch das 2. JuMoG eingeführte Bestimmung erlaubt die Erhebung der Pauschale nur, soweit die empfangenen Schriftstücke zur Weiterleitung an die übrigen Verfahrensbeteiligten bestimmt sind, aber nicht für die Seiten, die für die Gerichtsakte bestimmt sind (VGH Baden-Württemberg NJW 2008, 536; BT-Drucks. 16/3038, S. 77; *Meyer* GKG KV 9000 Rn. 21).

8 Die **Höhe** der Pauschale beträgt für die ersten 50 Seiten bzw. Kopien 0,50 € und für jede weitere 0,15 €. Bei Kopien zählen deren Anzahl und nicht die der abgelichteten Seiten des Originals (*Meyer* GKG KV 9000 Rn. 14). Für Kopien oder Ausdrucke in Farbe und/oder im Großformat gelten seit 01.08.2013 höhere Pauschalen, s. Nr. 2000 Ziff. 1 u. 2 KV FamGKG. Wird das Dokument als **elektronisch gespeicherte Datei** überlassen, wird für jede Datei 1,50 € erhoben. Auf die Art oder Größe der Seite oder Datei kommt es nicht an. Für mehrere in einem Arbeitsgang überlassene oder auf denselben Datenträger übertragene Dokumente können maximal 2,50 € erhoben werden (nach der bis 31.07.2013 geltenden Regelung fielen für jedes Dokument 2,50 € an). Die Pauschale von 2,50 € wird jetzt auch für die Übermittlung einer elektronisch geführten Akte erhoben, anstelle der zuvor nach Nr. 2003 KV a.F. angefallenen 5,00 €. Wird das Dokument nicht als elektronische Datei überlassen, ist es unerheblich, ob die Abschrift oder Kopie per Papier oder per Telefax übermittelt wird (*Meyer* GKG KV 9000 Rn. 14).

9 **Anm. Abs. 1:** Die Pauschale ist in jedem Rechtszug, bei Vormundschaften und Dauerpflegschaften in jedem Kalenderjahr und für jeden **Kostenschuldner** gesondert abzurechnen. Kostenschuldner i.S.v. Nr. 2000 ist derjenige, der nach § 23 Abs. 1 FamGKG die Kosten als Veranlasser schuldet (zur Vorschusspflicht s.o. Rdn. 6). Das ist im Fall des § 23 Abs. 1 Satz 1 FamGKG immer derjenige, der die Kopien etc beantragt hat. Werden sie hergestellt oder ausgedruckt, weil keine notwendigen Mehrfertigungen vorgelegt wurden, haftet nur der hierzu verpflichtete Verfahrensbeteiligte (s. § 23 Abs. 1 Satz 2; *Binz/Dorndörfer* FamGKG § 23 Rn. 2 m.w.N.) und nicht sein Anwalt (a.A. OLG Oldenburg JurBüro 2010, 483). Werden die Kopien etc auf Antrag gefertigt, kann u.U. auch der Anwalt die Dokumentenpauschale schulden *Binz/Dorndörfer* FamGKG § 23 Rn. 2 m.w.N.). Mehrere Veranlasser haften als Gesamtschuldner. Nur im Fall der Herstellung und Überlassung auf Antrag besteht die Haftung neben der anderer Kostenschuldner, während die Kosten für das Herstellen unterlassener Mehrfertigungen allein der Pflichtige schuldet (s. §§ 21 bis 27 FamGKG Rdn. 14). Sie gehören deshalb auch nicht zu den gerichtlichen Kosten, über die das Gericht in seiner Kostenentscheidung befindet, sondern zu den (in diesem Fall nicht notwendigen) Auslagen des Verfahrensbeteiligten.

Anm. Abs. 2: Die Bestimmung stellt klar, dass jeweils eine Ausfertigung oder **Mehrfertigung jeder gerichtlichen Entscheidung** sowie eine Ausfertigung ohne Begründung jedem Verfahrensbeteiligten und seinem bevollmächtigten Vertreter kostenfrei überlassen wird. Vergleichbares gilt für vor Gericht abgeschlossene Vergleiche sowie für Sitzungsprotokolle. Zur Kostenfreiheit ihrer Aufbereitung für blinde oder sehbehinderte Personen s. Rdn. 4.

10   **Nr. 2001 (Telegramme).** Die Auslagen für Telegramme könne in voller Höhe erhoben werden, wenn sie notwendig waren, wie z.B. zur kurzfristigen Ladung eines anderweitig nicht erreichbaren Beteiligten.

11   **Nr. 2002 (Zustellungen).** Gebühren für Zustellungen werden neben der Erhebung einer Wertgebühr im selben Rechtszug nur dann zusätzlich erhoben, wenn mehr als zehn Zustellungen zu bewirken sind. Die Kosten bis zu **zehn Zustellungen sind mit der Wertgebühr abgegolten.** In anderen Verfahren, insb. wenn nur Festgebühren erhoben werden, wie in Vollstreckungsverfahren und Verfahren mit Auslandbezug oder über übrige Beschwerden (s. Hauptabschnitt 6,7 und 9), fallen sie für jede Zustellung an. Das Gleiche gilt in allen Verfahren für die durch öffentliche Zustellungen oder Auslandszustellungen entstehenden weiteren Auslagen sowie für die Kosten der Rechtshilfe (s.u. Nr. 2004, 2010 ff.).

12   Für jede Zustellung wird eine **Pauschale von 3,50 €** erhoben, wenn sie entweder mit Zustellungsurkunde (§ 182 ZPO), per Einschreiben gegen Rückschein (§ 175 ZPO) oder durch Justizbedienstete (§ 168 Abs. 1 ZPO) bewirkt wurde. Für andere als die dort genannten Zustellungen, insb. für Zustellungen gegen Empfangsbekenntnis an Rechtsanwälte oder Behörden, können Auslagen nach dem eindeutigen Wortlaut der Vorschrift nicht erhoben werden (s.a. HK-FamGKG/*Fölsch* KV 2002 Rn. 5 ff.). Das gilt m.E. auch für fehlerhafte Zustellungen, wenn die Zustellurkunde oder der Rückschein entweder nicht zurückgesandt oder die Zustellurkunde so falsch oder unvollständig ausgefüllt und nicht berichtigt wird, dass sie keinen Beweis für die Zustellung erbringen kann (s. dazu Zöller/*Stöber* § 182 Rn. 18 ff.).

13   **Nr. 2003 (Aktenversendungspauschale).** Für eine **beantragte Versendung** von Akten auf dem **Postweg** fällt eine Aktenversendungspauschale i.H.v. 12 € je Sendung an, und zwar auch, wenn die Akte an ein anderes Gericht zur Einsicht auf der dortigen Geschäftsstelle übersandt wird. Die Rücksendung erfolgt auf Kosten des Empfängers (*Lappe* NJW 2007, 273, 276), es sei denn die Rücksendung erfolgt durch ein anderes Gericht. Die durch das 2. KostRMoG geänderte Formulierung stellt klar, dass mit der Pauschale der **Ersatz barer Auslagen** gemeint ist, die der Justiz entstehen, und nicht ihr Verwaltungsaufwand (s. Begründung des Rechtsausschusses BT-Drucks. 17/13527 zu Nr. 2003). Sie kann daher nicht erhoben werden, wenn solche Auslagen nicht entstehen, weil die Akte in das Gerichtsfach des Rechtsanwalts eingelegt wird oder er sie per Kurier abholen lässt (h.M. OLG Köln RVGreport 2015, 3555; OLG Koblenz AnwBl 2014, 657 m.w.N.). Die Auslagenpauschale für die Übermittlung einer elektronisch geführten Akte ist seit 01.08.2013 in die Dokumentenpauschale integriert (s. Rdn. 8). Die Pauschale für die Versendung **schuldet** allein derjenige, der die Versendung der Akten beantragt hat (zur Vorschusspflicht s.o. Rdn. 6). Beantragt der Anwalt die Akteneinsicht und stellt er den Antrag nicht ausdrücklich namens des Mandanten, ist er Schuldner der Pauschale (s. §§ 21 bis 27 FamGKG Rdn. 15). Die Kosten für die Aktenversendung gehören nicht zu den gerichtlichen Kosten, über deren Verteilung das Gericht in seiner Kostenentscheidung befindet, sondern zu den Auslagen der Verfahrenbeteiligten, über deren Erstattungsfähigkeit im Kostenfestsetzungsverfahren zu entscheiden ist (s. § 85 FamFG Rdn. 7 ff.).

14   **Nr. 2004 (öffentlichen Bekanntmachungen).** Die bei öffentlichen Bekanntmachungen (insb. Zustellungen nach § 185 ZPO) anfallenden Kosten, z.B. für die in Printmedien, werden die tatsächlich anfallenden Kosten als Auslagen erhoben. Ausgenommen ist die Veröffentlichung in einem elektronischen Informations- und Kommunikationssystem, wenn das Entgelt nicht für den Einzelfall oder ein einzelnes Verfahren berechnet wird. Die hierfür nach altem Recht noch vorgesehene Pauschale ist aus Gründen der Vereinfachung entfallen (BT-Drucks. 17/11471, S. 235).

15   **Nr. 2005 (Auslagen nach dem JVEG).** Die Auslagen für **Zeugen, Sachverständige, Dolmetscher und Übersetzer** können in der Höhe erhoben werden, in der sie nach den Bestimmungen des JVEG zu zahlen sind:

- Erwerbstätige **Zeugen** haben nach § 21 JVEG Anspruch auf Ersatz des erlittenen Verdienstausfalls, nicht erwerbstätige, die einen Haushalt für mehrere Personen führen, erhalten die Kosten für eine notwendige Vertretung ersetzt und ansonsten pauschal 12 € pro Stunde (§ 22 JVEG). Führen sie keinen Mehrpersonenhaushalt, beträgt die Entschädigung 3 € pro Stunde, es sei denn der Zeuge hat ersichtlich keinen Nachteil erlitten (§ 20 JVEG). Bei Teilerwerbstätigkeit wird primär der Verdienstausfall ersetzt (s. Binz/Dorndörfer/*Binz* JVEG § 19 Rn. 5 ff. auch zur Entschädigung von im Ausland wohnhaften Zeugen). Die Ansprüche bestehen auch bei schriftlicher Beantwortung der Beweisfrage. **Dritte**, die aufgrund einer richterlichen Anordnung Urkunden u.ä. vorzulegen oder die Inaugenscheinnahme zu dulden haben, werden wie Zeugen entschädigt (§ 23 Abs. 2 JVEG). **Sachverständige Zeugen** werden wie Sachverständige vergütet (Binz/Dorndörfer/*Binz* JVEG § 19 Rn. 1).
- Die Leistungen, die **Sachverständige** erbringen, werden nach verschiedenen Honorargruppen mit festen Stundensätzen zwischen aktuell 65 € und 125 € (vorher 50 € und 95 €) vergütet (§ 9 Abs. 1, 2 JVEG); für häufig wiederkehrende medizinische Leistungen gibt es feste Vergütungsrahmen oder -sätze, z.B. für Abstammungsgutachten (s. Binz/Dorndörfer/*Binz* JVEG § 10 Rn. 1, 13 ff.). Das Honorar für **Dolmetscher** beträgt seit 01.08.2013 für simultanes Dolmetschen 75 € und ansonsten 70 € (vorher einheitlich 55 €) pro Stunde und für **Übersetzer** je nach Schwierigkeit zwischen 1,55 € und 2,05 € pro 55 Anschläge (§ 11 JVEG). – Nach Anm. 2 i.V.m. § 186 GVG werden Auslagen für die **Unterstützung Seh- oder Hörgeschädigter** durch besondere Dolmetscher nicht erhoben –. Insb. bei Sachverständigengutachten kommen die mit der Herstellung und Erstattung des Gutachtens verbundenen besonderen Aufwendungen für Hilfskräfte und Schreibauslagen u.ä. hinzu (s. § 12 JVEG). Teilweise haben die Länder mit einzelnen Sachverständigen, Dolmetschern oder Übersetzern auf der Grundlage des § 14 JVEG eine geringere Vergütung vereinbart. Zur Zulässigkeit der Gewährung einer höheren Vergütung nach § 13 JVEG s. Binz/Dorndörfer/*Binz* JVEG § 13 Rn. 9 ff.
- Sämtliche vom Gericht herangezogenen Zeugen, Sachverständigen u.a. haben nach §§ 5 ff. JVEG Anspruch auf **Auslagenersatz** (soweit nicht § 12 JVEG eingreift s.o.) sowie auf Ersatz ihrer **Reisekosten**, Übernachtungskosten und Tagegelder. Die tatsächlich angefallen Fahrtkosten werden grds. bis zur Höhe der Kosten für eine Bus- oder Bahnreise 1. Klasse ersetzt. Bei Anreise mit dem eigenen Pkw werden unverändert dem Zeugen oder einem Dritten 0,25 € pro gefahrenem Kilometer ersetzt und den in Ausübung ihrer Erwerbstätigkeit reisenden Sachverständigen u.a. jeweils 0,30 €. Höhere Fahrtkosten, z.B. durch Benutzung eines Flugzeugs, können erstattet werden, soweit dadurch der Ersatz von Vergütungs- oder anderweitigen Entschädigungsansprüchen erspart wird oder sie wegen besonderer Umstände, z.B. schlechte Verkehrsverbindungen, erforderlich sind (s. dazu Binz/Dorndörfer/*Binz* JVEG § 5 Rn. 7 ff.).

Anm. Abs. 1: Grds. kommt es auf die gezahlten Beträge an. Anders ist es, wenn aus verwaltungstechnischen Gründen, z.B. bei Behördengutachten, keine Vergütung gezahlt wird (s. Binz/Dorndörfer/*Zimmermann* GKG KV 9005 Rn. 3); dann kann der Betrag angesetzt werden, der einem sonstigen Sachverständigen für das Gutachten zustehen würde.

Es darf grds. nur die Vergütung angesetzt werden, die auch geschuldet ist, und nicht die (höheren) Beträge, die zu Unrecht tatsächlich bezahlt wurden (OLG Düsseldorf OLGR 2005, 485). Eine **Einschränkung des Vergütungsanspruchs des Sachverständigen** kann sich aus § 8a Abs. 2 JVEG n.F. ergeben: Hat er fahrlässig gegen seine Pflichten aus § 407a Abs. 1 bis 3 Satz 1 ZPO (vor allem Prüf- und Informationspflichten, Pflicht zur eigenständigen Begutachtung) verstoßen, grob fahrlässig oder vorsätzlich seine Ablehnung wegen der Besorgnis der Befangenheit verursacht oder hat er eine mangelhafte Leistung nicht oder sie trotz Festsetzung eines weiteren Ordnungsgeldes nicht vollständig erbracht, erhält der Sachverständige eine Vergütung nur insoweit, als seine Leistung bestimmungsgemäß verwertbar ist (s. i.E. Binz/Dorndörfer u.a./*Binz* JVEG § 8a Rn. 5 ff.).

Der Kostenschuldner kann **Einwendungen gegen die Höhe der Auslagen** nur im Wege der Erinnerung gegen den Kostenansatz (§ 57 FamGKG) geltend machen, und zwar auch, wenn die Vergütung eines Sachverständigen, eines Dolmetschers, eines Übersetzers oder die Entschädigung eines Zeugen bereits nach § 4 JVEG gerichtlich festgesetzt ist. Denn die Festsetzung, an der der Kostenschuldner nicht beteiligt ist, wirkt nicht zu seinen Lasten (Prütting/Helms/*Klüsener* FamGKG KV Teil 2 Rn. 38). Die **Vorschussanforderung** nach §§ 379, 402 ZPO i.V.m. § 113 Abs. 1 FamFG ist nicht anfechtbar (BGH JurBüro 2009, 371 = FamRZ 2009, 1056 [LS], zur Anfechtbarkeit i.Ü. s. Rdn. 6).

Nr. 2006 (Auswärtige Geschäfte). Die Kosten für **Tätigkeit des Gerichts außerhalb der Gerichtsstelle** gehören ebenfalls zu den erstattungsfähigen Auslagen. Dabei handelt es sich um den den Gerichtspersonen

Nr. 2000-2015 KV FamGKG

(Richter, Rechtspfleger, Referendar und Protokollführer) aufgrund der Vorschriften des Reisekostenrechts des Bundes und der Länder gewährten Ersatz der Fahrtkosten und sonstigen Auslagen. Für den Einsatz eines Dienstfahrzeugs werden für jeden gefahrenen Kilometer 0,30 € erhoben. Die Kosten für die Bereitstellung von Räumen (z.B. Miete, Heiz- und Reinigungskosten) werden in der entstandenen Höhe angesetzt.

19 **Nr. 2007 (Beförderungskosten u.ä.). Nummer 1:** Die Vorschrift betrifft die Kosten, die für die **Beförderung von Personen** zum Gericht oder einem Augenschein u.ä. anfallen, z.B. bei der Vorführung von Beteiligten oder Zeugen, auch aus der Haft oder Untersuchungshaft.

20 **Nummer 2:** Ersatzfähig sind auch die Zahlungen, die aufgrund der Verwaltungsregelung zur Übernahme von **Reisekosten mittelloser Personen** für deren Teilnahme an einem vom Gericht oder vom Sachverständigen angesetzten Termin aus der Staatskasse bezahlt wurden, begrenzt auf die einem Zeugen nach dem JVEG zustehenden Beträge. Grundlage ist die überwiegend bundeseinheitliche VO der Länder zur »Bewilligung von Reiseentschädigungen an mittellose Personen und Vorschusszahlungen an Zeugen, Sachverständige usw.« (abgedruckt bei *Hartmann* JVEG Anh I nach § 25). Sie gibt den Verfahrensbeteiligten, die die Kosten der Reise zu einem Termin nicht aus eigenen Mitteln bestreiten können, unabhängig von der Verfahrenskostenhilfe einen Anspruch auf Übernahme der notwendigen Fahrt- und ggf. Übernachtungskosten sowie auf Ersatz unvermeidlicher Verpflegungskosten. Für die An- und Rückreise werden i.d.R. Fahrkarten der 2. Klasse für öffentliche Verkehrsmittel zur Verfügung gestellt, die in Eilfällen auch vom AG am Aufenthaltsort des Bedürftigen ausgegeben werden können. Eine Erstattung in bar kommt nur in Ausnahmefällen in Betracht. Während Mittellose, denen keine Verfahrenskostenhilfe bewilligt ist, die Unterstützung (im Voraus) beantragen müssen, umfasst die Vkh-Bewilligung nach allg.M. auch die Bewilligung von Reiseentschädigungen (Zöller/*Geimer* § 122 Rn. 20 m.w.N.). Gleichwohl sind dies keine Auslagen für die Verfahrenskostenhilfe, sondern zählen zu den Gerichtskosten, für die der Antragsteller u.U. einen Vorschuss leisten muss (s.o. Rdn. 4 und zur Rückzahlungspflicht der Staatskasse §§ 21 bis 27 FamGKG Rdn. 19).

21 **Nr. 2008, 2009 (Haftkosten).** Für den **Vollzug einer Zwangs- oder Ordnungshaft** werden Auslagen in Höhe des von einem Gefangenen pro Tag geschuldeten Haftkostenbeitrags erhoben. Dessen Höhe richtet sich seit der Änderung der Nummern 2008 und 2009 durch Art. 14 des Gesetzes zur Umsetzung der Dienstleistungsrichtlinie in der Justiz und zur Änderung weiterer Vorschriften vom 22.12.2010 (BGBl. I, S. 2248, 2252) mit Wirkung zum 28.12.2010 grundsätzlich nach den Haftkostenbeiträgen, die im jeweiligen Bundesland gelten. Von der ihnen seit der Föderalismusreform zugewachsenen Gesetzgebungskompetenz für den Strafvollzug haben bislang Baden-Württemberg, Bayern, Brandenburg, Hamburg, Hessen, Mecklenburg-Vorpommern, Niedersachsen, Rheinland-Pfalz, Saarland und Sachsen Gebrauch gemacht. Für die übrigen Länder richtet sich der Haftkostenbeitrag gem. der Übergangsregelung in § 64 FamGKG (s. § 64 FamGKG Rdn. 1) weiterhin nach § 50 Abs. 2 und 3 StVollzG (vgl. Nr. 2008, 2009 in der bis 27.10.2010 geltenden Fassung). Sowohl § 50 Abs. 2 StVollzG als auch die zwischenzeitlich in einzelnen Bundesländern an seine Stelle getretenen Vorschriften verweisen dafür auf den Betrag, der nach § 17 Abs. 1 Nr. 4 SGB IV in der Sachbezugsentgeltverordnung des BMAS zur Bewertung von Unterkunft und Verpflegung bestimmt ist und der alljährlich angepasst wird. Der daraus resultierende Haftkostenbeitrag wird jährlich vom BMJV bzw. den Landesjustizministerien festgestellt und bekannt gemacht (vgl. für 2016 z.B. BAnz AT 01.12.2015 B1).

Für den Vollzug von **Ordnungshaft** dürfen diese Auslagen nur erhoben werden, wenn und soweit ein Haftkostenbeitrag auch von einem Gefangenen im Strafvollzug erhoben werden kann. Das ist nach § 50 Abs. 1 StVollzG, auf den Nr. 2009 KV a.F. direkt verweist, sowie nach den inhaltsgleichen Regelungen der Bundesländer (s.o.) nur der Fall, wenn der Inhaftierte während der Haft von Dritten eigenes Einkommen aus Erwerbstätigkeit erhält oder in vorwerfbarer Weise seiner Arbeitspflicht im Vollzug nicht nachkommt (s. dazu und zur Berücksichtigung wirtschaftlicher Belange BVerfG StV 2009, 421).

22 **Nr. 2010, 2011 (Kosten einer dt. Auslandsvertretung oder inländischer Behörden u.ä.). Nr. 2010:** Werden die **Dienste einer deutschen Auslandsvertretung** in Anspruch genommen, können die hierfür nach dem Auslandskostengesetz zu zahlenden Beträge in voller Höhe angesetzt werden (Prütting/Helms/*Klüsener* FamGKG KV Teil 2 Rn. 63).

23 **Nr. 2011:** Die **Gebühren und Auslagen, die einer deutschen Behörde**, öffentlichen Einrichtung oder deren Bediensteten für Tätigkeiten zustehen, die sie auf Ersuchen des Gerichts erledigen, werden beide wie gerichtliche Auslagen behandelt. Sie können in voller Höhe – Auslagen aber maximal bis zu der nach KV 2000 bis 2009 anfallenden Höhe – angesetzt und vom Kostenschuldner erhoben werden. Dies gilt auch, wenn aus verwaltungstechnischen Gründen tatsächlich keine Zahlungen geleistet werden. Der Ersatz von

Gebühren, z.B. für Auskünfte des Einwohnermeldeamts, wurde erst durch das 2. KostRMoG mit Wirkung zum 01.08.2013 ermöglicht (s. BT-Drucks. 17/11471, S. 235, 253).

Nr. 2012 (Rechtshilfeverkehrs mit dem Ausland). Die **Kosten des Rechtshilfeverkehrs mit dem Ausland** 24 können in voller Höhe angesetzt werden, und zwar sowohl für die Erledigung der eingehenden als auch für die Erledigung der ausgehenden Ersuchen. Auch hier ist der Ansatz fiktiver Kosten erlaubt, wenn aus verwaltungstechnischen Gründen wechselseitig keine Kosten berechnet werden. Zu den Kosten der Zustellung und Beweisaufnahme im Rechtshilfeverkehr innerhalb der EU s. Zöller/*Geimer* § 1067 Rn. 2, § 1072 Rn. 9.

Nr. 2013 (Verfahrensbeistand). In Kindschaftssachen (auch in den gebührenfreien s. Rdn. 3 und Vorbem 25 2 Abs. 3 Satz 3) sowie in Adoptions- und Abstammungsverfahren zählt die an den Verfahrensbeistand gem. §§ 158 Abs. 7 FamFG aus der Staatskasse zu zahlende Aufwandsentschädigung oder Vergütung zu den Kosten des Verfahrens (OLG Frankfurt ZKJ 2013, 127; vgl. zur Höhe § 158 FamFG Rdn. 39 ff.). Sie ist von demjenigen zu tragen, dem das Gericht die Kosten auferlegt oder der als Antragsteller nach § 21 FamGKG für die gerichtlichen Kosten haftet. Gegen die festgesetzte Vergütung kann der Kostenschuldner nur im Wege der Erinnerung gegen den Kostenansatz vorgehen (s. OLG München FamRZ 2010, 1757). Zieht der Verfahrensbeistand mit Einverständnis des Gerichts einen Dolmetscher hinzu und wird dieser auf seinen Antrag aus der Staatskasse direkt entschädigt, fällen die Beträge zweifellos unter die nach Nr. 2005 ersatzfähigen Auslagen (BGH NZFam 2015, 837). Ungeklärt ist, ob sie, wenn sie der Verfahrenspfleger verauslagt hat, mit der ihm zugebilligten Pauschale abgegolten sind, s. dazu *Keuter* FamRZ 2014, 1971 und NZFam 2015, 837 m.w.N. – Die Auslagen für den in Freiheitsentziehungssachen nach § 419 FamFG (keine Kindschaftssache!) bestellten Verfahrenspfleger richten sich nach § 277 FamFG und die Erstattung nach Nr. 31015 KV GNotKG, die dieselbe Begrenzung enthält wie Nr. 2013 KV FamGKG (s. § 80 Rdn. 46).

Anmerkung: Dem **minderjährigen Kind** können nur in Angelegenheiten, die (allein) sein Vermögen be- 26 treffen, Verfahrenskosten auferlegt werden und es darf auch nur in diesem Fall von der Staatskasse als Antragsteller in Anspruch genommen werden (s.o. Rdn. 3 und zur Haftung in Vormundschafts- und Pflegschaftssachen auch §§ 21 bis 27 FamGKG Rdn. 12 f.). Darüber hinaus dürfen von ihm die Auslagen für den Verfahrensbeistand nur nach Maßgabe des § 1836c BGB erhoben werden. Das bedeutet, dass es mindestens über ein i.S. der §§ 82 ff., 90 SGB XII einzusetzendes Einkommen und/oder Vermögen verfügen muss (s. i.E. PWW § 1836e Rn. 3 ff.). Der Unterschied zu der einem Minderjährigen ansonsten in Kindschaftssachen zugute kommenden Begrenzung seiner Haftung für die Gerichtskosten (s. Rdn. 3) besteht darin, dass er u.U. auch sein Einkommen einsetzen muss.

Nr. 2014 Umgangspfleger, Verfahrenspfleger (Notvertreter). Wie die Kosten des Verfahrensbeistands ge- 27 hören auch die Kosten für den **Umgangspfleger** zu den Auslagen des Verfahrens, in dem die Umgangspflegschaft nach § 1684 Abs. 3 Satz 3 BGB vom FamG angeordnet wurde (OLG Koblenz MDR 2015, 898). Der Umgangspfleger hat gem. § 1684 Abs. 3 Satz 6 BGB i.V.m. § 277 FamFG Anspruch auf Ersatz von Aufwendungen oder Vergütung aus der Staatskasse wie ein Verfahrenspfleger in Betreuungsverfahren. Der Anspruch richtet sich nach dem VBVG und wird nach § 168 Abs. 1 FamFG festgesetzt (s. § 4 FamGKG Rdn. 4 und im Einzelnen § 277 FamFG Rdn. 4 ff.). Die Auslagen schuldet nur derjenige, den das Gericht in seiner Kostenentscheidung bestimmt (Binz/Dorndörfer u.a./*Dorndörfer* KV Nr. 2000–2015 FamGKG Rn. 6; BT-Drucks. 16/6308, S. 316; a.A. Prütting/Helms/*Klüsener* FamGKG Anlage 1 Teil 2 Rn. 73). Es kann die Kosten den Verfahrensbeteiligten und ggf. auch einem Dritten auferlegen, nicht jedoch dem Kind (s. § 81 FamFG Rdn. 39 ff.). Dies haftet gem. § 21 Abs. 1 Nr. 3 FamGKG auch nicht als Antragsteller.

Mit dem 2. KostRMoG wurde der Auslagentatbestand ergänzt, um die einem nach den § 57 ZPO i.V.m. 28 § 113 Abs. 1 FamFG oder § 9 Abs. 5 FamFG bestellten besonderen gesetzlichen Vertreter (**Notvertreter**) aus der Staatskasse gezahlten Beträge. Die Bezeichnung im Text der Nr. 2005 als »Verfahrenspfleger« ist zumindest missverständlich. Denn dessen Funktion ist nicht vergleichbar mit der eines nach § 277 FamFG u.a. bestellten Verfahrenspflegers. Nach § 57 ZPO wird einem verfahrensunfähigen Antragsgegner, der ohne gesetzlichen Vertreter ist, ein »besonderer Vertreter« bestellt, wenn die Rechtssache keinen Aufschub duldet *und die Bestellung eines Vormunds, Betreuers oder (Ergänzungs-) Pflegers als gesetzlichen Vertreter zu lange dauern würde* (Zöller/*Vollkommer* § 57 Rn. 3 ff.; und zur entsprechenden Anwendung in FG-Verfahren: Keidel/*Zimmermann* § 9 Rn. 34 ff.). Wurde ein Rechtsanwalt bestellt, hat dieser nach §§ 41, 45 RVG einen Anspruch auf Vergütung aus der Staatskasse wie ein im Wege der Vkh beigeordneter Anwalt, behält aber, anders als der Umgangspfleger, seinen Anspruch auf die gesetzliche Vergütung gegen den Vertretenen (s. i.E Gerold/Schmidt/*Mayer* RVG § 41 Rn. 3 ff.) Wurde ein Nichtanwalt bestellt, hat dieser Anspruch auf Vergütung und Auslagenersatz entsprechend § 1835 BGB (Keidel/*Zimmermann* § 9 Rn. 38 m.w.N.). Dieser Anspruch wird, wenn der Vertretene mittellos ist, ebenfalls aus der Staatskasse befriedigt (§ 1835 Abs. 4 Satz 1 BGB). Zur den Rechtsbehelfen des Kostenschuldners s. Rdn. 25.

29 Wurde einem verfahrensunfähigen Beteiligten nach § 1909 BGB ein **Ergänzungspfleger** bestellt und dessen Vergütung oder Aufwendungsersatz (gemäß § 1835 Abs. 4 Satz 1 BGB) aus der Staatskasse gezahlt, können diese Beträge nicht nach Nr. 2005 als gerichtliche Auslagen erhoben werden. Denn der Ergänzungspfleger ist in Nr. 2005 nicht genannt ist und eine analoge Anwendung der Vorschrift zu Lasten eines Kostenschuldners nicht zulässig (s. § 1 FamGKG Rdn. 4; s.a. OLG München FamRZ 2009, 892; a.A. offenbar BGH FamRZ 2015, 570). Zwar geht der Vergütungsanspruch des Pflegers gem. § 1836e BGB auf die Staatskasse über, soweit sie ihn erfüllt hat. Dadurch mutiert dieser Anspruch aber nicht zu gerichtlichen Auslagen i.S.d. KV. Vielmehr handelt es sich, wie bei dem auf die Staatskasse übergegangenen Anspruch des im Wege der Vkh beigeordneten Anwalts, um **notwendige außergerichtliche Aufwendungen des Betroffenen** (s. § 80 FamFG Rdn. 71), die ggf. von einem anderen Beteiligten zu erstatten sind, soweit ihm die Erstattung der außergerichtlichen Kosten des Betroffenen vom Gericht auferlegt wurden. Ob die Staatskasse den Erstattungsanspruch in gleicher Weise wie die übergegangenen Anwaltskosten ohne Weiteres vom Schuldner einziehen kann, erscheint fraglich. Anders als der beigeordnete oder als Notvertreter bestellte Anwalt (s. § 126 ZPO, § 41 RVG), ist der Pfleger nicht kraft Gesetzes ermächtigt, den Kostenerstattungsanspruch im eigenen Namen geltend zu machen, sodass auch unter den Voraussetzungen des § 1836e BGB keine entsprechende Ermächtigung auf die Staatkasse übergehen kann.

30 **Nr. 2015 (Videokonferenz).** Dieser Auslagentatbestand wurde parallel zur Änderung des § 128a ZPO durch das Gesetz. zur Intensivierung des Einsatzes von Videokonferenztechnik in gerichtlichen und staatsanwaltschaftlichen Verfahren v. 25.04.2013 mit Wirkung zum 01.11.2013 (BGBl. I, 935) eingeführt und erweitert die Möglichkeit der Nutzung von Videokonferntechnik u.a. in Ehe- und Familienstreitsachen (s. *Sensburg* DRiZ 2013, 126). Allerdings ist es den Ländern möglich, das Inkrafttreten der Vorschriften bis Ende 2017 zurückzustellen.

Die Höhe der Pauschale orientiert sich an den Betriebskosten, die der Justizverwaltung durch die Nutzung der Videokonferenzanlage entstehen, insbesondere durch das zum Betrieb eingesetzte Personal und durch die anfallenden Verbindungsentgelte (BT-Drucks. 17/1224, S. 14). Sie gehört zu den allgemeinen Auslagen, für deren Haftung gegenüber der Staatskasse keine Besonderheiten gelten.

Anlage 2 (zu § 28 Abs. 1 FamGKG)

Anlage 2 (zu § 28 Abs. 1 FamGKG) (Wertgebührentabelle)

Anlage 2 (zu § 28 Abs. 1 FamGKG)

Gültig ab 01.08.2013

Verfahrenswert bis. €.	Gebühr in. €	Verfahrenswert bis. €.	Gebühr in. €
500	35,00	50.000	546,00
1.000	53,00	65.000	666,00
1.500	71,00	80.000	786,00
2.000	89,00	95.000	906,00
3.000	108,00	110.000	1.026,00
4.000	127,00	125.000	1.146,00
5.000	146,00	140.000	1.266,00
6.000	165,00	155.000	1.386,00
7.000	184,00	170.000	1.506,00
8.000	203,00	185.000	1.626,00
9.000	222,00	200.000	1.746,00
10.000	241,00	230.000	1.925,00
13.000	267,00	260.000	2.104,00
16.000	293,00	290.000	2.283,00
19.000	319,00	320.000	2.462,00
22.000	345,00	350.000	2.641,00
25.000	371,00	380.000	2.820,00
30.000	406,00	410.000	2.999,00
35.000	441,00	440.000	3.178,00
40.000	476,00	470.000	3.357,00
45.000	511,00	500.000	3.536,00

Gesetz zur Reform des Verfahrens in Familiensachen und in den Angelegenheiten der freiwilligen Gerichtsbarkeit (FGG-Reformgesetz – FGG-RG)

Artikel 111 FGG-RG

Übergangsvorschrift. (1) Auf Verfahren, die bis zum Inkrafttreten des Gesetzes zur Reform des Verfahrens in Familiensachen und in den Angelegenheiten der freiwilligen Gerichtsbarkeit eingeleitet worden sind oder deren Einleitung bis zum Inkrafttreten des Gesetzes zur Reform des Verfahrens in Familiensachen und in den Angelegenheiten der freiwilligen Gerichtsbarkeit beantragt wurde, sind weiter die vor Inkrafttreten des Gesetzes zur Reform des Verfahrens in Familiensachen und in den Angelegenheiten der freiwilligen Gerichtsbarkeit geltenden Vorschriften anzuwenden. Auf Abänderungs-, Verlängerungs- und Aufhebungsverfahren finden die vor Inkrafttreten des Gesetzes zur Reform des Verfahrens in Familiensachen und in den Angelegenheiten der freiwilligen Gerichtsbarkeit geltenden Vorschriften Anwendung, wenn die Abänderungs-, Verlängerungs- und Aufhebungsverfahren bis zum Inkrafttreten des Gesetzes zur Reform des Verfahrens in Familiensachen und in den Angelegenheiten der freiwilligen Gerichtsbarkeit eingeleitet worden sind oder deren Einleitung bis zum Inkrafttreten des Gesetzes zur Reform des Verfahrens in Familiensachen und in den Angelegenheiten der freiwilligen Gerichtsbarkeit beantragt wurde.
(2) Jedes gerichtliche Verfahren, das mit einer Endentscheidung abgeschlossen wird, ist ein selbständiges Verfahren im Sinne des Absatzes 1 Satz 1.
(3) Abweichend von Absatz 1 Satz 1 sind auf Verfahren in Familiensachen, die am 1. September 2009 ausgesetzt sind oder nach dem 1. September 2009 ausgesetzt werden oder deren Ruhen am 1. September 2009 angeordnet ist oder nach dem 1. September 2009 angeordnet wird, die nach Inkrafttreten des Gesetzes zur Reform des Verfahrens in Familiensachen und in den Angelegenheiten der freiwilligen Gerichtsbarkeit geltenden Vorschriften anzuwenden.
(4) Abweichend von Absatz 1 Satz 1 sind auf Verfahren über den Versorgungsausgleich, die am 1. September 2009 vom Verbund abgetrennt sind oder nach dem 1. September 2009 abgetrennt werden, die nach Inkrafttreten des Gesetzes zur Reform des Verfahrens in Familiensachen und in den Angelegenheiten der freiwilligen Gerichtsbarkeit geltenden Vorschriften anzuwenden. Alle vom Verbund abgetrennten Folgesachen werden im Fall des Satzes 1 als selbständige Familiensachen fortgeführt.
(5) Abweichend von Absatz 1 Satz 1 sind auf Verfahren über den Versorgungsausgleich, in denen am 31. August 2010 im ersten Rechtszug noch keine Endentscheidung erlassen wurde, sowie auf die mit solchen Verfahren im Verbund stehenden Scheidungs- und Folgesachen ab dem 1. September 2010 die nach Inkrafttreten des Gesetzes zur Reform des Verfahrens in Familiensachen und in den Angelegenheiten der freiwilligen Gerichtsbarkeit geltenden Vorschriften anzuwenden.

Übersicht

	Rdn.		Rdn.
A. Entwicklung der Vorschrift	1	D. Übersicht über die durch das FGG-RG geänderten Vorschriften.	27
B. Allgemeines, Anwendungsbereich	4		
C. Voraussetzungen	9		

A. Entwicklung der Vorschrift. Das Übergangsrecht ist noch vor seinem Inkrafttreten erheblich verändert worden. Der ursprüngliche Gesetzesentwurf beschränkte sich auf Abs. 1 Satz 1 der Vorschrift. Im Laufe des weiteren Gesetzgebungsverfahrens wurde die Vorschrift um Satz 2 erweitert. Damit stellte der Gesetzgeber auf Anregung des Bundesrates klar, dass die auf Abänderung bestehender Entscheidungen gerichteten Verfahren als jeweils neue Angelegenheiten dem bei ihrer Einleitung bzw. Beantragung geltenden Verfahrensrecht unterworfen sind (BTDr 16/9733 S. 305). In dieser Fassung ist das Gesetz verkündet worden (Gesetz vom 17.12.2008, BGBl I 2586). 1

Artikel 111 FGG-RG Übergangsvorschrift

2 Das Gesetz zur Strukturreform des Versorgungsausgleichs hat dann nicht nur das Übergangsrecht für die Versorgungsausgleichssachen sondern auch für alle anderen Familiensachen erheblich umgestaltet. Neben detaillierten Übergangsbestimmungen in § 48 VersAusglG (Gesetz vom 03.04.2009, BGBl I 700) hat Art. 22 des VAStrRefG zugleich den Art. 111 FGG-RG um die Abs. 2 bis 5 erweitert. Beide Vorschriften enthalten praktisch bedeutsame Ausnahmevorschriften für den Versorgungsausgleich bzw. familienrechtliche Verfahren. Diese können zu erheblichen Komplikationen führen. Art. 111 FGG-RG ist im Kontext mit § 48 VersAusglG zu sehen. Obwohl diese Vorschrift eigentlich das materielle Recht betrifft, bestimmt sie praktisch inhaltsgleich mit Art. 111 FGG-RG zugleich das anzuwendende Verfahrensrecht.

§ 48 VersAusglG

(1) In Verfahren über den Versorgungsausgleich, die vor dem 1. September 2009 eingeleitet worden sind, ist das bis dahin geltende materielle Recht und Verfahrensrecht weiterhin anzuwenden.
(2) Abweichend von Absatz 1 ist das ab dem 1. September 2009 geltende materielle Recht und Verfahrensrecht anzuwenden in Verfahren, die
1. am 1. September 2009 abgetrennt oder ausgesetzt sind oder deren Ruhen angeordnet ist oder
2. am 1. September 2009 abgetrennt oder ausgesetzt werden oder deren Ruhen angeordnet wird
(3) Abweichend von Absatz 1 ist in Verfahren, in denen am 31. August 2010 im ersten Rechtszug noch keine Endentscheidung erlassen wurde, ab dem 1. September 2010 das ab dem 1. September 2010 geltende materielle Recht und Verfahrensrecht anzuwenden.

3 Motor dieser Erweiterung war das Bestreben des Gesetzgebers, das Versorgungsausgleichsrecht möglichst bald auf alle Fälle zu erstrecken und hierbei zugleich einen – verfahrensrechtlich nicht gebotenen – Gleichlauf zum FamFG herbeizuführen (BT-Drucks. 16/11903 S. 57, 62).

4 **B. Allgemeines, Anwendungsbereich.** Die Vorschrift durchbricht den allgemeinen Grundsatz, dass im Verfahrensrecht das jeweils aktuelle Recht gilt. Von diesem Prinzip nimmt das FGG-RG aufgrund der vollständigen Neugestaltung des Verfahrensrechts mit seinen Änderungen in der Gerichtsstruktur bewusst Abstand (BT-Drucks. 16/6308 S. 359). Abs. 1 Satz 1 der Vorschrift regelt den Grundsatz, wonach für alle anhängigen Verfahren die bis zum Inkrafttreten des Gesetzes geltenden Vorschriften maßgeblich bleiben; dies gilt bis zum endgültigen Abschluss des jeweiligen Verfahrens. Abs. 1 Satz 2 u Abs. 2 haben für alle Verfahren eine klarstellende Funktion, während die Abs. 3 bis 5 für die Familiensachen sehr differenzierte Ausnahmeregeln enthalten.

5 Der Anwendungsbereich des Art. 111 FGG-RG reicht über das FamFG (Art. 1) mit den Familien-, Betreuungs-, Register- und Nachlasssachen sowie das FamGKG (Art. 2) hinaus. Die Vorschrift gilt ebenfalls für die Änderungen aller weiteren 120 Gesetze und Verordnungen, die in den Art. 3–110a FGG-RG genannt sind (BT-Drucks. 16/6308 S. 359; *Horndasch/Viefhues* Art. 111 FGG-RG *Musielak/Borth* Einleitung Rn. 81) sowie jede gerichtliche Handlungsebene (Richter, Rechtspfleger, Urkundsbeamter der Geschäftsstelle). Hervorzuheben sind die Änderungen des Gerichtsverfassungsgesetzes (Art. 22 FGG-RG), die ebenfalls nur für die dem neuen Recht unterliegenden Verfahren anzuwenden sind. In vermögensrechtlichen Streitigkeiten (Unterhalt, Zugewinn) ist nach altem Recht weiterhin öffentlich zu verhandeln, während in Neuverfahren die Öffentlichkeit ausgeschlossen ist (§ 170 Abs. 1 GVG). Zudem bleiben für Altverfahren zunächst die durch das FGG-RG aufgehobenen Vormundschaftsgerichte bestehen (Rdn. 14). Der Wechsel des Verfahrensrechts hat keinen Einfluss auf die einmal begründete Zuständigkeit eines Familiengerichts für alle noch nicht anhängigen Folgesachen oder die Fortführung einzelner Folgesachen als selbständige Familiensache (KG, Beschl. v. 06.08.2010 – 18 AR 41/10 – FamRZ 2011, 319; OLG Naumburg, Beschl. v. 03.02.1011 – 8 AR 5/11 – juris).

6 Als lex specialis geht Art. 111 FGG-RG allen früheren Übergangsvorschriften vor, soweit nicht zeitgleich oder später erlassene Gesetze abweichende Regeln enthalten (*Hartmann* NJW 2009, 2655, 2656).

7 Das Übergangsrecht in § 63 FamGKG entspricht § 71 GKG und bezieht sich nicht auf die Regeln zum Inkrafttreten des FGG-RG (BT-Drucks. 16/6308 S. 308; s.a. die Kommentierung zu § 63 FamGKG Rz 1 ff.). Eine Liste aller betroffenen Gesetze findet sich im Anhang.

8 Eine spezielle Übergangsvorschrift enthält § 40 EGGVG, wonach abweichend von der allgemeinen Übergangsvorschrift § 119 GVG in seiner bisherigen Fassung nur für die bis zum 31.08.2009 erlassenen Entscheidungen anzuwenden ist. Diese Regelung betrifft die Entscheidungen der Amtsgerichte in allgemeinen Zivilsachen, wenn eine Partei ihren allgemeinen Gerichtsstand nicht im Inland hatte oder das Amtsgericht ausländisches Recht angewendet und dies in den Entscheidungsgründen ausdrücklich festgestellt hat (BT-

Drucks. 16/9733 S. 300). **Art. 111 FGG-RG** betrifft nur das **Verfahrensrecht**; für Änderungen im materiellen Recht sind jeweils die besonderen Übergangsvorschriften zu beachten (u.a. §§ 48 ff. VersAusglG; § 268a SGB VI; § 57 Abs. 1 BeamtVG; Art. 229 § 20 EGBGB). Daher bleibt in Verfahren auf Zuweisung der Ehewohnung die HausratsVO anwendbar, während materiell-rechtlich nunmehr § 1568a BGB anzuwenden ist (OLG Schleswig Beschl. v. 24.03.2010, 15 UF 166/09).

C. Voraussetzungen. Abs 1: Alle ab dem Stichtag 01.09.2009 begonnenen Verfahren unterliegen dem neuen Verfahrensrecht. Die Anwendung des bisherigen Rechts setzt die Einleitung eines Verfahrens bis zum 31.08.2009 voraus oder einen bis dahin bei Gericht eingegangenen verfahrenseinleitenden Antrag. 9

In den **Amtsverfahren** erfordert dies eine eigene verfahrensfördernde Maßnahme des Gerichtes, ohne dass es darauf ankäme, ob das Gericht von sich aus oder aufgrund einer Anregung von außen tätig geworden ist (*Hartmann* NJW 2009, 2655, 2656). Die bloße Kenntnis von Umständen, die ein Eingreifen erfordern, genügt hingegen nicht; die Einleitung des Verfahrens muss sich nach außen dokumentieren – so durch eine verfahrenseinleitende Verfügung oder das Anlegen einer Akte. Weitergehende Ermittlungen sind ein sicherer Anhaltspunkt für den Beginn eines Verfahrens – notwendig sind sie aber nicht. 10

In den **Antragsverfahren** ist der Eingang bei Gericht, das Datum des Eingangsstempels, maßgeblich. Auf den Zeitpunkt der Zustellung kommt es nicht an (*Kemper* FPR 2009, 227, 228). Bereits ein bedingter Antrag ist ein wirksamer Antrag auf Einleitung des Verfahrens. Das Gesetz stellt nur auf den Zeitpunkt des Eingangs eines Antrags als tatsächlicher Vorgang ab, nicht aber auf die Anhängigkeit eines Verfahrens im prozessualen Sinn. Abweichend von der in der Vorauflage vertretenen Ansicht hat der BGH entschieden, dass ein bis zum 31.08.2009 eingegangener Antrag auf Bewilligung von Prozesskostenhilfe für ein beabsichtigtes Verfahren nicht genügt, um die Voraussetzungen des Abs. 1 zu erfüllen (BGH, Beschl. v. 29.02.2012 – XII ZB 198/11 – FamRZ 2012, 783; ebenso OLG Braunschweig Beschl. v. 26.11.2009, 1 W 57/09, FamRZ 2010, 1101; OLG Stuttgart Beschl. v. 29.04.2010, 12 W 17/10 FamRZ 2010, 1686; *Kemper* FPR 2009, 227, 228; *Friederici/Kemper* Einleitung Rn. 20; *Heiter* FamRB 2009, 313, 316; *Vogel* FPR 2009, 381; *Götsche* FamRB 2009, 317, 318; *Palandt/Brudermüller* 72. Aufl. § 48 VersAusglG Rn. 2 unter Aufgabe der in der Vorauflage vertretenen Ansicht; differenzierend OLG Naumburg, Beschl. v. 26.03.2009, 3 WF 66/09 – juris; a.A. OLG Celle, Beschl. v. 28.12.2009, 17 W 100/09, FamRZ 2010, 1003; *Borth/Grandel* in Musielak/Borth vor § 1 Rn. 95; *Holzwarth* FamRZ 2008, 2168, 2170; *Büte* in Johannsen/Henrich Familienrecht 5. Aufl. Art. 111 FGG-RG Rn. 4; *Schürmann* FamFR 2010, 42; *Giers* FamFR 2009, 167). Zur Begründung führt der BGH aus, dass sich die Übergangsvorschriften auf das Verfahren in der Hauptsache beziehen, es sich bei dem PKH-Verfahren jedoch um ein selbständiges Nebenverfahren handele. Nach der hier vertretenen Ansicht ist nicht der PKH-Antrag ausschlaggebend, sondern der mit der Einreichung regelmäßig verbundene und durch das Bewilligungsverfahren aufschiebend bedingte Antrag zur Hauptsache. Bereits dies dürfte als Antrag auf Einleitung des Verfahrens i.S.v. Abs. 1 genügen, zumal das frühere Recht mit dem Eingang des PKH-Antrags auch weitere Rechtsfolgen (Zulässigkeit des Antrags auf einstweilige Anordnung) verband. Angesichts der eindeutigen Position des BGH ist für die Praxis jedoch davon auszugehen, dass allein ein vor dem 01.09.2009 eingegangener PKH-Antrag nicht für die Anwendung des früheren Rechts genügt. 11

In Nachlasssachen werden die von Amts wegen erforderlichen Tätigkeiten durch den Todesfall eingeleitet, bei Antragsverfahren ist der Eingang bei Gericht entscheidend (OLG Stuttgart Beschl. v. 12.11.2009 – 8 W 427/09 – FamRZ 2010, 673). Ein Erbschein wird nur auf Antrag erteilt (§ 2535 BGB); für einen nach dem 01.09.2009 gestellten Antrag sind daher die Vorschriften des FamFG maßgebend, auch wenn die Testamentseröffnung bereits vor dem Stichtag erfolgte (OLG München Beschl. v. 28.06.2010 – 31 Wx 80/10 ZErb 2010, 263; Beschl. v. 27.04.2010 – 4 Wx 9/10, FamRZ 2010, 1760). Mehrere nacheinander eingehende Erbscheinsanträge bilden solange, wie über sie nicht entschieden ist, ein einheitliches Verfahren, so dass der zuerst eingegangene Antrag das Verfahrensrecht bestimmt (OLG Stuttgart, Beschl. v. 14.12.2010 – 8 W 353/10, FamRZ 2011, 584); zum aktienrechtlichen Verfahren vgl. BGH Beschl. v. 01.03.2010 – II ZB 1/10 – FamRZ 2010, 639.

In einer Landwirtschaftssache ist der Eingang der Akte bei Gericht und nicht das Darum eines bereits zuvor gestellten Antrags auf gerichtliche Entscheidung maßgeblich (OLG Zweibrücken, Beschl. v. 18.12.2014 – 4 WLw 89/13 –, RdL 2015, 84).

Der vor dem 01.09.2009 bei Gericht eingegangene Antrag sichert die Geltung des bisherigen Rechts zugleich für alle weiteren Anträge. Die Geltung der Verfahrensordnung ist unteilbar (BT-Drucks. 16/6308 S. 359). Unter Verfahren ist die gesamte, ggf. auch mehrere Instanzen umfassende gerichtliche Tätigkeit in einer Sache zu verstehen (BVerfG, Beschl. v. 02.07.2015 – 1 BvR 1312/13 –, FamRZ 2015, 1685; BGH Beschl. v. 01.03.2010 – II ZB 1/10 – FamRZ 2010, 639; Beschl. v. 03.11.2010 – XII ZB 197/10 – FamRZ 12

Artikel 111 FGG-RG — Übergangsvorschrift

2011, 100), so dass in diesen Verfahren spätere Anträge und die Rechtsmittel ebenfalls dem alten Verfahrensrecht unterliegen. Die nach früherem Recht begründete örtliche Zuständigkeit bleibt bei Wiederaufnahme des Verfahrens zum Versorgungsausgleich erhalten (OLG Bremen Beschl. v. 31.01.2011 – 4 AR 3/11, juris); diese Verfahren sind aber aufgrund der besonderen Regelung in Abs. 4 unter Auflösung des Verbundes als selbständige Familiensachen nach neuem Recht fortzuführen (BGH, Beschl. v. 16.02.2011 – XII ZB 261/10, FamRZ 2011, 635; AG Vechta Beschl. v. 03.09.2010 – 12 F 667/09, FamRZ 2011, 238). Die einmal begründete Zuständigkeit des Zivilgerichts bleibt auch dann erhalten, wenn der Streitgegenstand eine sonstige Familiensache iSv § 266 Abs. 1 Nr. 3 FamFG betrifft (OLG Frankfurt Beschl. v. 03.05.2010 – 4 W 6/10, FamRZ 2010, 1581), die Wirksamkeit eines Vergleichs in einem nach altem Recht eingeleiteten Verfahren zu beurteilen ist (OLG Frankfurt, Beschl. v. 01.04.2015 – 4 UF 373/14 –, juris) oder der Streitgegenstand eines zunächst ruhenden Verfahrens erweitert wird (OLG Karlsruhe Beschl. v. 11.02.2011 – 9 AR 3/11, juris). Das anzuwendende Verfahrensrecht unterliegt nicht der Disposition der Beteiligten (OLG Stuttgart Beschl. v. 07.12.2009 – 15 UF 208/09, NJOZ 2010, 1814). Daraus folgt:

- Wird in einem bereits anhängigen Hauptsacheverfahren erst nach dem 01.09.2009 ein Antrag auf Erlass einer **einstweiligen Anordnung** gestellt, bleibt es bei der Anwendung der ZPO. Der Umstand, dass es sich bei der einstweiligen Anordnung nach neuem Recht um ein selbständiges Verfahren handelt, steht dem nicht entgegen, da das Hauptsacheverfahren das anzuwendende Recht bestimmt (BT-Drucks. 16/6308 S. 359) und damit unverändert die §§ 620 ff., 644 ZPO gelten, es also bei dem einheitlichen Verfahren nach altem Recht bleibt (wie hier Keidel/*Giers* § 49 FamFG Rn. 6; Götsche, FamRB 2010, 218, 220; a.A. *Fölsch*, 2.A. § 1 Rn. 14; OLG Jena, Beschl. v. 03.08.2011 – 1 UF 369/11 – FamRZ 2012, 53; a.A. OLG Nürnberg Beschl. v. 16.03.2010 – 7 WF 237/10, FamRZ 2010, 1463). Ein Wahlrecht besteht insoweit nicht (für Wahlrecht Musielak/Borth Einleitung Rn. 94).
- Eine Einschränkung ergibt sich für einstweilige Anordnungen in Betreuungssachen, bei denen gem. Abs. 2 jeder Verfahrensgegenstand als neue Sache gilt (s. Rdn. 14).
- Gleiches gilt für Anträge auf **Abänderung** einer nach bisherigem Recht erlassenen **einstweiligen Anordnung**. Die Abhängigkeit zum Hauptsacheverfahren bleibt erhalten, so dass weiterhin die §§ 620b, 620e ZPO, für das Außerkrafttreten § 620f ZPO einschlägig sind.
- Für **Verbundverfahren** gibt es keine Sperrwirkung – in einem anhängigen Scheidungsverfahren können nach dem 01.09.2009 weitere Folgesache anhängig gemacht werden. Wird ein bereits anhängiges **Verbundverfahren** nachträglich um neue **Folgesachen** erweitert, gilt auch für diese altes Verfahrensrecht (BGH, Beschl. v. 15.08.2012 – XII ZR 80/11 – FamRZ 2012, 1785). Soweit ein Wahlrecht besteht, ist bei außerhalb des Verbundes geltend gemachten Ansprüchen hingegen das neue Verfahrensrecht anzuwenden. Zu beachten ist allerdings der durch den im Verbund anhängigen Versorgungsausgleich erzwungene Wechsel des Verfahrensrechts zum 01.09.2010 (vgl. Rdn. 23).
- Für **Nebenverfahren** (Prozesskostenhilfe) und Zwischenentscheidungen bleibt es bei der Anwendung alten Rechts; so bei der Ablehnung eines Richters (OLG Stuttgart, Beschl. v. 16.10.2009 – 8 W 409/09 – FamRZ 2010, 395) oder Sachverständigen (OLG Düsseldorf, Beschl. v. 30.04.2014 –26 W 16/13 – juris). Andererseits handelt es sich bei einem nach dem 01.09.2009 eingeleiteten Verfahren auf Änderung oder Aufhebung eines PKH-Beschlusses um eine neue Angelegenheit, die dem neuen Recht unterfällt (OLG Dresden Beschl. v. 06.04.2010 – 21 WF 160/10, FamRZ 2010, 1754). Der als selbständige Familiensache zu führende abgetrennte Versorgungsausgleich wirkt sich auch auf die 48-monatige Überprüfungsfrist zur Änderung von im Scheidungsverfahren bewilligter PKH aus. Da dieses Verfahren nunmehr endgültig abgeschlossen ist, beginnt die Überprüfungsfrist nach § 120 Abs. 4 ZPO a.F. mit dem 01. September 20109 und endet am 31.08.2013 (OLG Frankfurt, Beschl. v. 04.03.2014 – 5 WF 15/14 – NZFam 2014, 465). Durch die Führung als selbständiges Verfahren handelt es sich auch kostenrechtlich um zwei getrennt abzurechnende Angelegenheiten. Die im ersten Verfahren abgerechneten Gebühren sind im späteren Verfahren anzurechnen (AG Siegen Beschl. v. 09.07. 2015 – 15 F 874/12 –, JurBüro 2015, 524).
- Folgt das Verfahren erster Instanz dem alten Recht, unterliegen bis zum endgültigen Abschluss des Verfahrens auch alle **Rechtsmittel** und die Entscheidungszuständigkeiten der Rechtsmittelgerichte dem bis zum 31.08.2009 geltenden Recht (BT-Drucks. 16/6308 S. 359; BGH, Beschl. v. 30.09.2009, XII ZB 135/07; Beschl. v. 25.11.2009 – XII ZB 46/09 FamRZ 2010, 189 und ständige Rechtsprechung; OLG Jena FamRZ 2010, 1007). Rechtsmittel (Berufung, befristete Beschwerde) sind weiterhin beim Oberlandesgericht einzulegen (OLG Dresden Beschl. v. 14.06.2010 – 23 UF 373/10). In Familiensachen ist eine Revision nur zulässig, wenn sie das Berufungsgericht zugelassen hat. Die Geltung von § 26 Nr 9 EGZPO ist bis zum

31.12.2019 verlängert (Art. 9 des Gesetzes vom 04.08.2009, BGBl I 2449. Zu den Ausnahmen in Versorgungsausgleichssachen, s. Rdn. 25; zur Beschwerde in Grundbuchsachen OLG München Beschl. v. 20.05.2010 – 34 Wx 45/10, RPfl. 2010, 491).
– Es bleibt bei der Anwendung des bisherigen **Kostenrechts**. Zum Kostenrecht bei Rechtsmitteln s. Rdn. 26.

Abänderungs-, Verlängerungs- und Aufhebungsverfahren sind jeweils selbständige Angelegenheiten. Die Vorschrift bezieht sich auf eine Abänderung früherer, die Hauptsache beendender Entscheidungen. Hierzu gehören die Abänderung von Unterhaltstiteln, Abänderungsverfahren zum Versorgungsausgleich (§§ 238 ff. FamFG, §§ 51, 52 VersAusglG, §§ 225 ff., 48 FamFG), die Änderung von Sorge- und Umgangsregelungen (§ 166 FamFG, § 1696 BGB), die Aufhebung oder Verlängerung von freiheitsentziehenden Maßnahmen sowie Löschungsverfahren (§§ 393 ff. FamFG) und Verfahren in Nachlasssachen. Für diese stellt der nachträglich auf Vorschlag des Bundesrates (BT-Drucks. 16/6308 S. 401, 427) in Abs. 1 eingefügte **Satz 2** klar, dass das frühere Recht nur anzuwenden ist, wenn die Änderungsanträge bereits vor dem 01.09.2009 eingegangen sind; für alle später eingeleiteten Verfahren gilt unabhängig von dem für die Ausgangsentscheidung geltenden Recht neues Verfahrensrecht. Anträge zur **Zwangsvollstreckung** sind ebenfalls selbständige Verfahren i.S.d. Art. 111 FGG-RG (BGH, Beschl. v. 17.08.2011 – XII ZB 621/10 – FamRZ 2011, 1729; OLG Karlsruhe Beschl. v. 19.02.2010 – 5 WF 28/10 – FamRZ 2010, 1103).
Für einen nach dem 01.09.2009 erhobenen **Widerantrag** (Widerklage) bleibt es bei der Anwendung des bisherigen Rechts, wenn der Antrag bereits zuvor anhängig war (BGH, Beschl. v. 03.11.2010 – XII ZB 197/10 – FamRZ 2011, 100). Fehlt beim Streitgegenstand zwischen Antrag und Widerantrag ein rechtlicher Zusammenhang, kann das Gericht das Verfahren zur Widerantrag abtrennen (§ 145 Abs. 2 ZPO) und diese auf Antrag an das nunmehr zuständige Gericht verweisen (OLG Frankfurt Beschl. v. 03.05.2010 – 4 W 6/10, FamRZ 2010, 1581).

Abs 2 konkretisiert die dem Abs. 1 Satz 1 unterfallenden Verfahren. Jedes mit einer Endentscheidung – d.h. den Verfahrensgegenstand ganz oder teilweise erledigenden Entscheidung – abgeschlossene Verfahren ist ein selbständiges Verfahren, so dass für später eingeleitete Verfahren auch dann das neue Recht anzuwenden ist, wenn diese noch dieselbe Angelegenheit betreffen. Abgeschlossen ist ein Verfahren aber erst mit Rechtskraft der Entscheidung. Das Rechtsmittelverfahren gehört noch zum ursprünglichen Verfahren, so dass entgegen der vereinzelt vertretenen Ansicht (*Prütting* in Prütting/Helms Art. 111 FGG-RG Nr. 5; *Geimer* in Zöller ZPO, FamFG Einl. Rn. 54). bei Altverfahren weiterhin das bisher maßgebliche Rechtsmittelrecht anzuwenden ist (BGH ständige Rechtsprechung, Beschl. v. 01.03.2010, II ZB 1/10 – FamRZ 2010, 639; Beschl. v. 25.11.2009 – XII ZB 46/09, FamRZ 2010, 189, s. Rdn. 12) Hauptanwendungsbereich der Vorschrift sind die Bestandsverfahren bei den früheren Vormundschaftsgerichten (Vormundschaft, Betreuung, Pflegschaft, Adoption), bei denen jede einzelne Entscheidung (Genehmigungen, Bestellung oder Entlassung eines Vormunds usw.) als eigenständige Angelegenheit gilt. Damit will der Gesetzgeber einen zügigen Übergang in das neue Recht gewährleisten (BT-Drucks. 16/11903 S. 61). Jede erstmals nach Inkrafttreten des FamFG entfaltete gerichtliche Tätigkeit (Aufsicht, Genehmigung, Verlängerung) leitet ein neues Verfahren ein, so der nach dem 01.09.2009 eingereichte Vergütungsantrag eines Vormunds, nicht hingegen frühere Anträge (OLG Dresden Beschl. v. 22.02.2010 – 24 WF 147/10 – FamRZ 2010, 1269). Für dieses gilt neues Recht. Andererseits bleibt in den Altfällen das FGG anwendbar, so dass auch die Auflösung der Vormundschaftsgerichte (§ 35 FGG) solange aufgeschoben ist, bis die Altverfahren abgewickelt sind (OLG München Beschl. v. 24.02.2010 – 4 AR 24/09 – FamRZ 2010, 1102; zur amtswegigen Löschung einer unzulässigen Registereintragung OLG Stuttgart Beschl. v. 13.11.2009 – 8 W 445/09, FGPrax 2010, 61). Bedarf es in Betreuungssachen keiner gerichtlichen Maßnahmen (s Überprüfungsfrist § 69 Abs. 1 Nr. 5 FGG), gilt das frühere Recht, bis das Gericht in der Sache erneut tätig wird. Da der Gesetzgeber den Rechtswechsel an die Einleitung eines Verfahrens gebunden hat (BT-Drucks. 16/11903 S. 61), ist ungeachtet des Interesses an einem baldigen Rechtswechsel kein Raum für eine erweiternde Auslegung. Nach der Auslegungshilfe des BMJ sollen auch Altverfahren, in denen keine Anträge zu erwarten sind, an die Familiengerichte abgegeben werden. Mit dem Wortlaut des Gesetzes ist dies nicht zu vereinbaren (wie hier auch *Breuers* ZFE 2009, 378; Musielak/*Borth* [1. Aufl.] vor § 1 Rn. 101).

Das anzuwendende Recht ist für jedes eigenständige Verfahren selbständig zu beurteilen. Wurden in einer Betreuungsangelegenheit vor und nach dem 01.09.2009 verschiedene Aufgabenkreise geregelt, handelt es sich um unterschiedliche Angelegenheiten, was sich insbesondere auf die jeweils zulässigen Rechtsmittel auswirkt. Solange nicht über Anträge mehrerer Miterben auf Teilerbscheine entschieden ist, bilden diese

Artikel 111 FGG-RG Übergangsvorschrift

ein einziges Verfahren, so dass eine einheitliche Verfahrensordnung gilt (OLG Stuttgart, Beschl. v. 14.12.2010 – 8 W 353/10 – FamRZ 2011, 584; Keidel/*Engelhardt* Art. 111 FamFG Rn. 4). Maßgeblich für das anzuwendende Recht ist der älteste Erbscheinsantrag, nicht jedoch der Zeitpunkt der Testamentseröffnung (OLG München, Beschl. v. 28.06.2010 – 31 Wx 80/10 – FamRZ 2010, 2024).

16 Anträge in der **Zwangsvollstreckung** leiten ebenfalls ein vom früheren Erkenntnisverfahren unabhängiges neues Verfahren ein (Zöller/*Stöber* vor § 704 ZPO Rn. 13). Für ab dem 01.09.2009 eingeleitete Vollstreckungsmaßnahmen gilt daher das Vollstreckungsrecht des FamFG (§§ 86 ff., 120 FamFG), selbst wenn das Ursprungsverfahren dem altem Recht unterworfen war (OLG Hamm, Beschl. v. 13.04.2010 – 13 WF 55/10, FF 2010, 257; OLG Karlsruhe Beschl. v. 08.04.2010 – 2 WF 40/10, FamRZ 2010, 1366; OLG Stuttgart Beschl. v. 17.03.2010 – 16 WF 41/10, FamRZ 2010, 1594).

17 Von dem Grundprinzip der Anwendung des bisherigen Verfahrensrechts in allen Altfällen enthalten die **Abs. 3 bis 5** praktisch bedeutsame **Ausnahmen**. Diese betreffen **ausschließlich** die **Familiensachen** und führen sogleich oder mit zeitlicher Verzögerung zur Anwendung des FamFG – mit allen verfahrensrechtlichen Konsequenzen.

18 Gemäß **Abs. 3** sind Verfahren **in Familiensachen**, die vor dem 01.09.2009 anhängig waren, nach neuem Recht zu Ende zu führen, wenn diese **Verfahren** vor oder nach Inkrafttreten des neuen Rechts **ausgesetzt** oder zum **Ruhen** gebracht worden sind. Es bedarf dafür einer **formellen gerichtlichen Entscheidung**, nicht ausreichend ist ein Verfahrensstillstand aus verfahrenstechnischen Gründen (Verzögerungen bei der Begutachtung, Nichtbetreiben des Verfahrens durch die Parteien und Weglegen der Akte BGH, Beschl. v. 30.01.2013 – XII ZB 74/11 – FamRZ 2013, 615; OLG Celle Beschl. v. 10.11.2010, 10 UF 222/10, einschränkend OLG Brandenburg, Beschl. v. 26.04.2013 – 13 UF 22/07 – FamRZ 2013, 1833). Die Vorschrift bezieht sich auf die Aussetzung nach den §§ 246 ff., 614 ZPO, die Anordnung des Ruhens (§§ 251, 251a ZPO) sowie die Aussetzung nach § 52 Abs. 2 FGG (BT-Drucks. 16/11903 S. 61 f.). Entsprechendes gilt für die Unterbrechung nach den §§ 239 ff. ZPO. Dabei kommt es weder auf den Zeitpunkt der Unterbrechung noch deren Dauer an. Entscheidend ist die **Fortsetzung** des Verfahrens **nach Inkrafttreten des FamFG**. Erhebliche Bedeutung hat die Vorschrift für die wegen unwirksamer Versorgungssatzungen (BGHZ 174, 127, BGH FamRZ 2009, 211) oder nach § 2 VAÜG ausgesetzten Verfahren (zur Fortsetzung dieser Verfahren s § 50 VersAusglG) in Versorgungsausgleichssachen. Das seit Anfang September 2009 geltende Verfahrensrecht und materielle Recht ist auch dann anzuwenden, wenn die beteiligten Eheleute das Ruhen des Verfahrens allein zu dem Zweck beantragt hatten, um einen Rechtswechsel auf das neue Recht herbeizuführen, und das Verfahren sogleich wieder aufgenommen hatten (BGH, Beschl. v. 21.11.2013 – XII ZB 137/13 – FamRZ 2014, 280). Zu Verfahren in der Rechtsmittelinstanz s. Rdn. 25.

19 Unklar ist, ob die Vorschrift auch auf solche bei anderen Gerichten anhängige Verfahren anzuwenden ist, die künftig als sonstige Familiensachen in die Zuständigkeit des Familiengerichts fallen. Da sich das Gesetz auf die Altverfahren bezieht, wird für den Begriff der »Familiensache« auf § 23b GVG (a.F.) abzustellen sein, so dass es für diese Sachen bei der einmal begründeten Zuständigkeit bleibt.

20 **Abs 4** enthält übereinstimmend mit § 48 Abs. 2 VersAusglG eine weitere Ausnahmeregel für von einem **Verbundverfahren abgetrennte** Verfahren zum **Versorgungsausgleich**. Dabei ist es unerheblich, ob die Abtrennung vor oder nach dem 01.09.2009 erfolgte. Die Vorschrift knüpft ausschließlich an den Status des Verfahrens als abgetrennte Sache, nicht aber an den erreichten Verfahrensstand an. Die Vorschrift geht über den Anwendungsbereich des Abs. 3 hinaus und erfasst alle laufenden Verfahren, ohne dass es aufgrund gerichtlicher Entscheidung zu einem Verfahrensstillstand gekommen sein muss (BT-Drucks. 16/10144 S. 87; *Bergner* NJW 2009, 1233, 1235; *Hauß/Eulering* Rn. 812 f.).

21 Die Vorschrift gilt zudem für Verfahren, die weiter betrieben werden, aber uU nur mit erheblicher Verzögerung abgeschlossen werden können. Für diese Verfahren strebt der Gesetzgeber einen schnellen Wechsel in das neue Ausgleichssystem an (BT-Drucks. 16/11903 S. 57). Die Vorschrift bewirkt einen Gleichlauf zwischen dem materiellen Übergangsrecht und dem Verfahrensrecht. Sie hat allerdings eine überschießende Tendenz, da der Gesetzeswortlaut auch solche Verfahren einschließt, die aufgrund durchgeführter Ermittlungen entscheidungsreif sind oder alsbald nach dem 01.09.2009 entscheidungsreif wurden. Diese Verfahren sind ebenfalls unmittelbar nach dem neuem materiellen Recht und Verfahrensrecht fortzuführen, ohne dass es zuvor einen Verfahrensstillstand gegeben hätte (in der Entwurfsfassung sah das Gesetz noch vor, dass ein solches Verfahren nach Inkrafttreten des Gesetzes »wieder aufgenommen oder sonst weiterbetrieben« werden musste, BT-Drucks. 16/10144). Eine so weitreichende Rückwirkung auf seit langem geführte Verfahren ist in ihren materiell-rechtlichen Folgen – auch verfassungsrechtlich – bedenklich; zur Anwen-

dung bei in höheren Instanzen anhängigen Verfahren, s. Rdn. 25. Ist der Aussetzungsbeschluss im Beschwerdeverfahren durch einen erst nach dem 31.08.2009 wirksam gewordenen Beschluss aufgehoben und das Verfahren anschließend in der ersten Instanz als selbstständige Familiensache (Art. 111 Abs. 4 FGG-RG) fortgesetzt worden, ist das seit dem 01.09.2009 geltende materielle Recht zum Versorgungsausgleich anzuwenden (BGH, Beschl. v. 26.10.2011 – XII ZB 567/10 – FamRZ 2012, 98; zum Übergangsrecht in der Beschwerdeinstanz, s. Rdn. 25).

Sind weitere Verfahren aus dem Verbund abgetrennt worden, wird zugleich der Restverbund (BT-Drucks. 16/11903 S. 61) aufgelöst. Die **übrigen Familiensachen** sind als **isolierte Familiensachen** fortzuführen. Für diese bleibt es bei der Anwendung des bisherigen Verfahrensrechts. 22

Die nach § 2 VAÜG ausgesetzten Verfahren sind kraft Gesetzes als vom Verbund getrennte Verfahren fortzuführen. Sie verlieren damit in jeder Hinsicht ihre Eigenschaft als Folgesache (BGH, Beschl. v. 16.02.2011 – XII ZB 261/10 – FamRZ 2011, 635; OLG Dresden, Beschl. v. 15.09.2010 – 20 WF 785/10), so dass sie als selbständige Versorgungsausgleichssachen fortzuführen sind. Damit entfällt einerseits der Anwaltszwang (*Götsche* in NK-BGB 2. Aufl. vor § 1587 u. VersAusglG Rn. 36); andererseits ist für diese Verfahren erneut Verfahrenskostenhilfe zu beantragen und zu bewilligen, OLG Dresden Beschl. v. 15.09.2010 – 20 WF 785/10, AG Vechta, Beschl. v. 03.09.2010 – 12 F 667/09 – FamRZ 2011, 238 (unter Anrechnung der bis dahin ausgezahlten Gebühren), bestätigt durch BGH, Beschl. v. 16.02.2011 – XII ZB 261/10 – FamRZ 2011, 635; Beschl. v. 01.06.2011 – XII ZB 602/10 – FamRZ 2011, 1219; a.A. OLG Rostock, Beschl. v. 14.07.2010 – 10 UF 72/10; OLG Brandenburg Beschl. v. 12.05.2010 – 15 WF 125/10).

Abs. 5 führt ein Jahr nach Inkrafttreten – d.h. ab dem **01.09.2010** – in allen isolierten **Verfahren zum Versorgungsausgleich** und in allen **Verbundverfahren** zur Anwendung des neuen Rechts, wenn in diesen ein Verfahren auf Versorgungsausgleich anhängig und **erstinstanzlich noch nicht abgeschlossen** ist. Dies betrifft auch die in zweiter Instanz anhängige Rechtsmittelverfahren gegen einzelne Teile des Verbundverfahrens (Auskunft), sofern erstinstanzlich noch nicht über den Versorgungsausgleich entschieden worden ist (BGH, Beschl. v. 15.08.2012 – XII ZR 80/11 – FamRZ 2012, 1785). In diesem Fall ist das Verfahren zweitinstanzlich nach neuem Verfahrensrecht zu führen und durch Beschluss zu entscheiden. Gegen diesen ist die Rechtsbeschwerde der zulässige Rechtsbehelf. Wird in einem nach altem Verfahrensrecht eingeleiteten Scheidungsverfahren mit Auslandsbezug erst im Beschwerdeverfahren hilfsweise ein Antrag auf Durchführung des Versorgungsausgleichs gestellt, genügt dies bereits für die Anwendung des neuen Verfahrensrechts (OLG Frankfurt, Beschl. v. 28.09.2012 – 4 UF 149/08 – juris). Durch die klare Zeitgrenze erledigen sich viele Zweifelsfragen zum Übergangsrecht. In diesen Fällen wird der Verbund mit dem Versorgungsausgleich nicht aufgelöst. Vielmehr ist dann das Verfahren mit allen anhängigen Folgesachen als Verbundverfahren nach neuem Recht zu Ende zu führen. Da das Gesetz auf den Zeitpunkt abstellt, zu dem die Endentscheidung (Urteil) in der ersten Instanz erlassen worden ist, gilt das neue Verfahrensrecht auch dann, wenn in der Sache noch vor dem 01.09.2010 verhandelt, die Entscheidung aber erst nach dem Stichtag verkündet worden ist. 23

Das **Übergangsrecht** knüpft durchweg an die **Verfahren erster Instanz** an. Ist ein Verfahren in erster Instanz noch nach altem Verfahrensrecht beendet worden, ist dieses bis zum endgültigen Abschluss maßgeblich. Es handelt sich Instanz übergreifend um ein einheitliches Verfahren (BGH Beschl. v. 01.02.2010 – II ZB 1/10 – FamRZ 2010, 639; Beschl. v. 03.11.2010 – XII ZB 197/10 – FamRZ 2011, 100). Die gegenteilige Ansicht (Prütting/*Helms* FamFG Art. 111 FGG-RG Rdn. 5; Zöller/*Geimer* ZPO 28. Aufl. FamFG Einl. Rn. 54) ist vereinzelt geblieben; der Irrtum eines Rechtsanwalts, der unter Bezug auf diese Auffassung Beschwerde beim Amtsgericht (statt Berufung beim Oberlandesgericht) einlegt, ist nicht unverschuldet (BGH Beschl. v. 03.11.2010 – XII ZB 197/10 – FamRZ 2011, 100). Das bisherige Verfahrensrecht gilt weiter – sowohl für die gegen die Entscheidung gegebenen Rechtsmittel mit den bisherigen Zuständigkeiten als auch für das vom Rechtsmittelgericht anzuwendende Verfahrensrecht. Dies gilt ebenfalls für die bereits vor dem 01.09.2009 vom Verbund abgetrennten Verfahren zum Versorgungsausgleich. (BGH Beschl. v. 14.03.2012 – XII ZB 436/11 – FamRZ 2012, 856). Wird eine Entscheidung in der Revision aufgehoben und an das Berufungsgericht zurückverwiesen, ist das Verfahren nach dem alten Verfahrensrecht abzuschließen. Entscheidet ein Gericht statt nach dem fortgeltenden alten Verfahrensrecht fehlerhaft nach neuem Recht durch Beschluss, ist zwar weiterhin das alte Rechtsmittelrecht anzuwenden. Eine gegen diesen Beschluss eingelegte Beschwerde ist nach dem Prinzip der Meistbegünstigung gleichwohl zulässig (BGH Beschl. v. 06.04.2011 – XII ZB 553/10 – FamRZ 2011, 966; Beschl. v. 15.08.2012 – XII ZR 80/11 – FamRZ 2012, 1785) 24

Artikel 111 FGG-RG Übergangsvorschrift

25 Lange ungeklärt war die Anwendung von Art. 111 Abs. 3, 4 FGG-RG auf die in **höheren Instanzen** anhängigen Verfahren. Die Gesetzesbegründung zu diesen Vorschriften bezieht sich durchweg auf erstinstanzliche Verfahren. Bei der Abfassung des Art. 111 Abs. 1 FGG-RG hat der Gesetzgeber ebenfalls den Abschluss erstinstanzlicher Familiensachen im Blick gehabt. Das für diese maßgebliche Recht bestimmt zugleich die für das Rechtsmittelverfahren zu beachtenden Vorschriften (BT-Drucks. 16/6308 S. 359). Der insoweit eindeutige Gesetzeswortlaut des nachträglich eingefügten Art. 111 Abs. 3 FGG-RG ist jedoch nicht auf erstinstanzliche Verfahren beschränkt, sondern bezieht sich seinem Wortlaut nach unabhängig vom erreichten Verfahrensstand allein auf den Status der einzelnen Sache als abgetrenntes Verfahren. Dies entspräche dem Interesse des Gesetzgebers an einem schnellen Übergang in das neue Recht. Beim Versorgungsausgleich hat der Gesetzgeber das Verfahrensrecht zudem an das anzuwendende materielle Recht gebunden (§ 48 VersAusglG). Daher wurde die Ansicht vertreten, dass eine ausgesetzte oder zum Ruhen gebrachte Familiensache daher nach dem 01.09.2009 auch dann nach neuem Recht fortzuführen ist, wenn sie sich im Rechtsmittelverfahren befindet. Dies betraf vor allem die aus dem Verbundverfahren abgetrennten und beim Oberlandesgericht in der Beschwerdeinstanz anhängigen Versorgungsausgleichssachen (so OLG Celle Beschl. v. 04.03.2010 – 10 UF 282/08 – FamRZ 2010, 979; a.A. für vor dem 01.09.2009 erstinstanzlich entschiedene Verfahren OLG Oldenburg Beschl. v. 19.01.2010 – 13 UF 112/09 – FamRZ 2010, 983). Hierzu gehören u.a. Verfahren zum Versorgungsausgleich mit unwirksamer VBL-Satzung sowie ggf. nach dem VAÜG ausgesetzte Verfahren (vgl. BGH FamRZ 2009, 211). Für diese wie auch für alle aus dem Verbund abgetrennten Versorgungsausgleichssachen hätte sich ein weit zurückreichender Wechsel im materiellen Recht im materiellen Recht ergeben (ausführlich Schürmann FamRZ 2009, 1800; zustimmend Borth, FamRZ 2009, 1965). Der BGH hat dieses Dilemma im Wege einer **teleologischen Reduktion** durch eine Fortschreibung des bisherigen Rechts gelöst. (BGH, Beschl. v. 14.03.2012 – XII ZB 436/11 – FamRZ 2012, 856; ebenso OLG Oldenburg, Beschl. v. 19.01.2010 – 13 UF 112/09 -FamRZ 2010, 983; OLG Naumburg Beschl. v. 28.12.2009 – 4 UF 30/09 – FamRZ 2010, 1444; jurisPK-BGB/Breuers 5. Aufl. § 48 VersAusglG Rn. 16.1; Götsche FamRB 2010, 218, 222; Weil FF 2010, 391, 393). Ausschlaggebend dafür ist, dass ein durchgängig betriebenes Verfahren nach dem ursprünglich anwendbaren Recht fortgesetzt und abgeschlossen werden soll. Das laufend betriebene Verfahren schließt damit einen Wechsel des anwendbaren Rechts in der höheren Instanz aus. Damit vermeidet der BGH einen Rechtsverlust in den unter anderen Voraussetzungen eingeleiteten und bereits erstinstanzlich abgeschlossenen Verfahren. In jedem Fall kann ein Versorgungsausgleich nur einheitlich entweder nach dem früheren oder nach dem ab dem 01.09.2009 geltenden Recht durchgeführt werden (BGH, Beschl. v. 21.11.2013 – XII ZB 137/13 – FamRZ 2014, 280; zum bei Teilanfechtung anzuwendenden Recht s.a. OLG Celle, Beschl. v. 05.02.2013 – 10 UF 20/09 – NdsRpfl 2013, 108).

26 Art 111 FGG-RG ist auch beim **Kostenrecht** anzuwenden (BT-Drucks. 16/6308 S. 359). Das FamGKG gilt daher für die Verfahren, die dem neuen Verfahrensrecht unterliegen (OLG Brandenburg, Beschl. v. 18.03.2013 – 3 UF 64/12 – FamRZ 2014, 390). Für die vor dem 01.09.2009 eingeleiteten Verfahren bleibt es bei der Anwendung der **bisherigen Kostenvorschriften**. Neben den erstinstanzlichen Verfahren bezieht sich dies ebenfalls auf die Rechtsmittelverfahren (Beschwerde, Berufung, Revision) und zwar unabhängig davon, ob die Rechtsmittel vor oder nach dem 01.09.2009 eingelegt worden sind. Aus § 71 GKG ergibt sich nichts Gegenteiliges, da Art. 111 FamFG einer vorzeitigen Anwendung des FamGKG entgegensteht (a.A. Horndasch/Viefhues Art. 111 Rn. 2).

27 **D. Übersicht über die durch das FGG-RG geänderten Vorschriften.**

Art. 1	Gesetz über das Verfahren in Familiensachen und in den Angelegenheiten der freiwilligen Gerichtsbarkeit (FamFG)
Art. 2	Gesetz über Gerichtskosten in Familiensachen (FamGKG)
Art. 3	Staatsangehörigkeitsgesetz
Art. 4	Gesetz zur Regelung von Fragen der Staatsangehörigkeit
Art. 5	Gesetz über die Ermächtigung des Landes Baden-Württemberg zur Rechtsbereinigung
Art. 6	Bundesverfassungsschutzgesetz
Art. 7	Bundespolizeigesetz
Art. 8	Ausführungsgesetz zum Chemiewaffenübereinkommen
Art. 9	Ausführungsgesetz zum Verbotsübereinkommen für Antipersonenminen
Art. 10	Verwaltungsverfahrensgesetz

Art. 11	Transsexuellengesetz
Art. 12	Personenstandsgesetz
Art. 13	Ausführungsgesetz zum Nuklearversuchsverbotsvertrag
Art. 14	Baugesetzbuch
Art. 15	Bundeskriminalamtgesetz
Art. 16	Infektionsschutzgesetz
Art. 17	Bundesentschädigungsgesetz
Art. 18	Asylverfahrensgesetz
Art. 19	Aufenthaltsgesetz
Art. 20	Konsulargesetz
Art. 21	Einführungsgesetz zum Gerichtsverfassungsgesetz
Art. 22	Gerichtsverfassungsgesetz
Art. 23	Rechtspflegergesetz
Art. 24	Bundesnotarordnung
Art. 25	Vorsorgeregister-Verordnung
Art. 26	Beurkundungsgesetz
Art. 27	Beratungshilfegesetz
Art. 28	Gesetz betreffend die Einführung der Zivilprozessordnung
Art. 29	Zivilprozessordnung
Art. 30	Verordnung über den elektronischen Rechtsverkehr beim Bundesgerichtshof und Bundespatentgericht
Art. 31	Einführungsgesetz zu dem Gesetz über die Zwangsversteigerung und die Zwangsverwaltung
Art. 32	Gesetz über die Zwangsversteigerung und die Zwangsverwaltung
Art. 33	Ausführungsgesetz zum deutsch-österreichischen Konkursvertrag
Art. 34	Bundeszentralregistergesetz
Art. 35	Verordnung über die Ersetzung zerstörter oder abhandengekommener gerichtlicher oder notarischer Urkunden
Art. 36	Grundbuchordnung
Art. 37	Verordnung über die Wiederherstellung zerstörter oder abhandengekommener Grundbücher und Urkunden
Art. 38	Gesetz über Maßnahmen auf dem Gebiete des Grundbuchwesens
Art. 39	Schiffsregisterordnung
Art. 40 Abs. 1	Genossenschaftsregisterverordnung
Art. 40 Abs. 2	Handelsregisterverordnung
Art. 40 Abs. 3	Vereinsregisterverordnung
Art. 41	Grundbuchbereinigungsgesetz
Art. 42	Spruchverfahrensgesetz
Art. 43	Gesetz über das gerichtliche Verfahren in Landwirtschaftssachen
Art. 44	Anerkennungs- und Vollstreckungsausführungsgesetz
Art. 45	Internationales Familienrechtsverfahrensgesetz
Art. 46	Erwachsenenschutzübereinkommens-Ausführungsgesetz
Art. 47 Abs. 1	Gerichtskostengesetz
Art. 47 Abs. 2	Kostenordnung
Art. 47 Abs. 3	Gerichtsvollzieherkostengesetz
Art. 47 Abs. 4	Justizverwaltungskostenordnung
Art. 47 Abs. 5	Justizvergütungs- und -entschädigungsgesetz
Art. 47 Abs. 6	Rechtsanwaltsvergütungsgesetz

Artikel 111 FGG-RG   Übergangsvorschrift

Art. 48	Justizbeitreibungsordnung
Art. 49	Einführungsgesetz zum Bürgerlichen Gesetzbuch
Art. 50	Bürgerliches Gesetzbuch
Art. 51	Familienrechtsänderungsgesetz
Art. 52	Lebenspartnerschaftsgesetz
Art. 53	Vormünder- und Betreuervergütungsgesetz
Art. 54	Gesetz über die Änderung von Familiennamen und Vornamen
Art. 55	Verschollenheitsgesetz
Art. 56	Gesetz über Rechte an eingetragenen Schiffen und Schiffsbauwerken
Art. 57	Erbbaurechtsgesetz
Art. 58	Gesetz über die Kraftloserklärung von Hypotheken-, Grundschuld- und Rentenschuldbriefen in besonderen Fällen
Art. 59	Gesetz über Rechte an Luftfahrzeugen
Art. 60	Verordnung zur Regelung der Fälligkeit alter Hypotheken
Art. 61	Sachenrechtsbereinigungsgesetz
Art. 62	Verordnung über die Behandlung der Ehewohnung und des Hausrats
Art. 63	Gesetz über die religiöse Kindererziehung
Art. 64	Gesetz über die rechtliche Stellung der nichtehelichen Kinder
Art. 65	Gesetz zur Regelung von Härten im Versorgungsausgleich
Art. 66	SCE-Ausführungsgesetz
Art. 67	Betreuungsbehördengesetz
Art. 68	Adoptionswirkungsgesetz
Art. 69	Handelsgesetzbuch
Art. 70	Wertpapiererwerbs- und Übernahmegesetz
Art. 71	Börsengesetz
Art. 72	Publizitätsgesetz
Art. 73	Umwandlungsgesetz
Art. 74	Aktiengesetz
Art. 75	SE-Ausführungsgesetz
Art. 76	Gesetz betreffend die Gesellschaften mit beschränkter Haftung
Art. 77	Genossenschaftsgesetz
Art. 78	Gesetz über Unternehmensbeteiligungsgesellschaften
Art. 79	Depotgesetz
Art. 80	Verordnung über die Sammelverwahrung von Mündelwertpapieren
Art. 81	Wertpapierbereinigungsgesetz
Art. 82	Bereinigungsgesetz für deutsche Auslandsbonds
Art. 83	Urheberrechtsgesetz
Art. 83a	Patentgesetz
Art. 83b	Gebrauchsmustergesetz
Art. 83c	Markengesetz
Art. 83d	Geschmacksmustergesetz
Art. 83e	Sortenschutzgesetz
Art. 84	Jugendgerichtsgesetz
Art. 85	Gesetz über die freiwillige Kastration und andere Behandlungsmethoden
Art. 86	Wehrdisziplinarordnung
Art. 87	Landbeschaffungsgesetz

Art. 88	Zollfahndungsdienstgesetz
Art. 89	Abgabenordnung
Art. 90	Einkommensteuergesetz
Art. 91	Wirtschaftsprüferordnung
Art. 92	Gewerbeordnung
Art. 93	Gesetz zur Ausführung des Abkommens vom 27.02.1953 über deutsche Auslandsschulden
Art. 94	Umstellungsergänzungsgesetz
Art. 95	Kreditwesengesetz
Art. 97	Versicherungsaufsichtsgesetz
Art. 98	Höfeordnung
Art. 99	Verfahrensordnung für Höfesachen
Art. 100	Gesetz zur Ergänzung des Gesetz über die Mitbestimmung der Arbeitnehmer in den Aufsichtsräten und Vorständen der Unternehmen des Bergbaus und der Eisen und Stahl erzeugenden Industrie
Art. 101	ReNoPat-Ausbildungsverordnung
Art. 102	Verordnung über die Prüfung zum anerkannten Abschluss Geprüfter Rechtsfachwirt/Geprüfte Rechtsfachwirtin
Art. 103	Versorgungsausgleichs-Überleitungsgesetz
Art. 104	Bundeskindergeldgesetz
Art. 105	Achtes Buch Sozialgesetzbuch
Art. 106	Zehntes Buch Sozialgesetzbuch
Art. 107	Elftes Buch Sozialgesetzbuch
Art. 108	Grundstückverkehrsgesetz
Art. 109	Flurbereinigungsgesetz
Art. 110	Einführungsgesetz zum Rechtsdienstleistungsgesetz
Art. 110a	Gesetz zur Umsetzung des Haager Übereinkommens vom 13.01.2000 über den internationalen Schutz von Erwachsenen

Anhang

Schlussanhang: Rechtsakte der Europäischen Union, völkerrechtliche Vereinbarungen, Ausführungs- und Durchführungsgesetze.

I. Verordnung (EG) Nr. 2201/2003 des Rates über die Zuständigkeit und die Anerkennung und Vollstreckung von Entscheidungen in Ehesachen und in Verfahren betreffend die elterliche Verantwortung und zur Aufhebung der Verordnung (EG) Nr. 1347/2000 (Brüssel IIa-VO) vom 27. November 2003

II. Haager Übereinkommen über die Zuständigkeit, das anzuwendende Recht, die Anerkennung, Vollstreckung und Zusammenarbeit auf dem Gebiet der elterlichen Verantwortung und der Maßnahmen zum Schutz von Kindern (KSÜ) vom 19. Oktober 1996

III. Haager Übereinkommen über die zivilrechtlichen Aspekte internationaler Kindesentführung (HKÜ) vom 25. Oktober 1980

IV. Gesetz zur Aus- und Durchführung bestimmter Rechtsinstrumente auf dem Gebiet des internationalen Familienrechts (Internationales Familienrechtsverfahrensgesetz – IntFamRVG) vom 26. Januar 2005

V. Verordnung (EG) Nr. 4/2009 des Rates über die Zuständigkeit, das anwendbare Recht, die Anerkennung und Vollstreckung von Entscheidungen und die Zusammenarbeit in Unterhaltssachen (EuUnthVO) vom 18. Dezember 2008

VI. Gesetz zur Geltendmachung von Unterhaltsansprüchen im Verkehr mit ausländischen Staaten (Auslandsunterhaltsgesetz – AUG) vom 23. Mai 2011

VII. Haager Übereinkommen über den internationalen Schutz von Erwachsenen (ErwSÜ) vom 13. Januar 2000

VIII. Gesetz zur Ausführung des Haager Übereinkommens über den internationalen Schutz von Erwachsenen (ErwSÜAG) vom 13. Januar 2000

IX. Verordnung (EU) Nr. 650/2012 des Europäischen Parlaments und des Rates über die Zuständigkeit, das anzuwendende Recht, die Anerkennung und Vollstreckung von Entscheidungen und die Annahme und Vollstreckung öffentlicher Urkunden in Erbsachen sowie zur Einführung eines Europäischen Nachlasszeugnisses (ErbRVO) vom 4. Juli 2012

X. Internationales Erbrechtsverfahrensgesetz (IntErbRVG) vom 29. Juni 2015

Anhang I
Verordnung (EG) Nr. 2201/2003 des Rates vom 27. November 2003 über die Zuständigkeit und die Anerkennung und Vollstreckung von Entscheidungen in Ehesachen und in Verfahren betreffend die elterliche Verantwortung und zur Aufhebung der Verordnung (EG) Nr. 1347/2000

ABl. EU L 338 vom 23.12.2003, S. 1

DER RAT DER EUROPÄISCHEN UNION –
gestützt auf den Vertrag zur Gründung der Europäischen Gemeinschaft, insbesondere auf Artikel 61 Buchstabe c) und Artikel 67 Absatz 1,
auf Vorschlag der Kommission[1],
nach Stellungnahme des Europäischen Parlaments[2],
nach Stellungnahme des Europäischen Wirtschafts- und Sozialausschusses[3],
in Erwägung nachstehender Gründe:

(1) – (4) ...
(5) Um die Gleichbehandlung aller Kinder sicherzustellen, gilt diese Verordnung für alle Entscheidungen über die elterliche Verantwortung, einschließlich der Maßnahmen zum Schutz des Kindes, ohne Rücksicht darauf, ob eine Verbindung zu einem Verfahren in Ehesachen besteht.
(6) Da die Vorschriften über die elterliche Verantwortung häufig in Ehesachen herangezogen werden, empfiehlt es sich, Ehesachen und die elterliche Verantwortung in einem einzigen Rechtsakt zu regeln.
(7) Diese Verordnung gilt für Zivilsachen, unabhängig von der Art der Gerichtsbarkeit.
(8) Bezüglich Entscheidungen über die Ehescheidung, die Trennung ohne Auflösung des Ehebandes oder die Ungültigerklärung einer Ehe sollte diese Verordnung nur für die Auflösung einer Ehe und nicht für Fragen wie die Scheidungsgründe, das Ehegüterrecht oder sonstige mögliche Nebenaspekte gelten.
(9) Bezüglich des Vermögens des Kindes sollte diese Verordnung nur für Maßnahmen zum Schutz des Kindes gelten, das heißt i) für die Bestimmung und den Aufgabenbereich einer Person oder Stelle, die damit betraut ist, das Vermögen des Kindes zu verwalten, das Kind zu vertreten und ihm beizustehen, und ii) für Maßnahmen bezüglich der Verwaltung und Erhaltung des Vermögens des Kindes oder der Verfügung darüber. In diesem Zusammenhang sollte diese Verordnung beispielsweise für die Fälle gelten, in denen die Eltern über die Verwaltung des Vermögens des Kindes im Streit liegen. Das Vermögen des Kindes betreffende Maßnahmen, die nicht den Schutz des Kindes betreffen, sollten weiterhin unter die Verordnung (EG) Nr. 44/2001 des Rates vom 22. Dezember 2000 über die gerichtliche Zuständigkeit und die Anerkennung und Vollstreckung von Entscheidungen in Zivil- und Handelssachen[4] fallen.
(10) Diese Verordnung soll weder für Bereiche wie die soziale Sicherheit oder Maßnahmen allgemeiner Art des öffentlichen Rechts in Angelegenheiten der Erziehung und Gesundheit noch für Entscheidungen über Asylrecht und Einwanderung gelten. Außerdem gilt sie weder für die Feststellung des Eltern-Kind-Verhältnisses, bei der es sich um eine von der Übertragung der elterlichen Verantwortung gesonderte Frage handelt, noch für sonstige Fragen im Zusammenhang mit dem Personenstand. Sie gilt ferner nicht für Maßnahmen, die im Anschluss an von Kindern begangenen Straftaten ergriffen werden.
(11) Unterhaltspflichten sind vom Anwendungsbereich dieser Verordnung ausgenommen, da sie bereits durch die Verordnung (EG) Nr. 44/2001 geregelt werden. Die nach dieser Verordnung zuständigen Gerichte werden in Anwendung des Artikels 5 Absatz 2 der Verordnung (EG) Nr. 44/2001 in der Regel für Entscheidungen in Unterhaltssachen zuständig sein.

---
1 Amtl. Anm.: ABl. C 203 E vom 27.08.2002, S. 155.
2 Amtl. Anm.: Stellungnahme vom 20.09.2002 (noch nicht im Amtsblatt veröffentlicht).
3 Amtl. Anm.: ABl. C 61 vom 14.03.2003, S. 76.
4 *Amtl. Anm.:* ABl. L 12 vom 16.01.2001, S. 1. Zuletzt geändert durch die Verordnung (EG) Nr. 1496/2002 der Kommission (ABl. L 225 vom 22.08.2002, S. 13).

(12) Die in dieser Verordnung für die elterliche Verantwortung festgelegten Zuständigkeitsvorschriften wurden dem Wohle des Kindes entsprechend und insbesondere nach dem Kriterium der räumlichen Nähe ausgestaltet. Die Zuständigkeit sollte vorzugsweise dem Mitgliedstaat des gewöhnlichen Aufenthalts des Kindes vorbehalten sein außer in bestimmten Fällen, in denen sich der Aufenthaltsort des Kindes geändert hat oder in denen die Träger der elterlichen Verantwortung etwas anderes vereinbart haben.

(13) Nach dieser Verordnung kann das zuständige Gericht den Fall im Interesse des Kindes ausnahmsweise und unter bestimmten Umständen an das Gericht eines anderen Mitgliedstaats verweisen, wenn dieses den Fall besser beurteilen kann. Allerdings sollte das später angerufene Gericht nicht befugt sein, die Sache an ein drittes Gericht weiterzuverweisen.

(14) Die Anwendung des Völkerrechts im Bereich diplomatischer Immunitäten sollte durch die Wirkungen dieser Verordnung nicht berührt werden. Kann das nach dieser Verordnung zuständige Gericht seine Zuständigkeit aufgrund einer diplomatischen Immunität nach dem Völkerrecht nicht wahrnehmen, so sollte die Zuständigkeit in dem Mitgliedstaat, in dem die betreffende Person keine Immunität genießt, nach den Rechtsvorschriften dieses Staates bestimmt werden.

(15) Für die Zustellung von Schriftstücken in Verfahren, die auf der Grundlage der vorliegenden Verordnung eingeleitet wurden, gilt die Verordnung (EG) Nr. 1348/2000 des Rates vom 29. Mai 2000 über die Zustellung gerichtlicher und außergerichtlicher Schriftstücke in Zivil- oder Handelssachen in den Mitgliedstaaten[5].

(16) Die vorliegende Verordnung hindert die Gerichte eines Mitgliedstaats nicht daran, in dringenden Fällen einstweilige Maßnahmen einschließlich Schutzmaßnahmen in Bezug auf Personen oder Vermögensgegenstände, die sich in diesem Staat befinden, anzuordnen.

(17) Bei widerrechtlichem Verbringen oder Zurückhalten eines Kindes sollte dessen Rückgabe unverzüglich erwirkt werden; zu diesem Zweck sollte das Haager Übereinkommen vom 24. Oktober 1980, das durch die Bestimmungen dieser Verordnung und insbesondere des Artikels 11 ergänzt wird, weiterhin Anwendung finden. Die Gerichte des Mitgliedstaats, in den das Kind widerrechtlich verbracht wurde oder in dem es widerrechtlich zurückgehalten wird, sollten dessen Rückgabe in besonderen, ordnungsgemäß begründeten Fällen ablehnen können. Jedoch sollte eine solche Entscheidung durch eine spätere Entscheidung des Gerichts des Mitgliedstaats ersetzt werden können, in dem das Kind vor dem widerrechtlichen Verbringen oder Zurückhalten seinen gewöhnlichen Aufenthalt hatte. Sollte in dieser Entscheidung die Rückgabe des Kindes angeordnet werden, so sollte die Rückgabe erfolgen, ohne dass es in dem Mitgliedstaat, in den das Kind widerrechtlich verbracht wurde, eines besonderen Verfahrens zur Anerkennung und Vollstreckung dieser Entscheidung bedarf.

(18) Entscheidet das Gericht gemäß Artikel 13 des Haager Übereinkommens von 1980, die Rückgabe abzulehnen, so sollte es das zuständige Gericht oder die Zentrale Behörde des Mitgliedstaats, in dem das Kind vor dem widerrechtlichen Verbringen oder Zurückhalten seinen gewöhnlichen Aufenthalt hatte, hiervon unterrichten. Wurde dieses Gericht noch nicht angerufen, so sollte dieses oder die Zentrale Behörde die Parteien entsprechend unterrichten. Diese Verpflichtung sollte die Zentrale Behörde nicht daran hindern, auch die betroffenen Behörden nach nationalem Recht zu unterrichten.

(19) Die Anhörung des Kindes spielt bei der Anwendung dieser Verordnung eine wichtige Rolle, wobei diese jedoch nicht zum Ziel hat, die diesbezüglich geltenden nationalen Verfahren zu ändern.

(20) Die Anhörung eines Kindes in einem anderen Mitgliedstaat kann nach den Modalitäten der Verordnung (EG) Nr. 1206/2001 des Rates vom 28. Mai 2001 über die Zusammenarbeit zwischen den Gerichten der Mitgliedstaaten auf dem Gebiet der Beweisaufnahme in Zivil- oder Handelssachen[6] erfolgen.

(21) Die Anerkennung und Vollstreckung der in einem Mitgliedstaat ergangenen Entscheidungen sollten auf dem Grundsatz des gegenseitigen Vertrauens beruhen und die Gründe für die Nichtanerkennung auf das notwendige Minimum beschränkt sein.

(22) Zum Zwecke der Anwendung der Anerkennungs- und Vollstreckungsregeln sollten die in einem Mitgliedstaat vollstreckbaren öffentlichen Urkunden und Vereinbarungen zwischen den Parteien »Entscheidungen« gleichgestellt werden.

(23) Der Europäische Rat von Tampere hat in seinen Schlussfolgerungen (Nummer 34) die Ansicht vertreten, dass Entscheidungen in familienrechtlichen Verfahren »automatisch unionsweit anerkannt« werden sollten, »ohne dass es irgendwelche Zwischenverfahren oder Gründe für die Verweigerung der Vollstreckung geben« sollte. Deshalb sollten Entscheidungen über das Umgangsrecht und über die Rückgabe des Kindes, für die im Ursprungsmitgliedstaat nach Maßgabe dieser Verordnung eine Bescheinigung ausgestellt wurde, in allen anderen Mitgliedstaaten anerkannt und vollstreckt werden, ohne dass es eines weiteren Verfahrens bedarf. Die Modalitäten der Vollstreckung dieser Entscheidungen unterliegen weiterhin dem nationalen Recht.

---

[5] Amtl. Anm.: ABl. L 160 vom 30.06.2000, S. 37.
[6] Amtl. Anm.: ABl. L 174 vom 27.06.2001, S. 1.

(24) Gegen die Bescheinigung, die ausgestellt wird, um die Vollstreckung der Entscheidung zu erleichtern, sollte kein Rechtsbehelf möglich sein. Sie sollte nur Gegenstand einer Klage auf Berichtigung sein, wenn ein materieller Fehler vorliegt, d. h., wenn in der Bescheinigung der Inhalt der Entscheidung nicht korrekt wiedergegeben ist.

(25) Die Zentralen Behörden sollten sowohl allgemein als auch in besonderen Fällen, einschließlich zur Förderung der gütlichen Beilegung von die elterliche Verantwortung betreffenden Familienstreitigkeiten, zusammenarbeiten. Zu diesem Zweck beteiligen sich die Zentralen Behörden an dem Europäischen Justiziellen Netz für Zivil- und Handelssachen, das mit der Entscheidung des Rates vom 28. Mai 2001 zur Einrichtung eines Europäischen Justiziellen Netzes für Zivil- und Handelssachen[7] eingerichtet wurde.

(26) - (27) ...

(28) Diese Verordnung tritt an die Stelle der Verordnung (EG) Nr. 1347/2000, die somit aufgehoben wird.

(29) ...

(30) Gemäß Artikel 3 des dem Vertrag über die Europäische Union und dem Vertrag zur Gründung der Europäischen Gemeinschaft beigefügten Protokolls über die Position des Vereinigten Königreichs und Irlands haben diese Mitgliedstaaten mitgeteilt, dass sie sich an der Annahme und Anwendung dieser Verordnung beteiligen möchten.

(31) Gemäß den Artikeln 1 und 2 des dem Vertrag über die Europäische Union und dem Vertrag zur Gründung der Europäischen Gemeinschaft beigefügten Protokolls über die Position Dänemarks beteiligt sich Dänemark nicht an der Annahme dieser Verordnung, die für Dänemark nicht bindend und anwendbar ist.

(32) Da die Ziele dieser Verordnung auf Ebene der Mitgliedstaaten nicht ausreichend erreicht werden können und daher besser auf Gemeinschaftsebene zu erreichen sind, kann die Gemeinschaft im Einklang mit dem in Artikel 5 des Vertrags niedergelegten Subsidiaritätsprinzip tätig werden. Entsprechend dem in demselben Artikel genannten Verhältnismäßigkeitsprinzip geht diese Verordnung nicht über das für die Erreichung dieser Ziele erforderliche Maß hinaus.

(33) Diese Verordnung steht im Einklang mit den Grundrechten und Grundsätzen, die mit der Charta der Grundrechte der Europäischen Union anerkannt wurden. Sie zielt insbesondere darauf ab, die Wahrung der Grundrechte des Kindes im Sinne des Artikels 24 der Grundrechtscharta der Europäischen Union zu gewährleisten –

HAT FOLGENDE VERORDNUNG ERLASSEN:

KAPITEL I. ANWENDUNGSBEREICH UND BEGRIFFSBESTIMMUNGEN

Art. 1 Brüssel IIa-VO Anwendungsbereich.

(1) Diese Verordnung gilt, ungeachtet der Art der Gerichtsbarkeit, für Zivilsachen mit folgendem Gegenstand:

a) die Ehescheidung, die Trennung ohne Auflösung des Ehebandes und die Ungültigerklärung einer Ehe,

b) die Zuweisung, die Ausübung, die Übertragung sowie die vollständige oder teilweise Entziehung der elterlichen Verantwortung.

(2) Die in Absatz 1 Buchstabe b) genannten Zivilsachen betreffen insbesondere:

a) das Sorgerecht und das Umgangsrecht,

b) die Vormundschaft, die Pflegschaft und entsprechende Rechtsinstitute,

c) die Bestimmung und den Aufgabenbereich jeder Person oder Stelle, die für die Person oder das Vermögen des Kindes verantwortlich ist, es vertritt oder ihm beisteht,

d) die Unterbringung des Kindes in einer Pflegefamilie oder einem Heim,

e) die Maßnahmen zum Schutz des Kindes im Zusammenhang mit der Verwaltung und Erhaltung seines Vermögens oder der Verfügung darüber.

(3) Diese Verordnung gilt nicht für

a) die Feststellung und die Anfechtung des Eltern-Kind-Verhältnisses,

---

[7] Amtl. Anm.: ABl. L 174 vom 27.06.2001, S. 25.

b) Adoptionsentscheidungen und Maßnahmen zur Vorbereitung einer Adoption sowie die Ungültigerklärung und den Widerruf der Adoption,
c) Namen und Vornamen des Kindes,
d) die Volljährigkeitserklärung,
e) Unterhaltspflichten,
f) Trusts und Erbschaften,
g) Maßnahmen infolge von Straftaten, die von Kindern begangen wurden.

A. Allgemeines. I. Verordnung über Ehesachen und elterliche Verantwortung. Für Ehesachen und die elterliche Verantwortung gilt die Brüssel II a VO (EG) Nr. 2201/2003 des Rates über die Zuständigkeit und die Anerkennung und Vollstreckung von Entscheidungen in Ehesachen und in Verfahren betreffend die elterliche Verantwortung und zur Aufhebung der VO (EG) Nr. 1347/2000 vom 27.11.2003 (ABl. EU Nr. L 338 S. 1 geändert durch Art. 1 ÄndVO (EG) 2116/2004 vom 02.12.2004 (ABl. EU Nr. L 367 S. 1). Die VO gilt in den Mitgliedstaaten, die zu ihrer Einhaltung verpflichtet sind, unmittelbar und hat Vorrang vor dem nationalen Recht (s. § 97 FamFG Rdn. 11). Deutsche Durchführungsbestimmungen finden sich in §§ 1 ff. IntFamRVG, erläutert in Anh. IV. Die Brüssel IIa-VO ist an die Stelle der früheren Brüssel II-VO vom 29.05.2000 (ABl. EG 2000 Nr. L 160 S. 19) getreten. Zu Reformarbeiten *Mansel/Thorn/Wagner* IPRax 2016, 1, 7. Eine Konkordanztabelle findet sich in Anl. 5 zur Brüssel IIa-VO. – Zum Verhältnis zu den Staatsverträgen s. Art. 59 ff. 1

II. Auslegung der Verordnung. Für die **Auslegung** der Brüssel IIa-VO gelten die allgemeinen Regeln des Unionsrechts für die Auslegung von Sekundärrecht (§ 97 FamFG Rdn. 7). I.A. ist eine verordnungsautonome Auslegung zu bevorzugen. Bei der Anwendung der VO sind auch die Grundrechte und Grundsätze, die mit der Charta der Grundrechte der EU anerkannt wurden, zu achten (Erwägungsgrund 33; EuGH ZEuP 2011, 901 Anm. *Pirrung* = IPRax 2012, 345 m. Aufs. *Siehr*, 316). Gleiches gilt für die EMRK. Für die Anwendung der Brüssel IIa-VO besteht ein Praxisleitfaden der Europäischen Kommission (http://ec.europa.eu/justice/civil/files/brussels_ii_practice_guide_de.pdf) 2

B. Anwendungsbereich. I. Reichweite. Die Brüssel IIa-VO gilt, ungeachtet der Art der Gerichtsbarkeit, für Zivilsachen mit familienrechtlichem Gehalt. Dabei handelt es sich um Ehesachen, nämlich die Ehescheidung, die Trennung ohne Auflösung des Ehebandes und die Ungültigerklärung einer Ehe (Abs. 1 Buchst. a)). Ferner gilt die VO für die Zuweisung, die Ausübung, die Übertragung sowie die vollständige oder teilweise Entziehung der elterlichen Verantwortung (Abs. 1 Buchst. b)). Die VO erfasst gerichtliche Verfahren, öffentliche Urkunden, aber auch Vereinbarungen, die die Parteien durch Vergleich getroffen haben. 3

II. Zivilsachen. Die VO gilt für Zivilsachen. Der Begriff »Zivilsachen« ist i.S.d. VO weit auszulegen und umfasst alle in Art. 1 Abs. 2 aufgeführten Bereiche. Ist ein bestimmtes Verfahren betreffend die elterliche Verantwortung nach einzelstaatlichem Recht eine Maßnahme des »öffentlichen Rechts« (z.B. die Unterbringung eines Kindes in einer Pflegefamilie oder einem Heim), so kommt die VO zur Anwendung (EuGH FamRZ 2008, 125 m. Aufs. *Dutta*, 835 u. m. Aufs. *Gruber* IPRax 2009, 490; EuGH FamRZ 2009, 843 m. Aufs. *Pirrung* IPRax 2011, 50). 4

III. Räumliche Anwendbarkeit. Die VO, die oft als Eheverordnung, in englischer Sprache auch als Brussels IIbis, bezeichnet wird, gilt in allen Mitgliedstaaten der EU mit Ausnahme Dänemarks (s. § 97 FamFG Rdn. 6). 5

C. Einzelne Angelegenheiten. I. Ehesachen. Ehesachen sind die Ehescheidung, die Trennung ohne Auflösung des Ehebandes und die ex nunc oder ex tunc erfolgende Ungültigerklärung einer Ehe (Abs. 1 Buchst. a)). Die Feststellung des Scheidungsverschuldens gehört zur Scheidung (Staudinger/*Spellenberg* Art. 1 EheVO Rn. 10; a.A. Thomas/Putzo/*Hüßtege* Art. 1 Brüssel IIa-VO Rn. 3). Die Feststellung des Bestehens oder Nichtbestehens der Ehe führt zu keiner Statusänderung und wird daher nicht erfasst (MüKoFamFG/*Gottwald* Art. 1 Brüssel IIa-VO Rn. 8; a.A. Rauscher/*Rauscher* Art. 1 Brüssel IIa-VO Rn. 15 f.). Eine Trennung ohne Auflösung des Ehebandes ist einer Reihe von Mitgliedstaaten bekannt (z.B. Frankreich, Italien und Polen). Privatscheidungen werden nicht erfasst. 6

Die bisher hM lehnt eine Anwendung auf die **gleichgeschlechtliche Ehe** ab (MüKoFamFG/*Gottwald* Art. 1 Brüssel IIa-VO Rn. 5; Rauscher/*Rauscher* Art. 1 Brüssel IIa-VO Rn. 6; a.A. Prütting/Gehrlein/*Völker* Art. 1 7

Brüssel IIa-VO Rn. 4). Nach Inkrafttreten der von einem weiten Ehebegriff ausgehenden Rom III-VO ist dies jedoch kaum mehr haltbar (Thomas/Putzo/*Hüßtege* Art. 1 Brüssel IIa-VO Rn. 5).

8 Die Brüssel IIa-VO wird nach hM nicht auf **gleichgeschlechtliche Partnerschaften** angewendet (vgl. *Helms* FamRZ 2002, 1593; Rauscher/*Rauscher* Art. 1 Rn. 7). Nationale Rechtsgrundlage ist § 103 FamFG (*Althammer* IPRax 2009, 384 f.; *Hau* FamRZ 2009, 823).

9 **II. Elterliche Verantwortung.** »Elterliche Verantwortung« ist in Art. 1 Abs. 2 allgemein definiert und umfasst die gesamten Rechte und Pflichten eines Trägers der elterlichen Verantwortung gegenüber einem Kind oder dem Vermögen eines Kindes. Die elterliche Verantwortung kann aufgrund einer Entscheidung oder kraft Gesetzes oder aufgrund einer rechtlich verbindlichen Vereinbarung bestehen. Die Liste der einzelnen Angelegenheiten ist nicht abschließend. Es ist ohne Bedeutung, ob die Eltern verheiratet sind oder waren und ob es sich um die biologischen Eltern des betreffenden Kindes handelt.

10 **III. Angelegenheiten der elterlichen Verantwortung.** Die »elterliche Verantwortung« wird in Art. 1 Abs. 2 noch näher, aber nicht abschließend, umschreiben. Die Angelegenheiten der elterlichen Verantwortung betreffen insbes. das Sorgerecht und das Umgangsrecht (Abs. 2 Buchst. a)). Dazu gehört auch die Herausgabe des Kindes (OLG München FamRZ 2015, 777, 778). Ferner werden erfasst die Vormundschaft, die Pflegschaft und entsprechende Rechtsinstitute (Abs. 2 Buchst. b)). Dazu zählt auch die Vermögenssorge (Abs. 2 Buchst. c)). Erfasst wird die Bestimmung und der Aufgabenbereich jeder Person oder Stelle, die für die Person oder das Vermögen des Kindes verantwortlich ist, es vertritt oder ihm beisteht. Dazu gehört auch die Ersetzung des fehlenden Zustimmung des anderen Elternteils zu einer Reise ihres Kindes außerhalb des Aufenthaltsmitgliedstaats (EuGH FamRZ 2015, 2117 m. Anm. *Dimmler* FamRB 2016, 98 [Beantragung eines Reisepasses]). Abgedeckt ist auch die Unterbringung in einer Pflegefamilie oder einem Heim (Abs. 2 Buchst. d)). Eine einheitliche Entscheidung, die die sofortige Inobhutnahme und die außerfamiliäre Unterbringung eines Kindes in einer Pflegefamilie anordnet, ist als Zivilsache anzusehen, wenn die Entscheidung im Rahmen des dem öffentlichen Recht unterliegenden Kindesschutzes ergangen ist (EuGH FamRZ 2008, 125 m. Aufs. *Dutta*, 835 = IPRax 2009, 509 m. Aufs. *Gruber*, 490). Zur Vermögensverwaltung, -erhaltung und -verfügung (Abs. 2 Buchst. e)) gehören die Maßnahmen zum Schutz des Kindes im Zusammenhang mit der Verwaltung und Erhaltung seines Vermögens oder der Verfügung darüber (z.B. ein Verkauf). Erfasst wird etwa elterliche Uneinigkeit oder das Fehlen eines Trägers der elterlichen Verantwortung.

11 **D. Ausgeschlossene Angelegenheiten.** Die Brüssel IIa-VO nennt eine Reihe ausgeschlossener Angelegenheiten. Dazu gehört die Abstammung (Abs. 3 Buchst. a)), nämlich die Feststellung und die Anfechtung des Eltern-Kind-Verhältnisses. Dies entspricht Art. 1 Abs. 2 Buchst. a), der allgemein Personenstandsangelegenheiten ausschließt. Für die Zuständigkeit greift insoweit § 100 FamFG ein. Nicht erfasst ist auch die Adoption (Abs. 3 Buchst. b)), nämlich Adoptionsentscheidungen und Maßnahmen zur Vorbereitung einer Adoption sowie die Ungültigerklärung und der Widerruf der Adoption. Für die Zuständigkeit bleibt es bei § 101 FamFG. Die VO gilt auch nicht für Namen und Vornamen des Kindes (Abs. 3 Buchst. c)). Gleiches gilt für die Volljährigkeitserklärung (Abs. 3 Buchst. d)). Nicht erfasst wird gleichfalls die Betreuung Erwachsener (vgl. zur Brüssel I-VO EuGH FamRZ 2013, 1873 Anm. *Wendenburg* m. Aufs. *von Hein* IPRax 2015, 198).

12 Die Brüssel IIa-VO gilt ferner nicht für **Unterhaltspflichten**, obwohl sie häufig gemeinsam mit der elterlichen Verantwortung verhandelt oder im gleichen Gerichtsverfahren geklärt werden (Abs. 3 Buchst. e); entsprechend Art. 1 Abs. 2 Buchst. e) Brüssel Ia-VO). Unterhaltspflichten werden von der EuUntVO geregelt. Nach Art. 3 Buchst. c) EuUntVO besteht eine Annexzuständigkeit bei Scheidung. Gem. Art. 3 Buchst. d) EuUntVO kann bei Regelung der elterlichen Verantwortung eine akzessorische Zuständigkeit für die Unterhaltspflicht bestehen. Auch wenn beide Fragen Gegenstand des gleichen Verfahrens waren, wird die letztendlich ergangene Entscheidung nach unterschiedlichen Regeln anerkannt und vollstreckt.

13 Nicht erfasst sind **Trusts und Erbschaften** (Abs. 3 Buchst. f); entspricht z.T. Art. 1 Abs. 2 Buchst. f) Brüssel Ia-VO). Insoweit gilt die EuErbVO. Die Genehmigung einer Vereinbarung zur Erbauseinandersetzung eines Minderjährigen durch einen Verfahrenspfleger fällt jedoch noch in den Anwendungsbereich (EuGH FamRZ 2015, 2035 = NZFam 2015, 1030 Anm. *Hilbig-Lugani*). Obwohl die Brüssel IIa-VO auch Schutzmaßnahmen gegenüber Kindern umfasst, gilt sie nicht für Maßnahmen, die im Anschluss an **von Kindern begangene Straftaten** ergriffen werden (Abs. 3 Buchst. g)).

Art. 2 Brüssel IIa-VO **Begriffsbestimmungen.** Für die Zwecke dieser Verordnung bezeichnet der Ausdruck

1. »Gericht« alle Behörden der Mitgliedstaaten, die für Rechtssachen zuständig sind, die gemäß Artikel 1 in den Anwendungsbereich dieser Verordnung fallen;
2. »Richter« einen Richter oder Amtsträger, dessen Zuständigkeiten denen eines Richters in Rechtssachen entsprechen, die in den Anwendungsbereich dieser Verordnung fallen;
3. »Mitgliedstaat« jeden Mitgliedstaat mit Ausnahme Dänemarks;
4. »Entscheidung« jede von einem Gericht eines Mitgliedstaats erlassene Entscheidung über die Ehescheidung, die Trennung ohne Auflösung des Ehebandes oder die Ungültigerklärung einer Ehe sowie jede Entscheidung über die elterliche Verantwortung, ohne Rücksicht auf die Bezeichnung der jeweiligen Entscheidung, wie Urteil oder Beschluss;
5. »Ursprungsmitgliedstaat« den Mitgliedstaat, in dem die zu vollstreckende Entscheidung ergangen ist;
6. »Vollstreckungsmitgliedstaat« den Mitgliedstaat, in dem die Entscheidung vollstreckt werden soll;
7. »elterliche Verantwortung« die gesamten Rechte und Pflichten, die einer natürlichen oder juristischen Person durch Entscheidung oder kraft Gesetzes oder durch eine rechtlich verbindliche Vereinbarung betreffend die Person oder das Vermögen eines Kindes übertragen wurden. Elterliche Verantwortung umfasst insbesondere das Sorge- und das Umgangsrecht;
8. »Träger der elterlichen Verantwortung« jede Person, die die elterliche Verantwortung für ein Kind ausübt;
9. »Sorgerecht« die Rechte und Pflichten, die mit der Sorge für die Person eines Kindes verbunden sind, insbesondere das Recht auf die Bestimmung des Aufenthaltsortes des Kindes;
10. »Umgangsrecht« insbesondere auch das Recht, das Kind für eine begrenzte Zeit an einen anderen Ort als seinen gewöhnlichen Aufenthaltsort zu bringen;
11. »widerrechtliches Verbringen oder Zurückhalten eines Kindes« das Verbringen oder Zurückhalten eines Kindes, wenn
    a) dadurch das Sorgerecht verletzt wird, das aufgrund einer Entscheidung oder kraft Gesetzes oder aufgrund einer rechtlich verbindlichen Vereinbarung nach dem Recht des Mitgliedstaats besteht, in dem das Kind unmittelbar vor dem Verbringen oder Zurückhalten seinen gewöhnlichen Aufenthalt hatte, und
    b) das Sorgerecht zum Zeitpunkt des Verbringens oder Zurückhaltens allein oder gemeinsam tatsächlich ausgeübt wurde oder ausgeübt worden wäre, wenn das Verbringen oder Zurückhalten nicht stattgefunden hätte. Von einer gemeinsamen Ausübung des Sorgerechts ist auszugehen, wenn einer der Träger der elterlichen Verantwortung aufgrund einer Entscheidung oder kraft Gesetzes nicht ohne die Zustimmung des anderen Trägers der elterlichen Verantwortung über den Aufenthaltsort des Kindes bestimmen kann.

Zur Sicherung der einheitlichen Anwendung trifft Art. 2 eine Reihe von **Begriffsbestimmungen.** Ähnliche Definitionen finden sich auch in anderen Verordnungen, so in Art. 2 Brüssel Ia-VO, Art. 2 EuUntVO sowie Art. 3 EuErbVO. 1

Gericht umfasst alle Gerichte und Behörden der Mitgliedstaaten, die für Rechtssachen zuständig sind, 2 die gem. Art. 1 in den Anwendungsbereich der Brüssel IIa-VO fallen (Nr. 1). Dazu gehört auch ein griechisches islamisches Gericht (a.A. OLG Karlsruhe IPRax 2008, 352 m. abl. Anm. *Jayme*).

Richter meint einen Richter oder Amtsträger, dessen Zuständigkeiten denen eines Richters in Rechts- 3 sachen entsprechen, die in den Anwendungsbereich der Brüssel IIa-VO fallen (Nr. 2).

Mitgliedstaat ist jeder EU-Mitgliedstaat mit Ausnahme Dänemarks (Nr. 3). Insofern sind vorrangige 4 Staatsverträge heranzuziehen, andernfalls das nationale Recht.

Die Brüssel IIa-VO gilt für Gerichtsurteile ohne Rücksicht auf die Bezeichnung des jeweiligen Urteils (Ent- 5 scheidung, Urteil, Beschluss usw.). Sie ist nicht auf gerichtliche Entscheidungen beschränkt, sondern sie gilt für sämtliche Entscheidungen, die von einer für in den Anwendungsbereich der Brüssel IIa-VO fallenden Rechtssache zuständigen Behörde, etwa von Sozialbehörden und Jugendämtern, erlassen wurden (Nr. 4). Antragsabweisende Entscheidungen werden nicht erfasst (Staudinger/*Spellenberg* Art. 1 EheVO Rn. 2; Saenger/*Dörner* Art. 21 EheGVVO Rn. 5), können aber nach nationalem Recht anerkannt werden (*Helms* FamRZ

2002, 1593, 1598). Kostenfestsetzungsbeschlüsse aus dem Anwendungsbereich der VO gehören zu den Entscheidungen und können nach Art. 28 ff. für vollstreckbar erklärt werden (*Wagner* IPRax 2001, 73, 79). Zu Urkunden und gerichtlichen Vergleichen s. Art. 46.

6 »**Ursprungsmitgliedstaat**« ist der Mitgliedstaat, in dem die zu vollstreckende Entscheidung ergangen ist (Nr. 5).

7 »**Vollstreckungsmitgliedstaat**« ist der Mitgliedstaat, in dem die Entscheidung vollstreckt werden soll (Nr. 6).

8 Nr. 7 definiert die »**elterliche Verantwortung**« und schließt sich an Art. 1 Abs. 1 Buchst. b) an. Gemeint sind die gesamten Rechte und Pflichten, die einer natürlichen oder juristischen Person durch Entscheidung oder kraft Gesetzes oder durch eine rechtlich verbindliche Vereinbarung betreffend die Person oder das Vermögen eines Kindes übertragen wurden. Elterliche Verantwortung umfasst insbes. das Sorge- und das Umgangsrecht.

9 Im Gegensatz zum KSÜ, das für **Kinder** bis zum vollendeten 18. Lebensjahr gilt (Art. 2), legt die Brüssel IIa-VO kein Höchstalter fest. Diese Frage ist einzelstaatlich zu lösen (so auch Kommissions-Praxisleitfaden). I.A. wird die Brüssel IIa-VO auf Kinder bis zum 18. Lebensjahr angewendet (*Siehr* IPRax 2010, 583, 584). Zu beachten ist ferner, dass das HKÜ für Kinder bis zum vollendeten 16. Lebensjahr gilt (Art. 4). Obwohl Entscheidungen über die elterliche Verantwortung überwiegend Minderjährige betreffen, können junge Menschen unter 18 Jahren, insbes. im Fall einer Heirat, nach nationalem Recht als volljährig gelten. Entscheidungen, die diese Personengruppe betreffen, werden in der Regel nicht als unter die »elterliche Verantwortung« gehörend eingestuft und fallen somit nicht in den Anwendungsbereich der VO.

10 »**Träger der elterlichen Verantwortung**« ist jede Person, die die elterliche Verantwortung für ein Kind ausübt (Nr. 8). Träger der elterlichen Verantwortung kann eine natürliche oder juristische Person sein.

11 Das »**Sorgerecht**« umfasst die Rechte und Pflichten, die mit der Sorge für die Person eines Kindes verbunden sind, insbes. das Recht auf die Bestimmung des Aufenthaltsortes des Kindes (Nr. 9).

12 Das »**Umgangsrecht**« umfasst auch das Recht, das Kind für eine begrenzte Zeit an einen anderen Ort als seinen gewöhnlichen Aufenthaltsort zu bringen (Nr. 10). Die Umgangsrechtsregeln gelten für sämtliche Bereiche des Umgangsrechts, unabhängig davon, wem sie zugutekommen. Nach einzelstaatlichem Recht kann das Umgangsrecht dem Elternteil zustehen, bei dem das Kind nicht lebt, aber auch anderen Familienmitgliedern wie Großeltern oder Dritte (anders *Finger* FamRBint 2005, 13, 16). Das »Umgangsrecht« umfasst sämtliche Formen des Kontakts zwischen dem Kind und der anderen Person, auch den Kontakt per Telefon, Skype, Internet oder E-Mail.– Zur inhaltlichen Ausgestaltung grenzüberschreitender Umgangsregelungen näher *Menne* FamRB 2015, 359 ff.

13 Bei einer Kindesentführung ist zunächst festzustellen, ob es sich um »**widerrechtliches Verbringen oder Zurückhalten**« handelt. Art. 2 Nr. 11 lehnt sich stark an die Definition von Art. 3 HKÜ an. Sie umfasst das Verbringen oder Zurückhalten eines Kindes sowie die Verletzung des Sorgerechts, das nach dem Recht des Mitgliedstaats besteht, in dem das Kind vor der Entführung seinen gewöhnlichen Aufenthalt hatte (EuGH FamRZ 2015, 107 m. Aufs. *Pirrung* IPRax 2015, 207). Der gewöhnliche Aufenthalt ist in Art. 2 Nr. 11, Art. 8, Art. 10 und Art. 11 identisch auszulegen (EuGH FamRZ 2015, 107 m. Aufs. *Pirrung* IPRax 2015, 207). Ein Mitsorgerecht genügt (OLG Celle FamRZ 2007, 1587), desgleichen das Aufenthaltsbestimmungsrecht (EuGH FamRZ 2011, 617 Anm. *Henrich* m. Aufs. *Siehr* IPRax 2012, 316).

14 Das **Sorgerecht** kann aufgrund einer Entscheidung oder kraft Gesetzes oder aufgrund einer rechtlich verbindlichen Vereinbarung nach dem Recht des Mitgliedstaats bestehen, in dem das Kind unmittelbar vor dem Verbringen oder Zurückhalten seinen gewöhnlichen Aufenthalt hatte (Nr. 11 Buchst. a)). Der Begriff kann nicht ausschließlich nach dem Recht des Mitgliedstaats, in dem das Kind seinen gewöhnlichen Aufenthalt hat, bestimmt wird. Er hat eine autonome Bedeutung, der VO und dem HKÜ entspricht. Die Existenz und Ausübung von Sorgerechten kann auch im Hinblick auf die Bestimmungen der GRCh geprüft werden müssen, da in deren Art. 7, der Art. 8 EMRK entspricht, vorgesehen ist, dass jede Person das Recht auf Achtung ihres Familienlebens hat (EuGH ZEuP 2011, 901 Anm. *Pirrung* = IPRax 2012, 345 m. Aufs. *Siehr*, 316). Nach Art. 10 liegt beim Verbringen eines Kindes von einem Mitgliedstaat in einen anderen Mitgliedstaat ohne Zustimmung der zuständigen Person eine Entführung vor. Ist die Verbringung nach nationalem Recht rechtmäßig, kann Art. 9 zur Anwendung kommen.

15 Das Sorgerecht muss zum Zeitpunkt des Verbringens oder Zurückhaltens allein oder gemeinsam tatsächlich **ausgeübt** worden sein oder wäre ausgeübt worden, wenn das Verbringen oder Zurückhalten nicht stattgefunden hätte (Nr. 11 Buchst. b)). Von einer gemeinsamen Ausübung des Sorgerechts ist allerdings schon

dann auszugehen, wenn einer der Träger der elterlichen Verantwortung aufgrund einer Entscheidung oder kraft Gesetzes nicht ohne die Zustimmung des anderen Trägers der elterlichen Verantwortung über den Aufenthaltsort des Kindes bestimmen kann.

KAPITEL II. ZUSTÄNDIGKEIT

ABSCHNITT 1. Ehescheidung, Trennung ohne Auflösung des Ehebandes und Ungültigerklärung einer Ehe

Art. 3 Brüssel IIa-VO Allgemeine Zuständigkeit.

(1) Für Entscheidungen über die Ehescheidung, die Trennung ohne Auflösung des Ehebandes oder die Ungültigerklärung einer Ehe, sind die Gerichte des Mitgliedstaats zuständig,
a) in dessen Hoheitsgebiet
 beide Ehegatten ihren gewöhnlichen Aufenthalt haben oder
 die Ehegatten zuletzt beide ihren gewöhnlichen Aufenthalt hatten, sofern einer von ihnen dort noch seinen gewöhnlichen Aufenthalt hat, oder
 der Antragsgegner seinen gewöhnlichen Aufenthalt hat oder
 im Fall eines gemeinsamen Antrags einer der Ehegatten seinen gewöhnlichen Aufenthalt hat oder
 der Antragsteller seinen gewöhnlichen Aufenthalt hat, wenn er sich dort seit mindestens einem Jahr unmittelbar vor der Antragstellung aufgehalten hat, oder
 der Antragsteller seinen gewöhnlichen Aufenthalt hat, wenn er sich dort seit mindestens sechs Monaten unmittelbar vor der Antragstellung aufgehalten hat und entweder Staatsangehöriger des betreffenden Mitgliedstaats ist oder, im Fall des Vereinigten Königreichs und Irlands, dort sein »domicile« hat;
b) dessen Staatsangehörigkeit beide Ehegatten besitzen, oder, im Fall des Vereinigten Königreichs und Irlands, in dem sie ihr gemeinsames »domicile« haben.
(2) Der Begriff »domicile« im Sinne dieser Verordnung bestimmt sich nach dem Recht des Vereinigten Königreichs und Irlands.

A. Allgemeines. Die insgesamt sieben Tatbestände, an die nach Art. 3 Brüssel II a VO die internationale Zuständigkeit für Ehesachen anknüpft – jeweils Aufenthalt und Staatsangehörigkeit –, sind gleichrangig; der auf Scheidung der Ehe antragende Ehegatte kann unter den möglichen Gerichtsständen wählen (OLG Oldenburg FamRZ 2013, 481). Über Art. 12 Abs. 1 kann es auch zu einer Annexzuständigkeit für die elterliche Verantwortung kommen. 1

B. Allgemeine Zuständigkeit. Für Entscheidungen über die Ehescheidung, die Trennung ohne Auflösung des Ehebandes oder die Ungültigerklärung einer Ehe (Art. 1 Abs. 1 Buchst. a)), sind die Gerichte des Mitgliedstaats nach Art. 3 zuständig. Die internationale Zuständigkeit ist in jedem Stadium des Verfahrens v.A.w. zu prüfen (BGH NJW 2003, 426). Bei Entfallen des Zuständigkeitsgrunds gilt der Grundsatz der perpetuatio fori (OLG Koblenz FamRZ 2009, 611; zum Begriff § 98 FamFG Rdn. 7). Rügelose Einlassung und Gerichtsstandsvereinbarung sind für die Zuständigkeit in Ehesachen nicht möglich. Rechtshängigkeit ist nach Art. 19 zu beachten. Eine Verweisung sieht die Brüssel IIa-VO nicht vor. Die örtliche Zuständigkeit richtet sich nach nationalem Recht (§ 122 FamFG). 2

C. Gewöhnlicher Aufenthalt. Der Begriff des »gewöhnlichen Aufenthalts« wird nicht von der Brüssel IIa-VO definiert. Er ist verordnungsautonom auszulegen (zu Art. 8 EuGH FamRZ 2009, 843 = IPRax 2011, 76 m. Aufs. *Pirrung*, 50). Zu prüfen ist, wo sich der Daseinsmittelpunkt, der Schwerpunkt der familiären, beruflichen und sozialen Bindungen befindet (näher Staudinger/*Spellenberg* Art. 3 Brüssel IIa-VO Rn. 53 ff.). Er ist nach objektiven Kriterien zu bestimmen. Ein Wille, den Aufenthaltsort zum Daseinsmittelpunkt zu machen, dürfte nicht erforderlich sein (BGH NJW 1981, 520. Anders *Hau* FamRZ 2000, 1333, 1334). Grundsätzlich wird eine gewisse Dauer verlangt. Doch kann bei einem gemeinsamen Aufenthaltswechsel eines Ehepaars ohne Rückkehrabsicht bereits von diesem Zeitpunkt an ein gewöhnlicher Aufenthalt angenom- 3 men werden (Thomas/Putzo/*Hüßtege* Art. 3 Brüssel IIa-VO Rn. 2). Ein mehrfacher gewöhnlicher Aufenthalt dürfte im Interesse der Rechtssicherheit auszuschließen sein (*Hausmann* IntEuSchR Rn. A 49.– Anders PG/*Völker/Dimmler* Art. 3 Brüssel IIa-VO Rn. 6). Der gewöhnliche Aufenthalt wird auch in Art. 8 Brüssel IIa-VO, Art. 3 Buchst. a), b) EuUntVO sowie Art. 4 EuErbVO verwendet. Nach Möglichkeit ist eine einheitliche Auslegung anzustreben. Vgl. auch § 98 FamFG Rdn.

4 **D. Einzelne Fälle. I. Aufenthaltszuständigkeit. 1. Fälle der Aufenthaltszuständigkeit.** Abs. 1 Buchst. a) nennt sechs Fälle der Aufenthaltszuständigkeit, in denen allerdings außer dem gewöhnlichen Aufenthalt mehrfach zusätzliche Erfordernisse aufgestellt werden.

5 **2. Gemeinsamer gewöhnlicher Aufenthalt.** Zuständig sind die Gerichte des Mitgliedstaates, in dem beide Ehegatten ihren gewöhnlichen Aufenthalt haben (Spiegelstrich 1). Dabei kommt es auf den Zeitpunkt der Rechtshängigkeit an (Thomas/Putzo/*Hüßtege* Art. 3 Rn. 4).

6 **3. Letzter gemeinsamer gewöhnlicher Aufenthalt.** Es besteht auch eine Zuständigkeit des letzten gemeinsamen gewöhnlichen Aufenthalts der Ehegatten (Spiegelstrich 2). Vorausgesetzt wird aber, dass einer von ihnen dort noch seinen gewöhnlichen Aufenthalt hat. Die Zuständigkeit entfällt, wenn beide Ehegatten ihren früheren gewöhnlichen Aufenthalt aufgeben. Bei Rückkehr in diesen Staat lebt die Zuständigkeit nicht wieder auf (NK-BGB/*Gruber* Art. 3 EheVO Rn. 18).

7 **4. Gewöhnlicher Aufenthalt des Antragsgegners.** Zuständig sind ferner die Gerichte des Mitgliedstaates, in dem der Antragsgegner seinen gewöhnlichen Aufenthalt hat (Spiegelstrich 3).

8 **5. Gemeinsamer Antrag.** Eine Zuständigkeit kann auch durch einen gemeinsamen Antrag der Ehegatten begründet werden. Dann sind die Gerichte des Mitgliedstaates zuständig, in dem der einer der Ehegatten seinen gewöhnlichen Aufenthalt hat (Spiegelstrich 4). Der Antrag kann in getrennten Antragschriften gestellt werden. Es genügt auch, wenn nur einer der Ehegatten den Antrag stellt und der andere vorher oder nachträglich zu stimmt (NK-BGB/*Gruber* Art. 3 EheVO Rn. 24). Nicht ausreichend ist aber eine bloße rügelose Einlassung des Antragsgegners (NK-BGB/*Gruber* Art. 3 EheVO Rn. 27; bestr.).

9 **6. Einjähriger gewöhnlicher Aufenthalt des Antragstellers.** Zuständig sind ebenfalls die Gerichte des Mitgliedstaates, in dem der ASt seinen gewöhnlichen Aufenthalt hat, wenn er sich dort seit mindestens einem Jahr unmittelbar vor der Antragstellung ununterbrochen aufgehalten hat (Spiegelstrich 5). Für die Beurteilung kommt es auf die Verhältnisse zum Zeitpunkt der Antragstellung an (Zöller/*Geimer* Art. 3 EheVO Rn. 8). Die Frist beginnt mit der Begründung des gewöhnlichen Aufenthalts zu laufen (NK-BGB/*Gruber* Art. 3 EheVO Rn. 29). Ein als unzulässig abgewiesener Antrag kann nach Ablauf der Frist erneut gestellt werden (Thomas/Putzo/*Hüßtege* Art. 3 Brüssel IIa-VO Rn. 8).

10 Vielfach wird diese Zuständigkeit für **unionsrechtswidrig** gehalten (*Hau* FamRZ 2013, 689, 690; Thomas/Putzo/*Hüßtege* Art. 3 Brüssel IIa-VO Rn. 9. AA Rauscher/*Rauscher* Art. 3 Brüssel IIa-VO Rn. 47). Es liegt nahe, einen Verstoß gegen das Verbot der Diskriminierung aufgrund der Staatsangehörigkeit (Art. 18 AEUV) anzunehmen. Auf der anderen Seite ist die Staatsangehörigkeit im Unionsrecht nicht völlig ohne Bedeutung. Oft besteht auch eine besondere Beziehung zum Heimatstaat, der beim erleichterten Zugang zum Forum Rechnung getragen werden kann.

11 **7. Sechsmonatiger gewöhnlicher Aufenthalt im Heimatstaat.** Schließlich genügt auch ein sechsmonatiger gewöhnlicher Aufenthalt im Heimatstaat (Spiegelstrich 6). Zuständig sind die Gerichte des Mitgliedstaates, in dem der ASt seinen gewöhnlichen Aufenthalt hat, wenn er sich dort seit mindestens 6 Monaten unmittelbar vor der Antragstellung aufgehalten hat und Staatsangehöriger des betreffenden Mitgliedstaats ist. Die Staatsangehörigkeit muss bereits bei Antragstellung vorhanden sein (Thomas/Putzo/*Hüßtege* Art. 3 Brüssel IIa-VO Rn. 10; a.A. NK-BGB/*Gruber* Art. 3 EheVO Rn. 4). Bei Mehrstaatigkeit muss die Staatsangehörigkeit nicht die effektive sein (vgl. EuGH FamRZ 2009, 1571 Anm. *Kohler*). Im Fall des Vereinigten Königreichs und Irlands kommt es darauf an, ob der ASt dort sein »domicile« hat.

12 **II. Staatsangehörigkeitszuständigkeit.** Zuständig sind auch die Gerichte des Mitgliedstaates, dessen Staatsangehörigkeit beide Ehegatten besitzen (Abs. 1 Buchst. b)). Erwerb bis zur letzten mündlichen Verhandlung reicht aus (Thomas/Putzo/*Hüßtege* Art. 3 Brüssel IIa-VO Rn. 11). Die Staatsangehörigkeit richtet sich nach dem jeweiligen Staatsangehörigkeitsrecht. Bei Ehegatten mit mehrfacher Staatsangehörigkeit kommt nicht auf deren Effektivität an. Vielmehr sind alle mitgliedstaatlichen Staatsangehörigkeiten gleich zu behandeln

(EuGH FamRZ 2009, 1571 abl. Anm. Kohler = IPRax 2010, 66 m. zust. Aufs. *Hau,* 50 u Aufs. *Dilger,* 54 – Hadadi). Im Fall des Vereinigten Königreichs und Irlands kommt es auf den Staat ab, in dem die Ehegatten ihr gemeinsames »domicile« haben.

III. Domicile. Das »domicile« des Common law wird der Staatsangehörigkeit gleichgestellt. Der Begriff »domicile« i.S.d. Brüssel IIa-VO bestimmt sich nach dem Recht des Vereinigten Königreichs und Irlands (Abs. 2).

Art. 4 Brüssel IIa-VO
Gegenantrag. Das Gericht, bei dem ein Antrag gemäß Artikel 3 anhängig ist, ist auch für einen Gegenantrag zuständig, sofern dieser in den Anwendungsbereich dieser Verordnung fällt.

Die Zuständigkeit des Gerichts nach Art. 3 erstreckt sich auch auf Gegenanträge, die im Rahmen eines bereits anhängigen Eheverfahrens gestellt werden, ohne dass es einer zusätzlichen Zuständigkeitsprüfung bedarf. Im Übrigen richtet sich die prozessuale Zulässigkeit des Gegenantrags nach §§ 121 ff. FamFG.

Art. 5 Brüssel IIa-VO
Umwandlung einer Trennung ohne Auflösung des Ehebandes in eine Ehescheidung. Unbeschadet des Artikels 3 ist das Gericht eines Mitgliedstaats, das eine Entscheidung über eine Trennung ohne Auflösung des Ehebandes erlassen hat, auch für die Umwandlung dieser Entscheidung in eine Ehescheidung zuständig, sofern dies im Recht dieses Mitgliedstaats vorgesehen ist.

Das Gericht eines Mitgliedstaats, das eine Entscheidung über eine Trennung ohne Auflösung des Ehebandes erlassen hat, ist auch für die Umwandlung dieser Entscheidung in eine Ehescheidung zuständig. Damit bleibt die frühere Zuständigkeit erhalten, auch wenn sie für die Scheidung nicht nach Art. 3 gegeben wäre. Fraglich ist, wieweit die verordnungsautonome zu verstehende »Umwandlung« nach dem anzuwendenden materiellen Recht (vgl. Art. 9 Rom III-VO) zu bestimmen ist (so Saenger/*Dörner* Art. 5 EheGVVO Rn. 2.– Vgl. dazu auch *Rieck* FPR 2007, 427).

Art. 6 Brüssel IIa-VO
Ausschließliche Zuständigkeit nach den Artikeln 3, 4 und 5. Gegen einen Ehegatten, der
a) seinen gewöhnlichen Aufenthalt im Hoheitsgebiet eines Mitgliedstaats hat oder
b) Staatsangehöriger eines Mitgliedstaats ist oder im Fall des Vereinigten Königreichs und Irlands sein »domicile« im Hoheitsgebiet eines dieser Mitgliedstaaten hat,
darf ein Verfahren vor den Gerichten eines anderen Mitgliedstaats nur nach Maßgabe der Artikel 3, 4 und 5 geführt werden.

»Ausschließlichkeit« der Zuständigkeiten gem. Art. 3, 4 und 5 besteht insofern, als gegen einen Ehegatten, der seinen gewöhnlichen Aufenthalt in einem Mitgliedstaat hat oder Staatsangehöriger eines Mitgliedstaats ist (oder der sein »domicile« im Vereinigten Königreich oder Irland hat), ein Verfahren vor den Gerichten eines anderen Mitgliedstaats nur nach Maßgabe dieser Bestimmungen geführt darf. Beabsichtigt ist insbes. ein Schutz vor exorbitanten Zuständigkeiten des nationalen Rechts. Dies gilt auch im Verhältnis zu Drittstaatsangehörigen (EuGH NJW 2008, 207). Auf § 98 FamFG darf nur dann zurückgegriffen werden, wenn sich aus Art. 3 ff. Brüssel IIa-VO in keinem Mitgliedstaat eine internationale Zuständigkeit ergibt (MüKo-FamFG/*Rauscher* § 97 FamFG Rn. 47).

Art. 7 Brüssel IIa-VO
Restzuständigkeit. (1) Soweit sich aus den Artikeln 3, 4 und 5 keine Zuständigkeit eines Gerichts eines Mitgliedstaats ergibt, bestimmt sich die Zuständigkeit in jedem Mitgliedstaat nach dem Recht dieses Staates.
(2) Jeder Staatsangehörige eines Mitgliedstaats, der seinen gewöhnlichen Aufenthalt im Hoheitsgebiet eines anderen Mitgliedstaats hat, kann die in diesem Staat geltenden Zuständigkeitsvorschriften wie ein Inländer gegenüber einem Antragsgegner geltend machen, der seinen gewöhnlichen Aufenthalt

nicht im Hoheitsgebiet eines Mitgliedstaats hat oder die Staatsangehörigkeit eines Mitgliedstaats besitzt oder im Fall des Vereinigten Königreichs und Irlands sein »domicile« nicht im Hoheitsgebiet eines dieser Mitgliedstaaten hat.

1 In Fällen, in denen der Antrag nicht auf eine Zuständigkeit nach Art. 3 bis 5 gestützt werden kann, können nach der **Auffangnorm des Art. 7** einzelstaatliche Zuständigkeitsvorschriften jedes Mitgliedstaats greifen.

2 Eine **nationale Restzuständigkeit** findet sich in § 98 FamFG. Praktisch wird sie, wenn ein deutsch-ausländisches Ehepaar seinen gewöhnlichen Aufenthalt im Ausland hat. Aufgrund der Ausschließlichkeit der in den Art. 3 ff. enthaltenen Vorschriften nach Art. 6, greift Art. 7 Abs. 1 im Ergebnis nur in Bezug auf einen Antragsgegner ein, der seinen gewöhnlichen Aufenthalt nicht im Hoheitsgebiet eines Mitgliedstaats hat oder die Staatsangehörigkeit eines Mitgliedstaats besitzt oder (im Fall des Vereinigten Königreichs und Irlands) sein »domicile« nicht im Hoheitsgebiet eines dieser Mitgliedstaaten hat. Gegenüber einem solchen Antragsgegner können alle Staatsangehörigen eines Mitgliedstaats die Zuständigkeitsvorschriften in diesem Mitgliedstaat geltend machen, wie auch jeder Staatsangehörige eines anderen Mitgliedstaats, der seinen gewöhnlichen Aufenthalt in diesem Staat hat (Abs. 2). Da inzwischen auch Malta die Ehescheidung zulässt, stellt sich die Frage nach einer deutschen Notzuständigkeit nicht mehr (BGH FamRZ 2013, 687 Anm. *Hau*).

3 Eine **Gleichbehandlung der Staatsangehörigen der Mitgliedstaaten** tritt nach Abs. 2 ein. Sie können die Staatsangehörigkeitszuständigkeit der mitgliedstaatlichen Rechte (z.B. § 98 FamFG) und damit die gleiche Position wie Inländer in Anspruch nehmen. Das gilt allerdings nur unter engen Voraussetzungen: (1) Der Antragsteller muss die Staatsangehörigkeit eines Mitgliedstaats besitzen. (2) Der Antragsteller muss seinen gewöhnlichen Aufenthalt in eines anderen Mitgliedstaat habe. (3) Der Antragsgegner muss seinen gewöhnlichen Aufenthalt außerhalb der Mitgliedstaaten haben. (4) Der Antragsgegner darf keine Staatsangehörigkeit eines Mitgliedstaats oder ein domicile im Vereinigten Königreich oder in Irland haben.

ABSCHNITT 2. Elterliche Verantwortung

Art. 8 Brüssel IIa-VO

Allgemeine Zuständigkeit. (1) Für Entscheidungen, die die elterliche Verantwortung betreffen, sind die Gerichte des Mitgliedstaats zuständig, in dem das Kind zum Zeitpunkt der Antragstellung seinen gewöhnlichen Aufenthalt hat.
(2) Absatz 1 findet vorbehaltlich der Artikel 9, 10 und 12 Anwendung.

1 **A. Allgemeines.** Die Brüssel IIa-VO regelt die internationale Zuständigkeit für die Zuweisung, Ausübung, Übertragung und Entziehung der elterlichen Verantwortung i.S.d. Art. 1 Abs. 1 Buchst. b), Abs. 2 Nr. 7 sowie einige Verfahrensfragen. Das anwendbare Recht richtet sich dagegen nach dem vorrangig anwendbaren KSÜ (Art. 15 ff.) sowie, soweit noch einschlägig, nationalem Kollisionsrecht. Bezüglich der Zuständigkeit empfiehlt der Praxisleitfaden folgende Prüfungsschritte:

1. Ist das angerufene Gericht gem. der Grundregel in Art. 8 zuständig? Wenn ja:
2. Sind nach Art. 9, 10 oder 12 die Gerichte anderer Mitgliedstaaten vorrangig zuständig? Wenn ja:
   Das angerufene Gericht muss sich gem. Art. 17 für unzuständig erklären.
3. Ist das Gericht nach Art. 9–10, 12 oder 13 zuständig? Wenn nein:
4. Ist ein Gericht eines anderen Mitgliedstaats nach Maßgabe von Art. 17 zuständig? Wenn ja: Das angerufene Gericht muss sich nach Maßgabe von Art. 17 v.A.w. für unzuständig erklären.
5. Ergibt sich nach Maßgabe von Art. 14 aus den Art. 8 bis 10 sowie Art. 12 oder 13 keine Zuständigkeit eines Gerichts eines Mitgliedstaats, so kann das Gericht die Zuständigkeit nach einzelstaatlichem Recht (Restzuständigkeit; Art. 14) ausüben.

2 **B. Allgemeine Zuständigkeit.** Abs. 1 bestimmt die internationale Zuständigkeit für Kinder (s. Art. 2 Rdn. 9) mit gewöhnlichem Aufenthalt in der EU. Die Zuständigkeit ist dann, wenn es um mehrere Kinder geht, für jedes Kind gesondert zu prüfen (MüKoFamFG/*Gottwald* Art. 8 Brüssel IIa-VO Rn. 4). Die örtliche Zuständigkeit richtet sich nach nationalem Recht (§ 152 FamFG). Zum Vorrang vor KSÜ und MSA, s. Art. 60 Buchst. a), 61 Brüssel IIa-VO und Art. 52 KSÜ.

Die internationale Zuständigkeit für die elterliche Verantwortung folgt abschließend aus Art. 8 Abs. 1. Für 3
eine **Sorgerechtsregelung** ist die Zuständigkeit der deutschen Familiengerichte unabhängig von der Staatsangehörigkeit des Kindes und der Eltern, wenn das Kind zur Zeit der Antragstellung einen inländischen gewöhnlichen Aufenthalt hat. Ein Rückgriff auf Art. 21 EGBGB oder § 99 Abs. 1 Satz 1 Nr. 2 FamFG kommt insoweit nicht in Betracht (OLG Hamm FamRZ 2015, 346 [LS]). Das Gericht eines Mitgliedstaats muss sich v.A.w. für unzuständig erklären, wenn es überhaupt nicht zuständig ist. Es kann die Rechtssache nicht an ein anderes Gericht zu verweisen. Soweit es der Schutz des Kindeswohls erfordert, muss es allerdings direkt oder durch Einschaltung der Zentralen Behörde das zuständige Gericht eines anderen Mitgliedstaats in Kenntnis setzen (EuGH FamRZ 2009, 843).

C. Aufenthaltszuständigkeit. I. Gewöhnlicher Aufenthalt. Der »gewöhnliche Aufenthalt« wird nicht defi- 4
niert. Er ist in Übereinstimmung mit den Zielen und Zwecken der VO verordnungsautonom auszulegen (EuGH FamRZ 2009, 843 m. Aufs. *Pirrung* IPRax 2011, 50). Für die Ermittlung des gewöhnlichen Aufenthalts gilt ein objektiver Maßstab (OLG Stuttgart NJW 2012, 2043). Er ist unter Berücksichtigung aller tatsächlichen Umstände des Einzelfalls festzustellen (EuGH FamRZ 2015, 107 =, 239 m. Aufs. *Pirrung* IPRax 2015, 207). Der gewöhnliche Aufenthalt ist in Art. 2 Nr. 11, Art. 8, Art. 10 und Art. 11 identisch auszulegen (EuGH FamRZ 2015, 107). Darunter ist der Ort zu verstehen, an dem eine gewisse Integration des Kindes in ein soziales und familiäres Umfeld stattgefunden hat. Insbes. die Dauer, die Regelmäßigkeit und die Umstände des Aufenthalts in einem Mitgliedstaat sowie die Gründe für diesen Aufenthalt und den Umzug der Familie in diesen Staat, die Staatsangehörigkeit des Kindes, Ort und Umstände der Einschulung, die Sprachkenntnisse sowie die familiären und sozialen Bindungen des Kindes in dem betreffenden Staat sind zu berücksichtigen (EuGH FamRZ 2009, 843 – Verfahren A; OLG Karlsruhe FamRZ 2012, 1955 – unbegleiteter minderjähriger Flüchtling).

Der gewöhnliche Aufenthalt des Kindes kann **wechseln**, was zur Zuständigkeit am neuen Aufenthaltsort 5
führt. Die Absicht der Eltern oder eines Elternteils, sich mit dem Kind dauerhaft in einem anderen Staat niederzulassen, die sich in bestimmten äußeren Umständen, wie in dem Erwerb oder der Anmietung einer Wohnung in diesem Staat, manifestiert, kann ein Indiz für die Verlagerung des gewöhnlichen Aufenthalts sein (vgl. EuGH FamRZ 2009, 843 – Verfahren A sowie EuGH FamRZ 2011, 617 Anm. *Henrich* = IPRax 2012, 340 m. Aufs. *Siehr*, 316 – Mercredi). Bei einem Säugling, der sich mit seiner Mutter erst seit einigen Tagen in einem anderen Staat befindet, sind u. a. zu berücksichtigen die Dauer, die Regelmäßigkeit und die Umstände sowie die Gründe des Aufenthalts und des Umzugs der Mutter in diesen Staat. Weitere Umstände sind die Herkunft der Mutter sowie die familiären und sozialen Bindungen von Mutter und Kind (EuGH FamRZ 2011, 617 m. Aufs. *Siehr* FamRZ 2012, 316).

Ein **Aufenthalt von 6 Monaten** ist allenfalls ein Indiz (OLG Stuttgart NJW 2012, 2043). Wenngleich das 6
Adjektiv »gewöhnlich« den Eindruck erweckt, dass ein gewisser Aufenthaltszeitraum erreicht werden muss, bevor er als »gewöhnlich« bezeichnet werden kann, ist nach dem Kommissions-Praxisleitfaden nicht ausgeschlossen, dass ein Kind den gewöhnlichen Aufenthalt bereits bei oder kurz nach seiner Ankunft erlangt (auch OLG Stuttgart FamRZ 2014, 1930 m. Aufs. *Helms* IPRax 2015, 217, 219).

Eine Gerichtsentscheidung eines Mitgliedstaats, mit der ein **Antrag auf sofortige Rückführung** eines Kin- 7
des in einen anderen Mitgliedstaat nach dem HKÜ abgelehnt wird, hat keine Auswirkungen auf die Entscheidungen, die in dem anderen Mitgliedstaat in zuvor eingeleiteten und dort noch anhängigen Verfahren bezüglich der elterlichen Verantwortung zu treffen sind. Nach Art. 19 HKÜ ist nämlich ein solches Urteil nicht als Entscheidung über das Sorgerecht anzusehen.

Eine nicht rechtskräftige Entscheidung eines Gerichts eines Mitgliedstaats, über die elterliche Verantwor- 8
tung hat keine Auswirkungen auf die Entscheidungen, die in einem anderen Mitgliedstaat in zuvor eingeleiteten und dort noch anhängigen Verfahren zu treffen sind. Hier kommt nämlich Art. 19 Abs. 2 zur Anwendung. Danach setzt das später angerufene Gericht das Verfahren aus, bis die Zuständigkeit des zuerst angerufenen Gerichts geklärt ist. Es ist nicht befugt, über den bei ihm anhängigen Antrag zu entscheiden.

Kann kein gewöhnlicher Aufenthalt des Kindes festgestellt werden, so wird die Zuständigkeit anhand der 9
»Anwesenheit des Kindes« i.S. von Art. 13 bestimmt.

II. Perpetuatio fori. Die Frage der Zuständigkeit stellt sich bei der Anrufung des Gerichts. Der gewöhnli- 10
che Aufenthalt muss spätestens im Zeitpunkt der Entscheidung gegeben sein (BGH NJW 2010, 1351). Wurde ein Gericht angerufen, bleibt es nach dem Grundsatz der perpetuatio fori auch dann zuständig, wenn das Kind im Verlauf des Verfahrens einen neuen gewöhnlichen Aufenthalt in einem anderen Mitgliedstaat

erwirbt (OLG Nürnberg FamRZ 2014, 858 [Ausreise nach Irland]]. Die Aufenthaltsänderung während des Verfahrens zieht demzufolge keine Änderung der Zuständigkeit nach sich (BGHZ 184, 269). Dies gilt allerdings nur für EU-Mitgliedstaaten (OLG Stuttgart FamRZ 2013, 49). Für Nichtmitgliedstaaten verbleibt es dagegen bei den Drittstaaten geltenden völkerrechtlichen Vereinbarungen. Dementsprechend besteht kein Vorrang von Art. 8 Brüssel IIa-VO gegenüber Art. 5 KSÜ bei Aufenthaltswechsel des Kindes während eines laufenden Sorgeverfahrens in einen Vertragsstaat des KSÜ (OLG Karlsruhe FamRZ 2014, 1565: Schweiz; KG FamRZ 2015, 1214: Russland). Das gleiche gilt für das MSA (Thomas/Putzo/*Hüßtege* Rn. 5).

11 **D. Fälle der Art. 9, 10 und 12.** Die Verweisung auf Art. 9 (Aufrechterhaltung der Zuständigkeit am früheren gewöhnlichen Aufenthaltsort für Umgangsrechtsänderungen), Art. 10 (Zuständigkeit bei Kindesentführung) und Art. 12 (Vereinbarung der Zuständigkeit des Scheidungsgerichts) schränkt die Zuständigkeit nach Abs. 1 ein.

Art. 9 Brüssel IIa-VO Aufrechterhaltung der Zuständigkeit des früheren gewöhnlichen Aufenthaltsortes des Kindes.

(1) Beim rechtmäßigen Umzug eines Kindes von einem Mitgliedstaat in einen anderen, durch den es dort einen neuen gewöhnlichen Aufenthalt erlangt, verbleibt abweichend von Artikel 8 die Zuständigkeit für eine Änderung einer vor dem Umzug des Kindes in diesem Mitgliedstaat ergangenen Entscheidung über das Umgangsrecht während einer Dauer von drei Monaten nach dem Umzug bei den Gerichten des früheren gewöhnlichen Aufenthalts des Kindes, wenn sich der laut der Entscheidung über das Umgangsrecht umgangsberechtigte Elternteil weiterhin gewöhnlich in dem Mitgliedstaat des früheren gewöhnlichen Aufenthalts des Kindes aufhält.
(2) Absatz 1 findet keine Anwendung, wenn der umgangsberechtigte Elternteil im Sinne des Absatzes 1 die Zuständigkeit der Gerichte des Mitgliedstaats des neuen gewöhnlichen Aufenthalts des Kindes dadurch anerkannt hat, dass er sich an Verfahren vor diesen Gerichten beteiligt, ohne ihre Zuständigkeit anzufechten.

1 **A. Allgemeines.** Art. 9 bezieht sich nur auf die Zuständigkeit für die Änderung von Umgangsrechtsentscheidungen; andere Bereiche der elterlichen Verantwortung wie das Sorgerecht bleiben unberührt. Der Umzug in einen anderen Mitgliedstaat macht es häufig erforderlich, das Umgangsrecht an die neuen Lebensumstände anzupassen. Art. 9 will dazu ermutigen, sich zu einigen bzw. sich nötigenfalls an das Gericht am früheren gewöhnlichen Kindesaufenthalt zu wenden.

2 **B. Aufrechterhaltung der Zuständigkeit. I. Grundsatz.** Die Abänderungszuständigkeit am früheren gewöhnlichen Aufenthaltsort des Kindes soll dem Umgangsberechtigten ermöglichen, **innerhalb von 3 Monaten** nach dem Umzug bei dem Gericht, das ihm das Umgangsrecht gewährt hat, eine Anpassung zu beantragen (Abs. 1). Die Gerichte des neuen Mitgliedstaats sind während dieses Zeitraums für das Umgangsrecht nicht zuständig, aber nicht daran gehindert, über andere Angelegenheiten zu entscheiden (*Solomon* FamRZ 2004, 1409, 1412).

3 **II. Rechtmäßiger Umzug.** Wann ein Umzug »rechtmäßig« ist, ist auf der Grundlage einer Gerichtsentscheidung oder nach dem im Ursprungsstaat geltenden Recht (einschließlich seiner Vorschriften über das internationale Privatrecht) zu bestimmen (Rauscher/*Rauscher* Art. 9 Brüssel IIa-VO Rn. 5). Rechtmäßig ist er, wenn der Träger der elterlichen Verantwortung ohne Zustimmung des Umgangsberechtigten in einen anderen Mitgliedstaat umziehen darf oder wenn diese Zustimmung gegeben ist. Wechselt der gewöhnliche Aufenthalt durch einen rechtmäßigen Umzug, so greift Art. 9 ein. Ist der Umzug dagegen widerrechtlich, etwa aufgrund einer einseitigen Entscheidung des Trägers der elterlichen Verantwortung, so kommt Art. 9 nicht zur Anwendung, sondern es gilt im Hinblick auf eine Entführung Art. 10 (Rauscher/*Rauscher* Art. 9 Brüssel IIa-VO Rn. 8).

4 **III. Neuer gewöhnlicher Aufenthalt des Kindes.** Das Kind muss seinen gewöhnlichen Aufenthalt (s. dazu Art. 8 Rdn. 4) in dem neuen Mitgliedstaat innerhalb des Dreimonatszeitraums erworben haben. Andernfalls verbleibt die Zuständigkeit nach Art. 8 bei den Gerichten des Ursprungsmitgliedstaats. Hat ein Kind seinen gewöhnlichen Aufenthalt im »alten« Mitgliedstaat eingebüßt, aber keinen gewöhnlichen Aufenthalt im »neuen« Mitgliedstaat erlangt, kommt Art. 9 nicht zur Anwendung. Dann hilft Art. 13, wonach Gerichte des *Mitgliedstaats*, in dem sich das Kind aufhält, zuständig sind. Der gewöhnliche Aufenthalt ist in Art. 2

Nr. 11, Art. 8, Art. 10 und Art. 11 identisch auszulegen (EuGH FamRZ 2015, 107 m. Aufs. *Pirrung* IPRax 2015, 207). Ein Umzug in einen Drittstaat wird nicht erfasst (*Coester-Waltjen* FamRZ 2005, 241, 244).

C. Weitere Voraussetzungen. I. Anzupassendes Umgangsrecht. Art. 9 gilt nur in Fällen, in denen eine 5
bereits ergangene Entscheidung angepasst werden soll. Wurde das Umgangsrecht nicht durch Gerichtsentscheidung übertragen, so gelten die allgemeinen Vorschriften (zur Umgangsvereinbarung PG/*Völker/ Dimmler* Art. 9 Brüssel IIa-VO Rn. 3). Nach Art. 8 sind die Gerichte des neuen Mitgliedstaats zuständig, sobald das Kind dort seinen gewöhnlichen Aufenthalt erworben hat.

II. Dreimonatsfrist. Art. 9 gilt nur während der Dauer von 3 Monaten nach dem Umzug des Kindes. Die 6
Frist beginnt mit dem physischen Umzug in den »neuen« Mitgliedstaat. Nicht maßgeblich ist insofern, wann das Kind seinen neuen gewöhnlichen Aufenthalt erwirbt. Maßgeblich ist der Zeitpunkt der Antragstellung (*Gruber* IPRax 2005, 293, 297) i.S. des Art. 16 (OLG München FamRZ 2011, 1887). Wird ein Gericht im Ursprungsmitgliedstaat nach Ablauf der Dreimonatsfrist angerufen, hat es nach Art. 9 keine Zuständigkeit.

III. Gewöhnlicher Aufenthalt des Umgangsberechtigten. Der Umgangsberechtigte muss weiterhin seinen 7
gewöhnlichen Aufenthalt im Ursprungsmitgliedstaat haben. Andernfalls geht die Zuständigkeit auf die Gerichte des neuen Mitgliedstaats über, sobald das Kind dort seinen gewöhnlichen Aufenthalt erworben hat.

D. Anerkennung der Zuständigkeit. Abs. 1 kommt nicht zur Anwendung, wenn der Umgangsberechtigte 8
die Zuständigkeit der Gerichte des »neuen« Mitgliedstaats anerkennt (Abs. 2). Beteiligt sich der Umgangsberechtigte an einem Verfahren vor einem Gericht im »neuen« Mitgliedstaat, ohne dessen Zuständigkeit zu rügen, so kann dieses Gericht seine Zuständigkeit gem. Art. 8 ausüben (*Solomon* FamRZ 2004, 1409, 1412). Folglich hindert Art. 9 den Umgangsberechtigten nicht daran, die Gerichte des »neuen« Mitgliedstaats zur Prüfung der Umgangsrechtsregelung anzurufen.

Art. 10 Brüssel IIa-VO Zuständigkeit in Fällen von Kindesentführung.

Bei widerrechtlichem Verbringen oder Zurückhalten eines Kindes bleiben die Gerichte des Mitgliedstaats, in dem das Kind unmittelbar vor dem widerrechtlichen Verbringen oder Zurückhalten seinen gewöhnlichen Aufenthalt hatte, so lange zuständig, bis das Kind einen gewöhnlichen Aufenthalt in einem anderen Mitgliedstaat erlangt hat und

a) jede sorgeberechtigte Person, Behörde oder sonstige Stelle dem Verbringen oder Zurückhalten zugestimmt hat
oder
b) das Kind sich in diesem anderen Mitgliedstaat mindestens ein Jahr aufgehalten hat, nachdem die sorgeberechtigte Person, Behörde oder sonstige Stelle seinen Aufenthaltsort kannte oder hätte kennen müssen und sich das Kind in seiner neuen Umgebung eingelebt hat, sofern eine der folgenden Bedingungen erfüllt ist:
  i) Innerhalb eines Jahres, nachdem der Sorgeberechtigte den Aufenthaltsort des Kindes kannte oder hätte kennen müssen, wurde kein Antrag auf Rückgabe des Kindes bei den zuständigen Behörden des Mitgliedstaats gestellt, in den das Kind verbracht wurde oder in dem es zurückgehalten wird;
  ii) ein vom dem Sorgeberechtigten gestellter Antrag auf Rückgabe wurde zurückgezogen, und innerhalb der in Ziffer i) genannten Frist wurde kein neuer Antrag gestellt;
  iii) ein Verfahren vor dem Gericht des Mitgliedstaats, in dem das Kind unmittelbar vor dem widerrechtlichen Verbringen oder Zurückhalten seinen gewöhnlichen Aufenthalt hatte, wurde gemäß Artikel 11 Absatz 7 abgeschlossen;
  iv) von den Gerichten des Mitgliedstaats, in dem das Kind unmittelbar vor dem widerrechtlichen Verbringen oder Zurückhalten seinen gewöhnlichen Aufenthalt hatte, wurde eine Sorgerechtsentscheidung erlassen, in der die Rückgabe des Kindes nicht angeordnet wird.

A. Allgemeines. Der ggü. Art. 8 vorrangige Art. 10 gewährleistet, dass die Gerichte des Mitgliedstaats, in 1
dem das Kind vor einem widerrechtlichen Verbringen oder dem widerrechtlichen Zurückhalten seinen ge-

wöhnlichen Aufenthalt hatte (Ursprungsmitgliedstaat), auch danach **für die Hauptsache zuständig** bleiben. Den Gerichten des neuen Aufenthaltsstaats kann die Zuständigkeit nur unter sehr engen Voraussetzungen zustehen, nämlich wenn alle Sorgerechtsinhaber dem Wechsel zugestimmt haben oder wenn sich das Kind seit mindestens einem Jahr dort aufhält und eingelebt hat und ferner insbes. im Herkunftsland kein Rückgabeverfahren anhängig ist. Das widerrechtliche Verbringen oder Zurückhalten eines Kindes wird in Art. 2 Nr. 11 definiert (EuGH ZEuP 2011, 901 Anm. *Pirrung* u. m. Aufs. *Siehr* IPRax 2012, 316).

2 **B. Zuständigkeit in Fällen von Kindesentführung. I. Weiterbestehen der Zuständigkeit.** Grundsätzlich bleibt die ursprüngliche Zuständigkeit bestehen. Die Brüssel IIa-VO sieht eine gerichtliche Zuständigkeit der Gerichte des Zufluchtsstaats nur in zwei Fällen vor. Die ursprüngliche Zuständigkeit kann nur entfallen bei Zustimmung (Buchst. a)) und ggf. nach einem Aufenthalt von einem Jahr im Zufluchtsstaat (Buchst. b)).

3 **II. Neuer gewöhnlicher Aufenthalt.** Das Kind hat einen gewöhnlichen Aufenthalt (s. dazu Art. 8 Rdn. 4) im ersuchten Mitgliedstaat erworben. Der gewöhnliche Aufenthalt ist in Art. 2 Nr. 11, Art. 8, Art. 10 und Art. 11 identisch auszulegen (EuGH FamRZ 2015, 107 m. Aufs. *Pirrung* IPRax 2015, 207). Bleibt es beim bisherigen gewöhnlichen Aufenthalt, so kommt eine perpetuatio fori in Betracht (Thomas/Putzo/*Hüßtege* Art. 10 Brüssel IIa-VO Rn. 1).

4 **C. Entfallen der Zuständigkeit bei neuem gewöhnlichem Aufenthalt. I. Zustimmung.** Es kommt darauf an, dass jede sorgeberechtigte Person, Behörde oder sonstige Stelle dem Verbringen oder Zurückhalten zugestimmt hat (Buchst. a)).

5 **II. Neuer einjähriger gewöhnlicher Aufenthalt. 1. Begründung des Aufenthalts.** Das Kind hat einen gewöhnlichen Aufenthalt im ersuchten Mitgliedstaat erworben und hält sich seit mindestens einem Jahr in diesem auf (schlichter Aufenthalt genügt insoweit), nachdem die sorgeberechtigte Person Kenntnis vom Aufenthaltsort des Kindes erlangt hatte oder hätte erlangen müssen. Ferner hat sich das Kind hat sich in seiner neuen Umgebung eingelebt (Buchst. b)).

6 **2. Weitere Voraussetzungen.** Die erste Möglichkeit unter den weiteren Voraussetzungen ist, dass innerhalb des Jahres, nachdem der zurückgebliebene Elternteil Kenntnis vom Aufenthaltsort des Kindes erlangt hatte, **kein Antrag auf Rückgabe** des Kindes gestellt wurde (Buchst. b) (i)). Alle sorgeberechtigten Personen, Behörden oder sonstige Stellen haben die Entführung letztlich hingenommen.

7 Der zweite Fall ist, dass ein ursprünglich auf Rückgabe gestellter **Antrag zurückgezogen** und innerhalb eines Jahres kein neuer Antrag gestellt wurde (Buchst. b) (ii)).

8 In der dritten Konstellation liegt **kein neuer Antrag** vor. Hier hat das Gericht im ersuchten Mitgliedstaat die Rückgabe des Kindes abgelehnt und die Gerichte beider Mitgliedstaaten haben die nach Art. 11 Abs. 6 erforderlichen Schritte unternommen. Der Fall wurde aber nach Maßgabe von Art. 11 Abs. 7 abgeschlossen, weil die Parteien nicht binnen 3 Monaten ab Zustellung der Mitteilung Anträge eingereicht haben (Buchst. b) (iii)).

9 Schließlich ist möglich, dass das zuständige **Gericht des Ursprungsmitgliedstaats eine Sorgerechtsentscheidung** erlassen hat, in der keine Rückgabe des Kindes angeordnet wird (Buchst. b) (iv)). Diese Vorschrift ist eng auszulegen. Die genannte Entscheidung muss endgültig sein (EuGH FamRZ 2010, 1229 Anm. *Schulz* – Povse). Daher erfüllt eine Entscheidung, die nur eine einstweilige und sichernde Maßnahme trifft, weder diese Bedingung, noch kann sie zur Zuständigkeit der Gerichte des Zufluchtsstaats führen.

Art. 11 Brüssel IIa-VO
Rückgabe des Kindes. (1) Beantragt eine sorgeberechtigte Person, Behörde oder sonstige Stelle bei den zuständigen Behörden eines Mitgliedstaats eine Entscheidung auf der Grundlage des Haager Übereinkommens vom 25. Oktober 1980 über die zivilrechtlichen Aspekte internationaler Kindesentführung (nachstehend »Haager Übereinkommen von 1980« genannt), um die Rückgabe eines Kindes zu erwirken, das widerrechtlich in einen anderen als den Mitgliedstaat verbracht wurde oder dort zurückgehalten wird, in dem das Kind unmittelbar vor dem widerrechtlichen Verbringen oder Zurückhalten seinen gewöhnlichen Aufenthalt hatte, so gelten die Absätze 2 bis 8.
(2) Bei Anwendung der Artikel 12 und 13 des Haager Übereinkommens von 1980 ist sicherzustellen, dass das Kind die Möglichkeit hat, während des Verfahrens gehört zu werden, sofern dies nicht aufgrund seines Alters oder seines Reifegrads unangebracht erscheint.

(3) Das Gericht, bei dem die Rückgabe eines Kindes nach Absatz 1 beantragt wird, befasst sich mit gebotener Eile mit dem Antrag und bedient sich dabei der zügigsten Verfahren des nationalen Rechts. Unbeschadet des Unterabsatzes 1 erlässt das Gericht seine Anordnung spätestens sechs Wochen nach seiner Befassung mit dem Antrag, es sei denn, dass dies aufgrund außergewöhnlicher Umstände nicht möglich ist.
(4) Ein Gericht kann die Rückgabe eines Kindes aufgrund des Artikels 13 Buchstabe b) des Haager Übereinkommens von 1980 nicht verweigern, wenn nachgewiesen ist, dass angemessene Vorkehrungen getroffen wurden, um den Schutz des Kindes nach seiner Rückkehr zu gewährleisten.
(5) Ein Gericht kann die Rückgabe eines Kindes nicht verweigern, wenn der Person, die die Rückgabe des Kindes beantragt hat, nicht die Gelegenheit gegeben wurde, gehört zu werden.
(6) Hat ein Gericht entschieden, die Rückgabe des Kindes gemäß Artikel 13 des Haager Übereinkommens von 1980 abzulehnen, so muss es nach dem nationalen Recht dem zuständigen Gericht oder der Zentralen Behörde des Mitgliedstaats, in dem das Kind unmittelbar vor dem widerrechtlichen Verbringen oder Zurückhalten seinen gewöhnlichen Aufenthalt hatte, unverzüglich entweder direkt oder über seine Zentrale Behörde eine Abschrift der gerichtlichen Entscheidung, die Rückgabe abzulehnen, und die entsprechenden Unterlagen, insbesondere eine Niederschrift der Anhörung, übermitteln. Alle genannten Unterlagen müssen dem Gericht binnen einem Monat ab dem Datum der Entscheidung, die Rückgabe abzulehnen, vorgelegt werden.
(7) Sofern die Gerichte des Mitgliedstaats, in dem das Kind unmittelbar vor dem widerrechtlichen Verbringen oder Zurückhalten seinen gewöhnlichen Aufenthalt hatte, nicht bereits von einer der Parteien befasst wurden, muss das Gericht oder die Zentrale Behörde, das/die die Mitteilung gemäß Absatz 6 erhält, die Parteien hiervon unterrichten und sie einladen, binnen drei Monaten ab Zustellung der Mitteilung Anträge gemäß dem nationalen Recht beim Gericht einzureichen, damit das Gericht die Frage des Sorgerechts prüfen kann.
Unbeschadet der in dieser Verordnung festgelegten Zuständigkeitsregeln schließt das Gericht den Fall ab, wenn innerhalb dieser Frist keine Anträge bei dem Gericht eingegangen sind.
(8) Ungeachtet einer nach Artikel 13 des Haager Übereinkommens von 1980 ergangenen Entscheidung, mit der die Rückgabe des Kindes verweigert wird, ist eine spätere Entscheidung, mit der die Rückgabe des Kindes angeordnet wird und die von einem nach dieser Verordnung zuständigen Gericht erlassen wird, im Einklang mit Kapitel III Abschnitt 4 vollstreckbar, um die Rückgabe des Kindes sicherzustellen.

A. Allgemeines. Art. 11 betrifft die Rückgabe von Kindern sowie das Verfahren und ergänzt bzw. modifiziert teilweise die Regelung des HKÜ (erläutert in Anh. III). Dabei sollen die Gerichte des EU-Herkunftsstaates und des EU-Zufluchtstaates zur **Beschleunigung und Erleichterung der Rückführung** zusammenarbeiten, wobei den Gerichten des Herkunftsstaates Vorrang eingeräumt wird. Art. 11 regelt aber nicht die internationale Zuständigkeit, für die weiterhin Art. 8 der Ausgangspunkt ist (MüKoFamFG/Gottwald Art. 11 Brüssel IIa-VO Rn. 1). Die Anwendung ist nicht nur wegen des Zusammenspiels von Brüssel IIa-VO und HKÜ schwierig. Die Bestimmungen verlangen auch ein Zusammenwirken der nationalen Instanzen im europäischen Justizraum. Ferner ist das Zusammentreffen von Hauptsacheentscheidungen und vorläufigen Entscheidungen in unterschiedlichen Verfahrensstadien zu bewältigen.

Für die **praktische Anwendung** kann die Rechtsprechung zum HKÜ, die in der Datenbank INCADAT der Haager Konferenz für internationales Privatrecht (Child Abduction Section; http://www.hcch.net/) einsehbar ist, konsultiert werden. Das Europäische Justizielle Netz für Zivilsachen hat einen Praxisleitfaden mit Informationen über Gerichtsverfahren und Anhörungen zur Kindesrückgabe verfasst (s. Art. 1 Rdn. 2).

Wird bei den zuständigen Behörden eines Mitgliedstaats die Rückgabe eines Kindes nach Maßgabe des HKÜ beantragt, so werden die Vorschriften des Übk. – ergänzt durch Art. 11 Abs. 1 bis 5 der Brüssel IIa-VO – angewendet (Abs. 1). Die Regelung des Art. 11 soll die Vorschriften des HKÜ ergänzen. Durchführungsbestimmungen finden sich in §§ 37 ff. IntFamRVG. Für eine Rückgabeentscheidung bestehen besondere Bestimmungen in Art. 40 ff.

B. Rückgabeverlangen. Ausgangspunkt ist ein Verlangen nach sofortiger Rückgabe des Kindes nach dem HKÜ. Die Gerichte des Entführungsstaates sind bezüglich des Sorgerechts selbst noch nicht zuständig (vgl. Art. 10). Das Verfahren betrifft nur Kinder i.S.d. Brüssel IIa-VO (s. Art. 2 Rdn. 9).

5 Art. 11 kann nur angewendet werden, wenn das Kind unmittelbar vor dem behaupteten widerrechtlichen Verbringen oder Zurückhalten seinen **gewöhnlichen Aufenthalt** (s. Art. 8 Rdn. 4) im Ursprungsmitgliedstaat hatte (EuGH FamRZ 2015, 107 = IPRax 2015, 239 m. Aufs. *Pirrung* IPRax 2015, 207). Der gewöhnliche Aufenthalt ist in Art. 2 Nr. 11, Art. 8, Art. 10 und Art. 11 identisch auszulegen (EuGH FamRZ 2015, 107).

6 Ferner wird die **Widerrechtlichkeit** des Zurückhaltens oder der Entführung vorausgesetzt (s. Art. 2 Rdn. 13). Erfolgte die Verbringung des Kindes im Einklang mit einer vorläufig vollstreckbaren Entscheidung, die später durch eine andere Gerichtsentscheidung aufgehoben wurde, mit der der Aufenthalt des Kindes bei dem im Ursprungsmitgliedstaat wohnenden Elternteil bestimmt wurde, so ist die unterlassene Rückführung des Kindes im Anschluss an diese zweite Entscheidung widerrechtlich und Art. 11 findet Anwendung, wenn das Kind unmittelbar vor diesem Zurückhalten seinen gewöhnlichen Aufenthalt noch im Ursprungsstaat hatte. Hatte das Kind zu diesem Zeitpunkt seinen gewöhnlichen Aufenthalt nicht mehr im Ursprungsstaat, ergeht die Entscheidung über die Zurückweisung des auf diese Bestimmung gestützten Rückgabeantrags unbeschadet der Anwendung der Art. 21 ff. (EuGH FamRZ 2015, 107 m. Aufs. *Pirrung* IPRax 2015, 207).

7 C. Verfahren im Zufluchtstaat. I. Anhörung des Kindes. Die Brüssel IIa-VO stärkt die Rechte des Kindes während des Verfahrens. Das Gericht muss ihm die Möglichkeit geben, gehört zu werden, sofern dies nicht aufgrund seines Alters oder seiner Reife unangebracht erscheint (Abs. 2). Die Brüssel IIa-VO nennt keine Kriterien zur Bestimmung des erforderlichen Alters oder der erforderlichen Reife. Ob die Anhörung unmittelbar durch das Gericht geschieht oder durch andere Personen, z.B. Sozialarbeiter, die anschließend vom Gericht gehört werden, ist dem mitgliedstaatlichen Recht überlassen. Für die Anhörung kann auch die Beweisaufnahme-VO (s. § 97 FamFG Rdn. 19) genutzt werden. Nach dem Kommissions-Praxisleitfaden kann sich der Rückgriff auf Video- und Tele-Konferenzen bei der Beweisaufnahme nach Art. 10 Abs. 4 EuBeweis-VO als hilfreich erweisen.

8 II. Anhörung des Antragstellers. Ein Anhörungsrecht des ASt ergibt sich daraus, dass die Rückgabe des Kindes nicht verweigert werden darf, ohne dass dem ASt die Gelegenheit gegeben wird, zu Einwänden gehört zu werden (Abs. 5).

9 III. Beschleunigtes Verfahren. Es findet ein beschleunigtes Verfahren statt. Das Gericht wendet die **zügigsten Verfahren** des nationalen Rechts an und erlässt eine Entscheidung spätestens 6 Wochen nach seiner Befassung mit dem Antrag auf Rückgabe des Kindes (Abs. 3). Ein Abweichen von dieser Frist ist nur aufgrund außergewöhnlicher Umstände möglich. Siehe § 38 Abs. 1 Satz 3 IntFamRVG. In der Praxis kann die Frist freilich häufig nicht eingehalten werden

10 D. Einschränkung der Rückgabehindernisse. Die Kindesrückgabe kann im Hinblick auf die **Überschreitung der Jahresfrist** des Art. 12 HKÜ abgelehnt werden. Weitere Ablehnungsgründe enthält Art. 13 HKÜ (Nichtausübung des Sorgerechts, schwerwiegende Gefahr, Widersetzen). Die Brüssel IIa-VO verstärkt aber die Verpflichtung zur sofortigen Rückgabe, indem die Ausnahmen nach Art. 13 Abs. 1 Buchst. b) HKÜ auf ein striktes Minimum beschränkt werden. Diesem Grundsatz zufolge ist das Kind zurückzugeben, wenn sein **Schutz im Ursprungsmitgliedstaat** nachweislich gewährleistet werden wird (Abs. 4). Nach Art. 13 Abs. 1 Buchst. b) HKÜ ist das Gericht nicht verpflichtet, die Rückgabe anzuordnen, wenn damit die Gefahr eines Schadens für das Kind verbunden ist oder es in eine unzumutbare Lage käme (s. Art. 13 HKÜ Rdn. 5 ff.). Die Brüssel IIa-VO weitet die Verpflichtung zur Rückgabe auf Fälle aus, in denen konkrete **Vorkehrungen** getroffen wurden, um den Schutz des Kindes zu gewährleisten (s. Art. 13 HKÜ Rdn. 8). Das Gericht muss dies auf der Grundlage der **fallrelevanten Tatsachen** prüfen. Dass der Ursprungsmitgliedstaat Verfahren zur Gewährleistung von Kinderschutz kennt, reicht nicht aus (OLG Hamm FamRZ 2013, 52 [LS] = NJW-RR 2013, 69; Rauscher/*Rauscher* Art. 11 Brüssel IIa-VO Rn. 22).

11 E. Verfahren nach Rückgabeverweigerung. I. Benachrichtigung von Gericht oder Zentraler Behörde. Für die Fälle, in denen die Rückgabe eines Kindes nach Art. 13 HKÜ abgelehnt wird, enthält Art. 11 Abs. 6 und 7 Brüssel IIa-VO eine Sonderregelung. Danach hat das die Rückgabe ablehnende Gericht eine **Abschrift dieser Entscheidung** und die entsprechenden Unterlagen (z.B. Berichte von Sozialbehörden) an das Gericht im Ursprungsmitgliedstaat zu übermitteln (Abs. 6 Satz 1). Dieses muss die Unterlagen **binnen eines Monats** nach Erlass der Entscheidung erhalten (Abs. 6 Satz 2). Die Übermittlung kann entweder direkt von Gericht zu Gericht erfolgen oder über die Zentralen Behörden der beiden Mitgliedstaaten. Ein die

Rückgabe ablehnendes deutsches Gericht hat in jedem Fall dem BfJ eine Abschrift zu übermitteln (§ 39 IntFamRVG).

II. Benachrichtigung der Parteien. Das Gericht des Ursprungsmitgliedstaats muss die Parteien **von der** **12** **Mitteilung in Kenntnis setzen** und sie auffordern, binnen 3 Monaten ab Zustellung der Mitteilung Anträge gemäß dem nationalen Recht beim Gericht einzureichen, damit das Gericht die Frage des Sorgerechts prüfen kann (Abs. 7 Unterabs. 1). Das gilt auch bei Ablehnung nach Art. 12 HKÜ (Thomas/Putzo/*Hüßtege* Art. 11 Brüssel IIa-VO Rn. 7). Reichen die Parteien innerhalb von 3 Monaten keine Anträge ein, so schließt das Gericht des Ursprungsmitgliedstaats den Fall ab (Abs. 7 Unterabs. 2). Ist keine Entscheidung ergangen, sind die Unterlagen an das nach dem Recht dieses Mitgliedstaats zuständige Gericht zu schicken, d.h. i.d.R. dorthin, wo das Kind vor seiner Entführung seinen gewöhnlichen Aufenthalt hatte (vgl. Art. 53 Rdn. 1).

Fragen der **Übersetzung** regelt Art. 11 Abs. 6 nicht. Nach dem Kommissions-Praxisleitfaden kommt es auf **13** den Einzelfall an. Auf eine Übersetzung kann ggf. auf verzichtet werden, wenn an einen Richter verwiesen wird, der die Verfahrenssprache versteht.

F. Rückgabeentscheidung im Herkunftsmitgliedstaat nach Rückgabeversweigerung. Die Rückgabever- **14** weigerung durch das Gericht des Zufluchtstaates beendet das Verfahren nicht. Sie hat keine Einfluss auf die nach Art. 8 fortbestehende internationale Zuständigkeit des Herkunftsmitgliedstaats. Zulässig ist auch eine erneute (abweichende) Entscheidung im dortigen Hauptsacheverfahren (MüKoFamFG/*Gottwald* Art. 11 Brüssel IIa-VO Rn. 14). Solange die Zuständigkeit besteht, kann das Gericht des Herkunftsmitgliedstaats nach erneuter Prüfung des Kindeswohls die **Rückgabe** anordnen. Dem Kind ist die Möglichkeit der Anhörung zu geben (EuGH FamRZ 2011, 355 Anm. *Schulz* – Zarraga). Eine erneute Sorgerechtsentscheidung ist nicht Voraussetzung für die Rückgabeentscheidung (EuGH FamRZ 2010, 1229 Anm. *Schulz* – Povse). Das zuständige Gericht muss jedoch, bevor es eine solche Entscheidung erlässt, die Gründe und Beweise berücksichtigen, die der Entscheidung, die Rückgabe des Kindes abzulehnen, zugrunde liegen (EuGH NJW 2016, 307).

Erlässt das Gericht des Ursprungsmitgliedstaats eine **Entscheidung, in der die Rückgabe des Kindes ange-** **15** **ordnet ist**, so wird diese Entscheidung **unmittelbar anerkannt** und kann in dem ersuchten Mitgliedstaat ohne Exequaturverfahren vollstreckt werden (Abs. 8). Dafür ist eine Bescheinigung entsprechend Art. 42 erforderlich. Das Gericht des Herkunftsmitgliedstaats soll also das letzte Wort haben (*Gruber* IPRax 2009, 413, 414). Auch eine ordre public-Prüfung findet nicht mehr statt.

Für den Antrag auf Rückgabe des Kindes nach Abs. 8 besteht eine ausschließliche örtliche Zuständigkeit **16** des FamG nach §§ 10, 12 IntFamRVG. Abs. 9 und 8 untersagen es einem Mitgliedstaat grundsätzlich nicht, einem spezialisierten Gericht die Zuständigkeit für die Prüfung von Fragen der Rückgabe des Kindes oder des Sorgerechts zu übertragen, selbst wenn im Übrigen bereits ein Gericht mit einem Hauptsacheverfahren über die elterliche Verantwortung in Bezug auf das Kind befasst wurde (EuGH FamRZ 2015, 562).

Art. 12 Brüssel IIa-VO Vereinbarung über die Zuständigkeit.

(1) Die Gerichte des Mitgliedstaats, in dem nach Artikel 3 über einen Antrag auf Ehescheidung, Trennung ohne Auflösung des Ehebandes oder Ungültigerklärung einer Ehe zu entscheiden ist, sind für alle Entscheidungen zuständig, die die mit diesem Antrag verbundene elterliche Verantwortung betreffen, wenn

a) zumindest einer der Ehegatten die elterliche Verantwortung für das Kind hat und

b) die Zuständigkeit der betreffenden Gerichte von den Ehegatten oder von den Trägern der elterlichen Verantwortung zum Zeitpunkt der Anrufung des Gerichts ausdrücklich oder auf andere eindeutige Weise anerkannt wurde und im Einklang mit dem Wohl des Kindes steht.

(2) Die Zuständigkeit gemäß Absatz 1 endet,

a) sobald die stattgebende oder abweisende Entscheidung über den Antrag auf Ehescheidung, Trennung ohne Auflösung des Ehebandes oder Ungültigerklärung einer Ehe rechtskräftig geworden ist,

b) oder in den Fällen, in denen zu dem unter Buchstabe a) genannten Zeitpunkt noch ein Verfahren betreffend die elterliche Verantwortung anhängig ist, sobald die Entscheidung in diesem Verfahren rechtskräftig geworden ist,

c) oder sobald die unter den Buchstaben a) und b) genannten Verfahren aus einem anderen Grund beendet worden sind.

Anhang I

Brüssel IIa-VO

(3) Die Gerichte eines Mitgliedstaats sind ebenfalls zuständig in Bezug auf die elterliche Verantwortung in anderen als den in Absatz 1 genannten Verfahren, wenn
a) eine wesentliche Bindung des Kindes zu diesem Mitgliedstaat besteht, insbesondere weil einer der Träger der elterlichen Verantwortung in diesem Mitgliedstaat seinen gewöhnlichen Aufenthalt hat oder das Kind die Staatsangehörigkeit dieses Mitgliedstaats besitzt,
und
b) alle Parteien des Verfahrens zum Zeitpunkt der Anrufung des Gerichts die Zuständigkeit ausdrücklich oder auf andere eindeutige Weise anerkannt haben und die Zuständigkeit in Einklang mit dem Wohl des Kindes steht.
(4) Hat das Kind seinen gewöhnlichen Aufenthalt in einem Drittstaat, der nicht Vertragspartei des Haager Übereinkommens vom 19. Oktober 1996 über die Zuständigkeit, das anzuwendende Recht, die Anerkennung, Vollstreckung und Zusammenarbeit auf dem Gebiet der elterlichen Verantwortung und der Maßnahmen zum Schutz von Kindern ist, so ist davon auszugehen, dass die auf diesen Artikel gestützte Zuständigkeit insbesondere dann in Einklang mit dem Wohl des Kindes steht, wenn sich ein Verfahren in dem betreffenden Drittstaat als unmöglich erweist.

1 **A. Allgemeines.** Die Zuständigkeit für die elterliche Verantwortung (Art. 2 Nr. 7) kann **auf die Gerichte am neuen Aufenthaltsort des Kindes übergehen.** Allerdings ist eine Annex- bzw. Verbundzuständigkeit möglich aufgrund einer Vereinbarung, der zufolge ein nach Art. 3 mit einer Ehesache befasstes Gericht auch über die elterliche Verantwortung entscheiden kann, sofern bestimmte Bedingungen erfüllt sind (Abs. 1 und 2). Auch weitergehende Vereinbarungen für andere Fälle sind möglich (Abs. 3).

2 **B. Zulässige Vereinbarung.** Das in einer Ehesache angerufene Gericht ist auch für alle Entscheidungen zuständig, welche die mit der Ehesache verbundene elterliche Verantwortung betreffen, selbst wenn das Kind seinen gewöhnlichen Aufenthalt nicht in diesem Mitgliedstaat hat (Abs. 1). Dies gilt unabhängig davon, ob das Kind von den Ehegatten abstammt. Ebenso ist es, wenn ein Gericht wegen der Trennung ohne Auflösung des Ehebandes oder der Ungültigerklärung einer Ehe angerufen wurde. Ob ein nachträglich mit einer Ehesache verbundenes Verfahren ausreicht, ist str. (Thomas/Putzo/*Hüßtege* Art. 12 Brüssel IIa-VO Rn. 3a). Die Zuständigkeit des Gerichts der Ehesache hängt von der Erfüllung folgender Bedingungen ab: zumindest einer der Ehegatten hat nach der kollisionsrechtlich maßgeblichen Rechtsordnung (Art. 15 ff. KSÜ bzw. Art. 21 EGBGB) oder einer anzuerkennenden Entscheidung die elterliche Verantwortung für das Kind (Abs. 1 Buchst. a)), und die Ehegatten sowie alle Träger der elterlichen Verantwortung erkennen die Zuständigkeit des Scheidungsgerichts an (Abs. 1 Buchst. b)). Dies kann ausdrücklich oder durch eindeutiges Verhalten erfolgen; das kann vom Gericht zu dem Zeitpunkt festgestellt werden, zu dem es angerufen wird. Eine spätere Anerkennung soll nicht genügen (PG/*Völker/Dimmler* Art. 12 Brüssel IIa-VO Rn. 2). Schließlich muss die Zuständigkeit dieses Gerichts dem Wohl des Kindes dienen.

3 **C. Beendigung der Zuständigkeit.** Die Zuständigkeit des Gerichts der Ehesache endet, sobald das stattgebende oder abweisende Eheurteil rechtskräftig geworden ist (Abs. 2 Buchst. a)). Das gleiche gilt, wenn eine rechtskräftige Entscheidung in Verfahren betreffend die elterliche Verantwortung ergangen ist, die noch anhängig waren (vgl. Art. 16), als das Eheurteil rechtskräftig wurde (Abs. 2 Buchst. b)) oder das Eheverfahren und das Verfahren betreffend die elterliche Verantwortung aus einem anderen Grund beendet worden sind (z.B. weil die Anträge auf Scheidung und elterliche Verantwortung zurückgezogen wurden; Abs. 2 Buchst. c)).

4 **D. Andere gerichtliche Zuständigkeit.** Gerichte, vor denen andere Verfahren eingeleitet wurden, können auch dann für Verfahren betreffend die elterliche Verantwortung zuständig sein, wenn das Kind seinen gewöhnlichen Aufenthalt in einem anderen Mitgliedstaat hat. Nach Abs. 3 kann für ein bestimmtes Verfahren betreffend die elterliche Verantwortung die Zuständigkeit eines Gerichts eines Mitgliedstaats, der nicht der Staat des gewöhnlichen Aufenthalts des Kindes ist, begründet werden, auch wenn bei dem gewählten Gericht kein anderes Verfahren anhängig ist (EuGH NJW 2015, 40). Dabei handelt es sich um eine eng auszulegende Ausnahme von der Aufenthaltszuständigkeit (EuGH FamRZ 2015, 2117).

5 Vorausgesetzt werden zwei Bedingungen: Das Kind hat eine **wesentliche Bindung** zu dem betreffenden Mitgliedstaat, insbes. weil dort einer der Träger der elterlichen Verantwortung seinen gewöhnlichen Aufenthalt hat oder das Kind die Staatsangehörigkeit dieses Staats besitzt (Abs. 3 Buchst. a)). Diese Umstände haben keinen ausschließlichen Charakter; es können auch andere Kriterien für die Bindung des Kindes zum

Zuge kommen. Ferner müssen alle Parteien des Verfahrens zum Zeitpunkt der Anrufung des Gerichts (i.S.d. Art. 16 EuGH NJW 2015, 40) dessen Zuständigkeit ausdrücklich oder auf andere eindeutige Weise anerkennen (Abs. 3 Buchst. b)). Die rügelose Einlassung eines wegen gescheiterter Klagezustellung bestellten Abwesenheitsvertreters genügt dafür nicht (EuGH FamRZ 2015, 2117 m. Anm. *Dimmler* FamRB 2016, 98). Die Zuständigkeit steht im **Einklang mit dem Wohl des Kindes** (auch hier entsprechend der Bedingung in Art. 12 Abs. 1 Buchst. b)). Je stärker die Bindung, desto eher entspricht die Zuständigkeit dem Wohl des Kindes (*Looschelders* JR 2006, 45, 47). Es genügt nicht, dass die in einem ersten Verfahren beklagte Partei vor demselben Gericht später ein anderes Verfahren anhängig macht und im Rahmen der ersten von ihr in dem ersten Verfahren vorzunehmenden Handlung die Unzuständigkeit dieses Gerichts geltend macht.

Die nach Abs. 3 vereinbarte Zuständigkeit eines von den Trägern der elterlichen Verantwortung einvernehmlich angerufenen Gerichts eines Mitgliedstaats für Entscheidungen betreffend die elterliche Verantwortung **erlischt mit dem Erlass einer rechtskräftigen Entscheidung** in dem entsprechenden Verfahren (EuGH NJW 2014, 3555 m. Aufs. *Andrae* IPRax 2015, 212). 6

E. Drittstaatliche Zuständigkeit. Hat das Kind seinen gewöhnlichen Aufenthalt in einem Drittstaat hat, der nicht KSÜ-Vertragspartei ist, so steht die auf Art. 12 gestützte Zuständigkeit mit dem Wohl des Kindes in Einklang (Abs. 4). Das gilt insbes. dann, wenn sich ein Verfahren in dem betreffenden Drittstaat als unmöglich erweist. Die begrenzte Wahlmöglichkeit für eine Verfahrenspartei, ein Gericht in einem Mitgliedstaat anrufen, zu dem das Kind eine wesentliche Bindung hat, wird z.B. auf Situationen ausgeweitet, in denen das Kind seinen gewöhnlichen Aufenthalt in einem solchen Staat hat. 7

Art. 13 Brüssel IIa-VO Zuständigkeit aufgrund der Anwesenheit des Kindes.

(1) Kann der gewöhnliche Aufenthalt des Kindes nicht festgestellt werden und kann die Zuständigkeit nicht gemäß Artikel 12 bestimmt werden, so sind die Gerichte des Mitgliedstaats zuständig, in dem sich das Kind befindet.
(2) Absatz 1 gilt auch für Kinder, die Flüchtlinge oder, aufgrund von Unruhen in ihrem Land, ihres Landes Vertriebene sind.

Kann der gewöhnliche Aufenthalt des Kindes nicht festgestellt und Art. 12 nicht angewendet werden, so besteht (wie nach Art. 6 KSÜ) eine subsidiäre Zuständigkeit aufgrund des bloßen Aufenthalts des Kindes (Abs. 1). Das gilt auch für Kinder, die Flüchtlinge oder, aufgrund von Unruhen in ihrem Land, ihres Landes Vertriebene sind (Abs. 2). 1

Art. 14 Brüssel IIa-VO Restzuständigkeit.

Soweit sich aus den Artikeln 8 bis 13 keine Zuständigkeit eines Gerichts eines Mitgliedstaats ergibt, bestimmt sich die Zuständigkeit in jedem Mitgliedstaat nach dem Recht dieses Staates.

Soweit sich aus den Art. 8 bis 13 keine Zuständigkeit eines Gerichts eines Mitgliedstaats ergibt, besteht eine Restzuständigkeit aufgrund von Staatsverträgen (insbes. KSÜ) oder nach nationalem Recht. Fraglich ist, ob die auf diese Weise ergangenen Entscheidungen nach den Regeln der VO in den anderen Mitgliedstaaten anerkannt und für vollstreckbar erklärt werden müssen (so der Kommissions-Leitfaden). – Zum Aufenthalt in einem Drittstaat BGH FamRZ 2015, 2147 Anm. *Giers* = NZFam 2015, 1121 Anm. *Ruetten* (China). 1

Art. 15 Brüssel IIa-VO Verweisung an ein Gericht, das den Fall besser beurteilen kann.

(1) In Ausnahmefällen und sofern dies dem Wohl des Kindes entspricht, kann das Gericht eines Mitgliedstaats, das für die Entscheidung in der Hauptsache zuständig ist, in dem Fall, dass seines Erachtens ein Gericht eines anderen Mitgliedstaats, zu dem das Kind eine besondere Bindung hat, den Fall oder einen bestimmten Teil des Falls besser beurteilen kann,
a) die Prüfung des Falls oder des betreffenden Teils des Falls aussetzen und die Parteien einladen, beim Gericht dieses anderen Mitgliedstaats einen Antrag gemäß Absatz 4 zu stellen, oder
b) ein Gericht eines anderen Mitgliedstaats ersuchen, sich gemäß Absatz 5 für zuständig zu erklären.

(2) Absatz 1 findet Anwendung
a) auf Antrag einer der Parteien oder
b) von Amts wegen oder
c) auf Antrag des Gerichts eines anderen Mitgliedstaats, zu dem das Kind eine besondere Bindung gemäß Absatz 3 hat.
Die Verweisung von Amts wegen oder auf Antrag des Gerichts eines anderen Mitgliedstaats erfolgt jedoch nur, wenn mindestens eine der Parteien ihr zustimmt.
(3) Es wird davon ausgegangen, dass das Kind eine besondere Bindung im Sinne des Absatzes 1 zu dem Mitgliedstaat hat, wenn
a) nach Anrufung des Gerichts im Sinne des Absatzes 1 das Kind seinen gewöhnlichen Aufenthalt in diesem Mitgliedstaat erworben hat oder
b) das Kind seinen gewöhnlichen Aufenthalt in diesem Mitgliedstaat hatte oder
c) das Kind die Staatsangehörigkeit dieses Mitgliedstaats besitzt oder
d) ein Träger der elterlichen Verantwortung seinen gewöhnlichen Aufenthalt in diesem Mitgliedstaat hat oder
e) die Streitsache Maßnahmen zum Schutz des Kindes im Zusammenhang mit der Verwaltung oder der Erhaltung des Vermögens des Kindes oder der Verfügung über dieses Vermögen betrifft und sich dieses Vermögen im Hoheitsgebiet dieses Mitgliedstaats befindet.
(4) Das Gericht des Mitgliedstaats, das für die Entscheidung in der Hauptsache zuständig ist, setzt eine Frist, innerhalb deren die Gerichte des anderen Mitgliedstaats gemäß Absatz 1 angerufen werden müssen.
Werden die Gerichte innerhalb dieser Frist nicht angerufen, so ist das befasste Gericht weiterhin nach den Artikeln 8 bis 14 zuständig.
(5) Diese Gerichte dieses anderen Mitgliedstaats können sich, wenn dies aufgrund der besonderen Umstände des Falls dem Wohl des Kindes entspricht, innerhalb von sechs Wochen nach ihrer Anrufung gemäß Absatz 1 Buchstabe a) oder b) für zuständig erklären. In diesem Fall erklärt sich das zuerst angerufene Gericht für unzuständig. Anderenfalls ist das zuerst angerufene Gericht weiterhin nach den Artikeln 8 bis 14 zuständig.
(6) Die Gerichte arbeiten für die Zwecke dieses Artikels entweder direkt oder über die nach Artikel 53 bestimmten Zentralen Behörden zusammen.

1 **A. Allgemeines.** Die »Verweisung an ein Gericht, das den Fall besser beurteilen kann« ist eine eng umgrenzte Anwendung der dem angelsächsischen Recht entstammenden doctrine of forum non conveniens (*Tödter* FamRZ 2005, 1687, 1690). Die bessere Entscheidungskompetenz bezieht sich auf den gesamten Verfahrensstoff.

2 **B. Verweisung auf Antrag oder von Amts wegen.** Die Verweisung kann auf Antrag einer der Parteien erfolgen (Abs. 2 Buchst. a)). Möglich ist aber auch ein Ersuchen v.A.w. (Abs. 2 Buchst. b)). Die formellen Voraussetzungen der Zuständigkeitsübertragung richten sich nach nationalem Verfahrensrecht (öst. OGH ÖJZ 2016, 69 Anm. *Pesendorfer*). Dieses Ersuchen kann auf direktem Weg erfolgen oder über die Zentrale Behörde (Art. 53 i.V.m. § 3 Abs. 1 Nr. 1 IntFamRVG). Schließlich kann der Antrag des Gerichts eines anderen Mitgliedstaats, zu dem das Kind eine besondere Bindung hat, gestellt werden (Abs. 2 Buchst. c)).

3 **C. Voraussetzungen.** Das Hauptsachegericht kann verweisen, wenn das Kind eine »besondere Bindung« an den anderen Mitgliedstaat hat (Abs. 1). Abs. 3 nennt nicht abschließend (*Klinkhammer* FamRBint 2006, 88, 89) fünf Situationen, in denen eine derartige Bindung i.S.d. VO besteht: Erwerb des gewöhnlichen Aufenthalts in diesem Mitgliedstaat, nachdem das Gericht des Ursprungsmitgliedstaats angerufen worden war (Buchst. a)), früherer gewöhnlicher Aufenthalt in diesem Mitgliedstaat (Buchst. b)), Staatsangehörigkeit dieses Mitgliedstaats (Buchst. c)), gewöhnlicher Aufenthalt eines Trägers der elterlichen Verantwortung in diesem Mitgliedstaat (Buchst. d)), Vermögen in diesem Mitgliedstaat, und es geht um Maßnahmen im Zusammenhang mit der Verwaltung, Erhaltung dieses Vermögens oder der Verfügung darüber (Buchst. e)). Darüber hinaus müssen die Gerichte in beiden Mitgliedstaaten davon überzeugt sein, dass die Verweisung des Falls dem Wohl des Kindes dient.

D. Fristsetzung. Das in der Hauptsache zuständige Gericht setzt eine Frist, innerhalb deren die Gerichte des anderen Mitgliedstaats nach Abs. 1 angerufen werden müssen. Werden die Gerichte innerhalb dieser Frist nicht angerufen, so ist das befasste Gericht weiterhin nach Art. 8 bis 14 zuständig (Abs. 4). 4

E. Zuständigerklärung. Die Gerichte des anderen Mitgliedstaats können sich innerhalb von 6 Wochen nach ihrer Anrufung für zuständig erklären. In diesem Fall erklärt sich das zuerst angerufene Gericht für unzuständig. Anderenfalls ist dieses Gericht weiterhin nach Art. 8 bis 14 zuständig (Abs. 5). 5

F. Zusammenarbeit. Der Kommissions-Praxisleitfaden empfiehlt, dass die Richter zusammenarbeiten sollten, um festzustellen, ob bei dem Fall »besondere Umstände« vorliegen. Sie sollten das entweder direkt oder über die jeweiligen Zentralen Behörden tun (Abs. 6). 6

G. Rechtsmittel. Welche Rechtsbehelfe den Beteiligten gegen die nach Art. 15 erlassenen Beschlüsse zustehen, ist nicht in der VO selbst geregelt, sondern dem nationalen Recht überlassen. Bei einer Verweisung liegt eine gem. § 58 FamFG anfechtbare Endentscheidung vor (*Roth* IPRax 2009, 56, 57). Bei Ablehnung ist nach § 13a Abs. 5 IntFamRVG keine Anfechtung zulässig (OLG Stuttgart FamRZ 2014, 1930 = IPRax 2015, 251 Aufs. *Helms*, 217). 7

ABSCHNITT 3. Gemeinsame Bestimmungen

Art. 16 Brüssel IIa-VO
Anrufung eines Gerichts. (1) Ein Gericht gilt als angerufen
a) zu dem Zeitpunkt, zu dem das verfahrenseinleitende Schriftstück oder ein gleichwertiges Schriftstück bei Gericht eingereicht wurde, vorausgesetzt, dass der Antragsteller es in der Folge nicht versäumt hat, die ihm obliegenden Maßnahmen zu treffen, um die Zustellung des Schriftstücks an den Antragsgegner zu bewirken,
oder
b) falls die Zustellung an den Antragsgegner vor Einreichung des Schriftstücks bei Gericht zu bewirken ist, zu dem Zeitpunkt, zu dem die für die Zustellung verantwortliche Stelle das Schriftstück erhalten hat, vorausgesetzt, dass der Antragsteller es in der Folge nicht versäumt hat, die ihm obliegenden Maßnahmen zu treffen, um das Schriftstück bei Gericht einzureichen.

Abschnitt 3 (Art. 16 – 20) enthält gemeinsame Bestimmungen. Die Brüssel IIa-VO legt – ähnlich wie andere Verordnungen (Art. 32 Brüssel Ia-VO, Art. 9 EuUntVO, Art. 14 EuErbVO) – autonom fest, wann ein **Gericht als angerufen gilt**. Das ist der Zeitpunkt, zu dem das verfahrenseinleitende Schriftstück oder ein gleichwertiges Schriftstück **bei Gericht eingereicht** worden ist, durch das der Verfahrensgegner erstmals Kenntnis vom Verfahren erlangt und in die Lage versetzt wird, seine Rechte im Verfahren wahrzunehmen (Abs. 1 Buchst. a)). Dies gilt auch dann, wenn das Verfahren zwischenzeitlich auf Betreiben des ASt, der es eingeleitet hatte, ausgesetzt worden ist, ohne dass das betreffende Verfahren dem Antragsgegner bekannt gegeben worden wäre oder dieser hiervon Kenntnis gehabt hätte oder sich in irgendeiner Form an dem Verfahren beteiligt hätte (EuGH FamRZ 2015, 1865 [LS] Anm. *Mankowski*).Ein Antrag auf Verfahrenskostenhilfe dürfte noch nicht als Verfahrenseinleitung anzusehen sein (näher PG/*Völker*/*Dimmler* Art. 16 Brüssel IIa-VO Rn. 3). Verlangt wird stets, dass der Antragsteller im Anschluss an das Einreichen nicht versäumt hat, die ihm nach der lex fori obliegenden Maßnahmen zu treffen, um die Zustellung des Schriftstücks an den Antragsgegner zu bewirken (Abs. 1 Buchst. a)). 1

Falls die **Zustellung** direkt an den Antragsgegner vor Einreichung des Schriftstücks bei Gericht zu bewirken ist, liegt Anrufung in dem Zeitpunkt vor, in dem die für die Zustellung verantwortliche Stelle das Schriftstück erhalten hat, vorausgesetzt, dass der Antragsteller es in der Folge nicht versäumt, die nach der lex fori notwendigen Maßnahmen zu treffen, um das Schriftstück bei Gericht einzureichen (Abs. 1 Buchst. b)). 2

Die **erforderlichen Maßnahmen** richten sich nach der jeweiligen Verfahrensordnung (*Gruber* FamRZ 2000, 1129, 1133). Dazu gehört insbes. die Angabe der richtigen Anschrift des Antragsgegners oder die Benennung eines Zustellungsbevollmächtigten (KG NJW-RR 2005, 881; FamRZ 2005, 1686). Ferner die erforderlichen Abschriften, Einzahlung von Kostenvorschuss bzw. Antrag auf Verfahrenskostenhilfe (PG/*Völker*/ 3

Dimmler Art. 16 Brüssel IIa-VO Rn. 2). Die Zustellung in Ehesachen ist v.A.w. zu bewirken (§ 124 FamFG i.V.m. §§ 253, 166 Abs. 2 ZPO); der ASt muss hierzu nichts veranlassen.

Art. 17 Brüssel IIa-VO — Prüfung der Zuständigkeit.
Das Gericht eines Mitgliedstaats hat sich von Amts wegen für unzuständig zu erklären, wenn es in einer Sache angerufen wird, für die es nach dieser Verordnung keine Zuständigkeit hat und für die das Gericht eines anderen Mitgliedstaats aufgrund dieser Verordnung zuständig ist.

1 Die **Prüfung der Zuständigkeit** erfolgt v.A.w. Die Vorschrift entspricht Art. 10 EuUntVO und Art. 27 Brüssel Ia-VO (für die ausschließliche Zuständigkeit). Eine Amtsermittlung findet nicht statt. Die maßgeblichen Tatsachen und Beweise sind von den Parteien vorzubringen.
2 Geprüft wird die Zuständigkeit nach den Art. 3 ff., einschließlich der Art. 6, 7. Solange ein Gericht eines Mitgliedstaats nach der VO zuständig ist, muss ein **anderes angerufenes Gericht** gem. Art. 17 v.A.w. erklären, dass es nicht zuständig ist. Die Art. 6 und 7 können nicht so ausgelegt werden, dass die Zuständigkeit aus dem einzelstaatlichen Recht eines Mitgliedstaats hergeleitet und so die gerichtliche Zuständigkeit ermittelt wird (EuGH FamRZ 2008, 128 = IPRax 2008, 257 m. Aufs. *Borras*, 233). Eine Zuständigkeitsbegründung durch rügelose Einlassung ist nicht möglich (Rauscher/*Rauscher* Art. 17 Brüssel IIa-VO Rn. 6). Eine Verweisung an das zuständige Gericht sieht die Brüssel IIa-VO nicht vor.

Art. 18 Brüssel IIa-VO — Prüfung der Zulässigkeit.
(1) Lässt sich ein Antragsgegner, der seinen gewöhnlichen Aufenthalt nicht in dem Mitgliedstaat hat, in dem das Verfahren eingeleitet wurde, auf das Verfahren nicht ein, so hat das zuständige Gericht das Verfahren so lange auszusetzen, bis festgestellt ist, dass es dem Antragsgegner möglich war, das verfahrenseinleitende Schriftstück oder ein gleichwertiges Schriftstück so rechtzeitig zu empfangen, dass er sich verteidigen konnte, oder dass alle hierzu erforderlichen Maßnahmen getroffen wurden.
(2) Artikel 19 der Verordnung (EG) Nr. 1348/2000 findet statt Absatz 1 Anwendung, wenn das verfahrenseinleitende Schriftstück oder ein gleichwertiges Schriftstück nach Maßgabe jener Verordnung von einem Mitgliedstaat in einen anderen zu übermitteln war.
(3) Sind die Bestimmungen der Verordnung (EG) Nr. 1348/2000 nicht anwendbar, so gilt Artikel 15 des Haager Übereinkommens vom 15. November 1965 über die Zustellung gerichtlicher und außergerichtlicher Schriftstücke im Ausland in Zivil- und Handelssachen, wenn das verfahrenseinleitende Schriftstück oder ein gleichwertiges Schriftstück nach Maßgabe des genannten Übereinkommens ins Ausland zu übermitteln war.

1 Nach dem schwer verständlich formulierten Art. 18 wird die »Zulässigkeit«, womit die **Gewährung effektiven rechtlichen Gehörs** gemeint ist, v.A.w. geprüft. Die Vorschrift entspricht Art. 28 Brüssel Ia-VO sowie Art. 11 EuUntVO, Art. 16 EuErbVO.
2 Primär ist **Art. 19 EuZustVO**, der auch gegenüber Dänemark gilt, anzuwenden. Zwar nennt Abs. 2 **noch** Art. 19 der VO (EG) Nr. 1348/2000. Diese Verweisung ist jedoch als eine solche auf die neue EuZustVO von 2007 zu verstehen. Anstelle von Art. 18 Abs. 1 Brüssel IIa-VO findet nämlich Art. 19 der EuZustVO Anwendung, wenn das verfahrenseinleitende Schriftstück oder ein gleichwertiges Schriftstück nach Maßgabe jener VO von einem Mitgliedstaat in einen anderen, also z.B. nach Österreich, zuzustellen war (Art. 18 Abs. 2 Brüssel IIa-VO). Für die Zustellung gilt daher grundsätzlich die EuZustVO.
3 Ist die EuZustVO nicht anwendbar, so greift **Art. 15 des Haager Zustellungs-Übk. 1965** ein, wenn das verfahrenseinleitende Schriftstück oder ein gleichwertiges Schriftstück nach Maßgabe dieses Übk. ins Ausland, etwa in die Schweiz, zu übermitteln war (Abs. 3). Art. 18 Abs. 1 Brüssel IIa-VO kommt nur als Auffangtatbestand außerhalb des geographischen Anwendungsbereichs von EuZustVO und Haager Zustellungs-Übk. 1965 in Frage.
4 Lässt sich ein Beklagter, der seinen gewöhnlichen Aufenthalt in einem anderen Staat als dem Mitgliedstaat der Verfahrenseinleitung hat, auf das Verfahren nicht ein (d.h. er tritt weder im Verfahren auf, noch macht er die Unzuständigkeit geltend), so setzt das zuständige Gericht das Verfahren ebenso wie nach den anderen Verordnungen ggf. aus. *Die* **Aussetzung** erfolgt v.A.w. so lange, bis festgestellt ist, dass es dem Beklagten

möglich war, das verfahrenseinleitende Schriftstück oder ein gleichwertiges Schriftstück so rechtzeitig zu empfangen, dass er sich verteidigen konnte oder dass alle hierzu erforderlichen Maßnahmen getroffen wurden (Abs. 1).

Art. 19 Brüssel IIa-VO Rechtshängigkeit und abhängige Verfahren.

(1) Werden bei Gerichten verschiedener Mitgliedstaaten Anträge auf Ehescheidung, Trennung ohne Auflösung des Ehebandes oder Ungültigerklärung einer Ehe zwischen denselben Parteien gestellt, so setzt das später angerufene Gericht das Verfahren von Amts wegen aus, bis die Zuständigkeit des zuerst angerufenen Gerichts geklärt ist.
(2) Werden bei Gerichten verschiedener Mitgliedstaaten Verfahren bezüglich der elterlichen Verantwortung für ein Kind wegen desselben Anspruchs anhängig gemacht, so setzt das später angerufene Gericht das Verfahren von Amts wegen aus, bis die Zuständigkeit des zuerst angerufenen Gerichts geklärt ist.
(3) Sobald die Zuständigkeit des zuerst angerufenen Gerichts feststeht, erklärt sich das später angerufene Gericht zugunsten dieses Gerichts für unzuständig.
In diesem Fall kann der Antragsteller, der den Antrag bei dem später angerufenen Gericht gestellt hat, diesen Antrag dem zuerst angerufenen Gericht vorlegen.

A. Allgemeines. Nachdem ein Gericht nach Art. 3 ff. angerufen wurde (Anhängigkeit nach Art. 16) und sich selbst als zuständig erklärt hat, sind die Gerichte der anderen Mitgliedstaaten nicht mehr zuständig und müssen wegen Rechtshängigkeit jeden neuen Antrag ablehnen. Der damit verfolgte **Prioritätsgrundsatz** soll Rechtssicherheit gewährleisten, Überschneidungen und potenziell unvereinbare Entscheidungen vermeiden (EuGH FamRZ 2015, 2036 Anm. *Althammer*). Auf eine Anerkennungsprognose kommt es nicht an. Die Vorschrift ist ggü. Drittstaaten nicht anwendbar (*Amos/Dutta* FamRZ 2014, 444, 446). Sie gilt auch nicht für innerstaatliche Verfahren, so dass insoweit der engere deutsche Streitgegenstandsbegriff zur Anwendung kommen kann (OLG München FamRZ 2014, 862 Anm. *Heiderhoff*: Ehescheidung und Trennung von Tisch und Bett). Die Vorschrift entspricht teilweise Art. 27 Brüssel I-VO, Art. 29 Brüssel Ia-VO sowie Art. 12 EuUntVO, Art. 17 EuErbVO.

B. Rechtshängigkeit. Die zur Umschreibung der Rechtshängigkeit verwendenden Begriffe sind verordnungsautonom auszulegen. Der EuGH geht von der Kernpunkttheorie aus und verwendet einen weiten Streitgegenstandsbegriff (EuGH NJW 2011, 363 – Purrucker). Das Vorliegen doppelter Rechtshängigkeit stellt sich im Rahmen der Zulässigkeit und ist v.A.w. zu prüfen.

C. Ehesache. In Ehesachen kommt es darauf an, dass die Angelegenheiten voneinander abhängen und das Ergebnis des einen Verfahrens das andere beeinflusst. Ein Scheidungsantrag steht einer später angestrebten Ungültigkeitserklärung der Ehe in einem anderen Verfahren entgegen (*Hau* FamRZ 2000, 1333, 1339). Ein früheres Verfahren auf Trennung ohne Auflösung des Ehebandes steht einem späteren Scheidungsverfahren entgegen (EuGH FamRZ 2015, 2036 Anm. *Althammer*; OLG Zweibrücken FamRZ 2006, 1043; *Wagner* FPR 2004, 286, 289). Ist über ein Trennungsverfahren in einem Staat entschieden worden, so kann aber ein inhaltlich weiter gehendes Scheidungsverfahren in einem anderen Staat betrieben werden. Ein Verfahren des einstweiligen Rechtsschutzes gem. Art. 20 und ein Hauptsacheverfahren betreffen unterschiedliche Gegenstände.

D. Elterliche Verantwortung. I. Rechtshängigkeit. Abs. 2 enthält Regeln für den Fall, dass bei Gerichten in verschiedenen Mitgliedstaaten Verfahren bzgl. der elterlichen Verantwortung anhängig gemacht werden, die das gleiche Kind und denselben Anspruch betreffen. Ein früher gestellter Umgangsrechtsantrag dürfte einem späteren widerstreitenden Sorgerechtsantrag entgegen stehen (PG/*Völker/Dimmler* Art. 19 Brüssel IIa-VO Rn. 4).

II. Unzuständigkeit aufgrund Rechtshängigkeit. Nach Abs. 2 ist grundsätzlich das zuerst angerufene Gericht zuständig. Das später angerufene Gericht setzt das Verfahren aus, bis die Zuständigkeit des zuerst angerufenen Gerichts geklärt ist. Erklärt sich das zuerst angerufene Gericht für zuständig, lehnt das andere Gericht die Zuständigkeit ab. Das später angerufene Gericht kann das Verfahren nur fortsetzen, wenn sich das zuerst angerufene Gericht für unzuständig hält oder wenn es nach Art. 15 an ein anderes Gericht verweist und das später angerufene Gericht dem zustimmt.

6 **III. Verschiedene Verfahren in unterschiedlichen Staaten.** Für die Bestimmung des Gegenstands des Verfahrens ist nach der Kernpunkttheorie ein weiter Maßstab anzulegen. Es ist nicht erforderlich, dass das Verfahren unter denselben Personen eingeleitet wurde (EuGH NJW 2011, 363 – Purrucker). Streitidentität liegt in Sorgerechtsverfahren vor, wenn jeweils das Sorgerecht beansprucht wird. Unerheblich ist, ob das Verfahren v.A.w. oder auf Antrag eingeleitet wurde.

7 **E. Rechtsfolgen. I. Aussetzung.** Werden bei verschiedenen Gerichten Anträge in einer Ehesache zwischen denselben Parteien gestellt, so setzt das später angerufene Gericht das Verfahren v.A.w. aus, bis die Zuständigkeit des zuerst angerufenen Gerichts geklärt ist (Abs. 1). Das gleiche gilt für die elterliche Verantwortung (Abs. 2). Es kommt zu einer Aussetzung v.A.w. analog § 148 ZPO (OLG Karlsruhe FamRZ 2014, 860 Anm. *Heiter*). Fällt das chronologisch erste Verfahren wegen Verfahrenserledigung weg, so wird das zeitlich als nächstes angerufene Gericht zum »zuerst angerufenen Gericht« (EuGH FamRZ 2015, 2036 Anm. *Althammer*).

8 Die Aussetzung des Scheidungsverfahrens nach Art. 19 erfasst nach § 136 FamFG wegen des in § 137 Abs. 1 FamFG geregelten Zusammenhangs das Verbundverfahren insgesamt, weil nicht nur die Entscheidung, sondern auch die Verhandlung in der Ehesache und den Folgesachen gem. § 137 Abs. 1 FamFG nur gemeinsam erfolgen kann. Deshalb erfasst die Aussetzung lediglich der Scheidungssache oder einer einzelnen Folgesache, ohne vorher abgetrennt worden zu sein, das gesamte Verbundverfahren (OLG Brandenburg FamRZ 2014, 860).

9 **II. Antragsabweisung.** Steht die Zuständigkeit des zuerst angerufenen Gerichts fest, so ist das später angerufene Gericht unzuständig (Abs. 3 Unterabs. 1). Die Klage wird wegen doppelter Rechtshängigkeit als unzulässig abgewiesen. Fraglich ist, ob dafür Unanfechtbarkeit der Entscheidung des zuerst angerufenen Gerichts erforderlich ist (so *Heiter* FamRZ 2014, 861; zweifelnd Thomas/Putzo/*Hüßtege* Art. 19 Brüssel IIa-VO Rn. 6). Jedenfalls dann, wenn sich das zuerst angerufene Gericht für unzuständig erklärt hat, dürfte keine Blockadewirkung mehr bestehen.

10 **III. Antragsvorlage.** Bei Antragsabweisung durch das zweitstaatliche Gericht soll der Antrag dem erststaatlichen Gericht vorgelegt werden (Abs. 3 Unterabs. 2).

11 **F. Einstweilige Maßnahmen.** Es ist nach der Grundlage der einstweiligen Maßnahme zu unterscheiden (vgl. Art. 20 Rdn. 1). Das Verfahren kann vom Hauptsachegericht auf der Grundlage der Art. 3 ff. eingeleitet worden. Es ist aber auch möglich, dass es nach Art. 20 auf der Grundlage eines Staatsvertrages oder nationalen Rechts durchgeführt wird.

12 Zwischen einem Antrag auf Erlass einer einstweiligen Maßnahme und einem Hauptsacheantrag liegt Identität vor, so dass Abs. 2 eingreift (EuGH NJW 2011, 363 – Purrucker). Abs. 2 ist aber nicht anwendbar, wenn das zur Regelung der elterlichen Verantwortung zuerst angerufene Gericht nur zum vorläufigen Rechtsschutz nach Art. 20 und das Gericht eines anderen Mitgliedstaats, das nach der Brüssel IIa-VO für die Entscheidung in der Hauptsache zuständig ist, später ebenfalls zur Regelung der elterlichen Verantwortung angerufen wird, sei es zu einer einstweiligen oder zu einer endgültigen Regelung (EuGH NJW 2011, 363).

Art. 20 Brüssel IIa-VO Einstweilige Maßnahmen einschließlich Schutzmaßnahmen.

(1) Die Gerichte eines Mitgliedstaats können in dringenden Fällen ungeachtet der Bestimmungen dieser Verordnung die nach dem Recht dieses Mitgliedstaats vorgesehenen einstweiligen Maßnahmen einschließlich Schutzmaßnahmen in Bezug auf in diesem Staat befindliche Personen oder Vermögensgegenstände auch dann anordnen, wenn für die Entscheidung in der Hauptsache gemäß dieser Verordnung ein Gericht eines anderen Mitgliedstaats zuständig ist.
(2) Die zur Durchführung des Absatzes 1 ergriffenen Maßnahmen treten außer Kraft, wenn das Gericht des Mitgliedstaats, das gemäß dieser Verordnung für die Entscheidung in der Hauptsache zuständig ist, die Maßnahmen getroffen hat, die es für angemessen hält.

1 **A. Allgemeines.** Nach Art. 20 hindert die VO ein Gericht nicht daran, einstweilige Maßnahmen einschließlich Schutzmaßnahmen in Einklang mit dem innerstaatlichen Recht für ein in seinem Hoheitsgebiet befindliches Kind auch dann anzuordnen, wenn für die Entscheidung in der Hauptsache nach der Brüssel IIa-

VO ein Gericht eines anderen Mitgliedstaats zuständig ist. Diese Öffnungsklausel betrifft nur den Erlass einstweiliger Maßnahmen. Die Vorschrift selbst regelt die internationale Zuständigkeit nicht, sondern erweitert nur die Möglichkeit einstweiliger Anordnungen (Rauscher/*Rauscher* Art. 20 Brüssel IIa-VO Rn. 17). Sie führt dazu, dass es zwei Arten einstweiliger Anordnungen gibt: auf die gewöhnliche Zuständigkeit nach Art. 3 ff. gestützte Anordnungen und solche iS des Art. 20. Dies hat Konsequenzen für die Rechtshängigkeit (Rdn. 8) und die Anerkennung (s. Art. 21 Rdn. 10 ff.). Eine solche Maßnahme kann von einem Gericht oder einer Behörde angeordnet werden, die für in den Anwendungsbereich der Brüssel IIa-VO fallende Rechtssachen zuständig sind (Art. 2 Abs. 1). Eine Sozial- oder Jugendbehörde kann bspw. befugt sein, einstweilige Maßnahmen nach einzelstaatlichem Recht zu ergreifen. Die Vorschrift entspricht Art. 31 Brüssel I-VO, Art. 35 Brüssel Ia-VO, Art. 14 EuUntVO. Deutsche Durchführungsvorschrift ist § 15 IntFamRVG.

B. Voraussetzungen des Abs. 1. I. Einstweilige Maßnahme. Die Maßnahme muss vorübergehender Art sein und soll einen nur vorläufigen Rechtsschutz gewähren. Im deutschen Recht gehören dazu außer Arrest (§§ 916 ff. ZPO) und einstweiliger Verfügung (§ 935 ZPO) die einstweilige Anordnung in Ehe- und Kindschaftssachen (§§ 49 ff., 119 ff. FamFG). Teilweise wird angenommen, dass nur solche Eilmaßnahmen unter Art. 20 fallen, die nach Gewährung rechtlichen Gehörs für beide Parteien erlassen werden (Thomas/Putzo/*Hüßtege* Art. 2 Brüssel IIa-VO Rn. 6; zweifelnd *Helms* FamRZ 2001, 257, 260). 2

II. Dringlichkeit. Die betreffenden Maßnahmen müssen dringend sein. Die Übertragung der elterlichen Sorge durch einstweilige Maßnahme ist nicht zulässig, wenn das in der Hauptsache zuständige Gericht eines anderen Mitgliedstaats die elterliche Sorge bereits auf den anderen Elternteil übertragen hat und diese Entscheidung im Erststaat für vollstreckbar erklärt worden ist (EuGH FamRZ 2010, 525 zust. Anm. *Henrich*). 3

III. Gebietsbezug (reale Verknüpfung). Die Maßnahmen sind nur zulässig in Bezug auf Personen oder Vermögensgegenstände, die sich in dem Staat befinden, in dem das Gericht seinen Sitz hat (EuGH FamRZ 2009, 843 [Inobhutnahme]; FamRZ 2010, 525 [Sorgerecht]; FamRZ 2010, 1521). I.Ü. ist die Beschränkung auf Maßnahmen im sachlichen Anwendungsbereich der Brüssel IIa-VO (Art. 1) zu beachten. 4

IV. Rechtsfolge. Eine Verweisung an das Gericht eines anderen Mitgliedstaates ist weder bei angenommener eigener Zuständigkeit noch bei Unzuständigkeit möglich. Das Gericht hat jedoch, soweit vom Kindeswohl gefordert, unmittelbar oder durch Einschaltung der Zentralen Behörde (Art. 53) das zuständige Gericht im anderen Mitgliedstaat davon in Kenntnis zu setzen, dass es sich für unzuständig erklärt oder eine einstweilige Maßnahme angeordnet hat (EuGH FamRZ 2009, 843 – Verfahren A). 5

C. Internationale Zuständigkeit. Die Zuständigkeit kann für einstweilige Maßnahmen auf die Art. 3 – 10, 13 – 15 gestützt werden (Annexzuständigkeit), aber auch auf nationales Recht und Staatsverträge. Daher sollte in der Anordnung die Basis für gerichtliche Maßnahmen klargestellt werden, damit deutlich wird, ob das Gericht i.S.d. VO in der Hauptsache des Verfahrens zuständig ist oder nicht. 6

Die internationale Zuständigkeit kann sich im Anwendungsbereich der Brüssel IIa-VO aus den Zuständigkeiten der **Art. 3 – 10, 13 – 15** ergeben (BGH FamRZ 2011, 542; OLG Karlsruhe FamRZ 2014, 1565 m. Anm. *Stockmann* FamRB 2014, 208). Dann handelt es sich regelmäßig um eine Maßnahme des Hauptsachegerichts, die auch im Ausland vollstreckt werden kann, s. Art. 21 Rdn. 10 ff. 7

Die Zuständigkeit kann auch auf Staatsverträge (KSÜ, ESÜ, MSA) oder auf nationales Recht gestützt werden (BGH FamRZ 2011, 542; OLG München FamRZ 2015, 777). Das kommt in Betracht, wenn es sich nicht um das Hauptsachegericht handelt und ihm eine Zuständigkeit nach der Brüssel IIa-VO fehlt (Thomas/Putzo/*Hüßtege* Art. 20 Brüssel IIa-VO Rn. 4a). Erforderlich ist, dass die Voraussetzungen der jeweiligen Regelung erfüllt sind. Ein solches Vorgehen ist aufgrund der Öffnungsklausel des Art. 20 erlaubt. 8

D. Spätere Entscheidung durch das Hauptsachegericht. Die Bestandskraft der einstweiligen Maßnahme ist begrenzt. Eine spätere Entscheidung durch das für die Hauptsache nach Art. 3 – 15 zuständige Gericht macht sie ipso iure unwirksam (Abs. 2). Maßnahmen, die nicht in den Anwendungsbereich der Brüssel IIa-VO fallen, treten nach dem jeweiligen nationalen Recht außer Kraft (EuGH FamRZ 2009, 843 m. Aufs. *Pirrung* IPRax 2011, 50 – Verfahren A; NJW 2011, 363 – Purrucker). 9

KAPITEL III. ANERKENNUNG UND VOLLSTRECKUNG

ABSCHNITT 1. Anerkennung

Art. 21 Brüssel IIa-VO Anerkennung einer Entscheidung.
(1) Die in einem Mitgliedstaat ergangenen Entscheidungen werden in den anderen Mitgliedstaaten anerkannt, ohne dass es hierfür eines besonderen Verfahrens bedarf.
(2) Unbeschadet des Absatzes 3 bedarf es insbesondere keines besonderen Verfahrens für die Beschreibung in den Personenstandsbüchern eines Mitgliedstaats auf der Grundlage einer in einem anderen Mitgliedstaat ergangenen Entscheidung über Ehescheidung, Trennung ohne Auflösung des Ehebandes oder Ungültigerklärung einer Ehe, gegen die nach dem Recht dieses Mitgliedstaats keine weiteren Rechtsbehelfe eingelegt werden können.
(3) Unbeschadet des Abschnitts 4 kann jede Partei, die ein Interesse hat, gemäß den Verfahren des Abschnitts 2 eine Entscheidung über die Anerkennung oder Nichtanerkennung der Entscheidung beantragen.
Das örtlich zuständige Gericht, das in der Liste aufgeführt ist, die jeder Mitgliedstaat der Kommission gemäß Artikel 68 mitteilt, wird durch das nationale Recht des Mitgliedstaats bestimmt, in dem der Antrag auf Anerkennung oder Nichtanerkennung gestellt wird.
(4) Ist in einem Rechtsstreit vor einem Gericht eines Mitgliedstaats die Frage der Anerkennung einer Entscheidung als Vorfrage zu klären, so kann dieses Gericht hierüber befinden.

1 **A. Allgemeines.** Kapitel 3 (Art. 21 – 52) betrifft Anerkennung und Vollstreckung. Die Brüssel IIa-VO enthält in den Art. 21 ff. zwar gemeinsame Grundsätze für die Anerkennung ausländischer Entscheidungen in Ehesachen und über die elterliche Verantwortung, macht aber auch einige Unterschiede. Art. 21 regelt die Anerkennung von Entscheidungen (vgl. Art. 2 Nr. 4). Formelle Rechtskraft ist nicht erforderlich (*Hausmann* IntEuSchR Rn. J 35). Vorausgesetzt wird aber ein zweiseitiges Verfahren im Erststaat (OLG Stuttgart FamRZ 2014, 1567). Abweisende Entscheidungen werden nicht erfasst (s. Art. 2 Rdn. 5). Die Art. 21 – 27 gehen unter EU-Mitgliedstaaten den nationalen Regeln (§§ 107 bis 109 FamFG) vor (s. § 108 FamFG Rdn. 3). Zu Urkunden und privaten Vereinbarungen s. Art. 46. Für das Verhältnis zu staatsvertraglichen Regeln s. Art. 59 Abs. 1, 60, 62 Brüssel IIa-VO.

2 **B. Automatische und formlose Anerkennung.** Abs. 1, der eine automatische Anerkennung vorsieht, entspricht Art. 36 Abs. 1 Brüssel Ia-VO, Art. 23 Abs. 1 EuUntVO. Die Anerkennung erfolgt ipso iure (Abs. 2). Grundsätzlich ist kein besonderes Verfahren notwendig, um eine Entscheidung aus einem anderen EU-Mitgliedstaat anzuerkennen. Insbes. wenn kein Rechtsmittel eingelegt wurde oder kein weiteres Rechtsmittel mehr eingelegt werden kann, bedarf es – anders als nach § 107 FamFG – keines besonderen Verfahrens für die Beschreibung in den Personenstandsregistern eines Mitgliedstaats. Zur Erreichung einer Anerkennung oder Nichtanerkennung müssen eine beweiskräftige Ausfertigung der Entscheidung sowie eine formularmäßige Bescheinigung über den Inhalt vorgelegt werden (Art. 37 Abs. 1, 39).

3 **C. Feststellung der Anerkennung oder Nichtanerkennung.** Jede Partei kann die Feststellung der Anerkennung oder Nichtanerkennung der Entscheidung beantragen (Abs. 3). Die Unanfechtbarkeit der ausländischen Entscheidung wird dabei vorausgesetzt. Ein **rechtliches Interesse** besteht bei Zweifeln an der Anerkennung bzw. Nichtanerkennung. **Antragsberechtigt** ist jede Partei, die ein Interesse an einer solchen Feststellung hat. Das ist bei den Parteien des Ausgangsverfahrens bereits bei Unsicherheit über die Wirksamkeit (vgl. zur Sorgerechtsentscheidung BGHZ 163, 249, 254) oder die Anerkennungsfähigkeit der Entscheidung (OLG Stuttgart FamRZ 2014, 1567) der Fall. Dritte haben ein Interesse, wenn ihre Rechtsstellung von der Anerkennung abhängt (*Helms* FamRZ 2001, 257, 261). Dies kann auch ein künftiger Ehegatte des Geschiedenen sein. Auch Behörden können im Ausnahmefall ein berechtigtes Interesse haben.

4 Die Nichtanerkennung kann beantragt werden, ohne dass zuvor ein Anerkennungsantrag gestellt wurde. Nach Erlass einer Rückgabeentscheidung nach Art. 11 Abs. 3 und Art. 42 kann aber keine Nichtanerkennung mehr beantragt werden (EuGH NJW 2008, 2973, 2976 f. m. Aufs. *Rieck*, 2958). Art. 16 HKÜ, wonach bei einer Kindesentführung zunächst nicht über das Sorgerecht entschieden werden darf, steht einem Fest-

stellungsverfahren nach Abs. 3 nicht entgegen (BGH FamRZ 2011, 959; einschränkend Anm. *Schulz* FamRZ 2011, 1046).

Für das Verfahren nach Abs. 3 i.V.m. Art. 28 – 36 ist das **FamG am OLG-Sitz ausschließlich zuständig** 5 (§§ 10, 12 IntFamRVG). Für das Verfahren gilt § 32 IntFamRVG (vgl. BGH FamRZ 2012, 1561). Im Verfahren auf Feststellung der Nichtanerkennung ist dem potentiellen Vollstreckungsgläubiger, der einen Antrag nach Abs. 1 hätte stellen können, rechtliches Gehör und die Möglichkeit einer Stellungnahme zu gewähren. Art. 31 Abs. 1 findet keine Anwendung (EuGH NJW 2008, 2973, 2977). Im Verfahren auf Anerkennung bzw. auf Vollstreckbarerklärung einer Entscheidung gem. Art. 21 ff. und 28 ff. ist kein Verfahrensbeistand für das Kind zu bestellen. Hier geht es ausschließlich um die Prüfung der Voraussetzungen für die Anerkennung bzw. Vollstreckbarerklärung, nicht aber um eine materiell-rechtliche Entscheidung in Kindschaftssachen, wie sie die Bestimmung des § 158 FamFG voraussetzt (BGH NJW 2015, 1603).

Die Parteien können **Rechtsmittel** gegen die Entscheidung einlegen. Wird im Erststaat ein ordentlicher 6 Rechtsbehelf gegen die Entscheidung eingelegt, so kann das zweitstaatliche Gericht das Verfahren entsprechend Art. 35 Abs. 1 aussetzen (Staudinger/*Spellenberg* Art. 27 Brüssel IIa-VO Rn. 2). Kosten: § 32 i.V.m. § 20 Abs. 2, 3 IntFamRVG; Gerichtsgebühren: § 51 Abs. 1 Nr. 3 IntFamRVG.

Im **standesamtlichen Verfahren** ist im Verfahren nach § 26 FamFG, §§ 48 Abs. 2, 12 ff. PStG rechtliches 7 Gehör zu gewähren. Im Zweifel erfolgt eine Vorlage an das zuständige AG nach § 45 Abs. 2 PStG (*Heß* JZ 2001, 573, 576).

D. Anerkennung einer Entscheidung als Vorfrage. Taucht die Anerkennung einer ausländischen Ent- 8 scheidung als Vorfrage auf, so kann das Gericht darüber selbständig inzident entscheiden (Abs. 4). Dies entspricht Art. 36 Abs. 3 Brüssel Ia-VO, Art. 23 Abs. 3 EuUntVO sowie Art. 39 Abs. 3 EuErbVO. Das FamG kann zur Frage der Anerkennung ein inter partes wirkendes Zwischenfeststellungurteil (§ 256 Abs. 2 ZPO) erlassen (Rauscher/*Rauscher* Art. 21 Rn. 22; a.A. *Helms* FamRZ 2001, 257, 261). Ist über die Vorfrage ein förmliches Verfahren nach Abs. 3 anhängig, so kommt eine Aussetzung analog § 148 ZPO in Betracht (Saenger/*Dörner* Art. 21 Rn. 11).

E. Abänderung. Ausländische Sorgerechtsentscheidungen, die im Inland anerkennungsfähig sind (hier ein 9 Urteil eines rumänischen Gerichtshofs zur »Großerziehung und Belehrung« des Kindes), können am Maßstab des § 1696 BGB abgeändert werden, wenn dies aus triftigen, das Wohl des Kindes nachhaltig berührenden Gründen angezeigt ist, da die Fürsorge für das Kind stets Vorrang hat (OLG Hamm FamRZ 2015, 346 [LS]).

F. Anerkennung und Vollstreckung einstweiliger Maßnahmen. I. Unterschiedliche Anerkennungs- 10 **regeln.** Bei der Anerkennung und Vollstreckung einstweiliger Maßnahmen ist zu unterscheiden. Sie richtet sich nach den Art. 21 ff. soweit die einstweilige Maßnahme auf eine **Zuständigkeit nach Art. 3 – 15 Brüssel IIa-VO** gestützt wurde. In Sorgerechtssachen sind dies die Art. 8 ff. Dagegen sind nicht die Art. 21 ff., sondern staatsvertragliche und nationale Anerkennungsvorschriften heranzuziehen, soweit die einstweilige Maßnahme nach Art. 20 auf nationalem **Zuständigkeitsrecht beruht** (EuGH FamRZ 2010, 1521 auf Vorlagebeschluss des BGH FamRZ 2009, 1297; BGHZ 188, 270, 274; BGH FamRZ 2011, 542, FamRZ 2009, 949). Für die Einordnung kommt es darauf an, worauf sich das Erstgericht gestützt hat. An entsprechende Feststellungen zur Zuständigkeit ist das Vollstreckungsgericht nach Art. 24 gebunden (BGHZ 188, 270, 276 = FamRZ 2011, 542). Auf die wirkliche Rechtslage kommt es insoweit nicht an. Bei Zweifeln ist anhand der Ausführungen in der Entscheidung zu prüfen, ob das Gericht seine Zuständigkeit auf die Brüssel IIa-VO stützen wollte (BGH FamRZ 2011, 959). Lässt sich keine Feststellung treffen, so kann davon ausgegangen werden, dass die Maßnahme nicht auf eine Hauptsachezuständigkeit nach Art. 8 ff., sondern auf Art. 20 gestützt worden war (EuGH FamRZ 2010, 1521 – Purucker I; OLG Stuttgart FamRZ 2014, 1567).

II. Anerkennung nach der Brüssel IIa-VO. Einstweilige Anordnungen des nach Art. 3 – 15 zuständigen 11 **Hauptsachegerichts** können grenzüberschreitend nach den Art. 21 ff. vollstreckt werden (EuGH FamRZ 2010, 525 Anm. *Henrich* u. Aufs. *Martiny* FPR 2010, 493 – Deticek). Erlässt das Gericht eine die elterlichen Sorge betreffende einstweilige Maßnahme, so kommt es darauf an, ob das Ursprungsgericht seine Zuständigkeit auf die Art. 8 ff. gestützt hat. Ist das der Fall, so ist das Vollstreckungsgericht an diese Beurteilung der Zuständigkeit gebunden (BGHZ 188, 270 = FamRZ 2011, 542).

III. Anerkennung außerhalb der Brüssel IIa-VO. Bei einer auf eine Zuständigkeit außerhalb der Brüs- 12 sel IIa-VO gestützte einstweilige Anordnung finden die Anerkennungs- und Vollstreckungsvorschriften der

Art. 21 – 27 keine Anwendung. Vielmehr sind insoweit staatsvertragliche und nationale Anerkennungsvorschriften maßgeblich (EuGH FamRZ 2010, 1521 auf Vorlagebeschluss BGH FamRZ 2009, 1297 – Purucker I). Eine Anerkennung einstweiliger Maßnahmen – insbes. die Verpflichtung zur Herausgabe des Kindes – hinsichtlich des Sorgerechts, die unter den Voraussetzungen von Art. 20 Brüssel IIa-VO erlassen werden, kommt vor allem nach Art. 23 KSÜ, Art. 7 ESÜ und hilfsweise § 108 FamFG in Frage. Das KSÜ ist vorrangig zu prüfen, wenn der Erststaat Vertragsstaat ist (OLG München FamRZ 2015, 777 Anm. *Dutta*).

Art. 22 Brüssel IIa-VO Gründe für die Nichtanerkennung einer Entscheidung über eine Ehescheidung, Trennung ohne Auflösung des Ehebandes oder Ungültigerklärung einer Ehe.

Eine Entscheidung, die die Ehescheidung, die Trennung ohne Auflösung des Ehebandes oder die Ungültigerklärung einer Ehe betrifft, wird nicht anerkannt,

a) wenn die Anerkennung der öffentlichen Ordnung des Mitgliedstaats, in dem sie beantragt wird, offensichtlich widerspricht;

b) wenn dem Antragsgegner, der sich auf das Verfahren nicht eingelassen hat, das verfahrenseinleitende Schriftstück oder ein gleichwertiges Schriftstück nicht so rechtzeitig und in einer Weise zugestellt wurde, dass er sich verteidigen konnte, es sei denn, es wird festgestellt, dass er mit der Entscheidung eindeutig einverstanden ist;

c) wenn die Entscheidung mit einer Entscheidung unvereinbar ist, die in einem Verfahren zwischen denselben Parteien in dem Mitgliedstaat, in dem die Anerkennung beantragt wird, ergangen ist; oder

d) wenn die Entscheidung mit einer früheren Entscheidung unvereinbar ist, die in einem anderen Mitgliedstaat oder in einem Drittstaat zwischen denselben Parteien ergangen ist, sofern die frühere Entscheidung die notwendigen Voraussetzungen für ihre Anerkennung in dem Mitgliedstaat erfüllt, in dem die Anerkennung beantragt wird.

1 **A. Allgemeines.** Art. 22 nennt abschließend die v.A.w. zu prüfenden Gründe für die Nichtanerkennung einer Entscheidung über eine Ehescheidung, Trennung ohne Auflösung des Ehebandes oder Ungültigerklärung einer Ehe. Sie entspricht Art. 45 Brüssel Ia-VO, Art. 23 Brüssel IIa-VO sowie Art. 24 EuUntVO, Art. 40 EuErbVO. Die Beweislast für die Ablehnungsgründe trägt derjenige, welcher die Anerkennung bestreitet (NK-BGB/*Andrae* Art. 22 EheVO Rn. 1).

2 **B. Gründe für die Nichtanerkennung einer Eheentscheidung. I. Ordre public.** Nicht anerkannt wird, wenn die Anerkennung dem ordre public des Anerkennungsmitgliedstaats offensichtlich widersprechen würde (Buchst. a)). Von diesem Anerkennungshindernis ist nur sehr eingeschränkt Gebrauch zu machen (EuGH NJW 2000, 1853). Die möglicherweise falsche Anwendung von nationalem Recht oder Unionsrecht begründet noch keinen Verstoß gegen den ordre public (EuGH NJW 2000, 2185). Ein Verstoß gegen den **verfahrensrechtlichen ordre public** kann nicht mehr geltend gemacht werden, wenn der Antragsgegner trotz Kenntnis des Entscheidungsinhalts im Erkenntnisverfahren nicht alle nach dem Recht des Ursprungsstaates statthaften, zulässigen und zumutbaren Rechtsmittel ausgeschöpft hat (BGH NJW 2011, 3103, 3104 zu Art. 34 Brüssel I-VO).Vorschriften über die Zuständigkeit gehören nicht zum ordre public. Eine Prüfung der Zuständigkeit des Erstgerichts findet ohnehin nicht statt (Art. 24 Satz 2). Der Vorbehalt des ordre public entspricht Art. 45 Abs. 1 Buchst. a) Brüssel Ia-VO, Art. 40 Buchst. a) EuErbVO sowie Art. 24 Buchst. a) EuUntVO.

3 **II. Nichteinlassung.** Auch das rechtliche Gehör bei der Verfahrenseinleitung wird geschützt. Bei seiner Verletzung wird nicht anerkannt (Buchst. b)). Allerdings ist erforderlich, dass sich der Antragsgegner nicht auf das Verfahren eingelassen hat, weil ihm das verfahrenseinleitende Schriftstück nicht so rechtzeitig zugestellt wurde, dass er seine Verteidigung vorbereiten konnte, es sei denn, er ist mit der Entscheidung eindeutig einverstanden. Entsprechendes gilt für die Zustellung in einer unverstandlichen Sprache entgegen der EuZustVO. Als Einlassung gilt jedes Verhandeln, aus dem sich ergibt, dass der Beklagte von dem gegen ihn eingeleiteten Verfahren Kenntnis erlangt und die Möglichkeit der Verteidigung gegen den Angriff des Klägers erhalten hat, es sei denn, sein Vorbringen beschränkt sich darauf, den Fortgang des Verfahrens zu rügen, weil das Gericht unzuständig sei oder weil die Zustellung nicht so erfolgt sei, dass er sich verteidigen könne (*BGH NJW 2011*, 3103, 3104 zu Art. 34 Brüssel I-VO). Da es auf die Ordnungsmäßigkeit der Zustel-

lung nicht ankommt, stehen Zustellungsmängel der Anerkennung nicht entgegen (s. Rauscher/*Rauscher* Art. 22 Brüssel IIa-VO Rn. 16: für »Formfehler«). Allerdings ist die Verletzung des rechtlichen Gehörs v.A.w. zu prüfen.

III. Unvereinbarkeit mit Entscheidung des Anerkennungsstaates. Nicht anerkannt wird, wenn die Entscheidung mit einer Entscheidung unvereinbar ist, die in einem Verfahren zwischen denselben Parteien in dem Mitgliedstaat, in dem die Anerkennung beantragt wird, ergangen ist (Buchst. c)). Unvereinbarkeit liegt nach der Kernpunkttheorie des EuGH dann vor, wenn sich die Wirkungen der beiden Entscheidungen gegenseitig ausschließen (Zu Art. 27 Brüssel I-VO seit EuGH NJW 1989, 665 m. Aufs. *Schack* IPRax 1989, 139). Eine inländische Entscheidung geht auch dann vor, wenn sie später erlassen wurde als die ausländische. Anerkennungshindernis ist auch, dass ein Antrag zuvor im Zweitstaat abgewiesen wurde (Rauscher/*Rauscher* Art. 22 Brüssel IIa-VO Rn. 27). Nach a.A. soll hingegen eine solche Eheentscheidung anerkannt werden, da antragsabweisende Entscheidungen nicht von der Anerkennungsregelung der Brüssel IIa-VO erfasst werden (Thomas/Putzo/*Hüßtege* Art. 22 Brüssel IIa-VO Rn. 3). Wegen zwischenzeitlicher Änderungen der Sachlage wird freilich häufig einem erneuten Antrag nichts im Wege stehen. Das Anerkennungshindernis der Unvereinbarkeit der Entscheidung entspricht Art. 45 Abs. 1 Buchst. c) Brüssel Ia-VO, Art. 40 Buchst. c) EuErbVO, Art. 24 Buchst. c) EuUntVO. 4

IV. Unvereinbarkeit mit früherer Entscheidung. Die ausländische Entscheidung wird auch dann nicht anerkannt, wenn sie mit einer zwischen denselben Parteien in einem anderen Staat ergangenen Entscheidung unvereinbar ist, sofern die Voraussetzungen für ihre Anerkennung in dem Mitgliedstaat, in dem die Anerkennung beantragt wird, gegeben sind (Buchst. d)). Diese Regelung entspricht Art. 45 Abs. 1 Buchst. d) Brüssel Ia-VO, Art. 40 Buchst. d) EuErbVO, Art. 24 Buchst. d) EuUntVO. Insofern gilt das Prioritätsprinzip, es kommt also auf die frühere Entscheidung an. Die Anerkennung der drittstaatlichen Entscheidung kann auf einem Staatsvertrag oder auf nationalem Recht (§§ 108. 109 FamFG) beruhen. 5

Art. 23 Brüssel IIa-VO Gründe für die Nichtanerkennung einer Entscheidung über die elterliche Verantwortung.

Eine Entscheidung über die elterliche Verantwortung wird nicht anerkannt,
a) wenn die Anerkennung der öffentlichen Ordnung des Mitgliedstaats, in dem sie beantragt wird, offensichtlich widerspricht, wobei das Wohl des Kindes zu berücksichtigen ist;
b) wenn die Entscheidung – ausgenommen in dringenden Fällen – ergangen ist, ohne dass das Kind die Möglichkeit hatte, gehört zu werden, und damit wesentliche verfahrensrechtliche Grundsätze des Mitgliedstaats, in dem die Anerkennung beantragt wird, verletzt werden;
c) wenn der betreffenden Person, die sich auf das Verfahren nicht eingelassen hat, das verfahrenseinleitende Schriftstück oder ein gleichwertiges Schriftstück nicht so rechtzeitig und in einer Weise zugestellt wurde, dass sie sich verteidigen konnte, es sei denn, es wird festgestellt, dass sie mit der Entscheidung eindeutig einverstanden ist;
d) wenn eine Person dies mit der Begründung beantragt, dass die Entscheidung in ihre elterliche Verantwortung eingreift, falls die Entscheidung ergangen ist, ohne dass diese Person die Möglichkeit hatte, gehört zu werden;
e) wenn die Entscheidung mit einer späteren Entscheidung über die elterliche Verantwortung unvereinbar ist, die in dem Mitgliedstaat, in dem die Anerkennung beantragt wird, ergangen ist;
f) wenn die Entscheidung mit einer späteren Entscheidung über die elterliche Verantwortung unvereinbar ist, die in einem anderen Mitgliedstaat oder in dem Drittstaat, in dem das Kind seinen gewöhnlichen Aufenthalt hat, ergangen ist, sofern die spätere Entscheidung die notwendigen Voraussetzungen für ihre Anerkennung in dem Mitgliedstaat erfüllt, in dem die Anerkennung beantragt wird;
oder
g) wenn das Verfahren des Artikels 56 nicht eingehalten wurde.

A. Allgemeines. Die Art. 23 zählt die Gründe für die Nichtanerkennung einer Entscheidung über die elterliche Verantwortung abschließend auf. Die eng auszulegende Vorschrift (EuGH FamRZ 2016, 111 = NJW 2016, 307) ist Art. 23 Abs. 2 KSÜ nachgebildet worden, entspricht im Übrigen aber (mit einzelnen Abweichungen) Art. 45 Brüssel Ia-VO, Art. 22 Brüssel IIa-VO sowie Art. 24 EuUntVO, Art. 40 EuErbVO. Gegen 1 die Anerkennung der in einem besonderen Verfahren ergangenen Entscheidungen zu Umgangsrecht und Kindesrückgabe (Art. 40 – 42) können keine Einwendungen vorgebracht werden.

2 **B. Anerkennungshindernisse. I. Ordre public.** Nicht anerkannt wird insbes. dann, wenn die Anerkennung der öffentlichen Ordnung (ordre public) des Mitgliedstaats, in dem sie geltend gemacht wird, offensichtlich widersprechen würde (Buchst. a)). Die statthaften, zulässigen und zumutbaren Rechtsbehelfe des Erststaates müssen ausgeschöpft worden sein. Der Anerkennung steht der **materielle ordre public** entgegen. Nur Verstöße gegen wesentliche Rechtsgrundsätze können geltend gemacht werden. Das Vorbringen, nationales Recht oder Unionsrecht sei unrichtig angewendet worden, genügt nicht (EuGH FamRZ 2016, 111 = NJW 2016, 307). Das Wohl des Kindes stellt im Bereich der elterlichen Sorge einen »integralen Bestandteil« der Prüfung dar (Althammer/*Weller* Art. 23 Brüssel IIa Rn. 2). Allerdings darf dies, obwohl die Anerkennung von Sorgerechtsentscheidungen der Berücksichtigung des Kindeswohls verpflichtet bleibt, nicht zu einer – gem. Art. 26 unzulässigen – Sachprüfung führen (*Helms* FamRZ 2001, 257, 263). Ein Verstoß gegen den **verfahrensrechtlichen ordre public** setzt voraus, dass die Entscheidung des ausländischen Gerichts aufgrund eines Verfahrens ergangen ist, das von den Grundprinzipien des Verfahrensrechts des Anerkennungsstaats in einem solchen Maße abweicht, dass die Entscheidung nicht als in einem geordneten rechtsstaatlichen Verfahren ergangene angesehen werden kann (vgl. BGHZ 182, 188 = FamRZ 2009, 1816). Die erstgerichtliche Zuständigkeit kann nicht unter Berufung auf den zweitstaatliche ordre public nachgeprüft werden (EuGH FamRZ 2016, 111 = NJW 2016, 307).

3 **II. Mangelnde Kindesanhörung.** Die Anerkennung scheitert, wenn die Entscheidung ergangen ist, ohne dass das Kind die Möglichkeit hatte, in dem Verfahren, das zu der Entscheidung führte, gehört zu werden (Buchst. b)). Dies ist eine spezielle Konkretisierung des verfahrensrechtlichen ordre public (Althammer/*Weller* Art. 23 Brüssel IIa Rn. 3). Die unterbliebene Kindesanhörung steht der Anerkennung aber nicht entgegen, wenn die Entscheidung im Eilverfahren ergangen ist (BGH FamRZ 2015, 1011 Anm. *Hau*). Nach Erwägungsgrund 19 sollten die unterschiedlichen nationalen Anhörungsregeln nicht in Frage gestellt werden. Die Anforderungen an die Kindesanhörung sind verordnungsautonom zu bestimmen (vgl. Althammer/*Weller* Art. 23 Brüssel IIa-VO Rn. 3). Es geht auch nur um die Wahrung grundlegender Prinzipien. Gleichwohl wird z.T. angenommen, dass sich die Anforderungen grundsätzlich nach dem Recht des Anerkennungsstaates richteten (OLG München FamRZ 2015, 602; s. auch PG/*Völker*/*Dimmler* Art. 21-27 Brüssel IIa-VO Rn. 7). Maßstab für die Anhörung des Kindes im deutschen Recht ist § 159 FamFG (OLG Schleswig FamRZ 2008, 1761). Zwar schreibt § 159 Abs. 1 FamFG die Anhörung von Kindern erst ab dem 14. Lebensjahr bindend vor, doch sind auch jüngere Kinder gem. § 159 Abs. 2 FamFG anzuhören. Grds. sind Kinder ab 3 Jahren in der Lage, sich zu äußern (OLG München FamRZ 2015, 602). Die uneingeschränkte Durchsetzung der inländischen Regeln auch ggü. dem EU-Ausland dürfte aber unionsrechtswidrig sein (vgl. *Menne* FamRB 2015, 398, 401 ff.).

4 **III. Nichteinlassung.** Auch das rechtliche Gehör bei der Verfahrenseinleitung wird geschützt. Ein Nichtanerkennungsgrund ist dementsprechend, wenn dem Antragsgegner, der sich in dem Verfahren nicht eingelassen hat, das verfahrenseinleitende Schriftstück oder ein gleichwertiges Schriftstück nicht so rechtzeitig und in einer Weise zugestellt worden ist, dass er sich verteidigen konnte, es sei denn, es wird festgestellt, dass sie mit der Entscheidung eindeutig einverstanden ist. Auf die Ordnungsmäßigkeit der Zustellung kommt es nicht an. Als **Einlassung** gilt jedes Verhandeln, aus dem sich ergibt, dass der Beteiligte von dem gegen ihn eingeleiteten Verfahren Kenntnis erlangt und die Möglichkeit der Verteidigung gegen den Angriff des Antragstellers erhalten hat (z.B. durch einen beauftragten Rechtsanwalt, OLG Stuttgart FamRZ 2014, 1567). Anderes ist es nur, wenn der Antragsgegner sich darauf beschränkt, die Unzuständigkeit des Erstgerichts oder die fehlerhafte Zustellung der Klage zu rügen (BGH, NJW 2011, 3103).

5 **IV. Mangelndes rechtliches Gehör.** Mangelndes rechtliches Gehör ist ein besonderer Fall des verfahrensrechtlichen ordre public (Buchst. d)). Eine Person, in deren elterliche Verantwortung eingegriffen wurde, muss die Möglichkeit gehabt haben, gehört zu werden.

6 **V. Unvereinbarkeit mit Entscheidung des Anerkennungsstaates.** Die Entscheidung wird ferner dann nicht anerkannt, wenn sie mit einer späteren Entscheidung des Anerkennungsstaates unvereinbar ist (Buchst. e)). Die Vorschrift ist auch auf widersprechende Sorgerechtsentscheidungen anzuwenden und nicht bloß auf Statusentscheidungen (OLG München FamRZ 2015, 602). Die Geltung des Posterioritätsgrundsatzes beruht darauf, dass Entscheidungen über die elterliche Verantwortung abänderbar sind und

im Regelfall die jüngere Entscheidung die frühere berücksichtigt sowie auf veränderte Umstände reagiert (OLG München FamRZ 2015, 602). Die bloße Anhängigkeit eines inländischen Verfahrens genügt aber nicht (OLG Stuttgart FamRZ 2014, 1567).

VI. Unvereinbarkeit mit späterer anderer Entscheidung. Ein Anerkennungshindernis bildet auch die Unvereinbarkeit mit einer späteren anderen Entscheidung (Buchst. f)). Auch hier geht also die spätere Entscheidung vor. Die Anerkennungsfähigkeit beurteilt sich bei einer mitgliedstaatlichen Entscheidung nach der Brüssel IIa-VO. Andernfalls kann das KSÜ, das MSA, aber auch das nationale Anerkennungsrecht in Betracht kommen (Thomas/Putzo/*Hüßtege* Art. 23 Rn. 6). 7

VII. Unterbringung des Kindes. Nicht anerkannt wird auch bei Unterbringung eines Kindes in einem anderen Mitgliedstaat, wenn das in Art. 56 beschriebene Verfahren nicht eingehalten wurde (Buchst. g)). 8

C. Anerkennung und Vollstreckung einstweiliger Maßnahmen. Auf die Anerkennung und Vollstreckung einstweiliger Maßnahmen sind die Art. 21 ff. nur teilweise anwendbar (s. Art. 21 Rdn. 21 ff.). 9

Art. 24 Brüssel IIa-VO Verbot der Nachprüfung der Zuständigkeit des Gerichts des Ursprungsmitgliedstaats.

Die Zuständigkeit des Gerichts des Ursprungsmitgliedstaats darf nicht überprüft werden. Die Überprüfung der Vereinbarkeit mit der öffentlichen Ordnung gemäß Artikel 22 Buchstabe a) und Artikel 23 Buchstabe a) darf sich nicht auf die Zuständigkeitsvorschriften der Artikel 3 bis 14 erstrecken.

Das Gericht, bei dem die Anerkennung geltend gemacht wird, darf die Zuständigkeit des Gerichts des Ursprungsmitgliedstaats nicht nachprüfen (Satz 1). die fehlende Zuständigkeit des Erstgerichts bildet folglich keinen Versagungsgrund. Das gilt auch dann, wenn die Restzuständigkeit des Art. 7 oder Art. 14 zu Unrecht in Anspruch genommen wurde (*Helms* FamRZ 2001, 257, 262). Nicht zulässig ist gleichfalls, die Zuständigkeiten der Art. 3 – 14 auf ihre Vereinbarkeit mit der öffentlichen Ordnung zu überprüfen. Obwohl Art. 15 nicht genannt wird, fällt er unter das Nachprüfungsverbot (EuGH FamRZ 2016, 111 = NJW 2016, 307). Auch die Einhaltung des Art. 17 wird nicht überprüft. Das Verbot der Nachprüfung der Zuständigkeit des Gerichts des Ursprungsmitgliedstaats entspricht Art. 45 Abs. 3 Brüssel Ia-VO. 1

Art. 25 Brüssel IIa-VO Unterschiede beim anzuwendenden Recht.

Die Anerkennung einer Entscheidung darf nicht deshalb abgelehnt werden, weil eine Ehescheidung, Trennung ohne Auflösung des Ehebandes oder Ungültigerklärung einer Ehe nach dem Recht des Mitgliedstaats, in dem die Anerkennung beantragt wird, unter Zugrundelegung desselben Sachverhalts nicht zulässig wäre.

Unterschiede beim Kollisionsrecht und beim anzuwendenden Sachrecht rechtfertigen keine Nichtanerkennung, sondern sind hinzunehmen (*Helms* FamRZ 2001, 257, 263). Die Anerkennung scheitert insbes. nicht daran, dass im Recht des Anerkennungsmitgliedstaats eine Entscheidung in Ehesachen für denselben Sachverhalt nicht vorgesehen ist. 1

Art. 26 Brüssel IIa-VO Ausschluss einer Nachprüfung in der Sache.

Die Entscheidung darf keinesfalls in der Sache selbst nachgeprüft werden.

Das Verbot der Nachprüfung in der Sache (révision au fond) bedeutet, dass sie kollisionsrechtlich und sachrechtlich hinzunehmen ist. Verfahrensfehler, die zur Nichtanerkennung führen, können im Anerkennungsverfahren nicht geheilt werden. Denn damit ginge die Prüfung einher, ob der Erstrichter das Verfahren richtig entschieden hat, was im Anerkennungsverfahren gem. Art. 26 ausdrücklich einer Nachprüfung entzogen ist (BGH FamRZ 2015, 1011 Anm. *Hau*; *Helms* FamRZ 2001, 257, 263). Allerdings steht das Nachprüfungsverbot einer Neuentscheidung bei Sorgerechtsentscheidungen aufgrund veränderter Sachlage nicht entgegen (Thomas/Putzo/*Hüßtege* Rn. 1). Die Vorschrift entspricht Art. 52 Brüssel Ia-VO, Art. 42 EuUntVO und Art. 41 EuErbVO. 1

Art. 27 Brüssel IIa-VO Aussetzung des Verfahrens.
(1) Das Gericht eines Mitgliedstaats, vor dem die Anerkennung einer in einem anderen Mitgliedstaat ergangenen Entscheidung beantragt wird, kann das Verfahren aussetzen, wenn gegen die Entscheidung ein ordentlicher Rechtsbehelf eingelegt wurde.
(2) Das Gericht eines Mitgliedstaats, bei dem die Anerkennung einer in Irland oder im Vereinigten Königreich ergangenen Entscheidung beantragt wird, kann das Verfahren aussetzen, wenn die Vollstreckung der Entscheidung im Ursprungsmitgliedstaat wegen der Einlegung eines Rechtsbehelfs einstweilen eingestellt ist.

1 Im Rahmen des selbstständigen Anerkennungsfeststellungsverfahrens (Art. 21 Abs. 3) kann ausgesetzt werden. Die Einlegung eines ordentlichen Rechtsbehelfs im Erststaat muss beachtlich sein, da die Anerkennung grundsätzlich keine Rechtskraft der ausländischen Entscheidung voraussetzt. Die Aussetzung steht analog § 148 ZPO im pflichtgemäßen Ermessen des Gerichts, das dabei auch die Erfolgsaussichten des Rechtsbehelfs berücksichtigt (Rauscher/*Rauscher* Art. 27 Brüssel IIa-VO Rn. 6). Auch im Rahmen einer Inzidentanerkennung besteht die Möglichkeit einer Aussetzung des Verfahrens (NK-BGB/*Andrae* Art. 27 EheVO Rn. 1). Die Einstellung der Vollstreckung im Ursprungsmitgliedstaat kann ebenfalls eine Aussetzung nach sich ziehen (Abs. 2). Die Vorschrift entspricht Art. 25 EuUntVO, Art. 42 EuErbVO und teilweise Art. 38 Brüssel Ia-VO.

ABSCHNITT 2. Antrag auf Vollstreckbarerklärung

Art. 28 Brüssel IIa-VO Vollstreckbare Entscheidungen.
(1) Die in einem Mitgliedstaat ergangenen Entscheidungen über die elterliche Verantwortung für ein Kind, die in diesem Mitgliedstaat vollstreckbar sind und die zugestellt worden sind, werden in einem anderen Mitgliedstaat vollstreckt, wenn sie dort auf Antrag einer berechtigten Partei für vollstreckbar erklärt wurden.
(2) Im Vereinigten Königreich wird eine derartige Entscheidung jedoch in England und Wales, in Schottland oder in Nordirland erst vollstreckt, wenn sie auf Antrag einer berechtigten Partei zur Vollstreckung in dem betreffenden Teil des Vereinigten Königreichs registriert worden ist.

1 Abschnitt 2 (Art. 28 – 36) betrifft den Antrag auf Vollstreckbarerklärung bzgl. elterlicher Verantwortung (dazu *Schulte-Bunert* FamRZ 2007, 1608 ff.). Die Vollstreckbarerklärung nach Art. 28 – 30 setzt voraus:
 – Anwendbarkeit der Brüssel IIa-VO in sachlicher (Art. 1) und zeitlicher Hinsicht (Art. 64, 72),
 – Zuständigkeit des Gerichts der Vollstreckbarkeitserklärung (Art. 29 i.V.m. § 12 IntFamRVG),
 – Vorliegen der sachlichen Voraussetzungen der Vollstreckbarkeitserklärung (Art. 2 Nr. 4 [vollstreckbare Entscheidung] und Art. 28),
 – Vorlage der erforderlichen Urkunden (Art. 30 Abs. 3).
Die Vorschrift des Art. 28 entspricht Art. 28 Brüssel I-VO und Art. 26 EuUntVO.
2 Nur die **Vollstreckbarkeit der Entscheidung** (s. § 2 Nr. 4) wird verlangt, nicht deren Rechtskraft. Eine einstweilige Maßnahme nach Art. 20 genügt nicht (OLG München FamRZ 2015, 777, 778 f. zust. Anm. *Dutta*), s. Art. 21 Rdn.
3 Die Vollstreckbarerklärung setzt einen **Antrag** (s. Art. 30 Abs. 1) voraus. Antragsberechtigt sind nicht nur die Eltern, das Kind, Vormund oder Pfleger, sondern ggf. auch Behörden. Die **Zustellung** wird vom Ursprungsgericht bestätigt (Art. 37, 39 i.V.m. Formblatt nach Art. 10 EuZustVO). Es genügt, wenn der Titel zusammen mit dem die Vollstreckbarkeit aussprechenden Beschluss zugestellt wird (BGH NJW 2005, 3424). Das ist auch noch im Rechtsbehelfsverfahren möglich (EuGH EuZW 1996, 240). Eine Übersetzung ist nur bei Verlangen des Gerichts notwendig (Art. 38 Abs. 2). Im Verfahren auf Vollstreckbarerklärung einer Sorgeentscheidung ist kein Verfahrensbeistand zu bestellen (BGH FamRZ 2015, 1011 Anm. *Hau*). Zur ausschließlichen örtlichen Zuständigkeit des FamG s. § 12 Abs. 1 IntFamRVG.
4 Die Vollstreckbarerklärung erfolgt durch **Erteilung der Vollstreckungsklausel** (§§ 20 Abs. 1, 23 IntFamRVG). Kosten: § 20 Abs. 2 Satz 2 IntFamRVG; Gerichtsgebühren: § 51 Abs. 1 Nr. 2 IntFamRVG.

Art. 29 Brüssel IIa-VO
Örtlich zuständiges Gericht. (1) Ein Antrag auf Vollstreckbarerklärung ist bei dem Gericht zu stellen, das in der Liste aufgeführt ist, die jeder Mitgliedstaat der Kommission gemäß Artikel 68 mitteilt.
(2) Das örtlich zuständige Gericht wird durch den gewöhnlichen Aufenthalt der Person, gegen die die Vollstreckung erwirkt werden soll, oder durch den gewöhnlichen Aufenthalt eines Kindes, auf das sich der Antrag bezieht, bestimmt.
Befindet sich keiner der in Unterabsatz 1 angegebenen Orte im Vollstreckungsmitgliedstaat, so wird das örtlich zuständige Gericht durch den Ort der Vollstreckung bestimmt.

Der Antrag auf Vollstreckbarerklärung ist an das zuständige Gericht des Vollstreckungsmitgliedstaats zu richten (Abs. 1). Die örtliche Zuständigkeit wird durch den Ort des gewöhnlichen Aufenthalts des Vollstreckungsgegners oder des Kindes, hilfsweise durch den Ort der Vollstreckung bestimmt (Abs. 2). Das FamG entscheidet, wobei es zu einer Zuständigkeitskonzentration im Bezirk des OLG-Sitzes (§ 12 IntFamRVG), aber auch zu einer Annexzuständigkeit für weitere Familiensachen (§ 13 IntFamRVG) kommt. Die Vorschrift entspricht teilweise Art. 27 EuUntVO. 1

Art. 30 Brüssel IIa-VO
Verfahren. (1) Für die Stellung des Antrags ist das Recht des Vollstreckungsmitgliedstaats maßgebend.
(2) Der Antragsteller hat für die Zustellung im Bezirk des angerufenen Gerichts ein Wahldomizil zu begründen. Ist das Wahldomizil im Recht des Vollstreckungsmitgliedstaats nicht vorgesehen, so hat der Antragsteller einen Zustellungsbevollmächtigten zu benennen.
(3) Dem Antrag sind die in den Artikeln 37 und 39 aufgeführten Urkunden beizufügen.

Die Vorschrift über das Verfahren entspricht Art. 40 Brüssel I-VO. Die Einzelheiten der Antragstellung richten sich nach dem Recht des Vollstreckungsstaates (Abs. 1), d.h. nach §§ 14, 16 Abs. 2, 17, 18 Abs. 2 IntFamRVG. Eine Übersetzung kann nach § 16 Abs. 3 IntFamRVG aufgegeben werden. Statt eines Wahldomizils genügt die Bestimmung eines Zustellungsbevollmächtigten im Vollstreckungsstaat nach § 17 IntFamRVG (Abs. 2). Die nach Art. 37 (Ausfertigung der Entscheidung) und Art. 39 (Bescheinigung über Verfahren und Inhalt) erforderlichen Urkunden sind beizufügen (Abs. 3). 1

Art. 31 Brüssel IIa-VO
Entscheidung des Gerichts. (1) Das mit dem Antrag befasste Gericht erlässt seine Entscheidung ohne Verzug und ohne dass die Person, gegen die die Vollstreckung erwirkt werden soll, noch das Kind in diesem Abschnitt des Verfahrens Gelegenheit erhalten, eine Erklärung abzugeben.
(2) Der Antrag darf nur aus einem der in den Artikeln 22, 23 und 24 aufgeführten Gründe abgelehnt werden.
(3) Die Entscheidung darf keinesfalls in der Sache selbst nachgeprüft werden.

Es handelt sich um ein **einseitiges Exequaturverfahren**, in dessen Rahmen weder der Vollstreckungsgegner noch das Kind eine Erklärung abgeben können (Abs. 1). Allerdings kann eine mündliche Erörterung mit dem ASt nach § 18 Abs. 1 Satz 3 IntFamRVG stattfinden. Anwaltszwang besteht nicht (§ 18 Abs. 2 IntFamRVG). Art. 31 steht nicht entgegen, dass die Person, gegen die die Entscheidung erlassen wurde, beantragt, dass die Entscheidung nicht anerkennt oder vollstreckt werden sollte (EuGH FamRZ 2008, 1729 Anm. *Schulz* —Rinau). 1

Das Vorliegen von **Anerkennungshindernissen** (Art. 22 – 24) wird v.A.w. nachgeprüft. Die Vollstreckbarerklärung darf nur bei Vorliegen eines Anerkennungsversagungsgrundes abgelehnt werden (Abs. 2). Eine *Verpflichtung* zur Ermittlung der eine Nichtanerkennung rechtfertigenden Tatsachen besteht nicht (Saenger/*Dörner* Art. 31 EheGVVO Rn. 4). 2

Die **Entscheidung des Gerichts** (Beschluss mit Gründen; § 20 Abs. 3 IntFamRVG) ergeht ohne Verzug (Abs. 1). Die Einzelheiten regelt § 20 IntFamRVG. 3

Die Vorschrift des Abs. 3 mit dem **Verbot der révision au fond** entspricht Art. 52 Brüssel Ia-VO, Art. 26 Brüssel IIa-VO und Art. 42 EuUntVO. 4

Anhang I

Art. 32 Brüssel IIa-VO

Mitteilung der Entscheidung. Die über den Antrag ergangene Entscheidung wird dem Antragsteller vom Urkundsbeamten der Geschäftsstelle unverzüglich in der Form mitgeteilt, die das Recht des Vollstreckungsmitgliedstaats vorsieht.

1 Die Entscheidung über den Antrag auf Vollstreckbarerklärung wird dem ASt unverzüglich in der Form des Rechts des Vollstreckungsmitgliedstaats mitgeteilt (Abs. 1), d.h. durch eine beglaubigte Abschrift (§ 21 IntFamRVG). Die Vorschrift entspricht Art. 31 EuUntVO, Art. 49 Abs. 1 EuErbVO.

Art. 33 Brüssel IIa-VO

Rechtsbehelf. (1) Gegen die Entscheidung über den Antrag auf Vollstreckbarerklärung kann jede Partei einen Rechtsbehelf einlegen.
(2) Der Rechtsbehelf wird bei dem Gericht eingelegt, das in der Liste aufgeführt ist, die jeder Mitgliedstaat der Kommission gemäß Artikel 68 mitteilt.
(3) Über den Rechtsbehelf wird nach den Vorschriften entschieden, die für Verfahren mit beiderseitigem rechtlichen Gehör maßgebend sind.
(4) Wird der Rechtsbehelf von der Person eingelegt, die den Antrag auf Vollstreckbarerklärung gestellt hat, so wird die Partei, gegen die die Vollstreckung erwirkt werden soll, aufgefordert, sich auf das Verfahren einzulassen, das bei dem mit dem Rechtsbehelf befassten Gericht anhängig ist. Lässt sich die betreffende Person auf das Verfahren nicht ein, so gelten die Bestimmungen des Artikels 18.
(5) Der Rechtsbehelf gegen die Vollstreckbarerklärung ist innerhalb eines Monats nach ihrer Zustellung einzulegen. Hat die Partei, gegen die die Vollstreckung erwirkt werden soll, ihren gewöhnlichen Aufenthalt in einem anderen Mitgliedstaat als dem, in dem die Vollstreckbarerklärung erteilt worden ist, so beträgt die Frist für den Rechtsbehelf zwei Monate und beginnt mit dem Tag, an dem die Vollstreckbarerklärung ihr entweder persönlich oder in ihrer Wohnung zugestellt worden ist. Eine Verlängerung dieser Frist wegen weiter Entfernung ist ausgeschlossen.

1 Die Parteien können einen **Rechtsbehelf gegen die stattgebende oder ablehnende Entscheidung** einlegen. Der Rechtsbehelf wird bei den von den Mitgliedstaaten für diesen Zweck benannten Gerichten eingelegt. Zu diesem Zeitpunkt können beide Parteien eventuelle Sachvorträge machen. Die Vorschrift entspricht weitgehend Art. 32 EuUntVO und Art. 50 EuErbVO.
2 Gegen die Entscheidung über den Antrag auf Vollstreckbarerklärung kann jede Partei (wozu bei elterlicher Verantwortung auch das materiell betroffene Kind gehört; Saenger/*Dörner* Art. 33 EheGVVO Rn. 2) einen Rechtsbehelf einlegen (Abs. 1). Dies entspricht Art. 43 Abs. 1 Brüssel I-VO. Der Rechtsbehelf wird beim OLG eingelegt (Abs. 2 i.V.m. § 24 IntFamRVG).
3 Es kommt zu einem **streitigen Verfahren**; über den Rechtsbehelf wird nach den Vorschriften für Verfahren mit beiderseitigem rechtlichen Gehör entschieden, d.h. der Beschwerde (Abs. 3 i.V.m. § 24 IntFamRVG). Es entscheidet der Familiensenat am OLG.
4 Bei Antragsablehnung wird der Vollstreckungsgegner zur Einlassung im Rechtsbehelfsverfahren aufgefordert (Abs. 4 Satz 1). Geschieht dies nicht, so ist Art. 18 anzuwenden, d.h. es ist zu prüfen, ob ihm die erforderlichen Unterlagen zugestellt wurden (Abs. 4 Satz 1). Andernfalls kann ausgesetzt und die Zustellung nachgeholt werden (NK-BGB/*Andrae* Art. 33 EheVO Rn. 4).
5 Der Rechtsbehelf gegen die Vollstreckbarerklärung ist innerhalb einer **Regelfrist von einem Monat** nach Zustellung durch Beschwerde einzulegen (Abs. 5 Satz 1; vgl. § 24 Abs. 3 Nr. 1 IntFamRVG). Hat die Partei, gegen die die Vollstreckung erwirkt werden soll, ihren gewöhnlichen Aufenthalt nicht im Staat der Vollstreckbarerklärung, so beträgt die Frist 2 Monate. Fraglich ist, ob die längere Frist auch bei einem Aufenthalt in einem Nichtmitgliedstaat in Anspruch genommen werden kann (verneinend Thomas/Putzo/*Hüßtege* Art. 33 Brüssel IIa-VO Rn. 9). Die Frist beginnt von dem Tage an zu laufen, an dem die Vollstreckbarerklärung der Partei entweder in Person oder in ihrer Wohnung zugestellt worden ist. Eine Fristverlängerung wegen weiter Entfernung ist ausgeschlossen (Abs. 5 Satz 3). Eine Beschwerdefrist für den ASt ist nicht vorgesehen. Dafür wird auf § 63 Abs. 1 FamFG zurückgegriffen. Erst nach Erlass der Erstentscheidung entstandene Einwendungen in der Hauptsache sind wegen Art. 31 Abs. 2 nicht zulässig (NK-BGB/*Andrae* Art. 33 EheVO Rn. 8). Zur Kostenentscheidung s. § 25 IntFamRVG.

Art. 34 Brüssel IIa-VO
Für den Rechtsbehelf zuständiges Gericht und Anfechtung der Entscheidung über den Rechtsbehelf. Die Entscheidung, die über den Rechtsbehelf ergangen ist, kann nur im Wege der Verfahren angefochten werden, die in der Liste genannt sind, die jeder Mitgliedstaat der Kommission gemäß Artikel 68 mitteilt.

Die über den Rechtsbehelf ergangene Entscheidung kann nach nationalem Verfahrensrecht angefochten werden. Dies entspricht Art. 44 Brüssel I-VO, nunmehr Art. 50 Brüssel Ia-VO, Art. 33 EuUntVO und Art. 51 EuErbVO. Insofern ist Rechtsbehelf die Rechtsbeschwerde zum BGH (§§ 28 ff. IntFamRVG).   1

Art. 35 Brüssel IIa-VO
Aussetzung des Verfahrens. (1) Das nach Artikel 33 oder Artikel 34 mit dem Rechtsbehelf befasste Gericht kann auf Antrag der Partei, gegen die die Vollstreckung erwirkt werden soll, das Verfahren aussetzen, wenn im Ursprungsmitgliedstaat ein ordentlicher Rechtsbehelf gegen die Entscheidung eingelegt wurde oder die Frist für einen solchen Rechtsbehelf noch nicht verstrichen ist. In letzterem Fall kann das Gericht eine Frist bestimmen, innerhalb deren der Rechtsbehelf einzulegen ist.
(2) Ist die Entscheidung in Irland oder im Vereinigten Königreich ergangen, so gilt jeder im Ursprungsmitgliedstaat statthafte Rechtsbehelf als ordentlicher Rechtsbehelf im Sinne des Absatzes 1.

Da sich widersprechende Entscheidungen vermieden werden sollen, besteht eine Aussetzungsbefugnis des mit einem Rechtsbehelf nach Art. 33 (Entscheidung über den Antrag) oder Art. 34 (Entscheidung über den Rechtsbehelf) befassten Gerichts. Es setzt auf Antrag das Verfahren aus, wenn im Ursprungsmitgliedstaat ein Rechtsbehelf eingelegt wurde oder noch eingelegt werden könnte. Die mutmaßlichen Erfolgsaussichten des Rechtsbehelfs können berücksichtigt werden (Thomas/Putzo/*Hüßtege* Art. 35 Brüssel IIa-VO Rn. 4). Die Vorschrift entspricht Art. 46 Abs. 1, 2 Brüssel I-VO sowie teilweise Art. 35 EuUntVO, Art. 53 EuErbVO.   1

Art. 36 Brüssel IIa-VO
Teilvollstreckung. (1) Ist mit der Entscheidung über mehrere geltend gemachte Ansprüche entschieden worden und kann die Entscheidung nicht in vollem Umfang zur Vollstreckung zugelassen werden, so lässt das Gericht sie für einen oder mehrere Ansprüche zu.
(2) Der Antragsteller kann eine teilweise Vollstreckung beantragen.

Kann die Vollstreckbarerklärung nicht für alle Ansprüche erteilt werden, so wird sie für einen oder mehrere der Ansprüche erteilt (Abs. 1). Der ASt kann eine Teilvollstreckbarerklärung beantragen (Abs. 2). Die Vorschrift entspricht Art. 48 Brüssel I-VO, Art. 37 EuUntVO, Art. 55 EuErbVO.   1

ABSCHNITT 3. Gemeinsame Bestimmungen für die Abschnitte 1 und 2

Art. 37 Brüssel IIa-VO
Urkunden. (1) Die Partei, die die Anerkennung oder Nichtanerkennung einer Entscheidung oder deren Vollstreckbarerklärung erwirken will, hat Folgendes vorzulegen:
a) eine Ausfertigung der Entscheidung, die die für ihre Beweiskraft erforderlichen Voraussetzungen erfüllt,
und
b) die Bescheinigung nach Artikel 39.
(2) Bei einer im Versäumnisverfahren ergangenen Entscheidung hat die Partei, die die Anerkennung einer Entscheidung oder deren Vollstreckbarerklärung erwirken will, ferner Folgendes vorzulegen:
a) die Urschrift oder eine beglaubigte Abschrift der Urkunde, aus der sich ergibt, dass das verfahrenseinleitende Schriftstück oder ein gleichwertiges Schriftstück der Partei, die sich nicht auf das Verfahren eingelassen hat, zugestellt wurde,
oder

Anhang I Brüssel IIa-VO

b) eine Urkunde, aus der hervorgeht, dass der Antragsgegner mit der Entscheidung eindeutig einverstanden ist.

1 Abschnitt 3 (Art. 37 – 39) enthält gemeinsame Bestimmungen sowohl für das Verfahren der Anerkennung als auch der Vollstreckbarerklärung. Art. 37 nennt die vorzulegenden Urkunden, nämlich eine Ausfertigung der Entscheidung (keine Kopie oder Abschrift, NK-BGB/*Andrae* Art. 37 EheVO Rn. 2), die die für ihre Beweiskraft erforderlichen Voraussetzungen erfüllt (Abs. 1 Buchst. a)) und die Bescheinigung nach Art. 39 (Abs. 1 Buchst. b)).

2 Zusätzliche Anforderungen bestehen für im Versäumnisverfahren, auf das sich der Antragsgegner nicht eingelassen hat, ergangene Entscheidungen. Hier bedarf es eines Zustellungsnachweises, dass das verfahrenseinleitende Schriftstück oder ein gleichwertiges Schriftstück der Partei, die sich nicht auf das Verfahren eingelassen hat, tatsächlich zugestellt wurde (Abs. 2 Buchst. a)). Es genügt auch eine formlose Urkunde aus der hervorgeht, dass der Antragsgegner mit der Entscheidung eindeutig einverstanden ist. (Abs. 2 Buchst. b)). Abs. 2 findet auf einstweilige Anordnungen ohne Anhörung des Antragsgegners keine Anwendung (OLG Stuttgart FamRZ 2014, 1567). Ähnliche Vorschriften finden sich in Art. 42 Brüssel Ia-VO und Art. 28 EuUntVO.

Art. 38 Brüssel IIa-VO Fehlen von Urkunden.

(1) Werden die in Artikel 37 Absatz 1 Buchstabe b) oder Absatz 2 aufgeführten Urkunden nicht vorgelegt, so kann das Gericht eine Frist setzen, innerhalb deren die Urkunden vorzulegen sind, oder sich mit gleichwertigen Urkunden begnügen oder von der Vorlage der Urkunden befreien, wenn es eine weitere Klärung nicht für erforderlich hält.
(2) Auf Verlangen des Gerichts ist eine Übersetzung der Urkunden vorzulegen. Die Übersetzung ist von einer hierzu in einem der Mitgliedstaaten befugten Person zu beglaubigen.

1 Bei Nichtvorlage der in Art. 37 Abs. 1 Buchst. b) oder Abs. 2 aufgeführten Urkunden kann das Gericht eine Frist setzen. Es kann sich aber auch mit gleichwertigen Urkunden begnügen oder von der ganz Vorlage befreien, wenn keine weitere Klärung erforderlich ist (Abs. 1). Auf Verlangen des Gerichts ist auch eine Übersetzung vorzulegen (Abs. 2). Eine ähnliche Vorschrift findet sich in Art. 29 EuUntVO.

Art. 39 Brüssel IIa-VO Bescheinigung bei Entscheidungen in Ehesachen und bei Entscheidungen über die elterliche Verantwortung.

Das zuständige Gericht oder die zuständige Behörde des Ursprungsmitgliedstaats stellt auf Antrag einer berechtigten Partei eine Bescheinigung unter Verwendung des Formblatts in Anhang I (Entscheidungen in Ehesachen) oder Anhang II (Entscheidungen über die elterliche Verantwortung) aus.

1 Die Bescheinigung soll die Anerkennung und Vollstreckung erleichtern. Zur Ausstellung der Bescheinigungen in Ehesachen (Formblatt Anhang I) und über die elterliche Verantwortung (Formblatt Anhang II) durch den Urkundsbeamten s. § 48 Abs. 1 IntFamRVG. Einer Übersetzung bedarf es nicht (OLG München FamRZ 2015, 777).

ABSCHNITT 4. Vollstreckbarkeit bestimmter Entscheidungen über das Umgangsrecht und bestimmter Entscheidungen, mit denen die Rückgabe des Kindes angeordnet wird

Art. 40 Brüssel IIa-VO Anwendungsbereich.

(1) Dieser Abschnitt gilt für
a) das Umgangsrecht
und
b) die Rückgabe eines Kindes infolge einer die Rückgabe des Kindes anordnenden Entscheidung gemäß Artikel 11 Absatz 8.

(2) Der Träger der elterlichen Verantwortung kann ungeachtet der Bestimmungen dieses Abschnitts die Anerkennung und Vollstreckung nach Maßgabe der Abschnitte 1 und 2 dieses Kapitels beantragen.

Abschnitt 4 (Art. 40 – 45) enthält Ausnahmevorschriften für das Umgangsrecht und die Kindesrückgabe. Die Brüssel IIa-VO will dem Kind den Kontakt zu allen Trägern elterlicher Verantwortung ermöglichen. Ferner soll in Fällen der Kindesentführung eine möglichst rasche und effektive Rückführung des Kindes stattfinden. Eine in einem Mitgliedstaat ergangene Entscheidung über das **Umgangsrecht** (vgl. Art. 2 Nr. 10) wird unmittelbar anerkannt und ist in einem anderen Mitgliedstaat vollstreckbar, sofern vom Gericht eine entsprechende Begleitbescheinigung ausgestellt wurde. Entsprechendes gilt nach Abs. 1 für eine Entscheidung über die **Rückgabe eines Kindes** (Art. 11 Abs. 8). 1

Das hindert den Träger elterlicher Verantwortung aber nicht, zwecks Anerkennung und Vollstreckung einer Entscheidung ein Exequaturverfahren nach den allgemeinen Regeln (Art. 21–27 sowie Art. 28 – 36) zu beantragen (Abs. 2). Die besonderen Regeln gelten auch nur für Entscheidungen, in denen das Umgangsrecht eingeräumt wird. Wird es verweigert, so kommen die allgemeinen Anerkennungsvorschriften zur Anwendung. 2

Art. 41 Brüssel IIa-VO Umgangsrecht.

(1) Eine in einem Mitgliedstaat ergangene vollstreckbare Entscheidung über das Umgangsrecht im Sinne des Artikels 40 Absatz 1 Buchstabe a), für die eine Bescheinigung nach Absatz 2 im Ursprungsmitgliedstaat ausgestellt wurde, wird in einem anderen Mitgliedstaat anerkannt und kann dort vollstreckt werden, ohne dass es einer Vollstreckbarerklärung bedarf und ohne dass die Anerkennung angefochten werden kann.

Auch wenn das nationale Recht nicht vorsieht, dass eine Entscheidung über das Umgangsrecht ungeachtet der Einlegung eines Rechtsbehelfs von Rechts wegen vollstreckbar ist, kann das Gericht des Ursprungsmitgliedstaats die Entscheidung für vollstreckbar erklären.

(2) Der Richter des Ursprungsmitgliedstaats stellt die Bescheinigung nach Absatz 1 unter Verwendung des Formblatts in Anhang III (Bescheinigung über das Umgangsrecht) nur aus, wenn

a) im Fall eines Versäumnisverfahrens das verfahrenseinleitende Schriftstück oder ein gleichwertiges Schriftstück der Partei, die sich nicht auf das Verfahren eingelassen hat, so rechtzeitig und in einer Weise zugestellt wurde, dass sie sich verteidigen konnte, oder wenn in Fällen, in denen bei der Zustellung des betreffenden Schriftstücks diese Bedingungen nicht eingehalten wurden, dennoch festgestellt wird, dass sie mit der Entscheidung eindeutig einverstanden ist;

b) alle betroffenen Parteien Gelegenheit hatten, gehört zu werden, und

c) das Kind die Möglichkeit hatte, gehört zu werden, sofern eine Anhörung nicht aufgrund seines Alters oder seines Reifegrads unangebracht erschien.

Das Formblatt wird in der Sprache ausgefüllt, in der die Entscheidung abgefasst ist.

(3) Betrifft das Umgangsrecht einen Fall, der bei der Verkündung der Entscheidung einen grenzüberschreitenden Bezug aufweist, so wird die Bescheinigung von Amts wegen ausgestellt, sobald die Entscheidung vollstreckbar oder vorläufig vollstreckbar wird. Wird der Fall erst später zu einem Fall mit grenzüberschreitendem Bezug, so wird die Bescheinigung auf Antrag einer der Parteien ausgestellt.

Das Verfahren nach Art. 21 ff. gilt generell auch für Entscheidungen über die elterliche Verantwortung sowie das Sorgerecht. Allerdings bedarf die **Entscheidung zum Umgangsrecht** (s. Art. 2 Nr. 10) keiner Vollstreckbarerklärung. Die Vorschriften für die Nichtanerkennung und die in Art. 23 enthaltenen Gründe sind nicht anwendbar. Stattdessen stellt das Ursprungsgericht eine Bescheinigung aus, die zusammen mit einer Abschrift der Entscheidung für eine unmittelbare Vollstreckung der Anordnung ausreicht. 1

Die **Anerkennung und Vollstreckung** setzt voraus, dass die ausländische Entscheidung nach erststaatlichem Recht vollstreckbar ist (Abs. 1 Unterabs. 1). Dafür genügt, dass die Vollstreckbarkeit im Erststaat erklärt wurde (Abs. 1 Unterabs. 2). Auch ein Zwangsgeld zur Durchsetzung des Umgangsrechts wird erfasst. Allerdings muss es bereits im Ursprungsmitgliedstaat endgültig gerichtlich festgesetzt worden sein (EuGH FamRZ 2015, 1866). Ausschließlich zuständig für die Zwangsvollstreckung ist das FamG (§ 10 IntFamRVG). 2

3 Der Richter des Ursprungsmitgliedstaats stellt die **Bescheinigung** unter Verwendung des Formblatts in Anhang III in der Sprache aus, in der die Entscheidung abgefasst ist (Abs. 2 Satz 1, 2). Erforderlich sind Zustellung oder Einverständnis (Abs. 2 Satz 1 Buchst. a)), die Gewährung rechtlichen Gehörs (Abs. 2 Satz 1 Buchst. b)) sowie die Anhörung des Kindes (Abs. 2 Satz 1 Buchst. c)). Der Richter stellt die Bescheinigung v.A.w. (Abs. 3 Satz 1) oder auf Antrag (Abs. 3 Satz 2) aus. Die Bescheinigung enthält auch praktische Informationen, welche die Vollstreckung der Entscheidung erleichtern sollen. Die Gesamtheit der in der Bescheinigung genannten Verpflichtungen bezüglich des Umgangsrechts ist grds. unmittelbar vollstreckbar. Ohne Bescheinigung nach Art. 41 kommt eine unmittelbare Vollstreckung nicht in Betracht. – Zur Ausstellung der Bescheinigung durch den Familienrichter bzw. den Richter der höheren Instanz s. § 48 Abs. 2 IntFamRVG.

Art. 42 Brüssel IIa-VO Rückgabe des Kindes.

(1) Eine in einem Mitgliedstaat ergangene vollstreckbare Entscheidung über die Rückgabe des Kindes im Sinne des Artikels 40 Absatz 1 Buchstabe b), für die eine Bescheinigung nach Absatz 2 im Ursprungsmitgliedstaat ausgestellt wurde, wird in einem anderen Mitgliedstaat anerkannt und kann dort vollstreckt werden, ohne dass es einer Vollstreckbarerklärung bedarf und ohne dass die Anerkennung angefochten werden kann.
Auch wenn das nationale Recht nicht vorsieht, dass eine in Artikel 11 Absatz 8 genannte Entscheidung über die Rückgabe des Kindes ungeachtet der Einlegung eines Rechtsbehelfs von Rechts wegen vollstreckbar ist, kann das Gericht des Ursprungsmitgliedstaats die Entscheidung für vollstreckbar erklären.
(2) Der Richter des Ursprungsmitgliedstaats, der die Entscheidung nach Artikel 40 Absatz 1 Buchstabe b) erlassen hat, stellt die Bescheinigung nach Absatz 1 nur aus, wenn
  a) das Kind die Möglichkeit hatte, gehört zu werden, sofern eine Anhörung nicht aufgrund seines Alters oder seines Reifegrads unangebracht erschien,
  b) die Parteien die Gelegenheit hatten, gehört zu werden, und
  c) das Gericht beim Erlass seiner Entscheidung die Gründe und Beweismittel berücksichtigt hat, die der nach Artikel 13 des Haager Übereinkommens von 1980 ergangenen Entscheidung zugrunde liegen.
Ergreift das Gericht oder eine andere Behörde Maßnahmen, um den Schutz des Kindes nach seiner Rückkehr in den Staat des gewöhnlichen Aufenthalts sicherzustellen, so sind diese Maßnahmen in der Bescheinigung anzugeben.
Der Richter des Ursprungsmitgliedstaats stellt die Bescheinigung von Amts wegen unter Verwendung des Formblatts in Anhang IV (Bescheinigung über die Rückgabe des Kindes) aus.
Das Formblatt wird in der Sprache ausgefüllt, in der die Entscheidung abgefasst ist.

1 **A. Allgemeines.** Das Verfahren nach Art. 21 ff. gilt generell für Entscheidungen über die elterliche Verantwortung wie das Sorgerecht. Entscheidungen sind aber nach Art. 42 bei Kindesrückgabe unter erleichterten Bedingungen ohne Exequaturverfahren vollstreckbar. Geregelt wird ferner eine Bescheinigung zur Vollstreckung einer Rückgabeanordnung. Dies gilt aber nur nach einem erfolglosen HKÜ-Verfahren (OLG München FamRZ 2015, 777, 778 zust. Anm. *Dutta*).

2 **B. Rückgabe des Kindes.** Eine vollstreckbare Entscheidung über die Rückgabe des Kindes i.S.d. Art. 40 Abs. 1 Buchst. b), für die eine Bescheinigung nach Abs. 2 im Ursprungsmitgliedstaat ausgestellt wurde, bedarf keiner Vollstreckbarerklärung; die Anerkennung kann nicht »angefochten« werden (Abs. 1). Die Anerkennungshindernisse des Art. 23 kommen nicht zur Anwendung. Der Vollstreckungsgläubiger kann aber wählen, ob er das Vollstreckungsverfahren unter Berufung auf die Bescheinigung oder das allgemeine Vollstreckbarerklärungsverfahren nach Art. 28 ff. betreiben will (*Schulz* FamRZ 2008, 1734). Eine nach Entscheidungserlass eingetretene Änderung der Umstände muss vor dem Gericht des Ursprungsstaates (ggf. durch einen Antrag auf Aussetzung der Vollstreckung) geltend gemacht werden (EuGH FamRZ 2010, 1229, 123). Ggf. hat eine Vollstreckbarerklärung nach Unterabs. 2 zu erfolgen. Zur ausschließlichen örtlichen Zuständigkeit des FamG für die Zwangsvollstreckung s. §§ 12, 10 erster Spiegelstrich IntFamRVG.

3 **C. Bescheinigung zur Vollstreckung einer Rückgabeanordnung. I. Bescheinigung.** Für die Ausstellung *der Bescheinigung zur Vollstreckung einer Rückgabeanordnung* ist der Familienrichter bzw. der Richter der höheren Instanz zuständig (§ 48 Abs. 2 IntFamRVG). Das Formblatt dafür nach Anhang IV (Abs. 2 Unterabs. 2) wird in der Sprache ausgefüllt, in der die Entscheidung abgefasst ist (Abs. 2 Unterabs. 3). Im Vollstreckungsstaat darf nicht überprüft werden, ob die Bescheinigung zu Recht ausgestellt wurde (*Rausch* FuR 2005, 112, 115; *Schulz* FPR 2004, 299, 304 und FamRZ 2008, 1734). Das Gericht des Vollstreckungsstaates ist nicht berechtigt, eine Bescheinigung nach Art. 42 nicht zu beachten, wenn ersichtlich ist, dass vor Erlass einer Entscheidung auf Rückgabe eines i. S. v. Art. 11 entführten Kindes eine Kindesanhörung nicht stattgefunden hat, obwohl das Ursprungsgericht eine solche bestätigt (EuGH FamRZ 2011, 355 m. Anm. *Schulz*).

II. Einzelne Angaben. Die Bescheinigung, die zur Vollstreckung einer Entscheidung, mit der nach Art. 11 Abs. 8 die Rückgabe des Kindes nach einer widerrechtlichen Verbringung angeordnet wird, auszustellen ist, muss eine Reihe von Angaben enthalten: Anhörung des Kindes (Abs. 2 Satz 1 Buchst. a)), Möglichkeit des Gehörs für alle betroffenen Parteien (Abs. 2 Satz 1 Buchst. b)), rechtzeitige Zustellung des verfahrenseinleitenden Schriftstücks. Wurde den Verfahrensgarantien nicht entsprochen, so kann die Entscheidung nicht unmittelbar vollstreckt werden. Vorgeschrieben ist auch eine Berücksichtigung der Gründe und Beweismittel nach Art. 13 HKÜ (Abs. 2 Satz 1 Buchst. c)). 4

Art. 43 Brüssel IIa-VO Klage auf Berichtigung. (1) Für Berichtigungen der Bescheinigung ist das Recht des Ursprungsmitgliedstaats maßgebend.
(2) Gegen die Ausstellung einer Bescheinigung gemäß Artikel 41 Absatz 1 oder Artikel 42 Absatz 1 sind keine Rechtsbehelfe möglich.

Gegen die Ausstellung einer Bescheinigung für eine Umgangs- oder Rückgabeentscheidung steht kein Rechtsbehelf zur Verfügung (NK-BGB/*Benicke* Art. 43 EheVO Rn. 5). Nur eine Berichtigung der Bescheinigung nach dem Recht des Ursprungsmitgliedstaates ist möglich (Abs. 1). § 49 IntFamRVG ordnet an, dass § 319 ZPO entsprechend gilt. Nur offenbare Unrichtigkeiten können berichtigt werden (AG Augsburg FamRZ 2014, 417). 1

Art. 44 Brüssel IIa-VO Wirksamkeit der Bescheinigung. Die Bescheinigung ist nur im Rahmen der Vollstreckbarkeit des Urteils wirksam.

Die Bescheinigung entfaltet nur soweit Wirkungen, als die Vollstreckbarkeit des Urteils reicht. 1

Art. 45 Brüssel IIa-VO Urkunden. (1) Die Partei, die die Vollstreckung einer Entscheidung erwirken will, hat Folgendes vorzulegen:
a) eine Ausfertigung der Entscheidung, die die für ihre Beweiskraft erforderlichen Voraussetzungen erfüllt,
und
b) die Bescheinigung nach Artikel 41 Absatz 1 oder Artikel 42 Absatz 1.
(2) Für die Zwecke dieses Artikels
– wird der Bescheinigung gemäß Artikel 41 Absatz 1 eine Übersetzung der Nummer 12 betreffend die Modalitäten der Ausübung des Umgangsrechts beigefügt;
– wird der Bescheinigung gemäß Artikel 42 Absatz 1 eine Übersetzung der Nummer 14 betreffend die Einzelheiten der Maßnahmen, die ergriffen wurden, um die Rückgabe des Kindes sicherzustellen, beigefügt.
Die Übersetzung erfolgt in die oder in eine der Amtssprachen des Vollstreckungsmitgliedstaats oder in eine andere von ihm ausdrücklich zugelassene Sprache. Die Übersetzung ist von einer hierzu in einem der Mitgliedstaaten befugten Person zu beglaubigen.

Die Partei, die die Vollstreckung nach Art. 40 Abs. 1 i.V.m. Art. 47 erwirken will, muss eine Abschrift der Entscheidung (vgl. Art. 2 Nr. 4) und der Bescheinigung nach Art. 41 oder 42 in der Sprache, in der die Ent- 1 scheidung abgefasst ist, vorlegen. Die Vorschrift entspricht Art. 28 EuUntVO sowie teilweise Art. 46 Abs. 3 EuErbVO

2 Vorzulegen ist eine **Ausfertigung der Entscheidung**, die die für ihre Beweiskraft erforderlichen Voraussetzungen erfüllt (Abs. 1 Buchst. a)). Eine bloße Abschrift oder Kopie genügt nicht (Thomas/Putzo/*Hüßtege* Art. 45 Brüssel IIa-VO Rn. 2).

3 Ferner ist eine **Bescheinigung** nach Art. 41 Abs. 1 (Umgangsrecht; Formblatt nach Anh. 3) oder Art. 42 Abs. 1 (Rückgabe des Kindes; Formblatt nach Anh. 4) vorzulegen (Abs. 1 Buchst. b)). Mit Ausnahme von Punkt 12 des Formblatts, der die praktischen Vereinbarungen für die Ausübung des Umgangsrechts betrifft, braucht die Bescheinigung nicht übersetzt zu werden (Abs. 2 Spiegelstrich 1). Das gleiche gilt für die Modalitäten der Rückgabe des Kindes nach Punkt 14 des Formblatts (Abs. 2 Spiegelstrich 2). Die Anforderungen an die Übersetzung in eine Amtssprache des Mitgliedstaats werden in Unterabs. 2 geregelt.

4 Die zuständigen Vollstreckungsorgane des Vollstreckungsstaates **prüfen** die vorgelegten Dokumente nur daraufhin, ob die Bescheinigung den Anforderungen der VO genügt. Eine eigenständige inhaltliche Prüfung, ob die Bescheinigung zu Recht erteilt wurde, dürfen sie nicht vornehmen (Saenger/*Dörner* Art. 45 EheGVVO Rn. 4).

ABSCHNITT 5. Öffentliche Urkunden und Vereinbarungen

Art. 46 Brüssel IIa-VO
Öffentliche Urkunden, die in einem Mitgliedstaat aufgenommen und vollstreckbar sind, sowie Vereinbarungen zwischen den Parteien, die in dem Ursprungsmitgliedstaat vollstreckbar sind, werden unter denselben Bedingungen wie Entscheidungen anerkannt und für vollstreckbar erklärt.

1 Art. 46 bewirkt durch die Verweisung auf die Art. 21 ff. (Anerkennung) und Art. 28 ff. (Vollstreckbarerklärung) eine **Gleichstellung der vollstreckbaren Titel**. Die Vorschrift entspricht z.T. Art. 58 Brüssel Ia-VO, teilweise dem Art. 48 EuUntVO und den differenzierenden Art. 59 ff. EuErbVO.

2 In einem Mitgliedstaat aufgenommene vollstreckbare **öffentliche Urkunden** und Vereinbarungen, die im Ursprungsmitgliedstaat vollstreckbar sind, werden in einem anderen Mitgliedstaat wie Entscheidungen anerkannt und für vollstreckbar erklärt. Die »öffentliche Urkunde« wird in Art. 2 Buchst. a Brüssel Ia-VO, Art. 2 Abs. 3 EuUntVO sowie Art. 3 Abs. 1 Buchst. i EuErbVO definiert. Danach geht es um ein Schriftstück, das im Ursprungsmitgliedstaat förmlich errichtet oder eingetragen worden ist und dessen Beweiskraft sich auf die Unterschrift sowie den Inhalt der Urkunde bezieht und durch eine Behörde oder eine andere hierzu ermächtigte Stelle festgestellt worden ist. Davon kann man auch hier ausgehen. Hierzu gehören bspw. notarielle Urkunden oder in öffentliche Register eingetragene Urkunden.

3 Gerichtliche Vergleiche sind nicht gesondert geregelt, können aber unter Art. 46 fallen (Thomas/Putzo/*Hüßtege* Art. 46 Brüssel IIa-VO Rn. 2). Auch **Vereinbarungen**, die im Ursprungsmitgliedstaat vollstreckbar sind, werden wie Entscheidungen anerkannt und für vollstreckbar erklärt. Dabei ist es ohne Bedeutung, ob es sich um eine private Vereinbarung zwischen den Parteien oder um eine vor einer Behörde getroffene Vereinbarung handelt (NK-BGB/*Andrae* Art. 46 EheVO Rn. 8). Eine besondere Form wird nicht verlangt.

ABSCHNITT 6. Sonstige Bestimmungen

Art. 47 Brüssel IIa-VO
Vollstreckungsverfahren. (1) Für das Vollstreckungsverfahren ist das Recht des Vollstreckungsmitgliedstaats maßgebend.
(2) Die Vollstreckung einer von einem Gericht eines anderen Mitgliedstaats erlassenen Entscheidung, die gemäß Abschnitt 2 für vollstreckbar erklärt wurde oder für die eine Bescheinigung nach Artikel 41 Absatz 1 oder Artikel 42 Absatz 1 ausgestellt wurde, erfolgt im Vollstreckungsmitgliedstaat unter denselben Bedingungen, die für in diesem Mitgliedstaat ergangene Entscheidungen gelten.

Insbesondere darf eine Entscheidung, für die eine Bescheinigung nach Artikel 41 Absatz 1 oder Artikel 42 Absatz 1 ausgestellt wurde, nicht vollstreckt werden, wenn sie mit einer später ergangenen vollstreckbaren Entscheidung unvereinbar ist.

Das Vollstreckungsverfahren unterliegt dem nationalen Recht (Abs. 1). Die Vorschrift entspricht Art. 41 EuUntVO, Abs. 1 entspricht Art. 46 EuErbVO. Örtlich ausschließlich zuständig ist das FamG (§§ 10, 12 IntFamRVG), zur Verfahrensordnung § 14 IntFamRVG, Ordnungsmittel § 44 IntFamRVG.

Die Tatsache, dass eine Entscheidung für vollstreckbar erklärt wurde oder nach Art. 41, 42 unmittelbar anerkannt und in einem anderen Mitgliedstaat vollstreckt werden kann, bedeutet, dass sie wie eine »nationale« Entscheidung anzuerkennen und unter den gleichen Bedingungen wie eine in diesem Mitgliedstaat ergangene Entscheidung zu vollstrecken ist (Abs. 2 Unterabs. 1). Die Vollstreckung kann nicht unter Hinweis auf spätere, dem Kindeswohl widersprechende Veränderungen verweigert werden. Für eine Abänderung der Entscheidung und ggf. auch eine Aussetzung der Vollstreckung bleibt das Gericht des Ursprungslands zuständig (EuGH FamRZ 2010, 1229 Anm. *Schulz* – *Povse*).

Später ergangene Entscheidungen des Ursprungsmitgliedstaates können der Vollstreckung entgegenstehen (EuGH FamRZ 2010, 1229 Anm. *Schulz* – *Povse*). Eine nach Art. 41 Abs. 1 oder Art. 42 Abs. 1 bescheinigte Umgangs- oder Rückgabeentscheidung kann nicht vollstreckt werden, wenn sie mit einer später ergangenen vollstreckbaren Entscheidung unvereinbar ist (Abs. 2 Unterabs. 2).

Art. 48 Brüssel IIa-VO Praktische Modalitäten der Ausübung des Umgangsrechts.

(1) Die Gerichte des Vollstreckungsmitgliedstaats können die praktischen Modalitäten der Ausübung des Umgangsrechts regeln, wenn die notwendigen Vorkehrungen nicht oder nicht in ausreichendem Maße bereits in der Entscheidung der für die Entscheidung der in der Hauptsache zuständigen Gerichte des Mitgliedstaats getroffen wurden und sofern der Wesensgehalt der Entscheidung unberührt bleibt.
(2) Die nach Absatz 1 festgelegten praktischen Modalitäten treten außer Kraft, nachdem die für die Entscheidung in der Hauptsache zuständigen Gerichte des Mitgliedstaats eine Entscheidung erlassen haben.

Die Vollstreckung kann erschwert bzw. unmöglich sein, wenn die Entscheidung die Einzelheiten der Umgangsrechtsausübung nur unzureichend regelt. Das Gericht des Vollstreckungsmitgliedstaats darf daher die praktischen Modalitäten der Ausübung (z.B. Zeitpunkt, Ort, Abholen und Bringen) festlegen, sofern der Wesensgehalt der Entscheidung unberührt bleibt (Abs. 1). Nach §§ 10, 12 IntFamRVG besteht eine ausschließliche, örtliche Zuständigkeit. Allerdings wird das Vollstreckungsgericht nicht zum für die Hauptsache zuständigen Gericht. Die nach Abs. 1 festgelegten Modalitäten treten außer Kraft, sobald ein für die Hauptsache zuständiges Gericht eine Entscheidung erlassen hat (Abs. 2).

Art. 49 Brüssel IIa-VO Kosten.

Die Bestimmungen dieses Kapitels mit Ausnahme der Bestimmungen des Abschnitts 4 gelten auch für die Festsetzung der Kosten für die nach dieser Verordnung eingeleiteten Verfahren und die Vollstreckung eines Kostenfestsetzungsbeschlusses.

Kostenfestsetzungsbeschlusse können nach Art. 21 ff. anerkannt und nach Art. 28 ff. (mit Ausnahme der Art. 40 – 45) für vollstreckbar erklärt werden. Dies gilt sowohl für Kostengrund- als auch für Kostenhöheentscheidungen (vgl. BGH NJW 2005, 3424). Nicht erfasst werden aber Gerichtskostenrechnungen (NK-BGB/*Andrae* Art. 49 EheVO Rn. 2). Im Verfahren der Vollstreckbarerklärung kann eine Konkretisierung bezüglich der Höhe der Kosten oder der Zinsen erfolgen (Thomas/Putzo/*Hüßtege* Art. 49 Brüssel IIa-VO Rn. 2).

Art. 50 Brüssel IIa-VO Prozesskostenhilfe.

Wurde dem Antragsteller im Ursprungsmitgliedstaat ganz oder teilweise Prozesskostenhilfe oder Kostenbefreiung gewährt, so genießt er in dem Verfahren nach den Artikeln 21, 28, 41, 42 und 48 hinsichtlich der Prozesskostenhilfe oder der Kostenbefreiung die günstigste Behandlung, die das Recht des Vollstreckungsmitgliedstaats vorsieht.

Anhang I

1 Der ASt des Exequaturverfahrens hat Anspruch auf Prozesskostenhilfe, wenn ihm diese im Ursprungsmitgliedstaat gewährt wurde (Nachweis nach Art. 39). Der ASt kann auch von der Zentralen Behörden unterstützt werden (vgl. Art. 55 Buchst. b)). Eine ähnliche Bestimmung enthält Art. 56 EuErbVO.

Art. 51 Brüssel IIa-VO
Sicherheitsleistung, Hinterlegung. Der Partei, die in einem Mitgliedstaat die Vollstreckung einer in einem anderen Mitgliedstaat ergangenen Entscheidung beantragt, darf eine Sicherheitsleistung oder Hinterlegung, unter welcher Bezeichnung es auch sei, nicht aus einem der folgenden Gründe auferlegt werden:
a) weil sie in dem Mitgliedstaat, in dem die Vollstreckung erwirkt werden soll, nicht ihren gewöhnlichen Aufenthalt hat, oder
b) weil sie nicht die Staatsangehörigkeit dieses Staates besitzt oder, wenn die Vollstreckung im Vereinigten Königreich oder in Irland erwirkt werden soll, ihr »domicile« nicht in einem dieser Mitgliedstaaten hat.

1 Einschränkende Bestimmungen über die Auferlegung einer Sicherheitsleistung und Hinterlegung enthalten aber Art. 56 Brüssel Ia-VO, Art. 57 EuErbVO.

Art. 52 Brüssel IIa-VO
Legalisation oder ähnliche Förmlichkeit. Die in den Artikeln 37, 38 und 45 aufgeführten Urkunden sowie die Urkunde über die Prozessvollmacht, falls eine solche erteilt wird, bedürfen weder der Legalisation noch einer ähnlichen Förmlichkeit.

1 Für Urkunden in Bezug auf die Anerkennung und Vollstreckung von Entscheidungen in Ehesachen und bezüglich der elterlichen Verantwortung einschließlich Urteilen oder Bescheinigungen ist keine förmliche Legalisation erforderlich. Genannt werden Art. 37, 38 (Anerkennungs- und Vollstreckungsverfahren) und 45 (Bescheinigung über die Umgangs- und Rückgabeentscheidung). Gleiches gilt für die Prozessvollmacht. Dies gilt nicht nur für Anerkennungs- und Vollstreckungsverfahren, sondern auch für die Beischreibung in Personenstandsbüchern (MüKoFamFG/*Gottwald* Art. 52 Brüssel IIa-VO Rn. 3). Die Vorschrift geht § 438 Abs. 2 ZPO vor und entspricht Art. 61 Brüssel Ia-VO, Art. 65 EuUntVO sowie Art. 74 EuErbVO. Die ausländische öffentliche Urkunde ist einer inländischen gleichgestellt; es gilt die Vermutung ihrer Echtheit (§ 437 Abs. 1 ZPO; NK-BGB/*Benicke* Art. 52 EheVO Rn. 1).

KAPITEL IV. ZUSAMMENARBEIT ZWISCHEN DEN ZENTRALEN BEHÖRDEN BEI VERFAHREN BETREFFEND DIE ELTERLICHE VERANTWORTUNG

Art. 53 Brüssel IIa-VO
Bestimmung der Zentralen Behörden. Jeder Mitgliedstaat bestimmt eine oder mehrere Zentrale Behörden, die ihn bei der Anwendung dieser Verordnung unterstützen, und legt ihre räumliche oder sachliche Zuständigkeit fest. Hat ein Mitgliedstaat mehrere Zentrale Behörden bestimmt, so sind die Mitteilungen grundsätzlich direkt an die zuständige Zentrale Behörde zu richten. Wurde eine Mitteilung an eine nicht zuständige Zentrale Behörde gerichtet, so hat diese die Mitteilung an die zuständige Zentrale Behörde weiterzuleiten und den Absender davon in Kenntnis zu setzen.

1 Kapitel 4 (Art. 53 – 58) betrifft Zentrale Behörden. Zentrale Behörde ist in Deutschland das **Bundesamt für Justiz** (§ 3 Nr. 1 IntFamRVG; https://www.bundesjustizamt.de), s. Anh. IV. Die Zentralen Behörden anderer Länder können über den Europäischen Gerichtsatlas für Zivilsachen (»Entscheidungen in Ehesachen und in Verfahren betreffend die elterliche Verantwortung«) ermittelt werden (http://ec.europa.eu/justice_home/judicialatlascivil/html/mo_centralauthorities_de.htm). Art. 53 entspricht Art. 49 EuUntVO.

Art. 54 Brüssel IIa-VO Allgemeine Aufgaben.
Die Zentralen Behörden stellen Informationen über nationale Rechtsvorschriften und Verfahren zur Verfügung und ergeifen Maßnahmen, um die Durchführung dieser Verordnung zu verbessern und die Zusammenarbeit untereinander zu stärken. Hierzu wird das mit der Entscheidung 2001/470/EG eingerichtete Europäische Justizielle Netz für Zivil- und Handelssachen genutzt.

Zu den allgemeinen Aufgaben gehört, dass Informationen im **Europäischen Justiziellen Netz** für Zivil- 1
und Handelssachen bereitgestellt werden (s. http://ec.europa.eu/civiljustice/). Weitere Informationen sind zugänglich über die **Bundeskontaktstelle im Europäischen Justiziellen Netz** für Zivil- und Handelssachen (https://www.bundesjustizamt.de/DE/Themen/Gerichte_Behoerden/EJNZH/EJN_node.html).

Art. 55 Brüssel IIa-VO Zusammenarbeit in Fällen, die speziell die elterliche Verantwortung betreffen.
Die Zentralen Behörden arbeiten in bestimmten Fällen auf Antrag der Zentralen Behörde eines anderen Mitgliedstaats oder des Trägers der elterlichen Verantwortung zusammen, um die Ziele dieser Verordnung zu verwirklichen. Hierzu treffen sie folgende Maßnahmen im Einklang mit den Rechtsvorschriften dieses Mitgliedstaats, die den Schutz personenbezogener Daten regeln, direkt oder durch Einschaltung anderer Behörden oder Einrichtungen:
a) Sie holen Informationen ein und tauschen sie aus über
   i) die Situation des Kindes,
   ii) laufende Verfahren oder
   iii) das Kind betreffende Entscheidungen.
b) Sie informieren und unterstützen die Träger der elterlichen Verantwortung, die die Anerkennung und Vollstreckung einer Entscheidung, insbesondere über das Umgangsrecht und die Rückgabe des Kindes, in ihrem Gebiet erwirken wollen.
c) Sie erleichtern die Verständigung zwischen den Gerichten, insbesondere zur Anwendung des Artikels 11 Absätze 6 und 7 und des Artikels 15.
d) Sie stellen alle Informationen und Hilfen zur Verfügung, die für die Gerichte für die Anwendung des Artikels 56 von Nutzen sind.
e) Sie erleichtern eine gütliche Einigung zwischen den Trägern der elterlichen Verantwortung durch Mediation oder auf ähnlichem Wege und fördern hierzu die grenzüberschreitende Zusammenarbeit.

Art. 55 enthält einen Katalog von Maßnahmen und Tätigkeiten der Zentralen Behörde. Dazu gehört auch 1
Buchst. e), wonach die Zentralen Behörden eine gütliche Einigung erleichtern sollen. Einzelheiten sind in §§ 4 – 7 IntFamRVG geregelt.

Art. 56 Brüssel IIa-VO Unterbringung des Kindes in einem anderen Mitgliedstaat.
(1) Erwägt das nach den Artikeln 8 bis 15 zuständige Gericht die Unterbringung des Kindes in einem Heim oder in einer Pflegefamilie und soll das Kind in einem anderen Mitgliedstaat untergebracht werden, so zieht das Gericht vorher die Zentrale Behörde oder eine andere zuständige Behörde dieses Mitgliedstaats zurate, sofern in diesem Mitgliedstaat für die innerstaatlichen Fälle der Unterbringung von Kindern die Einschaltung einer Behörde vorgesehen ist.
(2) Die Entscheidung über die Unterbringung nach Absatz 1 kann im ersuchenden Mitgliedstaat nur getroffen werden, wenn die zuständige Behörde des ersuchten Staates dieser Unterbringung zugestimmt hat.
(3) Für die Einzelheiten der Konsultation bzw. der Zustimmung nach den Absätzen 1 und 2 gelten das nationale Recht des ersuchten Staates.
(4) Beschließt das nach den Artikeln 8 bis 15 zuständige Gericht die Unterbringung des Kindes in einer Pflegefamilie und soll das Kind in einem anderen Mitgliedstaat untergebracht werden und ist in diesem Mitgliedstaat für die innerstaatlichen Fälle der Unterbringung von Kindern die Einschaltung einer Behörde nicht vorgesehen, so setzt das Gericht die Zentrale Behörde oder eine zuständige Behörde dieses Mitgliedstaats davon in Kenntnis.

Anhang I Brüssel IIa-VO

1 **A. Allgemeines.** Art. 56 betrifft das Konsultationsverfahren bei der grenzüberschreitenden Unterbringung von Kindern in Pflegefamilien und Heimen. Dabei geht es um die Einschaltung der Behörden der Mitgliedstaaten und Zustimmungen. Die Einzelheiten werden in §§ 45 ff. IntFamRVG geregelt.

2 **B. Zustimmung.** Beabsichtigen deutsche Gerichte oder Behörden (Jugendämter) die Unterbringung eines Kindes in einem Heim oder einer Pflegefamilie **in einem anderen EU-Staat** (mit Ausnahme Dänemarks), so benötigen sie u.U. die vorherige Zustimmung der zuständigen Behörden dieses Staates (Abs. 1). Ist die Unterbringung in einem KSÜ-Vertragsstaat geplant, der nicht der EU angehört oder in Dänemark, ist in jedem Fall eine vorherige Zustimmung erforderlich (Art. 33 KSÜ). Eine Reihe von EU-Staaten sieht auch die **Gewährung von Leistungen der Jugendhilfe** nach SGB VIII (z.B. Hilfe zur Erziehung nach §§ 27 ff.) als »Entscheidung« i.S. d. Brüssel IIa-VO an (näher BfJ-Merkblatt unter https://www.bundesjustizamt.de). Damit ist für solche Leistungen die in diesen Ländern gewährt werden sollen, ein Konsultations- und Zustimmungsverfahren erforderlich. In Luxemburg und Malta genügt bei Unterbringung durch deutsche Jugendämter eine bloße Mitteilung nach Abs. 4 (näher BfJ-Merkblatt unter https://www.bundesjustizamt.de/). In Polen ist eine solche Mitteilung nicht erforderlich.

3 Behörden und Gerichte anderer EU-Staaten (außer Dänemark), die ein Kind **in Deutschland unterbringen** möchten, müssen i.d.R. vor der Unterbringung ebenfalls das Konsultationsverfahren nach Art. 56 durchführen. Geht die Unterbringung von einem nicht der EU angehörenden KSÜ-Vertragsstaat aus, ist in jedem Fall eine vorherige Zustimmung erforderlich (Art. 33 KSÜ). Zur Genehmigung s. § 47 Abs. 2 IntFamRVG.

4 Die **Zustimmung** gem. Abs. 2 ist vor Erlass der Unterbringungsentscheidung einer eines Kindes von einer zuständigen Behörde zu erteilen. Die Zustimmung des Heims, in dem das Kind untergebracht werden soll, genügt nicht. Ist sich das die Unterbringung anordnende Gericht nicht sicher, ob eine Zustimmung wirksam erteilt worden ist, so ist eine Heilung zulässig. Die zwangsweise Unterbringung in einem geschlossenen Heim muss vor ihrer Vollstreckung im ersuchten Mitgliedstaat für vollstreckbar erklärt werden. Dagegen eingelegte Rechtsbehelfe dürfen – so der EuGH – keine aufschiebende Wirkung haben. Dem entspricht § 22 Abs. 2 IntFamRVG. Die Zustimmung zu einer Unterbringung gem. Abs. 2 gilt, wenn sie für eine bestimmte Dauer erteilt worden ist, nicht für eine Verlängerung. Vielmehr muss um eine neue Zustimmung ersucht werden. Eine in einem Mitgliedstaat ergangene für vollstreckbar erklärte Unterbringungsentscheidung kann nur für den in der Unterbringungsentscheidung angegebenen Zeitraum vollstreckt werden (EuGH FamRZ 2012, 1466 m. Aufs. *Pirrung* IPRax 2013, 404).

5 **C. Verfahren der Konsultation und Zustimmung.** Für die Einzelheiten der Konsultation bzw. der Zustimmung nach den Abs. 1 und 2 gilt das nationale Recht des ersuchten Staates (Abs. 3).

6 **D. Bloße Mitteilung.** Ist keine Einschaltung einer Behörde vorgesehen, so ist eine Mitteilung erforderlich (Abs. 4).

Art. 57 Brüssel IIa-VO

Arbeitsweise. (1) Jeder Träger der elterlichen Verantwortung kann bei der Zentralen Behörde des Mitgliedstaats, in dem er seinen gewöhnlichen Aufenthalt hat, oder bei der Zentralen Behörde des Mitgliedstaats, in dem das Kind seinen gewöhnlichen Aufenthalt hat oder in dem es sich befindet, einen Antrag auf Unterstützung gemäß Artikel 55 stellen. Dem Antrag werden grundsätzlich alle verfügbaren Informationen beigefügt, die die Ausführung des Antrags erleichtern können. Betrifft dieser Antrag die Anerkennung oder Vollstreckung einer Entscheidung über die elterliche Verantwortung, die in den Anwendungsbereich dieser Verordnung fällt, so muss der Träger der elterlichen Verantwortung dem Antrag die betreffenden Bescheinigungen nach Artikel 39, Artikel 41 Absatz 1 oder Artikel 42 Absatz 1 beifügen.
(2) Jeder Mitgliedstaat teilt der Kommission die Amtssprache(n) der Organe der Gemeinschaft mit, die er außer seiner/seinen eigenen Sprache(n) für Mitteilungen an die Zentralen Behörden zulässt.
(3) Die Unterstützung der Zentralen Behörden gemäß Artikel 55 erfolgt unentgeltlich.
(4) Jede Zentrale Behörde trägt ihre eigenen Kosten.

1 Jeder Träger der elterlichen Verantwortung kann bei der Zentralen Behörde seines gewöhnlichen Aufenthalts hat, oder des Mitgliedstaats, in dem das Kind sich aufhält, einen Antrag auf Unterstützung gem. Art. 55 stellen (Abs. 1). Deutschland hat keine weiteren Sprachen zugelassen (Abs. 2). Für die **Tätigkeit der**

Zentralen Behörden werden in Verfahren nach der Brüssel II a-VO gem. Abs. 3 keine Gebühren erhoben (ebenso Art. 26 Abs. 1 HKÜ, Art. 5 Abs. 3 ESÜ).

Art. 58 Brüssel IIa-VO Zusammenkünfte. *(nicht abgedruckt)*

KAPITEL V. VERHÄLTNIS ZU ANDEREN RECHTSINSTRUMENTEN

Art. 59 Brüssel IIa-VO Verhältnis zu anderen Rechtsinstrumenten.
(1) Unbeschadet der Artikel 60, 61, 62 und des Absatzes 2 des vorliegenden Artikels ersetzt diese Verordnung die zum Zeitpunkt des Inkrafttretens dieser Verordnung bestehenden, zwischen zwei oder mehr Mitgliedstaaten geschlossenen Übereinkünfte, die in dieser Verordnung geregelte Bereiche betreffen.
(2) Finnland und Schweden können erklären, dass das Übereinkommen vom 6. Februar 1931 zwischen Dänemark, Finnland, Island, Norwegen und Schweden mit Bestimmungen des internationalen Verfahrensrechts über Ehe, Adoption und Vormundschaft einschließlich des Schlussprotokolls anstelle dieser Verordnung ganz oder teilweise auf ihre gegenseitigen Beziehungen anwendbar ist. Diese Erklärungen werden dieser Verordnung als Anhang beigefügt und im Amtsblatt der Europäischen Union veröffentlicht. Die betreffenden Mitgliedstaaten können ihre Erklärung jederzeit ganz oder teilweise widerrufen.
b) Der Grundsatz der Nichtdiskriminierung von Bürgern der Union aus Gründen der Staatsangehörigkeit wird eingehalten.
c) Die Zuständigkeitskriterien in künftigen Übereinkünften zwischen den in Buchstabe a) genannten Mitgliedstaaten, die in dieser Verordnung geregelte Bereiche betreffen, müssen mit den Kriterien dieser Verordnung im Einklang stehen.
d) Entscheidungen, die in einem der nordischen Staaten, der eine Erklärung nach Buchstabe a) abgegeben hat, aufgrund eines Zuständigkeitskriteriums erlassen werden, das einem der in Kapitel II vorgesehenen Zuständigkeitskriterien entspricht, werden in den anderen Mitgliedstaaten gemäß den Bestimmungen des Kapitels III anerkannt und vollstreckt.
(3) Die Mitgliedstaaten übermitteln der Kommission
a) eine Abschrift der Übereinkünfte sowie der einheitlichen Gesetze zur Durchführung dieser Übereinkünfte gemäß Absatz 2 Buchstaben a) und c),
b) jede Kündigung oder Änderung dieser Übereinkünfte oder dieser einheitlichen Gesetze.

Kapitel 5 (Art. 59 – 63) betrifft das Verhältnis zu anderen Rechtsinstrumenten. Grundsätzlich ersetzt die Brüssel IIa-VO die zum Zeitpunkt des Inkrafttretens der VO bestehenden, zwischen zwei oder mehr Mitgliedstaaten geschlossenen Übereinkünfte, die in der Brüssel IIa-VO geregelte Bereiche betreffen (Abs. 1). Ausgenommen davon sind besondere Bestimmungen, nämlich Art. 60 (bestimmte multilaterale Übk.), 61 (KSÜ), 62 (Fortbestand der Wirksamkeit) und des Art. 59 Abs. 2 (nordisches Übk.). Die Brüssel IIa-VO hat daher in ihren Anwendungsbereich auch Vorrang vor den deutsch-ausländischen bilateralen Abkommen. 1

Art. 60 Brüssel IIa-VO Verhältnis zu bestimmten multilateralen Übereinkommen.
Im Verhältnis zwischen den Mitgliedstaaten hat diese Verordnung vor den nachstehenden Übereinkommen insoweit Vorrang, als diese Bereiche betreffen, die in dieser Verordnung geregelt sind:
a) Haager Übereinkommen vom 5. Oktober 1961 über die Zuständigkeit der Behörden und das anzuwendende Recht auf dem Gebiet des Schutzes von Minderjährigen,
b) Luxemburger Übereinkommen vom 8. September 1967 über die Anerkennung von Entscheidungen in Ehesachen,

c) Haager Übereinkommen vom 1. Juni 1970 über die Anerkennung von Ehescheidungen und der Trennung von Tisch und Bett,
d) Europäisches Übereinkommen vom 20. Mai 1980 über die Anerkennung und Vollstreckung von Entscheidungen über das Sorgerecht für Kinder und die Wiederherstellung des Sorgeverhältnisses und
e) Haager Übereinkommen vom 25. Oktober 1980 über die zivilrechtlichen Aspekte internationaler Kindesentführung.

1 **A. Allgemeines.** Art. 60 klärt das Verhältnis zu einer Reihe multilateraler Übk. Im Verhältnis zwischen den Mitgliedstaaten hat die Brüssel IIa-VO vor den genannten Staatsverträgen insoweit Vorrang, als diese Bereiche betreffen, die in der Brüssel IIa-VO geregelt sind. Außerhalb des Anwendungsbereichs der Brüssel IIa-VO gelten die Staatsverträge jedoch weiter.

2 **B. Verhältnis zu bestimmten multilateralen Übereinkommen. I. Multilaterale Übereinkommen.** Im Verhältnis zwischen den Mitgliedstaaten hat die Brüssel IIa-VO vor den nachstehenden Übk. insoweit Vorrang, als diese Bereiche betreffen, die in der Brüssel IIa-VO geregelt sind. Dabei geht es um Ehesachen sowie die elterliche Verantwortung.

3 **II. Haager Minderjährigenschutzabkommen.** Für die elterliche Verantwortung besteht ein Vorrang vor dem Haager Minderjährigenschutzabkommen (MSA) vom 05.10.1961 (Buchst. a)). Zum MSA s. § 97 FamG Rdn. 28 f.

4 **III. Luxemburger Übereinkommen über die Anerkennung von Entscheidungen in Ehesachen.** Vorrang besteht auch vor dem Luxemburger Übk. über die Anerkennung von Entscheidungen in Ehesachen vom 08.09.1967 (Buchst. b)). Das ist für Deutschland, das nicht Vertragsstaat ist, ohne Bedeutung.

5 **IV. Haager Übereinkommen über die Anerkennung von Ehescheidungen.** Für die die Anerkennung von Ehescheidungen besteht Vorrang vor dem Haager Übk. über die Anerkennung von Ehescheidungen und der Trennung von Tisch und Bett vom 01.06.1970 (Buchst. c)). Das ist für Deutschland, das nicht Vertragsstaat ist, ohne Bedeutung.

6 **V. Europäisches Sorgerechtsübereinkommen.** Für Sorgerechtsentscheidungen, insbes. die Anerkennung und Vollstreckung besteht Vorrang vor dem Europäisches Übk. über die Anerkennung und Vollstreckung von Entscheidungen über das Sorgerecht für Kinder und die Wiederherstellung des Sorgeverhältnisses (ESÜ) vom 20.05.1980 (Buchst. d)). Zum ESÜ s. § 97 FamFG Rdn. 38. Siehe auch § 37 IntFamRVG.

7 **VI. Haager Kindesentführungsübereinkommen.** Das Haager Übk. über die zivilrechtlichen Aspekte internationaler Kindesentführung (HKÜ; erläutert in Anh. III) von 1980 wurde von allen EU-Staaten ratifiziert und gilt auch weiterhin. Allerdings wird das HKÜ bezüglich des Rückführungsverfahrens durch einige Bestimmungen der Brüssel IIa-VO ergänzt, die bei einem Aufenthalt des Kindes in einem Mitgliedstaat zur Anwendung kommen. Folglich hat die Brüssel IIa-VO für von der VO erfasste Bereiche Vorrang vor dem HKÜ (Buchst. e)). HKÜ und Brüssel IIa-VO zielen auf die sofortige Rückführung des Kindes in seinen Ursprungsmitgliedstaat ab. Wird ein Kind in einen anderen Mitgliedstaat entführt, so stellt die Brüssel IIa-VO sicher, dass die Zuständigkeit für die Sorgerechtsentscheidung ungeachtet der Entführung bei den Gerichten des Ursprungsmitgliedstaats verbleibt (Art. 10). Nachdem ein Rückgabeantrag bei einem Gericht im ersuchten Mitgliedstaat gestellt wurde, wendet dieses Gericht das HKÜ mit den Ergänzungen der Brüssel IIa-VO an (Art. 11).

Art. 61 Brüssel IIa-VO Verhältnis zum Haager Übereinkommen vom über die Zuständigkeit, das anzuwendende Recht, die Anerkennung, Vollstreckung und Zusammenarbeit auf dem Gebiet der elterlichen Verantwortung und der Maßnahmen zum Schutz von Kindern.

Im Verhältnis zum Haager Übereinkommen vom 19. Oktober 1996 über die Zuständigkeit, das anzuwendende Recht, die Anerkennung, Vollstreckung und Zusammenarbeit auf dem Gebiet der elterlichen Verantwortung und der Maßnahmen zum Schutz von Kindern ist diese Verordnung anwendbar,

a) wenn das betreffende Kind seinen gewöhnlichen Aufenthalt im Hoheitsgebiet eines Mitgliedstaats hat;
b) in Fragen der Anerkennung und der Vollstreckung einer von dem zuständigen Gericht eines Mitgliedstaats ergangenen Entscheidung im Hoheitsgebiet eines anderen Mitgliedstaats, auch wenn das betreffende Kind seinen gewöhnlichen Aufenthalt im Hoheitsgebiet eines Drittstaats hat, der Vertragspartei des genannten Übereinkommens ist.

Im Verhältnis zum am 01.11.2011 in Kraft getretenen KSÜ (erläutert in Anh. II) ist die Brüssel IIa-VO unter den Mitgliedstaaten (Art. 2 Nr. 3) vorrangig anwendbar. Dies gilt jedoch nur unter zwei Voraussetzungen. Vorausgesetzt wird, dass das betreffende Kind seinen gewöhnlichen Aufenthalt (dazu Art. 8 Rdn. 4) im Hoheitsgebiet eines Mitgliedstaats hat (Buchst. a)). Der Vorrang der Brüssel IIa-VO kommt daher dann nicht zum Tragen, wenn das Kind seinen gewöhnlichen Aufenthalt in Dänemark hat (OLG Karlsruhe FamRZ 2016, 248 [LS] = NJW-RR 2015, 1415). Das gleiche gilt bei einem Aufenthalt in einem KSÜ-Staat, der nicht EU-Mitgliedstaat ist (OLG Karlsruhe FamRZ 2014, 1565: Schweiz; KG FamRZ 2015, 1214: Russland). Im Verhältnis zur Türkei und Macao gilt weiterhin das MSA, Art. 51 KSÜ Rdn. 1. 1

Hat das Kind seinen **gewöhnlichen Aufenthaltsort in einem Brüssel IIa-Mitgliedstaat**, besitzt es aber die Staatsangehörigkeit eines Nicht-Brüssel IIa-Mitgliedstaats, der KSÜ-Vertragsstaat ist (z.B. Schweiz), so ist zwischen dem Vorrang der Brüssel IIa-VO (*Andrae* IPRax 2006, 82, 84; *Benicke* IPRax 2013, 44, 52 f.) und dem Respekt der staatsvertraglichen Bindung an das KSÜ zu entscheiden. Letzteres beruht freilich nicht auf dem Staatsangehörigkeitsprinzip. Hat das Kind seinen **gewöhnlichen Aufenthalt in einem Drittstaat**, der weder Mitgliedstaat, noch KSÜ-Vertragsstaat ist, so sollte die Brüssel IIa-VO grundsätzlich Vorrang haben (*Benicke* IPRax 2013, 44, 53). 1a

Eine besondere Vorschrift verstärkt den Vorrang für die **Anerkennung und Vollstreckung** (Buchst. b)). Insoweit gilt die Brüssel IIa-VO für eine von dem zuständigen Gericht eines Mitgliedstaats ergangenen Entscheidung für einen anderen Mitgliedstaat, auch wenn das betreffende Kind seinen gewöhnlichen Aufenthalt im Hoheitsgebiet eines Drittstaats hat, der Vertragspartei des KSÜ ist (*Benicke* IPRax 2013, 44, 53). Im Übrigen bleibt es jedoch bei der Anwendbarkeit des KSÜ. 2

Art. 62 Brüssel IIa-VO Fortbestand der Wirksamkeit.

(1) Die in Artikel 59 Absatz 1 und den Artikeln 60 und 61 genannten Übereinkünfte behalten ihre Wirksamkeit für die Rechtsgebiete, die durch diese Verordnung nicht geregelt werden.
(2) Die in Artikel 60 genannten Übereinkommen, insbesondere das Haager Übereinkommen von 1980, behalten vorbehaltlich des Artikels 60 ihre Wirksamkeit zwischen den ihnen angehörenden Mitgliedstaaten.

Die Wirksamkeit der Art. 59 Abs. 1 und Art. 60 und 61 genannten Staatsverträge bleibt für nicht von der Brüssel IIa-VO geregelte Rechtsgebiete unberührt (Abs. 1). Das betrifft MSA und KSÜ. Das gleiche gilt für die in Art. 60 genannten Staatsverträge, insbes. das HKÜ (Abs. 2). 1

Art. 63 Brüssel IIa-VO Verträge mit dem Heiligen Stuhl. *(nicht abgedruckt)*

KAPITEL VI. ÜBERGANGSVORSCHRIFTEN

Art. 64 Brüssel IIa-VO

(1) Diese Verordnung gilt nur für gerichtliche Verfahren, öffentliche Urkunden und Vereinbarungen zwischen den Parteien, die nach Beginn der Anwendung dieser Verordnung gemäß Artikel 72 eingeleitet, aufgenommen oder getroffen wurden.
(2) Entscheidungen, die nach Beginn der Anwendung dieser Verordnung in Verfahren ergangen sind, die vor Beginn der Anwendung dieser Verordnung, aber nach Inkrafttreten der Verordnung (EG) Nr. 1347/2000 eingeleitet wurden, werden nach Maßgabe des Kapitels III der vorliegenden Verordnung anerkannt und vollstreckt, sofern das Gericht aufgrund von Vorschriften zuständig war, die mit den

Anhang I

Brüssel IIa-VO

Zuständigkeitsvorschriften des Kapitels II der vorliegenden Verordnung oder der Verordnung (EG) Nr. 1347/2000 oder eines Abkommens übereinstimmen, das zum Zeitpunkt der Einleitung des Verfahrens zwischen dem Ursprungsmitgliedstaat und dem ersuchten Mitgliedstaat in Kraft war.

(3) Entscheidungen, die vor Beginn der Anwendung dieser Verordnung in Verfahren ergangen sind, die nach Inkrafttreten der Verordnung (EG) Nr. 1347/2000 eingeleitet wurden, werden nach Maßgabe des Kapitels III der vorliegenden Verordnung anerkannt und vollstreckt, sofern sie eine Ehescheidung, Trennung ohne Auflösung des Ehebandes oder Ungültigerklärung einer Ehe oder eine aus Anlass eines solchen Verfahrens in Ehesachen ergangene Entscheidung über die elterliche Verantwortung für die gemeinsamen Kinder zum Gegenstand haben.

(4) Entscheidungen, die vor Beginn der Anwendung dieser Verordnung, aber nach Inkrafttreten der Verordnung (EG) Nr. 1347/2000 in Verfahren ergangen sind, die vor Inkrafttreten der Verordnung (EG) Nr. 1347/2000 eingeleitet wurden, werden nach Maßgabe des Kapitels III der vorliegenden Verordnung anerkannt und vollstreckt, sofern sie eine Ehescheidung, Trennung ohne Auflösung des Ehebandes oder Ungültigerklärung einer Ehe oder eine aus Anlass eines solchen Verfahrens in Ehesachen ergangene Entscheidung über die elterliche Verantwortung für die gemeinsamen Kinder zum Gegenstand haben und Zuständigkeitsvorschriften angewandt wurden, die mit denen des Kapitels II der vorliegenden Verordnung oder der Verordnung (EG) Nr. 1347/2000 oder eines Abkommens übereinstimmen, das zum Zeitpunkt der Einleitung des Verfahrens zwischen dem Ursprungsmitgliedstaat und dem ersuchten Mitgliedstaat in Kraft war.

1 **A. Allgemeines.** Die Brüssel II-a VO kommt mit ihrem Inkrafttreten zur Anwendung. Gleichwohl gelten ihre Bestimmungen für bestimmte Verfahren, welche bereits zuvor eingeleitet oder entscheiden worden sind. Honoriert wird insbes., wenn den Anforderungen der Vorgängerverordnung, der Brüssel II-VO, entsprochen wird. Für solche Entscheidungen gelten die in Kapitel III (Art. 21 ff.) niedergelegten Vorschriften für die Anerkennung und Vollstreckung, einschließlich der Vorschriften in Abschnitt 4, die bei einigen Arten von Entscheidungen kein Exequaturverfahren vorsehen. Andernfalls kommen nur Staatsverträge sowie ggf. die §§ 107 ff. FamFG in Betracht.

2 **B. Verfahrenseinleitung.** Es kommt auf die Anhängigkeit eines Verfahrens bei einem Gericht oder einer Behörde an. Dabei kann Art. 16 analog angewendet werden (Thomas/Putzo/*Hüßtege* Art. 64 Rn. 2 mwN). Nach a.A. soll es hingegen auf das Sachrecht des Erststaates ankommen (*Wagner* IPRax 2001, 73, 80). Öffentliche Urkunden, Vereinbarungen und Vergleiche müssen nach diesem Datum aufgenommen worden sein.

3 **C. Ausnahmsweise Anwendung der Brüssel IIa-VO. I. Grundsatz.** Die Brüssel IIa-VO erfasst gerichtliche Verfahren, öffentliche Urkunden und Vereinbarungen nach dem 01.03.2005 (Abs. 1). Grundsätzlich hat die VO keine Rückwirkung. Im Zusammenhang mit gerichtlichen Verfahren, die vor dem 01.03.2005 eingeleitet wurden, gelten die Anerkennungs- und Vollstreckungsbestimmungen der VO für drei Kategorien von Entscheidungen.

4 **II. Neuere Entscheidungen aus Verfahren vor der Brüssel IIa-VO.** Entscheidungen, die am **01.03.2005 und danach** in Verfahren ergangen sind, die vor diesem Datum, aber nach Inkrafttreten der Brüssel II-VO eingeleitet wurden, werden von Abs. 2 erfasst. Sie können nach Art. 21 ff. anerkannt und vollstreckt werden. Vorausgesetzt wird, dass das Gericht, das das Urteil erlassen hat, aufgrund von Vorschriften zuständig war, die zum Zeitpunkt der Einleitung des Verfahrens mit den Zuständigkeitsvorschriften der VO, der Brüssel II-VO oder einer zwischen dem Ursprungsmitgliedstaat und dem Vollstreckungsmitgliedstaat geltenden Vereinbarung (z.B. MSA; BGH NJW 2005, 3424) übereinstimmen. Ergangen ist die Entscheidung, wenn sie nach dem Recht des Mitgliedstaates wirksam geworden ist (Thomas/Putzo/*Hüßtege* Art. 64 Brüssel IIa-VO Rn. 3).

5 **III. Ältere Entscheidungen aus Verfahren vor der Brüssel IIa-VO.** Entscheidungen, die **vor dem 01.03.2005** in Verfahren ergangen sind, die nach Inkrafttreten der Brüssel II-VO (01.03.2001) eingeleitet wurden und Fälle betreffen, die in den Anwendungsbereich der Brüssel II-VO fallen unter Abs. 3. Sie können nach Art. 21 ff. anerkannt und vollstreckt werden. Vorausgesetzt wird, dass sie eine Entscheidung in einer Ehesache oder eine aus Anlass eines solchen Verfahrens in Ehesachen ergangene Entscheidung über die *elterliche Verantwortung für die gemeinsamen Kinder* betreffen.

IV. Ältere Entscheidungen aus älteren Verfahren. Entscheidungen, die **vor dem 01.03.2005,** aber nach Inkrafttreten der Brüssel II-VO (01.03.2001) in Verfahren ergangen sind, die vor Inkrafttreten der Brüssel II-VO eingeleitet wurden, werden von Abs. 4 erfasst. Vorausgesetzt wird, dass sie eine Entscheidung in einer Ehesache oder eine aus Anlass eines solchen Verfahrens in Ehesachen ergangene Entscheidung über die elterliche Verantwortung für die gemeinsamen Kinder betreffen. Ferner muss das Erstgericht aufgrund von Vorschriften zuständig war, die zum Zeitpunkt der Einleitung des Verfahrens mit den Zuständigkeitsvorschriften der VO, der Brüssel II-VO oder einer zwischen dem Ursprungsmitgliedstaat und dem Vollstreckungsmitgliedstaat geltenden Vereinbarung übereinstimmen.

KAPITEL VII. SCHLUSSBESTIMMUNGEN

Art. 65 Brüssel IIa-VO Überprüfung. *(nicht abgedruckt)*

Art. 66 Brüssel IIa-VO Mitgliedstaaten mit zwei oder mehr Rechtssystemen. Für einen Mitgliedstaat, in dem die in dieser Verordnung behandelten Fragen in verschiedenen Gebietseinheiten durch zwei oder mehr Rechtssysteme oder Regelwerke geregelt werden, gilt Folgendes:
a) Jede Bezugnahme auf den gewöhnlichen Aufenthalt in diesem Mitgliedstaat betrifft den gewöhnlichen Aufenthalt in einer Gebietseinheit.
b) Jede Bezugnahme auf die Staatsangehörigkeit oder, im Fall des Vereinigten Königreichs, auf das »domicile« betrifft die durch die Rechtsvorschriften dieses Staates bezeichnete Gebietseinheit.
c) Jede Bezugnahme auf die Behörde eines Mitgliedstaats betrifft die zuständige Behörde der Gebietseinheit innerhalb dieses Staates.
d) Jede Bezugnahme auf die Vorschriften des ersuchten Mitgliedstaats betrifft die Vorschriften der Gebietseinheit, in der die Zuständigkeit geltend gemacht oder die Anerkennung oder Vollstreckung beantragt wird.

Art. 67 Brüssel IIa-VO Angaben zu den Zentralen Behörden und zugelassenen Sprachen. *(nicht abgedruckt)*

Art. 68 Brüssel IIa-VO Angaben zu den Gerichten und den Rechtsbehelfen. *(nicht abgedruckt)*

Art. 69 Brüssel IIa-VO Änderungen der Anhänge. *(nicht abgedruckt)*

Art. 70 Brüssel IIa-VO Ausschuss. *(nicht abgedruckt)*

Art. 71 Brüssel IIa-VO Aufhebung der Verordnung (EG) Nr. 1347/2000. (1) Die Verordnung (EG) Nr. 1347/2000 wird mit Beginn der Geltung dieser Verordnung aufgehoben.
(2) Jede Bezugnahme auf die Verordnung (EG) Nr. 1347/2000 gilt als Bezugnahme auf diese Verordnung nach Maßgabe der Entsprechungstabelle in Anhang VI.

Art. 72 Brüssel IIa-VO In-Kraft-Treten. Diese Verordnung tritt am 1. August 2004 in Kraft.
Sie gilt ab 1. März 2005 mit Ausnahme der Artikel 67, 68, 69 und 70, die ab dem 1. August 2004 gelten. Diese Verordnung ist in allen ihren Teilen verbindlich und gilt gemäß dem Vertrag zur Gründung der Europäischen Gemeinschaft unmittelbar in den Mitgliedstaaten.

Anhang I

1 Die VO ist ab 01.03.2005 anzuwenden, mit Ausnahme der Art. 67 (Angaben zu den Zentralen Behörden und zugelassenen Sprachen), 68 (Angaben zu den Gerichten und den Rechtsbehelfen), 69 (Änderungen der Anhänge) und 70 (Ausschuss), die bereits ab dem 01.08.2004 gelten.

Anhang I
Bescheinigung gemäß Artikel 39 über Entscheidungen in Ehesachen

(nicht abgedruckt)

Anhang II
Bescheinigung gemäß Artikel 39 über Entscheidungen über die elterliche Verantwortung

(nicht abgedruckt)

Anhang III
Bescheinigung gemäß Artikel 41 Absatz 1 über Entscheidungen über das Umgangsrecht

(nicht abgedruckt)

Anhang IV
Bescheinigung gemäß Artikel 42 Absatz 1 über Entscheidungen über die Rückgabe des Kindes

(nicht abgedruckt)

Anhang V
Entsprechungstabelle zur Verordnung (EG) Nr. 1347/2000

(nicht abgedruckt)

Anhang VI
Erklärungen Schwedens und Finnlands nach Artikel 59 Absatz 2 Buchstabe a) der Verordnung des Rates über die Zuständigkeit und Anerkennung und Vollstreckung von Entscheidungen in Ehesachen und in Verfahren betreffend die elterliche Verantwortung und zur Aufhebung der Verordnung (EG) Nr. 1347/2000.

(nicht abgedruckt)

Anhang II
Übereinkommen über die Zuständigkeit, das anzuwendende Recht, die Anerkennung, Vollstreckung und Zusammenarbeit auf dem Gebiet der elterlichen Verantwortung und der Maßnahmen zum Schutz von Kindern

Vom 19. Oktober 1996 (BGBl. 2009 II S. 602, 603)
(Übersetzung)

Erwägungsgründe Haager KSÜ
Die Unterzeichnerstaaten dieses Übereinkommens -
in der Erwägung, dass der Schutz von Kindern im internationalen Bereich verbessert werden muss;
in dem Wunsch, Konflikte zwischen ihren Rechtssystemen in Bezug auf die Zuständigkeit, das anzuwendende Recht, die Anerkennung und Vollstreckung von Maßnahmen zum Schutz von Kindern zu vermeiden;
eingedenk der Bedeutung der internationalen Zusammenarbeit für den Schutz von Kindern;
bekräftigend, dass das Wohl des Kindes vorrangig zu berücksichtigen ist;
angesichts der Notwendigkeit, das Übereinkommen vom 5. Oktober 1961 über die Zuständigkeit der Behörden und das anzuwendende Recht auf dem Gebiet des Schutzes von Minderjährigen zu überarbeiten;
in dem Wunsch, zu diesem Zweck unter Berücksichtigung des Übereinkommens der Vereinten Nationen vom 20. November 1989 über die Rechte des Kindes gemeinsame Bestimmungen festzulegen -
haben die folgenden Bestimmungen vereinbart:

Kapitel I. Anwendungsbereich des Übereinkommens

Art. 1 KSÜ (1) Ziel dieses Übereinkommens ist es,
a) den Staat zu bestimmen, dessen Behörden zuständig sind, Maßnahmen zum Schutz der Person oder des Vermögens des Kindes zu treffen;
b) das von diesen Behörden bei der Ausübung ihrer Zuständigkeit anzuwendende Recht zu bestimmen;
c) das auf die elterliche Verantwortung anzuwendende Recht zu bestimmen;
d) die Anerkennung und Vollstreckung der Schutzmaßnahmen in allen Vertragsstaaten sicherzustellen;
e) die zur Verwirklichung der Ziele dieses Übereinkommens notwendige Zusammenarbeit zwischen den Behörden der Vertragsstaaten einzurichten.
(2) Im Sinn dieses Übereinkommens umfasst der Begriff »elterliche Verantwortung« die elterliche Sorge und jedes andere entsprechende Sorgeverhältnis, das die Rechte, Befugnisse und Pflichten der Eltern, des Vormunds oder eines anderen gesetzlichen Vertreters in Bezug auf die Person oder das Vermögen des Kindes bestimmt.

Das Haager Übereinkommen vom 19.10.1996 über die Zuständigkeit, das anzuwendende Recht, die Anerkennung, Vollstreckung und Zusammenarbeit auf dem Gebiet der elterlichen Verantwortung und der Maßnahmen zum Schutz von Kindern (KSÜ; BGBl. 2009 II S. 603) ist am 01.01.2002 für die damaligen Vertragsstaaten in Kraft getreten. Inzwischen gehören zu den Vertragsstaaten alle EU-Staaten (*Mansel/Thorn/Wagner* IPRax 2016, 1, 9). Für die übrigen Vertragsstaaten richtet sich das Inkrafttreten nach ihrer Ratifikation bzw. ihrem Beitritt. **Vertragsstaaten** sind (mit dem Datum des Inkrafttretens): Albanien (01.04.2007), Armenien (01.05.2008), Australien (01.07.2003), Belgien (01.10.2014), Bulgarien (01.02.2007), Dänemark (01.10.2011), Dominikanische Republik (01.10.2010), Ecuador (01.11.2003), Estland (01.06.2003), Finnland (01.03.2011), Frankreich (01.02.2011), Georgien (01.03.2015), Griechenland (01.06.2012), Irland (01.01.2011), Italien (1.1.2016), Kroatien (01.01.2010), Lesotho (01.06.2013), Lettland (01.04.2003), Litauen (01.09.2004), Luxemburg (01.12.2010), Malta (01.01.2012), Marokko (01.12.2002), 1

Monaco (01.01.2002), Montenegro (01.01.2013), Niederlande (01.05.2011), Österreich (01.04.2011), Polen (01.11.2010), Portugal (01.08.2011), Rumänien (01.01.2011), Russland (01.06.2013), Schweden (01.01.2013), Schweiz (01.07.2009), Slowakei (01.01.2002), Slowenien (01.02.2005), Spanien (01.01.2011), Tschechische Republik (01.01.2002), Ukraine (01.02.2008), Ungarn (01.05.2006), Uruguay (01.03.2010),Vereinigtes Königreich (01.11.2012), Zypern (01.11.2010); Nachw. bei http://www.hcch.net/; s. auch Staudinger/*Pirrung* Vorbem. Art. 19 EGBGB Rn. G 13.

2 Eine Entscheidung des Rates vom 05.06.2008 hat einige EU-Mitgliedstaaten – darunter **Deutschland** – ermächtigt, das KSÜ zu ratifizieren oder ihm beizutreten (ABl. EU 2008 Nr. L 251 S. 36). Das KSÜ ist für Deutschland am 01.01.2011in Kraft getreten (BGBl. 2010 II S. 1527; näher *Benicke* IPRax 2013, 44). Für die Durchführung greifen die Bestimmungen des IntFamRVG ein (§ 1 Nr. 2 IntFamRVG; [erläutert in Anh. IV]; dazu *Wagner/Janzen* FPR 2011, 110 ff.). Im Verhältnis zwischen den Vertragsstaaten ersetzt das KSÜ das MSA (Art. 51).

3 Inhaltlich stimmt das KSÜ, was die internationale Zuständigkeit (Art. 5 ff.) für die Anordnung von Schutzmaßnahmen (u.a. elterliche Verantwortung, Vormundschaft und Pflegschaft; Art. 3) über Kinder bis zur Vollendung des 18. Lebensjahrs (Art. 2) sowie deren gegenseitige Anerkennung (Art. 23 ff.) anbetrifft, weitestgehend mit der Brüssel IIa VO überein. Darüber hinaus regelt es auch die Frage des anzuwendenden materiellen Rechts. Hierfür gilt grds. der **Gleichlauf zur internationalen Zuständigkeit**, die ihrerseits i.d.R. an den gewöhnlichen Aufenthalt des Kindes anknüpft (Art. 15 ff. i.V.m. 5 ff.). Das KSÜ ist universell anwendbar (Art. 20).

4 Das KSÜ hat Vorrang vor dem nationalen Recht (s. § 97 FamFG). Für das Verhältnis zur Brüssel IIa-VO (erläutert in Anh. I) gilt ein grundsätzlicher **Vorrang der VO** (BGH FamRZ 2011, 796 Anm. *Völker*). Die Verordnung ist anwendbar, wenn das betreffende Kind seinen gewöhnlichen Aufenthalt im Hoheitsgebiet eines Mitgliedstaats hat (Art. 61 Buchst. a) Brüssel IIa-VO). In Fragen der Anerkennung und der Vollstreckung einer von dem zuständigen Gericht eines Mitgliedstaats ergangenen Entscheidung in einem anderen Mitgliedstaat, auch wenn das betreffende Kind seinen gewöhnlichen Aufenthalt im Hoheitsgebiet eines Drittstaats hat, der Vertragspartei des KSÜ ist, kommt die Brüssel IIa-VO zum Zuge (Art. 61 Buchst. b) Brüssel IIa-VO). Das **HKÜ** hat gegenüber dem KSÜ Vorrang (Art. 50 KSÜ).

5 Abs. 1 nennt die Zielsetzung des Übk. Dabei geht es nicht nur um die Bestimmung des auf **die elterliche Verantwortung anzuwendenden Rechts,** sondern vor allem um die **verfahrensrechtlichen Voraussetzungen** der internationalen Zuständigkeit, der Anerkennung von Entscheidungen und die internationale Zusammenarbeit der Behörden. Das Übk. ist einheitlich auszulegen. Es wird erläutert in einem Bericht von *Lagarde*, BR-Drucks. 14/09 S. 35.

6 Abs. 2 definiert die **elterliche Verantwortung**. Sie umfasst die **elterliche Sorge und jedes andere entsprechende Sorgeverhältnis,** das die Rechte, Befugnisse und Pflichten der Eltern, des Vormunds oder eines anderen gesetzlichen Vertreters in Bezug auf die Person oder das Vermögen des Kindes bestimmt. Erfasst wird mithin die Vormundschaft, aber auch die Pflegschaft des deutschen Rechts. Dies wird im Einzelnen in Art. 3 erläutert.

Art. 2 KSÜ
Dieses Übereinkommen ist auf Kinder von ihrer Geburt bis zur Vollendung des 18. Lebensjahrs anzuwenden.

1 Art. 2 lässt den Status als Kind mit der Vollendung des 18. Lebensjahrs enden. Auf die Volljährigkeit kommt es nicht an. Pflegschaften für ungeborene Kinder werden nicht erfasst (*Benicke* IPRax 2013, 44, 46).

Art. 3 KSÜ
Die Maßnahmen, auf die in Artikel 1 Bezug genommen wird, können insbesondere Folgendes umfassen:

a) die Zuweisung, die Ausübung und die vollständige oder teilweise Entziehung der elterlichen Verantwortung sowie deren Übertragung;

b) das Sorgerecht einschließlich der Sorge für die Person des Kindes und insbesondere des Rechts, den Aufenthalt des Kindes zu bestimmen, sowie das Recht zum persönlichen Umgang einschließlich des Rechts, das Kind für eine begrenzte Zeit an einen anderen Ort als den seines gewöhnlichen Aufenthalts zu bringen;

c) die Vormundschaft, die Pflegschaft und entsprechende Einrichtungen;

d) die Bestimmung und den Aufgabenbereich jeder Person oder Stelle, die für die Person oder das Vermögen des Kindes verantwortlich ist, das Kind vertritt oder ihm beisteht;
e) die Unterbringung des Kindes in einer Pflegefamilie oder einem Heim oder seine Betreuung durch Kafala oder eine entsprechende Einrichtung;
f) die behördliche Aufsicht über die Betreuung eines Kindes durch jede Person, die für das Kind verantwortlich ist;
g) die Verwaltung und Erhaltung des Vermögens des Kindes oder die Verfügung darüber.

Art. 3 zählt die Materien auf, auf die das Übk. anwendbar ist. Die Aufzählung ist nicht abschließend (*Benicke* IPRax 2013, 44, 45). Erfasst wird die Zuweisung, die Ausübung und die vollständige oder teilweise Entziehung der **elterlichen Verantwortung** sowie deren Übertragung (Buchst. a)). 1

Genannt wird ferner das **Sorgerecht** einschließlich der Sorge für die Person des Kindes und insbes. des Rechts, den Aufenthalt des Kindes zu bestimmen, sowie das Recht zum persönlichen Umgang einschließlich des Rechts, das Kind für eine begrenzte Zeit an einen anderen Ort als den seines gewöhnlichen Aufenthalts zu bringen (Buchst. b)). Erfasst wird auch das Umgangsrecht von Nichteltern wie den Großeltern (*Benicke* IPRax 2013, 44, 45). 2

Abgedeckt sind auch die **Vormundschaft**, die **Pflegschaft** und entsprechende Einrichtungen des ausländischen Rechts (Buchst. c)). 3

Ferner gilt das KSÜ für die Bestimmung und den Aufgabenbereich jeder Person oder Stelle, die für die **Person oder das Vermögen des Kindes verantwortlich** ist, das Kind vertritt oder ihm beisteht (Buchst. d)). Dazu gehört auch der Beistand (Staudinger/*Pirrung* Vorbem. Art. 19 EGBGB Rn. G 29). 4

Das KSÜ gilt auch für die **Unterbringung** des Kindes in einer Pflegefamilie oder einem Heim oder seine Betreuung durch Kafala oder eine entsprechende Einrichtung (Buchst. e)). 5

Erfasst wird ferner die **behördliche Aufsicht über die Betreuung** eines Kindes durch jede Person, die für das Kind verantwortlich ist (Buchst. f)). 6

Auch die Verwaltung und Erhaltung des Vermögens des Kindes oder die Verfügung darüber – mithin die **Vermögenssorge** – fällt unter das Übk. (Buchst. g)). Dazu gehört auch eine gerichtliche Genehmigung im Rahmen der Vermögenssorge (Staudinger/*Pirrung* Vorbem. Art. 19 EGBGB Rn. G 32). 7

Art. 4 KSÜ Dieses Übereinkommen ist nicht anzuwenden
a) auf die Feststellung und Anfechtung des Eltern-Kind-Verhältnisses;
b) auf Adoptionsentscheidungen und Maßnahmen zur Vorbereitung einer Adoption sowie auf die Ungültigerklärung und den Widerruf der Adoption;
c) auf Namen und Vornamen des Kindes;
d) auf die Volljährigerklärung;
e) auf Unterhaltspflichten;
f) auf trusts und Erbschaften;
g) auf die soziale Sicherheit;
h) auf öffentliche Maßnahmen allgemeiner Art in Angelegenheiten der Erziehung und Gesundheit;
i) auf Maßnahmen infolge von Straftaten, die von Kindern begangen wurden;
j) auf Entscheidungen über Asylrecht und Einwanderung.

Art. 4 zählt abschließend einige Materien auf, für die das KSÜ nicht gilt. Es ist nicht anzuwenden auf Statusfragen wie die Feststellung und Anfechtung des **Eltern-Kind-Verhältnisses** (Buchst. a)) sowie Fragen des Adoptionsrechts (Buchst. b)). Nicht erfasst werden auch **namensrechtliche Fragen** (Buchst. c)). Das KSÜ gilt auch nicht für die **Volljährigerklärung** (Buchst. d)). Gleichfalls nicht abgedeckt sind Unterhaltspflichten (Buchst. e)), für die die EuUntVO bzw. das Haager Protokoll eingreifen. Das Übk. greift ferner nicht ein für trusts und Erbschaften (Buchst. f)). Schließlich werden nicht erfasst die **soziale Sicherheit** (Buchst. g)), **öffentliche Maßnahmen** allgemeiner Art in Angelegenheiten der Erziehung und Gesundheit (Buchst. h)), Maßnahmen infolge von Straftaten (Buchst. i)) sowie auf Entscheidungen über **Asylrecht und Einwanderung** (Buchst. j)). 1

Kapitel II. Zuständigkeit

Art. 5 KSÜ (1) Die Behörden, seien es Gerichte oder Verwaltungsbehörden, des Vertragsstaats, in dem das Kind seinen gewöhnlichen Aufenthalt hat, sind zuständig, Maßnahmen zum Schutz der Person oder des Vermögens des Kindes zu treffen.
(2) Vorbehaltlich des Artikels 7 sind bei einem Wechsel des gewöhnlichen Aufenthalts des Kindes in einen anderen Vertragsstaat die Behörden des Staates des neuen gewöhnlichen Aufenthalts zuständig.

1 Aus Abs. 1 ergibt sich eine **Aufenthaltszuständigkeit**. Die Ermittlung des gewöhnlichen Aufenthalts des Kindes folgt den gleichen Grundsätzen wie dem vorrangig anzuwendenden Art. 8 Brüssel IIa-VO (erläutert in Anh. I). Abs. 2 betrifft den Aufenthaltswechsel (vgl. Art. 13 Abs. 1 MSA). Bei widerrechtlichem Verbringen und Zurückhalten besteht ein Vorbehalt zugunsten von Art. 7. Das KSÜ will konkurrierende Zuständigkeiten weitgehend vermeiden.

2 Der gewöhnliche Aufenthalt des Kindes bestimmt die internationale Zuständigkeit. Diese Zuständigkeit muss jedenfalls im Zeitpunkt des Erlasses der Schutzmaßnahme in erster Instanz gegeben sein. Der gewöhnliche Aufenthalt ist autonom auszulegen. Das bedeutet, dass er als zentraler Anknüpfungspunkt für die Begründung der internationalen Zuständigkeit nach dem Wortlaut und dem Kontext des Übk. sowie dessen Zielen zu bestimmen ist. Nach Möglichkeit ist die gleiche Auslegung wie nach Art. 8 Brüssel IIa-VO anzustreben (OLG Karlsruhe NJW-RR 2015, 1415; s. Art. 8 Brüssel IIa-VO Rdn. 8). Für die Ermittlung des gewöhnlichen Aufenthalts kommt es nicht auf die Absicht an, dauernd an einem Ort verbleiben zu wollen, sondern darauf, ob jemand tatsächlich einen Ort zum Mittelpunkt seines Lebens, seiner wirtschaftlichen Existenz und seiner sozialen Beziehungen macht. Maßgeblich sind dauerhafte Beziehungen einer Person zu einem Aufenthaltsort, sodass sich der Aufenthalt ausschließlich nach tatsächlichen Umständen bestimmt. Bei einem Kind zählen die familiären und sozialen Bindungen (OLG München FamRZ 2015, 777, 779 Anm. *Dutta*). Je jünger ein Kind ist, desto mehr Gewicht wird dem gewöhnlichen Aufenthalt der Person, der ihm gegenüber das Aufenthaltsbestimmungsrecht zukommt, beizumessen sein. Die Dauer des Aufenthalts ist für sich allein nicht ausschlaggebend. Zwar kann als Faustregel angenommen werden, dass ein gewöhnlicher Aufenthalt nach einer Aufenthaltsdauer von 6 Monaten vorliegen wird, doch ist die genaue Prüfung der jeweiligen Umstände erforderlich.

3 Es kommt auf den **jeweiligen Aufenthaltsort** an. Eine perpetuatio fori gibt es nicht (OLG Stuttgart FamRZ 2013, 49 m. Aufs. *Gruber* IPRax 2013, 409; *Siehr* RabelsZ 62 [1998], 464, 478; Staudinger/*Pirrung* Vorbem. Art. 19 EGBGB Rn. G 48). Vorbehaltlich des Art. 7 sind bei einem Wechsel des gewöhnlichen Aufenthalts des Kindes in einen anderen Vertragsstaat die Behörden des neuen Aufenthaltsstaates zuständig, Schutzmaßnahmen i.S.d. Übk. zu treffen (Art. 5 Abs. 2). Allerdings ist Art. 14 zu beachten.

Art. 6 KSÜ (1) Über Flüchtlingskinder und Kinder, die infolge von Unruhen in ihrem Land in ein anderes Land gelangt sind, üben die Behörden des Vertragsstaats, in dessen Hoheitsgebiet sich die Kinder demzufolge befinden, die in Artikel 5 Absatz 1 vorgesehene Zuständigkeit aus.
(2) Absatz 1 ist auch auf Kinder anzuwenden, deren gewöhnlicher Aufenthalt nicht festgestellt werden kann.

1 Für Flüchtlingskinder besteht eine besondere Zuständigkeit, die lediglich vom schlichten Aufenthalt ausgeht (*Benicke* IPRax 2013, 44, 47). Sie gilt ggü. Nichtmitgliedstaaten der EU. Abs. 2 kommt zur Anwendung, wenn zweifelhaft ist, ob das Kind überhaupt einen gewöhnlichen Aufenthalt besitzt (*Benicke* IPRax 2013, 44, 47).

Art. 7 KSÜ (1) Bei widerrechtlichem Verbringen oder Zurückhalten des Kindes bleiben die Behörden des Vertragsstaats, in dem das Kind unmittelbar vor dem Verbringen oder Zurückhalten seinen gewöhnlichen Aufenthalt hatte, so lange zuständig, bis das Kind einen gewöhnlichen Aufenthalt in einem anderen Staat erlangt hat und
a) jede sorgeberechtigte Person, Behörde oder sonstige Stelle das Verbringen oder Zurückhalten genehmigt hat, oder

b) das Kind sich in diesem anderen Staat mindestens ein Jahr aufgehalten hat, nachdem die sorgeberechtigte Person, Behörde oder sonstige Stelle seinen Aufenthaltsort kannte oder hätte kennen müssen, kein während dieses Zeitraums gestellter Antrag auf Rückgabe mehr anhängig ist und das Kind sich in seinem neuen Umfeld eingelebt hat.

(2) Das Verbringen oder Zurückhalten eines Kindes gilt als widerrechtlich, wenn

a) dadurch das Sorgerecht verletzt wird, das einer Person, Behörde oder sonstige Stelle allein oder gemeinsam nach dem Recht des Staates zusteht, in dem das Kind unmittelbar vor dem Verbringen oder Zurückhalten seinen gewöhnlichen Aufenthalt hatte, und

b) dieses Recht im Zeitpunkt des Verbringens oder Zurückhaltens allein oder gemeinsam tatsächlich ausgeübt wurde oder ausgeübt worden wäre, falls das Verbringen oder Zurückhalten nicht stattgefunden hätte.

Das unter Buchstabe a genannte Sorgerecht kann insbesondere kraft Gesetzes, aufgrund einer gerichtlichen oder behördlichen Entscheidung oder aufgrund einer nach dem Recht des betreffenden Staates wirksamen Vereinbarung bestehen.

(3) Solange die in Absatz 1 genannten Behörden zuständig bleiben, können die Behörden des Vertragsstaats, in den das Kind verbracht oder in dem es zurückgehalten wurde, nur die nach Artikel 11 zum Schutz der Person oder des Vermögens des Kindes erforderlichen dringenden Maßnahmen treffen.

Die Vorschrift des Art. 7 über die Kindesentführung dürfte nur selten praktische Bedeutung erlangen. Zum einen hat das **HKÜ Vorrang** (s. Art. 50). Dieses wird wiederum durch die **Brüssel IIa-VO ergänzt** (näher erläutert in Anh. I). Eine eigene Regelung für den Entführungsfall findet sich in Art. 10, 11 Brüssel IIa-VO. 1

Widerrechtliches Verbringen oder Zurückhalten wird von Abs. 2 erfasst. Es kommt wie nach Art. 3 HKÜ darauf an, ob (Buchst. a)) dadurch das gesetzliche oder auf andere Weise zuerkannte Sorgerecht verletzt wird, das einer Person, Behörde oder sonstigen Stelle allein oder gemeinsam nach dem Recht des Staates zusteht, in dem das Kind unmittelbar vor dem Verbringen oder Zurückhalten seinen gewöhnlichen Aufenthalt hatte. Ferner wird verlangt, dass dieses Recht im Zeitpunkt des Verbringens oder Zurückhaltens allein oder gemeinsam **tatsächlich ausgeübt** wurde (Buchst. b)). 2

Nach Abs. 1 kommt es zu einer **Fortdauer der bisherigen Zuständigkeit** bis das Kind einen gewöhnlichen Aufenthalt in einem anderen Staat erlangt hat und alternativ zwei Voraussetzungen vorliegen. Entweder muss das Verbringen oder Zurückhalten genehmigt worden sein (Buchst. a)). Ferner entfällt die Zuständigkeit, wenn sich das Kind sich im Zufluchtstaat mindestens ein Jahr aufgehalten hat (Buchst. b)). Letzteres setzt jedoch voraus, dass die weiteren in Buchst. b) genannten Umstände vorliegen. Damit soll verhindert werden, dass der Entführer im Zufluchtstaat eine Sorgerechtsentscheidung erreichen kann (*Benicke* IPRax 2013, 44, 47 f.). Abs. 3 greift auch dann ein, wenn das Kind in einen Nichtvertragsstaat des KSÜ verbracht oder dort zurückgehalten wird (*Benicke* IPRax 2013, 44, 46). 3

Nach Abs. 3 besteht nur eine beschränkte Zuständigkeit der **Behörden anderer Vertragsstaaten.** Allein die Überbringung des Kindes durch ein Elternteil ins Ausland begründet noch keinen Eingriff in das Sorgerecht des anderen Elternteils i.S.d. Art. 7, wenn dem überbringenden Elternteil das Aufenthaltsbestimmungsrecht – sei es auch nur vorläufig – im Zeitpunkt der Überbringung allein zusteht. Es kommt stets auf den Einzelfall an (KG NZFam 2015, 474). 4

Art. 8 KSÜ

(1) Ausnahmsweise kann die nach Artikel 5 oder 6 zuständige Behörde eines Vertragsstaats, wenn sie der Auffassung ist, dass die Behörde eines anderen Vertragsstaats besser in der Lage wäre, das Wohl des Kindes im Einzelfall zu beurteilen,

– entweder diese Behörde unmittelbar oder mit Unterstützung der Zentralen Behörde dieses Staates ersuchen, die Zuständigkeit zu übernehmen, um die Schutzmaßnahmen zu treffen, die sie für erforderlich hält,

– oder das Verfahren aussetzen und die Parteien einladen, bei der Behörde dieses anderen Staates einen solchen Antrag zu stellen.

(2) Die Vertragsstaaten, deren Behörden nach Absatz 1 ersucht werden können, sind

a) ein Staat, dem das Kind angehört,

b) ein Staat, in dem sich Vermögen des Kindes befindet,

c) ein Staat, bei dessen Behörden ein Antrag der Eltern des Kindes auf Scheidung, Trennung, Aufhebung oder Nichtigerklärung der Ehe anhängig ist,
d) ein Staat, zu dem das Kind eine enge Verbindung hat.
(3) Die betreffenden Behörden können einen Meinungsaustausch aufnehmen.
(4) Die nach Absatz 1 ersuchte Behörde kann die Zuständigkeit anstelle der nach Artikel 5 oder 6 zuständigen Behörde übernehmen, wenn sie der Auffassung ist, dass dies dem Wohl des Kindes dient.

1 In beschränktem Umfang erkennt Art. 8 KSÜ, der Art. 8 ErwSÜ entspricht, das **forum non conveniens** an. Die Behörden eines anderen Vertragsstaates können nämlich befasst werden, wenn die nach Art. 5 oder 6 zuständige Behörde der Auffassung ist, dass die Behörde eines anderen Vertragsstaats besser in der Lage wäre, das Wohl des Kindes im Einzelfall zu beurteilen (dazu *Siehr* RabelsZ 62 [1998], 464, 480 ff.). Im Hinblick auf die Umstände des Abs. 2 erfolgt eine Einzelfallprüfung (*Benicke* IPRax 2013, 44, 45). Der Beschluss ist unanfechtbar (§ 13a Abs. 5 IntFamRVG).

2 Zur **örtlichen Zuständigkeit der deutschen Gerichte**, an die ein Ersuchen nach Art. 8 oder 9 KSÜ zu richten ist, ist eine Bek. vom 07.12.2010 ergangen (BGBl. 2010 II S. 1527). In **Verfahren betreffend die elterliche Verantwortung** sind zuständig: (a) Während der Anhängigkeit einer Ehesache ist das FamG ausschließlich zuständig, bei dem die Ehesache im ersten Rechtszug anhängig ist oder war, sofern das Verfahren gemeinschaftliche Kinder der Ehegatten betrifft. (b) Ansonsten ist das FamG zuständig, in dessen Bezirk das Kind seinen gewöhnlichen Aufenthalt hat. Hilfsweise ist das FamG zuständig, in dessen Bezirk das Bedürfnis der Fürsorge bekannt wird. In Fällen, die das **Umgangsrecht, die elterliche Sorge oder die Kindesherausgabe** betreffen, kann das Ersuchen auch an das FamG am Sitz des OLG gerichtet werden, in dessen OLG-Bezirk das Kind gewöhnlich aufhält, wenn ein Elternteil seinen gewöhnlichen Aufenthalt in einem anderen EU-Mitgliedstaat oder in einem anderen KSÜ-Vertragsstaat hat (**FamG mit konzentrierter Zuständigkeit**). Ist oder wird bei einem deutschen FamG mit konzentrierter Zuständigkeit ein Antrag auf Anerkennung oder Vollstreckbarerklärung einer Entscheidung nach dem KSÜ, der Brüssel IIa-VO oder dem ESÜ oder ein Antrag nach dem HKÜ anhängig, so ist dieses FamG für alle dasselbe Kind betreffenden Verfahren über das Umgangsrecht, die elterliche Sorge oder die Kindesherausgabe zuständig. Die Zentrale Behörde kann bei der Ermittlung des zuständigen Gerichts behilflich sein oder Ersuchen an das zuständige Gericht weiterleiten.

Art. 9 KSÜ

(1) Sind die in Artikel 8 Absatz 2 genannten Behörden eines Vertragsstaats der Auffassung, dass sie besser in der Lage sind, das Wohl des Kindes im Einzelfall zu beurteilen, so können sie
– entweder die zuständige Behörde des Vertragsstaats des gewöhnlichen Aufenthalts des Kindes unmittelbar oder mit Unterstützung der Zentralen Behörde dieses Staates ersuchen, ihnen zu gestatten, die Zuständigkeit auszuüben, um die von ihnen für erforderlich gehaltenen Schutzmaßnahmen zu treffen,
– oder die Parteien einladen, bei der Behörde des Vertragsstaats des gewöhnlichen Aufenthalts des Kindes einen solchen Antrag zu stellen.
(2) Die betreffenden Behörden können einen Meinungsaustausch aufnehmen.
(3) Die Behörde, von welcher der Antrag ausgeht, darf die Zuständigkeit anstelle der Behörde des Vertragsstaats des gewöhnlichen Aufenthalts des Kindes nur ausüben, wenn diese den Antrag angenommen hat.

1 Art. 9 KSÜ, der Art. 15 Brüssel IIa-VO und Art. 7 ErwSÜ entspricht, betrifft das sog. **forum conveniens**. Hier können Behörden eines anderen Vertragsstaates darum ersuchen, dass sie die notwendigen Schutzmaßnahmen treffen (dazu *Siehr* RabelsZ 62 [1998], 464, 482 f.). Der Beschluss ist unanfechtbar (§ 13a Abs. 5 IntFamRVG).

2 Zur **örtlichen Zuständigkeit der deutschen Gerichte**, an die ein Ersuchen nach Art. 9 KSÜ zu richten ist, ist eine Bek. vom 07.12.2010 ergangen (BGBl. 2010 II S. 1527), s. Art. 8 Rdn. 2.

Art. 10 KSÜ

(1) Unbeschadet der Artikel 5 bis 9 können die Behörden eines Vertragsstaats in Ausübung ihrer Zuständigkeit für die Entscheidung über einen **Antrag auf Scheidung, Trennung, Aufhebung oder Nichtigerklärung der Ehe** der Eltern eines Kindes,

das seinen gewöhnlichen Aufenthalt in einem anderen Vertragsstaat hat, sofern das Recht ihres Staates dies zulässt, Maßnahmen zum Schutz der Person oder des Vermögens des Kindes treffen, wenn
a) einer der Eltern zu Beginn des Verfahrens seinen gewöhnlichen Aufenthalt in diesem Staat und ein Elternteil die elterliche Verantwortung für das Kind hat und
b) die Eltern und jede andere Person, welche die elterliche Verantwortung für das Kind hat, die Zuständigkeit dieser Behörden für das Ergreifen solcher Maßnahmen anerkannt haben und diese Zuständigkeit dem Wohl des Kindes entspricht.
(2) Die in Absatz 1 vorgesehene Zuständigkeit für das Ergreifen von Maßnahmen zum Schutz des Kindes endet, sobald die stattgebende oder abweisende Entscheidung über den Antrag auf Scheidung, Trennung, Aufhebung oder Nichtigerklärung der Ehe endgültig geworden ist oder das Verfahren aus einem anderen Grund beendet wurde.

Art. 10 enthält eine Ausnahme zugunsten des **Scheidungsgerichtsstandes**. Es handelt sich um einen konkurrierenden Gerichtsstand (*Siehr* RabelsZ 62 [1998], 464, 483 f.; Staudinger/*Pirrung* Vorbem. Art. 19 EGBGB Rn. G 72). Die Begründung der internationalen Zuständigkeit kommt nur bei bereits anhängiger Ehesache im Zeitpunkt der Antragstellung und im Zeitpunkt der Entscheidung noch nicht rechtskräftig entschiedener oder anderweitig erledigter Ehesache in Betracht (KG FamRZ 2015, 1214). Str. ist, ob nur die Zuständigkeit der konkret befassten Behörde abgedeckt ist (*Benicke* IPRax 2013, 44, 48) oder allgemein der Behörden, in denen das Eheverfahren anhängig ist (Staudinger/*Pirrung* Rn. G 72).Vorausgesetzt wird der gewöhnliche Aufenthalt eines Elternteils im Entscheidungsstaat (Abs. 1 Buchst. a) und die Anerkennung der Zuständigkeit durch den Träger der elterlichen Verantwortung (Abs. 1 Buchst. b)). Mit der Beendigung des Eheverfahrens endet auch die Verbundzuständigkeit (Abs. 2). 1

Art. 11 KSÜ (1) In allen dringenden Fällen sind die Behörden jedes Vertragsstaats, in dessen Hoheitsgebiet sich das Kind oder ihm gehörendes Vermögen befindet, zuständig, die erforderlichen Schutzmaßnahmen zu treffen.
(2) Maßnahmen nach Absatz 1, die in Bezug auf ein Kind mit gewöhnlichem Aufenthalt in einem Vertragsstaat getroffen wurden, treten außer Kraft, sobald die nach den Artikeln 5 bis 10 zuständigen Behörden die durch die Umstände gebotenen Maßnahmen getroffen haben.
(3) Maßnahmen nach Absatz 1, die in Bezug auf ein Kind mit gewöhnlichem Aufenthalt in einem Nichtvertragsstaat getroffen wurden, treten in jedem Vertragsstaat außer Kraft, sobald dort die durch die Umstände gebotenen und von den Behörden eines anderen Staates getroffenen Maßnahmen anerkannt werden.

In allen dringenden Fällen sind die Behörden jedes Vertragsstaats, in dessen Hoheitsgebiet sich das Kind oder ihm gehörendes Vermögen befindet, zuständig, die erforderlichen Schutzmaßnahmen zu treffen. Das kommt auch in Entführungsfällen in Betracht (OLG München FamRZ 2015, 777, 780 mit krit. Anm. *Dutta*). Die Vorschrift entspricht Art. 10 ErwSÜ. Die Maßnahmen treten außer Kraft, wenn nach Art. 5 – 10 zuständige Behörden Maßnahmen getroffen haben (Abs. 2). Entsprechendes gilt bei einer Anerkennung solcher Maßnahmen (Abs. 3). Die Eilzuständigkeit des Art. 20 Brüssel IIa-VO hat, sofern sie eingreift, Vorrang (*Benicke* IPRax 2013, 44, 48). 1

Art. 12 KSÜ (1) Vorbehaltlich des Artikels 7 sind die Behörden eines Vertragsstaats, in dessen Hoheitsgebiet sich das Kind oder ihm gehörendes Vermögen befindet, zuständig, vorläufige und auf das Hoheitsgebiet dieses Staates beschränkte Maßnahmen zum Schutz der Person oder des Vermögens des Kindes zu treffen, soweit solche Maßnahmen nicht mit den Maßnahmen unvereinbar sind, welche die nach den Artikeln 5 bis 10 zuständigen Behörden bereits getroffen haben.
(2) Maßnahmen nach Absatz 1, die in Bezug auf ein Kind mit gewöhnlichem Aufenthalt in einem Vertragsstaat getroffen wurden, treten außer Kraft, sobald die nach den Artikeln 5 bis 10 zuständigen Behörden eine Entscheidung über die Schutzmaßnahmen getroffen haben, die durch die Umstände geboten sein könnten.
(3) Maßnahmen nach Absatz 1, die in Bezug auf ein Kind mit gewöhnlichem Aufenthalt in einem Nichtvertragsstaat getroffen wurden, treten in dem Vertragsstaat außer Kraft, in dem sie getroffen wor-

den sind, sobald dort die durch die Umstände gebotenen und von den Behörden eines anderen Staates getroffenen Maßnahmen anerkannt werden.

1 Art. 12 erlaubt es, vorläufige und auf das Hoheitsgebiet dieses Staates beschränkte Maßnahmen zum Schutz der Person oder des Vermögens des Kindes zu treffen. Ausführungsvorschrift ist § 15 IntFamRVG. Die Maßnahmen treten außer Kraft, wenn nach Art. 5 – 10 zuständige Behörden Maßnahmen getroffen haben (Abs. 2). Entsprechendes gilt bei einer Anerkennung solcher Maßnahmen (Abs. 3).

Art. 13 KSÜ (1) Die Behörden eines Vertragsstaats, die nach den Artikeln 5 bis 10 zuständig sind, Maßnahmen zum Schutz der Person oder des Vermögens des Kindes zu treffen, dürfen diese Zuständigkeit nicht ausüben, wenn bei Einleitung des Verfahrens entsprechende Maßnahmen bei den Behörden eines anderen Vertragsstaats beantragt worden sind, die in jenem Zeitpunkt nach den Artikeln 5 bis 10 zuständig waren, und diese Maßnahmen noch geprüft werden.
(2) Absatz 1 ist nicht anzuwenden, wenn die Behörden, bei denen Maßnahmen zuerst beantragt wurden, auf ihre Zuständigkeit verzichtet haben.

1 Die nach Art. 5 bis 10 zuständigen Behörden dürfen diese Zuständigkeit nicht ausüben, wenn bei Verfahrenseinleitung bereits nach Art. 5 bis 10 zuständige Behörden eines anderen Vertragsstaats befasst worden sind. Abs. 1 ist bei einem Verzicht auf die Zuständigkeit nicht anzuwenden (Abs. 2).

Art. 14 KSÜ Selbst wenn durch eine Änderung der Umstände die Grundlage der Zuständigkeit wegfällt, bleiben die nach den Artikeln 5 bis 10 getroffenen Maßnahmen innerhalb ihrer Reichweite so lange in Kraft, bis die nach diesem Übereinkommen zuständigen Behörden sie ändern, ersetzen oder aufheben.

1 Der Wegfall der Zuständigkeitsgründe beseitigt einmal getroffene Maßnahmen nicht. Allerdings kann trotz unveränderter Umstände eine Abänderung erfolgen (*Benicke* IPRax 2013, 44, 48 f.). Die Vorschrift entspricht Art. 12 ErwSÜ.

Kapitel III. Anzuwendendes Recht

Art. 15 bis 22 KSÜ *(nicht abgedruckt)*

Kapitel IV. Anerkennung und Vollstreckung

Art. 23 KSÜ (1) Die von den Behörden eines Vertragsstaats getroffenen Maßnahmen werden kraft Gesetzes in den anderen Vertragsstaaten anerkannt.
(2) Die Anerkennung kann jedoch versagt werden,
a) wenn die Maßnahme von einer Behörde getroffen wurde, die nicht nach Kapitel II zuständig war;
b) wenn die Maßnahme, außer in dringenden Fällen, im Rahmen eines Gerichts oder Verwaltungsverfahrens getroffen wurde, ohne dass dem Kind die Möglichkeit eingeräumt worden war, gehört zu werden, und dadurch gegen wesentliche Verfahrensgrundsätze des ersuchten Staates verstoßen wurde;
c) auf Antrag jeder Person, die geltend macht, dass die Maßnahme ihre elterliche Verantwortung beeinträchtigt, wenn diese Maßnahme, außer in dringenden Fällen, getroffen wurde, ohne dass dieser Person die Möglichkeit eingeräumt worden war, gehört zu werden;
d) wenn die Anerkennung der öffentlichen Ordnung (ordre public) des ersuchten Staates offensichtlich widerspricht, wobei das Wohl des Kindes zu berücksichtigen ist;

e) wenn die Maßnahme mit einer später im Nichtvertragsstaat des gewöhnlichen Aufenthalts des Kindes getroffenen Maßnahme unvereinbar ist, sofern die spätere Maßnahme die für ihre Anerkennung im ersuchten Staat erforderlichen Voraussetzungen erfüllt;
f) wenn das Verfahren nach Artikel 33 nicht eingehalten wurde.

Die Art. 23 ff. KSÜ enthalten Anerkennungsregeln. Unter EU-Mitgliedstaaten ist jedoch die Anerkennungsregelung in **Art. 21 ff. Brüssel IIa-VO** vorrangig anzuwenden (Staudinger/*Pirrung* Vorbem. Art. 19 EGBGB Rn. G 122), soweit sie sachlich einschlägig sind. Das ergibt sich aus Art. 61 Buchst. b) Brüssel IIa-VO. Danach ist die VO für die Anerkennung und Vollstreckung einer von dem zuständigen Gericht eines Mitgliedstaats ergangenen Entscheidung im Hoheitsgebiet eines anderen Mitgliedstaats maßgeblich, auch wenn das betreffende Kind seinen gewöhnlichen Aufenthalt im Hoheitsgebiet eines Drittstaats hat, der KSÜ-Vertragsstaat ist. 1

Art. 23 KSÜ, der Art. 22 ErwSÜ entspricht, sieht (ebenso wie Art. 21 Abs. 1 Brüssel II a-VO) eine **automatische Anerkennung** vor (Abs. 1). Abs. 2 nennt ferner abschließend einige **Anerkennungshindernisse**, nämlich an erster Stelle die Unzuständigkeit (Buchst. a)). Hierfür sind die Art. 5 ff. KSÜ zu prüfen (OLG München FamRZ 2015, 777 Anm. *Dutta*). Ein weiteres Anerkennungshindernis bildet die Verletzung des rechtlichen Gehörs des Kindes (Buchst. b)). Eine dringende Maßnahme kann bei Kindesentführung angenommen werden (OLG München FamRZ 2015, 777 Anm. *Dutta*). Ferner ist Anerkennungshindernis die Nichtanhörung von Trägern der elterlichen Verantwortung (Buchst. c)), Verstoß gegen den ordre public (Buchst. d)), Unvereinbarkeit mit einer drittstaatlichen Entscheidung (Buchst. e)) sowie die Nichtbeachtung des Art. 33, der die grenzüberschreitende Unterbringung betrifft (Buchst. e)). Bei der nicht geregelten Kollision mit einer Maßnahme des Anerkennungsstaates geht die jüngste Maßnahme vor (*Benicke* IPRax 2013, 44, 51). 2

Art. 24 KSÜ
Unbeschadet des Artikels 23 Absatz 1 kann jede betroffene Person bei den zuständigen Behörden eines Vertragsstaats beantragen, dass über die Anerkennung oder Nichtanerkennung einer in einem anderen Vertragsstaat getroffenen Maßnahme entschieden wird. Das Verfahren bestimmt sich nach dem Recht des ersuchten Staates.

Im Interesse der Rechtssicherheit kann die **Anerkennung oder Nichtanerkennung** einer Entscheidung gerichtlich bindend festgestellt werden. Im Verhältnis zu Dänemark, Island, Liechtenstein, zur ehemaligen jugoslawischen Republik Mazedonien, zu Moldau, Montenegro, Norwegen, der Schweiz, Serbien, der Türkei und der Ukraine gilt dies nach Art. 4 Abs. 1 ESÜ ebenfalls. Entsprechende Anträge können entweder direkt in dem Land, in dem die Entscheidung anerkannt werden soll, zu Gericht gebracht oder an die Zentrale Behörde Deutschlands (das Bundesamt für Justiz) oder des betreffenden anderen Staates gerichtet werden. 1

Ausführungsbestimmungen mit ausschließlicher örtlicher Zuständigkeit finden sich in §§ 10, 12 IntFamRVG. Zum Verfahren § 32 IntFamRVG. Die Vorschrift des Art. 24 KSÜ entspricht Art. 21 Abs. 3 Brüssel II a-VO sowie Art. 23 ErwSÜ. 2

Art. 25 KSÜ
Die Behörde des ersuchten Staates ist an die Tatsachenfeststellungen gebunden, auf welche die Behörde des Staates, in dem die Maßnahme getroffen wurde, ihre Zuständigkeit gestützt hat.

Nach Art. 25, der Art. 24 ErwSÜ entspricht, besteht eine Bindung an die Tatsachenfeststellungen. 1

Art. 26 KSÜ
(1) Erfordern die in einem Vertragsstaat getroffenen und dort vollstreckbaren Maßnahmen in einem anderen Vertragsstaat Vollstreckungshandlungen, so werden sie in diesem anderen Staat auf Antrag jeder betroffenen Partei nach dem im Recht dieses Staates vorgesehenen Verfahren für vollstreckbar erklärt oder zur Vollstreckung registriert.
(2) Jeder Vertragsstaat wendet auf die Vollstreckbarerklärung oder die Registrierung ein einfaches und schnelles Verfahren an.
(3) Die Vollstreckbarerklärung oder die Registrierung darf nur aus einem der in Artikel 23 Absatz 2 vorgesehenen Gründen versagt werden.

Anhang II

1 Nach Art. 26, der Art. 25 ErwSÜ entspricht, werden ausländische Entscheidungen für vollstreckbar erklärt. Hierfür gilt § 20 IntFamRVG (OLG München FamRZ 2015, 777 Anm. *Dutta*). Ausführungsbestimmungen mit ausschließlicher örtlicher Zuständigkeit finden sich in §§ 10, 12 IntFamRVG, zur Kindesherausgabe in § 33 IntFamRVG, zu Ordnungsmitteln in § 44 IntFamRVG.

Art. 27 KSÜ
Vorbehaltlich der für die Anwendung der vorstehenden Artikel erforderlichen Überprüfung darf die getroffene Maßnahme in der Sache selbst nicht nachgeprüft werden.

1 Die Vorschrift über die révision au fond entspricht Art. 26 ErwSÜ.

Art. 28 KSÜ
Die in einem Vertragsstaat getroffenen und in einem anderen Vertragsstaat für vollstreckbar erklärten oder zur Vollstreckung registrierten Maßnahmen werden dort vollstreckt, als seien sie von den Behörden dieses anderen Staates getroffen worden. Die Vollstreckung richtet sich nach dem Recht des ersuchten Staates unter Beachtung der darin vorgesehenen Grenzen, wobei das Wohl des Kindes zu berücksichtigen ist.

1 Die Vollstreckung kann aus den gleichen Gründen versagt werden, wie bei einer inländischen Maßnahme. Die Vorschrift entspricht Art. 27 ErwSÜ.

Kapitel V. Zusammenarbeit

Art. 29 KSÜ
(1) Jeder Vertragsstaat bestimmt eine Zentrale Behörde, welche die ihr durch dieses Übereinkommen übertragenen Aufgaben wahrnimmt.
(2) Einem Bundesstaat, einem Staat mit mehreren Rechtssystemen oder einem Staat, der aus autonomen Gebietseinheiten besteht, steht es frei, mehrere Zentrale Behörden zu bestimmen und deren räumliche und persönliche Zuständigkeit festzulegen. Macht ein Staat von dieser Möglichkeit Gebrauch, so bestimmt er die Zentrale Behörde, an welche Mitteilungen zur Übermittlung an die zuständige Zentrale Behörde in diesem Staat gerichtet werden können.

1 Die Art. 29 ff. regeln die **Zusammenarbeit der Zentralen Behörden**. Dazu gehört die Pflicht zur Zusammenarbeit (Art. 30), Mitteilungen, Vermittlung, Aufenthaltsermittlung (Art. 31), der Bericht über die Lage des Kindes (Art. 32), die grenzüberschreitende Unterbringung (Art. 33), die Erteilung konkreter Auskünfte (Art. 34). Ferner werden geregelt Durchführungshilfe, Umgangsrecht (Art. 35), die schwere Gefahr (Art. 36), gefährdende Informationen (Art. 37), Kosten (Art. 38) und Vereinbarungen zwischen Vertragsstaaten (Art. 39).
2 Zentrale Behörde ist in Deutschland das **Bundesamt für Justiz** (BfJ; https://www.bundesjustizamt.de; § 3 Nr. 2 IntFamRVG; Bek. BGBl. 2010 II S. 1527), s. näher Anh. IV.

Art. 30 KSÜ
(1) Die Zentralen Behörden arbeiten zusammen und fördern die Zusammenarbeit der zuständigen Behörden ihrer Staaten, um die Ziele dieses Übereinkommens zu verwirklichen.
(2) Im Zusammenhang mit der Anwendung dieses Übereinkommens treffen sie die geeigneten Maßnahmen, um Auskünfte über das Recht ihrer Staaten sowie die in ihren Staaten für den Schutz von Kindern verfügbaren Dienste zu erteilen.

1 Die Vorschrift entspricht Art. 29 ErwSÜ.

Art. 31 KSÜ
Die Zentrale Behörde eines Vertragsstaats trifft unmittelbar oder mit Hilfe staatlicher Behörden oder sonstiger Stellen alle geeigneten Vorkehrungen, um
a) die Mitteilungen zu erleichtern und die Unterstützung anzubieten, die in den Artikeln 8 und 9 und in diesem Kapitel vorgesehen sind;

b) durch Vermittlung, Schlichtung oder ähnliche Mittel gütliche Einigungen zum Schutz der Person oder des Vermögens des Kindes bei Sachverhalten zu erleichtern, auf die dieses Übereinkommen anzuwenden ist;
c) auf Ersuchen der zuständigen Behörde eines anderen Vertragsstaats bei der Ermittlung des Aufenthaltsorts des Kindes Unterstützung zu leisten, wenn der Anschein besteht, dass das Kind sich im Hoheitsgebiet des ersuchten Staates befindet und Schutz benötigt.

Die Vorschrift entspricht Art. 30 ErwSÜ. 1

Art. 32 KSÜ

Auf begründetes Ersuchen der Zentralen Behörde oder einer anderen zuständigen Behörde eines Vertragsstaats, zu dem das Kind eine enge Verbindung hat, kann die Zentrale Behörde des Vertragsstaats, in dem das Kind seinen gewöhnlichen Aufenthalt hat und in dem es sich befindet, unmittelbar oder mit Hilfe staatlicher Behörden oder sonstiger Stellen
a) einen Bericht über die Lage des Kindes erstatten;
b) die zuständige Behörde ihres Staates ersuchen zu prüfen, ob Maßnahmen zum Schutz der Person oder des Vermögens des Kindes erforderlich sind.

Art. 33 KSÜ

(1) Erwägt die nach den Artikeln 5 bis 10 zuständige Behörde die Unterbringung des Kindes in einer Pflegefamilie oder einem Heim oder seine Betreuung durch Kafala oder eine entsprechende Einrichtung und soll es in einem anderen Vertragsstaat untergebracht oder betreut werden, so zieht sie vorher die Zentrale Behörde oder eine andere zuständige Behörde dieses Staates zu Rate. Zu diesem Zweck übermittelt sie ihr einen Bericht über das Kind und die Gründe ihres Vorschlags zur Unterbringung oder Betreuung.
(2) Die Entscheidung über die Unterbringung oder Betreuung kann im ersuchenden Staat nur getroffen werden, wenn die Zentrale Behörde oder eine andere zuständige Behörde des ersuchten Staates dieser Unterbringung oder Betreuung zugestimmt hat, wobei das Wohl des Kindes zu berücksichtigen ist.

Für jede grenzüberschreitende Unterbringung eines Kindes in einem anderen Vertragsstaat ist – unabhängig davon, ob dort in vergleichbaren innerstaatlichen Fällen eine Behörde mitzuwirken hat oder nicht – ein Konsultations- und Zustimmungsverfahren erforderlich. Für von Deutschland ausgehende Unterbringungen in anderen KSÜ-Staaten gilt dies jedoch nur, wenn das Kind in einem KSÜ-Vertragsstaat untergebracht werden soll, der nicht der EU angehört, oder in Dänemark. Für die Unterbringung in anderen EU-Staaten (außer Dänemark) gilt Art. 56 Brüssel II a-VO. 1

Anders als die Brüssel II a-VO schreibt Art. 33 KSÜ ausdrücklich vor, dass die ersuchende Stelle dem ersuchten Staat einen Bericht über das Kind und die Gründe ihres Vorschlags zu übermitteln hat. Die Vorschrift entspricht Art. 33 ErwSÜ. Ausführungsbestimmungen finden sich in §§ 45 ff. IntFamRVG (erläutert in Anh. IV). 2

Art. 34 KSÜ

(1) Wird eine Schutzmaßnahme erwogen, so können die nach diesem Übereinkommen zuständigen Behörden, sofern die Lage des Kindes dies erfordert, jede Behörde eines anderen Vertragsstaats, die über sachdienliche Informationen für den Schutz des Kindes verfügt, ersuchen, sie ihnen mitzuteilen.
(2) Jeder Vertragsstaat kann erklären, dass Ersuchen nach Absatz 1 seinen Behörden nur über seine Zentrale Behörde zu übermitteln sind.

Art. 35 KSÜ

(1) Die zuständigen Behörden eines Vertragsstaats können die Behörden eines anderen Vertragsstaats ersuchen, ihnen bei der Durchführung der nach diesem Übereinkommen getroffenen Schutzmaßnahmen Hilfe zu leisten, insbesondere um die wirksame Ausübung des Rechts zum persönlichen Umgang sowie des Rechts sicherzustellen, regelmäßige unmittelbare Kontakte aufrechtzuerhalten.
(2) Die Behörden eines Vertragsstaats, in dem das Kind keinen gewöhnlichen Aufenthalt hat, können auf Antrag eines Elternteils, der sich in diesem Staat aufhält und der ein Recht zum persönlichen Um-

gang zu erhalten oder beizubehalten wünscht, Auskünfte oder Beweise einholen und Feststellungen über die Eignung dieses Elternteils zur Ausübung des Rechts zum persönlichen Umgang und die Bedingungen seiner Ausübung treffen. Eine Behörde, die nach den Artikeln 5 bis 10 für die Entscheidung über das Recht zum persönlichen Umgang zuständig ist, hat vor ihrer Entscheidung diese Auskünfte, Beweise und Feststellungen zuzulassen und zu berücksichtigen.
(3) Eine Behörde, die nach den Artikeln 5 bis 10 für die Entscheidung über das Recht zum persönlichen Umgang zuständig ist, kann das Verfahren bis zum Vorliegen des Ergebnisses des in Absatz 2 vorgesehenen Verfahrens aussetzen, insbesondere wenn bei ihr ein Antrag auf Änderung oder Aufhebung des Rechts zum persönlichen Umgang anhängig ist, das die Behörden des Staates des früheren gewöhnlichen Aufenthalts des Kindes eingeräumt haben.
(4) Dieser Artikel hindert eine nach den Artikeln 5 bis 10 zuständige Behörde nicht, bis zum Vorliegen des Ergebnisses des in Absatz 2 vorgesehenen Verfahrens vorläufige Maßnahmen zu treffen.

Art. 36 KSÜ
Ist das Kind einer schweren Gefahr ausgesetzt, so benachrichtigen die zuständigen Behörden des Vertragsstaats, in dem Maßnahmen zum Schutz dieses Kindes getroffen wurden oder in Betracht gezogen werden, sofern sie über den Wechsel des Aufenthaltsorts in einen anderen Staat oder die dortige Anwesenheit des Kindes unterrichtet sind, die Behörden dieses Staates von der Gefahr und den getroffenen oder in Betracht gezogenen Maßnahmen.

1 Die Vorschrift entspricht Art. 34 ErwSÜ.

Art. 37 KSÜ
Eine Behörde darf nach diesem Kapitel weder um Informationen ersuchen noch solche erteilen, wenn dadurch nach ihrer Auffassung die Person oder das Vermögen des Kindes in Gefahr geraten könnte oder die Freiheit oder das Leben eines Familienangehörigen des Kindes ernsthaft bedroht würde.

1 Art. 37, der Art. 35 ErwSÜ entspricht, beschränkt die Sammlung und Erteilung von Informationen.

Art. 38 KSÜ
(1) Unbeschadet der Möglichkeit, für die erbrachten Dienstleistungen angemessene Kosten zu verlangen, tragen die Zentralen Behörden und die anderen staatlichen Behörden der Vertragsstaaten die Kosten, die ihnen durch die Anwendung dieses Kapitels entstehen.
(2) Jeder Vertragsstaat kann mit einem oder mehreren anderen Vertragsstaaten Vereinbarungen über die Kostenaufteilung treffen.

1 Art. 38 erlaubt den Vertragsstaaten zwar die Einführung entsprechender Gebühren, doch ist dem BfJ derzeit kein Staat bekannt, der diese tatsächlich erhebt. Die Vorschrift entspricht Art. 38 ErwSÜ.

Art. 39 KSÜ
Jeder Vertragsstaat kann mit einem oder mehreren anderen Vertragsstaaten Vereinbarungen treffen, um die Anwendung dieses Kapitels in ihren gegenseitigen Beziehungen zu erleichtern. Die Staaten, die solche Vereinbarungen getroffen haben, übermitteln dem Verwahrer dieses Übereinkommens eine Abschrift.

Kapitel VI. Allgemeine Bestimmungen

Art. 40 KSÜ
(1) Die Behörden des Vertragsstaats, in dem das Kind seinen gewöhnlichen Aufenthalt hat oder in dem eine Schutzmaßnahme getroffen wurde, können dem Träger der elterlichen Verantwortung oder jedem, dem der Schutz der Person oder des Vermögens des Kindes anvertraut wurde, auf dessen Antrag eine Bescheinigung über seine Berechtigung zum Handeln und die ihm übertragenen Befugnisse ausstellen.

(2) Die Richtigkeit der Berechtigung zum Handeln und der Befugnisse, die bescheinigt sind, wird bis zum Beweis des Gegenteils vermutet.
(3) Jeder Vertragsstaat bestimmt die für die Ausstellung der Bescheinigung zuständigen Behörden.

Art. 40, der Art. 38 ErwSÜ entspricht, betrifft die Ausstellung von Bescheinigungen.

Art. 41 KSÜ
Die nach diesem Übereinkommen gesammelten oder übermittelten personenbezogenen Daten dürfen nur für die Zwecke verwendet werden, zu denen sie gesammelt oder übermittelt wurden.

Die Vorschrift entspricht Art. 39 ErwSÜ.

Art. 42 KSÜ
Behörden, denen Informationen übermittelt werden, stellen nach dem Recht ihres Staates deren vertrauliche Behandlung sicher.

Art. 42, der Art. 40 ErwSÜ entspricht, betrifft die vertrauliche Behandlung von Informationen.

Art. 43 KSÜ
Die nach diesem Übereinkommen übermittelten oder ausgestellten Schriftstücke sind von jeder Legalisation oder entsprechenden Förmlichkeit befreit.

Die Vorschrift entspricht Art. 41 ErwSÜ.

Art. 44 KSÜ
Jeder Vertragsstaat kann die Behörden bestimmen, an die Ersuchen nach den Artikeln 8, 9 und 33 zu richten sind.

Art. 44, der Art. 42 ErwSÜ entspricht, betrifft die Benennung der zuständigen Behörden. Deutsche Erklärung in BGBl. 2010 II S. 1527.

Art. 45 KSÜ
(1) Die nach den Artikeln 29 und 44 bestimmten Behörden werden dem Ständigen Büro der Haager Konferenz für Internationales Privatrecht mitgeteilt.
(2) Die Erklärung nach Artikel 34 Absatz 2 wird gegenüber dem Verwahrer dieses Übereinkommens abgegeben.

Die Vorschrift entspricht Art. 43 ErwSÜ.

Art. 46 – 49 KSÜ *(nicht abgedruckt)*

Art. 50 KSÜ
Dieses Übereinkommen lässt das Übereinkommen vom 25. Oktober 1980 über die zivilrechtlichen Aspekte internationaler Kindesentführung im Verhältnis zwischen den Vertragsparteien beider Übereinkommen unberührt. Einer Berufung auf Bestimmungen dieses Übereinkommens zu dem Zweck, die Rückkehr eines widerrechtlich verbrachten oder zurückgehaltenen Kindes zu erwirken oder das Recht zum persönlichen Umgang durchzuführen, steht jedoch nichts entgegen.

Art. 50 betrifft die **Kindesentführung**. Unter den Vertragsstaaten beider Übk. gibt Art. 50 dem HKÜ Vorrang (Staudinger/*Vorbem.* Art. 19 EGBGB Rn. G 189). In Bezug auf die unterschiedlichen Altersgrenzen beider Übk. besteht für über 16-jährige ein Konflikt (Staudinger/*Pirrung* Vorbem. Art. 19 EGBGB Rn. G 189). Eine Klarstellung des Verhältnisses findet sich in § 37 IntFamRVG.

Art. 51 KSÜ

Im Verhältnis zwischen den Vertragsstaaten ersetzt dieses Übereinkommen das Übereinkommen vom 5. Oktober 1961 über die Zuständigkeit der Behörden und das anzuwendende Recht auf dem Gebiet des Schutzes von Minderjährigen und das am 12. Juni 1902 in Den Haag unterzeichnete Abkommen zur Regelung der Vormundschaft über Minderjährige, unbeschadet der Anerkennung von Maßnahmen, die nach dem genannten Übereinkommen vom 5. Oktober 1961 getroffen wurden.

1 Im Verhältnis zwischen den KSÜ-Vertragsstaaten ersetzt dieses Übk. das **MSA** (OLG Frankfurt JAmt 2015, 399; Staudinger/*Pirrung* Vorbem. Art. 19 EGBGB Rn. G 190). Maßnahmen, die nach dem MSA (s. § 97 FamFG Rdn. 28) getroffen wurden, werden weiterhin anerkannt. Für die Anerkennung gilt Art. 7 KSÜ (Staudinger/*Pirrung* Vorbem. Art. 19 EGBGB Rn. G 190). Das MSA ist nur noch anwendbar, wenn sich das Kind im Inland aufhält und die Staatsangehörigkeit eines MSA-Staates besitzt, für den das KSÜ nicht gilt (*Benicke* IPRax 2013, 44, 51). Dies betrifft die Türkei (OLG Bremen NJW 2016, 655 = NZFam 2016, 143 [LS]) und Macau.

Art. 52 KSÜ

(1) Dieses Übereinkommen lässt internationale Übereinkünfte unberührt, denen Vertragsstaaten als Vertragsparteien angehören und die Bestimmungen über die im vorliegenden Übereinkommen geregelten Angelegenheiten enthalten, sofern die durch eine solche Übereinkunft gebundenen Staaten keine gegenteilige Erklärung abgeben.
(2) Dieses Übereinkommen lässt die Möglichkeit unberührt, dass ein oder mehrere Vertragsstaaten Vereinbarungen treffen, die in Bezug auf Kinder mit gewöhnlichem Aufenthalt in einem der Staaten, die Vertragsparteien solcher Vereinbarungen sind, Bestimmungen über die in diesem Übereinkommen geregelten Angelegenheiten enthalten.
(3) Künftige Vereinbarungen eines oder mehrerer Vertragsstaaten über Angelegenheiten im Anwendungsbereich dieses Übereinkommens lassen im Verhältnis zwischen solchen Staaten und anderen Vertragsstaaten die Anwendung der Bestimmungen des Übereinkommens unberührt.
(4) Die Absätze 1 bis 3 gelten auch für Einheitsrecht, das auf besonderen Verbindungen insbesondere regionaler Art zwischen den betroffenen Staaten beruht.

1 Art. 52 klärt das Verhältnis zu weiteren internationalen Übk. und anderen Regelungen. Die **Brüssel IIa VO** hat unter den EU-Mitgliedstaaten Vorrang (Art. 61 Brüssel IIa-VO; *Benicke* IPRax 2013, 44, 52 f.; Staudinger/*Pirrung* Vorbem. Art. 19 EGBGB Rn. G 194). Das **ESÜ** (s. § 97 FamFG Rdn. 38) bleibt für das Verhältnis zu Nicht-EU-Staaten an sich unberührt, kommt jedoch nur noch hilfsweise zur Anwendung (Staudinger/*Pirrung* Vorbem. Art. 19 EGBGB Rn. G 193). Dänemark, Montenegro, die Schweiz und die Ukraine gehören auch dem KSÜ an, welches das **ESÜ** nicht verdrängt, sondern grundsätzlich neben ihm anwendbar ist, solange die betreffenden Staaten keine anderweitige Erklärung abgeben (Art. 52 Abs. 1). Deutschland, Dänemark, Montenegro, die Schweiz und die Ukraine haben keine entsprechenden Erklärungen abgegeben.
2 Abs. 3 beschränkt den Vorrang der Brüssel IIa-VO auf das Verhältnis zwischen den Mitgliedstaaten. Im Verhältnis zu einem **Nicht-EU-Staat, der KSÜ-Vertragsstaat** ist, bleibt es bei einem Kindesaufenthalt in einem Mitgliedstaat bei einer Anwendung des KSÜ (*Benicke* IPRax 2013, 44, 52). Abs. 4 bezieht sich auf die EU.

Art. 53 KSÜ

(1) Dieses Übereinkommen ist nur auf Maßnahmen anzuwenden, die in einem Staat getroffen werden, nachdem das Übereinkommen für diesen Staat in Kraft getreten ist.
(2) Dieses Übereinkommen ist auf die Anerkennung und Vollstreckung von Maßnahmen anzuwenden, die getroffen wurden, nachdem es im Verhältnis zwischen dem Staat, in dem die Maßnahmen getroffen wurden, und dem ersuchten Staat in Kraft getreten ist.

1 Art. 53 stellt klar, dass das KSÜ **keine Rückwirkung** beansprucht. Nach Abs. 1 sind die Regelungen des KSÜ über die internationale Zuständigkeit und das anwendbare Recht ab dem Zeitpunkt des Inkrafttretens (s. Art. 1 Rdn. 1, 2).anzuwenden, was auch für die Zuständigkeitsregelung des Art. 5 gilt.
2 Abs. 2 stellt für die **Anerkennung und Vollstreckung** ebenfalls auf das Inkrafttreten ab.

Art. 54 KSÜ (1) Mitteilungen an die Zentrale Behörde oder eine andere Behörde eines Vertragsstaats werden in der Originalsprache zugesandt; sie müssen von einer Übersetzung in die Amtssprache oder eine der Amtssprachen des anderen Staates oder, wenn eine solche Übersetzung nur schwer erhältlich ist, von einer Übersetzung ins Französische oder Englische begleitet sein.
(2) Ein Vertragsstaat kann jedoch einen Vorbehalt nach Artikel 60 anbringen und darin gegen die Verwendung des Französischen oder Englischen, jedoch nicht beider Sprachen, Einspruch erheben.

Deutschland hat den Vorbehalt nach Abs. 2 gegenüber der Verwendung der französischen Sprache eingelegt (BGBl. 2010 II, S. 1527). Ausführungsbestimmung in § 4 IntFamRVG. 1

Art. 55 KSÜ (1) Ein Vertragsstaat kann sich nach Artikel 60
a) die Zuständigkeit seiner Behörden vorbehalten, Maßnahmen zum Schutz des in seinem Hoheitsgebiet befindlichen Vermögens eines Kindes zu treffen;
b) vorbehalten, die elterliche Verantwortung oder eine Maßnahme nicht anzuerkennen, soweit sie mit einer von seinen Behörden in Bezug auf dieses Vermögen getroffenen Maßnahme unvereinbar ist.
(2) Der Vorbehalt kann auf bestimmte Vermögensarten beschränkt werden.

Art. 56 KSÜ *(nicht abgedruckt)*

Kapitel VII. Schlussbestimmungen

Art. 57 – 58 KSÜ *(nicht abgedruckt)*

Art. 59 KSÜ (1) Ein Staat, der aus zwei oder mehr Gebietseinheiten besteht, in denen für die in diesem Übereinkommen behandelten Angelegenheiten unterschiedliche Rechtssysteme gelten, kann bei der Unterzeichnung, der Ratifikation, der Annahme, der Genehmigung oder dem Beitritt erklären, dass das Übereinkommen auf alle seine Gebietseinheiten oder nur auf eine oder mehrere davon erstreckt wird; er kann diese Erklärung durch Abgabe einer neuen Erklärung jederzeit ändern.
(2) Jede derartige Erklärung wird dem Verwahrer unter ausdrücklicher Bezeichnung der Gebietseinheiten notifiziert, auf die dieses Übereinkommen angewendet wird.
(3) Gibt ein Staat keine Erklärung nach diesem Artikel ab, so ist dieses Übereinkommen auf sein gesamtes Hoheitsgebiet anzuwenden.

Art. 60 KSÜ (1) Jeder Staat kann spätestens bei der Ratifikation, der Annahme, der Genehmigung oder dem Beitritt oder bei Abgabe einer Erklärung nach Artikel 59 einen der in Artikel 54 Absatz 2 und Artikel 55 vorgesehenen Vorbehalte oder beide anbringen. Weitere Vorbehalte sind nicht zulässig.
(2) - (3) nicht abgedruckt

Art. 61 KSÜ *(nicht abgedruckt)*

Art. 62 – 63 KSÜ *(nicht abgedruckt)*

Anhang III
Übereinkommen über die zivilrechtlichen Aspekte internationaler Kindesentführung

vom 25. Oktober 1980 (BGBl. 1990 II S. 206, 207, 1991 II S. 329)

Erwägungsgründe HKÜ
Die Unterzeichnerstaaten dieses Übereinkommens -
in der festen Überzeugung, dass das Wohl des Kindes in allen Angelegenheiten des Sorgerechts von vorrangiger Bedeutung ist;
in dem Wunsch, das Kind vor den Nachteilen eines widerrechtlichen Verbringens oder Zurückhaltens international zu schützen und Verfahren einzuführen, um seine sofortige Rückgabe in den Staat seines gewöhnlichen Aufenthalts sicherzustellen und den Schutz des Rechts zum persönlichen Umgang mit dem Kind zu gewährleisten -
haben beschlossen, zu diesem Zweck ein Übereinkommen zu schließen, und haben die folgenden Bestimmungen vereinbart:

Kapitel I. Anwendungsbereich des Übereinkommens

Art. 1 HKÜ Ziel dieses Übereinkommens ist es,
a) die sofortige Rückgabe widerrechtlich in einen Vertragsstaat verbrachter oder dort zurückgehaltener Kinder sicherzustellen und
b) zu gewährleisten, dass das in einem Vertragsstaat bestehende Sorgerecht und Recht zum persönlichen Umgang in den anderen Vertragsstaaten tatsächlich beachtet wird.

1 **A. Allgemeines.** Das Übk. ist am 01.12.1990 für Deutschland in Kraft getreten. Die Zahl der **Vertragsstaaten** beträgt über 90 und hat kontinuierlich zugenommen (Staatenliste unter https://www.bundesjustizamt.de/). Hierzu gehören u.a. die EU-Länder sowie – in Europa – Bosnien-Herzegowina, Mazedonien, Norwegen, Russland, die Schweiz, Serbien und Weißrussland. Wichtige Vertragsstaaten sind weiterhin die USA, Kanada, Israel (s. aber zu Ost-Jerusalem OLG München NJW-RR 2016, 196 = NZFam 2016, 143 [LS] Anm. *Leipold*). Nicht dazu gehören auch die palästinensischen Autonomiegebiete, AG Saarbrücken FamRZ 2008, 433), Australien, Neuseeland und Südafrika, Japan, außerdem die meisten spanischsprachigen Staaten in Mittel- und Südamerika. Auch die Türkei ist seit dem 01.08.2000 Vertragsstaat (MüKoBGB/*Siehr* Vorbem. KindEntfÜbk. Rn. 12 f.). Nichtvertragsstaaten sind bis auf wenige Ausnahmen vor Allem die Länder Afrikas und Asiens, insbes. islamische Staaten (*Finger* FamRB 2016, 74 f.). Für die Zustimmung zum Beitritt neuer Vertragsstaaten ist die EU zuständig (EuGH FamRZ 2015, 21 Anm. *Dutta*; *Mansel/Thorn/Wagner* IPRax 2016, 1, 9).

2 Das Übk. ist **einheitlich auszulegen**. Es wird erläutert in einem Bericht von Pérez-Vera (BT-Drucks. 11/5314). Eine einheitliche Anwendung der Brüssel IIa-VO und des HKÜ in der Union ist anzustreben, da die Brüssel IIa-VO in einigen ihrer Bestimmungen den Wortlaut des HKÜ übernimmt oder sich auf dieses bezieht (EuGH FamRZ 2015, 107 m. Aufs. *Pirrung* IPRax 2015, 207).

3 **Zahlreiche Informationen** sind zugänglich über die »Child Abduction Section« der Haager Konferenz für IPR (http://www.hcch.net/) sowie die Zentrale Behörde für internationale Sorgerechtskonflikte im Bundesamt für Justiz (https://www.bundesjustizamt.de/). Einen umfassenden Überblick über die internationale Rechtsprechung verschafft die »International Child Abduction Database – INCADAT« (http://www.incadat.com/index.cfm). – Zu internationalen Richternetzwerken *Menne* FamRB 2015, 441.

4 **B. Anwendungsbereich des HKÜ.** Seit dem 01.03.2005 ist die Brüssel IIa-VO (s. Anh. I) auf Verfahren betreffend die elterliche Verantwortung anwendbar. In Bezug auf das HKÜ, welches grundsätzlich weiter anwendbar bleibt, enthält die VO teils abweichende, teils ergänzende Regelungen (*Völker* FamRZ 2010, 157,

158 ff.). Art. 60 Buchst. e) Brüssel IIa-VO erklärt im Verhältnis der Mitgliedstaaten der VO den **Vorrang der VO** gegenüber dem HKÜ, was sich bei der abweichenden Regelung zur internationalen Zuständigkeit in Art. 10 Brüssel IIa-VO auswirkt. Wie sich jedoch aus Art. 11 Abs. 1 Brüssel IIa-VO und Erwägungsgrund 17 der VO ergibt, bleiben Anträge und Entscheidungen auf der Grundlage des HKÜ weiterhin möglich; Art. 2 Nr. 11 und Art. 11 Abs. 2 bis 8 der VO enthalten hierfür ergänzende Regelungen zur Definition der Widerrechtlichkeit und zum Verfahren. Im Verhältnis zu allen anderen Vertragsstaaten des HKÜ genießt die Brüssel IIa-VO keinen Vorrang.

In seinem Anwendungsbereich ist das HKÜ uneingeschränkt vorrangig gegenüber dem **MSA** (Art. 34 HKÜ) sowie dem **KSÜ** (Art. 50 KSÜ; erläutert in Anh. II). 5

Der gegenständliche Anwendungsbereich bestimmt sich nach Art. 1: Gegenstand des Übk. sind die **widerrechtliche Verbringung** eines Kindes von einem Vertragsstaat in einen anderen Vertragsstaat sowie das **widerrechtliche Zurückhalten** eines Kindes in einem Vertragsstaat, in welchen es rechtmäßig aus einem anderen Vertragsstaat – z.B. im Wege vereinbarten Umgangs – gelangt ist. Die Definition der Widerrechtlichkeit i.S.d. HKÜ findet sich in Art. 3. In diesem Rahmen fallen in den sachlichen Anwendungsbereich des HKÜ Entscheidungen zur Regelung der elterlichen Sorge sowie die Rückgabeentscheidung, die nach der Entführung getroffen werden sollen (Art. 12 und 16). Entscheidungen zur Umgangsregelung werden nur eingeschränkt vom sachlichen Anwendungsbereich des HKÜ erfasst. S. dazu Art. 21. 6

Der **persönliche Anwendungsbereich** des HKÜ betrifft Kinder vor Vollendung des 16. Lebensjahres (Art. 4 Satz 2). Für 16- und 17-Jährige gilt das Übk. nicht. Bei Entführung dieser älteren Jugendlichen gilt kollisionsrechtlich die Brüssel IIa-VO in ihrem Anwendungsbereich, soweit diese nicht anwendbar ist, das MSA (soweit noch anwendbar). 7

C. Internationales Familienrechtsverfahrensgesetz. Die innerstaatliche Konkretisierung der sich aus dem HKÜ ergebenden Zuständigkeiten und Verfahren ergibt sich für Deutschland aus dem Internationalen Familienrechtsverfahrensgesetz (IntFamRVG), erläutert in Anh. IV. 8

Art. 2 HKÜ
Die Vertragsstaaten treffen alle geeigneten Maßnahmen, um in ihrem Hoheitsgebiet die Ziele des Übereinkommens zu verwirklichen. Zu diesem Zweck wenden sie ihre schnellstmöglichen Verfahren an.

Das HKÜ hat in erster Linie das Ziel, bei Kindesentführung von einem Vertragsstaat in einen anderen die sofortige Rückgabe des Kindes sicher zu stellen (Art. 1 Buchst. a)). Zu diesem Zwecke will das Übk. verhindern, dass die Kindesentführung nachträglich durch den Staat, in welchem das Kind sich widerrechtlich aufhält, im Wege einer das Sorgerecht abändernden Entscheidung legitimiert wird. Das Übk. normiert die Vermutung, dass die sofortige Rückgabe an den bisherigen Aufenthaltsort dem Kindeswohl grundsätzlich am besten entspricht. Nur bei Vorliegen besonderer Voraussetzungen kann diese Vermutung widerlegt werden. Das BVerfG hat die Vereinbarkeit des HKÜ mit dem GG bestätigt (BVerfG FamRZ 1997, 1269; FamRZ 1999, 85; FamRZ 1999, 641; FamRZ 1999, 1053; NJW 1999, 3621; ebenso BGH FamRZ 2000, 1502.- Dazu näher *Völker* FamRZ 2010, 157, 160 ff.). Danach sind Gründe für die Richtigkeit der Vermutung: 1

– Erhaltung der Kontinuität der Lebensbedingungen des Kindes bei Rückführung.
– Bessere Berücksichtigung der Elterninteressen bei Aufrechterhaltung der ursprünglichen Sorgerechtsentscheidung, womit vermieden wird, dass ein Elternteil aus der rechtswidrigen Entführung einen faktischen Vorteil zieht.
– Generalpräventive Wirkung der Rückführungsanordnung.

Weiteres Ziel des HKÜ ist die Anerkennung des im Vertragsstaat des gewöhnlichen Aufenthalts des Kindes bestehenden Sorgerechts und des dort geregelten Rechts zum persönlichen Umgang durch die übrigen Vertragsstaaten (Art. 1 Buchst. b)). Die Regelung zur internationalen Durchsetzung des Umgangsrechts findet sich in Art. 21. 2

Art. 3 HKÜ
Das Verbringen oder Zurückhalten eines Kindes gilt als widerrechtlich, wenn

a) dadurch das Sorgerecht verletzt wird, das einer Person, Behörde oder sonstigen Stelle allein oder gemeinsam nach dem Recht des Staates zusteht, in dem das Kind unmittelbar vor dem Verbringen oder Zurückhalten seinen gewöhnlichen Aufenthalt hatte, und

b) dieses Recht im Zeitpunkt des Verbringens oder Zurückhaltens allein oder gemeinsam tatsächlich ausgeübt wurde oder ausgeübt worden wäre, falls das Verbringen oder Zurückhalten nicht stattgefunden hätte.

Das unter Buchstabe a genannte Sorgerecht kann insbesondere kraft Gesetzes, auf Grund einer gerichtlichen oder behördlichen Entscheidung oder auf Grund einer nach dem Recht des betreffenden Staates wirksamen Vereinbarung bestehen.

1 **A. Kindesentführung.** Ohne den im Titel des HKÜ enthaltenen Begriff »internationale Kindesentführung« zu nennen, normieren Art. 3–5 die Voraussetzungen für dessen Vorliegen. Nur wenn diese gegeben sind, finden die sonstigen Regelungen des Übk. Anwendung. »Internationale« Entführung bedeutet, dass das Kind über Staatsgrenzen hinweg, d.h. von Vertragsstaat zu Vertragsstaat, verbracht worden ist oder nicht zurückgegeben wird. Die reine Inlandsentführung – also eine Entführung innerhalb Deutschlands, wobei die Staatsangehörigkeit der Beteiligten keine Rolle spielt – fällt nicht in den Anwendungsbereich des HKÜ.

2 **B. Widerrechtliche Entführung. I. Prüfung.** Die Feststellung eines Entführungsfalles erfordert mehrere Schritte:
- Auszugehen ist zunächst vom gewöhnlichen Aufenthalt des Kindes unmittelbar vor der als Entführung in Betracht kommenden Handlung (Art. 4). Dieser muss in einem Vertragsstaat liegen. Zum Begriff des gewöhnlichen Aufenthalts s. Rdn. 4.
- Zur weiterhin erforderlichen Widerrechtlichkeit des Verbringens oder Zurückhaltens ist sodann darauf abzustellen, wer Inhaber des Sorgerechts i.S.d. Übk. zum vorgenannten Zeitpunkt war und ob dessen Wille dem Aufenthaltswechsel entgegensteht.

3 **II. Sorgerecht.** Sorgerecht bedeutet die das **Recht zur Aufenthaltsbestimmung beinhaltende Personensorge** (Art. 5 Buchst. a)). Hierfür reicht das Mitsorgerecht aus (Art. 3 Abs. 1 Buchst. b)), so dass das Verbringen oder Zurückhalten des Kindes durch einen Elternteil gegen den Willen des anderen Elternteils grundsätzlich auch bei gemeinsamer Sorge widerrechtlich ist (OLG Stuttgart FamRZ 2013, 51; *Martiny* FamRZ 2012, 1765, 1768 f.). Ein gemeinsames Aufenthaltsbestimmungsrecht genügt (vgl. BVerfG FamRZ 1997, 1269 f.). Elterliche Vereinbarungen sind beachtlich (*Finger* JR 2009, 441, 443). Inhaber des Sorgerechts i.S.v. Abs. 1 Buchst. a) kann ggf. ein Gericht sein (OLG München NJW-RR 2005, 158); dies ist u.a. der Fall, wenn es die Aufenthaltsveränderung von seiner Zustimmung abhängig gemacht hat (*Holl* IPRax 2001, 185, 186 m.w.N.).

4 Das Statut der materiellen Sorgeinhaberschaft bestimmt sich nach Abs. 1 Buchst. a). Danach ist einziger Anknüpfungspunkt der **gewöhnliche Aufenthalt des Kindes** unmittelbar vor der als Entführung in Betracht kommenden Handlung (gegen mehrfachen gewöhnlichen Aufenthalt *Finger* FamRB 2016, 74, 76). Der Begriff des gewöhnlichen Aufenthalts sollte im Einklang mit Art. 11 Brüssel IIa-VO ausgelegt werden (s. Art. 11 Brüssel IIa-VO Rdn. 5). Der mit der Entführung verbundene Aufenthaltswechsel lässt das so begründete Statut unberührt. Diese Regelung ist lex specialis gegenüber allen anderen Kollisionsnormen zum Sorgestatut; insoweit werden insbes. das MSA und Art. 21 EGBGB verdrängt.

5 **III. Verbringen und Zurückhalten.** Schließlich muss ein Verbringen des Kindes vorliegen, d.h. ein Handeln, mit welchem der faktische Aufenthalt des Kindes gegen den Willen des Sorgeinhabers vom Vertragsstaat des gewöhnlichen Aufenthalts (Herkunftstaat) in einen anderen Vertragsstaat (Zufluchtstaat) verlegt wird.

6 Ein **Zurückhalten des Kindes** liegt vor, wenn das Kind zunächst auf Grund nicht rechtswidriger Umstände in einen anderen Vertragsstaat als denjenigen seines gewöhnlichen Aufenthalts gelangt ist, dann aber dieser Aufenthalt im Zufluchtstaat in Folge einer Veränderung der vorgegebenen tatsächlichen Situation rechtswidrig wird (OLG Frankfurt FamRZ 1997, 1100; OLG Hamm FamRZ 1999, 948). Zurückhalten ist ein einmaliges Handeln, kein Dauerzustand (OLG Stuttgart FamRZ 2013, 51). Es beginnt mit dem Zeitpunkt, in welchem der rechtmäßige Aufenthalt durch die Veränderung der tatsächlichen Situation seine Grundlage verliert. Hingegen liegt kein Zurückhalten vor, wenn das Kind seinen gewöhnlichen Aufenthalt in einem Vertragsstaat hat, später aber die elterliche Sorge durch eine anzuerkennende Entscheidung dem in einem anderen Staat lebenden Elternteil übertragen wird. Das Verweigern der Herausgabe durch den bisher sorgeberechtigten Elternteil ist in diesem Falle kein Zurückhalten, kein Entführungsfall (OLG Düsseldorf FamRZ 1994, 181, 182; OLG Karlsruhe FamRZ 1998, 385 [LS]); das HKÜ ist hier nicht anwendbar.

IV. Tatsächliche Ausübung der Sorge. Zusätzliche Voraussetzung eines Entführungsfalls i.S.d. HKÜ ist, dass der mit dem Verbringen oder Zurückhalten nicht einverstandene (Mit-) Sorgeinhaber im Zeitpunkt des Verbringens oder Zurückhaltens die Sorge auch tatsächlich ausgeübt hat (Abs. 1 Buchst. b)). Problematisch ist dies vor Allem, wenn die Eltern getrennt leben und der Mitsorgeberechtigte, bei dem das Kind nicht lebt, der Aufenthaltsveränderung durch den betreuenden Elternteil widerspricht. Die Auffassung, dass in solchen Fällen i.d.R. davon auszugehen sei, das Kind stehe nur unter der tatsächlichen Sorgeausübung desjenigen Elternteils, bei dem es auch wohnt, wobei die bloße Wahrnehmung des Umgangsrechts dem nicht entgegenstehen soll (in diesem Sinne OLG Düsseldorf FamRZ 1994, 181), trifft in dieser Allgemeinheit nicht zu. Fehlende Ausübung der Mitsorge liegt nur vor, wenn der Elternteil sich überhaupt nicht mehr um sein Kind kümmert und seine Rechte und Pflichten nicht, auch nicht hin und wieder oder in Ansätzen im Umfang eines Umgangsrechts, wahrnimmt (OLG Hamm FamRZ 2004, 1513; OLG Rostock NJW-RR 2001, 1448; OLG Stuttgart FamRZ 1996, 688, 689; OLG Nürnberg FamRZ 2010, 1575; OLG Bremen NJW-RR 2013, 1351; OLG Karlsruhe FamRZ 2015, 1627, 1629). Das HKÜ geht zudem von der Vermutung aus, dass ein Mitsorgeinhaber die Sorge auch tatsächlich ausgeübt hat (vgl. Art. 13 Abs. 1 Buchst. a)). Daher genügen regelmäßige, aber nicht notwendigerweise persönliche Kontakte.

V. Widerrechtlichkeit. Die Widerrechtlichkeit liegt nach Art. 3 in der Sorgerechtsverletzung. Sie folgt unmittelbar aus dem HiKiEntÜ, nicht aus dem anwendbaren Recht der elterlichen Verantwortung (Staudinger/*Pirrung* Vorbem. Art. 19 EGBGB Rn. D 33). Dabei ist auf den Zeitpunkt des Verbringens des Kindes abzustellen (OLG Stuttgart NZFam 2015, 575). Zur Genehmigung s. Art. 13 Rdn. 4.

Art. 4 HKÜ

Das Übereinkommen wird auf jedes Kind angewendet, das unmittelbar vor einer Verletzung des Sorgerechts oder des Rechts zum persönlichen Umgang seinen gewöhnlichen Aufenthalt in einem Vertragsstaat hatte. Das Übereinkommen wird nicht mehr angewendet, sobald das Kind das 16. Lebensjahr vollendet hat.

Die Anwendbarkeit des HKÜ kommt nur in Betracht, solange das betroffene Kind das 16. Lebensjahr noch nicht vollendet hat. Dies gilt auch dann, wenn die Entführung selbst noch vor Vollendung des 16. Lebensjahres stattgefunden hat, jedoch bis zu diesem Zeitpunkt keine Rückführung erfolgt ist. Bei Entführung dieser älteren Jugendlichen ist kollisionsrechtlich in ihrem Anwendungsbereich die Brüssel IIa-VO berufen (Art. 11 Brüssel IIa-VO), soweit diese nicht anwendbar ist, das KSÜ. Der gewöhnliche Aufenthalt wird auch hier durch den Ort der tatsächlichen Mittelpunkts der Lebensführung bestimmt (OLG Karlsruhe FamRZ 2008, 2224; OLG Stuttgart FamRZ 2013, 51; OLG Hamm FamRZ 2013, 52 [LS]); der tatsächliche Lebensmittelpunkt und der Schwerpunkt der sozialen Beziehungen entscheiden (OLG Stuttgart NZFam 2015, 575). Der Begriff sollte im Einklang mit Art. 11 Brüssel IIa-VO ausgelegt werden.

Art. 5 HKÜ

Im Sinn dieses Übereinkommens umfasst
a) das »Sorgerecht« die Sorge für die Person des Kindes und insbesondere das Recht, den Aufenthalt des Kindes zu bestimmen;
b) das »Recht zum persönlichen Umgang« das Recht, das Kind für eine begrenzte Zeit an einen anderen Ort als seinen gewöhnlichen Aufenthaltsort zu bringen.

Nach dem HKÜ umfasst das Sorgerecht die Sorge für die Person des Kindes und insbesondere das Recht, den Aufenthalt des Kindes zu bestimmen (Buchst. a)). Das Besuchsrecht gewährt auch das Recht, das Kind für eine begrenzte Zeit an einen anderen Ort als seinen gewöhnlichen Aufenthaltsort zu bringen (Buchst. b)).

Kapitel II. Zentrale Behörden

Art. 6 HKÜ

Jeder Vertragsstaat bestimmt eine zentrale Behörde, welche die ihr durch dieses Übereinkommen übertragenen Aufgaben wahrnimmt.
Einem Bundesstaat, einem Staat mit mehreren Rechtssystemen oder einem Staat, der aus autonomen Gebietskörperschaften besteht, steht es frei, mehrere zentrale Behörden zu bestimmen und deren

räumliche Zuständigkeit festzulegen. Macht ein Staat von dieser Möglichkeit Gebrauch, so bestimmt er die zentrale Behörde, an welche die Anträge zur Übermittlung an die zuständige zentrale Behörde in diesem Staat gerichtet werden können.

1 Zentrale Behörde für die Aufgaben nach Art. 7 ist in Deutschland das **Bundesamt für Justiz** (https://www.bundesjustizamt.de/; § 3 Abs. 1 Nr. 3 IntFamRVG; s. Anh. IV). Es gilt gem. § 6 Abs. 2 IntFamRVG als bevollmächtigt, im Namen des ASt gerichtlich oder außergerichtlich tätig zu werden. Wer Zentrale Behörde in den übrigen Vertragsstaaten ist, ergibt sich aus der innerstaatlichen Bestimmung des jeweiligen Staats. Dies wird im BGBl. II bekannt gemacht. Der aktuelle Stand lässt sich erfragen bei: Bundesamt für Justiz – Zentrale Behörde – Adenauerallee 90–103, 53113 Bonn oder auf der Website der Haager Konferenz für Internationales Privatrecht: http://www.hcch.net/e/authorities/caabduct.html.

Art. 7 HKÜ

Die zentralen Behörden arbeiten zusammen und fördern die Zusammenarbeit der zuständigen Behörden ihrer Staaten, um die sofortige Rückgabe von Kindern sicherzustellen und auch die anderen Ziele dieses Übereinkommens zu verwirklichen.
Insbesondere treffen sie unmittelbar oder mit Hilfe anderer alle geeigneten Maßnahmen, um
a) den Aufenthaltsort eines widerrechtlich verbrachten oder zurückgehaltenen Kindes ausfindig zu machen;
b) weitere Gefahren von dem Kind oder Nachteile von den betroffenen Parteien abzuwenden, indem sie vorläufige Maßnahmen treffen oder veranlassen;
c) die freiwillige Rückgabe des Kindes sicherzustellen oder eine gütliche Regelung der Angelegenheit herbeizuführen;
d) soweit zweckdienlich Auskünfte über die soziale Lage des Kindes auszutauschen;
e) im Zusammenhang mit der Anwendung des Übereinkommens allgemeine Auskünfte über das Recht ihrer Staaten zu erteilen;
f) ein gerichtliches oder behördliches Verfahren einzuleiten oder die Einleitung eines solchen Verfahrens zu erleichtern, um die Rückgabe des Kindes zu erwirken sowie gegebenenfalls die Durchführung oder die wirksame Ausübung des Rechts zum persönlichen Umgang zu gewährleisten;
g) soweit erforderlich die Bewilligung von Prozesskosten- und Beratungshilfe, einschließlich der Beiordnung eines Rechtsanwalts, zu veranlassen oder zu erleichtern;
h) durch etwa notwendige und geeignete behördliche Vorkehrungen die sichere Rückgabe des Kindes zu gewährleisten;
i) einander über die Wirkungsweise des Übereinkommens zu unterrichten und Hindernisse, die seiner Anwendung entgegenstehen, soweit wie möglich auszuräumen.

1 Die Zentrale Behörde soll für die zügige und unkomplizierte Durchführung des Übk., insbes. die sofortige Rückgabe von Kindern sorgen. Mit den Zentralen Behörden der anderen Vertragsstaaten verkehrt sie unmittelbar; umständliche Rechtshilfeersuchen auf diplomatischem Wege finden nicht statt. Für die Praxis von entscheidender Bedeutung ist das Recht und die Pflicht der Zentralen Behörde im Herkunftstaat, den Antrag auf Rückführung entgegenzunehmen und unmittelbar an die Zentrale Behörde des Zufluchtstaats weiterzuleiten. Diese hat das Recht und die Pflicht, dort das erforderliche Rückgabeverfahren einzuleiten (Abs. 2 Buchst. f)). Das Verfahren ist geregelt in Art. 8 ff. HKÜ, im Inland ergänzt durch §§ 4 ff. IntFamRVG. Einstweilige Anordnungen sind in § 15 IntFamRVG vorgesehen.

Kapitel III. Rückgabe von Kindern

Art. 8 HKÜ

Macht eine Person, Behörde oder sonstige Stelle geltend, ein Kind sei unter Verletzung des Sorgerechts verbracht oder zurückgehalten worden, so kann sie sich entweder an die für den gewöhnlichen Aufenthalt des Kindes zuständige zentrale Behörde oder an die zentrale Behörde eines anderen Vertragsstaats wenden, um mit deren Unterstützung die Rückgabe des Kindes sicherzustellen.

Der Antrag muss enthalten
a) Angaben über die Identität des Antragstellers, des Kindes und der Person, die das Kind angeblich verbracht oder zurückgehalten hat;
b) das Geburtsdatum des Kindes, soweit es festgestellt werden kann;
c) die Gründe, die der Antragsteller für seinen Anspruch auf Rückgabe des Kindes geltend macht;
d) alle verfügbaren Angaben über den Aufenthaltsort des Kindes und die Identität der Person, bei der sich das Kind vermutlich befindet.

Der Antrag kann wie folgt ergänzt oder es können ihm folgende Anlagen beigefügt werden:
e) eine beglaubigte Ausfertigung einer für die Sache erheblichen Entscheidung oder Vereinbarung;
f) eine Bescheinigung oder eidesstattliche Erklärung (Affidavit) über die einschlägigen Rechtsvorschriften des betreffenden Staates; sie muss von der zentralen Behörde oder einer sonstigen zuständigen Behörde des Staates, in dem sich das Kind gewöhnlich aufhält, oder von einer dazu befugten Person ausgehen;
g) jedes sonstige für die Sache erhebliche Schriftstück.

Das **Recht zur Antragstellung** hat nach Abs. 1 der von der Entführung betroffene Elternteil. Darüber hinaus ist antragsberechtigt jede Behörde oder sonstige Stelle, welcher innerstaatlich die Interessen des Kindes anvertraut sind, also der Vormund, der zur Aufenthaltsbestimmung berechtigte Pfleger, das Jugendamt. Der ASt kann sich im gerichtlichen Verfahren des Zufluchtstaats von der dortigen Zentralen Behörde vertreten lassen. Er kann dort auch selbst den Antrag stellen und das Verfahren persönlich betreiben (Art. 29). Ist Deutschland Zufluchtstaat, gilt das BfJ als Zentrale Behörde bei Antragstellung über diesen als bevollmächtigt (§ 6 Abs. 2 IntFamRVG). Das Verfahren kann vom ASt aber auch im eigenen Namen betrieben werden. **1**

Der **Inhalt des Antrags** ist in Abs. 2 vorgeschrieben, Ergänzungen sind zulässig (Art. 8 Abs. 3). Hierfür gibt es – bei widerrechtlicher Entführung aus Deutschland in einen anderen Vertragsstaat – Antragsformulare des BfJ. Im weiteren Verfahrensablauf übermittelt die Zentrale Behörde des Herkunftstaats den Antrag auf direktem Wege ohne Verzögerung an die Zentrale Behörde des Zufluchtstaats (Art. 9, 11). Diese reicht den Antrag beim zuständigen Gericht/der zuständigen Behörde ein und versucht ggf. eine gütliche Einigung, um die freiwillige Rückgabe des Kindes zu erreichen. Gelingt Letzteres, ist das gerichtliche Verfahren erledigt. **2**

Art. 9 HKÜ
Hat die zentrale Behörde, bei der ein Antrag nach Artikel 8 eingeht, Grund zu der Annahme, dass sich das Kind in einem anderen Vertragsstaat befindet, so übermittelt sie den Antrag unmittelbar und unverzüglich der zentralen Behörde dieses Staates; sie unterrichtet davon die ersuchende zentrale Behörde oder gegebenenfalls den Antragsteller.

Ausführungsbestimmung ist § 6 IntFamRVG. **1**

Art. 10 HKÜ
Die zentrale Behörde des Staates, in dem sich das Kind befindet, trifft oder veranlasst alle geeigneten Maßnahmen, um die freiwillige Rückgabe des Kindes zu bewirken.

Ziel des Rückgabeverfahrens ist die Anordnung der sofortigen Rückgabe des Kindes durch das zuständige Gericht/die zuständige Behörde des Zufluchtstaats (Rückgabeentscheidung), s. Art. 11. Hinweise zur Mediation unter https://www.bundesjustizamt.de/. **1**

Art. 11 HKÜ
In Verfahren auf Rückgabe von Kindern haben die Gerichte oder Verwaltungsbehörden eines jeden Vertragsstaats mit der gebotenen Eile zu handeln.

Hat das Gericht oder die Verwaltungsbehörde, die mit der Sache befasst sind, nicht innerhalb von sechs Wochen nach Eingang des Antrags eine Entscheidung getroffen, so kann der Antragsteller oder die zentrale Behörde des ersuchten Staates von sich aus oder auf Begehren der zentralen Behörde des ersuchenden Staates eine Darstellung der Gründe für die Verzögerung verlangen. Hat die zentrale Behörde des ersuchten Staates die Antwort erhalten, so übermittelt sie diese der zentralen Behörde des ersuchenden Staates oder gegebenenfalls dem Antragsteller.

1   **A. Beschleunigung.** Für das Verfahren des Gerichts gilt – in gleicher Weise wie für behördliche Verfahren – das Beschleunigungsgebot der Art. 2, 11: Die Vermutung, dass die sofortige Rückführung an den bisherigen Aufenthaltsort dem Kindeswohl grundsätzlich am besten entspricht (BVerfG FamRZ 1999, 85), sowie die Intention des HKÜ zu vermeiden, dass durch die Entführung vollendete Tatsachen geschaffen werden (BVerfG FamRZ 1997, 1269, 1270), erfordern eine schnellstmögliche Entscheidung (s. § 38 IntFamRG). Das Verfahren ist besonders eilbedürftig (BVerfG FamRZ 1999, 1053, 1054 f.; FamRZ 1977, 1269, 1270). Da eine besondere Kindeswohlprüfung ohne Vorliegen besonderer Umstände nicht stattfinden darf (BVerfG FamRZ 1997, 1269, 1270), sind unnötige Verfahrenshandlungen zu unterlassen. Die Anhörung des Kindes ist nicht geboten (BVerfG FamRZ 1999, 58). Anderes kann bei gegenläufigen Entführungen in Betracht kommen (*Völker* FamRZ 2010, 157, 163 m.w.N.). Die Einholung von Sachverständigengutachten findet grundsätzlich nicht statt (OLG Hamm FamRZ 1999, 948, 949; *Staudinger* IPRax 2000, 194, 198 f.; *Völker* FamRZ 2010, 157, 165 f.).

2   Auf das Verfahren sind nach § 14 Nr. 2 IntFamRVG die Vorschriften des **FamFG** anzuwenden. Die daraus resultierende Flexibilität ist zur Beschleunigung zu nutzen. Das Beschleunigungsgebot des Art. 11 Abs. 1 HKÜ wird durch Art. 11 Abs. 3 Brüssel IIa VO noch verschärft (dazu *Völker* FamRZ 2010, 157, 158).

3   Die **Rückgabeanordnung** ist als Endentscheidung, nicht als einstweilige Anordnung zu erlassen. Einstweilige Anordnungen können nach § 15 IntFamRVG lediglich flankierend ergehen, um Gefahren für das Kind abzuwehren oder eine Beeinträchtigung der Interessen der Beteiligten zu vermeiden, insbes. um das Wegschaffen des Kindes zu verhindern und die Rückgabe zu sichern (S. dazu *Weitzel* DAVorm. 2000, 1059, 1067; OLG Dresden FamRZ 2003, 468). Die Rückgabeentscheidung wird erst mit ihrer Rechtskraft wirksam, jedoch kann das Gericht die sofortige Wirksamkeit der Entscheidung anordnen (§ 40 Abs. 3 IntFamRVG: Zuständigkeit des Beschwerdegerichts).

4   Im Sonderfall **gegenläufiger Rückführungsanträge**, bei welchem eine nähere Kindeswohlprüfung stattzufinden hat (s.u. Rdn. 5 ff.), ist dem Kind, dessen Alter und Reife eine Wahrnehmung seiner eigenen Verfahrensrechte nicht erlaubt, stets gem. § 158 FamFG ein Verfahrensbeistand beizuordnen (BVerfG FamRZ 1999, 85; *Völker* FamRZ 2010, 157, 164; im Normalfall des einseitigen Rückführungsantrags dürfte dies die Ausnahme sein).

5   **B. Rechtsmittel.** Rechtsmittel gegen die vom AG erlassene Rückgabeentscheidung ist die sofortige Beschwerde zum OLG, die binnen einer Frist von 2 Wochen einzulegen ist (§§ 40 Abs. 2 IntFamRVG, 63 FamFG). Beschwerdeberechtigt sind nur der Antragsgegner, das mindestens 14 Jahre alte Kind persönlich und das beteiligte Jugendamt (§ 40 Abs. 2 Satz 3 IntFamRVG). Die Beschwerdeberechtigung und das Beschwerderecht Minderjähriger ergeben sich aus §§ 59 und 60 FamFG. Eine während des Rechtsmittelverfahrens erfolgte Rückführung des Kindes in den Herkunftsstaat führt zur Unzulässigkeit der Beschwerde, d.h. Erledigung der Hauptsache (OLG München FamRZ 2005, 1002; OLG Koblenz FamRZ 2004, 1512). Eine Fortsetzung des Beschwerdeverfahrens zur Feststellung der Rechtswidrigkeit der Rückführungsanordnung kommt nicht in Betracht (OLG Koblenz FamRZ 2004, 1512).

6   Die **Beschwerdeentscheidung** des OLG ist endgültig, eine Rechtsbeschwerde findet nicht statt (§ 40 Abs. 2 Satz 4 IntFamRVG). Die an sich noch mögliche Verfassungsbeschwerde dürfte, nachdem inzwischen die mit dem HKÜ zusammenhängenden verfassungsrechtlichen Fragen durch das BVerfG geklärt sind, kaum erfolgversprechend sein (näher *Völker* FamRZ 2010, 157, 160 ff.

7   **C. Abänderung der Rückführungsentscheidung.** Fraglich ist, ob eine rechtskräftige Rückführungsentscheidung nachträglich entsprechend § 166 FamFG abgeändert werden kann, wenn nach Rechtskraft, aber vor Vollstreckung neue schwer wiegende Umstände eingetreten sind, aus denen sich eine greifbare Gefährdung des Kindes und damit eine Unvereinbarkeit der Rückgabe mit dem Kindeswohl ergibt (so OLG Karlsruhe NJW 2000, 3361). Eine analoge Anwendung von § 166 FamFG kann aber nur dann gerechtfertigt sein, wenn nachträglich eingetretene besonders schwer wiegende Umstände evident vorliegen.

Art. 12 HKÜ

Ist ein Kind im Sinn des Artikels 3 widerrechtlich verbracht oder zurückgehalten worden und ist bei Eingang des Antrags bei dem Gericht *oder der Verwaltungsbehörde* des Vertragsstaats, in dem sich das Kind befindet, eine Frist von weniger

als einem Jahr seit dem Verbringen oder Zurückhalten verstrichen, so ordnet das zuständige Gericht oder die zuständige Verwaltungsbehörde die sofortige Rückgabe des Kindes an.
Ist der Antrag erst nach Ablauf der in Absatz 1 bezeichneten Jahresfrist eingegangen, so ordnet das Gericht oder die Verwaltungsbehörde die Rückgabe des Kindes ebenfalls an, sofern nicht erwiesen ist, dass das Kind sich in seine neue Umgebung eingelebt hat.
Hat das Gericht oder die Verwaltungsbehörde des ersuchten Staates Grund zu der Annahme, dass das Kind in einen anderen Staat verbracht worden ist, so kann das Verfahren ausgesetzt oder der Antrag auf Rückgabe des Kindes abgelehnt werden.

A. Gerichtliche Zuständigkeit. Die internationale Zuständigkeit für Rückführungsanträge ergibt sich aus Abs. 1. Ausschließlich zuständig ist die Gerichtsbarkeit des Vertragsstaats, in welchen das Kind widerrechtlich verbracht worden ist oder wo es zurückgehalten wird (Zufluchtstaat). Hieran hat auch die Brüssel IIa-VO nichts geändert. Ist ein Kind von Deutschland ins Ausland entführt worden, richtet sich die dortige sachliche und örtliche Zuständigkeit nach dem innerstaatlichen Recht des Zufluchtstaats. 1

B. Sachliche und örtliche Zuständigkeit. Hinsichtlich nach Deutschland gelangter Kinder regeln §§ 10 bis 12 IntFamRVG die sachliche und örtliche Zuständigkeit (s. Anh. IV). Zuständig ist das AG als FamG, in dessen Bezirk ein OLG seinen Sitz und das Kind sich beim Eingang des Antrags bei der Zentralen Behörde aufgehalten hat (§ 11 Nr. 1 IntFamRVG), hilfsweise wo das Bedürfnis der Fürsorge besteht (§ 11 Nr. 2 IntFamRVG). Dies gilt unabhängig davon, ob anderweitig eine Ehesache anhängig ist oder nicht. 2

Art. 12 regelt einerseits die internationale Zuständigkeit für die Rückgabeentscheidung und andererseits im Zusammenhang mit Art. 13 und 20 die materiellen Voraussetzungen zur Entscheidung über die Rückgabe des Kindes, so dass insoweit nationales Sachrecht nicht zur Anwendung kommen kann. Ausgehend von der Vermutung, dass die **sofortige Rückführung** an den bisherigen Aufenthaltsort dem Kindeswohl grundsätzlich am besten entspricht, hat das entscheidungsbefasste Gericht grds. die sofortige Rückgabe ohne besondere Kindeswohlprüfung unverzüglich anzuordnen. Die Rückgabeentscheidung betrifft nicht selbst das Sorgerecht, sondern soll erst die Voraussetzungen dafür schaffen, dass das international zuständige Gericht über das Sorgerecht entscheiden kann und diese Entscheidung auch in anderen Vertragsstaaten tatsächlich beachtet wird (vgl. Art. 1 Buchst. b)). Nur soweit im Einzelfall auf Grund besonderer Umstände das Überwiegen des Kindeswohls in Betracht kommt, ist dies nach Art. 13, 20 näher zu prüfen (BVerfG FamRZ 1997, 1269, 1270). 3

Alleinige Ausnahme zum grundsätzlichen Ausschluss der besonderen Kindeswohlprüfung ist der Sonderfall **gegenläufiger Rückführungsanträge**: Wenn das Kind von den in verschiedenen Vertragsstaaten lebenden Elternteilen jeweils eigenmächtig hin und her entführt worden ist, haben die Eltern zu erkennen gegeben, dass sie vornehmlich ihre eigenen Interessen durchsetzen wollen und die Interessen des Kindes hintenansetzen. Dann ist es verfassungsrechtlich geboten, konkret das Kindeswohl an Hand von Art. 13 zu prüfen (BVerfGE 99, 145 = FamRZ 1999, 85; NJW 1999, 3621; BVerfG FamRZ 2005, 1657; *Völker* FamRZ 2010, 157, 162 ff.). 4

C. Jahresfrist. Nach Abs. 1 ist einzige Voraussetzung für die Anordnung der sofortigen Rückgabe ein widerrechtliches Verbringens oder Zurückhalten i.S.d. Art. 3. Dies gilt uneingeschränkt, wenn die Entführung zum Zeitpunkt der Antragstellung noch nicht länger als ein Jahr zurückliegt (Abs. 1). Die Jahresfrist ist gewahrt, wenn der Antrag innerhalb des Jahres beim zuständigen Gericht eingeht; Eingang bei der Zentralen Behörde reicht nicht (OLG Hamm FamRZ 1998, 385; OLG Stuttgart FamRZ 2013, 51; *Finger* FamRB 2016, 74, 75). 5

Bei Überschreitung der Jahresfrist ist weitere Voraussetzung, dass das Kind sich nicht inzwischen im Zufluchtstaat eingelebt hat (Abs. 2). **Einleben** bedeutet volle Integration in die neue Umgebung, d.h. in das neue familiäre, soziale und ggf. kulturelle Umfeld (OLG Düsseldorf FamRZ 1999, 113; OLG Stuttgart FamRZ 2013, 51.– Zum Einleben bei mehrfachen Umzügen von Kind und Entführer AG Schleswig FamRZ 2001, 933 m. Aufs. *Schulz* IPRax 2002, 201). Die Prüfung dieser weiteren Voraussetzung ist – entgegen der missverständlichen Formulierung in Abs. 2: »sofern nicht erwiesen ist« – im Interesse des Kindeswohls amtswegig durchzuführen. 6

D. Rückführungsentscheidung. Bei einem erfolgreichen Antrag wird die Rückführung des Kindes in den Herkunftsstaat angeordnet. Die Verpflichtung zur Rückgabe ist erfüllt, wenn sich das Kind wieder so lange im Herkunftsstaat aufgehalten hat, dass der rückfordernde Elternteil eine den Verbleib sichernde Anord- 7 nung hätte erwirken können (OLG Schleswig FamRZ 2014, 494 m. Aufs. *Siehr* IPRax 2015, 144; vgl. *Finger* FamRB 2016, 74, 79). Die Begründung eines (erneuten) gewöhnlichen Aufenthaltes des Kindes im Herkunftsstaat ist nicht erforderlich (anders OLG Karlsruhe FamRZ 2008, 2283). Zum Umzug des ASt zwischen Antrag und Entscheidung AG Schleswig FamRZ 2001, 933 m. Aufs. *Schulz* IPRax 2002, 201. Zur gestuften Rückführungsentscheidung, *Dutta/Scherpe* FamRZ 2006, 901, 906 f.

Art. 13 HKÜ

Ungeachtet des Artikels 12 ist das Gericht oder die Verwaltungsbehörde des ersuchten Staates nicht verpflichtet, die Rückgabe des Kindes anzuordnen, wenn die Person, Behörde oder sonstige Stelle, die sich der Rückgabe des Kindes widersetzt, nachweist,

a) dass die Person, Behörde oder sonstige Stelle, der die Sorge für die Person des Kindes zustand, das Sorgerecht zur Zeit des Verbringens oder Zurückhaltens tatsächlich nicht ausgeübt, dem Verbringen oder Zurückhalten zugestimmt oder dieses nachträglich genehmigt hat oder

b) dass die Rückgabe mit der schwerwiegenden Gefahr eines körperlichen oder seelischen Schadens für das Kind verbunden ist oder das Kind auf andere Weise in eine unzumutbare Lage bringt.

Das Gericht oder die Verwaltungsbehörde kann es ferner ablehnen, die Rückgabe des Kindes anzuordnen, wenn festgestellt wird, dass sich das Kind der Rückgabe widersetzt und dass es ein Alter und eine Reife erreicht hat, angesichts deren es angebracht erscheint, seine Meinung zu berücksichtigen.

Bei Würdigung der in diesem Artikel genannten Umstände hat das Gericht oder die Verwaltungsbehörde die Auskünfte über die soziale Lage des Kindes zu berücksichtigen, die von der zentralen Behörde oder einer anderen zuständigen Behörde des Staates des gewöhnlichen Aufenthalts des Kindes erteilt worden sind.

1 **A. Allgemeines.** Die Norm enthält – neben der ordre public Klausel in Art. 20 – die nur in besonderen Fällen in Betracht kommende Rechtsgrundlage zum Ausschluss der nach Art. 12 im Regelfall ohne nähere Prüfung des Kindeswohls anzuordnenden sofortigen Rückführung. Insoweit besteht ein Entscheidungsspielraum (Staudinger/*Pirrung* Vorbem. Art. 19 EGBGB Rn. D 75). Die Ablehnung der Rückgabe ist nur beim Vorliegen **ungewöhnlich schwer wiegender Beeinträchtigung des Kindeswohls**, die sich als besonders erheblich, konkret und aktuell darstellen, gerechtfertigt (BVerfG FamRZ 1999, 631, 632; OLG Hamm FamRZ 2005, 1702; Überblick bei *Völker* FamRZ 2010, 157, 161 ff.). Als Ausnahmeklausel ist Art. 13 restriktiv auszulegen (OLG Frankfurt FamRZ 1996, 689; OLG Hamm FamRZ 1999, 948 und FamRZ 2000, 370). Die Zwecke des Übk., die Lebensbedingungen für das Kind zu verstetigen, eine sachnahe Sorgerechtsentscheidung am ursprünglichen Aufenthaltsort sicher zu stellen und Kindesentführungen allgemein entgegenzuwirken, machen die Anordnung der sofortigen Rückführung grundsätzlich zumutbar. Deswegen reicht nicht schon jede Härte zur Anwendung der Ausnahmeklausel (BVerfG FamRZ 1999, 85; FamRZ 1999, 641, 642). **Härten für den entführenden Elternteil** begründen i.d.R. keinen relevanten Nachteil; die mit der Trennung von dem entführenden Elternteil verbundenen Beeinträchtigungen des Kindeswohls können meist dadurch vermieden werden, dass der Entführer gemeinsam mit dem Kind zurückkehrt. Führt die Rückkehr für den entführenden Elternteil zu staatlichen Sanktionen, sind diese als Folge der rechtswidrigen Entführung hinzunehmen (BVerfG FamRZ 1999, 85; FamRZ 1999, 641, 642; *Völker* FamRZ 2010, 157, 161; zur Abgabe eines »undertaking« nach common law durch den entführenden Elternteil als Ablehnungsgrund *Mäsch* FamRZ 2002, 1069). Dies gilt grundsätzlich auch bei drohender Strafverfolgung (Nachw. bei *Völker* FamRZ 2010, 157, 161).

2 Bei der Prüfung, ob ein Ausnahmetatbestand vorliegt, darf nicht – wie sonst bei Entscheidungen über das Sorgerecht – Maßstab sein, welcher Elternteil zur Betreuung und Erziehung besser geeignet ist; **Sorgerechtskriterien** können für eine ausnahmsweise Versagung der Rückführung keine Rolle spielen (OLG Bamberg FamRZ 2000, 372; OLG Hamm FamRZ 2000, 370; vgl. aber *Finger* FamRB 2016, 74, 77). Die Sorgerechtsentscheidung ist der dafür nach Art. 16 international zuständigen Gerichtsbarkeit des Herkunftsstaats vorbehalten. Dies hat der EGMR mehrfach missachtet (näher *Martiny* FS Coester-Waltjen, 2015, S. 597, 599 ff.).

3 **B. Einzelne Versagungsgründe. I. Versagungsgründe.** Einzelne Versagungsgründe werden in Abs. 1 und 2 genannt. Ein tatsächliches Nichtausüben des Sorgerechts durch den widersprechenden Sorgeinhaber zum Zeitpunkt der Entführung (Abs. 1 Buchst. a), 1. Alt.) lässt bereits die Widerrechtlichkeit des Verbringens oder Zurückbehaltens entfallen – s. Art. 3 Rdn. 7. Die Erwähnung dieses schon in Art. 3 Abs. 1 Buchst. a)

normierten Gegentatbestands in Art. 13 zeigt, dass die **tatsächliche Ausübung** vermutet wird und das Gegenteil erwiesen sein muss.

II. Zustimmung oder nachträgliche Genehmigung. Die Zustimmung oder nachträgliche Genehmigung der Entführung durch den Sorgeinhaber (Abs. 1 Buchst. a), 2. Alt.) beseitigt die Widerrechtlichkeit der Entführung. Eine konkludente Zustimmung ist möglich (OLG Stuttgart FamRZ 2015, 1628). Ein Widerruf ist nicht ausgeschlossen (OLG Hamm FamRBint 2013, 89 Anm. Vogelgesang/Niethammer-Jürgens). Eine nachträgliche Genehmigung, die ebenfalls konkludent erfolgen kann, muss klar, eindeutig und unbedingt sein (OLG Stuttgart FamRZ 2012, 238). Ein danach in der Geltendmachung der Rückführung zu sehender Widerruf ist unbeachtlich.

III. Schwerwiegende Gefahr. Eine schwerwiegende Gefahr körperlicher oder seelischer Schäden für das Kind oder Verbringen in eine unzumutbare Lage (Abs. 1 Buchst. b)) ist ein weiterer Versagungsgrund. Hier kommt vor allem in Betracht, dass das Kind nach der Rückführung misshandelt oder missbraucht oder unter völlig unzureichender Ernährung oder dem Fehlen dringend notwendiger medizinischer Behandlung leiden wird (dagegen sehr weitgehend im Hinblick auf das Kindeswohl OLG Hamburg FamRZ 2015, 64 m. abl. Anm. *Fahl* NZFam 2014, 843). Auch die Rückkehr in ein Kriegsgebiet muss in aller Regel als ungewöhnlich schwer wiegende Gefährdung angesehen werden. Gleiches gilt bei schwerer Suchtmittelabhängigkeit des Antragstellers (OLG Hamm FamRZ 2000, 948, 949); akuter Suizidgefahr des Kindes (OLG Hamm NJW-RR 2013, 69). Die Gefahr muss konkret, aktuell und durch Tatsachen begründet sein; bloße Befürchtungen reichen nicht. Nicht ausreichend ist, das Kind vor den in einem Vertragsstaat allgemein herrschenden Lebensbedingungen (Luftverschmutzung o.ä.) bewahren zu wollen (OLG Rostock FamRZ 2002, 46 m. Aufs. *Siehr* IPRax 2002, 199, *Winkler von Mohrenfels*, 372). Ohne besonderen Anlass braucht kein psychologisches Sachverständigengutachten eingeholt zu werden (OLG Karlsruhe FamRZ 2002, 1141; OLG Rostock FamRZ 2003, 959). Liegt jedoch ein Gutachten vor, das eine psychische Gefährdung des Kindes feststellt, so darf es nicht unberücksichtigt bleiben.

Fraglich ist, inwieweit die **Trennung eines Kleinkinds von der Mutter** als schwer wiegender Härtegrund anzusehen ist. Bei einem Säugling ist dies in aller Regel anzunehmen. Bei einem 16-Monate alten Kind muss mehr hinzukommen, etwa die Drohung des Vaters, das Kind von der Mutter zu trennen, wenn sie mit dem Kind zurückkehrt (OLG München FamRZ 1998, 386). Bei einem bald 3 Jahre alten Kind wurde teilweise die schwer wiegende Gefährdung verneint (OLG Bamberg FamRZ 2000, 371), teilweise aber auch bejaht (wenig überzeugend OLG Rostock FamRZ 2002, 46 m. Aufs. Siehr IPRax 2002, 199, *Winkler von Mohrenfels*, 372).

Eine vorläufig vollstreckbare Entscheidung eines Gerichts des Herkunftsstaates des Kindes, mit der dieses den gewöhnlichen Aufenthalt des Kindes am Wohnsitz des entführenden Elternteils festgelegt hat, steht einer Rückführungsanordnung entgegen, da sie das Kind in eine unzumutbare Lage bringen würde (OLG Stuttgart FamRZ 2003, 959). Aufgrund einer solchen Entscheidung hätte der Entführende jederzeit die Möglichkeit, das Kind nach einer Rückführung in den Herkunftsstaat wieder zu sich nach Deutschland zu nehmen. Ein solches Hin- und Her-Verbringen des Kindes ist auch durch den präventiven Zweck des HKÜ nicht zu rechtfertigen; das Kind würde ohne Rücksicht auf seine Bedürfnisse als bloßes Streitobjekt behandelt (OLG Stuttgart FamRZ 2015, 1631; *Hausmann* IntEuSchR Rn. N 221).

Die Verweigerungsgründe werden durch die **Brüssel IIa-VO** weiter eingeschränkt. Nach Art. 11 Abs. 4 Brüssel IIa VO kann ein Gericht die Rückgabe eines Kindes aufgrund von Art. 13 Buchst. b) nicht verweigern, wenn nachgewiesen wird, dass **angemessene Vorkehrungen** getroffen wurden, um den Schutz des Kindes nach seiner Rückkehr zu gewährleisten. Hierzu gehören sog. **undertakings**. Dies sind Zusagen, die eine Partei dem Gericht macht, um dem Gericht und/oder dem Antragsgegner ein Entgegenkommen zu ermöglichen (*Mäsch* FamRZ 2002, 1069 ff.; *Dutta/Scherpe* FamRZ 2006, 901, 907 f.; MüKoBGB/*Siehr* Art. 13 KindEntfÜbk. Rn. 10). Dazu kann etwa die Zusage der Gewährung einer Wohnung, von Unterhalt oder die Rücknahme eines Strafantrages gehören (*Völker* FamRZ 2010, 157, 159). In Betracht kommt auch die Beeinflussung der Rahmenbedingungen im früheren Aufenthaltsort durch sog. safe harbour orders sowie sog. mirror orders (*Völker* FamRZ 2010, 157, 159). Die **mirror order** am bisherigen gewöhnlichen Aufenthaltsort des Kindes spiegelt Anordnungen des Gerichts am Ort des HKÜ-Verfahrens wider (*Dutta/Scherpe* FamRZ 2006, 901, 908 f.).

9 IV. Widersetzen des Kindes. Eine **Anhörung entführter Kinder** ist in dem HKÜ-Verfahren grundsätzlich nicht erforderlich (BVerfG FamRZ 1999, 85; OLG Stuttgart FamRZ 2009, 2017). Dagegen ist eine Kindesanhörung vorgeschrieben nach Art. 11 Abs. 2 Brüssel IIa-VO.

10 Bei einem Widersetzen des Kindes bei hinreichendem Alter und hinreichender Reife kann die Rückgabe verweigert werden (Abs. 2). Nicht jede vom betroffenen Kind geäußerte Ablehnung der Rückkehr steht dieser entgegen (*Finger* FamRB 2016, 74, 78). Auch hier ist restriktive Auslegung geboten, um nicht die Ziele des Übk. zu konterkarieren (großzügiger *Tischer/Walker* NZFam 2014, 241 ff.). Die Vorschrift gibt dem Kind weder das Recht noch die Pflicht zur Wahl zwischen den Eltern; der Erfolg einer Entführung kann nicht allein vom Kindeswillen abhängen (so mit Recht *Weitzel* DAVorm. 2000, 1059, 1064 f.; OLG Dresden FamRZ 2002, 1136). Deshalb schreibt die Norm als Zusatzvoraussetzung vor, dass das Kind hinreichend alt und reif sein muss, damit seine Ablehnung berücksichtigt werden kann. In einer Gesamtschau sind daher zu würdigen das **Alter und die Reife des Kindes**, seine Fähigkeit, die Tragweite seiner Entscheidung zu erkennen, und eine mögliche Beeinflussung durch den entführenden Elternteil. Als Regel dürfte davon auszugehen sein, dass bei Kindern unter 8 bis 10 Jahren noch nicht von der notwendigen Reife ausgegangen werden kann (vgl. OLG Frankfurt FamRZ 1996, 689, 691; OLG Hamm FamRZ 1999, 948; OLG Düsseldorf FamRZ 1999, 949; OLG Karlsruhe FuR 2006, 222; OLG Nürnberg FamRZ 2007, 1588; Palandt/*Thorn* Anh. zu EGBGB Art. 24 EGBGB Rn. 79). Eine starre Altersgrenze ist der Vorschrift allerdings nicht zu entnehmen (BVerfG FamRZ 1999, 1053). Das Vorbringen geschieht bei Kindern, deren Alter und Reife eine eigene Wahrnehmung ihrer Verfahrensrechte noch nicht erlaubt, durch einen Verfahrensbeistand nach § 158 FamFG (BGH FamRZ 2015, 1011 Anm. *Hau*).

Art. 14 HKÜ

Haben die Gerichte oder Verwaltungsbehörden des ersuchten Staates festzustellen, ob ein widerrechtliches Verbringen oder Zurückhalten im Sinn des Artikels 3 vorliegt, so können sie das im Staat des gewöhnlichen Aufenthalts des Kindes geltende Recht und die gerichtlichen oder behördlichen Entscheidungen, gleichviel ob sie dort förmlich anerkannt sind oder nicht, unmittelbar berücksichtigen; dabei brauchen sie die besonderen Verfahren zum Nachweis dieses Rechts oder zur Anerkennung ausländischer Entscheidungen, die sonst einzuhalten wären, nicht zu beachten.

1 Verfahren zum Nachweis dieses Rechts oder zur Anerkennung ausländischer Entscheidungen, die sonst einzuhalten wären, brauchen bei der Feststellung der Widerrechtlichkeit nicht zu beachtet zu werden.

Art. 15 HKÜ

Bevor die Gerichte oder Verwaltungsbehörden eines Vertragsstaats die Rückgabe des Kindes anordnen, können sie vom Antragsteller die Vorlage einer Entscheidung oder sonstigen Bescheinigung der Behörden des Staates des gewöhnlichen Aufenthalts des Kindes verlangen, aus der hervorgeht, dass das Verbringen oder Zurückhalten widerrechtlich im Sinn des Artikels 3 war, sofern in dem betreffenden Staat eine derartige Entscheidung oder Bescheinigung erwirkt werden kann. Die zentralen Behörden der Vertragsstaaten haben den Antragsteller beim Erwirken einer derartigen Entscheidung oder Bescheinigung soweit wie möglich zu unterstützen.

1 Voraussetzung für die Rückgabeentscheidung ist die Feststellung, dass ein widerrechtliches Verbringen oder Zurückhalten vorliegt. Dies muss zur Überzeugung des für den Erlass der Rückführungsanordnung zuständigen Gerichts im Zufluchtstaat feststehen. Die die Widerrechtlichkeit ergebenden Umstände haben sich jedoch im Herkunftstaat ereignet. Zur Verfahrensvereinfachung und zur Vermeidung zeitraubender Ermittlungen ermöglicht die Vorschrift die Feststellung und **Bescheinigung der Widerrechtlichkeit durch das sachnähere Gericht im Herkunftstaat** (*Pietsch* FamRZ 2009, 1730 ff.). Das Gericht des Zufluchtstaats kann die darin enthaltene Feststellung ohne weitere Sachprüfung übernehmen (OLG Hamm FamRZ 2000, 370). Unklar ist, inwieweit es an die Widerrechtlichkeitsbescheinigung gebunden ist (s. OLG Hamm FamRZ 2000, 370. m.w.N.). Jedenfalls ohne konkrete Anhaltspunkte für deren Unrichtigkeit ist die Bescheinigung dem Verfahren ohne weitere Prüfung zugrunde zu legen.

2 Für die **Erteilung der Widerrechtlichkeitsbescheinigung** ist gem. § 41 IntFamRVG das mit der Ehesache befasste FamG zuständig, sonst das FamG, in dessen Bezirk das Kind seinen letzten gewöhnlichen Aufent-

halt hatte, hilfsweise in dessen Bezirk das Bedürfnis der Fürsorge auftritt. Hier gilt also keine Zuständigkeitskonzentration.

Art. 16 HKÜ
Ist den Gerichten oder Verwaltungsbehörden des Vertragsstaats, in den das Kind verbracht oder in dem es zurückgehalten wurde, das widerrechtliche Verbringen oder Zurückhalten des Kindes im Sinn des Artikels 3 mitgeteilt worden, so dürfen sie eine Sachentscheidung über das Sorgerecht erst treffen, wenn entschieden ist, dass das Kind auf Grund dieses Übereinkommens nicht zurückzugeben ist, oder wenn innerhalb angemessener Frist nach der Mitteilung kein Antrag nach dem Übereinkommen gestellt wird.

Die Vorschrift hindert die Gerichte des Zufluchtstaats an einer Sachentscheidung über das Sorgerecht und belässt die Befugnis dazu bei den Gerichten des Herkunftstaats. Die Sperrwirkung des Art. 16 gilt nicht nur für Verfahren, die das Sorgerecht insgesamt zum Gegenstand haben, sondern auch für solche, bei denen es nur um das Aufenthaltsbestimmungsrecht geht (OLG Hamm FamRZ 2000, 373). Sie bedeutet, dass ausschließlich die Gerichtsbarkeit des Herkunftstaats als die am Ort des gewöhnlichen Aufenthalts des Kindes sachnähere Institution für ein Sorgeverfahren international zuständig ist. Für die Gerichtsbarkeit des Zufluchtstaats stellt dies ein absolutes Verfahrens- und Entscheidungsverbot dar. Laufende Sorgerechtsverfahren sind auszusetzen, neue Sorgerechtsanträge sind unzulässig (*Weitzel* DAVorm. 2000, 1060, 1065 m.w.N.). Art. 16 steht einer Entscheidung im Verfahren auf Nichtanerkennung einer ausländischen Sorgerechtsentscheidung gem. Art. 21 Abs. 3 nicht entgegen, da hierbei keine Sachentscheidung über das Sorgerecht ergeht (BGH FamRZ 2011, 959). 1

Voraussetzung für die Sperre ist, dass das widerrechtliche Verbringen oder Zurückhalten des Kindes der Gerichtsbarkeit oder den Behörden des Zufluchtstaats förmlich mitgeteilt worden ist. Wird innerhalb einer angemessenen Frist nach der Mitteilung kein Rückführungsantrag gestellt, entfällt die Sperrwirkung. Die Frist dürfte auf keinen Fall mit weniger als 3 Monaten als angemessen anzusetzen sein. Im Verhältnis der Mitgliedstaaten der Brüssel IIa-VO gilt als lex specialis Art. 10 der VO. Die Norm weicht inhaltlich zum Teil von Art. 16 ab, entspricht jedoch dem in Art. 16 enthaltenen Grundsatz, dass den Gerichten des Zufluchtstaats die internationale Zuständigkeit für eine Sachentscheidung über das Sorgerecht entzogen wird und den Gerichten des Herkunftstaats belassen bleibt. Art. 10 der VO normiert indes die Ausnahmen zu diesem Grundsatz detaillierter und macht eine förmliche Mitteilung des widerrechtlichen Verbringens oder Zurückhaltens entbehrlich. 2

Die **Dauer der Sperrwirkung** reicht nach dem Wortlaut der Vorschrift bis zur Ablehnung des Rückführungsantrags. Nicht klar geregelt ist, wann die Sperre bei stattgebender Entscheidung endet. Nach dem Sinn des Übk. dauert sie jedenfalls so lange, wie der ASt deren Vollzug nachdrücklich betreibt und die Verzögerung der Rückgabe im Wesentlichen auf verzögerte Bearbeitung durch die Vollstreckungsorgane oder auf Versuchen des Entführers beruht, die Vollstreckung zu vereiteln (BGH FamRZ 2000, 1502; OLG Stuttgart FamRZ 2000, 374). 3

Art. 17 HKÜ
Der Umstand, dass eine Entscheidung über das Sorgerecht im ersuchten Staat ergangen oder dort anerkennbar ist, stellt für sich genommen keinen Grund dar, die Rückgabe eines Kindes nach Maßgabe dieses Übereinkommens abzulehnen; die Gerichte oder Verwaltungsbehörden des ersuchten Staates können jedoch bei der Anwendung des Übereinkommens die Entscheidungsgründe berücksichtigen.

Im Zufluchtstaat, dessen Gerichtsbarkeit nach Art. 12 die Rückgabe anzuordnen hat, kann u.U. eine Sorgerechtsentscheidung ergangen oder eine drittstaatliche Entscheidung anzuerkennen sein, welche das Sorgerecht anders regelt als der Herkunftstaat. Die Annahme eines Entführungsfalls i.S.v. Art. 3 könnte dann anders zu beurteilen sein als nach dem Recht des Herkunftstaats. Diese Kollision löst Art. 17 dahingehend, dass für die Widerrechtlichkeit der Entführung nur das Recht des Herkunftstaats maßgeblich ist. Jedoch können die Entscheidungsgründe der anderweitigen Sorgerechtsregelung bei der Prüfung der Versagungsgründe nach Art. 13, 20 berücksichtigt werden (MüKoBGB/Siehr Art. 17 KindEntfÜbk. Rn. 2). Innerhalb der EU sind jedoch Art. 11 Abs. 8, 40 Abs. 1 Buchst. b), 42 Brüssel IIa-VO zu beachten. 1

Art. 18 HKÜ
Die Gerichte oder Verwaltungsbehörden werden durch die Bestimmungen dieses Kapitels nicht daran gehindert, jederzeit die Rückgabe des Kindes anzuordnen.

1 Einer Anordnung der Rückgabe des Kindes auf einem einfacheren Wege als dem HKÜ steht nichts entgegen.

Art. 19 HKÜ
Eine auf Grund dieses Übereinkommens getroffene Entscheidung über die Rückgabe des Kindes ist nicht als Entscheidung über das Sorgerecht anzusehen.

1 Die nach Art. 12 getroffene Rückgabeentscheidung hat zum Verfahrensgegenstand lediglich die Verpflichtung zur sofortigen Rückführung. Schon wegen der fehlenden internationalen Zuständigkeit des Zufluchtstaats zur Sorgerechtsregelung (s. Art. 16) enthält sie keinen Ausspruch über das Sorgerecht.

Art. 20 HKÜ
Die Rückgabe des Kindes nach Artikel 12 kann abgelehnt werden, wenn sie nach den im ersuchten Staat geltenden Grundwerten über den Schutz der Menschenrechte und Grundfreiheiten unzulässig ist.

1 Neben Art. 12 Abs. 2 und 13 ist Art. 20 die einzige Rechtsgrundlage zur Ablehnung eines Rückführungsantrags, wenn die Voraussetzungen zur Anordnung der Rückgabe nach Art. 12 Abs. 1 vorliegen und nicht bereits Art. 12 Abs. 2 und 13 der Rückgabeentscheidung entgegenstehen. Nach Art. 20 kann die Rückgabeanordnung mit den **innerstaatlichen Grundfreiheiten und dem Schutz der Menschenrechte** aus innerstaatlicher Sicht unvereinbar sein.

2 Dazu sind nur wenige, besonders gelagerte Ausnahmefälle denkbar. Die Verletzung von Art. 6 Abs. 2, 11, 16 Abs. 2, 103 Abs. 1 GG kommt bei zutreffender Anwendung der Bestimmungen des HKÜ grundsätzlich nicht in Betracht (BVerfG NJW 1996, 3145.– Näher *Völker* FamRZ 2010, 157, 160 ff.). Zu denken wäre etwa an den Fall eines nach Deutschland entführten 12-jährigen Mädchens, bezüglich dessen bei Rückführung mit dem Zwang zur vorzeitigen Verheiratung oder Totalverschleierung gerechnet werden muss, dem das Kind neutral ggü. steht. Soweit hier Art. 13 Abs. 1 Buchst. b) nicht greifen sollte, könnte Unvereinbarkeit mit Art. 1 Abs. 1, Art. 2, Art. 3 Abs. 2 GG vorliegen – jedoch dürfte ein solcher Fall kaum praxisrelevant sein, da die (radikal-)islamischen Länder keine Vertragsstaaten sind.

Kapitel IV. Recht zum persönlichen Umgang

Art. 21 HKÜ
Der Antrag auf Durchführung oder wirksame Ausübung des Rechts zum persönlichen Umgang kann in derselben Weise an die zentrale Behörde eines Vertragsstaats gerichtet werden wie ein Antrag auf Rückgabe des Kindes.
Die zentralen Behörden haben auf Grund der in Artikel 7 genannten Verpflichtung zur Zusammenarbeit die ungestörte Ausübung des Rechts zum persönlichen Umgang sowie die Erfüllung aller Bedingungen zu fördern, denen die Ausübung dieses Rechts unterliegt. Die zentralen Behörden unternehmen Schritte, um soweit wie möglich alle Hindernisse auszuräumen, die der Ausübung dieses Rechts entgegenstehen.
Die zentralen Behörden können unmittelbar oder mit Hilfe anderer die Einleitung eines Verfahrens vorbereiten oder unterstützen mit dem Ziel, das Recht zum persönlichen Umgang durchzuführen oder zu schützen und zu gewährleisten, dass die Bedingungen, von denen die Ausübung dieses Rechts abhängen kann, beachtet werden.

1 **A. Beachtung des Umgangsrechts.** Ziel des HKÜ ist neben der Rückführung entführter Kinder (Art. 1 Buchst. a)) und der Beachtung des in einem Vertragsstaat stehenden Sorgerechts (Art. 1 Buchst. b), 1. Alt.) auch die Gewährleistung, dass das in einem Vertragsstaat bestehende Umgangsrecht auch in den anderen Vertragsstaaten beachtet wird (Art. 1 Buchst. b), 2. Alt.). Die Konkretisierung dieser Gewährleistung findet sich in Art. 21. Diese Vorschrift sichert dem ASt die Unterstützung der Zentralen Behörden der HKÜ-Ver-

tragsstaaten zu. Bei Entführung ins Ausland kann nach Übermittlung des Antrags an die zuständige ausländische Zentrale Behörde in den HKÜ-Vertragsstaaten und ESÜ- Vertragsstaaten von den dortigen Gerichten bzw. Behörden ein Recht zum persönlichen Umgang entweder erstmalig begründet oder ein bereits durch deutsche Gerichte eingeräumtes Umgangsrecht durchgesetzt werden. Art. 21 hat daher zwei Aspekte: die »Durchführung«, d.h. Begründung durch erstmaligen oder abändernden Erlass einer Umgangsregelung, wie auch die »wirksame Ausübung«, d.h. Durchsetzung einer bestehenden Umgangsregelung.

B. Zuständigkeit. Für den erstmaligen oder abändernden Erlass einer Umgangsregelung stellt Art. 21 die Möglichkeit (»kann«) zur Verfügung, die Verfahrensregelungen des HKÜ (Art. 7, 8 ff.), insbes. die Einschaltung der Zentralen Behörden, zu nutzen. Die internationale Zuständigkeit zur Entscheidung über die Umgangsregelung ergibt sich nach einigen mittelbar aus Art. 21 HKÜ (OLG Bamberg FamRZ 1999, 951), nach a.A. aus Art. 8 ff. Brüssel IIa-VO, im Verhältnis zur Türkei aus Art. 1 MSA (vgl. Palandt/*Thorn* Anh. zu EGBGB Art. 24 Rn. 87). Der erstgenannten Ansicht nach wären sowohl die Gerichte des gewöhnlichen Aufenthalts des Kindes als auch diejenigen am Aufenthalt des ASt zuständig, der zweiten Ansicht nach grundsätzlich nur die Gerichtsbarkeit am gewöhnlichen Aufenthalt des Kindes. Für letzteres spricht, dass Art. 21 HKÜ keine Regelung zur gerichtlichen Zuständigkeit enthält, sondern lediglich die Inanspruchnahme der Zentralen Behörden und das Verfahren nach dem HKÜ sicherstellen soll.

C. Durchsetzung des Umgangsrechts. Zur Durchsetzung eines bereits geregelten Umgangsrechts stellt Art. 21 das Instrumentarium des HKÜ zur Verfügung. Der ASt ist jedoch nicht darauf angewiesen, dieses zu nutzen; Art. 21 enthält keine ausschließliche Regelung zur internationalen Durchsetzung des Umgangs. Die Möglichkeit der Anerkennung und Vollstreckung einer in einem anderen Staat ergangenen Umgangsentscheidung im Aufenthaltsstaat des Kindes auf der Grundlage der dort sonst geltenden Rechtsnormen zur Anerkennung bleibt als Alternative unbenommen (OLG Bamberg FamRZ 1999, 95). In Deutschland sind dies je nach Anwendbarkeit Art. 21 ff. Brüssel IIa-VO, Art. 7 ff. ESÜ oder § 109 Abs. 1 FamFG.

Soweit von Art. 21 HKÜ Gebrauch gemacht wird, kann die Durchsetzung der Umgangsregelung wie ein Anspruch auf Rückführung geltend gemacht werden. Die Art. 7, 8 ff. HKÜ sind entsprechend anzuwenden. Für die gerichtliche Zuständigkeit in Deutschland gelten nach §§ 10 ff. IntFamRVG dieselben Regelungen wie für das Rückführungsverfahren, insbes. auch die Zuständigkeitskonzentration. Formulare für den Antrag auf Durchführung des Rechts zum persönlichen Umgang sind beim BfJ zu beziehen.

Kapitel V. Allgemeine Bestimmungen

Art. 22 HKÜ In gerichtlichen oder behördlichen Verfahren, die unter dieses Übereinkommen fallen, darf für die Zahlung von Kosten und Auslagen eine Sicherheitsleistung oder Hinterlegung gleich welcher Bezeichnung nicht auferlegt werden.

Prozesskostensicherheit darf nach § 110 Abs. 2 Nr. 1 ZPO nicht verlangt werden.

Art. 23 HKÜ Im Rahmen dieses Übereinkommens darf keine Legalisation oder ähnliche Förmlichkeit verlangt werden.

Legalisation nach § 438 ZPO kann nicht verlangt werden.

Art. 24 HKÜ Anträge, Mitteilungen oder sonstige Schriftstücke werden der zentralen Behörde des ersuchten Staates in der Originalsprache zugesandt; sie müssen von einer Übersetzung in die Amtssprache oder eine der Amtssprachen des ersuchten Staates oder, wenn eine solche Übersetzung nur schwer erhältlich ist, von einer Übersetzung ins Französische oder Englische begleitet sein.
Ein Vertragsstaat kann jedoch einen Vorbehalt nach Artikel 42 anbringen und darin gegen die Verwendung des Französischen oder Englischen, jedoch nicht beider Sprachen, in den seiner zentralen Behörde übersandten Anträgen, Mitteilungen oder sonstigen Schriftstücken Einspruch erheben.

1 Deutschland hat keinen Vorbehalt nach Art. 42 eingelegt, geht aber davon aus, dass Ersuchen aus anderen Vertragsstaaten regelmäßig von einer deutschen Übersetzung begleitet sein werden. Zu Übersetzungen s. §§ 4, 5 IntFamRVG.

Art. 25 HKÜ

Angehörigen eines Vertragsstaats und Personen, die ihren gewöhnlichen Aufenthalt in einem solchen Staat haben, wird in allen mit der Anwendung dieses Übereinkommens zusammenhängenden Angelegenheiten Prozesskosten- und Beratungshilfe in jedem anderen Vertragsstaat zu denselben Bedingungen bewilligt wie Angehörigen des betreffenden Staates, die dort ihren gewöhnlichen Aufenthalt haben.

1 Siehe §§ 114 ff. ZPO zur Prozesskostenhilfe.

Art. 26 HKÜ

Jede zentrale Behörde trägt ihre eigenen Kosten, die bei der Anwendung dieses Übereinkommens entstehen.
Für die nach diesem Übereinkommen gestellten Anträge erheben die zentralen Behörden und andere Behörden der Vertragsstaaten keine Gebühren. Insbesondere dürfen sie vom Antragsteller weder die Bezahlung von Verfahrenskosten noch der Kosten verlangen, die gegebenenfalls durch die Beiordnung eines Rechtsanwalts entstehen. Sie können jedoch die Erstattung der Auslagen verlangen, die durch die Rückgabe des Kindes entstanden sind oder entstehen.
Ein Vertragsstaat kann jedoch einen Vorbehalt nach Artikel 42 anbringen und darin erklären, dass er nur insoweit gebunden ist, die sich aus der Beiordnung eines Rechtsanwalts oder aus einem Gerichtsverfahren ergebenden Kosten im Sinn des Absatzes 2 zu übernehmen, als diese Kosten durch sein System der Prozesskosten- und Beratungshilfe gedeckt sind.
Wenn die Gerichte oder Verwaltungsbehörden auf Grund dieses Übereinkommens die Rückgabe des Kindes anordnen oder Anordnungen über das Recht zum persönlichen Umgang treffen, können sie, soweit angezeigt, der Person, die das Kind verbracht oder zurückgehalten oder die die Ausübung des Rechts zum persönlichen Umgang vereitelt hat, die Erstattung der dem Antragsteller selbst oder für seine Rechnung entstandenen notwendigen Kosten auferlegen; dazu gehören insbesondere die Reisekosten, alle Kosten oder Auslagen für das Auffinden des Kindes, Kosten der Rechtsvertretung des Antragstellers und Kosten für die Rückgabe des Kindes.

1 Nach Abs. 1 werden für die **Tätigkeit der** deutschen **Zentralen Behörde** und der jeweiligen ausländischen Zentralen Behörde in Verfahren nach dem HKÜ keine Gebühren erhoben (ebenso Art. 5 Abs. 3 ESÜ, Art. 57 Brüssel II a-VO). Sämtliche Verfahren unter dem HKÜ sind nach Art. 26 Abs. 2 für den ASt grds. gebührenfrei. Deutschland, hat jedoch einen Vorbehalt nach Art. 26 Abs. 3, 42 erklärt, wonach Gebührenbefreiung nur nach Maßgabe des nationalen Prozesskosten- und Beratungshilfesystems gewährt wird. § 43 IntFamRVG ist Ausdruck dieser Beschränkung.

Art. 27 HKÜ

Ist offenkundig, dass die Voraussetzungen dieses Übereinkommens nicht erfüllt sind oder dass der Antrag sonstwie unbegründet ist, so ist eine zentrale Behörde nicht verpflichtet, den Antrag anzunehmen. In diesem Fall teilt die zentrale Behörde dem Antragsteller oder gegebenenfalls der zentralen Behörde, die ihr den Antrag übermittelt hat, umgehend ihre Gründe mit.

1 Erlaubt ist eine Abweisung bei offensichtlicher Unbegründetheit.

Art. 28 HKÜ

Eine zentrale Behörde kann verlangen, dass dem Antrag eine schriftliche Vollmacht beigefügt wird, durch die sie ermächtigt wird, für den Antragsteller tätig zu werden oder einen Vertreter zu bestellen, der für ihn tätig wird.

1 Zur gesetzlichen Vollmacht s. § 6 Abs. 2 IntFamRVG.

Art. 29 HKÜ
Dieses Übereinkommen hindert Personen, Behörden oder sonstige Stellen, die eine Verletzung des Sorgerechts oder des Rechts zum persönlichen Umgang im Sinn des Artikels 3 oder 21 geltend machen, nicht daran, sich unmittelbar an die Gerichte oder Verwaltungsbehörden eines Vertragsstaats zu wenden, gleichviel ob dies in Anwendung des Übereinkommens oder unabhängig davon erfolgt.

Der die Rückgabe oder das Umgangsrecht geltend machende ASt ist nicht zwingend darauf verwiesen, das Instrumentarium des HKÜ in Anspruch zu nehmen. Unbenommen bleibt die Möglichkeit, im Zufluchtstaat nach dessen innerstaatlichem Verfahrens- und Sachrecht das Rückführungs-/Umgangsbegehren zu betreiben (*Dutta/Scherpe* FamRZ 2006, 901, 903). Dies ist dann zu empfehlen, wenn auf diesem Wege Zeit gewonnen und dadurch das Entstehen von Ausschlussgründen nach Art. 12 Abs. 2, 13 Abs. 2 verhindert werden kann. 1

Art. 30 HKÜ
Jeder Antrag, der nach diesem Übereinkommen an die zentralen Behörden oder unmittelbar an die Gerichte oder Verwaltungsbehörden eines Vertragsstaats gerichtet wird, sowie alle dem Antrag beigefügten oder von einer zentralen Behörde beschafften Schriftstücke und sonstigen Mitteilungen sind von den Gerichten oder Verwaltungsbehörden der Vertragsstaaten ohne weiteres entgegenzunehmen.

Art. 31 – 33 HKÜ *(nicht abgedruckt)*

Art. 34 HKÜ
Dieses Übereinkommen geht im Rahmen seines sachlichen Anwendungsbereichs dem Übereinkommen vom 5. Oktober 1961 über die Zuständigkeit der Behörden und das anzuwendende Recht auf dem Gebiet des Schutzes von Minderjährigen vor, soweit die Staaten Vertragsparteien beider Übereinkommen sind. Im übrigen beschränkt dieses Übereinkommen weder die Anwendung anderer internationaler Übereinkünfte, die zwischen dem Ursprungsstaat und dem ersuchten Staat in Kraft sind, noch die Anwendung des nichtvertraglichen Rechts des ersuchten Staates, wenn dadurch die Rückgabe eines widerrechtlich verbrachten oder zurückgehaltenen Kindes erwirkt oder die Durchführung des Rechts zum persönlichen Umgang bezweckt werden soll.

Das MSA (s. § 97 FamFG Rdn. 28) wird durch das HKÜ verdrängt (Satz 1). Zum partiellen Vorrang der Brüssel IIa-VO, s. Art. 1 Rdn. 4. Gegenüber dem KSÜ (s. Anh. II) genießt das HKÜ Vorrang (Art. 50 KSÜ). Andere Staatsverträge konkurrieren mit dem HKÜ (Satz 2). Das ESÜ (s. § 97 FamFG Rdn. 38) wird nicht verdrängt (Satz 2), es konkurriert mit dem HKÜ. Der ASt hat die Wahl, eine Rückführungsanordnung oder Umgangsdurchsetzung im Wege des HKÜ oder des ESÜ zu betreiben. Wegen der zum Teil engeren Voraussetzungen des ESÜ ist aber i.d.R. das HKÜ vorzuziehen; dem entspricht die verfahrensrechtliche Vermutung in § 37 IntFamRVG, wonach ein Rückgabeersuchen im Zweifel nach dem HKÜ zu behandeln ist (*Finger* JR 2009, 441, 446). 1

Art. 35 HKÜ
Dieses Übereinkommen findet zwischen den Vertragsstaaten nur auf ein widerrechtliches Verbringen oder Zurückhalten Anwendung, das sich nach seinem In-Kraft-Treten in diesen Staaten ereignet hat.
Ist eine Erklärung nach Artikel 39 oder 40 abgegeben worden, so ist die in Absatz 1 des vorliegenden Artikels enthaltene Verweisung auf einen Vertragsstaat als Verweisung auf die Gebietseinheit oder die Gebietseinheiten zu verstehen, auf die das Übereinkommen angewendet wird.

Art. 36 HKÜ
Dieses Übereinkommen hindert zwei oder mehr Vertragsstaaten nicht daran, Einschränkungen, denen die Rückgabe eines Kindes unterliegen kann, dadurch zu begrenzen, dass sie untereinander vereinbaren, von solchen Bestimmungen des Übereinkommens abzuweichen, die eine derartige Einschränkung darstellen könnten.

Kapitel VI. Schlußbestimmungen

Art. 37 – 38 HKÜ *(nicht abgedruckt)*

Art. 39 HKÜ Jeder Staat kann bei der Unterzeichnung, der Ratifikation, der Annahme, der Genehmigung oder dem Beitritt erklären, dass sich das Übereinkommen auf alle oder auf einzelne der Hoheitsgebiete erstreckt, deren internationale Beziehungen er wahrnimmt. Eine solche Erklärung wird wirksam, sobald das Übereinkommen für den betreffenden Staat in Kraft tritt.
Eine solche Erklärung sowie jede spätere Erstreckung wird dem Ministerium für Auswärtige Angelegenheiten des Königreichs der Niederlande notifiziert.

Art. 40 HKÜ Ein Vertragsstaat, der aus zwei oder mehr Gebietseinheiten besteht, in denen für die in diesem Übereinkommen behandelten Angelegenheiten unterschiedliche Rechtssysteme gelten, kann bei der Unterzeichnung, der Ratifikation, der Annahme, der Genehmigung oder dem Beitritt erklären, dass das Übereinkommen auf alle seine Gebietseinheiten oder nur auf eine oder mehrere davon erstreckt wird; er kann diese Erklärung durch Abgabe einer neuen Erklärung jederzeit ändern.
Jede derartige Erklärung wird dem Ministerium für Auswärtige Angelegenheiten des Königreichs der Niederlande unter ausdrücklicher Bezeichnung der Gebietseinheiten notifiziert, auf die das Übereinkommen angewendet wird.

Art. 41 HKÜ *(nicht abgedruckt)*

Art. 42 HKÜ Jeder Staat kann spätestens bei der Ratifikation, der Annahme, der Genehmigung oder dem Beitritt oder bei Abgabe einer Erklärung nach Artikel 39 oder 40 einen der in Artikel 24 und Artikel 26 Absatz 3 vorgesehenen Vorbehalte oder beide anbringen. Weitere Vorbehalte sind nicht zulässig.
Jeder Staat kann einen von ihm angebrachten Vorbehalt jederzeit zurücknehmen. Die Rücknahme wird dem Ministerium für Auswärtige Angelegenheiten des Königreichs der Niederlande notifiziert.
Die Wirkung des Vorbehalts endet am ersten Tag des dritten Kalendermonats nach der in Absatz 2 genannten Notifikation.

1 Deutschland hat einen Vorbehalt nach Art. 26 Abs. 3, zu Art. 24 aber nur eine Erklärung abgegeben.

Art. 43 – 45 HKÜ *(nicht abgedruckt)*

Das IntFamRVG unterscheidet Übersetzungen bei eingehende und ausgehende Ersuchen. § 4 betrifft Übersetzungen bei eingehenden Ersuchen. Die Vorschrift ersetzt den früheren § 2 SorgeRÜbkAG. Gegen die Verwendung der französischen Sprache hat Deutschland einen Vorbehalt nach Art. 54 KSÜ, nicht dagegen nach Art. 24 Abs. 1 HKÜ eingelegt.

§ 5 IntFamRVG Übersetzungen bei ausgehenden Ersuchen.

(1) Beschafft die antragstellende Person erforderliche Übersetzungen für Anträge, die in einem anderen Staat zu erledigen sind, nicht selbst, veranlasst die Zentrale Behörde die Übersetzungen auf Kosten der antragstellenden Person.
(2) Das Amtsgericht befreit eine antragstellende natürliche Person, die ihren gewöhnlichen Aufenthalt oder bei Fehlen eines gewöhnlichen Aufenthalts im Inland ihren tatsächlichen Aufenthalt im Gerichtsbezirk hat, auf Antrag von der Erstattungspflicht nach Absatz 1, wenn sie die persönlichen und wirtschaftlichen Voraussetzungen für die Gewährung von Verfahrenskostenhilfe ohne einen eigenen Beitrag zu den Kosten nach den Vorschriften des Gesetzes über das Verfahren in Familiensachen und in Angelegenheiten der freiwilligen Gerichtsbarkeit erfüllt.

Aus einem anderen Staat stammende Anträge müssen gem. Art. 57 Abs. 2 Brüssel IIa-VO, Art. 54 Abs. 1 KSÜ, Art. 6 HKÜ, Art. 13 Abs. 2 ESÜ in **deutscher Sprache** eingereicht werden bzw. von einer Übersetzung begleitet sein. Die Zentrale Behörde veranlasst die Übersetzungen für Anträge, die in einem anderen Staat zu erledigen sind, auf Kosten des ASt. (Abs. 1). Eine Befreiung ist nach Abs. 2 möglich. Danach befreit das AG (der Rechtspfleger, § 29 Nr. 3 RpflG) von einer Erstattungspflicht gegenüber der Zentralen Behörde unter den Voraussetzungen für Verfahrenskostenhilfe (§§ 76 ff. FamFG). Für einkommens- oder vermögenslose Kinder, die nach dem HKÜ in ihr Heimatland zurückgeführt werden, kann das Jugendamt als Amtsvormund Befreiung von den Übersetzungskosten beantragen (OLG Stuttgart FamRZ 2007, 1185).

§ 6 IntFamRVG Aufgabenerfüllung durch die Zentrale Behörde.

(1) ¹Zur Erfüllung der ihr obliegenden Aufgaben veranlasst die Zentrale Behörde mit Hilfe der zuständigen Stellen alle erforderlichen Maßnahmen. ²Sie verkehrt unmittelbar mit allen zuständigen Stellen im In- und Ausland. ³Mitteilungen leitet sie unverzüglich an die zuständigen Stellen weiter.
(2) ¹Zum Zweck der Ausführung des Haager Kindesentführungsübereinkommens und des Europäischen Sorgerechtsübereinkommens leitet die Zentrale Behörde erforderlichenfalls gerichtliche Verfahren ein. ²Im Rahmen dieser Übereinkommen gilt sie zum Zweck der Rückgabe des Kindes als bevollmächtigt, im Namen der antragstellenden Person selbst oder im Weg der Untervollmacht durch Vertreter gerichtlich oder außergerichtlich tätig zu werden. ³Ihre Befugnis, zur Sicherung der Einhaltung der Übereinkommen im eigenen Namen entsprechend zu handeln, bleibt unberührt.

§ 6 regelt die Aufgabenerfüllung durch die Zentrale Behörde. Sie trifft die **erforderlichen Maßnahmen** nach den auszuführenden Unionsrechtsakten und Staatsverträgen (s. § 2). Sie wird im unmittelbaren Verkehr tätig (Abs. 1). Mitteilungen leitet sie an die zuständigen Stellen im In- und Ausland weiter.
Zur Ausführung des HKÜ und des ESÜ leitet die Zentrale Behörde erforderlichenfalls selbst **Gerichtsverfahren** ein (Abs. 2). Dabei geht es um Verfahren mit dem Ziel, ein nach Deutschland entführtes Kind ins Ausland zurückzuführen, die Anerkennung und ggf. Vollstreckung einer ausländischen Sorgerechts- oder Umgangsentscheidung oder sonstigen Schutzmaßnahmen für das Kind sowie Verfahren zum Erreichen einer Umgangsregelung für in Deutschland befindliche Kinder. Die Zentrale Behörde gilt zum Zweck der **Kindesrückgabe** als gesetzlich bevollmächtigt, im Namen des ASt selbst oder im Weg der Untervollmacht durch Vertreter gerichtlich oder außergerichtlich tätig zu werden. **Umgangsverfahren** nach HKÜ oder ESÜ kann die Zentrale Behörde für eine Person einleiten, wenn ihr diese hierzu eine Vollmacht erteilt. Zur Sicherung der Einhaltung der Übk. kann das BfJ auch im eigenen Namen entsprechend handeln, Abs. 2. Wird der ASt in einem Gerichtsverfahren sowohl von einem selbst beauftragten Rechtsanwalt als auch vom BfJ vertreten, so liegt nicht automatisch eine Unterbevollmächtigung durch die Zentrale Behörde vor (OLG Karlsruhe FamRZ 2012, 468).

§ 7 IntFamRVG Aufenthaltsermittlung.

(1) Die Zentrale Behörde trifft alle erforderlichen Maßnahmen einschließlich der Einschaltung von Polizeivollzugsbehörden, um den Aufenthaltsort des Kindes zu ermitteln, wenn dieser unbekannt ist und Anhaltspunkte dafür vorliegen, dass sich das Kind im Inland befindet.
(2) Soweit zur Ermittlung des Aufenthalts des Kindes erforderlich, darf die Zentrale Behörde bei dem Kraftfahrt-Bundesamt erforderliche Halterdaten nach § 33 Abs. 1 Satz 1 Nr. 2 des Straßenverkehrsgesetzes erheben und die Leistungsträger im Sinne der §§ 18 bis 29 des Ersten Buches Sozialgesetzbuch um Mitteilung des derzeitigen Aufenthalts einer Person ersuchen.
(3) ¹Unter den Voraussetzungen des Absatzes 1 kann die Zentrale Behörde die Ausschreibung zur Aufenthaltsermittlung durch das Bundeskriminalamt veranlassen. ²Sie kann auch die Speicherung eines Suchvermerks im Zentralregister veranlassen.
(4) Soweit andere Stellen eingeschaltet werden, übermittelt sie ihnen die zur Durchführung der Maßnahmen erforderlichen personenbezogenen Daten; diese dürfen nur für den Zweck verwendet werden, für den sie übermittelt worden sind.

1   Eine Verpflichtung zur Aufenthaltsermittlung besteht nach Art. 55 Buchst. a) Brüssel IIa-VO, Art. 31 Buchst. c) KSÜ, Art. 7 Aus, 2 Buchst. a) HKÜ sowie Art. 5 Abs. 1 Buchst. a) ESÜ. Die Zentrale Behörde hat im Einzelfall den **Aufenthalt des Kindes zu ermitteln**, wenn der Aufenthaltsort des Kindes unbekannt ist und Anhaltspunkte dafür vorliegen, dass sich das Kind im Inland befindet. Zur Aufenthaltsermittlung kann die Amtshilfe der Polizei unmittelbar in Anspruch genommen werden. Auch eine Halterabfrage beim Kraftfahrt-Bundesamt (§ 35 Abs. 4b StVG) sowie Anfragen bei Sozialbehörden (§§ 18 bis 29 SGB I) nach dem Aufenthaltsort der gesuchten Person sind zulässig (Abs. 2). Ferner kann eine Ausschreibung zur Aufenthaltsermittlung durch das Bundeskriminalamt sowie ein Suchvermerk im Bundeszentralregister veranlasst werden (Abs. 3). Abs. 4 dient der Wahrung datenschutzrechtlicher Belange.

§ 8 IntFamRVG Anrufung des Oberlandesgerichts.

(1) Nimmt die Zentrale Behörde einen Antrag nicht an oder lehnt sie es ab, tätig zu werden, so kann die Entscheidung des Oberlandesgerichts beantragt werden.
(2) Zuständig ist das Oberlandesgericht, in dessen Bezirk die Zentrale Behörde ihren Sitz hat.
(3) ¹Das Oberlandesgericht entscheidet im Verfahren der freiwilligen Gerichtsbarkeit. ²§ 14 Abs. 1 und 2 sowie die Abschnitte 4 und 5 des Buches 1 des Gesetzes über das Verfahren in Familiensachen und in den Angelegenheiten der freiwilligen Gerichtsbarkeit gelten entsprechend.

1   Gegen die Ablehnung der Zentrale Behörde, tätig zu werden, kann das OLG Köln angerufen werden. Insbesondere bei Annahme einer offensichtlichen Unbegründetheit des Antrags nach dem HKÜ und dem ESÜ ist eine Sachprüfung des Antrags erforderlich. Daher entscheidet das OLG abweichend von den §§ 23 ff. EGGVG im Verfahren der freiwilligen Gerichtsbarkeit. § 14 Abs. 1 und 2 (elektronische Akte und elektronisches Dokument) sowie die §§ 49 bis 57 (einstweilige Anordnung) und §§ 58 bis 73 (Beschwerde) FamFG gelten entsprechend.

§ 9 IntFamRVG Mitwirkung des Jugendamts an Verfahren.

(1) ¹Unbeschadet der Aufgaben des Jugendamts bei der grenzüberschreitenden Zusammenarbeit unterstützt das Jugendamt die Gerichte und die Zentrale Behörde bei allen Maßnahmen nach diesem Gesetz. ²Insbesondere
1. gibt es auf Anfrage Auskunft über die soziale Lage des Kindes und seines Umfelds,
2. unterstützt es in jeder Lage eine gütliche Einigung,
3. leistet es in geeigneten Fällen Unterstützung bei der Durchführung des Verfahrens, auch bei der Sicherung des Aufenthalts des Kindes,
4. leistet es in geeigneten Fällen Unterstützung bei der Ausübung des Rechts zum persönlichen Umgang, der Heraus- oder Rückgabe des Kindes sowie der Vollstreckung gerichtlicher Entscheidungen.
(2) ¹Zuständig ist das Jugendamt, in dessen Bereich sich das Kind gewöhnlich aufhält. ²Solange die Zentrale Behörde oder ein Gericht mit einem Herausgabe- oder Rückgabeantrag oder dessen Vollstreckung befasst ist, oder wenn das Kind keinen gewöhnlichen Aufenthalt im Inland hat, oder das zuständige Jugendamt nicht tätig wird, ist das Jugendamt zuständig, in dessen Bereich sich das Kind tatsäch-

lich aufhält. ³In den Fällen des Artikels 35 Absatz 2 Satz 1 des Haager Kinderschutzübereinkommens ist das Jugendamt örtlich zuständig, in dessen Bezirk der antragstellende Elternteil seinen gewöhnlichen Aufenthalt hat.
(3) Das Gericht unterrichtet das zuständige Jugendamt über Entscheidungen nach diesem Gesetz auch dann, wenn das Jugendamt am Verfahren nicht beteiligt war.

Die Vorschrift normiert eine Mitwirkungspflicht des Jugendamts an Verfahren gegenüber dem Gericht und der Zentralen Behörde. Dies bezieht sich auf die in § 1 genannten Regelungen (*Dutta/Scherpe* FamRZ 2006, 901, 904; *Wagner* FS Coester-Waltjen, 2015, S. 299, 303). Die Vorschrift nennt in Abs. 1 Satz 2 beispielhaft wichtige **Fälle dieser Unterstützungspflicht** (näher dazu *Wagner* FS Coester-Waltjen, 2015, Satz 299, 304 ff.). Dabei geht es um Auskünfte über die soziale Lage des Kindes (Nr. 1), die Unterstützung gütlicher Einigungen (Nr. 2), die Unterstützung bei der Durchführung von Verfahren (Nr. 3) sowie Unterstützung bei der Ausübung des Rechts zum persönlichen Umgang, der Heraus- oder Rückgabe des Kindes sowie der Vollstreckung gerichtlicher Entscheidungen (Nr. 4). Zur Unterbringung s. § 45. **Die örtliche Zuständigkeit** der Jugendämter richtet sich nach dem gewöhnlichen, hilfsweise nach dem tatsächlichen Aufenthalt des Kindes. (Abs. 2). Abs. 3 sieht eine Mitteilungspflicht der Gerichte gegenüber den Jugendämtern vor. Unberührt bleiben im Übrigen die Aufgaben der Jugendämter im Rahmen der unmittelbaren grenzüberschreitenden Zusammenarbeit mit anderen Verwaltungsbehörden und Gerichten nach der Brüssel IIa-VO. 1

Abschnitt 3. Gerichtliche Zuständigkeit und Zuständigkeitskonzentration

§ 10 IntFamRVG Örtliche Zuständigkeit für die Anerkennung und Vollstreckung.
Örtlich ausschließlich zuständig für Verfahren nach
– Artikel 21 Abs. 3 und Artikel 48 Abs. 1 der Verordnung (EG) Nr. 2201/2003 sowie für die Zwangsvollstreckung nach den Artikeln 41 und 42 der Verordnung (EG) Nr. 2201/2003,
– den Artikeln 24 und 26 des Haager Kinderschutzübereinkommens,
– dem Europäischen Sorgerechtsübereinkommen
ist das Familiengericht, in dessen Zuständigkeitsbereich zum Zeitpunkt der Antragstellung
1. die Person, gegen die sich der Antrag richtet, oder das Kind, auf das sich die Entscheidung bezieht, sich gewöhnlich aufhält oder
2. bei Fehlen einer Zuständigkeit nach Nummer 1 das Interesse an der Feststellung hervortritt oder das Bedürfnis der Fürsorge besteht,
3. sonst das im Bezirk des Kammergerichts zur Entscheidung berufene Gericht.

Abschnitt 3 (§§ 10 bis 13a) betrifft die von Brüssel IIa-VO, KSÜ und ESÜ nicht geregelte örtliche Zuständigkeit. § 10 regelt die Zuständigkeit für diesen Unionsrechtsakt sowie die beiden Staatsverträge. Dabei ist die Zuständigkeitskonzentration nach § 12 zu beachten. 1

Die örtliche Zuständigkeit für **Verfahren auf isolierte Feststellung**, ob die in anderen Staaten ergangenen Entscheidungen anzuerkennen sind, bleibt nach Art. 21 Abs. 3 Brüssel IIa-VO einzelstaatlicher Regelung vorbehalten. § 10 füllt diese Verweisung auf das innerstaatliche Verfahrensrecht aus. Die Vorschrift regelt außerdem die örtliche Zuständigkeit für die Vollstreckung (§ 44) ausländischer Entscheidungen, die nach Art. 41 und 42 Brüssel IIa-VO keiner Vollstreckbarerklärung im Inland bedürfen, sowie für Verfahren über die Modalitäten einer ausländischen Umgangsentscheidung (Art. 48 Brüssel IIa-VO). Nach Spiegelstrich 2 wird auch die **Anerkennung oder Nichtanerkennung sowie die Vollstreckbarkeit nach KSÜ** erfasst (Art. 24 und 26). Schließlich gilt die Vorschrift gem. Spiegelstrich 3 für **Verfahren nach dem ESÜ**. Die Vorschrift ersetzt § 51 a.F. AVAG sowie den früheren § 5 SorgeRÜbkAG. 2

Nach Nr. 1 kommt es für die **örtliche Zuständigkeit** vorrangig auf den gewöhnlichen Aufenthalt der Antragsgegnerin oder des Antragsgegners oder des Kindes an, auf das sich die anzuerkennende Entscheidung bezieht. Unter mehreren danach zuständigen Gerichten hat der ASt die Wahl (Begr. RegE BT-Drucks. 15/3981 S. 22). Greift Nr. 1 nicht ein, ist nach Nr. 2 der Ort maßgeblich, an welchem das Interesse an der 3 beantragten Feststellung hervortritt oder das Bedürfnis der Fürsorge besteht. Hierfür kommen der einfache Aufenthalt des Kindes oder der Belegenheitsort von Kindesvermögen in Betracht (NK-BGB/*Andrae* Art. 21 EheVO Rn. 29). Die Nr. 3 sieht eine Auffangzuständigkeit des FamG Pankow/Weißensee vor (§ 12 Abs. 2).

§ 11 IntFamRVG Örtliche Zuständigkeit nach dem Haager Kindesentführungsübereinkommen.

Örtlich zuständig für Verfahren nach dem Haager Kindesentführungsübereinkommen ist das Familiengericht, in dessen Zuständigkeitsbereich
1. sich das Kind beim Eingang des Antrags bei der Zentralen Behörde aufgehalten hat oder
2. bei Fehlen einer Zuständigkeit nach Nummer 1 das Bedürfnis der Fürsorge besteht.

1 Die sachliche Zuständigkeit für Rückführungsverfahren liegt beim AG, funktional zuständig ist das FamG (§ 23b Abs. 1 S. 1 GVG). Die ausschließliche örtliche Zuständigkeit nach dem HKÜ richtet sich danach, wo sich das Kind beim Eingang des Antrags bei der Zentralen Behörde aufgehalten hat (Nr. 1). Ein späterer Aufenthaltswechsel ist unbeachtlich (*Schulz* FamRZ 2011, 1273, 1274). Hilfsweise (bei Nichteinschalten der Zentralen Behörde) entscheidet das Bedürfnis der Fürsorge (Nr. 2). Die Zuständigkeitskonzentration nach § 12 ist zu beachten. – Siehe auch Art. 10, 11 Brüssel IIa-VO.

§ 12 IntFamRVG Zuständigkeitskonzentration.

(1) In Verfahren über eine in den §§ 10 und 11 bezeichnete Sache sowie in Verfahren über die Vollstreckbarerklärung nach Artikel 28 der Verordnung (EG) Nr. 2201/2003 entscheidet das Familiengericht, in dessen Bezirk ein Oberlandesgericht seinen Sitz hat, für den Bezirk dieses Oberlandesgerichts.
(2) Im Bezirk des Kammergerichts entscheidet das Familiengericht Pankow/Weißensee.
(3) ¹Die Landesregierungen werden ermächtigt, diese Zuständigkeit durch Rechtsverordnung einem anderen Familiengericht des Oberlandesgerichtsbezirks oder, wenn in einem Land mehrere Oberlandesgerichte errichtet sind, einem Familiengericht für die Bezirke aller oder mehrerer Oberlandesgerichte zuzuweisen. ²Sie können die Ermächtigung auf die Landesjustizverwaltungen übertragen.

1 Die gerichtliche Zuständigkeitskonzentration nach Abs. 1 und 2 soll die besondere Sachkunde und praktische Erfahrung bei den zentralisierten Familiengerichten und den Rechtsanwälten am Sitz der Oberlandesgerichte fördern (*Dutta/Scherpe* FamRZ 2006, 901, 903 f.). In Verfahren über eine in den §§ 10 und 11 bezeichnete Sache sowie in Verfahren über die Vollstreckbarerklärung nach Art. 28 Brüssel IIa-VO entscheidet das FamFG, in dessen Bezirk ein OLG seinen Sitz hat (**FamG mit konzentrierter Zuständigkeit** bzw. zentralisiertes FamG), für den Bezirk dieses OLG. Im Bezirk des KG entscheidet das FamFG Pankow/Weißensee (Abs. 2). Von der Ermächtigung des Abs. 3 hat Niedersachsen, das drei Oberlandesgerichte besitzt, Gebrauch gemacht. Dort ist allein das AG Celle zuständig.

2 Der Zuständigkeitskonzentration unterliegen Verfahren über eine in den §§ 10 und 11 bezeichnete Sache sowie in Verfahren über die Vollstreckbarerklärung nach Art. 28 Brüssel IIa-VO (Abs. 1). Insgesamt handelt es sich um **folgende Angelegenheiten:**

– Rückführung eines nach Deutschland entführten Kindes in einen anderen HKÜ-Vertragsstaat (§ 11),
– durch das BfJ eingeleitete Umgangsverfahren, gerichtet auf Umgang zwischen einem in Deutschland lebenden Kind und einem in einem anderen EU-Mitgliedstaat oder einem anderen HKÜ-, KSÜ- oder ESÜ-Vertragsstaat lebenden Elternteil,
– Verfahren auf Anerkennung und/oder Vollstreckbarerklärung einer ausländischen Sorgerechts- oder Umgangsentscheidung nach dem KSÜ, dem ESÜ oder der Brüssel II a-VO,
– Verfahren auf Vollstreckung einer Kindesrückgabe- oder Umgangsentscheidung aus einem anderen EU-Mitgliedstaat nach Art. 40 – 42 Brüssel II a-VO (§ 10) sowie
– Verfahren auf Unterbringung eines bisher in einem anderen EU-Staat lebenden Kindes in einem Heim oder einer Pflegefamilie in Deutschland durch eine ausländische Stelle (§ 47).

§ 13 IntFamRVG Zuständigkeitskonzentration für andere Familiensachen.

(1) ¹Das Familiengericht, bei dem eine in den §§ 10 bis 12 bezeichnete Sache anhängig wird, ist von diesem Zeitpunkt an ungeachtet des § 137 Abs. 1 und 3 des Gesetzes über das Verfahren in Familiensachen und in den Angelegenheiten der freiwilligen Gerichtsbarkeit für alle dasselbe Kind betreffenden Familiensachen nach § 151 Nr. 1 bis 3 des Gesetzes über das Verfahren in Familiensachen und in den Angelegenheiten der freiwilligen Gerichtsbarkeit einschließlich der Verfügungen nach § 44 und den §§ 35 und 89 bis 94 des Gesetzes über das Verfahren in Familiensachen und in den Angelegenheiten der freiwilligen Gerichtsbarkeit zuständig. ²Die Zuständigkeit nach Satz 1 tritt nicht ein, wenn der Antrag offensichtlich unzulässig ist. ³Sie entfällt, sobald das angegangene Gericht auf Grund unanfechtbarer Entscheidung unzuständig ist; Verfahren, für die dieses Gericht hiernach seine Zuständigkeit verliert, sind nach näherer Maßgabe des § 281 Abs. 2 und 3 Satz 1 der Zivilprozessordnung von Amts wegen an das zuständige Gericht abzugeben.

(2) Bei dem Familiengericht, das in dem Oberlandesgerichtsbezirk, in dem sich das Kind gewöhnlich aufhält, für Anträge der in Absatz 1 Satz 1 genannten Art zuständig ist, kann auch eine andere Familiensache nach § 151 Nr. 1 bis 3 des Gesetzes über das Verfahren in Familiensachen und in den Angelegenheiten der freiwilligen Gerichtsbarkeit anhängig gemacht werden, wenn ein Elternteil seinen gewöhnlichen Aufenthalt in einem anderen Mitgliedstaat der Europäischen Union oder in einem anderen Vertragsstaat des Haager Kinderschutzübereinkommens, des Haager Kindesentführungsübereinkommens oder des Europäischen Sorgerechtsübereinkommens hat.

(3) ¹Im Falle des Absatzes 1 Satz 1 hat ein anderes Familiengericht, bei dem eine dasselbe Kind betreffende Familiensache nach § 151 Nr. 1 bis 3 des Gesetzes über das Verfahren in Familiensachen und in den Angelegenheiten der freiwilligen Gerichtsbarkeit im ersten Rechtszug anhängig ist oder anhängig wird, dieses Verfahren von Amts wegen an das nach Absatz 1 Satz 1 zuständige Gericht abzugeben. ²Auf übereinstimmenden Antrag beider Elternteile sind andere Familiensachen, an denen diese beteiligt sind, an das nach Absatz 1 oder Absatz 2 zuständige Gericht abzugeben. ³§ 281 Abs. 2 Satz 1 bis 3 und Abs. 3 Satz 1 der Zivilprozessordnung gilt entsprechend.

(4) ¹Das Familiengericht, das gemäß Absatz 1 oder Absatz 2 zuständig oder an das die Sache gemäß Absatz 3 abgegeben worden ist, kann diese aus wichtigen Gründen an das nach den allgemeinen Vorschriften zuständige Familiengericht abgeben oder zurückgeben, soweit dies nicht zu einer erheblichen Verzögerung des Verfahrens führt. ²Als wichtiger Grund ist es in der Regel anzusehen, wenn die besondere Sachkunde des erstgenannten Gerichts für das Verfahren nicht oder nicht mehr benötigt wird. ³§ 281 Abs. 2 und 3 Satz 1 der Zivilprozessordnung gilt entsprechend. ⁴Die Ablehnung einer Abgabe nach Satz 1 ist unanfechtbar.

(5) §§ 4 und 5 Abs. 1 Nr. 5, Abs. 2 und 3 des Gesetzes über das Verfahren in Familiensachen und in den Angelegenheiten der freiwilligen Gerichtsbarkeit bleibt [richtig: bleiben] unberührt.

A. Allgemeines. Die Vorschrift dient der Aus- und Durchführung der unter das IntFamRVG fallenden europäischen und internationalen Rechtsinstrumente und strebt – auch zur Vermeidung sich widersprechender Entscheidungen – eine Zuständigkeitskonzentration für andere Familiensachen an. 1

B. Zuständigkeitskonzentration für andere sorge- und umgangsrechtliche Verfahren. Das zentralisierte FamG hat in Verfahren nach Kapitel III (Art. 21 ff.) Brüssel IIa-VO, dem HKÜ oder dem ESÜ eine Zuständigkeit auch für andere sorge- und umgangsrechtliche Verfahren einschließlich Vollstreckungsmaßnahmen (Abs. 1). Das für die Vollstreckbarerklärung oder Anerkennungsfeststellung bzgl. einer ausländischen Entscheidung zuständige Gericht wird dadurch z.B. in die Lage versetzt, eine Sorgerechtsentscheidung durch eine Herausgabeanordnung zu ergänzen oder eine Umgangsregelung geänderten Verhältnissen anzupassen (Begr. RegE BT-Drucks. 15/3981 S. 23). Das Verfahren in diesen anderen Sorge- und Umgangsrechtsstreitigkeiten richtet sich nach den allgemeinen Vorschriften. 2

C. Kindesaufenthalt im Inland. Ferner besteht eine fakultative Zuständigkeit des zentralisierten FamG wenn das Kind einen gewöhnlichen inländischen Aufenthalt hat, ein Elternteil dagegen seinen gewöhnlichen Aufenthalt in einem anderen EU-Mitgliedstaat oder einem anderen KSÜ-, HKÜ- oder ESÜ- Vertragsstaat (Abs. 2). Jeder Betroffene kann sich in diesen Fällen auch dann an das Gericht mit konzentrierter Zuständigkeit wenden, wenn noch kein Verfahren nach der Brüssel IIa-VO, dem KSÜ, dem HKÜ oder dem ESÜ anhängig ist. Dies soll vermeiden, dass im Laufe eines beim Wohnsitzgericht eingeleiteten Verfahrens 3 eine Abgabe an das Gericht mit konzentrierter Zuständigkeit erfolgen muss. Abs. 2 bezieht sich nur auf neu anhängig zu machende Verfahren; die einzelnen Beteiligten sollen aber nicht ein beim Wohnsitzgericht bereits anhängiges Verfahren im Nachhinein vor das zentralisierte FamG ziehen, bevor ein Antrag nach der Brüssel IIa-VO, dem KSÜ, dem HKÜ oder nach dem ESÜ gestellt ist (Begr. RegE BT-Drucks. 15/3981 S. 23).

4 **D. Abgabe durch das Wohnsitzgericht.** Die Abgabe nach Abs. 3 stellt sicher, dass das FamG mit konzentrierter Zuständigkeit diese auch dann wirkungsvoll ausüben kann, wenn zurzeit seiner erstmaligen Befassung bereits ein Verfahren bei einem anderen Gericht am Wohnsitz des Kindes anhängig war. Hat das AG die Abgabepflicht missachtet, und liegt das nach Abs. 1 zuständige Gericht nicht im Bezirk des mit der Beschwerde angerufenen OLG, so ist die Abgabepflicht auch im Beschwerdeverfahren zu beachten (OLG Oldenburg FamRZ 2008, 1269).

5 **E. Abgabe oder Rückgabe an das Wohnsitzgericht.** Unberührt bleibt die durch Abs. 4 unter bestimmten Voraussetzungen offen gehaltene Möglichkeit der Abgabe oder Rückgabe aus wichtigen Gründen an das nach den allgemeinen Vorschriften zuständige FamFG. Sie ist notwendig, da § 13 Abs. 1 die konzentrierte Zuständigkeit nicht zeitlich begrenzt ist. Um Verzögerungen des Verfahrens durch einen Abgabestreit auszuschließen, ist einerseits der Abgabebeschluss unanfechtbar und bindend für das übernehmende Gericht und kann andererseits der Verzicht auf eine Abgabe ebenfalls nicht angefochten werden (Begr. RegE BT-Drucks. 15/3981 S. 23).

6 **F. Andere Verfahrensvorschriften.** Abs. 5 stellt klar, dass bestimmte FamFG-Vorschriften neben den Abgabetatbeständen der Abs. 3 und 4 unberührt bleiben. Dies gilt für §§ 4 und 5 Abs. 1 Nr. 5, Abs. 2 und 3 FamFG.

§ 13a IntFamRVG Verfahren bei grenzüberschreitender Abgabe.

(1) ¹Ersucht das Familiengericht das Gericht eines anderen Vertragsstaats nach Artikel 8 des Haager Kinderschutzübereinkommens um Übernahme der Zuständigkeit, so setzt es eine Frist, innerhalb derer das ausländische Gericht die Übernahme der Zuständigkeit mitteilen kann. ²Setzt das Familiengericht das Verfahren nach Artikel 8 des Haager Kinderschutzübereinkommens aus, setzt es den Parteien eine Frist, innerhalb derer das ausländische Gericht anzurufen ist. ³Ist die Frist nach Satz 1 abgelaufen, ohne dass das ausländische Gericht die Übernahme der Zuständigkeit mitgeteilt hat, so ist in der Regel davon auszugehen, dass das ersuchte Gericht die Übernahme der Zuständigkeit ablehnt. ⁴Ist die Frist nach Satz 2 abgelaufen, ohne dass eine Partei das ausländische Gericht angerufen hat, bleibt es bei der Zuständigkeit des Familiengerichts. ⁵Das Gericht des ersuchten Staates und die Parteien sind auf diese Rechtsfolgen hinzuweisen.
(2) Ersucht ein Gericht eines anderen Vertragsstaats das Familiengericht nach Artikel 8 des Haager Kinderschutzübereinkommens um Übernahme der Zuständigkeit oder ruft eine Partei das Familiengericht nach dieser Vorschrift an, so kann das Familiengericht die Zuständigkeit innerhalb von 6 Wochen übernehmen.
(3) Die Absätze 1 und 2 sind auf Anträge, Ersuchen und Entscheidungen nach Artikel 9 des Haager Kinderschutzübereinkommens entsprechend anzuwenden.
(4) ¹Der Beschluss des Familiengerichts,
1. das ausländische Gericht nach Absatz 1 Satz 1 oder nach Artikel 15 Absatz 1 Buchstabe b der Verordnung (EG) Nr. 2201/2003 um Übernahme der Zuständigkeit zu ersuchen,
2. das Verfahren nach Absatz 1 Satz 2 oder nach Artikel 15 Absatz 1 Buchstabe a der Verordnung (EG) Nr. 2201/2003 auszusetzen,
3. das zuständige ausländische Gericht nach Artikel 9 des Kinderschutzübereinkommens oder nach Artikel 15 Absatz 2 Buchstabe c der Verordnung (EG) Nr. 2201/2003 um Abgabe der Zuständigkeit zu ersuchen,
4. die Parteien einzuladen, bei dem zuständigen ausländischen Gericht nach Artikel 9 des Haager Kinderschutzübereinkommens die Abgabe der Zuständigkeit an das Familiengericht zu beantragen, oder
5. die Zuständigkeit auf Ersuchen eines ausländischen Gerichts oder auf Antrag der Parteien nach Artikel 9 des Haager Kinderschutzübereinkommens an das ausländische Gericht abzugeben,

ist mit der sofortigen Beschwerde in entsprechender Anwendung der §§ 567 bis 572 der Zivilprozessordnung anfechtbar. ²Die Rechtsbeschwerde ist ausgeschlossen. ³Die in Satz 1 genannten Beschlüsse werden erst mit ihrer Rechtskraft wirksam. ⁴Hierauf ist in dem Beschluss hinzuweisen.
(5) Im Übrigen sind Beschlüsse nach den Artikeln 8 und 9 des Haager Kinderschutzübereinkommens und nach Artikel 15 der Verordnung (EG) Nr. 2201/2003 unanfechtbar.
(6) ¹Parteien im Sinne dieser Vorschrift sowie der Artikel 8 und 9 des Haager Kinderschutzübereinkommens und des Artikels 15 der Verordnung (EG) Nr. 2201/2003 sind die in § 7 Absatz 1 und 2 Nummer 1 des Gesetzes über das Verfahren in Familiensachen und in den Angelegenheiten der freiwilligen Gerichtsbarkeit genannten Beteiligten. ²Die Vorschriften über die Hinzuziehung weiterer Beteiligter bleiben unberührt.

A. Allgemeines. § 13a regelt das Verfahren bei **grenzüberschreitender Abgabe nach dem KSÜ**. Dabei werden in- und ausländische Ersuchen unterschieden. Die Vorschrift betrifft aber auch die Verweisung nach Art. 15 Brüssel IIa-VO (forum non conveniens). 1

B. Inländisches Ersuchen. Ersucht das FamG ein ausländisches Gericht eines anderen Vertragsstaats nach Art. 8 KSÜ (forum non conveniens) um Übernahme der Zuständigkeit, so erfolgt eine Fristsetzung (Abs. 1). Das gleiche geschieht bei einer Aussetzung. 2

C. Ausländisches Ersuchen. Ersucht ein ausländisches Gericht eines anderen Vertragsstaats das FamG nach Art. 8 KSÜ (forum non conveniens) um Übernahme der Zuständigkeit oder ruft eine Partei das FamG an, so kann das FamG die Zuständigkeit innerhalb von 6 Wochen übernehmen (Abs. 2). 3

D. Antrag nach Art. 9 KSÜ. Eine entsprechende Anwendung von Abs. 1 und 2 findet statt auf Verfahren nach Art. 9 KSÜ (forum conveniens) nach Abs. 3. 4

E. Anfechtbarkeit. Bestimmte Beschlüsse sind mit sofortiger Beschwerde anfechtbar (Abs. 4). Genannt wird der Beschluss, das ausländische Gericht nach Abs. 1 Satz 1 oder nach Art. 15 Abs. 1 Buchst. b) Brüssel IIa-VO um Übernahme der Zuständigkeit zu ersuchen (Abs. 4 Nr. 1). Anfechtbar ist die Aussetzung des Verfahren nach Abs. 1 Satz 2 oder nach Art. 15 Abs. 1 Buchst. a) Brüssel IIa-VO (Abs. 4 Nr. 2). Ebenso steht es für den Beschluss, das zuständige ausländische Gericht nach Art. 9 KSÜ oder nach Art. 15 Abs. 2 Buchst. c) Brüssel IIa-VO um Abgabe der Zuständigkeit zu ersuchen (Abs. 4 Nr. 3). Anfechtbar ist auch die Einladung der Parteien, bei dem zuständigen ausländischen Gericht nach Art. 9 KSÜ die Abgabe der Zuständigkeit an das FamFG zu beantragen (Abs. 4 Nr. 4). Anfechtbar ist schließlich die Abgabe der Zuständigkeit auf Ersuchen eines ausländischen Gerichts oder auf Antrag der Parteien nach Art. 9 KSÜ an das ausländische Gericht abzugeben (Abs. 4 Nr. 5). 5

Die Anfechtung nicht in Abs. 4 als gesondert anfechtbar ausgewiesener Beschlüsse ist ausgeschlossen (Abs. 5). Dies gilt für Beschlüsse im Rahmen von Art. 8 KSÜ (forum non conveniens) und 9 KSÜ (forum conveniens). Auch eine Entscheidung, die den Antrag auf eine Verweisung nach Art. 15 Brüssel IIa-VO ablehnt, ist unanfechtbar (OLG Stuttgart FamRZ 2014, 1930 = IPRax 2015, 251 Aufs. *Helms*, 217). 6

F. Parteien. Parteien i.S.d. § 13a IntFamRVG sowie der Art. 8 und 9 HKÜ und des Art. 15 Brüssel IIa-VO sind die in § 7 Abs. 1 und 2 Nr. 1 FamFG genannten Beteiligten (Abs. 6) 7

Abschnitt 4. Allgemeine gerichtliche Verfahrensvorschriften

§ 14 IntFamRVG Familiengerichtliches Verfahren. Soweit nicht anders bestimmt, entscheidet das Familiengericht

1. über eine in den §§ 10 und 12 bezeichnete Ehesache nach den hierfür geltenden Vorschriften des Gesetzes über das Verfahren in Familiensachen und in den Angelegenheiten der freiwilligen Gerichtsbarkeit,
2. über die übrigen in den §§ 10, 11, 12 und 47 bezeichneten Angelegenheiten als Familiensachen im Verfahren der freiwilligen Gerichtsbarkeit.

Anhang IV — IntFamRVG

1 Abschnitt 4 (§§ 14, 15) enthält **allgemeine gerichtliche Verfahrensvorschriften** für die im IntFamRVG geregelten Angelegenheiten, die sowohl für erstinstanzliche Verfahren als auch für die Rechtsmittelinstanz gelten. § 14 bestimmt, dass es sich um familiengerichtliche Verfahren handelt. Die Anerkennung und Vollstreckung in Ehesachen (§§ 10, 12) wird den Vorschriften über Ehesachen unterstellt (Nr. 1). Dies deckt das Anerkennungsverfahren (Art. 21 Abs. 3 Brüssel IIa-VO) sowie die Vollstreckbarerklärung von Kostenentscheidungen in Ehesachen (Art. 49 Brüssel IIa-VO) ab.

2 Im Übrigen werden alle Verfahren nach dem IntFamRVG zu **Familiensachen** erklärt (Nr. 2). Dazu gehören die in den § 10 (Anerkennung und Vollstreckung), § 11 (Verfahren nach dem HKÜ; dazu *Dutta/Scherpe* FamRZ 2006, 901, 905), § 12 (Zuständigkeitskonzentration) und § 47 (familiengerichtliche Genehmigung bei grenzüberschreitender Unterbringung) geregelten Verfahren. Damit sind die Verfahren nach Kapitel III (Art. 21 ff. Brüssel IIa-VO) und Art. 56 Brüssel IIa-VO, dem KSÜ, dem HKÜ und dem ESÜ gemeint. Für Verfahren aufgrund einer Zuständigkeit nach § 13 verbleibt es bei den allgemeinen Vorschriften. Die Bezugnahme auf das FamFG bedeutet nicht, dass damit das Anerkennungsverfahren wie ein Sorgerechtsverfahren zu führen ist und § 158 FamFG über den Verfahrensbeistand zur Anwendung gelangt. Vielmehr sind nur die Verfahrensvorschriften anzuwenden, die für das Anerkennungsverfahren von Belang sind (Begr. RegE BT-Drucks. 15/3981 S. 23).

§ 15 IntFamRVG Einstweilige Anordnungen.

Das Gericht kann auf Antrag oder von Amts wegen einstweilige Anordnungen treffen, um Gefahren von dem Kind abzuwenden oder eine Beeinträchtigung der Interessen der Beteiligten zu vermeiden, insbesondere um den Aufenthaltsort des Kindes während des Verfahrens zu sichern oder eine Vereitelung oder Erschwerung der Rückgabe zu verhindern; Abschnitt 4 des Buches 1 des Gesetzes über das Verfahren in Familiensachen und in den Angelegenheiten der freiwilligen Gerichtsbarkeit gilt entsprechend.

1 Es handelt sich um eine einheitliche Regelung für einstweilige Anordnungen, die vorwiegend Sicherungszwecken dienen. Die Grundlage dafür bilden Art. 20 Brüssel IIa-VO, Art. 12 KSÜ, Art. 7 Abs. 2 Buchst. b) HKÜ sowie Art. 5 Abs. 1 Buchst. b) ESÜ. Das Gericht kann auf Antrag, aber auch v.A.w. (insoweit abweichend von § 51 Abs. 1 FamFG) einstweilige Anordnungen erlassen, um Gefahren von dem Kind abzuwenden oder eine Beeinträchtigung der Interessen der Beteiligten zu vermeiden, ohne die Entscheidung in der Hauptsache vorwegzunehmen. Dazu zählen etwa die Anordnung räumlicher Beschränkungen (Ausreiseverbot, Grenzsperre), die Hinterlegung von Ausweispapieren, die Auferlegung von Meldepflichten sowie – vor allem in Kindesentführungsfällen – die Anordnung begleiteten oder betreuten Umgangs während des Verfahrens (*Dutta/Scherpe* FamRZ 2006, 901, 905). Im Übrigen wird auf die §§ 49 ff. FamFG verwiesen.

Abschnitt 5. Zulassung der Zwangsvollstreckung, Anerkennungsfeststellung und Wiederherstellung des Sorgeverhältnisses

Unterabschnitt 1. Zulassung der Zwangsvollstreckung im ersten Rechtszug

§ 16 IntFamRVG Antragstellung.

(1) Mit Ausnahme der in den Artikeln 41 und 42 der Verordnung (EG) Nr. 2201/2003 aufgeführten Titel wird der in einem anderen Staat vollstreckbare Titel dadurch zur Zwangsvollstreckung zugelassen, dass er auf Antrag mit der Vollstreckungsklausel versehen wird.
(2) Der Antrag auf Erteilung der Vollstreckungsklausel kann bei dem zuständigen Familiengericht schriftlich eingereicht oder mündlich zu Protokoll der Geschäftsstelle erklärt werden.
(3) Ist der Antrag entgegen § 184 des Gerichtsverfassungsgesetzes nicht in deutscher Sprache abgefasst, so kann das Gericht der antragstellenden Person aufgeben, eine Übersetzung des Antrags beizubringen, deren Richtigkeit von einer

1. in einem Mitgliedstaat der Europäischen Union oder
2. in einem anderen Vertragsstaat eines auszuführenden Übereinkommens
hierzu befugten Person bestätigt worden ist.

Abschnitt 5 (§§ 16 bis 36) regelt das **Verfahren auf Zulassung der Zwangsvollstreckung** aus ausländischen Titeln (vgl. § 2), auf Feststellung der Anerkennung ausländischer Entscheidungen sowie auf Wiederherstellung des Sorgeverhältnisses nach Brüssel IIa-VO, KSÜ und ESÜ. Der Abschnitt gilt nicht für das HKÜ, da dieser Staatsvertrag kein Anerkennungs- und Vollstreckungsübereinkommen ist, insofern greifen die §§ 37 ff. ein (Begr. RegE BT-Drucks. 15/3981 S. 24). 1

Die §§ 16 bis 23 regeln die **Zulassung der Zwangsvollstreckung** im ersten Rechtszug. Unter die Brüssel IIa-VO, das KSÜ oder das ESÜ fallende ausländische Titel werden dadurch zur Zwangsvollstreckung zugelassen, dass sie auf Antrag mit der Vollstreckungsklausel versehen werden (§ 16 Abs. 1). Der Antrag ist beim zuständigen zentralisierten FamG zu stellen, und zwar schriftlich oder zu Protokoll der Geschäftsstelle (Abs. 2). **Umgangsentscheidungen** und bestimmte Rückgabeentscheidungen nach Art. 41, 42 Brüssel IIa-VO bedürfen allerdings keiner Vollstreckbarerklärung (vgl. Abs. 1). Nach Vorlage einer durch das Gericht des Ursprungsmitgliedstaats ausgestellten Bescheinigung werden sie im Inland nach den innerstaatlichen Regeln vollstreckt. Zuständig hierfür ist das zentralisierte FamG (§§ 10, 12). 2

Ist der Antrag entgegen § 184 GVG nicht in deutscher Sprache abgefasst, so kann die Beibringung einer **Übersetzung** aufgegeben werden. Die Übersetzung muss von einem Übersetzer bestätigt werden (Abs. 3). 3

§ 17 IntFamRVG Zustellungsbevollmächtigter.

(1) Hat die antragstellende Person in dem Antrag keinen Zustellungsbevollmächtigten im Sinne des § 184 Abs. 1 Satz 1 der Zivilprozessordnung benannt, so können bis zur nachträglichen Benennung alle Zustellungen an sie durch Aufgabe zur Post (§ 184 Abs. 1 Satz 2, Abs. 2 der Zivilprozessordnung) bewirkt werden.
(2) Absatz 1 gilt nicht, wenn die antragstellende Person einen Verfahrensbevollmächtigten für das Verfahren bestellt hat, an den im Inland zugestellt werden kann.

Die Pflicht zur Benennung eines Zustellungsbevollmächtigten ergibt sich aus Art. 30 Abs. 2 Satz 2 Brüssel IIa-VO. Sie soll die mit einer Auslandszustellung verbundenen Verzögerungen vermeiden. Im Anwendungsbereich des ESÜ ergibt sich die Obliegenheit, einen Zustellungsbevollmächtigten zu benennen, implizit aus § 17 Abs. 1 (Begr. RegE BT-Drucks. 15/3981 S. 24). Benennt die antragstellende Person keinen Zustellungsbevollmächtigten i.S.d. § 184 Abs. 1 Satz 1 ZPO, so können Zustellungen an sie durch Aufgabe zur Post (§ 184 Abs. 1 Satz 2, Abs. 2 ZPO) bewirkt werden (Abs. 1). Im Einklang mit Art. 30 Abs. 2 Satz 2 Brüssel IIa-VO reicht es unter Bezugnahme auf § 184 ZPO aus, dass der Zustellungsbevollmächtigte irgendwo im Inland wohnt oder dort einen Geschäftsraum hat. Ferner genügt es, wenn die antragstellende Person einen Verfahrensbevollmächtigten mit der Wahrnehmung ihrer Interessen betraut hat. Die Benennung eines Zustellungsbevollmächtigten ist dann überflüssig. Zu beachten ist, dass über die Regelung des IntFamRVG hinaus eine Auslandszustellung auch nach der der EuZustVO erfolgen kann (NK-BGB/*Andrae* Art. 30 EheVO Rn. 4). 1

§ 18 IntFamRVG Einseitiges Verfahren.

(1) ¹Im Anwendungsbereich der Verordnung (EG) Nr. 2201/2003 und des Haager Kinderschutzübereinkommens erhält im erstinstanzlichen Verfahren auf Zulassung der Zwangsvollstreckung nur die antragstellende Person Gelegenheit, sich zu äußern. ²Die Entscheidung ergeht ohne mündliche Verhandlung. ³Jedoch kann eine mündliche Erörterung mit der antragstellenden oder einer von ihr bevollmächtigten Person stattfinden, wenn diese hiermit einverstanden ist und die Erörterung der Beschleunigung dient.
(2) Abweichend von § 114 Abs. 1 des Gesetzes über das Verfahren in Familiensachen und in den Angelegenheiten der freiwilligen Gerichtsbarkeit ist in Ehesachen im ersten Rechtszug eine anwaltliche Vertretung nicht erforderlich.

Das Verbot der Anhörung des Vollstreckungsgegners und des betroffenen Kindes dient der Verfahrensbeschleunigung. Es ergibt sich aus Art. 31 Abs. 1 Brüssel IIa-VO und Art. 23 ff. KSÜ. Rechtliches Gehör 1 wird erst in der Beschwerdeinstanz des Vollstreckbarerklärungsverfahrens gewährt. Auch eine Unterstützung durch das Jugendamt kommt erst nach Abschluss des erstinstanzlichen Verfahrens in Frage, wenn hinsichtlich eines Sozialberichts des Jugendamtes rechtliches Gehör gewährt werden kann (Begr. RegE BT-Drucks. 15/3981 S. 24). Für das Beschwerdeverfahren gelten dagegen die allgemeinen Vorschriften. Unberührt bleiben im Übrigen die Vorschriften zum rechtlichen Gehör im Ausgangsverfahren sowie im Vollstreckungsverfahren.

2 Für das ESÜ gilt § 18 nicht. Im erstinstanzlichen Verfahren nach dem ESÜ kann für die Feststellung bestimmter Nichtanerkennungsgründe die Anhörung der verpflichteten Person und des betroffenen Kindes nicht ausgeschlossen werden (vgl. Art. 10 Abs. 1 Buchst. b), Art. 15 Abs. 1 ESÜ), (Begr. RegE BT-Drucks. 15/3981 S. 24). Es besteht kein Anwaltszwang (Abs. 2).

§ 19 IntFamRVG Besondere Regelungen zum Europäischen Sorgerechtsübereinkommen.

Die Vollstreckbarerklärung eines Titels aus einem anderen Vertragsstaat des Europäischen Sorgerechtsübereinkommens ist auch in den Fällen der Artikel 8 und 9 des Übereinkommens ausgeschlossen, wenn die Voraussetzungen des Artikels 10 Abs. 1 Buchstabe a oder b des Übereinkommens vorliegen, insbesondere wenn die Wirkungen des Titels mit den Grundrechten des Kindes oder eines Sorgeberechtigten unvereinbar wären.

1 Die eine Anerkennung ausschließende Vorschrift ist Folge des deutschen Vorbehalts nach Art. 17 Abs. 1, Art. 27 Abs. 1 ESÜ.

§ 20 IntFamRVG Entscheidung.

(1) ¹Ist die Zwangsvollstreckung aus dem Titel zuzulassen, so beschließt das Gericht, dass der Titel mit der Vollstreckungsklausel zu versehen ist. ²In dem Beschluss ist die zu vollstreckende Verpflichtung in deutscher Sprache wiederzugeben. ³Zur Begründung des Beschlusses genügt in der Regel die Bezugnahme auf die Verordnung (EG) Nr. 2201/2003 oder den auszuführenden Anerkennungs- und Vollstreckungsvertrag sowie auf die von der antragstellenden Person vorgelegten Urkunden.
(2) Auf die Kosten des Verfahrens ist § 81 des Gesetzes über das Verfahren in Familiensachen und in den Angelegenheiten der freiwilligen Gerichtsbarkeit entsprechend anzuwenden; in Ehesachen gilt § 788 der Zivilprozessordnung entsprechend.
(3) ¹Ist der Antrag nicht zulässig oder nicht begründet, so lehnt ihn das Gericht durch mit Gründen versehenen Beschluss ab. ²Für die Kosten gilt Absatz 2; in Ehesachen sind die Kosten dem Antragsteller aufzuerlegen.

1 Bei Zulassung der Zwangsvollstreckung wird angeordnet, dass der Titel mit der Vollstreckungsklausel zu versehen ist (Abs. 1). Der Inhalt wird in deutscher Sprache wiedergegeben. Zur Begründung genügt eine Bezugnahme auf die gesetzliche Anerkennungsregelung (Brüssel IIa-VO. KSÜ, ESÜ) sowie die vom ASt vorgelegten Urkunden. Eine Ablehnung erfolgt durch mit Gründen versehenen Beschluss (Abs. 3). Die Kosten des Verfahrens kann das Gericht nach billigem Ermessen verteilen (§ 20 Abs. 2 IntFamRVG, § 81 FamFG). In Ehesachen trägt sie bei stattgebendem Beschluss der Antragsgegner (§ 20 Abs. 2 IntFamRVG, § 788 ZPO), bei ablehnendem Beschluss der ASt (Abs. 3).

§ 21 IntFamRVG Bekanntmachung der Entscheidung.

(1) ¹Im Falle des § 20 Abs. 1 sind der verpflichteten Person eine beglaubigte Abschrift des Beschlusses, eine beglaubigte Abschrift des noch nicht mit der Vollstreckungsklausel versehenen Titels und ggf. seiner Übersetzung sowie der gemäß § 20 Abs. 1 Satz 3 in Bezug genommenen Urkunden von Amts wegen zuzustellen. ²Ein Beschluss nach § 20 Abs. 3 ist der verpflichteten Person formlos mitzuteilen.
(2) ¹Der antragstellenden Person sind eine beglaubigte Abschrift des Beschlusses nach § 20, im Falle des § 20 Abs. 1 ferner eine Bescheinigung über die bewirkte Zustellung zu übersenden. ²Die mit der Vollstreckungsklausel versehene Ausfertigung des Titels ist der antragstellenden Person erst dann zu übersenden, wenn der Beschluss nach § 20 Abs. 1 wirksam geworden und die Vollstreckungsklausel erteilt ist.

(3) In einem Verfahren, das die Vollstreckbarerklärung einer die elterliche Verantwortung betreffenden Entscheidung zum Gegenstand hat, sind Zustellungen auch an den gesetzlichen Vertreter des Kindes, an den Vertreter des Kindes im Verfahren, an das Kind selbst, soweit es das 14. Lebensjahr vollendet hat, an einen Elternteil, der nicht am Verfahren beteiligt war, sowie an das Jugendamt zu bewirken.
(4) Handelt es sich bei der für vollstreckbar erklärten Maßnahme um eine Unterbringung, so ist der Beschluss auch dem Leiter der Einrichtung oder der Pflegefamilie bekannt zu machen, in der das Kind untergebracht werden soll.

Bei Zulassung der Zwangsvollstreckung wird dem Vollstreckungsgegner nach Abs. 1 zugestellt. Für grenzüberschreitende Zustellungen innerhalb der EU Union gilt primär die EuZustVO (s. § 97 FamFG Rdn. 22). Bei Ablehnung ist dagegen nur formlos mitzuteilen. Der ASt erhält unverzüglich den Beschluss nebst einer Bescheinigung über die Zustellung (Abs. 2 Satz 1). Den mit der Vollstreckungsklausel versehen Titel erhält er jedoch erst nach Wirksamwerden des Beschlusses (Abs. 2 Satz 2). Die Zustellung nach Abs. 3 stellt sicher, dass die materiell Beteiligten, deren Rechtsstellung von einem Verfahren bezüglich der elterlichen Verantwortung betroffen wird, von dessen Ausgang Kenntnis erhalten und gegebenenfalls Rechtsmittel einlegen können. Das gilt auch für das Jugendamt. Abs. 4 betrifft Beschlüsse über die Vollstreckbarerklärung einer Unterbringungsentscheidung.

§ 22 IntFamRVG Wirksamwerden der Entscheidung.

(1) Der Beschluss nach § 20 wird erst mit Rechtskraft wirksam. Hierauf ist in dem Beschluss hinzuweisen.
(2) ¹Absatz 1 gilt nicht für den Beschluss, mit dem eine Entscheidung über die freiheitsentziehende Unterbringung eines Kindes nach Artikel 56 der Verordnung (EG) Nr. 2201/2003 für vollstreckbar erklärt wird. ²In diesem Fall hat das Gericht die sofortige Wirksamkeit des Beschlusses anzuordnen. ³§ 324 Absatz 2 Satz 2 Nummer 3 und Satz 3 des Gesetzes über das Verfahren in Familiensachen und in Angelegenheiten der freiwilligen Gerichtsbarkeit gilt entsprechend.

Der Beschluss wird erst nach Ablauf der Rechtsmittelfrist wirksam (Abs. 1). Die Brüssel IIa-VO kennt keine Regelungen über eine auf Sicherungsmaßregeln beschränkte Zwangsvollstreckung. Auch im Anwendungsbereich des ESÜ werden Beschlüsse erst mit ihrer Rechtskraft wirksam (Begr. RegE BT-Drucks. 15/3981 S. 25). Von der Wirksamkeitsregelung macht Abs. 2 eine Ausnahme für den Beschluss, mit dem eine Entscheidung über die freiheitsentziehende Unterbringung eines Kindes nach Art. 56 Brüssel IIa-VO für vollstreckbar erklärt wird.

§ 23 IntFamRVG Vollstreckungsklausel.

(1) Auf Grund eines wirksamen Beschlusses nach § 20 Abs. 1 erteilt der Urkundsbeamte der Geschäftsstelle die Vollstreckungsklausel in folgender Form:
»Vollstreckungsklausel nach § 23 des Internationalen Familienrechtsverfahrensgesetzes vom 26. Januar 2005 (BGBl I S. 162). Gemäß dem Beschluss des … (Bezeichnung des Gerichts und des Beschlusses) ist die Zwangsvollstreckung aus … (Bezeichnung des Titels) zugunsten … (Bezeichnung der berechtigten Person) gegen … (Bezeichnung der verpflichteten Person) zulässig.
Die zu vollstreckende Verpflichtung lautet:
… (Angabe der aus dem ausländischen Titel der verpflichteten Person obliegenden Verpflichtung in deutscher Sprache; aus dem Beschluss nach § 20 Abs. 1 zu übernehmen).«
(2) Wird die Zwangsvollstreckung nur für einen oder mehrere der durch den ausländischen Titel zuerkannten oder in einem anderen ausländischen Titel niedergelegten Ansprüche oder nur für einen Teil des Gegenstands der Verpflichtung zugelassen, so ist die Vollstreckungsklausel als »Teil-Vollstreckungsklausel nach § 23 des Internationalen Familienverfahrensgesetzes vom 26. Januar 2005 (BGBl I S. 162)« zu bezeichnen.
(3) ¹Die Vollstreckungsklausel ist von dem Urkundsbeamten der Geschäftsstelle zu unterschreiben und mit dem Gerichtssiegel zu versehen. ²Sie ist entweder auf die Ausfertigung des Titels oder auf ein damit zu verbindendes Blatt zu setzen. ³Falls eine Übersetzung des Titels vorliegt, ist sie mit der Ausfertigung zu verbinden.

1 Die Vollstreckungsklausel erteilt der Urkundsbeamte der Geschäftsstelle mit dem vorgegebenen Inhalt (Abs. 1). Eine Teil-Vollstreckungsklausel für den Titel ist möglich (Abs. 2). Die Vollstreckungsklausel ist zu unterschreiben und mit dem Gerichtssiegel zu versehen. Sie ist entweder auf die Ausfertigung des Titels oder auf ein damit zu verbindendes Blatt zu setzen (Abs. 3). Die Vorschrift entspricht § 41 AUG, § 8 IntErbRVG.

Unterabschnitt 2. Beschwerde

§ 24 IntFamRVG Einlegung der Beschwerde; Beschwerdefrist.

(1) ¹Gegen die im ersten Rechtszug ergangene Entscheidung findet die Beschwerde zum Oberlandesgericht statt. ²Die Beschwerde wird bei dem Oberlandesgericht durch Einreichen einer Beschwerdeschrift oder durch Erklärung zu Protokoll der Geschäftsstelle eingelegt.
(2) Die Zulässigkeit der Beschwerde wird nicht dadurch berührt, dass sie statt bei dem Oberlandesgericht bei dem Gericht des ersten Rechtszugs eingelegt wird; die Beschwerde ist unverzüglich von Amts wegen an das Oberlandesgericht abzugeben.
(3) Die Beschwerde gegen die Zulassung der Zwangsvollstreckung ist einzulegen
1. innerhalb eines Monats nach Zustellung, wenn die beschwerdeberechtigte Person ihren gewöhnlichen Aufenthalt im Inland hat;
2. ¹innerhalb von 2 Monaten nach Zustellung, wenn die beschwerdeberechtigte Person ihren gewöhnlichen Aufenthalt im Ausland hat. ²Die Frist beginnt mit dem Tag, an dem die Vollstreckbarerklärung der beschwerdeberechtigten Person entweder persönlich oder in ihrer Wohnung zugestellt worden ist. ³Eine Verlängerung dieser Frist wegen weiter Entfernung ist ausgeschlossen.
(4) Die Beschwerdefrist ist eine Notfrist.
(5) Die Beschwerde ist dem Beschwerdegegner von Amts wegen zuzustellen.
(6) Im Fall des § 22 Absatz 2 kann das Beschwerdegericht durch Beschluss die Vollstreckung des angefochtenen Beschlusses einstweilen einstellen.

1 Unterabschnitt 2 (§§ 24 bis 27) regelt einheitlich die Beschwerde im Vollstreckbarerklärungsverfahren. Allerddings sind die Art. 33 ff. Brüssel IIa-VO vorrangig. Gegen die Entscheidung über den Antrag auf Zulassung der Zwangsvollstreckung ist die Beschwerde zum OLG statthaft (Abs. 1). Beschwerdeberechtigt sind alle Personen, denen der erstinstanzliche Beschluss nach § 21 Abs. 1, 3 IntFamRVG zugestellt werden muss (*Gruber* FamRZ 2005, 1603, 1608). Es ist unschädlich, wenn die Beschwerde statt beim OLG beim erstinstanzlichen Gericht eingelegt wird (Abs. 2).

2 Bezüglich der **Beschwerdefrist** ist nach der Verfahrensstellung des Beschwerdeberechtigten und nach seinem gewöhnlichen Aufenthalt zu unterscheiden. Die Beschwerde der berechtigten Person gegen die Ablehnung ihres Antrags unterliegt entsprechend Art. 33 Brüssel IIa-VO keiner Frist. Die Beschwerdefrist für die verpflichtete Person beträgt einen Monat bei inländischem gewöhnlichem Aufenthalt (Abs. 3 Nr. 1) und 2 Monate bei ausländischem gewöhnlichem Aufenthalt (Abs. 3 Nr. 2). Die Frist wird freilich bereits von Art. 33 Brüssel IIa-VO festgelegt. Dort beträgt sie einen Monat für Zustellungen im Inland und 2 Monate, wenn die verpflichtete Person ihren gewöhnlichen Aufenthalt in einem anderen EU-Mitgliedstaat (außer Dänemark) hat (Art. 33 Abs. 5 Brüssel IIa-VO). Dies spricht dafür, dass § 24 Abs. 3 insoweit überhaupt nicht anzuwenden ist (*Gruber* FamRZ 2005, 1603, 1609.– Anders aus Vereinfachungsgründen MüKoFamFG/*Gottwald* Art. 33 Brüssel IIa-VO Rn. 7).

3 Abs. 3 übernimmt die Regelung der Brüssel IIa-VO zum einen auch für das ESÜ und dehnt zum anderen aber auch die zweimonatige Beschwerdefrist aus Gründen der Rechtsvereinheitlichung und -vereinfachung insgesamt auf Zustellungen an Personen in anderen Staaten aus (Nr. 2). Damit gilt nach dem IntFamRVG für Zustellungen im Ausland eine **einheitliche zweimonatige Beschwerdefrist** (Begr. RegE BT-Drucks. 15/3981 S. 25). Dies ist jedoch umstritten. Teilweise wird die Schlechterstellung bei Aufenthalt in einem Nicht-Mitgliedstaat nach der Brüssel IIa-VO auch hier angenommen. Personen mit Aufenthalt in einem Nicht-Mitgliedstaat steht daher nur die kürzere Frist der Nr. 1 zu (*Gruber* FamRZ 2005, 1603, 1609; *Schulte-Bunert* FamRZ 2007, 1608, 1613; Staudinger/*Pirrung* Vorbem. Art. 19 EGBGB Rn. F 55). Andere wollen im Hinblick auf die Gleichbehandlung von Antragsgegnern aus Drittstaaten und Mitgliedstaaten auch

ersteren die längere Frist zugestehen (NK-BGB/*Andrae* Art. 33 EheVO Rn. 10; Rauscher/*Rauscher* Art. 33 Brüssel IIa-VO Rn. 9).

Die Beschwerdefrist ist eine Notfrist, so dass bei ihrer Versäumung die Wiedereinsetzung in den vorigen Stand in Betracht kommt (Abs. 4). Die Beschwerde ist dem Beschwerdegegner v.A.w. zuzustellen (Abs. 5). 4

Bei freiheitsentziehender Unterbringung nach § 22 Abs. 2 kann das Beschwerdegericht die Vollstreckung des angefochtenen Beschlusses durch Beschluss einstweilen einstellen (Abs. 6). 5

§ 25 IntFamRVG Einwendungen gegen den zu vollstreckenden Anspruch.
Die verpflichtete Person kann mit der Beschwerde gegen die Zulassung der Zwangsvollstreckung aus einem Titel über die Erstattung von Verfahrenskosten auch Einwendungen gegen den Anspruch selbst insoweit geltend machen, als die Gründe, auf denen sie beruhen, erst nach Erlass des Titels entstanden sind.

Die Regelung des § 25 bezieht sich allein auf Kostentitel (Thomas/Putzo/*Hüßtege* Art. 33 Brüssel IIa-VO Rn. 13). Sie ermöglicht es der verpflichteten Person, in dem Verfahren auf Zulassung der Zwangsvollstreckung auch diejenigen Einwendungen vorzubringen, die den titulierten Anspruch selbst betreffen und die nach deutschem Recht mit der Vollstreckungsabwehrklage (§ 767 ZPO) geltend zu machen sind. Hiervon zu unterscheiden sind Anträge auf Abänderung von Entscheidungen der elterlichen Verantwortung wegen veränderter Verhältnisse. Solche Anträge sind in einem selbständigen Verfahren zu stellen und nicht als Einwendungen gegen die Vollstreckbarerklärung geltend zu machen (Begr. RegE BT-Drucks. 15/3981 S. 26). Der EuGH hatte zu Art. 45 Brüssel I-VO entschieden, dass nachträglich entstandene Einwendungen nicht im Vollstreckbarkeitsverfahren berücksichtigt werden dürfen (EuGH NJW 2011, 3506 m. Aufs. *Wagner* IPRax 2013, 326). Dies muss auch für § 25 FamFG gelten, der daher nicht mehr angewendet werden sollte (*Hausmann* IntEuSchR Rn. J 526a). Die Parallelvorschrift des § 44 AUG ist aufgehoben worden. Der Vollstreckungsschuldner kann einen Vollstreckungsgegenantrag (§§ 113 Abs. 1 Satz 2 FamFG, 767 ZPO) stellen (PG/*Völker/Dimmler* Art. 28-36 Brüssel IIa-VO Rn. 12). 1

§ 26 IntFamRVG Verfahren und Entscheidung über die Beschwerde.
(1) Der Senat des Oberlandesgerichts entscheidet durch Beschluss, der mit Gründen zu versehen ist und ohne mündliche Verhandlung ergehen kann.
(2) ¹Solange eine mündliche Verhandlung nicht angeordnet ist, können zu Protokoll der Geschäftsstelle Anträge gestellt und Erklärungen abgegeben werden. ²Wird in einer Ehesache die mündliche Verhandlung angeordnet, so gilt für die Ladung § 215 der Zivilprozessordnung.
(3) Eine vollständige Ausfertigung des Beschlusses ist den Beteiligten auch dann von Amts wegen zuzustellen, wenn der Beschluss verkündet worden ist.
(4) § 20 Abs. 1 Satz 2, Abs. 2 und 3, § 21 Abs. 1, 2 und 4 sowie § 23 gelten entsprechend.

Die Entscheidung über die Beschwerde erfolgt durch begründeten Beschluss des Senats (Abs. 1). Wird keine mündliche Verhandlung angeordnet, so können zu Protokoll der Geschäftsstelle Anträge gestellt und Erklärungen abgegeben werden (Abs. 2). Einzelne Bestimmungen über die Vollstreckungsklausel (§ 20 Abs. 1 Satz 2, Abs. 2 und 3, § 21 Abs. 1, 2 und 4 sowie § 23) gelten entsprechend. 1

§ 27 IntFamRVG Anordnung der sofortigen Wirksamkeit.
(1) ¹Der Beschluss des Oberlandesgerichts nach § 26 wird erst mit seiner Rechtskraft wirksam. ²Hierauf ist in dem Beschluss hinzuweisen.
(2) Das Oberlandesgericht kann in Verbindung mit der Entscheidung über die Beschwerde die sofortige Wirksamkeit eines Beschlusses anordnen.

Der Beschluss des OLG wird – ähnlich wie die erstinstanzliche Entscheidung nach § 22 – erst mit seiner Rechtskraft wirksam (Abs. 1). Das OLG kann die sofortige Wirksamkeit anordnen, allerdings nur in Verbindung mit der Entscheidung über die Beschwerde, d.h. nach Gewährung rechtlichen Gehörs und abgeschlossener Sachprüfung (Abs. 2). Damit wird die Entscheidung in der Hauptsache, d.h. die Zulassung der Zwangsvollstreckung, praktisch vorweggenommen. Hat das OLG einen Antrag auf Nichtanerkennung nach 1

Art. 21 Abs. 3 Brüssel IIa-VO zurückgewiesen, so bedarf es keiner Anordnung der sofortigen Wirksamkeit der Entscheidung gem. § 27 Abs. 2 (BGH FamRZ 2011, 959 Anm. *Schulz* 1046).

Unterabschnitt 3. Rechtsbeschwerde

§ 28 IntFamRVG Statthaftigkeit der Rechtsbeschwerde.

Gegen den Beschluss des Oberlandesgerichts findet die Rechtsbeschwerde zum Bundesgerichtshof nach Maßgabe des § 574 Abs. 1 [Satz 1] Nr. 1, Abs. 2 der Zivilprozessordnung statt.

1 Unterabschnitt 3 (§§ 28 bis 31) betrifft die Rechtsbeschwerde. Gegen OLG-Entscheidungen im Verfahren der Vollstreckbarerklärung kann Rechtsbeschwerde zum BGH eingelegt werden. Die Rechtsbeschwerde ist von Gesetzes wegen zulässig (§ 574 Abs. 1 ZPO Satz 1 Nr. 1 ZPO); eine Zulassung durch das OLG ist nicht erforderlich. Die Rechtsbeschwerde ist aber nur zulässig, wenn die Rechtssache grundsätzliche Bedeutung hat oder die Fortbildung des Rechts oder die Sicherung einer einheitlichen Rechtsprechung eine Entscheidung des Rechtsbeschwerdegerichts erfordert (§ 574 Abs. 2 ZPO). Dies gilt auch für Verfahren auf Nichtanerkennung einer Entscheidung gem. Art. 21 Abs. 3 Brüssel II a-VO (BGH FamRZ 2012, 1561).

§ 29 IntFamRVG Einlegung und Begründung der Rechtsbeschwerde.

¹§ 575 Abs. 1 bis 4 der Zivilprozessordnung ist entsprechend anzuwenden. ²Soweit die Rechtsbeschwerde darauf gestützt wird, dass das Oberlandesgericht von einer Entscheidung des Gerichtshofs der Europäischen Gemeinschaften abgewichen sei, muss die Entscheidung, von der der angefochtene Beschluss abweicht, bezeichnet werden.

1 Die Vorschrift der ZPO über die Einlegung und Begründung der Rechtsbeschwerde (§ 575 ZPO) ist entsprechend anzuwenden (Satz 1). Dies gilt für Form und Begründung. Die Frist zur Einlegung und Begründung beträgt einen Monat ab Zustellung des OLG-Beschlusses (§ 575 Abs. 1 ZPO). In der Begründung muss der Rechtsbeschwerdeführer das Vorliegen der Zulässigkeitsvoraussetzungen des § 28 IntFamRVG i.V.m. § 574 Abs. 2 ZPO darlegen. Das erfordert einen substantiierten Vortrag zu den Voraussetzungen des jeweiligen Zulassungsgrundes. Dies gilt einmal für eine Abweichung von der EuGH-Rechtsprechung (Satz 2), aber auch für die allgemeine Voraussetzung, dass die Rechtssache grundsätzliche Bedeutung hat oder die Fortbildung des Rechts oder die Sicherung einer einheitlichen Rechtsprechung eine Entscheidung des Rechtsbeschwerdegerichts erfordert (§ 574 Abs. 2 ZPO). Dies gilt auch für Verfahren auf Nichtanerkennung einer Entscheidung gem. Art. 21 Abs. 3 Brüssel II a-VO (BGH FamRZ 2012, 1561).

§ 30 IntFamRVG Verfahren und Entscheidung über die Rechtsbeschwerde.

(1) ¹Der Bundesgerichtshof kann nur überprüfen, ob der Beschluss auf einer Verletzung des Rechts der Europäischen Gemeinschaft, eines Anerkennungs- und Vollstreckungsvertrags, sonstigen Bundesrechts oder einer anderen Vorschrift beruht, deren Geltungsbereich sich über den Bezirk eines Oberlandesgerichts hinaus erstreckt. ²Er darf nicht prüfen, ob das Gericht seine örtliche Zuständigkeit zu Unrecht angenommen hat.
(2) ¹Der Bundesgerichtshof kann über die Rechtsbeschwerde ohne mündliche Verhandlung entscheiden. ²§ 574 Abs. 4, § 576 Abs. 3 und § 577 der Zivilprozessordnung sind entsprechend anzuwenden; in Angelegenheiten der freiwilligen Gerichtsbarkeit bleiben § 574 Abs. 4 und § 577 Abs. 2 Satz 1 bis 3 der Zivilprozessordnung sowie die Verweisung auf § 556 in § 576 Abs. 3 der Zivilprozessordnung außer Betracht.
(3) § 20 Abs. 1 Satz 2, Abs. 2 und 3, § 21 Abs. 1, 2 und 4 sowie § 23 gelten entsprechend.

1 Die Vorschrift des § 30 betrifft das Verfahren und die Entscheidung über die Rechtsbeschwerde. Der BGH kann nur überprüfen, ob der Beschluss auf einer Verletzung von EU-Recht, eines Anerkennungs- und Vollstreckungsvertrags oder sonstigen Bundesrechts beruht (Abs. 1). Der BGH kann ohne mündliche Verhandlung entscheiden (Abs. 2). Im übrigen wird auf Vorschriften zur Vollstreckungsklausel verwiesen (Abs. 3).

§ 31 IntFamRVG Anordnung der sofortigen Wirksamkeit.
Der Bundesgerichtshof kann auf Antrag der verpflichteten Person eine Anordnung nach § 27 Abs. 2 aufheben oder auf Antrag der berechtigten Person erstmals eine Anordnung nach § 27 Abs. 2 treffen.

Eine Anordnung der sofortigen Wirksamkeit kann jederzeit erfolgen oder aufgehoben werden (vgl. BGH FamRZ 2011, 959).   1

Unterabschnitt 4. Feststellung der Anerkennung

§ 32 IntFamRVG Anerkennungsfeststellung.
[1]Auf das Verfahren über einen gesonderten Feststellungsantrag nach Artikel 21 Absatz 3 der Verordnung (EG) Nr. 2201/2003, nach Artikel 24 des Haager Kinderschutzübereinkommens oder nach dem Europäischen Sorgerechtsübereinkommen, einen Titel aus einem anderen Staat anzuerkennen oder nicht anzuerkennen, sind die Unterabschnitte 1 bis 3 entsprechend anzuwenden. [2]§ 18 Absatz 1 Satz 1 ist nicht anzuwenden, wenn die antragstellende Person die Feststellung begehrt, dass ein Titel aus einem anderen Staat nicht anzuerkennen ist. [3]§ 18 Absatz 1 Satz 3 ist in diesem Falle mit der Maßgabe anzuwenden, dass die mündliche Erörterung auch mit weiteren Beteiligten stattfinden kann.

Unterabschnitt 4 (§ 32) betrifft die isolierte Feststellung der Anerkennung, die den Beteiligten nach Art. 21   1
Abs. 3 Brüssel IIa-VO und Art. 24 KSÜ zur Klärung der Rechtslage offen steht. Für das ESÜ gilt dies aufgrund § 32 ebenso (OLG Köln FamRZ 2015, 78). Damit steht dann die Erstreckung der Wirkungen der Auslandsentscheidung fest (OVG Berlin-Brandenburg FamRZ 2012, 1911, 1912). Auf das Verfahren über einen gesonderten Feststellungsantrag über die Anerkennung oder Nichtanerkennung, sind die §§ 16 bis 31 entsprechend anzuwenden. § 18 IntFamRVG über die Einseitigkeit des Verfahrens ist allerdings nur teilweise anzuwenden. Bei Abweisung des Antrags ist eine Anordnung der sofortigen Wirksamkeit unnötig (BGH FamRZ 2011, 959).

Unterabschnitt 5. Wiederherstellung des Sorgeverhältnisses

§ 33 IntFamRVG Anordnung auf Herausgabe des Kindes.
(1) Umfasst ein vollstreckungsfähiger Titel im Anwendungsbereich der Verordnung (EG) Nr. 2201/2003, des Haager Kinderschutzübereinkommens oder des Europäischen Sorgerechtsübereinkommens nach dem Recht des Staates, in dem er geschaffen wurde, das Recht auf Herausgabe des Kindes, so kann das Familiengericht die Herausgabeanordnung in der Vollstreckungsklausel oder in einer nach § 44 getroffenen Anordnung klarstellend aufnehmen.
(2) Liegt im Anwendungsbereich des Europäischen Sorgerechtsübereinkommens ein vollstreckungsfähiger Titel auf Herausgabe des Kindes nicht vor, so stellt das Gericht nach § 32 fest, dass die Sorgerechtsentscheidung oder die von der zuständigen Behörde genehmigte Sorgerechtsvereinbarung aus dem anderen Vertragsstaat anzuerkennen ist, und ordnet zur Wiederherstellung des Sorgeverhältnisses auf Antrag an, dass die verpflichtete Person das Kind herauszugeben hat.

Unterabschnitt 5 (§ 33) betrifft die Wiederherstellung von Sorgeverhältnissen durch eine Herausgabeanord-   1
nung nach Brüssel IIa-VO, KSÜ und ESÜ. Umfasst ein vollstreckungsfähiger Titel über die Sorgerechtszuweisung oder -entziehung nach dem Recht des Ursprungsstaates implizit auch die Herausgabe des Kindes, so kann das FamG die Herausgabeanordnung in der Vollstreckungsklausel oder in einer eigenen Anordnung klarstellend aufnehmen (Abs. 1; dazu *Wagner/Janzen* FPR 2011, 110, 114; *Benicke* IPRax 2013, 44, 51). Fehlt ein vollstreckungsfähiger Titel im Anwendungsbereich des ESÜ, so erkennt das Gericht die Sorgerechtsentscheidung nach § 32 an und verpflichtet den Antragsgegner auf Antrag zur Kindesherausgabe (Abs. 2).

Unterabschnitt 6. Aufhebung oder Änderung von Beschlüssen

§ 34 IntFamRVG Verfahren auf Aufhebung oder Änderung.
(1) ¹Wird der Titel in dem Staat, in dem er errichtet worden ist, aufgehoben oder abgeändert und kann die verpflichtete Person diese Tatsache in dem Verfahren der Zulassung der Zwangsvollstreckung nicht mehr geltend machen, so kann sie die Aufhebung oder Änderung der Zulassung in einem besonderen Verfahren beantragen. ²Das Gleiche gilt für den Fall der Aufhebung oder Änderung von Entscheidungen, Vereinbarungen oder öffentlichen Urkunden, deren Anerkennung festgestellt ist.
(2) Für die Entscheidung über den Antrag ist das Familiengericht ausschließlich zuständig, das im ersten Rechtszug über den Antrag auf Erteilung der Vollstreckungsklausel oder auf Feststellung der Anerkennung entschieden hat.
(3) ¹Der Antrag kann bei dem Gericht schriftlich oder durch Erklärung zu Protokoll der Geschäftsstelle gestellt werden. ²Die Entscheidung ergeht durch Beschluss.
(4) Auf die Beschwerde finden die Unterabschnitte 2 und 3 entsprechende Anwendung.
(5) ¹Im Falle eines Titels über die Erstattung von Verfahrenskosten sind für die Einstellung der Zwangsvollstreckung und die Aufhebung bereits getroffener Vollstreckungsmaßregeln die §§ 769 und 770 der Zivilprozessordnung entsprechend anzuwenden. ²Die Aufhebung einer Vollstreckungsmaßregel ist auch ohne Sicherheitsleistung zulässig.

1 Unterabschnitt 6 (§§ 34, 35) betrifft die Aufhebung oder Änderung von Beschlüssen. Ist der Titel im Ursprungsmitgliedstaat nicht mehr vollstreckbar, nachdem aus ihm im Inland die Zwangsvollstreckung zugelassen wurde, so kann die inländische Zulassung der Zwangsvollstreckung keinen Bestand mehr haben. Die **Vollstreckbarerklärung**, die nunmehr der Grundlage entbehrt, kann in einem besonderen Verfahren **wieder beseitigt** werden. Entsprechendes gilt bei Aufhebung oder Änderung von Entscheidungen oder öffentlichen Urkunden, deren Anerkennung festgestellt ist.

2 § 34 stellt ein vereinfachtes Verfahren auf **Aufhebung oder Änderung des Beschlusses** auf Anerkennung oder Vollstreckbarerklärung zur Verfügung. Ausschließlich zuständig ist das FamG, das im ersten Rechtszug entschieden hat (Abs. 2). Der Antrag kann schriftlich oder durch Erklärung zu Protokoll der Geschäftsstelle gestellt werden. Die Entscheidung ergeht durch Beschluss (Abs. 3). Auf die Beschwerde finden die §§ 22 ff., 28 ff. entsprechende Anwendung (Abs. 4).

3 Bei einem Titel über die **Erstattung von Verfahrenskosten** sind die §§ 769 und 770 ZPO entsprechend anzuwenden (Abs. 5).

§ 35 IntFamRVG Schadensersatz wegen ungerechtfertigter Vollstreckung.
(1) ¹Wird die Zulassung der Zwangsvollstreckung aus einem Titel über die Erstattung von Verfahrenskosten auf die Rechtsbeschwerde aufgehoben oder abgeändert, so ist die berechtigte Person zum Ersatz des Schadens verpflichtet, welcher der verpflichteten Person durch die Vollstreckung des Titels oder durch eine Leistung zur Abwendung der Vollstreckung entstanden ist. ²Das Gleiche gilt, wenn die Zulassung der Zwangsvollstreckung nach § 34 aufgehoben oder abgeändert wird, sofern der zur Zwangsvollstreckung zugelassene Titel zum Zeitpunkt der Zulassung nach dem Recht des Staates, in dem er ergangen ist, noch mit einem ordentlichen Rechtsbehelf angefochten werden konnte.
(2) Für die Geltendmachung des Anspruchs ist das Gericht ausschließlich zuständig, das im ersten Rechtszug über den Antrag, den Titel mit der Vollstreckungsklausel zu versehen, entschieden hat.

1 Die dem § 28 AVAG nachgebildete Vorschrift gewährt Schadensersatz wegen ungerechtfertigter Vollstreckung, bezieht sich allerdings nur auf die Erstattung von Verfahrenskosten (Abs. 1). Der Anspruch kann nur bei dem Gericht geltend gemacht werden, das im ersten Rechtszug darüber entschieden hatte, den Titel mit der Vollstreckungsklausel zu versehen (Abs. 2).

Unterabschnitt 7. Vollstreckungsabwehrklage

§ 36 IntFamRVG **Vollstreckungsabwehrklage bei Titeln über Verfahrenskosten.** (1) Ist die Zwangsvollstreckung aus einem Titel über die Erstattung von Verfahrenskosten zugelassen, so kann die verpflichtete Person Einwendungen gegen den Anspruch selbst in einem Verfahren nach § 767 der Zivilprozessordnung nur geltend machen, wenn die Gründe, auf denen ihre Einwendungen beruhen, erst
1. nach Ablauf der Frist, innerhalb deren sie die Beschwerde hätte einlegen können, oder
2. falls die Beschwerde eingelegt worden ist, nach Beendigung dieses Verfahrens
entstanden sind.
(2) Die Klage nach § 767 der Zivilprozessordnung ist bei dem Gericht zu erheben, das über den Antrag auf Erteilung der Vollstreckungsklausel entschieden hat.

Unterabschnitt 7 (§ 36) regelt die Vollstreckungsabwehrklage im Hinblick auf Kostentitel. Die Möglichkeiten des Verpflichteten, Einwendungen gegen den Anspruch selbst vorzubringen, sind begrenzt. Alle Einwendungen, die in einem Beschwerdeverfahren berücksichtigt werden können, sind in diesem Verfahren auch vorzubringen (Abs. 1). Die Klage nach § 767 ZPO ist bei dem Gericht zu erheben, das über den Antrag auf Erteilung der Vollstreckungsklausel entschieden hat (Abs. 2). 1

Abschnitt 6. Verfahren nach dem Haager Kindesentführungsübereinkommen

§ 37 IntFamRVG **Anwendbarkeit.** Kommt im Einzelfall die Rückgabe des Kindes nach dem Haager Kindesentführungsübereinkommen und dem Europäischen Sorgerechtsübereinkommen in Betracht, so sind zunächst die Bestimmungen des Haager Kindesentführungsübereinkommens anzuwenden, sofern die antragstellende Person nicht ausdrücklich die Anwendung des Europäischen Sorgerechtsübereinkommens begehrt.

Abschnitt 6 (§§ 37 bis 43) enthält Vorschriften zur Ausführung des HKÜ sowie zur Durchführung von Art. 11 Brüssel IIa-VO. Der Abschnitt regelt das Verfahren und die Rechtshilfe für die Rückführung von Kindern. Er gilt aber nicht für die Anerkennung und Vollstreckbarerklärung ausländischer Entscheidungen. § 37 klärt das Verhältnis von HKÜ und dem aufwendigerem ESÜ. Die Anwendung des HKÜ hat Vorrang, sofern der Ast nicht ausdrücklich die Anwendung des ESÜ verlangt. Kommt im Einzelfall die Rückgabe des Kindes nach dem HKÜ und dem ESÜ in Betracht, so sind zunächst die Bestimmungen des HKÜ anzuwenden, wenn dies geboten erscheint. Dies ist auch für das behördliche Handeln anzunehmen (Staudinger/*Pirrung* Vorbem. Art. 19 EGBGB Rn. F 73). 1

§ 38 IntFamRVG **Beschleunigtes Verfahren.** (1) ¹Das Gericht hat das Verfahren auf Rückgabe eines Kindes in allen Rechtszügen vorrangig zu behandeln. ²Mit Ausnahme von Artikel 12 Abs. 3 des Haager Kindesentführungsübereinkommens findet eine Aussetzung des Verfahrens nicht statt. ³Das Gericht hat alle erforderlichen Maßnahmen zur Beschleunigung des Verfahrens zu treffen, insbesondere auch damit die Entscheidung in der Hauptsache binnen der in Artikel 11 Abs. 3 der Verordnung (EG) Nr. 2201/2003 genannten Frist ergehen kann.
(2) Das Gericht prüft in jeder Lage des Verfahrens, ob das Recht zum persönlichen Umgang mit dem Kind gewährleistet werden kann.
(3) Die Beteiligten haben an der Aufklärung des Sachverhalts mitzuwirken, wie es einem auf Förderung und Beschleunigung des Verfahrens bedachten Vorgehen entspricht.

§ 38 IntFamRVG dient der innerstaatlichen Durchführung von Art. 11 Abs. 3 Brüssel IIa-VO, findet jedoch auch auf alle **Verfahren nach dem HKÜ** Anwendung (vgl. Art. 2 und 11 Abs. 1 HKÜ). Das Gericht hat das Verfahren vorrangig und damit als Eilsache zu behandeln (Abs. 1). Das in Art. 11 Brüssel IIa-VO enthaltene 1

Gebot, innerhalb von 6 Wochen zu entscheiden, schließt eine Aussetzung des Verfahrens aus (Ausnahme: Verbringen des Kindes in ein anderes Land, Art. 12 Abs. 3 HKÜ). Das Gericht hat alles zu tun, damit seine Entscheidung möglichst binnen 6 Wochen, im Übrigen so zügig wie möglich ergehen kann. Es hat im Rahmen der Amtsermittlung auf eine entsprechende Zeitplanung zu achten. Es soll unverzüglich den Beteiligten die Ergänzung oder Erläuterung ihrer Schriftsätze und die Vorlegung von Urkunden zur Aufklärung des Sachverhalts aufgeben, wobei es schwierig ist, konkrete Handlungsanweisungen für den Einzelfall im Voraus zu formulieren (näher *Gruber* FamRZ 2005, 1603, 1605; *Dutta/Scherpe* FamRZ 2006, 901, 905). Das Gericht soll, soweit erforderlich, einstweilige Anordnungen treffen (z.B. Sicherung des Aufenthaltsorts des Kindes während des Verfahrens; Verbot, den Aufenthaltsort des Kindes zu verändern; Anordnung einer Grenzsperre; Hinterlegung von Ausweispapieren und polizeiliche Meldepflichten).

2 Die Pflicht zur Gewährleistung des **Rechts zum persönlichen Umgang** wird in Abs. 2 besonders hervorgehoben. Dazu gehört die Anordnung von Umgangskontakten. Der Regelung kommt insoweit klarstellende und appellierende Funktion zu. Die Verpflichtung der Beteiligten, an der Aufklärung des Sachverhalts mitzuwirken (Abs. 3), ist eine Konkretisierung der allgemeine Prozessförderungspflicht (s. § 27 FamFG).

§ 39 IntFamRVG Übermittlung von Entscheidungen.

Wird eine inländische Entscheidung nach Artikel 11 Abs. 6 der Verordnung (EG) Nr. 2201/2003 unmittelbar dem zuständigen Gericht oder der Zentralen Behörde im Ausland übermittelt, ist der Zentralen Behörde zur Erfüllung ihrer Aufgaben nach Artikel 7 des Haager Kindesentführungsübereinkommens eine Abschrift zu übersenden.

1 Lehnt das deutsche Gericht eine Rückführung des Kindes unter Berufung auf Art. 13 HKÜ ab, so sind dem Gericht des Ursprungsstaats oder der dortigen Zentralen Behörde eine Abschrift der Ablehnungsentscheidung sowie sonstige Unterlagen zu übermitteln (Art. 11 Abs. 6 Brüssel IIa-VO). Nach § 39 ist bei einer unmittelbaren Übermittlung der Entscheidung an das zuständige Gericht oder die Zentrale Behörde im Ausland der deutschen Zentralen Behörde eine Abschrift zu übersenden ist. Das gilt unabhängig davon, ob die Zentrale Behörde zuvor am Verfahren beteiligt war. Diese Mitteilung soll sicherstellen, dass die Zentrale Behörde, auch wenn sie nicht selbst im Rahmen von Art. 11 Abs. 6 Brüssel IIa-VO tätig war, ihren Aufgaben nach Art. 7 HKÜ nachkommen kann. Dazu gehört auch die Beachtung des Rechts zum persönlichen Umgang (Begr. RegE BT-Drucks. 15/3987, S. 28).

§ 40 IntFamRVG Wirksamkeit der Entscheidung; Rechtsmittel.

(1) Eine Entscheidung, die zur Rückgabe des Kindes in einen anderen Vertragsstaat verpflichtet, wird erst mit deren Rechtskraft wirksam.
(2) ¹Gegen eine im ersten Rechtszug ergangene Entscheidung findet die Beschwerde zum Oberlandesgericht nach Unterabschnitt 1 des Abschnitts 5 des Buches 1 des Gesetzes über das Verfahren in Familiensachen und in den Angelegenheiten der freiwilligen Gerichtsbarkeit statt; § 65 Abs. 2, § 68 Abs. 4 sowie § 69 Abs. 1 Satz 2 bis 4 jenes Gesetzes sind nicht anzuwenden. ²Die Beschwerde ist innerhalb von zwei Wochen einzulegen und zu begründen. ³Die Beschwerde gegen eine Entscheidung, die zur Rückgabe des Kindes verpflichtet, steht nur dem Antragsgegner, dem Kind, soweit es das 14. Lebensjahr vollendet hat, und dem beteiligten Jugendamt zu. ⁴Eine Rechtsbeschwerde findet nicht statt.
(3) ¹Das Beschwerdegericht hat nach Eingang der Beschwerdeschrift unverzüglich zu prüfen, ob die sofortige Wirksamkeit der angefochtenen Entscheidung über die Rückgabe des Kindes anzuordnen ist. ²Die sofortige Wirksamkeit soll angeordnet werden, wenn die Beschwerde offensichtlich unbegründet ist oder die Rückgabe des Kindes vor der Entscheidung über die Beschwerde unter Berücksichtigung der berechtigten Interessen der Beteiligten mit dem Wohl des Kindes zu vereinbaren ist. ³Die Entscheidung über die sofortige Wirksamkeit kann während des Beschwerdeverfahrens abgeändert werden.

1 Die Wirksamkeit der Rückgabeentscheidung tritt erst mit ihrer **Rechtskraft** ein (Abs. 1). Eine Anordnung der sofortigen Wirksamkeit durch das erstinstanzliche Gericht ist ausgeschlossen (*Schulz* FamRZ 2011, 1273, 1275; Staudinger/*Pirrung* Vorbem. Art. 19 EGBGB Rn. F 78). Das OLG prüft jedoch nach Eingang der Beschwerdeschrift unverzüglich, ob die sofortige Wirksamkeit der angefochtenen Rückgabe Entscheidung anzuordnen ist (Abs. 3). Die sofortige Wirksamkeit ist bei offensichtlich unbegründeten Beschwerden

anzuordnen, ferner, wenn dies dem Wohl des Kindes am besten entspricht. Die Anordnung der sofortigen Wirksamkeit kann im Hinblick auf geänderte tatsächliche Verhältnisse nachträglich abgeändert werden.
Die **Beschwerde** ist beim AG einzulegen (§ 64 Abs. 1 FamFG). Die **Beschwerdeberechtigung** ist beschränkt auf den Antragsgegner, das mindestens 14 Jahre alte Kind und das beteiligte Jugendamt (Abs. 2 Satz 3). Die **Beschwerdefrist** beträgt 2 Wochen, innerhalb derer die Beschwerde auch zu begründen ist (OLG Bamberg MDR 2016, 216 zust. Anm. *Rentsch* NZFam 2016, 83; aA OLG Stuttgart NZFam 2015, 1032). Erst mit Fristablauf tritt Rechtskraft ein (*Dutta/Scherpe* FamRZ 2006, 901, 909). Rechtsbeschwerde beim BGH kann gegen die OLG-Entscheidung nicht eingelegt werden (BGH IPRspr 2010 Nr. 117b).

§ 41 IntFamRVG Bescheinigung über Widerrechtlichkeit.
¹Über einen Antrag, die Widerrechtlichkeit des Verbringens oder des Zurückhaltens eines Kindes nach Artikel 15 Satz 1 des Haager Kindesentführungsübereinkommens festzustellen, entscheidet das Familiengericht,
1. bei dem die Sorgerechtsangelegenheit oder Ehesache im ersten Rechtszug anhängig ist oder war, sonst
2. in dessen Bezirk das Kind seinen letzten gewöhnlichen Aufenthalt im Geltungsbereich dieses Gesetzes hatte, hilfsweise
3. in dessen Bezirk das Bedürfnis der Fürsorge auftritt.
²Die Entscheidung ist zu begründen.

§ 41 regelt die Zuständigkeit für die Bescheinigung über die Widerrechtlichkeit des Verbringens oder Zurückhaltens eines Kindes (Art. 15 Satz 1 HKÜ). Das bezeichnete FamG ist das sachnächste Gericht, um über die Widerrechtlichkeit ins Ausland zu entscheiden. Das ist danach vorrangig das FamG zuständig, bei dem die Sorgerechtsangelegenheit oder Ehesache anhängig ist oder war (Abs. 1 Nr. 1), ansonsten das Gericht am letzten gewöhnlichen Aufenthalt des Kindes (Nr. 2) schließlich hilfsweise, das Gericht am Ort des Fürsorgebedürfnisses (Nr. 3).

§ 42 IntFamRVG Einreichung von Anträgen bei dem Amtsgericht.
(1) ¹Ein Antrag, der in einem anderen Vertragsstaat zu erledigen ist, kann auch bei dem Amtsgericht als Justizverwaltungsbehörde eingereicht werden, in dessen Bezirk die antragstellende Person ihren gewöhnlichen Aufenthalt oder, mangels eines solchen im Geltungsbereich dieses Gesetzes, ihren tatsächlichen Aufenthalt hat. ²Das Gericht übermittelt den Antrag nach Prüfung der förmlichen Voraussetzungen unverzüglich der Zentralen Behörde, die ihn an den anderen Vertragsstaat weiterleitet.
(2) Für die Tätigkeit des Amtsgerichts und der Zentralen Behörde bei der Entgegennahme und Weiterleitung von Anträgen werden mit Ausnahme der Fälle nach § 5 Abs. 1 Kosten nicht erhoben.

Die Vorschrift betrifft die Entführung eines Kindes aus Deutschland bzw. sein Zurückhalten im Ausland. Der Antragsteller kann seinen Antrag auf Kindesrückführung kostenfrei auch bei der Rechtsantragstelle desjenigen AG (§ 29 Nr. 3 RpflG) zu stellen, in dessen Bezirk er seinen gewöhnlichen, hilfsweise schlichten, Aufenthalt hat. Das AG übermittelt den Antrag dann an die Zentrale Behörde zur Weiterleitung. Anträge können aber auch In der Praxis werden die direkt beim Bundesamt für Justiz gestellt werden (dazu auch *Schulz* FamRZ 2011, 1273, 1276). Auf der Internetseite des BfJ sind die jeweiligen Antragsformulare zugänglich (www.bundesjustizamt.de, dort unter »Internationales Sorgerecht«).

§ 43 IntFamRVG Verfahrenskosten- und Beratungshilfe.
Abweichend von Artikel 26 Abs. 2 des Haager Kindesentführungsübereinkommens findet eine Befreiung von gerichtlichen und außergerichtlichen Kosten bei Verfahren nach diesem Übereinkommen nur nach Maßgabe der Vorschriften über die Beratungshilfe und Verfahrenskostenhilfe statt.

Kostenfreiheit besteht nur bei Bedürftigkeit und hinreichender Erfolgsaussicht (§ 76 FamFG i.V.m. § 114 ZPO). Grundlage hierfür ist der deutsche Vorbehalt nach Art. 26 Abs. 3, 42 HKÜ, wonach Gebührenbefrei-

Abschnitt 7. Vollstreckung

§ 44 IntFamRVG Ordnungsmittel; Vollstreckung von Amts wegen. (1) ¹Bei Zuwiderhandlung gegen einen im Inland zu vollstreckenden Titel nach Kapitel III der Verordnung (EG) Nr. 2201/2003, nach dem Haager Kinderschutzübereinkommen, dem Haager Kindesentführungsübereinkommen oder dem Europäischen Sorgerechtsübereinkommen, der auf Herausgabe von Personen oder die Regelung des Umgangs gerichtet ist, soll das Gericht Ordnungsgeld und für den Fall, dass dieses nicht beigetrieben werden kann, Ordnungshaft anordnen. ²Verspricht die Anordnung eines Ordnungsgeldes keinen Erfolg, soll das Gericht Ordnungshaft anordnen.
(2) Für die Vollstreckung eines in Absatz 1 genannten Titels ist das Oberlandesgericht zuständig, sofern es die Anordnung für vollstreckbar erklärt, erlassen oder bestätigt hat.
(3) ¹Ist ein Kind heraus- oder zurückzugeben, so hat das Gericht die Vollstreckung von Amts wegen durchzuführen, es sei denn, die Anordnung ist auf Herausgabe des Kindes zum Zweck des Umgangs gerichtet. ²Auf Antrag der berechtigten Person soll das Gericht hiervon absehen.

1 Abschnitt 7 (§ 44) regelt die **Vollstreckung** im Inland. Ordnungsmittel (Ordnungsgeld und Ordnungshaft) sollen die Durchsetzung gerichtlicher Anordnungen in internationalen familienrechtlichen Streitigkeiten verbessern und beschleunigen (Begr. RegE BT-Drucks. 15/3987, S. 29). Die **Festsetzung eines Ordnungsmittels** setzt voraus, dass gegen die im Titel ausgesprochene Verpflichtung schuldhaft verstoßen wurde (OLG Stuttgart NJW-RR 2009, 1513). Zur Sachaufklärung kann der verpflichteten Person aufgeben werden, detailliert darzulegen, warum sie an der Befolgung der gerichtlichen Anordnung gehindert war. Da Ordnungsmittel auch Sanktionscharakter haben, können sie auch dann angeordnet werden, wenn die zu vollstreckende Handlung wegen Zeitablaufs nicht mehr vorgenommen werden kann (OLG Karlsruhe NJW-RR 2008, 1682). Fehlt in einer Kindesentführungssache die Rechtsbehelfsbelehrung, so kann gleichwohl sofortige Beschwerde unmittelbar beim Beschwerdegericht eingelegt werden (OLG Nürnberg NJW-RR 2010, 1093). Zur Einbindung des Jugendamts s. *Wagner* FS Coester-Waltjen, 2015, S. 299, 307 m.w.Nachw.

2 § 44 gilt für inländische Entscheidungen über die **Rückführung von Kindern nach dem HKÜ**. Subsidiär zu § 44 IntFamRVG finden die §§ 89 ff. FamFG Anwendung (*Schulz* FamRZ 2011, 1273, 1278). Das Gericht kann nicht nur, sondern »soll« bei Vorliegen der Voraussetzungen Ordnungsmittel anordnen (Abs. 1). Die Zuständigkeit liegt beim OLG, sofern es mit der Sache zuletzt befasst war. Das OLG ist daher als Beschwerdegericht für die Durchsetzung seiner Entscheidungen zuständig (Abs. 2). Ansonsten ist das FamG zuständig (§ 13 Abs. 1 S. 1; dazu *Dutta/Scherpe* FamRZ 2006, 901, 910). Die Vollstreckung der Kindesherausgabe erfolgt v.A.w. (dazu krit. *Dutta/Scherpe* FamRZ 2006, 901, 911), sofern sie nicht nur zur Ausübung des Umgangsrechts dient (Abs. 3 Satz 1). Von der Vollstreckung soll jedoch auf Antrag des Berechtigten Abstand genommen werden (Satz 2)

3 Die Vorschrift erfasst außerdem in Deutschland nach **Brüssel IIa-VO, KSÜ und ESÜ** zu vollstreckende **ausländische Entscheidungen** zur Kindesrückgabe und zum Umgangsrecht. Dazu gehören auch Entscheidungen, die unmittelbar im Inland vollstreckt werden können und von einer Bescheinigung nach Art. 40 bis 42 Brüssel IIa-VO begleitet werden (*Dutta/Scherpe* FamRZ 2006, 901, 909).

Abschnitt 8. Grenzüberschreitende Unterbringung

§ 45 IntFamRVG Zuständigkeit für die Zustimmung zu einer Unterbringung. ¹Zuständig für die Erteilung der Zustimmung zu einer Unterbringung eines Kindes nach Artikel 56 der Verordnung (EG) Nr. 2201/2003 oder nach Artikel 33 des Haager Kinderschutzübereinkommens im Inland ist der überörtliche Träger der *öffentlichen Jugendhilfe, in dessen Bereich* das Kind nach dem Vorschlag der ersuchenden Stelle untergebracht werden soll, andernfalls der überörtliche Träger, zu dessen Bereich die Zentrale Behörde den engsten Bezug festgestellt hat. ²Hilfsweise ist das Land Berlin zuständig.

Abschnitt 8 (§§ 45 bis 47) betrifft die grenzüberschreitende Unterbringung von Kindern nach Art. 56 Brüssel IIa-VO und Art. 33 KSÜ. Die Entscheidung über die Unterbringung kann im ersuchenden Staat nur getroffen werden, wenn die zuständige Stelle des ersuchten Staates der Unterbringung zugestimmt hat. Für die Erteilung der Zustimmung zu dem ausländischen Ersuchen ist der überörtliche Jugendhilfeträger (Landesjugendamt) zuständig (§ 45 IntFamRVG; vgl. für das Inland § 88 Abs. 1 SGB VIII). Örtlich zuständig ist regelmäßig das Landesjugendamt, in dessen Zuständigkeitsbereich das Kind untergebracht werden soll. Enthält das Ersuchen keinen entsprechenden Vorschlag, ist der Träger örtlich zuständig, zu dessen Bereich die Zentrale Behörde den engsten Bezug festgestellt hat. Hilfsweise ist das Landesjugendamt Berlin zuständig. Für die eigentliche Unterbringung bleiben die örtlichen Jugendämter zuständig. Eine gerichtliche Genehmigung nach § 47 ist notwendig.

§ 46 IntFamRVG Konsultationsverfahren.

(1) Dem Ersuchen soll in der Regel zugestimmt werden, wenn
1. die Durchführung der beabsichtigten Unterbringung im Inland dem Wohl des Kindes entspricht, insbesondere weil es eine besondere Bindung zum Inland hat,
2. die ausländische Stelle einen Bericht und, soweit erforderlich, ärztliche Zeugnisse oder Gutachten vorgelegt hat, aus denen sich die Gründe der beabsichtigten Unterbringung ergeben,
3. das Kind im ausländischen Verfahren angehört wurde, sofern eine Anhörung nicht auf Grund des Alters oder des Reifegrades des Kindes unangebracht erschien,
4. die Zustimmung der geeigneten Einrichtung oder Pflegefamilie vorliegt und der Vermittlung des Kindes dorthin keine Gründe entgegenstehen,
5. eine erforderliche ausländerrechtliche Genehmigung erteilt oder zugesagt wurde,
6. die Übernahme der Kosten geregelt ist.
(2) Im Falle einer Unterbringung, die mit Freiheitsentziehung verbunden ist, ist das Ersuchen ungeachtet der Voraussetzungen des Absatzes 1 abzulehnen, wenn
1. im ersuchenden Staat über die Unterbringung kein Gericht entscheidet oder
2. bei Zugrundelegung des mitgeteilten Sachverhalts nach innerstaatlichem Recht eine Unterbringung, die mit Freiheitsentziehung verbunden ist, nicht zulässig wäre.
(3) Die ausländische Stelle kann um ergänzende Informationen ersucht werden.
(4) Wird um die Unterbringung eines ausländischen Kindes ersucht, ist die Stellungnahme der Ausländerbehörde einzuholen.
(5) ¹Die zu begründende Entscheidung ist auch der Zentralen Behörde und der Einrichtung oder der Pflegefamilie, in der das Kind untergebracht werden soll, mitzuteilen. ²Sie ist unanfechtbar.

A. Allgemeines. § 46 regelt die Einzelheiten des Konsultationsverfahrens bei inländischer Unterbringung. Nach dem eingeschränkten Prüfungsumfang des Abs. 1 prüft das Landesjugendamt insbes., ob die geplante Unterbringung gerade im Inland geboten und durchführbar ist. Dagegen nimmt das Landesjugendamt keine umfassende Prüfung der Unterbringungsvoraussetzungen vor (Begr. RegE BT-Drucks. 15/3981 S. 30). Im Übrigen bleibt die internationale Zuständigkeit deutscher Behörden und Gerichte für Maßnahmen nach erfolgter Unterbringung des Kindes im Inland unberührt.

B. Zustimmungsgründe. Abs. 1 zählt sechs Gründe auf, aus denen das Landesjugendamt der geplanten Unterbringung in der Regel zustimmen soll. Dabei wird es bei seiner Prüfung das örtliche Jugendamt einbinden (Begr. RegE BT-Drucks. 15/3981 S. 30). Die Durchführung der beabsichtigten Unterbringung entspricht dem Wohl des Kindes (Abs. 1 Nr. 1); ein Bericht mit Gründen liegt vor (Abs. 1 Nr. 2); das Kind wurde im ausländischen Verfahren bereits vor Einleitung des Konsultationsverfahrens angehört (Abs. 1 Nr. 3). *Eine erneute Anhörung des Kindes im Konsultationsverfahren ist im Regelfall entbehrlich* (Begr. RegE BT-Drucks. 15/3981 S. 30). Eine geeignete Einrichtung oder Pflegefamilie kann vermittelt werden (Abs. 1 Nr. 4). Die erforderliche ausländerrechtliche Genehmigung wurde erteilt oder zugesagt (Abs. 1 Nr. 5). Die Kostenübernahme für die Unterbringung ist geklärt (Abs. 1 Nr. 6). Das Landesjugendamt muss sich insoweit mit dem örtlichen Jugendamt abstimmen (Begr. RegE BT-Drucks. 15/3981 S. 30).

3 C. Freiheitsentziehung. Für die mit Freiheitsentziehung verbundene grenzüberschreitende Unterbringung, ist, enthält Abs. 2 im Hinblick auf Art. 104 Abs. 2 Satz 1 GG zusätzliche Erfordernisse. Über die Unterbringung muss im ersuchenden Staat ein Gericht entscheiden (Abs. 2 Nr. 1). Ferner muss sie nach innerstaatlichem Recht zulässig sein (Abs. 2 Nr. 2). Diese Mindestanforderungen sollen zusammen mit den Gründen des Abs. 1 und der richterlichen Genehmigung nach § 47 die vom GG gebotenen Grundrechtsstandards gewährleisten (Begr. RegE BT-Drucks. 15/3981 S. 30).

4 D. Verfahren und Entscheidung. Das Landesjugendamt kann einen Meinungsaustausch mit der ausländischen Stelle aufnehmen und ggf. um Ergänzung des Berichts ersuchen (Abs. 3). Die Stellungnahme der Ausländerbehörde, in deren Zuständigkeitsbereich das Kind untergebracht werden soll, soll Klarheit darüber verschaffen, ob Einreise- und Aufenthaltsrechte bestehen (Abs. 4). Eine gerichtliche Genehmigung nach § 47 ist notwendig. Abs. 5 regelt die Bekanntmachung der zu begründenden Entscheidung. Außerdem ist sie dem Bundesamt für Justiz mitzuteilen (dazu *Schulz* FamRZ 2011, 1273, 1280). Da die ausländischen Entscheidung über die Unterbringung nach Maßgabe des ausländischen Rechts anfechtbar ist, ist die Entscheidung über die Zustimmung nicht selbständig anfechtbar (Begr. RegE BT-Drucks. 15/3981 S. 31).

§ 47 IntFamRVG **Genehmigung des Familiengerichts.** (1) ¹Die Zustimmung des überörtlichen Trägers der öffentlichen Jugendhilfe nach den §§ 45 und 46 ist nur mit Genehmigung des Familiengerichts zulässig. ²Das Gericht soll die Genehmigung in der Regel erteilen, wenn
1. die in § 46 Abs. 1 Nr. 1 bis 3 bezeichneten Voraussetzungen vorliegen und
2. kein Hindernis für die Anerkennung der beabsichtigten Unterbringung erkennbar ist.
³§ 46 Abs. 2 und 3 gilt entsprechend.
(2) ¹Örtlich zuständig ist das Familiengericht am Sitz des Oberlandesgerichts, in dessen Zuständigkeitsbereich das Kind untergebracht werden soll, für den Bezirk dieses Oberlandesgerichts. ²§ 12 Abs. 2 und 3 gilt entsprechend.
(3) ¹Der zu begründende Beschluss ist unanfechtbar.

1 Die Zustimmung durch den überörtlichen Jugendhilfeträger ist nur zulässig, wenn das zuständige FamG die inländische Unterbringung genehmigt hat (Abs. 1). Das gilt auch für nicht freiheitsentziehende Unterbringungsmaßnahmen. Infolge der Zuständigkeitskonzentration ist das FamFG am Sitz des OLG örtlich zuständig (Abs. 2). Das Gericht soll die Genehmigung unter den Voraussetzungen erteilen, die in § 46 Abs. 1 Nr. 1 bis 3 für die Zustimmung des Landesjugendamts festgelegt sind. Ferner darf kein Anerkennungshindernis ersichtlich sein. Auch § 46 Abs. 2 (Freiheitsentziehung) und 3 (ergänzende Informationen) gelten entsprechend. Die inländische gerichtliche Genehmigung im Rahmen des Konsultationsverfahrens ist nicht selbständig anfechtbar (Abs. 3).

Abschnitt 9. Bescheinigungen zu inländischen Entscheidungen nach der Verordnung (EG) Nr. 2201/2003

§ 48 IntFamRVG **Ausstellung von Bescheinigungen.** (1) Die Bescheinigung nach Artikel 39 der Verordnung (EG) Nr. 2201/2003 wird von dem Urkundsbeamten der Geschäftsstelle des Gerichts des ersten Rechtszugs und, wenn das Verfahren bei einem höheren Gericht anhängig ist, von dem Urkundsbeamten der Geschäftsstelle dieses Gerichts ausgestellt.
(2) Die Bescheinigung nach den Artikeln 41 und 42 der Verordnung (EG) Nr. 2201/2003 wird beim Gericht des ersten Rechtszugs von dem Familienrichter, in Verfahren vor dem Oberlandesgericht oder dem Bundesgerichtshof von dem Vorsitzenden des Senats für Familiensachen ausgestellt.

1 Abschnitt 9 (§§ 48, 49) betrifft Bescheinigungen zu inländischen Entscheidungen nach der Brüssel IIa-VO, die im Ausland Verwendet werden sollen. Sie erleichtern ausländischen Gerichten die Prüfung der Anerkennungs- und Exequaturvoraussetzungen. Abs. 1 gilt für Bescheinigungen bezüglich Ehesachen und der

elterlichen Verantwortung (Art. 39 Brüssel IIa-VO) und überträgt die Aufgabe dem Urkundsbeamten der Geschäftsstelle.
Die Ausstellung von Bescheinigungen zum Umgangsrecht (Art. 41 Brüssel IIa-VO) und zur Rückgabe des Kindes (Art. 42 Brüssel IIa-VO) für eine Vollstreckung ohne Exequaturverfahren obliegt i.d.R. dem Richter im erstinstanzlichen Verfahren, mithin dem Familienrichter. In Verfahren vor dem OLG oder dem BGH ist der Vorsitzende eines Familiensenats für die Ausstellung zuständig (Abs. 2). Inländische notarielle Urkunden kommen im Anwendungsbereich der Brüssel IIa-VO nicht als Vollstreckungstitel in Frage.

§ 49 IntFamRVG Berichtigung von Bescheinigungen.

Für die Berichtigung der Bescheinigung nach Artikel 43 Abs. 1 der Verordnung (EG) Nr. 2201/2003 gilt § 319 der Zivilprozessordnung entsprechend.

Nach § 49 ist im Berichtigungsverfahren nach Art. 43 Brüssel IIa-VO § 319 ZPO entsprechend anzuwenden. Gegenstand der Berichtigung kann nur die korrekte Wiedergabe des Entscheidungsinhalts in der Bescheinigung sein (zB. Berichtigung von Schreibfehlern). Im Übrigen ist gegen die der Bescheinigung zu Grunde liegende Entscheidung selbst mit den gegebenen Rechtsbehelfen vorzugehen (Begr. RegE BT-Drucks. 15/3981 S. 31). Unberührt bleiben auch die im Vollstreckungsverfahren möglichen Rechtsbehelfe sowie die allgemeinen Regeln über die Abänderbarkeit von Entscheidungen wegen veränderter Verhältnisse.

Abschnitt 10. Kosten

§§ 50 – 53 IntFamRVG (weggefallen)

Nach Aufhebung der §§ 50 bis 53 bestimmen sich die Kosten nach dem FamGKG. Gem. § 13 FamGKG besteht in Verfahren nach dem IntFamRVG keine Vorschusspflicht.

§ 54 IntFamRVG Übersetzungen.

Die Höhe der Vergütung für die von der Zentralen Behörde veranlassten Übersetzungen richtet sich nach dem Justizvergütungs- und -entschädigungsgesetz.

Abschnitt 10 (§ 54) betrifft **Kosten**. Die Vergütungshöhe für die von der Zentralen Behörde veranlassten Übersetzungen soll sich nach dem JVEG richten. Die Verweisung auf das JVEG beschränkt sich auf die Bemessung der Vergütungshöhe. Da das Handeln der Zentralen Behörde zur Justizverwaltung gehört, richten sich etwaige Rechtsbehelfe dagegen nicht nach dem JVEG, sondern nach §§ 23 ff. EGGVG.

Abschnitt 11. Übergangsvorschriften

§ 55 IntFamRVG Übergangsvorschriften zu der Verordnung (EG) Nr. 2201/2003.

Dieses Gesetz findet sinngemäß auch auf Verfahren nach der Verordnung (EG) Nr. 1347/2000 des Rates vom 29. Mai 2000 über die Zuständigkeit und die Anerkennung und Vollstreckung von Entscheidungen in Ehesachen und in Verfahren betreffend die elterliche Verantwortung für die gemeinsamen Kinder der Ehegatten (ABl. EG Nr. L 160 S. 19) mit folgender Maßgabe Anwendung:
Ist ein Beschluss nach § 21 an die verpflichtete Person in einem weder der Europäischen Union noch dem Übereinkommen vom 16. September 1988 über die gerichtliche Zuständigkeit und die Vollstreckung gerichtlicher Entscheidungen in Zivil- und Handelssachen (BGBl. II 1994 S. 2658) angehörenden Staat zuzustellen und hat das Familiengericht eine Beschwerdefrist nach § 10 Abs. 2 und § 50 Abs. 2 Satz 4 und 5 des Anerkennungs- und Vollstreckungsausführungsgesetzes bestimmt, so ist die Beschwerde der verpflichteten Person gegen die Zulassung der Zwangsvollstreckung innerhalb der vom Gericht bestimmten Frist einzulegen.

Anhang IV

1 In Abschnitt 11 (§§ 55, 56) finden sich Übergangsvorschriften. Art. 64 Brüssel IIa-VO enthält Übergangsvorschriften zur Brüssel IIa-VO. Soweit danach in der Übergangsphase noch die Brüssel II-VO anzuwenden ist, sollen nach § 55 grundsätzlich auch zur Durchführung der Brüssel II-VO gleichwohl die neuen Vorschriften gelten. Auch die neuen Bestimmungen über die Zwangsvollstreckung sind anzuwenden (näher Begr. RegE BT-Drucks. 15/3981 S. 32). Im Hinblick auf die Änderungen der Beschwerdefrist gilt dagegen die in Abs. 2 genannte Regelung des AVAG fort.

§ 56 IntFamRVG Übergangsvorschriften zum Sorgerechtsübereinkommens-Ausführungsgesetz.

¹Für Verfahren nach dem Haager Kindesentführungsübereinkommen und dem Europäischen Sorgerechtsübereinkommen, die vor Inkrafttreten dieses Gesetzes eingeleitet wurden, finden die Vorschriften des Sorgerechtsübereinkommens-Ausführungsgesetzes vom 5. April 1990 (BGBl. I S. 701), zuletzt geändert durch Artikel 2 Abs. 6 des Gesetzes vom 19. Februar 2001 (BGBl. I S. 288, 436), weiter Anwendung. ²Für die Zwangsvollstreckung sind jedoch die Vorschriften dieses Gesetzes anzuwenden. ³Hat ein Gericht die Zwangsvollstreckung bereits eingeleitet, so bleibt seine funktionelle Zuständigkeit unberührt.

1 Im Hinblick auf die Änderungen durch das IntFamRVG finden seine Vorschriften keine Anwendung auf Verfahren nach dem HKÜ und dem ESÜ, die bereits vor Inkrafttreten des IntFamRVG eingeleitet wurden (Satz 1). Dagegen sind die verschärften Bestimmungen über die Zwangsvollstreckung sofort anzuwenden (Satz 2).

Anhang V
Verordnung (EG) Nr. 4/2009 des Rates vom 18. Dezember 2008 über die Zuständigkeit, das anwendbare Recht, die Anerkennung und Vollstreckung von Entscheidungen und die Zusammenarbeit in Unterhaltssachen

ABl. EU L 007 vom 10.01.2009, S. 1

DER RAT DER EUROPÄISCHEN UNION –
gestützt auf den Vertrag zur Gründung der Europäischen Gemeinschaft, insbesondere auf Artikel 61 Buchstabe c und Artikel 67 Absatz 2,
auf Vorschlag der Kommission,
nach Stellungnahme des Europäischen Parlaments[1],
nach Stellungnahme des Europäischen Wirtschafts- und Sozialausschusses[2],
in Erwägung nachstehender Gründe:

(1) - (7) …

(8) Im Rahmen der Haager Konferenz für Internationales Privatrecht haben die Gemeinschaft und ihre Mitgliedstaaten an Verhandlungen teilgenommen, die am 23. November 2007 mit der Annahme des Übereinkommens über die internationale Geltendmachung der Unterhaltsansprüche von Kindern und anderen Familienangehörigen (nachstehend das »Haager Übereinkommen von 2007« genannt) und des Protokolls über das auf Unterhaltspflichten anzuwendende Recht (nachstehend das »Haager Protokoll von 2007« genannt) abgeschlossen wurden. Daher ist diesen beiden Instrumenten im Rahmen der vorliegenden Verordnung Rechnung zu tragen.

(9) Es sollte einem Unterhaltsberechtigten ohne Umstände möglich sein, in einem Mitgliedstaat eine Entscheidung zu erwirken, die automatisch in einem anderen Mitgliedstaat ohne weitere Formalitäten vollstreckbar ist.

(10) Um dieses Ziel zu erreichen, sollte ein gemeinschaftliches Rechtsinstrument betreffend Unterhaltssachen geschaffen werden, in dem die Bestimmungen über Kompetenzkonflikte, Kollisionsnormen, die Anerkennung, Vollstreckbarkeit und die Vollstreckung von Entscheidungen sowie über Prozesskostenhilfe und die Zusammenarbeit zwischen den Zentralen Behörden zusammengeführt werden.

(11) Der Anwendungsbereich dieser Verordnung sollte sich auf sämtliche Unterhaltspflichten erstrecken, die auf einem Familien-, Verwandtschafts-, oder eherechtlichen Verhältnis oder auf Schwägerschaft beruhen; hierdurch soll die Gleichbehandlung aller Unterhaltsberechtigten gewährleistet werden. Für die Zwecke dieser Verordnung sollte der Begriff »Unterhaltspflicht« autonom ausgelegt werden.

(12) Um den verschiedenen Verfahrensweisen zur Regelung von Unterhaltsfragen in den Mitgliedstaaten Rechnung zu tragen, sollte diese Verordnung sowohl für gerichtliche Entscheidungen als auch für von Verwaltungsbehörden ergangene Entscheidungen gelten, sofern jene Behörden Garantien insbesondere hinsichtlich ihrer Unparteilichkeit und des Anspruchs der Parteien auf rechtliches Gehör bieten. Diese Behörden sollten daher sämtliche Vorschriften dieser Verordnung anwenden.

(13) Aus den genannten Gründen sollte in dieser Verordnung auch die Anerkennung und Vollstreckung gerichtlicher Vergleiche und öffentlicher Urkunden sichergestellt werden, ohne dass dies das Recht einer der Parteien eines solchen Vergleichs oder einer solchen Urkunde berührt, solche Instrumente vor einem Gericht des Ursprungsmitgliedstaats anzufechten.

(14) In dieser Verordnung sollte vorgesehen werden, dass der Begriff »berechtigte Person« für die Zwecke eines Antrags auf Anerkennung und Vollstreckung einer Unterhaltsentscheidung auch öffentliche Aufgaben wahrnehmende Einrichtungen umfasst, die das Recht haben, für eine unterhaltsberechtigte Person zu handeln oder die Erstattung von Leistungen zu fordern, die der berechtigten Person anstelle von Unterhalt erbracht

---

1 Amtl. Anm.: Stellungnahme des Europäischen Parlaments vom 13.12.2007 (noch nicht im Amtsblatt veröffentlicht) und Stellungnahme des Europäischen Parlaments vom 04.12.2008 infolge erneuter Anhörung (noch nicht im Amtsblatt veröffentlicht).
2 Amtl. Anm.: Stellungnahme des Europäischen Wirtschafts- und Sozialausschusses nach nicht obligatorischer Anhörung (ABl. C 185 vom 08.08.2006, S. 35).

wurden. Handelt eine öffentliche Aufgaben wahrnehmende Einrichtung in dieser Eigenschaft, so sollte sie Anspruch auf die gleichen Dienste und die gleiche Prozesskostenhilfe wie eine berechtigte Person haben.
(15) Um die Interessen der Unterhaltsberechtigten zu wahren und eine ordnungsgemäße Rechtspflege innerhalb der Europäischen Union zu fördern, sollten die Vorschriften über die Zuständigkeit, die sich aus der Verordnung (EG) Nr. 44/2001 ergeben, angepasst werden. So sollte der Umstand, dass ein Antragsgegner seinen gewöhnlichen Aufenthalt in einem Drittstaat hat, nicht mehr die Anwendung der gemeinschaftlichen Vorschriften über die Zuständigkeit ausschließen, und auch eine Rückverweisung auf die innerstaatlichen Vorschriften über die Zuständigkeit sollte nicht mehr möglich sein. Daher sollte in dieser Verordnung festgelegt werden, in welchen Fällen ein Gericht eines Mitgliedstaats eine subsidiäre Zuständigkeit ausüben kann.
(16) Um insbesondere Fällen von Rechtsverweigerung begegnen zu können, sollte in dieser Verordnung auch eine Notzuständigkeit (forum necessitatis) vorgesehen werden, wonach ein Gericht eines Mitgliedstaats in Ausnahmefällen über einen Rechtsstreit entscheiden kann, der einen engen Bezug zu einem Drittstaat aufweist. Ein solcher Ausnahmefall könnte gegeben sein, wenn ein Verfahren sich in dem betreffenden Drittstaat als unmöglich erweist, beispielsweise aufgrund eines Bürgerkriegs, oder wenn vom Kläger vernünftigerweise nicht erwartet werden kann, dass er ein Verfahren in diesem Staat einleitet oder führt. Die Notzuständigkeit kann jedoch nur ausgeübt werden, wenn der Rechtsstreit einen ausreichenden Bezug zu dem Mitgliedstaat des angerufenen Gerichts aufweist, wie beispielsweise die Staatsangehörigkeit einer der Parteien.
(17) In einer zusätzlichen Zuständigkeitsvorschrift sollte vorgesehen werden, dass – außer unter besonderen Umständen – ein Verfahren zur Änderung einer bestehenden Unterhaltsentscheidung oder zur Herbeiführung einer neuen Entscheidung von der verpflichteten Person nur in dem Staat eingeleitet werden kann, in dem die berechtigte Person zu dem Zeitpunkt, zu dem die Entscheidung ergangen ist, ihren gewöhnlichen Aufenthalt hatte und in dem sie weiterhin ihren gewöhnlichen Aufenthalt hat. Um eine gute Verknüpfung zwischen dem Haager Übereinkommen von 2007 und dieser Verordnung zu gewährleisten, sollte diese Bestimmung auch für Entscheidungen eines Drittstaats, der Vertragspartei jenes Übereinkommens ist, gelten, sofern das Übereinkommen zwischen dem betreffenden Staat und der Gemeinschaft in Kraft ist, und in dem betreffenden Staat und in der Gemeinschaft die gleichen Unterhaltspflichten abdeckt.
(18) Für die Zwecke der Anwendung dieser Verordnung sollte vorgesehen werden, dass der Begriff »Staatsangehörigkeit« in Irland durch den Begriff »Wohnsitz« ersetzt wird; gleiches gilt für das Vereinigte Königreich, sofern diese Verordnung in diesem Mitgliedstaat nach Artikel 4 des Protokolls über die Position des Vereinigten Königreichs und Irlands, das dem Vertrag über die Europäische Union und dem Vertrag zur Gründung der Europäischen Gemeinschaft beigefügt ist, anwendbar ist.
(19) Im Hinblick auf eine größere Rechtssicherheit, Vorhersehbarkeit und Eigenständigkeit der Vertragsparteien sollte diese Verordnung es den Parteien ermöglichen, den Gerichtsstand anhand bestimmter Anknüpfungspunkte einvernehmlich zu bestimmen. Um den Schutz der schwächeren Partei zu gewährleisten, sollte eine solche Wahl des Gerichtsstands bei Unterhaltspflichten gegenüber einem Kind, das das 18. Lebensjahr noch nicht vollendet hat, ausgeschlossen sein.
(20) In dieser Verordnung sollte vorgesehen werden, dass für die Mitgliedstaaten, die durch das Haager Protokoll von 2007 gebunden sind, die in jenem Protokoll enthaltenen Bestimmungen über Kollisionsnormen gelten. Hierzu sollte eine Bestimmung aufgenommen werden, die auf das genannte Protokoll verweist. Die Gemeinschaft wird das Haager Protokoll von 2007 rechtzeitig abschließen, um die Anwendung dieser Verordnung zu ermöglichen. Um der Möglichkeit Rechnung zu tragen, dass das Haager Protokoll von 2007 nicht für alle Mitgliedstaaten gilt, sollte hinsichtlich der Anerkennung, der Vollstreckbarkeit und der Vollstreckung von Entscheidungen zwischen den Mitgliedstaaten, die durch das Haager Protokoll von 2007 gebunden sind und jenen, die es nicht sind, unterschieden werden.
(21) Es sollte im Rahmen dieser Verordnung präzisiert werden, dass diese Kollisionsnormen nur das auf die Unterhaltspflichten anzuwendende Recht bestimmen; sie bestimmen nicht, nach welchem Recht festgestellt wird, ob ein Familienverhältnis besteht, das Unterhaltspflichten begründet. Die Feststellung eines Familienverhältnisses unterliegt weiterhin dem einzelstaatlichen Recht der Mitgliedstaaten, einschließlich ihrer Vorschriften des internationalen Privatrechts.
(22) Um die rasche und wirksame Durchsetzung einer Unterhaltsforderung zu gewährleisten und missbräuchlichen Rechtsmitteln vorzubeugen, sollten in einem Mitgliedstaat ergangene Unterhaltsentscheidungen grundsätzlich vorläufig vollstreckbar sein. Daher sollte in dieser Verordnung vorgesehen werden, dass das Ursprungsgericht die Entscheidung für vorläufig vollstreckbar erklären können sollte, und zwar auch dann, wenn das einzelstaatliche Recht die Vollstreckbarkeit von Rechts wegen nicht vorsieht und auch wenn nach einzelstaatlichem Recht ein Rechtsbehelf gegen die Entscheidung eingelegt wurde oder noch eingelegt werden könnte.

(23) Um die mit den Verfahren gemäß dieser Verordnung verbundenen Kosten zu begrenzen, wäre es zweckdienlich, so umfassend wie möglich auf die modernen Kommunikationstechnologien zurückzugreifen, insbesondere bei der Anhörung der Parteien.

(24) Die durch die Anwendung der Kollisionsnormen gebotenen Garantien sollten es rechtfertigen, dass Entscheidungen in Unterhaltssachen, die in einem durch das Haager Protokoll von 2007 gebundenen Mitgliedstaat ergangen sind, ohne weiteres Verfahren und ohne jegliche inhaltliche Prüfung im Vollstreckungsmitgliedstaat in den anderen Mitgliedstaaten anerkannt werden und vollstreckbar sind.

(25) Alleiniger Zweck der Anerkennung einer Unterhaltsentscheidung in einem Mitgliedstaat ist es, die Durchsetzung der in der Entscheidung festgelegten Unterhaltsforderung zu ermöglichen. Sie bewirkt nicht, dass dieser Mitgliedstaat das Familien-, Verwandtschafts-, eherechtliche oder auf Schwägerschaft beruhende Verhältnis anerkennt, auf der die Unterhaltspflichten, die Anlass zu der Entscheidung gegeben haben, gründen.

(26) Für Entscheidungen, die in einem nicht durch das Haager Protokoll von 2007 gebundenen Mitgliedstaat ergangen sind, sollte in dieser Verordnung ein Verfahren zur Anerkennung und Vollstreckbarerklärung vorgesehen werden. Dieses Verfahren sollte sich an das Verfahren und die Gründe für die Verweigerung der Anerkennung anlehnen, die in der Verordnung (EG) Nr. 44/2001 vorgesehen sind. Zur Beschleunigung des Verfahrens und damit die berechtigte Person ihre Forderung rasch durchsetzen kann, sollte vorgesehen werden, dass die Entscheidung des angerufenen Gerichts außer unter außergewöhnlichen Umständen innerhalb bestimmter Fristen ergehen muss.

(27) Ferner sollten die Formalitäten für die Vollstreckung, die Kosten zulasten des Unterhaltsberechtigten verursachen, so weit wie möglich reduziert werden. Hierzu sollte in dieser Verordnung vorgesehen werden, dass der Unterhaltsberechtigte nicht verpflichtet ist, über eine Postanschrift oder einen bevollmächtigten Vertreter im Vollstreckungsmitgliedstaat zu verfügen, ohne damit im Übrigen die interne Organisation der Mitgliedstaaten im Bereich der Vollstreckungsverfahren zu beeinträchtigen.

(28) Zur Begrenzung der mit den Vollstreckungsverfahren verbundenen Kosten sollte keine Übersetzung verlangt werden, außer wenn die Vollstreckung angefochten wird, und unbeschadet der Vorschriften für die Zustellung der Schriftstücke.

(29) Um die Achtung der Grundsätze eines fairen Verfahrens zu gewährleisten, sollte in dieser Verordnung vorgesehen werden, dass ein Antragsgegner, der nicht vor dem Ursprungsgericht eines durch das Haager Protokoll von 2007 gebundenen Mitgliedstaats erschienen ist, in der Phase der Vollstreckung der gegen ihn ergangenen Entscheidung die erneute Prüfung dieser Entscheidung beantragen kann. Der Antragsgegner sollte diese erneute Prüfung allerdings innerhalb einer bestimmten Frist beantragen, die spätestens ab dem Tag laufen sollte, an dem in der Phase des Vollstreckungsverfahrens seine Vermögensgegenstände zum ersten Mal ganz oder teilweise seiner Verfügung entzogen wurden. Dieses Recht auf erneute Prüfung sollte ein außerordentliches Rechtsbehelf darstellen, das dem Antragsgegner, der sich in dem Verfahren nicht eingelassen hat, gewährt wird, und das nicht die Anwendung anderer außerordentlicher Rechtsbehelfe berührt, die nach dem Recht des Ursprungsmitgliedstaats bestehen, sofern diese Rechtsbehelfe nicht mit dem Recht auf erneute Prüfung nach dieser Verordnung unvereinbar sind.

(30) Um die Vollstreckung einer Entscheidung eines durch das Haager Protokoll von 2007 gebundenen Mitgliedstaats in einem anderen Mitgliedstaat zu beschleunigen, sollten die Gründe für die Verweigerung oder Aussetzung der Vollstreckung, die die verpflichtete Person aufgrund des grenzüberschreitenden Charakters der Unterhaltspflicht geltend machen könnte, begrenzt werden. Diese Begrenzung sollte nicht die nach einzelstaatlichem Recht vorgesehenen Gründe für die Verweigerung oder Aussetzung beeinträchtigen, die mit den in dieser Verordnung angeführten Gründen nicht unvereinbar sind, wie beispielsweise die Begleichung der Forderung durch die verpflichtete Person zum Zeitpunkt der Vollstreckung oder die Unpfändbarkeit bestimmter Güter.

(31) Um die grenzüberschreitende Durchsetzung von Unterhaltsforderungen zu erleichtern, sollte ein System der Zusammenarbeit zwischen den von den Mitgliedstaaten benannten Zentralen Behörden eingerichtet werden. Diese Behörden sollten die berechtigten und die verpflichteten Personen darin unterstützen, ihre Rechte in einem anderen Mitgliedstaat geltend zu machen, indem sie die Anerkennung, Vollstreckbarerklärung und Vollstreckung bestehender Entscheidungen, die Änderung solcher Entscheidungen oder die Herbeiführung einer Entscheidung beantragen. Sie sollten ferner erforderlichenfalls Informationen austauschen, um die verpflichteten und die berechtigten Personen ausfindig zu machen und soweit erforderlich deren Einkünfte und Vermögen festzustellen. Sie sollten schließlich zusammenarbeiten und allgemeine Informationen austauschen sowie die Zusammenarbeit zwischen den zuständigen Behörden ihres Mitgliedstaats fördern.

(32) Eine nach dieser Verordnung benannte Zentrale Behörde sollte ihre eigenen Kosten tragen, abgesehen von speziell festgelegten Ausnahmen, und jeden Antragsteller unterstützen, der seinen Aufenthalt in ihrem Mitgliedstaat hat. Das Kriterium für das Recht einer Person auf Unterstützung durch eine Zentrale Behörde sollte weniger streng sein als das Anknüpfungskriterium des »gewöhnlichen Aufenthalts«, das sonst in dieser

Verordnung verwendet wird. Das Kriterium des »Aufenthalts« sollte jedoch die bloße Anwesenheit ausschließen.

(33) Damit sie die unterhaltsberechtigten und -verpflichteten Personen umfassend unterstützen und die grenzüberschreitende Durchsetzung von Unterhaltsforderungen optimal fördern können, sollten die Zentralen Behörden gewisse personenbezogene Daten einholen können. Diese Verordnung sollte daher die Mitgliedstaaten verpflichten sicherzustellen, dass ihre Zentralen Behörden Zugang zu solchen Angaben bei den öffentlichen Behörden oder Stellen, die im Rahmen ihrer üblichen Tätigkeiten über die betreffenden Angaben verfügen, erhalten. Es sollte jedoch jedem Mitgliedstaat überlassen bleiben, die Modalitäten für diesen Zugang festzulegen. So sollte ein Mitgliedstaat befugt sein, die öffentlichen Behörden oder Verwaltungen zu bezeichnen, die gehalten sind, der Zentralen Behörde die Angaben im Einklang mit dieser Verordnung zur Verfügung zu stellen, gegebenenfalls einschließlich der bereits im Rahmen anderer Regelungen über den Zugang zu Informationen benannten öffentlichen Behörden oder Verwaltungen. Bezeichnet ein Mitgliedstaat öffentliche Behörden oder Verwaltungen, sollte er sicherstellen, dass seine Zentrale Behörde in der Lage ist, Zugang zu den gemäß dieser Verordnung erforderlichen Angaben, die im Besitz jener Behörden oder Verwaltungen sind, zu erhalten. Die Mitgliedstaaten sollten ferner befugt sein, ihrer Zentralen Behörde den Zugang zu den erforderlichen Angaben bei jeder anderen juristischen Person zu ermöglichen, die diese besitzt und für deren Verarbeitung verantwortlich ist.

(34) ...

(35) Es ist angebracht, die spezifischen Bedingungen für den Zugang zu personenbezogenen Daten, deren Verwendung und Weiterleitung für die Anwendung dieser Verordnung festzulegen. In diesem Zusammenhang wurde die Stellungnahme des Europäischen Datenschutzbeauftragten[3] berücksichtigt. Die Benachrichtigung der von der Datenerhebung betroffenen Person sollte im Einklang mit dem einzelstaatlichen Recht erfolgen. Es sollte jedoch die Möglichkeit vorgesehen werden, diese Benachrichtigung zu verzögern, um zu verhindern, dass die verpflichtete Person ihre Vermögensgegenstände transferiert und so die Durchsetzung der Unterhaltsforderung gefährdet.

(36) Angesichts der Verfahrenskosten sollte eine sehr günstige Regelung der Prozesskostenhilfe vorgesehen werden, nämlich die uneingeschränkte Übernahme der Kosten in Verbindung mit Verfahren betreffend Unterhaltspflichten gegenüber Kindern, die das 21. Lebensjahr noch nicht vollendet haben, die über die Zentralen Behörden eingeleitet wurden. Folglich sollten die aufgrund der Richtlinie 2003/8/EG bestehenden Vorschriften über die Prozesskostenhilfe in der Europäischen Union durch spezifische Vorschriften ergänzt werden, mit denen ein besonderes System der Prozesskostenhilfe in Unterhaltssachen geschaffen wird. Dabei sollte die zuständige Behörde des ersuchten Mitgliedstaats befugt sein, in Ausnahmefällen die Kosten bei einem unterlegenen Antragsteller, der eine unentgeltliche Prozesskostenhilfe bezieht, beizutreiben, sofern seine finanziellen Verhältnisse dies zulassen. Dies wäre insbesondere bei einer vermögenden Person, die wider Treu und Glauben gehandelt hat, der Fall.

(37) Darüber hinaus sollte für andere als die im vorstehenden Erwägungsgrund genannten Unterhaltspflichten allen Parteien die gleiche Behandlung hinsichtlich der Prozesskostenhilfe bei der Vollstreckung einer Entscheidung in einem anderen Mitgliedstaat garantiert werden. So sollten die Bestimmungen dieser Verordnung über die Weitergewährung der Prozesskostenhilfe so ausgelegt werden, dass sie eine solche Hilfe auch einer Partei gewähren, die beim Verfahren zur Herbeiführung oder Änderung einer Entscheidung im Ursprungsmitgliedstaat keine Prozesskostenhilfe erhalten hat, die aber später im selben Mitgliedstaat im Rahmen eines Antrags auf Vollstreckung der Entscheidung in den Genuss der Prozesskostenhilfe gekommen ist. Gleichermaßen sollte eine Partei, die berechtigterweise ein unentgeltliches Verfahren vor einer der in Anhang X aufgeführten Verwaltungsbehörden in Anspruch genommen hat, im Vollstreckungsmitgliedstaat in den Genuss der günstigsten Prozesskostenhilfe oder umfassendsten Kosten- und Gebührenbefreiung kommen, sofern sie nachweisen kann, dass sie diese Vergünstigungen auch im Ursprungsmitgliedstaat erhalten hätte.

(38) Um die Kosten für die Übersetzung von Beweisunterlagen zu reduzieren, sollte das angerufene Gericht unbeschadet der Verteidigungsrechte und der für die Zustellung der Schriftstücke geltenden Vorschriften die Übersetzung dieser Unterlagen nur verlangen, wenn sie tatsächlich notwendig ist.

(39) ...

(40) Die Beziehung zwischen dieser Verordnung und den bilateralen Abkommen oder multilateralen Übereinkünften in Unterhaltssachen, denen die Mitgliedstaaten angehören, sollte geregelt werden. Dabei sollte vorgesehen werden, dass die Mitgliedstaaten, die Vertragspartei des Übereinkommens vom 23. März 1962 zwischen Schweden, Dänemark, Finnland, Island und Norwegen über die Geltendmachung von Unterhaltsansprüchen sind, dieses Übereinkommen weiterhin anwenden können, da es günstigere Bestimmungen über die Anerkennung und die Vollstreckung enthält als diese Verordnung. Was künftige bilaterale Abkommen in

---

3 Amtl. Anm.: ABl. C 242 vom 07.10.2006, S. 20.

Unterhaltssachen mit Drittstaaten betrifft, sollten die Verfahren und Bedingungen, unter denen die Mitgliedstaaten ermächtigt wären, in ihrem eigenen Namen solche Abkommen auszuhandeln und zu schließen, im Rahmen der Erörterung eines von der Kommission vorzulegenden Vorschlags zu diesem Thema festgelegt werden.

(41) Die Berechnung der in dieser Verordnung vorgesehenen Fristen und Termine sollte nach Maßgabe der Verordnung (EWG, Euratom) Nr. 1182/71 des Rates vom 3. Juni 1971 zur Festlegung der Regeln für die Fristen, Daten und Termine[4] erfolgen.

(42) - (43) …

(44) Diese Verordnung sollte die Verordnung (EG) Nr. 44/2001 ändern, indem sie deren auf Unterhaltssachen anwendbare Bestimmungen ersetzt. Vorbehaltlich der Übergangsbestimmungen dieser Verordnung sollten die Mitgliedstaaten bei Unterhaltssachen, ab dem Zeitpunkt der Anwendbarkeit dieser Verordnung die Bestimmungen dieser Verordnung über die Zuständigkeit, die Anerkennung, die Vollstreckbarkeit und die Vollstreckung von Entscheidungen und über die Prozesskostenhilfe anstelle der entsprechenden Bestimmungen der Verordnung (EG) Nr. 44/2001 anwenden.

(45) …

(46) Gemäß Artikel 3 des dem Vertrag über die Europäische Union und dem Vertrag zur Gründung der Europäischen Gemeinschaft beigefügten Protokolls über die Position des Vereinigten Königreichs und Irlands hat Irland mitgeteilt, dass es sich an der Annahme und Anwendung dieser Verordnung beteiligen möchte.

(47) Gemäß den Artikeln 1 und 2 des dem Vertrag über die Europäische Union und dem Vertrag zur Gründung der Europäischen Gemeinschaft beigefügten Protokolls über die Position des Vereinigten Königreichs und Irlands beteiligt sich das Vereinigte Königreich nicht an der Annahme dieser Verordnung, und ist weder durch diese gebunden noch zu ihrer Anwendung verpflichtet. Dies berührt jedoch nicht die Möglichkeit für das Vereinigte Königreich, gemäß Artikel 4 des genannten Protokolls nach der Annahme dieser Verordnung mitzuteilen, dass es die Verordnung anzunehmen wünscht.

(48) Gemäß den Artikeln 1 und 2 des dem Vertrag über die Europäische Union und dem Vertrag zur Gründung der Europäischen Gemeinschaft beigefügten Protokolls über die Position Dänemarks beteiligt sich Dänemark nicht an der Annahme dieser Verordnung und ist weder durch diese gebunden noch zu ihrer Anwendung verpflichtet, unbeschadet der Möglichkeit für Dänemark, den Inhalt der an der Verordnung (EG) Nr. 44/2001 vorgenommenen Änderungen gemäß Artikel 3 des Abkommens vom 19. Oktober 2005 zwischen der Europäischen Gemeinschaft und dem Königreich Dänemark über die gerichtliche Zuständigkeit und die Anerkennung und Vollstreckung von Entscheidungen in Zivil- und Handelssachen[5] anzuwenden.

HAT FOLGENDE VERORDNUNG ERLASSEN:

KAPITEL I. ANWENDUNGSBEREICH UND BEGRIFFSBESTIMMUNGEN

Art. 1 EuUntVO Anwendungsbereich.
(1) Diese Verordnung findet Anwendung auf Unterhaltspflichten, die auf einem Familien-, Verwandtschafts-, oder eherechtlichen Verhältnis oder auf Schwägerschaft beruhen.
(2) In dieser Verordnung bezeichnet der Begriff »Mitgliedstaat« alle Mitgliedstaaten, auf die diese Verordnung anwendbar ist.

A. Allgemeines. Die VO (EG) Nr. 4/2009 über die Zuständigkeit, das anwendbare Recht, die Anerkennung und Vollstreckung von Entscheidungen und die Zusammenarbeit in Unterhaltssachen (**EuUntVO**) vom 18.12.2008 (ABl. EU 2009 Nr. L 7 S. 1; Berichtigungen ABl. EU 2011 Nr. L 26 S. 131; ABl. EU 2013 Nr. L 19 S. 8; ABl. EU 2013 Nr. L 29 S. 281) **seit dem 18.06.2011 anwendbar** (s. Art. 75 Rdn. 2). Sie ist bereits ist am 30.01.2009 in Kraft getreten (*Mansel/Thorn/Wagner* IPrax 2010, 1, 6 f.). Die VO hat Vorrang vor dem nationalen Recht (s. § 97 FamFG Rdn. 12). Ergänzende Vorschriften enthält das nationale Ausführungsrecht im Auslandsunterhaltsgesetz (AUG), erläutert in Anh. VI. Siehe auch https://www.bundesjustizamt.de/DE/Themen/Buergerdienste/AU/EG/EG_node.html

1

---

[4] Amtl. Anm.: ABl. L 124 vom 08.06.1971, S. 1.
[5] Amtl. Anm.: ABl. L 299 vom 16.11.2005, S. 62.

2 Die EuUntVO zielt darauf ab, die **unionsweite Durchsetzung von Unterhaltsansprüchen** zu erleichtern. Sie ist eine »gemischte VO«; da sie Regeln über prozessuale Fragen, aber auch über das anwendbare Recht enthält. Die VO nimmt in Art. 15 Bezug auf das **Haager Protokoll** über das auf Unterhaltspflichten anwendbare Recht aus dem Jahr 2007 und integriert dieses in die VO. Da das Haager Protokoll nicht für alle Mitgliedstaaten gilt, unterscheidet die VO hinsichtlich der Anerkennung, der Vollstreckbarkeit und der Vollstreckung von Entscheidungen zwischen den Mitgliedstaaten, die durch das Haager Protokoll gebunden sind (Abschnitt 1, Art. 17 ff.), und jenen, die es nicht sind (insbes. Großbritannien) (Abschnitt 2, Art. 23 ff.). Die VO regelt in Art. 48 auch die Anerkennung und Vollstreckung gerichtlicher Vergleiche (Art. 2 Abs. 1 Nr. 2) und öffentlicher Urkunden (Art. 2 Abs. 1 Nr. 3) nach dem Muster der Brüssel I-VO.

3 Im **Verhältnis der Mitgliedstaaten untereinander** hat die EuUntVO Vorrang vor Übk. und Vereinbarungen, die sich auf Bereiche, die in der VO geregelt sind, erstrecken und denen Mitgliedstaaten angehören (Art. 69 Abs. 2). Zum LugÜ 2007 s. Art. 69 Rdn. 2.

4 Die EuUntVO ist **verordnungsautonom auszulegen**, d.h. ohne Rückgriff auf nationale Rechtsbegriffe (s. § FamFG Rdn. 7). Besondere Bedeutung haben der systematische Zusammenhang mit anderen Verordnungen sowie der Zweck der Unterhaltsdurchsetzung (*Gruber* IPRax 2010, 128, 129). Dabei dominiert der Schutz des Unterhaltsberechtigten als typischerweise schwächere Partei. Die Fristberechnung richtet sich nach der EuFristVO (VO Nr. 1182/1971, s. § 97 FamFG Rdn. 18.

5 Die VO erleichtert die Kommunikation unter den Mitgliedstaaten durch eine Reihe von **Formblättern**. Diese sind als Anh. zur VO veröffentlicht worden. Die Formblätter sind inzwischen im Verfahren nach Art. 72 geändert worden, s. Art. 73 (DVO (EU) 2015/228 vom 17.02.2015 zur Ersetzung der Anh. 1 bis 7, ABl. EU 2015 Nr. L 49 S. 1). Diese Änderung gilt auch für Dänemark (s. Mitt. ABl. EU 2015 Nr. L 182, S. 1).

6 Ein Problem sind oftmals kostspielige **Übersetzungen**. Die EuUntVO enthält eine eigene Sprachenregelung für die Zentralen Behörden (Art. 59), setzt aber in großem Umfang auf **mehrsprachige Formulare** (s. Anh. 1–11). Sie verlangt Übersetzungen nur noch für die Anfechtung der Vollstreckung (Art. 20 Abs. 2) sowie bei der Zustellung der Schriftstücke (dazu Art. 11). Unbeschadet der Art. 20 (Vollstreckungsunterlagen), 28 (Antrag auf Vollstreckbarerklärung) und 40 (»Durchsetzung«) kann das angerufene Gericht für in einer anderen Sprache vorliegende Beweisunterlagen nur dann eine Übersetzung verlangen, wenn es der Ansicht ist, dass dies für die von ihm zu erlassende Entscheidung oder für die Wahrung der Verteidigungsrechte notwendig ist (Art. 66). Für die Beweisunterlagen sollen die Gerichte daher nur tatsächlich erforderliche Übersetzungen verlangen (ErwGrd. 38).

7 **B. Sachlicher Anwendungsbereich. I. Unterhalt.** Die VO findet Anwendung auf **Unterhaltspflichten**, die auf einem Familien-, Verwandtschafts-, oder eherechtlichen Verhältnis oder auf Schwägerschaft beruhen (Abs. 1). Unterhaltsansprüche werden von »berechtigten Personen« (Art. 2 Abs. 1 Nr. 10) ggü. »verpflichteten Personen« (Art. 2 Abs. 1 Nr. 11) geltend gemacht. Der nicht näher definierte Begriff der Unterhaltspflicht, der den Haager Konventionen entstammt und mit diesen abgestimmt werden sollte, ist **einheitlich und autonom** auszulegen (Erwägungsgrund 11; BGH FamRZ 2008, 40 zu Art. 5 Nr. 2 Brüssel I-VO; *Gruber* IPRax 2010, 128, 129 f.). Dabei kann auch auf die Rechtsprechung des EuGH zu EuGVÜ und Brüssel I-VO zurückgegriffen werden. Entscheidend ist, dass Bedürfnisse des Unterhaltsberechtigten gedeckt werden sollen und dies von der Leistungsfähigkeit des Verpflichteten abhängt (EuGH IPRax 1981, 19 m. Aufs. *Hausmann*, 5). Die EuUntVO gilt nicht nur für laufende Leistungen; auch eine einmalige Abfindung wird erfasst (ebenso schon zur Brüssel I-VO EuGH IPRax 1999, 35 m. Aufs. *Weller*, 14). Dies gilt auch für Ausgleichsleistungen des französischen Rechts (Art. 270 ff. Code Civil; EuGH IPRax 1981, 19, 20 – De Cavel; vgl. BGH FamRZ 2009, 1659). Das gleiche gilt für Hilfsansprüche auf Auskunft und Versicherung der Richtigkeit. Dazu gehört auch eine Stufenklage auf Trennungsunterhalt (BGH NJW 2013, 2597 Anm. *Hau* FamRZ 2013, 1116).

8 Um eine Gleichbehandlung aller Unterhaltsberechtigten zu erreichen, werden **Unterhaltsstreitigkeiten in einem weiten Sinne** erfasst. Darunter fallen in erster Linie Verfahren über das Bestehen und den Umfang von Ansprüchen des Unterhaltsberechtigten. Auch vom Berechtigten oder Verpflichteten eingeleitete Abänderungsverfahren gehören dazu (s. Art. 8). Gegen Unterhaltsansprüche gerichtete Klagen werden ebenfalls erfasst. Dazu gehört etwa die negative Feststellungsklage (*Hau* FamRZ 2010, 516, 518). Auch aus einem wirklichen oder vermeintlichen Unterhaltsverhältnis erwachsende bereicherungsrechtliche Rückzahlungsansprüche werden wegen der fließenden Übergänge zum Unterhaltsrecht erfasst (*Gruber* IPRax 2010, 128,

131; Zöller/*Geimer* Art. 1 EG-VO Rn. 6; Geimer/Schütze/*Reuß* Art. 1 VO Nr. 4/2009 Rn. 23. Anders Saenger/*Dörner* Art. 1 EuUnthVO Rn. 4).

Die VO berücksichtigt auch, dass öffentliche Aufgaben wahrnehmende Einrichtungen für die Unterhaltsdurchsetzung und den -rückgriff als ASt auftreten (s. Art. 64). Dabei tauchen allerdings Zweifel auf, wie weit **Erstattungsansprüche noch als unterhaltsrechtlich** anzusehen sind, ferner, wann die Einrichtung als Berechtigter i.S.d. Art. 2 Abs. 1 Nr. 10 anzusehen ist (s. Art. 2 Rdn. 11), ob sie sich in gleicher Weise wie der Unterhaltsgläubiger auf die Zuständigkeitsregeln stützen kann (s. Art. 3 Rdn. 10) und wie die treuhänderische Rückübertragung auf den ursprünglichen Unterhaltsberechtigten einzustufen ist (s. Art. 2 Rdn. 11). 9

Die Unterhaltspflicht muss ihre **Grundlage in einem der in Abs. 1 genannten Verhältnisse**, nämlich Familie, Verwandtschaft, eherechtliches Verhältnis und Schwägerschaft, haben. Die Einordnung einzelner Verhältnisse kann schwierig sein. Verwandtschaftliche Beziehungen bestehen vor allem im Eltern-Kind-Verhältnis, ggf. mit wechselseitigen Ansprüchen. Eine Zahlvaterschaft genügt (Rauscher/*Andrae* Art. 1 EG-UntVO Rn. 7b. Anders Geimer/Schütze/*Reuß* Art. 1 VO Nr. 4/2009 Rn. 43). Ansprüche der nichtehelichen Mutter aufgrund von Schwangerschaft, Geburt oder wegen Kindesbetreuung sind gleichfalls eingeschlossen (*Motzer* FamRBInt 2011, 56, 57; *Riegner* FPR 2013, 4, 6). Auch Ansprüche, die nach deutschem Unterhaltsrecht nicht bestehen, wie unter Geschwistern oder Verschwägerten, werden erfasst. 10

Eherechtlichte Ansprüche umfassen vor allem den Familienunterhalt. Auch der Trennungsunterhalt und der nacheheliche Unterhalt gehören dazu. Der Anspruch eines getrennt lebenden Ehegatten auf Erstattung der ihm durch das begrenzte Realsplitting entstandenen Nachteile fällt ebenfalls unter den Begriff der Unterhaltssache (BGH FamRZ 2008, 40 zu Art. 5 Nr. 2 Brüssel I-VO). Zum Unterhalt gehört ferner die einmalige Zahlung nach einer Ehescheidung nach französischem Recht (compensatoire) sowie die einmalige Zahlung nach italienischem Recht. Auch Entschädigungen nach Ehescheidung nach türkischem Recht werden z.T. erfasst (OLG Stuttgart FamRZ 2012, 999 m. Aufs. *Gruber* IPRax 2013, 325 f.). Weist eine Rechtsfrage sowohl unterhaltsrechtliche als auch güterrechtliche Aspekte auf, so findet die EuUntVO nur auf den unterhaltsrechtlichen Teil Anwendung, soweit er abgrenzbar ist. 11

Entschließt man sich nicht dazu, **Ansprüche aus einer gleichgeschlechtlichen** Ehe zu den eherechtlichen Ansprüchen zu zählen (dafür Gruber IPRax 2010, 128, 130), so werden sie jedenfalls als familienrechtliche Ansprüche erfasst (Geimer/Schütze/*Reuß* Art. 1 VO Nr. 4/2009 Rn. 36). 12

II. Familienverhältnis. Der Begriff des »Familienverhältnisses« wird von der VO nicht näher definiert, obwohl ihm eine eigene Bedeutung zukommt. Der Begriff ist nach einigen funktional i.S.d. jeweiligen lex fori (*Hilbig* GPR 2011, 310, 312; Rauscher/*Andrae* Art. 1 EG-UntVO Rn. 17 f.), nach anderen aber – was vorzugswürdig ist – einheitlich und autonom (Saenger/*Dörner* Art. 1 EuUnthVO Rn. 1; Geimer/Schütze/*Reuß* Art. 1 VO Nr. 4/2009 Rn. 44) zu verstehen. Ansprüche aus eingetragenen Lebenspartnerschaften (*Heger/Selg* FamRZ 2011, 1101, 1103) und bloß faktischen nichtehelichen Lebensgemeinschaften (*Gruber* IPRax 2010, 128, 130) sind ebenfalls eingeschlossen. Erfasst werden auch Unterhaltsansprüche des Pflegekinds gegen seine Pflegeeltern (Geimer/Schütze/*Reuß* Art. 1 VO Nr. 4/2009 Rn. 49). Das **Bestehen von Familienverhältnissen** richtet sich weiterhin nach dem Kollisionsrecht der einzelnen Mitgliedstaaten (Erwägungsgrund 21). 13

III. Vertragliche Vereinbarung. Die gesetzliche Unterhaltspflicht kann durch eine vertragliche Vereinbarung festgesetzt, konkretisiert oder bestätigt worden sein (Geimer/Schütze/*Reuß* Art. 1 VO Nr. 4/2009 Rn. 27). Vertragliche Verpflichtungen zu Unterhaltsleistungen, welche allein auf Vertrag beruhen, ohne dass ein gesetzlicher Anspruch besteht, sind nicht per se ausgeschlossen (so aber Saenger/*Dörner* Art. 1 EuUnthVO Rn. 1; Geimer/Schütze/*Reuß* Art. 1 VO Nr. 4/2009 Rn. 27); die EuUntVO verlangt lediglich, dass eine Familienbeziehung besteht (*Conti*, Grenzüberschreitende Durchsetzung von Unterhaltsansprüchen in Europa, 2011, S. 50). Nicht erfasst wird eine güterrechtliche Vermögensauseinandersetzung, -verteilung oder -übertragung. Güterrechtliche Ansprüche sind ausgeschlossen (*Heger/Selg* FamRZ 2011, 1101, 1103). Dies zwingt vor allem angesichts des umfassenden financial relief des englischen Rechts zu einer Aufspaltung des Inhalts des Anspruchs bzw. der Entscheidung (BGH IPRax 2011, 187 m. Aufs. *Heiderhoff*, 156 = FamRZ 2009, 1659). 14

C. Räumlicher Anwendungsbereich. Die EuUntVO ist in allen ihren Teilen verbindlich und gilt als sekundäres Unionsrecht (Art. 288 Abs. 2 AEUV) unmittelbar in den Mitgliedstaaten (vgl. § 97 FamG Rdn. 6). Das sind alle Mitgliedstaaten, auf die die EuUntVO anwendbar ist (Abs. 2). Dazu gehören infolge eines opt- 15 in **Irland** (ErwGrd. 46) und das **Vereinigte Königreich** (Kommissionsentscheidung vom 08.06.2009, ABl. EU 2009 Nr. L 149 S. 73; Angaben in ErwGrd. 47 sind überholt), aber aufgrund einer bilateralen Vereinbarung (Abk. vom 19.10.2005, ABl. EU 2005 Nr. L 299, S. 62; s. § 97 FamFG Rdn. 39) **auch Dänemark** (näher *Mankowski* NZFam 2015, 346). Allerdings gilt Kap. III (anwendbares Recht) nicht für Dänemark und das Vereinigte Königreich sowie Kap. VII (Zentrale Behörden) nicht für Dänemark.

16 Die VO ist universell, d.h. auch gegenüber Drittstaaten, anwendbar. Es bedarf keines Bezugs zu einem anderen EU-Mitgliedstaat (*Heger* FPR 2013, 1, 2; Rauscher/*Andrae* vor Art. 3 EG-UntVO Rn. 2). Dies gilt auch für die internationale Zuständigkeit, s. Art. 3 Rdn. 1).

Art. 2 EuUntVO Begriffsbestimmungen. (1) Im Sinne dieser Verordnung bezeichnet der Begriff

1. »Entscheidung« eine von einem Gericht eines Mitgliedstaats in Unterhaltssachen erlassene Entscheidung ungeachtet ihrer Bezeichnung wie Urteil, Beschluss, Zahlungsbefehl oder Vollstreckungsbescheid, einschließlich des Kostenfestsetzungsbeschlusses eines Gerichtsbediensteten. Für die Zwecke der Kapitel VII und VIII bezeichnet der Begriff »Entscheidung« auch eine in einem Drittstaat erlassene Entscheidung in Unterhaltssachen;
2. »gerichtlicher Vergleich« einen von einem Gericht gebilligten oder vor einem Gericht im Laufe eines Verfahrens geschlossenen Vergleich in Unterhaltssachen;
3. »öffentliche Urkunde«
    a) ein Schriftstück in Unterhaltssachen, das als öffentliche Urkunde im Ursprungsmitgliedstaat förmlich errichtet oder eingetragen worden ist und dessen Beweiskraft
        i) sich auf die Unterschrift und den Inhalt der öffentlichen Urkunde bezieht und
        ii) durch eine Behörde oder eine andere hierzu ermächtigte Stelle festgestellt worden ist; oder
    b) eine mit einer Verwaltungsbehörde des Ursprungsmitgliedstaats geschlossene oder von ihr beglaubigte Unterhaltsvereinbarung;
4. »Ursprungsmitgliedstaat« den Mitgliedstaat, in dem die Entscheidung ergangen, der gerichtliche Vergleich gebilligt oder geschlossen oder die öffentliche Urkunde ausgestellt worden ist;
5. »Vollstreckungsmitgliedstaat« den Mitgliedstaat, in dem die Vollstreckung der Entscheidung, des gerichtlichen Vergleichs oder der öffentlichen Urkunde betrieben wird;
6. »ersuchender Mitgliedstaat« den Mitgliedstaat, dessen Zentrale Behörde einen Antrag nach Kapitel VII übermittelt;
7. »ersuchter Mitgliedstaat« den Mitgliedstaat, dessen Zentrale Behörde einen Antrag nach Kapitel VII erhält;
8. »Vertragsstaat des Haager Übereinkommens von 2007« einen Vertragsstaat des Haager Übereinkommens vom 23. November 2007 über die internationale Geltendmachung der Unterhaltsansprüche von Kindern und anderen Familienangehörigen (nachstehend »Haager Übereinkommen von 2007« genannt), soweit dieses Übereinkommen zwischen der Gemeinschaft und dem betreffenden Staat anwendbar ist;
9. »Ursprungsgericht« das Gericht, das die zu vollstreckende Entscheidung erlassen hat;
10. »berechtigte Person« jede natürliche Person, der Unterhalt zusteht oder angeblich zusteht;
11. »verpflichtete Person« jede natürliche Person, die Unterhalt leisten muss oder angeblich leisten muss.

(2) Im Sinne dieser Verordnung schließt der Begriff
Gericht
auch die Verwaltungsbehörden der Mitgliedstaaten mit Zuständigkeit in Unterhaltssachen ein, sofern diese Behörden ihre Unparteilichkeit und das Recht der Parteien auf rechtliches Gehör garantieren und ihre Entscheidungen nach dem Recht des Mitgliedstaats, in dem sie ihren Sitz hat,
i) vor Gericht angefochten oder von einem Gericht nachgeprüft werden können und
ii) eine mit einer Entscheidung eines Gerichts zu der gleichen Angelegenheit vergleichbare Rechtskraft und Wirksamkeit haben.
Die betreffenden Verwaltungsbehörden sind in Anhang X aufgelistet. Dieser Anhang wird auf Antrag des Mitgliedstaats, in dem die betreffende Verwaltungsbehörde ihren Sitz hat, nach dem Verwaltungsverfahren des Artikels 73 Absatz 2 erstellt und geändert.

(3) Im Sinne der Artikel 3, 4 und 6 tritt der Begriff Wohnsitz in den Mitgliedstaaten, die diesen Begriff als Anknüpfungspunkt in Familiensachen verwenden, an die Stelle des Begriffs Staatsangehörigkeit.
Im Sinne des Artikels 6 gilt, dass Parteien, die ihren Wohnsitz in verschiedenen Gebietseinheiten desselben Mitgliedstaats haben, ihren gemeinsamen Wohnsitz in diesem Mitgliedstaat haben.

A. Allgemeines. Entsprechend der Tradition der europäischen Verordnungen (vgl. Art. 2 Brüssel Ia-VO, Art. 2 Brüssel IIa-VO und Art. 3 EuErbVO) enthält Art. 2 wichtige Legaldefinitionen für Begriffe der EuUntVO, welche die einheitliche Auslegung (s. § 97 FamFG Rdn. 7) und Anwendung erleichtern sollen. 1

B. Begriffsbestimmungen des Abs. 1. »**Entscheidung**« ist eine von einem Gericht eines Mitgliedstaats in Unterhaltssachen erlassene Entscheidung ungeachtet ihrer Bezeichnung wie Urteil, Beschluss, Zahlungsbefehl oder Vollstreckungsbescheid, einschließlich des Kostenfestsetzungsbeschlusses eines Gerichtsbediensteten. Für die Zwecke der Kapitel VII und VIII bezeichnet der Begriff Entscheidung« auch eine in einem Drittstaat erlassene Entscheidung in Unterhaltssachen; 2

Der »**gerichtliche Vergleich**« ist ein von einem Gericht gebilligter außergerichtlicher Vergleich (Anwaltsvergleich) oder vor einem Gericht im Laufe eines Verfahrens geschlossener Vergleich (Prozessvergleich) in Unterhaltssachen. 3

Eine »**öffentlichen Urkunde**« ist ein Schriftstück in Unterhaltssachen, das als öffentliche Urkunde im Ursprungsmitgliedstaat förmlich errichtet oder eingetragen worden ist und das Beweiskraft besitzt (Art. 2 Abs. 1 Nr. 3 Buchst. a)). Die Beweiskraft muss sich (i) auf die Unterschrift und den Inhalt der öffentlichen Urkunde beziehen sowie (ii) durch eine Behörde oder eine andere hierzu ermächtigte Stelle festgestellt worden sein. Eine öffentliche Urkunde ist auch eine mit einer Verwaltungsbehörde des Ursprungsmitgliedstaats geschlossene oder von ihr beglaubigte Unterhaltsvereinbarung (Art. 2 Abs. 1 Nr. 3 Buchst. b)). Dazu gehören Jugendamtsurkunden (*Heger/Seig* FamRZ 2011, 1101, 1103; vgl. § 59 Abs. 1 Nr. 3, 4, 9, § 60 SGB VIII). Deutsche notarielle Unterhaltsvereinbarungen werden ebenfalls erfasst. Ausländische notarielle Urkunden können auch von einem Notar für vollstreckbar erklärt werden (§ 35 Abs. 3 AUG). 4

»**Ursprungsmitgliedstaat**« ist der Mitgliedstaat, in dem die Entscheidung ergangen, der gerichtliche Vergleich gebilligt oder geschlossen oder die öffentliche Urkunde ausgestellt worden ist (Erststaat). 5

»**Vollstreckungsmitgliedstaat**« ist der Mitgliedstaat, in dem die Vollstreckung der Entscheidung, des gerichtlichen Vergleichs oder der öffentlichen Urkunde betrieben wird (Zweitstaat). 6

»**Ersuchender Mitgliedstaat**« ist ein Mitgliedstaat, dessen Zentrale Behörde einen Antrag nach Kapitel VII übermittelt. 7

»**Ersuchter Mitgliedstaat**« ist ein Mitgliedstaat, dessen Zentrale Behörde einen Antrag nach Kapitel VII erhält. 8

»**Haager Übereinkommen von 2007**« ist das Haager Übk. vom 23.11.2007 über die internationale Geltendmachung der Unterhaltsansprüche von Kindern und anderen Familienangehörigen soweit dieses Übk. zwischen der Gemeinschaft und dem betreffenden Staat anwendbar ist. Die EU hat das Übk. ratifiziert. 9

»**Ursprungsgericht**« ist das Gericht, das die zu vollstreckende Entscheidung erlassen hat; 10

»**Berechtigte Person**« ist jede natürliche Person, der Unterhalt zusteht oder angeblich zusteht (Abs. 1 Nr. 10). Auch Regressansprüche Privater zählen zu den Unterhaltsstreitigkeiten (Geimer/Schütze/*Reuß* Art. 1 VO Nr. 4/2009 Rn. 30). Das gleiche gilt, wie bereits für die Brüssel I-VO klargestellt wurde (EuGH IPRax 2004, 237 m. Aufs. *Martiny*, 195 = ZZP Int 7 [2002] 317 m. Anm. *Rauscher*), für Regressansprüche öffentlicher Einrichtungen, soweit sie ursprüngliche Unterhaltsansprüche durchsetzen wollen (ErwGrd. 14. Ebenso *Hau* FamRZ 2010, 516, 518; s. Art. 64 Rdn. 1). Erfasst wird insbes. ein gesetzlicher Übergang von Unterhaltsforderungen. Nach deutschem Sachrecht kann der Rückgriff insb. auf § 33 SGB II (dazu *Kuntze* FPR 2011, 166, 169 ff.), § 94 SGB XII, § 37 BAföG sowie § 7 UVG gestützt werden. Nicht erfasst werden hingegen eigene Kostenerstattungsansprüche öffentlicher Stellen, die auf besonderen Befugnissen und nicht auf dem Unterhaltsverhältnis beruhen (Wendl/Dose/*Dose* § 9 Rn. 610). 11

Beim Unterhaltsrückgriff **überträgt** der leistende Träger häufig eine auf ihn kraft Gesetzes übergegangene Unterhaltsforderung auf den **ursprünglich Berechtigten zurück**, der dann wieder Inhaber des Anspruchs ist und ihn treuhänderisch geltend macht. Die bislang h.M. sieht ihn, da es nicht auf die endgültige Lastenverteilung ankommt, zutreffend als »Berechtigten« i.S.d. EuUntVO an (AG Stuttgart FamRZ 2014, 786 Anm. *Gottwald* m. zust. Aufs. *Mankowski*; *Kuntze*, FPR 2011, 166, 170). Dies wird teilweise bezweifelt, da kein Unterhalts-, sondern ein Rückgriffszweck verfolgt wird (*Andrae* FPR 2013, 38, 45). Vertreten wird, die 12

Rückübertragung sei zwar zulässig, könne aber keine bessere Stellung als die bei einem übergeleiteten Anspruch verschaffen (Rauscher/*Andrae* Art. 64 EG-UntVO Rn. 5).

13 »**Verpflichtete Person**« ist jede natürliche Person, die tatsächlich oder angeblich Unterhalt leisten muss (Abs. 1), also der Unterhaltspflichtige.

14 **C. Begriff des Gerichts.** In den Mitgliedstaaten werden Unterhaltsstreitigkeiten in unterschiedlichen Verfahren entschieden. Daher schließt der Begriff »Gericht« auch **Verwaltungsbehörden** mit Zuständigkeit in Unterhaltssachen ein, sofern diese Behörden unparteilich sind und das Recht der Parteien auf rechtliches Gehör garantiert ist. Ferner wird vorausgesetzt, dass die behördlichen Entscheidungen (i) vor Gericht angefochten oder von einem Gericht nachgeprüft werden können und (ii) eine mit einer Entscheidung eines Gerichts zu der gleichen Angelegenheit vergleichbare Rechtskraft und Wirksamkeit haben (Abs. 2). Die betreffenden Verwaltungsbehörden sind in Anh. 10 der VO aufgelistet.

15 **D. Begriff des Wohnsitzes.** Nach Art. 2 Abs. 3 tritt in den Zuständigkeitsvorschriften der Art. 3, 4 und 6 der Begriff »Wohnsitz« (domicile) in den Mitgliedstaaten, die diesen Begriff als Anknüpfungspunkt in Familiensachen verwenden, an die Stelle des Begriffs »Staatsangehörigkeit«. Dies bezieht sich insbes. auf das Vereinigte Königreich. I.S.d. Art. 6 gilt, dass Parteien, die ihren Wohnsitz in verschiedenen Gebietseinheiten desselben Mitgliedstaats haben, ihren gemeinsamen Wohnsitz in diesem Mitgliedstaat haben (Abs. 3 Unterabs. 2).

KAPITEL II. ZUSTÄNDIGKEIT

Art. 3 EuUntVO **Allgemeine Bestimmungen.** Zuständig für Entscheidungen in Unterhaltssachen in den Mitgliedstaaten ist
a) das Gericht des Ortes, an dem der Beklagte seinen gewöhnlichen Aufenthalt hat, oder
b) das Gericht des Ortes, an dem die berechtigte Person ihren gewöhnlichen Aufenthalt hat, oder
c) das Gericht, das nach seinem Recht für ein Verfahren in Bezug auf den Personenstand zuständig ist, wenn in der Nebensache zu diesem Verfahren über eine Unterhaltssache zu entscheiden ist, es sei denn, diese Zuständigkeit begründet sich einzig auf der Staatsangehörigkeit einer der Parteien, oder
d) das Gericht, das nach seinem Recht für ein Verfahren in Bezug auf die elterliche Verantwortung zuständig ist, wenn in der Nebensache zu diesem Verfahren über eine Unterhaltssache zu entscheiden ist, es sei denn, diese Zuständigkeit beruht einzig auf der Staatsangehörigkeit einer der Parteien.

1 **A. Allgemeines.** Die allgemeine Zuständigkeit des Art. 3 gilt grds. für alle Unterhaltsstreitigkeiten. In bestimmtem Umfang sind Gerichtsstandsvereinbarungen zulässig (Art. 4). Auch eine rügelose Einlassung wirkt – in gleicher Weise wie nach Art. 26 Brüssel Ia-VO – zuständigkeitsbegründend (Art. 5). Hilfsweise kann eine Auffangzuständigkeit nach Art. 6 bzw. eine Notzuständigkeit nach Art. 7 in Betracht kommen. Die Zuständigkeitsregeln der EuUntVO sind auch dann anwendbar, wenn der Beklagte seinen gewöhnlichen Aufenthalt außerhalb der EU hat (Erwägungsgrund 15). Der Vorrang des LugÜ 2007 ggü Nicht-Mitgliedstaaten ist aber zu beachten (s. Art. 69 Rdn. 2).

2 Die Zuständigkeitsordnung der EuUntVO lässt – anders als Art. 7 Brüssel IIa-VO – keinen Raum für eine **nationale Regelung der internationalen Zuständigkeit** (ErwGrd. 15). Die nationalen Vorschriften kommen nicht – auch nicht subsidiär – zur Anwendung. Eine Ausnahme bilden lediglich die einstweiligen Maßnahmen nach Art. 14. Die Zuständigkeitsregeln der EuUntVO regeln grundsätzlich doppelfunktional die internationale und die örtliche Zuständigkeit (Geimer/Schütze/*Reuß* Art. 3 VO Nr. 4/2009 Rn. 1).

3 Die allgemeinen Vorschriften gelten auch für **Abänderungsverfahren**. Die Waffengleichheit der Parteien spricht dafür, auch dem **Unterhaltsschuldner** – vorbehaltlich des Art. 8 – die Zuständigkeiten zugänglich zu machen (Zöller/*Geimer* Art. 3 EG-VO Rn. 9). Folglich gilt Art. 3 Buchst. b) auch für die Klage eines Unterhaltspflichtigen (*Hau* FamRZ 2010, 516, 518) sowie für einen Anspruch auf Unterhaltsrückzahlung (*Gruber* IPRax 2010, 128, 131).

4 Angesichts des weitgefassten Wortlauts der VO, die keine Einschränkung macht, ist zweifelhaft, ob auch **reine Inlandsfälle** erfasst werden. Das wird aber verneint (*Gruber* IPRax 2010, 128, 132 f.; Rauscher/*Andrae* Art. 3 EG-UntVO Rn. 17. Ebenso Amtl. Begr. BR-Drucks. 854/10 S. 70). Gegen eine weite Anwendung lassen sich die möglicherweise fehlende Gesetzgebungszuständigkeit der EU sowie der ErwGrd. 45 anführen.

Teilweise wird eine teleologische Reduktion vorgenommen (*Gruber* IPRax 2010, 128, 133). Für den Auslandsbezug lässt man z.T. bereits die ausländische Staatsangehörigkeit einer Partei genügen (*Mansel/Thorn/ Wagner* IPRax 2012, 1, 22; Saenger/*Dörner* Art. 3 EuUnthVO Rn. 2; vgl. EuGH NJW 2012, 1199, 1200 zur Brüssel I-VO), während andere bezüglich der örtlichen Zuständigkeit den gewöhnlichen Aufenthalt heranziehen wollen (Rauscher/*Andrae* Art. 3 EG-UntVO Rn. 19 ff.).

B. Zuständigkeitsgründe. I. Wahlweise Zuständigkeit. Die allgemeine Zuständigkeit in Unterhaltssachen kann wahlweise auf vier gesetzliche Zuständigkeitsgründe gestützt werden. Daher ist forum shopping nicht ausgeschlossen, was freilich im Hinblick auf die Vereinheitlichung des Kollisionsrechts und den regelmäßig schwächeren Unterhaltsberechtigten hinzunehmen ist. Die für die Zuständigkeit maßgebenden Tatsachen sollten im Zeitpunkt der Rechtshängigkeit der Klage vorliegen (*Hau* FamRZ 2010, 516, 518). Doch lässt man auch den Eintritt bis zur letzten mündlichen Verhandlung genügen (*Motzer* FamRBInt 2011, 56, 58; Wendl/Dose/*Dose* § 9 Rn. 659). Eine eigene Regelung für die **perpetuatio fori** enthält die EuUntVO nicht. Sie kann jedoch – ebenso wie nach der Brüssel Ia-VO – eintreten (BGH NJW 2013, 2597 Anm. *Hau* FamRZ 2013, 1116; Rauscher/*Andrae* Art. 3 EG-UntVO Rn. 12). 5

II. Gewöhnlicher Aufenthalt des Beklagten. An erster Stelle steht die Aufenthaltszuständigkeit. Dementsprechend ist das Gericht des Ortes zuständig, an dem der Beklagte seinen gewöhnlichen Aufenthalt hat (Art. 3 Buchst. a)). Im Interesse prozessualer Waffengleichheit (vgl. 6 EMRK, Art. 47 GRC) kann Beklagter nicht nur der Unterhaltsverpflichtete, sondern auch der Unterhaltsberechtigte sein (Geimer/Schütze/*Reuß* Art. 1 VO Nr. 4/2009 Rn. 34). Die Maßgeblichkeit des gewöhnlichen Aufenthalts soll einen Gleichklang mit den kollisionsrechtlichen Vorschriften bewirken, die ihrerseits darauf abstellen (vgl. Art. 4 Abs. 3 Haager UnthProt). Der **Begriff des gewöhnlichen Aufenthalts** ist einheitlich und autonom auszulegen. Für die Ermittlung des gewöhnlichen Aufenthalts gelten grundsätzlich die gleichen Kriterien wie nach Art. 3, 8 Brüssel IIa-VO. Dementsprechend kann man sich an der Rechtsprechung zum gewöhnlichen Aufenthalt nach dieser VO orientieren (vgl. EuGH FamRZ 2009, 843 = IPRax 2011, 76 m. Aufs. *Pirrung*, 50). 6

(entfallen) 7

III. Gewöhnlicher Aufenthalt des Berechtigten. Auch eine Zuständigkeit des Gerichts des Ortes, an dem die **berechtigte Person** ihren **gewöhnlichen Aufenthalt** hat, besteht (Buchst. b)). Das gilt auch dann, wenn sich der gewöhnliche Aufenthalt des Beklagten in einem Nichtmitgliedstaat befindet. 8

Zu prüfen ist, wo sich der Daseinsmittelpunkt, der Schwerpunkt der familiären, beruflichen und sozialen Bindungen befindet (näher Rauscher/*Andrae* EG-UntVO Art. 3 Rn. 29). Ferner wird i.d.R. eine gewisse Dauer verlangt. Der gewöhnliche Aufenthalt des Kindes leitet sich nicht von dem seiner Eltern ab (*Rauscher/Andrae* Art. 3 EG-UntVO Rn. 34), vielmehr kommt es auf die Integration des Kindes in seinem sozialen und familiären Umfeld an (OLG Koblenz FamRZ 2015, 1618, 1619). Ein gewöhnlicher Aufenthalt kann auch nach Entführung begründet werden (öst. OGH IPRax 2015,169 m. zust. Aufs. *Weller/Schulz*, 176). Teilweise wird angenommen, dass eine Person **mehrere gewöhnliche Aufenthalte** haben kann (Rauscher/ *Andrae* Art. 3 EG-UntVO Rn. 22. A.A. Geimer/Schütze/*Reuß* Art. 3 VO Nr. 4/2009 Rn. 22). Aus Art. 3 Buchst. a) folgt auch die **örtliche Zuständigkeit** (*Gruber* IPRax 2010, 128, 132). Nach § 28 Abs. 1 AUG besteht allerdings eine Zuständigkeitskonzentration beim FamG, das für den Sitz des OLG zuständig ist, in dessen Bezirk sich der gewöhnliche Aufenthalt befindet. Die Rechtfertigung als bloß gerichtsorganisatorische Maßnahme ist vom EuGH nicht akzeptiert worden (EuGH NJW 2015, 683 = FamRB 2015, 48 Anm. *Dimmler*; s. § 28 AUG Rdn. 2). 8a

Dem Schutz des Anspruchstellers dient der Gerichtsstand am Gericht des Ortes, an dem der Berechtigte seinen gewöhnlichen Aufenthalt hat (Art. 3 Buchst. b)). Dieses **forum actoris** gilt auch dann, wenn der Verpflichtete seinen Aufenthalt in einem Drittstaat hat (ErwGrd. 15). Ein Studierender, der sich mehrere Jahre am Studienort aufhält und im Aufenthaltsstaat auch sozial eingebunden ist, kann dort seinen gewöhnlichen Aufenthalt begründet haben. Daraus folgt auch die örtliche Zuständigkeit (*Gruber* IPRax 2010, 128, 132). Der Berechtigte kann daher auch innerhalb des gleichen Mitgliedstaates an seinem Aufenthaltsort klagen (Saenger/*Dörner* Art. 3 EuUnthVO Rn. 4). Nach § 28 AUG besteht allerdings eine Zuständigkeitskonzentration (s. § 28 AUG Rdn. 2). 9

Ob dem Antragsberechtigten auch eine **Rückgriff nehmende öffentliche Einrichtung** gleichgestellt werden kann, ist umstritten (Abl. *Hau* FamRZ 2010, 516, 518 f.; *Kuntze*, FPR 2011, 166, 170; Saenger/*Dörner* Art. 3 EuUnthVO Rn. 5). Die EuUntVO stellt die Einrichtung zwar teilweise dem Berechtigten gleich, spart aber die internationale Zuständigkeit aus (vgl. Art. 64). Daraus könnte man schließen, dass die öffentliche Ein- 10 richtung für die Zuständigkeit dem Unterhaltsberechtigten nicht gleichgestellt werden kann. Dies entspricht der Rechtsprechung zur Brüssel I-VO, die eine besondere Schutzbedürftigkeit des Trägers verneint hatte (EuGH IPRax 2004, 240 m. Aufs. *Martiny*, 195). Auf der anderen Seite entspricht es dem Zweck einer effektiven Unterhaltsdurchsetzung weit mehr, dem Antragsberechtigten auch eine Rückgriff nehmende öffentliche Einrichtung gleichzustellen (MüKoFamFG/*Lipp* Art. 3 EuUntVO Rn. 19; Rauscher/*Andrae* EG UntVO Art. 3 Rn. 43 ff.). Dafür kann man sich auf den gewöhnlichen Aufenthaltsort des originär Berechtigten *stützen* (Geimer/Schütze/*Reuß* Art. 1 VO Nr. 4/2009 Rn. 32, Art. 3 VO Nr. 4/2009 Rn. 28). Der Gerichtsstand des Unterhaltsberechtigten wird auch für den Fall bejaht, in dem ihm die Unterhaltsforderung vom Träger zur treuhänderischen Geltendmachung zurückübertragen worden ist (AG Stuttgart IPRax 2014, 280 zust. Aufs. Mankowski, 249. Vgl. *Martiny* FamRZ 2014, 429 ff.). Fraglich ist auch, ob es möglich ist, den Gerichtsstand einem privaten Regressgläubiger, auf den die Unterhaltsforderung übergegangen ist, zuzugestehen (bejahend Geimer/Schütze/*Reuß* Art. 1 VO Nr. 4/2009 Rn. 33). Abgelehnt wird es für die Unterhaltsrückforderung (Geimer/Schütze/*Reuß* Art. 3 VO Nr. 4/2009 Rn. 28).

11 **IV. Verfahren in Bezug auf Statussachen.** Ferner ist das Gericht zuständig, das nach seinem Recht für ein Verfahren in Bezug auf den »**Personenstand**«, d.h. **Statussachen,** zuständig ist, wenn in der Nebensache zu diesem Verfahren über eine Unterhaltssache zu entscheiden ist (Buchst. c)). Es besteht also eine Annex- bzw. Verbundszuständigkeit. Zuständig ist das Gericht, das nach seinem Recht, d.h. nach Unionsrecht oder nationalem Recht, für ein Verfahren in Bezug auf den »Personenstand« zuständig ist, wenn in der Nebensache über eine Unterhaltssache zu entscheiden ist (Art. 3 Buchst. c)). Das gilt freilich dann nicht, wenn diese Zuständigkeit – wie etwa nach §§ 98 Abs. 1 Nr. 1, 100 Nr. 1 FamFG – einzig auf der Staatsangehörigkeit einer der Parteien beruht. Stützt sich die deutsche Zuständigkeit auf die deutsche Staatsangehörigkeit lediglich eines der Ehegatten, so sind die deutschen Gerichte zwar für die Ehesache zuständig, das Unterhaltsverfahren ist jedoch ggf. separat vor einem anderen nach der EuUntVO zuständigen Gericht zu führen. Haben alle Parteien die Staatsangehörigkeit des Forums, so steht – da keine Diskriminierung droht – die Einschränkung nicht entgegen (Rauscher/*Andrae* Art. 3 EG-UntVO Rn. 48).

12 Die Annexzuständigkeit gilt etwa für eine Unterhaltssache im Zusammenhang mit einer Ehescheidung (§ 25 Abs. 1 Nr. 1 AUG), der Auflösung einer Lebenspartnerschaft, einer Trennung von Tisch und Bett oder einer Vaterschaftsfeststellung (§ 25 Abs. 1 Nr. 2 AUG). Auch der bloße Trennungsunterhalt im Scheidungsverfahren wird – obwohl er keine Scheidungsfolge ist – erfasst (Rauscher/*Andrae* EG UntVO Art. 3 Rn. 50a; Wendl/Dose/*Dose* § 9 Rn. 649. Zweifel bei Prütting/Helms/*Hau* § 110 FamFG Rn. 30. Abl. MüKoFamFG/*Lipp* Art. 3 EuUntVO Rn. 35). Die Zuständigkeit für die Ehesache kann auf Art. 3 ff. Brüssel IIa-VO gestützt werden. Vaterschaftsklagen können ebenfalls die Grundlage bilden (vgl. aber EuGH NJW 2015, 3021 abl. Anm. *Reuß*). Auf diese Zuständigkeit kann sich auch der Unterhaltspflichtige, nicht jedoch ein Regressgläubiger berufen (Geimer/Schütze/*Reuß* Art. 3 VO Nr. 4/2009 Rn. 30). Die örtliche Zuständigkeit wird in den Fällen des Art. 3 Buchst. c) von § 26 AUG geregelt.

13 **V. Verfahren in Bezug auf die elterliche Verantwortung.** Zuständig ist schließlich auch das Gericht, das nach seinem Recht für ein Verfahren in Bezug auf die **elterliche Verantwortung** zuständig ist, wenn in der Nebensache zu diesem Verfahren über eine Unterhaltssache zu entscheiden ist, es sei denn, diese Zuständigkeit beruht einzig auf der Staatsangehörigkeit einer der Parteien (Buchst. d)). Auf diese Weise kann eine Verknüpfung mit einer Sorgerechtsregelung erreicht werden. Dies bezieht sich nicht nur auf Verfahren nach der Brüssel IIa-VO (vgl. Art. 1 Abs. 2, Art. 2 Nr. 7, Art. 8 ff. Brüssel IIa-V), sondern auch nach dem KSÜ sowie nach nationalem Recht (Zöller/*Geimer* Art. 3 EG-VO Rn. 12; vgl. §§ 99, 100, 104 FamFG). Auf diese Zuständigkeit kann sich auch der Unterhaltspflichtige (Rauscher/*Andrae* EG-UntVO Art. 3 Rn. 52), nicht jedoch ein Regressgläubiger (Geimer/Schütze/*Reuß* Art. 3 VO Nr. 4/2009 Rn. 33) berufen. Aus ihr ergibt sich auch die örtliche Zuständigkeit. Die nach Art. 3 Buchst. d) vorgesehene internationale Zuständigkeit geht allerdings für Deutschland ins Leere. Das deutsche Recht kennt keinen solchen Zuständigkeitsverbund zwischen einem sorgerechtlichen Verfahren und einer Unterhaltssache (Begr. RegE BT-Drucks. 17/4887 S. 41).

14 Der **Begriff der Nebensache** ist verordnungsautonom und einheitlich auszulegen. Das Verhältnis von Buchst. c) und Buchst. d) ist vom EuGH für eine Fallgruppe klargestellt worden. Wird ein Gericht eines Mitgliedstaats mit einem Ehetrennungsverfahren befasst und ein Gericht eines anderen Mitgliedstaats mit der elterlichen Verantwortung, so soll die Unterhaltspflicht für das Kind lediglich zum Verfahren in Bezug auf die elterliche Verantwortung im Sinne von Art. 3 Buchst. d) akzessorisch sein (EuGH NJW 2015, 3021

abl. Anm. *Reuß* = FamRZ 2015, 1582 Anm. *Mankowski*, 1785; zustimmend *Mansel/Thorn/Wagner* IPRax 2016, 1, 24 f.). Begründet wird diese Reduktion der Zuständigkeiten mit dem größeren inhaltlichen Zusammenhang zwischen elterlicher Verantwortung und Kindesunterhalt.

VI. Andere Zuständigkeiten. Eine Zuständigkeitsregelung für den Fall der **Streitgenossenschaft**, wie sie Art. 8 Nr. 1 Brüssel Ia-VO kennt, fehlt. Beispiel dafür ist eine Klage gegen beide Elternteile. Es bleibt insofern bei den allgemeinen Zuständigkeitsregeln (Wendl/Dose/*Dose* § 9 Rn. 647). Eine eigenständige Regelung für den **Widerantrag** bzw. die **Widerklage** wie nach Art. 8 Nr. 3 Brüssel Ia-VO fehlt (für analoge Anwendung Rauscher/*Andrae* vor Art. 3 EG-UntVO Rn. 10). Man kann zwar annehmen, dass sie erhoben werden darf, wenn das Gericht des Erstantrags nach den Vorschriften der EuUntVO zuständig ist, doch darf auf diese Weise nicht der Schutz des Unterhaltsberechtigten unterlaufen werden. 15

Art. 4 EuUntVO Gerichtsstandsvereinbarungen.

(1) Die Parteien können vereinbaren, dass das folgende Gericht oder die folgenden Gerichte eines Mitgliedstaats zur Beilegung von zwischen ihnen bereits entstandenen oder künftig entstehenden Streitigkeiten betreffend Unterhaltspflichten zuständig ist bzw. sind:
a) ein Gericht oder die Gerichte eines Mitgliedstaats, in dem eine der Parteien ihren gewöhnlichen Aufenthalt hat;
b) ein Gericht oder die Gerichte des Mitgliedstaats, dessen Staatsangehörigkeit eine der Parteien besitzt;
c) hinsichtlich Unterhaltspflichten zwischen Ehegatten oder früheren Ehegatten
   i) das Gericht, das für Streitigkeiten zwischen den Ehegatten oder früheren Ehegatten in Ehesachen zuständig ist, oder
   ii) ein Gericht oder die Gerichte des Mitgliedstaats, in dem die Ehegatten mindestens ein Jahr lang ihren letzten gemeinsamen gewöhnlichen Aufenthalt hatten.
   Die in den Buchstaben a, b oder c genannten Voraussetzungen müssen zum Zeitpunkt des Abschlusses der Gerichtsstandsvereinbarung oder zum Zeitpunkt der Anrufung des Gerichts erfüllt sein.
   Die durch Vereinbarung festgelegte Zuständigkeit ist ausschließlich, sofern die Parteien nichts anderes vereinbaren.
(2) Eine Gerichtsstandsvereinbarung bedarf der Schriftform. Elektronische Übermittlungen, die eine dauerhafte Aufzeichnung der Vereinbarung ermöglichen, erfüllen die Schriftform.
(3) Dieser Artikel gilt nicht bei einer Streitigkeit über eine Unterhaltspflicht gegenüber einem Kind, das noch nicht das 18. Lebensjahr vollendet hat.
(4) Haben die Parteien vereinbart, dass ein Gericht oder die Gerichte eines Staates, der dem am 30. Oktober 2007 in Lugano unterzeichneten Übereinkommen über die gerichtliche Zuständigkeit und die Anerkennung und Vollstreckung von Entscheidungen in Zivil- und Handelssachen[1] (nachstehend »Übereinkommen von Lugano« genannt) angehört und bei dem es sich nicht um einen Mitgliedstaat handelt, ausschließlich zuständig sein soll bzw. sollen, so ist dieses Übereinkommen anwendbar, außer für Streitigkeiten nach Absatz 3.

A. Allgemeines. Im Interesse größerer Rechtssicherheit gibt die EuUntVO auch dem Parteiwillen für die Forumswahl Raum. Gerichtsstandsvereinbarungen sind möglich, aber beschränkt (Abs. 1). Schriftform ist erforderlich (Abs. 2). Für Kinder unter 18 Jahren ist keine Gerichtsstandsvereinbarung zulässig (Abs. 3). Das Haager Übk. über Gerichtsstandsvereinbarungen von 2005 findet keine Anwendung (s. Art. 69 Rdn. 1). 1

B. Zulässigkeit der Gerichtsstandsvereinbarung. Die Parteien können vereinbaren, dass ein bestimmtes Gericht oder bestimmte Gerichte eines Mitgliedstaats zur Beilegung von zwischen ihnen bereits entstandenen oder erst künftig entstehenden Streitigkeiten betreffend Unterhaltspflichten zuständig ist bzw. sind (Abs. 1). Die vereinbarte Zuständigkeit ist ausschließlich, sofern die Parteien nichts anderes vereinbaren (Abs. 1 Unterabs. 3). Da das gewählte Gericht nicht ausdrücklich benannt werden muss, genügt es, wenn sich das Gericht oder die Gerichte anhand objektiver Kriterien durch Auslegung ermitteln lassen (Geimer/Schütze/*Reuß* Art. 4 VO Nr. 4/2009 Rn. 13). Wird nur die Zuständigkeit der Gerichte eines Landes gewählt, 2

---

[1] Amtl. Anm.: ABl. L 339 vom 21.12.2007, S. 3.

nach dessen Recht aber keine örtliche Zuständigkeit besteht, so ist die Vereinbarung nicht unwirksam. Zwar wäre denkbar, Art. 3 analog heranzuziehen (Rauscher/*Andrae* Art. 4 EG-UntVO Rn. 11), doch dürfte eher nach einer Abhilfe nach nationalem Recht zu suchen sein (für eine analoge Heranziehung des § 27 AUG Geimer/Schütze/*Reuß* Art. 4 VO Nr. 4/2009 Rn. 3). Zum Schutz der schwächeren Partei ist eine Wahl des Gerichtsstands für Unterhaltspflichten **ggü. Kindern** unter 18 Jahren unwirksam (Abs. 3). Sie bleibt es grundsätzlich auch nach Eintritt der Volljährigkeit (Geimer/Schütze/*Reuß* Art. 4 VO Nr. 4/2009 Rn. 30. Differenzierend Rauscher/*Andrae* Art. 4 EG-UntVO Rn. 51). Ein entsprechender Schutz für geschäftsunfähige Erwachsene fehlt (*Gruber* IPRax 2010, 128, 133); eine generelle Inhaltskontrolle ist nicht vorgesehen (für eine Kontrolle angesichts planwidriger Regelungslücke Rauscher/*Andrae* Art. 4 EG-UntVO Rn. 55 f.).

3 **C. Beschränkte Gerichtsstandswahl. I. Beschränkung.** Für eine Gerichtsstandvereinbarung stehen nur einzelne aufgrund objektiver Anknüpfungspunkte bestimmte Gerichte, zu denen ein sachlicher Bezug besteht, als forum prorogatum zur Auswahl, da solche Vereinbarungen eine Einschränkung der dem Unterhaltsberechtigten zur Verfügung stehenden Gerichtsstände bewirken können.

4 **II. Gewöhnlicher Aufenthalt.** In erster Linie kommt ein Gericht oder die Gerichte eines Mitgliedstaats, in dem eine der Parteien ihren gewöhnlichen Aufenthalt hat, in Betracht (Abs. 1 Buchst. a)). Der gewöhnliche Aufenthalt ist hier ebenso wie in Art. 3 zu verstehen.

5 **III. Staatsangehörigkeit des Gerichtsstaats.** Ferner können ein Gericht oder die Gerichte des Mitgliedstaats, dessen Staatsangehörigkeit eine der Parteien besitzt, vereinbart werden (Abs. 1 Buchst. b)). Auch hier ist nicht klargestellt, wie bei mehrfacher Staatsangehörigkeit zu verfahren ist. Im Interesse der Rechtssicherheit ist, ebenso wie bei der Brüssel IIa-VO (EuGH FamRZ 2009, 1571 m. Anm. *Kohler*), die Beziehung zu einer der Staatsangehörigkeiten, die nicht die effektive sein muss, ausreichend (*Gruber* IPRax 2010, 128, 133).

6 **IV. Unterhaltpflichten zwischen Ehegatten oder früheren Ehegatten.** Für die Unterhaltspflichten zwischen Ehegatten oder früheren Ehegatten werden mehrere zusätzliche Möglichkeiten genannt (Abs. 1 Buchst. c)). Insoweit kann das Gericht, das für Streitigkeiten zwischen den Ehegatten oder früheren Ehegatten in Ehesachen zuständig ist, vereinbart werden (Buchst. c), i)). Vereinbart werden können auch ein Gericht oder die Gerichte des Mitgliedstaats, in dem die Ehegatten mindestens ein Jahr lang ihren letzten gemeinsamen gewöhnlichen Aufenthalt hatten (ii).

7 **V. Maßgeblicher Zeitpunkt.** Die UnterhVO nennt auch den maßgeblichen Zeitpunkt. Die nach Buchst. a), b oder c erforderlichen Voraussetzungen müssen zum Zeitpunkt des Abschlusses der Gerichtsstandvereinbarung oder der Anrufung des Gerichts erfüllt sein (Abs. 1 Unterabs. 2).

8 **D. Zustandekommen und Wirksamkeit der Vereinbarung.** Ebenso wie in Art. 25 Brüssel Ia-VO werden die Voraussetzungen für die materielle Wirksamkeit und das Zustandekommen der Vereinbarung nicht genannt. Es ist jedoch anzunehmen, dass insofern auch für die EuUntVO ungeschriebenes Unionsrecht gilt. Danach ist bei Einhaltung der Formerfordernisse grundsätzlich von einer Wirksamkeit der Vereinbarung auszugehen (Zöller/*Geimer* Art. 4 EG-VO Rn. 2). Nicht von der EuUntVO erfasst ist jedoch die Frage der Geschäftsfähigkeit, die sich weiterhin nach nationalem IPR richtet (Saenger/*Dörner* Art. 4 EuUnthVO Rn. 10). Gleiches gilt für die Frage der Stellvertretung (Zöller/Geimer Art. 4 EG-VO Rn. 2). Letztere wird allerdings wiederum vom Haager UnthProt erfasst.

9 **E. Form.** Eine Gerichtsstandvereinbarung bedarf (nur) der Schriftform. Elektronische Übermittlungen, die eine dauerhafte Aufzeichnung der Vereinbarung ermöglichen, erfüllen die Schriftform (Art. 4 Abs. 2). Bloß einseitige Bestätigungen reichen nicht aus (*Gruber* IPRax 2010, 128, 133).

10 **F. Verhältnis zum Luganer Übereinkommen.** Eine Sonderregelung besteht für das Verhältnis zum LugÜ. Haben die Parteien vereinbart, dass ein Gericht oder die Gerichte eines Staates, der dem LugÜ angehört und bei dem es sich nicht um einen Mitgliedstaat handelt, ausschließlich zuständig sein soll bzw. sollen, so haben die Zuständigkeitsvorschriften dieses Übk. Vorrang, außer für Streitigkeiten nach Abs. 3, d.h. den Minderjährigenunterhalt (Abs. 4). Bei der Vereinbarung der ausschließlichen Zuständigkeit eines anderen drittstaatlichen Gerichts ist die derogierende Wirkung einer solchen Gerichtsstandvereinbarung am spiegelbildlich heranzuziehenden Art. 4 EuUntVO zu messen (Rauscher/*Andrae* Art. 4 EG-UntVO Rn. 70).

Art. 5 EuUntVO
Durch rügelose Einlassung begründete Zuständigkeit. Sofern das Gericht eines Mitgliedstaats nicht bereits nach anderen Vorschriften dieser Verordnung zuständig ist, wird es zuständig, wenn sich der Beklagte auf das Verfahren einlässt. Dies gilt nicht, wenn der Beklagte sich einlässt, um den Mangel der Zuständigkeit geltend zu machen.

Auch eine rügelose Einlassung ist ein Zuständigkeitsgrund. Sofern das Gericht nicht bereits nach anderen Vorschriften der EuUntVO zuständig ist, wird es zuständig, wenn sich der Beklagte auf das Verfahren einlässt, insb. Klageabweisung beantragt oder Verfahrenseinwände erhebt (Geimer/Schütze/*Reuß* Art. 5 VO Nr. 4/2009 Rn. 6. – Vgl. OLG Frankfurt NJW-RR 2005, 935 zu Art. 24 Brüssel I-VO). Dies gilt nicht, wenn er sich lediglich einlässt, um den Mangel der Zuständigkeit zu rügen (Satz 2). Die Rüge ist allerdings verspätet, wenn sie erst nach dem ersten Verteidigungsvorbringen (vgl. dazu BGH NJW 2011, 2809) vor dem angerufenen Gericht erhoben wird (OLG Stuttgart NJW 2014, 1458 Anm. *Dimmler* FamRB 2014, 137; OLG Koblenz FamRZ 2015, 1618). Zuständigkeitsbegründung durch rügelose Einlassung ist auch entgegen einer Gerichtsstandvereinbarung möglich (Saenger/*Dörner* Art. 4 EuUnthVO Rn. 12). Die Beschränkung des Art. 4 Abs. 3 für Kinder gilt hier nicht (Geimer/Schütze/*Reuß* Art. 5 VO Nr. 4/2009 Rn. 3). 1

Art. 6 EuUntVO
Auffangzuständigkeit. Ergibt sich weder eine Zuständigkeit eines Gerichts eines Mitgliedstaats gemäß der Artikel 3, 4 und 5 noch eine Zuständigkeit eines Gerichts eines Staates, der dem Übereinkommen von Lugano angehört und der kein Mitgliedstaat ist, gemäß der Bestimmungen dieses Übereinkommens, so sind die Gerichte des Mitgliedstaats der gemeinsamen Staatsangehörigkeit der Parteien zuständig.

Die EuUntVO lässt keine nationale »Restzuständigkeit« mehr zu, räumt jedoch eine subsidiäre Auffangzuständigkeit ein (Art. 6). Ergibt sich nämlich weder eine Zuständigkeit eines Gerichts eines Mitgliedstaats gem. Art. 3, 4 und 5 noch eine Zuständigkeit in einem Nichtmitgliedstaat, der dem Lugano- Übk. angehört, nach den Bestimmungen dieses Übk., so besteht die Auffangzuständigkeit. Dann sind die Gerichte des Mitgliedstaats der **gemeinsamen Staatsangehörigkeit** der Parteien zuständig. Im Interesse der Rechtssicherheit ist, ebenso wie bei der Brüssel IIa-VO, die Beziehung zu einer der Staatsangehörigkeiten ausreichend (*Gruber* IPRax 2010, 128, 133). Auf die effektive Staatsangehörigkeit kommt es nicht an (zu Art. 3 Buchst. b) Brüssel IIa-VO s. EuGH FamRZ 2009, 1571 m. Anm. *Kohler*). Es besteht eine ausschließlich örtliche Zuständigkeit des AG Pankow/Weißensee (§ 27 AUG; OLG Koblenz FamRZ 2015, 268 Anm. *Gottwald* = NZFam 2015, 143 Anm. *Althammer*). Besitzt der prozessführungsberechtigte Elternteil keine oder eine andere Staatsangehörigkeit als das Kind, für das Unterhalt verlangt wird, so genügt es, wenn das Kind und der unterhaltspflichtige Elternteil die gleiche Staatsangehörigkeit besitzen (Zöller/*Geimer* Art. 6 EG-VO Rn. 2. A.A. Geimer/Schütze/*Reuß* Art. 6 VO Nr. 4/2009 Rn. 6). 1

Für Mitgliedstaaten, die dem Domizilprinzip folgen, gilt eine Sonderregel. Parteien, die ihren »Wohnsitz« in verschiedenen Gebietseinheiten desselben Mitgliedstaats haben, haben ihren gemeinsamen »Wohnsitz« in diesem Staat (Art. 2 Abs. 3 Unterabs. 2). 2

Art. 7 EuUntVO
Notzuständigkeit (forum necessitatis). Ergibt sich keine Zuständigkeit eines Gerichts eines Mitgliedstaats gemäß der Artikel 3, 4, 5 und 6, so können die Gerichte eines Mitgliedstaats in Ausnahmefällen über den Rechtsstreit entscheiden, wenn es nicht zumutbar ist oder es sich als unmöglich erweist, ein Verfahren in einem Drittstaat, zu dem der Rechtsstreit einen engen Bezug aufweist, einzuleiten oder zu führen. Der Rechtsstreit muss einen ausreichenden Bezug zu dem Mitgliedstaat des angerufenen Gerichts aufweisen.

Zur Vermeidung eines negativen internationalen Kompetenzkonflikts und einer Rechtsschutzverweigerung (vgl. 6 EMRK, Art. 47 GRC) kann nach Art. 7 ausnahmsweise eine **Notzuständigkeit** (forum necessitatis) in Anspruch genommen werden (näher *Gruber* IPRax 2010, 128, 134 f.; *Hau* FamRZ 2010, 516, 517). Hierfür besteht wegen der Universalität der Zuständigkeitsregeln ein Bedürfnis. Ergibt sich nämlich keine internationale Zuständigkeit eines mitgliedstaatlichen Gerichts gem. Art. 3, 4, 5 und 6, so dürfen die Gerichte eines Mitgliedstaats in Ausnahmefällen über den Rechtsstreit entscheiden. Es handelt sich um keine Ermes- 1 sensentscheidung (*Hau* FamRZ 2010, 516, 517). Eine Voraussetzung ist, dass es nicht zumutbar ist oder es sich als unmöglich erweist, ein Verfahren in einem Drittstaat (Nichtmitgliedstaat der VO), zu dem der Rechtsstreit einen engen Bezug aufweist (z.B. gewöhnlicher Aufenthalt oder Verbundzuständigkeit), einzuleiten oder zu führen (Unterabs. 1). Beispiele dafür sind etwa Bürgerkriege, die keine geordnete Verfahrensführung mehr zulassen (ErwGrd. 16), aber auch eine exorbitant lange Verfahrensdauer (Saenger/*Dörner* Art. 7 EuUnthVO Rn. 2). Ferner muss der Rechtsstreit – was im Einzelfall zu prüfen ist – einen ausreichenden Bezug zu dem Mitgliedstaat des angerufenen Gerichts aufweisen (Unterabs. 2). Dafür kann die Staatsangehörigkeit mindestens einer Partei, der gewöhnliche Aufenthalt oder die Belegenheit von Vermögen sprechen (ErwGrd. 16). Art. 7 kann auch zugunsten des Unterhaltsberechtigten in Betracht kommen, wenn für die Abänderung eines deutschen Unterhaltstitels sonst weder im EU-Ausland, noch in einem Drittstaat eine Zuständigkeit besteht (BGH FamRZ 2016, 115 m. Anm. *Streicher* FamRB 2016, 88).

2 Es besteht eine ausschließliche örtliche Zuständigkeit des AG Pankow/Weißensee (§ 27 AUG). Teilweise wird für eng und unmittelbar mit dem Unterhalt zusammenhängende Fragen noch mit einer besonderen ungeschriebenen Attraktionszuständigkeit (vis attractiva alimentorum) argumentiert (Geimer/Schütze/*Reuß* Art. 1 VO Nr. 4/2009 Rn. 22).

Art. 8 EuUntVO

Verfahrensbegrenzung. (1) Ist eine Entscheidung in einem Mitgliedstaat oder einem Vertragsstaat des Haager Übereinkommens von 2007 ergangen, in dem die berechtigte Person ihren gewöhnlichen Aufenthalt hat, so kann die verpflichtete Person kein Verfahren in einem anderen Mitgliedstaat einleiten, um eine Änderung der Entscheidung oder eine neue Entscheidung herbeizuführen, solange die berechtigte Person ihren gewöhnlichen Aufenthalt weiterhin in dem Staat hat, in dem die Entscheidung ergangen ist.
(2) Absatz 1 gilt nicht,
a) wenn die gerichtliche Zuständigkeit jenes anderen Mitgliedstaats auf der Grundlage einer Vereinbarung nach Artikel 4 zwischen den Parteien festgelegt wurde;
b) wenn die berechtigte Person sich aufgrund von Artikel 5 der gerichtlichen Zuständigkeit jenes anderen Mitgliedstaats unterworfen hat;
c) wenn die zuständige Behörde des Ursprungsstaats, der dem Haager Übereinkommen von 2007 angehört, ihre Zuständigkeit für die Änderung der Entscheidung oder für das Erlassen einer neuen Entscheidung nicht ausüben kann oder die Ausübung ablehnt; oder
d) wenn die im Ursprungsstaat, der dem Haager Übereinkommen von 2007 angehört, ergangene Entscheidung in dem Mitgliedstaat, in dem ein Verfahren zur Änderung der Entscheidung oder Herbeiführung einer neuen Entscheidung beabsichtigt ist, nicht anerkannt oder für vollstreckbar erklärt werden kann.

1 **A. Verfahrensbegrenzung für Abänderungsverfahren.** Über Art. 8 wird eine **perpetuatio jurisdictionis** für Abänderungsklagen erreicht (*Gruber* IPRax 2010, 128, 135; *Hau* FamRZ 2010, 516, 518). Um Abänderungsverfahren möglichst im Ursprungsstaat zu konzentrieren, soll mit Hilfe einer »Verfahrensbegrenzung« die Einleitung konkurrierender Verfahren in anderen Staaten verhindert werden.

2 **B. Unzulässigkeit neuen Verfahrens.** Ist eine Entscheidung in einem Mitgliedstaat oder einem Vertragsstaat des Haager Übk. von 2007 ergangen, in dem der Berechtigte seinen gewöhnlichen Aufenthalt hat, so kann der Verpflichtete **kein Verfahren** in einem anderen Mitgliedstaat einleiten, um eine Änderung der Entscheidung oder eine neue Entscheidung herbeizuführen. Dies gilt entsprechend für gerichtliche Vergleiche und öffentliche Urkunden (*Hau* FamRZ 2010, 516, 518; vgl. Art. 48). Die Festschreibung der Zuständigkeit für Abänderungsverfahren gilt freilich nicht für den Berechtigten (Geimer/Schütze/*Reuß* Art. 8 VO Nr. 4/2009 Rn. 7). Die Prüfung dieser »negativen Zuständigkeitsregel« (so *Janzen* FPR 2008, 218, 220 f.) erfolgt auch hier nach Art. 10 v.A.w. (Saenger/*Dörner* Art. 10 EuUnthVO Rn. 1. A.A. Geimer/Schütze/*Reuß* Art. 8 VO Nr. 4/2009 Rn. 3). Allerdings ist eine vorbehaltlose Einlassung nach Art. 5 möglich. Die Beweislast für die Begrenzungsvoraussetzungen des Art. 8 trifft diejenige Partei, die sich darauf beruft (Rauscher/*Andrae* Art. 8 EG-UntVO Rn. 18). Die Einschränkung gilt allerdings nur, solange der Berechtigte seinen gewöhnlichen Aufenthalt weiterhin in dem Staat hat, in dem die Entscheidung ergangen ist (Art. 8 Abs. 1). Mit Aufenthaltswechsel entfällt sie (OLG Düsseldorf FamRZ 2013, 55).

C. Ausnahmen. Vom Grundsatz des Art. 8 Abs. 1 bestehen vier Ausnahmen. Keine Verfahrensbegrenzung erfolgt dann, wenn die gerichtliche Zuständigkeit jenes anderen Mitgliedstaats auf der Grundlage einer **Gerichtsstandvereinbarung** nach Art. 4 zwischen den Parteien festgelegt wurde (Abs. 2 Buchst. a)). 3

Gleiches gilt bei **rügeloser Einlassung**, wenn der Berechtigte sich durch rügelose Einlassung nach Art. 5 der gerichtlichen Zuständigkeit jenes anderen Mitgliedstaats unterworfen hat (Abs. 2 Buchst. b)). 4

Ein weiterer Fall ist die **Nichtausübung oder Ablehnung der Zuständigkeit**. Zur Vermeidung negativer Kompetenzkonflikte besteht auch dann kein Hindernis, wenn die zuständige Behörde des Ursprungsstaats, der dem Haager Übk. von 2007 angehört, ihre Zuständigkeit für die Änderung der Entscheidung oder für den Erlass einer neuen Entscheidung nicht ausüben kann oder die Ausübung ablehnt (Abs. 2 Buchst. c)). 5

Ausgenommen ist schließlich der Fall, dass die im Ursprungsstaat, der dem Haager Übk. von 2007 angehört, ergangene Entscheidung in dem Mitgliedstaat, in dem ein Verfahren zur Änderung der Entscheidung oder Herbeiführung einer neuen Entscheidung beabsichtigt ist, **nicht anerkannt oder nicht für vollstreckbar erklärt** werden kann (Abs. 2 Buchst. d)). 6

Art. 9 EuUntVO Anrufung eines Gerichts. Für die Zwecke dieses Kapitels gilt ein Gericht als angerufen

a) zu dem Zeitpunkt, zu dem das verfahrenseinleitende Schriftstück oder ein gleichwertiges Schriftstück bei Gericht eingereicht worden ist, vorausgesetzt, dass der Kläger es in der Folge nicht versäumt hat, die ihm obliegenden Maßnahmen zu treffen, um die Zustellung des Schriftstücks an den Beklagten zu bewirken, oder

b) falls die Zustellung an den Beklagten vor Einreichung des Schriftstücks bei Gericht zu bewirken ist, zu dem Zeitpunkt, zu dem die für die Zustellung verantwortliche Stelle das Schriftstück erhalten hat, vorausgesetzt, dass der Kläger es in der Folge nicht versäumt hat, die ihm obliegenden Maßnahmen zu treffen, um das Schriftstück bei Gericht einzureichen.

Die EuUntVO legt – ähnlich wie andere Verordnungen (Art. 32 Brüssel Ia-VO, Art. 16 Brüssel IIa-VO) – autonom fest, wann ein Gericht als angerufen gilt. Das ist der Zeitpunkt, zu dem das verfahrenseinleitende Schriftstück oder ein gleichwertiges Schriftstück **bei Gericht eingereicht** worden ist, durch das der Verfahrensgegner erstmals Kenntnis vom Verfahren erlangt und in die Lage versetzt wird, seine Rechte im Verfahren wahrzunehmen (vgl. Geimer/Schütze/*Reuß* Art. 11 VO Nr. 4/2009 Rn. 7). Ein bloß vorbereitender Antrag auf Bewilligung von Prozess- bzw. Verfahrenskostenhilfe genügt dafür nicht (OLG Frankfurt 5. 3. 2015 - 6 UF 225/13.– Anders *Hausmann* IntEuSchR Rn. C 213). 1

Verlangt wird weiter, dass der Kläger anschließend nicht versäumt hat, die ihm obliegenden Maßnahmen zu treffen, um die Zustellung des Schriftstücks an den Beklagten zu bewirken (Buchst. a)). Falls die **Zustellung an den Beklagten** vor Einreichung des Schriftstücks bei Gericht zu bewirken ist, liegt Anrufung in dem Zeitpunkt vor, in dem die für die Zustellung verantwortliche Stelle das Schriftstück erhalten hat, vorausgesetzt, dass der Kläger es in der Folge nicht versäumt hat, die notwendigen Maßnahmen zu treffen, um das Schriftstück bei Gericht einzureichen (Buchst. b)). 2

Art. 10 EuUntVO Prüfung der Zuständigkeit. Das Gericht eines Mitgliedstaats, das in einer Sache angerufen wird, für die es nach dieser Verordnung nicht zuständig ist, erklärt sich von Amts wegen für unzuständig.

Wie die anderen Verordnungen regelt die EuUntVO auch die Prüfung der Zuständigkeit nach Art. 3 ff. sowie des Hinderungsgrunds nach Art. 8 (s. Art. 27 Brüssel Ia-VO, Art. 17 Brüssel IIa-VO). Das Gericht eines Mitgliedstaats, das in einer Sache angerufen wird, für die es nach der EuUntVO nicht zuständig ist, erklärt sich v.A.w. für unzuständig (Art. 10). Dies kommt freilich nur dann zum Tragen, wenn sich der Beklagte überhaupt nicht eingelassen hat; er kann sich nämlich nach Art. 5 einlassen und damit eine internationale Zuständigkeit begründen (Rauscher/*Andrae* Art. 10 EG-UntVO Rn. 6). Die amtswegige Prüfung ändert nichts daran, dass im Übrigen der Beibringungsgrundsatz gilt. 1

Art. 11 EuUntVO Prüfung der Zulässigkeit. (1) Lässt sich ein Beklagter, der seinen gewöhnlichen Aufenthalt im Hoheitsgebiet eines anderen Staates als des Mitgliedstaats hat, in dem das Verfahren eingeleitet wurde, auf das Verfahren

nicht ein, so setzt das zuständige Gericht das Verfahren so lange aus, bis festgestellt ist, dass es dem Beklagten möglich war, das verfahrenseinleitende Schriftstück oder ein gleichwertiges Schriftstück so rechtzeitig zu empfangen, dass er sich verteidigen konnte oder dass alle hierzu erforderlichen Maßnahmen getroffen wurden.

(2) Anstelle des Absatzes 1 dieses Artikels findet Artikel 19 der Verordnung (EG) Nr. 1393/2007 Anwendung, wenn das verfahrenseinleitende Schriftstück oder ein gleichwertiges Schriftstück nach Maßgabe jener Verordnung von einem Mitgliedstaat in einen anderen zuzustellen war.

(3) Sind die Bestimmungen der Verordnung (EG) Nr. 1393/2007 nicht anwendbar, so gilt Artikel 15 des Haager Übereinkommens vom 15. November 1965 über die Zustellung gerichtlicher und außergerichtlicher Schriftstücke im Ausland in Zivil- und Handelssachen, wenn das verfahrenseinleitende Schriftstück oder ein gleichwertiges Schriftstück nach Maßgabe dieses Übereinkommens ins Ausland zu übermitteln war.

1 Nach dem schwer verständlich formulierten Art. 11 wird die »Zulässigkeit«, womit die **Gewährung effektiven rechtlichen Gehörs** gemeint ist, geprüft. Die Vorschrift entspricht Art. 28 Brüssel Ia-VO, Art. 18 Brüssel IIa-VO und Art. 16 EuErbVO.

2 Primär ist **Art. 19 EuZustVO**, der auch ggü. Dänemark gilt, anzuwenden. Anstelle von Art. 11 Abs. 1 EuUntVO findet nämlich Art. 19 der EuZustVO Anwendung, wenn das verfahrenseinleitende Schriftstück oder ein gleichwertiges Schriftstück nach Maßgabe jener VO von einem Mitgliedstaat in einen anderen, also z.B. nach Österreich, zuzustellen war (Abs. 2). Für die Zustellung gilt daher grundsätzlich die Zustellungsverordnung.

3 Ist die EuZustVO jedoch nicht anwendbar, so greift **Art. 15 Haager Zustellungs-Übk. 1965** ein, wenn das verfahrenseinleitende Schriftstück oder ein gleichwertiges Schriftstück nach Maßgabe dieses Übk. ins Ausland, etwa in die Schweiz, zu übermitteln war (Abs. 3). Art. 11 Abs. 1 EuUntVO kommt nur als Auffangtatbestand außerhalb des geographischen Anwendungsbereichs von EuZustVO und Haager Zustellungs-Übk 1965 in Frage (Zöller/*Geimer* Art. 11 EG-VO Rn. 5).

4 Lässt sich der Beklagter, der seinen gewöhnlichen Aufenthalt in einem anderen Staat als dem Mitgliedstaat der Verfahrenseinleitung hat, auf das Verfahren nicht ein (d.h. er tritt weder im Verfahren auf, noch macht er die Unzuständigkeit geltend; Geimer/Schütze/*Reuß* Art. 11 VO Nr. 4/2009 Rn. 6), so setzt das zuständige Gericht das Verfahren ebenso wie nach den anderen Verordnungen ggf. aus (s. Art. 28 Brüssel Ia-VO, Art. 18 Brüssel IIa-VO). Die Aussetzung erfolgt v.A.w. so lange, bis festgestellt ist, dass es dem Beklagten möglich war, das verfahrenseinleitende Schriftstück oder ein gleichwertiges Schriftstück so rechtzeitig zu empfangen, dass er sich verteidigen konnte oder dass alle hierzu erforderlichen Maßnahmen getroffen wurden (Abs. 1).

Art. 12 EuUntVO

Rechtshängigkeit. (1) Werden bei Gerichten verschiedener Mitgliedstaaten Verfahren wegen desselben Anspruchs zwischen denselben Parteien anhängig gemacht, so setzt das später angerufene Gericht das Verfahren von Amts wegen aus, bis die Zuständigkeit des zuerst angerufenen Gerichts feststeht.

(2) Sobald die Zuständigkeit des zuerst angerufenen Gerichts feststeht, erklärt sich das später angerufene Gericht zugunsten dieses Gerichts für unzuständig.

1 **A. Allgemeines.** Im Interesse der Prozessökonomie und zur Vermeidung widersprüchlicher Entscheidungen regelt die EuUntVO – ebenso wie Art. 27 Brüssel I-VO, Art. 29 Brüssel Ia-VO und Art. 19 Brüssel IIa-VO, Art. 17 EuErbVO – auch die Rechtshängigkeit für Verfahren in den Mitgliedstaaten. Werden bei Gerichten verschiedener Staaten Verfahren wegen desselben Anspruchs zwischen denselben Parteien anhängig gemacht, so setzt das später angerufene Gericht (vgl. Art. 9 EuUntVO), dem **Prioritätsprinzip** entsprechend, das Verfahren v.A.w. aus, bis die Zuständigkeit des zuerst angerufenen Gerichts feststeht (Art. 12 Abs. 1). Die Auslegung der Vorschrift sollte – soweit wie möglich – die gleiche sein wie nach den anderen Verordnungen.

2 **B. Derselbe Anspruch.** Von demselben Anspruch ist auszugehen, wenn die Klagen auf derselben Grundlage beruhen und denselben Gegenstand haben (Streitgegenstand; EuGH NJW 1989, 665 – Gubisch/Palumbo). Dabei umfasst die Grundlage des Anspruchs den Sachverhalt und die Rechtsvorschrift, auf die die Klage gestützt wird; der Gegenstand wird in dem Zweck der Klage gesehen. Nach der Kernpunkttheorie des

EuGH steht ein negativer Feststellungsantrag einer späteren Unterhaltsleistungsklage entgegen (*Gruber* IPRax 2010, 128, 135). Zwischen Trennungsunterhalt und nachehelichem Unterhalt besteht keine Identität (Rauscher/*Andrae* Art. 12 EG-UntVO Rn. 7). Eine Leistungsklage auf Zahlung von Trennungsunterhalt und eine darauf bezogene Stufenklage haben aber denselben Anspruch zum Gegenstand (BGH NJW 2013, 2597 Anm. *Hau* FamRZ 2013, 1116). Ein Hauptsacheverfahren in einem Mitgliedstaat macht, da keine endgültige Regelung angestrebt wird, ein Verfahren auf einstweiligen Rechtsschutz in einem anderen Verfahren nicht unzulässig (Geimer/Schütze/*Reuß* Art. 12 VO Nr. 4/2009 Rn. 8). Gleiches gilt für den umgekehrten Fall.

C. Parteiidentität. Das Kriterium der Parteiidentität macht dann Schwierigkeiten, wenn Verfahren wegen des gleichen Anspruchs unter verschiedenen Parteien geltend gemacht werden. Insbes. ist zu entscheiden, wie Verfahren mit den jeweiligen Rechtsvorgängern bzw. Rechtsnachfolgern anzusehen sind. Ein verschiedener Anspruch wird geltend gemacht, wenn für unterschiedliche Zeiträume Unterhalt verlangt wird (Zöller/*Geimer* Art. 12 EG-VO Rn. 2). Die Grenzen zwischen Ehegatten- und Geschiedenenunterhalt sowie zwischen Ehegatten-/Familienunterhalt und Kindesunterhalt werden in den einzelnen Unterhaltsrechten verschieden gezogen. Da es zu Überschneidungen bzw. Ungereimtheiten kommen kann, wenn diese Ansprüche jeweils unterschiedlich erhoben worden sind, wird befürwortet, hier ggf. von einem einheitlichen Anspruch auszugehen (Zöller/*Geimer* Art. 12 EG-VO Rn. 2). Identität kann vorliegen, wenn beim Kindesunterhalt ein Elternteil als Prozessstandschafter für das Kind auftritt (*Hausmann* IntEuSchR Rn. C 324; Rauscher/*Andrae* Art. 12 EG-UntVO Rn. 4). Sobald die Zuständigkeit des zuerst angerufenen Gerichts feststeht, erklärt sich das später angerufene Gericht für unzuständig (Abs. 2). 3

D. Rechtshängigkeit in Bezug auf Nichtmitgliedstaaten. Nicht geregelt wird die Rechtshängigkeit in Bezug auf in Nichtmitgliedstaaten (z.B. in der Schweiz) rechtshängige Verfahren. Damit stellt sich die Frage nach den maßgeblichen Regeln. Insoweit wird angenommen, dass hier die außerhalb der VO eingreifenden Staatsverträge und Regeln des nationalen IZPR gelten (Rauscher/*Andrae* Art. 12 EG-UntVO Rn. 17 ff.). Nach h.M. kommt damit bei positiver Anerkennungsprognose die Regelung des § 261 Abs. 3 ZPO analog zur Anwendung (s. § 108 FamFG Rdn. 40) Gegen eine entsprechende Anwendung der EuUntVO-Regelung spricht, dass die Frage außerhalb des Anwendungsbereichs der VO liegt und ihre Lösung nur auf Mitgliedstaaten zugeschnitten ist. 4

Art. 13 EuUntVO Aussetzung wegen Sachzusammenhang.

(1) Sind bei Gerichten verschiedener Mitgliedstaaten Verfahren, die im Zusammenhang stehen, anhängig, so kann jedes später angerufene Gericht das Verfahren aussetzen.
(2) Sind diese Verfahren in erster Instanz anhängig, so kann sich jedes später angerufene Gericht auf Antrag einer Partei auch für unzuständig erklären, wenn das zuerst angerufene Gericht für die betreffenden Verfahren zuständig ist und die Verbindung der Verfahren nach seinem Recht zulässig ist.
(3) Verfahren stehen im Sinne dieses Artikels im Zusammenhang, wenn zwischen ihnen eine so enge Beziehung gegeben ist, dass eine gemeinsame Verhandlung und Entscheidung geboten erscheint, um zu vermeiden, dass in getrennten Verfahren widersprechende Entscheidungen ergehen könnten.

Art. 13 erlaubt eine **Aussetzung des Verfahrens** wegen Sachzusammenhangs (Konnexität). Die Vorschrift entspricht Art. 30 Brüssel Ia-VO und Art. 13 Brüssel IIa-VO. Verfahren stehen im Zusammenhang, wenn zwischen ihnen eine so enge Beziehung gegeben ist, dass eine gemeinsame Verhandlung und Entscheidung geboten erscheint, um zu vermeiden, dass in getrennten Verfahren widersprechende Entscheidungen ergehen könnten (Abs. 3). Das kann bei Ansprüchen mehrerer Unterhaltsberechtigter, aber etwa auch bei einem vorgreiflichen Sorgerechtsverfahren, der Fall sein (Rauscher/*Andrae* Art. 13 EG-UntVO Rn. 1, 2). 1

Sind bei Gerichten verschiedener Mitgliedstaaten Verfahren, die im Zusammenhang stehen, anhängig, so kann jedes später angerufene Gericht das Verfahren aussetzen (Abs. 1). Die Aussetzung kann v.A.w. erfolgen (Geimer/Schütze/*Reuß* Art. 13 VO Nr. 4/2009 Rn. 8). Sind diese Verfahren in erster Instanz anhängig, so kann sich jedes später angerufene Gericht auf Antrag einer Partei auch für unzuständig erklären, wenn das zuerst angerufene Gericht für die betreffenden Verfahren zuständig ist und die Verbindung der Verfahren nach seinem Recht zulässig ist (Abs. 2), vgl. § 113 Abs. 1 Satz 2, § 147 ZPO. 2

Art. 14 EuUntVO Einstweilige Maßnahmen einschließlich Sicherungsmaßnahmen. Die im Recht eines Mitgliedstaats vorgesehenen einstweiligen Maßnahmen einschließlich solcher, die auf eine Sicherung gerichtet sind, können bei den Gerichten dieses Staates auch dann beantragt werden, wenn für die Entscheidung in der Hauptsache das Gericht eines anderen Mitgliedstaats aufgrund dieser Verordnung zuständig ist.

1 Für einstweilige Maßnahmen wird teilweise auf nationales Recht abgestellt (ebenso Art. 35 Brüssel Ia-VO, Art. 14 Brüssel IIa-VO), da bei dem für das Hauptsacheverfahren zuständigen Gericht die im mitgliedstaatlichen Recht vorgesehenen einstweiligen Maßnahmen beantragt werden können (vgl. §§ 246 ff. FamFG). Einstweilige Maßnahmen, einschl. solcher, die auf eine Sicherung gerichtet sind, können bei den Gerichten dieses Staates auch dann beantragt werden, wenn in der Hauptsache das Gericht eines anderen Mitgliedstaats nach der EuUntVO zuständig ist (Art. 14; dies entspricht Art. 35 Brüssel Ia-VO, Art. 20 Brüssel IIa-VO). Entsprechendes gilt, wenn ein Hauptverfahren noch nicht anhängig ist. Fraglich ist, ob die nationalen Zuständigkeitsregeln ausgeschlossen sind (verneinend Rauscher/*Andrae* Art. 14 EG-UntVO Rn. 12; MüKo-FamFG/*Lipp* Art. 14 EuUntVO Rn. 13 ff.). Besteht keine internationale Zuständigkeit nach der EuUntVO, so kann sie auf § 105 FamFG gestützt werden (*Uecker* FPR 2013, 35, 36).

2 Der **Begriff der einstweiligen Maßnahme** ist verordnungsautonom auszulegen (Geimer/Schütze/*Reuß* Art. 14 VO Nr. 4/2009 Rn. 4). Dafür kommt eine ganze Reihe solcher Maßnahmen in Betracht. Dies sind vor allem Leistungsverfügungen (Geimer/Schütze/*Reuß* Art. 14 VO Nr. 4/2009 Rn. 6, mit Einschränkungen). Aber auch bloße Sicherungsverfügungen, d.h. Verfügungsverbote bzw. -beschränkungen, gegen den in Anspruch Genommenen werden erfasst (Zöller/*Geimer* Art. 14 EG-VO Rn. 1). Die einstweilige Maßnahme braucht nicht aus einem Verfahren zu entstammen, dessen Hauptsache ein Unterhaltsanspruch ist. Es kann sich etwa auch um ein Ehescheidungs- oder Abstammungsverfahren handeln (Rauscher/*Andrae* Art. 14 EG-UntVO Rn. 6). Es ist anzunehmen, dass sich die von den anderen Verordnungen bekannten Schwierigkeiten bezüglich einstweiligen Maßnahmen (vgl. Art. 20 Brüssel IIa-VO) bei der EuUntVO fortsetzen werden (näher zu den einzelnen Konstellationen Wendl/Dose/*Dose* § 9 Rn. 673 f.).

3 Eine Regelung für **Parallelverfahren auf einstweiligen Rechtsschutz** in verschiedenen Mitgliedstaaten besteht nicht. Für die Rechtsschutzgewährung wäre es eine große Belastung, wenn insoweit unterschiedliche nationale Regeln angewendet würden. Daher wird eine analoge Anwendung von Art. 20 Abs. 2 Brüssel IIa-VO befürwortet (Außerkrafttreten der früheren Anordnung; Zöller/*Geimer* Art. 14 EG-VO Rn. 2).

KAPITEL III. ANWENDBARES RECHT

Art. 15 EuUntVO Bestimmung des anwendbaren Rechts. *(nicht abgedruckt)*

KAPITEL IV. ANERKENNUNG, VOLLSTRECKBARKEIT UND VOLLSTRECKUNG VON ENTSCHEIDUNGEN

Art. 16 EuUntVO Geltungsbereich dieses Kapitels. (1) Dieses Kapitel regelt die Anerkennung, die Vollstreckbarkeit und die Vollstreckung der unter diese Verordnung fallenden Entscheidungen.
(2) Abschnitt 1 gilt für Entscheidungen, die in einem Mitgliedstaat, der durch das Haager Protokoll von 2007 gebunden ist, ergangen sind.
(3) Abschnitt 2 gilt für Entscheidungen, die in einem Mitgliedstaat, der nicht durch das Haager Protokoll von 2007 gebunden ist, ergangen sind.
(4) Abschnitt 3 gilt für alle Entscheidungen.

1 **A. Allgemeines.** Die Art. 16–43 (Kap. 4) regeln die **Anerkennung, die Vollstreckbarkeit und die Vollstreckung** der unter die EuUntVO fallenden Entscheidungen (Art. 16 Abs. 1). »Ursprungsmitgliedstaat« ist der Mitgliedstaat, in dem die anzuerkennende oder zu vollstreckende Entscheidung ergangen, der gerichtliche

Vergleich gebilligt oder geschlossen oder die öffentliche Urkunde ausgestellt worden ist (Art. 2 Abs. 1 Nr. 4). Die VO folgt dabei, ohne dass dies ausdrücklich angeordnet wird, dem Prinzip der Wirkungserstreckung (Geimer/Schütze/*Hilbig* Art. 17 VO Nr. 4/2009 Rn. 22 ff.). Die Art. 16 ff. erfassen auch Entscheidungen, welche Unterhaltsansprüche verneinen (*Gruber* IPRax 2010, 128, 136) oder zur Unterhaltsrückzahlung verpflichten (*Gruber* IPRax 2010, 128, 136).

Die in einem Mitgliedstaat ergangene Entscheidung (s. Art. 2 Abs. 1 Nr. 1) wird im Verhältnis zwischen den EU-Mitgliedstaaten, die an das **Haager Protokoll gebunden** sind (dazu näher *Gruber* IPRax 2010, 128, 135 ff.; Rauscher/*Andrae* EG UntVO Art. 16 Rn. 12), automatisch anerkannt, ohne dass es hierfür eines besonderen Verfahrens bedarf und ohne dass die Anerkennung angefochten werden kann (Art. 16 Abs. 1, Art. 17 ff.). Zugleich kann zwischen diesen Staaten eine für vollstreckbar erklärte Entscheidung ohne eine zusätzliche Vollstreckbarerklärung in dem anderen Mitgliedstaat durchgesetzt werden. **2**

Für Entscheidungen, die in einem **nicht durch das Haager Protokoll von 2007 gebundenen Mitgliedstaat** ergangen sind (insbes. Großbritannien), ist in Anlehnung an die Brüssel I-VO ein vereinfachtes Verfahren zur Anerkennung und Vollstreckbarerklärung vorgesehen (Art. 16 Abs. 2, Art. 23 ff.). Insoweit besteht ein duales oder zweispuriges System. Die Art. 39 ff. enthalten **gemeinsame Bestimmungen,** welche stets zur Anwendung kommen (Art. 16 Abs. 4). Als berechtigte Person gilt auch eine öffentliche Aufgaben wahrnehmende Einrichtung (Art. 64). **3**

B. Anerkennung nach Abschnitt 1. Aufgrund der VO wird die in einem Mitgliedstaat ergangene Entscheidung im Verhältnis zwischen den **Haager Protokoll-Mitgliedstaaten**, die an das gebunden sind, automatisch anerkannt, ohne dass es hierfür eines besonderen Verfahrens bedarf und ohne dass die Anerkennung angefochten werden kann (Art. 16 Abs. 1, Art. 17 ff.). Abschn. 1 (Art. 17 ff.) der VO gilt für Entscheidungen, die in einem Mitgliedstaat des Haager Protokolls ergangen sind (Art. 16 Abs. 2). Zugleich kann zwischen diesen Staaten eine für vollstreckbar erklärte Entscheidung ohne eine zusätzliche Vollstreckbarerklärung in dem anderen Mitgliedstaat durchgesetzt werden. **4**

C. Anerkennung nach Abschnitt 2. Abschn. 2 (Art. 23 ff.) gilt für Entscheidungen, die in einem **Nichtmitgliedstaat des Haager Protokolls von 2007** ergangen sind (Art. 16 Abs. 3). Für Entscheidungen, die in einem nicht durch das Haager Protokoll gebundenen Mitgliedstaat ergangen sind (insbes. Großbritannien), ist in Anlehnung an die Brüssel I-VO ein vereinfachtes »Zwischenverfahren« zur Anerkennung und Vollstreckbarerklärung vorgesehen (Art. 16 Abs. 2, Art. 23 ff.). Abschn. 3 (Art. 39–48) der VO enthält gemeinsame Bestimmungen und gilt für alle Entscheidungen (Art. 16 Abs. 4). Diese Vorschriften kommen stets zur Anwendung (Art. 16 Abs. 4). Als berechtigte Person gilt auch eine öffentliche Aufgaben wahrnehmende Einrichtung (Art. 64). **5**

D. Anerkennungsfähige Entscheidungen. »Entscheidung« ist eine von einem mitgliedstaatlichen Gericht in einer Unterhaltssache erlassene Entscheidung ungeachtet ihrer Bezeichnung, einschl. des Kostenfestsetzungsbeschlusses eines Gerichtsbediensteten (Art. 2 Abs. 1 Nr. 1). Erfasst werden aber lediglich solche Entscheidungen, welche in der Sache entscheiden. Dazu gehört auch ein negatives Feststellungsurteil (*Gruber* IPRax 2010, 128, 136). Nicht abgedeckt sind jedoch bloße Prozessabweisungen (Zöller/*Geimer* Art. 16 EG-VO Rn. 2). Entscheidungen, welche ihrerseits über die Anerkennung oder Vollstreckbarerklärung einer ausländischen Entscheidung befunden haben, werden ebenfalls nicht nach EuUntVO anerkannt. Auch hier wird kein sog. Doppelexequatur zugelassen (Zöller/*Geimer* Art. 16 EG-VO Rn. 2). **6**

E. Anerkennung von Maßnahmen des einstweiligen Rechtsschutzes. Die Anerkennung von Maßnahmen des einstweiligen Rechtsschutzes ist nicht gesondert geregelt. Sie fallen jedenfalls dann unter Art. 17, wenn sie in einem kontradiktorischen Verfahren ergangen sind. Die Möglichkeit nachträglichen rechtlichen Gehörs reicht aus (Rauscher/*Andrae* EG-UntVO Art. 16 Rn. 4). **7**

F. Abänderbarkeit ausländischer Unterhaltsentscheidungen. Die Abänderbarkeit ausländischer Unterhaltsentscheidungen ist nicht gesondert geregelt. Anzustreben ist eine einheitliche Haltung der Mitgliedstaaten, die freilich erst noch entwickelt werden muss (Rauscher/*Andrae* HUntStProt Einl. Rn. 29 ff.). Schwierigkeiten bereitet, dass Entscheidungen über den Kindesunterhalt des Öfteren in Verfahren zwischen den Eltern ergangen sind, wobei Titelgläubiger ein Elternteil ist. Hatte das Kind im Erstverfahren eine formelle Parteistellung, kann daran im Rahmen des Abänderungsverfahrens angeknüpft werden. Kann die Verfahrensführungsbefugnis des Kindes im Abänderungsverfahren dagegen nicht an seine formelle Parteistellung im Erstverfahren angeknüpft werden, hängt die Verfahrensführungsbefugnis davon ab, ob die ab- **8**

zuändernde Entscheidung für und gegen das Kind wirkt; diese Frage wird nach dem Recht des Entscheidungsstaates beurteilt (BGH NJW 2015, 694 zust. Anm. *Andrae* NZFam 2015, 262).

ABSCHNITT 1. In einem Mitgliedstaat, der durch das Haager Protokoll von 2007 gebunden ist, ergangene Entscheidungen

Art. 17 EuUntVO Abschaffung des Exequaturverfahrens.
(1) Eine in einem Mitgliedstaat, der durch das Haager Protokoll von 2007 gebunden ist, ergangene Entscheidung wird in einem anderen Mitgliedstaat anerkannt, ohne dass es hierfür eines besonderen Verfahrens bedarf und ohne dass die Anerkennung angefochten werden kann.
(2) Eine in einem Mitgliedstaat, der durch das Haager Protokoll von 2007 gebunden ist, ergangene Entscheidung, die in diesem Staat vollstreckbar ist, ist in einem anderen Mitgliedstaat vollstreckbar, ohne dass es einer Vollstreckbarerklärung bedarf.

1 Entscheidungen aus Ursprungsmitgliedstaaten (s. Art. 2 Abs. 1 Nr. 4), die durch das Haager Protokoll von 2007 gebunden sind, werden bevorzugt behandelt (vgl. Art. 16 Abs. 2). Eine Entscheidung, die in einem solchen Staat vollstreckbar ist, ist in einem anderen Mitgliedstaat vollstreckbar, ohne dass es einer Vollstreckbarerklärung bedarf (§ 30 Abs. 1 AUG). Auch eine ordre public-Prüfung ist nicht möglich, lediglich eine Nachprüfung gem. Art. 19 im Ursprungsstaat (*Heger* ZKJ 2010, 52, 54). Letzteres gilt auch für ursprünglich nicht grenzüberschreitende Verfahren (*Heger* ZKJ 2010, 52, 55). Nach Art. 22 hat die Unterhaltsentscheidung keine Auswirkungen auf das Bestehen eines Familienverhältnisses (dazu Erwägungsgrund 25).

Art. 18 EuUntVO Sicherungsmaßnahmen.
Eine vollstreckbare Entscheidung umfasst von Rechts wegen die Befugnis, alle auf eine Sicherung gerichteten Maßnahmen zu veranlassen, die im Recht des Vollstreckungsmitgliedstaats vorgesehen sind.

1 Eine ausländische vollstreckbare Entscheidung umfasst auch die Befugnis, alle auf eine Sicherung (auf die Vollstreckung selbst) gerichteten Maßnahmen zu veranlassen, die im Recht des Vollstreckungsmitgliedstaats vorgesehen sind. Art. 18 EuUntVO entspricht Art. 40 Brüssel Ia-VO. Dementsprechend kann etwa eine Arrestpfändung beantragt werden (näher Rauscher/*Andrae/Schimrick* Art. 18 EG-UntVO Rn. 4).

Art. 19 EuUntVO Recht auf Nachprüfung.
(1) Ein Antragsgegner, der sich im Ursprungsmitgliedstaat nicht auf das Verfahren eingelassen hat, hat das Recht, eine Nachprüfung der Entscheidung durch das zuständige Gericht dieses Mitgliedstaats zu beantragen, wenn
a) ihm das verfahrenseinleitende Schriftstück oder ein gleichwertiges Schriftstück nicht so rechtzeitig und in einer Weise zugestellt worden ist, dass er sich verteidigen konnte, oder
b) er aufgrund höherer Gewalt oder aufgrund außergewöhnlicher Umstände ohne eigenes Verschulden nicht in der Lage gewesen ist, Einspruch gegen die Unterhaltsforderung zu erheben,
es sei denn, er hat gegen die Entscheidung keinen Rechtsbehelf eingelegt, obwohl er die Möglichkeit dazu hatte.
(2) Die Frist für den Antrag auf Nachprüfung der Entscheidung beginnt mit dem Tag, an dem der Antragsgegner vom Inhalt der Entscheidung tatsächlich Kenntnis genommen hat und in der Lage war, entsprechend tätig zu werden, spätestens aber mit dem Tag der ersten Vollstreckungsmaßnahme, die zur Folge hatte, dass die Vermögensgegenstände des Antragsgegners ganz oder teilweise dessen Verfügung entzogen wurden. Der Antragsgegner wird unverzüglich tätig, in jedem Fall aber innerhalb einer Frist von 45 Tagen. Eine Verlängerung dieser Frist wegen weiter Entfernung ist ausgeschlossen.
(3) Weist das Gericht den Antrag auf Nachprüfung nach Absatz 1 mit der Begründung zurück, dass keine der Voraussetzungen für eine Nachprüfung nach jenem Absatz erfüllt ist, bleibt die Entscheidung in Kraft.

Entscheidet das Gericht, dass eine Nachprüfung aus einem der in Absatz 1 genannten Gründe gerechtfertigt ist, so wird die Entscheidung für nichtig erklärt. Die berechtigte Person verliert jedoch nicht die Vorteile, die sich aus der Unterbrechung der Verjährungs- oder Ausschlussfristen ergeben, noch das Recht, im ursprünglichen Verfahren möglicherweise zuerkannte Unterhaltsansprüche rückwirkend geltend zu machen.

A. Allgemeines. Für die verfahrenseinleitende Phase räumt die EuUntVO dem Schuldner ein eigenes Recht auf »Nachprüfung« im Ursprungsstaat ein. Er steht auch in ursprünglich rein innerstaatlichen Verfahren ohne Auslandsberührung zur Verfügung, wenn der Antragsgegner seinen Aufenthalt zwischen Entscheidung und Vollstreckung in einen anderen Mitgliedstaat verlegt hat (*Heger* ZKJ 2010, 52, 55; Geimer/Schütze/*Hilbig* Art. 19 VO Nr. 4/2009 Rn. 11). Zuständig ist das Gericht, welches die Entscheidung erlassen hat (§ 70 Abs. 1 Satz 1 AUG). 1

B. Voraussetzungen der Nachprüfbarkeit. Ein Antragsgegner, der sich im Ursprungsmitgliedstaat nicht auf das Verfahren eingelassen hat, kann eine Nachprüfung der Entscheidung durch das zuständige Gericht dieses Mitgliedstaats beantragen (Abs. 1). Voraussetzung dafür ist, dass ihm das verfahrenseinleitende Schriftstück oder ein gleichwertiges Schriftstück mangelhaft, d.h. nach europäischem oder nationalem Recht nicht so rechtzeitig und in einer Weise zugestellt worden ist, dass er sich in der tatsächlich zur Verfügung stehenden Zeit **verteidigen konnte** (Buchst. a)). Ferner kann er geltend machen, dass er ohne eigenes Verschulden **nicht in der Lage war, Einspruch** gegen die Unterhaltsforderung zu erheben (Buchst. b)). 2

C. Nichteinlegen eines Rechtsbehelfs. Kein Recht auf erneute Prüfung besteht, wenn der Antragsgegner gegen die Entscheidung **keinen Rechtsbehelf eingelegt** hat, obwohl er die Möglichkeit dazu hatte (Abs. 1 Buchst. b)). Der Schuldner kann gegen einen Versäumnisbeschluss Einspruch einlegen (§ 338 ZPO) bzw. Wiedereinsetzung beantragen (§ 113 Abs. 1 Satz 2 FamFG, § 233 ZPO; so Geimer/Schütze/*Hilbig* Art. 19 VO Nr. 4/2009 Rn. 43). Bei Vorliegen eines zweiten Versäumnisbeschlusses kann Beschwerde erhoben werden (§ 345 ZPO). Nur dann, wenn von diesen Rechtsbehelfen unverschuldet kein Gebrauch gemacht wurde, kommt eine Nachprüfung in Betracht. 3

D. Frist für den Nachprüfungsantrag. Die Frist für den Nachprüfungsantrag beginnt, wenn der Antragsgegner vom Inhalt der Entscheidung tatsächlich Kenntnis erhält und in der Lage ist, entsprechend tätig zu werden. Sie beginnt aber spätestens mit der ersten Vollstreckungsmaßnahme, die zur Folge hatte, dass die Vermögensgegenstände des Antragsgegners ganz oder teilweise dessen Verfügung tatsächlich entzogen wurden (Abs. 2). Der Antragsgegner muss »unverzüglich« tätig werden, in jedem Fall aber innerhalb von 45 Tagen. 4

E. Zurückweisung des Nachprüfungsantrags. Weist das Gericht den Nachprüfungsantrag mit der Begründung zurück, dass die Voraussetzungen für eine Nachprüfung nicht erfüllt sind, bleibt die **Entscheidung in Kraft** (Abs. 3). Gegen die Zurückweisung des Antrags auf Nachprüfung sieht die EuUntVO keinen Rechtsbehelf vor. 5

F. Erfolgreicher Nachprüfungsantrag. Befindet das Gericht, dass eine Nachprüfung aus einem der in Abs. 1 genannten Gründen gerechtfertigt ist, so wird die Entscheidung »für nichtig erklärt«. In Deutschland wird das Verfahren lediglich in die **Lage zurückversetzt,** in der es sich vor Eintritt der Versäumnis befand (s. § 70 Abs. 3 AUG). Der Berechtigte verliert nicht die Vorteile, die sich aus der Unterbrechung der Verjährungs- oder Ausschlussfristen ergeben. Das gilt ebenso für das Recht, im ursprünglichen Verfahren möglicherweise zuerkannte Unterhaltsansprüche rückwirkend geltend zu machen. Solange nicht über den Nachprüfungsantrag entschieden wurde, kann eine bereits eingeleitete Zwangsvollstreckung fortgesetzt werden (Zöller/*Geimer* Art. 19 EG-VO Rn. 3), allerdings kann ihre Aussetzung beantragt werden (s. Art. 21). Der Schuldner kann eine einstweilige Einstellung der Zwangsvollstreckung beantragen (s. § 70 Abs. 1 Satz 2 AUG i.V.m. §§ 707, 719 Abs. 1 ZPO). 6

Art. 20 EuUntVO Schriftstücke zum Zwecke der Vollstreckung.

(1) Für die Vollstreckung einer Entscheidung in einem anderen Mitgliedstaat legt der Antragsteller den zuständigen Vollstreckungsbehörden folgende Schriftstücke vor:

a) eine Ausfertigung der Entscheidung, die die für ihre Beweiskraft erforderlichen Voraussetzungen erfüllt,
b) einen Auszug aus der Entscheidung, den die zuständige Behörde des Ursprungsmitgliedstaats unter Verwendung des in Anhang I vorgesehenen Formblatts erstellt hat;
c) gegebenenfalls ein Schriftstück, aus dem die Höhe der Zahlungsrückstände und das Datum der Berechnung hervorgehen;
d) gegebenenfalls eine Transkript oder eine Übersetzung des Inhalts des in Buchstabe b genannten Formblatts in die Amtssprache des Vollstreckungsmitgliedstaats oder – falls es in diesem Mitgliedstaat mehrere Amtssprachen gibt – nach Maßgabe des Rechts dieses Mitgliedstaats in die Verfahrenssprache oder eine der Verfahrenssprachen des Ortes, an dem die Vollstreckung betrieben wird, oder in eine sonstige Sprache, für die der Vollstreckungsmitgliedstaat erklärt hat, dass er sie zulässt. Jeder Mitgliedstaat kann angeben, welche Amtssprache oder Amtssprachen der Organe der Europäischen Union er neben seiner oder seinen eigenen für das Ausfüllen des Formblatts zulässt.

(2) Die zuständigen Behörden des Vollstreckungsmitgliedstaats können vom Antragsteller nicht verlangen, dass dieser eine Übersetzung der Entscheidung vorlegt. Eine Übersetzung kann jedoch verlangt werden, wenn die Vollstreckung der Entscheidung angefochten wird.

(3) Eine Übersetzung aufgrund dieses Artikels ist von einer Person zu erstellen, die zur Anfertigung von Übersetzungen in einem der Mitgliedstaaten befugt ist.

1 Eigene Mindeststandards zur Wahrung des rechtlichen Gehörs im Erststaat hat die EuUntVO nicht eingeführt. Allerdings hat der ASt für die Vollstreckung einer Entscheidung in einem anderen Mitgliedstaat dem zuständigen Vollstreckungsorgan eine Reihe von **abschließend aufgeführten Schriftstücken vorzulegen** (dazu *Andrae* NJW 2011, 2547; *Heger/Selg* FamRZ 2011, 1101, 1105). Art. 20 entspricht Art. 42 Brüssel Ia-VO.

2 Die VO nennt eine **Ausfertigung der Entscheidung**, die die für ihre »Beweiskraft« (gemeint ist Echtheit; Geimer/Schütze/*Hilbig* Art. 20 VO Nr. 4/2009 Rn. 10 mwN.) erforderlichen Voraussetzungen erfüllt (Abs. 1 Buchst. a)). Ferner geht es um einen **Auszug aus der Entscheidung**, den die zuständige Behörde des Ursprungsmitgliedstaats unter Verwendung von Formblatt Anh. 1 erstellt hat (Art. 20 Abs. 1 Buchst. b); zur Verbindung mit dem Titel, § 30 Abs. 2 AUG). Die Zuständigkeit ist in § 71 Abs. 1 Nr. 1 AUG geregelt. Ggf. gehört dazu auch ein Schriftstück, aus dem die Höhe der **Zahlungsrückstände** und das Datum der Berechnung hervorgehen (Abs. 1 Buchst. c)).

3 Vorzulegen ist ggf. eine **Transkription oder Übersetzung des Inhalts** des in Buchst. b) genannten Formblatts in die Amtssprache des Vollstreckungsmitgliedstaats (Abs. 1 Buchst. d)). Deutschland hat keine Erklärung, dass weitere Sprachen ausreichen, abgegeben. Vielmehr ist eine deutsche Übersetzung erforderlich (§ 30 Abs. 3 AUG). Dies kommt vor allem bei handschriftlichen Ergänzungen im Formblatt in Betracht. Eine deutsche Übersetzung der ausländischen Entscheidung kann nach Ermessen (z.B. bei Titelkollision; Geimer/Schütze/*Hilbig* Art. 20 VO Nr. 4/2009 Rn. 15) vom ASt erst dann verlangt werden, wenn die Vollstreckung der Entscheidung angefochten wird (Abs. 2). Die Übersetzung ist von einer Person zu erstellen, die zur Anfertigung von Übersetzungen in einem der Mitgliedstaaten befugt ist (Abs. 3, § 30 Abs. 3 AUG).

Art. 21 EuUntVO Verweigerung oder Aussetzung der Vollstreckung.

(1) Die im Recht des Vollstreckungsmitgliedstaats vorgesehenen Gründe für die Verweigerung oder Aussetzung der Vollstreckung gelten, sofern sie nicht mit der Anwendung der Absätze 2 und 3 unvereinbar sind.

(2) Die zuständige Behörde des Vollstreckungsmitgliedstaats verweigert auf Antrag der verpflichteten Person die Vollstreckung der Entscheidung des Ursprungsgerichts insgesamt oder teilweise, wenn das Recht auf Vollstreckung der Entscheidung des Ursprungsgerichts entweder nach dem Recht des Ursprungsmitgliedstaats oder nach dem Recht des Vollstreckungsmitgliedstaats verjährt ist, wobei die längere Verjährungsfrist gilt.

Darüber hinaus kann die zuständige Behörde des Vollstreckungsmitgliedstaats auf Antrag der verpflichteten Person die Vollstreckung der Entscheidung des Ursprungsgerichts insgesamt oder teilweise verweigern, wenn die Entscheidung mit einer im Vollstreckungsmitgliedstaat ergangenen Entscheidung oder einer in einem anderen Mitgliedstaat oder einem Drittstaat ergangenen Entscheidung, die die not-

wendigen Voraussetzungen für ihre Anerkennung im Vollstreckungsmitgliedstaat erfüllt, unvereinbar ist.
Eine Entscheidung, die bewirkt, dass eine frühere Unterhaltsentscheidung aufgrund geänderter Umstände geändert wird, gilt nicht als unvereinbare Entscheidung im Sinne des Unterabsatzes 2.
(3) Die zuständige Behörde des Vollstreckungsmitgliedstaats kann auf Antrag der verpflichteten Person die Vollstreckung der Entscheidung des Ursprungsgerichts insgesamt oder teilweise aussetzen, wenn das zuständige Gericht des Ursprungsmitgliedstaats mit einem Antrag auf Nachprüfung der Entscheidung des Ursprungsgerichts nach Artikel 19 befasst wurde.
Darüber hinaus setzt die zuständige Behörde des Vollstreckungsmitgliedstaats auf Antrag der verpflichteten Person die Vollstreckung der Entscheidung des Ursprungsgerichts aus, wenn die Vollstreckbarkeit im Ursprungsmitgliedstaat ausgesetzt ist.

A. Allgemeines. Die ausländische Entscheidung kann nur im Ursprungsstaat angegriffen werden. Es gelten jedoch die im Recht des Vollstreckungsmitgliedstaats vorgesehenen Gründe für die **Verweigerung oder Aussetzung der Vollstreckung**, sofern diese nicht der EuUntVO widersprechen (Abs. 1). Die Einzelheiten regelt daher das nationale Recht (dazu *Heger/Selg* FamRZ 2011, 1101, 1107). Der Schuldner kann Einwendungen nach nationalem Recht vorbringen (s. §§ 765a bis 767, 775, 776 und 793 ZPO), insb., dass er erfüllt hat (ErwGrd. 30; *Heger* ZKJ 2010, 52, 55). Der Schuldnerschutz in der Zwangsvollstreckung, insbes. bezüglich Unpfändbarkeitsgrenzen, richtet sich weiterhin nach nationalem Vollstreckungsrecht (ErwGrd. 30). Zuständig ist das AG als Vollstreckungsgericht (§ 31 Abs. 1 AUG). Seine örtliche Zuständigkeit ergibt sich aus § 31 Abs. 1 Satz 2 AUG, § 764 Abs. 2 ZPO. Für materielle Vollstreckungseinwände, d.h. rechtsvernichtende und -hemmende Einwendungen (insbes. Erfüllung) gegen den ausländischen Unterhaltstitel stellt das deutsche Recht ein besonderes familiengerichtliches Verfahren zur Verfügung (§ 66 AUG i.V.m. § 767 ZPO). 1

B. Verjährung. In Bezug auf die unionsrechtlichen Verweigerungsgründe Verjährung und Titelkollision lehnt die zuständige Behörde des Vollstreckungsmitgliedstaats auf Antrag des Verpflichteten – also nicht v.A.w. – die Vollstreckung der Entscheidung des Ursprungsgerichts insgesamt oder teilweise ab (Art. 21 Abs. 2). Titelverjährung kann eingewendet werden, wenn das Recht auf Vollstreckung der Entscheidung des Ursprungsgerichts entweder nach der Rechtsordnung des Ursprungsmitgliedstaats oder nach der des Vollstreckungsmitgliedstaats verjährt ist, wobei die längere Verjährungsfrist gilt (Abs. 2 Unterabs. 1). Gegen den amtsgerichtlichen Beschluss ist sofortige Beschwerde (§ 793 ZPO) statthaft (§ 31 Abs. 2 AUG). 2

C. Titelkollision. Bei der Titelkollision ist die ausländische Entscheidung mit einer im Vollstreckungsmitgliedstaat ergangenen Entscheidung oder einer in einem anderen Mitgliedstaat oder einem Drittstaat ergangenen Entscheidung, welche die notwendigen Voraussetzungen für ihre Anerkennung im Vollstreckungsmitgliedstaat erfüllt, unvereinbar (Art. 21 Abs. 2 Unterabs. 2). Bei divergierenden, d.h. sich in den Rechtsfolgen gegenseitig ausschließenden Entscheidungen (Rauscher/*Andrae/Schimrick* Art. 21 EG-UntVO Rn. 8) ist keine Rangfolge vorgegeben, welche der Entscheidungen Vorrang genießt. Das Prioritätsprinzip gilt nicht (*Heger/Selg* FamRZ 2011, 1101, 1107). Die EuUntVO gibt keine feste Regel vor. Es besteht richterliches Ermessen (Rauscher/*Andrae/Schimrick* Art. 21 EG-UntVO Rn. 9). In bestimmten Fällen wird für die Beachtung der späteren Entscheidung plädiert (Rauscher/*Andrae/Schimrick* Art. 21 EG-UntVO Rn. 10). Eine Entscheidung, die bewirkt, dass eine frühere Unterhaltsentscheidung aufgrund geänderter Umstände geändert wird, gilt nicht als unvereinbare Entscheidung i.S.d. Unterabs. 2 (Abs. 2 Unterabs. 3). Die spätere Abänderung ändert nichts an Wirksamkeit und Vollstreckbarkeit der früheren Entscheidung (Wendl/Dose/*Dose* § 9 Rn. 681). 3

D. Ermessensgebundene Aussetzung. Aufgrund der unionsrechtlichen Aussetzungsgründe kann ferner eine ermessensgebundene Aussetzung beantragt werden, wenn das zuständige Gericht des Ursprungsmitgliedstaats mit einem Nachprüfungsantrag nach Art. 19 befasst ist (Abs. 3 Unterabs. 1). Eine Aussetzung im Vollstreckungsmitgliedstaat kann schließlich dann beantragt werden, wenn die Vollstreckbarkeit im Ursprungsmitgliedstaat ausgesetzt wurde (Abs. 3 Unterabs. 2). Die Aussetzung erfolgt durch einstweilige Anordnung (§ 31 Abs. 3 AUG). 4

E. Rechtsbehelf im Ursprungsstaat. Die EuUntVO regelt nicht den Fall, dass der Schuldner im Ursprungsstaat Wiedereinsetzung beantragt oder gegen die zu vollstreckende Entscheidung einen Rechtsbehelf oder 5 ein Rechtsmittel eingelegt hat. Diese Lücke ist daher vom nationalen Recht auszufüllen (ErwGrd. 30). Nach deutschem Recht kann eine einstweilige Einstellung der Zwangsvollstreckung vor dem AG beantragt werden (§ 33 AUG).

Art. 22 EuUntVO Keine Auswirkung auf das Bestehen eines Familienverhältnisses.
Die Anerkennung und Vollstreckung einer Unterhaltsentscheidung aufgrund dieser Verordnung bewirkt in keiner Weise die Anerkennung von Familien-, Verwandtschafts-, oder eherechtlichen Verhältnissen oder Schwägerschaft, die der Unterhaltspflicht zugrunde liegen, die zu der Entscheidung geführt hat.

1 Die Anerkennung von **Unterhaltsentscheidungen** hat **keine Statuswirkungen**, d.h. Auswirkungen auf das Bestehen eines Familienverhältnisses. Dementsprechend bedeutet die vorbehaltlose Anerkennung und Vollstreckung einer Unterhaltsentscheidung nicht zugleich auch die Anerkennung eines ihr zugrundeliegenden Statusverhältnisses oder einer Statusentscheidung. Dies gilt insbes. für Ehe, Ehescheidung, Kindschaft und Adoption, aber auch die Schwägerschaft. Nach der EuUntVO wird die Statusentscheidung auch dann nicht anerkannt, wenn im Ursprungsstaat die Unterhaltsentscheidung auch das Statusverhältnis umfasst (Zöller/*Geimer* Art. 17 EG-VO Rn. 23). Das gilt für den Status selbst, aber auch für andere Rechtsfragen, z.B. erbrechtlicher Art. Umgekehrt darf für die Anerkennung einer Annexunterhaltsentscheidung keine inzidente Anerkennung der zugrundeliegenden Statusentscheidung verlangt werden (Geimer/Schütze/*Hilbig* Art. 22 VO Nr. 4/2009 Rn. 6).

2 Allerdings hindern **widersprechende Statusentscheidungen** die Vollstreckung von auf dem Status beruhenden Unterhaltsentscheidungen (Rauscher/*Andrae*/Schimrick Art. 21 EG-UntVO Rn. 13 ff.). Das gilt auch, wenn etwa die Anerkennung einer Ehescheidung oder eines Vaterschaftsurteils abgelehnt worden ist (Geimer/Schütze/*Hilbig* Art. 21 VO Nr. 4/2009 Rn. 29). Ein laufendes inländisches Statusverfahren hindert aber nicht die Anerkennung eines ausländischen Unterhaltsurteils (OLG Frankfurt JAmt 2012, 42 Anm. *C. Schmidt*; OLG Karlsruhe FamRZ 2012, 660 m. Aufs. *Gruber* IPRax 2013, 325, 326 f.).

ABSCHNITT 2. In einem Mitgliedstaat, der nicht durch das Haager Protokoll von 2007 gebunden ist, ergangene Entscheidungen

Art. 23 EuUntVO Anerkennung.
(1) Die in einem Mitgliedstaat, der nicht durch das Haager Protokoll von 2007 gebunden ist, ergangenen Entscheidungen werden in den anderen Mitgliedstaaten anerkannt, ohne dass es hierfür eines besonderen Verfahrens bedarf.
(2) Bildet die Frage, ob eine Entscheidung anzuerkennen ist, als solche den Gegenstand eines Streites, so kann jede Partei, welche die Anerkennung geltend macht, in dem Verfahren nach diesem Abschnitt die Feststellung beantragen, dass die Entscheidung anzuerkennen ist.
(3) Wird die Anerkennung in einem Rechtsstreit vor dem Gericht eines Mitgliedstaats, dessen Entscheidung von der Anerkennung abhängt, verlangt, so kann dieses Gericht über die Anerkennung entscheiden.

1 Für Mitgliedstaaten, die **nicht durch das HaagUnthProt 2007 gebunden** sind, enthalten die Art. 23 ff. eigene Bestimmungen über die Anerkennung und Vollstreckbarerklärung (vgl. Art. 16 Abs. 3). Deutsche Durchführungsbestimmungen enthalten die §§ 30 ff. AUG. Dies bezieht sich auf das Vereinigte Königreich und Dänemark (*Heger* ZKJ 2010, 52, 55 f.; *Mankowski* NZFam 2015, 346, 348 f.).). Diese Regeln gelten auch für Altfälle (s. Art. 75 Rdn. 2). Zur Anwendung kommen ferner die gemeinsamen Bestimmungen der Art. 39 ff.

2 Auch diese Entscheidungen werden in den anderen Mitgliedstaaten **automatisch anerkannt**, ohne dass es hierfür eines besonderen Verfahrens bedarf (Art. 23 Abs. 1). Bildet die Frage, ob eine Entscheidung anzuerkennen ist, als solche den Gegenstand eines Streites, so kann jede Partei, welche die Anerkennung geltend macht, ein selbstständiges Anerkennungsfeststellungsverfahren anstrengen, dass die Entscheidung anzuer-

kennen ist (Art. 23 Abs. 2, § 55 Abs. 1 AUG). Dieses fakultative Anerkennungsverfahren entspricht den anderen Verordnungen. Wird die Anerkennung in einem Rechtsstreit vor dem Gericht eines Mitgliedstaats, dessen Entscheidung von der Anerkennung abhängt, verlangt, so kann dieses Gericht inzidenter über die Anerkennung entscheiden (Abs. 3).

Art. 24 EuUntVO Gründe für die Versagung der Anerkennung. Eine Entscheidung wird nicht anerkannt,

a) wenn die Anerkennung der öffentlichen Ordnung (ordre public) des Mitgliedstaats, in dem sie geltend gemacht wird, offensichtlich widersprechen würde. Die Vorschriften über die Zuständigkeit gehören nicht zur öffentlichen Ordnung (ordre public);

b) wenn dem Antragsgegner, der sich in dem Verfahren nicht eingelassen hat, das verfahrenseinleitende Schriftstück oder ein gleichwertiges Schriftstück nicht so rechtzeitig und in einer Weise zugestellt worden ist, dass er sich verteidigen konnte, es sei denn, der Antragsgegner hat gegen die Entscheidung keinen Rechtsbehelf eingelegt, obwohl er die Möglichkeit dazu hatte;

c) wenn sie mit einer Entscheidung unvereinbar ist, die zwischen denselben Parteien in dem Mitgliedstaat, in dem die Anerkennung geltend gemacht wird, ergangen ist;

d) wenn sie mit einer früheren Entscheidung unvereinbar ist, die in einem anderen Mitgliedstaat oder in einem Drittstaat zwischen denselben Parteien in einem Rechtsstreit wegen desselben Anspruchs ergangen ist, sofern die frühere Entscheidung die notwendigen Voraussetzungen für ihre Anerkennung in dem Mitgliedstaat erfüllt, in dem die Anerkennung geltend gemacht wird.

Eine Entscheidung, die bewirkt, dass eine frühere Unterhaltsentscheidung aufgrund geänderter Umstände geändert wird, gilt nicht als unvereinbare Entscheidung im Sinne der Buchstaben c oder d.

A. Allgemeines. Ebenso wie die anderen europäischen Verordnungen nennt auch Art. 24 abschließend vier Anerkennungshindernisse. Die Vorschrift entspricht Art. 34 Brüssel I-VO, Art. 45 Brüssel Ia-VO, teilweise auch Art. 22 Buchst. a) Brüssel IIa-VO. Allerdings kann auch eingewendet werden, dass die erststaatliche Entscheidung im Ursprungsstaat aufgehoben oder abgeändert worden ist (BGH NJW 2016, 248 = FamRZ 2015, 2144 m. Anm. *Eichel*).

B. Einzelne Anerkennungshindernisse. I. Ordre public. Nicht anerkannt wird insbes. dann, wenn die Anerkennung der öffentlichen Ordnung (ordre public) des Mitgliedstaats, in dem sie geltend gemacht wird, offensichtlich widersprechen würde (Buchst. a)). Dazu gehören auch Verstöße gegen grundlegende Verfahrensprinzipien (OLG Karlsruhe FamRZ 2014, 864) sowie eine zu knappe Rechtsmittelfrist (OLG Nürnberg FamRZ 2015, 79). Die statthaften, zulässigen und zumutbaren Rechtsbehelfe des Erststaates müssen ausgeschöpft worden sein (OLG Frankfurt am Main FamRZ 2012, 1508). Die Folgen einer von ihm verweigerten Blutuntersuchung muss der Unterhaltspflichtige tragen (OLG Stuttgart FamRBint 12, 56). Vorschriften über die Zuständigkeit gehören nicht zum ordre public. Eine Prüfung der Zuständigkeit des Erstgerichts findet ohnehin nicht statt. Die Vollstreckbarerklärung verstößt gegen den inländischen verfahrensrechtlichen ordre public, wenn das ausländische Gericht, weil der in Deutschland wohnende Bekl. keinen im Erststaat ansässigen Prozessbevollmächtigten oder Zustellungsbevollmächtigten bestellt hat, die für diese Partei bestimmten gerichtlichen Schriftstücke in der Gerichtsakte belassen und als zugestellt behandelt hat (BGH NJW 2016, 160 [Polen]). Ein ordre public-Verstoß liegt auch dann vor, wenn die ausländische Entscheidung keine Begründung enthält und sich auch i.V.m. anderen vorgelegten Unterlagen nicht zuverlässig feststellen lässt, welchen Sachverhalt (Streitgegenstand) das Urteil betrifft (BGH NJW 2016, 160).

II. Nichteinlassung. Auch das rechtliche Gehör bei der Verfahrenseinleitung wird geschützt. Ein Nichtanerkennungsgrund ist dementsprechend, wenn dem Antragsgegner, der sich in dem Verfahren nicht eingelassen hat, das verfahrenseinleitende Schriftstück oder ein gleichwertiges Schriftstück nicht so rechtzeitig und in einer Weise zugestellt worden ist, dass er sich verteidigen konnte, es sei denn, der Antragsgegner hat gegen die Entscheidung keinen Rechtsbehelf eingelegt, obwohl er die Möglichkeit dazu hatte (Abs. 1 Buchst. b)). Als **Einlassung** gilt jedes Verhandeln, aus dem sich ergibt, dass der Beklagte von dem gegen ihn eingeleiteten Verfahren Kenntnis erlangt und die Möglichkeit der Verteidigung gegen den Angriff des Klägers erhalten hat, es sei denn, sein Vorbringen beschränkt sich darauf, den Fortgang des Verfahrens zu rügen, weil das Gericht unzuständig sei oder weil die Zustellung nicht so erfolgt sei, dass er sich verteidigen könne (BGH NJW 2011, 3103, 3104 zu Art. 34 Brüssel I-VO). Auf die Ordnungsmäßigkeit der Zustellung kommt es nicht an (*Heger*/Selg FamRZ 2011, 1101, 1110). Dieses Anerkennungshindernis entspricht Art. 45 Abs. 1 Buchst. b) Brüssel Ia-VO, Art. 22 Buchst. b) Brüssel IIa-VO.

4 **III. Unvereinbarkeit mit Entscheidung des Anerkennungsstaates.** Die Entscheidung wird ferner dann nicht anerkannt, wenn sie mit einer Entscheidung unvereinbar ist, die zwischen denselben Parteien in dem Mitgliedstaat, in dem die Anerkennung geltend gemacht wird, ergangen ist (Abs. 1 Buchst. c)). Dieses Anerkennungshindernis entspricht Art. 45 Abs. 1 Buchst. c) Brüssel Ia-VO, Art. 22 Buchst. c) Brüssel IIa-VO.

5 **IV. Unvereinbarkeit mit späterer anderer Entscheidung.** Einen weiteren Fall der Titelkollision enthält Art. 24 Abs. 1 Buchst. d), der Art. 45 Abs. 1 Buchst. d) Brüssel Ia-VO und Art. 22 Buchst. d) Brüssel IIa-VO entspricht. Danach steht der Anerkennung einer Entscheidung entgegen, wenn sie mit einer früheren Entscheidung unvereinbar ist, die in einem anderen Mitgliedstaat oder in einem Drittstaat zwischen denselben Parteien in einem Rechtsstreit wegen desselben Anspruchs ergangen ist, sofern die frühere Entscheidung die notwendigen Voraussetzungen für ihre Anerkennung im Zweitstaat erfüllt. Eine Entscheidung, die eine frühere Unterhaltsentscheidung aufgrund geänderter Umstände abändert, gilt – ähnlich wie nach Art. 21 Abs. 2 Unterabs. 3 – nicht als unvereinbare Entscheidung i.S.d. Buchst. c) oder d).

Art. 25 EuUntVO Aussetzung des Anerkennungsverfahrens.

Das Gericht eines Mitgliedstaats, vor dem die Anerkennung einer Entscheidung geltend gemacht wird, die in einem Mitgliedstaat ergangenen ist, der nicht durch das Haager Protokoll von 2007 gebunden ist, setzt das Verfahren aus, wenn die Vollstreckung der Entscheidung im Ursprungsmitgliedstaat wegen der Einlegung eines Rechtsbehelfs einstweilen eingestellt ist.

1 Wird die Anerkennung einer Entscheidung aus einem Nichtmitgliedstaat des HaagUnthProt 2007 geltend gemacht, so setzt das Gericht das Verfahren aus, wenn die Vollstreckung der Entscheidung im Ursprungsmitgliedstaat wegen der Einlegung eines Rechtsbehelfs einstweilen eingestellt ist. Die Vorschrift entspricht Art. 27 Abs. 1 Brüssel IIa-VO.

Art. 26 EuUntVO Vollstreckbarkeit.

Eine Entscheidung, die in einem Mitgliedstaat ergangen ist, der nicht durch das Haager Protokoll von 2007 gebunden ist, die in diesem Staat vollstreckbar ist, wird in einem anderen Mitgliedstaat vollstreckt, wenn sie dort auf Antrag eines Berechtigten für vollstreckbar erklärt worden ist.

1 Entscheidungen aus Nichtmitgliedstaaten des HaagUnthProt 2007, die in diesen Staaten vollstreckbar sind, werden in anderen Mitgliedstaaten vollstreckt, wenn sie dort auf Antrag eines Berechtigten für vollstreckbar – und sei es auch nur vorläufig – erklärt worden sind. Die Vorschrift entspricht Art. 38 Abs. 1 Brüssel I-VO, Art. 28 Abs. 1 Brüssel IIa-VO. In diesem Exequaturverfahren wird der Titel nach §§ 36, 40 AUG mit der Vollstreckungsklausel versehen.

Art. 27 EuUntVO Örtlich zuständiges Gericht.

(1) Der Antrag auf Vollstreckbarerklärung ist an das Gericht oder an die zuständige Behörde des Vollstreckungsmitgliedstaats zu richten, das beziehungsweise die der Kommission von diesem Mitgliedstaat gemäß Artikel 71 notifiziert wurde.
(2) Die örtliche Zuständigkeit wird durch den Ort des gewöhnlichen Aufenthalts der Partei, gegen die die Vollstreckung erwirkt werden soll, oder durch den Ort, an dem die Vollstreckung durchgeführt werden soll, bestimmt.

1 Der Antrag auf Vollstreckbarerklärung ist an das Gericht oder an die zuständige Behörde des Vollstreckungsmitgliedstaats zu richten, das bzw. die der Kommission von diesem Mitgliedstaat gem. Art. 71 notifiziert wurde. Die örtliche Zuständigkeit wird durch den Ort des gewöhnlichen Aufenthalts der Partei, gegen die die Vollstreckung erwirkt werden soll, oder durch den Ort, an dem die Vollstreckung durchgeführt werden soll, bestimmt. § 35 AUG sieht eine Zuständigkeitskonzentration vor (AG [FamG gem. § 23b GVG, § 111 Nr. 8 FamFG] am Sitz des OLG).

Art. 28 EuUntVO Verfahren.
(1) Dem Antrag auf Vollstreckbarerklärung sind folgende Schriftstücke beizufügen:
a) eine Ausfertigung der Entscheidung, die die für ihre Beweiskraft erforderlichen Voraussetzungen erfüllt,
b) einen durch das Ursprungsgericht unter Verwendung des Formblatts in Anhang II erstellten Auszug aus der Entscheidung, unbeschadet des Artikels 29;
c) gegebenenfalls eine Transskript oder eine Übersetzung des Inhalts des in Buchstabe b genannten Formblatts in die Amtssprache des Vollstreckungsmitgliedstaats oder – falls es in diesem Mitgliedstaat mehrere Amtssprachen gibt – nach Maßgabe des Rechts dieses Mitgliedstaats – in die oder eine der Verfahrenssprachen des Ortes, an dem der Antrag gestellt wird, oder in eine sonstige Sprache, die der Vollstreckungsmitgliedstaat für zulässig erklärt hat. Jeder Mitgliedstaat kann angeben, welche Amtssprache oder Amtssprachen der Organe der EU er neben seiner oder seinen eigenen für das Ausfüllen des Formblatts zulässt.

(2) Das Gericht oder die zuständige Behörde, bei dem beziehungsweise bei der der Antrag gestellt wird, kann vom Antragsteller nicht verlangen, dass dieser eine Übersetzung der Entscheidung vorlegt. Eine Übersetzung kann jedoch im Rahmen des Rechtsbehelfs nach Artikel 32 oder Artikel 33 verlangt werden.

(3) Eine Übersetzung aufgrund dieses Artikels ist von einer Person zu erstellen, die zur Anfertigung von Übersetzungen in einem der Mitgliedstaaten befugt ist.

Die Vorschrift entspricht Art. 37 Brüssel IIa-VO. Die für die Vollstreckbarerklärung erforderlichen Schriftstücke sind in Art. 28 nahezu identisch mit Art. 20 aufgeführt. Zu den einem Antrag auf Vollstreckbarerklärung beizufügenden Schriftstücken gehört eine Ausfertigung der Entscheidung, welche die für ihre Beweiskraft erforderlichen Voraussetzungen erfüllt (Art. 28 Abs. 1 Buchst. a)). Ausstellung gem. § 71 Abs. 1 Nr. 1 AUG. Erforderlich ist auch ein vom Ursprungsgericht unter Verwendung des Formblatts Anh. 2 erstellter Auszug aus der Entscheidung (Abs. 1 Buchst. b)). Die Zuständigkeit ist in § 71 Abs. 1 Nr. 1 AUG geregelt. Beizufügen ist ggf. ein Transkript oder eine Übersetzung des Inhalts des in Art. 29 Buchst. b) genannten Formblatts in die Amtssprache des Vollstreckungsmitgliedstaats (Buchst. c)). Deutschland hat keine weiteren Sprachen zugelassen. Bei Antragstellung kann vom ASt grundsätzlich keine Übersetzung der Entscheidung verlangen. Eine Übersetzung kann jedoch im Rahmen des Rechtsbehelfs nach Art. 32 oder Art. 33 nach Ermessen verlangt werden (Art. 28 Abs. 2). Sie ist von einer Person zu erstellen, die zur Anfertigung von Übersetzungen in einem der Mitgliedstaaten befugt ist (Abs. 3). 1

Art. 29 EuUntVO Nichtvorlage des Auszugs.
(1) Wird der Auszug nach Artikel 28 Absatz 1 Buchstabe b nicht vorgelegt, so kann das Gericht oder die zuständige Behörde eine Frist bestimmen, innerhalb deren er vorzulegen ist, oder sich mit einem gleichwertigen Schriftstück begnügen oder von der Vorlage des Auszugs befreien, wenn es eine weitere Klärung nicht für erforderlich hält.

(2) In dem Fall nach Absatz 1 ist auf Verlangen des Gerichts oder der zuständigen Behörde eine Übersetzung der Schriftstücke vorzulegen. Die Übersetzung ist von einer Person zu erstellen, die zur Anfertigung von Übersetzungen in einem der Mitgliedstaaten befugt ist.

Wird kein Auszug nach Art. 28 Abs. 1 Buchst. b) (Formblatt II) vorgelegt, so kann das Gericht oder die zuständige Behörde eine Frist bestimmen, innerhalb deren er vorzulegen ist, oder sich mit einem gleichwertigen Schriftstück begnügen oder von der Vorlage des Auszugs befreien, wenn es eine weitere Klärung nicht für erforderlich hält. Auf Verlangen ist eine Übersetzung der Schriftstücke vorzulegen. Die Vorschrift entspricht Art. 38 Brüssel IIa-VO. 1

Art. 30 EuUntVO Vollstreckbarerklärung.
Sobald die in Artikel 28 vorgesehenen Förmlichkeiten erfüllt sind, spätestens aber 30 Tage nachdem diese Förmlichkeiten erfüllt sind, es sei denn, dies erweist sich aufgrund außergewöhnlicher Umstände als nicht möglich, wird die Entscheidung für vollstreckbar erklärt, ohne dass eine Prüfung gemäß Artikel 24 erfolgt. Die Partei, gegen die die Vollstreckung erwirkt werden soll, erhält in diesem Abschnitt des Verfahrens keine Gelegenheit, eine Erklärung abzugeben.

1 Sobald die in Art. 28 vorgesehenen Förmlichkeiten der Antragstellung erfüllt sind, spätestens aber nach 30 Tagen, wird die ausländische Entscheidung für vollstreckbar erklärt, ohne dass eine Prüfung der Anerkennungshindernisse erfolgt. Eine Ausnahme von dieser Frist besteht nur dann, wenn sich ihre Einhaltung aufgrund außergewöhnlicher Umstände als nicht möglich erweist. Es handelt sich um ein ex parte-Verfahren, das Art. 41 Brüssel II-VO (vgl. § 38 AUG) entspricht. Der Vollstreckungsgegner erhält daher in diesem Verfahrensabschnitt keine Gelegenheit, eine Erklärung abzugeben.

Art. 31 EuUntVO Mitteilung der Entscheidung über den Antrag auf Vollstreckbarerklärung.

(1) Die Entscheidung über den Antrag auf Vollstreckbarerklärung wird dem Antragsteller unverzüglich in der Form mitgeteilt, die das Recht des Vollstreckungsmitgliedstaats vorsieht.
(2) Die Vollstreckbarerklärung und, soweit dies noch nicht geschehen ist, die Entscheidung werden der Partei, gegen die die Vollstreckung erwirkt werden soll, zugestellt.

1 Die Entscheidung über den Antrag auf Vollstreckbarerklärung wird dem ASt unverzüglich in der Form mitgeteilt, die das Recht des Vollstreckungsmitgliedstaats vorsieht (Abs. 1), in Deutschland eine beglaubigte Abschrift (§ 42 AUG). Abs. 1 entspricht Art. 32 Brüssel IIa-VO. Die Vollstreckbarerklärung und, soweit dies noch nicht geschehen ist, die Entscheidung werden dem Vollstreckungsschuldner zugestellt (Abs. 2).

Art. 32 EuUntVO Rechtsbehelf gegen die Entscheidung über den Antrag.

(1) Gegen die Entscheidung über den Antrag auf Vollstreckbarerklärung kann jede Partei einen Rechtsbehelf einlegen.
(2) Der Rechtsbehelf wird bei dem Gericht eingelegt, das der betreffende Mitgliedstaat der Kommission nach Artikel 71 notifiziert hat.
(3) Über den Rechtsbehelf wird nach den Vorschriften entschieden, die für Verfahren mit beiderseitigem rechtlichen Gehör maßgebend sind.
(4) Lässt sich die Partei, gegen die die Vollstreckung erwirkt werden soll, in dem Verfahren vor dem mit dem Rechtsbehelf des Antragstellers befassten Gericht nicht ein, so ist Artikel 11 auch dann anzuwenden, wenn die Partei, gegen die die Vollstreckung erwirkt werden soll, ihren gewöhnlichen Aufenthalt nicht im Hoheitsgebiet eines Mitgliedstaats hat.
(5) Der Rechtsbehelf gegen die Vollstreckbarerklärung ist innerhalb von 30 Tagen nach ihrer Zustellung einzulegen. Hat die Partei, gegen die die Vollstreckung erwirkt werden soll, ihren gewöhnlichen Aufenthalt im Hoheitsgebiet eines anderen Mitgliedstaats als dem, in dem die Vollstreckbarerklärung ergangen ist, so beträgt die Frist für den Rechtsbehelf 45 Tage und beginnt von dem Tage an zu laufen, an dem die Vollstreckbarerklärung ihr entweder in Person oder in ihrer Wohnung zugestellt worden ist. Eine Verlängerung dieser Frist wegen weiter Entfernung ist ausgeschlossen.

1 Gegen die Entscheidung über den Antrag auf Vollstreckbarerklärung kann jede Partei einen **Rechtsbehelf einlegen** (Abs. 1). Dies entspricht Art. 43 Abs. 1 Brüssel I-VO, Art. 33 Brüssel IIa-VO. Der Rechtsbehelf wird beim OLG eingelegt (Abs. 2 i.V.m. § 43 Abs. 1 AUG).
2 Wie nach dem bisherigen Brüsseler System kommt es zu einem **streitigen Verfahren**; über den Rechtsbehelf wird nach den Vorschriften für Verfahren mit beiderseitigem rechtlichen Gehör entschieden (Abs. 3). Das ist die Beschwerde (§§ 43 ff. AUG).
3 Bei **fehlender Einlassung** der Partei, gegen die die Vollstreckung erwirkt werden soll, im Rechtsbehelfsverfahren, ist für die Prüfung der Zulässigkeit Art. 11 auch dann anzuwenden, wenn diese Partei ihren gewöhnlichen Aufenthalt nicht in einem Mitgliedstaat hat (Abs. 4).
4 Der **Rechtsbehelf gegen die Vollstreckbarerklärung** ist innerhalb einer Regelfrist von 30 Tagen nach Zustellung einzulegen. Hat die Partei, gegen die die Vollstreckung erwirkt werden soll, ihren gewöhnlichen Aufenthalt nicht im Vollstreckungsstaat, so beträgt die Frist 45 Tage. Sie beginnt von dem Tage an zu laufen, an dem die Vollstreckbarerklärung ihr entweder in Person oder in ihrer Wohnung zugestellt worden ist. Eine Fristverlängerung wegen weiter Entfernung ist ausgeschlossen (Abs. 5). Eine Beschwerdefrist für den ASt ist nicht vorgesehen. Dafür wird auf § 63 Abs. 1 FamFG zurückgegriffen (*Heger/Selg* FamRZ 2011, 1101, 1109).

Art. 33 EuUntVO
Rechtsmittel gegen die Entscheidung über den Rechtsbehelf. Die über den Rechtsbehelf ergangene Entscheidung kann nur im Wege des Verfahrens angefochten werden, das der betreffende Mitgliedstaat der Kommission nach Artikel 71 notifiziert hat.

Dafür kommt die Rechtsbeschwerde zum BGH in Betracht (§§ 46 ff. AUG). 1

Art. 34 EuUntVO
Versagung oder Aufhebung einer Vollstreckbarerklärung. (1) Die Vollstreckbarerklärung darf von dem mit einem Rechtsbehelf nach Artikel 32 oder Artikel 33 befassten Gericht nur aus einem der in Artikel 24 aufgeführten Gründe versagt oder aufgehoben werden.
(2) Vorbehaltlich des Artikels 32 Absatz 4 erlässt das mit einem Rechtsbehelf nach Artikel 32 befasste Gericht seine Entscheidung innerhalb von 90 Tagen nach seiner Befassung, es sei denn, dies erweist sich aufgrund außergewöhnlicher Umstände als nicht möglich.
(3) Das mit einem Rechtsbehelf nach Artikel 33 befasste Gericht erlässt seine Entscheidung unverzüglich.

Die Vollstreckbarerklärung darf von dem mit einem Rechtsbehelf nach Art. 32 (Entscheidung über den Antrag) oder Art. 33 (Entscheidung über den Rechtsbehelf) befassten Gericht nur aus einem der in Art. 24 aufgeführten Gründe versagt oder aufgehoben werden (Art. 34 Abs. 1). Auch die Berücksichtigung liquider nachträglich entstandener materieller Einwendungen ist ausgeschlossen (BGH NJW 2016, 248 = FamRZ 2015, 2144 m. krit. Anm. *Eichel*). Allerdings kann eingewendet werden, dass die erststaatliche Entscheidung im Ursprungsstaat aufgehoben oder abgeändert worden ist (BGH NJW 2016, 248 = FamRZ 2015, 2144 m. Anm. *Eichel*). Die Vorschrift des Art. 34 entspricht Art. 45 Brüssel I-VO. Die weitergehende Regelung in § 44 AUG wurde aufgehoben. Nunmehr steht dem Vollstreckungsschuldner nur noch das Verfahren nach § 66 AUG zur Verfügung. 1

Das mit einem Rechtsbehelf nach Art. 32 befasste Gericht erlässt seine Entscheidung innerhalb von 90 Tagen nach seiner Befassung, es sei denn, dies erweist sich aufgrund außergewöhnlicher Umstände als nicht möglich (Abs. 2). Das über einen Rechtsbehelf nach Art. 33 entscheidende Gericht erlässt seine Entscheidung unverzüglich (Abs. 3). 2

Art. 35 EuUntVO
Aussetzung des Verfahrens. Das mit einem Rechtsbehelf nach Artikel 32 oder Artikel 33 befasste Gericht setzt auf Antrag der Partei, gegen die die Vollstreckung erwirkt werden soll, das Verfahren aus, wenn die Vollstreckung der Entscheidung im Ursprungsmitgliedstaat wegen der Einlegung eines Rechtsbehelfs einstweilen eingestellt ist.

Da sich widersprechende Entscheidungen vermieden werden sollen, besteht eine Aussetzungsbefugnis des mit einem Rechtsbehelf nach Art. 32 (Entscheidung über den Antrag) oder Art. 33 (Entscheidung über den Rechtsbehelf) befassten Gerichts. Es setzt auf Antrag der Partei, gegen die die Vollstreckung erwirkt werden soll, das Verfahren aus, wenn die Vollstreckung der Entscheidung im Ursprungsmitgliedstaat wegen der Einlegung eines Rechtsbehelfs einstweilen eingestellt ist (Art. 35; ähnlich Art. 46 Brüssel I-VO). 1

Art. 36 EuUntVO
Einstweilige Maßnahmen einschließlich Sicherungsmaßnahmen. (1) Ist eine Entscheidung nach diesem Abschnitt anzuerkennen, so ist der Antragsteller nicht daran gehindert, einstweilige Maßnahmen einschließlich solcher, die auf eine Sicherung gerichtet sind, nach dem Recht des Vollstreckungsmitgliedstaats in Anspruch zu nehmen, ohne dass es einer Vollstreckbarerklärung nach Artikel 30 bedarf.
(2) *Die Vollstreckbarerklärung* umfasst von Rechts wegen die Befugnis, solche Maßnahmen zu veranlassen.
(3) Solange die in Artikel 32 Absatz 5 vorgesehene Frist für den Rechtsbehelf gegen die Vollstreckbarerklärung läuft und solange über den Rechtsbehelf nicht entschieden ist, darf die Zwangsvollstreckung in das Vermögen der Partei, gegen die die Vollstreckung erwirkt werden soll, nicht über Maßnahmen zur Sicherung hinausgehen.

1 Ist eine Entscheidung nach Abschn. 1 (Art. 23 ff.) anzuerkennen, so kann der ASt auch einstweilige Maßnahmen einschl. solcher, die auf eine Sicherung gerichtet sind, nach dem Recht des Vollstreckungsmitgliedstaats beantragen, ohne dass es einer Vollstreckbarerklärung nach Art. 30 bedarf (Art. 36 Abs. 1; entspricht Art. 47 Brüssel I-VO). Die Vollstreckbarerklärung umfasst die Befugnis, solche Maßnahmen zu veranlassen (Abs. 2). Solange die Frist für den Rechtsbehelf gegen die Vollstreckbarerklärung läuft und solange über den Rechtsbehelf nicht entschieden ist, darf die Zwangsvollstreckung in das Vermögen der Partei, gegen die die Vollstreckung erwirkt werden soll, nicht über Sicherungsmaßnahmen hinausgehen (Abs. 3). In § 49 AUG umgesetzt.

Art. 37 EuUntVO Teilvollstreckbarkeit.
(1) Ist durch die Entscheidung über mehrere mit dem Antrag geltend gemachte Ansprüche erkannt worden und kann die Vollstreckbarerklärung nicht für alle Ansprüche erteilt werden, so erteilt das Gericht oder die zuständige Behörde sie für einen oder mehrere dieser Ansprüche.
(2) Der Antragsteller kann beantragen, dass die Vollstreckbarerklärung nur für einen Teil des Gegenstands der Entscheidung erteilt wird.

1 Ist durch die Entscheidung über mehrere Ansprüche erkannt worden und kann die Vollstreckbarerklärung nicht für alle Ansprüche erteilt werden, so wird sie für einen oder mehrere dieser Ansprüche erteilt (Abs. 1). Dies entspricht Art. 48 Brüssel I-VO. Der ASt kann eine Vollstreckbarerklärung für einen Teil der Entscheidung beantragen (Abs. 2).

Art. 38 EuUntVO Keine Stempelabgaben oder Gebühren.
Im Vollstreckungsmitgliedstaat dürfen im Vollstreckbarerklärungsverfahren keine nach dem Streitwert abgestuften Stempelabgaben oder Gebühren erhoben werden.

1 Im Vollstreckungsmitgliedstaat dürfen im Vollstreckbarerklärungsverfahren keine nach dem Streitwert abgestuften Stempelabgaben oder Gebühren erhoben werden. Dies entspricht Art. 52 Brüssel I-VO.

ABSCHNITT 3. Gemeinsame Bestimmungen

Art. 39 EuUntVO Vorläufige Vollstreckbarkeit.
Das Ursprungsgericht kann die Entscheidung ungeachtet eines etwaigen Rechtsbehelfs für vorläufig vollstreckbar erklären, auch wenn das innerstaatliche Recht keine Vollstreckbarkeit von Rechts wegen vorsieht.

1 Im Interesse einer beschleunigten und wirksamen Unterhaltsdurchsetzung verlangt die EuUntVO keine formelle Rechtskraft der erststaatlichen Entscheidung, sondern trifft eine eigenständige Regelung bezüglich der vorläufigen Vollstreckbarkeit. Das Ursprungsgericht kann seine Entscheidung ungeachtet eines etwaigen Rechtsbehelfs nach seinem Ermessen (*Gruber* IPRax 2010, 128, 138) auch v.A.w. für **vorläufig vollstreckbar erklären**, selbst wenn das innerstaatliche Recht keine Vollstreckbarkeit von Rechts wegen vorsieht. Dies entspricht Art. 41 Abs. 1 Satz 2 Brüssel IIa-VO. Da nach deutschem Recht anstelle einer vorläufigen Vollstreckbarkeit eine Anordnung der sofortigen Wirksamkeit erfolgt (§ 116 Abs. 3 Satz 3 FamFG), dürfte dies ausreichen. Ein Umsetzungsbedarf aufgrund der VO besteht nicht (Geimer/Schütze/*Hilbig* Art. 39 VO Nr. 4/2009 Rn. 15; Zöller/*Geimer* Art. 39 EG-VO Rn. 3). In Anbetracht seines Zwecks wird angenommen, dass Art. 39 keine Anwendung auf Entscheidungen findet, die z.B. Unterhaltsansprüche verneinen oder zur Unterhaltsrückzahlung verurteilen (*Gruber* IPRax 2010, 128, 138). Den Schadensersatz bei ungerechtfertigter Zwangsvollstreckung regelt § 69 AUG.

Art. 40 EuUntVO Durchsetzung einer anerkannten Entscheidung.
(1) Eine Partei, die in einem anderen Mitgliedstaat eine im Sinne des Artikel 17 Absatz 1 oder des Abschnitt 2 anerkannte Entscheidung geltend machen will, hat

eine Ausfertigung der Entscheidung vorzulegen, die die für ihre Beweiskraft erforderlichen Voraussetzungen erfüllt.
(2) Das Gericht, bei dem die anerkannte Entscheidung geltend gemacht wird, kann die Partei, die die anerkannte Entscheidung geltend macht, gegebenenfalls auffordern, einen vom Ursprungsgericht erstellten Auszug unter Verwendung des Formblatts in Anhang I beziehungsweise in Anhang II vorzulegen.
Das Ursprungsgericht erstellt diesen Auszug auch auf Antrag jeder betroffenen Partei.
(3) Gegebenenfalls übermittelt die Partei, die die anerkannte Entscheidung geltend macht, eine Transkript oder eine Übersetzung des Inhalts des in Absatz 2 genannten Formblatts in die Amtssprache des betreffenden Mitgliedstaats oder – falls es in diesem Mitgliedstaat mehrere Amtssprachen gibt – nach Maßgabe der Rechtsvorschriften dieses Mitgliedstaats – in die oder eine der Verfahrenssprachen des Ortes, an dem die anerkannte Entscheidung geltend gemacht wird, oder in eine sonstige Sprache, die der betreffende Mitgliedstaat für zulässig erklärt hat. Jeder Mitgliedstaat kann angeben, welche Amtssprache oder Amtssprachen der Organe der Europäischen Union er neben seiner oder seinen eigenen für das Ausfüllen des Formblatts zulässt.
(4) Eine Übersetzung aufgrund dieses Artikels ist von einer Person zu erstellen, die zur Anfertigung von Übersetzungen in einem der Mitgliedstaaten befugt ist.

Eine Partei, die in einem anderen Mitgliedstaat eine i.S.d. Art. 17 Abs. 1 oder des Abschn. 2 (Art. 23 ff.) anerkannte Entscheidung lex lege oder im Exequaturverfahren geltend machen will, hat eine **Ausfertigung der Entscheidung** vorzulegen, welche die für ihre Beweiskraft erforderlichen Voraussetzungen erfüllt (Art. 40 Abs. 1). Entspricht Art. 53 Brüssel I-VO. 1

Das Gericht, bei dem die anerkannte Entscheidung geltend gemacht wird, kann die Partei, die die anerkannte Entscheidung geltend macht, ggf. auffordern, einen vom Ursprungsgericht **erstellten Auszug** (Formblatt Anh. 1 oder II) vorzulegen (Abs. 2). Zuständig ist die Stelle, die für die Ausstellung der vollstreckbaren Ausfertigung zuständig ist (§ 71 Abs. 1 Nr. 1 AUG). Das Ursprungsgericht erstellt diesen Auszug auch auf Antrag jeder betroffenen Partei. 2

Ggf. übermittelt die die anerkannte Entscheidung geltend machende Partei eine **Transkription oder Übersetzung** des Inhalts des in Abs. 2 genannten Formblatts in die Amtssprache des betreffenden Mitgliedstaats (Abs. 3). Jeder Mitgliedstaat kann die zugelassenen Amtssprachen für das Ausfüllen des Formblatts angeben. Übersetzungen sind von Personen zu erstellen, die zu ihrer Anfertigung in einem der Mitgliedstaaten befugt sind (Abs. 4). 3

Art. 41 EuUntVO Vollstreckungsverfahren und Bedingungen für die Vollstreckung.
(1) Vorbehaltlich der Bestimmungen dieser Verordnung gilt für das Verfahren zur Vollstreckung der in einem anderen Mitgliedstaat ergangenen Entscheidungen das Recht des Vollstreckungsmitgliedstaats. Eine in einem Mitgliedstaat ergangene Entscheidung, die im Vollstreckungsmitgliedstaat vollstreckbar ist, wird dort unter den gleichen Bedingungen vollstreckt wie eine im Vollstreckungsmitgliedstaat ergangene Entscheidung.
(2) Von der Partei, die die Vollstreckung einer Entscheidung beantragt, die in einem anderen Mitgliedstaat ergangen ist, kann nicht verlangt werden, dass sie im Vollstreckungsmitgliedstaat über eine Postanschrift oder einen bevollmächtigten Vertreter verfügt, außer bei den Personen, die im Bereich der Vollstreckungsverfahren zuständig sind.

Für das Vollstreckungsverfahren und die Bedingungen für die Vollstreckung gilt ergänzend das Recht des Vollstreckungsmitgliedstaats. 1

Art. 42 EuUntVO Verbot der sachlichen Nachprüfung.
Eine in einem Mitgliedstaat ergangene Entscheidung darf in dem Mitgliedstaat, in dem die Anerkennung, die Vollstreckbarkeit oder die Vollstreckung beantragt wird, in der Sache selbst nicht nachgeprüft werden.

Eine in einem Mitgliedstaat ergangene Entscheidung darf in dem Mitgliedstaat, in dem die Anerkennung, die Vollstreckbarkeit oder die Vollstreckung beantragt wird, in der Sache selbst nicht nachgeprüft werden. 1

Dieses auch den anderen Verordnungen bekannte Verbot der révision au fond (Art. 52 Brüssel Ia-VO, Art. 26 Brüssel IIa-VO; ebenso Art. 28 HUÜ 2007) gilt gleichermaßen für exequaturbedürftige wie für nicht exequaturbedürftige Entscheidungen. Es bezieht sich sowohl auf die kollisionsrechtliche als auch auf die sachrechtliche Beurteilung. Steht die Entscheidung zu der Unpfändbarkeitsregelung des Vollstreckungsstaates im Widerspruch, so kann dies lediglich im Rahmen der Zwangsvollstreckung vorgebracht werden. Das Verbot der révision au fond steht der Abänderung ausländischer Entscheidungen nicht entgegen.

Art. 43 EuUntVO Kein Vorrang der Eintreibung von Kosten.
Die Eintreibung von Kosten, die bei der Anwendung dieser Verordnung entstehen, hat keinen Vorrang vor der Geltendmachung von Unterhaltsansprüchen.

1 Die Eintreibung von Verfahrenskosten, die bei der Anwendung der EuUntVO entstehen, hat keinen Vorrang vor der Geltendmachung von Unterhaltsansprüchen. Sie tritt allerdings auch nicht zurück (so aber Saenger/*Dörner* vor Art. 39 EuUnthVO Rn. 2); Gleichrangigkeit ist zulässig (Geimer/Schütze/*Hilbig* Art. 43 VO Nr. 4/2009 Rn. 5).

KAPITEL V. ZUGANG ZUM RECHT

Art. 44 EuUntVO Anspruch auf Prozesskostenhilfe.
(1) Die an einem Rechtsstreit im Sinne dieser Verordnung beteiligten Parteien genießen nach Maßgabe der in diesem Kapitel niedergelegten Bedingungen effektiven Zugang zum Recht in einem anderen Mitgliedstaat, einschließlich im Rahmen von Vollstreckungsverfahren und Rechtsbehelfen.
In den Fällen gemäß Kapitel VII wird der effektive Zugang zum Recht durch den ersuchten Mitgliedstaat gegenüber jedem Antragsteller gewährleistet, der seinen Aufenthalt im ersuchenden Mitgliedstaat hat.
(2) Um einen solchen effektiven Zugang zu gewährleisten, leisten die Mitgliedstaaten Prozesskostenhilfe im Einklang mit diesem Kapitel, sofern nicht Absatz 3 gilt.
(3) In den Fällen gemäß Kapitel VII ist ein Mitgliedstaat nicht verpflichtet, Prozesskostenhilfe zu leisten, wenn und soweit die Verfahren in diesem Mitgliedstaat es den Parteien gestatten, die Sache ohne Prozesskostenhilfe zu betreiben, und die Zentrale Behörde die nötigen Dienstleistungen unentgeltlich erbringt.
(4) Die Voraussetzungen für den Zugang zu Prozesskostenhilfe dürfen nicht enger als diejenigen, die für vergleichbare innerstaatliche Fälle gelten, sein.
(5) In Verfahren, die Unterhaltspflichten betreffen, wird für die Zahlung von Verfahrenskosten keine Sicherheitsleistung oder Hinterlegung gleich welcher Bezeichnung auferlegt.

1 Die Gewährung von Prozesskostenhilfe wird in den Art. 44 – 47 geregelt. Die an einem Unterhaltsrechtsstreit beteiligten Parteien sollen – dem Grundsatz des Art. 47 GRC entsprechend – effektiven Zugang zum Recht in einem anderen Mitgliedstaat, auch im Rahmen von Vollstreckungsverfahren und Rechtsbehelfen haben. Die EuUntVO enthält daher über die unionsrechtlichen Regeln der grenzüberschreitenden Prozesshilfe hinaus besondere Vorschriften für die Unterhaltsdurchsetzung. Die §§ 20 ff. AUG regeln die Einzelheiten für die Verfahrenshilfe nach deutschem Recht. Eine öffentliche Aufgaben wahrnehmende Einrichtung wird im Hinblick auf die Erlangung eines Titels erfasst (Rauscher/*Andrae* Art. 44 EG-UntVO Rn. 5).

2 In den Fällen gemäß Kap. VII (Zusammenarbeit der Zentralen Behörden nach Art. 49 ff., insbes. Art. 56) wird der **effektive Zugang zum Recht** durch den ersuchten Mitgliedstaat ggü. jedem ASt gewährleistet, der seinen Aufenthalt, der kein »gewöhnlicher« Aufenthalt sein muss (Rauscher/*Andrae* Art. 44 EG-UntVO Rn. 9), im ersuchenden Mitgliedstaat hat. Die Mitgliedstaaten leisten Prozesskostenhilfe, sofern nicht Art. 44 Abs. 3 gilt, d.h. es sich um nicht kostenpflichtige Verfahren handelt (Abs. 2). Die Voraussetzungen für die Gewährung von Prozesskostenhilfe dürfen nicht enger sein als für vergleichbare innerstaatliche Fälle (Abs. 4). In Unterhaltsverfahren wird für die Zahlung von Verfahrenskosten keine Sicherheitsleistung oder Hinterlegung gleich welcher Bezeichnung auferlegt (Abs. 5). Ein Mitgliedstaat ist nicht verpflichtet, Prozesskostenhilfe zu leisten, wenn und soweit die Verfahren in diesem Mitgliedstaat es den Parteien gestatten,

die Sache ohne »Prozesskostenhilfe« (gemeint ist, ohne Prozesskosten; Geimer/Schütze/*Picht* Art. 44 VO Nr. 4/2009 Rn. 5) zu betreiben, und die Zentrale Behörde die nötigen Dienstleistungen unentgeltlich erbringt (Abs. 3).

Art. 45 EuUntVO Gegenstand der Prozesskostenhilfe. Nach diesem Kapitel gewährte Prozesskostenhilfe ist die Unterstützung, die erforderlich ist, damit die Parteien ihre Rechte in Erfahrung bringen und geltend machen können und damit sichergestellt werden kann, dass ihre Anträge, die über die Zentralen Behörden oder direkt an die zuständigen Behörden übermittelt werden, in umfassender und wirksamer Weise bearbeitet werden. Sie umfasst soweit erforderlich Folgendes:
a) eine vorprozessuale Rechtsberatung im Hinblick auf eine außergerichtliche Streitbeilegung;
b) den Rechtsbeistand bei Anrufung einer Behörde oder eines Gerichts und die rechtliche Vertretung vor Gericht;
c) eine Befreiung von den Gerichtskosten und den Kosten für Personen, die mit der Wahrnehmung von Aufgaben während des Prozesses beauftragt werden, oder eine Unterstützung bei solchen Kosten;
d) in Mitgliedstaaten, in denen die unterliegende Partei die Kosten der Gegenpartei übernehmen muss, im Falle einer Prozessniederlage des Empfängers der Prozesskostenhilfe auch die Kosten der Gegenpartei, sofern die Prozesskostenhilfe diese Kosten umfasst hätte, wenn der Empfänger seinen gewöhnlichen Aufenthalt im Mitgliedstaat des angerufenen Gerichts gehabt hätte;
e) Dolmetschleistungen;
f) Übersetzung der vom Gericht oder von der zuständigen Behörde verlangten und vom Empfänger der Prozesskostenhilfe vorgelegten Schriftstücke, die für die Entscheidung des Rechtsstreits erforderlich sind;
g) Reisekosten, die vom Empfänger der Prozesskostenhilfe zu tragen sind, wenn das Recht oder das Gericht des betreffenden Mitgliedstaats die Anwesenheit der mit der Darlegung des Falles des Empfängers befassten Personen bei Gericht verlangen und das Gericht entscheidet, dass die betreffenden Personen nicht auf andere Weise zur Zufriedenheit des Gerichts gehört werden können.

Prozesskostenhilfe ist die Unterstützung, die erforderlich ist, damit die Parteien ihre Rechte in Erfahrung bringen und geltend machen können und damit **sichergestellt werden kann**, dass ihre Anträge, die über die Zentralen Behörden oder direkt an die zuständigen Behörden übermittelt werden, in umfassender und wirksamer Weise bearbeitet werden (Art. 45 Satz 1). 1

Gegenstand der Prozesskostenhilfe sind mehrere Leistungen. Sie umfasst, soweit erforderlich, eine vorprozessuale Rechtsberatung im Hinblick auf eine außergerichtliche Streitbeilegung (Satz 2 Buchst. a)). Ferner wird Rechtsbeistand bei Anrufung einer Behörde oder eines Gerichts sowie die rechtliche Vertretung vor Gericht gewährleistet (Buchst. b)). Außerdem erfolgt eine **Befreiung von den Gerichtskosten** und den Kosten für Personen, die mit der Wahrnehmung von Aufgaben während des Prozesses beauftragt werden, oder eine Unterstützung bei solchen Kosten (Buchst. c)). In Mitgliedstaaten, in denen die unterliegende Partei die Kosten der Gegenpartei zu übernehmen hat, sind bei einer Prozessniederlage auch die Kosten der Gegenpartei abgedeckt, sofern die Prozesskostenhilfe diese Kosten umfasst hätte, wenn der Empfänger seinen gewöhnlichen Aufenthalt im Staat des angerufenen Gerichts gehabt hätte (Buchst. d)). Die Prozesskostenhilfe nach Satz 2 Buchst. a)–d) fällt dem Staat zur Last, in dem der Berechtigte seinen gewöhnlichen Aufenthalt hat (Geimer/Schütze/*Picht* Art. 45 VO Nr. 4/2009 Rn. 5). 2

Ferner werden genannt Dolmetscherleistungen (Satz 2 Buchst. e)) sowie die **Übersetzung** der vorgelegten Schriftstücke, die für die Entscheidung des Rechtsstreits erforderlich sind (Buchst. f)). Hinzu kommen Reisekosten, die vom Prozesskostenhilfeempfänger zu tragen sind (Buchst. g)). Die Prozesskostenhilfe nach Satz 2 Buchst. e)–g) wird vom Gerichtsstaat getragen (Geimer/Schütze/*Picht* Art. 45 VO Nr. 4/2009 Rn. 5). 3

Art. 46 EuUntVO Unentgeltliche Prozesskostenhilfe bei Anträgen auf Unterhaltsleistungen für Kinder, die über die Zentralen Behörden gestellt werden. (1) Der ersuchte Mitgliedstaat leistet unentgeltliche Prozesskostenhilfe für alle von einer berechtigten Person nach Artikel 56 gestellten Anträge in Bezug auf

Unterhaltspflichten aus einer Eltern-Kind-Beziehung gegenüber einer Person, die das 21. Lebensjahr noch nicht vollendet hat.
(2) Ungeachtet des Absatzes 1 kann die zuständige Behörde des ersuchten Mitgliedstaats in Bezug auf andere Anträge als solche nach Artikel 56 Absatz 1 Buchstaben a und b die Gewährung unentgeltlicher Prozesskostenhilfe ablehnen, wenn sie den Antrag oder einen Rechtsbehelf für offensichtlich unbegründet erachtet.

1 Der ersuchte Mitgliedstaat leistet »unentgeltliche«, d.h. bedürftigkeitsunabhängige Prozesskostenhilfe für alle von einer berechtigten Person nach Art. 56 gestellten Anträgen (also nicht für Direktanträge) in Bezug auf Unterhaltspflichten aus einer Eltern-Kind-Beziehung ggü. einer Person, die das 21. Lebensjahr noch nicht vollendet hat (Abs. 1). Insoweit erfolgt die Unterhaltsdurchsetzung daher kostenfrei. Die Unabhängigkeit von den wirtschaftlichen Verhältnissen wird von § 22 Abs. 1 AUG bekräftigt (dazu krit. *Andrae* NJW 2011, 2545, 2550 f.). Allerdings kann die zuständige Behörde des ersuchten Mitgliedstaats in Bezug auf Anträge nach Art. 56 Abs. 1 Buchst. c) bis f) die Gewährung unentgeltlicher Prozesskostenhilfe ablehnen, wenn sie den Antrag oder einen Rechtsbehelf für offensichtlich unbegründet erachtet (Art. 46 Abs. 2). Dies wird in § 22 Abs. 2 AUG konkretisiert. Eine Kostenerstattung ist auch nach Art. 67 möglich.

Art. 47 EuUntVO Fälle, die nicht unter Artikel 46 fallen.

(1) In Fällen, die nicht unter Artikel 46 fallen, kann vorbehaltlich der Artikel 44 und 45 die Gewährung der Prozesskostenhilfe gemäß dem innerstaatlichen Recht insbesondere von den Voraussetzungen der Prüfung der Mittel des Antragstellers oder der Begründetheit des Antrags abhängig gemacht werden.
(2) Ist einer Partei im Ursprungsmitgliedstaat ganz oder teilweise Prozesskostenhilfe oder Kosten- und Gebührenbefreiung gewährt worden, so genießt sie ungeachtet des Absatzes 1 in jedem Anerkennungs-, Vollstreckbarerklärungs- oder Vollstreckungsverfahren hinsichtlich der Prozesskostenhilfe oder der Kosten- und Gebührenbefreiung die günstigste oder umfassendste Behandlung, die das Recht des Vollstreckungsmitgliedstaats vorsieht.
(3) Hat eine Partei im Ursprungsmitgliedstaat ein unentgeltliches Verfahren vor einer in Anhang X aufgeführten Verwaltungsbehörde in Anspruch nehmen können, so hat sie ungeachtet des Absatzes 1 in jedem Anerkennungs-, Vollstreckbarerklärungs- oder Vollstreckungsverfahren Anspruch auf Prozesskostenhilfe nach Absatz 2. Zu diesem Zweck muss sie ein von der zuständigen Behörde des Ursprungsmitgliedstaats erstelltes Schriftstück vorgelegen, mit dem bescheinigt wird, dass sie die wirtschaftlichen Voraussetzungen erfüllt, um ganz oder teilweise Prozesskostenhilfe oder Kosten- und Gebührenbefreiung in Anspruch nehmen zu können.
Die für die Zwecke dieses Absatzes zuständigen Behörden sind in Anhang XI aufgelistet. Dieser Anhang wird nach dem Verwaltungsverfahren des Artikels 73 Absatz 2 erstellt und geändert.

1 In Fällen, die nicht unter Art. 46 fallen (Anträge für Kinder über die Zentrale Behörde), d.h. Unterhaltsberechtigte über 21 Jahre, Unterhaltspflichten nicht aus einer Eltern-Kind-Beziehung sowie Direktanträge kann die **Gewährung der Prozesskostenhilfe** gemäß dem innerstaatlichen Recht insbes. von einer der Prüfung der Mittel des ASt oder der Begründetheit des Antrags abhängig gemacht werden (Abs. 1).
2 Zugunsten einer Partei, der im Ursprungsmitgliedstaat ganz oder teilweise Prozesskostenhilfe oder Kosten- und Gebührenbefreiung gewährt worden ist, besteht eine **Kontinuität der Prozesskostenhilfe**. Nach dem Meistbegünstigungsgrundsatz genießt sie ex lege in jedem Anerkennungs-, Vollstreckbarerklärungs- oder Vollstreckungsverfahren hinsichtlich der Prozesskostenhilfe oder der Kosten- und Gebührenbefreiung die günstigste oder umfassendste Behandlung nach dem Recht des Vollstreckungsmitgliedstaats (Abs. 2). Parallelvorschriften finden sich in Art. 50 Abs. 1 Brüssel I-VO, Art. 50 Brüssel IIa-VO sowie in Art. 17 Buchst. b) HUÜ 2007. Sie kann allerdings auch nach dem nationalen Recht des ersuchten Staates erstmals Prozesskostenhilfe beantragen (Rauscher/*Andrae* Art. 47 EG-UntVO Rn. 9). Die nach Abs. 3 zuständigen Behörden werden im Anh. 11 genannt.
3 In einigen Mitgliedstaaten kann eine Partei einen Titel in einem **unentgeltlichen Verwaltungsverfahren** erlangt haben (aufgeführt in Anh. 10). Sie hat dann ebenfalls in jedem Anerkennungs-, Vollstreckbarerklärungs- oder Vollstreckungsverfahren Anspruch auf Prozesskostenhilfe. Dafür muss sie ein von der zuständigen Behörde des Ursprungsmitgliedstaats erstelltes Schriftstück vorlegen, das bescheinigt, dass sie die

wirtschaftlichen Voraussetzungen erfüllt, um ganz oder teilweise Prozesskostenhilfe oder Kosten- und Gebührenbefreiung in Anspruch nehmen zu können (Abs. 3). Die Partei kann allerdings auch nach dem nationalen Recht des ersuchten Staates Prozesskostenhilfe beantragen (Rauscher/*Andrae* Art. EG-UntVO Rn. 13). Die nach Abs. 3 EUnthVO zuständigen Behörden sind in Anh. 11 der VO aufgelistet.

KAPITEL VI. GERICHTLICHE VERGLEICHE UND ÖFFENTLICHE URKUNDEN

Art. 48 EuUntVO Anwendung dieser Verordnung auf gerichtliche Vergleiche und öffentliche Urkunden.

(1) Die im Ursprungsmitgliedstaat vollstreckbaren gerichtlichen Vergleiche und öffentlichen Urkunden sind in einem anderen Mitgliedstaat ebenso wie Entscheidungen gemäß Kapitel IV anzuerkennen und in der gleichen Weise vollstreckbar.
(2) Die Bestimmungen dieser Verordnung gelten, soweit erforderlich, auch für gerichtliche Vergleiche und öffentliche Urkunden.
(3) Die zuständige Behörde des Ursprungsmitgliedstaats erstellt auf Antrag jeder betroffenen Partei einen Auszug des gerichtlichen Vergleichs oder der öffentlichen Urkunde unter Verwendung, je nach Fall, der in den Anhängen I und II oder in den Anhängen III und IV vorgesehenen Formblätter.

A. Allgemeines. Die EuUntVO regelt auch die Anerkennung und Vollstreckung von gerichtlichen Vergleichen und öffentlichen Urkunden (vgl. auch Art. 57 f. Brüssel I-VO, Art. 46 Brüssel IIa-VO). Deren Anfechtbarkeit richtet sich weiterhin nach dem Recht des Ursprungsstaates (ErwGrd. 13). Entsprechend der Regelung für öffentliche Urkunden in Art. 24, 25 EuVTVO (s. § 97 FamFG Rdn. 20) sieht die EuUntVO vor, dass die im Ursprungsmitgliedstaat vollstreckbaren **gerichtlichen Vergleiche** (s. Art. 2 Abs. 1 Nr. 2) und **öffentlichen Urkunden** (s. Art. 2 Abs. 1 Nr. 3) in einem anderen Mitgliedstaat ebenso wie Entscheidungen nach Art. 16 ff. anzuerkennen und in der gleichen Weise vollstreckbar sind (Abs. 1). 1

B. Anerkennung und Vollstreckung. Die Anerkennung verschafft den gerichtlichen Vergleichen und öffentlichen Urkunden die Rechtswirkungen des Ursprungsstaates (Geimer/Schütze/*Picht* Art. 48 VO Nr. 4/2009 Rn. 6). Bezüglich der Anerkennung ipso iure und der Anerkennungshindernisse kommt es darauf an, ob Ursprungsland ein Vertragsstaat des Haager Unterhalts-Übk. von 2007 ist (Saenger/*Dörner* Art. 48 EuUnthVO Rn. 1). Die Vollstreckung bzw. die Notwendigkeit einer Vollstreckbarerklärung hängt gleichfalls davon ab, ob der Ursprungsstaat durch das Haager Unterhalts Übk. 2007 gebunden ist (Geimer/Schütze/*Picht* Art. 48 VO Nr. 4/2009 Rn. 9). Ggf. ist eine Vollstreckungsklausel entbehrlich (§ 30 Abs. 1 AUG). Auch andere Bestimmungen der EuUntVO gelten, soweit erforderlich, gleichfalls für ausländische gerichtliche Vergleiche und öffentliche Urkunden (Abs. 2). 2

C. Erstellung eines Auszugs. Die zuständige Behörde des Ursprungsmitgliedstaats erstellt auf Antrag der betroffenen Partei einen Auszug des gerichtlichen Vergleichs oder der öffentlichen Urkunde unter Verwendung, je nach Fall, der in den Anh. 1 und 2 (gerichtliche Vergleiche) oder in den Anhängen 3 und 4 (öffentliche Urkunden) vorgesehenen Formblätter (Art. 48 Abs. 3. Zur Verbindung mit dem Titel § 30 Abs. 2 AUG). Zuständig ist die Stelle, die für die Ausstellung der vollstreckbaren Ausfertigung zuständig ist (§ 71 Abs. 1 Nr. 1 AUG). 3

KAPITEL VII. ZUSAMMENARBEIT DER ZENTRALEN BEHÖRDEN

Art. 49 EuUntVO Bestimmung der Zentralen Behörden.

(1) Jeder Mitgliedstaat bestimmt eine Zentrale Behörde, welche die ihr durch diese Verordnung übertragenen Aufgaben wahrnimmt.

(2) Einem Mitgliedstaat, der ein Bundesstaat ist, einem Mitgliedstaat mit mehreren Rechtssystemen oder einem Mitgliedstaat, der aus autonomen Gebietseinheiten besteht, steht es frei, mehrere Zentrale Behörden zu bestimmen, deren räumliche und persönliche Zuständigkeit er festlegt. Macht ein Mitgliedstaat von dieser Möglichkeit Gebrauch, so bestimmt er die Zentrale Behörde, an die Mitteilungen zur Übermittlung an die zuständige Zentrale Behörde in diesem Staat gerichtet werden können. Wurde eine Mitteilung an eine nicht zuständige Zentrale Behörde gerichtet, so hat diese die Mitteilung an die zuständige Zentrale Behörde weiterzuleiten und den Absender davon in Kenntnis zu setzen.
(3) Jeder Mitgliedstaat unterrichtet die Kommission im Einklang mit Artikel 71 über die Bestimmung der Zentralen Behörde oder der Zentralen Behörden sowie über deren Kontaktdaten und gegebenenfalls deren Zuständigkeit nach Absatz 2.

1 Für die praktische Anwendung der EuUntVO sieht sie die Bestimmung von zentralen Behörden in den Mitgliedstaaten vor. Dies ist in Deutschland das **Bundesjustizamt** (§ 4 AUG; dazu *Veith* FPR 2013, 46 ff.). Die Zentralen Behörden können über den Europäischen Gerichtsatlas für Zivilsachen (»Unterhaltspflichten«) ermittelt werden (http://ec.europa.eu/justice_home/judicialatlascivil/html/mo_centralauthorities_de.htm). Ihre Zusammenarbeit wird in den Art. 49 ff. näher geregelt.

Art. 50 EuUntVO Allgemeine Aufgaben der Zentralen Behörden.
(1) Die Zentralen Behörden

a) arbeiten zusammen, insbesondere durch den Austausch von Informationen, und fördern die Zusammenarbeit der zuständigen Behörden ihrer Mitgliedstaaten, um die Ziele dieser Verordnung zu verwirklichen;
b) suchen, soweit möglich, nach Lösungen für Schwierigkeiten, die bei der Anwendung dieser Verordnung auftreten.
(2) Die Zentralen Behörden ergreifen Maßnahmen, um die Anwendung dieser Verordnung zu erleichtern und die Zusammenarbeit untereinander zu stärken. Hierzu wird das mit der Entscheidung 2001/470/EG eingerichtete Europäische Justizielle Netz für Zivil- und Handelssachen genutzt.

1 Die Zentralen Behörden arbeiten zusammen, insbes. durch den Austausch von Informationen, und fördern die Zusammenarbeit der zuständigen Behörden ihrer Mitgliedstaaten (Abs. 1 Buchst. a)). Die Behörden suchen, soweit möglich, nach Lösungen für Schwierigkeiten, die bei der Anwendung der EuUntVO auftreten (Abs. 1 Buchst. b)). Sie ergreifen Maßnahmen, um die Anwendung der EuUntVO zu erleichtern und die Zusammenarbeit untereinander zu stärken. Hierzu wird (ebenso wie nach Art. 54 Brüssel IIa-VO) das Europäische Justizielle Netz für Zivil- und Handelssachen genutzt (Abs. 2). Durchführungsbestimmung ist § 5 Abs. 3 AUG.

Art. 51 EuUntVO Besondere Aufgaben der Zentralen Behörden.
(1) Die Zentralen Behörden leisten bei Anträgen nach Artikel 56 Hilfe, indem sie insbesondere

a) diese Anträge übermitteln und entgegennehmen;
b) Verfahren bezüglich dieser Anträge einleiten oder die Einleitung solcher Verfahren erleichtern.
(2) In Bezug auf diese Anträge treffen die Zentralen Behörden alle angemessenen Maßnahmen, um
a) Prozesskostenhilfe zu gewähren oder die Gewährung von Prozesskostenhilfe zu erleichtern, wenn die Umstände es erfordern;
b) dabei behilflich zu sein, den Aufenthaltsort der verpflichteten oder der berechtigten Person ausfindig zu machen, insbesondere in Anwendung der Artikel 61, 62 und 63;
c) die Erlangung einschlägiger Informationen über das Einkommen und, wenn nötig, das Vermögen der verpflichteten oder der berechtigten Person einschließlich der Belegenheit von Vermögensgegenständen zu erleichtern, insbesondere in Anwendung der Artikel 61, 62 und 63;
d) gütliche Regelungen zu fördern, um die freiwillige Zahlung von Unterhalt zu erreichen, wenn angebracht durch Mediation, Schlichtung oder ähnliche Mittel;
e) die fortlaufende Vollstreckung von Unterhaltsentscheidungen einschließlich der Zahlungsrückstände zu erleichtern;
f) die Eintreibung und zügige Überweisung von Unterhalt zu erleichtern;

g) unbeschadet der Verordnung (EG) Nr. 1206/2001 die Beweiserhebung, sei es durch Urkunden oder durch andere Beweismittel, zu erleichtern;
h) bei der Feststellung der Abstammung Hilfe zu leisten, wenn dies zur Geltendmachung von Unterhaltsansprüchen notwendig ist;
i) Verfahren zur Erwirkung notwendiger vorläufiger Maßnahmen, die auf das betreffende Hoheitsgebiet beschränkt sind und auf die Absicherung des Erfolgs eines anhängigen Unterhaltsantrags abzielen, einzuleiten oder die Einleitung solcher Verfahren zu erleichtern;
j) unbeschadet der Verordnung (EG) Nr. 1393/2007 die Zustellung von Schriftstücken zu erleichtern.
(3) Die Aufgaben, die nach diesem Artikel der Zentralen Behörde übertragen sind, können in dem vom Recht des betroffenen Mitgliedstaats vorgesehenen Umfang von öffentliche Aufgaben wahrnehmenden Einrichtungen oder anderen der Aufsicht der zuständigen Behörden dieses Mitgliedstaats unterliegenden Stellen wahrgenommen werden. Der Mitgliedstaat teilt der Kommission gemäß Artikel 71 die Bestimmung solcher Einrichtungen oder anderen Stellen sowie deren Kontaktdaten und Zuständigkeit mit.
(4) Dieser Artikel und Artikel 53 verpflichten eine Zentrale Behörde nicht zur Ausübung von Befugnissen, die nach dem Recht des ersuchten Mitgliedstaats ausschließlich den Gerichten zustehen.

Außer den allgemeinen kennt die EuUntVO noch zwei – nicht abschließend aufgeführte – Arten von besonderen Aufgaben, die in Art. 51 aufgezählt werden. Durchführungsbestimmung ist § 5 Abs. 3 AUG. Die Zentralen Behörden leisten bei Anträgen nach Art. 56 Hilfe, indem sie insbes. solche Anträge übermitteln und entgegennehmen (Abs. 1 Buchst. a)), ferner, indem sie Verfahren bezüglich dieser Anträge einleiten oder die Einleitung solcher Verfahren unterstützen (Abs. 1 Buchst. b)). 1

Ferner treffen die Behörden alle »angemessenen« Maßnahmen, um dort, wo erforderlich, Prozesskostenhilfe zu gewähren oder deren Gewährung zu erleichtern (Abs. 2 Buchst. a)). Zum Maßnahmenkatalog gehört außerdem die Ermittlung des Aufenthaltsorts des Verpflichteten oder des Berechtigten (Abs. 2 Buchst. b)). Zu den Aufgaben gehört auch die Ermittlung von Einkommen und, wenn nötig, des Vermögens des Verpflichteten oder des Berechtigten einschl. der Belegenheit von Vermögensgegenständen, insbes. in Anwendung der Art. 61, 62 und 63, d.h. vor allem Anfragen bei den nationalen Stellen (Art. 51 Abs. 2 Buchst. c)). Ferner fördern die Zentralen Behörden gütliche Regelungen, um die freiwillige Zahlung von Unterhalt zu erreichen, wenn angebracht durch Mediation, Schlichtung oder ähnliche Mittel (Abs. 2 Buchst. d)). 2

Die Zentralen Behörden haben auch die fortlaufende Vollstreckung von Unterhaltsentscheidungen einschl. der Zahlungsrückstände sowie die Eintreibung und zügige Überweisung von Unterhalt zu erleichtern (Abs. 2 Buchst. e), f; vgl. § 5 Abs. 6 AUG). Außerdem haben sie unbeschadet der EuBewVO die Beweiserhebung, sei es durch Urkunden oder durch andere Beweismittel (z.B. Zeugen), zu erleichtern (Abs. 2 Buchst. g)). Ferner sollen sie bei der Abstammungsfeststellung Hilfe leisten, wenn dies zur Geltendmachung von Unterhaltsansprüchen notwendig ist (Abs. 2 Buchst. h)). 3

Zu den Aufgaben gehören auch Verfahren zur Erwirkung notwendiger vorläufiger Maßnahmen, die auf das betreffende Hoheitsgebiet beschränkt sind und auf die Absicherung des Erfolgs eines anhängigen Unterhaltsantrags abzielen, einzuleiten oder die Einleitung solcher Verfahren zu erleichtern (Abs. 2 Buchst. i)). Die Behörden sollen ferner unbeschadet der anwendbaren EuZustVO die Zustellung von Schriftstücken erleichtern (Abs. 2 Buchst. j)), allerdings wohl nicht selbst die gerichtliche Zustellung übernehmen. 4

Art. 52 EuUntVO
Vollmacht. Die Zentrale Behörde des ersuchten Mitgliedstaats kann vom Antragsteller eine Vollmacht nur verlangen, wenn sie in seinem Namen in Gerichtsverfahren oder in Verfahren vor anderen Behörden tätig wird, oder um einen Vertreter für diese Zwecke zu bestimmen.

Soweit die Zentrale Behörde des ersuchten Mitgliedstaats nicht kraft Gesetzes Vertretungsmacht für den ASt besitzt (vgl. § 5 Abs. 5 AUG), muss sie grundsätzlich vom ASt ausdrücklich oder konkludent rechtsgeschäftlich bevollmächtigt werden. Die Behörde kann vom ASt eine Vollmacht nur dann verlangen, wenn sie in seinem Namen in Gerichtsverfahren oder in Verfahren vor anderen Behörden tätig wird, oder um einen Vertreter für diese Zwecke zu bestimmen (Art. 52 UnthVO). 1

Art. 53 EuUntVO

Ersuchen um Durchführung besonderer Maßnahmen. (1) Eine Zentrale Behörde kann unter Angabe der Gründe eine andere Zentrale Behörde auch dann ersuchen, angemessene besondere Maßnahmen nach Artikel 51 Absatz 2 Buchstaben b, c, g, h, i und j zu treffen, wenn kein Antrag nach Artikel 56 anhängig ist. Die ersuchte Zentrale Behörde trifft, wenn sie es für notwendig erachtet, angemessene Maßnahmen, um einem potenziellen Antragsteller bei der Einreichung eines Antrags nach Artikel 56 oder bei der Feststellung behilflich zu sein, ob ein solcher Antrag gestellt werden soll.

(2) Im Falle eines Ersuchens hinsichtlich besonderer Maßnahmen im Sinne des Artikels 51 Absatz 2 Buchstaben b und c holt die ersuchte Zentrale Behörde die erbetenen Informationen ein, erforderlichenfalls in Anwendung von Artikel 61. Informationen nach Artikel 61 Absatz 2 Buchstaben b, c und d dürfen jedoch erst eingeholt werden, wenn die berechtigte Person eine Ausfertigung einer zu vollstreckenden Entscheidung, eines zu vollstreckenden gerichtlichen Vergleichs oder einer zu vollstreckenden öffentlichen Urkunde, gegebenenfalls zusammen mit dem Auszug nach den Artikeln 20, 28 oder 48, vorlegt.

Die ersuchte Zentrale Behörde übermittelt die eingeholten Informationen an die ersuchende Zentrale Behörde. Wurden diese Informationen in Anwendung von Artikel 61 eingeholt, wird dabei nur die Anschrift des potenziellen Antragsgegners im ersuchten Mitgliedstaat übermittelt. Im Rahmen eines Ersuchens im Hinblick auf die Anerkennung, die Vollstreckbarkeitserklärung oder die Vollstreckung wird dabei im Übrigen nur angegeben, ob überhaupt Einkommen oder Vermögen der verpflichteten Person in diesem Staat bestehen.

Ist die ersuchte Zentrale Behörde nicht in der Lage, die erbetenen Informationen zur Verfügung zu stellen, so teilt sie dies der ersuchenden Zentralen Behörde unverzüglich unter Angabe der Gründe mit.

(3) Eine Zentrale Behörde kann auf Ersuchen einer anderen Zentralen Behörde auch besondere Maßnahmen in einem Fall mit Auslandsbezug treffen, der die Geltendmachung von Unterhaltsansprüchen betrifft und im ersuchenden Mitgliedstaat anhängig ist.

(4) Die Zentralen Behörden verwenden für Ersuchen nach diesem Artikel das in Anhang V vorgesehene Formblatt.

1 Die Zentrale Behörde kann eine andere Zentrale Behörde auch dann ersuchen, besondere Maßnahmen nach Art. 51 Abs. 2 Buchst. b), c), g), h), i) und j) zu treffen, wenn (noch) kein Antrag nach Art. 56 gestellt wurde. Die ersuchte Behörde kann einem potenziellen ASt bei der Einreichung eines Antrags nach Art. 56 oder bei der Feststellung behilflich sein, ob ein solcher Antrag gestellt werden soll (Abs. 1).

2 Wird um eine **Aufenthalts-, Einkommens- oder Vermögensermittlung** (Art. 51 Abs. 2 Buchst. b), c) ersucht, so holt die ersuchte Behörde die erbetenen Informationen ein, erforderlichenfalls in Anwendung von Art. 61. Informationen über Einkommen, Arbeitgeber und Vermögen des Verpflichteten (Art. 61 Abs. 2 Unterabs. 1 Buchst. b), c), d) dürfen jedoch erst dann eingeholt werden, wenn der Berechtigte eine Ausfertigung einer zu vollstreckenden Entscheidung, eines gerichtlichen Vergleichs oder einer öffentlichen Urkunde, ggf. zusammen mit dem Auszug nach den Art. 20, 28 oder 48, vorlegt (Abs. 2 Unterabs. 1).

3 Die ersuchte Zentrale Behörde **übermittelt** die eingeholten Informationen an die ersuchende Behörde. Wurden diese Informationen in Anwendung von Art. 61 eingeholt, wird dabei nur die Anschrift des potenziellen Antragsgegners übermittelt. Im Rahmen eines Ersuchens im Hinblick auf die Anerkennung, die Vollstreckbarkeitserklärung oder die Vollstreckung wird dabei im Übrigen nur angegeben, ob überhaupt Einkommen oder Vermögen des Verpflichteten in diesem Staat bestehen (Abs. 2 Unterabs. 2). Ist die ersuchte Zentrale Behörde nicht in der Lage, die erbetenen Informationen zu liefern, so teilt sie dies unverzüglich mit (Abs. 2 Unterabs. 3).

4 Eine Zentrale Behörde kann auf Ersuchen einer anderen Zentralen Behörde auch besondere Maßnahmen in einem Fall treffen, in dem ein Unterhaltsverfahren im ersuchenden Mitgliedstaat **anhängig ist** (Abs. 3). Gemeint sind Fälle, in denen noch nicht nach Art. 56 vorgegangen werden kann (Geimer/Schütze/*Picht* Art. 53 VO Nr. 4/2009 Rn. 16). Die Behörden verwenden für ihre Ersuchen das Formblatt Anh. 5 (Ersuchen um Durchführung besonderer Maßnahmen) (Abs. 4). Durchführungsbestimmung ist § 5 Abs. 3 AUG.

Art. 54 EuUntVO Kosten der Zentralen Behörde.
(1) Jede Zentrale Behörde trägt die Kosten, die ihr durch die Anwendung dieser Verordnung entstehen.
(2) Die Zentralen Behörden dürfen vom Antragsteller für ihre nach dieser Verordnung erbrachten Dienstleistungen keine Gebühren erheben, außer für außergewöhnliche Kosten, die sich aus einem Ersuchen um besondere Maßnahmen nach Artikel 53 ergeben.
Für die Zwecke dieses Absatzes gelten die Kosten im Zusammenhang mit der Feststellung des Aufenthaltsorts der verpflichteten Person nicht als außergewöhnlich.
(3) Die ersuchte Zentrale Behörde kann sich die außergewöhnlichen Kosten nach Absatz 2 nur erstatten lassen, wenn der Antragsteller im Voraus zugestimmt hat, dass die Dienstleistungen mit einem Kostenaufwand in der betreffenden Höhe erbracht werden.

Grundsätzlich trägt jede Zentrale Behörde die Kosten selbst, die ihr durch die Anwendung der EuUntVO entstehen, also ihren Personal- und Sachaufwand (Abs. 1). Anwalts- und Gerichtskosten sind allerdings nicht abgedeckt (Geimer/Schütze/*Picht* Art. 54 VO Nr. 4/2009 Rn. 3). Die Behörden dürfen vom ASt für ihre Dienstleistungen keine Gebühren erheben, außer für – ermessensgebundene – außergewöhnliche Kosten, die sich aus einem Ersuchen um besondere Maßnahmen nach Art. 53 ergeben (Abs. 2). Die Erstattung außergewöhnlicher Kosten darf nur verlangt werden, wenn der ASt im Voraus zugestimmt hat, dass die Dienstleistungen mit einem Kostenaufwand in der betreffenden Höhe erbracht werden (Abs. 3). Die Kosten für die Feststellung des Aufenthaltsorts des Verpflichteten gelten als nicht außergewöhnlich. 1

Art. 55 EuUntVO Übermittlung von Anträgen über die Zentralen Behörden.
Anträge nach diesem Kapitel sind über die Zentrale Behörde des Mitgliedstaats, in dem der Antragsteller seinen Aufenthalt hat, bei der Zentralen Behörde des ersuchten Mitgliedstaats zu stellen.

Anträge nach Kap. VII, d.h. nach Art. 56, sind über die Zentrale Behörde des Staats, in dem der ASt seinen Aufenthalt – der kein »gewöhnlicher Aufenthalt« zu sein braucht (ErwGrd. 32) – hat, bei der Zentralen Behörde des ersuchten Staats zu stellen (vgl. Art. 56). Auf diese Weise können die Behörden dann die grenzüberschreitende Unterhaltsdurchsetzung betreiben. Der Unterhaltsberechtigte kann sich auch selbst mit einem sog. Direktantrag an die Gerichte und Behörden eines anderen Staats wenden (Geimer/Schütze/*Picht* Art. 55 VO Nr. 4/2009 Rn. 5). 1

Art. 56 EuUntVO Zur Verfügung stehende Anträge.
(1) Eine berechtigte Person, die Unterhaltsansprüche nach dieser Verordnung geltend machen will, kann Folgendes beantragen:
a) Anerkennung oder Anerkennung und Vollstreckbarerklärung einer Entscheidung;
b) Vollstreckung einer im ersuchten Mitgliedstaat ergangenen oder anerkannten Entscheidung;
c) Herbeiführen einer Entscheidung im ersuchten Mitgliedstaat, wenn keine Entscheidung vorliegt, einschließlich, soweit erforderlich, der Feststellung der Abstammung;
d) Herbeiführen einer Entscheidung im ersuchten Mitgliedstaat, wenn die Anerkennung und Vollstreckbarerklärung einer Entscheidung, die in einem anderen Staat als dem ersuchten Mitgliedstaat ergangen ist, nicht möglich ist;
e) Änderung einer im ersuchten Mitgliedstaat ergangenen Entscheidung;
f) Änderung einer Entscheidung, die in einem anderen Staat als dem ersuchten Mitgliedstaat ergangen ist.
(2) Eine verpflichtete Person, gegen die eine Unterhaltsentscheidung vorliegt, kann Folgendes beantragen:
a) Anerkennung einer Entscheidung, die die Aussetzung oder Einschränkung der Vollstreckung einer früheren Entscheidung im ersuchten Mitgliedstaat bewirkt;
b) Änderung einer im ersuchten Mitgliedstaat ergangenen Entscheidung;
c) Änderung einer Entscheidung, die in einem anderen Staat als dem ersuchten Mitgliedstaat ergangen ist.

(3) Bei Anträgen nach diesem Artikel werden der Beistand und die Vertretung nach Artikel 45 Buchstabe b durch die Zentrale Behörde des ersuchten Mitgliedstaats entweder unmittelbar oder über öffentliche Aufgaben wahrnehmende Einrichtungen oder andere Stellen oder Personen geleistet.
(4) Sofern in dieser Verordnung nichts anderes bestimmt ist, werden Anträge gemäß den Absätzen 1 und 2 nach dem Recht des ersuchten Mitgliedstaats behandelt und unterliegen den in diesem Mitgliedstaat geltenden Zuständigkeitsvorschriften.

1 Ein **Berechtigter**, der Unterhaltsansprüche nach der EuUntVO geltend machen will, kann eine **Reihe von Anträgen** stellen, die in Abs. 1 abschließend aufgezählt werden. Antragsberechtigt bzgl. Abs. 1 Buchst. a) und b) sind auch öffentliche Einrichtungen, nicht aber sonstige Regressgläubiger (Rauscher/*Andrae* Art. 56 EG-UntVO Rn. 2).

2 Ein **Verpflichteter**, gegen den eine Unterhaltsentscheidung vorliegt, kann zu seiner Verteidigung Mehreres beantragen (Abs. 2). Dazu gehört die Anerkennung einer vollstreckungsbeschränkenden mitgliedstaatlichen oder drittstaatlichen Entscheidung, welche die Aussetzung oder Einschränkung der Vollstreckung einer früheren Entscheidung im ersuchten Mitgliedstaat bewirkt (Abs. 2 Buchst. a)), außerdem die Änderung einer im ersuchten Mitgliedstaat oder in einem anderen Staat ergangenen Entscheidung (Abs. 2 Buchst. b), c). Nicht erfasst ist allerdings eine erstmalige Feststellung, dass keine Unterhaltspflicht besteht (negative Feststellungsklage; Rauscher/*Andrae* Art. 56 EG-UntVO Rn. 14).

3 Bei Anträgen nach Art. 56 werden der **Beistand und die Vertretung** nach Art. 45 Buchst. b) durch die Zentrale Behörde des ersuchten Mitgliedstaats entweder unmittelbar oder über öffentliche Aufgaben wahrnehmende Einrichtungen oder andere Stellen oder Personen geleistet (Abs. 3). Die Anträge werden grundsätzlich nach dem **Recht des ersuchten Staats behandelt** und unterliegen den in diesem Mitgliedstaat geltenden Zuständigkeitsvorschriften (Abs. 4). Zur Verfahrenskostenhilfe s. Art. 46.

Art. 57 EuUntVO Inhalt des Antrags.

(1) Für Anträge nach Artikel 56 ist das in Anhang VI oder in Anhang VII vorgesehene Formblatt zu verwenden.
(2) Anträge nach Artikel 56 müssen mindestens folgende Angaben enthalten:
a) eine Erklärung in Bezug auf die Art des Antrags oder der Anträge;
b) den Namen und die Kontaktdaten des Antragstellers, einschließlich seiner Anschrift und seines Geburtsdatums;
c) den Namen und, sofern bekannt, die Anschrift sowie das Geburtsdatum des Antragsgegners;
d) den Namen und das Geburtsdatum jeder Person, für die Unterhalt verlangt wird;
e) die Gründe, auf die sich der Antrag stützt;
f) wenn die berechtigte Person den Antrag stellt, Angaben zu dem Ort, an dem die Unterhaltszahlungen geleistet oder an den sie elektronisch überwiesen werden sollen;
g) den Namen und die Kontaktdaten der Person oder Stelle in der Zentralen Behörde des ersuchenden Mitgliedstaats, die für die Bearbeitung des Antrags zuständig ist.
(3) Für die Zwecke des Absatzes 2 Buchstabe b kann die persönliche Anschrift des Antragstellers im Falle familiärer Gewalt durch eine andere Anschrift ersetzt werden, sofern das innerstaatliche Recht des ersuchten Mitgliedstaats nicht vorschreibt, dass der Antragsteller für die Zwecke des Verfahrens seine persönliche Anschrift angibt.
(4) Wenn angebracht und soweit bekannt, muss der Antrag außerdem Folgendes enthalten:
a) Angaben über die finanziellen Verhältnisse der berechtigten Person;
b) Angaben über die finanziellen Verhältnisse der verpflichteten Person, einschließlich des Namens und der Anschrift des Arbeitgebers der verpflichteten Person, sowie Art und Belegenheit der Vermögensgegenstände der verpflichteten Person;
c) alle anderen Angaben, die es gestatten, den Aufenthaltsort des Antragsgegners ausfindig zu machen.
(5) Dem Antrag sind alle erforderlichen Angaben oder schriftlichen Belege einschließlich gegebenenfalls Unterlagen zum Nachweis des Anspruchs des Antragstellers auf Prozesskostenhilfe beizufügen. Anträgen nach Artikel 56 Absatz 1 Buchstaben a und b und Absatz 2 Buchstabe a sind je nach Fall nur die in den Artikeln 20, 28 oder 48 oder die in Artikel 25 des Haager Übereinkommens von 2007 aufgeführten Schriftstücke beizufügen.

Der Inhalt der Anträge nach Art. 56 wird durch das zu benutzende Formblatt Anh. 6 oder Anh. 7 bestimmt (Art. 57 Abs. 1; §§ 8 Abs. 1, 14 Abs. 1 AUG). Zu den erforderlichen **Mindestangaben** gehören eine Erklärung in Bezug auf die Art des Antrags (Abs. 2 Buchst. a)), ferner Name und Kontaktdaten des ASt (einschl. Anschrift und Geburtsdatum; Buchst. b)). Anzugeben sind auch Name und, sofern bekannt, Anschrift sowie Geburtsdatum des Antragsgegners (Buchst. c)), außerdem Name und Geburtsdatum jeder Person, für die Unterhalt verlangt wird (Buchst. d)). Zu nennen sind auch die Gründe, auf die sich der Antrag stützt (Buchst. e)). Der Berechtigte hat auch den Ort, an dem Unterhalt zu leisten ist, anzugeben (Abs. 4 Buchst. f)). Schließlich sind Namen und Kontaktdaten bezüglich der Zentralen Behörde des ersuchenden Mitgliedstaats zu nennen (Buchst. g)). Bei familiärer Gewalt kann die persönliche Anschrift des ASt durch eine andere Anschrift ersetzt werden (Abs. 3).

Wenn möglich, muss der Antrag außerdem **Angaben über die finanziellen Verhältnisse** der Unterhaltsparteien enthalten (Abs. 4 Buchst. a), b). Hinzu kommen Name und Anschrift des Arbeitgebers sowie zum der Vermögen des Verpflichteten. Ggf. sind Angaben zum Ausfindigmachen des Antragsgegners erforderlich (Buchst. c)). Dem Antrag sind schließlich Angaben oder Belege im Hinblick auf Prozesskostenhilfe beizufügen (Abs. 5). Eine weitere Konkretisierung enthält § 14 AUG.

Art. 58 EuUntVO Übermittlung, Entgegennahme und Bearbeitung der Anträge und Fälle durch die Zentralen Behörden.

(1) Die Zentrale Behörde des ersuchenden Mitgliedstaats ist dem Antragsteller behilflich, sicherzustellen, dass der Antrag alle Schriftstücke und Angaben umfasst, die nach Kenntnis dieser Behörde für seine Prüfung notwendig sind.
(2) Nachdem sich die Zentrale Behörde des ersuchenden Mitgliedstaats davon überzeugt hat, dass der Antrag den Erfordernissen dieser Verordnung entspricht, übermittelt sie ihn der Zentralen Behörde des ersuchten Mitgliedstaats.
(3) Innerhalb von 30 Tagen ab dem Tag des Eingangs des Antrags bestätigt die ersuchte Zentrale Behörde den Eingang des Antrags unter Verwendung des in Anhang VIII vorgesehenen Formblatts, benachrichtigt die Zentrale Behörde des ersuchenden Mitgliedstaats über die ersten Maßnahmen, die zur Bearbeitung des Antrags getroffen wurden oder werden, und fordert gegebenenfalls die von ihr für notwendig erachteten zusätzlichen Schriftstücke oder Angaben an. Innerhalb derselben Frist von 30 Tagen teilt die ersuchte Zentrale Behörde der ersuchenden Zentralen Behörde den Namen und die Kontaktdaten der Person oder Dienststelle mit, die damit beauftragt ist, Fragen im Hinblick auf den Stand des Antrags zu beantworten.
(4) Innerhalb von 60 Tagen nach der Empfangsbestätigung unterrichtet die ersuchte Zentrale Behörde die ersuchende Zentrale Behörde über den Stand des Antrags.
(5) Die ersuchende und die ersuchte Zentrale Behörde unterrichten einander
a) über die Person oder Dienststelle, die für einen bestimmten Fall zuständig ist;
b) über den Stand des Verfahrens
und beantworten Auskunftsersuchen rechtzeitig.
(6) Die Zentralen Behörden behandeln einen Fall so zügig, wie es eine sachgemäße Prüfung seines Gegenstands zulässt.
(7) Die Zentralen Behörden benutzen untereinander die schnellsten und effizientesten Kommunikationsmittel, die ihnen zur Verfügung stehen.
(8) Eine ersuchte Zentrale Behörde kann die Bearbeitung eines Antrags nur ablehnen, wenn offensichtlich ist, dass die Voraussetzungen dieser Verordnung nicht erfüllt sind. In diesem Fall unterrichtet die betreffende Zentrale Behörde die ersuchende Zentrale Behörde umgehend unter Verwendung des in Anhang IX vorgesehenen Formblatts über die Gründe für ihre Ablehnung.
(9) Die ersuchte Zentrale Behörde kann einen Antrag nicht allein deshalb ablehnen, weil zusätzliche Schriftstücke oder Angaben erforderlich sind. Die ersuchte Zentrale Behörde kann die ersuchende Zentrale Behörde jedoch auffordern, solche zusätzlichen Schriftstücke oder Angaben zu übermitteln. Geschieht dies nicht innerhalb von 90 Tagen oder einer von der ersuchten Zentralen Behörde gesetzten längeren Frist, so kann diese Behörde beschließen, die Bearbeitung des Antrags zu beenden. In diesem Fall unterrichtet sie die ersuchende Zentrale Behörde unter Verwendung des in Anhang IX vorgesehenen Formblatts.

1 Zur Verfahrensbeschleunigung hilft die ersuchende Zentrale Behörde dem ASt dabei, dass sein Antrag i.S.d. Art. 56 **alle notwendigen Schriftstücke und Angaben** umfasst (Abs. 1; § 5 Abs. 3 AUG). Ein sich in Deutschland aufhaltender ASt hat seinen Antrag zunächst zur Vorprüfung an das zuständige AG zu übersenden. Dies ist das Gericht am Sitz des OLG, in dessen Bezirk der ASt seinen gewöhnlichen Aufenthalt hat (§ 7 Abs. 1 AUG).
2 Hat sich die ersuchende Zentrale Behörde davon überzeugt, dass der Antrag den Erfordernissen der EuUntVO entspricht, **übermittelt sie ihn** der ersuchten Zentralen Behörde (Abs. 2). Diese bestätigt den Antragseingang unter Verwendung von Formblatt Anh. 8 innerhalb von 30 Tagen (Abs. 3). Innerhalb von 60 Tagen nach der Empfangsbestätigung erfolgt eine Benachrichtigung über den Stand des Antrags (Abs. 4).
3 Die beiden Zentralen Behörden unterrichten einander über die zuständige Person oder Dienststelle (Abs. 5 Buchst. a)) sowie über den Stand des Verfahrens (Abs. 5 Buchst. b)) und beantworten Auskunftsersuchen rechtzeitig. Sie behandeln einen Fall so zügig, wie es eine sachgemäße Prüfung zulässt (Abs. 6). Sie benutzen untereinander die schnellsten und effizientesten Kommunikationsmittel, die ihnen zur Verfügung stehen (Abs. 7).
4 Unter Verwendung von Formblatt Anh. 9 kann die Zentrale Behörde die **Bearbeitung des Antrags ablehnen**, wenn die Voraussetzungen der EuUntVO offensichtlich nicht erfüllt sind (Abs. 8). Die bloße Unbegründetheit des Antrags genügt dafür nicht (Geimer/Schütze/*Picht* Art. 58 VO Nr. 4/2009 Rn. 7). Die ersuchte Behörde darf einen Antrag nicht allein deshalb ablehnen, weil zusätzliche Schriftstücke oder Angaben erforderlich sind (Abs. 9). Sie kann jedoch dazu auffordern, zusätzliche Schriftstücke oder Angaben zu übermitteln. Geschieht letzteres nicht innerhalb von 90 Tagen oder einer gesetzten längeren Frist, so kann die ersuchte Behörde die Bearbeitung des Antrags beenden. In diesem Fall unterrichtet sie die ersuchende Zentrale Behörde (s. Formblatt Anh. 9: Ablehnung oder Einstellung der Bearbeitung eines Antrags).

Art. 59 EuUntVO Sprachenregelung.

(1) Das Formblatt für das Ersuchen oder den Antrag ist in der Amtssprache des ersuchten Mitgliedstaats oder, wenn es in diesem Mitgliedstaat mehrere Amtssprachen gibt, der Amtssprache oder einer der Amtssprachen des Ortes, an dem sich die betreffende Zentrale Behörde befindet, oder in einer sonstigen Amtssprache der Organe der Europäischen Union, die der ersuchte Mitgliedstaat für zulässig erklärt hat, auszufüllen, es sei denn, die Zentrale Behörde dieses Mitgliedstaats verzichtet auf eine Übersetzung.
(2) Unbeschadet der Artikel 20, 28, 40 und 66 werden die dem Formblatt für das Ersuchen oder den Antrag beigefügten Schriftstücke nur dann in die gemäß Absatz 1 bestimmte Sprache übersetzt, wenn eine Übersetzung für die Gewährung der beantragten Hilfe erforderlich ist.
(3) Die sonstige Kommunikation zwischen den Zentralen Behörden erfolgt in der nach Absatz 1 bestimmten Sprache, sofern die Zentralen Behörden nichts anderes vereinbaren.

1 Bezüglich der Sprache ist zwischen dem Formblatt für das Ersuchen bzw. dem Antrag, den jeweiligen Beilagen und der weiteren Kommunikation zu unterscheiden. Das Formblatt ist in der Amtssprache bzw. den Amtssprachen des ersuchten Mitgliedstaats oder in einer sonstigen Amtssprache der EU, die der ersuchte Mitgliedstaat für zulässig erklärt hat, auszufüllen, es sei denn, die Zentrale Behörde dieses Mitgliedstaats verzichtet auf eine Übersetzung (Art. 59 Abs. 1; vgl. § 10 AUG).
2 Unbeschadet der Vorrang genießenden Art. 20 (Vollstreckung), 28 (Vollstreckbarerklärungsverfahren), 40 (»Durchsetzung«) und 66 (Beweisunterlagen) werden die dem Formblatt für das Ersuchen oder den Antrag beigefügten Schriftstücke nur dann in die gem. Art. 59 Abs. 1 bestimmte Sprache übersetzt, wenn eine Übersetzung für die Gewährung der beantragten Hilfe nach Ansicht der ersuchten Behörde im Einzelfall erforderlich ist (Abs. 2).
3 Die sonstige Kommunikation zwischen den Zentralen Behörden erfolgt in der nach Art. 59 Abs. 1 bestimmten Sprache, sofern die Zentralen Behörden nichts anderes vereinbaren, z.B. Benutzung der englischen Sprache (Abs. 3).

Art. 60 EuUntVO Zusammenkünfte. *(nicht abgedruckt)*

Art. 61 EuUntVO Zugang der Zentralen Behörden zu Informationen.
(1) Nach Maßgabe dieses Kapitels und abweichend von Artikel 51 Absatz 4 setzt die ersuchte Zentrale Behörde alle geeigneten und angemessenen Mittel ein, um die Informationen gemäß Absatz 2 einzuholen, die erforderlich sind, um in einem bestimmten Fall den Erlass, die Änderung, die Anerkennung, die Vollstreckbarerklärung oder die Vollstreckung einer Entscheidung zu erleichtern.

Die Behörden oder Verwaltungen, die im Rahmen ihrer gewöhnlichen Tätigkeit im ersuchten Mitgliedstaat über die Informationen nach Absatz 2 verfügen und für ihre Verarbeitung im Sinne der Richtlinie 95/46/EG verantwortlich sind, stellen diese Informationen vorbehaltlich der Beschränkungen, die aus Gründen der nationalen oder öffentlichen Sicherheit gerechtfertigt sind, der ersuchten Zentralen Behörde auf Anfrage in den Fällen, in denen die ersuchte Zentrale Behörde keinen direkten Zugang zu diesen Informationen hat, zur Verfügung.

Die Mitgliedstaaten können die Behörden oder Verwaltungen bestimmen, die geeignet sind, der ersuchten Zentralen Behörde die Informationen nach Absatz 2 zur Verfügung zu stellen. Nimmt ein Mitgliedstaat eine solche Bestimmung vor, so achtet er darauf, dass er die Behörden und Verwaltungen so auswählt, dass seine Zentrale Behörde Zugang zu den erforderlichen Informationen gemäß diesem Artikel erhält.

Andere juristische Personen, die im ersuchten Mitgliedstaat über die Informationen nach Absatz 2 verfügen und für ihre Verarbeitung im Sinne der Richtlinie 95/46/EG verantwortlich sind, stellen diese Informationen der ersuchten Zentralen Behörde auf Anfrage zur Verfügung, wenn sie nach dem Recht des ersuchten Mitgliedstaats dazu befugt sind.

Die ersuchte Zentrale Behörde leitet die so erlangten Informationen erforderlichenfalls an die ersuchende Zentrale Behörde weiter.

(2) Bei den Informationen im Sinne dieses Artikels muss es sich um solche handeln, über die die Behörden, Verwaltungen oder Personen nach Absatz 1 bereits verfügen. Diese Informationen sind angemessen und erheblich und gehen nicht über das Erforderliche hinaus; sie betreffen Folgendes:

a) Anschrift der verpflichteten oder der berechtigten Person,
b) Einkommen der verpflichteten Person,
c) Nennung des Arbeitgebers der verpflichteten Person und/oder der Bankverbindung(en) der verpflichteten Person und
d) Vermögen der verpflichteten Person.

Zur Herbeiführung oder Änderung einer Entscheidung kann die ersuchte Zentrale Behörde nur die Angaben nach Buchstabe a anfordern.

Für die Anerkennung, Vollstreckbarerklärung oder Vollstreckung einer Entscheidung kann die ersuchte Zentrale Behörde alle Angaben nach Unterabsatz 1 anfordern. Die Angaben nach Buchstabe d können jedoch nur dann angefordert werden, wenn die Angaben nach den Buchstaben b und c nicht ausreichen, um die Vollstreckung der Entscheidung zu ermöglichen.

Die ersuchte Zentrale Behörde hat die erforderlichen **Informationen** zu den persönlichen und Vermögensverhältnissen der Parteien **zu beschaffen**, um den Erlass, die Änderung, die Anerkennung, die Vollstreckbarerklärung oder die Vollstreckung einer Entscheidung zu erleichtern (Abs. 1 Unterabs. 1). Da es sich hierbei auch um geschützte personenbezogene Daten handelt, trifft die EuUntVO einige Differenzierungen und enthält auch Beschränkungen. 1

Die Mitgliedstaaten **bestimmen die Behörden** oder Verwaltungen, die der ersuchten Zentralen Behörde die erforderlichen Informationen zur Verfügung zu stellen (Abs. 1 Unterabs. 3). Das ist in §§ 15, 16 AUG geschehen (dazu *Andrae* NJW 2011, 2545, 2550). 2

Andere juristische Personen, die im ersuchten Mitgliedstaat über die verlangten Informationen verfügen und für ihre Verarbeitung iS der Datenschutzrichtlinie verantwortlich sind, stellen diese Informationen der ersuchten Zentralen Behörde auf Anfrage zur Verfügung, wenn sie nach dem Recht des ersuchten Mitgliedstaats dazu befugt sind (Abs. 1 Unterabs. 4). Die ersuchte Zentrale Behörde leitet die Informationen erforderlichenfalls an die ersuchende Behörde weiter (Abs. 1 Unterabs. 5). 3

Die Behörden, Verwaltungen oder Personen müssen über die **Informationen bereits verfügen**. Die Informationen müssen dem Verhältnismäßigkeitsgrundsatz entsprechen, d.h. angemessen und erheblich sein und nicht über das Erforderliche hinausgehen (Abs. 2). Sie betreffen die Anschrift des Verpflichteten oder 4 des Berechtigten (Abs. 2 Unterabs. 1 Buchst. a); § 16 AUG), ferner das Einkommen des Verpflichteten (Abs. 2 Unterabs. 1 Buchst. b)). Außerdem gehören dazu sein **Arbeitgeber**, seine **Bankverbindung** und sein **Vermögen** (Abs. 2 Unterabs. 1 Buchst. c), d).

5 Zur Herbeiführung oder Änderung einer Entscheidung kann die ersuchte Zentrale Behörde nur die Angaben zur **Anschrift** (Buchst. a)) anfordern (Abs. 2 Unterabs. 2). Für die Anerkennung, Vollstreckbarerklärung oder Vollstreckung einer Entscheidung kann die ersuchte Zentrale Behörde alle Angaben nach Unterabs. 1 anfordern. Die Angaben zum **Vermögen des Verpflichteten** (Buchst. d); § 17 AUG) können jedoch nur dann angefordert werden, wenn die Angaben zu Einkommen, Arbeitgeber und Bankverbindung (Buchst. b) und c) nicht ausreichen, um die Vollstreckung der Entscheidung zu ermöglichen (Abs. 1 Unterabs. 3).

Art. 62 EuUntVO Weiterleitung und Verwendung der Informationen.

(1) Die Zentralen Behörden leiten die in Artikel 61 Absatz 2 genannten Informationen innerhalb ihres Mitgliedstaats je nach Fall an die zuständigen Gerichte, die für die Zustellung von Schriftstücken zuständigen Behörden und die mit der Vollstreckung einer Entscheidung betrauten zuständigen Behörden weiter.

(2) Jede Behörde oder jedes Gericht, der/dem Informationen aufgrund von Artikel 61 übermittelt wurden, darf diese nur zur Erleichterung der Durchsetzung von Unterhaltsforderungen verwenden. Mit Ausnahme der Informationen, die sich einzig darauf beziehen, ob eine Anschrift, Einkommen oder Vermögen im ersuchten Mitgliedstaat bestehen, dürfen, vorbehaltlich der Anwendung von Verfahrensregeln vor einem Gericht, die Informationen nach Artikel 61 Absatz 2 nicht der Person gegenüber offen gelegt werden, die die ersuchende Zentrale Behörde angerufen hat.

(3) Jede Behörde, die eine ihr aufgrund von Artikel 61 übermittelte Information bearbeitet, bewahrt diese nur so lange auf, wie es für die Zwecke, für die die Information übermittelt wurde, erforderlich ist.

(4) Jede Behörde, die ihr aufgrund von Artikel 61 übermittelte Informationen bearbeitet, gewährleistet die Vertraulichkeit dieser Informationen nach Maßgabe des innerstaatlichen Rechts.

1 Die ersuchte Zentrale Behörde leitet die in Art. 61 Abs. 2 genannten Informationen je nach Fall an die zuständigen Gerichte, die für die Zustellung von Schriftstücken und die mit der Vollstreckung einer Entscheidung betrauten zuständigen Behörden weiter (Art. 62 Abs. 1). Letztere dürfen diese nur zur Erleichterung der Unterhaltsdurchsetzung verwenden (Abs. 2). Mit Ausnahme der Informationen, die sich darauf beziehen, *ob* eine Anschrift, Einkommen oder Vermögen im ersuchten Mitgliedstaat bestehen, dürfen, vorbehaltlich der Anwendung von Verfahrensregeln vor einem Gericht, die Informationen nicht der Person ggü. offen gelegt werden, die die ersuchende Zentrale Behörde angerufen hat (Abs. 2 Unterabs. 2). Die Adresse selbst erfährt der ASt von der Behörde nicht (Geimer/Schütze/*Picht* Art. 62 VO Nr. 4/2009 Rn. 4). Jede Behörde, die eine ihr aufgrund von Art. 61 übermittelte Information bearbeitet, bewahrt diese nur so lange auf, wie es für die Zwecke, für die die Information übermittelt wurde, erforderlich ist (Abs. 3). Ferner gewährleistet sie die Vertraulichkeit dieser Informationen nach Maßgabe des innerstaatlichen Rechts (Abs. 4).

Art. 63 EuUntVO Benachrichtigung der von der Erhebung der Informationen betroffenen Person.

(1) Die Benachrichtigung der von der Erhebung der Informationen betroffenen Person über die Übermittlung dieser Informationen in Teilen oder ihrer Gesamtheit erfolgt gemäß dem innerstaatlichen Recht des ersuchten Mitgliedstaats.

(2) Falls diese Benachrichtigung die Gefahr birgt, die wirksame Geltendmachung des Unterhaltsanspruchs zu beeinträchtigen, kann sie um höchstens 90 Tage ab dem Tag, an dem die Informationen der ersuchten Zentralen Behörde übermittelt wurden, aufgeschoben werden.

1 Die Benachrichtigung der von der Erhebung der Informationen betroffenen Person erfolgt nach dem innerstaatlichen Recht des ersuchten Mitgliedstaats (Abs. 1; § 18 Abs. 2 AUG). Falls diese Benachrichtigung die Gefahr birgt, die wirksame Geltendmachung des Unterhaltsanspruchs zu beeinträchtigen, kann sie um *90 Tage aufgeschoben werden* (Abs. 2).

KAPITEL VIII. ÖFFENTLICHE AUFGABEN WAHRNEHMENDE EINRICHTUNGEN

Art. 64 EuUntVO Öffentliche Aufgaben wahrnehmende Einrichtungen als Antragsteller.
(1) Für die Zwecke eines Antrags auf Anerkennung und Vollstreckbarerklärung von Entscheidungen oder für die Zwecke der Vollstreckung von Entscheidungen schließt der Begriff eine öffentliche Aufgaben wahrnehmende Einrichtung, die für eine unterhaltsberechtigte Person handelt, oder eine Einrichtung, der anstelle von Unterhalt erbrachte Leistungen zu erstatten sind, ein.
(2) Für das Recht einer öffentliche Aufgaben wahrnehmenden Einrichtung, für eine unterhaltsberechtigte Person zu handeln oder die Erstattung der der berechtigten Person anstelle von Unterhalt erbrachten Leistung zu fordern, ist das Recht maßgebend, dem die Einrichtung untersteht.
(3) Eine öffentliche Aufgaben wahrnehmende Einrichtung kann die Anerkennung und Vollstreckbarerklärung oder Vollstreckung folgender Entscheidungen beantragen:
a) einer Entscheidung, die gegen eine verpflichtete Person auf Antrag einer öffentliche Aufgaben wahrnehmenden Einrichtung ergangen ist, welche die Bezahlung von Leistungen verlangt, die anstelle von Unterhalt erbracht wurden;
b) einer zwischen einer berechtigten und einer verpflichteten Person ergangenen Entscheidung, soweit der der berechtigten Person Leistungen anstelle von Unterhalt erbracht wurden.
(4) Die öffentliche Aufgaben wahrnehmende Einrichtung, welche die Anerkennung und Vollstreckbarerklärung einer Entscheidung geltend macht oder deren Vollstreckung beantragt, legt auf Verlangen alle Schriftstücke vor, aus denen sich ihr Recht nach Absatz 2 und die Erbringung von Leistungen an die berechtigte Person ergeben.

A. Allgemeines. Die VO berücksichtigt auch, dass öffentliche Aufgaben wahrnehmende Einrichtungen für die Unterhaltsdurchsetzung und den -rückgriff als ASt auftreten (s. Art. 2 Rdn. 11). Solche Einrichtungen, die unterstützend tätig werden und/oder Fürsorgeleistungen mit Unterhaltsfunktion erbringen, haben Anspruch auf die gleichen Dienste und die gleiche Prozesskostenhilfe wie eine berechtigte Person. 1

B. Berechtigter. Für Anträge auf Anerkennung und Vollstreckbarerklärung oder für die Zwecke der Vollstreckung von Entscheidungen ist »berechtigte Person« i.S.d. Art. 2 Abs. 1 Nr. 10 auch eine **öffentliche Aufgaben wahrnehmende Einrichtung**, die stellvertretend für eine unterhaltsberechtigte Person handelt, oder eine vorleistende Einrichtung, der anstelle von Unterhalt erbrachte Leistungen vom Verpflichteten zu erstatten sind (Abs. 1). Da die internationale Zuständigkeit nicht genannt wird, ist str., ob der Einrichtung lediglich der Gerichtsstand des Art. 3 Buchst. a), nicht aber der Buchst. b)-d) zur Verfügung steht (dazu Art. 3 Rdn. 10). Für das Recht der öffentlichen Einrichtung, für eine unterhaltsberechtigte Person zu handeln oder die Erstattung dem Berechtigten anstelle von Unterhalt erbrachten Leistung zu fordern, ist die Rechtsordnung maßgebend, dem die Einrichtung untersteht (Abs. 2). Diese Kollisionsnorm entspricht der Regelung für das anwendbare Recht in Art. 10 HaagUnthProt 2007. Erfasst werden insb. der Übergang von Unterhaltsansprüchen, die Entstehung von Ersatzansprüchen sowie die Aktivlegitimation (Geimer/Schütze/*Hilbig* Art. 64 VO Nr. 4/2009 Rn. 6). 2

C. Beantragung der Anerkennung und Vollstreckbarerklärung. Eine öffentliche Aufgaben wahrnehmende Einrichtung kann die Anerkennung und Vollstreckbarerklärung oder Vollstreckung bestimmter Entscheidungen beantragen (Abs. 3). Dazu gehört eine Entscheidung, die gegen eine verpflichtete Person auf Antrag der Einrichtung ergangen ist, welche die Bezahlung von **Unterhaltsersatzleistungen** verlangt (Abs. 3 Buchst. a)). Hierbei kann es sich um übergegangene Unterhaltsansprüche oder originär entstandene Ersatzansprüche handeln (Rauscher/*Andrae* Art. 64 EG-UntVO Rn. 9). Vollstreckbar ist auch eine **zwischen Unterhaltsberechtigtem und Unterhaltsverpflichtetem ergangene Entscheidung**, soweit dem Berechtigten Leistungen anstelle von Unterhalt erbracht wurden (Abs. 3 Buchst. b)). »Entscheidung« ist auch eine drittstaatliche Unterhaltsentscheidung (Art. 2 Abs. 1 Nr. 1). Ein erstmaliges Erstreiten einer Unterhaltsentscheidung oder eine Abänderungsklage dürften hingegen nicht von Abs. 1 abgedeckt sein (Geimer/Schütze/*Hilbig* Art. 64 VO Nr. 4/2009 Rn. 18; Rauscher/*Andrae* Art. 64 EG-UntVO Rn. 3). Allerdings können im Zusammenhang mit dem Unterhaltsrückgriff auch künftige Leistungen verlangt werden (Geimer/Schütze/*Hilbig* Art. 64 VO Nr. 4/2009 Rn. 14). 3

4 Die öffentliche Einrichtung muss auf Verlangen alle **Schriftstücke** vorlegen, aus denen sich ihr Recht nach Abs. 2 und die Erbringung von Leistungen an den Berechtigten ergeben (Abs. 4).

KAPITEL IX. ALLGEMEINE BESTIMMUNGEN UND SCHLUSSBESTIMMUNGEN

Art. 65 EuUntVO Legalisation oder ähnliche Förmlichkeiten.
Im Rahmen dieser Verordnung bedarf es weder der Legalisation noch einer ähnlichen Förmlichkeit.

1 Die allgemeinen Bestimmungen und Schlussbestimmungen beschäftigen sich mit der Legalisation oder ähnliche Förmlichkeiten (Art. 65, der Art. 61 Brüssel Ia-VO, Art. 52 Brüssel IIa-VO, entspricht), der Übersetzung der Beweisunterlagen (Art. 66), der Kostenerstattung (Art. 67), dem Verhältnis zu anderen Rechtsinstrumenten der Gemeinschaft (Art. 68) sowie zu bestehenden internationalen Übk. und Vereinbarungen (Art. 69). Sie enthalten ferner Übergangsbestimmungen (Art. 75) und eine Regelung des Inkrafttretens (Art. 76).

Art. 66 EuUntVO Übersetzung der Beweisunterlagen.
Unbeschadet der Artikel 20, 28 und 40 kann das angerufene Gericht für Beweisunterlagen, die in einer anderen Sprache als der Verfahrenssprache vorliegen, nur dann eine Übersetzung von den Parteien verlangen, wenn es der Ansicht ist, dass dies für die von ihm zu erlassende Entscheidung oder für die Wahrung der Verteidigungsrechte notwendig ist.

1 Siehe zur Übersetzung Art. 1 Rdn. 6.

Art. 67 EuUntVO Kostenerstattung.
Unbeschadet des Artikels 54 kann die zuständige Behörde des ersuchten Mitgliedstaats von der unterliegenden Partei, die unentgeltliche Prozesskostenhilfe aufgrund von Artikel 46 erhält, in Ausnahmefällen und wenn deren finanzielle Verhältnisse es zulassen, die Erstattung der Kosten verlangen.

1 Die zuständige Behörde des ersuchten Mitgliedstaats kann von einer unterliegenden Partei, die Prozesskostenhilfe erhält, in Ausnahmefällen und wenn deren finanzielle Verhältnisse es zulassen, die Erstattung der Kosten verlangen. Gemeint ist insb. eine bösgläubige, reiche Partei (s. ErwGrd. 36). Insofern greift § 22 Abs. 3 AUG ein.

Art. 68 EuUntVO Verhältnis zu anderen Rechtsinstrumenten der Gemeinschaft.
(1) Vorbehaltlich des Artikels 75 Absatz 2 wird mit dieser Verordnung die Verordnung (EG) Nr. 44/2001 dahin gehend geändert, dass deren für Unterhaltssachen geltende Bestimmungen ersetzt werden.
(2) Diese Verordnung tritt hinsichtlich Unterhaltssachen an die Stelle der Verordnung (EG) Nr. 805/2004, außer in Bezug auf Europäische Vollstreckungstitel über Unterhaltspflichten, die in einem Mitgliedstaat, der nicht durch das Haager Protokoll von 2007 gebunden ist, ausgestellt wurden.
(3) Im Hinblick auf Unterhaltssachen bleibt die Anwendung der Richtlinie 2003/8/EG vorbehaltlich des Kapitels V von dieser Verordnung unberührt.
(4) **Die Anwendung der Richtlinie 95/46/EG bleibt von dieser Verordnung unberührt.**

1 Art. 68 klärt das Verhältnis zu anderen Rechtsinstrumenten der Union und gibt der **EuUntVO Vorrang**. Außer auf Übergangsfälle des Art. 75 Abs. 2 findet die (in ihrem Text unverändert gebliebene) Brüssel I-VO keine Anwendung mehr (Abs. 1). Ihre für Unterhaltssachen geltenden Bestimmungen werden durch die EuUntVO »ersetzt«, d.h. verdrängt.

Die EuUntVO tritt für Unterhaltssachen an die Stelle der **EuVTVO** (Abs. 2; vgl. § 97 FamFG Rdn. 20), die 2
folglich nicht mehr genutzt werden kann (Geimer/Schütze/*Hilbig* Art. 16 VO Nr. 4/2009 Rn. 7). Dies gilt
nur nicht in Bezug auf Europäische Vollstreckungstitel über Unterhaltspflichten, die in einem Nichtmitgliedstaat des HaagUnthProt 2007 ausgestellt wurden (Abs. 2). Das hat für unbestrittene Unterhaltstitel aus
dem Vereinigten Königreich Bedeutung (*Breuer* FamRB 2014, 30, 32 f.). Sie können weiterhin nach der
EuVTVO vollstreckt werden (Geimer/Schütze/*Hilbig* vor 23 Art. VO Nr. 4/2009). Die **EuMahnVO** (§ 97
FamFG Rdn. 21), bleibt von der EuUntVO an sich unberührt (*Breuer* FamRB 2014, 30, 32; Geimer/Schütze/
Picht Art. 68 VO Nr. 4/2009 Rn. 9). Die EuMahnVO erfasst jedoch allenfalls Unterhaltsvereinbarungen,
welche Unterhaltsverpflichtungen konkretisieren sowie solche auf rein vertraglicher Grundlage (Saenger/
Dörner vor EuUntVO Rn. 6; vgl. Art. 2 Abs. 2 Buchst. d) Nr. 1 EuMahnVO). Die **BagatellVO** (§ 97 FamFG
Rdn. 23) gilt nicht für Unterhaltssachen (Art. 2 Abs. 2 Buchst. b)).

Im Hinblick auf Unterhaltssachen bleibt die Anwendung der Richtlinie 2003/8/EG über die **Prozesskosten-** 3
hilfe vorbehaltlich des Kapitels V (Art. 44 ff.) von der EuUntVO unberührt (Abs. 3).

Die Anwendung der **Datenschutzrichtlinie** 95/46/EG bleibt von der EuUntVO unberührt (Abs. 4). S. 4
§§ 16 ff. AUG.

Art. 69 EuUntVO Verhältnis zu bestehenden internationalen Übereinkommen und Vereinbarungen.

(1) Diese Verordnung berührt nicht die Anwendung der Übereinkommen und bilateralen oder multilateralen Vereinbarungen, denen ein oder mehrere Mitgliedstaaten zum Zeitpunkt der Annahme dieser Verordnung angehören und die die in dieser Verordnung geregelten Bereiche betreffen, unbeschadet der Verpflichtungen der Mitgliedstaaten gemäß Artikels 307 des Vertrags.
(2) Ungeachtet des Absatzes 1 und unbeschadet des Absatzes 3 hat diese Verordnung im Verhältnis der Mitgliedstaaten untereinander jedoch Vorrang vor Übereinkommen und Vereinbarungen, die sich auf Bereiche, die in dieser Verordnung geregelt sind, erstrecken und denen Mitgliedstaaten angehören.
(3) Diese Verordnung steht der Anwendung des Übereinkommens vom
23. März 1962
zwischen Schweden, Dänemark, Finnland, Island und Norwegen über die Geltendmachung von Unterhaltsforderungen durch die ihm angehörenden Mitgliedstaaten nicht entgegen, da dieses Übereinkommen in Bezug auf die Anerkennung, die Vollstreckbarkeit und die Vollstreckung von Entscheidungen Folgendes vorsieht:
a) vereinfachte und beschleunigte Verfahren für die Vollstreckung von Entscheidungen in Unterhaltssachen und
b) eine Prozesskostenhilfe, die günstiger ist als die Prozesskostenhilfe nach Kapitel V dieser Verordnung.
Die Anwendung des genannten Übereinkommens darf jedoch nicht bewirken, dass dem Antragsgegner der Schutz nach den Artikeln 19 und 21 dieser Verordnung entzogen wird.

A. Allgemeines. Art. 69 betrifft das Verhältnis zu bestehenden internationalen Übk. und Vereinbarungen 1
und gibt ihnen – anders für das Verhältnis innerhalb der EU – in Bezug auf Drittstaaten Vorrang. Das von
der EU geschlossene Haager Übereinkommen vom 30.06.2005 über Gerichtsstandsvereinbarungen
(ABl. EU 2009 L Nr. 133 S. 3) findet auf Unterhaltspflichten keine Anwendung (Art. 2 Abs. 2 Buchst. b)
Übk.).

B. Übereinkommen und bilaterale oder multilaterale Vereinbarungen. Die EuUntVO berührt nicht die 2
Anwendung der Übk. und bilateralen oder multilateralen Vereinbarungen, denen ein oder mehrere Mitgliedstaaten zum Zeitpunkt der Annahme der EuUntVO angehören und die die in der EuUntVO geregelten
Bereiche betreffen, unbeschadet der Verpflichtungen der Mitgliedstaaten gem. Art. 351 AEUV (Abs. 1). Im
Verhältnis zu Drittstaaten sind dementsprechend weiter anzuwenden das Haager Unterhaltsvollstreckungs-*Übk.* von *1958*, das Haager Unterhaltsvollstreckungs-Übk. von 1973, das New Yorker Übk. von
1956 sowie das Haager Unterhalts-Übk. von 2007 (Art. 2 Abs. 1 Nr. 8; Saenger/*Dörner* vor EuUnthVO
Rn. 10). Im Verhältnis zur Schweiz, zu Norwegen und Island bleibt es bei der Maßgeblichkeit des LugÜ für
die internationale Zuständigkeit (OLG Oldenburg FamRZ 2013, 891) sowie für die Anerkennung und Vollstreckung (*Rauscher* FamFR 2012, 216; Saenger/*Dörner* vor EuUnthVO Rn. 8, 10).

3 Künftige **bilaterale Vereinbarungen mit Drittstaaten** sind möglich (s. näher VO [EG] Nr. 664/2009, ABl. EU 2009 Nr. L 200 S. 46).

4 **C. Verhältnis der Mitgliedstaaten untereinander.** Im Verhältnis der Mitgliedstaaten untereinander hat die EuUntVO **Vorrang vor Übk. und Vereinbarungen**, die sich auf Bereiche, die in der EuUntVO geregelt sind, erstrecken und denen die Mitgliedstaaten angehören (Abs. 2). Die VO geht in ihrem Anwendungsbereich folglich den Haager Übk. vor, soweit nicht wieder auf diese verwiesen wird (*Heger* ZKJ 2010, 52, 53). Dies gilt auch für das Haager Unterhalts-Übk. von 2007 (*Gruber* IPRax 2010, 128, 129; *Breuer* FamRB 2014, 30, 33 f.; vgl. auch Art. 51 Abs. 4). Ebenso ist es bzgl. des UNÜ 1956 (Rauscher/*Andrae* Art. 69 EG-UntVO Rn. 15). Unter den EU-Mitgliedstaaten hat die EuUntVO ebenfalls Vorrang vor dem LugÜ 2007 (*Breuer* FamRB 2014, 30, 33). Das lässt sich auf eine Analogie zu Art. 64 Abs. 2 LugÜ 2007 stützen (näher Rauscher/*Andrae* Art. 69 EG-UntVO Rn. 16).

5 **D. Nordisches Unterhaltsübereinkommen.** Eine besondere Regelung, nämlich einen Vorrang inter partes, trifft Abs. 3 für das Übk. vom 23.03.1962 zwischen **Schweden, Dänemark, Finnland, Island und Norwegen** über die Geltendmachung von Unterhaltsforderungen (Erwägungsgrund 40). Die EuUntVO steht der Anwendung dieses Staatsvertrags durch die ihm angehörenden Mitgliedstaaten nicht entgegen. Dieses Übk. enthält nämlich in Bezug auf die Anerkennung, die Vollstreckbarkeit und die Vollstreckung von Unterhaltsentscheidungen vereinfachte und beschleunigte Verfahren (Abs. 3 Buchst. a)) sowie eine Prozesskostenhilfe, die günstiger ist als die Prozesskostenhilfe nach Kap. V der EuUntVO (Abs. 3 Buchst. b)). Dem Antragsgegner darf jedoch der Schutz nach den Art. 19 (Recht auf Nachprüfung) und Art. 21 (Verweigerung oder Aussetzung der Vollstreckung) nicht entzogen wird.

Art. 70 EuUntVO Der Öffentlichkeit zur Verfügung gestellte Informationen. *(nicht abgedruckt)*

Art. 71 EuUntVO Informationen zu Kontaktdaten und Sprachen. *(nicht abgedruckt)*

Art. 72 EuUntVO Änderung der Formblätter. *(nicht abgedruckt)*
Siehe DVO 2015/228 vom 17.02.2015 zur Ersetzung der Anh. 1 bis 7 der VO (ABl. EU 2015 Nr. L 49/1). Diese Änderung gilt auch für Dänemark (s. Mitt. ABl. EU 2015 Nr. L 182, S. 1).

Art. 73 EuUntVO Ausschuss. *(nicht abgedruckt)*

Art. 74 EuUntVO Überprüfungsklausel. *(nicht abgedruckt)*

Art. 75 EuUntVO Übergangsbestimmungen.
(1) Diese Verordnung findet vorbehaltlich der Absätze 2 und 3 nur auf ab dem Datum ihrer Anwendbarkeit eingeleitete Verfahren, gebilligte oder geschlossene gerichtliche Vergleiche und ausgestellte öffentliche Urkunden Anwendung.
(2) Kapitel IV Abschnitte 2 und 3 findet Anwendung auf
a) Entscheidungen, die in den Mitgliedstaaten vor dem Tag des Beginns der Anwendbarkeit dieser Verordnung ergangen sind und deren Anerkennung und Vollstreckbarerklärung ab diesem Zeitpunkt beantragt wird;
b) Entscheidungen, die ab dem Tag des Beginns der Anwendbarkeit dieser Verordnung in Verfahren, die vor diesem Zeitpunkt eingeleitet wurden, ergangen sind,
soweit diese Entscheidungen für die Zwecke der Anerkennung und Vollstreckung in den Anwendungsbereich der Verordnung (EG) Nr. 44/2001 fallen.
Die Verordnung (EG) Nr. 44/2001 gilt weiterhin für die am Tag des Beginns der Anwendbarkeit dieser Verordnung laufenden Anerkennungs- und Vollstreckungsverfahren.

Die Unterabsätze 1 und 2 geltend sinngemäß auch für in den Mitgliedstaaten gebilligte oder geschlossene gerichtliche Vergleiche und ausgestellte öffentliche Urkunden.
(3) Kapitel VII über die Zusammenarbeit zwischen Zentralen Behörden findet auf Ersuchen und Anträge Anwendung, die ab dem Tag des Beginns der Anwendung dieser Verordnung bei der Zentralen Behörde eingehen.

A. Beginn der Anwendung. Die EuUntVO findet ab dem 18.06.2011, d.h. für ab dem Datum ihrer Anwendbarkeit eingeleitete Verfahren, gebilligte oder geschlossene gerichtliche Vergleiche und ausgestellte öffentliche Urkunden Anwendung (Abs. 1; *Gruber* IPRax 2013, 325, 327 ff.). Das »nach« in der ursprünglichen deutschen Fassung ist in »ab« berichtigt worden (ABl. EU 2011 Nr. L 131 S. 26; *Heger/Selg* FamRZ 2011, 1101, 1103). Für die »Einleitung« hat man einen Antrag auf Prozesskostenhilfe nicht genügen lassen (OLG Frankfurt Beschl. v. 05.03. 2015 - 6 UF 225/13; vgl. auch Art. 9 Rdn. 1).

B. Anerkennung, Vollstreckbarerklärung und Vollstreckung. Die Regeln über die Anerkennung, Vollstreckbarerklärung und Vollstreckung in Kap. IV Abschn. 2 und 3 (Art. 23 ff., 39 ff.), also für Nichtvertragsstaaten des HUÜ 2007, finden auch in bestimmten **Altfällen** Anwendung. Dies gilt für Entscheidungen, die in den Mitgliedstaaten vor dem Tag des Beginns der Anwendbarkeit der EuUntVO nach nationalem Verfahrensrecht (Rauscher/*Andrae* Art. 75 EG-UntVO Rn. 10; Geimer/Schütze/*Picht* Art. 75, 76 VO Nr. 4/2009 Rn. 9) ergangen sind und deren Anerkennung und **Vollstreckbarerklärung nach diesem Zeitpunkt** beantragt wird (Abs. 2 Buchst. a; BGH NJW 2016, 248 = FamRZ 2015, 2144 m. Anm. *Eichel*; OLG Nürnberg FamRZ 2015, 355). Maßgeblicher Zeitpunkt ist der Antragseingang beim Exequaturgericht (OLG Karlsruhe FamRZ 2012, 660 m. Aufs. *Gruber* IPRax 2013, 325). Ein Exequaturverfahren ist auch für Unterhaltsansprüche durchzuführen, die nach diesem Zeitpunkt entstanden sind oder entstehen werden (BGH NJW 2016, 248 = FamRZ 2015, 2144 m. Anm. *Eichel*; OLG Karlsruhe FamRZ 2014, 864). Zwar wird insoweit verschiedentlich das Exequaturverfahren für entbehrlich gehalten (OLG München FamRZ 2012, 1512 m. Aufs. *Gruber* IPRax 2013, 325; OLG Stuttgart FamRZ 2012, 1510). Abs. 2 Buchst. a) stellt aber allein auf den Entscheidungserlass ab und nicht auf die Entstehung des jeweiligen Unterhaltsanspruchs, für den noch keine Bindung an das Haager Unterhaltsprotokoll von 2007 bestand (s. MünchKomm/FamFG/*Lipp* Art. 75 EuUntVO Rn. 9).

Das gleiche gilt für Entscheidungen, die **nach diesem Stichtag** in Verfahren, die vor diesem Zeitpunkt eingeleitet wurden, ergangen sind, soweit diese Entscheidungen für die Zwecke der Anerkennung und Vollstreckung in den Anwendungsbereich der Brüssel I-VO fallen (Abs. 2 Buchst. b); OLG Karlsruhe FamRZ 2012, 660 m. Aufs. *Gruber* IPRax 2013, 325). Dies wirkt sich auch aus bei der Inzidentanerkennung im Rahmen der Abänderung eines ausländischen Unterhaltsurteils (BGH NJW 2015, 694 Anm. *Andrae* NZFam 2015, 262).

Die Brüssel I-VO gilt weiterhin für die am Tag des Beginns der Anwendbarkeit der EuUntVO **laufenden Anerkennungs- und Vollstreckungsverfahren** (Abs. 2 Unterabs. 2). Die Abs. 2 Unterabs. 1 und 2 gelten sinngemäß auch für in den Mitgliedstaaten gebilligte oder geschlossene gerichtliche Vergleiche und ausgestellte öffentliche Urkunden (Abs. 2 Unterabs. 3). Die UnthVO erfasst daher auch vor dem Stichtag geschlossene Vergleiche bzw. errichtete öffentliche Urkunden.

C. Zusammenarbeit zwischen Zentralen Behörden. Kap. VII über die Zusammenarbeit zwischen Zentralen Behörden (Art. 49 ff.) findet auf Ersuchen und Anträge Anwendung, die ab dem Tag des Beginns der Anwendung der EuUntVO bei der Zentralen Behörde eingehen (Abs. 3).

Art. 76 EuUntVO

Inkrafttreten. Diese Verordnung tritt am zwanzigsten Tag nach ihrer Veröffentlichung im Amtsblatt der Europäischen Union in Kraft. Artikel 2 Absatz 2, Artikel 47 Absatz 3, Artikel 71, 72 und 73 gelten ab dem 18. September 2010.

Diese Verordnung findet, mit Ausnahme der in Unterabsatz 2 genannten Vorschriften, ab dem 18. Juni 2011 Anwendung, sofern das Haager Protokoll von 2007 zu diesem Zeitpunkt in der Gemeinschaft anwendbar ist. Anderenfalls findet diese Verordnung ab dem Tag des Beginns der Anwendbarkeit jenes Protokolls in der Gemeinschaft Anwendung.

Anhang V

1 Die EuUntVO ist am 30.01.2009, nämlich am zwanzigsten Tag nach ihrer Veröffentlichung im Amtsblatt, in Kraft getreten (Abs. 1 Unterabs. 1; Geimer/Schütze/*Picht* Art. 75, 76 VO Nr. 4/2009 Rn. 1). Einzelne Vorschriften, die Mitteilungspflichten der Mitgliederstaaten festlegen, gelten bereits ab dem 18.09.2010.
2 Die EuUntVO findet, mit Ausnahme der in Unterabs. 2 genannten Vorschriften, **ab dem 18.06.2011 Anwendung**, sofern das HaagUnthProt 2007 zu diesem Zeitpunkt in der Gemeinschaft anwendbar ist (dazu *Gruber* IPRax 2010, 128, 131 f.).Anderenfalls findet die EuUntVO ab dem Tag des Beginns der Anwendbarkeit des Protokolls in der Gemeinschaft Anwendung. Da die EU dieses Protokoll nach ihrem Beitritt zum **Haager Unterhaltsprotokoll** für die Mitgliedstaaten für vorläufig anwendbar erklärt hat (Art. 3 Rats-Beschluss 2009/941/EG vom 30.11.2009 ABl. EU 2009 Nr. L 331 S. 17. Dazu *Mankowski* FamRZ 2010, 1487), war auch der Weg für die Verordnung frei.

Anhang I
Auszug aus einer Entscheidung/einem gerichtlichen Vergleich in Unterhaltssachen, die/der keinem Anerkennungs- und Vollstreckbarerklärungsverfahren unterliegt

(Artikel 20 und Artikel 48 der Verordnung (EG) Nr. 4/2009 des Rates vom 18. Dezember 2008 über die Zuständigkeit, das anwendbare Recht, die Anerkennung und Vollstreckung von Entscheidungen und die Zusammenarbeit in Unterhaltssachen[1])
(nicht abgedruckt)

Anhang II
Auszug aus einer Entscheidung/einem gerichtlichen Vergleich in Unterhaltssachen, die/der einem Anerkennungs- und Vollstreckbarerklärungsverfahren unterliegt

(Artikel 28 und Artikel 75 Absatz 2 der Verordnung (EG) Nr. 4/2009 des Rates vom 18. Dezember 2008 über die Zuständigkeit, das anwendbare Recht, die Anerkennung und Vollstreckung von Entscheidungen und die Zusammenarbeit in Unterhaltssachen)
(nicht abgedruckt)

Anhang III
Auszug aus einer öffentlichen Urkunde betreffend Unterhaltsverpflichtungen, die keinem Anerkennungs- und Vollstreckbarerklärungsverfahren unterliegt

(Artikel 48 der Verordnung (EG) Nr. 4/2009 des Rates vom 18. Dezember 2008 über die Zuständigkeit, das anwendbare Recht, die Anerkennung und Vollstreckung von Entscheidungen und die Zusammenarbeit in Unterhaltssachen[1])
(nicht abgedruckt)

---

1 Amtl. Anm.: ABl. L 7 vom 10.01.2009, S. 1. – Ersetzt durch DVO (EU) 2015/228 vom 17.02.2015, ABl. EU 2015 Nr. L 49 S. 1.
1 Amtl. Anm.: ABl. L 7 vom 10.01.2009, S. 1. – Ersetzt durch DVO (EU) 2015/228 vom 17.02.2015, ABl. EU 2015 Nr. L 49 S. 1.

Anhang IV
Auszug aus einer öffentlichen Urkunde betreffend Unterhaltsverpflichtungen, die einem Anerkennungs- und Vollstreckbarerklärungsverfahren unterliegt

(Artikel 48 und Artikel 75 Absatz 2 der Verordnung (EG) Nr. 4/2009 des Rates vom 18. Dezember 2008 über die Zuständigkeit, das anwendbare Recht, die Anerkennung und Vollstreckung von Entscheidungen und die Zusammenarbeit in Unterhaltssachen[1])
(nicht abgedruckt)

Anhang V
Ersuchen um Durchführung besonderer Maßnahmen

(Artikel 53 der Verordnung (EG) Nr. 4/2009 des Rates vom 18. Dezember 2008 über die Zuständigkeit, das anwendbare Recht, die Anerkennung und Vollstreckung von Entscheidungen und die Zusammenarbeit in Unterhaltssachen[1])
(nicht abgedruckt)

Anhang VI
Formblatt für einen Antrag im Hinblick auf die Anerkennung, die Vollstreckbarerklärung oder die Vollstreckung einer Entscheidung in Unterhaltssachen

(Artikel 56 und Artikel 57 der Verordnung (EG) Nr. 4/2009 des Rates vom 18. Dezember 2008 über die Zuständigkeit, das anwendbare Recht, die Anerkennung und Vollstreckung von Entscheidungen und die Zusammenarbeit in Unterhaltssachen[1])
(nicht abgedruckt)

Anhang VII
Formblatt für einen Antrag im Hinblick auf die Herbeiführung oder die Änderung einer Entscheidung in Unterhaltssachen

(Artikel 56 und Artikel 57 der Verordnung (EG) Nr. 4/2009 des Rates vom 18. Dezember 2008 über die Zuständigkeit, das anwendbare Recht, die Anerkennung und Vollstreckung von Entscheidungen und die Zusammenarbeit in Unterhaltssachen[1])
(nicht abgedruckt)

---

1 Amtl. Anm.: ABl. L 7 vom 10.01.2009, S. 1. – Ersetzt durch DVO (EU) 2015/228 vom 17.02.2015, ABl. EU 2015 Nr. L 49 S. 1.
1 Amtl. Anm.: ABl. L 7 vom 10.01.2009, S. 1. – Ersetzt durch DVO (EU) 2015/228 vom 17.02.2015, ABl. EU 2015 Nr. L 49 S. 1.
1 Amtl. Anm.: ABl. L 7 vom 10.01.2009, S. 1. – Ersetzt durch DVO (EU) 2015/228 vom 17.02.2015, ABl. EU 2015 Nr. L 49 S. 1.
1 Amtl. Anm.: ABl. L 7 vom 10.01.2009, S. 1. – Ersetzt durch DVO (EU) 2015/228 vom 17.02.2015, ABl. EU 2015 Nr. L 49 S. 1.

Anhang VIII
Empfangsbestätigung für einen Antrag

(Artikel 58 Absatz 3 der Verordnung [EG] Nr. 4/2009 des Rates vom 18. Dezember 2008 über die Zuständigkeit, das anwendbare Recht, die Anerkennung und Vollstreckung von Entscheidungen und die Zusammenarbeit in Unterhaltssachen[1])

(nicht abgedruckt)

Anhang IX
Ablehnung oder Einstellung der Antrags-Bearbeitung

(Artikel 58 Absätze 8 und 9 der Verordnung (EG) Nr. 4/2009 des Rates vom 18. Dezember 2008 über die Zuständigkeit, das anwendbare Recht, die Anerkennung und Vollstreckung von Entscheidungen und die Zusammenarbeit in Unterhaltssachen)[1]

(nicht abgedruckt)

Anhang X
Auflistung der in Artikel 2 Absatz 2 der Verordnung (EG) Nr. 4/2009 genannten Verwaltungsbehörden[1]

(nicht abgedruckt)

Anhang XI
Auflistung der in Artikel 47 Absatz 3 der Verordnung (EG) Nr. 4/2009 genannten zuständigen Behörden[1]

(nicht abgedruckt)

---

1 Festgelegt durch DVO (EU) Nr. 1142/2011 vom 10.11.2011, ABl. EU 2011 Nr. L 293 S. 24.
1 Festgelegt durch DVO (EU) Nr. 1142/2011 vom 10.11.2011, ABl. EU 2011 Nr. L 293 S. 24.
1 *Festgelegt durch DVO (EU) Nr. 1142/2011 vom 10.11.2011, ABl. EU 2011 Nr. L 293 S. 24.*
1 Festgelegt durch DVO (EU) Nr. 1142/2011 vom 10.11.2011, ABl. EU 2011 Nr. L 293 S. 24.

Anhang VI
Gesetz zur Geltendmachung von Unterhaltsansprüchen im Verkehr mit ausländischen Staaten (Auslandsunterhaltsgesetz – AUG)

Vom 23. Mai 2011 (BGBl. I S. 898) zuletzt geändert durch Artikel 5 des Gesetzes vom 20. November 2015 (BGBl. I S. 2018)

Kapitel 1. Allgemeiner Teil

Abschnitt 1. Anwendungsbereich; Begriffsbestimmungen

§ 1 AUG Anwendungsbereich.

(1) Dieses Gesetz dient
1. der Durchführung folgender Verordnung und folgender Abkommen der Europäischen Union:
   a) der Verordnung (EG) Nr. 4/2009 des Rates vom 18. Dezember 2008 über die Zuständigkeit, das anwendbare Recht, die Anerkennung und Vollstreckung von Entscheidungen und die Zusammenarbeit in Unterhaltssachen (ABl. L 7 vom 10.1.2009, S. 1);
   b) des Abkommens vom 19. Oktober 2005 zwischen der Europäischen Gemeinschaft und dem Königreich Dänemark über die gerichtliche Zuständigkeit und die Anerkennung und Vollstreckung von Entscheidungen in Zivil- und Handelssachen (ABl. L 299 vom 16.11.2005, S. 62), soweit dieses Abkommen auf Unterhaltssachen anzuwenden ist;
   c) des Übereinkommens vom 30. Oktober 2007 über die gerichtliche Zuständigkeit und die Anerkennung und Vollstreckung von Entscheidungen in Zivil- und Handelssachen (ABl. L 339 vom 21.12.2007, S. 3), soweit dieses Übereinkommen auf Unterhaltssachen anzuwenden ist;
2. der Ausführung folgender völkerrechtlicher Verträge:
   a) des Haager Übereinkommens vom 23. November 2007 über die internationale Geltendmachung der Unterhaltsansprüche von Kindern und anderen Familienangehörigen (ABl. L 192 vom 22.7.2011, S. 51) nach Maßgabe des Beschlusses des Rates der Europäischen Union vom 9. Juni 2011 (ABl. L 192 vom 22.7.2011, S. 39) über die Genehmigung dieses Übereinkommens;
   b) des Haager Übereinkommens vom 2. Oktober 1973 über die Anerkennung und Vollstreckung von Unterhaltsentscheidungen (BGBl. 1986 II S. 826);
   c) des Übereinkommens vom 16. September 1988 über die gerichtliche Zuständigkeit und die Vollstreckung gerichtlicher Entscheidungen in Zivil- und Handelssachen (BGBl. 1994 II S. 2658), soweit dieses Übereinkommen auf Unterhaltssachen anzuwenden ist;
   d) des New Yorker UN-Übereinkommens vom 20. Juni 1956 über die Geltendmachung von Unterhaltsansprüchen im Ausland (BGBl. 1959 II S. 150);
3. der Geltendmachung von gesetzlichen Unterhaltsansprüchen, wenn eine der Parteien im Geltungsbereich dieses Gesetzes und die andere Partei in einem anderen Staat, mit dem die Gegenseitigkeit verbürgt ist, ihren gewöhnlichen Aufenthalt hat.

Die Gegenseitigkeit nach Satz 1 Nummer 3 ist verbürgt, wenn das Bundesministerium der Justiz dies festgestellt und im Bundesgesetzblatt bekannt gemacht hat (förmliche Gegenseitigkeit). Staaten im Sinne des Satzes 1 Nummer 3 sind auch Teilstaaten und Provinzen eines Bundesstaates.

(2) Regelungen in völkerrechtlichen Vereinbarungen gehen, soweit sie unmittelbar anwendbares innerstaatliches Recht geworden sind, den Vorschriften dieses Gesetzes vor. Die Regelungen der in Absatz 1 Satz 1 Nummer 1 genannten Verordnung und Abkommen werden als unmittelbar geltendes Recht der Europäischen Union durch die Durchführungsbestimmungen dieses Gesetzes nicht berührt.

A. Allgemeines. Das AUG trat am 18.06.2011 in Kraft und wurde später anlässlich der Ratifikation des Haager Unterhalts-Übk. von 2007 angepasst. Der AUG-Entwurf wird in der BT-Drucks. 17/4887 erläutert. 1

Das Gesetz dient der Durchführung verschiedener europäischer und der Ausführung internationaler Regeln. Es entwickelt teilweise Regeln weiter, die sich bereits im AUG a.F. (dazu § 97 FamFG Rdn. 46) sowie im AVAG (dazu § 108 FamFG Rdn. 18) fanden. Die AUG -Vorschriften dienten wiederum vielfach als Vorbild für das IntErbRVG (vgl. § 97 FamFG Rdn. 51). Die Auslegung des AUG sollte, soweit möglich, im Einklang mit der EuUntVO und den auszuführenden Staatsverträgen erfolgen.

2 **B. Anwendungsbereich. I. Sachlicher Anwendungsbereich.** Das AUG hat einen weiten Anwendungsbereich. Es dient zur Durchführung einer Verordnung und von Abk. der Europäischen Union (Abs. 1 Satz 1 Nr. 1), der Ausführung völkerrechtlicher Verträge (Abs. 1 Satz 1 Nr. 2) sowie der Geltendmachung von gesetzlichen Unterhaltsansprüchen in Verfahren mit förmlicher Gegenseitigkeit (Abs. 1 Satz 1 Nr. 3). Im Allgemeinen ist angegeben, wenn sich die AUG-Vorschrift lediglich auf bestimmte Rechtsinstrumente bezieht. In den Fällen, in denen weder die in § 1 aufgeführten Rechtsinstrumente noch sonstige Ausführungsgesetze anzuwenden sind, richten sich die Anerkennung und Vollstreckbarerklärung ausländischer Unterhaltsentscheidungen weiterhin nach dem FamFG. Die Zuständigkeit in Unterhaltssachen ist hingegen auch für Fälle mit Drittstaatenbezug durch die EuUntVO abschließend geregelt (Begr. RegE BT-Drucks. 17/4887 S. 34).

3 **II. Durchführung einer Verordnung und von Abkommen der Europäischen Union. 1. EU-Unterhaltsverordnung.** Das AUG dient der Durchführung der EuUntVO (Abs. 1 Satz 1 Nr. 1 Buchst. a)). Zu Anerkennung und Vollstreckung finden sich Vorschriften in den §§ 30 ff. (ohne Exequatur) sowie §§ 36 ff. (mit Exequatur). Die EuUntVO wird näher erläutert in Anh. V.

4 **2. Abkommen zwischen der Europäischen Gemeinschaft und Dänemark vom 19.10.2005.** Das AUG regelt auch die Durchführung des Abk. vom 19.10.2005 zwischen der EU und Dänemark über die gerichtliche Zuständigkeit und die Anerkennung und Vollstreckung von Entscheidungen in Zivil- und Handelssachen (s. § 97 FamFG Rdn. 39), soweit dieses Abk. auf Unterhaltssachen anzuwenden ist (Abs. 1 Satz 1 Nr. 1 Buchst. b)). Maßgeblich sind die §§ 36 ff. Dänemark hat mitgeteilt, dass es die mit der EuUntVO vorgenommenen Änderungen der Brüssel I-VO umsetzen will. Mit Ausnahme der Bestimmungen in Kap. III und VII gilt die EuUntVO damit auch in Dänemark.

5 **3. Lugano Übereinkommen von 2007.** Das AUG betrifft ferner die Durchführung des LugÜ 2007, soweit dieses Übk. auf Unterhaltssachen anzuwenden ist (Abs. 1 Satz 1 Nr. 1 Buchst. c)). Maßgeblich sind die §§ 36 ff. – Zum LugÜ s. § 97 FamFG Rdn. 37.

6 **III. Ausführung völkerrechtlicher Verträge:. 1. Staatsverträge.** Zur Ausführung völkerrechtlicher Verträge finden sich einige allgemeine Vorschriften in den §§ 57 ff. AUG. Im Übrigen wird nach den Staatsverträgen differenziert.

7 **2. Haager Unterhaltsübereinkommen von 2007.** Das AUG dient auch der Ausführung des Haager Unterhalts-Übk. von 2007 (Abs. 1 Satz 1 Nr. 2 Buchst. a); näher *Hilbig-Lugani* FamRBInt 2013, 74 ff.). Zur Anerkennung und Vollstreckung finden sich besondere Vorschriften in den §§ 60a ff. AUG. Anstelle des LugÜ 2007 kann der ASt gem. Art. 71 LugÜ 2007 die Anwendung des HUVÜ 1973 beantragen (OLG München FamRZ 2015, 775). Zum Haager Unterhalts-Übk. von 2007 s. § 97 FamFG Rdn. 32.

8 **3. Haager Übereinkommen über die Anerkennung und Vollstreckung von Unterhaltsentscheidungen vom 02.10.1973.** Das AUG betrifft außerdem die Ausführung des Haager Unterhaltsanerkennungs- und Vollstreckungs-Übk. von 1973 (Abs. 1 Satz 1 Nr. 2 Buchst. b)). Dies ist nur noch für Altfälle von praktischer Bedeutung. Vorschriften zur Anerkennung und Vollstreckung finden sich in den §§ 57 ff., 61 f. (noch zu einem Altfall nach AVAG BGH FamRZ 2015, 2043 m. Anm. *Gottwald* = NZFam 2015, 1031 Anm. *Mankowski*).

9 **4. Luganer Übereinkommen über die gerichtliche Zuständigkeit und die Vollstreckung gerichtlicher Entscheidungen in Zivil- und Handelssachen vom 16.09.1988.** Das AUG regelt ferner die Ausführung des älteren LugÜ von 1988, soweit dieses Übk. auf Unterhaltssachen anzuwenden ist (Abs. 1 Satz 1 Nr. 2 Buchst. c)). Zur Anerkennung und Vollstreckung finden sich Vorschriften in §§ 57 ff. sowie in § 63. Zum LugÜ 1988 s. § 97 FamFG Rdn. 37.

10 **5. New Yorker UN-Unterhaltsübereinkommen vom 20.06.1956.** Das AUG dient der Ausführung der Rechtshilfebestimmungen des UNÜ von 1956 (Abs. 1 Satz 1 Nr. 2 Buchst. d)). Zum UNÜ 1956 s. § 97

FamFG Rdn. 26. Näher https://www.bundesjustizamt.de/DE/Themen/Buergerdienste/AU/UN/UN_node.html

6. Bilaterale Staatsverträge. Das AUG beschäftigt sich nicht mit der Ausführung bilateraler Staatsverträge Deutschlands (dazu § 97 FamFG Rdn. 40). Diese haben wegen des Vorrangs des Haager Unterhalts-Übk. von 2007, des LugÜ von 2007 und insbes. der EuUntVO erheblich an praktischer Bedeutung verloren. Zur Anwendung kann noch der Vertrag zwischen Deutschland und Israel vom 20.07.1977 kommen (§ 97 FamFG Rdn. 40). Hierzu ist ein eigenes Ausführungsgesetz ergangen. In Betracht kommt auch der Rechtshilfe- und Vollstreckungsvertrag mit Tunesien vom 19.07.1966 (§ 97 FamFG Rdn. 40). Die Ausführung dieses Staatsvertrages richtet sich auch in Unterhaltsachen weiterhin nach dem AVAG. 11

IV. Verfahren mit förmlicher Gegenseitigkeit. Das AUG gilt auch für die Geltendmachung von gesetzlichen Unterhaltsansprüchen, wenn eine der Parteien im Geltungsbereich des AUG und die andere Partei in einem anderen Staat, mit dem die **Gegenseitigkeit verbürgt** ist, ihren gewöhnlichen Aufenthalt hat (Abs. 1 Satz 1 Nr. 3). Staaten in diesem Sinne sind auch Teilstaaten und Provinzen eines Bundesstaates (Kanada, USA). Da es sich um eine förmliche Gegenseitigkeit handelt, ist die Gegenseitigkeit nur dann verbürgt, wenn das Bundesministerium der Justiz dies festgestellt und im BGBl. bekannt gemacht hat (Abs. 1 Satz 1 Nr. 3 Satz 2). Das geschieht regelmäßig (s. Bekanntmachung über die Feststellung der Gegenseitigkeit für die Geltendmachung von Unterhaltsansprüchen nach dem AUG vom 18.06.2011, BGBl. I S. 1109; s.a. Vertragsstaatenliste unter https://www.bundesjustizamt.de/DE/Themen/Buergerdienste/AU/AUG/Vertragsstaaten/Staatenliste_node.html). Zur Anerkennung und Vollstreckung findet sich eine Vorschrift in § 64 AUG. 12

C. Vorrang. Das AUG beansprucht Vorrang. § 1 Abs. 2 entspricht inhaltlich § 97 Abs. 1 FamFG. Ihm kommt ebenfalls vor allem eine Hinweis- und Warnfunktion zu. In einzelnen Vorschriften weist das AUG nochmals klarstellend auf den Anwendungsvorrang der EuUntVO hin. 13

D. Unterhalt. Das AUG definiert ebenso wenig wie die EuUntVO, was unter Unterhalt zu verstehen ist. In ihm ist »Unterhalt« ebenfalls weit auszulegen (s. Art. 1 EuUntVO Rdn. 7 ff.). Auch die staatsvertraglichen Regelungen, denen das AUG dient, gehen von einem weiten Unterhaltsbegriff aus. Dementsprechend werden auch auf die öffentliche Hand übergegangene Unterhaltsansprüche erfasst. Das gleiche wird für bereicherungsrechtliche Rückzahlungsansprüche angenommen (näher Begr. RegE BT-Drucks. 17/4887 S. 33). 14

§ 2 AUG Allgemeine gerichtliche Verfahrensvorschriften.

Soweit in diesem Gesetz nichts anderes geregelt ist, werden die Vorschriften des Gesetzes über das Verfahren in Familiensachen und in den Angelegenheiten der freiwilligen Gerichtsbarkeit angewendet.

Es handelt sich um Familienverfahren nach dem FamFG, soweit im AUG nichts anderes bestimmt ist. Das AUG verweist an einigen Stellen nicht nur auf das FamFG, sondern übernimmt auch einzelne Regelungen, soweit dies im Interesse einer möglichst »zusammenhängenden« Regelung geboten ist. Soweit das AUG keine besondere Regelung enthält, können die Vorschriften des FamFG für Familienstreitsachen herangezogen werden, z.B. bzgl. der Beschwerdebegründung nach § 117. 1

§ 3 AUG Begriffsbestimmungen. Im Sinne dieses Gesetzes

1. sind Mitgliedstaaten die Mitgliedstaaten der Europäischen Union,
2. sind völkerrechtliche Verträge multilaterale und bilaterale Anerkennungs- und Vollstreckungsverträge,
3. sind Berechtigte
   a) natürliche Personen, die einen Anspruch auf Unterhaltsleistungen haben oder geltend machen,
   b) öffentlich-rechtliche Leistungsträger, die Unterhaltsansprüche aus übergegangenem Recht geltend machen, soweit die Verordnung (EG) Nr. 4/2009 oder der auszuführende völkerrechtliche Vertrag auf solche Ansprüche anzuwenden ist,
4. sind Verpflichtete natürliche Personen, die Unterhalt schulden oder denen gegenüber Unterhaltsansprüche geltend gemacht werden,

5. sind Titel gerichtliche Entscheidungen, gerichtliche Vergleiche und öffentliche Urkunden, auf welche die durchzuführende Verordnung oder der jeweils auszuführende völkerrechtliche Vertrag anzuwenden ist,
6. ist Ursprungsstaat der Staat, in dem ein Titel errichtet worden ist, und
7. ist ein Exequaturverfahren das Verfahren, mit dem ein ausländischer Titel zur Zwangsvollstreckung im Inland zugelassen wird.

1 Die Vorschrift enthält – ähnlich wie Art. 2 EuUntVO – wichtige Begriffsbestimmungen für die Anwendung des Gesetzes.
2 Nach Nr. 1 sind **Mitgliedstaaten** die Mitgliedstaaten der EU (vgl. Art. 1 Abs. 2 EuUntVO). Dabei ist zu berücksichtigen, dass in Dänemark die Bestimmungen in Kap. III (Art. 15) und Kap. VII (Art. 49 ff.) EuUntVO nicht gelten. Art. 2 der VO und die Bestimmungen des Kap. IX (Art. 65 ff.) sind im Verhältnis zu Dänemark nur anwendbar, soweit sie die Zuständigkeit, die Anerkennung, Vollstreckbarkeit und Vollstreckung von Entscheidungen und den Zugang zum Recht betreffen (Mitteilung der Kommission, ABl. EU 2009 Nr. L 149, S. 80).
3 Gem. Nr. 2 sind **völkerrechtliche Verträge** multilaterale und bilaterale Anerkennungs- und Vollstreckungsverträge (vgl. § 97 Abs. 1 FamFG). Im Interesse einer einfacheren Handhabung des Gesetzes werden die durch- und auszuführenden Übk. und Abk. unter dem Begriff »völkerrechtliche Verträge« zusammengefasst.
4 Nach Nr. 3 sind **Berechtigte** natürliche Personen, die einen Anspruch auf Unterhaltsleistungen haben oder geltend machen (vgl. Art. 2 Abs. 1 Nr. 10 EuUntVO), (Buchst. a)). Berechtigt sind aber auch öffentlichrechtliche Leistungsträger, die Unterhaltsansprüche aus übergegangenem Recht geltend machen, soweit die EuUntVO oder der auszuführende völkerrechtliche Vertrag auf solche Ansprüche anzuwenden ist (Buchst. b)). Die EuUntVO, das Haager Unterhaltsanerkennungs- und Vollstreckungs-Übk. von 1973 sowie das LugÜ gelten grds. auch für die Anerkennung, Vollstreckbarerklärung und Vollstreckung von Regressansprüchen der öffentlichen Hand anzuwenden sind. Das Haager Unterhalts-Übk. von 2007 erfasst ebenfalls übergegangene Ansprüche öffentlich-rechtlicher Leistungsträger. Das AUG verwendet im Zusammenhang mit behördlichen und gerichtlichen Verfahren die Begriffe »Antragsteller« und »Antragsgegner«, in Vorschriften, die Bezüge zum Vollstreckungsrecht aufweisen, die Begriffe »Gläubiger« und »Schuldner«.
5 **Verpflichtete** sind nach Nr. 4 natürliche Personen, die Unterhalt schulden oder denen ggü. Unterhaltsansprüche geltend gemacht werden (vgl. Art. 2 Abs. 1 Nr. 11 EuUntVO).
6 Gem. Nr. 5 sind **Titel** gerichtliche Entscheidungen (vgl. Art. 2 Abs. 1 Nr. 1 EuUntVO), gerichtliche Vergleiche (vgl. Art. 2 Abs. 1 Nr. 2 EuUntVO) und öffentliche Urkunden (vgl. Art. 2 Abs. 1 Nr. 3 EuUntVO), auf welche die durchzuführende VO oder der jeweils auszuführende völkerrechtliche Vertrag anzuwenden ist.
7 Nach Nr. 6 ist **Ursprungsstaat** der Staat, in dem ein Titel errichtet worden ist (Erststaat; vgl. Art. 2 Abs. 1 Nr. 4 EuUntVO),
8 Gem. Nr. 7 ist **Exequaturverfahren** das Verfahren, mit dem ein ausländischer Titel zur Zwangsvollstreckung im Inland zugelassen wird, d.h. die Vollstreckbarkeit erklärt wird (vgl. §§ 36 ff.).

Abschnitt 2. Zentrale Behörde

§ 4 AUG Zentrale Behörde. (1) Zentrale Behörde für die gerichtliche und außergerichtliche Geltendmachung von Ansprüchen in Unterhaltssachen nach diesem Gesetz ist das Bundesamt für Justiz. Die zentrale Behörde verkehrt unmittelbar mit allen zuständigen Stellen im In- und Ausland. Mitteilungen leitet sie unverzüglich an die zuständigen Stellen weiter.
(2) Das Verfahren der zentralen Behörde gilt als Justizverwaltungsverfahren.
(3) Das Bundesministerium der Justiz wird ermächtigt, Aufgaben der zentralen Behörde entsprechend Artikel 51 Absatz 3 der Verordnung (EG) Nr. 4/2009 oder Artikel 6 Absatz 3 des Haager Übereinkommens vom 23. November 2007 über die internationale Geltendmachung der Unterhaltsansprüche von Kindern und anderen Familienangehörigen auf eine andere öffentliche Stelle zu übertragen oder eine juristische Person des Privatrechts mit den entsprechenden Aufgaben zu beleihen. Die Beliehene muss grundlegende Erfahrungen bei der Durchsetzung von Unterhaltsansprüchen im Ausland nachweisen können. Den Umfang der Aufgabenübertragung legt das Bundesministerium der Justiz fest. Die Über-

tragung ist vom Bundesministerium der Justiz im Bundesanzeiger bekannt zu geben. Die Beliehene unterliegt der Fachaufsicht des Bundesministeriums der Justiz. § 5 Absatz 6 und die §§ 7 und 9 werden auf die Tätigkeit der Beliehenen nicht angewendet.

Abschnitt 2 (§§ 4 bis 6) enthält allgemeine Bestimmungen über die Zentrale Behörde. Für Aufgaben, die nach Art. 49 ff. EuUntVO und den auszuführenden völkerrechtlichen Verträgen (insbes. Art. 4 ff. Haager Unterhalts-Übk. 2007) der Zentralen Behörde obliegen, ist das **Bundesamt für Justiz (BfJ)** zuständig (Abs. 1). Das BfJ ist auch Zentrale Behörde nach dem New Yorker UN-Übk. Das Bundesamt (Anschrift: Adenauerallee 99–103, 53113 Bonn; www.bundesjustizamt.de) bietet ein umfangreiches Angebot an Hilfen und Informationen an (*Veith* FPR 2013, 46 ff.). Die Zentrale Behörde kann sich ohne Einhaltung von Dienstwegen an alle bei der Durchführung der EuUnthVO oder des auszuführenden völkerrechtlichen Vertrages einzuschaltenden Stellen wenden (Abs. 1 Satz 2; Begr. RegE BT-Drucks. 17/4887 S. 34). Im Interesse einer einheitlichen Handhabung erfolgt die Geltendmachung von Unterhaltsansprüchen auch dann über die Zentrale Behörde, wenn dies der auszuführende völkerrechtliche Vertrag nicht vorsieht. Auch unter Geltung der EuUntVO und des Haager Übk. ist es möglich, Anträge direkt bei Gericht bzw. dem Vollstreckungsorgan zu stellen (vgl. etwa Art. 45 Abs. 1 der EuUntVO). 1

Das Verfahren der Zentralen Behörde ist – ebenso wie nach § 3 Abs. 2 IntFamRVG – ein Justizverwaltungsverfahren (Abs. 2). Zugleich erfolgt damit ein Verweis auf die §§ 23 ff. EGGVG. Von der Beleihungsmöglichkeit nach Abs. 3 wurde bislang nicht Gebrauch gemacht. 2

§ 5 AUG Aufgaben und Befugnisse der zentralen Behörde. (1) Die gerichtliche und außergerichtliche Geltendmachung von Unterhaltsansprüchen nach diesem Gesetz erfolgt über die zentrale Behörde als Empfangs- und Übermittlungsstelle.
(2) Die zentrale Behörde unternimmt alle geeigneten Schritte, um den Unterhaltsanspruch des Berechtigten durchzusetzen. Sie hat hierbei die Interessen und den Willen des Berechtigten zu beachten.
(3) Im Anwendungsbereich der Verordnung (EG) Nr. 4/2009 richten sich die Aufgaben der zentralen Behörde nach den Artikeln 50, 51, 53 und 58 dieser Verordnung.
(4) Im Anwendungsbereich des Haager Übereinkommens vom 23. November 2007 über die internationale Geltendmachung der Unterhaltsansprüche von Kindern und anderen Familienangehörigen richten sich die Aufgaben der zentralen Behörde nach den Artikeln 5, 6, 7 und 12 dieses Übereinkommens.
(5) Die zentrale Behörde gilt bei eingehenden Ersuchen als bevollmächtigt, im Namen des Antragstellers selbst oder im Wege der Untervollmacht durch Vertreter außergerichtlich oder gerichtlich tätig zu werden. Sie ist insbesondere befugt, den Unterhaltsanspruch im Wege eines Vergleichs oder eines Anerkenntnisses zu regeln. Falls erforderlich, darf sie auch einen Unterhaltsantrag stellen und die Vollstreckung eines Unterhaltstitels betreiben.
(6) Die zentrale Behörde übermittelt die von den Verpflichteten eingezogenen Unterhaltsgelder an die Berechtigten nach den für Haushaltsmittel des Bundes geltenden Regeln. Satz 1 gilt für die Rücküberübermittlung überzahlter Beträge oder für andere bei der Wahrnehmung der Aufgaben der zentralen Behörde erforderlich werdende Zahlungen entsprechend.

Die Vorschrift des § 5 regelt die Aufgaben und Befugnisse der Zentralen Behörde. Abs. 1 verweist zunächst auf ihre Funktion als Empfangs- und Übermittlungsstelle. Abs. 2 nennt zwar ausdrücklich nur den Unterhaltsberechtigten (vgl. § 3 Nr. 3). Die Zentrale Behörde darf aber in Einklang mit Art. 56 Abs. 2 EuUntVO ggf. auch für den Unterhaltspflichtigen tätig werden. Die Aufgaben der Zentralen Behörde richten sich im Rahmen der unmittelbar geltenden EuUnthVO nach dieser (Abs. 3). Im Interesse einer effektiven und zügigen Geltendmachung und Durchsetzung von Unterhaltsansprüchen legt Art. 58 EuUntVO für die behördliche Tätigkeit bestimmte Fristen fest. Das Haager Unterhalts-Übk. von 2007 macht in seinem Anwendungsbereich ebenfalls Vorgaben (Abs. 4). 1

Nach Art. 52 EuUntVO kann die zentrale Behörde nur in bestimmten Fällen eine Vollmacht verlangen. Abs. 5 Satz 1, der generell eine **gesetzliche Bevollmächtigung** anordnet, regelt nur das Verhältnis ggü. Dritten. Im Verhältnis zum ASt hat die Zentrale Behörde entsprechend den Regelungen des Auftragsrechts die Interessen und den Willen des Antragstellers zu berücksichtigen. Soweit die Zentrale Behörde gem. Abs. 5 als ermächtigt gilt, auch gerichtlich tätig zu werden, ist der Anwaltszwang in Unterhaltssachen zu beachten 2

Anhang VI

(§ 114 Abs. 1, § 112 Nr. 1 FamFG). Dem ASt kann daher umfassend ein Rechtsanwalt beigeordnet werden (OLG München FamRZ 2015, 1520).

3 Die Zentrale Behörde ist nach Art. 51 Abs. 2 Buchst. f) EuUntVO zur **Abwicklung des Zahlungsverkehrs** ermächtigt (Abs. 6). Nach Satz 1 erfolgt die Abwicklung des Zahlungsverkehrs nach den für Gelder des Bundes geltenden Regeln. Satz 2 erstreckt dies auf Rückzahlungen.

§ 6 AUG Unterstützung durch das Jugendamt.
Wird die zentrale Behörde tätig, um Unterhaltsansprüche Minderjähriger und junger Volljähriger, die das 21. Lebensjahr noch nicht vollendet haben, geltend zu machen und durchzusetzen, kann sie das Jugendamt um Unterstützung ersuchen.

1 Die Zentrale Behörde kann das Jugendamt um Unterstützung ersuchen (*Veith* FPR 2013, 46 ff.; vgl. den ähnlichen § 9 IntFamRVG). Eine neue Aufgabenübertragung auf die Jugendämter ist damit nicht verbunden. Die Unterstützung Minderjähriger und junger Volljähriger in Unterhaltssachen ist z.B. in § 18 SGB VIII geregelt. Insbes. bei ausgehenden Ersuchen können die Jugendämter Informationen, bspw. Rückstandsberechnungen, zur Verfügung stellen, über die sie im Rahmen ihrer gewöhnlichen Tätigkeit bereits verfügen. Dies gilt insbes., wenn für das unterhaltsberechtigte Kind eine Beistandschaft eingerichtet ist. Die Beurkundung von Unterhaltspflichten, ergibt sich aus § 59 SGB VIII und wird vor allem bei eingehenden Ersuchen relevant. In Betracht kommt ferner ggf. die gerichtliche Terminwahrnehmung.

Abschnitt 3. Ersuchen um Unterstützung in Unterhaltssachen

Unterabschnitt 1. Ausgehende Ersuchen

§ 7 AUG Vorprüfung durch das Amtsgericht; Zuständigkeitskonzentration.
(1) Die Entgegennahme und Prüfung eines Antrages auf Unterstützung in Unterhaltssachen erfolgt durch das für den Sitz des Oberlandesgerichts, in dessen Bezirk der Antragsteller seinen gewöhnlichen Aufenthalt hat, zuständige Amtsgericht. Für den Bezirk des Kammergerichts entscheidet das Amtsgericht Pankow/Weißensee.
(2) Das Vorprüfungsverfahren ist ein Justizverwaltungsverfahren.
(3) Für das Vorprüfungsverfahren werden keine Kosten erhoben.

1 Im Zusammenhang mit der Weiterleitung von Anträgen auf Unterstützung an die zuständigen in- und ausländischen Stellen verwendet das AUG den Oberbegriff »Ersuchen«. Abschnitt 3 (§§ 7 – 15) regelt ausgehende Ersuchen (§§ 7 bis 12) und eingehende Ersuchen (§§ 13 – 15).
2 Abs. 1 sieht eine Vorprüfung ausgehender Anträge durch das AG für alle Fälle der Geltendmachung von Unterhaltsansprüchen im Ausland vor. Die Vorschrift ordnet des Weiteren eine Zuständigkeitskonzentration an. Zuständig für die Entgegennahme ist der Rechtspfleger (§ 29 Nr. 2 RpflG). Abs. 2 stellt klar, dass es sich um ein Justizverwaltungsverfahren handelt. Dafür werden keine Kosten erhoben (Abs. 3).

§ 8 AUG Inhalt und Form des Antrages.
(1) Der Inhalt eines an einen anderen Mitgliedstaat mit Ausnahme des Königreichs Dänemark gerichteten Antrages richtet sich nach Artikel 57 der Verordnung (EG) Nr. 4/2009.
(2) Der Inhalt eines an einen anderen Vertragsstaat des Haager Übereinkommens vom 23. November 2007 über die internationale Geltendmachung der Unterhaltsansprüche von Kindern und anderen Familienangehörigen gerichteten Antrages richtet sich nach Artikel 11 dieses Übereinkommens.
(3) In den nicht von den Absätzen 1 und 2 erfassten Fällen soll der Antrag alle Angaben enthalten, die für die Geltendmachung des Anspruchs von Bedeutung sein können, insbesondere
1. den Familiennamen und die Vornamen des Berechtigten; ferner seine Anschrift, den Tag seiner Geburt, seine Staatsangehörigkeit, seinen Beruf oder seine Beschäftigung sowie gegebenenfalls den Namen und die Anschrift seines gesetzlichen Vertreters,

2. den Familiennamen und die Vornamen des Verpflichteten; ferner seine Anschrift, den Tag, den Ort und das Land seiner Geburt, seine Staatsangehörigkeit, seinen Beruf oder seine Beschäftigung, soweit der Berechtigte diese Angaben kennt, und
3. nähere Angaben
   a) über die Tatsachen, auf die der Anspruch gestützt wird;
   b) über die Art und Höhe des geforderten Unterhalts;
   c) über die finanziellen und familiären Verhältnisse des Berechtigten, sofern diese Angaben für die Entscheidung bedeutsam sein können;
   d) über die finanziellen und familiären Verhältnisse des Verpflichteten, soweit diese bekannt sind.

Ein Antrag eines Berechtigten im Sinne des § 3 Nummer 3 Buchstabe b soll die in den Nummern 1 und 3 Buchstabe c genannten Angaben der Person enthalten, deren Anspruch übergegangen ist.
(4) Einem Antrag nach Absatz 3 sollen die zugehörigen Personenstandsurkunden und andere sachdienliche Schriftstücke beigefügt sein. Das in § 7 benannte Gericht kann von Amts wegen alle erforderlichen Ermittlungen anstellen.
(5) In den Fällen des Absatzes 4 ist der Antrag vom Antragsteller, von dessen gesetzlichem Vertreter oder von einem bevollmächtigten Vertreter unter Beifügung einer Vollmacht zu unterschreiben. Soweit dies nach dem Recht des zu ersuchenden Staates erforderlich ist, ist die Richtigkeit der Angaben vom Antragsteller oder von dessen gesetzlichem Vertreter eidesstattlich zu versichern. Besonderen Anforderungen des zu ersuchenden Staates an Form und Inhalt des Ersuchens ist zu genügen, soweit dem keine zwingenden Vorschriften des deutschen Rechts entgegenstehen.
(6) In den Fällen des Absatzes 3 ist der Antrag an die Empfangsstelle des Staates zu richten, in dem der Anspruch geltend gemacht werden soll.

Die Vorschrift regelt **Inhalt und Form** des Antrages. Abs. 1 verweist im **Anwendungsbereich der EuUntVO** 1 auf die unmittelbar geltenden Regelungen der VO. Abs. 2 verweist auf Art. 11 des **Haager Unterhalts-Übk.**. Abs. 3 und 4 regeln die von EuUntVO und Übk. nicht erfassten Fälle. Ersuchen aus Dänemark fallen unter Abs. 3, da Kap. VII (Zusammenarbeit der Zentralen Behörden) der EuUntVO für Dänemark nicht gilt. Abs. 3 Satz 2 berücksichtigt, dass auch die öffentliche Hand, die Ansprüche aus übergegangenem Recht geltend macht, Berechtigte sein kann; die Regelung dient bezüglich personenbezogener Daten der Klarstellung. Im Übrigen bedarf auch ein Antrag der öffentlichen Hand der in Abs. 3 genannten Angaben. Abs. 4 nennt beizufügende Unterlagen, Abs. 5 Unterschriftserfordernisse. Abs. 6 stellt klar, dass der Antrag an die **Empfangsstelle des zu ersuchenden Staates** zu richten ist. Die genaue Bezeichnung der Empfangsstelle kann im Rahmen der Vorprüfung oder durch die Zentrale Behörde erfolgen. Im Anwendungsbereich der EuUntVO ist die Adressierung durch die zu verwendenden Formulare vorgegeben.

§ 9 AUG Umfang der Vorprüfung.
(1) Der Vorstand des Amtsgerichts oder der im Rahmen der Verteilung der Justizverwaltungsgeschäfte bestimmte Richter prüft
1. in Verfahren mit förmlicher Gegenseitigkeit (§ 1 Absatz 1 Satz 1 Nummer 3), ob nach dem deutschen Recht die beabsichtigte Rechtsverfolgung hinreichende Aussicht auf Erfolg haben würde,
2. in den übrigen Fällen, ob der Antrag mutwillig oder offensichtlich unbegründet ist.

Bejaht er in den Fällen des Satzes 1 Nummer 1 die Erfolgsaussicht, stellt er hierüber eine Bescheinigung aus, veranlasst deren Übersetzung in die Sprache des zu ersuchenden Staates und fügt diese Unterlagen dem Ersuchen bei.
(1a) Ergeben sich aus einem weitergeleiteten Antrag für die zentrale Behörde Zweifel, ob die Voraussetzungen des Artikels 57 Absatz 2 der Verordnung (EG) Nr. 4/2009, des Artikels 3 Absatz 3 des New Yorker UN-Übereinkommens vom 20. Juni 1956 über die Geltendmachung von Unterhaltsansprüchen im Ausland oder des Artikels 11 Absatz 1 des Haager Übereinkommens vom 23. November 2007 über die internationale Geltendmachung der Unterhaltsansprüche von Kindern und anderen Familienangehörigen erfüllt sind, so leitet die zentrale Behörde die Frage dem Richter zur Beantwortung zu. Dieser verfährt erneut nach Absatz 1.
(2) Hat die beabsichtigte Rechtsverfolgung keine hinreichende Aussicht auf Erfolg (Absatz 1 Satz 1 Nummer 1) oder ist der Antrag mutwillig oder offensichtlich unbegründet (Absatz 1 Satz 1 Nummer 2), lehnt der Richter die Weiterleitung des Antrages ab. Die ablehnende Entscheidung ist zu be-

gründen und dem Antragsteller mit einer Rechtsmittelbelehrung zuzustellen. Sie ist nach § 23 des Einführungsgesetzes zum Gerichtsverfassungsgesetz anfechtbar.
(3) Liegen keine Ablehnungsgründe vor, übersendet das Gericht den Antrag nebst Anlagen und vorliegenden Übersetzungen mit je drei beglaubigten Abschriften unmittelbar an die zentrale Behörde.
(4) Im Anwendungsbereich des New Yorker UN-Übereinkommens vom 20. Juni 1956 über die Geltendmachung von Unterhaltsansprüchen im Ausland (BGBl. 1959 II S. 150) legt der Richter in den Fällen des Absatzes 2 Satz 1 den Antrag der zentralen Behörde zur Entscheidung über die Weiterleitung des Antrages vor.

1 Für den **Umfang der Vorprüfung** und die weitere Behandlung des Antrags durch das Gericht wird differenziert. Für Fälle mit förmlicher Gegenseitigkeit (§ 1 Abs. 1 Satz 1 Nr. 3) steht für die Prüfung der Erfolgsaussicht ein Formular des BfJ zur Verfügung (Abs. 1 Satz 1 Nr. 1). Abs. 1 Satz 1 Nr. 2 regelt die übrigen Fälle.
2 Nach dem 2015 eingefügten Abs. 1a kann die Zentrale Behörde beim Vorprüfungsgericht für den Fall einer stattgebenden Entscheidung nachfragen, ob die Voraussetzungen des Art. 57 Abs. 2 EuUntVO oder des Art. 11 Abs. 1 Haager Unterhalts-Übk. von 2007 erfüllt sind.
3 Die **Ablehnung des Antrags** ist zu begründen und zuzustellen (Abs. 2). Bestehen keine Ablehnungsgründe, wird der Antrag an die Zentrale Behörde übersandt (Abs. 3). Nach dem UN-Übk. von 1956 entscheidet die Zentrale Behörde (Übermittlungsstelle) über die Weiterleitung eines ihr vorgelegten mutwilligen oder offensichtlich unbegründeten Antrags (Abs. 4).

§ 10 AUG Übersetzung des Antrages.

(1) Der Antragsteller hat dem Antrag nebst Anlagen von einem beeidigten Übersetzer beglaubigte Übersetzungen in der Sprache des zu ersuchenden Staates beizufügen. Dies gilt auch für Schriftstücke, die die ausländische zentrale Behörde im weiteren Verlauf des Verfahrens anfordert. Die Artikel 20, 28, 40, 59 und 66 der Verordnung (EG) Nr. 4/2009 bleiben hiervon unberührt. Ist im Anwendungsbereich des jeweils auszuführenden völkerrechtlichen Vertrages eine Übersetzung von Schriftstücken in eine Sprache erforderlich, die der zu ersuchende Staat für zulässig erklärt hat, so ist die Übersetzung von einer Person zu erstellen, die zur Anfertigung von Übersetzungen in einem der Vertragsstaaten befugt ist.
(2) Beschafft der Antragsteller trotz Aufforderung durch die zentrale Behörde die erforderliche Übersetzung nicht selbst, veranlasst die zentrale Behörde die Übersetzung auf seine Kosten.
(3) Das nach § 7 Absatz 1 zuständige Amtsgericht befreit den Antragsteller auf Antrag von der Erstattungspflicht für die Kosten der von der zentralen Behörde veranlassten Übersetzung, wenn der Antragsteller die persönlichen und wirtschaftlichen Voraussetzungen einer ratenfreien Verfahrenskostenhilfe nach § 113 des Gesetzes über das Verfahren in Familiensachen und in den Angelegenheiten der freiwilligen Gerichtsbarkeit in Verbindung mit § 115 der Zivilprozessordnung erfüllt.
(4) § 1077 Absatz 4 der Zivilprozessordnung bleibt unberührt.

1 Nach der EuUntVO ist eine Übersetzung ausgehender Anträge nur unter bestimmten Voraussetzungen erforderlich (s. Art. 1 EuUntVO Rdn. 6). Die erforderlichen Übersetzungen hat der **ASt grds. selbst beizubringen** (Abs. 1 Satz 1). Der 2015 eingefügte Abs. 1 Satz 2 dehnt dies aus auf Schriftstücke, welche die ausländische Zentrale Behörde im weiteren Verlauf des Verfahrens anfordert. Abgesehen von der Bescheinigung nach § 9 Abs. 1 Satz 2, obliegt es nicht dem AG, für die erforderlichen Übersetzungen zu sorgen.
2 Die Zentrale Behörde kann den ASt auffordern, die **erforderlichen Übersetzungen** beizubringen und auf die ansonsten von der Zentralen Behörde in Rechnung gestellten Kosten hinweisen (Abs. 2). Ähnlich § 5 IntFamRVG.
3 Das nach § 7 zuständige Gericht befreit den ASt nach den Grundsätzen der **Verfahrenskostenhilfe** von der Verpflichtung, der Zentralen Behörde die Übersetzungskosten zu erstatten (Abs. 3). In diesem Fall verbleiben die Übersetzungskosten demgemäß bei der Zentralen Behörde. Es entscheidet der Rechtspfleger (§ 29 Nr. 2 RpflG). Eine Kostenbefreiung kommt nur für Anträge natürlicher Personen in Betracht. Von der Befreiung erfasst werden jedoch nur die von der Zentralen Behörde veranlassten Kosten.
4 Im Rahmen eines grenzüberschreitenden Verfahrenskostenhilfegesuchs hat der ersuchende Staat anfallende **Übersetzungskosten** nach § 1077 Abs. 4 ZPO grds. zu übernehmen (Abs. 4).

§ 11 AUG Weiterleitung des Antrages durch die zentrale Behörde.
(1) Die zentrale Behörde prüft, ob der Antrag den förmlichen Anforderungen des einzuleitenden ausländischen Verfahrens genügt. Sind diese erfüllt, so leitet sie den Antrag an die im Ausland zuständige Stelle weiter. Soweit erforderlich, fügt sie dem Ersuchen eine Übersetzung dieses Gesetzes bei.
(2) Die zentrale Behörde überwacht die ordnungsmäßige Erledigung des Ersuchens.
(3) Lehnt die zentrale Behörde die Weiterleitung des Antrages ab, ist § 9 Absatz 2 Satz 2 und 3 entsprechend anzuwenden.
(4) Fragen, die die ausländische zentrale Behörde an die deutsche zentrale Behörde übermittelt, leitet diese an das nach § 7 Absatz 1 zur Vorprüfung aufgerufene Gericht weiter. Dieses veranlasst die Beantwortung der Fragen und leitet die Antworten an die deutsche zentrale Behörde zurück. Das weitere Verfahren bei der deutschen zentralen Behörde richtet sich nach Absatz 1.

Sind die förmlichen Anforderungen des Antrages erfüllt, erfolgt seine Weiterleitung (Abs. 1). Eine Ablehnung ist zu begründen und zuzustellen (Abs. 3). Rückfragen an das BfJ leitet dieses an das zur Vorprüfung aufgerufene Gericht weiter (so der 2015 eingefügte Abs. 4). 1

§ 12 AUG Registrierung eines bestehenden Titels im Ausland.
Liegt über den Unterhaltsanspruch bereits eine inländische gerichtliche Entscheidung oder ein sonstiger Titel im Sinne des § 3 Nummer 5 vor, so kann der Berechtigte auch ein Ersuchen auf Registrierung der Entscheidung im Ausland stellen, soweit das dort geltende Recht dies vorsieht. Die §§ 7 bis 11 sind entsprechend anzuwenden; eine Prüfung der Gesetzmäßigkeit des vorgelegten inländischen Titels findet nicht statt.

Die Vorschrift ermöglicht dem Berechtigten (vgl. § 3 Nr. 3) die Registrierung eines bestehenden inländischen Titels (vgl. § 3 Nr. 5) im Ausland. 1

Unterabschnitt 2. Eingehende Ersuchen

§ 13 AUG Übersetzung des Antrages.
(1) Ist eine Übersetzung von Schriftstücken erforderlich, so ist diese in deutscher Sprache abzufassen.
(2) Die Richtigkeit der Übersetzung ist von einer Person zu beglaubigen, die in den nachfolgend genannten Staaten befugt ist hierzu:
1. in einem der Mitgliedstaaten oder in einem anderen Vertragsstaat des Abkommens über den Europäischen Wirtschaftsraum;
2. in einem Vertragsstaat des jeweils auszuführenden völkerrechtlichen Vertrages oder
3. in einem Staat, mit dem die Gegenseitigkeit förmlich verbürgt ist (§ 1 Absatz 1 Satz 1 Nummer 3).
(3) Die zentrale Behörde kann es ablehnen, tätig zu werden, solange Mitteilungen oder beizufügende Schriftstücke nicht in deutscher Sprache abgefasst oder in die deutsche Sprache übersetzt sind. Im Anwendungsbereich der Verordnung (EG) Nr. 4/2009 ist sie hierzu jedoch nur befugt, wenn sie nach dieser Verordnung eine Übersetzung verlangen darf.
(4) Die zentrale Behörde kann in Verfahren mit förmlicher Gegenseitigkeit (§ 1 Absatz 1 Satz 1 Nummer 3) im Verkehr mit bestimmten Staaten oder im Einzelfall von dem Erfordernis einer Übersetzung absehen und die Übersetzung selbst besorgen.

Im Unterabschnitt 2 (§§ 13 – 15) geht es um eingehende Ersuchen. § 13 Abs. 1 regelt die **Übersetzung eingehender Anträge**. Da die EuUntVO an verschiedenen Stellen neben der Amtssprache auch eine sonstige Sprache zulässt (s. Art. 1 EuUntVO Rdn. 6), stellt § 13 Abs. 1 klar, dass allein die deutsche Sprache zugelassen ist. Hierdurch werden unnötige Unsicherheiten vermieden. Abs. 3 Satz 2 verlangt aber, dass die Vorgaben der EuUntVO eingehalten werden. Liegen die erforderlichen Übersetzungen in EuUntVO-Verfahren nicht vor, richtet sich das weitere Vorgehen der Zentralen Behörde nach Art. 58 Abs. 9 EuUntVO. Die Richtigkeit der Übersetzung ist zu beglaubigen (Abs. 2). Eine Sonderregelung betrifft Verfahren mit förmlicher Gegenseitigkeit (Abs. 4). 1

Martiny

Anhang VI

§ 14 AUG   Inhalt und Form des Antrages. (1) Der Inhalt eines Antrages aus einem anderen Mitgliedstaat mit Ausnahme des Königreichs Dänemark richtet sich nach Artikel 57 der Verordnung (EG) Nr. 4/2009.
(2) Der Inhalt eines Antrages aus einem anderen Vertragsstaat des Haager Übereinkommens vom 23. November 2007 über die internationale Geltendmachung der Unterhaltsansprüche von Kindern und anderen Familienangehörigen richtet sich nach Artikel 11 dieses Übereinkommens.
(3) In den nicht von den Absätzen 1 und 2 erfassten Fällen soll der Antrag alle Angaben enthalten, die für die Geltendmachung des Anspruchs von Bedeutung sein können, insbesondere
1. bei einer Indexierung einer titulierten Unterhaltsforderung die Modalitäten für die Berechnung dieser Indexierung und
2. bei einer Verpflichtung zur Zahlung von gesetzlichen Zinsen den gesetzlichen Zinssatz sowie den Beginn der Zinspflicht.
Im Übrigen gilt § 8 Absatz 3 entsprechend.
(4) In den Fällen des Absatzes 3 soll der Antrag vom Antragsteller, von dessen gesetzlichem Vertreter oder von einem bevollmächtigten Vertreter unter Beifügung einer Vollmacht unterschrieben und mit einer Stellungnahme der ausländischen Stelle versehen sein, die den Antrag entgegengenommen und geprüft hat. Diese Stellungnahme soll auch den am Wohnort des Berechtigten erforderlichen Unterhaltsbetrag nennen. Der Antrag und die Anlagen sollen zweifach übermittelt werden. Die zugehörigen Personenstandsurkunden und andere sachdienliche Schriftstücke sollen beigefügt und sonstige Beweismittel genau bezeichnet sein.

1   Für Inhalt und Form eingehender Anträge verweist Abs. 1 im Anwendungsbereich der EuUntVO auf deren Vorrang. Abs. 2 regelt den Inhalt eines Antrages für Fälle nach dem Haager Unterhaltsübk. 2007. In anderen Fällen werden ggf. zusätzliche Angaben (Abs. 3) sowie Unterschrift und eine Stellungnahme (Abs. 4) verlangt.

§ 15 AUG   Behandlung einer vorläufigen Entscheidung. In Verfahren mit förmlicher Gegenseitigkeit (§ 1 Absatz 1 Satz 1 Nummer 3) gilt eine ausländische Entscheidung, die ohne die Anhörung des Verpflichteten vorläufig und vorbehaltlich der Bestätigung durch das ersuchte Gericht ergangen ist, als eingehendes Ersuchen auf Erwirkung eines Unterhaltstitels. § 8 Absatz 3 und § 14 Absatz 3 Satz 1 gelten entsprechend.

1   In Verfahren mit förmlicher Gegenseitigkeit (§ 1 Abs. 1 Satz 1 Nr. 3) gelten vorläufige Entscheidungen als eingehende Ersuchen auf Erwirkung eines Unterhaltstitels.

Abschnitt 4. Datenerhebung durch die zentrale Behörde

§ 16 AUG   Auskunftsrecht der zentralen Behörde zur Herbeiführung oder Änderung eines Titels. (1) Ist der gegenwärtige Aufenthaltsort des Berechtigten oder des Verpflichteten nicht bekannt, so darf die zentrale Behörde zur Erfüllung der ihr nach § 5 obliegenden Aufgaben bei einer zuständigen Meldebehörde Angaben zu dessen Anschriften sowie zu dessen Haupt- und Nebenwohnung erheben.
(2) Soweit der Aufenthaltsort nach Absatz 1 nicht zu ermitteln ist, darf die zentrale Behörde folgende Daten erheben:
1. von den Trägern der gesetzlichen Rentenversicherung die dort bekannte derzeitige Anschrift, den derzeitigen oder zukünftigen Aufenthaltsort des Betroffenen;
2. vom Kraftfahrt-Bundesamt die Halterdaten des Betroffenen nach § 33 Absatz 1 Satz 1 Nummer 2 des Straßenverkehrsgesetzes;
3. wenn der Betroffene ausländischen Streitkräften angehört, die in Deutschland stationiert sind, von der zuständigen Behörde der Truppe die ladungsfähige Anschrift des Betroffenen.
(3) Kann die zentrale Behörde den Aufenthaltsort des Verpflichteten nach den Absätzen 1 und 2 nicht ermitteln, darf sie einen Suchvermerk im Zentralregister veranlassen.

Abschnitt 4 (§§ 16 – 19) behandelt die Datenerhebung durch die Zentrale Behörde. Diese hat nach Art. 61 EuUntVO erforderlichenfalls Informationen über die Anschrift, das Einkommen und das Vermögen des Verpflichteten einzuholen. Das **Auskunftsrecht der Zentralen Behörde** zur Herbeiführung oder Änderung eines Titels ist nicht auf Verfahren nach der EuUntVO beschränkt. Unabhängig von der Möglichkeit, erforderliche Informationen selbst einzuholen, kann die Zentrale Behörde auch ein gerichtliches oder vollstreckungsrechtliches Verfahren einleiten und so die bereits bestehenden Auskunftsrechte des Gerichts oder des Vollstreckungsorgans nutzen.

Ist die Zentrale Behörde mit einem Antrag auf Herbeiführung oder Änderung einer Entscheidung (56 Abs. 1 Buchst. c) bis f), Art. 56 Abs. 2 Buchst. b) und c) EuUntVO) oder mit einem Ersuchen nach Art. 53 Abs. 1 i.V.m. Art. 51 Abs. 2 Buchst. b) EuUntVO befasst, ist die Informationsbeschaffung auf die **Aufenthaltsermittlung des Betroffenen** beschränkt. Die Ermittlungsbefugnisse der Zentralen Behörde stützen sich vorrangig auf das Melderegister (Abs. 1). Zuständig ist die Meldebehörde des letzten oder eines anderen bekannten früheren Wohnsitzes der betroffenen Person. Die Datenübermittlung durch die Meldebehörden richtet sich nach § 18 Melderechtsrahmengesetzes sowie den Landesmeldegesetzen.

Abs. 2 räumt der Zentralen Behörde ggf. weitergehende Auskunftsrechte ein. Die Zentrale Behörde kann das Ersuchen an jeden Träger der **gesetzlichen Rentenversicherung** richten (Nr. 1; vgl. § 74 Abs. 2 SGB X). Ferner können **Auskünfte über Halterdaten** eingeholt werden (Nr. 2 i.V.m. § 35 Abs. 4b StVG). Ist der Betroffene **Angehöriger im Inland stationierter Nato-Streitkräfte**, erfolgt die Ermittlung des Aufenthaltsorts bzw. der ladungsfähigen Anschrift bei der zuständigen Behörde der Truppe (Nr. 3). Dies steht in Einklang mit Art. VIII Abs. 6 und 9 Nato-Truppenstatut, Art. 3 sowie Art. 32 Abs. 1 und 34 Zusatz-Abk. zum Nato-Truppenstatut.

Abs. 3 ermächtigt die Zentrale Behörde, einen **Suchvermerk im Zentralregister** zu veranlassen.

§ 17 AUG Auskunftsrecht zum Zweck der Anerkennung, Vollstreckbarerklärung und Vollstreckung eines Titels.

(1) Ist die Unterhaltsforderung tituliert und weigert sich der Schuldner, auf Verlangen der zentralen Behörde Auskunft über sein Einkommen und Vermögen zu erteilen, oder ist bei einer Vollstreckung in die vom Schuldner angegebenen Vermögensgegenstände eine vollständige Befriedigung des Gläubigers nicht zu erwarten, stehen der zentralen Behörde zum Zweck der Anerkennung, Vollstreckbarerklärung und Vollstreckung eines Titels die in § 16 geregelten Auskunftsrechte zu. Die zentrale Behörde darf nach vorheriger Androhung außerdem
1. von den Trägern der gesetzlichen Rentenversicherung den Namen, die Vornamen, die Firma sowie die Anschriften der derzeitigen Arbeitgeber der versicherungspflichtigen Beschäftigungsverhältnisse des Schuldners erheben;
2. bei dem zuständigen Träger der Grundsicherung für Arbeitsuchende einen Leistungsbezug nach dem Zweiten Buch Sozialgesetzbuch – Grundsicherung für Arbeitsuchende – abfragen;
3. das Bundeszentralamt für Steuern ersuchen, bei den Kreditinstituten die in § 93b Absatz 1 der Abgabenordnung bezeichneten Daten des Schuldners abzurufen (§ 93 Absatz 8 der Abgabenordnung);
4. vom Kraftfahrt-Bundesamt die Fahrzeug- und Halterdaten nach § 33 Absatz 1 des Straßenverkehrsgesetzes zu einem Fahrzeug, als dessen Halter der Schuldner eingetragen ist, erheben.

(2) Daten über das Vermögen des Schuldners darf die zentrale Behörde nur erheben, wenn dies für die **Vollstreckung** erforderlich ist.

Die Vorschrift des § 17 regelt das Auskunftsrecht zum Zweck der Anerkennung, Vollstreckbarerklärung und Vollstreckung eines Titels. Kommt der Schuldner seiner titulierten Unterhaltspflicht nicht nach, stehen der Zentralen Behörde nach Art. 61 Abs. 2 Unterabs. 3 EuUntVO weitergehende Auskunftsrechte zu (*Andrae* NJW 2011, 2545, 2550). Hiervon darf die Zentrale Behörde auch dann Gebrauch machen, wenn sie um die Durchführung besonderer Maßnahmen nach Art. 53 EuUntVO ersucht wird (Art. 53 Abs. 2 EuUntVO).

Die in Abs. 1 eingeräumten Auskunftsrechte bestehen neben dem in § 16 geregelten Auskunftsrecht (Abs. 1 Satz 1). Abs. 1 Satz 2 Nr. 1 regelt das Auskunftsersuchen bei den **Trägern der gesetzlichen Rentenversicherung**. Die Zentrale Behörde kann auch hier ihr Ersuchen an jeden Träger der gesetzlichen Rentenversicherung richten (§ 74 Abs. 2 SGB). Nach Nr. 2 kann sie bei dem zuständigen Leistungsträger einen etwaigen **Leistungsbezug des Unterhaltspflichtigen** nach dem SGB II abfragen. Das in Nr. 2 geregelte Auskunftsrecht umfasst nicht Informationen über die Höhe des Leistungsbezuges nach dem SGB II. Nr. 3 ermöglicht es der Zentralen Behörde, über das **Bundeszentralamt für Steuern** Konten und Depots des Schuldners abzurufen. Die Abfrage setzt voraus, dass der Unterhaltsgläubiger über einen – ggf. nach Durchführung eines Exequaturverfahrens – vollstreckbaren Titel verfügt und der Unterhaltsschuldner die vorrangige Selbstauskunft verweigert oder wenn sich diese als unergiebig erweist. Eine Abfrage der Daten von auf den Schuldner zugelassenen Fahrzeugen im automatisierten Verfahren beim **Kraftfahrt-Bundesamt** ist ebenfalls zulässig (Nr. 4; § 36 Abs. 4b i.V.m. § 35 StVG).

3 Nach Abs. 2 darf die Zentrale Behörde die für die Vollstreckung erforderlichen Auskünfte über das Vermögen bei Dritten einholen (Art. 61 Abs. 2 Unterabs. 3 EuUntVO).

§ 18 AUG Benachrichtigung über die Datenerhebung.

(1) Die zentrale Behörde benachrichtigt den Antragsteller grundsätzlich nur darüber, ob ein Auskunftsersuchen nach den §§ 16 und 17 erfolgreich war.
(2) Die zentrale Behörde hat den Betroffenen unverzüglich über die Erhebung von Daten nach den §§ 16 und 17 zu benachrichtigen, es sei denn, die Vollstreckung des Titels würde dadurch vereitelt oder wesentlich erschwert werden. Ungeachtet des Satzes 1 hat die Benachrichtigung spätestens 90 Tage nach Erhalt der Auskunft zu erfolgen.

1 Das AUG sieht eine **Benachrichtigung i.S.d. Art. 62 Abs. 2 EuUntVO** im gesamten Anwendungsbereich des Gesetzes vor. Der ASt wird von der Datenerhebung grds. nur darüber informiert, ob ein Auskunftsersuchen erfolgreich war, nicht jedoch über den Inhalt der Auskunft. Eine Ausnahme kommt u.a. in Betracht, wenn ein gerichtliches Verfahren anhängig ist oder wird.
2 Die Zentrale Behörde unterrichtet den Betroffenen grds. unverzüglich (Abs. 2). Bei Gefährdung vollstreckungsrechtlicher Maßnahmen kann die Unterrichtung bis zu 90 Tagen nach Erhalt der Auskunft verschoben werden.

§ 19 AUG Übermittlung und Löschung von Daten.

(1) Die zentrale Behörde darf personenbezogene Daten an andere öffentliche und nicht öffentliche Stellen übermitteln, wenn dies zur Erfüllung der ihr nach § 5 obliegenden Aufgaben erforderlich ist. Die Daten dürfen nur für den Zweck verwendet werden, für den sie übermittelt worden sind.
(2) Daten, die zum Zweck der Anerkennung, Vollstreckbarerklärung oder Vollstreckung nicht oder nicht mehr erforderlich sind, hat die zentrale Behörde unverzüglich zu löschen. Die Löschung ist zu protokollieren. § 35 Absatz 3 des Bundesdatenschutzgesetzes bleibt unberührt.

1 Abs. 1 greift etwa dann ein, wenn die Zentrale Behörde einen Rechtsanwalt einschalten muss oder ein Vollstreckungsorgan mit der Durchsetzung eines titulierten Unterhaltsanspruchs beauftragt. Abs. 2 gewährleistet, dass nicht benötigte Daten unverzüglich gelöscht werden.

Abschnitt 5. Verfahrenskostenhilfe

§ 20 AUG Voraussetzungen für die Bewilligung von Verfahrenskostenhilfe.

Auf die Bewilligung von Verfahrenskostenhilfe ist § 113 Absatz 1 des Gesetzes über das Verfahren in Familiensachen und in den Angelegenheiten der freiwilligen Gerichtsbarkeit in Verbindung mit den §§ 114 bis 127 der Zivilprozessordnung entsprechend anzuwenden, soweit in diesem Gesetz nichts anderes bestimmt ist.

1 Abschnitt 5 (§§ 20 – 24) regelt die Gewährung von Verfahrenskostenhilfe, die grds. nur natürlichen Personen zusteht. Für Anträge öffentlich-rechtlicher Leistungsträger aus Mitgliedstaaten auf Anerkennung, Vollstreckbarerklärung und Vollstreckung eines ausländischen Titels gilt jedoch Art. 47 Abs. 2 EuUntVO (vgl. auch Art. 64 EuUntVO). Soweit öffentliche Stellen Unterhalt für den Berechtigten geltend machen, z.B. im Rahmen einer Beistandschaft, kommt es auf die finanziellen Verhältnisse des Berechtigten an. Ver-

fahrenskostenhilfe wird nur für Gerichtsverfahren sowie für das Vollstreckungsverfahren, nicht jedoch für das Verfahren vor der Zentralen Behörde gewährt.

Die **Bewilligung von Verfahrenskostenhilfe** erfolgt nach den allgemeinen Vorschriften. Hinreichende Erfolgsaussicht nach § 114 ZPO besteht i.d.R., wenn das angerufene Gericht sachlich, örtlich und international zuständig ist und das Vorbringen rechtlich schlüssig und tatsächlich glaubhaft gemacht wird. Letzteres muss der ASt allerdings erst, wenn das Gericht dazu auffordert (§ 118 Abs. 2 ZPO). Schwierige Rechtsfragen sind im Verfahrenskostenhilfeverfahren nicht zu klären, dies gilt besonders für kollisionsrechtliche Fragen.

Nach Art. 45 Buchst. d) EuUntVO sind von der Bewilligung die Kosten des Gegners nur erfasst, wenn dies das Recht des Mitgliedstaates des Gerichtsstandes vorsieht. Dies ist in Deutschland nicht der Fall. Art. 44 ff. EuUntVO trennen nicht zwischen Verfahrenskosten- und Beratungskostenhilfe. Soweit die VO grenzüberschreitende Beratungskostenhilfe vorsieht, erfolgt die Durchführung entsprechend der Systematik im deutschen Recht im Beratungshilfegesetz.

§ 21 AUG Zuständigkeit für Anträge auf Verfahrenskostenhilfe nach der Richtlinie 2003/8/EG.

(1) Abweichend von § 1077 Absatz 1 Satz 1 der Zivilprozessordnung erfolgt in Unterhaltssachen die Entgegennahme und Übermittlung von Anträgen natürlicher Personen auf grenzüberschreitende Verfahrenskostenhilfe nach § 1076 der Zivilprozessordnung durch das für den Sitz des Oberlandesgerichts, in dessen Bezirk der Antragsteller seinen gewöhnlichen Aufenthalt hat, zuständige Amtsgericht. Für den Bezirk des Kammergerichts entscheidet das Amtsgericht Pankow/Weißensee.

(2) Für eingehende Ersuchen gilt § 1078 Absatz 1 Satz 1 der Zivilprozessordnung.

§ 21 regelt abweichend von § 1077 Abs. 1 ZPO die Zuständigkeit für die Entgegennahme und Übermittlung von Anträgen auf grenzüberschreitende Verfahrenskostenhilfe. Es gilt die Zuständigkeitskonzentration am zentralisierten FamG am OLG-Sitz. Für eingehende Ersuchen verbleibt es bei § 1078 ZPO und bei der Zuständigkeit des Prozess- oder Vollstreckungsgerichts. Bei eingehenden Ersuchen wird eine teilweise Konzentration über § 27 erreicht.

§ 22 AUG Verfahrenskostenhilfe nach Artikel 46 der Verordnung (EG) Nr. 4/2009 und den Artikeln 14 bis 17 des Haager Übereinkommens vom 23. November 2007 über die internationale Geltendmachung der Unterhaltsansprüche von Kindern und anderen Familienangehörigen.

(1) Eine Person, die das 21. Lebensjahr noch nicht vollendet hat, erhält unabhängig von ihren wirtschaftlichen Verhältnissen Verfahrenskostenhilfe für Anträge
1. nach Artikel 56 der Verordnung (EG) Nr. 4/2009 gemäß Artikel 46 dieser Verordnung und
2. nach Kapitel III des Haager Übereinkommens vom 23. November 2007 über die internationale Geltendmachung der Unterhaltsansprüche von Kindern und anderen Familienangehörigen gemäß Artikel 15 dieses Übereinkommens.

Durch die Bewilligung von Verfahrenskostenhilfe wird sie endgültig von der Zahlung der in § 122 Absatz 1 der Zivilprozessordnung genannten Kosten befreit. Absatz 3 bleibt unberührt.

(2) Die Bewilligung von Verfahrenskostenhilfe kann nur abgelehnt werden, wenn der Antrag mutwillig oder offensichtlich unbegründet ist. In den Fällen des Artikels 56 Absatz 1 Buchstabe a und b der Verordnung (EG) Nr. 4/2009 und des Artikels 10 Absatz 1 Buchstabe a und b des Haager Übereinkommens vom 23. November 2007 über die internationale Geltendmachung der Unterhaltsansprüche von Kindern und anderen Familienangehörigen und in Bezug auf die von Artikel 20 Absatz 4 dieses Übereinkommens erfassten Fälle werden die Erfolgsaussichten nicht geprüft.

(3) Unterliegt der Antragsteller in einem gerichtlichen Verfahren, kann das Gericht gemäß Artikel 67 der Verordnung (EG) Nr. 4/2009 und gemäß Artikel 43 des Haager Übereinkommens vom 23. November 2007 über die internationale Geltendmachung der Unterhaltsansprüche von Kindern und anderen Familienangehörigen eine Erstattung der im Wege der Verfahrenskostenhilfe verauslagten Kosten verlangen, wenn dies unter Berücksichtigung der finanziellen Verhältnisse des Antragstellers der Billigkeit entspricht.

1 Die Vorschrift des § 22 betrifft die **Verfahrenskostenhilfe für eingehende Ersuchen**. Da nach Art. 46 Abs. 1 EuUntVO für Anträge nach Art. 56 EuUntVO, die über die Zentrale Behörde gestellt werden, der ersuchte Staat unentgeltliche Verfahrenskostenhilfe zu gewährleisten hat, findet keine Überprüfung der finanziellen Verhältnisse nach § 115 ZPO statt (Abs. 1 Nr. 1). Der ASt wird vielmehr, vorbehaltlich des Art. 67 EuUntVO, von der Erstattung der im Rahmen der Verfahrenskostenhilfe verauslagten Kosten endgültig befreit (Abs. 1 Satz 2). Gleichgestellt sind Anträge nach Art. 9 ff. i.V.m. 15 Haager Unterhalts-Übk. von 2007 (Anträge über die Zentrale Behörde; Abs. 1 Nr. 2). Art. 46 erlaubt des Weiteren nur eine eingeschränkte Prüfung der Erfolgsaussichten. Verfahrenskostenhilfe für minderjährige Kinder und junge Volljährige darf daher nur verweigert werden, wenn der Antrag offensichtlich unbegründet ist (vgl. § 9).

2 Im Einklang mit der EuUntVO kann nach dem AUG die Verfahrenskostenhilfe **bei Mutwilligkeit verweigert** werden (Abs. 2). Die Mutwilligkeit darf nicht mit wirtschaftlichen Erwägungen begründet werden. Richtet sich der Antrag auf die Anerkennung, Vollstreckbarerklärung oder Vollstreckung eines ausländischen Titels, ist eine Prüfung der Erfolgsaussichten nach Art. 46 Abs. 2, Art. 56 Abs. 1 Buchst. a) und b) EuUntVO untersagt.

3 Die ausnahmsweise Kostenerstattung nach Art. 67 EuUntVO und Art. 43 Haager Unterhalts-Übk. von 2007 erfolgt nach einer **Billigkeitsprüfung** (Abs. 3). Als Abwägungskriterien sind einerseits insbes. die grundsätzliche Kostenfreiheit und andererseits die Vermögensverhältnisse des Kindes. Eine Kostenerstattung ist regelmäßig nur dann gerechtfertigt, wenn das Kind nicht einmal einen Anspruch auf Verfahrenskostenhilfe gegen Raten hätte (§ 115 Abs. 2 ZPO) und daneben wegen überdurchschnittlicher finanzieller Verhältnisse die die Gewährung von Verfahrenskostenhilfe nicht gerechtfertigt wäre (vgl. Begr. RegE BT-Drucks. 17/4887 S. 41). Zuständig ist der Rechtspfleger (Abs. 3).

§ 23 AUG Verfahrenskostenhilfe für die Anerkennung, Vollstreckbarerklärung und Vollstreckung von unterhaltsrechtlichen Titeln.

Hat der Antragsteller im Ursprungsstaat für das Erkenntnisverfahren ganz oder teilweise Verfahrenskostenhilfe erhalten, ist ihm für das Verfahren der Anerkennung, Vollstreckbarerklärung und Vollstreckung der Entscheidung Verfahrenskostenhilfe zu bewilligen. Durch die Bewilligung von Verfahrenskostenhilfe wird der Antragsteller endgültig von der Zahlung der in § 122 Absatz 1 der Zivilprozessordnung genannten Kosten befreit. Dies gilt nicht, wenn die Bewilligung nach § 124 Absatz 1 Nummer 1 der Zivilprozessordnung aufgehoben wird.

1 § 23 regelt die Gewährung von Verfahrenskostenhilfe für Anträge auf Anerkennung, Vollstreckbarerklärung und Vollstreckung, wenn der ASt bereits im Ursprungsstaat (vgl. § 3 Nr. 6) Verfahrenskostenhilfe erhalten hat. Eine nochmalige Überprüfung der wirtschaftlichen Verhältnisse findet im Einklang mit Art. 47 Abs. 2 EuUntVO und den einschlägigen völkerrechtlichen Verträgen nicht statt. Satz 2 stellt klar, dass die Kostenbefreiung grds. endgültig ist.

§ 24 AUG Verfahrenskostenhilfe für Verfahren mit förmlicher Gegenseitigkeit.

Bietet in Verfahren gemäß § 1 Absatz 1 Satz 1 Nummer 3 die beabsichtigte Rechtsverfolgung eingehender Ersuchen hinreichende Aussicht auf Erfolg und erscheint sie nicht mutwillig, so ist dem Berechtigten auch ohne ausdrücklichen Antrag Verfahrenskostenhilfe zu bewilligen. In diesem Fall hat er weder Monatsraten noch aus dem Vermögen zu zahlende Beträge zu leisten. Durch die Bewilligung von Verfahrenskostenhilfe wird der Berechtigte endgültig von der Zahlung der in § 122 Absatz 1 der Zivilprozessordnung genannten Kosten befreit, sofern die Bewilligung nicht nach § 124 Absatz 1 Nummer 1 der Zivilprozessordnung aufgehoben wird.

1 Die Vorschrift des § 24 über die Verfahrenskostenhilfe für Verfahren mit förmlicher Gegenseitigkeit (§ 1 Abs. 1 Satz 1 Nr. 3) verzichtet bei hinreichendem Erfolg auf einen ausdrücklichen Antrag. Ferner tritt eine endgültige Kostenbefreiung ein (Satz 3).

Abschnitt 6. Ergänzende Zuständigkeitsregelungen; Zuständigkeitskonzentration

§ 25 AUG Internationale Zuständigkeit nach Artikel 3 Buchstabe c der Verordnung (EG) Nr. 4/2009. (1) Die deutschen Gerichte sind in Unterhaltssachen nach Artikel 3 Buchstabe c der Verordnung (EG) Nr. 4/2009 zuständig, wenn
1. Unterhalt im Scheidungs- oder Aufhebungsverbund geltend gemacht wird und die deutschen Gerichte für die Ehe- oder die Lebenspartnerschaftssache nach den folgenden Bestimmungen zuständig sind:
   a) im Anwendungsbereich der Verordnung (EG) Nr. 2201/2003 des Rates vom 27. November 2003 über die Zuständigkeit und die Anerkennung von Entscheidungen in Ehesachen und in Verfahren betreffend die elterliche Verantwortung und zur Aufhebung der Verordnung (EG) Nr. 1347/2000 (ABl. L 338 vom 23.12.2003, S. 1) nach Artikel 3 Absatz 1 dieser Verordnung,
   b) nach § 98 Absatz 1 des Gesetzes über das Verfahren in Familiensachen und in den Angelegenheiten der freiwilligen Gerichtsbarkeit oder
   c) nach § 103 Absatz 1 des Gesetzes über das Verfahren in Familiensachen und in den Angelegenheiten der freiwilligen Gerichtsbarkeit;
2. Unterhalt in einem Verfahren auf Feststellung der Vaterschaft eines Kindes geltend gemacht wird und die deutschen Gerichte für das Verfahren auf Feststellung der Vaterschaft international zuständig sind nach
   a) § 100 Nummer 1 des Gesetzes über das Verfahren in Familiensachen und in den Angelegenheiten der freiwilligen Gerichtsbarkeit und sowohl der Berechtigte als auch der Verpflichtete Deutsche sind,
   b) § 100 Nummer 2 des Gesetzes über das Verfahren in Familiensachen und in den Angelegenheiten der freiwilligen Gerichtsbarkeit.

(2) Absatz 1 Nummer 1 Buchstabe b und c ist nicht anzuwenden, wenn deutsche Gerichte auf Grund der deutschen Staatsangehörigkeit nur eines der Beteiligten zuständig sind.

A. Allgemeines. Abschnitt 6 (§§ 25 – 29) trifft ergänzende Zuständigkeitsregelungen und ordnet eine **Zuständigkeitskonzentration** an. Dabei geht es um eine Ausgestaltung der unmittelbar geltenden Zuständigkeitsregelungen der Art. 3 (allgemeine Bestimmung), § 6 (Auffangzuständigkeit) und § 7 (Notzuständigkeit) EuUntVO. Die Vorschrift des § 25 konkretisiert die internationale Zuständigkeit nach Art. 3 Buchst. c) EuUntVO, die annexweise für Verfahren in Bezug auf den Personenstand für Scheidungs- oder Aufhebungsverbund sowie die Vaterschaftsfeststellung besteht. 1

B. Einzelne Zuständigkeiten. I. Unterhalt im Scheidungs- oder Aufhebungsverbund. Abs. 1 Nr. 1 umschreibt, in welchen Fällen sich die Verbundzuständigkeit des Ehegerichts auf die Folgesache Unterhalt erstreckt. Die internationale Zuständigkeit in Ehesachen richtet sich vorrangig nach Art. 3 Brüssel IIa-VO. Dabei wird von einer Zuständigkeit nach Art. 3 Abs. 1 ausgegangen. Da Art. 3 Abs. 1 Buchst. b) Brüssel IIa-VO auf die gemeinsame Staatsangehörigkeit der Ehegatten abstellt, tritt die Verbundzuständigkeit auch in diesem Fall ein. 2

Gegenstand von Abs. 1 Nr. 1 Buchst. b) sind Fälle, in denen sich die internationale Zuständigkeit nach der Restzuständigkeit des Art. 7 Brüssel-IIa-VO nach den innerstaatlichen Vorschriften und somit nach § 98 FamFG richtet. Die von **§ 98 FamG vorgesehene Verbundzuständigkeit** wird von Art. 3 Buchst. c) EuUntVO für die Fälle des § 98 Abs. 1 Nr. 2 bis 4 FamFG akzeptiert. Der Verbund ist allerdings aufzulösen und der Unterhalt isoliert geltend zu machen, wenn die Zuständigkeit nach § 98 Abs. 1 Nr. 1 FamFG auf der deutschen Staatsangehörigkeit nur eines Ehegatten beruht. 3

Abs. 1 Nr. 1 Buchst. c) konkretisiert die internationale Zuständigkeit in **Lebenspartnerschaftssachen**, die von der Brüssel IIa-VO nicht erfasst wird. Somit kommt es auf Zuständigkeit nach nationalem Recht an (§ 103 Abs. 1 FamFG). Auch in diesem Fall ist der Verbund aufzulösen, wenn die Zuständigkeit durch die Staatsangehörigkeit nur eines Lebenspartners begründet wird. 4

II. Unterhalt bei Feststellung der Vaterschaft. Abs. 1 Nr. 2 stellt klar, wann deutsche Gerichte für die Geltendmachung von Kindesunterhalt im Rahmen eines Verfahrens auf Feststellung der Vaterschaft internatio- 5 nal zuständig sind. Genannt wird sowohl die Staatsangehörigkeitszuständigkeit (Buchst. a)), als auch die Aufenthaltszuständigkeit (Buchst. b)).

6 III. **Deutsche Staatsangehörigkeit nur eines Beteiligten.** Die Zuständigkeit deutscher Gerichte in den Fällen des § 98 Abs. 1 Nr. 1 und des § 103 Abs. 1 Nr. 1 FamFG erstreckt nicht auf die Unterhaltssache, wenn die Zuständigkeit auf der Staatsangehörigkeit nur eines Beteiligten beruht (so Abs. 2 in Einklang mit Art. 3 Buchst. c) EuUntVO).

§ 26 AUG Örtliche Zuständigkeit.

(1) Örtlich zuständig nach Artikel 3 Buchstabe c der Verordnung (EG) Nr. 4/2009 ist das Amtsgericht,
1. bei dem die Ehe- oder Lebenspartnerschaftssache im ersten Rechtszug anhängig ist oder war, solange die Ehe- oder Lebenspartnerschaftssache anhängig ist;
2. bei dem das Verfahren auf Feststellung der Vaterschaft im ersten Rechtszug anhängig ist, wenn Kindesunterhalt im Rahmen eines Abstammungsverfahrens geltend gemacht wird.

In den Fällen des Satzes 1 Nummer 2 gilt für den Erlass einer einstweiligen Anordnung § 248 Absatz 2 des Gesetzes über das Verfahren in Familiensachen und in den Angelegenheiten der freiwilligen Gerichtsbarkeit.

(2) § 233 des Gesetzes über das Verfahren in Familiensachen und in den Angelegenheiten der freiwilligen Gerichtsbarkeit bleibt unberührt.

1 Die Vorschrift des § 26 konkretisiert die internationale Zuständigkeit nach Art. 3 Buchst. c) EuUntVO, soweit dort die örtliche Zuständigkeit geregelt ist. Abs. 1 Nr. 1 regelt die Zuständigkeit für die Geltendmachung von Unterhalt als Folgesache und entspricht § 232 Abs. 1 Nr. 1 FamFG. Nr. 2 regelt die Zuständigkeit für die Geltendmachung von **Kindesunterhalt im Rahmen eines Vaterschaftsverfahrens** und verweist im Ergebnis auf § 237 Abs. 2 sowie § 170 FamFG. Für den Erlass einer einstweiligen Anordnung ist nach Abs. 1 Satz 2 das Beschwerdegericht zuständig, wenn das Verfahren auf Feststellung der Vaterschaft dort anhängig ist.

2 Abs. 2 räumt dem **Verbund** auch in Unterhaltsverfahren mit grenzüberschreitendem Bezug Vorrang ein. Ob ein an sich örtlich zuständiges Gericht die Unterhaltssache an das Gericht der Ehesache abzugeben hat (§ 233 FamFG), ist eine Frage der lex fori. Die sich aus dem Verbund ergebende ausschließliche Zuständigkeit besteht aber nur im Verhältnis der inländischen Gerichte zueinander.

§ 27 AUG Örtliche Zuständigkeit für die Auffang- und Notzuständigkeit; Verordnungsermächtigung.

(1) Sind die deutschen Gerichte nach Artikel 6 oder Artikel 7 der Verordnung (EG) Nr. 4/2009 international zuständig, so entscheidet das Amtsgericht, das für den Sitz desjenigen Oberlandesgerichts zuständig ist, in dessen Bezirk die Beteiligten ihren letzten inländischen gemeinsamen Wohnsitz hatten oder an den der ausreichende Bezug zur Bundesrepublik Deutschland im Sinne des Artikels 7 der Verordnung (EG) Nr. 4/2009 angeknüpft werden kann. § 28 Absatz 1 Satz 2 ist entsprechend anzuwenden. Ergibt sich keine örtliche Zuständigkeit eines inländischen Gerichts nach Satz 1 oder Satz 2, so ist das Amtsgericht Pankow/Weißensee in Berlin örtlich zuständig.

(2) Die Landesregierungen werden ermächtigt, die Zuständigkeit nach Absatz 1 durch Rechtsverordnung einem anderen Amtsgericht des Oberlandesgerichtsbezirks oder, wenn in einem Land mehrere Oberlandesgerichte errichtet sind, einem Amtsgericht für die Bezirke aller oder mehrerer Oberlandesgerichte zuzuweisen. Die Landesregierungen können diese Ermächtigung durch Rechtsverordnung auf die Landesjustizverwaltungen übertragen.

1 Die örtliche Zuständigkeit für die Auffang- und Notzuständigkeit (Art. 6 und 7 EuUntVO) stand ursprünglich allein dem AG Pankow/Weißensee zu. Für den autonom auszulegenden »ausreichenden Inlandsbezug« des Art. 7 EuUntVO kann ggf. hilfsweise auf die Rechtsprechung zu § 23 ZPO (Vermögensgerichtsstand) zurückgegriffen werden, da auch diese Vorschrift als ungeschriebenes Merkmal einen hinreichenden Inlandsbezug voraussetzt (vgl. hierzu BGHZ 115, 90), so Begr. RegE BT-Drucks. 17/4887 S. 42. Allerdings kann die ausschließliche Zuständigkeit zu ungewollten Härten führen. Ein früherer gemeinsamer Wohnsitz der nunmehr im Ausland lebenden Beteiligten oder ein enger Sachbezug zu einer bestimmten Region in

Deutschland können eine andere örtliche Zuständigkeit näherliegend erscheinen lassen. Dementsprechend entscheidet nach der Neufassung vom 20.11.2015 das AG, das für den Sitz desjenigen OLG zuständig ist, in dessen Bezirk die Beteiligten ihren letzten inländischen gemeinsamen Wohnsitz hatten oder an dem der ausreichende Bezug zu Deutschland i.S.d. Art. 7 EuUntVO angeknüpft werden kann (Abs. 1 Satz 1). Nur dann, wenn sich keine derartige Zuständigkeit ergibt, besteht die Auffangzuständigkeit des AG Pankow/Weißensee. Abs. 2 enthält eine Verordnungsermächtigung für eine andere Regelung der oberlandesgerichtlichen Zuständigkeit.

§ 28 AUG Zuständigkeitskonzentration; Verordnungsermächtigung.

(1) Wenn ein Beteiligter seinen gewöhnlichen Aufenthalt nicht im Inland hat, entscheidet über Anträge in Unterhaltssachen in den Fällen des Artikels 3 Buchstabe a und b der Verordnung (EG) Nr. 4/2009 das für den Sitz des Oberlandesgerichts, in dessen Bezirk der Antragsgegner oder der Berechtigte seinen gewöhnlichen Aufenthalt hat, zuständige Amtsgericht. Für den Bezirk des Kammergerichts ist das Amtsgericht Pankow/Weißensee zuständig.

(2) Die Landesregierungen werden ermächtigt, diese Zuständigkeit durch Rechtsverordnung einem anderen Amtsgericht des Oberlandesgerichtsbezirks oder, wenn in einem Land mehrere Oberlandesgerichte errichtet sind, einem Amtsgericht für die Bezirke aller oder mehrerer Oberlandesgerichte zuzuweisen. Die Landesregierungen können diese Ermächtigung durch Rechtsverordnung auf die Landesjustizverwaltungen übertragen.

Abs. 1 enthält – ähnlich wie §§ 12, 13 IntFamRVG – eine **Zuständigkeitskonzentration**, soweit ein Antrag in einer Unterhaltssache isoliert (Art. 3 Buchst. a) und b) EuUntVO), also nicht im Verbund geltend gemacht wird. Insbes. dann, wenn der Berechtigte seinen gewöhnlichen Aufenthalt im Ausland hat, kommt wegen der grundsätzlichen Anknüpfung an den gewöhnlichen Aufenthalt des Unterhaltsberechtigten vielfach die Anwendung fremden Rechts in Betracht. Die Zuständigkeitskonzentration will die besondere Sachkunde und praktischen Erfahrungen bei den zentralisierten Familiengerichten sowie die Zusammenarbeit und Kommunikation der Amtsgerichte mit der Zentralen Behörde fördern (Begr. RegE BT-Drucks. 17/4887 S. 42). Die Zuständigkeitskonzentration ist aber auf isoliert, also nicht im Verbund, geltend gemachte Unterhaltssachen beschränkt und räumt daher dem nach Art. 3 Buchst. c) EuUntVO i.V.m. § 26 zuständigen Gericht den Vorrang ein. Eine analoge Anwendung auf Art. 5 Nr. 2 LugÜ 2007 ist ungeklärt (OLG Frankfurt FamRBInt 2012, 86). Der Gesetzgeber hielt die Zuständigkeitskonzentration für mit der EuUntVO vereinbar, da es sich lediglich um eine gerichtsorganisatorische Maßnahme handle (Begr. RegE BT-Drucks. 17/4887 S. 42; *Heger* FPR 2013, 1, 4). 1

Die Zuständigkeitskonzentration auf das FamG am OLG-Sitz wurde mehrfach für **unionsrechtswidrig** gehalten (OLG Düsseldorf FamRZ 2014, 583; AG Karlsruhe FamRZ 2014, 1310 abl. Anm. *M. Frank*; AG Düsseldorf NJW 2014, 720). Der EuGH hat entschieden, dass Art. 3 Buchst. b) EuUntVO der Regelung des § 28 AUG entgegensteht, »es sei denn, diese Regelung trägt zur Verwirklichung des Ziels einer ordnungsgemäßen Rechtspflege bei und schützt die Interessen der Unterhaltsberechtigten, indem sie zugleich eine effektive Durchsetzung von Unterhaltsansprüchen begünstigt, was zu prüfen jedoch Sache der vorlegenden Gerichte ist.« Damit ist die Zuständigkeitskonzentration nur insoweit unionsrechtsgemäß, als sie eine effektive Durchsetzung von Unterhaltsansprüchen begünstigt, was im Einzelfall zu prüfen ist (EuGH NJW 2015, 683 = FamRZ 2015, 639 Anm. *Mayer*). Maßstäbe hierfür haben sich noch nicht herausgebildet (*Henrich* FamRZ 2015, 1761, 1762 f.: besondere Sachkunde). Allerdings ist in der Neufassung vom 20.11.2015 in Abs. 1 das Wort »**ausschließlich**« **gestrichen worden** (dazu *Mansel/Thorn/Wagner* IPRax 2016, 1, 10 f.). Der Ausschließlichkeit könnte, so heißt es in der Gesetzesbegründung, entnommen werden, dass – entgegen Art. 4 und 5 EuUntVO – Gerichtsstandvereinbarungen unzulässig sind und ein rügeloses Einlassen die Zuständigkeit eines Gerichtes nicht begründet. Dies wäre aber unionsrechtlich nicht zulässig. 2

Abs. 2 ermöglicht es den Ländern, die Zuständigkeit abweichend durch VO einem anderen AG zuzuweisen; die Landesregierungen können die **Verordnungsermächtigung** durch Rechtsverordnung auf die Landesjustizverwaltungen übertragen. 3

§ 29 AUG Zuständigkeit im Anwendungsbereich der Verordnung (EG) Nr. 1896/2006.

In Bezug auf die Zuständigkeit im Anwendungsbereich der Verordnung (EG) Nr. 1896/2006 des Europäischen Parlaments und des Rates vom 12. Dezember 2006

Anhang VI

zur Einführung eines Europäischen Mahnverfahrens (ABl. L 399 vom 30.12.2006, S. 1) bleibt § 1087 der Zivilprozessordnung unberührt.

1 Das Europäische Mahnverfahren nach der EuMahnVO bleibt grds. auch in Unterhaltssachen anwendbar. Wegen der für die Durchführung dieses Verfahrens erforderlichen Infrastruktur ist für Anträge nach der EuMahnVO weiterhin das AG Wedding ausschließlich zuständig (§ 1087 ZPO). Zweifel an der Unionsrechtskonformität bei Rauscher/Andrae 3 Art. EG-UntVO Rn. 21b.

Kapitel 2. Anerkennung und Vollstreckung von Entscheidungen

Abschnitt 1. Verfahren ohne Exequatur nach der Verordnung (EG) Nr. 4/2009

§ 30 AUG Verzicht auf Vollstreckungsklausel; Unterlagen. (1) Liegen die Voraussetzungen der Artikel 17 oder 48 der Verordnung (EG) Nr. 4/2009 vor, findet die Vollstreckung aus dem ausländischen Titel statt, ohne dass es einer Vollstreckungsklausel bedarf.
(2) Das Formblatt, das dem Vollstreckungsorgan nach Artikel 20 Absatz 1 Buchstabe b oder Artikel 48 Absatz 3 der Verordnung (EG) Nr. 4/2009 vorzulegen ist, soll mit dem zu vollstreckenden Titel untrennbar verbunden sein.
(3) Hat der Gläubiger nach Artikel 20 Absatz 1 Buchstabe d der Verordnung (EG) Nr. 4/2009 eine Übersetzung oder ein Transkript vorzulegen, so sind diese Unterlagen von einer Person, die in einem der Mitglied-Staaten hierzu befugt ist, in die deutsche Sprache zu übersetzen.

1 **A. Allgemeines.** Kap. 2 (§§ 30 – 64) regelt, unter welchen Voraussetzungen, die Vollstreckung aus einem ausländischen Titel (vgl. § 3 Nr. 5) möglich ist bzw. zugelassen wird. Grds. sind nach Art. 17 ff. EuUntVO Titel aus anderen Mitgliedstaaten ohne Weiteres vollstreckbar. Dementsprechend regelt Abschnitt 1 (§§ 30 bis 34) zunächst die Fälle, in denen es keines Exequaturs mehr bedarf. Abschnitt 2 (§ 35) ordnet sodann eine Zuständigkeitskonzentration an. Geregelt wird ferner das Verfahren zur Feststellung der Anerkennung und Vollstreckbarerklärung von ausländischen Entscheidungen nach für Titel aus EU-Mitgliedstaaten sowie LugÜ-Vertragsstaaten (Abschnitt 3; §§ 36 – 56) und für Staatsverträge (Abschnitt 4; §§ 57 bis 63).

2 **B. Verfahren ohne Exequatur nach der EuUntVO.** Nach Art. 17 EuUntVO benötigen Titel kein Exequatur, weil sie auf der Grundlage des Haager Protokolls 2007 ergangen sind. Dazu gehören mit Ausnahme von Dänemark und dem Vereinigten Königreich die Titel aller Mitgliedstaaten. Daher bedürfen auch Titel, die den Unterhaltspflichtigen oder die öffentliche Hand begünstigen, keines Exequaturverfahrens mehr. Das gleiche gilt für öffentliche Urkunden und gerichtliche Vergleiche, wenn die Voraussetzungen des Art. 17 vorliegen (Art. 48 EuUntVO).

3 Die Vollstreckung aus dem ausländischen Titel findet statt, **ohne dass es einer Vollstreckungsklausel bedarf**. Im Übrigen gelten die nationalen Vorschriften, insbes. – mit Ausnahme der Klausel – auch § 750 ZPO. Das Vollstreckungsorgan prüft, ob die nach der EuUntVO für die Vollstreckung erforderlichen Unterlagen vorliegen, insbes. der Auszug aus der Entscheidung (Art. 20 Abs. 1 Buchst. b) EuUntVO). Die Bestätigung dokumentiert den Bestand und die Vollstreckbarkeit der ausländischen Entscheidung und entspricht der Vollstreckungsklausel i.S.d. § 724 ZPO.

4 **C. Formblatt.** Vollstreckbare Ausfertigung i.S.d. deutschen Vollstreckungsrechts ist in den Fällen der §§ 30 ff. die ausländische Entscheidung i.V.m. dem **Formblatt nach Anh. 1** der EuUntVO. Der Auszug soll nach der Ordnungsvorschrift des Abs. 2 aus Gründen der Rechtssicherheit mit dem zu vollstreckenden Titel untrennbar verbunden sein (Abs. 1). Da die EuUntVO eine solche Verbindung nicht vorsieht (*Andrae* NJW 2011, 2545, 2547), berechtigt eine Verletzung dieser Soll-Vorschrift das Vollstreckungsorgan nicht, die Vollstreckung zu verweigern (Begr. RegE BT-Drucks. 17/4887 S. 43).

Der die Zwangsvollstreckung betreibende **Rechtsnachfolger** des in dem ausländischen Titel benannten Gläubigers muss er zuvor den Titel im Ursprungsstaat umschreiben lassen. Gleiches gilt, wenn der Gläubiger gegen den Rechtsnachfolger des Schuldners vollstrecken will. Entsprechend § 750 Abs. 2 der ZPO kann die Zwangsvollstreckung erst beginnen, wenn die Entscheidung, aus der sich die Rechtsnachfolge ergibt, dem Schuldner zugestellt worden ist. Der nach Art. 20 Abs. 1 Buchst. b) EuUntVO vorzulegende Auszug reicht als Nachweis der Rechtsnachfolge nicht aus (Begr. RegE BT-Drucks. 17/4887 S. 43). Hängt die Vollstreckung von einer dem Gläubiger obliegenden Sicherheitsleistung ab, gilt § 751 Abs. 2 ZPO.

D. Übersetzung. Abs. 3 schließt die von Art. 20 Abs. 1 Buchst. d) EuUntVO eingeräumte Möglichkeit aus, neben der eigenen Amtssprache weitere Sprachen für die Ausstellung oder Übersetzung des Auszugs zuzulassen. Eine Übersetzung ist i.d.R. dann erforderlich sein, wenn das Formblatt handschriftliche Eintragungen enthält.

§ 31 AUG Anträge auf Verweigerung, Beschränkung oder Aussetzung der Vollstreckung nach Artikel 21 der Verordnung (EG) Nr. 4/2009.

(1) Für Anträge auf Verweigerung, Beschränkung oder Aussetzung der Vollstreckung nach Artikel 21 der Verordnung (EG) Nr. 4/2009 ist das Amtsgericht als Vollstreckungsgericht zuständig. Örtlich zuständig ist das in § 764 Absatz 2 der Zivilprozessordnung benannte Gericht.
(2) Die Entscheidung über den Antrag auf Verweigerung der Vollstreckung (Artikel 21 Absatz 2 der Verordnung (EG) Nr. 4/2009) ergeht durch Beschluss. § 770 der Zivilprozessordnung ist entsprechend anzuwenden. Der Beschluss unterliegt der sofortigen Beschwerde nach § 793 der Zivilprozessordnung. Bis zur Entscheidung nach Satz 1 kann das Gericht Anordnungen nach § 769 Absatz 1 und 3 der Zivilprozessordnung treffen.
(3) Über den Antrag auf Aussetzung oder Beschränkung der Zwangsvollstreckung (Artikel 21 Absatz 3 der Verordnung (EG) Nr. 4/2009) entscheidet das Gericht durch einstweilige Anordnung. Die Entscheidung ist unanfechtbar.

Die Vorschrift des § 31 gestaltet die in Art. 21 EuUntVO vorgesehenen **vollstreckungsrechtlichen Rechtsbehelfe** aus. Für Anträge auf Verweigerung, Beschränkung oder Aussetzung der Vollstreckung (Art. 21 Abs. 2 und 3 EuUntVO) ist nach § 31 Abs. 1 Satz 1 das **AG als Vollstreckungsgericht** zuständig. Örtlich zuständig ist nach Satz 2 das in § 764 Abs. 2 ZPO bestimmte Gericht.

Abs. 2 regelt den **Antrag auf Verweigerung der Vollstreckung**. Der Schuldner muss die Vollstreckungsverjährung nicht wie im nationalen Recht mit einem Vollstreckungsabwehrantrag nach § 767 ZPO (§ 66 AUG) geltend machen, sondern kann sich des vereinfachten Verfahrens nach Art. 21 EuUntVO bedienen. Bis zur Entscheidung in der Hauptsache kann das Gericht Maßnahmen nach § 769 ZPO treffen, die (isoliert) nicht anfechtbar sind. Gegen den Beschluss in der Hauptsache findet die sofortige Beschwerde (§ 793 ZPO) statt. Es entscheidet der Richter und nicht der Rechtspfleger. Noch klärungsbedürftig ist, wieweit das Verfahren nach § 31 auch für das Vorbringen materiell-rechtlicher Einwendungen genutzt werden kann (so *Eichel* Anm. zu BGH FamRZ 2015, 2144).

Entscheidungen über die Aussetzung oder Beschränkungen sind als **einstweilige Anordnung** zu erlassen (Abs. 3). Mit der Entscheidung in der Hauptsache im Ursprungsstaat werden inländische einstweilige Anordnungen hinfällig. Legt der Schuldner eine Entscheidung eines Gerichts des Ursprungsstaates vor, aus der sich die Aufhebung des Titels oder die Einstellung oder Beschränkung der Zwangsvollstreckung ergibt, ist die Zwangsvollstreckung einzustellen (§ 32 AUG). Für einen Antrag nach Abs. 3 fehlt in diesen Fällen regelmäßig das Rechtsschutzbedürfnis (so Begr. RegE BT-Drucks. 17/4887 S. 43).

§ 32 AUG Einstellung der Zwangsvollstreckung.

Die Zwangsvollstreckung ist entsprechend § 775 Nummer 1 und 2 und § 776 der Zivilprozessordnung auch dann einzustellen oder zu beschränken, wenn der Schuldner eine Entscheidung eines Gerichts des Ursprungsstaats über die Nichtvollstreckbarkeit oder über die Beschränkung der Vollstreckbarkeit vorlegt. Auf Verlangen ist eine Übersetzung der Entscheidung vorzulegen. In diesem Fall ist die Entscheidung von einer Person, die in einem Mitgliedstaat hierzu befugt ist, in die deutsche Sprache zu übersetzen.

Anhang VI

1 Die Aufhebung des Titels sowie die Einstellung oder Beschränkung der Vollstreckung im Ursprungsstaat wirkt sich unmittelbar im Vollstreckungsstaat aus. Die Vollstreckung ist aufgrund der ausländischen Entscheidung gem. § 775 ZPO zu beschränken oder einzustellen (dazu *Eichel* Anm. zu BGH FamRZ 2015, 2144, 2147). Für die Aufhebung von Vollstreckungsmaßnahmen gilt § 776 ZPO entsprechend (Satz 1). Dabei ist zunächst zu prüfen, mit welchem Tatbestand des § 775 ZPO die im Ursprungsstaat getroffene Entscheidung korrespondiert; sodann ist die hierfür in § 776 ZPO vorgesehene Rechtsfolge anzuwenden (Begr. RegE BT-Drucks. 17/4887 S. 44; Geimer/Schütze/*Hilbig* Art. 21 VO Nr. 4/2009 Rn. 76 ff.).

2 Das AUG verlangt nicht zwingend eine Übersetzung der ausländischen Entscheidung (Satz 2). Da sich die §§ 775, 776 ZPO vornehmlich an die Vollstreckungsorgane richten, wird i.d.R. eine Übersetzung für erforderlich gehalten (Begr. RegE BT-Drucks. 17/4887 S. 44). Eine ähnliche Bestimmung enthält § 1116 ZPO für due Brüssel Ia-VO.

§ 33 AUG Einstweilige Einstellung bei Wiedereinsetzung, Rechtsmittel und Einspruch.

(1) Hat der Schuldner im Ursprungsstaat Wiedereinsetzung beantragt oder gegen die zu vollstreckende Entscheidung einen Rechtsbehelf oder ein Rechtsmittel eingelegt, gelten die §§ 707, 719 Absatz 1 der Zivilprozessordnung und § 120 Absatz 2 Satz 2 und 3 des Gesetzes über das Verfahren in Familiensachen und in den Angelegenheiten der freiwilligen Gerichtsbarkeit.
(2) Zuständig ist das in § 35 Absatz 1 und 2 bestimmte Gericht.

1 Nach § 120 FamFG und §§ 707, 719 ZPO kann der Schuldner in Unterhaltssachen die einstweilige Einstellung oder Beschränkung der Vollstreckung beantragen, wenn er eine Wiedereinsetzung in den vorherigen Stand beantragt oder ein Rechtsmittel bzw. einen Einspruch gegen die Entscheidung eingelegt hat. Abs. 1 stellt klar, dass § 120 FamFG auch auf ausländische Titel, die keines Exequaturverfahrens bedürfen, anzuwenden ist. Von § 33 umfasst sind in erster Linie die ordentlichen Rechtsmittel des nationalen Rechts des jeweiligen Mitgliedstaates. Im Rahmen der Ermessensausübung, ob die Vollstreckung einstweilen eingestellt wird, kann eine Vorlage der Rechtsbehelfs- oder Rechtsmittelbegründung verlangt werden (Begr. RegE BT-Drucks. 17/4887 S. 44).

2 Auch hier kommt es zu einer Zuständigkeitskonzentration (Abs. 2).

§ 34 AUG Bestimmung des vollstreckungsfähigen Inhalts eines ausländischen Titels.

(1) Lehnt das Vollstreckungsorgan die Zwangsvollstreckung aus einem ausländischen Titel, der keiner Vollstreckungsklausel bedarf, mangels hinreichender Bestimmtheit ab, kann der Gläubiger die Bestimmung des vollstreckungsfähigen Inhalts (Konkretisierung) des Titels beantragen. Zuständig ist das in § 35 Absatz 1 und 2 bestimmte Gericht.
(2) Der Antrag kann bei dem Gericht schriftlich gestellt oder zu Protokoll der Geschäftsstelle erklärt werden. Das Gericht kann über den Antrag ohne mündliche Verhandlung entscheiden. Vor der Entscheidung, die durch Beschluss ergeht, wird der Schuldner angehört. Der Beschluss ist zu begründen.
(3) Konkretisiert das Gericht den ausländischen Titel, findet die Vollstreckung aus diesem Beschluss statt, ohne dass es einer Vollstreckungsklausel bedarf. Der Beschluss ist untrennbar mit dem ausländischen Titel zu verbinden und dem Schuldner zuzustellen.
(4) Gegen die Entscheidung ist die Beschwerde nach dem Gesetz über das Verfahren in Familiensachen und in den Angelegenheiten der freiwilligen Gerichtsbarkeit statthaft. § 61 des Gesetzes über das Verfahren in Familiensachen und in den Angelegenheiten der freiwilligen Gerichtsbarkeit ist nicht anzuwenden.

1 § 34 sieht im Interesse des Titelgläubigers ein **Konkretisierungsverfahren** zur Bestimmung des vollstreckungsfähigen Inhalts des ausländischen Titels (vgl. § 3 Nr. 5) vor. Maßgeblich hierfür ist in erster Linie der Tenor, ggf. unter Heranziehung von Tatbestand und Entscheidungsgründen. Der Titel ist hinreichend bestimmt, wenn er betragsmäßig festgelegt ist oder sich der Betrag mit offenkundigen Umständen ohne Weiteres errechnen lässt (Begr. RegE BT-Drucks. 17/4887 S. 44 f.). Ist dies nur unter Heranziehung von außerhalb des Titels liegenden nicht offenkundigen Umständen möglich, so ist es den Vollstreckungsorganen grds. verwehrt, hierauf zurückzugreifen. Werden »gesetzliche Zinsen« zugesprochen oder ist die titulierte Forderung an einen Index gekoppelt, so ist nach h. M. eine Anpassung des Titels im Vollstreckbarerklä-

rungsverfahren möglich und geboten (vgl. BGHZ 122, 16, 17; BGH NJW 1986, 1440). Hierzu muss das um eine Vollstreckbarerklärung ersuchte deutsche Gericht ggf. das ausländische Recht feststellen und anwenden.
Mangels Exequaturverfahren räumt das AUG dem Titelgläubiger die Möglichkeit ein, in einem gesonderten Verfahren zu beantragen. Eines solchen Verfahrens bedarf es aber nicht, wenn der ausländische Titel i.V.m. dem nach Art. 20 Abs. 1 Buchst. b) EuUntVO **vorzulegenden Formblatt** hinreichend bestimmt ist. Ergibt sich die Bestimmtheit erst aus diesem Formblatt, sollten aus Gründen der Rechtssicherheit jedenfalls in diesen Fällen diese beiden Unterlagen untrennbar miteinander verbunden sein (Begr. RegE BT-Drucks. 17/4887 S. 44 f.). 2

Zuständig für das Konkretisierungsverfahren ist dasjenige AG, das für ein fiktives Exequaturverfahren zuständig wäre (Abs. 1 Satz 2). 3

Der Antrag kann auch zur Niederschrift der Geschäftsstelle gestellt werden (Abs. 2 Satz 1). Eine anwaltliche Vertretung ist daher gem. § 114 Abs. 4 Nr. 6 FamFG nicht erforderlich. Der Schuldner ist zu hören (Abs. 2 Satz 3). Konkretisiert das Gericht den Titel, dann kann der Titelgläubiger aus diesem zu begründenden Beschluss (Abs. 2 Satz 4) vollstrecken, ohne dass es hierfür eines Klauselverfahrens bedarf. Der konkretisierende Beschluss ist mit dem Titel untrennbar zu verbinden. Gegen die Entscheidung des Gerichts ist die **Beschwerde statthaft** (Abs. 4). Das Verfahren richtet sich nach den Regeln des FamFG. Die Beschwerde hängt abweichend von § 61 FamFG nicht von einem Beschwerdewert ab (Begr. RegE BT-Drucks. 17/4887 S. 45). 4

Abschnitt 2. Gerichtliche Zuständigkeit für Verfahren zur Anerkennung und Vollstreckbarerklärung ausländischer Entscheidungen

§ 35 AUG Gerichtliche Zuständigkeit; Zuständigkeitskonzentration; Verordnungsermächtigung. (1) Über einen Antrag auf Feststellung der Anerkennung oder über einen Antrag auf Vollstreckbarerklärung eines ausländischen Titels nach den Abschnitten 3 bis 5 entscheidet ausschließlich das Amtsgericht, das für den Sitz des Oberlandesgerichts zuständig ist, in dessen Zuständigkeitsbezirk
1. sich die Person, gegen die sich der Titel richtet, gewöhnlich aufhält oder
2. die Vollstreckung durchgeführt werden soll.
Für den Bezirk des Kammergerichts entscheidet das Amtsgericht Pankow/Weißensee.
(2) Die Landesregierungen werden ermächtigt, diese Zuständigkeit durch Rechtsverordnung einem anderen Amtsgericht des Oberlandesgerichtsbezirks oder, wenn in einem Land mehrere Oberlandesgerichte errichtet sind, einem Amtsgericht für die Bezirke aller oder mehrerer Oberlandesgerichte zuzuweisen. Die Landesregierungen können diese Ermächtigung durch Rechtsverordnung auf die Landesjustizverwaltungen übertragen.
(3) In einem Verfahren, das die Vollstreckbarerklärung einer notariellen Urkunde zum Gegenstand hat, kann diese Urkunde auch von einem Notar für vollstreckbar erklärt werden im Anwendungsbereich
1. der Verordnung (EG) Nr. 4/2009 oder
2. des Übereinkommens vom 30. Oktober 2007 über die gerichtliche Zuständigkeit und die Anerkennung und Vollstreckung von Entscheidungen in Zivil- und Handelssachen.
Die Vorschriften für das Verfahren der Vollstreckbarerklärung durch ein Gericht gelten sinngemäß.

Abschnitt 2 (§ 35) betrifft die gerichtliche Zuständigkeit für Verfahren auf Feststellung der Anerkennung und Vollstreckbarerklärung ausländischer Titel nach §§ 36 ff. (EU-Titel), §§ 57 ff. (Staatsverträge) und § 64 (förmliche Gegenseitigkeit). Die ausschließliche Zuständigkeit besitzt das zentralisierte AG am Sitz des OLG (Abs. 1). Dabei kommt es auf den Zuständigkeitsbezirk an, in dem sich der Titelgegner gewöhnlich aufhält (Abs. 1 Nr. 1) oder wo die Vollstreckung durchgeführt werden soll (Abs. 1 Nr. 2). Nach Abs. 1 besteht Ausschließlichkeit (vgl. § 28 AUG Rdn. 2). Die Vollstreckbarerklärung einer ausländischen Entscheidung fällt in die familiengerichtliche Zuständigkeit, wenn der Titel eine Angelegenheit betrifft, die nach inländischem Verfahrensrecht als Familiensache einzuordnen ist (BGH NJW 1986, 1440). Für die Vollstreckbarerklärung eines ausländischen Unterhaltstitels ist daher gem. § 23b GVG das FamG zuständig. – Nach seinem Wortlaut findet § 35 (anders als § 57) auch auf Entscheidungen aus Vertragsstaaten des LugÜ 1

2007 Anwendung. Dies widerspricht aber dem vorrangigen Übk. (s. dessen Anh. II), das die Zuständigkeit des LG vorsieht.
2 Die Länder können die Zuständigkeit abweichend durch RechtsVO einem anderen AG zuweisen (Abs. 2).
3 **Notare** können entsprechend Art. 27 Abs. 1 EuUntVO sowie Art. 39 LugÜ 2007 an der Vollstreckbarkeit ausländischer Titel mitwirken (Abs. 3). Die Verweisung auf §§ 36 ff. in Satz 2 umfasst auch die Vorschriften über die Rechtsbehelfe und Rechtsmittel. Abs. 3 lässt im Übrigen die Frage unberührt, ob eine notarielle Urkunde in den Anwendungsbereich des anzuwendenden Staatsvertrages fällt. Abs. 3 gilt nicht im Anwendungsbereich des Haager Unterhaltsanerkennungs- und Vollstreckungs-Übk. von 1973 und des LugÜ von 1988 (Begr. RegE BT-Drucks. 17/4887 S. 46). Abs. 3 entspricht § 3 Abs. 4 IntErbRVG.

Abschnitt 3. Verfahren mit Exequatur nach der Verordnung (EG) Nr. 4/2009 und den Abkommen der Europäischen Union

Unterabschnitt 1. Zulassung der Zwangsvollstreckung aus ausländischen Titeln

§ 36 AUG Antragstellung. (1) Der in einem anderen Staat vollstreckbare Titel wird dadurch zur Zwangsvollstreckung zugelassen, dass er auf Antrag mit der Vollstreckungsklausel versehen wird.
(2) Der Antrag auf Erteilung der Vollstreckungsklausel kann bei dem zuständigen Gericht schriftlich eingereicht oder mündlich zu Protokoll der Geschäftsstelle erklärt werden.
(3) Ist der Antrag entgegen § 184 des Gerichtsverfassungsgesetzes nicht in deutscher Sprache abgefasst, so kann das Gericht von dem Antragsteller eine Übersetzung verlangen, deren Richtigkeit von einer Person bestätigt worden ist, die in einem der folgenden Staaten hierzu befugt ist:
1. in einem Mitgliedstaat oder in einem anderen Vertragsstaat des Abkommens über den Europäischen Wirtschaftsraum oder
2. in einem Vertragsstaat des jeweils auszuführenden völkerrechtlichen Vertrages.
(4) Der Ausfertigung des Titels, der mit der Vollstreckungsklausel versehen werden soll, und seiner Übersetzung, soweit eine solche vorgelegt wird, sollen je zwei Abschriften beigefügt werden.

1 Abschnitt 3 (§§ 36 – 56) regelt **Verfahren mit Exequatur** nach der EuUntVO (Art. 23 ff.) und den Abk. der EU (§ 1 Abs. 1 Nr. 1). Dabei geht es um Entscheidungen aus nicht durch das Haager Protokoll gebundenen Mitgliedstaaten sowie aus LugÜ-Vertragsstaaten. Dänemark hat die mit der EuUntVO vorgenommenen Änderungen umgesetzt. Das Anerkennungs- und Vollstreckungsverfahren für dänische Entscheidungen richtet sich daher ebenfalls nach §§ 36 ff. AUG (Begr. RegE BT-Drucks. 17/4887 S. 46).
2 Wegen der Übergangsregelung des Art. 75 Abs. 2 Buchst. a) und b) EuUntVO fallen für eine gewisse Übergangszeit auch Titel aus Mitgliedstaaten, die an das Haager Protokoll 2007 gebunden sind, unter Abschnitt 3, da in den Fällen des Art. 75 Abs. 2 die zu vollstreckenden Titel noch nicht auf der Grundlage des Haager Protokolls ergangen sind und damit noch eines Exequaturverfahrens bedürfen Brüssel I-VO fallen (OLG Karlsruhe FamRZ 2012, 660 m. Aufs. *Gruber* IPRax 2013, 325).
3 Unterabschnitt 1 (§§ 36 – 42) betrifft die **Zulassung der Zwangsvollstreckung** aus ausländischen Titeln. § 36 regelt die Antragstellung. Die örtliche Zuständigkeit ergibt sich bereits aus Art. 27 Abs. 2 EuUntVO (*Breuer* FamRB 2014, 30, 32). Der Ausfertigung des Titels für den die Vollstreckungsklausel beantragt wird (Abs. 1), sind zwei Abschriften beizufügen (Abs. 4). Der Antrag kann schriftlich oder mündlich gestellt werden (Abs. 2). Eine Übersetzung kann verlangt werden (Abs. 3). Die Vorschrift entspricht inhaltlich § 4 AVAG sowie § 4 IntErbRVG.

§ 37 AUG Zustellungsempfänger. (1) Hat der Antragsteller in dem Antrag keinen Zustellungsbevollmächtigten im Sinne des § 184 Absatz 1 Satz 1 der Zivilprozessordnung benannt, so können bis zur nachträglichen Benennung alle Zustellungen an ihn durch *Aufgabe zur Post* (§ 184 Absatz 1 Satz 2 und Absatz 2 der Zivilprozessordnung) bewirkt werden.

(2) Absatz 1 gilt nicht, wenn der Antragsteller einen Verfahrensbevollmächtigten für das Verfahren benannt hat, an den im Inland zugestellt werden kann.
(3) Die Absätze 1 und 2 sind auf Verfahren nach der Verordnung (EG) Nr. 4/2009 nicht anzuwenden.

Die Vorschrift des § 37 über Zustellungsempfänger und die Zustellung durch Aufgabe zur Post entspricht § 5 AVAG. Abs. 2 trägt Art. 41 Abs. 2 EuUntVO Rechnung. Danach muss der Vollstreckungsgläubiger im Vollstreckungsstaat über keine Postanschrift und keinen bevollmächtigten Vertreter verfügen.

§ 38 AUG Verfahren.
(1) Die Entscheidung ergeht ohne mündliche Verhandlung. Jedoch kann eine mündliche Erörterung mit dem Antragsteller oder seinem Bevollmächtigten stattfinden, wenn der Antragsteller oder der Bevollmächtigte hiermit einverstanden ist und die Erörterung der Beschleunigung dient.
(2) Im ersten Rechtszug ist die Vertretung durch einen Rechtsanwalt nicht erforderlich.

Es findet keine mündliche Verhandlung statt. Art. 30 EuUntVO und Art. 34 Abs. 1 LugÜ regeln unmittelbar, dass der Antragsgegner in erster Instanz nicht angehört wird. Eine mündliche Erörterung mit dem ASt aber kann stattfinden (Abs. 1). Rechtsanwaltliche Vertretung ist nicht erforderlich (Abs. 2). Die Vorschrift entspricht § 6 Abs. 2 und 3 AVAG, § 5 IntErbRVG.

§ 39 AUG Vollstreckbarkeit ausländischer Titel in Sonderfällen.
(1) Hängt die Zwangsvollstreckung nach dem Inhalt des Titels von einer dem Gläubiger obliegenden Sicherheitsleistung, dem Ablauf einer Frist oder dem Eintritt einer anderen Tatsache ab oder wird die Vollstreckungsklausel zugunsten eines anderen als des in dem Titel bezeichneten Gläubigers oder gegen einen anderen als den darin bezeichneten Schuldner beantragt, so ist die Frage, inwieweit die Zulassung der Zwangsvollstreckung von dem Nachweis besonderer Voraussetzungen abhängig oder ob der Titel für oder gegen den anderen vollstreckbar ist, nach dem Recht des Staates zu entscheiden, in dem der Titel errichtet ist. Der Nachweis ist durch Urkunden zu führen, es sei denn, dass die Tatsachen bei dem Gericht offenkundig sind.
(2) Kann der Nachweis durch Urkunden nicht geführt werden, so ist auf Antrag des Antragstellers der Antragsgegner zu hören. In diesem Fall sind alle Beweismittel zulässig. Das Gericht kann auch die mündliche Verhandlung anordnen.

§ 39 behandelt die Vollstreckbarkeit ausländischer Titel (vgl. § 3 Nr. 5) in Sonderfällen wie besonderen Voraussetzungen sowie dem Vorhandensein weiterer Beteiligter und entspricht inhaltlich § 7 AVAG. Eingreifen kann die Vorschrift, wenn eine Behörde die Vollstreckbarerklärung eines zwischen dem Unterhaltsberechtigten und -verpflichteten ergangenen Titels zu ihren Gunsten begehrt, wie dies etwa Art. 64 Abs. 3 Buchst. b) EuUntVO vorsieht (Begr. RegE BT-Drucks. 17/4887 S. 46). § 39 Abs. 1 Satz 1 AUG entspricht § 6 IntErbRVG.

Das Gericht müsste den Antrag des Gläubigers ablehnen, wenn dieser das Vorliegen der besonderen Umstände, etwa eine Rechtsnachfolge, nicht mit Urkunden belegen kann. Sonstige Beweisangebote könnte das Gericht nicht verwerten. Um eine Antragsabweisung zu vermeiden, kann der ASt die Anhörung des Antragsgegners beantragen (Abs. 2). Dies ist mit Art. 30 Satz 2 EuUntVO vereinbar. Danach erhält der Antragsgegner in erster Instanz keine Gelegenheit, Erklärungen abzugeben.

§ 40 AUG Entscheidung.
(1) Ist die Zwangsvollstreckung aus dem Titel zuzulassen, so beschließt das Gericht, dass der Titel mit der Vollstreckungsklausel zu versehen ist. In dem Beschluss ist die zu vollstreckende Verpflichtung in deutscher Sprache wiederzugeben. Zur Begründung des Beschlusses genügt in der Regel die Bezugnahme auf die Verordnung (EG) Nr. 4/2009 oder auf den jeweils auszuführenden völkerrechtlichen Vertrag sowie auf von dem Antragsteller vorgelegte Urkunden. Auf die Kosten des Verfahrens ist § 788 der Zivilprozessordnung entsprechend anzuwenden.
(2) Ist der Antrag nicht zulässig oder nicht begründet, so lehnt ihn das Gericht durch mit Gründen versehenen Beschluss ab. Die Kosten sind dem Antragsteller aufzuerlegen.
(3) Der Beschluss wird mit Bekanntgabe an die Beteiligten wirksam.

1 Die Vorschrift des § 40 über die Entscheidung regelt die **Erteilung der Vollstreckungsklausel** (§ 41). Die Verpflichtung wird in deutscher Sprache wiedergegeben (Abs. 1). Die Grundlage des Beschlusses wird genannt (Abs. 1 Satz 3). Abweichend von § 116 Abs. 3 Satz 1 FamFG wird die Entscheidung bereits mit Bekanntgabe wirksam (Abs. 3). Entscheidungen im Exequaturverfahren bedürfen nach § 39 FamFG einer Rechtsbehelfsbelehrung. Bei einem stattgegebenen Antrag ist bezüglich der Kosten § 788 ZPO entsprechend anzuwenden (Abs. 1 Satz 3). Danach fallen die Kosten der Zwangsvollstreckung dem Schuldner zur Last (OLG Stuttgart FamRZ 2015, 871). Bei Misserfolg werden die Kosten dem ASt auferlegt (Abs. 2 Satz 2). Abs. 1 und 2 entsprechen § 7 IntErbRVG. Gegen den Beschluss findet gem. Art. 32 Abs. 1 EuUntVO, Art. 43 Abs. 1 LugÜ 2007, § 43 AUG die Beschwerde statt.

§ 41 AUG Vollstreckungsklausel.

(1) Auf Grund des Beschlusses nach § 40 Absatz 1 erteilt der Urkundsbeamte der Geschäftsstelle die Vollstreckungsklausel in folgender Form:
»Vollstreckungsklausel nach § 36 des Auslandsunterhaltsgesetzes vom 23. Mai 2011 (BGBl. I S. 898). Gemäß dem Beschluss des ... (Bezeichnung des Gerichts und des Beschlusses) ist die Zwangsvollstreckung aus ... (Bezeichnung des Titels) zugunsten ... (Bezeichnung des Gläubigers) gegen ... (Bezeichnung des Schuldners) zulässig.
Die zu vollstreckende Verpflichtung lautet:
... (Angabe der dem Schuldner aus dem ausländischen Titel obliegenden Verpflichtung in deutscher Sprache; aus dem Beschluss nach § 40 Absatz 1 zu übernehmen).
Die Zwangsvollstreckung darf über Maßregeln zur Sicherung nicht hinausgehen, bis der Gläubiger eine gerichtliche Anordnung oder ein Zeugnis vorlegt, dass die Zwangsvollstreckung unbeschränkt stattfinden darf.«
Lautet der Titel auf Leistung von Geld, so ist der Vollstreckungsklausel folgender Zusatz anzufügen:
»Solange die Zwangsvollstreckung über Maßregeln zur Sicherung nicht hinausgehen darf, kann der Schuldner die Zwangsvollstreckung durch Leistung einer Sicherheit in Höhe von ... (Angabe des Betrages, wegen dessen der Gläubiger vollstrecken darf) abwenden.«
(2) Wird die Zwangsvollstreckung nur für einen oder mehrere der durch die ausländische Entscheidung zuerkannten oder in einem anderen ausländischen Titel niedergelegten Ansprüche oder nur für einen Teil des Gegenstands der Verpflichtung zugelassen, so ist die Vollstreckungsklausel als »Teil-Vollstreckungsklausel nach § 36 des Auslandsunterhaltsgesetzes vom 23. Mai 2011 (BGBl. I S. 898)« zu bezeichnen.
(3) Die Vollstreckungsklausel ist von dem Urkundsbeamten der Geschäftsstelle zu unterschreiben und mit dem Gerichtssiegel zu versehen. Sie ist entweder auf die Ausfertigung des Titels oder auf ein damit zu verbindendes Blatt zu setzen. Falls eine Übersetzung des Titels vorliegt, ist sie mit der Ausfertigung zu verbinden.

1 Nach dem richterlichen Beschluss (§ 40) erteilt der Urkundsbeamte der Geschäftsstelle die Vollstreckungsklausel mit dem vorgegebenen Inhalt (Abs. 1). Eine Teil-Vollstreckungsklausel für den Titel (vgl. § 3 Nr. 5) ist möglich (Abs. 2). Die Vollstreckungsklausel ist zu unterschreiben und mit dem Gerichtssiegel zu versehen. Sie ist entweder auf die Ausfertigung des Titels oder auf ein damit zu verbindendes Blatt zu setzen (Abs. 3). Die Vorschrift über die Vollstreckungsklausel entspricht § 9 AVAG, § 23 IntFamRVG sowie § 8 IntErbRVG.

§ 42 AUG Bekanntgabe der Entscheidung.

(1) Lässt das Gericht die Zwangsvollstreckung zu (§ 40 Absatz 1), sind dem Antragsgegner eine beglaubigte Abschrift des Beschlusses, eine beglaubigte Abschrift des mit der Vollstreckungsklausel versehenen Titels und gegebenenfalls seiner Übersetzung sowie der gemäß § 40 Absatz 1 Satz 3 in Bezug genommenen Urkunden von Amts wegen zuzustellen. Dem Antragsteller sind eine beglaubigte Abschrift des Beschlusses, die mit der Vollstreckungsklausel versehene Ausfertigung des Titels sowie eine Bescheinigung über die bewirkte Zustellung zu übersenden.
(2) Lehnt das Gericht den Antrag auf Erteilung der Vollstreckungsklausel ab (§ 40 Absatz 2), ist der Beschluss dem Antragsteller zuzustellen.

Die Vorschrift des § 42 betrifft die Bekanntgabe der Entscheidung nach § 40 und dient der Ausführung von   1
Art. 32 Abs. 5 EuUntVO, Art. 43 Abs. 5 Satz 2 LugÜ 2007 sowie Art. 36 Abs. 2 LugÜ 1988. Lässt das Gericht
die Vollstreckung aus dem ausländischen Titel (vgl. § 3 Nr. 5) zu, sind dem **ASt** eine beglaubigte Abschrift
des Beschlusses, die mit der Vollstreckungsklausel versehene Ausfertigung des Titels sowie eine Bescheinigung über die Zustellung zu übersenden (Abs. 1 Satz 2). Die Übersendung hat unverzüglich zu erfolgen.
Damit erhält der ASt alle Urkunden, um mit der Zwangsvollstreckung beginnen zu können. Ihm bleibt unbenommen, die Aushändigung einer Beschlussausfertigung zu einem früheren Zeitpunkt zu verlangen.
Dem **Antragsgegner** ist ebenfalls zuzustellen (§ 1 Abs. S. 1).

Gegen einen ablehnenden Beschluss kann der ASt gem. § 58 Abs. 1 FamFG Beschwerde einlegen. Die Be-   2
schwerdefrist richtet sich nach § 63 Abs. 1 FamFG. Der Beschluss ist dem ASt zuzustellen (Abs. 2; ebenso
§ 113 Abs. 1 FamFG, § 329 Abs. 2 Satz 2 ZPO). Da der Antragsgegner im erstinstanzlichen Verfahren i.d.R.
nicht beteiligt worden ist, ist eine Bekanntgabe des ablehnenden Beschlusses an ihn nicht geboten. Ist er
freilich gem. § 39 Abs. 2 auf Antrag des ASt angehört worden, so sollte ihm der Beschluss formlos übersandt werden (Begr. RegE BT-Drucks. 17/4887 S. 46). Die Vorschrift entspricht § 9 IntErbRVG. Vgl. auch
§ 21 IntFamRVG.

Unterabschnitt 2. Beschwerde, Rechtsbeschwerde

§ 43 AUG Beschwerdegericht; Einlegung der Beschwerde; Beschwerdefrist.

(1) Beschwerdegericht ist das Oberlandesgericht.
(2) Die Beschwerde gegen die im ersten Rechtszug ergangene Entscheidung über den Antrag auf Erteilung der Vollstreckungsklausel wird bei dem Gericht, dessen Beschluss angefochten wird, durch Einreichen einer Beschwerdeschrift oder durch Erklärung zu Protokoll der Geschäftsstelle eingelegt. Der Beschwerdeschrift soll die für ihre Zustellung erforderliche Zahl von Abschriften beigefügt werden.
(3) § 61 des Gesetzes über das Verfahren in Familiensachen und in den Angelegenheiten der freiwilligen Gerichtsbarkeit ist nicht anzuwenden.
(4) Die Beschwerde des Antragsgegners gegen die Zulassung der Zwangsvollstreckung ist einzulegen
1. im Anwendungsbereich der Verordnung (EG) Nr. 4/2009 und des Abkommens vom 19. Oktober 2005 zwischen der Europäischen Gemeinschaft und dem Königreich Dänemark über die gerichtliche Zuständigkeit und die Anerkennung und Vollstreckung von Entscheidungen in Zivil- und Handelssachen innerhalb der Frist des Artikels 32 Absatz 5 der Verordnung (EG) Nr. 4/2009,
2. im Anwendungsbereich des Übereinkommens vom 30. Oktober 2007 über die gerichtliche Zuständigkeit und die Anerkennung und Vollstreckung von Entscheidungen in Zivil- und Handelssachen
    a) innerhalb eines Monats nach Zustellung, wenn der Antragsgegner seinen Wohnsitz im Inland hat, oder
    b) innerhalb von zwei Monaten nach Zustellung, wenn der Antragsgegner seinen Wohnsitz im Ausland hat.

Die Frist beginnt mit dem Tag, an dem die Vollstreckbarerklärung dem Antragsgegner entweder persönlich oder in seiner Wohnung zugestellt worden ist. Eine Verlängerung dieser Frist wegen weiter Entfernung ist ausgeschlossen.
(5) Die Beschwerde ist dem Beschwerdegegner von Amts wegen zuzustellen.

Unterabschnitt 2 (§§ 43 – 46) betrifft die Beschwerde zum OLG und die Rechtsbeschwerde. Die Vorschrift   1
des § 43 regelt die Einlegung der Beschwerde und die Beschwerdefrist. Die **Beschwerde** im Bereich der EuUntVO (Art. 32 Abs. 1) und des LugÜ 2007 (Art. 43 Abs. 1) ist entsprechend § 64 Abs. 1 FamFG beim Gericht erster Instanz einzulegen (Abs. 2). Die Beschwerde kann abweichend von § 64 Abs. 2 Satz 2 FamFG
durch Erklärung zu Protokoll der Geschäftsstelle eingelegt werden; eine anwaltliche Vertretung ist nicht
zwingend (§ 114 Abs. 4 Nr. 6 FamFG, § 78 Abs. 3 ZPO).

Die **Beschwerdefrist** hängt von der Grundlage der Vollstreckbarerklärung und den Parteien ab. Sie beträgt   2
für den ASt einen Monat (§ 63 Abs. 1 FamFG). Für den Antragsgegner bestimmt sich die Beschwerdefrist
je nach dem eingeschlagenen Anerkennungs- und Vollstreckungsverfahren (Abs. 4 als andere gesetzliche
Bestimmung i.S.d. § 63 Abs. 1 FamFG). Für Verfahren nach der EuUntVO und nach dem EU-Dänemark-
Abk. gilt die Frist des Art. 32 Abs. 5 EuUntVO (Abs. 4 Nr. 1: 30 ggf. 45 Tage). Eine eigene Frist wird auch

für LugÜ-Verfahren festgesetzt (Abs. 4 Nr. 2). Sie beträgt einen Monat nach Zustellung bei inländischem Wohnsitz des Antragsgegners (Buchst. a)), 2 Monate nach Zustellung bei ausländischem Wohnsitz des Antragsgegners (Buchst. b)).

3 Die Beschwerde ist **unabhängig vom Wert des Beschwerdegegenstandes** zulässig (Abs. 3). Das entspricht Art. 43 Abs. 1 LugÜ 2007. Die Vorschrift entspricht (mit Ausnahme von Abs. 3 und 4) § 10 IntErbRVG. Vgl. auch § 24 IntFamRVG.

4 Die Beschwerde ist, da es sich um eine Familienstreitsache kraft Verfahrenszusammenhangs handelt, binnen 2 Monaten nach Zustellung des angefochtenen Beschlusses zu begründen (§ 2 AUG i.V.m. § 117 FamFG; OLG München FamRZ 2015, 775).

§ 44 AUG *(weggefallen)*

§ 45 AUG Verfahren und Entscheidung über die Beschwerde.

(1) Das Beschwerdegericht entscheidet durch Beschluss, der mit Gründen zu versehen ist und ohne mündliche Verhandlung ergehen kann. Der Beschwerdegegner ist vor der Entscheidung zu hören.
(2) Solange eine mündliche Verhandlung nicht angeordnet ist, können zu Protokoll der Geschäftsstelle Anträge gestellt und Erklärungen abgegeben werden. Wird die mündliche Verhandlung angeordnet, so gilt für die Ladung § 215 der Zivilprozessordnung.
(3) Eine vollständige Ausfertigung des Beschlusses ist dem Antragsteller und dem Antragsgegner auch dann von Amts wegen zuzustellen, wenn der Beschluss verkündet worden ist.
(4) Soweit nach dem Beschluss des Beschwerdegerichts die Zwangsvollstreckung aus dem Titel erstmals zuzulassen ist, erteilt der Urkundsbeamte der Geschäftsstelle des Beschwerdegerichts die Vollstreckungsklausel. § 40 Absatz 1 Satz 2 und 4, §§ 41 und 42 Absatz 1 sind entsprechend anzuwenden. Ein Zusatz, dass die Zwangsvollstreckung über Maßregeln zur Sicherung nicht hinausgehen darf, ist nur aufzunehmen, wenn das Beschwerdegericht eine Anordnung nach § 52 Absatz 2 erlassen hat. Der Inhalt des Zusatzes bestimmt sich nach dem Inhalt der Anordnung.

1 Die Beteiligten können zu Protokoll der Geschäftsstelle **Anträge stellen** und Erklärungen abgeben. Findet eine mündliche Verhandlung statt, verbleibt es bei der Notwendigkeit, sich durch einen Rechtsanwalt vertreten zu lassen (Abs. 2). Der Beschluss ist zu begründen (Abs. 1). Er ist zuzustellen, da dadurch die Frist zur Einlegung der Rechtsbeschwerde ausgelöst wird (Abs. 3). Die Vollstreckungsklausel für den Titel (vgl. § 3 Nr. 5) wird vom Urkundsbeamten erteilt (Abs. 4). Die Vorschrift entspricht § 11 IntErbRVG. Vgl. auch § 26 IntFamRVG. Die Kostenentscheidung folgt § 2 AUG i. V. m. § 243 S. 1 FamFG (OLG München FamRZ 2015, 775).

§ 46 AUG Statthaftigkeit und Frist der Rechtsbeschwerde.

(1) Gegen den Beschluss des Beschwerdegerichts findet die Rechtsbeschwerde statt.
(2) Die Rechtsbeschwerde ist innerhalb eines Monats einzulegen.
(3) Die Rechtsbeschwerdefrist beginnt mit der Zustellung des Beschlusses (§ 45 Absatz 3).
(4) § 75 des Gesetzes über das Verfahren in Familiensachen und in den Angelegenheiten der freiwilligen Gerichtsbarkeit ist nicht anzuwenden.

1 Abs. 1 legt fest, dass die Rechtsbeschwerde statthaft ist. Wegen des familienrechtlichen Bezugs wird auf die Vorschriften des FamFG verwiesen. Abs. 2 regelt die Beschwerdefrist. Inhaltlich entspricht die Vorschrift § 15 AVAG sowie § 12 IntErbRVG. Abs. 4 stellt klar, dass die Sprungrechtsbeschwerde (§ 75 FamFG) gegen den Beschluss des Erstgerichts nicht statthaft ist.

§ 47 AUG Einlegung und Begründung der Rechtsbeschwerde.

(1) Die Rechtsbeschwerde wird durch Einreichen der Beschwerdeschrift beim Bundesgerichtshof eingelegt.
(2) Die Rechtsbeschwerde ist zu begründen. § 71 Absatz 1 Satz 1 des Gesetzes über das Verfahren in Familiensachen und in den Angelegenheiten der freiwilligen Gerichtsbarkeit ist nicht anzuwenden. So-

weit die Rechtsbeschwerde darauf gestützt wird, dass das Beschwerdegericht von einer Entscheidung des Gerichtshofs der Europäischen Union abgewichen sei, muss die Entscheidung, von der der angefochtene Beschluss abweicht, bezeichnet werden.

§ 47 betrifft die Einlegung und Begründung der Rechtsbeschwerde) und entspricht inhaltlich den § 16 AVAG.

§ 48 AUG Verfahren und Entscheidung über die Rechtsbeschwerde.
(1) Der Bundesgerichtshof kann nur überprüfen, ob der Beschluss auf einer Verletzung des Rechts der Europäischen Union, eines einschlägigen völkerrechtlichen Vertrages oder sonstigen Bundesrechts oder einer anderen Vorschrift beruht, deren Geltungsbereich sich über den Bezirk eines Oberlandesgerichts hinaus erstreckt.
(2) Der Bundesgerichtshof kann über die Rechtsbeschwerde ohne mündliche Verhandlung entscheiden. Auf das Verfahren über die Rechtsbeschwerde sind die §§ 73 und 74 des Gesetzes über das Verfahren in Familiensachen und in den Angelegenheiten der freiwilligen Gerichtsbarkeit entsprechend anzuwenden.
(3) Soweit die Zwangsvollstreckung aus dem Titel erstmals durch den Bundesgerichtshof zugelassen wird, erteilt der Urkundsbeamte der Geschäftsstelle dieses Gerichts die Vollstreckungsklausel. § 40 Absatz 1 Satz 2 und 4, §§ 41 und 42 Absatz 1 gelten entsprechend. Ein Zusatz über die Beschränkung der Zwangsvollstreckung entfällt.

§ 48 regelt das weitere Verfahren und entspricht inhaltlich dem § 17 AVAG. Im Übrigen richtet sich das Verfahren gem. § 1 Abs. 3 nach dem FamFG. In Abs. 2 wird nochmals klarstellend auf die §§ 73 und 74 FamFG verwiesen.

Unterabschnitt 3. Beschränkung der Zwangsvollstreckung auf Sicherungsmaßregeln und unbeschränkte Fortsetzung der Zwangsvollstreckung

§ 49 AUG Prüfung der Beschränkung.
Einwendungen des Schuldners, dass bei der Zwangsvollstreckung die Beschränkung auf Sicherungsmaßregeln nach der Verordnung (EG) Nr. 4/2009 oder dem auszuführenden völkerrechtlichen Vertrag oder auf Grund einer auf diesem Gesetz beruhenden Anordnung (§ 52 Absatz 2) nicht eingehalten werde, oder Einwendungen des Gläubigers, dass eine bestimmte Maßnahme der Zwangsvollstreckung mit dieser Beschränkung vereinbar sei, sind im Wege der Erinnerung nach § 766 der Zivilprozessordnung bei dem Vollstreckungsgericht (§ 764 der Zivilprozessordnung) geltend zu machen.

Unterabschnitt 3 (§§ 49 bis 54) betrifft die Beschränkung der Zwangsvollstreckung auf Sicherungsmaßregeln und unbeschränkte Fortsetzung der Zwangsvollstreckung. Die Prüfung der Beschränkung nach § 49 betrifft die Überprüfung der in Art. 36 Abs. 3 EuUntVO und in Art. 47 Abs. 3 LugÜ vorgesehenen Beschränkung der Zwangsvollstreckung auf Sicherungsmaßnahmen. Nach § 49 können aus Gründen der Vereinfachung Einwendungen auch dann im Wege der Erinnerung geltend gemacht werden, wenn nach den einschlägigen Vorschriften der ZPO ein anderer Rechtsbehelf gegeben sein sollte. Die Vorschrift entspricht inhaltlich § 19 AVAG sowie § 15 IntErbRVG.

§ 50 AUG Sicherheitsleistung durch den Schuldner.
(1) Solange die Zwangsvollstreckung aus einem Titel, der auf Leistung von Geld lautet, nicht über Maßregeln der Sicherung hinausgehen darf, ist der Schuldner befugt, die Zwangsvollstreckung durch Leistung einer Sicherheit in Höhe des Betrages abzuwenden, wegen dessen der Gläubiger vollstrecken darf.

(2) Die Zwangsvollstreckung ist einzustellen und bereits getroffene Vollstreckungsmaßregeln sind aufzuheben, wenn der Schuldner durch eine öffentliche Urkunde die zur Abwendung der Zwangsvollstreckung erforderliche Sicherheitsleistung nachweist.

1 Die Vorschrift des § 50 betrifft die Sicherheitsleistung durch den Schuldner mit der Abwendungsbefugnis für die Dauer des Rechtsmittelverfahrens (Abs. 1). Weist der Schuldner die zur Abwendung der Zwangsvollstreckung erforderliche Sicherheitsleistung nach, ist die Zwangsvollstreckung einzustellen (Abs. 2). Die Vorschrift entspricht § 20 AVAG, § 16 IntErbRVG.

§ 51 AUG Versteigerung beweglicher Sachen.
Ist eine bewegliche Sache gepfändet und darf die Zwangsvollstreckung nicht über Maßregeln zur Sicherung hinausgehen, so kann das Vollstreckungsgericht auf Antrag anordnen, dass die Sache versteigert und der Erlös hinterlegt werde, wenn sie der Gefahr einer beträchtlichen Wertminderung ausgesetzt ist oder wenn ihre Aufbewahrung unverhältnismäßige Kosten verursachen würde.

1 Darf die Zwangsvollstreckung nicht über Maßregeln zur Sicherung hinausgehen, so kann angeordnet werden, dass die Sache versteigert und der Erlös hinterlegt wird. Die Vorschrift entspricht § 21 AVAG, § 17 IntErbRVG.

§ 52 AUG Unbeschränkte Fortsetzung der Zwangsvollstreckung; besondere gerichtliche Anordnungen.
(1) Weist das Beschwerdegericht die Beschwerde des Schuldners gegen die Zulassung der Zwangsvollstreckung zurück oder lässt es auf die Beschwerde des Gläubigers die Zwangsvollstreckung aus dem Titel zu, so kann die Zwangsvollstreckung über Maßregeln zur Sicherung hinaus fortgesetzt werden.
(2) Auf Antrag des Schuldners kann das Beschwerdegericht anordnen, dass bis zum Ablauf der Frist zur Einlegung der Rechtsbeschwerde oder bis zur Entscheidung über diese Beschwerde die Zwangsvollstreckung nicht oder nur gegen Sicherheitsleistung über Maßregeln zur Sicherung hinausgehen darf. Die Anordnung darf nur erlassen werden, wenn glaubhaft gemacht wird, dass die weiter gehende Vollstreckung dem Schuldner einen nicht zu ersetzenden Nachteil bringen würde. § 713 der Zivilprozessordnung ist entsprechend anzuwenden.
(3) Wird Rechtsbeschwerde eingelegt, so kann der Bundesgerichtshof auf Antrag des Schuldners eine Anordnung nach Absatz 2 erlassen. Der Bundesgerichtshof kann auf Antrag des Gläubigers eine nach Absatz 2 erlassene Anordnung des Beschwerdegerichts abändern oder aufheben.

1 Eine unbeschränkte Fortsetzung der Zwangsvollstreckung kann bei Zurückweisung der Beschwerde des Schuldners bzw. einem Erfolg des Gläubigers erfolgen (Abs. 1). Ferner kann angeordnet werden, dass die Zwangsvollstreckung nicht oder nur gegen Sicherheitsleistung über Maßregeln zur Sicherung hinausgehen darf (Abs. 2). Anordnungen können auch im Rechtsbeschwerdeverfahren ergehen (Abs. 3 Satz 1). Die Vorschrift entspricht § 22 AVAG, § 18 IntErbRVG.

§ 53 AUG Unbeschränkte Fortsetzung der durch das Gericht des ersten Rechtszuges zugelassenen Zwangsvollstreckung.
(1) Die Zwangsvollstreckung aus dem Titel, den der Urkundsbeamte der Geschäftsstelle des Gerichts des ersten Rechtszuges mit der Vollstreckungsklausel versehen hat, ist auf Antrag des Gläubigers über Maßregeln zur Sicherung hinaus fortzusetzen, wenn das Zeugnis des Urkundsbeamten der Geschäftsstelle dieses Gerichts vorgelegt wird, dass die Zwangsvollstreckung unbeschränkt stattfinden darf.
(2) Das Zeugnis ist dem Gläubiger auf seinen Antrag zu erteilen,
1. wenn der Schuldner bis zum Ablauf der Beschwerdefrist keine Beschwerdeschrift eingereicht hat,
2. wenn das Beschwerdegericht die Beschwerde des Schuldners zurückgewiesen und keine Anordnung nach § 52 Absatz 2 erlassen hat,
3. wenn der Bundesgerichtshof die Anordnung des Beschwerdegerichts nach § 52 Absatz 2 aufgehoben hat (§ 52 Absatz 3 Satz 2) oder
4. wenn der Bundesgerichtshof den Titel zur Zwangsvollstreckung zugelassen hat.

(3) Aus dem Titel darf die Zwangsvollstreckung, selbst wenn sie auf Maßregeln der Sicherung beschränkt ist, nicht mehr stattfinden, sobald ein Beschluss des Beschwerdegerichts, dass der Titel zur Zwangsvollstreckung nicht zugelassen werde, verkündet oder zugestellt ist.

Eine **unbeschränkte Fortsetzung** der durch das erstinstanzliche Gericht zugelassenen Zwangsvollstreckung kann auf Antrag des Gläubigers über Maßregeln zur Sicherung hinaus zugelassen werden (Abs. 1). Voraussetzung ist die Vorlage eines Zeugnisses, das unter einer der vier Voraussetzungen des Abs. 2 erteilt wird. Dafür ist keine besondere Form vorgeschrieben. 1

Selbst eine auf **Maßregeln zur Sicherung** beschränkte Zwangsvollstreckung darf nicht mehr stattfinden, sobald ein Beschluss des Beschwerdegerichts über die Nichtzulassung des Titel zur Zwangsvollstreckung vorliegt (Abs. 3). Die Vorschrift entspricht § 23 AVAG, § 19 IntErbRVG. 2

§ 54 AUG Unbeschränkte Fortsetzung der durch das Beschwerdegericht zugelassenen Zwangsvollstreckung.

(1) Die Zwangsvollstreckung aus dem Titel, zu dem der Urkundsbeamte der Geschäftsstelle des Beschwerdegerichts die Vollstreckungsklausel mit dem Zusatz erteilt hat, dass die Zwangsvollstreckung auf Grund der Anordnung des Gerichts nicht über Maßregeln zur Sicherung hinausgehen darf (§ 45 Absatz 4 Satz 3), ist auf Antrag des Gläubigers über Maßregeln zur Sicherung hinaus fortzusetzen, wenn das Zeugnis des Urkundsbeamten der Geschäftsstelle dieses Gerichts vorgelegt wird, dass die Zwangsvollstreckung unbeschränkt stattfinden darf.

(2) Das Zeugnis ist dem Gläubiger auf seinen Antrag zu erteilen,
1. wenn der Schuldner bis zum Ablauf der Frist zur Einlegung der Rechtsbeschwerde (§ 46 Absatz 2) keine Beschwerdeschrift eingereicht hat,
2. wenn der Bundesgerichtshof die Anordnung des Beschwerdegerichts nach § 52 Absatz 2 aufgehoben hat (§ 52 Absatz 3 Satz 2) oder
3. wenn der Bundesgerichtshof die Rechtsbeschwerde des Schuldners zurückgewiesen hat.

Die unbeschränkte Fortsetzung der durch das Beschwerdegericht zugelassenen Zwangsvollstreckung ist bei der Vorlage eines entsprechenden Zeugnisses möglich (Abs. 1). Die Voraussetzungen für die Erteilung nennt Abs. 2. Die Vorschrift entspricht § 24 AVAG und § 20 IntErbRVG. 1

Unterabschnitt 4. Feststellung der Anerkennung einer ausländischen Entscheidung

§ 55 AUG Verfahren.

(1) Auf das Verfahren, das die Feststellung zum Gegenstand hat, ob eine Entscheidung aus einem anderen Staat anzuerkennen ist, sind die §§ 36 bis 38, 40 Absatz 2, die §§ 42 bis 45 Absatz 1 bis 3, die §§ 46, 47 sowie 48 Absatz 1 und 2 entsprechend anzuwenden.

(2) Ist der Antrag auf Feststellung begründet, so beschließt das Gericht, die Entscheidung anzuerkennen.

Unterabschnitt 4 (§§ 55 – 56) betrifft die isolierte Feststellung der Anerkennung einer ausländischen Entscheidung (Art. 23 Abs. 2 EuUntVO). Die Vorschrift des § 55 erklärt die in Abs. 1 genannten Bestimmungen über die Erteilung der Vollstreckungsklausel für entsprechend anwendbar. Sie entspricht § 25 AVAG, § 21 IntErbRVG. 1

§ 56 AUG Kostenentscheidung.

In den Fällen des § 55 Absatz 2 sind die Kosten dem Antragsgegner aufzuerlegen. Dieser kann die Beschwerde (§ 43) auf die Entscheidung über den Kostenpunkt beschränken. In diesem Fall sind die Kosten dem Antragsteller aufzuerlegen, wenn der Antragsgegner durch sein Verhalten keine Veranlassung zu dem Antrag auf Feststellung gegeben hat.

1   In den Fällen des § 55 Abs. 2 werden die Kosten dem Antragsgegner auferlegt. Die Vorschrift entspricht § 26 AVAG, § 22 IntErbRVG.

Abschnitt 4. Anerkennung und Vollstreckung von Unterhaltstiteln nach völkerrechtlichen Verträgen

Unterabschnitt 1. Allgemeines

§ 57 AUG **Anwendung von Vorschriften.** Auf die Anerkennung und Vollstreckbarerklärung von ausländischen Unterhaltstiteln nach den in § 1 Absatz 1 Satz 1 Nummer 2 bezeichneten völkerrechtlichen Verträgen sind die Vorschriften der §§ 36 bis 56 entsprechend anzuwenden, soweit in diesem Abschnitt nichts anderes bestimmt ist.

1   Abschnitt 4 (§§ 57 – 63) betrifft die Anerkennung und Vollstreckung von Unterhaltstiteln (vgl. § 3 Nr. 5) nach völkerrechtlichen Verträgen i.S.d. § 1 Abs. 1 Satz 1 Nr. 2. Er enthält ergänzende Regelungen für die Ausführung der vom AUG erfassten sonstigen völkerrechtlichen Vollstreckungs- und Anerkennungsverträge einschließlich des Haager Unterhalts-Übk. von 2007. Unterabschnitt 1 (§§ 57 – 60) regelt das Verfahren. § 57 verweist für die Anerkennung und Vollstreckbarkeitserklärung von ausländischen Entscheidungen auf die Vorschriften über die Vollstreckung mit Exequatur (§§ 36 bis 56). Besonderheiten wird in Unterabschnitt 2 (Haager Unterhalts-Übk. von 2007; §§ 60a ff.) und 3 (Haager Unterhaltsvollstreckungs-Übk. von 1973; §§ 61, 62) Rechnung getragen.

§ 58 AUG **Anhörung.** Das Gericht entscheidet in dem Verfahren nach § 36 ohne Anhörung des Antragsgegners.

1   § 58 über die Anhörung enthält eine ergänzende Regelung zum Verfahren und entspricht inhaltlich § 6 Abs. 1 AVAG.

§ 59 AUG **Beschwerdefrist.** (1) Die Beschwerde gegen die im ersten Rechtszug ergangene Entscheidung über den Antrag auf Erteilung der Vollstreckungsklausel ist innerhalb eines Monats nach Zustellung einzulegen.
(2) Muss die Zustellung an den Antragsgegner im Ausland oder durch öffentliche Bekanntmachung erfolgen und hält das Gericht die Beschwerdefrist nach Absatz 1 nicht für ausreichend, so bestimmt es in dem Beschluss nach § 40 oder nachträglich durch besonderen Beschluss, der ohne mündliche Verhandlung ergeht, eine längere Beschwerdefrist. Die nach Satz 1 festgesetzte Frist für die Einlegung der Beschwerde ist auf der Bescheinigung über die bewirkte Zustellung (§ 42 Absatz 1 Satz 2) zu vermerken. Die Bestimmungen über den Beginn der Beschwerdefrist bleiben auch im Fall der nachträglichen Festsetzung unberührt.

1   Abs. 1 regelt die einmonatige Beschwerdefrist. Abs. 2 enthält Sonderregelungen für eine Verlängerung der Beschwerdefrist und entspricht inhaltlich § 10 Abs. 2 AVAG.

§ 59a AUG **Einwendungen gegen den zu vollstreckenden Anspruch im Beschwerdeverfahren.** (1) Der Schuldner kann mit der Beschwerde, die sich gegen die Zulassung der Zwangsvollstreckung aus einer Entscheidung richtet, auch Einwendungen gegen den Anspruch selbst insoweit geltend machen, als die Gründe, auf denen sie beruhen, erst nach dem Erlass der Entscheidung entstanden sind.
(2) Mit der Beschwerde, die sich gegen die Zulassung der Zwangsvollstreckung aus einem gerichtlichen Vergleich oder einer öffentlichen Urkunde richtet, kann der Schuldner die Einwendungen gegen den Anspruch selbst ungeachtet der in Absatz 1 enthaltenen Beschränkung geltend machen.

Einwendungen gegen den zu vollstreckenden Anspruch sind nach der anstelle des weggefallenen § 44 eingefügten Vorschrift im Beschwerdeverfahren statthaft. Sie können aber nur insoweit geltend gemacht werden, als die Gründe, auf denen sie beruhen, erst nach Erlass der Entscheidung entstanden sind (Abs. 1). Diese Beschränkung gilt nicht für die Beschwerde, die sich gegen die Zulassung der Zwangsvollstreckung aus einem gerichtlichen Vergleich oder einer öffentlichen Urkunde richtet (Abs. 2). Die Vorschrift bezieht sich nur auf die Vollstreckbarerklärung von Unterhaltstiteln nach völkerrechtlichen Verträgen; für die Vollstreckbarerklärung von EU-Titeln gilt § 66 (OLG Stuttgart FamRZ 2015, 871). 1

§ 60 AUG Beschränkung der Zwangsvollstreckung kraft Gesetzes. Die Zwangsvollstreckung ist auf Sicherungsmaßregeln beschränkt, solange die Frist zur Einlegung der Beschwerde noch läuft und solange über die Beschwerde noch nicht entschieden ist.

Die Vorschrift des § 60 regelt die Beschränkung der Zwangsvollstreckung auf Sicherungsmaßnahmen und entspricht inhaltlich § 18 AVAG. 1

Unterabschnitt 2. Anerkennung und Vollstreckung von Unterhaltstiteln nach dem Haager Übereinkommen vom 23. November 2007 über die internationale Geltendmachung der Unterhaltsansprüche von Kindern und anderen Familienangehörigen

§ 60a AUG Beschwerdeverfahren im Bereich des Haager Übereinkommens. Abweichend von § 59 gelten für das Beschwerdeverfahren die Fristen des Artikels 23 Absatz 6 des Haager Übereinkommens.

Unterabschnitt 2 (§ 60a) betrifft die Anerkennung und Vollstreckung von Unterhaltstiteln nach dem Haager Unterhalts-Übk. von 2007. Die Beschwerdefrist beträgt 30 Tage nach der Bekanntgabe gem. Art. 23 Abs. 6 Satz 1 Haager Unterhalts-Übk. 2007. Hat die das Rechtsmittel einlegende Partei ihren Aufenthalt nicht in dem Vertragsstaat, in dem die Vollstreckbarerklärung erfolgt ist oder verweigert wurde, so ist das Rechtsmittel innerhalb von 60 Tagen nach Bekanntgabe einzulegen (Art. 23 Abs. 6 Satz 2 Haager Unterhalts-Übk. 2007). 1

Unterabschnitt 3. Anerkennung und Vollstreckung von Unterhaltstiteln nach dem Haager Übereinkommen vom 2. Oktober 1973 über die Anerkennung und Vollstreckung von Unterhaltsentscheidungen

§ 61 AUG Einschränkung der Anerkennung und Vollstreckung. (1) Öffentliche Urkunden aus einem anderen Vertragsstaat werden nur anerkannt und vollstreckt, wenn dieser Staat die Erklärung nach Artikel 25 des Übereinkommens abgegeben hat.
(2) Die Anerkennung und Vollstreckung von Entscheidungen aus einem anderen Vertragsstaat über Unterhaltsansprüche zwischen Verwandten in der Seitenlinie und zwischen Verschwägerten ist auf Verlangen des Antragsgegners zu versagen, wenn
1. nach den Sachvorschriften des Rechts desjenigen Staates, dem der Verpflichtete und der Berechtigte angehören, eine Unterhaltspflicht nicht besteht oder
2. der Verpflichtete und der Berechtigte nicht die gleiche Staatsangehörigkeit haben und keine Unterhaltspflicht nach dem am gewöhnlichen Aufenthaltsort des Verpflichteten geltenden Recht besteht.

Anhang VI

1   Unterabschnitt 3 (§§ 61, 62) enthält Sonderregelungen für das Haager Unterhaltsanerkennungs- und Vollstreckungs-Übk. von 1973 (s. § 97 FamFG Rdn. 33). § 61 entspricht § 37 a.F. AVAG. Öffentliche Urkunden können nur aus bestimmten Staaten anerkannt werden (Abs. 1). Die Anerkennung kann für den Unterhalt zwischen Verwandten in der Seitenlinie und zwischen Verschwägerten ggf. abgelehnt werden, wenn er – wie im deutschen Recht – nicht vorgesehen ist (Abs. 2).

§ 62 AUG Beschwerdeverfahren im Anwendungsbereich des Haager Übereinkommens. (1) Abweichend von § 59 Absatz 2 Satz 1 beträgt die Frist für die Beschwerde des Schuldners gegen die Zulassung der Zwangsvollstreckung zwei Monate, wenn die Zustellung an den Schuldner im Ausland erfolgen muss.
(2) Das Oberlandesgericht kann seine Entscheidung über die Beschwerde gegen die Zulassung der Zwangsvollstreckung auf Antrag des Schuldners aussetzen, wenn gegen die Entscheidung im Ursprungsstaat ein ordentliches Rechtsmittel eingelegt wurde oder die Frist hierfür noch nicht verstrichen ist. Im letzteren Fall kann das Oberlandesgericht eine Frist bestimmen, innerhalb der das Rechtsmittel einzulegen ist. Das Gericht kann die Zwangsvollstreckung auch von einer Sicherheitsleistung abhängig machen.
(3) Absatz 2 ist in Verfahren auf Feststellung der Anerkennung einer Entscheidung entsprechend anwendbar.

1   Die Beschwerdefrist beträgt 2 Monate, wenn die Zustellung an den Schuldner im Ausland erfolgen muss (Abs. 1). Eine Aussetzung der Beschwerdeentscheidung durch das OLG ist möglich (Abs. 2, 3). § 62 entspricht inhaltlich §§ 36 und 38 a.F. AVAG.

Unterabschnitt 4. Übereinkommen über die gerichtliche Zuständigkeit und die Vollstreckung gerichtlicher Entscheidungen in Zivil- und Handelssachen vom 16. September 1988

§ 63 AUG Sonderregelungen für das Beschwerdeverfahren. (1) Die Frist für die Beschwerde des Antragsgegners gegen die Entscheidung über die Zulassung der Zwangsvollstreckung beträgt zwei Monate und beginnt von dem Tage an zu laufen, an dem die Entscheidung dem Antragsgegner entweder in Person oder in seiner Wohnung zugestellt worden ist, wenn der Antragsgegner seinen Wohnsitz oder seinen Sitz in einem anderen Vertragsstaat dieses Übereinkommens hat. Eine Verlängerung dieser Frist wegen weiter Entfernung ist ausgeschlossen. § 59 Absatz 2 ist nicht anzuwenden.
(2) § 62 Absatz 2 und 3 ist entsprechend anzuwenden.

1   Unterabschnitt 4 (§ 63) enthält eine Sonderregelung für das LugÜ 1988 (s. § 1 Abs. 1 Satz 1 Nr. 2 Buchst. c)). § 63 Abs. 1 über die zweimonatige Beschwerdefrist entspricht § 35 AVAG. Abs. 2, der eine Aussetzung der Beschwerdeentscheidung ermöglicht verweist auf § 61 Abs. 2 und 3 und entspricht § 36 AVAG.

Abschnitt 5. Verfahren bei förmlicher Gegenseitigkeit

§ 64 AUG Vollstreckbarkeit ausländischer Titel. (1) Die Vollstreckbarkeit ausländischer Titel in Verfahren mit förmlicher Gegenseitigkeit nach § 1 Absatz 1 Satz 1 Nummer 3 richtet sich nach § 110 Absatz 1 und 2 des Gesetzes über das Verfahren in Familiensachen und in den Angelegenheiten der freiwilligen Gerichtsbarkeit. Die Rechtskraft der Entscheidung ist für die Vollstreckbarerklärung nicht erforderlich.
(2) Ist der ausländische Titel für vollstreckbar zu erklären, so kann das Gericht auf Antrag einer Partei in seinem Vollstreckungsbeschluss den in dem ausländischen Titel festgesetzten Unterhaltsbetrag hin-

sichtlich Höhe und Dauer der zu leistenden Zahlungen abändern. Ist die ausländische Entscheidung rechtskräftig, so ist eine Abänderung nur nach Maßgabe des § 238 des Gesetzes über das Verfahren in Familiensachen und in den Angelegenheiten der freiwilligen Gerichtsbarkeit zulässig.

Abschnitt 5 (§ 64) enthält eine Regelung über die **Vollstreckbarkeit** ausländischer Titel (vgl. § 3 Nr. 5) für Verfahren bei förmlicher Gegenseitigkeit (§ 1 Abs. 1 Nr. 3). Da die Unterhaltssache als Familienstreitsache einzuordnen ist, richtet sich auch das Verfahren über die Vollstreckbarerklärung der ausländischen Entscheidung nach dem für derartige Angelegenheiten geltenden § 110 FamFG (Begr. RegE BT-Drucks. 17/4887 S. 48). Die Rechtskraft der Entscheidung ist nach Abs. 1 Satz 2 für die Vollstreckbarerklärung nicht erforderlich, da ansonsten die Gegenseitigkeit nicht gewährleistet wäre (näher Begr. RegE BT-Drucks. 17/4887 S. 48). 1

Ist die ausländische Entscheidung noch nicht rechtskräftig, kann das Gericht auf Antrag einer Partei den festgesetzten Unterhaltsbetrag hinsichtlich Dauer und Höhe **abändern** (Abs. 2 Satz 1). Bei Rechtskraft ist Abänderung nur unter den Voraussetzungen des § 238 FamFG möglich (Abs. 2 Satz 2). 2

Kapitel 3. Vollstreckung, Vollstreckungsabwehrantrag, besonderes Verfahren; Schadensersatz

Abschnitt 1. Vollstreckung, Vollstreckungsabwehrantrag, besonderes Verfahren

§ 65 AUG **Vollstreckung.** Für die Vollstreckung von ausländischen Unterhaltstiteln gilt § 120 Absatz 1 des Gesetzes über das Verfahren in Familiensachen und in den Angelegenheiten der freiwilligen Gerichtsbarkeit, soweit in der Verordnung (EG) Nr. 4/2009 und in diesem Gesetz nichts anderes bestimmt ist.

In Kap. 3 (§§ 65 – 69) werden die Vollstreckung, Vollstreckungsabwehrantrag, das besondere Verfahren und der mögliche Schadensersatz für eine Reihe von Fällen geregelt. Im Abschnitt 1 (§§ 65 – 68) finden sich die Vollstreckung, Vollstreckungsabwehrantrag und besondere Verfahren. Die durch den ausländischen Titel (vgl. § 3 Nr. 5) geregelte Unterhaltssache ist als **Familienstreitsache** einzuordnen. Daher erfolgt die Vollstreckung gem. § 120 Abs. 1 FamFG nach der ZPO. § 65 stellt daher klar, dass dies auch für die Vollstreckung ausländischer Unterhaltstitel gilt, soweit in den Art. 17 ff. EuUntVO und im AUG nichts anderes bestimmt ist. 1

§ 66 AUG **Vollstreckungsabwehrantrag.** (1) Ist ein ausländischer Titel nach der Verordnung (EG) Nr. 4/2009 ohne Exequaturverfahren vollstreckbar oder nach dieser Verordnung oder einem der in § 1 Absatz 1 Satz 1 Nummer 1 genannten Abkommen für vollstreckbar erklärt, so kann der Schuldner Einwendungen, die sich gegen den Anspruch selbst richten, in einem Verfahren nach § 120 Absatz 1 des Gesetzes über das Verfahren in Familiensachen und in den Angelegenheiten der freiwilligen Gerichtsbarkeit in Verbindung mit § 767 der Zivilprozessordnung geltend machen. Handelt es sich bei dem Titel um eine gerichtliche Entscheidung, so gilt dies nur, soweit die Gründe, auf denen die Einwendungen beruhen, erst nach dem Erlass der Entscheidung entstanden sind.
(2) Ist die Zwangsvollstreckung aus einem Titel nach einem der in § 1 Absatz 1 Satz 1 Nummer 2 genannten Übereinkommen zugelassen, so kann der Schuldner Einwendungen gegen den Anspruch selbst in einem Verfahren nach § 120 Absatz 1 des Gesetzes über das Verfahren in Familiensachen und in den Angelegenheiten der freiwilligen Gerichtsbarkeit in Verbindung mit § 767 der Zivilprozessordnung nur geltend machen, wenn die Gründe, auf denen seine Einwendungen beruhen, erst entstanden sind:
1. nach Ablauf der Frist, innerhalb derer er die Beschwerde hätte einlegen können, oder
2. falls die Beschwerde eingelegt worden ist, nach Beendigung dieses Verfahrens.

(3) Der Antrag nach § 120 Absatz 1 des Gesetzes über das Verfahren in Familiensachen und in den Angelegenheiten der freiwilligen Gerichtsbarkeit in Verbindung mit § 767 der Zivilprozessordnung ist bei dem Gericht zu stellen, das über den Antrag auf Erteilung der Vollstreckungsklausel entschieden hat. In den Fällen des Absatzes 1 richtet sich die Zuständigkeit nach § 35 Absatz 1 und 2.

1 **A. Allgemeines.** Ist die internationale Zuständigkeit deutscher Gerichte gegeben, so lässt das AUG ein Vollstreckungsabwehrverfahren auch gegen ausländische Titel (vgl. § 3 Nr. 5) zu. § 66 betrifft den Vollstreckungsabwehrantrag. Eine Neuregelung war nach Aufhebung des im Lichte der EuGH-Rspr. unionsrechtswidrigen § 44 notwendig geworden (zum alten Recht noch OLG Koblenz FamRZ 2013, 574 Anm. *Eichel*; *Henrich* FamRZ 2015, 1761, 1766 f.). Die Vorschrift unterscheidet nach der Art des Titels, der entweder bereits ohne Exequaturverfahren vollstreckbar ist (Abs. 1) oder aus dem die Vollstreckung zugelassen worden ist (Abs. 2). Der Schuldner kann Einwendungen vorbringen, die nach deutschem Recht mit einem Vollstreckungsabwehrverfahren geltend zu machen sind. Es handelt sich um Einwendungen nach Erlass, die vom Ursprungsgericht noch nicht berücksichtigt werden konnten (vgl. BGH NJW 2016, 248 = FamRZ 2015, 2144 m. Anm. *Eichel*). Die nachträgliche Leistungsunfähigkeit des Schuldners richtet sich allerdings gegen den Titel selbst. Eine Durchbrechung der materiellen Rechtskraft des Titels kann nur in einem Abänderungsverfahren (§ 238 FamFG) erreicht werden (OLG Karlsruhe FamRZ 2014, 144 m. Anm. *Rieck* NZ-Fam 2014, 288).

2 **B. Titel nach der EuUntVO und europäischen Übereinkommen.** Ist ein ausländischer Titel nach Art. 17 ff. EuUntVO ohne Exequaturverfahren vollstreckbar oder mit Exequaturverfahren nach Art. 23 ff. EuUntVO oder einem der in § 1 Abs. 1 Satz 1 Nr. 1 genannten Abk. (d.h. dem Abk. EU-Dänemark und LugÜ 2007) für vollstreckbar erklärt worden, so sind nachträgliche Einwendungen zulässig. Der Schuldner kann Einwendungen, die sich gegen den Anspruch selbst richten, in einem Verfahren nach § 120 Abs. 1 FamFG i.V.m. § 767 ZPO geltend machen (Abs. 1 Satz 1). Handelt es sich bei dem Titel um eine Gerichtsentscheidung, so gilt dies nur, soweit die Gründe, auf denen die Einwendungen beruhen, erst nach Erlass der Entscheidung entstanden sind (Abs. 1 Satz 2).

3 **C. Titel nach einem internationalen Übereinkommen.** Abs. 2 betrifft die Zwangsvollstreckung aus einem Titel nach einem der in § 1 Abs. 1 Satz 1 Nr. 2 genannten Übk. (Haager Unterhalts-Übk. 2007, Haager Unterhaltsanerkennungs- und Vollstreckungs-Übk. von 1973, LugÜ 1988 sowie UNÜ 1956). Wurde insoweit die Zwangsvollstreckung zugelassen, so kann der Schuldner Einwendungen gegen den Anspruch selbst in einem Verfahren nach § 120 Abs. 1 FamFG i.V.m. § 767 ZPO geltend machen. Dies gilt allerdings nur, wenn die Gründe, auf denen die Einwendungen beruhen, erst entstanden nach Ablauf der Frist sind, innerhalb derer er die Beschwerde hätte einlegen können (Abs. 2 Nr. 1) oder, falls die Beschwerde eingelegt worden ist, nach Beendigung dieses Verfahrens (Abs. 2 Nr. 2).

4 **D. Zuständigkeit.** Der Antrag nach § 120 Abs. 1 FamFG i.V.m. § 767 ZPO ist bei dem Gericht zu stellen, das über den Antrag auf Erteilung der Vollstreckungsklausel entschieden hat (Abs. 3 Satz 1). In den Fällen des Abs. 1 richtet sich die Zuständigkeit nach § 35 Abs. 1 und 2 (Abs. 3 Satz 2).

§ 67 AUG Verfahren nach Aufhebung oder Änderung eines für vollstreckbar erklärten ausländischen Titels im Ursprungsstaat.

(1) Wird der Titel in dem Staat, in dem er errichtet worden ist, aufgehoben oder geändert und kann der Schuldner diese Tatsache in dem Verfahren zur Zulassung der Zwangsvollstreckung nicht mehr geltend machen, so kann er die Aufhebung oder Änderung der Zulassung in einem besonderen Verfahren beantragen.
(2) Für die Entscheidung über den Antrag ist das Gericht ausschließlich zuständig, das im ersten Rechtszug über den Antrag auf Erteilung der Vollstreckungsklausel entschieden hat.
(3) Der Antrag kann bei dem Gericht schriftlich oder zu Protokoll der Geschäftsstelle gestellt werden. Über den Antrag kann ohne mündliche Verhandlung entschieden werden. Vor der Entscheidung, die durch Beschluss ergeht, ist der Gläubiger zu hören. § 45 Absatz 2 und 3 gilt entsprechend.
(4) Der Beschluss unterliegt der Beschwerde. Die Frist für die Einlegung der Beschwerde beträgt einen Monat. Im Übrigen sind die §§ 58 bis 60, 62, 63 Absatz 3 und die §§ 65 bis 74 des Gesetzes über das Verfahren in Familiensachen und in den Angelegenheiten der freiwilligen Gerichtsbarkeit entsprechend anzuwenden.

(5) Für die Einstellung der Zwangsvollstreckung und die Aufhebung bereits getroffener Vollstreckungsmaßregeln sind die §§ 769 und 770 der Zivilprozessordnung entsprechend anzuwenden. Die Aufhebung einer Vollstreckungsmaßregel ist auch ohne Sicherheitsleistung zulässig.

Die Vorschrift des § 67 betrifft das Verfahren nach Aufhebung oder Änderung eines für vollstreckbar erklärten ausländischen Titels (vgl. § 3 Nr. 5) im Ursprungsstaat. Sie entspricht § 27 AVAG sowie § 24 IntErbRVG. Nach **Aufhebung oder Änderung** eines für vollstreckbar erklärten ausländischen Titels im Ursprungsmitgliedstaat kann die Aufhebung oder Änderung der Zulassung der Zwangsvollstreckung in einem besonderen Verfahren beantragt werden (Abs. 1). Vgl. BGH NJW 2016, 248 = FamRZ 2015, 2144 m. Anm. Eichel. 1

Ausschließlich zuständig ist das Gericht, das im ersten Rechtszug über die Erteilung der Vollstreckungsklausel entschieden hat (Abs. 2). Der Antrag kann schriftlich oder zu Protokoll der Geschäftsstelle gestellt werden. Über ihn kann ohne mündliche Verhandlung entschieden werden. Vor einem Beschluss ist der Gläubiger zu hören (Abs. 3). Für Antragstellung, mündliche Verhandlung und Zustellung gelten § 45 Abs. 2 und 3 entsprechend. 2

Gegen den Beschluss kann **Beschwerde** nach §§ 567 bis 577 ZPO erhoben werden. Die Notfrist für die Einlegung der sofortigen Beschwerde beträgt einen Monat (Abs. 4). Für das Beschwerdeverfahren verweist Abs. 4 Satz 3 auf das FamFG, mit Ausnahme von § 61 FamFG. Die Beschwerde ist damit unabhängig vom Wert des Beschwerdegegenstandes zulässig. 3

Für die **Einstellung der Zwangsvollstreckung** und die **Aufhebung bereits getroffener Vollstreckungsmaßregeln** sind die §§ 769 und 770 ZPO entsprechend anzuwenden (Abs. 5). 4

§ 68 AUG Aufhebung oder Änderung ausländischer Entscheidungen, deren Anerkennung festgestellt ist.

Wird die Entscheidung in dem Staat, in dem sie ergangen ist, aufgehoben oder abgeändert und kann die davon begünstigte Partei diese Tatsache nicht mehr in dem Verfahren über den Antrag auf Feststellung der Anerkennung geltend machen, so ist § 67 Absatz 1 bis 4 entsprechend anzuwenden.

Die ausländische Aufhebung oder Änderung einer ausländischen Entscheidung, deren Anerkennung festgestellt wurde, hat Folgen. Kann dies die davon begünstigte Partei in dem Verfahren über den Antrag auf Anerkennungsfeststellung nicht mehr geltend machen, so ist § 67 Abs. 1 bis 4 über das Verfahren nach Aufhebung oder Änderung eines für vollstreckbar erklärten ausländischen Titels im Ursprungsmitgliedstaat entsprechend anzuwenden. Dies entspricht § 29 AVAG, § 25 IntErbRVG. 1

Abschnitt 2. Schadensersatz wegen ungerechtfertigter Vollstreckung

§ 69 AUG Schadensersatz wegen ungerechtfertigter Vollstreckung.

(1) Wird die Zulassung der Zwangsvollstreckung auf die Beschwerde (§ 43) oder die Rechtsbeschwerde (§ 46) aufgehoben oder abgeändert, so ist der Gläubiger zum Ersatz des Schadens verpflichtet, der dem Schuldner durch die Vollstreckung des Titels oder durch eine Leistung zur Abwendung der Vollstreckung entstanden ist.

(2) Das Gleiche gilt, wenn

1. die Zulassung der Zwangsvollstreckung nach § 67 aufgehoben oder abgeändert wird, sofern die zur Zwangsvollstreckung zugelassene Entscheidung zum Zeitpunkt der Zulassung nach dem Recht des Staates, in dem sie ergangen ist, noch mit einem ordentlichen Rechtsmittel angefochten werden konnte oder
2. ein nach Artikel 17 der Verordnung (EG) Nr. 4/2009 ohne Exequaturverfahren vollstreckbarer Titel im Ursprungsstaat aufgehoben wurde und der Titel zum Zeitpunkt der Zwangsvollstreckungsmaßnahme noch mit einem ordentlichen Rechtsmittel hätte angefochten werden können.

(3) Für die Geltendmachung des Anspruchs ist das Gericht ausschließlich zuständig, das im ersten Rechtszug über den Antrag, den Titel mit der Vollstreckungsklausel zu versehen, entschieden hat. In den Fällen des Absatzes 2 Nummer 2 richtet sich die Zuständigkeit nach § 35 Absatz 1 und 2.

1 Abschnitt 2 (§ 69) betrifft den Schadensersatz wegen ungerechtfertigter Vollstreckung nach Aufhebung oder Abänderung der Zulassung der Zwangsvollstreckung. Abs. 1 entspricht § 28 Abs. 1 AVAG sowie weitgehend § 26 IntErbRVG. Auch einem Schuldner, gegen den aus einer vorläufig vollstreckbaren Entscheidung vollstreckt wird, die keines Exequaturs bedarf, steht ein Schadensersatzanspruch zu (Abs. 2 Nr. 2).

Kapitel 4. Entscheidungen deutscher Gerichte; Mahnverfahren

§ 70 AUG Antrag des Schuldners nach Artikel 19 der Verordnung (EG) Nr. 4/2009. (1) Der Antrag des Schuldners auf Nachprüfung der Entscheidung gemäß Artikel 19 der Verordnung (EG) Nr. 4/2009 ist bei dem Gericht zu stellen, das die Entscheidung erlassen hat. § 719 Absatz 1 der Zivilprozessordnung ist entsprechend anwendbar.
(2) Hat der Schuldner den Antrag nicht innerhalb der Frist des Artikels 19 Absatz 2 der Verordnung (EG) Nr. 4/2009 eingereicht oder liegen die Voraussetzungen des Artikels 19 Absatz 1 der Verordnung (EG) Nr. 4/2009 nicht vor, weist das Gericht den Antrag durch Beschluss zurück. Der Beschluss kann ohne mündliche Verhandlung ergehen.
(3) Liegen die Voraussetzungen des Artikels 19 der Verordnung (EG) Nr. 4/2009 vor, so wird das Verfahren fortgeführt. Es wird in die Lage zurückversetzt, in der es sich vor Eintritt der Versäumnis befand. Die §§ 343 bis 346 der Zivilprozessordnung werden entsprechend angewendet. Auf Antrag des Schuldners ist die Zwangsvollstreckung auch ohne Sicherheitsleistung einzustellen.

1 Kap. 4 (§§ 70 – 75) betrifft Entscheidungen deutscher Gerichte und das Mahnverfahren. § 70 regelt das Verfahren bei einem Nachprüfungsantrag des Schuldners nach Art. 19 EuUntVO, bei dem regelmäßig eine Säumnissituation vorliegt. Über den Nachprüfungsantrag entscheidet das Gericht, das die Entscheidung erlassen hat (Abs. 1 Satz 1). Der Gläubiger darf grds. die Vollstreckung betreiben, auch wenn ein Nachprüfungsantrag gestellt wurde. Allerdings kann der Schuldner im Vollstreckungsstaat die Aussetzung der Zwangsvollstreckung beantragen (Art. 21 Abs. 3 Unterabs. 1 EuUntVO), ferner gem. §§ 707, 719 ZPO die einstweilige Einstellung der Zwangsvollstreckung beantragen. Kommt das Gericht seinem Antrag auf Einstellung der Zwangsvollstreckung nach, wird auch im Vollstreckungsstaat auf Antrag die Vollstreckung ausgesetzt (Art. 21 Abs. 3 Unterabs. 2 EuUntVO).
2 Hat der Schuldner den Nachprüfungsantrag **verspätet oder erfolglos eingelegt**, richtet sich das Verfahren nach Abs. 2. Die Nachprüfung ist nämlich ausgeschlossen, wenn der Schuldner gegen die Entscheidung keinen Rechtsbehelf oder ein Rechtsmittel eingelegt hat. Gegen einen Versäumnisbeschluss kann der Schuldner gem. § 338 ZPO Einspruch einlegen, bei unverschuldeter Versäumnis der Einspruchsfrist Wiedereinsetzung in den vorherigen Stand beantragen (§ 233 ZPO) und bei Vorliegen eines zweiten Versäumnisbeschlusses i.S.d. § 345 ZPO Beschwerde einlegen. Nur wenn er von diesen Rechtsbehelfen und Rechtsmitteln unverschuldet keinen Gebrauch machen konnte, findet eine Nachprüfung gem. Art. 19 EuUntVO statt. Gegen die Zurückweisung des Antrags auf Nachprüfung sieht die EuUntVO kein Rechtsmittel vor.
3 Sind die Voraussetzungen des Art. 19 EuUntVO erfüllt, gelten die Vorschriften über das Versäumnisverfahren (Abs. 3). Der Beschluss wird allerdings entgegen Art. 19 Abs. 3 EuUntVO nicht »für nichtig erklärt«. Vielmehr wird das Verfahren wie bei Vorliegen einer Säumnisentscheidung nach §§ 343 ff. ZPO fortgeführt. Ist der Nachprüfungsantrag begründet, hat der Schuldner zugleich glaubhaft gemacht, dass seine Säumnis unverschuldet war. Die Zwangsvollstreckung ist auf Antrag ohne Sicherheitsleistung einzustellen (§ 70 Abs. 2 Satz 2). Im Vollstreckungsstaat kann der Schuldner dann die Einstellung der Zwangsvollstreckung nach Art. 21 Abs. 3 Unterabs. 2 EuUntVO beantragen.

§ 71 AUG Bescheinigungen zu inländischen Titeln. (1) Die Gerichte, Behörden oder Notare, denen die Erteilung einer vollstreckbaren Ausfertigung obliegt, sind zuständig für die Ausstellung

1. des Formblatts nach Artikel 20 Absatz 1 Buchstabe b, Artikel 28 Absatz 1 Buchstabe b, Artikel 40 Absatz 2 und Artikel 48 Absatz 3 der Verordnung (EG) Nr. 4/2009,
2. der Bescheinigungen nach den Artikeln 54, 57 und 58 des Übereinkommens vom 30. Oktober 2007 über die gerichtliche Zuständigkeit und die Anerkennung und Vollstreckung von Entscheidungen in Zivil- und Handelssachen.

(2) Soweit nach Absatz 1 die Gerichte für die Ausstellung des Formblatts oder der Bescheinigungen zuständig sind, werden diese Unterlagen von dem Gericht des ersten Rechtszuges ausgestellt oder, wenn das Verfahren bei einem höheren Gericht anhängig ist, von diesem. Funktionell zuständig ist die Stelle, der die Erteilung einer vollstreckbaren Ausfertigung obliegt. Für die Anfechtbarkeit der Entscheidung über die Ausstellung des Formblatts oder der Bescheinigung gelten die Vorschriften über die Anfechtbarkeit der Entscheidung über die Erteilung der Vollstreckungsklausel entsprechend.

(3) Die Ausstellung des Formblatts nach Artikel 20 Absatz 1 Buchstabe b und Artikel 48 Absatz 3 der Verordnung (EG) Nr. 4/2009 schließt das Recht auf Erteilung einer Klausel nach § 724 der Zivilprozessordnung nicht aus.

§ 71 betrifft **Bescheinigungen zu inländischen Titeln** (vgl. § 3 Nr. 5) und entspricht weitgehend § 27 IntErbRVG. Die nach Art. 28 und 48 EuUntVO sowie Art. 54 ff. LugÜ auszustellenden Bestätigungen sollen den Gerichten des Vollstreckungsstaates die Prüfung der Anerkennungs- und Exequaturvoraussetzungen erleichtern (Abs. 1). Sie dokumentieren ebenso wie die Vollstreckungsklausel Funktion, Bestand und Vollstreckbarkeit des Titels (so Begr. RegE BT-Drucks. 17/4887 S. 49).

Die Bescheinigung wird von derjenigen Stelle **ausgestellt**, die für die Erteilung der vollstreckbaren Ausfertigung zuständig ist (Abs. 2). Im Regelfall ist dies der Urkundsbeamte der Geschäftsstelle. Das für die Vollstreckung eines nach Art. 17 oder Art. 48 EuUntVO vollstreckbaren Titels nach Art. 20 i.V.m. Anh. 1 EuUntVO zu erstellende Formblatt ist zusammen mit dem Titel unmittelbare Grundlage der Vollstreckung. Für die Erstellung des Formblatts nach Anh. 1 EuUntVO ist der Rechtspfleger zuständig.

Abs. 3 berücksichtigt, dass der Titelgläubiger ggf. im Inland und im Ausland vollstrecken will. Für die Vollstreckung im Inland aus dem inländischen Titel bedarf er weiterhin der Vollstreckungsklausel.

§ 72 AUG Bezifferung dynamisierter Unterhaltstitel zur Zwangsvollstreckung im Ausland.

Soll ein Unterhaltstitel, der den Unterhalt nach § 1612a des Bürgerlichen Gesetzbuchs als Prozentsatz des Mindestunterhalts festsetzt, im Ausland vollstreckt werden, gilt § 245 des Gesetzes über das Verfahren in Familiensachen und in den Angelegenheiten der freiwilligen Gerichtsbarkeit.

Die Bezifferung dynamisierter Unterhaltstitel zur Zwangsvollstreckung im Ausland wird in § 72 geregelt. Ist der Unterhaltsanspruch in dynamisierter Form tituliert (vgl. § 1612a BGB) findet § 245 FamFG Anwendung. Die EuUntVO beschränkt sich zwar nicht auf Zahlung einer bestimmten Geldsumme. Die Bezifferung dynamischer Titel soll jedoch möglichen Vollstreckungsproblemen im Ausland vorbeugen (Begr. RegE BT-Drucks. 17/4887 S. 50).

§ 73 AUG Vervollständigung inländischer Entscheidungen zur Verwendung im Ausland.

(1) Will ein Beteiligter einen Versäumnis- oder Anerkenntnisbeschluss, der nach § 38 Absatz 4 des Gesetzes über das Verfahren in Familiensachen und in den Angelegenheiten der freiwilligen Gerichtsbarkeit in verkürzter Form abgefasst worden ist, in einem anderen Vertrags- oder Mitgliedstaat geltend machen, so ist der Beschluss auf Antrag dieses Beteiligten zu vervollständigen. Der Antrag kann bei dem Gericht, das den Beschluss erlassen hat, schriftlich gestellt oder zu Protokoll der Geschäftsstelle erklärt werden. Über den Antrag wird ohne mündliche Verhandlung entschieden.

(2) Zur Vervollständigung *des Beschlusses* sind die Gründe nachträglich abzufassen, von den Richtern gesondert zu unterschreiben und der Geschäftsstelle zu übergeben; die Gründe können auch von Richtern unterschrieben werden, die bei dem Beschluss nicht mitgewirkt haben.

(3) Für die Berichtigung der Sachverhaltsdarstellung in den nachträglich abgefassten Gründen gelten § 113 Absatz 1 Satz 2 des Gesetzes über das Verfahren in Familiensachen und in den Angelegenheiten der freiwilligen Gerichtsbarkeit und § 320 der Zivilprozessordnung. Jedoch können bei der Entschei-

dung über einen Antrag auf Berichtigung auch solche Richter mitwirken, die bei dem Beschluss oder der nachträglichen Abfassung der Gründe nicht mitgewirkt haben.
(4) Die vorstehenden Absätze gelten entsprechend für die Vervollständigung von Arrestbefehlen und einstweiligen Anordnungen, die in einem anderen Vertrags- oder Mitgliedstaat geltend gemacht werden sollen und nicht mit einer Begründung versehen sind.

1   Die Vorschrift des § 73 über die Vervollständigung inländischer Entscheidungen zur Verwendung im Ausland entspricht inhaltlich § 30 AVAG und teilweise § 28 IntErbRVG. Soll ein Versäumnis- oder in verkürzter Form abgefasster Anerkenntnisbeschluss in einem anderen Vertrags- oder Mitgliedstaat geltend gemacht werden, so ist der Beschluss auf Antrag hin zu vervollständigen (Abs. 1). Tatbestand und Entscheidungsgründe sind nachträglich abzufassen und gesondert zu unterschreiben (Abs. 2). Für die Berichtigung des nachträglich abgefassten Tatbestandes gilt grds. § 320 ZPO i.V.m. § 113 Abs. 1 Satz 2 FamFG (Abs. 3). Auch eine Vervollständigung von Arrestbefehlen und einstweiligen Anordnungen ist möglich (Abs. 4).

§ 74 AUG   Vollstreckungsklausel zur Verwendung im Ausland.
Vollstreckungsbescheide, Arrestbefehle und einstweilige Anordnungen, deren Zwangsvollstreckung in einem anderen Vertrags- oder Mitgliedstaat betrieben werden soll, sind auch dann mit der Vollstreckungsklausel zu versehen, wenn dies für eine Zwangsvollstreckung im Inland nach § 796 Absatz 1, § 929 Absatz 1 der Zivilprozessordnung und nach § 53 Absatz 1 und § 119 des Gesetzes über das Verfahren in Familiensachen und in den Angelegenheiten der freiwilligen Gerichtsbarkeit nicht erforderlich wäre.

1   Eine Vollstreckungsklausel zur Verwendung im Ausland ist für Vollstreckungsbescheide, Arrestbefehle und einstweilige Anordnungen vorgesehen. Die Vorschrift des § 74 entspricht im Wesentlichen § 31 AVAG sowie § 29 IntErbRVG.

§ 75 AUG   Mahnverfahren mit Zustellung im Ausland.
(1) Das Mahnverfahren findet auch statt, wenn die Zustellung des Mahnbescheids in einem anderen Vertrags- oder Mitgliedstaat erfolgen muss. In diesem Fall kann der Anspruch auch die Zahlung einer bestimmten Geldsumme in ausländischer Währung zum Gegenstand haben.
(2) Macht der Antragsteller geltend, dass das angerufene Gericht auf Grund einer Gerichtsstandsvereinbarung zuständig sei, so hat er dem Mahnantrag die erforderlichen Schriftstücke über die Vereinbarung beizufügen.
(3) Die Widerspruchsfrist (§ 692 Absatz 1 Nummer 3 der Zivilprozessordnung) beträgt einen Monat.

1   Das Mahnverfahren findet auch statt, wenn die Zustellung des Mahnbescheids in einem anderen Mitgliedstaat erfolgen muss (Abs. 1). Stützt sich der Antrag auf eine Gerichtsstandsvereinbarung, so ist sie beizufügen (Abs. 2). Die Widerspruchsfrist beträgt einen Monat (Abs. 3). Die Vorschrift des § 75 entspricht im Wesentlichen § 32 AVAG sowie § 30 IntErbRVG.

Abschnitt 1. Kosten

§ 76 AUG   Übersetzungen.
Die Höhe der Vergütung für die von der zentralen Behörde veranlassten Übersetzungen richtet sich nach dem Justizvergütungs- und Entschädigungsgesetz.

1   Die Vergütungshöhe für die von der Zentralen Behörde veranlassten Übersetzungen bestimmen sich nach dem JVEG. Etwaige Rechtsbehelfe richten sich aber, da die Zentrale Behörde im Bereich des Justizverwaltungsverfahrens tätig wird (§ 4 Abs. 2), nach §§ 23 ff. EGGVG.

Abschnitt 2. Übergangsvorschriften

§ 77 AUG Übergangsvorschriften. (1) Die Anerkennung und Vollstreckbarerklärung eines ausländischen Unterhaltstitels richtet sich für die am 18. Juni 2011 bereits eingeleiteten Verfahren nach dem Anerkennungs- und Vollstreckungsausführungsgesetz in der Fassung vom 3. Dezember 2009 (BGBl. I S. 3830) im Anwendungsbereich

1. der Verordnung (EG) Nr. 44/2001 des Rates vom 22. Dezember 2000 über die gerichtliche Zuständigkeit und die Anerkennung und Vollstreckung von Entscheidungen in Zivil- und Handelssachen (ABl. L 12 vom 16.1.2001, S. 1),
2. des Abkommens vom 19. Oktober 2005 zwischen der Europäischen Gemeinschaft und dem Königreich Dänemark über die gerichtliche Zuständigkeit und die Anerkennung und Vollstreckung von Entscheidungen in Zivil- und Handelssachen (ABl. L 299 vom 16.11.2005, S. 62),
3. des Übereinkommens vom 30. Oktober 2007 über die gerichtliche Zuständigkeit und die Anerkennung und Vollstreckung von Entscheidungen in Zivil- und Handelssachen (ABl. L 339 vom 21.12.2007, S. 3),
4. des Übereinkommens vom 16. September 1988 über die gerichtliche Zuständigkeit und die Vollstreckung gerichtlicher Entscheidungen in Zivil- und Handelssachen (BGBl. 1994 II S. 2658) und
5. des Haager Übereinkommens vom 2. Oktober 1973 über die Anerkennung und Vollstreckung von Unterhaltsentscheidungen (BGBl. 1986 II S. 826).

(2) Die Anerkennung und Vollstreckbarerklärung eines ausländischen Titels richtet sich für Verfahren mit förmlicher Gegenseitigkeit (§ 1 Absatz 1 Satz 1 Nummer 3), die am 18. Juni 2011 bereits eingeleitet sind, nach dem Auslandsunterhaltsgesetz vom 19. Dezember 1986 (BGBl. I S. 2563), das zuletzt durch Artikel 4 Absatz 10 des Gesetzes vom 17. Dezember 2006 (BGBl. I S. 3171) geändert worden ist.

(3) Die gerichtliche Zuständigkeit für am 18. Juni 2011 noch nicht abgeschlossene Unterhaltssachen und anhängige Verfahren auf Gewährung von Verfahrenskostenhilfe bleibt unberührt.

(4) Die §§ 30 bis 34 sind nur auf Titel anwendbar, die auf der Grundlage des Haager Protokolls vom 23. November 2007 über das anwendbare Recht (ABl. L 331 vom 16.12.2009, S. 19) ergangen sind.

(5) Die §§ 16 bis 19 sind auch auf Ersuchen anzuwenden, die bei der zentralen Behörde am 18. Juni 2011 bereits anhängig sind.

Für **am 18.06.2011 bereits eingeleitete Verfahren** auf Anerkennung oder Vollstreckbarerklärung bleibt es 1
bei der bisherigen Rechtslage, d.h. der Anwendung des AVAG für die am 18.06.2011 bereits eingeleiteten Anerkennungs- und Vollstreckbarerklärungsverfahren im Anwendungsbereich einer Reihe von Vorschriften. Genannt werden die Brüssel I-VO (Abs. 1 Satz 1 Nr. 1), das EU-Dänemark Abk. von 2005 (Abs. 1 Satz 1 Nr. 2), das LugÜ 2007 (Abs. 1 Satz 1 Nr. 3), das LugÜ 1988 (Abs. 1 Satz 1 Nr. 4) und das Haager Unterhaltsanerkennungs- und Vollstreckungs-Übk. von 1973 (Abs. 1 Satz 1 Nr. 5).

Für **Verfahren mit förmlicher Gegenseitigkeit** greift das AUG mit Inkrafttreten ein (Abs. 2). 2

Für am 18.06.2011 **noch nicht abgeschlossene Unterhaltssachen** und anhängige Verfahren auf Gewährung 3
von Verfahrenskostenhilfe bleibt die Zuständigkeit unberührt (Abs. 3). Die Zuständigkeitskonzentration nach dem AUG wirkt sich daher erst auf Verfahren aus, die ab dem 18.06.2011 eingeleitet wurden.

Verfahren auf Anerkennung und Vollstreckbarerklärung, die **nach Inkrafttreten der EuUntVO und des** 4
AUG eingeleitet werden, richten sich gem. Art. 75 Abs. 2 EuUntVO nach der EuUntVO und damit ergänzend nach dem AUG. Dabei ist unerheblich, ob der ausländische Titel vor dem 18.06.2011 oder erst danach ergangen ist.

Nur für diejenigen Titel bedarf es nach §§ 30 bis 34 keines Exequaturverfahrens, die die auf der Grundlage 5
des Haager Protokolls 2007 ergangen sind (Abs. 4). Nach Art. 75 Abs. 3 EuUntVO sind die Vorschriften über die behördliche Zusammenarbeit nur auf neu eingehende Ersuchen und Anträge anzuwenden.

Anhang VII
Haager Übereinkommen vom 13. Januar 2000 über den internationalen Schutz von Erwachsenen

Vom 13. Januar 2000 (BGBl. 2007 II S. 323, BGBl. 2009 II S. 39)

Die Unterzeichnerstaaten dieses Übereinkommens -
in der Erwägung, dass es erforderlich ist, bei internationalen Sachverhalten den Schutz von Erwachsenen sicherzustellen, die aufgrund einer Beeinträchtigung oder der Unzulänglichkeit ihrer persönlichen Fähigkeiten nicht in der Lage sind, ihre Interessen zu schützen;
in dem Wunsch, Konflikte zwischen ihren Rechtssystemen in Bezug auf die Zuständigkeit, das anzuwendende Recht, die Anerkennung und Vollstreckung von Maßnahmen zum Schutz von Erwachsenen zu vermeiden;
eingedenk der Bedeutung der internationalen Zusammenarbeit für den Schutz von Erwachsenen;
bekräftigend, dass das Wohl des Erwachsenen und die Achtung seiner Würde und Selbstbestimmung vorrangig zu berücksichtigen sind -
haben die folgenden Bestimmungen vereinbart:

Kapitel I. Anwendungsbereich des Übereinkommens

Art. 1 ErwSÜ
(1) Dieses Übereinkommen ist bei internationalen Sachverhalten auf den Schutz von Erwachsenen anzuwenden, die aufgrund einer Beeinträchtigung oder der Unzulänglichkeit ihrer persönlichen Fähigkeiten nicht in der Lage sind, ihre Interessen zu schützen.
(2) Sein Ziel ist es,
a) den Staat zu bestimmen, dessen Behörden zuständig sind, Maßnahmen zum Schutz der Person oder des Vermögens des Erwachsenen zu treffen;
b) das von diesen Behörden bei der Ausübung ihrer Zuständigkeit anzuwendende Recht zu bestimmen;
c) das auf die Vertretung des Erwachsenen anzuwendende Recht zu bestimmen;
d) die Anerkennung und Vollstreckung der Schutzmaßnahmen in allen Vertragsstaaten sicherzustellen;
e) die zur Verwirklichung der Ziele dieses Übereinkommens notwendige Zusammenarbeit zwischen den Behörden der Vertragsstaaten einzurichten.

1 **A. Allgemeines.** Das ErwSÜ ist auf den Schutz von Erwachsenen gerichtet, die ihre Interessen nicht selbst schützen können. Inhaltlich lehnt sich das ErwSÜ eng an das KSÜ an. Es besteht ein erläuternder Bericht von Lagarde, deutsche Übersetzung in BT-Drucks. 16/3250. Das ErwSÜ hat Vorrang vor dem nationalen Recht (*Schulte-Bunert* FuR 2014, 334; s. § 97 FamFG). Zur Ausführung dient das deutsche Ausführungsgesetz (ErwSÜAG); näher erläutert in Anh. VIII. Bezüglich des in der Sache anwendbaren Rechts folgt das ErwSÜ grds. dem Gleichlaufprinzip (Art. 13).

2 **B. Anwendungsbereich.** Das ErwSÜ betrifft nur **internationale Sachverhalte**, bei denen es in erster Linie darum geht, Konflikte zwischen den Rechtssystemen der Vertragsstaaten in Bezug auf die Zuständigkeit, das anzuwendende Recht, die Anerkennung und Vollstreckung von Maßnahmen zum Schutz von Erwachsenen zu vermeiden. Nicht vom Übk. erfasst werden also Sachverhalte mit reinem Inlandsbezug (*Guttenberger*, Das Haager Übk. über den internationalen Schutz von Erwachsenen, 2004, S. 62). Wann ein internationaler Sachverhalt vorliegt, lässt das ErwSÜ offen. An das Vorliegen eines Auslandsbezugs werden keine hohen Anforderungen gestellt (Staudinger/*von Hein* [2014] Vorbem. Art. 24 EGBGB Rn. 28). Er dürfte immer dann anzunehmen sein, wenn der Erwachsene einem anderen Staat angehört oder sich sein gewöhnlicher Aufenthalt im Ausland befindet (Staudinger/*von Hein* [2014] Vorbem. Art. 24 EGBGB Rn. 28). Es genügt auch, wenn sein zu verwaltendes Vermögen im Ausland liegt (*Baetge* RabelsZ 70 (2006) 819, 820;

Staudinger/*von Hein* [2014] Vorbem. Art. 24 EGBGB Rn. 28; anders *Siehr* RabelsZ 64 (2000), 715, 722; *Wagner* IPRax 2007, 11, 13).

Gem. Art. 1 Abs. 2 regelt das Übk. nicht nur die Zuständigkeit von Behörden für Schutzmaßnahmen hinsichtlich der Person oder des Vermögens des Erwachsenen (Buchst. a)), sondern auch das von diesen Behörden bei der Ausübung ihrer Zuständigkeit anzuwendende Recht (Buchst. b)), sowie das auf die Vertretung eines Erwachsenen anzuwendende Recht (Buchst. c)), die Anerkennung und Vollstreckung der Schutzmaßnahmen in allen Vertragsstaaten und die Zusammenarbeit zwischen den Behörden der Vertragsstaaten, um die Ziele des Übk. sicherzustellen. Insofern behandelt das ErwSÜ dieselben Themenkomplexe wie das KSÜ.   **3**

Der **persönliche Anwendungsbereich** des ErwSÜ erfasst Erwachsene, s. Art. 2. Sie müssen aufgrund einer Beeinträchtigung oder der Unzulänglichkeit ihrer persönlichen Fähigkeiten nicht in der Lage sind, ihre Interessen zu schützen (Abs. 1).   **4**

Das ErwSÜ regelt den **räumlichen Anwendungsbereich nicht allgemein.** Vielmehr variiert die räumliche Reichweite und wird von den betreffenden Vorschriften selbst festgelegt. So knüpft bspw. Art. 5 Abs. 1 an den gewöhnlichen Aufenthalt des Betroffenen in einem bestimmten Vertragsstaat an. Außer Deutschland haben auch Estland (01.11.2011), Finnland (01.03.2011), Frankreich (01.01.2009), Österreich (01.02.2014), die Schweiz (01.07.2009), Tschechien (01.08.2012) sowie das Vereinigte Königreich von Großbritannien und Nordirland, beschränkt auf Schottland (01.01.2009) das Übereinkommen ratifiziert (Liste der Vertragsstaaten https://www.bundesjustizamt.de/DE/; Bek. v. 12.12.2008, BGBl 09 II 39; vgl. hierzu: http://www.hcch.net/index).   **5**

Der **zeitliche Anwendungsbereich** des ErwSÜ ist in Art. 50 Abs. 1 geregelt.   **6**

Art. 2 ErwSÜ

(1) Im Sinn dieses Übereinkommens ist ein Erwachsener eine Person, die das 18. Lebensjahr vollendet hat.
(2) Dieses Übereinkommen ist auch auf Maßnahmen anzuwenden, die hinsichtlich eines Erwachsenen zu einem Zeitpunkt getroffen worden sind, in dem er das 18. Lebensjahr noch nicht vollendet hatte.

Der **persönliche Anwendungsbereich** des ErwSÜ erfasst Erwachsene, die aufgrund einer Beeinträchtigung oder der Unzulänglichkeit ihrer persönlichen Fähigkeiten nicht in der Lage sind, ihre Interessen zu schützen. Irrelevant für die Anwendung des ErwSÜ ist hingegen, ob die erwachsene Person urteilsfähig oder entmündigt ist (*Siehr* RabelsZ 64 [2000], 715, 721). Für die Anwendung ist auch unerheblich, ob der Erwachsene die Staatsangehörigkeit eines Vertragsstaates besitzt (*Helms* FamRZ 2008, 1995; übersehen von OLG Karlsruhe FamRZ 2015, 1820 abl. Anm. *von Hein*). Es bedarf lediglich einer aufgrund von physischen oder psychischen Unzulänglichkeiten vermittelten Hilfsbedürftigkeit (*Guttenberger* S. 60 f.). Nicht unter den persönlichen Anwendungsbereich sollen sog. Verschwender fallen, es sei denn die Verschwendungssucht tritt im Zusammenhang mit anderen Faktoren auf, die auf eine allgemeine Hilfsbedürftigkeit hinweisen (*Siehr* RabelsZ 64 [2000], 715, 721).   **1**

»**Erwachsener**« ist eine Person, die das 18. Lebensjahr vollendet hat (Art. 2). Bis zur Vollendung des 18. Lebensjahres ist das KSÜ heranzuziehen ist. Ist ein Erwachsener bereits vor Vollendung des 18. Lebensjahres nach dem Recht des Forumstaates erwachsen, ist nicht das ErwSÜ, sondern das KSÜ heranzuziehen (*Siehr* RabelsZ 64 [2000], 715, 721). Auf die Volljährigkeit kommt es nicht an (übersehen von OLG Karlsruhe FamRZ 2015, 1820 abl. Anm. *von Hein*).   **2**

Abs. 2 stellt allerdings klar, dass das ErwSÜ auch auf solche Maßnahmen Anwendung findet, die hinsichtlich eines nunmehr Erwachsenen zu einem Zeitpunkt getroffen worden sind, an dem dieser das 18. Lebensjahr noch nicht vollendet hatte. Wann die Anwendbarkeit des ErwSÜ endet, ist nicht geregelt. Aus der Zielsetzung des Übk. ergibt sich jedoch, dass dieses nur zu **Lebzeiten des Betroffenen** Anwendung findet (*Guttenberger* S. 58).   **3**

Art. 3 ErwSÜ

Die Maßnahmen, auf die in Artikel 1 Bezug genommen wird, können insbesondere Folgendes umfassen:
a) die Entscheidung über die Handlungsunfähigkeit und die Einrichtung einer Schutzordnung;
b) die Unterstellung des Erwachsenen unter den Schutz eines Gerichts oder einer Verwaltungsbehörde;
c) die Vormundschaft, die Pflegschaft und entsprechende Einrichtungen;

d) die Bestimmung und den Aufgabenbereich jeder Person oder Stelle, die für die Person oder das Vermögen des Erwachsenen verantwortlich ist, den Erwachsenen vertritt oder ihm beisteht;
e) die Unterbringung des Erwachsenen in einer Einrichtung oder an einem anderen Ort, an dem Schutz gewährt werden kann;
f) die Verwaltung und Erhaltung des Vermögens des Erwachsenen oder die Verfügung darüber;
g) die Erlaubnis eines bestimmten Einschreitens zum Schutz der Person oder des Vermögens des Erwachsenen.

1 Der **sachliche Anwendungsbereich** ist weit gespannt. Er ergibt sich aus den Art. 1 i.V.m. Art. 3, 4. Soweit es um eine Schutzmaßnahme i.S.v. Art. 1 Abs. 2 Buchst. a) geht, wird der Rechtsbegriff durch Art. 3 konkretisiert. Danach können Schutzmaßnahmen insbes. **Entscheidungen über die Handlungsfähigkeit** und die Einrichtung eines Schutzordnung umfassen (Buchst. a)). Dazu gehört auch die Betreuung mit Einwilligungsvorbehalt (*Schulte-Bunert* FuR 2014, 334, 335; Staudinger/*von Hein* [2014] Vorbem. Art. 24 EGBGB Rn. 44), nicht hingegen kraft Gesetzes geltende Erwachsenenschutzvorschriften wie die Geschäftsunfähigkeit (*Helms* FamRZ 2008, 1995, 1999). Ferner sind zu nennen die Unterstellung des Erwachsenen unter den Schutz eines Gerichts oder einer Verwaltungsbehörde (Buchst. b)); die Vormundschaft, die Pflegschaft (für Erfassung der Ergänzungspflegschaft Staudinger/*von Hein* [2014] Vorbem. Art. 24 EGBGB Rn. 47; anders *Siehr* RabelsZ 64 [2000], 715, 721; *Röthel/Woitge* IPRax 2010, 409, 410) und die entsprechenden Einrichtungen (Buchst. c)); die Bestimmung und den Aufgabenbereich jeder Person oder Stelle, die für die Person oder das Vermögen des Erwachsenen verantwortlich ist, den Erwachsenen vertritt oder ihm beisteht (Buchst. d)); die Unterbringung des Erwachsenen in einer Einrichtung oder an einem anderen, dem Erwachsenen schutzleistenden Ort (Buchst. e)); die Verwaltung, Erhaltung und die Verfügung über das Vermögen des Erwachsenen (Buchst. f)) bzw. die Erlaubnis eines bestimmten Einschreitens zum Schutz der Person oder des Vermögens des Erwachsenen (Buchst. g)).

2 Es handelt sich hierbei um eine beispielhafte Aufzählung (Staudinger/*von Hein* [2014] Vorbem. Art. 24 EGBGB Rn. 37). Diese ist nicht abschließend, worauf bereits die Formulierung »insbes.« hinweist (*Wagner* IPRax 2007, 11, 12). Es wurde absichtlich auf die Aufnahme nationaler Rechtsinstitute in den Katalog des Art. 3 verzichtet, um ein Ausufern dieser Bestimmung zu verhindern (zu den nationalen Regelungen in Europa *Röthel* FamRZ 2004, 999 ff.). So fällt bspw. auch die Betreuung nach §§ 1896 ff. BGB unter den Begriff der Schutzmaßnahme (Staudinger/*von Hein* [2014] Vorbem. Art. 24 EGBGB Rn. 44), obwohl sie in Art. 3 nicht explizit genannt wird.

Art. 4 ErwSÜ (1) Dieses Übereinkommen ist nicht anzuwenden

a) auf Unterhaltspflichten;
b) auf das Eingehen, die Ungültigerklärung und die Auflösung einer Ehe oder einer ähnlichen Beziehung sowie die Trennung;
c) auf den Güterstand einer Ehe oder vergleichbare Regelungen für ähnliche Beziehungen;
d) auf Trusts und Erbschaften;
e) auf die soziale Sicherheit;
f) auf öffentliche Maßnahmen allgemeiner Art in Angelegenheiten der Gesundheit;
g) auf Maßnahmen, die hinsichtlich einer Person infolge ihrer Straftaten ergriffen wurden;
h) auf Entscheidungen über Asylrecht und Einwanderung;
i) auf Maßnahmen, die allein auf die Wahrung der öffentlichen Sicherheit gerichtet sind.
(2) Absatz 1 berührt in den dort erwähnten Bereichen nicht die Berechtigung einer Person, als Vertreter des Erwachsenen zu handeln.

1 **A. Allgemeines.** Bestimmte **Materien** werden **vom ErwSÜ nicht erfasst.** Hierbei handelt es sich um eine abschließende Regelung (*Helms* FamRZ 2008, 1995). Danach ist das ErwSÜ auf Unterhaltspflichten (Buchst. a)) auf das Eingehen, die Ungültigkeitserklärung und die Auflösung einer Ehe oder einer eheähnlichen Beziehung bzw. Trennung (Buchst. b)) auf den Güterstand der Ehe oder einer vergleichbaren Regelung für eheähnliche Beziehungen (Buchst. c)) bzw. auf Trusts und Erbschaften (Buchst. d)) nicht anwendbar. Darüber hinaus findet das ErwSÜ auch keine Anwendung auf die soziale Sicherheit (Buchst. e)) öffentliche Maßnahmen allgemeiner Art in Gesundheitsangelegenheiten (Buchst. f)) sowie solche, die hin-

sichtlich einer Person infolge ihrer Straftaten ergriffen wurden. Ferner nicht auf Asylrecht und Einwanderung sowie Maßnahmen zur Wahrung der öffentlichen Sicherheit (Buchst. h), i)).

B. Einzelne Angelegenheiten. Die in Art. 4 Abs. 1 Buchst. a) genannten **Unterhaltspflichten** werden vom Haager Unterhaltsprotokoll 2007 bzgl. des anwendbaren Rechts erfasst. Darüber hinaus regeln die EuUntVO bzw. das LugÜ die internationale Zuständigkeit. 2

Das ErwSÜ findet auch auf das Eingehen, die Ungültigkeitserklärung, die Auflösung einer **Ehe oder eheähnlichen Beziehung** sowie deren Trennung keine Anwendung (vgl. Abs. 1 Buchst. b)). 3

Der Ausschlusstatbestand des Abs. 1 Buchst. d) bezieht sich neben **Erbschaften** auch auf die Fragen des Internationalen Privatrechts, die sich im Zusammenhang mit **Trusts** ergeben. Der Ausschluss ist auf die Bestimmungen hinsichtlich der Wirkungsweise von Trusts beschränkt auszulegen (Bericht *Lagarde* Nr. 37). 4

Obwohl der Ausschluss der **sozialen Sicherheit** weit zu verstehen ist und über das hinaus geht, was in den Bestimmungen der Vertragsstaaten unter dem Rechtsbegriff i.e.S. zu verstehen ist, bspw. die Bestimmung eines Vertreters des fürsorgebedürftigen Erwachsenen, der auch zur Entgegennahme der Sozialleistungen befugt sein soll, fällt dies in den Anwendungsbereich des ErwSÜ, soweit die Sozialversicherungsregelungen keine besonderen Bestimmungen vorsehen (Bericht *Lagarde* Nr. 39). 5

Bei Abs. 1 Buchst. f) ist zu differenzieren. Maßnahmen »allgemeiner Art in **Angelegenheiten der Gesundheit**« sind öffentlich rechtliche Maßnahmen, die zum Schutz einer Vielzahl von Menschen und zur Bekämpfung allgemeiner Gesundheitsgefahren erlassen werden. Maßnahmen aus fürsorglichen Gründen zum Schutz der Gesundheit des Einzelnen, wie bspw. eine Sterilisation oder ein Schwangerschaftsabbruch, sind hingegen vom Anwendungsbereich des ErwSÜ gedeckt (*Guttenberger* S. 74; vgl. Staudinger/*von Hein* [2014] Vorbem. Art. 24 EGBGB Rn. 63). 6

Gem. Abs. 1 Buchst. g) sind auch **strafrechtliche Sanktionen** vom Anwendungsbereich des ErwSÜ ausgeschlossen. Gemeint sind Maßnahmen, welche Folge von Straftaten sind, die von dem fürsorgebedürftigen Erwachsenen begangen wurden (Bericht *Lagarde* Nr. 43). 7

Abs. 1 Buchst. h) schließt einschlägige Entscheidungen, die z.B. die **Asylgewährung oder Aufenthaltsgenehmigung** betreffen, vom Anwendungsbereich des ErwSÜ aus. Der Schutz und die Vertretung eines fürsorgebedürftigen Erwachsenen, der bspw. Asyl begehrt, sind hingegen vom Anwendungsbereich des Übk. umfasst (Bericht *Lagarde* Nr. 44). 8

Abs. 1 Buchst. i) betrifft in erster Linie Maßnahmen zur **Unterbringung von Erwachsenen**, die aufgrund ihrer geistigen Störung zu einer Gefahr für Dritte werden, sprich die Maßnahme der Zwangsunterbringung, die vor allem auch im Interesse der öffentlichen Sicherheit angeordnet wurde (Bericht *Lagarde* Nr. 45). 9

C. Vertretungsmacht. Nach Abs. 2 berühren die in Abs. 1 ausgeschlossenen Materien nicht die **Vertretungsmacht einer Person**, für den Erwachsenen zu handeln. D. h., ein nach Art. 7, 13 ernannter Betreuer kann den betroffenen Erwachsenen auch in einem nach Art. 4 Abs. 1 Buchst. a) ausgeschlossenen Unterhaltsprozess vertreten (*Siehr* RabelsZ 64 [2000], 715, 728). 10

Kapitel II. Zuständigkeit

Art. 5 ErwSÜ (1) Die Behörden, seien es Gerichte oder Verwaltungsbehörden, des Vertragsstaats, in dem der Erwachsene seinen gewöhnlichen Aufenthalt hat, sind zuständig, Maßnahmen zum Schutz der Person oder des Vermögens des Erwachsenen zu treffen.
(2) Bei einem Wechsel des gewöhnlichen Aufenthalts des Erwachsenen in einen anderen Vertragsstaat sind die Behörden des Staates des neuen gewöhnlichen Aufenthalts zuständig.

Die Zuständigkeit der Behörden zur Ergreifung von Schutzmaßnahmen ist in Kap. II (Art. 5–12) geregelt. Primär zuständig sind die Gerichte oder Verwaltungsbehörden des Staates, in dem der Erwachsene seinen gewöhnlichen Aufenthalt hat (Art. 5 Abs. 1). Daneben gibt es eine konkurrierende Zuständigkeit der Heimatbehörden (Art. 7) und der Behörden des Staates, in dem Vermögen des Erwachsenen belegen ist (Art. 9 Abs. 1). Letztere sind der Aufenthaltszuständigkeit dahingehend untergeordnet, dass die Aufenthaltsbehörden, sofern sie denn tätig werden, »stets das erste oder letzte Wort« haben (*Siehr* RabelsZ 64 [2000], 715, 728). Zusätzlich gibt es noch eine angetragene oder erbetene Zuständigkeit (Art. 8), eine Eilzuständigkeit 1

(Art. 10) sowie eine Zuständigkeit für einstweilige Anordnungen (Art. 11). Die örtliche und sachliche Zuständigkeit ist in §§ 6, 7 ErwSÜAG geregelt.

2 Die Staatsangehörigkeit des Erwachsenen spielt grds. keine Rolle. Wichtigster Anknüpfungspunkt ist der **gewöhnliche Aufenthalt des Erwachsenen**. Nach der Intention des Übk. sind die Behörden und Gerichte am gewöhnlichen Aufenthalt primär zuständig (vgl. Art. 5 Abs. 1; Staudinger/*von Hein* [2014] Vorbem. Art. 24 EGBGB Rn. 73). Bzgl. des »**gewöhnlichen Aufenthalts**« bleibt es beim herkömmlichen Rechtsbegriff als dem tatsächlichen Mittelpunkt der Lebensführung einer Person (*Helms* FamRZ 2008, 1995, 1996; *Wagner* IPRax 2007, 11, 13). Der gewöhnliche Aufenthalt ist auch ein Zuständigkeitsgrund nach Art. 3 und 8 Brüssel IIa-VO. Nach Möglichkeit ist die gleiche Auslegung dieses Begriffs wie nach dieser Vorschrift anzustreben (s. Art. 3 Brüssel IIa-VO Rdn.). Probleme können hier in erster Linie bei der Frage entstehen, ob der Erwachsene **mehrere gewöhnliche Aufenthalte** haben kann (*Schulte-Bunert* FuR 2014, 334, 335). Gerade bei älteren Leuten findet man ab und an diese »zugvogelhafte Lebensgestaltung«: Sommer im Norden, Winter im Süden. Hier erscheint es angezeigt, soweit sich kein einziger gewöhnlicher Aufenthalt ermitteln lässt, dort einen gewöhnlichen Aufenthalt anzunehmen, an dem der Erwachsene nach seinem eigenen Lebensrhythmus gerade weilt (*Siehr* RabelsZ 64 [2000], 715, 730; a.A. *Guttenberger* S. 91). Voraussetzung ist hierfür allerdings, dass sich ein zeitlich begrenzter oder saisonbedingt wiederkehrender Lebensmittelpunkt lokalisieren lässt.

3 Die **Zuständigkeit ändert sich** nach Abs. 2 mit jedem Wechsel des gewöhnlichen Aufenthaltes des Erwachsenen. Es fehlt allerdings an einer Regelung hinsichtlich der Frage, wann bei einem anhängigen Verfahren der gewöhnliche Aufenthalt im Entscheidungsstaat gegeben sein muss. Richtig erscheint es, eine **perpetuatio fori** zu vermeiden (Bericht *Lagarde* Nr. 51; *Helms* FamRZ 2008, 1995, 1996; Staudinger/*von Hein* [2014] Vorbem. Art. 24 EGBGB Rn. 76) und die Zuständigkeit und damit auch den gewöhnlichen Aufenthalt im Zeitpunkt der Entscheidung zu verlangen (*Siehr* RabelsZ 64 [2000], 715, 729). Schließlich wird mit dem Wechsel des gewöhnlichen Aufenthalts der Staat des neuen Aufenthalts wegen der Anwesenheit der Erwachsenen als besser geeignet angesehen wird, über die Frage zu entscheiden, ob und ggf. welche Maßnahmen zum Schutz des Erwachsenen getroffen werden müssen.

Art. 6 ErwSÜ

(1) Über Erwachsene, die Flüchtlinge sind oder die infolge von Unruhen in ihrem Land in ein anderes Land gelangt sind, üben die Behörden des Vertragsstaats, in dessen Hoheitsgebiet sich die Erwachsenen demzufolge befinden, die in Artikel 5 Absatz 1 vorgesehene Zuständigkeit aus.
(2) Absatz 1 ist auch auf Erwachsene anzuwenden, deren gewöhnlicher Aufenthalt nicht festgestellt werden kann.

1 Art. 6 gilt für **Flüchtlinge** sowie Erwachsene, die infolge von Unruhen in ihrem Land in ein anderes Land gelangt sind. Hier üben grds. die Behörden des Vertragsstaates die Zuständigkeit aus, in dem sich der Erwachsene tatsächlich befindet, d.h. der gewöhnliche Aufenthalt wird durch den **schlichten Aufenthalt** ersetzt. Flüchtlinge oder Personen, die infolge von Unruhen in ein anderes Land gelangt sind, haben zwar des Öfteren sämtliche Beziehungen zu dem Staat, aus welchem sie geflohen oder aus dem sie entkommen sind, abgebrochen, konnten oder wollten aber in ihrem Zufluchtsstaat noch keinen gewöhnlichen Aufenthalt begründen (Bericht *Lagarde* Nr. 54). Der Begriff »Flüchtling« ist nach Art. 1 A Nr. 2 des Genfer UN-Abkommens über die Rechtsstellung der Flüchtlinge von 1951 (BGBl. 1954 II 619) und Art. 1 des Genfer Protokolls über die Rechtsstellung der Flüchtlinge von 1967 (BGBl. 1970 II 194) zu bestimmen (vgl. *Guttenberger* S. 94).

2 Abs. 2 erstreckt diese Anwesenheitszuständigkeit auch auf Personen, deren **gewöhnlicher Aufenthalt nicht ermittelt** werden kann. Er stellt aber keinen Auffangtatbestand dar (Bericht *Lagarde* Nr. 55). Diese Anknüpfung soll nämlich nicht dazu dienen, Unsicherheiten bei der Bestimmung des gewöhnlichen Aufenthalts, die aufgrund eines Statutenwechsels auftreten können, entgegenzuwirken. Solange feststeht, dass ein Erwachsener irgendwo einen gewöhnlichen Aufenthalt hat, ist Art. 6 Abs. 2 nicht heranzuziehen (Bericht *Lagarde* Nr. 55).

3 Nur dann, wenn ein gewöhnlicher Aufenthalt **tatsächlich nicht ermittelt werden kann**, greift Art. 6 Abs. 2 ein. Dieser stellt klar, dass Abs. 1 auch dann zur Anwendung gelangt, wenn der gewöhnliche Aufenthalt eines Erwachsenen i.S.d. Übk. nicht festgestellt werden kann. Hier dürften dann die Behörden des Vertragsstaates, in dem sich der Erwachsene tatsächlich befindet, tätig werden.

Art. 7 ErwSÜ

(1) Die Behörden eines Vertragsstaats, dem der Erwachsene angehört, sind zuständig, Maßnahmen zum Schutz der Person oder des Vermögens des Erwachsenen zu treffen, wenn sie der Auffassung sind, dass sie besser in der Lage sind, das Wohl des Erwachsenen zu beurteilen, und nachdem sie die nach Artikel 5 oder Artikel 6 Absatz 2 zuständigen Behörden verständigt haben; dies gilt nicht für Erwachsene, die Flüchtlinge sind oder die infolge von Unruhen in dem Staat, dem sie angehören, in einen anderen Staat gelangt sind.
(2) Diese Zuständigkeit darf nicht ausgeübt werden, wenn die nach Artikel 5, Artikel 6 Absatz 2 oder Artikel 8 zuständigen Behörden die Behörden des Staates, dem der Erwachsene angehört, unterrichtet haben, dass sie die durch die Umstände gebotenen Maßnahmen getroffen oder entschieden haben, dass keine Maßnahmen zu treffen sind, oder ein Verfahren bei ihnen anhängig ist.
(3) Die Maßnahmen nach Absatz 1 treten außer Kraft, sobald die nach Artikel 5, Artikel 6 Absatz 2 oder Artikel 8 zuständigen Behörden die durch die Umstände gebotenen Maßnahmen getroffen oder entschieden haben, dass keine Maßnahmen zu treffen sind. Diese Behörden haben die Behörden, die in Übereinstimmung mit Absatz 1 Maßnahmen getroffen haben, entsprechend zu unterrichten.

A. Staatsangehörigkeitszuständigkeit. Nach Art. 7 sind auch die Behörden des Vertragsstaates zuständig, dessen **Staatsangehörigkeit der Erwachsene** besitzt. Voraussetzung hierfür ist, dass der Heimatstaat des fürsorgebedürftigen Erwachsenen ein **Vertragsstaat** ist. Eine Ausnahme macht Abs. 1 Halbs. 2 jedoch für Erwachsene, die **Flüchtlinge** sind oder die infolge von Unruhen in dem Staat, dem sie angehören, in einen anderen Staat gelangt sind. Heimatstaat darf vielmehr nicht der Staat sein, aus dem der Erwachsene geflohen ist. 1

Schwierigkeiten können sich auch im Zusammenhang mit **Mehrstaatern**, d.h. Personen, die mehr als nur eine Staatsangehörigkeit besitzen, ergeben. Man könnte daran denken, nur die Zuständigkeit des Staates der effektiven Staatsangehörigkeit zuzulassen, um so konkurrierende Zuständigkeiten zu vermeiden. Dagegen spricht jedoch, dass es häufig schwierig ist, die effektive Staatsangehörigkeit zu ermitteln. Aus diesem Grunde kann **jeder Heimatstaat** die Zuständigkeit gem. Abs. 1 in Anspruch nehmen (Bericht *Lagarde* Nr. 57; *Helms* FamRZ 2008, 1995, 1997; Staudinger/*von Hein* [2014] Vorbem. Art. 24 EGBGB Rn. 86). 2

B. Einschränkung der Zuständigkeit. Die in Art. 7 genannten Behörden sind nur dann zuständig, wenn sie der Auffassung sind, sie seien **besser in der Lage**, das Wohl des Erwachsenen zu beurteilen und sie die nach Art. 5 oder 6 Abs. 2 zuständigen Behörden, d.h. die Behörden des gewöhnlichen Aufenthalts bzw. der tatsächlichen Anwesenheit, darüber informiert haben. Zwar dürften die Behörden des gewöhnlichen Aufenthaltsstaates grds. besser zum Schutz des Erwachsenen geeignet sein. Anderes kann aber in Fällen gelten, in denen der Betroffene seinen Heimatstaat gerade vor kurzem verlassen hat oder eine baldige Rückkehr plant (*Guttenberger* S. 105). Bevor die Behörden des Heimatstaates jedoch tätig werden, sind die Behörden des Vertragsstaates, denen der Erwachsene angehört, von den anderen Behörden zu informieren (Abs. 3). 3

Die Zuständigkeit darf gem. Abs. 2 dann nicht ausgeübt werden, wenn die Behörden des gewöhnlichen oder des tatsächlichen Aufenthaltsortes des Erwachsenen (Art. 5 und 6 Abs. 2) bzw. die Behörden nach Art. 8 die Behörden des Staates, dem der Erwachsene angehört, **unterrichtet haben**, dass sie die gebotenen Maßnahmen bereits getroffen oder entschieden haben, dass keine Maßnahmen zu treffen sind oder ein Verfahren bei ihnen anhängig ist (Art. 7 Abs. 2). Abzustellen ist hierbei auf die Unterrichtung durch die nach Art. 5, 6 Abs. 2 bzw. 8 zuständigen Behörden, allein ihre Kenntnis von den Maßnahmen der Heimatstaatbehörden genügt nicht (Bericht *Lagarde* Nr. 62). 4

C. Außerkrafttreten von Maßnahmen. Darüber hinaus treten die von den **Behörden des Heimatstaates angeordneten Maßnahmen** außer Kraft, sobald die nach Art. 5, 6 Abs. 2 bzw. 8 vorrangig zuständigen Behörden entsprechende Maßnahmen getroffen oder sich aufgrund der Umstände gegen selbige entschieden haben. Insoweit ist die Heimatzuständigkeit subsidiär (*Siehr* RabelsZ 64 [2000], 715, 732). Im Gegensatz zu Art. 7 Abs. 2 kommt es hier für den für die Subsidiarität maßgeblichen Zeitpunkt nicht auf die Unterrichtung der Heimatbehörden, sondern allein auf die Anordnung der kollidierenden vorrangigen Maßnahmen durch die nach Art. 5, 6 Abs. 2 bzw. Abs. 8 zuständigen Behörden an. Allerdings sind die Heimatbehörden über solche Maßnahmen der Aufenthalts-, Anwesenheits- oder Auftragsbehörden sind zu informieren. Hierbei handelt es sich nur um eine Ordnungsvorschrift, die Rechtsklarheit schaffen und der Zusammenarbeit der beteiligten Vertragsstaaten dienen soll (*Guttenberger* S. 109). 5

Art. 8 ErwSÜ

(1) Die nach Artikel 5 oder 6 zuständigen Behörden eines Vertragsstaats können, wenn sie der Auffassung sind, dass es dem Wohl des Erwachsenen dient, von Amts wegen oder auf Antrag der Behörden eines anderen Vertragsstaats die Behörden eines der in Absatz 2 genannten Staaten ersuchen, Maßnahmen zum Schutz der Person oder des Vermögens des Erwachsenen zu treffen. Das Ersuchen kann sich auf den gesamten Schutz oder einen Teilbereich davon beziehen.

(2) Die Vertragsstaaten, deren Behörden nach Absatz 1 ersucht werden können, sind
a) ein Staat, dem der Erwachsene angehört;
b) der Staat, in dem der Erwachsene seinen vorherigen gewöhnlichen Aufenthalt hatte;
c) ein Staat, in dem sich Vermögen des Erwachsenen befindet;
d) der Staat, dessen Behörden schriftlich vom Erwachsenen gewählt worden sind, um Maßnahmen zu seinem Schutz zu treffen;
e) der Staat, in dem eine Person, die dem Erwachsenen nahe steht und bereit ist, seinen Schutz zu übernehmen, ihren gewöhnlichen Aufenthalt hat;
f) hinsichtlich des Schutzes der Person des Erwachsenen der Staat, in dessen Hoheitsgebiet sich der Erwachsene befindet.

(3) Nimmt die nach den Absätzen 1 und 2 bezeichnete Behörde die Zuständigkeit nicht an, so behalten die Behörden des nach Artikel 5 oder 6 zuständigen Vertragsstaats die Zuständigkeit.

1 Die Behörden des Vertragsstaates des gewöhnlichen (Art. 5) bzw. des tatsächlichen Aufenthalts (Art. 6) können gem. Art. 8 Behörden eines der in Abs. 2 genannten **anderen Staaten** von Amts wegen (ansonsten auch auf Antrag der Behörden eines anderen Vertragsstaates) **ersuchen**, Maßnahmen zum Schutz der Person oder des Vermögens zu treffen, wenn sie der Ansicht sind, dass dies dem Wohl des Erwachsenen dient. Diese Möglichkeit steht nur den Behörden des gewöhnlichen Aufenthalts des Erwachsenen bzw. des nach Art. 6 zuständigen Vertragsstaates, nicht jedoch den Behörden des Heimatstaates des Erwachsenen zu (Bericht *Lagarde* Nr. 66).

2 Zu den in Abs. 2 genannten Vertragsstaaten gehört der Staat, dem der **Erwachsene angehört** (Buchst. a)). Zu nennen sind ferner der Staat des **vorherigen gewöhnlichen Aufenthalts** (Buchst. b)); der Staat, in dem das **Vermögen des Erwachsenen belegen** ist (Buchst. c)); der Staat, dessen Behörden vom **Erwachsenen gewählt worden sind** (Buchst. d)) und der Staat, in dem eine dem Erwachsenen **nahe stehende Person**, die bereits ist seinen Schutz zu übernehmen, ihren gewöhnlichen Aufenthalt hat (Buchst. e)). Gem. Abs. 2 Buchst. f) kann hinsichtlich des Schutzes der Person des Erwachsenen auch der Vertragsstaat ersucht werden, in dessen Hoheitsgebiet er sich **tatsächlich befindet**. Es handelt sich hierbei um einen abschließenden Katalog (*Guttenberger* S. 99). Sind die nach Art. 5 oder 6 zuständigen Behörden der Ansicht, einer der in den Abs. 2 genannten Staaten könne den Schutz besser sicherstellen, so können sie ein entsprechendes Übernahmeersuchen an den betreffenden Staat richten. Hierbei handelt es sich nicht um einen Fall der konkurrierenden Zuständigkeit, vielmehr wird die ersuchte Behörde, soweit sie das Ersuchen positiv bescheidet, anstelle der nach Art. 5, 6 Abs. 2 eigentlich zuständigen Behörden tätig. Voraussetzung ist, dass es sich bei dem ersuchten Staat um einen **Vertragsstaat** handelt. Im Verhältnis zu **Nichtvertragsstaaten** richtet sich die Zuständigkeit auch weiterhin nach den autonomen Vorschriften. Sind die Behörden des Nichtvertragsstaats danach zuständig, liegt ein Fall der konkurrierenden Zuständigkeit vor.

3 Soweit die nach Art. 8 ersuchte Behörde die **Zuständigkeit nicht annimmt**, verbleibt es bei der Zuständigkeit der Behörden des gewöhnlichen Aufenthalts nach Art. 5 oder 6. Hierunter fällt nicht nur eine ausdrückliche, sondern auch eine stillschweigende Ablehnung, wenn etwa die nach Art. 8 ersuchte Behörde nicht auf das Ersuchen antwortet (Bericht *Lagarde* Nr. 74; *Helms* FamRZ 2008, 1995, 1997). Die angetragene und erbetene Zuständigkeit des Art. 8 wird ergänzt durch die Regelung in Kapitel V (Art. 28–57) über die internationale Zusammenarbeit.

Art. 9 ErwSÜ

Die Behörden eines Vertragsstaats, in dem sich Vermögen des Erwachsenen befindet, sind zuständig, Maßnahmen zum Schutz dieses Vermögens zu treffen, soweit sie mit den Maßnahmen vereinbar sind, die von den nach den Artikeln 5 bis 8 zuständigen Behörden getroffen wurden.

Soweit es um Schutzmaßnahmen für das Vermögen geht, können diese auch von den Behörden des Vertragsstaates erlassen werden, in dem sich das **Vermögen befindet**, wenn der Erwachsene seinen gewöhnlichen Aufenthalt in einem anderen Vertragsstaat hat. Die Zuständigkeit in Art. 9 ist insofern auf Schutzmaßnahmen zum Schutz des in diesem Vertragsstaat belegenen Vermögens beschränkt (*Siehr* RabelsZ 64 [2000], 715, 734). Allerdings müssen diese Schutzmaßnahmen mit den von den Behörden des gewöhnlichen Aufenthaltes, den von letzteren nach Art. 8 ersuchten Behörden bzw. nach den Behörden des Vertragsstaates, denen der Erwachsene angehört, vereinbar sein. Ferner wird – wenn gleich dies umstritten ist – verlangt, dass der Betroffene seinen gewöhnlichen Aufenthalt in einem Vertragsstaat hat (*von Hein* IPRax 2015, 198, 201 m.w.Nachw.).

Art. 10 ErwSÜ

(1) In allen dringenden Fällen sind die Behörden jedes Vertragsstaats, in dessen Hoheitsgebiet sich der Erwachsene oder ihm gehörendes Vermögen befindet, zuständig, die erforderlichen Schutzmaßnahmen zu treffen.
(2) Maßnahmen nach Absatz 1, die in Bezug auf einen Erwachsenen mit gewöhnlichem Aufenthalt in einem Vertragsstaat getroffen wurden, treten außer Kraft, sobald die nach den Artikeln 5 bis 9 zuständigen Behörden die durch die Umstände gebotenen Maßnahmen getroffen haben.
(3) Maßnahmen nach Absatz 1, die in Bezug auf einen Erwachsenen mit gewöhnlichem Aufenthalt in einem Nichtvertragsstaat getroffen wurden, treten in jedem Vertragsstaat außer Kraft, sobald dort die durch die Umstände gebotenen und von den Behörden eines anderen Staates getroffenen Maßnahmen anerkannt werden.
(4) Die Behörden, die nach Absatz 1 Maßnahmen getroffen haben, haben nach Möglichkeit die Behörden des Vertragsstaats des gewöhnlichen Aufenthalts des Erwachsenen von den getroffenen Maßnahmen zu unterrichten.

Art. 10 betrifft **Eilmaßnahmen**; es handelt sich um eine subsidiäre Zuständigkeit (*Guttenberger* S. 113). Danach sind in **dringenden Fällen** die Behörden jedes Vertragsstaates, in dem sich der Erwachsene oder ihm gehörendes Vermögen befindet, zuständig, um die erforderlichen Schutzmaßnahmen zu treffen. Es geht um Ausnahmesituationen, in denen der Zustand, würde ihm nur auf gewöhnlichem Wege nach den Art. 5–9 abgeholfen, möglicherweise einen unersetzlichen Schaden für die Person des Fürsorgebedürftigen oder dessen Vermögen herbeiführen würde. Die »Dringlichkeit« ist eng auszulegen (*Helms* FamRZ 2008, 1995, 1997 f.).

Nach Abs. 4 haben die Behörden, die eine solche Eilmaßnahme getroffen haben, nach Möglichkeit die Behörden des gewöhnlichen Aufenthaltsortes des Erwachsenen von der getroffenen **Maßnahme zu informieren**, soweit es sich hierbei um einen Vertragsstaat handelt. Die Formulierung »nach Möglichkeit« zeigt, dass es sich hier um eine Ordnungsvorschrift handelt. Die Unterrichtungspflicht besteht erst nach Anordnung der Eilmaßnahme (*Guttenberger* S. 115). Es handelt sich hierbei um eine **konkurrierende Zuständigkeit** zu derjenigen der Behörden des gewöhnlichen Aufenthalts des Fürsorgebedürftigen (Bericht *Lagarde* Nr. 78).

Die getroffenen Eilmaßnahmen **treten außer Kraft**, sobald die nach Art. 5–9 zuständigen Behörden, d.h. solche des gewöhnlichen Aufenthaltsortes, diejenigen des Heimatstaates, die nach Art. 8 ersuchten Behörden bzw. die Behörden des Vertragsstaates, in dem sich das Vermögen befindet, die durch die Umstände gebotenen Maßnahmen getroffen haben (Abs. 2).

Abs. 3 betrifft Eilmaßnahmen, die in Bezug auf einen Erwachsenen mit gewöhnlichem Aufenthalt in einem **Nichtvertragsstaat** getroffen wurden. Während im Rahmen von Art. 10 Abs. 2 grds. davon auszugehen ist, dass spätere Maßnahmen durch die nach Art. 5 bis 9 zuständigen Behörden in allen Vertragsstaaten anzuerkennen sind, wird in Art. 10 Abs. 3 das Außerkrafttreten einer Eilmaßnahme von der Anerkennung der späteren Fürsorgemaßnahme der Behörden des Nichtvertragsstaates abhängig gemacht. Die Eilmaßnahmen treten also nur dann außer Kraft, wenn die durch die Umstände gebotenen und von den Behörden des Nichtvertragsstaats getroffenen Maßnahmen anerkannt werden. Die Anerkennung von Maßnahmen, die von Behörden eines Nichtvertragsstaates getroffen wurden, richtet sich nach dem innerstaatlichen Recht, in *Deutschland* nach §§ 108, 109 FamFG (Staudinger/*von Hein* [2014] Vorbem. Art. 24 EGBGB Rn. 123).

Art. 11 ErwSÜ

(1) Ausnahmsweise sind die Behörden des Vertragsstaats, in dessen Hoheitsgebiet sich der Erwachsene befindet, nach Verständigung der nach Artikel 5 zuständigen Behörden zuständig, zum Schutz der Person des Erwachsenen auf das

Hoheitsgebiet dieses Staates beschränkte Maßnahmen vorübergehender Art zu treffen, soweit sie mit den Maßnahmen vereinbar sind, die von den nach den Artikeln 5 bis 8 zuständigen Behörden bereits getroffen wurden.

(2) Maßnahmen nach Absatz 1, die in Bezug auf einen Erwachsenen mit gewöhnlichem Aufenthalt in einem Vertragsstaat getroffen wurden, treten außer Kraft, sobald die nach den Artikeln 5 bis 8 zuständigen Behörden eine Entscheidung über die Schutzmaßnahmen getroffen haben, die durch die Umstände geboten sein könnten.

1 Die Behörden des Vertragsstaates, in dem sich der Erwachsene tatsächlich befindet, dürfen in Ausnahmefällen zum Schutz der Person **Maßnahmen vorübergehender Art** treffen, allerdings nur nach Verständigung mit der nach Art. 5 zuständigen Behörde des Vertragsstaates des gewöhnlichen Aufenthalts. Die vorläufigen Maßnahmen sind auf das Hoheitsgebiet des anordnenden Staates beschränkt. Sie müssen mit den bereits von den nach Art. 5 bis 8 zuständigen Behörden getroffenen Maßnahmen vereinbar sein. Außerdem treten sie außer Kraft, sobald die vorrangig zuständigen Behörden eine Entscheidung über die nach den Umständen möglicherweise gebotenen Schutzmaßnahmen getroffen haben (Abs. 2).

Art. 12 ErwSÜ
Selbst wenn durch eine Änderung der Umstände die Grundlage der Zuständigkeit wegfällt, bleiben vorbehaltlich des Artikels 7 Absatz 3 die nach den Artikeln 5 bis 9 getroffenen Maßnahmen innerhalb ihrer Reichweite so lange in Kraft, bis die nach diesem Übereinkommen zuständigen Behörden sie ändern, ersetzen oder aufheben.

1 Art. 12 beschäftigt sich damit, was mit den bereits angeordneten Maßnahmen bei Änderung der Umstände geschieht. Die nach Art. 5 bis 9 getroffenen Maßnahmen bleiben innerhalb ihrer Reichweite so lange **in Kraft**, bis die nunmehr nach diesem Übk. zuständigen Behörden diese ändern, ersetzen oder aufheben. Art. 12 erfasst jedoch nicht die Maßnahmen, die auf der Grundlage des Art. 10 und Art. 11 getroffen wurden (Bericht *Lagarde* Nr. 87; Staudinger/*von Hein* [2014] Vorbem. Art. 24 EGBGB Rn. 137). Für Maßnahmen der nach Art. 7 Abs. 1 zuständigen Heimatbehörden ist er hingegen heranzuziehen (Bericht *Lagarde* Nr. 87). Er berührt allerdings die Regelung des Art. 7 Abs. 3 nicht. Werden Maßnahmen nach Art. 7 Abs. 3 getroffen, so treten die vorher nach Art. 7 Abs. 1 von den Heimatbehörden getroffenen Maßnahmen außer Kraft.

Kapitel III. Anzuwendendes Recht

Art. 13 – 21 ErwSÜ (nicht abgedruckt)

Kapitel IV. Anerkennung und Vollstreckung

Art. 22 ErwSÜ
(1) Die von den Behörden eines Vertragsstaats getroffenen Maßnahmen werden kraft Gesetzes in den anderen Vertragsstaaten anerkannt.

(2) Die Anerkennung kann jedoch versagt werden,
a) wenn die Maßnahme von einer Behörde getroffen wurde, die nicht aufgrund oder in Übereinstimmung mit Kapitel II zuständig war;
b) wenn die Maßnahme, außer in dringenden Fällen, im Rahmen eines Gerichts- oder Verwaltungsverfahrens getroffen wurde, ohne dass dem Erwachsenen die Möglichkeit eingeräumt worden war, gehört zu werden, und dadurch gegen wesentliche Verfahrensgrundsätze des ersuchten Staates verstoßen wurde;
c) wenn die Anerkennung der öffentlichen Ordnung (ordre public) des ersuchten Staates offensichtlich widerspricht, oder ihr eine Bestimmung des Rechts dieses Staates entgegensteht, die unabhängig vom *sonst maßgebenden* Recht zwingend ist;

d) wenn die Maßnahme mit einer später in einem Nichtvertragsstaat, der nach den Artikeln 5 bis 9 zuständig gewesen wäre, getroffenen Maßnahme unvereinbar ist, sofern die spätere Maßnahme die für ihre Anerkennung im ersuchten Staat erforderlichen Voraussetzungen erfüllt;
e) wenn das Verfahren nach Artikel 33 nicht eingehalten wurde.

A. Anerkennung. Die Art. 22–27 regeln die Anerkennung und Vollstreckung ausländischer Maßnahmen. Auch hier lehnt sich das ErwSÜ stark an die Regelung des KSÜ (Art. 23 ff.) an. Nach Art. 22 Abs. 1 ErwSÜ werden Maßnahmen **ohne weiteres kraft Gesetzes** anerkannt, so dass sich zumindest bzgl. der Anerkennung der Maßnahme ein besonderes Verfahren grds. erübrigt. Die Anerkennungsvorschrift des Art. 22 betrifft allerdings nur Maßnahmen **anderer Vertragsstaaten**, wobei diese so anzuerkennen sind, wie sie in dem Vertragsstaat, in dem sie erlassen wurden, bestehen (Bericht *Lagarde* Nr. 116). Die Anerkennung von Maßnahmen eines Nichtvertragsstaates (bspw. im Rahmen des Art. 11 Abs. 3) richtet sich nach den nationalen Anerkennungsvorschriften (*Guttenberger* S. 118). Für die Anerkennung der Maßnahme muss diese **nachgewiesen werden**, wobei sich ein Nachweis regelmäßig aus einem schriftlichen Dokument der Herkunftsbehörde ergibt (Bericht *Lagarde* Nr. 116). In dringenden Fällen kann auch ein Nachweis durch Telefax oder E-Mail genügen (Bericht *Lagarde* Nr. 117). 1

B. Anerkennungshindernisse. Nach Abs. 2 kann die Anerkennung aus verschiedenen Gründen versagt werden, unter anderem, wenn die Maßnahme von einer nach Art. 5 ff. **unzuständigen Behörde** getroffen wurde (Abs. 2 Buchst. a)). Der Grund für die Nichtanerkennung ist von der Partei geltend zu machen, der die betreffende Maßnahme entgegengehalten wird (Bericht *Lagarde* Nr. 116). 2
Auch die **Nichtgewährung rechtlichen Gehörs** ist ein Anerkennungshindernis, wenn eine Maßnahme in einem Gerichts- oder Verwaltungsverfahren getroffen wurde und dem Erwachsenen nicht die Möglichkeit geben wurde, gehört zu werden und dadurch gegen wesentliche Verfahrensgrundsätze des ersuchten Staates verstoßen wurde (Abs. 2 Buchst. b)). Letzteres gilt jedoch nicht in dringenden Fällen. 3
Darüber hinaus erfolgt auch dann keine Anerkennung, wenn diese der **öffentlichen Ordnung** des ersuchten Staates offensichtlich widerspricht oder ihr eine Bestimmung des Rechts dieses Staates entgegensteht, die unabhängig vom sonst maßgebenden Recht zwingend ist (Abs. 2 Buchst. c)). 4
Ein weiterer Grund ist die **Unvereinbarkeit mit anderen Maßnahmen**. Nicht anerkannt wird, wenn eine Maßnahme, die mit einer später in einem Nichtvertragsstaat, der nach den Art. 5 bis 9 zuständig gewesen wäre, getroffenen Maßnahme unvereinbar ist, sofern die spätere Maßnahme die für ihre Anerkennung im ersuchten Staat erforderlichen Voraussetzungen erfüllt (Abs. 2 Buchst. d)). 5
Schließlich steht auch die **Nichteinhaltung** des nach Art. 33 für die Unterbringung **erforderlichen Verfahrens** der Anerkennung entgegen (Abs. 2 Buchst. e)). 6

Art. 23 ErwSÜ

Unbeschadet des Artikels 22 Absatz 1 kann jede betroffene Person bei den zuständigen Behörden eines Vertragsstaats beantragen, dass über die Anerkennung oder Nichtanerkennung einer in einem anderen Vertragsstaat getroffenen Maßnahme entschieden wird. Das Verfahren bestimmt sich nach dem Recht des ersuchten Staates.

Obwohl die von einer ausländischen Behörde getroffene Maßnahme ipso iure anerkannt wird, kann ein Antrag auf **Feststellung der Anerkennung oder Nichtanerkennung** der getroffenen Maßnahme gestellt werden (Satz 1). Das Verfahren hinsichtlich einer solchen Anerkennung oder Nichtanerkennung richtet sich nach dem Recht des Staates, in dem eine solche beantragt wurde (Satz 2). Das Verfahren vor dem Betreuungsgericht ist in §§ 8 ff. ErwSÜAG geregelt. 1

Art. 24 ErwSÜ

Die Behörde des ersuchten Staates ist an die Tatsachenfeststellungen gebunden, auf welche die Behörde des Staates, in dem die Maßnahme getroffen wurde, ihre Zuständigkeit gestützt hat.

Die Behörden sind bei der Überprüfung der Anerkennungszuständigkeit an die Tatsachenfeststellungen des entscheidenden Gerichts gebunden (*Siehr* RabelsZ 64 [2000], 715, 744). Die Vorschrift entspricht Art. 25 KSÜ. 1

Art. 25 ErwSÜ

(1) Erfordern die in einem Vertragsstaat getroffenen und dort vollstreckbaren Maßnahmen in einem anderen Vertragsstaat Vollstreckungshandlungen, so werden sie in diesem anderen Staat auf Antrag jeder betroffenen Partei nach dem im Recht dieses Staates vorgesehenen Verfahren für vollstreckbar erklärt oder zur Vollstreckung registriert.
(2) Jeder Vertragsstaat wendet auf die Vollstreckbarerklärung oder die Registrierung ein einfaches und schnelles Verfahren an.
(3) Die Vollstreckbarerklärung oder die Registrierung darf nur aus einem der in Artikel 22 Absatz 2 vorgesehenen Gründen versagt werden.

1   Soweit keine weiteren Vollstreckungshandlungen notwendig sind, genügt für das Wirksamwerden der Maßnahme die Anerkennung gem. Art. 22 Abs. 1 (Bericht *Lagarde* Nr. 126). Art. 25 betrifft den Fall, dass die in einem Vertragsstaat getroffenen und dort vollstreckbaren Maßnahmen **Vollstreckungshandlungen** in einem anderen Vertragsstaat erforderlichen machen. Voraussetzung hierfür ist ein Antrag einer betroffenen Partei »nach dem im Recht dieses Staates vorgesehenen Verfahren«. Die Vollstreckbarkeitserklärung kann gem. Art. 25 Abs. 3 jedoch nur versagt werden, wenn einer der Versagungsgründe des Art. 22 Abs. 2 vorliegt. Die Vorschrift entspricht Art. 26 KSÜ.

2   Das **Verfahren der Vollstreckbarkeitserklärung** oder Registrierung zur Vollstreckung richtet sich nach dem Recht des ersuchten Staates (Art. 25 Abs. 1), in Deutschland nach §§ 8 ff. ErwSÜAG. Für die Vollstreckbarkeitserklärung einer in einem anderen Vertragsstaat getroffenen Maßnahme nach Art. 25 ErwSÜ s. hinsichtlich der sachlichen und örtlichen Zuständigkeit zu Art. 23. Im Übrigen gilt § 10 ErwSÜAG. Danach erfolgt die Vollstreckbarkeitserklärung eines ausländischen Titels durch die Erteilung der Vollstreckungsklausel, so dass damit gem. Art. 27 ErwSÜ unmittelbar die Zwangsvollstreckung betrieben werden.

Art. 26 ErwSÜ

Vorbehaltlich der für die Anwendung der vorstehenden Artikel erforderlichen Überprüfung darf die getroffene Maßnahme in der Sache selbst nicht nachgeprüft werden.

1   Eine inhaltliche Nachprüfung der ausländischen Entscheidung (**révision au fond**) bei der Anerkennung, oder Vollstreckbarkeit ist verboten. Die Vorschrift entspricht Art. 27 KSÜ.

Art. 27 ErwSÜ

Die in einem Vertragsstaat getroffenen und in einem anderen Vertragsstaat für vollstreckbar erklärten oder zur Vollstreckung registrierten Maßnahmen werden dort vollstreckt, als seien sie von den Behörden dieses anderen Staates getroffen worden. Die Vollstreckung richtet sich nach dem Recht des ersuchten Staates unter Beachtung der darin vorgesehenen Grenzen.

1   Nach Satz 1 sollen ausländische Entscheidungen in den anderen Vertragsstaaten so vollstreckt werden, als handele es sich hierbei um im Vollstreckungsstaat erlassene Maßnahmen. Die Vorschrift entspricht Art. 28 KSÜ. In der Praxis kann es zu Anpassungsproblemen kommen, da es große Unterschiede zwischen den einzelnen nationalen Schutzmaßnahmen der Vertragsstaaten gibt. So dürfte es schwierig werden, eine ausländische Entmündigung und Bevormundung, die das deutsche Recht nicht (mehr) vorsieht, so zu behandeln, als sei sie dort ausgesprochen worden (*Siehr* RabelsZ 64 [2000], 715, 745).

Kapitel V. Zusammenarbeit

Art. 28 ErwSÜ

(1) Jeder Vertragsstaat bestimmt eine Zentrale Behörde, welche die ihr durch dieses Übereinkommen übertragenen Aufgaben wahrnimmt.
(2) Einem Bundesstaat, einem Staat mit mehreren Rechtssystemen oder einem Staat, der aus autonomen Gebietseinheiten besteht, steht es frei, mehrere Zentrale Behörden zu bestimmen und deren räumliche und persönliche Zuständigkeit festzulegen. Macht ein Staat von dieser Möglichkeit Ge-

brauch, so bestimmt er die Zentrale Behörde, an welche Mitteilungen zur Übermittlung an die zuständige Zentrale Behörde in diesem Staat gerichtet werden können.

Die Art. 28–35 regeln die **Zusammenarbeit der Vertragsstaaten**, die notwendig ist, um die Ziele des Übk. zu verwirklichen. Nach Abs. 1 hat jeder Vertragsstaat eine Zentrale Behörde zu bestimmen, welche die ihr durch das ErwSÜ übertragenen Aufgaben wahrnimmt. Bundesstaaten und Mehrrechtsstaaten dürfen gem. Abs. 2 Satz 1 mehr als eine Zentrale Behörde benennen. § 1 ErwSÜAG bestimmt für Deutschland das **Bundesamt für Justiz** (https://www.bundesjustizamt.de) als einzige Zentrale Behörde.

Art. 29 ErwSÜ

(1) Die Zentralen Behörden arbeiten zusammen und fördern die Zusammenarbeit der zuständigen Behörden ihrer Staaten, um die Ziele dieses Übereinkommens zu verwirklichen.
(2) Im Zusammenhang mit der Anwendung dieses Übereinkommens treffen sie die geeigneten Maßnahmen, um Auskünfte über das Recht ihrer Staaten sowie die in ihren Staaten für den Schutz von Erwachsenen verfügbaren Dienste zu erteilen.

Die Art. 29–31 ErwSÜ betreffen (allgemeine) Kooperations- und Informationspflichten (Art. 29). Die Vorschrift entspricht Art. 30 KSÜ. Darüber hinaus sollen die Zentralen Behörden die Kommunikation auf allen Gebieten des ErwSÜ durch alle Verwendung aller Kommunikationsmittel erleichtern (Art. 30 Buchst. a)) und auf Ersuchen der zuständigen Behörde eines anderen Vertragsstaats diese bei der Ermittlung des Aufenthalts des Erwachsenen unterstützen (Art. 30 Buchst. b)). Art. 31 betrifft die außergerichtliche Streitbeilegung auf dem Gebiet des Erwachsenenschutzes (*Siehr* RabelsZ 64 [2000], 715, 747).

Art. 30 ErwSÜ

Die Zentrale Behörde eines Vertragsstaats trifft unmittelbar oder mithilfe staatlicher Behörden oder sonstiger Stellen alle geeigneten Vorkehrungen, um
a) auf jedem Weg die Mitteilungen zwischen den zuständigen Behörden bei Sachverhalten, auf die dieses Übereinkommen anzuwenden ist, zu erleichtern;
b) auf Ersuchen der zuständigen Behörde eines anderen Vertragsstaats bei der Ermittlung des Aufenthaltsorts des Erwachsenen Unterstützung zu leisten, wenn der Anschein besteht, dass sich der Erwachsene im Hoheitsgebiet des ersuchten Staates befindet und Schutz benötigt.

Die Vorschrift entspricht Art. 31 KSÜ.

Art. 31 ErwSÜ

Die zuständigen Behörden eines Vertragsstaats können unmittelbar oder durch andere Stellen die Anwendung eines Vermittlungs- oder Schlichtungsverfahrens oder den Einsatz ähnlicher Mittel zur Erzielung gütlicher Einigungen zum Schutz der Person oder des Vermögens des Erwachsenen bei Sachverhalten anregen, auf die dieses Übereinkommen anzuwenden ist.

Art. 32 ErwSÜ

(1) Wird eine Schutzmaßnahme erwogen, so können die nach diesem Übereinkommen zuständigen Behörden, sofern die Lage des Erwachsenen dies erfordert, jede Behörde eines anderen Vertragsstaats, die über sachdienliche Informationen für den Schutz des Erwachsenen verfügt, ersuchen, sie ihnen mitzuteilen.
(2) Jeder Vertragsstaat kann erklären, dass Ersuchen nach Absatz 1 seinen Behörden nur über seine Zentrale Behörde zu übermitteln sind.
(3) Die zuständigen Behörden eines Vertragsstaats können die Behörden eines anderen Vertragsstaats ersuchen, ihnen bei der Durchführung der nach diesem Übereinkommen getroffenen Schutzmaßnahmen Hilfe zu leisten.

Die nach dem ErwSÜ zuständigen Behörden und Gerichte können um **sachdienliche Informationen ersuchen**. Das Ersuchen ist nur dann zulässig, wenn es die Lage des Fürsorgebedürftigen erfordert. Hieraus lässt sich allerdings keine Verpflichtung der ersuchten Behörde, die erbetenen Informationen tatsächlich mitzuteilen, herleiten (Bericht *Lagarde* Nr. 135). Art. 32 entspricht Art. 34 KSÜ. Grds. kann die zuständige Behörde sich mit dem Ersuchen um Information an jede Behörde eines anderen Vertragsstaats wenden (Bericht *Lagarde* Nr. 135), es sei denn der Vertragsstaat hat eine Erklärung abgegeben, wonach die Ersuchen nach Abs. 1 nur über seine Zentrale Behörde zu übermitteln sind (Art. 32 Abs. 2). Mitgeteilte persönliche Daten sind vertraulich zu behandeln (Art. 40) und dürfen nur für das Schutzverfahren verwendet werden (Art. 39). Gem. Art. 32 Abs. 3 sollen sich die Vertragsstaaten gegenseitig bei der Durchführung der nach dem ErwSÜ getroffenen Schutzmaßnahmen helfen.

Art. 33 ErwSÜ

(1) Erwägt die nach den Artikeln 5 bis 8 zuständige Behörde die Unterbringung des Erwachsenen in einer Einrichtung oder an einem anderen Ort, an dem Schutz gewährt werden kann, und soll er in einem anderen Vertragsstaat untergebracht werden, so zieht sie vorher die Zentrale Behörde oder eine andere zuständige Behörde dieses Staates zurate. Zu diesem Zweck übermittelt sie ihr einen Bericht über den Erwachsenen und die Gründe ihres Vorschlags zur Unterbringung.
(2) Die Entscheidung über die Unterbringung kann im ersuchenden Staat nicht getroffen werden, wenn sich die Zentrale Behörde oder eine andere zuständige Behörde des ersuchten Staates innerhalb einer angemessenen Frist dagegen ausspricht.

1 Art. 33 betrifft die **Einweisung in ausländische Heime**. Sie ist nur bei der Hinzuziehung der Zentralen Behörde oder einer anderen zuständigen Behörde des Staates, in dem der Erwachsene untergebracht werden soll, zulässig. Dieser ist ein Bericht zu übermitteln, in dem auch die Gründe für die Unterbringung dargelegt werden. Art. 33 führt damit ein obligatorisches Kontrollverfahren ein. Nur wenn die Zentrale Behörde des um Unterbringung ersuchten Staates nicht innerhalb einer angemessenen Frist widerspricht, ist die Unterbringung zulässig (Abs. 2). Die Widerspruchsgründe sind in § 12 ErwSÜAG näher geregelt. Die Nichtanerkennung führt zur Versagung der Anerkennung der Unterbringungsmaßnahme gem. Art. 22 Abs. 2 Buchst. e).

Art. 34 ErwSÜ

Ist der Erwachsene einer schweren Gefahr ausgesetzt, so benachrichtigen die zuständigen Behörden des Vertragsstaats, in dem Maßnahmen zum Schutz dieses Erwachsenen getroffen wurden oder in Betracht gezogen werden, sofern sie über den Wechsel des Aufenthaltsorts in einen anderen Staat oder die dortige Anwesenheit des Erwachsenen unterrichtet sind, die Behörden dieses Staates von der Gefahr und den getroffenen oder in Betracht gezogenen Maßnahmen.

1 Art. 34 betrifft Maßnahmen, die die zuständigen Behörden eines Vertragsstaates getroffen haben, um den Erwachsenen **vor einer schweren Gefahr zu schützen**. Danach sollen sie, wenn sie über einen Aufenthaltswechsel des Erwachsenen in einen anderen Staat oder dessen dortige Anwesenheit informiert sind, dessen Behörden von der Gefahr und den getroffenen oder in Betracht gezogenen Maßnahmen unterrichten. Da Art. 34 nur von dem Aufenthalt in einem anderen Staat spricht, gilt diese Informationspflicht auch dann, wenn sich der Erwachsene in einem Nichtvertragsstaat aufhält (Bericht *Lagarde* Nr. 140).

Art. 35 ErwSÜ

Eine Behörde darf nach diesem Kapitel weder um Informationen ersuchen noch solche erteilen, wenn dadurch nach ihrer Auffassung die Person oder das Vermögen des Erwachsenen in Gefahr geraten könnte oder die Freiheit oder das Leben eines Familienangehörigen des Erwachsenen ernsthaft bedroht würde.

Art. 36 ErwSÜ

(1) Unbeschadet der Möglichkeit, für die erbrachten Dienstleistungen angemessene Kosten zu verlangen, tragen die Zentralen Behörden und die anderen staatlichen Behörden der Vertragsstaaten die Kosten, die ihnen durch die Anwendung dieses Kapitels entstehen.
(2) Jeder Vertragsstaat kann mit einem oder mehreren anderen Vertragsstaaten Vereinbarungen über die Kostenaufteilung treffen.

1 Die mit der Durchführung der Zusammenarbeit **entstehenden Kosten** haben gem. Art. 36 Abs. 1 grds. die Zentralen Behörden bzw. die anderen staatlichen Behörden des Vertragsstaats selbst zu tragen. Der Aus-

druck »staatliche Behörden« erfasst nur die Verwaltungsbehörden, nicht jedoch die Gerichte der Vertragsstaaten, so dass Gerichtskosten, allgemeine Verfahrenskosten und auch Anwaltskosten nicht unter den Tatbestand des Art. 36 fallen (Bericht *Lagarde* Nr. 142).

Art. 37 ErwSÜ Jeder Vertragsstaat kann mit einem oder mehreren anderen Vertragsstaaten Vereinbarungen treffen, um die Anwendung dieses Kapitels in ihren gegenseitigen Beziehungen zu erleichtern. Die Staaten, die solche Vereinbarungen getroffen haben, übermitteln dem Verwahrer dieses Übereinkommens eine Abschrift.

Kapitel VI. Allgemeine Bestimmungen

Art. 38 ErwSÜ (1) Die Behörden des Vertragsstaats, in dem eine Schutzmaßnahme getroffen oder eine Vertretungsmacht bestätigt wurde, können jedem, dem der Schutz der Person oder des Vermögens des Erwachsenen anvertraut wurde, auf dessen Antrag eine Bescheinigung über seine Berechtigung zum Handeln und die ihm übertragenen Befugnisse ausstellen.
(2) Bis zum Beweis des Gegenteils wird vermutet, dass die bescheinigte Berechtigung zum Handeln und die bescheinigten Befugnisse vom Ausstellungsdatum der Bescheinigung an bestehen.
(3) Jeder Vertragsstaat bestimmt die für die Ausstellung der Bescheinigung zuständigen Behörden.

Die allgemeinen Bestimmungen des ErwSÜ fassen einige allgemeine Fragen der Anwendung der Konvention zusammen. Art. 38 ErwSÜ beginnt mit Bescheinigungen. Die Zuständigkeit ist in § 13 ErwSÜAG geregelt.

Art. 39 ErwSÜ Die nach diesem Übereinkommen gesammelten oder übermittelten personenbezogenen Daten dürfen nur für die Zwecke verwendet werden, zu denen sie gesammelt oder übermittelt wurden.

Die Vorschrift über die Sammlung und Übermittlung personenbezogener Daten entspricht Art. 41 KSÜ.

Art. 40 ErwSÜ Behörden, denen Informationen übermittelt werden, stellen nach dem Recht ihres Staates deren vertrauliche Behandlung sicher.

Die Vorschrift über die vertrauliche Behandlung entspricht Art. 42 KSÜ.

Art. 41 ErwSÜ Die nach diesem Übereinkommen übermittelten oder ausgestellten Schriftstücke sind von jeder Legalisation oder entsprechenden **Förmlichkeit befreit.**

Die Vorschrift über die Befreiung von der Legalisation entspricht Art. 43 KSÜ.

Art. 42 ErwSÜ Jeder Vertragsstaat kann die Behörden bestimmen, an die Ersuchen nach den Artikeln 8 und 33 zu richten sind.

Die Vorschrift über die Bestimmung der Behörden entspricht Art. 44 KSÜ.

Art. 43 ErwSÜ (1) Die nach den Artikeln 28 und 42 bestimmten Behörden werden dem Ständigen Büro der Haager Konferenz für Internationales Privatrecht spätestens bei der Hinterlegung der Ratifikations-, Annahme-, Genehmigungs- oder Beitrittsurkunde mitgeteilt. Jede Änderung wird dem Ständigen Büro ebenfalls mitgeteilt.

(2) Die Erklärung nach Artikel 32 Absatz 2 wird gegenüber dem Verwahrer dieses Übereinkommens abgegeben.

1 Die Vorschrift entspricht Art. 45 KSÜ.

Art. 44 – 48 ErwSÜ *(nicht abgedruckt)*

Art. 49 ErwSÜ
(1) Dieses Übereinkommen lässt andere internationale Übereinkünfte unberührt, denen Vertragsstaaten als Vertragsparteien angehören und die Bestimmungen über die in diesem Übereinkommen geregelten Angelegenheiten enthalten, sofern die durch eine solche Übereinkunft gebundenen Staaten keine gegenteilige Erklärung abgeben.
(2) Dieses Übereinkommen lässt die Möglichkeit unberührt, dass ein oder mehrere Vertragsstaaten Vereinbarungen treffen, die in Bezug auf Erwachsene mit gewöhnlichem Aufenthalt in einem der Staaten, die Vertragsparteien solcher Vereinbarungen sind, Bestimmungen über in diesem Übereinkommen geregelte Angelegenheiten enthalten.
(3) Künftige Vereinbarungen eines oder mehrerer Vertragsstaaten über Angelegenheiten im Anwendungsbereich dieses Übereinkommens lassen im Verhältnis zwischen solchen Staaten und anderen Vertragsstaaten die Anwendung der Bestimmungen dieses Übereinkommens unberührt.
(4) Die Absätze 1 bis 3 gelten auch für Einheitsrecht, das auf besonderen Verbindungen insbesondere regionaler Art zwischen den betroffenen Staaten beruht.

1 Art. 49 ErwSÜ, der Art. 52 KSÜ entspricht, regelt das **Verhältnis zu allen anderen internationalen Staatsverträgen**. Gem. Abs. 1 genießen grds. internationale Übereinkünfte über Fragen des Erwachsenenschutzes, die zeitlich vor dem ErwSÜ geschlossen wurden, Vorrang. Dies gilt jedoch gem. Art. 49 Abs. 1 Halbs. 2 nicht, wenn die Staaten des älteren Staatsvertrages eine entsprechende Erklärung abgegeben haben. Der Vorrang des älteren Staatsvertrages gilt jedoch nur soweit, wie dessen Vorschriften mit denen des ErwSÜ kollidieren (*Guttenberger* S. 81).
2 Abs. 2 und 3 betreffen **künftige Staatsverträge** von ein oder mehreren Vertragsstaaten, wobei Abs. 3 auch Staatsverträge auf dem Gebiet des Erwachsenenschutzes erfasst, die ein Vertragsstaat des ErwSÜ mit Nichtvertragsstaaten geschlossen hat. Zwar wird den Vertragsstaaten auch weiterhin die Möglichkeit des Abschlusses solcher Staatsverträge zugestanden, allerdings hat das ErwSÜ grds. vor derartigen Staatsverträgen Vorrang (Bericht *Lagarde* Nr. 163). Eine Ausnahme gilt gem. Abs. 2 für später geschlossene Staatsverträge, die ein Vertragsstaat des ErwSÜ mit anderen Vertragsstaaten oder auch Nichtvertragsstaaten schließt, soweit diese sich nur auf Personen beziehen, die in den betroffenen Staaten ihren gewöhnlichen Aufenthalt haben. (Staudinger/*von Hein* [2014] Vorbem. Art. 24 EGBGB Rn. 353).
3 Abs. 4 betrifft **Einheitsrecht**.

Art. 50 ErwSÜ
(1) Dieses Übereinkommen ist nur auf Maßnahmen anzuwenden, die in einem Staat getroffen werden, nachdem das Übereinkommen für diesen Staat in Kraft getreten ist.
(2) Dieses Übereinkommen ist auf die Anerkennung und Vollstreckung von Maßnahmen anzuwenden, die getroffen wurden, nachdem es im Verhältnis zwischen dem Staat, in dem die Maßnahmen getroffen wurden, und dem ersuchten Staat in Kraft getreten ist.
(3) Dieses Übereinkommen ist ab dem Zeitpunkt seines Inkrafttretens in einem Vertragsstaat auf die Vertretungsmacht anzuwenden, die zuvor unter Bedingungen erteilt wurde, die denen des Artikels 15 entsprechen.

1 Das ErwSÜ gilt nur für Schutzmaßnahmen, die **nach Inkrafttreten** des ErwSÜ im anordnenden Staat getroffen wurden (Abs. 1). Auch die Anerkennung und Vollstreckung einer Schutzmaßnahme i.S.d. Übk. braucht nur nach Inkrafttreten des ErwSÜ zwischen dem anordnenden Staat und dem um Anerkennung und Vollstreckung ersuchten Staat erfolgen (Abs. 2). Auf die Altersvorsorgevollmacht ist das ErwSÜ aller-

dings auch dann anzuwenden, wenn diese Vollmacht vor Inkrafttreten des ErwSÜ erteilt worden ist, diese aber den Bedingungen des Art. 15 entspricht (Abs. 3). Die Vorschrift entspricht Art. 53 KSÜ.

Art. 51 ErwSÜ

(1) Mitteilungen an die Zentrale Behörde oder eine andere Behörde eines Vertragsstaats werden in der Originalsprache zugesandt; sie müssen von einer Übersetzung in die Amtssprache oder eine der Amtssprachen des anderen Staates oder, wenn eine solche Übersetzung nur schwer erhältlich ist, von einer Übersetzung ins Französische oder Englische begleitet sein.

(2) Ein Vertragsstaat kann jedoch einen Vorbehalt nach Artikel 56 anbringen und darin gegen die Verwendung des Französischen oder Englischen, jedoch nicht beider Sprachen, Einspruch erheben.

Art. 51 ErwSÜ, der Art. 54 KSÜ entspricht, regelt, in welcher Sprache Mitteilungen zwischen den Behörden abgefasst sein müssen und in welche diese zu übersetzen sind. Nach Abs. 1 ist die Mitteilung in der **Originalsprache** zuzusenden und in die oder zumindest eine der Amtssprachen anderen Staates zu übersetzen. Nur wo dies auf Schwierigkeiten stößt, ist eine **Übersetzung** ins Englische oder Französische anzufügen. Allerdings kann ein Vertragsstaat gem. Art. 56 einen Vorbehalt anbringen und darin gegen die Verwendung des Französischen oder Englischen Einspruch erheben. 1

Deutschland hat gem. Art. 51 Abs. 2, 56 einen **Vorbehalt** gegen die Verwendung der französischen Sprache eingelegt (Bek. v. 12.12.2008, BGBl. 2009 II S. 39), so dass Mitteilungen, soweit sie nach Art. 51 Abs. 1 nicht in die oder eine der Amtssprachen des anderen Staates übersetzt werden können, ins Englische zu übersetzen sind. 2

Art. 52 ErwSÜ *(nicht abgedruckt)*

Kapitel VII. Schlussbestimmungen

Art. 53 – 56 ErwSÜ *(nicht abgedruckt)*

Art. 57 ErwSÜ

(1) Dieses Übereinkommen tritt am ersten Tag des Monats in Kraft, der auf einen Zeitabschnitt von drei Monaten nach der in Artikel 53 vorgesehenen Hinterlegung der dritten Ratifikations-, Annahme- oder Genehmigungsurkunde folgt.

(2) Danach tritt dieses Übereinkommen in Kraft

a) für jeden Staat, der es später ratifiziert, annimmt oder genehmigt, am ersten Tag des Monats, der auf einen Zeitabschnitt von drei Monaten nach Hinterlegung seiner Ratifikations-, Annahme-, Genehmigungs- oder Beitrittsurkunde folgt;

b) für jeden Staat, der ihm beitritt, am ersten Tag des Monats, der auf einen Zeitabschnitt von drei Monaten nach Ablauf der in Artikel 54 Absatz 3 vorgesehenen Frist von sechs Monaten folgt;

c) für die Gebietseinheiten, auf die es nach Artikel 55 erstreckt worden ist, am ersten Tag des Monats, der auf einen Zeitabschnitt von drei Monaten nach der in jenem Artikel vorgesehenen Notifikation folgt.

Das Übereinkommen ist nach der Ratifikation durch drei Staaten am 01.01.2009 **in Kraft** getreten (Art. 57 Abs. 1; Bek. v. 12.12.2008, BGBl. 2009 II S. 39). Das ErwSÜ ist von Deutschland am 07.04.2007 ratifiziert worden (Gesetz vom 17.03.2007, BGBl. 2007 II S. 323; vgl. hierzu auch *Wagner* IPRax 2007, 11 ff.). 1

Art. 58 – 59 ErwSÜ *(nicht abgedruckt)*

Anhang VIII
Gesetz zur Ausführung des Haager Übereinkommens vom 13. Januar 2000 über den internationalen Schutz von Erwachsenen (Erwachsenenschutzübereinkommens-Ausführungsgesetz – ErwSÜAG)

Vom 17. März 2007 (BGBl. I S. 314, BGBl. 2009 II S. 39)
Zuletzt geändert durch Artikel 4 des Gesetzes vom 18. Februar 2013 (BGBl. I S. 266)

Abschnitt 1. Zentrale Behörde

§ 1 ErwSÜAG **Bestimmung der Zentralen Behörde.** Zentrale Behörde nach Artikel 28 des Haager Übereinkommens vom 13. Januar 2000 über den internationalen Schutz von Erwachsenen (BGBl. 2007 II S. 323 – Übereinkommen) ist das **Bundesamt für Justiz**.

1 Das Gesetz zur Ausführung des Haager Übereinkommens vom 13.01.2000 über den internationalen Schutz von Erwachsenen vom 17.03.2007 (geändert durch Art. 46 Gesetz v. 17.12.2008, BGBl. I S. 2586) (ErwSÜAG) enthält **Ausführungsbestimmungen** i.S.d. § 97 Abs. 2 FamFG (s. dort Rdn. 48). Es bezieht sich auf das Haager Übereinkommen vom 13.01.2000 über den internationalen Schutz von Erwachsenen (BGBl. 2007 II S. 323), näher erläutert in Anh. VI. Das Gesetz ist am 01.01.2009 in Kraft getreten (BGBl. 2009 II S. 39). Der Gesetzentwurf wird erläutert in der BT-Drucks. 16/3251 vom 06.11.2006.
2 In Ausführung von Art. 28 ErwSÜ ist das **Bundesamt für Justiz** einzige Zentrale Behörde (Anschrift: Zentrale Behörde für internationale Erwachsenenschutzangelegenheiten, Adenauerallee 99–103, 53113 Bonn; https://www.bundesjustizamt.de/).

§ 2 ErwSÜAG **Übersetzungen bei eingehenden Ersuchen.** (1) Die Zentrale Behörde kann es ablehnen tätig zu werden, wenn eine Mitteilung aus einem anderen Vertragsstaat nicht in deutscher Sprache abgefasst oder von einer Übersetzung in die deutsche Sprache oder, falls eine solche Übersetzung nur schwer erhältlich ist, nicht von einer Übersetzung in die englische Sprache begleitet ist.
(2) Die Zentrale Behörde kann erforderliche Übersetzungen selbst in Auftrag geben.

1 Die §§ 2 und 3 regeln Fragen zu den Übersetzungen ein- und ausgehender Ersuchen. Abs. 1 ist die Folge des Vorbehalts gegen die Verwendung der französischen Sprache (Art. 51 Abs. 2 ErwSÜ). Die Zentrale Behörde ist aber nicht verpflichtet, ein Tätigwerden abzulehnen, wenn der Mitteilung die erforderliche Übersetzung nicht beigefügt ist.

§ 3 ErwSÜAG **Übersetzungen bei ausgehenden Ersuchen.** Beschafft ein Antragsteller erforderliche Übersetzungen für Anträge, die in einem anderen Vertragsstaat zu erledigen sind, nicht selbst, veranlasst die Zentrale Behörde die Übersetzungen.

1 Für Übersetzungen bei ausgehenden Ersuchen können für entstehende Auslagen nach § 5 Abs. 1 JVKostO i. V. m. § 137 Abs. 1 Nr. 6 KostO in Ansatz gebracht werden.

§ 4 ErwSÜAG **Maßnahmen der Zentralen Behörde.** (1) Die Zentrale Behörde verkehrt unmittelbar mit allen zuständigen Stellen im In- und Ausland.

(2) Die Zentrale Behörde leitet Mitteilungen, die an die Zentrale Behörde oder eine andere Behörde in einem anderen Vertragsstaat gerichtet sind, dorthin weiter. Mitteilungen aus einem anderen Vertragsstaat leitet sie unverzüglich an die zuständige deutsche Stelle weiter und unterrichtet sie über bereits veranlasste Maßnahmen.

(3) Die Zentrale Behörde trifft alle erforderlichen Maßnahmen einschließlich der Einschaltung von Polizeivollzugsbehörden, um den Aufenthaltsort des schutzbedürftigen Erwachsenen zu ermitteln, wenn dieser unbekannt ist und Anhaltspunkte dafür vorliegen, dass sich der Erwachsene im Inland befindet. Soweit zur Ermittlung des Aufenthaltsorts des Erwachsenen erforderlich, darf die Zentrale Behörde beim Kraftfahrt-Bundesamt Halterdaten nach § 33 Abs. 1 Satz 1 Nr. 2 des Straßenverkehrsgesetzes erheben. Unter den Voraussetzungen des Satzes 1 kann die Zentrale Behörde die Ausschreibung zur Aufenthaltsermittlung durch das Bundeskriminalamt und die Speicherung eines Suchvermerks im Zentralregister veranlassen. Soweit die Zentrale Behörde andere Stellen zur Aufenthaltsermittlung einschaltet, übermittelt sie ihnen die zur Durchführung der Maßnahmen erforderlichen personenbezogenen Daten; diese dürfen nur für den Zweck verwendet werden, für den sie übermittelt worden sind.

Zu den Maßnahmen der Zentralen Behörde gehört der unmittelbare Verkehr mit allen zuständigen Stellen im In- und Ausland (Abs. 1), d.h. ohne Einhaltung von Dienstwegen (BT-Drucks. 16/3251 S. 12). Außerdem ist Zentralen Behörde befugt, die Polizeibehörden im Wege der Amtshilfe einzuschalten oder auch eine Halterabfrage an das Kraftfahrt-Bundesamt (§ 35 Abs. 4b StVG) zu richten (Abs. 3 Satz 1 und 2). Gem. Abs. 3 Satz 3 kann die Zentrale Behörde zudem eine Ausschreibung zur Aufenthaltsbestimmung an das Bundeskriminalamt und die Speicherung eines Suchvermerks im Zentralregister veranlassen. Mitteilungen werden weitergeleitet (Abs. 2).

§ 5 ErwSÜAG Justizverwaltungsverfahren; Vergütung für Übersetzungen.

Die Tätigkeit der Zentralen Behörde gilt als Justizverwaltungsverfahren. Die Höhe der Vergütung für die von der Zentralen Behörde veranlassten Übersetzungen richtet sich nach dem Justizvergütungs- und -entschädigungsgesetz.

Da die Tätigkeit der Zentralen Behörde als Justizverwaltungsverfahren gilt, sind gegen ihre Maßnahmen die Rechtsbehelfe nach §§ 23 ff. EGGVG statthaft. Die Höhe der Vergütung für die von der Zentralen Behörde veranlassten Übersetzungen richtet sich nach dem JVEG.

Abschnitt 2. Gerichtliche Zuständigkeit und Zuständigkeitskonzentration

§ 6 ErwSÜAG Sachliche und örtliche Zuständigkeit; Zuständigkeitskonzentration.

(1) Das Betreuungsgericht, in dessen Bezirk ein Oberlandesgericht seinen Sitz hat, ist für den Bezirk dieses Oberlandesgerichts zuständig für
1. die Feststellung der Anerkennung oder Nichtanerkennung einer in einem anderen Vertragsstaat getroffenen Maßnahme nach Artikel 23 des Übereinkommens,
2. die Vollstreckbarerklärung einer in einem anderen Vertragsstaat getroffenen Maßnahme nach Artikel 25 des Übereinkommens sowie
3. das Konsultationsverfahren nach Artikel 33 des Übereinkommens.

Für den Bezirk des Kammergerichts ist das Amtsgericht Schöneberg in Berlin zuständig.

(2) Die Landesregierungen werden ermächtigt, die Zuständigkeit nach Absatz 1 durch Rechtsverordnung einem anderen Betreuungsgericht des Oberlandesgerichtsbezirks oder, wenn in einem Land mehrere Oberlandesgerichte errichtet sind, einem Betreuungsgericht für die Bezirke aller oder mehrerer Oberlandesgerichte zuzuweisen. Sie können die Ermächtigung auf die Landesjustizverwaltungen übertragen.

(3) Örtlich zuständig für die Verfahren nach Absatz 1 Satz 1 Nr. 1 und 2 ist das Betreuungsgericht, in dessen Zuständigkeitsbereich der Betroffene bei Antragstellung seinen gewöhnlichen Aufenthalt hat. Hat der Betroffene im Inland keinen gewöhnlichen Aufenthalt oder ist ein solcher nicht feststellbar, ist

Anhang VIII ErwSÜAG

das Betreuungsgericht zuständig, in dessen Zuständigkeitsbereich das Bedürfnis der Fürsorge hervortritt. Ergibt sich keine Zuständigkeit nach den Sätzen 1 und 2, ist das zuständige Betreuungsgericht im Bezirk des Kammergerichts örtlich zuständig. Im Fall des Absatzes 1 Satz 1 Nr. 3 ist das Betreuungsgericht örtlich zuständig, in dessen Zuständigkeitsbereich der Betroffene nach dem Vorschlag der ersuchenden Behörde untergebracht werden soll.
(4) Artikel 147 des Einführungsgesetzes zum Bürgerlichen Gesetzbuche gilt entsprechend.

1 Abschnitt 2 (§§ 6, 7) betrifft die gerichtliche Zuständigkeit und die **Zuständigkeitskonzentration**. Die **internationale Zuständigkeit** der deutschen Gerichte für die Anordnung von Schutzmaßnahmen ergibt sich unmittelbar aus den Art. 5 ff. ErwSÜ, welche die innerstaatliche Vorschrift des § 104 FamFG über die internationale Zuständigkeit verdrängen.

2 **Sachlich zuständig** ist das Betreuungsgericht, in dessen Bezirk ein OLG seinen Sitz hat, für das Gebiet dieses OLG-Bezirks (Abs. 1 Satz 1). Dabei geht es um die isolierte Feststellung der Anerkennung oder Nichtanerkennung einer ausländischen Schutzmaßnahme nach Art. 23 ErwSÜ (Abs. 1 Satz 1 Nr. 1). Erfasst wird auch die Vollstreckbarerklärung (Abs. 1 Satz 1 Nr. 2). Art. 25 ErwSÜ sieht für im Inland zu vollstreckende ausländische Maßnahmen ein Vollstreckbarerklärungs- oder Registrierungsverfahren vor. Ferner gehört hierzu das Konsultationsverfahren bei beabsichtigter grenzüberschreitender Unterbringung nach Art. 33 ErwSÜ (Abs. 1 Satz 1 Nr. 3).

3 **Örtlich zuständig** ist das Betreuungsgericht, in dessen Zuständigkeitsbereich der Betroffene im Zeitpunkt der Antragstellung seinen gewöhnlichen Aufenthalt hat (§ 6 Abs. 3), für die Anerkennungsfeststellung (vgl. Art. 23 ErwSÜ) und die Vollstreckbarkeitserklärung (vgl. Art. 25 ErwSÜ) örtlich zuständig. Soweit ein solcher im Inland nicht gegeben oder nicht feststellbar ist, ist das Betreuungsgericht zuständig, in dessen Zuständigkeitsbereich das Bedürfnis der Fürsorge hervortritt. Im Übrigen ist das zuständige Betreuungsgericht im Bezirk des KG örtlich zuständig. Hierbei handelt es sich um eine Auffangzuständigkeit (BT-Drucks. 16/3251 S. 13). § 7 ordnet eine Zuständigkeitskonzentration für andere Betreuungssachen an. Art. 147 EGBGB über Betreuungsbehörden aufgrund Landesrechts gilt entsprechend (Abs. 4).

4 Die **Zuständigkeit** wird bei einem Betreuungsgericht für jeden Bezirk eines OLG **konzentriert**, um so eine möglichst einheitliche Rechtsprechung zu gewährleisten (BT-Drucks. 16/3251 S. 13). Für den Bezirk des KG ist das AG Schöneberg in Berlin zuständig (Abs. 1 Satz 2). Eine Liste der zuständigen Betreuungsgerichte nach § 6 Abs. 1 hat das BfJ veröffentlicht (s. https://www.bundesjustizamt.de). Abs. 2 Satz 1 ermöglicht es den Ländern, die Zuständigkeit abweichend von Abs. 1 durch Rechtsverordnung einem anderen Betreuungsgericht des OLG-Bezirks zuzuweisen.

§ 7 ErwSÜAG Zuständigkeitskonzentration für andere Betreuungssachen.

(1) Das Betreuungsgericht, bei dem ein in § 6 Abs. 1 Satz 1 genanntes Verfahren anhängig ist, ist von diesem Zeitpunkt an für alle denselben Betroffenen betreffenden Betreuungssachen einschließlich der Verfügungen nach § 35 des Gesetzes über das Verfahren in Familiensachen und in den Angelegenheiten der freiwilligen Gerichtsbarkeit sowie Abschnitt 9 des Buches 1 des Gesetzes über das Verfahren in Familiensachen und in den Angelegenheiten der freiwilligen Gerichtsbarkeit zuständig. Die Wirkung des Satzes 1 tritt nicht ein, wenn der Antrag auf Anerkennungsfeststellung oder Vollstreckbarerklärung offensichtlich unzulässig ist. Sie entfällt, sobald das angegangene Gericht infolge einer unanfechtbaren Entscheidung unzuständig ist; Verfahren, für die dieses Gericht hiernach seine Zuständigkeit verliert, sind von Amts wegen an das zuständige Gericht abzugeben. Die Abgabeentscheidung ist unanfechtbar und für das für zuständig erklärte Gericht bindend.
(2) Ein anderes Betreuungsgericht, bei dem eine denselben Betroffenen betreffende Betreuungssache im ersten Rechtszug anhängig ist oder anhängig wird, hat dieses Verfahren von Amts wegen an das nach Absatz 1 Satz 1 zuständige Betreuungsgericht abzugeben. Die Abgabeentscheidung ist unanfechtbar.
(3) Das Betreuungsgericht, das für eine Sache nach Absatz 1 oder Absatz 2 zuständig ist, kann diese aus wichtigen Gründen an das nach den allgemeinen Vorschriften zuständige Betreuungsgericht abgeben oder zurückgeben, soweit dies nicht zu einer unverhältnismäßigen Verzögerung des Verfahrens führt. Als wichtiger Grund ist es in der Regel anzusehen, wenn die besondere Sachkunde des erst-

genannten Gerichts für das Verfahren nicht oder nicht mehr benötigt wird. Die Entscheidung über die Abgabe ist unanfechtbar und für das für zuständig erklärte Gericht bindend.
(4) § 273 des Gesetzes über das Verfahren in Familiensachen und in den Angelegenheiten der freiwilligen Gerichtsbarkeit bleibt unberührt.
(5) Artikel 147 des Einführungsgesetzes zum Bürgerlichen Gesetzbuche gilt entsprechend.

Eine Zuständigkeitskonzentration besteht auch für **andere Betreuungssachen**. Das Betreuungsgericht, bei dem ein in § 6 Abs. 1 Satz 1 genanntes Verfahren anhängig ist, ist grds. für alle denselben Betroffenen angehenden Betreuungssachen zuständig. Dies schließt Zwangsmittel (§ 35 FamFG) sowie Verfahren mit Auslandsbezug (§§ 97 ff. FamFG) ein (Abs. 1 Satz 1). Ein anderes Betreuungsgericht hat ein anhängiges Verfahren abzugeben (Abs. 2). Eine Abgabe oder Zurückgabe der Sache durch das nach Abs. 1 oder Abs. 2 zuständige Betreuungsgericht an das nach den allgemeinen Vorschriften zuständige Betreuungsgericht ist aus wichtigen Gründen möglich (Abs. 3). Eine Abgabe kann auch bei Änderung des gewöhnlichen Aufenthalts gem. § 273 FamFG erfolgen (Abs. 4). Art. 147 EGBGB über Betreuungsbehörden aufgrund Landesrechts gilt entsprechend (Abs. 5). 1

Abschnitt 3. Anerkennungsfeststellung, Vollstreckbarerklärung, Konsultationsverfahren und Bescheinigungen

§ 8 ErwSÜAG Allgemeine Verfahrensvorschriften für die Anerkennungsfeststellung und Vollstreckbarerklärung. (1) Das Verfahren nach den Artikeln 23 und 25 des Übereinkommens richtet sich nach dem Buch 1 des Gesetzes über das Verfahren in Familiensachen und in den Angelegenheiten der freiwilligen Gerichtsbarkeit. Die §§ 275, 276, 297 Abs. 5, §§ 308, 309 und 311 des Gesetzes über das Verfahren in Familiensachen und in den Angelegenheiten der freiwilligen Gerichtsbarkeit sind entsprechend anzuwenden.
(2) Das Gericht hat den Betroffenen persönlich anzuhören, wenn die anzuerkennende oder für vollstreckbar zu erklärende Maßnahme eine im Inland vorzunehmende Maßnahme im Sinn des § 312 des Gesetzes über das Verfahren in Familiensachen und in den Angelegenheiten der freiwilligen Gerichtsbarkeit, eine Untersuchung des Gesundheitszustands, eine Heilbehandlung oder einen ärztlichen Eingriff im Sinn des § 1904 des Bürgerlichen Gesetzbuchs oder eine im Inland vorzunehmende Sterilisation beinhaltet. Im Übrigen soll das Gericht den Betroffenen persönlich anhören. § 278 Abs. 3 bis 5 des Gesetzes über das Verfahren in Familiensachen und in den Angelegenheiten der freiwilligen Gerichtsbarkeit gilt entsprechend.
(3) Das Gericht kann die im Inland zuständige Betreuungsbehörde anhören, wenn es der Betroffene verlangt oder wenn es der Sachaufklärung dient. Die Anhörung anderer Personen liegt im Ermessen des Gerichts.
(4) Der Beschluss des Gerichts ist zu begründen.
(5) Der Beschluss ist dem Betroffenen und, falls ein solcher bestellt ist, dem Betreuer oder einer Person mit vergleichbaren Aufgaben bekannt zu machen. Handelt es sich bei der anerkannten oder für vollstreckbar erklärten Maßnahme um eine Unterbringung im Inland, ist der Beschluss auch dem Leiter der Einrichtung bekannt zu machen, in welcher der Betroffene untergebracht werden soll. Die §§ 288 und 326 des Gesetzes über das Verfahren in Familiensachen und in den Angelegenheiten der freiwilligen Gerichtsbarkeit gelten entsprechend.
(6) Der Beschluss unterliegt der Beschwerde. Die §§ 303 und 305 des Gesetzes über das Verfahren in Familiensachen und in den Angelegenheiten der freiwilligen Gerichtsbarkeit gelten entsprechend.
(7) Der Beschluss wird erst mit seiner Rechtskraft wirksam. Bei Gefahr im Verzug kann das Gericht die sofortige Wirksamkeit des Beschlusses anordnen.

A. Allgemeines. Allgemeine **Verfahrensvorschriften** für die Anerkennungsfeststellung und Vollstreckbarkeitserklärung in Deutschland sind in den §§ 8 ff. zu finden. Danach kommen in Verfahren nach Art. 23 und 25 ErwSÜ die Regelungen des Buches 1 des FamFG zur Anwendung. Darüber hinaus sind die §§ 275, 1

276, 297 Abs. 5, 308, 309 und 311 FamFG analog heranzuziehen. Letzteres gilt auch für § 278 Abs. 3 bis 5 FamFG.

2 **B. Anhörung des Betroffenen.** Der Betroffene muss in bestimmten Fällen persönlich angehört werden (Abs. 2). Dies gilt, wenn es sich bei der anzuerkennenden oder für vollstreckbar zu erklärenden Maßnahme um eine im Inland vorzunehmende Maßnahme i.S.d. § 312 FamFG, ein Untersuchung des Gesundheitszustandes, eine Heilbehandlung oder einen ärztlichen Eingriff i.S.d. § 1904 BGB oder eine im Inland vorzunehmende Sterilisation handelt. In allen anderen Fällen soll das Gericht den Betroffenen persönlich anhören (Abs. 2 Satz 2). Die zwingende Anhörung soll abklären, ob ein Anerkennungshindernis i.S.d. Art. 22 Abs. 2 ErwSÜ vorliegt (BT-Drucks. 16/3251 S. 15).

3 **C. Anhörung der im Inland zuständigen Betreuungsbehörde.** Die Anhörung der im Inland zuständigen **Betreuungsbehörde** bzw. die Anhörung Dritter liegt im Ermessen des Gerichts (Abs. 3). Die Anhörung der im Inland zuständigen Betreuungsbehörde kann hingegen auf Verlangen des Betroffenen erfolgen, oder aber wenn diese zur Aufklärung des Sachverhalts beiträgt.

4 **D. Beschluss.** Der **Gerichtsbeschlusses** ist zu begründen und dem Betroffenen (Abs. 4), und, falls ein solcher bestellt ist, dem Betreuer bzw. einer Person mit vergleichbaren Aufgaben bekannt zu machen (Abs. 5). Soweit der Beschluss die Anerkennung oder Vollstreckbarkeitserklärung einer Unterbringung im Inland enthält, ist der Beschluss darüber hinaus auch dem Leiter der betreffenden Einrichtung bekannt zu machen. Die §§ 288 und 326 FamFG sind entsprechend heranzuziehen.

5 **E. Beschwerde.** Die Beschlüsse des FamG nach Art. 23 und 25 ErwSÜ unterliegen der **sofortigen Beschwerde** (Abs. 6). Die §§ 303 und 305 FamFG gelten entsprechend. Der Beschluss wird erst mit seiner Rechtskraft wirksam (Abs. 7 Satz 1). Allerdings hat das Gericht die Möglichkeit, bei Gefahr in Verzug die sofortige Wirksamkeit des Beschlusses anzuordnen (Abs. 7 Satz 2).

§ 9 ErwSÜAG Bindungswirkung der Anerkennungsfeststellung.

Die Feststellung nach Artikel 23 des Übereinkommens, dass die Voraussetzungen für die Anerkennung vorliegen oder nicht vorliegen, ist für Gerichte und Verwaltungsbehörden bindend.

1 Die Anerkennungsfeststellung hat Bindungswirkung. Die Feststellung über die Anerkennung oder Nichtanerkennung ist für die Gerichte und Verwaltungsbehörden bindend. Daher braucht über die Anerkennung der ausländischen Entscheidung in zukünftigen Verfahren nicht abermals entschieden zu werden.

§ 10 ErwSÜAG Vollstreckungsklausel.

(1) Ein Titel aus einem anderen Vertragsstaat, der dort vollstreckbar ist und im Inland Vollstreckungshandlungen erfordert, wird dadurch nach Artikel 25 des Übereinkommens für vollstreckbar erklärt, dass er auf Antrag mit einer Vollstreckungsklausel versehen wird.
(2) § 20 Abs. 1 Satz 1 und 2 sowie § 23 des Internationalen Familienrechtsverfahrensgesetzes gelten entsprechend.

1 Art. 25 Abs. 1 ErwSÜ sieht für im Ursprungsstaat geschaffene, aber in einem anderen Vertragsstaat zu vollstreckende Titel die Vollstreckbarerklärung durch den Vollstreckungsstaat nach dessen Recht vor. In Deutschland wird die Vollstreckungsklausel erteilt (Abs. 1). § 20 Abs. 1 Satz 1 und 2 IntFamRVG über die Entscheidung sowie § 23 IntFamRVG über die Vollstreckungsklausel gelten entsprechend (Abs. 2).

§ 11 ErwSÜAG Aufhebung oder Änderung von Entscheidungen über die Anerkennungsfeststellung oder Vollstreckbarerklärung.

(1) Wird eine in einem anderen Vertragsstaat getroffene Maßnahme in diesem Staat aufgehoben oder abgeändert und kann die betroffene Person diese Tatsache nicht mehr in dem Verfahren nach § 6 Abs. 1 Nr. 1 oder Nr. 2 geltend machen, kann sie die Aufhebung oder Änderung der Entscheidung über die Anerkennungsfeststellung oder Vollstreckbarerklärung in einem besonderen Verfahren beantragen. Die §§ 8 und 9 gelten entsprechend.

(2) Für die Entscheidung über den Antrag ist das Betreuungsgericht ausschließlich zuständig, das im ersten Rechtszug über die Anerkennungsfeststellung oder Vollstreckbarerklärung entschieden hat.

Bei einer Aufhebung oder Änderung der Entscheidung im Ursprungsstaat kann eine Aufhebung oder Änderung der Entscheidung über die Anerkennungsfeststellung oder Vollstreckbarerklärung erfolgen (Abs. 1). Ausschließlich zuständig ist das Gericht, das im ersten Rechtszug entschieden hat (Abs. 2). Die Vorschrift lehnt sich an § 34 IntFamRVG an.

§ 12 ErwSÜAG Widerspruch im Konsultationsverfahren.

(1) Das Gericht soll insbesondere dann nach Artikel 33 Abs. 2 des Übereinkommens einer Unterbringung im Inland widersprechen, wenn
1. die Durchführung der beabsichtigten Unterbringung dem Wohl des Betroffenen widerspricht, insbesondere weil er keine besondere Bindung zum Inland hat,
2. die ausländische Behörde kein Gutachten eines Sachverständigen vorlegt, aus dem sich die Notwendigkeit der beabsichtigten Unterbringung ergibt,
3. ein Grund für eine Versagung der Anerkennung nach Artikel 22 Abs. 2 des Übereinkommens erkennbar ist,
4. dem Betroffenen im ausländischen Verfahren kein rechtliches Gehör gewährt wurde,
5. einer erforderlichen Genehmigung der Ausländerbehörde Gründe entgegenstehen oder
6. die Übernahme der Kosten für die Unterbringung nicht geregelt ist.
(2) Im Fall einer Unterbringung, die mit Freiheitsentzug verbunden ist, oder einer Maßnahme im Sinn des § 1906 Absatz 3 oder 4 des Bürgerlichen Gesetzbuchs spricht sich das Gericht unbeschadet des Absatzes 1 nach Artikel 33 Abs. 2 des Übereinkommens gegen das Ersuchen aus, wenn
1. im ersuchenden Staat über die ersuchte Maßnahme kein Gericht entscheidet oder
2. bei Zugrundelegung des mitgeteilten Sachverhalts nach innerstaatlichem Recht die Anordnung der ersuchten Maßnahme nicht zulässig wäre.
(3) Das Gericht kann den Betroffenen persönlich anhören.
(4) Das Gericht kann einen Meinungsaustausch mit der ersuchenden Behörde aufnehmen und diese um ergänzende Informationen bitten.
(5) Der Widerspruch nach Artikel 33 Abs. 2 des Übereinkommens ist der ersuchenden Behörde unverzüglich bekannt zu machen. Die Entscheidung, von einem Widerspruch abzusehen, ist dem Betroffenen selbst und, falls ein solcher bestellt ist, dem Betreuer oder einer Person mit vergleichbaren Aufgaben sowie dem Leiter der Einrichtung bekannt zu machen, in welcher der Betroffene untergebracht werden soll. Der Beschluss ist unanfechtbar.
(6) Im Übrigen sind auf das Verfahren die §§ 316, 317 Abs. 1 Satz 1, Abs. 4, 5, §§ 318, 325 Abs. 1 und § 338 des Gesetzes über das Verfahren in Familiensachen und in den Angelegenheiten der freiwilligen Gerichtsbarkeit sowie § 8 Abs. 1 Satz 1, Abs. 3 und 4 entsprechend anzuwenden.

Nach Art. 33 ErwSÜ hat bei einem im Ausland anhängigen Verfahren, das eine Unterbringung eines schutzbedürftigen Erwachsenen in Deutschland zum Gegenstand hat, ein Konsultationsverfahren stattzufinden. Widerspruch im Konsultationsverfahren. Zuständig ist das Betreuungsgericht (§ 6 Abs. 1 Nr. 3). Abs. 1 nennt nicht abschließend die **Gründe**, aufgrund derer sich deutsche Gerichte gegen eine Unterbringung im Inland aussprechen sollten (BT-Drucks. 16/3251 S. 16). Abs. 2 betrifft die Unterbringung mit einem Freiheitsentzug für den Erwachsenen und enthält weitere **Widerspruchsgründe**. Eine freiheitsentziehende Unterbringung i.S.d. Abs. 2 deckt sich mit § 415 Abs. 2 FamFG (vgl. BT-Drucks. 16/3251 S. 17).

Die **persönliche Anhörung des Betroffenen** steht im Ermessen des Gerichts (Abs. 3). In einem Meinungsaustausch mit der ersuchenden Behörde können ergänzende Informationen erlangt werden (Abs. 4). Der Widerspruch nach Art. 33 Abs. 2 ErwSÜ ist der ersuchenden Behörde unverzüglich bekannt zu machen (Abs. 5 Satz 1). Der Beschluss ist unanfechtbar (Abs. 5 Satz 3).

Eine Reihe von **FamFG-Vorschriften ist entsprechend anwendbar** (Abs. 6). Dabei geht es um 316 (Verfahrensfähigkeit), § 317 Abs. 1 Satz 1, Abs. 4, 5 (Verfahrenspfleger), § 318 (Vergütung und Aufwendungsersatz), § 325 Abs. 1 (Bekanntgabe) und § 338 (Mitteilung von Entscheidungen). Das gleiche gilt für § 8 Abs. 1 Satz 1, Abs. 3 und 4 (allgemeine Verfahrensvorschriften). § 12 lehnt sich an § 46 IntFamRVG an.

Anhang VIII

§ 13 ErwSÜAG Bescheinigungen über inländische Schutzmaßnahmen.

(1) Die Bescheinigung über eine inländische Schutzmaßnahme nach Artikel 38 des Übereinkommens wird von dem Urkundsbeamten der Geschäftsstelle des Gerichts des ersten Rechtszugs und, wenn das Verfahren bei einem höheren Gericht anhängig ist, von dem Urkundsbeamten der Geschäftsstelle dieses Gerichts ausgestellt.
(2) § 319 der Zivilprozessordnung gilt entsprechend.

1　Abs. 1 macht von der Möglichkeit des Art. 38 Abs. 1 ErwSÜ Gebrauch, Bescheinigungen über inländische Schutzmaßnahmen auszustellen. Dies entspricht § 48 IntFamRVG. Abs. 2 erklärt § 319 ZPO über die Urteilsberichtigung für entsprechend anwendbar; ebenso § 49 IntFamRVG.

Anhang IX
Verordnung (EU) Nr. 650/2012 des Europäischen Parlaments und des Rates über die Zuständigkeit, das anzuwendende Recht, die Anerkennung und Vollstreckung von Entscheidungen und die Annahme und Vollstreckung öffentlicher Urkunden in Erbsachen sowie zur Einführung eines Europäischen Nachlasszeugnisses

ABl. EU L 201 vom 27.7.2012, S. 107

DAS EUROPÄISCHE PARLAMENT UND DER RAT DER EUROPÄISCHEN UNION –
gestützt auf den Vertrag über die Arbeitsweise der Europäischen Union, insbesondere auf Artikel 81 Absatz 2,
auf Vorschlag der Europäischen Kommission,
nach Stellungnahme des Europäischer Wirtschafts- und Sozialausschusses[1],
gemäß dem ordentlichen Gesetzgebungsverfahren[2], in Erwägung nachstehender Gründe:

(1) - (8) …

(9) Der Anwendungsbereich dieser Verordnung sollte sich auf alle zivilrechtlichen Aspekte der Rechtsnachfolge von Todes wegen erstrecken, und zwar auf jede Form des Übergangs von Vermögenswerten, Rechten und Pflichten von Todes wegen, sei es im Wege der gewillkürten Erbfolge durch eine Verfügung von Todes wegen oder im Wege der gesetzlichen Erbfolge.

(10) Diese Verordnung sollte weder für Steuersachen noch für verwaltungsrechtliche Angelegenheiten öffentlich-rechtlicher Art gelten. Daher sollte das innerstaatliche Recht bestimmen, wie beispielsweise Steuern oder sonstige Verbindlichkeiten öffentlich-rechtlicher Art berechnet und entrichtet werden, seien es vom Erblasser im Zeitpunkt seines Todes geschuldete Steuern oder Erbschaftssteuern jeglicher Art, die aus dem Nachlass oder von den Berechtigten zu entrichten sind. Das innerstaatliche Recht sollte auch bestimmen, ob die Freigabe des Nachlassvermögens an die Berechtigten nach dieser Verordnung oder die Eintragung des Nachlassvermögens in ein Register nur erfolgt, wenn Steuern gezahlt werden.

(11) Diese Verordnung sollte nicht für Bereiche des Zivilrechts gelten, die nicht die Rechtsnachfolge von Todes wegen betreffen. Aus Gründen der Klarheit sollte eine Reihe von Fragen, die als mit Erbsachen zusammenhängend betrachtet werden könnten, ausdrücklich vom Anwendungsbereich dieser Verordnung ausgenommen werden.

(12) Dementsprechend sollte diese Verordnung nicht für Fragen des ehelichen Güterrechts, einschließlich der in einigen Rechtsordnungen vorkommenden Eheverträge, soweit diese keine erbrechtlichen Fragen regeln, und des Güterrechts aufgrund von Verhältnissen, die mit der Ehe vergleichbare Wirkungen entfalten, gelten. Die Behörden, die mit einer bestimmten Erbsache nach dieser Verordnung befasst sind, sollten allerdings je nach den Umständen des Einzelfalls die Beendigung des ehelichen oder sonstigen Güterstands des Erblassers bei der Bestimmung des Nachlasses und der jeweiligen Anteile der Berechtigten berücksichtigen.

(13) Fragen im Zusammenhang mit der Errichtung, Funktionsweise oder Auflösung von Trusts sollten auch vom Anwendungsbereich dieser Verordnung ausgenommen werden. Dies sollte nicht als genereller Ausschluss von Trusts verstanden werden. Wird ein Trust testamentarisch oder aber kraft Gesetzes im Rahmen der gesetzlichen Erbfolge errichtet, so sollte im Hinblick auf den Übergang der Vermögenswerte und die Bestimmung der Berechtigten das nach dieser Verordnung auf die Rechtsnachfolge von Todes wegen anzuwendende Recht gelten.

(14) Rechte und Vermögenswerte, die auf andere Weise als durch Rechtsnachfolge von Todes wegen entstehen oder übertragen werden, wie zum Beispiel durch unentgeltliche Zuwendungen, sollten ebenfalls vom Anwendungsbereich dieser Verordnung ausgenommen werden. Ob unentgeltliche Zuwendungen oder sonstige Verfügungen unter Lebenden mit dinglicher Wirkung vor dem Tod für die Zwecke der Bestimmung der Anteile der Berechtigten im Einklang mit dem auf die Rechtsnachfolge von Todes wegen anzuwendenden Recht aus-

---
[1] ABl. C 44 vom 11.02.2011, S. 148.
[2] Standpunkt des Europäischen Parlaments vom 13.03.2012 (noch nicht im Amtsblatt veröffentlicht) und Beschluss des Rates vom 07.06.2012.

geglichen oder angerechnet werden sollten, sollte sich jedoch nach dem Recht entscheiden, das nach dieser Verordnung auf die Rechtsnachfolge von Todes wegen anzuwenden ist.
(15) Diese Verordnung sollte die Begründung oder den Übergang eines Rechts an beweglichen oder unbeweglichen Vermögensgegenständen im Wege der Rechtsnachfolge von Todes wegen nach Maßgabe des auf die Rechtsnachfolge von Todes wegen anzuwendenden Rechts ermöglichen. Sie sollte jedoch nicht die abschließende Anzahl (Numerus Clausus) der dinglichen Rechte berühren, die das innerstaatliche Recht einiger Mitgliedstaaten kennt. Ein Mitgliedstaat sollte nicht verpflichtet sein, ein dingliches Recht an einer in diesem Mitgliedstaat belegenen Sache anzuerkennen, wenn sein Recht dieses dingliche Recht nicht kennt.
(16) Damit die Berechtigten jedoch die Rechte, die durch Rechtsnachfolge von Todes wegen begründet worden oder auf sie übergegangen sind, in einem anderen Mitgliedstaat geltend machen können, sollte diese Verordnung die Anpassung eines unbekannten dinglichen Rechts an das in der Rechtsordnung dieses anderen Mitgliedstaats am ehesten vergleichbare dingliche Recht vorsehen. Bei dieser Anpassung sollten die mit dem besagten dinglichen Recht verfolgten Ziele und Interessen und die mit ihm verbundenen Wirkungen berücksichtigt werden. Für die Zwecke der Bestimmung des am ehesten vergleichbaren innerstaatlichen dinglichen Rechts können die Behörden oder zuständigen Personen des Staates, dessen Recht auf die Rechtsnachfolge von Todes wegen anzuwenden war, kontaktiert werden, um weitere Auskünfte zu der Art und den Wirkungen des betreffenden dinglichen Rechts einzuholen. In diesem Zusammenhang könnten die bestehenden Netze im Bereich der justiziellen Zusammenarbeit in Zivil- und Handelssachen sowie die anderen verfügbaren Mittel, die die Erkenntnis ausländischen Rechts erleichtern, genutzt werden.
(17) Die in dieser Verordnung ausdrücklich vorgesehene Anpassung unbekannter dinglicher Rechte sollte andere Formen der Anpassung im Zusammenhang mit der Anwendung dieser Verordnung nicht ausschließen.
(18) Die Voraussetzungen für die Eintragung von Rechten an beweglichen oder unbeweglichen Vermögensgegenständen in einem Register sollten aus dem Anwendungsbereich dieser Verordnung ausgenommen werden. Somit sollte das Recht des Mitgliedstaats, in dem das Register (für unbewegliches Vermögen das Recht der belegenen Sache [lex rei sitae]) geführt wird, bestimmen, unter welchen gesetzlichen Voraussetzungen und wie die Eintragung vorzunehmen ist und welche Behörden wie etwa Grundbuchämter oder Notare dafür zuständig sind zu prüfen, dass alle Eintragungsvoraussetzungen erfüllt sind und die vorgelegten oder erstellten Unterlagen vollständig sind bzw. die erforderlichen Angaben enthalten. Insbesondere können die Behörden prüfen, ob es sich bei dem Recht des Erblassers an dem Nachlassvermögen, das in dem für die Eintragung vorgelegten Schriftstück erwähnt ist, um ein Recht handelt, das als solches in dem Register eingetragen ist oder nach dem Recht des Mitgliedstaats, in dem das Register geführt wird, anderweitig nachgewiesen wird. Um eine doppelte Erstellung von Schriftstücken zu vermeiden, sollten die Eintragungsbehörden diejenigen von den zuständigen Behörden in einem anderen Mitgliedstaat erstellten Schriftstücke annehmen, deren Verkehr nach dieser Verordnung vorgesehen ist. Insbesondere sollte das nach dieser Verordnung ausgestellte Europäische Nachlasszeugnis im Hinblick auf die Eintragung des Nachlassvermögens in ein Register eines Mitgliedstaats ein gültiges Schriftstück darstellen. Dies sollte die an der Eintragung beteiligten Behörden nicht daran hindern, von der Person, die die Eintragung beantragt, diejenigen zusätzlichen Angaben oder die Vorlage derjenigen zusätzlichen Schriftstücke zu verlangen, die nach dem Recht des Mitgliedstaats, in dem das Register geführt wird, erforderlich sind, wie beispielsweise Angaben oder Schriftstücke betreffend die Zahlung von Steuern. Die zuständige Behörde kann die Person, die die Eintragung beantragt, darauf hinweisen, wie die fehlenden Angaben oder Schriftstücke beigebracht werden können.
(19) Die Wirkungen der Eintragung eines Rechts in einem Register sollten ebenfalls vom Anwendungsbereich dieser Verordnung ausgenommen werden. Daher sollte das Recht des Mitgliedstaats, in dem das Register geführt wird, dafür maßgebend sein, ob beispielsweise die Eintragung deklaratorische oder konstitutive Wirkung hat. Wenn also zum Beispiel der Erwerb eines Rechts an einer unbeweglichen Sache nach dem Recht des Mitgliedstaats, in dem das Register geführt wird, die Eintragung in einem Register erfordert, damit die Wirkung erga omnes von Registern sichergestellt wird oder Rechtsgeschäfte geschützt werden, sollte der Zeitpunkt des Erwerbs dem Recht dieses Mitgliedstaats unterliegen.
(20) Diese Verordnung sollte den verschiedenen Systemen zur Regelung von Erbsachen Rechnung tragen, die in den Mitgliedstaaten angewandt werden. Für die Zwecke dieser Verordnung sollte der Begriff »Gericht« daher breit gefasst werden, so dass nicht nur Gerichte im eigentlichen Sinne, die gerichtliche Funktionen ausüben, erfasst werden, sondern auch Notare oder Registerbehörden in einigen Mitgliedstaaten, die in bestimmten Erbsachen gerichtliche Funktionen wie Gerichte ausüben, sowie Notare und Angehörige von Rechtsberufen, die in einigen Mitgliedstaaten in einer bestimmten Erbsache aufgrund einer Befugnisübertragung durch ein Gericht gerichtliche Funktionen ausüben. Alle Gerichte im Sinne dieser Verordnung sollten durch die in dieser Verordnung festgelegten Zuständigkeitsregeln gebunden sein. Der Begriff »Gericht« sollte hingegen nicht die nichtgerichtlichen Behörden eines Mitgliedstaats erfassen, die nach innerstaatlichem Recht befugt sind,

sich mit Erbsachen zu befassen, wie in den meisten Mitgliedstaaten die Notare, wenn sie, wie dies üblicherweise der Fall ist, keine gerichtlichen Funktionen ausüben.

(21) Diese Verordnung sollte es allen Notaren, die für Erbsachen in den Mitgliedstaaten zuständig sind, ermöglichen, diese Zuständigkeit auszuüben. Ob die Notare in einem Mitgliedstaat durch die Zuständigkeitsregeln dieser Verordnung gebunden sind, sollte davon abhängen, ob sie von der Bestimmung des Begriffs »Gericht« im Sinne dieser Verordnung erfasst werden.

(22) Die in den Mitgliedstaaten von Notaren in Erbsachen errichteten Urkunden sollten nach dieser Verordnung verkehren. Üben Notare gerichtliche Funktionen aus, so sind sie durch die Zuständigkeitsregeln gebunden, und die von ihnen erlassenen Entscheidungen sollten nach den Bestimmungen über die Anerkennung, Vollstreckbarkeit und Vollstreckung von Entscheidungen verkehren. Üben Notare keine gerichtliche Zuständigkeit aus, so sind sie nicht durch die Zuständigkeitsregeln gebunden, und die öffentlichen Urkunden, die von ihnen errichtet werden, sollten nach den Bestimmungen über öffentliche Urkunden verkehren.

(23) In Anbetracht der zunehmenden Mobilität der Bürger sollte die Verordnung zur Gewährleistung einer ordnungsgemäßen Rechtspflege in der Union und einer wirklichen Verbindung zwischen dem Nachlass und dem Mitgliedstaat, in dem die Erbsache abgewickelt wird, als allgemeinen Anknüpfungspunkt zum Zwecke der Bestimmung der Zuständigkeit und des anzuwendenden Rechts den gewöhnlichen Aufenthalt des Erblassers im Zeitpunkt des Todes vorsehen. Bei der Bestimmung des gewöhnlichen Aufenthalts sollte die mit der Erbsache befasste Behörde eine Gesamtbeurteilung der Lebensumstände des Erblassers in den Jahren vor seinem Tod und im Zeitpunkt seines Todes vornehmen und dabei alle relevanten Tatsachen berücksichtigen, insbesondere die Dauer und die Regelmäßigkeit des Aufenthalts des Erblassers in dem betreffenden Staat sowie die damit zusammenhängenden Umstände und Gründe. Der so bestimmte gewöhnliche Aufenthalt sollte unter Berücksichtigung der spezifischen Ziele dieser Verordnung eine besonders enge und feste Bindung zu dem betreffenden Staat erkennen lassen.

(24) In einigen Fällen kann es sich als komplex erweisen, den Ort zu bestimmen, an dem der Erblasser seinen gewöhnlichen Aufenthalt hatte. Dies kann insbesondere der Fall sein, wenn sich der Erblasser aus beruflichen oder wirtschaftlichen Gründen – unter Umständen auch für längere Zeit – in einen anderen Staat begeben hat, um dort zu arbeiten, aber eine enge und feste Bindung zu seinem Herkunftsstaat aufrechterhalten hat. In diesem Fall könnte – entsprechend den jeweiligen Umständen – davon ausgegangen werden, dass der Erblasser seinen gewöhnlichen Aufenthalt weiterhin in seinem Herkunftsstaat hat, in dem sich in familiärer und sozialer Hinsicht sein Lebensmittelpunkt befand. Weitere komplexe Fälle können sich ergeben, wenn der Erblasser abwechselnd in mehreren Staaten gelebt hat oder auch von Staat zu Staat gereist ist, ohne sich in einem Staat für längere Zeit niederzulassen. War der Erblasser ein Staatsangehöriger eines dieser Staaten oder hatte er alle seine wesentlichen Vermögensgegenstände in einem dieser Staaten, so könnte seine Staatsangehörigkeit oder der Ort, an dem diese Vermögensgegenstände sich befinden, ein besonderer Faktor bei der Gesamtbeurteilung aller tatsächlichen Umstände sein.

(25) …

(26) Diese Verordnung sollte ein Gericht nicht daran hindern, Mechanismen gegen die Gesetzesumgehung wie beispielsweise gegen die fraude à la loi im Bereich des Internationalen Privatrechts anzuwenden.

(27) Die Vorschriften dieser Verordnung sind so angelegt, dass sichergestellt wird, dass die mit der Erbsache befasste Behörde in den meisten Situationen ihr eigenes Recht anwendet. Diese Verordnung sieht daher eine Reihe von Mechanismen vor, die dann greifen, wenn der Erblasser für die Regelung seines Nachlasses das Recht eines Mitgliedstaats gewählt hat, dessen Staatsangehöriger er war.

(28) Einer dieser Mechanismen sollte darin bestehen, dass die betroffenen Parteien eine Gerichtsstandsvereinbarung zugunsten der Gerichte des Mitgliedstaats, dessen Recht gewählt wurde, schließen können. Abhängig insbesondere vom Gegenstand der Gerichtsstandsvereinbarung müsste von Fall zu Fall bestimmt werden, ob die Vereinbarung zwischen sämtlichen von dem Nachlass betroffenen Parteien geschlossen werden müsste oder ob einige von ihnen sich darauf einigen könnten, eine spezifische Frage bei dem gewählten Gericht anhängig zu machen, sofern die diesbezügliche Entscheidung dieses Gerichts die Rechte der anderen Parteien am Nachlass nicht berühren würde.

(29) Wird ein Verfahren in einer Erbsache von einem Gericht von Amts wegen eingeleitet, was in einigen Mitgliedstaaten der Fall ist, sollte dieses Gericht das Verfahren beenden, wenn die Parteien vereinbaren, die Erbsache außergerichtlich in dem Mitgliedstaat des gewählten Rechts einvernehmlich zu regeln. Wird ein Verfahren in einer Erbsache nicht von einem Gericht von Amts wegen eröffnet, so sollte diese Verordnung die Parteien nicht daran hindern, die Erbsache außergerichtlich, beispielsweise vor einem Notar, in einem Mitgliedstaat ihrer Wahl einvernehmlich zu regeln, wenn dies nach dem Recht dieses Mitgliedstaats möglich ist. Dies sollte auch dann der Fall sein, wenn das auf die Rechtsnachfolge von Todes wegen anzuwendende Recht nicht das Recht dieses Mitgliedstaats ist.

(30) Um zu gewährleisten, dass die Gerichte aller Mitgliedstaaten ihre Zuständigkeit in Bezug auf den Nachlass von Personen, die ihren gewöhnlichen Aufenthalt im Zeitpunkt ihres Todes nicht in einem Mitgliedstaat hatten, auf derselben Grundlage ausüben können, sollte diese Verordnung die Gründe, aus denen diese subsidiäre Zuständigkeit ausgeübt werden kann, abschließend und in einer zwingenden Rangfolge aufführen.

(31) Um insbesondere Fällen von Rechtsverweigerung begegnen zu können, sollte in dieser Verordnung auch eine Notzuständigkeit (forum necessitatis) vorgesehen werden, wonach ein Gericht eines Mitgliedstaats in Ausnahmefällen über eine Erbsache entscheiden kann, die einen engen Bezug zu einem Drittstaat aufweist. Ein solcher Ausnahmefall könnte gegeben sein, wenn ein Verfahren sich in dem betreffenden Drittstaat als unmöglich erweist, beispielsweise aufgrund eines Bürgerkriegs, oder wenn von einem Berechtigten vernünftigerweise nicht erwartet werden kann, dass er ein Verfahren in diesem Staat einleitet oder führt. Die Notzuständigkeit sollte jedoch nur ausgeübt werden, wenn die Erbsache einen ausreichenden Bezug zu dem Mitgliedstaat des angerufenen Gerichts aufweist.

(32) Im Interesse der Erben und Vermächtnisnehmer, die ihren gewöhnlichen Aufenthalt in einem anderen als dem Mitgliedstaat haben, in dem der Nachlass abgewickelt wird oder werden soll, sollte diese Verordnung es jeder Person, die nach dem auf die Rechtsnachfolge von Todes wegen anzuwendenden Recht dazu berechtigt ist, ermöglichen, Erklärungen über die Annahme oder Ausschlagung einer Erbschaft, eines Vermächtnisses oder eines Pflichtteils oder zur Begrenzung ihrer Haftung für Nachlassverbindlichkeiten vor den Gerichten des Mitgliedstaats ihres gewöhnlichen Aufenthalts in der Form abzugeben, die nach dem Recht dieses Mitgliedstaats vorgesehen ist. Dies sollte nicht ausschließen, dass derartige Erklärungen vor anderen Behörden dieses Mitgliedstaats, die nach nationalem Recht für die Entgegennahme von Erklärungen zuständig sind, abgegeben werden. Die Personen, die von der Möglichkeit Gebrauch machen möchten, Erklärungen im Mitgliedstaat ihres gewöhnlichen Aufenthalts abzugeben, sollten das Gericht oder die Behörde, die mit der Erbsache befasst ist oder sein wird, innerhalb einer Frist, die in dem auf die Rechtsnachfolge von Todes wegen anzuwendenden Recht vorgesehen ist, selbst davon in Kenntnis setzen, dass derartige Erklärungen abgegeben wurden.

(33) Eine Person, die ihre Haftung für die Nachlassverbindlichkeiten begrenzen möchte, sollte dies nicht durch eine entsprechende einfache Erklärung vor den Gerichten oder anderen zuständigen Behörden des Mitgliedstaats ihres gewöhnlichen Aufenthalts tun können, wenn das auf die Rechtsnachfolge von Todes wegen anzuwendende Recht von ihr verlangt, vor dem zuständigen Gericht ein besonderes Verfahren, beispielsweise ein Verfahren zur Inventarerrichtung, zu veranlassen. Eine Erklärung, die unter derartigen Umständen von einer Person im Mitgliedstaat ihres gewöhnlichen Aufenthalts in der nach dem Recht dieses Mitgliedstaats vorgeschriebenen Form abgegeben wurde, sollte daher für die Zwecke dieser Verordnung nicht formell gültig sein. Auch sollten die verfahrenseinleitenden Schriftstücke für die Zwecke dieser Verordnung nicht als Erklärung angesehen werden.

(34) Im Interesse einer geordneten Rechtspflege sollten in verschiedenen Mitgliedstaaten keine Entscheidungen ergehen, die miteinander unvereinbar sind. Hierzu sollte die Verordnung allgemeine Verfahrensvorschriften nach dem Vorbild anderer Rechtsinstrumente der Union im Bereich der justiziellen Zusammenarbeit in Zivilsachen vorsehen.

(35) Eine dieser Verfahrensvorschriften ist die Regel zur Rechtshängigkeit, die zum Tragen kommt, wenn dieselbe Erbsache bei verschiedenen Gerichten in verschiedenen Mitgliedstaaten anhängig gemacht wird. Diese Regel bestimmt, welches Gericht sich weiterhin mit der Erbsache zu befassen hat.

(36) Da Erbsachen in einigen Mitgliedstaaten von nichtgerichtlichen Behörden wie z. B. Notaren geregelt werden können, die nicht an die Zuständigkeitsregeln dieser Verordnung gebunden sind, kann nicht ausgeschlossen werden, dass in derselben Erbsache eine außergerichtliche einvernehmliche Regelung und ein Gerichtsverfahren beziehungsweise zwei außergerichtliche einvernehmliche Regelungen in Bezug auf dieselbe Erbsache jeweils in verschiedenen Mitgliedstaaten parallel eingeleitet werden. In solchen Fällen sollte es den beteiligten Parteien obliegen, sich, sobald sie Kenntnis von den parallelen Verfahren erhalten, untereinander über das weitere Vorgehen zu einigen. Können sie sich nicht einigen, so müsste das nach dieser Verordnung zuständige Gericht sich mit der Erbsache befassen und darüber befinden.

(37)-(40) ...

(41) Für die Zwecke der Anwendung dieser Verordnung sollte die Bestimmung der Staatsangehörigkeit oder der Mehrfachstaatsangehörigkeit einer Person vorab geklärt werden. Die Frage, ob jemand als Angehöriger eines Staates gilt, fällt nicht in den Anwendungsbereich dieser Verordnung und unterliegt dem innerstaatlichen Recht, gegebenenfalls auch internationalen Übereinkommen, wobei die allgemeinen Grundsätze der Europäischen Union uneingeschränkt zu achten sind.

(42) Das zur Anwendung berufene Erbrecht sollte für die Rechtsnachfolge von Todes wegen vom Eintritt des Erbfalls bis zum Übergang des Eigentums an den zum Nachlass gehörenden Vermögenswerten auf die nach diesem Recht bestimmten Berechtigten gelten. Es sollte Fragen im Zusammenhang mit der Nachlassverwaltung

und der Haftung für die Nachlassverbindlichkeiten umfassen. Bei der Begleichung der Nachlassverbindlichkeiten kann abhängig insbesondere von dem auf die Rechtsnachfolge von Todes wegen anzuwendenden Recht eine spezifische Rangfolge der Gläubiger berücksichtigt werden.

(43) Die Zuständigkeitsregeln dieser Verordnung können in einigen Fällen zu einer Situation führen, in der das für Entscheidungen in Erbsachen zuständige Gericht nicht sein eigenes Recht anwendet. Tritt diese Situation in einem Mitgliedstaat ein, nach dessen Recht die Bestellung eines Nachlassverwalters verpflichtend ist, sollte diese Verordnung es den Gerichten dieses Mitgliedstaats, wenn sie angerufen werden, ermöglichen, nach einzelstaatlichem Recht einen oder mehrere solcher Nachlassverwalter zu bestellen. Davon sollte eine Entscheidung der Parteien, die Rechtsnachfolge von Todes wegen außergerichtlich in einem anderen Mitgliedstaat gütlich zu regeln, in dem dies nach dem Recht dieses Mitgliedstaates möglich ist, unberührt bleiben. Zur Gewährleistung einer reibungslosen Abstimmung zwischen dem auf die Rechtsnachfolge von Todes wegen anwendbaren Recht und dem Recht des Mitgliedstaats, das für das bestellende Gericht gilt, sollte das Gericht die Person(en) bestellen, die berechtigt wäre(n), den Nachlass nach dem auf die Rechtsnachfolge von Todes wegen anwendbaren Recht zu verwalten, wie beispielsweise den Testamentsvollstrecker des Erblassers oder die Erben selbst oder, wenn das auf die Rechtsnachfolge von Todes wegen anwendbare Recht es so vorsieht, einen Fremdverwalter. Die Gerichte können jedoch in besonderen Fällen, wenn ihr Recht es erfordert, einen Dritten als Verwalter bestellen, auch wenn dies nicht in dem auf die Rechtsnachfolge von Todes wegen anzuwendenden Recht vorgesehen ist. Hat der Erblasser einen Testamentsvollstrecker bestellt, können dieser Person ihre Befugnisse nicht entzogen werden, es sei denn, das auf die Rechtsnachfolge von Todes wegen anwendbare Recht ermöglicht das Erlöschen seines Amtes.

(44) Die Befugnisse, die von den in dem Mitgliedstaat des angerufenen Gerichts bestellten Verwaltern ausgeübt werden, sollten diejenigen Verwaltungsbefugnisse sein, die sie nach dem auf die Rechtsnachfolge von Todes wegen anwendbaren Recht ausüben dürfen. Wenn also beispielsweise der Erbe als Verwalter bestellt wird, sollte er diejenigen Befugnisse zur Verwaltung des Nachlasses haben, die ein Erbe nach diesem Recht hätte. Reichen die Verwaltungsbefugnisse, die nach dem auf die Rechtsfolge von Todes wegen anwendbaren Recht ausgeübt werden dürfen, nicht aus, um das Nachlassvermögen zu erhalten oder die Rechte der Nachlassgläubiger oder anderer Personen zu schützen, die für die Verbindlichkeiten des Erblassers gebürgt haben, kann bzw. können der bzw. die in dem Mitgliedstaat des angerufenen Gerichts bestellte bzw. bestellten Nachlassverwalter ergänzend diejenigen Verwaltungsbefugnisse ausüben, die hierfür in dem Recht dieses Mitgliedstaates vorgesehen sind. Zu diesen ergänzenden Befugnissen könnte beispielsweise gehören, die Liste des Nachlassvermögens und der Nachlassverbindlichkeiten zu erstellen, die Nachlassgläubiger vom Eintritt des Erbfalls zu unterrichten und sie aufzufordern, ihre Ansprüche geltend zu machen, sowie einstweilige Maßnahmen, auch Sicherungsmaßnahmen, zum Erhalt des Nachlassvermögens zu ergreifen. Die von einem Verwalter aufgrund der ergänzenden Befugnisse durchgeführten Handlungen sollten im Einklang mit dem für die Rechtsnachfolge von Todes wegen anwendbaren Recht in Bezug auf den Übergang des Eigentums an dem Nachlassvermögen, einschließlich aller Rechtsgeschäfte, die die Berechtigten vor der Bestellung des Verwalters eingingen, die Haftung für die Nachlassverbindlichkeiten und die Rechte der Berechtigten, gegebenenfalls einschließlich des Rechts, die Erbschaft anzunehmen oder auszuschlagen, stehen. Solche Handlungen könnten beispielsweise nur dann die Veräußerung von Vermögenswerten oder die Begleichung von Verbindlichkeiten nach sich ziehen, wenn dies nach dem auf die Rechtsnachfolge von Todes wegen anwendbaren Recht zulässig wäre. Wenn die Bestellung eines Fremdverwalters nach dem auf die Rechtsnachfolge von Todes wegen anwendbaren Recht die Haftung der Erben ändert, sollte eine solche Änderung der Haftung respektiert werden.

(45) Diese Verordnung sollte nicht ausschließen, dass Nachlassgläubiger, beispielsweise durch einen Vertreter, gegebenenfalls weitere nach dem innerstaatlichen Recht zur Verfügung stehende Maßnahmen im Einklang mit den einschlägigen Rechtsinstrumenten der Union treffen, um ihre Rechte zu sichern.

(46) Diese Verordnung sollte die Unterrichtung potenzieller Nachlassgläubiger in anderen Mitgliedstaaten, in denen Vermögenswerte belegen sind, über den Eintritt des Erbfalls ermöglichen. Im Rahmen der Anwendung dieser Verordnung sollte daher die Möglichkeit in Erwägung gezogen werden, einen Mechanismus einzurichten, gegebenenfalls über das Europäische Justizportal, um es potenziellen Nachlassgläubigern in anderen Mitgliedstaaten zu ermöglichen, Zugang zu den einschlägigen Informationen zu erhalten, damit sie ihre Ansprüche anmelden können.

(47) Wer in einer Erbsache Berechtigter ist, sollte sich jeweils nach dem auf die Rechtsnachfolge von Todes wegen anzuwendenden Erbrecht bestimmen. Der Begriff »Berechtigte« würde in den meisten Rechtsordnungen Erben und Vermächtnisnehmer sowie Pflichtteilsberechtigte erfassen; allerdings ist beispielsweise die Rechtsstellung der Vermächtnisnehmer nicht in allen Rechtsordnungen die gleiche. In einigen Rechtsordnungen kann der Vermächtnisnehmer einen unmittelbaren Anteil am Nachlass erhalten, während nach anderen Rechtsordnungen der Vermächtnisnehmer lediglich einen Anspruch gegen die Erben erwerben kann.

(48) - (58) ...

(59) Diese Verordnung sollte in Anbetracht ihrer allgemeinen Zielsetzung, nämlich der gegenseitigen Anerkennung der in den Mitgliedstaaten ergangenen Entscheidungen in Erbsachen, unabhängig davon, ob solche Entscheidungen in streitigen oder nichtstreitigen Verfahren ergangen sind, Vorschriften für die Anerkennung, Vollstreckbarkeit und Vollstreckung von Entscheidungen nach dem Vorbild anderer Rechtsinstrumente der Union im Bereich der justiziellen Zusammenarbeit in Zivilsachen vorsehen.

(60) Um den verschiedenen Systemen zur Regelung von Erbsachen in den Mitgliedstaaten Rechnung zu tragen, sollte diese Verordnung die Annahme und Vollstreckbarkeit öffentlicher Urkunden in einer Erbsache in sämtlichen Mitgliedstaaten gewährleisten.

(61) Öffentliche Urkunden sollten in einem anderen Mitgliedstaat die gleiche formelle Beweiskraft wie im Ursprungsmitgliedstaat oder die damit am ehesten vergleichbare Wirkung entfalten. Die formelle Beweiskraft einer öffentlichen Urkunde in einem anderen Mitgliedstaat oder die damit am ehesten vergleichbare Wirkung sollte durch Bezugnahme auf Art und Umfang der formellen Beweiskraft der öffentlichen Urkunde im Ursprungsmitgliedstaat bestimmt werden. Somit richtet sich die formelle Beweiskraft einer öffentlichen Urkunde in einem anderen Mitgliedstaat nach dem Recht des Ursprungsmitgliedstaats.

(62) Die »Authentizität« einer öffentlichen Urkunde sollte ein autonomer Begriff sein, der Aspekte wie die Echtheit der Urkunde, die Formerfordernisse für die Urkunde, die Befugnisse der Behörde, die die Urkunde errichtet, und das Verfahren, nach dem die Urkunde errichtet wird, erfassen sollte. Der Begriff sollte ferner die von der betreffenden Behörde in der öffentlichen Urkunde beurkundeten Vorgänge erfassen, wie z. B. die Tatsache, dass die genannten Parteien an dem genannten Tag vor dieser Behörde erschienen sind und die genannten Erklärungen abgegeben haben. Eine Partei, die Einwände mit Bezug auf die Authentizität einer öffentlichen Urkunde erheben möchte, sollte dies bei dem zuständigen Gericht im Ursprungsmitgliedstaat der öffentlichen Urkunde nach dem Recht dieses Mitgliedstaats tun.

(63) Die Formulierung »die in einer öffentlichen Urkunde beurkundeten Rechtsgeschäfte oder Rechtsverhältnisse« sollte als Bezugnahme auf den in der öffentlichen Urkunde niedergelegten materiellen Inhalt verstanden werden. Bei dem in einer öffentlichen Urkunde beurkundeten Rechtsgeschäft kann es sich etwa um eine Vereinbarung zwischen den Parteien über die Verteilung des Nachlasses, um ein Testament oder einen Erbvertrag oder um eine sonstige Willenserklärung handeln. Bei dem Rechtsverhältnis kann es sich etwa um die Bestimmung der Erben und sonstiger Berechtigter nach dem auf die Rechtsnachfolge von Todes wegen anzuwendenden Recht, ihre jeweiligen Anteile und das Bestehen eines Pflichtteils oder um jedes andere Element, das nach dem auf die Rechtsnachfolge von Todes wegen anzuwendenden Recht bestimmt wurde, handeln. Eine Partei, die Einwände mit Bezug auf die in einer öffentlichen Urkunde beurkundeten Rechtsgeschäfte oder Rechtsverhältnisse erheben möchte, sollte dies bei den nach dieser Verordnung zuständigen Gerichten tun, die nach dem auf die Rechtsnachfolge von Todes wegen anzuwendenden Recht über die Einwände entscheiden sollten.

(64) Wird eine Frage mit Bezug auf die in einer öffentlichen Urkunde beurkundeten Rechtsgeschäfte oder Rechtsverhältnisse als Vorfrage in einem Verfahren bei einem Gericht eines Mitgliedstaats vorgebracht, so sollte dieses Gericht für die Entscheidung über die Vorfrage zuständig sein.

(65) Eine öffentliche Urkunde, gegen die Einwände erhoben wurden, sollte in einem anderen Mitgliedstaat als dem Ursprungsmitgliedstaat keine formelle Beweiskraft entfalten, solange die Einwände anhängig sind. Betreffen die Einwände nur einen spezifischen Umstand mit Bezug auf die in einer öffentlichen Urkunde beurkundeten Rechtsgeschäfte oder Rechtsverhältnisse, so sollte die öffentliche Urkunde in Bezug auf den angefochtenen Umstand keine Beweiskraft in einem anderen Mitgliedstaat als dem Ursprungsmitgliedstaat entfalten, solange die Einwände anhängig sind. Eine öffentliche Urkunde, die aufgrund eines Einwands für ungültig erklärt wird, sollte keine Beweiskraft mehr entfalten.

(66) Wenn einer Behörde im Rahmen der Anwendung dieser Verordnung zwei nicht miteinander zu vereinbarende öffentliche Urkunden vorgelegt werden, so sollte sie die Frage, welcher Urkunde, wenn überhaupt, Vorrang einzuräumen ist, unter Berücksichtigung der Umstände des jeweiligen Falls beurteilen. Geht aus diesen Umständen nicht eindeutig hervor, welche Urkunde, wenn überhaupt, Vorrang haben sollte, so sollte diese Frage von den gemäß dieser Verordnung zuständigen Gerichten oder, wenn die Frage als Vorfrage im Laufe eines Verfahrens vorgebracht wird, von dem mit diesem Verfahren befassten Gericht geklärt werden. Im Falle einer Unvereinbarkeit zwischen einer öffentlichen Urkunde und einer Entscheidung sollten die Gründe für die Nichtanerkennung von Entscheidungen nach dieser Verordnung berücksichtigt werden.

(67) Eine zügige, unkomplizierte und effiziente Abwicklung einer Erbsache mit grenzüberschreitendem Bezug innerhalb der Union setzt voraus, dass die Erben, Vermächtnisnehmer, Testamentsvollstrecker oder Nachlassverwalter in der Lage sein sollten, ihren Status und/oder ihre Rechte und Befugnisse in einem anderen Mitgliedstaat, beispielsweise in einem Mitgliedstaat, in dem Nachlassvermögen belegen ist, einfach nachzuweisen. Zu diesem Zweck sollte diese Verordnung die Einführung eines einheitlichen Zeugnisses, des Europäischen Nach-

lasszeugnisses (im Folgenden »das Zeugnis«), vorsehen, das zur Verwendung in einem anderen Mitgliedstaat ausgestellt wird. Das Zeugnis sollte entsprechend dem Subsidiaritätsprinzip nicht die innerstaatlichen Schriftstücke ersetzen, die gegebenenfalls in den Mitgliedstaaten für ähnliche Zwecke verwendet werden.

(68) Die das Zeugnis ausstellende Behörde sollte die Formalitäten beachten, die für die Eintragung von unbeweglichen Sachen in dem Mitgliedstaat, in dem das Register geführt wird, vorgeschrieben sind. Diese Verordnung sollte hierfür einen Informationsaustausch zwischen den Mitgliedstaaten über diese Formalitäten vorsehen.

(69) Die Verwendung des Zeugnisses sollte nicht verpflichtend sein. Das bedeutet, dass die Personen, die berechtigt sind, das Zeugnis zu beantragen, nicht dazu verpflichtet sein sollten, dies zu tun, sondern dass es ihnen freistehen sollte, die anderen nach dieser Verordnung zur Verfügung stehenden Instrumente (Entscheidung, öffentliche Urkunde und gerichtlicher Vergleich) zu verwenden. Eine Behörde oder Person, der ein in einem anderen Mitgliedstaat ausgestelltes Zeugnis vorgelegt wird, sollte jedoch nicht verlangen können, dass statt des Zeugnisses eine Entscheidung, eine öffentliche Urkunde oder ein gerichtlicher Vergleich vorgelegt wird.

(70) Das Zeugnis sollte in dem Mitgliedstaat ausgestellt werden, dessen Gerichte nach dieser Verordnung zuständig sind. Es sollte Sache jedes Mitgliedstaats sein, in seinen innerstaatlichen Rechtsvorschriften festzulegen, welche Behörden – Gerichte im Sinne dieser Verordnung oder andere für Erbsachen zuständige Behörden wie beispielsweise Notare – für die Ausstellung des Zeugnisses zuständig sind. Es sollte außerdem Sache jedes Mitgliedstaats sein, in seinen innerstaatlichen Rechtsvorschriften festzulegen, ob die Ausstellungsbehörde andere zuständige Stellen an der Ausstellung beteiligen kann, beispielsweise Stellen, vor denen eidesstattliche Versicherungen abgegeben werden können. Die Mitgliedstaaten sollten der Kommission die einschlägigen Angaben zu ihren Ausstellungsbehörden mitteilen, damit diese Angaben der Öffentlichkeit zugänglich gemacht werden.

(71) Das Zeugnis sollte in sämtlichen Mitgliedstaaten dieselbe Wirkung entfalten. Es sollte zwar als solches keinen vollstreckbaren Titel darstellen, aber Beweiskraft besitzen, und es sollte die Vermutung gelten, dass es die Sachverhalte zutreffend ausweist, die nach dem auf die Rechtsnachfolge von Todes wegen anzuwendenden Recht oder einem anderen auf spezifische Sachverhalte anzuwendenden Recht festgestellt wurden, wie beispielsweise die materielle Wirksamkeit einer Verfügung von Todes wegen. Die Beweiskraft des Zeugnisses sollte sich nicht auf Elemente beziehen, die nicht durch diese Verordnung geregelt werden, wie etwa die Frage des Status oder der Frage, ob ein bestimmter Vermögenswert dem Erblasser gehörte oder nicht. Einer Person, die Zahlungen an eine Person leistet oder Nachlassvermögen an eine Person übergibt, die in dem Zeugnis als zur Entgegennahme dieser Zahlungen oder dieses Vermögens als Erbe oder Vermächtnisnehmer berechtigt bezeichnet ist, sollte ein angemessener Schutz gewährt werden, wenn sie im Vertrauen auf die Richtigkeit der in dem Zeugnis enthaltenen Angaben gutgläubig gehandelt hat. Der gleiche Schutz sollte einer Person gewährt werden, die im Vertrauen auf die Richtigkeit der in dem Zeugnis enthaltenen Angaben Nachlassvermögen von einer Person erwirbt oder erhält, die in dem Zeugnis als zur Verfügung über das Vermögen berechtigt bezeichnet ist. Der Schutz sollte gewährleistet werden, wenn noch gültige beglaubigte Abschriften vorgelegt werden. Durch diese Verordnung sollte nicht geregelt werden, ob der Erwerb von Vermögen durch eine dritte Person wirksam ist oder nicht.

(72) Die zuständige Behörde sollte das Zeugnis auf Antrag ausstellen. Die Ausstellungsbehörde sollte die Urschrift des Zeugnisses aufbewahren und dem Antragsteller und jeder anderen Person, die ein berechtigtes Interesse nachweist, eine oder mehrere beglaubigte Abschriften ausstellen. Dies sollte einen Mitgliedstaat nicht daran hindern, es im Einklang mit seinen innerstaatlichen Regelungen über den Zugang der Öffentlichkeit zu Dokumenten zu gestatten, dass Abschriften des Zeugnisses der Öffentlichkeit zugängig gemacht werden. Diese Verordnung sollte Rechtsbehelfe gegen Entscheidungen der ausstellenden Behörde, einschließlich der Entscheidungen, die Ausstellung eines Zeugnisses zu versagen, vorsehen. Wird ein Zeugnis berichtigt, geändert oder widerrufen, sollte die ausstellende Behörde die Personen unterrichten, denen beglaubigte Abschriften ausgestellt wurden, um eine missbräuchliche Verwendung dieser Abschriften zu vermeiden.

(73) …

(74) Diese Verordnung sollte nicht verhindern, dass die Mitgliedstaaten, die Vertragsparteien des Übereinkommens vom 19. November 1934 zwischen Dänemark, Finnland, Island, Norwegen und Schweden mit Bestimmungen des Internationalen Privatrechts über Rechtsnachfolge von Todes wegen, Testamente und Nachlassverwaltung sind, weiterhin spezifische Bestimmungen jenes Übereinkommens in der geänderten Fassung der zwischenstaatlichen Vereinbarung zwischen den Staaten, die Vertragsparteien des Übereinkommens sind, anwenden können.

(75) Um die Anwendung dieser Verordnung zu erleichtern, sollten die Mitgliedstaaten verpflichtet werden, über das mit der Entscheidung 2001/470/EG des Rates[3] eingerichtete Europäische Justizielle Netz für Zivil- und

---

3 ABl. L 174 vom 27.06.2001, S. 25.

Handelssachen bestimmte Angaben zu ihren erbrechtlichen Vorschriften und Verfahren zu machen. Damit sämtliche Informationen, die für die praktische Anwendung dieser Verordnung von Bedeutung sind, rechtzeitig im *Amtsblatt der Europäischen Union* veröffentlicht werden können, sollten die Mitgliedstaaten der Kommission auch diese Informationen vor dem Beginn der Anwendung der Verordnung mitteilen.

(76) Um die Anwendung dieser Verordnung zu erleichtern und um die Nutzung moderner Kommunikationstechnologien zu ermöglichen, sollten Standardformblätter für die Bescheinigungen, die im Zusammenhang mit einem Antrag auf Vollstreckbarerklärung einer Entscheidung, einer öffentlichen Urkunde oder eines gerichtlichen Vergleichs und mit einem Antrag auf Ausstellung eines Europäischen Nachlasszeugnisses vorzulegen sind, sowie für das Zeugnis selbst vorgesehen werden.

(77) Die Berechnung der in dieser Verordnung vorgesehenen Fristen und Termine sollte nach Maßgabe der Verordnung (EWG, Euratom) Nr. 1182/71 des Rates vom 3. Juni 1971 zur Festlegung der Regeln für die Fristen, Daten und Termine[4] erfolgen.

(78) Um einheitliche Bedingungen für die Durchführung dieser Verordnung gewährleisten zu können, sollten der Kommission in Bezug auf die Erstellung und spätere Änderung der Bescheinigungen und Formblätter, die die Vollstreckbarerklärung von Entscheidungen, gerichtlichen Vergleichen und öffentlichen Urkunden und das Europäische Nachlasszeugnis betreffen, Durchführungsbefugnisse übertragen werden. Diese Befugnisse sollten im Einklang mit der Verordnung (EU) Nr. 182/2011 des Europäischen Parlaments und des Rates vom 16. Februar 2011 zur Festlegung der allgemeinen Regeln und Grundsätze, nach denen die Mitgliedstaaten die Wahrnehmung der Durchführungsbefugnisse durch die Kommission kontrollieren[5], ausgeübt werden.

(79)-(80) ...

(81) Diese Verordnung steht im Einklang mit den Grundrechten und Grundsätzen, die mit der Charta der Grundrechte der Europäischen Union anerkannt wurden. Bei der Anwendung dieser Verordnung müssen die Gerichte und anderen zuständigen Behörden der Mitgliedstaaten diese Rechte und Grundsätze achten.

(82) Gemäß den Artikeln 1 und 2 des dem Vertrag über die Europäische Union und dem Vertrag über die Arbeitsweise der Europäischen Union beigefügten Protokolls Nr. 21 über die Position des Vereinigten Königreichs und Irlands hinsichtlich des Raums der Freiheit, der Sicherheit und des Rechts beteiligen sich diese Mitgliedstaaten nicht an der Annahme dieser Verordnung und sind weder durch diese gebunden noch zu ihrer Anwendung verpflichtet. Dies berührt jedoch nicht die Möglichkeit für das Vereinigte Königreich und Irland, gemäß Artikel 4 des genannten Protokolls nach der Annahme dieser Verordnung mitzuteilen, dass sie die Verordnung anzunehmen wünschen.

(83) Gemäß den Artikeln 1 und 2 des dem Vertrag über die Europäische Union und dem Vertrag über die Arbeitsweise der Europäischen Union beigefügten Protokolls Nr. 22 über die Position Dänemarks beteiligt sich Dänemark nicht an der Annahme dieser Verordnung und ist weder durch diese Verordnung gebunden noch zu ihrer Anwendung verpflichtet –

HABEN FOLGENDE VERORDNUNG ERLASSEN:

KAPITEL I. ANWENDUNGSBEREICH UND BEGRIFFSBESTIMMUNGEN

Artikel 1 ErbVO Anwendungsbereich.

(1) Diese Verordnung ist auf die Rechtsnachfolge von Todes wegen anzuwenden. Sie gilt nicht für Steuer- und Zollsachen sowie verwaltungsrechtliche Angelegenheiten.

(2) Vom Anwendungsbereich dieser Verordnung ausgenommen sind:

a) der Personenstand sowie Familienverhältnisse und Verhältnisse, die nach dem auf diese Verhältnisse anzuwendenden Recht vergleichbare Wirkungen entfalten;

b) die Rechts-, Geschäfts- und Handlungsfähigkeit von natürlichen Personen, unbeschadet des Artikels 23 Absatz 2 Buchstabe c und des Artikels 26;

c) Fragen betreffend die Verschollenheit oder die Abwesenheit einer natürlichen Person oder die Todesvermutung;

d) Fragen des ehelichen Güterrechts sowie des Güterrechts aufgrund von Verhältnissen, die nach dem auf diese Verhältnisse anzuwendenden Recht mit der Ehe vergleichbare Wirkungen entfalten;

---

4 ABl. L 124 vom 08.06.1971, S. 1.
5 ABl. L 55 vom 28.02.2011, S. 13.

e) Unterhaltspflichten außer derjenigen, die mit dem Tod entstehen;
f) die Formgültigkeit mündlicher Verfügungen von Todes wegen;
g) Rechte und Vermögenswerte, die auf andere Weise als durch Rechtsnachfolge von Todes wegen begründet oder übertragen werden, wie unentgeltliche Zuwendungen, Miteigentum mit Anwachsungsrecht des Überlebenden (joint tenancy), Rentenpläne, Versicherungsverträge und ähnliche Vereinbarungen, unbeschadet des Artikels 23 Absatz 2 Buchstabe i;
h) Fragen des Gesellschaftsrechts, des Vereinsrechts und des Rechts der juristischen Personen, wie Klauseln im Errichtungsakt oder in der Satzung einer Gesellschaft, eines Vereins oder einer juristischen Person, die das Schicksal der Anteile verstorbener Gesellschafter beziehungsweise Mitglieder regeln;
i) die Auflösung, das Erlöschen und die Verschmelzung von Gesellschaften, Vereinen oder juristischen Personen;
j) die Errichtung, Funktionsweise und Auflösung eines Trusts;
k) die Art der dinglichen Rechte und
l) jede Eintragung von Rechten an beweglichen oder unbeweglichen Vermögensgegenständen in einem Register, einschließlich der gesetzlichen Voraussetzungen für eine solche Eintragung, sowie die Wirkungen der Eintragung oder der fehlenden Eintragung solcher Rechte in einem Register.

A. Allgemeines. Die **Verordnung Nr. 650/2012** über die Zuständigkeit, das anzuwendende Recht, die Anerkennung und die Vollstreckung von Entscheidungen und öffentlichen Urkunden in Erbsachen sowie zur Einführung eines Europäischen Nachlasszeugnisses (EuErbRVO) vom 04.07.2012 (ABl. EU 2012 L 201 S. 107) gilt ab 17.08.2015 (Art. 84 Abs. 2). Sie ist bereits am 16.08.2012 in Kraft getreten (Art. 84 Abs. 1). Fünf **Formblätter** (teilweise mit Anlagen) sind festgelegt worden von der Durchführungsverordnung Nr. 1329/2014 vom 09.12.2014 (ABl. EU 2014 Nr. L 359 S. 30; dazu *Dorsel/Schall* GPR 2015, 36 ff.). In Deutschland dient zur Durchführung das **Internationale Erbrechtsverfahrensgesetz** (IntErbRVG) vom 29.06.2015, erläutert in Anh. X. **1**

Die VO stellt **europäisches Sekundärrecht** dar (vgl. Art. 288 Abs. 2 AEUV). Sie steht im Zusammenhang mit einer Reihe bestehender bzw. in Ausarbeitung befindlicher Verordnungen (s. § 97 FamFG Rdn. 6 ff.). **2**

Der **Inhalt der VO** umfasst sowohl die Bestimmung des anwendbaren Rechts als auch das Verfahrensrecht; es handelt sich um eine sog. **gemischte VO** (*Wagner/Fenner* FamRZ 2015, 1668 ff.; Peter MDR 2015, 309 ff.). Die EuErbRVO regelt ihren Anwendungsbereich in Kap I (Art. 1 – 3), sodann in Kap II die Zuständigkeit (Art. 4 – 19). In Kap III finden sich Vorschriften zum anzuwendenden Recht (Art. 20 – 38). Kap IV behandelt die Anerkennung, Vollstreckbarkeit und Vollstreckung von Entscheidungen (Art. 39 – 58), Kap V öffentliche Urkunden und gerichtliche Vergleiche (Art. 59 – 61). Das Kap VI regelt das Europäische Nachlasszeugnis (ENZ; Art. 62 – 73). Kap VII enthält allgemeine und Schlussbestimmungen (Art. 74 – 84), darunter auch Vorschriften zur zeitlichen Anwendbarkeit (Art. 83, 84). **3**

Die **Berechnung** der in der VO vorgesehenen **Fristen und Termine** erfolgt einheitlich nach der EuFristVO (VO [EWG, Euratom] Nr. 1182/71 zur Festlegung der Regeln für die Fristen, Daten und Termine vom 03.06.1971 (Erw. 77), s. § 97 FamFG Rdn. 18. **4**

Bei der **Auslegung** der EuErbRVO ist i.A. eine verordnungsautonome Auslegung zu bevorzugen. Es gelten die allgemeinen Regeln des Unionsrechts für die Auslegung von Sekundärrecht (§ 97 FamFG Rdn. 7). Alle **Sprachfassungen** der VO sind gleichermaßen verbindlich. Das Verständnis mancher Textpassagen fällt jedoch leichter, wenn man berücksichtigt, dass die Endfassung in erster Linie in englischer Sprache ausgearbeitet wurde. **5**

B. Örtlicher Anwendungsbereich. Der **örtliche Anwendungsbereich** der EuErbRVO erstreckt sich grundsätzlich auf alle Mitgliedstaaten (vgl. § 97 FamFG Rdn. 15). **Dänemark** beteiligt sich aber gem. Art. 1 und 2 des Protokolls Nr. 22 über die Position Dänemarks (ABl. EU 2010 C 83/299) nicht an Maßnahmen der justiziellen Zusammenarbeit (Erw. 83). Das **Vereinigte Königreich und Irland** haben von ihrem Recht zum opt-in bei Maßnahmen der justiziellen Zusammenarbeit keinen Gebrauch gemacht, so dass die VO auch für sie nicht gilt (Erw. 82). **6**

C. Sachlicher Anwendungsbereich. Sachlich ist die VO ist auf die gesetzliche und testamentarische **Rechtsnachfolge von Todes** wegen (»succession to the estates of deceased persons«) anzuwenden (Abs. 1 **7**

Satz 1; Erw. 9). Dies wird in Art. 3 Abs. 1 Buchst. a) näher umschrieben. In Art. 2 ff. ist auch von »Erbsachen« (»matters of succession«) die Rede, wobei dieser Ausdruck nicht gesondert erläutert wird.

8 Die VO gilt nicht für **Steuer- und Zollsachen** sowie verwaltungsrechtliche Angelegenheiten **öffentlich-rechtlicher Art.**(Abs. 1 Satz 2). Daher bestimmt das innerstaatliche Recht, wie beispielsweise Steuern oder sonstige Verbindlichkeiten öffentlich-rechtlicher **Art** berechnet und entrichtet werden. Dazu gehören vom Erblasser im Todeszeitpunkt geschuldete Steuern oder Erbschaftssteuern, die aus dem Nachlass oder von den Berechtigten zu entrichten sind (Erw 10). Das innerstaatliche Recht bestimmt auch, ob die Freigabe des Nachlassvermögens an die Berechtigten oder die Eintragung in ein Register nur erfolgt, wenn Steuern gezahlt werden (Erw 10).

9 **D. Ausgeschlossene Angelegenheiten.** Die VO gilt nicht für Bereiche des Zivilrechts, die **nicht die Rechtsnachfolge von Todes wegen** betreffen. Aus Gründen der Klarheit nimmt Abs. 2 eine Reihe von Fragen, die mit Erbsachen verknüpft sein können, ausdrücklich vom Anwendungsbereich aus (Erw. 11).

10 Ausgeschlossen sind der **Personenstand**, ferner Familienverhältnisse und Verhältnisse, die nach dem auf diese Verhältnisse anzuwendenden Recht vergleichbare Wirkungen entfalten (Lebenspartnerschaften; Abs. 2 Buchst. a)). Sie spielen häufig als Vorfrage eine Rolle (NK-Rom-VO/*Looschelders* Art. 1 EuErbVO Rn. 17).

11 Nicht erfasst werden die **Rechts-, Geschäfts- und Handlungsfähigkeit** von natürlichen Personen, unbeschadet des Art. 23 Abs. 2 Buchst. c) (Erbfähigkeit) und des Art. 26 (materielle Wirksamkeit) (Abs. 2 Buchst. b)). Die **Testierfähigkeit** wird dagegen vom Erbstatut erfasst (vgl. Art. 26 Abs. 1 Buchst. a)).

12 Fragen betreffend die **Verschollenheit** oder die **Abwesenheit** einer natürlichen Person oder die Todesvermutung sind ausgeschlossen (Abs. 2 Buchst. c))

13 Ausgeschlossen sind Fragen des **ehelichen Güterrechts** sowie des Güterrechts aufgrund von Verhältnissen, die nach dem auf diese Verhältnisse anzuwendenden Recht mit der Ehe vergleichbare Wirkungen entfalten, d.h. registrierter **Lebenspartnerschaften** (Abs. 2 Buchst. d)). Die Vereinheitlichung des Güterkollisionsrechts für Ehegatten und eingetragene Lebenspartner steht im Mittelpunkt von zwei EU-Verordnungsvorschlägen, s. § 97 FamFG Rdn. 16, 17).

14 Der Ausschluss erfasst auch **Eheverträge**, soweit sie keine erbrechtlichen Fragen regeln. Die mit Erbsachen befassten Behörden haben allerdings die Beendigung des ehelichen oder sonstigen Güterstands des Erblassers bei der Bestimmung des Nachlasses und der jeweiligen Anteile der Berechtigten zu berücksichtigen (Erw. 12). Vgl. Art. 68 Buchst. h).

15 Nicht erfasst von der EuErbRVO werden **Unterhaltspflichten** außer derjenigen, die mit dem Tod entstehen (Abs. 2 Buchst. e)).

16 Ausgeschlossen ist die **Formgültigkeit mündlicher Verfügungen von Todes wegen** (Abs. 2 Buchst. f)).

17 Nicht erfasst werden **dingliche Rechte** (property rights) und **Vermögenswerte** (»interests and assets«), die auf andere Weise als durch Rechtsnachfolge von Todes wegen begründet oder übertragen werden (Abs. 2 Buchst. g)). Dazu gehören unentgeltliche Zuwendungen, Gesamthandseigentum mit Anwachsungsrecht des Überlebenden (joint tenancy), Rentenpläne, Versicherungsverträge und ähnliche Vereinbarungen, unbeschadet des Art. 23 Abs. 2 Buchst. i) (Ausgleichung und Anrechnung; Erw 14).

18 Nicht in den Anwendungsbereich fallen Fragen betreffend das **Gesellschaftsrecht**, das **Vereinsrecht** und das **Recht der juristischen Personen**, wie Klauseln im Errichtungsakt oder in der Satzung einer Gesellschaft, eines Vereins oder einer juristischen Person, die das Schicksal der Anteile verstorbener Gesellschafter bzw. Mitglieder regeln (Abs. 2 Buchst. h)).

19 Von der EuErbRVO ausgeschlossen sind die **Auflösung, das Erlöschen und die Verschmelzung von Gesellschaften**, Vereinen oder juristischen Personen (Abs. 2 Buchst. i)).

20 Zwar werden Fragen im Zusammenhang mit der Errichtung, Funktionsweise und Auflösung eines **Trusts** nicht erfasst (Abs. 2 Buchst. j)); dies ist aber kein genereller Ausschluss (Erw 13). Wird ein Trust testamentarisch oder bei gesetzlicher Erbfolge kraft Gesetzes errichtet, so gilt für den Übergang der Vermögenswerte und die Bestimmung der Berechtigten das Erbstatut (Erw. 13; dazu *Dutta* IPRax 2016, 139, 142).

21 Ausgeschlossen ist die **Art der dinglichen Rechte** (»rights in rem«); auf sie ist die EuErbRVO nicht anwendbar (Abs. 2 Buchst. k)). Dies dient dem Schutz des sachenrechtlichen numerus clausus (Erw. 15). Bei unbekannten Rechten ist aber eine Anpassung möglich (Art. 31). Die Abgrenzung von sachenrechtlicher lex rei sitae und Erbstatut ist umstritten. Problematisch ist, ob der Ausschluss auch der Entstehung grds. bekannter Rechte (Eigentum) entgegen stehen kann. Nach einer einschränkenden Auffassung verhindert die Vorschrift nicht, dass ein nach einem ausländischen Erbstatut entstehendes Recht (Art. 23 Abs. 2 Buchst. e)) wie etwa ein Vermächtnis mit dinglichen Wirkungen (Vindikationslegat; vgl. dazu Erw. 47)

anerkannt wird (*Laukemann* FS Schütze, 2014, S. 325, 339; MüKoBGB/*Dutta* Art. 1 EuErbVO Rn. 32; NK-Rom-VO/*Looschelders* Art. 1 EuErbVO Rn. 60). Andere wollen dagegen die lex rei sitae durchsetzen (Begr. RegE IntErbRVG BT-Drucks. 18/4201 S. 48; *Dörner* ZEV 2012, 505, 509; *Lechner* IPRax 2013, 497; *Remde* RNotZ 2012, 65, 81 f.).

Nicht erfasst wird auch die **Eintragung von Rechten** an beweglichen oder unbeweglichen Vermögensgegenständen in ein Register (»recording in a register«), einschließlich der rechtlichen (»gesetzlichen«) Voraussetzungen für eine solche Eintragung, sowie die Wirkungen der Eintragung oder der fehlenden Eintragung solcher Rechte in einem Register (Abs. 2 Buchst. l)). Die **Wirkung der Eintragung in das Register** (deklaratorisch oder konstitutiv, erga omnes-Wirkung) wird in Erw. 19 erläutert. Die Reichweite des Registervorbehalts ist umstritten. Teilweise wird angenommen, die Vorschrift stehe einem Vindikationslegat nicht entgegen (*Laukemann* FS Schütze, 2014, S. 325, 334; NK-Rom-VO/*Looschelders* Art. 1 EuErbVO Rn. 63 f.). Das Registerrecht betreffe nur die registermäßige Erfassung des Erbgangs, nicht aber den dem Erbstatut folgenden Übertragungsvorgang. Nach der Gegenauffassung hat die lex rei sitae eine weiterreichende Wirkung (*Döbereiner* NJW 2015, 2449, 2452 f.). 22

Artikel 2 ErbVO Zuständigkeit in Erbsachen innerhalb der Mitgliedstaaten. Diese Verordnung berührt nicht die innerstaatlichen Zuständigkeiten der Behörden der Mitgliedstaaten in Erbsachen.

Die Verordnung will grenzüberschreitende Sachverhalte erfassen. Die innerstaatliche Zuständigkeit der Behörden der Mitgliedstaaten in Erbsachen bleibt unberührt; s. aber Art. 4 Rdn. 3. 1

Artikel 3 ErbVO Begriffsbestimmungen. (1) Für die Zwecke dieser Verordnung bezeichnet der Ausdruck

a) »Rechtsnachfolge von Todes wegen« jede Form des Übergangs von Vermögenswerten, Rechten und Pflichten von Todes wegen, sei es im Wege der gewillkürten Erbfolge durch eine Verfügung von Todes wegen oder im Wege der gesetzlichen Erbfolge;
b) »Erbvertrag« eine Vereinbarung, einschließlich einer Vereinbarung aufgrund gegenseitiger Testamente, die mit oder ohne Gegenleistung Rechte am künftigen Nachlass oder künftigen Nachlässen einer oder mehrerer an dieser Vereinbarung beteiligter Personen begründet, ändert oder entzieht;
c) »gemeinschaftliches Testament« ein von zwei oder mehr Personen in einer einzigen Urkunde errichtetes Testament;
d) »Verfügung von Todes wegen« ein Testament, ein gemeinschaftliches Testament oder einen Erbvertrag;
e) »Ursprungsmitgliedstaat« den Mitgliedstaat, in dem die Entscheidung ergangen, der gerichtliche Vergleich gebilligt oder geschlossen, die öffentliche Urkunde errichtet oder das Europäische Nachlasszeugnis ausgestellt worden ist;
f) »Vollstreckungsmitgliedstaat« den Mitgliedstaat, in dem die Vollstreckbarerklärung oder Vollstreckung der Entscheidung, des gerichtlichen Vergleichs oder der öffentlichen Urkunde betrieben wird;
g) »Entscheidung« jede von einem Gericht eines Mitgliedstaats in einer Erbsache erlassene Entscheidung ungeachtet ihrer Bezeichnung einschließlich des Kostenfestsetzungsbeschlusses eines Gerichtsbediensteten;
h) »gerichtlicher Vergleich« einen von einem Gericht gebilligten oder vor einem Gericht im Laufe eines Verfahrens geschlossenen Vergleich in einer Erbsache;
i) »öffentliche Urkunde« ein Schriftstück in Erbsachen, das als öffentliche Urkunde in einem Mitgliedstaat förmlich errichtet oder eingetragen worden ist und dessen Beweiskraft
   i) sich auf die Unterschrift und den Inhalt der öffentlichen Urkunde bezieht und
   ii) durch eine Behörde oder eine andere vom Ursprungsmitgliedstaat hierzu ermächtigte Stelle festgestellt worden ist.
(2) Im Sinne dieser Verordnung bezeichnet der Begriff »Gericht« jedes Gericht und alle sonstigen Behörden und Angehörigen von Rechtsberufen mit Zuständigkeiten in Erbsachen, die gerichtliche Funktionen ausüben oder in Ausübung einer Befugnisübertragung durch ein Gericht oder unter der Aufsicht eines Gerichts handeln, sofern diese anderen Behörden und Angehörigen von Rechtsberufen ihre

Unparteilichkeit und das Recht der Parteien auf rechtliches Gehör gewährleisten und ihre Entscheidungen nach dem Recht des Mitgliedstaats, in dem sie tätig sind,
a) vor einem Gericht angefochten oder von einem Gericht nachgeprüft werden können und
b) vergleichbare Rechtskraft und Rechtswirkung haben wie eine Entscheidung eines Gerichts in der gleichen Sache.
Die Mitgliedstaaten teilen der Kommission nach Artikel 79 die in Unterabsatz 1 genannten sonstigen Behörden und Angehörigen von Rechtsberufen mit.

1 **A. Allgemeines.** Entsprechend der Tradition der europäischen Verordnungen (vgl. Art. 2 Brüssel Ia-VO, Art. 2 Brüssel IIa-VO und Art. 2 EuUntVO) enthält Art. 3 in Abs. 1 und 2 einige **Begriffsbestimmungen**, welche die einheitliche Auslegung (s. § 97 FamFG Rdn. 7) und Anwendung erleichtern sollen.

2 **B. Einzelne Begriffsbestimmungen.** »**Rechtsnachfolge von Todes wegen**« (»succession«) ist jede Form des Übergangs von Vermögenswerten, Rechten und Pflichten von Todes wegen, sei es im Wege der gewillkürten Erbfolge durch eine Verfügung von Todes wegen (s. Buchst. d)) oder im Wege der gesetzlichen Erbfolge (Abs. 1 Buchst. a)).

3 »**Erbvertrag**« (»agreement as to succession«) ist eine Vereinbarung, einschließlich einer Vereinbarung aufgrund gegenseitiger Testamente, die mit oder ohne Gegenleistung Rechte am künftigen Nachlass einer oder mehrerer an dieser Vereinbarung beteiligter Personen begründet, ändert oder entzieht (Abs. 1 Buchst. b)). Da solche Verträge nicht von allen Rechtsordnungen zugelassen werden, finden sich besondere Bestimmungen zu Wirksamkeit (Art. 25) und Form (Art. 27).

4 Ein »**gemeinschaftliches Testament**« (»joint will«) ist ein von zwei oder mehr Personen in einer einzigen Urkunde errichtetes Testament (Abs. 1 Buchst. c)). Es ist vom Erbvertrag zu unterscheiden und unterliegt auch nicht den dafür geltenden Vorschriften. Zur Anwendung kommen grundsätzlich die allgemeinen Vorschriften für Testamente.

5 Eine »**Verfügung von Todes wegen**« (»disposition of property upon death«) ist der Oberbegriff für ein Testament, ein gemeinschaftliches Testament oder einen Erbvertrag (Abs. 1 Buchst. d)). Die VO enthält besondere Bestimmungen über die Zulässigkeit und die materielle Wirksamkeit (Art. 24, 27) sowie die Formgültigkeit (Art. 27).

6 In verfahrensrechtlichem Zusammenhang bezeichnet »**Ursprungsmitgliedstaat**« den Mitgliedstaat, in dem die Entscheidung ergangen, der gerichtliche Vergleich gebilligt oder geschlossen, die öffentliche Urkunde errichtet oder das Europäische Nachlasszeugnis ausgestellt worden ist (Abs. 1 Buchst. e)).

7 »**Vollstreckungsmitgliedstaat**« bezeichnet den Mitgliedstaat, in dem die Vollstreckbarerklärung oder Vollstreckung der Entscheidung, des gerichtlichen Vergleichs oder der öffentlichen Urkunde betrieben wird (Abs. 1 Buchst. f)).

8 Eine »**Entscheidung**« ist jede von einem mitgliedstaatlichen Gericht (dazu Abs. 2) in einer Erbsache erlassene Entscheidung ungeachtet ihrer Bezeichnung, einschließlich des Kostenfestsetzungsbeschlusses eines Gerichtsbediensteten (Abs. 1 Buchst. g); ähnlich Art. 2 Abs. 2 Buchst. a) Brüssel Ia-VO). Die Anerkennung von Entscheidungen wird in den Art. 39 ff. geregelt. Die Einordnung des Erbscheins des deutschen Rechts ist umstritten. Vereinzelt wird er als Urkunde i.S.d. Abs. 1 Buchst. i) angesehen (s. Rdn. 11). Dementsprechend soll sich seine Anerkennung dann nach Art. 59 richten (für die formelle Beweiskraft *Köhler*, in: Gierl/Köhler/Kroiß/Wilsch Teil 1 § 2 Rn. 2). Andere ordnen ihn hingegen als Entscheidung ein, so dass ein gerichtlicher Erbschein nach Art. 39 anzuerkennen ist (MüKo/*Dutta* Art. 59 EuErbVO Rn. 5). Nach überwiegender Auffassung ist dies jedoch nicht Fall. Der Erbschein wird nicht als Entscheidung i.S.d. VO angesehen (NK-Rom-VO/*Makowsky* Art. 4 EuErbVO Rn. 17.– Zweifel bei *Lange* ErbR 2016, 58, 63).

9 »**Gerichtlicher Vergleich**« bezeichnet einen von einem Gericht gebilligten oder vor einem Gericht im Laufe eines Verfahrens geschlossenen Vergleich in einer Erbsache (Abs. 1 Buchst. h); ähnlich Art. 2 Abs. 2 Buchst. b) Brüssel Ia-VO). Die Vollstreckbarkeit wird in Art. 61 geregelt.

10 Die »**öffentliche Urkunde**« wird in Abs. 1 Buchst. i) definiert (ähnlich Art. 2 Abs. 2 Buchst. c) Brüssel Ia-VO). Es geht um ein Schriftstück in Erbsachen, das als öffentliche Urkunde in einem Mitgliedstaat förmlich errichtet oder eingetragen worden ist. Ferner muss sich dessen Beweiskraft auf die **Unterschrift und den Inhalt** der öffentlichen Urkunde beziehen (i) und durch eine **Behörde** oder eine andere vom Ursprungsmitgliedstaat hierzu ermächtigte Stelle festgestellt worden sein (ii). Die Anerkennung und Vollstreckung wird in Art. 59 f. geregelt.

Auch im Hinblick auf die Einordnung als Urkunde ist die Behandlung des Erbscheins des deutschen Rechts ist umstritten. Teilweise wird er als Urkunde i.S.d. Abs. 1 Buchst. i) angesehen. Dementsprechend richtet sich seine Anerkennung dann nach Art. 59 (*Köhler*, in: Gierl/Köhler/Kroiß/Wilsch Teil 1 § 2 Rn. 2). Andere ordnen ihn hingegen als Entscheidung ein (s. Rdn. 8).

C. Gericht. Das **Gericht** wird in Abs. 2 definiert. Die VO will den verschiedenen Systemen zur Regelung von Erbsachen in den Mitgliedstaaten Rechnung tragen (Erw 20). Der Begriff »Gericht« ist daher weit auszulegen, so dass nicht nur Gerichte im eigentlichen Sinne, die gerichtliche Funktionen ausüben, erfasst werden, sondern auch Notare oder Registerbehörden, die in einigen Mitgliedstaaten in bestimmten Erbsachen gerichtliche Funktionen ausüben. Das gleiche gilt für Notare und Angehörige von Rechtsberufen, die in einigen Mitgliedstaaten in einer bestimmten Erbsache aufgrund einer **Befugnisübertragung** durch ein Gericht gerichtliche Funktionen ausüben (vgl. Art. 79 Abs. 1). Alle Gerichte i.S.d VO sind an die Zuständigkeitsregeln der Art. 4 ff. gebunden.

Der Begriff »Gericht« erfasst hingegen **keine nichtgerichtlichen Behörden**, die nach innerstaatlichem Recht befugt sind, sich mit Erbsachen zu befassen, wenn sie – wie regelmäßig Notare – keine gerichtlichen Funktionen ausüben (Erw. 20).

Die VO will es allen **Notaren**, die für Erbsachen in den Mitgliedstaaten zuständig sind, ermöglichen, diese Zuständigkeit auszuüben. Ob die Notare durch die Zuständigkeitsregeln der VO gebunden sind, hängt davon ab, ob sie vom Begriff »Gericht« i.S.d. Art. 3 Abs. 2 erfasst werden (Erw 21). Die Urkunden nicht als Gericht fungierender Notare unterliegen den Bestimmungen über die Freizügigkeit der Urkunden nach Art. 59 f. (Erw. 22). Ob die Entgegennahme eidesstattlicher Versicherungen (§ 2356 BGB) erfasst wird, ist fraglich (vgl. *Remde* RNotZ 2012, 65, 70).

Im Übrigen spricht die VO von »**Behörden**« (»authorities«), worunter etwa Grundbuchämter, andere Registerbehörden und Notare verstanden werden (Erw. 18).

KAPITEL II. ZUSTÄNDIGKEIT

Artikel 4 ErbVO
Allgemeine Zuständigkeit. Für Entscheidungen in Erbsachen sind für den gesamten Nachlass die Gerichte des Mitgliedstaats zuständig, in dessen Hoheitsgebiet der Erblasser im Zeitpunkt seines Todes seinen gewöhnlichen Aufenthalt hatte.

A. Allgemeines. Die VO regelt die internationale Zuständigkeit (*Wagner/Scholz* FamRZ 2014, 714, 718). Die örtliche Zuständigkeit wird grds. nach §§ 2, 47 IntErbRVG bestimmt. Die VO stellt in Kap II (Art. 4 – 19) **mehrere Zuständigkeitsgründe** zur Verfügung. Und zwar handelt es sich um eine allgemeine Zuständigkeit (Art. 4), die Gerichtsstandsvereinbarung (Art. 5), die Zuständigkeit bei Rechtswahl (Art. 7), die rügelose Einlassung (Art. 9), eine subsidiäre Zuständigkeit (Art. 10), eine Notzuständigkeit (Art. 11) sowie eine Zuständigkeit für Annahme und Ausschlagung (Art. 13). Für das Europäische Nachlasszeugnis verweist Art. 64 auf Art. 4.

Die Vorschriften über die internationale Zuständigkeit unterscheiden nicht zwischen der **streitigen und der freiwilligen Gerichtsbarkeit** (*Wagner/Scholz* FamRZ 2014, 714, 715). Allerdings machen die deutschen Durchführungsbestimmungen diesen Unterschied für die örtliche Zuständigkeit (s. § 2 IntErbRVG für bürgerlich-rechtliche Streitigkeiten; § 47 IntErbRVG für Angelegenheiten der freiwilligen Gerichtsbarkeit). Bezüglich der Anwendbarkeit der Art. 5, 6, 7 und 9 auf Angelegenheiten der freiwilligen Gerichtsbarkeit bestehen Zweifel (näher zur Gerichtsstandsvereinbarung *Leipold* FS Meincke, 2015, S. 219 ff.). Es muss sich um ein Gericht i.S.d. Art. 3 Abs. 2 handeln, s. Art. 3 Rdn. 12 ff.

Das Verhältnis zur **örtlichen Zuständigkeit** ist umstritten. Teilweise wird angenommen, die VO betreffe die örtliche Zuständigkeit überhaupt nicht (vgl. Art. 2) und überlasse sie vollständig (Ausnahme: Art. 45) den nationalen Durchführungsbestimmungen (*Dutta* ZEV 2015, 493, 494). Der IntErbRVG-Gesetzgeber ging hingegen davon aus, dass einzelne Bestimmungen zur internationalen Zuständigkeit implizit auch auf eine bestimmte örtliche Zuständigkeit verweisen (*Wagner/Fenner* FamRZ 2015, 1668, 1670; NK-Rom-VO/ *Looschelders* Anh. zu Art. 2 EuErbVO Rn. 2 ff.).

4 **B. Aufenthaltszuständigkeit.** Art. 4 regelt die **allgemeine Zuständigkeit.** Für Entscheidungen in Erbsachen sind für den gesamten Nachlass die Gerichte des Mitgliedstaats zuständig, in dem der Erblasser im Zeitpunkt seines Todes seinen **gewöhnlichen Aufenthalt** hatte (Art. 21). Diese Regelzuständigkeit führt im Interesse von Prozessökonomie und erleichterter Rechtsanwendung häufig zu einem Gleichlauf zwischen lex fori und lex causae, da sich die objektive Anknüpfung ebenfalls nach dem gewöhnlichen Aufenthalt richtet (Erw. 27).

5 Die VO definiert zwar den gewöhnlichen Aufenthalt nicht verbindlich, erläutert ihn aber in Erw. 23. Danach ist eine **Gesamtbeurteilung der Lebensumstände** des Erblassers in den Jahren vor seinem Tod und im Zeitpunkt seines Todes vorzunehmen. Dabei sind alle relevanten Tatsachen zu berücksichtigen, insbesondere die Dauer und die Regelmäßigkeit des Aufenthalts sowie die damit zusammenhängenden Umstände und Gründe (näher *Egidy/Volmer* Rpfleger 2015, 433, 437 ff.). Der gewöhnliche Aufenthalt soll unter Berücksichtigung der spezifischen Ziele der EuErbVO eine besonders **enge und feste Bindung** zu dem betreffenden Staat erkennen lassen. Die Erwägungsgründe gehen davon aus, dass es **keinen mehrfachen gewöhnlichen Aufenthalt** gibt, sondern dass auch in schwierigen Fällen nur ein Ort zu bestimmen ist (ebenso *Döbereiner* MittBayNot 2013, 358; *Dörner* ZEV 2012, 505; *Wall* ZErb 2014, 272). Notfalls kann aber bei der Bestimmung des anwendbaren Rechts auf die engere Verbindung ausgewichen werden (Art. 21 Abs. 2).

6 Arbeitete der Erblasser aus beruflichen oder wirtschaftlichen Gründen – u.U. auch für längere Zeit – in einem anderen Staat, hatte der Wanderarbeitnehmer aber eine **enge und feste Bindung zu seinem Herkunftsstaat** aufrechterhalten, so ist dies zu berücksichtigen. Der Erblasser kann seinen gewöhnlichen Aufenthalt weiterhin in seinem Herkunftsland gehabt haben, in dem sich sein familiärer und sozialer Lebensmittelpunkt befand (Erw. 24).

7 Lebte der Erblasser **abwechselnd in mehreren Staaten** oder reiste er von Land zu Land, ohne sich in einem Staat für längere Zeit niederzulassen, so ist ebenfalls ein einziger gewöhnlicher Aufenthalt zu ermitteln. War der Erblasser ein Staatsangehöriger eines dieser Staaten oder hatte er dort alle seine wesentlichen Vermögensgegenstände, so ist dies ein besonderer Faktor bei der Gesamtbeurteilung (Erw. 24).

8 **C. Entscheidungen in Erbsachen.** Erfasst werden Erbsachen in einem weiten Sinne. Dazu gehört insbes. der Erbenstreit.

9 Die **Eröffnung eines im Inland hinterlegten Testaments** oder Erbvertrages wird nicht erfasst (*Egidy/Volmer* Rpfleger 2015, 433, 441; NK-Rom-VO/*Makowsky* Art. 4 EuErbVO Rn. 13). Ob die **Erteilung von Testamentsvollstreckerzeugnissen** (§ 342 Abs. 1 Nr. 6 FamFG) den Zuständigkeitsregeln der EuErbVO unterliegt, ist zweifelhaft (NK-Rom-VO/*Makowsky* Art. 4 EuErbVO Rn. 13).

10 Unter Art. 4 fällt auch die **Entgegennahme von Erbausschlagungen** (*Leipold* ZEV 2015, 553, 556; MüKo-BGB/*Dutta* Art. 13 EuErbVO Rn. 1; NK-Rom-VO/*Makowsky* Art. 4 EuErbVO Rn. 14). Siehe auch Art. 13,

11 Auf das **nationale Erbscheinsverfahren** ist Art. 4 nach wohl h.M. nicht anzuwenden (*Egidy/Volmer* Rpfleger 2015, 433 ff.; anders *Leipold* ZEV 2015, 553, 557 ff.). Die internationale Zuständigkeit ergibt sich vielmehr aus §§ 105, 343 FamG (*Hertel* ZEV 2013, 539, 541; *Döbereiner* NJW 2015, 2449, 2453; *Wagner/Fenner* FamRZ 2015, 1668, 1674; *Wall* ZErb 2015, 9; NK-Rom-VO/*Looschelders* Anh. zu Art. 2 EuErbVO Rn. 1); s. § 105 FamFG Rdn. 15. Teilweise wird das nationale Erbscheinsverfahren vom Anwendungsbereich der VO ganz ausgeschlossen (*Buschbaum* FS Martiny, 2014, S. 259, 267; NK-Rom-VO/*Makowsky* Art. 4 EuErbVO Rn. 17.– Anders noch zum RefE *Wagner/Scholz* FamRZ 2014, 714, 715; MüKo/*Dutta* vor Art. 4 EuErbVO Rn. 4). Zum Teil will man jedenfalls die Zuständigkeitsregeln der Art. 4 ff. nicht anwenden. Nur wenige halten die Art. 4 ff. EuErbVO für anwendbar (so z.B. *Süß* ZEuP 2013, 725, 746; *Dutta* IPRax 2015, 32, 37 f.; *Grau* FS Schilken, 2015, S. 3, 13 ff.).

Artikel 5 ErbVO Gerichtsstandsvereinbarung.

(1) Ist das vom Erblasser nach Artikel 22 zur Anwendung auf die Rechtsnachfolge von Todes wegen gewählte Recht das Recht eines Mitgliedstaats, so können die betroffenen Parteien vereinbaren, dass für Entscheidungen in Erbsachen ausschließlich ein Gericht oder die Gerichte dieses Mitgliedstaats zuständig sein sollen.

(2) Eine solche Gerichtsstandsvereinbarung bedarf der Schriftform und ist zu datieren und von den betroffenen Parteien zu unterzeichnen. Elektronische Übermittlungen, die eine dauerhafte Aufzeichnung der Vereinbarung ermöglichen, sind der Schriftform gleichgestellt.

Die Art. 5 – 9 enthalten Sonderregeln für den Fall einer Wahl des Rechts eines Mitgliedstaats nach Art. 22. **1**
Eine Rechtswahl nach Art. 24 Abs. 2 bzw. Art. 25 Abs. 3 dürfte hingegen nicht genügen (*Janzen* DNotZ 2012, 484, 491). Art. 5 lässt eine **Gerichtsstandsvereinbarung** zu (für eine einschränkende Auslegung der Zulässigkeit nur für den Zivilprozess, *Leipold* FS Meincke, 2015, S. 219 ff.). Die Parteien können das Gericht eines Mitgliedstaates für zuständig erklären, dessen Recht der Erblasser gewählt hat. Dies führt zum **Staat des gewählten Rechts** (vgl. Art. 7 Buchst. b); ein Gleichlauf zwischen lex fori und lex causae soll ermöglicht werden (krit. *Leipold* FS Meincke, 2015, S. 219, 220 ff.). Dabei ist zu berücksichtigen, ob die Vereinbarung zwischen sämtlichen von dem Nachlass betroffenen Parteien geschlossen wurde und auf welche Fragen sie sich bezieht (dazu Erw. 28). Zulässig sind Gerichtsstandsvereinbarungen für einzelne Verfahren durch die konkret betroffenen Verfahrensparteien (NK-Rom-VO/*Makowsky* Art. 5 EuErbVO Rn. 5).

Die Wirksamkeit der Rechtswahl stellt eine doppelrelevante Tatsache dar. Die Frage ist im Rahmen der Zuständigkeitsprüfung nicht zu entscheiden (Thomas/Putzo/*Hüßtege* Vorbem. EuErbVO Rn. 14). Ob eine Teilrechtswahl ausreicht, ist umstr. (*Dutta* IPRax 2015, 32, 35). Verlangt wird die **Schriftform** der Gerichtsstandsvereinbarung. Sie ist zu datieren und von den betroffenen Parteien zu unterzeichnen (Abs. 2 Satz 1). Es genügt jedoch eine **elektronische Übermittlung**, die eine dauerhafte Aufzeichnung ermöglicht (Abs. 2 Satz 2). **2**

Artikel 6 ErbVO Unzuständigerklärung bei Rechtswahl.

Ist das Recht, das der Erblasser nach Artikel 22 zur Anwendung auf die Rechtsnachfolge von Todes wegen gewählt hat, das Recht eines Mitgliedstaats, so verfährt das nach Artikel 4 oder Artikel 10 angerufene Gericht wie folgt:

a) Es kann sich auf Antrag einer der Verfahrensparteien für unzuständig erklären, wenn seines Erachtens die Gerichte des Mitgliedstaats des gewählten Rechts in der Erbsache besser entscheiden können, wobei es die konkreten Umstände der Erbsache berücksichtigt, wie etwa den gewöhnlichen Aufenthalt der Parteien und den Ort, an dem die Vermögenswerte belegen sind, oder

b) es erklärt sich für unzuständig, wenn die Verfahrensparteien nach Artikel 5 die Zuständigkeit eines Gerichts oder der Gerichte des Mitgliedstaats des gewählten Rechts vereinbart haben.

Art. 6 lässt in den Fällen des Art. 4 und Art. 10 eine **Unzuständigkeitserklärung bei Rechtswahl** zu. Darin liegt eine Anerkennung des Grundsatzes des forum non conveniens. Das Gericht erklärt sich auf Antrag einer Partei **für unzuständig**, wenn es zu der Ansicht gelangt, dass die Gerichte des Mitgliedstaats des gewählten Rechts »in der Erbsache besser entscheiden können« (Buchst. a). Dabei sind die konkreten Umstände (z.B. gewöhnlicher Aufenthalt der Parteien, Belegenheitsort der Vermögenswerte) zu berücksichtigen. **1**

Das Gericht erklärt sich auch dann für unzuständig, wenn die Verfahrensparteien nach Art. 5 die **Zuständigkeit** der Gerichte des Mitgliedstaats des gewählten Rechts **vereinbart** haben (Buchst. b)); vgl. Art. 7 Buchst. a). **2**

Artikel 7 ErbVO Zuständigkeit bei Rechtswahl.

Die Gerichte eines Mitgliedstaats, dessen Recht der Erblasser nach Artikel 22 gewählt hat, sind für die Entscheidungen in einer Erbsache zuständig, wenn

a) sich ein zuvor angerufenes Gericht nach Artikel 6 in derselben Sache für unzuständig erklärt hat,

b) die Verfahrensparteien nach Artikel 5 die Zuständigkeit eines Gerichts oder der Gerichte dieses Mitgliedstaats vereinbart haben oder

c) die Verfahrensparteien die Zuständigkeit des angerufenen Gerichts ausdrücklich anerkannt haben.

Eine besondere Zuständigkeit besteht bei Rechtswahl des Erblassers. Zuständig sind die Gerichte eines Mitgliedstaats, dessen **Recht der Erblasser nach Art. 22 gewählt** hat, wenn ein besonderer Umstand gegeben ist. Das ist der Fall, wenn sich ein zuvor angerufenes Gericht nach Art. 6 für **unzuständig erklärt** hat (Buchst. a)). Es genügt auch, dass die Verfahrensparteien die Zuständigkeit nach Art. 5 **vereinbart haben** (Buchst. b); s aber Art. 9). Ferner reicht aus, dass die Parteien die Zuständigkeit des angerufenen Gerichts **ausdrücklich anerkannt** haben (Buchst. c)). Die örtliche Zuständigkeit regelt § 2 Abs. 1 und 2 IntErbRVG. **1**

Artikel 8 ErbVO
Beendigung des Verfahrens von Amts wegen bei Rechtswahl. Ein Gericht, das ein Verfahren in einer Erbsache von Amts wegen nach Artikel 4 oder nach Artikel 10 eingeleitet hat, beendet das Verfahren, wenn die Verfahrensparteien vereinbart haben, die Erbsache außergerichtlich in dem Mitgliedstaat, dessen Recht der Erblasser nach Artikel 22 gewählt hat, einvernehmlich zu regeln.

1 Eine Beendigung des Verfahrens **von Amts wegen** ist **bei Rechtswahl** möglich. Ein Gericht, das aufgrund der allgemeinen (Art. 4) oder der subsidiären Zuständigkeit (Art. 10) tätig geworden ist, beendet das Verfahren, wenn die Verfahrensparteien vereinbart haben, die Erbsache außergerichtlich in dem Mitgliedstaat, dessen Recht der Erblasser nach Art. 22 gewählt hat, einvernehmlich (z.B. vor einem Notar) zu regeln (Erw. 29). Eine außergerichtliche Regelung ist auch dann möglich, wenn Erbstatut ein drittstaatliches Recht ist.

Artikel 9 ErbVO
Zuständigkeit aufgrund rügeloser Einlassung.
(1) Stellt sich in einem Verfahren vor dem Gericht eines Mitgliedstaats, das seine Zuständigkeit nach Artikel 7 ausübt, heraus, dass nicht alle Parteien dieses Verfahrens der Gerichtstandsvereinbarung angehören, so ist das Gericht weiterhin zuständig, wenn sich die Verfahrensparteien, die der Vereinbarung nicht angehören, auf das Verfahren einlassen, ohne den Mangel der Zuständigkeit des Gerichts zu rügen.
(2) Wird der Mangel der Zuständigkeit des in Absatz 1 genannten Gerichts von Verfahrensparteien gerügt, die der Vereinbarung nicht angehören, so erklärt sich das Gericht für unzuständig. In diesem Fall sind die nach Artikel 4 oder Artikel 10 zuständigen Gerichte für die Entscheidung in der Erbsache zuständig.

1 Die Zuständigkeit kann in beschränktem Umfang auch durch **rügelose Einlassung** begründet werden. Stellt sich bei einer Zuständigkeit aufgrund Rechtswahl (Art. 7) heraus, dass nicht alle Parteien dieses Verfahrens an der Gerichtstandsvereinbarung teilhaben, so können sich diese Verfahrensparteien auf das **Verfahren einlassen**, ohne den Zuständigkeitsmangel zu rügen (Abs. 1). Die örtliche Zuständigkeit regelt § 2 Abs. 3 IntErbRVG.
2 Wird ein Zuständigkeitsmangel von Verfahrensparteien **gerügt**, die nicht an der Vereinbarung teilhaben, so erklärt sich das Gericht für unzuständig (Abs. 2 UAbs. 1). Dann bleibt es bei der allgemeinen (Art. 4) oder subsidiären Zuständigkeit (Art. 10) (Abs. 2 UAbs. 2).

Artikel 10 ErbVO
Subsidiäre Zuständigkeit. (1) Hatte der Erblasser seinen gewöhnlichen Aufenthalt im Zeitpunkt seines Todes nicht in einem Mitgliedstaat, so sind die Gerichte eines Mitgliedstaats, in dem sich Nachlassvermögen befindet, für Entscheidungen in Erbsachen für den gesamten Nachlass zuständig, wenn
a) der Erblasser die Staatsangehörigkeit dieses Mitgliedstaats im Zeitpunkt seines Todes besaß, oder, wenn dies nicht der Fall ist,
b) der Erblasser seinen vorhergehenden gewöhnlichen Aufenthalt in dem betreffenden Mitgliedstaat hatte, sofern die Änderung dieses gewöhnlichen Aufenthalts zum Zeitpunkt der Anrufung des Gerichts nicht länger als fünf Jahre zurückliegt.
(2) Ist kein Gericht in einem Mitgliedstaat nach Absatz 1 zuständig, so sind dennoch die Gerichte des Mitgliedstaats, in dem sich Nachlassvermögen befindet, für Entscheidungen über dieses Nachlassvermögen zuständig.

1 Art. 10 schafft eine subsidiäre Zuständigkeit für den Fall, dass der Erblasser seinen **gewöhnlichen Aufenthalt außerhalb der Mitgliedstaaten** hatte (dazu Erw. 30). Dann sind Gerichte des Mitgliedstaates international zuständig, in dem sich **Nachlassvermögen befindet**. Die Zuständigkeit nach Abs. 1 erstreckt sich auf den **gesamten Nachlass**, wenn der Erblasser die Staatsangehörigkeit dieses Staates besaß (Abs. 1 Buchst. a)). Bei Mehrstaatigkeit braucht es sich nicht um die effektive Staatsangehörigkeit zu handeln. Es genügt auch, wenn der Erblasser seinen **gewöhnlichen Aufenthalt** innerhalb der **letzten 5 Jahre** vor dem Erbfall in diesem Mitgliedstaat hatte (Abs. 1 Buchts. b)).
2 Zur Zuständigkeit in Erbsachen i.S.d. Art. 10 gehört auch die Entgegennahme von Ausschlagungserklärungen (*Leipold* ZEV 2015, 553, 556 f.).

Artikel 11 ErbVO
Notzuständigkeit (forum necessitatis). Ist kein Gericht eines Mitgliedstaats aufgrund anderer Vorschriften dieser Verordnung zuständig, so können die Gerichte eines Mitgliedstaats in Ausnahmefällen in einer Erbsache entscheiden, wenn es nicht zumutbar ist oder es sich als unmöglich erweist, ein Verfahren in einem Drittstaat, zu dem die Sache einen engen Bezug aufweist, einzuleiten oder zu führen.
Die Sache muss einen ausreichenden Bezug zu dem Mitgliedstaat des angerufenen Gerichts aufweisen.

Art. 11 stellt eine Notzuständigkeit (forum necessitatis) zur Verfügung, wenn **kein anderes mitgliedstaatliches Gericht** zuständig ist. In Ausnahmefällen kann ein mitgliedstaatliches Gericht entscheiden, wenn es nicht zumutbar ist oder es sich als unmöglich erweist (z.B. aufgrund eines Bürgerkriegs, Erw. 31) ein Verfahren in einem Drittstaat, zu dem ein enger Bezug besteht, einzuleiten oder zu führen (UAbs. 1). 1

Ein »**ausreichender Bezug**« der Erbsache zu dem Mitgliedstaat des angerufenen Gerichts wird vorausgesetzt (UAbs. 2). 2

Artikel 12 ErbVO
Beschränkung des Verfahrens. (1) Umfasst der Nachlass des Erblassers Vermögenswerte, die in einem Drittstatt belegen sind, so kann das in der Erbsache angerufene Gericht auf Antrag einer der Parteien beschließen, über einen oder mehrere dieser Vermögenswerte nicht zu befinden, wenn zu erwarten ist, dass seine Entscheidung in Bezug auf diese Vermögenswerte in dem betreffenden Drittstatt nicht anerkannt oder gegebenenfalls nicht für vollstreckbar erklärt wird.
(2) Absatz 1 berührt nicht das Recht der Parteien, den Gegenstand des Verfahrens nach dem Recht des Mitgliedstaats des angerufenen Gerichts zu beschränken.

Die »Verfahrensbeschränkung« begrenzt die Zuständigkeit, wenn **Vermögen in einem Drittstaat belegen** ist. Das angerufene Gericht kann auf Antrag beschließen, darüber nicht zu befinden, wenn seine Entscheidung in dem betreffenden Drittstaat voraussichtlich nicht anerkannt oder nicht für vollstreckbar erklärt wird (Abs. 1). 1

Das Recht der Parteien, den Gegenstand des Verfahrens nach der lex fori zu beschränken, bleibt unberührt (Abs. 2). 2

Artikel 13 ErbVO
Annahme oder Ausschlagung der Erbschaft, eines Vermächtnisses oder eines Pflichtteils. Außer dem gemäß dieser Verordnung für die Rechtsnachfolge von Todes wegen zuständigen Gericht sind die Gerichte des Mitgliedstaats, in dem eine Person ihren gewöhnlichen Aufenthalt hat, die nach dem auf die Rechtsnachfolge von Todes wegen anzuwendenden Recht vor einem Gericht eine Erklärung über die Annahme oder Ausschlagung der Erbschaft, eines Vermächtnisses oder eines Pflichtteils oder eine Erklärung zur Begrenzung der Haftung der betreffenden Person für die Nachlassverbindlichkeiten abgeben kann, für die Entgegennahme solcher Erklärungen zuständig, wenn diese Erklärungen nach dem Recht dieses Mitgliedstaats vor einem Gericht abgegeben werden können.

Art. 13 schafft eine besondere und zusätzliche Zuständigkeit für die **Annahme oder Ausschlagung** der Erbschaft, eines Vermächtnisses oder eines Pflichtteils (vgl. Art. 23 Abs. 2 Buchst. e)) sowie einer **Erklärung zur Haftungsbegrenzung** für Nachlassverbindlichkeiten (vgl. Art. 23 Abs. 2 Buchst. g)). Zuständig sind die Gerichte des Mitgliedstaats, in dem eine Person ihren gewöhnlichen Aufenthalt hat, die eine solche Erklärung nach dem Erbstatut abgeben muss (dazu Erw. 32). Dementsprechend kann in Deutschland eine Erklärung abgegeben werden, wenn der Ausschlagende seinen gewöhnlichen Aufenthalt hier hat (NK-Rom-VO/*Makowsky* Art. 13 EuErbVO Rn. 15). Die örtliche Zuständigkeit regelt § 31 IntErbRVG. 1

Die Ausschlagung als solche folgt dem Erbstatut (*Leipold* ZEV 2015, 553, 554). Die Bereitstellung der zusätzlichen internationalen Zuständigkeit bewirkt aber eine Substitution bezüglich der Ausschlagungserklärung (MüKoBGB/*Dutta* Art. 13 EuErbVO Rn. 1). Problematisch ist jedoch, ob mit einer Erklärung nach Art. 13 auch eine Ausschlagungsfrist gewahrt wird (vgl. ErwGrd. 32; *Leipold* ZEV 2015, 553, 555 f.; bejahend *Lange/Holtwiesche* ZErbR 2016, 29, 33). Für die Form gilt Art. 28. 2

Artikel 14 ErbVO
Anrufung eines Gerichts. Für die Zwecke dieses Kapitels gilt ein Gericht als angerufen
a) zu dem Zeitpunkt, zu dem das verfahrenseinleitende Schriftstück oder ein gleichwertiges Schriftstück bei Gericht eingereicht worden ist, vorausgesetzt, dass der Kläger es in der Folge nicht versäumt hat, die ihm obliegenden Maßnahmen zu treffen, um die Zustellung des Schriftstücks an den Beklagten zu bewirken,
b) falls die Zustellung vor Einreichung des Schriftstücks bei Gericht zu bewirken ist, zu dem Zeitpunkt, zu dem die für die Zustellung verantwortliche Stelle das Schriftstück erhalten hat, vorausgesetzt, dass der Kläger es in der Folge nicht versäumt hat, die ihm obliegenden Maßnahmen zu treffen, um das Schriftstück bei Gericht einzureichen, oder
c) falls das Gericht das Verfahren von Amts wegen einleitet, zu dem Zeitpunkt, zu dem der Beschluss über die Einleitung des Verfahrens vom Gericht gefasst oder, wenn ein solcher Beschluss nicht erforderlich ist, zu dem Zeitpunkt, zu dem die Sache beim Gericht eingetragen wird.

1 Art. 14 präzisiert den **Zeitpunkt der Anrufung** eines Gerichts und trägt dabei unterschiedlichen Zustellungssystemen Rechnung. Maßgeblich ist der Zeitpunkt, zu dem das verfahrenseinleitende oder ein gleichwertiges Schriftstück bei Gericht eingereicht worden ist. Vorausgesetzt wird aber, dass der Kläger anschließend nicht versäumt, die Zustellung des Schriftstücks an den Beklagten zu veranlassen (Buchst. a)). Die Vorschrift über die Anrufung des Gerichts entspricht Art. 32 Brüssel Ia-VO, Art. 16 Brüssel IIa-VO und Art. 9 EuUntVO.
2 Ist die **Zustellung vor Einreichung des Schriftstücks bei Gericht** zu bewirken, so ist der Zeitpunkt maßgeblich, zu dem die für die Zustellung verantwortliche Stelle das Schriftstück erhalten hat. Hier wird vorausgesetzt, dass der Kläger das Schriftstück bei Gericht einreicht (Buchts. b)).
3 Leitet das Gericht das **Verfahren von Amts wegen** ein, entscheidet der Zeitpunkt des Beschlusses über die Verfahrenseinleitung, hilfsweise die Eintragung der Sache beim Gericht (Buchts. c)).

Artikel 15 ErbVO
Prüfung der Zuständigkeit. Das Gericht eines Mitgliedstaats, das in einer Erbsache angerufen wird, für die es nach dieser Verordnung nicht zuständig ist, erklärt sich von Amts wegen für unzuständig.

1 Die Prüfung der Zuständigkeit erfolgt nach Art. 15 **von Amts wegen** (näher *Egidy/Volmer* Rpfleger 2015, 433, 439 f.). Die Vorschrift entspricht ähnlichen Bestimmungen in Art. 27 Brüssel Ia-VO (für ausschließliche Zuständigkeit), Art. 17 Brüssel IIa-VO und Art. 10 EuUntVO.

Artikel 16 ErbVO
Prüfung der Zulässigkeit. (1) Lässt sich der Beklagte, der seinen gewöhnlichen Aufenthalt im Hoheitsgebiet eines anderen Staates als des Mitgliedstaats hat, in dem das Verfahren eingeleitet wurde, auf das Verfahren nicht ein, so setzt das zuständige Gericht das Verfahren so lange aus, bis festgestellt ist, dass es dem Beklagten möglich war, das verfahrenseinleitende Schriftstück oder ein gleichwertiges Schriftstück so rechtzeitig zu empfangen, dass er sich verteidigen konnte oder dass alle hierzu erforderlichen Maßnahmen getroffen wurden.
(2) Anstelle des Absatzes 1 des vorliegenden Artikels findet Artikel 19 der Verordnung (EG) Nr. 1393/2007 des Europäischen Parlaments und des Rates vom 13. November 2007 über die Zustellung gerichtlicher und außergerichtlicher Schriftstücke in Zivil- oder Handelssachen in den Mitgliedstaaten (Zustellung von Schriftstücken)[1] Anwendung, wenn das verfahrenseinleitende Schriftstück oder ein gleichwertiges Schriftstück nach der genannten Verordnung von einem Mitgliedstaat in einen anderen zu übermitteln war.
(3) Ist die Verordnung (EG) Nr. 1393/2007 nicht anwendbar, so gilt Artikel 15 des Haager Übereinkommens vom 15. November 1965 über die Zustellung gerichtlicher und außergerichtlicher Schriftstücke im Ausland in Zivil- und Handelssachen, wenn das verfahrenseinleitende Schriftstück oder ein gleichwertiges Schriftstück nach Maßgabe dieses Übereinkommens ins Ausland zu übermitteln war.

---

1 ABl. L 324 vom 10.12.2007, S. 79.

Nach Art. 16 wird die »Zulässigkeit«, womit die **Gewährung effektiven rechtlichen Gehörs** gemeint ist, geprüft. Primär ist Art. 19 EuZustVO, der auch ggü Dänemark gilt, anzuwenden. Anstelle von Art. 16 Abs. 1 EuErbRVO findet nämlich Art. 19 EuZustVO Anwendung, wenn das verfahrenseinleitende Schriftstück oder ein gleichwertiges Schriftstück nach Maßgabe jener VO von einem Mitgliedstaat in einen anderen, also z.B. nach Österreich, zuzustellen war (Abs. 2). Für die Zustellung gilt daher **grundsätzlich die Zustellungsverordnung**. Ist sie jedoch nicht anwendbar, so greift Art. 15 des Haager ZustellungsÜbk 1965 ein, wenn das verfahrenseinleitende Schriftstück oder ein gleichwertiges Schriftstück nach Maßgabe dieses Übereinkommens ins Ausland, etwa in die Schweiz, zu übermitteln war (Abs. 3). Abs. 1 kommt nur als Auffangtatbestand außerhalb des geographischen Anwendungsbereichs von EuErbRVO und Haager ZustellungsÜbk 1965 in Frage. Die Vorschrift entspricht Art. 18 Brüssel IIa-VO und Art. 11 EuUntVO sowie teilweise Art. 28 Brüssel Ia-VO. 1

Lässt sich ein Beklagter mit gewöhnlichem Aufenthalt in einem anderen Staat als dem Mitgliedstaat der Verfahrenseinleitung, auf das Verfahren nicht ein (d.h. er tritt weder im Verfahren auf, noch macht er die Unzuständigkeit geltend), so setzt das zuständige Gericht das Verfahren ggf. aus. Die **Aussetzung** erfolgt von Amts wegen so lange, bis festgestellt ist, dass es dem Beklagten möglich war, das verfahrenseinleitende oder ein gleichwertiges Schriftstück so rechtzeitig zu empfangen, dass er sich verteidigen konnte (Abs. 1). 2

Artikel 17 ErbVO Rechtshängigkeit.

(1) Werden bei Gerichten verschiedener Mitgliedstaaten Verfahren wegen desselben Anspruchs zwischen denselben Parteien anhängig gemacht, so setzt das später angerufene Gericht das Verfahren von Amts wegen aus, bis die Zuständigkeit des zuerst angerufenen Gerichts feststeht.
(2) Sobald die Zuständigkeit des zuerst angerufenen Gerichts feststeht, erklärt sich das später angerufene Gericht zugunsten dieses Gerichts für unzuständig.

Im Interesse der Prozessökonomie und zur Vermeidung widersprüchlicher Entscheidungen regelt die EuErbRVO – ebenso wie Art. 27 Brüssel I-VO (nunmehr Art. 29 Brüssel Ia-VO) – auch die Voraussetzungen und Folgen der **Rechtshängigkeit** für Verfahren in den Mitgliedstaaten (Erw. 35). Werden bei mehreren Gerichten Verfahren wegen desselben Anspruchs zwischen denselben Parteien anhängig gemacht, so setzt das später angerufene Gericht (vgl. Art. 14), dem **Prioritätsprinzip** entsprechend, das Verfahren von Amts wegen aus, bis die Zuständigkeit des zuerst angerufenen Gerichts feststeht (Abs. 1). Die Auslegung der Vorschrift sollte die gleiche sein wie nach der Brüssel I-VO bzw nunmehr der Brüssel Ia-VO. Von demselben Anspruch ist auszugehen, wenn die Klagen auf derselben Grundlage beruhen und denselben Gegenstand haben (Streitgegenstand). Dabei umfasst die Grundlage des Anspruchs den Sachverhalt und die Rechtsvorschrift, auf die die Klage gestützt wird; der Gegenstand wird in dem Zweck der Klage gesehen. Nach der Kernpunkttheorie des EuGH steht ein negativer Feststellungsantrag einer späteren Leistungsklage entgegen (NK-Rom-VO/*Makowsky* Art. 17 EuErbVO Rn. 10). Die Vorschrift des Art. 17 entspricht Art. 19 Brüssel IIa-VO und Art. 12 EuUntVO sowie teilweise Art. 20 Brüssel Ia-VO. 1

Ein Hauptsacheverfahren in einem Mitgliedstaat macht, da keine endgültige Regelung angestrebt wird, ein **Verfahren auf einstweiligen Rechtsschutz** in einem anderen Verfahren nicht unzulässig. Gleiches gilt für den umgekehrten Fall. Das Kriterium der Parteiidentität macht dann Schwierigkeiten, wenn Verfahren wegen des gleichen Anspruchs unter verschiedenen Parteien geltend gemacht werden. Sobald die Zuständigkeit des zuerst angerufenen Gerichts feststeht, erklärt sich das später angerufene Gericht zugunsten dieses Gerichts für unzuständig (Abs. 2). 2

Nicht geregelt wird die **Rechtshängigkeit in Bezug auf in Nichtmitgliedstaaten** (z.B. in der Schweiz) rechtshängige Verfahren. Für andere VOen wird angenommen, dass hierfür die außerhalb der VO eingreifenden Staatsverträge und Regeln des nationalen IZPR gelten. In Deutschland kommt damit nach h.M. bei positiver Anerkennungsprognose § 261 Abs. 3 ZPO analog zur Anwendung (s. § 108 FamFG Rdn. 40). Gegen eine analoge Anwendung der EuErbRVO spricht, dass die Frage außerhalb ihres Anwendungsbereichs liegt und ihre Lösung auf Mitgliedstaaten zugeschnitten ist (vgl. NK-Rom-VO/*Makowsky* Art. 17 EuErbVO Rn. 4). 3

Bei **parallelen außergerichtlichen, einvernehmlichen Regelungen** entscheiden mangels Einigung der Parteien die Gerichte (Erw. 36). 4

Artikel 18 ErbVO

Im Zusammenhang stehende Verfahren. (1) Sind bei Gerichten verschiedener Mitgliedstaaten Verfahren, die im Zusammenhang stehen, anhängig, so kann jedes später angerufene Gericht das Verfahren aussetzen.

(2) Sind diese Verfahren in erster Instanz anhängig, so kann sich jedes später angerufene Gericht auf Antrag einer Partei auch für unzuständig erklären, wenn das zuerst angerufene Gericht für die betreffenden Verfahren zuständig ist und die Verbindung der Verfahren nach seinem Recht zulässig ist.

(3) Verfahren stehen im Sinne dieses Artikels im Zusammenhang, wenn zwischen ihnen eine so enge Beziehung gegeben ist, dass eine gemeinsame Verhandlung und Entscheidung geboten erscheint, um zu vermeiden, dass in getrennten Verfahren widersprechende Entscheidungen ergehen.

1 Art. 18 regelt die Aussetzung wegen **Sachzusammenhangs und Konnexität**. Eine Aussetzung des Verfahrens kann erfolgen, wenn zwischen den Verfahren eine so enge Beziehung besteht, dass eine gemeinsame Verhandlung und Entscheidung geboten erscheint, um widersprechende Entscheidungen zu vermeiden (Abs. 3). Das kann bei Ansprüchen mehrerer Erbberechtigter der Fall sein. Die Vorschrift entspricht Art. 19 Brüssel IIa-VO und Art. 13 EuUntVO sowie teilweise Art. 30 Brüssel Ia-VO.

2 Sind im Zusammenhang stehende Verfahren in mehreren Staaten anhängig, so kann jedes später angerufene Gericht das Verfahren aussetzen (Abs. 1). Die Aussetzung kann von Amts wegen erfolgen. Sind diese Verfahren in erster Instanz anhängig, so kann die Erklärung der Unzuständigkeit auch erfolgen, wenn eine Verbindung der Verfahren zulässig ist (Abs. 2), vgl. § 113 Abs. 1 Satz 2, § 147 ZPO.

Artikel 19 ErbVO

Einstweilige Maßnahmen einschließlich Sicherungsmaßnahmen. Die im Recht eines Mitgliedstaats vorgesehenen einstweiligen Maßnahmen einschließlich Sicherungsmaßnahmen können bei den Gerichten dieses Staates auch dann beantragt werden, wenn für die Entscheidung in der Hauptsache nach dieser Verordnung die Gerichte eines anderen Mitgliedstaats zuständig sind.

1 Art. 19 betrifft einstweilige Maßnahmen einschließlich Sicherungsmaßnahmen durch ein anderes Gericht als das der Hauptsache. Hierfür wird teilweise auf **nationales Recht** abgestellt, da bei dem für das Hauptsacheverfahren zuständigen Gericht die im mitgliedstaatlichen Recht vorgesehenen einstweiligen Maßnahmen beantragt werden können (vgl. §§ 49 ff. FamFG). Einstweilige Maßnahmen, einschl. solcher, die auf eine Sicherung gerichtet sind, können im Inland auch dann beantragt werden, wenn für die Entscheidung in der Hauptsache das Gericht eines anderen Mitgliedstaats nach der EuErbRVO zuständig ist. Entsprechendes gilt, wenn das Hauptverfahren noch nicht anhängig ist. Fraglich ist, ob die nationalen Zuständigkeitsregeln ausgeschlossen sind. Art. 19 entspricht Art. 35 Brüssel Ia-VO, Art. 20 Brüssel IIa-VO und Art. 14 EuUntVO.

2 Der **Begriff der einstweiligen Maßnahme** ist verordnungsautonom auszulegen. In Deutschland kommt eine ganze Reihe solcher Maßnahmen in Betracht. Zu den Sicherungsmaßnahmen gehört auch die verfahrensrechtlich einzuordnende Nachlasspflegschaft.

3 Eine Regelung für **Parallelverfahren auf einstweiligen Rechtsschutz** in verschiedenen Mitgliedstaaten besteht nicht. Für die Rechtsschutzgewährung wäre es eine große Belastung, wenn insoweit unterschiedliche nationale Regeln angewendet würden. Daher kann man an eine analoge Anwendung von Art. 20 Abs. 2 Brüssel IIa-VO denken (Außerkrafttreten der früheren Anordnung).

KAPITEL III. ANZUWENDENDES RECHT

Art. 20 – 38 ErbVO *(nicht abgedruckt)*

KAPITEL IV. ANERKENNUNG, VOLLSTRECKBARKEIT UND VOLLSTRECKUNG VON ENTSCHEIDUNGEN

Artikel 39 ErbVO Anerkennung.
(1) Die in einem Mitgliedstaat ergangenen Entscheidungen werden in den anderen Mitgliedstaaten anerkannt, ohne dass es hierfür eines besonderen Verfahrens bedarf.
(2) Bildet die Frage, ob eine Entscheidung anzuerkennen ist, als solche den Gegenstand eines Streites, so kann jede Partei, welche die Anerkennung geltend macht, in dem Verfahren nach den Artikeln 45 bis 58 die Feststellung beantragen, dass die Entscheidung anzuerkennen ist.
(3) Wird die Anerkennung in einem Rechtsstreit vor dem Gericht eines Mitgliedstaats, dessen Entscheidung von der Anerkennung abhängt, verlangt, so kann dieses Gericht über die Anerkennung entscheiden.

Die Anerkennung, Vollstreckbarkeit und Vollstreckung von Entscheidungen werden in Kap IV (Art. 39 – 58) geregelt. Die Regelung entspricht weitgehend der der Brüssel I-VO, welche inzwischen freilich von der Brüssel Ia-VO abgelöst worden ist. 1

Vorausgesetzt wird, dass es sich um eine **Entscheidung** handelt (vgl. Art. 3 Abs. 1 Buchst. g); dazu Art. 3 Rdn. 8). Die Einordnung des **Erbscheins des deutschen Rechts** ist umstritten. Teilweise wird er als Entscheidung angesehen, so dass ein gerichtlicher Erbschein nach Art. 39 anerkannt werden kann (MüKo/*Dutta* Art. 59 EuErbVO Rn. 5). Nach überwiegender Auffassung ist dies jedoch nicht Fall (*Dörner* ZEV 2012, 505, 512; *Hertel* DNotZ 2012, 687, 689; *Buschbaum* FS Martiny, 2014, S. 259, 267; *Wall* ZErb 2015, 9, 14 ff.), da er von den Anerkennungsregeln der EuErbVO ausgenommen wird (NK-Rom-VO/*Nordmeier* Art. 39 EuErbVO Rn. 5) oder ihm die Eigenschaft als Entscheidung abgesprochen wird. Ausländische Erbnachweise werden z.T. ausgeschlossen (*Döbereiner* NJW 2015, 2449, 2451). 2

Die in einem Mitgliedstaat ergangenen Entscheidungen werden in den anderen Mitgliedstaaten anerkannt, ohne dass es hierfür eines besonderen Verfahrens bedarf, also ipso iure (Abs. 1). Es gilt der Grundsatz der **Wirkungserstreckung** (NK-Rom-VO/*Makowsky* Art. 39 EuErbVO Rn. 8). Es kommt nicht darauf an, ob die Entscheidungen in streitigen oder nichtstreitigen Verfahren ergangen sind (Erw. 59; *Lange* ErbR 2016, 58, 61; näher *Dutta* FamRZ 2013, 4, 13). Die Vorschrift entspricht Art. 36 Brüssel Ia-VO, Art. 21 Brüssel IIa-VO und Art. 23 EuUntVO. 3

Es kann eine **fakultative Anerkennungsfeststellung** in den Verfahren nach Art. 45 ff. erfolgen (Abs. 2). Deutsche Durchführungsbestimmung ist § 21 IntErbRVG 4

Taucht die Anerkennungsfrage in einem Rechtsstreit nur vorfrageweise auf, so kann das Gericht **inzidenter** über die Anerkennung entscheiden (Abs. 3). 5

Artikel 40 ErbVO Gründe für die Nichtanerkennung einer Entscheidung.
Eine Entscheidung wird nicht anerkannt, wenn
a) die Anerkennung der öffentlichen Ordnung (ordre public) des Mitgliedstaats, in dem sie geltend gemacht wird, offensichtlich widersprechen würde;
b) dem Beklagten, der sich auf das Verfahren nicht eingelassen hat, das verfahrenseinleitende Schriftstück oder ein gleichwertiges Schriftstück nicht so rechtzeitig und in einer Weise zugestellt worden ist, dass er sich verteidigen konnte, es sei denn, der Beklagte hat die Entscheidung nicht angefochten, obwohl er die Möglichkeit dazu hatte;
c) sie mit einer Entscheidung unvereinbar ist, die in einem Verfahren zwischen denselben Parteien in dem Mitgliedstaat, in dem die Anerkennung geltend gemacht wird, ergangen ist;
d) sie mit einer früheren Entscheidung unvereinbar ist, die in einem anderen Mitgliedstaat oder in einem Drittstaat in einem Verfahren zwischen denselben Parteien wegen desselben Anspruchs ergangen ist, *sofern die frühere Entscheidung die notwendigen Voraussetzungen für ihre Anerkennung in dem Mitgliedstaat, in dem die Anerkennung geltend gemacht wird, erfüllt.*

Die Vorschrift des Art. 40 entspricht Art. 45 Brüssel Ia-VO, Art. 22, 23 Brüssel IIa-VO und Art. 24 EuUntVO. Die VO nennt **vier Gründe für die Nichtanerkennung** einer Entscheidung. Nicht anerkannt wird, 1 wenn die Anerkennung der **öffentlichen Ordnung** (ordre public) des Mitgliedstaats, in dem sie geltend gemacht wird, offensichtlich widersprechen würde (Buchst. a)). Ein entsprechender Vorbehalt wird auch für öffentliche Urkunden (Art. 59) und gerichtliche Vergleiche gemacht (Art. 61 Abs. 3).

2 Wegen Verletzung des rechtlichen Gehörs wird bei Nichteinlassung nicht anerkannt, wenn dem Beklagten, der sich auf das Verfahren nicht eingelassen hat, das verfahrenseinleitende Schriftstück oder ein gleichwertiges Schriftstück **nicht so rechtzeitig** und in einer Weise **zugestellt** worden ist, dass er sich verteidigen konnte (Buchst. b)). Anerkannt wird aber dann, wenn der Beklagte die Entscheidung nicht angefochten hat, obwohl er die Möglichkeit dazu hatte. Als Einlassung gilt jedes Verhandeln, aus dem sich ergibt, dass der Beklagte von dem gegen ihn eingeleiteten Verfahren Kenntnis erlangt und die Möglichkeit der Verteidigung gegen den Angriff des Klägers erhalten hat, es sei denn, sein Vorbringen beschränkt sich darauf, den Fortgang des Verfahrens zu rügen, weil das Gericht unzuständig sei oder weil die Zustellung nicht so erfolgt sei, dass er sich verteidigen könne (BGH NJW 2011, 3103, 3104 zu Art. 34 Brüssel I-VO).

3 Die Entscheidung wird auch bei einer **Titelkollision** nicht anerkannt. Die Anerkennung scheitert, wenn sie mit einer Entscheidung unvereinbar ist, die in einem **Verfahren zwischen denselben Parteien** in dem Mitgliedstaat, in dem die Anerkennung geltend gemacht wird, ergangen ist (Buchst. c)).

4 Anerkennungshindernis ist auch die **Unvereinbarkeit** mit einer früheren anerkennungsfähigen Entscheidung aus einem **anderen Mitgliedstaat** oder einem **Drittstaat** in einem Verfahren zwischen denselben Parteien wegen desselben Anspruchs (Buchst. d)).

Artikel 41 ErbVO — Ausschluss einer Nachprüfung in der Sache.
Die in einem Mitgliedstaat ergangene Entscheidung darf keinesfalls in der Sache selbst nachgeprüft werden.

1 Die in einem Mitgliedstaat ergangene Entscheidung darf nicht in der Sache selbst, d.h. weder kollisionsrechtlich noch sachrechtlich nachgeprüft werden; es gilt das **Verbot der révision au fond**. Die Vorschrift entspricht Art. 52 Brüssel Ia-VO, Art. 26 Brüssel IIa-VO und Art. 42 EuUntVO.

Artikel 42 ErbVO — Aussetzung des Anerkennungsverfahrens.
Das Gericht eines Mitgliedstaats, vor dem die Anerkennung einer in einem anderen Mitgliedstaat ergangenen Entscheidung geltend gemacht wird, kann das Verfahren aussetzen, wenn im Ursprungsmitgliedstaat gegen die Entscheidung ein ordentlicher Rechtsbehelf eingelegt worden ist.

1 Das mitgliedstaatliche Gericht, vor dem die Anerkennung einer ausländischen Entscheidung geltend gemacht wird, kann das Verfahren **aussetzen**, wenn im Ursprungsmitgliedstaat gegen die Entscheidung ein Rechtsbehelf eingelegt worden ist. Die Vorschrift entspricht Art. 27 Abs. 1 Brüssel IIa-VO. Vgl. auch Art. 25 EuUntVO.

Artikel 43 ErbVO — Vollstreckbarkeit.
Die in einem Mitgliedstaat ergangenen und in diesem Staat vollstreckbaren Entscheidungen sind in einem anderen Mitgliedstaat vollstreckbar, wenn sie auf Antrag eines Berechtigten dort nach dem Verfahren der Artikel 45 bis 58 für vollstreckbar erklärt worden sind.

1 Die in einem Mitgliedstaat ergangenen und in diesem Staat vollstreckbaren Entscheidungen sind in den anderen Mitgliedstaaten **vollstreckbar**, wenn sie dort auf Antrag eines Berechtigten nach Art. 45 – 58 für vollstreckbar erklärt worden sind. Ähnlich wie nach Art. 28 Brüssel I-VO wird also ein Exequaturverfahren verlangt. Zur sachlichen Zuständigkeit § 3 IntErbRVG. Die Vorschrift entspricht ähnlichen Bestimmungen in Art. 28 Brüssel IIa-VO und Art. 17 EuUntVO.

Artikel 44 ErbVO — Bestimmung des Wohnsitzes.
Ist zu entscheiden, ob eine Partei für die Zwecke des Verfahrens nach den Artikeln 45 bis 58 im Hoheitsgebiet des Vollstreckungsmitgliedstaats einen Wohnsitz hat, so wendet das befasste Gericht sein eigenes Recht an.

Die Frage, ob eine Partei einen **Wohnsitz** im Vollstreckungsstaat hat, entscheidet das befasste Gericht nach seinem eigenen Recht. In Deutschland sind das die §§ 7 ff. BGB. Die Vorschrift entspricht Art. 62 Abs. 1 Brüssel Ia-VO.

Artikel 45 ErbVO — Örtlich zuständiges Gericht.

(1) Der Antrag auf Vollstreckbarerklärung ist an das Gericht oder die zuständige Behörde des Vollstreckungsmitgliedstaats zu richten, die der Kommission von diesem Mitgliedstaat nach Artikel 78 mitgeteilt wurden.
(2) Die örtliche Zuständigkeit wird durch den Ort des Wohnsitzes der Partei, gegen die die Vollstreckung erwirkt werden soll, oder durch den Ort, an dem die Vollstreckung durchgeführt werden soll, bestimmt.

Der Antrag auf Vollstreckbarerklärung ist an das **zuständige Gericht** oder die zuständige Behörde des Vollstreckungsstaats zu richten. Die Zuständigkeiten sind der Kommission mitgeteilt worden (Abs. 1). Die Vorschrift entspricht Art. 27 EuUntVO.

Die örtliche Zuständigkeit wird durch den **Wohnsitz** des Vollstreckungsschuldners oder durch den Vollstreckungsort bestimmt (Abs. 2). Diese Regelung der örtlichen Zuständigkeit wird von § 3 Abs. 2 IntErbRVG wiederholt.

Artikel 46 ErbVO — Verfahren.

(1) Für das Verfahren der Antragstellung ist das Recht des Vollstreckungsmitgliedstaats maßgebend.
(2) Von dem Antragsteller kann nicht verlangt werden, dass er im Vollstreckungsmitgliedstaat über eine Postanschrift oder einen bevollmächtigten Vertreter verfügt.
(3) Dem Antrag sind die folgenden Schriftstücke beizufügen:
a) eine Ausfertigung der Entscheidung, die die für ihre Beweiskraft erforderlichen Voraussetzungen erfüllt;
b) die Bescheinigung, die von dem Gericht oder der zuständigen Behörde des Ursprungsmitgliedstaats unter Verwendung des nach dem Beratungsverfahren nach Artikel 81 Absatz 2 erstellten Formblatts ausgestellt wurde, unbeschadet des Artikels 47.

Das Verfahren der Antragstellung auf Vollstreckbarerklärung unterliegt dem Recht des Vollstreckungsstaats (Abs. 1). Dazu §§ 3 ff. IntErbRVG.

Der Antragsteller braucht im Vollstreckungsstaat über keine Postanschrift oder einen **bevollmächtigten Vertreter** zu verfügen (Abs. 2).

Dem Antrag sind bestimmte, in Abs. 3 genannte **Schriftstücke beizufügen**, nämlich eine beweiskräftige Ausfertigung der Entscheidung (Buchst. a)) sowie eine Bescheinigung (Buchst. b); Formblatt I nach DVO Nr. 1329/2014: »Bescheinigung betreffend eine Entscheidung in einer Erbsache«; dazu *Dorsel/Schall* GPR 2015, 36 ff.). Zur Zuständigkeit für die Bescheinigung s. § 27 Abs. 1 IntErbRVG.

Artikel 47 ErbVO — Nichtvorlage der Bescheinigung.

(1) Wird die Bescheinigung nach Artikel 46 Absatz 3 Buchstabe b nicht vorgelegt, so kann das Gericht oder die sonst befugte Stelle eine Frist bestimmen, innerhalb deren die Bescheinigung vorzulegen ist, oder sich mit einer gleichwertigen Urkunde begnügen oder von der Vorlage der Bescheinigung absehen, wenn kein weiterer Klärungsbedarf besteht.
(2) Auf Verlangen des Gerichts oder der zuständigen Behörde ist eine Übersetzung der Schriftstücke vorzulegen. Die Übersetzung ist von einer Person zu erstellen, die zur Anfertigung von Übersetzungen in einem der Mitgliedstaaten befugt ist.

Art. 47 regelt die Folgen einer Nichtvorlage der Bescheinigung nach Art. 46 Abs. 3 Buchst. b). Das Gericht kann eine Frist bestimmen, innerhalb deren die Bescheinigung vorzulegen ist (Abs. 1, 1. Alt.). Es kann sich aber auch mit einer gleichwertigen Urkunde begnügen (Abs. 1, 2. Alt.) oder bei fehlendem Klärungsbedarf von der Vorlage der Bescheinigung absehen (Abs. 1, 3. Alt.). Auf Verlangen des Gerichts oder der zuständigen Behörde ist eine Übersetzung der Schriftstücke vorzulegen (Abs. 2).

Artikel 48 ErbVO Vollstreckbarerklärung.

Sobald die in Artikel 46 vorgesehenen Förmlichkeiten erfüllt sind, wird die Entscheidung unverzüglich für vollstreckbar erklärt, ohne dass eine Prüfung nach Artikel 40 erfolgt. Die Partei, gegen die die Vollstreckung erwirkt werden soll, erhält in diesem Abschnitt des Verfahrens keine Gelegenheit, eine Erklärung abzugeben.

1 Die Entscheidung wird **unverzüglich für vollstreckbar erklärt**, ohne dass eine Prüfung der Anerkennungshindernisse nach Art. 40 erfolgt (Satz 1). Der Vollstreckungsschuldner kann keine Erklärung abgeben (Satz 2). Es handelt sich also um ein **einseitiges Verfahren**. Siehe § 7 IntErbRVG. Zur Vollstreckungsklausel s. § 8 IntErbRVG. Die Vorschrift des Art. 48 entspricht Art. 30 EuUntVO.

Artikel 49 ErbVO Mitteilung der Entscheidung über den Antrag auf Vollstreckbarerklärung.

(1) Die Entscheidung über den Antrag auf Vollstreckbarerklärung wird dem Antragsteller unverzüglich in der Form mitgeteilt, die das Recht des Vollstreckungsmitgliedstaats vorsieht.
(2) Die Vollstreckbarerklärung und, soweit dies noch nicht geschehen ist, die Entscheidung werden der Partei, gegen die die Vollstreckung erwirkt werden soll, zugestellt.

1 Die Entscheidung über den Antrag wird dem Antragsteller nach Recht des Vollstreckungsstaats **mitgeteilt** (Abs. 1). Die Vollstreckbarerklärung wird dem Vollstreckungsschuldner **zugestellt** (Abs. 2). Die Vorschrift entspricht Art. 32 Brüssel IIa-VO und Art. 31 EuUntVO. Deutsche Durchführungsbestimmung ist § 9 IntErbRVG.

Artikel 50 ErbVO Rechtsbehelf gegen die Entscheidung über den Antrag auf Vollstreckbarerklärung.

(1) Gegen die Entscheidung über den Antrag auf Vollstreckbarerklärung kann jede Partei einen Rechtsbehelf einlegen.
(2) Der Rechtsbehelf wird bei dem Gericht eingelegt, das der betreffende Mitgliedstaat der Kommission nach Artikel 78 mitgeteilt hat.
(3) Über den Rechtsbehelf wird nach den Vorschriften entschieden, die für Verfahren mit beiderseitigem rechtlichem Gehör maßgebend sind.
(4) Lässt sich die Partei, gegen die die Vollstreckung erwirkt werden soll, auf das Verfahren vor dem mit dem Rechtsbehelf des Antragstellers befassten Gericht nicht ein, so ist Artikel 16 auch dann anzuwenden, wenn die Partei, gegen die die Vollstreckung erwirkt werden soll, ihren Wohnsitz nicht im Hoheitsgebiet eines Mitgliedstaats hat.
(5) Der Rechtsbehelf gegen die Vollstreckbarerklärung ist innerhalb von 30 Tagen nach ihrer Zustellung einzulegen. Hat die Partei, gegen die die Vollstreckung erwirkt werden soll, ihren Wohnsitz im Hoheitsgebiet eines anderen Mitgliedstaats als dem, in dem die Vollstreckbarerklärung ergangen ist, so beträgt die Frist für den Rechtsbehelf 60 Tage und beginnt mit dem Tag, an dem die Vollstreckbarerklärung ihr entweder in Person oder in ihrer Wohnung zugestellt worden ist. Eine Verlängerung dieser Frist wegen weiter Entfernung ist ausgeschlossen.

1 Gegen die Entscheidung über den Antrag auf Vollstreckbarerklärung kann jede Partei einen **Rechtsbehelf einlegen** (Abs. 1). Die Vorschrift entspricht Art. 33 Brüssel IIa-VO und Art. 32 EuUntVO. Durchführungsbestimmung ist § 10 IntErbRVG, wonach Beschwerde zulässig ist.
2 Der Rechtsbehelf wird bei dem **zuständigen mitgliedstaatlichen Gericht** eingelegt (Abs. 2).
3 Über den Rechtsbehelf wird nach den Vorschriften entschieden, die für Verfahren mit **beiderseitigem rechtlichem Gehör** maßgebend sind (Abs. 3).
4 Bei **Nichteinlassung** der Partei, gegen welche die Vollstreckung erwirkt werden soll, erfolgt die Zulässigkeitsprüfung nach Art. 16 auch dann, wenn diese Partei ihren Wohnsitz nicht in einem Mitgliedstaat hat (Abs. 4).
5 Die **Frist** für die Einlegung des Rechtsbehelfs gegen die Vollstreckbarerklärung beträgt 30 Tage nach Zustellung. Bei seinem Wohnsitz in einem anderen Mitgliedstaat beträgt sie 60 Tage (Abs. 5). Zur Fristberechnung s. Art. 1 Rdn. 4.

Artikel 51 ErbVO
Rechtsbehelf gegen die Entscheidung über den Rechtsbehelf. Gegen die über den Rechtsbehelf ergangene Entscheidung kann nur der Rechtsbehelf eingelegt werden, den der betreffende Mitgliedstaat der Kommission nach Artikel 78 mitgeteilt hat.

Gegen die über den Rechtsbehelf ergangene Entscheidung kann nur der im mitgliedstaatlichen Recht vorgesehene **Rechtsbehelf** eingelegt werden. Die Vorschrift entspricht Art. 34 Brüssel IIa-VO und Art. 33 EuUntVO. Durchführungsbestimmung ist § 12 IntErbRVG, wonach die Rechtsbeschwerde statthaft ist. 1

Artikel 52 ErbVO
Versagung oder Aufhebung einer Vollstreckbarerklärung. Die Vollstreckbarerklärung darf von dem mit einem Rechtsbehelf nach Artikel 50 oder Artikel 51 befassten Gericht nur aus einem der in Artikel 40 aufgeführten Gründe versagt oder aufgehoben werden. Das Gericht erlässt seine Entscheidung unverzüglich.

Die Versagung oder Aufhebung der Vollstreckbarerklärung kann nur auf einen der **in Art. 40 aufgeführten Nichtanerkennungsgründe** gestützt werden. Die Vorschrift entspricht Art. 34 EuUntVO. 1

Artikel 53 ErbVO
Aussetzung des Verfahrens. Das nach Artikel 50 oder Artikel 51 mit dem Rechtsbehelf befasste Gericht setzt das Verfahren auf Antrag des Schuldners aus, wenn die Entscheidung im Ursprungsmitgliedstaat wegen der Einlegung eines Rechtsbehelfs vorläufig nicht vollstreckbar ist.

Art. 53 sieht eine **Aussetzung des Verfahrens** vor, wenn die im Ursprungsmitgliedstaat angefochtene Entscheidung vorläufig nicht vollstreckbar ist. Die Vorschrift entspricht Art. 35 EuUntVO. 1

Artikel 54 ErbVO
Einstweilige Maßnahmen einschließlich Sicherungsmaßnahmen. (1) Ist eine Entscheidung nach diesem Abschnitt anzuerkennen, so ist der Antragsteller nicht daran gehindert, einstweilige Maßnahmen einschließlich Sicherungsmaßnahmen nach dem Recht des Vollstreckungsmitgliedstaats in Anspruch zu nehmen, ohne dass es einer Vollstreckbarerklärung nach Artikel 48 bedarf.
(2) Die Vollstreckbarerklärung umfasst von Rechts wegen die Befugnis, Maßnahmen zur Sicherung zu veranlassen.
(3) Solange die in Artikel 50 Absatz 5 vorgesehene Frist für den Rechtsbehelf gegen die Vollstreckbarerklärung läuft und solange über den Rechtsbehelf nicht entschieden ist, darf die Zwangsvollstreckung in das Vermögen des Schuldners nicht über Maßnahmen zur Sicherung hinausgehen.

Bei Anerkennung einer Entscheidung können **einstweilige Maßnahmen** einschließlich Sicherungsmaßnahmen angeordnet werden. Dies ist auch ohne Vollstreckbarerklärung nach Art. 48 möglich (Abs. 1). Die Vorschrift entspricht Art. 36 EuUntVO. Durchführungsbestimmung ist § 15 IntErbRVG. 1
Die Vollstreckbarerklärung umfasst die Befugnis, **Sicherungsmaßnahmen** zu veranlassen (Abs. 2). Die Befugnis zu einstweiligen Maßnahmen ergibt sich dann bereits aus dem Unionsrecht. 2
Während der Frist für den Rechtsbehelf gegen die Vollstreckbarerklärung (Art. 50 Abs. 5), darf die Zwangsvollstreckung in das Vermögen des Schuldners **nicht über Sicherungsmaßnahmen hinausgehen** (Abs. 3). 3

Artikel 55 ErbVO
Teilvollstreckbarkeit. (1) Ist durch die Entscheidung über mehrere Ansprüche erkannt worden und kann die Vollstreckbarerklärung nicht für alle Ansprüche erteilt werden, so erteilt das Gericht oder die zuständige Behörde sie für einen oder mehrere dieser Ansprüche.
(2) Der Antragsteller kann beantragen, dass die Vollstreckbarerklärung nur für einen Teil des Gegenstands der Entscheidung erteilt wird.

1 Art. 55 gestattet eine **Teilvollstreckbarkeit**, wenn durch die Entscheidung über **mehrere** »**Ansprüche**« (»matters«), d.h. Angelegenheiten erkannt worden und die Vollstreckbarerklärung nicht für alle erteilt werden kann (Abs. 1). Die Vorschrift entspricht Art. 37 EuUntVO.
2 Eine Teilvollstreckbarkeit kann beantragt werden (Abs. 2).

Artikel 56 ErbVO Prozesskostenhilfe.

Ist dem Antragsteller im Ursprungsmitgliedstaat ganz oder teilweise Prozesskostenhilfe oder Kosten- und Gebührenbefreiung gewährt worden, so genießt er im Vollstreckbarerklärungsverfahren hinsichtlich der Prozesskostenhilfe oder der Kosten- und Gebührenbefreiung die günstigste Behandlung, die das Recht des Vollstreckungsmitgliedstaats vorsieht.

1 Art. 56 betrifft die **Prozesskostenhilfe**. Ist sie im Ursprungsstaat bewilligt worden, so genießt der Antragsteller im Vollstreckbarerklärungsverfahren die **günstigste Behandlung** nach dem Recht des Vollstreckungsstaats. Die Vorschrift entspricht Art. 50 Brüssel IIa-VO.

Artikel 57 ErbVO Keine Sicherheitsleistung oder Hinterlegung.

Der Partei, die in einem Mitgliedstaat die Anerkennung, Vollstreckbarerklärung oder Vollstreckung einer in einem anderen Mitgliedstaat ergangenen Entscheidung beantragt, darf wegen ihrer Eigenschaft als Ausländer oder wegen Fehlens eines inländischen Wohnsitzes oder Aufenthalts im Vollstreckungsmitgliedstaat eine Sicherheitsleistung oder Hinterlegung, unter welcher Bezeichnung es auch sei, nicht auferlegt werden.

1 Wegen der Eigenschaft als Ausländer oder wegen Fehlens eines inländischen Wohnsitzes oder Aufenthalts im Vollstreckungsstaat darf **keine Sicherheitsleistung** oder Hinterlegung verlangt werden. Die Vorschrift entspricht Art. 51 Brüssel IIa-VO. Siehe aber § 16 IntErbRVG.

Artikel 58 ErbVO Keine Stempelabgaben oder Gebühren.

Im Vollstreckungsmitgliedstaat dürfen in Vollstreckbarerklärungsverfahren keine nach dem Streitwert abgestuften Stempelabgaben oder Gebühren erhoben werden.

1 Im Vollstreckungsmitgliedstaat dürfen in Vollstreckbarerklärungsverfahren keine nach dem Streitwert abgestuften Stempelabgaben oder Gebühren erhoben werden. Die Vorschrift entspricht Art. 38 EuUntVO.

KAPITEL V. ÖFFENTLICHE URKUNDEN UND GERICHTLICHE VERGLEICHE

Artikel 59 ErbVO Annahme öffentlicher Urkunden.

(1) Eine in einem Mitgliedstaat errichtete öffentliche Urkunde hat in einem anderen Mitgliedstaat die gleiche formelle Beweiskraft wie im Ursprungsmitgliedstaat oder die damit am ehesten vergleichbare Wirkung, sofern dies der öffentlichen Ordnung (ordre public) des betreffenden Mitgliedstaats nicht offensichtlich widersprechen würde.
Eine Person, die eine öffentliche Urkunde in einem anderen Mitgliedstaat verwenden möchte, kann die Behörde, die die öffentliche Urkunde im Ursprungsmitgliedstaat errichtet, ersuchen, das nach dem Beratungsverfahren nach Artikel 81 Absatz 2 erstellte Formblatt auszufüllen, das die formelle Beweiskraft der öffentlichen Urkunde in ihrem Ursprungsmitgliedstaat beschreibt.
(2) Einwände mit Bezug auf die Authentizität einer öffentlichen Urkunde sind bei den Gerichten des Ursprungsmitgliedstaats zu erheben; über diese Einwände wird nach dem Recht dieses Staates entschieden. Eine öffentliche Urkunde, gegen die solche Einwände erhoben wurden, entfaltet in einem anderen Mitgliedstaat keine Beweiskraft, solange die Sache bei dem zuständigen Gericht anhängig ist.
(3) Einwände mit Bezug auf die in einer öffentlichen Urkunde beurkundeten Rechtsgeschäfte oder Rechtsverhältnisse sind bei den nach dieser Verordnung zuständigen Gerichten zu erheben; über diese Einwände wird nach dem nach Kapitel III anzuwendenden Recht entschieden. Eine öffentliche Urkun-

de, gegen die solche Einwände erhoben wurden, entfaltet in einem anderen als dem Ursprungsmitgliedstaat hinsichtlich des bestrittenen Umstands keine Beweiskraft, solange die Sache bei dem zuständigen Gericht anhängig ist.
(4) Hängt die Entscheidung des Gerichts eines Mitgliedstaats von der Klärung einer Vorfrage mit Bezug auf die in einer öffentlichen Urkunde beurkundeten Rechtsgeschäfte oder Rechtsverhältnisse in Erbsachen ab, so ist dieses Gericht zur Entscheidung über diese Vorfrage zuständig.

A. Allgemeines. Kap V (Art. 59 – 61) beschäftigt sich mit öffentlichen Urkunden und gerichtlichen Vergleichen. Eine ähnliche Vorschrift wie Art. 59 enthalten Art. 46 Brüssel IIa-VO und Art. 48 EuUntVO. Eine in einem Mitgliedstaat errichtete öffentliche Urkunde hat in einem anderen Mitgliedstaat die gleiche formelle Beweiskraft wie im Ursprungsmitgliedstaat (dazu Art. 3 Abs. 1 Buchst. e)) oder die damit am ehesten vergleichbare Wirkung (Art. 59 Abs. 1 Unterabs. 1). 1

Die zu akzeptierenden **öffentlichen Urkunden** sind solche des Art. 3 Abs. 1 Buchst. i) (s. Art. 3 Rdn. 10). Der Begriff ist verordnungsautonom auszulegen. 2

B. Annahme öffentlicher Urkunden. Der Begriff der »**Annahme**« (»acceptance«) wurde gewählt, um eine weitergehende Anerkennung auszuschließen (*Janzen* DNotZ 2012, 484, 492). Es geht nur um die formelle Beweiskraft (»evidentiary effects«) der Urkunde wie im Ursprungsmitgliedstaat oder die damit am ehesten vergleichbare Wirkung. Insofern kommt es zu einer Wirkungserstreckung. Die formelle Beweiskraft kann sich insbes. auf bestimmte Tatsachen sowie die Echtheit der Urkunde beziehen (NK-Rom-VO/*Makowsky* Art. 59 EuErbVO Rn. 8, 11). Bezüglich des deutschen Erbscheins wird Art. 59 nicht angewendet (*Lange* ErbR 2016, 58, 62; vgl. oben Art. 3 Rdn. 8). Im Übrigen wird argumentiert, dass sich die formelle Beweiswirkung lediglich auf die Erteilung des Erbscheins, nicht aber auf ihren Inhalt bezieht (*Süß* ZEuP 2013, 725, 749). 3

Bei der Ausarbeitung der VO bestand die Befürchtung, dass der rechtliche Inhalt einer Urkunde (negotium) unter Umgehung des Kollisionsrechts Gegenstand einer »Anerkennung« sein könnte (*Kohler/Buschbaum* IPRax 2010, 313 ff.; *Remde* RNotZ 2012, 65, 84 f.). Diese Gefahr dürfte durch die jetzige Formulierung grds. gebannt sein (vgl. Abs. 3 Satz 1 Halbs. 2). Dementsprechend stellt Abs. 1 klar, dass die Akzeptanz ausländischer öffentlicher Urkunden lediglich deren formelle Beweiskraftwirkung betrifft (*Döbereiner* NJW 2015, 2449, 2452). 4

Das Verhältnis der beiden Alternativen wird in Abs. 1 nicht klargestellt. Auf die **am ehesten vergleichbare Wirkung** (»most comparable effect«) dürfte es dann ankommen, wenn die formelle Beweiskraft im Zweitstaat unbekannt ist oder so nicht eintreten würde (vgl. *Janzen* DNotZ 2012, 484, 491). Eine deutsche öffentliche Urkunde begründet im Ausland vollen Beweis der in ihr bezeugten Tatsachen (§ 418 Abs. 1 ZPO), ohne dass eine Apostille oder Legalisation notwendig wäre (vgl. Art. 74). 5

Teilweise wird ausländischen öffentlichen Urkunden in Deutschland keine Beweiskraftwirkung zugemessen, die über die **Wirkungen inländischer Urkunden** hinausgeht, was sich aus dem am Zielmitgliedstaat ausgerichteten Vergleichsmaßstab (»gleiche formelle Beweiskraft« bzw. »am ehesten vergleichbare Wirkung«) ergebe. Im Ergebnis soll daher Abs. 1 eine Doppelbegrenzung der formellen Beweiskraftwirkung nach dem Recht des Ursprungs- und des Zielmitgliedstaates herbeiführen (so *Simon/Buschbaum* NJW 2012, 2393, 2397). Eine so weit gehende Beschränkung ist der VO aber fremd (NK-Rom-VO/*Makowsky* Art. 59 EuErbVO Rn. 12). 6

Die Anerkennung von öffentlichen Urkunden erfolgt grundsätzlich ohne Nachprüfung. Es darf allerdings kein **Verstoß gegen den ordre public** vorliegen (Abs. 1 Unterabs. 1; vgl. zur Entscheidungsanerkennung Art. 40 Buchst. a)). 7

Eine Person, die eine öffentliche Urkunde in einem anderen Mitgliedstaat verwenden möchte, kann von der die Urkunde errichtenden Behörde verlangen, das **vorgesehene Formblatt** (Formblatt II nach DVO Nr. 1329/2014: »Bescheinigung betreffend eine öffentliche Urkunde in einer Erbsache«; dazu *Dorsel/Schall* GPR 2015, 36, 37 ff.) auszufüllen, das die formelle Beweiskraft der Urkunde im Ursprungsstaat beschreibt (Abs. 1 Unterabs. 2). 8

C. Einwände. Es können zwei Arten von **Einwänden** (»challenges«) geltend gemacht werden, zum einen bzgl der **Authentizität** (Abs. 2) und zum anderen bzgl des **beurkundeten Rechtsgeschäfts** oder Rechtsverhältnisses selbst (Abs. 3). In beiden Fällen kann darüber gerichtlich entschieden werden. Unter Einwänden sind solche materiell- oder verfahrensrechtlicher Art zu verstehen. 9

10 Einwände in Bezug auf die **Authentizität** einer öffentlichen Urkunde sind (nur) bei den Gerichten des Ursprungsmitgliedstaats zu erheben (NK-Rom-VO/*Makowsky* Art. 59 EuErbVO Rn. 18); über sie wird nach dem Recht dieses Staates entschieden (Abs. 2 Satz 1). Der **Begriff der Authentizität** ist verordnungsautonom auszulegen (Erw. 62). Darunter versteht man Aspekte wie die Echtheit der Urkunde, die Formerfordernisse, die Befugnisse der beurkundenden Behörde sowie das Verfahren der Errichtung der Urkunde (Erw. 62). Dazu gehören auch die in der öffentlichen Urkunde beurkundeten Vorgänge, wie z.B. das Erscheinen vor dieser Behörde zur Abgabe der Erklärungen (Erw. 62). Durchführungsbestimmung für deutsche öffentliche Urkunden ist § 46 IntErbRVG.

11 Eine öffentliche Urkunde, gegen die solche Einwände erhoben wurden, entfaltet in einem anderen Mitgliedstaat **keine Beweiskraft**, solange die Sache bei dem zuständigen Gericht anhängig ist (Abs. 2 Satz 2).

12 Einwände in Bezug auf die in einer öffentlichen Urkunde beurkundeten **Rechtsgeschäfte oder Rechtsverhältnisse** sind, wenn es sich um eine Hauptfrage in einer Erbsache handelt, bei den **nach der VO zuständigen Gerichten** (Art. 4 ff.) zu erheben (*Janzen* DNotZ 2012, 484, 492). Über diese Einwände wird nach dem gem Kap III (Art. 20 ff.) anzuwendenden Recht, also unter Einschaltung des Kollisionsrechts, entschieden (Abs. 3 Satz 1); *Janzen* DNotZ 2012, 484, 492.

13 Solche Einwände betreffen den **materiellen Inhalt** der Urkunde (Erw. 63). Ein **Rechtsgeschäft** (»legal act«) kann z.B. eine Vereinbarung zwischen den Parteien über die Verteilung des Nachlasses, ein Testament oder ein Erbvertrag, aber auch eine sonstige Willenserklärung sein (Erw. 63). Ein **Rechtsverhältnis** (»legal relationship«) ist z.B. die Bestimmung der Erben und sonstiger Berechtigter, ihrer jeweiligen Anteile und das Bestehen eines Pflichtteils (Erw. 63).

14 Eine öffentliche Urkunde, gegen die solche Einwände erhoben wurden, entfaltet in einem anderen als dem Ursprungsmitgliedstaat hinsichtlich des bestrittenen Umstands **keine Beweiskraft**, solange die Sache bei dem zuständigen Gericht anhängig ist (Abs. 3 Satz 2). Bei Ungültigerklärung entfällt die Beweiskraft (Erw. 65).

15 D. Vorfragen bei Rechtsgeschäften und Rechtsverhältnissen. Eine besondere Vorschrift beschäftigt sich mit **Vorfragen bei Rechtsgeschäften und Rechtsverhältnissen**. Hängt die Entscheidung eines mitgliedstaatlichen Gerichts von der Klärung einer Vorfrage mit Bezug auf die beurkundeten Rechtsgeschäfte oder Rechtsverhältnisse in Erbsachen ab, so kann dieses Gericht die Vorfrage inzident entscheiden (Abs. 4). Dies gilt für jedes mitgliedstaatliche Gericht (*Janzen* DNotZ 2012, 484, 492). Werden zwei **nicht miteinander zu vereinbarende** öffentliche Urkunden vorgelegt, so ist die Frage, welcher von ihnen Vorrang einzuräumen ist, im Einzelfall zu entscheiden (Erw. 66). Bei Unvereinbarkeit zwischen einer Urkunde und einer Entscheidung sind die Anerkennungshindernisse für Entscheidungen zu berücksichtigen (Erw. 66).

Artikel 60 ErbVO Vollstreckbarkeit öffentlicher Urkunden.

(1) Öffentliche Urkunden, die im Ursprungsmitgliedstaat vollstreckbar sind, werden in einem anderen Mitgliedstaat auf Antrag eines Berechtigten nach dem Verfahren der Artikel 45 bis 58 für vollstreckbar erklärt.
(2) Für die Zwecke des Artikels 46 Absatz 3 Buchstabe b stellt die Behörde, die die öffentliche Urkunde errichtet hat, auf Antrag eines Berechtigten eine Bescheinigung unter Verwendung des nach dem Beratungsverfahren nach Artikel 81 Absatz 2 erstellten Formblatts aus.
(3) Die Vollstreckbarerklärung wird von dem mit einem Rechtsbehelf nach Artikel 50 oder Artikel 51 befassten Gericht nur versagt oder aufgehoben, wenn die Vollstreckung der öffentlichen Urkunde der öffentlichen Ordnung (ordre public) des Vollstreckungsmitgliedstaats offensichtlich widersprechen würde.

1 Im Ursprungsmitgliedstaat (Art. 3 Abs. 1 Buchst. e)) vollstreckbare öffentliche Urkunden (vgl. Art. 3 Abs. 1 Buchst. i)) werden in einem anderen Mitgliedstaat auf Antrag eines Berechtigten nach dem Verfahren der Art. 45 – 58 für **vollstreckbar** erklärt.

2 Für die Zwecke des Art. 46 Abs. 3 Buchst. b) stellt die Behörde, welche die öffentliche Urkunde errichtet hat, auf Antrag eines Berechtigten eine Bescheinigung unter Verwendung des vorgeschriebenen Formblatts aus (Abs. 2; Formblatt II nach DVO Nr. 1329/2014: »Bescheinigung betreffend eine öffentliche Urkunde in einer Erbsache«). Zur Zuständigkeit des LG oder Notars s. § 27 Abs. 1 IntErbRVG.

Die Vollstreckbarerklärung wird vom Rechtsbehelfsgericht in Abweichung von Art. 52 nur **versagt oder** 3
aufgehoben, wenn die Vollstreckung der Urkunde dem ordre public des Vollstreckungsstaats offensichtlich widersprechen würde (Abs. 3).

Artikel 61 ErbVO Vollstreckbarkeit gerichtlicher Vergleiche.

(1) Gerichtliche Vergleiche, die im Ursprungsmitgliedstaat vollstreckbar sind, werden in einem anderen Mitgliedstaat auf Antrag eines Berechtigten nach dem Verfahren der Artikel 45 bis 58 für vollstreckbar erklärt.
(2) Für die Zwecke des Artikels 46 Absatz 3 Buchstabe b stellt das Gericht, das den Vergleich gebilligt hat oder vor dem der Vergleich geschlossen wurde, auf Antrag eines Berechtigten eine Bescheinigung unter Verwendung des nach dem Beratungsverfahren nach Artikel 81 Absatz 2 erstellten Formblatts aus.
(3) Die Vollstreckbarerklärung wird von dem mit einem Rechtsbehelf nach Artikel 50 oder Artikel 51 befassten Gericht nur versagt oder aufgehoben, wenn die Vollstreckung des gerichtlichen Vergleichs der öffentlichen Ordnung (ordre public) des Vollstreckungsmitgliedstaats offensichtlich widersprechen würde.

Art. 61 betrifft die **Vollstreckbarkeit gerichtlicher Vergleiche** (vgl. Art. 3 Abs. 1 Buchst. h)). Sind sie im 1
Ursprungsmitgliedstaat vollstreckbar, so können sie auch in einem anderen Mitgliedstaat auf Antrag in dem Vollstreckbarkeitsverfahren nach Art. 45 – 58 für vollstreckbar erklärt werden (Abs. 1). Die Vorschrift entspricht Art. 48 EuUntVO. Zuständig ist der Vorsitzende einer Kammer des LG (§ 3 Abs. 1 IntErbRVG).
Für die Zwecke des Art. 46 Abs. 3 Buchst. b) (Beifügung zum Antrag) stellt das mit dem Vergleich befasste 2
Gericht eine Bescheinigung unter Verwendung des vorgesehenen Formblatts aus (Abs. 2; Formblatt III nach DVO Nr. 1329/2014: »Bescheinigung betreffend einen gerichtlichen Vergleich in einer Erbsache«; dazu *Dorsel/Schall* GPR 2015, 36, 39). Zur Zuständigkeit s. § 27 Abs. 1 IntErbRVG
Die Vollstreckbarerklärung wird von dem Rechtsbehelfsgericht nur versagt oder aufgehoben, wenn die Voll- 3
streckung des gerichtlichen Vergleichs dem **ordre public** des Vollstreckungsstaats offensichtlich widersprechen würde (Abs. 3). Letzteres entspricht Art. 40 Buchst. a).

KAPITEL VI. EUROPÄISCHES NACHLASSZEUGNIS

Artikel 62 ErbVO Einführung eines Europäischen Nachlasszeugnisses.

(1) Mit dieser Verordnung wird ein Europäisches Nachlasszeugnis (im Folgenden »Zeugnis«) eingeführt, das zur Verwendung in einem anderen Mitgliedstaat ausgestellt wird und die in Artikel 69 aufgeführten Wirkungen entfaltet.
(2) Die Verwendung des Zeugnisses ist nicht verpflichtend.
(3) Das Zeugnis tritt nicht an die Stelle der innerstaatlichen Schriftstücke, die in den Mitgliedstaaten zu ähnlichen Zwecken verwendet werden. Nach seiner Ausstellung zur Verwendung in einem anderen Mitgliedstaat entfaltet das Zeugnis die in Artikel 69 aufgeführten Wirkungen jedoch auch in dem Mitgliedstaat, dessen Behörden es nach diesem Kapitel ausgestellt haben.

A. Allgemeines. Kap VI (Art. 62 – 73) regelt das Europäische Nachlasszeugnis (ENZ). Art. 62 betrifft die 1
Einführung des ENZ durch die VO (dazu *Buschbaum/Simon* ZEV 2012, 525; *Süß* ZEuP 2013, 725; *Dorsel* ZErb 2014, 212; *Schmidt* ZEV 2014, 389; *Dorsel/Schall* GPR 2015, 36; *Omlor* ErbR 2015, 286). Das ENZ soll die **grenzüberschreitende Abwicklung von Erbfällen wesentlich erleichtern**. Es soll solchen Erben und Testamentsvollstreckern den Nachweis erleichtern, die ihre Rechtsstellung in einem anderen Mitgliedstaat geltend machen (Abs. 1). Dieser Zweck muss dem Nachlassgericht bei Antragstellung nachgewiesen werden (Art. 65 Abs. 3 Buchst. f). Der Inhalt ergibt sich aus Art. 68, die sechsmonatige Gültigkeitsdauer aus Art. 70 Abs. 3. – Zur europäischen Testamentsregisterverknüpfung *Seebach* ZNotP 2015, 412 ff.

B. Verwendung des Europäischen Nachlasszeugnisses. Die Verwendung des ENZ ist **nicht verpflichtend** 2
(Abs. 2). Dem Antragsberechtigten steht es frei, andere nach der VO zur Verfügung stehende Instrumente (Entscheidung, öffentliche Urkunde, gerichtlicher Vergleich) zu verwenden. Doch darf nicht verlangt wer-

den, dass statt des ENZ ein solches Instrument vorgelegt wird (Erw. 69). Die Tragweite dieses Schlechterstellungsverbots ist noch ungeklärt. Es dürfte jedenfalls nichts an den Anwendungsausschlüssen des Art. 1 Abs. 2 Buchst. k) und l) ändern.

3 **C. Verhältnis zum nationalen Recht.** Das ENZ tritt **nicht an die Stelle des innerstaatlichen Erbscheins** (Erw. 67), der weiterhin beantragt werden kann (*Zimmermann* ZErb 2015, 342, 343). Wird das ENZ erteilt, ist allerdings ein nationaler Erbschein grundsätzlich entbehrlich. Nach Ausstellung des ENZ entfaltet es die in Art. 69 aufgeführten Wirkungen jedoch auch im Ausstellungsmitgliedstaat (Abs. 3 Satz 2).

4 Eine Klarstellung für **Kollisionen zwischen ENZ und nationalen Erbrechtsnachweisen** fehlt. Insofern kann man verschiedene Fälle unterscheiden. Von einer internen Divergenz ist die Rede beim Widerspruch zwischen ENZ und nationalem Erbnachweis des Ausstellungsstaates, von grenzüberschreitender Divergenz im Verhältnis zu einem anderen Staat (dazu NK-Rom-VO/*Nordmeier* Art. 62 EuErbVO Rn. 35 ff.). Bei letzteren wird z.T. ein Entfallen von Vermutungswirkungen und Gutglaubensschutz angenommen (*Döbereiner* NJW 2015, 2449, 2453).

Artikel 63 ErbVO

Zweck des Zeugnisses. (1) Das Zeugnis ist zur Verwendung durch Erben, durch Vermächtnisnehmer mit unmittelbarer Berechtigung am Nachlass und durch Testamentsvollstrecker oder Nachlassverwalter bestimmt, die sich in einem anderen Mitgliedstaat auf ihre Rechtsstellung berufen oder ihre Rechte als Erben oder Vermächtnisnehmer oder ihre Befugnisse als Testamentsvollstrecker oder Nachlassverwalter ausüben müssen.

(2) Das Zeugnis kann insbesondere als Nachweis für einen oder mehrere der folgenden speziellen Aspekte verwendet werden:

a) die Rechtsstellung und/oder die Rechte jedes Erben oder gegebenenfalls Vermächtnisnehmers, der im Zeugnis genannt wird, und seinen jeweiligen Anteil am Nachlass;

b) die Zuweisung eines bestimmten Vermögenswerts oder bestimmter Vermögenswerte des Nachlasses an die in dem Zeugnis als Erbe(n) oder gegebenenfalls als Vermächtnisnehmer genannte(n) Person(en);

c) die Befugnisse der in dem Zeugnis genannten Person zur Vollstreckung des Testaments oder Verwaltung des Nachlasses.

1 Art. 63 umschreibt den Zweck des ENZ. Es ist zur **Verwendung durch Erben** und durch unmittelbar, d.h. aufgrund Vindikationslegats berechtigte **Vermächtnisnehmer** sowie durch **Testamentsvollstrecker oder Nachlassverwalter** bestimmt (Abs. 1). Sie berufen sich in einem anderen Mitgliedstaat auf ihre Rechtsstellung bzw. müssen ihre Rechte oder Befugnisse ausüben. Als Nachlassverwalter ist der Nachlasspfleger anzusehen (*Zimmermann* FGPrax 2015, 145, 146). Gläubiger des Erben sind nicht genannt (*Zimmermann* FGPrax 2015, 145, 146).

2 Das Zeugnis kann in mehrfacher – nicht abschließend aufgezählter Weise – als Nachweis dienen. Es geht dabei um die Rechtsstellung und/oder die Rechte der **Erben** oder im Zeugnis genannter **Vermächtnisnehmer** (Abs. 2 Buchst. a)). Ferner wird die **Zuweisung bestimmter Vermögenswerte** an die in dem Zeugnis aufgeführten Personen genannt (Abs. 2 Buchst. b)). Schließlich geht es um die Befugnisse von **Testamentsvollstreckern oder Nachlassverwaltern** (Abs. 2 Buchst. c)).

Artikel 64 ErbVO

Zuständigkeit für die Erteilung des Zeugnisses. Das Zeugnis wird in dem Mitgliedstaat ausgestellt, dessen Gerichte nach den Artikeln 4, 7, 10 oder 11 zuständig sind. Ausstellungsbehörde ist

a) ein Gericht im Sinne des Artikels 3 Absatz 2 oder

b) eine andere Behörde, die nach innerstaatlichem Recht für Erbsachen zuständig ist.

1 Art. 64 betrifft die **Zuständigkeit für die Erteilung** des ENZ. Es wird in dem Mitgliedstaat ausgestellt, dessen Gerichte nach Art. 4 (allgemeine Zuständigkeit am gewöhnlichen Aufenthaltsort), Art. 7 (Zuständigkeit bei Rechtswahl: Gerichte des Staats des gewählten Rechts; näher wegen (näher *Egidy/Volmer* Rpfleger 2015, 433, 440 f.), Art. 10 (subsidiäre Zuständigkeit) oder Art. 11 (Notzuständigkeit) zuständig sind (Satz 1). Rügelose Einlassung (Art. 9) ist nicht vorgesehen (*Lange* DNotZ 2016, 103, 106).

Ausstellungsbehörde ist ein Gericht i.S.d. Art. 3 Abs. 2 (Satz 2 Buchst. a)) oder eine andere nach innerstaatlichem Recht für Erbsachen zuständige Behörde (Satz 2 Buchst. b)). Das kann auch ein Notariat sein (Erw. 70; z.B. in Italien; vgl. *Lange* DNotZ 2012, 168, 170 f.). Zur örtlichen und sachlichen Zuständigkeit des Nachlassgerichts s. § 34 Abs. 1 Nr. 1 und 2, Abs. 2 IntErbRVG.

Artikel 65 ErbVO Antrag auf Ausstellung eines Zeugnisses.

(1) Das Zeugnis wird auf Antrag jeder in Artikel 63 Absatz 1 genannten Person (im Folgenden »Antragsteller«) ausgestellt.

(2) Für die Vorlage eines Antrags kann der Antragsteller das nach dem Beratungsverfahren nach Artikel 81 Absatz 2 erstellte Formblatt verwenden.

(3) Der Antrag muss die nachstehend aufgeführten Angaben enthalten, soweit sie dem Antragsteller bekannt sind und von der Ausstellungsbehörde zur Beschreibung des Sachverhalts, dessen Bestätigung der Antragsteller begehrt, benötigt werden; dem Antrag sind alle einschlägigen Schriftstücke beizufügen, und zwar entweder in Urschrift oder in Form einer Abschrift, die die erforderlichen Voraussetzungen für ihre Beweiskraft erfüllt, unbeschadet des Artikels 66 Absatz 2:

a) Angaben zum Erblasser: Name (gegebenenfalls Geburtsname), Vorname(n), Geschlecht, Geburtsdatum und -ort, Personenstand, Staatsangehörigkeit, Identifikationsnummer (sofern vorhanden), Anschrift im Zeitpunkt seines Todes, Todesdatum und -ort;
b) Angaben zum Antragsteller: Name (gegebenenfalls Geburtsname), Vorname(n), Geschlecht, Geburtsdatum und -ort, Personenstand, Staatsangehörigkeit, Identifikationsnummer (sofern vorhanden), Anschrift und etwaiges Verwandtschafts- oder Schwägerschaftsverhältnis zum Erblasser;
c) Angaben zum etwaigen Vertreter des Antragstellers: Name (gegebenenfalls Geburtsname), Vorname(n), Anschrift und Nachweis der Vertretungsmacht;
d) Angaben zum Ehegatten oder Partner des Erblassers und gegebenenfalls zu(m) ehemaligen Ehegatten oder Partner(n): Name (gegebenenfalls Geburtsname), Vorname(n), Geschlecht, Geburtsdatum und -ort, Personenstand, Staatsangehörigkeit, Identifikationsnummer (sofern vorhanden) und Anschrift;
e) Angaben zu sonstigen möglichen Berechtigten aufgrund einer Verfügung von Todes wegen und/oder nach gesetzlicher Erbfolge: Name und Vorname(n) oder Name der Körperschaft, Identifikationsnummer (sofern vorhanden) und Anschrift;
f) den beabsichtigten Zweck des Zeugnisses nach Artikel 63;
g) Kontaktangaben des Gerichts oder der sonstigen zuständigen Behörde, das oder die mit der Erbsache als solcher befasst ist oder war, sofern zutreffend;
h) den Sachverhalt, auf den der Antragsteller gegebenenfalls die von ihm geltend gemachte Berechtigung am Nachlass und/oder sein Recht zur Vollstreckung des Testaments des Erblassers und/oder das Recht zur Verwaltung von dessen Nachlass gründet;
i) eine Angabe darüber, ob der Erblasser eine Verfügung von Todes wegen errichtet hatte; falls weder die Urschrift noch eine Abschrift beigefügt ist, eine Angabe darüber, wo sich die Urschrift befindet;
j) eine Angabe darüber, ob der Erblasser einen Ehevertrag oder einen Vertrag in Bezug auf ein Verhältnis, das mit der Ehe vergleichbare Wirkungen entfaltet, geschlossen hatte; falls weder die Urschrift noch eine Abschrift des Vertrags beigefügt ist, eine Angabe darüber, wo sich die Urschrift befindet;
k) eine Angabe darüber, ob einer der Berechtigten eine Erklärung über die Annahme oder die Ausschlagung der Erbschaft abgegeben hat;
l) eine Erklärung des Inhalts, dass nach bestem Wissen des Antragstellers kein Rechtsstreit in Bezug auf den zu bescheinigenden Sachverhalt anhängig ist;
m) sonstige vom Antragsteller für die Ausstellung des Zeugnisses für nützlich erachtete Angaben.

Art. 65 betrifft den Antrag auf Ausstellung eines ENZ (dazu *Buschbaum/Simon* Rpfleger 2015, 444 ff.). **Antragsteller** kann jede in Art. 63 Abs. 1 genannte Person sein (Abs. 1). Die Antragstellung erfolgt mit dem vorgesehenen Formblatt (Abs. 2; Formblatt IV nach DVO Nr. 1329/2014: »Antrag auf Ausstellung eines Europäischen Nachlasszeugnisses«; dazu *Dorsel/Schall* GPR 2015, 36, 40 ff.); seine Verwendung ist aber nur fakultativ (*Döbereiner* NJW 2015, 2449, 2451). Deutsche Durchführungsbestimmung ist § 36 IntErbRVG.

2 Die für den jeweiligen Sachverhalt (»elements«) **erforderlichen Angaben** werden in Abs. 3 aufgezählt. Im Einzelnen geht es um Angaben zum Erblasser (Buchst. a)), zum Antragsteller (Buchst. b)), Angaben zum etwaigen Vertreter des Antragstellers (Buchst. c)), Angaben zum (ehemaligen) Ehegatten oder Partner des Erblassers (Buchst. d)), Angaben zu sonstigen möglichen Berechtigten aufgrund einer Verfügung von Todes wegen und/oder nach gesetzlicher Erbfolge (Buchst. e)), beabsichtigter Zweck des ENZ nach Art. 63 (Buchst. f)), Kontaktangaben des Gerichts (Buchst. g)), der relevante Sachverhalt (»elements«, auf die sich der Antragsteller stützt; Buchst. h)), Angaben zu einer Verfügung von Todes (Buchst. i); vgl. Art. 3 Abs. 1 Buchst. d)). Ferner gehören hierzu Angaben zu einem Ehevertrag oder einer ähnlichen Vereinbarung (Buchst. j)), Angabe einer Annahme oder die Ausschlagung der Erbschaft (Buchst. k)). Der Erbverzicht wird nicht genannt (NK-Rom-VO/*Nordmeier* Art. 64 EuErbVO Rn. 23). Verlangt wird auch eine Erklärung, dass kein Rechtsstreit in Bezug auf den zu bescheinigenden Sachverhalt anhängig ist (Buchst. l)) sowie sonstige Angaben (Buchst. m)). Zu den Beteiligten s. § 37 IntErbRVG.

Artikel 66 ErbVO Prüfung des Antrags.

(1) Nach Eingang des Antrags überprüft die Ausstellungsbehörde die vom Antragsteller übermittelten Angaben, Erklärungen, Schriftstücke und sonstigen Nachweise. Sie führt von Amts wegen die für diese Überprüfung erforderlichen Nachforschungen durch, soweit ihr eigenes Recht dies vorsieht oder zulässt, oder fordert den Antragsteller auf, weitere Nachweise vorzulegen, die sie für erforderlich erachtet.
(2) Konnte der Antragsteller keine Abschriften der einschlägigen Schriftstücke vorlegen, die die für ihre Beweiskraft erforderlichen Voraussetzungen erfüllen, so kann die Ausstellungsbehörde entscheiden, dass sie Nachweise in anderer Form akzeptiert.
(3) Die Ausstellungsbehörde kann – soweit ihr eigenes Recht dies vorsieht und unter den dort festgelegten Bedingungen – verlangen, dass Erklärungen unter Eid oder durch eidesstattliche Versicherung abgegeben werden.
(4) Die Ausstellungsbehörde unternimmt alle erforderlichen Schritte, um die Berechtigten von der Beantragung eines Zeugnisses zu unterrichten. Sie hört, falls dies für die Feststellung des zu bescheinigenden Sachverhalts erforderlich ist, jeden Beteiligten, Testamentsvollstrecker oder Nachlassverwalter und gibt durch öffentliche Bekanntmachung anderen möglichen Berechtigten Gelegenheit, ihre Rechte geltend zu machen.
(5) Für die Zwecke dieses Artikels stellt die zuständige Behörde eines Mitgliedstaats der Ausstellungsbehörde eines anderen Mitgliedstaats auf Ersuchen die Angaben zur Verfügung, die insbesondere im Grundbuch, in Personenstandsregistern und in Registern enthalten sind, in denen Urkunden oder Tatsachen erfasst werden, die für die Rechtsnachfolge von Todes wegen oder den ehelichen Güterstand oder einen vergleichbaren Güterstand des Erblassers erheblich sind, sofern die zuständige Behörde nach innerstaatlichem Recht befugt wäre, diese Angaben einer anderen inländischen Behörde zur Verfügung zu stellen.

1 Die Ausstellungsbehörde (Art. 64 Satz 2) hat die **Angaben** des Antragstellers, Erklärungen, Schriftstücke und sonstigen Nachweise **zu prüfen**. Sie führt **von Amts wegen** die für diese Überprüfung erforderlichen Nachforschungen nach ihrem Recht durch oder fordert den Antragsteller auf, weitere erforderliche Nachweise vorzulegen (Abs. 1). Ergänzend gilt die lex fori des zuständigen Gerichts (*Lange* DNotZ 2016, 103, 107; NK-Rom-VO/*Nordmeier* Art. 66 EuErbVO Rn. 3).
2 Kann der Antragsteller **keine Abschriften** vorlegen, die die für ihre Beweiskraft erforderlichen Voraussetzungen erfüllen, so kann die Ausstellungsbehörde Nachweise in anderer Form akzeptieren (Abs. 2).
3 Die Ausstellungsbehörde kann in Einklang mit der lex fori verlangen, dass **Erklärungen unter Eid** oder durch **eidesstattliche Versicherung** abgegeben werden (Abs. 3), s. § 36 Abs. 2 IntErbRVG.
4 Die Ausstellungsbehörde unternimmt alle erforderlichen Schritte, um die **Berechtigten** von der Beantragung eines ENZ **zu unterrichten**. Sie hört ggf. jeden Beteiligten, Testamentsvollstrecker oder Nachlassverwalter. Ferner kann eine öffentliche Bekanntmachung erfolgen (Abs. 4). Die Einzelheiten regelt § 35 Abs. 3 IntErbRVG.
5 Die zuständige mitgliedstaatliche Behörde **stellt** der Ausstellungsbehörde eines anderen Mitgliedstaats auf Ersuchen die **Angaben zur Verfügung**, die insb im Grundbuch, in Personenstandsregistern und in entsprechenden *Registern* enthalten sind. Die Behörde muss nach innerstaatlichem Recht befugt sein, diese Anga-

ben zur Verfügung zu stellen (Abs. 5). Ein Auskunftsanspruch bezüglich des Zentralen Testamentsregisters kann nicht auf Abs. 5 gestützt werden (*Seebach* ZNotP 2015, 412, 415).

Artikel 67 ErbVO Ausstellung des Zeugnisses.
(1) Die Ausstellungsbehörde stellt das Zeugnis unverzüglich nach dem in diesem Kapitel festgelegten Verfahren aus, wenn der zu bescheinigende Sachverhalt nach dem auf die Rechtsnachfolge von Todes wegen anzuwendenden Recht oder jedem anderen auf einen spezifischen Sachverhalt anzuwendenden Recht feststeht. Sie verwendet das nach dem Beratungsverfahren nach Artikel 81 Absatz 2 erstellte Formblatt.
Die Ausstellungsbehörde stellt das Zeugnis insbesondere nicht aus,
a) wenn Einwände gegen den zu bescheinigenden Sachverhalt anhängig sind oder
b) wenn das Zeugnis mit einer Entscheidung zum selben Sachverhalt nicht vereinbar wäre.
(2) Die Ausstellungsbehörde unternimmt alle erforderlichen Schritte, um die Berechtigten von der Ausstellung des Zeugnisses zu unterrichten.

Art. 67 regelt die Ausstellung des ENZ durch die Ausstellungsbehörde (vgl. Art. 64 Satz 2). Diese stellt das Zeugnis in dem vorgeschriebenen Formular (Formblatt V nach DVO Nr. 1329/2014: »Europäisches Nachlasszeugnis«; dazu *Buschbaum/Simon* Rpfleger 2015, 444, 446 ff.; *Dorsel/Schall* GPR 2015, 36, 43 ff.) unverzüglich nach dem Verfahren gem. Art. 67 ff. aus (Abs. 1 Unterabs. 1). Das Zeugnis wird insb dann nicht ausgestellt, wenn **Einwände** (dazu *Milzer* NJW 2015, 2997) gegen den zu bescheinigenden Sachverhalt (»the elements to be certified«) anhängig sind (Abs. 1 Unterabs. 2 Buchst. a)). Das gleiche gilt, wenn das Zeugnis mit einer Entscheidung zum selben Sachverhalt **nicht vereinbar** wäre (Abs. 1 Unterabs. 2 Buchst. b)). Da es insoweit keine Einschränkung gibt, kann dies auch eine anzuerkennende ausländische Entscheidung sein. Eine Regel, wonach ein ENZ nur in unstreitigen Fällen ausgestellt werden darf, gibt es aber nicht (*Zimmermann* ZErb 2015, 342). 1

Nach Abs. 2 **unterrichtet** die Ausstellungsbehörde die Berechtigten von der Ausstellung des ENZ. Rechtsbehelf gegen die Ausstellung ist die Beschwerde, Art. 72 Abs. 1, § 43 IntErbRVG. 2

Artikel 68 ErbVO Inhalt des Nachlasszeugnisses.
Das Zeugnis enthält folgende Angaben, soweit dies für die Zwecke, zu denen es ausgestellt wird, erforderlich ist:
a) die Bezeichnung und die Anschrift der Ausstellungsbehörde;
b) das Aktenzeichen;
c) die Umstände, aus denen die Ausstellungsbehörde ihre Zuständigkeit für die Ausstellung des Zeugnisses herleitet;
d) das Ausstellungsdatum;
e) Angaben zum Antragsteller: Name (gegebenenfalls Geburtsname), Vorname(n), Geschlecht, Geburtsdatum und -ort, Personenstand, Staatsangehörigkeit, Identifikationsnummer (sofern vorhanden), Anschrift und etwaiges Verwandtschafts- oder Schwägerschaftsverhältnis zum Erblasser;
f) Angaben zum Erblasser: Name (gegebenenfalls Geburtsname), Vorname(n), Geschlecht, Geburtsdatum und -ort, Personenstand, Staatsangehörigkeit, Identifikationsnummer (sofern vorhanden), Anschrift im Zeitpunkt seines Todes, Todesdatum und -ort;
g) Angaben zu den Berechtigten: Name (gegebenenfalls Geburtsname), Vorname(n) und Identifikationsnummer (sofern vorhanden);
h) Angaben zu einem vom Erblasser geschlossenen Ehevertrag oder, sofern zutreffend, einem vom Erblasser geschlossenen Vertrag im Zusammenhang mit einem Verhältnis, das nach dem auf dieses Verhältnis anwendbaren Recht mit der Ehe vergleichbare Wirkungen entfaltet, und Angaben zum ehelichen Güterstand oder einem vergleichbaren Güterstand;
i) das auf die Rechtsnachfolge von Todes wegen anzuwendende Recht sowie die Umstände, auf deren *Grundlage* das anzuwendende Recht bestimmt wurde;
j) Angaben darüber, ob für die Rechtsnachfolge von Todes wegen die gewillkürte oder die gesetzliche Erbfolge gilt, einschließlich Angaben zu den Umständen, aus denen sich die Rechte und/oder Befugnisse der Erben, Vermächtnisnehmer, Testamentsvollstrecker oder Nachlassverwalter herleiten;

k) sofern zutreffend, in Bezug auf jeden Berechtigten Angaben über die Art der Annahme oder der Ausschlagung der Erbschaft;
l) den Erbteil jedes Erben und gegebenenfalls das Verzeichnis der Rechte und/oder Vermögenswerte, die einem bestimmten Erben zustehen;
m) das Verzeichnis der Rechte und/oder Vermögenswerte, die einem bestimmten Vermächtnisnehmer zustehen;
n) die Beschränkungen ihrer Rechte, denen die Erben und gegebenenfalls die Vermächtnisnehmer nach dem auf die Rechtsnachfolge von Todes wegen anzuwendenden Recht und/oder nach Maßgabe der Verfügung von Todes wegen unterliegen;
o) die Befugnisse des Testamentsvollstreckers und/oder des Nachlassverwalters und die Beschränkungen dieser Befugnisse nach dem auf die Rechtsnachfolge von Todes wegen anzuwendenden Recht und/oder nach Maßgabe der Verfügung von Todes wegen.

1 Art. 68 regelt den Inhalt des Nachlasszeugnisses. Der konkrete Inhalt und der mögliche Zeitpunkt der Ausstellung hängen vom anwendbaren Recht ab (*Janzen* DNotZ 2012, 484, 492). Das ENZ enthält **folgende Angaben**: Bezeichnung der Ausstellungsbehörde (Buchst. a)), Aktenzeichen (Buchst. b)), Umstände für Zuständigkeit zur Ausstellung des ENZ (Buchst. c)), Ausstellungsdatum (Buchst. d)), Angaben zum Antragsteller (Buchst. e)), Angaben zum Erblasser (Buchst. f); dazu *Buschbaum/Simon* Rpfleger 2015, 444, 447), Angaben zu den Berechtigten (Buchst. g)).

2 Erforderlich sind Angaben zu einem vom Erblasser geschlossenen Ehevertrag oder Vertrag mit vergleichbaren Wirkungen sowie zum ehelichen Güterstand (Buchst. h)). Hierzu besteht die Anlage III (näher *Buschbaum/Simon* Rpfleger 2015, 444, 449 f.). Angaben zum zugrunde gelegten Güterrechtsordnung werden als solche nicht verlangt. Problematisch ist, ob und wie das güterrechtliche Viertel des § 1371 BGB ausgewiesen werden kann. Teilweise wird angenommen, dass nur ein informatorischer Vermerk (Buchst. h)) erfolgen könne (*Dörner* ZEV 2012, 505, 508; NK-Rom-VO/*Nordmeier* Art. 68 EuErbVO Rn. 20). Andere wollen jedoch die erhöhte Erbquote als Erbteil im Sinne von Buchst. l) aufnehmen (*Süß* ZEuP 2013, 725, 742; MüKo/*Dutta* Art. 68 EuErbVO Rn. 9).

3 Verlangt werden auch Angaben zum auf die Rechtsnachfolge von Todes wegen anzuwendenden Recht (Buchst. i), dazu *Buschbaum/Simon* Rpfleger 2015, 444, 448 f.), Angaben zur gewillkürten oder zur gesetzlichen Erbfolge (Buchst. j)), Angaben über die Art der Annahme oder der Ausschlagung (Buchst. k)), Angaben zum Erbteil des Erben und ggf. ein Verzeichnis der Rechte und/oder Vermögenswerte (Buchst. l)), Verzeichnis der Rechte und/oder Vermögenswerte, die einem bestimmten Vermächtnisnehmer zustehen (Buchst. m)), Beschränkungen der Rechte der Erben und Vermächtnisnehmer (Buchst. n)), Befugnisse des Testamentsvollstreckers und/oder Nachlassverwalters (Buchst. o), zur Anl. VI *Buschbaum/Simon* Rpfleger 2015, 444, 451 f.).

4 Die detaillierten Angaben im ENZ verlangen regelmäßig auch Angaben zum jeweils anwendbaren Recht (dazu *Buschbaum/Simon* Rpfleger 2015, 444, 448 f.).

5 Die **Ausweisung einer Teilungsanordnung** oder eines **Vermächtnisses** (vgl. Art. 68 Buchst. l) und m) ist dem deutschen Erbschein fremd (*Lange* DNotZ 2012, 168, 172 f.). In manchen Mitgliedstaaten haben solche Anordnungen des Erblassers dagegen dingliche Wirkungen. Nach der dinglichen Wirkung eines Vindikationslegats bestreitenden Auffassung bleibt es jedoch für die Eintragung eines entsprechenden Eigentumsübergangs im deutschen Grundbuch an einzelne Erben oder einen Vermächtnisnehmer wegen der Anwendungsausschlüsse in Art. 1 Abs. 3 Buchst. k) und l) bei der Geltung der lex rei sitae (s. Art. 1 Rdn. 21 f.) Dementsprechend kann das Grundbuchamt über die Vorlage des ENZ hinaus öffentliche Urkunden über die erforderliche rechtsgeschäftliche Übertragung zwischen Erben bzw. zwischen Erben und Vermächtnisnehmern verlangen (§§ 20, 29 GBO; *Simon/Buschbaum* NJW 2012, 2393, 2397).

Artikel 69 ErbVO

Wirkungen des Zeugnisses. (1) Das Zeugnis entfaltet seine Wirkungen in allen Mitgliedstaaten, ohne dass es eines besonderen Verfahrens bedarf.

(2) Es wird vermutet, dass das Zeugnis die Sachverhalte, die nach dem auf die Rechtsnachfolge von Todes wegen anzuwendenden Recht oder einem anderen auf spezifische Sachverhalte anzuwendenden Recht festgestellt wurden, zutreffend ausweist. Es wird vermutet, dass die Person, die im Zeugnis als Erbe, Vermächtnisnehmer, Testamentsvollstrecker oder Nachlassverwalter genannt ist, die in dem

Zeugnis genannte Rechtsstellung und/oder die in dem Zeugnis aufgeführten Rechte oder Befugnisse hat und dass diese Rechte oder Befugnisse keinen anderen als den im Zeugnis aufgeführten Bedingungen und/oder Beschränkungen unterliegen.

(3) Wer auf der Grundlage der in dem Zeugnis enthaltenen Angaben einer Person Zahlungen leistet oder Vermögenswerte übergibt, die in dem Zeugnis als zur Entgegennahme derselben berechtigt bezeichnet wird, gilt als Person, die an einen zur Entgegennahme der Zahlungen oder Vermögenswerte Berechtigten geleistet hat, es sei denn, er wusste, dass das Zeugnis inhaltlich unrichtig ist, oder ihm war dies infolge grober Fahrlässigkeit nicht bekannt.

(4) Verfügt eine Person, die in dem Zeugnis als zur Verfügung über Nachlassvermögen berechtigt bezeichnet wird, über Nachlassvermögen zugunsten eines anderen, so gilt dieser andere, falls er auf der Grundlage der in dem Zeugnis enthaltenen Angaben handelt, als Person, die von einem zur Verfügung über das betreffende Vermögen Berechtigten erworben hat, es sei denn, er wusste, dass das Zeugnis inhaltlich unrichtig ist, oder ihm war dies infolge grober Fahrlässigkeit nicht bekannt.

(5) Das Zeugnis stellt ein wirksames Schriftstück für die Eintragung des Nachlassvermögens in das einschlägige Register eines Mitgliedstaats dar, unbeschadet des Artikels 1 Absatz 2 Buchstaben k und l.

Die Wirkungen des ENZ treten **automatisch** ein (Abs. 1). Das Zeugnis entfaltet seine Wirkungen ipso iure in allen Mitgliedstaaten, ohne dass es eines besonderen Verfahrens bedarf. Es ist aber als solches kein vollstreckbarer Titel (Erw. 71). Die Wirkung endet mit Ablauf des Gültigkeitszeitraums des Art. 70 Abs. 3. 1

Abs. 2 enthält eine widerlegliche **Vermutung** (*Janzen* DNotZ 2012, 484, 493). Es wird vermutet, dass das Zeugnis die **Sachverhalte** (»elements«), die nach dem Erbstatut oder einem anderen auf spezifische Sachverhalte anzuwendenden Recht festgestellt wurden, zutreffend ausweist (Abs. 2 Satz 1). Gemeint ist die Rechtslage (*Janzen* DNotZ 2012, 484, 492). Es handelt sich um eine positive und eine negative Vermutung (*Lange* DNotZ 2016, 103, 110 f.). 2

Ferner wird vermutet, dass die als Erbe, Vermächtnisnehmer, Testamentsvollstrecker oder Nachlassverwalter benannte Person, die in dem Zeugnis genannten **Rechtsstellung** bzw. die dort aufgeführten Rechte oder Befugnisse hat und dass diese keinen anderen als den dort aufgeführten Beschränkungen unterliegen (Abs. 2 Satz 2). Eine Divergenz zu einem nationalen Nachlasszeugnis widerlegt die Vermutung (NK-Rom-VO/*Nordmeier* Art. 62 EuErbVO Rn. 37). 3

Ferner besteht eine **Gutglaubenswirkung** (*Lange* DNotZ 2016, 103, 111). Wer auf der Grundlage der in dem Zeugnis enthaltenen Angaben einer Person, die darin als zur Entgegennahme derselben berechtigt bezeichnet wird, **Zahlungen leistet** (»makes payments«) oder **Vermögenswerte übergibt**, gilt als Person, die an einen Berechtigten geleistet hat (Erw. 71). Anderes gilt aber dann, wenn sie wusste, dass das Zeugnis inhaltlich unrichtig ist, oder es war ihr infolge grober Fahrlässigkeit nicht bekannt (Abs. 3). Eine Divergenz zu einem nationalen Nachlasszeugnis kann den guten Glauben beseitigen (NK-Rom-VO/*Nordmeier* Art. 62 EuErbVO Rn. 37). 4

Das ENZ ist tauglicher Nachweis der Erbfolge und kann **Grundlage für eine Eigentumsumschreibung** auf den oder die Erben sein (Abs. 4). Dies gilt insbes. ggü. Grundbuchämtern und Handelsregistern (*Buschbaum/Simon* Rpfleger 2015, 444, 452). 5

Verfügt ein im Zeugnis als **Verfügungsberechtigter** benannter über Nachlassvermögen zugunsten eines anderen, so gilt dieser andere, falls er auf der Grundlage der Zeugnisangaben handelt, als Person, die von einem Verfügungsberechtigten erworben hat (Erw. 71). Das gilt nicht, wenn der Erwerber wusste, dass das Zeugnis inhaltlich unrichtig ist oder es ihm infolge grober Fahrlässigkeit nicht bekannt war (Abs. 4). Zur Bekanntgabe s. § 40 IntErbRVG. Zum Wirksamwerden s. § 41 IntErbRVG. 6

Aufgrund seiner Legitimationswirkung stellt das Zeugnis ein wirksames Schriftstück für die **Eintragung des Nachlassvermögens** in das einschlägige Register eines Mitgliedstaats dar, unbeschadet des Art. 1 Abs. 2 Buchst. k) und l) (Abs. 5). Das gilt insb für Grundbucheintragungen (*Lange* DNotZ 2016, 103, 110 f.; NK-Rom-VO/*Nordmeier* Art. 69 EuErbVO Rn. 27; vgl. § 35 Abs. 1 GBO). Das Eintragungsverfahren unterliegt ebenso wie die Voraussetzungen der Eintragung nicht mehr der VO (*Janzen* DNotZ 2012, 484, 493). Weitere Voraussetzungen wie steuerliche Unbedenklichkeitsbescheinigungen bleiben unberührt (*Janzen* DNotZ 2012, 484, 493). Vgl. auch Erw. 68. 7

Artikel 70 ErbVO

Beglaubigte Abschriften des Zeugnisses. (1) Die Ausstellungsbehörde bewahrt die Urschrift des Zeugnisses auf und stellt dem Antragsteller und jeder anderen Person, die ein berechtigtes Interesse nachweist, eine oder mehrere beglaubigte Abschriften aus.

(2) Die Ausstellungsbehörde führt für die Zwecke des Artikels 71 Absatz 3 und des Artikels 73 Absatz 2 ein Verzeichnis der Personen, denen beglaubigte Abschriften nach Absatz 1 ausgestellt wurden.

(3) Die beglaubigten Abschriften sind für einen begrenzten Zeitraum von sechs Monaten gültig, der in der beglaubigten Abschrift jeweils durch ein Ablaufdatum angegeben wird. In ordnungsgemäß begründeten Ausnahmefällen kann die Ausstellungsbehörde abweichend davon eine längere Gültigkeitsfrist beschließen. Nach Ablauf dieses Zeitraums muss jede Person, die sich im Besitz einer beglaubigten Abschrift befindet, bei der Ausstellungsbehörde eine Verlängerung der Gültigkeitsfrist der beglaubigten Abschrift oder eine neue beglaubigte Abschrift beantragen, um das Zeugnis zu den in Artikel 63 angegebenen Zwecken verwenden zu können.

1 Art. 70 betrifft **beglaubigte Abschriften** (»certified copies«) des ENZ. Diese Terminologie entspricht nicht dem deutschen Recht, wonach es sich um »Ausfertigungen« handelt (s. Begr. RegE BT-Drucks. 18/4201 S. 49). Die Ausstellungsbehörde (Art. 64 Satz 2) bewahrt die Urschrift des ENZ auf und stellt dem Antragsteller und jedem, der ein berechtigtes Interesse nachweist, eine oder mehrere »beglaubigte Abschriften« aus (Abs. 1). Der ASt ist Beteiligter am Verfahren nach § 37 Abs. 3 IntErbRVG.

2 Die Ausstellungsbehörde führt ein **Verzeichnis der Personen**, denen beglaubigte Abschriften ausgestellt wurden (Abs. 2).

3 Die beglaubigten Abschriften enthalten ein Ablaufdatum und sind nur für einen **Zeitraum von 6 Monaten gültig** (Abs. 3 Satz 1). Damit enden die Wirkungen des ENZ. In begründeten Ausnahmefällen kann die Ausstellungsbehörde eine **längere Gültigkeitsdauer** beschließen (Abs. 3 Satz 2). Nach Ablauf dieses Zeitraums muss eine **Verlängerung** der Gültigkeitsfrist oder eine neue beglaubigte Abschrift beantragt werden (Abs. 3 Satz 3).

Artikel 71 ErbVO

Berichtigung, Änderung oder Widerruf des Zeugnisses. (1) Die Ausstellungsbehörde berichtigt das Zeugnis im Falle eines Schreibfehlers auf Verlangen jedweder Person, die ein berechtigtes Interesse nachweist, oder von Amts wegen.

(2) Die Ausstellungsbehörde ändert oder widerruft das Zeugnis auf Verlangen jedweder Person, die ein berechtigtes Interesse nachweist, oder, soweit dies nach innerstaatlichem Recht möglich ist, von Amts wegen, wenn feststeht, dass das Zeugnis oder einzelne Teile des Zeugnisses inhaltlich unrichtig sind.

(3) Die Ausstellungsbehörde unterrichtet unverzüglich alle Personen, denen beglaubigte Abschriften des Zeugnisses gemäß Artikel 70 Absatz 1 ausgestellt wurden, über eine Berichtigung, eine Änderung oder einen Widerruf des Zeugnisses.

1 Art. 71 regelt Berichtigung, Änderung oder Widerruf des ENZ. Die Ausstellungsbehörde **berichtigt** Schreibfehler auf Verlangen jeder Person, die ein **berechtigtes Interesse** nachweist, oder **von Amts wegen** (Abs. 1). Deutsche Durchführungsbestimmung ist § 38 IntErbRVG, für die Verfahrensbeteiligung § 37 Abs. 2 IntErbRVG.

2 Bei inhaltlicher Unrichtigkeit **ändert oder widerruft** die Ausstellungsbehörde das Zeugnis (Abs. 2). Beteiligte am Verfahren nach § 37 Abs. 2 IntErbRVG. Rechtsbehelf gegen die Entscheidung ist die Beschwerde, Art. 72 Abs. 1, § 43 IntErbRVG.

3 Die Ausstellungsbehörde **unterrichtet** unverzüglich alle Personen, denen beglaubigte Abschriften des ENZ gem. Art. 70 Abs. 1 ausgestellt wurden, über die Veränderung (Abs. 3).

Artikel 72 ErbVO

Rechtsbehelfe. (1) Entscheidungen, die die Ausstellungsbehörde nach Artikel 67 getroffen hat, können von einer Person, die berechtigt ist, ein Zeugnis zu beantragen, angefochten werden.

Entscheidungen, die die Ausstellungsbehörde nach Artikel 71 und Artikel 73 Absatz 1 Buchstabe a getroffen hat, können von einer Person, die ein berechtigtes Interesse nachweist, angefochten werden.

Der Rechtsbehelf ist bei einem Gericht des Mitgliedstaats der Ausstellungsbehörde nach dem Recht dieses Staates einzulegen.
(2) Führt eine Anfechtungsklage nach Absatz 1 zu der Feststellung, dass das ausgestellte Zeugnis nicht den Tatsachen entspricht, so ändert die zuständige Behörde das Zeugnis oder widerruft es oder sorgt dafür, dass die Ausstellungsbehörde das Zeugnis berichtigt, ändert oder widerruft.
Führt eine Anfechtungsklage nach Absatz 1 zu der Feststellung, dass die Versagung der Ausstellung nicht gerechtfertigt war, so stellen die zuständigen Justizbehörden das Zeugnis aus oder stellen sicher, dass die Ausstellungsbehörde den Fall erneut prüft und eine neue Entscheidung trifft.

Art. 72 betrifft **Rechtsbehelfe**. Entscheidungen, die die Ausstellungsbehörde getroffen hat, können von den Antragsberechtigten (vgl. Art. 63 Abs. 1, Art. 64 Abs. 1), angefochten werden (Abs. 1 Unterabs. 1). Für Unterabs. 2 kommt es auf das berechtigte Interesse an (Unterabs. 2). Deutsche Durchführungsbestimmung ist § 43 IntErbRVG, wonach Beschwerde statthaft ist. 1

Wird aufgrund einer Anfechtung nach Abs. 1 festgestellt, dass das ausgestellte Zeugnis unrichtig ist, so **ändert** oder **widerruft** die zuständige Behörde das Zeugnis oder sorgt dafür, dass die Ausstellungsbehörde entsprechend verfährt (Abs. 2 Unterabs. 1). Bei **ungerechtfertigter Versagung** wird ausgestellt bzw. neu entschieden. 2

Artikel 73 ErbVO Aussetzung der Wirkungen des Zeugnisses.

(1) Die Wirkungen des Zeugnisses können ausgesetzt werden
a) von der Ausstellungsbehörde auf Verlangen einer Person, die ein berechtigtes Interesse nachweist, bis zur Änderung oder zum Widerruf des Zeugnisses nach Artikel 71 oder
b) von dem Rechtsmittelgericht auf Antrag einer Person, die berechtigt ist, eine von der Ausstellungsbehörde nach Artikel 72 getroffene Entscheidung anzufechten, während der Anhängigkeit des Rechtsbehelfs.
(2) Die Ausstellungsbehörde oder gegebenenfalls das Rechtsmittelgericht unterrichtet unverzüglich alle Personen, denen beglaubigte Abschriften des Zeugnisses nach Artikel 70 Absatz 1 ausgestellt worden sind, über eine Aussetzung der Wirkungen des Zeugnisses.
Während der Aussetzung der Wirkungen des Zeugnisses dürfen keine weiteren beglaubigten Abschriften des Zeugnisses ausgestellt werden.

Die Wirkungen des ENZ können von der Ausstellungsbehörde **ausgesetzt** werden. Dies ist möglich auf Verlangen einer Person, die ein **berechtigtes Interesse** nachweist, bis zur Änderung oder zum Widerruf des ENZ nach Art. 71 (Abs. 1 Buchst. a)). Eine Aussetzung kann auch durch das **Rechtsmittelgericht** erfolgen auf Verlangen einer Person, die berechtigt ist, eine von der Ausstellungsbehörde nach Art. 72 getroffene Entscheidung anzufechten, während der Anhängigkeit des Rechtsbehelfs (Abs. 1 Buchst. b)). Beteiligte am Verfahren werden nach § 37 Abs. 2 IntErbRVG bestimmt. Rechtsbehelf gegen die Aussetzung ist die Beschwerde, Art. 72 Abs. 1, § 43 IntErbRVG. 1

Nach Abs. 2 Unterabs. 1 ist zu unterrichten; weitere Abschriften dürfen nicht ausgestellt werden (Abs. 2 Unterabs. 2). 2

KAPITEL VII. ALLGEMEINE UND SCHLUSSBESTIMMUNGEN

Artikel 74 ErbVO Legalisation oder ähnliche Förmlichkeiten. Im Rahmen dieser Verordnung bedarf es hinsichtlich Urkunden, die in einem Mitgliedstaat ausgestellt werden, weder der Legalisation noch einer ähnlichen Förmlichkeit.

Anhang IX — ErbVO

1   Art. 74 befreit in einem Mitgliedstaat ausgestellte Urkunden von der Legalisation oder ähnlichen Förmlichkeiten (*Buschbaum/Simon* Rpfleger 2015, 444, 453 f.). Die Vorschrift entspricht Art. 61 Brüssel Ia-VO, Art. 52 Brüssel IIa-VO und Art. 65 EuUntVO.

Artikel 75 ErbVO Verhältnis zu bestehenden internationalen Übereinkommen.

(1) Diese Verordnung lässt die Anwendung internationaler Übereinkommen unberührt, denen ein oder mehrere Mitgliedstaaten zum Zeitpunkt der Annahme dieser Verordnung angehören und die Bereiche betreffen, die in dieser Verordnung geregelt sind.
Insbesondere wenden die Mitgliedstaaten, die Vertragsparteien des Haager Übereinkommens vom 5. Oktober 1961 über das auf die Form letztwilliger Verfügungen anzuwendende Recht sind, in Bezug auf die Formgültigkeit von Testamenten und gemeinschaftlichen Testamenten anstelle des Artikels 27 dieser Verordnung weiterhin die Bestimmungen dieses Übereinkommens an.
(2) Ungeachtet des Absatzes 1 hat diese Verordnung jedoch im Verhältnis zwischen den Mitgliedstaaten Vorrang vor ausschließlich zwischen zwei oder mehreren von ihnen geschlossenen Übereinkünften, soweit diese Bereiche betreffen, die in dieser Verordnung geregelt sind.
(3) Diese Verordnung steht der Anwendung des Übereinkommens vom 19. November 1934 zwischen Dänemark, Finnland, Island, Norwegen und Schweden mit Bestimmungen des Internationalen Privatrechts über Rechtsnachfolge von Todes wegen, Testamente und Nachlassverwaltung in der geänderten Fassung der zwischenstaatlichen Vereinbarung zwischen diesen Staaten vom 1. Juni 2012 durch die ihm angehörenden Mitgliedstaaten nicht entgegen, soweit dieses Übereinkommen Folgendes vorsieht:
a) Vorschriften über die verfahrensrechtlichen Aspekte der Nachlassverwaltung im Sinne der in dem Übereinkommen enthaltenen Begriffsbestimmung und die diesbezügliche Unterstützung durch die Behörden der dem Übereinkommen angehörenden Staaten und
b) vereinfachte und beschleunigte Verfahren für die Anerkennung und Vollstreckung von Entscheidungen in Erbsachen.

1   Art. 75 betrifft das Verhältnis zu **bestehenden internationalen Staatsverträgen der Mitgliedstaaten**. Grundsätzlich lässt die VO die Anwendung internationaler Übereinkommen unberührt, denen ein oder mehrere Mitgliedstaaten zum Zeitpunkt der Annahme der Verordnung angehören und die Bereiche betreffen, die in der Verordnung geregelt sind Unterabs. 1 (Erw. 73).

2   Die **bilateralen Abkommen**, die Deutschland geschlossen hat (dazu § 97 Rdn. 40, § 105 FamFG Rdn. 6), gelten weiterhin (näher *Mankowski* ZEV 2013, 529 ff.). Dies gilt auch für die Verfahrensregelung in § 15 des deutsch-türkischen Nachlassabkommens (s. § 105 FamFG Rdn. 6).

3   Die VO hat jedoch **im Verhältnis zwischen den Mitgliedstaaten Vorrang** vor **ausschließlich zwischen zwei oder mehreren von ihnen geschlossenen Staatsverträgen**, soweit diese Bereiche betreffen, die in der VO geregelt sind (Abs. 2). Damit hat die VO Vorrang vor bilateralen Staatsverträgen der Mitgliedstaaten (vgl. Erw. 73).

4   Abs. 3 enthält eine besondere Norm für **internordische Fälle** (Erw. 74).

Artikel 76 ErbVO Verhältnis zur Verordnung (EG) Nr. 1346/2000 des Rates.

Diese Verordnung lässt die Anwendung der Verordnung (EG) Nr. 1346/2000 des Rates vom 29. Mai 2000 über Insolvenzverfahren[1] unberührt.

1   Die EuErbRVO lässt die Anwendung der Europäischen Insolvenzverordnung unberührt.

Artikel 77 ErbVO Informationen für die Öffentlichkeit. *(nicht abgedruckt)*

Artikel 78 ErbVO Informationen zu Kontaktdaten und Verfahren. *(nicht abgedruckt)*

---

[1] ABl. L 160 vom 30.06.2000, S. 1.

Artikel 79 ErbVO
Erstellung und spätere Änderung der Liste der in Artikel 3 Absatz 2 vorgesehenen Informationen. *(nicht abgedruckt)*

Artikel 80 ErbVO
Erstellung und spätere Änderung der Bescheinigungen und der Formblätter nach den Artikeln 46, 59, 60, 61, 65 und 67. *(nicht abgedruckt)*

Artikel 81 ErbVO
Ausschussverfahren. *(nicht abgedruckt)*

Artikel 82 ErbVO
Überprüfung. *(nicht abgedruckt)*

Artikel 83 ErbVO
Übergangsbestimmungen. (1) Diese Verordnung findet auf die Rechtsnachfolge von Personen Anwendung, die am 17. August 2015 oder danach verstorben sind.
(2) Hatte der Erblasser das auf seine Rechtsnachfolge von Todes wegen anzuwendende Recht vor dem 17. August 2015 gewählt, so ist diese Rechtswahl wirksam, wenn sie die Voraussetzungen des Kapitels III erfüllt oder wenn sie nach den zum Zeitpunkt der Rechtswahl geltenden Vorschriften des Internationalen Privatrechts in dem Staat, in dem der Erblasser seinen gewöhnlichen Aufenthalt hatte, oder in einem Staat, dessen Staatsangehörigkeit er besaß, wirksam ist.
(3) Eine vor dem 17. August 2015 errichtete Verfügung von Todes wegen ist zulässig sowie materiell und formell wirksam, wenn sie die Voraussetzungen des Kapitels III erfüllt oder wenn sie nach den zum Zeitpunkt der Errichtung der Verfügung geltenden Vorschriften des Internationalen Privatrechts in dem Staat, in dem der Erblasser seinen gewöhnlichen Aufenthalt hatte, oder in einem Staat, dessen Staatsangehörigkeit er besaß, zulässig sowie materiell und formell wirksam ist.
(4) Wurde eine Verfügung von Todes wegen vor dem 17. August 2015 nach dem Recht errichtet, welches der Erblasser gemäß dieser Verordnung hätte wählen können, so gilt dieses Recht als das auf die Rechtsfolge von Todes wegen anzuwendende gewählte Recht.

Art. 83 enthält Übergangsbestimmungen für die Rechtswahl und für Verfügungen von Todes wegen. Die VO findet auf die Rechtsnachfolge von Personen Anwendung, die **nach Beginn der Anwendung der VO**, d.h. am 17.08.2015 oder danach verstorben sind (Abs. 1). Abs. 1 ist auch die intertemporale Vorschrift für die Anerkennung und Vollstreckung (*Wagner/Fenner* FamRZ 2015, 1668, 1671 f.). 1

Auch eine **Rechtswahl vor zeitlicher Anwendung der VO** wird in zweierlei Hinsicht honoriert. Hatte nämlich der Erblasser das auf seine Rechtsnachfolge von Todes wegen anzuwendende Recht vor Beginn der Anwendung der VO gewählt, so ist diese Rechtswahl wirksam, wenn sie die Voraussetzungen des Kap III (Art. 20 – 38) der VO erfüllt (Abs. 2, 1. Alt.). Entscheidend ist also, ob die Rechtswahl der VO entspricht. 2

Die Rechtswahl ist auch dann wirksam, wenn sie nach den zum Zeitpunkt der Rechtswahl geltenden **nationalen Vorschriften des Internationalen Privatrechts** wirksam ist. Insofern kommt es auf das Recht des Staates an, in dem der Erblasser **seinen gewöhnlichen Aufenthalt** hatte (Abs. 2, 2. Alt.a). Es genügt aber auch die Einhaltung des Rechts des Staates, dessen **Staatsangehörigkeit** er besaß (Abs. 2, 2. Alt.b). Dabei handelt es sich um eine alternative Anknüpfung. 3

Eine **vor Beginn der Anwendung der VO** (17.08.2015) errichtete **Verfügung von Todes wegen** ist zulässig sowie materiell und formell wirksam, wenn sie die **Voraussetzungen von Kap III (Art. 20 – 38)** erfüllt (Abs. 3, 1. Alt.). Die Wirksamkeit ist auch dann gegeben, wenn sie nach den zum Zeitpunkt der Errichtung der Verfügung **geltenden nationalen IPR-Vorschriften** in dem Staat, in dem der Erblasser seinen **gewöhnlichen Aufenthalt** hatte, oder in einem Staat, dessen **Staatsangehörigkeit** er besaß, zulässig sowie materiell und formell wirksam ist (Abs. 3, 2. Alt.). 4

Wurde eine Verfügung von Todes wegen **vor dem Tag der Anwendung der VO** (17.08.2015) nach dem **Recht** errichtet, welches der Erblasser nach der VO **hätte wählen können**, so gilt dieses Recht als das auf die Rechtsfolge von Todes wegen anzuwendende gewählte Recht (Abs. 4). Insofern wird eine Wahl des 5

Rechts der Staatsangehörigkeit fingiert (*Janzen* DNotZ 2012, 484, 489); eine ursprünglich unwirksame Rechtswahl wird honoriert (*Remde* RNotZ 2012, 65, 80).

Artikel 84 ErbVO Inkrafttreten.
Diese Verordnung tritt am zwanzigsten Tag nach ihrer Veröffentlichung im *Amtsblatt der Europäischen Union* in Kraft.
Sie gilt ab dem 17. August 2015, mit Ausnahme der Artikel 77 und 78, die ab dem 16. Januar 2014 gelten, und der Artikel 79, 80 und 81, die ab dem 5. Juli 2012 gelten.

1 Die VO ist am zwanzigsten Tag nach ihrer Veröffentlichung im Amtsblatt der Europäischen Union (27.07.2012) in Kraft getreten. Das war der 16.08.2012.
2 Die VO gilt ab dem 17.08.2015 unmittelbar in allen Mitgliedstaaten. Die Art. 77 (Informationen) und 78 (Informationen) gelten ab dem 16.01.2014. Die Art. 79 (Erstellung und Änderung einer Liste), 80 (Erstellung von Bescheinigungen und Formularen) und 81 (Ausschussverfahren) gelten bereits ab dem 05.07.2012.

Anhang X
Internationales Erbrechtsverfahrensgesetz (IntErbRVG)

Gesetz vom 29.06.2015, BGBl. I S. 1042

Abschnitt 1. Anwendungsbereich

§ 1 IntErbRVG **Anwendungsbereich.** (1) Dieses Gesetz regelt die Durchführung der Verordnung (EU) Nr. 650/2012 des Europäischen Parlaments und des Rates vom 4. Juli 2012 über die Zuständigkeit, das anzuwendende Recht, die Anerkennung und Vollstreckung von Entscheidungen und die Annahme und Vollstreckung öffentlicher Urkunden in Erbsachen sowie zur Einführung eines Europäischen Nachlasszeugnisses.
(2) Mitgliedstaaten im Sinne dieses Gesetzes sind die Mitgliedstaaten der Europäischen Union mit Ausnahme Dänemarks, Irlands und des Vereinigten Königreichs.

Das Internationale Erbrechtsverfahrensgesetz (IntErbRVG) dient der **Durchführung** der in Anh. IX erläuterten EuErbVO (näher *Döbereiner* NJW 2015, 2449; *Dutta* ZEV 2015, 493; *Kroiß* ErbR 2015, 127 = ZNotP 2015, 293; *Lange* ErbR 2016, 58). Das IntErbRVG ist seit 17.08.2015 in Kraft (Art. 22 Abs. 1 Gesetz vom 29.06.2015). Es ist eine vorrangige Durchführungsbestimmung i.S.d. § 97 Abs. 2 FamFG (s. § 97 FamFG Rdn. 42). Der Gesetzentwurf wird erläutert in BT-Drucks. 18/4201 vom 04.03.2015 (dazu *Lehmann* ZEV 2015, 138; zum RefE *Wagner/Scholz* FamRZ 2014, 714). 1

Abschnitt 1 umschreibt in der Vorschrift des § 1 den Anwendungsbereich des IntErbRVG, der sich mit dem **Anwendungsbereich der EuErbVO** deckt. Die Vorschriften des IntErbRVG kommen nur im Rahmen der EuErbVO zur Anwendung. Die Regelung der EuErbVO wird als unmittelbar geltendes Unionsrecht durch die Durchführungsbestimmungen des IntErbRVG nicht berührt (s. § 97 FamFG Rdn. 41). Bei den Verweisungen auf die EuErbVO im IntErbRVG handelt es sich um dynamische Verweisungen (Begr. RegE BT-Drucks. 18/4201 S. 42). 2

Zur **zeitlichen Anwendbarkeit** findet sich eine Überleitungsvorschrift in Art. 229 § 36 EGBGB. Danach sind auf Verfahren zur Erteilung von Erbscheinen nach einem Erblasser, der vor dem 17.08.2015 verstorben ist, das BGB und das FamFG in der bis zu diesem Tag geltenden Fassung weiterhin anzuwenden. Das IntErbRVG gilt nur für Verfahren, welche die Rechtsnachfolge von Todes nach Erblassern betreffen, welche am oder nach dem 17.08.2015 verstorben sind (*Dutta* ZEV 2015, 493, 502). 3

Abschnitt 2. Bürgerliche Streitigkeiten

§ 2 IntErbRVG **Örtliche Zuständigkeit.** (1) Das Gericht, das die Verfahrensparteien in der Gerichtsstandsvereinbarung bezeichnet haben, ist örtlich ausschließlich zuständig, sofern sich die internationale Zuständigkeit der deutschen Gerichte aus den folgenden Vorschriften der Verordnung (EU) Nr. 650/2012 ergibt:
1. Artikel 7 Buchstabe a in Verbindung mit Artikel 6 Buchstabe b Alternative 1 und mit Artikel 5 Absatz 1 Alternative 1 der Verordnung (EU) Nr. 650/2012 oder
2. Artikel 7 Buchstabe b Alternative 1 in Verbindung mit Artikel 5 Absatz 1 Alternative 1 der Verordnung (EU) Nr. 650/2012.
(2) Ergibt sich die internationale Zuständigkeit der deutschen Gerichte aus Artikel 7 Buchstabe c der Verordnung (EU) Nr. 650/2012, ist das Gericht örtlich ausschließlich zuständig, dessen Zuständigkeit die Verfahrensparteien ausdrücklich anerkannt haben.
(3) Ergibt sich die internationale Zuständigkeit der deutschen Gerichte aus Artikel 9 Absatz 1 der Verordnung (EU) Nr. 650/2012 in Verbindung mit den in den vorstehenden Absätzen aufgeführten Vorschriften der Verordnung (EU) Nr. 650/2012, ist das Gericht, das seine Zuständigkeit nach den Absätzen 1 oder 2 ausübt, weiterhin örtlich ausschließlich zuständig.

(4) Ergibt sich die internationale Zuständigkeit der deutschen Gerichte aus anderen Vorschriften des Kapitels II der Verordnung (EU) Nr. 650/2012, ist das Gericht örtlich zuständig, in dessen Bezirk der Erblasser im Zeitpunkt seines Todes seinen gewöhnlichen Aufenthalt hatte. Hatte der Erblasser im Zeitpunkt seines Todes seinen gewöhnlichen Aufenthalt nicht im Inland, ist das Gericht örtlich zuständig, in dessen Bezirk der Erblasser seinen letzten gewöhnlichen Aufenthalt im Inland hatte. Hatte der Erblasser keinen gewöhnlichen Aufenthalt im Inland, ist das Amtsgericht Schöneberg in Berlin örtlich zuständig.

(5) Mit Ausnahme der §§ 27 und 28 der Zivilprozessordnung gelten neben Absatz 4 auch die Vorschriften in den Titeln 2 und 3 des Ersten Abschnitts des Ersten Buches der Zivilprozessordnung.

1 **A. Allgemeines.** Abschnitt 2 (§ 2) bezieht sich auf **bürgerlich-rechtliche Streitigkeiten**, nicht auf die freiwillige Gerichtsbarkeit (*Zimmermann* FGPrax 2015, 145; *Lange* ErbR 2016, 58, 59). Bürgerlich-rechtliche Streitigkeiten sind solche i.S.d. §§ 13, 23 GVG (*Dutta* ZEV 2015, 493, 495). Die EuErbVO regelt in ihrem Kap. II (Art. 4 ff.) die internationale Zuständigkeiten für Erbsachen, ohne zwischen streitiger und freiwilliger Gerichtsbarkeit zu unterscheiden (vgl. *Leipold* FS Meincke, 2015, S. 219, 225 ff.). Soweit die Verfahrensparteien nach der EuErbVO befugt sind, die Zuständigkeit eines bestimmten oder bestimmbaren Gerichts zu vereinbaren bzw. anzuerkennen oder bei einem Zuständigkeitsmangel durch rügelose Einlassung zu bewirken, dass das seine Zuständigkeit ausübende Gericht weiterhin zuständig bleibt, legt die VO nach dem Verständnis des IntErbRVG-Gesetzgebers der Sache nach auch die örtliche Zuständigkeit fest (s. Begr. RegE BT-Drucks. 18/4201 S. 42; . Art. 4 EuErbVO Rdn. 3). Für die **freiwillige Gerichtsbarkeit** enthält das IntErbRVG keine zentrale Zuständigkeitsnorm. Insofern kommen § 31 für die Entgegennahme von Erklärungen und § 47 als Auffangvorschrift in Betracht. Zur örtlichen Zuständigkeit für die Ausstellung des ENZ s. § 34 Abs. 1. Zur Zuständigkeit für den deutschen Erbschein s. §§ 105, 343 FamFG.

2 **B. Örtliche Zuständigkeit.** In § 2 wird die **Regelung der örtlichen Zuständigkeit** für mehrere Fälle zusammengefasst. Die Vorschrift gilt sowohl für die sich unmittelbar aus der EuErbVO als auch für die sich aus dem nationalen Recht ergebende Zuständigkeit. Die Abs. 1 bis 3 spiegeln diejenigen Zuständigkeitsregeln des Kap. II (Art. 4 – 19) EuErbVO wider, welche die **örtliche Zuständigkeit mit regeln**. Dabei handelt es sich um Fälle, in denen der Erblasser im Hinblick auf das anzuwendende Erbrecht nach Art. 22 EuErbVO eine Rechtswahl zugunsten seines deutschen Heimatrechts getroffen hat. Die Zuständigkeiten der Abs. 1 bis 3 sind ausschließliche örtliche Zuständigkeiten (*Wagner/Fenner* FamRZ 2015, 1668, 1670; *Dutta* ZEV 2015, 493, 495).

3 Im Übrigen, d.h. soweit die Art. 4 ff. EuErbVO die **örtliche Zuständigkeit nicht mit regeln**, greift die eigenständige Regelung der örtlichen Zuständigkeit mit dem Regelungskonzept der Abs. 4 und 5 ein. Dieses soll eine lückenlose örtliche Zuständigkeit garantieren, soweit sich die örtliche Zuständigkeit nicht schon aus der EuErbVO selbst, d.h. § 2 Abs. 1 bis 3, ergibt. Hierbei handelt es sich nicht um ausschließliche Zuständigkeiten. Der Kläger hat insoweit ein Wahlrecht (Begr. RegE BT-Drucks. 18/4201 S. 43).

4 **C. Zuständigkeit bei Rechtswahl.** Geregelt sind mehrere Fälle der Zuständigkeit bei Rechtswahl nach Art. 7 EuErbVO. Haben die Verfahrensparteien die Zuständigkeit eines bestimmten deutschen Gerichts vereinbart, so ist dieses Gericht, wie in der EuErbVO vorbestimmt, örtlich ausschließlich zuständig (Abs. 1). Darunter fallen die Fälle des Art. 7 Buchst. a) i.V.m. Art. 6 Buchst. b), 1. Alt. und mit Art. 5 Abs. 1, 1. Alt. (**Erklärung der Unzuständigkeit durch das Gericht eines anderen Staates**; Abs. 1 Nr. 1).

5 Ein weiterer Fall ist Art. 7 Buchst. b), 1. Alt. i.V.m. Art. 5 Abs. 1, 1. Alt. EuErbVO (**Gerichtsstandsvereinbarung**; Abs. 1 Nr. 2), in dem eine entsprechende Gerichtsstandsvereinbarung der Verfahrensparteien vorliegt.

6 Die **Anerkennung der Zuständigkeit** ist ebenfalls ein Zuständigkeitsgrund. Abs. 2 erklärt in den Fällen des Art. 7 Buchst. c) EuErbVO, in denen die Verfahrensparteien die Zuständigkeit des angerufenen Gerichts ausdrücklich anerkannt haben, dieses Gericht für örtlich ausschließlich zuständig.

7 **D. Rügelose Einlassung.** Auch die rügelose Einlassung der betroffenen Verfahrenspartei hat Folgen. Nach Abs. 3 ist in den Fällen des Art. 9 Abs. 1 EuErbVO trotz »Zuständigkeitsmangel« das seine Zuständigkeit nach Abs. 1 oder 2 ausübende Gericht weiterhin örtlich ausschließlich zuständig.

8 **E. Andere Zuständigkeiten.** Abs. 4 eröffnet einen besonderen Gerichtsstand. Die örtliche Zuständigkeit knüpft *in Anlehnung an* Art. 4 EuErbVO an den **gewöhnlichen Aufenthalt des Erblassers** (dazu Art. 4

ErbVO Rdn. 2) im Zeitpunkt seines Todes an (Abs. 4 Satz 1). Damit kommt es grds. zu einem Gleichlauf von allgemeiner Kollisionsnorm des Art. 21 EuErbVO sowie internationaler und örtlicher Zuständigkeit (Begr. RegE BT-Drucks. 18/4201 S. 43). Auch hier wird zT. ein mehrfacher gewöhnlicher Aufenthalt für möglich gehalten (*Zimmermann* FGPrax 2015, 145). Hatte der Erblasser im Zeitpunkt seines Todes seinen gewöhnlichen Aufenthalt nicht im Inland, so ist das Gericht örtlich zuständig, in dessen Bezirk der Erblasser seinen letzten gewöhnlichen inländischen Aufenthalt hatte (Satz 2). Fehlt es hieran, ist das AG Schöneberg örtlich zuständig (Satz 3). Abs. 4 Satz 2 und 3 erfasst die Fälle der Art. 10 oder 11 EuErbVO (d.h. in denen die Gerichte des Belegenheitsstaates zuständig sind oder die Notzuständigkeit gegeben ist). Gleiches gilt für Fälle des Art. 7 Buchst. a) i.V.m. Art. 6 Buchst. a) EuErbVO. Abgedeckt sind auch Fälle, in denen die Verfahrensparteien in der Gerichtsstandsvereinbarung – im Unterschied zu Abs. 1 – nur allgemein die deutschen Gerichte für zuständig erklärt haben (Art. 7 Buchst. a) i.V.m. Art. 6 Buchst. b), 2. Alt. und mit Art. 5 Abs. 1, 2. Alt., Art. 7 Buchst. b), 2. Alt. i.V.m. Art. 5 Abs. 1, 2. Alt., ggf. jeweils i.V.m. Art. 9 Abs. 1 EuErbVO).

F. Anwendung der ZPO. Auch die nach §§ 12 ff. und 38 ff. ZPO zuständigen Gerichte sind örtlich zuständig (Abs. 5). Soweit in den in Abs. 5 zur Wahl gestellten weiteren Gerichtsständen der ZPO (weiterhin) auf den Wohnsitz abgestellt wird, wird der insoweit fehlende Gleichlauf mit der EuErbVO hingenommen (Begr. RegE BT-Drucks. 18/4201 S. 43). Da Abs. 4 an die Stelle der §§ 27, 28 ZPO tritt, sind diese Vorschriften in Abs. 5 ausgenommen (Begr. RegE BT-Drucks. 18/4201 S. 43). Abgesehen von rein internen Sachverhalten sind sie nur noch für erbrechtliche Sachverhalte von Bedeutung, bei denen die internationale Zuständigkeit sich nicht aus den Art. 4 ff. EuErbVO ergibt. Unter dem nach Abs. 4 zuständigen und den mehreren nach Abs. 5 örtlich zuständigen Gerichten steht dem Kläger ein **Wahlrecht** zu (§ 35 ZPO). Dagegen bleibt es für die in Abs. 4 benannten Gerichte bei dem dort für sie festgelegten Stufenverhältnis (Begr. RegE BT-Drucks. 18/4201 S. 43). Da § 2 lediglich die örtliche Zuständigkeit regelt, bleibt die sachliche Zuständigkeit, die sich nach den allgemeinen Vorschriften richtet, unberührt. In den Fällen des Abs. 4 Satz 3 ist daher ggf. bei einem höheren Streitwert anstelle des AG Schöneberg das LG Berlin sachlich zuständig (*Dutta* ZEV 2015, 493, 495).

9

Abschnitt 3. Zulassung der Zwangsvollstreckung aus ausländischen Titeln; Anerkennungsfeststellung

Unterabschnitt 1. Vollstreckbarkeit ausländischer Titel

§ 3 IntErbRVG Zuständigkeit. (1) Sachlich zuständig für die Vollstreckbarerklärung von Titeln aus einem anderen Mitgliedstaat ist ausschließlich das Landgericht.
(2) Örtlich zuständig ist ausschließlich das Gericht, in dessen Bezirk der Schuldner seinen Wohnsitz hat oder in dessen Bezirk die Zwangsvollstreckung durchgeführt werden soll. Der Sitz von Gesellschaften und juristischen Personen steht dem Wohnsitz gleich.
(3) Über den Antrag auf Erteilung der Vollstreckungsklausel entscheidet der Vorsitzende einer Zivilkammer.
(4) In einem Verfahren, das die Vollstreckbarerklärung einer notariellen Urkunde zum Gegenstand hat, kann diese Urkunde auch von einem Notar für vollstreckbar erklärt werden. Die Vorschriften für das Verfahren der Vollstreckbarerklärung durch ein Gericht gelten sinngemäß.

Abschnitt 3 (§§ 3 bis 29) betrifft die Zulassung der Zwangsvollstreckung aus ausländischen Titeln und die Anerkennungsfeststellung. Unterabschnitt 1 (§§ 3 bis 9) regelt die Vollstreckbarkeit ausländischer Titel. Die *EuErbVO* unterscheidet nicht zwischen **bürgerlichen Streitigkeiten und Angelegenheiten der freiwilligen Gerichtsbarkeit.** Die Vorschriften der EuErbVO über die Anerkennung, Vollstreckbarkeit und Vollstreckung von Entscheidungen (Kap. IV; Art. 39 – 58) sind den Parallelvorschriften in Art. 33 ff. Brüssel I-VO nachgebildet. Vorbild für die deutschen Durchführungsvorschriften waren in erster Linie die Vorschriften des AUG, teilweise aber auch die des AVAG (*Wagner/Fenner* FamRZ 2015, 1668, 1671).

1

2 **Sachlich zuständig** für die Vollstreckbarerklärung von ausländischen Titeln ist ausschließlich das LG (Abs. 1). Örtlich zuständig ist – in Übereinstimmung mit dem vorrangigen Art. 45 Abs. 2 EuErbVO – ausschließlich das Gericht, in dessen Bezirk der Schuldner seinen Wohnsitz hat oder in dessen Bezirk die Zwangsvollstreckung durchgeführt werden soll (Abs. 2). Über den Antrag entscheidet der Vorsitzende einer Zivilkammer (Abs. 3).

3 Die **Vollstreckbarerklärung einer notariellen Urkunde** kann durch einen Notar erfolgen (Abs. 4). Die Vorschriften für das Verfahren der Vollstreckbarerklärung durch ein Gericht gelten sinngemäß.

§ 4 IntErbRVG Antragstellung.

(1) Der in einem anderen Mitgliedstaat vollstreckbare Titel wird dadurch zur Zwangsvollstreckung zugelassen, dass er auf Antrag mit der Vollstreckungsklausel versehen wird.
(2) Der Antrag auf Erteilung der Vollstreckungsklausel kann bei dem zuständigen Gericht schriftlich eingereicht oder mündlich zu Protokoll der Geschäftsstelle erklärt werden.
(3) Ist der Antrag entgegen § 184 S. 1 des Gerichtsverfassungsgesetzes nicht in deutscher Sprache abgefasst, so kann das Gericht von dem Antragsteller eine Übersetzung verlangen, deren Richtigkeit von einer in einem Mitgliedstaat der Europäischen Union oder in einem anderen Vertragsstaat des Abkommens über den Europäischen Wirtschaftsraum hierzu befugten Person bestätigt worden ist.
(4) Der Ausfertigung des Titels, der mit der Vollstreckungsklausel versehen werden soll, und seiner Übersetzung, sofern eine solche vorgelegt wird, sollen je zwei Abschriften beigefügt werden.

1 Nach § 4 über die Antragstellung, der inhaltlich weitgehend § 36 AUG entspricht, wird der Titel dadurch zur Zwangsvollstreckung zugelassen, dass er auf Antrag mit der Vollstreckungsklausel versehen wird (Abs. 1). Der Antrag ist schriftlich oder mündlich zu Protokoll der Geschäftsstelle zu erklären (Abs. 2). Ist er nicht in deutscher Sprache abgefasst, kann eine Übersetzung verlangt werden (Abs. 3). Der Ausfertigung des mit der Vollstreckungsklausel versehen Titels (ggf. auch der Übersetzung) sollen je zwei Abschriften beigefügt werden (Abs. 4).

§ 5 IntErbRVG Verfahren.

(1) Die Entscheidung über den Antrag ergeht ohne mündliche Verhandlung. Jedoch kann eine mündliche Erörterung mit dem Antragsteller oder seinem Bevollmächtigten stattfinden, wenn der Antragsteller oder der Bevollmächtigte hiermit einverstanden ist und die Erörterung der Beschleunigung dient.
(2) Im ersten Rechtszug ist die Vertretung durch einen Rechtsanwalt nicht erforderlich.

1 Nach § 5 über das Verfahren, der § 38 AUG entspricht, findet keine mündliche Verhandlung statt (vgl. Art. 48 Satz 2 EuErbVO). Eine mündliche Erörterung mit dem ASt kann stattfinden (Abs. 1). Anwaltliche Vertretung ist nicht erforderlich (Abs. 2).

§ 6 IntErbRVG Vollstreckbarkeit ausländischer Titel in Sonderfällen.

Hängt die Zwangsvollstreckung nach dem Inhalt des Titels von einer dem Gläubiger obliegenden Sicherheitsleistung, dem Ablauf einer Frist oder dem Eintritt einer anderen Tatsache ab oder wird die Vollstreckungsklausel zugunsten eines anderen als des in dem Titel bezeichneten Gläubigers oder gegen einen anderen als den darin bezeichneten Schuldner beantragt, so ist die Frage, inwieweit die Zulassung der Zwangsvollstreckung von dem Nachweis besonderer Voraussetzungen abhängig oder ob der Titel für oder gegen den anderen vollstreckbar ist, nach dem Recht des Staates zu entscheiden, in dem der Titel errichtet ist.

1 § 6 regelt die Vollstreckbarkeit ausländischer Titel in Sonderfällen. Die Vorschriften der EuErbVO zur Beweisführung und Anhörung (Art. 46 Abs. 3, 47 und 48) gelten unmittelbar. Die Frage, inwieweit die Zulassung der Zwangsvollstreckung von dem Nachweis besonderer Voraussetzungen abhängig oder ob der Titel für oder gegen den anderen vollstreckbar ist, wird im Hinblick auf die direkt geltende VO nicht beantwortet. Die Vorschrift entspricht teilweise § 39 AUG.

§ 7 IntErbRVG Entscheidung.
(1) Ist die Zwangsvollstreckung aus dem Titel zuzulassen, so beschließt das Gericht, dass der Titel mit der Vollstreckungsklausel zu versehen ist. In dem Beschluss ist die zu vollstreckende Verpflichtung in deutscher Sprache wiederzugeben. Zur Begründung des Beschlusses genügt in der Regel die Bezugnahme auf die Verordnung (EU) Nr. 650/2012 sowie auf die von dem Antragsteller vorgelegten Urkunden. Auf die Kosten des Verfahrens ist § 788 der Zivilprozessordnung entsprechend anzuwenden.
(2) Ist der Antrag nicht zulässig oder nicht begründet, so lehnt ihn das Gericht durch Beschluss ab. Der Beschluss ist zu begründen. Die Kosten sind dem Antragsteller aufzuerlegen.

Die Zwangsvollstreckung aus dem Titel (vgl. Art. 48 EuErbVO) wird durch Beschluss zugelassen; der Titel wird mit der Vollstreckungsklausel versehen. Die zu vollstreckende Verpflichtung ist in deutscher Sprache wiederzugeben. Zur Begründung genügt in der Regel die Bezugnahme auf die EuErbVO sowie auf die vorgelegten Urkunden. Für die Verfahrenskosten gilt § 788 ZPO entsprechend. 1

Bei Unzulässigkeit oder Unbegründetheit des Antrags ist der Beschluss zu begründen. Die Kosten werden dem Antragsteller auf erlegt (Abs. 2). § 7 entspricht weitgehend § 40 AUG. 2

§ 8 IntErbRVG Vollstreckungsklausel.
(1) Auf Grund des Beschlusses nach § 7 Absatz 1 erteilt der Urkundsbeamte der Geschäftsstelle die Vollstreckungsklausel in folgender Form:
»Vollstreckungsklausel nach § 4 des Internationalen Erbrechtsverfahrensgesetzes vom 29. Juni 2015 (BGBl. I S. 1042). Gemäß dem Beschluss des … (Bezeichnung des Gerichts und des Beschlusses) ist die Zwangsvollstreckung aus … (Bezeichnung des Titels) zugunsten
… (Bezeichnung des Gläubigers) gegen … (Bezeichnung des Schuldners) zulässig.
Die zu vollstreckende Verpflichtung lautet:
… (Angabe der dem Schuldner aus dem ausländischen Titel obliegenden Verpflichtung in deutscher Sprache; aus dem Beschluss nach § 7 Absatz 1 zu übernehmen).
Die Zwangsvollstreckung darf über Maßregeln zur Sicherung nicht hinausgehen, bis der Gläubiger eine gerichtliche Anordnung oder ein Zeugnis vorlegt, dass die Zwangsvollstreckung unbeschränkt stattfinden darf.«
Lautet der Titel auf Leistung von Geld, so ist der Vollstreckungsklausel folgender Zusatz anzufügen:
»Solange die Zwangsvollstreckung über Maßregeln zur Sicherung nicht hinausgehen darf, kann der Schuldner die Zwangsvollstreckung durch Leistung einer Sicherheit in Höhe von … (Angabe des Betrages, wegen dessen der Gläubiger vollstrecken darf) abwenden.«
(2) Wird die Zwangsvollstreckung nicht für alle der in dem ausländischen Titel niedergelegten Ansprüche oder nur für einen Teil des Gegenstands der Verpflichtung zugelassen, so ist die Vollstreckungsklausel als »Teil-Vollstreckungsklausel nach § 4 des Internationalen Erbrechtsverfahrensgesetzes vom 29. Juni 2015 (BGBl. I S. 1042)« zu bezeichnen.
(3) Die Vollstreckungsklausel ist von dem Urkundsbeamten der Geschäftsstelle zu unterschreiben und mit dem Gerichtssiegel zu versehen. Sie ist entweder auf die Ausfertigung des Titels oder auf ein damit zu verbindendes Blatt zu setzen. Falls eine Übersetzung des Titels vorliegt, ist sie mit der Ausfertigung zu verbinden.

Eine die Grundlage der inländischen Zwangsvollstreckung bildende Vollstreckungsklausel erteilt der Urkundsbeamte der Geschäftsstelle mit dem vorgegebenen Inhalt (Abs. 1). Eine Teil-Vollstreckungsklausel ist möglich (Abs. 2). Die Vollstreckungsklausel ist zu unterschreiben und mit dem Gerichtssiegel zu versehen. Sie ist entweder auf die Ausfertigung des Titels oder auf ein damit zu verbindendes Blatt zu setzen (Abs. 3). Die Regelung der Vollstreckungsklausel in § 8 entspricht § 23 IntFamRVG und § 41 AUG. 1

§ 9 IntErbRVG Bekanntgabe der Entscheidung.
(1) Lässt das Gericht die Zwangsvollstreckung zu (§ 7 Absatz 1), sind dem Antragsgegner beglaubigte Abschriften des Beschlusses, des mit der Vollstreckungsklausel versehenen Titels und gegebenenfalls seiner Übersetzung sowie der gemäß § 7 Absatz 1 Satz 3 in Bezug genommenen Urkunden von Amts wegen zuzustellen. Dem Antragsteller sind eine beglaubigte Abschrift des Beschlusses, die

mit der Vollstreckungsklausel versehene Ausfertigung des Titels sowie eine Bescheinigung über die bewirkte Zustellung zu übersenden.
(2) Lehnt das Gericht den Antrag auf Erteilung der Vollstreckungsklausel ab (§ 7 Absatz 2), ist der Beschluss dem Antragsteller zuzustellen.

1 Dem Antragsgegner sind eine beglaubigte Abschriften des die Zwangsvollstreckung zulassenden Beschlusses, des mit der Vollstreckungsklausel versehenen Titels (ggf. seiner Übersetzung) sowie der in Bezug genommenen Urkunden von Amts wegen zuzustellen (Abs. 1); vgl. Art. 49 EuErbVO.

2 Ein **ablehnender Beschluss** ist (nur) dem ASt zuzustellen (Abs. 2). Da der Antragsgegner im erstinstanzlichen Verfahren i.d.R. nicht beteiligt ist, ist eine Bekanntgabe an ihn nicht geboten (Begr. RegE BT-Drucks. 18/4201 S. 44). Die Vorschrift des § 9 entspricht § 42 AUG.

Unterabschnitt 2. Beschwerde; Rechtsbeschwerde

§ 10 IntErbRVG Beschwerdegericht; Einlegung der Beschwerde.
(1) Beschwerdegericht ist das Oberlandesgericht.
(2) Die Beschwerde gegen die im ersten Rechtszug ergangene Entscheidung über den Antrag auf Erteilung der Vollstreckungsklausel wird bei dem Gericht, dessen Beschluss angefochten wird, durch Einreichen einer Beschwerdeschrift oder durch Erklärung zu Protokoll der Geschäftsstelle eingelegt. Der Beschwerdeschrift soll die für ihre Zustellung erforderliche Zahl von Abschriften beigefügt werden.
(3) Die Beschwerde ist dem Beschwerdegegner von Amts wegen zuzustellen.

1 Unterabschnitt 2 (§§ 10 bis 14) betrifft Beschwerde und Rechtsbeschwerde. Beschwerdegericht ist das OLG (Abs. 1). Die **Beschwerdefrist** beträgt nach Art. 50 Abs. 5 EuErbVO dreißig, ggf. 60 Tage (*Lange* ErbR 2016, 58, 61). Die **Einlegung der Beschwerde** erfolgt bei dem Gericht, dessen Beschluss angefochten wird, durch Einreichen einer Beschwerdeschrift oder durch Erklärung zu Protokoll der Geschäftsstelle (Abs. 2). Die Beschwerde wird dem Beschwerdegegner von Amts wegen zugestellt (Abs. 3). Die Vorschrift des § 10 entspricht weitgehend § 43 AUG.

§ 11 IntErbRVG Beschwerdeverfahren und Entscheidung über die Beschwerde.
(1) Das Beschwerdegericht entscheidet durch Beschluss, der mit Gründen zu versehen ist und ohne mündliche Verhandlung ergehen kann. Der Beschwerdegegner ist vor der Entscheidung zu hören.
(2) Solange eine mündliche Verhandlung nicht angeordnet ist, können zu Protokoll der Geschäftsstelle Anträge gestellt und Erklärungen abgegeben werden. Wird die mündliche Verhandlung angeordnet, so gilt für die Ladung § 215 der Zivilprozessordnung.
(3) Eine vollständige Ausfertigung des Beschlusses ist dem Antragsteller und dem Antragsgegner auch dann von Amts wegen zuzustellen, wenn der Beschluss verkündet worden ist.
(4) Soweit auf Grund des Beschlusses die Zwangsvollstreckung aus dem Titel erstmals zuzulassen ist, erteilt der Urkundsbeamte der Geschäftsstelle des Beschwerdegerichts die Vollstreckungsklausel. § 7 Absatz 1 Satz 2 und 4 sowie die §§ 8 und 9 Absatz 1 sind entsprechend anzuwenden. Ein Zusatz, dass die Zwangsvollstreckung über Maßregeln zur Sicherung nicht hinausgehen darf (§ 8 Absatz 1), ist nur aufzunehmen, wenn das Beschwerdegericht eine Anordnung nach § 18 Absatz 2 erlassen hat. Der Inhalt des Zusatzes bestimmt sich nach dem Inhalt der Anordnung.

1 Das Beschwerdegericht entscheidet durch begründeten Beschluss. Der Beschwerdegegner ist zu hören. (Abs. 1). Das Beschwerdegericht kann nach pflichtgemäßem Ermessen eine **mündliche Verhandlung** anordnen (Abs. 2). Ab diesem Zeitpunkt besteht Anwaltszwang. Die Ladung zur mündlichen Verhandlung muss die Aufforderung enthalten, einen Anwalt zu bestellen (§ 215 ZPO). ASt und Antragsgegner wird eine vollständige Ausfertigung des Beschlusses von Amts wegen zugestellt (Abs. 3). Wird die Zwangsvollstreckung aus dem Titel erstmals zugelassen, erteilt der Urkundsbeamte der Geschäftsstelle des Beschwerde*gerichts die* Vollstreckungsklausel (Abs. 4). Die Vorschrift des § 11 entspricht § 45 AUG.

§ 12 IntErbRVG Statthaftigkeit und Frist der Rechtsbeschwerde.
(1) Gegen den Beschluss des Beschwerdegerichts findet die Rechtsbeschwerde nach Maßgabe des § 574 Absatz 1 Satz 1 Nummer 1 und Absatz 2 der Zivilprozessordnung statt.
(2) Die Rechtsbeschwerde ist innerhalb eines Monats einzulegen.
(3) Die Rechtsbeschwerdefrist ist eine Notfrist und beginnt mit der Zustellung des Beschlusses (§ 11 Absatz 3).

Die Rechtsbeschwerde bedarf keiner Zulassung durch das OLG, ist aber nach § 574 Abs. 1 Nr. 1, Abs. 2 ZPO nur zulässig, wenn die Rechtssache grundsätzliche Bedeutung hat oder die Fortbildung des Rechts oder die Sicherung einer einheitlichen Rechtsprechung eine Entscheidung des Beschwerdegerichts erfordert (Abs. 1). Die Rechtsbeschwerde ist innerhalb eines Monats einzulegen (Abs. 2). Die Rechtsbeschwerdefrist ist eine Notfrist (Abs. 3). Die Vorschrift des § 12 entspricht § 15 AVAG sowie § 46 AUG.

§ 13 IntErbRVG Einlegung und Begründung der Rechtsbeschwerde.
(1) Die Rechtsbeschwerde wird durch Einreichen der Beschwerdeschrift beim Bundesgerichtshof eingelegt.
(2) Die Rechtsbeschwerde ist zu begründen. § 575 Absatz 2 bis 4 der Zivilprozessordnung ist entsprechend anzuwenden. Soweit die Rechtsbeschwerde darauf gestützt wird, dass das Beschwerdegericht von einer Entscheidung des Gerichtshofs der Europäischen Union abgewichen sei, muss die Entscheidung, von der der angefochtene Beschluss abweicht, bezeichnet werden.
(3) Mit der Beschwerdeschrift soll eine Ausfertigung oder beglaubigte Abschrift des Beschlusses, gegen den sich die Rechtsbeschwerde richtet, vorgelegt werden.

Die Rechtsbeschwerde wird durch Einreichen der Beschwerdeschrift beim BGH eingelegt (Abs. 1) und ist zu begründen (Abs. 2). Die Vorschrift des § 13 entspricht § 16 AVAG sowie teilweise § 49 AUG.

§ 14 IntErbRVG Verfahren und Entscheidung über die Rechtsbeschwerde.
(1) Der Bundesgerichtshof kann über die Rechtsbeschwerde ohne mündliche Verhandlung entscheiden. Auf das Verfahren über die Rechtsbeschwerde sind § 574 Absatz 4, § 576 Absatz 3 und § 577 der Zivilprozessordnung entsprechend anzuwenden.
(2) Soweit die Zwangsvollstreckung aus dem Titel erstmals durch den Bundesgerichtshof zugelassen wird, erteilt der Urkundsbeamte der Geschäftsstelle dieses Gerichts die Vollstreckungsklausel. § 7 Absatz 1 Satz 2 und 4 sowie die §§ 8 und 9 Absatz 1 gelten entsprechend. Ein Zusatz über die Beschränkung der Zwangsvollstreckung entfällt.

Über die Rechtsbeschwerde kann ohne mündliche Verhandlung entschieden werden (Abs. 1). Bei erstmaliger Zulassung der Zwangsvollstreckung erteilt der Urkundsbeamte der Geschäftsstelle die Vollstreckungsklausel (Abs. 2). Die Vorschrift des § 14 entspricht teilweise § 17 AVAG.

Unterabschnitt 3. Beschränkung der Zwangsvollstreckung auf Sicherungsmaßregeln und unbeschränkte Fortsetzung der Zwangsvollstreckung

§ 15 IntErbRVG Prüfung der Beschränkung.
Einwendungen des Schuldners, dass bei der Zwangsvollstreckung die Beschränkung auf Sicherungsmaßregeln nach der Verordnung (EU) Nr. 650/2012 oder auf Grund einer Anordnung gemäß § 18 Absatz 2 nicht eingehalten werde, oder Einwendungen des Gläubigers, dass eine bestimmte Maßnahme der Zwangsvollstreckung mit dieser Beschränkung vereinbar sei, sind im Wege der Erinnerung nach § 766 der Zivilprozessordnung bei dem Vollstreckungsgericht (§ 764 der Zivilprozessordnung) geltend zu machen.

1 Unterabschnitt 3 (§§ 15 bis 20) betrifft die Beschränkung der Zwangsvollstreckung auf Sicherungsmaßregeln (Art. 54 Abs. 3 EuErbVO) und unbeschränkte Fortsetzung der Zwangsvollstreckung. Aus Gründen der Vereinfachung können Einwendungen auch dann im Wege der Erinnerung (§ 766 ZPO) geltend gemacht werden, wenn nach den einschlägigen Vorschriften der ZPO ein anderer Rechtsbehelf (§ 793 ZPO) gegeben sein sollte. Die Vorschrift des § 15 entspricht § 49 AUG.

§ 16 IntErbRVG Sicherheitsleistung durch den Schuldner.

(1) Solange die Zwangsvollstreckung aus einem Titel, der auf Leistung von Geld lautet, nicht über Maßregeln zur Sicherung hinausgehen darf, ist der Schuldner befugt, die Zwangsvollstreckung durch Leistung einer Sicherheit in Höhe des Betrages abzuwenden, wegen dessen der Gläubiger vollstrecken darf.
(2) Die Zwangsvollstreckung ist einzustellen und bereits getroffene Vollstreckungsmaßregeln sind aufzuheben, wenn der Schuldner durch eine öffentliche Urkunde die zur Abwendung der Zwangsvollstreckung erforderliche Sicherheitsleistung nachweist.

1 Die Regelung der Sicherheitsleistung durch den Schuldner ergänzt Art. 54 Abs. 3 EuErbVO durch die Abwendungsbefugnis für die Dauer des Rechtsmittelverfahrens (Abs. 1). Weist der Schuldner die erforderliche Sicherheitsleistung nach, ist die Zwangsvollstreckung einzustellen (Abs. 2). § 16 entspricht § 50 AUG.

§ 17 IntErbRVG Versteigerung beweglicher Sachen.

Ist eine bewegliche Sache gepfändet und darf die Zwangsvollstreckung nicht über Maßregeln zur Sicherung hinausgehen, so kann das Vollstreckungsgericht auf Antrag des Gläubigers oder des Schuldners anordnen, dass die Sache versteigert und der Erlös hinterlegt werde, wenn sie der Gefahr einer beträchtlichen Wertminderung ausgesetzt ist oder wenn ihre Aufbewahrung unverhältnismäßige Kosten verursachen würde.

1 Darf die Zwangsvollstreckung nicht über Sicherungsmaßregeln zur hinausgehen, so kann (vom Rechtspfleger, § 20 Nr. 16 Buchst. a) RpflG) angeordnet werden, dass die Sache versteigert und der Erlös hinterlegt wird. § 17 entspricht § 51 AUG.

§ 18 IntErbRVG Unbeschränkte Fortsetzung der Zwangsvollstreckung; besondere gerichtliche Anordnungen.

(1) Weist das Beschwerdegericht die Beschwerde des Schuldners gegen die Zulassung der Zwangsvollstreckung zurück oder lässt es auf die Beschwerde des Gläubigers die Zwangsvollstreckung aus dem Titel zu, so kann die Zwangsvollstreckung über Maßregeln zur Sicherung hinaus fortgesetzt werden.
(2) Auf Antrag des Schuldners kann das Beschwerdegericht anordnen, dass bis zum Ablauf der Frist zur Einlegung der Rechtsbeschwerde oder bis zur Entscheidung über die Rechtsbeschwerde die Zwangsvollstreckung nicht oder nur gegen Sicherheitsleistung über Maßregeln zur Sicherung hinausgehen darf. Die Anordnung darf nur erlassen werden, wenn glaubhaft gemacht wird, dass die weiter gehende Vollstreckung dem Schuldner einen nicht zu ersetzenden Nachteil bringen würde. § 713 der Zivilprozessordnung ist entsprechend anzuwenden.
(3) Wird Rechtsbeschwerde eingelegt, so kann der Bundesgerichtshof auf Antrag des Schuldners eine Anordnung nach Absatz 2 erlassen. Der Bundesgerichtshof kann auf Antrag des Gläubigers eine nach Absatz 2 erlassene Anordnung des Beschwerdegerichts abändern oder aufheben.

1 Eine unbeschränkte Fortsetzung der Zwangsvollstreckung kann erfolgen, wenn die Beschwerde des Schuldners gegen die Zulassung der Zwangsvollstreckung zurückgewiesen wurde (Abs. 1; vgl. Art. 54 Abs. 3 EuErbVO). Ferner können Vollstreckungsschutzanordnungen ergehen. Es kann angeordnet werden, dass die Zwangsvollstreckung nicht oder nur gegen Sicherheitsleistung über Maßregeln zur Sicherung hinausgehen darf (Abs. 2). Anordnungen können auch im Rechtsbeschwerdeverfahren ergehen (Abs. 3 Satz 1). Die Vorschrift entspricht § 52 AUG.

§ 19 IntErbRVG Unbeschränkte Fortsetzung der durch das Gericht des ersten Rechtszuges zugelassenen Zwangsvollstreckung.

(1) Die Zwangsvollstreckung aus dem Titel, den der Urkundsbeamte der Geschäftsstelle des Gerichts des ersten Rechtszuges mit der Vollstreckungsklausel versehen hat, ist auf Antrag des Gläubigers über Maßregeln zur Sicherung hinaus fortzusetzen, wenn das Zeugnis des Urkundsbeamten der Geschäftsstelle dieses Gerichts vorgelegt wird, dass die Zwangsvollstreckung unbeschränkt stattfinden darf.

(2) Das Zeugnis ist dem Gläubiger auf seinen Antrag zu erteilen,
1. wenn der Schuldner bis zum Ablauf der Beschwerdefrist keine Beschwerdeschrift eingereicht hat,
2. wenn das Beschwerdegericht die Beschwerde des Schuldners zurückgewiesen und keine Anordnung nach § 18 Absatz 2 erlassen hat,
3. wenn der Bundesgerichtshof die Anordnung des Beschwerdegerichts aufgehoben hat (§ 18 Absatz 3 Satz 2) oder
4. wenn der Bundesgerichtshof den Titel zur Zwangsvollstreckung zugelassen hat.

(3) Aus dem Titel darf die Zwangsvollstreckung, selbst wenn sie auf Maßregeln zur Sicherung beschränkt ist, nicht mehr stattfinden, sobald ein Beschluss des Beschwerdegerichts, dass der Titel zur Zwangsvollstreckung nicht zugelassen werde, verkündet oder zugestellt ist.

Eine unbeschränkte Fortsetzung der durch das erstinstanzliche Gericht **zugelassenen Zwangsvollstreckung** kann auf Antrag des Gläubigers zugelassen werden (Abs. 1). Voraussetzung ist die Vorlage eines Zeugnisses, das unter den Voraussetzungen des Abs. 2 erteilt wird. Hat ein Notar (§ 3 Abs. 4) eine vollstreckbare Urkunde für vollstreckbar erklärt (vgl. Art. 60 EuErbVO), so erteilt das Zeugnis anstelle des Urkundsbeamten die Geschäftsstelle. 1

Selbst eine auf Maßregeln zur Sicherung beschränkte Zwangsvollstreckung darf nicht mehr stattfinden, sobald ein Beschluss des Beschwerdegerichts über die Nichtzulassung des Titels zur Zwangsvollstreckung vorliegt (Abs. 3). Die Vorschrift des § 19 entspricht § 53 AUG. 2

§ 20 IntErbRVG Unbeschränkte Fortsetzung der durch das Beschwerdegericht zugelassenen Zwangsvollstreckung.

(1) Die Zwangsvollstreckung aus dem Titel, zu dem der Urkundsbeamte der Geschäftsstelle des Beschwerdegerichts die Vollstreckungsklausel mit dem Zusatz erteilt hat, dass die Zwangsvollstreckung auf Grund der Anordnung des Gerichts nicht über Maßregeln zur Sicherung hinausgehen darf (§ 11 Absatz 4 Satz 3), ist auf Antrag des Gläubigers über Maßregeln zur Sicherung hinaus fortzusetzen, wenn das Zeugnis des Urkundsbeamten der Geschäftsstelle dieses Gerichts vorgelegt wird, dass die Zwangsvollstreckung unbeschränkt stattfinden darf.

(2) Das Zeugnis ist dem Gläubiger auf seinen Antrag zu erteilen,
1. wenn der Schuldner bis zum Ablauf der Frist zur Einlegung der Rechtsbeschwerde (§ 12 Absatz 2) keine Beschwerdeschrift eingereicht hat,
2. wenn der Bundesgerichtshof die Anordnung des Beschwerdegerichts aufgehoben hat (§ 18 Absatz 3 Satz 2) oder
3. wenn der Bundesgerichtshof die Rechtsbeschwerde des Schuldners zurückgewiesen hat.

Auch eine unbeschränkte Fortsetzung der durch das Beschwerdegericht zugelassenen Zwangsvollstreckung ist bei der Vorlage eines entsprechenden Zeugnisses möglich (Abs. 1). Die Voraussetzungen für die Erteilung nennt Abs. 2. § 20 entspricht § 54 AUG. 1

Anhang X   IntErbRVG

Unterabschnitt 4. Feststellung der Anerkennung einer ausländischen Entscheidung

§ 21 IntErbRVG **Verfahren.** (1) Auf das Verfahren, das die Feststellung zum Gegenstand hat, ob eine Entscheidung aus einem anderen Mitgliedstaat anzuerkennen ist, sind die §§ 3 bis 5, § 7 Absatz 2, die §§ 9 bis 11 Absatz 1 bis 3, die §§ 12, 13 sowie 14 Absatz 1 entsprechend anzuwenden.
(2) Ist der Antrag auf Feststellung begründet, so beschließt das Gericht, die Entscheidung anzuerkennen.

1   Unterabschnitt 4 (§§ 21, 22) betrifft die Feststellung der Anerkennung einer ausländischen Entscheidung. Auf das Anerkennungsverfahren sind in Einklang mit Art. 39 Abs. 2 EuErbVO bestimmte Vorschriften entsprechend anzuwenden. Dabei handelt es sich um die § 3 (Zuständigkeit), § 4 (Antragstellung), § 5 (Verfahren), § 7 Abs. 2 (Entscheidung), § 9 (Bekanntgabe der Entscheidung), § 10 (Beschwerdegericht, Einlegung der Beschwerde), 11 Abs. 1 bis 3 (Beschwerdeverfahren und Entscheidung über die Beschwerde), § 12 (Statthaftigkeit und Frist der Rechtsbeschwerde), § 13 (Einlegung und Begründung der Rechtsbeschwerde) sowie § 14 Abs. 1 (Abs. 1). Die örtliche Zuständigkeit besteht am Ort des Feststellungsinteresses (NK-Rom-VO/*Nordmeier* § 21 IntErbRVG Rn. 1). Ist der Antrag auf Feststellung begründet, so wird die Entscheidung durch Beschluss anerkannt (Abs. 2). Dagegen ist Beschwerde möglich (vgl. Art. 50 Abs. 5 EuErbVO). Die Vorschrift des § 21 entspricht § 55 AUG.

§ 22 IntErbRVG **Kostenentscheidung.** In den Fällen des § 21 Absatz 2 sind die Kosten dem Antragsgegner aufzuerlegen. Dieser kann die Beschwerde (§ 10) auf die Entscheidung über den Kostenpunkt beschränken. In diesem Fall sind die Kosten dem Antragsteller aufzuerlegen, wenn der Antragsgegner durch sein Verhalten keine Veranlassung zu dem Antrag auf Feststellung gegeben hat.

1   In den Fällen des § 21 Abs. 2 sind die Kosten dem Antragsgegner aufzuerlegen (Satz 1). Die Beschwerde kann auf den Kostenpunkt beschränkt werden (Satz 2). § 22 entspricht § 56 AUG.

Unterabschnitt 5. Vollstreckungsabwehrklage; besonderes Verfahren; Schadensersatz

§ 23 IntErbRVG **Vollstreckungsabwehrklage.** (1) Ist die Zwangsvollstreckung aus einem Titel zugelassen, so kann der Schuldner Einwendungen gegen den Anspruch selbst in einem Verfahren nach § 767 der Zivilprozessordnung geltend machen. Handelt es sich bei dem Titel um eine gerichtliche Entscheidung, so gilt dies nur, soweit die Gründe, auf denen die Einwendungen beruhen, erst nach dem Erlass der Entscheidung entstanden sind.
(2) Die Klage nach § 767 der Zivilprozessordnung ist bei dem Gericht zu erheben, das über den Antrag auf Erteilung der Vollstreckungsklausel entschieden hat.

1   Unterabschnitt 5 (§§ 23 bis 26) betrifft die Vollstreckungsabwehrklage, das besondere Verfahren sowie Schadensersatz. Ist die Zwangsvollstreckung aus einem Titel zugelassen, so kann der Schuldner Einwendungen gegen den Anspruch selbst in einem Verfahren nach § 767 ZPO geltend machen (Abs. 1 Satz 1). Bei gerichtlichen Entscheidungen müssen die Gründe, auf denen die Einwendungen beruhen, erst nach dem Erlass der Entscheidung entstanden sein (Abs. 1 Satz 2). Die Klage ist bei dem Gericht zu erheben, das über den Antrag auf Erteilung der Vollstreckungsklausel entschieden hat (Abs. 2). Die Vorschrift des § 23 entspricht inhaltlich § 56 AVAG.

§ 24 IntErbRVG Verfahren nach Aufhebung oder Änderung eines für vollstreckbar erklärten ausländischen Titels im Ursprungsmitgliedstaat.

(1) Wird der Titel in dem Mitgliedstaat, in dem er errichtet worden ist, aufgehoben oder geändert und kann der Schuldner diese Tatsache in dem Verfahren zur Zulassung der Zwangsvollstreckung nicht mehr geltend machen, so kann er die Aufhebung oder Änderung der Zulassung in einem besonderen Verfahren beantragen.

(2) Für die Entscheidung über den Antrag ist das Gericht ausschließlich zuständig, das im ersten Rechtszug über den Antrag auf Erteilung der Vollstreckungsklausel entschieden hat.

(3) Der Antrag kann bei dem Gericht schriftlich oder zu Protokoll der Geschäftsstelle gestellt werden. Über den Antrag kann ohne mündliche Verhandlung entschieden werden. Vor der Entscheidung, die durch Beschluss ergeht, ist der Gläubiger zu hören. § 11 Absatz 2 und 3 gilt entsprechend.

(4) Der Beschluss unterliegt der Beschwerde nach den §§ 567 bis 577 der Zivilprozessordnung. Die Notfrist für die Einlegung der sofortigen Beschwerde beträgt einen Monat.

(5) Für die Einstellung der Zwangsvollstreckung und die Aufhebung bereits getroffener Vollstreckungsmaßregeln sind die §§ 769 und 770 der Zivilprozessordnung entsprechend anzuwenden. Die Aufhebung einer Vollstreckungsmaßregel ist auch ohne Sicherheitsleistung zulässig.

Nach Aufhebung oder Änderung eines für vollstreckbar erklärten ausländischen Titels im Ursprungsmitgliedstaat kann die **Aufhebung oder Änderung der Zulassung der Zwangsvollstreckung** beantragt werden (Abs. 1). Ausschließlich zuständig ist das Gericht, das im ersten Rechtszug die Vollstreckungsklausel erteilt hat, vgl. § 3 (Abs. 2). Der Antrag kann schriftlich oder zu Protokoll der Geschäftsstelle gestellt werden. Über den Antrag kann ohne mündliche Verhandlung entschieden werden. Vor der Entscheidung, die durch Beschluss ergeht, ist der Gläubiger zu hören (Abs. 3). Gegen den Beschluss kann Beschwerde nach §§ 567 bis 577 ZPO erhoben werden. Die Notfrist für die Einlegung der sofortigen Beschwerde beträgt einen Monat (Abs. 4). Für die Einstellung der Zwangsvollstreckung und die Aufhebung bereits getroffener Vollstreckungsmaßregeln sind §§ 769 und 770 ZPO entsprechend anzuwenden (Abs. 5). Die Vorschrift des § 24 entspricht § 27 AVAG.

§ 25 IntErbRVG Aufhebung oder Änderung einer ausländischen Entscheidung, deren Anerkennung festgestellt ist.

Wird die Entscheidung in dem Mitgliedstaat, in dem sie ergangen ist, aufgehoben oder abgeändert und kann die davon begünstigte Partei diese Tatsache nicht mehr in dem Verfahren über den Antrag auf Feststellung der Anerkennung geltend machen, so ist § 24 Absatz 1 bis 4 entsprechend anzuwenden.

Die ausländische Aufhebung oder Änderung einer ausländischen Entscheidung, deren Anerkennung festgestellt wurde, hat Folgen. Kann dies die davon begünstigte Partei in dem Anerkennungsfeststellungsverfahren nicht mehr geltend machen, so ist § 24 Abs. 1 bis 4 über das Verfahren nach Aufhebung oder Änderung eines für vollstreckbar erklärten ausländischen Titels im Ursprungsmitgliedstaat entsprechend anzuwenden. § 25 entspricht § 68 AUG.

§ 26 IntErbRVG Schadensersatz wegen ungerechtfertigter Vollstreckung.

(1) Wird die Zulassung der Zwangsvollstreckung auf die Beschwerde (§ 10) oder die Rechtsbeschwerde (§ 12) aufgehoben oder abgeändert, so ist der Gläubiger zum Ersatz des Schadens verpflichtet, der dem Schuldner durch die Vollstreckung oder durch eine Leistung zur Abwendung der Vollstreckung entstanden ist. Das Gleiche gilt, wenn die Zulassung der Zwangsvollstreckung nach § 24 aufgehoben oder abgeändert wird, soweit die zur Zwangsvollstreckung zugelassene Entscheidung zum Zeitpunkt der Zulassung nach dem Recht des Mitgliedstaates, in dem sie ergangen ist, noch mit einem ordentlichen Rechtsmittel angefochten werden konnte.

(2) Für die Geltendmachung des Anspruchs ist das Gericht ausschließlich zuständig, das im ersten Rechtszug über den Antrag auf Erteilung der Vollstreckungsklausel entschieden hat.

§ 26 betrifft die Verpflichtung zu Schadensersatz wegen ungerechtfertigter Vollstreckung, wenn die Zulassung der Zwangsvollstreckung auf Beschwerde (§ 10) oder Rechtsbeschwerde (§ 12) hin aufgehoben oder abgeändert worden ist. Sie tritt auch bei Aufhebung oder Änderung der Zulassung der Zwangsvollstreckung nach § 24 ein. Es besteht eine ausschließliche Zuständigkeit des Gerichts, das über die Erteilung der Vollstreckbarkeit entschieden hat (Abs. 2). Die Vorschrift entspricht § 28 AVAG und teilweise § 69 AUG.

Unterabschnitt 6. Entscheidungen deutscher Gerichte; Mahnverfahren

§ 27 IntErbRVG **Bescheinigungen zu inländischen Titeln.** (1) Für die Ausstellung der Bescheinigungen nach Artikel 46 Absatz 3 Buchstabe b, Artikel 60 Absatz 2 und Artikel 61 Absatz 2 der Verordnung (EU) Nr. 650/2012 sind die Gerichte oder Notare zuständig, denen die Erteilung einer vollstreckbaren Ausfertigung des Titels obliegt.
(2) Soweit nach Absatz 1 die Gerichte für die Ausstellung der Bescheinigung zuständig sind, wird diese von dem Gericht des ersten Rechtszuges ausgestellt oder, wenn das Verfahren bei einem höheren Gericht anhängig ist, von diesem. Funktionell zuständig ist die Stelle, der die Erteilung einer vollstreckbaren Ausfertigung obliegt. Für die Anfechtbarkeit der Entscheidung über die Ausstellung der Bescheinigung gelten die Vorschriften über die Anfechtbarkeit der Entscheidung über die Erteilung der Vollstreckungsklausel entsprechend.
(3) Die Ausstellung einer Bescheinigung nach Absatz 1 schließt das Recht auf Erteilung einer Vollstreckungsklausel nach § 724 der Zivilprozessordnung nicht aus.

1 Unterabschnitt 6 (§§ 27 bis 30) betrifft Entscheidungen deutscher Gerichte sowie das Mahnverfahren. § 27 regelt die innerstaatliche Zuständigkeit zur **Ausstellung von Bescheinigungen** für inländische Titel. Diese Bescheinigungen richten sich nach Art. 46 Abs. 3 Buchst. b) (Antrag auf Vollstreckbarerklärung), Art. 60 Abs. 2 (öffentliche Urkunden) und Art. 61 Abs. 2 (gerichtliche Vergleiche) EuErbVO i.V.m. den Formblättern I, II und III. Die Bescheinigungen werden von der Stelle ausgestellt, die auch eine vollstreckbare Ausfertigung eines inländischen Titels erteilt (Abs. 1). Die Bescheinigung bezieht sich auf den Bestand und Vollstreckbarkeit des Titels. Die vorherige Erteilung einer vollstreckbaren Ausfertigung der Entscheidung ist nicht erforderlich.
2 Für die **gerichtlichen Bescheinigungen** sind grundsätzlich die Gerichte erster Instanz zuständig (Abs. 2). Ist jedoch der Rechtstreit bei einem höheren Gericht anhängig, ist dieses zuständig. Funktionell zuständig ist i.d.R. der Urkundsbeamte der Geschäftsstelle (vgl. § 8). Bescheinigungen zu von einem Notar für vollstreckbar erklärten notariellen Urkunden (vgl. § 3 Abs. 4) werden durch den Notar ausgestellt.
3 Abs. 3 kommt zum Tragen, wenn der Titelgläubiger ggf. im Inland und im Ausland **vollstrecken** will. Für die Vollstreckung im Inland aus dem inländischen Titel bedarf es weiterhin der Vollstreckungsklausel. § 27 entspricht weitgehend § 57 AVAG und § 71 AUG.

§ 28 IntErbRVG **Vervollständigung inländischer Entscheidungen zur Verwendung im Ausland.** (1) Will eine Partei ein Versäumnis- oder Anerkenntnisurteil, das nach § 313b der Zivilprozessordnung in verkürzter Form abgefasst worden ist, in einem anderen Mitgliedstaat geltend machen, so ist das Urteil auf ihren Antrag zu vervollständigen. Der Antrag kann bei dem Gericht, das das Urteil erlassen hat, schriftlich oder durch Erklärung zu Protokoll der Geschäftsstelle gestellt werden. Über den Antrag wird ohne mündliche Verhandlung entschieden.
(2) Zur Vervollständigung des Urteils sind der Tatbestand und die Entscheidungsgründe nachträglich abzufassen, von den Richtern gesondert zu unterschreiben und der Geschäftsstelle zu übergeben; der Tatbestand und die Entscheidungsgründe können auch von Richtern unterschrieben werden, die bei dem Urteil nicht mitgewirkt haben.
(3) Für die Berichtigung des nachträglich abgefassten Tatbestandes gilt § 320 der Zivilprozessordnung. Jedoch können bei der Entscheidung über einen Antrag auf Berichtigung auch solche Richter mitwirken, die bei dem Urteil oder der nachträglichen Anfertigung des Tatbestandes nicht mitgewirkt haben.

(4) Die vorstehenden Absätze gelten entsprechend für die Vervollständigung von Arrestbefehlen, einstweiligen Anordnungen und einstweiligen Verfügungen, die in einem anderen Mitgliedstaat geltend gemacht werden sollen und nicht mit einer Begründung versehen sind.

Die Anerkennung deutscher Entscheidungen im Ausland soll erleichtert werden. Soll ein Versäumnis- oder in verkürzter Form abgefasstes Anerkenntnisurteil in einem anderen Mitgliedstaat geltend gemacht werden, so ist das Urteil auf Antrag hin zu **vervollständigen** (Abs. 1). Es besteht kein Anwaltszwang (vgl. § 78 Abs. 3 ZPO). Tatbestand und Entscheidungsgründe sind nachträglich abzufassen und gesondert zu unterschreiben (Abs. 2). Für die Berichtigung des nachträglich abgefassten Tatbestandes gilt grds. § 320 ZPO (Abs. 3). Auch eine Vervollständigung von Arrestbefehlen, einstweiligen Anordnungen und einstweiligen Verfügungen ist möglich (Abs. 4). § 28 ist § 30 AVAG nachgebildet (vgl. auch § 73 AUG).

§ 29 IntErbRVG Vollstreckungsklausel zur Verwendung im Ausland.
Vollstreckungsbescheide, Arrestbefehle und einstweilige Verfügungen oder einstweilige Anordnungen, deren Zwangsvollstreckung in einem anderen Mitgliedstaat betrieben werden soll, sind auch dann mit der Vollstreckungsklausel zu versehen, wenn dies für eine Zwangsvollstreckung im Inland nach § 796 Absatz 1, § 929 Absatz 1 oder § 936 der Zivilprozessordnung nicht erforderlich wäre.

Eine Vollstreckungsklausel zur Verwendung im Ausland ist auch für Vollstreckungsbescheide, Arrestbefehle und einstweilige Verfügungen oder einstweilige Anordnungen vorgesehen. § 29 übernimmt weitgehend § 31 AVAG (vgl. auch § 74 AUG).

§ 30 IntErbRVG Mahnverfahren mit Zustellung im Ausland.
(1) Das Mahnverfahren findet auch statt, wenn die Zustellung des Mahnbescheids in einem anderen Mitgliedstaat erfolgen muss. In diesem Fall kann der Anspruch auch die Zahlung einer bestimmten Geldsumme in ausländischer Währung zum Gegenstand haben.
(2) Macht der Antragsteller geltend, dass das angerufene Gericht auf Grund einer Gerichtsstandsvereinbarung zuständig sei, so hat er dem Mahnantrag die erforderlichen Schriftstücke über die Vereinbarung beizufügen.
(3) Die Widerspruchsfrist (§ 692 Absatz 1 Nummer 3 der Zivilprozessordnung) beträgt einen Monat.

Das Mahnverfahren findet auch statt, wenn die Zustellung des Mahnbescheids in einem anderen Mitgliedstaat erfolgen muss (Abs. 1). Stützt sich der Antrag auf eine Gerichtsstandsvereinbarung, so ist sie beizufügen (Abs. 2). Die Widerspruchsfrist beträgt einen Monat (Abs. 3). § 30 entspricht § 32 AVAG (vgl. auch § 75 AUG).

Abschnitt 4. Entgegennahme von Erklärungen; Aneignungsrecht

§ 31 IntErbRVG Entgegennahme von Erklärungen.
Für die Entgegennahme einer Erklärung, mit der nach dem anzuwendenden Erbrecht eine Erbschaft ausgeschlagen oder angenommen wird, ist in den Fällen des Artikels 13 der Verordnung (EU) Nr. 650/2012 das Nachlassgericht örtlich zuständig, in dessen Bezirk die erklärende Person ihren gewöhnlichen Aufenthalt hat. Die Erklärung ist zur Niederschrift des Nachlassgerichts oder in öffentlich beglaubigter Form abzugeben. Dem Erklärenden ist die Urschrift der Niederschrift oder die Urschrift der Erklärung in öffentlich beglaubigter Form auszuhändigen; auf letzterer hat das *Nachlassgericht den Ort und das Datum der Entgegennahme zu vermerken.*

Abschnitt 4 (§§ 31, 32) betrifft die Entgegennahme von Erklärungen und das Aneignungsrecht. Die Vorschrift des § 31 dient der Durchführung von Art. 13 EuErbVO, der die internationale Zuständigkeit für die Entgegennahme von Erklärungen regelt. Im Interesse einer erleichterten Nachlassabwicklung können Erben und Vermächtnisnehmer mit gewöhnlichem Aufenthalt in einem anderen Mitgliedstaat dort vor den Gerichten Erklärungen abgeben. Art. 13 EuErbVO begründet allerdings lediglich eine **zusätzliche Annahmezuständigkeit**. Die Erklärungen können auch gegenüber den nach Art. 4 bis 11 EuErbVO zuständigen Gerichten abgegeben werden (Begr. RegE BT-Drucks. 18/4201 S. 46).

2 Der besondere Gerichtsstand setzt voraus, dass die in Art. 13 EuErbVO aufgeführten Erklärungen nicht nur nach dem Erbstatut, sondern auch nach dem Recht des Mitgliedstaats des gewöhnlichen Aufenthalts vor einem Gericht abgegeben werden können. Dies ist nach deutschem Recht für die **Annahme und Ausschlagung einer Erbschaft** der Fall (§ 1945 BGB). Die Annahme oder Ausschlagung eines **Vermächtnisses** erfolgt dagegen gegenüber dem Beschwerten (§ 2180 Abs. 2 Satz 1 BGB). Die Erklärung der Annahme oder Ausschlagung eines Pflichtteils ist dem deutschen Erbrecht als solche fremd. Die auf Antrag bei Gericht angeordnete Nachlassverwaltung ist keine »Erklärung zur Begrenzung der Haftung [...] für Nachlassverbindlichkeiten« i.S.d. Art. 13 EuErbVO. Es handelt sich hierbei um ein besonderes Haftungsbegrenzungsverfahren, wohingegen Art. 13 EuErbVO lediglich einfache Erklärungen erfasst (vgl. Erwägungsgrund 33 EuErbVO). Auch Inventarerrichtung (§ 1993 BGB) und Eidesstattliche Versicherung des Erben (§ 2006 BGB) werden nicht erfasst, da diese Erklärungen keine unmittelbare Haftungsbeschränkung herbeiführen (so Begr. RegE BT-Drucks. 18/4201 S. 47).

3 Die **örtliche Zuständigkeit** für die Fälle, in denen die deutschen Gerichte für die Annahme der betreffenden Erklärungen nach Art. 13 EuErbVO international zuständig sind, ergibt sich aus Satz 1. Maßgeblich ist der verordnungsautonom zu verstehende gewöhnliche Aufenthalt des Erklärenden. **Sachliche und funktionale Zuständigkeit** richten sich nach den allgemeinen Regeln (*Dutta* ZEV 2015, 493, 496).

4 Die **Annahme- oder Ausschlagungserklärung** erfolgt entweder zur Niederschrift des Nachlassgerichts oder in öffentlich beglaubigter Form (Satz 2). Das Gericht ist nicht verpflichtet, die den Nachlass abwickelnde zuständige ausländische Stelle über die Entgegennahme der Erklärung zu informieren (*Wagner/Fenner* FamRZ 2015, 1668, 1672; *Lange* ErbR 2016, 58, 60 f.). Hierfür ist der Erklärende selbst zuständig (vgl. Erwägungsgrund 32 EuErbVO; krit. *Leipold* ZEV 2015, 553, 555).

5 Das Nachlassgericht ist zur Entgegennahme der Erklärung verpflichtet, sofern seine Zuständigkeit gegeben und der Erklärungsakt als solcher – also die Ausschlagung oder Annahme einer Erbschaft – nach dem anzuwendenden Erbrecht möglich ist. Das Nachlassgericht muss dagegen **nicht die Wirksamkeit der Erklärung** nach dem anzuwendenden Erbrecht prüfen (*Dutta* ZEV 2015, 493, 496). Es prüft insbes. nicht, ob die Erklärung nach diesem Recht in ihrer konkreten Ausgestaltung möglich ist (z.B. eine dem deutschen Recht fremde bedingte Annahme- bzw. Ausschlagungserklärung), ob die Erklärung weiteren Voraussetzungen unterliegt (Begr. RegE BT-Drucks. 18/4201 S. 47).

6 Die Urschrift der Niederschrift oder die Urschrift der Erklärung ist dem Erklärenden in öffentlich beglaubigter Form **auszuhändigen**, damit er diese an die zuständige ausländische Stelle weiterleiten kann. Eine Belehrung des Erklärenden durch das Nachlassgericht ist nicht vorgesehen. Das Gericht vermerkt die Entgegennahme der Erklärung in öffentlich beglaubigter Form auf der Urschrift mit Ort und Datum (Satz 3 Halbs. 2). Bei einer Erklärung zur Niederschrift des Nachlassgerichts ist ein entsprechender Vermerk nicht erforderlich (Begr. RegE BT-Drucks. 18/4201 S. 47).

§ 32 IntErbRVG Aneignungsrecht.

(1) Stellt das Nachlassgericht fest, dass nach dem anzuwendenden Erbrecht weder ein durch Verfügung von Todes wegen eingesetzter Erbe noch eine natürliche Person als gesetzlicher Erbe vorhanden ist, so teilt es seine Feststellung unverzüglich der für die Ausübung des Aneignungsrechts zuständigen Stelle mit; eine Amtsermittlungspflicht des Nachlassgerichts wird hierdurch nicht begründet.

(2) Für die Feststellung nach Absatz 1 ist das Nachlassgericht örtlich zuständig, in dessen Bezirk der Erblasser im Zeitpunkt seines Todes seinen gewöhnlichen Aufenthalt hatte. Hatte der Erblasser im Zeitpunkt seines Todes keinen gewöhnlichen Aufenthalt im Inland, ist das Amtsgericht Schöneberg in Berlin zuständig.

(3) Die für die Ausübung des Aneignungsrechts zuständige Stelle übt das Aneignungsrecht durch Erklärung gegenüber dem nach Absatz 2 örtlich zuständigen Nachlassgericht aus. Durch die Erklärung legt sie fest, ob und in welchem Umfang sie in Bezug auf das in Deutschland belegene Vermögen von dem Aneignungsrecht Gebrauch macht. Die Erklärung ist zu unterschreiben und mit Siegel oder Stempel zu versehen. Zuständig für die Erklärung ist die Stelle, die das Land bestimmt, in dem der Erblasser

zur Zeit des Erbfalls seinen gewöhnlichen Aufenthalt hatte, im Übrigen die Bundesanstalt für Immobilienaufgaben.

(4) Mit dem Eingang der Erklärung über die Ausübung des Aneignungsrechts nach Absatz 3 bei dem örtlich zuständigen Nachlassgericht geht das betroffene Nachlassvermögen auf das Land über, dessen Stelle nach Absatz 3 Satz 4 das Aneignungsrecht ausübt. Übt die Bundesanstalt für Immobilienaufgaben das Aneignungsrecht aus, geht das Vermögen auf den Bund über.

(5) Das Nachlassgericht bescheinigt der zuständigen Stelle, zu welchem Zeitpunkt und in welchem Umfang sie das Aneignungsrecht ausgeübt hat. Soweit sich die Ausübung des Aneignungsrechts auf Nachlassvermögen bezieht, das in einem Register verzeichnet ist, soll die nach Absatz 3 Satz 4 zuständige Stelle eine Berichtigung des Registers veranlassen.

(6) Vermächtnisnehmer, die nach dem anzuwendenden Erbrecht eine unmittelbare Berechtigung an einem Nachlassgegenstand hätten, können den ihnen hieraus nach deutschem Recht erwachsenen Anspruch auf Erfüllung des Vermächtnisses an die Stelle richten, die insoweit das Aneignungsrecht ausgeübt hat.

(7) Das Recht der Gläubiger, Befriedigung aus dem gesamten Nachlass zu verlangen, bleibt unberührt.

A. Allgemeines. Nach Art. 33 EuErbVO über das **Aneignungsrecht des Staates** setzt sich das Recht eines Mitgliedstaats, sich das in seinem Hoheitsgebiet befindliche Nachlassvermögen anzueignen, gegen das zur Anwendung berufene Erbrecht durch. Die EuErbVO räumt damit im Konfliktfall dem Aneignungsstaat grds. Vorrang vor dem Erbstatut ein (Begr. RegE BT-Drucks. 18/4201 S. 47). § 32 begründet ein Aneignungsrecht und sieht ein mehrstufiges Verfahren vor (näher *Dutta* ZEV 2015, 493, 497 ff.). Zunächst hat das zuständige Nachlassgericht die erbrechtlichen Vorfragen zu klären. Im Anschluss hieran entscheidet die zuständige Stelle, ob und in welchem Umfang das Aneignungsrecht ausgeübt wird. 1

In Deutschland kann das Aneignungsrecht dann ausgeübt werden, wenn ausländisches Erbrecht anwendbar ist und sich Nachlassvermögen in Deutschland befindet (*Wagner/Fenner* FamRZ 2015, 1668, 1672). Ist deutsches Erbrecht anwendbar, so erbt der deutsche Staat (Fiskuserbrecht gem. § 1936 BGB). Nach Abs. 1 kommt die Ausübung des Aneignungsrechts nur dann in Betracht, wenn nach dem anzuwendenden Erbrecht – kumulativ – kein durch Verfügung von Todes wegen eingesetzter Erbe und keine natürliche Person als gesetzlicher Erbe vorhanden sind. 2

Sieht das anzuwendende Erbrecht ein (Fiskus-) Erbrecht des Staates vor, schließt dies die Ausübung des Aneignungsrechts auf das in Deutschland belegene Nachlassvermögen nicht aus (so Begr. RegE BT-Drucks. 18/4201 S. 47 f.). Das Nachlassgericht stellt fest, dass die Voraussetzungen des Abs. 1 vorliegen, und teilt dies der für die Ausübung des Aneignungsrechts zuständigen Stelle mit. Das Gericht ist nicht verpflichtet, v.A.w. das Verfahren zur Feststellung der Voraussetzungen der Aneignungsrechtsausübung einzuleiten, muss aber auf Antrag oder Anregung hin tätig werden (näher *Dutta* ZEV 2015, 493, 499). Hinsichtlich des sachlichen und zeitlichen Umfangs der gerichtlichen Ermittlungen kann auf die für die Feststellung des Erbrechts des Fiskus nach § 1964 BGB entwickelten Grundsätze zurückgegriffen werden (Begr. RegE BT-Drucks. 18/4201 S. 48). Eine Amtsermittlungspflicht des Nachlassgerichts besteht nicht (Abs. 1 Halbs. 2). 3

Nach Art. 33 EuErbVO kann das Aneignungsrecht des Staates auch dann ausgeschlossen sein, wenn ein Vermächtnisnehmer vorhanden ist, dem das Erbstatut eine **dingliche Rechtsposition in Bezug auf Nachlassgegenstände** zuerkennt (sog. Vindikationslegat). Teilweise wird dafür als zusätzliche Voraussetzung verlangt, dass die Rechtsordnung des Staates, in dem das Aneignungsrecht ausgeübt wird, ein Vindikationslegat kennt. Da das deutsche Recht kein Vindikationslegat kennt und dies nach Ansicht des Gesetzgebers im Rahmen der EuErbVO auch nicht anerkennen muss (s. Art. 1 Abs. 2 Buchst. k) EuErbVO; dazu Art. 1 EuErbVO Rdn. 21), soll es keine dingliche Wirkung haben (vgl. Rdn. 9). Vielmehr bleibe es dabei, dass ein solches Vindikationslegat in einen schuldrechtlichen Anspruch (sog. Damnationslegat) umgedeutet wird. Hieran ändere Art. 31 EuErbVO nichts (Begr. RegE BT-Drucks. 18/4201 S. 48). Die Gegenauffassung lässt hingegen die dingliche Wirkung zu (*Dutta* ZEV 2015, 493, 498). 4

B. Internationale und örtliche Zuständigkeit. Die internationale Zuständigkeit ergibt sich aus Abs. 2 i.V.m. § 105 FamFG (*Dutta* ZEV 2015, 493, 499). Örtlich zuständig für die Feststellung der Erbenlosigkeit ist das Nachlassgericht, in dessen Bezirk der Erblasser im Zeitpunkt seines Todes seinen gewöhnlichen Aufenthalt hatte (Abs. 2 Satz 1). Hatte der Erblasser keinen inländischen gewöhnlichen Aufenthalt, so ist das AG Schöneberg zuständig (Abs. 2 Satz 2). 5

6 **C. Ausübung des Aneignungsrechts.** Die Art und Weise der Ausübung des Aneignungsrechts sowie der Inhalt und die Form der dazu abzugebenden Erklärung werden Abs. 3 Satz 1 - 3 geregelt. **Adressat** ist das nach Abs. 2 örtlich zuständige Nachlassgericht. Die zuständige Stelle kann von der Ausübung des als privatrechtsgestaltender Verwaltungsakt anzusehenden Aneignungsrechts (*Dutta* ZEV 2015, 493, 499 f.) absehen oder es nur für einen Teil des in Deutschland belegenen Vermögens ausüben (*Lange* ErbR 2016, 58, 63). Bei ihrer Entscheidung wird die zuständige Stelle regelmäßig unterschiedliche Interessen, beispielsweise fiskalischer Art oder Belange der Verkehrssicherung, beachten. Nach Art. 33 EuErbVO erstreckt sich das Aneignungsrecht auf das in Deutschland **belegene Vermögen**. Hierzu zählen nicht nur im Inland belegenes Mobiliar und Immobiliareigentum, sondern auch Forderungen des Erblassers gegen Schuldner mit Wohnsitz bzw. Sitz in Deutschland (Begr. RegE BT-Drucks. 18/4201 S. 48). Die **Bundesländer** bestimmen die für die Ausübung des Aneignungsrechts zuständigen Behörden (Abs. 3 Satz 4). Örtlich zuständig ist die Stelle des Landes, in dem der Erblasser zur Zeit des Erbfalls seinen gewöhnlichen Aufenthalt hatte (vgl. § 1936 Satz 1 BGB). Zuständig für den Bund ist die Bundesanstalt für Immobilienaufgaben (Begr. RegE BT-Drucks. 18/4201 S. 48). Die Ausübung des Aneignungsrechts nach § 32 erfolgt ebenfalls durch diese Stelle.

7 **D. Übergang des Vermögens.** Mit Ausübung des Aneignungsrechts geht das betroffene Vermögen bei Erklärungseingang bei dem örtlich zuständigen Nachlassgericht kraft Gesetzes auf das Land bzw. auf den Bund über (Abs. 4 Satz 1 und 2). Ein weiterer Rechtsakt des Nachlassgerichts, insbes. ein Feststellungsbeschluss, ist nicht erforderlich (so Begr. RegE BT-Drucks. 18/4201 S. 48).

8 **E. Bescheinigung.** Die Bescheinigung des zuständigen Nachlassgerichts bei ausgeübtem Aneignungsrecht dient als Nachweis für den Rechtsübergang und sichert damit den Rechtsverkehr (Abs. 5 Satz 1). Das Nachlassgericht prüft nicht, ob die zuständige Stelle von dem ihr eingeräumten Ermessen ordnungsgemäß Gebrauch gemacht hat. Bei Nachlassgegenständen, die in einem Register verzeichnet sind, soll eine entsprechende Registerberichtigung bewirkt und dazu die Bescheinigung vorgelegt werden (Satz 2).

9 **F. Vermächtnisansprüche.** Abs. 6 stellt klar, an wen sich ein Vermächtnisnehmer, der nach anzuwendendem Erbrecht eine unmittelbare Berechtigung am Nachlass hat, die nach einer Auffassung gem. Art. 31 EuErbVO in einen schuldrechtlichen Anspruch umgedeutet wird (s. Art. 1 EuErbVO Rdn. 21), mit seinem Begehren wenden kann. Die Passivlegitimation richtet sich nach den allgemeinen Vorschriften. Abs. 6 erstreckt sich im Übrigen nur auf Nachlassgegenstände, für die das Aneignungsrecht ausgeübt worden ist. Für einen Vermächtnisnehmer, der bereits nach dem anzuwendenden Erbrecht nur einen schuldrechtlichen Anspruch hat, besteht kein Bedürfnis für die Klarstellung (Begr. RegE BT-Drucks. 18/4201 S. 49). Insoweit gilt der in nachfolgendem Abs. 7 und Erwägungsgrund 56 EuErbVO enthaltene Rechtsgedanke, dass durch die Ausübung des Aneignungsrechts die Rechte von Anspruchsinhabern nicht beeinträchtigt werden sollen.

10 **G. Befriedigung aus dem Nachlass.** Die Gläubiger können Befriedigung ihrer Forderungen aus dem gesamten Nachlass suchen (Art. 33 i.V.m. Erwägungsgrund 56 EuErbVO). Dies bestätigt Abs. 7.

Abschnitt 5. Europäisches Nachlasszeugnis

§ 33 IntErbRVG Anwendungsbereich.

Dieser Abschnitt gilt für Verfahren über
1. die Ausstellung, Berichtigung, Änderung oder den Widerruf eines Europäischen Nachlasszeugnisses,
2. die Erteilung einer beglaubigten Abschrift eines Europäischen Nachlasszeugnisses oder die Verlängerung der Gültigkeitsfrist einer beglaubigten Abschrift und
3. die Aussetzung der Wirkungen eines Europäischen Nachlasszeugnisses.

1 Abschnitt 5 (§§ 33 bis 44) enthält **Regeln für das Europäische Nachlasszeugnis** (ENZ) nach Art. 62 ff. EuErbVO. Dabei geht es um die Zuständigkeit für die Ausstellung, das Verfahren, aber auch die Berichtigung und die Aussetzung der Wirkungen. Das ENZ ist kein Erbschein i.S.d. §§ 352 ff. FamFG (*Wagner/Scholz* FamRZ 2014, 714, 718).

2 Die Vorschrift des § 33 zählt die Verfahren auf, für die §§ 33 ff. gelten. Dazu gehören neben der **Ausstellung** (der Urschrift) des ENZ (Art. 67 EuErbVO) auch die **Berichtigung, die Änderung oder der Widerruf**

eines ENZ (Art. 71 EuErbVO) (Nr. 1). Die Begriffe der Ausstellung, der Berichtigung, der Änderung und des Widerrufs sind verordnungsautonom auszulegen (Begr. RegE BT-Drucks. 18/4201 S. 49).

Ferner wird die **Erteilung einer beglaubigten Abschrift** eines ENZ und die Verlängerung der Gültigkeitsdauer einer beglaubigten Abschrift genannt (Nr. 2 i.V.m. Art. 70 EuErbVO). Beglaubigte Abschriften des ENZ sind nur für einen begrenzten Zeitraum gültig (Art. 70 Abs. 3 EuErbVO). Die EuErbVO verwendet in Kap. VI und den Erwägungsgründen 71 und 72 den Begriff der »beglaubigten Abschrift«. Zwar ist für die deutsche Rechtspraxis darunter eine Ausfertigung zu verstehen (vgl. insbes. Art. 70 Abs. 1 und 2 EuErbVO). Im Hinblick auf die grenzüberschreitende Verwendung des ENZ hat der Gesetzgeber aber zur Wahrung einer einheitlichen Terminologie darauf verzichtet, den durch die EuErbVO (und auch die Formblätter nach Art. 67 Abs. 1 Satz 2 i.V.m. Art. 81 Abs. 2 EuErbVO) vorgegebenen Ausdruck »beglaubigte Abschrift« durch »Ausfertigung« zu ersetzen (*Wagner/Fenner* FamRZ 2015, 1668, 1673; Begr. RegE BT-Drucks. 18/4201 S. 49). 3

Genannt wird auch die **Aussetzung der Wirkungen** des ENZ nach Art. 73 Abs. 1 EuErbVO (Nr. 3).– Die **Gerichtskosten** richten sich nach Hauptabschnitt 2 KV-GNotKG (Nr. 12210 ff. KV-GNotKG), näher *Schneider* Rpfleger 2015, 454 ff. 4

§ 34 IntErbRVG Örtliche und sachliche Zuständigkeit.

(1) Das Gericht, das die Verfahrensparteien in der Gerichtsstandsvereinbarung bezeichnet haben, ist örtlich ausschließlich zuständig, sofern sich die internationale Zuständigkeit der deutschen Gerichte aus den folgenden Vorschriften der Verordnung (EU) Nr. 650/2012 ergibt:
1. Artikel 64 Satz 1 in Verbindung mit Artikel 7 Buchstabe a in Verbindung mit Artikel 6 Buchstabe b Alternative 1 und mit Artikel 5 Absatz 1 Alternative 1 der Verordnung (EU) Nr. 650/2012 oder
2. Artikel 64 Satz 1 in Verbindung mit Artikel 7 Buchstabe b Alternative 1 in Verbindung mit Artikel 5 Absatz 1 Alternative 1 der Verordnung (EU) Nr. 650/2012.
(2) Ergibt sich die internationale Zuständigkeit der deutschen Gerichte aus Artikel 64 Satz 1 in Verbindung mit Artikel 7 Buchstabe c der Verordnung (EU) Nr. 650/2012, ist das Gericht örtlich ausschließlich zuständig, dessen Zuständigkeit die Verfahrensparteien ausdrücklich anerkannt haben.
(3) Ergibt sich die internationale Zuständigkeit der deutschen Gerichte aus anderen, in Artikel 64 Satz 1 der Verordnung (EU) Nr. 650/2012 genannten Vorschriften dieser Verordnung, ist das Gericht örtlich ausschließlich zuständig, in dessen Bezirk der Erblasser im Zeitpunkt seines Todes seinen gewöhnlichen Aufenthalt hatte. Hatte der Erblasser im Zeitpunkt seines Todes seinen gewöhnlichen Aufenthalt nicht im Inland, ist das Gericht örtlich ausschließlich zuständig, in dessen Bezirk der Erblasser seinen letzten gewöhnlichen Aufenthalt im Inland hatte. Hatte der Erblasser keinen gewöhnlichen Aufenthalt im Inland, ist das Amtsgericht Schöneberg in Berlin örtlich ausschließlich zuständig. Das Amtsgericht Schöneberg in Berlin kann die Sache aus wichtigem Grund an ein anderes Nachlassgericht verweisen.
(4) Sachlich zuständig ist ausschließlich das Amtsgericht. Das Amtsgericht entscheidet als Nachlassgericht. Sind nach landesgesetzlichen Vorschriften für die Aufgaben des Nachlassgerichts andere Stellen als Gerichte zuständig, so sind diese sachlich ausschließlich zuständig.

A. Allgemeines. Die internationale Zuständigkeit wird von der EuErbVO geregelt (*Wagner/Scholz* FamRZ 2014, 714, 718). Gem. Art. 64 EuErbVO wird das **ENZ** in dem Mitgliedstaat ausgestellt, dessen Gerichte nach Art. 4 (allgemeine Zuständigkeit), 7 (Zuständigkeit bei Rechtswahl), 10 (subsidiäre Zuständigkeit) oder 11 (Notzuständigkeit) EuErbVO zuständig sind. Daran knüpft § 34 IntErbRVG an, der die **örtliche und sachliche Zuständigkeit** für alle Entscheidungen nach Kap. VI (ENZ; Art. 62 – 73) der EuErbVO regelt (*Wagner/Fenner* FamRZ 2015, 1668, 1672 f.). Die Abs. 1 und 2 betreffen Fälle, in denen die EuErbVO nach der Konzeption des IntErbRVG-Gesetzgebers der Sache nach nicht nur die internationale, sondern auch die örtliche Zuständigkeit festlegt (vgl. § 2 Rdn. 1). 1

B. Gerichtsstandsvereinbarung. Haben die Verfahrensparteien die Zuständigkeit eines bestimmten deutschen Gerichts vereinbart, so ist dieses örtlich **ausschließlich zuständig** (Abs. 1). Dazu gehören die Fälle des Art. 7 Buchst. a) i.V.m. Art. 6 Buchst. b), 1. Alt. und mit Art. 5 Abs. 1, 1. Alt. (Abs. 1 Nr. 1) sowie des Art. 7 Buchst. b), 1. Alt. i.V.m. Art. 5 Abs. 1, 1. Alt. EuErbVO (Abs. 1 Nr. 2), in denen eine entsprechende Gerichtsstandsvereinbarung der Verfahrensparteien vorliegt. Waren nicht alle Verfahrensparteien an der Vereinbarung beteiligt, kann dieser Mangel nicht durch eine rügelose Einlassung der betroffenen Verfah- 2 rensparteien geheilt werden. Art. 64 EuErbVO verweist nicht auf Art. 9 EuErbVO, nach dem bei Einlassung das seine Zuständigkeit ausübende Gericht weiterhin zuständig ist (Begr. RegE BT-Drucks. 18/4201 S. 49).

3 **C. Ausschließliche örtliche Zuständigkeit.** Haben die Verfahrensparteien in den Fällen des Art. 7 Buchst. c) EuErbVO die Zuständigkeit des angerufenen Gerichts ausdrücklich anerkannt, so ist dieses Gericht örtlich ausschließlich zuständig (Abs. 2).

4 **D. Andere internationale Zuständigkeiten.** Abs. 3 regelt Fälle, in denen sich die internationale Zuständigkeit der deutschen Gerichte aus keiner der in den Abs. 1 und 2 aufgeführten Vorschriften der EuErbVO ergibt (*Dutta* ZEV 2015, 493, 499). Satz 1 bestimmt die örtliche Zuständigkeit in Anlehnung an Art. 4 EuErbVO in erster Linie nach dem **gewöhnlichen Aufenthalt** des Erblassers. Hatte der Erblasser im Zeitpunkt seines Todes einen inländischen gewöhnlichen Aufenthalt, ist das Gericht zuständig, in dessen Bezirk er seinen letzten inländischen gewöhnlichen Aufenthalt hatte (Abs. 3 Satz 2). Fehlt es hieran, ist das AG Schöneberg zuständig (Abs. 3 Satz 3), das die Sache aber aus wichtigem Grund an ein anderes Nachlassgericht verweisen kann (Abs. 3 Satz 4), z.B. wegen der Nachlassbelegenheit oder des Aufenthalts einer anzuhörenden Person (Begr. RegE BT-Drucks. 18/4201 S. 50).

5 Abs. 3 Satz 2 und 3 erfassen neben den Fällen der Art. 7 Buchst. a) i.V.m. Art. 6 Buchst. a), der Art. 10 oder 11 EuErbVO z.B. auch die Fälle, in denen die Verfahrensparteien in der Gerichtsstandsvereinbarung – im Unterschied zu Abs. 1 – kein bestimmtes Gericht, sondern nur allgemein die deutschen Gerichte für zuständig erklärt haben (Art. 7 Buchst. a) i.V.m. Art. 6 Buchst. b), 2. Alt. und mit Art. 5 Abs. 1, 2. Alt., Art. 7 Buchst. b), 2. Alt. i.V.m. Art. 5 Abs. 1, 2. Alt. EuErbVO).

6 **E. Sachliche und funktionale Zuständigkeit.** Sachlich zuständig ist ausschließlich das AG, welches als Nachlassgericht im Verfahren der freiwilligen Gerichtsbarkeit entscheidet (Abs. 4). Hat das Beschwerdegericht das ENZ nach § 43 Abs. 5 Satz 2 ausgestellt, so bleibt für Folgeentscheidungen in den Verfahren nach § 33, die das ausgestellte ENZ betreffen, das Nachlassgericht zuständig. Dem Beschwerdeberechtigten soll – insbes. bei Änderung oder Widerruf eines ENZ – keine Instanz verlorengehen (so Begr. RegE BT-Drucks. 18/4201 S. 50). Funktional zuständig ist z.T. der Rechtspfleger (§ 3 Nr. 2 Buchst. i) RpflG), z.T. der Richter (§ 16 Abs. 2 RpflG; *Döbereiner* NJW 2015, 2449, 2451; *Schneider* Rpfleger 2015, 454, 459). In Baden-Württemberg sind noch bis zum 31.12.2017 die staatlichen Notariate als Nachlassgerichte zuständig (*Wagner/Fenner* FamRZ 2015, 1668, 1673).

§ 35 IntErbRVG Allgemeine Verfahrensvorschriften.

(1) Soweit sich aus der Verordnung (EU) Nr. 650/2012 und den Vorschriften dieses Abschnitts nichts anderes ergibt, ist das Gesetz über das Verfahren in Familiensachen und in den Angelegenheiten der freiwilligen Gerichtsbarkeit anzuwenden.
(2) Ist ein Antrag entgegen § 184 Satz 1 des Gerichtsverfassungsgesetzes nicht in deutscher Sprache abgefasst, so kann das Gericht der antragstellenden Person aufgeben, eine Übersetzung des Antrags beizubringen, deren Richtigkeit von einer in einem Mitgliedstaat der Europäischen Union oder in einem anderen Vertragsstaat des Abkommens über den Europäischen Wirtschaftsraum hierzu befugten Person bestätigt worden ist.
(3) Für die Unterrichtung der Berechtigten durch öffentliche Bekanntmachung nach Artikel 66 Absatz 4 der Verordnung (EU) Nr. 650/2012 gelten die §§ 435 bis 437 des Gesetzes über das Verfahren in Familiensachen und in den Angelegenheiten der freiwilligen Gerichtsbarkeit entsprechend.

1 Für ENZ-Verfahren nach § 33 sind die Nachlassgerichte zuständig (§ 34 Abs. 4 Satz 2). Es handelt sich um ein Antragsverfahren der freiwilligen Gerichtsbarkeit (*Lange* DNotZ 2016, 103, 10). Auf diese Verfahren findet zwar grundsätzlich das **FamFG Anwendung** (Abs. 1). Allerdings gehen außer der **vorrangigen EuErbVO** auch das IntErbRVG dem FamFG insoweit vor, als ihre Bestimmungen besondere Verfahrensregelungen für das ENZ treffen (lex specialis). Dementsprechend sind die Vorschriften über das Erbscheinsverfahren in §§ 352 ff. FamFG auf das ENZ nicht anzuwenden (*Zimmermann* FGPrax 2015, 145, 147). Die EuErbVO enthält insbes. ein eigenständiges Verfahren zur Ausstellung eines ENZ, das mit dem deutschen Verfahren nicht identisch ist und insbes. keinen Feststellungsbeschluss vorsieht (Begr. RegE BT-Drucks. 18/4201 S. 50).

2 Das Gericht kann eine **Übersetzung** eines in ausländischer Sprache abgefassten Antrags und beigefügter Anlagen in die deutsche Sprache verlangen (Abs. 2).

Die erforderliche **öffentliche Bekanntmachung** nach Art. 66 Abs. 4 EuErbVO richtet sich nach §§ 433 ff. FamFG über das Verfahren in Aufgebotssachen (Abs. 3; näher *Dutta* ZEV 2015, 493, 501). Sie erfolgt durch Aushang an der Gerichtstafel und durch einmalige Veröffentlichung im Bundesanzeiger (§ 435 FamFG). Innerhalb einer Frist von mindestens 6 Wochen (§ 437 FamFG) können Berechtigte ihre Rechte geltend machen. Ob und wie ein bislang unbekannter Berechtigter infolge der öffentlichen Bekanntmachung in das Verfahren einbezogen wird, entscheidet das Gericht nach pflichtgemäßem Ermessen (Begr. RegE BT-Drucks. 18/4201 S. 50).

§ 36 IntErbRVG Ausstellung eines Europäischen Nachlasszeugnisses.

(1) Der Antrag auf Ausstellung des Europäischen Nachlasszeugnisses richtet sich nach Artikel 65 der Verordnung (EU) Nr. 650/2012.

(2) Der Antragsteller hat vor Gericht oder vor einem Notar an Eides statt zu versichern, dass ihm nichts bekannt sei, was der Richtigkeit seiner Angaben zur Ausstellung des Europäischen Nachlasszeugnisses (Artikel 66 Absatz 3 der Verordnung (EU) Nr. 650/2012) entgegenstehe. Das Nachlassgericht kann dem Antragsteller die Versicherung erlassen, wenn es sie für nicht erforderlich hält.

Hinsichtlich des Antrags auf Ausstellung eines ENZ wird auf Art. 65 EuErbVO verwiesen (Abs. 1). Dieser regelt Form und Inhalt des Antrags sowie – i.V.m. Art. 63 Abs. 1 EuErbVO – den Kreis der ASt abschließend. Für die Antragstellung kann das Formblatt IV nach Art. 65 Abs. 2 i.V.m. Art. 81 Abs. 2 EuErbVO verwendet werden. Abs. 2 setzt Art. 66 Abs. 3 EuErbVO um, indem sich die eidesstattliche Versicherung auf alle Angaben erstrecken muss, die für die Ausstellung eines ENZ erforderlich sind. Wie im Erbscheinsverfahren (§ 352 Abs. 3 Satz 4 FamFG) kann das Gericht nach pflichtgemäßem Ermessen auf die eidesstattliche Versicherung verzichten. Die Ausstellung kann in bestimmten Fällen dem Rechtspfleger übertragen werden (§ 16 Abs. 3 Nr. 2 RpflG). Zur Länderöffnungsklausel für Notare s. Art. 239 EGBGB.

§ 37 IntErbRVG Beteiligte.

(1) In Verfahren über die Ausstellung eines Europäischen Nachlasszeugnisses ist der Antragsteller Beteiligter. Als weitere Beteiligte können hinzugezogen werden
1. die gesetzlichen Erben,
2. diejenigen, die nach dem Inhalt einer vorliegenden Verfügung von Todes wegen als Erben in Betracht kommen,
3. diejenigen, die im Fall der Unwirksamkeit der Verfügung von Todes wegen Erben sein würden,
4. die Vermächtnisnehmer mit unmittelbarer Berechtigung am Nachlass,
5. der Testamentsvollstrecker oder der Nachlassverwalter,
6. sonstige Personen mit einem berechtigten Interesse. Auf ihren Antrag sind sie zu beteiligen.

(2) In Verfahren über die Berichtigung, die Änderung, den Widerruf und die Aussetzung der Wirkungen eines Europäischen Nachlasszeugnisses ist der Antragsteller Beteiligter. Sonstige Personen mit einem berechtigten Interesse können als weitere Beteiligte hinzugezogen werden. Auf ihren Antrag sind sie zu beteiligen.

(3) In Verfahren über die Erteilung einer beglaubigten Abschrift eines Europäischen Nachlasszeugnisses oder die Verlängerung der Gültigkeitsfrist einer beglaubigten Abschrift ist der Antragsteller Beteiligter.

A. Allgemeines. Da die EuErbVO die Verfahrensbeteiligten nicht abschließend nennt, trifft § 37 eine ergänzende Bestimmung (Begr. RegE BT-Drucks. 18/4201 S. 51). Abs. 1 nennt die Beteiligten in Verfahren über die ENZ-Ausstellung (Art. 65 EuErbVO). Der oder die ASt sind **Mussbeteiligte** am Verfahren (Satz 1). Die VO enthält hinsichtlich **weiterer Beteiligter** keine klare abschließende Aussage (*Lange* ErbR 2016, 58, 60). Sie bestimmt allerdings in Art. 65 Abs. 1 i.V.m. Art. 63 Abs. 1 EuErbVO abschließend den Kreis möglicher ASt. Dies sind gesetzliche und testamentarische Erben (Nr. 1, 2), Vermächtnisnehmer mit unmittelbarer Berechtigung am Nachlass (Nr. 4), Testamentsvollstrecker oder Nachlassverwalter (Nr. 5). Vermächtnisnehmer mit unmittelbarer Berechtigung am Nachlass sind solche, deren Vermächtnissen nach dem zur Anwendung berufenen Erbrecht unmittelbar dingliche Wirkung zukommt (sog. **Vindikationslegate**; dazu *Lange* DNotZ 2016, 103, 105). Aus Art. 66 Abs. 4 EuErbVO wird ferner abgeleitet, dass der Verordnungsgeber zumindest den dort aufgeführten Personenkreis als Verfahrensbeteiligte ansah (so Begr. RegE BT-Drucks. 18/4201 S. 51). Zum dort verwendeten Berechtigtenbegriff s. Erwägungsgrund 47 EuErbVO.

2 Abs. 1 Satz 2 bestimmt in Nr. 1 bis 5 im Grundsatz die in Art. 65 Abs. 1 i.V.m. Art. 63 Abs. 1 EuErbVO benannten ASt als **weitere Beteiligte**. Abs. 1 Satz 2 Nr. 1 bis 3 gehen dabei angesichts der nach Art. 65 Abs. 3 Buchst. e) EuErbVO im Antrag auf Ausstellung eines ENZ vorgesehenen Angaben des ASt und der insoweit vergleichbaren Interessenlage im Erbscheinsverfahren mit der Regelung in § 345 Abs. 1 Nr. 1, 2 und 4 FamFG konform. I.S. einer Auffangregelung sieht Satz 2 Nr. 6 schließlich noch sonstige Personen mit einem **berechtigten Interesse** als Verfahrensbeteiligte an. Der Begriff des berechtigten Interesses ist verordnungsautonom auszulegen (Begr. RegE BT-Drucks. 18/4201 S. 51; vgl. auch § 43 Rdn. 3).

3 Die in Abs. 1 Satz 2 Nr. 1 bis 6 Genannten können v.A.w. nach pflichtgemäßen Ermessen des Nachlassgerichts **hinzugezogen werden**. Auf ihren Antrag sind sie hinzuziehen (Satz 3).

4 Neben der in Art. 66 Abs. 4 Satz 2 EuErbVO vorgeschriebenen öffentlichen Bekanntmachung (s. auch § 35 Abs. 3 IntErbRVG) wird den Kann-Beteiligten aufgrund der Unterrichtungs- und Belehrungspflicht nach § 7 Abs. 4 FamFG **Gelegenheit zur Stellungnahme** gegeben. Diese Verpflichtung nach § 7 Abs. 4 FamFG beschränkt sich grundsätzlich auf die dem Gericht bekannten möglichen Beteiligten, wobei das Nachlassgericht zumutbare Nachforschungen anzustellen hat.

5 Wird ein Antrag auf Beteiligung vom Gericht abgelehnt, ist der **ablehnende Beschluss** nach § 7 Abs. 5 Satz 2 FamFG mit der sofortigen Beschwerde anfechtbar.

6 **B. Berichtigungs-, Änderungs-, Widerruf- und Aussetzungsverfahren.** Der Kreis der Beteiligten in Verfahren über die Berichtigung, die Änderung, den Widerruf und die Aussetzung der Wirkungen eines ENZ (Art. 71 Abs. 1 und 2, 73 Abs. 1 EuErbVO) wird in Abs. 2 geregelt. Nach Satz 1 ist der ASt **zwingend zu beteiligen**. Sonstige Personen mit einem berechtigten Interesse können v.A.w. nach pflichtgemäßen Ermessen des Nachlassgerichts hinzugezogen werden (Satz 2) bzw. sind auf ihren Antrag hinzuziehen (Satz 3). Der Begriff des berechtigten Interesses ist verordnungsautonom auszulegen. In der Praxis dürfte sich der Kreis der Beteiligten in vorgenannten Verfahren oftmals mit dem Beteiligtenkreis nach Abs. 1 decken (so Begr. RegE BT-Drucks. 18/4201 S. 51).

7 **C. Erteilung einer beglaubigten Abschrift.** Abs. 3 bestimmt den Verfahrensbeteiligten in den Fällen der Erteilung einer beglaubigten Abschrift eines ENZ (Art. 71 Abs. 1 EuErbVO) oder der Verlängerung der Gültigkeitsdauer einer beglaubigten Abschrift (Art. 71 Abs. 3 EuErbVO). Alleiniger Beteiligter in diesen Verfahren ist der ASt (Begr. RegE BT-Drucks. 18/4201 S. 51).

§ 38 IntErbRVG Änderung oder Widerruf eines Europäischen Nachlasszeugnisses.

Das Gericht hat ein unrichtiges Europäisches Nachlasszeugnis auf Antrag zu ändern oder zu widerrufen. Der Widerruf hat auch von Amts wegen zu erfolgen. Das Gericht hat über die Kosten des Verfahrens zu entscheiden.

1 Die Vorschrift des § 38 betrifft **Änderung und Widerruf** eines ENZ nach Art. 71 Abs. 2 EuErbVO. Sie können nicht nur auf Antrag, sondern auch von Amts wegen erfolgen, wenn innerstaatliches Recht dies zulässt. Satz 2 regelt den Widerruf von Amts wegen. Die Änderung eines ENZ kann hingegen – wie dessen Ausstellung auch (§ 35) – nur auf Antrag erfolgen (Satz 1), insbes. weil niemandem ein geändertes ENZ »aufgedrängt« werden soll.

2 In Änderungs- oder Widerrufsverfahren ist jede Person **antragsberechtigt**, die ein berechtigtes Interesse nachweist (Art. 71 Abs. 2 EuErbVO). Der Begriff des berechtigten Interesses ist autonom i.S.d. EuErbVO zu verstehen (Begr. RegE BT-Drucks. 18/4201 S. 52). »Änderung« und »Widerruf« sind ebenfalls autonom auszulegen (so Begr. RegE BT-Drucks. 18/4201 S. 52). Hat das Gericht Anhaltspunkte für die inhaltliche Unrichtigkeit des ausgestellten ENZ, kann es Ermittlungen hierzu v.A.w. durchführen (§ 26 FamFG), so Begr. RegE BT-Drucks. 18/4201 S. 52.

3 Anders als nach deutschem Recht kann ein inhaltlich unrichtiges ENZ nach der EuErbVO **nicht eingezogen oder für kraftlos erklärt** werden (*Wagner/Fenner* FamRZ 2015, 1668, 1673 f.). Allerdings sind die beglaubigten Abschriften des ENZ nur für einen begrenzten Zeitraum von regelmäßig 6 Monaten gültig (Art. 70 Abs. 3 Satz 1 EuErbVO; zum Begriff der beglaubigten Abschrift vgl. § 33 Rdn. 3). Ferner kommen **Änderung und Widerruf des ENZ** in Betracht. Darüber sind die Personen, denen beglaubigte Abschriften *des Zeugnisses erteilt wurden*, zu unterrichten (Art. 71 Abs. 3 EuErbVO). Die Wirkungen des ENZ können

nach Maßgabe des Art. 73 EuErbVO ausgesetzt werden. Die Tragfähigkeit von Überlegungen, die gleichen Wirkungen wie bei einer Einziehung zu erreichen, muss sich erst noch erweisen.
Da beim Widerruf oder bei der Änderung des ENZ die Interessenlage mit der bei der Einziehung des Erbscheins vergleichbar ist, ist wie im Einziehungsverfahren zwingend eine Kostenentscheidung zu erlassen (Satz 3).

§ 39 IntErbRVG Art der Entscheidung.

(1) Liegen die Voraussetzungen für die Ausstellung eines Europäischen Nachlasszeugnisses vor, entscheidet das Gericht durch Ausstellung der Urschrift eines Europäischen Nachlasszeugnisses. Liegen die Voraussetzungen für die Erteilung einer beglaubigten Abschrift oder für die Verlängerung der Gültigkeitsfrist einer beglaubigten Abschrift vor, entscheidet das Gericht durch Erteilung einer beglaubigten Abschrift oder durch Verlängerung der Gültigkeitsfrist einer beglaubigten Abschrift. Im Übrigen entscheidet das Gericht durch Beschluss.
(2) Für die Ausstellung eines Europäischen Nachlasszeugnisses und die Erteilung einer beglaubigten Abschrift ist das Formblatt nach Artikel 67 Absatz 1 Satz 2 in Verbindung mit Artikel 81 Absatz 2 der Verordnung (EU) Nr. 650/2012 zu verwenden.

Die Vorschrift des § 39 betrifft die Art der Entscheidung. Bei einer dem **Antrag auf Ausstellung eines ENZ**, auf Erteilung einer beglaubigten Abschrift oder Verlängerung der Gültigkeitsfrist einer beglaubigten Abschrift stattgebenden Entscheidung kommt das Gericht dem Antrag nach (Abs. 1 Satz 1 und 2). Für das ENZ und die Abschrift ist das Formblatt V zu verwenden (Abs. 2). Ein zusätzlicher gerichtlicher Beschluss ist nicht erforderlich (*Döbereiner* NJW 2015, 2449, 2451; *Wagner/Fenner* FamRZ 2015, 1668, 1673). Fehlen die Voraussetzungen des Art. 67 EuErbVO oder kann dem ASt z.B. mangels Berechtigung keine beglaubigte Abschrift erteilt werden, trifft das Gericht die ablehnende Entscheidung nach Abs. 1 Satz 3 durch Beschluss.

Auch für eine einem Antrag auf **Erteilung einer beglaubigten Abschrift oder Verlängerung** der Gültigkeitsfrist einer beglaubigten Abschrift stattgebenden Entscheidung ist kein gerichtlicher Beschluss erforderlich ist (Abs. 1 Satz 1 und 2). Kann dem ASt z.B. mangels Berechtigung keine beglaubigte Abschrift erteilt werden, ergeht die ablehnende Entscheidung durch Beschluss (Abs. 1 Satz 3).

Auch die stattgebenden und ablehnenden Entscheidungen über die **Berichtigung, die Änderung, den Widerruf oder die Aussetzung der Wirkungen** sind nach Abs. 1 Satz 3 durch Beschluss zu treffen (Begr. RegE BT-Drucks. 18/4201 S. 52).

Der **Inhalt eines Beschlusses** ergibt sich aus § 38 Abs. 2 und 3 FamFG. Darüber hinaus ist nach §§ 42, 43 und 44 FamFG eine Berichtigung des Beschlusses bei offenbarer Unrichtigkeit sowie eine Ergänzung und Abhilfe bei Verletzung des Anspruchs auf rechtliches Gehör möglich. Für die Kostenentscheidung gilt § 38 Satz 3 IntErbRVG, im Übrigen finden die allgemeinen Vorschriften der §§ 80 ff. FamFG Anwendung (Abs. 2).

§ 40 IntErbRVG Bekanntgabe der Entscheidung.

Entscheidungen nach § 39 Absatz 1 Satz 1 und 2 werden dem Antragsteller durch Übersendung einer beglaubigten Abschrift bekannt gegeben. Weiteren Beteiligten wird die Entscheidung nach § 39 Absatz 1 Satz 1 durch Übersendung einer einfachen Abschrift des ausgestellten Europäischen Nachlasszeugnisses bekannt gegeben.

Die Vorschrift des § 40 regelt die Bekanntgabe von das ENZ betreffenden Entscheidungen. Dabei ist zu differenzieren: Gegenüber dem ASt erfolgt die Bekanntgabe durch die **Übersendung der beglaubigten Abschrift** des ENZ (Satz 1; so bereits Art. 70 Abs. 1 EuErbVO). Sein Antrag auf ENZ-Ausstellung enthält regelmäßig auch einen Antrag auf Erteilung einer beglaubigten Abschrift (Begr. RegE BT-Drucks. 18/4201 S. 52). Mit dem Stattgeben seines Ausstellungsantrags steht zugleich fest, dass er zu dem abschließend festgelegten *Kreis* derjenigen gehört, denen erstmalig eine beglaubigte Abschrift erteilt werden darf (Art. 70 Abs. 1 EuErbVO). Die Urschrift des ENZ bleibt bei der Ausstellungsbehörde (Art. 70 Abs. 1 EuErbVO).

Weiteren Beteiligten nach § 37 Abs. 1 Satz 2 wird die Ausstellung durch Übersendung einer einfachen Abschrift des ENZ bekanntgegeben (Satz 2; zur Unterrichtungspflicht s. Art. 67 Abs. 2 EuErbVO). Verlangen neben dem ASt weitere Beteiligte eine beglaubigte Abschrift, so ist ein eigenständiges Verfahren nach § 33

Nr. 2 (Art. 70 EuErbVO) durchzuführen und das berechtigte Interesse im Einzelfall zu prüfen. Die **Bekanntgabe stattgebender Entscheidungen** nach § 39 Abs. 1 Satz 2 erfolgt durch Übersendung der entsprechenden beglaubigten Abschrift an den ASt, je nachdem, ob er die Erteilung einer beglaubigten Abschrift oder die Verlängerung ihrer Gültigkeitsfrist beantragt hat (Satz 1). Da in Verfahren nach § 33 Nr. 2 – im Unterschied zu den Verfahren über die Ausstellung eines ENZ – nach § 37 Abs. 3 nur der ASt Beteiligter ist, erfolgt keine Bekanntgabe an weitere Beteiligte. Für die Bekanntgabe der nach § 39 Abs. 1 Satz 3 ergangenen **Beschlüsse** gelten § 41 Abs. 1 und 2 FamFG (Begr. RegE BT-Drucks. 18/4201 S. 53).

§ 41 IntErbRVG Wirksamwerden.
Die Entscheidung wird wirksam, wenn sie der Geschäftsstelle zum Zweck der Bekanntgabe übergeben wird. Der Zeitpunkt ihrer Wirksamkeit ist auf der Entscheidung zu vermerken.

1 Die Vorschrift des § 41 betrifft das Wirksamwerden der Entscheidung. Da der Inhalt des ENZ Rechtsscheinswirkung gegenüber jedermann entfaltet (Art. 69 Abs. 2 EuErbVO), tritt die Wirksamkeit unabhängig von der Bekanntgabe ein. Die Vorschrift geht § 40 FamFG vor (*Lange* DNotZ 2016, 103, 109; Begr. RegE BT-Drucks. 18/4201 S. 53). Die Festlegung des Wirksamkeitszeitpunkts mit **Übergabe an die Geschäftsstelle** knüpft an § 287 Abs. 2 Satz 2 Nr. 2 und Satz 3 FamFG an.

§ 42 IntErbRVG Gültigkeitsfrist der beglaubigten Abschrift eines Europäischen Nachlasszeugnisses.
Die Gültigkeitsfrist einer beglaubigten Abschrift eines Europäischen Nachlasszeugnisses beginnt mit ihrer Erteilung. Für die Berechnung der Gültigkeitsfrist gelten die Vorschriften des Bürgerlichen Gesetzbuchs, soweit sich nicht aus der Verordnung (EWG, EURATOM) Nr. 1182/71 des Rates vom 3. Juni 1971 zur Festlegung der Regeln für die Fristen, Daten und Termine etwas anderes ergibt.

1 Die beglaubigte Abschrift des ENZ ist nur für 6 Monate gültig (Art. 70 Abs. 3 EuErbVO). Für die Zeit danach ist ggf. eine neue Abschrift zu beantragen (*Lange* DNotZ 2016, 103, 109). Auf Antrag kann das Gericht ausnahmsweise eine **längere Gültigkeitsfrist** festlegen. Nach Ablauf der ursprünglichen Gültigkeitsfrist kann der Inhaber der beglaubigten Abschrift eine ausnahmsweise Verlängerung der Gültigkeitsfrist beantragen. Für die ursprüngliche Frist beginnt die Frist mit der Erteilung der beglaubigten Abschrift. Maßgeblich für die **Fristberechnung** sind nach Erwägungsgrund 77 EuErbVO in erster Linie die EuFristVO-Vorschriften (s. § 97 FamFG Rdn. 18). Bei Lücken in der VO kommen ergänzend die Vorschriften des BGB zur Anwendung (Begr. RegE BT-Drucks. 18/4201 S. 53).

2 Da es um die **Berechnung einer Wirksamkeitsfrist** geht, findet Art. 3 Abs. 1 bis 3 EuFristVO Anwendung (Art. 4 Abs. 1 EuFristVO). Bei Monatsfristen wird der Tag, an dem die fristauslösende Handlung – hier die Erteilung der beglaubigten Abschrift – stattfindet, nicht mitgerechnet (Art. 3 Abs. 1 Satz 2 d EuFristVO). Fristende ist der Tag des letzten Monats, der dieselbe Zahl wie der Fristbeginn trägt (Art. 3 Abs. 2 Satz 1 Buchst. c) EuFristVO). Fehlt ein solcher, endet die Frist mit Ablauf des letzten Tages dieses Monats.

3 Wird eine **Verlängerung der ursprünglichen Gültigkeitsfrist** beantragt, findet § 190 BGB Anwendung, da die EuFristVO diesen Fall nicht regelt. Die Berechnung erfolgt ab dem Ende der ursprünglichen Frist (Begr. RegE BT-Drucks. 18/4201 S. 53).

§ 43 IntErbRVG Beschwerde.
(1) Gegen die Entscheidung in Verfahren nach § 33 Nummer 1 und 3 findet die Beschwerde zum Oberlandesgericht statt. § 61 des Gesetzes über das Verfahren in Familiensachen und in den Angelegenheiten der freiwilligen Gerichtsbarkeit ist nicht anzuwenden. Die Beschwerde ist bei dem Gericht einzulegen, dessen Entscheidung angefochten wird.
(2) Beschwerdeberechtigt sind
1. in den Verfahren nach § 33 Nummer 1, sofern das Verfahren die Ausstellung eines Europäischen Nachlasszeugnisses betrifft, die Erben, die Vermächtnisnehmer mit unmittelbarer Berechtigung am Nachlass und die Testamentsvollstrecker oder die Nachlassverwalter;
2. in den übrigen Verfahren nach § 33 Nummer 1 sowie in den Verfahren nach § 33 Nummer 3 diejenigen Personen, die ein berechtigtes Interesse nachweisen.

(3) Die Beschwerde ist einzulegen
1. innerhalb eines Monats, wenn der Beschwerdeführer seinen gewöhnlichen Aufenthalt im Inland hat;
2. innerhalb von zwei Monaten, wenn der Beschwerdeführer seinen gewöhnlichen Aufenthalt im Ausland hat.
Die Frist beginnt jeweils mit dem Tag der Bekanntgabe der Entscheidung.
(4) Die Beschwerde ist den anderen Beteiligten bekannt zu geben.
(5) Hält das Beschwerdegericht die Beschwerde gegen die Ausstellung des Europäischen Nachlasszeugnisses für begründet, so ändert oder widerruft es das Zeugnis oder weist das Ausgangsgericht an, das Zeugnis zu berichtigen, zu ändern oder zu widerrufen. Hält das Beschwerdegericht die Beschwerde gegen die Ablehnung der Ausstellung des Europäischen Nachlasszeugnisses für begründet, so stellt es das Nachlasszeugnis aus oder verweist die Sache unter Aufhebung des angefochtenen Beschlusses zur erneuten Prüfung und Entscheidung an das Ausgangsgericht zurück. Stellt das Beschwerdegericht das Nachlasszeugnis aus und lässt es die Rechtsbeschwerde nicht zu, gilt § 39 Absatz 1 Satz 1 entsprechend. Bei allen sonstigen Beschwerdeentscheidungen nach diesem Absatz sowie nach Absatz 1 Satz 1 gilt im Übrigen § 69 des Gesetzes über das Verfahren in Familiensachen und in den Angelegenheiten der freiwilligen Gerichtsbarkeit.

A. Statthaftigkeit der Beschwerde. Die Vorschrift des § 43 betrifft die Beschwerde. Nach Art. 72 Abs. 1 EuErbVO ist es möglich, gegen die Ausstellung des ENZ (Art. 67 EuErbVO) sowie gegen seine Berichtigung, die Änderung und den Widerruf (Art. 71 EuErbVO), ferner gegen die Entscheidung der Ausstellungsbehörde, mit der die Wirkungen des ENZ ausgesetzt werden (Art. 73 Abs. 1 Buchst. a) EuErbVO) einen Rechtsbehelf einzulegen. Die Ausgestaltung des Verfahrens ist dem mitgliedstaatlichen Recht überlassen. Einen Rechtsbehelf in Verfahren nach Art. 70 EuErbVO (Erteilung einer beglaubigten Abschrift oder Verlängerung der Gültigkeitsfrist einer beglaubigten Abschrift) sieht Art. 72 EuErbVO nicht vor. Folglich sind (stattgebende oder ablehnende) Entscheidungen in Verfahren nach § 33 Nr. 2 nicht beschwerdefähig (so Begr. RegE BT-Drucks. 18/4201 S. 53). 1

B. Zuständigkeit des OLG. In Verfahren nach § 33 Nr. 1 und Nr. 3 findet gegen die erstinstanzliche Entscheidung die Beschwerde statt (Abs. 1 Satz 1); sachlich zuständiges Beschwerdegericht ist das OLG. Die Zulässigkeit der Beschwerde hängt weder von einer Wertgrenze noch von einer Zulassung ab. § 61 FamFG kommt nicht zur Anwendung (Satz 2). 2

C. Beschwerdeberechtigung. Die Beschwerdeberechtigung (Abs. 2) ergibt sich aus Art. 72 Abs. 1 EuErbVO (Begr. RegE BT-Drucks. 18/4201 S. 53). Danach ist beschwerdeberechtigt, wer berechtigt ist, ein ENZ zu beantragen. Dazu gehören nach der abschließenden Aufzählung in Art. 65 Abs. 1 i.V.m. Art. 63 Abs. 1 EuErbVO die Erben, die Vermächtnisnehmer mit unmittelbarer Berechtigung am Nachlass (vgl. § 37 Rdn. 1) sowie die Testamentsvollstrecker oder Nachlassverwalter (Begr. RegE BT-Drucks. 18/4201 S. 54). Nach Art. 72 Abs. 1 Satz 2 EuErbVO sind für die Verfahren über die Berichtigung, die Änderung, den Widerruf oder die Aussetzung der Wirkungen eines ENZ (Art. 71, 73 Abs. 1 Buchst. a) EuErbVO) diejenigen Personen beschwerdeberechtigt, die ein **berechtigtes Interesse** nachweisen. Der Begriff des berechtigten Interesses ist verordnungsautonom auszulegen (Begr. RegE BT-Drucks. 18/4201 S. 54; vgl. auch § 37 Rdn. 2). 3

D. Dauer und Beginn der Beschwerdefrist. Dauer und Beginn der Beschwerdefrist sind verschieden, je nachdem, ob der Rechtsbeschwerdeführer seinen gewöhnlichen Aufenthalt im In- oder Ausland hat (Abs. 3; ähnlich § 24 Abs. 3 IntFamRVG). Nach Satz 2 beginnt die Frist jeweils mit der Bekanntgabe der Entscheidung an die Beteiligten zu laufen. Angeknüpft wird an die Bekanntgabe nach § 40 IntErbRVG oder nach § 41 FamFG. Die Regelung des Abs. 3 geht § 63 FamFG vor (Begr. RegE BT-Drucks. 18/4201 S. 54). Nach § 17 FamFG kann bei Fristversäumnis ohne Verschulden Wiedereinsetzung in den vorigen Stand gewährt werden. 4

E. Gang des Beschwerdeverfahrens. Die Beschwerdeverfahren wird in Abs. 4 und 5 geregelt. Im Übrigen gelten § 64 Abs. 2 und die §§ 65 - 68 FamFG. Nach Abs. 4 ist die Beschwerde den anderen am Verfahren Beteiligten nach Maßgabe des § 15 Abs. 2 FamFG bekannt zu geben. Abs. 5 Satz 1 und 2 füllt Art. 72 Abs. 2 EuErbVO aus. Er enthält ebenso wie Abs. 5 Satz 3 Sonderregelungen zu § 69 FamFG, den Satz 4 im Übrigen für anwendbar erklärt. Nach Satz 1 hat das Beschwerdegericht bei einer begründeten **Beschwerde gegen die Ausstellung** eines ENZ das ausgestellte Zeugnis selbst zu ändern oder zu widerrufen oder es kann das 5

Ausgangsgericht anweisen, eine Berichtigung, eine Änderung oder einen Widerruf vorzunehmen (so Begr. RegE BT-Drucks. 18/4201 S. 54). Nach Satz 2 stellt das Beschwerdegericht bei einer begründeten **Beschwerde gegen die Ablehnung der Ausstellung** des ENZ das Nachlasszeugnis selbst aus oder verweist die Sache zur erneuten Prüfung und Entscheidung an das Ausgangsgericht zurück (*Wagner/Fenner* FamRZ 2015, 1668, 1673). Diese Sonderregelung weicht von § 69 Abs. 1 Satz 1 - 3 FamFG ab.

6 Die **Beschwerdeentscheidung** erfolgt nicht stets durch einen zu begründenden Beschluss (Abs. 5 Satz 3). Stellt das Beschwerdegericht das ENZ selbst aus, hat es nur dann einen begründeten Beschluss zu erlassen, wenn es zugleich die Rechtsbeschwerde zulässt (Begr. RegE BT-Drucks. 18/4201 S. 54). Bei Nichtzulassung bedarf es – ebenso wie bei einer Ausstellung durch das Nachlassgericht (Art. 67 EuErbVO) – keines solchen Beschlusses. In beiden Fällen kommt es zu keiner (weiteren) Anfechtbarkeit der Entscheidung (Begr. RegE BT-Drucks. 18/4201 S. 54). Bei einer Ausstellung durch das Beschwerdegericht unter Nichtzulassung der Rechtsbeschwerde besteht keine weitere Anfechtungsmöglichkeit. Folglich entscheidet das Beschwerdegericht in diesen Fällen entsprechend § 39 Abs. 1 Satz 1 durch Ausstellung der Urschrift des Nachlasszeugnisses (Abs. 5 Satz 3). Bei allen sonstigen Beschwerdeentscheidungen nach § 43 Abs. 5 sowie Abs. 1 findet im Übrigen § 69 FamFG – mit den Modifizierungen durch Abs. 5 Satz 1 bis 3 – Anwendung (Satz 4).

§ 44 IntErbRVG Rechtsbeschwerde.
Die Rechtsbeschwerde zum Bundesgerichtshof ist statthaft, wenn sie das Beschwerdegericht zugelassen hat. Die Zulassungsgründe bestimmen sich nach § 70 Absatz 2 des Gesetzes über das Verfahren in Familiensachen und in den Angelegenheiten der freiwilligen Gerichtsbarkeit. § 43 Absatz 3 gilt entsprechend.

1 Nach einem durchgeführten Beschwerdeverfahren ist eine **Rechtsbeschwerde** möglich. Dies überlässt die EuErbVO dem nationalen Recht (Begr. RegE BT-Drucks. 18/4201 S. 54). Die Statthaftigkeit der Rechtsbeschwerde folgt weitgehend der Regelung des FamFG. Nach Satz 1 ist die Rechtsbeschwerde zulassungsbedürftig. Die **Zulassungsgründe** ergeben sich abschließend aus § 70 Abs. 2 FamFG (Satz 2). Nach Satz 3 kommt für die Einlegungsfristen § 43 Abs. 3 entsprechend zur Anwendung. Im Übrigen gelten die Vorschriften des FamFG zur Rechtsbeschwerde (§§ 70 ff. FamFG).

Abschnitt 6. Authentizität von Urkunden

§ 45 IntErbRVG Aussetzung des inländischen Verfahrens.
Kommt es in einem anderen Mitgliedstaat zur Eröffnung eines Verfahrens über Einwände in Bezug auf die Authentizität einer öffentlichen Urkunde, die in diesem Mitgliedstaat errichtet worden ist, kann das inländische Verfahren bis zur Erledigung des ausländischen Verfahrens ausgesetzt werden, wenn es für die Entscheidung auf die ausländische Entscheidung zur Authentizität der Urkunde ankommt.

1 Abschnitt 6 (§§ 45, 46) betrifft die Authentizität von öffentlichen Urkunden. § 45 regelt die **Aussetzung des inländischen Verfahrens** bis zur Erledigung eines ausländischen Authentizitätsverfahrens. Werden in einem inländischen Verfahren Einwände gegen die Authentizität einer Urkunde aus einem anderen Mitgliedstaat gem. Art. 59 Abs. 2 i.V.m. Erw. 62 EuErbVO geltend gemacht, kann das inländische Gericht das Verfahren aussetzen, damit die Authentizität im ausländischen Errichtungsstaat überprüft werden kann. Das ausländische Verfahren richtet sich nach dem dortigen Verfahrensrecht (Begr. RegE BT-Drucks. 18/4201 S. 55). Keine Aussetzungsmöglichkeit besteht, wenn ein Einwand nach Art. 59 Abs. 3 i.V.m. Erw. 63 EuErbVO (Rechtsgeschäfte oder Rechtsverhältnisse) erhoben wird (*Dutta* ZEV 2015, 493, 501 f.).

2 Die **Entscheidung über die Aussetzung** steht im Ermessen des Gerichts, das die Gründe, die für oder gegen das Abwarten der Entscheidung sprechen, pflichtgemäß abwägt (Begr. RegE BT-Drucks. 18/4201 S. 55). Dazu gehört insbes. die Prozessökonomie. Wird nicht ausgesetzt, können z.B. weitere Beweise erhoben und das Verfahren kann i.S.d. gebotenen Prozessförderung beschleunigt werden (Begr. RegE BT-Drucks. 18/4201 S. 55).

3 Das **Aussetzungsverfahren** und die **Aussetzungsfolgen** richten sich bei bürgerlichen Streitigkeiten (s. § 2 Rdn. 1) nach der ZPO, bei Verfahren der freiwilligen Gerichtsbarkeit nach dem FamFG (Begr. RegE BT-

Drucks. 18/4201 S. 55). Bzgl. der Wirkung der Aussetzung kommt § 249 ZPO bzw. § 21 Abs. 1 Satz 2 FamFG zur Anwendung. Gegen die Anordnung oder Ablehnung der Verfahrensaussetzung findet nach § 252 ZPO bzw. § 21 Abs. 2 FamFG die sofortige Beschwerde statt (§§ 567 - 572 ZPO).

Mit Erledigung eines ausländischen Verfahrens über die Authentizität, **endet die Aussetzung** und das inländische Verfahren wird fortgeführt. Die Aufnahme des Verfahrens erfolgt bei bürgerlichen Streitigkeiten nach § 250 ZPO, in Angelegenheiten der freiwilligen Gerichtsbarkeit v.A.w. (Begr. RegE BT-Drucks. 18/4201 S. 55). 4

§ 46 IntErbRVG Authentizität einer deutschen öffentlichen Urkunde.

(1) Über Einwände in Bezug auf die Authentizität einer deutschen öffentlichen Urkunde nach Artikel 59 Absatz 2 der Verordnung (EU) Nr. 650/2012 entscheidet bei gerichtlichen Urkunden das Gericht, das die Urkunde errichtet hat. Bei notariellen Urkunden entscheidet das für den Amtssitz des Notars zuständige Gericht. Bei einer von einem Konsularbeamten im Ausland errichteten Urkunde entscheidet das Amtsgericht Schöneberg in Berlin. Im Übrigen entscheidet das Amtsgericht, in dessen Bezirk die Urkunde errichtet worden ist.
(2) Das Verfahren richtet sich nach den Vorschriften des Gesetzes über das Verfahren in Familiensachen und in den Angelegenheiten der freiwilligen Gerichtsbarkeit.
(3) Die Endentscheidung wird mit Rechtskraft wirksam. Eine Abänderung ist ausgeschlossen. Der Beschluss wirkt für und gegen alle.

Die Vorschrift des § 46 betrifft die Authentizität einer deutschen öffentlichen Urkunde, gegen die im Ausland Einwände erhoben wurden (*Wagner/Fenner* FamRZ 2015, 1668, 1674). Nach Abs. 1 Satz 1 entscheidet bei **gerichtlichen Urkunden** immer dasjenige Gericht, das die Urkunde errichtet hat. Bei **notariellen Urkunden** entscheidet das für den Amtssitz des Notars zuständige Gericht (Abs. 1 Satz 2). Der Amtsbereich entspricht nicht immer dem AG-Bezirk, in dem der Notar seinen Amtssitz hat (vgl. § 10a Abs. 1 BNotO). Der Notar ist ggf. auch zu Urkundstätigkeiten außerhalb seines Amtsbereichs bzw. -bezirks befugt (vgl. §§ 10a, 11 BNotO). Für von einem **Konsularbeamten** im Ausland errichtete Urkunden entscheidet das AG Schöneberg (Satz 3). Hilfsweise ist bzgl. der Authentizität **anderer deutscher öffentlicher Urkunden** das AG zuständig, in dessen Bezirk die Urkunde errichtet worden ist (Satz 4). 1

Das **Verfahren** zur Feststellung der Authentizität einer öffentlichen Urkunde ist von Art. 59 Abs. 2 EuErbVO vorgegeben (*Lange* ErbR 2016, 58, 62). Abs. 2 verweist hinsichtlich der Einzelheiten auf das FamFG. Funktional ist der Richter zuständig (*Dutta* ZEV 2015, 493, 502). 2

Die **Entscheidung über die Authentizität** einer öffentlichen Urkunde wird nach erst mit Eintritt der formellen Rechtskraft wirksam (Abs. 3 Satz 1, anders § 40 Abs. 1 FamFG). Satz 2 schließt eine Abänderung aus. Die formell rechtskräftige Entscheidung erwächst in materielle Rechtskraft, die für und gegen alle wirkt (Satz 3). Wegen ihrer Gestaltungswirkung ist sie auch Dritten gegenüber bindend (*Lange* ErbR 2016, 58, 62). Die Bindungswirkung steht einer späteren abweichenden Entscheidung über denselben Verfahrensgegenstand durch dasselbe oder ein anderes Gericht entgegen (so Begr. RegE BT-Drucks. 18/4201 S. 55). 3

Abschnitt 7. Zuständigkeit in sonstigen Angelegenheiten der freiwilligen Gerichtsbarkeit

§ 47 IntErbRVG Sonstige örtliche Zuständigkeit.

Ergibt sich in Angelegenheiten der freiwilligen Gerichtsbarkeit die internationale Zuständigkeit der deutschen Gerichte aus der Verordnung (EU) Nr. 650/2012 und ist die örtliche Zuständigkeit nicht schon in anderen Vorschriften dieses Gesetzes geregelt, bestimmt sich die örtliche Zuständigkeit wie folgt:
1. bei einer internationalen Zuständigkeit, die sich aus den in § 2 Absatz 1 bis 3 genannten Vorschriften der Verordnung (EU) Nr. 650/2012 ergibt, entsprechend § 2 Absatz 1 bis 3;
2. bei einer internationalen Zuständigkeit, die sich aus anderen Vorschriften der Verordnung (EU) Nr. 650/2012 als den in § 2 Absatz 1 bis 3 genannten ergibt, entsprechend den Vorschriften über die

örtliche Zuständigkeit im Gesetz über das Verfahren in Familiensachen und in den Angelegenheiten der freiwilligen Gerichtsbarkeit.

1 Abschnitt 7 folgt der Grundkonzeption des IntErbRVG, die zwischen streitigen Angelegenheiten (§ 2) und solchen der freiwilligen Gerichtsbarkeit unterscheidet (s. § 2 Rdn. 1). Die **Auffangvorschrift** des § 47 regelt die Zuständigkeit in **sonstigen Angelegenheiten der freiwilligen Gerichtsbarkeit** (*Wagner/Fenner* FamRZ 2015, 1668, 1674). Dazu gehören auch postmortale Unterhaltsansprüche (vgl. Art. 1 Abs. 2 Buchst. e) EuErbVO; *Dutta* ZEV 2015, 493, 496 f.). Sofern deutsche Gerichte nach der EuErbVO international zuständig sind, stellt das IntErbRVG Vorschriften zur örtlichen Zuständigkeit bereit. Sachliche und funktionelle Zuständigkeit ergeben sich aus § 23a Abs. 1 Satz 1 Nr. 2, Abs. 2 GVG sowie §§ 3, 16 RpflG (*Dutta* ZEV 2015, 493, 495).

2 Für bürgerliche Streitigkeiten folgt die örtliche Zuständigkeit aus § 2. Regelungen über die örtliche Zuständigkeit in einzelnen Angelegenheiten der freiwilligen Gerichtsbarkeit enthalten z.B. § 31 (Entgegennahme von Erklärungen) und § 34 (Gerichtsstandsvereinbarung). Soweit das IntErbRVG in den Fällen einer deutschen internationalen Zuständigkeit
nach der EuErbVO in Angelegenheiten der freiwilligen Gerichtsbarkeit **keine spezielle Vorschrift zur örtlichen Zuständigkeit** enthält, greift § 47 ein (*Lange* ErbR 2016, 58, 62; Begr. RegE BT-Drucks. 18/4201 S. 56).

3 In § 47 werden **zwei Arten von Zuständigkeit** unterschieden. Nach Nr. 1 gilt in den Fällen, in denen die EuErbVO neben der internationalen auch die örtliche Zuständigkeit festlegt (vgl. § 2 Rdn. 2), § 2 Abs. 1 bis 3 entsprechend.

4 In den übrigen Fällen des § 47 sind nach Nr. 2 nachrangig die Vorschriften des FamFG über die örtliche Zuständigkeit (z.B. § 343 für Nachlasssachen) entsprechend anwendbar.

5 Für **Nachlassverfahren**, die nicht von der Zuständigkeitsregelung der EuErbVO erfasst werden, ergibt sich sowohl die internationale als auch die örtliche Zuständigkeit unmittelbar aus dem FamFG (Begr. RegE BT-Drucks. 18/4201 S. 56), d.h. aus §§ 105, 343 FamFG.

Stichwortverzeichnis

Fett gesetzte Zahlen verweisen auf Paragraphen. Gewöhnlich gesetzte Zeichen verweisen auf Randnummern.

Abänderung § 39 FamFG 23
– Alttitel § 227 FamFG 3
– Antragsberechtigung § 226 FamFG 3
– Antragserfordernis § 227 FamFG 3
– Beschluss § 44 FamFG 15; § 48 FamFG 1, 8–27
– Beschränkung auf Regelsicherungssysteme § 225 FamFG 5
– der Stundungsentscheidung § 264 FamFG 6
– Durchführung der Abänderung § 226 FamFG 1
– Fehlerkorrektur § 225 FamFG 8; § 227 FamFG 4
– Genehmigung § 48 FamFG 68
– gerichtlicher Entscheidungen § 238 FamFG 1–15
– Härtefälle § 226 FamFG 5
– schuldrechtlicher Versorgungsausgleich § 227 FamFG 2
– Tod des Antragsgegners § 226 FamFG 9
– Tod des Antragstellers § 226 FamFG 8
– Vereinbarungen § 227 FamFG 5
– Verfahren § 226 FamFG 1
– Versorgungsausgleich § 225 FamFG 1
– von Entscheidungen nach § 237 und § 253 § 240 FamFG 1, 3–8
– von Urkunden § 239 FamFG 1–4
– von Vergleichen § 239 FamFG 1–4
– Voraussetzungen § 225 FamFG 6
– Wartezeiterfüllung § 225 FamFG 10
– Wertausgleich bei der Scheidung § 225 FamFG 1; § 226 FamFG 1
– Wertausgleich nach der Scheidung § 227 FamFG 2
– Wesentlichkeitsgrenze § 225 FamFG 9; § 227 FamFG 1
– Wirkungszeitpunkt § 226 FamFG 6
– Zeitpunkt der Antragstellung § 226 FamFG 4
– Zulässigkeit § 226 FamFG 4
Abänderungsantrag § 48 FamFG 2
– Rechtskraft § 45 FamFG 35
Abänderungsausschluss § 184 FamFG 2
Abänderungsverfahren § 54 FamFG 5–13
– Verfahrensbegrenzung Art. 8 EuUntVO 1
Abberufung
– »neutrales« Aufsichtsratsmitglied § 375 FamFG 66
– Aufsichtsratsmitglieder § 375 FamFG 37
– Verwaltungsratsmitglieder § 375 FamFG 48
Abfindungsvertrag § 363 FamFG 42
Abgabe § 273 FamFG 1; § 38 FamFG 4; § 488 FamFG 5
– Anhörung § 314 FamFG 5
– Aufenthaltsort § 314 FamFG 3
– Gericht der Ehesache § 268 FamFG 1
– Gerichtskosten in Familiensachen § 6 FamGKG 1 ff.
– in Freiheitsentziehungssachen § 416 FamFG 9
– in Unterbringungssachen § 314 FamFG 1

– Spruchkörper § 1 FamFG 38
– Übernahmebereitschaft § 314 FamFG 7
– weitere § 313 FamFG 12
– Zeitpunkt § 273 FamFG 6
– Zuständigkeit § 273 FamFG 9
– Zuständigkeitsverlagerung § 314 FamFG 9
Abgabeverfügung § 343 FamFG 20
Abhängigmachung
– Kostenvorschuss Vorbem. zu § 378 FamFG 65 ff.
Abhilfe Gehörsverletzung § 44 FamFG 1
Abhilfeverfahren (Beschwerde) § 68 FamFG 2–21
– Abhilfebefugnis § 68 FamFG 3–6
– Abhilfeentscheidung § 68 FamFG 11–13
– Verfahren § 68 FamFG 7–10
– Vorlage an das Beschwerdegericht § 68 FamFG 14–20
Abkommen EU – Dänemark § 97 FamFG 39
Ablehnung § 6 FamFG 21 ff.
– Fallgruppen § 6 FamFG 23 ff.
– Verfahren § 6 FamFG 32 ff.
Ablehnungsgrund § 6 FamFG 21 ff.
Ablieferungspflicht § 358 FamFG 2
Abschlussprüfer
– Bestellung für die KG/OHG/Partnerschaft § 375 FamFG 25
Abschrift
– beglaubigte § 349 FamFG 8 ff.
– Übersendung der § 350 FamFG 3
– vollständige § 366 FamFG 22
Absolute Rechtsbeschwerdegründe § 72 FamFG 21, 26–31
Abstammung
– Untersuchungen zur Feststellung § 178 FamFG 1
Abstammungsfeststellung
– isolierte § 169 FamFG 11
Abstammungsklärung § 169 FamFG 12; § 171 FamFG 8; § 172 FamFG 25
Abstammungsklärungsverfahren § 169 FamFG 12; § 171 FamFG 8–10, 37
Abstammungsrecht § 151 FamFG 1
Abstammungssache § 49 FamFG 51, 52; Vorbem. zu §§ 169 bis 185 FamFG 1–5
– Abgrenzung § 169 FamFG 19 ff.
– Abstammungsgutachten § 177 FamFG 8
– Abstammungsklärungsverfahren § 169 FamFG 12; § 171 FamFG 8–10, 37
– Abstammungsrichtlinien § 177 FamFG 16
– Abstammungsuntersuchung § 178 FamFG 2 ff.
– Amtsermittlung § 177 FamFG 4 ff.
– Anerkennung der Vaterschaft § 180 FamFG 2 ff.
– Anfangsverdacht § 171 FamFG 12 ff.
– Anfechtungsfrist § 171 FamFG 24
– Anhörung § 175 FamFG 5; § 176 FamFG 3 ff.

2253

Stichwortverzeichnis

- Antrag § 171 **FamFG** 2 ff.
- Antrag Abstammungsklärung § 171 **FamFG** 8 ff.
- Antrag Vaterschaftsanfechtung § 171 **FamFG** 11 ff.
- Antrag Vaterschaftsfeststellung § 171 **FamFG** 6 ff.
- Anwaltszwang § 171 **FamFG** 28
- außergerichtliche Gutachten § 197 **FamFG** 16
- Begründung § 38 **FamFG** 108
- Behörde Vaterschaftsanfechtung § 171 **FamFG** 22
- behördliche Anfechtung § 171 **FamFG** 22
- Beistand § 173 **FamFG** 2 ff.
- Beschluss § 182 **FamFG** 2 ff.
- Beschwer § 184 **FamFG** 10
- Beteiligte § 172 **FamFG** 4
- Beweislast § 171 **FamFG** 24
- Beweisvereitelung § 177 **FamFG** 10
- biologischer Vater Anfechtung § 171 **FamFG** 18; § 172 **FamFG** 26, 29 f.
- Defizienzgutachten § 178 **FamFG** 4
- DNA-Gutachten § 177 **FamFG** 8
- Einwendungsausschluss § 237 **FamFG** 5
- Entscheidungsformel § 182 **FamFG** 2 ff.
- Erforderlichkeit § 178 **FamFG** 3
- erheblicher Interessengegensatz § 174 **FamFG** 8
- Erörterungstermin § 175 **FamFG** 2 ff.
- Exhumierung § 177 **FamFG** 11
- Exklusivität § 169 **FamFG** 25–27
- förmliche Beweisaufnahme § 177 **FamFG** 14 ff.
- heimliche Vaterschaftstests § 171 **FamFG** 15
- Interessengegensatz § 174 **FamFG** 8
- Inzidentfeststellung § 169 **FamFG** 26 f.
- Internationale Zuständigkeit § 100 **FamFG** 1 ff.
- isolierte Abstammungsfeststellung § 169 **FamFG** 11
- Jugendamt § 172 **FamFG** 37; § 176 **FamFG** 2 ff.
- Kosten § 183 **FamFG** 1–20, 22, 23
- Kostenvorschuss § 171 **FamFG** 30
- minderjährige Eltern § 172 **FamFG** 9
- minderjähriges Kind § 172 **FamFG** 10
- Mindestunterhalt § 237 **FamFG** 2 ff.
- Mutterschaft § 169 **FamFG** 6
- Negativer Feststellungsantrag § 169 **FamFG** 5
- neues Gutachten § 185 **FamFG** 8
- Niederschrift § 180 **FamFG** 1
- örtliche Zuständigkeit § 170 **FamFG** 2 ff.
- postmortale Abstammungsverfahren § 169 **FamFG** 18
- Rechtsanwaltsbeiordnung § 171 **FamFG** 31
- Rechtskraft § 184 **FamFG** 3 ff.
- Rechtskraftzeugnis § 46 **FamFG** 13
- Rechtsmittel § 184 **FamFG** 8 ff.
- Richtlinien § 177 **FamFG** 14
- Sozial-familiäre Beziehung § 171 **FamFG** 20 f.
- Tod eines Beteiligten § 181 **FamFG** 2 f.
- Unmittelbarkeitsgrundsatz § 177 **FamFG** 19
- Vaterschaftsanerkennung § 169 **FamFG** 10
- Vaterschaftsanfechtung § 169 **FamFG** 14 ff.
- Vaterschaftsfeststellung § 169 **FamFG** 4
- Verfahrensaussetzung § 171 **FamFG** 27
- Verfahrensbeistand § 174 **FamFG** 2 ff.
- Verfahrensbeteiligte § 172 **FamFG** 2, 23 ff.
- Verfahrensgegenstände § 169 **FamFG** 1 ff.
- Verfahrenskostenhilfe § 171 **FamFG** 29, 33 ff.
- Verfahrensübersicht und Beteiligte § 172 **FamFG** 40
- Verfahrensverbindung § 179 **FamFG** 2 ff.
- Vermutungen gesetzliche § 177 **FamFG** 5
- Vollstreckung § 184 **FamFG** 6
- Weigerungsrecht § 178 **FamFG** 9
- Wiederaufnahme § 48 **FamFG** 30
- Wiederaufnahmeverfahren § 185 **FamFG** 2 ff.
- Wirksamkeit § 184 **FamFG** 2
- Wirksamwerden Beschluss § 40 **FamFG** 37
- Zeugenbeweis § 177 **FamFG** 7
- Zumutbarkeit § 178 **FamFG** 6
- Zwischenstreitverfahren § 178 **FamFG** 8 ff.

Abstammungsverfahren § 172 **FamFG** 22–36
- Gebühren Nr. 1320-1328 KV **FamGKG** 4 ff.
- Gegenstandswerte § 47 **FamGKG** 1 ff.
- Gerichtsgebühren Nr. 1320-1328 KV **FamGKG** 1 ff.
- Kostenentscheidung § 183 **FamFG** 1–20, 22, 23
- postmortales § 169 **FamFG** 18; § 172 **FamFG** 35, 36

Abtrennung § 140 **FamFG** 1–9
- Folgen § 140 **FamFG** 16
- ins Ermessen des Gerichts gestellte § 140 **FamFG** 1
- zwingende § 140 **FamFG** 1

Abwesenheitspfleger § 365 **FamFG** 5

Abwesenheitspflegschaft § 363 **FamFG** 2, 24

Abwickler
- Bestellung für die AG/den VVaG § 375 **FamFG** 43

Adoptionspflege § 186 **FamFG** 13; § 187 **FamFG** 6; § 197 **FamFG** 19

Adoptionssache § 49 **FamFG** 53; Vorbem. zu §§ 186 bis 199 **FamFG** 1–15
- Abänderung § 197 **FamFG** 26; § 198 **FamFG** 5, 6, 8, 13
- Amtsaufklärung § 192 **FamFG** 10; § 193 **FamFG** 2; § 195 **FamFG** 3
- Amtsermittlung § 186 **FamFG** 8, 36; § 189 **FamFG** 3
- Aufhebung der Adoption § 191 **FamFG** 3
- Aufhebung der Annahme § 186 **FamFG** 26–34; § 198 **FamFG** 8
- Aufhebung des Annahmeverhältnisses § 188 **FamFG** 10–13; § 192 **FamFG** 4; § 197 **FamFG** 6
- Begriff § 186 **FamFG** 2, 26
- Ersetzung der Einwilligung § 186 **FamFG** 18–25; § 187 **FamFG** 14; § 188 **FamFG** 9; § 197 **FamFG** 2; § 198 **FamFG** 2; Vorbem. zu §§ 186 bis 199 **FamFG** 8
- fachliche Äußerung § 188 **FamFG** 16; § 189 **FamFG** 1–5; § 195 **FamFG** 4
- Gebühren Vorbem. zu §§ 186 bis 199 **FamFG** 15
- Gehörsrüge § 193 **FamFG** 3; § 197 **FamFG** 14
- gutachtliche Äußerung § 186 **FamFG** 6

- Inkognito-Adoption § 186 FamFG 33; § 188 FamFG 4; § 189 FamFG 16; § 192 FamFG 11; § 197 FamFG 10
- Internationale Zuständigkeit § 101 FamFG 1 ff.
- Kostenentscheidung § 81 FamFG 29
- Name § 197 FamFG 8, 13 ff.; § 198 FamFG 9; Vorbem. zu §§ 186 bis 199 FamFG 8, 10
- Probezeit § 189 FamFG 13
- Rücknahme des Annahmeantrags § 186 FamFG 4
- sittliche Rechtfertigung § 186 FamFG 14
- Verfahrensbeistand § 188 FamFG 17; § 191 FamFG 2
- Verweisung § 187 FamFG 22 f.
- Wiederaufnahme § 197 FamFG 26; § 198 FamFG 5, 6, 8, 13
- Zuständigkeit § 187 FamFG 1; Vorbem. zu §§ 186 bis 199 FamFG 4–11

Adoptionsvermittlung § 186 FamFG 3, 38; § 189 FamFG 6–8; § 195 FamFG 2

Adoptionswirkungsgesetz und Adoptionsübereinkommens-Ausführungsgesetz § 97 FamFG 49 f.

AdVermiG § 189 FamFG 8; § 195 FamFG 2, 4

AdWirkG § 186 FamFG 38; § 187 FamFG 2; § 199 FamFG 1–4

Akteneinsicht § 13 FamFG 1–26; § 357 FamFG 1
- der Beteiligten § 13 FamFG 2–7
- Dritte § 13 FamFG 8–15
- Kindesannahme § 13 FamFG 15

Aktenführung
- Registersachen Anhang zu § 387 FamFG 3 ff.

Aktenverwahrung § 349 FamFG 9

Alttatsache § 48 FamFG 15

Amtliche Auskunft § 30 FamFG 94

Amtliche Vermittlung § 372 FamFG 6

Amtliche Verwahrung § 351 FamFG 2

Amtsaufklärung
- Umfang § 177 FamFG 4–11

Amtsermittlung § 127 FamFG 2, 3; § 26 FamFG 1 ff.
- Abstammungssachen § 177 FamFG 2
- Anwendungsbereich § 26 FamFG 5 ff.
- Art § 26 FamFG 17
- Auskunftspflicht § 220 FamFG 1
- Einschränkungen § 177 FamFG 12; § 26 FamFG 40
- Feststellungslast § 26 FamFG 48 ff.
- Gegenstand § 26 FamFG 13
- Mitwirkung der Beteiligten § 27 FamFG 1 ff.
- Rechtsfolgen unzureichender Aufklärung § 26 FamFG 54 ff.
- Registersachen Vorbem. zu § 378 FamFG 92
- Tatsachenfeststellung § 26 FamFG 45
- Umfang § 26 FamFG 25 ff.
- verfahrensrechtliche Folgen § 177 FamFG 3

Amtsermittlungsgrundsatz § 177 FamFG 2–12

Amtsermittlungsprinzip
- Einschränkung des § 206 FamFG 19

Amtsgericht § 1 FamFG 13 ff.

Amtshaftung
- Aussetzungsrund im Registerverfahren § 381 FamFG 10
- Registerverfahren § 379 FamFG 11; Vorbem. zu § 378 FamFG 130 f.

Amtshilfe § 488 FamFG 4

Amtslöschungsverfahren
- Widerspruch § 45 FamFG 21

Amtsverfahren Vorbem. zu §§ 23-37 FamFG 4, 36; § 11 FamFG 6; § 51 FamFG 12–15; § 24 FamFG 1 ff.
- Durchführung § 24 FamFG 7
- Kosten § 24 FamFG 10 ff.
- Unterrichtungspflicht des Gerichts § 24 FamFG 4

Amtsverschwiegenheit § 29 FamFG 28 ff.

Amtsvormundschaft § 190 FamFG 2

Änderung
- der Entscheidung § 54 FamFG 1–27
- der Stundungsentscheidung § 362 FamFG 14

Änderung Sach-/Rechtslage § 48 FamFG 13–16

Änderungsentscheidung
- Rechtsschutzmöglichkeiten § 54 FamFG 27

Anderweitige Anhängigkeit Vorbem. zu §§ 23-37 FamFG 23

Androhung
- Ordnungsgeld § 392 FamFG 28

Aneignungsrecht § 32 IntErbRVG 1 ff.
- Ausübung § 32 IntErbRVG 6
- Befriedigung aus dem Nachlass § 32 IntErbRVG 10
- Bescheinigung § 32 IntErbRVG 8
- Internationale und örtliche Zuständigkeit § 32 IntErbRVG 5
- Übergang des Vermögens § 32 IntErbRVG 7
- Vermächtnisansprüche § 32 IntErbRVG 9

Anerkenntnisentscheidung § 38 FamFG 88–91

Anerkennung anderer ausländischer Entscheidungen
- Anerkennungsfeststellungsverfahren § 108 FamFG 32 ff.
- Anerkennungsverfahren nach dem Adoptionswirkungsgesetz § 108 FamFG 36
- Antrag § 108 FamFG 34
- Ausführungs- und Durchführungsbestimmungen § 108 FamFG 18
- Ausländische Entscheidung § 108 FamFG 19 ff.
- Beachtung ausländischer Rechtshängigkeit § 108 FamFG 40
- Bilaterale Staatsverträge § 108 FamFG 17
- Brüssel Ia-Verordnung § 108 FamFG 5
- Entscheidung § 108 FamFG 35
- Entscheidung nicht vermögensrechtlichen Inhalts § 108 FamFG 32
- Europäische Unterhaltsverordnung § 108 FamFG 4, 7
- Europäisches Sorgerechtsübereinkommen § 108 FamFG 16
- EU-Verordnung über die gegenseitige Anerkennung von Schutzmaßnahmen § 108 FamFG 6

Stichwortverzeichnis

- Grundsatz der Inzidentanerkennung § 108 FamFG 26
- Haager Adoptionsübereinkommen § 108 FamFG 11
- Haager Erwachsenenschutzübereinkommen § 108 FamFG 14
- Haager Kinderschutzübereinkommen § 108 FamFG 8
- Haager Kindesentführungsübereinkommen § 108 FamFG 10
- Haager Minderjährigenschutzabkommen § 108 FamFG 9
- Haager Übereinkommen über die Anerkennung und Vollstreckung von Unterhaltsentscheidungen § 108 FamFG 13
- Haager Unterhaltsübereinkommen § 108 FamFG 12
- Luganer Übereinkommen § 108 FamFG 15
- Wirkungen der Anerkennung § 108 FamFG 27 ff.
- Zuständigkeit § 108 FamFG 33

Anerkennung deutscher Entscheidungen § 28 IntErbRVG 1

Anerkennung einer Entscheidung Art. 39 EuErbVO EuErbVO 1 ff.

- Abänderung Art. 21 Brüssel II a-VO 9
- Altfälle § 107 FamFG 18
- Anerkennung einer Entscheidung als Vorfrage Art. 21 Brüssel II a-VO 8
- Anerkennung und Vollstreckung einstweiliger Maßnahmen Art. 21 Brüssel II a-VO 10 ff.
- Anerkennungsfähige Entscheidungen Art. 16 EuUntVO 6
- Anerkennungshindernisse Art. 23 KSÜ 2; Art. 24 EuUntVO 1 ff.
- Antrag § 107 FamFG 11
- Aufhebung oder Änderung § 68 AUG 1 ff.; § 25 IntErbRVG 1
- Ausländische Entscheidung § 107 FamFG 5
- Ausschluss einer Nachprüfung in der Sache Art. 26 Brüssel II a-VO 1; Art. 41 EuErbVO 1
- Aussetzung des Anerkennungsverfahrens Art. 25 EuUntVO 1; Art. 42 EuErbVO 1
- Aussetzung des Verfahrens Art. 27 Brüssel II a-VO 1
- Automatische Anerkennung Art. 23 KSÜ 2; Art. 16 EuUntVO 4
- Automatische und formlose Anerkennung Art. 21 Brüssel II a-VO 2
- Bescheinigung Art. 39 Brüssel II a-VO 1
- Bindung an die Tatsachenfeststellungen Art. 25 KSÜ 1
- Blockadewirkung des Feststellungsmonopols § 107 FamFG 4
- Durchsetzung Art. 40 EuUntVO 1 ff.
- Ehesache § 107 FamFG 6 f.
- Fehlen von Urkunden Art. 38 Brüssel II a-VO 1
- Feststellung der Anerkennung oder Nichtanerkennung Art. 21 Brüssel II a-VO 3 ff.; Art. 24 KSÜ 1 f.
- Feststellung der Anerkennungswirkungen § 107 FamFG 9 ff.
- Gründe für die Nichtanerkennung Art. 40 EuErbVO 1 ff.
- Gründe für die Nichtanerkennung einer Eheentscheidung Art. 22 Brüssel II a-VO 2 ff.
- Heimatstaatsentscheidungen § 107 FamFG 8
- Keine Statuswirkungen Art. 22 EuUntVO 1 f.
- Kosten § 107 FamFG 19
- Kostenentscheidung § 56 AUG 1; § 22 IntErbRVG 1
- Mangelnde Kindesanhörung Art. 23 Brüssel II a-VO 3
- Mangelndes rechtliches Gehör Art. 23 Brüssel II a-VO 5
- Mitgliedstaaten, die nicht durch das HaagUnthProt 2007 gebunden sind Art. 23 EuUntVO 1 f.
- Nichtanerkennung einer Entscheidung über die elterliche Verantwortung Art. 23 Brüssel II a-VO 1 ff.
- Nichteinlassung Art. 22 Brüssel II a-VO 3; Art. 23 Brüssel II a-VO 4
- Nichtmitgliedstaat des Haager Protokolls Art. 16 EuUntVO 5
- Öffentliche Urkunden und Vereinbarungen Art. 46 Brüssel II a-VO 1 ff.
- Ordre public Art. 22 Brüssel II a-VO 2; Art. 23 Brüssel II a-VO 2
- Rechtsmittel § 107 FamFG 13 ff.
- Unterbringung des Kindes Art. 23 Brüssel II a-VO 8
- Unterschiede beim anzuwendenden Recht Art. 25 Brüssel II a-VO 1
- Unvereinbarkeit mit Entscheidung des Anerkennungsstaates Art. 22 Brüssel II a-VO 4; Art. 23 Brüssel II a-VO 6
- Unvereinbarkeit mit früherer Entscheidung Art. 22 Brüssel II a-VO 5
- Unvereinbarkeit mit späterer anderer Entscheidung Art. 23 Brüssel II a-VO 7
- Urkunden Art. 37 Brüssel II a-VO 1 f.
- Verbot der Nachprüfung der Zuständigkeit des Gerichts des Ursprungsmitgliedstaats Art. 24 Brüssel II a-VO 1
- Verbot der sachlichen Nachprüfung Art. 42 EuUntVO 1
- Verfahren § 55 AUG 1; § 21 IntErbRVG 1
- Verfahren vor der Anerkennungsfeststellung § 107 FamFG 12
- Wirkungen der Feststellung § 107 FamFG 16 f.
- Zuständigkeit § 107 FamFG 9 f.

Anerkennung und Vollstreckung ausländischer Maßnahmen Art. 22 ErwSÜ 1

- Anerkennungshindernisse Art. 22 ErwSÜ 2

- Antrag auf Feststellung der Anerkennung oder Nichtanerkennung **Art. 23 ErwSÜ** 1
- Überprüfung der Anerkennungszuständigkeit **Art. 24 ErwSÜ** 1
- Unvereinbarkeit mit anderen Maßnahmen **Art. 22 ErwSÜ** 3

Anerkennung und Vollstreckung von Unterhaltstiteln
- Nach dem Haager Übereinkommen vom 2. Oktober 1973 **§ 61 AUG** 1
- Nach dem Haager Übereinkommen vom 23. November 2007 **§ 60a AUG** 1
- Nach völkerrechtlichen Verträgen **§ 57–60 AUG** 1 ff.

Anerkennungsfeststellung § 32 IntFamRVG 1
- Bindungswirkung **§ 9 ErwSÜAG** 1

Anerkennungsfeststellung und Vollstreckbarerklärung § 8 ErwSÜAG 1 ff.
- Aufhebung oder Änderung **§ 11 ErwSÜAG** 1

Anerkennungshindernisse Art. 22 ErwSÜ 2
- Auflockerung der Spiegelbildlichkeit in Ehesachen **§ 109 FamFG** 46
- Auflockerung der Spiegelbildlichkeit in Lebenspartnerschaftssachen **§ 109 FamFG** 47
- Ausführungs- und Durchführungsbestimmungen **§ 109 FamFG** 24
- Bilaterale Staatsverträge **§ 109 FamFG** 22 f.
- Brüssel Ia-Verordnung **§ 109 FamFG** 3 f.
- Europäische Erbrechtsverordnung **§ 109 FamFG** 7
- Europäische Unterhaltsverordnung **§ 109 FamFG** 5
- Europäisches Sorgerechtsübereinkommen **§ 109 FamFG** 20 f.
- EU-Verordnung über die gegenseitige Anerkennung von Schutzmaßnahmen **§ 109 FamFG** 6
- Frühere Rechtshängigkeit **§ 109 FamFG** 35
- Gegenseitigkeit **§ 109 FamFG** 48
- Haager Adoptionsübereinkommen **§ 109 FamFG** 13 ff.
- Haager Erwachsenenschutzübereinkommen **§ 109 FamFG** 18
- Haager Kinderschutzübereinkommen **§ 109 FamFG** 8
- Haager Kindesentführungsübereinkommen **§ 109 FamFG** 10
- Haager Minderjährigenschutzabkommen **§ 109 FamFG** 9
- Haager Übereinkommen über die Anerkennung und Vollstreckung von Unterhaltsentscheidungen **§ 109 FamFG** 12
- Haager Unterhaltsübereinkommen **§ 109 FamFG** 11
- Keine Äußerung zur Hauptsache **§ 109 FamFG** 31
- Kollidierende Entscheidungen **§ 109 FamFG** 33 f.
- Luganer Übereinkommen **§ 109 FamFG** 19
- Mangel der internationalen Zuständigkeit **§ 109 FamFG** 27 f.
- Materiellrechtlicher ordre public **§ 109 FamFG** 37 ff.

- Nicht ordnungsgemäße oder rechtzeitige Mitteilung **§ 109 FamFG** 30
- Ordre public **§ 109 FamFG** 36 ff.
- Prüfung **§ 109 FamFG** 26
- Rüge **§ 109 FamFG** 32
- Verbot der révision au fond **§ 109 FamFG** 50
- Verbürgung der Gegenseitigkeit **§ 109 FamFG** 49
- Verfahrenseinleitendes Dokument **§ 109 FamFG** 29
- Verfahrensrechtlicher ordre public **§ 109 FamFG** 45
- Verletzung des rechtlichen Gehörs **§ 109 FamFG** 29 ff.

Anfangsermittlungen § 158 FamFG 21
Anfechtbarkeit
- Ausschluss der **§ 158 FamFG** 27
- Beschluss **§ 47 FamFG** 17
- einstweilige Anordnung **§ 427 FamFG** 23
- fehlende **§ 44 FamFG** 20, 21
- in Freiheitsentziehungssachen **§ 429 FamFG** 2
- selbständige **§ 158 FamFG** 27
- selbsständige **§ 44 FamFG** 11–15
- unselbsständige **§ 44 FamFG** 16–18

Anfechtung
- der Vaterschaft **§ 169 FamFG** 14–17

Anforderungen
- formelle **§ 124 FamFG** 2
- inhaltliche **§ 124 FamFG** 4

Angehörige
- Beschwerdeberechtigung **§ 303 FamFG** 9

Anhörung § 156 FamFG 12
- Absehen **§ 159 FamFG** 8 ff.; **§ 160 FamFG** 8 ff.; **§ 278 FamFG** 10; **§ 299 FamFG** 4; **§ 301 FamFG** 2
- Äußerungsrecht der in ihren Rechten Betroffenen **§ 37 FamFG** 17 ff.
- bei Abgabe **§ 4 FamFG** 19
- bei Unterbringung **§ 167 FamFG** 7
- berufsständischer Organe **§ 380 FamFG** 17 ff.
- Beteiligte **§ 279 FamFG** 3; **§ 298 FamFG** 4 f.; **§ 7 FamFG** 36
- Betreuer **§ 296 FamFG** 3
- Betreuungsbehörde **§ 279 FamFG** 4; **§ 297 FamFG** 5
- Betroffener **§ 278 FamFG** 5; **§ 294 FamFG** 4; **§ 296 FamFG** 3; **§ 297 FamFG** 4; **§ 298 FamFG** 4; **§ 300 FamFG** 10; **§ 319 FamFG** 4; **§ 420 FamFG** 4
- der Pflegeperson **§ 161 FamFG** 6 f.
- Dritter **§ 293 FamFG** 8
- Durchführung **§ 34 FamFG** 21 f.
- Durchführung der Anhörung zur Sachverhaltsaufklärung **§ 33 FamFG** 25 ff.
- einstweilige Anordnung **§ 51 FamFG** 28
- gesetzlich angeordnete **§ 34 FamFG** 11
- gesetzlicher Vertreter **§ 279 FamFG** 7
- Gestaltung **§ 159 FamFG** 14 ff.; **§ 160 FamFG** 15 ff.
- im Abstammungsverfahren **§ 175 FamFG** 5
- im Festsetzungsverfahren **§ 168 FamFG** 58

Stichwortverzeichnis

- in Freiheitsentziehungssachen § 420 FamFG 1 ff.
- in Unterbringungssachen § 319 FamFG 1 ff.; § 320 FamFG 1 ff.; § 331 FamFG 18
- Jugendamt § 176 FamFG 1
- Ladung (Anhörung zur Gehörgewährung) § 34 FamFG 19
- Ladung (zur Sachverhaltsaufklärung) § 33 FamFG 9
- Nachholung § 159 FamFG 12 f.; § 160 FamFG 13 f.
- Nachholung der Anhörung bei Gefahr im Verzug § 162 FamFG 6 f.
- nahe stehende Person § 279 FamFG 5; § 298 FamFG 5
- obligatorische Anhörung § 34 FamFG 9 ff.
- Öffentlichkeit § 278 FamFG 13
- Ordnungsmittel § 33 FamFG 15 ff.
- persönliche § 155 FamFG 6 ff.; § 420 FamFG 2 ff.
- Pflicht zur § 159 FamFG 6; § 160 FamFG 4; § 162 FamFG 4; § 167 FamFG 7
- Protokollierung § 420 FamFG 26
- Rechtsfolgen des Nichterscheinens § 33 FamFG 15 ff.; § 34 FamFG 26
- Sachverständiger § 302 FamFG 3; § 333 FamFG 10; § 420 FamFG 23
- sonstige Beteiligte § 294 FamFG 3; § 297 FamFG 6; § 320 FamFG 3 ff.; § 420 FamFG 18 ff.; § 427 FamFG 19
- Unterbleiben § 420 FamFG 13, 22
- Verfahrenspfleger § 278 FamFG 5
- Verzicht auf Anhörung § 34 FamFG 18
- Vorführung (zwecks Sachverhaltsaufklärung) § 33 FamFG 22
- zur Gewährung rechtlichen Gehörs § 34 FamFG 1 ff.
- zur Sachverhaltsaufklärung § 33 FamFG 7 ff.
- zuständige Behörde § 320 FamFG 5

Anhörungsrüge § 44 FamFG 1; Vorbem. zu §§ 58–75 FamFG 36
- Genehmigung § 48 FamFG 68
- Gerichtsgebühr Nr. 1800 KV FamGKG 1
- in Kostensachen § 61 FamGKG 1 ff.

Anknüpfungsmomente § 122 FamFG 3

Ankündigung § 38 FamFG 6, 56
- Auflösung wegen Satzungsmangel § 399 FamFG 24 ff.
- Firmenlöschung § 393 FamFG 27 ff.
- Löschung bei Vermögenslosigkeit § 394 FamFG 25 ff.
- Löschung unzulässiger Eintragungen § 395 FamFG 92 ff.

Anmeldepflicht zum Register Vorbem. zu § 378 FamFG 8

Anmeldevollmacht Vorbem. zu § 378 FamFG 32 ff.

Anmeldung des Aufgebots
- Anwaltsgebühren § 440 FamFG 17
- Ausschließungsbeschluss § 440 FamFG 9
- Aussetzung § 440 FamFG 12
- Echte ~ § 440 FamFG 3 f.
- Gerichtskosten § 440 FamFG 17
- Rechtsbestreitende ~ § 440 FamFG 4, 6
- Rechtseinschränkende ~ § 440 FamFG 5 f.
- Uneigentliche ~ § 440 FamFG 2
- Verfahren § 440 FamFG 7 f.
- Vorbehalt § 440 FamFG 14

Anmeldung des Aufgebots nach dem Anmeldezeitpunkt
- Anmeldezeitpunkt § 438 FamFG 5
- Gebühren/Kosten § 438 FamFG 8 ff.
- Prüfungsumfang § 438 FamFG 7
- Zuständiges Aufgebotsgericht § 438 FamFG 4

Anordnung
- gerichtliche § 35 FamFG 5
- in Freiheitsentziehungssachen § 417 FamFG 1 ff.
- persönliches Erscheinen § 155 FamFG 11 ff.; § 157 FamFG 8
- richterliche § 417 FamFG 15; § 428 FamFG 2
- verfahrensleitende § 35 FamFG 2
- vollzugsfähige § 35 FamFG 5

Anordnungsantrag
- Zurückweisung des § 359 FamFG 10

Anordnungsbeschluss § 352e FamFG 8, 9, 15; § 359 FamFG 6 ff.
- Rechtskraft des § 352e FamFG 13

Anordnungsverfahren § 51 FamFG 40–45
- Besonderheiten § 246 FamFG 35–40, 42, 43
- Beteiligte § 51 FamFG 16
- selbstständiges § 51 FamFG 36–39

Anpassung
- örtliche Zuständigkeit § 218 FamFG 4

Anrufung eines Gerichts Art. 14 EuErbVO 1 ff.

Anscheinsbeweis § 37 FamFG 14 f.

Anschlussbeschwerde § 39 FamFG 24; § 44 FamFG 13; § 66 FamFG 1–25
- Akzessorietät § 66 FamFG 4–6, 19–21
- Beschwer § 66 FamFG 12
- Ehe- und Familienstreitsachen § 117 FamFG 38; § 66 FamFG 15
- Form § 66 FamFG 17
- Gegenanschließung § 66 FamFG 8
- Hilfsanschließung § 66 FamFG 8
- Landwirtschaftsverfahren § 66 FamFG 21
- Rechtsschutzbedürfnis § 66 FamFG 9–11
- Verschlechterungsverbot § 66 FamFG 11
- Verzicht § 67 FamFG 13
- zeitliche Zulässigkeit § 66 FamFG 14, 15
- Zulassungsbedürftigkeit § 66 FamFG 7
- zuständiges Gericht § 66 FamFG 18

Anschlussrechtsbeschwerde § 73 FamFG 1–5

Anschlussrechtsmittel
- Begründungszwang § 145 FamFG 15
- Teilanfechtung § 145 FamFG 4

Anspruch auf rechtliches Gehör § 44 FamFG 1, 24–31

Anteilsrecht § 371 FamFG 8

Antrag § 171 FamFG 1; § 373 FamFG 8 f.

Stichwortverzeichnis

- Antrag zu Protokoll der Geschäftsstelle § 25 FamFG 4 ff., 17 ff.
- Antragsbegründung § 23 FamFG 16
- Antragsberechtigung § 23 FamFG 41
- Begriff § 25 FamFG 8
- Beschluss § 38 FamFG 74
- einstweilige Anordnung § 51 FamFG 12, 21 ff.
- Erfordernis in Antragsverfahren § 23 FamFG 4 ff.
- Ergänzung Beschluss § 43 FamFG 12–21
- Form § 51 FamFG 21–25
- formelle Anforderungen § 23 FamFG 14 ff.
- Frist § 23 FamFG 50 f.
- im Festsetzungsverfahren § 168 FamFG 27 ff.
- in Freiheitsentziehungssachen § 417 FamFG 2 ff.
- in mündlicher, fernmündlicher oder sonstiger Form § 25 FamFG 29 ff.
- Inhalt § 51 FamFG 21–25
- Präzisierung des § 203 FamFG 8
- Rücknahme § 43 FamFG 17
- Sachantrag § 23 FamFG 61 ff.
- schriftlicher § 25 FamFG 4, 10 ff.
- Stellung § 43 FamFG 13
- übergangener § 43 FamFG 12–21
- Übermittlung an Beteiligte § 23 FamFG 59
- Unterzeichnung § 23 FamFG 28
- verfahrenseinleitender § 23 FamFG 1 ff.
- Verwirkung/Rechtsschutzbedürfnis § 23 FamFG 58
- Verzicht § 23 FamFG 57

Antrag auf Vollstreckbarerklärung Art. 26 KSÜ 1
- Aussetzung des Verfahrens Art. 35 Brüssel II a-VO 1
- Bescheinigung Art. 39 Brüssel II a-VO 1
- Entscheidung des Gerichts Art. 31 Brüssel II a-VO 1
- Entscheidungen aus Nichtmitgliedstaaten des HaagUnthProt 2007 Art. 26 EuUntVO 1
- Fehlen von Urkunden Art. 38 Brüssel II a-VO 1
- Mitteilung der Entscheidung Art. 32 Brüssel II a-VO 1
- Mitteilung der Entscheidung über den Antrag ~ Art. 31 EuUntVO 1
- Nichtvorlage des Auszugs Art. 29 EuUntVO 1
- Öffentliche Urkunden und Vereinbarungen Art. 46 Brüssel II a-VO Brüssel II a-VO 1 ff.
- Örtlich zuständiges Gericht Art. 29 Brüssel II a-VO 1; Art. 27 EuUntVO 1
- Rechtsbehelf Art. 33 Brüssel II a-VO 1 ff.
- Rechtsbehelf gegen die Entscheidung über den Antrag Art. 32 EuUntVO 1 ff.
- Rechtsmittel gegen die Entscheidung über den Rechtsbehelf Art. 33 EuUntVO 1
- révision au fond Art. 27 KSÜ 1
- *Teilvollstreckung* Art. 36 Brüssel II a-VO 1
- Urkunden Art. 37 Brüssel II a-VO 1 f.
- Verfahren Art. 30 Brüssel II a-VO 1; Art. 28 EuUntVO 1
- Versagung der Vollstreckung Art. 28 KSÜ 1
- Versagung oder Aufhebung einer Vollstreckbarerklärung Art. 34 EuUntVO 1 f.
- Vollstreckbare Entscheidungen Art. 28 Brüssel II a-VO 1
- Vollstreckbarerklärung Art. 30 EuUntVO 1

Antrag zu Protokoll der Geschäftsstelle § 25 FamFG 17 ff.
- Form und Inhalt § 25 FamFG 20 ff.
- formelle Mängel § 23 FamFG 35 ff.
- Übermittlung der Niederschrift an das zuständige Gericht § 25 FamFG 23 ff.

Antragsberechtigte
- Abstammungssachen § 172 FamFG 23 ff.
- Information § 345 FamFG 17

Antragsberechtigung § 361 FamFG 4; § 362 FamFG 6 ff.; § 363 FamFG 25 ff.; § 373 FamFG 9
- Gehörsrüge § 44 FamFG 37

Antragserfordernis § 171 FamFG 2–4

Antragsinhalt § 171 FamFG 5–15, 17, 18, 20–22, 24; § 203 FamFG 6

Antragsrecht § 359 FamFG 4; § 363 FamFG 33

Antragsrücknahme § 22 FamFG 3 ff.; § 363 FamFG 39
- Rechtsfolgen § 22 FamFG 10 ff.
- Voraussetzungen § 22 FamFG 6 ff.

Antragsschrift § 124 FamFG 1; § 131 FamFG 4
- zwingend notwendige Angaben § 133 FamFG 4 f.

Antragstellung § 359 FamFG 7; § 363 FamFG 2; § 366 FamFG 30; § 43 FamFG 13

Antragsverfahren § 171 FamFG 2; § 23 FamFG 1 ff.; Vorbem. zu §§ 23-37 FamFG 5 ff.; § 231 FamFG 9; § 345 FamFG 11; § 353 FamFG 13; § 362 FamFG 5 ff.; § 51 FamFG 12–15; § 52 FamFG 10–17; Einleitung FamFG 37
- Antragsberechtigung § 434 FamFG 10
- echte Streitsachen Vorbem. zu §§ 23-37 FamFG 5
- Entscheidung § 434 FamFG 17 ff.
- Gerichtskosten § 23 FamFG 78 ff.
- Inhalt § 434 FamFG 12
- Kosten § 434 FamFG 25 ff.
- Kostenentscheidung § 23 FamFG 84
- Rechtsanwaltsgebühren § 23 FamFG 81 ff.
- Rechtsmittel § 434 FamFG 23 f.
- Rücknahme des Antrags § 434 FamFG 7
- Verfahren § 434 FamFG 14 ff.
- Voraussetzungen § 434 FamFG 3 ff.

Antragsvoraussetzungen
- Verfahrensvoraussetzungen Vorbem. zu §§ 23-37 FamFG 10 ff.

Anwaltspflicht § 231 FamFG 37–40

Anwaltsverfahren § 10 FamFG 5

Anwaltszwang § 10 FamFG 4, 5; § 114 FamFG 1; § 117 FamFG 2; § 147 FamFG 13; § 171 FamFG 28
- Behördenprivileg § 114 FamFG 11
- bei umfassenden Rechtsmittelverzicht § 144 FamFG 4
- Ehesachen § 114 FamFG 7
- einstweilige Anordnung § 114 FamFG 15

2259

Stichwortverzeichnis

- Familienstreitsachen § 114 FamFG 9
- Jugendamt § 114 FamFG 16
- Unterhaltssachen § 114 FamFG 16
- Verfahrenskostenhilfe § 114 FamFG 19
- Versorgungsausgleich § 114 FamFG 20
- Vollmacht § 114 FamFG 22
- vor dem BGH § 10 FamFG 23

Anwendung unmittelbaren Zwangs
- Abstammungssachen § 178 FamFG 11
- Anordnung § 90 FamFG 3 f.
- ausdrücklicher Beschluss § 90 FamFG 3
- sofortige Beschwerde § 90 FamFG 6
- Verhältnismäßigkeitsgrundsatz § 90 FamFG 3 f.
- Voraussetzungen § 90 FamFG 1 f.

Anwendungsbereich
- FamFG § 1 FamFG 1–48

Apostilleabkommen Vorbem. zu § 378 FamFG 44

Apothekerkammer § 380 FamFG 16

Arbeitsverhältnis
- Minderjähriger § 47 FamFG 5

Architektenkammer § 380 FamFG 16

Arrest § 119 FamFG 1 ff.
- Arrestanspruch § 119 FamFG 17
- Arrestgrund § 119 FamFG 18
- Arrestverfahren § 119 FamFG 19
- Güterrechtssachen § 119 FamFG 13 ff.
- künftiger Zugewinnausgleich § 119 FamFG 15
- Schadensersatz § 119 FamFG 23
- Sicherheitsleistung § 119 FamFG 14
- und einstweilige Anordnung § 119 FamFG 1–19, 23
- Unterhaltssachen § 119 FamFG 11 ff.
- vorzeitiger Zugewinnausgleich § 119 FamFG 16 ff.

Arrestanspruch § 119 FamFG 17

Arrestgrund § 119 FamFG 18

Arrestverfahren § 119 FamFG 19, 23

Ärztekammer § 380 FamFG 16

Ärztliche Maßnahmen § 298 FamFG 2

Ärztliche Zwangsmaßnahme § 312 FamFG 6; § 321 FamFG 12
- Begründung § 323 FamFG 24
- Dauer § 323 FamFG 19; § 329 FamFG 6; § 333 FamFG 16
- einstweilige Anordnung § 331 FamFG 7; § 333 FamFG 15
- Gutachten § 321 FamFG 2, 12
- Sachverständiger § 329 FamFG 13

Ärztliches Attest § 295 FamFG 4; § 299 FamFG 6; § 300 FamFG 8

Ärztliches Zeugnis
- Anforderungen § 281 FamFG 17
- Datenschutz § 282 FamFG 14
- Verhältnismäßigkeit § 281 FamFG 13

Aufenthalt
- gewöhnlicher § 343 FamFG 4, 8 f.
- letzter § 343 FamFG 13

Aufenthaltszuständigkeit Art. 4 EuErbVO 4 ff.

- Einjähriger gewöhnlicher Aufenthalt des Antragstellers Art. 3 Brüssel II a-VO 9 f.
- Gemeinsamer Antrag Art. 3 Brüssel II a-VO 8
- Gemeinsamer Aufenthalt Art. 3 Brüssel II a-VO Brüssel II a-VO 5
- Gewöhnlicher Aufenthalt des Antragsgegners Art. 3 Brüssel II a-VO 7
- Letzter gemeinsamer gewöhnlicher Aufenthalt Art. 3 Brüssel II a-VO 6
- Sechsmonatiger gewöhnlicher Aufenthalt im Heimatstaat Art. 3 Brüssel II a-VO 11

Aufforderung
- Behebung eines Satzungsmangel § 399 FamFG 24 ff.

Aufgabe zur Post § 41 FamFG 31–33

Aufgabenkreis
- Bezeichnung § 286 FamFG 3

Aufgebot § 490 FamFG 1; § 491 FamFG 2, 3

Aufgebot der Schiffsgläubiger
- Antragsberechtigung § 465 FamFG 6
- Aufgebotsfrist § 465 FamFG 9
- Landesrechtliche Sonderregelungen § 465 FamFG 1
- Örtliche Zuständigkeit § 465 FamFG 4
- Rechtsschutzinteresse § 465 FamFG 7
- Verfahren § 465 FamFG 4 ff.

Aufgebot des Berechtigten bei Vormerkung
- Aufgebotsfrist § 453 FamFG 5
- Berechtigter von Person unbekannt § 453 FamFG 2
- Erweiterung der Antragsberechtigung § 453 FamFG 6
- Glaubhaftmachung § 453 FamFG 7
- Landesrechtliche Sondervorschriften § 453 FamFG 2
- Zuständigkeit für das Aufgebotsverfahren § 453 FamFG 4

Aufgebot des Grundpfandrechtsgläubigers
- Antrag § 449 FamFG 2
- Antragsberechtigung § 447 FamFG 6; § 448 FamFG 2 ff.
- Aufgebot aufgrund § 1170 BGB § 447 FamFG 3 ff.
- Aufgebot aufgrund § 1171 BGB § 447 FamFG 10
- Aufgebotsfrist § 447 FamFG 7
- Aufgebotsverfahren § 450 FamFG 6
- Ausschließungsbeschluss § 447 FamFG 8; § 450 FamFG 8; § 451 FamFG 5
- Ausschließungsbeschluss mit Vorbehalt § 450 FamFG 9
- Besonderheiten beim Aufgebotsverfahren § 451 FamFG 1
- Beweisanforderungen § 449 FamFG 1
- Briefrecht § 447 FamFG 4
- Dinglicher Gläubiger § 448 FamFG 3
- Eidesstattliche Versicherung § 449 FamFG 8
- Gesamthypothek § 448 FamFG 4
- Glaubhaftmachung § 449 FamFG 4 ff.; § 450 FamFG 2 ff.

Stichwortverzeichnis

- Gläubigeraufgebot § 447 FamFG 1
- Hinterlegung der Restschuld und der Zinsen § 451 FamFG 2 ff.
- Juristische Person § 447 FamFG 4
- Landesrechtliche Sonderregelungen § 447 FamFG 2
- Landesrechtliche Sondervorschriften § 451 FamFG 1
- Miteigentümer § 448 FamFG 2
- Örtliche Zuständigkeit § 447 FamFG 14
- Pfandgläubiger § 448 FamFG 2
- Pfandrechte an beweglichen Sachen § 447 FamFG 1
- Unbekanntheit § 449 FamFG 6

Aufgebot des Grundstückseigentümers
- Anteil an einer Gesamthand § 442 FamFG 5
- Antragsberechtigung § 443 FamFG 2
- Eigenbesitz an einem in der ehemaligen DDR belegenen Grundstück § 442 FamFG 4
- Eigenbesitzer § 442 FamFG 4; § 443 FamFG 2
- Form des Eintragungsantrags § 445 FamFG 6
- Fristberechnung § 442 FamFG 2; § 443 FamFG 3
- Glaubhaftmachung § 443 FamFG 2 ff.; § 444 FamFG 2 ff.
- Inhalt des Aufgebots § 445 FamFG 2
- Mitbesitz § 443 FamFG 2
- Mittelbare Besitzer § 442 FamFG 4
- Mittelbare Eigenbesitzer § 443 FamFG 2
- Nachweisbar unrichtige Grundbucheintragung § 442 FamFG 3
- Örtliche Zuständigkeit des AG § 442 FamFG 8
- Rechtsnachfolger § 442 FamFG 7
- Unbedenklichkeitserklärung des Finanzamtes § 445 FamFG 6
- Wirkung der Ausschließung § 445 FamFG 4 ff.

Aufgebot des Schiffseigentümers
- Eingetragenes Schiff § 446 FamFG 2
- Inhalt § 446 FamFG 2
- Landesrechtliche Sonderregelungen § 446 FamFG 1
- Wirkung § 446 FamFG 4
- Zuständigkeit § 446 FamFG 3

Aufgebot des Schiffshypothekengläubigers
- Entsprechende Anwendung der §§ 448 bis 451 § 452 FamFG 2 ff.
- Örtliche Zuständigkeit § 452 FamFG 5

Aufgebot von Nachlassgläubigern
- Antragsberechtigter § 455 FamFG 1 ff.
- Antragsrecht ab Annahme der Erbschaft § 455 FamFG 8
- Aufgebot der Gesamtgutsgläubiger § 464 FamFG 1 ff.
- Aufgebotsfrist § 458 FamFG 4
- Aufgebotsverfahren § 454 FamFG 6; § 455 FamFG 4
- Beispiele § 460 FamFG 7, 9
- Einsichtsrecht § 459 FamFG 4
- Erbe § 455 FamFG 2

- Erbschaftskäufer § 463 FamFG 1 ff.
- Forderungsanmeldung § 459 FamFG 1 ff.
- Gütergemeinschaft § 462 FamFG 1 ff.
- Inhalt des Aufgebots § 458 FamFG 3
- Kleines Aufgebot § 460 FamFG 8
- Kosten § 454 FamFG 10
- Mehrere Erben § 455 FamFG 1
- Mehrheit von Erben § 460 FamFG 2 ff.
- Miterbe § 455 FamFG 2
- Miterbengemeinschaft § 454 FamFG 8
- Nacherbe § 461 FamFG 1 f.
- Nachlassinsolvenzverfahren § 457 FamFG 1 ff.
- Nachlasspfleger, -verwalter § 455 FamFG 5 f.
- Örtliche Zuständigkeit § 454 FamFG 12
- Rechtsfolge bei Verstoß § 457 FamFG 7
- Rechtsnachteil § 460 FamFG 5
- Testamentsvollstrecker § 455 FamFG 5 f.
- Überblick über etwaige Nachlassverbindlichkeiten § 454 FamFG 3
- Unbeschränkte Haftung § 455 FamFG 3
- Verfahrensbeendigung § 457 FamFG 6
- Verfahrensgebühr § 454 FamFG 9
- Verzeichnis der Nachlassgläubiger § 456 FamFG 1 ff.
- Vor- und Nacherbe § 455 FamFG 2
- Zeitpunkt der Antragstellung § 455 FamFG 7
- Zustellung § 458 FamFG 5

Aufgebot, Öffentliche Bekanntmachung
- Aushängefrist § 436 FamFG 1 f.
- Auslagen für die Veröffentlichungen § 435 FamFG 7
- Öffentliche Bekanntmachung § 435 FamFG 2
- Verstoß gegen die gesetzliche Form der Veröffentlichung § 435 FamFG 6
- Zwischenfristen § 436 FamFG 3

Aufgebotsfälle § 484 FamFG 2

Aufgebotsfrist
- Fristberechnung § 437 FamFG 4 ff.
- Regelungsgegenstand § 437 FamFG 2 f.
- Verstoß § 437 FamFG 6

Aufgebotssache
- Bekanntgabe Beschluss § 41 FamFG 26
- Wirksamwerden Beschluss § 40 FamFG 37
- Antrag § 433 FamFG 9
- Aufforderung zur Anmeldung § 433 FamFG 6 f.
- Begrenzung auf gerichtliche Verfahren § 433 FamFG 5
- Definition § 433 FamFG 4
- Internationale Zuständigkeit § 105 FamFG 23
- Rechtsnachteil § 433 FamFG 8

Aufgebotsverfahren
- Anordnung durch Gesetz § 433 FamFG 21
- Antragsberechtigung § 433 FamFG 18 f.
- Antragsverfahren s. dort; FamFG
- Fortgesetzte Gütergemeinschaft § 464 FamFG 1 ff.
- Funktionelle Zuständigkeit § 433 FamFG 16
- Gerichtsgebühren § 433 FamFG 27 ff.

2261

Stichwortverzeichnis

- Hinweis des Gerichts auf Rechtsnachteile § 433 FamFG 20
- Kosten § 433 FamFG 27 ff.
- Öffentlichkeitserfordernis § 433 FamFG 17
- Örtliche Zuständigkeit § 433 FamFG 14 f.
- Recht oder Anspruch § 433 FamFG 11 f.
- Rechtsbehelfe § 433 FamFG 24
- Sachliche Zuständigkeit § 433 FamFG 13
- Schiffsgläubiger § 465 FamFG 1 ff.
- Verfahrensgebühren § 433 FamFG 30
- Voraussetzungen § 433 FamFG 10 ff.
- Wertpapiere mit Zinsscheinen § 471 FamFG 1 ff.
- Wirkung der Ausschließung § 433 FamFG 22 f.

Aufhebung
- Annahmeverhältnis Vorbem. zu §§ 186 bis 199 FamFG 1
- Beschluss § 47 FamFG 10
- der Stundungsentscheidung § 362 FamFG 14
- Entscheidung § 54 FamFG 1–27
- erweiterte § 147 FamFG 1 ff.
- von Auflagen § 355 FamFG 5

Aufhebungsantrag § 359 FamFG 11
Aufhebungsgründe § 129 FamFG 2, 3
Aufhebungsverfahren § 52 FamFG 15–17; § 54 FamFG 5–13
Aufklärungspflicht § 203 FamFG 11
Auflassung § 368 FamFG 17
Auflassungserklärung § 371 FamFG 23
Auflösung
- Gesellschaft § 393 FamFG 6, 9
- Gesellschaft durch Feststellung eines Satzungsmangel § 399 FamFG 58 ff.

Auflösungsankündigung § 399 FamFG 24 ff.
Auflösungsverfahren
- Voraussetzungen § 399 FamFG 5 ff.

Aufschiebende Wirkung
- bei Endentscheidungen in Familienstreitsachen § 64 FamFG 29
- Beschwerde bei Feststellung eines Satzungsmangels § 399 FamFG 53
- Beschwerde bei Firmenlöschung § 393 FamFG 57; § 394 FamFG 56
- Beschwerde in Ordnungsgeldverfahren § 392 FamFG 72
- Beschwerde in Zwangsgeldverfahren § 391 FamFG 21 ff.
- der Beschwerde § 64 FamFG 21–33

Aufsichtsrat
- Ergänzung § 375 FamFG 38

Aufspaltung
- des Verfahrens § 273 FamFG 5

Aufwendungsersatz § 158 FamFG 39
Augenscheinsbeweis § 30 FamFG 34 ff.
Augenscheinseinnahme § 203 FamFG 13
Ausbleiben
- Folgen § 175 FamFG 6

Ausdruck
- aktueller Vorbem. zu § 378 FamFG 114; Anhang zu § 387 FamFG 8
- amtlicher § 385 FamFG 13
- chronologischer Vorbem. zu § 378 FamFG 114; Anhang zu § 387 FamFG 8
- Register § 385 FamFG 13

Auseinandersetzung § 344 FamFG 11 ff.; § 363 FamFG 1; § 365 FamFG 7; § 366 FamFG 1 f.; § 368 FamFG 4; § 370 FamFG 6
- Ausschluss der § 363 FamFG 10, 13
- Durchführung der § 363 FamFG 11
- gerichtliche § 363 FamFG 3
- gerichtliche Vermittlung der § 363 FamFG 2
- Unwirksamkeit § 371 FamFG 5
- Vereinbarung der § 371 FamFG 2
- Vermittlung der § 371 FamFG 9; § 373 FamFG 6

Auseinandersetzung einer Gütergemeinschaft
- Landesrechtliche Vorschriften § 487 FamFG 7 ff.

Auseinandersetzungsantrag § 363 FamFG 34; § 372 FamFG 11
Auseinandersetzungsplan § 368 FamFG 2, 5 ff.; § 372 FamFG 7
- schriftlicher § 368 FamFG 6

Auseinandersetzungsurkunde § 371 FamFG 18
Auseinandersetzungsvereinbarung § 371 FamFG 22
Auseinandersetzungsverfahren § 363 FamFG 15, 22; § 365 FamFG 1; § 366 FamFG 25; § 370 FamFG 2; § 373 FamFG 5
- Antrag
  - Ergänzung § 363 FamFG 38
- Durchführung des § 363 FamFG 3
- gerichtliches § 363 FamFG 3

Auseinandersetzungsverhandlung § 368 FamFG 4, 10
Auseinandersetzungsvertrag § 371 FamFG 5

Ausfall
- DV-Anlage Anhang zu § 387 FamFG 31
- Empfangseinrichtung Anhang zu § 387 FamFG 33

Ausfertigung § 353 FamFG 6; § 357 FamFG 1; § 38 FamFG 27; § 39 FamFG 32; § 41 FamFG 32, 38; § 42 FamFG 14, 32, 47
- Erteilung einer § 357 FamFG 9 ff.
- Rechtskraftzeugnis § 46 FamFG 8, 10, 22
- vollstreckbare § 371 FamFG 16, 20
- von Erbscheinen § 357 FamFG 9

Ausgehende Ersuchen
- Inhalt und Form des Antrages § 8 AUG 1
- Registrierung eines bestehenden Titels im Ausland § 12 AUG 1
- Übersetzung des Antrages § 10 AUG 1 ff.
- Umfang der Vorprüfung § 9 AUG 1 ff.
- Vorprüfung durch das Amtsgericht § 7 AUG 1 f.
- Weiterleitung des Antrages durch die zentrale Behörde § 11 AUG 1
- Zuständigkeitskonzentration § 7 AUG 2

Ausgleichsforderung
- Stundung § 264 FamFG 1

– Zahlung § 264 FamFG 7
Ausgleichswert
– Berechnung § 220 FamFG 13
Ausgleichszahlung § 203 FamFG 12; § 209 FamFG 5
Auskunft
– Ausgleichswert § 220 FamFG 13
– Ehezeitanteil § 220 FamFG 13
Auskunftspflicht § 151 FamFG 6; § 235 FamFG 1–17
– Dritter § 236 FamFG 1–8
– Formularzwang § 220 FamFG 7
– Mitwirkungspflicht § 220 FamFG 9
– verfahrensrechtliche § 220 FamFG 1
– Versorgungsträger § 220 FamFG 2, 13
– Zwangsmittel § 220 FamFG 17
Auskunftspflicht des Miterben
– Eidesstattliche Versicherung § 410 FamFG 18 ff.
Auskunftspflicht eines Hausgenossen im Erbfall
– Eidesstattliche Versicherung § 410 FamFG 15 ff.
Auslagen, Anwalt § 80 FamFG 65 ff.
Auslagen, gerichtliche Nr. 2000-2015 KV FamGKG 1 ff.
– Aktenversendungspauchale Nr. 2000-2015 KV FamGKG 13
– Dokumentenpauschale Nr. 2000-2015 KV FamGKG 7 ff.
– Dolmetscher, Übersetzer Nr. 2000-2015 KV FamGKG 15 ff.
– Ergänzungspfleger, keine Nr. 2000-2015 KV FamGKG 29
– Fälligkeit §§ 9-11 FamGKG 21ff.; Nr. 2000-2015 KV FamGKG 6
– für Haftkosten § 64 FamGKG 1
– Haftkosten Nr. 2000-2015 KV FamGKG 21
– in Kindschaftssachen Nr. 2000-2015 KV FamGKG 3
– Notvertreter Nr. 2000-2015 KV FamGKG 28
– Rechtshilfe Nr. 2000-2015 KV FamGKG 22 ff.
– Reisekosten Nr. 2000-2015 KV FamGKG 18 ff.
– Sachverständige Nr. 2000-2015 KV FamGKG 15 ff.
– Telegramme Nr. 2000-2015 KV FamGKG 10
– Umgangspfleger Nr. 2000-2015 KV FamGKG 27
– Verfahrensbeistand Nr. 2000-2015 KV FamGKG 25 f.
– Videokonferenzen Nr. 2000-2015 KV FamGKG 30
– Vorschuss §§ 12–17 FamGKG 17 ff., 18; Nr. 2000-2015 KV FamGKG 6
– Vorschuss für Beweisaufnahmen §§ 12–17 FamGKG 20 f.
– Zeugen Nr. 2000-2015 KV FamGKG 15 ff.
– Zustellungen Nr. 2000-2015 KV FamGKG 11 f., 14
Auslagenersatz § 168 FamFG 10
– Anspruchsberechtigter § 277 FamFG 28
– Erlöschen § 277 FamFG 31 f.
– Erstattungspflichtiger § 430 FamFG 16
– für berufliche Dienste § 277 FamFG 11
– in Freiheitsentziehungssachen § 430 FamFG 5 ff.
– in Unterbringungssachen § 337 FamFG 7 ff.

– Rückgriff gegen Erben § 168 FamFG 53 ff.
– Rückgriff gegen Mündel § 168 FamFG 17 ff.
– Umfang § 337 FamFG 15 ff.; § 430 FamFG 15
– Verfahrenspfleger § 277 FamFG 4 ff.; § 318 FamFG 1
– Voraussetzungen § 430 FamFG 7 ff.
Ausländer
– Geschäftsführer Vorbem. zu § 378 FamFG 79
Ausländerakte
– in Freiheitsentziehungssachen § 417 FamFG 13
– Vorlage der § 417 FamFG 13
Ausländerverein § 400 FamFG 2
Ausländischer Verein § 400 FamFG 3
Auslandsadoption § 195 FamFG 2
Auslandsgeltendmachung § 38 FamFG 111–113
Auslandsunterhaltsgesetz § 97 46
– Abkommen zwischen der EU und Dänemark § 1 AUG 4
– Anwendungsbereich § 1 AUG AUG 2 ff.
– Begriffsbestimmungen § 3 AUG 1
– Bilaterale Staatsverträge § 1 AUG 11
– Durchführung der EU-UntVO § 1 AUG 3
– Familienverfahren nach dem FamFG § 2 AUG 1
– Haager Übereinkommen über die Anerkennung und Vollstreckung von Unterhaltsentscheidungen § 1 AUG 8
– Haager Unterhaltsübereinkommen § 1 AUG 7
– Lugano Übereinkommen § 1 AUG 5, 9
– New Yorker UN-Unterhaltsübereinkommen § 1 AUG 10
– Sachlicher Anwendungsbereich § 1 AUG 2
– Staatsverträge § 1 AUG 6
– Übergangsvorschriften § 77 AUG 1 ff.
– Unterhalt § 1 AUG 14
– Verfahren mit förmlicher Gegenseitigkeit § 1 AUG 12
– Vorrang § 1 AUG 13
Auslegung
– Beschlussformel § 38 FamFG 71
Ausnahmetatbestände § 129 FamFG 2, 3
Ausschlagung § 344 FamFG 18 ff.
Ausschlagungserklärung § 344 FamFG 18
Ausschließungsbeschluss
– Beschwerde § 439 FamFG 10 ff.
– Öffentliche Zustellung § 441 FamFG 2 ff.
– Verfahren vor Erlass des ~ § 439 FamFG 3 f.
– Wiederaufnahme § 439 FamFG 15 ff.
– Wiedereinsetzung § 439 FamFG 14
– Wirkung § 439 FamFG 5 ff.
Ausschließungsgrund § 6 FamFG 4 ff.
Außengenehmigung § 48 FamFG 55
außergerichtliche Konfliktbeilegung § 36a FamFG 5 ff.
– Anordnungs- und Genehmigungsvorbehalte § 36a FamFG 20
– Kosten § 36a FamFG 26 ff.
– Verfahrensaussetzung § 36a FamFG 15 ff.
– Verfahrensfortsetzung § 36a FamFG 20, 22 ff.

Stichwortverzeichnis

Außerkraftsetzung § 355 FamFG 5
Außerkrafttreten
– der einstweiligen Anordnung § 56 FamFG 1–25
Außerordentliche Beschwerde Vorbem. zu §§ 58–75 FamFG 36
– einstweilige Anordnung § 57 FamFG 6
Äußerung
– Gelegenheit zur § 331 FamFG 19
Aussetzung § 370 FamFG 10; Art. 35 EuUntVO 1; Art. 53 EuErbVO 1
– Abstammungssachen § 171 FamFG 27
– Befristung § 328 FamFG 7
– der Vollstreckung § 55 FamFG 1
– Ehe bewahrende § 136 FamFG 1–6
– in Scheidungssachen § 136 FamFG 4 ff.
– Löschungsverfahren § 395 FamFG 107 f.
– Ordnungsgeldverfahren § 392 FamFG 27
– Registeranmeldung Vorbem. zu § 378 FamFG 110 f.
– Registerverfahren § 381 FamFG 3 ff.
– Unterbringung § 328 FamFG 1 ff.
– unternehmensrechtlichen Verfahren § 375 FamFG 10
– VA-Verfahren § 221 FamFG 4
– Verfahren § 21 FamFG 1 ff.
– Versorgungsausgleich § 221 FamFG 4
– Vollzug § 328 FamFG 1 ff.
– Voraussetzungen § 328 FamFG 5
– Vorfragen § 221 FamFG 4
– wegen Sachzusammenhang Art. 13 EuUntVO 1 f.
– wegen Sachzusammenhangs und Konnexität Art. 18 EuErbVO 1 f.
– Weisungen § 328 FamFG 6
– Widerruf § 328 FamFG 9
– Zwang zur § 370 FamFG 11 ff.
Aussetzung der Vollziehung
– Befristung § 424 FamFG 8
– durch das Rechtsbeschwerdegericht § 69 FamFG 57
– einstweilige Anordnung § 55 FamFG 1 ff.
– in Freiheitsentziehungssachen § 424 FamFG 3 ff.
– unter Auflagen § 424 FamFG 7
– Verfahren § 424 FamFG 12
– Widerruf § 424 FamFG 11
Aussetzungsbeschluss
– Befristete Beschwerde § 440 FamFG 13 f.
– Fristsetzung für die Einreichung einer Klage § 440 FamFG 12
Aussetzungsgrund
– besonderer § 136 FamFG 2
Auszug § 385 FamFG 5
– aktueller § 385 FamFG 5
– beglaubigter Vorbem. zu § 378 FamFG 114
– chronologischer § 385 FamFG 13
– historischer § 385 FamFG 5
– Register § 385 FamFG 5

Baden-Württemberg § 489 FamFG 2; § 491 FamFG 3; Vorbem. zu §§ 485 bis 491 FamFG 1
BaFin
– Antrags- und Beschwerderecht § 380 FamFG 41 ff.
– Beteiligung im Registeranmeldeverfahren Vorbem. zu § 378 FamFG 64
– Gebührenfreiheit § 380 FamFG 43
BagatellVO
– Vorrang § 97 FamFG 23
Bayern § 490 FamFG 1; § 491 FamFG 3; Vorbem. zu §§ 485 bis 491 FamFG 2
Beendigungserklärung § 22 FamFG 14 ff.
Befangenheit § 48 FamFG 41; § 6 FamFG 21 ff.
Befreiung
– Prüfungspflicht § 375 FamFG 44
Befristung der eA § 246 FamFG 7; § 49 FamFG 16
Beglaubigte Abschrift
– der Eröffnungsniederschrift § 350 FamFG 3
Beglaubigung
– durch ausländische Stellen Vorbem. zu § 378 FamFG 41 ff.
Begründung § 38 FamFG 72–81; § 41 FamFG 43
– der Beschwerdeentscheidung § 69 FamFG 42–49
– der Rechtsbeschwerdeentscheidung § 74 FamFG 39
– Wegfall § 38 FamFG 82–101
Behandlungsabbruch
– Negativattest § 298 FamFG 19
Behörde
– Anhörung § 320 FamFG 5; § 420 FamFG 19
– Beschwerdeberechtigung § 335 FamFG 11; § 429 FamFG 5
– Beteiligtenfähigkeit § 8 FamFG 9
– in Freiheitsentziehungssachen
  – Zuständigkeit § 417 FamFG 3 ff.
– Verfahrensfähigkeit § 9 FamFG 27
– zuständige § 335 FamFG 11
Behördenbetreuer § 286 FamFG 5
Beiordnung § 138 FamFG 1–3
– Konsequenzen § 138 FamFG 4
Beistand
– im Termin § 12 FamFG 2, 3
Beistandschaft § 12 FamFG 1 ff.; § 158 FamFG 1; § 9 FamFG 32
Beistandsfähigkeit § 12 FamFG 4
Bekanntgabe § 15 FamFG 7 ff.; § 288 FamFG 1; § 294 FamFG 3
– Absehen von § 325 FamFG 3; § 423 FamFG 3
– Adressaten § 325 FamFG 4 ff.; § 423 FamFG 4
– Aufgabe zur Post § 15 FamFG 37 ff.
– berufsständische Organe § 380 FamFG 30 ff.
– Beschluss § 40 FamFG 3, 15–20; § 41 FamFG 1
– besonderen Betreuer § 297 FamFG 10
– Betroffenen § 297 FamFG 11
– einstweilige Anordnung § 427 FamFG 22
– Entscheidungsgründe § 288 FamFG 4
– Erforderlichkeit § 15 FamFG 7 ff.
– Form § 15 FamFG 15 ff.; § 287 FamFG 5

Stichwortverzeichnis

- formlose § 41 FamFG 45
- in Freiheitsentziehungssachen § 423 FamFG 1 ff.
- Mängel der Bekanntgabe § 15 FamFG 60
- mündliche § 38 FamFG 99
- Rechtswirkungen § 15 FamFG 57
- schriftliche § 352e FamFG 13; § 355 FamFG 4
- Unterbringungsmaßnahme § 325 FamFG 1 ff.
- Verfahrenspfleger § 297 FamFG 10
- Vermutung der Bekanntgabe und des -zeitpunkts § 15 FamFG 43 ff.
- Zustellung § 15 FamFG 20 ff.
- Zustellungsarten § 15 FamFG 23 ff.

Bekanntmachung § 366 FamFG 36 f.; § 367 FamFG 10; § 369 FamFG 7; § 371 FamFG 2
- förmliche § 360 FamFG 6
- Registereintragung § 383 FamFG 19 ff.
- schriftliche § 348 FamFG 1

Bekanntmachungsvermerk § 38 FamFG 56–59

Belegpflicht § 206 FamFG 14

Benachrichtigung § 347 FamFG 5; § 366 FamFG 21 ff.; § 7 FamFG 29
- Angehöriger § 339 FamFG 2; § 432 FamFG 2
- der Beteiligten § 350 FamFG 8
- in Freiheitsentziehungssachen § 432 FamFG 1 ff.
- in Unterbringungssachen § 339 FamFG 1 ff.
- konsularische Vertretung § 339 FamFG 4; § 432 FamFG 4
- ordnungsgemäße § 366 FamFG 33
- Vertrauensperson § 339 FamFG 3; § 432 FamFG 3

Berechtigte § 3 AUG 4; Art. 2 EuUntVO 11 f.

Bereicherungsklage § 406 FamFG 19

Bereiterklärung § 222 FamFG 9

Berichtigung § 39 FamFG 23; § 44 FamFG 14
- Beschluss § 42 FamFG 1
- Beteiligte § 42 FamFG 37
- Dispache § 406 FamFG 7, 13
- Registereintragung Anhang zu § 387 FamFG 22

Berichtigungsvermerk § 42 FamFG 32, 47–50

Berlin Vorbem. zu §§ 485 bis 491 FamFG 3

Berufsbetreuer
- Bezeichnung § 286 FamFG 6

Berufskammern § 380 FamFG 16
- Partnerschaftsregistersachen Anhang zu § 387 FamFG 44, 46 f.

Berufsständisches Organ
- Beschwerderecht § 380 FamFG 33 ff.
- Beteiligung am Registerverfahren § 380 FamFG 21 ff.
- Datenübermittlung § 387 FamFG 9 f.
- Gebührenfreiheit § 380 FamFG 43
- Sachantragsbefugnis im Registerverfahren § 380 FamFG 24 ff.

Bescheinigung Art. 40 KSÜ 1; § 27 IntErbRVG 1 f.
- Ausstellung § 48 IntFamRVG 1 f.
- Berichtigung § 49 IntFamRVG 1
- Güterrechtsregister § 386 FamFG 18
- inländische Schutzmaßnahmen § 13 AG ErwSÜ 1
- Nichtvorlage Art. 47 EuErbVO 1

- Registergericht § 386 FamFG 2 ff.
- zu inländischen Titeln § 71 AUG 1 ff.

Beschleunigung § 352e FamFG 9
- Verfahrens § 49 FamFG 27

Beschluss Vorbemerkung zu § 38 FamFG 1; § 116 FamFG 1
- Abänderung § 44 FamFG 15; § 48 FamFG 1, 8–27
- Abstammungssachen § 182 FamFG 1
- Anfechtbarkeit § 44 FamFG 11–18; § 47 FamFG 17
- Anordnung sofortige Wirksamkeit § 40 FamFG 42–48
- Antrag § 38 FamFG 74
- Aufhebung § 47 FamFG 10
- Aufhebung oder Änderung § 34 IntFamRVG 1 ff.
- Aussetzung sofortige Wirksamkeit § 40 FamFG 49
- Begründung § 38 FamFG 72–81; § 41 FamFG 43; § 421 FamFG 19
- Bekanntgabe § 325 FamFG 1 ff.; § 40 FamFG 3, 15–20; § 41 FamFG 1, 45; § 422 FamFG 1 ff.
- Berichtigung § 42 FamFG 1; § 44 FamFG 14
- besonderer § 366 FamFG 36
- Bestandteile § 38 FamFG 27
- Bestimmung § 40 FamFG 18
- Bindungswirkung § 40 FamFG 52
- Dauerwirkung § 48 FamFG 9–12
- des Freiheitsentziehungssachen § 422 FamFG 1 ff.
- Endentscheidung § 38 FamFG 1, 6
- Ergänzung § 43 FamFG 1; § 44 FamFG 14
- Erlass § 38 FamFG 1, 56; § 40 FamFG 2, 13, 14
- Fehlerhaftigkeit § 47 FamFG 15
- Formalia § 42 FamFG 16
- Formel § 286 FamFG 1 ff.; § 38 FamFG 65
- Genehmigung § 44 FamFG 22; § 47 FamFG 5; § 48 FamFG 1, 53–65, 67–70
- Inhalt § 38 FamFG 3; § 421 FamFG 3 ff.
- Mängel § 286 FamFG 12
- Nebenentscheidung § 38 FamFG 10
- Nichtiger § 40 FamFG 12
- Nichtigkeit § 47 FamFG 15
- Rechenfehler § 42 FamFG 20
- Rechtsbehelfsbelehrung Vorbemerkung zu § 38 FamFG 1; § 38 FamFG 60; § 39 FamFG 1
- Rechtskraft § 116 FamFG 2, 3; § 38 FamFG 31, 68; § 39 FamFG 4, 63, 67; § 40 FamFG 4, 21–37, 42, 49, 53, 54; § 42 FamFG 1, 28, 52; § 44 FamFG 2, 50, 58, 61; § 45 FamFG 6
- Rechtsmittel § 48 FamFG 66
- Rechtsmittelbelehrung Vorbemerkung zu § 38 FamFG 1; § 39 FamFG 1
- Schein- § 40 FamFG 11
- Schreibfehler § 42 FamFG 19
- Teilentscheidung § 38 FamFG 7, 91, 96
- Unanfechtbarkeit § 44 FamFG 20, 21
- unrichtiger § 42 FamFG 14, 22
- Vertretung § 47 FamFG 1
- Wiederaufnahme § 48 FamFG 1, 29–51
- Wirksamkeit § 116 FamFG 2, 3; § 184 FamFG 1

Stichwortverzeichnis

- Wirksamwerden § 287 FamFG 1 ff.; § 40 FamFG 1; § 422 FamFG 1 ff.; § 45 FamFG 5; § 48 FamFG 61–66
- Wirksamwerden in Unterbringungssachen § 324 FamFG 1 ff.
- Zwischenentscheidung § 38 FamFG 10

Beschlussfähigkeit
- Aufsichtsrats § 375 FamFG 38
- Verwaltungsrat § 375 FamFG 49

Beschlussfassung § 352e FamFG 10

Beschlussformel § 38 FamFG 65; § 42 FamFG 38
- Ablehnung § 323 FamFG 26
- Begründung § 323 FamFG 24; § 421 FamFG 19
- Bezeichnung des Betroffenen § 323 FamFG 4; § 421 FamFG 4
- Bezeichnung des Gerichts § 323 FamFG 5; § 421 FamFG 5
- im einstweiligen Anordnungsverfahren § 427 FamFG 21
- in Freiheitsentziehungssachen § 421 FamFG 6
- in Unterbringungssachen § 323 FamFG 1 ff.
- Inhalt § 323 FamFG 3 ff.; § 421 FamFG 3 ff.
  - ärztliche Zwangsmaßnahme § 323 FamFG 10
- Rechtsmittelbelehrung § 323 FamFG 18; § 421 FamFG 15
- Unterbringungsmaßnahme § 323 FamFG 1 ff.
- verlesen § 41 FamFG 39–44
- Verlesen § 41 FamFG 39–44

Beschlussmangel
- Versammlungsbeschlüsse Vorbem. zu § 378 FamFG 84

Beschlussverfahren § 231 FamFG 11, 12

Beschränkung der Zwangsvollstreckung § 15 IntErbRVG 1
- Prüfung § 49 AUG 1
- Sicherheitsleistung § 16 IntErbRVG 1
- Sicherheitsleistung durch den Schuldner § 50 AUG 1
- Versteigerung beweglicher Sachen § 51 AUG 1; § 17 IntErbRVG 1

Beschwer § 38 FamFG 82; § 42 FamFG 29; § 43 FamFG 1, 27; § 44 FamFG 38; § 48 FamFG 30, 32; § 59 FamFG 1
- Abstammungssachen § 184 FamFG 10
- im Antragsverfahren § 59 FamFG 39

Beschwerde § 231 FamFG 20–32; § 352e FamFG 16; § 359 FamFG 8, 10; § 361 FamFG 12; § 363 FamFG 40; § 366 FamFG 14, 23; § 369 FamFG 7; § 370 FamFG 10; § 372 FamFG 14; § 39 FamFG 12; § 489 FamFG 2 f.
- Abhilfebefugnis § 68 FamFG 3–6
- Abhilfeentscheidung § 68 FamFG 11–13
- Abhilfeverfahren § 68 FamFG 7–10
- Ablehnung der Amtslöschung bei unzulässiger Eintragungen § 395 FamFG 114 ff.
- Anordnung der sofortigen Wirksamkeit § 27 IntFamRVG 1
- Anschlussbeschwerde § 39 FamFG 24; § 44 FamFG 13
- aufschiebende Wirkung § 64 FamFG 21–33
- Aussetzung der Vollziehung § 64 FamFG 30–33
- Auswahlentscheidung § 291 FamFG 5
- befristete § 359 FamFG 11 f.; § 360 FamFG 8
- bei Genehmigung in Betreuungssachen § 298 FamFG 11
- Berichtigung § 42 FamFG 29
- Beschwerdefrist § 24 IntFamRVG 2; § 43 AUG 1 ff.
- Beschwerdegericht § 10 IntErbRVG 1 f.
- Beschwerdeverfahren § 11 IntErbRVG 1
- Betreuungssachen § 303 FamFG 3
- Dispachebestätigung oder deren Zurückweisung § 408 FamFG 2
- Einlegung § 24 IntFamRVG 1 ff.
- Einlegung durch Untergebrachten § 305 FamFG 1
- Einspruchsverwerfung § 391 FamFG 5 ff.
- einstweilige Anordnung § 57 FamFG 10 ff.
- einstweilige Anordnungen des Beschwerdegerichts § 64 FamFG 30–33
- Einwendungen gegen den zu vollstreckenden Anspruch § 25 IntFamRVG 1
- Erledigung bei Einwilligungsvorbehalt § 306 FamFG 4
- gegen den Einziehungsbeschluss § 353 FamFG 12 ff.
- im Festsetzungsverfahren § 168 FamFG 69 ff.
- in Freiheitsentziehungssachen § 429 FamFG 1 ff.
- in Unterbringungssachen § 335 FamFG 1 ff.
- Kosten § 58 FamFG 91–94
- nach Beurkundungsgesetz Vorbem. zu §§ 58–75 FamFG 28
- nach Bundesnotarordnung Vorbem. zu §§ 58–75 FamFG 28
- nach Erledigung der Hauptsache § 62 FamFG 1–18, 21–23
- Nichtabhilfeentscheidung § 68 FamFG 18–20
- Ordnungsgeldverfahren § 392 FamFG 58 ff.
- Rechtsbeschwerde § 39 FamFG 14
- Rechtskraft § 45 FamFG 13, 14
- Registereintragung § 383 FamFG 29 ff.
- Rücknahme § 67 FamFG 21–23
- sofortige § 355 FamFG 3 ff.; § 362 FamFG 16; § 367 FamFG 3; § 368 FamFG 19; § 372 FamFG 2 f.; § 39 FamFG 13; § 44 FamFG 11, 12
- Sprungrechtsbeschwerde § 39 FamFG 15
- Statthaftigkeit § 353 FamFG 16; § 58 FamFG 1; § 12 IntErbRVG 1
- Übersicht Vorbem. zu §§ 58–75 FamFG 5–8
- unternehmensrechtliche Verfahren § 402 FamFG 3 ff.
- Unterschrift § 64 FamFG 18, 19
- Verfahren § 429 FamFG 10 ff.
- Verfahren und Entscheidung § 26 IntFamRVG 1; § 45 AUG 1
- Verzicht § 67 FamFG 1–19

Stichwortverzeichnis

- Widerspruchszurückweisung bei Firmenlöschung § **393** FamFG 53 ff.; § **399** FamFG 48 ff.
- Widerspruchszurückweisung bei Löschung unzulässiger Eintragungen § **395** FamFG 110 ff.
- Widerspruchszurückweisung bei Löschung wegen Vermögenslosigkeit § **394** FamFG 53 ff.
- Wiederholung der Beweisaufnahme § **68** FamFG 43–45
- Wiederholung der mündlichen Verhandlung § **68** FamFG 38, 39
- Wiederholung von Anhörungen § **68** FamFG 40, 41
- ZPO § **45** FamFG 15, 16
- Zulässigkeit § **68** FamFG 22–32
- Zulassung § **168** FamFG 75 f.
- Zulassungsbedürftigkeit § **61** FamFG 16, 17
- Zulassungsentscheidung § **61** FamFG 18–23
- Zulassungsgründe § **61** FamFG 24
- Zurückweisung einer Registeranmeldung § **382** FamFG 37 f.
- Zwangsgeldfestsetzung § **391** FamFG 10 ff.

Beschwerde (GVG) Vorbem. zu §§ 58–75 FamFG 16–18
- bei Festsetzung von Ordnungsmitteln **Vorbem. zu §§ 58–75** FamFG 18
- bei Rechtshilfeersuchen **Vorbem. zu §§ 58–75** FamFG 17

Beschwerdeantrag § **64** FamFG 16, 17
- in Ehe- und Familienstreitsachen § **117** FamFG 11–16

Beschwerdebefugnis Jugendamt § **162** FamFG 10
- Abstammungssachen § **176** FamFG 6

Beschwerdebegründung § **65** FamFG 1–17
- Frist § **65** FamFG 5–8
- in Ehe- und Familienstreitsachen § **117** FamFG 9–19, 21–27
- neue Tatsachen und Beweismittel § **117** FamFG 14; § **65** FamFG 9–11
- Notwendigkeit § **65** FamFG 1–3
- Zuständigkeitsrügen § **65** FamFG 12–17

Beschwerdebegründungsfrist § **231** FamFG 25–28

Beschwerdeberechtigung § **353** FamFG 13; § **372** FamFG 4 f.; § **59** FamFG 1–3, 24
- Abstammungssachen § **184** FamFG 11 ff.
- Angehöriger § **303** FamFG 9; § **335** FamFG 5; § **429** FamFG 6
- Behörde § **303** FamFG 8; § **335** FamFG 11; § **429** FamFG 5
- bei Beeinträchtigung von Verfahrensrechten § **59** FamFG 13, 14
- bei Entscheidungen im VA-Verfahren § **59** FamFG 19
- bei mehreren Beteiligten § **59** FamFG 23
- bei Tod des Antragstellers § **59** FamFG 37
- Betreuer § **303** FamFG 11; § **335** FamFG 9 f.
- Betroffener § **303** FamFG 13; § **429** FamFG 4
- Bevollmächtigter § **303** FamFG 10; § **335** FamFG 9 f.
- doppelt relevante Tatsachen § **59** FamFG 16
- Einrichtungsleiter § **335** FamFG 7
- im Antragsverfahren § **59** FamFG 30–39
- im Festsetzungsverfahren § **168** FamFG 79 f.
- in Betreuungssachen § **303** FamFG 7
- in Freiheitsentziehungssachen § **429** FamFG 4 ff.
- in Unterbringungssachen § **335** FamFG 4 ff.
- Konkurrenzunternehmen § **388** FamFG 55; § **393** FamFG 60; § **394** FamFG 59; § **395** FamFG 117; § **399** FamFG 56
- Minderjährige § **60** FamFG 1–16
- nahe stehende Person § **335** FamFG 4; § **429** FamFG 6 ff.
- Verfahrenspfleger § **303** FamFG 10; § **335** FamFG 8; § **429** FamFG 9
- Vertrauensperson § **335** FamFG 6; § **429** FamFG 8
- von Anstalten und Körperschaften § **59** FamFG 48
- von Behörden § **59** FamFG 40–48
- von Dritten und Rechtsnachfolgern § **59** FamFG 12
- von Gerichten § **59** FamFG 40–48
- von Notaren § **58** FamFG 19; § **59** FamFG 49
- von Rechtsanwälten § **59** FamFG 51
- von Verbänden § **59** FamFG 40–48

Beschwerdeeinlegung § **64** FamFG 1–35
- Anträge auf Verfahrens- oder Prozesskostenhilfe § **64** FamFG 6
- bei Abgabe an ein anderes Gericht § **64** FamFG 2
- beim unzuständigen Gericht § **64** FamFG 3, 4
- Form § **64** FamFG 7–19

Beschwerdeentscheidung § **231** FamFG 31, 32; § **69** FamFG 1–57
- Begründung § **69** FamFG 42–49
- Bindungswirkung § **69** FamFG 30–33
- Rechtsbehelfsbelehrung § **69** FamFG 51
- Verwerfung der Beschwerde § **68** FamFG 31, 32
- Voraussetzungen der Selbstentscheidung § **69** FamFG 9, 10
- Voraussetzungen der Zurückverweisung § **69** FamFG 11–28
- Wirksamwerden § **69** FamFG 53–57

Beschwerdeerwiderungsfrist § **68** FamFG 35

Beschwerdefrist § **231** FamFG 23; § **360** FamFG 6 f.; § **372** FamFG 5; § **63** FamFG 1–31
- Beginn § **63** FamFG 9–28
- bei Berichtigungen oder Ergänzungen § **63** FamFG 26, 27
- bei mangelhafter Rechtsmittelbelehrung § **63** FamFG 25
- bei Mängeln der Entscheidungsbekanntgabe § **63** FamFG 19–24
- bei Übergehen von Beteiligten § **63** FamFG 23
- Berechnungsweise § **63** FamFG 29
- Dauer § **63** FamFG 3–7
- in Ehe- und Familienstreitsachen § **63** FamFG 18, 22
- Sonderfälle § **63** FamFG 5–7

Beschwerdeführungsbefugnis § **59** FamFG 25–28

Stichwortverzeichnis

- von Betreuern § 59 FamFG 27
- von Eltern § 59 FamFG 26
- von Parteien kraft Amtes § 59 FamFG 29
- von Pflegern § 59 FamFG 26
- von Verfahrensbeiständen § 59 FamFG 26
- von Vorsorgebevollmächtigten § 59 FamFG 27

Beschwerdegegenstand § 69 FamFG 2–7
Beschwerdegericht § 231 FamFG 24; § 352e FamFG 11; § 353 FamFG 12, 16
- für Entscheidungen der Amtsgerichte § 58 FamFG 6, 7
- für Entscheidungen der Landgerichte § 58 FamFG 8
- gegen Entscheidungen der Betreuungsgerichte § 58 FamFG 7
- in Freiheitsentziehungssachen § 58 FamFG 7

Beschwerdeinstanz § 343 FamFG 3; § 355 FamFG 5
Beschwerderecht § 355 FamFG 5; § 359 FamFG 11
- berufsständischer Organe § 380 FamFG 33 ff.

Beschwerderechtszug § 58 FamFG 2–9
Beschwerdeschrift § 64 FamFG 10–19
- Beschwerdeantrag § 64 FamFG 16, 17
- Bezeichnung der Entscheidung § 64 FamFG 11, 12
- Bezeichnung der Parteien § 64 FamFG 14, 15
- Bezeichnung des Rechtsmittels § 64 FamFG 13
- Unterschrift § 64 FamFG 18, 19

Beschwerdeverfahren § 352e FamFG 16 ff.
- Anhörung des Betroffenen § 278 FamFG 3
- Anwendungsbereich des Haager Übereinkommens § 62 AUG 1
- Einlegung § 429 FamFG 10
- Einlegung in Unterbringungssachen § 336 FamFG 2
- im Festsetzungsverfahren § 168 FamFG 72 ff.
- in Betreuungssachen § 303 FamFG 1
- in Freiheitsentziehungssachen § 335 FamFG 15; § 429 FamFG 11 ff.
- in Unterbringungssachen § 335 FamFG 12 ff.
- sachliche Zuständigkeit § 335 FamFG 13
- Sonderregelungen § 63 AUG 1
- Überprüfungsgegenstand § 335 FamFG 15

Beschwerdewert § 61 FamFG 1–11, 13–24
- bei Kostenentscheidungen § 61 FamFG 3
- im Festsetzungsverfahren § 168 FamFG 74
- Versorgungsausgleich § 228 FamFG 1

Besondere amtliche Verwahrung
- Rückgabe aus § 347 FamFG 9

Bestandsschutz
- eingetragener Firmen § 392 FamFG 17

Bestandskraft
- Genehmigungsbeschluss § 48 FamFG 67–70

Bestätigung § 366 FamFG 33 f.
- Bekanntmachung der § 366 FamFG 36 f.
- Dispache § 406 FamFG 4, 9, 14 ff.
- Dispache nach Widerspruchsklageverfahren § 407 FamFG 15
- rechtskräftige § 371 FamFG 12

Bestätigungsbeschluss § 365 FamFG 7; § 366 FamFG 29; § 371 FamFG 2 ff., 18; § 372 FamFG 1
- Anfechtung des § 372 FamFG 7
- Aufhebung des § 372 FamFG 10
- Bekanntmachung des § 371 FamFG 2
- Rechtskraft des § 363 FamFG 39

Bestätigungsbeschlüsse
- Verletzung von Verfahrensfehlern § 372 FamFG 7 f.

Bestellscheine § 388 FamFG 17
Bestellung
- Abschlussprüfer für die KG/OHG/Partnerschaft § 375 FamFG 25
- Abwickler für die AG/den VVaG § 375 FamFG 43
- Aufhebung der § 158 FamFG 37 ff.
- Gründungsprüfers § 375 FamFG 31
- Liquidator für die Genossenschaft § 375 FamFG 60
- Liquidator für die GmbH § 375 FamFG 54
- Liquidator für die KG/OHG/Partnerschaft § 375 FamFG 22
- Nachtragsabwickler für die AG/den VVaG § 375 FamFG 46
- Nachtragsliquidator für die Genossenschaft § 375 FamFG 61
- Nachtragsliquidator für die GmbH § 375 FamFG 55
- Notdirektor für die SE § 375 FamFG 51
- Notvorstand für die AG/für den VVaG § 375 FamFG 35
- Prüfungsverband § 375 FamFG 59
- Verwahrer § 410 FamFG 37 ff.
- Verwahrer für Papiere der Genossenschaft § 375 FamFG 62
- Verwahrer für Papiere der GmbH § 375 FamFG 57
- Verwahrer für Papiere der KG/OHG/Partnerschaft § 375 FamFG 23
- Zeitpunkt der § 158 FamFG 21 ff.

Bestellungsurkunde § 290 FamFG 1
- Ausweisfunktion § 290 FamFG 2
- einstweilige Anordnung § 290 FamFG 3
- Rückgabe § 290 FamFG 4

Bestimmung Beschluss § 40 FamFG 18
Beteiligte § 139 FamFG 1 ff.; § 158 FamFG 7; § 172 FamFG 1–3; § 204 FamFG 1; § 363 FamFG 19 ff.; § 366 FamFG 4 ff.; § 38 FamFG 32
- Abstammungssachen § 172 FamFG 4 ff.
- Angehörige § 274 FamFG 12
- Bekanntgabe Beschluss § 41 FamFG 7
- Berichtigung § 42 FamFG 37
- Betreuer § 274 FamFG 6; § 315 FamFG 5
- Betreuungsbehörde § 274 FamFG 11
- Betroffener § 274 FamFG 4; § 315 FamFG 4
- Bevollmächtigter § 274 FamFG 7; § 315 FamFG 6
- Dritte § 204 FamFG 9
- Ehegatte § 315 FamFG 12
- Einrichtungsleiter § 315 FamFG 18
- Elternteil § 315 FamFG 14

Stichwortverzeichnis

- Ermittlung § 315 FamFG 20
- Grundstückseigentümer § 204 FamFG 8
- Hinzuziehung § 315 FamFG 20
- im Interesse des Betroffenen § 315 FamFG 10 ff.
- in Freiheitsentziehungssachen § 418 FamFG 3 ff.
  - Betroffener § 418 FamFG 4
  - Ehegatte § 418 FamFG 9
  - Elternteil § 418 FamFG 11
  - Ermittlung § 418 FamFG 15
  - Hinzuziehung § 418 FamFG 15
  - im Interesse des Betroffenen § 418 FamFG 7 ff.
  - Kind § 418 FamFG 12
  - kraft Bestellung § 418 FamFG 6
  - Lebenspartner § 418 FamFG 10
  - Pflegeeltern § 418 FamFG 13
  - Verfahrenspfleger § 418 FamFG 6
  - Vertrauensperson § 418 FamFG 14
  - Verwaltungsbehörde § 418 FamFG 5
  - von Amts wegen § 418 FamFG 3 ff.
- in Unterbringungssachen § 315 FamFG 3 ff.
- Jugendamt § 204 FamFG 12
- Kann-Beteiligte § 7 FamFG 23
- Kataloge § 7 FamFG 5
- Kind § 172 FamFG 10–21; § 315 FamFG 15
- kraft Antrages § 315 FamFG 8
- kraft Bestellung § 315 FamFG 7
- kraft Gesetzes § 7 FamFG 7
- Lebenspartner § 315 FamFG 15
- Miteigentümer § 204 FamFG 10
- Mitmieter § 204 FamFG 10
- Muss-Beteiligte § 7 FamFG 11 ff.
- Optionsbeteiligte § 7 FamFG 23
- Pflegeeltern § 315 FamFG 16
- Registeranmeldeverfahren Vorbem. zu § 378 FamFG 58 ff.
- Staatskasse § 274 FamFG 17
- Tod § 181 FamFG 1
- Untermieter § 204 FamFG 10
- unternehmensrechtliche Verfahren § 375 FamFG 17
- Verfahrenspfleger § 274 FamFG 8; § 315 FamFG 7
- Vermieter § 204 FamFG 7
- Versorgungsausgleich § 219 FamFG 1
- Vertrauensperson § 274 FamFG 12; § 315 FamFG 17
- von Amts wegen § 315 FamFG 3 ff.
- Wechsel § 42 FamFG 37

Beteiligtenbegriff § 274 FamFG 1; § 345 FamFG 3
Beteiligtenfähigkeit
- Behörden § 8 FamFG 9
- juristische Personen § 8 FamFG 3 ff.
- natürliche Personen § 8 FamFG 2
- *Registerverfahren* Vorbem. zu §§ 374 bis 409 FamFG 3 ff.
- unternehmensrechtlichen Verfahren Vorbem. zu §§ 374 bis 409 FamFG 9
- Vereinigungen § 8 FamFG 6 ff.

Beteiligtenöffentlichkeit
- bei förmlicher Beweisaufnahme § 30 FamFG 27 ff.
- bei Freibeweis § 29 FamFG 12

Beteiligtenstellung
- in Freiheitsentziehungssachen
  - Information § 418 FamFG 15
- Information über § 315 FamFG 20

Beteiligtenverfahren § 10 FamFG 4
Beteiligtenvernehmung
- Parteivernehmung § 30 FamFG 87 ff.

Beteiligtenwechsel § 42 FamFG 37
Beteiligung § 363 FamFG 36
- berufsständischer Organe § 380 FamFG 21 ff.
- fehlerhafte § 172 FamFG 39
- formelle § 158 FamFG 29
- Jugendamt § 172 FamFG 37, 38

Betretungsverbot § 209 FamFG 8
Betreuer
- Aufwendungsersatz § 292 FamFG 1
- Auswahl in Eilfällen § 301 FamFG 4
- Beschwerdeberechtigung § 303 FamFG 11; § 335 FamFG 9 f.
- Bezeichnung § 286 FamFG 3
- Entlassung § 271 FamFG 3; § 296 FamFG 2 f.
- Festsetzung von Auslagenersatz § 168 FamFG 2 ff.
- Neubestellung § 296 FamFG 4
- Vergütungsfestsetzung § 168 FamFG 2 ff.; § 292 FamFG 1
- Verpflichtung § 289 FamFG 2
- Versterben § 296 FamFG 2
- vorläufiger § 300 FamFG 3

Betreuung
- Aufgabenkreis § 280 FamFG 53
- Aufhebung § 294 FamFG 2
- Einschränkung § 294 FamFG 2
- Erweiterung § 271 FamFG 3; § 293 FamFG 2
- Verlängerung § 271 FamFG 3; § 295 FamFG 1

Betreuungs- und Unterbringungsrecht § 158 FamFG 1
Betreuungs- und Unterbringungssachen § 49 FamFG 73
- Internationale Zuständigkeit § 104 FamFG 1 ff.

Betreuungsbedürfnis § 300 FamFG 6
Betreuungsbehörde § 274 FamFG 11
- als Betreuer § 291 FamFG 2
- Bekanntgabe an § 288 FamFG 3
- Beschwerdeberechtigung § 303 FamFG 8

Betreuungsgericht § 1 FamFG 17; § 151 FamFG 1; § 272 FamFG 14; § 363 FamFG 22
- funktionelle Zuständigkeit § 272 FamFG 16 ff.; § 312 FamFG 9
- internationale Zuständigkeit § 272 FamFG 31; § 312 FamFG 10
- örtliche Zuständigkeit § 272 FamFG 1 ff.; § 313 FamFG 1 ff.
- sachliche Zuständigkeit § 272 FamFG 14 f.; § 312 FamFG 8

Betreuungsperson § 291 FamFG 1

Stichwortverzeichnis

- Beanstandung § 291 FamFG 4
Betreuungssache § 271 FamFG 2
- Abänderung § 48 FamFG 22
- Begründung § 38 FamFG 109
- Bekanntgabe Beschluss § 41 FamFG 23
- Beschwerde § 303 FamFG 3
- Beteiligtenbegriff § 274 FamFG 1
- Definition § 271 FamFG 1
- einstweilige Anordnung § 271 FamFG 6
- Hauptsacheerledigung § 303 FamFG 6
Betreuungsverein
- als Betreuer § 291 FamFG 2
Betreuungsverfügung § 285 FamFG 1
- Herausgabe § 285 FamFG 2
Betrieb
- landwirtschaftlicher § 363 FamFG 42
Betroffener
- Beschwerdeberechtigung § 303 FamFG 13
- geschäftsunfähig § 275 FamFG 2
- Sterilisation § 297 FamFG 2
Beugemittel § 35 FamFG 1; § 89 FamFG 1
Beurkundung § 366 FamFG 17 ff.; § 371 FamFG 17
- Form der § 366 FamFG 20
Beurkundungsgesetz § 486 FamFG 4
Beurkundungsprotokoll § 366 FamFG 20
Bevollmächtigter § 10 FamFG 1–30
- Behandlungsabbruch § 298 FamFG 15
- Beschwerdeberechtigung § 303 FamFG 11; § 335 FamFG 9 f.
Beweisaufnahme § 177 FamFG 13–21
- Abstammungssachen § 177 FamFG 4 ff.
- förmliche § 177 FamFG 14, 15
- Registersachen Vorbem. zu § 378 FamFG 92
Beweisaufnahme-Verordnung
- Vorrang § 97 FamFG 19
Beweiserhebung § 29 FamFG 1 ff.
- Amtsverschwiegenheit § 29 FamFG 27 ff.
- Beweisanträge der Beteiligten § 29 FamFG 17 ff.
- Dokumentationspflicht des Gerichts § 29 FamFG 48
- förmliche Beweisaufnahme § 279 FamFG 8
 - Freibeweis § 29 FamFG 1 ff.
- Freibeweis § 279 FamFG 8; § 29 FamFG 6 ff.
- Umfang der Beweiserhebung § 29 FamFG 16
- Zeugnisverweigerungsrechte § 29 FamFG 36 ff.
Beweiskraft
- Gesellschafterliste Vorbem. zu § 378 FamFG 127 f.
- Registerinhalt Vorbem. zu § 378 FamFG 114, 116 ff.
Beweislast § 127 FamFG 9
Beweismittel
- förmlich Beweisaufnahme § 30 FamFG 33 ff.
- Freibeweis § 29 FamFG 8
Beweisvereitelung § 37 FamFG 16
Beweiswürdigung § 37 FamFG 7 f.
- Grundsatz freier Beweiswürdigung § 37 FamFG 7
- Tatsachenfeststellung und Beweismaß § 37 FamFG 9 ff.

- Überprüfbarkeit im Rechtsbeschwerdeverfahren § 72 FamFG 12, 13
Bezifferung
- dynamisierter Unterhaltstitel § 245 FamFG 1–4
Bindungswirkung § 1 FamFG 33 ff.; § 3 FamFG 10 ff.; § 365 FamFG 7; § 368 FamFG 8; § 371 FamFG 7 ff.; § 45 FamFG 2
- Beschluss § 40 FamFG 52
- der Beschwerdeentscheidung § 69 FamFG 30–33
- der Beschwerdezulassung § 61 FamFG 23
- der Rechtsbeschwerdeentscheidung § 74 FamFG 38
- der Rechtsbeschwerdezulassung § 70 FamFG 16, 17
- Registersachen Vorbem. zu § 378 FamFG 94 ff.
- unternehmensrechtliche Verfahren § 375 FamFG 11
Brandenburg Vorbem. zu §§ 485 bis 491 FamFG 4
Bratislavaer Abkommen Vorbem. zu § 403 FamFG 5
Bremen Vorbem. zu §§ 485 bis 491 FamFG 5
Brüssel II a-VO
- Allgemeine Zuständigkeit Art. 3 Brüssel II a-VO 2
- Ältere Entscheidungen aus älteren Verfahren Art. 64 Brüssel II a-VO 6
- Ältere Entscheidungen aus Verfahren vor der ~ Art. 64 Brüssel II a-VO 5
- Angelegenheiten der elterlichen Verantwortung Art. 1 Brüssel II a-VO 10
- Anrufung eines Gerichts Art. 16 Brüssel II a-VO 1 ff.
- Anwendungsbereich Art. 1 Brüssel II a-VO 3
- Aufenthaltszuständigkeit Art. 3 Brüssel II a-VO 4 ff.
- Ausgeschlossene Angelegenheiten Art. 1 Brüssel II a-VO 11
- Auslegung Art. 1 Brüssel II a-VO 2
- Ausschließliche Zuständigkeit Art. 6 Brüssel II a-VO 1
- Begriffsbestimmungen Art. 2 Brüssel II a-VO 1 ff.
- Ehesachen Art. 1 Brüssel II a-VO 6 ff.
- Ehesachen und elterliche Verantwortung Art. 1 Brüssel II a-VO 1
- Elterliche Verantwortung Art. 1 Brüssel II a-VO 9
- Fortbestand der Wirksamkeit Art. 62 Brüssel II a-VO 1
- Gegenantrag Art. 4 Brüssel II a-VO 1
- Gemeinsame Bestimmungen Art. 16 Brüssel II a-VO 1 ff.
- Gewöhnlicher Aufenthalt Art. 3 Brüssel II a-VO 3
- In-Kraft-Treten Art. 72 Brüssel II a-VO 1
- Neuere Entscheidungen aus Verfahren vor der ~ Art. 64 Brüssel II a-VO 4
- Prüfung der Zuständigkeit Art. 17 Brüssel II a-VO 1 f.
- Prüfung der Zulässigkeit Art. 18 Brüssel II a-VO 1 f.
- Räumliche Anwendbarkeit Art. 1 Brüssel II a-VO 5

- Restzuständigkeit Art. 7 Brüssel II a-VO 1 ff.
- Staatsangehörigkeitszuständigkeit Art. 3 Brüssel II a-VO 12
- Übergangsvorschriften Art. 64 Brüssel II a-VO 1 ff.
- Umwandlung einer Trennung ohne Auflösung des Ehebandes in eine Ehescheidung Art. 5 Brüssel II a-VO 1
- Verhältnis zu anderen Rechtsinstrumenten Art. 59 Brüssel II a-VO 1
- Verhältnis zu bestimmten multilateralen Übereinkommen Art. 60 Brüssel II a-VO 1 ff.
- Verhältnis zur KSÜ Art. 61 Brüssel II a-VO 1 ff.
- Vorrang § 97 FamFG 10 f.
- Zivilsachen Art. 1 Brüssel II a-VO 4

BTX
- notwendige Geschäftsangaben § 388 FamFG 17

Bundesamt der Justiz Vorbem. zu § 388 FamFG 7, 9

Bundesgerichtshof § 1 FamFG 24
- Vertretung vor § 10 FamFG 23–28

Computerberechnungsprogramm § 42 FamFG 21

Datenerhebung durch die zentrale Behörde
- Auskunftsrecht der zentralen Behörde zur Herbeiführung oder Änderung eines Titels § 16 AUG 1 ff.
- Auskunftsrecht zum Zweck der Anerkennung, Vollstreckbarerklärung und Vollstreckung eines Titels § 17 AUG 1 ff.
- Benachrichtigung über die Datenerhebung § 18 AUG 1 f.
- Übermittlung und Löschung von Daten § 19 AUG 1

Datenübermittlung
- berufsständische Organe § 387 FamFG 9 f.
- Registergericht § 387 FamFG 11

Datenverarbeitung im Auftrag § 387 FamFG 22

Datum § 38 FamFG 64

Dauerwirkung § 48 FamFG 9–12

Dienstaufsichtsbeschwerde § 39 FamFG 23; Vorbem. zu §§ 58–75 FamFG 38

Dispache § 40 FamFG 37
- Abschriften § 404 FamFG 9
- Bereicherungsklage § 406 FamFG 19
- Berichtigung § 406 FamFG 7, 13
- Bestandteile Vorbem. zu § 403 FamFG 3
- Bestätigung § 406 FamFG 4, 9, 14 ff.
- Bestätigung nach Widerspruchsklageverfahren § 407 FamFG 15
- Bestätigungsantrag § 405 FamFG 8 ff.
- Einsicht § 404 FamFG 8 ff.; § 405 FamFG 21
- gutachterliche Bedeutung § 405 FamFG 3
- Klauselgegenklage § 409 FamFG 4 f.
- Klauselklage § 409 FamFG 4 f.
- Rechtskraft § 406 FamFG 19
- Säumnisverfahren § 406 FamFG 2 ff.
- Vergleichsverhandlung § 406 FamFG 6 ff.
- Verhandlungstermin § 405 FamFG 17; § 406 FamFG 2 ff.
- Vollstreckungsgegenklage § 409 FamFG 4 f.
- Widerspruch § 406 FamFG 2 f., 5 ff.; § 45 FamFG 21
- Wirkung der Bestätigung § 409 FamFG 1
- Zwangsvollstreckung § 409 FamFG 2

Dispacheur
- Schadensersatz § 403 FamFG 7; § 404 FamFG 11
- Stellung § 403 FamFG 8
- Verpflichtung § 403 FamFG 1 ff.

Dispacheurbestellung
- Kosten § 375 FamFG 87

Dokument
- elektronisches § 42 FamFG 47–50; § 46 FamFG 22

Dolmetscher
- Absehen von Kostenerstattung des § 421 FamFG 20; § 430 FamFG 3
- in Freiheitsentziehungssachen § 420 FamFG 8

Donauregeln Vorbem. zu § 403 FamFG 5

Doppelfunktionalität
- Theorie der § 343 FamFG 11

Doppelsitz § 377 FamFG 13 ff., 53
- Erzwingung einer Anmeldung § 388 FamFG 33

Dringende Gründe
- in Unterbringungssachen § 331 FamFG 6; § 334 FamFG 4

Dringendes Bedürfnis
- ärztliche Zwangsmaßnahme § 331 FamFG 11
- zum Tätigwerden § 331 FamFG 10 ff.; § 427 FamFG 11 ff.

Dringlichkeit § 300 FamFG 2
- gesteigerte § 332 FamFG 2; § 334 FamFG 12

Durchsicht § 348 FamFG 8

Dynamisierter Unterhaltstitel
- Bezifferung ~ zur Zwangsvollstreckung im Ausland § 72 AUG 1 ff.
- zur Zwangsvollstreckung im Ausland § 245 FamFG 1–4

EGGVG § 2 FamFG 1

EGMR
- Vorlageverfahren Vorbem. zu §§ 58–75 FamFG 41, 42

Ehe- und Familienstreitsachen
- Anschlussrechtsmittel § 117 FamFG 38
- Aufhebung- und Zurückverweisung § 117 FamFG 41
- Beschwerdebegründung § 117 FamFG 9–19, 21–27
- Bindung an Beschwerdeanträge § 117 FamFG 40
- Entscheidung ohne mündliche Verhandlung § 117 FamFG 42–47
- Protokollurteile § 117 FamFG 48–51
- Rechtsbeschwerde § 117 FamFG 4
- Rechtsmittel § 117 FamFG 1–19, 21–53
- Versäumnisverfahren § 117 FamFG 29–35
- Wiedereinsetzung in den vorigen Stand § 117 FamFG 52, 53

Stichwortverzeichnis

Ehe- und Verbundsachen
- Internationale Zuständigkeit § 98 FamFG 1 ff.

Ehebewahrende Aussetzung § 136 FamFG 1–6
ehefeindliche Tatsachen § 127 FamFG 3, 10
ehefreundliche Tatsachen § 127 FamFG 9
Ehegattenunterhalt § 246 FamFG 14
Ehegüterrecht
- EU VO-Vorschlag zum ~ § 97 16

Ehesache § 121 FamFG 1 ff.; § 49 FamFG 20, 21
- Begründung § 38 FamFG 104–107
- Entscheidungsform § 38 FamFG 13
- Kostenentscheidung § 150 FamFG 1 ff.
- Kostenentscheidung in Aufhebungsverfahren § 132 FamFG 1 ff.

Ehesachen § 113 FamFG 1, 18
- Anwaltszwang § 114 FamFG 7
- Beschluss § 116 FamFG 2
- Dispositionsmaxime § 113 FamFG 20
- Präklusion § 115 FamFG 1
- Rechtskraft § 116 FamFG 2
- Verspätung § 115 FamFG 1

Ehestörungsverfahren § 266 FamFG 16
Eheverbot § 186 FamFG 35–37; § 187 FamFG 3, 17; § 188 FamFG 14, 15; § 194 FamFG 2; § 197 FamFG 12; § 198 FamFG 13; Vorbem. zu §§ 186 bis 199 FamFG 1, 9

Ehewohnungs- und Haushaltssachen § 49 FamFG 54–64
- Internationale Zuständigkeit § 105 FamFG 9
- Kostenentscheidung § 81 FamFG 26

Ehewohnungssachen § 49 FamFG 57–62
Ehezeitanteil
- Berechnung § 220 FamFG 13

Eidesstattliche Versicherung § 361 FamFG 1 ff.
- Abgabe der § 361 FamFG 5
- Abgabe einer § 358 FamFG 8
- Abgenzung § 410 FamFG 4 f.
- Antragsrecht § 413 FamFG 6
- Auskunftspflicht des Miterben § 410 FamFG 18 ff.
- Auskunftspflicht eines Hausgenossen im Erbfall § 410 FamFG 15 ff.
- Beteiligte § 412 FamFG 2
- einstweilige Anordnung § 51 FamFG 24 f.
- Freiwillige Abgabe § 410 FamFG 3, 6
- Gebühren § 413 FamFG 18 ff.
- Geltungsbereich § 413 FamFG 3 f.
- Kosten und Gebühren § 410 FamFG 24
- Materielle Ansprüche § 410 FamFG 7
- Materiell-rechtliche Lage § 413 FamFG 2
- Örtliche Zuständigkeit § 411 FamFG 3
- Rechenschaftslegung (§ 259 BGB) § 410 FamFG 8 ff.
- Rechtsmittel § 410 FamFG 21 ff.; § 413 FamFG 15 ff.
- Terminsbestimmung § 413 FamFG 8 f.
- Verfahren § 410 FamFG 6; § 413 FamFG 6 ff.
- Verfahrensablauf § 413 FamFG 10 ff.
- Voraussetzungen § 413 FamFG 7

- Vorlage eines Bestandverzeichnisses (§ 260 BGB) § 410 FamFG 12 ff.
- Zuständigkeit § 413 FamFG 5

Eilmaßnahmen Art. 10 ErwSÜ 1 ff.
Eilverfahren § 300 FamFG 1
Einberufung
- Generalversammlung bei der Genossenschaft § 375 FamFG 58
- Generalversammlung bei der SCE § 375 FamFG 63
- Hauptversammlung bei der AG/dem VVaG § 375 FamFG 40
- Hauptversammlung bei der SE § 375 FamFG 47

Eindruck
- unmittelbarer § 319 FamFG 7 ff.; § 420 FamFG 10

Einfühlungsvermögen § 158 FamFG 22
Einführungsgespräch § 289 FamFG 5
Eingehende Ersuchen
- Behandlung einer vorläufigen Entscheidung § 15 AUG 1
- Inhalt und Form des Antrages § 14 AUG 1
- Übersetzung des Antrages § 13 AUG 1

Eingliederung
- Löschung des Eingliederungsvermerk § 395 FamFG 67

Einheitsentscheidung § 286 FamFG 1
Einigung
- außergerichtliche Vorbem. zu §§ 200–209 FamFG 5
- Fehlen einer § 203 FamFG 5
- gütliche § 362 FamFG 11

Einleitung eines Verfahrens Vorbem. zu §§ 23–37 FamFG 1 ff.
- aufgrund Antrags § 23 FamFG 4 ff.; Vorbem. zu §§ 23–37 FamFG 5 ff.
- von Amts wegen § 24 FamFG 1; Vorbem. zu §§ 23–37 FamFG 4 ff.

Einrede der Schiedsgerichtsbarkeit Vorbem. zu §§ 23–37 FamFG 25

Einrichtung
- abgeschlossene § 415 FamFG 16

Einrichtungsleiter
- als Beteiligter § 315 FamFG 18
- Beschwerdeberechtigung § 335 FamFG 7

Einsicht
- Akten § 13 FamFG 1
- Register § 385 FamFG 3 ff.
- Registerakte § 385 FamFG 31 ff.
- Registerordner § 385 FamFG 18 ff.
- Sonderband § 385 FamFG 28 ff.

Einsichtsrecht § 13 FamFG 2; § 357 FamFG 1, 3 ff.
Einspruch § 39 FamFG 17, 18; § 45 FamFG 19, 20
- gegen Versäumnisentscheidungen § 117 FamFG 31; Vorbem. zu §§ 58–75 FamFG 34
- Ordnungsgeldandrohung § 392 FamFG 44 ff.

einstweilige Anordnung
- Anwaltszwang § 114 FamFG 15
- Gebühren Nr. 1420-1424 KV FamGKG 1 ff.

Stichwortverzeichnis

- Gerichtsgebühren, Kindschaftssachen Nr. 1410-1412 KV FamGKG 1 ff.
- Gerichtskosten, Übersicht § 3 FamGKG 22 ff.
- Verfahrenskosten nach GNotKG § 80 FamFG 33
- Verfahrenswert § 41 FamGKG 1 ff.

Einstweilige Anordnung § 157 FamFG 9; § 300 FamFG 2; § 49 FamFG 1–32, 35, 39–83; § 15 IntFamRVG 1
- Abänderung der Hauptsache § 51 FamFG 7 ff.
- Abstammungssachen § 49 FamFG 51
- Akzessorietät § 51 FamFG 6
- Amtsermittlung § 51 FamFG 32
- Änderung § 54 FamFG 5 ff.
- anderweitige Regelung § 56 FamFG 3 ff.
- Anfechtbarkeit § 427 FamFG 23
- Anfechtbarkeit in Unterbringungssachen § 331 FamFG 24
- Anhörung Beteiligter § 427 FamFG 19; § 51 FamFG 28
- Anordnungsgrund § 49 FamFG 1
- Antrag § 51 FamFG 21
- Antragsverfahren § 51 FamFG 12 ff.
- Anwaltszwang § 51 FamFG 17 f.
- ärztliche Zwangsmaßnahme § 331 FamFG 7
  - Kosten § 331 FamFG 26
- Aufenthaltsbestimmungsrecht § 49 FamFG 28 ff.
- Aufhebung § 54 FamFG 5 ff.
- Aufhebungsverfahren § 52 FamFG 15 ff.
- ausländisches Recht § 49 FamFG 10
- Außerkrafttreten § 56 FamFG 1–25
- außerordentliche Beschwerde § 57 FamFG 6 ff.
- Aussetzung der Vollstreckung § 54 FamFG 2 ff.; § 55 FamFG 1 ff.
- Befristung § 246 FamFG 7; § 333 FamFG 2; § 49 FamFG 16
- Begründung § 51 FamFG 22
- bei Feststellung der Vaterschaft § 248 FamFG 1–12
- Bekanntgabe § 427 FamFG 22
- Bereicherungsanspruch § 56 FamFG 15 ff.
- Beschluss § 51 FamFG 40
- Beschwerde § 246 FamFG 43; § 57 FamFG 6 ff.
- Beschwerdefähige Entscheidungen § 57 FamFG 10 ff.
- Beschwerdefrist § 57 FamFG 27
- Beschwerdeverfahren § 57 FamFG 24
- besondere Vorschriften § 246 FamFG 1–40, 42, 43
- Beteiligte § 51 FamFG 16
- Betreuungs- und Unterbringungssachen § 49 FamFG 73
- Betreuungsunterhalt § 246 FamFG 15
- Beweiserhebung § 51 FamFG 30
- Dauer § 333 FamFG 2 ff.; § 427 FamFG 21
- des Beschwerdegerichts § 64 FamFG 30–33; § 69 FamFG 57
- dringende Gründe für § 427 FamFG 6 ff.
- dringliche Gefahr § 332 FamFG 2 ff.
- Ehegattenunterhalt § 246 FamFG 14
- Ehesachen § 49 FamFG 20
- Ehewohnung § 49 FamFG 57 ff.
- elterliche Sorge § 49 FamFG 25
- Entscheidungsinhalt § 427 FamFG 21
- Erörterung § 51 FamFG 28; § 57 FamFG 21 f.
- Familiensachen § 49 FamFG 19 ff.
- freiwillige Gerichtsbarkeit § 49 FamFG 76
- Fristsetzungsverfahren § 52 FamFG 11 ff.
- Gegenstandswerte § 49 FamFG 79
- Geltungsdauer § 302 FamFG 1
- gemischt-mündlich-schriftliches Verfahren § 57 FamFG 23
- Gerichtsgebühren § 49 FamFG 83
- Gesamtvermögensgeschäft § 119 FamFG 5
- Gewaltschutzsachen § 49 FamFG 65
- gewöhnliche § 331 FamFG 5 ff.; § 427 FamFG 5 ff.
- Glaubhaftmachung § 247 FamFG 5; § 51 FamFG 23
- Grundrechtsbezug § 49 FamFG 22
- Güterrecht § 119 FamFG 2 ff.
- Güterrechtssachen § 119 FamFG 6
- Hauptsacheunabhängigkeit § 51 FamFG 1
- Hauptsacheverfahren § 51 FamFG 2 ff.; § 52 FamFG 5, 10
- Hausratsteilung § 49 FamFG 63 ff.
- Höchstdauer § 333 FamFG 12
- im unternehmensrechtlichen Verfahren § 375 FamFG 12
- in Freiheitsentziehungssachen § 427 FamFG 1 ff.
- in Freiheitsentziehungssachen, Zuständigkeit § 416 FamFG 8
- in Unterbringungssachen § 331 FamFG 1 ff.
- internationale Zuständigkeit § 50 FamFG 4
- IntFamRVG § 49 FamFG 26
- Kindesherausgabe § 49 FamFG 44 ff.
- Kindesunterhalt § 246 FamFG 12
- Kindeswohlgefährdung § 49 FamFG 43, 46
- Kindschaftssachen § 156 FamFG 7; § 49 FamFG 22 ff.
- Konkurrenzverhältnis § 54 FamFG 20
- Kostenentscheidung § 51 FamFG 44 ff.
- Kostenvorschuss § 246 FamFG 18 ff.
- Lebenspartnerschaftssachen § 49 FamFG 72
- materiell-rechtliche Akzessorietät § 51 FamFG 6 ff.
- Mediation § 51 FamFG 30
- mündliche Verhandlung § 246 FamFG 38; § 51 FamFG 28; § 54 FamFG 6
- Nachlasssachen § 49 FamFG 74
- Neuregelung Vorbem. zu § 49 FamFG 6
- Notfallkompetenz § 50 FamFG 14
- örtliche Zuständigkeit § 50 FamFG 10 ff.
- persönliche Anhörung § 331 FamFG 18; § 427 FamFG 17
- Präjudizwirkung § 49 FamFG 23
- Rechtsanwaltsgebühren § 49 FamFG 81
- Rechtsmittel § 57 FamFG 1, 2; § 58 FamFG 45
- Rechtsmittelbeschränkung § 57 FamFG 1; Vorbem. zu § 49 FamFG 9
- Rechtsverhältnis § 49 FamFG 9

2273

Stichwortverzeichnis

- Regelungsbedürfnis § 246 FamFG 11; § 49 FamFG 11 f.
- Registersachen § 49 FamFG 75
- Schadensersatz § 56 FamFG 18
- sofortiges Tätigwerden § 427 FamFG 11
- Sonderbedarf § 246 FamFG 5
- Sonderregelungen § 49 FamFG 2
- sonstige Familienstreitsachen § 119 FamFG 7 f.
- Umgangsrecht § 49 FamFG 40 ff.
- und Arrest § 119 FamFG 1–19, 23
- Untätigkeitsbeschwerde § 57 FamFG 4
- Unterbringung Minderjähriger § 49 FamFG 50
- Unterbringungsmaßnahme § 331 FamFG 1 ff.; § 49 FamFG 77
- Unterhaltsbedarf § 246 FamFG 3 ff.
- Unterhaltsrückstand § 246 FamFG 8
- Unterhaltssachen § 246 FamFG 1 ff.
- Vaterschaftsfeststellungsverfahren § 247 FamFG 2 ff.
- Verfahren § 300 FamFG 14
- Verfahrenskosten § 51 FamFG 19
- Verfahrenspfleger § 427 FamFG 15
- Verfahrenswerte § 49 FamFG 79
- Vergleich § 246 FamFG 39; § 51 FamFG 33
- Verhältnis zur Hauptsache § 51 FamFG 7 ff.
- Verlängerung § 302 FamFG 3; § 333 FamFG 7 ff.; § 427 FamFG 21
- Versorgungsausgleichssachen § 49 FamFG 67
- Vollstreckung § 53 FamFG 2
- Vollstreckungsklausel § 53 FamFG 2
- vor Geburt des Kindes § 247 FamFG 1–5
- Voraussetzungen § 331 FamFG 5 ff.; § 427 FamFG 5, 25 ff.
- vorgeburtliche § 247 FamFG 2 ff.
- vorläufige Maßnahmen § 248 FamFG 8; § 49 FamFG 13 ff.
- vorläufige Untersagung des Firmenmissbrauchs § 392 FamFG 76
- Vormundschaft und Pflegschaft § 49 FamFG 49
- Vorranggebot § 49 FamFG 22
- Vorwegnahmeverbot § 49 FamFG 7
- Wahlrecht § 49 FamFG 3
- Wechselmodell § 49 FamFG 32
- Wirksamkeit § 427 FamFG 22
- Wirksamwerden § 56 FamFG 13
- Zuständigkeit § 50 FamFG 9 ff.; § 54 FamFG 21

Einstweilige Einstellung
- Bei Wiedereinsetzung, Rechtsmittel und Einspruch § 33 AUG 1 f.

Einstweilige Maßnahmen Art. 14 EuUntVO 1 f.; Art. 36 EuUntVO 1; Art. 19 EuErbVO 1 ff.; Art. 54 EuErbVO 1 ff.
- Dringlichkeit Art. 20 Brüssel II a-VO 3
- Gebietsbezug Art. 20 Brüssel II a-VO 4
- Internationale Zuständigkeit Art. 20 Brüssel II a-VO 6 ff.
- Spätere Entscheidung durch das Hauptsachegericht Art. 20 Brüssel II a-VO 9

- Voraussetzungen Art. 20 Brüssel II a-VO 2 ff.

Einstweilige Maßregel
- eilige § 334 FamFG 18
- in Unterbringungssachen § 334 FamFG 1 ff.

Einstweilige Unterbringung
- Betreuter § 331 FamFG 1 ff.
- Minderjähriger, Anfechtbarkeit § 331 FamFG 24

Einstweiliger Rechtsschutz Vorbem. zu § 49 FamFG 1
- Anerkennung von Maßnahmen des ~ Art. 16 EuUntVO 7

Eintragung
- deklaratorisch Vorbem. zu § 378 FamFG 89
- konstitutiv Vorbem. zu § 378 FamFG 70

Eintragung, konstitutiv
- bei Doppelsitz § 377 FamFG 15

Eintragungsfähigkeit
- Register Vorbem. zu § 378 FamFG 69

Eintragungsnachricht § 383 FamFG 1 ff.

Eintragungsverbot Vorbem. zu § 378 FamFG 94 ff.

Eintragungsverfügung § 382 FamFG 11

Einverständnis § 366 FamFG 27

Einweisung in ausländische Heime Art. 33 ErwSÜ 1

Einwendungen
- materielle § 366 FamFG 27

Einwilligungsvorbehalt § 271 FamFG 5
- Bezeichnung § 286 FamFG 7
- einstweilige Anordnung § 300 FamFG 3
- Umfang § 286 FamFG 7
- Wirkung der Aufhebung § 306 FamFG 1

Einzelrichter
- im Beschwerdeverfahren § 68 FamFG 46–55

Einziehung
- Anordnung der § 353 FamFG 7

Einziehungs- und Kraftloserklärungsbeschluss
- Anfechtbarkeit § 353 FamFG 1

Einziehungsentscheidung
- Beschwerde § 353 FamFG 12 ff.

Elektronische Akte § 14 FamFG 1 ff.
- Aktenführung § 14 FamFG 6 ff.
- FamGKG § 8 FamGKG 1
- Transfer eingereichter Schriftsätze § 14 FamFG 9
- Verordnungsermächtigung § 14 FamFG 41

Elektronische Form § 39 FamFG 33, 48; § 42 FamFG 47–50

Elektronische Speicherung von Gerichtsakten § 14 FamFG 46

Elektronisches Dokument § 14 FamFG 14 ff.; § 46 FamFG 22
- Aufbewahrung § 14 FamFG 39
- Begriff § 14 FamFG 19
- der Beteiligten § 14 FamFG 14
- des Gerichts § 14 FamFG 30
- Eingang bei Gericht § 14 FamFG 26
- formale Anforderungen § 14 FamFG 22
- Signatur § 14 FamFG 23
- Transfer § 14 FamFG 35 f.

Stichwortverzeichnis

Elektronisches Dokumente
– FamGKG § 8 FamGKG 1
Elektronischs Übermittlungsverfahren § 229 FamFG 1
Elterliche Sorge § 151 FamFG 3, 5; § 186 FamFG 38; § 197 FamFG 2; § 198 FamFG 9; § 199 FamFG 2; § 49 FamFG 25–32, 35; Vorbem. zu §§ 186 bis 199 FamFG 7
Elterliche Verantwortung Art. 2 Brüssel II a-VO 8 f.
– Allgemeine Zuständigkeit Art. 8 Brüssel II a-VO 2 f.
– Andere gerichtliche Zuständigkeit Art. 12 Brüssel II a-VO 4 ff.
– Anerkennung der Zuständigkeit Art. 9 Brüssel II a-VO 8
– Antragsabweisung Art. 19 Brüssel II a-VO 9
– Antragsvorlage Art. 19 Brüssel II a-VO 10
– Anzupassendes Umgangsrecht Art. 9 Brüssel II a-VO 5
– Aufenthaltszuständigkeit Art. 8 Brüssel II a-VO 4 ff.
– Aufrechterhaltung der Zuständigkeit Art. 9 Brüssel II a-VO 2
– Aussetzung Art. 19 Brüssel II a-VO 7
– Beendigung der Zuständigkeit Art. 12 Brüssel II a-VO 3
– Dreimonatsfrist Art. 9 Brüssel II a-VO 6
– Drittstaatliche Zuständigkeit Art. 12 Brüssel II a-VO 7
– Einstweilige Maßnahmen Art. 19 Brüssel II a-VO 11
– Gewöhnlicher Aufenthalt Art. 8 Brüssel II a-VO 4 ff.
– Gewöhnlicher Aufenthalt des Umgangsberechtigten Art. 9 Brüssel II a-VO 7
– Neuer gewöhnlicher Aufenthalt des Kindes Art. 9 Brüssel II a-VO 4
– Perpetuatio fori Art. 8 Brüssel II a-VO 10
– Rechtmäßiger Umzug Art. 9 Brüssel II a-VO 3
– Rechtshängigkeit Art. 19 Brüssel II a-VO 4
– Rechtsmittel Art. 15 Brüssel II a-VO 7
– Restzuständigkeit Art. 14 Brüssel II a-VO 1
– Unzuständigkeit aufgrund Rechtshängigkeit Art. 19 Brüssel II a-VO 5
– Vereinbarung über die Zuständigkeit Art. 12 Brüssel II a-VO 2 ff.
– Verschiedene Verfahren in unterschiedlichen Staaten Art. 19 Brüssel II a-VO 6
– Verweisung auf Antrag oder von Amts wegen Art. 15 Brüssel II a-VO 2
– Zuständigerklärung Art. 15 Brüssel II a-VO 5
– Zuständigkeit aufgrund der Anwesenheit des Kindes Art. 13 Brüssel II a-VO 1
Eltern-Kind-Verhältnis
– Feststellung § 169 FamFG 3–6, 8–11
Elternrecht § 158 FamFG 29
Elternunterhalt § 246 FamFG 16

E-Mail
– notwendige Geschäftsangaben § 388 FamFG 17
Empfangsvollmacht
– Registersachen § 378 FamFG 7
Endentscheidung § 158 FamFG 24; § 355 FamFG 3; § 38 FamFG 1, 6; § 42 FamFG 4; § 44 FamFG 4; § 58 FamFG 13 ff.
Entgegennahme von Erklärungen § 31 IntErbRVG 1 ff.
Entgegennahme-Zuständigkeit § 344 FamFG 18 ff.
Entscheidung Art. 2 Brüssel II a-VO 5; Art. 2 EuUntVO 2; Art. 3 EuErbVO 8
– anfechtbare § 44 FamFG 11–18
– Anordnungen zur Durchführung § 209 FamFG 4
– Durchführung § 209 FamFG 1
– einheitliche § 265 FamFG 1
– Erbsachen Art. 4 EuErbVO 8 ff.
– Gerichtliche § 370 FamFG 2
– Grund- § 38 FamFG 11
– Kosten § 38 FamFG 68; § 87 FamFG 8
– Misch- § 39 FamFG 30
– nicht selbstständig anfechtbare § 45 FamFG 8
– Nichtige § 40 FamFG 12
– Rechtskraft § 209 FamFG 10
– rechtskräftige § 362 FamFG 12, 14
– Säumnis § 38 FamFG 89
– Schein- § 40 FamFG 11
– Teil § 38 FamFG 7, 91, 96
– unanfechtbare § 44 FamFG 20, 21; § 45 FamFG 7
– unstreitige § 38 FamFG 92–96
– verfahrensabschließende § 86 FamFG 3; § 89 FamFG 2
– Verfahrensbeendende § 45 FamFG 6
– Vollstreckbarkeit § 209 FamFG 11, 13
– Vorbehalts- § 38 FamFG 11
– Wirksamkeit § 209 FamFG 1, 9; § 420 FamFG 2 ff.
– Wirksamkeit in Unterbringungssachen § 324 FamFG 2 ff.
– Zwischen- § 38 FamFG 10, 20
Entscheidungsformel
– Abstammungssachen § 182 FamFG 2–12
Entscheidungsgrundlagen § 37 FamFG 1 ff.
Entschuldigungsgrund § 361 FamFG 7, 11
Erbauseinandersetzung
– Vermittlung der § 363 FamFG 32
Erbengemeinschaft § 363 FamFG 11
Erbenstellung
– Nachweis § 363 FamFG 25
Erbfallschulden § 349 FamFG 13
Erbmasse § 368 FamFG 7
Erbsachen
– Internationale Zuständigkeit § 105 FamFG 5
Erbschaftskäufer
– Aufgebotsverfahren § 463 FamFG 1 ff.
Erbschein § 345 FamFG 4; § 357 FamFG 9; § 40 FamFG 49; Art. 39 EuErbVO 2
– Angaben § 352b FamFG 1 f.
  – Nacherbe § 352b FamFG 10 ff.

Stichwortverzeichnis

- Testamentsvollstreckung § 352b FamFG 12 ff.
- Vorerbe § 352b FamFG 3 ff.
- Antrag § 352 FamFG 1 ff.; § 352e FamFG 3
  - Angaben § 352 FamFG 5 ff.
  - Nachweise § 352 FamFG 17 ff.
- Einziehung § 345 FamFG 2; § 353 FamFG 2 f.
- Erteilung § 352e FamFG 1; § 353 FamFG 13
- gegenständlich beschränkt § 352c FamFG 1 ff.
- gemeinschaftlicher
  - Antrag § 352a FamFG 1 ff.
- Kosten § 352e FamFG 18
- Kraftloserklärung eines § 353 FamFG 1 f.
- unrichtiger § 353 FamFG 1 f.

Erbscheinserteilung § 353 FamFG 13
Erbscheinsverfahren § 345 FamFG 1
- Beteiligte am § 345 FamFG 3

Erbteil
- Unbestimmtheit der § 363 FamFG 17

Erbteilungsklage § 363 FamFG 14
Erbvertrag § 349 FamFG 11; § 351 FamFG 2; Art. 3 EuErbVO 3
Ergänzung § 39 FamFG 23
- Aufsichtsrat § 375 FamFG 38
- Beschluss § 43 FamFG 1; § 44 FamFG 14
- Verwaltungsrat § 375 FamFG 49

Ergänzungsbetreuer § 293 FamFG 3
- bei Genehmigung § 298 FamFG 10

Ergänzungspfleger § 158 FamFG 6, 28; § 41 FamFG 17
- Kosten Nr. 2000-2015 KV FamGKG 29

Ergänzungspflegschaft § 151 FamFG 9
Erinnerung § 39 FamFG 21; § 45 FamFG 24
- entsprechend § 573 ZPO Vorbem. zu §§ 58–75 FamFG 31, 32
- gegen Entscheidungen des ersuchten und beauftragten Richters Vorbem. zu §§ 58–75 FamFG 31
- gegen Entscheidungen des Urkundsbeamten der Geschäftsstelle Vorbem. zu §§ 58–75 FamFG 31
- im Festsetzungsverfahren § 168 FamFG 77
- nach RPflG Vorbem. zu §§ 58–75 FamFG 30
- Rechtskraft § 45 FamFG 23

Erklärungsfrist § 355 FamFG 2
Erlass Beschluss § 38 FamFG 1, 56; § 40 FamFG 2, 13, 14
Erledigung
- in Freiheitsentziehungssachen § 429 FamFG 17
- kraft Gesetzes § 131 FamFG 1–4

Erledigung der Hauptsache § 22 FamFG 17 ff.
- Amtsverfahren § 22 FamFG 20
- Antragsverfahren § 22 FamFG 21 ff.
- Beschwerde nach Erledigung der Hauptsache § 62 FamFG 1–18, 21–23
- echte Streitsachen § 22 FamFG 21
- Rechtsmittelinstanz § 22 FamFG 30
- zwischen den Instanzen § 22 FamFG 29

Erlös
- Verteilung des § 373 FamFG 5

Erlöschen
- Firma § 393 FamFG 4 ff.
- Prokura § 382 FamFG 20; § 384 FamFG 3; Vorbem. zu §§ 374 bis 409 FamFG 9; Vorbem. zu § 378 FamFG 89 f.
- Verein § 401 FamFG 6 ff.

Ermächtigung § 347 FamFG 17
Ermessen § 140 FamFG 5; § 345 FamFG 5; § 363 FamFG 12; § 366 FamFG 23
- des Gerichts § 127 FamFG 6; § 348 FamFG 7 f.
- des Nachlassgerichts § 369 FamFG 8
- Feststellung eines Satzungsmangels § 399 FamFG 46
- Löschung unzulässiger Eintragungen § 395 FamFG 81 ff.
- Löschung wegen Vermögenslosigkeit § 394 FamFG 21 ff.
- pflichtgemäßes § 345 FamFG 9; § 368 FamFG 3
- Zwangsgeldandrohung § 388 FamFG 38
- Zwangsgeldfestsetzung § 390 FamFG 21 ff.; § 391 FamFG 18

Ermessensentscheidungen
- Überprüfbarkeit im Rechtsbeschwerdeverfahren § 72 FamFG 14, 15

Ermessensspielraum § 345 FamFG 8; § 351 FamFG 4
Ermittlungen § 348 FamFG 12
Ermittlungspflicht § 203 FamFG 11
Eröffnung § 348 FamFG 3, 7; § 350 FamFG 1; § 358 FamFG 5
- stille § 348 FamFG 1

Eröffnung von gemeinschaftlichen Testamenten
- Bekanntgabe § 349 FamFG 2 ff.
- Kosten § 349 FamFG 12 ff.
- Rechtsmittel § 349 FamFG 15

Eröffnungsniederschrift § 348 FamFG 6
Eröffnungspflicht § 351 FamFG 4 f.
Eröffnungstermin § 348 FamFG 1
Eröffnungsverfahren § 348 FamFG 2
Eröffnungszuständigkeit § 344 FamFG 15
Erörterung
- Kindeswohlgefährdung § 157 FamFG 1
- Versorgungsausgleich § 221 FamFG 1

Erörterungstermin s. Termin; § 175 FamFG 2–4; § 32 FamFG 1 ff.
Ersatzbetreuer § 293 FamFG 3
Ersatzregister Anhang zu § 387 FamFG 32
Ersatzzwangshaft § 358 FamFG 7
Ersuchender Mitgliedstaat Art. 2 EuUntVO 7
Ersuchter Mitgliedstaat Art. 2 EuUntVO 8
Erteilungsverfahren § 352e FamFG 2 ff.
Erwachsener Art. 2 ErwSÜ 1 f.
Erwerb von Todes wegen § 356 FamFG 7
Erwerbsgeschäft
- Minderjähriger § 47 FamFG 5

ErwSÜ s. Haager Erwachsenenschutzübereinkommen
ErwSÜAG § 97 FamFG 48
Erziehungsmaßregeln § 151 FamFG 12

Stichwortverzeichnis

Erzwingung
- Anmeldung von Geburtsdaten § 388 FamFG 15 f.
- Einreichung der Geschäftsanschrift zum Registergericht § 388 FamFG 15
- Einreichung von Dokumenten § 388 FamFG 10
- Mitteilung der Vereinsanschrift an das Registergericht § 388 FamFG 16
- Registeranmeldung § 388 FamFG 6; **Vorbem. zu § 378 FamFG** 9
- vollständiger Geschäftsbriefangaben § 388 FamFG 17

ESÜ § 97 FamFG 38

EuBeweisVO
- Vorrang § 97 FamFG 19

EuFristVO
- Vorrang § 97 FamFG 18

EU-Gewaltschutzverfahrensgesetz § 97 FamFG 47
- Vorrang § 97 FamFG 14

EuGH
- Vorlageverfahren **Vorbem. zu §§ 58–75 FamFG** 43

EuKoPfVO
- Vorrang § 97 24

EuMahnVO § 29 AUG 1
- Vorrang § 97 21

EURL **Vorbem. zu § 378 FamFG** 27

Europäische Erbrechtsverordnung § 343 FamFG 22 ff.
- Anwendungsbereich Art. 1 EuErbVO 1 ff.
- Ausgeschlossene Angelegenheiten Art. 1 EuErbVO 9 ff.
- Auslegung Art. 1 EuErbVO 5
- Begriffsbestimmungen Art. 3 EuErbVO 1
- Berechnung von Fristen und Terminen Art. 1 EuErbVO 4
- Europäisches Sekundärrecht Art. 1 EuErbVO 2
- Inhalt Art. 1 EuErbVO 3
- Inkrafttreten Art. 84 EuErbVO 1 f.
- Örtlicher Anwendungsbereich Art. 1 EuErbVO 6
- Sachlicher Anwendungsbereich Art. 1 EuErbVO 7
- Übergangsbestimmungen Art. 83 EuErbVO 1 ff.
- Verhältnis zu bestehenden internationalen Übereinkommen Art. 75 EuErbVO 1 ff.
- Verhältnis zur EuInsO Art. 75 EuErbVO 1
- Vorrang § 97 FamFG 15
- Zuständigkeit Art. 2 EuErbVO 1

Europäische Fristenverordnung
- Vorrang § 97 FamFG 18

Europäische Unterhaltsverordnung
- Vorrang § 97 FamFG 12

Europäische Zustellungsverordnung
- Vorrang § 97 FamFG 22

Europäischer Vollstreckungstitel
- Vorrang § 97 FamFG 20

Europäisches Gewaltschutzrecht
- Vorrang § 97 FamFG 13

Europäisches Justizielles Netz Art. 54 Brüssel II a-VO 1; § 97 FamFG 9

Europäisches Mahnverfahren
- Vorrang § 97 FamFG 21

Europäisches Nachlasszeugnis § 352e FamFG 19 ff.
- Allgemeine Verfahrensvorschriften § 35 IntErbRVG 1 ff.
- Änderung oder Widerruf § 38 IntErbRVG 1 ff.
- Antrag auf Ausstellung Art. 65 EuErbVO 1 f.
- Anwendungsbereich § 33 IntErbRVG 1 ff.
- Aussetzung der Wirkungen des Zeugnisses Art. 73 EuErbVO 1 f.
- Ausstellung § 36 IntErbRVG 1
- Ausstellung des Zeugnisses Art. 67 EuErbVO 1 f.
- Ausstellungsbehörde Art. 64 EuErbVO 2
- Ausweisung einer Teilungsanordnung Art. 68 EuErbVO 5
- Beglaubigte Abschriften Art. 70 EuErbVO 1 ff.
- Bekanntgabe der Entscheidung § 40 IntErbRVG 1 ff.
- Berichtigung, Änderung oder Widerruf Art. 71 EuErbVO 1 f.
- Beschwerde § 43 IntErbRVG 1
- Beteiligte § 37 IntErbRVG 1 ff.
- Entscheidung § 39 IntErbRVG 1 ff.
- Gültigkeitsfrist der beglaubigten Abschrift § 42 IntErbRVG 1
- Gutglaubenswirkung Art. 69 EuErbVO 4
- Inhalt Art. 68 EuErbVO 1 ff.
- Örtliche und sachliche Zuständigkeit § 34 IntErbRVG 1 ff.
- Prüfung des Antrags Art. 66 EuErbVO 1 ff.
- Rechtsbehelfe Art. 72 EuErbVO 1 f.
- Rechtsbeschwerde § 44 IntErbRVG 1
- Verhältnis zum nationalen Recht Art. 62 EuErbVO 3 f.
- Verwendung Art. 62 EuErbVO 2
- Wirksamwerden der Entscheidung § 41 IntErbRVG 1
- Wirkungen Art. 69 EuErbVO 1 ff.
- Zuständigkeit für die Erteilung Art. 64 EuErbVO 1
- Zweck des Zeugnisses Art. 63 EuErbVO 1 f.

Europäisches Sorgerechtsübereinkommen § 97 FamFG 38

Europäisches Verfahren für geringfügige Forderungen
- Vorrang § 97 FamFG 23

EuSchutzVO
- Vorrang § 97 FamFG 13

EuUntVO s. *EU-Unterhaltsverordnung*

EU-Unterhaltsverordnung
- Anwendungsbereich Art. 1 EuUntVO 1 ff.
- Begriffsbestimmungen Art. 2 EuUntVO 1 ff.
- Familienverhältnis Art. 1 EuUntVO 13
- Inkrafttreten Art. 76 EuUntVO 1 f.
- Räumlicher Anwendungsbereich Art. 1 EuUntVO 15 f.
- Sachlicher Anwendungsbereich Art. 1 EuUntVO 7 ff.
- Übergangsbestimmungen Art. 75 EuUntVO 1 ff.

Stichwortverzeichnis

- Unterhalt **Art. 1 EuUntVO** 7 ff.
- Verhältnis zu anderen Rechtsinstrumenten der Union **Art. 68 EuUntVO** 1 ff.
- Verhältnis zu bestehenden internationalen Übereinkommen und Vereinbarungen **Art. 69 EuUntVO** 1 ff.
- Vertragliche Vereinbarung **Art. 1 EuUntVO** 14
- Vorrang **§ 97 FamFG** 12

EuVTVO
- Vorrang **§ 97 FamFG** 20

EuZustVO
- Vorrang **§ 97 FamFG** 22

Exequaturverfahren § 3 AUG 8
- Abschaffung **Art. 17 EuUntVO** 1

Exhumierung § 177 FamFG 11

Externe Teilung
- Beamtenversorgung **§ 222 FamFG** 15
- Bereiterklärung **§ 222 FamFG** 9
- Beschlussformel **§ 222 FamFG** 10, 11
- Durchführung **§ 222 FamFG** 1
- Frist für Zielversorgungswahl **§ 222 FamFG** 7
- Gestaltungswirkung **§ 222 FamFG** 14
- Wahl der Zielversorgung **§ 222 FamFG** 6
- Wahlrecht **§ 222 FamFG** 5
- Zahlungspflicht **§ 222 FamFG** 11
- Zustimmung des Zielversorgungsträgers **§ 222 FamFG** 9

Fälligkeit
- Gerichtskosten **§§ 9-11 FamGKG** 1 ff.

Fälligkeitszeit
- Aufbau **Einleitung zum FamFG FamFG** 9
- Geschichte **Einleitung zum FamFG FamFG** 1 ff.
- Reformziele **Einleitung zum FamFG FamFG** 7 ff.
- Verfahrensgrundsätze **Einleitung zum FamFG FamFG** 15 ff.

FamFG
- Aufbau **Einleitung zum FamFG FamFG** 9
- wesentliche Ziele und Inhalte **Einleitung zum FamFG FamFG** 7–14

FamGKG
- Anhörungsrüge **§ 61 FamGKG** 1 ff.
- Dauerübergangsregel **§ 63 FamGKG** 1 ff.
- Entwicklung **Einleitung zum FamGKG FamGKG** 1
- Gebührenübersicht **§ 3 FamGKG** 10 ff.
- Geltungsbereich **§ 1 FamGKG** 2
- Struktur **Einleitung zum FamGKG FamGKG** 2
- Übergangsregelungen **Einleitung zum FamGKG FamGKG** 4

Familienangehörige § 10 FamFG 12
Familiengericht § 151 FamFG 1; **§ 356 FamFG** 5
Familiengerichtliches Verfahren § 14 IntFamRVG IntFamRVG 1 f.
Familiensachen § 111 FamFG 1; **§ 151 FamFG** 1
- Anwaltszwang **§ 114 FamFG** 1
- Definition **§ 111 FamFG** 1
- Entscheidungsform **§ 38 FamFG** 13

- Familienstreitsachen **§ 112 FamFG** 1
- Großes Familiengericht **§ 111 FamFG** 2
- Katalog **§ 111 FamFG** 2

Familienstreitsache § 231 FamFG 3, 4
- Verzögerungsgebühr **§ 32 FamGKG** 1 ff.

Familienstreitsachen § 112 FamFG 1; **§ 113 FamFG** 1
- Anordnung der sofortigen Wirksamkeit **§ 116 FamFG** 4
- Anwaltszwang **§ 114 FamFG** 9
- Beschluss **§ 116 FamFG** 3
- Definition **§ 112 FamFG** 1
- Mahnverfahren **§ 113 FamFG** 17
- Präklusion **§ 115 FamFG** 1
- Rechtskraft **§ 116 FamFG** 3
- sonstige Familiensachen **§ 266 FamFG** 1
- Urkunden- u. Wechselprozess **§ 113 FamFG** 17
- Verspätung **§ 115 FamFG** 1

Familienstreitverfahren § 38 FamFG 13
Familienverhältnis Art. 1 EuUntVO 13
Familienwohnung § 362 FamFG 2

Fassung
- Registereintragung **Anhang zu § 387 FamFG** 27

Fassungsbeschwerde
- in Registersachen **§ 383 FamFG** 33 ff.

Fehlerhaftigkeit
- Beschluss **§ 47 FamFG** 15

Fehlerkorrektur § 227 FamFG 4
Ferien § 113 FamFG 19

Fernschreiben
- notwendige Geschäftsangaben **§ 388 FamFG** 17

Festsetzung
- auf Antrag **§ 168 FamFG** 5, 27 ff.
- von Amts wegen **§ 168 FamFG** 5 f.
- von Aufwendungsersatz **§ 168 FamFG** 5 ff.
- von Vergütung **§ 168 FamFG** 5 ff.

Festsetzungsverfahren
- Anhörung **§ 168 FamFG** 58
- Anspruchszeitraum **§ 168 FamFG** 37
- Antragsbegründung **§ 168 FamFG** 31 ff.
- Antragsform **§ 168 FamFG** 42 ff.
- Antragsgegner **§ 168 FamFG** 30
- Antragsinhalt **§ 169 FamFG** 4 ff.
- Anwendbare Vorschriften **§ 168 FamFG** 45 ff.
- auf Anwendungsersatz **§ 168 FamFG** 2 ff.
- auf Vergütung **§ 168 FamFG** 2 ff.
- Aussetzung **§ 168 FamFG** 26
- entfallen **§ 168 FamFG** 21
- Entscheidung **§ 168 FamFG** 7 f.
- Erinnerung **§ 168 FamFG** 77
- Ermittlungen **§ 168 FamFG** 52
- Gegenstand des **§ 168 FamFG** 9 ff., 16, 19
- materielle Einwendungen **§ 168 FamFG** 64 f.
- materielle Rechtskraft **§ 168 FamFG** 8
- PKH **§ 168 FamFG** 45 ff.
- Prüfungsmaßstab **§ 168 FamFG** 24
- Rechtsmittel **§ 168 FamFG** 67 ff.
- Verzicht **§ 168 FamFG** 20 ff.

Stichwortverzeichnis

- Vollstreckungstitel § 168 FamFG 62
- wiederholtes § 168 FamFG 25
- Zuständigkeit § 168 FamFG 7 f.

Feststellung
- Satzungsmangel § 399 FamFG 45, 58 ff.

Feststellung durch Sachverständige
- Beteiligte § 412 FamFG 3
- Ernennung, Beeidigung und Vernehmung § 410 FamFG 27 ff.
- Kosten und Gebühren § 410 FamFG 35
- Örtliche Zuständigkeit § 411 FamFG 4 ff.
- Rechtsmittel § 410 FamFG 32 ff.; § 414 FamFG 4 ff.
- Unanfechtbarkeit § 414 FamFG 1 ff.
- Verfahren § 410 FamFG 30 f.

Feststellungsantrag
- negativer § 169 FamFG 5

Feststellungsinteresse
- bei Beschwerden nach Erledigung der Hauptsache § 62 FamFG 6–15

Firma
- Löschung § 395 FamFG 127 ff.

Firma, Zulässigkeit
- Prüfung bei der Registeranmeldung Vorbem. zu § 378 FamFG 71

Firmenänderung § 393 FamFG 9
Firmenfortführung Anhang zu § 387 FamFG 15
Firmenlöschung § 393 FamFG 4 ff.
- Löschung des Löschungsvermerks § 393 FamFG 63
- Vollzug § 393 FamFG 61

Firmenmissbrauch § 392 FamFG 8 ff.
Firmenwahrheit
- Verstoß gegen die § 395 FamFG 15

Firmenzusatz § 392 FamFG 6
- Löschung § 395 FamFG 131

Flüchtlinge Art. 6 ErwSÜ 1 ff.
Flüchtlingskinder Art. 6 KSÜ 1
Folgesachen § 137 FamFG 7 ff.
- auf Antrag § 137 FamFG 6–8

Forderungsanmeldung
- Einsichtsrecht § 459 FamFG 4
- Gebühren § 459 FamFG 5 f.
- Inhalt der Anmeldung § 459 FamFG 2 f.

Formalia Beschluss § 42 FamFG 16
Formel Beschluss § 42 FamFG 38
Formfehler § 366 FamFG 27
Förmliche Beweisaufnahme § 279 FamFG 8; § 30 FamFG 1 ff.
- Abstammungssachen § 177 FamFG 14 ff.
- aufgrund ausdrücklichen Bestreitens § 30 FamFG 10 ff.
- aufgrund gesetzlicher Anordnung § 30 FamFG 9
- Beteiligtenöffentlichkeit § 30 FamFG 27 f.
- Beweismittel § 30 FamFG 33
- Grundsätze § 30 FamFG 20 ff.
- im Ermessen des Gerichts § 30 FamFG 2
- obligatorische § 30 FamFG 9 ff.

- Unmittelbarkeit der Beweisaufnahme § 30 FamFG 21 f.

Formlose Bekanntgabe § 41 FamFG 45
Formlose Mitteilung s. Mitteilung, formlose; § 15 FamFG 64 ff.
Formmängel § 371 FamFG 5
Formwechsel
- Löschung der Eintragung § 395 FamFG 65

Fortbestand
- Verbund § 146 FamFG 6

Fortgesetzte Gütergemeinschaft
- Aufgebotsverfahren § 464 FamFG 1 ff.

Fortsetzung
- des Verfahrens § 367 FamFG 7
- Gütergemeinschaft § 354 FamFG 1

Fortsetzungsfeststellungsantrag
- Registersachen § 383 FamFG 31

Freibeweis § 279 FamFG 8; § 29 FamFG 6 ff.
- Anwendungsbereich
  - Befugnisgrenzen § 29 FamFG 13 f.
- Beteiligtenöffentlichkeit § 29 FamFG 10, 12
- Beweismittel § 29 FamFG 8
- Unmittelbarkeit der Beweisaufnahme § 29 FamFG 11
- Zulässigkeit § 29 FamFG 6

Freigabeverfahren § 381 FamFG 12 ff.; § 395 FamFG 68; Vorbem. zu § 378 FamFG 107

Freiheitsentziehung § 415 FamFG 6 ff.
- abgeschlossene Einrichtung § 415 FamFG 16
- als Verwaltungsmaßnahme § 428 FamFG 3 ff.
- Aufhebung § 426 FamFG 3 ff.
- Aufhebungsverfahren § 426 FamFG 6 ff.
- Dauer § 425 FamFG 1 ff.
- einstweilige Anordnung § 427 FamFG 2 ff.
- Einverständnis § 415 FamFG 12
- Ende § 421 FamFG 11; § 425 FamFG 3
- gegen den Willen § 415 FamFG 10
- Konkurrenzen § 415 FamFG 17
- ohne Willen § 415 FamFG 11
- Verlängerung § 425 FamFG 8 f.

Freiheitsentziehungsmaßnahme
- behördliche § 428 FamFG 3 ff.
- einstweilige Anordnung § 427 FamFG 2 ff.
- Vollzug § 424 FamFG 1 ff., 5
- Vollzugsaussetzung § 424 FamFG 1 ff.
- vorläufige § 427 FamFG 5

Freiheitsentziehungssache § 415 FamFG 2 ff.
- Anhörung § 420 FamFG 1 ff.
- Antrag § 417 FamFG 2
- Antragsinhalt § 417 FamFG 10 ff.
- Auslagenersatz § 430 FamFG 5 ff.
- Bekanntgabe Beschluss § 41 FamFG 28
- Bekanntgabe des Beschlusses § 423 FamFG 1 ff.
- Benachrichtigung § 432 FamFG 1 ff.
- Beschlussformel § 421 FamFG 1 ff.
- Beschwerde § 429 FamFG 1 ff.
- Beschwerdeberechtigung § 429 FamFG 4 ff.
- Dolmetscher § 420 FamFG 8

Stichwortverzeichnis

- einstweilige Anordnung § 427 FamFG 1 ff.
- Erledigung § 429 FamFG 17
- Internationale Zuständigkeit § 105 FamFG 22
- Kosten § 430 FamFG 1 ff.
  - Dolmetscher § 421 FamFG 20
- Mitteilung von Entscheidungen § 431 FamFG 2 ff.
- Rechtsbeschwerde § 429 FamFG 14
- richterliche Anordnung § 417 FamFG 15 f.
- Vollzug § 424 FamFG 1 ff.
- Vollzugsaussetzung § 424 FamFG 1 ff.
- Wirksamwerden Beschluss § 40 FamFG 37
- Wirksamwerden des Beschlusses § 422 FamFG 1 ff.
- Zuständigkeit § 416 FamFG 2 ff.
  - funktionale § 416 FamFG 2
  - internationale § 416 FamFG 1
  - örtliche § 416 FamFG 1 ff.

Freiheitsentziehungsverfahren
- Abgabe § 416 FamFG 9
- Antrag § 417 FamFG 2
- Auslagenersatz § 430 FamFG 5 ff.
- Benachrichtigung § 432 FamFG 1 ff.
- Beteiligte
  - im Interesse des Betroffenen § 418 FamFG 7 ff.
  - kraft Bestellung § 418 FamFG 6
- Beteiligte von Amts wegen
  - Von Amts wegen § 418 FamFG 3
- Kosten § 430 FamFG 1 ff.
- Mitteilung von Entscheidungen § 431 FamFG 2 ff.
- Nahestehende Person § 418 FamFG 7 ff.
- persönliche Anhörung § 420 FamFG 1 ff.
  - Beteiligter § 420 FamFG 18 f.
  - Betroffener § 420 FamFG 4 ff.
- Unterbleiben der persönlichen Anhörung § 420 FamFG 13
- Verfahrenspflegerbestellung § 419 FamFG 2 ff.
- zuständige Behörde § 417 FamFG 3 ff.
- Zuständigkeit
  - örtliche § 416 FamFG 2
  - sachliche § 417 FamFG 15

Freiwillige Gerichtsbarkeit § 1 FamFG 3 ff.
- Begriff § 1 FamFG 3 ff.

Frist § 16 FamFG 1 ff.
- Änderung § 16 FamFG 29 ff.
- Beginn § 16 FamFG 7 ff.
- Berechnung § 16 FamFG 14 ff.
- Ende § 16 FamFG 19
- Feiertage § 16 FamFG 25
- Jahresfrist § 367 FamFG 5
- Rechtsbehelf § 39 FamFG 52–57
- Vereinheitlichung § 351 FamFG 1
- Wochenende § 16 FamFG 25
- zur Beschwerdebegründung in Ehe- und Familienstreitsachen § 117 FamFG 26
- zur Beschwerdeerwiderung § 68 FamFG 35
- zur Eröffnung § 351 FamFG 3
- zur Rechtsbeschwerdebegründung § 71 FamFG 11–17

Fristablauf § 353 FamFG 12; § 366 FamFG 23

Fristbestimmung § 355 FamFG 2
Fristenlauf § 366 FamFG 23
Fristsetzung § 368 FamFG 14; § 372 FamFG 2, 8
- Bestellung eines neuen Prüfungsverbandes der Genossenschaft **Vorbem. zu § 393 FamFG 2**
- Registeranmeldeverfahren § 382 FamFG 15, 26 ff.

Fristsetzungsverfahren § 52 FamFG 11–13
Fristverlängerung
- Zwangsgeldfestsetzung § 389 FamFG 12

Fristversäumnis § 366 FamFG 27; § 367 FamFG 1
Fristwahrung § 367 FamFG 3
Fürsorgegedanke § 39 FamFG 5

Gebühr § 350 FamFG 7; § 361 FamFG 14; § 373 FamFG 12; Art. 38 EuUntVO 1; Art. 58 EuErbVO 1
Geburtsdaten
- Angabe bei der Registeranmeldung **Vorbem. zu § 378 FamFG 7**
- Anmeldung zum Registergericht § 387 FamFG 7, 13
- Erzwingung der Anmeldung zum Registergericht § 388 FamFG 15 f.

Gefahr § 427 FamFG 26
- einstweilige Anordnung § 332 FamFG 3; § 334 FamFG 15
- im Verzug § 287 FamFG 9; § 301 FamFG 2; § 40 FamFG 44

Gegenbetreuer § 293 FamFG 10
Gegenrügen § 74 FamFG 17
Gegenstandswert in Familiensachen
- Abstammungsverfahren § 47 FamGKG 1 ff.
- Abstammungsverfahren, Unterhaltsantrag § 47 FamGKG 5
- Abtrennung Kindschaftssache § 6 FamGKG 14
- Additionsgebot § 33 FamGKG 1
- Additionsgebot, Ausnahmen § 33 FamGKG 2
- Adoption § 42 FamGKG 5
- Allgemeines **Vorbem. zu §§ 33 bis 52 FamGKG 1 ff.**
- Arrest § 42 FamGKG 6
- Auffangwert § 42 FamGKG 1 ff.
- Auffangwert, Ermessensgebrauch § 42 FamGKG 2, 3
- Aufrechnung § 39 FamGKG 7
- Auskunft § 38 FamGKG 3
- Auskunft, Rechtsmittelwert § 38 FamGKG 9
- Bewertungsregeln des GNotKG § 36 FamGKG 4 ff.
- Bewertungszeitpunkt (Stichtag) § 34 FamGKG 1 ff.
- Bewertungszeitpunkt bei Vkh § 34 FamGKG 10
- Bewertungszeitpunkt, Rechtsmittel § 34 FamGKG 3
- Bewertungszeitpunkt, Wirkung § 34 FamGKG 6–8
- eheliche Lebensgemeinschaft, Herstellung § 42 FamGKG 8
- Ehesache § 43 FamGKG 1 ff.
- Ehesache, Aufwand § 43 FamGKG 20–22
- Ehesache, Bedeutung § 43 FamGKG 18
- Ehesache, Bewertungsgrundsatz § 43 FamGKG 3

Stichwortverzeichnis

- Ehesache, Bewertungszeitpunkt § 43 FamGKG 4
- Ehesache, Einkommensermittlung § 43 FamGKG 7, 9–15
- Ehesache, Rechtsmittelverfahren § 43 FamGKG 23
- Ehesache, Umfang § 43 FamGKG 19
- Ehesache, Vermögen § 43 FamGKG 16, 17
- Ehesache, wechselseitige Anträge § 43 FamGKG 5
- Ehewohnungssachen § 48 FamGKG 1 ff.
- Ehewohnungssachen, Nutzungsentschädigung. § 48 FamGKG 3–5
- eidesstattliche Versicherung § 38 FamGKG 5
- Einigung, Ehewohnung § 48 FamGKG 7
- Einigung, Haushaltssachen § 48 FamGKG 7
- Einigung, Kindschaftssachen § 45 FamGKG 10
- Einigung, Vergleich § 42 FamGKG 9 ff.
- einstweilige Anordnung § 41 FamGKG 1 ff.
- einstweilige Anordnung, Mehrvergleich § 41 FamGKG 4
- einstweilige Anordnung, Unterhalt § 51 FamGKG 37 ff.
- einstweilige Anordnung, VKV § 51 FamGKG 38
- Ermessensgebrauch § 42 FamGKG 1 ff.
- Festsetzung, Beschwerde § 59 FamGKG 1 ff.
- Festwert und Billigkeitsprüfung § 45 FamGKG 4, 5
- Festwerte, Übersicht Vorbem. zu §§ 33 bis 52 FamGKG 4
- Freistellungsanspruch § 42 FamGKG 10
- Fremdwährung § 35 FamGKG 3
- Fürsorgemaßnahmen Kindesvermögen § 46 FamGKG 3
- Geldforderung § 35 FamGKG 1 ff.
- Genehmigung § 42 FamGKG 1
- Genehmigungen § 36 FamGKG 1 ff.
- Gewaltschutz § 49 FamGKG 1
- Gewaltschutz, EA § 49 FamGKG 6
- Gewaltschutz, Fristverlängerung § 49 FamGKG 4
- Grundstücksübertragung § 42 FamGKG 12
- Gütergemeinschaft § 42 FamGKG 13
- Gütertrennung § 42 FamGKG 16
- Haushaltssachen § 48 FamGKG 1 ff.
- Haushaltssachen, Nutzungsentschädigung § 48 FamGKG 3–5
- Hilfsanspruch § 39 FamGKG 6
- Hilfsaufrechnung § 39 FamGKG 7
- Höchstwert § 33 FamGKG 3
- Kindergeld, Auskehr § 51 FamGKG 25
- Kindergeld, Bezugsberechtigung § 51 FamGKG 41 f.
- Kindesherausgabe § 45 FamGKG 1 ff., 9
- Kindschaftssache im Scheidungsverbund § 44 FamGKG 8 ff.
- Kindschaftssache, Abänderungsverfahren § 45 FamGKG 14
- Kindschaftssache, Änderung bei Abtrennung § 45 FamGKG 17
- Kindschaftssache, Auslandsbezug § 45 FamGKG 13
- Kindschaftssache, isolierte, Rechtsmittelwert § 45 FamGKG 15

- Kindschaftssache, Pflegschaft § 46 FamGKG 1
- Kindschaftssache, Pflegschaften § 46 FamGKG 6
- Kindschaftssache, Vermittlungsverfahren § 45 FamGKG 11
- Kindschaftssache, vermögensrechtliche § 46 FamGKG 1 ff.
- Kindschaftssache, Wertgrenzen § 46 FamGKG 12
- Kindschaftssachen, bestimmte § 45 FamGKG 1 ff.
- Kindschaftssachen, Billigkeitsprüfung § 45 FamGKG 2, 4–9, 13–17
- Kindschaftssachen, Einigung. § 45 FamGKG 10
- Kindschaftssachen, einstweilige Anordnung. § 45 FamGKG 12
- Kindschaftssachen, Festwert. § 45 FamGKG 13–17
- Kostenvereinbarung § 42 FamGKG 17
- Mindestunterhalt i.V.m. Abstammungsverfahren § 47 FamGKG 5
- Mindestunterhalt, Berechnung § 51 FamGKG 10
- Miteigentum § 42 FamGKG 18
- Nebenforderungen § 37 FamGKG 1 ff.
- Ratenzahlungsvereinbarung § 42 FamGKG 20
- Realsplitting, Zustimmung zum begrenzten § 42 FamGKG 21
- Rechnungslegung § 38 FamGKG 3
- Rechtsmittel, Bewertungszeitpunkt, § 34 FamGKG 3
- Rechtsmittel, wechselseitige § 39 FamGKG 5
- Rechtsmittelverfahren § 40 FamGKG 1 ff.
- Schadensersatz § 42 FamGKG 22
- Sorgerecht § 45 FamGKG 1 ff., 7
- Sorgerecht, Billigkeitsprüfung § 45 FamGKG 7
- Stufenverfahren § 38 FamGKG 1 ff.
- Stufenverfahren, Leistungsantrag § 38 FamGKG 6, 8
- Stufenverfahren, Rechtsmittelwert § 38 FamGKG 10
- Stufenverfahren, steckengebliebenes § 38 FamGKG 8
- Titulierungsinteresse § 42 FamGKG 23
- Umgangsrecht § 45 FamGKG 1 ff., 8
- Umgangsrecht, Billigkeitsprüfung § 45 FamGKG 7, 8
- unbezifferter Antrag § 38 FamGKG 6 ff.
- Unterhalt § 51 FamGKG 1 ff.
- Unterhalt, Abänderung § 51 FamGKG 27, 28, 31
- Unterhalt, Abfindungsvergleich § 51 FamGKG 39
- Unterhalt, Antragsbeschränkung § 51 FamGKG 14
- Unterhalt, Antragserweiterung § 51 FamGKG 16–18
- Unterhalt, Antragshäufung § 51 FamGKG 7
- Unterhalt, Befristung § 51 FamGKG 23
- Unterhalt, dynamischer § 51 FamGKG 10, 24
- Unterhalt, Ehegattenunterhalt § 51 FamGKG 21 ff.
- Unterhalt, einstweilige Anordnung § 51 FamGKG 37 ff.
- Unterhalt, Feststellung § 51 FamGKG 32
- Unterhalt, Freistellung § 51 FamGKG 26
- Unterhalt, freiwillige Zahlungen § 51 FamGKG 5

Stichwortverzeichnis

- Unterhalt, Kindergeldanrechnung § 51 FamGKG 24
- Unterhalt, laufender Unterhalt § 51 FamGKG 8 ff.
- Unterhalt, Rechtmittelwert § 51 FamGKG 19, 20
- Unterhalt, Rückstande § 51 FamGKG 11, 13, 15
- Unterhalt, Rückzahlungsanspruch § 51 FamGKG 29
- Unterhalt, Sonderbedarf § 51 FamGKG 38
- Unterhalt, Stichtag § 51 FamGKG 6
- Unterhalt, Trennungsunterhalt § 51 FamGKG 22
- Unterhalt, vereinfachtes Verfahren § 51 FamGKG 30
- Unterhalt, vertraglicher § 51 FamGKG 1
- Unterhalt, Verzicht § 51 FamGKG 39
- Unterhalt, Vollstreckbarerklärung § 51 FamGKG 33
- Unterhalt, Vollstreckungsabwehr § 51 FamGKG 33
- Unterhalt, Widerantrag § 51 FamGKG 35
- Verbundverfahren § 44 FamGKG 1 ff.
- Verbundverfahren, Abtrennung von Folgesachen § 44 FamGKG 5
- Verbundverfahren, Kindschaftssache § 44 FamGKG 8 ff.
- Verbundverfahren, Kostenverbund § 44 FamGKG 2–4
- Verbundverfahren, Rechtsmittelinstanz § 44 FamGKG 7
- Verbundverfahren, Verbindung u. Eibeziehung § 44 FamGKG 6
- Verfahrenskosten § 37 FamGKG 4
- Versorgungsausgleich § 50 FamGKG 1 ff.
- Versorgungsausgleich, Abtretung § 50 FamGKG 15
- Versorgungsausgleich, Anpassung der Versorgung § 50 FamGKG 19
- Versorgungsausgleich, Auskunft § 50 FamGKG 15
- Versorgungsausgleich, Ausschluss § 50 FamGKG 16, 20 ff., 22 ff.
- Versorgungsausgleich, Ausschluss vertraglich § 50 FamGKG 23
- Versorgungsausgleich, Billigkeitsprüfung § 50 FamGKG 16 ff.
- Versorgungsausgleich, Einkommen § 50 FamGKG 12, 13
- Versorgungsausgleich, Einleitung § 50 FamGKG 4
- Versorgungsausgleich, einzubeziehende Anrechte § 50 FamGKG 7 ff.
- Versorgungsausgleich, kurzer Ehe § 50 FamGKG 24
- Versorgungsausgleich, Prozentsatz § 50 FamGKG 6
- Versorgungsausgleich, Rechtsmittelwert § 50 FamGKG 14
- vertraglicher Unterhalt § 42 FamGKG 25
- Wertaddition in Genehmigungsverfahren § 36 FamGKG 24
- Wertaddition, Nebenforderungen § 37 FamGKG 1 ff.
- Widerantrag § 39 FamGKG 2

- Zugewinnausgleich, Sicherheitsleistung § 52 FamGKG 1, 4
- Zugewinnausgleich, Stundung § 52 FamGKG 1, 4
- Zugewinnausgleich, Übertragung von Gegenständen § 52 FamGKG 1, 5
- Zugewinnausgleich, Verbund mit FG-Sachen. § 52 FamGKG 1
- Zugewinnausgleich. § 52 FamGKG 1, 2 ff.
- Zugewinngemeinschaft, Aufhebung § 52 FamGKG 2
- Zulassung der Sprungrechtsbeschwerde § 40 FamGKG 7

Gegenvorstellung Vorbem. zu §§ 58–75 FamFG 36
Geheimhaltungsinteresse § 349 FamFG 1
Gehör
- rechtliches § 44 FamFG 1, 24–31; **Einleitung zum FamFG** FamFG 19 ff.

Gehörsrüge § 39 FamFG 23; § 44 FamFG 1
- Antragsberechtigung § 44 FamFG 37
- Genehmigung § 48 FamFG 68

Geistesschwäche § 367 FamFG 4
Gemeinschaftliche Testamente und Erbverträge
- Zunächst nicht amtlich verwahrte § 347 FamFG 7

Gemeinschaftliches Testament Art. 3 EuErbVO 4
Gendiagnostikgesetz § 177 FamFG 15 ff.
Genehmigung § 287 FamFG 6; § 40 FamFG 24 ff., 38; § 41 FamFG 11 f.; § 48 FamFG 52 ff.
- Abänderung § 48 FamFG 68
- Außengenehmigung § 48 FamFG 55
- Behandlungsabbruch § 298 FamFG 14
- Erteilung der § 363 FamFG 7
- Familiengerichtliche § 125 FamFG 10 f.; § 151 FamFG 8; § 363 FamFG 24; § 372 FamFG 8
- Innengenehmigungen § 48 FamFG 58
- nachträgliche § 48 FamFG 64
- Rechtsgeschäft § 40 FamFG 29–34
- Verfahren § 298 FamFG 9
- Verfahrenswert § 36 FamGKG 1 ff.
- Vermögenssorge § 299 FamFG 2
- Verweigerung § 48 FamFG 65
- vorherige § 48 FamFG 63
- Vormundschafts- bzw. familiengerichtliche § 366 FamFG 11
- Wirksamwerden § 287 FamFG 3

Genehmigungsbeschluss § 44 FamFG 22; § 47 FamFG 5; § 48 FamFG 1, 53–65, 67–70

Generalversammlung
- Ermächtigung zur Einberufung bei der Genossenschaft § 375 FamFG 58
- Ermächtigung zur Einberufung bei der SCE § 375 FamFG 63

Genossenschaft
- Anmeldung zur Eintragung Anhang zu § 387 FamFG 37 ff.
- Eintragung bei Auflösung Anhang zu § 387 FamFG 39
- Eintragung bei Insolvenz Anhang zu § 387 FamFG 39

Stichwortverzeichnis

- Sinken der Mitgliederzahl unter drei **Vorbem. zu § 393 FamFG** 2
- **Genossenschaftsregister**
- Aufbau **Anhang zu § 387 FamFG** 40
- **GenRegV Anhang zu § 387 FamFG** 40
- **Gericht § 1 FamFG** 12 ff.; **§ 38 FamFG** 45; **Art. 2 Brüssel II a-VO** 2; **Art. 3 EuErbVO** 12 ff.
- Begriff **Art. 2 EuUntVO** 14
- ersuchtes **§ 366 FamFG** 16
- **Gerichtlicher Vergleich Art. 48 EuUntVO** 1 ff.; **Art. 2 EuUntVO** 3; **Art. 3 EuErbVO** 9
- Vollstreckbarkeit **Art. 61 EuErbVO** 1 ff.
- **Gerichtsbarkeit**
- Gerichtsverfassung **§ 1 FamFG** 12 ff.
- **Gerichtsferien § 113 FamFG** 19
- **Gerichtsgebühr § 359 FamFG** 15; **§ 373 FamFG** 12
- **Gerichtsgebühr in Familiensachen**
- Verzögerungsgebühr **§ 32 FamGKG** 1 ff.
- **Gerichtsgebühren § 362 FamFG** 16
- **Gerichtsgebühren in Familiensachen**
- Abstammungssachen **Nr. 1320-1328 KV FamGKG** 1 ff.
- Adoptionssachen **Nr. 1320-1328 KV FamGKG** 1 ff.
- allgemeine FG-Sachen **Nr. 1320-1328 KV FamGKG** 1 ff.
- allgemeine FG-Sachen, Adoption **Nr. 1320-1328 KV FamGKG** 3 ff.
- allgemeine FG-Sachen, Rechtsmittelverfahren **Nr. 1320-1328 KV FamGKG** 10–16
- Anerkennungsverfahren **Nr. 1710-1723 KV FamGKG** 2 ff.
- Anerkennungsverfahren vor dem OLG **Nr. 1710-1723 KV FamGKG** 5
- Anhörungsrügeverfahren **Nr. 1800 KV FamGKG** 1
- Arrest **Nr. 1420-1424 KV FamGKG** 1 ff.
- Arrest, Rechtmittelverfahren **Nr. 1420-1424 KV FamGKG** 8, 9
- Bescheinigungen u.a im internationalen Rechtsverkehr **Nr. 1710-1723 KV FamGKG** 6 ff.
- Beweisverfahren **Nr. 1500-1503 KV FamGKG** 10, 11
- Ehesachen **Nr. 1110-1140 KV FamGKG** 1 ff.
- Ehesachen, Ermäßigung **Nr. 1110-1140 KV FamGKG** 4–10
- Ehesachen, Rechtsmittelverfahren **Nr. 1110-1140 KV FamGKG** 11–21
- Ehewohnungssachen **Nr. 1320-1328 KV FamGKG** 1 ff.
- einstweilige Anordnung **Nr. 1420-1424 KV FamGKG** 1 ff.
- einstweilige Anordnung, Kindschaftssachen, **Nr. 1410-1412 KV FamGKG** 1 ff.
- einstweilige Anordnung, Rechtsmittelverfahren **Nr. 1420-1424 KV FamGKG** 8, 9
- einstweilige Anordnung, Übersicht **§ 3 FamGKG** 22 ff.
- einstweiliger Rechtsschutz, Übersicht **§ 3 FamGKG** 22 ff.
- Entscheidungsgebühr, Entstehung **§§ 9-11 FamGKG** 11
- Entstehung in Amtsverfahren **§§ 9-11 FamGKG** 6–10
- Entstehung in Antragsverfahren **§§ 9-11 FamGKG** 4, 5
- Entstehung und Fälligkeit **§§ 9-11 FamGKG** 1ff.
- Entstehungszeitpunkt **§§ 9-11 FamGKG** 3–12
- Fälligkeit **§§ 9-11 FamGKG** 13ff.
- Fälligkeit, Ehesachen **§§ 9-11 FamGKG** 14
- Fälligkeit, Familienstreitsachen **§§ 9-11 FamGKG** 14
- Fälligkeit, FG-Sachen **§§ 9-11 FamGKG** 14, 19
- Fälligkeit, Scheidungsfolgesachen **§§ 9-11 FamGKG** 19
- Fälligkeit, Verfahrensende **§§ 9-11 FamGKG** 20
- Familienstreitsachen **Nr. 1220-1229 KV FamGKG** 1 ff.
- Familienstreitsachen, Rechtsmittelverfahren **Nr. 1220-1229 KV FamGKG** 10–18
- für Teile des Verfahrensgegenstands **§ 30 FamGKG** 1 ff.
- Gewaltschutzsachen **Nr. 1320-1328 KV FamGKG** 1 ff.
- Haushaltssachen **Nr. 1320-1328 KV FamGKG** 1 ff.
- Kindschaftssachen **Nr. 1310-1319 KV FamGKG** 1 ff.
- Kindschaftssachen nach dem IntFamRVG **Nr. 1710-1723 KV FamGKG** 2 ff.
- Kindschaftssachen, gebührenfreie Verfahren. **Nr. 1310-1319 KV FamGKG** 2–4, 9
- Kindschaftssachen, Gebührenfreiheit des Kindes. **Nr. 1310-1319 KV FamGKG** 5
- Kindschaftssachen, Kostenschuldner. **Nr. 1310-1319 KV FamGKG** 7
- Kindschaftssachen, persönliche Gebührenfreiheit. **Nr. 1310-1319 KV FamGKG** 6
- Kindschaftssachen, Pflegschaft. **Nr. 1310-1319 KV FamGKG** 11–19
- Kindschaftssachen, Rechtsmittelverfahren **Nr. 1310-1319 KV FamGKG** 20 ff.
- Kindschaftssachen, Rechtsmittelverfahren. **Nr. 1310-1319 KV FamGKG** 21–28
- Kindschaftssachen, Verfahrensgebühren **Nr. 1310-1319 KV FamGKG** 8 ff.
- Kindschaftssachen, Vormundschaft. **Nr. 1310-1319 KV FamGKG** 11–16
- Mehrergleich **Nr. 1500-1503 KV FamGKG** 2–7
- Mindestgebühr **§ 28 FamGKG** 3
- nach Mahnverfahren **Nr. 1220-1229 KV FamGKG** 3
- Nachverfahren **§ 29 FamGKG** 3
- Pauschalgebühr **§ 29 FamGKG** 1 ff.
- Rechtsmittel gegen Kostenentscheidungen **Nr. 1910-1930 KV FamGKG** 4 ff.
- Rechtsmittel gegen Neben- und Zwischenentscheidungen **Nr. 1910-1930 KV FamGKG** 1 ff.

Stichwortverzeichnis

- Scheidungsverbund **Nr. 1110-1140 KV FamGKG** 1 ff.
- Scheidungsverbund, Ermäßigung. **Nr. 1110-1140 KV FamGKG** 4–10
- Scheidungsverbund, Rechtsmittelverfahren. **Nr. 1110-1140 KV FamGKG** 11–21
- sofortige Beschwerden und Rechtsbeschwerden **Nr. 1910-1930 KV FamGKG** 1 ff.
- Überblick **§ 3 FamGKG** 10 ff.
- Überblick, Kindschaftssachen **§ 3 FamGKG** 16 ff.
- Übersichtstabelle **§ 3 FamGKG** 11
- Unterhaltstitel, Bezifferung nach § 245 FamFG **Nr. 1710-1723 KV FamGKG** 8
- vereinfachtes Unterhaltsverfahren **Nr. 1210-1216 KV FamGKG** 1 ff.
- vereinfachtes Unterhaltsverfahren, Rechtsmittelverfahren **Nr. 1210-1216 KV FamGKG** 4–10
- Verfahren mit Auslandsbezug **Nr. 1710-1723 KV FamGKG** 1 ff.
- Verfahrensgebühr, Ermäßigung allg **§ 3 FamGKG** 19 ff.
- Verfahrenswerte, Übersicht **§ 3 FamGKG** 8 f.
- Versorgungsausgleichssachen **Nr. 1320-1328 KV FamGKG** 1 ff.
- Vollstreckbarerklärung **Nr. 1710-1723 KV FamGKG** 2 ff.
- Vollstreckung in FG-Sachen **Nr. 1600-1603 KV FamGKG** 1 ff.
- Vollstreckungsklausel zu ausl. Titeln **Nr. 1710-1723 KV FamGKG** 2 ff.
- Vorleistungspflicht **§§ 12–17 FamGKG** 5aff.
- Vorleistungspflicht in Ehe- und Familienstreitsachen **§§ 12–17 FamGKG** 8
- Vorleistungspflicht in FG-Sachen **§§ 12–17 FamGKG** 10
- Vorleistungspflicht, Ausnahmen **§§ 12–17 FamGKG** 12 ff.
- Wertgebühr **§ 28 FamGKG** 1
- Zahlungsfälligkeit **§§ 9-11 FamGKG** 12
- Zurückverweisung **§ 31 FamGKG** 1
- Zwangsmittel nach § 35 FamFG **Nr. 1500-1503 KV FamGKG** 9

Gerichtskosten
- bei Verfahrenskostenhilfe **§ 76 FamFG** 44 f.
- Kostenerstattung **§ 85 FamFG** 9
- Umgangspfleger **§ 4 FamFG** 1

Gerichtskosten in Familiensachen **§ 3 FamGKG** 1 ff.
- Abänderungsverfahren **§ 31 FamGKG** 2–4
- Abgabe an das Gericht der Ehesache **§ 6 FamGKG** 7
- Auslagen in Vkh-Verfahren **§§ 21–27 FamGKG** 16
- Auslagen s. Auslagen, gerichtliche. **§ 3 FamGKG** 1
- Auslagen, Fälligkeit **§§ 9–11 FamGKG** 1, 21ff.
- Auslagen, Übersicht **§ 3 FamGKG** 33 ff.
- Befreiung **§ 2 FamGKG** 1 ff.
- Befreiung, Wirkung **§ 2 FamGKG** 3 ff.
- bei Verfahrenstrennung **§ 6 FamGKG** 1
- bei Verweisung und Abgabe **§ 6 FamGKG** 1 ff.

- Elektronische Akte und Dokumente **§ 8 FamGKG** 1
- Erstattungsansprüche, Verjährung **§ 6 FamGKG** 8
- Gebühren s. Gerichtsgebühren in Familiensachen **§ 3 FamGKG** 1
- Geltungsbereich des FamGKG **§ 1 FamGKG** 1
- Kindschaftssache, Trennung aus Verbund **§ 6 FamGKG** 12 ff.
- Kostenansatz **§§ 18–20 FamGKG** 1 ff.
- Kostenansatz, Berichtigung **§§ 18–20 FamGKG** 6
- Kostenansatz, Nachforderung **§§ 18–20 FamGKG** 7–9
- Kostenansatz, Rechtsmittel **§ 57 FamGKG** 1 ff.
- Kostenschuldner **§§ 21–27 FamGKG** 1 ff., 17
- Kostenschuldner s. Kostenschuldner in Familiensachen **§§ 21–27 FamGKG** 1
- Lebenspartnerschaftssachen **§ 5 FamGKG** 1
- Niederschlagung **§§ 18–20 FamGKG** 10 ff.
- Rechtsbehelfsbelehrung **§ 8a FamGKG** 1
- Scheidungsfolgesachen, Abtrennung **§ 6 FamGKG** 12 ff.
- Scheidungsfolgesachen, Abtrennung, echte **§ 6 FamGKG** 13, 14
- Scheidungsfolgesachen, Abtrennung, unechte **§ 6 FamGKG** 15–17
- Scheidungsfolgesachen, Einbeziehung **§ 6 FamGKG** 20
- Übersicht **§ 3 FamGKG** 1 ff.
- Umgangspflegschaft **§ 4 FamGKG** 1–4
- Verfahrensbeendigung, kostenrechtlich **§§ 9-11 FamGKG** 20
- Verfahrenstrennung **§ 6 FamGKG** 8 ff.
- Verfahrenstrennung, gewöhnliche **§ 6 FamGKG** 10, 11
- Verfahrenstrennung, gewöhnliche. **§ 6 FamGKG** 9
- Verfahrensverbindung **§ 6 FamGKG** 18 ff.
- Verfahrensverbindung, FG-Sachen **§ 6 FamGKG** 21
- Verjährung **§ 6 FamGKG** 4
- Vorauszahlung von Gebühren und Auslagen **§§ 12–17 FamGKG** 1 ff.
- Vorauszahlung, Beschwerde **§ 58 FamGKG** 1 ff.
- Vorauszahlung, Vorschuss **§§ 12–17 FamGKG** 1 ff.
- Vorleistungspflicht für Auslagen **§§ 12–17 FamGKG** 17 ff.
- Vorleistungspflicht, Dauer **§§ 12–17 FamGKG** 23
- Vorleistungspflicht, Rechtsmittel **§ 58 FamGKG** 1–4

Gerichtspersonen **§ 38 FamFG** 46
Gerichtssprache **§ 38 FamFG** 25; **§ 39 FamFG** 35; **§ 488 FamFG** 4
Gerichtsstandsvereinbarungen **Art. 5 EuErbVO** 1 f.
- Beschränkte Gerichtsstandswahl **Art. 4 EuUntVO** 3 ff.
- Form **Art. 4 EuUntVO** 9
- Verhältnis zum Luganer Übereinkommen **Art. 4 EuUntVO** 10
- Zulässigkeit **Art. 4 EuUntVO** 2

Stichwortverzeichnis

- Zustandekommen und Wirksamkeit der Vereinbarung **Art. 4 EuUntVO 8**
- **Gerichtsverfassung** § 1 **FamFG** 12 ff.
- **Gerichtsvollzieher** § 358 **FamFG** 7
- **Gesamtgut** § 373 **FamFG** 5
- Auseinandersetzung § 344 **FamFG** 11 ff.; § 363 **FamFG** 26
- **Gesamtgutsgläubiger**
- Aufgebot § 464 **FamFG** 1 ff.
- **Gesamtrechtsnachfolge** § 42 **FamFG** 37
- **Geschäftsanschrift**
- Einreichung zum Registergericht § 387 **FamFG** 7
- Erzwingung der Einreichung zum Registergericht § 388 **FamFG** 15
- **Geschäftsaufgabe** § 393 **FamFG** 5, 7
- **Geschäftsfähige** § 9 **FamFG** 3
- **Geschäftsführer**
- ausländischer **Vorbem. zu § 378 FamFG** 79
- **Geschäftsführung**
- gemeinschaftliche § 355 **FamFG** 5
- **Geschäftsnummer** § 38 **FamFG** 61
- **Geschäftsstelle**
- Rechtskraftzeugnis § 46 **FamFG** 14
- **Geschäftswert** § 362 **FamFG** 15
- **Gesellschafterliste**
- Aufnahme in den Registerordner **Anhang zu § 387 FamFG** 6
- **Gesetz**
- Begriff § 485 **FamFG** 2
- **Gesetz zur Ausführung des Haager Erwachsenenschutzübereinkommens** § 97 **FamFG** 48
- **Gesetzlicher Vertreter** § 38 **FamFG** 37
- **Gewaltanwendung**
- in Unterbringungssachen § 326 **FamFG** 10
- **Gewaltschutzsache** § 49 **FamFG** 65, 66
- Anordnung § 214 **FamFG** 9; § 215 **FamFG** 1
- auf Dauer angelegter gemeinsamer Haushalt § 210 **FamFG**
- Auftrag zur Zustellung und Vollstreckung § 214 **FamFG** 10 f.
- Beschwerde § 213 **FamFG** 3; § 214 **FamFG** 15
- gerichtliche Schutzmaßnahmen § 210 **FamFG** 2
- Internationale Zuständigkeit § 105 **FamFG** 10
- Kosten § 214 **FamFG** 12–14
- Kostenentscheidung § 81 **FamFG** 27
- Mitteilungspflicht § 216a **FamFG** 1
- Überlassung einer gemeinsam genutzten Wohnung § 210 **FamFG** 3
- Unterrichtungspflicht § 216a **FamFG** 2
- Vollstreckung vor Zustellung § 216 **FamFG** 3 f.
- Wirksamwerden Beschluss § 40 **FamFG** 37
- Wirksamwerden Endentscheidung § 216 **FamFG** 1 f.
- **Gewöhnlicher Aufenthalt** § 187 **FamFG** 5; § 272 **FamFG** 3
- Änderung § 273 **FamFG** 2
- Kaserne § 272 **FamFG** 8
- Klinik § 272 **FamFG** 5
- Unterbringung § 272 **FamFG** 6
- Wohnheim § 272 **FamFG** 7
- **Glaubhaftmachung** § 357 **FamFG** 1, 9, 13
- Anwendungsbereich § 31 **FamFG** 3
- Aufgebotsverfahren § 444 **FamFG** 2 ff.
- Beweismaß § 31 **FamFG** 9
- Eidesstattliche Versicherung § 444 **FamFG** 2
- einstweilige Anordnung § 331 **FamFG** 14; § 332 **FamFG** 5
- in Freiheitsentziehungssachen § 427 **FamFG** 14
- Mittel § 31 **FamFG** 13 ff.
- Voraussetzungen § 450 **FamFG** 2 ff.
- **Gleichlaufgrundsatz** § 343 **FamFG** 11 f.
- **GNotKG**
- Gerichtskosten § 80 **FamFG** 11 ff.
- **Grenzüberschreitende Unterbringung**
- Genehmigung des Familiengerichts § 47 **IntFamRVG** 1
- Konsultationsverfahren § 46 **IntFamRVG** 1 ff.
- Zuständigkeit für die Zustimmung § 45 **IntFamRVG** 1
- **Großes Familiengericht** § 266 **FamFG** 1; **Vorbem. zu §§ 186 bis 199 FamFG** 2
- **Grundbuch** § 374 **FamFG** 2
- **Grundbuchamt** § 371 **FamFG** 4
- **Grundbuchsache** § 44 **FamFG** 7
- **Grundentscheidung** § 38 **FamFG** 11
- **Grundpfandrechte** § 371 **FamFG** 22 ff.
- **Grundrechte** § 44 **FamFG** 32
- **Gründungsprüferbestellung** § 375 **FamFG** 31
- **Gültigkeit** § 348 **FamFG** 3; § 358 **FamFG** 2
- **Gutachten**
- ärztliche Maßnahme § 298 **FamFG** 7
- außergerichtliches § 177 **FamFG** 19–21
- Behandlungsabbruch § 298 **FamFG** 13
- berufsständischer Organe § 380 **FamFG** 17 ff.
- Erörterung § 278 **FamFG** 7
- medizinischer Dienst § 282 **FamFG** 6
- nachträgliche Einholung § 294 **FamFG** 6
- **Gute Sitten** § 366 **FamFG** 17, 35
- **Gütergemeinschaft** § 363 **FamFG** 21, 26
- Aufgebot von Nachlassgläubigern § 462 **FamFG** 1 ff.
- Auseinandersetzung einer § 344 **FamFG** 11; § 373 **FamFG** 1, 5
- Beendigung der § 373 **FamFG** 2 ff.
- Fortgesetzte § 373 **FamFG** 3
- Fortsetzung der § 345 **FamFG** 8; § 357 **FamFG** 9
- **Güterichter** § 36 **FamFG** 34 ff.
- **Güterrecht**
- Ansprüche aus dem § 261 **FamFG** 5
- Internationale Zuständigkeit § 105 **FamFG** 3
- **Güterrecht der Lebenspartnerschaft**
- EU VO-Vorschlag zum Güterrecht zum ~ § 97 17
- **Güterrechtsregister**
- Aufbau **Anhang zu § 387 FamFG** 63
- Bescheinigungen § 386 **FamFG** 18
- Inhalt **Anhang zu § 387 FamFG** 64 ff.

Stichwortverzeichnis

– Rechtsverordnungen Anhang zu § 387 FamFG 60
Güterrechtssachen § 49 FamFG 71
– Abgabe § 263 FamFG 1
– Beteiligung Dritter § 261 FamFG 8
– Definition § 261 FamFG 1
– Familienstreitsachen § 261 FamFG 10
– Gesamtvermögensgeschäfte § 261 FamFG 14
– Internationale Zuständigkeit § 105 12
– Zuständigkeit § 262 FamFG 1
Güteverfahren § 36 FamFG 34 ff.
– Abschluss des Verfahrens § 36 FamFG 47
– Befugnisse des Güterichters § 36 FamFG 43 ff.
– Grundlagen § 36 FamFG 34 ff.
– Kosten § 36 FamFG 52
– Verweisungsentscheidung § 36 FamFG 37
Gutglaubensschutz
– Löschung einer Eintragung § 395 FamFG 136
– Registerbescheinigung § 386 FamFG 11
Haager Adoptionsübereinkommen § 97 FamFG 31; § 199 FamFG 2 f.
Haager Apostille Vorbem. zu § 378 FamFG 44
Haager Beweisaufnahmeübereinkommen § 97 FamFG 36
Haager Erwachsenenschutzübereinkommen § 97 FamFG 34
– Allgemeine Bestimmungen Art. 38 ErwSÜ 1
– Anwendungsbereich Art. 1 ErwSÜ 1 ff.
– Erwachsener Art. 2 ErwSÜ 1 f.
– In-Kraft-Treten Art. 57 ErwSÜ 1
– Nicht erfasste Materien Art. 4 ErwSÜ 1 ff.
– Persönlicher Anwendungsbereich Art. 2 ErwSÜ 1 ff.
– Sachlicher Anwendungsbereich Art. 3 ErwSÜ 1 ff.
– Schutzmaßnahmen nach Inkrafttreten des ErwSÜ Art. 50 ErwSÜ 1
– Übersetzung von Mitteilungen Art. 51 ErwSÜ 1 f.
– Verhältnis zu weiteren internationalen Übereinkommen Art. 49 ErwSÜ 1
Haager Kinderschutzübereinkommen § 97 FamFG 27; § 99 FamFG 3
– Anwendbarkeit Art. 4 HKÜ 1
– Anwendung anderer internationaler Übereinkünfte Art. 34 HKÜ 1
– Anwendungsbereich Art. 1 HKÜ 4 ff.
– Ausführung § 37 IntFamRVG 1
– Bescheinigung über Widerrechtlichkeit § 41 IntFamRVG 1 f.
– Beschleunigtes Verfahren § 38 IntFamRVG 1
– Einreichung von Anträgen bei dem Amtsgericht § 42 IntFamRVG 1
– Internationales Familienrechtsverfahrensgesetz Art. 1 HKÜ 8
– Kindesentführung s. auch dort
– Offensichtliche Unbegründetheit Art. 27 HKÜ 1
– Persönlicher Anwendungsbereich Art. 1 HKÜ 7
– Recht zum persönlichen Umgang Art. 5 HKÜ 1

– Rückführungs-/Umgangsbegehren im Zufluchtstaat Art. 29 HKÜ 1
– Sorgerecht Art. 5 HKÜ 1
– Übermittlung von Entscheidungen § 39 IntFamRVG 1
– Verfahrenskosten- und Beratungshilfe § 43 IntFamRVG 1
– Wirksamkeit der Rückgabeentscheidung § 40 IntFamRVG 1 f.
– Ziele Art. 2 HKÜ 1 f.
Haager Kindesentführungsübereinkommen § 97 FamFG 30; § 99 FamFG 5
Haager Minderjährigenschutzabkommen § 97 FamFG 28 f.; § 99 FamFG 4
Haager Übereinkommen über den Schutz von Kindern und die Zusammenarbeit auf dem Gebiet der internationalen Adoption § 186 FamFG 38
Haager Übereinkommen über die Anerkennung und Vollstreckung von Unterhaltsentscheidungen § 97 FamFG 33
Haager Unterhaltsübereinkommen § 97 FamFG 32
Haager Zustellungsübereinkommen § 97 FamFG 35
Haftung § 356 FamFG 7
– unbeschränkte § 360 FamFG 2; § 361 FamFG 3
– verschärfte § 241 FamFG 1–4
Hamburg Vorbem. zu §§ 485 bis 491 FamFG 6
Handelsgewerbe
– Änderung § 393 FamFG 5
– Geschäftsaufgabe § 393 FamFG 5, 7
– Herabsinken auf einen nichtkaufmännischen Gewerbebetrieb § 393 FamFG 9
– Veräußerung § 393 FamFG 5 ff.
– vorübergehende Einstellung § 393 FamFG 9
Handelsregister
– Abteilung A Anhang zu § 387 FamFG 12
– Abteilung B Anhang zu § 387 FamFG 12
– Aufbau Anhang zu § 387 FamFG 12
Handelsregisterverordnung Anhang zu § 387 FamFG 2 ff.
Handelssachen § 375 FamFG 2
Handwerksinnung § 380 FamFG 14
Hauptsacheverfahren § 51 FamFG 3–6
– Einleitung § 52 FamFG 1–17
Hauptsachezuständigkeit § 50 FamFG 2–8
Hauptversammlung
– Anordnung der Einberufung bei der SE § 375 FamFG 47
– Ermächtigung zur Einberufung bei der AG/dem VVaG § 375 FamFG 40
Haushalt
– Aufstellung über den § 206 FamFG 11
– Auskunft über den Bestand § 203 FamFG 16
– Bestimmung des Umfangs § 203 FamFG 10
Haushaltsgegenstände
– Auflistung § 206 FamFG 8
– Bezeichnung der § 203 FamFG 14
– Präzisierung § 206 FamFG 12

Stichwortverzeichnis

Haushaltssachen Vorbem. zu §§ 200-209 FamFG 1; § 200 FamFG 12 ff.
– Abgabe § 202 FamFG 1
– Amtsermittlung § 206 FamFG 1
– Antiquitäten § 200 FamFG 17
– Antrag § 203 FamFG 1
– Bilder § 200 FamFG 14
– Bücher § 200 FamFG 14
– Computer § 200 FamFG 20
– Definition § 200 FamFG 13
– Eigentumsverhältnisse § 200 FamFG 21
– Einbauküchen § 200 FamFG 18
– Fernsehgeräte § 200 FamFG 14
– Gardinen § 200 FamFG 14
– Haushaltsgeräte § 200 FamFG 14
– HausratsVO Vorbem. zu §§ 200-209 FamFG 2
– Herde § 200 FamFG 14
– Klaviere § 200 FamFG 14
– Kraftfahrzeug § 200 FamFG 15
– Küchengeräte § 200 FamFG 14
– Kunstgegenstände § 200 FamFG 17
– Lampen § 200 FamFG 14
– Möbel § 200 FamFG 14
– Pkw § 200 FamFG 15
– Sammlungen § 200 FamFG 20
– Teppiche § 200 FamFG 14
– Wandschmuck § 200 FamFG 14
– Wäsche § 200 FamFG 14
– Wohnmobil § 200 FamFG 16
– Wohnwagen § 200 FamFG 16
Hausratssachen
– Wirksamwerden Beschluss § 40 FamFG 37
Hausratsteilungssachen § 49 FamFG 63, 64
Haustiere § 200 FamFG 19
Havarie-Grosse
– Begriff Vorbem. zu § 403 FamFG 1
– Kosten Vorbem. zu § 403 FamFG 2
– Regeln IVR Vorbem. zu § 403 FamFG 5
Havariekommissar
– Aushändigung von Schriftstücken § 404 FamFG 2
Haverei, große § 40 FamFG 37
– Begriff Vorbem. zu § 403 FamFG 1
Havereibeteiligter § 403 FamFG 3
Havereischäden Vorbem. zu § 403 FamFG 2
Havereivergütung Vorbem. zu § 403 FamFG 2
Heilung
– nichtiger Satzungen § 395 FamFG 100 ff., 134
Herausgabe des Kindes § 158 FamFG 17
– Anordnung auf ~ § 33 IntFamRVG 1
– Gerichtsgebühren Nr. 1310-1319 KV FamGKG 1 ff.
– Verfahrenswert § 45 FamGKG 1 ff.
Herausgabevollstreckung § 358 FamFG 7
Hessen Vorbem. zu §§ 485 bis 491 FamFG 7
Hindernis § 367 FamFG 3
– Beseitigung des § 367 FamFG 5
Hinterlegung Art. 51 Brüssel II a-VO 1

Hinterlegungsschein
– Erteilung eines § 346 FamFG 6
Hinweisfälle § 44 FamFG 28
Hinweispflicht des Gerichts s. Verfahrensleitung; § 28 FamFG 1 ff.
Hinzuziehung § 274 FamFG 10
– berufsständischer Organe § 380 FamFG 21 ff.
Homepage
– notwendige Geschäftsangaben § 388 FamFG 17
HRV Anhang zu § 387 FamFG 2 ff.

Im Namen des Volkes § 38 FamFG 62
Industrie- und Handelskammer § 380 FamFG 9, 12
Ingenieurkammer § 380 FamFG 16
Inhaberpapier § 491 FamFG 1, 2
Inhaberpapiere, hinkende
– Aufgebot § 483 FamFG 1 ff.
– Landesrechtliche Vorschriften § 483 FamFG 3
Innengenehmigung § 38 FamFG 9; § 48 FamFG 58
Innungsverband § 380 FamFG 14
Insolvenzeröffnung § 393 FamFG 9; § 394 FamFG 9
Insolvenzverwalter § 362 FamFG 6; § 363 FamFG 20
– Befugnis zur Registeranmeldung Vorbem. zu § 378 FamFG 29 ff.
– Erzwingung einer Anmeldung § 388 FamFG 27
IntErbRVG § 97 FamFG 51
– Anwendung der ZPO § 2 IntErbRVG 9
– Anwendungsbereich § 1 IntErbRVG 1 ff.
– Zuständigkeit bei Rechtswahl § 2 IntErbRVG 4
Interesse
– rechtliches § 357 FamFG 1, 4 f.
Internationale Zuständigkeit Art. 5 KSÜ 1 ff.
– Aufgebotssachen § 105 FamFG 23
– Dringende Fälle Art. 11 KSÜ 1
– Ehewohnungs- und Haushaltssachen § 105 FamFG 9
– Erbsachen § 105 FamFG 5
– forum conveniens Art. 9 KSÜ 1
– Freiheitsentziehungssachen § 105 FamFG 22
– Gewaltschutzsachen § 105 FamFG 10
– Güterrecht § 105 FamFG 3
– Güterrechtssachen § 105 FamFG 12
– Keine ausschließliche Zuständigkeit § 106 FamFG 1 ff.
– Lebenspartnerschaftssachen § 105 FamFG 14
– Maßnahmen bei den Behörden eines anderen Vertragsstaats beantragt Art. 13 KSÜ 1
– Nach Art. 3 Buchst. c) EuUntVO § 25 AUG 1 ff.
– Nachlass- und Teilungssachen § 105 FamFG 16 ff.
– Öffentlich-rechtliche Unterbringung § 105 FamFG 15
– Örtliche und internationale Zuständigkeit § 105 FamFG 8
– Örtliche Zuständigkeit der deutschen Gerichte Art. 8 KSÜ 2
– Registersachen und unternehmensrechtliche Verfahren § 105 FamFG 20
– Scheidungsgerichtsstand Art. 10 KSÜ 1

Stichwortverzeichnis

- Sonstige Familiensachen § 105 FamFG 13
- Unterhalt § 105 FamFG 4
- Unterhaltssachen § 105 FamFG 11
- Vorläufige Maßnahmen Art. 12 KSÜ 1
- Wegfall der Zuständigkeitsgründe Art. 14 KSÜ 1
- Weitere Angelegenheiten der freiwilligen Gerichtsbarkeit § 105 FamFG 21

internationale Zuständigkeit Art. 4 EuErbVO 1 ff.

Internationale Zuständigkeit in Abstammungssachen § 100 FamFG 1 ff.

Internationale Zuständigkeit in Adoptionssachen
- Aufenthaltszuständigkeit § 101 FamFG 5
- Staatsangehörigkeitszuständigkeit § 101 FamFG 4

Internationale Zuständigkeit in Betreuungs- und Unterbringungssachen
- Pflegschaft für Erwachsene § 104 FamFG 1 ff.
- Unterbringung § 104 FamFG 9
- Zuständigkeit nach nationalem Recht § 104 FamFG 4 ff.

Internationale Zuständigkeit in Ehe- und Verbundsachen
- Brüssel IIa-VO § 98 FamFG 10
- Deutsche Staatsangehörigkeit eines Ehegatten § 98 FamFG 19
- Ehesachen i.S.d. § 121 § 98 FamFG 12
- Gewöhnlicher Aufenthalt der Ehegatten § 98 FamFG 22
- Gewöhnlicher Aufenthalt eines Ehegatten § 98 FamFG 28
- Gleichgeschlechtliche Ehen § 98 FamFG 13
- perpetuatio fori § 98 FamFG 7
- Staatenlose und Flüchtlinge § 98 FamFG 24
- Zuständigkeit für Folgesachen § 98 FamFG 30

Internationale Zuständigkeit in Kindschaftssachen
- Abgabe der Vormundschaft § 99 FamFG 13
- Brüssel IIa-VO § 99 FamFG 2
- Fürsorgebedürfnis § 99 FamFG 10
- Gewöhnlicher Aufenthalt § 99 FamFG 8
- Haager Kinderschutzübereinkommen § 99 FamFG 3
- Haager Kindesentführungsübereinkommen § 99 FamFG 5
- Haager Minderjährigenschutzabkommen § 99 FamFG 4
- Konkurrierende Zuständigkeiten § 99 FamFG 11
- Pflegschaft und Unterbringung Minderjähriger § 99 FamFG 14
- Staatsangehörigkeit § 99 FamFG 7
- Unterbleiben einer Vormundschaft § 99 FamFG 12
- Aufhebung, Feststellung des Bestehens oder Nichtbestehens der Lebenspartnerschaft § 103 FamFG 3 ff.

Internationale Zuständigkeit in Lebenspartnerschaftssachen
- Internationale Verbundzuständigkeit § 103 FamFG 8
- Weitere Lebenspartnerschaftssachen § 103 FamFG 9

Internationale Zuständigkeit in Versorgungsausgleichssachen
- Alternative Zuständigkeiten § 102 FamFG 4
- Deutsches Scheidungsgericht § 102 FamFG 7
- Gewöhnlicher Aufenthalt von Antragsteller oder Antragsgegner im Inland § 102 FamFG 5
- Inländische Anrechte § 102 FamFG 6
- Scheidungsverbund § 102 FamFG 8

Internationales Erbrechtsverfahrensgesetz § 97 FamFG 51

Internationales Familienrechtsverfahrensgesetz § 97 FamFG 45
- Anwendungsbereich § 1 IntFamRVG 1 f.
- Begriffsbestimmungen § 2 IntFamRVG 1

Internetseite
- notwendige Geschäftsangaben § 388 FamFG 17

Inventar § 361 FamFG 2, 5
- Errichtung § 356 FamFG 2; § 360 FamFG 3

Inventarfrist § 345 FamFG 15; § 360 FamFG 2
- Beschwerdeberechtigung § 360 FamFG 8
- Kosten § 360 FamFG 8
- neue § 360 FamFG 3
- Verlängerung der § 360 FamFG 3

Inverwahrungsnahme § 346 FamFG 3

IVR-Regeln Vorbem. zu § 403 FamFG 5

Jahresfrist § 367 FamFG 5

Jugendamt § 158 FamFG 13; § 186 FamFG 3; § 189 FamFG 7–9; § 190 FamFG 1 ff.; § 192 FamFG 7; § 194 FamFG 8, 9; § 197 FamFG 10, 21, 24; § 198 FamFG 8; § 488 FamFG 1; Vorbem. zu §§ 186 bis 199 FamFG 10
- Abstammungsverfahren § 176 FamFG 2 ff.
- Anhörung § 176 FamFG 1; § 194 FamFG 1–6; § 205 FamFG 1
- Anhörungspflicht § 195 FamFG 4
- Beschwerderecht § 195 FamFG 5; § 205 FamFG 6
- Beteiligung § 172 FamFG 37, 38
- Information des § 203 FamFG 18
- Landesjugendamt § 188 FamFG 16; § 189 FamFG 8; § 195 FamFG 2–5; § 197 FamFG 10, 21, 24
- Mitteilung der Entscheidung § 205 FamFG 5
- Mitwirkungspflicht § 9 IntFamRVG 1
- Unterstützungspflicht bei Unterbringung § 167 FamFG 9

Juristische Person
- Beteiligtenfähigkeit § 8 FamFG 3
- Verfahrensfähigkeit § 9 FamFG 23

Kann-Beteiligte § 345 FamFG 6; § 7 FamFG 23

Kann-Beteiligung § 345 FamFG 5

Kastration § 298 FamFG 2

Kenntlichmachung
- überholter Übersetzungen Anhang zu § 387 FamFG 5
- unrichtig gewordener Eintragungen § 384 FamFG 3 ff.

Kennzeichnung § 384 FamFG 3 ff.
Kindesentführung Art. 7 KSÜ 1 ff.; Art. 50 KSÜ 1
- Einschränkung der Rückgabehindernisse Art. 11 Brüssel II a-VO 10
- Neuer einjähriger gewöhnlicher Aufenthalt Art. 10 Brüssel II a-VO 5 ff.
- Neuer gewöhnlicher Aufenthalt Art. 10 Brüssel II a-VO 3
- Prüfung Art. 3 HKÜ 2
- Rückgabe des Kindes Art. 11 Brüssel II a-VO 1 ff.
- Rückgabeentscheidung im Herkunftsmitgliedstaat nach Rückgabeverweigerung Art. 11 Brüssel II a-VO 14 ff.
- Rückgabeverlangen Art. 11 Brüssel II a-VO 4
- Sorgerecht Art. 3 HKÜ 3
- Tatsächliche Ausübung der Sorge Art. 3 HKÜ 7
- Verbringen und Zurückhalten Art. 3 HKÜ 5 ff.
- Verfahren im Zufluchtstaat Art. 11 Brüssel II a-VO 7 ff.
- Verfahren nach Rückgabeverweigerung Art. 11 Brüssel II a-VO 11 ff.
- Voraussetzungen Art. 3 HKÜ 1
- Weiterbestehen der Zuständigkeit Art. 10 Brüssel II a-VO 2
- Widerrechtlichkeit Art. 3 HKÜ 8

Kindesherausgabe § 151 FamFG 7; § 49 FamFG 44–48
Kindesunterhalt § 246 FamFG 12, 13
- Gerichtsstand § 232 FamFG 11–13

Kindeswohl § 151 FamFG 3; § 158 FamFG 6
Kindeswohlgefährdung
- Erörterung § 157 FamFG 1–9

Kindschaftssachen § 151 FamFG 1 f., 4; § 158 FamFG 1, 3; § 49 FamFG 22–32, 35, 39–50
- Absehen von der persönlichen Anhörung § 159 FamFG 8 ff.; § 160 FamFG 8 ff.
- Anhörung § 155 FamFG 6 ff.; § 156 FamFG 12
- Anhörungspflicht § 159 FamFG 6; § 160 FamFG 4 ff.; § 161 FamFG 6 f.
- Anordnung des persönlichen Erscheinens § 155 FamFG 11 ff.; § 157 FamFG 8
- Aufenthaltszuständigkeit § 152 FamFG 7
- Bekanntgabe Beschluss § 41 FamFG 15
- Bekanntgabe der Entscheidung § 162 FamFG 9
- Eilzuständigkeit § 152 FamFG 9
- Einstweilige Anordnung § 156 FamFG 7; § 157 FamFG 9
- Fürsorgezuständigkeit § 152 FamFG 8
- gerichtlich gebilligter Vergleich § 156 FamFG 5
- Gerichtsgebühren Nr. 1310-1319 KV FamGKG 1 ff.
- Gerichtsgebühren, einstweilige Anordnung Nr. 1410-1412 KV FamGKG 1 ff.
- Gestaltung der persönlichen Anhörung § 159 FamFG 14 ff.; § 160 FamFG 15 ff.
- Hinweispflichten § 165 FamFG 7
- Internationale Zuständigkeit in § 99 FamFG 1 ff.
- Jugendamt, Bekanntgabe von Entscheidungen § 162 FamFG 9
- Jugendamt, Beschwerdebefugnis § 162 FamFG 10
- Konfliktlösung, Auflage zur § 163 FamFG 4
- Kostenentscheidung § 81 FamFG 25
- Nachholung der Anhörung bei Gefahr im Verzug § 159 FamFG 12 f.; § 160 FamFG 13 f.
- Pflicht zur Anhörung § 167 FamFG 7
- Terminsverlegung § 155 FamFG 9 ff.
- Verbot der Zeugenvernehmung des Kindes § 163 FamFG 5
- Verfahrensfähigkeit bei Unterbringung § 167 FamFG 6
- Verfahrenswerte § 44 FamGKG 8 ff.; § 45 FamGKG 1 ff.; § 46 FamGKG 1 ff.
- Vergleich § 156 FamFG 5
- Vermittlungstermin § 165 FamFG 6
- Wirksamwerden Beschluss § 40 FamFG 37
- Zuständigkeitskonzentration beim Ehesachengericht § 152 FamFG 3 ff.

Klage
- auf Mitvornahme § 369 FamFG 2

Klauselgegenklage
- Dispache § 409 FamFG 4 f.

Klauselklage
- Dispache § 409 FamFG 4 f.

Konkretisierungsverfahren § 34 AUG 1 ff.
Konkurrenzunternehmen
- Beschwerdeberechtigung § 388 FamFG 55; § 393 FamFG 60; § 394 FamFG 59; § 395 FamFG 117; § 399 FamFG 56

Konsultationsverfahren
- Widerspruch § 12 ErwSÜAG 1 ff.

Kontrollbetreuer § 293 FamFG 11
- Behandlungsabbruch § 298 FamFG 15

Kontrolle
- gerichtliche § 428 FamFG 11

Konzentration Einleitung zum FamFG FamFG 34
Kosten § 349 FamFG 12 ff.; Art. 38 KSÜ 1; Art. 36 ErwSÜ 1
- Androhung eines Zwangsgeldes § 388 FamFG 56
- Auferlegung § 430 FamFG 5
- Aufgebotsverfahren § 433 FamFG 27 ff.
- Auflösungsverfahren § 399 FamFG 66 ff.
- Dispacheurbestellung § 375 FamFG 87
- Einspruchsverwerfung § 390 FamFG 37; § 392 FamFG 48
- Firmenlöschung § 393 FamFG 68 ff.
- in Freiheitsentziehungssachen § 421 FamFG 22; § 427 FamFG 30; § 430 FamFG 1 ff.
  - Dolmetscher § 421 FamFG 20
- in Unterbringungssachen § 331 FamFG 26; § 337 FamFG 1 ff.
  - verfahrensrechtliches § 337 FamFG 29
- Kein Vorrang der Eintreibung von ~ Art. 43 EuUntVO 1
- Löschung unzulässiger Eintragungen § 395 FamFG 144 ff.

Stichwortverzeichnis

- Löschung wegen Vermögenslosigkeit § 394 FamFG 73 ff.
- Ordnungsgeldandrohung § 392 FamFG 33
- Ordnungsgeldfestsetzung § 392 FamFG 40
- Rechtskraftzeugnis § 46 FamFG 28
- Registerbescheinigung § 386 FamFG 19
- Registereintragung § 382 FamFG 49 ff.
- Rücknahme eines Eintragungsantrag § 382 FamFG 61 ff.
- unternehmensrechtliches Verfahren § 375 FamFG 83 ff.
- Verhandlung über die Dispache § 406 FamFG 20
- Verklarungsverfahren § 375 FamFG 84, 86
- Zurückweisung eines Eintragungsantrag § 382 FamFG 61 ff.
- Zwangsgeldfestsetzung § 389 FamFG 17 ff.
- Zwischenverfügung § 382 FamFG 60

Kostenauferlegung § 158 FamFG 28

Kostenbeschwerden Vorbem. zu §§ 58–75 FamFG 19; § 59 FamGKG 1 ff.

Kostenbeschwerden in Familiensachen § 57 FamGKG 1 ff.

Kostenentscheidung § 113 FamFG 5; § 231 FamFG 13; § 353 FamFG 10 f.; § 38 FamFG 68
- Abstammungsverfahren § 183 FamFG 1–20, 22, 23
- bei Ehescheidung § 150 FamFG 1 ff.
- Beschwerde § 228 FamFG 1
- Eheaufhebungsverfahren § 132 FamFG 1 ff.
- Ergänzung § 43 FamFG 23, 24
- Familienstreitsachen **Vorbem. zu §§ 80 bis 85 FamFG 1**
- in isolierte Anfechtbarkeit in Unterbringungssachen § 337 FamFG 29
- isolierte Anfechtbarkeit § 113 FamFG 5
- Unterhaltssachen § 243 FamFG 1 ff.
- Zugewinnausgleich, Verbund mit FG-Sachen,. § 52 FamGKG 8

Kostenentscheidung bei Aufhebung einer Lebenspartnerschaft § 150 FamFG 1 ff.

Kostenentscheidung bei Eheaufhebung § 132 FamFG 1 ff.
- auf Antrag Dritter § 132 FamFG 7
- bei Abweisung des Antrags § 132 FamFG 8 f.
- bei Säumnis § 132 FamFG 10
- bei Tod eines Ehegatten § 132 FamFG 11

Kostenentscheidung in Familienstreitsachen
- Beschwerde § 82 FamFG 7 ff.

Kostenentscheidung in FG-Sachen § 81 FamFG 1 ff.
- Adoptionssachen § 81 FamFG 29
- Anfechtung § 82 FamFG 7 ff.
- bei erfolglosen Rechtsmitteln § 84 FamFG 4 ff.
- bei erfolgreichem Rechtsmittel § 84 FamFG 9 ff.
- bei Erledigung § 83 FamFG 6 ff.
- bei Erledigung des Rechtsmittelverfahrens § 84 FamFG 9 f.
- bei mehreren Rechtsmitteln § 84 FamFG 7 f.
- bei Rechtsmittelrücknahme § 84 FamFG 6
- bei Rücknahme des Antrags § 83 FamFG 5
- bei Teilerfolg des Rechtsmittels § 84 FamFG 11 ff.
- bei unstreitiger Erledigung § 83 FamFG 1 ff.
- bei Vergleich § 83 FamFG 2
- bei Vergleich im Rechtsmittelverfahren. § 84 FamFG 9
- Beschwerde, Beschwer § 82 FamFG 10
- Beschwerde, Prüfungsumfang § 82 FamFG 13
- Ehewohnungs- und Haushaltssachen § 81 FamFG 26
- einstweilige Anordnung, Anfechtung. § 82 FamFG 8
- Ermessengebrauch § 81 FamFG 17 ff., 20, 21
- Ermessengebrauch, Einzelheiten § 81 FamFG 19 ff.
- Ermessengebrauch, Grundsätze § 81 FamFG 17
- Familiensachen § 81 FamFG 24 ff.
- gebotene § 81 FamFG 10
- Gebundenes Ermessen § 81 FamFG 31 ff.
- Gewaltschutzsachen § 81 FamFG 27
- Grundlagen § 81 FamFG 1 ff.
- Haftung Dritter § 81 FamFG 42
- Haftung Minderjähriger § 81 FamFG 39 f.
- Kindschaftssachen § 81 FamFG 25
- nach Billigkeit § 81 FamFG 13 ff.
- nach Billigkeit, Kriterien § 81 FamFG 17 ff.
- nach Billigkeit, Möglichkeiten § 81 FamFG 13 ff.
- Nachlasssachen. § 81 FamFG 30
- persönliche Beschränkung § 81 FamFG 39 ff.
- Pflicht zur § 81 FamFG 7 ff.
- Rechtsmittelverfahren § 84 FamFG 1 ff.
- Regelbeispiele § 81 FamFG 31, 33 ff.
- sonstige FG-Sachen. § 81 FamFG 30
- unzulässige § 81 FamFG 11 ff.
- Verfahrensbeistand § 81 FamFG 41
- Verfahrenskosten § 80 FamFG 1 ff.; § 81 FamFG 4 ff.
- Verfahrenskosten s.a. Verfahrenskosten. § 81 FamFG 4
- Versorgungsausgleichssachen § 81 FamFG 28
- Zeitpunkt § 81 FamFG 42 ff.; § 82 FamFG 1 ff.
- zwingende § 81 FamFG 8 f.

Kostenentscheidung in Scheidungs- und Folgesachen § 150 FamFG 1 ff., 20
- bei Abtrennung von Folgesachen § 150 FamFG 19 f.
- bei Abweisung und Rücknahme § 150 FamFG 7, 9
- bei anderweitiger Erledigung § 150 FamFG 7 ff.
- bei Ausspruch der Scheidung § 150 FamFG 6
- bei Beteiligung Dritter § 150 FamFG 12, 14
- bei Erledigung der Hauptsache § 150 FamFG 10 f.
- bei Säumnis § 150 FamFG 8
- bei Tod eines Ehegatten § 150 FamFG 11
- Billigkeitskorrektur § 150 FamFG 16
- Grundsätze § 150 FamFG 1 ff.
- in Rechtsmittelverfahren § 150 FamFG 13
- Kostenstrafe § 150 FamFG 17
- Kostenvereinbarung § 150 FamFG 18
- Rechtsmittel § 150 FamFG 21 f.
- regelwidrige Kostenfolge § 150 FamFG 15 ff.

Kostenentscheidungin FG-Sachen
– Gegenstand § 82 FamFG 4 ff.
Kostenerstattung Art. 67 EuUntVO 1
Kostenfestsetzung
– Abänderung nach Wertfestsetzung § 85 FamFG 20 ff.
– Antrag § 85 FamFG 3 f.
– bei Verfahrenskostenvorschuss § 85 FamFG 11
– Einwendungen § 85 FamFG 10 ff.
– Entscheidung § 85 FamFG 14 ff.
– Gebührenanrechnung § 85 FamFG 13
– Gerichtskosten § 85 FamFG 9, 12
– Rechtsmittel § 85 FamFG 17 ff.
– Sonstige Aufwendungen des Beteiligten § 80 FamFG 71 ff.
– Titel § 85 FamFG 2
– Verfahren § 85 FamFG 5 ff.
Kostenfestsetzungsbeschlüsse Art. 49 Brüssel II a-VO 1
Kostenschuldner § 361 FamFG 14; § 363 FamFG 41
Kostenschuldner in Familiensachen
– Aktenversendungspauschale §§ 21–27 FamGKG 15
– Antragstellerhaftung §§ 21–27 FamGKG 7 f.
– bei Einigung, Vergleich §§ 21–27 FamGKG 4 ff.
– bei Verfahrenskostenhilfe §§ 21–27 FamGKG 19 ff.
– Dokumentenpauschale §§ 21–27 FamGKG 14
– Entscheidungsschuldner §§ 21–27 FamGKG 3
– Erst- und Zweitschuldner §§ 21–27 FamGKG 17
– kraft Gesetzes §§ 21–27 FamGKG 10
– Mehrheit von Schuldnern §§ 21–27 FamGKG 17 ff.
– Minderjährige §§ 21–27 FamGKG 12, 13
– Übernahmeerklärung §§ 21–27 FamGKG 4 ff.
– Vollstreckungsschuldner §§ 21–27 FamGKG 11
– Vormundschaft- und Pflegschaftssachen §§ 21–27 FamGKG 12, 13
Kostentragung
– in Betreuungssachen § 337 FamFG 1 ff.
– in Unterbringungssachen § 337 FamFG 1 ff.
– öffentlich-rechtliche Unterbringung § 337 FamFG 18 ff.
Kostenverschuss
– und Vkh § 76 FamFG 32
Kostenvorschuss § 246 FamFG 18 ff.
– Anspruchsberechtigte § 246 FamFG 19 ff.
– Anspruchsvoraussetzungen § 246 FamFG 24 ff.
– Registeranmeldung Vorbem. zu § 378 FamFG 65 ff.
– Rückforderungsanspruch § 246 FamFG 34
– Umfang des Anspruchs § 246 FamFG 31 ff.
Kraftloserklärung § 352e FamFG 17
– Aktien § 375 FamFG 34
– Beschwerde § 353 FamFG 9
Kraftloserklärung von Urkunden
– Abschrift der Urkunde § 468 FamFG 4 f.
– Allgemeiner Gerichtsstand § 466 FamFG 6
– Anmeldezeitpunkt bei bestimmter Fälligkeit von Schuldurkunden § 475 FamFG 1 ff.
– Anmeldung der Rechte durch den Inhaber § 477 FamFG 2 ff.
– Antragsbegründung § 468 FamFG 1 ff.
– Antragsberechtigter § 467 FamFG 1 ff.
– Aufgebot § 466 FamFG 1 ff.
– Aufgebotsfrist § 476 FamFG 1 ff.
– Aufhebung des Ausschließungsbeschlusses § 479 FamFG 7
– Ausschließungsbeschluss § 478 FamFG 1 ff.
– Belegenheit der Sache § 466 FamFG 7 f.
– Bestelltes Aufgebotsgericht § 466 FamFG 9 ff.
– Eidesstattliche Versicherung § 468 FamFG 9
– Einsicht und Stellungnahme § 477 FamFG 5 f.
– Erfüllungsort § 466 FamFG 3 ff.
– Hinkende Inhaberpapiere § 483 FamFG 1 ff.
– Inhalt des Aufgebots § 469 FamFG 1
– Kosten § 469 FamFG 6
– Kosten und Gebühren § 478 FamFG 7 f.
– Landesrechtlicher Vorbehalt § 484 FamFG 1 ff.
– Öffentliche Bekanntmachung § 470 FamFG 1 ff.
– Örtliche Zuständigkeit § 466 FamFG 1 ff.
– Papierbesitzer als Antragsberechtigter § 467 FamFG 6
– Rechtsfolgen der Zulassung des Antrages § 468 FamFG 10
– Rechtsinhaber als Antragsberechtigter § 467 FamFG 2 ff.
– Rechtsnachteil § 469 FamFG 5
– Urkunden nach Abs. 1 § 467 FamFG 8
– Urkunden nach Abs. 2 § 467 FamFG 9 f.
– Verlust der Urkunde § 468 FamFG 6 ff.
– Voraussetzungen der Antragstellung § 468 FamFG 2 f.
– Vorlegung der Zinsscheine § 473 FamFG 1 ff.
– Wertpapiere mit Zinsscheinen § 471 FamFG 1 ff.
– Wirkung des Ausschließungsbeschlusses § 479 FamFG 1 ff.
– Zahlungssperre s. dort; FamFG
– Zinsscheine für mehr als vier Jahre § 472 FamFG 1 ff.
Krankheit § 367 FamFG 4
Kreishandwerkerschaft § 380 FamFG 14
KSÜ
– Anwendungsbereich Art. 1 KSÜ 1 ff.; Art. 2 KSÜ 1
– Aufenthaltszuständigkeit Art. 5 KSÜ 1
– Behördliche Aufsicht über die Betreuung Art. 3 KSÜ 6
– Elterliche Verantwortung Art. 3 KSÜ 1
– Keine Rückwirkung Art. 53 KSÜ 1 f.
– MSA Art. 51 KSÜ 1
– Nichtanwendbarkeit Art. 4 KSÜ 1
– Pflegschaft Art. 3 KSÜ 3
– Sorgerecht Art. 3 KSÜ 2
– Übersetzung von Mitteilungen Art. 54 KSÜ 1
– Unterbringung des Kindes Art. 3 KSÜ 5
– Verhältnis zu weiteren internationalen Übereinkommen Art. 52 KSÜ 1 f.

Stichwortverzeichnis

- Vermögenssorge Art. 3 KSÜ 7
- Vormundschaft Art. 3 KSÜ 3

Ladung § 366 FamFG 32
- Form und Inhalt § 365 FamFG 5 f.

Ladungsfrist § 365 FamFG 2; § 370 FamFG 14
Ladungsvorschriften § 365 FamFG 11
Lage der Geschäftsräume
- Angabe bei der Registeranmeldung **Vorbem. zu § 378 FamFG** 7
- Einreichung zum Registergericht § 387 FamFG 7, 13

Landesgesetze
- Vorbehalt § 484 FamFG 4

Landesjustizverwaltung § 347 FamFG 17
Landesrecht § 485 FamFG 3; § 486 FamFG 2–5; Vorbem. zu §§ 485 bis 491 FamFG 1–16
Landgericht § 1 FamFG 21 ff.
Landgut § 486 FamFG 5
Landwirtschaftliches Anwesen § 363 FamFG 42
Landwirtschaftsamt § 380 FamFG 15
Landwirtschaftskammer § 380 FamFG 15
Lebenserhaltende Maßnahme § 298 FamFG 12
Lebensgestaltung
- künftige § 158 FamFG 7

Lebensgrundlage
- wirtschaftliche § 362 FamFG 2

Lebenspartnerschaftssachen § 49 FamFG 72
- Gerichtskosten. § 5 FamGKG 1
- Internationale Zuständigkeit § 103 FamFG 1 ff.; § 105 FamFG 14

Legalisation Vorbem. zu § 378 FamFG 47; Art. 52 Brüssel II a-VO 1; Art. 43 KSÜ 1; Art. 23 HKÜ 1; Art. 65 EuUntVO 1; Art. 41 ErwSÜ 1; Art. 74 EuErbVO 1

Legitimationspapiere § 491 FamFG 2
Letztwillige Verfügung § 348 FamFG 3
- Bekanntgabe Beschluss § 41 FamFG 26

Letztwillige Verfügungen
- Eröffnung § 344 FamFG 15

Limited Vorbem. zu § 378 FamFG 25
Liquidator
- Bestellung für die Genossenschaft § 375 FamFG 60
- Bestellung für die GmbH § 375 FamFG 54
- Bestellung für die KG/OHG/Partnerschaft § 375 FamFG 22

Liquidatoren
- Eintragung in das Register **Vorbem. zu § 378 FamFG** 22

Löschung
- Auflösungsvermerk § 399 FamFG 63
- Eingliederung § 395 FamFG 67
- Firma § 393 FamFG 4 ff.
- Firmenlöschungsvermerk § 393 FamFG 63
- Firmenzusatz § 395 FamFG 131
- Formwechsel § 395 FamFG 65
- Löschungsvermerk § 395 FamFG 139
- Löschungsvermerk bei Vermögenslosigkeit § 394 FamFG 67
- nichtiger Genossenschaften § 395 FamFG 51 f., 137
- nichtiger Gesellschaften § 395 FamFG 48 ff., 137
- nichtiger Versammlungsbeschlüsse § 395 FamFG 56 ff., 138
- Sitzverlegung § 395 FamFG 132
- Spaltung § 395 FamFG 65
- Squeeze-Out § 395 FamFG 67
- Umwandlung § 395 FamFG 65
- unzulässige Eintragungen § 395 FamFG 7 ff.
- Vereins § 395 FamFG 70
- Vereinsnamen § 395 FamFG 127 ff.
- Verschmelzung § 395 FamFG 65

Löschung bei Vermögenslosigkeit § 394 FamFG 3
- Löschung des Löschungsvermerk § 394 FamFG 67
- Rechtsfolgen § 394 FamFG 63
- Vollzug § 394 FamFG 61

Löschungsankündigung § 393 FamFG 27 ff.; § 394 FamFG 25 ff.
- Entbehrlichkeit der § 395 FamFG 106
- unzulässige Eintragungen § 395 FamFG 92 ff.

Löschungsvermerk
- Rechtsfolgen § 395 FamFG 135 ff.

Losziehung § 369 FamFG 6 ff.
Losziehungstermin § 369 FamFG 5
Luftfahrtregister § 374 FamFG 2
Luftfahrzeuge § 484 FamFG 2
LugÜ § 97 FamFG 37

Mahnverfahren § 113 FamFG 17
- Zustellung im Ausland § 75 AUG 1 ff.; § 30 IntErbRVG 1

Mantelverwendung Vorbem. zu § 378 FamFG 74, 87
Maßnahme
- unterbringungsähnliche § 312 FamFG 4
- vorläufige § 49 FamFG 4–7

Maßnahmen
- vorbereitende § 366 FamFG 2 f., 15
- Vorübergehender Art Art. 11 ErwSÜ 1

Mecklenburg-Vorpommern Vorbem. zu §§ 485 bis 491 FamFG 8
Mediation § 36a FamFG 1 ff.; § 135 FamFG 1 ff.; § 51 FamFG 30
- Anordnungs- und Genehmigungsvorbehalte § 36a FamFG 20
- Kosten § 36a FamFG 26 ff.
- Verfahrensaussetzung § 36a FamFG 15 ff.
- Verfahrensfortsetzung § 36a FamFG 20, 22 ff.
- Vorschlag zur Mediation § 36a FamFG 5 ff.

Mehrheitsentscheidung § 366 FamFG 15
Meinungsverschiedenheit
- Entscheidung über § 355 FamFG 4

Meistbegünstigungsgrundsatz § 58 FamFG 69
Melde und Registrierungssystem § 347 FamFG 2
Minderjähriger § 366 FamFG 26; § 47 FamFG 30
- Bekanntgabe an § 41 FamFG 15

Stichwortverzeichnis

- erweitertes Beschwerderecht § 60 FamFG 1–16
- Kaufmann **Vorbem. zu §§ 374 bis 409 FamFG** 11
- Vereinsvorstand **Vorbem. zu §§ 374 bis 409 FamFG** 11
- Vertretung § 41 FamFG 16 ff.

Mindestunterhalt § 237 FamFG 4
Mischentscheidung § 39 FamFG 30
Miterbenanteil § 363 FamFG 27
Mitgliederzahl
- Bescheinigung § 388 FamFG 10

Mitgliedstaaten Art. 2 Brüssel II a-VO 4; § 3 AUG 2
Mitteilung
- an Einrichtungsleiter § 431 FamFG 6
- Datenschutz § 308 FamFG 4
- Dokumentation § 308 FamFG 37
- Eilverfahren § 272 FamFG 12
- Empfänger § 308 FamFG 17
- Entscheidung § 308 FamFG 10
- Erforderlichkeit § 308 FamFG 7
- Finanzbehörde § 379 FamFG 17
- Heim § 310 FamFG 8
- in Betreuungssachen § 338 FamFG 3 ff.
- in Freiheitsentziehungssachen § 431 FamFG 2 ff.
- in Unterbringungssachen § 338 FamFG 3 ff.
- Registereintragung § 383 FamFG 12 ff.
- Strafverfolgung § 311 FamFG 1
- Unterbringung § 310 FamFG 1
- Unterrichtung § 308 FamFG 29
- Verhältnismäßigkeit § 308 FamFG 26
- von Entscheidungen § 338 FamFG 1 ff.; § 431 FamFG 3 ff.
- Wahlrecht § 309 FamFG 2
- Zweckbindung § 308 FamFG 7

Mitteilung an Familien- und Betreuungsgericht § 22a FamFG 1 ff.
- gerichtliche Überprüfung § 22a FamFG 17
- Mitteilungspflicht § 22a FamFG 4 ff.
- Übermittlung personenbezogener Daten § 22a FamFG 13

Mitteilung, formlose § 15 FamFG 64 ff.
- Aktenvermerk § 15 FamFG 71
- Anwendungsbereich § 15 FamFG 64
- Arten § 15 FamFG 69
- Verzicht § 15 FamFG 72

Mitteilungspflicht § 347 FamFG 9
- Registergericht § 379 FamFG 5 ff.
- Vermögenserwerb des Kindes § 356 FamFG 1 ff.

Mitvollstrecker § 345 FamFG 9 f.
Mitwirkung § 348 FamFG 12
Mitwirkung der Beteiligten § 27 FamFG 1 ff.
- Anwendungsbereich § 27 FamFG 4
- Erklärungspflicht § 27 FamFG 14
- Inhalt und Art § 27 FamFG 8
- unterlassene Mitwirkung § 27 FamFG 17
- Wahrheitspflicht § 27 FamFG 14

Mitwirkungspflicht § 206 FamFG 6

MiZi
- in Freiheitsentziehungssachen § 420 FamFG 9, 10; § 432 FamFG 4
- in Unterbringungssachen § 338 FamFG 2; § 339 FamFG 4

MSA Art. 51 KSÜ 1
Mündel
- Zahlungen des § 168 FamFG 2 ff.

Mündlichkeit Einleitung zum FamFG FamFG 25
Muss-Beteiligte § 345 FamFG 4; § 7 FamFG 11
- Versorgungsausgleich § 219 FamFG 1

Muss-Beteiligung § 345 FamFG 4
Mutterschaft
- Feststellung § 169 FamFG 6

Nachholung
- Begründung § 41 FamFG 43

Nachlass
- Überschuldung des § 363 FamFG 11

Nachlass- und Teilungssachen
- Internationale Zuständigkeit § 105 FamFG 16 ff.

Nachlassauseinandersetzung § 344 FamFG 12; § 363 FamFG 5; § 373 FamFG 5
- Beurkundung der § 368 FamFG 16 ff.
- Landesrechtliche Vorschriften § 487 FamFG 2 ff.

Nachlassgegenstände § 343 FamFG 18 f.; § 361 FamFG 7
Nachlassgericht § 345 FamFG 5; § 347 FamFG 13; § 350 FamFG 5; § 356 FamFG 6; § 358 FamFG 2; § 366 FamFG 9; § 367 FamFG 7; § 369 FamFG 5
- Aufgabe des § 363 FamFG 4 ff.; § 370 FamFG 2 f.
- Ermessen des § 351 FamFG 4

Nachlassgläubiger § 345 FamFG 10
- Befriedigung der § 359 FamFG 3
- Begriff § 454 FamFG 3

Nachlassgrundstück § 357 FamFG 12
Nachlassinsolvenzverfahren § 361 FamFG 6
- Aufgebot von Nachlassgläubigern § 457 FamFG 1 ff.
- Eröffnung des § 359 FamFG 3 f.

Nachlassinsolvenzverwalter § 345 FamFG 9
Nachlassinventar § 486 FamFG 5
Nachlassmasse § 366 FamFG 2
Nachlasspfleger § 345 FamFG 9; § 359 FamFG 9
Nachlasspflegschaft § 348 FamFG 12
Nachprüfungsantrag § 70 AUG 1 ff.
Nachlasssachen § 342 FamFG 1 f.; § 345 FamFG 1; § 49 FamFG 74
- Kostenentscheidung § 81 FamFG 30

Nachlasssicherung § 344 FamFG 6 ff.; § 356 FamFG 6
Nachlassteile § 369 FamFG 4
Nachlassverbindlichkeiten § 360 FamFG 2; § 366 FamFG 2
Nachlassverfahren § 344 FamFG 4; § 345 FamFG 1 ff.; § 348 FamFG 4; § 350 FamFG 6
- sonstige § 345 FamFG 11 ff.

Nachlassverwalter § 345 FamFG 6; § 363 FamFG 16

Stichwortverzeichnis

Nachlassverwaltung § 355 FamFG 5; § 361 FamFG 6
– Anordnung der § 359 FamFG 3 ff.
– Rechtsmittel bei Antrag durch einen Erben § 359 FamFG 6 ff.
– Rechtsmittel bei Antrag durch einen Nachlassgläubiger § 359 FamFG 12 ff.
Nachlassverzeichnis § 486 FamFG 5
Nachlasswerte § 349 FamFG 13
Nachtragsabwickler
– Bestellung für die AG/den VVaG § 375 FamFG 46
Nachtragsabwicklung § 394 FamFG 76 ff.
Nachtragsdispache § 405 FamFG 6
Nachtragsliquidation § 394 FamFG 76 ff.
Nachtragsliquidator
– Bestellung für die Genossenschaft § 375 FamFG 61
– Bestellung für die GmbH § 375 FamFG 55
ne bis in idem § 45 FamFG 37
Nebenentscheidung § 355 FamFG 2; § 38 FamFG 10; § 42 FamFG 4
– Begründung § 38 FamFG 81
– Entscheidungsform § 38 FamFG 14
Negativattest
– Registergericht § 386 FamFG 2 ff.
Neuerteilung § 353 FamFG 14
Neuterminierung § 365 FamFG 2, 6
Nichtigkeit
– Beschluss § 47 FamFG 15
– Entscheidung § 40 FamFG 12
– Satzung § 399 FamFG 5 ff.
Nichtigkeitsantrag § 48 FamFG 38–42
Nichtkaufmann
– Eintragung im Handelsregister § 395 FamFG 14
Nichtöffentlichkeit
– Erörterungstermin § 32 FamFG 14 ff.
Nicht-Vertretungsbefugte § 10 FamFG 19–22
Niedersachsen Vorbem. zu §§ 485 bis 491 FamFG 9
Niederschrift § 348 FamFG 6
Nießbraucher § 366 FamFG 4
Nordrhein-Westfalen Vorbem. zu §§ 485 bis 491 FamFG 10
Normenkontrollverfahren Vorbem. zu §§ 58–75 FamFG 40
Notanwalt § 10 FamFG 27, 28
Notar § 10 FamFG 18; § 187 FamFG 12; § 197 FamFG 23; § 488 FamFG 1; § 489 FamFG 2
– beurkundender § 347 FamFG 3
– Rechtsstellung im Registerverfahren § 378 FamFG 36 f.
Notareigenschaft
– Nachweis durch Notarattribut § 378 FamFG 19
Notarermächtigung
– Einlegung von Rechtsmitteln im Registerverfahren § 378 FamFG 33 f.
– Registerverfahren § 378 FamFG 10 ff.
– Reichweite im Registerverfahren § 378 FamFG 26
Notariat § 350 FamFG 2; § 361 FamFG 2
– staatliches § 371 FamFG 7
Notarkammer § 380 *FamFG* 16

Notarkostenbeschwerde Vorbem. zu §§ 58–75 FamFG 27
Notdirektoren
– Bestellung für die SE § 375 FamFG 51
Notfristzeugnis § 46 FamFG 21
Notgeschäftsführer § 375 FamFG 8
Notgesellschafter § 375 FamFG 8
Notliquidator § 375 FamFG 8
Notvorstand
– Bestellung für die AG/für den VVaG § 375 FamFG 35
Notzuständigkeit Art. 11 EuErbVO EuErbVO 1 f.
Nutzungsvergütung
– Gebührenwerte § 48 FamGKG 3 ff.

Oberlandesgericht § 1 FamFG 23
Offenbarkeit
– Fehler § 42 FamFG 25
Offenkundigkeit
– Registerinhalt Vorbem. zu § 378 FamFG 129 ff.
Ö
Öffentliche Aufforderung § 352d FamFG 1 ff.
Öffentliche Aufgaben wahrnehmende Einrichtungen Art. 64 EuUntVO 1 ff.
Öffentliche Bekanntmachung
– Aufgebot § 435 FamFG 1 ff.
Öffentliche Urkunde Art. 2 EuUntVO 4; Art. 48 EuUntVO 1 ff.; Art. 3 EuErbVO 10
– Annahme Art. 59 EuErbVO 1 ff.
– Vollstreckbarkeit Art. 60 EuErbVO 1 ff.
Öffentliche Zustellung
– Ausschließungsbeschluss § 441 FamFG 2 ff.
Öffentliches Interesse § 345 FamFG 5
Öffentlichkeit Vorbem. zu §§ 186 bis 199 FamFG 13; Einleitung zum FamFG FamFG 31 ff.
– Erörterungstermin § 32 FamFG 14 ff.
Öffentlich-rechtliche Unterbringung
– Internationale Zuständigkeit § 105 FamFG 15
Ordnungs- und Zwangsmaßnahmen
– Gerichtskosten Nr. 1500-1503 KV FamGKG 9; Nr. 1600-1603 KV FamGKG 4
Ordnungsgeld
– Änderung der Androhung § 392 FamFG 52
– Androhung § 392 FamFG 28
– Anordnung § 89 FamFG 11
– Beschluss § 89 FamFG 10
– Beschwerde § 392 FamFG 58 ff.
– Dispositionsbefugnis § 89 FamFG 8
– Einspruch § 392 FamFG 44 ff.
– Ermessen § 392 FamFG 14
– Festsetzung § 392 FamFG 34 ff.; § 89 FamFG 11
– Hinweis § 89 FamFG 10
– Höhe § 89 FamFG 11
– schuldhafte Zuwiderhandlung § 89 FamFG 9
– sofortige Beschwerde § 89 FamFG 16
– Steigerung der Androhung § 392 FamFG 51
– Verfahren § 392 FamFG 20 ff.
– Verfahrenseinstellung § 392 FamFG 15

Stichwortverzeichnis

- Verjährung § 392 FamFG 54 ff.
- Vollstreckung § 89 FamFG 12
- Voraussetzungen § 89 FamFG 6 f.

Ordnungshaft § 392 FamFG 43
- Anordnung § 89 FamFG 14
- Dauer § 89 FamFG 15
- Festsetzung § 89 FamFG 14
- sofortige Beschwerde § 89 FamFG 16
- Verhältnismäßigkeitsgrundsatz § 89 FamFG 14
- Vollzug § 89 FamFG 15
- Voraussetzungen § 89 FamFG 13

Ordnungsmittel § 128 FamFG 32

Organspende § 298 FamFG 2

Örtliche Zuständigkeit § 170 FamFG 1; § 2 FamFG 2 ff.; § 26 AUG 1 f.; § 2 IntErbRVG 1 ff.; § 47 IntErbRVG 1 ff.
- Anerkennung und Vollstreckung § 10 IntFamRVG 1 ff.
- Auffang- und Notzuständigkeit § 27 AUG 1
- Eidesstattliche Versicherung § 411 FamFG 3
- Feststellung durch Sachverständige § 411 FamFG 4 ff.
- gerichtliche Handlungen § 2 FamFG 9 ff.
- in Betreuungsschutzsachen § 272 FamFG 1 ff.
- mehrere Gerichte § 2 FamFG 3 ff.
- Pfandverkauf § 411 FamFG 11
- Veränderungen § 2 FamFG 7
- Verfahren nach dem HKÜ § 11 IntFamRVG 1
- Versorgungsausgleich § 218 FamFG 1
- Verwahrung § 411 FamFG 8 ff.

Ortskennzeichen Anhang zu § 387 FamFG 13

Pannenfälle § 44 FamFG 28

Partei kraft Amtes
- Erzwingung einer Registeranmeldung § 388 FamFG 27

Partnerschaftsregister
- Anmeldung Anhang zu § 387 FamFG 42 ff.
- Aufbau Anhang zu § 387 FamFG 50
- Berufskammern Anhang zu § 387 FamFG 46, 48 f.

Partnerschaftssachen § 375 FamFG 2

Patientenverfügung § 298 FamFG 16

perpetuatio fori § 187 FamFG 13

Personenbezogene Daten, Übermittlung an Familien- und Betreuungsgericht § 22a FamFG 2 ff.

Personensorge
- Entziehung § 158 FamFG 13

Persönliche Anhörung
- Absehen Unterbleiben
  - im Beschwerdeverfahren § 420 FamFG 17
- Betroffener § 278 FamFG 5; § 319 FamFG 1 ff.; § 420 FamFG 1 ff.
- ersuchter Richter § 278 FamFG 8 ff.; § 319 FamFG 18
- im einstweiligen Anordnungsverfahren § 331 FamFG 18; § 427 FamFG 17
- in Freiheitsentziehungssachen § 420 FamFG 2 ff.

- in Unterbringungssachen § 319 FamFG 1 ff.; § 331 FamFG 18
- Inhalt § 319 FamFG 11; § 420 FamFG 8
- Ort § 319 FamFG 8; § 420 FamFG 7
- Protokollierung § 319 FamFG 25
- Umfang § 319 FamFG 11; § 420 FamFG 1
- Unterbleiben § 319 FamFG 14; § 331 FamFG 18; § 420 FamFG 6
- Vorführung zur § 319 FamFG 20

Persönlicher Eindruck § 278 FamFG 5; § 298 FamFG 17

Pfandrecht § 366 FamFG 4

Pfändungspfandrecht § 366 FamFG 4; § 370 FamFG 10

Pfandverkauf § 410 FamFG 41 ff.
- Beteiligte § 412 FamFG 6
- Örtliche Zuständigkeit § 411 FamFG 11

Pflegschaft § 151 FamFG 9; § 49 FamFG 49

Pflegschaftssache
- Abänderung § 48 FamFG 22
- Gerichtskosten Nr. 1310-1319 KV FamGKG 11 ff.

Pflichtteilsanspruch § 362 FamFG 4
- -stundung § 362 FamFG 2 ff.

Pflichtteilsberechtigte § 355 FamFG 5; § 359 FamFG 12; § 363 FamFG 23

Plan
- Beurkundeter § 368 FamFG 16 ff.

Positivattest
- Registergericht § 386 FamFG 12, 18

Präjudizialität § 45 FamFG 37

Präklusion § 206 FamFG 15
- Angriffs- u. Verteidigungsmittel § 115 FamFG 1

Präklusionsfälle § 44 FamFG 29

Prioritätsprinzip § 123 FamFG 9 f.

Protokoll § 361 FamFG 10; § 363 FamFG 34; § 366 FamFG 10, 17; § 368 FamFG 6; § 370 FamFG 4 f.
- des Nachlassgerichts § 366 FamFG 20
- gerichtliches § 368 FamFG 18

Protokollurteil
- in Ehe- und Familienstreitsachen § 117 FamFG 49

Prozessgericht § 362 FamFG 4, 11
- Entscheidung des § 363 FamFG 13

Prozesskostenhilfe Art. 50 Brüssel II a-VO 1; Art. 25 HKÜ 1; Art. 44 EuUntVO 1 f.; Art. 56 EuErbVO 1
- Gegenstand Art. 45 EuUntVO 1 ff.
- Gewährung Art. 47 EuUntVO 1 f.
- Unentgeltliche ~ Art. 46 EuUntVO 1 ff.

Prozesskostensicherheit Art. 22 HKÜ 1

Prozessweg § 363 FamFG 4

Prüfungspflicht § 343 FamFG 3

Prüfungsumfang
- Registeranmeldung Vorbem. zu § 378 FamFG 68 ff.

PRV Anhang zu § 387 FamFG 42

Ratenzahlung § 362 FamFG 12

Räumungsanordnungen § 209 FamFG 6

Rechenfehler § 42 FamFG 20

Stichwortverzeichnis

Rechenschaftslegung
- Eidesstattliche Versicherung § 410 FamFG 8 ff.

Recht auf Nachprüfung
- Erfolgreicher Nachprüfungsantrag Art. 19 EuUntVO 6
- Frist für den Nachprüfungsantrag Art. 19 EuUntVO 4
- Nichteinlegen eines Rechtsbehelfs Art. 19 EuUntVO 3
- Voraussetzungen der Nachprüfbarkeit Art. 19 EuUntVO 2
- Zurückweisung des Nachprüfungsantrags Art. 19 EuUntVO 5

Rechtfertigung
- sittliche § 197 FamFG 25

Rechtliches Gehör § 278 FamFG 1; § 37 FamFG 17 ff.; § 44 FamFG 24–31; **Einleitung zum FamFG** FamFG 19 ff.

Rechtsansichten § 38 FamFG 76

Rechtsanwalt § 10 FamFG 4 ff.; § 38 FamFG 41
- Vollmacht § 114 FamFG 22

Rechtsanwaltsbeiordnung § 171 FamFG 31, 32

Rechtsanwaltsbeiordnung (Verfahrenskostenhilfe)
- Wirkung § 76 FamFG 46

Rechtsanwaltsgebühren § 49 FamFG 81; § 80 FamFG 52 ff.

Rechtsanwaltskammer § 380 FamFG 16

Rechtsbehelf Vorbem. zu §§ 58–75 FamFG 29–38
- Rechtskraft § 45 FamFG 18–23

Rechtsbehelfsbelehrung Vorbemerkung zu § 38 FamFG 1; § 286 FamFG 10, 12; § 294 FamFG 5; § 38 FamFG 60; § 39 FamFG 1

Rechtsbeschwerde § 231 FamFG 33–36; § 39 FamFG 14; § 489 FamFG 3; § 13 IntErbRVG 1
- Anordnung der sofortigen Wirksamkeit § 31 IntFamRVG 1
- Begründung § 71 FamFG 10–28
- Betreuungs-, Unterbringungs- und Freiheitsentziehungssachen § 70 FamFG 28–30
- Einlegung und Begründung § 29 IntFamRVG 1; § 45 AUG 1
- Form § 71 FamFG 4–6
- Frist § 71 FamFG 2, 3
- im Festsetzungsverfahren § 168 FamFG 82 ff.
  - Zulassung § 168 FamFG 82 f.
- in Freiheitsentziehungssachen § 429 FamFG 14
- in Unterbringungssachen § 335 FamFG 14
- Kosten § 70 FamFG 33–36
- Prüfungsumfang § 74 FamFG 5–24
- Rechtskraft § 45 FamFG 17
- Sprungrechtsbeschwerde § 39 FamFG 15
- Statthaftigkeit § 70 FamFG 8–27; § 28 IntFamRVG 1
- Statthaftigkeit und Frist § 45 AUG 1
- Übersicht Vorbem. zu §§ 58–75 FamFG 9–12
- Verfahren § 14 IntErbRVG 1
- Verfahren und Entscheidung § 30 IntFamRVG 1; § 48 AUG 1

- Zulassungsbedürftigkeit § 70 FamFG 9
- Zulassungsentscheidung § 70 FamFG 10–17
- Zulassungsgründe § 70 FamFG 18–27
- Zurückweisung durch Beschluss § 74a FamFG 1–7

Rechtsbeschwerdeantrag § 71 FamFG 19–21

Rechtsbeschwerdebegründung
- Frist § 71 FamFG 11–17
- Inhalt § 71 FamFG 18–27
- Zuständigkeitsrügen § 72 FamFG 22–24

Rechtsbeschwerdeentscheidung § 74 FamFG 1–39
- Begründung § 74 FamFG 39
- Verwerfung der Rechtsbeschwerde § 74 FamFG 2
- Voraussetzungen der Selbstentscheidung § 74 FamFG 29–32
- Voraussetzungen der Zurückverweisung § 74 FamFG 34–37
- Zurückweisung der Rechtsbeschwerde § 74 FamFG 3, 4

Rechtsbeschwerdegründe § 71 FamFG 22–27; § 72 FamFG 2–21
- absolute Rechtsbeschwerdegründe § 70 FamFG 27; § 74 FamFG 34
- Rechtsverletzung § 72 FamFG 8–16
- rügefähiges Recht § 72 FamFG 3–7
- Wiederaufnahmegründe als Rechtsbeschwerdegründe § 74 FamFG 24

Rechtsbeschwerdeinstanz § 363 FamFG 39

Rechtsbeschwerdentscheidung
- Voraussetzungen der Zurückverweisung § 74 FamFG 33

Rechtsfähigkeit
- Entziehung beim Verein § 401 FamFG 2 ff.
- Verein § 40 FamFG 37

Rechtsformwechsel § 393 FamFG 9

Rechtsfürsorge § 345 FamFG 5

Rechtsgeschäft § 40 FamFG 26; § 47 FamFG 8
- Befugnis zur Vornahme § 47 FamFG 7
- Ermächtigung § 40 FamFG 35
- Fähigkeit zur Vornahme § 47 FamFG 5
- Genehmigung § 40 FamFG 29–34, 38
- Wirksambleiben § 47 FamFG 1
- Zustimmung § 40 FamFG 35

Rechtshängigkeit Art. 17 EuErbVO 1 ff.
- Derselbe Anspruch Art. 12 EuUntVO 2
- Ehesache Art. 19 Brüssel II a-VO 3
- Elterliche Verantwortung Art. 19 Brüssel II a-VO 4 ff.
- in Bezug auf Nichtmitgliedstaaten Art. 12 EuUntVO 4
- Parteiidentität Art. 12 EuUntVO 3
- Prioritätsgrundsatz Art. 19 Brüssel II a-VO 1
- Prioritätsprinzip Art. 12 EuUntVO 1

Rechtshilfe § 272 FamFG 10; § 278 FamFG 8; § 289 FamFG 3; § 297 FamFG 7; § 298 FamFG 9; § 365 FamFG 9; § 371 FamFG 17; § 488 FamFG 4

Rechtsinhaber
- Bekanntgabe Beschluss § 41 FamFG 8–13

Stichwortverzeichnis

Rechtskraft § 355 FamFG 4; § 362 FamFG 14; § 365 FamFG 7; § 366 FamFG 34; § 368 FamFG 3; § 371 FamFG 4, 12; § 38 FamFG 31, 68; § 39 FamFG 4, 63, 67; § 40 FamFG 35, 37, 42, 49, 53, 54; § 42 FamFG 1, 28, 52; § 44 FamFG 50, 58, 61; § 45 FamFG 1, 6
– Beschluss § 40 FamFG 4, 21–37
– bestätigte Dispache § 406 FamFG 19
– der Scheidung in Verbundentscheidungen § 148 FamFG 6 ff.
– Durchbrechung § 44 FamFG 2; § 45 FamFG 35; § 48 FamFG 1
– Eintritt § 45 FamFG 4–28
– entgegenstehende Vorbem. zu §§ 23-37 FamFG 24
– formelle § 362 FamFG 12; § 371 FamFG 6; § 45 FamFG 1 ff.; § 46 FamFG 2; § 48 FamFG 12
– Hinausschieben § 45 FamFG 12–23
– materielle § 45 FamFG 36 ff.; § 352e FamFG 15; § 371 FamFG 7
– materielle in Registersachen § 382 FamFG 40 f.
Rechtskraftwirkung § 184 FamFG 3–7
Rechtskraftzeugnis § 46 FamFG 1
Rechtsmittel § 150 FamFG 21 f.; § 158 FamFG 28; § 184 FamFG 8–19; § 359 FamFG 1; § 367 FamFG 10 f.; § 371 FamFG 6
– Bedingungsfeindlichkeit § 58 FamFG 89, 90
– Begriff Vorbem. zu §§ 58–75 FamFG 2
– Beschwerde § 231 FamFG 20–32
– Erweiterung § 145 FamFG 6 ff.
– gegen Amtshandlungen von Notaren § 58 FamFG 23
– gegen den Kostenansatz Vorbem. zu §§ 58–75 FamFG 26; § 57 FamGKG 1 ff.
– gegen die Anerkennung ausländischer Entscheidungen in Ehesachen Vorbem. zu §§ 58–75 FamFG 49–51
– gegen die Bekanntgabe von Entscheidungen in Betreuungssachen § 58 FamFG 21
– gegen die Festsetzung der Entschädigung von Zeugen und ehrenamtlichen Richtern Vorbem. zu §§ 58–75 FamFG 27
– gegen die Festsetzung der Vergütung von Sachverständigen und Dolmetschern Vorbem. zu §§ 58–75 FamFG 27
– gegen die Kostenfestsetzung Vorbem. zu §§ 58–75 FamFG 20, 24
– gegen die Nichterteilung von Notfristzeugnissen Vorbem. zu §§ 58–75 FamFG 31
– gegen die Zurückweisung von Arrestanträgen § 58 FamFG 18
– gegen einstweilige Anordnungen § 58 FamFG 45
– gegen Eintragungsverfügungen in Registersachen § 58 FamFG 22
– gegen Endentscheidungen § 58 FamFG 10–15, 18–24, 27, 35–47
– gegen Entscheidungen von Verwaltungsbehörden Vorbem. zu §§ 58–75 FamFG 45–51
– gegen inkorrekte Entscheidungen § 58 FamFG 69–73
– gegen isolierte Kostenentscheidungen § 150 FamFG 21 f.; § 58 FamFG 24
– gegen Justizverwaltungsakte Vorbem. zu §§ 58–75 FamFG 48
– gegen Kostenentscheidungen im Vollstreckungsverfahren Vorbem. zu §§ 58–75 FamFG 25
– gegen Kostenentscheidungen in FG-Sachen § 82 FamFG 7 ff.
– gegen Kostenentscheidungen in Scheidungs- und Folgesachen § 150 FamFG 21 ff.
– gegen Kostengrundentscheidungen Vorbem. zu §§ 58–75 FamFG 20, 21
– gegen Mitteilungen über die Eröffnung letztwilliger Verfügungen § 58 FamFG 19
– gegen Nebenentscheidungen § 58 FamFG 48
– gegen Scheinentscheidungen § 58 FamFG 73
– gegen Untätigkeit § 58 FamFG 74–84
– gegen unwirksame Entscheidungen § 58 FamFG 72
– gegen Verbundentscheidungen § 117 FamFG 6; § 150 FamFG 21 f.
– gegen Verfahrenswertbeschlüsse Vorbem. zu §§ 58–75 FamFG 26
– gegen Versagung der Wiedereinsetzung § 58 FamFG 39
– gegen Versäumnisentscheidungen § 117 FamFG 29–31
– gegen Zwischenentscheidungen § 58 FamFG 48
– gegen Zwischenstreitentscheidungen § 58 FamFG 36–38
– gegen Zwischenverfügungen § 58 FamFG 62, 63
– im Festsetzungsverfahren
  – Erinnerung § 168 FamFG 77
– im Kostenfestsetzungsverfahren § 85 FamFG 17 ff.
– imKostenfestsetzungsverfahren Vorbem. zu §§ 58–75 FamFG 24
– in Ehe- und Familienstreitsachen § 117 FamFG 1–19, 21–53
– in Landwirtschaftssachen Vorbem. zu §§ 58–75 FamFG 47
– in Personenstandssachen Vorbem. zu §§ 58–75 FamFG 46
– Rechtsbeschwerde § 231 FamFG 33–36
– Rücknahme § 48 FamFG 66
– Übersicht Vorbem. zu §§ 58–75 FamFG 5–13
Rechtsmittelbelehrung Vorbemerkung zu § 38 FamFG 1; § 39 FamFG 1
Rechtsmittelrecht § 372 FamFG 1
Rechtsmittelverfahren § 158 FamFG 27; § 355 FamFG 2
Rechtsmittelverzicht § 144 FamFG 1 ff.; § 38 FamFG 98–101; § 40 FamFG 23, 34; § 45 FamFG 9–11
Rechtsmittelzulassung § 38 FamFG 68; § 42 FamFG 39
– Ergänzung § 43 FamFG 25–28

Stichwortverzeichnis

Rechtsnachfolge von Todes wegen Art. 3 EuErbVO 2
Rechtsnachfolger § 46 FamFG 8
Rechtspfleger § 190 FamFG 5; § 191 FamFG 8; § 197 FamFG 18; § 2 FamFG 16 f.; § 343 FamFG 21; § 346 FamFG 3 f.; § 353 FamFG 2; § 360 FamFG 5; § 361 FamFG 10; § 363 FamFG 7; § 366 FamFG 20; § 44 FamFG 23; Vorbem. zu §§ 186 bis 199 FamFG 7, 10
– Erinnerung § 45 FamFG 23
Rechtsprechung § 1 FamFG 9
Rechtsschutzbedürfnis Vorbem. zu §§ 23-37 FamFG 22
Rechtsverkehr
– Schutz des § 353 FamFG 1
Rechtsverletzung
– als Rechtsbeschwerdegrund § 72 FamFG 8–16
– Kausalität für Entscheidung § 72 FamFG 17–21
Rechtsverordnung § 347 FamFG 11
– Datenübermittlung § 387 FamFG 11
– Registerführung § 387 FamFG 4, 12 ff.
Rechtswahl
– Beendigung des Verfahrens von Amts wegen Art. 8 EuErbVO 1
– Unzuständigkeitserklärung Art. 6 EuErbVO 1 f.
– Zuständigkeit Art. 7 EuErbVO 1
Rechtsweg § 1 FamFG 29 ff.; § 366 FamFG 7
– Zulässigkeit § 1 FamFG 29–39
Rechtswegverweisung § 1 FamFG 31–37
Reform
– FamFG Einleitung zum FamFG FamFG 2–6
reformatio in peius § 44 FamFG 64
Regelbeispiele § 158 FamFG 7
Regelungsbedürfnis § 49 FamFG 11, 27, 42
Register
– Beweiskraft Vorbem. zu § 378 FamFG 116 ff.
– Offenkundigkeit Vorbem. zu § 378 FamFG 129 ff.
Registerakte Anhang zu § 387 FamFG 4
– Einsicht § 385 FamFG 31 ff.
Registeranmeldung
– Amtsermittlung Vorbem. zu § 378 FamFG 92
– Anhörung der berufsständischen Organe § 380 FamFG 17 ff.
– Anmeldeberechtigte Vorbem. zu § 378 FamFG 17 ff.
– Aussetzung Vorbem. zu § 378 FamFG 110 f.
– Beglaubigung ausländischer Stellen Vorbem. zu § 378 FamFG 41 ff.
– Beteiligte Vorbem. zu § 378 FamFG 58 ff.
– Beteiligung der berufsständischen Organe § 380 FamFG 21 ff.
– Beweisaufnahme Vorbem. zu § 378 FamFG 92
– Bindungswirkung Vorbem. zu § 378 FamFG 94 ff.
– Eintragungsverbot Vorbem. zu § 378 FamFG 94 ff.
– Ersetzung durch Urteil Vorbem. zu § 378 FamFG 11, 15 ff.
– Erzwingung § 388 FamFG 6; Vorbem. zu § 378 FamFG 9

– Form Vorbem. zu § 378 FamFG 3
– Freigabeverfahren Vorbem. zu § 378 FamFG 107
– Fristwahrung Vorbem. zu § 378 FamFG 55 f.
– Hinzuziehung der berufsständischen Organe § 380 FamFG 21 ff.
– Insolvenzverwalter Vorbem. zu § 378 FamFG 29 ff.
– Kostenvorschuss Vorbem. zu § 378 FamFG 65 ff.
– Partei kraft Amtes Vorbem. zu § 378 FamFG 29 ff.
– Prüfungsumfang Vorbem. zu § 378 FamFG 68 ff.
– rechtlicher Hinweis § 382 FamFG 35
– Rechtsstellung des Notars § 378 FamFG 36 f.
– Registersperre Vorbem. zu § 378 FamFG 106 f.
– Rücknahme Vorbem. zu § 378 FamFG 49 ff.
– Rücknahme durch den Notar § 378 FamFG 32, 37
– Verpflichtete Vorbem. zu § 378 FamFG 17 ff.
– Vertretungsnachweis Vorbem. zu § 378 FamFG 24
– Vollmacht Vorbem. zu § 378 FamFG 32 ff.
– Vollmachtsfiktion des Notars § 378 FamFG 10 ff.
– Widerruf Vorbem. zu § 378 FamFG 49 ff.
– Widerspruch Vorbem. zu § 378 FamFG 94 ff.
– Wiedereinsetzung Vorbem. zu § 378 FamFG 57
– Zurückweisung § 382 FamFG 34
– Zwischenverfügung § 382 FamFG 13 ff.
Registerausdruck
– aktueller Vorbem. zu § 378 FamFG 114; Anhang zu § 387 FamFG 8
– amtlicher § 385 FamFG 13; Vorbem. zu § 378 FamFG 114
– chronologischer Vorbem. zu § 378 FamFG 114; Anhang zu § 387 FamFG 8
Registerauszug
– aktueller § 385 FamFG 5
– beglaubigter § 385 FamFG 13; Vorbem. zu § 378 FamFG 114
– chronologischer § 385 FamFG 5
– historischer § 385 FamFG 5
Registerblatt
– Umschreibung Anhang zu § 387 FamFG 23
Registereinsicht § 385 FamFG 3 ff.
Registereintragung § 38 FamFG 21
– Bekanntmachung § 383 FamFG 19 ff.
– Berichtigung Anhang zu § 387 FamFG 22
– Beschwerde § 383 FamFG 29 ff.
– Eintragungsnachricht § 383 FamFG 1 ff.
– Fassung § 382 FamFG 12; Anhang zu § 387 FamFG 27
– Fassungsbeschwerde § 383 FamFG 33 ff.
– Gestaltung Anhang zu § 387 FamFG 19
– getrennter Vollzug § 382 FamFG 19 ff.
– Klarstellung § 383 FamFG 34 f.
– Kosten § 382 FamFG 49 ff.
– Mitteilung an andere Stellen § 383 FamFG 12 ff.
– Vollzug § 382 FamFG 42
– Vorbescheid § 383 FamFG 37 f.
– Vornahme § 382 FamFG 10
– Wirksamkeit bei Doppelsitz § 377 FamFG 15

Stichwortverzeichnis

- Wirksamkeit bei unzuständigem Register § 377 FamFG 23 f.
- Wirksamwerden § 382 FamFG 46

Registerordner Anhang zu § 387 FamFG 5
- Einsicht § 385 FamFG 18 ff.

Registersache § 49 FamFG 75
- Bekanntgabe Beschluss § 41 FamFG 27
- Eintragung § 38 FamFG 21
- Rechtskraft § 45 FamFG 14

Registersachen und unternehmensrechtliche Verfahren
- Internationale Zuständigkeit § 105 FamFG 20

Registersperre § 381 FamFG 12 ff.; Vorbem. zu § 378 FamFG 106 f.

Registrierungs- und Mitteilungssystem § 347 FamFG 3

Reichsgesetze § 485 FamFG 4

Restitutionsantrag § 185 FamFG 4–11; § 48 FamFG 43–48

Rheinland-Pfalz Vorbem. zu §§ 485 bis 491 FamFG 11

Richter § 10 FamFG 29; § 44 FamFG 23; Art. 2 Brüssel II a-VO 3
- bevollmächtigter § 10 FamFG 29, 30

Richterliche Anordnung
- Unterbringungssachen § 334 FamFG 1

Richterliche Hinweispflicht s. Verfahrensleitung; § 28 FamFG 1 ff.

Richterlicher Durchsuchungsbeschluss
- Beschluss § 91 FamFG 8
- Duldungspflicht der Mitgewahrsamsinhaber § 91 FamFG 6 f.
- Entbehrlichkeit § 91 FamFG 2 f.
- sofortige Beschwerde § 91 FamFG 10
- Verfahren § 91 FamFG 8 f.
- Verhältnismäßigkeitsgrundsatz § 91 FamFG 8

Richtervorbehalt § 343 FamFG 21; § 346 FamFG 3; § 363 FamFG 8
- Registersachen § 376 FamFG 14
- unternehmensrechtliche Verfahren § 375 FamFG 13 f.

Richtigkeitsgewähr § 345 FamFG 5

Rückgabe des Kindes
- Abänderung der Rückführungsentscheidung Art. 11 HKÜ 7
- Ausführungsbestimmung Art. 9 HKÜ 1
- Berichtigung der Bescheinigung Art. 43 Brüssel II a-VO 1
- Bescheinigung der Widerrechtlichkeit Art. 15 HKÜ 1
- Bescheinigung zur Vollstreckung einer Rückgabeanordnung Art. 42 Brüssel II a-VO 3 ff.
- Beschleunigungsgebot Art. 11 HKÜ 1 f.
- Feststellung der Widerrechtlichkeit Art. 14 HKÜ 1
- Gegenläufige Rückführungsanträge Art. 11 HKÜ 4
- Gerichtliche Zuständigkeit Art. 12 HKÜ 1
- Inhalt des Antrag Art. 8 HKÜ 2
- Jahresfrist Art. 12 HKÜ 5

- Recht des Herkunftstaats Art. 17 HKÜ 1
- Recht zur Antragstellung Art. 8 HKÜ 1
- Rechtsmittel gegen Entscheidung Art. 11 HKÜ 5
- Rückführungsentscheidung Art. 12 HKÜ 7
- Rückgabeanordnung Art. 11 HKÜ 3
- Sachliche und örtliche Zuständigkeit Art. 12 HKÜ 2
- Schwerwiegende Gefahr Art. 13 HKÜ 5 ff.
- Sorgerecht Art. 19 HKÜ 1
- Sperrwirkung Art. 16 HKÜ 1 ff.
- Unzulässigkeit Art. 20 HKÜ 1 f.
- Urkunden Art. 45 Brüssel II a-VO 1
- Versagungsgründe Art. 13 HKÜ 3
- Vollstreckbare Entscheidung Art. 42 Brüssel II a-VO 2 ff.
- Widersetzen des Kindes Art. 13 HKÜ 9
- Wirksamkeit der Bescheinigung Art. 44 Brüssel II a-VO 1
- Ziel des Rückgabeverfahrens Art. 10 HKÜ 1
- Zustimmung oder nachträgliche Genehmigung Art. 13 HKÜ 4

Rücknahme
- Antrag § 43 FamFG 17
- der Beschwerde § 67 FamFG 21–23
- Rechtsbehelf § 45 FamFG 27
- Registeranmeldung Vorbem. zu § 378 FamFG 49 ff.
- Registeranmeldung durch den Notar § 378 FamFG 32, 37
- Registeranmeldung, Kosten § 382 FamFG 61 ff.
- scheidungsantrag § 141 FamFG 1 ff.
- Verfahrensantrag, s.a. Antragsrücknahme § 22 FamFG 3 ff.

Ruhen des Verfahren § 21 FamFG 4

Saarland Vorbem. zu §§ 485 bis 491 FamFG 12

Sachantrag § 23 FamFG 61 ff.
- Antragsänderung § 23 FamFG 75
- Antragsarten § 23 FamFG 67 ff.
- Antragserweiterung § 23 FamFG 73
- Antragshäufung § 23 FamFG 74
- Notwendigkeit § 23 FamFG 62

Sachantragsbefugnis
- berufsständischer Organe § 380 FamFG 24 ff.

Sachsen Vorbem. zu §§ 485 bis 491 FamFG 13

Sachsen-Anhalt Vorbem. zu §§ 485 bis 491 FamFG 14

Sachverhaltsermittlung § 345 FamFG 5

Sachverständige
- Feststellung durch ~ s. dort

Sachverständigenbeweis § 30 FamFG 59 ff.

Sachverständigengutachten
- Abstammungsgutachten § 177 FamFG 8, 14 f.
- Anforderungen § 321 FamFG 5 f.
- ärztliche Zwangsmaßnahme § 329 FamFG 13
- Beweisbeschluss § 280 FamFG 61
- Einholung § 280 FamFG 15
- Geschäftsfähigkeit § 280 FamFG 58

Stichwortverzeichnis

- Grundlagen § 321 FamFG 3 ff.
- in Unterbringungssachen § 321 FamFG 1 ff.
- Inhalt § 280 FamFG 42
- Rechtsmittel § 280 FamFG 92
- Umfang § 280 FamFG 44
- Verfahren § 321 FamFG 4
- Vorführung § 322 FamFG 3

Sachverständiger
- Anhörung § 333 FamFG 10
- Auswahl § 280 FamFG 21; § 298 FamFG 8; § 321 FamFG 14
- Auswechselung § 329 FamFG 13
- Auswechslung § 329 FamFG 10 f.
- Hinzuziehung in Unterbringungssachen § 319 FamFG 23
- in Unterbringungssachen § 321 FamFG 1 ff.
- Pflichten § 280 FamFG 67
- Qualifikation § 280 FamFG 24; § 297 FamFG 9; § 321 FamFG 9 ff.

Sammlung und Übermittlung personenbezogener Daten Art. 39 ErwSÜ 1

Sanktion § 89 FamFG 1

SARL Vorbem. zu § 378 FamFG 26

Satzungsänderung
- Prüfungsumfang Vorbem. zu § 378 FamFG 85

Satzungsmangel § 399 FamFG 5 ff.

Säumnis § 130 FamFG 1 ff.
- Dispachebestätigungsverfahren § 406 FamFG 2 ff.

Säumnisentscheidung § 38 FamFG 89

Säumnisfolge § 368 FamFG 13
- Eintritt der § 366 FamFG 24

Schadensersatz
- Ungerechtfertigte Vollstreckung § 35 IntFamRVG 1; § 69 AUG 1; § 26 IntErbRVG 1

Scheidung
- Begründung § 38 FamFG 105
- Widerspruch § 45 FamFG 22

Scheinbeschluss § 40 FamFG 11

Scheinvaterregress § 169 FamFG 27

Schiffsbauregister § 374 FamFG 2

Schiffsregister § 374 FamFG 2; § 388 FamFG 5

Schiffsregistersache § 44 FamFG 7

Schlechterstellungsprinzip
- Doppelsitz § 377 FamFG 15

Schleswig-Holstein Vorbem. zu §§ 485 bis 491 FamFG 15

Schlüsselgewalt § 40 FamFG 35

Schlussgespräch
- in Unterbringungssachen § 319 FamFG 24

Schreibfehler § 42 FamFG 19

Schreibversehen
- Registereintragung § 395 FamFG 6; Anhang zu § 387 FamFG 22

Schriftlichkeit Einleitung zum FamFG FamFG 25

Schriftstücke
- Aushändigung an Dispacheur § 404 FamFG 1 ff.

Schuldnerverzeichnis § 374 FamFG 2

schuldrechtlicher Versorgungsausgleich
- Abänderung § 227 FamFG 2

schuldrechtlicherVersorgungsausgleich
- Antragserfordernis § 223 FamFG 1

Schuldtitel
- vollstreckbarer § 371 FamFG 11

Schuldverschreibung § 491 FamFG 3

Schutz vor einer schweren Gefahr Art. 34 ErwSÜ 1

Schutzmaßnahmen für das Vermögen Art. 9 ErwSÜ 1

Schutzschrift § 51 FamFG 27

Selbständiges Beweisverfahren § 29 FamFG 55

Sicherheitsleistung Art. 51 Brüssel II a-VO 1; Art. 57 EuErbVO 1
- Anordnung der § 362 FamFG 12

Sicherungsmaßnahmen Art. 18 EuUntVO 1

Signatur
- Notar § 378 FamFG 19
- qualifizierte § 14 FamFG 23 f.

Sitzverlegung § 377 FamFG 19
- Ausland § 393 FamFG 5
- Löschung § 395 FamFG 132

Sofortige Beschwerde § 287 FamFG 7; § 39 FamFG 13; § 44 FamFG 11, 12; Vorbem. zu §§ 58–75 FamFG 14, 15; § 58 FamFG 49, 55
- Anschlussbeschwerde § 39 FamFG 24
- gegen Ablehnung von Gerichtspersonen § 58 FamFG 55
- gegen Ablehnung von Sachverständigen § 58 FamFG 55
- gegen Aussetzung des Verfahrens § 58 FamFG 55
- gegen Berichtigungsbeschlüsse § 58 FamFG 55
- gegen Beschlüsse des Nachlassgerichts § 58 FamFG 55
- gegen Beschlüsse im Aufgebotsverfahren § 58 FamFG 55
- gegen Beschlüsse im Teilungsverfahren § 58 FamFG 55
- gegen Beschlüsse im Vollstreckungsverfahren § 58 FamFG 55
- gegen Entscheidungen über Verfahrens- oder Prozesskostenhilfe § 58 FamFG 55
- gegen Kostenfestsetzungsbeschlüsse § 58 FamFG 55
- gegen Ordnungs- und Zwangsmittel § 58 FamFG 55
- gegen Unterbringung zur Begutachtung § 58 FamFG 55
- gegen Zeugnisverweigerung § 58 FamFG 55

sofortige Wirksamkeit § 116 FamFG 4, 5

Sofortunterbringung
- verwaltungsrechtliche § 331 FamFG 3

Sonderband
- Einsicht § 385 FamFG 28 ff.
- Führung in Registersachen § 385 FamFG 24 ff.

Sonderzuständigkeit § 363 FamFG 9
- des Landwirtschaftsgerichts § 363 FamFG 42

sonstige Familiensache
- Umgangsrecht § 266 FamFG 19

sonstige Familiensachen § 266 FamFG 1
- Abgrenzung § 266 FamFG 7
- Ansprüche aus der Ehe § 266 FamFG 16
- Ansprüche bei Trennung und Scheidung § 266 FamFG 17
- Auffangbestimmung § 266 FamFG 5
- Aufwendungsersatz § 266 FamFG 17
- Ehe § 266 FamFG 16
- Ehegatteninnengesellschaft § 266 FamFG 17
- Eltern-Kind-Verhältnis § 266 FamFG 18
- Erbrecht § 266 FamFG 11
- Familienstreitsachen § 266 FamFG 4
- Freistellungsansprüche § 266 FamFG 17
- Gesamtschuldnerausgleich § 266 FamFG 17
- Handelssachen § 266 FamFG 9
- Herausgabe § 266 FamFG 17
- Miteigentum § 266 FamFG 17
- Nutzungsentschädigung § 266 FamFG 17
- Verlöbnis § 266 FamFG 15
- Vorfragen § 266 FamFG 12
- Vorgreiflichkeit § 266 FamFG 12
- Wohnungseigentumssachen § 266 FamFG 10
- Zuständigkeit § 267 FamFG 1
- Zuständigkeit der Arbeitsgerichte § 266 FamFG 8
- Zuwendungen § 266 FamFG 17

Sorgerecht Art. 2 Brüssel II a-VO 11, 14 f.

Sorgerechtssache
- Abänderung § 48 FamFG 22
- Gerichtsgebühren Nr. 1310-1319 KV FamGKG 1 ff.
- Gerichtsgebühren für Vormund, Pfleger Nr. 1310-1319 KV FamGKG 11–19
- Gerichtsgebühren, einstweilige Anordnung Nr. 1410-1412 KV FamGKG 1 ff.
- Verfahrenswert § 45 FamGKG 1 ff.

Spaltung
- Löschung der Eintragung § 395 FamFG 65

Spruchkörperverweisung § 1 FamFG 38, 39

Spruchrichterprivileg
- Registerverfahren Vorbem. zu § 378 FamFG 130 f.

Sprungrechtsbeschwerde § 39 FamFG 15; § 75 FamFG 1–20
- Kosten § 75 FamFG 19, 20

Sprungzurückverweisung § 74 FamFG 37

Squeeze-Out
- Löschung der Eintragung § 395 FamFG 67

Staatsangehörigkeit
- ausländische § 343 FamFG 15
- des Erblassers § 343 FamFG 15

Staatsangehörigkeitszuständigkeit Art. 3 Brüssel II a-VO 12; Art. 7 ErwSÜ 1 ff.
- Ersuchen, Maßnahmen zum Schutz zu ergreifen Art. 8 ErwSÜ 1 ff.

Staatskasse § 158 FamFG 39
- Beschwerdeberechtigung § 304 FamFG 1
- Kostentragung § 337 FamFG 7 ff.

Staatsverträge § 97 FamFG 25 ff.
- Bilaterale ~ § 97 FamFG 40
- Einzelne ~ § 97 FamFG 26 ff.
- Europäische ~ § 97 FamFG 37 ff.
- Haager ~ § 97 FamFG 27 ff.
- UNÜ § 97 FamFG 26
- Vorrangiges Unionsrecht § 97 FamFG 3 ff.

Standesamt § 197 FamFG 11; § 198 FamFG 8, 14
- beurkundendes § 347 FamFG 11

Stellungnahme
- mündliche § 158 FamFG 33

Sterbehilfe § 298 FamFG 12

Sterilisation § 297 FamFG 2, 3
- Beschwerde § 297 FamFG 13
- Gutachten § 297 FamFG 9

Steuerberaterkammer § 380 FamFG 16

Strafverfahren § 275 FamFG 4

Streitbeilegung
- außergerichtliche § 135 FamFG 1 ff.

Streitgegenstand s. Verfahrensgegenstand; Vorbem. zu §§ 23-37 FamFG 28 ff.

Streitpunkte § 370 FamFG 3 ff.

Streitsachen Vorbem. zu §§ 23-37 FamFG 5

Strengbeweis s. förmliche Beweisaufnahme; § 30 FamFG 1 ff.; § 279 FamFG 8; § 297 FamFG 1

Stundung § 362 FamFG 13, 16
- Gestaltung der § 362 FamFG 10
- Pflichtteilsanspruch § 362 FamFG 2 ff.

Stundungsantrag § 362 FamFG 4, 8, 9, 11

Substantiierungspflicht § 206 FamFG 6

Tätigwerden
- sofortiges § 331 FamFG 10; § 427 FamFG 11

Tatsachen
- doppelt relevante § 59 FamFG 16
- ehefeindliche § 127 FamFG 3, 10
- ehefreundliche § 127 FamFG 9
- erneute Tatsachenfeststellung im Beschwerdeverfahren § 68 FamFG 43
- erneute Tatsachenfeststellung im Rechtsbeschwerdeverfahren § 74 FamFG 20–23
- neue Tatsachen in der Beschwerdeinstanz § 65 FamFG 9–11
- neue Tatsachen in der Rechtsbeschwerdeinstanz § 74 FamFG 15–24

Tatsachenpräklusion § 238 FamFG 6

Tatssache
- verdeckte § 48 FamFG 15

Teilauseinandersetzung § 370 FamFG 15

Teilentscheidung § 38 FamFG 7, 91, 96

Teilung § 366 FamFG 2

Teilungsmasse § 363 FamFG 36

Teilungssachen § 342 FamFG 1, 3 f.

Teilungsverfahren § 372 FamFG 2

Teilungsversteigerung § 344 FamFG 13

Teilvollstreckbarkeit Art. 37 EuUntVO 1; Art. 55 EuErbVO 1 ff.

Stichwortverzeichnis

Telefax
- notwendige Geschäftsangaben § 388 FamFG 17

Telefonische Auskunft
- Register § 385 FamFG 9

Telegramm § 388 FamFG 17

Termin § 32 FamFG 1 ff.
- Ablauf und Gestaltung § 32 FamFG 13 f.
- Anwesende § 41 FamFG 40
- Bild- und Tonübertragung § 32 FamFG 18 ff.
- Ladung § 32 FamFG 8
- Nichtöffentlichkeit § 32 FamFG 14 ff.
- Notwendigkeit eines Termins § 32 FamFG 5
- Öffentlichkeit § 32 FamFG 14 ff.
- Terminsänderung § 32 FamFG 10
- Vermerk § 41 FamFG 41

Termingebühr
- Versorgungsausgleich § 221 FamFG 3

Terminologie § 113 FamFG 25

Terminsantrag § 366 FamFG 22

Terminsbestimmung § 348 FamFG 7 f.; § 361 FamFG 5 ff.
- wiederholte § 361 FamFG 7

Terminsverlegung § 155 FamFG 9 f.
- Ferien § 113 FamFG 19

Testament § 344 FamFG 3
- Ablieferung des § 358 FamFG 1, 5
- gemeinschaftliches § 344 FamFG 4; § 346 FamFG 6; § 349 FamFG 1
- privatschriftliches § 351 FamFG 2

Testamentseröffnung § 348 FamFG 1; § 349 FamFG 13

Testamentsregister § 347 FamFG 2

Testamentsverzeichnis § 347 FamFG 11

Testamentsvollstrecker § 363 FamFG 20
- Entlassung des § 345 FamFG 13
- Ernennung des § 345 FamFG 9; § 357 FamFG 9
- Verwaltender § 359 FamFG 7

Testamentsvollstreckerzeugnis § 345 FamFG 8; § 354 FamFG 4 ff.; § 357 FamFG 1

Testamentsvollstreckung § 345 FamFG 9; § 355 FamFG 1 ff.

Thüringen Vorbem. zu §§ 485 bis 491 FamFG 16

Tierärztekammer § 380 FamFG 16

Titel § 3 AUG 6
- Begriff § 2 IntFamRVG 1

Tod
- Beteiligter § 181 FamFG 1
- Ehegatten § 208 FamFG 1
- eines Ehegatten, Kostenentscheidung § 150 FamFG 11

Träger der elterlichen Verantwortung Art. 2 Brüssel II a-VO 10

Trennung § 158 FamFG 15
- Verfahren § 20 FamFG 7

Übergangsregelung
- für Haftkosten § 64 FamGKG 1
- in Kostensachen § 63 FamGKG 1–4

- Registersachen Vorbem. zu §§ 374 bis 409 FamFG 29 ff.
- zum 2. KostRMoG Einleitung zum FamGKG FamGKG 4
- zum FamGKG Einleitung zum FamGKG FamGKG 4

Übergangsvorschriften § 55 IntFamRVG 1; § 56 IntFamRVG 1

Übermittlungsverfahren § 229 FamFG 1

Überprüfungshöchstfrist § 295 FamFG 6

Überprüfungspflicht § 351 FamFG 2

Überprüfungszeitpunkt § 286 FamFG 8

Übersetzungen Anhang zu § 387 FamFG 5; Art. 24 HKÜ 1; § 54 IntFamRVG 1; § 76 AUG 1
- Ausgehende Ersuchen § 3 ErwSÜAG 1; § 5 IntFamRVG 1
- Eingehende Ersuchen § 4 IntFamRVG 1; § 2 ErwSÜAG 1 f.

Überweisungszeugnis § 345 FamFG 8; § 354 FamFG 1

Umdeutung § 353 FamFG 14

Umgangspfleger
- Kosten Nr. 2000-2015 KV FamGKG 27

Umgangsrecht § 151 FamFG 6; § 158 FamFG 19; § 49 FamFG 40–43; Art. 2 Brüssel II a-VO 12
- Anerkennung und Vollstreckung Art. 41 Brüssel II a-VO 1 ff.
- Berichtigung der Bescheinigung Art. 43 Brüssel II a-VO 1
- Durchsetzung Art. 21 HKÜ 3 f.
- Gerichtsgebühren Nr. 1310-1319 KV FamGKG 1 ff.
- Gerichtsgebühren, einstweilige Anordnung Nr. 1410-1412 KV FamGKG 1 ff.
- Öffentliche Urkunden und Vereinbarungen Art. 46 Brüssel II a-VO 1 ff.
- Praktische Modalitäten der Ausübung Art. 48 Brüssel II a-VO 1
- Schadensersatz § 266 FamFG 19
- Urkunden Art. 45 Brüssel II a-VO 1
- Verfahrenswert § 45 FamGKG 1 ff.
- Wirksamkeit der Bescheinigung Art. 44 Brüssel II a-VO 1
- Zuständigkeit Art. 21 HKÜ 2

Umschreibung
- Registerblats Anhang zu § 387 FamFG 23

Umsetzungs- und Ausführungsbestimmungen § 97 FamFG 41 ff.

Umwandlung
- Löschung der Eintragung § 395 FamFG 65

Umzugskosten § 209 FamFG 8

Unanfechtbarkeit § 44 FamFG 20, 21
- Abgabe an ausländisches Gericht § 58 FamFG 58
- Ablehnung von Beweisanträgen § 58 FamFG 59
- Abtrennung von Scheidungsfolgesachen § 58 FamFG 58
- Aussetzung der Vollstreckung im EA-Verfahren § 58 FamFG 57

2302

Stichwortverzeichnis

- Bestellung von Pflegern und Beiständen § 58 FamFG 58
- der Zurückweisung von Bevollmächtigten § 58 FamFG 57
- Nichtbekanntgabe von Entscheidungsgründen an Minderjährige § 58 FamFG 59
- Nichtzulassung der Rechtsbeschwerde § 70 FamFG 14, 15
- von Berichtigungsbeschlüssen § 58 FamFG 57
- von Beschlüssen über die Zuständigkeit § 58 FamFG 57
- von Entscheidungen über Akteneinsichtsgesuche § 58 FamFG 57
- von Wiedereinsetzungsbeschlüssen § 58 FamFG 57
- Vorführungsanordnungen § 58 FamFG 59
- Zurückweisung von Anhörungsrügen § 58 FamFG 57
- Zurückweisung von Berichtigungsanträgen § 58 FamFG 57

Unbestimmter Rechtsbegriff
- Überprüfbarkeit im Rechtsbeschwerdeverfahren § 72 FamFG 16

Unmittelbarkeit Einleitung zum FamFG FamFG 26–30

Unmittelbarkeit der Beweisaufnahme
- bei förmlicher Beweisaufnahme § 30 FamFG 21 f.
- bei Freibeweis § 29 FamFG 11

Unmittelbarkeitsgrundsatz Einleitung zum FamFG FamFG 26 ff.

Unrichtigkeit § 353 FamFG 3 f., 11
- Beschluss § 42 FamFG 14, 22

Unrichtigkeitsfälle § 44 FamFG 28

Untätigkeitsbeschwerde § 58 FamFG 74

Unterbrechung des Verfahrens § 21 FamFG 4

Unterbringung
- Anhörung § 284 FamFG 6; § 319 FamFG 4 ff.; § 320 FamFG 2 ff.
- Aufhebung § 330 FamFG 3 ff.
- Begutachtung § 284 FamFG 1
- Dauer § 284 FamFG 17; § 328 FamFG 3 ff.; § 329 FamFG 3 ff.
- Einrichtung § 326 FamFG 9
- einstweilige Maßregel § 334 FamFG 1 ff.
- Genehmigung der § 151 FamFG 10
- Internationale Zuständigkeit in Betreuungs- und Unterbringungssachen § 104 FamFG 9
- landesrechtliche § 312 FamFG 5
- Verhältnismäßigkeit § 284 FamFG 14
- Verlängerung § 329 FamFG 8 ff.
- zivilrechtliche § 312 FamFG 3

Unterbringungsähnliche Maßnahme § 312 FamFG 4

Unterbringungsmaßnahme
- Ablehnung § 323 FamFG 26
- Aufhebung § 330 FamFG 5 ff.
- Aussetzung § 328 FamFG 4
- Begründung § 323 FamFG 24
- Beschlussformel § 323 FamFG 1 ff.
- Bezeichnung § 323 FamFG 7 ff.
- Dauer § 329 FamFG 3 ff.
- einstweilige Anordnung § 331 FamFG 2 ff.
- Ende § 323 FamFG 14 ff.
- Verlängerung § 329 FamFG 8 ff.
- Vollzugsaussetzung § 328 FamFG 4
- Zuführung § 326 FamFG 1 ff.

Unterbringungssache § 151 FamFG 10; § 312 FamFG 1 ff.
- Abänderung § 48 FamFG 22
- Abgabe § 314 FamFG 1 ff.
- Anhörung § 319 FamFG 4 ff.; § 320 FamFG 1 ff.
- Bekanntgabe Beschluss § 41 FamFG 25
- Beschwerde § 335 FamFG 1 ff.
- Beteiligte § 315 FamFG 1 ff.
- Definition § 312 FamFG 1
- Einlegung der Beschwerde § 336 FamFG 1 ff.
- einstweilige Anordnung § 331 FamFG 2 ff.
- einstweilige Maßregel § 334 FamFG 1 ff.
- funktionelle Zuständigkeit § 312 FamFG 9
- Gewaltanwendung § 326 FamFG 10
- internationale Zuständigkeit § 312 FamFG 10
- Kostentragung § 337 FamFG 1 ff.
- Mitteilung § 338 FamFG 1 ff.
- MiZi § 338 FamFG 2
- örtliche Zuständigkeit § 313 FamFG 1 ff.
- Rechtsbeschwerde § 335 FamFG 14
- sachliche Zuständigkeit § 312 FamFG 8
- Vorführung des Betroffenen § 319 FamFG 20
- Wirksamwerden Beschluss § 40 FamFG 37
- Zuführung § 326 FamFG 1 ff.

Unterbringungssachen
- MiZi § 339 FamFG 4
- Verfahrensfähigkeit § 316 FamFG 1 f.
- Verfahrenspflegerbestellung § 317 FamFG 1 f.

Unterbringungsverfahren
- Beteiligte § 315 FamFG 3 ff.
- einstweilige Anordnung § 331 FamFG 2 ff.
- Kosten § 80 FamFG 21; Nr. 1310-1319 KV FamGKG 2
- örtliche Zuständigkeit § 313 FamFG 1

Unterhalt Art. 1 EuUntVO 7 ff.
- bei Feststellung der Vaterschaft § 237 FamFG 1, 2
- der nicht verheirateten Mutter § 246 FamFG 15
- Internationale Zuständigkeit § 105 FamFG 5
- Umfang § 246 FamFG 3–6
- zeitliche Reichweite § 246 FamFG 7, 8

Unterhaltssachen § 49 FamFG 70
- Anordnung der sofortigen Wirksamkeit § 116 FamFG 5
- Anwaltszwang § 114 FamFG 16
- einstweilige Anordnung § 246 FamFG 2 ff.
- Internationale Zuständigkeit § 105 11
- Kostenentscheidung § 243 FamFG 1 ff.
- örtliche Zuständigkeit § 232 FamFG 1–17

Unterhaltstitel
- dynamisierter § 245 FamFG 1–4

Unterlassung § 38 FamFG 66

Stichwortverzeichnis

Unternehmensgegenstand
- Angabe bei der Registeranmeldung **Vorbem. zu** § 378 FamFG 7

Unternehmensrechtliche Verfahren
- Begriff § 375 FamFG 1 f.
- Beschwerde § 402 FamFG 3 ff.
- Verfahrensgrundsätze § 375 FamFG 10
- Wesen § 375 FamFG 7

Unternehmensregisterverordnung § 387 FamFG 8

Unternehmensvertrag
- Eintragung **Vorbem. zu** § 378 FamFG 86

Unterrichtung § 278 FamFG 6; § 293 FamFG 8; § 297 FamFG 4

Unterschrift § 38 FamFG 47–55; § 42 FamFG 41

Untersuchung
- Vorführung § 283 FamFG 6
- zur Feststellung der Abstammung § 178 FamFG 1

Untersuchungsanordnung
- Gewalt § 283 FamFG 22

Untersuchungsgrundsatz Einleitung zum FamFG FamFG 17

Untrennbarkeit § 349 FamFG 4
UNÜ § 97 FamFG 26
Unzulässigkeit
- Eintragung § 395 FamFG 7 ff.

Unzuständigkeit
- örtliche § 2 FamFG 8
- Verweisung § 3 FamFG 2 ff.

Unzuständigkeitserklärung bei Rechtswahl Art. 6 EuErbVO 1 f.

Urkunde
- Auffinden § 48 FamFG 45

Urkunden
- Aussetzung des inländischen Verfahrens § 45 IntErbRVG 1 ff.
- Authentizität § 46 IntErbRVG 1 ff.

Urkunden- u. Wechselprozess § 113 FamFG 17
Urkundenbeweis § 30 FamFG 80 ff.
Urkundsbeamter § 2 FamFG 18; § 371 FamFG 17
- der Geschäftsstelle § 346 FamFG 3 f.
- Rechtskraftzeugnis § 46 FamFG 15

Urschrift
- Ablieferung der § 353 FamFG 6

Ursprungsgericht Art. 2 EuUntVO 10
Ursprungsmitgliedstaat Art. 2 Brüssel II a-VO 6; Art. 2 EuUntVO 5; Art. 3 EuErbVO 6; § 3 AUG 7

Vaterschaft
- Anerkennung § 169 FamFG 10
- Anfechtung § 169 FamFG 14–17
- Feststellung § 169 FamFG 4

Vaterschaftsanerkenntnis
- Unwirksamkeit § 172 FamFG 34

Vaterschaftsanerkennung
- Erklärung zur Niederschrift des Gerichts § 180 FamFG 1

Vaterschaftsanfechtung § 169 FamFG 14; § 171 FamFG 11; § 172 FamFG 27 ff.

- Kostenentscheidung § 183 FamFG 1–20, 22, 23
- Verfahren § 171 FamFG 35, 36

Vaterschaftsfeststellung § 169 FamFG 4; § 171 FamFG 6; § 172 FamFG 23
- Verfahren § 171 FamFG 33, 34; § 237 FamFG 3

Vaterschaftstest
- heimlicher § 171 FamFG 15

Verbindung
- Verfahren § 20 FamFG 2 ff.

Verbindungsverbot § 126 FamFG 2
Verbleibensanordnung § 158 FamFG 17
Verbot
- gesetzliches § 366 FamFG 35

Verbund
- Fortbestand § 146 FamFG 6

Verbundentscheidungen
- Rechtskraft § 148 FamFG 6 ff.

Verein
- ausländischer § 400 FamFG 3
- Doppelsitz § 377 FamFG 2
- Entziehung der Rechtsfähigkeit § 401 FamFG 2 ff.
- Erlöschen § 401 FamFG 6 ff.
- Ersteintragung in das Register **Vorbem. zu** § 378 FamFG 83
- Sinken der Mitgliederzahl unter drei § 401 FamFG 2 ff.
- Wegfall aller Mitglieder § 401 FamFG 6 ff.

Vereinbarung § 366 FamFG 9 f., 27 ff.; § 367 FamFG 7; § 370 FamFG 15
- beurkundete § 366 FamFG 8, 19
- Beurkundung der § 366 FamFG 30
- der Verbindlichkeit § 369 FamFG 2
- wirksame § 366 FamFG 35

Vereinbarungen
- Abänderung § 227 FamFG 5

Vereinfachtes Verfahren
- Antrag § 250 FamFG 2
- Beteiligung Antragsgegner § 251 FamFG 1–3
- Einwendungen § 252 FamFG 2, 4–6
- Haushaltsgemeinschaft § 249 FamFG 13
- Minderjährigenunterhalt § 249 FamFG 12
- Rechtsnachfolger § 249 FamFG 17
- Statthaftigkeit § 249 FamFG 1, 2, 10–13, 16–21
- Titulierung § 249 FamFG 16
- Unzulässigkeit § 249 FamFG 19–21
- Zulässigkeitsvoraussetzungen § 249 FamFG 10

Vereinsanschrift
- Einreichung zum Registergericht § 387 FamFG 13
- Erzwingung der Mitteilung an das Registergericht § 388 FamFG 16

Vereinsbetreuer § 286 FamFG 4
Vereinsname
- Löschung § 395 FamFG 127 ff.

Vereinsrechtliche Verfahren § 375 FamFG 4
Vereinsregister
- Aufbau **Anhang zu** § 387 FamFG 54

Vereinsregisterverordnung Anhang zu § 387 FamFG 53

Verfahren § 51 FamFG 1–45
- Aufspaltung des § 273 FamFG 5
- Unzulässigkeit neuer ~ Art. 8 EuUntVO 2 ff.
- von Amts wegen § 52 FamFG 5–8

Verfahren mit Auslandsbezug
- Auslegung der Verordnungen § 97 FamFG 7
- Vorlageverfahren § 97 FamFG 8
- Vorrang des Europäischen Rechts § 97 FamFG 6

Verfahrensakte § 158 FamFG 34
Verfahrensantrag § 203 FamFG 3; § 362 FamFG 5
Verfahrensarten Vorbem. zu §§ 23-37 FamFG 4 ff.
Verfahrensaussetzung § 21 FamFG 1 ff.
- Anfechtung der Aussetzungsentscheidung § 21 FamFG 31
- Beendigung der Aussetzung § 21 FamFG 30
- Ermessensentscheidung § 21 FamFG 23 ff.
- Fallgruppen § 21 FamFG 13 ff.
- Voraussetzungen § 21 FamFG 5 ff.
- Vorgreiflichkeit § 21 FamFG 7
- Wirkung § 21 FamFG 27 ff.

Verfahrensbeistand § 158 FamFG 1 ff.; § 174 FamFG 1; § 191 FamFG 5; § 192 FamFG 9; § 41 FamFG 18
- Abstammungssachen § 174 FamFG 2
- Aufgabe des § 158 FamFG 30 ff.
- Bestellung § 191 FamFG 9
- Festsetzung von Auslagenersatz § 168 FamFG 2 ff.
- Vergütungsfestsetzung § 168 FamFG 2 ff.

Verfahrensbeistandschaft
- Beendigung der § 158 FamFG 37 ff.

Verfahrensbeteiligte § 158 FamFG 17
- Versorgungsausgleich § 219 FamFG 1

Verfahrensbevollmächtigte § 158 FamFG 20; § 276 FamFG 11; § 297 FamFG 8; § 300 FamFG 9; § 38 FamFG 41

Verfahrenseinleitung
- durch Antrag § 23 FamFG 1 ff.
- Kosten § 24 FamFG 10 ff.
- von Amts wegen § 24 FamFG 1 ff.

Verfahrenseinstellung § 366 FamFG 16
Verfahrenserleichterungen § 293 FamFG 1, 5; § 294 FamFG 1; § 295 FamFG 1
Verfahrensfähigkeit § 275 FamFG 1, 5; § 9 FamFG 1–16, 19–41
- Abstammungssachen § 172 FamFG 10 ff.
- in Unterbringungsverfahren § 316 FamFG 1 f.

Verfahrensfehler
- Gravierende § 353 FamFG 3

Verfahrensführung
- gerichtliche § 345 FamFG 6

Verfahrensgang § 51 FamFG 26–35
Verfahrensgegenstand Vorbem. zu §§ 23-37 FamFG 28 ff.
- Bedeutung Vorbem. zu §§ 23-37 FamFG 28 ff.
- Bestimmung des Verfahrensgegenstandes Vorbem. zu §§ 23-37 FamFG 35 ff.

Verfahrensgeschichte § 38 FamFG 76

Verfahrensgrundsätze Einleitung zum FamFG FamFG 15–36
Verfahrenshandlungen
- widersprechende § 275 FamFG 7

Verfahrenshandlungsvoraussetzungen Vorbem. zu §§ 23-37 FamFG 27
Verfahrenskosten s. Auslagen, gerichtliche; Nr. 2000-2015 KV FamGKG 1; § 80 FamFG 1 ff.
- Anwaltsgebühren § 80 FamFG 52 ff.
- Anwaltskosten, notwendige § 80 FamFG 49 ff.
- Auslagen, anwaltliche § 80 FamFG 65 ff.
- Auslagen, gerichtliche § 80 FamFG 38 ff.; Nr. 2000-2015 KV FamGKG 1 ff.
- außergerichtliche § 80 FamFG 48 ff.
- Begriff § 80 FamFG 1
- Eigene Aufwendungen der Beteiligten § 80 FamFG 71 ff.
- Gerichtskosten § 80 FamFG 3 ff.
- Gerichtskosten, Rechtbehelfe § 80 FamFG 5 ff.
- Haftungsbeschränkungen § 80 FamFG 44 ff.
- Haftungsbeschränkungen für Betreute § 80 FamFG 44
- Haftungsbeschränkungen für Minderjährige § 80 FamFG 45 f.; § 81 FamFG 39 f.
- Haftungsbeschränkungen in Betreuungssachen § 80 FamFG 45 f.
- Kostenschuldner § 80 FamFG 41 ff.
- notwendige Auslagen der Beteiligten § 81 FamFG 5 f.
- Wertgebühr § 80 FamFG 4
- Wertgebührentabelle. § 80 FamFG 75

Verfahrenskosten GNotKG
- Aufgebotssachen § 80 FamFG 34
- Auslagen § 80 FamFG 38 ff.
- Beschwerdeverfahren. § 80 FamFG 37
- Betreuungssachen § 80 FamFG 14 ff.
- einstweilige Anordnung § 80 FamFG 33
- Freiheitsentziehungssachen § 80 FamFG 22
- Nachlasssachen § 80 FamFG 23 ff.
- Nachlasssachen, Kostenschuldner § 80 FamFG 25
- Registersachen § 80 FamFG 27 ff.
- Unterbringungssachen. § 80 FamFG 21
- Unternehmensrechtliche Verfahren. § 80 FamFG 31
- Verfahrenskostenhilfeverfahren § 80 FamFG 35
- Vollmacht, Kraftloserklärung § 80 FamFG 34
- Vollstreckungssachen. § 80 FamFG 36
- Willenserklärung, Zustellung § 80 FamFG 34

Verfahrenskosten, FamGKG
- Gebühren § 80 FamFG 6 ff.
- Gebührenübersicht § 3 FamGKG 1 ff.

Verfahrenskosten, GNotKG
- Gebühren § 80 FamFG 11 ff.
- Verfahrensgebühr § 80 FamFG 13
- Wertermittlung § 80 FamFG 12

Verfahrenskostenhilfe § 171 FamFG 29–37; § 276 FamFG 15; § 51 FamFG 19; § 76 FamFG 1 ff.

2305

Stichwortverzeichnis

- Anerkennung, Vollstreckbarerklärung und Vollstreckung von unterhaltsrechtlichen Titeln § 23 AUG 1
- Anwaltszwang § 114 FamFG 19
- Berechtigte § 76 FamFG 5 ff.
- für Bewilligungsverfahren § 76 FamFG 64 ff.
- für die Vollstreckung § 77 FamFG 3
- Für eingehende Ersuchen § 22 AUG 1 ff.
- für Rechtsmittel, Erfolgsaussicht § 76 FamFG 37
- für Rechtsmittel, Mutwilligkeit § 76 FamFG 39
- in Ehe- u Familienstreitsachen § 76 FamFG 2
- in Unterhaltssachen § 231 FamFG 41–43
- rechtliches Gehör § 76 FamFG 64; § 77 FamFG 1
- Rechtsmittel § 76 FamFG 115 ff.
- Verfahren § 76 FamFG 56 ff.
- Verfahren mit förmlicher Gegenseitigkeit § 24 AUG 1
- Voraussetzungen für die Bewilligung § 20 AUG 1 ff.
- Zahlungsanordnung bei Verfahrenskostenvorschuss § 76 FamFG 32
- Zahlungsanordnung, Monatsraten § 76 FamFG 20 ff.
- Zahlungsanordnungen, Systematik. § 76 FamFG 9
- Zahlungsbestimmung § 76 FamFG 52 ff.
- Zuständigkeit für Anträge auf ~ § 21 AUG 1

Verfahrenskostenhilfe, Anwaltsbeiordnung § 78 FamFG 3 ff.
- Ablehnung, Rechtsmittel § 78 FamFG 3
- Anwaltswechsel § 78 FamFG 33
- Aufhebung § 78 FamFG 32 f.
- Auswahl § 78 FamFG 17
- Auswärtiger Anwalt § 78 FamFG 13 ff.
- Beitreibungsrecht des Anwalts § 78 FamFG 34 ff.
- Beschränkung, Rechtsmittel § 78 FamFG 15
- Ehescheidung § 149 FamFG 4
- Erforderlichkeit § 78 FamFG 9 ff.
- Erforderlichkeit, Einzelfälle § 78 FamFG 12
- Erstreckung nach § 48 RVG § 149 FamFG 9 ff.
- Erstreckung ohne Antrag § 78 FamFG 4
- Gebühren für Einigungen § 78 FamFG 29 ff.
- Gebühren für Einigungen im Bewilligungsverfahren § 78 FamFG 29 ff.
- Gebühren im Vkh-Verfahren. § 78 FamFG 23 ff.
- Gebühren und Auslagen § 78 FamFG 20 ff.
- Gebühren, Vertretung mehrerer Beteiligter § 78 FamFG 31
- Scheidungsfolgenvereinbarung § 149 FamFG 11
- teilweise Beiordnung § 78 FamFG 28 ff.
- Terminsvertreter § 78 FamFG 16
- Umfang § 78 FamFG 4
- Vergütungsanspruch § 78 FamFG 18 ff.
- Verkehrsanwalt § 78 FamFG 16
- weitere Vergütung § 78 FamFG 22
- Wirkung § 78 FamFG 18

Verfahrenskostenhilfe, Anwaltsbeiordnung)
- notwendige § 78 FamFG 6 ff.

Verfahrenskostenhilfe, Aufhebung der Bewilligung § 76 FamFG 92 ff.
- , Folgen § 76 FamFG 113 f.
- Ermessen, eingeschränktes § 76 FamFG 94
- Frist § 76 FamFG 96
- Gründe § 76 FamFG 94, 97 ff.
- nach § 124 Abs. 1 Nr. 1 ZPO § 76 FamFG 97 ff.
- nach § 124 Abs. 1 Nr. 2, 1. Alt. ZPO § 76 FamFG 100, 105 ff.
- nach § 124 Abs. 1 Nr. 3 ZPO § 76 FamFG 103 ff.
- nach § 124 Abs. 1 Nr. 4 ZPO § 76 FamFG 108 ff.
- nach § 124 Abs. 1 Nr. 5 ZPO § 76 FamFG 111
- nach § 124 Abs. 2 ZPO § 76 FamFG 112
- Verfahren § 76 FamFG 93
- Verschulden § 76 FamFG 95
- Voraussetzungen, Übergangsrecht. § 76 FamFG 92

Verfahrenskostenhilfe, Bedürftigkeit § 76 FamFG 8 ff.
- bei Aufwendungsersatz § 76 FamFG 33
- bei gesetzlicher Vertretung u. Rechtsnachfolge § 76 FamFG 10
- bei Verfahrensstandschaft § 76 FamFG 33
- bei Verfahrensstandschaft. § 76 FamFG 10
- Einkommen, einzusetzendes § 76 FamFG 11 ff.
- Einkommen, einzusetzendes s.a. Verfahrenskostenhilfe, Einkommen § 76 FamFG 11
- Ermittlung. § 76 FamFG 9
- Verfahrenskostenvorschuss § 76 FamFG 32 ff.
- Vermögen, Abfindungen § 76 FamFG 30
- Vermögen, Barvermögen § 76 FamFG 25
- Vermögen, berufliche Nutzung § 76 FamFG 27
- Vermögen, einzusetzendes § 76 FamFG 23 ff.
- Vermögen, Familienheim § 76 FamFG 26
- Vermögen, Lebensversicherungen § 76 FamFG 29
- Vermögen, Schmerzensgeld § 76 FamFG 30
- Vermögen, Unterhalsnachzahlungen § 76 FamFG 30
- Vermögen, Zurechnung § 76 FamFG 31 ff.
- Vermögenserwerb, künftiger § 76 FamFG 34

Verfahrenskostenhilfe, Bewilligung
- Aufhebung § 76 FamFG 91 ff.
- Beschluss § 76 FamFG 63, 74 ff.
- Ehescheidung § 149 FamFG 2
- Umfang § 76 FamFG 78 ff.
- Verfahren § 76 FamFG 63 ff.

Verfahrenskostenhilfe, Bewilligungsverfahren
- Kosten § 76 FamFG 123 f.

Verfahrenskostenhilfe, Einkommen
- Abzüge § 76 FamFG 12 ff.
- Abzüge, berufsbedingte Aufwendungen. § 76 FamFG 13
- Abzüge, besondere Belastungen § 76 FamFG 18
- Abzüge, Freibeträge. § 76 FamFG 16
- Abzüge, Versicherungsprämien. § 76 FamFG 15
- Abzüge, Wohnkosten. § 76 FamFG 17
- Begriff § 76 FamFG 11
- Raten vom § 76 FamFG 20 ff.

Verfahrenskostenhilfe, Entscheidung § 76 FamFG 74 ff.
- Bewilligung § 76 FamFG 78 ff.

Stichwortverzeichnis

- Wirkung § 76 FamFG 77
- Zahlungspflichten, Festsetzung § 76 FamFG 81 ff.
- Zeitpunkt § 76 FamFG 76
- Zuständigkeit § 76 FamFG 75

Verfahrenskostenhilfe, Scheidungsverbund § 149 FamFG 1 ff.
- Anwaltsbeiordnung § 149 FamFG 1 ff.
- Versorgungsausgleich, abgetrennter § 149 FamFG 8
- Versorgungsausgleich. § 149 FamFG 5 f.

Verfahrenskostenhilfe, Voraussetzungen
- Antrag § 76 FamFG 3, 41
- Erfolgsaussicht § 76 FamFG 36 f.
- Erfolgsaussicht für Rechtsmittel § 76 FamFG 37
- Erfolgsaussicht, Beweiserhebung. § 76 FamFG 40
- Mutwilligkeit bei Rechtsmitteln § 76 FamFG 39
- Mutwilligkeit, Beweiserhebung. § 76 FamFG 40
- Mutwilligkeit, keine § 76 FamFG 38 f.
- Prüfung durch Rechtpfleger (Übertragung) § 76 FamFG 71 ff.
- wirtschaftliche § 76 FamFG 8 ff.
- wirtschaftliche s.a. Verfahrenskostenhilfe, Bedürftigkeit § 76 FamFG 8

Verfahrenskostenhilfe, Wirkung § 76 FamFG 42 ff.
- für andere Verfahrensbeteiligte § 76 FamFG 49 ff.
- für den Begünstigten § 76 FamFG 43 ff.
- für den Begünstigten, Anwaltskosten § 76 FamFG 46 ff.
- für den Begünstigten, Gerichtskosten § 76 FamFG 44 ff.
- für den beigeordneten Anwalt § 76 FamFG 46; § 78 FamFG 18 ff.

Verfahrenskostenhilfe, Zahlungspflichten
- Änderung § 76 FamFG 81, 84 ff.
- Änderung, Mitteilungspflichten § 76 FamFG 90
- Änderung, Verfahren § 76 FamFG 88 f.
- Änderung, Voraussetzungen § 76 FamFG 84 f.
- Festsetzung § 76 FamFG 81 ff.

Verfahrenskostenhilfeantrag § 76 FamFG 58 ff.
- Datenschutz § 76 FamFG 62
- Form § 76 FamFG 41, 59
- Formularzwang § 76 FamFG 61
- Gegenstand § 76 FamFG 59 f.
- Inhalt § 76 FamFG 59 ff.

Verfahrenskostenvorschuss § 171 FamFG 30
- und Vkh § 76 FamFG 32

Verfahrensleitung des Gerichts § 28 FamFG 1 ff.
- Dokumentationspflicht bei Hinweisen § 28 FamFG 22 f.
- Hinweispflicht, rechtliche Gesichtspunkte § 28 FamFG 12 ff.
- Hinweispflichtverletzung (Rechtsfolgen) § 28 FamFG 26 f.
- Hinwirkungspflicht hinsichtlich des Sachantrags § 28 FamFG 16
- Hinwirkungspflicht zum Tatsachenvortrag § 28 FamFG 5

Verfahrensmangel
- absolute Verfahrensmängel § 74 FamFG 12
- Amtsprüfung § 68 FamFG 24–27
- Registereintragung § 395 FamFG 33 ff., 55, 64
- Überprüfbarkeit im Rechtsbeschwerdeverfahren § 74 FamFG 10–14
- Zurückverweisungsgrund im Beschwerdeverfahren § 69 FamFG 17–24

Verfahrensmehrheit
- unzulässige § 179 FamFG 6–9
- zulässige § 179 FamFG 2–5

Verfahrenspflege
- Auslagenersatz
  - Vertrauensschutz § 277 FamFG 9

Verfahrenspfleger § 158 FamFG 1, 28; § 275 FamFG 7; § 298 FamFG 9; § 9 FamFG 39
- Anhörung § 278 FamFG 5
- Aufhebung der Bestellung § 317 FamFG 12; § 419 FamFG 16
- Auslagenersatz § 277 FamFG 4 ff.; § 318 FamFG 1; § 419 FamFG 21
- Beendigung des Amtes § 317 FamFG 16; § 419 FamFG 15
- Behandlungsabbruch § 298 FamFG 20
- bei ärztlicher Zwangsmaßnahme § 312 FamFG 7
- berufsmäßige Amtsführung § 277 FamFG 14 ff.
- Beschwerdeberechtigung § 303 FamFG 10
- Beschwerderecht § 335 FamFG 8; § 429 FamFG 9
- Bestellungsverfahren § 276 FamFG 7
- Dauer der Bestellung § 276 FamFG 12; § 317 FamFG 16 ff.; § 419 FamFG 15 ff.
- ehrenamtliche Amtsführung § 277 FamFG 19
- ehrenamtlicher § 276 FamFG 9
- Eignung § 276 FamFG 10
- einstweilige Anordnung § 300 FamFG 9
- Erforderlichkeit § 276 FamFG 4; § 296 FamFG 3; § 297 FamFG 8; § 419 FamFG 4
- Festsetzung von Auslagenersatz § 277 FamFG 7
- im einstweiligen Anordnungsverfahren § 331 FamFG 17; § 427 FamFG 15
- im Genehmigungsverfahren § 299 FamFG 6
- in Freiheitsentziehungssachen § 419 FamFG 2 ff.
- Person § 317 FamFG 7; § 419 FamFG 7
- Rechtsstellung § 276 FamFG 17; § 317 FamFG 10; § 419 FamFG 10
- Unterbleiben der Bestellung § 317 FamFG 12; § 419 FamFG 12
- Verfahrenskosten § 276 FamFG 14
- Vergütung § 277 FamFG 13 ff.; § 318 FamFG 1; § 419 FamFG 21
  - Vertrauensschutz § 277 FamFG 9
- Vergütungsfestsetzung § 168 FamFG 2 ff.
- Voraussetzungen der Bestellung § 317 FamFG 2 ff.; § 419 FamFG 2 ff.
- zwingende Fälle § 317 FamFG 6; § 419 FamFG 5

Verfahrenspflegerbestellung
- Aufhebung § 317 FamFG 12, 16; § 419 FamFG 16
- Beendigung § 317 FamFG 16; § 419 FamFG 15

Stichwortverzeichnis

- in Freiheitsentziehungssachen § 419 FamFG 2 ff.
- in Unterbringungssachen § 317 FamFG 2 ff.
- Kosten § 317 FamFG 22; § 419 FamFG 22
- Rechtsmittel § 317 FamFG 21; § 419 FamFG 20
- Unterbleiben § 317 FamFG 12; § 419 FamFG 12
- Verlängerung § 317 FamFG 20; § 419 FamFG 19
- Voraussetzungen § 317 FamFG 2 ff.
- Zeitpunkt § 317 FamFG 11; § 419 FamFG 11
- zwingende Fälle § 317 FamFG 6; § 419 FamFG 5

Verfahrensregeln
- besondere § 231 FamFG 10

Verfahrenstrennung § 20 FamFG 7
- Kosten in Familiensachen § 6 FamGKG 8 ff.

Verfahrensunfähigkeit § 9 FamFG 31

Verfahrensverbindung § 20 FamFG 2 ff.
- Abstammungssachen § 179 FamFG 2 ff.
- Kosten § 6 FamGKG 18 ff.

Verfahrensverbund § 137 FamFG 1

Verfahrensverstöße § 372 FamFG 10

Verfahrensvollmacht § 11 FamFG 1–29

Verfahrensvoraussetzungen
- Sachentscheidungsvoraussetzungen Vorbem. zu §§ 23-37 FamFG 10 ff.

Verfahrenswert s. Gegenstandswert in Familiensachen; Vorbem. zu §§ 33 bis 52 FamGKG 1; § 49 FamFG 79
- Festsetzung § 55 FamGKG 1 ff.
- Festsetzung für Rechtsmittelverfahren § 54 FamGKG 1 ff.
- Festsetzung vorläufige § 55 FamGKG 4, 5
- Festsetzung, Änderung § 55 FamGKG 9 ff.
- Festsetzung, Beschwerde § 59 FamGKG 1 ff.
- Festsetzung, Gegenvorstellung § 59 FamGKG 3
- Festsetzung, Schätzung § 56 FamGKG 1 f.
- Festsetzung, endgültige § 55 FamGKG 6–8
- Pflicht zur Angabe § 53 FamGKG 1 f.

Verfahrenswirtschaftlichkeit Einleitung zum FamFG FamFG 35 f.

Verfassungsbeschwerde § 39 FamFG 23; § 44 FamFG 1, 59, 60; Vorbem. zu §§ 58–75 FamFG 39

Verfügung von Todes wegen § 346 FamFG 1; § 347 FamFG 1 f.; § 350 FamFG 1; Art. 3 EuErbVO 5
- Beteiligteneigenschaft § 348 FamFG 11 f.
- Eröffnung
  - Rechtsbehelfe § 348 FamFG 13, 14
- Eröffnung von § 344 FamFG 15; § 349 FamFG 12; § 351 FamFG 1, 8
- Rückgabe § 346 FamFG 7 ff.
  - Beschwerde § 346 FamFG 11

Verfügungsverbot § 209 FamFG 8

Vergleich § 156 FamFG 5; § 36 FamFG 1 ff.; § 51 FamFG 33 f.
- Feststellung eines schriftlichen Vergleichs § 36 FamFG 21
- gerichtlicher § 362 FamFG 12, 16; § 371 FamFG 22
- Korrektur (Niederschrift, Feststellungsbeschluss) § 36 FamFG 27

- Kosten § 36 FamFG 52
- Niederschrift § 36 FamFG 12
- Rechtsfolgen § 36 FamFG 25
- schriftlicher Vergleich (außerhalb eines Termins) § 36 FamFG 16 ff.
- Unwirksamkeit § 36 FamFG 29 f.
- Vergleichsförderungspflicht des Gerichts § 36 FamFG 11
- Zulässigkeit § 36 FamFG 9 f.

Vergleichsverhandlung
- Dispachebestätigung § 406 FamFG 6 ff.

Vergütung § 158 FamFG 25, 39; § 168 FamFG 15
- Anspruchsberechtigte § 277 FamFG 28
- Anspruchsverpflichtete § 277 FamFG 29
- berufsmäßiger Verfahrenspfleger § 277 FamFG 14
- ehrenamtlicher Verfahrenspfleger § 277 FamFG 19
- erforderliche Zeit § 277 FamFG 23
- Erlöschen § 277 FamFG 31 f.
- Fester Geldbetrag § 277 FamFG 22
- Festsetzungsverfahren § 168 FamFG 2 ff.
- Höhe der Pauschale § 277 FamFG 25
- Pauschalierung § 277 FamFG 21 ff.
- Verfahrenspfleger § 277 FamFG 13 ff.; § 318 FamFG 1

Vergütungsfestsetzung
- Rückgriff gegen Erben § 168 FamFG 53 ff.
- Rückgriff gegen Mündel § 168 FamFG 2

Vergütungssystem § 158 FamFG 39

Verhältnismäßigkeitsgrundsatz
- in Unterbringungssachen § 331 FamFG 20

Verhandlung
- mündliche § 207 FamFG 1
- persönliches Erscheinen § 207 FamFG 4

Verhandlungsgrundsatz Einleitung zum FamFG FamFG 18

Verhandlungstermin § 32 FamFG 1 ff.; § 363 FamFG 31; § 366 FamFG 12, 25; § 368 FamFG 4
- Ladung zum § 363 FamFG 2

Verhinderung § 38 FamFG 51
- gesetzlicher Vertreter § 334 FamFG 5
- gewillkürter Vertreter § 334 FamFG 5
- Gründe § 334 FamFG 6 ff.

Verjährung
- des Ordnungsgeldes § 392 FamFG 54 ff.

Verklarungsverfahren
- Kosten § 375 FamFG 84, 86

Verlesen
- Beschlussformel § 41 FamFG 39–44

Verlöbnis
- sonstige Familiensachen § 266 FamFG 15

Verlosung § 369 FamFG 2

Vermächtnisnehmer § 355 FamFG 5; § 359 FamFG 12; § 363 FamFG 26

Vermerk § 42 FamFG 47–50
- Bekanntmachung § 38 FamFG 56–59
- Berichtigung § 42 FamFG 32
- Termin § 41 FamFG 41
- über Beteiligtenanhörung § 28 FamFG 28

Stichwortverzeichnis

- über Beweisaufnahme § 29 FamFG 48
- über Erörterungstermin § 28 FamFG 28 ff.

Vermittlung
- amtliche § 366 FamFG 34; § 371 FamFG 9

Vermittlungsverfahren § 363 FamFG 11; § 366 FamFG 1 f.
- gerichtliche § 165 FamFG 2 ff.; § 363 FamFG 4 ff.
- Nachlassgerichtliches § 363 FamFG 4 ff.
- Umgangsrecht, Gebührenwert § 45 FamGKG 11
- Umgangsrecht, Kosten Nr. 1310-1319 KV FamGKG 4

Vermögensauskunft
- Abgabe nach Löschung wegen Vermögenslosigkeit § 394 FamFG 66

Vermögenserwerb des Kindes
- Mitteilungspflichten § 356 FamFG 2

Vermögensinteressen § 363 FamFG 37
Vermögenslage § 359 FamFG 4
Vermögenslosigkeit § 394 FamFG 3
Vermögensrechtliche Angelegenheiten § 61 FamFG 4, 5
Vermögensverzeichnis § 356 FamFG 2

Vermutung
- und Beweis § 37 FamFG 12 f.

Veröffentlichung
- Löschungsankündigung bei Vermögenslosigkeit § 394 FamFG 36 ff.

Verpflichtete Person § 3 AUG 5; Art. 2 EuUntVO 13

Verpflichtung
- Unterlassung einer Handlung § 35 FamFG 7
- Vornahme einer Handlung § 35 FamFG 6

Versäumnis- oder Anerkenntnisbeschluss
- Verwendung im Ausland § 73 AUG 1 ff.

Versäumnisentscheidung § 38 FamFG 88–91; § 45 FamFG 20
- im Beschwerdeverfahren § 117 FamFG 32–34
- im Rechtsbeschwerdeverfahren § 117 FamFG 35
- Rechtsmittel gegen Versäumnisentscheidungen § 117 FamFG 29–31

Versäumnisfolgen § 365 FamFG 11; § 366 FamFG 22; § 371 FamFG 23 f.
- Eintritt der § 366 FamFG 26

Versäumnisverfahren § 365 FamFG 11; § 366 FamFG 25 ff.; § 368 FamFG 3; § 370 FamFG 16

Verschlechterungsverbot § 69 FamFG 34–41
- bei der Anschlussbeschwerde § 66 FamFG 11; § 69 FamFG 41
- bei Kostenentscheidungen § 69 FamFG 39
- bei Kostenfestsetzungsentscheidungen § 69 FamFG 39
- bei Verfahren im öffentlichen Interesse § 69 FamFG 35
- bei Verfahren im Privatinteresse § 69 FamFG 36
- im VA-Verfahren § 69 FamFG 37, 38

Verschluss
- gemeinschaftlicher § 346 FamFG 5

Verschmelzung
- Löschung der Eintragung § 395 FamFG 65

Verschulden § 367 FamFG 1; § 9 FamFG 28

Versicherungsverein
- Ersteintragung in das Register Vorbem. zu § 378 FamFG 83

Versorgungsausgleich
- Abänderung § 225 FamFG 1; § 226 FamFG 1
- Anwaltszwang § 114 FamFG 20
- Aussetzung § 221 FamFG 4
- Beschlussformel § 224 FamFG 5
- Beschwerde § 228 FamFG 1
- Beschwerdewert § 228 FamFG 1
- Beteiligte § 219 FamFG 1
- einstweilige Anordnung § 49 FamFG 67 f.
- Elektronisches Übermittlungsverfahren § 229 FamFG 1
- Endentscheidung § 224 FamFG 1
- Entscheidungsgründe § 224 FamFG 4, 8
- Erörterung § 221 FamFG 1
- Externe Teilung § 222 FamFG 1
- Hinweispflicht § 221 FamFG 2
- Muss-Beteiligte § 219 FamFG 1
- örtliche Zuständigkeit § 218 FamFG 1
- Rechtskraft § 224 FamFG 3
- Teilentscheidung § 224 FamFG 2
- Termingebühr § 221 FamFG 3
- Verfahrensbeteiligte § 219 FamFG 1
- Verfahrenskostenhilfe im Scheidungsverbund § 149 FamFG 5 f.
- Vorbehalt des Wertausgleichs nach der Scheidung § 224 FamFG 8
- Vorfragen § 221 FamFG 4
- Wirksamwerden der Entscheidung § 224 FamFG 1
- Zuständigkeit § 218 FamFG 1
- Zustellung an Versorgungsträger § 229 FamFG 1

Versorgungsausgleichssache § 49 FamFG 67, 68; § 217 FamFG 1
- Abänderung § 48 FamFG 22
- Internationale Zuständigkeit § 102 FamFG 1 ff.
- Kostenentscheidung § 81 FamFG 28
- Wirksamwerden Beschluss § 40 FamFG 37

Verspätung § 206 FamFG 15
- Angriffs- u. Verteidigungsmittel § 115 FamFG 1

Versteigerung § 363 FamFG 11
- öffentliche § 366 FamFG 2

Versterben
- Einzelkaufmanns § 393 FamFG 9
- Ordnungsgeldverfahren § 392 FamFG 75

Vertagung § 365 FamFG 4

Verteilung
- des Nachlasses § 369 FamFG 4
- durch das Los § 369 FamFG 1 ff.

Vertragsstaat des Haager Übereinkommens Art. 2 EuUntVO 9

Vertrauensperson
- Beschwerdeberechtigung § 303 FamFG 9
- in Unterbringungssachen § 315 FamFG 17; § 319 FamFG 12; § 335 FamFG 6; § 339 FamFG 3

Stichwortverzeichnis

Vertrauliche Behandlung von Informationen Art. 42 KSÜ 1; Art. 40 ErwSÜ 1
Vertreter § 38 FamFG 41
- Abstammungssachen § 172 FamFG 5 ff.
- Bestellung § 369 FamFG 5 ff.
- gesetzlicher § 38 FamFG 37

Vertretung § 10 FamFG 1 ff.; § 48 FamFG 42; § 9 FamFG 13
- anwaltliche § 114 FamFG 1
- in Familiensachen § 114 FamFG 1

Vertretungsbeschluss § 47 FamFG 1
Vertretungsmacht § 369 FamFG 8
Vertretungsnachweis Vorbem. zu § 378 FamFG 24
Vervollständigung
- Beschluss § 38 FamFG 114–116

Verwahrer
- Bestellung für die Genossenschaft § 375 FamFG 62
- Bestellung für die GmbH § 375 FamFG 57
- Bestellung für die KG/OHG/Partnerschaft § 375 FamFG 23

Verwahrung § 348 FamFG 3
- amtliche § 344 FamFG 14; § 347 FamFG 3 ff.; § 349 FamFG 8
- besondere amtliche § 344 FamFG 2; § 346 FamFG 3; § 347 FamFG 3 ff.; § 349 FamFG 8; § 351 FamFG 2; § 358 FamFG 2
- Bestellung eines Verwahrers § 410 FamFG 37 ff.
- Beteiligte § 412 FamFG 4 f.
- Kosten § 346 FamFG 12
- Örtliche Zuständigkeit § 411 FamFG 8 ff.
- von Testamenten § 344 FamFG 2

Verwahrungsfrist § 351 FamFG 3
Verwahrungsgericht § 344 FamFG 4, 15; § 350 FamFG 2
Verwaltungs- und Verfügungsbefugnis § 363 FamFG 16
Verwaltungsbehörde
- Zuständigkeit bei Freiheitsentziehungssachen § 417 FamFG 3 ff.

Verwaltungshandlung
- tatsächliche § 355 FamFG 5

Verwaltungsmaßnahme § 428 FamFG 1 ff.
- freiheitsentziehende § 428 FamFG 3 ff.
- in Freiheitsentziehungssachen § 428 FamFG 1 f.

Verwaltungsrat
- Ergänzung § 375 FamFG 49

Verwandtenunterhalt § 246 FamFG 16
Verweigerung
- der Abgabe der e.V. § 361 FamFG 8

Verweisung § 3 FamFG 2 ff.; § 343 FamFG 16; § 38 FamFG 75
- Gerichtskosten in Familiensachen § 6 FamGKG 1 ff.
- Rechtsweg § 1 FamFG 31 ff.
- Spruchkörper § 1 FamFG 38

Verwerfung
- der Beschwerde § 68 FamFG 31, 32

Verzeichnis § 356 FamFG 2

Verzeichnis der Nachlassgläubiger
- Bekannte Nachlassgläubiger § 456 FamFG 2
- Eidesstattliche Versicherung des Antragstellers § 456 FamFG 4
- Verstoß gegen die Pflicht zur Vorlage des Verzeichnisses § 456 FamFG 5

Verzicht § 366 FamFG 34; § 38 FamFG 84, 88, 101
- auf Anschlussrechtsmittel § 67 FamFG 13
- auf Bekanntmachung § 366 FamFG 36
- auf die Beschwerde § 67 FamFG 1–19
- auf die Beschwerde gegenüber dem Gericht § 67 FamFG 4–13
- auf die Beschwerde ggü anderen Beteiligten § 67 FamFG 14–18
- Begründung § 38 FamFG 98–101
- Rechtsmittel § 38 FamFG 98–101; § 45 FamFG 9–11

Verzichtsentscheidung § 38 FamFG 88–91
Verzinsung § 362 FamFG 13
Verzögerungsgebühr
- in Kostensachen § 32 FamGKG 1–5; § 60 FamGKG 1; Nr. 1500-1503 KV FamGKG 8

Volljährigkeit
- unzulässiger Einwand § 244 FamFG 1

Volljurist § 10 FamFG 15
Völkerrechtliche Verträge § 3 AUG 3
Vollmacht § 114 FamFG 22
- besondere § 114 FamFG 22

Vollmachten § 363 FamFG 5
Vollmachtsfiktion
- Notar im Registerverfahren § 378 FamFG 10 ff.

Vollstreckbarerklärung Art. 48 EuErbVO 1
- Mitteilung der Entscheidung über den Antrag auf ~ Art. 49 EuErbVO 1
- Rechtsbehelf gegen die Entscheidung Art. 50 EuErbVO 1 ff.
- Rechtsbehelf gegen die Entscheidung über den Rechtsbehelf Art. 51 EuErbVO 1
- Versagung oder Aufhebung Art. 52 EuErbVO 1

Vollstreckbarkeit § 371 FamFG 3, 13
Vollstreckbarkeit ausländischer Entscheidungen Art. 43 EuErbVO 1
- Ausführungs- und Durchführungsbestimmungen § 110 FamFG 18
- Beschluss § 110 FamFG 25 ff.
- Bestimmung des Wohnsitzes Art. 44 EuErbVO 1
- Bilaterale Anerkennungs- und Vollstreckungsabkommen § 110 FamFG 17
- Brüssel IIa-VO § 110 FamFG 3, 4
- Erforderliches Vollstreckbarerklärungsverfahren § 110 FamFG 21
- Europäische Erbrechtsverordnung § 110 FamFG 7
- Europäische Unterhaltsverordnung § 110 FamFG 5
- Europäischer Vollstreckungstitel und Europäisches Mahnverfahren § 110 FamFG 6
- Europäisches Sorgerechtsübereinkommen § 110 FamFG 16

Stichwortverzeichnis

- EU-Verordnung über die gegenseitige Anerkennung von Schutzmaßnahmen § 110 FamFG 8
- Haager Erwachsenenschutzübereinkommen § 110 FamFG 14
- Haager Kinderschutzübereinkommen § 110 FamFG 10
- Haager Kindesentführungsübereinkommen § 110 FamFG 12
- Haager Minderjährigenschutzabkommen § 110 FamFG 11
- Haager Unterhaltsvollstreckungsübereinkommen § 110 FamFG 13
- Kein Vollstreckbarerklärungsverfahren § 110 FamFG 21
- Kosten § 110 FamFG 29
- Luganer Übereinkommen § 110 FamFG 15
- Örtlich zuständiges Gericht Art. 45 EuErbVO 1
- Verfahren Art. 46 EuErbVO 1 ff.; § 110 FamFG 24
- Verfahren und Entscheidung § 110 FamFG 23 ff.
- Vollstreckbarerklärung Art. 48 EuErbVO 1
- Vollstreckbarerklärungsverfahren bei ZPO-Vollstreckung § 110 FamFG 22
- Voraussetzungen § 110 FamFG 19 f.
- Vorläufige Kontenpfändung § 110 FamFG 9
- Zuständigkeit § 110 FamFG 23

Vollstreckbarkeit ausländischer Titel § 64 AUG 1 f.
- Verfahren nach Aufhebung oder Änderung § 67 AUG 1 ff.; § 24 IntErbRVG 1

Vollstreckung § 358 FamFG 1; § 371 FamFG 10 ff.; § 53 FamFG 1–8; Art. 25 ErwSÜ 1 f.; Art. 27 ErwSÜ 1
- Abgabe Willenserklärung § 95 FamFG 7
- Abstammungssachen § 182 FamFG 13
- Amtsverfahren § 87 FamFG 1
- Anträge auf Verweigerung, Beschränkung oder Aussetzung § 31 AUG 1 ff.
- Antragsverfahren § 87 FamFG 1
- Ausländische Unterhaltstitel § 65 AUG 1
- Ausschluss § 120 FamFG 17; § 95 FamFG 9
- Aussetzung der § 55 FamFG 1
- Beginn § 87 FamFG 2
- Beschluss § 95 FamFG 8
- Beschränkung § 120 FamFG 10 f.
- Dispache § 409 FamFG 2
- Einleitung § 88 FamFG 1
- Einstellung § 120 FamFG 10 f.; § 95 FamFG 10
- einstweilige Anordnung § 53 FamFG 2
- einstweilige Einstellung § 242 FamFG 1
- Entscheidung ausländisches Gericht § 89 FamFG 4
- Ersatzvornahme bei vertretbaren Handlungen § 35 FamFG 18
- Erzwingung von Duldungen oder Unterlassungen § 95 FamFG 6
- Gebühren in FG-Sachen Nr. 1600-1603 KV FamGKG 1 ff.
- Geldforderungen § 95 FamFG 3
- Gerichtsvollzieher § 87 FamFG 3
- gewöhnlicher Aufenthalt § 88 FamFG 1
- Herausgabe bei Gewahrsam eines Dritten § 35 FamFG 18
- Herausgabe von Sachen § 35 FamFG 18; § 95 FamFG 4
- Jugendamt § 88 FamFG 2
- Kosten § 87 FamFG 8; § 92 FamFG 4
- Schriftstücke zum Zwecke der ~ Art. 20 EuUntVO 1 ff.
- sofortige Beschwerde § 87 FamFG 4; § 89 FamFG 16
- Verfahren § 35 FamFG 21
- Verschulden § 89 FamFG 9
- Verweigerung oder Aussetzung Art. 21 EuUntVO 1 ff.
- Vollstreckungsverfahren und Bedingungen für die ~ Art. 41 EuUntVO 1
- Von Amts wegen § 44 IntFamRVG 1 ff.
- Vornahme vertretbare oder nicht vertretbare Handlung § 95 FamFG 5
- Wirksamwerden von Beschlüssen § 86 FamFG 7
- Wirksamwerden von Endentscheidungen § 120 FamFG 3 f.
- Zuständigkeit § 35 FamFG 14, 21; § 88 FamFG 1; § 89 FamFG 12, 14; § 90 FamFG 4; § 91 FamFG 5, 8 f.; § 94 FamFG 2 f.
- Zwangsgeld § 35 FamFG 14

Vollstreckungsabwehrantrag § 66 AUG 1 ff.
Vollstreckungsabwehrklage § 23 IntErbRVG 1
- Kostentitel § 36 IntFamRVG 1

Vollstreckungsgegenklage § 371 FamFG 20
- Dispache § 409 FamFG 4 f.

Vollstreckungsklausel § 23 IntFamRVG 1; § 10 ErwSÜAG 1
- allgemein § 86 FamFG 8
- einstweilige Anordnung § 53 FamFG 2; § 86 FamFG 1
- Verzicht § 30 AUG 1 ff.
- zur Verwendung im Ausland § 74 AUG 1 ff.; § 29 IntErbRVG 1
- Zwangsgeld § 35 FamFG 14

Vollstreckungsmitgliedstaat Art. 2 Brüssel II a-VO 7; Art. 2 EuUntVO 6; Art. 3 EuErbVO 7

Vollstreckungstitel § 362 FamFG 14; § 371 FamFG 10
- gerichtlich gebilligte Vergleiche § 86 FamFG 4
- gerichtliche Beschlüsse § 86 FamFG 3
- nach § 794 ZPO § 86 FamFG 5
- vollzugsfähig § 86 FamFG 6

Vollstreckungsverfahren Art. 47 Brüssel II a-VO 1 ff.

Vollzug § 422 FamFG 13 ff.
- Aussetzung § 328 FamFG 3 ff.; § 424 FamFG 1 ff.
- behördliche Aussetzung § 424 FamFG 10
- gerichtliche Aussetzung § 424 FamFG 5
- in Freiheitsentziehungssachen § 422 FamFG 13 ff.; § 424 FamFG 1 ff.
- in Justizvollzugsanstalten § 422 FamFG 14 f.

Stichwortverzeichnis

– Registereintragung § 382 FamFG 42
Vollzug von Registereintragungen
– gemeinsamer § 382 FamFG 19 ff.
– getrennter § 382 FamFG 19 ff.
Vollzugsangelegenheiten
– Antragsvoraussetzungen § 327 FamFG 6 ff.
– Begriff § 327 FamFG 1 ff.
– in Unterbringungssachen § 327 FamFG 1 ff.
– Regelung von § 327 FamFG 4
Vollzugsaussetzung
– in Freiheitsentziehungssachen § 424 FamFG 1 ff.
– Unterbringung § 328 FamFG 3 ff.
Vollzugserklärung
– dingliche § 368 FamFG 7
Vorbehaltsentscheidung § 38 FamFG 11
Vorbehaltsgut § 363 FamFG 21
Vorbescheid § 38 FamFG 16; § 40 FamFG 22; § 58 FamFG 40–44; § 352e FamFG 1
– gegenüber dem berufsständischen Organ § 380 FamFG 28, 34
Vorbescheidsverfahren § 352e FamFG 11
Vorführung
– Anfechtbarkeit § 284 FamFG 27
– Betreten der Wohnung § 283 FamFG 14
– des Betroffenen § 278 FamFG 11; § 319 FamFG 20; § 420 FamFG 11
– in Freiheitsentziehungssachen § 420 FamFG 11
– in Unterbringungssachen § 319 FamFG 20; § 322 FamFG 1 ff.
– zur Anhörung § 319 FamFG 20; § 420 FamFG 11
– zur Unterbringung § 322 FamFG 5 f.
– zur Untersuchung § 322 FamFG 2 ff.
Vorlage § 348 FamFG 8
Vorlage eines Bestandverzeichnisses
– Eidesstattliche Versicherung § 410 FamFG 12 ff.
Vorläufige Kontenpfändung
– Vorrang § 97 FamFG 24
Vorläufige Maßnahmen § 300 FamFG 5; § 49 FamFG 4 ff.
Vorläufige Vollstreckbarkeit Art. 39 EuUntVO 1
Vormund
– Festsetzung von Auslagenersatz § 168 FamFG 2 ff.
– Vergütungsfestsetzung § 168 FamFG 2 ff.
Vormundschaft § 151 FamFG 8; § 49 FamFG 49
– Gerichtskosten §§ 21–27 FamGKG 12, 13
Vormundschaftsgericht § 151 FamFG 1; § 368 FamFG 5; § 371 FamFG 5
– Abschaffung des § 151 FamFG 1
Vormundschaftsrecht § 151 FamFG 8
Vormundschaftssache
– Abänderung § 48 FamFG 22
– Gerichtskosten Nr. 1310-1319 KV FamGKG 11 ff.
Vorratsbetreuung § 286 FamFG 8; § 294 FamFG 7
Vorratsgesellschaft Vorbem. zu § 378 FamFG 74, 87
Vorsorgebevollmächtigter
– Beschwerdeberechtigung § 303 FamFG 11
Vorsorgeregister § 285 FamFG 5
Vorsorgevollmacht § 278 FamFG 6; § 285 FamFG 1

Vorwegnahmeverbot § 49 FamFG 7
VRV Anhang zu § 387 FamFG 53

Wahrheitspflicht § 27 FamFG 14
Wahrscheinlichkeit
– erhebliche § 331 FamFG 7 f.
Wechsel
– Beteiligte § 42 FamFG 37
Weisungen § 158 FamFG 29
Weitere Angelegenheiten der freiwilligen Gerichtsbarkeit
– Internationale Zuständigkeit § 105 FamFG 21
Weiterverwahrung § 350 FamFG 5
Wertausgleich bei der Scheidung
– Abänderung § 226 FamFG 1
Wertausgleich nach der Scheidung
– Abänderung § 227 FamFG 2
– Antragserfordernis § 223 FamFG 1
Wertfestsetzung
– Wertangabe § 53 FamGKG 3
Wertpapiere mit Zinsscheinen
– Abgelaufene Ausgabe der Zinsscheine § 474 FamFG 1 ff.
– Aufgebotsfrist § 471 FamFG 2 f.
– Aufgebotsverfahren § 471 FamFG 1 ff.
– Pflicht zur Zeugniserteilung § 471 FamFG 4
– Verlust der Stammurkunde § 473 FamFG 1 ff.
– Zinsscheine für mehr als vier Jahre § 472 FamFG 1 ff.
Widerrechtliches Verbringen oder Zurückhalten eines Kindes Art. 2 Brüssel II a-VO 13
Widerruf
– Registeranmeldung Vorbem. zu § 378 FamFG 49 ff.
Widerspruch § 366 FamFG 15 f.; § 368 FamFG 12; § 370 FamFG 7; § 39 FamFG 19, 20; § 45 FamFG 21, 22
– Auflösung wegen Satzungsmangels § 399 FamFG 35 ff.
– Dispache § 406 FamFG 2 f., 5 ff.
– Firmenlöschung § 393 FamFG 38 ff.
– im Amtslöschungsverfahren Vorbem. zu §§ 58–75 FamFG 33
– im Dispacheverfahren Vorbem. zu §§ 58–75 FamFG 33
– Löschung bei Vermögenslosigkeit § 394 FamFG 41 ff.
– Löschung unzulässiger Eintragungen § 395 FamFG 110 ff.
– Registereintragung Vorbem. zu § 378 FamFG 94 ff.
Wiederaufnahme § 118 FamFG 1–4; § 185 FamFG 1, 2; § 39 FamFG 23
– des Verfahrens § 48 FamFG 1
– dreistufige Prüfung § 185 FamFG 3–13
Wiederaufnahmeantrag
– Rechtskraft § 45 FamFG 35
Wiederaufnahmeentscheidung § 185 FamFG 13

2312

Wiederaufnahmegrund § 185 FamFG 12
Wiederaufnahmeverfahren § 118 FamFG 2; § 185 FamFG 14–16
- Abstammungssachen § 185 FamFG 5 ff.
- neues Gutachten § 185 FamFG 8 ff.
- Nichtigkeitsgrund § 118 FamFG 2
- Restitutionsverfahren § 118 FamFG 3
- Verfahren bei Abstammungssachen § 185 FamFG 14 ff.
- Verfahrensabschnitte § 118 FamFG 4; § 185 FamFG 3
- Wiederaufnahmeentscheidung § 185 FamFG 13
- Wiederaufnahmegrund § 185 FamFG 12

Wiedereinsetzung § 367 FamFG 3 ff.; § 372 FamFG 1; § 39 FamFG 23, 67–70; § 489 FamFG 4
- Anfechtung der Entscheidung § 19 FamFG 16 ff.
- Antrag § 18 FamFG 7 ff.
- Antragsform § 18 FamFG 13
- Antragsfrist § 18 FamFG 15
- Anwendungsbereich § 17 FamFG 7 ff.
- Ausschlussfrist § 18 FamFG 41 ff.
- Begründetheit des Antrags § 19 FamFG 8
- Fallgruppen (fehlendes Verschulden) § 17 FamFG 57 ff.
- Fristversäumung § 17 FamFG 17 ff.
- Gehörsrüge § 44 FamFG 42
- Genehmigung § 48 FamFG 68
- gesetzliche Fristen § 17 FamFG 7
- Glaubhaftmachung § 18 FamFG 35 f.
- in den vorherigen Stand § 117 FamFG 52, 53
- Kosten § 19 FamFG 14
- materiellrechtliche Fristen § 17 FamFG 13
- Nachholung der versäumten Rechtshandlung § 18 FamFG 31
- ohne Antrag § 18 FamFG 39
- Rechtsbeschwerdebegründungsfrist § 71 FamFG 15–17
- Rechtsfolgen der Wiedereinsetzung § 19 FamFG 13 f.
- Rechtskraft § 45 FamFG 35
- richterliche Fristen § 17 FamFG 12
- Verfahren § 19 FamFG 9 ff.
- Verschulden § 17 FamFG 27 ff.
- Verschulden des Vertreters § 17 FamFG 40 ff.
- Zulässigkeit des Gesuchs § 19 FamFG 7
- Zuständigkeit § 19 FamFG 3 ff.

Wiederverwahrung § 349 FamFG 8
Wille
- abweichender § 352e FamFG 13 ff.
- Erklärter § 38 FamFG 95; § 41 FamFG 34

Willenserklärung
- Entgegennahme § 47 FamFG 5
- Überprüfbarkeit im Rechtsbeschwerdeverfahren § 72 FamFG 10, 11
- Wirksambleiben § 47 FamFG 1

Wirksambleiben Rechtsgeschäft § 47 FamFG 1
Wirksamkeit § 366 FamFG 25
- Anordnung § 324 FamFG 4, 6
- Beschluss § 40 FamFG 1
- Beschluss Anordnung § 40 FamFG 42–55
- Beschluss Aussetzung § 40 FamFG 49
- Eintritt § 287 FamFG 1
- Ende § 324 FamFG 11 ff.; § 422 FamFG 10 f.
- Grundsatz § 324 FamFG 3; § 422 FamFG 3
- in Unterbringungssachen § 324 FamFG 1 ff.
- sofortige § 324 FamFG 4; § 422 FamFG 4
- Zeitpunkt § 324 FamFG 6 ff.; § 422 FamFG 6

Wirksamwerden § 297 FamFG 10; § 45 FamFG 5
- Beschluss § 40 FamFG 1
- Beschluss Dritten gegenüber § 48 FamFG 61–65
- Bestellung § 287 FamFG 2
- Genehmigung § 299 FamFG 7
- Rechtsmittel § 48 FamFG 66
- Registereintragung § 382 FamFG 46

Wirkung
- bindende § 363 FamFG 5
- Dispachebestätigung § 409 FamFG 1

Wirtschaftsprüferkammer § 380 FamFG 16
Wohnsitz § 343 FamFG 5
- Begriff Art. 2 EuUntVO 15
- fehlender § 343 FamFG 7
- Kind § 343 FamFG 6

Wohnung
- öffnen, Betreten, Durchsuchen § 326 FamFG 11
- zwangsweises Betreten § 326 FamFG 11

Wohnungszuweisung
- Vollstreckung § 209 FamFG 2

Wohnungszuweisungssache
- Abgabe § 202 FamFG 1
- Antrag § 203 FamFG 1
- Definition § 200 FamFG 2
- Ferienwohnung § 200 FamFG 3
- freiwilliges Verlassen § 200 FamFG 7
- Gartenlaube § 200 FamFG 4
- nichteheliche Lebensgemeinschaft § 200 FamFG 5
- Nutzungsentschädigung § 200 FamFG 8
- Praxis § 200 FamFG 6
- Werkstatt § 200 FamFG 6
- Wirksamwerden Beschluss § 40 FamFG 37
- Wochenendhaus § 200 FamFG 3

WÜK
- in Freiheitsentziehungssachen § 418 FamFG 15; § 420 FamFG 9; § 432 FamFG 4
- in Unterbringungssachen § 339 FamFG 4

XML-Datei Vorbem. zu § 378 FamFG 6

YAR Vorbem. zu § 403 FamFG 4

Zahlungserleichterungen
- Ordnungsgeldfestsetzung § 392 FamFG 42

Zahlungssperre
- Beschluss § 480 FamFG 7
- Entbehrlichkeit des Zeugnisses § 481 FamFG 1 ff.
- Kosten § 482 FamFG 8
- Kosten und Gebühren § 480 FamFG 9

Stichwortverzeichnis

- Rechtsmittel § 480 FamFG 8
- Verfahren § 480 FamFG 5
- Wirkung § 480 FamFG 3 f.

Zahlungssperre, Aufhebung
- Anderweitige Erledigung § 482 FamFG 4
- Entscheidung § 482 FamFG 5
- Kosten § 482 FamFG 8
- Rechtsbehelfe § 482 FamFG 6 f.
- Voraussetzungen § 482 FamFG 2
- Vorlegung § 482 FamFG 3

Zahnärztekammer § 380 FamFG 16

Zentrale Behörde Art. 29-32 KSÜ 1 ff.; Art. 26 HKÜ 1; § 4 AUG 1 f.; Art. 28 ErwSÜ 1
- Allgemeine Aufgaben Art. 50 EuUntVO 1
- Anrufung des OLG Köln § 8 IntFamRVG 1
- Arbeitsweise Art. 57 Brüssel II a-VO 1
- Aufenthaltsermittlung § 7 IntFamRVG 1
- Aufgaben Art. 54 Brüssel II a-VO 1
- Aufgaben und Befugnisse § 5 AUG 1 ff.
- Aufgabenerfüllung § 6 IntFamRVG 1 f.
- Benachrichtigung der von der Erhebung der Informationen betroffenen Person Art. 63 EuUntVO 1
- Besondere Aufgaben Art. 51 EuUntVO 1 ff.
- Bestimmung § 3 IntFamRVG 1 f.; Art. 49 EuUntVO 1 ff.; § 1 ErwSÜAG 1 f.
- Bundesamt für Justiz Art. 53 Brüssel II a-VO 1; Art. 6 HKÜ 1
- Einweisung in ausländische Heime Art. 33 ErwSÜ 1
- Ersuchen um Durchführung besonderer Maßnahmen Art. 53 EuUntVO 1 ff.
- Ersuchen um sachdienliche Informationen Art. 31 ErwSÜ 1
- Europäisches Justizielles Netz Art. 54 Brüssel II a-VO 1
- Inhalt des Antrags nach Art. 56 Art. 57 EuUntVO 1
- Konsultationsverfahren bei der grenzüberschreitenden Unterbringung von Kindern in Pflegefamilien und Heimen Art. 56 Brüssel II a-VO 1 ff.; Art. 33 KSÜ 1 f.
- Kooperations- und Informationspflichten Art. 29 ErwSÜ 1
- Kosten Art. 54 EuUntVO 1
- Maßnahmen § 4 ErwSÜAG 1
- Maßnahmen und Tätigkeiten Art. 55 Brüssel II a-VO 1
- Sammlung und Erteilung von Informationen Art. 37 KSÜ 1
- Schutz vor einer schweren Gefahr Art. 34 ErwSÜ 1
- Sprachenregelung Art. 59 EuUntVO 1 ff.
- Übermittlung von Anträgen über die Art. 55 EuUntVO 1
- Übermittlung, Entgegennahme und Bearbeitung der Anträge Art. 58 EuUntVO 1 ff.
- Unterstützung durch das Jugendamt § 6 AUG 1
- Vergütung für Übersetzungen § 5 ErwSÜAG 1
- *Vollmacht* *Art. 52 EuUntVO 1*
- Weiterleitung und Verwendung der Informationen Art. 62 EuUntVO 1
- Zugang zu Informationen Art. 61 EuUntVO 1 ff.
- Zur Verfügung stehende Anträge Art. 56 EuUntVO 1 ff.
- Zusammenarbeit der zuständigen Behörden Art. 7 HKÜ 1

Zeugenbeweis § 30 FamFG 41 ff.

Zeugnis § 353 FamFG 1; § 354 FamFG 1; § 371 FamFG 2; § 373 FamFG 10
- andere § 357 FamFG 9
- ärztliches § 321 FamFG 14 ff.; § 331 FamFG 15; § 332 FamFG 5; § 334 FamFG 16
  - ärztliche Zwangsmaßnahme § 331 FamFG 15
  - Aussteller § 331 FamFG 15
- Erteilung eines § 345 FamFG 9 f.
- Registergericht § 386 FamFG 2 ff.

Zeugnisverweigerungsrechte § 29 FamFG 36 ff.

Ziehung
- des Loses § 369 FamFG 2

Zinsbeginn § 362 FamFG 13

ZPO-Vorschriften
- Anwendbarkeit § 231 FamFG 5, 6

Zuführung
- Anfechtbarkeit § 326 FamFG 12
- Gewaltanwendung § 326 FamFG 10
- Unterstützung § 326 FamFG 8
- zur Unterbringung § 326 FamFG 1 ff., 5
- Zwangsmittel § 326 FamFG 10

Zugewinngemeinschaft § 363 FamFG 21

Zulässigkeit der Beschwerde
- Amtsprüfung § 68 FamFG 24–27
- Voraussetzungen § 68 FamFG 28–30

Zulassung der Zwangsvollstreckung
- Antragstellung § 16 IntFamRVG 1
- Bekanntmachung der Entscheidung § 21 IntFamRVG 1
- Besondere Regelungen zum Europäischen Sorgerechtsübereinkommen § 19 IntFamRVG 1 f.
- Einseitiges Verfahren § 18 IntFamRVG 1 f.
- Entscheidung § 20 IntFamRVG 1
- Vollstreckungsklausel § 23 IntFamRVG 1
- Wirksamwerden der Entscheidung § 22 IntFamRVG 1
- Zustellungsbevollmächtigter § 17 IntFamRVG 1

Zulassung eines Rechtsmittels § 38 FamFG 68; § 42 FamFG 39
- Ergänzung § 43 FamFG 25–28

Zulassungsbeschwerde § 61 FamFG 1–11, 13–24

Zurücknahme § 363 FamFG 39

Zurückverweisung § 69 FamFG 9–33
- Antragserfordernis § 69 FamFG 26–28
- bei fehlender Sachentscheidung § 69 FamFG 15, 16
- bei wesentlichem Verfahrensmangel § 69 FamFG 17–24
- durch das Rechtsbeschwerdegericht § 74 FamFG 33–37

Stichwortverzeichnis

- Entscheidungsinhalt §§ 69 FamFG 29
- in Ehe- und Familienstreitsachen § 117 FamFG 41

Zurückweisung
- Registeranmeldung § 382 FamFG 34
- Registeranmeldung, Kosten § 382 FamFG 61 ff.

Zuständige Behörden
- Benennung Art. 44 KSÜ 1; Art. 42 ErwSÜ 1

Zuständigkeit § 362 FamFG 3; § 363 FamFG 8 ff.; § 488 FamFG 5; § 489 FamFG 5; § 491 FamFG 2; § 50 FamFG 1–16; § 54 FamFG 21–23; § 6 ErwSÜAG 2 ff.; Art. 2 EuErbVO 1; § 3 IntErbRVG 1 ff.
- Abgabe § 268 FamFG 1
- Abstammungssachen § 170 FamFG 2 ff.
- allgemeine § 363 FamFG 7
- Allgemeine ~ Art. 3 EuUntVO 1 ff.
- Amtsgericht § 1 FamFG 13
- Änderung der Betreuung § 272 FamFG 24
- Änderung der Umstände Art. 12 ErwSÜ 1
- Annahme oder Ausschlagung der Erbschaft Art. 13 EuErbVO 1 f.
- Anpassungsverfahren § 218 FamFG 4
- Anrufung eines Gerichts Art. 9 EuUntVO 1 ff.
- Auffangzuständigkeit Art. 6 EuUntVO 1 f.
- Auslandsberührung § 272 FamFG 10
- ausschließliche § 122 FamFG 1; § 232 FamFG 8–13
- Bestellung Gegenbetreuer § 272 FamFG 21
- Betreuungsgericht § 1 FamFG 17, 18
- Betreuungsgericht örtlich § 341 FamFG 1
- betreuungsgerichtliche Zuweisungssachen § 340 FamFG 1
- Bundesgerichtshof § 1 FamFG 24
- Durch rügelose Einlassung begründete ~ Art. 5 EuUntVO 1
- Eilfälle § 272 FamFG 12
- eilige Unterbringung § 313 FamFG 8
- einstweilige Anordnung § 50 FamFG 2 ff.
- Einwilligungsvorbehalt § 272 FamFG 24
- ersatzweise § 272 FamFG 9
- Familiengericht § 1 FamFG 14–16
- Fortdauer § 272 FamFG 2
- funktionelle § 1 FamFG 47; § 272 FamFG 17; § 344 FamFG 2
- Gericht der Ehesache § 218 FamFG 2; § 267 FamFG 1; § 268 FamFG 1
- Gerichte oder Verwaltungsbehörden Art. 5 ErwSÜ 1
- Gewährung effektiven rechtlichen Gehörs Art. 11 EuUntVO 1 ff.; Art. 16 EuErbVO 1
- Gewöhnlicher Aufenthalt des Beklagten Art. 3 EuUntVO 6
- Gewöhnlicher Aufenthalt des Berechtigten Art. 3 EuUntVO 7 ff.
- Gewöhnlicher Aufenthalt des Erwachsenen Art. 5 ErwSÜ 2
- in Freiheitsentziehungssachen § 415 FamFG 2 ff.; § 416 FamFG 1 ff., 2
- örtliche § 415 FamFG 2 ff.
- internationale § 1 FamFG 46; § 343 FamFG 10; § 363 FamFG 9
- Kompetenzkonflikt § 5 FamFG 10 f.
- Kontrollbetreuung § 272 FamFG 20
- Konzentration § 313 FamFG 13
- Landgericht § 1 FamFG 21, 22
- Notfallkompetenz § 50 FamFG 14–16
- Notzuständigkeit Art. 7 EuUntVO 1 f.
- Oberlandesgericht § 1 FamFG 23
- öffentlich-rechtliche Unterbringung § 313 FamFG 9 ff.
- örtliche § 1 FamFG 45; § 122 FamFG 1; § 170 FamFG 1; § 201 FamFG 1; § 272 FamFG 2; § 313 FamFG 1; § 343 FamFG 3; § 344 FamFG 1 ff.; § 350 FamFG 5; § 353 FamFG 2; § 363 FamFG 7; § 373 FamFG 7
- Prüfung Art. 10 EuUntVO 1; Art. 15 EuErbVO 1
- Rechtsweg § 1 FamFG 29 ff.
- Rügelose Einlassung Art. 9 EuErbVO 1 f.
- sachliche § 1 FamFG 41–44; § 272 FamFG 14
- sonstige Familiensachen § 267 FamFG 1
- Subsidiäre ~ Art. 10 EuErbVO 1 ff.
- Unterbringungssachen § 312 FamFG 8 ff.
- Verfahren auf Feststellung der Anerkennung und Vollstreckbarerklärung ausländischer Titel § 35 AUG 1 ff.
- Verfahren bei grenzüberschreitender Abgabe § 13a IntFamRVG 1 ff.
- Verfahren in Bezug auf die elterliche Verantwortung Art. 3 EuUntVO 13
- Verfahren in Bezug auf Statussachen Art. 3 EuUntVO 11 f.
- Verfahrensbeschränkung Art. 12 EuErbVO 1 f.
- Versorgungsausgleich § 218 FamFG 1
- Wahlweise Zuständigkeit Art. 3 EuUntVO 5
- württembergisches Rechtsgebiet § 272 FamFG 15
- zivilrechtliche Unterbringung § 313 FamFG 2 ff.
- Zuständigkeitsgründe Art. 3 EuUntVO 5 ff.

Zuständigkeit, örtliche
- Dispacheverfahren § 377 FamFG 30 ff.
- Güterrechtsregistersachen § 377 FamFG 34 ff.; § 395 FamFG 43
- Registersachen § 377 FamFG 6 f.
- Seeverklarung § 377 FamFG 29
- Überprüfung in der Beschwerdeinstanz § 377 FamFG 22
- unternehmensrechtliche Verfahren § 377 FamFG 26

Zuständigkeit, sachliche
- Freiheitsentziehungssachen § 416 FamFG 2
- Registersachen § 376 FamFG 13

Zuständigkeitsabgrenzung § 151 FamFG 1

Zuständigkeitskonzentration § 218 FamFG 2; § 267 FamFG 1; § 268 FamFG 1; § 12 IntFamRVG 1 f.; § 28 AUG 1 ff.; § 6 ErwSÜAG 1
- Abgabe durch das Wohnsitzgericht § 13 IntFamRVG 4

Stichwortverzeichnis

- Abgabe oder Rückgabe an das Wohnsitzgericht § 13 IntFamRVG 5
- Andere Betreuungssachen § 7 ErwSÜAG 1
- Andere sorge- und umgangsrechtliche Verfahren § 13 IntFamRVG 1 f.
- Dispacheverfahren § 377 FamFG 32 f.
- Kindesaufenthalt im Inland § 13 IntFamRVG 3
- Registersachen § 376 FamFG 6
- unternehmensrechtlichen Verfahren § 376 FamFG 7

Zustellung § 365 FamFG 5; § 41 FamFG 34–38
- Bekanntgabe durch Zustellung § 15 FamFG 17
- elektronische § 229 FamFG 1
- nach ZPO-Vorschriften § 15 FamFG 20 ff.
- öffentliche § 366 FamFG 21
- Versorgungsträger § 229 FamFG 1

Zustimmung § 134 FamFG 1 ff.; § 366 FamFG 11, 33
- nachträgliche § 366 FamFG 9

Zuweisungssachen
- betreuungsgerichtliche § 359 FamFG 4

Zuweisungsverfahren § 363 FamFG 44

Zuwendungen § 366 FamFG 2

Zwangsgeld § 358 FamFG 7; § 45 FamFG 19
- Absehen von der Festsetzung § 390 FamFG 21 ff.
- Androhung § 388 FamFG 39 ff.
- Beschluss § 35 FamFG 10
- Einspruch § 390 FamFG 2 ff.
- Erledigung § 35 FamFG 13
- Erledigung der Pflicht § 389 FamFG 25 f.
- Ermessen § 388 FamFG 38; § 390 FamFG 21 ff.; § 391 FamFG 18
- Festsetzung § 35 FamFG 10 f.; § 389 FamFG 3 ff.; § 390 FamFG 20
- Fristverlängerung § 389 FamFG 12
- Hinweis § 35 FamFG 9
- Höhe § 35 FamFG 10
- Insolvenzverwalter § 388 FamFG 27
- Kosten § 35 FamFG 11; Nr. 1500-1503 KV FamGKG 9
- Rechtsnachfolger § 388 FamFG 30
- sofortige Beschwerde § 35 FamFG 22
- Verfahren § 35 FamFG 21; § 388 FamFG 31 ff.
- Vollstreckung § 35 FamFG 14
- Voraussetzungen § 35 FamFG 4
- Wiederholung § 35 FamFG 12
- Zuständigkeit bei Doppelsitz § 388 FamFG 33

Zwangsgeldandrohung
- Verbindung mit Zwischenverfügung § 382 FamFG 18

Zwangshaft § 358 FamFG 7 ff.
- Beschluss § 35 FamFG 10
- Dauer § 35 FamFG 17

- Kosten Nr. 2000-2015 KV FamGKG 21
- Registersachen § 389 FamFG 16
- sofortige Beschwerde § 35 FamFG 22
- Verfahren § 35 FamFG 21
- Verhältnismäßigkeitsgrundsatz § 35 FamFG 16
- Vollzug § 35 FamFG 17
- Voraussetzungen § 35 FamFG 15

Zwangsmittel § 358 FamFG 7

Zwangsversteigerung § 373 FamFG 5
- Beendigung der § 366 FamFG 2

Zwangsvollstreckung § 371 FamFG 16, 23; § 19 IntErbRVG 1 f.; § 20 IntErbRVG 1
- Dispache § 409 FamFG 2
- Einstellung § 32 AUG 1 f.
- Unbeschränkte Fortsetzung § 52 AUG 1; § 53 AUG 1 f.; § 54 AUG 1; § 18 IntErbRVG 1
- Unterwerfung unter die § 371 FamFG 11 f.

Zwangsvollstreckung aus ausländischen Titeln
- Antragstellung § 36 AUG 1 ff.; § 4 IntErbRVG 1
- Bekanntgabe der Entscheidung § 42 AUG 1 f.; § 9 IntErbRVG 1
- Entscheidung § 40 AUG 1; § 7 IntErbRVG 1 f.
- Sonderfälle § 6 IntErbRVG 1
- Verfahren § 38 AUG 1; § 5 IntErbRVG 1
- Vollstreckbarkeit ausländischer Titel in Sonderfällen § 39 AUG 1 f.
- Vollstreckungsklausel § 41 AUG 1; § 8 IntErbRVG 1
- Zustellungsempfänger § 37 AUG 1

Zwangsvollstreckungsmaßnahmen § 369 FamFG 6

Zwangsvollstreckungssache
- Entscheidungsform § 38 FamFG 12

Zweigniederlassungen ausländischer Kapitalgesellschaften
- Folgeanmeldung Vorbem. zu § 378 FamFG 22

Zweiwochenfrist § 355 FamFG 4

Zwischen- und Nebenentscheidungen
- Unanfechtbarkeit § 58 FamFG 56–61

Zwischenentscheidung § 158 FamFG 27; § 38 FamFG 10, 20; § 42 FamFG 4
- Anfechtung von § 372 FamFG 2
- Entscheidungsform § 38 FamFG 14
- Verfahrenspfleger § 276 FamFG 13

Zwischenverfügung
- Bekanntgabe § 382 FamFG 25
- Beschwerde § 382 FamFG 28
- Form § 382 FamFG 23
- Fristsetzung § 382 FamFG 26 ff.
- Güterrechtsregistersachen § 382 FamFG 32 f.
- Kosten § 382 FamFG 60
- Registersachen § 382 FamFG 13 ff.
- Verbindung mit Zwangsgeldandrohung § 382 FamFG 18